I DIZIONARI SANSONI

THE SANSONI DICTIONARIES

THE SANSONI DICTIONARIES

ENGLISH – ITALIAN
ITALIAN – ENGLISH

EDITED BY
The Centro Lessicografico Sansoni
under the general editorship of

VLADIMIRO MACCHI

Third Edition
revised and enlarged

SANSONI EDITORE – FIRENZE

I DIZIONARI SANSONI

INGLESE – ITALIANO
ITALIANO – INGLESE

REALIZZATO DAL
Centro Lessicografico Sansoni
sotto la direzione di

VLADIMIRO MACCHI

Terza Edizione
riveduta e ampliata

SANSONI EDITORE – FIRENZE

Redattori: CAROL ANN ASHTON, BRIAN J. FOX, BONA SCHMID

Trascrizione fonetica e divisione sillabica: ANNE E. HOWSON

Revisori: MARIA ROSA BIAGI, DANIEL H. DICHTER, LETIZIA DICHTER, BRIAN J. FOX, STEFANO FRANCO, GIULIA FRANKLIN, MARIA LAURA PETRELLI, MICHÈLE SHERRITON, BARBARA SIMMS, GUENDALINA SPALLETTA, GABRIÈLE TONNE, ZORA VUKOVICH

Collaboratori alla terza edizione:

Redazione: MARIA LAURA PETRELLI
Revisione del manoscritto: BRIAN J. FOX
Preparazione tipografica del manoscritto: MARIA ROSA BIAGI OLIVA
Revisione delle bozze: MARIA PAOLA AMENDOLA, MARIA ROSA BIAGI OLIVA, VINCENZO OLIVA

I nomi commerciali accolti in questo dizionario non sono stati contrassegnati come tali

Trade-marks included in this dictionary have not been designated as such

Prima edizione: 1975
Seconda edizione: 1981
Quattordicesima ristampa: 2001

PRESENTAZIONE DELL'EDITORE

Il Dizionario inglese-italiano e italiano-inglese, come i due Grandi Dizionari Sansoni bilingui che l'hanno preceduto e come il Dizionario tedesco-italiano e italiano-tedesco che contemporaneamente viene immesso nel mercato librario, segna una nuova tappa di un impegno, sotto ogni aspetto, di assai notevoli dimensioni per la Casa Editrice.

Tali opere non costituiscono un insieme di imprese singole formate da matrici diverse, ma, riflettendo rigorosamente una precisa uniformità di criteri d'impostazione e formazione, sono il frutto di un più che decennale lavoro di équipes specializzate, raccolte nel Centro Lessicografico Sansoni sotto la guida del Prof. Vladimiro Macchi.

I consensi autorevoli che hanno avuto i Grandi Dizionari in Italia e all'estero, il lusinghiero giudizio di editori stranieri particolarmente qualificati in questo settore editoriale, che hanno voluto unire il proprio nome a quello della Sansoni per la diffusione dei Dizionari maggiori nei paesi di lingua inglese e tedesca, hanno incoraggiato l'editore a perseguire attivamente il programma assegnatosi, realizzando per le stesse lingue i due nuovi dizionari che sono in sostanza, ciascuno per la sua parte, una diretta filiazione delle opere che li hanno preceduti. Il nuovo Dizionario si giova pertanto dell'eccezionale impianto lessicografico e del criterio innovatore già adottato nelle opere maggiori attraverso una impostazione lessicale autonoma per ciascuna lingua di partenza, rispettivamente italiana e inglese.

L'opera si rivolge a un pubblico di studenti medi e superiori, di professionisti, di operatori economici, di quanti altri abbisognano di un valido e sicuro strumento di studio e di lavoro. Essa si propone di rispondere alle esigenze concrete dell'insegnamento, come di ovviare alle attese del lettore mosso da interessi letterari e professionali; rispetto alla edizione maggiore, sono state aggiunte diverse appendici rispondenti alle finalità didattiche che si sono avute in vista; si è introdotto, innovazione di cui è superfluo sottolineare l'utilità, la divisione sillabica dei lemmi inglesi; si è proceduto al rifacimento di numerose voci con formulazioni nuove e nuovo sviluppo; sono stati presi in considerazione i neologismi e tecnicismi entrati nell'uso corrente dopo la redazione del Grande Dizionario; la mole è stata resa più agevole alla consultazione pratica. Non è stato trascurato, nel nuovo dizionario, come già nel grande, accanto alle voci della lingua classica, se tale può dirsi quella tradizionalmente e presentemente parlata e scritta in Inghilterra e nei paesi di più ortodossa filiazione linguistica inglese, il ricchissimo apporto dell'American English.

Roma, 1975

PUBLISHER'S PREFACE

The English-Italian, Italian-English Dictionary, like Sansoni's two Standard bilingual Dictionaries that preceded it, and like the Italian-German, German-Italian Dictionary which is being marketed at the same time, marks another stage in a commitment which, for the Publisher, is from every point of view a considerable one.

These works are not the result of single undertakings originating from separate sources. Rather, reflecting as they do a very accurate uniformity of criteria as regards approach and formation, they represent the result of more than a decade of work by specialized teams, brought together in our Dictionary Department under the direction of Prof. Vladimiro Macchi.

The authoritative consensus received by the Standard Dictionaries in Italy and abroad, the gratifying judgement of foreign publishers especially qualified in this editorial sector, who have joined their names to that of Sansoni for the distribution of the Standard Dictionaries in English- and German-speaking countries, encouraged the Publisher to proceed actively with the programme laid down, compiling for the same languages the two new dictionaries which are each for their own part derived from the works that preceded them.

The new dictionary, consequently, enjoys the exceptional lexicographical organization already employed in the Standard versions and follows the same innovatory criterion of the autonomous lexical treatment of the two languages, respectively Italian and English.

The work is directed towards students of all ages, professional men and women, businessmen and all those requiring an accurate, reliable tool for work or study. Its aim is to fulfil the concrete requirements of teaching, as well as the needs of readers moved by literary and professional interests. Compared to the Standard edition, various appendices have been added to meet didactic needs. Syllabic division of the English headwords has been introduced - an innovation whose usefulness it is superfluous to emphasize. Many entries have been given a new treatment and development. Various neologisms and technical words, that have come into current use after the publication of the Standard version, have been included, and the dictionary itself has been made easier to consult. As in the Standard edition, alongside entries in the classical English language - if one may so define the language traditionally and currently spoken and written in England and countries closest to orthodox English linguistics - the new dictionary has taken into full account the wealth of words and expressions of American English.

Rome, 1975

PREFAZIONE ALLA TERZA EDIZIONE

La terza edizione del Dizionario Sansoni inglese italiano si differenzia dalla seconda, pubblicata nel 1981 e ristampata cinque volte, e per il contenuto e per la veste tipografica.

Di fronte alle 1818 pagine e ai 152.000 lemmi dell'edizione precedente abbiamo ora un volume di circa 2300 pagine con 156.000 voci e con oltre 12.000 frasi e locuzioni di nuova inserzione.

L'opera è stata ricomposta in fotocomposizione in caratteri più chiari e la nuova veste tipografica rende più agevole la consultazione.

Il dizionario si rivolge tanto all'utente italiano quanto a quello inglese presentando loro gli stessi vantaggi: indicazioni fonetiche, presentazione delle irregolarità morfologiche e determinazioni semantiche in entrambe le sezioni, senza perciò rinunciare a uno sviluppo indipendente delle singole parti.

Come già nelle edizioni precedenti l'inglese americano è stato preso in considerazione tanto nel lessico quanto nelle indicazioni della pronuncia.

Le novità di contenuto riguardano in gran parte neologismi e voci tecniche entrate nell'uso comune in questi ultimi anni. Si pensi soltanto all'enorme sviluppo della terminologia informatica. Parecchie centinaia di voci ed espressioni di questo settore sono state accolte ex novo e vengono contraddistinte con l'abbreviazione ⟨*Inform*⟩. Altre numerose registrazioni rispecchiano l'interesse del grande pubblico per i problemi ecologici.

Basandoci su dizionari monolingui, su dizionari bilingui tecnici e scientifici e su elenchi di voci provenienti da letture di giornali, di riviste e di testi specializzati, abbiamo accolto molte voci del lessico comune e termini propri dei linguaggi settoriali (commercio, politica, sociologia, medicina, sport, ecc.).

Ai lettori più attenti non sfuggiranno certo i numerosi interventi sulle voci già registrate nella seconda edizione, sia nella parte del loro sviluppo semantico (per es. *rehabilitate* e *rehabilitation, ageing, damp²*, *debug* e *debugging; handicap* e *handicappato, analista, alieno, aereo*) sia nella parte fraseologica (per es. *strike, memory, certificate, hand¹; unità, reato, agente, società, accordo*).

In generale nella sezione italiana non sono stati accolti gli anglicismi che si corrispondono nelle due lingue per ortografia e significato (per es. *service, self-made man, hardware, file*); sono registrate invece le voci *self-service, tilt, part time, sexy, slip* e moltissime altre, usate in italiano con significati particolari ed entrate ormai nel nostro lessico.

Nel chiudere queste parole di presentazione vorremmo ringraziare tutti i lettori di quest'opera che hanno voluto contribuire alla nuova edizione con le loro osservazioni, proposte e critiche.

V. Macchi

PREFACE TO THE THIRD EDITION

The third edition of the English-Italian Sansoni dictionary differs from the second edition published in 1981 and reprinted five times both in contents and layout.

The previous edition was of 1,818 pages and had 152,000 entries; we are now presenting a work of about 2,300 pages cointaining 156,000 headwords as well as over 12,000 new entries of phrases and expressions.

The dictionary was set up using photocomposition and its clearer types make consultation much easier.

The dictionary is intented for both Italian and English users giving both the same advantages: pronunciation, indication of irregular morphology and definition of meanings in both sections; each section has been developed independently.

As in the previous editions, Americanisms have been included, together with their pronunciation.

The new entries include neologisms and technical terms which have come into current use in the last few years. One has only to think of the enormous development of the language of the computer profession. Hundreds of words and expressions in this field have been inserted preceded by the abbreviation ⟨Inform⟩. Many other entries that have been added reflect the interest of the readers in ecological problems.

Basing ourselves on monolingual dictionaries, technical and scientific bilingual dictionaries, lists of words derived from newspapers, magazines and specialized books we collected many words in current use and words used in particular fields (business, politics, sociology, medicine, sports and so on).

An attentive reader will certainly notice the new meanings added to words already presented in the second edition, both in treatment of the entries (e.g. *rehabilitate* and *rehabilitation, ageing, damp², debug* and *debugging; handicap* and *handicappato, analista, alieno, aereo*) and in the phrase section (e.g. *strike, memory, certificate, hand¹; unità, reato, agente, società, accordo*).

In the Italian section, English words have generally been omitted where they have exactly the same spelling and meaning in both languages (e.g. *service, selfmade man, hardware, file*), but we have included *self-service, tilt, part time, sexy, slip* and many others because they have a different meaning in Italian and form a part of the Italian vocabulary.

We would like to end this foreword by thanking all the users of this dictionary who have contributed to this new edition with their comments, suggestions and criticism.

V. Macchi

INDICE
TABLE OF CONTENTS

ISTRUZIONI PER L'USO DEL DIZIONARIO
HOW TO USE THE DICTIONARY

A. LEMMI

I. Ordine alfabetico

Le voci del presente dizionario sono ordinate in rigoroso ordine alfabetico. Nel corpo del lessico propriamente detto sono stati inseriti anche i nomi propri di persona e di luogo e le abbreviazioni. Anche le forme irregolari dei verbi vengono riportate come lemmi.

II. Presentazione del lemma

1. Le parole derivate da una stessa voce di partenza, che si susseguono alfabeticamente e non presentano particolare sviluppo, vengono raggruppate in capitoli. Per amore di chiarezza si sono evitati gruppi troppo compatti; cfr. per esempio la famiglia *economic, economical, economics, economist*; ovvero *escursione, escursionismo, escursionista, escursionistico*.
L'interruzione di una serie di voci in famiglia può dipendere anche da ragioni fonetiche.
2. Le voci composte che hanno in comune il primo elemento vengono raggruppate in capitoli e l'elemento comune iniziale, che precede la sbarra verticale, viene indicato nelle voci che seguono per mezzo della tilde in nero:

air| proof (= *airproof*) .... ~ **pump** (= *air pump*) .... ~ **purifier** (= *air purifier*) ... . **~-raid** (= *air–raid*) ... .
radio|abbonato (= *radioabbonato*) .... **~amatore** (= *radioamatore*) ... . **~ascoltatore** (= *radioascoltatore*) ... .

III. Omografi

Le voci che pur presentando la stessa grafia, si differenziano semanticamente perché di etimologia diversa, vengono trattate come lemmi distinti, contrassegnati dall'esponente; cfr. per esempio *bush¹, bush²*; *bust¹, bust², bust³*. Per ragioni grammaticali o fonetiche o per considerazioni pratiche vengono trattate così anche voci con la stessa etimologia; cfr. per esempio *book¹, book²*; *charge¹, charge²*; *drop¹, drop²*. Per la parte italiano-inglese cfr. *canto¹, canto²*; *foro¹, foro²*.

B. INDICAZIONI ORTOFONICHE

I. Parte inglese-italiana

1. Ai singoli lemmi segue in parentesi quadra la trascrizione fonetica secondo l'alfabeto dell'Associazione Fonetica Internazionale:

A. ENTRIES

I. Alphabetical order

All the words in this dictionary are arranged in strict alphabetical order. The word list contains both normal lexical entries and the names of people and places, as well as abbreviations. Irregular forms of verbs appear as entries.

II. Layout of the entries

1. Words derived from the same root which follow each other in the alphabet and do not have a multiplicity of meanings are grouped in a single article or family. For the sake of clarity, this grouping has been kept within reasonable limits, as, for example, the family *economic, economical, economics, economist*; or *escursione, escursionismo, escursionista, escursionistico*. A series of words in one family may be interrupted for phonetic reasons.
2. Compound words which share the first component are grouped in a single article, and the initial common component, which precedes the vertical line, is indicated in the following words by a tilde in bold type:

air| proof (= *airproof*) .... ~ **pump** (= *air pump*) .... ~ **purifier** (= *air purifier*) ... . **~-raid** (= *air–raid*) ... .
radio|abbonato (= *radioabbonato*) ... . **~amatore** (= *radioamatore*) ... . **~ascoltatore** (= *radioascoltatore*) ... .

III. Homonyms

Words which have the same spelling but which differ in derivation of meaning are treated as separate entries and indicated by a superior number, as, for example, *bush¹, bush²*; *bust¹, bust², bust³*. Words with the same derivation are also treated separately for grammatical, phonetic or practical reasons, for example: *book¹, book²*; *charge¹, charge²*; *drop¹, drop²*. For the Italian-English section, cf. *canto¹, canto²*; *foro¹, foro²*.

B. PRONUNCIATION

I. English-Italian section

1. Each separate entry is followed by the phonetic transcription, according to the International Phonetic Association, in square brackets:

before [bi'fɔ:]
issue ['isju:, 'iʃu:]
engage [in'geidʒ, en-]

2. In un gruppo di voci che vengono presentate come una famiglia, la pronuncia della prima parola si considera come base per la pronuncia di tutte le voci del gruppo. Per le singole voci all'interno della famiglia viene indicato solo l'elemento fonetico differente che o si aggiunge a tutta la pronuncia della prima parola o si sovrappone ad essa come elemento finale. In quest'ultimo caso, per maggior chiarezza, la trascrizione comincia con un elemento comune alla fonetica della prima parola:

abstracted [æb'stræktid] ... . **abstractedness** [-nis] ...
abominable [ə'bɔminəbl] ... . **abominably** [-i] ... . **abominate** [-neit] ... . **a,bomination** [-'neiʃən] ...

All'interno di una famiglia viene data per intero la trascrizione fonetica di una voce quando la sua pronuncia differisce già nelle sillabe iniziali dalla pronuncia della prima parola del gruppo:

acceptation [ˌæksep'teiʃən] ... . **accepted** [ək'septid] ...

3. In una serie di omografi che hanno la stessa pronuncia, questa viene indicata solo còl primo.

4. All'indicazione della pronuncia britannica segue spesso l'eventuale variante americana:

address[1] [ə'dres, *am.* 'ædres] ...
student ['stju:dənt, *am.* 'stu:dənt] ...
financier [fai'nænsiə, *am.* finən'siə] ...

5. Per quanto riguarda l'accento delle voci composte, esso viene indicato con il segno ['] (accento principale) o con il segno [ˌ] (accento secondario) posto davanti alla sillaba tonica o dinanzi al tilde che sostituisce il primo elemento solo se le componenti si scrivono come una sola parola o con il trattino:

a) quando l'accento principale cade sulla seconda componente:

ˌIndia'rubber ...

b) se tutti e due gli elementi hanno l'accento principale:

'large|-'minded ... . '~-'mindedness ...
'overpro'duction ...

II. Parte italiano-inglese

1. Le indicazioni ortofoniche dei lemmi si riferiscono all'indicazione della sillaba tonica e alla determinazione della pronuncia delle vocali toniche *e* ed *o* e delle consonanti *s* e *z*. Non volendo usare l'accento grafico se non dove l'ortografia lo richiede, si segue per queste indicazioni il seguente sistema:

a) se la voce del lemma non porta già segnato l'accento tonico, come per esempio *città, perché, lunedì, virtù*, questo viene indicato con un punto sotto la vocale accentata: *ạncora, ancọra, mormorịo, acụleo*.

before [bi'fɔ:]
issue ['isju:, 'iʃu:]
engage [in'geidʒ, en-]

2. In a group of words belonging to one family, the pronunciation of the headword is the basis for the pronunciation of the others. The phonetic element which distinguishes the pronunciation of one of the family words from the headwords is indicated. This distinguishing element is either added to the entire pronunciation of the headword, or, it is the final one; the phonetic transcription is written beginning with an element common to both:

abstracted [æb'stræktid] ... . **abstractedness** [-nis] ...
abominable [ə'bɔminəbl] ... . **abominably** [-i] ... . **abominate** [-neit] ... . **a,bomination** [-'neiʃən] ...

Within a family, the complete phonetic transcription of a word is given when its pronunciation differs from that of the headword in the first syllable:

acceptation [ˌæksep'teiʃən] ... . **accepted** [ək'septid] ...

3. In a series of homonyms having the same pronunciation, this is given only for the first.

4. An eventual American alternative pronunciation often follows the British one:

address[1] [ə'dres, *am.* 'ædres] ...
student ['stju:dənt, *am.* 'stu:dənt] ...
financier [fai'nænsiə, *am.* finən'siə] ...

5. The stress in compound words is indicated either by the notation ['] (main stress) or by the notation [ˌ] (secondary stress) before the tonic syllable or before the tilde substituting the first component only if the compound is written either as one word or is hyphenated:

a) when the main stress falls on the second component:

ˌIndia'rubber ...

b) if both components have main stresses:

'large|-'minded ... . '~-'mindedness ...
'overpro'duction ...

II. Italian-English section

1. For the entries special signs are used to indicate the stressed syllable and to give the pronunciation of the tonic vowels *e* and *o* and the consonants *s* and *z*. To avoid using a graphic accent except where required by Italian orthography, the following system has been adopted:

a) where the main stress in the headword is not already marked graphically (as for example in *città, perché, lunedì, virtù*), it is indicated by a sub-dot below the accented vowel: *ạncora, ancọra, mormorịo, acụleo*.

b) se la vocale tonica è una *e* o una *o* chiusa, essa è contrassegnata con un puntino; se è aperta, con una cediglia. Nel caso che si debba segnare l'accento grafico si usa l'accento acuto per le vocali chiuse e l'accento grave per le vocali aperte: *dẹgno, bẹne, fẹmore, benché, caffè, gọndola, dọpo, dọnna, comò.*

c) sono contrassegnate con un punto sottoscritto le consonanti *s* e *z* con la pronuncia sonora: *ṣbạrra, cạṣo, azzụrro, prạnẓo.*

2. Le varianti di pronuncia vengono indicate in parentesi dopo il lemma: *frẹno* (o *frẹno*), *gladịolo* (o *gladịolo*).

3. Se la pronuncia di una voce straniera non corrisponde al sistema fonetico italiano, essa viene trascritta secondo l'alfabeto dell'Associazione Fonetica Internazionale.

C. INDICAZIONI GRAMMATICALI

I. Categorie grammaticali

1. Al lemma e alla sua trascrizione fonetica segue l'indicazione della categoria grammaticale. Se nello sviluppo di una voce si verifica il passaggio da una categoria all'altra, i singoli passaggi sono contrassegnati da numeri romani:

language *s.* ...
after I *prep.* ... . **II** *avv.* ... . **III** *a.* ...
gridạre I *v.i.* (*aus.* avere) ... . **II** *v.t.*

2. Con i sostantivi maschili di persona si indica l'eventuale forma femminile:

actor *s.* (*f.* -**tress**) ...
fotọgrafo *m.* (*f.* -**a**) ...
albergatọre *m.* (*f.* -**trice**) ...
dottọre *m.* (*f.* -**essa**/*scherz.* -**a**) ...

II. Flessione

1. Sostantivi

La formazione del plurale dei sostantivi è stata indicata nella parte inglese-italiana:

a) se il plurale è irregolare:

child [tʃaild] *s.* (*pl.* **children** ['tʃildrən]) ...
brother ['brʌðə] **I** *s.* (*pl.* -**s** [z]/*ant.* **brethren** ['breðrən]); il plurale *brethren* è usato per i membri di comunità religiose o di società) ...

b) coi sostantivi in –*fe* in –*fe* che formano il plurale in –*ves*:

calf[1] [ka:f] *s.* (*pl.* **calves** [ka:vz]) ...
life [laif] **I** *s.* (*pl.* **lives** [laivz]) ...

c) coi sostantivi stranieri che mantengono il plurale della lingua d'origine o che hanno più plurali:

basis ['beisis] *s.* (*pl.* -**ses** [si:z]) ...
genus ['dʒi:nəs] *s.* (*pl.* **genera** ['dʒenərə]/-**es** [iz]) ...

b) if the tonic vowel is a closed *e* or a closed *o*, it is marked by a dot; if it is open, by a cedilla. If the graphic accent must be indicated, the acute accent is used for the closed vowels and the grave accent for the open vowels: *dẹgno, bẹne, fẹmore, benché, caffè, gọndola, dọpo, dọnna, comò.*

c) voiced *s* and voiced *z* are indicated by a dot: *ṣbạrra, cạṣo, azzụrro, prạnẓo.*

2. Alternative pronunciation is indicated in parentheses after the headword: *frẹno* (o *frẹno*), *gladịolo* (o *gladịolo*).

3. When the pronunciation of a foreign word does not correspond to the Italian phonetic system, the word is transcribed according to the International Phonetic Association alphabet.

C. GRAMMATICAL INFORMATION

I. Part-of-speech label

1. The part-of-speech label follows the headword and its phonetic transcription. Where a word has several functions, each separate function is indicated by a Roman numeral:

language *s.* ...
after I *prep.* ... . **II** *avv.* ... . **III** *a.* ...
gridạre I *v.i.* (*aus.* avere) ... . **II** *v.t.*

2. With masculine nouns referring to persons the feminine form is indicated:

actor *s.* (*f.* -**tress**) ...
fotọgrafo *m.* (*f.* -**a**) ...
albergatọre *m.* (*f.* -**trice**) ...
dottọre *m.* (*f.* -**essa**/*scherz.* -**a**) ...

II. Inflexion

1. Nouns

In the English-Italian section the formation of the plural is shown:

a) if the plural is irregular:

child [tʃaild] *s.* (*pl.* **children** ['tʃildrən]) ...
brother ['brʌðə] **I** *s.* (*pl.* -**s** [z]/*ant.* **brethren** ['breðrən]); il plurale *brethren* è usato per i membri di comunità religiose o di società) ...

b) in the case of nouns ending in –*f* or –*fe* that form the plural with –*ves*:

calf[1] [ka:f] *s.* (*pl.* **calves** [ka:vz]) ...
life [laif] **I** *s.* (*pl.* **lives** [laivz]) ...

c) in the case of foreign nouns that keep the plural form of their own language or that have more than one plural:

basis ['beisis] *s.* (*pl.* -**ses** [si:z]) ...
genus ['dʒi:nəs] *s.* (*pl.* **genera** ['dʒenərə]/-**es** [iz]) ...

d) i sostantivi composti, il cui secondo elemento è irregolare, vengono indicati con l'abbreviazione *irr.:*

boatman [mən] *s.irr.* ...
bookshelf *s.irr.* ...

Nella parte italiano-inglese viene indicato il plurale dei sostantivi irregolari, cfr. *uomo, bue*; dei sostantivi sovrabbondanti, come p.es. *braccio, cervello* e dei sostantivi in *–co* e *–go* e in *–cia* e *–gia* con la *i* atona, cfr. *filologo, camicia*. Coi sostantivi composti viene indicato il plurale quando questo non si forma secondo le regole comuni, cfr. *capofila, cassaforte*.

2. Aggettivi

Con gli aggettivi si indica la formazione del comparativo e del superlativo:

a) se questa è irregolare:

little ['litl] **I** *a.* (*compar.* **less** [les]/**lesser** ['lesə], *sup.* **least** [li:st] ...
buono[1] **I** *a.* (*compar.* **più buono/migliore**, *sup.* **buonissimo/ottimo**) ...

b) se l'aggettivo inglese prima della desinenza *–er* e *–est* raddoppia la consonante finale:

hot[1] [hɔt] *a./avv.* (*compar.* **hotter** ['hɔtə], *sup.* **hottest** ['hɔtist])

3. Verbi

Le irregolarità e le anomalie nella coniugazione dei verbi inglesi vengono indicate come segue:

a) con tutti i verbi irregolari, forti e deboli, si indicano il preterito e il participio passato:

read[1] [ri:d] *v.* (*pret., p.p.* **read** [red]) ...
drink[1] [driŋk] *v.* (*pret.* **drank** [dræŋk], *p.p.* **drunk** [drʌŋk])

b) con i verbi composti il cui ultimo elemento è un verbo irregolare, si aggiunge l'abbreviazione *irr.* se la composizione è evidente, altrimenti si riportano, per amore di chiarezza, le forme irregolari;

c) con i verbi che raddoppiano la consonante finale prima della desinenza *–ed* viene indicato il raddoppiamento:

compel [kəm'pəl] *v.t.* (*pret., p.p.* **compelled** [-d]) ...
bog[2] *v.* (*pret., p.p.* **bogged** [-d]) ...

d) coi verbi difettivi vengono riportate le forme più comunemente accettate:

can[1] [kæn] *v.aus.* (*pr.* **can** [kæn], *negativo* **cannot** ['kænɔt]; *pret.* **could** [kud]; **cannot** e **could not** si contraggono spesso in **can't** [ka:nt] e **couldn't** ['kudnt]; manca dell'inf. e del p.p.).

d) compound nouns whose second component is irregular are indicated by the abbreviation *irr.:*

boatman [mən] *s.irr.* ...
bookshelf *s.irr.* ...

In the Italian-English section the formation of the plural is given for irregular nouns, cf. *uomo, bue*; for nouns with more than one plural form, as for example, *braccio, cervello* and for nouns ending in *–co* and *–go* and in *–cia* and *–gia* where the *i* does not bear the main stress, cf. *filologo, camicia*. The plural is given for compound nouns if it is not formed according to the usual rules, cf. *capofila, cassaforte*.

2. Adjectives

The comparative and superlative forms of adjectives are given:

a) in the case that they are irregularly formed:

little ['litl] **I** *a.* (*compar.* **less** [les]/**lesser** ['lesə], *sup.* **least** [li:st] ...
buono[1] **I** *a.* (*compar.* **più buono/migliore**, *sup.* **buonissimo/ottimo**) ...

b) in the case of an English adjective, if the last consonant before the endings *–er* and *–est* is doubled:

hot[1] [hɔt] *a./avv.* (*compar.* **hotter** ['hɔtə], *sup.* **hottest** ['hɔtist])

3. Verbs

Irregularities and anomalies in the conjugation of English verbs are indicated as follows:

a) the past tense and the past participle are given for all irregular verbs, strong and weak:

read[1] [ri:d] *v.* (*pret., p.p.* **read** [red]) ...
drink[1] [driŋk] *v.* (*pret.* **drank** [dræŋk], *p.p.* **drunk** [drʌŋk])

b) if the last component of a compound verb is irregular and its composition is evident, it is marked with the abbreviation *irr.*; otherwise, the irregular forms are given for the sake of clarity;

c) doubling is given for verbs which double the last consonant before the ending *–ed*:

compel [kəm'pəl] *v.t.* (*pret., p.p.* **compelled** [-d]) ...
bog[2] *v.* (*pret., p.p.* **bogged** [-d]) ...

d) the most commonly accepted forms of defective verbs are included:

can[1] [kæn] *v.aus.* (*pr.* **can** [kæn], *negativo* **cannot** ['kænɔt]; *pret.* **could** [kud]; **cannot** e **could not** si contraggono spesso in **can't** [ka:nt] e **couldn't** ['kudnt]; manca dell'inf. e del p.p.).

...do col cerchietto indica che negli
...e frasi l'iniziale del lemma cambia da
...n maiuscola o viceversa.

...seguito da una desinenza ripete il lem-
...a desinenza cambiata; nel testo inglese il
...che segue un sostantivo ne indica l'uso ag-
...le.

...ccia si usa per i rimandi tra lemmi.

...egno di uguale si usa per i rimandi nell'interno
...una sezione fraseologica.

~   A *tilde in Roman type with a dot* indicates that the
first letter of the entry word used in the examples
and phrases changes from small to capital or vice
versa.

-    A *hyphen* followed by an ending stands for the
headword with the ending changed; in the English
text it is added to nouns used attributively.

→   An *arrow* is used to cross-refer from one headword
to another.

=   An *equals sign* is used to cross-refer from one part
of the same phrase section to another.

Per venire incontro all'utente straniero vengono indicate anche nella parte italiano-inglese le irregolarità e le anomalie nella coniugazione dei verbi; cfr. p.es. *aprire, andare, muovere, addirsi, finire.*

Per eliminare ogni dubbio sull'ortofonia delle forme verbali con l'accento tonico sulla vocale del tema viene indicata, dove necessario, la 1a persona singolare del presente indicativo; cfr. *celare, confortare, abitare.*

D. SVILUPPO DELLE VOCI

I. Parte semantica

Prescindendo dalle voci con una sola accezione, le singole parole vengono analizzate nei loro differenti significati che vengono caratterizzati e differenziati per mezzo di sinonimi, spiegazioni e abbreviazioni che ne determinano l'uso. I singoli significati sono numerati.

Nell'ordinare le singole accezioni di una voce si passa dai significati più comuni ai meno comuni, dal significato proprio a quello figurato, dal significato moderno a quello antiquato. Nel caso in cui diverse accezioni di una voce presentino elementi comuni, esse vengono riunite sotto lo stesso numero e separate l'una dall'altra per mezzo del punto e virgola. Con le voci e accezioni di uso comune vengono portati spesso degli esempi per presentare la parola nel suo contesto.

II. Parte fraseologica

La parte fraseologica delle singole voci è separata dalla parte semantica dal segno □. Questo segno si usa anche per separare dalla traduzione del lemma le espressioni la cui traduzione si scosta da quella della voce di partenza; cfr., per esempio, *ago* e *agog; abbordaggio* e *abbordo.*

Le frasi, i modi di dire, i proverbi che costituiscono la parte principale della sezione fraseologica, vengono registrati di regola sotto il lemma che corrisponde alla prima voce importante dell'espressione. Così, per esempio, nella parte inglese-italiana, il proverbio *give him an inch and he will take a mile* si trova sotto *inch* e i modi di dire *to go to the dogs* sotto *dog, to rain cats and dogs* sotto *cat;* e nella parte italiano-inglese il proverbio *in terra di ciechi beato chi ha un occhio* si trova sotto *cieco* e la frase *mettere i bastoni fra le ruote a qd.* è registrata sotto *bastone.*

Nella parte fraseologica dei singoli verbi inglesi sono state inserite anche le combinazioni verbo + particella; cfr., per esempio, *to lie about, to lie along;* la particella appare sempre in neretto e il verbo viene presentato semanticamente con il suo completo sviluppo.

1. Ordine delle frasi

Per facilitare la ricerca delle singole frasi riportate sotto un lemma, queste sono state ordinate alfabeticamente in base alla parola più importante dell'espressione. Se le frasi sono numerose e di conseguenza la loro ricerca dovesse risultare difficile, la parola chiave appare in neretto. I proverbi sono raggruppati tutti alla fine di questa sezione. Le frasi che non presentano una parola chiave si trovano alla fine della sezione fraseologica precedute da una doppia sbarretta verticale (‖), cfr. *like¹, devil¹; andare, fare.*

In order to aid the foreign reader irregularities and anomalies in the conjugation of verbs are also given in the Italian-English section; cf., for example, *aprire, andare, muovere, addirsi, finire.*

In order to avoid any misunderstanding about the pronunciation of verbal forms with the main stress on the vowel of the stem, the 1st person singular of the present indicative is given where necessary, cf., *celare, confortare, abitare.*

D. TREATMENT OF THE ENTRIES

I. Meanings

Apart from words which have only one meaning, each word is analysed in all its meanings, and these are defined and distinguished from each other by means of synonyms, explanations and abbreviations defining their area of use. Each separate meaning is numbered.

In ordering the various meanings of an entry we pass from the more common meaning to the less common, from the concrete one to the figurative one, and modern usage is listed before archaic usage. Where the various meanings of an entry have certain aspects in common, they are placed under the same number and separated by a semicolon. In the case of entries and meanings in common usage, examples are often provided to place the word in its context.

II. Phrases

The phrase section is divided from the semantic section by the sign □. This sign is also used to separate the translation of the headword from any expression whose translation differs from that given for the headword; cf., for example, *ago* and *agog; abbordaggio* and *abbordo.*

The phrases, idiomatic expressions and proverbs that make up the main part of the phrase section are listed under the entry of the most important word contained in the phrase. Thus, for example, in the English-Italian section, the proverb *give him an inch and he will take a mile* is found under *inch* and the idioms *to go to the dogs* under *dog* and *to rain cats and dogs* under *cat;* and in the Italian-English section, the proverb *in terra di ciechi beato chi ha un occhio* is found under the entry *cieco* and the phrase *mettere i bastoni fra le ruote a qd.* is found under the entry *bastone.*

In the phrase sections of each English verb, combinations of verb + particle have been included; cf., for example, *to lie about, to lie along;* the particle always appears in semibold type and the verb is presented semantically with its complete development.

1. Arrangement of phrases

The individual phrases are arranged in alphabetical order on the basis of the most important word in the phrase. Where there are a number of phrases, making it difficult to find a particular one, the key-word is given in semibold. Proverbs are grouped together at the end of this section. Expressions which have no key-word end the phrase section following a double vertical line (‖), cf. *like¹, devil¹; andare, fare.*

2. Varianti nella fraseologia

Le varianti nella formulazione di una frase possono essere indicate in tre modi differenti:

a) se la variante è costituita da una o più parole, che possono essere omesse senza che muti il senso della frase, la variante viene racchiusa tra parentesi tonde: *to do one's* (*level*) *best; to run for one's* (*dear*) *life; si fa* (*tanto*) *per discorrere*;

b) se la variante tra parentesi tonde può sostituire l'ultima parola (con o senza l'articolo) che precede la parentesi stessa, la variante è introdotta dalla congiunzione *o*: *to burn one's boats* (*o bridges*); *the eternal* (*o everlasting*) *life*; *dettar legge* (*o leggi*); *modo* (*o maniera*) *di esprimersi*;

c) se la variante tra parentesi tonde introdotta da *o* può sostituire due o più parole che precedono la parentesi stessa, le parole che possono essere sostituite sono racchiuse tra mezze parentesi quadre (⌐...¬): *to die* ⌐*with one's boots on*¬ (*o in one's boots*); *to find favour* ⌐*with s.o.*¬ (*o in s.o.'s eyes*); *licenziare* ⌐*senza preavviso*¬ (*o in tronco*).

E. INDICAZIONI DELLA REGGENZA

1. La preposizione retta da un verbo o da un aggettivo della lingua di partenza viene indicata (in corsivo) insieme con l'indicazione di reggenza della lingua d'arrivo (in tondo); se quest'indicazione si trova dopo una serie di traduzioni essa si riferisce a tutte le parole immediatamente antecedenti:

enthuse [in'θju:z, en-] *v.i.* ⟨*fam*⟩ entusiasmarsi, mostrare entusiasmo (*over* per).
contrario I *a.* ... . **2** (*alieno*) opposed (*a* to), averse (to, from) ...
confidare ... . **II** *v.i.* (*aus.* **avere**) (*avere fiducia*) to confide, to rely (on) ...

2. Se tra le traduzioni di un verbo transitivo c'è qualche verbo intransitivo che regge una determinata preposizione, questa si considera come facente parte del verbo e viene data fuori parentesi:

address[2] [ə'dres] *v.t.* **1** indirizzare, scrivere l'indirizzo su ...
body[2] *v.t.* **1** (*to embody*) incarnare, dare corpo a ...
curare *v.t.* **1** (*occuparsi di*) to take care of (*o* over), to be very careful about, to look after, to see to ...

3. Se il verbo di partenza è intransitivo e tra le traduzioni c'è qualche verbo transitivo, questo viene indicato con (qd.) o (qc.); la scelta tra le due abbreviazioni dipende dal significato del verbo:

comment ['kɔment] ... **II** *v.i.* ... **2** (*to write comments*) fare il commento (*on* a), commentare (qc.), annotare (qc.) ...
listen ['lisn] **I** *v.i.* **1** ascoltare (*to s.th., s.o.* qc., qd.), prestar orecchio (a), dare ascolto (a), (stare a) sentire ...
usare ... . **II** *v.i.* ... . **2** (*servirsi*) to use (*di qc.* s.th.), to make use, to avail o.s. (of) ...

4. Spesso, invece dell'indicazione della reggenza, si porta un esempio da cui dedurre la costruzione della voce di partenza e della traduzione. Questa soluzione viene adottata specialmente se la traduzione è unica:

2. Alternative words in phrases

Alternatives in the formulation of a phrase are shown in three different ways:

a) if the alternative consists of one or more words which can be omitted without changing the sense of the phrase, the optional word or words are printed in round brackets: *to do one's* (*level*) *best; to run for one's* (*dear*) *life; si fa* (*tanto*) *per discorrere*;

b) if the alternative in round brackets is a substitute for the preceding word (with or without the article), the alternative is preceded by the conjunction *o*: *to burn one's boats* (*o bridges*); *the eternal* (*o everlasting*) *life*; *dettar legge* (*o leggi*); *modo* (*o maniera*) *di esprimersi*;

c) if the alternative in round brackets preceded by *o* is a substitute for two or more words before the brackets, the words which can be replaced are printed in square half-brackets (⌐...¬): *to die* ⌐*with one's boots on*¬ (*o in one's boots*); *to find favour* ⌐*with s.o.*¬ (*o in s.o.'s eyes*); *licenziare* ⌐*senza preavviso*¬ (*o in tronco*).

E. PREPOSITIONS REQUIRED BY VERBS, etc.

1. Prepositions required by a verb or an adjective in English are given (in italics) along with their first Italian equivalent (in Roman type). Given at the end of a series, it refers to all the words immediately preceding it:

enthuse [in'θju:z, en-] *v.i.* ⟨*fam*⟩ entusiasmarsi, mostrare entusiasmo (*over* per).
contrario I *a.* ... . **2** (*alieno*) opposed (*a* to), averse (to, from) ...
confidare ... . **II** *v.i.* (*aus.* **avere**) (*avere fiducia*) to confide, to rely (on) ...

2. When the translation of a transitive English verb includes an intransitive verb which requires a given preposition, it is considered as part of the verb and is printed without parentheses:

address[2] [ə'dres] *v.t.* **1** indirizzare, scrivere l'indirizzo su ...
body[2] *v.t.* **1** (*to embody*) incarnare, dare corpo a ...
curare *v.t.* **1** (*occuparsi di*) to take care of (*o* over), to be very careful about, to look after, to see to ...

3. If the English verb is intransitive and there are some transitive verbs among the translations, the abbreviations (qd.) or (qc.) are added; the choice between the two abbreviations depends on the meaning of the verb:

comment ['kɔment] ... **II** *v.i.* ... **2** (*to write comments*) fare il commento (*on* a), commentare (qc.), annotare (qc.) ...
listen ['lisn] **I** *v.i.* **1** ascoltare (*to s.th., s.o.* qc., qd.), prestar orecchio (a), dare ascolto (a), (stare a) sentire ...
usare ... . **II** *v.i.* ... . **2** (*servirsi*) to use (*di qc.* s.th.), to make use, to avail o.s. (of) ...

4. Frequently, rather than give the preposition required directly, an example is given from which the construction of the English word and its translation can be deduced. This is particularly the case with words having only one translation:

---

abdicare *v.* (**abdico, abdichi**) **I** *v.i.* (*aus.* avere) **1** (*rinunciare al trono*) to abdicate ...; ~ *al trono* to abdicate the throne

F. CARATTERI TIPOGRAFICI E SEGNI PARTICOLARI

I. Caratteri usati

Nella composizione tipografica delle singole voci sono stati usati quattro caratteri:

a) **nero** — per il lemma, per i numeri romani indicanti le diverse categorie e generi grammaticali di una voce e per i numeri arabi indicanti le diverse accezioni;

b) **neretto** — per le irregolarità morfologiche che seguono il lemma, per i sottolemmi, per i rimandi e, nella sezione fraseologica, per dare risalto alla parola chiave;

c) *corsivo* — per le varianti della pronuncia del lemma, per le indicazioni grammaticali, per le abbreviazioni, per le spiegazioni semantiche, per gli esempi e la fraseologia nella lingua di partenza;

d) tondo — per tutte le traduzioni, per le spiegazioni grammaticali nella lingua d'arrivo e per la trascrizione fonetica.

II. Segni particolari

(...) — In *parentesi tonde* vengono racchiuse le irregolarità morfologiche, le spiegazioni e determinazioni di carattere grammaticale o semantico e le varianti della fraseologia.

⟨ ... ⟩ — Le *parentesi uncinate* vengono usate per racchiudere le abbreviazioni di carattere semantico.

[...] — Le *parentesi quadre* racchiudono la trascrizione fonetica e l'indicazione dei modi.

⌐ ¬ — Le *mezze parentesi quadre* si usano nell'esemplificazione e nella sezione fraseologica, per racchiudere due o più voci che possono essere sostituite dalla variante in parentesi tonda.

▭ — Questo segno separa la parte fraseologica dalla parte semantica.

| — La *sbarra verticale* divide, nel lemma, gli elementi delle parole composte quando segue un gruppo di voci che ha in comune la prima parte della composizione.

‖ — La *doppia sbarra verticale* introduce nella sezione fraseologica le frasi che, non presentando una parola chiave, non possono essere ordinate alfabeticamente.

/ — La *sbarra obliqua* viene usata per separare più abbreviazioni grammaticali che si susseguono (*m./f., a./avv.*) e nelle indicazioni delle doppie forme morfologiche.

~ — Il *tilde in nero* sostituisce in una serie di voci composte l'elemento che precede la sbarra verticale.

~ — Il *tilde in nero col cerchietto* indica che in quella determinata composizione la lettera iniziale del lemma cambia da minuscola in maiuscola o viceversa.

~ — Il *tilde in tondo* ripete negli esempi e nelle frasi tutto il lemma invariato.

SIMBOLI USATI PER LA TRASCRIZIONE FONETICA
PHONETIC SYMBOLS USED TO INDICATE THE PRONUNCIATION

Simbolo fonetico   esempio
Phonetic symbol   example

Simbolo fonetico   esempio
Phonetic symbol   example

Vocali
Vowels

i	*it.* finestra [fiˈnɛstra], *ingl.* pin [pin]
ɛ	*it.* certo [ˈtʃɛrto]
æ	*ingl.* man [mæn]
e	*it.* verde [ˈverde], *ingl.* men [men]
ə	*ingl.* china [ˈtʃainə]
a	*it.* marco [ˈmarko]
ɑ	*ingl.* father [ˈfɑːðə]
ɔ	*it.* nostro [ˈnɔstro], *ingl.* dog [dɔg]
o	*it.* molto [ˈmolto]
u	*it.* busto [ˈbusto], *ingl.* book [buk]
ʌ	*ingl.* butler [ˈbʌtlə]
œ	*fr.* seul [sœl]
ø	*fr.* peu [pø]
ʏ	*ted.* Hütte [hʏtə]
y	*fr.* tu [ty]

Nasali
Nasal sounds

ɛ̃	*fr.* fin [fɛ̃ː]
ã	*fr.* en gros [ãˈgroː]
ɔ̃	*fr.* bonbon [bɔ̃ˈbɔ̃]
œ̃	*fr.* parfum [parˈfœ̃ː]

Semivocali
Semi-vowels

j	*it.* coiaio [koˈjaːjo], *ingl.* year [jəː]
ɥ	*fr.* Suisse [sɥis]
w	*ingl.* woman [ˈwumən]

Consonanti
Consonants

p	*it.* pane [ˈpaːne], *ingl.* cap [kæp]
b	*it.* abile [ˈɑːbile], *ingl.* boy [bɔi]
t	*it.* tara [ˈtaːra], *ingl.* table [ˈteibl]
d	*it.* moda [ˈmɔːda], *ingl.* dog [dɔg]
k	*it.* poco [ˈpɔːko], *ingl.* pick [pik]
g	*it.* gara [ˈgaːra], *ingl.* pig [pig]
f	*it.* refe [ˈreːfe], *ingl.* fish [fiʃ]
v	*it.* vino [ˈviːno], *ingl.* very [ˈveri]
θ	*ingl.* three [θriː]
ð	*ingl.* father [ˈfɑːðə]
s	*it.* sera [ˈseːra], *ingl.* sit [sit]
z	*it.* svolta [ˈzvɔːlta], *ingl.* these [ðiːz]
ʃ	*it.* scena [ˈʃɛːna], *ingl.* ship [ʃip]
ʒ	*ingl.* pleasure [ˈpleʒə]
tʃ	*it.* cena [ˈtʃeːna], *ingl.* peach [piːtʃ]
dz	*it.* orzo [ˈɔrdzo]
dʒ	*it.* giro [ˈdʒiːro], *ingl.* bridge [bridʒ]
ç	*ted.* ich [iç]
x	*scozz.* loch [lɔx]
h	*ingl.* hand [hænd]
r	*it.* arare [aˈraːre], *ingl.* room [ruːm]
m	*it.* amo [ˈaːmo], *ingl.* mail [meil]
n	*it.* nome [ˈnoːme], *ingl.* nail [neil]
ŋ	*it.* vengo [ˈveŋgo], *ingl.* sing [siŋ]
ɲ	*it.* bagno [ˈbaːɲo]
l	*it.* lino [ˈliːno], *ingl.* look [luk]
ʎ	*it.* egli [ˈeːʎi]

Segni diacritici
Diacritical marks

[ˈ]	*accento tonico principale*	main stress
[ˌ]	*accento tonico secondario*	secondary stress
[ː]	*allungamento della vocale*	vowel lengthening

ABBREVIAZIONI USATE NEL DIZIONARIO
ABBREVIATIONS USED IN THE DICTIONARY

a.	aggettivo	adjective
abbr.	abbreviazione	abbreviation
accorc.	accorciativo	shortening
accr.	accrescitivo	augmentative
⟨Acu⟩	Acustica	Acoustics
⟨Aer⟩	Aeronautica	Aeronautics
⟨Aer.mil⟩	Aeronautica militare	Air Force
agg.	aggettivo	adjective
⟨Agr⟩	Agricoltura	Agriculture
⟨Alchim⟩	Alchimia	Alchemy
⟨Alim⟩	Alimentari	Food industry
⟨Alp⟩	Alpinismo	Alpinism
am.	americano	American
⟨am.fam⟩	americano familiare	colloquial American usage
⟨Anat⟩	Anatomia	Anatomy
⟨ant⟩	antiquato, arcaismo	obsolete, archaism
apoc.	apocope	apocope
⟨Arald⟩	Araldica	Heraldry
⟨Arch⟩	Architettura	Architecture
⟨Archeol⟩	Archeologia	Archaeology
⟨Arred⟩	Arredamento	Furniture, Furnishings
art.	articolo	article
⟨Art⟩	Arte	Art
⟨Artig⟩	Artigianato	Artisanship
⟨Artigl⟩	Artiglieria	Artillery
⟨Assic⟩	Assicurazioni	Insurance
⟨assol⟩	usato assolutamente	used absolutely
⟨Astr⟩	Astronomia	Astronomy
⟨Astron⟩	Astronautica	Astronautics
⟨Atom⟩	Fisica atomica	Atomic physics
⟨attr⟩	attributivo	attributive
aus.	ausiliare	auxiliary
austral.	australiano	Australian
⟨Aut⟩	Automobile, Automobilismo	Motorcars
avv.	avverbio	adverb
⟨Bibl⟩	Bibbia, biblico	Bible, biblical
⟨Bibliot⟩	Biblioteche	Libraries, Librarianship
⟨Biol⟩	Biologia	Biology
⟨Bot⟩	Botanica	Botany
⟨burocr⟩	linguaggio burocratico	officialese
⟨Calz⟩	Calzaturificio	Shoemaking
canad.	canadese	Canadian
⟨Cart⟩	Industria cartaria	Papermaking
⟨Ceram⟩	Ceramica	Ceramics
⟨Chim⟩	Chimica	Chemistry
⟨Chir⟩	Chirurgia	Surgery
cin	linguaggio cinematografico	Film jargon
⟨Cin⟩	Cinema, Film	Film-making
⟨collett⟩	collettivo	collective
⟨comm⟩	linguaggio commerciale	commercial jargon
⟨Comm⟩	Commercio	Business, Commerce
compar.	comparativo	comparative
⟨Conc⟩	Conceria	Tanning
⟨concr⟩	concreto, concretamente	concrete, concretely
condiz.	condizionale	conditional
cong.	congiuntivo	subjunctive
congz.	congiunzione	conjunction
contraz.	contrazione	contraction
⟨Cosmet⟩	Cosmesi	Cosmetics
costr.	costruzione	construction
⟨Dent⟩	Dentista, Odontoiatria	Dentist, Dentistry
der.	derivato	derivative
⟨dial⟩	dialettale	dialectal
dif.	difettivo	defective
dim.	diminutivo	diminutive
dimostr.	dimostrativo	demonstrative
⟨Dipl⟩	Diplomazia	Diplomacy
⟨Dir⟩	Diritto	Law
⟨Dir.can⟩	Diritto canonico	Canon law
⟨Dir.rom⟩	Diritto romano	Roman law
⟨Dolc⟩	Dolciumi	Confectionery
ebr.	ebraico	Hebrew
ecc.	eccetera	etcetera
⟨Econ⟩	Economia e Finanza	Economics, Banking
⟨Edil⟩	Edilizia	Building industry
⟨Edit⟩	Editoria	Publishing
⟨El⟩	Elettricità	Electricity
elis.	elisione	elision
⟨enfat⟩	enfatico	emphatic
⟨Enol⟩	Enologia	Wine-making
⟨Entom⟩	Entomologia	Entomology
e.o.	l'un l'altro	each other
⟨epist⟩	stile epistolare	letter writing
⟨Equit⟩	Equitazione	Equitation
⟨esclam⟩	esclamativo	exclamation
espec.	specialmente	especially
⟨estens⟩	estensivo	broadened meaning
etc.	eccetera	etcetera
⟨Etnol⟩	Etnologia	Ethnology
⟨eufem⟩	eufemismo, eufemistico	euphemism, euphemistic
f.	femminile, sostantivo femminile	feminine, feminine noun
⟨Fal⟩	Falegnameria, Carpenteria	Carpentry
⟨fam⟩	familiare	colloquial
⟨Farm⟩	Farmacologia	Pharmacy
femm.	femminile	feminine
⟨Ferr⟩	Ferrovia	Railways
⟨fig⟩	figurato	figurative
⟨Filat⟩	Filatelia	Philately
⟨Filol⟩	Filologia	Philology
⟨Filos⟩	Filosofia	Philosophy
⟨Fis⟩	Fisica	Physics
⟨Fisiol⟩	Fisiologia	Physiology
⟨Folcl⟩	Folclore	Folklore
⟨Fon⟩	Fonetica	Phonetics
⟨Fot⟩	Fotografia	Photography
fr.	francese	French
fut.	futuro	future
⟨Gastr⟩	Gastronomia	Gastronomy
⟨GB⟩	Gran Bretagna	Great Britain
general.	generalmente	generally
⟨Geog⟩	Geografia	Geography
⟨Geog.stor⟩	Geografia storica	Historical geography
⟨Geol⟩	Geologia	Geology
⟨Geom⟩	Geometria	Geometry
ger.	gerundio	gerund
⟨gerg⟩	gergale	slang, jargon
⟨Giard⟩	Giardinaggio	Gardening
⟨Ginn⟩	Ginnastica	Gymnastics
⟨giorn⟩	linguaggio giornalistico	journalese
⟨Giorn⟩	Giornalismo	Journalism
⟨Gramm⟩	Grammatica	Grammar
⟨Idr⟩	Idraulica	Hydraulics
imperat.	imperativo	imperative
impers.	impersonale	impersonal
impf.	imperfetto	imperfect
ind.	indicativo	indicative
⟨Ind⟩	Industria	Industry
indef.	indefinito	indefinite
inf.	infinito	infinitive
⟨infant⟩	linguaggio infantile	baby-talk
⟨Inform⟩	Informatica	Informatics
ingl.	inglese	English
⟨intens⟩	intensivo	intensive, intensifying

interr.	interrogativo	interrogative	⟨Psic⟩	Psicologia	Psychology
intz.	interiezione	interjection	qc.	qualcosa	something
inv.	invariabile	indeclinable	qd.	qualcuno	someone
⟨iperb⟩	iperbole, iperbolico	hyperbole, hyperbolic	r.	riflessivo	reflexive
⟨iron⟩	ironico	ironic	⟨Rad⟩	Radio	Radio
irl.	irlandese	Irish	⟨Radiol⟩	Radiologia	Radiology
irr.	irregolare	irregular	⟨rar⟩	raro	rare
it.	italiano	Italian	⟨recipr⟩	reciproco	reciprocal
⟨Itt⟩	Ittiologia	Ichthyology	⟨region⟩	regionale	regional
lat.	latino	Latin	rel.	relativo	relative
⟨Lav.femm⟩	Lavori femminili	Needlework	⟨Rel⟩	Religione	Religion
⟨Legat⟩	Legatoria	Bookbinding	⟨Rel.catt⟩	Religione cattolica	Roman Catholic Church
⟨lett⟩	letterario	literary			
⟨Lett⟩	Letteratura	Literature	⟨Rel.ebr⟩	Religione ebraica	Jewish Religion
⟨Ling⟩	Linguistica	Linguistics	⟨Rel.ev⟩	Religione evangelica	Protestantism
⟨Lit⟩	Liturgia	Liturgy	⟨Ret⟩	Retorica	Rhetoric
m.	maschile, sostantivo maschile	masculine, masculine noun	rif. a	riferito a	referring to
			rifl.	riflessivo	reflexive
⟨Macell⟩	Macelleria	Butchery	russ.	russo	Russian
⟨mar⟩	linguaggio marinaro	nautical jargon	s.	sostantivo	noun
⟨Mar⟩	Marina	Merchant Navy	⟨Sart⟩	Sartoria	Tailoring
⟨Mar.ant⟩	Marina antica	Naval history	⟨scherz⟩	scherzoso	jocular
⟨Mar.mil⟩	Marina militare	Navy	⟨scol⟩	linguaggio scolastico	school jargon
masch.	maschile	masculine	⟨Scol⟩	Scuola	School
⟨Mat⟩	Matematica	Mathematics	scozz.	scozzese	Scottish
⟨Mecc⟩	Meccanica	Mechanics, Machinery	⟨Scult⟩	Scultura	Sculpture
⟨Med⟩	Medicina	Medicine	s.f.	sostantivo femminile	feminine noun
⟨Mediev⟩	Medioevo	Middle Ages	⟨Silv⟩	Silvicoltura	Forestry
⟨Met⟩	Metallurgia	Metallurgy	sim.	simile	analogous things
⟨Meteor⟩	Meteorologia	Meteorology	sing.	singolare	singular
⟨Metr⟩	Metrica	Metrics	⟨sl⟩	gergo	slang
⟨mil⟩	linguaggio militare	Army slang	s.m.	sostantivo maschile	masculine noun
⟨Mil⟩	Arte militare	Military	s.o.	qualcuno	someone
⟨Mil.ant⟩	Arte militare antica	Military history	⟨Sociol⟩	Sociologia	Sociology
⟨Min⟩	Mineralogia	Mineralogy	sost.	sostantivo	noun
⟨Minier⟩	Miniere	Mining	sp.	spagnolo	Spanish
⟨Mitol⟩	Mitologia	Mythology	spec.	specialmente	especially
⟨Mitol.nord⟩	Mitologia nordica	Nordic Mythology	⟨sport⟩	linguaggio sportivo	sporting jargon
⟨Mod⟩	Moda, Modisteria	Fashion, Millinery	⟨Sport⟩	Sport	Sport
⟨Mot⟩	Motori	Motors	⟨spreg⟩	spregiativo	disparaging
⟨Mur⟩	Muratura	Masonry	⟨Statist⟩	Statistica	Statistics
⟨Mus⟩	Musica	Music	s.th.	qualcosa	something
⟨non com⟩	non comune	uncommon	⟨Stor⟩	Storia	History
N.pr.	nome proprio	proper noun	⟨Stor.am⟩	Storia americana	American history
num.	numerale	numeral	⟨Stor.brit⟩	Storia britannica	British history
⟨Numism⟩	Numismatica	Numismatics	⟨Stor.gr⟩	Storia greca	Ancient Greece
o.a.	l'un l'altro	one another	⟨Stor.rom⟩	Storia romana	Ancient Rome
⟨Occult⟩	Occultismo	Occultism	⟨Strad⟩	Costruzioni e traffico stradali	Road-building, Road Traffic
onom.	onomatopea	onomatopoeia			
⟨Oref⟩	Oreficeria	Jewellery	⟨SU⟩	Stati Uniti d'America	United States of America
⟨Ornit⟩	Ornitologia	Ornithology			
⟨Orol⟩	Orologeria	Watchmaking	sup.	superlativo	superlative
o.s.	sé, si	oneself	⟨teat⟩	linguaggio teatrale	theatre jargon
⟨Ott⟩	Ottica	Optics	⟨Teat⟩	Teatro	Theatre
⟨Paleogr⟩	Paleografia	Palaeography	⟨tecn⟩	termine tecnico	technical term
⟨Paleont⟩	Paleontologia	Palaeontology	ted.	tedesco	German
⟨Parl⟩	Parlamento	Parliament	⟨Tel⟩	Telefonia e Telegrafia	Telephony, Telegraphy
pass.	passivo	passive	⟨Teol⟩	Teologia	Theology
⟨Ped⟩	Pedagogia	Pedagogy	⟨Tess⟩	Industrie tessili	Textile industry
pegg.	peggiorativo	pejorative	⟨Tip⟩	Tipografia e Arti grafiche	Printing and Graphic Arts
pers.	persona, personale	person, personal			
⟨Pesc⟩	Pesca	Fishing	⟨Topogr⟩	Topografia	Topography
⟨Pitt⟩	Pittura	Painting	⟨triv⟩	triviale	vulgar
pl.	plurale	plural	⟨TV⟩	Televisione	Television
⟨poet⟩	poetico	poetical	⟨univ⟩	linguaggio universitario	university jargon
⟨Pol⟩	Politica	Politics	⟨Univ⟩	Università	University
⟨pop⟩	popolare	popular, lay	v.	verbo	verb
poss.	possessivo	possessive	⟨venat⟩	linguaggio dei cacciatori	hunting jargon
⟨Post⟩	Posta	Postal Service	⟨Venat⟩	Caccia	Hunting, Shooting
p.p.	participio passato	past participle	⟨Vest⟩	Vestiario	Clothing
p.pr.	participio presente	present participle	⟨Veter⟩	Veterinaria	Veterinary science
pr.	presente	present	⟨Vetr⟩	Vetreria	Glass-manufacturing
⟨pred⟩	predicativo	predicative	⟨vezz⟩	vezzeggiativo	form of endearment
p.rem.	passato remoto	past definite	v.i.	verbo intransitivo	intransitive verb
prep.	preposizione	preposition	v.i.impers.	verbo intransitivo impersonale	impersonal intransitive verb
prep.art.	preposizione articolata	combined form of preposition and article			
			⟨volg⟩	volgare	common, vulgar
pres.	presente	present	v.r.	verbo riflessivo	reflexive verb
pret.	preterito	preterite	v.t.	verbo transitivo	transitive verb
pron.	pronome	pronoun	⟨Zool⟩	Zoologia	Zoology
Prov.	proverbio	proverb	⟨Zootecn⟩	Zootecnia	Animal Husbandry

INGLESE-ITALIANO

ENGLISH-ITALIAN

A

a, A [ei] *s.* (*pl.* **a's/as**, **A's/As** [-z]) a, A *f/m*: ⟨*Tel*⟩ A *for Andrew*, ⟨*am*⟩ A *for Abel* a come Ancona. □ *from A to Z* dall'a alla zeta.

a [ə] *art.indef.* (davanti a suoni vocalici e *h* muta si usa la forma *an*) **1** un, uno, una, un': *a man* un uomo; *a woman* una donna; (*in general sentences*) il, lo, la l': *a dog is an animal* il cane è un animale. **2** (*a certain*) un certo: *a Mr. Brown has telephoned* ha telefonato un certo sig. Brown. **3** (*used before number collectives*) un, uno, una, un': *a hundred* un centinaio, cento; *a million people* un milione di persone. **4** (*used with adjectives expressing number*) *generally not translated: a few bottles* alcune bottiglie; *a good many mistakes* parecchi errori. **5** (*one*) lo stesso: *all of a size* tutti della stessa grandezza (*o* misura). **6** (*each*, *every*) al, allo, alla, all': *three times a day* tre volte al giorno. **7** (*used after such and what*) un, uno, una, un': *such a man* un uomo simile; *often not translated: what a nice day* che bella giornata. **8** (*used after adjectives preceded by as, how, so, too*) il, lo, la, l': *it's too high a price to pay* il prezzo da pagare è troppo alto; *I did not know how serious an illness it was* non sapevo quanto fosse seria la malattia⌐ (*o* che fosse una malattia così seria). **9** (*used before a mass noun: a kind of*) un tipo di, una qualità di: *a tobacco that grows well in cold areas* una qualità di tabacco che cresce bene nelle zone fredde.

a. = **1** *acre* acro (*abbr.* a.). **2** ⟨*Gramm*⟩ *adjective* aggettivo (*abbr.* a.). **3** ⟨*Mus*⟩ *alto* alto. **4** ⟨*El*⟩ *anode* anodo (*abbr.* a.). **5** *are* ara (*abbr.* a.).

A [ei] **I** *a.* A, primo: *staircase ∼* scala A; *grade ∼ butter* burro di prima qualità. **II** *s.* ⟨*Mus*⟩ la *m*: *∼ sharp* la diesis. □ *blood group ∼* gruppo sanguigno A; ⟨*Biol*⟩ *vitamin ∼* vitamina *f* A.

A = ⟨*El*⟩ *ampere* ampere (*abbr.* A).

A. = **1** *Academy* accademia. **2** ⟨*Cin*⟩ *adult* per adulti. **3** *answer* risposta.

A1 ['ei'wʌn] *a.* **1** ⟨*Mar*⟩ sigla di nave di prima categoria (nel registro marittimo dei Lloyds). **2** ⟨*Mil*⟩ (*healthy*) idoneo. **3** ⟨*fam*⟩ (*firts-class*) di prim'ordine, straordinario, eccellente.

A.A. = **1** *Automobile Association*. **2** ⟨*Mil*⟩ *anti–aircraft* antiaereo.

Aachen [a:kən] *N.pr.* ⟨*Geog*⟩ Aquisgrana *f.*

AAF = ⟨*SU*⟩ *Army Air Force* aeronautica militare.

AAM = ⟨*Mil*⟩ *air–to–air missile* missile aria–aria.

aardvark ['ɑ:dvɑ:k] *s.* ⟨*Zool*⟩ oritteropo *m.*

aardwolf ['ɑ:dwulf] *s.* ⟨*Zool*⟩ protele *m.*

Aaron ['ɛ(ə)rən] *N.pr.* ⟨*Bibl*⟩ Aronne *m.*

Aaron's rod *s.* ⟨*Bot*⟩ tassobarbasso *m.*

A.B. = ⟨*Mar*⟩ *able-bodied seaman* marinaio scelto.

aback [ə'bæk] *avv.* **1** ⟨*Mar*⟩ (*of a sail*) a collo. **2** ⟨*rar*⟩ (*towards the back*) dietro, all'indietro. □ ⟨*Mar*⟩ *all ∼* tutto a collo; (*fig*) *to be taken ∼* essere preso alla sprovvista, essere sorpreso (*o* sconcertato).

abacus ['æbəkəs] *s.* (*pl.* -es [iz]/-ci [sai]) **1** ab(b)aco *m*, pallottoliere *m.* **2** ⟨*Arch*⟩ abaco *m.*

abaft [ə'bɑ:ft] **I** *prep.* ⟨*Mar*⟩ a poppa di. **II** *avv.* a poppa, verso poppa, a poppavia: *to draw ∼* pescare a poppa.

abandon [ə'bændən] **I** *s.* abbandono *m*, slancio *m*, trasporto *m.* **II** *v.t.* **1** abbandonare, rinunciare a, ritirarsi da: *to ∼ a career* abbandonare una carriera. **2** (*to desert*) abbandonare, lasciare: *to ∼ one's wife* abbandonare la moglie. **3** (*to give up to*) abbandonare, cedere: *to ∼ o.s. to grief* abbandonarsi al dolore. □ *to ∼ a claim* rinunciare a un diritto; ⟨*Dir*⟩ *to ∼ prosecution* desistere da un'azione legale; ⟨*Mar*⟩ *to ∼ ship* abbandonare la nave. **abandoned** [-d] *a.* **1** abbandonato, desolato: *an ∼ town* una città abbandonata. **2** (*unrestrained*) sfrenato, irrefrenabile. **3** (*immoral*) poco serio, dissoluto, di facili costumi.

abandonee [ə,bændə'ni:] *s.* **1** ⟨*Dir*⟩ cessionario *m* dei diritti di abbandono. **2** ⟨*Mar,Assic*⟩ abbandonatario *m.*

abandonment [ə'bændənmənt] *s.* **1** ⟨*Dir*⟩ (*desertion*) abbandono *m*; (*relinquishment*) cessione *f*, rinuncia *f.* **2** (*yielding to impulse*) abbandono *m*, slancio *m*, trasporto *m.* **3** (*licentiousness*) licenziosità *f.* **4** ⟨*Mar,Assic*⟩ abbandono *m.* □ ⟨*Dir*⟩ *∼ of action* rinuncia *f* all'azione legale.

abase [ə'beis] *v.t.* umiliare, avvilire; (*to degrade*) abbassare, degradare. **abasement** [-mənt] *s.* umiliazione *f*, avvilimento *m.*

abash [ə'bæʃ] *v.t.* confondere, sconcertare, mettere in imbarazzo. **abashment** [-mənt] *s.* confusione *f*, imbarazzo *m.*

abate [ə'beit] **I** *v.t.* **1** diminuire, ridurre; (*of pain, etc.*) mitigare, calmare, alleviare, lenire. **2** ⟨*Dir*⟩ (*of a writ, an action*) annullare; (*of a nuisance*) rimuovere, porre termine a. **3** (*to reduce*) ribassare, ridurre; (*to deduct*) detrarre. **4** ⟨*Edil*⟩ demolire. **II** *v.i.* **1** calmarsi, placarsi: *the storm has -d* la tempesta si è calmata. **2** ⟨*Dir*⟩ (*of a writ*) estinguersi, diventare nullo.

abatement [ə'beitmənt] *s.* **1** riduzione *f*; (*of pain, etc.*) lenimento *m*, alleviamento *m.* **2** ⟨*Comm*⟩ sconto *m*, ribasso *m.* **3** (*deduction*) riduzione *f*, detrazione *f*: *a tax ∼* una riduzione delle tasse. □ ⟨*Dir*⟩ *∼ of action* sospensione *f* del giudizio; ⟨*Comm*⟩ *∼ of prices* ribasso *m* dei prezzi; *Noise ∼ Society* associazione *f* per la lotta contro i rumori.

abatis ['æbətis] *s.* (*pl. inv.* [-ti:z]/-es [iz]) ⟨*Mil*⟩ abbattuta *f.*

abattoir *fr.* ['æbətwɑ:] *s.* mattatoio *m*, macello *m.*

abb [æb] *s.* ⟨*Tess*⟩ filo *m* per l'ordito.

abbacy ['æbəsi] *s.* ⟨*Rel*⟩ **1** (*rank*) titolo *m* (*o* dignità *f*) abbaziale. **2** (*rights, jurisdiction*) abbazia *f.* **3** (*term of office*) carica *f* di abate. **abbatial** [ə'beiʃəl] *a.* abbaziale.

abbé *fr.* [-bei] *s.* abate *m.* **abbess** [-bis] *s.* badessa *f.*

abbey [-bi] *s.* abbazia *f*; (*builings*) abbazia *f.* **Abbey** *s.* abbazia *f* di Westminster (a Londra).

abbot ['æbət] *s.* ⟨*Rel*⟩ abate *m.* **abbotcy** [-si], **abbotship** [-ʃip] *s.* titolo *m* (*o* dignità *f*) abbaziale.

abbr., abbrev. = *abbreviation* abbreviazione (*abbr.* abbr.).

abbreviate [ə'bri:vieit] *v.t.* abbreviare. **abbreviated** [-id] *a.* **1** abbreviato. **2** (*of clothing: scanty*) ridotto. **3** (*short*) corto, ridotto. **ab,breviation** [–vi'eiʃən] *s.* **1** abbreviazione *f.* **2** (*abridgement*) riduzione *f,* riassunto *m.* **3** (*Gramm*) accorciativo. **abbreviator** [–vieitə] *s.* abbreviatore *m* (*f* –trice).

ABC ['eibi:'si:] *s.* (*pl.* ABC's/ABCs [–z]) **1** abc *m,* abbiccì *m,* alfabeto *m.* **2** (*basic principles*) abc *m,* abbiccì *m,* rudimenti *mpl,* primi elementi *mpl: the ~ of gardening* i primi elementi del giardinaggio. **3** (*railway guide*) orario *m* ferroviario (britannico).

A.B.C. = *American Broadcasting Company* Ente radiofonico americano.

abdicate ['æbdikeit] *v.t.* **1** abdicare a, rinunciare a: *to ~ the throne* abdicare al trono. **2** (*assol*) abdicare. **,abdication** [-'keiʃən] *s.* abdicazione *f,* rinuncia *f.*

abdomen ['æbdəmen] *s.* addome *m.* **abdominal** [æb'dəminl] *a.* addominale.

abdominal| protector *s.* (*Sport*) conchiglia *f.* **~ surgery** *s.* chirurgia *f* addominale.

abducent [ab'dju:sənt] *a.* (*Anat*) abducente.

abducent nerve *s.* (*Anat*) nervo *m* abducente.

abduct [æb'dʌkt] *v.t.* **1** rapire. **2** (*Anat*) abdurre. **abduction** [-kʃən] *s* **1** rapimento *m,* sequestro *m* di persona. **2** (*Anat*) abduzione *f.* **3** (*Filos*) apagoge *f.* **abductor** [-ə] *s.* **1** rapitore *m.* **2** (*Anat*) abduttore *m.*

abeam [ə'bi:m] *avv.* (*Mar*) perpendicolare alla lunghezza di una nave.

abecedarian [,eibisi'dɛəriən] **I** *s.* **1** scolaretto *m* (*f* -a) che impara l'alfabeto. **2** (*fig*) (*novice*) principiante *m/f,* novellino *m* (*f* -a). **II** *a.* **1** (in ordine) alfabetico. **2** (*fig*) (*rudimentary*) elementare, rudimentale.

abed [ə'bed] *avv.* (*lett*) a letto: *to lie ~* stare a letto.

Abel ['eibl] *N.pr.* (*Bibl*) Abele *m.*

Abelard ['æbəlɑ:d] *N.pr.* (*Stor*) Abelardo *m.*

abele [ə'bi:l] *s.* (*Bot*) gattice *m,* alberello *m,* pioppo *m* bianco.

aberdevine [,æbədi'vain] *s.* (*Ornit*) lucherino *m.*

aberrance [æ'berəns], **aberrancy** [-i] *s.* aberrazione *f,* deviazione *f.* **aberrant** [-rənt] **I** *s.* anormale *m/f.* **II** *a.* **1** (*Psic,Astr*) aberrante. **2** (*fig*) anormale, aberrante: *~ behaviour* comportamento anormale.

aberration [,æbə'reiʃən] *s.* **1** aberrazione *f,* deviazione *f* (*anche fig.*). **2** (*Psic,Astr,Fis,Med*) aberrazione *f.* **aberrational** [-l] *a.* eccentrico, bislacco.

abet [ə'bet] *v.t.* (*pret., p.p.* **abetted** [–id]) **1** spalleggiare, essere complice di: *to ~ s.o. in a crime* essere complice di qd. in un reato. **2** (*to instigate*) istigare; (*to incite*) incitare. □ (*Dir*) *to aid and ~ s.o.* essere complice di qd. **abetment** [–mənt] *s.* complicità *f.* **abetter, abettor** [–ə] *s.* complice *m/f.*

abeyance [ə'beiəns] *s.* **1** sospensione *f;* (*of an office*) vacanza *f.* **2** (*Dir*) stato *m* di giacenza, sospensione *f;* (*lapse of succession*) vacanza *f.* □ *to fall into ~* essere in sospeso ; (*of a law*) cadere in disuso; *to hold in ~* tenere in sospeso; (*Dir*) *estate in ~* eredità *f* vacante; (*Dir*) *land in ~* beni *mpl* giacenti.

abhor [əb'hɔ:] *v.t.* (*pret., p.p.* **abhorred** [–d]) aborrire, detestare, avere in orrore. **abhorrence** [–rəns] *s.* ripugnanza *f,* avversione *f,* aborrimento *m,* orrore *m: to hold in ~* avere in orrore. **abhorrent** [–rənt] *a.* **1** ripugnante, disgustoso, odioso. **2** (*contrary*) contrario (*to* a), incompatibile (con); contro: *~ to nature* contro natura. **3** (*showing dislike for*) che aborrisce, che rifugge (*of* da).

abidance [ə'baidəns] *s.* **1** permanenza *f.* **2** (*compliance*) ossevanza *f,* rispetto *m* (*by* di). □ (*Pol*) *~ by parliamentary procedure* osservanza *f* della procedura parlamentare.

abide [ə'baid] *v.* (*pret., p.p.* **abode** [ə'boud]/**abided** [–id]) **I** *v.i.* (*ant*) **1** rimanere, fermarsi. **2** (*to dwell*) abitare, dimorare (*in* a, in). **3** (*to continue*) continuare, durare. **II** *v.t.* **1** sopportare, tollerare: *she can't ~ him* non lo può sopportare. **2** (*to withstand*) sostenere, resistere a. **3** (*to atone*) espiare, fare ammenda di. **4** (*lett*) aspettare, attendere: *to ~ s.o.'s coming* aspettare l'arrivo di qd. □ *to ~ by:* **1** tenere fede a; **2** (*to submit to, to be bound by*) attendersi a: *we shall ~ by the court's decision* ci atterremo alla decisione della corte; **3** (*to act in accordance with*) attenersi, seguire, rispettare: *to ~ by the*

rules attenersi alle regole.

abiding [ə'baidiŋ] *a.* costante, durevole, persistente.

abigail *ebr.* ['æbigeil] *s.* (*lett*) cameriera *f,* (*lett*) ancella *f.*

ability [ə'biliti] *s.* **1** (*power*) capacità *f,* abilità *f.* **2** (*skill*) abilità *f,* capacità *f,* perizia *f,* competenza *f.* **3** *pl.* (*talents*) abilità *f,* capacità *fpl,* talento *m,* qualità *fpl: a man of great abilities* un uomo di grandi capacità. **4** (*Dir*) capacità *f.* □ *to do s.th. to the best of one's ~* fare del proprio meglio; *~ to inherit* successiblità *f.*

abiogenesis [,æbio'dʒenisis] *s.* (*pl.* -**ses** [si:z]) (*Biol*) abiogenesi *f.* **abiogenetic** [–dʒə'netik] *a.* abiogenetico. **abiogenist** [–'ɔdʒənist] *s.* abiogenista *m/f.*

abiological [,eibaiə'lɔdʒikəl] *a.* abiologico.

abiosis [eibai'ousis] *s.* (*Biol*) abiosi *f.* **abiotic** [–'tik] *a.* abiotico.

abject ['æbdʒekt] *a.* **1** miserabile, infimo. **2** (*despicable*) abietto, spregevole, basso. **3** (*servile*) vile, servile. □ *~poverty* miseria nera. **ab'jection** [–kʃən] *s.* abiezione *f,* umiliazione *f,* degradazione *f.* **abjectly** [–li] *avv.* bassamente, in modo abietto (*o* vile). **abjectness** [–nis] *s.* **1** abiezione *f.* **2** (*poverty*) miseria *f.*

abjuration [,æbdʒuə'reiʃən] *s.* abiura *f.* **abjure** [əb'dʒuə] *v.t.* abiurare, rinunciare a; (*to retract*) ritrattare. **abjurer** [əb'dʒuərə] *s.* chi abiura.

abl. = *ablative* ablativo (*abbr.* abl.).

ablactation [,æblæk'teiʃən] *s.* (*Med*) svezzamento *m.*

ablation [æb'leiʃən] *s.* (*Chir,Astr*) ablazione *f.*

ablative ['æblətiv] **I** *s.* (*Gramm*) ablativo *m: ~ absolute* ablativo assoluto. **II** *a.* ablativo.

ablaze [ə'bleiz] *a./avv.* **1** in fiamme. **2** (*bright*) splendente, fiammeggiante. **3** (*fig*) (*excited*) infervorato, infiammato; (*very angry*) furente, furibondo. □ *to set s.th. ~* dare fuoco a qc.; *the room was ~ with lights* la stanza risplendeva di luci.

able ['eibl] *a.* **1** capace di, in grado di. **2** (*skilful*) abile, esperto, capace, competente. **3** (*showing talent*) intelligente. **4** (*Dir*) capace. □ *to be ~* potere, essere in grado di: *I shall not be ~ to come* non potrò venire; *he was ~ to answer* era in grado di rispondere; *~ in body and mind* sano di corpo e di mente.

able|-'bodied *a.* **1** robusto, forte, sano. **2** (*Mil*) idoneo. **3** (*Mar*) scelto. **'~-'bodiedness** *s.* robustezza *f.* **'~-'bodied seaman** *s.* (*mar*) marinao *m* scelto. **'~-'minded** *a.* intelligente, dotato di grandi capacità intellettive.

abloom [ə'blu:m] *a.* in fiore, fiorito.

ablush [ə'blʌʃ] *a.* (*lett*) soffuso di rossore.

ablution [ə'blu:ʃən] *s.* (general. al pl.) abluzione *f.* □ (*scherz*) *to perform one's ~s* lavarsi. **ablutionary** [–əri] *a.* che lava (*o* purifica).

ably ['eibli] *avv.* abilmente, destramente.

ABM = *Anti-Ballistic Missile* missile antimissile balistico.

abnegate ['æbnigeit] *v.t.* **1** rinunciare a, privarsi di. **2** (*to give up*) abiurare.

abnegation [æbni'geiʃən] *s.* **1** abnegazione *f,* spirito *m* di sacrificio, abiura *f.* **2** (*renunciation*) rinuncia *f* volontaria.

abnormal [æb'nɔ:ml] *a.* **1** anormale, inconsueto, abnorme. **2** (*subnormal*) subnormale. □ *~ condition* anomalia *f;* (*Med*) *~ psychology* psicopatologia *f.* **abnormality** [–'mæliti] *s.* anormalità *f,* anomalia *f,* irregolarità *f.* **abnormally** [–məli] *avv.* in maniera anormale. **abnormity** [–miti] *s.* irregolarità *f,* mostruosità *f.*

aboard [ə'bɔ:d] **I** *avv.* a bordo. **2** (*Mar*) (*alongside*) a fianco, accostato. **II** *prep.* a bordo di: *to go ~ a ship* salire a bordo di una nave. □ (*esclam*) *all ~:* **1** (*Mar*) tutti a bordo; **2** (*of vehicles*) in vettura; **3** (*of a train*) in carrozza.

abode[1] [ə'boud] *s.* **1** dimora *f.* **2** (*sojourn*) residenza *f,* soggiorno *m.* □ (*Dir*) *of no fixed ~* senza fissa dimora; (*Dir*) *place of ~* domicilio *m.*

abode[2] → **abide**.

aboil [ə'bɔil] *a.* (*lett*) bollente, che bolle. □ *to be ~* bollire.

abolish [ə'bɔliʃ] *v.t.* abolire, sopprimere; (*of a law*) abrogare.

abolition [æbə'liʃən] s. **1** abolizione f. **2** ⟨Stor.am⟩ abolizione f della schiavitù. **abolitionism** [–izəm] s. ⟨Stor.am⟩ abolizionismo m. **abolitionist** [–ist] s. ⟨Stor.am⟩ abolizionista m/f.

abomasum [æbo'meisəm] s. (pl. **-sa** [sə]) ⟨Zool⟩ abomaso m.

A-bomb ['eibɔm] **I** s. bomba f atomica. **II** v.t. distruggere con la bomba atomica. **A-bomber** [–bɔmə] s. bombardiere m atomico.

abominable [ə'bɔminəbl] a. **1** abominevole. detestabile, esecrando. **2** ⟨fam⟩ (unpleasant) disgustoso, odioso, orribile: ~ weather tempo orribile; (bad) pessimo, abominevole. □ Abominable Snowman abominevole uomo m delle nevi. **abominably** [–i] avv. abominevolmente. **abominate** [–neit] v.t. abominare, aborrire. **a,bomination** [–'neiʃən] s. **1** abominio m, obbrobrio m, orrore m. **2** (detestation) odio m, abominio m. □ to be an ~ to s.o. essere in odio a qd.

aboriginal [æbə'ridʒənl] **I** a. aborigeno; (indigenous) aborigeno, indigeno. **II** s. aborigeno m. **aborigine** [–dʒini:] s. **1** aborigeno m, indigeno m (f –a). **2** pl. (original flora and fauna) flora e fauna f autoctona.

aborning am. [ə'bɔ:niŋ] avv. sul nascere: to die ~ morire sul nascere.

abort [ə'bɔ:t] **I** v.i. **1** abortire. **2** ⟨Biol⟩ (to develop incompletely) abortire, atrofizzarsi, arrestarsi nello sviluppo. **3** ⟨fig⟩ (to fail) abortire, fallire, andare a vuoto: all their plans –ed tutti i loro piani fallirono. **II** v.t. **1** partorire prematuramente; (to cause an abortion) far abortire. **2** ⟨fig⟩ far abortire (o fallire). **III** s. **1** ⟨am.Mil⟩ (of a missile) partenza f non riuscita; (of a flight) missione f non portata a termine. **2** ⟨Inform⟩ aborto m.

abortifacient [ə,bɔ:ti'feiʃent] **I** s. abortivo m. **II** a. abortivo.

abortion [ə'bɔ:ʃən] s. **1** aborto m: induced ~ aborto provocato. **2** (monstrosity) aborto m, mostro m. **3** ⟨fig⟩ (failure) aborto m, fallimento m. **4** ⟨Biol⟩ arresto m di sviluppo. □ illegal (o unlawful) ~ aborto m illegale; procuring of ~ pratiche abortive; ⟨Med⟩ induced ~ aborto provocato; threatened ~ minaccia f di aborto. **abortionist** [–ist] s. **1** fautore m (f –trice) dell'aborto. **2** (one who performs abortions) abortista m/f.

abortive [ə'bɔ:tiv] a. **1** abortito, fallito, mancato. **2** (prematurely born) abortito, prematuro. **3** ⟨Biol⟩ non sviluppato, rudimentale. **abortively** [–li] avv. **1** prematuramente. **2** (unsuccessfully) inutilmente, senza riuscita. **abortiveness** [–nis] s. insuccesso m, fallimento m.

aboulia s. → abulia. **aboulic** a. → abulic.

abound [ə'baund] v.i. abbondare, essere ricco (with, in di).

about [ə'baut] **I** prep. **1** su, di, intorno a, circa: I know nothing ~ the subject non so niente sull'argomento; what are you talking ~? di che cosa state parlando? **2** (connected with) in: there is something very strange ~ him c'è qualcosa di molto strano in lui. **3** (in the vicinity of) vicino (a), presso (a), accanto a, attorno a. **4** (on one's person) con, addosso: she had the money ~ her aveva il denaro con sé. **5** (around) intorno a: a garden ~ the house un giardino intorno alla casa. **6** (throughout) per, attraverso, in: she travelled ~ the whole country viaggiò per tutto il paese. **II** avv. **1** circa, all'incirca, pressappoco, più o meno: ~ fifty people circa cinquanta persone; (of time) verso, circa: ~ ten o' clock verso le dieci. **2** (almost) quasi, pressoché. **3** (near) presso, vicino: the people standing ~ le persone che stavano vicino. **4** (around) intorno, attorno, in giro: to look ~ one guardarsi attorno. **5** (in the opposite direction) indietro: to turn ~ tornare indietro. **6** (here and there) in giro, qua e là: books lying ~ libri sparsi in giro; very few people ~ pochissime persone in giro; (in circulation) in circolazione, in giro: plenty of money ~ molto denaro in circolazione. **7** (alternately) a turno, uno dopo l'altro: to take turns ~ fare a turno, avvicendarsi. **8** (in circumference) intorno: the lake is a mile ~ il lago misura un miglio tutt'intorno, il lago ha una circonferenza di un miglio. □ what are you ~? che stai facendo?; ⟨fam⟩ he knows what he's ~ sa

quello che fa; what is it all ~? di che si tratta?; to be ~ to do s.th. essere sul punto di fare qc., stare per fare qc.; to bring ~ provocare, causare; how did this come ~? come (mai) è successo?; ⟨Mar⟩ to go ~ virare di bordo; go ~ your business va' per i fatti tuoi; the news is going ~ that corre voce che; ~ the house in casa; how (o what) ~ a game of bridge? che ne dite di una partita di bridge?; it's ~ time we went è ora che ce ne andiamo (o di andare); ⟨fam⟩ ~ time too! è (o era) proprio ora!; to be up and ~ essere già in giro; what ~ it? e allora?; while I was ~ it già che c'ero.

a'bout|-'face s./v. → about-turn. **'~-'ship** v.i. ⟨Mar⟩ virare di bordo. **'~-'turn I** s. **1** ⟨Mil⟩ dietro front m. **2** ⟨fig⟩ (reversal of attitude) voltafaccia m. **II** v.i. **1** ⟨Mil⟩ fare dietro front. **2** ⟨fig⟩ fare un voltafaccia. ~ **turn** intz. ⟨Mil⟩ dietro front.

above [ə'bʌv] **I** avv. **1** (di) sopra, in alto, lassù: the flat ~ l'appartamento di sopra. **2** (of number, amount) oltre, più: twenty people and ~ venti e più persone. **3** (in a book, etc.: earlier) di prima, di cui sopra, precedente: I refer to the statement ~ mi riferisco alla dichiarazione di cui sopra. **4** (to or in heaven) lassù, in cielo. **5** (farther up) più in alto, più a monte, più in su. **II** prep. **1** sopra, su: we live ~ the railway line abitiamo sopra la ferrovia. **2** (more than) più di, sopra, al di sopra di: ~ ten più di dieci; everyone ~ the age of twenty–one tutti coloro che hanno più di ventun anni. **3** (superior in rank) superiore: a captain is ~ a lieutenant il grado di capitano è superiore a quello di tenente. **4** (in addition to) oltre a. **5** (not liable to) sopra, al di sopra di: ~ criticism al di sopra di ogni critica. **6** (averse to) contrario a, alieno da: he is not ~ taking bribes non è alieno dalla corruzione. **7** (in preference to) più di: he loves her ~ everyone else la ama più di qualunque altra persona. **8** ⟨am⟩ (on the far side of) dietro. **9** (north of) sopra, a nord di. **III** s. **1** summenzionato m (f –a), suddetto m (f –a): the ~ is held responsible il suddetto è ritenuto responsabile. **2** (thing mentioned previously) quanto precede, quanto sopra. **3** (heaven) alto m: a gift from ~ un dono dall'alto. **IV** a. summenzionato, suddetto, suindicato: the ~ person la persona suddetta. □ ~ all soprattutto; as ~ come sopra; ⟨fam⟩ to be (o get) ~ o.s. montarsi la testa; over and ~ in aggiunta a, oltre a; the powers ~ il destino; the sky ~ il cielo lassù; a voice from ~ una voce dall'alto; to keep one's head ~ water tenere la testa a fior d'acqua; ⟨fig⟩ stare a galla.

a'bove|'average a. superiore alla media: ~ intelligence intelligenza superiore alla media. **-'board I** a.pred. aperto, leale, onesto. **II** avv. apertamente, onestamente. **'~-'cited** a. sopraccitato. **'~-'mentioned**, **'~-'named** a. suddetto, summenzionato, sunnominato. **'~'stairs I** s.pl. (costr. sing.) piano m superiore. **II** avv. al piano superiore. **'~-'water** a. ⟨Mar⟩ **1** a galla. **2** (above the waterline) sopra la linea di galleggiamento.

abr. = abridgement abbreviazione (abbr. abbr.).

abracadabra [æbrəkə'dæbrə] s. **1** abracadabra m, formula f magica. **2** (charm) abracadabra f, incantesimo m. **3** ⟨fig⟩ (nonsense) abracadabra m, gioco m di parole.

abrade [ə'breid] v.t. **1** erodere, corrodere. **2** (to scrape off) raschiare; (of skin) scorticare. **3** ⟨fig⟩ logorare. **4** ⟨tecn⟩ abradere, molare.

Abraham ['eibrəhæm] N.pr. Abramo m.

Abraham's bosom s. ⟨Bibl⟩ paradiso m, seno m di Abramo.

abranchial [ei'bræŋkiəl], **abranchiate** [–kiit] a. ⟨Zool⟩ abranchiato.

abrasion [ə'breizən] s. **1** ⟨Med⟩ abrasione f, escoriazione f. **2** ⟨tecn⟩ abrasione f. **abrasive** [–'reisiv] **I** s. abrasivo m. **II** a. abrasivo.

abrasive| cloth s. tela f smeriglio. ~ **paper** s. carta f abrasiva.

abreaction [æbri'ækʃən] s. ⟨Psic⟩ abreazione f.

abreast [ə'brest] **I** avv. **1** di fianco, a fianco, a lato. **2** ⟨Mar⟩ di fronte, al traverso, all'altezza. **3** (up to) all'altezza (of, with di), di pari passo (con), allo stesso livello (di): to keep ~ of modern development andare di pari passo con il progresso. **II** prep. ⟨Mar⟩ all'altezza di.

□ *to walk two* ~ camminare a due a due.
abridge [ə'bridʒ] *v.t.* **1** compendiare, ridurre, condensare: *to* ~ *a novel* compendiare un romanzo; *–d edition* edizione ridotta. **2** (*to shorten in duration*) abbreviare, accorciare: *I must* ~ *my visit* devo abbreviare la mia visita. **3** (*to curtail*) ridurre, limitare: *to* ~ *the freedom of the press* ridurre la libertà di stampa. **4** ⟨*ant*⟩ (*to deprive*) privare: *to* ~ *s.o. of his rights* privare qd. dei suoi diritti.
abridg(e)ment [–mənt] *s.* **1** compendio *m*, riduzione *f*, riassunto *m*, edizione *f* ridotta. **2** ⟨*Dir*⟩ limitazione *f.*
abroach [ə'broutʃ] *avv./a.* **1** (*of a cask*) spillato, stappato, sturato. **2** (*in circulation*) in circolazione, in giro. □ ⟨*fig*⟩ *to set* ~ rendere pubblico, diffondere; *to set a cask* ~ spillare una botte.
abroad [ə'brɔːd] *avv.* **1** all'estero: *to go* ~ andare all'estero. **2** ⟨*am*⟩ (*to or in Europe*) in Europa. **3** (*out–of–doors*) fuori, in giro: *to venture* ~ avventurarsi fuori. **4** (*in circulation*) in giro, in circolazione. **5** (*in error*) fuori segno, fuori strada: *to be all* ~ essere completamente fuori strada. **6** ⟨*ant*⟩ all'aperto. □ *there is a rumour* ~ corre voce che; *to spread* ~ diffondersi.
abrogate ['æbrəgeit] *v.t.* abrogare: *to* ~ *a law* abrogare una legge. **,abrogation** [–'geiʃən] *s.* abrogazione *f.* **abrogative** [–iv] *a.* abrogativo.
abrupt [ə'brʌpt] *a.* **1** improvviso, inaspettato, repentino. **2** (*blunt, curt*) brusco: ~ *ways* maniere brusche. **3** (*of style*) sconnesso, disuguale, discontinuo. **4** (*very steep*) scosceso, ripido, erto. **5** ⟨*Bot*⟩ tronco, mozzo.
abruption [ə'brʌpʃən] *s.* improvviso distacco *m.* **abruptly** [–ptli] *avv.* **1** repentinamente. **2** (*bluntly*) bruscamente. **3** (*very steeply*) ripidamente, a picco. **abruptness** [–ptnis] *s.* **1** precipitazione *f*, subitaneità *f.* **2** (*bluntness*) rudezza *f*, asprezza *f.* **3** (*of style*) discontinuità *f.* **4** (*steepness*) ripidezza *f.*
abs. = **1** *absolute* assoluto (*abbr.* assol.). **2** *abstract* astratto.
Absalom ['æbsələm] *N.pr.* ⟨*Bibl*⟩ Assalonne *m.*
abscess ['æbsis] *s.* ⟨*Med*⟩ ascesso *m.*
abscind [æb'sind] *v.t.* tagliare, amputare.
abscissa [æb'sisə] *s.* (*pl.* **-sae** [si:]/**-s** [z]) ⟨*Mat*⟩ ascissa *f.*
abscission [æb'siʒən] *s.* ⟨*Chir,Bot*⟩ escissione *f.*
abscond [əb'skɔnd] *v.i.* scappare: *he* –*ed with the money* scappò con il denaro. **2** ⟨*Dir*⟩ darsi alla latitanza, rendersi latitante (*o* irreperibile). □ *absconding debtor* debitore latitante. **absconder** [–ə] *s.* latitante *m/f.*
absence ['æbsəns] *s.* **1** assenza *f.* **2** (*lack*) assenza *f*, mancanza *f*: *in the* ~ *of proof* in mancanza di prove. □ ⟨*Mil*⟩ *to be on leave of* ~ essere in licenza; ~ *without leave* assenza abusiva (*o* arbitraria); ~ *of mind* distrazione *f*; ⟨*Dir*⟩ *sentence in* ~ condanna *f* in contumacia. Prov.: ~ *makes the heart grow fonder* la lontananza accresce l'amore.
absent **I** *a.* ['æbsənt] **1** assente, mancante. **2** ⟨*fig*⟩ (*absent–minded*) distratto, con la mente altrove. **II** *v.r.* [æb'sent] assentarsi, essere assente (*from* da). **,absen'tee** [–i:] *s.* **1** assente *m/f.* **2** (*from work*) assenteista *m/f.* **,absen'teeism** [–i:izm] *s.* **1** assenteismo *m.* **2** (*of a landlord*) assenza *f* abituale.
absenteeism rate *s.* tasso *m* d'assenteismo.
absentee landlord *s.* proprietario *m* abitualmente assente dalle sue terre.
absently ['æbsəntli] *avv.* distrattamente.
'absent|-'minded *a.* distratto. **'~-'mindedly** *avv.* distrattamente. **'~-'mindedness** *s.* distrazione *f*, sbadataggine *f.*
absent voter *s.* elettore *m* (*f* –trice) che vota per corrispondenza.
absinth(e) ['æbsinθ] *s.* assenzio *m.*
absolute ['æbsəlu:t] **I** *a.* **1** assoluto, completo, totale. **2** (*not mixed*) assoluto, puro. **3** (*unlimited*) assoluto, illimitato: ~ *authority* autorità assoluta. **4** (*unqualified*) assoluto, categorico: *an* ~ *truth* una verità assoluta. **5** (*certain*) sicuro, infallibile, certo: *an* ~ *proof* una prova infallibile; (*unquestionable*) indiscusso, indiscutibile: *an* ~ *certainty* una certezza indiscutibile. **6** ⟨*Gramm*⟩ (*of a construction*) assoluto; (*of a verb*) usato in senso assoluto. **II** *s.* assoluto *m.* **Absolute** *s.* ⟨*Filos*⟩ Assoluto *m.* □ ⟨*fam*⟩ *you are an* ~ *beast* sei un vero mostro; *case of* ~

necessity caso *m* di forza maggiore.
absolute| alcohol *s.* ⟨*Chim*⟩ alcol *m* assoluto (*o* puro). ~ **discharge** *s.* ⟨*Dir*⟩ assoluzione *f* con formula piena. ~ **ego** *s.* ⟨*Filos*⟩ io *m* puro, io assoluto. ~ **impediment** *s.* ⟨*Dir*⟩ impedimento *m* dirimente. ~ **liability** *s.* ⟨*Econ*⟩ obbligazione *f* incondizionata.
absolutely ['æbsəlu:tli] *avv.* **1** assolutamente, completamente, del tutto: *are you* ~ *certain?* sei assolutamente sicuro? **2** (*certainly*) senz'altro, veramente. **3** ⟨*esclam*⟩ senz'altro, certamente. □ *you're* ~ *right* hai perfettamente ragione.
absolute| majority *s.* maggioranza *f* assoluta. ~ **monarchy** *s.* monarchia *f* assoluta. ~ **music** *s.* musica *f* assoluta.
absoluteness ['æbsəlu:tnis] *s.* assolutezza *f.*
absolute| owner *s.* ⟨*Econ*⟩ possessore *m* incommutabile. ~ **pitch** *s.* ⟨*Mus*⟩ **1** diapason *m* assoluto. **2** (*of singers*) intonazione *f* perfetta. ~ **scale** *s.* ⟨*Fis*⟩ scala *f* assoluta. ~ **temperature** *s.* ⟨*Fis*⟩ temperatura *f* assoluta. ~ **vacuum** *s.* ⟨*Fis*⟩ vuoto *m* assoluto. ~ **zero** *s.* ⟨*Fis*⟩ zero *m* assoluto.
absolution [æbsə'lu:ʃən] *s.* assoluzione *f* (*anche Rel.*).
absolutism ['æbsəlu:tizəm] *s.* assolutismo *m.* **absolutist** [–tist] **I** *s.* assolutista *m/f.* **II** *a.* dispotico.
absolutory [əb'sɔljutəri] *a.* assolutorio.
absolvable [əb'zɔlvəbl] *a.* assolvibile. **absolve** [–'zɔlv] *v.t.* **1** assolvere, liberare. **2** (*to set free from promises, etc.*) sciogliere, liberare, prosciogliere. **3** (*to grant absolution*) assolvere (*anche Rel.*).
absorb [əb'sɔ:b] *v.t.* **1** assorbire (*anche Chim.*). **2** ⟨*fig*⟩ (*to assimilate*) assorbire, assimilare. **3** ⟨*fig*⟩ (*to engross*) assorbire (*o* attrarre) l'attenzione di: *the circus –ed the boys* il circo assorbì l'attenzione dei ragazzi. **4** (*to occupy*) assorbire, occupare, impegnare: *the project –ed all his spare time* il progetto impegnò tutto il suo tempo libero. **5** ⟨*Comm*⟩ (*to pay for*) addossarsi, assumersi: *the dealer –ed transport charges* il negoziante si addossò le spese di trasporto; (*to use up*) assorbire: *the whole production was –ed by one store* tutta la produzione venne assorbita da un unico negozio.
absorbability [əb,sɔ:bə'biliti] *s.* capacità *f* di assorbimento. **ab'sorbable** [–bl] *a.* che può essere assorbito. **ab'sorbed** [–bd] *a.* **1** assorbito. **2** ⟨*fig*⟩ (*engrossed*) assorto, immerso.
absorbency [əb'sɔ:bənsi] *s.* capacità *f* di assorbimento, potere *m* assorbente. **absorbent** [–bənt] **I** *a.* assorbente. **II** *s.* sostanza *f* (*o* materiale *m*) assorbente. **absorber** [–bə] *s.* **1** ⟨*tecn*⟩ assorbitore *m.* **2** ⟨*Aut*⟩ ammortizzatore *m.* **absorbing** [–biŋ] *a.* **1** assorbente. **2** ⟨*fig*⟩ (*engrossing*) avvincente. **absorbingly** [–biŋli] *avv.* in modo avvincente.
absorption [əb'sɔ:pʃən] *s.* **1** assorbimento *m*, assimilazione *f* (*anche fig.*). **2** ⟨*fig*⟩ (*great interest*) profondo interesse *m.* **3** ⟨*Biol,Chim*⟩ assorbimento *m*: ~ *spectrum* spettro di assorbimento. **absorptive** [–ptiv] *a.* assorbente.
abstain [əb'stein] *v.i.* astenersi (*from* da). **2** ⟨*Parl*⟩ astenersi dal voto. **abstainer** [–ə] *s.* **1** chi si astiene. **2** (*abstemious person*) astemio *m* (*f* –a). **3** ⟨*Pol*⟩ astensionista *m/f.*
abstemious [əb'sti:mjəs] *a.* **1** astemio, sobrio, moderato. **2** (*plain*) frugale, semplice: *an* ~ *diet* una dieta frugale. **abstemiousness** [–nis] *s.* sobrietà *f*, frugalità.
abstention [əb'stenʃən] *s.* astensione *f* (*anche Parl.*).
absterge [əb'stə:dʒ] *v.t.* **1** detergere. **2** ⟨*lett*⟩ astergere. **abstergent** [–ənt] **I** *a.* **1** detergente. **2** ⟨*lett*⟩ astergente. **II** *s.* **1** detergente *m.* **2** ⟨*lett*⟩ astergente *m.* **abstersion** [–'stə:ʃən] *s.* **1** detersione *f.* **2** ⟨*lett*⟩ astersione *f.*
abstinence ['æbstinəns] *s.* **1** astinenza *f*, continenza *f.* **2** (*self–denial*) astinenza *f* (*anche Rel.*). **4** ⟨*Med*⟩ (*withdrawal*) astinenza *f.* **abstinent** [–nənt] *a.* → **abstemious**.
abstract[1] ['æbstrækt] **I** *a.* **1** astratto (*anche Art.*). **2** (*abstruse*) astruso. **II** *s.* **1** sommario *m*, riassunto *m*, compendio *m.* **2** (*abstract term*) astratto *m.* **3** ⟨*Art*⟩ astrattismo *m.* □ *in the* ~ in astratto; ⟨*Dir*⟩ ~ *of title* estratto *m* di un certificato catastale.
abstract[2] [æb'strækt] *v.t.* **1** estrarre, separare, ricavare: *to*

~ *gold from rock* estrarre l'oro dalla roccia. **2** (*to divert the attention of*) allontanare, distogliere. **3** (*to steal*) sottrarre. **4** (*to summarize*) riassumere, compendiare. **5** ⟨*assol*⟩ fare astrazione, astrarre.

abstracted [æb'stræktid] *a.* rimosso, tolto; (*absent–minded*) assorto, con la mente altrove, distratto. **abstractedly** [–li] *avv.* distrattamente. **abstractedness** [–nis] *s.* astrattezza *f*; (*absent–mindedness*) distrazione *f*.

abstract expressionism *s.* ⟨*Art*⟩ espressionismo *m* astratto.

abstraction [æb'strækʃən] *s.* **1** ⟨*Filos*⟩ astrazione *f*. **2** (*removal*) estrazione *f*. **3** (*absence of mind*) distrazione *f*. **4** (*theft*) sottrazione *f*, furto *m*: ~ *of documents* sottrazione di documenti. **5** ⟨*Art*⟩ astrazione *f*; (*work*) opera *f* astratta. **abstractionism** [–izəm] *s.* ⟨*Art*⟩ astrattismo *m*. **abstractionist** [–ist] **I** *s.* ⟨*Art*⟩ astrattista *m/f*. **II** *a.* astrattista.

abstractive [æb'stræktiv] *a.* astrattivo (*anche Filos.*). **abstractiveness** [–nis] *s.* astrattezza *f*. **'abstractly** [–tli] *avv.* astrattamente.

abstract| mechanics *s.pl.* (costr. sing.) ⟨*Fis*⟩ meccanica *f* razionale. ~ **music** *s.* musica *f* astratta.

abstractness ['æbstræktnis] *s.* astrattezza *f*.

abstract noun *s.* ⟨*Gramm*⟩ nome *m* astratto.

abstruse [æb'stru:s] *a.* astruso. **abstrusely** [–li] *avv.* astrusamente. **abstruseness** [–nis], **abstrusity** [–iti] *s.* **1** astrusità *f*. **2** (*something abstruse*) astruseria *f*.

absurd [əb'sə:d] *a.* assurdo; (*ridiculous*) assurdo, ridicolo. **absurdity** [–iti], **absurdness** [–nis] *s.* assurdità *f*.

abulia [ə'bju:liə] *s.* ⟨*Med*⟩ abulia *f*. **abulic** [–lik] *a.* abulico.

abundance [ə'bʌndəns] *s.* abbondanza *f*, profusione *f*; (*affluence*) ricchezza *f*. **abundant** [–dənt] *a.* **1** abbondante, copioso. **2** (*abounding, rich*) pieno, ricco (*in, with* di).

abuse[1] [ə'bju:z] *v.t.* **1** abusare di, approfittare di: *do not* ~ *your privileges* non abusare dei tuoi privilegi. **2** (*to mistreat*) maltrattare, trattare male. **3** (*to insult*) insultare, ingiuriare. **4** (*to commit indecent assault on*) abusare di. **5** ⟨*ant*⟩ (*to deceive, to mislead*) ingannare.

abuse[2] [ə'bju:s] *s.* **1** abuso *m*, uso *m* illecito: ~ *of confidence* abuso di fiducia. **2** (*vituperation*) insulto *m*, ingiuria *f*. **3** (*harsh treatment*) maltrattamento *m*. **4** ⟨*ant*⟩ (*deception*) inganno *m*. □ ~ *of discretion* eccesso *m* di potere; ~ *of power* abuso *m* di potere; *to remedy an* ~ sanare un abuso; *term of* ~ ingiuria *f*.

abuser [ə'bju:zə] *s.* **1** autore *m* (*f* -trice) di un abuso. **2** (*one who mistreats*) chi maltratta. **3** (*one who reviles*) offensore *m*.

abusive [ə'bju:siv] *a.* **1** offensivo, insultante, ingiurioso: *an* ~ *letter* una lettera ingiuriosa. **2** (*treating badly*) villano, violento. **abusively** [–li] *avv.* (*irregularly*) abusivamente; (*insultingly*) ingiuriosamente. **abusiveness** [–nis] *s.* abusività *f*, abusivismo *m*.

abut [ə'bʌt] *v.i.* (*pret., p.p.* **abutted** [–id]) **1** confinare (*upon, on, against* con): *his land –s on mine* il suo terreno confina con il mio. **2** ⟨*Mecc*⟩ attestarsi (su). **3** ⟨*Arch*⟩ appoggiarsi (su). **abutment** [–mənt] *s.* **1** ⟨*Arch*⟩ (*of an arch*) spalla *f*, piedritto *m*; (*of a bridge*) spalla *f*. **2** (*junction*) punto *m* di congiungimento.

abutment| arch *s.* arcata *f* di sostegno. ~ **beam** *s.* trave *f* portante.

abuttal [ə'bʌtl] *s.* **1** appoggio *m*. **2** *pl.* ⟨*Dir*⟩ confini *mpl*, delimitazioni *fpl*. **abutter** [–tə] *s.* confinante *m/f*, proprietario *m* (*f* -a) di fondo limitrofo. **abutting** [–tiŋ] *a.* contiguo, confinante, adiacente.

abuzz [ə'bʌz] *a.* **1** ronzante, brulicante. **2** ⟨*fig*⟩ fervente di attività.

abysm [ə'bizəm] *s.* → **abyss**. **abysmal** [–zməl] *a.* **1** abissale. **2** ⟨*fig*⟩ incommensurabile, enorme. □ ~ *ignorance* ignoranza spaventosa.

abyss [ə'bis] *s.* **1** abisso *m*, baratro *m* (*anche fig.*). **2** ⟨*Rel*⟩ caos *m*; (*hell*) abisso *m* (*o* baratro) infernale. **abyssal** [–əl] *a.* **1** abissale. **2** ⟨*fig*⟩ (*unfathomable*) abissale, incommensurabile. □ ⟨*Geol*⟩ ~ *zone* zona *f* abissale.

Abyssinia [ˌæbi'siniə] *N.pr.* ⟨*Geog*⟩ Abissinia *f*. **Abyssinian** [–n] **I** *a.* abissino. **II** *s.* abissino *m* (*f* -a).

AC = **1** *Athletic Club* club atletico. **2** ⟨*Mil*⟩ *Army corps* corpo d'armata.

a/c = **1** *account* conto. (*abbr.* c.to). **2** *account current* conto corrente (*abbr.* c/c).

a.c. = ⟨*Med*⟩ *before meals* prima dei pasti.

A.C. = **1** ⟨*El*⟩ *alternating current* corrente alternata (*abbr.* c.a.). **2** *Ante Christum* avanti Cristo (*abbr.* a.C.).

acacia [ə'keiʃə] *s.* ⟨*Bot*⟩ acacia *f*.

academia *am.* [ækə'di:miə] *s.* ambiente *m.* universitario.

academic [ˌækə'demik] **I** *a.* **1** accademico: ~ *year* anno accademico. **2** ⟨*am*⟩ (*of non–practical studies*) accademico, classico. **3** (*theoretical*) accademico, teorico. **II** *s.* **1** (*student*) universitario *m* (*f* –a). **2** (*professor*) accademico *m.* **academical** [–əl] *a.* accademico, universitario. **academicals** [–lz] *s.pl.* → **academic costume**.

academic| costume *s.* toga *f* e tocco, paludamenti *mpl* accademici. ~ **freedom** *s.* **1** (*of a teacher*) libertà *f* d'insegnamento. **2** (*of a student*) libertà *fpl* accademiche.

academician [əˌkædə'miʃən] *s.* accademico *m.* **academicism** [ˌækə'demisizəm], **academism** [ə'kædəmizəm] *s.* ⟨*Lett,Art,Mus*⟩ accademismo *m.*

academic| qualifications *s.pl.* titoli *mpl* di studio. ~ **rank** *s.* ordine *m* accademico. ~ **staff** *s.* corpo *m* docente. ~ **subjects** *s.pl.* materie *fpl* umanistiche.

academy [ə'kædəmi] *s.* **1** accademia *f*: *air force* ~ accademia aeronautica. **2** ⟨*am*⟩ (*secondary school*) scuola *f* secondaria, liceo *m.* **3** ⟨*Lett,Art*⟩ accademia *f.* **Academy** *N.pr.* ⟨*Filos*⟩ Accademia *f.*

Academy Award *s.* ⟨*Cin*⟩ premio *m* Oscar, Oscar *m.*

Acadian [ə'keidiən] **I** *a.* acadiano (*anche Geol.*). **II** *s.* **1** (*native*) acadiano *m* (*f* –a). **2** ⟨*Geol*⟩ acadiano *m.*

acajou ['ækəʒu:] *s.* ⟨*Bot*⟩ acagiù *m.*

acalepha ['ækələfa] *s.* ⟨*Zool*⟩ acalefa *f.*

acanthus [ə'kænθəs] *s.* (*pl.* **-es** [iz]/**-thi** [θai]) ⟨*Bot,Arch*⟩ acanto *m.*

acarid ['ækərid] *s.* ⟨*Entom*⟩ acaride *m.*

acarpous [ei'ka:pəs] *a.* ⟨*Bot*⟩ acarpo.

acarus ['ækərəs] *s.* (*pl.* **-ri** [rai]) ⟨*Entom*⟩ acaro *m.*

acatalepsy [ə'kætəlepsi] *s.* ⟨*Filos*⟩ acatalessia *f.*

acauline [ei'kɔ:lain], **acaulose** [–lous], **acaulous** [–ləs] *a.* ⟨*Bot*⟩ acaule.

acc. = **1** *acceptance* accettazione. **2** *accusative* accusativo (*abbr.* acc.).

accede [æk'si:d] *v.i.* **1** aderire, acconsentire, accedere (*to* a): *to* ~ *to a request* aderire a una richiesta. **2** (*to attain: an office, title, etc.*) assumere (qc.); (*the throne*) salire (a). **3** (*to become a party to*) aderire (a): *to* ~ *to a treaty* aderire a un trattato.

accelerate [æk'seləreit] *v.t./i.* accelerare (*anche fig.*).

accelerated| motion [æk'seləreitid] *s.* ⟨*Fis*⟩ moto *m* accelerato. ~ **depreciation** *s.* ammortamento *m* per quote decrescenti.

ac,celeration [æk'selə'reiʃən] *s.* accelerazione *f* (*anche Econ.*). □ ⟨*Fis*⟩ ~ *of gravity* accelerazione *f* di gravità.

acceleration| clause *s.* ⟨*Econ*⟩ clausola *f* che prevede l'anticipazione di scadenza. ~ **coefficient** *s.* ⟨*Econ*⟩ coefficiente *m* di accelerazione, acceleratore *m.* ~ **jet** *s.* ⟨*Mot*⟩ getto *m* di ripresa.

accelerative [æk'selərətiv] *a.* accelerativo. **accelerator** [–reitə] *s.* **1** ⟨*tecn,Chim*⟩ acceleratore *m.* **2** ⟨*Econ*⟩ acceleratore *m.* **3** ⟨*Atom*⟩ (*particle accelerator*) acceleratore *m* di particelle. □ *to depress the* ~ dare un colpo all'acceleratore.

accelerometer [əkˌselərə'mi:tə] *s.* ⟨*Mecc*⟩ accelerometro *m.*

accent[1] ['æksənt] *s.* **1** accento *m* (*anche Mus.*); (*foreign accent*) accento *m* straniero: *to speak English with an* ~ parlare inglese con accento straniero. **2** (*tone of a language*) accento *m*, tono *m*, intonazione *f*, cadenza *f*. **3** *pl.* (*choice of words, etc.*) espressioni *fpl*, ⟨*lett*⟩ accenti *mpl*: *the –s of authority* espressioni autorevoli. **4** ⟨*Mat*⟩ apice *m.* **5** (*tone*) tono *m*, aria *f.* **6** ⟨*fig*⟩ (*emphasis*) enfasi *f*, rilievo *m*, risalto *m.* □ ⟨*fig*⟩ *to place the* ~ *on s.th.* dare importanza a qc., porre l'accento su qc.

accent[2] [æk'sent] *v.t.* **1** accentare, mettere l'accento su: *to* ~ *the last syllable* accentare l'ultima sillaba. **2** ⟨*fig*⟩ (*to* *emphasize*) accentuare, sottolineare, mettere in evidenza, porre in rilievo.

accentor [æk'sentə] *s.* ⟨*Ornit*⟩ **1** sordone *m.* **2** (*hedge sparrow*) passera *f* scopaiola.

accent shift *s.* ⟨*Ling*⟩ spostamento *m* d'accento (*anche fig.*).

accentual [æk'sentjuəl] *a.* **1** ⟨*Ling*⟩ accentuale. **2** ⟨*Metr*⟩ accentuativo. **accentuate** [–tjueit] *v.t.* **1** accentuare, sottolineare, mettere in rilievo (*o* evidenza), dare rilievo a. **2** (*to mark with an accent*) accentare. **3** (*to pronounce with prominence*) accentuare. **accentuated** [–tjueitid] *a.* accentuato, forte. **ac,centuation** [–tju'eiʃən] *s.* **1** accentuazione *f.* **2** (*something accentuated*) rilievo *m.* **3** ⟨*Ling*⟩ accentatura *f.*

accept [ək'sept] *v.t.* **1** accettare (*anche Comm.*). **2** (*to consent to*) accettare, accogliere, acconsentire a: *they –ed our proposal* accolsero la nostra proposta. **3** (*to receive into a club, etc.*) ammettere, accogliere, accettare. **4** (*to understand*) intendere, interpretare. **5** (*of a deliberative body*) ricevere: *the committee –ed the report* la commissione ricevette il rapporto. **6** ⟨*assol*⟩ accettare, assentire. □ *to ~ an apology* accettare le scuse; ⟨*epist*⟩ *please ~ our best thanks* vogliate gradire i nostri migliori ringraziamenti.

acceptability [ək,septə'biliti] *s.* **1** accettabilità *f.* **2** (*welcomeness*) gradevolezza *f.* **ac'ceptable** [–bl] *a.* **1** gradito, bene accetto: *an ~ gift* un dono gradito. **2** (*satisfactory*) soddisfacente, accettabile, discreto; (*barely adequate*) passabile. **ac'ceptableness** [–blnis] *s.* → **acceptability.**

acceptance [ək'septəns] *s.* **1** accettazione *f*, accoglienza *f.* **2** (*approval*) approvazione *f*, consenso *m.* **3** ⟨*Comm*⟩ (*promise to pay*) accettazione *f*; (*order, draft*) atto *m* di accettazione. □ ⟨*Dir*⟩ *~ with* **benefit** *of inventory* accettazione *f* con beneficio d'inventario; ⟨*Comm*⟩ *to present a* **bill** *for ~* presentare una tratta all'accettazione; *~ against* **documents** accettazione *f* contro documenti; **general** *~* accettazione *f* incondizionata; ⟨*Comm*⟩ *~ for* **honour** accettazione *f* per intervento; **on** *~* all'accettazione.

acceptance| credit *s.* ⟨*Econ*⟩ credito *m* di accettazione. *~* **house** *s.* casa *f* di accettazione.

acceptation [,æksep'teiʃən] *s.* **1** approvazione *f*, consenso *m.* **2** (*usual meaning*) accezione *f*, significato *m.* **accepted** [ək'septid] *a.* comunemente accettato (*o* accolto), indiscusso: *the ~ meaning of a word* il significato comunemente accettato di una parola. **accepter** [ək'septə] *s.* accettante *m/f.*

accepting bank *s.* ⟨*Comm*⟩ banca *f* accettante.

acceptor [ək'septə] *s.* **1** ⟨*Comm*⟩ accettante *m/f.* **2** ⟨*Chim*⟩ accettore *m.*

access ['ækses] *s.* **1** accesso *m*, ingresso *m*, entrata *f*: *to have ~ to the library* avere accesso alla biblioteca. **2** (*approach*) accesso *m*; (*way of approach*) mezzo *m* di accesso, via *f* di accesso. **3** ⟨*Med*⟩ accesso *m*, attacco *m.* **4** ⟨*fig*⟩ (*outburst*) scoppio *m*: *an ~ of rage* uno scoppio d'ira. **5** ⟨*fig*⟩ (*freedom to choose, obtain*) accesso *m*, facoltà *f* di accesso: *~ to higher education* l'accesso all'istruzione superiore. **6** ⟨*Inform*⟩ accesso *m.* □ *of difficult ~* di difficile accesso; *of easy ~* accessibile, di facile accesso; ⟨*Dir*⟩ **right** *of ~* diritto *m* di passaggio.

accessary *s./a.* → **accessory.**

accessibility [ək,sesi'biliti] *s.* accessibilità *f.* **ac'cessible** [–bl] *a.* **1** accessibile. **2** ⟨*fig*⟩ accessibile, abbordabile; (*open to influence*) accessibile, influenzabile. **3** (*obtainable*) disponibile.

accession [æk'seʃən] *s.* **1** accessione *f*, assunzione *f*: *~ to the throne* assunzione al trono. **2** (*increase*) aumento *m.* **3** (*addition*) aggiunta *f.* **4** (*assent*) adesione *f*, accessione *f.* **5** (*approach*) avvicinamento *m.* **6** ⟨*Dir,Bibliot*⟩ accessione *f.* **7** ⟨*Med*⟩ accesso *m.* □ ⟨*Dir*⟩ *~ to an estate* entrata *f* in possesso di un patrimonio; ⟨*Econ*⟩ *~ to one's income* aumento *m* di reddito.

accessorial [,ækse'sɔːriəl] *a.* accessorio, supplementare.

accessorize [æk'sesəraiz] *v.t.* dotare di accessori.

accessory [æk'sesəri] **I** *s.* **1** accessorio *m* (*anche Vest.*). **2** ⟨*Dir*⟩ complice *m/f.* **II** *a.* **1** supplementare, aggiunto,

accessorio. **2** ⟨*Dir*⟩ complice. □ ⟨*Dir*⟩ *~ after the fact* favoreggiatore *m* (*f* –trice) personale; ⟨*Dir*⟩ *~ before the fact* istigatore *m* (*f* –trice), mandante *m/f; equipped with accessories* accessoriato.

accessory clause *s.* ⟨*Dir*⟩ clausola *f* accessoria.

access ramp *s.* ⟨*Strad*⟩ rampa *f* di accesso.

accidence ['æksidəns] *s.* **1** ⟨*Ling*⟩ morfologia *f.* **2** ⟨*fig*⟩ rudimenti *mpl.*

accident ['æksidənt] *s.* **1** incidente *m*, disgrazia *f*, infortunio *m*: *road ~* incidente stradale. **2** (*chance*) accidente *m*, caso *m* (fortuito). **3** ⟨*Geol*⟩ irregolarità *f*, ineguaglianza *f.* **4** ⟨*Filos*⟩ accidente *m.* □ *by ~* per caso; *by a mere ~* per puro caso; *~ at sea* incidente marittimo (*o* di navigazione); ⟨*Assic*⟩ *~ to third party* responsabilità *f* verso terzi; *–s will happen* sono cose che capitano. **,accidental** [–'dentl] **I** *a.* **1** inatteso, imprevisto. **2** (*happening by chance*) accidentale, casuale, fortuito: *~ meeting* incontro fortuito; *~ death* morte accidentale. **3** (*non essential*) non sostanziale, accessorio. **4** ⟨*Mus*⟩ accidentale. **II** *s.* accidente *m* (*anche Mus.*). □ ⟨*Assic*⟩ *~ at work* infortunio *m* sul lavoro. **,accidentally** [–'dentəli] *avv.* accidentalmente, fortuitamente, casualmente.

accident| benefit *s.* prestazione *f* in caso d'infortunio. *~* **insurance** *s.* assicurazione *f.* contro gli infortuni. *~* **prevention** *s.* prevenzione *f* degli infortuni, antinfortunistica *f.* *~* **prone** *a.* predisposto agli infortuni. *~* **proneness** *s.* predisposizione *f* agli incidenti (*o* infortuni). *~* **surgery** *s.* chirurgia *f.* traumatologica.

acclaim [ə'kleim] **I** *v.t.* **1** acclamare, applaudire. **2** (*to proclaim by acclamation*) acclamare, eleggere per acclamazione. **II** *s.* acclamazione *f*, consenso *m.*

acclamation [,æklə'meiʃən] *s.* acclamazione *f.* □ ⟨*Pol*⟩ *carried by* (*o with*) *~* adottato per acclamazione.

ac,climatable [ə'klaimə'tabl] *a.* acclimatabile. **ac'climate** [–mit] *v.* → **acclimatize.** **ac,climation** [–'meiʃən] *s.* → **acclimatization.** **ac,climatization** [–mətai'zeiʃən] *s.* acclimatazione *f*, acclimazione *f.* **acclimatize** [–mətaiz] **I** *v.t.* acclimatare, acclimare. **II** *v.i.* acclimatarsi, acclimarsi (*to a*).

acclivitous [ə'klivitəs] *a.* erto. **acclivity** [–ti] *s.* pendio *m*, salita *f*, erta *f.*

accolade [,ækə'leid] *s.* **1** encomio *m*, approvazione *f*, lode *f.* **2** (*in conferring knighthood*) accollata *f.* **3** (*ceremonial greeting*) abbraccio *m.* **4** ⟨*Mus*⟩ graffa *f.*

accommodate [ə'kɔmədeit] *v.t.* **1** favorire. **2** (*to supply*) fornire: *to ~ s.o. with s.th.* fornire qc. a qd. **3** (*to provide with lodgings*) ospitare, alloggiare. **4** (*to have room for*) contenere; (*of a car, plane*) portare, trasportare. **5** (*to adapt*) adattare, conformare: *we must ~ ourselves to the circumstances* dobbiamo adattarci alle circostanze. **6** (*to reconcile*) mettere d'accordo, conciliare. **accommodating** [–iŋ] *a.* **1** accomodante. **2** (*obliging*) compiacente, servizievole. **ac,commodation** [–'deiʃən] *s.* **1** adattamento *m*, sistemazione *f.* **2** (*reconciliation*) accomodamento *m*, compromesso *m*, accordo *m*; (*agreement*) accomodamento *m*, transazione *f.* **3** (*convenience*) comodità *f.* **4** (*room, space*) posto *m.* **5** (*food and lodging*; general. al pl.) alloggio *m*, ospitalità *f*; (*on a plane, ship, etc.*) posto *m.* **6** (*loan*) prestito *m.* **7** ⟨*Ott*⟩ accomodazione *f.*

accommodation| bill *s.* ⟨*Comm*⟩ cambiale *f* di comodo (*o* favore). *~* **ladder** *s.* ⟨*Mar*⟩ scala *f* dei barcarizzi. *~* **party** *s.* ⟨*Comm*⟩ contraente *m/f* di comodo. *~* **ramp** *am s.* ⟨*Strad*⟩ rampa *f.* d'accesso. *~* **train** *am. s.* ⟨*Ferr*⟩ treno *m* accelerato.

accommodative [ə'kɔmədeitiv] *a.* accomodante, compiacente. **accommodativeness** [–nis] *s.* compiacenza *f.*

accompaniment [ə'kʌmpənimənt] *s.* **1** accompagnamento *m*, cosa *f* che si accompagna. **2** ⟨*Mus*⟩ accompagnamento *m.* **accompan(y)ist** [–nist] *s.* ⟨*Mus*⟩ accompagnatore *m* (*f* –trice). **accompany** [–ni] *v.t.* **1** accompagnare (*anche Mus.*). **2** (*to be found with*) accompagnarsi: *fine words seldom ~ fine deeds* le belle parole di rado si accompagnano a belle azioni. **3** (*to associate*) accompagnare, associare a. □ *to ~ on* (*o at*) *the piano* accompagnare al pianoforte.

accomplice [əˈkɔmplis] *s.* complice *m/f.*

accomplish [əˈkɔmpliʃ] *v.t.* realizzare, portare a termine, ultimare: *to ~ one's mission* portare a termine la missione; (*to complete*) compiere, completare. **accomplishable** [-əbl] *a.* effettuabile, realizzabile. **accomplished** [-t] *a.* **1** compiuto, finito: *an ~ fact* un fatto compiuto. **2** (*skilled*) esperto, abile: *an ~ surgeon* un esperto chirurgo; (*of a worker*) finito. **3** (*socially skilled*) bene educato, raffinato, di classe. **accomplishment** [-mənt] *s.* **1** realizzazione *f,* adempimento *m.* **2** (*achievement*) risultato *m,* impresa *f.* **3** (*social poise*) qualità *f,* dote *f;* (*skill, ability*) talento *m.*

accord [əˈkɔːd] **I** *v.i.* accordarsi, concordare (*with* con): *his story ~s with yours* il suo racconto concorda con il vostro. **II** *v.t.* **1** accordare, mettere d'accordo, conciliare. **2** (*to award*) accordare, concedere. **III** *s.* **1** accordo *m* (*anche Mus.*). **2** (*agreement*) accordo *m,* consenso *m.* **3** ⟨*Pol*⟩ (*treaty*) accordo *m,* patto *m,* trattato *m.* **4** ⟨*Mus.,Lett.,Art*⟩ armonia *f.* ☐ *of one's own ~* spontaneamente, di propria iniziativa; *with one ~* all'unanimità. **accordance** [-əns] *s.* **1** conformità *f,* accordo *m,* concordanza *f: in ~ with the rules* in conformità alle regole. **2** (*granting*) concessione *f.* ☐ *in ~ with your instructions* secondo le vostre istruzioni. **accordant** [-ənt] *a.* **1** conforme (*with* a), in conformità (a). **2** (*harmonious*) concordante (*anche Geol.*).

according [əˈkɔːdiŋ]: *~ as:* **1** a seconda che (*o* di), in proporzione di (*o* a): *you will be paid ~ as you work* sarai pagato a seconda del tuo lavoro; **2** (*depending on whether*) secondo come: *I'll come or not ~ as I feel* verrò o non verrò, secondo come mi sentirò; *~ to:* **1** secondo: *~ to him* secondo lui; *~ to expectations* secondo le previsioni; **2** (*in agreement with*) conformemente a, secondo: *~ to our agreement* secondo i nostri accordi; *~ to law* conformemente alla legge; **3** (*in proportion to*) in proporzione a, secondo. **accordingly** [-li] *avv.* **1** di conseguenza, conseguentemente: *look at all the facts and act ~* considera tutti i fatti e agisci di conseguenza. **2** (*therefore*) perciò, quindi, di conseguenza.

accordion [əˈkɔːdiən] *s.* ⟨*Mus*⟩ fisarmonica *f.* **accordionist** [-ist] *s.* fisarmonicista *m/f.*

accost [əˈkɔst] *v.t.* **1** avvicinare, indirizzarsi a, rivolgersi a, ⟨*fam*⟩ abbordare; (*of a prostitute*) abbordare. **2** (*to address abruptly*) attaccare discorso con. **accostable** [-əbl] *a.* accostabile, abbordabile.

accouchement *fr.* [æˈkuːʃmənt] *s.* parto *m.*

account¹ [əˈkaunt] *s.* **1** resoconto *m,* rendiconto *m,* rapporto *m,* relazione *f: give me a full ~* fammi un resoconto completo; (*description*) descrizione *f.* **2** (*reason*) ragione *f,* motivo *m,* causa *f: do not lie on any ~* non mentire per nessuna ragione. **3** (*explanation*) spiegazione *f.* **4** (*worth*) valore *m,* importanza *f: their criticism is of little ~* le loro critiche hanno poco valore. **5** (*profit, use*) profitto *m,* vantaggio *m,* tornaconto *m: to turn s.th. to good ~* trarre vantaggio (*o* profitto) da qc. **6** ⟨*Comm*⟩ conto *m: to open an ~ with s.o.* aprire un conto con qd. **7** ⟨*Comm*⟩ (*client*) cliente *m/f.* **8** ⟨*Econ*⟩ (*in the Stock Exchange*) termine *m.* **9** *pl.* ⟨*Comm*⟩ contabilità *f.* ☐ *to balance an ~* far quadrare un conto; ⟨*fig*⟩ *to bring s.o. to ~* fare i conti con qd.; *to buy s.th. on ~* comprare qc. a credito; *by all ~s* a quanto si dice, a detta di tutti; *by his own ~* a sentir lui; *to call s.o. to ~* chiedere spiegazione a qd.; ⟨*Comm*⟩ *~ carried forward* saldo riportato, riporto *m; to cast an ~* calcolare, fare un conto; *to charge against an ~* addebitare in conto; *~ of disbursements* conto *m* esborsi; *to find one's ~ in s.th.* trovare il proprio tornaconto in qc.; ⟨*Econ*⟩ (*in the Stock Exchange*) *for the ~* a termine; ⟨*Comm*⟩ *for the ~ and risk of* per conto e rischio di; ⟨*fig*⟩ *to give a bad ~ of o.s.* dare cattiva prova di sé, far brutta figura; *to give a good ~ of o.s.* dare buona prova di sé, farsi onore; ⟨*fig*⟩ *the great* (*o last*) *~* il giudizio universale; ⟨*Comm*⟩ *to have an ~ with* avere un conto presso; *to be held in ~* essere tenuto in conto; *of high ~* di gran conto; *to hold one's life in* (*o of*) *little ~* tenere la propria vita in scarsa considerazione; *to keep the ~s* tenere la contabilità; ⟨*Econ*⟩ *to keep an ~ alive* tenere un conto

acceso (*o* in essere); ⟨*fig*⟩ *to leave s.th. out of ~* non tener conto di qc., lasciare qc. da parte; *to make much ~ of s.th.* dare molta importanza a qc.; *to make out* (*o up*) *the ~s* fare i conti; *man of ~* uomo *m* importante; *man of no ~* uomo *m* da poco; **money** *of ~* moneta *f* di conto; ⟨*Econ*⟩ **next** *~* prossima liquidazione; ⟨*Comm*⟩ **on** *~* in acconto; *on ~ of:* **1** a causa di, in conseguenza di; **2** (*for the sake of*) per conto di; *on every ~* sotto ogni aspetto; *on many ~s* per molti aspetti; *on one's own ~:* **1** per proprio conto; **2** (*at one's own risk*) a proprio rischio; **3** (*by o.s.*) da solo; *on no ~* per nessun motivo, per nessuna ragione; *on that ~* perciò, a causa di ciò; *on what ~?* per quale motivo?; **overdrawn** *~* conto scoperto; *to pay into an ~* versare su un conto; **profit** *and loss ~* conto *m* profitti e perdite; ⟨*Comm*⟩ *to put s.th. to ~* mettere qc. in conto; ⟨*fig*⟩ *to put s.th. down to s.o.'s ~* mettere qc. in conto a qd.; *as per ~ rendered* come da conto reso (*o* presentato); ⟨*Comm*⟩ *to settle an ~ with s.o.* regolare (*o* saldare) un conto con qd.; ⟨*fig*⟩ regolare i conti con qd.; *of some ~* di un certo conto, di una certa importanza; ⟨*Comm*⟩ *to square ~s with s.o.* saldare i conti con qd.; ⟨*fig*⟩ regolare (*o* fare) i conti con qd.; *to stand high in s.o.'s ~* essere molto considerato da qd.; **statement** *of ~* estratto *m* conto; **submission** *of ~s* presentazione *f* dei conti; *to take ⌐s.th. into ¬* (*o account of s.th.*) tener conto di qc.

account² **I** *v.t.* stimare, considerare, reputare, ritenere: *to ~ o.s. lucky* ritenersi fortunato. **II** *v.i.* **1** rendere conto, rispondere, essere responsabile (*for* di). **2** (*to explain*) spiegare (qc.), giustificare (qc.): *that ~s for it* ecco la spiegazione, così si spiega. **3** ⟨*fig*⟩ (*to pay the penalty for*) rispondere (di), scontare (qc.). ☐ ⟨*Sport*⟩ *to ~ for* uccidere, spacciare, ⟨*fam*⟩ fare fuori; (*to destroy*) distruggere: *coffee ~s for ninety per cent of this country's exports* il caffè rappresenta il novanta per cento delle esportazioni di questo paese.

accountability [əˌkauntəˈbiliti] *s.* responsabilità *f.* **acˈcountable** [-bl] *a.* **1** responsabile: *to be ~ for s.th. to s.o.* essere responsabile di qc. verso qd. **2** (*explainable*) spiegabile, giustificabile. **acˈcountableness** [-blnis] *s.* → **accountability**. **acˈcountably** [-bli] *avv.* **1** comprensibilmente, spiegabilmente. **2** (*responsibly*) responsabilmente.

accountancy [əˈkauntənsi] *s.* ragioneria *f,* contabilità *f,* computisteria *f.* **accountant** [-tənt] *s.* ⟨*Comm*⟩ ragioniere *m* (*f* -a), contabile *m/f.* ☐ ⟨*GB*⟩ *~ and Comptroller General* ragioniere *m* generale dello Stato. **accountantship** [-təntʃip] *s.* → **accountancy**.

account| book *s.* registro *m* (*o* libro) contabile. **~ closed** *s.* conto *m* chiuso. **~ day** *s.* giorno *m* ⌐dei compensi¬ (*o* di liquidazione). **~ executive** *am. s.* capoufficio *m* clienti. **~ holder** *s.* titolare *m/f* di un conto (corrente), correntista *m/f.*

accounting [əˈkauntiŋ] *s.* **1** contabilità *f,* ragioneria *f.* **2** (*explanation*) spiegazione *f.* ☐ *there is no ~ for it* la cosa non si spiega.

accounting| department *s.* reparto *m* contabilità. **~ entry** *s.* registrazione *f* contabile. **~ machine** *s.* macchina *f* contabile. **~ period** *s.* periodo *m* contabile. **~ position** *s.* ⟨*Comm*⟩ posizione *f* contabile. **~ system** *s.* sistema *m* contabile (*o* di contabilità). **~ unit** *s.* unità *f* di conto.

account|-only cheque *s.* assegno *m* da accreditare. **~ payable** *s.* conto *m* debitore. **~ receivable** *s.* conto *m* creditore. **~ rendered** *s.* saldo *m* a nuovo. **~ stated** *s.* estratto conto *m.*

accoutre [əˈkuːtə] *v.t.* **1** equipaggiare. **2** (*of horses*) bardare. **accoutrement** [-mənt] *s.* **1** equipaggiamento *m.* **2** (*of horses*) bardatura *f.*

accredit [əˈkredit] *v.t.* **1** dare credito a, attribuire, accreditare: *to ~ s.o. with s.th.* dare a qd. credito per qc. **2** (*to furnish with credentials*) accreditare, fornire di credenziali: *to ~ an ambassador to a country* accreditare un ambasciatore presso un paese. **3** ⟨*am*⟩ (*of a school, college, etc.*) riconoscere, autorizzare. **4** (*to sanction*) accreditare, rendere credibile, avvalorare. **acˌcrediˈtation** [-eiʃən] *s.* **1** accreditamento *m.* **2** ⟨*am*⟩ (*of a school,*

college, etc.) riconoscimento *m,* autorizzazione *f.*
accredited [–id] *a.* **1** accreditato, ufficialmente
riconosciuto. **2** (*generally accepted*) generalmente
accettato: ~ *beliefs* credenze generalmente accettate. □ ~
milk latte *m* di qualità garantita.

accrete [ə'kri:t] **I** *v.i.* **1** concrescere, crescere insieme. **2**
(*to adhere*) aderire, attaccarsi (*to* a). **II** *v.t.* **1** accrescere. **2**
(*to cause to adhere*) concrescere. **III** *a.* 〈*Bot*〉 cresciuto
per concrezione. **accretion** [–'kri:ʃən] *s.* **1** concrescenza *f,*
concrezione *f.* **2** (*extraneous addition*) escrescenza *f.* **3**
〈*Dir*〉 accrezione *f.*

accrual [ə'kru:əl] *s.* **1** accumulazione *f.* **2** 〈*Econ*〉
maturazione *f.*

accrual date *s.* 〈*Comm*〉 periodo *m* di competenza.

accrue [ə'kru:] *v.i.* **1** derivare, provenire. **2** 〈*Econ*〉
maturare, accumularsi: *interest begins to* ~ *immediately*
gli interessi cominciano a maturare immediatamente. **3**
〈*Dir*〉 maturare.

accrued| asset *s.* 〈*Comm*〉 rateo *m* attivo. ~ **charges**
s.pl. ratei *mpl* passivi. ~ **cost** *s.* rateo *m* passivo. ~
dividends *s.pl.* 〈*Econ*〉 dividendi *mpl* maturati. ~
expenses *s.pl.* 〈*Comm*〉 ratei *mpl* passivi. ~ **interest** *s.*
interessi *mpl* maturati.

acct. = **1** *account* conto (*abbr.* c.to). **2** *accountant*
ragioniere.

acculturate [ə'kʌltjureit] *v.t.* acculturare. **acculturated**
[–tid] *a.* acculturato. **acculturation** [–reiʃən] *s.*
acculturazione *f.*

accumulate [ə'kju:mjuleit] **I** *v.t.* accumulare, ammucchiare, ammassare, mettere insieme: *he* –*d a fortune*
ha accumulato una fortuna. **II** *v.i.* accumularsi, ammucchiarsi.

accumulated| earnings tax [ə'kju:mjuleitid] *s.* imposta *f*
sugli utili non distribuiti. ~ **surplus** *am. s.* 〈*Econ*〉
eccedenza *f* attiva.

accumulation [ə,kju:mju'leiʃən] *s.* **1** accumulazione *f.* **2**
(*pile, mass*) cumulo *m,* mucchio *m.* **3** (*collection*) raccolta *f,* collezione *f.* **4** 〈*Econ*〉 capitalizzazione *f.*
ac'cumulative [–lətiv] *a.* **1** cumulativo, complessivo. **2**
(*acquisitive*) che accumula, che accaparra.

accumulator [ə'kju:mjuleitə] *s.* **1** (*person*) accumulatore *m*
(*f* –trice). **2** 〈*Fis,El*〉 accumulatore *m.* **3** (*of a hydraulic
system*) accumulatore *m* idraulico. **4** 〈*Mecc*〉 (*shock
absorber*) ammortizzatore *m.*

accumulator| acid *s.* acido *m* per accumulatori. ~
battery *s.* batteria *f* di accumulatori. ~ **box** *s.* vano *m*
batteria, accumulatori. ~ **plate** *s.* piastra *f* di
accumulatore.

accuracy ['ækjurəsi] *s.* **1** precisione *f,* esattezza *f:* ~ *of fire*
precisione di tiro. **2** (*carefulness*) accuratezza *f,* cura *f,*
diligenza *f.* **accurate** [–rit] *a.* **1** preciso, esatto: *an* ~
typist una dattilografa precisa. **2** (*careful*) accurato,
preciso. **accurately** [–ritli] *avv.* esattamente, con
precisione; (*carefully*) accuratamente. **accurateness**
[–ritnis] *s.* precisione *f,* esattezza *f.*

accursed [ə'kə:sid] *a.* **1** (*damnable, detestable*) maledetto,
odioso, detestabile, esecrando. **2** (*under a curse*)
maledetto.

accusable [ə'kju:zəbl] *a.* accusabile. **accusal** [–zəl] *s.* →
accusation.

accusation [,ækju'zeiʃən] *s.* **1** accusa *f,* imputazione *f;*
(*incrimination*) incriminazione *f.* **2** (*act of accusing*)
accusa *f.* □ *to make an* ~ *of bribery against s.o.* accusare
qd. di corruzione.

accusative [ə'kju:zətiv] *s.* 〈*Gramm*〉 accusativo *m.*
accusatively [–li] *avv.* accusativamente.

accusatorial [ə,kju:zə'tɔ:riəl] *a.* accusatorio: ~ *procedure*
procedura accusatoria. **ac'cusatory** [–təri] *a.* accusatorio.

accuse [ə'kju:z] *v.t.* **1** accusare, incolpare: *to* ~ *a person of
theft* accusare una persona di furto. **2** (*to blame*) accusare,
rimproverare. **accused** [–d] **I** *a.* 〈*Dir*〉 accusato,
incriminato, incolpato. **II** *s.inv.* accusato *m* (*f* –a),
imputato *m* (*f* –a). **accuser** [–ə] *s.* accusatore *m* (*f* –trice).
accusing [–iŋ] *a.* accusatorio. **accusingly** *avv.* in modo
accusatorio.

accustom [ə'kʌstəm] *v.t.* abituare, avvezzare: *to* ~ *o.s. to*

s.th. abituarsi a qc. **accustomed** [–d] *a.* **1** abituale,
consueto, solito. **2** (*in the habit of, used to*) abituato,
avvezzo (*to* a): *he was not* ~ *to working hard* non era
abituato a lavorare sodo. □ *to be* ~ essere abituato, avere
l'abitudine; *to get* ~ *to* (*doing*) *s.th.* abituarsi a (fare) qc.

ace [eis] **I** *s.* **1** asso *m.* **2** 〈*Sport*〉 (*in golf*) buca *f* in uno.
3 (*of persons*) asso *m,* campione *m.* **4** 〈*Aer.mil*〉 asso *m*
(dell'aviazione). **5** 〈*fig*〉 (*small amount*) filo *m,* pelo *m,*
punto *m.* **II** *a.* provetto, esperto. □ *an* ~ *golfer* un
campione di golf; ~ *in the* **hole:** 1 (*in poker*) asso *m* nella
manica; 2 〈*fam*〉 argomento decisivo; 〈*Aut*〉 ~ **racing
driver** asso *m* del volante; 〈*fig*〉 *to have an* ~ *up one's
sleeve* avere un asso nella manica; 〈*fig*〉 **within** *an* ~ *of* a
un pelo da.

'ace-'high *a.* **1** all'asso. **2** 〈*am.fam*〉 altamente stimato.

acephalous [ei'sefələs] *a.* acefalo (*anche fig.*).

acerb [ə'sə:b] *a.* **1** acerbo, acre. **2** 〈*fig*〉 aspro, acerbo.
acerbity [–iti] *s.* **1** acerbità *f,* asprezza *f.* **2** 〈*fig*〉
asprezza *f,* durezza *f.*

acerose ['æsərəus] *a.* 〈*Bot*〉 aceroso, aghiforme.

acervate ['əsə:veit] *a.* 〈*Bot*〉 che cresce in mucchi.

acescence [ə'sesəns], **acescency** [–i] *s.* 〈*Enol*〉 acescenza
f. **acescent** [–sənt] *a.* acescente.

acetabulum [,æsi'tæbjuləm] *s.* (*pl.* -**la** [lə]) 〈*Anat*〉
acetabolo *m.*

acetaldehyde [æsitæl'dihaid] *s.* 〈*Chim*〉 acetaldeide *f,*
aldeide *f* acetica.

acetate ['æsiteit] *s.* 〈*Chim*〉 acetato *m.* **acetated** [–id] *a.*
acetato.

acetate silk *s.* 〈*Tess*〉 seta *f* artificiale (*o* all'acetato).

acetic [ə'si:tik] *a.* 〈*Chim*〉 acetico: ~ *acid* acido acetico.

acetification [ə,setifi'keiʃən] *s.* 〈*Chim*〉 acetificazione *f.*
a'cetify [–fai] **I** *v.t.* acetificare. **II** *v.i.* inacetire,
acetificarsi.

acetimeter [,æsi'timitə], **acetometer** [–'tɔmitə] *s.* 〈*Chim*〉
acetimetro *m.*

acetone ['æsitoun] *s.* 〈*Chim*〉 acetone *m.*

acetose ['æsitous], **acetous** [–təs] *a.* 〈*Chim*〉 acetoso.

acetylene [ə'setili:n] *s.* 〈*Chim*〉 acetilene *m.*

acetylene| burner *s.* becco *m* ad acetilene. ~ **series** *s.*
〈*Chim*〉 serie *f* dell'acetilene. ~ **torch** *s.* cannello *m*
acetilenico.

acetylsalicylic acid [ə,setilsali'silik] *s.* 〈*Chim*〉 acido *m*
acetilsalicilico.

Achaea [ə'ki:ə] *N.pr.* 〈*Geog*〉 Acaia *f.* **Achaean** [–n] **I** *a:*
1 acheo, acaico. **2** (*Greek*) greco, acheo. **II** *s.* **1** acheo *m*
(*f* –a). **2** (*Greek*) greco *m* (*f* –a), acheo *m* (*f* –a).

ache[1] [eik] **I** *s.* male *m,* dolore *m.* **II** *v.i.* **1** far male,
dolere: *my back* –*s* mi duole la schiena. **2** 〈*fam*〉 (*to
yearn*) morire dalla voglia di. □ *to be all* –*s and pains*
essere pieno di dolori; *it makes my heart* ~ *to see you
suffer* mi fa male al cuore vederti soffrire; *to* ~ *for s.th.*
desiderare ardentemente qc.

ache[2] [eitʃ] *s.* acca *f/m,* lettera *f* acca.

achene [ei'ki:n] *s.* 〈*Bot*〉 achenio *m.*

Acheron ['ækərɔn] *N.pr.* 〈*Mitol*〉 Acheronte *m.*

achievable [ə'tʃi:vəbl] *a.* realizzabile, conseguibile,
raggiungibile.

achieve [ə'tʃi:v] *v.t.* **1** realizzare, raggiungere, compiere,
effettuare: *to* ~ *one's purpose* raggiungere il proprio scopo.
2 (*to gain*) ottenere, raggiungere, conquistare: *to* ~ *fame*
raggiungere la fama. **achievement** [–mənt] *s.* **1** risultato
m, conquista *f,* impresa *f,* realizzazione *f: the great* –*s of
science* le grandi conquiste della scienza. **2**
(*accomplishment*) compimento *m,* conseguimento *m,*
raggiungimento *m: the* ~ *of one's aim* il raggiungimento
del proprio fine. **3** 〈*Scol*〉 rendimento *m.* **4** 〈*Arald*〉 arme
f.

Achilles [ə'kili:z] *N.pr.* 〈*Mitol*〉 Achille *m.*
Achilles'| heel *s.* 〈*fig*〉 tallone *m* di Achille. ~ **reflex** *s.*
〈*Med*〉 riflesso *m* achilleo. ~ **tendon** *s.* 〈*Anat*〉 tendine *m*
di Achille.

aching ['eikiŋ] *a.* **1** doloroso, dolorante. **2** 〈*fig*〉 dolente,
afflitto.

achlamydeous [,æklə'midiəs] *a.* 〈*Bot*〉 aclamideo,
aclamide.

achromasia [əkrou'meisiə] *s.* 〈*Med*〉 acromia *f.*

achromatic [ækrou'mætik] *a.* **1** ⟨*Ott*⟩ acromatico: ~ *lens* obiettivo acromatico. **2** (*colourless*) acromatico, acromico, privo di colore. **3** ⟨*Mus*⟩ diatonico.

achromatism [ə'kroumətizəm] *s.* ⟨*Ott*⟩ acromatismo *m.* achromatize [–taiz] *v.t.* acromatizzare.

achy ['eiki] *a.* ⟨*fam*⟩ dolorante, dolente; (*sore*) indolenzito.

acid ['æsid] **I** *s.* **1** ⟨*Chim*⟩ acido *m.* **2** ⟨*fig*⟩ acidità *f,* mordacità *f.* **3** ⟨*sl*⟩ (*LSD*) LSD *f.* **II** *a.* **1** acido. **2** (*tart*) agro, aspro, acido. **3** ⟨*fig*⟩ (*caustic*) acido, mordace, caustico: *an ~ tongue* una lingua mordace. **4** ⟨*sl*⟩ LSD *f.*

acid| bath *s.* ⟨*Chim*⟩ bagno *m* acido. ~ **drop** *s.* ⟨*Dolc*⟩ caramella *f* al limone. ~-fast *a.* ⟨*Biol*⟩ resistente all'acido. ~ **head** *s.* ⟨*sl*⟩ drogato *m* (*f* –a).

acidic [ə'sidik] *a.* **1** ⟨*Geol*⟩ siliceo. **2** (*acid–forming*) acidogeno.

acidifiable [ə'sidifaiəbl] *a.* acidificabile. a‚cidification [–fi'keifən] *s.* acidificazione *f.* acidifier [–faiə] *s.* acidificatore *m.* acidify [–fai] **I** *v.t.* **1** acidificare, inacidire, rendere acido. **2** (*to change into an acid*) acidificare. **II** *v.i.* **1** diventare acido, inacidire, acidificarsi. **2** (*to change into an acid*) trasformarsi in acido. acidimeter [æsi'dimitə] *s.* ⟨*Chim*⟩ acidimetro *m.* acidimetry [–tri] *s.* acidimetria *f.*

acid indigestion *s.* ⟨*pop*⟩ acidità *f* (di stomaco), acido *m.*

acidity [ə'siditi] *s.* **1** acidità *f.* **2** ⟨*pop*⟩ → acid indigestion.

acidly [ə'sidli] *avv.* in modo acido, aspramente.

acid| number *s.* ⟨*Chim*⟩ numero *m* di acidità. '~-'proof *a.* resistente agli acidi. ~ **rain** *s.* pioggia *f.* acida. ~ resistant, ~ resisting *a.* ~ acid-proof. ~ salts *s.pl.* sali *mpl* acidi. ~ **test** *s.* **1** ⟨*Chim*⟩ prova *f* dell'acidità. **2** ⟨*fig*⟩ prova *f* decisiva (*o* del fuoco). ~ **tester** *s.* → acidimeter. ~ **trip** *s.* ⟨*sl*⟩ (*drug–induced hallucination*) allucinazione *f* (causata dalla droga), ⟨*sl*⟩ viaggio *m.*

acidulate [ə'sidjuleit] *v.t.* ⟨*Chim*⟩ acidulare. acidulent [–lənt] , acidulous [–ləs] *a.* **1** acidulo. **2** ⟨*fig*⟩ (*caustic*) acido, mordace.

aciniform [ə'sinifɔːm] *a.* ⟨*Bot*⟩ aciniforme, acinoso. **2** → acinose. acinose ['æsinous], acinous ['æsinəs] *a.* acinoso. acinus ['æsinəs] *s.* (*pl.* -ni [nai]) **1** ⟨*Bot*⟩ (*of grapes*) acino *m,* chicco *m;* (*berry*) bacca *f.* **2** ⟨*Anat*⟩ acino *m.*

ack-ack ['æk'æk] *s.* ⟨*mil*⟩ **1** tiro *m* contraereo. **2** (*anti-aircraft artillery*) contraerea *f,* artiglieria *f* contraerea.

acknowledge [ək'nɔlidʒ] *v.t.* **1** ammettere, riconoscere; (*to confess*) confessare. **2** (*to recognize the authority, etc.*) riconoscere, accettare: *they –d him as their chief* lo riconobbero come loro capo. **3** (*to take notice of*) mostrare di riconoscere: *she –d me with a nod* mostrò di riconoscermi con un cenno del capo. **4** (*to make receipt known*) accusare ricevuta di. **5** ⟨*Dir*⟩ autenticare, legalizzare. **6** ⟨*Dir*⟩ riconoscere: *to ~ a son* riconoscere un figlio. □ *to ~ o.s. beaten* darsi per (*o* dichiararsi) vinto; *to ~ a greeting* rispondere a un saluto; ~ *receipt of a letter* accusare ricevuta di una lettera; ⟨*epist*⟩ *please ~ receipt* siamo in attesa di un cenno di riscontro. acknowledged [–d] *a.* riconosciuto, ammesso, accettato.

acknowledg(e)ment [ək'nɔlidʒmənt] *s.* **1** riconoscimento *m: the ~ of one's errors* il riconoscimento dei propri errori; (*consensus*) ammissione *f.* **2** (*expression of appreciation*) ringraziamento *m,* segno *m* di riconoscenza (*o* gratitudine): *in ~ of their kindness* in segno di ringraziamento per la loro gentilezza. **3** ⟨*Dir*⟩ (*declaration*) attestazione *f;* (*formal certificate*) certificato *m,* attestazione *f.* ⟨*Dir*⟩ (*of an illegitimate child*) legittimazione *f,* riconoscimento *m.* ⟨*Comm*⟩ ~ *of debt* riconoscimento *m* di debito; ⟨*Comm*⟩ ~ *of receipt* avviso *m* di ricevuta (*o* ricevimento).

aclinic line [ei'klinik] *s.* ⟨*Fis*⟩ equatore *m* isoclino (*o* magnetico).

acme ['ækmi] *s.* **1** acme *f,* culmine *m,* punto *m* culminante. **2** ⟨*Med*⟩ crisi *f,* acme *f.*

acne ['ækni] *s.* ⟨*Med*⟩ acne *f.*

acne outbreak *s.* ⟨*Med*⟩ eruzione *f* acneica.

acock [ə'kɔk] *a./avv.* ⟨*lett*⟩ inclinato, obliquo. □ *he wore his hat ~* portava il cappello sulle ventitré.

acolyte ['ækəlait] *s.* **1** ⟨*Rel.catt*⟩ accolito *m.* **2** ⟨*Rel*⟩ (*altar boy*) chierico *m.* **3** ⟨*fig*⟩ (*follower*) accolito *m,* aderente *m/f,* seguace *m/f.*

aconite ['ækənait] *s.* ⟨*Bot*⟩ aconito *m.*

aconitine [ə'kɔnitiːn] *s.* ⟨*Chim*⟩ aconitina *f.*

acorn ['eikɔːn] *s.* ⟨*Bot*⟩ ghianda *f.*

acorn shell *s.* ⟨*Zool*⟩ balano *m.*

acotyledon [ei‚kɔti'liːdən] *s.* ⟨*Bot*⟩ acotiledone *f.* acotyledonous [–əs] *a.* acotiledone.

acoustic [ə'kuːstik], acoustical [–l] *a.* ⟨*Acu*⟩ **1** acustico. **2** (*of building materials*) antiacustico. acoustically [–li] *avv.* acusticamente.

acoustic| bass [beis] *s.* ⟨*Mus*⟩ basso *m* armonico. ~ coupler *s.* ⟨*Inform*⟩ accoppiatore *m* (*o* modem) acustico. ~ duct *s.* ⟨*Anat*⟩ canale *m* (*o* condotto) uditivo. ~ feedback *s.* retroazione *f* acustica. ~ insulation *s.* isolamento *m* acustico. ~ mine *s.* ⟨*Mar.mil*⟩ mina *f* acustica.

acoustics [ə'kuːstiks] *s.pl.* **1** (*science;* costr. sing.) acustica *f.* **2** (*properties;* costr. pl.) acustica *f: the ~ of this room are excellent* l'acustica di questa stanza è ottima.

acoustic treatment *s.* insonorizzazione *f.*

ACP countries *s.pl.* (*African, Caribbean and Pacific countries*) paesi *mpl* dell'Africa, dei Caraibi e del Pacifico, paesi ACP.

acquaint [ə'kweint] *v.t.* **1** accennare: *we –ed him with our plans* gli accennammo i nostri piani. **2** (*to inform fully*) informare, mettere al corrente, rendere edotto: *he –ed me with my duties* mi mise al corrente dei miei compiti. **3** ⟨*rifl*⟩ familiarizzarsi (*with* con). **4** (*am*) (*to introduce socially*) far conoscere a, presentare a. acquaintance [–əns] *s.* **1** (*person*) conoscenza *f,* conoscente *m/f.* **2** (*state of being acquainted*) conoscenza *f: their ~ dates from their schooldays* la loro conoscenza risale ai tempi della scuola. **3** (*knowledge*) conoscenza *f,* cognizione *f: I have some ~ with French* ho qualche cognizione di francese. □ *to enlarge one's circle of ~s* allargare la cerchia delle proprie conoscenze; *to make s.o.'s ~* fare la conoscenza di qd.; *to have a nodding* (*o* bowing) ~ *with s.o.* conoscere qd. di vista; *he improves upon further ~* ci guadagna a essere conosciuto meglio. acquaintanceship [–ənsʃip] *s.* **1** conoscenza *f.* **2** (*collett*) conoscenze *fpl,* cerchia *f* di conoscenze. acquainted [–id] *a.* al corrente, avvisato (*with* di), informato, edotto (su): ~ *with the facts* al corrente dei fatti. □ *we are already ~* ci conosciamo già; *to get* (*o* become) ~ *with s.o.* fare la conoscenza di qd.

acquest [ə'kwest] *s.* **1** ⟨*ant*⟩ acquisto *m.* **2** ⟨*Dir*⟩ beni *mpl* acquisiti.

acquiesce [ækwi'es] *v.i.* **1** acconsentire, consentire (*in,* to a), accettare (qc.). **2** ⟨*Dir*⟩ acquiescere. acquiescence [–əns] *s.* **1** acquiescenza *f,* tacito consenso *m.* **2** (*state*) acquiescenza *f,* remissività *f.* acquiescent [–ənt] *a.* acquiescente, remissivo, condiscendente.

acquirable [ə'kwaiərəbl] *a.* acquisibile.

acquire [ə'kwaiə] *v.t.* **1** entrare in possesso di, acquisire, acquistare. **2** (*to attain by one's own efforts*) conseguire, raggiungere, procurarsi. **3** ⟨*Dir*⟩ acquisire: *to ~ a right* acquisire un diritto. □ *to ~ a reputation* farsi un nome; *to ~ a taste for s.th.* imparare ad apprezzare qc. acquired [–d] *a.* **1** acquistato, acquisito. **2** (*not hereditary*) acquisito (*anche Dir.*). □ ⟨*Biol*⟩ ~ *character* carattere acquisito. acquirement [–mənt] *s.* **1** acquisizione *f.* **2** (*achievement;* general. al pl.) risultato *m,* successo *m: her musical –s* i suoi successi musicali. acquirer [–rə] *s.* acquirente *m/f.* ~

acquisition [ækwi'ziʃən] *s.* **1** acquisizione *f.* **2** (*effetti*) acquisto *m: their latest ~ is a Titian* il loro ultimo acquisto è un Tiziano. □ ⟨*Dir*⟩ ~ *by prescription* acquisto *m* per usucapione.

acquisitive [ə'kwizitiv] *a.* **1** che tende ad accumulare, (*grasping*) avido. acquisitiveness [–nis] *s.* **1** tendenza *f* ad accumulare. **2** (*greediness*) avidità *f.*

acquit [ə'kwit] *v.t.* (*pret., p.p.* -tted [–id]) **1** assolvere, prosciogliere: *the jury –ted him of the crime* la giuria lo assolse dall'accusa. **2** (*to release from an obligation*) liberare, esonerare, assolvere (*of* da). **3** (*of debts, etc.*) saldare. **4** ⟨*rifl*⟩ (*to conduct o.s.*) comportarsi: *the men –ted themselves well in battle* gli uomini si comportarono bene in battaglia. **5** ⟨*rifl*⟩ (*to clear o.s.*) discolparsi.

acquittal [–l] *s.* **1** assoluzione *f,* proscioglimento *m.* **2** (*of debts, obligations, etc.*) assolvimento *m.* **3** ⟨*Comm*⟩ quietanza *f* a saldo. **acquittance** [–əns] *s.* **1** remissione *f,* sgravio *m.* **2** (*of debts, obligations, etc.*) remissione *f,* pagamento *m.* **3** (*receipt*) ricevuta *f,* quietanza *f.*

ACR = *Approach Control Radar* controllo radar avvicinamento.

acre ['eikə] *s.* **1** acro *m.* **2** *pl.* (*estates*) proprietà *fpl,* terre *fpl.* **3** ⟨*fig*⟩ (*large amount*) quantità *fpl* enormi, ⟨*fam*⟩ quintali *mpl.* **acreage** [–ridʒ] *s.* superficie *f* in acri, acri *mpl,* numero *m* d'acri.

acrid ['ækrid] *a.* **1** acre, pungente. **2** ⟨*fig*⟩ acrimonioso, aspro, acido. **acridity** [ə'kriditi] *s.* **1** asprezza *f.* **2** ⟨*fig*⟩ acredine *f,* acrimonia *f.*

acrimonious [ˌækri'mouniəs] *a.* acrimonioso, aspro, malevolo. **acrimoniously** [–li] *avv.* con acrimonia, astiosamente. '**acrimony** [–məni] *s.* acrimonia *f,* asprezza *f,* acredine *f.*

acrobat ['ækrəbæt] *s.* acrobata *m/f* (*anche fig.*). ˌ**acro'batic** [–ik] *a.* acrobatico. **acro'batics** [–iks] *s.pl.* **1** acrobazie *fpl.* **2** (*art, practice*) costr. sing.) acrobatismo *m.* **3** ⟨*Aer*⟩ acrobazie *fpl* aeree. **4** ⟨*fig*⟩ acrobazie *fpl,* virtuosismi *mpl.* **acrobatism** [–izəm] *s.* acrobatismo *m.*

acronym ['ækrənim] *s.* acronimo *m.*

acropolis [ə'krɔpəlis] *s.* acropoli *f.* **Acropolis** *N.pr.* Acropoli *f.*

across [ə'krɔs] I *prep.* **1** attraverso, da una parte all'altra di. **2** (*on the other side of*) dall'altro lato di, dall'altra parte di: *he lives ~ the street* abita dall'altro lato della strada. **3** (*crosswise of*) per (*o* di) traverso, attraverso, trasversalmente. II *avv.* **1** da un lato all'altro, da una parte all'altra, in larghezza: *the lake is two miles ~* il lago misura due miglia in larghezza, il lago è largo due miglia. **2** (*on the other side*) dall'altra parte: *we shall soon be ~* saremo presto dall'altra parte. **3** (*crosswise*) per traverso, di traverso, trasversalmente: *cut it ~* taglialo trasversalmente. **4** (*in crossword puzzles*) orizzontale. □ *~ the board:* 1 che riguarda tutte le categorie, generale; **2** ⟨*am. Rad.TV*⟩ programma trasmesso per più giorni consecutivi alla stessa ora; *to* **come** *~* imbattersi in, trovare per caso; ⟨*fam*⟩ *he always lends me money but this time he wouldn't come ~ with it* è sempre disposto a prestarmi soldi ma questa volta non c'è stato niente da fare; ⟨*fam*⟩ *to* **come** *~ with information* sbottonarsi; *~* **country** attraverso la campagna, per i campi; ⟨*am*⟩ *~* **from** di fronte a; *to* **get** *an idea ~ to s.o.* far capire un'idea a qd; *to* **go** *~* attraversare, traversare; ⟨*fam*⟩ *to* **put** *it ~ s.o.* farla a qd.; *to* **run** *~:* 1 attraversare di corsa; **2** (*to meet*) imbattersi in; *to* **swim** *~* attraversare a nuoto.

acrostic [ə'krɔstik] I *s.* ⟨*lett*⟩ acrostico *m.* II *a.* acrostico.

acrylate ['ækrileit] *s.* ⟨*Chim*⟩ acrilato *m.* **acrylic** [ə'krilik] I *a.* acrilico. II *s.* **~ acrylic resin.**

acrylic [acid *s.* ⟨*Chim*⟩ acido *m* acrilico. *~* **fiber** *am.,* *~* **fibre** *s.* ⟨*Chim*⟩ fibra *f* acrilica. *~* **glass** *s.* vetro *m* acrilico. *~* **resin** *s.* ⟨*Chim*⟩ resina *f* acriloide.

act[1] [ækt] I *s.* atto *m,* azione *f: an ~ of faith* un atto di fede. **2** (*of a play, opera*) atto *m.* **3** (*law*) decreto *m,* legge *f.* **4** (*deed, document*) documento *m,* atto *m.* **5** (*part of a variety show, etc.*) numero *m.* **6** ⟨*fam*⟩ (*pretence*) commedia *f,* finzione *f,* messa *f* in scena: *his reluctance is all an* ~ la sua riluttanza è tutta una finzione. **7** ⟨*univ*⟩ discussione *f* di tesi. □ *to* **catch** *s.o. in the ~* cogliere qd. sul fatto (*o* in flagrante); ⟨*Dir*⟩ *under the* **companies** *~* a norma di legge sulle società anonime; *~ of* **God** (causa di) forza maggiore; *~ of* **grace** atto *m* di grazia; *in the ~ of* ⟨*Dir*⟩ *~ of* **oblivion** amnistia *f;* ⟨*Dir*⟩ *~ of* **Parliament** per legge; *one-~* **play** atto unico; ⟨*fam*⟩ *to* **put** *on an ~* fare la commedia; ⟨*Comm*⟩ *~ of* **sale** atto *m* di vendita; *~ of* **war** azione bellica.

act[2] I *v.i.* **1** agire. **2** ⟨*Teat,Cin*⟩ (*of an actor*) recitare; (*of a play*) prestarsi a essere rappresentato (*o* recitato): *this play does not ~ well* questa commedia non si presta a essere rappresentata. **3** (*to behave*) comportarsi. **4** (*to produce the desired effect*) agire, fare effetto: *this medicine –s fast* questa medicina fa effetto subito; (*to work*) funzionare. **5** (*to feign*) simulare, fingere: *to ~ indifferent* simulare indifferenza, far finta di niente. II *v.t.* **1** ⟨*Teat,Cin*⟩ (*of a play*) recitare; (*of a part*) impersonare, recitare (*o* fare) la parte di: *to ~ Hamlet* fare la parte di Amleto. **2** (*to feign*) simulare, fingere. **3** (*to behave like*) comportarsi come (*o* da), fare, atteggiarsi a: *to ~ the fool* fare lo sciocco. □ *to ~ one's* **age** comportarsi in modo adatto alla propria età; *to ~* **as** fungere da, fare le veci di; *to ~* **for** *the best* agire per il meglio; *to ~* **for** *s.o.* agire per conto di qd.; *to ~* **on:** 1 agire secondo (*o* in base a): *to ~* **on** *s.o.'s advice* agire in base ai consigli di qd.; **2** (*to have an effect on*) agire su: *alcohol –s on the brain* l'alcool agisce sul cervello; *to ~* **out** mimare, rifare una scena; ⟨*fig*⟩ *to ~ a* **part** fare la commedia, fingere; *to ~* **the part:** 1 agire da, fare il; **2** (*to behave suitably*) comportarsi in modo adeguato; ⟨*fam*⟩ *to ~* **up:** 1 funzionare male, ⟨*fam*⟩ andar male; **2** (*to behave wilfully*) impuntarsi, fare i capricci; **3** (*to show off*) mettersi in mostra; **4** (*of an infirmity*) farsi sentire, risvegliarsi; *to ~* **upon** = *to act on; to ~* **up to** agire in conformità di.

act. = *active* attivo.

actable ['æktəbl] *a.* recitabile, rappresentabile, che si può recitare.

acting ['æktiŋ] I *s.* **1** recitazione *f,* rappresentazione *f.* **2** (*simulation*) finzione *f,* simulazione *f.* II *a.* **1** facente funzione di, sostituto, supplente, ad interim: *the ~ governor* il sostituto governatore. **2** (*provided with stage directions*) con didascalie.

acting| captain *s.* ⟨*Mil*⟩ tenente *m* facente funzione di capitano. **~ class** *s.* lezione *f* di recitazione. **~ copy** *s.* copione *m.* **~ out** *s.* ⟨*Psic*⟩ l'agire.

actinia [æk'tiniə] *s.* (*pl.* **–niae** [nii]/**-s** [z]) ⟨*Zool*⟩ attinia *f,* anemone *m* di mare. **actinian** [–n] *a.* degli actiniari.

actinic [æk'tinik] *a.* ⟨*Chim,Fis*⟩ attinico: *~ ray* radiazione attinica. **actinide** [–'ni:d] *s.* ⟨*Chim*⟩ attinide *m.* '**actinism** [–nizəm] *s.* ⟨*Fis*⟩ attinicità *f.*

actinium [æk'tiniəm] *s.* ⟨*Chim*⟩ attinio *m.*

actinometer [ækti'nɔmitə] *s.* ⟨*Chim*⟩ attinometro *m.* **actinometric** [–nou'metrik] *a.* attinometrico. **actinometry** [–tri] *s.* attinometria *f.*

actinomorphic [ˌæktinou'mɔːfik] *a.* ⟨*Bot*⟩ attinomorfo; **actinomycetes** [–'maisi:ti:z] *s.pl.* ⟨*Biol*⟩ attinomiceti *mpl.*

actinotherapy [ˌæktinou'θerəpi] *s.* ⟨*Med*⟩ attinoterapia *f.*

action ['ækʃən] I *s.* **1** azione *f,* opera *f,* atto *m.* **2** *pl.* (*behaviour*) azioni *fpl,* comportamento *m: he is responsible for his –s* è responsabile delle sue azioni. **3** (*effect*) azione *f,* influenza *f,* effetto *m: the ~ of a drug* l'azione di un farmaco. **4** (*way of moving: of a machine*) funzionamento *m;* (*of the body*) movimenti *mpl: he plays tennis with an easy ~* gioca a tennis con scioltezza di movimenti. **5** (*mechanism*) meccanismo *m,* congegno *m: a clockwork ~* un meccanismo a orologeria. **6** ⟨*Mil*⟩ azione *f,* scontro *m,* combattimento *m: killed in ~* caduto in combattimento. **7** (*subject, plot*) azione *f,* intreccio *m;* (*exciting events*) avventure *fpl: an ~ story* un racconto d'avventure. **8** ⟨*Dir*⟩ processo *m,* causa *f,* azione *f* legale. **9** ⟨*Teat*⟩ (*succession of events*) azione *f,* scena *f;* (*of an actor*) mimica *f,* azione *f,* gesti *mpl.* **10** ⟨*Pitt,Scult*⟩ movimento *m.* **11** ⟨*am.fam*⟩ gioco *m* d'azzardo; (*profits*) guadagni *mpl.* II *v.t.* ⟨*rar,Dir*⟩ fare causa a. □ ⟨*Dir*⟩ *to* **bring** *an ~* **against** *s.o.* fare causa a qd., iniziare un'azione legale contro qd.; *to* **bring** *s.th. into* ~ far funzionare qc.; *to* **come** *into* ~ entrare in azione (*anche Mil.*); ⟨*Dir*⟩ *~ for* **damages** azione *f* per risarcimento danni; ⟨*Dir*⟩ *~ for* **libel** querela *f* per diffamazione; **line** *of ~* linea *f* di condotta; **man** *of ~* uomo *m* d'azione; **out** *of ~* fuori servizio, fuori uso; *to* **put** *s.th. in ~* mettere in moto; ⟨*Mil*⟩ *to* **see** *~* combattere; *to* **see** *~ for the first time* ricevere il battesimo del fuoco; *a man slow to* ~ un uomo lento ad agire; *to* **suit** *the ~ to the word* far seguire alle

parole i fatti; *to* **take** ~: 1 agire, prendere un'iniziativa; 2 ⟨*Dir*⟩ citare in giudizio, fare causa. *Prov.: –s speak louder than words* i fatti contano più delle parole.
actionable [ˈækʃənəbl] *a.* ⟨*Dir*⟩ processabile, perseguibile, passibile d'azione legale.
action| committee *s.* comitato *m* d'azione. ~ **film,** ~ **movie** *am.s.* ⟨*Cin*⟩ film- *m* d'azione. ~ **painting** *s.* ⟨*Art*⟩ pittura *f* d'azione. ~ **programme** *s.* programma *m.* d'azione. ~ **research** *s.* ⟨*Sociol*⟩ ricerca *f* attiva. ~ **stations** *s.pl.* ⟨*Mil*⟩ posti *mpl* di combattimento.
activate [ˈæktiveit] *v.t.* 1 attivare, rendere attivo. 2 ⟨*Fis,Chim*⟩ rendere radioattivo; (*to make reactive*) attivare. 3 ⟨*Mil*⟩ organizzare.
activated| carbon, ~ **charcoal** *s.* ⟨*Chim*⟩ carbone *m* attivo (*o* attivato). ~ **sludge** *s.* ⟨*tecn*⟩ fango *m* attivato.
activation [ˌækti'veiʃən] *s.* ⟨*Chim*⟩ attivazione *f.* **activator** [-'veitə] *s.* ⟨*Chim*⟩ attivante *m* attivatore *m.*
active [ˈæktiv] **I** *a.* 1 attivo, operoso, dinamico: *an* ~ *life* una vita attiva; ~ *sports* sport attivi. 2 (*lively*) vivo, vivace, sveglio: *an* ~ *mind* una mente sveglia. 3 (*brisk, busy*) svelto, attivo, movimentato: *an* ~ *market* un mercato attivo. 4 (*effective*) effettivo; (*of a law*) in vigore. 5 (*of a volcano*) attivo. 6 ⟨*Gramm,Econ,Chim*⟩ attivo. 7 ⟨*Med*⟩ (*of a medicine*) a effetto immediato, di pronta efficacia. 8 ⟨*burocr*⟩ attivo: ~ *employment* servizio attivo. **II** *s.* ⟨*Gramm*⟩ attivo *m.* □ *to take an* ~ *interest in s.th.* interessarsi attivamente a qc; *to be an* ~ *party to s.th.* avere parte attiva in qc.
active| account *s.* ⟨*Comm*⟩ conto *m* attivo. ~ **circulation** *s.* ⟨*Econ*⟩ circolazione *f* attiva. ~ **duty** *am. s.* → **active service.** ~ **list** *s.* ⟨*Mil*⟩ ruoli *mpl* di servizio permanente effettivo. □ *to be on the* ~ essere in attività di servizio. ~ **mass** *s.* ⟨*Fis,Chim*⟩ massa *f* attiva. ~ **partner** *s.* ⟨*Comm*⟩ socio *m* (*f* –a) attivo (*o* ordinario), (*of a limited partnership*) (socio) accomandatario *m.* ~ **principle** *s.* ⟨*Farm*⟩ principio *m* attivo. ~ **service** *s.* ⟨*Mil*⟩ servizio *m* effettivo.
activism [ˈæktivizəm] *s.* ⟨*Filos,Pol*⟩ attivismo *m.* **activist** [–vist] *s.* attivista *m/f.* **activity** [–'tiviti] *s.* 1 attività *f: mental* ~ attività mentale. 2 *pl.* (*pursuits*) attività *fpl,* interessi *mpl.* 3 (*organizational unit*) unità *f,* reparto *m,* sezione *f.*
activity programme *s.* ⟨*Scol*⟩ attività *fpl* extrascolastiche.
actor [ˈæktə] *s.* (*f.* -**tress** [tris]) 1 attore *m* (*f* –trice). 2 (*doer*) chi agisce, chi fa. □ ⟨*gerg*⟩ *a bad* ~*:* 1 una persona priva di scrupoli; 2 (*criminal*) un criminale. **actress** [–tris] *s.* attrice *f.*
actual [ˈæktjuəl] *a.* 1 reale, vero, effettivo. 2 ⟨*non com*⟩ (*current*) presente, attuale. 3 ⟨*Comm*⟩ effettivo, reale: ~ *value* valore effettivo. □ ⟨*Comm*⟩ *in* ~ *cash* in contanti; ⟨*Comm*⟩ ~ *cost* costo *m* reale (*o* effettivo); *in* ~ *fact* in realtà, effettivamente; *his* ~ *words* le sue parole testuali.
actualism [–izem] *s.* ⟨*Filos*⟩ attualismo *m.* ˌ**actuality** [–tju'æliti] *s.* 1 realtà *f.* 2 *pl.* (*actual conditions*) realtà *fpl,* reali condizioni *fpl.* 3 ⟨*Cin,TV*⟩ attualità *fpl,* documentario *m.* ˌ**actualization** [–ai'zeiʃən] *s.* realizzazione *f,* attuazione *f,* compimento *m.* **actualize** [–aiz] *v.t.* realizzare, attuare. **actually** [–i] *avv.* 1 realmente, veramente: *are you* ~ *going to London?* andrete veramente a Londra? 2 (*in actual fact*) in realtà, effettivamente. 3 (*even, indeed*) proprio, davvero, sul serio, veramente: *do you* ~ *mean it?* lo dici sul serio?
actual| possession *s.* ⟨*Dir*⟩ possesso *m* effettivo. ~ **size** *s.* ⟨*tecn*⟩ grandezza *f* naturale, dimensioni *fpl* effettive.
actuarial [ˌæktju'eəriəl] *a.* attuariale. ˈ**actuary** [–tjuəri] *s.* attuario *m.*
actuate [ˈæktjueit] *v.t.* 1 muovere, trascinare, stimolare, spronare: *she was –d by kindness* era mossa dalla gentilezza. 2 (*to activate*) mettere in moto, azionare, far funzionare. ˌ**actuation** [–'eiʃən] *s.* 1 incitamento *m.* 2 ⟨*tecn*⟩ messa *f* in moto.
acuity [ə'kjuiti] *s.* 1 acutezza *f,* acuità *f.* 2 ⟨*fig*⟩ acume *m.*
aculeate [ə'kjuliit] *a.* 1 ⟨*Bot,Entom*⟩ aculeato. 2 ⟨*fig*⟩ (*pointed*) pungente, tagliente. **aculeus** [–liəs] *s.* (*pl.* -**lei** [liai]) aculeo *m.*

acumen [ə'kjumin] *s.* acume *m,* perspicacia *f.*
acuminate [ə'kjumineit] **I** *a.* ⟨*Bot,Zool*⟩ acuminato, appuntito. **II** *v.t.* acuminare, aguzzare. aˌ**cumination** [–'neiʃən] *s.* l'acuminare.
acupressure [ækju'preʃə] *s.* ⟨*Med*⟩ agopressione *f.*
acupuncturation [–pʌnktju'reiʃən], **acupuncture** [–'pʌnktʃə] *s.* ⟨*Med*⟩ agopuntura *f.* **acupuncturist** [–'pʌnktjurist] *s.* agopuntore *m/f.*
acutangular [ˌəˌkju:t'æŋgjulə] *a.* → **acute–angled.**
acute [ə'kju:t] **I** *a.* 1 acuto, aguzzo, appuntito, acuminato. 2 ⟨*fig*⟩ (*keen, perceptive*) acuto, perspicace, sottile, penetrante: *an* ~ *observer* un osservatore acuto. 3 (*of the senses*) acuto: ~ *eyesight* vista acuta. 4 (*sharp*) acuto, intenso, vivo, penetrante: *an* ~ *pain* un dolore acuto. 5 (*critical, crucial*) acuto, grave, critico: *an* ~ *shortage* una grave carenza. 6 (*of a sound*) acuto, penetrante. 7 ⟨*Med*⟩ acuto: ~ *appendicitis* appendicite ,acuta. 8 ⟨*Geom, Gramm*⟩ acuto. **II** *s.* ⟨*Gramm*⟩ accento *m* acuto.
acute-angled *a.* ⟨*Geom*⟩ acutangolo.
acutely [ə'ku:tli] *avv.* acutamente, con perspicacia.
acuteness [–tnis] *s.* 1 acutezza *f.* 2 ⟨*fig*⟩ (*acumen*) acume *m,* perspicacia *f;* (*intensity*) acutezza *f,* intensità *f.* 3 ⟨*Med*⟩ stadio *m* acuto.
ACV = *Air Cushion Vehicle* veicolo a cuscino d'aria.
ad [æd] *s.* ⟨*fam*⟩ annuncio *m* pubblicitario, inserzione *f.*
a.d. = 1 ⟨*Comm*⟩ *after date* in ritardo. 2 *ante diem* prima del tempo.
A.D. = *Anno Domini* dopo Cristo (*abbr.* A.D.).
adage [ˈædidʒ] *s.* adagio *m,* massima *f,* sentenza *f.*
adagio *it.* [ə'dɑ:dʒiou] **I** *a./avv.* ⟨*Mus*⟩ adagio. **II** *s.* (*pl.* -**s** [z]) adagio *m.*
Adam [ˈædəm] *N.pr.* Adamo *m.* □ ⟨*fam*⟩ *not to know s.o. from* ~ non conoscere qd. affatto; ⟨*fig*⟩ *the old* ~ la debolezza umana.
adamant [ˈædəmənt] **I** *a.* 1 di diamante, adamantino. 2 ⟨*fig*⟩ (*inflexible*) inflessibile, adamantino, duro, fermo. **II** *s.* diamante *m,* adamante *m,* acciaio *m.* ˌ**adamantine** [–'mæntain] *a.* 1 adamantino. 2 ⟨*fig*⟩ (*unyielding*) adamantino, inflessibile, duro, fermo.
Adamic [ə'dæmik], **Adamical** [–l] *a.* di Adamo.
Adamite [ˈædəmait] *s.* 1 discendente *m/f* di Adamo. 2 ⟨*fig*⟩ (*nudist*) nudista *m/f.*
Adam's| ale *s.* ⟨*scherz*⟩ acqua *f.* ~ **apple** *s.* ⟨*fam*⟩ pomo *m* d'Adamo.
adapt [ə'dæpt] **I** *v.t.* 1 adattare; (*to modify*) adattare, modificare, trasformare. 2 (*of books, plays, etc.*) adattare, ridurre, fare un adattamento (*o* una riduzione) di: *to* ~ *a novel for a film* fare l'adattamento cinematografico di un romanzo. **II** *v.i.* adattarsi (*to* a). aˌ**daptability** [–ə'biliti] *s.* 1 (*of persons, animals*) adattabilità *f,* possibilità *f* di adattamento. 2 (*of things*) adattabilità *f,* possibilità *f* di adattamento. **adaptable** [–əbl] *a.* 1 adattabile, che può essere adattato. 2 (*able to adapt o.s.*) adattabile, che si adatta, che sa adattarsi: *an* ~ *person* una persona che si adatta.
adaptation [ˌædæp'teiʃən] *s.* 1 adattamento *m;* (*to a climate*) acclimatazione *f.* 2 (*modification*) adattamento *m,* modificazione *f.* 3 (*of books, plays, etc.*) adattamento *m,* riduzione *f: an* ~ *of a novel for the stage* l'adattamento teatrale di un romanzo. 4 ⟨*Ott*⟩ adattamento *m,* accomodazione *f.* 5 ⟨*Biol*⟩ adattamento *m.*
adapter [ə'dæptə] *s.* 1 riduttore *m* (*f* –trice). 2 ⟨*Mecc*⟩ pezzo *m* di accoppiamento, raccordo *m.* 3 ⟨*El*⟩ spina *f* interˌmedia, adattatore *m.* **adaptive** [–tiv] *a.* 1 adattabile, che può (*o* sa) adattarsi; (*showing adaptation*) che si adatta. 2 ⟨*Biol,tecn*⟩ adattivo. **adaptiveness** [–tivnis] *s.* → **adaptability.**
adaptometer [ˌædæp'tɔmitə] *s.* ⟨*Ott*⟩ adattometro *m.*
adaptor *s.* → **adapter.**
adazzle [ə'dæzl] *a.* ⟨*fam*⟩ abbagliante, scintillante, brillante.
ADC = 1 ⟨*SU*⟩ *Air Defense Command.* 2 ⟨*Mil*⟩ *aide-de-camp* aiutante di campo. 3 ⟨*Inform*⟩ *Analog Digital Converter* convertitore analogico–digitale.
add [æd] **I** *v.t.* 1 aggiungere: ~ *more wood to the fire* aggiungi altra legna al fuoco. 2 (*to say further*) aggiungere, soggiungere. 3 ⟨*Mat*⟩ sommare, addizionare: *if you* ~

8 and 2 you get 10 sommando 8 a 2 si ottiene 10; ⟨*assol*⟩ fare addizioni, sommare. **II** *s.* ⟨*fam*⟩ addizione *f.* □ *to* ~ in aggiungere, includere; *to* ~ **to**: 1 aumentare, accrescere: *an action that will* ~ *to his reputation* un'azione che aumenterà la sua fama; *this news* –*s to our joy* la notizia aumenta la nostra gioia; 2 (*to find a sum*) fare un'addizione; *don't* ~ *to my work* non rendere più gravoso il mio lavoro; *to* ~ **up**: 1 addizionare, sommare; 2 (*to amount to*) ammontare (*to* a), fare: *4 and 4* ~ *up to 8* 4 più 4 fa 8; 3 ⟨*fig*⟩ (*to mean*) significare, voler dire; 4 (*to come out correctly*) quadrare, tornare, essere esatto.

add. = 1 *addenda* addenda. 2 *address* indirizzo.

addax ['ædæks] *s.* ⟨*Zool*⟩ addax *m,* antilope *f* di Mendes.

added ['ædid] *a.* ulteriore, supplementare, aggiuntivo: *an* ~ *attraction* un'ulteriore attrattiva.

added-value tax *s.* (*value-added tax*) imposta *f* sul valore aggiunto, IVA *f.*

addend [ə'dend] *s.* ⟨*Mat*⟩ addendo *m.* **addendum** [–əm] *s.* (*pl.* -**da** [də]) 1 aggiunta *f.* 2 (*appendix*) appendice *f.*

adder[1] ['ædə] *s.* ⟨*Zool*⟩ vipera *f.*

adder[2] *s.* 1 (*person*) chi addiziona. 2 (*machine*) addizionatrice *f.*

adder fly *s.* ⟨*Entom*⟩ libellula *f.*

adder's| fern *s.* ⟨*Bot*⟩ polipodio *m,* felce *f* dolce. ~ **tongue** *s.* ⟨*Bot*⟩ felce *f* comune.

addict[1] ['ædikt] *s.* 1 persona *f* dedita a (un vizio), ...mane: *morphine* ~ morfinomane *m/f.* 2 ⟨*fig*⟩ appassionato *m* (*f* –a), tifoso *m* (*f* –a).

addict[2] [ə'dikt] *v.t.* 1 indurre (*o* spingere) al vizio. 2 ⟨*rifl*⟩ (*to abandon o.s.*) darsi, abbandonarsi (*to* a): *to* ~ *o.s. to drink* darsi al bere; (*to devote o.s.*) darsi, dedicarsi. **addicted** [–id] *a.* 1 dedito (*to* a): *to be* ~ *to smoking* esser dedito al fumo. 2 ⟨*fig*⟩ dedito (a), appassionato, tifoso (di). **addiction** [–kʃən] *s.* 1 (*to drugs, etc.*) tossicomania *f.* 2 ⟨*fig*⟩ inclinazione *f,* disposizione *f:* ~ *to science* inclinazione per le scienze. **addictive** [–iv] *a.* che provoca assuefazione.

adding machine ['ædiŋ] *s.* addizionatrice *f.*

Addis Ababa ['ædis'æbəbə] *N.pr.* ⟨*Geog*⟩ Addis Abeba *f.*

Addison's disease ['ædisənz] *s.* ⟨*Med*⟩ morbo *m* di Addison.

addition [ə'diʃən] *s.* 1 ⟨*Mat*⟩ addizione *f,* somma *f.* 2 (*adjunct*) aggiunta *f,* aumento *m.* 3 ⟨*Edil*⟩ ala *f.* □ *an* ~ *to the family* la nascita d'un figlio; *in* ~ in più, più, per di più, inoltre, in aggiunta; *in* ~ *to* in aggiunta a, oltre a; ~ *sign* segno *m* dell'addizione. **additional** [–l] *a.* aggiuntivo, addizionale, supplementare, extra: ~ *charge* spesa supplementare. □ ⟨*Dir*⟩ ~ *clause* clausola *f* aggiuntiva (*o* supplementare). **additionally** [–əli] *avv.* inoltre, in aggiunta, in più, per di più.

additive ['æditiv] **I** *a.* 1 aggiuntivo. 2 ⟨*Mat*⟩ additivo. **II** *s.* 1 aggiuntivo *m,* additivo *m.* 2 ⟨*Chim*⟩ additivo *m.* **additivity** [–iti] *s.* ⟨*Fis,Fot*⟩ additività *f.*

addle ['ædl] **I** *v.t.* 1 (*of eggs*) far marcire, guastare. 2 (*to muddle*) confondere, frastornare. **II** *v.i.* 1 (*of eggs*) guastarsi, marcire, imputridire, andare a male. 2 (*to become muddled*) confondersi, istupidirsi. **III** *a.* 1 (*of eggs: rotten*) guasto, marcio. 2 (*muddled*) confuso, frastornato.

addle|brain *s.* stupido *m* (*f* –a), sciocco *m* (*f* –a), svanito *m* (*f* –a). ~**brained** *a.* sciocco, svanito. ~**head** *s.* persona svanita. ~**pated** *a.* → **addlebrained.**

add-on *s.* accessorio *m.*

address[1] [ə'dres, *am.* 'ædres] *s.* 1 indirizzo *m,* recapito *m.* 2 (*formal speech*) discorso *m* (ufficiale), allocuzione *f,* indirizzo *m.* 3 (*bearing*) comportamento *m,* modo *m* di fare (*o* parlare). 4 (*formal request*) petizione *f,* richiesta *f,* istanza *f.* 5 (*adroitness*) abilità *f,* destrezza *f.* 6 *pl.* (*attentions in courtship*) omaggi *mpl,* corte *f: to pay one's* –*es to s.o.* fare la corte a qd. 7 (*in golf*) posizione *f.* 8 ⟨*Inform*⟩ indirizzo *m.* □ ~ *business* ~ indirizzo *m* d'ufficio; **change** *of* ~ cambiamento *m* d'indirizzo; *of no fixed* ~ senza fissa dimora; *the correct* **form** *of* ~ la forma corretta (per rivolgersi a qd.); *a man of good* ~ un uomo dall'aspetto distinto; *to live at a good* ~ abitare in un quartiere elegante; **home** ~ indirizzo *m* di casa; **private** ~ indirizzo privato.

address[2] [ə'dres] *v.t.* 1 indirizzare, scrivere l'indirizzo su. 2 (*to speak to*) parlare a, rivolgere la parola a, fare un discorso a; (*to harangue*) arringare: *to* ~ *the crowd* arringare la folla. 3 ⟨*Sport*⟩ (*in golf*) prendere di mira, mirare a. 4 ⟨*Comm*⟩ (*of a ship*) consegnare, affidare. 5 ⟨*rifl*⟩ rivolgersi: *he* –*ed himself to the chairman* si rivolse al presidente; *how does one* ~ *a bishop?* come ci si rivolge a un vescovo? 6 ⟨*rifl*⟩ (*to direct one's energies to*) indirizzare (*o* rivolgere) le proprie energie, dedicarsi: *he* –*ed himself to learning English* si dedicò allo studio dell'inglese. □ *you must* ~ *him as "Doctor"* devi chiamarlo «dottore».

addressable [ə'dresəbl] *a.* ⟨*Inform*⟩ indirizzabile.

address| book *s.* indirizzario *m,* rubrica *f.* ~ **bus** *s.* ⟨*Inform*⟩ bus *m* indirizzi.

addressee [ædre'si:] *s.* destinatario *m* (*f* –a). □ ⟨*Post*⟩ ~ *absent* destinatario *m* assente; ~ *unknown* destinatario *m* sconosciuto. **addresser** [ə'dresə] *s.* mittente *m/f.*

addressing [ə'dresiŋ] *s.* ⟨*Inform*⟩ indirizzamento *m.*

addressing machine *s.* macchina *f* stampa–indirizzi.

addressograph [ə'dresəgra:f] *s.* → **addressing machine.**

adduce [ə'dju:s] *v.t.* addurre, portare, fornire: *to* ~ *evidence* addurre delle prove, fornire una prova. □ ⟨*Dir*⟩ *to* ~ *a witness* produrre un teste. **adduceable** [–əbl] *a.* → **adducible** [–əbl] *a.* adducibile, citabile.

adduct [ə'dʌkt] *v.t.* ⟨*Anat*⟩ addurre. **adduction** [–kʃən] *s.* 1 citazione *f.* 2 ⟨*Anat*⟩ adduzione *f.* **adductive** [–iv] *a.* ⟨*Anat*⟩ adduttore. **adductor** [–ə] *s.* adduttore *m,* muscolo *m* adduttore.

Adela [ə'deilə], **Adele** [ə'del] *N.pr.* Adele *f.*

adenoid ['ædinɔid] **I** *s.* (general. al pl.) ⟨*Med*⟩ adenoide *f.* **II** *a.* → **adenoidal. adenoidal** [–l] *a.* 1 ⟨*Med*⟩ adenoideo. 2 ⟨*fig*⟩ adenoideo, dalla voce nasale. **adenoidectomy** [–'ektəmi] *s.* ⟨*Chir*⟩ adenotomia *f.* **adenoma** [ædi'noumə] *s.* ⟨*Med*⟩ adenoma *m.*

adept[1] ['ædept] *s.* esperto *m* (*f* –a): *he is an* ~ *at puzzles* è un esperto di enigmistica.

adept[2] [ə'dept] *a.* abile, capace, esperto, provetto. **adeptly** [–li] *avv.* abilmente, con perizia. **adeptness** [–nis] *s.* abilità *f,* perizia *f.*

adequacy ['ædikwəsi] *s.* adeguatezza *f.* **adequate** [–kwit] *a.* 1 sufficiente: *his pay is* ~ *to support a family* la sua paga è sufficiente per mantenere una famiglia. 2 (*suitable*) adeguato, adatto, atto, idoneo (*for* a), all'altezza (di): *he is more than* ~ *for that job* è più che adatto a quel lavoro. □ *of* ~ *means* benestante, agiato. **adequately** [–kwitli] *avv.* 1 sufficientemente. 2 (*suitably*) adeguatamente.

ADF = *automatic direction finder* radiogoniometro automatico.

adhere [əd'hiə] *v.i.* 1 aderire, attaccarsi (*to* a). 2 (*to hold to*) aderire, seguire, mantenersi fedele (a): *we* –*d to our plan* ci mantenemmo fedeli al nostro programma. 3 (*to agree*) aderire (a), accettare (qc.): *to* ~ *to a treaty* aderire a un trattato.□ *to* ~ *to a clause* attenersi a una clausola.

adherence [–rəns] *s.* 1 adesione *f,* aderenza *f.* 2 (*attachment*) fedeltà *f,* adesione *f,* attaccamento *m: his* ~ *to the party* la sua fedeltà al partito. **adherent** [–rənt] **I** *s.* aderente *m/f,* seguace *m/f;* (*supporter*) partigiano *m* (*f* –a), fautore *m* (*f* –trice). **II** *a.* 1 aderente, attaccato (*to* a). 2 ⟨*fig*⟩ aderente, associato (a): *the parties* ~ *to a contract* le parti aderenti a un contratto. **adherer** [–rə] *s.* chi aderisce.

adhesion [əd'hi:ʒən] *s.* 1 adesione *f.* 2 ⟨*fig*⟩ (*faithfulness, adherence*) attaccamento *m,* fedeltà *f.* 3 (*agreement*) adesione *f,* assenso *m:* ~ *to a treaty* adesione a un trattato. 4 ⟨*Fis*⟩ adesione *f.* 5 ⟨*Med*⟩ aderenza *f.*

adhesive [–siv] **I** *a.* adesivo. **II** *s.* 1 adesivo *m.* 2 ⟨*Filat*⟩ francobollo *m.* **adhesiveness** [–sivnis] *s.* adesività *f.*

adhesive| paper *s.* carta *f* gommata (*o* adesiva). ~ **plaster** *s.* ⟨*Farm*⟩ cerotto *m* adesivo. ~ **tape** *s.* 1 ⟨*El*⟩ nastro *m* adesivo (*o* isolante). 2 ⟨*Farm*⟩ leucoplasto *m.*

adhibit [əd'hibit] *v.t.* 1 apporre, affiggere. 2 (*to apply as a remedy*) applicare; (*to administer*) somministrare. **adhibition** [ædhi'biʃən] *s.* applicazione *f,* uso *m.*

adiabatic [,eidaiə'bætik] *a.* ⟨*Fis*⟩ adiabatico.

adiabatic| coefficient *s.* ⟨*Fis*⟩ coefficiente *m* adiabatico. **~ transformation** *s.* trasformazione *f* adiabatica.

adiantum [,ædi'æntəm] *s.* ⟨*Bot*⟩ adianto *m*.

adieu *fr.* [ə'dju:] **I** *intz.* addio. **II** *s.* (*pl.* **-s** [z]/**-x** [z]) addio *m*.

ad inf. = *ad infinitum* all'infinito.

ad int. = *ad interim* provvisoriamente.

ad interim *lat.* [æd'intərim] **I** *avv.* ad interim, provvisoriamente. **II** *a.* temporaneo, provvisorio, interinale.

adipose ['ædipous] **I** *a.* ⟨*Fisiol*⟩ adiposo: ~ *tissue* tessuto adiposo. **II** *s.* adipe *m*. **adiposis** [-is] *s.* ⟨*Med*⟩ adiposi *f*. **,adiposity** [-'pɔsiti] *s.* adiposità *f*.

adit ['ædit] *s.* **1** ⟨*lett*⟩ adito *m*, accesso *m*, entrata *f*. **2** ⟨*Minier*⟩ galleria *f* d'accesso.

adj. = **1** ⟨*Gramm*⟩ *adjective* aggettivo (*abbr.* agg.). **2** ⟨*Mil*⟩ *adjutant* aiutante.

adjacency [ə'dʒeisənsi] *s.* **1** adiacenza *f*, vicinanza *f*, contiguità *f*. **2** *pl.* adiacenze *fpl*, vicinanze *fpl*, dintorni *mpl*. **adjacent** [-sənt] *a.* adiacente, contiguo, attiguo, limitrofo: ~ *rooms* camere contigue. □ ⟨*Geom*⟩ ~ *angle* angolo *m* adiacente; ⟨*Dir*⟩ ~ *lands* terreni *mpl* confinanti. **adjacently** [-səntli] *avv.* adiacentemente.

adjectival [,ædʒek'taivl] *a.* ⟨*Gramm*⟩ aggettivale: ~ *clause* proposizione aggettivale. **adjectivally** [-vəli] *avv.* aggettivamente.

adjective ['ædʒiktiv] **I** *s.* aggettivo *m*. **II** *a.* **1** ⟨*Gramm*⟩ → adjectival. **2** (*dependent*) dipendente, derivato. **3** ⟨*Dir*⟩ accessorio, addizionale.

adjoin [ə'dʒɔin] **I** *v.t.* **1** confinare con, essere contiguo a: *our garden –s the house* il nostro giardino è contiguo alla casa. **2** (*to join physically*) unire, congiungere. **II** *v.i.* essere confinante (*o* contiguo). **adjoining** [-iŋ] *a.* contiguo, adiacente, limitrofo, confinante.

adjourn [ə'dʒə:n] **I** *v.t.* **1** (*of a meeting*) aggiornare, differire, rinviare; (*to suspend*) sospendere. **2** (*of a matter*) differire, rimandare, rinviare. **II** *v.i.* **1** sospendere i lavori (*o* la seduta): *the court –ed* la corte sospese la seduta. **2** ⟨*fam*⟩ (*to go to another place*) passare, trasferirsi (in). □ ⟨*Dir*⟩ *to ~ a case to the following month* rinviare una causa al mese successivo. **adjournment** [-mənt] *s.* aggiornamento *m*, rinvio *m*, sospensione *f*.

adjudge [ə'dʒʌdʒ] *v.t.* **1** dichiarare, giudicare: *the accused was –d guilty* l'accusato fu dichiarato colpevole. **2** (*to assign*) aggiudicare, assegnare. **3** (*to adjudicate*) giudicare: *to ~ a case* giudicare una causa. **4** (*to condemn*) condannare. **adjudgement** [-mənt] *s.* → adjudication.

adjudicate [ə'dʒu:dikeit] **I** *v.t.* **1** ⟨*Dir*⟩ giudicare, decidere, definire. **2** (*to award*) aggiudicare, assegnare: *to ~ a prize to s.o.* aggiudicare un premio a qd. **II** *v.i.* ⟨*Dir*⟩ pronunciarsi, pronunciare una sentenza (*upon* su). □ ⟨*Dir*⟩ *to ~ s.o. bankrupt* dichiarare qd. fallito.

adjudication [ə,dʒu:di'keiʃən] *s.* **1** aggiudicazione *f*. **2** ⟨*Dir*⟩ decisione *f* (della magistratura), giudizio *m*, sentenza *f*, decreto *m*. □ ⟨*Dir*⟩ ~ *of* (o in) *bankruptcy* sentenza dichiarativa di fallimento; ⟨*Dir*⟩ ~ *order* ordinanza *f* fallimentare. **ad'judicative** [-keitiv] *a.* aggiudicativo. **ad'judicator** [-keitə] *s.* **1** arbitro *m*, giudice *m*, aggiudicante *m/f*. **2** (*in music competitions*) membro *m* di una giuria.

adjunct ['ædʒʌŋkt] **I** *s.* **1** accessorio *m*, aggiunta *f*, appendice *f*. **2** ⟨*burocr*⟩ (*assistant*) impiegato *m* (*f* –a) aggiunto, assistente *m/f*. **3** ⟨*Gramm*⟩ complemento *m*, attributo *m*, epiteto *m*. **4** ⟨*Filos*⟩ attributo *m* non essenziale. **II** *a.* aggiuntivo, complementare; ⟨*burocr*⟩ aggiunto. □ (*am*) ~ *professor* professore incaricato.

adjunction [ə'dʒʌŋkʃən] *s.* **1** aggiunzione *f*, aggiunta *f*. **2** ⟨*Mat*⟩ aggiunzione *f*. **adjunctive** [-ktiv] *a.* aggiuntivo.

adjuration [,ædʒuə'reiʃən] *s.* **1** esortazione *f* solenne. **2** ⟨*Dir*⟩ giuramento *m* solenne. **adjuratory** [ə'dʒuərətəri] *a.* di giuramento. **adjure** [ə'dʒuə] *v.t.* **1** comandare. **2** (*to beg*) scongiurare, supplicare.

adjust [ə'dʒʌst] **I** *v.t.* **1** adattare, adeguare: *to ~ o.s. to changes* adattarsi ai cambiamenti. **2** (*to arrange*) accomodare, sistemare, aggiustare, mettere in ordine. **3** (*to regulate*) regolare, mettere a punto. **4** (*to settle*) risolvere, comporre, conciliare: *to ~ a difference of opinion* conciliare opinioni diverse. **5** (*of an instrument*) tarare,

regolare, compensare; (*of a shaft*) aggiustare, calettare. **6** ⟨*Assic*⟩ regolare, liquidare. **7** ⟨*Mil*⟩ (*of a gun*) aggiustare. **II** *v.i.* adattarsi, abituarsi (*to* a). **adjustable** [-əbl] *a.* regolabile, adattabile. □ ⟨*Mecc*⟩ ~ *spanner* chiave *f* inglese.

adjusted capital *am.* [ə'dʒʌstid] *s.* ⟨*Econ*⟩ capitale *m* sociale più le riserve.

adjuster [ə'dʒʌstə] *s.* **1** ⟨*Assic*⟩ liquidatore *m* (*f* –trice) d'avaria. **2** ⟨*Mecc*⟩ (*person*) regolatore *m* (*f* –trice); (*device*) dispositivo *m* di regolazione. **adjusting** [-stiŋ] *s.* ⟨*Mecc*⟩ regolazione *f*, aggiustamento *m*.

adjustment [ə'dʒʌstmənt] *s.* **1** adattamento *m*, l'adattarsi. **2** (*agreement*) accomodamento *m*, accordo *m*. **3** (*arrangement*) assestamento *m*, sistemazione *f*. **4** (*regulating*) regolazione *f*, registrazione *f*; (*mechanism*) dispositivo *m* di regolazione. **5** ⟨*Edil*⟩ assestamento *m*. **6** ⟨*Assic*⟩ perizia *f*; (*settlement*) liquidazione *f*. **7** ⟨*Comm*⟩ (*of prices*) assestamento *m*; (*of an account*) correzione *f*, rettifica *f*. □ ⟨*Comm*⟩ *except* ~ salvo conguaglio; ⟨*Mecc*⟩ *fine* ~ regolazione *f* di precisione, microregolazione *f*; *out of* ~ sregolato.

adjustment| account *s.* ⟨*Comm*⟩ conto *m* di riepilogo. **~ bond** *s.* ⟨*Econ*⟩ obbligazione *f* di riorganizzazione.

adjustor *s.* → adjuster.

adjutancy ['ædʒutənsi] *s.* ufficio *m* di aiutante. **adjutant** [-nt] *s.* **1** ⟨*Mil*⟩ aiutante *m* (di campo). **2** (*helper*) aiutante *m/f*, assistente *m/f*.

adjutant| bird, ~ **crane** *s.* ⟨*Ornit*⟩ marabù *m* indiano. ~ **general** *s.* **1** ⟨*Mil*⟩ aiutante *m* maggiore. **2** ⟨*Mar*⟩ aiutante *m* di bordo. **3** ⟨*SU*⟩ comandante *m* della milizia territoriale (di uno Stato).

adjuvant ['ædʒuvənt] **I** *a.* ausiliare, che aiuta. **II** *s.* **1** coadiutore *m* (*f* –trice), cooperatore *m* (*f* –trice). **2** ⟨*Farm*⟩ adiuvante *m*.

Adlerian [æd'leəriən] *a.* ⟨*Psic*⟩ adleriano.

ad-lib [æd'lib] **I** *v.t.* (*pret., p.p.* **ad-libbed** [-d]) improvvisare (*anche assol.*). **II** *a.* improvvisato, estemporaneo.

ad–lib I *s.* improvvisazione *f*. **II** *avv.* **1** a piacere, a volontà. **2** (*without restraint*) a profusione.

ad-libber ['æd'libə] *s.* improvvisatore *m* (*f* -trice). **ad-libbing** [-iŋ] *s.* improvvisazione *f*.

Adm. = **1** *Admiral* ammiraglio (*abbr.* Amm.). **2** *Admiralty* ammiragliato.

adman *am.* ['ædmən] *s.irr.* ⟨*fam*⟩ **1** pubblicitario *m*. **2** ⟨*Tip*⟩ proto *m* addetto alle inserzioni pubblicitarie.

admeasure [æd'meʒə] *v.t.* ripartire, suddividere. **admeasurement** [-mənt] *s.* **1** misurazione *f*. **2** (*apportionment*) ripartizione *f*, suddivisione *f*, distribuzione *f*. **3** (*size*) dimensioni *fpl*, proporzioni *fpl*.

admin. = *administration* amministrazione.

administer [əd'ministə] **I** *v.t.* **1** amministrare. **2** (*to dispense*) amministrare, dispensare: *to ~ justice* amministrare la giustizia; (*to inflict*) dare, infliggere: *to ~ punishment* dare una punizione; (*of laws*) applicare; (*of medicine*) somministrare. **II** *v.i.* **1** aiutare, essere di aiuto (*to* a). **2** ⟨*Dir*⟩ fungere da amministratore. □ *to ~ an oath to s.o.* far prestare giuramento a qd. **administrable** [-trəbl] *a.* amministrabile. **administrate** *am.* [-treit] *v.t.* → administer.

administration [əd,mini'streiʃən] *s.* **1** amministrazione *f*, gestione *f*; (*government*) governo *m*. **2** ⟨*Dir*⟩ (*of an estate*) amministrazione *f*. **3** (*dispensing*) amministrazione *f*: *the ~ of the last rites* l'amministrazione dell'estrema unzione; (*of medicines*) somministrazione *f*; (*of an oath*) prestazione *f* (di un giuramento). **Administration** *s.* ⟨*SU*⟩ amministrazione *f*, governo *m*. **ad'ministrative** [-strətiv] *a.* amministrativo.

administrative| expenses *s.pl.* spese *fpl* amministrative. **~ grade** *s.* funzionari *mpl* di grado superiore. **~ unit** *s.* circoscrizione *f* amministrativa.

administrator [əd'ministreitə] *s.* (*f.* **-trix** [triks]) **1** amministratore *m* (*f* –trice). **2** ⟨*Dir*⟩ amministratore *m* (*f* –trice), curatore *m* (*f* –trice). **administratorship** [-ʃip] *s.* **1** gestione *f*, gerenza *f*. **2** ⟨*Dir*⟩ curatela *f* testamentaria.

administratrix [-triks] *s.* (*pl.* **-trices** [trisi:z]) → administrator.

admirable ['ædmərəbl] *a.* **1** ammirevole, ammirabile, mirabile. **2** (*excellent*) eccellente. **admirably** [–i] *avv.* ammirevolmente.

admiral ['ædmərəl] *s.* **1** ⟨*Mar.mil*⟩ ammiraglio *m.* **2** ⟨*Mar.ant*⟩ (*flagship*) nave *f* ammiraglia. **3** ⟨*Entom*⟩ vanessa *f.* □ ⟨*GB*⟩ ~ *of the Fleet* comandante *m* in capo della flotta. **admiralship** [–ʃip] *s.* ammiragliato *m.*

admiralty [–ti] *s.* **1** ammiragliato *m.* **2** (*court*) tribunale *m* dell'ammiragliato. **3** ⟨*GB*⟩ ammiragliato *m*, ministero *m* della marina.

Admiralty| Islands *N.pr.pl.* ⟨*Geog*⟩ Isole *fpl* dell'Ammiragliato. **~ law** *s.* diritto *m* marittimo.

admiration [ˌædmə'reiʃən] *s.* **1** ammirazione *f.* **2** (*object of wonder*) ammirazione *f*, oggetto *m* di ammirazione: *to be the ~ of everyone* essere l'ammirazione di tutti. □ *to be lost in ~ of s.th.* perdersi nella contemplazione di qc.

admire [əd'maiə] *v.t.* **1** ammirare: *to ~ a painting* ammirare un quadro. **2** ⟨*am.dial*⟩ (*to like*) piacere (costr. impers.), desiderare. **admirer** [–rə] *s.* ammiratore *m* (*f* –trice), corteggiatore *m* (*f* –trice). **admiring** [–riŋ] *a.* pieno di ammirazione, ammirativo. **admiringly** [–riŋli] *avv.* con ammirazione.

admissibility [ədˌmisə'biliti] *s.* ammissibilità *f.* **ad'missible** [–bl] *a.* **1** ⟨*Dir*⟩ (*of proof, etc.*) ammissibile. **2** (*allowed to enter*) ammesso. **3** ⟨*am*⟩ (*permissible*) permesso, concesso.

admission [əd'miʃən] *s.* **1** ammissione *f*, accesso *m*, ingresso *m*: ~ *to a university* ammissione all'università; (*into an office, etc.*) ammissione *f*, assunzione *f.* **2** (*right to enter*) ammissione *f*, permesso *m* di entrare (*o* accedere): ~ *to the library* il permesso di accedere alla biblioteca. **3** (*price of entry*) entrata *f*, prezzo *m* d'ingresso, biglietto *m* d'ingresso: ~ *is ten pence* il prezzo d'ingresso è di dieci pence. **4** (*confession*) confessione *f*, ammissione *f.* **5** (*acknowledgement of the truth*) ammissione *f*, riconoscimento *m.* □ ⟨*Dir*⟩ ~ *to the bar* iscrizione *f* all'albo degli avvocati; ~ *free* entrata libera; *on his own ~* in base alla sua stessa confessione.

admission| day *s.* ⟨*SU*⟩ anniversario *m* dell'ammissione all'Unione. **~ office** *s.* ufficio *m* accettazioni, accettazione *f.* **~ requirements** *s.pl.* requisiti *mpl* per l'ammissione. **~ test** *s.* ⟨*Scol*⟩ esame *m* d'ammissione.

admissive [əd'misiv] *a.* che ammette.

admit [əd'mit] *v.* (*pret., p.p.* **-tted** [tid]) **I** *v.t.* **1** ammettere, far entrare, introdurre. **2** (*to give right to enter*) ammettere; (*of a ticket*) essere valido: *this ticket –s two people* questo biglietto è valido per due persone. **3** (*to confess*) confessare, ammettere, riconoscere. **4** (*to grant*) ammettere, concedere: *let us ~ that you are right* ammettiamo che tu abbia ragione. **5** (*to allow as valid*) accogliere, accettare: *to ~ a claim* accogliere un reclamo. **6** (*to be large enough for*) contenere, aver posto per, ospitare: *the hall –s three hundred* la sala può contenere trecento persone. **II** *v.i.* **1** dare accesso (*a*), portare, condurre (in): *that gate –s to the garden* quel cancello porta in giardino. **2** (*to allow*) lasciare adito (*of* a), ammettere (qc.): *it does not ~ of doubt* non lascia adito ad alcun dubbio. □ *dogs are not –ted* vietato l'accesso ai cani; *to ~ to* ammettere di; *to ~ to hospital* ricoverare in ospedale.

admittable [əd'mitəbl] *a.* ammissibile. **admittance** [–təns] *s.* **1** accesso *m*, entrata *f*, ingresso *m*: *no ~* vietato l'ingresso. **2** (*act of admitting*) ammissione *f.* **3** ⟨*El*⟩ ammettenza *f.* **admittedly** [–tidli] *avv.* dichiaratamente. □ *diamonds are ~ expensive, but* certo (*o* è vero) che i diamanti sono costosi, ma.

admix [əd'miks] **I** *v.t.* mescolare. **II** *v.i.* mescolarsi.

admixture [əd'mikstʃə] *s.* **1** miscela *f.* **2** (*something added*) aggiunta *f*, misto *m.* **3** (*mixture*) miscuglio *m*, mistura *f.*

admonish [əd'mɔniʃ] *v.t.* **1** ammonire, avvertire, mettere in guardia. **2** (*to reprove*) rimproverare, riprendere. **3** (*to exhort*) esortare. **admonisher** [–ə] *s.* ammonitore *m* (*f* –trice). **admonishment** [–mənt], **admonition** [ˌædmə'niʃən] *s.* **1** ammonimento *m*, avvertimento *m.* **2** (*exhortation*) esortazione *f.* **3** (*rebuke*) rimprovero *m.*

admonitory [–nitəri] *a.* ammonitorio, d'ammonimento.

ad nauseam *lat.* [æd'nɔːziæm] *avv.* fino alla nausea.

adnexectomy [ˌædnek'təmi] *s.* ⟨*Chir*⟩ annessiectomia *f.*

ado [ə'duː] *s.* (*pl.* **-s** [z]) **1** trambusto *m*, confusione *f*, rumore *m*: *much ~ about nothing* molto rumore per nulla. **2** (*trouble*) difficoltà *f*, fatica *f*, fastidio *m.* □ *without further ~* senza ulteriore fatica.

adobe [ə'doubi] *s.* ⟨*Edil*⟩ adobe *m.*

adolescence [ˌædə'lesəns], **adolescency** [–i] *s.* adolescenza *f.* **adolescent** [–nt] **I** *s.* adolescente *m/f.* **II** *a.* **1** adolescente. **2** (*typical of adolescents*) da adolescente.

Adolf, Adolph ['ædɔlf] *N.pr.* Adolfo *m.*

Adonis [ə'dounis] **I** *N.pr.* ⟨*Mitol*⟩ Adone *m.* **II** *s.* **1** (*beautiful young man*) adone *m.* **2** ⟨*Bot*⟩ adonide *f.*

adonize ['ædənaiz] *v.i.* **1** fare il ganimede. **2** ⟨*rifl*⟩ azzimarsi.

adopt [ə'dɔpt] *v.t.* **1** adottare (*anche fig.*). **2** (*to choose*) scegliere. □ ⟨*Econ*⟩ *to ~ a balance* approvare un bilancio. **a,doptability** [–ə'biliti] *s.* possibilità *f* di essere adottato. **adoptable** [–əbl] *a.* adottabile. **adopted** [–id] *a.* adottato, di adozione: ~ *country* patria di adozione; *an ~ child* un bambino adottato. **adopter** [–ə] *s.* adottante *m/f.* **adoption** [–pʃən] *s.* **1** adozione *f.* **2** (*choice*) scelta *f.* □ *an Italian by ~* un italiano di adozione. **adoptive** [–iv] *a.* adottivo.

adorability [ˌədɔːrə'biliti] *s.* adorabilità *f.* **a'dorable** [–bl] *a.* adorabile, delizioso. **adoration** [ˌædɔː'reiʃən] *s.* adorazione *f.* □ ⟨*Pitt*⟩ *the ~ of the Magi* l'adorazione dei Magi.

adore [ə'dɔː] **I** *v.t.* **1** adorare, venerare: *to ~ God* adorare Dio. **2** ⟨*fam*⟩ (*to like very much*) adorare, piacere molto (costr. impers.). **II** *v.i.* adorare. **adorer** [–rə] *s.* adoratore *m* (*f* –trice). **adoring** [–iŋ] *a.* adorante, di adorazione.

adorn [ə'dɔːn] *v.t.* ornare, adornare, abbellire. **adornment** [–mənt] *s.* ornamento *m*, decorazione *f*, addobbo *m.*

adown [ə'daun] ⟨*ant*⟩ **I** *prep.* sotto. **II** *avv.* giù, di sotto.

ADP = *automatic data processing* elaborazione automatica dei dati.

adrenal [ə'driːnəl] *a.* ⟨*Anat*⟩ surrenale. □ ~ *gland* ghiandola *f* (*o* capsula) surrenale. **adrenalin** [–'drenəlin] *s.* ⟨*Biol*⟩ adrenalina *f.*

adrenergic [ˌædren'ɔːdʒik] *a.* ⟨*Biol*⟩ adrenergico.

adrenocortical [ˌædriːnou'kɔːtikl] *a.* ⟨*Anat*⟩ corticosurrenale.

Adrian ['eidriən] *N.pr.* Adriano *m.*

Adriatic [ˌeidri'ætik] **I** *a.* ⟨*Geog*⟩ adriatico. **II** *s.* (*Adriatic Sea*) mare *m* Adriatico, Adriatico *m.*

adrift [ə'drift] **I** *avv.* **1** ⟨*Mar,fig*⟩ alla deriva: *to go ~* andare alla deriva. **2** (*unfastened*) divelto, strappato. **II** *a.pred.* **1** ⟨*Mar*⟩ alla deriva. **2** (*unfastened, loose*) sciolto, divelto, alla deriva. **3** ⟨*fig*⟩ alla deriva, sbandato. □ ⟨*fig*⟩ *to turn s.o. ~* gettare qd. sul lastrico.

adroit [ə'drɔit] *a.* **1** abile, destro. **2** ⟨*fig*⟩ (*skillful, ingenious*) abile, sagace. **adroitly** [–li] *avv.* abilmente. **adroitness** [–nis] *s.* abilità *f*, destrezza *f.*

adsorb [æd'sɔːb] *v.f.* ⟨*Fis,Chim*⟩ assorbire. **adsorption** [–'sɔːpʃən] *s.* assorbimento *m.*

adulate ['ædjuleit] *v.t.* ⟨*lett*⟩ adulare, lusingare. **,adulation** [–'leiʃən] *s.* adulazione *f.* **adulator** [–ə] *s.* adulatore *m* (*f* –trice). **adulatory** [–əri] *a.* adulatorio.

adult ['ædʌlt] **I** *a.* **1** adulto, maturo. **2** (*for adults*) per adulti. **II** *s.* **1** adulto *m* (*f* –a). **2** ⟨*Dir*⟩ maggiorenne *m/f.*

adult education *s.* educazione *f* degli adulti.

adulterant [ə'dʌltərənt] **I** *s.* adulterante *m/f.* **II** *a.* adulterante.

adulterate I *v.t.* [ə'dʌltəreit] **1** (*of food*) adulterare, sofisticare; (*of language*) corrompere; (*of a text*) alterare; (*to falsify*) falsificare. **II** *a.* [–rit] **1** adulterato, alterato, falsificato, spurio; (*of food*) sofisticato. **2** → **adulteri**

adulteration [əˌdʌltə'reiʃən] *s.* adulterazione *f* an falsificazione *f*; (*of food*) sofisticazione *f*; (*of language*) *s.* corruzione *f.* **a'dulterator** [–reitə] *s.* adulteratoridoto (*o* –trice), falsificatore *m* (*f* –trice).

adulterer [ə'dʌltərə] *s.* adultero *m.* **adulteress** adultera *f.* **adulterine** [–rain] *a.* **1** adulterino. **II** *s.* (*spurious*) falsificato, contraffatto. **adulterous**

adultero, adulterino, illecito: *an ~ relationship* una relazione illecita. **adultery** [-ri] *s.* adulterio *m.*

adulthood [ə'dʌlthud] *s.* maturità *f,* età *f* adulta.

adumbrate ['ædʌmbreit] *v.t.* **1** schizzare, abbozzare. **2** (*to foreshadow*) lasciar intravedere, far presagire, accennare a. **3** (*to overshadow*) adombrare, oscurare. ,**adumbration** [-'breiʃən] *s.* **1** abbozzo *m,* schizzo *m.* **2** (*presentiment*) presagio *m,* presentimento *m.* **3** (*allusion*) accenno *m,* indizio *m.* **4** (*obscuration*) adombramento *m,* ombreggiamento *m.* **a'dumbrative** [-brətiv] *a.* che adombra.

adust [ə'dʌst] *a.* **1** adusto, riarso. **2** (*gloomy*) triste, malinconico.

adv. = ⟨*Gramm*⟩ *adverb* avverbio (*abbr.* avv.).

ad valorem *lat.* [æd'vɔ:rem] *a./avv.* ⟨*Econ*⟩ ad valorem. **ad valorem duty** *s.* dazio *m* ad valorem.

advance[1] [əd'vɑ:ns] **I** *s.* **1** avanzamento *m,* movimento *m* in avanti; (*distance covered*) cammino *m,* avanzata *f.* **2** ⟨*fig*⟩ progresso *m.* **3** ⟨*Mil*⟩ avanzata *f.* **4** *pl.* (*overtures*) approcci *mpl,* tentativi *mpl;* (*amorous overtures*) approcci *mpl* amorosi. **5** (*increase*) aumento *m.* **6** ⟨*Comm*⟩ anticipo *m,* acconto *m.* **7** ⟨*giorn*⟩ (*advance copy*) anticipazione *f: an ~ of the speech* un'anticipazione del discorso. **II** *a.* **1** anteriore, davanti: *the ~ section* la parte anteriore. **2** (*of time*) anticipato, in anticipo: *~ payment* pagamento anticipato. □ ⟨*Econ*⟩ *~ against* **collateral** anticipazione *f* su pegno; **in** *~:* 1 (*in time*) anticipatamente, in anticipo: *to pay in ~* pagare in anticipo; *a thinker in ~ of his time* un pensatore che precorre i tempi; 2 (*in space*) davanti, avanti (*of a*); *~ against* **merchandise** anticipo *m* su merci; ⟨*Comm*⟩ *~ against* **securities** anticipazione *f* su titoli; ⟨*burocr*⟩ *~ in* **seniority** scatto *m* di anzianità.

advance[2] **I** *v.t.* **1** (far) avanzare, portare avanti. **2** (*to further*) portare avanti, far progredire. **3** (*to suggest*) avanzare, suggerire, proporre: *to ~ a theory* avanzare una teoria. **4** (*to supply beforehand*) anticipare, dare in anticipo: *to ~ money* anticipare dei soldi; (*to lend*) prestare. **5** (*in time*) anticipare, affrettare: *to ~ a date* anticipare una data; (*of clocks*) mettere avanti. **6** (*to promote in rank*) promuovere, avanzare. **7** (*to raise prices*) aumentare. **8** ⟨*Aut*⟩ anticipare. **II** *v.i.* **1** avanzare, andare innanzi (*o* avanti). **2** (*to improve*) far progressi, progredire. **3** (*to be promoted*) salire (*o* avanzare) di grado, avere una promozione; (*to rise in importance*) fare carriera. **4** (*to rise*) aumentare, salire. □ *to ~ claims* avanzare rivendicazioni; *to ~ on s.o.* muovere contro qd.

advance| **booking** *s.* prenotazione *f* anticipata. *~* **copy** *s.* esemplare *m* di lancio.

advanced [əd'vɑ:nst] *a.* **1** avanzato. **2** (*not elementary*) (di livello) superiore: *an ~ course* un corso di livello superiore. **3** (*progressive*) d'avanguardia, avanzato, moderno, progressista: *~ ideas* idee avanzate. □ *well-~ in years* piuttosto in là con gli anni; *cancer in an ~ stage* cancro in uno stadio avanzato.

advanced| **course** *s.* ⟨*Scol*⟩ corso *m* superiore. *~* **economy** *s.* economia · *f* avanzata. *~* **technology** *s.* tecnologia *f* avanzata.

advancement [əd'vɑ:nsmənt] *s.* **1** avanzamento *m,* avanzata *f.* **2** (*improvement*) miglioramento *m,* progresso *m.* **3** (*promotion*) promozione *f,* avanzamento *m.* **4** (*of prices*) rialzo *m.*

advance party *s.* gruppo *m* ⸢di punta⸣ (*o* d'avanguardia). *~* **refunding** *s.* ⟨*Comm*⟩ rimborso *m* anticipato.

advantage [əd'vɑ:ntidʒ] **I** *s.* **1** vantaggio *m* (*anche Sport.*). **2** (*benefit*) guadagno *m,* profitto *m,* convenienza *f: to gain little ~ from s.th.* trarre poco profitto da qc. **3** (*superiority*) vantaggio *m,* superiorità *f.* **II** *v.t.* avvantaggiare, favorire, appoggiare. □ *to get the ~over s.o.* avere il sopravvento su qd.; *to have the ~ s.o.* essere in vantaggio rispetto a qd., avere un vantaggio su qd.; *to prove to s.o.'s ~* dimostrarsi vantaggioso per qd.; *to take ~ of s.o.* approfittarsi di qd.; *to take ~ of s.th.* approfittare di qc., trarre profitto da qc., sfruttare qc.; *to ~ con profitto; to the best ~* nel modó più vantaggioso, col massimo profitto; *to* **turn** *s.th. to one's ~* volgere qc. a

proprio vantaggio, trarre vantaggio da qc.

advantageous [ˌædvən'teidʒəs] *a.* vantaggioso, proficuo, conveniente. **advantageousness** [-nis] *s.* vantaggio *m;* (*usefulness*) utilità *f.*

advent ['ædvənt] *s.* avvento *m,* venuta *f.* **Advent** *s.* **1** ⟨*Rel*⟩ avvento *m.* **2** ⟨*Lit*⟩ Avvento *m.* **Adventism** [-izəm] *s.* ⟨*Rel*⟩ avventismo *m.* **Adventist** [-ist] **I** *s.* avventista *m/f.* **II** *a.* avventista.

adventitious [ˌædvən'tiʃəs] *a.* **1** avventizio, accidentale, casuale. **2** ⟨*Bot,Zool*⟩ avventizio. **3** ⟨*Med*⟩ acquisito. □ ⟨*Bot*⟩ *~* **bud** gemma avventizia.

adventive [æd'ventiv] **I** *a.* (*Biol*) avventizio. **II** *s.* avventizio *m.*

Advent Sunday *s.* ⟨*Lit*⟩ prima domenica *f* d'Avvento.

adventure [əd'ventʃə] **I** *s.* **1** avventura *f.* **2** (*commercial speculation*) speculazione *f,* avventura *f.* **II** *v.t.* **1** rischiare, mettere a repentaglio. **2** (*to attempt*) tentare. **3** (*to venture to say*) azzardare, avanzare. **III** *v.i.* **1** avventurarsi, arrischiarsi. **2** (*to take the risk*) rischiare. **adventurer** [-rə] *s.* **1** avventuriero *m.* **2** (*mercenary*) mercenario *m,* soldato *m* di ventura. **3** (*speculator*) speculatore *m* (*f* –trice). **adventuresome** [-səm] *a.* ⟨*lett*⟩ avventuroso. **adventuress** [-ris] *s.* avventuriera *f.* **adventurism** [-rizm] *s.* ⟨*Pol*⟩ avventurismo *m.* **adventurist** [-rist] *s.* avventurista *m/f.* **adventurous** [-rəs] *a.* **1** avventuroso. **2** (*hazardous*) audace, rischioso: *an ~ undertaking* un'impresa rischiosa. **adventurousness** [-rəsnis] *s.* arditezza *f,* audacia *f.*

adverb ['ædvə:b] *s.* ⟨*Gramm*⟩ avverbio *m.* **adverbial** [əd'və:bjəl] *a.* avverbiale: *~ phrase* locuzione avverbiale.

adversary ['ædvəsəri] *s.* **1** avversario *m* (*f* –a), nemico *m* (*f* –a). **2** (*in a game*) avversario *m* (*f* –a), antagonista *m/f.* **Adversary** *s.* ⟨*Satan*⟩ (antico) avversario *m.*

adversative [əd'və:sətiv] *a.* ⟨*Gramm*⟩ avversativo.

adverse ['ædvə:s] *a.* **1** avverso, ostile, contrario: *~ criticism* critica ostile. **2** (*unfavourable*) avverso, sfavorevole: *~ weather conditions* condizioni meteorologiche sfavorevoli; (*of winds*) contrario. □ ⟨*Dir,Assic*⟩ *the ~ party* la controparte. **adversity** [əd'və:siti] *s.* **1** avversità *f,* sfortuna *f: companions in ~* compagni di sfortuna. **2** (*unfortunate event*) avversità *f,* disgrazia *f,* calamità *f.*

advert[1] [əd'və:t] *v.i.* **1** accennare, alludere, riferirsi (*to* a). **2** (*to turn the attention to*) considerare (qc.), rivolgere l'attenzione (su).

advert[2] ['ædvə:t] *s.* ⟨*fam*⟩ annuncio *m* pubblicitario.

advertence [əd'və:təns], **advertency** [-i] *s.* avvertenza *f.*

advertise ['ædvə:taiz] **I** *v.t.* **1** fare pubblicità a, lanciare: *to ~ a new product* fare pubblicità a un nuovo prodotto. **2** (*to give public notice of*) annunciare, dare l'annuncio di. **3** (*to inform*) informare. **4** (*to call attention to*) richiamare l'attenzione su, far mostra di, sbandierare: *don't ~ your ignorance* non sbandierare la tua ignoranza. **II** *v.i.* **1** mettere un annuncio sul giornale. **2** (*to use advertisements*) fare pubblicità, servirsi di annunci pubblicitari. □ *we -d for a maid* mettemmo un annuncio pubblicitario per trovare una domestica.

advertisement [əd'və:tismənt, *am.* ˌædvər'taiz-] *s.* **1** (*in a newspaper*) annuncio *m,* inserzione *f,* avviso *m;* (*on radio, television*) pubblicità *f.* **2** (*poster*) cartellone *m* (*o* manifesto) pubblicitario. **3** ⟨*fig*⟩ pubblicità *f,* risonanza *f.* □ ⟨*Comm*⟩ *~ of bids* avviso *m* d'appalto.

advertiser ['ædvətaizə] *s.* inserzionista *m/f.* **advertising** [-ziŋ] **I** *s.* **1** pubblicità *f.* **2** (*advertisements*) annunci *mpl* (*o* avvisi) pubblicitari, pubblicità *f.* **II** *a.* pubblicitario: *an ~ campaign* una campagna pubblicitaria.

advertising| **agency** *s.* agenzia *f* pubblicitaria (*o* di pubblicità). *~* **agent** *s.* agente *m* pubblicitario. *~* **campaign** *s.* campagna *f* pubblicitaria. *~* **contractor** *s.* impresario *m* di pubblicità, appaltatore *m* pubblicitario, pubblicitario *m.* *~* **copy** *s.* testo *m* pubblicitario. *~* **copywriter** *s.* creatore *m* di testi pubblicitari. *~* **film** *s.* film *m* pubblicitario. *~* **man** [mən] *s.irr.* agente *m* pubblicitario. *~* **manager** *s.* capoufficio *m* pubblicità. *~* **media** *s.pl.* mezzi *mpl* pubblicitari. *~* **panel** *s.* pannello *m* pubblicitario. *~* **space** *s.* spazio *m* riservato alla pubblicità.

advertize *am. e der.* → **advertise** *e der.*

advice [əd'vais] *s.* **1** consiglio *m*, consigli *mpl: to follow the doctor's* ~ seguire i consigli del medico. **2** *pl.* *(news from a distance)* notizie *fpl*, informazioni *fpl*. **3** *⟨Comm⟩* avviso *m*, notifica *f.* **4** *⟨Dir⟩* consulenza *f*, parere *m.* □ *to act on s.o.'s* ~ agire secondo il consiglio di qd.; *⟨epist⟩ as per* ~ come da avviso; *⟨Comm⟩* ~ *of delivery* avviso *m* di consegna; *to seek legal* ~ chiedere parere legale, consultare un avvocato; *⟨Comm⟩* **letter** *of* ~ → **advice note**; *a piece of* ~ un consiglio; *to take medical* ~ consultare un medico; *he will take nobody's* ~ non accetta consigli da nessuno; *to take s.o.'s* ~ accettare *(o seguire)* il consiglio di qd; **until** *further* ~ fino a nuovo ordine.

advice| boat *s.* nave avviso *f.* ~ **note** *s.* **1** *⟨Comm⟩* lettera *f* di spedizione. **2** *⟨Ferr⟩* lettera *f* d'avviso. ~ **slip** *s.* *⟨Econ⟩* distinta *f* di cambiali in scadenza.

advisability [əd,vaizə'biliti] *s.* opportunità *f*, convenienza *f.* **ad'visable** [–bl] *a.* consigliabile, raccomandabile, opportuno. **ad'visableness** [–blnis] *s.* → **advisability**.

advise [əd'vaiz] **I** *v.t.* **1** consigliare, raccomandare. **2** *(to notify)* avvisare, informare, notificare a, far sapere a: ~ *me of the date* fatemi sapere la data. **II** *v.i.* consultarsi, consigliarsi *(with* con). □ *I* ~ *you against it* te lo sconsiglio. **advised** [–d] *a.* **1** informato, al corrente: *keep me* ~ tienimi informato. **2** *(deliberate)* deliberato, intenzionale. **advisedly** [–idli] *avv.* giudiziosamente, con cognizione di causa, dopo matura riflessione, a ragion veduta; *(deliberately)* deliberatamente.

advisement [əd'vaizmənt] *s.* **1** deliberazione *f*, considerazione *f.* **2** *(advice)* consiglio *m.* **adviser**, **advisor** [–zə] *s.* **1** consigliere *m (f* –a), consulente *m/f.* **2** *⟨am.Scol⟩* professore *m* che assiste gli studenti negli studi.

advisory [–zəri] *a.* **1** consultivo. **2** *(containing advice)* che consiglia, col consiglio *(o* parere): *an* ~ *letter from a solicitor* una lettera col parere dell'avvocato. □ *in an* ~ *capacity* con funzione di consulenza.

advisory| body *s.* organo *m* consultivo. ~ **committee** *s.* comitato *m* consultivo. ~ **service** *s.* servizio *m* consulenza.

advocacy ['ædvəkəsi] *s.* **1** patrocinio *m*, appoggio *m*, propugnazione *f.* **2** *(profession of an advocate)* avvocatura *f*, professione *f* di avvocato. **advocate** [–kit] **I** *s.* **1** fautore *m (f* –trice), difensore *m*, sostenitore *m (f* –trice). **2** *⟨scozz⟩ (barrister)* avvocato *m (f* –tessa). **II** *v.t.* difendere, patrocinare, sostenere *(o* perorare) la causa di. □ *⟨scozz⟩ Lord* ~ primo magistrato, **advocation** [–'keiʃən] *s.* *⟨Dir⟩* **1** difesa *f*, patrocinio *m* di una causa. **2** *⟨scozz⟩* avocazione *f.*

advowson [əd'vauzən] *s.* *⟨Dir⟩* collocazione *f*, conferimento *m* di benefici ecclesiastici.

advt. = *advertisement*, annuncio.

adynamia [,ædi'neimiə] *s.* *⟨Med⟩* adinamia *f.*

adz(e) [ædz] **I** *s.* ascia *f.* **II** *v.t.* tagliare con l'ascia.

AEC = *⟨SU⟩ Atomic Energy Commission* Commissione per l'energia atomica.

aedile ['i:dail,–dil] *s.* *⟨Stor.rom⟩* edile *m*, edilità *f.*

Aegean [i'dʒi:ən] **I** *a.* *⟨Stor,Geog⟩* egeo. **II** *N.pr.* *⟨Geog⟩ (Aegean Sea)* mare *m* Egeo, Egeo *m.*

Aegeus [i'dʒju:s] *N.pr.* *⟨Mitol⟩* Egeo *m.*

aegis ['i:dʒis] *s.* **1** *⟨Mitol⟩* egida *f.* **2** *⟨fig⟩ (sponsorship)* egida *f*, patronato *m: under the* ~ *of* sotto l'egida di. **3** *(defence)* protezione *f.*

Aegisthus [i:'dʒisθəs] *N.pr.* *⟨Mitol⟩* Egisto *m.*

aegrotat *lat.* [i:'groutæt] *s.* *⟨scozz,Univ⟩* **1** certificato *m* medico per universitari. **2** *(degree)* laurea *f* concessa a studente assente dagli esami per malattia.

Aeneas [i'ni:æs] *N.pr.* *⟨Mitol⟩* Enea *m.* **Aeneid** ['i:niid] *s.* *⟨Lett⟩* Eneide *f.*

aeolian [i:'ouliən] *a.* eolico. **Aeolian** *a.* *⟨Mitol⟩* eolico, eolio.

aeolian| harp *s.* *⟨Mus⟩* arpa *f* eolia. ~ **mode** *s.* modo *m* eolio.

aeolipile, aeolipyle [i:'ɔlipail] *s.* *⟨tecn⟩* eolipila *f.*

aeolotropic [,i:olou'trɔpik] *a.* *⟨Fis⟩* anisotropo.

Aeolus ['i:ɔləs] *N.pr.* *⟨Mitol⟩* Eolo *m.*

aeon ['i:ən] *s.* **1** *⟨Filos⟩* eone *m.* **2** *⟨Geol⟩* lunghissimo periodo *m.* **aeonian** [i:'ouniən] *a.* dell'eone.

aerate ['ɛəreit] *v.t.* **1** aerare, arieggiare, ventilare, dare aria a. **2** *(to charge with gas)* aerare, immettere anidride carbonica in, gassare. **3** *(to charge with air)* aer(e)are. **4** *⟨Med⟩* ossigenare.

aerated| bread ['ɛəreitid] *s.* pane *m* piuma. ~ **concrete** *s.* calcestruzzo *m* poroso. ~ **water** *s.* acqua *f* gassata. ~ **wine** *s.* vino *m* spumante.

aeration [ɛə'reiʃən] *s.* aer(e)azione *f.* **aerator** ['ɛəreitə] *s.* aeratore *m.*

aerial ['ɛəriəl] **I** *s.* *⟨Rad⟩* antenna *f.* **II** *a.* **1** *(Aer)* aereo: ~ *warfare* guerra aerea. **2** *(of the air)* aereo, dell'aria, d'aria. **3** *⟨fig⟩* etereo; *(unsubstantial)* immateriale; *(imaginary)* immaginario.

aerial| advertising *s.* pubblicità *f* aerea. ~ **bomb** *s.* bomba *f* d'aereo. ~ **cable** *s.* *⟨El⟩* cavo *m* aereo.

aerialist *am.* ['ɛəriəlist] *s.* trapezista *m/f.*

aerial| ladder *s.* scala *f* da pompieri. ~ **perspective** *s.* *⟨Art⟩* prospettiva *f* aerea. ~ **photograph** *s.* aerofotogramma *m.* ~ **photography** *s.* aerofotografia *f.* ~ **railway** *s.* funivia *f*, teleferica *f.* ~ **survey** *s.* rilievo *m* aereo. ~ **torpedo** *s.* *⟨Mil⟩* aerosiluro *m.* ~ **wire** *s.* filo *m* d'antenna.

aerie ['ɛəri] *s.* nido *m* di aquila.

aeriform ['ɛərifɔ:m] *a.* **1** aeriforme. **2** *⟨fig⟩* irreale, immateriale.

aerify ['ɛərifai] *v.t.* **1** aerare, arieggiare. **2** *(to vaporize)* vaporizzare.

aero ['ɛərou] *a.* aereo, di aeroplano: ~ *engine* motore di aeroplano.

aerobatic [ɛəro'bætik] *a.* di acrobazie aeree. **aerobatics** [–s] *s.pl.* (costr. pl. o sing.). **1** acrobatica *f* aerea. **2** *(stunts)* acrobazie *fpl* aeree.

aerobe ['ɛəroub] *s.* *⟨Biol⟩* aerobio *m.* **aer'obic** [–ik] *a.* aerobico.

aerobic exercise *s.* ginnastica *f* aerobica.

aerobics [ɛə'rɔbiks] *s.pl.* (costr. sing.) aerobica *f*, ginnastica *f* aerobica.

aerobiologist ['ɛəroubai'ɔlɔdʒist] *s.* aerobiologico *m.* **aerobiology** [–dʒi] *s.* aerobiologia *f.*

aerobiosis [,ɛəroubai'ousis] *s.* *⟨Biol⟩* aerobiosi *f.*

aerobus ['ɛərəbʌs] *s.* aerobus *m.*

aerochemical [,ɛərou'kemikl] *a.* aerochimico.

aeroclub ['ɛərouklʌb] *s.* aeroclub *m.*

aerodrome ['ɛərədroum] *s.* aerodromo *m.*

aerodynamic [,ɛərodai'næmik] *a.* aerodinamico.

aerodynamic property *s.* aerodinamicità *f.*

aerodynamics [,ɛərodai'næmiks] *s.pl.* (costr. sing.) aerodinamica *f.*

aerodyne ['ɛərədain] *s.* *⟨Aer⟩* aerodina *f.*

aero|-engine [,ɛəro'endʒin]. *s.* motore *m* di aeroplano. ~**foil** ['ɛərəfɔil] *s.* *⟨Aer⟩* piano *m* a profilo aerodinamico.

aerogram ['ɛərəgræm] *s.* *⟨Post⟩* aerogramma *m.*

aerograph ['ɛərəgrɑ:f] *s.* *⟨Meteor,Pitt⟩* meteorografo *m.* **aerography** [ɛə'rɔgrəfi] *s.* aerografia *f.*

aerolite ['ɛərəlait], **aerolith** [–liθ] *s.* *⟨Min⟩* aerolite *m.*

aerologist [ɛə'rɔlɔdʒist] *s.* aerologo *m.* **aerology** [–dʒi] *s.* *⟨Meteor⟩* aerologia *f.*

aeromechanic [,ɛəromi'kænik] *s.* meccanico *m* di aviazione. **aeromechanics** [–s] *s.pl.* (costr. sing.) aeromeccanica *f.*

aerometer [ɛə'rɔmitə] *s.* *⟨Fis⟩* aerometro *m.*

aeromodelling ['ɛəroumɔdliŋ] *s.* aeromodellismo *m.*

aeronaut ['ɛərənɔ:t] *s.* aeronauta *m.* **,aero'nautic** [–ik], **,aero'nautical** [–ikl] *a.* aeronautico. **,aero'nautics** [–iks] *s.pl.* (costr. sing.) aeronautica *f.*

aeronomy [ɛə'rɔnoumi] *s.* aeronomia *f.*

aeropause ['ɛərɔpɔ:z] *s.* zona *f* limite dei voli extraatmosferici.

aerophilately [,ɛəroufi'lætəli] *s.* aerofilatelia *f.*

aerophobia [,ɛərə'foubiə] *s.* *⟨Med⟩* aerofobia *f.*

aerophotograph [,ɛərou'foutəgræf] *s.* aerofotografia *f.*

aerophyte ['ɛərəfait] *s.* *⟨Bot⟩* aerofita *m/f.*

aeroplane ['ɛərəplein] *s.* aeroplano *m.*

aerosol ['ɛərɔsɔl] *s.* *⟨Chim⟩* aerosol *m.*

aerospace ['ɛərouspeis] **I** *s.* spazio *m* atmosferico, aerospazio *m.* **II** *a.* aerospaziale.

aerospace| engineering *s.* ingegneria *f* aerospaziale. **~ industry** *s.* industria *f* aerospaziale. **~ medicine** *s.* medicina *f* aerospaziale. **~ sciences** *s.pl.* science *fpl* aerospaziali.

aerostat ['ɛərəstæt] *s.* aerostato *m.* **,aero'static** [-ik], **,aero'statical** [-ikl] *a.* aerostatico. **,aero'statics** [-iks] *s.pl.* (costr. sing.) aerostatica *f.*

aerostation [,ɛərə'steiʃən] *s.* aerostazione *f.*

aerotechnical [,ɛərou,teknikl] *a.* aerotecnico. **aerotechnics** [-iks] *s.pl.* (costr. sing.) aerotecnica *f.*

aerotherapeutics [,ɛərəθerə'pjutiks] *s.pl.* (costr. sing.) ⟨Med⟩ aeroterapia *f.* **aero'therapy** [-pi] *s.* → aerotherapeutics.

aerotrain ['ɛərətrein] *s.* aerotreno *m.*

aeruginous [ɛə'ru:dʒinəs] *a.* color verderame.

aery ['ɛəri] I *a.* ⟨poet⟩ aereo, etereo, incorporeo. II *s.* → aerie.

Aeschylean [,i:ski'li:ən] *a.* eschileo. **'Aeschylus** [-ləs] *N.pr.* ⟨Stor.gr⟩ Eschilo *m.*

Aesculapian [,i:skju'leipiən] *a.* di Esculapio. **Aesculapius** [-piəs] *N.pr.* ⟨Mitol⟩ Esculapio *m.*

Aesop ['i:sɔp] *N.pr.* ⟨Stor.gr⟩ Esopo *m.*

aesthete ['i:sθi:t, *am.* 'ɛ:sθi:t] *s.* esteta *m/f.* **aesthetic** [-'θetik] *a.* **1** estetico. **2** (*appreciative of beauty*) dotato di senso estetico, sensibile al bello. **,aesthetician** [-θi'tiʃən] *s.* studioso *m* (*f* -a) di estetica. **aestheticism** [-'θetisizəm] *s.* estetismo *m.* **aesthetics** [-'θetiks] *s.pl.* (costr. sing.) estetica *f.*

aestival ['i:stivl] *a.* ⟨Bot⟩ estivo. **aestivate** [-veit] *v.i.* **1** estivare. **2** ⟨Zool⟩ andare in estivazione. **,aestivation** [-'veiʃən] *s.* **1** ⟨Bot⟩ estivazione *f,* preflorazione *f.* **2** ⟨Zool⟩ estivazione *f.*

aether ['i:θə] *s.* **1** etere *m,* aria *f.* **2** ⟨Chim⟩ etere *m.*

aetiological [,i:tiə'lɔdʒikl] *a.* eziologico. **aetiologist** [,i:ti'ɔlədʒist] *s.* eziologo *m.* **aetiology** [,i:ti'ɔlədʒi] *s.* eziologia *f.*

AF = ⟨SU⟩ Air Force forze aeree.

a.f. = *audio frequency* audiofrequenza.

afar [ə'fa:] *avv.* lontano, lungi. □ *from* ~ da (*o* di) lontano; ~ *off* lontano, in lontananza; *to travel* ~ viaggiare in paesi lontani.

AFC = **1** ⟨Aer⟩ *automatic flight control* controllo automatico del volo. **2** ⟨El,Rad⟩ *automatic frequency control* regolatore automatico di frequenza.

afeard, afeared [ə'fiəd] *a.* ⟨dial⟩ spaventato, impaurito.

affability [,æfə'biliti] *s.* affabilità *f,* gentilezza *f.* **'affable** [-bl] *a.* affabile, cortese, gentile: *an* ~ *smile* un sorriso affabile.

affair [ə'fɛə] *s.* **1** affare *m,* affari *mpl,* faccenda *f: that's my* ~ sono affari miei; *-s of state* affari di stato. **2** (*event*) trattenimento *m,* festa *f,* occasione *f* mondana. **3** (*object*) cosa *f,* aggeggio *m,* affare *m.* **4** (*romance*) relazione *f,* avventura *f: to have an* ~ *with s.o.* avere una relazione con qd. **5** (*scandal*) affare *m,* caso *m,* scandalo *m: the Brown* ~ l'affare Brown. □ *an* ~ *of honour* un duello; *a very unpleasant state of -s* una situazione molto spiacevole.

affect[1] [ə'fekt] *v.t.* **1** influire su, incidere su, avere effetto su. **2** (*to concern*) toccare, interessare, concernere, riguardare: *the new regulations do not* ~ *me* i nuovi regolamenti non mi riguardano; (*to have a detrimental effect on*) colpire. **3** (*to stir emotions of*) colpire, commuovere. **4** (*of a disease*) attaccare, colpire.

affect[2] *v.t.* **1** affettare, ostentare: *to* ~ *indifference* ostentare indifferenza. **2** (*to counterfeit*) fingere, simulare. **3** (*to be given to*) prediligere, gradire. **4** ⟨Zool,Bot⟩ vivere, trovarsi.

affect[3] ['æfekt] *s.* **1** ⟨Psic⟩ affetto *m.* **2** ⟨ant⟩ sentimento *m.*

affectation [,æfek'teiʃən] *s.* **1** affettazione *f,* ostentazione *f.* **2** (*artificial mannerism*) ricercatezza *f,* posa *f,* leziosaggine *f.*

affected [ə'fektid] *a.* **1** affettato, ricercato, sdolcinato, lezioso: ~ *manners* modi affettati. **2** (*of a person*) affettato, artificioso, ricercato. **3** (*moved*) commosso, scosso. **4** (*inclined*) disposto, incline, propenso: *ill* ~ mal disposto. **5** ⟨Med⟩ affetto. **affectedness** [-nis] *s.*

affettazione *f,* artificiosità *f.*

affecting [ə'fektiŋ] *a.* commovente, emozionante.

affection [ə'fekʃən] *s.* **1** affetto *m,* affezione *f;* (*love*) amore. **2** ⟨Med,Psic⟩ affezione *f.* □ *to have an* ~ *for s.o.* avere dell'affetto per qd., essere affezionato a qd.; *to set one's -s on s.o.* aspirare a guadagnarsi l'affetto di qd.; *to win* (*o gain*) *s.o.'s* ~ guadagnarsi l'affetto di qd. **affectional** [-l] *a.* affettivo. **affectionate** [-it] *a.* affettuoso, amorevole, tenero. **affectionateness** [-itnis] *s.* affettuosità *f,* affetto *m.* **affective** [-ktiv] *a.* affettivo, emotivo. **affectivity** [,æfek'tiviti] *s.* affettività *f.*

afferent ['æfərənt] *a.* ⟨Fisiol⟩ afferente.

affiance [ə'faiəns] I *v.t.* ⟨lett⟩ promettere in matrimonio, fidanzare. II *s.* ⟨rar⟩ **1** promessa *f* di matrimonió. **2** (*trust*) fiducia *f,* fede *f.* **affianced** [-t] *a.* promesso, fidanzato.

affidavit [,æfi'deivit] *s.* ⟨Dir⟩ affidavit *m.*

affiliate [ə'filieit] I *v.t.* **1** affiliare, aggregare: *school -d to the university* scuola aggregata all'università. **2** (*to adopt as a member*) affiliare, accogliere. **3** (*to ascribe*) attribuire, ascrivere. **4** ⟨Dir⟩ affiliare. II *v.i.* affiliarsi, associarsi, unirsi (*with* a), divenire socio (di). III *s.* **1** ⟨Comm⟩ società *f* affiliata; (*subsidiary*) filiale *f.* **2** ⟨am⟩ (*branch organization*) filiale *f.* **3** ⟨am⟩ (*associate*) socio *m* (*f* -a).

affiliated| company, ~ firm [ə'filieitid] *s.* **1** società *f* controllata. **2** (*subsidiary*) filiale *f.* **~ trade union** *s.* sindacato *m* affiliato.

affiliation [ə,fili'eiʃən] *s.* affiliazione *f.*

affined [ə'faind] *a.* (*related*) affine, simile; (*connected*) collegato. **affinity** [-'finiti] *s.* **1** affinità *f* (*anche Biol.,Chim.*). **2** (*relationship by marriage*) affinità *f,* parentela *f* acquisita.

affirm [ə'fə:m] I *v.t.* **1** affermare, asserire, dichiarare. **2** (*to confirm*) confermare. **3** ⟨Dir⟩ dichiarare solennemente. II *v.i.* **1** affermare. **2** ⟨Dir⟩ fare una dichiarazione solenne; (*of a court: to confirm*) confermare. **affirmable** [-əbl] *a.* affermabile, sostenibile.

affirmation [,æfə:'meiʃən] *s.* **1** affermazione *f.* **2** (*statement*) affermazione *f,* asserzione *f.* **3** ⟨Dir⟩ (*confirmation*) conferma *f;* (*declaration without oath*) dichiarazione *f* solenne (in sostituzione del giuramento).

affirmative [ə'fə:mətiv] I *a.* **1** affermativo (*anche Filos.*): *an* ~ *answer* una risposta affermativa. **2** (*positive*) positivo. II *s.* affermativa *f.* □ *to answer in the* ~ rispondere affermativamente (*o* di sì). **affirmatory** [-təri] *a.* affermativo.

affix[1] [ə'fiks] *v.t.* **1** affiggere, attaccare, applicare. **2** (*to add at the end*) aggiungere, apporre: *to* ~ *one's signature* apporre la propria firma; (*of a seal*) apporre. **3** ⟨fig⟩ (*to attribute*) attribuire, imputare.

affix[2] ['æfiks] *s.* **1** addizione *f,* aggiunta *f.* **2** ⟨Ling⟩ affisso *m.*

affixture [ə'fikstʃə] *s.* apposizione *f.*

afflatus [ə'fleitəs] *s.* **1** afflato *m,* ispirazione *f,* estro *m* poetico. **2** (*divine communication of knowledge*) ispirazione *f* divina.

afflict [ə'flikt] *v.t.* affliggere, tormentare. **affliction** [-kʃən] *s.* afflizione *f,* dolore *m,* tormento *m.* **afflictive** [-iv] *a.* afflittivo.

affluence ['æfluəns] *s.* **1** opulenza *f,* ricchezza *f,* abbondanza *f,* profusione *f.* **2** (*influx*) afflusso *m,* affluenza *f.* **affluent** [-nt] I *a.* **1** ricco, opulento, florido, abbondante. **2** (*free-flowing*) fluente. II *s.* ⟨Geog⟩ affluente *m,* tributario *m.* □ *the* ~ *society* la società opulenta.

afflux ['æflʌks] *s.* **1** afflusso *m.* **2** (*of people*) affluenza *f,* concorso *m.*

afford [ə'fɔ:d] *v.t.* **1** permettersi (il lusso di): *we cannot* ~ *this car* non possiamo permetterci questa automobile. **2** (*to furnish*) offrire, fornire, presentare: *the case -s us several precedents* il caso ci offre diversi precedenti. **3** (*to give*) procurare, dare: *this -s me great pleasure* ciò mi procura un grande piacere. **4** (*to yield*) produrre, fornire. □ *this will* ~ *me an opportunity to* questo mi offrirà (*o* darà) l'occasione di; *he can't* ~ *the time to eat* non trova il tempo per mangiare; *she can well* ~ *it* se lo può ben permettere.

afforest [ə'fɔrist] *v.t.* imboschire, rimboscare.

af,forest'ation [-eiʃən] *s.* (r)imboschimento *m.*

affranchise [ə'fræntʃaiz] *v.t.* affrancare, liberare.

affray [ə'frei] *s.* **1** rissa *f,* baruffa *f,* zuffa *f.* **2** ⟨*Dir*⟩ rissa *f.*

affreightment [ə'freitmənt] *s.* ⟨*Mar*⟩ noleggio *m.*

affricate ['æfrikit] *s.* ⟨*Fon*⟩ affricata *f.*

affright [ə'frait] ⟨*rar*⟩ **I** *v.t.* spaventare. **II** *s.* spavento *m,* paura *f.*

affront [ə'frʌnt] **I** *s.* affronto *m,* insulto *m,* offesa *f,* oltraggio *m: an* ~ *to human dignity* un oltraggio alla dignità umana. **II** *v.t.* **1** insultare, oltraggiare, offendere. **2** (*to confront*) affrontare. ☐ *to take* ~ *at s.th.* offendersi per qc.

affusion [ə'fju:ʒən] *s.* ⟨*Lit*⟩ aspersione *f.* (*anche Med.*).

Afghan ['æfgæn] **I** *s.* **1** afgano *m* (*f* –a). **2** (*language*) afgano *m.* **3** (*hound*) levriere *m* afgano. **II** *a.* afgano. **afghan** *s.* ⟨*Tess*⟩ afgan *m.* **Afghanistan** [-'gænistæn] *N.pr.* ⟨*Geog*⟩ Afganistan *m.*

afield [ə'fi:ld] *avv.* **1** lontano, per il mondo. **2** ⟨*Mil*⟩ in campo. **3** (*in the fields*) nei campi. ☐ ⟨*fig*⟩ *far* ~ fuori strada (*o* tema).

afire [ə'faiə] *avv./a.pred.* ⟨*lett*⟩ in fiamme. ☐ *to be* (*all*) ~ *with the desire to* ardere dal desiderio di; *to set s.th.* ~ dare fuoco a qc.

aflame [ə'fleim] *avv./a.pred.* ⟨*lett*⟩ in fiamme, ardente (*anche fig.*). ☐ *to be* ~ *with colour* brillare (*o* accendersi) di vivi colori; *to be* ~ *with passion* ardere di passione; *to set s.th.* ~ dare fuoco a qc.

aflatoxin [əflei'tɔksin] *s.* ⟨*Med*⟩ aflatossina *f.*

afloat [ə'flout] *avv./a.pred.* **1** ⟨*Mar*⟩ a galla, in mare; (*aboard*) a bordo: *cargo* ~ carico a bordo; (*awash*) inondato. **2** ⟨*fig*⟩ (*adrift*) alla deriva. **3** ⟨*fig*⟩ (*in circulation*) in giro, in circolazione: *a rumour is* ~ c'è in giro una voce. **4** (*financially solvent*) a galla.

aflutter [ə'flʌtə] *a.* **1** svolazzante, ondeggiante. **2** ⟨*fig*⟩ (*nervous, excited*) palpitante, agitato.

afoot [ə'fut] *a./avv.* **1** ⟨*ant*⟩ a piedi. **2** ⟨*fig*⟩ in moto, in azione, in corso.

afore [ə'fɔ:] ⟨*dial*⟩ **I** *avv.* prima. **II** *prep.* davanti a, alla presenza di. **III** *congz.* prima che (*o* di).

afore|cited *a.* succitato. **~hand** *avv./a.* ⟨*dial*⟩ anticipatamente, in anticipo. **~mentioned, ~said** *a.* predetto, suddetto. **~thought** *a.* premeditato, deliberato. ☐ ⟨*Dir*⟩ *with malice* ~ con premeditazione. **~time** *avv.* una volta, un tempo, in passato.

afoul *am.* [ə'faul] *a.* impigliato. ☐ *to run* (*o fall*) ~ *of:* 1 ⟨*Mar*⟩ entrare in collisione con; 2 ⟨*fig*⟩ scontrarsi con.

afraid [ə'freid] *a.* **1** spaventato, impaurito; (*fearful*) che ha paura, timoroso. **2** (*regretful*) dolente, spiacente. ☐ *to be* ~ ⌐*of doing*⌐ (*o to do*) *s.th.* avere paura di fare qc.; *I'm* ~ *so* (*o not*) temo di sì (*o* no).

afresh [ə'freʃ] *avv.* da capo, di nuovo: *to start* ~ ricominciare da capo.

Africa ['æfrikə] *N.pr.* ⟨*Geog*⟩ Africa *f.* **African** [-n] **I** *a.* africano. **II** *s.* africano *m* (*f* –a). ☐ ~ *development bank* banca *f* africana di sviluppo. **Africanism** [-nizəm] *s.* africanismo *m.* **Africanist** [-nist] *s.* africanista *m/f.* **Africanization** [-nai'zeiʃən] *s.* africanizzazione *f.* **Africanize** [-naiz] *v.t.* africanizzare.

Afrikaans [,æfri'kɑ:ns] *s.* afrikaans *m.*

Afrikander [,æfri'kændə], **Afrikaner** [-'kɑ:nə] *s.* boero *m* (*f* –a).

Afro ['æfrou] *s.* acconciatura *f* di stile africano.

Afro|-A'merican ['æfrou] **I** *a.* afroamericano. **II** *s.* afroamericano *m* (*f* –a). **~-A'merica'nese** *s.* gergo *m* dei negri d'America. **~-A'mericanism** *s.* cultura *f* afroamericana. '**~-'Asian I** *a.* afroasiatico. **II** *s.* afroasiatico *m* (*f* –a).

aft [ɑ:ft] **I** *avv.* ⟨*Mar,Aer*⟩ a poppa, verso poppa. **II** *a.* poppiero.

after ['ɑ:ftə, *am.* 'æ:ftə] **I** *prep.* **1** (*of place, order*) dietro, dopo. **2** (*of time*) dopo, passato: ~ *dinner* dopo pranzo; *it's* ~ *five o' clock* sono le cinque passate. **3** (*after size, rank, etc.*) dopo: *the largest building* ~ *the church* il più grande edificio dopo la chiesa. **4** (*in consequence of*) dopo, in seguito a. **5** (*in spite of*) dopo, malgrado, nonostante. **6** (*imitating*) secondo, alla maniera di, a

imitazione di: *to make s.th.* ~ *a model* fare qc. secondo un modello. **7** (*in pursuit of*) dietro, in cerca di: *run* ' ~ *him* corrigli dietro. **8** (*about*) di: *your aunt asked* ~ *you* tua zia ha chiesto di te. **9** (*according to*) secondo, conformemente a. **II** *avv.* **1** (*behind*) dietro: *I came* ~ venni dietro. **2** (*later*) dopo, più tardi: *three hours* ~ tre ore dopo. **III** *a.* **1** prossimo, seguente, successivo: *in* ~ *years* negli anni seguenti. **2** ⟨*Mar,Aer*⟩ poppiero. ☐ ~ **all** dopo tutto, in fin dei conti; *he failed* ~ *all* nonostante tutto non ci riuscì; *to be* ~ *s.o.* star dietro a qd.; *to be* ~ *s.th.* cercare qc.; **day** ~ *day* un giorno dopo l'altro; *the day* ~ *tomorrow* dopodomani; ~ **hours** dopo la chiusura; *the bridge was* **named** ~ *a famous explorer* il ponte prese il nome da un celebre esploratore; **soon** (*o shortly*) ~ poco dopo; **time** ~ *time* ripetutamente, più volte; ~ **you** dopo di Lei.

after|birth *s.* ⟨*Med*⟩ placenta *f.* **~brain** *s.* ⟨*Anat,ant*⟩ mielencefalo *m.* **~-care** *s.* **1** ⟨*Med*⟩ assistenza *f* postoperatoria. **2** (*for released criminals*) rieducazione *f.* **~clap** *s.* contraccolpo *m,* avvenimento *m* inaspettato. **~crop** *s.* secondo raccolto *m.* **~damp** *s.* ⟨*Min*⟩ grisou *m* combusto. **~deck** *s.* ⟨*Mar*⟩ ponte *m* di poppa. '**~'-dinner** *a.* dopo pranzo. '**~'-dinner party** *s.* dopocena *m.* ~ **effect** *s.* **1** postumo *m,* conseguenza *f,* strascico *m,* effetto *m* secondario. **2** ⟨*Med*⟩ postumi *mpl.* **~glow** *s.* **1** riverbero *m* del tramonto. **2** ⟨*fig*⟩ ricordo *m* piacevole: *she basked in the* ~*s of her success* si cullava nei piacevoli ricordi dei suoi successi passati. **3** ⟨*El*⟩ bagliore *m* residuo. **4** (*of radar*) persistenza *f* dell'immagine. **~growth** *s.* **1** secondo raccolto *m.* **2** ⟨*fig*⟩ sviluppo *m.* **~guard** *s.* ⟨*Mar*⟩ guardia *f* di poppa.

afterheat ['ɑ:ftəhi:t] *s.* ⟨*Atom*⟩ calore *m* residuo.

after-hours I *a.* (*occurring after closing time*) dopo l'orario di chiusura; (*open after a legal closing time*) aperto dopo l'orario ufficiale di chiusura. **II** *s.m.* ore *fpl* straordinarie.

after|-hours market *s.* ⟨*Econ*⟩ dopoborsa *m.* ~ **image** *s.* ⟨*Psic*⟩ immagine *f* persistente. **~life** *s.* **1** vita *f* dell'aldilà. **2** (*later life*) ultimi anni *mpl* (della vita). **~math** *s.* **1** secondo fieno *m.* **2** ⟨*fig*⟩ conseguenze *fpl,* risultati *mpl.* **~most** *a.* **1** ⟨*Mar*⟩ più vicino alla poppa, più a poppa. **2** (*last*) ultimo, in coda.

afternoon I *s.* [,ɑ:ftə'nu:n] **1** pomeriggio *m.* **2** ⟨*fig*⟩ meriggio *m: in the* ~ *of life* nel meriggio della vita. **II** *a.* ['ɑ:ftənu:n] *da* (*o* di) pomeriggio: *an* ~ *dress* un vestito da pomeriggio. ☐ *good* ~! buona sera!; *this* ~ dopopranzo, questo pomeriggio.

after| pain *s.* ⟨*Med*⟩ **1** dolore *m* postumo. **2** *pl.* morsi *mpl* uterini. ~ **peak** *s.* ⟨*Mar*⟩ gayone *m* di poppa. ~ **piece** *s.* ⟨*Teat*⟩ breve rappresentazione *f* che segue lo spettacolo principale.

afters ['ɑ:ftəz] *s.pl.* ⟨*fam*⟩ dessert *m.*

after|-sales service *s.* ⟨*Comm*⟩ assistenza *f* post –vendita. **~-shave** (**lotion**) *s.* lozione *f* dopobarba, dopobarba *m.*

after|taste *s.* **1** sapore *m* che rimane in bocca. **2** ⟨*fig*⟩ sapore *m: the bitter* ~ *of a defeat* l'amaro sapore di una sconfitta. **~-tax** *a.* al netto delle imposte. **~thought** *s.* **1** ripensamento *m.* **2** (*something added later*) aggiunta *f,* ripensamento *m.* **~time** *s.* futuro *m,* avvenire *m.*

afterward(s) ['ɑ:ftəwəd(z)] *avv.* dopo, poi, successivamente, in seguito.

afterword ['ɑ:ftəwə:d] *s.* ⟨*Edit*⟩ postfazione *f.*

A.G. = **1** *Adjutant General* aiutante generale. **2** *Attorney General* procuratore generale.

again [ə'ge(i)n] *avv.* **1** ancora, di nuovo, un'altra volta, una seconda volta: *try* ~ prova di nuovo; (*from the beginning*) da capo: *begin* ~ ricomincia da capo. **2** (*any more*) più: *never* ~ mai più. **3** (*on the other hand*) anche, tuttavia, d'altra parte: *it may rain and* ~ *it may not* può piovere ma può anche non piovere. **4** ⟨*besides*⟩ d'altronde: *and then* ~, *what do they mean?* d'altronde, che cosa intendono dire? **5** (*as before*) di nuovo, come prima: *you'll soon be well* ~ starai presto bene come prima; *it's nice to be home* ~ è bello essere di nuovo a casa. ☐ ~ (*o time*) **and** ~ ripetutamente, spesso, più volte; **as big** ~ grosso il doppio; **as much** ~ altrettanto, il doppio; **as many** ~

altrettanti; **half** *as much* ~ un'altra metà; **here** *we are* ~ ci risiamo, eccoci qui di nuovo; **now** *and* ~ di tanto in tanto, ogni tanto; **once** ~ ancora una volta; *to be* o.s. ~ tornare a essere se stesso; *to say* ~ ripetere.

against [ə'ge(i)nst] *prep.* **1** contro. **2** (*contrary to*) contrario a, contro: ~ *the law* contrario alla legge. **3** (*as protection from*) come riparo da, contro. **4** (*in an opposite direction to*) contro, in senso contrario a: *to sail* ~ *the wind* navigare contro vento. **5** (*upon*) contro, su: *the rain beat* ~ *the window* la pioggia batteva contro la finestra. **6** (*in contact with*) contro: *a ladder* ~ *the wall* una scala contro il muro. **7** (*in contrast to*) contro, sullo sfondo di. **8** (*in preparation for*) in previsione di, per. □ **as** ~ in confronto a, contro; *to be* ~ *a proposal* essere contro (*o* contrario a) una proposta; ~ *the* **clock** contro il tempo; ⟨*Comm*⟩ *payment* ~ *documents* pagamento contro documenti; *to have s.th.* ~ *s.o.* avercela con qd.; *over* ~ di fronte a; ⟨*fam*⟩ *to be* **up** ~ *it* essere con l'acqua alla gola.

Agamemnon [æɡə'memnən] *N.pr.* ⟨*Mitol*⟩ Agamennone *m.*

agamic [ə'ɡæmik] *a.* ⟨*Biol*⟩ agamico. **agamically** [–li] *avv.* per agamia, agamicamente. **agamogenesis** [æɡəmo'dʒenisis] *s.* (*pl.* -ses [si:z]) ⟨*Biol*⟩ agamogenesi *f.* **agamous** ['æɡəməs] *a.* → **agamic.**

agape[1] [ə'ɡeip] *avv./a.* **1** a bocca aperta. **2** (*wide open*) spalancato.

agape[2] ['æɡəpi:] *s.* (*pl.* -pae [pi:]) ⟨*Rel*⟩ agape *f.*

agar-agar ['a:ɡə'a:ɡə,eiɡə'eiɡə] *s.* ⟨*Biol,Med*⟩ agar–agar *m.*

agaric [ə'ɡærik] *s.* ⟨*Bot*⟩ agarico *m.*

agate ['æɡət] *s.* **1** ⟨*Min*⟩ agata *f.* **2** ⟨*Tip*⟩ corpo *m* 5 1/2.

Agatha ['æɡəθə] *N.pr.* Agata *f.*

agave [ə'ɡeivi] *s.* ⟨*Bot*⟩ agave *f.*

agaze [ə'ɡeiz] *avv./a.* con lo sguardo fisso, con gli occhi sbarrati.

agcy. = *agency* agenzia (*abbr.* ag.).

age [eidʒ] **I** *s.* **1** età *f*: *the* ~ *of reason* l'età della ragione. **2** (*of persons*) anni *mpl*, età *f*: *what* ~ *are you?* quanti anni hai?; *when I was your* ~ quando avevo la tua età. **3** (*old age*) vecchiaia *f*, anni *mpl*: *bent with* ~ curvo sotto il peso degli anni. **4** (*full term of life*) vita *f* (media), durata *f* della vita. **5** (*period of history*) era *f*, epoca *f*, età *f*: *the* ~ *of the Reformation* l'epoca della Riforma. **6** (*time*) tempo *m*, tempi *mpl*, epoca *f*: *Galileo was in advance of his* ~ Galileo precorreva i suoi tempi. **7** (*generation*) generazione *f*: –*s yet unborn* le generazioni future. **8** ⟨*fam*⟩ (*a long time*) secolo *m*, eternità *f*: *I haven't seen you for –s* è un secolo che non ti vedo. **9** ⟨*Geol*⟩ era *f*, periodo *m*, età *f*: *the Ice* ~ l'era glaciale. **II** *v.t.* **1** (far) invecchiare. **2** (*to mature*) far crescere; (*of food, wine*) far invecchiare, far maturare, stagionare. **III** *v.i.* **1** invecchiare. **2** (*to mature*) crescere, maturare. □ ⟨*fam*⟩ *act* (*o be*) *your* ~ non fare il bambino; *to come of* ~ diventare maggiorenne; *he is my* ~ ha la stessa mia età; *to lie about one's* ~ togliersi gli anni; *to look one's* ~ dimostrare la propria età; ~ *to marry* età *f* matrimoniale; *a man of middle* ~ un uomo di mezza età; *to be of* ~ essere maggiorenne; **old** ~ vecchiaia *f*; *to be over* ~ aver superato i limiti d'età; ⟨*burocr*⟩ *to be promoted in order of* ~ essere promosso per anzianità; *throughout the –s* in tutti i tempi, attraverso i secoli; *to be under* ~ essere minorenne; *to be under the* ~ *of consent* essere minorenne.

age class *s.* classe *f* di età.

aged[1] [eidʒd] *a.* **1** dell'età di, di: *a child* ~ *six* un bambino di sei anni. **2** (*matured*) stagionato: ~ *cheese* formaggio stagionato.

aged[2] ['eidʒid] **I** *a.* attempato, anziano. **II** *s.* ⟨*collett*⟩ (*costr.* pl.) anziani *mpl*, vecchi *mpl*. **agedness** [–nis] *s.* età *f* avanzata, vecchiaia *f.*

age group *s.* gruppo *m* di età.

ageing ['eidʒiŋ] *s.* **1** invecchiamento *m* (*anche Met.*). **2** ⟨*Sociol*⟩ senilizzazione *f*: ~ *of the population* senilizzazione della popolazione.

ageism *am.* ['eidʒizm] *s.* discriminazione *f* degli anziani.

ageless ['eidʒlis] *a.* senza età, di età indefinibile;

(*eternal*) eterno.

age-long ['eidʒlɔŋ] *a.* eterno.

agency ['eidʒənsi] *s.* **1** agenzia *f*, ufficio *m*: *an employment* ~ un'agenzia di collocamento. **2** (*of a government: department*) ministero *m*; (*administrative unit*) ente *m* governativo. **3** ⟨*Comm*⟩ rappresentanza *f*; (*branch*) filiale *f*, succursale *f.* **4** (*means*) mediazione *f*, opera *f*, intervento *m*, buoni uffici *mpl*: *he got his job through the* ~ *of his uncle* ottenne l'impiego per opera dello zio. **5** (*operation*) azione *f*, attività *f.*

agency| commission *s.* commissione *f* d'agenzia. ~ **contract** *s.* contratto *m* ˹d'agenzia˺ (*o* di rappresentanza). ~ **fee** *s.* → **agency commission.**

agenda [ə'dʒendə] *s.* (*pl. inv./*-s [z]) **1** ordine *m* del giorno: *to be on the* ~ essere all'ordine del giorno. **2** (*note-book*) agenda *f*, taccuino *m.*

agent ['eidʒənt] *s.* **1** agente *m/f*, rappresentante *m/f.* **2** (*cause*) agente *m* (*anche Chim.*). **3** ⟨*Pol*⟩ agente *m* elettorale. □ *you are a free* ~ puoi fare ciò che vuoi.

agent provocateur *fr.* [a'ʒãprɔvɔka'tœ:r] *s.* agente *m* provocatore.

age|-old *a.* antico, vecchio, secolare. ~ **pyramid** *s.* piramide *f* dell'età. ~ **set** *s.* ⟨*Sociol*⟩ gruppo *m* specifico di età. ~ **structure** *s.* struttura *f* dell'età.

agglomerate[1] [ə'ɡlɔmərit] **I** *a.* agglomerato (*anche Bot.*). **II** *s.* agglomerato *m* (*anche Geol.*).

agglomerate[2] [ə'ɡlɔməreit] **I** *v.t.* agglomerare. **II** *v.i.* agglomerarsi, ammassarsi. **agglomeration** [–'reiʃən] *s.* agglomerazione *f.* **agglomerative** [–rətiv] *a.* agglomerante.

agglutinant [ə'ɡlu:tinənt] **I** *a.* agglutinante. **II** *s.* agglutinante *m.* (*anche Ling.*) **agglutinate** **I** *v.t.* [–neit] **1** agglutinare, incollare. **2** ⟨*Ling,Med*⟩ agglutinare. **II** *v.i.* **1** agglutinarsi. **2** ⟨*Ling*⟩ agglutinare. **III** *a.* [–nit] agglutinato. **agglutination** [–'neiʃən] *s.* agglutinazione *f.* **agglutinative** [–nətiv] *a.* agglutinante (*anche Ling.*).

aggrandize [ə'ɡrændaiz] *v.t.* **1** ingrandire, aumentare, estendere; (*in power, etc.*) fare (*o* rendere) più grande. **2** (*to exalt*) ingrandire, esaltare, esagerare. **aggrandizement** [–dizmənt] *s.* **1** aumento *m*, ingrandimento *m.* **2** (*exaggeration*) esagerazione *f.*

aggravate ['æɡrəveit] *v.t.* **1** aggravare, peggiorare. **2** ⟨*fam*⟩ (*to irritate*) irritare, dare fastidio a, seccare; (*to exasperate*) esasperare.

aggravated| assault *s.* ⟨*Dir*⟩ minaccia *f* aggravata. ~ **larceny** *s.* furto *m* aggravato.

aggravating ['æɡrəveitiŋ] *a.* **1** aggravante: ~ *circumstances* circostanze aggravanti. **2** ⟨*fam*⟩ (*irritating*) irritante, seccante. **aggravation** [–'veiʃən] *s.* **1** aggravamento *m*, peggioramento *m.* **2** ⟨*fam*⟩ (*annoyance*) esasperazione *f*, irritazione *f*, seccatura *f.*

aggregate[1] ['æɡriɡit] **I** *a.* **1** globale, complessivo, totale. **2** ⟨*Bot,Geol,Econ*⟩ aggregato. **II** *s.* **1** insieme *m*, complesso *m*, totale *m.* **2** ⟨*Edil,Geol,Mat*⟩ aggregato *m.* □ *in the* ~ nell'insieme, in totale.

aggregate[2] ['æɡriɡeit] **I** *v.t.* **1** aggregare, unire, raccogliere. **2** (*to amount to*) ammontare a. **II** *v.i.* aggregarsi, unirsi.

aggregate| demand *s.* ⟨*Econ*⟩ domanda *f* aggregata. ~ **income** *s.* reddito *m* complessivo. ~ **supply** *s.* offerta *f* globale.

aggregation [æɡri'ɡeiʃən] *s.* **1** aggregamento *m*, riunione *f.* **2** (*assemblage*) aggregazione *f*, gruppo *m.* **aggregative** [–ɡətiv] *a.* aggregativo.

aggress [ə'ɡres] *v.i.* fare un'aggressione. □ ⟨*fam,sport*⟩ *to* ~ *the ball* condurre un gioco aggressivo.

aggressed party [ə'ɡresd] *s.* vittima *f.* di un'aggressione.

aggressine [ə'ɡresin] *s.* ⟨*Biol*⟩ aggressina *f.*

aggression [ə'ɡreʃən] *s.* **1** aggressione *f.* **2** ⟨*Psic*⟩ aggressività *f*, istinto *m* di aggressione. **aggressive** [–iv] *a.* **1** aggressivo, offensivo. **2** (*energetic*) energico, intraprendente, combattivo.

aggressive instinct *s.* ⟨*Psic*⟩ istinto *m* di aggressività.

aggressively [ə'ɡresivli] *avv.* in modo aggressivo, aggressivamente. **aggressiveness** [–ivnis] *s.* aggressività *f.* **aggressor** [–ə] *s.* aggressore *m.*

aggrieve [ə'ɡri:v] *v.t.* **1** affliggere, addolorare, rattristare. **2** (*to wrong*) offendere, fare torto a, ledere. **aggrieved** [–d]

a. 1 danneggiato, leso: *the ~ party* la parte lesa. **2** (*distressed*) afflitto, addolorato.

aghast [ə'gɑːst] *a.* **1** sbalordito (*at* da). **2** (*terrified*) atterrito, inorridito: *to stand ~* restare atterrito.

agile ['ædʒail, *am.* 'ædʒəl] *a.* **1** agile, destro. **2** (*mentally quick*) pronto, svelto, vivace. **agility** [ə'dʒiliti] *s.* **1** agilità *f*, sveltezza *f*, destrezza *f*. **2** (*mental quickness*) agilità *f*, prontezza *f*.

agio ['ædʒou] *s.* (*pl.* **-s** [z]) ⟨*Econ*⟩ **1** aggio *m*. **2** → **agiotage. agiotage** ['ædʒətidʒ] *s.* **1** (*exchange business*) mercato *m* titoli e valuta estera. **2** (*speculation*) aggiotaggio *m*, speculazione *f*.

agist [ə'dʒist] *v.t.* **1** ⟨*Dir*⟩ (*of livestock*) far pascolare riscuotendo il relativo diritto. **2** (*of land, landowner*) tassare, imporre una tassa su, mettere un'imposta su. **agistment** [–mənt] *s.* **1** diritto *m* di pascolo. **2** (*price, profit*) prezzo *m* (*o* profitto) del diritto di pascolo.

agitate ['ædʒiteit] **I** *v.t.* **1** agitare, scuotere, sbattere. **2** (*to disturb*) agitare, turbare: *the news –d him* la notizia lo turbò. **3** (*to discuss excitedly*) discutere (*o* dibattere) animatamente. **II** *v.i.* battersi, agitarsi, darsi da fare (*for* per): *to ~ for higher wages* battersi per l'aumento dei salari. **agitatedly** [–idli] *avv.* con agitazione. **,agitation** [–'teiʃən] *s.* **1** agitazione *f*, movimento *m*, fermento *m*. **2** (*emotional excitement*) agitazione *f*, inquietudine *f*, turbamento *m*. **3** (*public unrest*) agitazione *f*, moto *m*. **agitator** [–ə] *s.* **1** agitatore *m* (*f* –trice), ⟨*spreg*⟩ arruffapopoli *m/f*. **2** (*machine*) agitatore *m*, agitatrice *f*. **agitprop** ['ædʒitprɔp] **I** *s.* ⟨*Pol*⟩ agit-prop *m/f*. **II** *a.* di agit-prop.

agleam [ə'gliːm] *a.* ⟨*lett*⟩ lucente, brillante, scintillante (*with* di, per).

aglet ['æglit] *s.* → **aiguillette.**

aglitter [ə'glitə] *a.* ⟨*lett*⟩ scintillante, brillante, lucente.

aglow [ə'glou] *a.* **1** acceso, ardente. **2** ⟨*fig*⟩ raggiante (*with* di).

agnail ['ægneil] *s.* **1** (*hangnail*) pipita *f*. **2** (*whitlow*) patereccio *m*.

agnate ['ægneit] **I** *s.* agnato *m*. **II** *a.* **1** legato da agnazione. **2** ⟨*fig*⟩ simile, affine, della stessa natura. **agnatic** [–'nætik] *a.* ⟨*Dir*⟩ agnatizio. **agnation** [–'neiʃen] *s.* agnazione *f*.

Agnes ['ægnis] *N.pr.* Agnese *f*.

agnostic [æg'nɔstik] **I** *s.* ⟨*Filos*⟩ agnostico *m* (*f* –a). **II** *a.* agnostico. **agnosticism** [–tisizəm] *s.* agnosticismo *m*.

ago [ə'gou] *avv./a.* fa, or sono: *a long time ~* molto tempo fa. □ *how long ~ is it since you saw her?* ⌐quanto tempo è che⌐ (*o* da quanto tempo) non la vedi?; *no longer ~ than* non più tardi di.

agog [ə'gɔg] *a.pred.* impaziente, ansioso, eccitato. □ *they were all ~ with excitement* non riuscivano a contenere l'eccitazione.

à gogo, àgogo [ə'gougou] *avv.* a gogo, a profusione: *~ dancing* ballo a gogo.

agonic [ei'gɔnik] *a.* ⟨*Geom*⟩ agonico.

agonist ['ægənist] *s.* **1** ⟨*Stor.gr,Lett*⟩ agonista *m/f*. **2** ⟨*Anat*⟩ agonista *m*. **,ago'nistic** [–ik], **,ago'nistical** [–ikl] *a.* **1** agonistico (*anche Stor.gr.*). **2** ⟨*fig*⟩ battagliero, combattivo; (*strained*) forzato. **agonistics** [–iks] *s.pl.* (*costr. sing.*) tecnica *f* sportiva, ⟨*lett*⟩ agonistica *f*.

agonize ['ægənaiz] **I** *v.i.* **1** agonizzare, essere in agonia. **2** (*to struggle*) tormentarsi, torturarsi. **II** *v.t.* torturare, tormentare. **agonized** [–d] *a.* disperato, angosciato: *~ efforts* sforzi disperati. **agonizing** [–iŋ] *a.* **1** agonizzante. **2** ⟨*fig*⟩ penoso, angoscioso.

agony ['ægəni] *s.* **1** tormento *m*, supplizio *m*, angoscia *f*: *the ~ of despair* il tormento della disperazione. **2** ⟨*fig*⟩ (*sudden emotion*) parossismo *m*, scoppio *m*: *agonies of wild delight* scoppi di gioia selvaggia. **3** (*of death*) agonia *f*: *mortal ~* agonia mortale. **4** ⟨*fig*⟩ (*struggle*) lotta *f*, conflitto *m*. **Agony** *s.* ⟨*Teol*⟩ agonia *f* del Signore. □ *to be in ~* (*o* *agonies*) soffrire terribilmente; *to be in an ~ of anticipation* morire dall'impazienza; ⟨*fam*⟩ *to put* (*o* *pile*) *on the ~* caricare la dose.

agony column *s.* ⟨*giorn*⟩ rubrica *f* annunci personali.

agoraphobia [,ægərə'foubiə] *s.* ⟨*Med*⟩ agorafobia *f*. **agoraphobic** [–bik] *a.* agorafobo.

agouti, agouty [ə'guːti] *s.* (*pl.* **-s/-es** [–tiːz]) ⟨*Zool*⟩ aguti *m*.

agrarian [ə'greəriən] **I** *a.* **1** agricolo, rurale. **2** ⟨*Bot*⟩ agreste, campestre. **II** *s.* ⟨*Pol*⟩ agrario *m*.

agrarian society *s.* società *f* agraria.

agrarianism [ə'greəriənizəm] *s.* ⟨*Pol*⟩ dottrina *f* della ridistribuzione delle terre.

agree [ə'griː] **I** *v.i.* **1** essere d'accordo, convenire (*with* con): *I ~ with you entirely* sono completamente d'accordo con te. **2** (*to reach an understanding*) accordarsi, mettersi d'accordo (*on, upon, about* su, circa). **3** (*to get along well*) andare d'accordo: *we don't always ~* non sempre andiamo d'accordo. **4** (*to consent*) acconsentire (*to* a), accettare (qc.): *do you ~ to my proposal?* acconsenti alla mia proposta? **5** (*of accounts*) pareggiare, quadrare. **6** (*to correspond*) corrispondere (*with* a), concordare (con): *his version does not ~ with mine* la sua versione non corrisponde alla mia. **7** (*to suit*) far bene, giovare, confarsi (*with* a): *the climate does not ~ with him* il clima non gli giova. **8** ⟨*Gramm*⟩ concordare (*with* con). **II** *v.t.* convenire, stabilire, concordare: *to ~ all the details* concordare tutti i particolari. □ *let us ~ to differ* (visto che non riusciamo a metterci d'accordo) lasciamo perdere; *to ~ to s.o.'s doing s.th.* acconsentire (*o* approvare) che qd. faccia qc.; *unless otherwise –d* salvo patto contrario.

agreeability [ə,griə'biliti] *s.* → **agreeableness.**

agreeable [ə'griəbl] *a.* **1** gradevole, piacevole, amabile, simpatico: *an ~ young man* un giovanotto simpatico. **2** (*willing*) compiacente, disposto ad accettare: *~ to suggestion* disposto ad accettare suggerimenti. **3** (*suitable*) adatto, conveniente, confacente (*to* a); (*in conformity with*) conforme (a). **agreeableness** [–nis] *s.* **1** amabilità *f*, cortesia *f*. **2** (*conformability*) conformità *f*.

agreed [ə'griːd] *a.* **1** concordato, convenuto, pattuito: *the ~ price* il prezzo convenuto. **2** (*in agreement*) d'accordo (*anche esclam.*).

agreement [ə'griːmənt] *s.* **1** accordo *m*, intesa *f*. **2** (*arrangement*) accordo *m*, patto *m*, convenzione *f*: *to sign an ~* firmare un accordo. **3** ⟨*Dir*⟩ contratto *m*. **4** ⟨*Gramm*⟩ concordanza *f*. □ ⌐*to arrive at*⌐ (*o to reach*) *an ~* mettersi d'accordo, arrivare a un accordo, accordarsi; *to be in ~ with s.o.* essere d'accordo con qd.; *by mutual ~* di comune accordo; *as per ~* come convenuto (*o* d'accordo), come da contratto; *subject to ~* previo accordo.

agrestic [ə'grestik] *a.* **1** agreste, rurale. **2** ⟨*fig*⟩ rustico, rozzo.

agric. = **1** *agricultural* agricolo. **2** *agriculture* agricoltura.

agricultural [,ægri'kʌltʃərəl] *a.* agricolo.

agricultural| and food chain *s.* catena *f* agroalimentare. **~ area** *s.* terreno *m* agricolo. **~ bank** *s.* banca *f* di credito agricolo. **~ belt** *s.* zona *f* agricola. **~ college** *s.* istituto *m* agrario. **~ commune** *s.* comune *f* agricola. **~ economy** *s.* economia *f* agraria (*o* rurale). **~ engineering** *s.* ingegneria *f* agraria.

agriculturalist [,ægri'kʌltʃərəlist] *s.* → **agriculturist.**

agricultural| machinery *s.* macchinario *m* agricolo. **~ research** *s.* ricerca *f* agraria. **~ trailer** *s.* rimorchio *m* agricolo. **~ worker** *s.* lavoratore *m* agricolo.

'agriculture [ægri'kʌltʃə] *s.* **1** (*science*) agraria *f*. **2** (*production of crops, etc.*) agricoltura *f*. **agriculturist** [–rist] *s.* **1** (*farmer*) agricoltore *m*. **2** (*expert*) perito *m* agrario.

agrimony ['ægriməni] *s.* ⟨*Bot*⟩ agrimonia *f*, eupatoria *f*.

agrimotor ['ægrimoutə] *s.* trattore *m* agricolo.

agrobiologist [ægroubai'ɔdʒist] *s.* agrobiologo *m* (*f* –a). **agrobiology** [–dʒi] *s.* agrobiologia *f*.

agro-industry *s.* industria *f* agricola.

agronomic [,ægrə'nɔmik] *a.* agronomico. **agronomics** [–s] *s.pl.* (*costr. sing.*) agronomia *f*. **agronomist** [ə'grɔnəmist] *s.* agronomo *m*. **agronomy** [ə'grɔnəmi] *s.* agronomia *f*.

aground [ə'graund] *a.pred.* ⟨*Mar*⟩ incagliato, arenato, in secca. □ *to be ~* essere arenato; *to run ~* incagliarsi, arenarsi.

ague ['eigjuː] *s.* **1** ⟨*Med*⟩ malaria *f*, febbre *f* malarica. (*chill*) brivido *m*, tremito *m*. **aguish** ['eigjuiʃ] *a.* **2** malarico: *an ~ climate* un clima malarico. **2** ⟨*fig*⟩ **1**

(*shaking*) scosso da brividi.

ah [ɑ:] *intz.* ah.

a.h. = *ampere hour* amperora (*abbr.* Ah).

aha [ɑ:'hɑ:] *intz.* ah, bene.

ahead [ə'hed] *avv.* **1** (*before*) davanti; (*forward*) avanti: *walk ~, I'll follow* vai avanti, ti seguirò. **2** (*to an earlier time*) in anticipo. **3** (*at an advantage*) in vantaggio, avanti: *our team is two goals ~* la nostra squadra è in vantaggio di due reti. □ ⟨*Mar*⟩ **full speed ~** avanti a tutta forza; *to* **get** ~ avere successo, farsi strada; **go** ~! avanti!; *things are going ~* le cose procedono; *to* **look** ~ guardare al futuro; ~ **of:** **1** (*in front of*) davanti a; **2** (*in advance of*) in anticipo su; **3** (*in a position of advantage*) in vantaggio su; *to* **plan** ~ programmare; **go straight** ~ vai sempre diritto; ⟨*fig*⟩ *to be ~ of one's* **time** essere un precursore.

ahem [hm] *intz.* ehm.

ahoy [ə'hɔi] *intz.* ⟨*Mar*⟩: *land ~* terra in vista; *ship ~* ehi, di bordo.

ahull [ə'hʌl] *avv.* ⟨*Mar*⟩ a secco di vele.

ai ['ɑ:i] *s.* ⟨*Zool*⟩ ai–ai *m*, bradipo *m*.

A.I. = ⟨*Inform*⟩ *artificial intelligence* intelligenza artificiale.

aid [eid] **I** *v.t.* **1** aiutare, assistere, soccorrere. **2** (*to help to bring about*) accelerare, affrettare, aiutare: *this medicine may ~ your recovery* questa medicina potrebbe affrettare la tua guarigione. **II** *v.i.* dare assistenza, essere d'aiuto. **III** *s.* **1** aiuto *m*, soccorso *m*, assistenza *f*: ~ *to developing countries* assistenza ai paesi in via di sviluppo. **2** (*helper*) aiutante *m/f*, aiuto *m*, assistente *m/f*. **3** ⟨*am.Mil*⟩ aiutante *m* di campo. **4** ⟨*Stor*⟩ tributo *m*. **5** ⟨*Dir*⟩ assistenza *f* legale (in giudizio). □ ⟨*Dir*⟩ *to ~ and abet s.o.* essere complice di qd.; *to come to s.o.'s ~* venire in aiuto di qd.; *in ~ of* a favore di.

A.I.D. = **1** ⟨*SU*⟩ *Agency for International Development* Agenzia internazionale per lo sviluppo. **2** ⟨*Med*⟩ *artificial insemination by donor* fecondazione artificiale mediante donatore.

aide [eid], **aide-de-camp** ['eiddə'kæmp] *s.* ⟨*Mil*⟩ aiutante *m* di campo.

aider ['eidə] *s.* ⟨*Dir*⟩ favoreggiatore *m*. **aiding** [–iŋ] *s.* favoreggiamento *m*. □ ~ *escape* favoreggiamento *m* nella fuga.

AIDS = ⟨*Med*⟩ *Acquired Immune Deficiency Syndrome* sindrome da immunodeficienza acquisita.

aid station *s.* ⟨*Mil*⟩ stazione *f* di pronto soccorso.

aigrette ['eigret] *s.* **1** ⟨*Ornit,Mod*⟩ aigrette *f*, aspri *m*. **2** (*of jewels*) gioiello *m* a forma di aigrette.

aiguille ['eigwi:l] *s.* ⟨*Geol*⟩ guglia *f*, aiguille *f*.

aiguillette [,eigwi'let] *s.* **1** aghetto *m*. **2** ⟨*Gastr*⟩ filettino *m*.

ail [eil] **I** *v.t.* affliggere, addolorare: *what's –ing you?* che cos'è che ti affligge? **II** *v.i.* essere sofferente, sentirsi (o stare) male.

aileron ['eilərən] *s.* ⟨*Aer*⟩ alettone *m*, alerone *m*.

ailing ['eiliŋ] *a.* sofferente, indisposto. **ailment** [–mənt] *s.* indisposizione *f*, disturbo *m*.

aim [eim] **I** *v.t.* **1** puntare, mirare: *to ~ a rifle at s.o.* puntare un fucile contro qd. **2** ⟨*fig*⟩ dirigere, rivolgere, destinare: *he –ed his criticism at me* la sua critica era diretta a me. **II** *v.i.* **1** mirare (*at* a). **2** ⟨*fig*⟩ (*to aspire to*) aspirare, mirare (a); (*to plan*) progettare (di): *to ~ at doing* (o *to do*) *s.th.* progettare di fare qc. **3** ⟨*fam*⟩ (*to intend*) intendere (qc.), proporsi (di): *what are you –ing to do now?* che cosa intendi fare ora? **III** *s.* **1** mira *f.* **2** (*target*) bersaglio *m: to miss one's ~* mancare il bersaglio. **3** ⟨*fig*⟩ (*purpose*) scopo *m*, intenzione *f*, intento *m*, proposito *m*; (*project*) disegno *m*. □ *to ~ a blow at s.o.* assestare un colpo a qd.; ⟨*fig*⟩ *to ~* **high** mirare in alto; *to ~ a* **stone** mirare una pietra; *to* **take** ~ *at s.th.* mirare a qc.; *what are you –ing at?* dove vuoi arrivare?

aimless ['eimlis] *a.*, **aimlessly** [–li] *avv.* senza scopo, senza meta. **aimlessness** [–nis] *s.* mancanza *f* di scopo.

ain't [eint] ⟨*sl*⟩ *contraz.* di am not, is not, are not, has not, have not.

air [εə] **I** *s.* **1** aria *f.* **2** (*breeze*) brezza *f*, venticello *m*, aria

f. **3** ⟨*fig*⟩ (*appearance*) aria *f*, aspetto *m: with an ~ of satisfaction* con aria soddisfatta. **4** *pl.* ⟨*fig*⟩ arie *fpl: to give o.s.* ⌐*air*⌐ (o *put on*) *–s* darsi delle arie. **5** ⟨*Mus*⟩ (*leading part*) aria *f*; (*tune*) motivo *m*, aria *f*, melodia *f.* **6** ⟨*Rad*⟩ trasmissioni *fpl.* **II** *v.t.* **1** arieggiare, ventilare, dare aria a: *to ~ clothes* dare aria ai vestiti. **2** ⟨*fig*⟩ esprimere pubblicamente, diffondere, proclamare: *to ~ a grievance* esprimere pubblicamente una lagnanza. **3** ⟨*fam*⟩ (*to broadcast*) trasmettere. □ *to send by ~* spedire per aereo (o via aerea); *to travel by ~* viaggiare in aereo; *a change of ~* un cambiamento d'aria; ⟨*fig*⟩ *to* **clear** *the ~* eliminare ogni malinteso, chiarire la situazione; *to ~ the* **dog** portar fuori il cane; *seen from the ~* visto dall'aereo; ⟨*am.fam*⟩ *to* **get** *the ~* essere licenziato; ⟨*am.fam*⟩ *to* **give** *s.o. the ~* (*to snub*) trattare male qd.; (*to dismiss*) licenziare qd., ⟨*fam*⟩ cacciare via qd.; *–s and* **graces** modi affettati; ⟨*fam*⟩ *to talk* **hot** ~ raccontare fandonie; **in** *the ~:* **1** (*of rumours, etc.*) in giro, in circolazione; **2** (*uncertain*) campato in aria, indeciso, in alto mare: *the project is still* (up) *in the ~* il progetto è ancora in alto mare; **off** *the ~:* **1** ⟨*Rad*⟩ non in trasmissione (o onda); **2** ⟨*tecn*⟩ (*of a computer*) non in funzione; **3** ⟨*am.Mil*⟩ (*unprotected*) allo scoperto; **on** *the ~:* **1** ⟨*Rad*⟩ in onda; **2** ⟨*tecn*⟩ (*of a computer*) in funzione; **in** the **open** ~ all'aria aperta; *to* **take** *the ~:* **1** uscire a prendere aria; **2** ⟨*am.fam*⟩ tagliare la corda; **3** ⟨*Rad*⟩ iniziare a trasmettere, andare in onda; ⟨*fig*⟩ *to* **melt** (o *vanish*) *into* **thin** ~ svanire (o dileguarsi) nel nulla; **up** *in the ~:* **1** (*unsettled*) campato in aria, in alto mare; **2** ⟨*fam*⟩ (*angry*) su tutte le furie, in bestia; ⟨*fig*⟩ *to* **walk** *on ~* essere al settimo cielo.

air| alert *s.* allarme *m* aereo. **~ ambulance** *s.* aereo *m* sanitario. **~ bag** *s.* ⟨*Aut*⟩ pallone *m* autogonfiabile, airbag *m.* **~ base** *s.* ⟨*Aer.mil*⟩ base *f* aerea. **~ beacon** *s.* ⟨*Aer*⟩ aerofaro *m.* **~ bed** *s.* materasso *m* pneumatico, materassino *m.* **~bill** *s.* → airway bill. **~–bladder** *s.* ⟨*Itt*⟩ vescica *f* natatoria. **~ blast** *s.* ⟨*tecn*⟩ getto *m* d'aria. **~borne** *a.* **1** in volo: *to be ~* levarsi in volo. **2** (*carried in aircraft*) aviotrasportato, aerotrasportato. □ ⟨*Aer*⟩ *to become ~* decollare.

airborne| equipment *s.* strumenti *mpl* di bordo. **~ radar** *s.* radar *m* di bordo. **~ troops** *s.pl.* truppe *f.pl.* aviotrasportate.

air| brake *s.* **1** ⟨*tecn*⟩ freno *m* ad aria compressa. **2** ⟨*Aer*⟩ freno *m* aerodinamico, aerofreno *m.* **~ brick** *s.* ⟨*tecn*⟩ blocco *m* per aerazione. **~ bridge** *s.* ponte *m* aereo. **~ brush** *s.* ⟨*tecn*⟩ aerografo *m.* **~ bubble** *s.* bolla *f* d'aria. **~ bus** *s.* ⟨*fam*⟩ aerobus *m.* **~ cargo** *s.* carico *m* aereo. **~ carrier** *s.* **1** vettore *m* aereo. **2** (*aircraft*) aeroplano *m*, aereo *m.* **~ cell** *s.* ⟨*Anat,Biol*⟩ alveolo *m* polmonare. **~ chamber** *s.* camera *f* d'aria. **~ charter** *s.* ⟨*Aer*⟩ noleggio *m* aereo. **~ cleaner** *s.* depuratore *m* dell'aria. **~ coach** *am. s.* aereo *m* a classe unica. **~–con'dition** *v.t.* **1** dotare di aria condizionata. **2** (*of air*) condizionare. **~–con'ditioned** *a.* ad aria condizionata. **~–con'ditioner** *s.* condizionatore *m* d'aria. **~–con'ditioning** *s.* **1** aria *f* condizionata. **2** (*system, unit*) impianto *m* per il condizionamento dell'aria (o l'aria condizionata). **~consignment note** *s.* ⟨*Comm*⟩ lettera *f* di trasporto aereo, polizza *f* di carico aereo. **~cool** *v.t.* raffreddare ad aria. **~cooled** *a.* raffreddato ad aria. **~ cooling** *s.* raffreddamento *m* ad aria. **~ corps** *s.* ⟨*SU*⟩ aeronautica *f* militare. **~ corridor** *s.* corridoio *m* aereo. **~ cover** *s.* ⟨*Aer.mil*⟩ copertura *f* aerea. **~craft** *s.inv.* aeroplano *m*, aereo *m*, velivolo *m*, aeromobile *m.*

aircraft| carrier *s.* ⟨*Mil*⟩ portaerei *f.* **~ engineer** *s.* ingegnere *m* aeronautico. **~ engineering** *s.* ingegneria *f* aeronautica. **~ movements** *s.pl.* ⟨*Aer*⟩ movimento *m* (dei) voli.

aircraft(s)man ['εəkrɑ:ft(s)mən] *s.irr.* sottufficiale *m* d'aviazione. **aircraft(s)woman** [–wumən] *s.irr.* sottufficiale del corpo ausiliario femminile della RAF.

air|crew *s.* equipaggio *m* di un aereo. **~cushion** *s.* **1** ⟨*tecn*⟩ cuscino *m* pneumatico (o d'aria). **2** (*inflatable cushion*) cuscino *m* gonfiabile.

air-cushion| craft, **~ vehicle** *s.* veicolo *m* a cuscino d'aria.

air| defence *s.* ⟨*Aer.mil*⟩ protezione *f* antiaerea. **~**

disaster s. sciagura f aerea. **~drome** am. s. **1** aeroporto m. **2** (landing field) campo m d'atterraggio. **3** (airplane hangar) hangar m. **~-drop** v.t. lanciare con il paracadute, paracadutare, aviolanciare. ~ **drop** s. lancio m con il paracadute. **~-dry** v.t. stagionare (o essiccare) all'aria. ~ **engine** s. 〈Aer〉 macchina f ad aria compressa. ~ **fare** s. tariffa f aerea. **~-field** s. campo m d'aviazione. ~ **filter** s. filtro m dell'aria. ~ **fleet** s. **1** flotta f aerea. **2** (airforce) aviazione f militare. **~flow** s. flusso m dell'aria. **~flow body** am. s. 〈Aut〉 carrozzeria f aerodinamica. **~foil** s. 〈Aer〉 profilo m alare. **~force** s. **1** aviazione f (o aeronautica) militare. **2** 〈am〉 forze fpl aeree. ~ **frame** s. **1** (of an aeroplane) cellula f. **2** (of a missile) struttura f. ~ **freight** s. **1** spedizione f merci per via aerea. **2** (freight) merci fpl aviotrasportate. ~ **freighter** s. aereo m da trasporto. **~graph** s. 〈Post〉 lettera f trasmessa su microfilm. ~ **gun** s. fucile m ad aria compressa. ~ **heater** s. aerotermo m. ~ **hole** s. **1** soffiatura f (anche Met.). **2** (air pocket) vuoto m d'aria. **3** (of a frozen pond or river) sacca f d'aria. ~ **hostess** s. hostess f, assistente f di volo.

airily ['ɛərili] avv. **1** leggermente. **2** (jauntily) gaiamente, con disinvoltura. **airiness** [–rinis] s. **1** aerazione f, ventilazione f. **2** 〈fig〉 gaiezza f, disinvoltura f. **airing** [–riŋ] s. **1** aria f, aerazione f, ventilazione f: to give blankets an ~ dare aria alle coperte. **2** (walk, drive, etc. in the open air) boccata f d'aria: to take an ~ prendere una boccata d'aria.

air| inlet s. 〈tecn〉 presa f d'aria. ~ **jacket** s. **1** 〈Aer〉 giubbotto m pneumatico. **2** 〈Mecc〉 involucro m per il raffreddamento ad aria. ~ **jet** s. iniettore m d'aria. **~lane** s. 〈Aer〉 corridoio m aereo. ~ **law** s. diritto m aereonautico.

airless ['ɛəlis] a. **1** senz'aria, mal ventilato, dall'aria viziata. **2** (still) senza vento, calmo.

air| lift s. 〈Aer〉 ponte m aereo. **~line** s. **1** 〈Aer〉 linea f aerea, aviolinea f; (company) compagnia f aerea. **2** 〈am〉 (straight line) linea f retta, volo m d'uccello, linea f d'aria. **3** 〈tecn〉 tubo m dell'aria. **~liner** s. velivolo m per passeggeri, aereo m di linea. ~ **lock** s. **1** 〈Idr〉 camera f di equilibrio; (of a submarine) cassa f d'aria. **2** 〈tecn〉 ostruzione f (causata dall'aria). **~mail** **I** s. posta f aerea. **II** a. per posta (o via) aerea. **III** v.t. spedire per posta aerea. **~mail letter** s. lettera f per via aerea; (aerogramme) aerogramma m.

airman ['ɛəmən] s.irr. (f. **-woman**) **1** aviatore m (f –trice). **2** (aircrew member) membro m dell'equipaggio. **3** 〈Aer.mil〉 aviere m.

air| manifold s. 〈tecn〉 collettore m d'aria. ~ **marshal** s. 〈GB〉 maresciallo m dell'aria. ~ **mattress** s. materasso m pneumatico, materassino m. ~ **mile** s. miglio m (marino). **~-minded** a. **1** appassionato di aviazione. **2** (favouring aviation) fautore dell'aviazione. ~ **Ministry** s. 〈GB〉 ministero m dell'aeronautica. ~ **passage** s. **1** passaggio m per l'aria. **2** 〈Aer〉 posto m su aereo. ~ **photograph** s. aerofotogramma m. ~ **photography** s. fotografia f aerea, aerofotografia f. ~ **piracy** s. pirateria f aerea (o dell'aria). ~ **pirate** s. pirata m dell'aria. **~plane** am. s. aeroplano m, aereo m, apparecchio m. ~ **plant** s. 〈Bot〉 epifita f. ~ **pocket** s. 〈Aer〉 vuoto m d'aria. ~ **pollutant** s. inquinante m (o contaminante) atmosferico. ~ **pollution** s. inquinamento m atmosferico, contaminazione f atmosferica. **~port** s. aeroporto m. □ ~ of departure aeroporto m di partenza; ~ of destination aeroporto m di destinazione.

airport| facilities s.pl. impianti mpl aeroportuali. ~ **tax** s. tassa f. aeroportuale.

air|proof a. a tenuta d'aria, ermetico. ~ **pump** s. 〈tecn〉 pompa f d'aria. ~ **purifier**, ~ **purifying plant** s. impianto m di depurazione dell'aria. **~-raid** s. incursione f aerea.

air-raid| precautions s.pl. misure fpl antiaeree. **~shelter** s. rifugio m antiaereo. **~warden** s. addetto m alla protezione antiaerea. ~ **warning system** s. dispositivo m di allarme aereo.

air| rally s. avioraduno m. ~ **rate** s. tariffa f aerea. ~ **route** s. rotta f aerea. ~ **sac** s. **1** 〈Ornit〉 sacco m aereo.

2 〈Entom〉 sacca f d'aria. ~ **screw** s. 〈Aer〉 elica f. **~-sea rescue** s. salvataggio m aereo in mare. ~ **service** s. servizio m aereo. **~shaft** s. 〈Minier〉 pozzo m di aerazione. **~ship** s. 〈Aer〉 aeronave f, dirigibile m. ~ **show** s. salone m dell'aereonautica. **~sick** a. che soffre di mal d'aria. **~-sickness** s. mal m d'aria. ~ **sleeve**, ~ **sock** s. 〈Aer〉 manica f a vento. **~space** s. **1** (of a room, theatre) cubatura f. **2** 〈Aer〉 spazio m aereo. **~speed** s. 〈Aer〉 velocità f relativa. ~ **station** s. 〈Aer〉 scalo m aereo, aeroscalo m. ~ **steward** m. assistente m di bordo, steward m. ~ **stewardess** s. assistente f di bordo, hostess f. **~strip** s. 〈Aer〉 pista f di atterraggio. ~ **support** s. 〈Mil〉 appoggio m aereo. ~ **tanker** s. aviocisterna f. ~ **taxi** s. aerotassì m. ~ **terminal** s. terminal m. **~tight** a. **1** a tenuta d'aria. **2** 〈am.fig〉 inattaccabile, irrefutabile, di ferro: an ~ alibi un alibi di ferro. ~ **time** s. 〈Rad,TV〉 durata f della trasmissione. **~-to-air** a./avv. aria–aria: ~ missile missile m aria–aria. **~-to-ground**, **~-to-surface** a./avv. aria–terra. ~ **traffic** s. traffico m aereo.

air-traffic| control s. controllo m del traffico aereo. ~ **controller** s. controllore m del traffico aereo (o di volo). ~ **rules** s.pl. norme fpl di circolazione aerea.

air|-transported a. aviotrasportato, trasportato in aereo. ~ **travel** v.i. viaggiare in aereo. ~ **trip** s. viaggio m (in) aereo. ~ **tunnel** s. galleria f aerodinamica.

air| umbrella s. → air-cover. **~vent** s. 〈tecn〉 cunicolo m di ventilazione. ~ **vice-marshal** s. 〈GB〉 vice–maresciallo m dell'aria. **~way** s. **1** 〈Aer〉 via f aerea, aviolinea f. **2** 〈Minier〉 galleria f di ventilazione. **3** 〈Rad,TV〉 canale m. **~way bill** s. 〈Comm〉 lettera f di trasporto aereo, polizza f di carico aereo. **~woman** s.irr. aviatrice f. **~worthiness** s. 〈Aer〉 navigabilità f aerea. **~worthy** a. atto alla navigazione aerea.

airy ['ɛəri] a. **1** aerato, arioso, arieggiato: an ~ room una stanza ariosa. **2** 〈fig〉 (casual) disinvolto; (flippant) leggero, frivolo, superficiale. **3** 〈fig〉 (empty, imaginary) fantasioso, immaginario: ~ dreams sogni fantasiosi. **4** (lively) gaio, vivace, leggero.

aisle [ail] s. **1** 〈Arch〉 navata f laterale. **2** (between rows of seats) passaggio m. **aisled** [–d] a. a navate.

ait [eit] s. isoletta f di fiume (o lago).

aitch [eitʃ] s. acca f, lettera f acca.

ajar [ə'dʒɑː] a.pred./avv. socchiuso, semiaperto: the door is ~ la porta è socchiusa.

ajar a.pred./avv. (in discord) in disaccordo, in contraddizione.

Ajax ['eidʒæks] N.pr. 〈Mitol〉 Aiace m.

akimbo [ə'kimbou] a.pred./avv. sui fianchi: to stand with arms ~ stare con le mani sui fianchi.

akin [ə'kin] a.pred. **1** imparentato (to con), consanguineo. **2** 〈fig〉 simile, analogo, affine (a).

alabaster ['æləbɑːstə] **I** s. 〈Min〉 alabastro m. **II** a. **1** di alabastro, alabastrino. **2** 〈fig〉 alabastrino, candido: ~ skin pelle alabastrina. ,**ala'bastrine** [–trin] a. alabastrino.

à la carte fr. [ɑːlɑː'kɑːt] a. alla carta.

alacrity [ə'lækriti] s. alacrità f, prontezza f.

Aladdin [ə'lædin] N.pr. 〈Lett〉 Aladino m.

à la mode [ɑːlɑː'moud] a. **1** alla moda. **2** 〈Gastr〉 (of fruit pies) con gelato; (of beef) brasato con verdure.

alar ['eilə] a. **1** alare. **2** 〈Bot〉 ascellare.

Alaric ['ælərik] N.pr. 〈Stor〉 Alarico m.

alarm [ə'lɑːm] **I** s. **1** paura f, timore m, preoccupazione f. **2** (warning of danger) allarme m: to give (o raise) the ~ dare l'allarme. **3** (device) segnale m (d'allarme): a fire ~ un segnale d'incendio. **4** → alarm clock. **5** 〈ant〉 (call to arms) allarme m: to sound the ~ sonare l'allarme. **II** v.t. **1** allarmare, spaventare, impaurire: to be –ed at s.th. essere spaventato da qc. **2** (to warn) dare l'allarme a, avvertire. □ don't be –ed non spaventarti; in ~ allarmato, spaventato; to put into a state of ~ mettere in a stato di allarme (anche fig.); to set the ~ for five o' cloc. mettere la sveglia alle cinque; to sleep through the ~ non ans sentire la sveglia; to take ~ at s.th. allarmarsi per qc. ted)

alarm|bell s. campana f d'allarme. □ 〈fig〉 to touch off are –s sonare il campanello d'allarme. **~clock** s. sveglia f. v.i.

alarming [ə'lɑːmiŋ] a. allarmante. **alarmism** [–mizəm] s.

allarmismo *m*. **alarmist** [–mist] **I** *s*. allarmista *m/f*. **II** *a*. allarmistico.

alarm signal *s*. segnale *m* d'allarme.

alarum [ə'lærəm] *s*. ⟨*rar*⟩ allarme *m*. □ –*s and excursions*: 1 ⟨*Teat*⟩ (*as a stage direction*) clamori *mpl* marziali; 2 ⟨*fig*⟩ (*excitement, feverish activity*) agitazione *f*, attività *f* febbrile.

alary ['eiləri] *a*. **1** alare. **2** (*wing-shaped*) a forma di ala.

alas [ə'lɑːs] *intz*. ahimè.

Alaska [ə'læskə] *N.pr*. ⟨*Geog*⟩ Alasca *f*. **Alaskan** [–n] **I** *a*. dell'Alasca. **II** *s*. abitante *m/f* dell'Alasca.

alate ['eileit], **alated** [–id] *a*. alato. **alation** [ei'leiʃən] *s*. ⟨*Biol*⟩ l'avere ali.

alb [ælb] *s*. ⟨*Lit*⟩ camice *m*, alba *f*.

albacore ['ælbəkɔː] *s*. (*pl. inv./*-s [z]) ⟨*Itt*⟩ alalonga *f*, albacora *f*.

Albania [æl'beiniə] *N.pr*. ⟨*Geog*⟩ Albania *f*. **Albanian** [–n] **I** *a*. albanese. **II** *s*. **1** albanese *m/f*. **2** (*language*) albanese *m*.

albata [æl'beitə] *s*. ⟨*Met*⟩ argentone *m*.

albatross ['ælbətrɔs] *s*. ⟨*Ornit*⟩ albatro *m*.

albeit [ɔː'biːit] *congz*. ⟨*lett*⟩ quantunque, sebbene, anche se, benché.

Albert ['ælbət] *N.pr*. Alberto *m*.

albescence [æl'besəns] *s*. biancore *m*. **albescent** [–nt] *a*. albescente, biancheggiante.

Albigenses [ælbi'dʒensiːz] *N.pr.pl*. ⟨*Stor*⟩ albigesi *mpl*. **Albigensian** [–siən] **I** *a*. albigese. **II** *s*. albigese *m/f*.

albinism ['ælbinizəm] *s*. ⟨*Biol*⟩ albinismo *m*. **albino** [–'biːnou] *s*. (*pl*. -s [z]) **1** ⟨*Biol*⟩ albino *m*. **2** ⟨*Bot*⟩ pianta *f* albina.

Albion ['ælbjən] *N.pr*. ⟨*Geog,poet*⟩ Albione *f*.

albite ['ælbait] *s*. ⟨*Min*⟩ albite *f*.

album ['ælbəm] *s*. **1** album *m*: *stamp* ~ album di francobolli. **2** (*set of gramophone records*) album *m* discografico.

albumen ['ælbjumin] *s*. **1** albume *m*. **2** ⟨*Chim*⟩ → **albumin**.

albumin ['ælbjumin] *s*. ⟨*Chim*⟩ albumina *f*.

albuminate [æl'bjuːmineit] *s*. ⟨*Chim*⟩ albuminato *m*. **albuminize** [–naiz] *v.t*. albuminizzare. **albuminoid** [–nɔid] **I** *s*. albuminoide *m*. **II** *a*. albuminoide. **albuminous** [–nəs] *a*. albuminoso.

alburnum [æl'bəːnəm] *s*. ⟨*Bot*⟩ alburno *m*.

Alcaeus [æl'siːəs] *N.pr*. ⟨*Stor.gr*⟩ Alceo *m*.

Alcaic [æl'keiik] **I** *a*. ⟨*Metr*⟩ alcaico. **II** *s*. strofa *f* alcaica.

alchemical [æl'kemikl] *a*. → **alchemistical**.

alchemist ['ælkimist] *s*. alchimista *m*. **alche'mistic** [–ik], **alche'mistical** [–ikl] *a*. alchimistico. **alchemize** [–maiz] *v.t*. alchimizzare. **alchemy** [–mi] *s*. alchimia *f*.

Alcibiades [ælsi'baiədiːz] *N.pr*. ⟨*Stor.gr*⟩ Alcibiade *m*.

alcohol ['ælkəhɔl] *s*. alcol *m*, alcole *m*. **alcohol\abuse** *s*. abuso *m*. di alcol (*o* bevande alcoliche). ~**content** *s*. alcolicità *f*, grado *m* alcolico.

alcoholic [ælkə'hɔlik] **I** *a*. **1** alcolico: ~ *drinks* bevande alcoliche. **2** ⟨*Med*⟩ alcolizzato. **II** *s*. **1** (*person*) alcolizzato *m* (*f* –a). **2** *pl*. alcolici *mpl*. '**alcoholism** [–izəm] *s*. ⟨*Med*⟩ alcolismo *m*. **'alcoholize** [–aiz] *v.t*. alcolizzare (*anche Chim*.). ,**alcoho'lometer** [–'ɔmitə] *s*. alcolometro *m*. ,**alcoho'lometry** [–mitri] *s*. alcolometria *f*.

Alcoran [ælkɔ'rɑːn] *s*. ⟨*ant,Rel*⟩ Alcorano *m*, Corano *m*.

alcove ['ælkouv] *s*. **1** alcova *f*. **2** (*niche*) nicchia *f*. **3** (*recess in a garden*) padiglione *m* d'estate, pergola *f*.

Alcuin ['ælkwin] *N.pr*. ⟨*Stor*⟩ Alcuino *f*.

Alcyone [æl'saiəni] *N.pr*. ⟨*Mitol,Astr*⟩ Alcione *f*.

Ald. = *Alderman* assessore comunale.

aldehyde ['ældihaid] *s*. ⟨*Chim*⟩ aldeide *f*.

alder ['ɔːldə] *s*. ⟨*Bot*⟩ ontano *m*, alno *m*.

alderman ['ɔːldəmən] *s.irr*. ⟨*GB*⟩ assessore *m* comunale, consigliere *m* comunale (*o* provinciale). **aldermancy** [–si] *s*. → **aldermanship**. **aldermanry** [–ri] *s*. **1** distretto *m* affidato a un alderman. **2** (*office, rank*) assessorato *m*, ufficio *m* (*o* carica *f*) dell'alderman. **aldermanship** [–ʃip] *s*. assessorato *m*, carica *f* dell'alderman.

Aldine ['ɔːldain] **I** *a*. ⟨*Tip*⟩ aldino. **II** *s*. **1** aldino *m*. **2** (*book, edition*) edizione *f* aldina.

ale [eil] *s*. ale *f*, birra *f* chiara (a elevata gradazione alcolica).

aleatory ['eiliətəri] *a*. aleatorio (*anche Dir*.).

Alec(k) ['ælik] *N.pr*. *dim*. di Alexander.

alee [ə'liː] *a./avv*. ⟨*Mar*⟩ sottovento.

alegar ['æligə] *s*. aceto *m* di malto; (*sour ale*) birra *f* acida.

alehouse ['eilhaus] *s*. birreria *f*.

Alemannic [æli'mænik] **I** *s*. (*dialect*) alemanno *m*. **II** *a*. alemanno.

alembic [ə'lembik] *s*. ⟨*Chim*⟩ alambicco *m*.

alert [ə'ləːt] **I** *a*. **1** vigile, sveglio, pronto. **2** (*nimble*) svelto, agile. **II** *s*. **1** allarme *m*. **2** (*alarm signal*) segnale *m* d'allarme. **3** (*period of watchfulness*) stato *m* d'allarme. **III** *v.t*. **1** dare l'allarme a, avvisare; (*to prepare for action*) mettere in stato di allarme. **2** (*to arouse*) destare, risvegliare, suscitare: *to* ~ *s.o.'s interest* suscitare l'interesse di qd. □ *on the* ~ all'erta, sul chi vive: *to be on the* ~ stare all'erta. **alertly** [–li] *avv*. all'erta, attentamente. **alertness** [–nis] *s*. **1** vigilanza *f*. **2** (*nimbleness*) vivacità *f*, prontezza *f*, sveltezza *f*.

aleuron(e) [ə'ljuəroun] *s*. ⟨*Biol*⟩ aleurone *m*.

Aleutian islands [ə'luːʃjən] *N.pr.pl*. ⟨*Geog*⟩ Aleutine *fpl*, isole *fpl* Aleutine.

Alexander [ælig'zɑːndə] *N.pr*. Alessandro *m*. □ ⟨*Stor*⟩ ~ *the Great* Alessandro Magno.

Alexandria [ælig'zɑːndriə] *N.pr*. ⟨*Geog*⟩ Alessandria *f* (d'Egitto). **Alexandrian** [–n] *a*. alessandrino. **Alexandrine** [ælig'zɑːndriːn] *s*. ⟨*Metr*⟩ alessandrino *m*. **II** *a*. alessandrino.

alexia [ə'leksiə] *s*. ⟨*Med*⟩ alessia *f*. **alexic** [–sik] *a*. ⟨*Med*⟩ alessico.

Alexis [ə'leksis] *N.pr*. Alessio *m*.

alfalfa [æl'fælfə] *s*. ⟨*Bot*⟩ erba *f* medica (*o* spagna).

Alfred ['ælfrid] *N.pr*. Alfredo *m*.

alfresco *it*. [æl'freskou] *a./avv*. all'aperto.

alg. = *algebra* algebra (*abbr*. alg.).

alga ['ælgə] *s*. (*pl*. algae ['ældʒiː]) ⟨*Bot*⟩ alga *f*.

algal bloom *s*. proliferazione *f* di alghe.

algebra ['ældʒibrə] *s*. algebra *f*. ,**algebraic** [–'breiik], ,**algebraical** [–'breiikl] *a*. algebrico. ,**algebraist** [–'breiist] *s*. algebrista *m/f*.

Algeria [æl'dʒiəriə] *N.pr*. ⟨*Geog*⟩ Algeria *f*. **Algerian** [–n] **I** *a*. algerino. **II** *s*. algerino *m* (*f* –a). **Algerine** [ældʒə'riːn] *a./s*. → **Algerian**.

algesimeter [ældʒi'simitə] *s*. ⟨*Med*⟩ algesimetro *m*, algometro *m*. **algesimetry** [–tri] *s*. algesimetria *f*, algometria *f*.

algid ['ældʒid] *a*. ⟨*Med*⟩ algido. **al'gidity** [–iti] *s*. algidità *f*.

Algiers [æl'dʒiəz] *N.pr*. ⟨*Geog*⟩ Algeri *f*.

ALGOL = ⟨*Inform*⟩ *Algorithmic Language* linguaggio algoritmico.

algological [ælgou'lədʒikl] *a*. algologico. **algologist** [–'gɔlədʒist] *s*. algologo *m*. **algology** [–'gɔlədʒi] *s*. algologia *f*.

algometer [æl'gɔmitə] *s*. ⟨*Med*⟩ algometro *m*, algesimetro *m*. **algometry** [–mi:tri] *s*. algometria *f*, algesimetria *f*.

Algonquian [æl'gɔŋkiən] **I** *s*. algonchino *m* (*f* –a). **II** *a*. algonchino.

algor ['ælgɔ] *s*. ⟨*Med*⟩ algore *m*, freddo *m* intenso.

algorism ['ælgərizəm] *s*. ⟨*Mat*⟩ **1** algorismo *m*. **2** (*algorithm*) algoritmo *m*.

algorithm ['ælgəriðm] *s*. ⟨*Mat. Inform*⟩ algoritmo *m*. **algorithmic** [–ik] *a*. algoritmico.

algraphy ['ælgrəfi] *s*. ⟨*Tip*⟩ algrafia *f*.

alias ['eiliəs] **I** *s*. pseudonimo *m*, falso nome *m*. **II** *avv*. alias, altrimenti detto: *Jones*, ~ *Williams* Jones, alias Williams.

alibi ['ælibai] *s*. **1** ⟨*Dir*⟩ alibi *m*. **2** ⟨*fam*⟩ (*excuse*) alibi *m*, scusa *f*. □ ⟨*Dir*⟩ *to plead an* ~ invocare un alibi; *to produce an* ~ presentare un alibi.

Alice ['ælis], **Alicia** [ə'liʃiə] *N.pr*. Alice *f*.

alidad [æ'lidæd], **alidade** [–deid] *s*. ⟨*tecn*⟩ alidada *f*.

alien ['eiliən] **I** *s*. **1** straniero *m* (*f* –a). **2** (*stranger*) forestiero *m* (*f* –a). **3** (*outsider*) emarginato *m* (*f* –a) **4** ⟨*sl*⟩ (*creature from outer space*) extraterrestre m./f. alieno *m.* (*f.* **-a**). **II** *a.* **1** straniero, forestiero. **2** ⟨*fig*⟩ (*opposed*) estraneo, contrario, alieno (*to* a): *pity is* ~ *to his character* la compassione è estranea al suo carattere; (*repugnant*) contrario (a), in contrasto (con), che ripugna (a). □ ⟨*Dir*⟩ *undesiderable* ~ straniero indesiderato. **,alienability** [-ə'biliti] *s.* ⟨*Dir*⟩ alienabilità *f.* **alienable** [-əbl] *a.* alienabile. **alienage** [-idʒ] *s.* condizione *f* (giuridica) di straniero.

alienate ['eiliəneit] *v.t.* **1** alienare, estraniare, allontanare: *to* ~ *a friend* alienarsi un amico. **2** ⟨*Dir*⟩ alienare. **,alienation** [-'neiʃən] *s.* **1** alienazione *f*, allontanamento *m.* **2** ⟨*Med,Dir*⟩ alienazione *f.* **alienator** [-ə] *s.* ⟨*Dir*⟩ alienatore *m* (*f* –trice). **,alienee** [-'ni:] *s.* ⟨*Dir*⟩ alienatario *m.* **alienism** [-nizəm] *s.* **1** nazionalità *f* straniera. **2** ⟨*Psic*⟩ studio *m* dell'alienazione mentale. **alienist** [-nist] *s.* alienista *m/f.*

aliform ['ælifɔːm] *a.* aliforme.

alight[1] [ə'lait] *v.i.* (*pret., p.p.* **-ed** [id]/**alit** [ə'lit]) ⟨*lett*⟩ **1** discendere, scendere (*from* da): *to* ~ *from a bus* scendere dall'autobus; (*from a horse*) smontare (da). **2** (*of a bird*) posarsi. **3** ⟨*fig*⟩ capitare, giungere per caso (*on, upon* in). □ *to* ~ *on land* atterrare; *to* ~ *on water* ammarare.

alight[2] *a.pred.* **1** acceso. **2** ⟨*fig*⟩ illuminato (*with* da), splendente (di): *her face was* ~ *with joy* il suo viso era illuminato dalla gioia.

alighting [ə'laitiŋ] *s.* ⟨*Aer*⟩ (*on land*) atterraggio *m;* (*on sea*) ammaraggio *m.*

align [ə'lain] **I** *v.t.* **1** allineare. **2** ⟨*fig*⟩ (*to adjust*) allineare, adeguare: *to* ~ *salaries* adeguare gli stipendi. **3** ⟨*fig*⟩ (*to ally*) allineare, schierare: *to* ~ *o.s. with a party* schierarsi con un partito. **II** *v.i.* allinearsi, schierarsi (*with* con). **aligner** [-ə] *s.* ⟨*tecn*⟩ allineatore *m*, dispositivo *m* di allineamento. **aligning** [-niŋ] *s.* allineamento *m* (*anche Econ.*). **alignment** [-mənt] *s.* **1** allineamento *m* (*anche Rad.,Tip.*). **2** ⟨*fig*⟩ (*alliance*) schieramento *m.* **3** ⟨*Mil*⟩ allineamento *m*, schieramento *m.* □ ⟨*Econ*⟩ ~ *of currencies* allineamento monetario; *in* ~ *with* in linea con; *out of* ~ fuori allineamento, male allineato.

alike [ə'laik] **I** *avv.* **1** nello stesso modo. **2** (*equally*) in egual misura, egualmente. **II** *a.* simile, somigliante: *these twins are very much* ~ questi gemelli ˈsono molto similiˈ (o si assomigliano molto). □ *all things are* ~ *to her* per lei una cosa vale l'altra; *to think* ~ essere della stessa opinione.

aliment ['ælimənt] **I** *s.* **1** alimento ˈ*m*, cibo *m.* **2** (*sustenance*) sostentamento *m*, nutrimento *m.* **3** ⟨*scozz.Dir*⟩ (*alimony*) alimenti *mpl.* **II** *v.t.* alimentare. **2** ⟨*Dir*⟩ corrispondere gli alimenti a. **,alimentary** [-'mentəri] *a.* **1** alimentare, alimentario. **2** (*providing sustenance*) alimentare. □ ⟨*Anat*⟩ ~ *canal* tubo *m* digerente. **,alimentation** [-men'teiʃən] *s.* **1** alimentazione *f* (*anche Geol.*). **2** (*support*) sostentamento *m.* **alimony** [-ni] *s.* **1** ⟨*Dir*⟩ alimenti *mpl.* **2** (*maintenance*) alimenti *mpl*, mezzi *mpl* di sostentamento.

aline *v.* → **align**. **alinement** *s.* → **alignment**.

aliped ['æliped] **I** *a.* ⟨*poet*⟩ alipede. **II** *s.* alipede *m.*

aliphatic [æli'fætik] *a.* ⟨*Chim*⟩ alifatico: ~ *compounds* composti alifatici.

aliquot ['ælikwɔt] **I** *a.* ⟨*Mat,Chim*⟩ frazionato. **II** *s.* aliquota *f.*

alit [ə'lit] → **alight**[1]

alive [ə'laiv] *a.pred.* **1** vivo, vivente. **2** (*in the world*) al (o del) mondo, sulla terra: *the happiest man* ~ l'uomo più felice del mondo. **3** ⟨*fig*⟩ (*lively*) vivace, attivo, pieno di vita. **4** ⟨*fig*⟩ (*vibrant*) vivido, vibrante (*with* di); (*filled*) pieno, denso (di): *his prose is* ~ *with colourful metaphors* la sua prosa è densa di pittoresche metafore. **5** (*fully susceptible*) sensibile, suscettibile (*to* a): ~ *to pain* sensibile al dolore. **6** ⟨*El*⟩ sotto tensione. □ *to be* **burnt** ~ esser bruciato vivo; *to* **come** ~ animarsi; *more* **dead** *than* ~ più morto che vivo; *it's* **good** *to be* ~ la vita è bella; *to* **keep** *a memory* ~ mantenere vivo un ricordo; *to* **keep** *s.o.* ~ mantenere qd. in vita; ~ *and* **kicking** vivo e vegeto; ⟨*colam*⟩ **look** ~ muoviti, svegliati; *any* **man** ~ chiunque; *no* **man** ~ nessuno al mondo; ⟨*fig*⟩ *to be* ~ **to** essere conscio di; *to be* ~ **with** brulicare di, pullulare di.

alizarin [ə'lizərin], **alizarine** [-riːn] *s.* ⟨*Chim*⟩ alizarina *f.*

alkahest ['ælkəhest] *s.* ⟨*Alchim*⟩ alkaest *m.*

alkalescence [,ælkə'lesəns], **alkalescency** [-i] *s.* ⟨*Chim*⟩ alcalescenza *f.* **alkalescent** [-sənt] *a.* alcalescente.

alkali ['ælkəlai] **I** *s*(*pl.* **-es** / **-s** [z]) ⟨*Chim*⟩ alcali *m.* **II** *a.* ⟨*Chim,Agr*⟩ alcalino. **alkalifiable** [-lifaiəbl] *a.* alcalinizzabile. **alkalify** [-lifai] **I** *v.t.* alcalinizzare. **II** *v.i.* alcalinizzarsi. **,alkalimeter** [-'limitə] *s.* alcalimetro *m.* **,alkalimetry** [-'limətri] *s.* alcalimetria *f.*

alkaline ['ælkəlain] *a.* ⟨*Chim*⟩ alcalino: ~ *reaction* reazione alcalina.

alkaline earth metals *s.pl.* ⟨*Chim*⟩ metalli *mpl* alcalino–terrosi.

alkalinity [,ælkə'liniti] *s.* alcalinità *f.* **'alkalize** [-laiz] *v.t.* alcalinizzare. **'alkaloid** [-lɔid] *s.* alcaloide *m.* **,alkaloidal** [-'lɔidl] *a.* alcaloide.

alkane ['ælkein] *s.* ⟨*Chim*⟩ alcano *m.*

alkanet ['ælkənet] *s.* **1** ⟨*Bot*⟩ alcanna *f* spuria. **2** ⟨*Chim*⟩ alcannina *f.* **3** ⟨*Bot*⟩ (*bugloss*) buglossa *f.*

alkyl ['ælkil] *s.* ⟨*Chim*⟩ alchile *m.* **alkylate** [-eit] **I** *s.* ⟨*Chim*⟩ alchilato *m.* **II** *v.t.* alchilare. **alkylating** [-eitiŋ] *a.* alchilante. **alkylation** [-'leiʃən] *s.* alchilazione *f.* **alkylic** [-ik] *a.* alchilico.

all [ɔːl] **I** *a.* **1** tutto; (*the whole of*) intero. **2** (*the whole number of*) tutti: ~ *men* tutti gli uomini. **3** (*greatest possible*) ogni, massimo: *with* ~ *due respect* con tutto il rispetto. **4** (*every*) ogni, ciascuno: ~ *kinds of books* ogni tipo di libri. **5** (*any*) qualsiasi, ogni, alcuno: *he denied* ~ *complicity* negò qualsiasi complicità. **II** *pron.* **1** tutti: *they* ~ *want to come* vogliono venire tutti; ~ *of us are going* andiamo tutti. **2** (*the whole amount*) tutto: *don't take it* ~ non prenderlo tutto. **3** (*everything*) tutto: ~ *is lost* tutto è perduto. **III** *avv.* **1** tutto, interamente, completamente, totalmente. **2** (*exclusively*) tutto, soltanto, esclusivamente. **3** (*each, apiece*) pari: *the score is thirty* ~ il punteggio è di trenta pari. **IV** *s.* tutto *m:* *to lose one's* ~ perdere tutto. □ **above** ~ soprattutto; **after** ~ dopotutto; ~ **alone**: 1 solo (soletto); 2 (*without help*) (tutto) da solo; ~ **along**: 1 per tutto, lungo tutto: ~ *along the road* lungo tutta la strada; 2 (*all the time*) sempre, *often not translated: I knew it* ~ *along* lo sapevo io; **and** ~ tutto: *he jumped into the lake clothes and* ~ si buttò nel lago tutto (o bell'e) vestito; **at** ~ affatto, punto, per niente: *I didn't enjoy myself at* ~ non mi sono divertito affatto; *tell me if you are at* ~ *worried* dimmi se c'è qualcosa che ti preoccupa; *not at* ~ niente, affatto; *thank you very much* – *not at* ~ molte grazie – ˈdi nullaˈ (o non c'è di che); *nothing at* ~ assolutamente nulla, niente; *to be* ~ *ears* essere tutt'orecchi; ~ *the* **better** tanto meglio; ~ **but** quasi: *the coffee's* ~ *but finished* il caffè è quasi finito; *it was* ~ *I* **could** *do not to laugh* riuscivo a stento a trattenermi dal ridere; ~ **day** per tutta la giornata, tutto il giorno; *to* **do** *one's* ~ fare di tutto; **for** ~ con tutto, malgrado, nonostante: *for* ~ *his wealth he is not happy* con tutta la sua ricchezza non è felice; *for* ~ *I* **care** per quel che m'importa; *for* ~ *I* **know** per quanto ne so; *for* ~ *that* malgrado tutto, ciò nonostante; *to be* ~ **for** *doing s.th.* essere dispostissimo (o d'accordissimo) a fare qc.; *fifty people* **in** ~ cinquanta persone in tutto; ⟨*fam*⟩ *to be* ~ **in** essere sfinito; ~ **in** ~: 1 tutto considerato, tutto sommato; 2 (*altogether*) nel complesso; *she was* ~ **in** ~ *to me* ella era tutto per me; **of** ~ fra tutti; *it cost me* ~ **of** *fifty dollars* mi è costato ben (o non meno di) cinquanta dollari; **once** *and for* ~ una volta per tutte; ⟨*fam*⟩ *to* **go** ~ **out** *for s.th.* fare tutto il possibile per ottenere qc.; ~ **over**: 1 (*everywhere*) dappertutto; 2 (*finished*) tutto terminato (o finito): *it's* ~ *over* è finito tutto; ~ *over again* tutto ˈda capoˈ (o di nuovo); *that's him* ~ *over* questo è tipico di lui; *him, of* ~ **people** proprio lui; ~ **in** *one* **piece** in un sol pezzo, tutto d'un pezzo; *your work is not* ~ *that it* **should** *be* il tuo lavoro non è tutto (o proprio) come dovrebbe essere; **that's** ~ questo è tutto, tutto qui, e basta; *not as* (o *so*) **ill** *as* ~ *that* non malato a tal puntoˈ (o fino a quel punto); *I'm not* ~ *that old* non sono proprio tanto vecchio; ⟨*fam*⟩ *he's not* ~ **there** gli manca qualche venerdì; *to be* ~ **things** *to* ~ *men* essere un opportunista; ⟨fam⟩ it is ~ up with him per lui è finita; that's ~ very well but tutto questo va bene ma; ~ the worse tanto peggio. Prov.: one for ~ and ~ for one uno per tutti, tutti per uno.

all-American I a. **1** interamente americano, tipicamente americano. **2** ⟨Sport⟩ rappresentativo degli Stati Uniti. **II** s. squadra f formata con i migliori giocatori americani.

all|ab'sorbing a. appassionante, entusiasmante. ~ -around a. → all-round.

allative ['ælətiv] a. ⟨Ling⟩ allativo.

allay [ə'lei] v.t. **1** placare, calmare, acquietare, sedare: to ~ one's fears calmare le proprie paure. **2** (to abate) alleviare, lenire, attenuare, mitigare: to ~ the fever attenuare la febbre.

'all|-'clear s. cessato allarme m: to sound the ~ dare (o sonare) il cessato allarme. **'~'day** a. che dura tutto il giorno.

allegation [æli'geiʃən] s. **1** asserzione f, affermazione f; (unsupported) asserzione f infondata. **2** ⟨Dir⟩ allegazione f, testimonianza f.

allege [ə'ledʒ] v.t. **1** affermare, asserire, dichiarare; (without proof) sostenere, asserire. **2** (to bring forward as a reason) sostenere, addurre. **3** ⟨ant,Dir⟩ (to state under oath) dichiarare solennemente. **'alleged** [-d] a. **1** presunto, addotto: the ~ murderer il presunto assassino. **2** (supposed, so-called) cosiddetto. **allegedly** [-idli] avv. presumibilmente, secondo quanto si dice.

allegiance [ə'li:dʒəns] s. **1** (to a sovereign or state) fedeltà f, obbedienza f: to take an oath of ~ fare giuramento di fedeltà. **2** (to a person, an ideal, etc.) fedeltà f; (to a cause) lealtà f, devozione f.

allegoric [æli'gɔrik], **allegorical** [-l] a. allegorico.

allegorist ['æligərist] s. allegorista m/f. **allegorize** [-raiz] **I** v.t. allegorizzare; (to interpret allegorically) interpretare allegoricamente. **II** v.i. allegorizzare, esprimersi per allegorie; (to explain allegorically) spiegare con allegorie. **allegory** [-ri] s. allegoria f.

allegretto it. [æli'gretou] **I** a./avv. ⟨Mus⟩ allegretto. **II** s. (pl. -s [z]) allegretto m.

allegro it. [ə'leigrou] **I** a./avv. ⟨Mus⟩ allegro. **II** s. (pl. -s [z]) allegro m.

allele [æ'li:l] s. ⟨Biol⟩ allele m. **allelomorph** [-oumɔf] **allelomorphic** [-ik] a. allelomorfo. **allelomorphism** [-oumɔfism] s. allelomorfismo m.

alleluia [æli'lu:jə] s. alleluia m.

'all-em'bracing a. che comprende (o abbraccia) tutto, completo.

Allen key s. ⟨Mecc⟩ chiave f a barra esagonale.

allergen ['ælədʒən] s. ⟨Med⟩ allergene m.

allergic [ə'lə:dʒik] a. allergico (anche fam.). **allergist** ['ælədʒist] s. allergologo m. (f. -a) **allergy** ['ælədʒi] s. **1** ⟨Med⟩ allergia f. **2** ⟨fam⟩ (dislike) allergia f, antipatia f.

alleviate [ə'li:vieit] v.t. **1** alleviare, lenire, attenuare, mitigare: to ~ pain alleviare il dolore. **2** ⟨fig⟩ (to moderate) attenuare, alleviare. **al,leviation** [-vi'eiʃən] s. **1** alleviamento m, attenuazione f. **2** (something which alleviates) lenimento m, lenitivo m. **alleviative** [-iv] a. lenitivo. **alleviator** [-ə] s. alleviatore m (f -trice).

alley ['æli] s. **1** vicolo m. **2** → alleyway. **3** (path, garden walk) vialetto m. **4** ⟨Sport⟩ (in bowling) pista f; ⟨am⟩ (in tennis) corridoio m. □ ~ cat gatto m randagio; ⟨fam⟩ right up one's ~ congeniale, adatto; it's right up his ~ è proprio ciò che piace a lui. **alleyway** [-wei] s. passaggio m.

all-fired ⟨sl⟩ **I** avv. maledettamente. **II** a. infernale, dannato.

All Fools' Day ['ɔ:l'fu:lzdei] s. il primo aprile.

all hail intz. ⟨ant⟩ salve.

Allhallowmas [ɔ:l'hæloumæs] ⟨ant⟩, **Allhallows** [-louz] s. → All Saints' Day. **Allhallowtide** [-loutaid] s. tempo m di Ognissanti.

alliaceous [æli'eiʃəs] a. ⟨Bot⟩ agliaceo.

alliance [ə'laiəns] s. **1** alleanza f, alleanza f. **2** ⟨Pol⟩ alleanza f, patto m: defensive ~ alleanza difensiva. **3** (between families) matrimonio m, l'imparentarsi. **4** ⟨fig⟩ (affinity) parentela f, affinità f. □ to 'enter into' (o form) an ~ with allearsi con, stringere (o, formare) un'alleanza

con; in ~ with insieme con, unitamente a; ~ for progress Alleanza f per il progresso.

allied ['ælaid] a. **1** alleato. **2** ⟨fig⟩ (related) affine, apparentato: ~ species specie affini.

allied| health professions s.pl. professioni fpl paramediche. **~powers** s.pl. ⟨Mil⟩ potenze fpl alleate.

Allies ['ælaiz] s.pl. ⟨Stor⟩ alleati mpl.

alligator ['æligeitə] s. **1** ⟨Zool⟩ alligatore m. **2** ⟨Conc⟩ coccodrillo m.

alligator pear s. ⟨Bot⟩ avocado m.

'all-im'portant a. importantissimo, della massima importanza.

'all-'in a. **1** tutto compreso, complessivo, globale: ~ price prezzo complessivo. **2** ⟨Sport⟩ (of wrestling) senza esclusione di colpi.

'all-in'clusive a. tutto compreso, (comprehensive) comprensivo.

alliterate [ə'litəreit] v.i. formare (o usare) allitterazioni. **alliteration** [-'reiʃən] s. allitterazione f. **alliterative** [-rətiv] a. allitterativo.

'all|-'mains a. (of a radio receiver) a voltaggio universale. **'~-'night** a. **1** aperto tutta la notte, con servizio notturno. **2** (lasting all night) che dura tutta la notte. **~-'nighter** s. nottata f passata in piedi (per lavorare, ecc.).

allocable ['æləkəbl] a. assegnabile, stanziabile. **allocate** [-keit] v.t. distribuire, assegnare; (of funds) stanziare. **,allocation** [-'keiʃən] s. **1** distribuzione f, assegnazione f. **2** (share) stanziamento m. **3** ⟨Comm⟩ allogazione f, collocamento m; (of profits) ripartizione f. □ ~ to the highest bidder assegnazione f al maggior offerente.

allochthonous [æ'lɔktənəs] a. ⟨Geol⟩alloctono.

allocution [,ælo(u)'kju:ʃən] s. allocuzione f (anche Rel.catt.).

allodial [ə'loudiəl] a. ⟨Dir⟩ allodiale. **allodium** [-diəm] s. (pl. -di.a [diə]) allodio m.

allogamy [ə'lɔgəmi] s. ⟨Bot⟩ allogamia f.

allograft ['ælougrɑ:ft] s. ⟨Chir⟩ allotrapianto m.

allograph ['ælougræf] s. ⟨Dir,Ling⟩ allografo m.

allomorph ['æləmɔ:f] s. ⟨Ling⟩ allomorfo m. **,allo'morphic** [-ik] a. allomorfico. **,allo'morphism** [-izəm] s. allomorfismo m.

allonge [ə'lɔndʒ] s. ⟨Econ⟩ allungo m, foglio m di allungamento.

allopath ['æləpæθ] s. medico m allopatico. **allopathist** [ə'lɔpəθist] s. → allopath. **allopathy** [ə'lɔpəθi] s. allopatia f.

allosteric [,ælou'stiərik] a. ⟨Biol⟩ allosterico.

allot [ə'lɔt] v.t. (pret., p.p. allotted [-id]) **1** distribuire, ripartire. **2** (to assign) assegnare, destinare, riservare: to ~ a task to s.o. assegnare un compito a qd. **allotment** [-mənt] s. **1** distribuzione f, ripartizione f. **2** (portion) parte f, porzione f. **3** (plot of land) lotto m, piccolo appezzamento m. **4** ⟨Econ⟩ ripartizione f di un reddito. **5** ⟨am.Mil⟩ assegno m.

allotropic [,ælə'trɔpik], **,allotropical** [-əl] a. ⟨Chim⟩ allotropico. **allotropism** [ə'lɔtrəpizəm], **allotropy** [ə'lɔtrəpi] s. allotropia f.

allottee [ə,lɔ'ti:] s. assegnatario m (f -a).

'all-'out a. totale, integrale, completo: an ~ effort uno sforzo totale.

all over ['ɔ:louvə] a. con disegno ripetuto su tutta la superficie.

allow [ə'lau] **I** v.t. **1** permettere, consentire, ammettere. **2** (to give) dare, assegnare, concedere, ⟨fam⟩ passare: he -s his wife fifty pounds a month dà alla moglie cinquanta sterline al mese. **3** (to admit) ammettere, accettare, accogliere: to ~ a claim accettare un reclamo; (to acknowledge) riconoscere, ammettere: you must ~ that I am right dovete riconoscere che ho ragione. **4** (to allot) destinare, calcolare, assegnare: he -ed three hours for the journey calcolò tre ore per il viaggio. **5** ⟨am.dial⟩ (to say) dire; (to think) pensare, supporre. **II** v.i. **1** ammettere, tollerare, accettare (of s.th. qc.): I will ~ no excuse non ammetterò scuse. **2** (to take into consideration) tener conto (for di), calcolare, considerare (qc.): -ing for delays calcolando i ritardi. □ to ~ s.o. a discount concedere (o accordare) uno sconto a qd.; dogs are not -ed here è vietato introdurre cani; ~ *me* se permette, mi permetta; *no smoking* –*ed* è vietato fumare; *to* ~ *s.o. out after dark* permettere a qd. di uscire di sera. **allowable** [–əbl] *a*. **1** consentito, lecito. **2** (*admissible*) accettabile, ammissibile.

allowable expenses *s.pl.* oneri *mpl* deducibili.

allowance [ə'lauəns] **I** *s*. **1** permesso *m*, autorizzazione *f*. **2** (*share*) razione *f*, assegnazione *f*. **3** (*sum of money*) assegno *m*, indennità *f*, gratifica *f*: *her weekly* ~ *is five pounds* il suo assegno settimanale è di cinque sterline. **4** (*acknowledgement*) riconoscimento *m*, accoglimento *m*, accettazione *f*. **5** (*tolerance*) tolleranza *f*. **6** ⟨*Comm*⟩ abbuono *m*, riduzione *f*. **7** ⟨*Mecc*⟩ tolleranza *f*. **II** *v.t.* **1** mettere a razione. **2** (*to allocate in a fixed quantity*) razionare. □ ⟨*Comm*⟩ ~ *for bad* **debts** fondo *m* svalutazione crediti; **due** ~ *being made that* tenuto il debito conto di; ⟨*Comm*⟩ ~ *in* **kind** prestazioni *fpl* in natura; *to* **make** ~ (o –*s*) *for* tener conto di: –*s must be made for his inexperience* bisogna tener conto della sua inesperienza; ⟨*fam*⟩ *to* **put** *s.o. on* (*short*) ~ razionare i viveri a qd.; *to* **stop** *s.o.'s* ~ tagliare i viveri a qd.

allowedly [ə'lauidli] *avv.* per ammissione generale, notoriamente.

alloy ['ælɔi] **I** *s*. **1** ⟨*Met*⟩ lega *f*, (*inferior metal mixed with more valuable one*) bassa lega *f*. **2** ⟨*Met*⟩ (*fineness*) titolo *m*. **3** ⟨*fig*⟩ (*impairing element*) elemento *m* negativo, punto *m* nero. **4** (*fig*) (*admixture*) miscuglio *m*, amalgama *m*. **II** *v.t.* **1** unire in lega, legare; (*to lessen the purity of*) alterare, svilire. **2** ⟨*fig*⟩ (*to debase*) svilire, guastare.

'all|-per'vasive *a*. che penetra ovunque, diffuso ovunque.

'~ -'powerful *a*. onnipotente. **'~-'purpose** *a*. per tutti gli usi, universale. **~-purpose computer** *s*. ⟨*Inform*⟩ calcolatore *m* universale.

all right I *avv*. **1** bene, discretamente, in modo soddisfacente: *he's getting on* ~ sta procedendo bene. **2** (*yes*) va bene, bene: ~ *I'll come* va bene, verrò. **3** (*certainly*) va bene, d'accordo (che), certo: *he's alive* ~ certo che è vivo; *you were ill,* ~, *but* va bene che eri malato, ma. **II** *a.pred.* **1** giusto, corretto. **2** (*in good health*) bene: *I'm feeling* ~ *now* ora sto bene. **3** (*adequate*) soddisfacente, discreto, passabile. **4** ⟨*am.fam*⟩ (*good, dependable;* usato attr.) buono, bravo, onesto: *an* ~ *guy* un bravo tipo. □ ⟨*fam*⟩ (*of a woman*) *a bit of* ~ niente male; *it's* ~ *with me* per me va bene.

'all|-'round *a*. **1** versatile, completo: *an* ~ *athlete* un atleta versatile. **2** (*comprehensive*) ampio, generale, eclettico. **'~-'rounder** *s*. persona *f* versatile, eclettico *m*.

All Saints' Day *s*. Ognissanti *m*, giorno *m* dei santi.

All Souls' Day *s*. giorno *m* dei morti.

allspice ['ɔ:lspais] *s*. **1** ⟨*Bot*⟩ (*allspice tree*) pimento *m*. **2** (*spice*) pepe *m* della Giamaica, pimento *m*.

all|-star *a*. **1** ⟨*Cin,Teat*⟩ (composto) di celebrità: *an* ~ *cast* un complesso di celebrità. **2** ⟨*am.Sport*⟩ (composto) di campioni, di serie A. **'~-terrain vehicle** *s*. ⟨*Aut*⟩ veicolo *m* fuoristrada, fuoristrada *m*. **~-time** *a*. assoluto: ~ *record* primato assoluto. □ ⟨*am*⟩ *an* ~ *high* massimo assoluto; *an* ~ *low* punta minima assoluta.

allude [ə'lu:d] *v.i.* alludere, fare allusione (*to* a).

all-up weight *s*. peso *m* totale (o globale).

allure [ə'ljuə] **I** *v.t.* attrarre, attirare, affascinare, allettare. **II** *s*. fascino *m: the* ~ *of the stage* il fascino del teatro. **allurement** [–mənt] *s*. **1** fascino *m*, attrattiva *f*, incanto *m*. **2** (*act*) allettamento *m*, seduzione *f*. **alluring** [–riŋ] *a*. **1** allettante: *an* ~ *prospect* una prospettiva allettante. **2** (*fascinating*) affascinante, seducente.

allusion [ə'lu:ʒən] *s*. allusione *f*, accenno *m*. **allusive** [–'lu:siv] *a*. allusivo. **allusiveness** [–'lu:sivnis] *s*. carattere *m* (o senso) allusivo.

alluvial [ə'lu:viəl] **I** *a*. ⟨*Geol*⟩ alluvionale, alluviale. **II** *s*. **1** terreno *m* alluvionale. **2** ⟨*austral*⟩ terreno *m* aurifero alluvionale.

alluvial| cone, ~ fan *s*. ⟨*Geol*⟩ conoide *m* di deiezione. **~ region** *s*. regione *f* alluvionale.

alluvion [ə'lu:viən] *s*. **1** → **alluvium**. **2** (*wash, flow*) risacca *f*. **3** (*flood*) alluvione *f*, inondazione *f*. **4** ⟨*Dir*⟩ alluvione *f*. **alluvium** [–viəm] *s*. (*pl.* -s [z]/**-via** [viə]) materiale *m* alluvionale.

all-weather *a*. **1** per qualsiasi tempo (o stagione). **2** ⟨*Aer*⟩ per qualsiasi tempo, ognitempo: ~ *landing* atterraggio ognitempo.

ally[1] [ə'lai] **I** *v.t.* **1** alleare, unire, associare. **2** (*to relate*) imparentare. **II** *v.i.* allearsi (*with* a, con), far lega (con).

ally[2] ['ælai] *s*. **1** alleato *m* (*f* –a). **2** (*helper*) sostenitore *m* (*f* –trice), alleato *m* (*f* –a). **3** ⟨*Bot,Zool*⟩ affine *m/f*, simile *m/f*.

'all-'year *a*. **1** tutto l'anno, in tutte le stagioni: *an* ~ *sport* uno sport praticabile tutto l'anno. **2** (*found in all seasons*) che si trova in tutte le stagioni.

alma(h) ['ælmə] *s*. almea *f*.

almagest ['ælmədʒest] *s*. ⟨*Stor*⟩ almagesto *m*.

Alma Mater *lat.* ['ælmə'meitə] *s*. alma mater *f*, università *f*.

almanac ['ɔ:lmənæk] *s*. **1** almanacco *m*. **2** (*yearly*) annuario *m*.

almandine ['ælməndi:n], **almandite** [–dait] *s*. ⟨*Min*⟩ almandino *m*.

almightiness [ɔ:l'maitinis] *s*. onnipotenza *f*. **almighty** [–ti] **I** *a*. **1** onnipotente. **2** ⟨*am.fam*⟩ (*great*) colossale: *what* ~ *nonsense* che colossale stupidaggine. **II** *avv*. ⟨*am.fam*⟩ (*very*) molto. **Almighty** *N.pr.* Onnipotente *m*.

almond ['ɑ:mənd] *s*. **1** ⟨*Bot*⟩ mandorlo *m*. **2** (*nut*) mandorla *f*. **3** (*colour*) color *m* mandorla. □ *bitter* ~ mandorla amara; *burnt* –*s* mandorle tostate.

almond|-eyed *a*. ⌈con gli⌉ (o dagli) occhi a mandorla. **~ milk** *s*. latte *m* di mandorle. **~ oil** *s*. olio *m* di mandorle. **~ paste** *s*. pasta *f* di mandorle. **~ willow** *s*. ⟨*Bot*⟩ salice *m* da vimini.

almoner ['ɑ:mənə] *s*. **1** ⟨*Stor*⟩ elemosiniere *m*. **2** (*in a hospital*) assistente *m* sociale di ospedale. **almonry** [–nri] *s*. elemosineria *f*.

almost ['ɔ:lmoust] *avv*. quasi: *we're* ~ *there* ci siamo quasi.

alms [ɑ:mz] *s*. (costr. sing. o pl.) elemosina *f*, carità *f*.

alms|giver *s*. chi fa elemosine (o la carità), elemosiniere *m* (*f* –a). **~ house** *s*. ospizio *m*, ricovero *m*. **~man** [mən] *s.irr.* (*f*. **-woman**) uomo *m* (*f* donna) che vive in un ospizio.

aloe ['ælou] *s*. **1** ⟨*Bot*⟩ aloe *f*. **2** *pl.* (costr.sing.) ⟨*Farm*⟩ aloe *m*. **3** *pl.* (costr. sing.) (*aloeswood*) legno *m* di aloe. **aloetic** [ælo'etik] *a*. aloetico.

aloft [ə'lɔft] *avv*. **1** (*high up*) in alto, lassù; (*up into the air*) in aria; (*in flight*) in volo. **2** ⟨*Mar*⟩ sull'alberatura, in coffa.

alone [ə'loun] **I** *a.pred.* **1** solo, solitario. **2** (*exclusive of all others*) solo: *he* ~ *can do it* solo lui lo può fare. **3** (*unique*) unico, solo, impareggiabile. **II** *avv*. **1** da solo: *to live* ~ vivere da solo. **2** (*merely, exclusively*) solamente, soltanto. □ *to do it* ~ fare da solo; *to be* ~ *in* [*ger*] essere il solo a [*inf*]: *I am not* ~ *in believing he is wrong* non sono il solo a credere che abbia torto; *to* **leave** (o *let*) *s.o.* ~ lasciare qd. in pace; **let** ~ per non parlare di, e tanto meno: *I haven't enough money for a bicycle, let* ~ *a car* non ho abbastanza soldi per una bicicletta, e tanto meno per una macchina; *to* **stand** ~ essere unico (o senza pari), non avere eguali; *let* **well** ~ accontentati, non pretendere troppo. *Prov.: better be* ~ *than in bad company* meglio soli che male accompagnati.

along [ə'lɔŋ] **I** *prep*. **1** lungo: ~ *the river* lungo il fiume. **2** (*in the course of*) durante, lungo: *we'll stop* ~ *the way* ci fermeremo lungo la strada. **II** *avv*. **1** avanti, innanzi: *move* ~ *please* andate avanti, prego. **2** (*with one*) con sé: *he took his dog* ~ prese il cane con sé. **3** (*from one to another*) accanto, da uno all'altro. □ ⟨*am.fam*⟩ ~ *about five o'clock* verso le cinque; **all** ~ sin dall'inizio; *I'll* **be** ~ *in five minutes* fra cinque minuti sarò là; **come** ~! vieni (via)!, muoviti!; ~ *the* **lines** nel modo, secondo i criteri (o le direttive); ⟨*dial*⟩ ~ **of:** *it's* ⌈*a causa*⌉ (o per via) di; **2** (*with*) con; **pass** *the word* ~ passa parola; ⟨*am*⟩ **right** ~ = **all** *along;* **well** ~ avanti, a buon punto; *the autumn was well* ~ era autunno inoltrato; ~ **with** con, insieme a (o con).

alongshore [ə'lɔŋʃɔ:] *a./avv.* lungo la costa.

alongside [ə'lɔŋsaid] **I** *avv*. **1** accanto, accosto, di fianco, fianco a fianco. **2** ⟨*Mar*⟩ sottobordo. **II** *prep*. accanto a, a fianco di, lungo. □ ⟨*rar*⟩ *to* **go** (o **come**) ~ accostare; (*of* *ships*) approdare, attraccare.

aloof [ə'lu:f] **I** *avv.* a distanza, lontano, alla larga: *to* ⌐*hold o.s.*⌐ (o *stand, keep*) ~ *from* tenersi lontano da. **II** *a.pred.* (*of persons*) distante, distaccato, riservato. **aloofness** [-nis] *s.* distacco *m*, indifferenza *f*, riserbo *m*.

alopecia [ælə'pi:ʃiə] *s.* ⟨*Med*⟩ alopecia *f.*

aloud [ə'laud] *avv.* a voce alta, forte: *to talk* ~ parlare a voce alta.

alow [ə'lou] *avv.* ⟨*Mar*⟩ sotto coperta. □ ~ *and aloft* dappertutto.

alp [ælp] *s.* **1** alpe *f*, montagna *f.* **2** (*mountain pasture*) alpeggio *m.*

ALP, A.L.P. = **1** *American Labor Party* partito laburista americano. **2** *Australian Labour Party* partito laburista australiano.

alpaca [æl'pækə] *s.* ⟨*Zool,Tess*⟩ alpaca *m.*

alpenglow ['ælpənglon] *s.* ⟨*Meteor*⟩ scintillio *m* delle Alpi.

alpen|horn ['ælpən] *s.* alpenhorn *m.* **~stock** *s.* alpenstock *m.*

alpestrine [æl'pestrin] *a.* ⟨*Bot*⟩ subalpino.

alpha ['ælfə] **I** *s.* **1** alfa *f/m* (*anche Fis.*). **2** ⟨*scol,Univ*⟩ votazione *f* ottima. **II** *a.* ⟨*Chim,Atom,Med*⟩ alfa. **Alpha** *s.* ⟨*Astr*⟩ alfa *f.*

alphabet ['ælfəbet] *s.* **1** alfabeto *m.* **2** (*fig*) alfabeto *m*, abbiccì *m*, rudimenti *mpl.* □ ⟨*Tel*⟩ ~ *code* alfabeto telefonico.

alphabetic [ælfə'betik], **alphabetical** [-l] *a.* alfabetico: *in* ~ *order* in ordine alfabetico. **alphabetically** [-li] *avv.* alfabeticamente. **alphabetization** [-tai'zeiʃən] *s.* il mettere in ordine alfabetico. **'alphabetize** [-taiz] *v.t.* alfabetizzare.

alphanumeric(al) [ˌælfənju'merik(əl)[*a.* ⟨*Inform*⟩ aifanumerico: ~ *code* codice alfanumerico. **alphanumerics** [-riks] *s.pl.* (costr. sing.) caratteri *mpl* alfanumerici.

alpha| particle *s.* ⟨*Fis*⟩ particella *f* alfa. **~ plus** ⟨*Scol*⟩ (*of marks*) ottimo. **~ ray** *s.* ⟨*Atom*⟩ raggio *m* alfa. **~ test** *s.* ⟨*Psic*⟩ test *m* alfa.

alphosis [æl'fousis] *s.* ⟨*Med*⟩ acromia *f*, leucoderma *m* congenito.

alpine ['ælpain] **I** *a.* **1** alpino. **2** ⟨*Bot*⟩ alpino, alpestre. **II** *s.* ⟨*Bot*⟩ pianta *f* alpina.

alpine| climbing *s.* ⟨*Sport*⟩ alpinismo *m.* **~ garden** *s.* giardino *m* rupestre. **~ guide** *s.* guida *f* alpina.

alpinism, Alpinism ['ælpinizəm] *s.* alpinismo *m.* **alpinist, Alpinist** [-nist] *s.* alpinista *m/f.* **Alps** [ælps] *N.pr.pl.* ⟨*Geog*⟩ Alpi *fpl.*

already [ɔ:l'redi] *avv.* già, di già; (*by this time*) già, ormai.

alright *avv./a.* → **all right.**

Alsace ['ælsæs] *N.pr.* ⟨*Geog*⟩ Alsazia *f.*

Alsatian [æl'seiʃən] **I** *a.* ⟨*Geog*⟩ alsaziano. **II** *s.* **1** alsaziano *m* (*f* –a). **2** ⟨*Zool*⟩ (*Alsatian dog*) cane *m* pastore tedesco, lupo *m* d'Alsazia.

also ['ɔ:lsou] **I** *avv.* **1** anche, pure, inoltre. **2** (*likewise*) anche, pure: *if you go, I'll come* ~ se tu ci vai vengo anch'io. **II** *congz.* (*and*) e (anche): *it's difficult,* ~ *dangerous* è difficile e pericoloso.

also-ran *s.* **1** ⟨*Sport*⟩ concorrente *m/f* non classificatosi; (*of horses*) cavallo *m* non piazzato. **2** (*unsuccessful person*) fallito *m* (*f* –a). **3** (*pol*) candidato *m* trombato.

alt [ælt] *a.* ⟨*Mus*⟩ alto. □ *in* ~ nell'ottava alta.

alt. = **1** *alternate* alternato. **2** *altitude* altitudine (*abbr.* alt.).

altar ['ɔ:ltə] *s.* altare *m.* □ *high* ~ altare maggiore; ⟨*fam*⟩ *to lead s.o. to the* ~ condurre qd. all'altare, sposare qd.

altar| boy *s.* chierichetto *m.* **~ bread** *s.* pane *m* eucaristico. **~ cloth** *s.* tovaglia *f* d'altare. **~ piece** *s.* pala *f* d'altare, ancona *f.* **~ rail** *s.* balaustrata *f.* **~ screen** *s.* dossale *m.* **~ stone** *s.* pietra *f* d'altare.

...ter ['ɔ:ltə] **I** *v.t.* **1** modificare, alterare, variare: *to* ~ *a ...ress* modificare un vestito; *the ship –ed course* la nave ...odificò la rotta. **2** (*to castrate*) castrare. **II** *v.i.* ...mbiare, cambiarsi: *you have –ed* sei cambiato; (*to come modified*) modificarsi, alterarsi. **,alterability** rə'biliti] *s.* alterabilità *f.* **alterable** [-rəbl] *a.* alterabile.

alteration [ˌɔ:ltə'reiʃən] *s.* alterazione *f*, variazione *f*, modifica *f:* –*s to the timetable* variazioni nell'orario. □ *subject to* ~ salvo modifiche. **'alterative** [-rətiv] **I** *a.* alterativo, alterante. **II** *s.* ⟨*rar,Med*⟩ alterativo *m.*

altercate ['ɔ:ltə:keit] *v.i.* altercare, litigare. **,altercation** [-'keiʃən] *s.* alterco *m*, lite *f.*

alter ego *lat.* ['æltə'i:gou] *s.* **1** alter ego *m.* **2** (*inseparable friend*) anima *f* gemella.

alterity [ɔ:l'teriti] *s.* ⟨*Filos*⟩ alterità *f.*

alternant [ɔ:l'tə:nənt] **I** *a.* alternante. **II** *s.* **1** ⟨*Mat*⟩ funzione *f* alternante. **2** ⟨*Ling*⟩ forma *f* alternante, variante *f.*

alternate[1] [ɔ:l'tə:nit] **I** *a.* **1** alternato, alterno: *on* ~ *days* a giorni alterni, ⟨*fam*⟩ un giorno sì e uno no; (*reciprocal*) reciproco, scambievole. **2** ⟨*Bot*⟩ alterno. **II** *s.* **1** sostituto *m* (*f* –a). **2** ⟨*Aer*⟩ aeroporto *m* alternativo. □ ⟨*Geom*⟩ ~ *angles* angoli *mpl* alterni.

alternate[2] [ɔ:l'tə:neit] **I** *v.i.* alternarsi, avvicendarsi: *rain –d with sunshine* la pioggia si alternava al sole. **II** *v.t.* alternare, avvicendare: *to* ~ *work and pleasure* alternare il lavoro con il divertimento.

alternate airfield *s.* aeroporto *m* alternativo.

alternately [ɔ:l'tə:nətli] *avv.* alternativamente, vicendevolmente.

alternating current ['ɔ:ltəneitiŋ] *s.* ⟨*El*⟩ corrente *f* alternata.

alternation [ˌɔ:ltə'neiʃən] *s.* **1** alternazione *f*, avvicendamento *m.* **2** (*succession, rotation*) l'alternarsi, avvicendamento *m*, rotazione *f.* □ ⟨*Biol*⟩ ~ *of generations* alternanza *f* di generazioni.

alternative [ɔ:l'tə:nətiv] **I** *s.* alternativa *f*, scelta *f:* *we have no* ~ *but to accept* non abbiamo altra alternativa che accettare. **II** *a.* **1** che offre alternativa, di riserva: ~ *plan* piano di riserva. **2** ⟨*Pol,Sociol*⟩ alternativo: ~ *model* modello alternativo; ~ *society* società alternativa. **alternatively** [-li] *avv.* **1** alternativamente. **2** (*otherwise*) oppure, altrimenti.

alternative| newspaper *s.* giornale *m* alternativo. **~ school** *s.* scuola *f* alternativa (o non tradizionale).

alternator ['ɔ:ltəneitə] *s.* ⟨*El*⟩ alternatore *m.*

alth(a)ea [æl'θi:ə] *s.* ⟨*Bot*⟩ altea *f* da siepe.

Althea ['ælθiə] *N.pr.* Altea *f.*

altho *am.,* **although** [ɔ:l'ðou] *congz.* benché, sebbene, quantunque.

altimeter ['æltimi:tə] *s.* ⟨*Aer*⟩ altimetro *m.* **altimetric** [-'metrik] *a.* ⟨*Aer*⟩ altimetrico.

altitude ['æltitju:d] *s.* **1** altitudine *f*, quota *f*, altezza *f.* **2** ⟨*Aer*⟩ quota *f.* **3** (*height*) altezza *f.* **4** (*fig*) posizione *f* eccelsa (o eminente), rango *m* elevato. □ *to gain* ~ prendere quota; *to lose* ~ perdere quota.

altitude recorder *s.* registratore *m* di quota, altimetro *m* registratore.

alto *it.* ['æltou] **I** *s.* (*pl.* -*s* [z]) ⟨*Mus*⟩ **1** contralto *m.* **2** (*counter tenor*) falsetto *m.* **3** (*musical part*) spartito *m* per contralto. **4** (*alto horn*) flicorno *m.* **II** *a.* **1** alto. **2** (*of instrument*) contralto. □ ~ *clef* chiave *f* di contralto.

altocumulus [ˌæltou'kju:mjuləs] *s.* (*pl.* -*li* [lai]) ⟨*Meteor*⟩ altocumulo *m.*

altogether [ˌɔ:ltə'geðə] *avv.* **1** completamente, del tutto, interamente. **2** (*on the whole*) tutto sommato. **3** (*in all*) in tutto, complessivamente: ~ *there were ten students* c'erano dieci studenti in tutto. □ ⟨*fam*⟩ *in the* ~ nudo come un verme (o mamma l'ha fatto); *taking things* ~ tutto sommato.

'alto|-re'lievo *s.* altorilievo *m.* **~ sax(ophone)** *s.* sassofono *m* contralto. **~stratus** *s.* (*pl.* -ti) ⟨*Meteor*⟩ altostrato *m.*

altruism ['æltruizəm] *s.* altruismo *m.* **altruist** [-ist] *s.* altruista *m/f.* **altruistic** [-'istik] *a.* altruistico.

ALU = ⟨*Inform*⟩ *Arithmetic Logic Unit* unità aritmetico–logica.

alum ['æləm] *s.* **1** ⟨*Conc,Farm*⟩ allume *m.* **2** ⟨*Chim*⟩ (*potash alum*) allume *m* (di rocca); (*ammonium alum*) allume *m* (ammoniacale).

alumina [ə'lju:minə] *s.* ⟨*Chim*⟩ allumina *f.*

aluminium [ælju'minjəm] *s.* alluminio *m.*

aluminium| brass *s.* ottone *m* all'alluminio. **~ bronze** *s.*

bronzo *m* d'alluminio, cupralluminio *m*. ~ **clad** *a*. rivestito di alluminio, alluminiato. ~ **foil** *s*. lamina *f* di alluminio. ~ **paste** *s*. pasta *f* di alluminio.

aluminize [ə'lju:minaiz] *v.t.* alluminiare. **aluminizing** [–iŋ] *s*. allumin(i)atura *f*.

aluminography [ˌæljumi'nɔgrəfi] *s*. algrafia *f*.

aluminous [ə'lju:minəs] *a*. alluminoso.

aluminum *am*. [ə'lu:minəm] *s*. → **aluminium**.

alumna [ə'lʌmnə] *s*. (*pl*. **-nae** [ni:]) ex alunna *f*. **alumnus** [–s] *s*. (*pl*. **-ni** [nai]) ex alunno *m*.

alveolar ['ælviələ] **I** *a*. ⟨*Anat,Biol,Fon*⟩ alveolare. **II** *s*. ⟨*Fon*⟩ alveolare *f*. **alveolate** [–leit], **alveolated** [–id] *a*. alveolato. ,**alveolation** [–'leiʃən] *s*. alveolatura *f*. **alveolus** [–s] *s*. (*pl*. **-li** [lai]) ⟨*Anat*⟩ alveolo *m;* (*socket for a tooth*) alveolo *m* dentario.

always ['ɔ:lweiz] *avv*. sempre: *I am* ~ *late* sono sempre in ritardo.

alyssum [ə'lisəm] *s*. ⟨*Bot*⟩ alisso *m*, filograna *f*.

am [æm] → **be**.

a.m. = *ante meridiem* antimeridiano (*abbr*. a.m.).

Am. = **1** *America* America. **2** *American* americano.

AM = *amplitude modulation* modulazione di ampiezza (*abbr*. A.M.).

amah ['ɑ:mə] *s*. **1** (*wet nurse*) balia *f*. **2** (*maid*) domestica *f*.

amain [ə'mein] *avv*. ⟨*rar*⟩ **1** a tutta velocità; (*at once*) precipitosamente. **2** (*at full force*) con tutta la forza; (*violently*) violentemente. **3** (*greatly*) grandemente, estremamente.

Amalekite [ə'mæləkait] *s*. ⟨*Bibl*⟩ amalecita *m*.

Amalfitan [ə'mælfitən] **I** *a*. ⟨*Geog*⟩ amalfitano. **II** *s.m.* amalfitano *m* (*f* –a).

amalgam [ə'mælgəm] *s*. ⟨*Met,fig*⟩ amalgama *m*. **amalgamate** [–eit] **I** *v.t.* **1** ⟨*Met*⟩ amalgamare. **2** ⟨*fig*⟩ amalgamare, fondere, unire. **II** *v.i.* amalgamarsi, fondersi, unirsi. **III** *a*. amalgamato. **a,malga'mation** [–eiʃən] *s*. **1** ⟨*Met*⟩ (*act*) amalgamazione *f;* (*result*) amalgama *m*. **2** ⟨*fig*⟩ unione *f*, fusione *f*. **3** ⟨*Comm*⟩ fusione *f*, concentrazione *f*. **4** ⟨*Biol*⟩ mescolanza *f*. **amalgamative** [–ətiv] *a*. che tende ad amalgamarsi, amalgamativo. **amalgamator** [–eitə] *s*. **1** chi amalgama. **2** (*machine*) macchina *f* per amalgamare.

amanita [æmə'nait] *s*. ⟨*Bot*⟩ amanita *f*.

amanuensis [əˌmænju'ensis] *s*. (*pl*. **-ses** [si:z]) amanuense *m*.

amaranth ['æmərænθ] *s*. **1** ⟨*poet*⟩ fiore *m* immortale. **2** ⟨*Bot,Chim*⟩ amaranto *m*. **3** (*colour*) amaranto *m*. ,**amaranthaceous** [–'θeiʃəs] *a*. ⟨*Bot*⟩ delle amarantacee. ,**ama'ranthine** [–θain] *a*. **1** ⟨*Bot*⟩ amarantino. **2** ⟨*poet*⟩ (*undying*) imperituro, perpetuo. **3** (*colour*) amarantino.

amaryllis [ˌæmə'rilis] *s*. ⟨*Bot*⟩ amarillide *f*. **Amaryllis** *N.pr*. Amarilli *f*.

amass [ə'mæs] *v.t.* **1** ammassare, accumulare: *to* ~ *a fortune* accumulare una fortuna. **2** (*to heap up*) ammucchiare, ammassare.

amateur ['æmətə:] **I** *s*. **1** dilettante *m/f*, amatore *m* (*f* –trice), appassionato *m* (*f* –a). **2** ⟨*Sport,spreg*⟩ dilettante *m/f*. **3** (*devotee*) cultore *m* (*f* –trice), appassionato *m* (*f* –a). **II** *a*. dilettante: *an* ~ *painter* un pittore dilettante. **amateur‖ boxing** *s*. pugilato *m* per dilettanti. ~ **dramatic company,** ~**dramatic society** *s*. filodrammatica *f*. ~ **film maker** *s*. cinedilettante *m/f*. ~ **film making** *s*. cinedilettantismo *m*. **amateurish** [ˌæmə'tə:riʃ] *a*. dilettantesco, amatoriale. **amateurishly** [–li] *avv*. in maniera dilettantesca. '**amateurism** [–rizəm] *s*. dilettantismo *m*. **amateur sport** *s*. sport *m* amatoriale.

amative ['æmətiv] *a*. ⟨*lett*⟩ amoroso, incline all'amore. **amatory** [–təri] *a*. amatorio, amoroso. □ ~ *poetry* poesia *f* d'amore.

amaurosis [ˌæmɔ:'rousis] *s*. (*pl*. **-ses** [si:z]) ⟨*Med*⟩ amaurosi *f*.

amaze [ə'meiz] **I** *v.t.* **1** stupire, sbalordire, sorprendere, meravigliare. **2** ⟨*ant*⟩ (*to perplex*) imbarazzare, confondere. **II** *s*. ⟨*ant*⟩ confusione *f* mentale. **amazed** [–d] *a*. stupito, sbalordito, sorpreso, meravigliato. □ *to be* ~ *at s.th.* essere sorpreso di (*o* per) qc. **amazedly** [–ədli]

avv. attonitamente. **amazement** [–mənt] *s*. (grande) sorpresa *f*, stupore *m*, meraviglia *f*, sbalordimento *m*. □ *to recover from one's* ~ riprendersi dallo stupore. **amazing** [–iŋ] *a*. sorprendente, sbalorditivo, stupefacente. **amazingly** [–iŋli] *avv*. sorprendentemente.

amazon ['æməzən] *s*. guerriera *f;* (*virago*) virago *f*. **Amazon I** *N.pr*. ⟨*Geog*⟩ Rio *m* delle Amazzoni. **II** *s*. **1** ⟨*Mitol*⟩ Amazzone *f*. **2** ⟨*Entom*⟩ (*Amazon ant*) amazzone *f*. **Amazonian** [–'zouniən] *a*. **1** amazzoniano. **2** ⟨*Mitol*⟩ amazzonio. **3** ⟨*Geog*⟩ amazzonico.

Amb. = *Ambassador* ambasciatore (*abbr*. amb.).

ambages ['æmbidʒiz] *s.pl*. ⟨*ant*⟩ **1** (*circuitous paths*) ambagi *mpl*. **2** (*ambiguities*) ambagi *mpl*, ambiguità *fpl*.

ambassador [æm'bæsədə] *s*. (*f.* **-dress** [dris]) **1** ambasciatore *m* (*f* –trice). **2** (*head of a mission, etc.*) rappresentante *m/f*, ambasciatore *m* (*f* –trice). □ ~ *extraordinary* ambasciatore straordinario; ~*–at-large* ambasciatore *m* a disposizione. **am,bassadorial** [–'dɔ:riəl] *a*. di ambasciatore. **ambassadorship** [–ʃip] *s*. carica *f* (*o* ufficio *m*) di ambasciatore. **ambassadress** [–dris] → **ambassador**.

amber ['æmbə] **I** *s*. ambra *f*. **II** *a*. **1** ambra. **2** (*in colour*) ambrato.

ambergris ['æmbəgri:s] *s*. ambra *f* grigia.

ambidexter [æmbi'dekstə] ⟨*rar*⟩ **I** *a*. ambidestro. **II** *s*. **1** ambidestro *m* (*f* –a). **2** ⟨*fig,ant*⟩ persona *f* falsa. **ambidexterity** [–'teriti] *s*. **1** ambidestrismo *m*. **2** ⟨*fig*⟩ (*deceitfulness*) doppiezza *f*. **ambidextrous** [–trəs] *a*. **1** ambidestro. **2** ⟨*fig*⟩ (*very skilful*) bravo, capace, abile; (*versatile*) versatile. **3** ⟨*fig*⟩ (*deceitful*) falso, infido. **ambidextrously** [–trəsli] *avv*. in maniera ambidestra.

ambience ['æmbiəns] *s*. ambiente *m*, atmosfera *f*. **ambient** [–nt] **I** *a*. circostante, ambientale. **II** *s*. ambiente *m*, atmosfera *f*.

ambient air *s*. aria *f* ambiente.

ambiguity [æmbi'gjuiti] *s*. ambiguità *f*.

ambiguous [æm'bigjuəs] *a*. ambiguo, equivoco; (*doubtful*) dubbio; (*obscure*) vago, indistinto. **ambiguousness** [–nis] *s*. ambiguità *f*.

ambit ['æmbit] *s*. **1** ambito *m*, spazio *m*, giro *m*. **2** ⟨*fig*⟩ (*extent, scope*) ambito *m*, campo *m*, sfera *f*, raggio *m* d'azione, settore *m*. □ *to fall within the* ~ *of* essere compreso nell'ambito di.

ambition [æm'biʃən] *s*. **1** ambizione *f*. **2** (*object desired*) ambizione *f*, aspirazione *f:* *to achieve one's* ~ realizzare le proprie ambizioni. □ *to have great* ~*s* mirare in alto. **ambitious** [–ʃəs] *a*. **1** ambizioso. **2** (*desiring*) avido, desideroso: ~ *of power* avido di potere. **ambitiousness** [–ʃəsnis] *s*. ambizione *f*.

ambivalence ['æmbi'veiləns], **ambivalency** [–i] *s*. ambivalenza *f*. **ambivalent** [–nt] **I** *a*. ambivalente. **II** *s*. (*bisexual person*) bisessuale *m/f*.

amble ['æmbl] **I** *v.i.* **1** (*of a horse*) andare all'ambio, ambiare. **2** (*to walk slowly*) andare a zonzo, camminare lemme lemme. **II** *s*. **1** (*of a horse*) ambio *m*. **2** (*slow pace*) passo *m* lento. **3** (*stroll*) passeggiata *f*, giretto *m*. **ambler** [–ə] *s*. **1** ambiatore *m*. **2** (*of a person*) persona *f* che cammina lentamente.

ambo ['æmbou] *s*. (*pl*. **-s** [z]) ⟨*Arch*⟩ ambone *m*.

Ambrose ['æmbrouz] *N.pr*. Ambrogio *m*.

ambrosia [æm'brouziə] *s*. ⟨*Mitol*⟩ ambrosia *f* (*anche fig.*). **ambrosial** [–l], **ambrosian** [–n] *a*. ⟨*lett*⟩ soave, ⟨*lett*⟩ ambrosio.

ambry ['æmbri] *s*. ⟨*ant*⟩ **1** (*store room*) ripostiglio *m*. **2** (*pantry*) dispensa *f*. **3** ⟨*Rel*⟩ nicchia *f* per arredi sacri.

ambsace ['eimzeis] *s*. **1** (*in dice*) ambasso *m*. **2** ⟨*fig*⟩ (*misfortune*) sfortuna *f*, scalogna *f*. **3** ⟨*fig*⟩ (*something worthless*) inezia *f*.

ambulance ['æmbjuləns] *s*. ambulanza *f;* (*car*) autoambulanza *f*.

ambulance chaser *am*. *s*. ⟨*fam*⟩ avvocato *m* che specu... sugli incidenti stradali.

ambulant ['æmbjulənt] *a*. **1** ambulante: ~ *music*... sonatori ambulanti; (*movable*) mobile. **2** ⟨*Me*... deambulante; (*of treatment*) ambulatoriale: ~ ... assistenza ambulatoriale. **ambulate** [–leit] camminare, (de)ambulare. ,**ambulation** [–'leiʃən] deambulazione *f*. **ambulatory** [–lətəri] **I** *a*. **1** ambulatorio. **2** (*moving from place to place*) nomade, girovago, ambulante. **3** (*Med*) deambulante. **4** (*Dir*) modificabile. **II** *s*. (*Arch*) deambulatorio *m*.

ambuscade [ˌæmbəsˈkeid] **I** *s*. imboscata *f*, agguato *m*, tranello *m*. **II** *v.t*. tendere un'imboscata a. **III** *v.i*. cadere in un'imboscata.

ambush [ˈæmbuʃ] **I** *s*. **1** agguato *m; (of bandits, soldiers)* imboscata *f*, agguato *m: to 'wait in'* (o *lay an*) ~ tendere un'imboscata. **2** (*the men*) persone *fpl* in agguato. **3** (*the place*) imboscata *f*, agguato *m*. **II** *v.t*. **1** tendere un agguato (o un'imboscata) a. **2** (*to place men*) preparare per un agguato (o un'imboscata). **III** *v.i*. essere in agguato. □ *to lie in* ~ stare in agguato.

ameba *s*. → amoeba. **amebic** *s*. → amoebic.

ameer *s*. → amir.

ameliorate [əˈmiːljəreit] *v.t./i*. migliorare. **aˌmelioration** [–ˈreiʃən] *s*. miglioramento *m*. **ameliorative** [–rətiv] *a*. migliorativo.

amen [ˈɑːmen, ˈeimen] **I** *intz*. amen, così sia. **II** *s*. amen *m*.

amenability [əˌmiːnəˈbiliti] *s*. docilità *f; (of things)* riducibilità *f*.

amenable [əˈmiːnəbl] *a*. **1** docile, sensibile, trattabile: *an* ~ *child* un bambino docile. **2** (*accountable*) soggetto, sottoposto: ~ *to the law* soggetto alla legge. **3** (*testable*) riconducibile, che si presta a, che si può sottoporre a: ~ *to analysis* che può essere sottoposto ad analisi. **amenableness** [əˈmiːnəblnis] *s*. → amenability.

amend [əˈmend] **I** *v.t*. emendare, correggere, rettificare; (*of a law*) emendare; (*to improve*) migliorare. **II** *v.i*. emendarsi, ravvedersi, correggersi. □ *to* ~ *one's ways* ravvedersi. **amendable** [–əbl] *a*. emendabile. **amendatory** *am*. [–ətəri] *a*. emendativo, correttivo. **amendment** [–mənt] *s*. **1** emendamento *m*, correzione *f; (of manuscripts)* emendazione *f*. **2** (*Parl*) emendamento *m*. **amends** [–z] *s.pl*. (costr. sing. o pl.) ammenda *f*, riparazione *f; (financial compensation)* compenso *m*, risarcimento *m*, indennizzo *m*. □ *to make* ~ *for s.th*. fare ammenda per (o di) qc.

amenity [əˈmeniti] *s*. **1** amenità *fpl*, piacevolezza *f*. **2** *pl*. (*civilities*) cortesie *fpl*, gentilezze *fpl*. **3** *pl*. (*pleasant features*) attrattive *fpl*, aspetti *mpl* gradevoli. **4** *pl*. (*comforts*) comodità *fpl*, conforti *mpl*.

amenity center *am*. ~ **centre** *s*. centro *m* ricreativo.

ament [ˈæmənt] *s*. (*Bot*) amento *m*, gattino *m*. **ˌamentaceous** [–ˈteiʃəs] *a*. amentaceo.

amentia [eiˈmenʃiə] *s*. (*Med*) amenza *f*.

amerce [əˈmɜːs] *v.t*. **1** (*Dir*) condannare a un'ammenda, multare. **2** (*to punish*) punire. **amercement** [–mənt], **amerciament** [–iəmənt] *s*. ammenda *f* a discrezione del tribunale.

America [əˈmerikə] *N.pr*. (*Geog*) America *f*. **American** [–n] **I** *a*. **1** americano. **2** (*of North America*) nordamericano; (*of South America*) sudamericano. **II** *s*. **1** americano *m* (*f* –a). **2** → American English. **Aˌmericana** [–ˈkɑːnə] *s*. materiale *m* concernente l'America.

American| aloe *s*. (*Bot*) agave *f* (o aloe) americana. ~ **bison** *s*. (*Zool*) bisonte *m*. ~ **eagle** *s*. aquila *f* americana. ~ **English** *s*. americano *m*, inglese *m* parlato in America. ~ **Indian** *s*. pellerossa *m/f*, indiano *m* (*f* –a) d'America, amerindio *m* (*f* –a).

Americanism [əˈmerikənizəm] *s*. americanismo *m*. **Americanist** [–nist] *s*. **1** filoamericano *m* (*f* –a), americanista *m/f*. **2** (*specialist*) americanista *m/f*.

Americanization [əˌmerikənaiˈzeiʃən] *s*. americanizzazione *f*. **Aˈmericanize** [–naiz] **I** *v.t*. americanizzare. **II** *v.i*. americanizzarsi.

Americanologist [əˌmerikəˈnɒlədʒist] *s*. americanologo *m* (*f* –a). **Aˈmericanphobe** [–nəfoub] *s*. americanofobo *m*. **ˈmerican| organ** *s* (*Mus*) armonium *m* americano. ~ **ˈan** *am*. *s*. pensione *f* all'americana. ~ **Revolution** *s*. (*tor*) rivoluzione *f* americana. ~ **selling price** *s*. (*con*) prezzo *m* di vendita americano. ~ **Spanish** *s*. (*ing*) spagnolo *m* dell'America centromeridionale.

ericium [ˌæməˈriʃiəm] *s*. (*Chim*) americio *m*.

Amerind [ˈæmərind] *s*. amerindio *m* (*f* –a), amerindiano *m* (*f* –a). **ˌAmerˈindian** [–iən] **I** *s*. → Amerind. **II** *a*. amerindio, amerindiano.

amethyst [ˈæmiθist] *s*. **1** ametista *f*. **2** (*colour*) ametista *f*. **ˌameˈthystine** [–ain] *a*. **1** simile all'ametista. **2** (*colour*) ametistino.

Amharic [æmˈhærik] **I** *s*. amarico *m*. **II** *a*. amarico.

amiability [ˌeimiəˈbiliti] *s*. amabilità *f*, affabilità *f*.

amiable [ˈeimiəbl] *a*. **1** affabile, garbato, amabile. **2** (*enjoyable*) piacevole, simpatico. **amiableness** [–nis] *s*. amabilità *f*.

amianthus [ˌæmiˈænθəs] *s*. (*Min*) amianto *m*.

amicability [ˌæmikəˈbiliti] *s*. amichevolezza *f*.

amicable [ˈæmikəbl] *a*. amichevole: ~ *agreement* accordo amichevole. **amicableness** [–nis] *s*. amichevolezza *f*.

amice¹ [ˈæmis] *s*. (*Lit*) amitto *m*.

amice² *s*. (*almuce*) mozzetta *f*.

amid [əˈmid] *prep*. **1** in mezzo a, tra, fra. **2** (*during*) durante.

amidase [ˈæmideis] *s*. (*Chim*) amidasi *f*. **amide** [–maid] *s*. ammide *f*.

amidship(s) [əˈmidʃip(s)] *avv./a.pred*. (*Mar*) a mezza nave.

amidst [əˈmidst] *prep*. → amid.

amine [əˈmiːn] *s*. (*Chim*) ammina *f*.

amino|acid [əˈmiːnou] *s*. (*Chim*) amminoacido *m*. ~ **compounds** *s.pl* composti *mpl* amminici. ~**phenol** *s*. amminofenolo *m*.

amir [əˈmiə] *s*. emiro *m*. **amirate** [–rit] *s*. emirato *m*.

amiss [əˈmis] **I** *avv*. **1** male, di traverso, a male, non bene: *to go* ~ andare male (o di traverso). **2** (*out of place*) fuori luogo (o posto), a sproposito. **II** *a.pred*. **1** inopportuno, fuori luogo. **2** (*wrong*) sbagliato, errato; (*faulty*) difettoso. □ *to come* ~ venire a sproposito; *to take* ~ aversene a male, offendersi.

amity [ˈæmiti] *s*. amicizia *f*, rapporti *mpl* amichevoli. □ *treaty of* ~ trattato *m* d'amicizia.

ammeter [ˈæmitə] *s*. (*El*) amperometro *m*.

ammo [ˈæmou] *s*. (*pl*. **-s** [z]) (*mil,sl*) (*ammunition*) munizioni *fpl*.

Ammon [ˈæmən] *N.pr*. (*Mitol*) Ammone *m*.

ammonia [əˈmouniə] *s*. (*Chim*) ammoniaca *f*. **ammoniac** [–niæk] **I** *s*. ammoniaca *f*. **II** *a*. → ammoniacal.

ammoniacal [ˌæmo(u)ˈnaiəkəl] *a*. ammoniacale. **ammoniated** [–nieitid] *a*. ammoniacato.

ammonite [ˈæmənait] *s*. (*Paleont*) ammonite *f*.

ammonium [əˈmouniəm] *s*. (*Chim*) ammonio *m*.

ammonium| chloride *s*. (*Chim*) cloruro *m* d'ammonio. ~ **sulphate** *s*. solfato *m* d'ammonio.

ammunition [ˌæmjuˈniʃən] **I** *s*. **1** (*Mil*) munizioni *fpl*. **2** (*fig*) (*in an argument, debate, etc*.) armi *fpl*, argomenti *mpl*, (*fam*) cartucce *fpl*. **II** *v.t*. rifornire di munizioni.

ammunition| belt *s*. (*Mil*) cartucciera *f; (of a machine gun)* nastro *m*. ~ **dump** *s*. polveriera *f*, deposito *m* d'armi. ~ **pouch** *s*. giberna *f*.

amnesia [æmˈniːziə, *am*. –ˈniːʒə] *s*. amnesia *f*. **amnesic** [–zik] *a*. amnesico.

amnesty [ˈæmnisti] **I** *s*. amnistia *f*. **II** *v.t*. amnistiare.

amnesty ordinance *s*. (*Dir*) decreto *m* d'amnistia.

amniocentesis [ˌæmniˌɔsenˈtiːsis] *s*. (*Med*) amniocentesi *f*. **amniography** [–ˈɔgrəfi] *s*. amniografia *f*. **amnion** [ˈæmniən] *s*. (*pl*. **-s** [z]/**amnia** [–niə]) (*Anat*) amnio *m*. **amnioscope** [–ɔˈskoup] *s*. amnioscopio *m*. **amnioscopy** [–ɔskəpi] *s*. amnioscopia *f*. **ˌamniotic** [–niˈɔtik] *a*. amniotico: ~ *fluid* liquido amniotico.

amoeba [əˈmiːbə] *s*. (*pl*. **-s** [z]/**-bae** [biː]) (*Biol*) ameba *f*. **amoeb(a)ean** [ˌæmiˈbiːən] *a*. (*Metr*) amebeo. **amoebic** [əˈmiːbik] *a*. amebico. **amoeboid** [–bɔid] *a*. ameboide.

amok [əˈmɔk] **I** *s*. amok *m*. **II** *avv*. in preda a furia omicida. □ *to run* ~: **1** correre in preda all'amok; **2** (*to rush about wildly or without discipline*) correre follemente (o freneticamente).

among(st) [əˈmʌŋ(st)] *prep*. **1** tra, fra: *a house* ~ *the trees* una casa tra gli alberi; *one* ~ *many* uno fra tanti. **2** (*in company with*) in mezzo a, fra: *you are* ~ *friends* sei fra amici. **3** (*throughout*) tra, fra, in: *unrest* ~ *the people* agitazione nel popolo.

amontillado [əˌmɒntiˈlɑːdou] *s.* (*pl.* **-s** [z]) ⟨*Enol*⟩ varietà di sherry.

amoral [eiˈmɒrəl] *a.* amorale. **amoralism** [–izm] *s.* amoralismo *m.* ˌ**amorality** [–ˈræliti] *s.* amoralità *f.*

amoretto [æmɔˈretou] *s.* (*pl.* **-tti** [ti]) amorino *m,* puttino *m.*

amorino [amoˈrino] *s.* (*pl.* **-ni** [ni]) → **amoretto.**

amorist [ˈæmərist] *s.* dongiovanni *m.*

amorous [ˈæmərəs] *a.* **1** amoroso. **2** (*in love*) innamorato. **3** (*relating to love*) amoroso, d'amore: ~ *poetry* poesia d'amore. **amorousness** [–nis] *s.* sentimento *m* d'amore.

amorphism [əˈmɔːfizəm] *s.* amorfismo *m,* amorfia *f.* **amorphous** [–fəs] *a.* amorfo. **amorphously** [–fəsli] *avv.* in modo amorfo. **amorphousness** [–fəsnis] *s.* stato *m* amorfo, mancanza *f* di forma.

amortise *v.* → **amortize.**

amortizable [əˈmɔːtizəbl] *a.* ammortizzabile. **amˌortization** [–ˈzeiʃən] *s.* ⟨*Econ*⟩ ammortizzamento *m,* ammortamento *m.* **amortize** [–taiz] *v.t.* ⟨*Econ*⟩ ammortizzare, ammortare.

amount [əˈmaunt] **I** *s.* **1** ammontare *m,* importo *m,* totale *m.* **2** ⟨*fig*⟩ (*significance*) senso *m,* significato *m,* portata *f;* (*value*) importanza *f,* valore *m.* **3** (*quantity*) quantità *f: a great ~ of information* una gran quantità d'informazioni. **II** *v.i.* **1** ammontare, sommare, ascendere (*to* a). **2** (*to be equivalent to*) equivalere (a), significare, voler dire (qc.): *keeping it –s to stealing* it tenerlo equivale a rubarlo. □ ⟨*fam*⟩ **any** ~ *of* una gran quantità di, un sacco di, da vendere: *he has any ~ of courage* ha coraggio da vendere; *the ~ of business* il giro d'affari; it *–s to this, that* in poche parole, si tratta di; *of little* ~ di poca importanza; ⟨*fam*⟩ *he will never* ~ *to* much non farà gran che nella vita; it *–s to the same thing* è praticamente la stessa cosa; *in small –s* in piccole quantità (*o* dosi); ⟨*Comm*⟩ **to the** ~ *of* fino alla concorrenza di.

amour [əˈmuə] *s.* intrigo *m* amoroso, relazione *f* amorosa, tresca *f.*

amp *am.* [æmp] *s.* ⟨*fam*⟩ chitarra *f* elettrica con amplificatore.

amp. = ⟨*El*⟩ **1** *ampere* ampere (*abbr.* A.). **2** *amperage* amperaggio.

ampelography [æmpiˈlɒgrəfi] *s.* ampelografia *f.*

amperage [æmˈpiəridʒ] *s.* ⟨*El*⟩ amperaggio *m.* **ampere** [ˈæmpɛə] *s.* ampere *m.*

ˈ**ampere-ˈhour** *s.* amperora *m.* ~**meter** *s.* amperometro *m.* ˈ~ ˈ**turn** *s.* amperspira *f,* ampergiro *m.*

ampersand [ˈæmpəsænd] *s.* ⟨*Tip*⟩ congiunzione *f* (*o* «e») commerciale.

amphetamine [æmˈfetəmiːn] *s.* ⟨*Farm*⟩ anfetamina *f.*

amphibian [æmˈfibiən] **I** *s.* (*pl.* **-s** [z]/**-bia** [biə]) **1** ⟨*Zool,Aer*⟩ anfibio *m.* **2** ⟨*Mil*⟩ mezzo *m* anfibio. **II** *a.* anfibio.

amphibiology [æmfibaiˈɒlədʒi] *s.* ⟨*Zool*⟩ branca *f* della zoologia che studia gli anfibi.

amphibiotic [ˌæmfibaiˈɒtik] *a.* ⟨*Entom*⟩ anfibiotico.

amphibious [æmˈfibiəs] *a.* anfibio.

amphibole [ˈæmfiboul] *s.* ⟨*Min*⟩ anfibolo *m.*

amphibolic [æmfiˈbɒlik], **amphibological** [–bəˈlɒdʒikl] *a.* anfibologico. **amphibology** [–lədʒi] *s.* anfibologia *f,* ambiguità *f.* **amˈphibolous** [–bələs] *a.* anfibolo. **amˈphiboly** [–bəli] *s.* → **amphibology.**

amphibrach [ˈæmfibræk] *s.* ⟨*Metr*⟩ anfibraco *m.*

amphioxus [æmfiˈɒksəs] *s.* (*pl.* **-es** [iːz]/**-xi** [ksai]) ⟨*Zool*⟩ anfiosso *m.*

amphipod [ˈæmfipɒd] **I** *a.* ⟨*Zool*⟩ degli anfipodi. **II** *s.* anfipodo *m.*

amphitheater *am.,* **amphitheatre** [ˈæmfiθiːətə] *s.* anfiteatro *m.* ˌ**amphitheatrical** [–θiːˈætrikl] *a.* **1** dell'anfiteatro. **2** (*resembling an amphitheatre*) ad anfiteatro.

Amphitrite [æmfiˈtraiti] *N.pr.* ⟨*Mitol*⟩ Anfitrite *f.*

Amphitryon [æmˈfitriən] *N.pr.* ⟨*Mitol*⟩ Anfitrione *m.*

amphora [ˈæmfərə] *s.* (*pl.* **-rae** [riː]/**-s** [z]) anfora *f.* **amphoric** [æmˈfɒrik] *a.* ⟨*Med*⟩ anforico.

ample [ˈæmpl] *a.* **1** ampio, spazioso, vasto. **2** (*abundant*) abbondante, ampio, copioso: ~ *praise* ampi elogi. **3** (*fully*

sufficient) abbondante, più che sufficiente: *an ~ supply of food* un'abbondante scorta di cibo. **ampleness** [–nis] *s.* ampiezza *f.*

amplification [ˌæmplifiˈkeiʃən] *s.* **1** amplificazione *f,* ingrandimento *m;* (*expansion*) sviluppo *m,* espansione *f.* **2** (*matter used*) aggiunta *f,* spiegazione *f.* **3** ⟨*tecn*⟩ amplificazione *f.* □ *your account needs* ~ la tua relazione ha bisogno di essere sviluppata.

amplificatory [ˈæmplifikeitəri] *a.* amplificativo. **amplifier** [–faiə] *s.* ⟨*tecn*⟩ amplificatore *m.*

amplifier circuit *s.* ⟨*Rad*⟩ circuito *m* di amplificazione.

amplify [ˈæmplifai] **I** *v.t.* **1** aumentare, accrescere; (*to expand*) allargare, ampliare, sviluppare: *to ~ a description* sviluppare una descrizione. **2** (*to exaggerate*) esagerare, ingrandire. **3** ⟨*Rad*⟩ amplificare. **II** *v.i.* dilungarsi, scendere in particolari (*on* su).

amplitude [ˈæmplitjuːd] *s.* **1** ampiezza *f,* estensione *f,* vastità *f.* **2** (*abundance*) abbondanza *f,* quantità *f.* **3** (*breadth of thought*) vastità *f,* ampiezza *f.* **4** ⟨*Fis*⟩ ampiezza *f.* **5** ⟨*Astr*⟩ amplitudine *f.*

amplitude modulation *s.* ⟨*Rad*⟩ modulazione *f* d'ampiezza.

amply [ˈæmpli] *avv.* ampiamente.

ampoule, ampule *am.* [ˈæmpjul, *am.* –pul] *s.* ampolla *f,* fiala *f.*

ampulla [æmˈpʌlə] *s.* (*pl.* **-llae** [liː]) ⟨*Lit,Biol*⟩ ampolla *f.*

amputate [ˈæmpjuteit] *v.t.* ⟨*Chir,fig*⟩ amputare. ˌ**amputation** [–ˈteiʃən] *s.* amputazione *f.* ˌ**amputee** [–ˈti] *s.* amputato *m.*

amtrac(k) *am.* [ˈæmtræk] *s.* ⟨*Mil*⟩ mezzo *m* anfibio.

amuck *s./avv.* → **amok.**

amulet [ˈæmjulit] *s.* amuleto *m.*

amuse [əˈmjuːz] *v.t.* **1** divertire, intrattenere, svagare, distrarre. **2** (*to cause to laugh*) divertire, rallegrare. **3** (*of time, leisure, etc.*) passare, occupare. **amused** [–d] *a.* divertito. □ *to be ~ at* (*o by*) essere divertito da; *to keep s.o.* ~ distrarre qd. **amusement** [–mənt] *s.* **1** (*mirth*) divertimento *m,* spasso *m.* **2** (*entertainment*) divertimento *m,* distrazione *f,* svago *m,* passatempo *m.* □ *to afford s.o.* ~ divertire qd.; *to do s.th. for* ~ fare qc. per divertimento; *to look at s.o. in* ~ guardare qd. con aria divertita; *to our great* ~ con nostro grande divertimento.

amusement| arcade *s.* galleria *f* dei divertimenti. ~ **park** *s.* parco *m* dei divertimenti. ~ **tax** *s.* tassa *f* sugli spettacoli.

amusing [əˈmjuːziŋ] *a.* divertente, spassoso: *an ~ book* un libro divertente. **amusingly** [–li] *avv.* in modo divertente.

amygdalic [æmigˈdælik] *a.* **1** di mandorle. **2** ⟨*Chim*⟩ amigdalico.

amygdalin [əˈmigdəlin] *s.* ⟨*Chim*⟩ amigdalina *f.*

amygdaloid [əˈmigdələid] *s.* ⟨*Geol*⟩ amigdaloide *m.*

amygdals [əˈmigdəlz] *s.pl.* ⟨*Anat*⟩ amigdala *f.*

amyl [ˈæmil] *s.* ⟨*Chim*⟩ amile *m.* ˌ**amylaceous** [–ˈleiʃəs] *a.* amilaceo, amidaceo.

amyl| acetate *s.* acetato *m* di amile. ~ **alcohol** *s.* alcool *m* amilico.

amylase [ˈæmileiz] *s.* ⟨*Chim*⟩ amilasi *f.*

amylopsin [æmiˈlɒpsin] *s.* ⟨*Chim,Biol*⟩ amilopsina *f.*

an¹ [æn] *art.indef.* → **a.**

an² *congz.* **1** ⟨*dial*⟩ (*and*) e. **2** ⟨*ant*⟩ (*if*) se.

Anabaptism [ænəˈbæptizəm] *s.* ⟨*Stor*⟩ anabattismo *m.* **Anabaptist** [–tist] **I** *s.* anabattista *m/f.* **II** *a.* anabattista.

anabatic [ænəˈbætik] *a.* ⟨*Meteor*⟩ anabatico.

anabolic [ænəˈɒlik] *a.* anabolico.

anabolic substance *s.* anabolizzante *m.*

anabolism [əˈnæbəlizəm] *s.* ⟨*Biol*⟩ anabolismo *m.*

anachronism [əˈnækrənizəm] *s.* anacronismo *m.* ˌ**anachronistic** [–ˈnistik], ˌ**anachronistical** [–ˈnistikəl] *a.* anacronistico. **anachronistically** [–li] *avv* anacronisticamente, in modo anacronistico.

anacoluthic [ænəkɒˈluːθik] *a.* ⟨*Ling*⟩ dell'anacolut **anacoluthon** [–θɒn] *s.* (*pl.* **-tha** [θə]) anacoluto *m.*

anaconda [ænəˈkɒndə] *s.* ⟨*Zool*⟩ anaconda *m.*

Anacreontic [əˌnækriˈɒntik] **I** *a.* **1** ⟨*Metr*⟩ anacreontic ⟨*fig*⟩ (*gay, convivial*) gaio, leggero, anacreontico. **II**

⟨*Metr*⟩ anacreonteo *m.* **2** (*Anachreontic poem*) anacreontica *f.*

anacrusis [ænə'kru:sis] *s.* (*pl.* **-ses** [si:z]) ⟨*Metr,Mus*⟩ anacrusi *f.*

anaemia [ə'ni:miə] *s.* **1** ⟨*Med*⟩ anemia *f.* **2** ⟨*fig*⟩ fiacchezza *f,* debolezza *f.* **anaemic** [–mik] *a.* **1** ⟨*Med*⟩ anemico. **2** ⟨*fig*⟩ anemico, privo di vitalità.

anaerobe [æ'nɛəroub] *s.* ⟨*Biol*⟩ anaerobio *m.* **a,naer'obic** [–ik] *a.* anaerobico: ~ *fermentation* fermentazione anaerobica.

anaesthesia [,ænis'θi:zjə] *s.* ⟨*Med*⟩ anestesia *f.* **anaesthesiologist** [,ænəsθi:zi'ɔlədʒist] *s.* anestesiologo *m* (*f* –a). **anaesthesiology** [–dʒi] *s.* anestesiologia *f.* **anaesthetic** [–θetik] **I** *a.* anestetico. **II** *s.* anestetico *m.*

anaesthetist [æ'ni:sθətist] *s.* anestesista *m/f.* **,anaesthetization** [–tai'zeiʃən] *s.* anestesia *f.* **anaesthetize** [–taiz] *v.t.* anestetizzare.

anaglyph ['ænəglif] *s.* ⟨*Art,Ott*⟩ anaglifo *m.*

anagoge [,ænə'goudʒi] *s.* ⟨*Lett,Teol*⟩ anagogia *f.* **anagogic** [–'gɔdʒik] *a.* anagogico (*anche Psic.*).

anagram ['ænəgræm] *s.* anagramma *m.* **,anagrammatic** [–grə'mætik] *a.* anagrammatico. **,ana'grammatism** [–ətizəm] *s.* l'anagrammare. **,ana'grammatist** [–ətist] *s.* anagrammista *m/f.* **,ana'grammatize** [–ətaiz] *v.t.* anagrammare.

anal ['einl] *a.* anale. □ ⟨*Itt*⟩ ~ *fin* pinna *f* anale.

analecta [,ænə'lektə], **'analects** [–ts] *s.pl.* analetti *mpl;* (*religious publications*) analecta *mpl.*

analeptic [,ænə'leptik] **I** *a.* ⟨*Farm*⟩ analettico. **II** *s.* analettico *m.*

analgesia [,ænæl'dʒi:ziə] *s.* ⟨*Med*⟩ analgesia *f.* **analgesic** [–zik] **I** *a.* analgesico. **II** *s.* analgesico *m.*

analog *am.* *s.* → **analogue.** **analogic** [ænə'lɔdʒik], **analogical** [–l] *a.* analogico.

analogism [ə'nælədʒizəm] *s.* analogismo *m.* **analogist** [–dʒist] *s.* analogista *m/f.* **analogize** [–dʒaiz] **I** *v.t.* rendere analogo. **II** *v.i.* **1** usare (*o* ragionare per) analogie. **2** (*to show analogy*) essere analogo (*with* a), presentare delle analogie (con). **analogous** [–ləgəs] *a.* **1** affine, analogo (*to* a); (*similar*) simile, somigliante (a). **2** ⟨*Biol*⟩ analogo. **analogue** ['ænəlɔg] *s.* **1** cosa *f* analoga. **2** ⟨*Biol*⟩ organo *m* analogo. **3** ⟨*Pol*⟩ omologo *m,* controparte *f: the British Foreign Minister and his Irish* ~ il ministro degli esteri britannico e il suo omologo irlandese.

analogue| computer ⟨*Inform*⟩ *s.* calcolatore *m* analogico. **~-digital converter** *s.* convertitore *m* analogico –digitale. **~ signal** *s.* segnale *m* analogico. **~watch** *s.* → **analog watch.** **~ writing** *s.* scrittura *f* analogica.

analog watch *s.* orologio *m* analogico.

analogy [ə'nælədʒi] *s.* **1** analogia *f,* affinità *f: to draw an* ~ fare un'analogia; (*similarity*) somiglianza *f,* rassomiglianza *f.* **2** ⟨*Biol,Ling,Filos*⟩ analogia *f.* **3** ⟨*Mat*⟩ proporzione *f.* □ *by* ~ *with* per analogia con; *false* ~ falsa analogia; *to argue from* (o *by*) ~ ragionare per analogia (*o* analogie); *on the* ~ *of* per analogia con.

analphabetic [,ænælfə'betik] **I** *a.* analfabeta. **II** *s.* analfabeta *m/f.*

analysable ['ænəlaizəbl] *a.* analizzabile. **analysand** *am.* [ə'nælizænd] *s.* paziente *m/f* (sotto psicanalisi).

analyse ['ænəlaiz] *v.t.* **1** analizzare. **2** ⟨*am.Med*⟩ analizzare, psicanalizzare. **3** ⟨*Mat*⟩ risolvere. **analyser** [–ə] *s.* ⟨*tecn*⟩ analizzatore *m.*

nalysis [ə'nælisis] *s.* (*pl.* **-ses** [si:z]) **1** analisi *f,* studio *m* analitico), indagine *f,* esame *m.* **2** ⟨*Chim,Mat,Ling,Med*⟩ alisi *f.* □ ⟨*Chim*⟩ *qualitative* ~ analisi qualitativa; *im*⟩ *quantitative* ~ analisi quantitativa.

t ['ænelist] *s.* analista *m/f* (*anche Inform.*). **analytic** tik], **analytical** [ænə'litikl] *a.* analitico. □ *analytic* **ry** geometria *f* analitica.

s [,ænə'litiks] *s.pl.* (costr. sing.) ⟨*Filos*⟩ analitica *f.* *am.* *v.* → **analyse.**

s [,ænæm'ni:sis] *s.* (*pl.* **-ses** [si:z]) anamnesi *f* ed.).

ic [æne'mɔ:ʃik] *a.* ⟨*Ott*⟩ anamorfico. □ ~ *lens* anamorfico. **anamorphosis** [,ænəmɔ:'fousis] *s.* z]) anamorfosi *f.*

anana(s) [æ'nɑ:nə(s)] *s.* ⟨*Bot*⟩ ananas *m,* ananasso *m.*

anapaest, anapest *am.* ['ænəpi:st] *s.* ⟨*Metr*⟩ anapesto *m.*

anaphora [ə'næfərə] *s.* **1** ⟨*Ret,Lit*⟩ anafora *f.* **2** ⟨*Gramm*⟩ termine *m* anaforico.

anaphylactic [,ænəfi'læktik] *a.* ⟨*Med*⟩ anafilattico: ~ *shock* shock anafilattico.

anarch ['ænɑ:k] *s.* **1** ⟨*rar*⟩ despota *m,* tiranno *m.* **2** (*anarchist*) anarchico *m* (*f* –a). **an'archic** [–ik], **anarchical** [–ikl] *a.* anarchico.

anarchism ['ænəkizəm] *s.* **1** (*doctrine*) anarchia *f.* **2** (*methods, practice*) anarchismo *m.* **anarchist** [–kist] *s.* anarchico *m* (*f* –a).

anarcho-syndicalism [æ'nɑ:kou] *s.* ⟨*Pol*⟩ anarcosin-dacalismo *m.*

anarchy ['ænəki] *s.* anarchia *f* (*anche fig.*).

anasarca [,ænə'sɑ:kə] *s.* ⟨*Med*⟩ anasarca *m.*

anastigmatic [,ænæstig'mætik] *a.* anastigmatico. **anas'tigmatism** [–mətizm] *s.* anastigmatismo *m.*

anastomose [ə'næstəmouz] **I** *v.i.* ⟨*Med,Biol*⟩ anastomizzarsi. **II** *v.t.* anastomizzare. **a,nastomosis** [–'mousis] *s.* (*pl.* **-ses** [si:z]) anastomosi *f.*

anastrophe [ə'næstrəfi] *s.* ⟨*Ling*⟩ anastrofe *f.*

anathema [ə'næθəmə] *s.* **1** ⟨*Rel*⟩ anatema *m.* **2** (*person*) scomunicato *m* (*f* –a). **3** ⟨*fig*⟩ (*person loathed*) maledizione *f;* (*thing*) cosa *f* detestabile. □ *paying taxes is* ~ *to him* odia pagare le tasse.

anathematize [æ'næθəmətaiz] *v.t.* anatematizzare, scagliare l'anatema contro.

Anatolia [,ænə'touliə] *N.pr.* ⟨*Geog*⟩ Anatolia *f.* **Anatolian** [–n] **I** *a.* anatolico. **II** *s.* (*native*) anatolico *m* (*f* –a).

anatomic [,ænə'tɔmik], **anatomical** [–l] *a.* **1** anatomico. **2** ⟨*fig*⟩ strutturale.

anatomical| specimen *s.* pezzo *m* anatomico. ~ **theater** *am.,* ~ **theatre** *s.* sala *f* anatomica.

anatomist [ə'nætəmist] *s.* anatomista *m/f,* anatomico *m* (*f* –a). **a,natomization** [–mai'zeiʃən] *s.* dissezione *f,* anatomia *f.* **anatomize** [–maiz] *v.t.* **1** anatomizzare. **2** ⟨*fig*⟩ analizzare, anatomizzare.

anatomy [ə'nætəmi] *s.* **1** anatomia *f: human* ~ anatomia umana. **2** (*structure*) struttura *f,* morfologia *f.* **3** (*dissection*) anatomia *f,* dissezione *f.* **4** (*skeleton*) scheletro *m.* **5** ⟨*fig*⟩ anatomia *f,* analisi *f: the* ~ *of a crime* l'anatomia di un delitto. **6** ⟨*fam*⟩ (*human body*) corpo *m.*

anatomy|theater *am.,* ~**theatre** *s.* → **anatomical theatre.**

anatoxin [ænə'tɔksin] *s.* ⟨*Biol*⟩ anatossina *f.*

ancestor ['ænsestə] *s.* (*f.* **-tress** [tris]) **1** antenato *m* (*f* –a), avo *m* (*f* –a), progenitore *m* (*f* –trice). **2** ⟨*Biol*⟩ progenitore *m* (*f* –trice). **3** ⟨*Dir*⟩ ascendente *m/f.* **4** ⟨*fig*⟩ prototipo *m,* antenato *m* (*f* –a).

ancestor| cult, ~ worship *s.* culto *m* degli antenati.

ancestral [æn'sestrəl] *a.* **1** ancestrale, avito, atavico. **2** ⟨*fig*⟩ precursore *m* (*f* precorritrice), precorritore *m* (*f* –trice). **'ancestress** [–tris] *s.* antenata *f,* ava *f,* progenitrice *f.*

ancestry ['ænsestri] *s.* **1** ascendenza *f,* stirpe *f,* lignaggio *m,* origine *f,* schiatta *f: of royal* ~ di stirpe reale. **2** (*ancestors*) antenati *mpl,* avi *mpl.* **3** ⟨*fig*⟩ (*origin*) inizio *m,* principio *m.* **4** ⟨*fig*⟩ (*history*) storia *f,* sviluppo *m,* origini *fpl.*

Anchises [æŋ'kaisi:z] *N.pr.* ⟨*Mitol*⟩ Anchise *m.*

anchor ['æŋkə] **I** *s.* **1** ⟨*Mar*⟩ ancora *f: to drop* ~ gettare l'ancora. **2** ⟨*tecn*⟩ ancora *f,* ancoraggio *m.* **3** ⟨*fig*⟩ appoggio *m,* punto *m* d'appoggio, sostegno *m;* (*support in danger*) ancora *f* di salvezza. **II** *v.t.* **1** ⟨*Mar,Edil*⟩ ancorare: *to* ~ *a ship* ancorare una nave. **2** ⟨*fig*⟩ (*to fix firmly*) fissare, attaccare, ancorare. **III** *v.i.* **1** ⟨*Mar*⟩ ancorarsi, gettare l'ancora. **2** ⟨*fig*⟩ fermarsi, fissarsi, ancorarsi (*on su*): *his attention –ed on the children* la sua attenzione si fermò sui bambini. □ **at** ~ alla fonda, all'ancora; *to* **cast** ~ gettare l'ancora; *to* **come** *to* ~ ancorarsi, dare fondo, gettare l'ancora; ⟨*fig*⟩ (*to settle down*) stabilirsi, fermarsi; *the* ~ **drags** l'ancora ara; *to* **foul** *the* ~ inceppare l'ancora; *the* ~ **holds** l'ancora agguanta; *to* **let** *go the* ~ mollare l'ancora; *to* **lie** (o *ride*) *at* ~ essere all'ancora (*o* alla fonda); *to* **slip** *the* ~

sferrare l'ancora; *to* **weigh** ~ levare l'ancora, salpare; ⟨*fig*⟩ partire, andarsene.

anchorage ['æŋkərɪdʒ] *s.* **1** ancoraggio *m.* **2** ⟨*fig*⟩ (*means of security*) porto *m* sicuro, punto *m* d'appoggio.

anchorage dues *s.pl.* ⟨*Mar*⟩ ancoraggio *m,* diritti *mpl* di ancoraggio.

anchoress ['æŋkeris] *s.* donna *f* che fa vita anacoretica.

anchoret ['æŋkəret] *s.* → **anchorite.** ,**ancho'retic** [–ik] *a.* → **anchoritic. anchorite** [–rait] *s.* (*f.* -**ess** [is]) anacoreta *m,* eremita *m.* ,**anchoritic** [–'ritik] *a.* anacoretico, eremitico. ,**anchoritism** [–'ritizm] *s.* anacoretismo *m.*

anchor| man [mən] *s.irr.* **1** uomo *m* chiave. **2** ⟨*Rad,TV*⟩ coordinatore *m* di telegiornale (*o* radiogiornale). ~ **plate** *s.* ⟨*tecn*⟩ piastra *f* di fissaggio. ~ **watch** *s.* ⟨*Mar*⟩ guardia *f* (*o* servizio *m*) di porto. ~ **woman** *am. s.irr.* ⟨*Rad,TV*⟩ coordinatrice *f* di telegiornale (*o* radiogiornale).

anchovy ['æntʃəvi] *s.* ⟨*Itt*⟩ acciuga *f,* alice *f.*

anchovy paste *s.* ⟨*Alim*⟩ pasta *f* d'acciughe.

anchylosis → **ankylosis.**

ancient ['einʃənt] **I** *a.* **1** antico: *an* ~ *superstition* un'antica superstizione; *the* ~ *world* il mondo antico. **2** ⟨*rar*⟩ (*aged*) vecchio, anziano. **3** (*old–fashioned*) antiquato, antico. **4** (*venerable*) venerando. **5** ⟨*Dir*⟩ che dura da vent'anni o più. **II** *s.* **1** uomo *m* (*o* donna *f*) dell'antichità. **2** *pl.* antichi *mpl.* **3** (*classical author*) autore *m* antico (*o* classico). **4** (*patriarchal or venerable person*) vegliardo *m.* □ ⟨*Bibl*⟩ *the* ~ *of Days* l'Onnipotente, l'Eterno.

ancient history *s.* **1** storia *f* antica. **2** ⟨*fam*⟩ (*old news*) vecchia storia *f.*

anciently ['einʃntli] *avv.* **1** anticamente. **2** ⟨*ant*⟩ (*formerly*) già, precedentemente. **ancientness** [–tnis] *s.* antichità *f.* **ancientry** [–tri] *s.* ⟨*rar*⟩ **1** stile *m* antiquato. **2** (*ancient times*) tempi *mpl* antichi, antichità *f.*

ancillary [æn'siləri] *a.* **1** subordinato, dipendente. **2** (*auxiliary*) ausiliario, sussidiario: ~ *engine* motore ausiliario.

ancillary| companies *s.pl.* succursali *fpl.* ~ **engine** *s.* motore *m* ausiliario. ~ **equipment** *s.* ⟨*Inform*⟩ apparecchiatura *f* periferica.

ancipital [æn'sipitl], **ancipitous** [–təs] *a.* ⟨*Bot*⟩ ancipite.

ancon ['æŋkɔn] *s.* (*pl.* -**connes** ['kouni:z]) ⟨*Arch*⟩ ancona *f.* **ancon(e)al** [–'koun(i)əl] *a.* ⟨*Anat*⟩ del gomito.

and [ænd] *congz.* **1** e: *dogs* ~ *cats* cani e gatti. **2** (*then*) poi, e: *he had breakfast* ~ *went to work* fece la prima colazione, poi andò a lavorare. **3** (*added to*) e, più: 2 ~ 2 *makes 4* 2 più 2 fa 4. **4** (*between finite verbs: to*) a, di: *let's go* ~ *see him* andiamo a vederlo; *try* ~ *come early* cerca di venire presto. **5** (*as opposed to*) e: *there are teachers* ~ *teachers* ci sono maestri e maestri. **6** (*used as a strengthening word: between comparatives*) sempre più: *hotter* ~ *hotter* sempre più caldo; (*between verbs*) sempre: *he talked* ~ *talked* parlava sempre; (*between nouns, adverbs or adjectives*) e: *for hours* ~ *hours* (per) ore e ore; *well* ~ *truly finished* bell'e finito.

Andalusia [,ændə'lu:zjə] *N.pr.* ⟨*Geog*⟩ Andalusia *f.* **Andalusian** [–n] **I** *a.* andaluso. **II** *s.* **1** (*native*) andaluso *m* (*f* –a). **2** (*dialect*) dialetto *m* andaluso. **3** ⟨*Zootecn*⟩ razza *f* andalusa.

andante [æn'dænti] **I** *a./avv.* ⟨*Mus*⟩ andante. **II** *s.* andante *m.*

Andean ['ændiən] *a.* ⟨*Geog*⟩ andino.

Andean Cordillera *N.pr.* ⟨*Geog*⟩ Cordigliera *f* delle Ande.

Andes ['ændi:z] *N.pr.pl.* Ande *fpl.*

andiron| ['ændaiən] *s.* alare *m.*

Andorra [æn'dɔrə] *N.pr.* ⟨*Geog*⟩ Andorra *f.* **Andorran** [–n] **I** *a.* andorrano. **II** *s.* andorrano *m* (*f* –a).

Andrew ['ændru:] *N.pr.* Andrea *m.*

Androcles ['ændrəkli:z] *N.pr.* ⟨*Mitol*⟩ Androclo *m.*

androecium [æn'dri:ʃiəm] *s.* (*pl.* -**cia** [ʃiə]) ⟨*Bot*⟩ androceo *m.*

androgen ['ændrədʒən] *s.* ⟨*Biol*⟩ androgeno *m.*

androgynous [æn'drɔdʒinis] *a.* **1** ⟨*Bot*⟩ androgino, androginico. **2** (*hermaphroditic*) androgino, androginico, ermafrodito. **androgyny** [–ni] *s.* ⟨*Biol*⟩ androginia *f,* ermafroditismo *m.*

android ['ændrɔid] *s.* androide *m.*

andrologist [,æ'ndrɔlə'dʒist] *s.* andrologo *m* (*f* –a) **andrology** [–dʒi] *s.* andrologia *f.*

Andromache [æn'drɔməki] *N.pr.* ⟨*Mitol*⟩ Andromaca *f.*

Andromeda [æn'drɔmidə] *N.pr.* ⟨*Mitol,Astr*⟩ Andromeda *f.*

androphobia [,ændrɔ'foubiə] *s.* ⟨*Psic*⟩ androfobia *f.*

Andy ['ændi] *N.pr. dim. di* **Andrew.**

anecdotage [,ænek'doutidʒ] *s.* **1** aneddotica *f,* raccolta *f* di aneddoti. **2** ⟨*scherz*⟩ (*talkative old age*) età *f* di loquacità senile. **anec'dotal** [–tl] *a.* aneddotico. '**anecdote** [–dout] *s.* (*pl* -**s** [s]/-**ta** [tə]) aneddoto *m.* **anecdotic** [–'dɔtik], **anecdotical** [–'dɔtikl] *a.* **1** aneddotico. **2** (*fond of telling anecdotes*) che racconta aneddoti. ,**anecdotist** [–tist] *s.* aneddotista *m/f.*

anele [ə'ni:l] *v.t.* ⟨*ant,Lit*⟩ **1** ungere. **2** (*to give extreme unction*) amministrare l'estrema unzione a.

anelectric [ænile'ktrik] *a.* anelettrico.

anemia, anemic *am.* → **anaemia, anaemic.**

anemograph [ə'ni:mɔgræf] *s.* ⟨*Meteor*⟩ anemografo *m.* **a,nemo'graphic** [–ik] *a.* anemografico. **anemography** [–i] *s.* anemografia *f.*

anemometer [,æni'mɔmitə] *s.* ⟨*Meteor*⟩ anemometro *m.* **anemometry** [–'mɔmətri] *s.* anemometria *f.*

anemone [ə'nemɔni] *s.* **1** ⟨*Bot*⟩ anemone *m.* **2** ⟨*Zool*⟩ anemone *m* di mare, attinia *f.*

anemophilous [,ænə'mɔfiləs] *a.* ⟨*Bot*⟩ anemofilo, anemogamo.

anemoscope [ə'nemɔskoup] *s.* ⟨*Meteor*⟩ anemoscopio *m.*

anent [ə'nent] *prep.* ⟨*lett*⟩ su, circa, intorno a.

aneroid ['ænərɔid] **I** *a.* ⟨*Fis*⟩ aneroide. **II** *s.* barometro *m* aneroide.

anesthesia *am. e der.* → **anaesthesia**, *e der.*

aneurin ['ænjuərin] *s.* ⟨*Chim*⟩ aneurina *f.*

aneurism, aneurismal → **aneurysm, aneurysmal. aneurysm** ['ænjuərizəm] *s.* ⟨*Med*⟩ aneurisma *m.* ,**aneu'rysmal** [–l] *a.* aneurismatico.

anew [ə'nju:] *avv.* **1** di nuovo, ancora, un'altra volta: *he sang the song* ~ cantò di nuovo la canzone. **2** (*in a different way*) in modo diverso. □ *to begin* ~ ricominciare.

anfractuosity [,ænfræktju'ɔsiti] *s.* **1** ⟨*lett,fig,Med*⟩ anfrattuosità *f.* **2** (*channel, passage*) canale *m* (*o* passaggio) tortuoso, anfratto *m.* **an'fractuous** [–tjuəs] *a.* anfrattuoso.

angary ['æŋgəri] *s.* ⟨*Mar*⟩ angaria *f.*

angel ['eindʒəl] *s.* **1** angelo *m* (*anche fig.*). **2** ⟨*fig*⟩ (*guardian*) angelo *m* custode. **3** ⟨*poet*⟩ (*harbinger*) messaggero *m.* **4** ⟨*fam*⟩ (*backer*) finanziatore *m* (*f* –trice). **5** ⟨*mil*⟩ aereo *m* amico. □ *be an* ~ *and help me* sii buono, aiutami; *the* ~ *of darkness* l'angelo delle tenebre, Satana *m; the* ~ *of death* l'angelo della morte; ~ *face* faccia *f* d'angelo.

angel cake *s.* tipo di dolce.

Angeleno *am.* [æŋdʒə'li:nou] **I** *a.* di los Angeles. **II** *s.* abitante *m/f* di Los Angeles.

angel fish *s.* ⟨*Itt*⟩ squatina *f,* squadro *m.*

angelica [æn'dʒelikə] *s.* **1** ⟨*Bot*⟩ angelica *f.* **2** ⟨*Dolc*⟩ angelica *f* candita.

angelical [æn'dʒelikl] *a.* **1** angelico, celeste. **2** ⟨*fig*⟩ angelico.

Angeline ['ændʒəli:n] *N.pr.* Angelina *f.*

angel light *s.* ⟨*Arch*⟩ lunetta *f.*

Angelus ['ændʒələs] *s.* ⟨*Rel*⟩ angelus *m.*

anger ['æŋgə] **I** *s.* rabbia *f,* collera *f,* ira *f: a fit of* ~ ⟨accesso di collera. **II** *v.t.* mandare in collera, arrabbiare, irritare. **III** *v.i.* adirarsi, arrabbiarsi, mon⟩ in collera: *she –s too quickly* si arrabbia troppo facil⟩ te.

Angevin(e) ['ændʒəvin] **I** *a.* ⟨*Geog,Stor*⟩ angi⟩ Angiò. **II** *s.* angioino *m.*

angina [æn'dʒainə] *s.* **1** angina *f.* **2** (*angina* angina *f* pectoris.

angiographic [,ændʒiou'græfik] *a.* ⟨*Med*⟩ **angiography** [–'ɔgrəfi] *s.* angiografia *f.*

angiologist [,ændʒi'ɔlədʒist] *s.* angiologo *m.* [–dʒi] *s.* ⟨*Anat*⟩ angiologia *f.*

angiosperm ['ændʒiouspə:m] *s.* ⟨*Bot*⟩ pianta *f* angiosperma.

Angl. = **1** *Anglican* anglicano. **2** *Anglicized* anglicizzato.

angle[1] ['æŋgl] *s.* **1** angolo *m* (*anche Geom.*). **2** (*edge*) spigolo *m.* **3** ⟨*fig*⟩ (*point of view*) aspetto *m*, lato *m*, punto *m* di vista: *he considered the question from all –s* esaminò il problema sotto tutti gli aspetti. **4** ⟨*am.sl*⟩ (*opportunity for gain*) interesse *m*, scopo *m: what was his ~ in doing it?* che interesse aveva di farlo? □ ⟨*Aer*⟩ *~ of* **climb** angolo *m* di salita (*o* rampa); ⟨*Mil*⟩ *~ of* **elevation** angolo *m* di elevazione; ⟨*Fis*⟩ *~ of* **incidence** angolo *m* d'incidenza; ⟨*Fis*⟩ *~ of* **reflection** angolo *m* di riflessione; *at* **right** *–s with* ad (*o* facendo) angolo retto con, perpendicolare a.

angle[2] **I** *v.t.* **1** piegare ad angolo. **2** ⟨*giorn*⟩ (*to slant*) alterare, deformare, presentare in modo tendenzioso: *to ~ news* alterare le notizie. **II** *v.i.* svoltare, piegarsi, formare angolo.

angle[3] **I** *v.i.* **1** pescare (con la lenza): *to ~ for trout* pescare trote. **2** ⟨*fig*⟩ sollecitare (*for s.th.* qc.), andare in cerca (di): *to ~ for compliments* andare in cerca di complimenti. **II** *s.* ⟨*ant*⟩ amo *m.*

angled ['æŋgld] *a.* angolato (*anche Arald.*).

angle| **dozer** *s.* ⟨*tecn*⟩ livellatrice *f.* ~ **iron** *s.* ⟨*tecn*⟩ ferro *m* angolare. ~ **park** *v.t./i.* parcheggiare in diagonale. ~ **parking** *s.* parcheggio *m* in diagonale.

angler ['æŋglə] *s.* **1** pescatore *m* (*f* –trice) con la lenza, cannista *m/f.* **2** ⟨*Itt*⟩ (*angler-fish*) rana *f* pescatrice.

Angles ['æŋglz] *N.pr.pl.* ⟨*Stor*⟩ Angli *mpl.*

angle worm *s.* lombrico *m* (usato come esca).

Anglia ['æŋglia] *N.pr.* ⟨*Geog.stor*⟩ Anglia *f.* **Anglian** [–n] **I** *a.* anglico. **II** *s.* **1** (*person*) anglo *m.* **2** (*dialect*) dialetto *m* anglo.

Anglican ['æŋglikən] **I** *a.* **1** ⟨*Rel*⟩ anglicano. **2** ⟨*am*⟩ (*English*) inglese. **II** *s.* ⟨*Rel*⟩ anglicano *m* (*f* –a): *~ Church* Chiesa anglicana. **Anglicanism** [–izəm] *s.* ⟨*Rel*⟩ anglicanesimo *m.*

Anglicism ['æŋglisizəm] *s.* **1** caratteristica *f* inglese. **2** (*English custom, etc.*) usanza *f* (*o* abitudine) inglese. **3** ⟨*Ling*⟩ anglicismo *m*, inglesismo *m.* **Anglicist** [–sist] *s.* anglista *m/f.* **Anglicize** [–saiz], **Anglify** [–glifai] *v.t.* anglicizzare.

angling ['æŋgliŋ] *s.* pesca *f* con la lenza.

Anglo|-**A'merican** ['æŋglou] **I** *a.* angloamericano. **II** *s.* angloamericano *m* (*f* –a). ~-**'Catholic I** *a.* anglocattolico *m* (*f* –a). **II** *a.* anglocattolico. ~ -**Ca'tholicism** *s.* anglocattolicesimo *m.* ~-**'French I** *a.* ⟨*Stor*⟩ anglofrancese. **II** *s.* (*dialect*) anglofrancese *m*, anglonormanno *m.* ~-**'Indian I** *s.* **1** (*person*) angloindiano *m* (*f* –a). **2** (*language*) angloindiano *m.* **II** *a.* angloindiano. ~-**'Irish I** *a.* angloirlandese. **II** *s.* angloirlandese *m/f.*

Anglomania ['æŋglou'meinjə] *s.* anglomania *f.* **Anglomaniac** [–njæk] *s.* anglomane *m/f.*

Anglo-'Norman I *a.* ⟨*Stor*⟩ anglonormanno. **II** *s.* **1** (*person*) anglonormanno *m* (*f* –a). **2** (*dialect*) anglonormanno *m.*

Anglophil ['æŋgloufil], **Anglophile** [–fail] *s.* anglofilo *m* (*f* –a). **Anglophilia** [–filiə] *s.* anglofilia *f.*

Anglophobe ['æŋgloufoub] *s.* anglofobo *m* (*f* –a). **Anglo'phobia** [–jə] *s.* anglofobia *f.* **Anglo'phobi(a)c** [–i(æ)k] *a.* anglofobo.

anglophone ['æŋgloufoun] *a.* anglofono *m* (*f* –a). **anglophonic** [–ik] *a.* di lingua inglese, anglofono.

Anglo-'Saxon I *s.* **1** (*person*) anglosassone *m/f.* **2** (*language*) anglosassone *m.* **II** *a.* anglosassone.

Angola [æŋ'goulə] *N.pr.* ⟨*Geog*⟩ Angola *f.* **Angolan** [–ən] **I** *a.* angolano. **II** *s.* angolano *m* (*f* -a).

Angora| **cat** [æŋ'gɔːrə] *s.* ⟨*Zool*⟩ gatto *m* d'Angora. ~ **goat** *s.* ⟨*Zool*⟩ capra *f* d'Angora. ~ **rabbit** *s.* ⟨*Zool*⟩ coniglio *m* d'Angora. ~ **wool** *s.* ⟨*Tess*⟩ lana *f* d'angora.

ngostura (bark) [æŋgɔsˈtjuərə] *s.* ⟨*Bot*⟩ angostura *f.* **gostura Bitters** *s.pl.* olio *m* essenziale di angostura.

grily ['æŋgrili] *avv.* irosamente, con ira. **angry** ['æŋgri] *a.* **1** rabbiato, adirato, in collera, incollerito: *to be ~ at* (*o with*) *s.o.* essere arrabbiato con qd. **2** (*indicative of anger*) collerico, irato, iroso: *~ words* parole irate. **3** ⟨*fig*⟩

(*raging, stormy*) infuriato, tempestoso, burrascoso: *an ~ sky* un cielo tempestoso. **4** (*inflamed*) infiammato, irritato: *an ~ cut* una ferita infiammata. □ *to get ~* arrabbiarsi, adirarsi, andare in collera; *to make ~* fare arrabbiare; ⟨*Lett*⟩ *~ young man* giovane arrabbiato.

anguine ['æŋgwin] *a.* ⟨*lett*⟩ serpentino, anguineo.

anguish ['æŋgwiʃ] **I** *s.* **1** (*of mind*) angoscia *f*, tormento *m*, affanno *m.* **2** (*of body*) tormento *m*, dolore *m*, sofferenza *f*, spasimo *m.* **II** *v.t.* angosciare, angustiare. □ *to cause s.o. great ~* far soffrire molto qd.; *to be in ~* essere angosciato, soffrire. **anguished** [–t] *a.* **1** tormentato, afflitto, travagliato, angosciato. **2** (*showing anguish*) angoscioso: *~ cries* grida angosciose.

angular ['æŋgjulə] *a.* **1** (*having angles*) angoloso (*anche Fis.*). **2** (*measured by an angle*) angolare. **3** ⟨*fig*⟩ (*bony*) angoloso, ossuto, spigoloso. **4** ⟨*fig*⟩ (*awkward*) goffo, sgraziato: *an ~ gait* un'andatura sgraziata; (*stiff in manner*) duro, legnoso, rigido. **angularity** [–'læriti] *s.* **1** angolosità *f.* **2** ⟨*fig*⟩ (*awkwardness*) goffaggine *f;* (*stiffness*) durezza *f*, rigidezza *f.* **angularly** [–li] *avv.* angolarmente. **angulate** [–leit], **angulated** [–leitid] *a.* angolato, fatto ad angoli. **angulation** [–'leiʃən] *s.* **1** (*angular formation*) angolarità *f.* **2** ⟨*Med*⟩ angolazione *f.* **3** (*measurement of angles*) angolazione *f.*

anhydride [æn'haidraid] *s.* ⟨*Chim*⟩ anidride *f.*

anhydrite [æn'haidrait] *s.* ⟨*Min*⟩ anidrite *f.*

anhydrous [æn'haidrəs] *a.* ⟨*Chim, Biol*⟩ anidro.

anil ['ænil] *s.* ⟨*Bot*⟩ anile *m.*

anile ['einail] *a.* ⟨*lett*⟩ senile, rimbambito.

anilin ['ænilin], **aniline** [–li:n] *s.* ⟨*Chim*⟩ anilina *f.* **aniline**| **black** *s.* nero *m* d'anilina. ~ **dye** *s.* colorante *m* d'anilina. ~ **red** *s.* ⟨*Chim*⟩ rosso *m* d'anilina.

anility [ə'niliti] *s.* senilità *f.*

animadversion [ænimæd'və:ʃən] *s.* ⟨*lett*⟩ **1** rimprovero *m*, biasimo *m;* ⟨*lett*⟩ animadversione *f.* **2** (*criticism*) osservazione *f*, critica *f.* **animadvert** [–'və:t] *v.i.* criticare, censurare (*on s.th.* qc.).

animal ['æniməl] *s.* **1** animale *m.* **2** ⟨*fig*⟩ (*brute*) animale *m*, bestia *f*, bruto *m.* **3** (*animality*) animale *m*, animalità *f.* **4** ⟨*fam,scherz*⟩ (*thing*) cosa *f: they are rather different –s* sono cose piuttosto diverse. **II** *a.* **1** animale: *~ fats* grassi animali. **2** ⟨*fig*⟩ (*purely physical*) fisico: *~ courage* coraggio fisico. **3** ⟨*fig*⟩ (*sensual*) animale, sensuale: *~ instincts* istinti animali; (*gross*) animalesco. □ *to bring out the ~ in s.o.* risvegliare gli istinti animali in qd.

animal| **anatomy** *s.* anatomia *f* animale. ~ **crackers** *s.pl.* biscotti *mpl* a forma di animale.

animalcular [æni'mælkjulə] *a.* ⟨*Biol*⟩ microbico. **animalcule** [–kju:l] *s.* microbo *m.*

animal| **ecology** *s.* ecologia *f* animale. ~ **heat** *s.* ⟨*Fisiol*⟩ calore *m* animale. ~ **husbandry** *s.* allevamento *m* di animali.

animalism ['æniməlizəm] *s.* **1** sensualità *f*, animalità *f.* **2** ⟨*Filos*⟩ animalismo *m.* **animalist** [–list] *s.* **1** sensualista *m/f.* **2** ⟨*Filos,Art*⟩ animalista *m/f.* **animality** [–'mæliti] *s.* **1** animalità *f.* **2** (*animal life*) vita *f* animale. **3** (*animal kingdom*) regno *m* animale. **animalization** [–lai'zeiʃən] *s.* abbrutimento *m.* **animalize** [–laiz] *v.t.* **1** suscitare istinti animaleschi in. **2** ⟨*Art*⟩ raffigurare con attributi animali. **3** ⟨*concr*⟩ (*to convert into animal matter*) mutare in sostanza animale.

animal| **kingdom** *s.* regno *m* animale. ~ **magnetism** *s.* **1** mesmerismo *m.* **2** (*magnetic personal presence*) magnetismo *m*, forza *f* d'attrazione. ~ **proteins** *s.pl.* proteine *fpl* animali. ~ **spirits** *s.pl.* vitalità *f*, esuberanza *f.* ~ **waste** *s.* rifiuti *mpl* animali.

animate[1] ['ænimeit] *v.t.* **1** animare. **2** ⟨*fig*⟩ (*to enliven*) animare, rallegrare, ravvivare. **3** ⟨*fig*⟩ (*to arouse*) incitare, scuotere, stimolare. **4** ⟨*fig*⟩ (*to encourage*) incoraggiare, animare, dare animo a.

animate[2] ['ænimit] *a.* **1** vivente, animato: *~ beings* esseri animati. **2** ⟨*fig*⟩ (*lively*) vivace, brioso, animato. **3** (*relating to animal life*) animale. **4** ⟨*fig*⟩ (*moving*) animato, che si muove.

animated ['ænimeitid] *a.* **1** animato, vivace, acceso: *an ~ discussion* una discussione animata. **2** (*made to move*) animato.

animated| cartoons *s.pl.* ~ **drawing** *s.* ⟨*Cin*⟩ cartoni *mpl* (*o* disegni) animati.

animation [æni'meiʃən] *s.* **1** vivacità *f,* calore *m,* animazione *f.* **2** (*act of animating, enlivening*) animazione *f* (*anche Cin.*).

animator ['ænimeitə] *s.* animatore *m* (*f* –trice) (*anche Cin.*).

animism ['ænimizəm] *s.* ⟨*Filos*⟩ animismo *m.* **animist** [–mist] *s.* animista *m/f.* **animistic** [–'mistik] *a.* animistico.

animosity [æni'mɔsiti] *s.* animosità *f,* ostilità *f,* malanimo *m.*

animus ['æniməs] *s.* **1** malanimo *m,* animosità *f.* **2** (*intention*) intenzione *f,* animo *m.* **3** (*life-giving spirit*) anima *f,* spirito *m* animatore.

anion ['ænaiən] *s.* ⟨*Fis*⟩ anione *m.* **anionic** [ænai'ɔnik] *a.* anionico.

anise ['ænis] *s.* **1** ⟨*Bot*⟩ anice *m.* **2** → **aniseed. aniseed** [–i:d] *s.* semi *mpl* di anice. **anisette** [–'zet] *s.* anisetta *f.*

anisophylly [ænisou'fili] *s.* ⟨*Bot*⟩ anisofilia *f.*

anisotropic [ə,naisə'trɔpik] *a.* ⟨*Fis,Biol*⟩ anisotropo.

ankh [æŋk] *s.* ⟨*Art*⟩ croce *f* ansata.

ankle ['æŋkl] *s.* caviglia *f:* to sprain one's ~ slogarsi la caviglia.

ankle| bone *s.* ⟨*Anat*⟩ astragalo *m.* ~**-deep** *a./avv.* fino alla caviglia. ~ **jerk** *s.* ⟨*Med*⟩ riflesso *m* achilleo. ~ **sock** *s.* calzino *m.*

anklet ['æŋklit] *s.* **1** ⟨*am*⟩ (*ankle sock*) calzino *m,* calzerotto *m.* **2** (*bracelet*) bracciale *m* da caviglia. **3** (*protective band*) cavigliera *f.*

ankylose ['æŋkilouz] **I** *v.t.* anchilosare. **II** *v.i.* anchilosarsi. **ankylosis** ['lousis] *s.* (*pl.* -**ses** [si:z]) ⟨*Med*⟩ anchilosi *f.*

Ann [æn], '**Anna** [–ə] *N.pr.* Anna *f.*

Annabel(le) ['ænəbel] *N.pr.* Annabella *f.*

annalist ['ænəlist] *s.* annalista *m/f.* **anna'listic** [–ik] *a.* annalistico. **annals** ['ænlz] *s.pl.* **1** annali *mpl.* **2** (*historical records*) annali *mpl,* cronache *fpl.*

Anne [æn] *N.pr.* Anna *f.*

anneal [ə'ni:l] *v.t.* **1** ⟨*Vetr,Met*⟩ temprare, dare la tempera a. **2** (*fig*) (*of mind, will, etc.*) temprare, fortificare.

annealing furnace [ə'ni:liŋ] *s.* ⟨*Met*⟩ forno *m* di ricottura.

annectent [ə'nektənt] *a.* ⟨*Zool*⟩ relativo ad animali con caratteri intermedi fra due specie, famiglie o classi.

annelid ['ænəlid] **I** *a.* ⟨*Zool*⟩ degli anellidi. **II** *s.* anellide *m.*

Annette [æ'net] *N.pr.* Annetta *f.*

annex¹ ['ən eks] *v.t.* **1** ⟨*Pol*⟩ annettere. **2** (*to attach*) allegare, accludere, annettere: to ~ a clause allegare una clausola; (*to append*) aggiungere. **3** (*to take over*) impossessarsi di, appropriarsi (di).

annex² ['æneks] *s.* **1** dipendenza *f,* edificio *m* annesso, dépendance *f: the ~ of a hotel* la dépendance di un albergo. **2** (*supplementary clause, etc.*) allegato *m.*

annexation [ænek'seiʃən] *s.* **1** annessione *f.* **2** (*territory*) territorio *m* annesso. **annexationism** [–izəm] *s.* ⟨*Pol*⟩ annessionismo *m.* **annexationist** [–ist] *s.* annessionista *m/f.*

annexe *s.* → **annex².**

annihilate [ə'naiəleit] *v.t.* **1** annientare, annichilire, distruggere. **2** ⟨*fig*⟩ (*to nullify*) annullare. **3** ⟨*fam*⟩ (*to defeat*) schiacciare, annientare.

annihilation [ə,naiə'leiʃən] *s.* **1** annientamento *m,* annichilamento *m.* **2** ⟨*Atom*⟩ annichilazione *f.* **annihilationism** [–izəm] *s.* ⟨*Teol*⟩ annichilazionismo *m.* **an'nihilator** [–leitə] *s.* annientatore *m* (*f* –trice).

anniversary [æni'və:səri] **I** *s.* anniversario *m.* **II** *a.* **1** anniversario *m.* **2** (*of an anniversary*) di un anniversario.

Anno Domini *lat.* ['ænou'dɔminai] *avv.* dopo Cristo.

annotate ['ænouteit] **I** *v.t.* annotare, commentare, chiosare. **II** *v.i.* fare annotazioni. **annotated** [–id] *a.* annotato, commentato: ~ *edition* edizione commentata. **anno'tation** [–'teiʃən] *s.* **1** annotazione *f.* **2** (*note*) annotazione *f,* nota *f,* commento *m,* chiosa *f.* **annotator** [–ə] *s.* annotatore *m* (*f* –trice), commentatore *m* (*f*

–trice).

announce [ə'nauns] **I** *v.t.* **1** annunciare, rendere noto; (*of a marriage, etc.*) annunciare, partecipare. **2** (*to proclaim approach, readiness*) annunciare (*anche Rad.,TV.*): to ~ a guest annunciare un invitato; to ~ a programme annunciare un programma. **3** (*to state*) annunciare, dichiarare: he –d that he was tired dichiarò di essere stanco. **4** (*to foretell*) (pre)annunciare, promettere. **II** *v.i.* **1** ⟨*Rad,TV*⟩ fare l'annunciatore. **2** ⟨*am.Pol*⟩ presentarsi come candidato (*for* a). □ to ~ dinner annunciare che il pranzo è servito.

announcement [ə'naunsmənt] *s.* **1** annuncio *m,* comunicazione *f.* **2** ⟨*Rad,TV*⟩ annuncio *m* (pubblicitario). **3** (*card, letter, etc.*) annuncio *m;* (*for a marriage, etc.*) partecipazione *f.* **announcer** [–sə] *s.* ⟨*Rad,TV*⟩ annunciatore *m* (*f* –trice); (*master of ceremonies*) presentatore *m* (*f* –trice); (*commentator*) commentatore *m* (*f* –trice).

annoy [ə'nɔi] *v.t.* **1** disturbare, infastidire, dar noia a, seccare, ⟨*fam*⟩ scocciare. **2** ⟨*Mil*⟩ effettuare azioni di disturbo contro. □ to be –ed at s.th. essere seccato per qc.; ⟨*fam*⟩ to feel –ed essere seccato (o infastidito); don't get –ed non arrabbiarti; to be –ed by s.o. essere seccato da qd.; to be –ed by s.th. essere infastidito da qc.

annoyance [–əns] *s.* **1** (*act*) disturbo *m,* molestia *f,* seccatura *f.* **2** (*feeling*) irritazione *f,* fastidio *m: to show ~ at a delay* mostrare irritazione per un ritardo. **3** (*nuisance*) fastidio *m,* seccatura *f,* ⟨*fam*⟩ scocciatura *f.* □ much to our ~ con nostro grande fastidio. **annoying** [–iŋ] *a.* irritante, seccante, fastidioso. □ how –! che seccatura! **annoyingly** [–iŋli] *avv.* fastidiosamente, in modo irritante.

annual ['ænjuəl] **I** *a.* annuo, annuale (*anche Bot.*): ~ salary stipendio annuo. **II** *s.* **1** annuario *m.* **2** ⟨*Bot*⟩ pianta *f* annua. **annually** [–i] *avv.* annualmente.

annual| report *s.* ⟨*Econ*⟩ relazione *f* annuale del bilancio. ~ **ring** *s.* ⟨*Bot*⟩ cerchio *m* (o anello) annuale.

annuitant [ə'njuitənt] *s.* beneficiario *m* (*f* –a) di rendita annua (*o* vitalizio). **annuity** [–ti] *s.* ⟨*Econ*⟩ **1** annualità *f.* **2** (*right to receive*) diritto *m* a un assegno. □ to buy an ~ investire il denaro in un vitalizio.

annul [ə'nʌl] *v.t.* (*pret., p.p.* -**lled** [–d]) annullare, abrogare, revocare, rescindere: to ~ a contract rescindere un contratto; to ~ a marriage annullare un matrimonio.

annular ['ænjulə] *a.* anulare.

annular| eclipse *s.* ⟨*Astr*⟩ eclisse *f* anulare. ~ **ligament** *s.* ⟨*Anat*⟩ legamento *m* anulare. ~ **vault** *s.* ⟨*Arch*⟩ volta *f* a botte.

annulated ['ænjuleitid] *a.* inanellato, ad anelli. **annulation** [–'leiʃən] *s.* **1** formazione *f* di anelli. **2** (*structure*) struttura *f* ad anelli.

annulet ['ænjulit] *s.* **1** anellino *m,* anelluccio *m.* **2** ⟨*Arch*⟩ collarino *m.*

annullable [ə'nʌləbl] *a.* annullabile. **annulment** [–lmənt] *s.* annullamento *m:* ~ of marriage annullamento di matrimonio.

annunciate [ə'nʌnʃieit] *v.t.* → **announce. annunciation** [ə,nʌnsi'eiʃən] *s.* annunzio *m.*

Annunciation (Day) *N.pr.* Annunciazione *f,* festa *f* dell'Annunciazione.

annunciator [ə'nʌnʃieitə] *s.* **1** annunciatore *m* (*f* –trice). **2** (*signalling device*) quadro *m* di segnalazione.

anodal [ə'noudəl] *a.* → **anodic.**

anode ['ænoud] *s.* ⟨*Fis*⟩ anodo *m.*

anode| battery *s.* batteria *f* anodica ~ **effect** *s.* effetto *m* anodico.

anodic [æ'noudik] *a.* anodico. **anodization** [–dai'zeiʃən] *s.* anodizzazione *f.* **anodize** ['ænədaiz] *v.t.* anodizzare. **anodizer** [–zə] *s.* anodizzatore *m.*

anodyne ['ænodain] **I** *s.* **1** ⟨*Farm*⟩ sedativo *m,* rimedio *m* anodino, calmante *m.* **2** ⟨*fig*⟩ sollievo *m,* medicina calmante *m.* **II** *a.* **1** anodino, calmante. **2** ⟨*fig*⟩ riposar (*comforting*) confortante. **3** ⟨*fig*⟩ (*watered down*) anod' di scarsa efficacia.

anoint [ə'nɔint] *v.t.* **1** ungere. **2** ⟨*Lit*⟩ ungere; (*consecrate*) consacrare. **anointment** [–mənt] *s.* unzione consacrazione *f.*

anomalism [ə'nɔməlizəm] *s.* anomalia *f.* **a,nomalistic** [–'listik] *a.* anomalistico (*anche Astr.*): ~ *year* anno anomalistico.

anomalous [ə'nɔmələs] *a.* **1** anomalo, irregolare. **2** (*incongruous*) contraddittorio, incoerente; (*strange*) insolito, strano. **3** ⟨*Biol*⟩ anomalo, anormale. **anomaly** [–li] *s.* anomalia *f*, irregolarità *f.*

anomie [ə'noumi] *s.* ⟨*Sociol*⟩ anomia *f.* **anomic** [–ik] *a.* anomico.

anon [ə'nɔn] *avv.* ⟨*ant,scherz*⟩ **1** fra poco, presto. **2** (*again*) di nuovo. **3** (*immediately*) subito. □ *ever and* ~ ogni tanto.

anon. = *anonymous* anonimo (*abbr.* anon.).

anonym ['ænənim] *s.* anonimo *m* (*f* –a). **anonymity** [ænɔ'nimiti] *s.* **1** anonimato *m*, anonimo *m.* **2** (*something anonymous*) anonimia *f.*

anonymous [ə'nɔniməs] *a.* **1** anonimo: *an* ~ *letter* una lettera anonima. **2** ⟨*fig*⟩ anonimo, scialbo. □ *to remain* ~ conservare l'anonimato. **anonymously** [–li] *avv.* anonimamente. **anonymousness** [–nis] *s.* anonimato *m.*

anopheles [ə'nɔfili:z] *s.inv.* ⟨*Entom*⟩ anofele *m.*

anorak ['ænəræk] *s.* giaccone *m.*

anorectal [,æno'rektl] *a.* ⟨*Med*⟩ anorettale.

anorectic [,ænə'rektik] **I** *a.* **1** (*marked by loss of appetite*) anoressico. **2** (*causing loss of appetite*) anoressizzante. **II** *s.* **1** (*anorectic person*) anoressico *m* (*f* –a). **2** (*anorectic drug*) anoressizzante *m.* **anorexia** [,æno'reksiə] *s.* ⟨*Med*⟩ anoressia *f.*

anosmia [æ'nɔzmiə] *s.* ⟨*Med*⟩ anosmia *f.*

another [ə'nʌðə] **I** *a.* **1** (*an additional*) un altro; (*a second*) un secondo; (*of a group*) altro: ~ *ten books* altri dieci libri; (*of time*) altro, ancora. **2** (*different*) un altro, diverso, differente: *it is quite* ~ *matter* è una faccenda del tutto diversa. **3** (*similar*) un secondo, un altro, un nuovo: ~ *Einstein* un secondo Einstein. **II** *pron.* **1** un altro: *tell us* ~ raccontacene un'altra. **2** (*a different one*) un altro, uno differente: *give me* ~ dammene un altro. **3** (*the other*) l'altro: *one after* ~ uno dopo l'altro. □ *taking one thing with* ~ tutto sommato; *one way or* ~ in un modo o nell'altro.

ANPA = *American Newspaper Publishers' Association* Associazione americana degli editori di giornali.

ans. = *answer* risposta.

ansate cross ['ænseit] *s.* → **ankh.**

Anselm ['ænselm] *N.pr.* Anselmo *m.*

anserine ['ænsərain] *a.* **1** anserino, d'oca. **2** ⟨*fig*⟩ (*stupid*) stupido, sciocco. **3** ⟨*Med*⟩ anserino.

answer ['ɑ:nsə] **I** *s.* **1** risposta *f: no one knew the* ~ nessuno sapeva la risposta. **2** (*solution*) soluzione *f*, risposta *f: there is no easy* ~ *to the problem* non c'è una soluzione facile al problema. **3** (*reply to an accusation*) replica *f.* **4** ⟨*Dir*⟩ replica *f* (del convenuto). **II** *v.i.* **1** rispondere; (*to rejoin*) replicare. **2** (*to be responsible for*) rispondere (*for* di): *to* ~ *for s.o.'s safety* rispondere della sicurezza di qd. **3** (*to suffer the consequences of*) rispondere (di), pagare (per), scontare (qc.): *to* ~ *for a crime with one's life* pagare per un delitto con la propria vita. **4** (*to correspond to*) rispondere, corrispondere (*to* a): *to* ~ *to a description* rispondere alla descrizione. **5** (*to serve the purpose*) servire (a), rispondere allo scopo. **III** *v.t.* **1** rispondere a: ~ *my question* rispondi alla mia domanda; *he –ed the telephone* rispose al telefono. **2** (*to solve*) risolvere, sciogliere. **3** (*to satisfy*) rispondere a, servire a, soddisfare: *this will* ~ *all your needs* questo risponderà a tutti i tuoi bisogni; (*of an obligation, a debt*) soddisfare. **4** (*to reply favourably to*) esaudire, adempiere: *who will* ~ *our prayers?* chi esaudirà le nostre preghiere? **5** (*to reply in defence*) rispondere a, replicare a: *to* ~ *a charge* replicare a un'accusa. □ *to* ~ **back** rispondere male (*o* in modo impertinente), rimbeccare; *to* ~ **blow** *with blow* [...]re con la stessa moneta; *to* ~ *the* **door** aprire la [...] *to get an* ~ ricevere una risposta; *to have an* ~ *for* [...]*ng* avere sempre una risposta pronta; ⟨*Mar*⟩ *to* ~ [...]n rispondere al timone; ⟨*epist*⟩ **in** ~ *to your letter* [...]sta alla vostra lettera; ⟨*fam*⟩ *to* **know** *all the –s* [...]tto, saperla lunga; *to* ~ *to the* **name** *of* rispondere

al nome di, chiamarsi; *her* **only** ~ *was a smile* si limitò a rispondere con un sorriso.

answerable ['ɑ:nsərəbl] *a.* **1** responsabile, garante: *to be* ~ *to s.o. for s.th.* essere responsabile verso qd. per qc. **2** (*capable of being answered*) a cui si può rispondere.

answering machine *s.* (*telephone answering machine*) segreteria *f* telefonica (automatica).

answer print *s.* ⟨*Cin*⟩ copia *f* campione.

ant [ænt] *s.* ⟨*Entom*⟩ formica *f.*

an't [ɑ:nt] ⟨*dial*⟩ → **ain't.**

antacid ['ænt'æsid] **I** *s.* ⟨*Chim*⟩ antiacido *m.* **II** *a.* antiacido.

antagonism [æn'tægənizəm] *s.* **1** ostilità *f*, opposizione *f.* **2** (*opposing force*) antagonismo *m*, rivalità *f*, contrasto *m: the* ~ *between religion and science* l'antagonismo tra religione e scienza. **3** ⟨*Biol,Chim*⟩ antagonismo *m.* □ *to come into* ~ *with s.o.* venire a contrasto con qd. **antagonist** [–nist] *s.* **1** avversario *m* (*f* –a), antagonista *m/f*, rivale *m/f.* **2** ⟨*Farm*⟩ farmaco *m* ad azione antagonistica. **antagonistic** [–'nistik] *a.* antagonistico (*anche Anat.*). **antagonize** [–naiz] *v.t.* **1** inimicarsi, provocare l'ostilità di. **2** (*to oppose actively*) opporsi a, resistere a.

antalgic [æn'tældʒik] **I** *a.* ⟨*Farm*⟩ antalgico, antinevralgico. **II** *s.* antalgico *m*, antinevralgico *m.*

antalkali [ænt'ælkəlai] *s.* (*pl.* -s/-es [z]) antialcalino *m.* **antalkaline** [–n] **I** *a.* antialcalino. **II** *s.* → **antalkali.**

antarctic [ænt'ɑ:ktik] *a.* ⟨*Geog*⟩ antartico. **Antarctic** *N.pr.* Antartico *m.* **Antarctica** [–ə] *N.pr.* Antartide *f.*

Antarctic Circle *s.* ⟨*Geog*⟩ circolo *m* polare antartico. ~ **Continent** *s.* → **Antarctica.** ~ **Ocean** *s.* Oceano *m* antartico.

ant bear *s.* ⟨*Zool*⟩ formichiere *m* gigante.

ante *am.* ['ænti] **I** *s.* **1** (*in poker*) buio *m.* **2** ⟨*Comm*⟩ anticipo *m.* **II** *v.t.* (*in poker*) fare il buio di.

ant eater *s.* ⟨*Zool*⟩ **1** mammifero *m* che si nutre prevalentemente di formiche e termiti. **2** → **ant bear.**

ante bellum ['ænti'beləm] *a.* **1** anteguerra. **2** ⟨*am*⟩ (*before the Civil War*) precedente alla guerra di secessione.

antecede [,ænti'si:d] *v.t.* precedere. **antecedence** [–əns] *s.* precedenza *f*, priorità *f*, anteriorità *f*, antecedenza *f.* **antecedent** [–ənt] **I** *s.* **1** antecedente *m*, precedente *m.* **2** *pl.* (*ancestors*) antenati *mpl*; (*events of one's early life*) precedenti *mpl.* **3** ⟨*Gramm,Filos,Mat*⟩ antecedente *m.* **II** *a.* antecedente, precedente. **antecessor** [–'sesə] *s.* predecessore *m*, antecessore *m.*

antechamber ['æntitʃeimbə] *s.* anticamera *f.*

antechoir ['æntikwaiə] *s.* ⟨*Arch*⟩ parte *f* antistante al coro.

antedate [,ænti'deit] **I** *v.t.* **1** precedere, precorrere. **2** (*to assign to an earlier date*) retrodatare, antidatare: *to* ~ *a cheque* antidatare un assegno. **3** ⟨*rar*⟩ (*to anticipate*) anticipare. **II** *s.* antidata *f.*

antediluvian [,æntidi'lu:viən] **I** *a.* antidiluviano. **II** *s.* **1** ⟨*Bibl*⟩ essere *m* antidiluviano. **2** ⟨*fig*⟩ persona *f* antidiluviana (*o* antiquata).

antefix ['æntifiks] *s.* (*pl.* -es [iz]/-a [ə]) ⟨*Arch*⟩ antefissa *f.*

ant egg *s.* ⟨*Entom*⟩ pupa *f* seccata (di formica).

antelope ['æntiloup] *s.* (*pl. inv./-s* [s]) ⟨*Zool,Conc*⟩ antilope *f.*

antemeridian *lat.* ['æntimə'ridiən] *a.* antimeridiano.

antenatal ['ænti'neitl] *a.* prenatale, antenatale.

antenna [æn'tenə] *s.* **1** (*pl.* -s [z]) ⟨*Rad*⟩ antenna *f.* **2** (*pl.* -nae [ni:]) ⟨*Zool,Entom*⟩ antenna *f.*

antenuptial ['ænti'nʌpʃəl] *a.* ⟨*Dir*⟩ antenuziale.

ante-orbital ['ænti'ɔ:bitl] *a.* ⟨*Anat*⟩ situato davanti all'occhio (*o* all'orbita).

antepenult ['ænti'pi:nʌlt], **antepenultimate** [–pi'nʌltimit] **I** *a.* terzultimo. **II** *s.* terzultima (*o* antipenultima) sillaba *f.*

anterior [æn'tiəriə] *a.* anteriore. **an,teriority** [–ri'ɔriti] *s.* anteriorità *f.*

anteroom ['æntirum] *s.* anticamera *f.*

anthelion [æn'θi:liən] *s.* (*pl.* -lia [liə]) ⟨*Astr*⟩ antelio *m.*

anthelmintic [,ænθəl'mintik] **I** *a.* ⟨*Farm*⟩ antelmintico. **II** *s.* antelmintico *m.*

anthem ['ænθəm] s. **1** inno m: national ~ inno nazionale. **2** ⟨Lit⟩ (hymn sung antiphonally) antifona f.

anther ['ænθə] s. ⟨Bot⟩ antera f. **antheral** [-rəl] a. dell'antera.

antherozoid [ænθəro'zɔid] s. ⟨Bot⟩ anterozoo m.

ant hill s. formicaio m.

anthological [ænθə'lɔdʒikl] a. antologico. **anthologist** [-'θɔlədʒist] s. compilatore m di antologie, antologista m/f. **anthologize** [-'θɔlədʒaiz] v.t. **1** raccogliere in un'antologia. **2** (of a poem) pubblicare in un'antologia. **anthology** [-'θɔlədʒi] s. antologia f, florilegio m.

Anthony ['æntəni, am. 'ænθəni] N.pr. Antonio m.

anthozoan [ænθo'zouən] **I** a. ⟨Zool⟩ degli antozoi. **II** s. (pl. -zoa [zoə]) **1** mollusco m degli antozoi. **2** pl. antozoi mpl.

anthracene ['ænθrəsi:n] s. ⟨Chim⟩ antracene m.

anthracite ['ænθrəsait] s. antracite f. **,anthracitic** [-'sitik] a. antracitico.

anthrax ['ænθræks] s. (pl. **anthraces** [-rəsi:z]) ⟨Veter,Med⟩ antrace m.

anthropobiology [ˌænθrəpobai'ɔlədʒi] s. antropobiologia f.

anthropocentric [ˌænθrəpo'sentrik] a. ⟨Filos⟩ antropocentrico. **anthropocentrism** [-izm] s. antropocentrismo m.

anthropography [ˌænθrə'pɔgrəfi] s. antropogeografia f.

anthropoid ['ænθrəpɔid] **I** a. ⟨Zool⟩ antropoide. **II** s. **1** antropoide m. **2** (anthropoid ape) scimmia f antropoide (o antropomorfa).

anthropological [ˌænθrəpə'lɔdʒikl] a. antropologico. **anthropologism** [-pɔlədʒizm] s. antropologismo m. **anthropologist** [-'pɔlədʒist] s. antropologo m. `anthropology [-'pɔlədʒi] s. antropologia f.

anthropometric [ˌænθrəpə'metrik] a. antropometrico. **anthropometry** [-'pɔmitri] s. antropometria f.

anthropomorphic [ˌænθrəpo'mɔːfik] a. antropomorfico. **anthropomorphism** [-fizəm] s. antropomorfismo m. **anthropomorphist** [-fist] s. antropomorfita m/f. **anthropomorphize** [-faiz] v.t. attribuire facoltà (o forme) umane a. **anthropomorphous** [-fəs] a. → anthropomorphic.

anthropophagite [ˌænθrəpo'fædʒait] s. antropofago m (f -a), cannibale m/f. **anthropophagous** [-'pɔfəgəs] a. antropofago. **anthropophagus** [-'pɔfəgəs] s. (pl. -gi [dʒi]) (general. al pl.) antropofago m (f -a). **anthropophagy** [-'pɔfədʒi] s. antropofagia f, cannibalismo m.

anthroposphere [ænθrəpo'sfiə] s. antroposfera.

anti ['ænti] ⟨fam⟩ **I** s. oppositore m (f -trice), contestatario m (f -a). **II** prep. contro: to be ~ s.th. essere contro qc.

antiabortion [ˌæntiə'bɔːʃən] a. antiabortista: ~ movement movimento antiabortista. **antiabortionist** [-ist] s. antiabortista m/f.

,anti-'aircraft **I** a. ⟨Mil⟩ antiaereo, contraereo. **II** s. **1** contraerea f, artiglieria f contraerea. **2** (organization) difesa f contraerea. **3** (shell fire) fuoco m antiaereo. ☐ ~ gun cannone antiaereo.

antialcoholic [ˌæntiælkə'hɔlik] a. antialcolico. **antialcoholist** [-list] s. antialcolista m/f.

anti-American a. antiamericano. **anti-Americanism** s. antiamericanismo m.

anti-art s. anti-arte f.

antiarthritic ['æntiɑː'θritik] a. ⟨Farm⟩ antiartritico.

antiasthmatic [ˌæntiæsθ'mætik] a. ⟨Farm⟩ antiasmatico.

antiatom ['ænti'ætəm] s. ⟨Fis⟩ antiatomo m. **antiatomic** [-ik] a. ⟨Mil⟩ antiatomico.

antiauthoritarian [ˌæntiɔː,θɔri'tɛriən] a. ⟨Sociol⟩ antiautoritario. **antiauthoritarianism** [-izm] s. antiautoritarianismo m.

antibacterial [ˌantibæk'tiəriəl] a. antibatterico.

antiballistic [ˌæntibə'listik] a. ⟨Mil⟩ antiballistico.

antibiogram [ˌænti'biogræm] s. ⟨Med⟩ antibiogramma m.

antibiosis [ˌæntibai'ousis] s. (pl. **-ses** [si:z]) ⟨Biol⟩ antibiosi f. **antibiotic** [-bai'ɔtik] **I** s. ⟨Biol⟩ antibiotico m. **II** a. antibiotico.

antibiotic therapy s. ⟨Med⟩ antibioticoterapia f.

antibody ['æntibɔdi] s. ⟨Biol⟩ anticorpo m.

antic ['æntik] **I** s. **1** pl. pagliacciata f, comportamento m ridicolo, gesti mpl grotteschi; (capers) capriole fpl, salti mpl. **2** ⟨ant⟩ (clown) buffone m. **II** a. ⟨ant⟩ grottesco; (fantastic) fantastico, bizzarro.

anticarious [ˌænti'kæiəs] a. anticarie.

anticatalyst [ˌænti'kætəlist] s. ⟨Chim⟩ anticatalizzatore m.

anticatarrhal [ˌæntikə'taːrəl] a. anticatarrale.

anticathode [ˌænti'kæθoud] s. ⟨Fis⟩ anticatodo m.

anti-Catholic **I** a. anticattolico. **II** s. anticattolico m (f -a).

antichlorine ['æntiklɔriːn] s. ⟨Chim⟩ anticloro m.

anticholeraic [ˌæntikɔlə'reiik] a. ⟨Farm⟩ anticolerico. **II** s. rimedio m (o farmaco) anticolerico.

Antichrist [æ'nti'kraist] s. anticristo m. **antichristian** [-'kristjən] **I** a. anticristiano. **II** s. anticristiano m. **antichristianism** [-'kristjənizəm] s. anticristianesimo m.

anticipate [æn'tisipeit] v.t. **1** aspettarsi, prevedere: do you ~ any difficulty? prevedi qualche difficoltà? **2** (to act before another) prevenire, precedere: to ~ s.o. precedere qd. **3** (to deal with in advance) prevenire, prevedere: to ~ enemy movements prevenire i movimenti del nemico. **4** (to consider or mention in advance) preannunziare, anticipare. **5** (to foretaste) pregustare, godere (o assaporare) in anticipo. **6** ⟨Econ⟩ anticipare: to ~ payment anticipare un pagamento; (of an obligation) far fronte anticipatamente a.

anticipation [æn,tisi'peiʃən] s. **1** attesa f, aspettativa f; (foretaste) pregustazione f. **2** (foreknowledge) conoscenza f anticipata, previsione f. **3** (prior occurrence) previsione f, anticipazione f. **4** ⟨Econ,Mus⟩ anticipazione f. ☐ ⟨Comm⟩ payment in ~ pagamento anticipato; ⟨epist⟩ thanking you in ~ ringraziandoLa anticipatamente.

anticipative [æn'tisipeitiv] a. che anticipa. **anticipator** [-tə] s. chi prevede (o anticipa). **anticipatory** [-təri] a. che anticipa.

anticlerical [ˌænti'klerikl] **I** a. anticlericale. **II** s. anticlericale m/f. **anticlericalism** [-izəm] s. anticlericalismo m.

anticlimax [ˌænti'klaimæks] s. **1** ⟨Ret⟩ anticlimax m. **2** (anticlimatic event) delusione f, doccia f fredda, sgonfiatura f, smontatura f.

anticlinal [ˌænti'klainl] a. **1** ⟨Bot⟩ anticlino. **2** ⟨Geol⟩ anticlinale. **'anticline** [-lain] s. ⟨Geol⟩ anticlinale f.

anticlockwise [ˌænti'klɔkwaiz] **I** a. antiorario. **II** avv. in senso antiorario.

anticoagulant [ˌæntiko'ægjulənt] **I** a. ⟨Biol,Chim⟩ anticoagulante. **II** s. anticoagulante m.

anti-col'lision a. anticollisione.

anticolonialism [ˌæntiko'louniəlizm] s. anticolonialismo m. **anticolonialist** [-list] s. anticolonialista m/f.

anticonformism [ˌæntikən'fɔːmizm] s. anticonformismo m. **anticonformist** [-mist] s. anticonformista m/f.

anticonstitutional [ˌænti'kɔnstitju:ʃənl] a. anticostituzionale. **anticonstitutionally** [-n(ə)li] avv. anticostituzionalmente, in modo anticostituzionale.

anti-corrosion a. anticorrosione.

anticrease ['æntikri:s] a. antipiega.

anticrime [ˌænti'kraim] a. anticrimine: ~ officer funzionario del reparto anticrimine.

anticyclical [ˌænti'saiklikəl] a. ⟨Econ⟩ anticiclico.

anticyclone [ˌænti'saikloun] s. ⟨Meteor⟩ anticiclone m. **anticyclonic** [-'klɔnik] a. anticiclonico.

anti-'dazzle a. antiabbagliante, anabbagliante.

antidemocratic [ˌæntidemə'krætik] a. antidemocratico.

antidepressant [ˌæntidi'presənt] a. ⟨Farm⟩ antidepressivo m. **antidepressive** [-siv] a. antidepressivo.

antidiphtheric serum [ˌæentidif'θerik] s. siero m anti difterico.

antidoping [ˌænti'doupiŋ] s. ⟨Sport⟩ antidoping m.

antidotal ['æntidoutl] a. che serve da antidoto; ⟨ antidote⟩ di (o da) antidoto. **antidote** [-dou ⟨Med,fig⟩ antidoto m: an ~ for inflation un ant rimedio⟩ contro l'inflazione.

anti-drug centre s. centro m antidroga.

antidrumming [ˌænti'drʌmiŋ] **I** a. ⟨Aut⟩ antirom antirombo m.

anti-dumping *a.* ⟨*Econ*⟩ antidumping.

anti-establishment [ˌæntiisˈtæbliʃmənt] *a.* contrario al sistema.

anti-Euro'pean I *a.* antieuropeo, antieuropeista. II *s.* antieuropeista *m/f.*

antifading [ˌæntiˈfeidiŋ] *a.* ⟨*Rad*⟩ antifading.

antifascism [ˌæntiˈfæʃizəm] *s.* antifascismo *m.* **antifascist** [-ʃist] I *a.* antifascista, antifascistico. II *s.* antifascista *m/f.*

antifebrile [ˌæntiˈfiːbrail] I *a.* ⟨*Farm*⟩ antifebbrile. II *s.* febbrifugo *m,* antifebbrile *m.*

Antifederalist *am.* [ˌæntiˈfedərəlist] *s.* ⟨*Stor*⟩ antifederalista *m/f.*

antifeminism [ˌæntiˈfeminizəm] *s.* antifemminismo *m.* **antifeminist** [-ist] *s.* antifemminista *m/f.*

anti-flu *a.* ⟨*Farm*⟩ anti(i)nfluenzale.

antifreeze [ˌæntiˈfriːz] *s.* ⟨*Mot*⟩ anticongelante *m,* antigelo *m.*

anti-French *a.* antifrancese.

antigen [ˈæntidʒen] *s.* ⟨*Biol*⟩ antigene *m.*

antigen-antibody reaction *s.* ⟨*Biol*⟩ reazione *f* antigene-anticorpo.

anti-glare [ˌæntiˈgleə] *a.* → **antidazzle.**

Antigone [ænˈtigəni] *N.pr.* ⟨*Mitol*⟩ Antigone *f.*

anti-governmental *a.* antigovernativo.

antigravity [ˌæntiˈgræviti] *a.* antigravità.

anti-G suit [ˌæntiˈdʒi] *s.* ⟨*Astron*⟩ tuta *f* antigravità (*o* anti-G).

anti-hail *a.* antigrandine: ~ *rocket* razzo antigrandine.

antihistamine [ˌæntiˈhistəmiːn] *s.* ⟨*Farm*⟩ antistaminico *m.*

antihydrogen [ˌæntiˈhaidrədʒən] *s.* ⟨*Chim*⟩ antidrogeno *m.*

anti-'icer *s.* ⟨*Aer*⟩ antighiaccio *m.*

anti-im'perialism *s.* antimperialismo *m.* **anti-im'perialist** I *a.* antimperialista. II *s.* antimperialista *m/f.*

anti-inflation *a.* ⟨*Econ*⟩ antinflazionistico. **anti-inflationary** *a.* antinflazionistico, contro l'inflazione.

anti-jam *s.* ⟨*Rad*⟩ eliminazione *f* dei radiodisturbi. **anti-jammer** *s.* dispositivo *m* antidisturbo. **anti-jamming** *s.* → **anti-jam.**

anti-'Jewish *a.* antiebreo, antigiudaico.

antiknock [ˌæntiˈnɔk] I *a.* ⟨*Mot*⟩ antidetonante. II *s.* antidetonante *m:* ~ *fuel* carburante antidetonante.

Antilles [ænˈtiliːz] *N.pr.pl.* ⟨*Geog*⟩ Antille *fpl.*

antilogarithm [ˌæntiˈlɔgəriθəm] *s.* ⟨*Mat*⟩ antilogaritmo *m.*

antilogical [ˌæntiˈlɔdʒikəl] *a.* ⟨*Filos*⟩ antilogico. **antilogy** [-lədʒi] *s.* 1 ⟨*Filos*⟩ antilogia *f.* 2 (*contradiction*) contraddizione *f,* antilogia *f.*

antimacassar [ˌæntiməˈkæsə] *s.* coprischienale *m.*

antimagnetic [ˌæntimægˈnetik] *a.* antimagnetico.

antimalarial [ˌæntiməˈleəriəl] I *a.* antimalarico. II *s.* antimalarico *m,* farmaco *m* antimalarico.

antimasque [ˈæntimaːsk] *s.* ⟨*Teat*⟩ intermezzo *m* grottesco.

antimatter [ˈæntimætə] *s.* ⟨*Fis*⟩ antimateria *f.*

antimilitarism [ˌæntiˈmilitərizəm] *s.* antimilitarismo *m.* **antimilitarist** [-rist] I *a.* antimilitarista. II *s.* antimilitarista *m.*

antimissile| missile *s.* ⟨*Mil*⟩ missile *m* antimissile. ~ **movement** *s.* ⟨*Pol*⟩ movimento *m* antimissilistico.

antimonarchical [ˌæntiməˈnaːkikl] *a.* antimonarchico. **antimonarchist** [-ˈmɔnəkist] *s.* antimonarchico *m* (*f* –a).

antimonial [ˌæntiˈmouniəl] I *a.* ⟨*Chim*⟩ antimoniale. II *s.* composto *m* antimoniale. **antimonic** [-nik] *a.* antimonico. **antimonious** [-niəs], **antimonous** [ˈæntəmənəs] *a.* antimonioso. **'antimonite** [-mənait] *s.* ⟨*Min*⟩ antimonite *f.* **'antimony** [-məni] *s.* antimonio *m.*

antimoral [ˌæntiˈmɔrəl] *a.* antimorale.

antinational [ˌæntiˈnæʃənl] *a.* antinazionale.

antinazi [ˌæntiˈnaːtsi] I *a.* antinazista. II *s.m.* antinazista *m/f.*

antineutron [ˌæntiˈnjuːtrɔn] *s.* ⟨*Fis*⟩ antineutrone *m.*

antinoise [ˌæntiˈnɔiz] *a.* ⟨*tecn*⟩ silenziatore, antirombo.

antinomian [ˌæntiˈnoumiən] I *s.* ⟨*Rel*⟩ antinomista *m/f,* antinomiano *m* (*f* –a). II *a.* antinomistico. **antinomianism** [-izəm] *s.* antinomismo *m.* **antinomy** [ænˈtinəmi] *s.* 1 ⟨*Dir*⟩ antinomia *f,* contraddizione *f.* 2 ⟨*Filos*⟩ antinomia *f.*

anti-novel *s.* ⟨*Lett*⟩ antiromanzo *m.*

antinuclear [ˌæntiˈnjuːkliə] *a.* antinucleare: ~ *group* gruppo antinucleare; ~ *protest* protesta antinucleare.

antinuke *am.* [ˌæntiˈnjuːk] I *a.* antinucleare. II *s.* antinucleare *m/f.*

Antioch [ˈæntiɔk] *N.pr.* ⟨*Geog*⟩ Antiochia *f.*

antioxidant [ˌæntiˈɔksidənt] *s.* ⟨*Chim*⟩ antiossidante *m,* sostanza *f* antiossidante.

antipapal [ˌæntiˈpeipl] *a.* antipapale.

anti-parliamentary [ˌæntipɑːləˈment(ə)ri] *a.* ⟨*Pol*⟩ antiparlamentare.

antiparticle [ˌæntiˈpɑːtikl] *s.* ⟨*Fis*⟩ antiparticella *f.*

antipathetic [ˌæntipəˈθetik], **antipathetical** [-l] *a.* 1 contrario, avverso (*to* a). 2 (*causing antipathy*) antipatico, inviso (a).

antipathic [ˌæntiˈpæθik] *a.* 1 → **antipathetic.** 2 ⟨*Med*⟩ che presenta sintomi contrari.

antipathy [ænˈtipəθi] *s.* 1 antipatia *f,* avversione *f;* (*repugnance*) ripugnanza *f,* repulsione *f.* 2 (*object of aversion*) antipatia *f.*

antipatriotic [ˌæntipætriˈɔtik] *a.* antipatriottico. **antipatriotism** [-ˈpætriɔtizm] *s.* antipatriottismo *m.*

antiperistalsis [ˈæntiˌperiˈstælsis] *s.* ⟨*Fisiol*⟩ antiperistalsi *f.*

antipersonnel [ˌæntiˌpəːsəˈnel] *a.* ⟨*Mil*⟩ antiuomo.

antiperspirant [ˌæntiˈpəːspərənt] *s.* ⟨*Cosmet*⟩ antidiaforetico *m.*

antiphlogistic [ˌæntiflɔˈdʒistik] I *a.* ⟨*Farm*⟩ antiflogistico. II *s.* antiflogistico *m.*

antiphon [ˈæntifɔn] *s.* ⟨*Lit*⟩ antifona *f.* **an'tiphonal** [-fənl] I *a.* antifonale. II *s.* → **antiphonary.** **an'tiphonary** [-fənəri] *s.* antifonario *m.* **an'tiphony** [-fəni] *s.* 1 ⟨*Mus*⟩ antifonia *f.* 2 ⟨*Lit*⟩ antifona *f.*

antiphrasis [ænˈtifrəsis] *s.* (*pl.* **-ses** [siːz]) ⟨*Ret*⟩ antifrasi *f.*

antiplastic [ˌæntiˈplæstik] *a.* ⟨*Med*⟩ inibente la cicatrizzazione, cheratolitico.

antipodal [ænˈtipədl] *a.* 1 ⟨*Geog*⟩ antipode. 2 ⟨*fig*⟩ agli antipodi, diametralmente opposto. **an,tipodean** [-ˈdiən] *a.* antipode. **antipodes** [-diːz] *s.pl.* ⟨*Geog*⟩ antipodi *mpl* (*anche fig.*).

antipole [ˈæntipoul] *s.* antipolo *m.*

antipollution [ˌæntipəˈluːʃən] *a.* contro l'inquinamento: ~ *measure* misura di lotta contro l'inquinamento. **anti-pol'lutant** *a* antinquinante: ~ *technology* tecnologia antinquinante.

antipope [ˈæntipoup] *s.* antipapa *m.*

antipopular [ˌæntiˈpɔpjulə] *a.* antipopolare.

antiprogressive [ˌæntiprəˈgresiv] *a.* antiprogressista.

antiprohibitionism [ˌæntiprouhiˈbiʃənizm] *s.* antiproibizionismo *m.* **antiprohibitionist** [-nist] *s.* antiproibizionista *m/f.*

antiprotectionist [ˌæntiprəˈtekʃənist] *s.* antiprotezionista *m/f.*

antiproton [ˌæntiˈprotɔn] *s.* ⟨*Fis*⟩ antiprotone *m.*

anti-psychiatry *s.* antipsichiatria *f.*

antipyretic [ˌæntipaiˈretik] I *a.* ⟨*Farm*⟩ antipiretico. II *s.* antipiretico *m.*

antipyrin(e) [ˌæntiˈpairin] *s.* ⟨*Farm*⟩ antipirina *f.*

antiquarian [ˌæntiˈkweəriən] I *s.* 1 antiquario *m* (*f* –a). 2 ⟨*Cart*⟩ formato di carta da disegno. II *a.* antiquario. **antiquarianism** [-izəm] *s.* antiquaria *f.* **'antiquary** [-kwəri] *s.* antiquario *m* (*f* –a).

antiquate [ˈæntikweit] *v.t.* 1 rendere antiquato. 2 (*to make antique*) invecchiare, dare un aspetto antico a. **antiquated** [-id] *a.* 1 antiquato. 2 (*old–fashioned*) fuori moda, antiquato, sorpassato. 3 (*old*) vecchio: *an* ~ *typewriter* una vecchia macchina da scrivere.

antique [ænˈtiːk] I *a.* 1 antico: ~ *furniture* mobili antichi. 2 (*old –fashioned*) antiquato, vecchio. II *s.* 1 pezzo *m* (*o* oggetto) di antiquariato. 2 (*ancient style*) stile *m* antico. 3 ⟨*Tip*⟩ antiqua *f,* romano *m.* **antiqueness** [-nis] *s.*

antichità *f.*

antiquity [æn'tikwiti] *s.* **1** antichità *f.* **2** (*early ages of history*) antichità *f,* età *f* antica. **3** (*ancient peoples*) antichi *mpl.* **4** *pl.* (*relics of ancient times*) antichità *fpl;* (*customs*) usi e costumi *mpl* antichi.

antirabies [ˌænti'ræb:iz] *s.* ⟨*Farm*⟩ antirab(b)ico.

antiracialism [ˌænti'reiʃəlizm] *s.* → **antiracism**. **antiracialist** [-list] *a.* → **antiracist**. **antiracism** [-'reizizm] *s.* antirazzismo. **antiracist** [-'reisist] *a.* antirazzista.

antiradar [ˌænti'reidɑ:] **I** *a.* ⟨*Mil*⟩ antiradar. **II** *s.* dispositivo *m* antiradar.

anti-radiation *a.* antiradiazioni.

antirational [ˌænti'ræʃənəl] *a.* antirazionale.

anti-recession *a.* antirecessivo: ~ *measures* provvedimenti antirecessivi.

antireflecting [ˌæntiri'flektiŋ] *a.* antiriflesso, antiriflettente.

anti-re'ligious *a.* antireligioso.

antirevolutionary [ˌæntirevə'lu:ʃənri] **I** *a.* antirivoluzionario. **II** *s.* antirivoluzionario *m* (*f* –a).

antirobbery [ˌænti'rɔbəri] *a.* antirapina.

antiroll [ˌænti'roul] *a.* ⟨*Mar*⟩ antirollio, antirollante.

antirrhinum [ˌænti'rainəm] *s.* ⟨*Bot*⟩ antirrino *m,* bocca *f* di leone.

antirust [ˌænti'rʌst] **I** *a.* antiruggine. **II** *s.* antiruggine *m.*

anti-satellite *a.* ⟨*Mil*⟩ antisatellite.

anti-science *a.* antiscientifico.

antiscorbutic [ˌæntiskɔ:'bju:tik] **I** *a.* ⟨*Farm*⟩ antiscorbutico. **II** *s.* antiscorbutico *m.*

antisegregationist [ˌæntisegri'geiʃənist] *s.* ⟨*Pol*⟩ antisegregazionista *m/f.*

anti-Semite [ˌænti'simait] *s.* antisemita *m/f.* **anti-Semitic** [-si'mitik] *a.* antisemitico. **anti-Semitism** [-'semitizm] *s.* antisemitismo *m.*

antisepsis [ˌænti'sepsis] *s.* (*pl.* **-ses** [si:z]) ⟨*Med*⟩ antisepsi *f.* **antiseptic** [-ptik] **I** *a.* **1** antisettico; (*free from germs*) asettico. **2** (*fig*) (*cold*) privo di calore umano, freddo. **II** *s.* ⟨*Farm*⟩ antisettico *m.*

antiserum [ˌænti'siərəm] *s.* (*pl.* **-ra** [rə]/**-s** [z]) ⟨*Farm*⟩ antisiero *m.*

anti-shock *a.* ⟨*Med*⟩ antichoc.

antiskid [ˌænti'skid] *a.* antisdrucciolevole, antislittante.

antislavery [ˌænti'sleivəri] *s.* antischiavismo *m.*

antismog [ˌænti'smɔg] *a.* antismog, contro lo smog: ~ *equipment* dispositivo antismog.

anti-smoking therapy *s.* terapia *f.* antifumo.

antisocial [ˌænti'souʃl] *a.* antisociale.

anti-Soviet *a.* antisovietico.

antispasmodic [ˌæntispæz'mɔdik] **I** *a.* ⟨*Farm*⟩ antispasmodico. **II** *s.* antispasmodico *m.*

antistatic [ˌænti'stætik] *a.* antistatico.

antistrike [ˌænti'straik] *a.* antisciopero.

antistrophe [æn'tistrəfi] *s.* ⟨*Metr*⟩ antistrofe *f.*

antisubmarine ['æntisʌbməri:n] **I** *a.* ⟨*Mar.mil*⟩ antisommergibile. **II** *s.* antisommergibile *m.*

anti-'tank *a.* ⟨*Mil*⟩ anticarro: ~ *gun* cannone anticarro.

antiterrorism [ˌænti'terərizm] *s.* antiterrorismo *m.* **antiterrorist** [-ist] *a.* antiterroristico.

antiterrorist branch [ˌænti'terərist] *s.* ⟨*Pol*⟩ antiterrorismo *m.*

antiterror unit [ˌænti'terə] *s.* nucleo *m* antiterrorismo.

antitetanic [ˌæntite'tænik] **I** *a.* ⟨*Farm*⟩ antitetanico. **II** *s.* antitetanica *f.*

antitetanus injection [ˌænti'tetənəs] *s.* ⟨*Med*⟩ iniezione *f* antitetanica, antitetanica *f.*

anti-'theft *a.* antifurto: ~ *device* dispositivo antifurto.

antithermic [ˌænti'θə:mik] *a.* antitermico.

antithesis [æn'tiθisis] *s.* (*pl.* **-ses** [si:z]) antitesi *f.* **antithetic** [-'θetik], **antithetical** [-'θetikl] *a.* antitetico.

anti-torpedo **I** *a.* ⟨*Mar.mil*⟩ antisilurante. **II** *s.* antisilurante *m.*

antitoxic [ˌænti'tɔksik] *a.* ⟨*Farm*⟩ antitossico. **antitoxin(e)** [-sin] *s.* antitossina *f.*

anti-'trades *s.pl.* ⟨*Meteor*⟩ controalisei *mpl.*

antitrust [ˌænti'trʌst] *a.* ⟨*Econ*⟩ antitrust. □ ~ *laws* legislazione antitrust.

anti-tubercular *a.* ⟨*Med*⟩ antitubercolare.

antitumor [ˌænti'tju:mə], **antitumorous** [-rəs] *a.* anticancro, anticanceroso.

antitussive [ˌænti'tʌsiv] **I** *a.* ⟨*Farm*⟩ contro la tosse. **II** *s.* sedativo *m* della tosse.

antivariolar [ˌæntivə'raiɔlə] *a.* ⟨*Farm*⟩ antivaioloso.

antivenene [ˌæntive'ni:n], **antivenin** [-'venin] *s.* ⟨*Farm*⟩ **1** (*antitoxin*) antiveleno *m,* contravveleno *m.* **2** (*antiserum*) immunsiero *m.*

antiviral [ˌænti'vaiərəl] *a.* ⟨*Farm*⟩ antivirus, antivirale.

antivivisection [ˌæntivivi'sekʃən] *s.* antivivisezione *f.* **antivivisectionist** [-ist] *s.* antivivisezionista *m/f.*

anti-waste campaign *s.* campagna *f* contro gli sprechi.

anti-wrinkle cream *s.* crema *f* antirughe.

anti-Zionism *s.* antisionismo *m.* **anti-Zionist** **I** *s.* antisionista *m/f.* **II** *a.* → **anti-Zionistic**. **anti-Zionistic** *a.* antisionistico.

antler ['æntlə] *s.* **1** ramificazione *f* (di corna di cervidi). **2** *pl.* palchi *mpl* (di cervidi). **antlered** [-d] *a.* con corna ramificate.

ant lion *s.* ⟨*Entom*⟩ formicaleone *m.*

Antoinette [ˌæntwɑ:'net] *N.pr.* Antonietta *f.*

antonomasia [ˌæntono'meiʃiə] *s.* antonomasia *f.*

Antony *N.pr.* → **Anthony**.

antonym ['æntənim] *s.* antonimo *m,* contrario *m.*

antrum ['æntrəm] *s.* (*pl.* **antra** ['æntrə]) ⟨*Anat*⟩ antro *m.*

ant thrush *s.* ⟨*Ornit*⟩ formicario *m.*

Antwerp ['æntwə:p] *N.pr.* ⟨*Geog*⟩ Anversa *f.*

anuran [ə'njuərən] **I** *a.* ⟨*Zool*⟩ degli anuri. **II** *s.* anuro *m.*

anuria [ə'njuəriə] *s.* ⟨*Med*⟩ anuria *f.* **anuric** [-rik] *a.* anurico.

anurous [ə'njuərəs] *a.* ⟨*Zool*⟩ anuro.

anus ['einəs] *s.* ⟨*Anat*⟩ ano *m.*

anvil ['ænvil] *s.* incudine *f* (*anche Anat.*).

anxiety [æŋ'zaiəti] *s.* **1** ansia *f,* ansietà *f,* apprensione *f: to cause s.o. great* ~ far stare qd. in ˈgrande ansiaˈ (*o* pena); (*problem*) preoccupazione *f,* inquietudine *f: he has many anxieties* ha molte preoccupazioni. **2** (*eagerness*) ansia *f,* bramosia *f,* brama *f: his* ~ *to succeed* la sua ansia di riuscire. **3** ⟨*Med*⟩ angoscia *f.*

anxiety state *s.* ⟨*Psic*⟩ stato *m* ansioso.

anxiolytic [ˌænʃə'litik] *a.* ⟨*Farm*⟩ ansiolitico.

anxious ['æŋkʃəs] *a.* **1** preoccupato, inquieto, apprensivo, in pensiero, in ansia: *to be* ~ *for s.o.'s safety* essere preoccupato per l'incolumità di qd. **2** (*worrying, distressing*) pieno di ansie, inquietante, angoscioso: *an* ~ *time* un periodo angoscioso. **3** (*eager*) ansioso, bramoso; (*impatient*) impaziente: *to be* ~ *to meet s.o.* essere impaziente di conoscere qd. **anxiously** [-li] *avv.* ansiosamente.

any ['eni] **I** *a.* **1** (*as a partitive: in interrogatives*) del, dello, della, dei, degli, delle, qualche, un po' di: *have you got* ~ *money?* hai del denaro?; *do you know* ~ *French?* conosci un po' di francese?; (*in negatives and implied negatives*) nessuno, alcuno, *often not translated: without* ~ *difficulty* senza (alcuna) difficoltà; *we haven't* ~ *money* non abbiamo soldi; (*in conditionals*) qualche, del: *if there is* ~ *news, let me know* se c'è qualche notizia, fammela sapere. **2** (*no matter which*) qualsiasi, qualunque: ~ *excuse is better than none* una scusa qualunque è sempre meglio di nessuna; *come* ~ *day* vieni in qualsiasi giorno. **3** (*a quantity of it or of them*) ne: *I don't want* ~ non ne voglio; *did he give you* ~? te ne ha dato? **4** (*every*) ogni, qualsiasi, qualunque. **5** (*all*) tutto: *he needs* ~ *help he can get* ha bisogno di tutto l'aiuto possibile. **II** *pron.* **1** (*in interrogatives*) qualcuno: *have you read* ~ *of these books?* hai letto qualcuno di questi libri?; (*in negatives*) nessuno: *I don't know* ~ *of my wife's relatives* non conosco nessuno dei parenti di mia moglie. **2** (*any person, persons*) qualsiasi (altra) persona, tutte le persone, chiunque: *he writes better than* ~ *one I know* scrive meglio di qualsiasi altra persona io conosca; (*anything, things*) qualsiasi altro, tutti gli altri. **III** *avv.* **1** (*in any degree: in interrogatives*) un po': *do you feel* ~ *better?* ti senti un po' meglio?; (*in negatives*) affatto, niente affatto, per niente: *you don't look* ~ *better* non hai per niente l'aria di star meglio; *translation often idiomatic: is that book* ~ *good?* vale qualcosa quel libro?; *I am not going* ~ *further* io mi fermo qui. **2** ⟨*am*⟩ (*used absolutely: at all*) affatto, per niente: *you're not helping me* ~ non mi stai aiutando per niente. □ ~ **but** *he would have gone* qualunque altro sarebbe andato; *in* ~ **case** a ogni modo, in ogni caso; ~ **day** *now* da un giorno all'altro, in qualunque momento; **hardly** ~ quasi nessuno, quasi niente; ⟨*fam*⟩ *he wasn't* **having** ~ non ne volle sapere; if ~ se ce n'è, se ce ne sono; *give preferences, if* ~ indicare le eventuali preferenze; *he doesn't* **know** ~ *better* non sa quello che fa, è ignorante; ⟨*fam*⟩ ~ **old** *how* alla buona, come viene; ⟨*fam*⟩ ~ *old thing* qualsiasi cosa, quello che capita; *at* ~ **rate** = *in any case*; *this machine doesn't work* ~ **too** *well* questa macchina non va per niente bene; ⟨*am*⟩ ~ **which** *way* a casaccio, alla rinfusa.

anybody ['enibɔdi] **I** *pron.* **1** (*in interrogatives*) qualcuno, nessuno: *has* ~ *phoned?* ha telefonato qualcuno?; *do you know* ~ *here?* conosci nessuno qui?; (*in negatives and implied negatives*) nessuno: *there was hardly* ~ *there* non c'era quasi nessuno; (*in conditionals*) qualcuno: *if* ~ *asks for me, tell them I'm not at home* se qualcuno chiede di me, di' che non sono in casa. **2** (*no matter who*) chiunque, qualunque persona: ~ *can do it* lo può fare chiunque. **II** *s.* qualcuno *m*, persona *f* importante: ~ *who is* ~ *will be there* vi saranno tutte le persone importanti; *he'll never be* ~ non diventerà mai qualcuno. □ ~ *but he* chiunque fuorché lui, qualunque altro; *if* ~ *knows the answer, he will* se c'è qualcuno che può sapere la risposta, è proprio lui.

anyhow ['enihau] *avv.* **1** a (*o* in) ogni modo, comunque. **2** (*carelessly*) alla meglio, senza ordine, senza cura, alla rinfusa. **3** (*no matter how*) in qualsiasi modo, in qualunque modo: *it's wrong* ~ *you look at it* in qualsiasi modo lo si consideri, è sbagliato.

anyone ['eniwʌn] *pron./s.* → **anybody**.
anyplace *am.* ['enipleis] *avv.* → **anywhere**.
anything ['eniθiŋ] **I** *pron.* **1** (*in interrogatives*) qualche cosa, qualcosa: *is* ~ *wrong?* c'è qualcosa che non va? **2** (*no matter what*) qualunque cosa, qualsiasi cosa, tutto: ~ *you say is all right by me* qualsiasi cosa tu dica, per me va bene; (*in negatives and implied negatives*) niente, nulla: *I can't see* ~ non vedo nulla; (*in conditionals*) qualcosa: *if* ~ *goes wrong* se qualcosa andrà male. **II** *avv.* (*in interrogatives, conditionals: to any extent*) in qualche modo, (anche) un poco; (*in negatives: at all*) affatto, in nessun modo, neanche lontanamente, per niente. □ *it's as cold as* ~ fa un freddo cane; *it's as easy as* ~ è facilissimo; ~ **but:** 1 tutto fuorché; 2 (*not in the least*) tutt'altro che: *he is* ~ *but mad* è tutt'altro che matto; ~ **else,** *madam?* nient'altro, signora?; *I would have given* ~ *to know* avrei dato qualsiasi cosa per sapere; *if* ~ se mai, piuttosto: *if* ~, *I feel worse* se mai, mi sento peggio; ⟨*fam*⟩ **like** ~ come un matto, da matti; *it isn't* ~ *like it used to be* non è affatto com'era una volta; *has she seen* ~ *of life?* conosce qualcosa della vita?

any time ['enitaim] *avv.* in qualsiasi momento, a qualsiasi ora.
anyway ['eniwei] *avv.* **1** in qualsiasi (*o* ogni) modo, comunque. **2** (*in any case*) comunque, a ogni modo, tuttavia.
anyways *am.* ['eniweiz] *avv.* in ogni modo, in nessun modo.
anywhere ['eniwɛə] **I** *avv.* **1** (*in interrogatives*) in qualche luogo (*o* posto), da qualche parte: *have you seen my lighter* ~? hai visto il mio accendino da qualche parte?; (*in negatives and implied negatives*) in nessun luogo (*o* posto), in alcun luogo (*o* posto), da nessuna parte: *I can't find it* ~ non lo trovo in nessun posto. **2** (*no matter where*) dovunque, in qualsiasi luogo (*o* posto), da qualunque parte: *put it down* ~ posalo in qualsiasi posto¬ (*o* dove vuoi); *we'll go* ~ *you want* andremo dovunque tu desideri. **II** *s.* qualsiasi posto *m* (*o* luogo), posto *m* (*o* luogo), tetto *m*: *they were left without* ~ *to live* restarono senza tetto. □ ~ *from ten to fifteen pounds* dalle dieci alle quindici sterline; ⟨*fam*⟩ *to get* ~ far strada; *not to get* ~ non approdare a nulla; *miles from* ~ lontano da

qualsiasi luogo abitato; *is it* ~ *near finished?* quanto manca?, ci vuole molto?
anywise *am.* ['eniwaiz] *avv.* in ogni modo.
a/o = ⟨*Comm*⟩ *account of* conto di.
A one *a.* **1** ⟨*Mar*⟩ di prima categoria (nel registro marittimo dei Lloyds). **2** ⟨*fam*⟩ di prim'ordine.
aorist ['ɛərist] *s.* ⟨*Gramm*⟩ aoristo *m*.
aorta [ei'ɔ:tə] *s.* (*pl.* **-s** [z]/**-tae** [ti:]) ⟨*Anat*⟩ aorta *f*.
aortography [,eiɔ:'tɒgrəfi] *s.* ⟨*Radiol*⟩ aortografia *f*.
AP = **1** *Associated Press* stampa associata. **2** ⟨*SU*⟩ *Air Police* polizia aerea.
apace [ə'peis] *avv.* ⟨*lett*⟩ velocemente, rapidamente, di buon passo.
Apache [ə'pætʃi] *s.* (*pl. inv./*-**s** [z]) apache *m*.
apanage *s.* → **appanage**.
apart [ə'pɑ:t] **I** *avv.* **1** (*in space*) lontano, distante: *the two towns are five miles* ~ le due città sono distanti cinque miglia l'una dall'altra; (*in time*) a distanza di: *the twins were born ten minutes* ~ i gemelli nacquero a dieci minuti di distanza. **2** (*to one side*) da parte, da un lato: *to set money* ~ mettere da parte denaro. **3** (*separately*) separatamente. **4** (*aside*) a parte: *joking* ~ scherzi a parte. **5** (*to pieces*) a pezzi, in pezzi: *to tear s.th.* ~ fare qc. a pezzi. **II** *a.* (*unlike all others; general.* posposto al sostantivo) diverso, speciale: *a man* ~ un uomo speciale. □ *to come* ~ disfarsi; ~ *from* a parte, oltre a; *to take* ~: 1 (*to disassemble*) smontare; 2 ⟨*fig*⟩ (*to criticize*) criticare, attaccare; *to tell* ~ distinguere tra.
apartheid [ə'pɑ:theit] *s.* apartheid *f*.
apartment [ə'pɑ:tmənt] *s.* **1** ⟨*am*⟩ (*flat*) appartamento *m*. **2** (*room*) stanza *f*, camera *f*. **3** *pl.* (*set of rooms*) appartamento *m*, abitazione *f*.
apartment| building *am. s.* → **apartment house. ~ hotel** *am. s.* casa *f* albergo. ~ **house** *am. s.* residence *m*.
apathetic [,æpə'θetik], **apathetical** [-l] *a.* apatico, indifferente. **apathy** ['æpəθi] *s.* apatia *f*, indifferenza *f*.
ape [eip] **I** *s.* **1** ⟨*Zool*⟩ scimmia *f*. **2** (*mimic*) imitatore *m* (*f* –trice). **II** *v.t.* scimmiottare, imitare. □ ⟨*am.sl*⟩ *to go* ~ *over* (*o for*) *s.th.* andare pazzo per qc.; *to play the* ~ scimmiottare, fare la scimmia.
apeak [ə'pi:k] *avv./a.pred.* ⟨*Mar*⟩ verticale, dritto, a picco. □ *oars* ~ remi alzati.
ape man [mən] *s.irr.* uomo *m* scimmia.
Apennines ['æpinainz] *N.pr.pl.* ⟨*Geog*⟩ Appennini *mpl.*
apepsy [ə'pepsi] *s.* ⟨*Med*⟩ apepsia *f*.
aperient [ə'piəriənt] **I** *a.* ⟨*Farm*⟩ aperiente. **II** *s.* lassativo *m*.
aperiodic [,eipiəri'ɔdik] *a.* aperiodico; (*irregular*) irregolare.
aperitif [ə'peritif, *am.* ə,peri'tif] *s.* aperitivo *m*.
aperitive [ə'peritiv] *a.* ⟨*Farm*⟩ aperiente.
aperture ['æpətʃə] *s.* **1** apertura *f*, spiraglio *m*. **2** ⟨*Fot*⟩ apertura *f*.
aperture ratio *s.* ⟨*Ott*⟩ apertura *f* relativa, luminosità *f*.
apery ['eipəri] *s.* scimmiottatura *f*, imitazione *f*.
apetalous [ei'petələs] *a.* ⟨*Bot*⟩ apetalo *m*.
apex ['eipeks] *s.* (*pl.* **apexes** [–iz]/**apices** ['eipisi:z]) **1** vertice *m*, sommità *f*, apice *m*: *the* ~ *of a triangle* il vertice d'un triangolo. **2** ⟨*fig*⟩ (*climax*) apice *m*, culmine *m*, vertice *m*.
aphaeresis [ə'ferisis] *s.* (*pl.* **-ses** [si:z]) ⟨*Ling*⟩ aferesi *f*.
aphasia [ə'feiziə, *am.* –ʒə] *s.* ⟨*Med*⟩ afasia *f*. **aphasiac** [ə'feiziæk] **I** *a.* afasico. **II** *s.* chi soffre di afasia, afasico *m* (*f.* -**a**).
aphelion [ə'fi:liən] *s.* (*pl.* **-lia** [liə]) ⟨*Astr*⟩ afelio *m*.
aphid ['eifid], **aphis** [-is] *s.* (*pl.* **aphides** ['æfidi:z]) ⟨*Entom*⟩ afide *m*.
aphonia [ei'founiə] *s.* ⟨*Med*⟩ afonia *f*. **aphonic** [-'fɔnik] *a.* afono.
aphorism ['æfərizəm] *s.* aforisma *m*. **aphoristic** [-'ristik] *a.* aforistico. **aphorize** [-raiz] *v.i.* esprimersi per aforismi.
aphrodisiac [,æfro'diziæk] **I** *a.* afrodisiaco. **II** *s.* afrodisiaco *m*.
Aphrodite [,æfrə'daiti] *N.pr.* ⟨*Mitol*⟩ Afrodite *f*.
aphtha ['æfθə] *s.* (*pl.* **-s** [z]/**-thae** [θi:]) ⟨*Med,Veter*⟩ afta *f*.

aphyllous [ei'filəs] *a.* ⟨*Bot*⟩ afillo.

apiarian [,eipi'eəriən] *a.* apistico, relativo all'apicoltura. **apiarist** ['eipiərist] *s.* apicoltore *m* (*f* –trice). **apiary** ['eipiəri] *s.* apiario *m.*

apical ['æpikəl] *a.* apicale (*anche Fon.*).

apicultural [,eipi'kʌltʃərəl] *a.* dell'apicoltura. **'apiculture** [–tʃə] *s.* apicoltura *f.* **apiculturist** [–tʃərist] *s.* apicoltore *m* (*f* –trice).

apiece [ə'pi:s] *avv.* ognuno, ciascuno, l'uno: *they cost a dollar* ∼ costano un dollaro l'uno; (*for each person*) a testa, a ognuno.

apish ['eipiʃ] *a.* **1** scimmiesco. **2** ⟨*fig*⟩ che scimmiotta (*o* imita); (*silly*) sciocco, stupido. **apishness** [–nis] *s.* scimmiaggine *f.*

APL = ⟨*Inform*⟩ *Automatic Programming Language* linguaggio per la programmazione automatica.

aplanatic [æplə'nætik] *a.* aplanatico.

aplenty [ə'plenti] **I** *a.* ⟨*fam*⟩ abbondante, in abbondanza, a profusione. **II** *avv.* parecchio, molto.

aplomb [ə'plɔm] *s.* **1** sicurezza *f*, disinvoltura *f*, padronanza *f* di sé, aplomb *m.* **2** ⟨*concr*⟩ (*perpendicular*) appiombo *m.*

apn(o)ea [æp'ni:ə] *s.* ⟨*Med*⟩ apnea *f.* **apn(o)eic** [–'niik] *a.* apnoico.

apocalypse [ə'pɔkəlips] *s.* **1** ⟨*Rel*⟩ apocalisse *f.* **2** ⟨*fig*⟩ rivelazione *f.* **Apocalypse** *N.pr.* ⟨*Bibl*⟩ apocalisse *f.* **a,pocalyptic** [–'liptik], **a,pocalyptical** [–'liptikl] *a.* **1** apocalittico (*anche fig.*). **2** ⟨*fig*⟩ profetico.

apocopate [ə'pɔkəpeit] *v.t.* ⟨*Ling*⟩ apocopare. **a,poc-opation** [–'peiʃən], **apocope** [–pi] *s.* apocope *f.*

apocrypha [ə'pɔkrifə] *s.pl.* (costr.sing. o pl.) **1** ⟨*Rel*⟩ apocrifi *mpl*, libri *mpl* apocrifi. **2** ⟨*fig*⟩ (*doubtful works*) opere *fpl* apocrife. **Apocrypha** *N.pr.pl.* ⟨*Bibl*⟩ Apocrifi *mpl.* **apocryphal** [–l] *a.* apocrifo.

apodal ['æpodl] **I** *a.* ⟨*Zool*⟩ apodo. **II** *s.* animale *m* apodo.

apodeictic [,æpo'daiktik] *a.* → **apodictical**.

apodictical [,æpo'diktikl] *a.* apodittico (*anche Filos.*).

apodosis [ə'poudəsis] *s.* (*pl.* **-ses** [si:z]) ⟨*Gramm*⟩ apodosi *f.*

apogeal [æpə'dʒial], **apogean** [–'dʒian] *a.* apogeo. **apogee** ['æpodʒi:] *s.* ⟨*Astr*⟩ apogeo *m* (*anche fig.*).

apolar [ei'poulə] *a.* ⟨*Biol*⟩ apolare.

apolitical [,iepə'litikl] *a.* apolitico.

Apollo [ə'pɔlou] **I** *N.pr.* ⟨*Mitol*⟩ Apollo *m.* **II** *s.* (*pl.* **-s** [z]) **1** ⟨*fig*⟩ apollo *m.* **2** ⟨*Entom*⟩ (*apollo butterfly*) apollo *m.*

apollonian [,æpə'louniən] *a.* armonioso, equilibrato; (*contrasted with dionysian*) apollineo. **Apollonian** *a.* apollineo.

Apollyon [ə'pɔljən] *N.pr.* ⟨*Bibl*⟩ Satana *m.*

apologetic [ə,pɔlə'dʒetik] *a.* **1** spiacente, pieno di scuse. **2** (*containing an apology*) di scuse: *an* ∼ *letter* una lettera di scuse. **3** (*defending*) apologetico: *an* ∼ *essay* un saggio apologetico. **apologetically** [–li] *avv.* apologeticamente. **apologetics** [–s] *s.pl.* (costr. sing.) ⟨*Teol*⟩ apologetica *f.*

apologia [,æpə'loudʒiə] *s.* **1** apologia *f*, difesa *f.* **2** ⟨*Lett*⟩ apologia *f.*

apologist [ə'pɔlədʒist] *s.* apologista *m/f*, apologeta *m/f* (*anche Rel.*).

apologize [ə'pɔlədʒaiz] *v.i.* scusarsi, chiedere scusa: *to* ∼ *to s.o. for s.th.* scusarsi con qd. di (*o* per) qc.; *he* –*d for being late* si scusò per il ritardo.

apologue ['æpəlog] *s.* apologo *m.*

apology [ə'pɔlədʒi] *s.* **1** scuse *fpl.* **2** (*defence*) apologia *f.* **3** ⟨*fig*⟩ (*poor substitute*) surrogato *m*, ... per modo di dire, misero sostituto *m*: *an* ∼ *for real English tea* un surrogato del vero tè inglese; *an* ∼ *for a dinner* una cena per modo di dire. □ *please* accept *my apologies* ti prego di scusarmi; ⟨*fig*⟩ *an* ∼ *for a man* una caricatura d'uomo; *letter of* ∼ lettera *f* di scuse; *to* make *an* ∼ *to s.o. for s.th.* fare le proprie scuse a qd. per qc.; *to* offer *an* ∼ presentare le proprie scuse, scusarsi; ⟨*epist*⟩ with *apologies for troubling you* con mille scuse per il disturbo.

apophthegm *s.* → **apothegm**.

apophysis [ə'pɔfisis] *s.* (*pl.* **-ses** [si:z]) ⟨*Anat*⟩ apofisi *f.*

apoplectic [,æpə'plektik] **I** *s.* ⟨*Med*⟩ apoplettico *m* (*f* –a).

II *a.* apoplettico: *an* ∼ *stroke* un colpo apoplettico. **'apoplexy** [–ksi] *s.* apoplessia *f.*

aport [ə'pɔːt] *avv.* ⟨*Mar*⟩ a sinistra: *hard* ∼ tutta a sinistra.

aposiopesis [,æpo,saio'pi:sis] *s.* (*pl.* **-ses** [si:z]) ⟨*Ret*⟩ aposiopesi *f.*

apostasy [ə'pɔstəsi] *s.* apostasia *f.* **apostate** [–tit, –teit] **I** *s.* apostata *m/f.* **II** *a.* → **apostatic**. **apostatic** [,æpə'stætik] *a.* apostatico. **apostatize** [–tətaiz] *v.i.* apostatare.

a posteriori *lat.* ['eiposteri'ɔ:rai] *a./avv.* a posteriori.

apostil(le) [ə'pɔstil] *s.* postilla *f.*

apostle [ə'pɔsl] *s.* **1** ⟨*Bibl*⟩ apostolo *m.* **2** ⟨*Rel*⟩ (*first missionary*) apostolo *m*, evangelizzatore *m.* **3** ⟨*fig*⟩ apostolo *m*, fautore *m* (*f* –trice).

apostlehood [ə'pɔslhud] *s.* apostolato *m.*

Apostles' Creed *s.* ⟨*Rel*⟩ credo *m*, simbolo *m* apostolico.

apostleship [ə'pɔslʃip], **apostolate** [–stəlit] *s.* apostolato *m.*

apostolic [,æpə'stɔlik], **apostolical** [–l] *a.* apostolico.

Apostolic| Church *s.* Chiesa *f* apostolica. ∼ **delegate** *s.* ⟨*Rel.catt*⟩ nunzio *m* apostolico. ∼ **Fathers** *s.pl.* padri *mpl* apostolici. ∼ **See** *s.* sede *f* apostolica. ∼ **succession** *s.* successione *f* apostolica.

apostrophe[1] [ə'pɔstrəfi] *s.* ⟨*Ret*⟩ apostrofe *f.*

apostrophe[2] *s.* ⟨*Gramm*⟩ apostrofo *m.*

apostrophic[1] [,æpə'strɔfik] *a.* ⟨*Ret*⟩ dell'apostrofe.

apostrophic[2] *a.* ⟨*Gramm*⟩ dell'apostrofo.

apostrophize[1] [ə'pɔstrəfaiz] *v.t./i.* ⟨*Ret*⟩ apostrofare.

apostrophize[2] *v.t.* ⟨*Gramm*⟩ apostrofare.

apothecaries'| measure *s.* ⟨*Farm*⟩ sistema *m* di misure per liquidi. ∼ **weight** *s.* sistema *m* di misure per solidi.

apothecary [ə'pɔθikəri] *s.* ⟨*ant*⟩ **1** farmacista *m/f*, speziale *m.* **2** (*shop*) farmacia *f.* **apothecary jar** *s.* alberello *m*, vasetto *m.*

apothegm ['æpəθem] *s.* apoftegma *m.*

apothem ['æpəθem] *s.* ⟨*Geom*⟩ apotema *m.*

apotheosis [ə,pɔθi'ousis] *s.* (*pl.* **-ses** [si:z]) **1** apoteosi *f.* **2** (*exaltation*) apoteosi *f*, glorificazione *f.* **3** ⟨*fig*⟩ (*glorified ideal*) quintessenza *f*, ideale *m.* **apotheosize** [ə'pɔθiosaiz] *v.t.* **1** deificare, fare l'apoteosi di. **2** (*to exalt*) glorificare, esaltare.

app. = **1** *apparatus* apparato (*abbr.* app.). **2** *appendix* appendice (*abbr.* app.). **3** *apprentice* apprendista.

appal, appall *am.* [ə'pɔ:l] *v.t.* (*pret., p.p.* **-lled** [–d]) spaventare, atterrire, inorridire: *to be* –*led at the thought* essere atterrito al pensiero.

Appalachian [,æpə'leitʃiən] *a.* ⟨*Geol*⟩ appalachiano. **Appalachians** [–z] *N.pr.pl.* Appalachi *mpl*, monti *mpl* Appalachi.

appalling [ə'pɔ:liŋ] *a.* terrificante, spaventoso, orrendo, terribile.

appanage ['æpənidʒ] *s.* **1** appannaggio *m.* **2** (*adjunct*) appannaggio *m*, dote *f*, prerogativa *f.*

apparatus [,æpə'reitəs] *s.* (*pl. inv.*/-es [iz]) **1** apparato *m*, attrezzatura *f.* **2** (*complex instrument, machine*) apparato *m*, dispositivo *m*, congegno *m*, impianto *m.* **3** (*system*) sistema *m*, apparato *m*: *the* ∼ *of government* il sistema di governo. **4** ⟨*Fisiol*⟩ apparato *m*: *the digestive* ∼ l'apparato digerente.

apparatus| criticus *lat.* ['kritikəs] *s.* ⟨*Filol*⟩ apparato *m* critico. ∼ **gymnastics** *s.pl.* (costr. sing.) attrezzistica *f.* ∼ **work** *s.* ⟨*Ginn*⟩ ginnastica *f* attrezzistica, attrezzistica *f.*

apparel [ə'pærəl] **I** *s.* **1** abito *m*, vestito *m*, tenuta *f*: *riding* ∼ tenuta da cavallerizzo. **2** ⟨*fig*⟩ veste *f*, abbigliamento *m*, paludamento *m.* **3** ⟨*Mar*⟩ armamento *m.* **4** ⟨*Rel*⟩ ricamo *m* di abito talare. **II** *v.t.* (*prep., p.p.* -lled/*am.* -led [–d]) **1** vestire. **2** (*to adorn*) ornare, addobbare, rivestire. **3** ⟨*Mar*⟩ armare, equipaggiare.

apparent [ə'pærənt] *a.* **1** visibile, evidente, palese, chiaro; (*easily understood*) comprensibile. **2** (*seeming*) apparente: *an* ∼ *contradiction* una contraddizione apparente. **3** ⟨*Dir*⟩ legittimo: *the heir* ∼ l'erede legittimo. □ ∼ *horizon* orizzonte *m* apparente. **apparently** [–li] *avv.* apparentemente, a quanto pare.

apparition [ˌæpəˈriʃən] s. **1** apparizione f. **2** (ghost) apparizione f, fantasma m, spirito m.

apparitor [əˈpæritə] s. **1** ⟨Stor.rom⟩ apparitore m. **2** ⟨Dir⟩ usciere m.

appeal [əˈpiːl] **I** s. **1** appello m, supplica f, preghiera f. **2** ⟨Dir⟩ appello m, ricorso m in appello: to file an ~ presentare un ricorso in appello. **3** (call for corroboration, etc.) appello m: an ~ to reason un appello alla ragione. **4** (attraction) richiamo m, attrazione f, fascino m, interesse m: the ~ of television for children il fascino della televisione per i bambini. **II** v.i. **1** fare appello, appellarsi (to a). **2** (to be attractive) attrarre, interessare (qd.), piacere, andare a genio (a): dark colours don't ~ to me i colori scuri non mi piacciono. **3** ⟨Dir⟩ appellarsi, ricorrere in appello (a). **III** v.t. ⟨Dir⟩ impugnare con un appello. □ **acquitted** on ~ assolto in appello; to ~ against a judgement appellarsi contro una sentenza; ⟨Parl⟩ to ~ to the country indire nuove elezioni; to give notice of ~ ricorrere in appello; look of ~ sguardo supplichevole.

appealable [əˈpiːləbl] a. appellabile. **appealing** [-liŋ] a. **1** attraente. **2** (suppliant) supplichevole. **appealingly** [-liŋli] avv. **1** in modo supplichevole. **2** (attractively) in modo attraente.

appear [əˈpiə] v.i. **1** apparire, comparire, mostrarsi: a ship ~ed on the horizon una nave apparve all'orizzonte. **2** (to seem) sembrare, parere, apparire: there ~s to be a mistake sembra che ci sia un errore. **3** (to be evident) essere chiaro (o evidente): it ~s to me that per me è chiaro che. **4** ⟨teat⟩ esibirsi: to ~ in the role of Portia esibirsi nella parte di Porzia. **5** (of books) esser pubblicato, uscire. **6** (to arrive) presentarsi, arrivare. **7** (to be manifest) mostrarsi, manifestarsi, palesarsi. **8** ⟨Dir⟩ comparire, presentarsi (in giudizio). □ ⟨Dir⟩ to fail to ~ non comparire in giudizio; it ~s not sembra di no; so it ~s così sembra; it would ~ that a quanto pare.

appearance [əˈpiərəns] s. **1** apparizione f, comparsa f. **2** (aspect) aspetto m, aria f, sembianza f. **3** (outward show) apparenza f: to judge by ~s giudicare dalle apparenze. **4** ⟨teat⟩ comparsa f, esibizione f. **5** (of books) pubblicazione f, uscita f. **6** ⟨Dir⟩ comparizione f. □ by (o to) all ~s a quanto pare; ~s are deceptive l'apparenza inganna; ⟨Dir⟩ default of ~ mancata comparsa, contumacia f; ⟨Teat,TV⟩ first ~ debutto m; to have (o give) the ~ of avere l'aria di, sembrare; to keep up ~s salvare le apparenze; to make an ~ arrivare, presentarsi; to put in an ~ fare atto di presenza; to put in a short ~ fare una breve apparizione.

appearing party [əˈpiəriŋ] s. ⟨Dir⟩ comparente m/f.

appeasable [əˈpiːzəbl] a. placabile. **appease** [-z] v.t. **1** placare, pacificare, calmare, acquietare. **2** (to satisfy) placare, appagare, soddisfare: to ~ one's hunger soddisfare il proprio appetito. **appeasement** [-zmənt] s. **1** pacificazione f, acquietamento m. **2** (satisfaction) appagamento m, soddisfazione f. **3** ⟨Stor⟩ appeasement m.

appellant [əˈpelənt] **I** s. appellante (anche Dir.). **II** a. appellante. **appelate** [-lit] a. ⟨Dir⟩ di appello.

appellation [ˌæpəˈleiʃən] s. appellativo m, nome m.

appellative [əˈpelətiv] **I** s. **1** ⟨Gramm⟩ nome m comune. **2** (descriptive name) appellativo m, soprannome m. **II** a. **1** ⟨Gramm⟩ appellativo, comune. **2** (designative) che serve a denominare (o soprannominare).

appellee [ˌæpəˈliː] s. ⟨Dir⟩ appellato m (f –a). **appellor** [əˈpelə] s. **1** appellante m/f. **2** (accuser) accusatore m (f –trice).

append [əˈpend] v.t. **1** aggiungere, apporre: to ~ a clause to a contract apporre una clausola a un contratto. **2** ⟨concr⟩ (to attach) attaccare, appendere. **appendage** [-idʒ] s. **1** appendice f, aggiunta f. **2** ⟨Anat⟩ (of animals) membro m, appendice f. **appendant** [-ənt] **I** a. **1** aggiuntivo, accessorio. **2** (associated) connesso, collegato, attinente. **3** ⟨Dir⟩ incorporato, accessorio. **II** s. **1** (person attached) aggiunto m, aiutante m/f; (thing) accessorio m. **2** ⟨Dir⟩ bene m (o accessorio) incorporato in un altro.

appendectomy [ˌæpənˈdektəmi] s. ⟨Med⟩ appendicectomia f.

appendicitis [əˌpendiˈsaitis] s. ⟨Med⟩ appendicite f.

appendix [əˈpendiks] s. (pl. -es [iz]/-dices [disiːz]) appendice f (anche Anat.): vermiform ~ appendice cecale (o vermiforme). □ to have one's ~ out farsi operare di appendicite.

apperceive [ˌæpəˈsiːv] v.t. ⟨Filos,Psic⟩ appercepire. **apperception** [-ˈsepʃən] s. appercezione f. **apperceptive** [-ˈseptiv] a. appercettivo.

appertain [ˌæpəˈtein] v.i. spettare, essere pertinente (to a), essere proprio (o di competenza) (di): the duties –ing to an office le funzioni pertinenti a una carica; (to belong) appartenere (a).

appetence [ˈæpitəns], **appetency** [-i] s. **1** desiderio m, brama f, appetito m. **2** (affinity) attrazione f, affinità f. **3** (inclination) inclinazione f, appetenza f. **appetent** [-nt] a. bramoso.

appetite [ˈæpitait] s. **1** appetito m: to work up an ~ farsi venire appetito. **2** (desire) desiderio m, avidità f, brama f, appetito m.

appetite-suppressing a. anoresizzante. □ ~ agent anoresizzante m.

appetizer [ˈæpətaizə] s. **1** (drink) aperitivo m; (food) antipasto m. **2** ⟨fig⟩ stimolante m. **appetizing** [-ziŋ] a. **1** appetitoso, stuzzicante. **2** ⟨fig⟩ allettante, invitante.

Appian Way [ˈæpiən] N.pr. ⟨Geog⟩ Appia f, via f Appia.

applaud [əˈplɔːd] **I** v.i. applaudire. **II** v.t. **1** applaudire. **2** (to praise) applaudire, approvare, lodare: to ~ a decision approvare una decisione. **applauder** [-ə] s. applauditore m (f –trice).

applause [əˈplɔːz] s. **1** applauso m. **2** (approval) elogio m, plauso m, consenso m, approvazione f. □ to win the ~ of the audience conquistarsi l'applauso del pubblico.

apple [ˈæpl] s. **1** mela f. **2** ⟨Bot⟩ → **apple tree**. **3** ⟨am.fam⟩ (in baseball) palla f. □ ⟨Mitol⟩ the ~ of discord il pomo della discordia; ⟨fig⟩ the ~ of one's eye la pupilla dei propri occhi. Prov.: an ~ a day keeps the doctor away una mela al giorno leva il dottore di torno.

apple| brandy s. brandy m di succo di mele fermentato. **~ butter** s. specie di marmellata di mele. **~cart**: ⟨fam⟩ to upset the ~ mandare tutto all'aria. **~ green** s. verde m mela. **~jack** am. s. ~ apple brandy. **~-leaf sucker** s. ⟨Entom⟩ psilla f del melo. **~ pie** s. torta f di mele. **~-pie bed** s. scherzo m del sacco nel letto. **~-pie order** s. ⟨fam⟩ ordine m perfetto. **~-polish** v.i. ⟨fam⟩ adulare, ⟨fam⟩ leccare. **~-polisher** s. adulatore m (f –trice), ⟨fam⟩ leccone m (f –a). **~ sauce** s. **1** ⟨Gastr⟩ salsa f di mele. **2** ⟨am.fam⟩ sciocchezze fpl. **3** (insincere flattery) adulazione f insincera. **~-sow fly** s. tentredine f delle mele. **~ tree** s. ⟨Bot⟩ melo m.

appliance [əˈplaiəns] s. **1** apparecchio m, congegno m, dispositivo m, strumento m, arnese m. **2** (household appliance) elettrodomestico m. **3** (application) applicazione f, somministrazione f.

applicability [ˌæplikəˈbiliti] s. applicabilità f. **'applicable** [-bl] a. **1** appropriato, adatto, idoneo. **2** (relevant) applicabile, pertinente. **'applicableness** [-blnis] s. ⟨rar⟩ → **applicability**.

applicant [ˈæplikənt] s. aspirante m/f, candidato m (f –a): an ~ for a job un aspirante a un posto; (one who makes a request) richiedente m/f, postulante m/f.

application [ˌæpliˈkeiʃən] s. **1** applicazione f, impiego m: the ~ of new techniques l'impiego di nuove tecniche. **2** (relevance) attinenza f, applicazione f. **3** (putting on) applicazione f (anche Med.). **4** (request) domanda f, richiesta f, istanza f: ~ for a job domanda d'impiego. **5** (close attention) applicazione f, assiduità f, diligenza f. □ ⟨Med⟩ external ~ only solo per uso esterno; to fill in an ~ presentare una domanda; on ~ a richiesta.

application| blank am. → **application form**. **~ field** s. campo m d'applicazione. **~ form** s. modulo m di domanda. **~ package** s. ⟨Inform⟩ pacchetto m applicativo. **~ program** s. programma m applicativo.

applicative [ˈæplikeitiv] a. **1** applicabile. **2** (applied) applicato.

applied [əˈplaid] a. applicato: ~ chemistry chimica applicata.

applied| research s. ricerca f applicata. **~ sciences** s.pl. scienze fpl applicate.

appliqué fr. [æˈpliːkei, am. æpliˈkei] **I** s. **1** ⟨Lav.femm⟩ applicazione f. **2** ⟨Arred⟩ decorazione f. **II** v.t. ornare con applicazioni.

apply [əˈplai] **I** v.t. **1** applicare: to ~ a rule applicare una regola. **2** (to bring into use) usare, azionare, far funzionare: to ~ the brakes azionare i freni. **3** (to put on) applicare, mettere: to ~ an ointment applicare la pomata; (to overlay) dare, stendere: to ~ paint dare la vernice. **4** (to devote diligently) applicare, dedicare: to ~ o.s. to a task applicarsi a un lavoro. **5** (to bring into contact) avvicinare, mettere in contatto con, applicare: he applied a match to the wood avvicinò un fiammifero alla legna. **II** v.i. **1** (to fit) applicarsi, essere valido (o pertinente): when does this rule ~? quando si applica questa regola? **2** (to concern) riferirsi (a), riguardare (qc.), essere valido (per): that applies to you too questo ˈè validoˈ (o vale) anche per te. **3** (to ask) rivolgersi (for a): ~ here for information per informazioni rivolgersi qui; (to make a request) fare (o inoltrare) domanda: to ~ for a job fare domanda per un impiego. **4** (to devote o.s.) dedicarsi, applicarsi (a), impegnarsi (in).

appoint [əˈpɔint] v.t. **1** nominare, designare: he was –ed chairman fu nominato presidente; (to elect) eleggere. **2** (to set) fissare, stabilire: on the –ed day nel giorno fissato. **3** ⟨Dir⟩ assegnare. **4** (to fit out) arredare: a well–appointed study uno studio ben arredato; (to equip) attrezzare. **5** (to ordain) stabilire, decretare, prescrivere. **ap,poinˈtee** [–ti] s. persona f designata (o incaricata). **appointive** [–iv] a. che può nominare. □ to have ~ powers avere la facoltà di nominare; an ~ office una carica a cui si accede per nomina.

appointment [əˈpɔintmənt] s. **1** nomina f (anche Dir.). **2** (office) carica f, ufficio m, posto m: to take up an ~ entrare in carica. **3** (engagement) appuntamento m: to make an ~ prendere un appuntamento. **4** pl. (furniture, equipment) arredamento m, mobilio m; (of a soldier) equipaggiamento m; (of a horse) bardatura f. □ to arrange an ~ fissare un appuntamento; to break an ~ mancare a un appuntamento; by ~ per appuntamento; a flat with Georgian –s un appartamento arredato in stile georgiano; to keep an ~ mantenere (o andare a) un appuntamento.

apportion [əˈpɔːʃən] v.t. dividere, spartire, distribuire, fare le parti. **apportionment** [–mənt] s. ripartizione f, distribuzione f.

appose [əˈpouz] v.t. **1** apporre. **2** (to place next) accostare, porre accanto.

apposite [ˈæpəzit] a. appropriato, adatto, giusto, opportuno: an ~ choice una scelta appropriata.

apposition [æpəˈziʃən] s. **1** giustapposizione f. **2** ⟨Gramm, Biol⟩ apposizione f. **appositional** [–l] a. in apposizione.

appraisable [əˈpreizəbl] a. valutabile, stimabile. **appraisal** [–zl] s. **1** apprezzamento m, valutazione f, stima f. **2** ⟨Dir,Comm⟩ stima f, perizia f. **appraise** [–z] v.t. **1** valutare, analizzare, esprimere un giudizio su. **2** ⟨Dir,Comm⟩ stimare, valutare, fare un stima di, periziare. **appraisment** [–zmənt] s. → appraisal. **appraiser** [–zə] s. stimatore m (f –trice), perito m (f –a).

appreciable [əˈpriːʃəbl] a. notevole, sensibile, rilevante: an ~ difference una notevole differenza. **appreciate** [–ʃieit] **I** v.t. **1** apprezzare, riconoscere il valore di. **2** (to be aware of) rendersi conto di, capire: do you ~ what you are doing? ti rendi conto di cosa stai facendo? **3** (to be grateful for) apprezzare, essere grato per, gradire: I should ~ your help sarei grato per un tuo aiuto. **4** (to raise in value) aumentare il valore di, rivalutare. **II** v.i. aumentare di valore, valorizzarsi: land –s rapidly i terreni si valorizzano rapidamente.

appreciation [əpriːʃiˈeiʃən] s. **1** apprezzamento m, stima f, valutazione f. **2** (understanding) comprensione f, valutazione f. **3** (gratitude) riconoscimento m: in ~ of his services in riconoscimento dei suoi servizi. **4** (criticism) critica f, recensione f. **5** (rise in value) aumento m di valore, rivalutazione f.

appreciative [əˈpriːʃiətiv] a. che apprezza, riconoscente,

grato. □ an ~ audience un pubblico caloroso.

apprehend [æpriˈhend] v.t. **1** arrestare. **2** (to understand) comprendere, capire. **3** (to dread) temere, paventare.

apprehensibility [æpri,hensəˈbiliti] s. comprensibilità f. **appreˈhensible** [–bl] a. **1** comprensibile, percepibile. **2** (to be dreaded) temibile. **apprehension** [–ˈhenʃən] s. **1** apprensione f, inquietudine f, timore m: filled with ~ in grande apprensione. **2** (arrest) arresto m, cattura f. **3** (grasp) comprensione f, capacità f di apprendimento. **4** (opinion, idea) opinione f, idea f, concezione f.

apprehensive [æpriˈhensiv] a. **1** apprensivo, timoroso. **2** ⟨ant⟩ (quick to learn) sveglio, pronto. **3** ⟨conscious⟩ conscio, consapevole (of di). □ to be ~ for s.o.'s safety ˈessere in ansiaˈ (o stare in pena) per l'incolumità di qd.; to be ~ of danger avere paura del pericolo. **apprehensively** [–li] avv. con apprensione. **apprehensiveness** [–nis] s. **1** preoccupazione f, inquietudine f. **2** ⟨ant⟩ (quickness to learn) facilità f di apprendimento, prontezza f.

apprentice [əˈprentis] **I** s. **1** apprendista m/f: an ~ carpenter un apprendista falegname. **2** ⟨fig⟩ (tyro) principiante m/f, novellino m (f –a). **II** v.t. mettere a far pratica, collocare come apprendista: he was –d to a goldsmith fu collocato come apprendista presso un orefice. **apprenticeship** [–ʃip] s. apprendistato m, tirocinio m.

apprise [əˈpraiz] v.t. informare, avvertire, avvisare: fully –d of the situation bene informati della (o sulla) situazione.

apprize¹ v. → apprise.

apprize² v. → appraise.

appro [ˈæprou] s. (pl. -s [z]): ⟨fam⟩ on ~ su approvazione, con il benestare.

approach [əˈproutʃ] **I** v.t. **1** avvicinarsi a, accostarsi a. **2** (in quality, etc.) avvicinarsi a, essere vicino a, rasentare, sfiorare: to ~ perfection rasentare la perfezione. **3** ⟨fig⟩ (to make overtures to) rivolgersi a, avvicinare, fare un tentativo con: to ~ the boss for a raise rivolgersi al capo per un aumento. **4** (to begin work on) affrontare, iniziare. **II** v.i. avvicinarsi, approssimarsi: winter is –ing l'inverno si sta avvicinando. **III** s. **1** l'avvicinarsi, l'approssimarsi, avvicinamento ˈⁱ.ⁱ. **2** (means of access) accesso m, via f d'accesso. **3** (method of beginning a task, etc.) modo m di affrontare (o impostare), introduzione f: a casual ~ to a problem un modo superficiale di affrontare un problema. **4** pl. (sexual advances) avances fpl, approcci mpl (amorosi), proposte fpl. **5** pl. ⟨Mil⟩ vie fpl d'accesso. **6** ⟨Aer⟩ avvicinamento m. □ to be difficult to ~: 1 (of a place) essere ˈdi difficile accessoˈ (o difficilmente raggiungibile); 2 (of a person) essere poco avvicinabile; to make –es to s.o. tentare degli approcci con qd.; (sexually) fare delle avances a qd. **approachability** [–əˈbiliti] s. accessibilità f. **approachable** [–əbl] a. **1** accessibile, raggiungibile. **2** (of a person) avvicinabile, accessibile.

approbate am. [ˈæprəbeit] v.t. sanzionare, autorizzare.

approbation [æprəˈbeiʃən] s. **1** approvazione f; (sanction) sanzione f. **2** ⟨Comm⟩ prova f: on ~ in prova. **'approbatory** [–beitəri] a. approvativo.

appropriable [əˈproupriəbl] a. assegnabile, stanziabile. **appropriate¹** [əˈproupriit] a. **1** appropriato, adatto. **2** (proper) proprio. **appropriate²** [əˈprouprieit] v.t. **1** stanziare, assegnare: to ~ funds for overseas aid stanziare fondi per gli aiuti all'estero. **2** (to take for o.s.) appropriarsi (di); (to steal) sottrarre.

appropriately [əˈprouprieitli] avv. appropriatamente, in modo appropriato. **appropriateness** [–tnis] s. appropriatezza f.

appropriation [ə,proupriˈeiʃən] s. **1** stanziamento m, assegnazione f. **2** (act of taking for o.s.) appropriazione f.

appropriation bill s. ⟨Parl⟩ disegno m di legge per stanziamenti in bilancio.

appropriative [əˈprouprieitiv] a. che stanzia. **appropriator** [–rieitə] s. appropriatore m (f –trice).

approvable [əˈpruːvəbl] a. approvabile. **approval** [–vəl] s. **1** approvazione f, benestare m. **2** (sanction) sanzione f, ratifica f. □ to meet with s.o.'s ~ incontrare l'approvazione di qd.; ⟨Comm⟩ on ~ salvo approvazione, salvo visita e verifica.

approve [ə'pru:v] **I** *v.t.* **1** approvare. **2** (*to sanction*) approvare, sanzionare, ratificare: *to* ~ *a decision* approvare una decisione. **II** *v.i.* approvare (*of s.th.* qc.).

approved school [ə'pru:vd] *s.* ⟨*Stor*⟩ riformatorio *m*, correzionale *m*, istituto *m* di rieducazione per minori.

approver [ə'pru:və] *s.* **1** chi approva, chi è consenziente. **2** ⟨*ant.,Dir*⟩ delatore *m* (*f* –trice). **approvingly** [–viŋli] *avv.* con approvazione.

approx. = *approximately* approssimativamente.

approximate[1] [ə'prɔksimit] *a.* **1** approssimativo, approssimato. **2** (*very similar*) molto simile, che si avvicina. **3** (*close*) vicino.

approximate[2] [ə'prɔksimeit] **I** *v.t.* **1** approssimarsi a, essere vicino a, avvicinarsi a: *to* ~ *the truth* avvicinarsi alla verità. **2** (*to estimate roughly*) calcolare approssimativamente; (*of figures*) arrotondare. **3** (*to bring near*) accostare, avvicinare. **II** *v.i.* approssimarsi, avvicinarsi (*to* a). **approximately** [–mitli] *avv.* approssimativamente, circa. **ap.proximation** [–'meiʃən] *s.* approssimazione *f* (*anche Mat.*). □ *as a first* ~ in prima approssimazione. **approximative** [–mətiv] *a.* approssimativo.

appurtenance [ə'pə:tinəns] *s.* **1** ⟨*Dir*⟩ annesso : *a house and its* –*s* una casa e gli annessi (e connessi); (*incidental right*) diritto *m* accessorio. **2** ⟨*fig*⟩ accessorio *m*, aggiunta *f*. **3** *pl.* (*apparatus, gear*) apparecchiature *fpl*, accessori *mpl*. **appurtenant** [–nt] *a.* **1** appartenente, pertinente (*to* a), proprio (di). **2** ⟨*Dir*⟩ annesso, legalmente connesso, accessorio.

Apr. = *April* aprile (*abbr.* apr.).

après-ski *fr.* [ˌæprei'ski] *a.attr.* doposcì: ~ *clothes* abbigliamento doposcì.

apricot ['eiprikɔt] *s.* **1** (*fruit*) albicocca *f.* **2** ⟨*Bot*⟩ albicocco *m*, armellino *m*. **3** (*colour*) color *m* albicocca.

April ['eiprəl] *s.* aprile *m*.

April fool *s.* (*person*) vittima *f* di un pesce d'aprile; (*joke*) pesce *m* d'aprile. □ –*s' Day* il primo d'aprile.

a priori *lat.* [ˌeiprai'ɔ:rai] *a./avv.* a priori. **apriorism** [–riizəm] *s.* ⟨*Filos*⟩ apriorismo *m*. **aprioristic** [–ristik] *a.* aprioristico. **apriority** [–'ɔriti] *s.* apriorità *f.*

apron ['eiprən] *s.* **1** grembiule *m*. **2** ⟨*tecn*⟩ (*conveyor belt*) nastro *m* trasportatore; (*metal covering*) riparo *m*, piastra *f.* **3** ⟨*Mecc*⟩ (*of a lathe*) piastra *f*, grembiale *m*. **4** ⟨*Aer*⟩ area *f* di stazionamento. **5** ⟨*Teat*⟩ proscenio *m*. **6** ⟨*Edil*⟩ (*shield against water*) graticciata *f* protettiva. □ *to be tied to s.o.'s* ~ *strings* essere attaccato alle sottane di qd.

apron stage *s.* ⟨*Teat*⟩ proscenio *m*.

apropos ['æprəpou] **I** *avv.* opportunamente, a proposito. **II** *a.* appropriato, opportuno. □ ~ *of* a proposito di.

apse [æps] *s.* **1** ⟨*Arch*⟩ abside *f.* **2** ⟨*Astr*⟩ apside *m*. **'apsidal** [–idl] *a.* absidale. **'apsis** [–is] *s.* (*pl.* apsides ['æpsidi:z]) → **apse**.

apt [æpt] *a.* **1** soggetto, portato, che ha tendenza; (*inclined*) propenso, proclive. **2** (*appropriate*) adatto, atto, appropriato: *an* ~ *answer* una risposta appropriata. **3** (*quick to learn*) sveglio, pronto, intelligente. □ *I am* ~ *to catch colds* vado soggetto a raffreddori; *he is* ~ *to forget* dimentica facilmente.

apteral ['æptərəl] *a.* **1** ⟨*Arch*⟩ attero. **2** → **apterous**. **apterous** [–rəs] *a.* ⟨*Entom,Bot*⟩ attero. **apteryx** ['æptəriks] *s.* ⟨*Ornit*⟩ kiwi *m*.

aptitude ['æptitju:d] *s.* **1** attitudine *f*, inclinazione *f*, disposizione *f.* **2** (*quickness to understand*) prontezza *f*; (*intelligence*) intelligenza *f*, perspicacia *f.* **3** (*special fitness*) attitudine *f*, idoneità *f*, abilità *f.* □ ⟨*Psic*⟩ ~ *test* test *m* attitudinale.

aptly ['æptli] *avv.* a proposito, in modo adatto. **aptness** [–tnis] *s.* **1** appropriatezza *f*, opportunità *f.* **2** (*proneness*) inclinazione *f*, predisposizione *f.* **3** (*quick–wittedness*) prontezza *f*; (*ability*) abilità *f.*

Apulia [ə'pju:liə] *N.pr.* ⟨*Geog*⟩ Puglia *f.* **Apulian** [–n] **I** *a.* **1** pugliese. **2** ⟨*Stor*⟩ apulo. **II** *s.* **1** pugliese *m/f.* ⟨*Stor*⟩ apulo *m* (*f* –a).

apyretic [eipai'retik] *a.* apiretico, senza febbre.

AQ = ⟨*Psic*⟩ *achievement quotient* quoziente di rendimento.

aqua ['ækwə] *s.* (*pl.* aquae [–wi:]/ -s [z]) ⟨*Farm*⟩ acqua *f.*

aquabatics [ˌækwə'bætiks] *s.pl.* (costr. sing.) acrobazie *fpl* acquatiche.

aquaculture [ˌækwə'kʌltʃə] *s.* acquacoltura *f.*

aquadrome ['ækwədroum] *s.* centro *m* di sci nautico.

aqua fortis ['ækwə'fɔ:tis] *s.* (*pl.* [-tes [ti:z]) ⟨*Chim,Art*⟩ acquaforte *f.*

aqualung ['ækwəlʌŋ] *s.* autorespiratore *m*.

aquamarine [ˌækwəmə'ri:n] *s.* acquamarina *f.*

aquanaut ['ækwənɔ:t] *s.* acquanauta *m/f.*

aquaplane ['ækwəplein] **I** *s.* ⟨*Sport*⟩ acquaplano *m*. **II** *v.i.* praticare lo sci acquatico. **aqua'planing** [–niŋ] *s.* **1** ⟨*Sport*⟩ acquaplano *m*. **2** ⟨*Aut*⟩ aquaplaning *m*.

aqua regia ['ri:dʒiə] *s.* ⟨*Chim*⟩ acqua *f* regia.

aquarelle [ækwə'rel] *s.* ⟨*Art*⟩ acquarello *m*. **aquarellist** [–ist] *s.* acquarellista *m/f.*

aquarist [ə'kwɛərist] *s.* acquariofilo *m* (*f* –a).

aquarium [ə'kwɛəriəm] *s.* (*pl.* -s [z]/-ria [riə]) acquario *m*.

Aquarius [ə'kwɛəriəs] *N.pr.* **1** ⟨*Astr*⟩ Acquario *m.* **2** (*person*) Acquario *m*, persona *f* nata sotto il segno dell'Acquario.

aquatic [ə'kwætik] **I** *a.* acquatico. **II** *s.* **1** ⟨*Biol*⟩ (*plant*) pianta *f* acquatica, idrofita *f*; (*animal*) animale *m* acquatico. **2** *pl.* ⟨*Sport*⟩ sport *mpl* acquatici.

aquatint ['ækwətint] *s.* ⟨*Art*⟩ acquatinta *f.*

aqua vitae ['vaiti:] *s.* **1** (*alcohol*) alcool *m.* **2** (*liquor*) acquavite *f.*

aqueduct ['ækwidʌkt] *s.* ⟨*Edil,Anat*⟩ acquedotto *m.*

aqueous ['ækwiəs] *a.* **1** acqueo (*anche Geol.*). **2** (*similar to or full of water*) acquoso. □ ⟨*Anat*⟩ ~ *humour* umore acqueo.

aquiline ['ækwilain] *a.* aquilino (*anche Ornit.*).

Aquinist [ə'kwainist] *s.* ⟨*Teol*⟩ tomista *m*.

aquiver [ə'kwivə] *a.* ⟨*lett*⟩ tremante, fremente.

A.R. = **1** *anno regni* nell'anno del regno. **2** ⟨*Assic*⟩ *all risks* tutti i rischi.

Arab ['ærəb] **I** *a.* arabo. **II** *s.* **1** arabo *m* (*f* –a). **2** (*horse*) cavallo *m* arabo. **3** (*street arab*) monello *m*.

arabesque [ˌærə'besk] **I** *s.* **1** ⟨*Art,Mus*⟩ arabesco *m.* **2** (*in ballet*) arabesque *f.* **II** *a.* arabesco.

Arabia [ə'reibjə] *N.pr.* ⟨*Geog*⟩ Arabia *f.* **Arabian** [–n] **I** *a.* arabo. **II** *s.* arabo *m* (*f* –a).

Arabian| bird *s.* fenice *f.*~ **Gulf** *N.pr.* ⟨*Geog*⟩ golfo *m* arabico. ~ **Nights** *s.pl.* Mille e Una Notte.

Arabic ['ærəbik] **I** *a.* **1** arabico, arabo. **2** (*of the language, alphabet*) arabo. **II** *s.* arabo *m*. **Arabic numerals** *s.pl.* numeri *mpl* arabi.

Arabism ['ærəbizəm] *s.* arabismo *m.* **Arabist** [–bist] *s.* arabista *m/f.*

Arab-Israeli war *s.* guerra *f* arabo-israeliana.

arable ['ærəbl] **I** *a.* arabile. **II** *s.* terreno *m* arabile.

Araby ['ærəbi] *N.pr.* ⟨*poet*⟩ → **Arabia**.

arachnean [æræk'niən] *a.* trasparente, sottilissimo.

arachnid [ə'ræknid] *s.* ⟨*Entom*⟩ **1** aracnide *m.* **2** *pl.* aracnidi *mpl.*

arachnoid [ə'ræknɔid] **I** *a.* **1** aracneo. **2** ⟨*Anat*⟩ aracnoideo. **3** ⟨*Bot*⟩ coperto di peli. **II** *s.* **1** ⟨*Entom*⟩ aracnide *m.* **2** ⟨*Anat*⟩ aracnoide *f.*

Aragon ['ærəgən] *N.pr.* ⟨*Geog*⟩ Aragona *f.*

aragonite [ə'rægənait] *s.* ⟨*Min*⟩ aragonite *f.*

Aramaic [ærə'meiik] **I** *s.* (*language*) aramaico *m.* **II** *a.* aramaico.

arapaima [ærə'paimə] *s.* ⟨*Itt*⟩ arapaima *m.*

araucaria [ærɔ:'kɛəriə] *s.* ⟨*Bot*⟩ araucaria *f.*

Arawak ['ɑ:rɑ:wɑ:k] *s.* (*pl. inv./*-s [s]) **1** aruaco *m* (*f* –a). **2** (*language*) lingua *f* aruaca. **Ara'wakan** [–ən] *a.* aruaco.

arbalest ['ɑ:bəlist] *s.* ⟨*Mil.ant*⟩ balestra *f.*

arbiter ['ɑ:bitə] *s.* arbitro *m.* **arbitrable** [–trəbl] *a.* arbitrabile. **arbitrage** [ɑ:bi'trɔʒ] *s.* ⟨*Econ*⟩ arbitraggio *m.* **arbitral** [–trəl] *a.* arbitrale.

arbitral| award *s.* ⟨*Dir*⟩ lodo *m* (*o* sentenza *f*) arbitrale. ~ **board** *s.* → **arbitration board**.

arbitrament ['ɑ:bitrəmənt] *s.* arbitrato *m.* **arbitrarily** [–trərili] *avv.* arbitrariamente. **arbitrariness** [–trərinis] *s.* arbitrarietà *f.* **arbitrary** [–trəri] *a.* **1** arbitrario (*anche*

Dir.). **2** (*capricious*) capriccioso. **3** (*tyrannical*) dispotico, assoluto.

arbitrate ['ɑ:bitreit] **I** *v.i.* **1** arbitrare, fare da arbitro. **2** (*to submit to arbitration*) sottoporre ad arbitrato. **II** *v.t.* arbitrare: *to ~ a dispute* arbitrare una vertenza. **,arbitration** [–'treiʃən] *s.* arbitrato *m: international ~* arbitrato internazionale.

arbitration| award *s.* lodo *m* arbitrale, arbitrato *m. ~ board* *s.* collegio *m* arbitrale. **~ bond** *s.* patto *m* arbitrale. **~ clause** *s.* clausola arbitrale. **~ court** *s.* tribunale *m* arbitrale. **~ proceedings** *s.pl.* 〈*Dir*〉 procedimento *m* arbitrale.

'arbitrator ['ɑ:bitreitə] *s.* **1** 〈*Dir*〉 arbitratore *m.* **2** (*arbiter*) arbitro *m* (*f* –a). **'arbitress** [–tris] *s.* arbitra *f.*

arbor[1] ['ɑ:bə] *s.* **1** 〈*Mecc*〉 mandrino *m.* **2** 〈*Met*〉 armatura *f.*

arbor[2] *s.* albero *m.*

arbor[3] *am. s.* → **arbour.**

arboraceous [,ɑ:bə'reiʃəs] *a.* **1** → **arboreal. 2** (*arboreous*) boscoso.

Arbor Day 〈*am*〉 *s.* festa *f* degli alberi.

arboreal [ɑ:'bɔːriəl] *a.* **1** arboreo. **2** 〈*Zool*〉 arboricolo. **arboreous** [–riəs] *a.* **1** boscoso. **2** → **arboreal. arborescence** [,ɑ:bə'resns] *s.* arborescenza *f.* **arborescent** [,ɑ:bə'resnt] *a.* arborescente.

arboretum [,ɑ:bə'ri:təm] *s.* (*pl.* **-s** [z]/**-ta** [tə]) arboreto *m.*

arboriculture [,ɑ:bəri'kʌltʃə] *s.* arboricoltura *f.* **arboriculturist** [–rist] *s.* arboricoltore *m* (*f* –trice).

arborist ['ɑ:bərist] *s.* arborista *m/f.* **,arborization** [–rai'zeiʃən] *s.* **1** ramificazione *f.* **2** 〈*Min,Anat*〉 arborizzazione *f.*

arbor vitae ['ɑ:bə'vaiti:] *s.* **1** 〈*Bot*〉 tuia *f.* **2** 〈*Anat*〉 albero *m* della vita.

arbour ['ɑ:bə] *s.* **1** pergola *f*, chiosco *m.* **2** 〈*ant*〉 (*covered walk*) pergolato *m.* **arboured** [–d] *a.* **1** coperto da pergolato. **2** (*lined with trees*) alberato.

arbutus [ɑ:'bju:təs] *s.* 〈*Bot*〉 corbezzolo *m*, albatro *m.*

arc [ɑ:k] *s.* arco *m: electric ~* arco voltaico.

A.R.C. = *American Red Cross* Croce Rossa Americana.

arcade [ɑ:'keid] *s.* **1** 〈*Arch*〉 (*series of arches*) arcata *f; (gallery*) galleria *f*, porticato *m*, portico *m.* **2** (*passage way with shops*) galleria *f.*

Arcadia [ɑ:'keidiə] **I** *N.pr.* 〈*Geog*〉 Arcadia *f.* **II** *s.* 〈*fig*〉 arcadia *f.* **Arcadian** [–n] **I** *a.* **1** arcadico. **2** 〈*fig*〉 arcadico, idillico. **II** *s.* arcade *m/f.* **Arcady** ['ɑ:kədi] *N.pr.* 〈*poet*〉 → **Arcadia.**

arcanum [ɑ:'keinəm] *s.* (*pl.* **-na** [nə]) **1** (*secret, mystery; general.* al pl.) arcano *m*, mistero *m.* **2** 〈*Alchim*〉 elisir *m*, filtro *m.*

arc| cosine *s.* 〈*Mat*〉 arcoseno *m.* **~ furnace** *s.* forno *m* ad arco.

arch[1] [ɑ:tʃ] **I** *s.* **1** 〈*Arch*〉 arco *m*, arcata *f.* **2** → **archway. 3** (*any curvature*) arco *m*, volta *f: the ~ of the sky* la volta del cielo. **4** 〈*Anat*〉 arco *m* del piede, arcata *f* plantare. **II** *v.t.* **1** incurvare, inarcare, arcuare: *to ~ one's eyebrows* inarcare le sopracciglia. **2** (*to span*) congiungere con un arco, attraversare: *a bridge –ed the stream* un ponte attraversava il fiume. **III** *v.i.* inarcarsi, incurvarsi. □ *to ~ one's back* inarcare la schiena; *fallen –es* piedi piatti.

arch[2] *a.* **1** principale. **2** (*roguish*) malizioso, birichino; (*crafty*) astuto.

arch. = **1** *archaic* arcaico. **2** *archipelago* arcipelago. **3** *architect* architetto (*abbr.* arch.). **4** *architecture* architettura.

Arch. = *Archbishop* arcivescovo (*abbr.* arc., Arc.).

archaeologic [,ɑ:kiə'lɔdʒik], **archaeological** [–l] *a.* archeologico.

archaeological| find *s.* reperto *m* archeologico. **~ site** *s.* sito *m* archeologico.

archaeologist [,ɑ:ki'ɔlədʒist] *s.* archeologo *m* (*f* –a). **archaeology** [–ki'ɔlədʒi] *s.* **1** archeologia *f.* **2** (*remains*) avanzi *mpl* (*o* resti) archeologici.

Archaeozoic [,ɑ:kiə'zouik] **I** *a.* 〈*Geol*〉 archeozoico. **II** *s.* archeozoico *m.*

archaic [ɑ:'keiik] *a.* **1** arcaico. **2** (*out–of–date*) arcaico, antiquato. **3** (*ancient*) antico: *~ statues* statue antiche.

archaism ['ɑ:keiizəm] *s.* arcaismo *m.* **archaist** [–keiist] *s.* arcaista *m/f.* **archaistic** [,ɑ:kei'istik] *a.* arcaistico.

archaize [–keiaiz] **I** *v.t.* rendere simile all'arcaico. **II** *v.i.* arcaicizzare, arcaizzare.

archangel ['ɑ:keindʒəl] *s.* 〈*Rel*〉 arcangelo *m.*

archbishop ['ɑ:tʃ'biʃəp] *s.* arcivescovo *m.* **,archbishopric** [–rik] *s.* arcivescovado *m.*

archdeacon ['ɑ:tʃ'di:kən] *s.* arcidiacono *m.* **,arch'deaconate** [–it], **,arch'deaconry** [–ri] *s.* arcidiaconato *m.*

archdiocese ['ɑ:tʃ'daiəsis] *s.* arcidiocesi *f.*

archducal ['ɑ:tʃ'dju:kl] *a.* arciducale. **,archduchess** [–'dʌtʃis] *s.* arciduchessa *f.* **archduchy** [–'dʌtʃi] *s.* arciducato *m.* **archduke** [–'dju:k] *s.* arciduca *m.*

arched [ɑ:tʃt] *a.* 〈*Arch*〉 arcato.

archegonium [,ɑ:ki'gouniəm] *s.* (*pl.* **-nia** [niə]) 〈*Bot*〉 archegonio *m.*

archer ['ɑ:tʃə] *s.* **1** arciere *m.* **2** → **archer-fish. Archer** *N.pr.* 〈*Astr*〉 Arciere *m*, Sagittario *m.* **archer-fish** [–fiʃ] *s.* 〈*Itt*〉 arciere *m.*

archery ['ɑ:tʃəri] *s.* **1** 〈*Sport*〉 tiro *m* all'arco. **2** (*archers*) arcieri *mpl.* **3** (*equipment*) equipaggiamento *m* dell'arciere.

archetypal ['ɑ:kitaipəl] *a.* **1** archetipo. **2** (*typical*) tipico. **archetype** [–taip] *s.* archetipo *m.* □ *the ~ of* il perfetto esempio di.

arch fiend ['ɑ:tʃfi:nd] *s.* **1** arcidiavolo *m.* **2** (*Satan*) Satana *m.*

Archibald ['ɑ:tʃibəld] *N.pr.* Arcibaldo *m.*

archidiaconal [,ɑ:kidai'ækənl] *a.* arcidiaconale.

Archie ['ɑ:tʃi] *N.pr. dim. di* Archibald.

archiepiscopal [,ɑ:kii'piskəpl] *a.* arcivescovile, archiepiscopale., □ *~ cross* croce *f* patriarcale. **archiepiscopate** [–pit] *s.* arcivescovado *m.*

archil ['ɑ:kil] *s.* 〈*Bot*〉 oricello *m.*

Archilochus [ɑ:'kiləkəs] *N.pr.* 〈*Stor*〉 Archiloco *m.*

archimandrite [,ɑ:ki'mændrait] *s.* 〈*Rel*〉 archimandrita *m.*

Archimedean [,ɑ:ki'mi:diən] *a.* archimedeo, di Archimede. **Archimedes** [–di:z] *N.pr.* 〈*Stor.gr*〉 Archimede *m.* **Archimedes'| principle** *s.* 〈*Fis*〉 principio *m* di Archimede. **~ screw** *s.* 〈*tecn*〉 vite *f* di Archimede, coclea *f.*

arching ['ɑ:tʃiŋ] *s.* 〈*Arch*〉 (*arched part*) arco *m*; (*system of arches*) arcata *f.*

archipelago [,ɑ:ki'peləgou] *s.* (*pl.* **-s**/**-es** [z]) arcipelago *m.*

archit. = *architecture* architettura.

architect ['ɑ:kitekt] *s.* **1** architetto *m.* **2** 〈*fig*〉 architetto *m*, artefice *m.*

architectonic [,ɑ:kitek'tɔnik] *a.* **1** architettonico. **2** 〈*fig*〉 armonioso, equilibrato, architettonico. **architectonics** [–s] *s.pl.* (*costr. sing.*) **1** architettura *f.* **2** 〈*fig*〉 (*structural design*) struttura *f.*

architectural [,ɑ:ki'tektʃərəl] *a.* architettonico. □ *~ engineering* ingegneria *f* edile. **'architecture** [–tʃə] *s.* **1** architettura *f: Gothic ~* architettura gotica. **2** 〈*fig*〉 (*construction*) struttura *f*, schema *m*, architettura *f: the ~ of a novel* la struttura di un romanzo.

architrave ['ɑ:kitreiv] *s.* 〈*Arch*〉 architrave *f.*

archival studies [ɑ:'kaivəl] *s.pl.* 〈*Univ*〉 archivistica *f.*

archive keeping *s.* archivistica *f.*

archives ['ɑ:kaivz] *s.pl.* archivio *m.* **archivist** [–kivist] *s.* archivista *m/f.*

archivolt ['ɑ:kivoult] *s.* 〈*Arch*〉 archivolto *m.*

archlute ['ɑ:tʃlju:t] *s.* 〈*Mus*〉 arciliuto *m.*

archly ['ɑ:tʃli] *avv.* in modo birichino, maliziosamente. **archness** [–tʃnis] *s.* malizia *f.*

archon ['ɑ:kən] *s.* **1** 〈*Stor.gr*〉 arconte *m.* **2** 〈*fig*〉 sovrano *m.* **archonship** [–ʃip] *s.* arcontato *m.*

archpriest ['ɑ:tʃpri:st] *s.* arciprete *m.*

arch| stone *s.* 〈*Arch*〉 cuneo *m* dell'arco, chiave *f.* **~ support** *s.* 〈*Calz*〉 supporto *m*, plantare *m.* **~way** *s.* 〈*Arch*〉 **1** passaggio *m* a volta, volta *f*, arcata *f.* **2** (*archivolt*) archivolto *m*, arco *m.*

arc| lamp s. ⟨El⟩ lampada f ad arco. **~ light** s. ⟨El⟩ **1** luce f ad arco. **2** → **arc lamp. ~ secant** s. ⟨Mat⟩ arcosecante f. **~ sine** s. arcoseno m.

arctic ['ɑːktik] **I** a. **1** artico. **2** ⟨fig⟩ gelido. **II** s.pl. ⟨Calz⟩ soprascarpe fpl da neve. **Arctic** N.pr. ⟨Geog⟩ Artide f.

Arctic| Circle s. ⟨Geog⟩ circolo m polare artico. **~ fox** s. ⟨Zool⟩ volpe f bianca. **~ Ocean** s. ⟨Geog⟩ mare m Artico. **~ Zone** s. ⟨Geog⟩ regione f (o zona) artica.

arc transmitter s. ⟨Rad⟩ radiotrasmettitore m ad arco.

Arcturus [ɑːk'tjuərəs] N.pr. ⟨Astr⟩ Arturo m.

arcuate ['ɑːkjuit], **arcuated** [–jueitid] a. arcuato. **,arcuation** [–juːeiʃən] s. incurvatura f, arcuazione f.

arc welding s. ⟨El⟩ saldatura f ad arco.

ardency ['ɑːdənsi] s. ⟨lett⟩ ardore m, fervore m. **ardent** [–nt] a. **1** ardente, appassionato, fervente. **2** (glowing) ardente, splendente.

ardent spirits s.pl. bevande fpl alcoliche, alcolici mpl.

ardor am., **ardour** ['ɑːdə] s. ardore m, passione f, fervore m.

arduous ['ɑːdjuəs, am. –dʒu–] a. **1** arduo, difficile: an ~ task un'ardua impresa. **2** (strenuous) strenuo, energico: ~ efforts strenui sforzi. **3** (hard to endure) rigido, duro, difficile: an ~ winter un inverno rigido. **4** (steep) ripido, arduo. **arduously** [–li] avv. **1** strenuamente. **2** (with difficulty) con difficoltà, faticosamente. **arduousness** [–nis] s. **1** difficoltà f, arduità f. **2** (steepness) ripidezza f.

are[1] [ɑː] → **be.**

are[2] s. ara f.

area ['ɛəriə] s. **1** area f, zona f, distretto m: residential ~ zona residenziale. **2** (superficial extent) area f, superficie f: the ~ of a triangle l'area di un triangolo. **3** (in a building) parte f, zona f: the living ~ of a house la zona soggiorno di una casa. **4** ⟨fig⟩ (range, field) settore m, campo m, area f. **5** (open space of land) area f, zona f: parking ~ area per parcheggiare, zona di parcheggio. **6** (site of a building) area f, terreno m; (areaway) ingresso m a un seminterrato. **7** ⟨Mil⟩ zona f, settore m, distretto m. □ ⟨Mecc⟩ ~ of contact superficie f di contatto; surface ~ superficie f.

area| bombing s. bombardamento m a tappeto. **~ code** am. s. ⟨Tel⟩ numero m di distretto, indicativo m. **~ manager** s. ⟨Comm⟩ capo m area. **~ sampling** s. ⟨Comm⟩ campionamento m su un'area. **~ test** s. prova f di mercato.

areaway ['ɛəriwei] s. **1** ingresso m a un seminterrato. **2** ⟨am⟩ (passageway) passaggio m.

areca ['ærikə] s. **1** (areca nut) noce f di areca (o betel). **2** → **areca palm. areca palm** s. ⟨Bot⟩ areca f, betel m.

arena [ə'riːnə] s. **1** arena f. **2** ⟨fig⟩ arena f, teatro m.

arenaceous [,æri'neiʃəs] a. **1** arenaceo. **2** ⟨Bot⟩ arenicolo.

arena theatre s. arena f, teatro m con palcoscenico centrale.

arenose ['ærinous], **arenous** [–nəs] a. arenoso, sabbioso.

aren't [ɑːnt] contraz. di **are not.**

Areopagite [,æri'ɔpəgait] s. ⟨Stor.gr⟩ areopagita m. **Areopagitic** [–pə'dʒitik] a. areopagitico. **Areopagus** [–gəs] s. areopago m.

arête [æ'reit] s. cresta f (di monte).

argali ['ɑːgəli] s. (pl.inv./-s [z]) ⟨Zool⟩ argalì m.

argent ['ɑːdʒənt] **I** s. **1** ⟨Arald⟩ argento m. **2** ⟨rar⟩ (silver money) argento m. **II** a. **1** argenteo. **2** ⟨Arald⟩ d'argento.

argental [ɑː'dʒentl] a. di argento. **argentic** [–tik] a. ⟨Chim⟩ di argento bivalente. **,argentiferous** [–'tifərəs] a. argentifero.

Argentina [,ɑːdʒən'tiːnə] N.pr. ⟨Geog⟩ Argentina f.

argentine ['ɑːdʒəntain] **I** a. argento, argentino. **II** s. **1** (silver) argento m. **2** ⟨Itt⟩ argentina f.

Argentine ['ɑːdʒəntain] **I** a. argentino. **II** s. argentino m (f –a). **III** N.pr. → **Argentina.**

argentite [ɑː'dʒəntait] s. ⟨Min⟩ argentite f.

argil ['ɑːdʒil] s. argilla f. **,argillaceous** [–'leiʃəs] a. argillaceo.

Argive ['ɑːgaiv] **I** a. argivo. **II** s. argivo m (f –a).

argol ['ɑːgəl] s. tartaro m (di vino).

argon ['ɑːgən] s. ⟨Chim⟩ argon m, argo m.

argonaut ['ɑːgənɔːt] s. ⟨Zool⟩ argonauta m. **Argonaut** s. **1** ⟨Mitol⟩ argonauta m. **2** ⟨Stor.am⟩ cercatore m d'oro. **,Argo'nautic** [–ik] a. argonautico.

argon laser s. laser m ad argon.

argosy ['ɑːgəsi] s. ⟨poet⟩ **1** galeone m. **2** (fleet) flotta f.

argot ['ɑːgou] s. argot m, gergo m.

arguable ['ɑːgjuəbl] a. sostenibile; (debatable) discutibile.

argue ['ɑːgjuː] **I** v.i. **1** parlare, discutere: to ~ against s.th. parlare contro qc. **2** (to dispute) discutere, avere una discussione, disputare; (to quarrel) litigare, ⟨fam⟩ bisticciarsi. **II** v.t. **1** discutere, dibattere: to ~ a question discutere un problema. **2** (to persuade) persuadere, convincere: to ~ s.o. into doing s.th. persuadere qd. a fare qc.; (to dissuade) dissuadere, distogliere: I –d him out of joining the army lo dissuasi dall'arruolarsi. **3** (to maintain) sostenere. **4** (to indicate) provare, dimostrare, denotare, indicare: his manner –s indecision il suo modo denota indecisione.

argufy ['ɑːgjufai] v.i. ⟨fam⟩ argomentare, sofisticare, cavillare.

argument ['ɑːgjumənt] s. **1** discussione f: to have an ~ with s.o. about s.th. avere una discussione con qd. su qc. **2** (disagreement) discussione f, contrasto m, disputa f, controversia f. **3** (reason in support) argomento m; (chain of reasons) ragionamento m, ragioni fpl, argomenti mpl: his ~ was convincing le sue ragioni erano convincenti. **4** (subject matter) argomento m, soggetto m, tema m. **5** ⟨Lett⟩ (summary) sommario m, argomento m. □ beyond ~ indiscutibile, fuori discussione.

argumentation [,ɑːgjumen'teiʃən] s. **1** argomentazione f. **2** (discussion) dibattito m, discussione f. **argu'mentative** [–tətiv] a. **1** polemico: an ~ disposition un carattere polemico. **2** (controversial) controverso. **3** (indicative) indicativo, segno (of di).

argus ['ɑːgəs] s. **1** guardiano m. **2** ⟨Ornit⟩ argo m, fagiano m argo. **Argus** N.pr. ⟨Mitol⟩ Argo m. **Argus-eyed** a. dagli occhi d'Argo.

argute [ɑː'gjuːt] a. ⟨lett⟩ **1** acuto, perspicace, sagace. **2** (shrill) acuto.

argy-bargy ['ɑːdʒi'bɑːdʒi] s. ⟨fam⟩ discussione f accesa, dibattito m accanito.

aria ['ɑːriə] s. ⟨Mus⟩ aria f.

Ariadne [,æri'ædni] N.pr. ⟨Mitol⟩ Arianna f.

Arian ['ɛəriən] **I** a. ⟨Teol⟩ ariano. **II** s. ariano m (f –a). **Arianism** ['ɛəriənizəm] s. ⟨Teol⟩ arianesimo m.

arid ['ærid] a. arido (anche fig.). **aridity** [ə'riditi], **aridness** [–nis] s. aridità f (anche fig.).

Ariel ['ɛəriəl] N.pr. ⟨Lett⟩ Ariele m.

Aries ['ɛəriːz] N.pr. **1** ⟨Astr⟩ Ariete m. **2** (person) Ariete m, persona f nata sotto il segno dell'Ariete.

aright [ə'rait] avv. bene, correttamente, giustamente.

aril ['æril] s. ⟨Bot⟩ arillo m. **arillate(d)** [–eit(id)] a. arillare.

arise [ə'raiz] v.i. (pret. **arose** [ə'rouz], p.p. **arisen** [ə'rizən]) **1** presentarsi, offrirsi: if the opportunity –s se si presenta l'occasione; (to come up) sorgere, presentarsi: if complications ~ se sorgono complicazioni. **2** (to result) risultare, derivare, nascere (from da). **3** (to get up) levarsi, alzarsi. **4** (to rise from torpor, etc.) svegliarsi. **5** (to ascend) salire, alzarsi: smoke arose from the chimney il fumo saliva dal camino; (of the sun) sorgere. □ ⟨ant⟩ to ~ from the dead risuscitare; a quarrel arose nacque una lite; a storm arose scoppiò un temporale.

arista [ə'ristə] s. (pl. **-tae** [tiː]) ⟨Bot,Entom⟩ arista f.

Aristarch ['ær+istɑːk] N.pr. Aristarco m.

aristate [ə'risteit] a. ⟨Bot,Zool⟩ aristato.

aristocracy [,æris'tɔkrəsi] s. aristocrazia f. **'aristocrat** [–təkræt, am. –tə'-] s. ⟨Stor.gr⟩ aristocratico m (f –a). **aristocratic** [–tə'krætik], **aristocratical** [–tə'krætikl] a. aristocratico.

Aristophanes [,æris'tɔfəniːz] N.pr. ⟨Stor.gr⟩ Aristofane m.

Aristotelian [,æristo'tiːljən] **I** a. aristotelico. **II** s. aristotelico m (f –a). **Aristotelianism** [–izəm] s. aristotelismo m.

Aristotle ['æristɔtl] N.pr. ⟨Stor.gr⟩ Aristotele m.

arithmetic[1] [ə'riθmətik] s. **1** aritmetica f. **2** (calculation)

calcolo *m*.
arithmetic[2] [ærɪθ'metɪk] *a*. → **arithmetical**.
arithmetic operator *s*. ⟨*Inform*⟩ operatore *m* aritmetico.
arithmetical [ærɪθ'metɪkl] *a*. aritmetico. □ ~ *progression* progressione aritmetica. **arithmetician** [ə,rɪθmə'tɪʃən] *s*. aritmetico *m* (*f* –a). **arithmometer** [ærɪθ'mɒmɪtə] *s*. addizionatrice *f*.
Arizona [ærɪ'zoʊnə] *N.pr*. ⟨*Geog*⟩ stato dell'Arizona. **Arizonan** [–n], **Arizonian** [–nɪən] **I** *a*. dell'Arizona. **II** *s*. abitante *m/f* dell'Arizona.
ark [ɑːk] *s*. **1** ⟨*Bibl*⟩ arca *f*: *Noah's* ~ l'arca di Noè. **2** ⟨*fig*⟩ rifugio *m*. **3** ⟨*Rel*⟩ (*Ark of the Covenant*) arca *f* dell'Alleanza⌐ (*o* santa). **4** ⟨*Stor.am*⟩ specie di battello fluviale.
Arkansan [ɑː'kænzən] *s*. abitante *m/f* dell'Arkansas.
Arkansas [ˈɑːkənsɔː] *N.pr*. ⟨*Geog*⟩ stato dell'Arkansas.
ark shell *s*. ⟨*Zool*⟩ arca *f*.
arm[1] [ɑːm] *s*. **1** braccio *m* (*anche fig.*, *Arch.*,*Mecc.*). **2** (*of a chair*) bracciolo *m*. **3** ⟨*Mar*⟩ (*of an anchor*) braccio *m*, marra *f*; (*of a yard*) varea *f*. **4** (*sleeve*) manica *f*. □ *to* **carry** *in one's* ~*s* portare in braccio; ⟨*fam*⟩ *to* **cost** *an* ~ *and a leg* costare una follia⌐ (*o* un ˈocchio della testa); *to* **fall** *into s.o.'s* ~*s* cadere nelle braccia di qd.; *to* **fold** (*o* **cross**) *one's* ~*s* incrociare le braccia; *to* **give** *s.o. one's* ~ dare il braccio a qd.; *to* **greet** *s.o. with open* ~*s* accogliere qd. a braccia aperte; *a baby* **in** ~*s* un bambino in fasce; *to* **walk** ~ *in* ~ *with s.o.* camminare a braccetto con qd.; ⟨*fig*⟩ *the long* ~ *of the* **law** il lungo braccio della legge; ⟨*fig*⟩ *to* **keep** *s.o. at* ~*'s* **length** tenere qd. a distanza, trattare qd. con freddezza; ⟨*fig*⟩ *in the* ~*s of* **Morpheus** in braccio a Morfeo; *to have a basket* **on** *one's* ~ tenere un cesto appeso al braccio; *to put one's* ~*s* **round** *s.o.* abbracciare qd.; ~ *of the* **sea** braccio *m* di mare; ⟨*fig*⟩ *the* **secular** ~ *of the Church* il braccio secolare della Chiesa; *to* **take** *s.o. in one's* ~*s* prendere qd. fra le braccia; ~ *of a* **tree** ramo *m* d'albero.
arm[2] **I** *s*. **1** arma *f*. **2** ⟨*Mil*⟩ arma *f: the air* ~ l'arma aerea. **3** *pl.* ⟨*Arald*⟩ arme *f*, stemma *m*. **4** *pl.* ⟨*fig*⟩ servizio *m* militare, armi *fpl*. **II** *v.t*. **1** armare (*anche Mar.*). **2** ⟨*fig*⟩ (*to prepare*) armare, munire; (*to supply*) rifornire, equipaggiare. **III** *v.i*. armarsi. □ **appeal** *to* ~*s* ricorso *m* alle armi; *to* **bear** ~*s* fare il soldato, essere sotto le armi; **call** *to* ~*s* chiamata alle armi; *a nation* **in** ~*s* una nazione in armi; ⟨*fig*⟩ *to* **lay** *down one's* ~*s* deporre le armi; *to* **order** ~*s* ordinare il fianc'arm; *to* **present** ~*s* presentare le armi; *the* ~*s* **race** la corsa agli armamenti; *to* **rise** *up in* ~*s* sollevarsi (*anche fig.*); *to* **slope** ~*s* eseguire lo spall'arm; **small** ~*s* armi leggere; *to* **take** *up* ~*s* ricorrere alle armi; ⟨*fig*⟩ entrare in polemica; ~*ed to the* **teeth** armato fino ai denti; *to* ~*s!* all'armi!; **under** ~*s* sotto le armi; *to be* **up** *in* ~*s* essere in armi; ⟨*fig*⟩ protestare.
armada [ɑː'mɑːdə] *s*. **1** armata *f*, flotta *f*. **2** ⟨*fig*⟩ (*large force*) esercito *m*. **Armada** *N.pr*. ⟨*Stor*⟩ Invincibile Armata *f*.
armadillo [,ɑːmə'dɪloʊ] *s*. (*pl.* –**s**/–**es** [z]) ⟨*Zool*⟩ dasipo *m*.
Armageddon [,ɑːmə'gedn] *s*. **1** ⟨*Bibl*⟩ Armageddo *m*. **2** ⟨*fig*⟩ scontro *m* decisivo, ultima battaglia *f*.
armament ['ɑːməmənt] *s*. **1** armamento *m*. **2** *pl.* (*military strength*) armamenti *mpl*. **3** ⟨*fig*⟩ difesa *f*, corazza *f*. □ ~*s* **control** controllo degli armamenti; **main** ~ armamento *m* principale; *the* ~*s* **race** la corsa agli armamenti.
armature ['ɑːmətjʊə] *s*. **1** (*armour*) armatura *f*. **2** ⟨*Biol*⟩ corazza *f*. **3** ⟨*El*⟩ indotto *m*, armatura *f*.
'arm 'band *s*. bracciale *m*, fascia *f*.
armchair ['ɑːmtʃɛə] **I** *s*. poltrona *f*, sedia *f* a braccioli. **II** *a*. (*theoretical*) da tavolino: *an* ~ *strategist* uno stratega da tavolino. □ *an* ~ *traveller* persona *f* che viaggia con la fantasia.
armed [ɑːmd] *a*. **1** armato (*anche Arald.*). **2** ⟨*fig*⟩ (*equipped*) armato, provvisto, corredato. **3** ⟨*Biol*⟩ corazzato.
armed| conflict *s*. conflitto *m* armato. ~ **forces** *s.pl.* forze *fpl* armate. ~ **neutrality** *s*. neutralità *f* armata. ~ **robbery** *s*. rapina *f* a mano armata. ~ **truce** *s*. tregua *f* armata.
Armenia [ɑː'miːnɪə] *N.pr*. ⟨*Geog*⟩ Armenia *f*. **Armenian**

[–n] **I** *a*. armeno. **II** *s*. **1** armeno *m* (*f* –a). **2** (*language*) armeno *m*.
armful ['ɑːmful] *s*. bracciata *f*, fascio *m: an* ~ *of roses* un fascio di rose.
arm hole *s*. ⟨*Sart*⟩ giro *m* (della) manica.
armiger ['ɑːmɪdʒə] *s*. (*pl.* –**s** [z]/–**migeri** ['mɪdʒəri]) **1** ⟨*Arald*⟩ armigero *m*. **2** (*squire*) scudiero *m*, armigero *m*.
armillary ['ɑːmɪləri] *a*. armillare: ⟨*Astr*⟩ ~ *sphere* sfera armillare. **arming** ['ɑːmɪŋ] *s*. ⟨*Mar*⟩ sego *m*.
Arminian [ɑː'mɪnɪən] **I** *a*. ⟨*Teol*⟩ arminiano. **II** *s*. arminiano *m*. **Arminianism** [–ɪzəm] *s*. arminianesimo *m*.
armistice ['ɑːmɪstɪs] *s*. armistizio *m*.
Armistice Day *s*. giorno *m* dell'armistizio, festa *f* dell'11 novembre.
armless ['ɑːmlɪs] *a*. **1** senza braccia. **2** (*without weapons*) inerme.
armlet ['ɑːmlɪt] *s*. **1** bracciale *m*. **2** (*of the sea, etc.*) piccolo braccio *m*.
armload ['ɑːmloʊd] *s*. → **armful**.
armor *am. e der.* → **armour**, *e der.*
armorial [ɑː'mɔːrɪəl] **I** *a*. ⟨*Arald*⟩ araldico, dell'arme; (*bearing heraldic arms*) stemmato. **II** *s*. armerista *m*, stemmario *m*. □ ~ *bearings* blasone *m*, stemma *m*.
armorist ['ɑːmərɪst] *s*. ˈaraldista *m/f*. **armory** ['ɑːməri] *s*. araldica *f*.
armour ['ɑːmə] **I** *s*. **1** armatura *f*. **2** (*of a warship*) corazza *f*, blindatura *f*. **3** ⟨*Mil*⟩ mezzi *mpl* corazzati, unità *fpl* blindate. **4** ⟨*fig*⟩ difesa *f*. **5** (*of a diver*) scafandro *m*. **6** ⟨*Bot,Zool*⟩ protezione *f*, corazza *f*. **II** *v.t.* corazzare, blindare. □ *in full* ~ completamente armato; *knights in* ~ cavalieri *mpl* in armi; *a suit of* ~ un'armatura.
armour| bearer *s*. scudiero *m*. ~**-clad** *a*. corazzato.
armoured ['ɑːməd] *a*. **1** corazzato. **2** ⟨*Mil*⟩ corazzato, blindato.
armoured| cable *s*. ⟨*El*⟩ cavo *m* armato. ~ **car** *s*. autoblindo *m*, autoblinda *f*. ~ **cruiser** *s*. incrociatore *m* corazzato. ~ **division** *s*. divisione *f* blindata. ~ **door** *s*. porta *f* blindata (*o* corazzata). ~ **glass** *s*. ⟨*Aut*⟩ vetro *m* temprato.
armourer ['ɑːmərə] *s*. **1** armaiolo *m*, armiere *m*. **2** ⟨*Mil*⟩ armiere *m*.
armour|-piercing *a*. ⟨*Mil*⟩ perforante. ~ **plate** *s*. piastra *f* corazzata (*o* blindata). ~**-plated** *a*. corazzato, blindato.
armoury ['ɑːməri] *s*. **1** armeria *f*, sala *f* d'armi. **2** ⟨*am*⟩ (*factory*) fabbrica *f* d'armi. **3** arsenale *m*, riserva *f*. **4** (*am.Mil*) armeria *f*. □ *I have many more arguments in my* ~ ho ancora molte ˈfrecce al mio arco⌐ (*o* cartucce da sparare).
armpit ['ɑːmpɪt] *s*. ⟨*Anat*⟩ ascella *f*.
armrest ['ɑːmrest] *s*. bracciolo *m*.
arms| export *s*. esportazione *f* d'armi. ~ **factory** *s*. fabbrica *f* d'armi. ~ **sales** *s.pl.* vendite *fpl* di armi. ~ **supply** *s*. fornitura *f* d'armi.
arm|twist ['ɑːmtwɪst] *v.t.* ⟨*fig*⟩ esercitare una forte pressione su. ~**twisting** [–ɪŋ] *s*. ⟨⟨*fig*⟩ (forte) pressione *f: political* ~ pressione politica.
army ['ɑːmi] *s*. **1** esercito *m; (unit*) armata *f*. **2** ⟨*fig*⟩ (*organized group*) schiera *f: an* ~ *of doctors* una schiera di dottori; (*host*) moltitudine *f*, orda *f*, stuolo *m*. □ *to be in the* ~ prestare servizio militare; *to* ˈ*go into*⌐ (*o join*) *the* ~ entrare nell'esercito, andare sotto le armi; ~ *of occupation* esercito *m* d'occupazione; *regular* (*o* *standing*) ~ esercito *m* regolare (*o* permanente). *Prov.: an* ~ *marches on its stomach* un esercito non marcia se non ha lo stomaco pieno.
army| corps *s*. corpo *m* d'armata. ~ **list** *s*. annuario *m* militare.
arnica ['ɑːnɪkə] *s*. ⟨*Bot,Farm*⟩ arnica *f*.
Arnold ['ɑːnəld] *N.pr*. Arnoldo *m*.
aroma [ə'roʊmə] *s*. **1** aroma *m*, fragranza *f*. **2** (*of wine*) aroma *m*, bouquet *m*. **3** ⟨*fig*⟩ (*distinctive flavour*) profumo *m*, aroma *m*.
aromatic [ærə'mætɪk] **I** *a*. aromatico (*anche Chim.*). **II** *s*. **1** ⟨*Bot*⟩ pianta *f* aromatica. **2** ⟨*Chim*⟩ composto *m* aromatico.

aromatize [ə'roumətaiz] *v.t.* aromatizzare.

arose [ə'rouz] → **arise**.

around [ə'raund] **I** *prep.* **1** intorno a, attorno a: *to travel ~ the world* viaggiare intorno al mondo. **2** (*here and there*) in giro per, intorno a, qua e là per, per: *to travel ~ the country* viaggiare per il paese. **3** (*close to*) intorno a, vicino a (*anche fig.*): *the people ~ him* le persone che stanno intorno a lui' (*o* gli stanno intorno). **4** ⟨*am*⟩ (*approximately*) circa, press'a poco, intorno a. **II** *avv.* **1** (*in a circle*) in tondo, in cerchio, intorno, in giro. **2** (*on all sides*) da ogni parte, da tutte le parti, intorno, attorno: *thick fog all ~* fitta nebbia da ogni parte. **3** (*here and there*) in giro, attorno, qua e là. **4** (*in circumference*) di circonferenza: *three feet ~* tre piedi di circonferenza. **5** ⟨*fam*⟩ (*in circulation*) in circolazione, sulla breccia, in giro: *this actor has been ~ for years* quest'attore è sulla breccia da anni. □ ⟨*fam*⟩ *to have been ~* saperla lunga, conoscere il mondo; *to get ~ to doing s.th.* trovare il tempo per fare qc.; *for miles ~* per (molte) miglia intorno; *the wine was passed ~* si passavano il vino da uno all'altro; *to turn ~* fare dietro front; ⟨*am.fam*⟩ *wait ~ for a while* aspetta qui un po'.

arouse [ə'rauz] *v.t.* **1** destare, svegliare. **2** ⟨*fig*⟩ (*to rouse to action*) risvegliare, ridestare, scuotere. **3** (*to excite*) suscitare, destare: *to ~ suspicion* destare sospetto.

arpeggio *it.* [a:'pedʒiou] *s.* (*pl.* **-s** [z]) ⟨*Mus*⟩ arpeggio *m.*

arquebus ['a:kwibəs] *s.* archibugio *m.* ,**arquebu'sier** [–iə] *s.* archibugiere *m.*

arr. = **1** ⟨*Mus*⟩ *arranged* adattato. **2** *arrival* arrivo.

arraign [ə'rein] *v.t.* **1** ⟨*Dir*⟩ chiamare in giudizio, accusare. **2** (*to find fault with*) biasimare. **arraignment** [–mənt] *s.* **1** ⟨*Dir*⟩ (*act*) chiamata *f* in giudizio penale; (*state*) l'essere sotto (*o* in stato di) accusa. **2** (*censuring*) biasimo *m*, critica *f.*

arrange [ə'reindʒ] **I** *v.t.* **1** sistemare, ordinare, accomodare, disporre: *to ~ furniture* sistemare i mobili; *to ~ one's hair* accomodarsi i capelli. **2** (*of disputes, etc.*) comporre, conciliare. **3** (*to plan, prepare*) organizzare, preparare, predisporre: *to ~ a tour* organizzare un viaggio. **4** ⟨*Mus*⟩ (*to adapt*) adattare, arrangiare, fare l'arrangiamento di; (*to orchestrate*) orchestrare. **II** *v.i.* **1** combinare, mettersi d'accordo, arrivare a un accordo (*with* con): *we –d to go together* ci siamo messi d'accordo per andare insieme. **2** (*to make preparations*) fare preparativi (*for* per), provvedere (a), fare in modo che: *I'll ~ for a car to pick you up* farò in modo che una macchina ti venga a prendere. □ *as –d* come stabilito; *to ~ for s.th. to be done* dare istruzioni perché venga fatto qc.; *to ~ a marriage* combinare un matrimonio; *it was –d that* si era disposto che, si era d'accordo che.

arrangement [ə'reindʒmənt] *s.* **1** sistemazione *f*, disposizione *f*, ordinamento *m.* **2** (*settlement*) accordo *m*, accomodamento *m*, intesa *f: to come to an ~* arrivare a un accordo. **3** *pl.* (*plans, preparations*) piani *mpl*, progetti *mpl*, preparativi *mpl: to make –s for a trip* fare i preparativi per una gita. **4** (*something arranged*) composizione *f: floral ~* composizione floreale. **5** (*contrivance*) congegno *m*, dispositivo *m*, ⟨*fam*⟩ aggeggio *m.* **6** ⟨*Mus*⟩ arrangiamento *m*, trascrizione *f*, adattamento *m.* □ *by ~* secondo gli accordi, come stabilito (*o* d'accordo); ⟨*Dir*⟩ *~ with creditors* concordato *m* preventivo; *to make –s* prendere accordi; *testamentary –s* disposizioni testamentarie. **arranger** [–dʒə] *s.* **1** organizzatore *m* (*f* –trice), chi provvede. **2** ⟨*Mus*⟩ arrangiatore *m* (*f* –trice).

arrant ['ærənt] *a.* completo, perfetto, vero: *~ nonsense* una vera assurdità; (*confirmed*) matricolato: *~ knave* furfante matricolato.

arras ['ærəs] *s.* **1** (*tapestry*) arazzo *m.* **2** ⟨*Teat*⟩ tela *f.*

array [ə'rei] **I** *s.* **1** ordine *m*, disposizione *f*, schieramento *m*, spiegamento *m: in battle ~* in ordine di battaglia. **2** (*display*) mostra *f*, esposizione *f*, insieme *m: an impressive ~ of gifts* una notevole esposizione di doni. **3** (*group*) gruppo *m*, squadra *f.* **4** (*body of soldiers*) schiera *f.* **5** (*clothes*) abbigliamento *m*, abito *m.* **6** ⟨*Dir*⟩ lista *f* di giurati. **II** *v.t.* **1** ordinare, disporre, schierare. **2** (*to dress up*) abbigliare, adornare. **3** ⟨*Dir*⟩ (*of a jury*) insediare, costituire.

arrear [ə'riə] *s.* (general. al pl.) arretrato *m: –s of salary* arretrati dello stipendio. □ *in –s with the rent* in arretrato con l'affitto; *to fall into –s with one's work* restare indietro col lavoro, avere del lavoro arretrato; ⟨*Dir,Econ*⟩ *interest on –s* interessi *mpl* di mora. **arrearage** [–ridʒ] *s.* **1** l'essere in arretrato. **2** *pl.* (*arrears*) arretrati *mpl.*

arrect [ə'rekt] *a.* **1** ritto, teso. **2** ⟨*fig*⟩ vigile, attento, in guardia.

arrest [ə'rest] **I** *v.t.* **1** arrestare, fermare, impedire: *to ~ progress* impedire il progresso. **2** ⟨*Dir, Med*⟩ arrestare. **3** ⟨*fig*⟩ attirare, colpire: *to ~ the attention* attirare l'attenzione. **II** *s.* **1** sospensione *f*, arresto *m.* **2** ⟨*Dir*⟩ arresto *m.* □ ⟨*Dir*⟩ *close ~* arresto *m* di rigore; *~ of judgement* sospensione *f* di giudizio; *open ~* arresto *m* semplice; *to place* (*o* *put*) *s.o. under ~* mettere qd. 'agli arresti' (*o* in stato di arresto). **arrester** [–ə] *s.* **1** chi arresta. **2** ⟨*El*⟩ (*lightning arrester*) scaricatore *m.* **arrester hook** *s.* ⟨*Aer.mil*⟩ gancio *m* d'arresto.

arresting [ə'restiŋ] *a.* notevole, singolare, che fa colpo; (*of a story*) avvincente. **arresting gear** *s.* ⟨*Aer.mil*⟩ dispositivo *m* d'arresto.

arrestive [ə'restiv] *a.* che colpisce. **arrestment** [–tmənt] *s.* arresto *m.*

arrhythmic [ə'riθmik], **arrhythmical** [–mikl] *a.* aritmico. **arrhythmy** [–mi] *s.* ⟨*Med*⟩ aritmia *f.*

arris ['æris] *s.* ⟨*Arch*⟩ spigolo *m.*

arrival [ə'raivəl] *s.* **1** arrivo *m.* **2** (*appearance*) comparsa *f*, venuta *f.* **3** (*person*) arrivo *m*, arrivato *m*, persona *f* arrivata; (*thing*) arrivo *m.* □ ⟨*Post*⟩ *to await ~* fino all'arrivo del destinatario; ⟨*Ferr*⟩ *–s and departures board* tabella *f* degli arrivi e delle partenze; ⟨*Comm*⟩ *~ draft* tratta *f* documentaria; *late ~* ritardatario; *he's a new ~* è un nuovo arrivato; *on ~* all'arrivo.

arrive [ə'raiv] *v.i.* **1** arrivare, giungere (*at, in* a, in). **2** ⟨*assol*⟩ (*to be successful*) affermarsi, arrivare. **3** ⟨*fig*⟩ (*to reach, attain*) arrivare, giungere (*at* a), raggiungere (qc.): *to ~ at a conclusion* giungere a una conclusione.

arriviste [ari'vist] *s.* arrivista *m/f.*

arrogance ['ærəgəns], **arrogancy** [–i] *s.* arroganza *f*, alterigia *f*, tracotanza *f.* **arrogant** [–nt] *a.* arrogante, altezzoso, tracotante.

arrogate ['ærəgeit] *v.t.* **1** arrogarsi, impossessarsi di: *to ~ a right to o.s.* arrogarsi un diritto. **2** (*to attribute*) attribuire. **3** ⟨*Dir.rom*⟩ arrogare. ,**arrogation** [–'geiʃən] *s.* **1** pretesa *f* ingiusta. **2** (*attribution*) attribuzione *f* ingiusta. **3** ⟨*Dir.rom*⟩ arrogazione *f.*

arrow ['ærou] *s.* **1** freccia *f*, strale *m*, ⟨*lett*⟩ dardo *m.* **2** (*sign*) freccia *f*, freccetta *f.* **Arrow** *N.pr.* ⟨*Astr*⟩ Sagittario *m.*

arrow|head *s.* **1** punta *f* di freccia. **2** ⟨*Bot*⟩ sagittaria *f*, erba *f* saetta. **~headed** *a.* cuneiforme. **~root** *s.* ⟨*Bot*⟩ specie di maranta.

arrowy ['æroui] *a.* ⟨*fig*⟩ acuto, aguzzo; (*darting*) rapido, sfrecciante.

arse [a:s] *s.* ⟨*volg*⟩ culo *m.*

arsehole ['a:shoul] *s.* ⟨*volg*⟩ ano *m.*

arse-licking *s.* ⟨*volg*⟩ leccone *m* (*f* –a), ⟨*volg*⟩ leccaculo *m/f.*

arsenal ['a:sənl] *s.* **1** arsenale *m.* **2** ⟨*fig*⟩ (*store*) riserva *f.*

arsenate ['a:səneit] *s.* ⟨*Chim*⟩ arseniato *m.* **arsenic I** *s.* [–snik] arsenico *m.* **II** *a.* [a:'senik] di arsenico, arsenico. **arsenical** [a:'senikəl] *a.* arsenicale. **arsenide** ['a:sənaid] *s.* ⟨*Chim*⟩ arseniuro *m.* **arsenious** [a:'si:niəs] *a.* arsenioso. **arsenopyrite** [,a:sino'paiərait] *s.* ⟨*Min*⟩ arsenopirite *f*, mispickel *m.*

arsis ['a:sis] *s.* (*pl.* **-ses** [si:z]) ⟨*Metr,Mus*⟩ arsi *f.*

arson ['a:sn] *s.* ⟨*Dir*⟩ incendio *m* doloso. **arsonist** [–ist] *s.* incendiario *m* (*f* –a).

art[1] [a:t] *s.* **1** arte *f: Byzantine ~* arte bizantina. **2** (*works of art*) opere *fpl* d'arte: *an ~ museum* un museo d'arte. **3** (*branch of learning*) ramo *m* della cultura. **4** *pl.* (*the humanities*; costr. sing.) lettere *fpl*, studi *mpl* umanistici; (*liberal arts*; costr. pl.) arti *fpl* liberali. **5** (*skill*) arte *f*, abilità *f: the ~ of cooking* l'arte culinaria. **6** (*artifice*) artificio *m*, espediente *m.* **7** ⟨*giorn*⟩ materiale *m*

illustrativo. □ *-s and crafts* arti *fpl* e mestieri.
art[2] ⟨*ant*⟩ → **be**.
art. = 1 ⟨*Gramm*⟩ *article* articolo (*abbr.* art.). 2 *artist* artista.
art| critic *s.* critico *m* d'arte. **~ director** *s.* 1 ⟨*Cin,TV*⟩ direttore *m* artistico. 2 → **art editor**. **~ editor** *s.* ⟨*Giorn*⟩ redattore *m* artistico. **~ education** *s.* educazione *f* artistica.
artefact *s.* → **artifact**.
Artemis ['ɑ:timis] *N.pr.* ⟨*Mitol*⟩ Artemide *f.*
artemisia [ˌɑːtiˈmiːziə] *s.* ⟨*Bot*⟩ artemisia *f.*
arterial [ɑːˈtiəriəl] *a.* 1 ⟨*Anat*⟩ arterioso. 2 ⟨*Strad*⟩ di grande comunicazione, principale: **~ road** arteria, strada di grande comunicazione. **ar¸terialization** [–aiˈzeiʃən] *s.* arterializzazione *f.* **arterialize** [–aiz] *v.t.* ⟨*Fisiol*⟩ mutare in sangue arterioso.
arteriography [ˌɑːtiəriˈɔgrəfi] *s.* ⟨*Med*⟩ arteriografia *f.*
arteriole [ɑːˈtiərioul] *s.* ⟨*Anat*⟩ arteriola *f.*
arteriopathy [ˌɑːtiəriˈɔpati] *s.* arteriopatia *f.*
arteriosclerosis [ɑːˌtiərioskliəˈrousis] *s.* (*pl.* **-ses** [siːz]) arteriosclerosi *f.* **arteriosclerotic** [–liˈrɔtik] *a.* arteriosclerotico.
arteriotomy [ɑːˌtiəriˈɔtəmi] *s.* ⟨*Chir*⟩ arteriotomia *f.*
arteritis [ˌɑːtəˈraitis] *s.* ⟨*Med*⟩ arterite *f.*
artery ['ɑːtəri] *s.* 1 ⟨*Anat*⟩ arteria *f.* 2 ⟨*Strad*⟩ arteria *f.,* importante via *f* di comunicazione.
artesian [ɑːˈtiːzjən, *am.* –ˈtiːʒn] *a.* ⟨*Geol*⟩ artesiano: **~ well** pozzo *m* artesiano.
art form *s.* forma *f* d'arte.
artful ['ɑːtfəl] *a.* 1 (*crafty*) astuto, scaltro; (*deceitful*) ingannevole; (*skilful*) abile, destro. 2 (*performed with art*) magistrale, abile. **artfulness** [–nis] *s.* 1 astuzia *f.* 2 (*ability*) abilità *f,* destrezza *f.*
art| gallery *s.* galleria *f* d'arte. **~ house** *s.* cinema *m* d'essai.
arthritic [ɑːˈθritik] *a.* ⟨*Med*⟩ artritico. **arthritis** [–ˈθraitis] *s.* artrite *f.*
arthrocentesis [ˌɑːθrosenˈtesis] *s.* ⟨*Med*⟩ artrocentesi *f.* **¸arthrogenous** [–ˈdʒiːnəs] *a.* artrogeno.
arthropod ['ɑːθropɔd] **I** *a.* ⟨*Zool*⟩ degli artropodi. **II** *s.* artropodo *m.*
arthrosis [ɑːˈθrousis] *s.* (*pl.* **-ses** [siːz]) ⟨*Med*⟩ artrosi *f.*
Arthur ['ɑːθə] *N.pr.* 1 Arturo *m.* 2 ⟨*Lett*⟩ Artù *m.* **Arthurian** [ɑːˈθjuəriən] *a.* arturiano, di re Artù.
Arthurian cycle *s.* ⟨*Lett*⟩ ciclo *m* arturiano.
artichoke ['ɑːtitʃouk] *s.* 1 ⟨*Bot,Gastr*⟩ carciofo *m.* 2 (*Jerusalem artichoke*) topinambur *m.*
article ['ɑːtikl] **I** *s.* 1 ⟨*Giorn,Comm*⟩ articolo *m: leading ~* articolo di fondo. 2 (*item*) capo *m,* articolo *m,* elemento *m:* ~ *of clothing* capo di vestiario, articolo di abbigliamento. 3 ⟨*Gramm*⟩ articolo *m: definite ~* articolo determinativo. 4 (*clause, etc.*) articolo *m,* clausola *f;* (*of a statute*) articolo *m;* (*of a budget*) voce *f.* 5 *pl.* (*conditions, stipulations*) disposizioni *fpl,* accordi *mpl,* condizioni *fpl.* **II** *v.t.* 1 impegnare (*o* legare) con contratto: *to ~ an apprentice to s.o.* impegnare con contratto un apprendista presso qd. 2 ⟨*rar*⟩ (*to indict*) accusare, incriminare. 3 ⟨*rar*⟩ (*to specify*) elencare, specificare. **III** *v.i.* ⟨*rar*⟩ muovere accusa (*against* contro). □ *-s of* **agreement** clausole *fpl* dell'accordo; ⟨*Dir*⟩ *-s of* **association** statuto *m* sociale; ⟨*Stor.am*⟩ *Articles of* **Confederation** Costituzione *f;* ⟨*Dir*⟩ *-s of* **incorporation** atto costitutivo di una società per azioni; ⟨*Dir*⟩ *-s of* **partnership** contratto *m* di associazione, statuto *m* della società; **~ for personal** (*o* *one's own*) *use* oggetto *m* d'uso personale; **ship's** *-s* contratto *m* di arruolamento; ⟨*Rel*⟩ *the* **thirty-nine** *Articles* i trentanove articoli anglicani; *-s of* **war** codice *m* militare.
articled ['ɑːtikld] *a.* ⌐impegnato con⌐ (*o* legato da) contratto.
articular [ɑːˈtikjulə] *a.* ⟨*Anat*⟩ articolare.
articular rheumatism *s.* ⟨*Med*⟩ reumatismo *m* articolare.
articulate[1] [ɑːˈtikjulit] **I** *a.* 1 chiaro, bene articolato: *an ~ speech* un discorso chiaro. 2 (*capable of speech*) capace (*o* in grado) di parlare; (*expressing o.s. easily*) che ha facilità di parola, loquace. 3 (*jointed*) articolato. **II** *s.* ⟨*Zool*⟩

articolato *m.*
articulate[2] [ɑːˈtikjuleit] **I** *v.t.* 1 (*of sounds, words*) articolare, pronunciare distintamente. 2 (*of ideas, etc.*) esprimere (*o* formulare) chiaramente. 3 ⟨*fig*⟩ (*to unify*) unificare, coordinare. 4 (*to unite by joints*) articolare. **II** *v.i.* pronunciare chiaramente, avere una dizione chiara. □ *-d lorry* autocarro *m* articolato (*o* snodabile).
articulately [ɑːˈtikjulitli] *avv.* in modo chiaro, chiaramente.
articulation [ɑːˌtikjuˈleiʃən] *s.* 1 dizione *f,* articolazione *f.* 2 (*act of jointing*) articolazione *f.* 3 ⟨*Anat,Zool,Bot*⟩ articolazione *f.*
articulator [ɑːˈtikjuleitə] *s.* 1 persona *f* dalla dizione chiara. 2 ⟨*Fon*⟩ organo *m* dell'articolazione (dei suoni).
artifact ['ɑːtifækt] *s.* 1 manufatto *m.* 2 ⟨*Med,Biol*⟩ artefatto *m.*
artifice ['ɑːtifis] *s.* 1 stratagemma *m.* 2 (*craft, trickery*) artificio *m,* espediente *m,* trucco *m.* 3 (*skill*) abilità *f,* destrezza *f,* ingegnosità *f.* **ar¸tificer** [–ə] *s.* 1 artigiano *m* (*f* –a). 2 (*maker, inventor*) inventore *m* (*f* –trice), artefice *m/f.* 3 ⟨*Mil*⟩ artificiere *m.*
artificial [ɑːtiˈfiʃəl] *a.* 1 artificiale: **~ light** luce artificiale. 2 (*imitation*) artificiale, finto: **~ flowers** fiori finti; (*man–made*) artificiale, sintetico. 3 ⟨*fig*⟩ (*false*) artificioso, artefatto, falso: **~ tone of voice** tono di voce artefatto; (*affected*) affettato, manierato.
artificial| daylight *s.* luce *f* diurna artificiale. **~ horizon** *s.* ⟨*Aer*⟩ orizzonte *m* artificiale. **~ insemination** *s.* fecondazione *f* artificiale. **~ intelligence** *s.* ⟨*Inform*⟩ intelligenza *f* artificiale.
artificiality [ɑːˌtiˌfiʃiˈæliti] *s.* 1 artificiosità *f.* 2 (*thing*) cosa *f* artificiale.
artificial| kidney *s.* ⟨*Med*⟩ rene *m* artificiale. **~ leather** *s.* cuoio *m* sintetico. **~ manure** *s.* ⟨*Agr*⟩ concime *m* artificiale.
artificialness [ɑːtiˈfiʃəlnis] *s.* artificiosità *f.*
artificial| person *s.* ⟨*Dir*⟩ persona *f* giuridica. **~ respiration** *s.* ⟨*Med*⟩ respirazione *f* artificiale. **~ rubber** *s.* gomma *f* sintetica. **~ satellite** *s.* satellite *m* artificiale. **~ tooth** *s.* dente *m* finto.
artillerist [ɑːˈtilərist] *s.* → **artilleryman**. **artillery** [–ri] *s.* 1 artiglieria *f.* 2 (*science*) balistica *f.* **artilleryman** [–rimən] *s.irr.* artigliere *m.*
artiness ['ɑːtinis] *s.* pretese *fpl* artistiche.
artiodactyl [ˌɑːtioˈdæktil] *s.* ⟨*Zool*⟩ artiodattilo *m.*
artisan [ɑːtiˈzæn] *s.* artigiano *m* (*f* –a).
artist ['ɑːtist] *s.* 1 artista *m/f;* (*painter*) pittore *m* (*f* –trice). 2 → **artiste**. 3 ⟨*fig*⟩ artista *m/f,* virtuoso *m* (*f* –a), maestro *m* (*f* –a): *an ~ in words* un virtuoso dell'eloquenza. □ *concert ~* concertista *m/f.*
artiste [ɑːˈtiːst] *s.* artista *m/f.* **artistic** [–ik], **artistical** [–ikl] *a.* 1 artistico. 2 (*of artists*) artistico, d'artista: **~ temperament** temperamento artistico. **'artistry** [–ri] *s.* 1 qualità *f* artistica, livello *m* artistico. 2 (*artistic ability*) abilità *f* artistica, arte *f.*
artless ['ɑːtlis] *a.* 1 semplice, ingenuo. 2 (*natural*) naturale, spontaneo, senza artifici. 3 (*crude*) grezzo, rozzo, incolto, senz'arte. **artlessness** [–nis] *s.* semplicità *f,* naturalezza *f;* (*lack of culture*) rozzezza *f.*
art|mobile *am. s.* camion *m* per esposizioni d'arte. **~ needlework** *s.* ricamo *m* artistico. **~ Nouveau** *s.* stile *m* liberty. **~ paper** *s.* carta *f* patinata. **~ school** *s.* istituto *m* di belle arti. **~ skating** *s.* pattinaggio *m* artistico. **~ theater** *am. s.* cinema *m* d'essai. **~work** *s.* 1 ⟨*giorn*⟩ materiale *m* illustrativo. 2 (*handicraft*) artigianato *m;* (*object*) oggetto *m* di artigianato.
arty ['ɑːti] *a.* ⟨*fam*⟩ pseudoartistico, che ha pretese artistiche.
arty-crafty ['ɑːtiˈkrɑːfti] *a.* ⟨*scherz*⟩ che ha pretese artistiche, che si dà arie d'artista, pseudoartistico; (*of a thing*) bello ma scomodo.
arum ['ɛərəm] *s.* ⟨*Bot*⟩ aro *m.* **arum lily** *s.* calla *f.*
Aryan ['ɛəriən] **I** *a.* ariano. **II** *s.* ariano *m* (*f* –a).
as[1] [æz] *avv.* 1 (*equally*) così, tanto, *often not translated: he is ~ tall as I am* è alto quanto me; *I know no one else quite ~ stupid* non conosco nessun altro così stupido. 2 (*for example*) come. **II** *congz.* 1 (*to such a degree;*

correlativo di *as* in frasi affermative e, talvolta, di *so* in frasi negative) come, quanto: *he is not so stupid ~ I thought* non è così stupido come pensavo. **2** (*in the same way in which*) come, nello stesso modo che: *do ~ I say, not ~ I do* fai come dico, non come faccio. **3** (*while, when*) mentre, quando: *~ I was cooking dinner* mentre preparavo il pranzo. **4** (*since*) poiché, siccome, giacché, dal momento che: *~ it was raining, we didn't go* dal momento che pioveva, non andammo. **5** (*though*) sebbene, nonostante, per quanto: *young ~ she was* nonostante la sua giovane età. **6** (*according to what*) come, per quanto, per quello che, secondo: *~ I said before* come ti ho detto prima; *~ I recall* per quel che ricordo. **7** (*as if*) come se, quasi. **8** (*fam*) (*that*) che. **9** (*fam*) (*than*) di. **III** *pron.* **1** che: *it's the same film ~ they were showing last week* è lo stesso film che davano la settimana scorsa. **2** (*a fact that*) il che, la qual cosa, come: *a foreigner, ~ is evident from his accent* uno straniero, come appare chiaramente dall'accento. **IV** *prep.* **1** (*like*) come. **2** (*in the character of*) come, in qualità di: *he will never be any good ~ a writer* come scrittore non varrà mai niente. **3** (*in the role of*) nella parte di: *his appearance ~ Hamlet* la sua esibizione nella parte di Amleto. □ *~ a* **child** da bambino; *~* **directed** secondo le direttive (*o* indicazioni) avute; **dressed** *~ a pirate* vestito da pirata; *~* **from** *a* partire (*o* decorrere) da; *~* **if** come se, quasi: *he behaves ~ if he were king* si comporta come se fosse il re; *~ if* to come per: *he opened his mouth ~ if to speak* aprì la bocca come per parlare; ⟨*am.fam*⟩ *~* **is** così com'è; *~* **it** *is* come stanno le cose, già, invero; *he has trouble enough ~ it is* ne ha già abbastanza di guai; *~* **long** *~* finché, purché; *be that ~ it* **may** sia come sia; **much** *~* per quanto; *~* **much** altrettanto, tanto; *I thought ~ much* lo sapevo io, me l'aspettavo; *I told you ~ much* te l'avevo detto; *~* **one** *man to another* da uomo a uomo; *~* **regards** *~ as* to; *~ a* **rule** di regola, di solito; *~* **such** come tale, di per sé, in sé: *the job, ~ such, is not very interesting* il lavoro di per sé non è molto interessante; *~* **though** come se; *it isn't ~ though we were rich* non è che siamo ricchi; *~* **to** quanto a, per quanto riguarda, riguardo a: *~ to your problem* quanto al tuo problema; *~* **well** pure, anche; *seeing that you're here, you might ~ well help me* giacché ci sei, potresti anche aiutarmi; *~ it* **were** per così dire; ⟨*mil*⟩ *~ you were* al tempo; *try ~ I* **would** (*o* might) nonostante tutti i miei sforzi, prova e riprova; *~* **yet** finora.

as² [æs] *s.* (*pl.* **'asses** [–iz]) asse *m* (*anche Numism.*).

AS = *Anglo-Saxon* anglosassone.

A.S. = ⟨*Comm*⟩ *account sales* conto vendite.

ASA = ⟨*SU*⟩ *American Standards Association* Associazione americana per la normalizzazione.

asaf(o)etida [æsə'fetidə] *s.* ⟨*Chim*⟩ assafetida *f.*

asbestos [æz'bestəs] *s.* **1** ⟨*Min*⟩ asbesto *m,* amianto *m.* **2** ⟨*Tess*⟩ tessuto *m* di amianto. **3** ⟨*Teat*⟩ sipario *m* antincendio.

asbestos| **board** *s.* cartone *m* di amianto. **~ cement** *s.* ⟨*Edil*⟩ fibrocemento *m.* **~ cloth** *s.* ⟨*Tess*⟩ tessuto *m* di amianto.

ascarid ['æskərid] *s.* ⟨*Zool*⟩ ascaride *m.*

ascend [ə'send] **I** *v.i.* **1** salire, innalzarsi, elevarsi (*anche fig.*): *the road –ed* la strada saliva. **2** (*to go back in time*) risalire. **3** ⟨*Mus*⟩ ascendere. **II** *v.t.* **1** salire, scalare: *to ~ the Everest* scalare l'Everest. **2** (*of a throne*) salire a, ascendere a. **3** (*of a river*) risalire.

ascendance [ə'sendəns] *s.* **1** supremazia *f,* predominio *m.* **2** (*domination*) dominio *m.* **3** (*influence*) ascendente *m,* autorità *f* morale, influenza *f.* □ *to gain ~ over* dominare. **ascendant** [–nt] **I** *a.* **1** dominante, predominante: *the ~ power of Europe* la potenza dominante in Europa. **2** ⟨*Bot,Astr*⟩ ascendente. **II** *s.* **1** posizione *f* di superiorità, potere *m.* **2** ⟨*Astr*⟩ ascendente *m.* **3** (*ancestor*) ascendente *m/f,* antenato *m* (*f* –a). □ *to be in the ~* essere in ascesa.

ascendence, *e der.* → **ascendance,** *e der.*

ascender [ə'sendə] *s.* **1** chi ascende. **2** ⟨*Tip*⟩ lettera *f* ascendente. **ascending** [–diŋ] *a.* ascendente (*anche Bot., Mus.*).

ascending line *s.* ⟨*Dir*⟩ linea *f* ascendente.

ascension [ə'senʃən] *s.* ascesa *f,* ascensione *f: a balloon ~* un'ascensione in pallone. **Ascension** *N.pr.* **1** ⟨*Rel*⟩ Ascensione *f.* **2** (*Ascension Day*) Ascensione *f.* **ascensional** [–əl] *a.* ascensionale.

ascensive [ə'sensiv] *a.* **1** ascendente. **2** ⟨*Gramm*⟩ rafforzativo.

ascent [ə'sent] *s.* **1** ascesa *f,* il sollevarsi. **2** (*climbing*) ascensione *f,* scalata *f: the ~ of the Matterhorn* l'ascensione del Cervino. **3** (*slope*) salita *f,* pendio *m: easy ~* pendio dolce. **4** (*fig*) ascesa *f: ~ to power* ascesa al potere. **5** (*going back in time*) ascendenza *f.* **6** (*gradient*) pendenza *f,* inclinazione *f.*

ascertain [æsə'tein] *v.t.* accertarsi di, assicurarsi di, rendersi conto di; (*to find out*) accertare, constatare, verificare: *to ~ the extent of the damage* constatare l'entità del danno. **ascertainable** [–əbl] *a.* accertabile. **ascertainment** [–mənt] *s.* accertamento *m.*

ascetic [ə'setik] **I** *s.* asceta *m/f* (*anche Rel.*). **II** *a.* **1** ⟨*Rel*⟩ ascetico. **2** (*austere*) ascetico, austero. **ascetical** [–l] *a.* ascetico. □ ⟨*Teol*⟩ *~ theology* ascetica *f.* **asceticism** [–tisizəm] *s.* **1** ascetismo *m.* **2** ⟨*Rel*⟩ (*doctrine*) ascetismo *m,* ascesi *f.*

ascidian [ə'sidiən] **I** *a.* ⟨*Entom*⟩ degli ascidiacei. **II** *s.* ascidiaceo *m.*

ascidium [ə'sidiəm] *s.* (*pl.* **-dia** [diə]) ⟨*Bot*⟩ ascidio *m.*

ASCII = ⟨*Inform*⟩ *American Standard Code for Information Interchange* standard americano di codifica per lo scambio di informazioni.

asclepiad [æs'kli:piæd] *s.* ⟨*Bot*⟩ pianta delle asclepiadacee.

Asclepiad [æs'kli:piæd] *s.* ⟨*Metr*⟩ asclepiadeo *m.* **As,clepiadean** [–piə'di:ən] *a.* asclepiadeo.

asclepius [æs'kli:piəs] *N.pr.* ⟨*Mitol*⟩ Asclepio *m.*

ascorbic acid [əs'kɔ:bik] *s.* ⟨*Chim*⟩ acido *m* ascorbico.

ascribable [ə'skraibəbl] *a.* ascrivibile. **ascribe** [ə'skraib] *v.t.* ascrivere, attribuire; (*to impute*) imputare: *to ~ a work to s.o.* attribuire un'opera a qd. **ascription** [ə'skripʃən] *s.* attribuzione *f.*

asdic ['æzdik] *s.* ⟨*Mar*⟩ ecogoniometro *m.*

ASEAN = *Association of South-East Asian Nations* Associazione delle nazioni del sud-est asiatico (*abbr.* ASEAN).

asepsis [ei'sepsis] *s.* (*pl.* **-ses** [si:z]) ⟨*Med*⟩ asepsi *f.* **aseptic** [–ptik] *a.* **1** asettico. **2** (*fig*) (*cold, sterile*) freddo, gelido.

asexual [ei'seksuəl] *a.* **1** ⟨*Biol*⟩ asessuale, asessuato: *~ reproduction* riproduzione asessuale. **2** (*not relating to sex*) che non riguarda il sesso, non sessuale. **a,sexuality** [–ʃuˈæliti] *s.* asessualità *f.*

ash¹ [æʃ] *s.* **1** cenere *f.* **2** (*colour*) color *m* cenere, grigio *m* cenere. **3** *pl.* ⟨*fig*⟩ (*remains*) resti *mpl,* rovine *fpl;* (*mortal remains*) ceneri *fpl.* **4** *pl.* ⟨*Sport*⟩ (*in cricket*) trofeo *m.* □ *to burn to –es* ridurre in cenere; ⟨*fig*⟩ *in sackcloth and –es* pentito, col capo cosparso di cenere.

ash² *s.* ⟨*Bot*⟩ **1** frassino *m.* **2** (*wood*) frassino *m.*

ashamed [ə'ʃeimd] *a.* che prova (*o* sente) vergogna. □ *to be ~ of s.th.* vergognarsi di qc.; *don't be ~ to ask* non aver paura di chiedere; *to feel ~* avere vergogna; *to be ~ of o.s.* vergognarsi.

ash| **bin** *s.* pattumiera *f.* **'~-'blond** *a.* biondo-cenere. **~ can** *am.s.* **1** pattumiera *f.* **2** ⟨*mil*⟩ bomba *f* di profondità.

ashen¹ ['æʃn] *a.* **1** cinereo, livido. **2** → **ash grey.** **3** (*of ashes*) del cenere.

ashen² *a.* **1** ⟨*Bot*⟩ del frassino. **2** (*of ash wood*) di frassino.

ash grey **I** *s.* grigio *m* cenere. **II** *a.* (color) grigio cenere, cenerino.

a-shiver [ə'ʃivə] *a.* tremante.

ashlar ['æʃlə] *s.* ⟨*Edil*⟩ concio *m,* pietra *f* squadrata (*o* da taglio); (*masonry*) muratura *f* in pietra da taglio. □ ⟨*Arch*⟩ *rusticated ~* bugnato rustico. **ashlaring** [–riŋ] *s.* costruzione *f* in pietra da taglio, bugnato *m.* **ashler** *am. s.* → **ashlar.**

ashman *am.* ['æʃmən] *s.irr.* spazzino *m,* netturbino *m.*

ashore [ə'ʃɔ:] *a.pred./avv.* **1** a riva: *to come ~* venire a

riva. **2** (*on shore*) a terra, sulla terraferma: *the captain is*
~ *il capitano è sceso a terra.* □ ⟨*Mar*⟩ *to ʼbe drivenʼ* (o
run) ~ incagliarsi; *to go* ~ sbarcare, scendere a terra.
ash| pan, ~ pit *s.* cenerario *m*, ceneratoio *m*. **~tray** *s.*
portacenere *m*, posacenere *m*. **~ Wednesday** *s.* ⟨*Rel*⟩ le
Ceneri *fpl.*
ashy [ˈæʃi] *a.* **1** di cenere; (*covered with ashes*) coperto di
cenere. **2** (*ash coloured*) cinereo. **3** ⟨*am.dial*⟩ livido di
rabbia, furibondo.
Asia [ˈeiʃə] *N.pr.* ⟨*Geog*⟩ Asia *f.* **Asia Minor** *N.pr.* Asia *f*
Minore. **Asian** [–n] *a./s.* → Asiatic.
Asian| flu, ~influenza *s.* ⟨*Med*⟩ asiatica *f.*
Asiatic [ˌeiʃiˈætik] **I** *a.* asiatico. **II** *s.* asiatico *m* (*f* –a).
aside [əˈsaid] **I** *avv.* **1** da parte, di lato, in disparte: *to put*
(o *set*) *s.th.* ~ mettere qc. da parte; *he took me* ~ mi
prese in disparte. **2** (*apart*) a parte: *joking* ~ scherzi a
parte. **II** *s.* **1** ⟨*Teat*⟩ a parte *m.* **2** (*digression*)
divagazione *f*, digressione *f.* □ ~ *from:* 1 oltre a; 2
(*except for*) a parte, eccetto; *to lay* ~ mettere giù,
posare.
asinine [ˈæsinain] *a.* **1** stupido, sciocco. **2** (*of an ass*)
asinino, asinesco, da asino. **ˌasiˈninity** [–ˈniniti] *s.*
asinaggine *f*, asinità *f.*
ask [ɑːsk] **I** *v.t.* **1** domandare, chiedere: *to* ~ *the way*
domandare la strada; ~ *him what he wants* chiedigli cosa
vuole. **2** (*to demand*) chiedere, volere: *he's –ing a high
price* chiede un prezzo alto. **3** (*to invite*) invitare: ~ *the
Browns to dinner* invita a cena i Brown. **II** *v.i.* **1**
chiedere, richiedere (*for s.th.* qc.): *to* ~ *for help* chiedere
aiuto. **2** (*to inquire*) informarsi, domandare (*about* di):
she was –ing about you domandava di te. □ *to* ~ **about**
s.th. informarsi di qc.; *to* ~ **after** *s.o.* chiedere notizie di
qd.; *to* ~ *after s.o.'s health* informarsi sulla salute di qd.;
⟨*am*⟩ *to* ~ **around** chiedere in giro; *to* ~ *for s.th.* **back**
chiedere la restituzione di qc.; *to* ~ *a* **favour** *of s.o.*
chiedere un piacere a qd.; *to* ~ **for** *s.o.* domandare di qd.,
cercare qd.; *to* ~ *for s.th.* chiedere (o richiedere) qc.; *it's
yours for the –ing* basta che tu lo chieda; ⟨*fam*⟩ *to* ~ *for
it* volersela, andarsela a cercare; ⟨*fam*⟩ *if you* ~ *me* se
vuoi il mio parere; *to* ~ *s.o.* in invitare qd. a entrare; *to*
~ *too* **much** *of s.o.* chiedere troppo a qd.; *to* ~ *s.o.* **out**
invitare qd. a uscire; *to* ~ *s.o. a* **question** fare (o
rivolgere) una domanda a qd.; ⟨*fam*⟩ *to be –ing for
trouble* andare in cerca di guai. ‖ ⟨*esclam*⟩ *I* ~ *you*
domando e dico.
askance [əˈskæns], **askant** [–nt] *avv.* **1** sospettosamente,
con diffidenza; (*disapprovingly*) di traverso: *to look* ~ *at
s.o.* guardare qd. di traverso. **2** (*obliquely*) di (o per)
traverso, obliquamente.
askari [ˈæskəri] *s.* ascaro *m.*
askew [əˈskjuː] **I** *avv.* **1** di traverso, di sghimbescio, a
sghembo, obliquamente. **2** ⟨*fig*⟩ sdegnosamente. **II** *a.
pred.* storto, obliquo, sghembo: *the picture was hung* ~ il
quadro era attaccato storto.
asking price [ˈɑːskiŋ] *s.* ⟨*Comm*⟩ prezzo *m* di offerta.
aslant [əˈslɑːnt] **I** *avv.* obliquamente, di traverso. **II** *prep.*
attraverso, di traverso a. **III** *a.* obliquo, sghembo,
inclinato.
asleep [əˈsliːp] *a.pred./avv.* **1** addormentato. **2** ⟨*fig*⟩
incurante, indifferente; (*inactive*) addormentato, fiacco. **3**
⟨*fig*⟩ (*numb*) addormentato, intorpidito: *my foot is* ~ mi
si è addormentato il piede. **4** ⟨*eufem*⟩ morto. □ *to* **drop**
~ addormentarsi di colpo; *to* **fall** ~ addormentarsi,
prender sonno; *to be* **fast** (o *sound*) ~ dormire
profondamente (o sodo), dormire come un ghiro; *to be* ~
on one's **feet** dormire ʼin piediʼ (o a occhi aperti); *to* **lie** ~
dormire.
aslope [əˈsloup] *avv./a.pred.* in pendio, in pendenza.
ASM = *air–to–surface missile* missile aria-terra.
asocial [eiˈsouʃəl] *a.* **1** asociale. **2** (*selfish*) egoista,
egocentrico.
asp [æsp] *s.* ⟨*Zool*⟩ **1** cobra *m* egiziano. **2** (*viper*) marasso
m.
asparagus [əsˈpærəgəs] *s.* **1** ⟨*Bot*⟩ asparago *m.* **2** (*shoots*)
asparagi *mpl*, turioni *mpl*. **asparagus tips** *s.pl.* punte *fpl*
degli asparagi.
asparkle [əˈspɑːkl] *a.* scintillante.

aspartame [æsˈpəteim] *s.* ⟨*Chim*⟩ aspartame *m.*
A.S.P.C.A. = *American Society for the Prevention of
Cruelty to Animals* Società americana per la protezione
degli animali.
aspect [ˈæspekt] *s.* **1** aspetto *m*, apparenza *f.* **2** ⟨*fig*⟩
aspetto *m*, lato *m.* **3** (*air*) aspetto *m*, espressione *f*, aria *f:
the stern* ~ *of the judge* l'aspetto severo del giudice. **4**
(*exposure*) esposizione *f: southern* ~ esposizione a sud;
(*side facing a direction*) lato *m: the western* ~ *of the house*
il lato ovest della casa. **5** ⟨*Astr,Gramm*⟩ aspetto *m.*
aspen [ˈæspən] **I** *s.* ⟨*Bot*⟩ pioppo *m* tremolo. **II** *a.* **1**
⟨*Bot*⟩ del (o simile al) pioppo tremolo. **2** ⟨*fig*⟩ (*quivering*)
tremante, timoroso.
aspergillum [ˌæspəˈdʒiləm] *s.* (*pl.* **-lla** [lə]/**-s** [z]) ⟨*Lit*⟩
aspersorio *m.*
aspergillus [ˌæspəˈdʒiləs] *s.* (*pl.* **-lli** [lai]) ⟨*Bot*⟩ aspergillo
m.
asperity [æsˈperiti] *s.* **1** asprezza *f*, severità *f*, durezza *f.* **2**
(*of the weather*) rigore *m*, asprezza *f*, inclemenza *f.* **3**
⟨*concr*⟩ (*roughness*) ruvidità *f*, asprezza *f.* **4** *pl.* (*rough
places*) asperità *fpl*, irregolarità *fpl;* (*harsh words*) parole
fpl dure, insulti *mpl.*
asperse [əˈspəːs] *v.t.* **1** diffamare, denigrare, calunniare: *to*
~ *s.o.'s good name* diffamare il buon nome di qd. **2**
⟨*Lit*⟩ aspergere.
aspersion [əˈspəːʃən] *s.* **1** denigrazione *f*, diffamazione *f*,
calunnia *f.* **2** ⟨*Lit*⟩ aspersione *f: to baptize by* ~
battezzare per aspersione. □ *to cast –s on s.o.* denigrare
qd., sparlare di qd. **aspersorium** [æspəˈsɔːriem] *s.* (*pl.*
-ria ⟨*Lit*⟩ **1** acquasantiera *f.* **2** → aspergillum.
asphalt [ˈæsfælt] **I** *s.* ⟨*Min,Strad*⟩ asfalto *m.* **II** *a.*
d'asfalto, asfaltato. **III** *v.t.* asfaltare. □ ⟨*Strad*⟩ ~ *cement*
cemento *m* asfaltico. **asphalt carrier** *s.* ⟨*Mar*⟩ nave *f*
per il trasporto di asfalto. **asphalter** [–ə] *s.* asfaltista
m.
asphaltic [æsˈfæltik] *a.* asfaltico: ~ *bitumen* bitume
asfaltico.
asphalt paper *s.* carta *f* incatramata.
asphodel [ˈæsfədel] *s.* ⟨*Bot*⟩ asfodelo *m.*
asphyxia [æsˈfiksiə] *s.* ⟨*Med*⟩ asfissia *f.* **asphyxiant** [–nt]
I *a.* asfissiante. **II** *s.* sostanza *f* asfissiante; (*gas*) gas *m*
asfissiante. **asphyxiate** [–sieit] *v.t./i.* asfissiare.
asˌphyxiation [–siˈeiʃən] *s.* asfissia *f*, soffocamento *m.*
aspic[1] [ˈæspik] *s.* ⟨*Gastr*⟩ gelatina *f*, aspic *f.*
aspic[2] *s.* ⟨*poet*⟩ → asp
aspidistra [ˌæspiˈdistrə] *s.* ⟨*Bot*⟩ aspidistra *f.*
aspirant [əsˈpaiərənt] **I** *s.* aspirante *m/f*, candidato *m* (*f*
–a): ~ *for a job* aspirante a un impiego. **II** *a.* aspirante.
aspirate[1] [ˈæspireit] *v.t.* ⟨*Fon,Med*⟩ aspirare.
aspirate[2] [ˈæspirit] **I** *a.* ⟨*Fon*⟩ aspirato. **II** *s.* **1** ⟨*Fon*⟩
consonante *f* aspirata. **2** ⟨*Med*⟩ liquido *m* aspirato.
aspirated [–reitid] *a.* ⟨*Fon*⟩ aspirato. **ˌaspiration**
[–ˈreiʃən] *s.* **1** aspirazione *f* (*anche Fon.,Med.*). **2**
(*breathing*) respiro *m.* **aspirator** [–reitə] *s.* aspiratore *m*
(*anche Med.*).
aspire [əˈspaiə] *v.i.* aspirare (*to, after* a), ambire, agognare
(qc.): *to* ~ *to perfection* aspirare alla perfezione.
aspirin [ˈæspərin] *s.* ⟨*Farm*⟩ aspirina *f.*
asquint [əˈskwint] *a.pred.* di traverso, sbieco.
ass[1] [æs] *s.* **1** ⟨*Zool*⟩ asino *m*, somaro *m*, ciuco *m.* **2** ⟨*fig*⟩
asino *m* (*f* –a), sciocco *m* (*f* –a). □ ⟨*fam*⟩ *to make an* ~
of o.s. rendersi ridicolo.
ass[2] *am.s.* ⟨*volg*⟩ culo *m.*
assagai [ˈæsəgai] *s.* → assegai.
assail [əˈseil] *v.t.* **1** assalire, attaccare, assaltare, dare
l'assalto a. **2** ⟨*fig*⟩ (*with arguments, etc.*) assalire,
aggredire, investire. **3** (*of feelings*) assalire: *doubts and
fears –ed them* dubbi e paure li assalirono. **4** (*to
undertake*) affrontare decisamente (o con risolutezza).
assailant [–ənt] *s.* assalitore *m* (*f* –trice).
assassin [əˈsæsin] *s.* uccisore *m* (*f* ucciditrice), assassino *m*
(*f* –a); (*hired killer*) sicario *m.* **assassinate** [–eit] *v.t.*
assassinare, uccidere. **assassiˈnation** [–eiʃən] *s.*
assassinio *m.*
assault [əˈsɔːlt] **I** *s.* **1** assalto *m*, attacco *m.* **2** ⟨*Dir*⟩
aggressione *f.* **3** (*rape*) violenza *f* carnale, stupro *m.* **II** *v.t.*
1 assaltare, assalire, attaccare. **2** (*to rape*) violentare,

stuprare. □ ⟨Dir⟩ ~ and battery percosse fpl; to take by ~ espugnare. **assaulter** [-ə] s. assalitore m (f -trice).
assay [ə'sei] I v.t. 1 saggiare, mettere alla prova. 2 (to try) tentare, cimentarsi in. 3 ⟨Met⟩ saggiare: to ~ gold saggiare l'oro. 4 ⟨Farm.fig⟩ analizzare. II v.i. ⟨am.Met⟩ risultare dall'analisi. III s. 1 analisi f, saggio m; (of metals) saggiatura f. 2 (substance analysed) saggio m, campione m. 3 ⟨Met⟩ saggio m, assaggio m. **assayable** [-əbl] a. saggiabile. **assayer** [-ə] s. ⟨Met⟩ assaggiatore m. **assaying** [-iŋ] s. assaggiatura f.
ass colt s. asinello m (f -a).
assegai [æsigai] s. zagaglia f.
assemblage [ə'semblidʒ] s. 1 (of people) adunata f, raduno m, assembramento m; (of things) raccolta f, insieme m. 2 (mounting) montaggio m. **assemble** [-bl] I v.t. 1 radunare, riunire, raccogliere. 2 (to fit together) montare, assemblare: to ~ a tape recorder montare un registratore. 3 (of facts, information) radunare, mettere insieme, raccogliere. II v.i. riunirsi, radunarsi. **assembler** [-blə] s. 1 montatore m. 2 ⟨Inform⟩ assemblatore m. **assembling** [-iŋ] s. montaggio m, assemblaggio m.
assembly [ə'sembli] s. 1 assemblea f, riunione f, adunanza f. 2 (construction) costruzione f, montaggio m; (something constructed) complesso m. 3 (parts for assembly) pezzi mpl, elementi mpl. 4 ⟨Mil⟩ (signal) adunata f, segnale m d'adunata; (collection of troops, etc.) radunata f. **Assembly** s. ⟨Parl⟩ Camera f bassa. □ General ~ Assemblea f generale; unlawful ~ assembramento m illegale.
assembly| district am.s. ⟨Parl⟩ circoscrizione f elettorale. **~drawing** s. ⟨tecn⟩ disegno m d'insieme. **~ hall** s. sala f di riunione. **~ language** s. ⟨Inform⟩ linguaggio m di assemblaggio. **~ line** s. catena f (o linea) di montaggio. **~man** am. [mən] s.irr. ⟨Parl⟩ deputato m. **~ proceedings** s.pl. verbale m di assemblea. **~ room** s. 1 sala f di montaggio. 2 (meeting room) sala f di riunioni.
assent [ə'sent] I v.i. 1 approvare (to s.th. qc.), assentire (a), essere d'accordo (su): to ~ to a plan approvare un piano. 2 (to yield) acconsentire, consentire. II s. assenso m, approvazione f, beneplacito m, autorizzazione f. □ by common ~ per consenso generale; ⟨Parl⟩ Royal ~ sanzione sovrana; with one ~ all'unanimità.
assentation [æsən'teiʃən] s. ⟨lett⟩ assentimento m (o approvazione f) servile. **assentient** [ə'senʃənt] I a. assenziente. II s. chi assente.
assert [ə'sə:t] v.t. 1 asserire, affermare. 2 (to maintain) sostenere, rivendicare, riaffermare: to ~ one's innocence sostenere la propria innocenza; to ~ a claim rivendicare un diritto. 3 (to put forward) far valere (o rispettare), imporre, affermare: to ~ o.s. farsi valere; to ~ one's authority imporre la propria autorità. □ to ~ one's rights asserire i propri diritti. **asserted** [-id] a. asserito, dichiarato. **assertedly** [-idli] avv. presumibilmente.
assertion [ə'sə:ʃən] s. 1 asserzione f, affermazione f. 2 (of a right, etc.) affermazione f, rivendicazione f.
assertive [ə'sə:tiv] a. 1 assertivo. 2 (self-confident) sicuro di sé, che si impone. **assertiveness** [-nis] s. sicurezza f di sé, assertività f; (aggressiveness) modo m autoritario. **assertor** [-tə] s. assertore m (f -trice).
asses' bridge s. ⟨Geom⟩ ponte m dell'asino.
assess [ə'ses] v.t. 1 valutare, stimare (a scopo fiscale); (of income) accertare. 2 (to fix the amount) stimare, calcolare, valutare: to ~ damages valutare i danni. 3 (to tax) tassare; (to fine) multare. 4 ⟨fig⟩ valutare. **assessable** [-əbl] a. 1 valutabile. 2 (chargeable) tassabile.
assessable profit s. ⟨Econ⟩ utile m fiscale.
assessment [ə'sesmənt] s. 1 valutazione f, stima f; (of income) accertamento m. 2 (amount) tassa f, imposta f. 3 ⟨fig⟩ valutazione f, giudizio m. □ ⟨Assic⟩ ~ of damages stima f dei danni; ⟨Econ⟩ ~ on income imposta f sul reddito; ~ on landed property imposta fondiaria; ~ of taxes accertamento m fiscale. **assessment book** s. ⟨Econ⟩ ruolo m delle imposte.
assessor [ə'sesə] s. 1 agente m delle imposte, funzionario m del fisco. 2 (judge's assistant) giudice m a latere; (expert) perito m (f -a). **assessorship** [-ʃip] s. carica f di agente delle imposte.

asset ['æset] s. 1 pregio m, merito m, qualità f; (advantage) vantaggio m. 2 (person) elemento m prezioso. 3 pl. (property) beni mpl, averi mpl, patrimonio m, asse m patrimoniale. 4 pl. ⟨Comm⟩ (on a balance sheet) attivo m. 5 pl. ⟨Dir⟩ (of a bankrupt, etc.) patrimonio m; (of a deceased person) asse m ereditario. □ ⟨Comm⟩ -s and liabilities attivo e passivo m, attività e passività fpl.
asset| and liability statement s. ⟨Econ⟩ bilancio m patrimoniale. **~ turnover** s. ⟨Econ⟩ rotazione f del capitale.
asseverate [ə'sevəreit] v.t. asseverare, asserire. **as,severation** [-'reiʃən] s. asseverazione f, affermazione f solenne.
assibilate [ə'sibileit] I v.t. ⟨Fon⟩ assibilare. II v.i. assibilarsi.
assiduity [æsi'dju:iti] s. 1 assiduità f, diligenza f, costanza f. 2 pl. (solicitous attentions) assiduità fpl, attenzioni fpl, premure fpl. **assiduous** [ə'sidjuəs] a. 1 assiduo, diligente, perseverante, costante. 2 (solicitous) sollecito, premuroso. **assiduousness** [ə'sidjuəsnis] s. assiduità f.
assign [ə'sain] I v.t. 1 assegnare: to ~ a task to s.o. assegnare un compito a qd. 2 (to appoint) incaricare, designare. 3 (to fix) fissare, stabilire: to ~ a date for a trial fissare la data di un processo. 4 (to attribute) attribuire. 5 ⟨Dir⟩ cedere, trasferire. II s. ⟨Dir⟩ assegnatario m (f -a). **assignability** [-biliti] s. cedibilità f. **assignable** [-əbl] a. 1 assegnabile. 2 (attributable) attribuibile.
assignat [æsignæt] s. ⟨Stor⟩ assegnato m.
assignation [æsig'neiʃən] s. 1 appuntamento m, convegno m. 2 (allotting) assegnazione f. 3 (attribution) attribuzione f.
assignee [æsai'ni:] s. ⟨Dir⟩ 1 assegnatario m (f -a). 2 (agent) delegato m (f -a), procuratore m (f -trice).
assignment [ə'sainmənt] s. 1 compito m, incarico m. 2 (appointment) nomina f, incarico m, designazione f. 3 (allotment) assegnazione f, distribuzione f, ripartizione f. 4 (attribution) attribuzione f. 5 ⟨Dir⟩ trasferimento m, cessione f: deed of ~ atto di cessione. □ ~ of contract cessione f di contratto; ~ of debt cessione f di debito.
assignor [æsi'nɔ:] s. ⟨Dir⟩ cedente m/f.
assimilable [ə'similəbl] a. assimilabile. **assimilate** [-leit] I v.t. 1 assimilare, assorbire: she reads a great deal, but -s little legge moltissimo ma assimila poco. 2 (to make similar) rendere simile; (of immigrants, etc.) assorbire, assimilare. 3 ⟨Filos,Fon⟩ assimilare. II v.i. 1 assimilarsi. 2 (to become similar) assimilarsi (to, with a, con); (of immigrants, etc.) inserirsi, integrarsi (in).
assimilation [ə,simi'leiʃən] s. 1 assimilazione f. 2 (state of being absorbed) assimilazione f, assorbimento m, incorporazione f. 3 ⟨Sociol⟩ integrazione f, assorbimento m. **assimilationist** [-ist] s. ⟨Sociol⟩ fautore m (f -trice) di una politica di integrazione.
assimilative [ə'simileitiv], **assimilatory** [-təri] a. assimilativo.
assist [ə'sist] I v.t. 1 aiutare, assistere: to ~ s.o. in doing s.th. aiutare qd. a fare qc. 2 ⟨assol⟩ aiutare, collaborare, dare il proprio aiuto. II v.i. assistere, essere presente (at a). III s. 1 ⟨Sport⟩ (in baseball) intervento m; (in ice hockey) passaggio m. 2 (aid) aiuto m.
assistance [ə'sistəns] s. aiuto m, assistenza f. □ to be of ~ to essere d'aiuto a; to come to s.o.'s ~ venire in aiuto di qd.; government ~ aiuto m (o sussidio) statale; technical ~ assistenza tecnica.
assistant [ə'sistənt] I s. 1 aiutante m/f, assistente m/f. 2 (subordinate, second-in-command) assistente m/f, aiuto m/f, aggiunto m. 3 (shop assistant) commesso m (f -a). 4 ⟨am.Univ⟩ assistente m/f. II a. 1 di aiuto, utile. 2 (subordinate) aiuto, vice-: ~ headmaster vicepreside. □ hairdresser's ~ lavorante m/f di parrucchiere; laboratory ~ assistente m/f di laboratorio.
assistant| director s. ⟨Cin,TV⟩ aiuto m regista. **~ manager** s. vicedirettore m (f -trice). **~ headmaster** s. ⟨Scol⟩ vicepreside m. **~ headmistress** s. vicepreside f. **~ professor** am. s. ⟨Univ⟩ assistente m.
assistantship am. [ə'sistəntʃip] s. ⟨Univ⟩ assistentato m.
assize [ə'saiz] s. 1 pl. ⟨Dir⟩ corte f d'Assise, Assise fpl. 2

⟨*Dir*⟩ inchiesta *f;* (*verdict*) verdetto *m.* 3 (*edict*) editto *m,* ordinanza *f.*

assn., Assn. = *association* associazione (*abbr.* ass.).

associability [ə,souʃiə'biliti] *s.* associabilità *f.* **as'sociable** [-bl] *a.* associabile.

associate¹ [ə'souʃieit] **I** *v.t.* associare, collegare, mettere insieme, unire. **II** *v.i.* **1** frequentare (*with s.o.* qd.), essere in rapporti d'amicizia (con). **2** (*to combine*) unirsi, entrare in società, mettersi insieme.

associate² [ə'souʃiit] **I** *s.* **1** socio *m* (*f* –a), collega *m/f: business* ~ socio d'affari. **2** (*companion*) compagno *m* (*f* –a), amico *m* (*f* –a). **3** (*accompaniment*) cosa *f* ¯unita a¯ (*o* concomitante con) un'altra. **4** (*member of a learned society, etc.*) membro *m;* (*of a club*) socio *m* (*f* –a). **II** *a.* **1** associato, unito. **2** (*with secondary status*) aggiunto, subordinato, aggregato. **3** (*concomitant*) concomitante.

associated corporations [ə'souʃieitid] *s.pl.* ⟨*Dir*⟩ società *fpl* collegate.

associate| editor *am. s.* condirettore *m.* ~ **judge** *s.* giudice *m* assessore. ~ **professor** *am. s.* ⟨*Univ*⟩ associato *m.*

association [ə,sousi'eiʃən] *s.* **1** associazione *f,* sodalizio *m.* **2** (*companionship*) amicizia *f,* familiarità *f: in our long* ~ nella nostra lunga amicizia. **3** (*of ideas, etc.*) connessione *f,* associazione *f:* ~ *of ideas* connessione d'idee. **4** (*overtone*) ricordo *m,* connotazione *f.* **5** ⟨*Sport*⟩ calcio *m.* □ ~ *of* **African** *States and Madagascar* Associazione *f* degli stati africani e malgascio; ⟨*Dir*⟩ **deed** *of* ~ atto costitutivo (di una società); **European** *Free Trade* ~ Associazione europea di libero scambio; ⟨*Psic*⟩ **free** ~ associazione libera; **International** *Development* ~ Associazione *f* internazionale per lo sviluppo; ⟨*Dir*⟩ *to draw up the* **memorandum** *of* ~ redigere l'atto costitutivo di una società.

Association football *s.* calcio *m,* gioco *m* del calcio.

associationismᐧ [ə,sousi'eiʃənizəm] *s.* ⟨*Psic*⟩ associazionismo *m.*

associative [ə'souʃjətiv] *a.* associativo.

associative law *s.* ⟨*Mat*⟩ legge *f* associativa.

assonance ['æsənəns] *s.* assonanza *f.* **assonant** [-nt] *a.* assonante. **assonate** [-neit] *v.i.* assonare, essere in assonanza.

assort [ə'sɔːt] **I** *v.t.* **1** ordinare, disporre in ordine. **2** (*to furnish with an assortment*) assortire, rifornire (di merci varie). **II** *v.i.* **1** essere assortito, armonizzare, andar bene insieme: *the two groups* ~ *well* i due gruppi sono bene assortiti. **2** (*to associate*) accompagnarsi (*with* con), frequentare, praticare (qd.). **assorted** [-id] *a.* **1** assortito: ~ *chocolates* cioccolatini assortiti. **2** (*miscellaneous*) vario, misto, di vario genere. **assortment** [-mənt] *s.* assortimento *m.*

asst. = *assistant* assistente.

assuage [ə'sweidʒ] *v.t.* **1** alleviare, lenire, mitigare, attenuare: *to* ~ *s.o.'s grief* lenire il dolore di qd. **2** (*to appease*) calmare, placare, sedare, acquietare: *to* ~ *one's thirst* placare la propria sete. **assuagement** [-mənt] *s.* alleviamento *m,* lenimento *m,* sollievo *m.*

assumable [ə'sjuːməbl] *a.* presumibile.

assume [ə'sjuːm] **I** *v.t.* **1** presupporre, ritenere, dare per scontato (*o* certo), supporre; (*to make an assumption*) ammettere per ipotesi. **2** (*to undertake*) assumere, prendere, addossarsi: *to* ~ *responsibility* assumere una responsabilità; (*to invest o.s. with*) prendere possesso di: *to* ~ *an office* prendere possesso di una carica. **3** (*to take on*) assumere, prendere, adottare: *the problem has* –d *another form* il problema ha assunto un altro aspetto. **4** (*to usurp*) usurpare; (*to appropriate*) arrogarsi, appropriarsi. **5** (*to feign*) fingere, simulare; (*to pretend*) affettare, ostentare. **6** ⟨*Dir*⟩ (*of another's debts*) assumere. **II** *v.i.* presumere, essere presuntuoso. □ *let us* ~ *that* supponiamo che; *assuming this to be true* ammesso (*o* non concesso) che questo sia vero; *to* ~ *the worst* ¯supporre il¯ (*o* pensare al) peggio. **assumed** [-d] *a.* **1** affettato, ostentato. **2** (*false*) falso, finto, fittizio: *under an* ~ *name* sotto falso nome. **3** (*supposed*) presunto, supposto. **assuming** [-iŋ] *a.* presuntuoso.

assumption [ə'sʌmpʃən] *s.* **1** presupposto *m,* premessa *f.*

2 (*presumption*) presunzione *f,* arroganza *f.* **3** (*feigning*) indifferenza *f,* ostentazione *f,* affettazione *f:* ~ *of indifference* ostentazione di indifferenza; (*pretence*) finzione *f,* simulazione *f.* **4** (*taking possession*) assunzione *f,* presa *f* di possesso: *the* ~ *of power* l'assunzione del potere, la presa di potere. **Assumption** *N.pr.* ⟨*Rel*⟩ **1** Assunzione *f.* **2** (*feast*) Assunzione *f,* festa *f* dell'Assunta. □ *on the* ~ *that* supponendo (*o* nell'ipotesi) che, con la premessa che. **assumptive** [-ptiv] *a.* **1** presunto, ipotetico. **2** (*assuming*) presuntuoso, arrogante.

assurance [ə'ʃuərəns] *s.* **1** assicurazione *f,* promessa *f: he gave me his* ~ *that* mi diede la sua assicurazione che; (*guarantee*) garanzia *f.* **2** (*certainty*) sicurezza *f,* certezza *f,* fiducia *f: the* ~ *of victory* la certezza della vittoria; *to say s.th. with* ~ dire qc. con sicurezza. **3** (*self–confidence*) fiducia *f* in se stesso, sicurezza *f,* disinvoltura *f.* **4** (*impudence*) ardire *m,* impudenza *f,* sfacciataggine *f.* **5** (*insurance*) assicurazione *f: life* ~ assicurazione sulla vita. □ *to give s.o.* ~ *to the contrary* assicurare qd. del contrario; *to make* ~ *double sure* essere doppiamente sicuro.

assure [ə'ʃuə] *v.t.* **1** assicurare. **2** (*to reassure*) rassicurare. **3** (*to ensure*) garantire, assicurare: *nothing can* ~ *success* niente può garantire il successo. **4** (*to make safe*) assicurare, mettere al sicuro. **5** ⟨*Assic*⟩ assicurare. □ ⟨*Assic*⟩ *to* ~ *one's life* fare un'assicurazione sulla vita.

assured [-d] **I** *a.* **1** sicuro, certo. **2** (*confident*) sicuro (di sé), disinvolto; (*arrogant*) spavaldo. **II** *s.* ⟨*Assic*⟩ **1** beneficiario *m* (*f* –a). **2** (*person assured*) assicurato *m* (*f* –a) □ *you may rest* ~ *that* puoi star sicuro che. **assuredly** [-ridli] *avv.* **1** certamente, senza dubbio. **2** (*confidently*) fiduciosamente. **assuredness** [-ridnis] *s.* **1** certezza *f,* sicurezza *f.* **2** (*confidence*) fiducia *f,* sicurezza *f.* **assurer** [-rə] *s.* ⟨*Assic*⟩ assicuratore *m* (*f* –trice). ·

assurgent [ə'sɔːdʒənt] *a.* ⟨*Bot*⟩ ascendente.

Assyria [ə'siriə] *N.pr.* ⟨*Geog.stor*⟩ Assiria *f.* **Assyrian** [-n] **I** *a.* assiro. **II** *s.* **1** Assiro *m* (*f* –a). **2** (*language*) assiro *m.*

Assyriologist [ə,siri'ɔlədʒist] *s.* assiriologo *m* (*f* –a). **Assyriology** [-dʒi] *s.* assiriologia *f.*

astable [ei'steibl] *a.* ⟨*Inform*⟩ astabile.

astarboard [ə'stɑːbəd] *avv.* ⟨*Mar*⟩ a dritta.

astatic [ei'stætik] *a.* **1** instabile, malfermo. **2** ⟨*Fis*⟩ astatico.

astenosphere [,æstənou'sfiə] *s.* astenosfera *f.*

aster ['æstə] *s.* ⟨*Bot*⟩ aster *m.*

asterisk ['æstərisk] **I** *s.* asterisco *m.* **II** *v.t.* segnare con un asterisco.

asterism ['æstərizəm] *s.* **1** ⟨*Min,Tip*⟩ asterismo *m.* **2** ⟨*Astr*⟩ piccolo gruppo *m* di stelle; (*constellation*) costellazione *f.*

astern [ə'stɔːn] *avv.* ⟨*Mar,Aer*⟩ **1** indietro. **2** (*in the rear*) a poppa. □ ⟨*Mar*⟩ *to fall* ~ restare indietro; *full* (*speed*) ~ indietro a tutta forza; ~ *of* a poppavia di; *to have the wind* ~ avere il vento a poppa.

asteroid ['æstərɔid] **I** *s.* ⟨*Astr,Zool*⟩ asteroide *m.* **II** *a.* **1** a forma di stella. **2** ⟨*Itt*⟩ simile agli asteroidi. **3** ⟨*Bot*⟩ delle asteracee.

asthenia [æs'θiːniə] *s.* ⟨*Med*⟩ astenia *f,* debolezza *f.* **asthenic** [-'θenik] **I** *a.* astenico. **II** *s.* astenico *m* (*f* –a).

asthma ['æsmə] *s.* ⟨*Med*⟩ asma *f.* **asthmatic** [-'mætik] **I** *a.* asmatico (*anche fig.*). **II** *s.* asmatico *m* (*f* –a).

astigmatic [,æstig'mætik] *a.* ⟨*Med,Ott*⟩ astigmatico. **astigmatism** [ə'stigmətizəm] *s.* astigmatismo *m.*

astir [ə'stɔː] *a. pred.* **1** in moto, in agitazione. **2** (*up and about*) alzato, in piedi: *to be* ~ *early* essere alzato di buon'ora. □ *the streets were* ~ *with people* le strade brulicavano di gente.

astonish [ə'stɔniʃ] *v.t.* stupire, sorprendere, meravigliare. **astonishing** [-iŋ] *a.* sorprendente, straordinario, stupefacente. **astonishment** [-mənt] *s.* sorpresa *f,* stupore *m,* meraviglia *f: to my great* ~ con mio grande stupore. □ *to cause* ~ destare meraviglia, sorprendere; *to look at s.o. in* ~ guardare qd. con stupore.

astound [ə'staund] *v.t.* sbalordire, riempire di stupore. **astounding** [-iŋ] *a.* sbalorditivo, stupefacente.

astraddle [ə'strædl] **I** *a. pred./avv.* a cavalcioni. **II** *prep.* a cavalcioni di: *to sit* ~ *of a fence* sedere a cavalcioni di uno steccato.

astragal ['æstrəgəl] *s.* ⟨*Arch,Mil*⟩ astragalo *m.* **astragalus** [æs'trægələs] *s.* (*pl.* -li [lai]) ⟨*Anat*⟩ astragalo *m.*

astrakhan [æstrə'kæn] *s.* astracan *m.*

astral ['æstrəl] *a.* astrale. **astral body** *s.* **1** ⟨*Occult*⟩ corpo *m* astrale. **2** ⟨*Astr*⟩ corpo *m* celeste.

astray [ə'strei] *avv./a. pred.* fuori strada (*anche fig.*). □ *to go* ~ andare fuori strada; (*to be lost*) essere (*o* andare) smarrito, perdersi; *to lead* ~ sviare; ⟨*fig*⟩ allontanare dalla retta via, traviare, sviare.

astriction [ə'strikʃən] *s.* ⟨*Med*⟩ costrizione *f,* restrizione *f.* **astrictive** [–ktiv] **I** *a.* ⟨*Farm*⟩ astringente. **II** *s.* astringente *m.*

astride [ə'straid] **I** *avv.* a cavalcioni, a gambe divaricate. **II** *prep.* **1** a cavalcioni di. **2** (*on both sides of*) da ambo i lati di, sui due lati di: *the woods lie* ~ *of the road* i boschi si stendono da ambo i lati della strada. □ *to sit* ~ *a horse* cavalcare un cavallo.

astringency [ə'strindʒənsi] *s.* **1** astringenza *f.* **2** ⟨*fig*⟩ durezza *f,* severità *f.* **astringent** [–nt] **I** *a.* **1** ⟨*Farm*⟩ astringente. **2** ⟨*fig*⟩ severo, duro. **II** *s.* ⟨*Farm,Cosmet*⟩ astringente *m.*

astrionics [æstri'ɔniks] *s.pl.* (costr. sing.) elettronica *f* applicata all'astronautica.

astrobiologist [æstroubai'ɔlədʒist] *s.* astrobiologico *m* (*f* –a).

astrochemist [æstrou'kemist] *s.* astrochimico *m.*

astrodome ['æstroudoum] *s.* ⟨*Astron*⟩ astrodomo *m.*

astrodynamic [æstroudai'naemik] *a.* astrodinamico. **astrodynamics** [–s] *s.pl.* (costr. sing.) astrodinamica *f.*

astrogate ['æstrəgeit] **I** *v.t.* (*of a spaceship*) guidare, comandare. **II** *v.i.* compiere un volo interplanetario, navigare nello spazio. **astrogation** [–'geiʃən] *s.* navigazione *f* spaziale. **astrogator** [–ə] *s.* navigatore *m* spaziale.

astrogeologic [æstroudʒiə'lɔdʒik] *a.* astrogeologico. **astrogeologist** [–'ɔlədʒist] *s.* astrogeologo *m* (*f* –a). **astrogeology** [–'ɔlədʒi] *s.* astrogeologia *f.*

astrogony [æs'trɔgəni] *s.* cosmogonia *f* stellare.

astrography ['æstrougræfi] *s.* astrografia *f.*

astrolabe ['æstrəleib] *s.* ⟨*Astr*⟩ astrolabio *m.*

astrologer [ə'strɔlədʒə] *s.* astrologo *m* (*f* –a). **astrologic** [æstrə'lɔdʒik], **astrological** [æstrə'lɔdʒikl] *a.* astrologico. **astrology** [–dʒi] *s.* astrologia *f.*

astrometry [æs'trɔmitri] *s.* astrometria *f.*

astronaut ['æstrɔnɔːt] *s.* astronauta *m/f.* **astronautic** [–ik] *a.* astronautico. **astronautics** [–iks] *s.pl.* (costr.sing.) astronautica *f.*

astronavigation [æstrɔnævi'geiʃən] *s.* navigazione *f* aerea astronomica, astronavigazione *f.*

astronomer [əs'trɔnəmə] *s.* astronomo *m* (*f* –a). **astronomic** [æstrə'nɔmik], **astronomical** [æstrə'nɔmikl] *a.* astronomico (*anche fig.*): ~ *sum* cifra astronomica. **astronomical| clock** *s.* orologio *m* astronomico. ~ **telescope** *s.* telescopio *m* astronomico. ~ **time** *s.* ora *f* astronomica. ~ **unit** *s.* unità *f.* astronomica.

astronomy [ə'strɔnəmi] *s.* astronomia *f.*

astrophotographer [æstrou'fɔtəgræfə] *s.* astrofotografo *m.* **astrophotography** [–'tɔgrefi] *s.* astrofotografia *f.*

astrophysicist [æstrɔ'fizisist] *s.* astrofisico *m* (*f* –a). **astrophysics** [–ziks] *s.pl.* (costr. sing.) astrofisica *f.*

Asturias [æs'tuəriəs] *N.pr.pl.* ⟨*Geog*⟩ Asturie *fpl.*

astute [əs'tjuːt] *a.* **1** avveduto, sagace. **2** (*cunning*) furbo, astuto, scaltro. **astuteness** [–nis] *s.* astuzia *f,* sagacia *f.*

asunder [ə'sʌndə] **I** *avv.* a pezzi: *to tear* ~ fare a pezzi. **II** *a. pred.* separati, lontani (l'uno dall'altro). □ *poles* ~ lontanissimi.

aswarm [ə'swɔːm] *a. pred.* brulicante (*with* di).

asylum [ə'sailəm] *s.* **1** ospizio *m,* casa *f* di ricovero: ~ *for the blind* casa di ricovero per ciechi. **2** (*lunatic asylum*) manicomio *m,* ospedale *m* psichiatrico. **3** (*place of refuge*) asilo *m,* rifugio *m* (*anche fig.*). **4** ⟨*Dir*⟩ asilo *m* politico: *to be granted* ~ ottenere asilo politico.

asymmetric [æsi'metrik], **asymmetrical** [–l] *a.* asimmetrico. **asymmetry** [æ'simitri] *s.* asimmetria *f.*

asymptomatic [eisimptə'mætik] *a.* ⟨*Med*⟩ asintomatico.

asymptote ['æsimtout] *s.* ⟨*Mat*⟩ asintoto *m.*

asynchronism [æ'siŋkrənizəm] *s.* asincronismo *m.* **asynchronous** [–nəs] *a.* asincrono. **asynchronous computer** *s.* ⟨*Inform*⟩ elaboratore *m* asincrono

asyndeton [ə'sinditən] *s.* ⟨*Ret*⟩ asindeto *m.*

asyntactic [æsin'tæktik] *a.* non sintattico.

at [æt] *prep.* **1** a, in: ~ *home* a casa; ~ *the door* alla porta; ~ *church* in chiesa. **2** (*used with the possessive morpheme*) da: ~ *my uncle's* da mio zio; ~ *Maxim's* da Maxim. **3** (*to indicate location*) a: ~ *right angles* ad angolo retto; ~ *a distance* a una certa distanza. **4** (*of time*) a, in, di: ~ *eight o'clock* alle otto; ~ *the age of twenty* all'età di vent'anni; ~ *Christmas* a Natale; ~ *that time* a quell'epoca. **5** (*in condition*) in: *we are* ~ *war* siamo in guerra. **6** (*to, toward*) a, verso, contro, addosso: *to rush* ~ *the enemy* lanciarsi contro il nemico. **7** (*through*) attraverso, per, da. **8** (*to indicate occupation*) a: ~ *work* al lavoro; ~ *dinner* a pranzo. **9** (*of value, cost*) a: ~ *a high price* a caro prezzo. **10** (*to indicate degree, order*) a: ~ *the beginning* al principio; ~ *the third attempt* al terzo tentativo; ~ *a hundred degrees* a cento gradi. **11** (*to indicate rate*) a: ~ *twenty miles an hour* a venti miglia all'ora; ~ *full speed* a tutta velocità. □ ~ *all* affatto, punto; *to be* ~ *s.th.* fare qc.: *what are you* ~? che stai facendo?; *he's* ~ *it again* ricomincia, ci risiamo; *to be hard* ~ *it* lavorare duro; ~ *best* nella migliore delle ipotesi; ~ *first* al principio, dapprima; ~ *hand* a portata di mano; ~ *last* alla fine, finalmente; ~ *least* almeno, per lo meno; ~ *most* al massimo; ~ *once* subito, immediatamente; *all* ~ *once* d'un tratto, improvvisamente; ~ *present* attualmente, in questo momento; ~ *that:* 1 (*as it is*) così com'è; 2 (*nevertheless*) pure, nonostante, anche se; 3 (*besides*) per giunta: *his book is boring and full of mistakes* ~ *that* il suo libro è noioso e per giunta pieno di errori; ~ *them!* addosso!, assaliteli!; *one thing* ~ *a* time una cosa per volta; *I am* ~ *my worst in the morning* la mattina è per me il momento peggiore della giornata.

at. = **1** *atmospheric* atmosferico. **2** *atomic* atomico.

A.T. = **1** *anti–tank* anticarro. **2** *air temperature* temperatura dell'aria. **3** *air transport* trasporto aereo.

ataraxia [ætə'ræksiə], **'ataraxy** [–ksi] *s.* ⟨*Filos*⟩ atarassia *f.*

atavic [ə'tævik] *a.* → **atavistic.**

atavism ['ætəvizəm] *s.* **1** ⟨*Biol*⟩ atavismo *m.* **2** (*throwback, reversion*) regressione *f.* **atavist** [–vist] *s.* individuo *m* con caratteri atavici. **atavistic** [–'vistik] *a.* atavistico.

ataxia [ə'tæksiə] *s.* ⟨*Med*⟩ atassia *f.* **ataxic** [–sik] *a.* atassico. **ataxy** [–si] *s.* → **ataxia.**

ATC = *Air Traffic Control* controllo del traffico aereo.

ATCAS = *Air Traffic Control Automatic System* sistema di controllo automatico del traffico aereo.

ate [et] → **eat.**

atelier *fr.* ['ætəljei, *am.* ætl'jei] *s.* atelier *m.*

Athanasian [æθə'neiʃən] **I** *a.* ⟨*Rel*⟩ atanasiano. **II** *s.* seguace *m/f* di Atanasio. □ ~ *Creed* simbolo *m* atanasiano. **Athanasius** [–ʃəs] *N.pr.* ⟨*Stor*⟩ Atanasio *m.*

athanasy [ə'θænəsi] *s.* immortalità *f.*

atheism ['eiθiizəm] *s.* **1** ateismo *m.* **2** ⟨*estens*⟩ (*godlessness*) empietà *f.*

atheist ['eiθiist] *s.* ateo *m* (*f* –a), ateista *m/f.* **athe'istic** [–ik] **atheistical** [–ikl] *a.* ateo, ateistico.

atheling ['æθəliŋ] *s.* ⟨*Stor*⟩ principe *m* (*o* nobile) anglosassone.

Athena [ə'θiːnə] *N.pr.* ⟨*Mitol*⟩ Atena *f.*

athen(a)eum [æθi'niːəm] *s.* **1** società *f* letteraria (*o* scientifica). **2** (*library*) biblioteca *f;* (*reading–room*) sala *f* di lettura. **Athenaeum** *N.pr.* ⟨*Stor.gr*⟩ Ateneo *m.*

Athenian [ə'θiːniən] **I** *a.* ateniese. **II** *s.* ateniese *m/f.*

Athens ['æθinz] *N.pr.* ⟨*Geog*⟩ Atene *f.*

athermic [ei'θəːmik] *a.* ⟨*Fis*⟩ atermico: ~ *glass* vetro atermico.

athirst [ə'θəːst] *a.pred.* ⟨*lett*⟩ **1** avido, bramoso (*for* di). **2** ⟨*poet*⟩ assetato.

athlete ['æθliːt] *s.* atleta *m/f.*

athlete's foot s. ⟨Med⟩ piede m d'atleta.
athletic [æθ'letik] a. atletico.
athletic| events s.pl. gare fpl d'atletica. **~ heart** s. ⟨fam⟩ cuore m d'atleta.
athleticism [æθ'letisizəm] s. atletismo m. **athletics** [–tiks] s.pl. (costr.pl.) atletica f; (track–and–field events) atletica f leggera.
at-home, at home [ət'houm] s. ricevimento m in casa.
athrill [ə'θril] a.pred. emozionato, eccitato.
athwart [ə'θwɔ:t] I avv. 1 di (o per) traverso, trasversalmente, obliquamente, di sghembo. 2 ⟨fig⟩ (awry) di traverso, storto, male. 3 ⟨Mar⟩ per madiere, al traverso. II prep. 1 attraverso.2 ⟨Mar⟩ al traverso di. 3 ⟨fig⟩ in contrasto con, in opposizione a.
athwartship [ə'θwɔ:tʃip] a. ⟨Mar⟩ trasversale. **athwartships** [–s] avv. trasversalmente, di (o per) traverso.
a-tilt [ə'tilt] avv./a.pred. 1 inclinato, di sghembo, pendente. 2 (with lance in hand) con la lancia in resta. ▫ ⟨fig⟩ to run ~ at partire all'attacco di.
atingle [ə'tiŋgl] a. pred. formicolante, che pizzica.
Atlantean [ætlæn'ti:ən] a. 1 (of Atlas) di Atlante, atlantico. 2 ⟨fig⟩ possente, titanico. 3 (of Atlantis) dell'Atlantide.
Atlantic [ət'læntik] I a. 1 atlantico. 2 (of Atlas) di Atlante, atlantico. II N.pr. ⟨Geog⟩ Atlantico m.
Atlantic| Alliance s. ⟨Pol⟩ alleanza f atlantica. **~ Charter** s. ⟨Stor⟩ carta f atlantica.
Atlanticism [ət'læntisizəm] s. ⟨Pol⟩ atlantismo m. **Atlanticist** [–sist] s. atlantista m/f.
atlantic| liner s. transatlantico m. **~ Ocean** N.pr. ⟨Geog⟩ Oceano m atlantico.
Atlantis [ət'læntis] N.pr. ⟨Mitol⟩ Atlantide f.
atlas ['ætləs] s. 1 atlante m (anche Anat.). 2 (pl. atlases [–z]) ⟨Arch⟩ atlante m, telamone m.
Atlas ['ætləs] N.pr. ⟨Mitol, Astr⟩ Atlante m.
atm. = 1 atmosphere atmosfera. 2 atmospheric atmosferico.
ATM = automated teller machine sportello automatico (di banca).
atmosphere ['ætməsfiə] s. 1 atmosfera f. 2 ⟨fig⟩ (environment) ambiente m, atmosfera f. 3 ⟨fig⟩ (of a work of art) atmosfera f, clima m psicologico. 4 ⟨fig⟩ (colour) atmosfera f, colore m locale.
atmospheric [ˌætməs'ferik], **atmospherical** [–l] a. 1 atmosferico. ~ conditions condizioni atmosferiche. 2 ⟨fig⟩ di atmosfera: ~ music musica di atmosfera. ▫ ⟨Meteor⟩ atmospheric pressure pressione f atmosferica.
atmospherics [ˌætməs'feriks] s.pl. 1 ⟨Rad⟩ (noise) disturbi mpl atmosferici, scariche fpl. 2 (phenomena) fenomeni mpl atmosferici.
at. no. = atomic number numero atomico.
atoll ['ætɔl] s. ⟨Geol⟩ atollo m.
atom ['ætəm] s. 1 ⟨Fis⟩ atomo m. 2 ⟨fig⟩ briciolo m, grano m, atomo m: there's not an ~ of truth in it non c'è un briciolo di verità.
atom| bomb s. → atomic bomb. **~-free** a. ⟨Mil⟩ denuclearizzato.
atomic [ə'tɔmik] a. 1 atomico. 2 (driven by atomic energy) atomico, nucleare.
atomic| bomb s. bomba f atomica. **~ clock** s. orologio m atomico. **~ cocktail** s. ⟨sl⟩ medicina f contenente una sostanza radioattiva. **~ disintegration** s. disintegrazione f atomica. **~ energy** s. energia f atomica (o nucleare). ▫ ~ Commission Commissione f per l'energia atomica; ~ plant centrale f atomica. **~ fall-out** s. pioggia f radioattiva.
atomicity [ætə'misiti] s. 1 ⟨Chim⟩ numero m di atomi in una molecola. 2 ⟨Chim⟩ (valence) valenza f. 3 ⟨Fis⟩ atomicità f.
atomic| number s. numero m atomico. **~ physicist** s. fisico m atomico. **~ physics** s.pl. (costr.sing.) fisica f atomica. **~pile** s. pila f atomica. **~ power** s. forza f atomica. **~-powered** a. a propulsione atomica (o nucleare). **~power plant, power station** s. centrale f atomica. **~ race** s. corsa f agli armamenti atomici. **~reactor** s. reattore m atomico. **~research** s. ricerca f

nucleare.
atomics [ə'tɔmiks] s.pl. (costr.sing.) fisica f nucleare.
atomic| scientist s. → atomic physicist. **~ series** s. ⟨Chim⟩ serie f atomica. **~ submarine** s. sottomarino m atomico. **~ theory** s. teoria f atomica. **~ warfare** s. guerra f atomica. **~ warhead** s. ⟨Mil⟩ testata f (o ogiva) atomica (o nucleare). **~ waste** s. residui mpl radioattivi. **~ weapon** s. arma f atomica. **~ weight** s. peso m atomico.
atomism ['ætəmizəm] s. ⟨Filos⟩ atomismo m. **atomist** [–mist] s. atomista m/f. **atomistic** [–'mistik] a. atomistico. **atomization** [–mai'zeiʃən] s. atomizzazione f, polverizzazione f. **atomize** [–maiz] v.t. 1 atomizzare, nebulizzare, polverizzare. 2 (to separate into atoms) atomizzare. **atomizer** [–maizə] s. atomizzatore m, nebulizzatore m.
atom smasher s. ⟨Fis⟩ acceleratore m di particelle atomiche.
atomy¹ ['ætəmi] s. ⟨rar⟩ 1 atomo m, piccolezza f. 2 (pygmy) pigmeo m.
atomy² s. ⟨ant⟩ (skeleton) scheletro m.
atonable [ə'tounəbl] a. espiabile, riparabile.
atonal [ei'tounl] a. ⟨Mus⟩ atonale. **atonalism** [–nəlizəm], **atonality** [–'næliti] s. atonalità f.
atone [ə'toun] I v.i. fare ammenda (for di), espiare (qc.): to ~ for one's sins fare ammenda dei propri peccati. II v.t. 1 espiare, fare penitenza per, riparare. 2 ⟨ant⟩ (to reconcile) riconciliare, rappacificare. **atonement** [–mənt] s. 1 riparazione f, espiazione f, penitenza f, ammenda f. 2 ⟨ant⟩ riconciliazione f. Atonement s. ⟨Rel⟩ Redenzione f. ▫ to make ~ for a fault riparare una colpa.
atonic [æ'tɔnik] I a. 1 ⟨Ling⟩ atono. 2 ⟨Med⟩ atonico. II s. ⟨Ling⟩ 1 sillaba f atona. 2 (word) parola f atona.
atony ['ætəni] s. atonia f.
atop [ə'tɔp] I avv./a.pred. in cima. II prep. in cima a.
atrabiliar [ˌætrə'biliə], **atrabilious** [–s] a. 1 ⟨Med⟩ atrabiliare. 2 (gloomy) malinconico, ipocondriaco. 3 (bad–tempered) irritabile, iroso, stizzoso. **atrabiliousness** [–snis] s. 1 malinconia f, ipocondria f. 2 (bad temper) stizza f, malumore m, irritabilità f.
atresia [ə'tri:ziə] s. ⟨Med⟩ atresia f.
Atreus ['eitriu:s] N.pr. ⟨Mitol⟩ Atreo m.
atrip [ə'trip] a.pred. ⟨Mar⟩ 1 (of an anchor) spedato. 2 (of sails) cazzato a segno.
atrium ['ætriəm] s. (pl. atria [–riə]/atriums [–z]) ⟨Arch,Anat⟩ atrio m.
atrocious [ə'trouʃəs] a. 1 atroce, feroce, efferato: an ~ crime un atroce crimine. 2 ⟨fam⟩ (very bad) pessimo, orrendo, atroce: ~ taste pessimo gusto. **atrociousness** [–nis] s. atrocità f.
atrocity [ə'trɔsiti] s. 1 atrocità f. 2 ⟨fam⟩ orrore m, mostruosità f.
atrophic [ə'trɔfik] a. atrofico.
atrophy ['ætrəfi] I s. 1 ⟨Med⟩ atrofia f. 2 ⟨fig⟩ degenerazione f, declino m. II v.i. atrofizzarsi. III v.t. atrofizzare.
atropine ['ætrəpi:n] s. ⟨Farm⟩ atropina f.
atrop(in)ism ['ætrəp(in)izəm] s. ⟨Med⟩ atropinismo m.
Atropos ['ætrəpos] N.pr. ⟨Mitol⟩ Atropo f.
att. = ⟨Dir⟩ attorney procuratore.
attaboy am. ['ætəbɔi] intz. ⟨fam⟩ dai, dagli, coraggio.
attach [ə'tætʃ] I v.t. 1 attaccare, fissare, assicurare; (to tie) legare; (to connect) unire, collegare, connettere. 3 (to attribute) attribuire, annettere, dare: to ~ little importance to s.th. attribuire poca importanza a qc. 4 (to affix) apporre; (to add) aggiungere, allegare. 5 ⟨fig⟩ (to bind by affection) affezionare, legare: she is too –ed to her le è troppo affezionata. 6 ⟨rifl⟩ addirsi. 7 ⟨Mil⟩ assegnare, destinare, aggregare: he was –ed to another company fu aggregato a un'altra compagnia. 8 ⟨Dir⟩ pignorare, sequestrare. II v.i. appartenere, spettare, essere connesso (o collegato) (to a), accompagnare (qd.): the advantages that are –ed to wealth i vantaggi che sono connessi alla ricchezza (o la ricchezza comporta). ▫ no blame –es to him non c'è da fargli alcuna colpa. **attachable** [–əbl] a. 1 attaccabile, fissabile; (that can be added) da applicare (o aggiungere). 2 (attributable) attribuibile. 3 ⟨Dir⟩

sequestrabile, pignorabile.

attaché *fr.* [ə'tæʃei, *am.* ˌætə'ʃei] *s.* ⟨*Dipl*⟩ addetto *m: a commercial* ~ un addetto commerciale. **attaché case** *s.* borsa *f* (di cuoio) per documenti.

attached [ə'tætʃt] *a.* 1 assegnato, addetto (*to* a). 2 ⟨*fig*⟩ attaccato, affezionato, legato, devoto (a). 3 ⟨*Edil*⟩ annesso, attiguo, adiacente: *a house with garage* ~ una casa con annesso garage. 4 ⟨*Mil*⟩ aggregato. □ *to become* ~ *to s.o.* affezionarsi a qd.

attachment [ə'tætʃmənt] *s.* 1 attaccatura *f*, allacciamento *m.* 2 ⟨*fig*⟩ (*devotion*) attaccamento *m*, devozione *f*, fedeltà *f*. 3 (*accessory*) accessorio *m*; (*connection*) collegamento *m*, attacco *m.* 4 ⟨*Dir*⟩ (*arrest*) arresto *m*; (*seizure*) sequestro *m*, pignoramento *m*; (*writ*) ordine *m* di sequestro. □ ⟨*Dir*⟩ ~ *of assets* sequestro *m* conservativo; ~ *of earnings* sequestro *m* di stipendio.

attack [ə'tæk] I *v.t.* 1 attaccare, assalire. 2 ⟨*fig*⟩ assalire, aggredire: *to* ~ *s.o.'s proposal* attaccare la proposta di qd. 3 (*to disrepute*) denigrare, screditare. 4 (*to begin vigorously*) intraprendere, accingersi a, attaccare, affrontare: *to* ~ *a difficult task* affrontare un compito difficile. 5 (*of a disease*) attaccare, assalire. 6 (*to rape*) usare violenza a, violentare. II *v.i.* attaccare, andare all'assalto. III *s.* 1 attacco *m*, assalto *m*; (*military action*) attacco *m*, azione *f* offensiva. 2 ⟨*Med*⟩ attacco *m*, accesso *m: an* ~ *of gout* un attacco di gotta; (*of the heart*) infarto *m.* 3 ⟨*fig*⟩ attacco *m*, critica *f* violenta. 4 (*manner of beginning*) avvio *m*, inizio *m*, impostazione *f*, attacco *m: the problem calls for a different* ~ il problema richiede un'impostazione diversa. 5 ⟨*Mus*⟩ attacco *m.* 6 (*rape*) violenza *f* carnale. ⟨*Mil*⟩ ~ *formation* ordine *m* (*o* formazione *f*) d'attacco; *to make an* ~ *on the enemy* attaccare il nemico; *plan of* ~ piano *m* di attacco (*anche fig.*); ⟨*Dir*⟩ ~ *on the rights of property* lesione *f* dei diritti di proprietà. **attackable** [–əbl] *a.* attaccabile. **attacker** [–ə] *s.* 1 assalitore *m* (*f* –trice), aggressore *m* (*f* aggreditrice). 2 ⟨*Mil*⟩ attaccante *m.*

attain [ə'tein] I *v.t.* 1 raggiungere, arrivare a: *to* ~ *the age of ninety* raggiungere l'età di novant'anni. 2 (*to gain*) ottenere, conseguire, raggiungere: *to* ~ *an end* conseguire uno scopo. II *v.i.* arrivare, giungere, pervenire (*to* a), raggiungere (qc.): *to* ~ *to perfection* raggiungere la perfezione.

attainability [əˌteinə'biliti] *s.* l'essere ottenibile (*o* raggiungibile), accessibilità *f*. **at'tainable** [–bl] *a.* raggiungibile, ottenibile, accessibile. **at'tainableness** [–blnis] *s.* → **attainability.**

attainder [ə'teində] *s.* ⟨*Dir*⟩ perdita *f* dei diritti civili (per condanna o proscrizione). □ ⟨*Dir*⟩ *Act* (*o Bill*) *of* ~ decreto *m* di confisca dei beni e di morte civile.

attainment [ə'teinmənt] *s.* 1 conseguimento *m*, raggiungimento *m*, conquista *f*. 2 (*achievement*) risultato *m* ottenuto, realizzazione *f*, conquista *f*, successo *m.* □ *of impossible* ~ irrealizzabile.

attaint [ə'teint] I *v.t.* 1 ⟨*Dir*⟩ privare dei beni civili, condannare alla morte civile. 2 (*to disgrace*) disonorare. II *s.* 1 ⟨*Dir*⟩ perdita *f* dei diritti civili. 2 ⟨*ant*⟩ (*in tilting*) stoccata *f*.

attar ['ætə] *s.* 1 essenza *f* di fiori. 2 (*of roses*) essenza *f* (*o* olio *m*) di rose.

attemper [ə'tempə] *v.t.* ⟨*rar*⟩ 1 temperare, stemperare, diluire. 2 (*to soften*) moderare, mitigare, attenuare. 3 (*to adapt*) adattare, accordare. **attemperament** [–rəmənt] *s.* giusta miscela *f*.

attempt [ə'tempt] I *v.t.* 1 cercare, tentare, provare, sforzarsi. 2 ⟨*lett*⟩ attentare a: *to* ~ *the life of s.o.* attentare alla vita di qd. II *s.* 1 tentativo *m*, prova *f*, sforzo *m.* 2 (*attack*) attentato *m*, aggressione *f: an* ~ *on the life of s.o.* un attentato alla vita di qd. □ *to make an* ~ *to do s.th.* tentare di fare qc. **attemptable** [–əbl] *a.* che si può tentare, tentabile.

attend [ə'tend] I *v.t.* 1 assistere a, presenziare a, intervenire a, partecipare a: *to* ~ *a meeting* intervenire a una riunione; (*to go to*) frequentare, andare a: *to* ~ *school* frequentare la scuola. 2 (*to look after*) assistere, curare, accudire a. 3 (*to escort*) essere al seguito (*o* servizio) di, scortare. 4 ⟨*fig*⟩ (*to accompany*) coronare, accompagnare,

seguire a: *hard work is often –ed with success* la fatica è spesso coronata dal successo. II *v.i.* 1 accudire, applicarsi (*to* a), fare (qc.): *to* ~ *to one's work* fare il proprio lavoro. 2 (*to take care of*) occuparsi, avere cura (di), accudire (a), assistere (qd.): *to* ~ *to the sick* assistere i malati. 3 (*to be present*) intervenire, essere presente (a), presenziare (qc.). 4 (*to heed*) stare attento, fare (*o* prestare) attenzione (a), ascoltare (qd.): ~ *to what I say* ascolta ciò che dico. 5 (*to be present for service*) essere al seguito (*o* servizio) (*on, upon* di): *to* ~ *upon a king* essere al servizio di un re. □ *are you being –ed to, sir?* il signore è servito?; *to* ~ *to s.o.'s orders* eseguire gli ordini di qd.

attendance [ə'tendəns] *s.* 1 presenza *f*, frequenza *f:* ~ *at school* frequenza scolastica. 2 (*people present*) pubblico *m*, spettatori *mpl*, presenti *mpl.* 3 (*number of people present*) affluenza *f*, concorso *m* di pubblico, numero *m* di presenze (*o* spettatori): ~ *was low* l'affluenza era bassa. 4 (*act of being in waiting*) assistenza *f*, disposizione *f: a doctor in* ~ un medico a disposizione. 5 (*care*) assistenza *f*, cura *f*. □ *to dance* ~ *on s.o.* fare da cavalier servente a qd.; *to be in* ~ (*up*)*on s.o.* essere al servizio di qd.; *physician in* ~ medico *m* curante.

attendance| book *s.* libro *m* delle presenze. ~ **card** *s.* cartellino *m* di presenza. ~ **fees** *s.pl.* gettoni *mpl* di presenza. ~ **prize** *s.* ⟨*Scol*⟩ premio *m* di frequenza (*o* assiduità). ~ **recorder** *s.* orologio *m* marcatempo. ~ **register** *s.* registro *m* delle presenze. ~ **sheet** *s.* foglio *m* di presenza.

attendant [ə'tendənt] I *a.* 1 presente. 2 (*accompanying*) che accompagna, relativo, annesso: *the advantages* ~ *on* (*o upon*) *wealth* i vantaggi che accompagnano (*o* comporta) la ricchezza; (*consequent*) che ne deriva, conseguente: *poverty and its* ~ *hardships* la povertà e le privazioni che ne derivano. 3 ⟨*Dir*⟩ concomitante: ~ *circumstances* circostanze concomitanti. II *s.* 1 compagno *m* (*f* –a). 2 (*employee*) addetto *m* (*f* –a), dipendente *m/f: a garage* ~ l'addetto a un'autorimessa; (*servant*) servitore *m*; (*keeper*) guardiano *m.* 3 *pl.* (*companions*) seguito *m: the queen's –s* il seguito della regina. 4 *pl.* (*servants*) servitù *f*. 5 (*accompaniment*) circostanza *f* concomitante. 6 (*person present*) frequentatore *m* (*f* –trice), persona *f* presente. □ *to be* ~ *on s.o.* scortare qd., accompagnare qd.

attending physician *am.* [ə'tendiŋ] *s.* medico *m* curante.

attention [ə'tenʃən] *s.* 1 attenzione *f: to call* (*o draw*) *s.o.'s* ~ *to s.th.* richiamare l'attenzione di qd. su qc. 2 (*consideration*) attenzione *f*, premura *f*, sollecitudine *f*, riguardo *m.* 3 ⟨*Mil*⟩ attenti *m: to stand at* ~ stare sull'attenti. 4 *pl.* (*of a suitor*) premure *fpl*, cortesie *fpl*, gentilezze *fpl*, attenzioni *fpl: he paid her many –s* la circondava di mille attenzioni. 5 ⟨*esclam,Mil*⟩ attenti. □ (*fam*) *to be all* ~ essere tutt'orecchi; ⟨*Mil*⟩ *to come to* ~ mettersi sull'attenti; ~ *to details* cura *f* dei particolari; *to engage s.o.'s* ~ mantenere desta l'attenzione di qd.; ⟨*epist*⟩ *for the* ~ *of* alla cortese attenzione di; *pay* ~ fa' attenzione, sta' attento; *to pay one's –s to a lady* fare la corte a una signora; *to spring to* ~ scattare sull'attenti; *to turn one's* ~ *to s.th.* rivolgere l'attenzione a (*o* su) qd.; *to give one's* **undivided** ~ *to s.th.* prestare tutta la propria attenzione a qc., concentrarsi su qc.

attentive [ə'tentiv] *a.* 1 attento. 2 (*courteous*) premuroso, cortese, sollecito, assiduo: *an* ~ *hostess* una premurosa padrona di casa. **attentiveness** [–nis] *s.* 1 attenzione *f*. 2 (*courtesy*) sollecitudine *f*, premura *f*.

attenuant [ə'tenjuənt] I *a.* diluente. II *s.* ⟨*Med*⟩ diluente *m.*

attenuate I *v.t.* [ə'tenjueit] 1 assottigliare. 2 ⟨*fig*⟩ (*to weaken*) moderare, attenuare. 3 (*to dilute*) diluire, rarefare. 4 ⟨*Med*⟩ attenuare, ridurre la virulenza di. II *v.i.* attenuarsi; (*to become thin*) assottigliarsi. III *a.* [–juit] 1 esile, sottile. 2 ⟨*fig*⟩ tenue, rarefatto. **at,tenuation** [–'eiʃən] *s.* attenuazione *f*, assottigliamento *m.*

attenuator [ə'tenjueitə] *s.* ⟨*El*⟩ attenuatore *m.*

attest [ə'test] I *v.t.* 1 attestare, testimoniare, dimostrare, essere la conferma (*o* prova) di: *his career –s his ability* la sua carriera è la conferma della sua abilità. 2 (*to certify*) autenticare, legalizzare, vidimare. 3 (*to put on oath*) far

prestare giuramento a. **4** ⟨*Zootecn*⟩ certificare la sanità di. **II** *v.i.* **1** testimoniare, deporre, rendere testimonianza (*to* su). **2** ⟨*Mil*⟩ arruolarsi. ▢ *–ed copy* copia autenticata; *to* ~ (*to*) *a signature* autenticare una firma. **attestant** [–ənt] *s.* ⟨*Dir*⟩ teste *m/f*, testimone *m/f*. **attestation** [ˌætes'teiʃən] *s.* **1** attestato *m*, attestazione *f*, testimonianza *f*, deposizione *f*. **2** (*proof*) prova *f*, dimostrazione *f*. **3** (*authentication*) autenticazione *f*, legalizzazione *f*, vidimazione *f*. **4** ⟨*Mil*⟩ il far prestare giuramento. **attested** [–id] *a.* autenticato: ~ *copy* copia autenticata. **attester, attestor** [–ə] *s.* testimone *m/f*, teste *m/f*.
Att. Gen. = *Attorney General* procuratore generale.
attic ['ætik] *s.* **1** (*garret*) soffitta *f*, sottotetto *m*, solaio *m*. **2** (*room, rooms*) mansarda *f*. **3** ⟨*Arch,Anat*⟩ attico *m*.
Attic ['ætik] **I** *a.* attico. **II** *s.* **1** abitante *m/f* dell'Attica. **2** (*dialect*) attico *m*, dialetto *m* attico. **atticism, Atticism** [–tisizəm] *s.* ⟨*Ling*⟩ atticismo *m*. **atticize, Atticize** [–tisaiz] *v.t.* atticizzare.
Attic| order *s.* ⟨*Arch*⟩ ordine *m* attico. ~ **wit** *s.* sale *m* attico.
attire [ə'taiə] **I** *v.t.* vestire, abbigliare; (*to adorn*) ornare, acconciare. **II** *s.* **1** abbigliamento *m*, vesti *fpl.* **2** ⟨*Zool*⟩ palchi *mpl.*
attitude ['ætitju:d] *s.* **1** atteggiamento *m.* **2** (*affected pose*) posa *f: to strike an* ~ assumere una posa. **3** ⟨*Aer*⟩ assetto *m.* ▢ ~ *of mind* abito *m* mentale, modo *m* di pensare. **,attitudinarian** [–i'nɛəriən] *s.* posatore *m* (*f* –trice). **,atti'tudinize** [–inaiz] *v.i.* posare, assumere ˈun atteggiamento affettatoˈ (*o* una posa).
attorn [ə'tə:n] **I** *v.t.* ⟨*Dir*⟩ (*of a property*) trasferire. **II** *v.i.* **1** rimanere affittuario (di un nuovo proprietario). **2** ⟨*Mediev*⟩ prestare omaggio (a un nuovo signore).
attorney [ə'tə:ni] *s.* ⟨*Dir*⟩ **1** → **attorney-at-law**. **2** → **attorney-in-fact.** ▢ *full power of* ~ procura *f* generale; *letter of* ~ lettera *f* di procura; *power of* ~ procura *f*; *warrant of* ~ atto *m* di procura.
attorney|-at-law *am. s.* **1** procuratore *m* (*f* –trice) legale. **2** ⟨*am*⟩ avvocato *m* (*f* –tessa). ~ **general** *s.* procuratore *m* generale. ~ **General** *am. s.* ministro *m* della giustizia. **~-in-fact** *s.* procuratore *m* (*f* –trice), agente *m/f* legale, rappresentante *m/f.*
attorneyship [ə'tə:niʃip] *s.* ufficio *m* (*o* carica *f*) di procuratore.
attract [ə'trækt] *v.t.* **1** attirare, attrarre: *a magnet –s iron* la calamita attira il ferro. **2** ⟨*fig*⟩ attrarre, attirare, allettare, affascinare: *bright colours* ~ *children* i bambini sono attratti dai colori vivaci. **3** ⟨*assol*⟩ attrarre (a sé), esercitare un'attrazione. **4** ⟨*fig,assol*⟩ (*to be pleasing*) essere attraente, attirare, piacere. **attractable** [–əbl] *a.* che può essere attratto (*o* attirato). **attraction** [–kʃən] *s.* **1** attrazione *f* (*anche Fis.*). **2** ⟨*fig*⟩ attrattiva *f*, fascino *m*, incanto *m*, seduzione *f: wealth hád no* ~ *for him* le ricchezze non esercitavano alcun fascino su di lui. **3** ⟨*concr*⟩ attrattiva *f*, attrazione *f*, richiamo *m*.
attractive [ə'træktiv] *a.* **1** attrattivo, di attrazione. **2** (*charming*) attraente, affascinante, avvincente: *an* ~ *personality* una personalità affascinante; (*pleasing*) piacevole. **3** (*enticing*) allettante, che attira: *an* ~ *price* un prezzo allettante. **attractively** [–li] *avv.* in maniera attraente (*o* allettante). **attractiveness** [–nis] *s.* attrattiva *f*, fascino *m*, attrazione *f.*
attrib. = **1** *attribute* attributo (*abbr.* attr.). **2** *attributive* attributivo.
attributable [ə'tribjutəbl] *a.* attribuibile.
attribute I *v.t.* [ə'tribju:t] **1** attribuire, ascrivere. **2** (*of works of art, etc.*) attribuire, assegnare. **II** *s.* ['ætribju:t] **1** attributo *m*, qualità *f.* **2** (*symbol*) attributo *m*, simbolo *m*. **3** ⟨*Art,Gramm*⟩ attributo *m.*
attribution [ˌætri'bju:ʃən] *s.* attribuzione *f*, assegnazione *f.* **attributive** [ə'tribjutiv] **I** *a.* **1** che attribuisce. **2** ⟨*Gramm*⟩ attributivo. **II** *s.* ⟨*Gramm*⟩ attributo *m.*
attrite [ə'trait] *a.* **1** ⟨*Teol*⟩ attrito. **2** (*attrited*) logoro, consumato per attrito.
attrition [ə'triʃən] *s.* **1** attrito *m*, logorio *m.* **2** ⟨*fig*⟩ logoramento *m: a war of* ~ una guerra di logoramento. **3** ⟨*Teol*⟩ attrizione *f.*
attune [ə'tju:n] *v.t.* **1** ⟨*Mus*⟩ accordare. **2** ⟨*fig*⟩ accordare, armonizzare, intonare.

atty. = *attorney* procuratore.
ATV = ⟨*Aut*⟩ *all–terrain vehicle* veicolo fuoristrada, fuoristrada.
at. wt. = *atomic weight* peso atomico.
atypic [ei'tipik], **atypical** [–l] *a.* atipico.
A.U. = **1** *angström unit* unità angström. **2** *astronomical unit* unità astronomica.
aubergine [oubər'ʒi:n] *s.* ⟨*Bot*⟩ melanzana *f.*
auburn ['ɔ:bən] **I** *a.* castano dorato (*o* ramato): ~ *hair* capelli castano ramati. **II** *s.* castano *m* dorato (*o* ramato).
auction ['ɔ:kʃən] **I** *s.* **1** asta *f*, incanto *m*, vendita *f* all'asta. **2** (*auction bridge*) bridge *m* a incanto; (*bidding*) dichiarazione *f.* **II** *v.t.* (spesso con *off*) vendere all'asta (*o* all'incanto). ▢ *to buy at* ~ comperare all'asta; *to put s.th. up for* ~ mettere qc. all'asta; *sale by* ~ vendita *f* all'asta; ⟨*am*⟩ *to sell at* ~ vendere all'asta. **,auctio'neer** [–iə] **I** *s.* banditore *m* (*f* –trice). **II** *v.t.* vendere all'asta.
auction| room *s.* sala *f* delle aste. ~ **sale** *s.* vendita *f* all'asta.
aud. = *auditor* sindaco, auditor.
audacious [ɔ:'deiʃəs] *a.* **1** audace, intrepido. **2** (*impudent*) sfacciato, sfrontato, impudente. **audaciousneṣṣ** [–nis] *s.* → **audacity. audacity** [–'dæsiti] *s.* **1** audacia *f.* **2** (*impudence*) ardire *m*, sfrontatezza *f*, impudenza *f*, ⟨*fam*⟩ faccia *f* tosta: *he had the* ~ *to criticize me* ebbe l'ardire di criticarmi.
audibility [ˌɔ:di'biliti] *s.* ⟨*Acu*⟩ udibilità *f*, intelligibilità *f.*
audibility threshold *s.* ⟨*Acu*⟩ soglia *f* di udibilità.
audible ['ɔ:dəbl] *a.* udibile, percettibile, intelligibile, comprensibile. **audibleness** [–nis] *s.* udibilità *f.*
audience ['ɔ:djəns] *s.* **1** pubblico *m*, uditorio *m*, ascoltatori *mpl.* **2** (*spectators*) spettatori *mpl;* (*TV audience*) telespettatori *mpl.* **3** (*readers*) lettori *mpl*, pubblico *m* di lettori. **4** (*formal interview*) udienza *f: an* ~ *with the Pope* un'udienza pontificia. **5** (*act of hearing*) ascolto *m.* **6** (*opportunity to speak*) udienza *f*, occasione *f* di parlare: *to get an* ~ trovare udienza. **7** ⟨*fig*⟩ (*following*) seguito *m*, pubblico *m.* ▢ *to give* ~ *to s.o.* dare udienza a qd.; *to grant s.o. an* ~ accordare (*o* concedere) un'udienza a qd.; *to have an* ~ *with s.o.* essere ricevuto in udienza da qd.; *open* ~ udienza pubblica.
audience| chamber *s.* ⟨*Dir*⟩ sala *f* delle udienze. ~ **rating** *s.* ⟨*Rad*⟩ indice *m* di ascolto.
audio ['ɔ:diou] **I** *a.* ⟨*TV*⟩ audio. **II** *s.* audio *m*, sonoro *m.*
audio| cassette *s.* audiocassetta *f.* ~ **frequency** *s.* audiofrequenza *f.*
audiogram ['ɔ:diougræm] *s.* audiogramma *m.*
audiolingual *a.* audio–orale.
audiological [ˌɔ:dio'lɔdʒikəl] *a.* audiologico. **audiologist** [–'ɔlədʒist] audiologo *m* (*f* –a). **audiology** ['ɔlədʒi] *s.* audiologia *f.*
audiometer [ˌɔ:di'ɔmitə] *s.* ⟨*Fis,Med*⟩ audiometro *m.* **audio'metric** [–trik] *a.* audiometrico. **audiometrician** [–me'triʃən] *s.* audiometrista *m/f.* **audiometry** [–tri] *s.* audiometria *f.*
audiophile ['ɔ:dioufail] *s.* audiofilo *m* (*f* –a).
audio| signal *s.* ⟨*tecn*⟩ segnale *m* audio. ~ **tape** *s.* nastro *m* magnetico. **~-visual** *a.* audiovisivo. ▢ ~ *aids* (*o media*) sussidi (*o* mezzi) audiovisivi.
audiphone ['ɔ:difoun] *s.* ⟨*Med*⟩ audifono *m.*
audit ['ɔ:dit] **I** *v.t.* ⟨*Comm*⟩ controllare, verificare. **II** *v.i.* ⟨*Comm*⟩ fare un controllo dei conti. **III** *s.* controllo *m*, verifica *f*, revisione *f.* **auditing** [–iŋ] *s.* ⟨*Comm*⟩ revisione *f*, verifica *f.*
audition [ɔ:'diʃən] **I** *s.* **1** (*for an actor, etc.*) audizione *f.* **2** ⟨*Cin*⟩ provino *m.* **3** (*power of hearing*) udito *m.* **II** *v.t.* **1** concedere un'audizione. **2** ⟨*Cin*⟩ far fare un provino. **III** *v.i.* **1** sostenere un'audizione. **2** ⟨*Cin*⟩ fare un provino.
auditive ['ɔ:ditiv] *a.* auditivo.
auditor ['ɔ:ditə] *s.* **1** (*hearer*) uditore *m* (*f* –trice), ascoltatore *m* (*f* –trice). **2** ⟨*Comm*⟩ revisore *m* dei conti, auditor *m.* **3** ⟨*am,Univ*⟩ uditore *m* (*f* –trice).
auditorial [ˌɔ:di'tɔriəl] *a.* ⟨*Econ*⟩ relativo alla verifica dei conti.

auditorium [ˌɔːdiˈtɔːriəm] *s.* (*pl.* **-s** [z]/**-ria** [riə]) **1** auditorio *m,* sala *f.* **2** (*parlatory*) parlatorio *m.*

auditor's| committee *s.* collegio *m* sindacale (*o dei sindaci*). ~ **report** *s.* relazione *f* dei sindaci.

auditory [ˈɔːditəri] **I** *a.* uditivo (*anche Anat.*). **II** *s.* ⟨*rar*⟩ **1** uditorio *m.* **2** (*auditorium*) auditorio *m.*

auditory| canal *s.* ⟨*Anat*⟩ canale *m* uditivo. ~ **nerve** *s.* nervo *m* acustico.

Aug. = *August* agosto (*abbr.* ag.).

Augean [ɔːˈdʒiən] *a.* ⟨*Mitol*⟩ di Augia. □ ⟨*fig*⟩ *to clean the* ~ *stables* pulire le stalle di Augia.

auger [ˈɔːgə] *s.* **1** ⟨*Fal*⟩ succhiello *m,* trivella *f.* **2** ⟨*Minier*⟩ sonda *f.*

aught [ɔːt] ⟨*lett*⟩ **I** *pron.* qualcosa, ⟨*lett*⟩ alcunché. **II** *avv.* affatto, in nessun modo. □ *for* ~ *I care* per quel che m'importa, per me.

augment [ɔːgˈment] **I** *v.t.* **1** aumentare, accrescere. **2** ⟨*Mus*⟩ aumentare. **II** *v.i.* aumentare, crescere, accrescersi. **III** *s.* ⟨*Ling*⟩ aumento *m.* **augmentable** [–əbl] *a.* aumentabile. **augmentation** [–ˈteiʃən] *s.* **1** aumento *m,* accrescimento *m,* incremento *m.* **2** (*addition*) aggiunta *f.* **3** ⟨*Mus*⟩ aumentazione *f.* **augmentative** [–ətiv] **I** *a.* **1** aumentativo. **2** ⟨*Gramm*⟩ accrescitivo. **II** *s.* ⟨*Gramm*⟩ accrescitivo *m.* **augmented** [–id] *a.* aumentato (*anche Mus.*). **augmenter** [–ə] *s.* aumentatore *m* (*f* –trice).

au gratin [ograˈtɛ̃] *a.* ⟨*Gastr*⟩ al gratin, gratinato.

Augsburg [ˈaugsbəːg] *N.pr.* ⟨*Geog*⟩ Augusta *f.* □ ⟨*Stor*⟩ *Peace of* ~ Pace *f* di Augusta; ⟨*Rel*⟩ *Confession of* ~ Confessione *f* di Augusta.

augur [ˈɔːgə] **I** *s.* **1** ⟨*Stor.rom*⟩ augure *m.* **2** (*prophet*) indovino *m* (*f* –a), profeta *m* (*f* –essa). **II** *v.t.* **1** predire, profetizzare, presagire. **2** (*to give promise of*) far presagire (*o* pronosticare), promettere. **III** *v.i.* essere di augurio (*o* auspicio). □ *to* ~ *ill* essere di cattivo augurio, essere infausto; *to* ~ *well* essere di buon augurio. **augural** [–gjərəl] *a.* augurale. **augury** [–gjəri] *s.* **1** divinazione *f.* **2** (*omen*) augurio *m,* presagio *m.* **3** (*rite*) augurio *m.*

august [ɔːˈgʌst] *a.* augusto, nobile, venerabile.

August [ˈɔːgəst] *s.* agosto *m.*

Augustan [ɔːˈgʌstən] **I** *a.* ⟨*Stor.rom*⟩ augusteo, di Augusto. **II** *s.* scrittore *m* dell'età augustea. **Augustan age** *s.* **1** ⟨*Stor.rom*⟩ età *f* augustea (*o* di Augusto). **2** ⟨*fig*⟩ periodo *m* classico.

Augustine [ɔːˈgʌstin] *N.pr.* ⟨*Stor*⟩ Agostino *m.*

Augustinian [ˌɔːgəsˈtiniən] **I** *a.* agostiniano. **II** *s.* agostiniano *m.* **Augustin(ian)ism** [–n(iən)izəm] *s.* ⟨*Teol*⟩ agostinismo *m.*

augustly [ɔːˈgʌstli] *avv.* maestosamente. **augustness** [–tnis] *s.* maestà *f,* nobiltà *f.*

Augustus [ɔˈgʌstəs] *N.pr.* ⟨*Stor.rom*⟩ Augusto *m.*

auk [ɔːk] *s.* ⟨*Ornit*⟩ **1** alca *f.* **2** *pl.* alcidi *mpl.*

auld *scozz.* [ɔːld] *a.* vecchio. □ ~ *lang syne* il buon tempo passato.

aulic [ˈɔːlik] *a.* aulico.

aunt [ɑːnt, *am.* æːnt] *s.* zia *f.* **auntie** [–i] *s.* ⟨*fam*⟩ zietta *f.*

Aunt Sally *s.* **1** (*at fairs*) bersaglio *m.* **2** ⟨*fig*⟩ zimbello *m.*

aunty *s.* → **auntie**.

au pair [oˈpɛːr] **I** *a./avv.* alla pari. **II** *s.* ragazza *f* alla pari.

aura [ˈɔːrə] *s.* (*pl.* **-s** [z]/**-rae** [riː]) **1** ⟨*fig*⟩ aria *f,* atmosfera *f,* aura *f.* **2** ⟨*concr*⟩ aura *f,* effluvio *m.* **3** ⟨*fig*⟩ (*luminous radiation*) aureola *f,* alone *m.* **4** ⟨*Med*⟩ aura *f.*

aural[1] [ˈɔːrəl] *a.* **1** (*of the ear*) auricolare, dell'orecchio. **2** (*of hearing*) uditivo.

aural[2] *a.* (*of an aura*) di un'aura.

aural memory *s.* memoria *f* uditiva.

aureate [ˈɔːriːt] *a.* **1** aureo, d'oro, dorato. **2** ⟨*fig*⟩ splendente, aurato.

Aurelius [ɔːˈriːliəs] *N.pr.* Aurelio *m.*

aureola [ɔːˈriːələ], **aureole** [ˈɔːrioul] *s.* aureola *f* (*anche fig., Astr.*).

aureomycin [ˌɔːriouˈmaisin] *s.* ⟨*Farm*⟩ aureomicina *f.*

auric [ˈɔːrik] *a.* ⟨*Chim*⟩ aurico.

auricle [ˈɔːrikl] *s.* **1** ⟨*Anat*⟩ (*of the ear*) padiglione *m* auricolare; (*of the heart*) auricola *f.* **2** ⟨*Bot*⟩ organo *m*

vegetale auricolato.

auricula [ɔːˈrikjulə] *s.* (*pl.* **-s** [z]/**-lae** [liː]) ⟨*Bot*⟩ auricola *f,* orecchio *m* d'orso, primula *f* di monte.

auricular [ɔːˈrikjulə] *a.* auricolare: ~ *confession* confessione auricolare; ~ *witness* testimone auricolare.

auriculate [ɔːˈrikjulit] *a.* ⟨*Bot*⟩ auricolato.

auriferous [ɔːˈrifərəs] *a.* aurifero.

auriform [ˈɔːrifɔːm] *a.* a forma di orecchio.

aurist [ˈɔːrist] *s.* ⟨*Med*⟩ otoiatra *m/f.*

aurochs [ˈɔːrɔks] *s.inv.* ⟨*Zool*⟩ uro *m.*

aurora [ɔːˈrɔːrə] *s.* (*pl.* **-s** [z]/**-rae** [riː]) aurora *f.*

aurora| australis *lat.* [ɔːˈstreilis] *s.* aurora *f* australe. ~ **borealis** *lat.* [ˌbɔːriˈeilis] *s.* aurora *f* boreale.

auroral [ɔːˈrɔːrəl] *a.* ⟨*lett*⟩ aurorale, dell'aurora.

aurora polaris [poˈlɑːris] *s.* aurora *f* polare.

aurous [ˈɔːrəs] *a.* ⟨*Chim*⟩ auroso.

auscultate [ˈɔːskəlteit] *v.t.* ⟨*Med*⟩ auscultare. **auscultation** [–ˈteiʃən] *s.* auscultazione *f.*

auspicate [ˈɔːspikeit] *v.t.* ⟨*ant*⟩ iniziare sotto buoni auspici.

auspice [–pis] *s.* **1** *pl.* auspici *mpl,* patrocinio *m: under the* –*s of the government* sotto gli auspici del governo. **2** (*portent*) auspicio *m,* segno *m,* presagio *m.* **3** *pl.* (*circumstances*) auspici *mpl,* circostanze *fpl: under favourable* –*s* sotto buoni auspici. **4** (*divination*) auspicio *m.* **auspicial** [–ˈpiʃəl] *a.* **1** auspicale. **2** → **auspicious**.

auspicious [ɔːsˈpiʃəs] *a.* **1** di buon augurio, favorevole, fausto, promettente. **2** (*fortunate*) fortunato, prospero. **auspiciously** [–li] *avv.* sotto buoni auspici. **auspiciousness** [–nis] *s.* buoni auspici *mpl.*

Aussie [ˈɔːsi] *s.* ⟨*fam*⟩ (*Australian*) australiano *m* (*f* –a).

austere [ɔːsˈtiə] *a.* **1** austero, severo, grave. **2** (*morally strict*) austero, rigido, severo. **3** (*severely simple*) austero, sobrio, semplice. **austerely** [–li] *avv.* in modo austero, con austerità, austeramente. **austereness** [–nis], **austerity** [ɔːsˈteriti] *s.* **1** austerità *f,* severità *f,* rigore *m* (morale). **2** *pl.* (*austere practices*) mortificazioni *fpl,* pratiche *fpl* ascetiche. **3** (*extreme economy*) austerità *f.*

Austin friar [ˈɔːstin] *s.* ⟨*Rel*⟩ agostiniano *m.*

austral [ˈɔːstrəl] *a.* australe, meridionale.

Australasia [ˌɔːstrəˈleiʒə] *N.pr.* ⟨*Geog*⟩ Australasia *f.* **Australasian** [–n] **I** *a.* dell'Australasia. **II** *s.* abitante *m/f* dell'Australasia.

Australia [ɔːsˈtreiljə] *N.pr.* ⟨*Geog*⟩ Australia *f.* **Australian** [–n] **I** *a.* australiano. **II** *s.* australiano *m* (*f* –a).

Austria [ˈɔːstriə] *N.pr.* ⟨*Geog*⟩ Austria *f.* **Austrian** [–n] **I** *a.* austriaco. **II** *s.* austriaco *m* (*f* –a).

Austro-Hungarian [ˈɔːstro] **I** *a.* austro–ungarico. **II** *s.* cittadino *m* dell'impero austro–ungarico.

autarchic [ɔːˈtɑːkik], **autarchical** [–l] *a.* autocratico, dispotico. **'autarchy** [–i] *s.* **1** (*absolute sovereignty*) autocrazia *f.* **2** (*absolute rule*) assolutismo *m,* autarchia *f,* potere *m* assoluto. **3** → **autarky**.

autarkic [ɔːˈtɑːkik] *a.* autarchico. **'autarky** [–ki] *s.* autarchia *f.*

auth. = **1** *author* autore. **2** *authorized* autorizzato.

authentic [ɔːˈθentik] *a.* **1** (*reliable*) autentico, fedele. **2** (*genuine*) autentico, genuino, vero: *an* ~ *antique* un autentico pezzo di antiquariato. **3** (*verified*) autentico, degno di fede, attendibile. **4** ⟨*Dir,Mus*⟩ autentico: *an* ~ *deed* un atto autentico. **authenticate** [–eit] *v.t.* **1** avvalorare, accreditare, avallare. **2** (*to establish as genuine*) accreditare, convalidare, dimostrare la verità di. **3** ⟨*Dir*⟩ autenticare, legalizzare, convalidare: *to* ~ *a signature* legalizzare una firma. **4** (*to establish the authorship of*) autenticare, provare l'autenticità di. **au,thenti'cation** [–eiʃən] *s.* autenticazione *f.* □ ~ *by notary public* certificazione *f* notarile. **au,thenticity** [–ˈtisiti] *s.* **1** (*reliableness*) autenticità *f,* veridicità *f.* **2** (*genuineness*) autenticità *f,* genuinità *f;* (*validity*) validità *f.*

author [ˈɔːθə] *s.* (*f* -ress [ris]) **1** autore *m* (*f* –trice). **2** ⟨*fig*⟩ creatore *m* (*f* –trice), autore *m* (*f* –trice), artefice *m/f.* **authoress** [–ris] *s.* **1** autrice *f.* **2** ⟨*fig*⟩ creatrice *f,* autrice *f,* artefice *f.* **authorial** [ɔːˈθɔːriəl] *a.* d'autore.

author index *s.* indice *m* per autore.

authoritarian [ɔːˌθɔriˈtɛəriən] **I** *a.* **1** autoritario, dispotico.

2 ⟨*Pol*⟩ autoritario. **II** *s.* fautore *m* (*f* –trice) dell'autoritarismo. **authoritarianism** [–izem] *s.* autoritarismo *m.*

authoritative [ɔ:'θɔritətiv] *a.* **1** d'autorità. **2** (*conclusive, convincing*) autorevole: *an* ~ *analysis of the problem* un'autorevole analisi del problema. **3** (*commanding*) autoritario, imperioso, perentorio: *an* ~ *tone of voice* un tono di voce autoritario. **authoritativeness** [–nis] *s.* **1** autorevolezza *f.* **2** (*peremptoriness*) perentorietà *f.*

authority [ɔ:'θɔriti] *s.* **1** autorità *f.* **2** (*authorization*) autorizzazione *f.* **3** ⟨*collett*⟩ autorità *fpl: the local education* ~ *le autorità scolastiche locali.* **4** *pl.* (*persons in control*) autorità *fpl.* **5** (*reliable source*) autorità *f,* fonte *f* (autorevole). **6** (*expert*) autorità *f,* esperto *m* (*f* –a): *he is an* ~ *in his field* è un'autorità nel suo campo. **7** (*influence*) influenza *f,* ascendente *m,* autorità *f.* **8** (*weight*) autorevolezza *f: to speak with* ~ *parlare con autorevolezza.* **9** (*justifying grounds*) diritto *m: you had no* ~ *to act that way* non avevi nessun diritto di agire in quel modo. □ *to act on s.o.'s* ~ agire su autorizzazione di qd.; *by* ~ d'autorità; *civilian authorities* autorità *fpl* civili; *to* **confer** ~ *on s.o.* conferire poteri a qd.; *to give s.o.* ~ *to do s.th.* autorizzare qd. a fare qc.; *to have s.th.* **on good** ~ apprendere qc. da fonte sicura; *on one's* **own** ~ di propria iniziativa; *by* ~ **received** previa autorizzazione; *to be* **under** *s.o.'s* ~ essere agli ordini di qd.

authorization [ɔ:θərai'zeiʃən, *am.* –ri'z–] *s.* autorizzazione *f,* permesso *m.* □ ~ *in writing* autorizzazione scritta.

authorize ['ɔ:θəraiz] *v.t.* autorizzare. □ *–d by custom* consacrato dall'uso; *the dictionary –s two spellings* il dizionario consente due differenti grafie. **authorized** [–d] *a.* autorizzato.

authorized| capital *s.* ⟨*Econ*⟩ capitale *m* autorizzato (*o* nominale). ~ **Version** *s.* versione *f* autorizzata (della Bibbia).

authorless ['ɔ:θəlis] *a.* senz'autore; (*anonymous*) anonimo.

author's alteration *s.* ⟨*Tip*⟩ correzione *f* d'autore.

authorship ['ɔ:θəʃip] *s.* **1** condizione *f* di scrittore. **2** (*of books, etc.*) paternità *f.* **3** ⟨*fig*⟩ origine *f,* fonte *f.*

autism ['ɔ:tizəm] *s.* ⟨*Psic*⟩ autismo *m.* **autist** [–tist] *s.* autista *m/f.* **autistic** [–'tistik] *a.* autistico: ~ *child* bambino autistico.

auto *am.* ['ɔ:tou] *s.* (*pl.* **-s** [z]) ⟨*fam*⟩ auto *f,* automobile *f.*

auto-abstract *s.* ⟨*Inform*⟩ analisi *f* automatica.

autoanalysis [ɔ:touə'næləsis] *s.* ⟨*Psic*⟩ autoanalisi *f.* **autoanalyzer** [–laizə] *s.* ⟨*Chim*⟩ autoanalizzatore *m.*

auto-answering *s.* ⟨*Inform*⟩ risposta *f* automatica.

autobiographer [ɔ:tobai'ɔgrəfə] *s.* autobiografo *m* (*f* –a). **autobiographic** [–baiə'græfik], **autobiographical** [–baiə'græfikl] *a.* autobiografico. **autobiography** [–fi] *s.* autobiografia *f.*

autobus *am.* ['ɔ:tobʌs] *s.* autobus *m.*

autocade *am.* ['ɔ:tokeid] *s.* autocolonna *f.*

autocar ['ɔ:tɔkɑ:] *s.* ⟨*ant*⟩ automobile *f.*

autocephalous [ɔ:to'sefələs] *a.* ⟨*Rel*⟩ autocefalo.

autochanger [ɔ:tou'tʃeindʒə] *s.* cambiadischi *m* automatico.

autochrome ['ɔ:tokroum] *s.* ⟨*Fot*⟩ lastra *f* autocroma.

autochthon [ɔ:'tɔkθən] *s.* (*pl.* **-s** [z]/**-thones** [–θəni:z]) **1** autoctono *m* (*f* –a), aborigeno *m.* **2** ⟨*Bot*⟩ pianta *f* autoctona. **3** ⟨*Zool*⟩ animale *m* autoctono. ,**autochthonic** [–'θənik], **autochthonous** [–əs] *a.* autoctono, aborigeno, indigeno. **autochthony** [–i] *s.* autoctonia *f.*

autoclave ['ɔ:təkleiv] **I** *s.* **1** ⟨*Chim,Med*⟩ autoclave *f.* **2** (*French stew–pan*) pentola *f* a pressione. **II** *v.t.* sterilizzare nell'autoclave.

auto company *s.* società *f* (*o* casa) automobilistica.

autocorrection [ɔ:toukə'rekʃ(ə)n] *s.* ⟨*Inform*⟩ autocorrezione *f,* correzione *f* automatica.

autocorrelation [ɔ:toukɔri'leiʃ(ə)n] *s.* autocorrelazione *f.*

auto court *am.* ['ɔ:tɔkɔ:t] *s.* motel *m,* autostello *m.*

autocracy [ɔ:'tɔkrəsi] *s.* **1** autocrazia *f.* **2** (*state*) stato *m* assoluto. **autocrat** ['ɔ:təkræt] *s.* autocrate *m* (*anche fig.*).

autocratic [ɔ:tə'krætik], **autocratical** [ɔ:tə'krætikl] *a.* **1**

---

autocratico. **2** ⟨*fig*⟩ dispotico, tirannico.

autocross ['ɔ:toukrɔs] *s.* ⟨*Sport*⟩ autocross *m.*

autocycle *s.* ⟨*ant*⟩ ciclomotore *m.*

auto| dealer *s.* rivenditore *m* di automobili. ~ **diagnostic centre** *s.* ⟨*Aut*⟩ centro *m* diagnosi (*o* diagnostico).

autodyne ['ɔ:toudain] *s.* ⟨*Rad*⟩ autodina *f.*

autoecious [ɔ:'ti:ʃəs] *a.* ⟨*Bot*⟩ autoico.

autoe'rotic [ɔ'toui'rɔtik] *a.* ⟨*Psic*⟩ autoerotico. **auto'erotism** [–rɔtizm] *s.* autoerotismo *m.*

auto exposure *s.* ⟨*Fot*⟩ esposizione *f* automatica.

autoflash [ɔ:tou'flæʃ] *s.* ⟨*Fot*⟩ flash *m* automatico.

autofocusing [ɔ:to'foukəsiŋ] *s.* ⟨*Fot*⟩ messa *f* a fuoco automatica.

autogenesis [ɔ:to'dʒenisis] *s.* (*pl.* **-ses** [si:z]) ⟨*Biol*⟩ autogenesi *f,* autogenia *f.* **autogenic** [–'dʒenik] *a.* autogeno.

autogenic training *s.* training (*o* allenamento) *m* autogeno.

autogenous [ɔ:'tɔdʒənəs] *a.* autogeno. □ ⟨*Med*⟩ ~ *vaccine* autovaccino *m;* ⟨*Met*⟩ ~ *welding* saldatura *f* autogena.

autogiro [ɔ:to'dʒaiərou] *s.* (*pl.* **-s** [z]) ⟨*Aer*⟩ autogiro *m.*

autograft ['ɔ:togrɑ:ft] *s.* ⟨*Chir*⟩ autotrapianto *m.*

autograph ['ɔ:təgrɑ:f] **I** *s.* **1** autografo *m.* **2** (*manuscript*) manoscritto *m* autografo, autografo *m.* **II** *a.* autografo: *an* ~ *letter* una lettera autografa. **III** *v.t.* **1** firmare: *–ed photograph* fotografia firmata. **2** (*to write with one's own hand*) scrivere di proprio pugno. □ ~ *album* album *m* d'autografi.

autographic [ɔ:tə'græfik], **autographical** [–l] *a.* autografo, autografico. **autography** [ɔ:'tɔgrəfi] *s.* autografia *f* (*anche Tip.*).

autogyro *s.* → **autogiro**.

auto-immune [ɔ:toui'mju:n] *a.* ⟨*Med*⟩ autoimmune: ~ *disease* malattia autoimmune.

auto-immunization [ɔ:touimjunai'zeiʃ(ə)n] *s.* ⟨*Med*⟩ autoimmunizzazione *f.* **auto-immunity** [–i'mju:niti] *s.* autoimmunità *f.*

autoist *am.* ['ɔ:toist] *s.* ⟨*fam*⟩ automobilista *m/f.*

auto leasing *s.* leasing *m* automobilistico.

autoloading ['ɔ:touloudiŋ] *a.* ⟨*Mil*⟩ a caricamento automatico.

auto loan *s.* prestito *m* automobilistico.

autolysis [ɔ:'tɔlisis] *s.* ⟨*Fisiol*⟩ autolisi *f.* ,**autolytic** [–to'litik] *a.* autolitico.

automaker *am.* ['ɔ:tomeikə] *s.* casa *f* automobilistica.

automat *am.* ['ɔ:təmæt] *s.* tavola *f* calda (con servizio a gettone).

automate *am.* ['ɔ:təmeit] *v.t.* automatizzare: *to* ~ *the production line* automatizzare la linea di produzione. **automated** [–id] *a.* automatizzato.

automated| bank teller *s.* sportello *m* automatico (di banca). ~ **cash dispenser** *s.* distributore *m* automatico di banconote. ~ **management** *s.* gestione *f* automatizzata. ~ **teller machine** *s.* → **automated bank teller**.

automatic [ɔ:tə'mætik] **I** *a.* **1** automatico. **2** (*performed without thinking*) meccanico, automatico. **3** (*spontaneous*) spontaneo. **II** *s.* **1** macchina *f* automatica. **2** → **automatic pistol**. **3** → **automatic rifle**.

automatic| announcement player *s.* ⟨*Tel*⟩ ripetitore *m* automatico, pappagallo *m.* ~ **answering machine,** ~ **answering service** *s.* segreteria *f* telefonica. ~ **camera** *s.* ⟨*Fot*⟩ macchina *f* fotografica automatica, automatica *f.* ~ **cash dispenser** *s.* → **automated cash dispenser.** ~ **control** *s.* ⟨*El*⟩ comando *m* automatico. ~ **drive** *s.* → **automatic transmission.** ~ **exchange** *s.* ⟨*Tel*⟩ centrale *f* telefonica automatica. ~ **feed** *s.* ⟨*Mecc*⟩ avanzamento *m* automatico. ~ **focusing** *s.* → **autofocusing**.

automaticity [ɔ:,tɔmə'tisiti] *s.* automaticità *f.*

automatic| long distance code *s.* ⟨*Tel*⟩ prefisso *m* di teleselezione. ~ **machine** *s.* distributore *m* automatico. ~ **photo** *s.* fotografia *f* automatica. ~ **pilot** *s.* → **autopilot.** ~ **pistol** *s.* pistola *f* automatica. ~ **programming** *s.* ⟨*Inform*⟩ programmazione *f* automatica. ~ **release** *s.* ⟨*Fot*⟩ autoscatto *m.* ~ **renewal** *s.* ⟨*Dir*⟩ rinnovo *m* tacito. ~ **rifle** *s.* fucile *m* automatico, automatico *m*. ~ **selling** *s*. vendita *f* mediante distributori automatici. ~ **transmission** *s*. ⟨*Aut*⟩ trasmissione *f* automatica. ~ **vending machine** *s*. distributore *m* automatico. ~ **wage adjustment** *s*. adeguamento *m* salariale automatico. ~ **wind** *s*. ⟨*Fot*⟩ avanzamento *m* automatico.

automation [ͻ:təˈmeiʃən] *s*. automazione *f*.

automatism [ͻ:ˈtͻmətizəm] *s*. **1** automatismo *m*. **2** (*automatic action*) atto *m* automatico. **automatist** [–tist] *s*. ⟨*Filos*⟩ seguace *m/f* della teoria dell'automatismo.

automatization [ͻ:təmatai'zeiʃən] *s*. automatizzazione *f*. **automatize** [–'tͻmətaiz] *v.t*. automatizzare.

automaton [ͻ:ˈtͻmətən] *s*. (*pl*. **-ta** [tə]/**-s** [z]) automa *m*.

automechanism [ͻ:toˈmekənizəm] *s*. macchina *f* automatica, congegno *m* automatico.

automobile *am*. [ˈͻ:təməbi:l] **I** *s*. automobile *f*. **II** *a*. → automotive.

automobile| body *am*. *s*. ⟨*Aut*⟩ carrozzeria *f*. ~ **club** *s*. automobile club *m*. ~ **leasing** *s*. → auto leasing. ~ **loan** *s*. → **auto loan**. ~ **repairing** *s*. autoriparazione *f*.

automobilist [ˈͻ:təmoubi:list] *s*. automobilista *m/f*.

automotive *am*. [ͻ:toˈmoutiv] *a*. **1** (*self-propelling*) semovente, automobile. **2** (*pertaining to automobiles*) di automobile, automobilistico.

automotive engineer *s*. ingegnere *m* automobilistico.

autonomic [ͻ:təˈnͻmik], **autonomous** [ͻ:ˈtͻnəməs] *a*. autonomo. **autonomism** [–mizm] *s*. autonomismo *m*. **autonomy** [ͻ:ˈtͻnəmi] *s*. **1** autonomia *f*, indipendenza *f*; (*freedom*) libertà *f*. **2** (*self-government*) autonomia *f*, autogoverno *m*. **3** (*state*) stato *m* autonomo; (*community*) comunità *f* autonoma.

autonym [ˈͻ:tənim] *s*. vero nome *m* dell'autore.

autopilot [ͻ:toˈpailət] *s*. ⟨*Aer*⟩ autopilota *m*.

autoplasty [ˈͻ:toplæsti] *s*. ⟨*Chir*⟩ autoplastica *f*.

autopsic(al) [ͻ:ˈtͻpsik(l)] *a*. autoptico. **autopsy** [–si] *s*. **1** ⟨*Med*⟩ autopsia *f*. **2** (*fig*) analisi *f*.

auto| race *s*. corsa *f* automobilistica. ~ **rental** *s*. autonoleggio *m*. ~ **repair** *s*. → **automobile repairing**. ~ **repairing service** *s*. officina *f* di autoriparazioni. **~-repeat** *s*. ⟨*Inform*⟩ ripetizione *f* automatica. ~ **restart** *s*. ⟨*Infom*⟩ ripartenza *f* automatica.

autostacker [ˈͻ:toustækə] *s*. garage *m* automatico.

auto-suggestibility *s*. ⟨*Psic*⟩ autosuggestionabilità *f*. **auto-suggestible** *a*. autosuggestionabile. **auto -sug'gestion** *s*. autosuggestione *f*.

autotomy [ͻ:ˈtͻtəmi] *s*. ⟨*Zool*⟩ autotomia *f*.

autotrophic [ͻ:touˈtrͻfik] *a*. ⟨*Biol*⟩ autotrofico. **auto-trophism** [–fizm], **'autotrophy** [–trͻfi] *s*. autotrofia *f*.

autotruck *am*. [ˈͻ:totrʌk] *s*. autocarro *m*.

autotype [ˈͻ:totaip] *s*. **1** facsimile *m*. **2** ⟨*Fot*⟩ autotipia *f*. **autotypic** [–ik] *a*. autotipico.

autovaccination [ͻ:touvæksiˈneiʃ(ə)n] *s*. autovaccinazione *f*. **,auto'vaccine** [–ksi:n] *s*. ⟨*Med*⟩ autovaccino *m*.

auto wind *s*. → **automatic wind**.

autowrecker *s*. demolitore *m* di automobili, ⟨*fam*⟩ sfasciacarrozze *m*.

autumn [ˈͻ:təm] *s*. autunno *m* (*anche fig*.). ☐ ⟨*Bot*⟩ ~ crocus colchico *m*. **autumnal** [ͻ:ˈtʌmnəl] *a*. autunnale, d'autunno. ☐ ⟨*Astr*⟩ ~ **equinox** equinozio *m* d'autunno.

auxiliary [ͻ:gˈziljəri] **I** *a*. **1** ausiliario, ausiliare, sussidiario. **2** (*reserve*) ausiliario, supplementare, di riserva. **3** (*giving support*) di sostegno, d'aiuto. **II** *s*. **1** aiuto *m*, assistente *m/f*. **2** (*organization*) organizzazione *f* supplementare (*o* ausiliaria). **3** (*Gramm*) → ausiliare. **verb**. **4** ⟨*Mar*⟩ nave *f* ausiliaria. **5** *pl*. ⟨*Stor*⟩ milizie *fpl* ausiliarie, ausiliari *mpl*. ☐ *in an* ~ *capacity* in qualità di aiuto.

auxiliary| body *s*. ⟨*burocr*⟩ organo *m* ausiliario. ~ **engine** *s*. motore *m* ausiliare. ~ **fuel tank** *s*. ⟨*Mot*⟩ serbatoio *m* ausiliare. ~ **machinery** *s*. apparato *m* ausiliario. ~ **medical personnel** *s*. personale *m* paramedico. ~ **memory** *s*. ⟨*Inform*⟩ memoria *f* ausiliaria. ~ **service** *s*. servizio *m* ausiliario. ~ **troops** *s.pl*. truppe *fpl* ausiliarie. ~ **verb** *s*. ⟨*Gramm*⟩ verbo *m* ausiliare.

av. = **1** *avenue* viale. **2** *average* media. **3** *avoirdupois* avoirdupois.

A.V. = *Authorized Version* versione autorizzata (della Bibbia).

avail [əˈveil] **I** *v.i*. **1** servire, essere utile (*to* a). **2** (*to be of advantage*) giovare, essere di vantaggio (a). **II** *v.t*. **1** giovare a, servire a, essere d'aiuto a. **2** ⟨*rifl*⟩ (*to make use of*) valersi, servirsi, approfittare (*of* di): *he –ed himself of every opportunity* approfittava di ogni occasione. **III** *s*. vantaggio *m*, utilità *f*, giovamento *m*, profitto *m*. ☐ *his efforts were of no* ~ i suoi sforzi furono inutili; *to no* ~ = *without avail; to* ~ *o.s. of a right* farsi forte di un diritto; *of what* ~ *is it?* a che serve?, a che pro?; *without* ~ senza profitto, inutilmente. **a,vailability** [–əˈbiliti] *s*. disponibilità *f*. **available** [–əbl] *a*. **1** disponibile, a disposizione: *to use any means* ~ usare qualsiasi mezzo a disposizione. **2** (*obtainable*) disponibile: *the article is* ~ *in several colours* l'articolo è disponibile in vari colori. **3** ⟨*Dir*⟩ valido. **4** ⟨*am.Pol*⟩ popolare. ☐ *to make s.th.* ~ *to s.o.* mettere qc. a disposizione di qd.; *there are no more tickets* ~ i biglietti sono esauriti.

avalanche [ˈævəlɑ:nʃ] **I** *s*. valanga *f* (*anche fig*.). **II** *v.i*. precipitare come una valanga. **III** *v.t*. sommergere, inondare.

avaluative [eiˈvæljueitiv] *a*. avalutativo.

avant-garde *fr*. [ˈævãˈgɑ:d] **I** *s*. avanguardia *f*. **II** *a*. d'avanguardia. **avant-gardism** [–izm] *s*. ⟨*Art*⟩ avan-guardismo *m*. **avant-gardist** [–ist] *s*. avanguardista *m/f*.

avarice [ˈævəris] *s*. **1** avidità *f*, cupidigia *f*. **2** (*miserliness*) avarizia *f*. **,avaricious** [–ˈriʃəs] *a*. **1** avido, cupido. **2** (*miserly*) avaro.

avast [əˈvɑ:st] *intz*. ⟨*Mar*⟩ ferma, agguanta: ~ *there!* ferma là!; ~ *heaving!* ferma l'argano!

avatar [ˈævəˈtɑ:] *s*. **1** ⟨*Rel*⟩ avatara *m*, incarnazione *f*. **2** (*manifestation*) manifestazione *f*, apparizione *f*; (*version*) versione *f*.

avaunt [əˈvͻ:nt] *intz*. ⟨*ant*⟩ (va) via, vattene.

A.V.C. = ⟨*Tel*⟩ *automatic volume control* controllo automatico di volume (*abbr*. C.A.V.).

avdp. = *avoirdupois* avoirdupois.

ave [ˈɑ:vi] **I** *s*. ave *f*. **II** *intz*. ave, salve. Ave *s*. → Ave Maria.

Ave. = *Avenue* viale.

Ave Maria [ˈɑ:viməˈriə] *s*. ⟨*Rel.catt*⟩ Ave Maria *f*, ave *f*.

avenge [əˈvendʒ] **I** *v.t*. vendicare. **II** *v.i*. vendicarsi, fare vendetta (*on, upon* di). **avenger** [–ə] *s*. vendicatore *m* (*f* –trice).

Aventine [ˈævəntain] *N.pr*. ⟨*Geog*⟩ Aventino *m*.

aventurin(e) [əˈventʃərin] *s*. ⟨*Min*⟩ avventurina *f*.

avenue [ˈævinju:] *s*. **1** viale *m*, via *f* (ampia e spaziosa); (*tree-lined driveway*) viale *m* (alberato). **2** (*approach*) accesso *m*. **3** ⟨*fig*⟩ strada *f*, via *f*: *to explore every* ~ scandagliare ogni possibilità, non lasciare intentata nessuna via.

aver [əˈvə:] *v.t*. (*pret., p.p*. averred [–d]) **1** ⟨*lett*⟩ asserire, affermare, dichiarare. **2** ⟨*Dir*⟩ dimostrare, provare.

average[1] [ˈævəridʒ] **I** *s*. **1** media *f*: *on an* ~ in media. **2** ⟨*Mar*⟩ avaria *f*. **II** *a*. **1** medio: *the* ~ *cost* il costo medio. **2** (*ordinary*) medio, normale, comune: ~ *intelligence* intelligenza media. **3** ⟨*Mar,Assic*⟩ calcolato secondo le leggi sull'avaria. **III** *v.t*. **1** fare (*o* calcolare) la media di. **2** (*to amount to approximately; spesso con out*) aggirarsi su una media di, ammontare approssimativamente a, essere circa. **3** (*to do, make, etc. on an average*) fare in media, fare una media di: *I* ~ *five hours of work a day* faccio in media cinque ore di lavoro al giorno, lavoro in media cinque ore al giorno. **IV** *v.i*. essere (*o* ammontare) in media. ☐ *above* (*the*) ~ al disopra della media, superiore alla media; *below* (*the*) ~ sotto la media, al di sotto della media, inferiore alla media; ⟨*Assic*⟩ *protest of* ~ protesto *m* (o testimoniale) di avaria; *to take the* ~ fare la media; ⟨*fig*⟩ *up to* (*the*) ~ discreto.

average| adjuster *s*. ⟨*Assic*⟩ liquidatore *m* di avaria. ~ **adjustment** *s*. regolamento *m* di avaria, liquidazione *f* di avaria; (*certificate*) certificato *m* d'avaria. ~ **agreement** *s*. compromesso *m* di avaria. ~ **bond** *s*. ⟨*Assic*⟩ obbligazione *f* di avaria, clausola *f* di avaria. ~ **payment** *s*. ⟨*Assic*⟩ dividendo *m* di avaria. ~ **surveyor** *s*. perito *m* di avaria.

averment [ə'vɔːmənt] *s.* **1** ⟨*lett*⟩ asserzione *f,* affermazione *f.* **2** (*statement*) dichiarazione *f.* **3** ⟨*Dir*⟩ testimonianza *f,* affermazione *f.*

Avernus [ə'vɔːnəs] *N.pr.* ⟨*Geog,Mitol*⟩ Averno *m.*

Averroës [ə'verrouez] *N.pr.* ⟨*Filos*⟩ Averroè *m.* **Averroism** [ævær'rouizəm] *s.* averroismo *m.* **Averroist** [ævə'rouist] *s.* averroista *m/f.*

averse [ə'vɔːs] *a.* **1** contrario, alieno, avverso (*to, from* a): *I am ~ to violence* sono contrario alla violenza. **2** (*reluctant*) riluttante, poco disposto. **averseness** [–nis] *s.* → **aversion. aversion** [–'vɔːʃən] *s.* **1** avversione *f,* antipatia *f;* (*repugnance*) ripugnanza *f.* **2** (*person, thing disliked*) antipatia *f.* □ *to have an ~ to s.o.* avere (*o* nutrire) antipatia per qd.; *pet ~* particolare antipatia *f.*

avert [ə'vɔːt] *v.t.* **1** distogliere, volgere altrove: *to ~ one's eyes from s.th.* distogliere gli occhi da qc. **2** (*to prevent*) prevenire, evitare. **avertable, avertible** [–əbl] *a.* allontanabile; (*preventable*) evitabile.

avgas *am.* ['ævgæs] *s.* → **aviation gasoline.**

avian ['eiviən] *a.* aviario. **aviary** [–viəri] *s.* uccelliera *f,* aviario *m.*

aviate ['eivieit] *v.i.* ⟨*rar*⟩ viaggiare in aereo, volare. **,aviation** [–'eiʃən] *s.* **1** aeronautica *f,* aviazione *f.* **2** (*industry*) industria *f* aeronautica.

aviation| company *s.* compagnia *f* aerea. **~ gasoline** *am. s.* benzina *f* avio. **~ insurance** *s.* assicurazione *f* aeronautica. **~ risk** *s.* rischio *m* aeronautico.

aviator ['eivietə] *s.* (*f* -tress [tris]/-trix [triks]) aviatore *m* (*f* –trice), pilota *m/f.*

aviculture ['eivikʌltʃə] *s.* avicoltura *f.*

avid ['ævid] *a.* **1** avido, bramoso, cupido (*of, for* di): *~ for gold* avido d'oro. **2** (*enthusiastic*) accanito, entusiasta, appassionato.

avidity [ə'viditi] *s.* avidità *f,* cupidigia *f,* bramosia *f.*

avifauna [ˌeivi'fɔːnə] *s.* avifauna *f.*

Avignon [ævi'njɔːn] *N.pr.* ⟨*Geog*⟩ Avignone *f.*

avitaminosis [ei,vaitəmi'nousis] *s.* (*pl.* -ses [siːz]) ⟨*Med*⟩ avitaminosi *f.*

avocado [ævə'kɑːdou] *s.* (*pl.* -s [z]) avocado *m.*

avocation [ævo'keiʃən] *s.* **1** svago *m,* hobby *m.* **2** (*minor occupation*) occupazione *f* secondaria, lavoro *m* marginale; (*regular occupation*) lavoro *m,* mestiere *m.* **3** (*vocation*) vocazione *f.*

avocet ['ævoset] *s.* ⟨*Ornit*⟩ avocetta *f.*

avoid [ə'vɔid] *v.t.* **1** evitare. **2** (*to keep away from*) sfuggire, scansare, evitare. **3** ⟨*Dir*⟩ rescindere, annullare; (*to invalidate*) invalidare. □ *to ~ being seen* evitare di farsi vedere, cercare di non farsi vedere; *to ~ s.o.'s eye* evitare (*o* sfuggire) lo sguardo di qd.; *to ~ offending him* per non offenderlo. **avoidable** [–əbl] *a.* **1** evitabile. **2** ⟨*Dir*⟩ annullabile, risolubile. **avoidably** [–əbli] *avv.* in modo evitabile. **avoidance** [–əns] *s.* **1** l'evitare, lo scansare, lo sfuggire. **2** (*vacancy*) vacanza *f,* disponibilità *f: the ~ of an office* la disponibilità di una carica. **3** ⟨*Dir*⟩ risoluzione *f,* annullamento *m: action for ~ of contract* azione *f* per annullamento di contratto. **avoidance clause** *s.* ⟨*Dir*⟩ clausola *f* risolutiva.

avoirdupois [ævədə'pɔiz] *s.* **1** (*avoirdupois weight*) avoirdupois *m.* **2** ⟨*fam*⟩ (*fat*) grasso *m,* ⟨*fam*⟩ ciccia *f.*

avoset *s.* → **avocet.**

avouch [ə'vautʃ] *v.t.* ⟨*ant,Ret*⟩ **1** asserire, affermare, dichiarare. **2** (*to vouch for*) garantire per, farsi garante per, rispondere di. **3** (*to acknowledge*) riconoscere, ammettere, confessare. **avouchment** [–mənt] *s.* **1** asserzione *f,* affermazione *f.* **2** (*guarantee*) garanzia *f.*

avow [ə'vau] *v.t.* **1** dichiarare. **2** (*to declare openly*) dichiarare apertamente, ammettere, riconoscere. **avowal** [–əl] *s.* ammissione *f,* dichiarazione *f.* **avowed** [–d] *a.* dichiarato, noto. **avowedly** [–idli] *avv.* apertamente, per ammissione esplicita.

avulsion [ə'vʌlʃən] *s.* ⟨*Med,Dir*⟩ avulsione *f.*

avuncular [ə'vʌŋkjulə] *a.* di (*o* da) zio.

await [ə'weit] *v.t.* **1** attendere, aspettare, essere in attesa di. **2** (*to be in store for*) aspettare: *fame –s you* la gloria ti attende. □ *to ~ further events* aspettare gli eventi. **awaiting** [–iŋ] *a.* **1** in attesa. **2** ⟨*Post*⟩ in attesa di

recapito, giacente: *~ delivery* consegna giacente.

awake [ə'weik] *v.* (*pret.* **awoke** [ə'wouk], *p.p.* **awaked/awoken** [ə'woukən]) **I** *v.i.* **1** svegliarsi, destarsi, risvegliarsi (*anche fig.*). **2** (*to become conscious of*) rendersi conto (*to* di), aprire gli occhi (su). **II** *v.t.* **1** svegliare, destare. **2** ⟨*fig*⟩ (*to arouse to action*) scuotere, risvegliare, ridestare. **III** *a.* **1** sveglio, desto. **2** ⟨*fig*⟩ (*alert*) pronto, vigile, desto, sveglio. **3** ⟨*fig*⟩ (*aware*) consapevole, conscio (*to* di): *~ to the danger* consapevole del pericolo. □ *to keep ~* stare sveglio; *wide ~* completamente sveglio.

awaken [ə'weikən] **I** *v.i.* **1** svegliarsi, destarsi, risvegliarsi (*anche fig.*). **2** ⟨*fig*⟩ (*to become conscious of*) rendersi conto (*to* di), aprire gli occhi su. **II** *v.t.* **1** svegliare, destare, ridestare. **2** ⟨*fig*⟩ (*to stir up*) scuotere, spronare. **3** (*to make conscious of*) rendere consapevole di. **awakening** [–iŋ] *s.* **1** risveglio *m* (*anche fig.*). **2** ⟨*fig*⟩ (*realization*) il rendersi conto, consapevolezza *f.* □ ⟨*fig*⟩ *rude ~* amaro risveglio.

award [ə'wɔːd] **I** *v.t.* **1** assegnare, dare, concedere: *to ~ prizes* assegnare dei premi; (*to confer*) conferire. **2** ⟨*Dir*⟩ assegnare, aggiudicare. **II** *s.* **1** ricompensa *f,* premio *m,* onorificenza *f.* **2** (*scholarship*) borsa *f* di studio. **3** ⟨*Dir*⟩ assegnazione *f,* aggiudicazione *f;* (*decision of arbitrators*) lodo *m* arbitrale. □ *~ of alimony* concessione *f* degli alimenti; ⟨*Dir*⟩ *~ of a contract* aggiudicazione *f* di un contratto; *to be –ed damages* ottenere il risarcimento dei danni.

aware [ə'weə] *a.* **1** consapevole, conscio. **2** (*informed*) informato, preparato, ragguagliato, edotto: *politically ~* politicamente preparato. □ *to become ~ of* rendersi conto di; *I am well ~ that* mi rendo perfettamente conto che. **awareness** [–nis] *s.* consapevolezza *f.*

awash [ə'wɔʃ] *a.pred./avv.* **1** lambito dalle onde, bagnato con moto alterno dalle onde. **2** (*afloat*) a galla, a fior d'acqua. **3** (*flooded*) inondato, allagato. **4** ⟨*fig*⟩ pieno, traboccante. **5** ⟨*sl*⟩ ubriaco.

away [ə'wei] **I** *avv.* **1** via: *go ~* va' via; *take him ~* portalo via. **2** (*far*) lontano: *stay ~ from the fire* sta' lontano dal fuoco. **3** (*aside*) via, da parte, in disparte: *he put his newspaper ~* mise da parte il giornale. **4** (*out of one's possession*) via: *to give s.th. ~* dar via qc. **5** (*continuously*) di seguito, continuamente, ancora: *he worked ~ for hours* lavorò molte ore di seguito. **II** *a.* **1** lontano, distante: *her home is three miles ~* la sua casa è lontana tre miglia. **2** (*absent*) via, assente. **3** ⟨*Sport*⟩ fuori casa, in trasferta; (*in baseball: out*) fuori gioco. □ *to do ~ with:* 1 disfarsi di, liberarsi di; 2 (*to kill*) uccidere, ⟨*fam*⟩ far fuori; **far** (o *out*) *and ~ the best* di gran lunga il migliore; *~ from home* lontano da casa; *we must go ~* dobbiamo andarcene; **right** (o *straight*) *~* subito, immediatamente; *ten minutes* **walk** *~* dieci minuti a piedi; *to be well ~* esser bene avviato; *~ with him* portatelo via; *~ with you!* basta!, via!

AWB = ⟨*Comm*⟩ *airway bill* lettera di vettura per trasporti aerei.

awe [ɔː] **I** *s.* timore *m* riverente, soggezione *f: to stand in ~ of s.o.* aver soggezione di qd.; (*fear*) timore *m,* sgomento *m,* paura *f.* **II** *v.t.* **1** ispirare timore (*o* soggezione) a. **2** (*to influence by awe*) sgomentare, impaurire.

aweary [ə'wiəri] *a. pred.* ⟨*poet*⟩ stanco.

aweather [ə'weðə] *a.pred./avv.* ⟨*Mar*⟩ sopravvento, dalla parte del vento.

awed [ɔːd] *a.* riverente: *an ~ silence* un riverente silenzio.

aweigh [ə'wei] *a.* ⟨*Mar*⟩ (*of an anchor*) libero, pendente, staccato dal fondo.

awe-inspiring *a.* che incute timore; (*majestic*) imponente, maestoso.

aweless ['ɔːlis] *a.* **1** senza timore, intrepido. **2** (*irreverent*) irriverente.

awesome ['ɔːsəm] *a.* **1** che incute timore, spaventoso; (*majestic*) imponente, maestoso. **2** (*awed*) riverente; (*fearful*) timoroso.

awe-stricken, ~-struck *a.* in preda a timore, atterrito, sgomento.

awful ['ɔːfəl] I *a.* **1** terribile, tremendo, spaventoso, orrendo (*anche fig.*): *an ~ nuisance* una tremenda seccatura. **2** → **awe-inspiring**. **3** ⟨*fam*⟩ grandissimo, enorme. II *avv.* ⟨*fam*⟩ molto, assai. **awfully** [–i] *avv.* **1** terribilmente, tremendamente. **2** ⟨*fam*⟩ (*very*) molto, assai: *he's ~ clever* è molto bravo, è bravissimo. **3** ⟨*fam*⟩ orribilmente, in modo orrendo, malissimo. ☐ *I'm ~ sorry* mi dispiace tanto, sono veramente spiacente; *thanks ~* mille grazie. **awfulness** [–nis] *s.* **1** terribilità *f.* **2** (*majesty*) imponenza *f,* maestosità *f.*

awheel [ə'wiːl] *avv.* in bicicletta, su un veicolo a due ruote.

awhile [ə'wail] *avv.* per un po', ancora un po'.

awhirl [ə'wəːl] *a.pred.* in un turbine (*o* vortice), che turbina.

awkward ['ɔːkwəd] *a.* **1** sgraziato, goffo: *an ~ gesture* un gesto sgraziato. **2** (*clumsy*) maldestro, impacciato; (*inept*) incapace, inetto. **3** (*unwieldy*) scomodo, poco maneggevole. **4** (*difficult, dangerous*) difficile, pericoloso: *an ~ road to drive on* una strada pericolosa per gli automobilisti. **5** (*embarrassing*) imbarazzante: *an ~ situation* una situazione imbarazzante. ☐ *the ~ age* l'età ingrata; ⟨*fam*⟩ *an ~ customer* una persona difficile; *to feel ~* sentirsi a disagio; ⟨*mil*⟩ *~ squad* nuove reclute *fpl,* novellini *mpl.* **awkwardness** [–nis] *s.* **1** goffaggine *f;* (*ineptitude*) incapacità *f,* inettitudine *f.* **2** (*inelegance*) ineleganza *f,* mancanza *f* di grazia. **3** (*embarrassement*) imbarazzo *m.*

awl [ɔːl] *s.* ⟨*tecn*⟩ punteruolo *m.*

awn [ɔːn] *s.* ⟨*Bot*⟩ barba *f.* **awned** [–d] *a.* ⟨*Bot*⟩ barbuto.

awning ['ɔːniŋ] *s.* **1** tenda *f.* **2** (*shelter*) riparo *m,* tendone *m.*

awning deck *s.* ⟨*Mar*⟩ ponte *m* di manovra.

awoke [ə'wouk], **awoken** [–ən] → **awake**.

awry [ə'rai] *a.pred./avv.* **1** storto, di traverso. **2** (*wrong*) male, a monte: *our plans have gone ~* i nostri progetti sono andati a monte.

aw-shucks manners [ɔː'ʃʌks] *s.pl.* snobismo *m.*

ax(e) [æks] I *s.* **1** ascia *f,* accetta *f,* scure *f.* **2** (*battle–axe*) azza *f.* **3** (*beheading*) decapitazione *f.* **4** ⟨*am.sl*⟩ strumento *m* musicale. II *v.t.* **1** tagliare (*o* scortecciare) con l'ascia. **2** ⟨*fam*⟩ (*to dismiss at short notice*) liquidare, licenziare. **3** ⟨*fig*⟩ (*to curtail*) ridurre (*o* tagliare) drasticamente: *to ~ the defence budget* ridurre drasticamente le spese militari. ☐ ⟨*fam*⟩ *to get the ~* rimetterci la testa; ⟨*fig*⟩ *to have an ~ to grind* avere un interesse personale, tirare acqua al proprio mulino; ⟨*fig*⟩ *to put the ~ in the helve* risolvere un problema.

axe helve *s.* manico *m* dell'ascia.

axial ['æksiəl] *a.* assiale: *~ flow* a flusso assiale. ☐ ⟨*Mecc*⟩ *~ load* carico *m* assiale. **axially** [–i] *avv.* lungo un asse.

axil ['æksil] *s.* ⟨*Bot*⟩ ascella *f.*

axile ['æksail] *a.* ⟨*Bot*⟩ assile.

axilla [æk'silə] *s.* (*pl.* -llae [liː]) ascella *f.* **axillary** [–ri] *a.* ascellare.

axiom ['æksiəm] *s.* assioma *m.* **axiomatic** [–'mætik], **axiomatical** [–'mætikl] *a.* **1** assiomatico. **2** (*aphoristic*) aforistico.

axis[1] ['æksis] *s.* (*pl.* **axes** [–siːz]) **1** ⟨*tecn*⟩ asse *m: the Earth's ~* l'asse della terra. **2** ⟨*Pol*⟩ asse *m,* alleanza *f.* **3** ⟨*Anat*⟩ assoide *m.* **Axis** *s.* ⟨*Stor*⟩ Asse *m* (Berlino–Roma). ☐ ⟨*Astr*⟩ *~ of revolution* asse *m* di rivoluzione; *~ of vision* asse ottico.

axis[2] *s.* ⟨*Zool*⟩ cervo *m* axis (*o* pomellato).

axis cylinder (process) *s.* ⟨*Anat*⟩ → **axon**.

axle ['æksl] *s.* **1** ⟨*Mecc*⟩ assale *m,* asse *m* di una ruota. **2** (*spindle of an axle tree*) fuso *m* dell'assale. **3** → **axle tree**. ☐ *driving ~*: 1 ⟨*Mecc*⟩ assale motore, motoassale *m;* 2 ⟨*Ferr*⟩ asse motore; ⟨*Aut*⟩ *front ~* assale anteriore; *solid ~* assale pieno.

axle| base *s.* ⟨*Mot*⟩ interasse *m.* **~ bearing** *s.* ⟨*Mecc*⟩ cuscinetto *m.* **~ box** *s.* boccola *f.* **~ journal** *s.* fuso *m.* **~ shaft** *s.* ⟨*Aut*⟩ semiasse *m.* **~ tree** *s.* assale *m* fisso.

axon ['æksɔn], **axone** [–soun] *s.* ⟨*Anat*⟩ cilindrasse *m,* assone *m.*

axonometry [æksə'nɔmitri] *s.* ⟨*Geol*⟩ assonometria *f.*

ay [ai] *intz.* ahi: *~ me* ahimé.

ayah ['aiə] *s.* bambinaia *f* (*o* cameriera) indiana.

ayatollah [aiətoulə] *s.* ayatollah *m.*

ay(e)[1] [ei] *avv.* ⟨*poet*⟩ sempre: *for ~* per sempre.

ay(e)[2] [ai] I *avv.* (*yes*) sì. II *s.* voto *m* favorevole.

azalea [ə'zeiliə] *s.* ⟨*Bot*⟩ azalea *f.*

azarole ['æzəroul] *s.* ⟨*Bot*⟩ azzeruolo *m,* lazzeruolo *m.*

azimuth ['æziməθ] *s.* ⟨*Astr*⟩ azimut *m.* **azimuthal** [–'mʌθəl] *a.* azimutale.

azimuth| circle *s.* ⟨*Astr*⟩ cerchio *m* azimutale. **~ compass** *s.* ⟨*Topogr*⟩ bussola *f* azimutale, ecclimetro *m.*

azo ['æzou] *a.* ⟨*Chim*⟩ azoico. ☐ *~ dye* azocolorante *m,* colorante *m* azoico.

azo-compounds *s.pl* ⟨*Chim*⟩ azocomposti *mpl.*

azoic [ə'zouik] *a.* ⟨*Geol*⟩ azoico.

Azores [ə'zɔːz] *N.pr.pl.* ⟨*Geog*⟩ Azzorre *fpl.*

Azores high *s.* ⟨*Meteor*⟩ alta pressione *f* delle Azzorre.

azote ['æzout] *s.* ⟨*Chim*⟩ azoto *m.*

azotemia [æzou'tiːmiə] *s.* ⟨*Med*⟩ azotemia *f.*

azotic [ə'zɔtik] *a.* ⟨*Chim*⟩ azotico. **azotize** ['æzətaiz] *v.t.* azotare.

Aztec ['æztek] *s.* **1** (*native*) azteco *m* (*f* –a). **2** (*language*) azteco *m.* **Aztecan** [–n] *a.* azteco.

azulene ['æzjulin] *s.* ⟨*Chim*⟩ azulene *m.*

azure ['æʒə] I *s.* azzurro *m.* II *a.* azzurro.

azurine ['æʒurain] I *a.* azzurrino. II *s.* ⟨*Chim*⟩ azzurrina *f.*

azurite ['æʒurait] *s.* ⟨*Min*⟩ azzurrite *f.*

azygous ['æzigəs] *a.* ⟨*Anat*⟩ azygos.

azym ['æzim], **azyme** ['æzaim] *s.* ⟨*Rel*⟩ azzima *f,* pane *m* azzimo. **azymous** [–əs] *a.* azzimo, non lievitato.

B

b, B [bi:] s. (pl. **b's/bs, B's/Bs** [-z]) (letter of the alphabet) b, B f/m: ⟨Tel⟩ B for Benjamin, ⟨am⟩ B for Baker b come Bologna.

B [bi:] s. ⟨Mus⟩ si m: ~ flat si bemolle.

b. = **1** ⟨Mus⟩ bass basso (abbr. b.). **2** born nato (abbr. n.).

B. = **1** ⟨Mus⟩ bass basso (abbr. b.). **2** Bible Bibbia. **3** British britannico. **4** baron barone (abbr. bar.).

B.A. = **1** Bachelor of Arts baccelliere in lettere. **2** British Academy Accademia britannica.

baa [ba:] **I** s. belato m. **II** v.i. belare.

Baal ['beiəl] N.pr. (pl. **-im** [im]) ⟨Bibl⟩ Baal m. **baal** s. ⟨fig⟩ idolo m. **Baalism** [-izəm] s. adorazione f di Baal. **Baalist** [-ist], **Baalite** [-ait] s. adoratore m (f –trice) di Baal.

baba ['ba:ba:] s. ⟨Dolc⟩ babà m.

Babbitt ['bæbit] s. ⟨lett⟩ filisteo m (f –a).

Babbitt metal s. ⟨Met⟩ babbit m, metallo m babbit (o antifrizione).

babble ['bæbl] **I** v.i. **1** balbettare; (of water) mormorare; (of birds) cinguettare. **2** (to prattle) ciarlare, cianciare, parlare a vanvera. **II** v.t. **1** balbettare, barbugliare, farfugliare. **2** (to reveal thoughtlessly) lasciarsi sfuggire. **III** s. **1** balbettio m, balbettamento m; (of voices) vocio m confuso; (of water) mormorio m; (of birds) cinguettio m. **2** (prattle) ciancia f, ciarla f, discorso m a vanvera. **3** ⟨Tel⟩ brusio m. **babbler** [-ə] s. chiacchierone m (f –a), ciarlone m (f –a). **babbling** [-iŋ] s. **1** chiacchierio m, cicaleccio m; (prattle) ciancia f, ciarla f. **2** (of water) mormorio m.

babe [beib] s. **1** bambino m (f –a), bimbo m (f –a). **2** ⟨fig⟩ ingenuo m (f –a), bambino m (f –a). **3** ⟨am.fam⟩ ragazza f, ⟨fam⟩ bambola f.

Babel ['beibl] N.pr. ⟨Bibl⟩ Babele f. **babel** s. **1** babele f, babilonia f, confusione f; (of sounds) frastuono m. **2** (ambitious projects) piano m troppo ambizioso. □ ⟨Bibl⟩ the Tower of ~ la torre di Babele.

babiroussa, babirus(s)a [,bæbi'ru:sə] s. ⟨Zool⟩ babirussa m.

baboo s. (pl. **-s** [z]) → babu.

baboon [bə'bu:n] s. ⟨Zool⟩ babbuino m. **baboonery** [-əri] s. colonia f di babbuini. **baboonish** [-iʃ] a. da babbuino, sciocco, goffo.

babu ['ba:bu:] s. **1** signore m hindu. **2** ⟨spreg⟩ indiano m anglicizzato.

baby ['beibi] **I** s. **1** bambino m (f –a), bimbo m (f –a); (newborn) neonato m (f –a), ⟨fam⟩ bebè m. **2** (of an animal) piccolo m. **3** (the youngest) il più giovane, il più piccolo: the ~ of the family il più giovane della famiglia. **4** (childish person) bambinone m (f –a). **5** ⟨fam⟩ (pet project) creatura f. **6** ⟨am.fam⟩ (girl) ragazza f, ⟨fam⟩ bambola f. **II** a. **1** (young) giovane, piccolo. **2** ⟨fam⟩ (small) piccolo. **3** (childish) infantile, puerile, sciocco. **III** v.t. viziare, coccolare. □ ⟨fam⟩ to carry the ~ assumersi una responsabilità sgradita; ⟨fam⟩ to be left holding the ~ essere lasciato ˈnei guaiˈ (o a subire le conseguenze); ⟨fam⟩

to **pass** the ~ fare (o giocare) a scaricabarili; ⟨fam⟩ **that's** your ~ sono affari tuoi; ⟨fam⟩ to **throw** out the ~ with the bath water buttare (o gettare) via il bambino con l'acqua sporca, buttare via il buono con il cattivo; ⟨am.fam⟩ a **tough** ~ un tipo duro.

baby| battering s. violenza f contro l'infanzia. **~ beef** s. **1** ⟨Zootecn⟩ vitellone m. **2** ⟨Macell⟩ carne f di vitellone. **~ boom** s. esplosione f demografica. **~ boy** s. bambino m, maschietto m. **~ buggy** am. s. carrozzina f per bambini. **~ car** s. utilitaria f. **~ carriage** am. s. → **baby buggy**. **~ diaper** am. s. pannolino m. **~ face** s. **1** viso m infantile. **2** (person) persona f dal viso infantile. **~ farm** am. s. ⟨spreg⟩ nido m d'infanzia. **~ food** s. alimenti mpl per l'infanzia. **~ girl** s. bambina f, femminuccia f. **~ grand** s. ⟨Mus⟩ pianoforte m a mezza coda.

babyhood ['beibihud] s. (prima) infanzia f. **babyish** [-biiʃ] a. infantile, puerile. **babyishness** [-biiʃnis] s. puerilità f, infantilismo m.

Babylon ['bæbilən] N.pr. ⟨Stor⟩ Babilonia f. **babylon** s. città f lussuriosa, nuova Babilonia f. **,Babylonian** [-'lounian] **I** a. ⟨Stor⟩ babilonese. **II** s. **1** (native) babilonese m/f. **2** (language) babilonese m. **Babylonian captivity** s. **1** ⟨Bibl⟩ cattività f babilonese. **2** ⟨Stor⟩ (of the Popes) cattività f avignonese.

baby|-mind am. v. → **baby-sit**. **~-sit** v.i.irr. fare da baby-sitter. **~ -sitter** s. baby-sitter m/f. **~-sitting** s. il fare da baby-sitter. **~-snatcher** s. rapitore m (di bambino), kidnapper m. **~ snatching** s. kidnapping m. **~ talk** s. chiacchiericcio m (o linguaggio) infantile.

baccalaureate [,bækə'lo:riit] s. baccellierato m.

baccara(t) ['bækəra:] s. baccarà m.

baccate ['bækeit] a. ⟨Bot⟩ **1** a forma di bacca. **2** (bearing berries) fornito di bacche.

Bacchae ['bæki:] s.pl. ⟨Mitol⟩ baccanti fpl, menadi fpl. **bacchanal** [-kənl] **I** s. **1** ⟨Mitol⟩ baccante f, sacerdotessa f di Bacco. **2** (drunken reveller) crapulone m (f –a), chi fa baldoria. **3** ⟨fig⟩ baccanale m, orgia f. **II** a. **1** relativo ai baccanali. **2** ⟨fig⟩ orgiastico. **Bacchanalia** [,bækə'neiliə] N.pr.pl. ⟨Stor⟩ baccanali mpl. **bacchanalia** s.pl. ⟨fig⟩ baccanale m, orgia f. **bacchanalian** [-n] **I** a. **1** dei baccanali. **2** ⟨fig⟩ orgiastico. **II** s. crapulone m (f –a).

bacchant ['bækənt] **I** s. (pl. **-s** [s]/-ntes [bə'kænti:z]) **1** sacerdotessa f di Bacco. **2** (drunken reveller) crapulone m (f –a), chi fa baldoria. **II** a. **1** bacchico. **2** (fond of alcohol) dedito a bacco, amante del vino. **bacchante** [bə'kænti] s. menade f, baccante f. **bacchantic** [bə'kæntik] a. baccante. **Bacchic** [-kik] a. bacchico. **Bacchus** [-kəs] N.pr. ⟨Mitol⟩ Bacco m.

baccy ['bæki] s. ⟨fam⟩ tabacco m.

bachelor ['bætʃələ] s. **1** scapolo m, celibe m. **2** ⟨Univ⟩ baccelliere m: ~ of Arts baccelliere in lettere.

bachelor|-at-arms s. ⟨Stor⟩ scudiero m. **~ flat** s. appartamento m da scapolo. **~-girl** am. s. ragazza f nubile e indipendente.

bachelorhood ['bætʃələhud] *s.* celibato *m.*
bachelor's button *s.* ⟨*Bot*⟩ **1** margheritina *f.* **2** (*cornflower*) ciano *m*, fiordaliso *m.*
bachelorship ['bætʃələʃip] *s.* → bachelorhood.
bacillar(y) [bə'silə(ri)] *a.* bacillare. **bacilliform** [–lifɔ:m] *a.* ⟨*Biol*⟩ bacilliforme. **bacillus** [–ləs] *s.* (*pl.* -lli [lai]) bacillo *m.*
back[1] [bæk] **I** *s.* **1** (*of persons*) schiena *f*, dorso *m*, spalle *fpl.* **2** (*of animals*) schiena *f*; (*of pack animals*) groppa *f.* **3** (*spine*) spina *f* dorsale. **4** (*contrary of front*) dietro *m*, retro *m*, parte *f* posteriore. **5** (*reverse side*) rovescio *m: the* ~ *of a coin* il rovescio di una moneta. **6** (*of an interior*) fondo *m: the* ~ *of the hall* il fondo della sala. **7** (*of a chair*) schienale *m.* **8** ⟨*fig*⟩ spalle *fpl: the work will fall on your* ~ il lavoro ricadrà sulle tue spalle. **9** ⟨*Sport*⟩ difensore *m.* **10** ⟨*Legat*⟩ dorso *m*, costola *f.* **II** *a.* **1** posteriore, di dietro: ~ *seat* sedile posteriore. **2** (*past*) arretrato: ~ *numbers of a magazine* numeri arretrati di una rivista. **3** (*in distant regions*) remoto, lontano. **4** ⟨*Fon*⟩ velare. ◻ *at the* ~ *of* dietro (a): *at the* ~ *of the house* dietro la casa; ⟨*fig*⟩ *to do s.th.* **behind** *s.o.'s* ~ fare qc. ⌐dietro le spalle⌐ (*o* all'insaputa) di qd.; *to laugh at s.o. behind his* ~ ridere alle spalle di qd.; ⟨*fig*⟩ ~ *of* **beyond** luogo remoto, ⟨*fam*⟩ casa *f* del diavolo; ⟨*fig*⟩ *to* **break** *s.o.'s* ~: 1 caricare qd. di lavoro; 2 (*to ruin*) rovinare qd.; ⟨*fig*⟩ *to* **break** *the* ~ *of* stroncare; (*of a job*) fare il grosso di; ⟨*fig*⟩ *to* **have** *a* **broad** ~ avere le spalle robuste; **excuse** *my* ~ scusa le spalle; ~ *to* **front** alla rovescia; ⟨*fig*⟩ *to* **get** *off s.o.'s* ~ lasciare in pace qd.; *the* ~ *of the* **hand** il dorso della mano; ⟨*fig*⟩ *to* **give** *s.o. the* ~ *of one's* **hand** dare un manrovescio a qd.; ⟨*am*⟩ **in** ~ *of* dietro (a); *at* (*o* **in**) *the* ~ *of one's* **mind** in fondo alla mente, in qualche angolo della mente; **on** *the* ~ *of* in aggiunta a, per giunta; *to be* (*flat*) *on one's* ~ stare supino; ⟨*fig*⟩ essere ridotto a mal partito; ⟨*fig*⟩ *to* **put** *one's* ~ *into s.th.* impegnarsi a fondo in qc., ⟨*fam*⟩ metterci tutta; ⟨*fig*⟩ *to be* **glad** *to* **see** *the* ~ *of s.o.* essere felice di sbarazzarsi di qd.; *to* **sit** *with one's* ~ *to s.o.* sedere dando le spalle a qd.; ~ **to** ~ dorso a dorso, schiena a schiena, spalle a spalle; ⟨*am*⟩ consecutivo, di seguito; *to* **stand** ~ *to* ~ essere addossati; *to* **turn** *one's* ~ *on s.o.* voltare le spalle a qd. (*anche fig.*); ⟨*fig*⟩ *to* **put** (*o* **get**) *s.o.'s* ~ **up** irritare (*o* far arrabbiare) qd.; ⟨*fig*⟩ *to* **have** (*o* **be with**) *one's* ~ *to the* **wall** trovarsi con le spalle al muro.
back[2] **I** *v.t.* **1** (*to uphold;* spesso con *up*) appoggiare, sostenere, spalleggiare. **2** (*to move backward;* spesso con *up*) far indietreggiare, mandare (*o* spingere) indietro. **3** (*to bet on*) puntare su, scommettere ⌐u on⌐ (*anche fig.*): *to* ~ ⌐*the wrong horse*⌐ (*o a loser*) puntare sul cavallo sbagliato. **4** (*to lie behind*) avere alle spalle; (*to form a background*) fare da sfondo a. **5** (*to supply with a back*) rinforzare, munire di rinforzo: *to* ~ *a photograph with cardboard* rinforzare con un cartoncino una fotografia; (*of clothes*) foderare. **6** ⟨*Mus*⟩ accompagnare. **7** ⟨*Econ*⟩ avallare: *to* ~ *a bill* avallare una cambiale. **8** (*to mount*) montare (in groppa) a. **9** ⟨*Mar*⟩ (*of a sail*) bracciare; (*of an anchor*) appennellare. **II** *v.i.* (*to move backward;* spesso con *up*) retrocedere, rinculare, fare marcia indietro: *he –ed up into the garage* entrò nel garage facendo marcia indietro. **2** (*of wind*) girare (in senso antiorario). ◻ *to* ~ **away** indietreggiare, farsi (*o* tirarsi) indietro (*from* da) (*anche fig.*); *to* ~ **down** ⟨*fig*⟩ fare marcia indietro; *to* ~ **and** **fill**: 1 ⟨*Mar*⟩ orzare e poggiare alternativamente; 2 (*am.fam*) esitare, essere indeciso; ⟨*Mar*⟩ *to* ~ *the* **oars** remare all'indietro; *to* ~ **off** fare marcia indietro, recedere (*from* da), rinunciare (a); *to* ~ **out** tirarsi indietro (*of* da), venir meno (a); *to* ~ **up**: 1 sostenere, appoggiare, spalleggiare; 2 far indietreggiare; 3 ⟨*Inform*⟩ salvare; *to* ~ **water**: 1 ⟨*Mar*⟩ remare all'indietro; 2 ⟨*fig*⟩ fare macchina (*o* marcia) indietro; *to* ~ *a* **winner** puntare su un cavallo vincente (*anche fig.*); *to* ~ *the* **wrong** *horse* puntare su un cavallo perdente (*anche fig.*).
back[3] *avv.* **1** indietro: *stand* ~ (*fatevi*) indietro. **2** (*of time*) addietro, *or* sono. **3** (*in return*) indietro. **4** (*in check*) a freno, sotto controllo. ◻ *to* **answer** ~ ribattere, rimbeccare; *I'll be* ~ *in a minute* sarò di ritorno tra un minuto; *to* **beat** *s.o.* ~ ricacciare qd., respingere qd.;

events as **far** ~ *as 1850* avvenimenti che risalgono al lontano 1850; ~ *and* **forth** avanti e indietro; ~ *from* discosto da, lontano da; *to* **get** *one's own* ~ rendere pan per focaccia; *to* **give** *s.th.* ~ restituire qc.; *to* **keep** *s.th.* ~ tenere qc. ⌐in serbo⌐ (*o* da parte); ⟨*am*⟩ ~ **of** dietro (a); **put** *the* **books** ~ rimetti i libri ⌐dov'erano⌐ (*o* al loro posto); *to* **Glasgow** *and* ~ a Glasgow e ritorno; *to* **walk** ~ ritornare a piedi; *to* **find** *one's* **way** ~ trovare la strada del ritorno; *we are* ~ **where** *we started* siamo tornati al punto di partenza.
back|**ache** *s.* mal *m* di schiena. **~band** *s.* dossiere *m*, portastanghe *m.* **~bencher** *s.* parlamentare *m* di secondo piano.
backbite ['bækbait] *v.t.irr.* calunniare, diffamare; (*to gossip*) sparlare di, fare della maldicenza su. **backbiter** [–ə] *s.* calunniatore *m* (*f* –trice), diffamatore *m* (*f* –trice); (*gossiper*) maldicente *m/f.* **backbiting** [–iŋ] **I** *a.* calunniatore, diffamatore; (*gossiping*) maldicente. **II** *s.* calunnia *f*, diffamazione *f*; (*gossip*) maldicenza *f.*
back|**blocks** *austral. s.pl.* entroterra *m.* **~board** *s.* **1** piano *m* di sostegno; (*of a picture frame*) fodera *f*, tela *f*; (*of a cart*) spalliera *f*, sponda *f.* **2** ⟨*Sport*⟩ tabellone *m.* **3** ⟨*Med*⟩ reggischiena *m.* **~bone** *s.* **1** ⟨*Anat*⟩ spina *f* dorsale, colonna *f* vertebrale. **2** ⟨*fig*⟩ (*firmness*) carattere *m*, fermezza *f*, spina *f* dorsale. **3** ⟨*am,Legat*⟩ dorso *m*, costola *f.* ◻ *he has no* ~ è uno smidollato; ⟨*fam*⟩ *to the* ~ fino al midollo. **~breaker** *s.* lavoro *m* faticoso. **~breaking** *a.* durissimo, faticosissimo, massacrante: *a* ~ *job* un lavoro massacrante. **~chat** *s.* ⟨*fam*⟩ **1** risposta *f* impertinente, rimbeccata *f.* **2** (*repartee*) botta e risposta *f*, scambio *m* di battute. ~ **cloth** *s.* ⟨*Teat*⟩ fondale *m.* ~ **-comb** *v.t.* cotonare. **~court** *s.* ⟨*Sport*⟩ (*in tennis*) fondo *m* campo; (*in basketball*) zona *f* di difesa. **~date** *v.t.* retrodatare. **~door** *a.* segreto, clandestino; (*underhand*) furtivo. ~ **door** *s.* porta *f* posteriore (*o* di servizio) (*anche fig.*). **~down** *s.* ritirata *f*, cedimento *m.* ~ **drop** *s.* **1** ⟨*Teat*⟩ fondale *m.* **2** ⟨*fig*⟩ sfondo *m*, ambiente *m.*
backed [bækt] *a.* **1** (*having a back;* nei composti) dal dorso ..., dalla schiena ..., dallo schienale ...: *a high-~ chair* una sedia dallo schienale alto; *stiff-~* dalla schiena rigida. **2** (*having support*) appoggiato, sostenuto, spalleggiato. **3** ⟨*Tess*⟩ a trama rinforzata.
backed| **bills** *s.pl.* ⟨*Econ*⟩ effetti *mpl* avallati. ~ **currency** *s.* ⟨*Econ*⟩ moneta *f* (fiduciaria) garantita.
back-end *s.* estremità *f* posteriore. ◻ ⟨*fam*⟩ *the* ~ *of the year* l'ultima parte dell'anno.
backer ['bækə] *s.* **1** sostenitore *m* (*f* –trice), fautore *m* (*f* –trice). **2** (*better*) scommettitore *m* (*f* –trice). ◻ *financial* ~ finanziatore *m* (*f* –trice).
back|**fall** *s.* ⟨*Sport*⟩ schienata *f.* **~field** *am. s.* ⟨*Sport*⟩ **1** area *f* di difesa. **2** (*collett*) difesa *f*, difensori *mpl.* ~ **fire** **I** *s.* ⟨*Mot*⟩ ritorno *m* di fiamma. **II** *v.i.* **1** ⟨*Mot*⟩ dare ritorni di fiamma. **2** ⟨*fig*⟩ (*to fail*) fallire, ⟨*fam*⟩ andare all'aria. ~ **formation** *s.* ⟨*Ling*⟩ derivazione *f* retrograda, retroformazione *f.* **~'gammon** *s.* tric–trac *m*, sbaraglino *m*, tavola *f* reale.
backgrounder *am.* ['bækgraundə] *s.* conferenza *f* stampa (per illustrare la politica del governo).
background ['bækgraund] **I** *s.* **1** fondo *m*, sfondo *m.* **2** ⟨*fig*⟩ (*earlier conditions*) antefatto *m*, antecedenti *mpl*, precedenti *mpl: the* ~ *of the negotiations* l'antefatto delle trattative. **3** ⟨*fig*⟩ (*education, up-bringing, etc.*) ambiente *m*, sfondo *m.* **4** (*experience, training, etc.*) preparazione *f*, bagaglio *m* culturale, esperienza *f.* **5** (*of music, etc.*) sottofondo *m*, sfondo *m.* **6** ⟨*fig*⟩ (*obscure position*) ombra *f*, oscurità *f.* **7** ⟨*Rad*⟩ rumori *mpl* (*o* disturbi) di fondo. **II** *a.* ⟨*Inform*⟩ non prioritario, di riserva. ◻ ⟨*fig*⟩ *to* **keep** (*o* *stay*) *in the* ~ restare nell'ombra; *to* **push** *s.o.* *into the* ~ relegare qd. in secondo piano.
background music *s.* musica *f* di fondo.
backhand ['bækhænd] **I** *s.* **1** manrovescio *m*, schiaffo *m*, ceffone *m.* **2** ⟨*Sport*⟩ rovescio *m.* **3** (*handwriting*) scrittura *f* sinistrorsa. **II** *a.* **1** → backhanded. **2** ⟨*Sport*⟩ di rovescio. **III** *avv.* **1** col dorso della mano. **2** ⟨*Sport*⟩ con un rovescio, di rovescio. **'back'handed** [–id] *a.* **1** col dorso della mano, di rovescio. **2** (*of handwriting*) sinistrorso. **3** ⟨*fig*⟩ ambiguo, equivoco. **4** (*indirect*)

indiretto. □ *a* ~ *compliment* un complimento a doppio taglio. **'back'hander** [-ə] *s.* **1** manrovescio *m.* **2** ⟨*Sport*⟩ rovescio *m.*

backhand stroke *s.* ⟨*Sport*⟩ colpo di rovescio.

backing ['bækiŋ] *s.* **1** sostegno *m,* appoggio *m,* aiuto *m.* **2** (*helpers*) aiutanti *mpl;* (*supporters*) sostenitori *mpl,* seguaci *mpl,* seguito *m.* **3** (*stiff back*) rinforzo *m.* **4** ⟨*Mar*⟩ fasciame *m* interno.

back|land *s.* entroterra *m.* ~ **lash** *s.* **1** ⟨*Mecc*⟩ (*play*) gioco *m.* **2** ⟨*Pesc*⟩ groviglio *m.* **3** ⟨*fig*⟩ contraccolpo *m,* ripercussione *f.*

backless ['bæklis] *a.* **1** senza dorso, senza schiena. **2** ⟨*Mod*⟩ con ampia scollatura (sulla schiena).

backlighted ['bæklaitid] *a.* ⟨*Fot*⟩ in controluce.

back|log *s.* **1** ⟨*fig*⟩ accumulo *m: a* ~ *of orders* un accumulo di ordinazioni; (*arrears*) arretrati *mpl.* **2** grosso ceppo *m.* **3** ⟨*am.Econ*⟩ fondo *m* di riserva. **~most** *a.* ultimo, più lontano. **~ noise** *s.* rumore *m* di fondo. **~ number** *s.* **1** (*of a magazine*) numero *m* arretrato. **2** ⟨*fam*⟩ (*of a person*) persona *f* antiquata; (*of things*) oggetto *m* fuori moda. **~ order** *s.* ⟨*Comm*⟩ ordinazione *f* da eseguire. **~pack** *s.* zaino *m.* **~ pay** *s.* paga *f* arretrata. **~pedal** *v.i.* **1** pedalare all'indietro. **2** ⟨*fig*⟩ fare marcia indietro, tirarsi indietro. **~pressure** *s.* ⟨*tecn*⟩ contropressione *f.* **'~ pro'jection** *s.* ⟨*Cin,TV*⟩ proiezione *f* di fondo. **~rest** *s.* schienale *m.* **~ room** *s.* **1** (*of a tavern, etc.*) stanza *f* posteriore, sala *f* appartata. **2** ⟨*Pol*⟩ camera *f* di consultazione. **~room boy** *s.* ⟨*fam*⟩ scienziato *m* che lavora a ricerche segrete. **~scratcher** *s.* **1** manina *f* grattaschiena. **2** ⟨*fam*⟩ adulatore *m* (*f* –trice), lustrastivali *m.*

back seat *s.* **1** posto *m* arretrato, posto *m* in fondo. **2** ⟨*Aut*⟩ sedile *m* posteriore. **3** ⟨*fam*⟩ posizione *f* secondaria (*o* di secondo piano): *to take a* ~ occupare una posizione di secondo piano. **back-seat driver** *s.* ⟨*fam*⟩ passeggero *m* (*f* –a) d'automobile che importuna il guidatore con consigli.

backsheesh, backshish *s.* → baksheesh.

back|side *s.* **1** (*of a house*) parte *f* posteriore, locali *mpl* posteriori. **2** ⟨*fam*⟩ posteriore *m,* deretano *m,* ⟨*fam*⟩ sedere *m.* **~-slang** *s.* gergo *m* convenzionale in cui le parole vengono pronunciate a ritroso. **~slapper** *s.* ⟨*fam*⟩ cordialone *m* (*f* –a). **~slapping** *s.* ⟨*fam*⟩ il dare manate sulle spalle. **,~'slide I** *v.i.irr.* ricadere nel vizio (*o* peccato). **II** *s.* ricaduta *f* nel vizio (*o* peccato). **'~'slider** *s.* chi ricade nel vizio (*o* peccato). **~space** *v.i.* battere il tasto di ritorno. **~spacer** *s.* tasto *m* di ritorno. **~stage I** *avv.* ⟨*Teat*⟩ **1** dietro la scena, dietro le quinte, nel retroscena. **2** (*upstage*) verso il fondo (della scena). **II** *a.* (che ha luogo) dietro le quinte. **III** *s.* retroscena *m.* **~stair(s)** *a.* clandestino, nascosto, segreto. **~stay** *s.* ⟨*Mar*⟩ paterazzo *m.* **~stitch I** *s.* ⟨*Lav.femm*⟩ punto *m* indietro, impuntura *f.* **II** *v.t.* cucire a punto indietro, impunturare. **~stop** *s.* ⟨*Sport*⟩ rete *f* di protezione, parapalle *m;* ⟨*fam*⟩ (*player in baseball*) ricevitore *m,* catcher *m.* **~-street** *a.* (*clandestine*) clandestino, segreto: *a* ~ *love affair* una relazione clandestina. **~stroke** *s.* **1** (*in swimming*) nuoto *m* sul dorso. **2** (*recoil,return blow*) contraccolpo *m.* **3** ⟨*Mecc*⟩ corsa *f* di ritorno. **~sword** *s.* **1** sciabola *f.* **2** (*singlestick*) bastone *m* con impugnatura. **~sword(s)man** *s.irr.* schermitore *m.* **~talk** *am. s.* ⟨*fam*⟩ risposta *f* impertinente. **'~-to-'back credit** *s.* ⟨*Comm*⟩ controcredito *m.* **~track** *am. v.i.* **1** retrocedere, ritirarsi. **2** (*to go back on*) rinunciare (*on* a), desistere (da). **~-up** *s.* **1** riserva *f,* sostituto *m.* **2** (*support*) sostegno *m.* **3** (*background accompaniment*) musica *f* di fondo. **~-up copy** *s.* ⟨*Inform*⟩ copia *f* di riserva. **~-up light** *s.* ⟨*Aut*⟩ luce *f* di retromarcia.

backward ['bækwəd] **I** *avv. a.* → **backwards. II** *a.* **1** volto indietro, diretto all'indietro. **2** (*returning*) di ritorno. **3** (*done in reverse order*) a ritroso, a rovescio, in senso inverso, all'indietro: *a* ~ *process* un processo a rovescio. **4** (*mentally retarded*) ritardato; (*underdeveloped*) sottosviluppato. **5** (*late*) in ritardo, tardivo. **6** (*shy*) riluttante, timido, esitante. □ *to be* ~ *in doing s.th.* essere lento nel fare qc.

backwardation [,bækwə'deiʃən] *s.* ⟨*Econ*⟩ deporto *m.*

backwardness ['bækwədnis] *s.* **1** arretratezza *f.* **2** (*shyness*) riluttanza *f,* timidezza *f.* **3** (*retardedness*) tardività *f.*

backwards ['bækwədz] *avv.* **1** indietro. **2** (*towards the past*) dietro, indietro. **3** (*in reverse*) a ritroso, in senso inverso, a rovescio, all'indietro: *to walk* ~ camminare a ritroso. **4** (*from better to worse*) indietro. □ ⟨*fam*⟩ *to bend* (*o lean*) *over* ~ sforzarsi, fare di tutto, fare l'impossibile (*to* per); *to fall* ~ cadere riverso; ~ *and forwards* avanti e indietro; *to know s.th.* ~ conoscere qc. a menadito; *to look* ~ guardare indietro; ⟨*fig*⟩ riandare al passato.

back|wash *s.* **1** ⟨*Mar*⟩ risacca *f,* risucchio *m.* **2** ⟨*Aer*⟩ (*slipstream*) scia *f* dell'elica. **3** ⟨*fig*⟩ strascichi *mpl,* ripercussioni *fpl.* **~water** *s.* **1** ⟨*Idr*⟩ accumulo *m* d'acqua. **2** ⟨*Mar*⟩ rigurgito *m.* **3** ⟨*pool*⟩ acqua *f* stagnante. **4** ⟨*fig*⟩ luogo *m* appartato, angolo *m* tranquillo. **5** (*backward place*) zona *f* depressa. **'~'woods** *s.pl.* **1** zona *f* boscosa remota e selvaggia. **2** ⟨*fam*⟩ luogo *m* isolato (*o* fuori mano). **'~'woodsman** *s.irr.* **1** abitante *m* di zone boscose e selvagge. **2** ⟨*fam*⟩ zoticone *m.* **3** ⟨*Parl*⟩ membro *m* della Camera dei Lords poco assiduo alle sedute. **~yard** *s.* **1** cortile *m* posteriore (*o* dietro la casa). **2** ⟨*fig*⟩ (*home*) casa *f.*

bacon ['beikən] *s.* ⟨*Gastr*⟩ pancetta *f* affumicata, bacon *m.* □ ⟨*fam*⟩ *to bring home the* ~: 1 guadagnarsi da vivere (*o* mangiare); 2 (*to be successful*) riuscire in un'impresa. ⟨*fam*⟩ *to save one's* ~ salvare la pelle.

Baconian [bei'kouniən] **I** *a.* ⟨*Filos*⟩ baconiano. **II** *s.* seguace *m/f* di Bacone.

bacony ['beikəni] *a.* lardaceo.

bacterial [bæk'tiəriəl] *a.* ⟨*Biol*⟩ batterico, da batteri.

bacterial| culture *s.* ⟨*Biol*⟩ coltura *f* batterica. **~ disease** *s.* malattia *f* da batteri. **~ genetics** *s.pl.* genetica *f* batterica. **~ infection** *s.* infezione *f* batterica. **~ plaque** *s.* ⟨*Dent*⟩ placca *f* batterica.

bacterin ['bæktərin] *s.* vaccino *m* batterico.

bacteriocidal [,bæktiəriə'saidl] *a.* ⟨*Farm*⟩ battericida. **bac'teriocide** [-'tiəriəsaid] *s.* battericida *m,* sostanza *f* battericida.

bacteriological [bæk,tiəriə'lɔdʒikəl] *a.* ⟨*Biol*⟩ batteriologico: ~ *warfare* guerra batteriologica. **bacteriologist** [-ri'ɔlədʒist] *s.* batteriologo *m* (*f* –a). **bacteriology** [-ri'ɔlədʒi] *s.* batteriologia *f.*

bacterium [bæk'tiəriəm] *s.* (*pl.* -ria [riə]) ⟨*Biol*⟩ batterio *m.*

bad [bæd] **I** *a.* (*compar.* **worse** [wə:s], *sup.* **worst** [wə:st]) **1** cattivo: *a* ~ *crop* un cattivo raccolto. **2** (*evil, wicked*) cattivo, malvagio, maligno: *a* ~ *man* un uomo malvagio. **3** (*of poor quality, defective*) scadente, difettoso, fatto male: ~ *work* lavoro scadente. **4** (*of prices: unfavourable*) sfavorevole, svantaggioso. **5** (*not suitable*) poco opportuno, poco adatto, cattivo, brutto, scomodo: *to come at a* ~ *time* giungere in un momento poco opportuno; *a* ~ *day for a picnic* una giornata poco adatta per una scampagnata. **6** (*unskilful*) cattivo, inesperto, incapace: *a* ~ *driver* un cattivo guidatore. **7** (*unpleasant*) brutto, cattivo, spiacevole, sgradevole: *I've had a* ~ *day* ho avuto una brutta giornata; *a* ~ *smell* un cattivo odore. **8** (*sullen*) brutto, cattivo: ~ *mood* cattivo umore. **9** (*of the weather*) brutto, cattivo. **10** (*harmful*) cattivo, dannoso, nocivo, malsano: ~ *air* aria malsana. **11** (*sick, suffering*) malato, sofferente. **12** (*painful*) che fa male, dolente, dolorante: *a* ~ *finger* un dito che fa male. **13** (*serious*) forte, grave: *a* ~ *attack of influenza* un forte attacco d'influenza. **14** (*incorrect*) cattivo, scorretto, sbagliato: *to speak* ~ *English* parlare un inglese scorretto. **15** (*worthless*) privo di valore, falso, ⟨*fam*⟩ fasullo: *a* ~ *coin* una moneta falsa. **16** (*rotten*) guasto, marcio, andato a male, cattivo: ~ *eggs* uova marce. **17** ⟨*Sport*⟩ sbagliato, nullo. **18** ⟨*Dir*⟩ nullo, non valido. **19** ⟨*am.sl*⟩ (*excellent*) eccellente, ottimo. **II** *avv.* ⟨*fam*⟩ → **badly** *avv.* **III** *s.* **1** (*evil*) male *m.* **2** (*something defective*) brutto *m,* parte *f* scadente. **3** (*bad people;* costr. pl.) cattivi *mpl,* gente *f* cattiva. □ *to be* ~ *at s.th.* essere negato per qc.; ~ **bargain** cattivo affare; ~ **claim** reclamo infondato; ⟨*Comm,Dir*⟩ ~ **debt** credito *m* di dubbia esigibilità; *to*

come to a ~ **end** andare a finir male; ⟨*Dir*⟩ *in* ~ **faith** in mala fede; ⟨*fam*⟩ *to* **feel** ~: 1 sentirsi male; 2 (*to feel sorry*) rammaricarsi, essere spiacente (*about* di, per); *to be* ~ **for** far male a, essere nocivo per (*o* a); *to go* ~ andare a male; *to go to the* ~ prender la via del male, corrompersi; *with* ~ **grace** con ⌈mala grazia⌉ (*o* mal garbo); ⟨*fam*⟩ *not half* ~ piuttosto buono, discreto; ~ **language:** 1 (*obscene*) male parole, turpiloquio *m;* 2 (*incorrect*) linguaggio scorretto; *things look* ~ *for him* le cose si mettono male per lui; *to call s.o.* ~ **names** insultare qd.; ⟨*fam*⟩ **not** ~ non brutto, discreto, non male; *not so* ~ discreto; *to* **take** *the* ~ *with the good* accettare la buona e la cattiva sorte; ⟨*fam*⟩ *to be* **taken** ~ sentirsi male, essere colpito da malessere; *it wouldn't be a* ~ **thing** non sarebbe male; **to** *the* ~ (*out of pocket*) in deficit; *too* ~ (*un .vero*) peccato: *it's too* ~ *you can't come* è un vero peccato che tu non possa venire; *to be in a* ~ **way** essere in uno stato pietoso, essere ridotto a mal partito; *to go from* ~ *to* **worse** andare di male in peggio.
bad blood *s.* malanimo *m,* rancore *m,* astio *m,* cattivo sangue *m.*
baddie ['bædi] *s.* ⟨*sl*⟩ cattivo *m* (*f* –a), malvagio *m* (*f* –a).
baddish ['bædiʃ] *a.* piuttosto cattivo.
bade [bæd] → **bid.**
bad egg *s.* ⟨*sl*⟩ tipaccio *m* (*f* –a), poco *m/f* di buono.
badge [bædʒ] *s.* 1 cartellino *m* nominativo. 2 (*symbol*) emblema *m,* simbolo *m.* 3 ⟨*fig*⟩ (*sign*) segno *m,* simbolo *m,* prova *f.* 4 ⟨*Mil*⟩ gallone *m.*
badger ['bædʒə] I *s.* 1 ⟨*Zool*⟩ tasso *m.* 2 (*pelt, fur*) pelle *f* di tasso. 3 ⟨*austral.Zool*⟩ vombato *m.* II *v.t.* tormentare, molestare, infastidire, assillare. **badger dog** *s.* cane *m* bassotto.
bad hat *s.* → **bad egg.**
badinage [ˌbædi'nɑːʒ] *s.* celia *f,* burla *f,* scherzo *m.*
badly ['bædli] I *avv.* 1 male, malamente. 2 (*incorrectly*) male, scorrettamente, in modo scorretto. 3 (*very much*) moltissimo, grandemente, fortemente, tanto: *I* ~ *need a new suit* ho tanto bisogno di un vestito nuovo. 4 (*seriously*) seriamente, gravemente: ~ *hurt* gravemente ferito. II *a.* ⟨*dial*⟩ indisposto, male, poco bene. □ *to be* ~ *off* passarsela male, trovarsi in cattive acque, essere male in arnese; *to come off* ~ riuscire male.
badman *am.* ['bædmən] *s.irr.* bandito *m,* fuorilegge *m.*
badminton ['bædmintən] *s.* ⟨*Sport*⟩ (gioco del) volano *m.*
bad-mouth *am.* ['bædmauθ] *v.t.* ⟨*sl*⟩ parlare male di.
badness ['bædnis] *s.* 1 (*evilness*) cattiveria *f,* malvagità *f.* 2 (*poor quality*) cattiva qualità *f,* qualità scadente. 3 (*of the weather*) cattive condizioni *fpl,* inclemenza *f.* 4 (*incorrectness*) scorrettezza *f.*
'**bad-'tempered** *a.* irritabile, irascibile.
baffle ['bæfl] I *v.t.* 1 confondere, sconcertare, rendere perplesso. 2 (*to frustrate*) rendere vano, frustrare; (*to elude*) eludere: *the thief* –*d pursuit* il ladro eluse gli inseguitori. 3 (*to deflect*) deviare. II *s.* 1 ⟨*tecn*⟩ deflettore *m,* diaframma *m.* 2 ⟨*Rad*⟩ schermo *m* acustico.
bafflegab [–gæb] *s.* linguaggio *m* incomprensibile.
bafflement [–mənt] *s.* confusione *f,* perplessità *f.*
baffling [–iŋ] *a.* sconcertante, che suscita perplessità.
baffy ['bæfi] *s.* ⟨*Sport*⟩ (*in golf*) mazzuolo *m* di legno.
bag[1] [bæg] *s.* 1 sacco *m: a* ~ *of flour* un sacco di farina; (*small bag*) sacchetto *m.* 2 (*am*) (*suitcase*) valigia *f.* 3 (*handbag*) borsa *f,* borsetta *f.* 4 (*am*) (*purse*) borsellino *m.* 5 ⟨*spreg*⟩ (*ugly woman*) (vecchia) ciabattona *f,* sciattona *f.* 6 *pl.* ⟨*fam*⟩ (*trousers*) pantaloni *mpl,* ⟨*fam*⟩ brache *fpl.* 7 *pl.* ⟨*fam*⟩ (*much, many*) sacco *m,* mucchio *m: we have* –*s of time* abbiamo un sacco di tempo. 8 ⟨*Anat*⟩ sacco *m,* vescica *f.* 9 ⟨*Zool*⟩ mammella *f.* 10 ⟨*Venat*⟩ cacciagione *f,* selvaggina *f.* 11 ⟨*Pesc*⟩ pesca *f.* 12 ⟨*sl*⟩ (*area of interest or skill*) campo *m: cooking is not my* ~ la cucina non è il mio campo. □ ~ *and* **baggage:** 1 (*with all one's belongings*) con armi e bagagli; 2 (*completely*) completamente, letteralmente; *to be a* ~ *of* **bones** essere pelle e ossa; ⟨*fig*⟩ *to let the* **cat** *out of the* ~ lasciarsi scappare un segreto; ⟨*fam*⟩ *to* **do** *it in one's* –*s* farsela sotto; –*s under the* **eyes** borse *fpl* sotto gli occhi; ⟨*am.fam*⟩ *to be left* **holding** *the* ~ essere lasciato ⌈nei guai⌉

(*o* a subire le conseguenze); ⟨*fam*⟩ **in** *the* ~ sicuro, certo; *it's in the* ~ è cosa fatta, siamo a cavallo; *to try the whole* ~ *of* **tricks** provare con ogni mezzo.
bag[2] *v.* (*pret., p.p.* **bagged** [bægd]) I *v.t.* 1 gonfiare, dilatare, ingrossare: *the wind* –*ged the sails* il vento gonfiava le vele. 2 ⟨*Venat,Pesc*⟩ prendere, catturare, uccidere. 3 (*to put in bags;* spesso con *up*) mettere in un sacco, insaccare. 4 ⟨*fam*⟩ (*to steal*) rubare, intascare; (*to seize*) accaparrarsi, impadronirsi di: *he always* –*s the best seat* si accaparra sempre il posto migliore. II *v.i.*1 gonfiarsi. 2 (*to hang loosely*) sformarsi, fare le borse, essere cascante: *trousers* –*ging at the knees* pantaloni che fanno le borse alle ginocchia.
bagasse [bə'gæs] *s.* ⟨*Ind*⟩ bagassa *f.*
bagatelle [ˌbægə'tel] *s.* 1 bagattella *f,* inezia *f,* bazzecola *f,* cosa *f* da niente. 2 (*game*) biliardino *m,* bagattella *f.* 3 ⟨*Mus*⟩ bagattella *f.*
bagful ['bægful] *s.* 1 (*contents*) sacco *m.* 2 ⟨*fig*⟩ (*considerable amount*) sacco *m,* grande quantità *f.*
baggage ['bægidʒ] *s.* 1 ⟨*am*⟩ bagaglio *m.* 2 ⟨*Mil*⟩ salmerie *fpl.* 3 ⟨*fam*⟩ ragazza *f: a saucy* ~ una ragazza impertinente. 4 (*immoral woman*) donna *f* di liberi costumi; (*prostitute*) prostituta *f.*
baggage| **car** *am. s.* ⟨*Ferr*⟩ bagagliaio *m.* ~**claim** *am. s.* (*at the airport*) ritiro *m* bagagli. ~**master** *am. s.* ⟨*Ferr*⟩ addetto *m* al servizio merci. ~ **porter** *s.* facchino *m.* ~**room** *am. s.* deposito *m* bagagli. ~**train** *s.* ⟨*Mil*⟩ salmerie *fpl.*
bagginess ['bæginis] *s.* gonfiezza *f.*
bagging ['bægiŋ] *s.* ⟨*Tess*⟩ tela *f* da sacchi.
baggy ['bægi] *a.* 1 gonfio, rigonfio. 2 (*hanging loosely*) cascante, cadente, che fa le borse, sformato: ~ *trousers* calzoni sformati.
bag|**man** [mən] *s.irr.* ⟨*fam*⟩ commesso *m* viaggiatore. ~**pipe** *s.* (general. al pl.) zampogna, *f,* cornamusa *f.* ~**piper** *s.* zampognaro *m,* sonatore *m* di cornamusa.
bah [bɑː] *intz.* bah, ohibò.
bahaism [bə'hɑːizm] *s.* ⟨*Rel*⟩ bahaism *m.*
Bahamas [bə'hɑːməz] *N.pr.pl.* ⟨*Geog*⟩ Arcipelago *m* delle Bahama, Bahama *fpl.*
bail[1] [beil] *s.* ⟨*Dir*⟩ 1 (*money*) cauzione *f.* 2 (*position of being on bail*) libertà *f* provvisoria (dietro cauzione): *to be out on* ~ essere in libertà provvisoria. 3 (*person*) chi paga la cauzione per qd., garante *m/f.* □ *to* **forfeit** *one's* ~ non comparire (*o* presentarsi) al processo dopo aver ottenuto la libertà provvisoria; *to go* ~ *for s.o.* pagare la cauzione per qd; ⟨*fig*⟩ rendersi garante per qd.; ⟨*fam*⟩ *to* **jump** ~ scappare quando si è in libertà provvisoria; *to* **refuse** ~ rifiutare la libertà provvisoria (dietro cauzione); *to* **release** *on* ~ rilasciare dietro cauzione; *to* **stand** ~ *for* rendersi garante per; *to* **surrender** *to one's* ~ presentarsi al processo (dopo la libertà provvisoria).
bail[2] *v.t.* ⟨*Dir*⟩ 1 mettere in libertà provvisoria (dietro cauzione), concedere la libertà provvisoria a. 2 (*to obtain bail for;* spesso con *out*) far ottenere la libertà provvisoria (dietro cauzione) a. 3 (*of goods*) affidare (in consegna), mettere (in deposito). 4 ⟨*fam*⟩ (*to extricate from a difficult situation*) tirare fouri: *to* ~ *out of trouble* tirare fuori dai guai. □ *to admit s.o. to* ~ concedere la libertà vigilata a qd.
bail[3] *s.* 1 (*handle of a pail*) manico *m* tondo. 2 (*hoop–like support*) semicerchio *m* di sostegno.
bail[4] *s.* ⟨*Mar*⟩ gottazza *f,* sessola *f.*
bail[5] *v.t.* (general. con *out*) 1 ⟨*Mar*⟩ aggottare, sgottare. 2 ⟨*fam*⟩ (*to help*) aiutare, tirare fuori dai pasticci. □ *to* ~ **out:** 1 ⟨*Aer*⟩ lanciarsi, gettarsi (col paracadute); 2 ⟨*fam*⟩ svignarsela.
bail[6] *s.* (*in cricket*) traversa *f.*
bailable ['beiləbl] *a.* ⟨*Dir*⟩ (*of an offence*) suscettibile di libertà provvisoria dietro cauzione.
bail bond *s.* ⟨*Dir*⟩ cauzione *f,* garanzia *f.*
bailee [ˌbei'liː] *s.* ⟨*Dir*⟩ depositario *m* (*f* –a) di fiducia, consegnatario *m* (*f* –a).
bailer[1] *s.* → **bailor.**
bailer[2] ['beilə] *s.* ⟨*Mar*⟩ 1 gottazza *f,* sessola *f.* 2 (*person*) chi aggotta.
bailey ['beili] *s.* 1 mura *fpl* esterne di un castello, bastioni

mpl. **2** (*courtyard*) cortile *m*. ☐ *Old* ~ tribunale penale di Londra.

bailie *scozz.* ['beili] *s.* assessore *m*.

bailiff ['beilif] *s.* **1** aiuto sceriffo *m*. **2** (*of a court*) ufficiale *m* giudiziario, messo *m* del tribunale. **3** (*overseer*) amministratore *m* (*f* –trice); (*of lands*) fattore *m* (*f* –essa). **4** ⟨*Stor*⟩ (*chief magistrate*) balivo *m*.

bailiwick ['beiliwik] *s.* **1** ⟨*Stor*⟩ distretto *m* (*o* giurisdizione *f*) del balivo. **2** ⟨*fig*⟩ campo *m* ˹d'azione˺ (*o* di competenza).

bailment ['beilmənt] *s.* ⟨*Dir*⟩ deposito *m* cauzionale.

bailor ['beilə] *s.* ⟨*Dir*⟩ garante *m/f*, depositante *m/f*, comodante *m/f*.

bail out ['beilaut] *s.* ⟨*Econ*⟩ salvataggio *m* di un'impresa in dissesto.

bailsman ['beilzmən] *s.irr.* ⟨*Dir*⟩ garante *m*, mallevadore *m*.

bain-marie [bẽma'ri] *s.* bagnomaria *m*.

bairn *scozz.* [bɛən] *s.* bambino *m* (*f* –a).

bait [beit] I *s.* **1** ⟨*Pesc,Venat*⟩ esca *f*. **2** ⟨*fig*⟩ esca *f*, lusinga *f*, allettamento *m*. II *v.t.* **1** ⟨*Pesc,Venat*⟩ munire di esca: *to* ~ *a hook* munire di esca un amo. **2** ⟨*fig*⟩ (*to tempt*) adescare, lusingare. **3** (*to persecute*) perseguitare, tormentare. ☐ ⟨*fig*⟩ *to rise to the* ~ abboccare. **baited** [–id] *a.* ⟨*Pesc*⟩ innescato.

baize [beiz] *s.* panno *m* grezzo e spesso (per tende, biliardi, ecc., general. verde).

bake [beik] I *v.t.* **1** cuocere al forno. **2** (*of bricks*) cuocere. II *v.i.* **1** cuocere al forno, infornare. **2** (*to become baked*) cuocersi (al forno). III *s.* cottura *f* (al forno). 'bakehouse [–haus] *s.* → **bakery**.

bakelite ['beikəlait] *s.* ⟨*Ind*⟩ bachelite *f*, bakelite *f*.

baker ['beikə] *s.* panettiere *m* (*f* –a), fornaio *m* (*f* –a).

baker's| dozen *s.* tredici *m*. ~ **shop** *s.* panetteria *f*.

bakery ['beikəri] *s.* panificio *m*, panetteria *f*, forno *m*.

baking ['beikiŋ] I *s.* **1** cottura *f*. **2** (*batch*) infornata *f*. II *a.* bollente, caldissimo.

baking|hot *a.* bollente. **~powder** *s.* lievito *m* in polvere. ~ **sheet** *s.* teglia *f*. ~ **soda** *s.* bicarbonato *m* di sodio.

baksheesh, bakshish ['bækʃiːʃ] *s.* mancia *f*.

balaclava (helmet) [,bælə'klɑːvə] *s.* passamontagna *m*.

balalaika [,bælə'laikə] *s.* ⟨*Mus*⟩ balalaica *f*.

balance[1] ['bæləns] *s.* **1** bilancia *f*. **2** (*equilibrium*) equilibrio *m: to lose one's* ~ perdere l'equilibrio; *to keep one's* ~ mantenersi in equilibrio; (*unstable position*) bilico *m*. **3** (*composure*) equilibrio *m*, calma *f*, padronanza *f* di sé. **4** ⟨*Art*⟩ (*harmony*) equilibrio *m*, armonia *f*, proporzione *f*. **5** (*counterpoise*) contrappeso *m*, equilibrio *m*. **6** ⟨*Comm*⟩ (*equality of an account*) pareggio *m*; (*debit–credit difference*) saldo *m: a bank* ~ un saldo in banca. **7** ⟨*am*⟩ (*surplus*) rimanenza *f*, resto *m*. **8** ⟨*Orol*⟩ (*balance wheel*) bilanciere *m*. **Balance** *N.pr.* ⟨*Astr*⟩ Bilancia *f*. ☐ ⟨*Econ*⟩ ~ *of payments* on current accounts bilancia *f* delle partite correnti; ⟨*Econ*⟩ ~ on **assets** saldo *m* patrimoniale; ⟨*Comm*⟩ ~ **brought** *forward* (*o* *down*) saldo riportato; ⟨*Comm*⟩ ~ **carried** *down* (*o* *forward*) saldo *m* da riportare; ⟨*Comm*⟩ ~ *in* **cash** saldo *m* di cassa, rimanenza *f* di cassa; ⟨*Comm*⟩ ~ **due** saldo *m* di conto, saldo debitore; ⟨*Fis*⟩ **dynamic** ~ equilibrio dinamico; ~ *of* **forces** equilibrio *f* delle forze; ⟨*Comm*⟩ ~ *in* **hand** saldo *m* a credito; ⟨*fig*⟩ *to* **hang** *in the* ~ essere in bilico, essere incerto: *his fate hung in the* ~ la sua sorte era incerta; **in** *the* ~ indeciso; ~ *of* **international** *payments* bilancia *f* dei pagamenti internazionali; ⟨*fig*⟩ *to* **keep** *one's* ~ dominarsi, mantenere la calma, rimanere padrone di sé; ⟨*fig*⟩ *to* **lose** *one's* ~ perdere la calma, non essere più padrone di sé; *to* **throw** *s.o.* **off** *his* ~ far perdere l'equilibrio a qd.; ⟨*fig*⟩ far perdere il controllo di sé a qd.; **on** ~ a conti fatti, tutto sommato; ⟨*Econ*⟩ ~ *of* **payments** bilancia *f* dei pagamenti; ⟨*Pol*⟩ ~ *of* **power** equilibrio *m* delle forze; ⟨*Comm*⟩ *to* **show** *a* ~ presentare un saldo; *to* **strike** *a* ~: 1 ⟨*Comm*⟩ stendere un bilancio, chiudere i conti; 2 ⟨*fig*⟩ considerare il pro e il contro, trovare il giusto mezzo; ⟨*Pol*⟩ ~ *of* **terror** equilibrio *m* del terrore; ⟨*Econ*⟩ ~ *of* **trade** bilancia *f* commerciale.

balance[2] I *v.t.* **1** pesare. **2** ⟨*fig*⟩ (*to be equal in force, etc.; spesso con out, up*) controbilanciare, compensare, avere lo stesso peso (*o* valore) di: *the advantages* ~ *the disadvantages* i vantaggi compensano gli svantaggi. **3** (*to poise*) tenere in equilibrio: *she –d a jug of water on her head* teneva in equilibrio sulla testa una brocca d'acqua; (*to keep in an unsteady position*) tenere in bilico. **4** ⟨*fig*⟩ (*to compare*) pesare, soppesare, valutare, considerare: *after balancing all the evidence* dopo aver considerato il pro e il contro. **5** (*to be proportionate to*) equilibrare, essere proporzionato a: *cash on hand –s expenses* il fondo cassa è proporzionato alle spese. **6** ⟨*Comm*⟩ saldare, chiudere: *to* ~ **accounts** saldare (*o* chiudere) i conti; (*to make equal*) pareggiare, quadrare. **7** ⟨*tecn*⟩ equilibrare. II *v.i.* **1** bilanciarsi, essere dello stesso peso. **2** (*to keep steady*) essere (*o* stare) in equilibrio. **3** ⟨*Comm*⟩ essere in pareggio, quadrare. **4** (*in dancing*) oscillare, dondolare. ☐ ⟨*Comm*⟩ *to* ~ *the* **books** far quadrare (*o* bilanciare) i libri contabili; *to* ~ *the* **budget** chiudere in pareggio il bilancio.

balance| account *s.* ⟨*Comm*⟩ conto *m* collettivo. ~ **beam** *s.* ⟨*tecn*⟩ braccio *m* della bilancia. ~ **bridge** *s.* ⟨*tecn*⟩ ponte *m* del bilanciere.

balanced ['bælənst] *a.* **1** bilanciato, equilibrato. **2** ⟨*fig*⟩ proporzionato, armonioso. **3** (*of a diet*) bilanciato. **4** ⟨*Econ*⟩ (*of a budget*) in pareggio. **5** ⟨*Mecc*⟩ equilibrato.

balanced budget *s.* ⟨*Econ*⟩ bilancio *m* azzerato.

balancer ['bælənsə] *s.* **1** chi mantiene l'equilibrio. **2** (*thing*) bilanciere *m*. **3** (*acrobat*) acrobata *m/f*, equilibrista *m/f*. **4** ⟨*Rad*⟩ compensatore *m*.

balance|-sheet *s.* ⟨*Comm*⟩ bilancio *m* patrimoniale. **~-sheet analysis** *s.* analisi *f* di bilancio. ~ **spring** *s.* ⟨*Orol*⟩ molla *f* del bilanciere. ~ **weight** *s.* ⟨*tecn*⟩ contrappeso *m*. ~ **wheel** *s.* ⟨*Orol*⟩ bilanciere *m*.

balancing ['bælənsiŋ] *s.* **1** ⟨*Mecc,Aer*⟩ equilibratura *f*. **2** ⟨*Rad*⟩ compensazione *f*. **balancing coil** *s.* ⟨*El*⟩ autotrasformatore *m*.

balas ['bæləs] *s.* ⟨*Min*⟩ balascio *m*.

balconied ['bælkəniːd] *a.* fornito di balcone (*o* balconi). **balcony** [–ni] *s.* **1** balcone *m*, terrazzo *m*. **2** ⟨*Teat*⟩ galleria *f*, balconata *f*.

balcony plant *s.* pianta *f* da balcone.

bald [bɔːld] *a.* **1** calvo, ⟨*fam*⟩ pelato. **2** (*without natural covering*) nudo; (*devoid of vegetation*) brullo; (*of a tree*) spoglio. **3** (*of style*) nudo, disadorno, semplice. **4** (*obvious*) chiaro, evidente; (*explicit*) esplicito. **5** ⟨*Zool*⟩ con una macchia bianca sulla fronte. **6** (*of a tyre*) liscio, consumato. ☐ *as* ~ *as a coot* pelato come una palla di biliardo, pelato come un uovo.

baldachin, baldaquin ['bɔːldəkin] *s.* baldacchino *m*.

bald| coot *s.* ⟨*Ornit*⟩ folaga *f*. ~ **eagle** *s.* ⟨*Ornit*⟩ aquila *f* del Nord–America.

balderdash ['bɔːldədæʃ] *s.* sciocchezze *fpl*, stupidaggini *fpl*.

bald|head *s.* persona *f* calva. '**~-'headed** I *a.* calvo, ⟨*fam*⟩ pelato. II *avv.* ⟨*fam*⟩ a capofitto: *to go at s.th.* ~ gettarsi a capofitto in qc.

balding ['bɔːldiŋ] *a.* che perde i capelli, che diventa calvo. **baldish** [–diʃ] *a.* quasi calvo. **baldly** [–dli] *avv.* in modo chiaro, esplicitamente, senza riguardi, senza sulla lingua. **baldness** [–dnis] *s.* **1** calvizie *f*. **2** ⟨*fig*⟩ (*of style*) nudità *f*, semplicità *f*, sobrietà *f*.

bald|pate *s.* **1** persona *f* calva, ⟨*fam*⟩ zucca *f* pelata. **2** ⟨*Ornit*⟩ fischione *m* americano, anatra *f* americana. '**~-'pated** *a.* calvo, ⟨*fam*⟩ pelato.

baldric(k) ['bɔːldrik] *s.* ⟨*ant*⟩ bandoliera *f*, balteo *m*, budriere *m*.

baldric-wise *avv.* a tracolla.

Baldwin ['bɔːldwin] *N.pr.* Baldovino *m*.

bale[1] [beil] I *s.* balla *f*: ~ *of cotton* balla di cotone. II *v.t.* imballare.

bale[2] *s.* ⟨*ant*⟩ **1** male *m*, disastro *m*. **2** (*misery*) dolore *m*, pena *f*.

bale[3] *v.* → **bail**[5].

Bâle [bɑːl] *N.pr.* ⟨*Geog*⟩ Basilea *f*.

Balearic Islands [,bæli'ærik] *N.pr.pl.* ⟨*Geog*⟩ isole *fpl* Baleari.

bale arm *s.* ⟨*Pesc*⟩ archetto *m*.

baleen [bə'liːn] *s.* ⟨*Zool*⟩ fanone *m*.

bale fire s. 1 (bonfire) falò m. 2 (signal fire) fuoco m di segnalazione. 3 (funeral pyre) pira f, rogo m funebre.

baleful ['beilfəl] a. 1 nocivo, pernicioso. 2 (menacing) minaccioso, bieco; (malevolent) malevolo. 3 (ominous) di malaugurio, sinistro. **balefulness** [–nis] s. 1 malvagità f. 2 (harmfulness) perniciosità f.

baler ['beilə] s. 1 imballatore m. 2 (machine) pressa f per balle. 3 (Agr) (roughage baler) pressaforaggi m; (straw baler) pressapaglia m.

balk [bɔːk] I v.i. 1 arrestarsi, ricalcitrare, rifiutarsi. 2 (to avoid, shirk) esitare, arrestarsi, tirarsi indietro (at davanti a): he doesn't ~ at hard work non si tira indietro davanti al lavoro duro. II v.t. ostacolare, intralciare: to ~ s.o.'s plans ostacolare i piani di qd. III s. 1 ostacolo m, difficoltà f, intralcio m. 2 (Agr) porca f. 3 (Edil) (timber) trave f; (tie beam) catena f. 4 (Sport) (in baseball) fallo m del lanciatore; (in billiards) punto m (o linea f) di acchito.

Balkan ['bɔːlkən] a. (Geog) balcanico. **Balkanization** [–naiˈzəiʃn] s. (Pol) balcanizzazione f. **Balkanize** [–aiz] v.t. balcanizzare. **Balkans** [–z] N.pr.pl. Balcani mpl.

balkiness ['bɔːkinis] s. testardaggine f, cocciutaggine f. **balky** [–ki] a. ricalcitrante; (stubborn) testardo, cocciuto.

ball[1] [bɔːl] s. 1 palla f: a ~ of paper una palla di carta; (of yarn, string, etc.) gomitolo m. 2 (Sport) palla f: a tennis ~ una palla da tennis; (nel calcio) pallone m. 3 (Mil) (bullet) proiettile m, palla f, pallottola f; (cannon ball) palla f di cannone. 4 (of the human body) rotondità f, globo m: ~ of the eye globo oculare. 5 pl. (volg) (testes) testicoli mpl, (triv) palle fpl, (triv) coglioni mpl. 6 pl. (volg) (nonsense) fandonie fpl, (fam) balle fpl. □ ~ and chain: 1 palla e catena f (al piede dei forzati); 2 (fig) palla f al piede; (fig) to have the ~ at one's feet avere una buona occasione a portata di mano, avere la via del successo aperta; (fig) to keep the ~ rolling mandare avanti un'attività, (fam) mandare avanti la baracca; (of conversation) mantenere viva la conversazione; (Sport) no ~ (in cricket) palla fallosa, palla nulla; (sl) on the ~ all'erta, vigile, sveglio; to play ~: 1 giocare a palla; 2 (Sport) dare inizio al gioco; 3 (fam) (to cooperate) collaborare; to roll (up) into a ~ appallottolare; to keep the ~ rolling (of a conversation, etc.) mantenere vivo; (fig) to start the ~ rolling iniziare, dare inizio; (fig) the ~ is 'with you' (o in your court) tocca a te, è il tuo turno.

ball[2] I v.t. 1 appallottolare, fare palle con (o di). 2 (of yarn, string, etc.) aggomitolare. II v.i. appallottolarsi. □ (sl) to ~ up far confusione.

ball[3] s. 1 ballo m, festa f 'da ballo' (o danzante), danza f. 2 (am.sl) divertimento m. □ (am.sl) to have a ~ divertirsi un mondo; masked ~, masked mascherato; to open the ~ aprire le danze; (fig) dare inizio a un'attività.

ballad ['bæləd] s. 1 → **ballade**. 2 (Mus) canzone f popolare. **ballade** [–'lɑːd] s. (Lett,Mus) ballata f. **ballad monger** s. 1 venditore m (f –trice) di ballate. 2 (spreg) poetastro m.

balladry ['bælədri] s. 1 arte f di comporre ballate. 2 (collett) ballate fpl.

ballast ['bæləst] I s. 1 (Mar,Aer) zavorra f. 2 (fig) equilibrio m, influenza f equilibratrice. 3 (Strad) massicciata f. II v.t. 1 (Mar,Aer) zavorrare. 2 (fig) equilibrare, stabilizzare. 3 (Strad) provvedere di massicciata. □ (Mar) ship in ~ nave f in zavorra; to take in ~ fare zavorra. **ballasting** [–iŋ] s. zavorramento m.

ballast water s. (Mar) acqua f di zavorra.

'ball| 'bearing s. (Mecc) cuscinetto m a sfera. ~ **boy** s. (Sport) raccattapalle m.

ballerina it. [ˌbæləˈriːnə] s. (pl. -s [z]/-ne [ne]) ballerina f.

ballet ['bælei] s. 1 balletto m. 2 (dancers) balletto m, corpo m di ballo. 3 (style of dance) danza f classica.

ballet| dancer s. ballerino m (f –a) classico. ~ **master** s. maestro m di danza classica. ~ **mistress** s. maestra f di danza classica.

balletomane [bæˈletomein] s. amante m/f del balletto. **ballet| shoe** s. scarpetta f da ballo. ~ **skirt** s. tutù m.

ball| flower s. (Arch) palla f ornamentale (retta dai petali di un fiore). ~ **game** s. (Sport) 1 gioco m con la palla. 2 (am) baseball m. (fam) competizione f, gara f.

balling machine ['bɔːliŋ] s. (Tess) aggomitolatore m.

ballista [bəˈlistə] s. (pl. -tae [tiː]) (Mil.ant) balista f. **ballistic** [–tik] a. balistico: ~ missile missile balistico. **ballistician** [ˌbælisˈtiʃən] s. perito m balistico. **ballistics** [–tiks] s.pl. (costr. sing.) balistica f.

ballocks ['bɔləks] s.pl. (volg) 1 (testes) testicoli mpl, (triv) palle fpl. 2 (nonsense) sciocchezze fpl, (fam) balle fpl.

ballonet [ˌbæləˈnet] s. (Aer) camera f d'aria, palloncino m.

balloon [bəˈluːn] I s. 1 (Aer) pallone m, aerostato m, mongolfiera f. 2 (child's toy) palloncino m. 3 (in comic strips) fumetto m. 4 (Chim) (flask) pallone m (per distillazione). 5 (Arch) palla f. II a. a sbuffo: ~ sleeve manica a sbuffo. III v.i. 1 gonfiarsi: sails –ing in the wind vele che si gonfiano al vento. 2 (to ride a balloon) salire (o viaggiare) in pallone. 3 (fig) crescere, salire, aumentare. IV v.t. gonfiare. □ (sl) then the ~ went up poi successe il pandemonio.

balloon| apron, ~ **barrage** s. (Aer.mil) sbarramento m di palloni.

ballooning [bəˈluːniŋ] s. 1 (Aer) aerostatica f. 2 (am.Econ) spinta f (speculativa) al rialzo. **balloonist** [–nist] s. aeronauta m/f, aerostiere m.

balloon| jib s. (Mar) fiocco m a pallone. ~ **sail** s. (Mar) vela f a sacco. ~ **tyre** s. (Aut) grosso pneumatico m (a bassa pressione).

ballot[1] ['bælət] I s. 1 scheda f per votazione. 2 (votes cast, method of voting) voto m (o scrutinio) segreto, votazione f segreta. 3 (list of candidates) lista f (o elenco m) dei candidati. 4 (franchise) diritto m di voto. 5 (Stor) palla f, pallottola f, (ant) ballotta f. II v.i. votare (a scrutinio segreto). III v.t. 1 scegliere, eleggere. 2 (to canvass for votes) sollecitare per ottenere voti. □ second ~ ballottaggio m; to take a ~ passare ai voti, votare; to vote by ~ votare a (o per) scrutinio segreto.

ballot[2] s. (small bale) piccola balla f.

ballot box s. urna f (per le schede).

ball| park am. s. stadio m. ~**pen**, ~**point (pen)** s. penna f a sfera, biro f. ~**room** s. sala f da ballo. ~**room dancing** s. ballo m di società.

bally ['bæli] a. (sl) maledetto, dannato.

ballyhoo [ˌbæliˈhuː, am. 'bælihuː] I s. (fam) 1 pubblicità f sensazionale, strombazzamento m pubblicitario. 2 (uproar) baccano m, chiasso m, frastuono m, scalpore m. 3 (nonsense) sciocchezze fpl, (fam) balle fpl. II v.t. (fam) strombazzare.

ballyrag ['bæliræg] v.t. molestare; (to tease) prendere in giro.

balm [bɑːm] s. 1 balsamo m (anche fig.). 2 (fragrance) fragranza f, profumo m. 3 (Bot) melissa f, cedronella f.

balm cricket s. (Entom) cicala f.

balminess ['bɑːminis] s. balsamo m, fragranza f.

balmoral [bælˈmɔrəl] s. (Calz) scarpa f a stivaletto. **Balmoral** s. 1 (Mod) (skirt) sottana f di lana. 2 (cap) basco m scozzese.

balmy ['bɑːmi] a. 1 fragrante, balsamico. 2 (fig) (mild) dolce, mite. 3 (sl) (foolish) svanito, sventato, (fam) scemo.

balneal ['bælniəl] a. balneare. **balneology** [–niˈɔlədʒi] s. (Med) balneologia f. **balneotherapy** [–niəˈθerəpi] s. balneoterapia f.

baloney am. [ˌbəˈlouni] s. 1 (fam) sciocchezze fpl, (fam) balle fpl. 2 → **Bologna sausage**.

balsa ['bɔːlsə] s. 1 (Bot) balsa f. 2 (raft) zattera f (di balsa).

balsam ['bɔːlsəm] s. 1 balsamo m (anche fig.). 2 (Bot) balsamina f, begliuomini mpl. 3 (healing ointment) unguento m.

balsam| apple s. (Bot) momordica f balsamina. ~ **fir** s. (Bot) abete m del balsamo.

balsamic [bɔːlˈsæmik] I a. balsamico. II s. (Farm) medicina f balsamica. **balsamine** [–səmiːn] s. (Bot) balsamina f, begliuomini mpl.

Balthazar [bælˈθæzə] N.pr. Baldassarre m.

Baltic ['bɔːltik] **I** *N.pr.* ⟨*Geog*⟩ (*Baltic sea*) Baltico *m*, mar *m* Baltico. **II** *a.* baltico. **III** *s.* (*language*) baltico *m*, lingue *fpl* baltiche.

Baltimore ['bɔːltimɔː] *N.pr.* ⟨*Geog*⟩ Baltimora *f.*

baluster ['bæləstə] *s.* **1** ⟨*Arch*⟩ balaustro *m.* **2** *pl.* → balustrade.

balustrade [ˌbæləs'treid] *s.* ⟨*Arch*⟩ balaustrata *f.* **balustraded** [–id] *a.* balaustrato.

bambino *it.* [bam'biːno] *s.* (*pl.* **-s** [z]/**-ni** [ni]) **1** bambino *m.* **2** ⟨*Art*⟩ immagine *f* del Bambino Gesù, Bambino *m.*

bamboo [bæm'buː] **I** *s.* ⟨*Bot*⟩ bambù *m.* **II** *a.* di bambù.

bamboo| curtain *s.* ⟨*Pol*⟩ cortina *f* di bambù. **~ shoots** *s.pl.* ⟨*Gastr*⟩ germogli *mpl* di bambù.

bamboozle [bæm'buːzl] *v.t.* ⟨*fam*⟩ confondere, rendere perplesso: *to ~ s.o. into doing s.th.* confondere qd. a tal punto da indurlo a fare qc.; (*to hoodwink*) ingannare, ⟨*fam*⟩ infinocchiare. **bamboozlement** [–mənt] *s.* ⟨*fam*⟩ imbroglio *m*, mistificazione *f.* **bamboozler** [–ə] *s.* mistificatore *m* (*f* –trice).

ban[1] [bæn] *v.t.* (*pret., p.p.* **banned** [–d]) **1** bandire, proibire, vietare, interdire. **2** ⟨*Rel*⟩ scomunicare. **II** *s.* **1** proibizione *f*, divieto *m*: *a ~ on publishing* un divieto di pubblicazione. **2** (*curse*) maledizione *f.* **3** ⟨*Rel*⟩ interdizione *f*, scomunica *f.* **4** ⟨*Dir*⟩ proscrizione *f*, bando *m*: *to put under a ~* mettere al bando. ~ ⟨*Pol*⟩ ~ *on demonstration* divieto *m* di (tenere una) manifestazione; ~ *on nuclear weapons* messa *f* al bando delle armi nucleari.

ban[2] *s.* ⟨*rar*⟩ (*public edict*) bando *m*, proclama *m.*

banal [bə'nɑːl, *am.* 'beinl] *a.* banale, ordinario. **banality** [–'næliti] *s.* banalità *f*, luogo *m* comune.

banana [bə'nɑːnə] *s.* **1** (*fruit*) banana *f.* **2** ⟨*Bot*⟩ banano *m.*

banana| boat *s.* bananiera *f.* **~ cluster** *s.* casco *m* di banane. **~ oil** *s.* ⟨*Chim*⟩ essenza *f* di banana, acetato *m* di anile. **~ republic** *s.* ⟨*spreg*⟩ repubblica *f* delle banane. **~ split** *s.* ⟨*Dolc*⟩ banana *f* con gelato.

banc [bæŋk] *s.* ⟨*Dir*⟩ banco *m*, seggio *m.* □ *in ~* in seduta plenaria.

band[1] ['bænd] **I** *s.* **1** gruppo *m*, comitiva *f*, brigata *f*, compagnia *f*; (*of soldiers*) reparto *m*; (*gang*) banda *f*: *a ~ of criminals* una banda di criminali. **2** (*of horses, etc.*) branco *m.* **3** (*of musicians*) banda *f* (musicale). **II** *v.t.* unire, collegare; (*to associate*) associare. **III** *v.i.* unirsi, legarsi, collegarsi, associarsi.

band[2] **I** *s.* **1** ⟨*tecn*⟩ cinghia *f*, correggia *f*, nastro *m.* **2** (*of fabric*) banda *f*, nastro *m*, fascia *f.* **3** (*strip*) striscia *f*, banda *f*, riga *f*: *a ~ of light* una striscia di luce. **4** (*strip of paper, label*) fascetta *f*, etichetta *f.* **5** ⟨*Rad,Anat,Zool*⟩ banda *f.* **6** (*on a phonograph record*) pista *f.* **7** (*of metal*) lamina *f*, piattina *f.* **8** ⟨*Dent*⟩ morsetto *m.* **9** (*ring*) anello *m*, fascetta *f*: *wedding ~* anello nuziale, fede. **10** ⟨*Minier*⟩ strato *m* (*o* filone) sottile. **II** *v.t.* **1** bendare, fasciare, legare. **2** (*to mark with stripes*) segnare con strisce, bordare, rigare.

band[3] *s.* ⟨*rar*⟩ vincolo *m*, legame *m.*

bandage ['bændidʒ] **I** *s.* benda *f*, fascia *f*, fasciatura *f.* **II** *v.t.* bendare, fasciare. □ *to remove a ~ from a wound* sfasciare una ferita. **bandaging** [–iŋ] *s.* bendatura *f*, fasciatura *f.*

bandan(n)a [bæn'dænə] *s.* fazzoletto *m* a colori vivaci.

bandbox ['bændbɔks] *s.* cappelliera *f*, scatola *f* per cappelli. □ ⟨*fig*⟩ *to look as if one has come out of a ~* essere lindo e pinto.

banded ['bændid] *a.* **1** ⟨*Arch*⟩ fasciato. **2** (*striped*) a strisce. **3** ⟨*Arald*⟩ bandato.

banded pack *s.* confezione *f* unica (di due prodotti in offerta di lancio).

banderol(e) ['bændəroul] *s.* **1** ⟨*Mil*⟩ banderuola *f.* **2** ⟨*Arch*⟩ cartiglio *m.* **3** ⟨*Mar*⟩ pennone *m*, pennoncello *m.*

bandfish ['bændfiʃ] *s.* ⟨*Itt*⟩ cepola *f.*

bandicoot ['bændikuːt] *s.* ⟨*Zool*⟩ bandicut *m.*

bandit ['bændit] *s.* (*pl.* **-s** [s]/**-tti** [–'diːti]) **1** bandito *m*, fuorilegge *m.* **2** (*ant*) brigante *m.* **banditry** [–ri] *s.* banditismo *m.*

bandmaster *s.* ⟨*Mus*⟩ capobanda *m.*

bandog ['bændog] *s.* cane *m* feroce tenuto alla catena; (*mastiff*) mastino *m.*

bandoleer, bandolier [ˌbændə'liə] *s.* ⟨*Mil*⟩ bandoliera *f*, cartucciera *f* a tracolla.

bandpass filter ['bændpaːs] *s.*⟨*Acu*⟩ filtro *m* passa –banda.

band| saw *s.* ⟨*tecn*⟩ sega *f* a nastro. **~shell** *am.* *s.* tribuna *f* coperta per l'orchestra.

bandsman ['bændsmən] *s.irr.* bandista *m*, musicante *m.*

band|stand *s.* palco *m* (*o* tribuna *f*) dell'orchestra. **~-wa(g)gon** *am.* *s.* carro *m* della banda. □ ⟨*fam*⟩ *to be on the ~* schierarsi dalla parte del più forte; *to jump on the ~* passare dalla parte del vincitore.

bandy ['bændi] **I** *v.t.* **1** gettare, lanciare, passare. **2** (*to exchange*) scambiare, scambiarsi: *to ~ insults* scambiarsi insulti. **II** *s.* ⟨*Sport*⟩ tipo di hockey su ghiaccio. **III** *a.* arcuato: *~ legs* gambe arcuate (*o* storte). □ *his name was bandied about* sparlavano di lui; *to ~ words with s.o.* avere a che dire con qd. **bandy-legged** *a.* con le gambe arcuate (*o* storte).

bane [bein] *s.* ⟨*lett*⟩ **1** rovina *f*, sventura *f.* **2** (*poison*) veleno *m.*

baneberry ['beinbəri] *s.* ⟨*Bot*⟩ actea *f.*

'baneful ['beinful] *a.* ⟨*rar*⟩ (*deadly*) mortale; (*venomous*) velenoso.

bang[1] [bæŋ] **I** *s.* **1** scoppio *m*, esplosione *f*, detonazione *f*, fragore *m.* **2** (*thump*) colpo *m*, botta *f*, urto *m* violento. **3** ⟨*fam*⟩ (*vigour*) impeto *m*, slancio *m;* (*vitality*) vitalità *f*, energia *f.* **II** *avv.* **1** fragorosamente, con improvviso fragore (*o* fracasso). **2** (*exactly*) proprio, esattamente, giusto. **III** *onom.* bum, pum. □ *to go ~* fare bum; ⟨*fam*⟩ *to go off with a ~*, ⟨*am*⟩ *to go over with a ~* avere un successo strepitoso.

bang[2] **I** *v.t.* **1** (*to strike noisily*) colpire, battere, picchiare (rumorosamente). **2** (*to strike violently, bump*) battere con violenza, dare una botta violenta, sbattere: *he –ed his head on the rafter* ha battuto la testa contro la trave. **3** (*to slam*) sbattere: *to ~ the door* sbattere la porta. **II** *v.i.* **1** sbattere, urtare con fracasso; (*to burst*) scoppiare, esplodere. **2** (*to strike violently*) picchiare, battere, bussare (*on a*): *to ~ on the door* bussare alla porta. □ *to ~ about:* 1 far rumore, far fracasso; 2 (*to frequent a place without aim*) vagare per, andare a zonzo per; *stop –ing my typewriter about* smetti di strapazzare la mia macchina da scrivere; ⟨*Comm*⟩ *to ~ the market* svalutare i prezzi, buttar giù il mercato; *to ~ out a tune on the piano* pestare il pianoforte; *to ~ up* danneggiare, rovinare, ⟨*fam*⟩ scassare.

bang[3] **I** *s.* → **bangs.** **II** *v.t.* **1** tagliare (i capelli) a frangetta. **2** (*of a horse's tail*) mozzare.

banger ['bæŋə] *s.* **1** ⟨*fam*⟩ salsiccia. **2** (*firecracker*) petardo *m.* **3** ⟨*fam*⟩ veicolo *m* vecchio e rumoroso.

Bangladesh [ˌbæŋglə'deʃ] *N.pr.* ⟨*Geog*⟩ Bangladesh *m.*

bangle ['bæŋgl] *s.* **1** braccialetto *m.* **2** (*anklet*) bracciale *m* da caviglia. **bangled** [–d] *a.* ornato di braccialetti.

bang on ⟨*fam*⟩ **I** *a.* meraviglioso, straordinario, fantastico. **II** *avv.* con precisione, al centro. □ *to be ~* fare centro.

bangs [bæŋz] *s.pl.* frangia *f*, frangetta *f.*

bangtail ['bæŋteil] *s.* **1** ⟨*ant*⟩ cavallo *m* dalla coda mozza. **2** ⟨*am.sl*⟩ (*racehorse*) cavallo *m* da corsa.

bang-up *a.* ⟨*fam*⟩ eccellente, superlativo, straordinario.

banian *s.* → **banyan.**

banish ['bæniʃ] *v.t.* **1** esiliare, bandire. **2** (*to drive away*) bandire, scacciare: *let's ~ all our cares* scacciamo ogni preoccupazione. **banishment** [–mənt] *s.* **1** condanna *f* all'esilio, bando *m.* **2** (*casting off*) messa *f* al bando. □ *to go into ~* andare in esilio.

banister ['bænistə] *s.* **1** balaustro *m.* **2** *pl.* (*of a staircase*) balaustrata *f.*

banjo ['bændʒou] *s.* (*pl.* **-s/-es** [z]) banjo *m*, bangio *m.* **banjoist** [–ist] *s.* sonatore *m* (*f* –trice) di banjo.

bank[1] [bæŋk] **I** *s.* **1** cumulo *m*, mucchio *m.* **2** (*of a river, lake*) argine *m*, riva *f*, sponda *f*: *the far ~* la riva opposta. **3** (*of the sea*) banco *m* (di sabbia), secca *f.* **4** (*slope*) pendio *m*, pendenza *f.* **5** ⟨*Aer*⟩ inclinazione *f* trasversale.

6 ⟨*Strad*⟩ scarpata *f.* **7** (*in billiards*) sponda *f.* **II** *v.t.* **1** accatastare, ammassare, ammucchiare. **2** (*to border with a bank*) arginare. **3** (*of a fire*) ridurre. **4** ⟨*Strad*⟩ soprelevare. **5** ⟨*Aer*⟩ inclinare (nella virata). **6** (*in billiards*) battere. **III** *v.i.* **1** ammucchiarsi, ammassarsi, addensarsi: *clouds –ing along the horizon* nubi che si addensano all'orizzonte. **2** ⟨*Aer*⟩ inclinarsi in virata. □ *to* ~ **up**: 1 (*of fires*) aggiungere combustibile a; 2 (*to accumulate*) accumulare, ammassare.

bank² **I** *s.* **1** ⟨*Econ*⟩ banca *f:* ~ *of issue* banca di emissione. **2** (*in gambling*) banco *m: to break the* ~ far saltare il banco. **3** ⟨*fig*⟩ banca *f: blood* ~ banca del sangue. **Bank** *s.* banca *f* d'Inghilterra. **II** *v.i.* **1** avere un conto in banca: *I* ~ *at the Midland* ho un conto alla banca Midland. **2** (*to keep a bank*) dirigere una banca. **3** (*in card games*) tenere il banco. **III** *v.t.* depositare in banca. □ ~ *of* **America** banca *f* d'America; ~ *of* **England** banca d'Inghilterra; *to* **go** *to the* ~ andare in banca; ⟨*fam*⟩ *to* ~ **on** fare affidamento su, contare su; *to* **work** *at a* ~ lavorare in banca.

bank³ **I** *s.* **1** fila *f,* serie *f,* sfilza *f: a* ~ *of seats* una fila di sedie. **2** ⟨*Mus*⟩ fila *f* di tasti, tastiera *f.* **3** ⟨*Mar*⟩ (*bench in a galley*) panca *f,* banco *m;* (*tier of oars*) ordine *m* (di remi). **4** ⟨*Tip*⟩ banco *m* (da lavoro). **5** ⟨*El*⟩ batteria *f.* **II** *v.t.* allineare, mettere in fila.

bankable ['bæŋkəbl] *a.* **1** ⟨*Econ*⟩ bancabile, esigibile, scontabile. **2** ⟨*fig*⟩ di sicuro successo.

bank| **acceptance** *s.* accettazione *f* bancaria. ~ **account** *s.* ⟨*Econ*⟩ conto *m* bancario (*o* in banca). ~ **balance** *s.* saldo *m* (in banca). ~ **bill** *s.* **1** → **bank draft.** **2** (*am*) → **banknote.** ~ **book** *s.* libretto *m* di deposito. ~ **branch** *s.* succursale *f* di banca. ~ **card** *s.* carta *f* assegni. ~ **charges** *s.pl.* commissioni *fpl* bancarie, spese *fpl* bancarie. ~ **clerk** *s.* impiegato *m* (*f* –a) di banca. ~ **draft** *s.* assegno *m* circolare (*o* bancario).

banker¹ ['bæŋkə] *s.* **1** banchiere *m.* **2** (*employee*) bancario *m.*

banker² *s.* **1** ⟨*Pesc*⟩ (*vessel*) imbarcazione *f* per la pesca dei merluzzi. **2** (*person*) pescatore *m* di merluzzi. **3** (*horse*) cavallo *m* addestrato a saltare ostacoli.

banker³ *s.* **1** banco *m* da lavoro. **2** ⟨*Edil*⟩ banco *m* da muratore.

banker's| **acceptance** *s.* → **bank acceptance.** ~ **transfer** *s.* bonifico *m* bancario.

banket [bæŋ'ket] *s.* ⟨*Min*⟩ quarzite *f* aurifera.

bank| **group** *s.* raggruppamento *m* di banche. ~ **holiday** *s.* **1** festa *f* civile. **2** (*am*) giorno *m* feriale in cui sono chiuse le banche. ~ **indicator** *s.* ⟨*Aer*⟩ sbandometro *m.*

banking¹ ['bæŋkiŋ] **I** *s.* attività *f* bancaria, tecnica *f* bancaria. **II** *a.* bancario, di banca: ~ *hours* orario di banca.

banking² *s.* (*construction of banks*) arginatura *f.*

banking| **account** *s.* → **bank account.** ~ **group** *s.* → **bank group.** ~ **hours** *s.pl.* orario *m* di sportello (di una banca). ~ **house** *s.* istituto *m* bancario (*o* di credito). ~ **secret** *s.* segreto *m* bancario. ~ **system** *s.* sistema *m* bancario.

bank| **interest** *s.* interesse *m* bancario. ~ **manager** *s.* direttore *m* di banca. ~**note** *s.* biglietto *m* di banca, banconota *f.* ~ **official** *s.* funzionario *m* di banca. ~ **overdraft** *s.* scoperto *m* di conto corrente. ~ **paper** *s.* carta *f* bancaria, valori *mpl* bancari. ~ **payment order** *s.* ordine *m* di bonifico. ~ **rate** *s.* tasso *m* (ufficiale) di sconto. ~ **robber** *s.* rapinatore *m* (*f* –trice) di banca. ~ **roll** *am.* *s.* situazione *f* finanziaria.

bankrupt ['bæŋkrəpt] **I** *s.* **1** ⟨*Dir*⟩ fallito *m* (*f* –a), bancarottiere *m.* **2** (*insolvent debtor*) debitore *m* (*f* –trice) insolvente. **3** ⟨*fig*⟩ fallito *m* (*f* –a), rovinato *m* (*f* –a). **II** *a.* **1** ⟨*Dir*⟩ fallito. **2** ⟨*fig*⟩ totalmente privo (*of* di). **III** *v.t.* **1** far fallire, mandare in rovina. **2** ⟨*fig*⟩ privare. □ ⟨*Dir*⟩ ~'s *certificate* atto *m* del concordato fallimentare; ~'s *estate* massa *f* fallimentare; *to* **go** ~ fare fallimento, fallire.

bankruptcy ['bæŋkrəptsi] *s.* ⟨*Dir*⟩ bancarotta *f,* fallimento *m.* □ *act of* ~ atto *m* d'insolvibilità; **adjudication** *in* ~ ordinanza *f* fallimentare; **composition** *of* ~ concordato preventivo al fallimento; **decree** *of* ~ sentenza dichiarativa di fallimento; **discharge** *in* ~ revoca *f* di fallimento; **fraudulent** ~ bancarotta *f* fraudolenta.

bankruptcy| **law** *s.* ⟨*Dir*⟩ diritto *m* fallimentare. ~ **offence** *s.* reato *m* fallimentare. ~ **petition** *s.* ⟨*Dir*⟩ istanza *f* fallimentare (*o* di fallimento). ~ **proceedings** *s.pl.* procedura *f* fallimentare. ~ **sale** *s.* vendita *f* fallimentare.

bankrupt's estate *s.* ⟨*Dir*⟩ massa *f* fallimentare.

banksman ['bæŋksmən] *s.irr.* ⟨*Minier*⟩ sorvegliante *m.*

bank| **statement** *s.* estratto *m* conto. ~ **stock** *s.* capitale *m* azionario. ~ **teller** *am.* *s.* cassiere *m* (*f* –a). ~ **transfer** → **banker's transfer.**

banner ['bænə] **I** *s.* **1** bandiera *f,* stendardo *m.* **2** (*strip of cloth across a street*) striscione *m.* **3** ⟨*Stor*⟩ (*of a knight*) stendardo *m;* (*of a community*) gonfalone *m.* **4** ⟨*fig*⟩ vessillo *m,* insegna *f: the* ~ *of independence* il vessillo dell'indipendenza. **II** *a.* ⟨*am*⟩ felice, riuscito, eccezionale. □ *to follow* (*o* join) *s.o.'s* ~ mettersi sotto la bandiera di qd.

banneret ['bænəret] *s.* ⟨*Stor*⟩ banderese *m.*

banneret(te) [,bænəˈret] *s.* bandierina *f.*

banner headline *s.* ⟨*Giorn*⟩ titolo *m* a tutta pagina, titolone *m.*

bannerol ['bænəroul] *s.* ⟨*Arald,Arch*⟩ banderuola *f.*

bannister *s.* → **banister.**

banns [bænz] *s.pl.* ⟨*Rel*⟩ pubblicazioni *fpl* (di matrimonio): *to put up the* ~ esporre le pubblicazioni.

banquet ['bæŋkwit] **I** *s.* **1** banchetto *m,* convito *m.* **2** (*lavish feast*) lauto pranzo *m.* **II** *v.t.* festeggiare, invitare a un banchetto. **III** *v.i.* banchettare. **banqueter** [–ə] *s.* convitato *m* (*f* –a).

banquet room *s.* sala *f* dei banchetti.

banquette [bæŋˈket] *s.* **1** banchina *f.* **2** ⟨*Mil*⟩ (*fire step*) banchina *f* di tiro. **3** (*on a stage coach*) sedile *m* dietro il conducente.

banshee ['bænʃi] *s.* **1** ⟨*irl,scozz*⟩ spirito *m* di donna (il cui lamento è considerato presagio di morte). **2** ⟨*fam*⟩ allarme *m* aereo.

bant [bænt] *v.i.* ⟨*ant*⟩ seguire una dieta dimagrante (priva di farinacei).

bantam ['bæntəm] *s.* **1** ⟨*Zootecn*⟩ pollo *m* bantam. **2** ⟨*fig*⟩ persona *f* piccola e battagliera. **bantamweight** [–weit] *s.* ⟨*Sport*⟩ peso *m* gallo.

banter ['bæntə] **I** *s.* canzonatura *f,* bonario scambio *m* di prese in giro, punzecchiature *fpl* scherzose. **II** *v.t.* stuzzicare, prendere in giro bonariamente, canzonare. **III** *v.i.* parlare in modo scherzoso.

'ban-the-'bomb *a.* antinucleare. □ ~ *demonstration* dimostrazione *f* antinucleare.

banting ['bæntiŋ] *s.* ⟨*Med*⟩ cura *f* dimagrante (priva di farinacei).

bantling ['bæntliŋ] *s.* ⟨*spreg*⟩ marmocchio *m* (*f* –a).

Bantu ['bæntu:] **I** *s.* (*pl. inv./*-s [z]) **1** bantù *m/f.* **2** (*language*) bantù *m,* lingua *f* bantù. **II** *a.* bantù.

banyan ['bæniən] *s.* **1** (*banyan tree*) fico *m* del Banian. **2** (*shirt*) camicia *f* indiana. **3** (*Hindu trader*) commerciante *m* indù.

banzai attack [bænˈzai] *s.* attacco *m* suicida in massa.

baobab ['beiəbæb] *s.* ⟨*Bot*⟩ (*baobab tree*) baobab *m.*

baptism ['bæptizəm] *s.* **1** ⟨*Rel*⟩ battesimo *m.* **2** ⟨*fig*⟩ battesimo *m,* iniziazione *f.* □ ~ *of blood* battesimo *m* del sangue, martirio *m;* ⟨*Mil*⟩ ~ *of fire* battesimo *m* del fuoco (*anche fig.*). **bap'tismal** [–zməl] *a.* battesimale, del battesimo.

baptismal| **font** *s.* fonte *m* battesimale. ~ **name** *s.* nome *m* di battesimo.

baptist ['bæptist] *s.* ⟨*Rel*⟩ battezzatore *m.*

Baptist¹ **I** *s.* ⟨*Rel*⟩ battista *m/f.* **II** *a.* battista.

Baptist² *N.pr.* Giovanni *m* il Battista.

baptistery ['bæptistəri], **baptistry** [–tri] *s.* **1** ⟨*Arch*⟩ battistero *m.* **2** ⟨*Rel*⟩ (*font*) fonte *m* battesimale.

baptize [bæpˈtaiz] **I** *v.t.* **1** ⟨*Rel*⟩ battezzare. **2** ⟨*fig*⟩ purificare. **3** (*to name*) battezzare, chiamare, dare un nome a. **II** *v.i.* impartire il battesimo. **baptizer** [–ə] *s.* battezzatore *m.*

bar¹ [ba:] *s.* **1** sbarra *f,* spranga *f.* **2** (*slab*) pezzo *m* (oblungo), tavoletta *f: a* ~ *of soap* un pezzo di sapone, una saponetta; (of gold, silver) lingotto m. 3 〈fig〉 (obstacle) ostacolo m, impedimento m. 4 (place of refreshment) bar m; (counter) banco m. 5 (piece of furniture) bar m, mobile m bar; (mobile bar) carrello m. 6 〈Dir〉 (legal profession) professione f forense (o legale): to be admitted (o called) to the ~ esser ammesso all'esercizio della professione forense; to practise at the ~ praticare la professione legale. 7 (lawyers) foro m. 8 〈fig〉 (testing agency) tribunale m: the ~ of public opinion il tribunale dell'opinione pubblica. 9 (of a river, harbour) barriera f, barra f. 10 〈Strad〉 (barrier) sbarramento m. 11 (stripe of light or colour) striscia f. 12 〈Mus〉 (bar line, double bar) sbarra f, barra f, doppia barra f (o sbarra); (musical unit) misura f, battuta f: the opening –s le prime battute. 13 (railing in court) sbarra f, ringhiera f (che divide la corte dal pubblico). 14 〈Parl〉 ringhiera f. 15 (in ballet: barre) sbarra f. 16 〈Mil〉 (insignia) insegne fpl; (additional honour) onorificenze fpl. 17 〈Arald〉 fascia f. □ 〈Dir〉 to appear at the ~ comparire in giudizio; to be tried at the ~ subire un pubblico processo; 〈fig〉 to be behind –s esser dietro le sbarre, essere in prigione; ~ of chocolate tavoletta f (o stecca) di cioccolato; the ~ of conscience il tribunale della coscienza; prison without –s prigione f senza sbarre; the prisoner at the ~ l'imputato; to read for the ~ studiare per diventare avvocato; 〈Dir〉 to be called to the ~ essere nominato patrocinante per la Corona.

bar[2] v.t. (pret., p.p. **barred** [–d]) **1** sbarrare, sprangare: he –red the door sprangò la porta. **2** (to shut up) chiudere, serrare: he –red himself in his study si chiuse nel suo studio. **3** (to block) sbarrare: to ~ the exit sbarrare l'uscita. **4** (to forbid) vietare, proibire. **5** (to prevent) escludere, impedire: they –red her from taking the examination la esclusero dall'esame. **6** (to mark with stripes) striare, segnare con strisce.

bar[3] prep. eccetto, all'infuori di, escluso: ~ none nessuno escluso.

bar. = **1** barometer barometro. **2** 〈Mus〉 baritone baritono.

Barabbas [bəˈræbəs] N.pr. 〈Bibl〉 Barabba m.

Bar Association s. 〈Dir〉 ordine m degli avvocati.

barathrum [ˈbærəθrʌm] s. (pl. **-thra** [θrə]) baratro m, abisso m.

barb[1] [bɑːb] s. **1** barbiglio m, punta f ricurva (o uncinata); (of an arrow) barbiglio m; (of a bee) punta f del pungiglione. **2** 〈fig〉 battuta f pungente, frecciata f. **3** 〈Biol,Ornit〉 barba f. **4** 〈Itt〉 barbiglio m. **5** 〈Vest〉 soggolo m. **II** v.t. fornire di punta.

barb[2] s. **1** barbero m, barbaresco m. **2** (pigeon) piccione m di Barberia.

Barbara [ˈbɑːbərə] N.pr. Barbara f.

barbaresque [ˌbɑːbəˈresk] a. barbaresco.

barbarian [bɑːˈbɛəriən] **I** s. **1** 〈Stor〉 barbaro m. **2** (rough or crude person) selvaggio m (f –a), primitivo m (f –a). **3** (philistine) persona f incolta. **II** a. **1** rozzo, zotico, selvaggio, primitivo. **2** (foreign) barbaro, straniero. **barbaric** [–ˈbærik] a. **1** barbaro, incivile. **2** 〈fig〉 vistoso, sgargiante. ,**barbarism** [–bəˈrizəm] s. **1** barbarie f. **2** 〈Ling〉 barbarismo m. **barbarity** [–ˈbæriti] s. **1** crudeltà f, efferatezza f. **2** (act) crudeltà f, barbarie f.

barbarize [ˈbɑːbəraiz] **I** v.t. **1** rendere barbaro, barbarizzare. **2** (of language) imbastardire. **II** v.i. imbarbarirsi, divenire barbaro. **barbarous** [–rəs] a. **1** barbaro, selvaggio, primitivo: ~ tribes tribù selvagge. **2** (inhumane, cruel) barbaro, crudele, feroce, inumano. **3** (of language) barbaro. **barbarousness** [–rəsnis] s. → **barbarity**.

Barbary [ˈbɑːbəri] N.pr. 〈Stor,Geog〉 Barberia f.

Barbary ape s. 〈Zool〉 bertuccia f.

barbate [ˈbɑːbeit] a. 〈Biol〉 barbato.

barbecue [ˈbɑːbikjuː] **I** s. **1** barbecue m. **2** (grill) grande graticola f. **3** (piece of meat) pezzo m di carne arrosto; (animal) animale m arrostito intero. **II** v.t. arrostire all'aperto.

barbecue| **party** s. barbecue m. ~ **sauce** s. salsa f per barbecue.

barbed [bɑːbd] a. **1** (of an arrow) con barbigli. **2** 〈fig〉 acuto, pungente: ~ criticism critica pungente. **barbed**

wire s. filo m spinato.

barbel [bɑːbl] s. 〈Itt〉 **1** (barb) barbiglio m. **2** (fish) barbo m.

bar bell s. 〈Ginn〉 manubrio m.

barber [ˈbɑːbə] s. barbiere m, parrucchiere m (f –a).

barberry [ˈbɑːbəri] s. 〈Bot〉 crespino m.

barbershop am. [ˈbɑːbəʃɔp] s. → **barber's shop**.

barber's| **pole** s. insegna f del barbiere (colonna a strisce rosse e bianche). ~ **shop** s. negozio m di barbiere, salone m.

barber surgeon s. 〈Stor〉 cerusico m.

barbiturate [bɑːˈbitjureit] s. 〈Farm〉 barbiturico m.

barbiturate poisoning s. 〈Med〉 barbiturismo m.

barbituric [ˌbɑːbiˈtjuərik] a. 〈Chim〉 barbiturico.

barbule [ˈbɑːbjuːl] s. **1** barbetta f. **2** (of feathers) barbula f.

barb wire s. → **barbed wire**.

barcarol(l)e [ˈbɑːkəroul] s. 〈Mus〉 barcarola f.

Barcelona [ˌbɑːsiˈlounə] N.pr. 〈Geog〉 Barcellona f.

bar code s. 〈Inform〉 codice m a barre. □ ~ scanner lettore m di codice a barre.

bard[1] [bɑːd] s. **1** 〈Stor〉 bardo m. **2** (poet) poeta m (f –essa), 〈lett〉 bardo m. □ the ~ of Avon (Shakespeare) il bardo di Avon.

bard[2] **I** s. **1** 〈Mil.ant〉 bardatura f, 〈ant〉 barda f. **2** 〈Gastr〉 ricopertura f di fette di bacon. **II** v.t. 〈Gastr〉 ricoprire di bacon.

bardic [ˈbɑːdik] a. proprio dei bardi, di (o da) bardo, bardito.

bare [bɛə] **I** s. **1** (naked: of people, things) nudo: with ~ hands a mani nude; (of trees) spoglio; (of hills, etc.) brullo. **2** (empty) vuoto. **3** (bald, plain) semplice, disadorno, spoglio. **4** (undisguised) puro, schietto: the ~ truth la pura verità. **5** (mere) mero, puro, semplice. **II** v.t. **1** smascherare, scoprire, rivelare: to ~ one's teeth scoprire i denti; (to unsheathe) sguainare, sfoderare. **2** (to divulge) divulgare, svelare. □ 〈fam〉 ~ as baby's bottom nudo come un verme; to sleep on ~ boards dormire sul tavolaccio; 〈fig〉 the ~ bones gli elementi essenziali; a ~ handful of people uno sparuto gruppetto di persone; to ~ one's head scoprirsi il capo; 〈fig〉 to lay ~ mettere a nudo, svelare; to earn a ~ living guadagnarsi appena da vivere; the ~ minimum il minimo (o lo stretto) indispensabile; the ~ necessities of life lo stretto necessario (per vivere).

bareback(ed) [ˈbɛəbæk(t)] avv./a. (of riding) a dorso nudo, a pelo, senza sella: to ride ~ cavalcare senza sella.

barefaced [ˈbɛəfeist] a. **1** a viso scoperto, senza maschera. **2** 〈fig〉 (shameless) impudente, sfacciato. **3** (undisguised) a viso aperto, chiaro, senza sottintesi. ,**bare'facedness** [–sidnis] s. **1** schiettezza f. **2** (impudence) sfacciataggine f, impudenza f.

bare|**fisted** a./avv. a mani nude. ~**foot(ed)** a./avv. a piedi nudi, scalzo. ~**handed** a./avv. **1** a mani nude. **2** (without weapons) disarmato, inerme. **3** 〈fam〉 con le mani nel sacco. '~'**headed** a./avv. a capo scoperto, a testa nuda. ~-**legged** a./avv. a gambe nude.

barely [ˈbɛəli] avv. **1** appena, a mala pena: ~ enough food cibo appena sufficiente. **2** (openly) apertamente, chiaramente. **3** (poorly) scarsamente, poveramente: ~ furnished poveramente ammobiliato.

bareness [ˈbɛənis] s. **1** nudità f. **2** 〈fig〉 (plainness) semplicità f.

baresark [ˈbɛəsɑːk] **I** s. feroce guerriero m. **II** avv. senza armatura.

barf am. [bɑːf] v.i. 〈fam〉 vomitare.

bargain[1] [ˈbɑːgin] s. **1** patto m, accordo m: to make a ~ with s.o. fare un patto con qd. **2** 〈Dir〉 contratto m, transazione f. **3** 〈concr〉 occasione f, affare m. □ 〈fig〉 to make the best of a bad ~ fare buon viso a cattivo gioco; to ~ for prevedere, aspettarsi: I knew it would not be easy, but I did not ~ for all this trouble sapevo che non sarebbe stato facile ma non prevedevo tante difficoltà; to drive a hard ~ porre delle condizioni difficili; into the ~ per giunta, in più; losing ~ magro affare; to strike a ~ with s.o. concludere (o fare) un affare con qd. Prov.: a bargain's a ~ affare fatto non si torna indietro.

bargain[2] I *v.i.* **1** mercanteggiare (*for* su, per), tirare sul prezzo (di), contrattare (qc.). **2** (*to come to terms*) accordarsi (*at, on* su), pattuire (qc.). II *v.t.* **1** negoziare, scambiare, barattare. **2** (*to arrange*) stipulare, stabilire. □ *to* ~ **away** svendere; (*fam*) *to get more than one* –*ed* **for** ottenere più di quanto ci si aspettasse; *to* ~ **on** *s.th.*: **1** accordarsi su qc.; **2** (*fig*) contare (*o* fare affidamento) su qc.

bargain counter *s.* banco *m* delle occasioni.

bargainee [,bɑ:gi'ni:] *s.* (*Dir*) acquirente *m/f.* **'bargainer** [–nə] *s.* chi mercanteggia. **'bargaining** [–niŋ] *s.* **1** mercanteggiamento *m.* **2** (*negotiating*) contrattazione *f:* collective ~ contrattazione collettiva.

bargaining| position *s.* posizione *f* contrattuale. ~ **unit** *am. s.* categoria *f* sindacale.

bargainor [,bɑ:gi'nɔ:] *s.* (*Dir*) contraente *m/f.*

bargain| pack *s.* pacco *m* offerta. ~ **price** *s.* prezzo *m* di liquidazione. ~ **sale** *s.* vendita *f* dei saldi, liquidazione *f.*

barge [bɑ:dʒ] I *s.* **1** (*Mar*) chiatta *f,* barcone *m.* **2** (*vessel of state*) lancia *f* da parata. **3** (*Mar*) lancia *f.* II *v.t.* trasportare (su chiatta). III *v.i.* muoversi pesantemente. □ *to* ~ **in** intromettersi, intervenire a sproposito; *to* ~ **into** *s.th.* scontrarsi (*o* urtare) contro qc. **bargee** [bɑ:'dʒi:] *s.* barcaiolo *m,* battelliere *m.*

barge|man [mən] *s.irr.* → **bargee.** ~**pole** *s.* (*Mar*) gaffa *f.* □ (*fam*) *I wouldn't touch it with a* ~ non lo toccherei neanche con la punta di un bastone.

bar|gold *s.* (*Met*) oro *m* in verghe, lingotto *m* d'oro. ~ **graph** *s.* (*Statist*) diagramma *m* a colonne. ~**hop** *am. v.i.* (*fam*) fare il giro dei bar (*o* locali notturni).

baric ['bærik] *a.* **1** (*Chim*) barico, di bario. **2** (*Fis*) barico.

barite ['bɛərait] *s.* (*Min*) baritina *f,* spato *m* pesante.

baritone ['bæritoun] I *s.* (*Mus*) voce *f* di baritono. **2** (*singer, instrument*) baritono *m* II *a.* baritonale, di (*o* da) baritono. **baritone clef** *s.* (*Mus*) chiave *f* di basso.'

barium ['bɛəriəm] *s.* (*Chim*) bario *m.*

bark[1] I *s.* **1** abbaio *m.* **2** (*sound of gunfire*) colpo *m,* scoppio *m.* **3** (*sharp order*) ordine *m* secco (*o* brusco). **4** (*fam*) (*cough*) tosse *f* secca. II *v.i.* **1** abbaiare. **2** (*of loud sounds*) scoppiare, esplodere. **3** (*to speak sharply*) abbaiare, sbraitare, parlare in tono iroso. **4** (*fam*) (*to cough*) tossire. □ (*fig*) *to* ~ *at the moon* abbaiare alla luna' (*o* al vento); (*fig*) *to* ~ *up the wrong tree* prendersela con chi non c'entra. *Prov.: his* ~ *is worse than his bite* can che abbaia non morde.

bark[2] I *s.* **1** (*of a tree*) corteccia *f,* scorza *f.* **2** (*Conc*) concia *f.* II *v.t.* **1** scortecciare. **2** (*to scrape skin*) sbucciarsi, scorticarsi: *I* –*ed my knee* mi sbucciai il ginocchio. **3** (*Conc*) conciare.

barkeeper ['bɑ:ki:pə] *s.* **1** proprietario *m* (*f* –a) di bar. **2** → **bartender.**

barkentine ['bɑ:kənti:n] *s.* (*Mar*) nave *f* goletta.

barker ['bɑ:kə] *s.* **1** abbaiatore *m* (*f* –trice). **2** (*fam*) (*showman*) imbonitore *m* (*f* –trice). **3** (*fam*) (*gun*) pistola *f.*

barking[1] ['bɑ:kiŋ] *s.* **1** abbaiamento *m.* **2** (*fam*) tosse *f* secca.

barking[2] *s.* (*stripping bark*) scortecciamento *m.*

barky ['bɑ:ki] *a.* **1** ricoperto di scorza. **2** (*resembling bark*) simile a scorza.

barley ['bɑ:li] *s.* (*Bot*) orzo *m.*

barley| broth *s.* **1** whisky *m.* **2** (*beer*) birra *f.* ~ **corn** *s.* chicco *m* d'orzo. ~ **mow** *s.* cumulo *m* di covoni d'orzo. ~ **sugar** *s.* caramella *f* di zucchero d'orzo. ~ **water** *s.* orzata *f.*

bar line *s.* (*Mus*) linea *f* di divisione della battuta.

barlow knife *am.* ['bɑ:lou] *s.irr.* tipo di coltello.

barm [bɑ:m] *s.* lievito *m* di birra.

bar|maid *s.* barista *f.* ~**man** [mən] *s.irr.* barista *m.*

barmy ['bɑ:mi] *a.* **1** in fermentazione. **2** (*fam*) (*daft*) scemo, tocco.

barn [bɑ:n] *s.* **1** capannone *m* (agricolo); (*for hay*) fienile *m*; (*for grain*) granaio *m*; (*cowshed*) stalla *f.* **2** (*am*) (*garage, depot*) autorimessa *f.* **3** (*fam*) (*large, comfortless place*) baracca *f.*

Barnabas ['bɑ:nəbəs] *N.pr.* (*Bibl*) Barnaba *m.*

Barnabite ['bɑ:nəbait] *s.* (*Rel*) barnabita *m.*

Barnaby ['bɑ:nəbi] *N.pr.* Barnaba *m.*

barnacle ['bɑ:nəkl] *s.* **1** (*Zool*) cirripede *m.* **2** (*Ornit*) (*barnacle goose*) oca *f* dalla faccia bianca. **3** (*fig*) seccatore *m* (*f* –trice), attaccabottoni *m/f.* **barnacled** [–d] *a.* coperto (*o* incrostato) di conchiglie. **barnacles** [–z] *s.pl.* **1** (*Equit*) torcinàso *m.* **2** (*fam*) (*spectacles*) occhiali *mpl* a stringinaso.

Barnard ['bɑ:nəd] *N.pr.* Bernardo *m.*

barn| dance *am. s.* festa *f* campestre. ~ **door** *s.* **1** portone *m* del granaio. **2** (*fam*) facile bersaglio *m.* □ *as big as a* ~ grosso come una casa. ~**-door fowl** *s.* gallina *f.* ~ **owl** *s.* (*Ornit*) barbagianni *m.* ~ **raising** *am. s.* festa *f* rurale (indetta per aiutare il vicino a costruire un capannone). ~**storm** *am. v.i.* viaggiare tenendo discorsi politici *o* rappresentazioni teatrali. ~**-stormer** *am. s.* **1** oratore *m* elettorale. **2** (*Teat*) attore *m* girovago. ~**yard** I *s.* aia *f.* II *a.* **1** da cortile. **2** (*fig*) grossolano, spinto.

barograph ['bæro(u)grɑ:f] *s.* barografo *m.*

barometer [bə'rɔmitə] *s.* **1** (*Meteor*) barometro *m.* **2** (*fig*) barometro *m,* indice *m.*

barometer stock *s.* (*Econ*) titolo *m* guida.

barometric [,bærə'metrik], **barometrical** [,bærə'metrikl] *a.* barometrico. **barometry** [–tri] *s.* barometria *f.*

baron ['bærən] *s.* **1** barone *m.* **2** (*fam*) (*tycoon*) magnate *m,* grande industriale *m,* barone *m.* □ (*Macell*) ~ *of beef* i due lombi del bue, lombata doppia. **baronage** [–idʒ] *s.* **1** (*collett*) nobili *mpl,* nobiltà *f.* **2** (*rank, title*) baronia *f.* **baroness** [–es] *s.* baronessa *f.* **baronet** [–it] I *s.* baronetto *m.* II *v.t.* creare baronetto. **baronetage** [–itidʒ] *s.* **1** elenco *m* dei baronetti. **2** (*collett*) baronetti *mpl.* **baronetcy** [–itsi] *s.* titolo *m* (*o* rango) di baronetto. **baronial** [bə'rouniəl] *a.* **1** da barone, baronale. **2** (*fig*) da barone, magnifico, splendido. **barony** [–i] *s.* baronia *f.*

baroque [bə'rouk] I *a.* **1** (*Art*) barocco. **2** (*fig*) (*grotesque*) grottesco, barocco. II *s.* **1** (*Art*) barocco *m.* **2** (*fig*) grottesco *m.*

barouche [bə'ru:ʃ] *s.* barroccio *m,* calesse *m.*

barque [bɑ:k] *s.* (*Mar*) brigantino *m* a palo.

barrack[1] ['bærək] I *s.* **1** baracca *f.* **2** *pl.* (costr. sing. o pl.) (*Mil*) caserma *f.* **3** *pl.* (costr. sing. o pl) (*temporary building*) baraccamento *m;* (*large, plain building*) casermone *m.* II *v.t.* (*Mil*) alloggiare in caserme. □ *confined to* ~ consegnato (in caserma).

barrack[2] *v.t.* fischiare, schernire.

barrack|-like *a.* (*spreg*) casermesco. ~ **room** *s.* (*Mil*) camerata *f.* ~**-room language** *s.* linguaggio *m* da caserma. ~**-room lawyer** *s.* (*mil*) militare *m* che conosce a menadito i regolamenti.

barracks bag *am. s.* (*Mil*) zaino *m.*

barracuda [,bærə'ku:də] *s.* (*pl. inv./*–s [z]) (*Itt*) barracuda *m.*

barrage ['bærɑ:ʒ, *am.* bə'rɑːʒ] *s.* **1** (*Mil*) sbarramento *m.* **2** (*fig*) fuoco *m* di fila: *a* ~ *of questions* un fuoco di fila di domande. **3** (*Edil*) diga *f.*

barrage| balloon *s.* pallone *m* di sbarramento. ~ **fire** *s.* (*Mil*) tiro *m* di sbarramento.

barrater, barrator ['bærətə] *s.* **1** barattiere *m.* **2** (*Dir*) istigatore *m* (*f* –trice) di liti, attaccabrighe *m/f.* **barratry** [–tri] *s.* **1** baratteria *f.* **2** (*Dir*) istigazione *f* alle liti. **3** (*simony*) simonia *f.*

barred [bɑ:d] *a.* **1** sbarrato, munito di sbarre: *a* ~ *window* una finestra sbarrata. **2** (*striped*) striato. **3** (*prohibited*) proibito, vietato.

barrel[1] ['bærəl] *s.* **1** barile *m,* botte *f.* **2** (*measure*) barile *m.* **3** (*of a gun*) canna *f.* **4** (*of a fountain pen*) serbatoio *m.* **5** (*Orol*) cilindro *m.* **6** (*Mar*) (*of a capstan*) tamburo *m,* campana *f.* **7** (*Veter*) (*of a horse, etc.*) tronco *m.* □ *lock, stock and* ~ con armi e bagagli.

barrel[2] *v.* (*pret., p.p.* -lled/*am.* -led [–d]) I *v.t.* mettere in botte (*o* barile), imbarilare. II *v.i.* (*fam*) andare di gran carriera.

barrel| chair *s.* (*tub chair*) poltrona *f* con schienale avvolgente. ~**-chested** *a.* dal torace ben sviluppato.

barrelful ['bærəlful] *s.* **1** barilata *f,* barile *m.* **2** (*great deal*) gran quantità *f*.

barrel|head *s.* fondo *m* di barile. □ ⟨*fam*⟩ *cash on the ~* paga subito, qua i soldi. **~house** *am. s.* ⟨*sl*⟩ bar *m* d'infimo ordine.

barrelled ['bærəld] *a.* **1** (nei composti; *of a rifle, etc.*) a canna ...: *a double-~ shotgun* un fucile a doppia canna. **2** (*in barrels*) imbarilato, in barile: *~ beer* birra imbarilata.

barrel| organ *s.* organino *m*, organetto *m* di Barberia. **~ roll** *s.* ⟨*Aer*⟩ vite *f* orizzontale. **~ roof, ~ vault** *s.* ⟨*Arch*⟩ volta *f* a botte.

barren ['bærən] *a.* **1** arido, brullo. **2** (*sterile*) sterile, infecondo. **3** (*fig*) (*dull*) scialbo, insignificante, privo di interesse. **4** (*fruitless*) sterile, infecondo, infruttuoso. **5** (*lacking*) privo (*of* di). **barrenness** [–nis] *s.* sterilità *f*, aridità *f*. **barrens** [–z] *s.pl.* lande *fpl.*

barret ['bærit] *s.* ⟨*Stor*⟩ berretta *f*.

barrette [bæˈret] *s.* barretta *f* per capelli.

barricade [ˌbæriˈkeid] **I** *s.* **1** ⟨*Mil*⟩ barricata *f*. **2** (*fig*) barriera *f*, ostacolo *m*. **3** ⟨*Equit*⟩ cancelli *mpl* di partenza. **II** *v.t.* **1** barricare, ostruire. **2** (*to shut in*) barricare, chiudere dentro, asserragliare.

barrier ['bæriə] *s.* **1** barriera *f*, palizzata *f*; (*natural bar*) barriera *f: a mountain ~* una barriera montuosa. **2** (*fig*) ostacolo *m*, barriera *f*. □ ⟨*Comm*⟩ *~ to entry* barriera *f* all'entrata.

barrier| beach *s.* ⟨*Geog*⟩ barra *f*. **~ cream** *s.* ⟨*Mil*⟩ crema *f* antivampa. **~ reef** *s.* ⟨*Geol*⟩ barriera *f* corallina.

barring ['bɑːriŋ] *prep.* **1** eccetto, fatta eccezione per, all'infuori di. **2** (*except in the event of*) salvo (che), a meno di, tranne in caso di: *~ bad weather* salvo avverse condizioni atmosferiche.

barrister ['bæristə] *s.* ⟨*Dir*⟩ patrocinatore *m* legale, avvocato *m*. □ *revising ~* revisore *m* delle liste elettorali.

bar room *am.* ['bɑːruːm] *s.* bar *m*, mescita *f*.

barrow[1] ['bærou] *s.* **1** barella *f*. **2** (*wheelbarrow*) carriola *f*. **3** (*handcart*) carrettino *m*.

barrow[2] *s.* **1** ⟨*Archeol*⟩ tumulo *m*. **2** (*hill*) collina *f*, altura *f*.

barrow boy *s.*, **barrow man** *s.irr.* venditore *m* ambulante.

bar sinister *s.* **1** ⟨*Arald*⟩ banda *f* sinistra. **2** ⟨*fig*⟩ illegittimità *f*.

Bart. = *Baronet* baronetto *m*.

bartender ['bɑːtendə] *s.* barista *m/f*, barman *m*.

barter ['bɑːtə] **I** *v.i.* fare baratti. **II** *v.t.* **1** barattare, scambiare: *to ~ beads for wheat* barattare perle con grano. **2** (*fig*) (general. con *away*) barattare, dare in cambio. **III** *s.* baratto *m*, scambio *m*, permuta *f*. **barterer** [–rə] *s.* barattatore *m* (*f* –trice).

Bartholomew [bɑːˈθɔləmjuː] *N.pr.* Bartolomeo *m*. **Bart's** = *St. Bartholomew's Hospital* ospedale di san Bartolomeo (a Londra).

barycentre ['bærisentə] *s.* ⟨*Fis*⟩ baricentro *m*. **,bary'centric** [–trik] *a.* baricentrico.

baryta [bəˈraitə] *s.* ⟨*Chim*⟩ ossido *m* di bario.

barytes [bəˈraitiːz], **barytine** ['bæritin] *s.* → **barite**.

barytone *s./a.* → **baritone**.

basal ['beisl] *a.* **1** basale, di base. **2** ⟨*fig*⟩ basilare, fondamentale. **3** ⟨*Fisiol,Farm*⟩ basale: *~ metabolism* metabolismo basale.

basalt ['bæsɔːlt] *s.* ⟨*Geol*⟩ basalto *m*. **ba'saltic** [–ik] *a.* basaltico.

bascule ['bæskjuːl] *s.* bilico *m*.

bascule| barrier *s.* ⟨*Strad*⟩ sbarra *f* a bilico. **~ bridge** *s.* ponte *m* ⌐a bilico⌐ (*o* levatoio).

base[1] [beis] **I** *s.* **1** base *f* (*anche Chim.,Mat.*). **2** (*main ingredient*) base *f: paint with an oil ~* vernice a base di olio. **3** ⟨*Arch*⟩ base *f*, piedistallo *m*, zoccolo *m*, piattaforma *f*. **4** (*starting line*) base *f*, linea *f* di partenza. **5** (*starting place*) base *f*, punto *m* di partenza: *the ~ of a climbing expedition* la base di una spedizione alpinistica. **6** ⟨*Fot*⟩ supporto *m*. **7** ⟨*Topogr*⟩ (*base line*) base *f* di rilevamento. **8** ⟨*El*⟩ zoccolo *m*; (*of transistors*) base *f*. **II** *a.* (di) base, di fondo. **III** *v.t.* **1** basare, fondare (*anche fig.*). **2** ⟨*Mil*⟩ avere come base, essere di base: *company*

–d in Paris compagnia di base a Parigi. **3** ⟨*rifl*⟩ (*to rely on*) fidarsi. □ *to be –d on s.th.* basarsi su qc.; ⟨*am.fam*⟩ *to get to first ~* ottenere un successo iniziale; ⟨*Mil*⟩ *~ of operations* base *f* delle operazioni.

base[2] **I** *a.* **1** basso, vile, spregevole, ignobile, meschino. **2** (*menial*) umile, vile, basso: *~ tasks* umili faccende. **3** (*inferior*) inferiore, di scarto, scadente: *~ materials* materiali scadenti. **4** (*of currency*) svalutato, deprezzato; (*counterfeit*) falso. **5** (*illegitimate*) bastardo, illegittimo. **II** *s.* ⟨*am.Mus*⟩ (*bass*) basso *m*.

base| address *s.* ⟨*Inform*⟩ indirizzo *m* di base. **~ angle** *s.* ⟨*Geom*⟩ angolo *m* alla base. **~ball** *s.* ⟨*Sport*⟩ **1** baseball *m*, pallabase *f*. **2** (*ball*) palla *f* da baseball. **'~-'born** *a.* **1** di umili (*o* oscuri) natali. **2** (*illegitimate*) illegittimo, bastardo. **~ coat** *s.* prima mano *f*. **~ hit** *s.* ⟨*Sport*⟩ battuta *f* con cui il giocatore conquista la prima base. **~ industry** *s.* industria *f* chiave.

Basel ['bɑːzəl] *N.pr.* ⟨*Geog*⟩ Basilea *f*.

baseless ['beislis] *a.* **1** senza base. **2** (*fig*) senza fondamento, infondato. **baselessness** [–nis] *s.* infondatezza *f*.

base|line *s.* **1** ⟨*Art*⟩ linea *f* base. **2** ⟨*Sport*⟩ (*in baseball*) linea *f* di gioco; (*in tennis*) linea *f* di fondo. **3** ⟨*Topogr*⟩ base *f* di rilevamento. **~ load** *s.* ⟨*El*⟩ carico *m* base.

basely ['beisli] *avv.* vilmente, ignobilmente, bassamente.

baseman ['beismæn] *s.irr.* ⟨*Sport*⟩ difensore *m* della base.

basement ['beismənt] *s.* **1** ⟨*Edil*⟩ piano *m* interrato (*o* seminterrato), scantinato *m*. **2** ⟨*Arch*⟩ basamento *m*.

base metal *s.* **1** metallo *m* vile. **2** (*main metal of an alloy*) metallo *m* base.

baseness ['beisnis] *s.* bassezza *f* morale, ignobiltà *f*, meschinità *f*.

base| pay *s.* paga *f* base. **~ rate** *s.* unità *f* di pagamento. **~ register** *s.* registro *m* di base.

bash [bæʃ] ⟨*sl*⟩ **I** *v.t.* **1** colpire (con violenza). **2** (*to smash by a blow;* spesso con *in*) sfondare. **II** *v.i.* urtare violentemente, cozzare (*against, into* contro). **III** *s.* colpo *m* violento. □ ⟨*fam*⟩ *to have a ~ at s.th.* tentare di far qc., provarci.

bashful ['bæʃfəl] *a.* timido, vergognoso, ritroso. **bashfully** [–i] *avv.* timidamente, con ritrosia. **bashfulness** [–nis] *s.* timidezza *f*.

basic ['beisik] **I** *a.* **1** fondamentale, basilare, di fondo, essenziale. **2** ⟨*Chim,Geol,Met*⟩ basico. **II** *s.* ⟨*am.Mil*⟩ **1** (*basic training*) addestramento *m* iniziale. **2** (*recruit*) recluta *f*. **3** ⟨*Inform*⟩ basic *m*.

BASIC = ⟨*Inform*⟩ *Beginner's All purpose Symbolic Instruction Code* basic, codice simbolico di istruzione polivalente per principianti.

basic airman *am.* [mən] *s.irr.* aviatore *m* del grado più basso.

basically ['beisikli] *avv.* fondamentalmente, sostanzialmente.

basic| capital *s.* capitale *m* d'impianto. **~ chemistry** *s.* chimica *f* di base. **~ cost** *s.* costo *m* (di) base. **~ English** *s.* inglese *m* essenziale. **~ industry** *s.* industria *f* chiave.

basicity [beiˈsisiti] *s.* ⟨*Chim*⟩ basicità *f*.

basic| needs *s.pl.* bisogni *mpl* primari (*o* fondamentali). **~ operation** *s.* ⟨*Mat*⟩ operazione *f* fondamentale. **~ pay** *s.* paga *f* base. **~ price** *s.* prezzo *m* base. **~ proposition** *s.* dichiarazione *f* protocollare. **~ rate** *s.* → **base rate**. **~ science** *s.* ⟨*Med*⟩ disciplina *f* fondamentale. **~ size** *s.* ⟨*Mecc*⟩ dimensioni *fpl* nominali. **~ slag** *s.* ⟨*Met*⟩ scoria *f* basica. **~ vocabulary** *s.* vocabolario *m* di base. **~ wage** *s.* salario *m* base.

basify ['beisifai] *v.t.* ⟨*Chim*⟩ basificare.

basil ['bæzl] *s.* ⟨*Bot*⟩ basilico *m*.

Basil *N.pr.* Basilio *m*.

basilar(y) ['bæsilə(ri)] *a.* ⟨*Anat*⟩ basilare.

basilica [bəˈsilikə] *s.* ⟨*Arch,Rel*⟩ basilica *f*. **basilical** [–l], **basilican** [–n] *a.* ⟨*Arch*⟩ basilicale.

basilisk ['bæzilisk] **I** *s.* basilisco *m*. **II** *a.* di basilisco (*anche fig.*).

basin ['beisn] *s.* **1** bacinella *f*, bacino *m*, catino *m*. **2** → **basinful**. **3** (*shallow place*) bacino *m*, vasca *f*, conca *f: a* *yacht* ~ un bacino per yacht; (*dock*) bacino *m*, darsena *f*. **4** ⟨*Geog,Geol*⟩ bacino *m*.

basinet ['bæsinet] *s*. ⟨*Mil.ant*⟩ elmo *m* leggero, bacinetto *m*.

basinful ['beisinful] *s*. (*contents*) bacinella *f*, catino *m*.

basis ['beisis] *s*. (*pl*. **-ses** [si:z]) **1** base *f* (*anche Mat*.). **2** ⟨*Arch*⟩ base *f*, basamento *m*. **3** ⟨*fig*⟩ base *f*, basi *fpl*, fondamento *m*.

bask [bɑ:sk, *am*. bæ:sk] *v.i*. **1** crogiolarsi, riscaldarsi (*in* a): *to* ~ *in the sun* crogiolarsi al sole. **2** (*to feel great pleasure*) bearsi (in, di), deliziarsi (di, in), crogiolarsi (in).

basket ['bɑ:skit, *am*. 'bæskit] **I** *s*. **1** cesto *m*, cesta *f*, cestino *m*, canestro *m*, paniere *m*; (*shopping bag*) sporta *f*. **2** → **basketful**. **3** (*in basketball*) canestro *m*, cesto *m*. **4** (*of a washing machine*) cestello *m*. **II** *v.t*. cestinare. □ ⟨*fig*⟩ *the pick of the* ~ il meglio, l'oggetto (*o* la persona) migliore.

basket|ball *s*. ⟨*Sport*⟩ **1** pallacanestro *f*. **2** (*ball*) pallone *m* da pallacanestro. **~ball player** *s*. cestista *m/f*, giocatore *m/f* di pallacanestro. **~ case** *s*. ⟨*fam*⟩ caso *m* disperato. **~ chair** *s*. poltrona *f* di vimini.

basketful ['bɑ:skitful] *s*. (*contents*) paniere *m*, panierata *f*.

basket| hilt *s*. elsa *f* a cesto. **~maker** *s*. panieraio *m*. **~ party** *s*. picnic *m*.

basketry ['bɑ:skitri] *s*. **1** ceste *fpl*, panieri *mpl*. **2** (*art*) arte *f* del panieraio.

basket| weave *s*. ⟨*Tess*⟩ armatura *f* panama. **~ work** *s*. lavoro *m* in vimini.

Basle [bɑ:l] *N.pr*. ⟨*Geog*⟩ Basilea *f*.

basnet ['beisnet] *s*. → **basinet**.

basque [bæsk] *s*. ⟨*Sart*⟩ corpetto *m* stretto.

Basque **I** *s*. **1** basco *m* (*f* –a). **2** (*language*) basco *m*, lingua *f* basca. **II** *a*. basco.

bas-relief [,bɑ:ri'li:f] *s*. ⟨*Art*⟩ bassorilievo *m*.

bass[1] [beis] **I** *a*. ⟨*Mus*⟩ basso, di basso. **II** *s*. **1** (*singer*) basso *m*. **2** (*in musical compositions*) nota *f* bassa. **3** (*voice*) voce *f* di basso.

bass[2] [bæs] *s*. (*pl. inv./*-sses [–iz]) ⟨*Itt*⟩ pesce *m* persico.

bass[3] [bæs] *s*. ⟨*Bot*⟩ **1** corteccia *f* fibrosa. **2** → **bass-wood**.

bass|-bar [beis] *s*. ⟨*Mus*⟩ barra *f* di armonia. **~ clef** *s*. ⟨*Mus*⟩ chiave *f* di basso, chiave di fa. **~ drum** *s*. ⟨*Mus*⟩ grancassa *f*.

basset[1] ['bæsit] *s*. ⟨*Zool*⟩ cane *m* bassotto, bassotto *m*.

basset[2] **I** *s*. ⟨*Geol*⟩ affioramento *m* di un filone. **II** *v.i*. (*of strata*) affiorare alla superficie.

basset[3] *s*. ⟨*ant*⟩ (*card game*) bassetta *f*.

basset|-horn *s*. ⟨*Mus*⟩ corno *m* di bassetto. **~ hound** *s*. → **basset[1]**.

bass| fiddle [beis] *s*. ⟨*Mus*⟩ contrabbasso *m*. **~ horn** *s*. tuba *f*.

bassinet [,bæsi'net] *s*. **1** culla *f* (di vimini). **2** (*pram*) carrozzella *f*.

basso ['bæsou] *s*. (*pl*. **-s** [z]) **1** basso *m*. **2** (*part*) parte *f* da (*o* di) basso.

bassoon [bə'su:n] *s*. ⟨*Mus*⟩ fagotto *m*. **bassoonist** [–ist] *s*. fagottista *m/f*.

basso| profundo ['bæsouprə'fʌndou] *s*. **1** voce *f* di basso profondo. **2** (*singer*) basso *m* profondo. **~-relievo** ['bæsourə'ljeivou] *s*. (*pl*. **-s** [z]) → **bas-relief**.

bass| staff [beis] *s*. ⟨*Mus*⟩ pentagramma *m* con chiave di basso. **~ viol** *s*. ⟨*Mus*⟩ bassotuba *m*. **~ viol** *s*. viola *f* da gamba. **~wood** [bæs] *s*. ⟨*Bot*⟩ tiglio *m* americano.

bast [bæst] *s*. **1** ⟨*Bot*⟩ libro. *m*. **2** ⟨*Tess*⟩ (*bast fiber*) rafia *f*.

bastard ['bæstəd] **I** *s*. **1** bastardo *m* (*f* –a). **2** ⟨*spreg*⟩ bastardo *m* (*f* –a), carogna *f*. **3** ⟨*fig*⟩ (*something spurious*) falso *m*, contraffazione *f*. **II** *a*. **1** bastardo, illegittimo. **2** (*false*) bastardo, falso, spurio, contraffatto. **3** (*abnormal*) di qualità inferiore, scadente. **,bastardization** [–ai'zeifən] *s*. **1** imbastardimento *m*. **2** ⟨*fig*⟩ (*debasement*) adulterazione *f*, svilimento *m*. **bastardize** [–aiz] *v.t*. **1** imbastardire. **2** ⟨*fig*⟩ svalutare, svilire, adulterare.

bastard title *s*. ⟨*Tip*⟩ occhiello *m*, occhietto *m*.

bastardy ['bæstədi] *s*. bastardaggine *f*, illegittimità *f*,

condizione *f* di bastardo. **bastardy order** *s*. ⟨*Dir*⟩ ingiunzione *f* di provvedere al mantenimento di un figlio illegittimo.

baste[1] [beist] *v.t*. ⟨*Sart*⟩ imbastire.

baste[2] *v.t*. ⟨*Gastr*⟩ ungere (con burro o grasso).

baste[3] *v.t*. **1** bastonare, picchiare. **2** (*to scold*) sgridare.

bastil(l)e [bæs'ti:l] *s*. **1** fortezza *f*. **2** (*jail*) prigione *f*. Bastille *N.pr*. ⟨*Stor*⟩ Bastiglia *f*.

bastinado [,bæsti'neidou] **I** *s*. (*pl*. **-es** [z]) **1** ⟨*Stor*⟩ punizione *f* consistente nel colpire con un bastone le piante dei piedi. **2** (*stick*) bastone *m*, randello *m*. **II** *v.t*. bastonare, randellare.

basting ['beistiŋ] *s*. ⟨*Sart*⟩ **1** imbastitura *f*. **2** *pl*. filo *m* da imbastire.

bastion ['bæstiən] *s*. **1** ⟨*Arch*⟩ bastione *m*. **2** ⟨*fig*⟩ baluardo *m*. **bastioned** [–d] *a*. munito di bastioni.

bat[1] [bæt] *s*. **1** ⟨*Sport*⟩ (*in cricket, baseball*) mazza *f*; (*in table tennis*) racchetta *f*. **2** ⟨*Sport*⟩ battuta *f*: *to be at* ~ avere la battuta; (*turn*) turno *m* di battuta. **3** ⟨*Sport*⟩ (*batter*) battitore *m* (*f* –trice). **4** ⟨*Ceram*⟩ pezzo *m*, blocco *m*. **5** ⟨*fam*⟩ (*pace*) rapidità *f*, velocità *f*. **6** ⟨*fam*⟩ (*blow*) colpo *m*, botta *f*. **7** ⟨*am.fam*⟩ (*spree*) baldoria *f*. □ *to carry one's* ~ (*in cricket*) essere ancora in gioco alla fine del proprio turno di battuta; *to go full* ~ correre a gambe levate; ⟨*am.fig*⟩ *to go on a* ~ gozzovigliare; ⟨*fig*⟩ *off one's own* ~ di propria iniziativa; ⟨*fam*⟩ *right off the* ~ senza esitare.

bat[2] *v*. (*prep., p.p*. **batted** ['bætid]) **I** *v.t*. battere, picchiare. **II** *v.i*. **1** ⟨*Sport*⟩ colpire (la palla), battere. **2** (*to be at bat*) battere: *who's –ting next?* a chi tocca battere? □ *to* ~ *around*: 1 vagliare, discutere; 2 (*to travel around*) viaggiare qua e là; ⟨*fam*⟩ *to* ~ *out a speech* improvvisare un discorso.

bat[3] *s*. ⟨*Zool*⟩ pipistrello *m*. □ ⟨*fam*⟩ *to have –s in the belfry* essere tocco (*o* picchiato); ⟨*fam*⟩ *as blind as a* ~ cieco come una talpa.

bat[4] *v.t*. (*pret., p.p*. **batted** ['bætid]) battere, ammiccare. □ ⟨*fig*⟩ *she didn't* ~ *an eyelid* non batté ciglio.

batata [bɑ:'tɑ:tə] *s*. (*sweet potato*) batata *f*, patata *f* dolce.

bat boy *am*. *s*. ⟨*Sport*⟩ ragazzo *m* che tiene le mazze da baseball.

batch [bætʃ] *s*. **1** (*quantity of loaves, etc*.) infornata *f*. **2** (*group*) gruppo *m*: *a* ~ *of recruits* un gruppo di reclute. **3** ⟨*Comm*⟩ lotto *m*, partita *f*.

batch| file *s*. ⟨*Inform*⟩ schedario *m* di lavoro. **~ processing** *s*. elaborazione *f* a blocchi.

bate[1] [beit] **I** *v.t*. **1** trattenere, frenare. **2** (*to lessen*) diminuire, ridurre. **II** *v.i*. diminuire, decrescere. **III** *s*. ⟨*fam*⟩ ira *f*, furia *f*. □ *in an awful* ~ su tutte le furie; *with –d breath* col fiato sospeso.

bate[2] **I** *s*. ⟨*Conc*⟩ bagno *m* di macerazione. **II** *v.t*. macerare.

,bath [bɑ:θ, *am*. bæ:θ] **I** *s*. **1** bagno *m* (*anche tecn*.): *to have a* ~ fare il bagno. **2** (*bathtub*) vasca *f* da bagno. **3** (*bathroom*) bagno *m*, stanza *f* da bagno. **4** (*swimming bath*) piscina *f*. **5** *pl*. (*building*) bagni *mpl*: *public –s* bagni pubblici. **6** ⟨*Stor*⟩ terme *fpl*: *the –s of Caracalla* le terme di Caracalla; (*resort, spa*) stazione *f* termale, bagni *mpl*. **II** *v.t*. fare il bagno a: *to* ~ *the baby* fare il bagno al bambino. □ *to draw* (*o* run) *a* ~ far scorrere l'acqua per il bagno; ⟨*GB*⟩ *Order of the* ~ Ordine *m* del Bagno.

bath chair *s*. poltrona *f* a rotelle.

bathe [beið] **I** *v.i*. **1** fare il bagno. **2** (*to swim*) nuotare. **3** ⟨*fig*⟩ crogiolarsi, bearsi. **II** *v.t*. **1** fare il bagno a. **2** (*to apply water to*) lavare, bagnare: *to* ~ *a wound* lavare una ferita. **3** ⟨*fig*⟩ (*to envelop*) inondare: *the square was –d in sunlight* la piazza era inondata di sole. **4** ⟨*poet*⟩ (*of rivers, etc*.) bagnare. **III** *s*. **1** bagno *m*: *to go for a* ~ andare a fare il bagno. **2** (*swim*) nuotata *f*. **'bather** [–ə] *s*. bagnante *m/f*.

bath| heater *s*. scaldabagno *m*. **~ house** *s*. **1** stabilimento *m* balneare. **2** (*cabin*) cabina *f* balneare.

bathing ['beiðiŋ] *s*. balneazione *f*.

bathing| attendant *s*. bagnino *m*. **~ beauty** *s*. miss *f* in costume da bagno. **~ cap** *s*. cuffia *f* da bagno. **~ costume** *s*. costume ∷∷ da bagno. **~ hut** *s*. cabina *f*. **~ machine** *s*. ⟨*ant*⟩ cabina *f* balneare su ruote. **~ resort** *s*.

stazione *f* balneare. **~ season** *s.* stagione *f* balneare. **~suit** *s.* → **bathing costume**. **~ wrap** *s.* accappatoio *m.*

bath mat *s.* scendibagno *m,* tappetino *m* da bagno.

bathometer [bə'θɔmitə] *s.* ⟨*Topogr*⟩ batometro *m.*

bat-horse ['bæthɔːs] *s.* ⟨*Mil*⟩ cavallo *m* da soma.

bathos ['beiθɔs] *s.* **1** ⟨*Ret*⟩ anticlimax *m.* **2** (*triviality*) banalità *f,* luogo *m* comune. **3** (*sentimentality*) sentimentalismo *m,* pateticità *f.*

bathrobe *s.* accappatoio *m.*

bathroom *s.* stanza *f* da bagno, bagno *m.*

bathroom| scales *s.pl.* bilancia *f* pesapersone, pesapersone *m.* **~ unit** *s.* monoblocco *m.*

bath salts *s.pl.* sali *mpl* da bagno.

Bathsheba ['bæʃibə] *N.pr.* ⟨*Bibl*⟩ Betsabea *f.*

bath| towel *s.* telo *m* da bagno. **~tub** *s.* vasca *f* da bagno. **~water** *s.* acqua *f* del bagno.

bathymetry [,bə'θimitri] *s.* ⟨*Topogr*⟩ batometria *f,* batimetria *f.*

bathyscaphe ['bæθiskeif] *s.* ⟨*Mar*⟩ batiscafo *m.*

bathysphere ['bæθisfiə] *s.* ⟨*Mar*⟩ batisfera *f.*

batik ['bætik] *s.* ⟨*Tess*⟩ batic *m,* batik *m.*

batiste [bæ'tiːst] *s.* ⟨*Tess*⟩ batista *f.*

batman ['bætmən] *s.irr.* ⟨*Mil*⟩ attendente *m.*

baton ['bætən] *s.* **1** bastone *m;* (*of a policeman*) bastone *m,* sfollagente *m.* **2** ⟨*Mus*⟩ bacchetta *f.* **3** ⟨*Sport*⟩ testimone *m.*

baton passing *s.* ⟨*fig*⟩ staffetta *f.*

bats [bæts] *a.* ⟨*fam*⟩ pazzo, folle, matto, ⟨*fam*⟩ picchiato.

batsman ['bætsmən] *s.irr.* ⟨*Sport*⟩ battitore *m.*

battalion [bə'tæliən] *s.* **1** ⟨*Mil*⟩ battaglione *m.* **2** (*army*) esercito *m,* armata *f.* **3** ⟨*fig*⟩ (*organized group*) esercito *m,* schiera *f.*

batten[1] ['bætn] *v.i.* **1** ingrassare. **2** (*to glut o.s.*) rimpinzarsi, riempirsi, fare una scorpacciata (*on, upon* di). **3** ⟨*fig*⟩ (*to prosper*) ingrassarsi, arricchirsi, prosperare (*on* a spese di).

batten[2] **I** *s.* **1** assicella *f* (*o* listello *m*) di legno. **2** ⟨*Mar*⟩ (*for a sail*) stecca *f;* (*for a hatch*) serretta *f* di chiusura. **3** ⟨*Edil*⟩ asse *f,* tavola *f.* **II** *v.t.* **1** rinforzare con assicelle (*o* assi). **2** ⟨*Mar*⟩ (general. con *down*) chiudere (ermeticamente): *to ~ down the hatches* chiudere i boccaporti.

batten[3] *s.* ⟨*Tess*⟩ battente *m.*

batter[1] ['bætə] *v.t.* **1** battere, colpire (ripetutamente), tempestare di colpi. **2** (*to damage by blows*) danneggiare. **3** ⟨*fig*⟩ (*to attack violently*) attaccare (con violenza), infuriare su, abbattersi su. **4** ⟨*Mil*⟩ bombardare. **II** *v.i.* colpire, battere (ripetutamente), picchiare: *to ~ at the door* battere ripetutamente alla porta. □ *to ~ down* buttar giù; *to ~ to pieces* fare a pezzi.

batter[2] *s.* ⟨*Tip*⟩ **1** carattere *m* avariato. **2** (*defect*) difetto *m.*

batter[3] *s.* ⟨*Gastr*⟩ pastella *f.*

batter[4] *s.* ⟨*Sport*⟩ battitore *m* (*f* –trice).

batter[5] **I** *v.i.* ⟨*Arch*⟩ essere inclinato, essere in pendenza. **II** *v.t.* inclinare. **III** *s.* inclinazione *f,* pendenza *f.*

battered ['bætəd] *a.* rovinato, danneggiato.

battering ram ['bætəriŋ] *s.* ⟨*Mil.ant*⟩ ariete *m.*

battery ['bætəri] *s.* **1** batteria *f* (*anche Mil.,El.,Mus.*). **2** ⟨*Dir*⟩ percosse *fpl,* aggressione *f.* **3** ⟨*Psic*⟩ batteria *f* di test.

battery| charger *s.* caricabatterie *m.* **~ chicken** *s.* pollo *m* di allevamento. '**~operated,** '**~powered** *a.* (che funziona) a batteria.

batting ['bætiŋ] *s.* **1** ⟨*Sport*⟩ battuta *f.* **2** ⟨*Tess*⟩ lana *f* (*o* cotone *m*) in strati (per coperte imbottite), ovatta *f* (per imbottitura).

battle ['bætl] **I** *s.* battaglia *f;* (*fighting*) battaglia *f,* combattimento *m,* scontro *m,* lotta *f* (*anche fig.*). **II** *v.i.* **1** combattere. **2** ⟨*fig*⟩ (*to struggle*) combattere, lottare, battagliare. **III** *v.t.* combattere, lottare contro. □ ⟨*Stor*⟩ *the ~ of* **Britain** la Battaglia d'Inghilterra; *to do ~* dare battaglia; ⟨*fig*⟩ *to fight one's own ~* combattere le proprie battaglie; *enthusiasm is* **half** *the ~* l'entusiasmo è già mezza battaglia vinta; *to* **join** *~* venire a battaglia, scontrarsi; ⟨*fig*⟩ *to fight a* **losing** *~* battersi per una causa

persa; *the ~ is to the* **strong** la vittoria è dei forti; **trial** *by ~* processo *m* per duello; *to ~ one's* **way** *through a crowd* farsi strada lottando (*o* a fatica) tra la folla.

battle| array *s.* → **battle order**. **~ ax(e)** *s.* **1** azza *f.* **2** ⟨*fam*⟩ donna *f* autoritaria (*o* dispotica), virago *f.* **~ cruiser** *s.* ⟨*Mar.mil*⟩ incrociatore *m* da battaglia. **~ cry** *s.* ⟨*Mil.fig*⟩ grido *m* di battaglia. **~dore** *s.* ⟨*Sport*⟩ volano *m;* (*racket*) racchetta *f* per il volano. **~ dress** *s.* ⟨*Mil*⟩ uniforme *f* da campo. **~ fatigue** *s.* ⟨*Psic*⟩ stress *m* da combattimento. **~field** *s.* campo *m* di battaglia. **~ front** *s.* fronte *m* (*anche fig.*): *on the political ~* sul fronte politico. **~ ground** *s.* → **battle field**.

battlement ['bætlmənt] *s.* **1** ⟨*Arch*⟩ merlatura *f.* **2** *pl.* parapetto *m.* **battlemented** [–mentid] *a.* merlato.

battle| order *s.* ⟨*Mil*⟩ ordine *m* di battaglia. **~ piece** *s.* ⟨*Art,Lett*⟩ descrizione *f* (pittorica o letteraria) di una battaglia. **~plane** *am.* *s.* ⟨*Aer.mil*⟩ aereo *m* da combattimento. **~ royal** *s.* **1** combattimento *m* fra più combattenti. **2** ⟨*fig*⟩ discussione *f* accesa. **~-scarred** *a.* con ferite di guerra. **~ship** *s.* nave *f* da guerra. **~ station** *s.* ⟨*Mil,Mar*⟩ posto *m* di combattimento.

battue [bæ'tuː] *s.* **1** ⟨*Venat*⟩ battuta *f.* **2** ⟨*fig*⟩ carneficina *f.*

batty ['bæti] *a.* → **bats**.

batwing door *s.* porta *f* a due battenti.

baubee *s.* → **bawbee**.

bauble ['bɔːbl] *s.* **1** ninnolo *m,* gingillo *m.* **2** (*jester's staff*) bastone *m* da giullare.

baud rate *s.* ⟨*Inform*⟩ velocità *f* in baud.

baulk *s./v.* → **balk**.

bauxite ['bɔːksait] *s.* ⟨*Min*⟩ bauxite *f.*

Bavaria [bə'vɛəriə] *N.pr.* ⟨*Geog*⟩ Baviera *f.* **Bavarian** [–n] **I** *a.* bavarese. **II** *s.* **1** bavarese *m/f.* **2** (*dialect*) bavarese *m,* dialetto *m* bavarese. **Bavarian cream** *s.* ⟨*Dolc*⟩ bavarese *f.*

bawbee *scozz.* ['bɔːbiː] *s.* mezzo penny *m.*

bawd [bɔːd] *s.* **1** (*madam*) tenutaria *f* di postribolo. **2** (*prostitute*) prostituta *f,* sgualdrina *f.* '**bawdiness** [–inis], '**bawdry** [–ri] *s.* oscenità *f,* licenziosità *f.* '**bawdy** [–i] *a.* osceno, lascivo, licenzioso, spudorato.

bawdy house *s.* postribolo *m,* ⟨*volg*⟩ bordello *m.*

bawl[1] [bɔːl] **I** *v.t.* urlare, gridare (a squarciagola), strillare. **II** *v.i.* **1** piangere rumorosamente, strillare. **2** (*to shout*) gridare, urlare (*at* a). □ ⟨*am.fam*⟩ *to ~ s.o.* **out** sgridare qd., fare una sfuriata a qd.; *to ~* **out to** chiamare a gran voce.

bawl[2] *s.* **1** urlo *m,* grido *m.* **2** (*crying*) strillo *m,* pianto *m* rumoroso.

bay[1] [bei] *s.* **1** ⟨*Geog*⟩ baia *f,* insenatura *f.* **2** (*indentation of hills*) recesso *m,* anfratto *m.* **3** ⟨*am*⟩ (*tract of prairie*) radura *f.*

bay[2] *s.* **1** ⟨*Arch*⟩ campata *f;* (*bay window*) bovindo *m.* **2** ⟨*Aer*⟩ vano *m.* **3** (*separate place*) zona *f,* reparto *m: loading ~* zona adibita al carico. **4** ⟨*Mar*⟩ (*sick bay*) infermeria *f.*

bay[3] **I** *s.* abbaio *m.* **II** *v.i.* abbaiare, latrare. **III** *v.t.* **1** ⟨*rar*⟩ abbaiare a. **2** ⟨*venat*⟩ (*to bring to bay*) fermare. □ *at ~* alle strette, a bada (*anche fig.*): *to keep* (*o* hold) *s.o. at ~* tenere qd. a bada; *to bring to ~* fermare; ⟨*fig*⟩ mettere con le spalle al muro; *to ~ at the moon* abbaiare alla luna (*anche fig.*).

bay[4] *s.* **1** ⟨*Bot*⟩ alloro *m,* lauro *m.* **2** (*garland*) corona *f* di alloro. **3** *pl.* (*fame*) allori *mpl.*

bay[5] **I** *s.* **1** (*colour*) baio *m.* **2** (*horse*) baio *m.* **II** *a.* baio.

bay[6] **I** *s.* diga *f,* argine *m.* **II** *v.t.* munire di dighe, arginare.

bayadere [,baː'jadiə] *s.* ⟨*Tess*⟩ baiadera *f,* stoffa *f* a strisce.

bayberry ['beiberi] *s.* ⟨*Bot*⟩ **1** pimento *m.* **2** (*wax myrtle*) mirica *f.*

bayonet ['beiənit] **I** *s.* baionetta *f: to fix –s* innestare la baionetta. **II** *v.t.* (*pret., p.p.* **-ted/-tted** [–id]) colpire con la baionetta.

bayonet| base *s.* ⟨*El*⟩ zoccolo *m* a baionetta. **~ charge** *s.* assalto *m* alla baionetta. **~ thrust** *s.* baionettata *f.*

bay| rum *s.* estratto *m* di pimento. **~ salt** *s.* sale *m* da cucina. ~ **State** *am. N.pr.* ⟨*Geog*⟩ stato del Massachusetts. ~ **tree** *s.* ⟨*Bot*⟩ alloro *m*, lauro *m*. ~ **window** *s.* ⟨*Arch*⟩ bovindo *m*. ~**wood** *s.* specie di mogano.

baza(a)r [bə'zɑ:] *s.* **1** bazar *m*. **2** (*charity sale*) vendita *f* di beneficenza.

bazooka [bæ'zu:kə] *s.* ⟨*Mil*⟩ bazooka *m*.

BBC = *British Broadcasting Corporation* ente radiofonico britannico.

bbl = *barrel* barile.

B.C. = *Before Christ* avanti Cristo (*abbr.* a.C.).

B-complex *s.* ⟨*Farm*⟩ complesso *m* vitaminico B.

bd = ⟨*Inform*⟩ *baud* baud.

B/D = *bank draft* assegno bancario.

bdellium ['deliəm] *s.* ⟨*Chim*⟩ bdellio *m*.

Bdr. = *Bombardier* bombardiere.

be [bi:] *v.* (*pr.ind. 1ª pers.* **am** [æm], *2ª pers.* **are** [ɑ:], *3ª pers.* **is** [iz], *pl.* **are** [ɑ:]; *pret. 1ª pers.* **was** [wɔs], *2ª pers.* **were** [wə:], *3ª pers.* **was** [wɔs], *pl.* **were** [wə:]; *pr.cong.* **be** [bi:]; *pret.cong.* **were** [wə:]; *p.pr.* **being** ['bi:iŋ]; *p.p.* **been** [bi:n]) **I** *v.i.* **1** essere: *I am tired* sono stanco; *if I were you* se fossi in te; *is that you?* sei tu? **2** (*to exist*) essere, esistere: *I think, therefore I am* penso, dunque sono; *to ~ or not to ~, that is the question* essere o non essere, questo è il problema; *that may ~* può essere. **3** (*to happen*) essere, accadere, avere luogo: *what was it?* che cos'è stato?; *the match will ~ tomorrow* l'incontro avrà luogo domani. **4** (*to occupy a position*) essere, stare, trovarsi: *the dog is under the table* il cane sta sotto il tavolo; *to ~ in trouble* trovarsi nei pasticci (*o* guai). **5** (*to remain, continue*) essere, stare, rimanere, trattenersi: *I'll ~ here until next week* rimarrò qui fino alla settimana prossima; *so ~ it* così sia, e sia. **6** (*to equal*) essere, essere uguale a, fare, ammontare a: *let x ~ any unknown quantity* sia x una (grandezza) incognita; *4 and 4 are 8* 4 più 4 fa 8. **7** (*to go;* solo nei tempi composti) stare: *have you ever been to London?* sei mai stato a Londra? **8** (*to come*) venire: *has anyone been here?* è venuto qualcuno? **9** (*to come from*) essere, venire, provenire: *where are you from?* di dove sei? **10** (*to cost*) essere, costare: *how much is it?* quant'è?, quanto costa? **11** (*to become*) diventare, essere: *she wants to ~ an actress* vuole diventare (*o* fare l') attrice. **12** (*of health, feelings, etc.*) essere, stare, sentirsi: *how are you? – I'm very well* come stai? – sto molto bene; *he seems to ~ very cheerful* sembra (essere) molto allegro. **13** (*to mean*) essere, significare: *money is all to him* il denaro è tutto per lui. **14** (*of work, profession*) fare, essere: *he is a baker* fa il fornaio; *he is a lawyer* è avvocato. **15** (*of time*) essere: *what time is it?* che ora è?, che ore sono?; *it's seven o'clock* sono le sette; *it was in summer* era d'estate. **16** (*of the weather*) fare: *it's cold today* oggi fa freddo. **17** (*of age*) avere: *to ~ twenty (years old)* avere vent'anni. **18** (*with possessive meaning*) essere: *it was my father's* era di mio padre. **II** *v.aus.* **1** (*to form continuous tenses*) stare, *often not translated: what are you doing?* che fai?; *she was working* stava lavorando. **2** (*to form the passive*) essere, venire: *he was scolded by the teacher* è stato sgridato dalla maestra; *modern languages are taught in many schools* le lingue moderne ⸢vengono insegnate⸣ (*o* si insegnano) in molte scuole. □ *to ~ about to do s.th.* stare per fare qc., essere sul punto di fare qc.; *to ~ afraid* avere paura; *to ~ after s.th.* essere a caccia di qc., cercare (di ottenere) qc., mirare a qc.; ⟨*fam*⟩ *been and* ecco che, accidenti: *somebody's been and stolen my umbrella* ecco che qualcuno mi ha rubato l'ombrello; *as it were* per così dire; *as well as can ~* nel modo migliore; *he doesn't know what he's at* non sa quello che fa; *to ~ born* nascere; *the bride to ~* la futura sposa; *to ~ for* essere ⸢a favore di⸣ (*o* per); ⟨*fam*⟩ *now you're (in) for it* ora sei nei guai; *to ~ going to* avere intenzione di, *usually translated with the future: I'm going to do it afterwards* lo farò dopo; ⟨*lett*⟩ *~ gone* vattene; *here I am!* eccomi!; *however that may ~* comunque sia (*o* stiano le cose); *to ~ hungry* avere fame; *to ~ in:* 1 (*at home*) essere in casa; 2 (*to wear*) indossare, portare; 3 (*in fashion*) essere ⸢di moda⸣ (*o* in voga); *he's very well in with the boss* è in ottimi rapporti con il capo; *~ it known that*

si sappia che; *to let ~* lasciare stare (*o* in pace); *to ~ like s.o.* somigliare a qd.; *to ~ likely* essere probabile: *it's likely to rain* è probabile che piova, probabilmente pioverà; *to ~ a long time* metterci molto tempo: *he was a long time getting there* ⸢ci mise⸣ (*o* gli ci volle) molto tempo per arrivare; *I won't ~ long* non ⸢ci metterò⸣ (*o* starò via) molto; *don't ~ long about it* fai presto, spicciati; *to ~ off:* 1 (*to depart*) andare, andarsene; 2 (*to cancel*) sospendere, rinviare: *the match is off* l'incontro è sospeso; *to ~ out:* 1 (*absent*) esser fuori, essere uscito; 2 (*out of fashion*) essere fuori moda; *to ~ out of work* essere disoccupato; *we're out of cigarettes* abbiamo finito le sigarette; *to ~ over* essere finito, essere passato; *he is over thirty* ha più di trent'anni; *to ~ right* avere ragione; *to ~ sleepy* avere sonno; *~ that as it may* sia come sia; *there are* ci sono; *there is* c'è; *there was once* c'era una volta; *there you are* eccoti; *to ~ thirsty* avere sete; *to ~ through:* 1 (*of things*) avere finito (*o* terminato): *are you through with that book yet?* hai finito quel libro?; 2 (*of persons*) avere rotto, non avere più nulla a che fare; *for the time –ing* per ora, per il momento, provvisoriamente; *to ~ to:* 1 dovere: *what am I to do?* che cosa devo fare?; *we are to meet at the theatre* ci dobbiamo incontrare al teatro; 2 (*indicating possibility*) *translated by a reflexive construction: he was nowhere to ~ found* non si trovava da nessuna parte; 3 (*indicating purpose*) essere per: *the telegram was to say that* il telegramma era per avvertire che; *to ~ up* essere alzato (*o* in piedi); *that's up to him* è affar suo, sta a lui decidere; ⟨*fam*⟩ *what's yours?* che cosa prendi?, che cosa bevi?; *what is it?* che c'è?, di che cosa si tratta?; ⟨*fam*⟩ *you never know where you are with him* con lui non si sa mai come regolarsi; *to ~ with s.o.:* 1 (*to understand*) capire qd., seguire qd.: *are you with me?* mi segui?; 2 (*to support*) sostenere qd., essere con (*o* dalla parte di) qd.; *to ~ wrong* avere torto.

b.e., B.E. = *bill of exchange* cambiale.

BEA = *British European Airways* linee aeree britanniche.

beach [bi:tʃ] **I** *s.* **1** spiaggia *f*, lido *m*. **2** (*seaside*) mare *m*: *a holiday at the ~* una vacanza al mare. **II** *v.t.* ⟨*Mar*⟩ tirare in secco. □ ⟨*fam*⟩ *to be on the ~:* 1 (*of naval officers*) prestare servizio a terra; 2 (*out of work*) essere disoccupato, ⟨*fam*⟩ essere a spasso.

beach| boy *s.* bagnino *m*. ~**comber** *s.* **1** frangente *m*. **2** (*vagrant*) vagabondo *m*. ~ **flea** *s.* pulce *f* di mare. ~**head** *s.* **1** ⟨*Mil*⟩ testa *f* di ponte (*o* sbarco). **2** ⟨*fig*⟩ avanzamento *m*, progresso *m*. ~**-la-mar** *s.* lingua *f* franca (usata nei porti dei Mari del Sud). ~ **master** *s.* ⟨*Mar.mil*⟩ ufficiale che dirige le operazioni di sbarco. ~ **robe** *s.* copricostume *m*. ~ **wagon** *am. s.* ⟨*Aut*⟩ giardinetta *f*. ~**wear** *s.* abbigliamento *m* da spiaggia.

beacon ['bi:kən] **I** *s.* **1** falò *m*, fuoco *m* di segnalazione. **2** (*hill*) monte *m*, altura *f*. **3** (*lighthouse*) faro *m*; (*buoy*) boa *f* luminosa. **4** ⟨*Rad*⟩ radiofaro *m*. **5** ⟨*Aer*⟩ aerofaro *m*. **6** ⟨*fig*⟩ esempio *m*, guida *f* luminosa, faro *m*. **II** *v.t.* **1** guidare. **2** (*to position beacons*) munire di fari (*o* fuochi di segnalazione). **III** *v.i.* splendere.

bead [bi:d] **I** *s.* **1** (*of a necklace*) perlina *f*; (*of a rosary*) grano *m*. **2** (*drop*) goccia *f*: *a ~ of sweat* una goccia di sudore. **3** *pl.* (*necklace*) collana *f*; (*rosary*) rosario *m*. **4** *pl.* ⟨*ant*⟩ (*prayers*) preghiere *fpl*, orazioni *fpl*. **5** (*sight of a gun*) mirino *m*. **6** (*bubble in liquids*) bolla *f*, bollicina *f*; (*foam*) schiuma *f*. **7** ⟨*Arch,Arred*⟩ (*moulding*) tondino *m*. **8** ⟨*Chim*⟩ goccia *f* di fondente. **II** *v.t.* ornare, munire di perle (*o* grani), imperlare. **III** *v.i.* formare perle (*o* grani), imperlarsi: *sweat –ed on his forehead* la fronte gli s'imperlò di sudore. □ ⟨*Rel*⟩ *to count* (*o tell, say*) *one's –s* dire il rosario; ⟨*fig*⟩ *to draw a ~ on a target* mirare con cura al bersaglio; ⟨*Aut*⟩ *~ of the rim* bordo *m* del cerchio. ⸢**beaded** [–id] *a.* ornato di perline.

beadhouse ['bi:dhaus] *s.* ⟨*Stor*⟩ ricovero *m* (*o* ospizio) di mendicità.

beading ['bi:diŋ] *s.* **1** perline *fpl*, tessuto *m* a perline. **2** (*trimming*) decorazione *f* di perline.

beadle ['bi:dl] *s.* **1** ⟨*Stor*⟩ (*parish officer*) sagrestano *m*, ⟨*ant*⟩ scaccino *m*; (*in university cerimonies*) mazziere *m*. **2** ⟨*am*⟩ (*court messenger*) usciere *m*, messo *m*. **beadledom**

[–dəm] *s.* sciocco sfoggio *m* d'autorità.

bead-roll *s.* **1** ⟨*ant,Rel.catt*⟩ lista *f* di nomi (di persone per le quali pregare). **2** (*list*) lista *f,* elenco *m.* **3** (*rosary*) rosario *m.*

beadsman ['bi:dzmən] *s.irr.* (*f.* **-woman**) **1** ⟨*ant,Rel.catt*⟩ persona *f* che prega per l'anima altrui. **2** (*inmate of a poorhouse*) ricoverato *m* (*f* –a) in ospizio, mendicante *m/f.*

beadwork ['bi:dwə:k] *s.* perline *fpl,* guarnizione *f* di perline.

beady ['bi:di] *a.* **1** simile a una perlina; (*of eyes*) piccolo e luccicante. **2** (*full of bubbles*) effervescente, spumeggiante. **3** (*full of beads*) ornato di perline, imperlato.

beagle ['bi:gl] *s.* **1** ⟨*Zool*⟩ cane *m* inglese da lepre. **2** ⟨*fig*⟩ spia *f,* delatore *m* (*f* –trice). **beagler** [–ə] *s.* ⟨*Venat*⟩ chi caccia la lepre con cani. **beagling** [–iŋ] *s.* ⟨*Venat*⟩ caccia *f* alla lepre con cani.

beak [bi:k] *s.* **1** becco *m;* (*of birds of prey*) rostro *m;* (*of other animals*) bocca *f.* **2** (*spout*) beccuccio *m.* **3** ⟨*fam*⟩ (*nose*) naso *m* adunco. **4** ⟨*sl*⟩ (*magistrate*) giudice *m,* magistrato *m;* (*schoolmaster*) insegnante *m.* **5** ⟨*Mar.ant*⟩ rostro *m.* **beaked** [–t] *a.* **1** a becco, rostrato. **2** (*of a nose*) a becco, adunco. **3** (nei composti) dal becco ...

beaker ['bi:kə] *s.* **1** coppa *f.* **2** ⟨*Chim*⟩ bicchiere *m.*

beakful ['bi:kful] *s.* imbeccata *f.*

be-all *s.* essenziale *m.* ◻ *the ~ and end-all* il tutto, la totalità.

beam [bi:m] **I** *s.* **1** ⟨*Edil*⟩ trave *f.* **2** ⟨*Mar*⟩ (*of a ship*) baglio *m;* (*of an anchor*) fusto *m;* (*breadth of a ship*) larghezza *f* massima. **3** (*ray of light*) raggio *m.* **4** ⟨*Rad*⟩ fascio *m* (d'onde); (*radio signal*) segnale *m* unidirezionale costante; (*of a microphone*) portata *f* (o raggio *m*) d'azione. **5** (*of a balance*) giogo *m.* **6** ⟨*Tess*⟩ subbio *m.* **7** ⟨*fam*⟩ (*rump*) didietro *m,* sedere *m: to be broad in the ~* essere largo (o grosso) di sedere. **8** (*of a deer's antler*) asta *f.* **II** *v.t.* **1** irradiare, irraggiare. **2** ⟨*Rad*⟩ (*to broadcast, direct*) orientare (mediante antenna direzionale). **III** *v.i.* **1** (*of the sun*) risplendere, splendere (luminosamente). **2** (*of a person*) sorridere (radiosamente). ◻ ⟨*Aer*⟩ *to fly the ~* volare seguendo un segnale unidirezionale; *off the ~:* 1 ⟨*Aer*⟩ che non segue il segnale unidirezionale; 2 ⟨*fam*⟩ fuori strada; *on the ~:* 1 ⟨*Aer*⟩ che segue il segnale unidirezionale; 2 ⟨*Mar*⟩ al traverso; 3 ⟨*fam*⟩ nella strada giusta; ⟨*Aer*⟩ *to come in on the ~* atterrare seguendo un segnale unidirezionale; ⟨*Mar*⟩ *on the* **port** *~* a sinistra; ⟨*Mar*⟩ *on the* **starboard** *~* a dritta.

beam| compass *s.* ⟨*tecn*⟩ compasso *m* a verga. **~-ends** *s.pl.* ⟨*Mar*⟩ teste *fpl* (o estremità) di baglio. ◻ ⟨*fig*⟩ *to be on one's ~* essere ridotto a mal partito.

beaming ['bi:miŋ] *a.* **1** raggiante, splendente: *~ sun* sole splendente. **2** ⟨*fig*⟩ raggiante, radioso. **beamy** [–mi] *a.* **1** splendente, raggiante, radioso. **2** ⟨*Mar*⟩ largo. **3** (*of a stag*) con (o munito di) corna.

bean [bi:n] **I** *s.* **1** fagiolo *m.* **2** (*coffee bean*) chicco *m,* grano *m.* **3** ⟨*am,fam*⟩ (*head*) testa *f,* ⟨*fam*⟩ capoccia *f.* **4** ⟨*fam*⟩ (*small sum*) soldo *m: I haven't a ~* non ho un soldo, sono in bolletta. **II** *v.t.* ⟨*fam*⟩ colpire alla testa. ◻ ⟨*fam*⟩ *full of –s* in forma, pieno di energia, allegro; ⟨*fam*⟩ *to give s.o. –s* rimproverare (o punire) qd. severamente; ⟨*fam*⟩ *old ~* vecchio mio; ⟨*fam*⟩ *to spill the –s* vuotare il sacco.

beanery am. ['bi:nəri] *s.* ⟨*sl*⟩ trattoria *f* a buon mercato.

bean feast, beano ['bi:nou] *s.* ⟨*fam*⟩ festa *f,* baldoria *f.*

bean| pod *s.* baccello *m.* **~pole** *s.* **1** bastone *m* di sostegno per le piante di fagioli. **2** ⟨*fam*⟩ persona *f* allampanata, ⟨*fam*⟩ stanga *f.* **~ rust** *s.* ⟨*Agr*⟩ ruggine *f* del fagiolo. **~shooter** *s.* cerbottana *f.* **~ soup** *s.* ⟨*Gastr*⟩ fagiolata *f.* **~stalk** *s.* gambo *m* di una pianta di fagioli.

bear¹ [bɛə] *v.* (*pret.* **bore** [bɔ:], *p.p.* **borne** [bɔ:n]) **I** *v.t.* **1** partorire, mettere al mondo, generare: *to , ~ a child* partorire un bambino. **2** (*to produce, yield*) produrre, dare: *this tree –s fine pears* quest'albero produce delle belle pere. **3** (*to support*) portare, reggere, sostenere: *the ice was too thin to ~ my weight* il ghiaccio era troppo sottile per reggere il mio peso. **4** (*to allow, permit*) permettere, ammettere. **5** (*to drive*) spingere, sospingere,

portare. **6** ⟨*rifl*⟩ (*to behave*) comportarsi, condursi: *she bore herself with dignity* si comportò con dignità. **7** (*to endure*) sopportare, tollerare: *to ~ pain* sopportare il dolore. **8** (*to abide*) sopportare, soffrire, tollerare: *she can't ~ noise* non può sopportare il rumore. **9** (*to carry*) portare, trasportare: *to ~ gifts* portare doni. **10** (*in the mind*) portare, serbare, avere: *to ~ a grudge against s.o.* portare rancore a qd., serbare rancore verso qd. **11** (*to render*) rendere: *to ~ witness* rendere testimonianza, testimoniare. **12** (*to show*) mostrare, avere: *to ~ a resemblance to s.o.* avere una certa somiglianza con qd., somigliare a qd. **13** (*to be entitled to*) aver diritto di: *to ~ title* avere il diritto di portare un titolo. **14** (*to be answerable for*) essere responsabile di, addossarsi: *to ~ the responsibility* addossarsi la responsabilità. **15** (*to exercise*) esercitare: *to ~ authority* esercitare l'autorità. **II** *v.i.* **1** dare (o produrre) frutti, fruttificare. **2** (*to move, go*) dirigersi, muoversi, andare: *the ship –s north* la nave si dirige verso nord; (*to turn*) voltare, girare: *to ~ right* voltare a destra. **3** (*to lie*) essere situato, trovarsi. **4** (*to exert pressure*) forzare (*against s.th.* qc.), fare pressione (o forza) (su, contro qc.). ◻ *to ~ all before one* riuscire in qualsiasi cosa si faccia; *to ~ away:* 1 portar via, conquistare; 2 ⟨*Mar*⟩ farsi portare; *to bring a telescope to ~ on s.th.* puntare un telescopio su qc.; *to bring to ~* concentrare, dirigere; *to ~ down:* 1 premere, schiacciare; 2 ⟨*fig*⟩ (*to subdue*) sconfiggere, schiacciare; 3 ⟨*fig*⟩ (*to oppress*) gravare su, opprimere; 4 (*in childbirth*) spingere; 5 ⟨*Mar*⟩ andare sottocosta; 6 ⟨*fig*⟩ (*to strive*) lottare, impegnarsi (a fondo); *to ~ down on* (o *upon*): 1 premere su, fare pressione su; 2 ⟨*Mar*⟩ puntare su, lanciarsi su; 3 ⟨*fig*⟩ (*to strive toward*) impegnarsi a fondo in, sforzarsi a; *to ~ hard* sopportare a fatica (o malincuore), mal sopportare; *to ~ hard on* opprimere, gravare su; *to be borne in upon one* convincersi, arrivare alla conclusione; *to ~ the marks of* portare i segni di; *to ~ in mind* tener presente, ricordare; *to ~ off:* 1 (*to ward off*) allontanare, tenere lontano; 2 (*to carry off*) portare via; (*to win*) conquistare; 3 ⟨*Mar*⟩ allontanarsi, prendere il largo; *to ~ on* riguardare, concernere: *information –ing on the case* un'informazione riguardante il caso; *to ~ out* confermare, convalidare, rafforzare; *he'll ~ me out* converrà con me, mi darà ragione; *to ~ no relation to* non avere alcun rapporto con, non essere in relazione con; *to ~ repeating:* 1 essere ripetibile; *his language doesn't ~ repeating* il suo linguaggio non è ripetibile; 2 (*to be worth repeating*) meritare (o valere la pena) di essere ripetuto; *to ~ up:* 1 (*to encourage*) incoraggiare, sostenere, fare forza a; 2 (*to resist*) farsi forza, farsi coraggio, tenere testa a; 3 ⟨*Mar*⟩ poggiare; *~ up!* coraggio!; *to ~ upon = to bear on; to ~ with* sopportare, avere pazienza con.

bear² **I** *s.* **1** ⟨*Zool*⟩ orso *m.* **2** ⟨*fig*⟩ orso *m,* persona *f* scontrosa. **3** ⟨*Econ*⟩ ribassista *m/f,* speculatore *m* (*f* –trice) al ribasso. **II** *a.* ⟨*Econ*⟩ al (o in) ribasso, allo scoperto: *a ~ market* un mercato in ribasso. **Bear** *N.pr.* **1** ⟨*Astr*⟩ Orsa *f: Great ~* l'Orsa maggiore; *Little ~* l'Orsa minore. **2** ⟨*fig*⟩ Russia *f.* **III** *v.t.* ⟨*Econ*⟩ provocare un ribasso. ◻ ⟨*Econ*⟩ *to go a ~* speculare al ribasso; *to ~ the market* vendere allo scoperto; ⟨*Econ*⟩ *~ rumours* voci *fpl* allarmanti; ⟨*fam*⟩ *to be like a ~ with a sore head* essere di pessimo umore.

bearable ['bɛərəbl] *a.* sopportabile, tollerabile. **bearably** [–i] *avv.* in modo sopportabile (o tollerabile).

bear| baiter *s.* cane *m* addestrato a combattere contro gli orsi. **~ baiting** *s.* ⟨*Stor*⟩ combattimento *m* di cani contro un orso (incatenato). **~berry** *s.* ⟨*Bot*⟩ uva *f* d'orso. **~ cat** *s.* ⟨*Zool*⟩ panda *m* minore.

beard [biəd] **I** *s.* **1** barba *f* (*anche Biol.*): *to wear a ~* portare la barba. **2** ⟨*Tip*⟩ bianco *m* alla base. **3** ⟨*Astr*⟩ (*of a comet*) chioma *f.* **II** *v.t.* **1** prendere per la barba. **2** ⟨*fig*⟩ affrontare, sfidare: *to ~ the lion in his den* sfidare il leone nella sua tana. '**bearded** [–id] *a.* **1** barbuto. **2** ⟨*Astr*⟩ chiomato. '**beardless** [–lis] *a.* senza barba, imberbe.

bearer ['bɛərə] *s.* **1** portatore *m* (*f* –trice): *native –s* portatori indigeni. **2** (*holder of rank, office*) titolare *m/f.* **3** (*pallbearer*) chi porta la bara. **4** (*of a letter*) latore *m* (*f*

–trice). **5** ⟨*Tip*⟩ corona *f.* **6** ⟨*Arch,Edil*⟩ elemento *m* portante. ▫ *this pear-tree is a good* ~ questo pero dà molti frutti; ⟨*Econ*⟩ *payable to* ~ pagabile al portatore. **bearer security** *s.* ⟨*Econ*⟩ titolo *m* al portatore.

bear| garden *s.* **1** ⟨*Stor*⟩ recinto *m* degli orsi. **2** ⟨*fig*⟩ luogo *m* rumoroso, ⟨*fam*⟩ gabbia *f* di matti. **~ hug** *s.* **1** ⟨*fam*⟩ abbraccio *m* vigoroso. **2** ⟨*Sport*⟩ cintura *f* di fronte.

bearing ['bɛəriŋ] *s.* **1** portamento *m,* modo *m* di camminare: *military* ~ portamento militare. **2** (*reference, relation*) relazione *f,* attinenza *f,* connessione *f,* rapporto *m: this has no* ~ *on the case* questo non ha nessuna attinenza con il caso. **3** ⟨*Mar,Aer*⟩ rilevamento *m: compass* ~ rilevamento alla bussola. **4** *pl.* ⟨*fig*⟩ posizione *f,* direzione *f.* **5** (*act of producing*) produzione *f.* **6** (*crop*) raccolto *m.* **7** (*endurance*) sopportazione *f: beyond all* ~ al di là di ogni sopportazione. **8** ⟨*Mecc*⟩ cuscinetto *m.* **9** ⟨*Edil*⟩ appoggio *m,* sostegno *m.* **10** ⟨*Mil,Topogr*⟩ angolo *m* di direzione. **11** ⟨*Arald*⟩ insegna *f* campita. ▫ ⟨*Agr*⟩ *a tree in full* ~ un albero carico di frutti; *to get one's –s* orientarsi; *to lose one's –s* disorientarsi, confondersi; ⟨*Agr*⟩ *a tree past* ~ un albero che non produce più; ⟨*Mar*⟩ *to take a ship's –s* rilevare (*o* determinare) la posizione di una nave.

bearing| rein *s.* briglia *f* corta. **~ surface** *s.* superficie *f* d'appoggio.

bearish ['bɛəriʃ] *a.* **1** rude, sgarbato, scontroso, da orso. **2** ⟨*Econ*⟩ ribassista, (tendente) al ribasso. **bearishness** [–nis] *s.* scontrosità *f.*

bear| leader *s.* ⟨*fam*⟩ precettore *m* che accompagna un giovane (in un viaggio d'istruzione). **~ pit** *s.* fossa *f* degli orsi.

béarnaise (sauce) [,bei,ɑ:'neiz] *s.* ⟨*Gastr*⟩ salsa *f* bearnese.

bear's breech *s.* ⟨*Bot*⟩ acanto *m,* branca *f* ursina.

bearskin ['bɛəskin] *s.* **1** (*rug*) pelle *f* d'orso. **2** ⟨*Mil*⟩ colbacco *m.*

beast [bi:st] *s.* **1** bestia *f,* animale *m: a wild* ~ una bestia feroce. **2** (*riding animal*) animale *m* da sella; (*bovine*) bovino *m.* **3** ⟨*fig*⟩ (*of a man*) bestia *f,* bestione *m,* animale *m.* **Beast** *s.* ⟨*Bibl*⟩ Anticristo *m.* ▫ ⟨*fig*⟩ *to bring out the* ~ *in s.o.* risvegliare gli istinti animali (*o* bestiali) in qd.; ~ *of* **burden** bestia *f* da soma; ⟨*fam*⟩ *a* ~ *of a day* una giornataccia; *–s of* **draught** bestie *fpl* da tiro; *to* **make** *a* ~ *of o.s.* abbrutirsi; ~ *of* **prey** animale *m* da preda.

beast| epic *s.* ⟨*Lett*⟩ favolistica *f.* **~ fable** *s.* favola *f* (di animali).

beastliness ['bi:stlinis] *s.* **1** bestialità *f.* **2** ⟨*fam*⟩ comportamento *m* disgustoso. **beastly** [–li] **I** *a.* **1** bestiale. **2** ⟨*fam*⟩ (*nasty*) disgustoso, abominevole, da cani: ~ *weather* tempo da cani. **II** *avv.* ⟨*fam*⟩ **1** in modo disgustoso (*o* abominevole). **2** (*very*) molto, terribilmente. ▫ *it's* ~ *cold* fa un freddo bestiale (*o* cane).

beat¹ [bi:t] *v.* (*pret.* **beat**, *p.p.* 'beaten [–n] /beat) **I** *v.t.* **1** battere, colpire, picchiare, percuotere; (*with a stick*) bastonare. **2** (*to overcome*) battere, vincere: *their team* ~ *ours* la loro squadra ha battuto la nostra. **3** (*to dash, strike against*) battere su (*o* contro). **4** (*to flap*) battere, sbattere: *the bird* ~ *its wings* l'uccello batteva le ali. **5** (*on a drum*) battere, sonare: *to* ~ *a tattoo* sonare la ritirata. **6** ⟨*Gastr*⟩ sbattere: *to* ~ *eggs* sbattere le uova. **7** ⟨*Met*⟩ battere: *to* ~ *gold into gold leaf* battere l'oro in foglie; (*to forge*) forgiare. **8** (*to tread*) pestare, battere: *to* ~ *a path* battere un sentiero. **9** ⟨*Mus*⟩ (*to mark*) battere. **10** ⟨*Venat,Tess*⟩ battere: *the men* ~ *the woods* gli uomini batterono i boschi. **11** ⟨*fam*⟩ (*to outdo*) battere, superare, essere superiore a: *nothing can* ~ *fishing as a hobby* come passatempo non c'è niente che batta la pesca. **12** ⟨*fam*⟩ (*to forestall*) battere (sul tempo), prevenire. **13** ⟨*fam*⟩ (*to baffle*) confondere, lasciare perplesso. **14** ⟨*am.fam*⟩ (*to cheat*) ingannare, truffare. **15** ⟨*fam*⟩ evitare, aggirare: *to* ~ *traffic* evitare il traffico. **II** *v.i.* **1** battere, picchiare (*at* a, *against, on* contro, su). **2** (*to throb*) palpitare, pulsare (*with* di), battere forte (di, per): *a heart –ing with joy* un cuore che palpita di gioia. **3** ⟨*Mar*⟩ (*to tack*) battere, bordeggiare. ▫ *to* ~ **about:** 1 (*to search*) perlustrare; 2 ⟨*Mar*⟩ bordeggiare; ⟨*fig*⟩ *to* ~ *about the bush* menare il

can per l'aia, tergiversare; ⟨*fig*⟩ *to* ~ *the* **air** agitarsi inutilmente, pestare l'acqua nel mortaio; *to* ~ **back** ricacciare, respingere; *to* ~ *s.o.* **black** *and* **blue** coprire qd. di lividi, conciare qd. per le feste; *to* ~ **down:** 1 (*to subdue*) abbattere, domare, schiacciare; 2 (*to haggle over prices*) mercanteggiare su, tirare su; 3 (*of the sun*) battere a picco; ⟨*fam*⟩ *that –s* **everything** è il colmo; ⟨*sl*⟩ *to* ~ **it** darsela a gambe, squagliarsela; ⟨*esclam*⟩ ~ **it** aria, togliti di mezzo; *to* ~ **off** respingere: *to* ~ *off an attack* respingere un attacco; *to* ~ **out:** 1 (*to tread*) battere, pestare; 2 (*of music*) scandire: *to* ~ *out a rhythm* scandire il ritmo; ⟨*fam*⟩ *can you* ~ **that?** questa è forte!; ⟨*fam*⟩ *to* ~ *s.o.* **to it** battere qd. sul tempo, prevenire qd.; *to* ~ **up:** 1 (*to mix*) sbattere; 2 (*to muster*) raccogliere, radunare; 3 ⟨*fam*⟩ (*to thrash*) malmenare, ridurre a mal partito; 4 ⟨*Mar*⟩ bordeggiare.

beat² **I** *s.* **1** colpo *m.* **2** (*sound*) colpo *m,* suono *m;* (*of a clock*) tic tac *m,* ticchettio *m;* (*of a drum*) rullo *m.* **3** ⟨*Mus*⟩ tempo *m;* (*baton stroke*) battuta *f;* (*rhythm*) ritmo *m.* **4** (*throb*) battito *m,* palpito *m,* pulsazione *f: heart~* battito del cuore. **5** (*round*) giro *m: a policeman on his* ~ un poliziotto che fa il suo giro (d'ispezione). **6** ⟨*Metr*⟩ accento *m* ritmico. **7** ⟨*giorn*⟩ notizia *f* in esclusiva, colpo *m.* **8** ⟨*fam*⟩ → **beatnik. 9** ⟨*Fis,El*⟩ battimento *m.* **10** ⟨*Mar*⟩ bordata *f.* **II** *a.* **1** ⟨*fam*⟩ esausto, sfinito, ⟨*fam*⟩ distrutto: *to be dead* ~ essere distrutto. **2** (*of beatniks*) dei beatniks, beat. ▫ ⟨*Mus*⟩ *on the* ~ a tempo.

beaten¹ ['bi:tn] → **beat¹.**

beaten² *a.* **1** percosso, picchiato, bastonato. **2** (*shaped by hammer*) battuto: ~ *silver* argento battuto. **3** (*much travelled*) battuto, molto frequentato: ~ *path* sentiero battuto. **4** (*defeated*) sconfitto, battuto, vinto. **5** (*exhausted*) esausto, sfinito, stremato. ▫ *off the* ~ *track:* 1 lontano, fuori mano, isolato; 2 (*unusual*) fuori dell'ordinario, insolito, originale; ⟨*fig*⟩ *to keep to the* ~ *track* attenersi alla via seguita da tutti.

beater ['bi:tə] *s.* **1** chi picchia, bastonatore *m* (*f* –trice), picchiatore *m* (*f* –trice). **2** ⟨*Venat,Tess*⟩ battitore *m.* **3** (*kitchen device*) frullino *m.*

beatific [,bi:ə'tifik] *a.* **1** beatifico: ~ *vision* visione beatifica. **2** (*blissful*) beato, gioioso, felice. **beatification** [bi,ætifi'keiʃən] *s.* ⟨*Rel.catt*⟩ beatificazione *f.* **beatify** [bi'ætifai] *v.t.* **1** riempire di gioia (*o* beatitudine), fare felice. **2** ⟨*Rel.catt*⟩ beatificare.

beating ['bi:tiŋ] *s.* **1** botte *fpl,* percosse *fpl,* bastonate *fpl,* legnate *fpl.* **2** (*defeat*) sconfitta *f,* batosta *f.* **3** (*throbbing*) battito *m,* il battere, pulsazione *f.* **4** ⟨*Cart*⟩ raffinazione *f.* **5** ⟨*Mar*⟩ bordeggio *m.* ▫ *to give s.o. a good* ~ dare a qd. una buona dose di legnate, picchiare qd. di santa ragione. **beating up** *s.* ⟨*fam*⟩ scarica *f* di botte.

beatitude [bi'ætitju:d] *s.* **1** beatitudine *f.* **2** *pl.* ⟨*Bibl*⟩ beatitudini *fpl.*

beatnik ['bi:tnik] *s.* beatnik *m/f,* giovane *m/f* beat.

beau [bou] *s.* (*pl.* **-s/-x** [z]) **1** innamorato *m.* **2** (*suitor*) pretendente *m,* corteggiatore *m.* **3** (*dandy*) → **Beau Brummell.**

Beau Brummell ['brʌməl] *s.* cicisbeo *m,* damerino *m,* vagheggino *m.*

Beaufort scale ['boufət] *s.* ⟨*Meteor*⟩ scala *f* di Beaufort.

beaut [bju:t] *s.* ⟨*sl*⟩ perfezione *f,* bellezza *f.* ▫ *it's a* ~ è splendido, è una meraviglia. 'beauteous [–iəs] *a.* ⟨*poet*⟩ bello. **beautician** [–'tiʃən] *s.* ⟨*Cosmet*⟩ estetista *m/f.,* cosmetologo *m.* 'beautifier [–ifaiə] *s.* **1** abbellitore *m* (*f* –trice). **2** ⟨*Cosmet*⟩ prodotto *m* di bellezza, cosmetico *m.*

beautiful ['bju:təful] **I** *a.* **1** bello: *a* ~ *girl* una bella ragazza. **2** (*excellent*) eccellente, stupendo, magnifico. **II** *s.* **1** bello *m,* bellezza *f.* **2** (*beautiful people;* costr. pl.) belli *mpl.* ▫ *the* ~ **people** il bel mondo. **beautifully** [–i] *avv.* **1** in modo bello, bellamente. **2** (*excellently*) magnificamente, benissimo, perfettamente: *it went off* ~ è riuscito benissimo. **3** (*as a strengthening word*) meravigliosamente, divinamente, deliziosamente. **beautify** [–tifai] **I** *v.t.* abbellire, adornare. **II** *v.i.* abbellirsi, diventare bello.

beauty ['bju:ti] *s.* **1** bellezza *f.* **2** (*person*) bellezza *f: she's a real* ~ è una vera bellezza; (*thing*) meraviglia *f.* **3**

⟨*iron*⟩ meraviglia *f*, portento *m: a* ~ *of a black eye* un occhio nero che è una meraviglia. □ ⟨*Lett*⟩ *Sleeping* ~ la Bella Addormentata; ⟨*fam*⟩ *that's the* ~ *of it* questo è il bello. *Prov.:* ~ *is only skin-deep* l'apparenza inganna; ~ *is in the eye of the beholder* non è bello quel che è bello, ma è bello quel che piace.

beauty| contest *s.* concorso *m* di bellezza. ~ **parlor** *am.*, ~ **parlour** *s.* istituto *m* di bellezza. ~ **queen** *s.* reginetta *f* di bellezza, miss *f.* ~ **salon** *s.* → **beauty parlour.** ~ **shop** *am. s.* → beauty parlour. ~ **sleep** *s.* ⟨*fam*⟩ primo sonno *m.* ◑ **spot** *s.* **1** posto *m* incantevole. **2** (*mole*) neo *m.* **3** (*patch*) neo *m* artificiale. ~ **treatment** *s.* ⟨*Cosmet*⟩ cura *f* di bellezza.

beaver[1] ['bi:və] *s.* **1** ⟨*Zool*⟩ castoro *m.* **2** (*fur*) castoro *m*, pelliccia *f* di castoro. **3** (*hat*) cappello *m* (*o* berretto) di castoro. **4** ⟨*am.fam*⟩ barba *f; (bearded man)* uomo *m* barbuto. **5** ⟨*Tess*⟩ castorino *m*, pannino *m*.

beaver[2] *s.* ⟨*Mil.ant*⟩ **1** barbozza *f.* **2** (*visor*) visiera *f*.

beaver|board *s.* ⟨*Edil*⟩ pannello *m* di fibre compresse. ~ **rat** *s.* ⟨*Zool*⟩ idromide *f* orientale. ~ **State** *am.* N.pr. stato dell'Oregon.

be-bop ['bi:bɔp] *s.* ⟨*Mus*⟩ be-bop *m*.

becalm [bi'ka:m] *v.t.* **1** ⟨*Mar*⟩ abbonacciare. **2** ⟨*fig*⟩ calmare, placare, acquietare. □ ⟨*Mar*⟩ *to be* –*ed* restare in panna.

became [bi'keim] → become.

because [bi'kɔ:z] *congz.* perché, poiché: *he did it* ~ *he wanted to* l'ha fatto perché voleva farlo. □ ~ *of* a (*o* per) causa di, per.

béchamel (sauce) ['beʃəmel] *s.* ⟨*Gastr*⟩ besciamella *f*, balsamella *f.*

beck[1] [bek] **I** *s.* cenno *m*, segno *m.* **II** *v.t.* ⟨*rar*⟩ chiamare con un cenno. □ *to be at s.o.'s* ~ *and call* essere a disposizione¹ (*o* agli ordini) di qd. al minimo cenno.

beck[2] *s.* ⟨*dial*⟩ torrentello *m*, ruscello *m*.

becket ['bekit] *s.* ⟨*Mar*⟩ rizza *f.* **becket bend** *s.* nodo *m* di scotta.

beckon ['bekən] **I** *v.t.* chiamare con un cenno, fare un cenno di avvicinarsi a. **II** *v.i.* **1** fare cenni, fare segnali. **2** ⟨*fig*⟩ chiamare, invitare.

becloud [bi'klaud] *v.t.* **1** annuvolare, offuscare, oscurare. **2** ⟨*fig*⟩ (*to confuse*) offuscare, confondere, rendere confuso.

become [bi'kʌm] *v.* (*pret.* **became** [bi'keim], *p.p.* **become** [bi'kʌm]) **I** *v.i.* **1** diventare, divenire: *to* ~ *Prime Minister* diventare primo ministro. **2** (*to come to be;* in costruzioni passive) venire, *often translated by a reflexive verb: to* ~ *influenced* venire influenzato, lasciarsi influenzare; *to* ~ *frightened* impaurirsi. **II** *v.t.* **1** star bene a, donare a: *that dress* –*s you* quel vestito ti dona. **2** (*to be proper for*) addirsi a, convenirsi a, confarsi a. □ *to* ~ *of* accadere di, esserne di, succedere a: *whatever became of him?* cosa mai ne è stato di lui?

becoming [bi'kʌmiŋ] *a.* **1** che dona, che sta bene. **2** (*suitable*) adatto, conveniente, appropriato. **becomingly** [-li] *avv.* in maniera conveniente. **becomingness** [-nis] *s.* **1** (*fitness*) convenienza *f.* **2** (*elegance*) eleganza *f.*

bed[1] [bed] *s.* **1** letto *m: to go to* ~ andare a letto; *a brass* ~ un letto di ottone. **2** (*any place to sleep*) giaciglio *m.* **3** (*lodging*) alloggio *m*, pernottamento *m*, notte *f: the hotel charged three pounds for a* ~ l'hotel faceva pagare tre sterline per notte. **4** (*of plants*) aiuola *f.* **5** (*of a river*) letto *m; (of a lake, the sea*) fondo *m.* **6** ⟨*Geol*⟩ strato *m: a* ~ *of coal* uno strato di carbone. **7** (*foundation*) base *f*, fondamento *m: on a* ~ *of concrete* su una base di cemento. **8** ⟨*Edil*⟩ strato *m* di calce (*o* cemento). **9** ⟨*Tip*⟩ piano *m.* **10** ⟨*Mecc*⟩ basamento *m.* **11** ⟨*Ferr*⟩ massicciata *f.* □ ~ *and bedding* letto *m* e biancheria da letto; *before going to* ~ prima di andare a letto; ~ *and board:* 1 vitto e alloggio *m;* 2 (*marital obligation*) tetto *m* coniugale; ~ *and breakfast* alloggio *m* e prima colazione; *to be brought to* ~ *of* partorire, dare alla luce; ⟨*fam*⟩ *to get out of* ~ *on the wrong side* alzarsi di cattivo umore; ⟨*fam*⟩ *to go to* ~ *with s.o.* andare a letto con qd.; *to jump out of* ~ saltar giù dal letto; *to keep to one's* ~ essere costretto a letto; *to make the* ~ rifare il letto; ⟨*fig*⟩ *to* ~ *of roses* letto *m* di rose; *to put to* ~: 1 mettere a letto (un bambino); 2 ⟨*giorn*⟩ impaginare; *to take to one's* ~ = *to* **keep** *to one's*

bed; to turn down the ~ preparare il letto per la notte. *Prov.: as you make your* ~ *so you must lie in it* chi è causa del suo mal pianga se stesso.

bed[2] *v.* (*pret., p.p.* **bedded** ['bedid]) **I** *v.t.* **1** (*to provide with a bed*) general. con *down*) alloggiare, sistemare (per la notte). **2** (*to put to bed*) mettere (*o* portare) a letto. **3** (*to make a bed for;* general. con *down*) fare un letto a: *to* ~ *down a horse with straw* fare un letto a un cavallo con la paglia. **4** ⟨*Agr*⟩ (*to plant;* spesso con *up, down,out*) piantare. **5** (*to lay flat*) disporre in strati. **6** (*to embed*) conficcare, incastrare, fissare: *bricks are* –*ded in mortar* i mattoni sono fissati nella calce. **7** ⟨*tecn*⟩ affondare. **II** *v.i.* **1** (*to go to bed;* general. con *down*) coricarsi, mettersi a letto: *they* –*ded down for the night* si coricarono per la notte. **2** (*to have sleeping accomodations*) alloggiare, sistemarsi (*in* in). **3** ⟨*Geol*⟩ stratificarsi.

bedabble [bi'dæbl] *v.t.* macchiare, inzaccherare (*with* di).

bedaub [bi'dɔ:b] *v.t.* **1** imbrattare, impiastrare. **2** (*to bedizen*) adornare (eccessivamente), abbigliare (in modo sgargiante).

bedazzle [bi'dæzl] *v.t.* **1** abbagliare, accecare. **2** ⟨*fig*⟩ confondere.

bed|bug *s.* ⟨*Entom*⟩ cimice *f* (dei letti). ~**chamber** *s.* camera *f* da letto: *Lady of the* ~ gentildonna *f* di camera. ~ **clothes** *s.pl.* biancheria e coperte *fpl* da letto. ~ **cover** *s.* copriletto *m*.

bedded ['bedid] *a.* ⟨*Geol*⟩ stratificato.

bedder ['bedə] *s.* **1** ⟨*univ*⟩ chi fa i letti. **2** ⟨*Bot*⟩ pianta *f* per aiuole. **bedding** [-diŋ] *s.* **1** → **bedclothes.** **2** (*of animals*) lettiera *f.* **3** (*foundation*) base *f*, fondamento *m.* **4** ⟨*Geol*⟩ strato *m.* **5** ⟨*Giard*⟩ il mettere piante nelle aiuole.

Bede [bi:d] *N.pr.* ⟨*Stor*⟩ Beda *m*.

bedeck [bi'dek] *v.t.* ⟨*lett*⟩ ornare, adornare, decorare: –*ed with* adorno di.

bedehouse *s.* → **beadhouse. bedesman** *s.irr.* → beadsman.

bedevil [bi'devəl] *v.t.* **1** tormentare, infastidire. **2** (*to muddle*) confondere (le idee a), stordire. **3** (*to bewitch*) stregare. **4** (*to spoil*) guastare, corrompere. **bedevilment** [-mənt] *s.* **1** tormento *m*, seccatura *f.* **2** (*muddle*) confusione *f*, pandemonio *m.* **3** (*being bewitched*) l'essere indemoniato.

bedew [bi'dju:] *v.t.* ⟨*lett*⟩ irrorare, bagnare.

bed|fast *am. a.* costretto a letto. ~**fellow** *s.* **1** compagno *m* (*f* –a) di letto. **2** ⟨*fig*⟩ compagno *m* (*f* –a). ~**gown** *s.* camicia *f* da notte.

bedim [bi'dim] *v.t.* offuscare, velare, annebbiare.

bedizen [bi'daizn] *v.t.* adornare in modo eccessivo (*o* sgargiante), coprire di fronzoli.

bed jacket *s.* ⟨*Vest*⟩ liseuse *f*.

bedlam ['bedləm] *s.* **1** confusione *f*, pandemonio *m*, manicomio *m*, bolgia *f.* **2** ⟨*rar*⟩ (*madhouse*) manicomio *m.* **bedlamite** [-ait] *s.* matto *m* (*f* –a), pazzo *m* (*f* –a).

bed| linen *s.* biancheria *f* da letto. ~ **maker** *s.* uomo *m* (*f* donna) che rifà i letti, cameriere *m* (*f* –a). ~**mate** *s.* **1** (*bedfellow*) compagno *m* (*f* –a) di letto. **2** (*husband*) marito *m; (wife)* moglie *f*.

Bedouin ['beduin] **I** *s.* (*pl. inv./-*s [z]) **1** beduino *m* (*f* –a). **2** ⟨*fig*⟩ (*wanderer*) nomade *m/f*, zingaro *m* (*f* –a). **II** *a.* beduino.

bed| pan *s.* padella *f.* ~**plate** *s.* ⟨*tecn*⟩ basamento *m*, base *f.* ~**post** *s.* colonna *f* del letto. □ *between you and me and the* ~ (sia) detto fra noi, in confidenza.

bedraggle [bi'drægl] *v.t.* infradiciare, inzaccherare. **bedraggled** [-d] *a.* **1** inzaccherato.

bed|rail *s.* sponda *f* del letto. ~ **rest** *s.* prolungata permanenza *f* a letto. ~**rid(den)** *a.* costretto (*o* confinato) a letto. ~**-rock I** *s.* **1** ⟨*Geol*⟩ basamento *m.* **2** ⟨*fig*⟩ principio *m* basilare (*o* fondamentale), fondo *m.* **II** *a.* basilare, fondamentale. □ *let's get down to* ~ veniamo al sodo. ~ **roll** *am. s.* rotolo *m* di coperte e biancheria da letto. ~**room I** *s.* camera *f* (*o* stanza) da letto. **II** *a.* **1** scabroso, spinto. **2** ⟨*am*⟩ (*inhabited by commuters*) abitato da pendolari. □ *a two-* ~ *house* una casa con due camere da letto. ~**side** *s.* **1** lato *m* del letto. **2** (*of a sick person*) capezzale *m*.

bedside| carpet s. scendiletto m. **~ lamp** s. lampadina f da notte (o comodino). **~ manner** s. (of a doctor) modo m di trattare i pazienti. **~ rug** s. → **bedside carpet. ~ table** s. comodino m, tavolino m da notte.

bed|sitter, ~sitting room s. appartamentino m a una stanza, monocamera m. **~sock** s. scarpetta f da notte, calzino m da notte. **~sore** s. ⟨Med⟩ piaga f da decubito. **~spread** s. copriletto m. **~spring** s. rete f del letto. **~stead** s. letto m, fusto m del letto. **~time** **I** s. ora f di andare a letto. **II** a. (che si fa) all'ora di andare a letto. **~time story** s. favola f per addormentare i bambini.

Beduin s./a. → **Bedouin.**

bedwetting ['bedwetiŋ] s. ⟨pop⟩ enuresi f.

bee¹ [bi:] s. **1** ⟨Entom⟩ ape f. **2** ⟨fig⟩ persona f laboriosa. **3** (gathering) lavoro m collettivo: a sewing ~ un lavoro di cucito collettivo. □ ⟨fam⟩ to have a ~ in one's bonnet avere ⌐un'idea fissa⌐ (o una mania), esser fissato.

bee² s. ⟨Mar⟩ golfare m, anello m di metallo.

beech [bi:tʃ] s. ⟨Bot⟩ faggio m. **'beechen** [-ən] a. di faggio.

beech| marten s. ⟨Zool⟩ faina f. **~ mast, ~nut** s. ⟨Bot⟩ faggina f.

bee-eater s. ⟨Ornit⟩ gruccione m, grallo m.

beef [bi:f] **I** s. (pl. **beeves** [bi:vz]/**-s** [s]) **1** manzo m, carne f di bue. **2** (adult steer, cow) bue m (o mucca f) da macello; ⟨collett⟩ buoi mpl da macello. **3** ⟨fam⟩ (strength) forza f, nerbo m, robustezza f: this meat will put some ~ into you questa carne ti darà forza. **4** pl. ⟨am.fam⟩ (complaint) lagnanza f, protesta f. **II** v.i. ⟨fam⟩ lagnarsi (about di), protestare (per), brontolare (su, per).

beef|burger am. s. hamburger m. **~cake** s. ⟨sl⟩ fotografia f di un uomo muscoloso. **~ cattle** s.pl. buoi mpl da macello. **~eater** s. **1** (yeoman of the English royal guard) guardia f del corpo reale. **2** (warder of the Tower of London) guardia f della torre di Londra.

beefer am. s. ⟨sl⟩ inglese m/f.

beefiness ['bi:finis] s. nerbo m, muscolosità f.

beef|steak s. ⟨Gastr⟩ bistecca f. **~ tea** s. ⟨Gastr⟩ brodo m ristretto. **~wood** s. legno m rosso, chowku m.

beefy ['bi:fi] a. robusto, nerboruto, muscoloso.

bee|hive **I** s. **1** alveare m, arnia f. **2** ⟨fig⟩ alveare m. **II** a. a forma di alveare. **~keeper** s. apicoltore m (f –trice). **~keeping** s. apicoltura f. **~line** s. linea f ⌐d'aria⌐ (o retta), strada f diretta. □ to make a ~ for s.th. andare diritto verso qc.

Beelzebub [bi'elzibʌb] **I** N.pr. (Satan) Belzebù m. **II** s. diavolo m.

beemaster s. → **beekeeper.**

been [bi:n] → **be.**

beep [bi:p] **I** s. **1** (of a horn) colpo m di clacson. **2** ⟨fam⟩ → **beeper. II** v.t. sonare. **beeper** [-ə] s. cercapersone m, ricercapersone m.

beer [biə] s. **1** birra f. **2** (non-alcoholic drink) bevanda f (analcolica), bibita f (analcolica). □ draught ~ birra f alla spina; ~ from the tap birra f alla spina; ⟨fam⟩ to think no small ~ of o.s. avere un'alta opinione di sé. Prov.: life is not all ~ and skittles la vita non è solo piacere e divertimento.

beer| bust am. s. festa f in cui si beve birra. **~ garden** s. birreria f all'aperto. **~house, ~shop** s. birreria f.

beery ['biəri] a. **1** (of beer) di (o simile alla) birra. **2** (smelling of beer) che sa (o puzza) di birra. **3** (slightly drunk) brillo.

bees|-wax **I** s. cera f vergine. **II** v.t. lucidare (o strofinare) con cera vergine. **~wing** s. ⟨Enol⟩ pellicola f del vino.

beet [bi:t] s. ⟨Bot⟩ barbabietola f.

beetle¹ ['bi:tl] **I** s. **1** ⟨Entom⟩ coleottero m, scarabeo m. **2** (cockroach) scarafaggio m. **3** ⟨fig⟩ persona f miope. **II** v.i. (general. con along) ⟨fam⟩ correre.

beetle² **I** s. **1** mazza f, maglio m. **2** (kitchen mallet) martello m di legno. **II** v.t. **1** battere, pestare (con una mazza). **2** ⟨Tess⟩ calandrare.

beetle³ **I** v.i. **1** sporgere (above sopra), strapiombare (su), sovrastare (a). **2** ⟨fig⟩ impendere minaccioso. **II** a. (of eyebrows) sporgente, irsuto, folto. □ ⟨sl⟩ to ~ off andare via, svignarsela.

beetle|-brain s. stupido m (f –a), testa f di legno.

~-browed a. **1** dalle sopracciglia sporgenti (o folte). **2** (sullen) accigliato. **~ crusher** s. ⟨sl⟩ **1** scarpone m. **2** (large foot) piedone m. **3** ⟨sl⟩ poliziotto m, ⟨fam⟩ piedipiatti m. **~-headed** a. stupido, tonto.

beetling ['bi:tliŋ] a. sporgente.

beet|root s. ⟨Bot⟩ barbabietola f. □ **~ purple** rosso porpora. **~ sugar** s. zucchero m di barbabietola.

beeves [bi:vz] → **beef.**

beezer ['bi:zə] s. ⟨sl⟩ naso m.

befall [bi'fɔ:l] v.irr. **I** v.t. accadere a, capitare a, succedere a. **II** v.i. accadere, capitare, succedere.

befit [bi'fit] v.t. addirsi a, convenire a, confarsi a. **befitting** [-iŋ] a. adatto, conveniente, opportuno.

befog [bi'fɔg] v.t. **1** annebbiare, avvolgere nella nebbia. **2** ⟨fig⟩ (to confuse) confondere, offuscare, ottenebrare, annebbiare.

befool [bi'fu:l] v.t. ingannare, gabbare, beffare.

before [bi'fɔ:] **I** prep. **1** prima di: ~ nine o'clock prima delle nove. **2** (ahead of) davanti a: walk ~ me cammina davanti a me. **3** (in the future) davanti a, innanzi a, dinanzi a: a happy future lies ~ you ti si schiude dinanzi un felice futuro. **4** (in precedence of) innanzi a, davanti a: to put money ~ anything else mettere il denaro davanti a tutto. **5** (in the presence of) davanti a, innanzi a, in presenza di: to stand ~ the king trovarsi davanti al re. **6** (confronted by) di fronte a. **7** (in the eyes of) davanti a, innanzi a: a crime ~ God and man un crimine innanzi a Dio e agli uomini. **8** (exclusive of) eccetto, senza, escluso: income ~ taxes reddito escluse le tasse. **II** avv. **1** prima, più presto: come at nine, not ~ vieni alle nove, non prima. **2** (previously) precedentemente, già, prima (d'ora): I hadn't seen it ~ prima d'ora non l'avevo visto. **3** (ahead) avanti, innanzi: go on ~ vai avanti. **4** (in front) davanti: ~ and behind davanti e dietro. **III** congz. **1** prima che, innanzi che: ~ you go prima che tu vada via. **2** (sooner than) piuttosto che (o di): death ~ dishonour la morte piuttosto che il disonore. □ to go on as ~ andare avanti come prima; ⟨fig⟩ to carry all ~ one riuscire in tutto ciò che si fa, avere un successo travolgente; ~ Christ avanti Cristo; the day ~ il giorno prima; ~ my (very) eyes proprio davanti ai miei occhi; ⟨eufem⟩ to go ~ morire; ⟨fam⟩ ~ you know where you are in quattro e quatt'otto, in men che non si dica; ladies ~ gentlemen le signore hanno la precedenza; ~ long entro breve tempo, fra poco; long ~ molto tempo prima; ~ now prima d'ora; this page and the one ~ questa pagina e la precedente; to sail ~ the wind navigare con il vento propizio; the day ~ yesterday l'altro ieri, avant'ieri, ieri l'altro.

beforehand [bi'fɔ:hænd] **I** a.pred. in anticipo: to be ~ with s.th. essere ⌐in anticipo⌐ (o avanti) con qc. **II** avv. in anticipo, anticipatamente.

befoul [bi'faul] v.t. **1** insudiciare, sporcare, imbrattare. **2** (to denigrate) infamare, denigrare.

befriend [bi'frend] v.t. aiutare, soccorrere, assistere.

befuddle [bi'fʌdl] v.t. istupidire, stordire: –d with drink stordito dall'alcool.

beg [beg] v. (pret., p.p. **begged** [-d]) **I** v.t. **1** elemosinare, chiedere in elemosina. **2** (to ask) chiedere umilmente, supplicare, implorare: he –ged me to help him mi supplicò di aiutarlo. **II** v.i. **1** chiedere l'elemosina, elemosinare. **2** (to ask humbly) chiedere umilmente, implorare (for s.th. qc.): to ~ for mercy implorare la grazia. **3** (to ask permission) pregare, chiedere. □ ⟨comm⟩ we ~ to acknowledge receipt accusiamo ricevuta; I ~ to differ mi permetto di non essere d'accordo; to ~ a favour of s.o. chiedere un favore a qd.; ⟨fig⟩ if it is going –ging, I'll take it se nessuno lo vuole lo prenderò io; ⟨comm⟩ we ~ to inform you ci pregiamo informarVi; to ~ leave to do s.th. chiedere il permesso di fare qc.; I ~ of you ti prego; to ~ off: 1 chiedere l'esenzione; 2 (to back out) tirarsi indietro, esimersi; I ~ your pardon scusi, chiedo scusa; (please repeat) scusi, vuol ripetere; to ~ the question dare per scontato.

begad [bi'gæd] intz. perbacco, perdinci, perdiana.

began [bi'gæn] → **begin.**

beget [bi'get] v.t. (pret. **begot** [bi'gɔt], p.p. **begotten** [bi'gɔtn]/**begot**) **1** generare, procreare. **2** ⟨fig⟩ produrre, generare, causare. □ ⟨Bibl⟩ the only begotten of the Father il Figlio unico del Padre. **begetter** [-ə] s. **1** padre m (f madre), genitore m (f –trice). **2** ⟨fig⟩ autore m (f –trice), ideatore m (f –trice).

beggar ['begə] **I** s. **1** mendicante m/f, accattone m (f –a). **2** ⟨fam⟩ ⟨fellow⟩ individuo m, diavolo m (f –a): poor ~! povero diavolo!; (scamp) birbante m/f, birichino m (f –a). **II** v.t. **1** ridurre in miseria (o alla mendicità), mandare in rovina, rovinare. **2** (to go beyond) superare, andare oltre. □ to ~ comparison esser senza paragone, non avere l'uguale; to ~ description essere indescrivibile; lucky ~ uomo fortunato; a ~ for work persona in cerca di lavoro. Prov.: ~s can't be choosers a caval donato non si guarda in bocca.

beggarliness ['begəlinis] s. **1** mendicità f, estrema povertà f. **2** (meanness) meschinità f, squallore m, grettezza f. **beggarly** [-li] a. **1** di (o da) mendicante; (marked by poverty) mendico, assai povero. **2** (mean) meschino, misero: a ~ five pounds la misera somma di cinque sterline. □ he is a ~ fellow è un pezzente.

'beggar-my-'neighbour s. (card game) rubamazzo m.

beggar's lice s.pl.irr. ⟨Bot⟩ (costr. sing. o pl.) lappola f.

beggary ['begəri] s. **1** mendicità f, estrema povertà f, miseria f: to reduce to ~ ridurre alla miseria. **2** ⟨collett⟩ mendicanti mpl.

begin [bi'gin] v. (pret. **began** [bi'gæn], p.p. **begun** [bi'gʌn]) **I** v.i. **1** incominciare, iniziare: it began to rain incominciò à piovere. **2** (to come into being) avere inizio, nascere. **II** v.t. cominciare, incominciare, iniziare. □ to ~ again ricominciare; to ~ at the beginning cominciare dal principio; to ~ by doing s.th. cominciare col fare qc.; to ~ on s.th. cominciare qc., dare inizio a qc.; to ~ with tanto per cominciare, anzitutto, per prima cosa. Prov.: well begun is half done chi ben comincia è a metà dell'opera.

beginner [bi'ginə] s. **1** chi inizia (o comincia), iniziatore m (f –trice). **2** (novice) principiante m/f, esordiente m/f, novizio m (f –a). **beginner's luck** s. fortuna f (che spesso assiste i principianti).

beginning [bi'giniŋ] s. **1** inizio m, principio m: everything has a ~ ogni cosa ha il suo inizio. **2** (point of time) principio m, origini fpl: in the ~ in principio. **3** (first part) prima parte f, inizio m. **4** (origin) origine f, fonte f. □ from ~ to end dall'inizio alla fine; the ~ of the end il principio della fine; from the ~ dall'inizio, da principio.

begird [bi'gə:d] v.t.irr. **1** cingere. **2** (to surround) circondare.

begone [bi'gɔn] intz. vattene, andatevene via.

begonia [bi'gouniə] s. ⟨Bot⟩ begonia f.

begorra irl. [bi'gɔrə] intz. accidenti, perdinci.

begot [bi'gɔt], **begotten** [bi'gɔtn] → **beget**.

begrime [bi'graim] v.t. imbrattare, insudiciare.

begrudge [bi'grʌdʒ] v.t. **1** essere riluttante a dare, dare 'a malincuore. **2** (to envy) invidiare: to ~ s.o. his wealth invidiare a qd. la sua ricchezza. **begrudgingly** [-iŋli] avv. **1** a malincuore, controvoglia. **2** (enviously) invidiosamente.

beguile [bi'gail] v.t. **1** ingannare, trarre in inganno, abbindolare. **2** (to deprive of by trickery) defraudare: to ~ s.o. (out) of s.th. defraudare qd. di qc. **3** (to entertain) divertire, intrattenere; (to charm) incantare. **4** (of time) ingannare, (far) passare. □ to ~ s.o. into doing s.th. indurre qd. con lusinghe (o inganni) a fare qc. **beguilement** [-mənt] s. inganno m, allettamento m, seduzione f. **beguiler** [-ə] s. ingannatore m (f –trice), allettatore m (f –trice). **beguiling** [-iŋ] a. **1** ingannevole. **2** (entertaining) divertente, piacevole.

beguinage ['beginidʒ] s. ⟨Rel.catt⟩ beghinaggio m. **Beguine** [-gi:n] s. beghina f.

begun [bi'gʌn] → **begin**.

behalf [bi'hɑ:f]: on ~ of : **1** per conto di, nell'interesse di, a favore di, per; **2** (in the name of) a nome di.

behave [bi'heiv] v.i. **1** comportarsi, condursi, agire. **2** (to do what is right) comportarsi bene (o come si deve): ~ yourself! comportati bene! **3** (of machines, etc.) funzionare, andare.

behavior, behavioral am. e der. → **behaviour, behavioural** e der.

behaviour [bi'heivjə] s. **1** comportamento m, modo m di comportarsi, condotta f. **2** ⟨Psic⟩ comportamento m. **3** (of things) funzionamento m, comportamento m. □ to be on one's best ~ fare di tutto per comportarsi bene; to put s.o. on his best ~ raccomandare a qd. di comportarsi il meglio possibile. **behavioural** [-rəl] a. comportamentale.

behavioural| patterns s.pl. ⟨Psic⟩ costanti fpl di comportamento. ~ **science** s. scienza f del comportamento.

behaviourism [bi'heivjərizəm] s. ⟨Psic⟩ comportamentismo m, behaviorismo m. **behaviourist** [-rist] **I** s. seguace m/f del comportamentismo, behaviorista m/f. **II** a. del comportamentismo, behavioristico.

behead [bi'hed] v.t. decapitare. **beheading** [-iŋ] s. decapitazione f.

beheld [bi'held] → **behold**.

behest [bi'hest] s. ⟨lett⟩ ordine m: at the ~ of su ordine di.

behind [bi'haind] **I** prep. **1** dietro: ~ the door dietro la porta. **2** (on the far side of) dietro, al di là di. **3** (after, later than) in ritardo: ~ schedule in ritardo. **4** (less advanced than) più indietro di, indietro rispetto a: he is ~ the others è indietro rispetto agli altri. **5** (concealed by) dietro, sotto: what is ~ all this? che c'è sotto? **6** (remaining after) dietro: the men left the women ~ them gli uomini lasciarono le donne dietro di loro. **7** (in control of) dietro, alla guida di; (of a car) al volante di; (of an aircraft) ai comandi di. **II** avv. **1** dietro, di dietro, in coda. **2** (farther back) dietro, lontano: far ~ molto dietro. **3** (late, slow) in ritardo: an hour ~ in ritardo di un'ora. **4** (in arrears) in arretrato, indietro: to be ~ with one's rent essere in arretrato con l'affitto; to be ~ with one's work essere indietro con il lavoro. **III** s. ⟨fam⟩ didietro m, sedere m, ⟨volg⟩ culo m. □ ⟨fig⟩ ~ s.o.'s back all'insaputa (o alle spalle) di qd.; ⟨fig⟩ to be ~ s.o. appoggiare qd., sostenere qd.; to fall ~ rimanere indietro; to leave ~ lasciare dietro di sé; (to forget) dimenticare; ⟨fig⟩ ~ the scenes dietro le quinte, in segreto; to stay ~ rimanere indietro; ~ the times antiquato, fuori moda.

behindhand [bi'haindˌhænd] avv./a.pred. **1** in ritardo. **2** (backward) indietro, lento, tardo. **3** (in debt, in arrears) in arretrato. **4** ⟨fig⟩ antiquato, fuori moda.

behold [bi'hould] **I** v.t. (pret., p.p. **beheld** [bi'held]) ⟨poet⟩ vedere, scorgere; (to look at) guardare, osservare. **II** intz. guarda, guardate.

beholden [bi'houldən] a. grato, obbligato, riconoscente.

beholder [bi'houldə] s. osservatore m (f –trice), spettatore m (f –trice).

behoof [bi'hu:f] s.irr. interesse m, vantaggio m, beneficio m, profitto m. **behoove** am. [bi'hu:v], **behove** [bi'houv] v.impers. **1** essere necessario. **2** (to be worth–while) convenire, valere la pena di. **3** (to be proper) essere opportuno, essere giusto, essere conveniente.

beige [beiʒ] **I** a. beige. **II** s. **1** beige m. **2** (wool cloth) stoffa f di lana grezza.

be-in ['bi'in] s. ⟨sl⟩ raduno m di giovani (in un parco, ecc.).

being ['bi:iŋ] s. **1** esistenza f, vita f. **2** (nature) natura f, indole f, animo m: my whole ~ revolts at the idea tutto il mio animo si rivolta all'idea. **3** (person, creature) creatura f, persona f, essere m vivente. **4** ⟨Filos⟩ essere m, ente m. □ to bring s.th. into ~ dar vita a qc.; to come into ~ aver origine; in ~ esistente; the Supreme ~ l'Ente Supremo; for the time ~ per il momento.

bejewel [bi'dʒu:əl] v.t. ingioiellare, adornare (anche fig.).

belabor am., **belabour** [bi'leibə] v.t. **1** battere, bastonare, picchiare (con violenza). **2** (to insist for an unreasonable length of time) insistere (lungamente) su, ostinarsi su, accanirsi su.

belated [bi'leitid] a. **1** in ritardo, tardivo, tardo. **2** (obsolete) antiquato, sorpassato. **3** (overtaken by darkness) sorpreso dalle tenebre (o dal calar della notte). **belatedly** [-li] avv. in ritardo.

belaud [bi'lɔ:d] v.t. ⟨lett⟩ lodare, ⟨fam⟩ portare alle stelle.

belay [bi'lei] **I** v.t. **1** ⟨Mar⟩ legare, assicurare. **2** ⟨Alp⟩ assicurare. **II** s. ⟨Alp⟩ appiglio m. **III** intz. fermo.

belch [belt∫] **I** *v.i.* ruttare. **II** *v.t.* (*of a geyser, volcano*) eruttare. **III** *s.* **1** rutto *m.* **2** ⟨*estens*⟩ eruzione *f,* scoppio *m.* □ *to ~ blasphemies* vomitare bestemmie; *to ~ forth smoke* mandare (*o* gettare) fuori fumo.

belcher ['belt∫ə] *s.* ⟨*Mod*⟩ foulard *m.*

beldam(e) ['beldəm] *s.* ⟨*lett*⟩ **1** vecchia *f.* **2** (*hag*) megera *f,* strega *f,* vecchiaccia *f.* **3** (*virago*) virago *f.*

beleaguer [bi'li:gə] *v.t.* **1** assediare. **2** ⟨*fig*⟩ assediare, assillare.

belemnite ['beləmnait] *s.* ⟨*Paleont*⟩ belemnite *f.*

belfried ['belfrid] *a.* munito di campanile. **belfry** [–fri] *s.* ⟨*Arch*⟩ campanile *m;* (*bell cote*) cella *f* campanaria.

Belgian ['beldʒən] **I** *a.* belga. **II** *s.* belga *m/f.* **Belgic** [–dʒik] *a.* **1** ⟨*Stor*⟩ belga, dei belgi. **2** (Belgian) belga. **Belgium** [–dʒəm] *N.pr.* ⟨*Geog*⟩ Belgio *m.*

Belgrade ['belgreid] *N.pr.* ⟨*Geog*⟩ Belgrado *f.*

Belial ['bi:liəl] *N.pr.* **1** ⟨*Bibl*⟩ Satana *m,* spirito *m* del male. **2** ⟨*Lett*⟩ Belial *m.* □ *man of ~* reprobo *m.*

belie [bi'lai] *v.t.* **1** alterare, travisare. **2** (*to show to be false*) smentire. **3** (*to disappoint*) deludere: *he –d our hopes* deluse le nostre speranze.

belief [bi'li:f] *s.* **1** credenza *f.* **2** (*confidence, trust*) fede *f,* fiducia *f.* **3** (*opinion, conviction*) opinione *f,* parere *m,* convinzione *f: it is my ~ that* è mia opinione che, sono del parere che. **4** (*faith, doctrine*) fede *f,* dottrina *f,* credo *m.* □ *to the best of my ~* da quanto mi risulta; *beyond ~* incredibile, inverosimile; *in the ~ that* credendo (*o* nella convinzione) che.

believability [bi,li:və'biliti] *s.* credibilità *f.* **be'lievable** [–bl] *a.* credibile.

believe [bi'li:v] **I** *v.t.* **1** credere. **2** (*of a person*) credere a, prestar fede a: *I don't ~ you* non ti credo. **3** (*to think*) pensare, credere, supporre, ritenere: *the criminal is –d to have escaped* si ritiene che il criminale sia fuggito. **II** *v.i.* **1** credere (*in a,* in): *to ~ in God* credere in Dio. **2** (*to have faith*) credere (a, in), aver fiducia (in). □ *I ~ her to be alive* credo che sia viva; *to make ~* fingere; *to make s.o. ~ s.th.* far credere qc. a qd.; *I ~ not* credo di no; *I ~ so* credo di sì; *I don't ~ a word of what he says* non credo a una sola parola di ciò che dice. **believer** [–ə] *s.* **1** ⟨*Rel*⟩ credente *m/f.* **2** (*one who believes in the value of s.th.*) sostenitore *m* (*f* –trice).

belike [bi'laik] *avv.* ⟨*ant*⟩ probabilmente; (*perhaps*) forse.

Belisha beacon [bə'li:∫ə] *s.* ⟨*Strad*⟩ luce *f* intermittente gialla.

belittle [bi'litl] *v.t.* **1** sminuire, deprezzare. **2** (*to dwarf*) impiccolire, far sembrare più piccolo. **belittlement** [–mənt] *s.* deprezzamento *m.* **belittler** [–ə] *s.* chi sminuisce (*o* deprezza).

bell¹ [bel] **I** *s.* **1** campana *f;* (*doorbell*) campanello *m.* **2** (*sound of a bell*) rintocco *m,* suono *m* di campana. **3** ⟨*Mar*⟩ (*half–hour unit*) turno *m* di mezz'ora di guardia. **4** *pl.* ⟨*Mar*⟩ rintocchi *mpl: it is now eight –s* la campana ha sonato gli otto rintocchi. **5** ⟨*Bot*⟩ corolla *f* campanulata. **6** *pl.* ⟨*Mus*⟩ carillon *m,* campanelli *mpl.* **II** *v.t.* **1** gonfiare. **2** (*to put a bell on*) fornire di campana, mettere un campanello a. □ ⟨*fig*⟩ *to bear the ~* riportare la palma; *~, book and candles* scomunica *f;* ⟨*fig*⟩ *to ~ the* **cat** affrontare un pericolo per il bene di tutti; **chime** *a ~* scampanio *m;* ⟨*tecn*⟩ *~ and* **hopper** campana *f;* ⟨*fam*⟩ *to* **ring** *a ~* far ricordare, far venire in mente; ⟨*fam*⟩ *to ring the ~* aver successo; ⟨*fig*⟩ *as* **sound** *as a ~* sano come un pesce; ⟨*Mar*⟩ *to* **strike** *the –s* sonare i turni di guardia.

bell² **I** *v.i.* (*of deer*) bramire. **II** *s.* bramito *m.*

belladonna [,belə'dɒnə] *s.* ⟨*Bot,Farm*⟩ belladonna *f.*

bell|-bottom *a.* (*of trousers*) a zampa d'elefante. **~boy** *am. s.* fattorino *m,* ragazzo *m* d'albergo. **~ buoy** *s.* ⟨*Mar*⟩ boa *f* a campana. **~ captain** *am. s.* portiere *m* d'albergo.

belle *fr.* [bel] *s.* **1** (*beautiful girl*) bella *f,* bellezza *f.* **2** (*the most beautiful girl*) reginetta *f: the ~ of the ball* la reginetta del ballo.

belles-lettres *fr.* ['bel'letr] *s.pl.* belle lettere *fpl,* lettere *fpl.*

bell| flower *s.* ⟨*Bot*⟩ campanula *f.* **~ founder** *s.* fonditore *m* di campane. **~foundry** *s.* fonderia *f* di campane. **~ glass** *s.* → **bell jar.** **~ hop** *am. s.* ⟨*fam*⟩ → **bellboy.**

bellicose ['belikous] *a.* bellicoso. **,bellicosity** [–'kɔsiti] *s.* bellicosità *f,* aggressività *f.*

bellied ['belid] *a.* (nei composti) dalla pancia ...: *big–~* dalla pancia grossa.

belligerence [bə'lidʒərəns] *s.* **1** natura *f* guerresca. **2** (*war*) guerra *f,* il guerreggiare. **belligerency** [–i] *s.* belligeranza *f.* **belligerent** [–nt] **I** *a.* **1** bellicoso, guerresco. **2** ⟨*fig*⟩ bellicoso, ostile. **3** (*waging war*) belligerante. **II** *s.* belligerante *m.*

bell| jar *s.* ⟨*Fis*⟩ campana *f* di vetro. **~man** [mən] *s.irr.* **1** (*town–crier*) banditore *m.* **2** (*bellboy*) fattorino *m* d'albergo.

bellow ['belou] **I** *v.i.* **1** muggire, mugghiare. **2** ⟨*fig*⟩ mugghiare, rombare. **II** *v.t.* (*to bawl*; spesso con *out, forth*) urlare (a squarciagola). **III** *s.* muggito *m,* mugghio *m;* (*shout*) urlo *m;* (*roar*) fragore *m.*

bellows ['belouz] *s.pl.* (costr. sing. *o* pl.) **1** mantice *m,* soffietto *m.* **2** ⟨*Mus*⟩ (*for an organ*) mantice *m.* **3** ⟨*Fot*⟩ soffietto *m.*

bell| pull *s.* cordone *m* (*o* maniglia *f*) di campanello. **~ push** *s.* ⟨*El*⟩ pulsante *m* di campanello. **~ ringer** *s.* campanaio *m,* campanaro *m.* **~ ringing** *s.* arte *f* campanaria. **~ rope** *s.* corda *f* di campana. **~-shaped** *a.* scampanato, a campana. **~ tent** *s.* tenda *f* conica. **~ tower** *s.* ⟨*Arch*⟩ torre *f* campanaria, campanile *m* a torre. **~ wether** *s.* **1** montone *m* munito di campanaccio (che guida le pecore). **2** ⟨*fig*⟩ (*leader*) caporione *m,* capobanda *m.* **3** (*standard setter*) chi detta legge. **~ wire** *s.* ⟨*El*⟩ filo *m* da campanello.

belly ['beli] **I** *s.* **1** pancia *f,* ventre *m,* addome *m.* **2** (*stomach*) stomaco *m,* pancia *f: with an empty ~* a stomaco vuoto. **3** ⟨*fig*⟩ pancia *f,* rigonfio *m,* protuberanza *f: the ~ of a jug* la pancia di una brocca; (*of a sail*) pancia *f.* **4** ⟨*fig*⟩ (*interior*) ventre *m,* viscere *fpl: the ~ of a ship* il ventre di una nave. **5** ⟨*fig*⟩ (*appetite*) appetito *m,* fame *f.* **6** ⟨*Mus*⟩ cassa *f* armonica (*o* di risonanza). **II** *v.t.* gonfiare. **III** *v.i.* far pancia, essere protuberante (*o* rigonfio); (*of sails*) gonfiarsi.

belly| ache I *s.* **1** ⟨*fam*⟩ mal *m* di pancia. **2** ⟨*sl*⟩ (*grievance*) lagnanza *f.* **II** *v.i.* ⟨*sl*⟩ lamentarsi, lagnarsi: *to ~ about s.th.* lamentarsi di qc. **~ band** *s.* sottopancia *m.* **~ belt** *s.* ventriera *f.* **~ button** *s.* ⟨*fam*⟩ ombelico *m.* **~ dance** *s.* danza *f* del ventre. **~flop** ⟨*fam*⟩ **I** *s.* (*in diving*) panciata *f.* **II** *v.i.* spanciare, prendere una panciata.

bellyful ['beliful] *s.* ⟨*fam*⟩ scorpacciata *f,* spanciata *f.* □ *to have a ~ of s.th.* averne abbastanza (*o* fin sopra i capelli) di qc.

belly|land I *v.i.* ⟨*Aer*⟩ atterrare ˈcon carrello rientratoˈ (*o* senza carrello), fare un atterraggio sul ventre. **II** *v.t.* fare atterrare con carrello rientrato. **~landing** *s.* ⟨*Aer*⟩ atterraggio *m* senza carrello. **~ laugh** *s.* ⟨*fam*⟩ risata *f* (grassa): *to have a ~* sbellicarsi dalle risate.

belong [bi'lɒŋ] *v.i.* **1** appartenere (*to* a), essere (di): *who does this book ~ to?* di chi è questo libro?; *it doesn't ~ to me* non è mio. **2** (*to be part of*) fare parte (di). **3** (*to be a member*) essere membro, far parte (di): *do you ~ to this club?* sei membro di questo club?; (*to be an inhabitant*) venire (da): *I ~ to Glasgow* vengo da Glasgow. **4** (*to be properly situated*) andare (messo), avere il posto: *the table –s here* la tavola va (messa) qui, il posto della tavola è qui; *this item –s under the category of expenses* questo articolo va (messo) sotto la voce spese. **belonging** [–iŋ] *s.* **1** reciproca affezione *f,* mutua devozione *f.* **2** *pl.* (*possessions*) roba *f,* averi *mpl,* beni *mpl,* cose *fpl.* **3** *pl.* ⟨*fam*⟩ (*relatives*) famiglia *f,* parenti *mpl.* □ *personal –s* effetti *mpl* personali; *with all one's –s* con armi e bagagli.

beloved [bi'lʌv(i)d] **I** *a.* diletto, amato, adorato: *~ by all* amato da tutti. **II** *s.* amato *m* (*f* –a), diletto *m* (*f* –a), adorato *m* (*f* –a).

below [bi'lou] **I** *avv.* **1** sotto, di sotto, giù in basso: *we could see the fields ~* riuscivamo a scorgere i campi giù in basso. **2** ⟨*Mar*⟩ (*below deck*) sottocoperta. **3** (*on the earth*) quaggiù: *here ~* quaggiù (sulla terra). **4** (*in hell*) laggiù. **5** (*later in a text*) oltre, sotto: *see ~* vedi sotto (*o* oltre); (*at the foot of a page*) in calce, a pie' di pagina. **6** (*in a lower rank or grade*) inferiore, di grado inferiore. **II** *prep.* **1**

sotto, al di sotto di: ~ *zero* sotto zero; ~ *average* al di sotto della media. **2** (*unworthy of*) indegno di, non degno di: *it is* ~ *my notice* non è degno della mia considerazione. **3** (*further down*) a valle di: *Greenwich is* ~ *London* Greenwich è a valle di Londra. □ *temperature* ~ *normal* temperatura *f* inferiore alla normale.

below| decks *avv.* ⟨*Mar*⟩ sottocoperta. ~ **ground** *a.* (*buried;* usato pred.) sepolto, seppellito. ~ **stairs** *avv.* giù, (al piano) di sotto.

belt [belt] **I** *s.* **1** cintura *f,* cinghia *f,* cinta *f,* cintola *f.* **2** (*strip, band*) fascia *f,* striscia *f.* **3** (*region*) zona *f,* regione *f:* ~ *of volcanoes* zona dei vulcani. **4** ⟨*tecn*⟩ (*endless band*) nastro *m* continuo, cinghia *f* ad anello; (*conveyor belt*) nastro *m* trasportatore. **5** ⟨*Mar*⟩ (*armour plates*) cintura *f* a corazza (lungo la linea di galleggiamento). **6** ⟨*Mil*⟩ (*cartridge holder*) cinturone *m.* **7** ⟨*Strad*⟩ (*belt highway*) circonvallazione *f.* **II** *v.t.* **1** allacciare, legare, assicurare: *to* ~ *one's broadsword* (*on*) allacciare la sciabola. **2** (*to beat with a belt*) prendere a cinghiate. □ ⟨*Sport,fig*⟩ *hit below the* ~ colpo basso; ⟨*fig*⟩ *to tighten one's* ~ stringere la cinghia; ⟨*fam*⟩ *to have a good meal under one's* ~ avere la pancia piena; ⟨*sl*⟩ ~ *up!* stai zitto!

Beltane *scozz.* ['beltein] *s.* primo maggio *m,* calendimaggio *m.*

belt| carrier, ~ **conveyor** *s.* ⟨*tecn*⟩ trasportatore *m* a nastro, nastro *m* trasportatore. ~ **drive** *s.* ⟨*tecn*⟩ trasmissione *f* a cinghia.

belted ['beltid] *a.* **1** con cintura, cinto: ~ *dress* vestito con cintura. **2** (*with a band of colour*) con una striscia. **3** ⟨*Stor*⟩ cinto.

belted kingfisher *s.* ⟨*Ornit*⟩ martin *m* pescatore americano.

belting ['beltiŋ] *s.* **1** materiale *m* per cinture. **2** ⟨*collett*⟩ (*belts*) cinture *fpl,* cinghie *fpl.* **3** ⟨*sl*⟩ (*beating*) botte *fpl,* percosse *fpl.*

belt line *am. s.* (*of railways, etc.*) anello *m* ferroviario, circolare *f.*

beluga [bə'lu:gə] *s.* ⟨*Itt*⟩ beluga *m.*

belvedere ['belvidiə] *s.* belvedere *m.*

bemean [bi'mi:n] *v.t.* abbassare: *I would not* ~ *myself to do that* non mi abbasserei a fare ciò.

bemedalled [bi'medld] *a.* col petto coperto di medaglie.

bemire [bi'maiə] *v.t.* ⟨*lett*⟩ **1** infangare, inzaccherare. **2** (*to cause to sink in mire*) far impantanare.

bemoan [bi'moun] **I** *v.t.* **1** piangere, lamentare. **2** (*to sympathize with*) compiangere. **II** *v.i.* lamentarsi, piangere.

bemuse [bi'mju:z] *v.t.* confondere, stupefare. **bemused** [-d] *a.* **1** confuso, stupefatto. **2** (*lost in thought*) assorto, immerso nei propri pensieri.

ben[1] *scozz.* [ben] *s.* monte *m,* picco *m,* vetta *f:* ~ *Nevis* il monte Nevis.

ben[2] *scozz.* **I** *avv./prep.* dentro. **II** *a.* interno. **III** *s.* stanza *f* interna.

Ben *N.pr.* dim. di **Benjamin.**

bench [bentʃ] **I** *s.* **1** panca *f,* panchina *f,* sedile *m: a park* ~ una panchina del parco. **2** (*work table*) banco *m: a carpenter's* ~ un banco di falegname. **3** (*seat occupied by officials*) seggio *m,* scanno *m.* **4** (*office of judge*) ufficio *m* di magistrato. **5** (*group of judges*) magistrati *mpl,* magistratura *f.* **6** (*dog show*) mostra *f* canina; (*platform*) palco *m.* **7** ⟨*Geog*⟩ terrazza *f,* ripiano *m.* **8** ⟨*Minier*⟩ scalino *m,* gradino *m.* **II** *v.t.* **1** munire di panche (*o* panchine). **2** ⟨*Sport*⟩ escludere dal gioco, richiamare in panchina. **3** (*to exhibit*) far partecipare a una mostra canina. □ *to be on the* ~: 1 ⟨*Dir*⟩ far parte della magistratura, essere giudice; 2 ⟨*Sport*⟩ essere ┌di riserva┐ (*o* in panchina); *to be raised to the* ~ essere nominato giudice.

bench dog *s.* cane *m* che partecipa a una mostra canina.

bencher ['bentʃə] *s.* membro *m* anziano di uno degli Inns of Court.

bench| mark *s.* ⟨*Topogr*⟩ **1** caposaldo *m* di livellazione. **2** (*guide post*) segno *m* di riferimento. **3** ⟨*fig*⟩ punto *m* di riferimento; (*standard*) metro *m* di valutazione. ~ **warmer** *am. s.* ⟨*fam*⟩ atleta *m/f* ┌di riserva┐ (*o* in

panchina). ~ **warrant** *s.* ⟨*Dir*⟩ mandato *m* di cattura. **~work** *s.* ⟨*Mecc*⟩ lavoro *m* fatto ┌al banco┐ (*o* a mano).

bend[1] [bend] *v.* (*pret., p.p.* **bent** [-nt]) **I** *v.t.* **1** curvare, piegare. **2** (*to force from original position*) storcere, piegare: *he bent his front mudguard* ha piegato il parafango anteriore. **3** ⟨*fig*⟩ (*to force to submit*) piegare, sottomettere, domare. **4** (*to direct*) volgere, dirigere: *he bent his steps homewards* si diresse verso casa. **5** (*to apply*) rivolgere, applicare: *to* ~ *one's mind to one's work* rivolgere la mente al proprio lavoro. **6** ⟨*Mar*⟩ (*of a rope*) intugliare; (*of a sail*) inferire. **7** (*of a bow*) tendere. **II** *v.i.* **1** curvarsi, piegarsi: *to* ~ *forward* piegarsi in avanti. **2** (*to stoop, bow*) chinarsi, inchinarsi, curvarsi: *he bent to pick up the letter* si chinò per raccogliere la lettera. **3** ⟨*fig*⟩ (*to submit*) piegarsi, sottomettersi. **4** (*to turn*) voltare, svoltare, girare, volgere, piegare: *the path –s to the left* il sentiero piega a sinistra. **5** ⟨*fig*⟩ (*to work vigorously*) mettersi di buona lena. □ *to* ~ **back** ripiegare, ripiegarsi; ⟨*fam*⟩ *to* **catch** *s.o.* *-ing* cogliere qd. in fallo; *to* ~ **down:** 1 (*to be bent*) curvare, piegare (verso terra); 2 (*to stoop*) chinarsi (verso terra), piegarsi; *all eyes were bent on him* tutti gli occhi erano fissi su di lui; ⟨*fig*⟩ *to* ~ *the* **knee** piegare il ginocchio, sottomettersi; *on –ed knee* in ginocchio (*anche fig.*); ⟨*fig*⟩ *to* ~ **over** *backwards to do s.th.* fare ┌di tutto┐ (*o* tutto il possibile) per fare qc.; ⟨*fig*⟩ *to* ~ *a* **rule** fare uno strappo alla regola. *Prov.: better* ~ *than break* meglio piegarsi che spezzarsi.

bend[2] *s.* **1** curva *f,* svolta *f,* piegatura *f: a dangerous* ~ una curva pericolosa; (*of a river*) gomito *m.* **2** (*stoop, bow*) piegamento *m,* flessione *f.* **3** ⟨*Mar*⟩ (*knot*) nodo *m.* **4** *pl.* ⟨*Med*⟩ ⟨*fam*⟩ (*caisson disease*) embolia *f* gassosa. □ ⟨*sl*⟩ *round the* ~ pazzo, ⟨*fam*⟩ svitato; ⟨*sl*⟩ *to go round the* ~ impazzire.

bend[3] *s.* **1** ⟨*Arald*⟩ banda *f* diagonale. **2** ⟨*Conc*⟩ mezza pelle *f* conciata.

bendable ['bendəbl] *a.* piegabile. **bender** [-də] *s.* **1** persona *f* (*o* cosa) che piega. **2** ⟨*tecn*⟩ piegatrice *f.* **3** ⟨*fam*⟩ (*drinking spree*) bicchierata *f,* bevuta *f.* **4** ⟨*fam*⟩ (*sixpence*) mezzo scellino *m.*

bending angle *s.* angolo *m* di curvatura.

bend| sinister *s.* ⟨*Arald*⟩ banda *f* sinistra. **~wise** *a.* diagonale.

beneath [bi'ni:θ] **I** *avv.* sotto, di sotto, sottostante. **II** *prep.* **1** sotto, al di sotto di: ~ *the tree* sotto l'albero. **2** (*lower down than*) sotto, più in basso di: *the town is* ~ *the castle* la città è più in basso del castello. **3** (*unworthy of*) indegno di, immeritevole di: *this is* ~ *you* questo è indegno di te. **4** (*inferior to*) inferiore a: *to marry* ~ *o.s.* sposare qd. di condizione inferiore. **5** (*under the pressure, weight, etc.*) sotto, sotto il peso di: *to sink* ~ *a burden* sprofondare sotto un peso.

Benedict ['benidikt] *N.pr.* Benedetto *m.*

Benedictine [,beni'diktin] **I** *s.* ⟨*Rel*⟩ benedettino *m.* **II** *a.* benedettino. **benedictine** [-ti:n] *s.* (*liqueur*) benedettino *m.*

benediction [,beni'dikʃən] *s.* **1** benedizione *f.* **2** (*grace*) ringraziamento *m,* rendimento *m* di grazie. **benedictory** [-ktəri] *a.* di benedizione, benedicente.

benefaction [,beni'fækʃən] *s.* **1** beneficenza *f,* opera *f* buona (*o* di carità). **2** (*benefit conferred*) donazione *f* benefica, elargizione *f.* **'benefactor** [-ktə] *s.* (*f.* **-tress** [tris]) benefattore *m.* **'benefactress** [-ktris] *s.* benefattrice *f.*

benefice ['benifis] *s.* **1** ⟨*Dir.can*⟩ beneficio *m* ecclesiastico, prebenda *f.* **2** ⟨*Stor*⟩ feudo *m,* beneficio *m.* **beneficed** [-t] *a.* che gode di un beneficio ecclesiastico. □ *a* ~ *clergyman* un beneficiario.

beneficence [bi'nefisəns] *s.* **1** carità *f,* beneficenza *f.* **2** (*instance*) atto *m* di carità, opera *f* di beneficenza, azione *f* caritatevole. **beneficent** [-nt] *a.* benefico, caritatevole.

beneficial [,beni'fiʃəl] *a.* **1** che fa bene, che reca giovamento, giovevole: *sunshine is* ~ *to all plants* la luce del sole reca giovamento a tutte le piante. **2** ⟨*Dir*⟩ che gode i frutti di una proprietà.

beneficial| association *s.* società *f* di mutuo soccorso. ~ **interest** *s.* diritto *m* del beneficiario. ~ **owner** *s.* ⟨*Dir*⟩ usufruttuario *m* (*f* -a).

beneficiary [ˌbeni'fiʃəri] s. **1** beneficiato m (f –a). **2** ⟨Dir,Assic,Dir.can⟩ beneficiario m (f –a).

benefit ['benifit] **I** s. **1** vantaggio m, beneficio m, utilità f, giovamento m: *the –s of a good education* i vantaggi di una buona cultura. **2** pl. (payment from an insurance company, etc.) indennità f, assegni mpl. **3** (entertainment to raise money) spettacolo m di beneficenza, recita f di beneficenza; (for the benefit of an actor) beneficiata f. **II** v.t. beneficare, fare bene a, giovare a. **III** v.i. trarre profitto, trarre vantaggio (from, by da), beneficiare, avvantaggiarsi (di): *they will ~ from the new law* potranno beneficiare della nuova legge. □ ~ of **clergy**: 1 matrimonio religioso; 2 ⟨Dir.mediev⟩ immunità giudiziaria del clero; to derive ~ from s.th. trarre vantaggio da qc.; *the ~ of the* **doubt** il beneficio del dubbio; **for** *the ~ of* a favore (o beneficio) di, per; ⟨scherz⟩ *for the ~ of the neighbours* soltanto per far bella figura coi vicini; *to* **give** *s.o. the ~ of one's advice* aiutare qd. col proprio consiglio.

benefit| association, ~ club s. → **benefit society. ~ fund** s. ⟨Econ⟩ fondo m utili. **~ match** s. ⟨Sport⟩ incontro m di beneficenza. **~ performance** s. spettacolo m di beneficenza. **~ society** s. società f di mutuo soccorso.

Benelux ['benilʌks] N.pr. ⟨Pol⟩ Benelux m.

benevolence [bi'nevələns] s. **1** benevolenza f. **2** (act of kindness) gentilezza f, atto m di gentilezza; (generous gift) dono m generoso. **3** pl. ⟨Mediev⟩ benevolenze fpl.

benevolent [–nt] a. **1** benevolo, ben disposto. **2** (non-profit) benefico, filantropico, a scopo di beneficenza: ~ **institution** istituzione di beneficenza.

Bengal [beŋ'gɔ:l] N.pr. ⟨Geog⟩ Bengala m. **‚Bengalese** [–gə'li:z] **I** s. **1** (native) bengalese m/f. **2** (language) bengali m. **II** a. bengalese. **Bengali** [–i] **I** s. **1** (native; pl. **-s** [z]) bengalese m/f. **2** (language) bengali m. **II** a. **1** del Bengala. **2** (of the people) bengalese.

Bengal| light s. bengala m. **~ tiger** s. ⟨Zool⟩ tigre f.

benighted [bi'naitid] a. **1** sorpreso ˈdalle tenebreˈ (o dal calar della notte). **2** ⟨fig⟩ ottenebrato, arretrato, ignorante.

benign [bi'nain] a. **1** benigno, benevolo. **2** (kind) gentile. **3** (favourable) favorevole, propizio. **4** (of climate) salubre. **5** ⟨Med⟩ benigno.

benignancy [bi'nignənsi] s. ⟨lett⟩ benignità f, benevolenza f. **benignant** [–nt] a. **1** benevolo, benigno. **2** (beneficial) salutare, giovevole. **benignity** [–niti] s. **1** benevolenza f, benignità f. **2** (favour) favore m.

benison ['benizn] s. ⟨poet⟩ benedizione f.

benjamin ['bendʒəmin] s. benzoino m (anche Bot.).

Benjamin I N.pr. Beniamino m. **II** s. beniamino m, prediletto m.

Benjamin's mess s. ⟨Bibl⟩ parte f maggiore (o migliore).

bent[1] [bent] → **bend**[1].

bent[2] **I** a. **1** piegato, curvo, ricurvo: *a back ~ with age* una schiena curva sotto il peso degli anni. **2** (determined) deciso, risoluto, intenzionato: *she was ~ on going home* era decisa ad andare a casa. **3** ⟨sl⟩ (homosexual) invertito. **4** ⟨sl⟩ (stolen) rubato; (dishonest) disonesto. **II** s. inclinazione f, disposizione f, tendenza f, propensione f: *a ~ for literature* un'inclinazione per la letteratura; *to follow one's ~* seguire la propria inclinazione. □ *to be ~ on mischief* essere male intenzionato; *to the top of one's ~* al massimo grado, moltissimo; ⟨fam⟩ a più non posso.

bent[3] s. **1** erba f dura e secca; (stalk) stelo m d'erba secca. **2** ⟨Bot⟩ (bent grass) agrostide f. **3** (moor) prateria f, landa f.

Benthamism ['benθəmizəm] s. ⟨Filos⟩ benthamismo m. **Benthamite** [–mait] s. seguace m/f della filosofia di Bentham.

benthic ['benθik] a. bentonico. **benthos** [–θɔs] s. **1** ⟨Biol⟩ benthos m, benton m. **2** (ocean bottom) fondo m marino.

benumb [bi'nʌm] v.t. **1** intorpidire, intirizzire (with, by da). **2** ⟨fig⟩ paralizzare, istupidire, inebetire. **benumbed** [–d] a. **1** intirizzito. **2** ⟨fig⟩ paralizzato, istupidito.

benzedrine ['benzidri:n] s. ⟨Farm⟩ benzedrina f.

benzene ['benzi:n] s. ⟨Chim⟩ **1** benzene m. **2** → benzine.

benzine ['benzi:n] s. ⟨Chim⟩ (cleaning fluid) benzina f.

benzoate ['benzoueit] s. ⟨Chim⟩ benzoato m.

benzoic [ben'zouik] a. ⟨Chim⟩ benzoico.

benzoin ['benzouin] s. ⟨Bot,Chim⟩ benzoino m.

benzol(e) ['benzɔl] s. ⟨Chim⟩ benzolo m.

benzyl ['benzil] **I** s. ⟨Chim⟩ benzile m. **II** a. benzilico.

bequeath [bi'kwi:θ] v.t. **1** ⟨Dir⟩ lasciare (in eredità), legare per testamento. **2** (to hand down to posterity) trasmettere, tramandare. **bequeathal** [–əl], **bequest** [–'kwest] s. lascito m; (legacy) legato m.

berate [bi'reit] v.t. rimproverare, sgridare.

Berber ['bə:bə] **I** s. **1** berbero m (f –a). **2** (language) lingua f berbera. **II** a. berbero.

berberry ['bə:bəri] s. → barberry.

bereave [bi'ri:v] v.t. (pret., p.p. **-d** [d]/ **bereft** [bi'reft]) privare, ⟨lett⟩ orbare. □ *the –d parents* i genitori del defunto. **bereavement** [–mənt] s. **1** privazione f. **2** (condition) lutto m. **3** (loss) perdita f.

bereft[1] [bi'reft] → bereave.

bereft[2] a. privo, senza: ~ *of all hope* privo d'ogni speranza.

Berenice's Hair [ˌberi'naisi:z] s. ⟨Astr⟩ Chioma f di Berenice.

beret fr. ['berei] s. berretto m, basco m.

berg [bə:g] s. **1** (iceberg) iceberg m. **2** (mountain) monte m.

bergamot ['bə:gəmɔt] s. ⟨Bot⟩ **1** bergamotto m. **2** (pear) bergamotta f. □ *essence of ~* (bergamot oil) essenza f di bergamotto.

berhyme [bi'raim] v.t. **1** mettere in rima (o versi), verseggiare. **2** (to lampoon) satireggiare in versi.

beribboned [bi'ribənd] a. adorno di nastri.

beriberi ['beri'beri] s. ⟨Med⟩ beriberi m.

Berkeleian ['bə:kliən] **I** a. ⟨Filos⟩ berkeleiano. **II** s. seguace m/f della filosofia di Berkeley.

berkelium ['bə:kliəm] s. ⟨Chim⟩ berkelio m.

berlin [bə:'lin] s. **1** berlina f. **2** ⟨Aut⟩ berlina f. **3** → Berlin wool.

Berlin N.pr. ⟨Geog⟩ Berlino f.

Berlin| black s. ⟨tecn⟩ nero m di Prussia. **~ blue** s. azzurro m (o blu) di Prussia.

berline [bə:'li:n] s. → berlin.

Berliner [bə:'linə] s. berlinese m/f.

Berlin| gloves s.pl. guanti mpl fatti a mano. **~ iron** s. ⟨Met⟩ ferro m di Berlino. **~ wool** s. lana f grossa per lavori a maglia.

Bermuda grass [bə'mju:də] s. ⟨Bot⟩ gramigna f, erba f capriola.

Bermudas [bə'mju:dəz] **I** N.pr.pl. ⟨Geog⟩ Bermude fpl. **II** s.pl. (Bermuda shorts) bermuda mpl, pantaloncini mpl bermuda. **Bermudian** [–diən] **I** a. **1** delle Bermude. **2** (of Bermudians) degli abitanti delle Bermude. **II** s. abitante m/f delle Bermude. **Bermudian rig** s. ⟨Mar⟩ bermudiana f.

Bern [bə:n] N.pr. ⟨Geog⟩ Berna f.

Bernard ['bə:nəd] N.pr. Bernardo m.

Bernardine ['bə:nədi:n] **I** a. ⟨Rel⟩ di San Bernardo. **II** s. cistercense m, monaco m cistercense.

Berne [bə:n] N.pr. → **Bern. Bernese** [ˌbə:'ni:z] **I** a. bernese. **II** s. bernese m/f.

berobed [bi'roubd] a. rivestito della toga, togato.

berried ['berid] a. **1** ⟨Bot⟩ munito di bacche. **2** ⟨Zool⟩ (of lobsters, crabs, etc.) con uova. **berry** [–ri] **I** s. **1** bacca f. **2** (of wheat) chicco m. **3** ⟨Zool⟩ uovo m. **4** ⟨am.sl⟩ (dollar) dollaro m. **II** v.i. **1** cogliere bacche. **2** (to bear berries) produrre bacche.

berserk ['bə:sə:k] **I** a. frenetico, forsennato, furioso. **II** s. → berserker. □ *to go ~* abbandonarsi a una furia cieca.

berserker [–ə] s. **1** ⟨Mitol.nord⟩ feroce guerriero m. **2** ⟨fig⟩ chi combatte furiosamente.

Bert [bə:t] N.pr. dim. di Albert, Bertram, Gilbert, Herbert, Hubert.

berth [bə:θ] **I** s. **1** ⟨Mar,Ferr⟩ cuccetta f. **2** ⟨Mar⟩ (cabin) cabina f. **3** ⟨Mar⟩ (anchorage) ancoraggio m, ormeggio m, posto m ˈdi fondaˈ (o d'ormeggio). **4** ⟨Mar⟩ (sea room) spazio *m* sufficiente (per manovrare). **5** ⟨*fam*⟩ ⟨*job*⟩ posto *m*, impiego *m*. **II** *v.t.* **1** ⟨*Mar*⟩ ormeggiare, ancorare. **2** (*to assign a berth to*) assegnare una cuccetta a. **3** (*to provide with a job*) collocare. **III** *v.i.* ⟨*Mar*⟩ ormeggiarsi. □ *foul* ~ cattivo ormeggio; ⟨*fig*⟩ *to find a snug* ~ trovare un lavoro comodo; *to give a wide* ~ *to:* 1 ⟨*Mar*⟩ passare bene al largo da; 2 ⟨*fig*⟩ tenersi alla larga da, evitare; ⟨*Mar*⟩ *on the* ~ all'ancora.

bertha ['bə:θə] *s.* ⟨*Mod*⟩ ampio colletto *m*.

Bertha *N.pr.* Berta *f*.

berthage ['bə:θidʒ] *s.* ⟨*Mar*⟩ **1** (*place*) posto *m* di ormeggio (*o* fonda). **2** (*charge*) diritti *mpl* di molo (*o* scarico).

Bertie ['bə:ti] *N.pr.* → **Bert**.

Bertram ['bə:trəm] *N.pr.* Bertrando *m*.

beryl ['beril] *s.* ⟨*Min*⟩ berillo *m*.

beryllium [bə'riliəm] *s.* ⟨*Chim*⟩ berillio *m*.

beseech [bi'si:tʃ] *v.t.* (*pret.*, *p.p.* **besought** [-'sɔ:t]/*am.* **-ed** [-t]) **1** implorare, supplicare: *I besought him to help me* lo supplicai di aiutarmi. **2** (*to beg eagerly for*) sollecitare, chiedere con insistenza, implorare. **beseecher** [-ə] *s.* supplicante *m/f*, supplice *m/f*. **beseeching** [-iŋ] *a.* implorante, supplichevole.

beseem [bi'si:m] *v.t.* addirsi a, confarsi a, convenire a. □ *it ill –s you to refuse the gift* non è bello da parte tua rifiutare il dono. **beseeming** [-iŋ], **beseemly** [-li] *a.* confacente, conveniente.

beset [bi'set] **I** *v.t.irr.* **1** assalire, attaccare: *we were* ~ *by mosquitoes* fummo assaliti dalle zanzare. **2** ⟨*fig*⟩ assalire, tormentare, ossessionare: *to be* ~ *by doubts* essere tormentato dai dubbi. **3** (*to surround*) assediare, circondare. **II** *a.* **1** cosparso, punteggiato, tempestato (*with* di). **2** ⟨*fig*⟩ pieno, irto (di): ~ *with difficulties* pieno di difficoltà. **besetment** [-mənt] *s.* **1** l'assediare, il circondare; (*state*) l'essere circondato. **2** (*trouble*) contrarietà *f*, fastidio *m*. **besetting** [-iŋ] *a.* dominante, principale.

besetting sin *s.* ⟨*fig*⟩ lato *m* debole.

beside [bi'said] **I** *prep.* **1** accanto a, presso, vicino a, a fianco di: ~ *the stream* vicino al ruscello. **2** (*compared with*) a confronto di, rispetto a, a paragone di. **3** (*aside from*) estraneo a, non pertinente a: *that question is* ~ *the point* quella domanda non è pertinente (*o* c'entra). **4** (*am*) (*in addition*) oltre a, in aggiunta a. **II** *avv.* **1** accanto, fianco a fianco. **2** (*in addition*) per di più, inoltre. □ *to be* ~ *o.s. with joy* essere fuori di sé dalla gioia.

besides [bi'saidz] **I** *avv.* **1** inoltre, anche, per di più: ~, *he had come to enjoy himself* inoltre, era venuto per divertirsi. **2** (*in addition*) oltre a tutto, ancora. **3** (*otherwise, else*) per il resto, sotto altri aspetti. **II** *prep.* **1** oltre a, in aggiunta a. **2** (*except*) all'infuori di, a eccezione di.

besiege [bi'si:dʒ] *v.t.* **1** assediare, stringere d'assedio. **2** ⟨*fig*⟩ (*to crowd round*) assediare, circondare. **3** (*to overwhelm*) tempestare, sommergere: *to* ~ *s.o. with requests* tempestare qd. di domande. **besiegement** [-mənt] *s.* assedio *m*. **besieger** [-ə] *s.* assediante *m/f*.

beslobber [bi'slɔbə] *v.t.* **1** sbavare. **2** ⟨*fig*⟩ adulare, incensare.

besmear [bi'smiə] *v.t.* **1** impiastrare, impiastricciare. **2** ⟨*fig*⟩ infangare, disonorare: *to* ~ *s.o.'s name* disonorare il nome di qd.

besmirch [bi'smə:tʃ] *v.t.* **1** imbrattare, insudiciare. **2** (*to tarnish*) offuscare, appannare.

besom ['bizəm] **I** *s.* scopa *f*, granata *f*. **II** *v.t.* scopare, spazzare via.

besot [bi'sɔt] *v.t.* **1** inebriare (*anche fig.*). **2** ⟨*fig*⟩ (*to stupefy*) istupidire, inebetire. **3** ⟨*fig*⟩ (*to infatuate*) infatuare, esaltare. **besotted** [-id] *a.* **1** ebbro (*anche fig.*). **2** (*stupefied*) istupidito, inebetito. **3** (*infatuated*) infatuato, esaltato.

besought [bi'sɔ:t] → **beseech**.

bespangle [bi'spæŋgl] *v.t.* **1** ornare di lustrini. **2** ⟨*fig*⟩ cospargere, costellare.

bespatter [bi'spætə] *v.t.* **1** inzaccherare, infangare. **2** ⟨*fig*⟩ gettare fango addosso a, coprire di fango, diffamare.

bespeak [bi'spi:k] *v.t.irr.* **1** prenotare, impegnare, riservare. **2** (*to indicate*) rivelare, essere indizio di. **3** (*to request*) chiedere.

bespectacled [bi'spektəkld] *a.* occhialuto.

bespoke [bi'spouk] *a.* **1** ordinato in anticipo. **2** (*of clothes*) (fatto) su misura: *a* ~ *overcoat* un soprabito su misura. **3** (*of persons*) che lavora (solo) su ordinazione.

besprinkle [bi'spriŋkl] *v.t.* cospargere, spruzzare.

Bess, Bessie ['besi] *N.pr. dim. di* **Elizabeth**.

best [best] **I** *a.* (*sup. di* **good**) **1** il migliore: *the* ~ *film of the year* il miglior film dell'anno. **2** (*most advantageous*) il migliore, il più proficuo, il più vantaggioso: *the* ~ *way to do s.th.* il modo migliore per fare qc. **3** (*largest*) il maggiore: *the* ~ *part of their savings* la maggior parte dei loro risparmi. **II** *avv.* **1** (*most*) nel modo migliore: *who reads* ~ *in this class?* chi legge meglio in questa classe? **2** (*most advantageously*) meglio, di più: *black suits her* ~ il nero è il colore che le 'sta meglio' (*o* si addice di più). **3** (*to the highest degree*) di più, più di tutti, meglio: *I liked that book* ~ quel libro mi è piaciuto più di tutti; *the* ~*-dressed man in town* l'uomo meglio vestito della città. **III** *s.* **1** (*of persons*) il migliore, la migliore; (*of things*) il meglio: *we want nothing but the* ~ vogliamo soltanto il meglio. **2** (*utmost*) il meglio, (tutto) il possibile *m*: *he did his* ~ fece del suo meglio. **3** (*best clothes*) i vestiti migliori. **4** (*best wishes*) i migliori auguri. **IV** *v.t.* avere la meglio su, spuntarla con. □ *as* ~ *one can* come meglio si può, il meglio possibile; *at* (*the*) ~ nel migliore dei casi, nella migliore delle ipotesi; *Dickens at his* ~ Dickens nei suoi momenti migliori (*o* più felici), il Dickens migliore; *he is* ~ *at portrait painting* le sue opere migliori sono i ritratti; *it would be* ~ *to stay at home* la miglior cosa sarebbe restare a casa; *to come off* ~ avere la meglio; *to do one's* (*level*) ~ fare del (*o* il) proprio meglio; *to do s.th. to the* ~ *of one's ability* fare qc. con il massimo impegno; *to do the* ~ *one can* fare come meglio si può, ⟨*fam*⟩ mettercela tutta; *to put one's* ~ **foot** *forward* camminare il più in fretta possibile; ⟨*fig*⟩ fare del proprio meglio; *it will all turn out* **for** *the* ~ finirà tutto per il meglio, andrà tutto bene; *they are the* ~ *of friends* sono molto amici; *to get the* ~ *of the bargain* essere in vantaggio, avere la meglio; *to get the* ~ *out of s.o.* ottenere il massimo rendimento da qd., far sì che qd. dia il meglio di sé; ⟨*fig*⟩ *to get the* ~ *of one's enemy* sconfiggere il nemico; *to give* (*of*) *one's* ~ dare il massimo di sé; *to have* (*o* get) *the* ~ *of:* 1 avere la meglio su, essere in vantaggio rispetto a; 2 (*to beat*) superare, ⟨*fam*⟩ battere; *you had* ~ *go now* faresti meglio ad andartene ora; ⟨*fam*⟩ *to have the* ~ *of both worlds* avere la botte piena e la moglie ubriaca; *to hope for the* ~ sperare che tutto vada per il meglio; *to look one's* ~ avere un ottimo aspetto, ⟨*fam*⟩ essere in gran forma; *to make the* ~ *of a bad business* (*o* job) fare buon viso a cattivo gioco; ~ **man** testimone *m* dello sposo; *to eat and drink* of *the* ~ mangiare bene e bere meglio; *the* ~ *of it is that* il bello è che; *the* ~ **part** la maggior parte di, quasi (tutto): *the* ~ *part of a year* quasi un anno; *the* ~ **people** la gente chic (*o* bene); **second** ~ *is not good enough* solo il migliore va bene; *to sell at* ~ vendere alle condizioni migliori; ⟨*fam*⟩ *one's* **Sunday** ~ i vestiti della festa (*o* domenica); *only the* ~ *is good enough for me* soltanto il meglio mi soddisfa; *the* ~ **thing** *to do* la miglior cosa da fare; *do as you think* ~ fa' come ti sembra meglio; **to** *the* ~ *of my recollection* per quello che mi ricordo; *to the* ~ *of my knowledge* per quanto ne so; *the* **very** ~ senz'altro il migliore; *in the* ~ *possible* way nel miglior modo possibile, nel migliore dei modi; *may the* ~ **man** *win* vinca il migliore; *to do s.th.* **with** *the* ~ fare qc. alla pari dei migliori. *Prov.: the* ~ *is enemy of the good* il meglio è nemico del bene.

bestial ['bestiəl] *a.* **1** bestiale, brutale: ~ *cruelty* crudeltà bestiale. **2** (*sensual*) sensuale, lussurioso. **bestiality** [,besti'æliti] *s.* ⟨*fig*⟩ bestialità *f*, brutalità *f*. **bestialize** [-aiz] *v.t.* abbrutire.

bestiary ['bestiəri] *s.* ⟨*Lett*⟩ bestiario *m*.

bestir [bi'stə:] *v.t.* **1** agitare, scuotere. **2** ⟨*rifl*⟩ darsi da fare, muoversi: *it's time to* ~ *ourselves* è ora di darsi da fare.

bestow [bi'stou] *v.t.* **1** dare, concedere, conferire: *to ~ s.th. upon s.o.* conferire qc. a qd. **2** (*to devote*) dedicare, consacrare. **3** (*to place*) posare, collocare; (*to stow*) riporre. **bestowal** [–əl] *s.* **1** concessione *f,* conferimento *m.* **2** (*gift*) dono *m,* donazione *f.*
bestraddle [bi'strædl] *v.* → **bestride.**
bestrew [bi'stru:] *v.t.irr.* **1** spargere, cospargere, ricoprire: *the path was –n with leaves* il sentiero era ricoperto di foglie. **2** (*to scatter about*) sparpagliare, spargere (intorno). **3** (*to be scattered*) essere sparso per: *wreckage –ed the lake* i relitti erano sparsi per il lago.
bestride [bi'straid] *v.t.irr.* **1** montare, essere (*o* stare) a cavallo di. **2** (*to sit astride*) stare a cavalcioni di: *to ~ a wall* stare a cavalcioni di un muro. **3** (*to span*) stendersi attraverso, attraversare. **4** (*to step over*) scavalcare. **5** (*to stand over*) stare in piedi sopra.
'best| 'seller *s.* **1** (*book*) bestseller *m,* libro *m* ⌐ad alta tiratura⌐ (*o* di gran successo). **2** (*author*) scrittore *m* (*f –trice*) di gran successo. **3** (*referred to any kind of product*) articolo *m* molto venduto. **~-selling** *a.* più venduto, di gran successo.
bestud [bi'stʌd] *v.t.* **1** decorare con borchie. **2** (*to dot*) punteggiare.
bet¹ [bet] *v.* (*pret., p.p.* **bet/'betted** [–id]) **I** *v.t.* **1** scommettere, puntare. **2** (*to be sure*) essere certo (*o* sicuro), scommettere: *I ~ it'll rain* scommetto che pioverà. **II** *v.i.* fare una scommessa. □ 〈*fam*〉 *to ~ one's bottom dollar* scommettere l'ultimo centesimo; 〈*fam*〉 *you ~* ma certo, ci puoi scommettere.
bet² *s.* **1** scommessa *f: to take up a ~* accettare una scommessa. **2** (*money wagered*) scommessa *f,* posta *f: a ten pound ~* una scommessa di dieci sterline. **3** (*choice*) scelta *f,* alternativa *f,* soluzione *f: your best ~* la miglior soluzione per te. □ 〈*fig*〉 *a bad ~* un rischio; 〈*fig*〉 *a good* (*o safe*) *~* una cosa (*o* persona) sicura; *it's a ~* scommessa fatta; *to lay a ~* fare una scommessa, scommettere.
beta ['bi:tə, *am.* 'beitə] **I** *s.* **1** beta *f/m* (*anche Fis.*). **2** 〈*Scol*〉 (*second in order or grade*) buono *m.* **Beta** *s.* 〈*Astr*〉 beta *f.* **II** *a.* 〈*Chim,Atom*〉 beta.
beta blocker *s.* 〈*Farm*〉 betabloccante *m.*
betake [bi'teik] *v.rifl.irr.* **1** andarsene, recarsi, condursi: *to ~ o.s. to bed* andarsene a letto. **2** 〈*rar*〉 (*to apply o.s.*) dedicarsi, darsi.
beta| particle *s.* 〈*Fis*〉 particella *f* beta. **~ rays** *s.pl.* raggi *mpl* beta.
betatron ['bi:tətrɔn] *s.* 〈*Atom*〉 betatrone *m.*
betel ['bi:təl] *s.* 〈*Bot*〉 (*betel pepper*) betel *m.*
betel| nut *s.* 〈*Bot*〉 noce *f* di betel. **~ palm** *s.* 〈*Bot*〉 betel *m.*
bête noire *fr.* ['beit'nwɑ:] *s.* 〈*fig*〉 bestia *f* nera.
bethel ['beθəl] *s.* **1** luogo *m* sacro. **2** (*seaman's church*) luogo *m* di culto per marinai. **3** (*Nonconformist chapel*) cappella *f* nonconformista.
bethink [bi'θiŋk] *v.t.irr.* **1** considerare, riflettere. **2** 〈*rifl*〉 (*to resolve o.s.*) decidersi. **3** 〈*rifl,ant*〉 (*to remember*) ricordarsi.
Bethlehem ['beθlihem] *N.pr.* 〈*Bibl*〉 Betlemme *m.*
betide [bi'taid] *v.t./i.* accadere (a), succedere (a). □ *woe ~ you* guai a te.
betimes [bi'taimz] *avv.* 〈*ant*〉 **1** (*early*) per tempo, di buon'ora. **2** (*in good time*) in tempo utile.
betoken [bi'toukən] *v.t.* **1** far presagire, far prevedere, minacciare. **2** (*to indicate*) indicare, denotare.
beton [be'tɔ̃] *s.* 〈*Edil*〉 beton *m,* calcestruzzo *m.*
betony ['betəni] *s.* 〈*Bot*〉 betonica *f.*
betray [bi'trei] *v.t.* **1** tradire. **2** (*to be unfaithful to*) tradire, ingannare, essere infedele a. **3** (*to mislead*) traviare, trascinare: *he was –ed by his enthusiasm into violence* il suo entusiasmo lo trascinò alla violenza. **4** (*to reveal*) tradire, rivelare: *to ~ a secret* tradire un segreto; (*to reveal unconsciously*) tradire, denunciare, rivelare.
betrayal [–əl] *s.* tradimento *m.* **betrayer** [–ə] *s.* traditore *m* (*f –trice*).
betroth [bi'trouð] *v.t.* **1** fidanzare, promettere in matrimonio. **2** 〈*ant*〉 promettere di sposare. **betrothal** ⌐–əl⌐ *s.* fidanzamento *m,* 〈*ant*〉 promessa *f* di matrimonio.

betrothed [–d] **I** *s.* fidanzato *m* (*f –a*), promesso sposo *m* (*f –a*). **II** *a.* fidanzato, promesso.
better¹ ['betə] **I** *a.* (*compar. di* good) **1** migliore, meglio, superiore: *a ~ car* una macchina migliore; *the book is ~ than the film* il libro è ⌐superiore al⌐ (*o* migliore del) film; *a ~ job* un posto migliore. **2** (*morally superior*) migliore, più buono: *a ~ man than I* un uomo migliore di me; (*more able*) più bravo, più capace. **3** (*less sick*) meglio, migliorato: *she's much ~ today* sta molto meglio oggi. **4** (*more than half*) più della metà, maggiore, più grosso: *the ~ part of a loaf* più della metà di una pagnotta. **II** *avv.* (*compar. di well*) **1** meglio, in modo migliore: *you can do it ~* tu lo sai fare meglio. **2** (*to a higher degree*) meglio, più a fondo: *I know her ~* la conosco meglio. **3** (*more*) di più, maggiormente: *you'll like it ~ next time* ti piacerà di più la prossima volta. **III** *v.t.* **1** migliorare, perfezionare: *to ~ one's lot* migliorare la propria sorte. **2** (*to surpass*) superare, sorpassare. **3** 〈*rifl*〉 (*to improve o.s.*) migliorare ⌐le proprie condizioni⌐ (*o* la propria situazione). **IV** *v.i.* migliorare, diventare migliore. **V** *s.* **1** migliore *m: the ~ of the two* il migliore dei due. **2** (*one's superior*) migliore *m,* superiore *m.* □ *all the ~ for him* tanto meglio per lui; *~ and ~* sempre meglio, di bene in meglio; *a change for the ~* un cambiamento in meglio; *for ~ or for worse* nella buona e nella cattiva sorte, nel bene e nel male; *to get ~:* 1 (*of things*) migliorare, andar meglio, 2 (*of persons: to recover*) stare meglio, migliorare, ristabilirsi, essere in via di guarigione; *to get the ~ of s.o.* avere la meglio su qd.; *her shyness got the ~ of her* la sua timidezza ebbe il sopravvento; *you had ~ go now* faresti meglio ad andartene ora, ti converrebbe andartene ora; *you had ~ not do that* faresti meglio a non farlo; *to know ~:* 1 sapere come ⌐vanno le cose⌐ (*o* va il mondo); 2 (*to refuse to believe*) saperla più lunga, sapere come stanno le cose: *he says he is poor, but I know ~* dice di essere povero, ma io so come stanno le cose; *to look ~* avere una cera migliore; *so much the ~* tanto meglio; *no ~ than non ...* che, non ... altro che: *he's no ~ than a beggar* non è altro che un mendicante; 〈*fam*〉 *she's no ~ than she ought to be* è una poco di buono; *to be none the ~ for s.th.* non aver ricevuto nessun beneficio (*o* giovamento) da qc.; *to be ~ off:* 1 (*to be richer*) essere in condizioni finanziarie migliori, avere più soldi; 2 (*to be happier*) stare (*o* trovarsi) meglio, essere più felice (*o* contento); 〈*fam*〉 *to go one ~* prevalere su qd., spuntarla con qd., superare qd.; *~ still* ancora meglio; *to be ~ than one's word* fare più di quanto si era promesso. *Prov.: ~ late than never* meglio tardi che mai.
better² *s.* scommettitore *m* (*f –trice*).
better half *s.* 〈*fam*〉 (*wife*) moglie *f,* 〈*fam*〉 metà *f.*
betterment ['betəmənt] *s.* **1** miglioramento *m.* **2** 〈*Econ*〉 plusvalore *m.* **3** 〈*am.Dir*〉 miglioria *f.*
better| nature, ~ self *s.* parte *f* (*o* lato *m*) migliore, sentimenti *mpl* più nobili.
betting ['betiŋ] **I** *s.* **1** lo scommettere, scommesse *fpl.* **2** (*odds*) differenza *f;* (*of a bookmaker*) quota *f: the ~ is twenty to one* la quota è di venti a uno. **II** *a.* delle (*o* sulle) scommesse; *~ laws* leggi sulle scommesse.
betting| office, ~ shop *s.* ricevitoria *f* dove si accettano le scommesse; (*bookmaker's office*) botteghino *m* di allibratore.
bettor *s.* → **better².**
Betty ['beti] *N.pr. dim. di* **Elizabeth.**
between [bi'twi:n] **I** *prep.* (general. rif. a due persone o cose) **1** (*of place*) tra, fra, in mezzo a; (*joining*) tra, fra, che collega: *a motorway ~ two towns* un'autostrada tra due città. **2** (*intermediate to*) da, tra, fra: *he earns ~ ten and fifteen pounds a week* guadagna dalle dieci alle quindici sterline alla settimana. **3** (*concerning*) tra, fra: *trade ~ two countries* il commercio tra due stati. **4** (*by combined action*) si traduce a senso: *~ them they shot twelve deer* complessivamente uccisero dodici cervi; *we had only ten shillings ~ the four of us* in quattro avevamo solo dieci scellini. **5** (*in combined possession*) in società, in comune. **II** *avv.* in mezzo: *two acts and an interval ~* due atti con un intervallo in mezzo. □ 〈*fam*〉 *betwixt and ~* mezzo e mezzo. 〈*fam*〉 né carne né pesce; 〈*fig*〉 *~*

the **devil** *and the deep blue sea* tra l'incudine e il martello; *to* **distinguish** ~ *good and evil* distinguere il bene dal male; **few** *and far* ~ scarsi, rari; ~ *two* **fires** tra due fuochi (*anche fig.*); **in** ~ in mezzo, di mezzo, in posizione intermedia; ~ **one** *thing and another* tra una cosa e l'altra; ~ **ourselves** (detto) fra noi, in confidenza; *the truth is always* **somewhere** *in* ~ la verità sta sempre nel mezzo; ~ **you** *and me* (*and the bedpost*) = *between* **ourselves**.

between|-decks I *avv.* ⟨*Mar*⟩ sottocoperta **II** *s.pl.* (costr. sing.) ⟨*Mar*⟩ interponte *m.* **~-maid** *s.* domestica *f* che è di aiuto ad altre due. **~times, ~whiles** *avv.* negli intervalli.

betwixt [bi'twikst] *prep./avv.* → **between**.

bevel[1] ['bevəl] **I** *s.* **1** smussatura *f,* superficie *f* smussata, angolo *m* smussato. **2** ⟨*Fal*⟩ → **bevel square**. **3** ⟨*Tip*⟩ smusso *m.* **4** ⟨*Mecc*⟩ (*of a lock bolt*) bisello *m.* **II** *a.* **1** smussato. **2** (*oblique*) obliquo.

bevel[2] *v.* (*pret., p.p.* **-lled**/*am.* **-led** [-d]) **I** *v.i.* essere smussato. **II** *v.t.* smussare; (*of a glass plate*) molare.

bevel| cut *s.* ⟨*Fal*⟩ taglio *m* a unghia. **~ edge** *s.* punta *f* smussata.

bevelled| glass *s.* cristallo *m* molato. **~ rule** *s.* ⟨*Tip*⟩ filetto *m.*

beveller ['bevələ] *s.* molatore *m.* **bevelling** [-liŋ] *s.* **1** smussatura *f.* **2** ⟨*Vetr*⟩ molatura *f* a smusso.

bevel| square *s.* ⟨*Fal*⟩ squadra *f* falsa (*o* zoppa). **~ wheel** *s.* ⟨*tecn*⟩ ruota *f* (dentata) conica.

beverage ['bevəridʒ] *s.* bevanda *f,* bibita *f.*

bevy ['bevi] *s.* **1** (*of birds*) stormo *m.* **2** (*of roebucks*) branco *m.* **3** ⟨*fig*⟩ (*group*) gruppo *m: a* ~ *of beauties* un gruppo di belle ragazze.

bewail [bi'weil] **I** *v.t.* lamentare, piangere. **II** *v.i.* lamentarsi.

beware [bi'wɛə] *v.* (general. all'inf. o all'imperat.) **I** *v.t.* guardarsi da. **II** *v.i.* guardarsi (*of* da), stare in guardia (contro), stare attento (a): ~ *lest he deceive you* stai attento che non ti tradisca. □ ~ *of the dog* attenti al cane.

bewhiskered [bi'wiskəd] *a.* **1** con le basette. **2** ⟨*fig*⟩ vecchio.

bewilder [bi'wildə] *v.t.* rendere perplesso, sconcertare. **bewildered** [-d] *a.* sconcertato, perplesso. **bewildering** [-riŋ] *a.* sbalorditivo, stupefacente. **bewilderment** [-mənt] *s.* perplessità *f.*

bewitch [bi'witʃ] *v.t.* **1** stregare. **2** ⟨*fig*⟩ affascinare, incantare, ammaliare. **bewitched** [-t] *a.* **1** stregato. **2** ⟨*fig*⟩ affascinato, incantato. **bewitching** [-iŋ] *a.* affascinante, seducente. **bewitchment** [-mənt] *s.* **1** stregoneria *f,* magia *f.* **2** (*effect*) incantesimo *m,* malia *f.*

bewray [bi'rei] *v.t.* ⟨*lett*⟩ (*to reveal*) svelare, rivelare.

bey [bei] *s.* bei *m,* bey *m.* **'beylic** [-lik] *s.* beilicato *m.*

beyond [bi'jɔnd] **I** *prep.* **1** oltre, (al) di là di, dall'altra parte di: ~ *the hill* al di là della collina. **2** (*farther on than*) oltre: ~ *the horizon* oltre l'orizzonte. **3** (*later than*) oltre, più di: *they stayed* ~ *their time* si fermarono più del tempo stabilito (*o* oltre il previsto). **4** (*exceeding*) oltre, più di, al di là (*o* sopra) di: ~ *my wildest dreams* al di là dei miei sogni più folli. **II** *avv.* oltre, di là, più lontano (*o* in là), al di là, dall'altra parte: *the hills were* ~ le colline erano al di là. **III** *s.* **1** aldilà *m,* oltretomba *m.* **2** (*something distant*) angolo *m* remoto, punto *m* lontano. □ ~ **compare** incomparabile; ~ **expectation** al di là di ogni aspettativa; *the* **great** ~ l'aldilà *m,* l'oltretomba *m; to* **live** ~ *one's* **income** vivere al di sopra dei propri mezzi; *that is going* ~ *a* **joke** ciò supera i limiti dello scherzo, ciò va al di là del lecito; *this is* ~ **me** non ci arrivo; ~ *the* **seas** oltremare.

bezel ['bezl] *s.* **1** (*of a chisel, etc.: slope*) smussatura *f,* smusso *m,* spigolo *m* inclinato. **2** (*of a jewel*) faccia *f* obliqua, sfaccettatura *f.* **3** (*of a jewel or watch setting*) incastonatura *f,* lunetta *f.* **II** *v.t.* (*pret., p.p.* **-lled**/*am.* **-led** [-d]) smussare.

bf = ⟨*Tip*⟩ **bold**-*face* neretto.

B/F = ⟨*Comm*⟩ **brought** *forward* riportato.

B.G. = ⟨*Mil*⟩ **Brigadier**-*General* generale di brigata.

B-girl *am. s.* entraîneuse *f.*

bhang [bæŋ] *s.* **1** ⟨*Bot*⟩ canapa *f.* **2** (*narcotic*) ascisc *m.*

bi [bai] *a.* ⟨*sl*⟩ bisessuale.

biannual [bai'ænjuəl] *a.* che ha luogo due volte all'anno.

bias ['baiəs] **I** *s.* **1** diagonale *f.* **2** ⟨*Sart*⟩ sbieco *m: to cut on the* ~ tagliare di sbieco. **3** (*tendency*) tendenza *f,* inclinazione *f; (prejudice*) pregiudizio *m,* prevenzione *f: to have a* ~ *against s.o.* 'avere una prevenzione' (*o* essere prevenuto) contro qd. **4** (*in bowls: bulge on ball*) peso *m* (che dà effetto alla boccia); (*curve*) inclinazione *f,* curva *f.* **5** ⟨*Rad*⟩ tensione *f* base di griglia, polarizzazione *f.* **6** ⟨*Acu*⟩ premagnetizzazione *f,* bias *m.* **7** ⟨*Statist*⟩ errore *m* (sistematico). **II** *a.* **1** diagonale. **2** ⟨*Sart*⟩ (tagliato di) sbieco. **III** *avv.* in diagonale, di sbieco. **IV** *v.t.* (*pret., p.* **biased/biassed** [-t]) influenzare (sfavorevolmente).

biased [-t] *a.* prevenuto: *to be* ~ *against s.o.* essere prevenuto contro qd. □ ~ *opinion* pregiudizio *m,* preconcetto *m.*

bias-ply tire *s.* ⟨*Aut*⟩ pneumatico *m* diagonale.

biassed ['baiəst] *a.* → **biased**. **biaswise** [-waiz] *avv.* obliquamente, di sbieco.

biaxial [bai'æksiəl] *a.* **1** biassiale, biasse. **2** (*of a crystal*) biassico.

bib[1] [bib] *s.* **1** bavaglino *m.* **2** (*of an apron*) pettino *m,* pettorina *f.* **3** ⟨*Itt*⟩ gado *m* barbato. □ ⟨*fam*⟩ *in one's best* ~ *and tucker* in ghingheri.

bib[2] *v.i.* (*pret., p.p.* **bibbed** [-d]) ⟨*rar*⟩ bere molto.

Bib. = **1** *Bible* Bibbia. **2** *biblical* biblico.

bibasic [bai'beisik] *a.* ⟨*Chim*⟩ bibasico.

bibber ['bibə] *s.* (*tippler*) beone *m.*

bibcock ['bibkɔk] *s.* ⟨*Idr*⟩ rubinetto *m.*

bibl. = **1** *bibliographical* bibliografico. **2** *bibliography* bibliografia.

Bibl. = *Biblical* biblico.

Bible ['baibl] *s.* **1** Bibbia *f: the Gutenberg* ~ la Bibbia di Gutenberg. **2** (*Jewish sacred writings*) Vecchio Testamento *m.* **bible** *s.* **1** testo *m* sacro. **2** ⟨*fig*⟩ bibbia *f,* vangelo *m.*

Bible| class *s.* lezione *f* sulla Bibbia. **~ clerk** *s.* ⟨*Univ*⟩ studente *m* di Oxford (che legge i testi sacri nella cappella). **~ oath** *s.* giuramento *m* sulla Bibbia. **~ paper** *s.* (*India paper*) carta *f* bibbia (*o* India). **~ Society** *s.* società *f* per la diffusione della Bibbia.

biblical, Biblical ['biblikl] *a.* biblico.

Biblicism ['biblisizəm] *s.* biblicismo *m.* **Biblicist** [-sist] *s.* **1** chi pratica il biblicismo. **2** (*Biblical scholar*) biblista *m/f.*

bibliog. = **1** *bibliography* bibliografia. **2** *bibliographer* bibliografo.

bibliographer [,bibli'ɔgrəfə] *s.* bibliografo *m* (*f* -a). **bibliographical** [-liə'græfikl] *a.* bibliografico. **bibliography** [-fi] *s.* bibliografia *f: a Hemingway* ~ una bibliografia su Hemingway.

bibliolater [,bibli'ɔlətə] *s.* **1** chi idolatra la Bibbia. **2** (*book worshipper*) bibliolatra *m/f.* **bibliolatrous** [-trəs] *a.* **1** che idolatra la Bibbia. **2** (*worshipping books*) bibliolatra. **bibliolatry** [-tri] *s.* **1** idolatria *f* della Bibbia. **2** (*worship of books*) bibliolatria *f.*

bibliomancy ['biblio(u)mænsi] *s.* ⟨*Occult*⟩ bibliomanzia *f.* **,bibliomania** [-'meiniə] *s.* bibliomania *f.* **,bibliomaniac** [-'meiniæk] *s.* bibliomane *m/f.*

bibliophile ['biblio(u)fail] *s.* bibliofilo *m* (*f* -a). **,bibliophilism** [-li'ɔfilizəm] *s.* bibliofilia *f.* **,bibliophilist** [-li'ɔfilist] *s.* → **bibliophile**.

bibliopole ['biblio(u)poul] *s.* libraio *m* (*f* -a), ⟨*lett*⟩ bibliopola *m.* **,bibliopolism** [-li'ɔpəlizəm], **,bibliopoly** [-li'ɔpəli] *s.* vendita *f* di libri rari (*o* antichi).

Biblist ['biblist] *s.* **1** chi si attiene alla sola Bibbia in materia di fede. **2** (*scholar*) biblista *m/f.*

bibulous ['bibjuləs] *a.* **1** dedito al bere. **2** (*absorbent*) assorbente.

bicameral [bai'kæmərəl] *a.* ⟨*Parl*⟩ bicamerale. **bicameralism** [-izm] *s.* bicameralismo *m.*

bicarb [bai'kɑ:b] *s.* ⟨*fam*⟩, **bicarbonate** [-ənit] *s.* ⟨*Chim*⟩ bicarbonato *m.* □ ~ *of soda* bicarbonato *m* di sodio.

bice [bais] *s.* (*blue*) turchino *m; (green*) verde *m* grigio.

bicentenary [,baisən'ti:nəri] **I** *a.* bicentenario. **II** *s.* bicentenario *m.* **bicentennial** [-'tenjəl] **I** *a.* **1**

bicentenario, del (*o* per il) bicentenario: *a* ~ *exhibition* una mostra per il bicentenario. **2** (*of two hundred years*) bicentennale, di duecento anni. **3** (*occurring every two hundred years*) bicentennale. **II** *s.* bicentenario *m.*

bicephalous [bai'sefələs] *a.* bicefalo.

biceps ['baiseps] *s.* (*pl.* **-cepses** [-iz] /*inv.*) ⟨*Anat*⟩ bicipite *m.*

bichloride [bai'klɔːraid] *s.* ⟨*Chim*⟩ bicloruro *m.*

bichromate [bai'krɔumit] *s.* ⟨*Chim*⟩ bicromato *m.*

bicker ['bikə] **I** *v.i.* **1** bisticciare, litigare. **2** ⟨*poet*⟩ (*of water*) fluire, scorrere; (*to babble*) gorgogliare. **II** *s.* bisticcio *m,* litigio *m.* **bickerer** [-rə] *s.* litigante *m/f.* **bickering** [-riŋ] *s.* litigio *m,* bisticcio *m.*

bicolour(ed) ['baikʌlə(d)] *a.* bicolore.

biconcave [bai'kɔnkeiv] *a.* biconcavo.

biconvex [bai'kɔnveks] *a.* biconvesso.

bicultural [bai'kʌltjərəl] *a.* biculturale. **biculturalism** [-izm] *s.* biculturalismo *m.*

bicuspid [bai'kʌspid] **I** *s.* ⟨*Anat*⟩ premolare *m.* **II** *a.* bicuspide.

bicycle ['baisikl] **I** *s.* bicicletta *f.* **II** *v.i.* andare in bicicletta. □ *touring by* ~ cicloturismo *m.*

bicycle ergometer *s.* ⟨*Med*⟩ cicloergometro *m.*

bicycler *am.* ['baisiklə], **bicyclist** [-ist] *s.* ciclista *m/f.*

bid[1] [bid] *s.* **1** offerta *f.* **2** (*amount offered*) offerta *f,* somma *f* offerta. **3** (*in card games*) dichiarazione *f: how much is the* ~ *?* qual è stata la dichiarazione?; (*turn of player*) turno *m.* **4** ⟨*am.fam*⟩ (*invitation*) invito *m.* **5** ⟨*fig*⟩ (*attempt*) tentativo *m: an escape* ~ un tentativo di evasione.

bid[2] *v.* (*pret.* **bade** [bæd, beid]/**bad** [bæd], *p.p.* **bidden** ['bidn]/**bid**) **I** *v.t.* **1** comandare a, ordinare a. **2** (*to salute*) dire a, augurare a: *to* ~ *s.o. farewell* dire addio a qd. **3** (*to invite*) invitare. **4** (*to offer; pret., p.p.* bid) offrire, fare un'offerta di: *he* ~ *twenty pounds for the table* offrì venti sterline per il tavolo. **5** (*in card games; pret., p.p.* bid) dichiarare, accusare: *to* ~ *diamonds* dichiarare quadri. **II** *v.i.* **1** comandare: *do as I* ~ fate come comando, eseguite i miei ordini. **2** (*to offer*) fare un'offerta: *to* ~ *for a contract* fare un'offerta per un contratto d'appalto. □ *to* ~ **against** competere con; ~ *and* **asked** *prices* prezzi di domanda e di offerta; *to* ~ **fair** promettere (bene); ⟨*Comm*⟩ *to* ~ **in** far salire il prezzo; ⟨*Econ*⟩ **stocks** ~ *for* titoli (*o* valori) di cui c'è richiesta; ⟨*Comm*⟩ *to* ~ **up** fare un'offerta superiore; *to* ~ *s.o.* **welcome** dare il benvenuto a qd.

biddable ['bidəbl] *a.* **1** docile, obbediente. **2** (*in card games*) che permette di dichiarare (*o* accusare).

bidden ['bidn] → **bid**[2].

bidder ['bidə] *s.* **1** ⟨*Comm*⟩ offerente *m/f: the highest* ~ il miglior offerente; (*undertaker*) appaltatore *m* (*f* –trice). **2** (*in card games*) dichiarante *m/f.* **bidding** [-diŋ] *s.* **1** comando *m,* ordine *m,* cenno *m* di comando: *at your* ~ eseguendo i suoi ordini, al suo comando. **2** (*invitation*) invito *m.* **3** (*offers at an auction*) offerte *fpl: the* ~ *was slow* le offerte andavano a rilento. **4** (*bids in card games*) dichiarazioni *fpl.* □ *to do s.o.'s* ~ eseguire gli ordini di qd.

bidding| prayer *s.* ⟨*Rel.ev*⟩ preghiera *f* di intercessione (per i vivi o i morti). ~ **price** *s.* ⟨*Comm*⟩ prezzo *m* d'offerta.

biddy ['bidi] *s.* **1** gallina *f.* **2** (*maid*) domestica *f,* cameriera *f.*

bide [baid] *v.* (*pret.* **bided** ['baidid]/**bode** [boud], *p.p.* **bided** ['baidid]) **I** *v.t.* ⟨*rar*⟩ sopportare, tollerare. **II** *v.i.* **1** ⟨*rar*⟩ stare, abitare. **2** ⟨*dial*⟩ (*to wait*) attendere, aspettare. □ *to* ~ *one's time* attendere il momento opportuno, aspettare il momento buono.

bidet *fr.* ['bidei, *am.* bi'dei] *s.* bidè *m.*

bidimensional [‚baidi'menʃənl] *ɔ.* bidimensionale. **bidimensionality** [-iti] *s.* bidimensionalità *f.*

bid| quotation, ~ **price** *s.* ⟨*Econ*⟩ cambio *m* denaro. ~ **tender** *s.* offerta *f* ~ *sealed* ~ offerta in busta chiusa.

biennial [bai'eniəl] **I** *a.* biennale. **II** *s.* biennale *f.* **biennially** [-i] *avv.* ogni due anni. **biennium** [-niəm] *s.* (*pl.* **biennia** [-niə]) biennio *m.*

bier [biə] *s.* **1** feretro *m,* bara *f.* **2** (*catafalque*) catafalco *m.*

biff [bif] ⟨*fam*⟩ **I** *s.* colpo *m,* percossa *f.* **II** *v.t.* colpire, percuotere.

biffin ['bifin] *s.* **1** mela *f* rossa (da cuocere). **2** ⟨*Gastr*⟩ mela *f* al forno.

bifid ['baifid] *a.* bifido.

bifocal [bai'foukəl] *a.* ⟨*Ott*⟩ bifocale: ~ *glasses* occhiali bifocali. **bifocals** [-z] *s.pl.* occhiali *mpl* bifocali.

bifold ['baifould] *a.* (*twofold*) doppio, duplice.

bifoliate [bai'foulieit] *a.* ⟨*Bot*⟩ che ha due foglie.

biforked ['baifɔːkt] *a.* → **bifurcate**.

bifurcate [baifəkeit] **I** *a.* biforcuto. **II** *v.t.* biforcare. **III** *v.i.* biforcarsi. **bifurcation** [-'keiʃən] *s.* biforcazione *f.*

big [big] (*compar.* **bigger** ['bigə], *sup.* **biggest** ['bigəst]) **I** *a.* **1** grande, grosso: *a* ~ *room* una grande stanza, uno stanzone. **2** (*grown-up*) adulto, ⟨*fam*⟩ grande: *you're a* ~ *boy now* sei un ragazzo grande ora. **3** ⟨*fam*⟩ (*important*) importante, ⟨*fam*⟩ grosso, ⟨*fam*⟩ grande: ~ *news* novità importanti; (*of people*) importante, ⟨*fam*⟩ grosso: *a* ~ *man in the building trade* un pezzo grosso nel campo dell'edilizia. **4** (*outstanding*) notevole, degno di nota, ⟨*fam*⟩ grande, ⟨*fam*⟩ grosso: *a* ~ *success* un notevole successo. **5** (*full, loud*) pieno, forte, potente: *a* ~ *voice* una voce piena. **6** (*filled*) pieno; (*of clouds, the sky*) gravido. **7** (*generous, noble*) nobile, generoso, ⟨*fam*⟩ grosso, ⟨*fam*⟩ grande: *a man with a* ~ *heart* un uomo dal (*o* con un) cuore grande. **8** (*boastful*) roboante, pomposo, ampolloso. **9** ⟨*ant*⟩ (*pregnant*) incinta, gravida. **II** *avv.* ⟨*fam*⟩ **1** in modo pomposo (*o* esagerato), pomposamente, ⟨*fam*⟩ da smargiasso. **2** (*successfully*) felicemente, a gonfie vele. □ ⟨*fam*⟩ *to* **earn** ~ *money* guadagnare forte; *to be a* ~ **eater** essere un forte mangiatore, essere un mangione; *to* **get** *too* ~ *for one's boots* montarsi la testa, darsi delle arie; ⟨*fam*⟩ *to* **go over** ~ avere gran successo; ⟨*fam*⟩ *to* **make** *it* ~ avere grande successo; ⟨*fam*⟩ *to be* ~ **on** *s.th.* essere entusiasta di qc., ⟨*fam*⟩ andare pazzo per qc.; ⟨*fam*⟩ *to* **talk** ~ dire smargiassate, spararle grosse; *to do things in a* ~ **way** fare le cose in grande; ⟨*ant*⟩ ~ **with** *child* incinta; ~ *with young* (*of animals*) gravida, pregna.

bigamist ['bigəmist] *s.* bigamo *m* (*f* –a). **bigamous** [-məs] *a.* **1** (*guilty of bigamy*) bigamo. **2** (*involving bigamy*) che costituisce reato di bigamia. **bigamy** [-mi] *s.* bigamia *f.*

big| Apple *s.* New York *f.* ~ **bang** *s.* ⟨*Biol*⟩ big bang *m* (*anche fig.*). ~ **brother** *s.* **1** fratello *m* maggiore, fratello *m* (più) grande. **2** ⟨*fig*⟩ protettore *m,* difensore *m.* ~ **Brother** *s.* Grande Fratello *m,* autorità *f* statale. ~ **bug** *am. s.* ~ **bigwig**. ~ **business** *s.* **1** alta finanza *f;* (*monopolies*) monopoli *mpl.* **2** (*dealings*) grossi affari *mpl,* largo giro *m* d'affari. ~ **cheese** *am. s.* ⟨*fam*⟩ pezzo *m* grosso. ~-**city crime** *s.* criminalità *f* delle grandi città. ~ **dipper** *s.* otto *m* volante, montagne *fpl* russe. ~ **Dipper** *s.* ⟨*Astr*⟩ Orsa *f* Maggiore.

bigeminal [bai'dʒeminl] *a.* ⟨*Med*⟩ bigemino.

big| end *s.* ⟨*tecn*⟩ testa *f* di biella. ~ **game** *s.* **1** ⟨*Venat*⟩ caccia *f* grossa. **2** ⟨*fig*⟩ colpo *m* grosso.

bigger ['bigə], **biggest** [-st] → **big**.

biggish ['bigiʃ] *a.* grandicello, piuttosto grosso.

big| gun *am. s.* ⟨*sl*⟩ → **bigwig**. ~**head** *s.* ⟨*fam*⟩ presuntuoso *m* (*f* –a), borioso *m* (*f* –a). ~-**headed** *a.* ⟨*fam*⟩ presuntuoso, tronfio, ⟨*fam*⟩ montato. ~-**hearted** *a.* generoso, magnanimo. ~**horn** *s.* ⟨*Zool*⟩ pecora *f* delle Montagne Rocciose, bighorn *f.*

bight [bait] **I** *s.* **1** ⟨*Mar*⟩ nodo *m,* doppino *m,* giro *m* di corda. **2** (*curve*) curva *f;* (*of a river*) ansa *f.* **3** (*bay*) baia *f.* **4** ⟨*Mar*⟩ doppino *m.* **II** *v.t.* fissare con un doppino.

big| idea *s.* ⟨*fam*⟩ **1** idea *f* grande. **2** (*purpose*) fine *m,* scopo *m.* □ *what's the* ~ *of shouting like that?* chi credi di essere per gridare così? ~ **match** *s.* ⟨*Sport*⟩ partitissima *f.* ~**mouth** *s.* ⟨*fam*⟩ persona *f* ciarliera e maliziosa, ⟨*fam*⟩ linguaccia *f.* '~-'**name** *am. a.* ⟨*fam*⟩ **1** famoso, celebre. **2** (*of or composed of famous persons*) di persone famose, di celebrità. ~ **name** *s.* celebrità *f,* personalità *f,* grosso nome *m.*

bigness ['bignis] *s.* grossezza *f,* grandezza *f.*

big noise *s.* ⟨*sl*⟩ → **bigwig**.

bigot ['bigət] *s.* **1** bigotto *m* (*f* –a). **2** (*fanatic*) fanatico *m* (*f* –a), intollerante *m/f*. **bigoted** [–id] *a*. **1** bigotto. **2** (*intolerant*) fanatico, fazioso, intollerante, settario. **bigotry** [–ri] *s*. **1** fanatismo *m*, settarismo *m*, intolleranza *f*. **2** (*intolerant actions*) bigotteria *f*.

big| shot *s*. ⟨*sl*⟩ → **bigwig**. **~ sister** *s*. **1** sorella *f* maggiore, sorella *f* (più) grande. **2** ⟨*fig*⟩ protettrice *f*. **~ stick** *s*. **1** ⟨*fig*⟩ maniera *f* forte. **2** ⟨*am.Pol*⟩ paternalismo *m*. **~ stink** *s*. ⟨*sl*⟩ scandalo *m*: *to raise a* **~** sollevare uno scandalo. **'~-'ticket** *am. a*. ⟨*sl*⟩ caro, ⟨*fam*⟩ salato. **~-time** *a*. ⟨*sl*⟩ d'alto livello, di gran classe. **~ time** *s*. ⟨*sl*⟩ prima (*o* gran) classe *f*, alto livello *m*. ☐ ⟨*sl*⟩ *to hit the* **~** avere un successore. **~-timer** *s*. ⟨*sl*⟩ attore *m* (*f* –trice) di primo piano, artista *m/f* di alto livello. **~ toe** *s*. alluce *m*. **~ top** *s*. **1** ⟨*fam*⟩ tendone *m* da circo. **2** (*circus*) circo *m*. **~wheel** *am. s*. ⟨*fam*⟩ → **bigwig**. **~wig** *s*. ⟨*fam*⟩ persona *f* importante, ⟨*fam*⟩ pezzo *m* grosso, ⟨*fam*⟩ alto papavero *m*.

bijou *fr*. [bi'ʒu:] *s*. (*pl*. **-x** [z]) gioiello *m*, ninnolo *m*, bijou *m*, bigiù *m*. **bijouterie** *fr*. [–tori] *s*. bigiotteria *f*.

bike [baik] ⟨*fam*⟩ **I** *s*. **1** bicicletta *f*, ⟨*fam*⟩ bici *f*. **2** (*motorcycle*) motocicletta *f*. **II** *v.i*. andare in bicicletta. **biker** [–ə] *s*. motociclista *m/f*.

bikeway *am*. ['baikwei] *s*. pista *f* ciclabile.

biking ['baikiŋ] *s*. ⟨*fam*⟩ ciclismo *m*.

Bikini [bi'ki:ni:] *N.pr*. ⟨*Geog*⟩ Bikini *m*. **bikini** *s*. bikini *m*.

bilabial [bai'leibiəl] **I** *a*. **1** ⟨*Fon*⟩ bilabiale. **2** → **bilabiate**. **II** *s*. consonante *f* bilabiale. **bilabiate** [–bieit] *a*. ⟨*Bot*⟩ bilabiato.

bilateral [bai'lætərəl] *a*. **1** bilaterale: *~ agreements* accordi bilaterali. **2** ⟨*Geom*⟩ bilatero. **bilateralism** [–izəm] *s*. bilateralismo *m*.

bilberry ['bilbəri] *s*. ⟨*Bot*⟩ mirtillo *m*.

bile [bail] *s*. **1** ⟨*Fisiol*⟩ bile *f*. **2** ⟨*fig*⟩ bile *f*, rabbia *f*, livore *m*.

bile| duct *s*. ⟨*Anat*⟩ dotto *m* biliare. **~stone** *s*. ⟨*Med*⟩ calcolo *m* biliare.

bilge [bildʒ] **I** *s*. **1** ⟨*Mar*⟩ (*part of the hull*) opera *f* viva, carena *f*; (*enclosure for seepage*) sentina *f*; (*bilge water*) acqua *f* di sentina. **2** ⟨*sl*⟩ (*nonsense*) sciocchezze *fpl*, stupidaggini *fpl*. **3** (*of a cask*) pancia *f*. **II** *v.t*. ⟨*Mar*⟩ aprire una falla nella sentina. **III** *v.i*. ⟨*Mar*⟩ fare acqua.

bilge| block *s*. ⟨*Mar*⟩ puntello *m* di bacino. **~ keel** *s*. chiglia *f* di rollio. **~ water** *s*. acqua *f* di sentina. **~ ways** *s.pl*. invasatura *f*. **~ well** *s*. pozzetto *m* della sentina.

bilgy ['bildʒi] *a*. fetido, puzzolente, maleodorante.

biliary ['biljəri] *a*. ⟨*Med*⟩ biliare.

bilinear [bai'liniə] *a*. ⟨*Mat*⟩ bilineare.

bilingual [bai'liŋwəl] **I** *a*. bilingue. **II** *s*. → **bilinguist**. **bilingualism** [–izəm] *s*. bilinguismo *m*, bilinguità *f*. **bilingually** [–i] *avv*. in due lingue. **bilinguist** [–gwist] *s*. persona *f* bilingue, bilingue *m/f*.

bilious ['biljəs] *a*. **1** ⟨*Fisiol,Med*⟩ biliare. **2** ⟨*fig*⟩ bilioso, collerico, stizzoso. **biliousness** [–nis] *s*. bile *f*, rabbia *f*, stizza *f*.

biliteral [bai'litərəl] *a*. ⟨*Ling*⟩ biletterale.

bilk [bilk] **I** *v.t*. **1** non pagare, evadere: *to* **~** *a debt* non pagare un debito. **2** (*to cheat*) imbrogliare, truffare. **3** (*to escape from*) sfuggire (*o* sottrarsi) a, evitare, scansare: *to* **~** *one's creditors* sottrarsi ai propri creditori. **II** *s*. **1** imbroglione *m* (*f* –a), truffatore *m* (*f* –trice). **2** (*ant*) (*fraud*) inganno *m*, truffa *f*, frode *f*. ☐ *to* **~** *s.o.'s plans* mandare all'aria i piani di qd.

bill[1] [bil] **I** *s*. **1** fattura *f*, conto *m*, nota *f*. **2** (*poster*) annuncio *m* (*o* avviso) pubblicitario, manifesto *m*, cartellone *m*, affisso *m*. **3** (*list of items*) lista *f*, elenco *m*. **4** (*theatre programme*) programma *m*; (*playbill*) locandina *f*. **5** (*proposed law*) disegno *m* (*o* progetto) di legge, progetto *m* legislativo. **6** ⟨*Comm*⟩ (*bill of exchange*) cambiale *f*, tratta *f*. **7** ⟨*Dir*⟩ documento *m*, atto *m* scritto, deposizione *f* scritta. **8** ⟨*am*⟩ (*bank note*) biglietto *m* (di banca), banconota *f*: *a five–dollar* **~** un biglietto da cinque dollari. **II** *v.t*. **1** ⟨*am*⟩ mandare (*o* spedire) il conto a. **2** ⟨*am*⟩ (*to charge on a bill*) fatturare, mettere in conto: *to* **~** *goods* fatturare la merce. **3** (*to announce by public notice*) reclamizzare (*o* fare pubblicità) con cartelloni (*o* manifesti). **4** (*to post bills*) affiggere (*o* tappezzare di)

manifesti, attaccare cartelloni. **5** (*to list in a theatrical programme*) mettere in programma, annunciare, programmare. ☐ ⟨*Comm*⟩ *to* **accept** *a* **~** accettare una tratta; ⟨*Dir*⟩ **~** *of* **costs** specifica *f* delle spese giudiziarie; ⟨*Comm*⟩ **~** *for* **collection** cambiale *f* all'incasso; **~** *of* **debt** riconoscimento *m* di debito; **~** *on* **demand** = *bill at* **sight**; *to* **discharge** *a* **~** pagare una cambiale; **–***s for* **discount** effetti *mpl* allo sconto; *to* **draw** *a* **~** sottoscrivere (*o* firmare) un effetto; **~** *to* **drawer** cambiale *f* a favore del traente; **~** *of* **entry** bolletta *f* doganale, dichiarazione *f* doganale; ⟨*Dir*⟩ **~** *of* **exceptions** lista *f* delle eccezioni; ⟨*Comm*⟩ **~** *of* **exchange** cambiale *f*, tratta *f*; **~** *of* **fare** lista *f* delle vivande, menù *m*; ⟨*fig*⟩ *to* **fill** *the* **~** rispondere ai requisiti richiesti, andare bene; ⟨*fam*⟩ *to* **foot** *the* **~** pagare il conto, sostenere le spese; **~** *of* **freight** lettera *f* di vettura (*o* porto); **~** *of* **goods**: **1** ⟨*Comm*⟩ partita *f* di merce; **2** ⟨*am.fam*⟩ seccatura *f*, scocciatura *f*, noia *f*; **–***s in* **hand** portafoglio *m* effetti; ⟨*Mar*⟩ **~** *of* **health** patente sanitaria, certificato sanitario; *clean* **~** *of* **health**: **1** ⟨*Mar*⟩ patente sanitaria netta; **2** ⟨*fig*⟩ approvazione *f*, nulla osta *m*; **~** *of* **indictment** imputazione *f*, atto *m* d'accusa; *to* **issue** *a* **~** emettere una tratta; ⟨*Mar*⟩ **~** *of* **lading** polizza *f* di carico; *to* **make** *out a* **~** redigere (*o* fare) una fattura; **–***s to* **mature** effetti *mpl* a scadenza; **noting** *of a* **~** protesto *m* preliminare di una cambiale; ⟨*Dir*⟩ **~** *of* **particulars** dettagli contenuti in una domanda giudiziale; **–***s* **payable** effetti passivi (da pagare); **post** *no* **–***s* = **stick** *no* **bills**; ⟨*Parl*⟩ *to* **present** *a* **~** presentare un progetto di legge; *to* **protect** *a* **~** far fronte a una cambiale; *to* **have** *a* **~** **protested** far protestare una cambiale; **–***s* **receivable** effetti attivi (da incassare); *to* **retain** *a* **~** trattenere un effetto; **~** **returned** *dishonoured* effetto insoluto (*o* respinto); ⟨*Pol,Stor*⟩ **~** *of* **Rights** dichiarazione *f* dei diritti; **~** *of* **sale** atto *m* di vendita; **~** *at* **sight** cambiale *f* a vista; **stick** *no* **–***s* divieto *m* d'affissione; **~** *of* **sufferance** lettera *f* di esenzione doganale; **–***s in* **suspense** effetti *mpl* in sofferenza; *to* **take** *up a* **~** = *to* **accept** *a* **bill**; **~** *for a* **term** cambiale *f* a tempo; ⟨*Dir*⟩ *to* **find** *a* **true** **~** *against s.o.* dichiarare fondati i capi d'accusa contro qd.

bill[2] **I** *s*. **1** becco *m*; (*of birds of prey*) rostro *m*. **2** ⟨*Geol*⟩ promontorio *m*, capo *m*, punta *f*. **II** *v.i*. beccuzzarsi, rimbeccarsi. ☐ ⟨*fig*⟩ *to* **~** *and coo* tubare.

bill[3] *s*. **1** alabarda *f*. **2** ⟨*Agr*⟩ (*bill hook*) roncola *f*; (*for pruning*) pennato *m*, falcetto *m*. **3** (*billman*) alabardiere *m*.

Bill *N.pr*. *dim*. *di* **William**.

bill| board *am. s*. tabellone *m* (*o* riquadro) per le affissioni. **~ broker** *s*. agente *m* di sconto. **~ case** *s*. portafoglio *m*.

biller ['bilə] *s*. **1** addetto *m* (*f* –a) alla fatturazione. **2** (*machine*) fatturatrice *f*.

billet[1] ['bilit] **I** *s*. **1** ⟨*Mil*⟩ biglietto *m* d'alloggio. **2** ⟨*Mil*⟩ (*lodging*) alloggio *m*. **3** ⟨*fig*⟩ (*job*) impiego *m*, posto *m*, lavoro *m*. **II** *v.t*. ⟨*Mil*⟩ alloggiare, acquartierare. **III** *v.i*. ⟨*Mil*⟩ alloggiare.

billet[2] *s*. **1** ciocco *m*, ceppo *m*. **2** ⟨*Arch*⟩ modanatura *f*.

billet-doux *fr*. ['bilei'du:] *s*. (*pl*. **billets–doux**) lettera *f* d'amore, biglietto *m* amoroso.

bill| fold *am. s*. portafoglio *m*. **~ful** *s*. beccata *f*. **~ head** *s*. **1** intestazione *f* di fattura. **2** (*printed form*) modulo *m*. **~ hook** *s*. ⟨*Agr*⟩ roncola *f*; (*for pruning*) pennato *m*, falcetto *m*.

billiard *am*. ['biljəd] **I** *s*. ⟨*fam*⟩ carambola *f*. **II** *a*. da (*o* di) biliardo.

billiard| ball *s*. palla *f* da biliardo. **~ cue** *s*. stecca *f* da biliardo. **~ player** *s*. giocatore *m* (*f* –trice) di biliardo.

billiards ['biljədz] *s.pl*. (*costr*. *sing*.) biliardo *m*: *to play* **~** giocare a biliardo.

billiard table *s*. tavolo *m* da biliardo.

Billie ['bili] *N.pr*. *dim*. *di* **William**.

billing ['biliŋ] *s*. **1** pubblicità *f*. **2** ⟨*Comm*⟩ fatturazione *f*.

billing| department *s*. ⟨*Comm*⟩ ufficio *m* fatture: **~ machine** *s*. fatturatrice *f*.

Billingsgate ['biliŋzgit] *N.pr*. mercato *m* del pesce a Londra. **billingsgate** *s*. ⟨*sl*⟩ linguaggio *m* scurrile (*o* volgare).

billion ['biljən] **I** *s.* **1** (*million millions*) bilione *m.* **2** ⟨*am*⟩ (*thousand millions*) miliardo *m.* **II** *a.* **1** bilione di. **2** ⟨*am*⟩ miliardo di. **,billio'naire** *am.* [-ɛə] *s.* miliardario *m.* **billionth** [-θ] **I** *a.* bilionesimo. **II** *s.* bilionesimo *m.*

billman ['bilmən] *s.irr.* alabardiere *m.*

billon ['bilən] *s.* ⟨*Met*⟩ metallo *m* di bassa lega.

billow ['bilou] **I** *s.* **1** ondata *f*, cavallone *m*, maroso *m.* **2** *pl.* ⟨*poet*⟩ (*sea*) mare *m*, flutti *mpl.* **3** ⟨*fig*⟩ (*wave of smoke, flame, etc.*) ondata *f*, nube *f.* **II** *v.i.* **1** ondeggiare, levarsi a ondate, accavallarsi. **2** (*to bulge*) gonfiarsi: *the sails -ed in the wind* le vele si gonfiavano al vento. **billowy** [-i] *a.* ondoso.

bill| poster *s.* attacchino *m.* **~ posting** *s.* affissione *f* di manifesti. **~ sticker** *s.* → **bill poster.**

billy ['bili] *s.* **1** ⟨*am.fam*⟩ (*billy club*) manganello *m*, sfollagente *m*; (*wooden stick*) mazza *f*, randello *m.* **2** ⟨*austral*⟩ → **billycan.**

Billy *N.pr. dim.* di William.

billy|boy *s.* goletta *f* a poppa tonda. **~can** *s.* pentolino *m*, gavetta *f.* **~ club** *am. s.* manganello *m*, sfollagente *m.* **~cock** *s.* ⟨*fam*⟩ bombetta *f.* **~ goat** *s.* ⟨*fam*⟩ capro *m*, caprone *m*, becco *m.*

billy-o(h) ['biliou]: *like ~* con forza, ⟨*fam*⟩ da matti. □ *it's raining like ~* piove a dirotto (*o* catinelle).

bilobate(d) [bai'loubeit(id)] *a.* **1** ⟨*Bot*⟩ bilobo, bilobato. **2** ⟨*Arch*⟩ bilobo.

biltong ['biltɔŋ] *s.* carne *f* secca (*o* essiccata).

bimanal ['bimənəl] *a.* → **bimanous. bimane** ['baimein] *s.* ⟨*Zool*⟩ essere *m* bimano. **bimanous** [-nəs] *a.* bimano.

bimanual [bai'mænjuəl] *a.* che richiede l'uso delle due mani.

bimestrial [bai'mestriəl] *a.* bimestrale.

bimetallic [,baimə'tælik] *a.* bimetallico.

bimetallism [bai'metəlizəm] *s.* ⟨*Econ*⟩ bimetallismo *m.* **bimetallist** [-list] *s.* bimetallista *m/f.*

bimonthly [bai'mʌnθli] **I** *a.* **1** (*every two months*) bimestrale. **2** (*twice monthly*) bimensile. **II** *s.* **1** pubblicazione *f* bimestrale. **2** (*twice monthly publication*) pubblicazione *f* bimensile (*o* quindicinale). **III** *avv.* **1** (*every two months*) ogni due mesi, bimestralmente. **2** (*twice monthly*) due volte al mese, bimensilmente.

bimotored [bai'moutəd] *a.* ⟨*Aer*⟩ bimotore, a due motori.

bin [bin] *s.* **1** recipiente *m*, contenitore *m.* **2** (*for grain, coal, etc.*) silo *m*, deposito *m.* **3** (*dustbin*) bidone *m* della spazzatura. **4** ⟨*am.fam*⟩ manicomio *m.*

binary ['bainəri] *a.* binario (*anche* Inform.).

binary| code *s.* ⟨*Inform*⟩ codice *m* binario. **~ compound** *s.* ⟨*Chim*⟩ composto *m* binario. **~ counter** *s.* ⟨*Inform*⟩ contatore *m* binario. **~ digit** *s.* cifra *f* binaria. **~ fission** *s.* ⟨*Biol*⟩ fissione *f* (*o* divisione) binaria. **~ form** *s.* ⟨*Mus*⟩ forma *f* binaria. □ *song in ~* canzone binaria. **~ measure** *s.* ⟨*Mus*⟩ ritmo *m* binario. **~ number** *s.* numero *m* binario. **~ number system** *s.* sistema *m* di numerazione binaria. **~ operation** *s.* operazione *f* binaria. **~ scale** *s.* ⟨*Mat*⟩ scala *f* binaria. **~ search** *s.* ricerca *f* binaria. **~ star** *s.* ⟨*Astr*⟩ stella *f* binaria. **~ system** *s.* ⟨*Mat*⟩ sistema *m* binario.

binate ['baineit] *a.* ⟨*Bot*⟩ binato.

binaural [bi'nɔ:rəl] *a.* biauricolare, binaurale.

bind¹ [baind] *v.* (*pret., p.p.* **bound** [baund]) **I** *v.t.* **1** legare, fissare, assicurare; (*with chains*) incatenare, mettere in catene. **2** (*to bandage;* spesso con *up*) fasciare, bendare. **3** (*to cause to adhere*) far aderire, tenere unito, fissare: *to ~ stones with cement* fissare le pietre col cemento; (*to cause to harden*) (far) indurire, (far) rassodare. **4** (*to unite*) unire, congiungere (*anche fig.*): *to be bound by the ties of matrimony* essere uniti dal vincolo del matrimonio. **5** (*to restrain*) vincolare, tenere legato, trattenere: ∕*his work -s him to the city* il suo lavoro lo trattiene in città. **6** (*to oblige;* general. al passivo) obbligare, impegnare, costringere, vincolare: *bound by law* obbligato per legge. **7** (*to apprentice;* spesso con *out*) collocare come apprendista: *he bound his son out to a shoemaker* collocò il figlio come apprendista presso un calzolaio. **8** (*to border*) orlare, bordare. **9** ⟨*Gastr*⟩ legare. **10** ⟨*Med*⟩ costipare. **11**

⟨*Legat*⟩ rilegare, legare. **II** *v.i.* **1** aderire, legare, far lega (*o* presa); (*to harden*) indurirsi, rassodarsi. **2** (*to compel*) essere obbligatorio, vincolare, essere vincolante: *all contracts ~* tutti i contratti vincolano. **3** (*of clothes*) tirare, essere stretto. **4** ⟨*Mot*⟩ grippare, ingripparsi. □ *to be bound to* essere tenuto (*o* obbligato) a; *I'll be bound* scommetterei, giurerei; *to ~ o.s. to do s.th.* impegnarsi (*o* obbligarsi) a fare qc.; *to ~* **hand** *and* **foot** legare mani e piedi (*anche fig.*); *it was bound to* doveva (*proprio*) accadere, era fatale; *to ~ s.o. to* **obedience** obbligare qd. a ubbidire, vincolare qd. all'obbedienza; ⟨*Lav.femm*⟩ *to ~* **off** calare; ⟨*Dir*⟩ *to ~* **over** obbligare, impegnare, vincolare.

bind² *s.* **1** legatura *f*, legamento *m.* **2** (*something that binds*) legaccio *m;* (*band*) fascia *f*, nastro *m.* **3** ⟨*Mus*⟩ legatura *f*, legamento *m.* **4** ⟨*sl*⟩ seccatura *f*, fastidio *m.*

binder ['baində] *s.* **1** persona *f* che lega (*o* unisce). **2** ⟨*Ind*⟩ (*agent*) legante *m.* **3** ⟨*Legat*⟩ rilegatore *m* (*f* –trice). **4** (*folder*) cartella *f*, portavoce *m: a loose-leaf ~* una cartella per fogli. **5** ⟨*Agr*⟩ mietilegatrice *f*, mietitrice–legatrice *f.* **6** ⟨*tecn*⟩ agglomerante *m.* **bindery** *am.* [-ri] *s.* legatoria *f.*

binding [-diŋ] **I** *s.* **1** legatura *f.* **2** (*anything that binds*) legame *m*, vincolo *m.* **3** (*of a book*) legatura *f*, rilegatura *f.* **4** ⟨*tecn*⟩ grippaggio *m*, inceppamento *m.* **5** ⟨*Sart*⟩ bordo *m*, nastro *m*, fettuccia *f.* **II** *a.* **1** impegnativo, vincolante, che lega. **2** (*obligatory*) obbligatorio, vincolante (*on* per). **3** ⟨*Dir*⟩ cogente. □ *~ offer* offerta *f* irrevocabile. **binding energy** *s.* ⟨*Fis*⟩ energia *f* di legame.

bindlestiff *am.* ['bindlstif] *s.* ⟨*fam*⟩ (*hobo*) vagabondo *m* (*f* –a).

bindweed ['baindwi:d] *s.* ⟨*Bot*⟩ convolvolo *m.*

bine [bain] *s.* ⟨*Bot*⟩ gambo *m* di rampicante.

bing [biŋ] *onom.* drin drin.

binge [bindʒ] *s.* ⟨*fam*⟩ **1** bicchierata *f.* **2** (*spree*) baldoria *f*, festa *f*, bagordo *m: to go on a ~* darsi ai bagordi, fare baldoria.

bingo ['biŋgou] *s.* (*pl.* **-s** [z]) tombola *f*, bingo *m.*

binnacle ['binəkl] *s.* ⟨*Mar*⟩ chiesuola *f.*

binocular [bi'nɔkjulə] **I** *a.* binoculare. **II** *s.* (general. al pl.) ⟨*Ott*⟩ binocolo *m.*

binomial [bai'noumiəl] **I** *s.* ⟨*Mat*⟩ binomio *m.* **II** *a.* **1** ⟨*Mat*⟩ binomiale. **2** ⟨*Biol*⟩ binomio.

binomial| nomenclature *s.* ⟨*Biol*⟩ nomenclatura *f* binomia. **~ theorem** *s.* ⟨*Mat*⟩ teorema *m* del binomio.

bioastronautical [,baio(u),æstro'nɔ:tikl] *a.* bioastronautico.

bioavailability [,baio(u),əveilə'biliti] *s.* ⟨*Farm*⟩ biodisponibilità *f.*

biobibliographical [,baio(u)bibliə'græfik(ə)l] *a.* bibliografico. **biobibliography** [-grəfi] *s.* biobibliografia *f.*

biocenose [,baio(u)'si:nous], **biocenosis** [-nousis] *s.* (*pl.* -oses [ousi:z]) ⟨*Biol*⟩ biocenosi *f.*

biochemical [,baio(u)'kemikl] *a.* biochimico. **biochemist** [-mist] *s.* biochimico *m* (*f* –a). **biochemistry** [-mistri] *s.* biochimica *f.*

biocide ['baiosaid] *s.* biocida *m.*

bioclimatic [,baio(u)klai'mætik] *a.* bioclimatico. **bioclimatology** [-mə'tolədʒi] *s.* bioclimatologia *f.*

biocontamination [,baio(u)kəntæmi'neiʃən] *s.* biocontaminazione *f.*

biocybernetics [,baio(u),saibə'netiks] *s.pl.* (costr. sing.) biocibernetica *f.*

biodegradability [,baio(u)digreidə'biliti] *s.* biodegradabilità *f.* **biodegradable** [-bl] *a.* biodegradabile. □ *~ detergent* detersivo biodegradabile. **biodegradation** [-degrə'deiʃən] *s.* biodegradazione *f.* **biodegrade** [-di'greid] *v.i.* biodegradarsi.

biodestructible [,baio(u)dis'trʌktyəbl] *a.* biodistruttibile.

bioelectronics [,baio(u)ile'ktrɔniks] *s.pl.* (costr. sing.) bioelettronica *f.*

bioenergy [,baio'enədʒi] *s.* bioenergia *f*, energia *f* vitale.

bioengineer [,baio(u)endʒi'niə] *s.* bioingegnere *m.* **bioengineering** [-endʒi'niəriŋ] *s.* bioingegneria *f.*

biogas ['baio(u)gæs] *s.* biogas *m.*

biogenesis [,baio(u)'dʒenisis] *s.* ⟨*Biol*⟩ biogenesi *f.*

biogenic [,baio(u)'dʒenik], **biogenous** [-dʒənəs] *a.* biogeno. **biogeny** [-ni] biogenia *f.*

biogeography [,baio(u)dʒi'ɔgrəfi] *s.* biogeografia *f.*

biographer [bai'ɔgrəfə] *s.* biografo *m* (*f* –a). **biographical** [ˌbaio(u)'græfikl] *a.* biografico. **biographize** [–faiz] *v.t.* biografare, scrivere la biografia di. **biography** [–fi] *s.* biografia *f.*

biol. = **1** *biology* biologia (*abbr.* biol.). **2** *biological* biologico.

biological [ˌbaiə'lɔdʒikl] *a.* biologico: ~ *warfare* guerra biologica.

biological| clock *s.* orologio *m* biologico. ~ **engineer** *s.* → **bioengineer.** ~ **engineering** *s.* → **bioengineering.**

biologically [ˌbaiə'lɔdʒikli] *avv.* biologicamente. □ ~ *active* bioattivo.

biological| protein *s.* bioproteina *f.* ~ **rhythm** *a.* bioritmo *m.* ~ **threshold** *s.* soglia *f* biologica. ~ **weapons** *s.pl.* armi *fpl* biologiche.

biologist [bai'ɔlədʒist] *s.* biologo *m* (*f* –a). **biology** [–dʒi] *s.* biologia *f.*

biomass ['baioumæs] *s.* biomassa *f.*

biomathematics [ˌbaioˌmæ'θə'mætiks] *s.pl.* (costr. sing.) biomatematica *f.*

biomedical [ˌbaio'medikl] *a.* biomedico: ~ *research* ricerca biomedica. **biomedicine** [–'medisin] *s.* biomedicina *f.*

biometeorological [ˌbaio(u)mi:tiərə'lɔdʒikl] *a.* biometeorologico. **biometeorology** [ˌ–rɔlədʒi] *s.* biometeorologia *f.*

biometric [ˌbaio(u)'metrik] *a.* biometrico. **biometrician** [–mi'triʃən] *s.* biometrista. *m/f.* **biometrics** [–s] *s.pl.* (costr. sing. o pl.) ⟨*Biol*⟩ biometrica *f*, biometria *f.* **biometry** [bai'ɔmitri] *s.* → **biometrics.**

bionic [bai'ɔnik] *a.* bionico. **bionics** [–s] *s.pl.* (costr. sing.) bionica *f.*

bionomics [ˌbaio(u)'nɔmiks] *s.pl.* (costr. sing. o pl.) ecologia *f*, bionomia *f.* **bionomist** [bai'ɔnəmist] *s.* ecologo *m* (*f* –a). **bionomy** [bai'ɔnəmi] *s.* (*ecology*) ecologia *f*, bionomia *f.*

biopharmaceutics [ˌbaio(u)fɑ:mə'sju:tiks] *s.pl.* (costr. sing.) biofarmacologia *f.*

biophysics [ˌbaio(u)'fiziks] *s.pl.* (costr. sing. o pl.) biofisica *f.*

bioplasm ['baio(u)plæzəm], **bioplast** [–plæst] *s.* ⟨*Biol*⟩ bioplasma *m.*

biopsic [bai'ɔpsik] *a.* ⟨*Med*⟩ bioptico. **biopsy** [–si] *s.* biopsia *f.*

biorhythm [ˌbaio(u)'riðəm] *s.* bioritmo *m.* □ ~ *computer* calcolatore *m* di bioritmi.

biosatellite [ˌbaio(u)'sætəlait] *s.* biosatellite *m.*

biosciences [ˌbaio(u)'saiənsis] *s.pl.* scienze *fpl* biologiche.

biosocial [ˌbaio(u)'souʃəl] *a.* biosociale. **biosociologist** [–sousi'ɔlədʒist] *s.* biosociologo *m.* **biosociology** [–sousi'ɔlədʒi] *s.* biosociologia *f.*

biosphere ['baio(u)sfiə] *s.* biosfera *f.*

biostatistics [ˌbaio(u)stə'tistiks] *s.pl.* (costr. sing.) biostatistica *f.*

biotechnological [ˌbaio'teknə'lɔdʒikl] *a.* biotecnologico. **biotechnology** [–tek',ɔlədʒi] *s.* biotecnologia *f.*

biotherapy [ˌbaio(u)'θerapi] *s.* ⟨*Med*⟩ bioterapia *f.*

biotope ['baiətoup] *s.* biotopo *m.*

BIOWAR = *Biological Warfare* guerra biologica.

bipartisan *am.* [bai'pɑ:tizæn] *a.* ⟨*Pol*⟩ bipartitico: ~ *foreign policy* politica estera bipartitica. **bipartisanship** [–ʃip] *s.* bipartito *m.*

bipartite [bai'pɑ:tait] *a.* **1** ⟨*Biol*⟩ bipartito. **2** ⟨*Dir*⟩ in doppia copia.

biped ['baiped] **I** *s.* ⟨*Zool*⟩ bipede *m.* **II** *a.* → **bipedal.** **bipedal** [–'pedl] *a.* bipede.

bipinnate [bai'pineit] *a.* ⟨*Bot*⟩ bipennato.

biplane ['baiplein] **I** *s.* ⟨*Aer*⟩ biplano *m.* **II** *a.* biplano.

bipolar [bai'poulə] *a.* **1** con due poli. **2** ⟨*El*⟩ bipolare.

bipolar transistor *s.* ⟨*El*⟩ transistor *m* bipolare.

biquadrate [bai'kwɔdreit] **I** *s.* ⟨*Mat*⟩ biquadrato *m,* quarta potenza *f.* **II** *v.t.* elevare alla quarta potenza. **biquadratic** [–'rætik] *a.* biquadratico, alla quarta potenza: ~ *equation* equazione biquadratica.

birch [bɔ:tʃ] **I** *s.* **1** ⟨*Bot*⟩ betulla *f.* **2** (*rod*) verga *f* di betulla. **II** *a.* → **birchen.** **III** *v.t.* fustigare. **'birchen** [–ən] *a.* di betulla.

bird [bɔ:d] **I** *s.* **1** uccello *m,* volatile *m;* (*chicken*) pollo *m.* **2** *pl.* (*game birds*) selvaggina *f* di penna. **3** (*shuttlecock*) volano *m.* **4** ⟨*sl*⟩ (*odd person*) tipo *m,* individuo *m,* tizio *m: an odd* ~ uno strano tipo. **5** ⟨*sl*⟩ (*young woman*) ragazza *f,* ⟨*fam*⟩ bambola *f.* **6** ⟨*am.sl*⟩ (*missile*) missile *m* teleguidato; (*aeroplane*) aeroplano *m,* aereo *m.* **II** *v.i.* **1** cacciare uccelli. **2** (*to watch birds*) osservare gli uccelli. □ ⟨*fig*⟩ *a* ~ *in the* **bush** una cosa incerta (*o* aleatoria), una possibilità remota; *to be an* **early** ~: 1 essere (*o* arrivare) in anticipo; 2 (*to get up early*) essere mattiniero, alzarsi di buon mattino; ⟨*fig*⟩ *–s of a* **feather** gente *f* dello stesso stampo (*o* della stessa risma); ⟨*am.sl*⟩ **for** *the –s* assurdo, campato in aria, sciocco; ⟨*fam*⟩ *strictly for the –s* per gli sciocchi (*o* stupidi); ⟨*fam*⟩ *to* **get** *the* ~: 1 essere fischiato; 2 (*to get the sack*) essere licenziato; ⟨*fam*⟩ *to* **give** *s.o. the* ~ fischiare qd.; ⟨*fig*⟩ *a* ~ *in the* **hand** una cosa sicura, un punto fermo; ~ *of* **Jove** uccello *m* di Giove, aquila *f; to eat* like *a* ~ mangiare poco (*o* come un uccellino); ~ *of* **Minerva** uccello *m* di Minerva, civetta *f;* ⟨*fig*⟩ ~ *of ill* **omen** uccello *m* del malaugurio; ~ *of* **paradise** uccello *m* del paradiso; ~ *of* **passage:** 1 uccello *m* migratore (*o* di passo); 2 ⟨*fig*⟩ vagabondo *m;* ~ *of* **peace** colomba *f;* ~ *of* **prey** rapace *m,* uccello *m* da preda; *a little* ~ told *me* me l'ha detto l'uccellino. *Prov.: the early* ~ *catches the worm* chi dorme non piglia pesci, le ore del mattino hanno l'oro in bocca; *–s of a feather flock together* ogni simile ama il suo simile, Dio li fa e poi li accoppia; *a* ~ *in the hand is worth two in the bush* meglio un uovo oggi che una gallina domani; *to kill two –s with one stone* prendere due piccioni con una fava.

bird| bath *s.* vaschetta *f* per gli uccelli. ~ **brain** *s.* ⟨*fam*⟩ sciocco *m* (*f* –a), sventato *m* (*f* –a), ⟨*fam*⟩ cervello *m* di gallina. **~brained** *a.* ⟨*fam*⟩ sciocco, sventato. ~ **cage** *s.* gabbia *f* per gli uccelli. **~call** *s.* **1** cinguettio *m,* verso *m* (*o* canto) degli uccelli. **2** (*device*) richiamo *m* (*o* fischio) per uccelli. ~ **catcher** *s.* uccellatore *m* (*f* –trice). ~ **catching** *s.* uccellagione *f.* ~ **dog** *am. s.* ⟨*fam*⟩ cane *m* da caccia. ~ **fancier** *s.* allevatore *m* (*f* –trice) di uccelli, avicoltore *m* (*f* –trice).

birdie ['bɔ:di] *s.* **1** ⟨*infant*⟩ uccellino *m.* **2** (*in golf*) birdie *m.*

bird|life *s.* avifauna *f.* **~like** *a.* simile a un uccello. **~lime** *s.* **1** vischio *m,* pania *f.* **2** ⟨*fig*⟩ insidia *f.* ~ **man** [mən] *s.irr.* **1** ornitologo *m.* **2** ⟨*sl*⟩ (*aviator*) aviatore *m.* **~seed** *s.* becchime *m,* miglio *m.*

bird's-eye *a.* **1** a volo d'uccello, panoramico: *a* ~ *view of the city* una veduta panoramica della città. **2** (*cursory*) a volo d'uccello, superficiale; (*hasty*) frettoloso, rapido.

bird shot *s.* pallini *mpl* da caccia.

bird's| nest I *s.* **1** nido *m* d'uccello. **2** ⟨*Bot*⟩ (*wild carrot*) carota *f.* **3** (*edible bird's-nest*) nido *m* d'uccello. **II** *v.i.* andare a caccia di nidi. ~ **nester** *s.* cacciatore *m* (*f* –trice) di nidi.

bird|song *s.* canto *m* degli uccelli. ~ **watcher** *s.* chi osserva (*o* studia) gli uccelli, birdwatcher. ~ **watching** *s.* osservazione *f* (*o* studio *m*) degli uccelli, birdwatching *m.*

bireme ['bairi:m] *s.* ⟨*Mar.ant*⟩ bireme *f.*

biretta [bi'reta] *s.* ⟨*Rel.catt*⟩ berretta *f.*

biro ['bairou] *s.* biro *f,* penna *f* biro (*o* a sfera).

birth [bɔ:θ] *s.* **1** nascita *f.* **2** (*parturition*) parto *m: a difficult* ~ un parto difficile. **3** (*descent*) origini *fpl,* natali *mpl,* discendenza *f,* stirpe *f: a man of humble* ~ un uomo di umili origini. **4** (*natural heritage*) dono *m* di natura, dote *f* naturale. **5** (*origin*) nascita *f,* inizio *m,* origine *f: the* ~ *of a nation* la nascita di una nazione; *the* ~ *of an idea* l'origine di un'idea. □ *to crush a revolt* at ~ soffocare una rivolta sul nascere; *Irish* by ~ irlandese di nascita; *a musician by* ~ un musicista nato; *blind* from ~ cieco dalla nascita; *to give* ~ *to* mettere al mondo, dare alla luce, partorire; ⟨*fig*⟩ produrre, causare; *of* **high** ~ di illustri natali, di nobile nascita; *of* **low** ~ di bassa origine.

birth| certificate *s.* certificato *m* (*o* atto) di nascita. ~ **control** *s.* controllo *m* (*o* limitazione *f*) delle nascite. **~-control pill** *s.* ⟨*Farm*⟩ pillola *f* anticoncezionale.

birthday ['bɔ:θdei] **I** *s.* **1** compleanno *m.* **2** (*first day of life*) giorno *m* della nascita (*o* natalizio). **II** *a.* di compleanno.

birthday| cake s. ⟨Dolc⟩ torta f di compleanno, ⟨fam⟩ torta con le candeline. **~ card** s. biglietto m (o cartolina f) di auguri di buon compleanno. **~ honours** s.pl. ⟨GB⟩ onorificenze fpl conferite nel giorno natalizio del sovrano inglese. **~ suit:** ⟨fam⟩ in one's **~** in costume adamitico, nudo.

birth|mark s. voglia f. **~ pangs** s.pl. **1** doglie fpl. **2** ⟨fig⟩ difficoltà fpl iniziali (o di assestamento). **~place** s. **1** luogo m di nascita; (house) casa f natale; (town) città f natale. **2** ⟨fig⟩ culla f. **~ rate** s. quoziente m (o indice) di natalità. ▢ with a high **~** a forte natalità; with a low **~** a bassa natalità. **~right** s. primogenitura f.

B.I.S. = **1** Bank of International Settlements Banca dei regolamenti internazionali. **2** British Information service.

Biscay ['biskei] N.pr. ⟨Geog⟩ Biscaglia f: the bay of **~** il golfo di Biscaglia.

biscuit ['biskit] **I** s. **1** biscotto m. **2** ⟨am⟩ (bread) panino m. **3** (colour) marrone m chiaro, biscotto m. **4** ⟨Ceram⟩ (biscuit ware) biscotto m, biscuit m. **II** a. marrone chiaro, (color) biscotto. ▢ military (o ship's) **~** galletta f; ⟨fam⟩ that takes the **~**! questa è grossa!

bisect [bai'sekt] **I** v.t. **1** dividere in due parti uguali. **2** ⟨Geom⟩ bisecare. **II** v.i. biforcarsi. **bisection** [-kʃən] s. ⟨Geom⟩ bisezione f. **bisector** [-ə] s. ⟨Geom⟩ bisettrice f, bisecante f.

bisexual [bai'seksjuəl] **I** a. **1** ⟨Biol⟩ bisessuale. **2** (hermaphroditic) ermafrodito. **II** s. **1** ⟨Biol⟩ pianta f (o animale m) bisessuale. **2** ⟨Med⟩ ermafrodito m. **3** (person) bisessuale m/f. **bisexualism** [-izəm], **bi,sexuality** [-ju'æliti] s. bisessualità f.

bishop ['biʃəp] **I** s. **1** vescovo m. **2** (in chess) alfiere m. **3** (hot drink) vino m caldo aromatizzato, vin brûlé m. **4** ⟨Ornit⟩ (weaverbird) tessitore m. **II** v.t. fare (o nominare) vescovo. **bishopric** [-rik] s. **1** diocesi f. **2** (office of a bishop) episcopato m, vescovato m.

bisk [bisk] s. ⟨Gastr⟩ **1** (cream soup: of shellfish) zuppa f di pesce; (of puréed vegetables) crema f di verdura, passato m di legumi. **2** (kind of ice cream) specie di gelato.

Bismarck ['bizmɑ:k] N.pr. ⟨Stor⟩ Bismarck m. **Bis'marckian** [-iən] a. bismarckiano, bismarchiano.

bismuth ['bizməθ] s. ⟨Chim⟩ bismuto m.

bison ['baisn] s. ⟨Zool⟩ bisonte m.

bisque¹ am. s. → **bisk**.

bisque² [bisk] s. ⟨Sport⟩ vantaggio m concesso a un giocatore più debole.

bisque³ s. ⟨Ceram⟩ biscotto m, biscuit m.

bissextile [bi'sekstil] **I** a. bisestile. **II** s. anno m bisestile.

bistable [bai'steibl] a. ⟨El⟩ bistabile.

bistort ['bistɔ:t] s. ⟨Bot⟩ bistorta f.

bistoury ['bistəri] s. ⟨Chir⟩ (scalpel) bisturi m.

bistre ['bistə] s. **1** (pigment) bistro m. **2** (colour) color bistro m.

bit¹ [bit] **I** s. **1** (of a bridle) morso m, freno m. **2** ⟨fig⟩ freno m, limite m. **3** (of a tool: cutting part) punta f, taglio m. **4** (tool) trivella f, punta f di trapano. **5** (of a key) ingegno m. **6** ⟨Minier⟩ punta f per perforazione, scalpello m. **II** v.t. (pret., p.p. 'bitted [-id]) **1** mettere il morso (o freno) a. **2** ⟨fig⟩ frenare, imbrigliare. ▢ to champ at the **~** mordere il freno (anche fig.); to take the **~** between one's teeth: **1** (of horses) imbizzarrirsi; **2** ⟨fig⟩ ribellarsi, non sentire il freno.

bit² s. **1** (small piece) pezzetto m, pezzo m. **2** (small quantity) po' m, poco m: a **~** of trouble un po' di fastidio. **3** (a short while) momento m, attimo m, istante m, po' m, poco m: stay a **~** longer resta ancora un po'. **4** ⟨am⟩ (coin) moneta f del valore di 12,50 centesimi di dollaro. **5** (small coin) monetina f: a three-penny **~** una monetina di tre penny. **6** (of a literary work) passo m, brano m. **7** (morsel) boccone m, bocconcino m, morso m. **8** ⟨sl⟩ (girl) ragazza f, ⟨fam⟩ bambola f. ▢ **~ by ~** a poco a poco, gradualmente; I don't care a **~** non me ne importa nulla; to come to **-s** andare in pezzi, disfarsi; a dainty **~** un bocconcino delicato, un ghiotto manicaretto; to do one's **~** fare la propria parte, fare il proprio dovere;

he ate every **~** of his dinner ha spazzato via la cena; every **~** as intelligent as he non meno intelligente di lui; a good **~** older un bel po' più vecchio; in **-s** in (o a) pezzi; a **~** late un po' tardi; ⟨fam⟩ to give s.o. a **~** of one's mind parlare chiaro a qd., dirne quattro a qd.; ⟨fam⟩ that's a **~** much questo è troppo, questo passa il limite; not a **~** affatto, per nulla: not a **~** of it niente affatto; it's not a **~** of use non serve proprio a niente; he's a **~** of a fool è un po' sciocco; in **-s and** pieces in frantumi, in mille pezzi; she's a saucy **~** è una sfacciata; a **~** at a time un po' per volta, per gradi.

bit³ → **bite¹**

bit⁴ s. ⟨Inform⟩ bit m.

BIT = ⟨Inform⟩ Binary Digit cifra binaria.

bitch [bitʃ] **I** s. **1** (female: of a dog) cagna f; (of a wolf) lupa f; (of a fox) volpe f. **2** ⟨spreg⟩ (unpleasant, malicious woman) megera f, strega f. **3** ⟨volg⟩ (immoral woman) donnaccia f. **II** v.i. ⟨sl⟩ (to grumble) brontolare, trovare da ridire.

bitch goddess s. ⟨sl⟩ (material success) successo m.

bitchiness ['bitʃinis] s. **1** immoralità f. **2** (bad temper) cattivo umore m, irascibilità f. **bitchy** [-tʃi] a. ⟨sl⟩ **1** immorale. **2** (bad tempered) cattivo, irascibile. **3** (spiteful) maligno.

bit density s. ⟨Inform⟩ densità f di bit.

bite¹ [bait] v. (pret. **bit** [bit], p.p. **bitten** ['bitn] /bit) **I** v.t. **1** mordere, morsicare, dare un morso a; (to snap at; spesso con into) addentare, mordere: she bit hungrily into the apple addentò avidamente la mela. **2** (to remove with the teeth; spesso con off) staccare con un morso. **3** (of insects, etc.) pungere, morsicare, pizzicare: I've been bitten by a mosquito mi ha punto una zanzara. **4** (to cause sharp pain to) mordere, pungere: an icy wind bit our faces un vento gelido ci pungeva il viso. **5** (to corrode; spesso con into) corrodere, intaccare, mangiare, mordere. **6** (to cut, pierce) penetrare, trapassare. **7** (to grip) mordere, far presa su, addentare: a good tyre **-s** the road un buon pneumatico fa presa sulla strada. **8** ⟨fam⟩ (to take in; general. al passivo) ingannare, imbrogliare. **9** ⟨sl⟩ (to worry) turbare, preoccupare, ⟨fam⟩ prendere: what's biting you? cosa ti prende? **II** v.i. **1** mordere, morsicare: this dog **-s** questo cane morde **2** (of fish: to take the bait) abboccare. **3** (to grip) mordere, far presa, addentare. **4** ⟨sl⟩ (to be taken in) abboccare, cascare. ▢ ⟨fig⟩ to **~** the bullet affrontare la situazione con coraggio; ⟨fig⟩ to **~** the dust: **1** morire, cadere morto; **2** (to fall from a horse) mordere la polvere, cadere; ⟨fig⟩ to **~** the hand that feeds one mordere la mano che soccorre, ripagare il bene con il male; ⟨fig⟩ to **~** s.o.'s head off rispondere con ira a qd., ⟨fam⟩ mangiarsi (vivo) qd.; to **~** one's lips mordersi le labbra (anche fig.); to **~** one's nails mangiarsi (o mordicchiarsi) le unghie; ⟨fig⟩ to **~** off more than one can chew fare il passo più lungo della gamba; to have s.th. to **~** on avere qc. da mettere sotto i denti; ⟨fig⟩ essere alle prese con qc.; ⟨fig⟩ to give s.o. s.th. to **~** on dare a qd. pane per i suoi denti; ⟨am.fam⟩ **~** on that! pigliati (o tieni) questo!; to be bitten with essere tutto preso da, essere in preda a; to be bitten with a desire ardere dal desiderio. Prov.: once bitten, twice shy gatto scottato dall'acqua calda, ha paura della fredda.

bite² s. **1** morso m, morsicatura f. **2** (of insects) puntura f. **3** (sharp pain) morso m, sferza f: the **~** of the cold wind la sferza del vento freddo. **4** ⟨fig⟩ (pungency) mordacità f. **5** (mouthful) boccone m, morso m. **6** (food) cibo m, mangiare m: I haven't had a **~** to eat non ho toccato cibo. **7** (quick meal) boccone m, spuntino m. **8** (of fish) l'abboccare. **9** ⟨Mecc⟩ presa f, stretta f. **10** ⟨fam⟩ (amount) parte f, somma f, fetta f. ▢ to put the **~** on s.o.: **1** ⟨fam⟩ spillare soldi a qd.; **2** ⟨am.fam⟩ estorcere denaro a qd.

biter ['baitə] s. **1** chi morde. **2** ⟨ant⟩ (swindler) imbroglione m (f -a). ▢ the **~** bit il gabbatore gabbato, il ladro derubato.

biting ['baitiŋ] a. **1** pungente, tagliente, acuto: a **~** wind un vento tagliente. **2** ⟨fig⟩ mordace, sarcastico, caustico.

bit| part s. ⟨Cin, Teat⟩ particina f, ruolo m secondario. **~-part actor, ~ player** s. ⟨Cin, Teat⟩ comparsa f, generico *m* (*f* –a).

bitt [bit] **I** *s.* ⟨*Mar*⟩ bitta *f.* **II** *v.t.* abbittare.

bitten ['bitn] → **bite**[1].

bitter[1] ['bitə] **I** *a.* **1** amaro: *as* ~ *as gall* amaro come il fiele. **2** ⟨*fig*⟩ (*painful*) amaro, duro: *a* ~ *defeat* una dura sconfitta; (*unpleasant*) spiacevole, sgradevole. **3** ⟨*fig*⟩ (*cold, biting*) pungente, penetrante, tagliente: ~ *weather* freddo pungente. **4** ⟨*fig*⟩ (*grieving*) amaro, doloroso: ~ *tears* lacrime amare. **5** ⟨*fig*⟩ (*harsh*) aspro, duro: ~ *words* parole dure. **6** ⟨*fig*⟩ (*relentless*) implacabile, inesorabile: ~ *hatred* odio implacabile; (*intense*) accanito, intenso. **II** *s.* **1** amaro *m*, sapore *m* amaro. **2** ⟨*fig*⟩ (*bitterness*) amarezza *f.* **3** (*bitter beer*) birra *f* amara. **III** *avv.* molto, estremamente: *a* ~ *cold wind* un vento molto freddo. □ *take the* ~ *with the sweet* non c'è rosa senza spine.

bitter[2] *s.* ⟨*Mar*⟩ giro *m* (*o* volta *f*) di bitta.

bitter| almond *s.* ⟨*Bot*⟩ mandorla *f* amara. **~ beer** *s.* birra *f* amara. **~ earth** *s.* ⟨*Chim*⟩ magnesia *f.* **~ end** *s.* **1** ⟨*Mar*⟩ estremità *f* della catena dell'ancora. **2** ⟨*fig*⟩ fine *f.* □ *to the* ~ fino all'ultimo, fino in fondo; *to fight to the* ~ combattere a oltranza. **~ ender** *s.* (*fam*) persona *f* ostinata (*o* caparbia); (*extremist*) estremista *m/f.*

bitterish ['bitəriʃ] *a.* amarognolo.

bitter lemon *s.* limonata *f* amara.

bittern[1] ['bitən] *s.* ⟨*Ornit*⟩ tarabuso *m.*

bittern[2] *s.* ⟨*Chim*⟩ acqua *f* madre.

bitterness ['bitənis] *s.* **1** amaro *m*, sapore *m* amaro, amarezza *f.* **2** ⟨*fig*⟩ (*pain*) amarezza *f.* **3** ⟨*fig*⟩ (*harshness*) durezza *f*, asprezza *f.*

bitter orange *s.* chinotto *m*, aranciata *f* amara.

bitter sweet I *s.* ⟨*Bot*⟩ dulcamara *f.* **II** *a.* agrodolce, dolceamaro.

bittock *scozz.* ['bitək] *s.* pezzettino *m*, pochino *m.*

bitumen ['bitjumin] *s.* bitume *m.*

bituminization [bi,tju:minai'zeiʃən] *s.* bitumatura *f.* **bi'tuminize** [–naiz] *v.t.* bitumare. **bi'tuminous** [–nəs] *a.* bituminoso.

bivalence [bai'veiləns], **bivalency** [–i] *s.* ⟨*Chim*⟩ bivalenza *f.* **'bivalent** [–nt] *a.* bivalente.

bivalve ['baivælv] *s.* **1** ⟨*Zool*⟩ mollusco *m* bivalve. **2** ⟨*Bot*⟩ capsula *f* bivalve. **bivalved** [–d], **bi'valvular** [–julə] *a.* ⟨*Biol*⟩ bivalve.

bivouac ['bivuæk] **I** *s.* ⟨*Mil*⟩ bivacco *m.* **II** *v.i.* (*pret., p.p.* -acked [–t]) bivaccare.

bi-'weekly [bai] **I** *a.* **1** (*every two weeks*) quindicinale. **2** (*twice weekly*) bisettimanale. **II** *s.* **1** pubblicazione *f* quindicinale. **2** (*semiweekly*) pubblicazione *f* bi-settimanale. **III** *avv.* **1** ogni due settimane. **2** (*twice weekly*) due volte la settimana.

bi-'yearly [bai] **I** *a.* **1** (*every two years*) biennale. **2** (*twice a year*) semestrale. **II** *avv.* **1** ogni due anni. **2** (*twice a year*) ogni sei mesi.

biz [biz] *s.* ⟨*sl*⟩ (*business*) affari *mpl.*

bizarre [bi'zɑ:] *a.* bizzarro, eccentrico, stravagante. **bizarreness** [–nis] *s.* bizzarria *f*, eccentricità *f*, stravaganza *f.*

bizonal [bai'zounl] *a.* ⟨*Pol*⟩ bizonale. **bizone** [–'zoun] *s.* bizona *f.*

bkrpt = ⟨*Econ*⟩ *bankrupt* fallito.

B/L = ⟨*Comm*⟩ *bill of lading* polizza di carico.

blab[1] ['blæb] *v.* (*pret., p.p.* **blabbed** [–d]) **I** *v.t.* (spesso con *out*) rivelare, spifferare, spiattellare. **II** *v.i.* **1** rivelare (*o* spifferare) un segreto. **2** (*to chatter idly*) ciarlare, cianciare.

blab[2] *s.* **1** chiacchiera *f*; (*idle talk*) ciarle *fpl*, ciance *fpl.* **2** (*person*) chiacchierone *m* (*f* –a), ciarlatore *m* (*f* –trice), ciarlone *m* (*f* –a).

blabber ['blæbə] *s.* chiacchierone *m* (*f* –a).

black[1] ['blæk] **I** *a.* **1** nero: *as* ~ *as coal* nero come il carbone. **2** (*very dark*) buio, scuro: *a* ~ *winter's night* una buia notte invernale. **3** (*dirty*) nero, sporco, sudicio. **4** (*Negro*) negro. **5** (*wearing black*) nero, in (*o* di) nero. **6** (*gloomy*) tetro, cupo, triste, lugubre. **7** (*unrelieved*) nero, sconsolato: ~ *despair* nera disperazione. **8** (*angry*) adirato, arrabbiato; (*sullen*) accigliato, arcigno. **9** (*evil*) cattivo, perfido, malvagio: *a* ~ *deed* un'azione malvagia; (*wicked*) scellerato. **10** (*disastrous*) triste, desolante,

disastroso, luttuoso. **11** (*of coffee*) nero. **II** *s.* **1** nero *m.* **2** (*black pigment*) vernice *f* (*o* tintura) nera. **3** (*mourning*) nero *m*, lutto *m.* **4** (*Negro*) negro *m* (*f* –a). **5** (*in chess*) nero *m.* **6** (*black horse*) cavallo *m* nero. **7** (*particle of soot*) particella *f* di fuliggine. □ *to beat s.o.* ~ *and* **blue** riempire qd. di lividi, pestare qd.; ⟨*fig*⟩ *to have a* ~ **heart** avere un'anima nera; ⟨*Comm*⟩ *to be* **in** *the* ~ essere in attivo; *as* ~ *as* **jet** nero come l'ebano; *things* **look** ~ le cose prendono una brutta piega, le cose si mettono male; *to give s.o. a* ~ **look** dare (*o* lanciare) un'occhiataccia a qd., guardare male qd.; ~ **mood** umore nero; *he is not as* ~ *as he's* **painted** non è così cattivo come dicono; *as* ~ *as* **pitch** nero come la pece; *as* ~ *as* **sin** nero come il peccato, scellerato; *as* ~ *as* **soot** nero come la notte (*o* il carbone); ⟨*Stor.brit*⟩ ~ *and* **Tans** polizia ausiliaria (adoperata per sedare la rivolta in Irlanda); ⟨*fig*⟩ *not to know* ~ *from* white non distinguere il nero dal bianco; *to swear* ~ *is white* negare l'evidenza; *to have* (*o* *put*) *s.th. down in* ~ *and white* mettere nero su bianco.

black[2] *v.t.* **1** annerire, tingere di nero; (*of an eye*) far nero. **2** (*to put blacking on*) lucidare di nero. **3** (*of a stove*) pulire con piombaggine (*o* grafite). □ *to* ~ **out**: 1 oscurare, oscurarsi; 2 ⟨*Teat*⟩ oscurare il palcoscenico; 3 (*to lose consciousness*) perdere conoscenza (*o* i sensi); (*of radio transmission*) disturbare; *to* ~ *out the news* imporre il silenzio stampa.

black| accounts *s.pl.* ⟨*Comm*⟩ contabilità *f* in attivo. **~ Africa** *s.* ⟨*Geog*⟩ Africa *f* nera. **~ African** *a.* dell'Africa Nera.

blackamoor ['blækəmuə] *s.* ⟨*spreg*⟩ **1** persona *f* di pelle scura. **2** (*Negro*) negro *m* (*f* –a), moro *m* (*f* –a).

'black-and-'blue *a.* pieno di lividi. **'~-and-'tan** *a.* ⟨*sl*⟩ (*of a bar, etc.*) frequentato da bianchi e negri. **'~-and-'white** *a.* **1** in bianco e nero: *a* ~ *film* un film in bianco e nero. **2** ⟨*fig*⟩ assolutistico, rigido, senza mezzi termini. □ ~ *television* televisore *m* in bianco e nero. **~ art** *s.* magia *f* nera.

black|ball I *v.t.* **1** votare contro, dare voto contrario a. **2** (*to ostracize*) bandire, mettere al bando, dare l'ostracismo a, ostracizzare. **II** *s.* **1** voto *m* contrario. **2** (*in a ballot box*) pallina *f* nera. **~ bear** *s.* ⟨*Zool*⟩ (*American bear*) baribal *m.* **~ beetle** *s.* ⟨*Entom*⟩ blatta *f* (*delle case*), scarafaggio *m.* **~belt** *s.* **1** ⟨*spreg*⟩ zona *f* abitata da negri. **2** ⟨*Sport*⟩ (*in judo*) cintura *f* nera. **~berry** *s.* mora *f.* **~berrying** *s.* raccolta *f* delle more. □ *to go* ~ andare a raccogliere more. **~bird** *s.* ⟨*Ornit*⟩ merlo *m.* **~birder** *s.* negriero *m*, negriere *m.* **~birding** *s.* tratta *f* degli schiavi. **~board** *s.* lavagna *f.* **~book** *s.* ⟨*fig*⟩ libro *m* nero. □ *to be in s.o.'s* ~ essere sul libro nero di qd. **~ box** *s.* ⟨*Aer*⟩ (*flight recorder*) scatola *f* nera. **~ bread** *s.* pane *m* nero. **~cap** *s.* **1** (*of a judge*) berretto *m* nero. **2** ⟨*Ornit*⟩ capinera *f.* □ *to put on the* ~ pronunciare una sentenza di morte. **~ coat** *s.* prete *m.* **~coat(ed)** *a.* impiegatizio. □ *a* ~ *worker* un impiegato. **~ coffee** *s.* caffè *m* nero. **~ Country** *s.* (*English Midlands*) zona *f* industriale dell'Inghilterra centrale. **~currant** *s.* ⟨*Bot*⟩ ribes *m* nero. **~Death** *s.* ⟨*Stor*⟩ peste *f* bubbonica, morte *f* nera. **~ diamond** *s.* carbone *m.* **~ dog** *s.* ⟨*sl*⟩ depressione *f*, malinconia *f.* **~ economy** *s.* economia *f* sommersa.

blacken ['blækən] **I** *v.t.* **1** annerire, oscurare. **2** (*to make black*) far diventare nero, tingere di nero (*anche fig.*). **3** (*to speak ill of*) denigrare, diffamare, calunniare. *v.i.* annerirsi, oscurarsi, diventare nero (*o* scuro). **2**

black| eye *s.* occhio *m* nero (*o* pesto). **~-eyed** *a.* **1** dagli occhi neri. **2** (*having a bruised eye*) con un occhio nero. **~face** *s.* **1** ⟨*Teat*⟩ attore *m* che recita la parte di un negro. **2** ⟨*Tip*⟩ neretto *m.* **~faced** *a.* ⟨*Tip*⟩ in neretto. **~fellow** *austral. s.* aborigeno *m* d'Australia. **~ flag** *s.* (*Jolly Roger*) bandiera *f* nera (*o* della pirateria). **~foot** *am. s.irr.* indiano *m* (*f* –a) algonchino. **~ Forest** *s.* ⟨*Geog*⟩ Foresta *f* Nera. **~ Friar** *s.* domenicano *m.* **~ Friday** *s.* **1** Venerdì *m* Santo. **2** ⟨*fig*⟩ venerdì *m* sfortunato (*o* iellato). **3** ⟨*Econ*⟩ venerdì *m* nero. **~ frost** *s.* ⟨*Meteor*⟩ freddo *m* intenso (*senza brina*). **~ gold** *am. s.* ⟨*fam*⟩ **1** ⟨*Min*⟩ maldonite *f*, oro *m* nero. **2** (*petroleum*) petrolio *m.*

blackguard ['blæga:d] **I** *s.* furfante *m*, mascalzone *m* (*f* –a), canaglia *f.* **II** *v.i.* agire (*o* comportarsi) da furfante (*o* mascalzone). **III** *v.t.* lanciare ingiurie scurrili a (*o* contro), ingiuriare. **blackguardly** [-li] *a.* furfantesco, cana-gliesco.

Black| Hand *s.* ⟨Stor⟩ mano *f* nera. **~head** *s.* **1** comedone *m*, punto *m* nero. **2** ⟨Ornit⟩ moretta *f* grigia. **~-hearted** *a.* dall'anima nera, cattivo, malvagio. **~ hole** *s.* **1** ⟨Mil⟩ cella *f* di rigore. **2** ⟨Astr⟩ buco *m* nero. **~ humour** *s.* umorismo *m* macabro. **~ ice** *s.* ⟨Strad⟩ strato *m* di ghiaccio invisibile.

blacking ['blækiŋ] *s.* (*shoe polish*) lucido *m* nero.

blackish ['blækiʃ] *a.* nerastro, nerognolo.

black|jack I *s.* **1 →** black flag. **2** ⟨am⟩ (*cosh*) sfollagente *m*, manganello *m*. **3** ⟨ant⟩ (*leather drinking cup*) boccale *m* di cuoio catramato. **II** *v.t.* ⟨am⟩ colpire con lo sfollagente. **~lead** *s.* ⟨Min⟩ grafite *f*, piombaggine *f*.

blackleg ['blækleg] **I** *s.* **1** ⟨fam⟩ imbroglione *m* (*f* –a), baro *m*, truffatore *m* (*f* –trice). **2** ⟨fam⟩ (*strike breaker, scab*) crumiro *m* (*f* –a). **II** *v.t.* ⟨fam⟩ **1** (*to replace a striker*) rimpiazzare, sostituire. **2** (*to oppose*) negare la propria solidarietà a, rifiutarsi di aderire a: *to ~ a strike* rifiutarsi di aderire a uno sciopero. **3** (*to betray*) tradire. **III** *v.i.* ⟨fam⟩ fare il crumiro.

black| letter I *a.* **1** ⟨Tip⟩ (a carattere) gotico. **2** ⟨fig⟩ infausto, poco propizio. **II** *s.* ⟨Tip⟩ carattere *m* gotico. **~-letter day** *s.* giorno *m* infausto. **~-list I** *s.* **1** lista *f* nera (*o* di proscrizione). **2** (*list of bankruptcies*) elenco *m* dei fallimenti. **II** *v.t.* mettere (*o* segnare) nella lista nera. **~ magic** *s.* magia *f* nera.

blackmail ['blækmeil] **I** *s.* **1** (*sum*) riscatto *m*. **2** (*act*) ricatto *m*, estorsione *f*. **II** *v.t.* ricattare (*anche fig.*). **blackmailer** [-ə] *s.* ricattatore *m* (*f* –trice).

Black| Maria *s.* furgone *m* cellulare, cellulare *m*. **~mark** *s.* ⟨fig⟩ neo *m*, punto *m* nero. **~-market** *a.* di borsanera. **~ market** *s.* mercato *m* nero, borsanera *f*. **~markete(e)r** *s.* borsanerista *m/f.* **~ mass** *s.* messa *f* nera. **~ money** *s.* fondi *mpl* neri. **~ Monk** *s.* benedettino *m*.

blackness ['blæknis] *s.* **1** nerezza *f*, nero *m*. **2** ⟨fig⟩ cattiveria *f.*

blackout ['blækaut] *s.* **1** ⟨Mil⟩ oscuramento *m*, schermatura *f.* **2** (*temporary unconsciousness*) svenimento *m*, perdita *f* (momentanea) di coscienza. **3** (*temporary loss of memory*) amnesia *f* temporanea (*o* momentanea). **4** ⟨Rad⟩ interruzione *f* delle comunicazioni. **5** ⟨El⟩ (*power failure*) mancanza *f* di corrente elettrica. **6** ⟨Teat⟩ oscuramento *m* (del palcoscenico). **7** ⟨am.TV⟩ soppressione *f.*

black| pepper *s.* ⟨Bot⟩ pepe *m* nero. **~ powder** *s.* (*gunpowder*) polvere *f* nera (*o* pirica). **~ Power** *m.* ⟨Pol⟩ potere *m* negro. **~ records** *s.pl.* **~ black accounts.** **~Rod** *s.* ⟨Stor.brit⟩ usciere *m* della camera dei Lords. **~ Sea** *s.* ⟨Geog⟩ Mar *m* Nero. **~ sheep** *s.* ⟨fig⟩ pecora *f* nera: *the ~ of the family* la pecora nera della famiglia. **~shirt** *s.* ⟨Stor⟩ **1** (*Fascist*) camicia *f* nera, fascista *m/f.* **2** (*Nazi*) nazista *m/f.* **~smith** *s.* fabbro *m* ferraio. **~ spot** *s.* luogo *m* dove si verificano spesso incidenti stradali. **~ studies** *s.pl.* studio *m* della cultura dei negri d'America. **~ swan** *s.* ⟨fig⟩ mosca *f* bianca. **~ tea** *s.* tè *m* nero. **~thorn** *s.* **1** ⟨Bot⟩ prugnolo *m*. **2** (*cane*) bastone *m* di prugnolo. **~-tie** *a.* in abito da sera, in cravatta nera: *a ~ dinner* un pranzo in abito da sera. **~ tie** *s.* **1** cravatta *f* nera. **2** (*formal dress*) abito *m* da sera. **~ whale** *s.* globicefalo *m*. **~ widow** *s.* ⟨Zool⟩ vedova *f* nera.

blacky ['blæki] *s.* (*spreg*) negro *m* (*f* –a).

bladder ['blædə] *s.* **1** ⟨Anat,Med⟩ vescica *f*, vescichetta *f.* **2** (*air-filled sac*) camera *f* d'aria. **3** ⟨fig⟩ (*pompous person*) pallone *m* gonfiato. **bladdery** [-ri] *a.* **1** vescicolare. **2** (*inflated*) gonfio, enfiato.

blade [bleid] *s.* **1** lama *f*; (*tool*) coltello *m*, lama *f.* **2** (*razor blade*) lametta *f.* **3** ⟨lett⟩ (*sword*) spada *f.* **4** ⟨fig⟩ (*swordsman*) spadaccino *m*. **5** ⟨fig⟩ (*gallant*) baldo giovane *m*, moscardino *m*. **6** (*leaf: of grass*) filo *m*; (*of wheat, barley*) foglia *f.* **7** ⟨Bot⟩ (*of a leaf*) lamina *f.* **8** ⟨tecn⟩ (*of a propeller*) pala *f*; (*of a bulldozer*) lama *f.* **9** ⟨Ferr⟩ (*of a switch*) ago *m*. **10** ⟨Fot⟩ lamella *f.* **11** (*of an oar*) pala *f.* **12** ⟨Anat⟩ (*blade bone*) scapola *f*, omoplata *f.* **13** ⟨Fon⟩ (*of the tongue*) dorso *m*. □ *corn in the ~* grano

m verde (*o* in erba); ⟨scherz⟩ *an old ~* una vecchia canaglia. **'bladed** [-id] *a.* **1** ⟨Bot,Min⟩ stratificato. **2** ⟨tecn⟩ palettato.

blade frame *s.* ⟨Mecc⟩ quadro *m* portalame.

bladeless [bleidlis] *a.* senza lama.

blaeberry *scozz.* ['bleibəri] *s.* ⟨Bot⟩ mirtillo *m*.

blah(-blah) [blɑ:] *s.* ⟨sl⟩ sciocchezze *fpl*, ⟨volg⟩ fesserie *fpl.*

blain [blein] *s.* ⟨Med,Veter⟩ pustola *f*, bolla *f.*

blamable ['bleiməbl] *a.* biasimevole, riprovevole.

blame [bleim] **I** *v.t.* **1** incolpare, dare la colpa a, accusare, prendersela con: *they –d the failure on us* diedero a noi la colpa del fallimento. **2** (*to find fault with*) biasimare, riprovare; (*to scold*) rimproverare. **II** *s.* **1** colpa *f*, responsabilità *f: we lay the ~ on him* la colpa è sua. **2** (*censure*) biasimo *m*, riprovazione *f*; (*reproof*) rimprovero *m*. □ *to be to ~* essere colpevole (*o* da biasimare); *no one is to ~* non è colpa di nessuno; *to bear the ~ of s.th.* assumersi la responsabilità di qc., prendersi la colpa di qc.; *to ~ s.o. for s.th.* dare la colpa di qc. a qd.; *free from ~* esente da ogni responsabilità; *to lay the ~ for s.th. at s.o.'s door* incolpare qd. di qc., far ricadere su qd. la colpa di qc.; *to lay the ~ on s.o.* incolpare (*o* dare la colpa a) qd.; *I ~ myself for your troubles* mi sento responsabile dei tuoi guai; *you have only yourself to ~* non hai che da prendertela con¹ (*o* ringraziare) te stesso.

blameable → blamable.

blamed *am.* ['bleimd] ⟨dial⟩ **I** *a.* ⟨eufem⟩ benedetto, maledetto: *where is that ~ boy?* dov'è quel benedetto ragazzo? **II** *avv.* maledettamente, terribilmente. **blameful** [-mfəl] *a.* biasimevole, riprovevole. **blameless** [-mlis] *a.* **1** irreprensibile. **2** (*guiltless*) innocente. **blamelessness** [-mlisnis] *s.* **1** irreprensibilità *f*. **2** (*innocence*) innocenza *f.* **blameworthy** [-mwə:ði] *a.* biasimevole, riprovevole.

blanch [blɑ:ntʃ] **I** *v.t.* **1** sbiancare, imbiancare. **2** ⟨Agr⟩ sbiancare, fare imbiancare: *to ~ rice* sbiancare il riso. **3** ⟨Gastr⟩ pelare (scottando): *to ~ almonds* pelare le mandorle. **4** ⟨fig⟩ (*to whitewash*; *general.* con *over*) attenuare, mitigare. **II** *v.i.* impallidire, sbiancarsi.

Blanche [blɑ:ntʃ] *N.pr.* Bianca *f.*

blancher ['blɑ:ntʃə] *s.* **1** (*person*) imbiancatore *m* (*f* –trice). **2** (*agent*) sbiancante *m*.

blancmange [bləˈmɔnʒ] *s.* ⟨Dolc⟩ biancomangiare *m*.

blanco ['blæŋkou] **I** *s.* ⟨mil⟩ biacca *f.* **II** *v.t.* imbiaccare.

bland [blænd] *a.* **1** gentile, cortese, affabile: *a ~ smile* un sorriso affabile. **2** ⟨iron⟩ (*ingratiating*) mellifluo; (*ironical*) ironico. **3** (*of weather*) mite, dolce, temperato. **4** (*not irritating*) leggero, blando: *a ~ diet* una dieta leggera.

blandish ['blændiʃ] *v.t.* blandire, lusingare. **blandisher** [-ə] *s.* lusingatore *m* (*f* –trice). **blandishment** [-mənt] *s.* (*general.* al pl.) blandizie *fpl*, lusinghe *fpl.*

blandness ['blændnis] *s.* **1** gentilezza *f*, affabilità *f.* **2** (*of weather*) mitezza *f*, dolcezza *f.*

blank [blæŋk] **I** *a.* **1** bianco: *~ sheets of paper* fogli (di carta) bianchi; (*with spaces*) in bianco: *a ~ cheque* un assegno in bianco. **2** ⟨fig⟩ (*having no variety*) monotono, scialbo, grigio. **3** ⟨fig⟩ (*expressionless*) assente, privo di espressione (*o* interesse): *a ~ look* uno sguardo assente; (*puzzled*) perplesso. **4** ⟨fig⟩ (*utter*) totale, completo, assoluto, reciso: *a ~ refusal* un rifiuto assoluto. **5** ⟨fig⟩ (*fruitless*) sterile, improduttivo. **6** ⟨Metr⟩ senza rima, sciolto. **7** ⟨Econ⟩ in bianco: *~ credit* credito in bianco; *~ draft* tratta in bianco. **8** (*of tape, cassette*) non preregistrato, vergine. **9** ⟨Inform⟩ spazio *m* senza informazione. **II** *s.* **1** spazio *m* vuoto (*o* in bianco): *fill in the –s* riempite gli spazi vuoti. **2** ⟨am⟩ (*form*) modulo *m*. **3** (*void*) vuoto *m*, lacuna *f: my mind was a ~* avevo un vuoto nella mente, avevo la testa vuota. **4** (*of a ticket*) biglietto *m* non vincente. **5** (*dash*) lineetta *f* (*o* puntini *mpl*) di sospensione. **6** (*bull's eye*) centro *m*. **7 →** blank cartridge. **8** ⟨Mecc⟩ pezzo *m* grezzo. **III** *v.t.* **1** (*to delete; general.* con *out*) cancellare, annullare. **2** (*to indicate by a dash*) indicare con una lineetta¹ (*o* puntini). **3** ⟨Met⟩ tranciare. **4** ⟨am.Sport⟩ (*to keep from scoring*) ostacolare, impedire. □ *to draw a ~* fare fiasco (*o* cilecca), fallire; *to look ~* avere un'aria confusa, apparire sconcertato.

blank| cartridge *s.* ⟨Mil⟩ cartuccia *f* a salve. **~ check**

am., ~ **cheque** *s.* **1** assegno *m* in bianco. **2** ⟨*fam*⟩ (*carte–blanche*) carta *f* bianca. ~ **-dated** *a.* senza data. ~ **endorsement** *s.* ⟨*Econ*⟩ girata *f* in bianco.

blanket ['blæŋkit] **I** *s.* **1** coperta *f*, coltre *f*. **2** ⟨*fig*⟩ manto *m*, mantello *m*, coltre *f*, strato *m*: *a* ~ *of snow* un manto di neve. **3** ⟨*Tip*⟩ caucciù *m*, tessuto *m* gommato. **II** *a.* generale, globale, completo, in blocco: *a* ~ *accusation* un'accusa generale; *a* ~ *insurance* una polizza d'assicurazione globale. **III** *v.t.* **1** coprire con una coperta. **2** ⟨*fig*⟩ (*to cover*) ricoprire, ammantare. **3** ⟨*fig*⟩ (*to apply uniformly*) applicarsi uniformemente a. **4** ⟨*Rad*⟩ disturbare la ricezione di (*o* a). **5** ⟨*Mar*⟩ rubare il vento a. □ ⟨*fam*⟩ *to get between the –s* infilarsi (*o* cacciarsi) sotto le coperte. **blanketing** [-iŋ] *s.* **1** stoffa *f* per coperte. **2** (*supply of blankets*) coperte *fpl.* **3** ⟨*Rad*⟩ interferenza *f*. □ *to give s.o. a* ~ far rimbalzare qd. su una coperta tesa. **blanketing smoke** *s.* ⟨*Mil*⟩ nebbia *f* artificiale.

blanket| **mortgage** *s.* ⟨*Econ*⟩ ipoteca *f* generale. ~ **roll** *am. s.* zaino *m*. ~ **stitch** *s.* ⟨*Lav.femm*⟩ punto *m* (a) smerlo.

blankety (blank) ['blæŋkiti] *a.* ⟨*fam*⟩ dannato, maledetto.

blanking ['blæŋkiŋ] *s.* ⟨*TV*⟩ soppressione *f*.

blank line *s.* ⟨*Tip*⟩ rigo *m* (in) bianco.

blankly ['blæŋkli] *avv.* **1** con sguardo assente (*o* inespressivo). **2** (*utterly*) totalmente, completamente, recisamente.

blank material *s.* ⟨*Tip*⟩ bianchi *mpl* tipografici, bianco *m*.

blankness ['blæŋknis] *s.* **1** vuoto *m*, vacuità *f*. **2** (*lack of expression*) aria *f* assente, mancanza *f* di espressione.

blank| **shell** *s.* ⟨*Artigl*⟩ proiettile *m* a salve. ~ **signature** *s.* firma *f* in bianco. ~ **verse** *s.* ⟨*Metr*⟩ versi *mpl* sciolti. ~ **wall** *s.* **1** parete *f* cieca. **2** ⟨*fig*⟩ barriera *f* insormontabile; (*blind alley*) vicolo *m* cieco.

blanquette *fr.* [blãˈket] *s.* ⟨*Gastr*⟩ fricassea *f*.

blare [bleə] **I** *v.i.* **1** squillare. **2** (*of car horns*) strombettare, sonare il clacson. **II** *v.t.* **1** sonare fortemente, tenere a tutto volume. **2** (*to proclaim loudly*) strombazzare, proclamare a gran voce. **III** *s.* **1** (*harsh sound*) strombettio *m*; (*of a trumpet*) squillo *m*. **2** ⟨*fig*⟩ (*glaring intensity: of light*) bagliore *m*, barbaglio *m*, luce *f* accecante; (*of colour*) brillantezza *f*. **3** ⟨*fig*⟩ (*flourish*) pompa *f*, sfarzo *m*. □ *the radio is blaring away* la radio fa un chiasso assordante.

blarney ['bla:ni] **I** *s.* adulazione *f*, lusinga *f*. **II** *v.t.* adulare, lusingare, ⟨*fam*⟩ sviolinare. **III** *v.i.* usare un linguaggio adulatorio.

blasé *fr.* ['bla:zei, *am.* bla'zei] *a.* indifferente, scettico.

blaspheme [blæs'fi:m] **I** *v.t.* **1** bestemmiare contro. **2** ⟨*estens*⟩ (*to curse*) maledire, imprecare contro. **3** (*to slander*) calunniare, diffamare. **II** *v.i.* bestemmiare, ⟨*pop*⟩ smoccolare. **blasphemer** [-ə] *s.* bestemmiatore *m* (*f* –trice), blasfemo *m* (*f* –a). **'blasphemous** [–fəməs] *a.* blasfemo, empio. **'blasphemy** [–fəmi] *s.* bestemmia *f*.

blast [bla:st] **I** *s.* **1** raffica *f*, ventata *f*, colpo *m* di vento. **2** (*blowing of trumpet, etc.*) squillo *m*; (*of a whistle*) fischio *m*. **3** (*stream of air*) corrente *f* (*o* getto *m*) d'aria. **4** (*explosion*) esplosione *f*, scoppio *m* (*anche fig.*). **5** ⟨*Minier*⟩ (*charge of dynamite*) carica *f* (di esplosivo). **6** (*pressure wave*) spostamento *m* d'aria, onda *f* di pressione. **7** ⟨*Agr*⟩ brusone *m*. **8** (*pernicious influence*) influsso *m* dannoso (*o* malefico). **II** *v.t.* **1** far saltare, far esplodere; (*of a mine*) far brillare. **2** (*to wither*) disseccare, inaridire, far appassire, bruciare: *the frost has –ed the plants* il gelo ha bruciato le piante; (*to ruin*) distruggere, danneggiare. **3** (*of a trumpet, car horn, etc.*) sonare. **4** ⟨*fig*⟩ distruggere, rovinare, mandare all'aria, far naufragare: *to* ~ *s.o.'s hopes* distruggere le speranze di qd. **5** (*to make by blasting*) aprire con le mine: *to* ~ *a road through the mountains* aprire (con le mine) una strada tra le montagne. **6** ⟨*sl*⟩ (*to criticize*) criticare aspramente, demolire. **7** ⟨*sl*⟩ (*to shoot*) sparare. **III** *v.i.* **1** squillare. **2** ⟨*am.sl*⟩ (*to take drugs*) drogarsi. □ *at full* ~ a tutta forza, a tutto spiano; ⟨*tecn*⟩ *in* ~ in funzione; ⟨*esclam*⟩ ~ *it* maledizione, accidenti; ⟨*tecn*⟩ *out of* ~ spento.

blasted ['bla:stid] *a.* **1** disseccato, inaridito; (*ruined*) distrutto, danneggiato. **2** ⟨*eufem*⟩ (*damned*) maledetto, benedetto, dannato.

blasting ['bla:stiŋ] *s.* **1** ⟨*Minier*⟩ dirompimento *m* (con esplosivi); (*of mines*) brillamento *m*. **2** ⟨*fig*⟩ (*blight*) influsso *m* malefico.

blasting| **gelatin(e)** *s.* gelatina *f* esplosiva. ~ **oil** *s.* nitroglicerina *f*.

blastoderm ['blæsto(u)də:m] *s.* ⟨*Biol*⟩ blastoderma *m*.

blast|**-off** **I** *s.* (*of a rocket, an astronaut*) lancio *m*, partenza *f*. **II** *v.i.* partire. ~ **pipe** *s.* ⟨*tecn*⟩ tubo *m* d'aria.

blat [blæt] *v.* (*pret., p.p.* **blatted** ['blætid]) **I** *v.i.* belare. **II** *v.t.* ⟨*fam*⟩ spifferare, spiattellare.

blatancy ['bleitənsi] *s.* **1** evidenza *f*, chiarezza *f*. **2** (*showiness*) vistosità *f*, appariscenza *f*; (*display*) sfoggio *m*. **3** (*noisiness*) chiasso *m*, rumorosità *f*. **blatant** [–nt] *a.* **1** lampante, flagrante, manifesto: *a* ~ *lie* una bugia lampante. **2** (*showy*) vistoso, appariscente, sfacciato. **3** (*noisy*) chiassoso, rumoroso.

blather ['blæðə] **I** *s.* chiacchiere *fpl.* **II** *v.i.* ciarlare. **blatherer** [–rə] *s.* ciarlone *m* (*f* –a).

blatter ['blætə] ⟨*dial*⟩ **I** *s.* **1** ciance *fpl*, chiacchiere *fpl.* **2** (*of rain*) crepitio *m*. **II** *v.i.* **1** blaterare, cianciare. **2** (*of rain*) crepitare.

blaze[1] [bleiz] *s.* **1** fiamma *f*, fiammata *f*, vampa *f*, vampata *f*. **2** (*intense light*) splendore *m*, bagliore *m*, luce *f* abbagliante: *the* ~ *of the sun* lo splendore del sole. **3** (*bright display*) sfavillio *m*, luccichio *m*, scintillio *m*. **4** (*outburst*) scoppio *m*, scatto *m*, slancio *m*, impeto *m*: *a* ~ *of temper* uno scoppio di collera. **5** (*fire*) fuoco *m*, incendio *m*, fiamme *fpl.* **6** *pl.* ⟨*sl*⟩ (*hell*) diavolo *m*, inferno *m*: *go to* –*s!* va' al diavolo! □ *what the* –*s is the matter?* che diavolo succede?; *like* –*s* vigorosamente, energicamente.

blaze[2] *v.i.* **1** (*to burn brightly; spesso con away, forth, up*) ardere, avvampare, divampare, fiammeggiare. **2** (*to display colour, lights; spesso con forth*) risplendere, sfavillare, brillare: *the house* –*d with lights* la casa risplendeva di luci. □ ⟨*fam*⟩ *to* ~ *away:* 1 (*to shoot repeatedly*) far fuoco ripetutamente, sparare (*o* tirare) senza sosta; 2 ⟨*fam*⟩ (*to shout at*) sgridare (*at s.o.* qd.); *to* ~ **down** (*of the sun*) dardeggiare (*on* su); ⟨*fig*⟩ *to* ~ **up** avvampare, infiammarsi.

blaze[3] **I** *s.* **1** (*mark on a tree*) segnavia *m*, incisione *f*. **2** (*of a horse*) macchia *f* bianca. **II** *v.t.* incidere (*o* segnare) un albero. □ *to* ~ *a trail* segnare gli alberi di un bosco per indicare la via; ⟨*fig*⟩ tracciare (*o* indicare) una nuova via.

blaze[4] *v.t.* (*to proclaim; spesso con abroad*) divulgare, diffondere.

blazer ['bleizə] *s.* **1** divulgatore *m* (*f* –trice) di notizie. **2** (*jacket*) giacca *f* sportiva, blazer *m*.

blazing ['bleiziŋ] *a.* **1** in fiamme, fiammeggiante. **2** (*glaring, shining*) splendente, risplendente, sfavillante: *the* ~ *sun* il sole splendente. **3** ⟨*fig*⟩ fiammeggiante: ~ *with anger* fiammeggiante d'ira.

blazon ['bleizn] **I** *v.t.* **1** diffondere, divulgare, proclamare: *to* ~ *abroad* diffondere dappertutto, gridare ai quattro venti. **2** (*to adorn*) adornare, decorare. **3** ⟨*Arald*⟩ (*to describe*) blasonare; (*to depict*) disegnare. **II** *s.* ⟨*Arald*⟩ stemma *m* gentilizio, blasone *m*; (*blazonry*) descrizione *f* tecnica un blasone. **blazoner** [–zənə] *s.* blasonista *m/f.* **blazonry** [–zənri] *s.* **1** ⟨*Arald*⟩ descrizione *f* tecnica di un blasone; (*coat of arms*) blasoni *mpl*, stemmi *mpl.* **2** ⟨*fig*⟩ (*display*) sfoggio *m*, esibizione *f*.

bldg. = *building* edificio.

bleach [bli:tʃ] **I** *v.t.* **1** (*to whiten*) sbiancare, candeggiare, imbiancare. **2** (*to lighten*) schiarire: *to* ~ *one's hair* schiarirsi i capelli; (*to decolorize*) decolorare. **3** ⟨*Fot*⟩ sbiancare. **4** ⟨*Cart*⟩ imbianchire. **II** *v.i.* **1** sbiancarsi. **2** (*to lighten*) schiarirsi. **3** ⟨*Fot*⟩ sbiancarsi. **III** *s.* **1** ⟨*Chim*⟩ decolorante *m*, candeggiante *m*. **2** (*act*) imbianchimento *m*, candeggio *m*. **'bleacher** [–ə] *s.* **1** (*person*) candeggiatore *m* (*f* –trice). **2** (*container*) recipiente *m* per candeggiare. **3** (*agent*) candeggiante *m*, decolorante *m*. **4** *pl.* ⟨*am*⟩ (*seats in tiers*) posti *mpl* di gradinata. **'bleaching** [-iŋ] *s.* imbianchimento *m,* candeggio *m.* **bleaching powder** *s.* ⟨*Tess*⟩ polvere *f* 'da sbianca' (*o* per imbiancare).

bleak[1] [bli:k] *a.* **1** brullo, squallido, spoglio, nudo: ~ *hills* colline brulle. **2** (*wind–swept*) battuto (*o* spazzato) dal vento, esposto al vento. **3** (*cold*) freddo, gelido. **4** ⟨*fig*⟩ (*dreary*) deprimente, tetro.

bleak[2] *s.* ⟨*Itt*⟩ alburno *m.*

bleakness ['bli:knis] *s.* **1** squallore *m.* **2** ⟨*fig*⟩ tetraggine *f.*

blear [bliə] **I** *a.* (*of the eyes*) appannato, annebbiato, offuscato, velato. **II** *v.t.* **1** (*of the eyes*) appannare, annebbiare, offuscare, velare. **2** (*to dim, blur*) sfumare, confondere, rendere indistinto. **blear-eyed** *a.* **1** dagli occhi cisposi. **2** ⟨*fig*⟩ dalla mente annebbiata.

bleariness ['bliərinis] *s.* **1** (*of the eyes*) annebbiamento *m.* **2** (*indistinctness*) confusione *f.*

blear-witted *a.* tonto, ottuso.

bleary ['bliəri] *a.* **1** (*of the eyes*) annebbiato, appannato, velato. **2** (*indistinct*) indistinto, confuso, vago. **bleary-eyed** *a.* → **blear-eyed**.

bleat [bli:t] **I** *s.* **1** belato *m.* **2** ⟨*fig*⟩ gemito *m,* lamento *m,* piagnucolio *m.* **II** *v.i.* **1** belare. **2** ⟨*fig*⟩ piagnucolare, gemere. **III** *v.t.* (spesso con *out*) dire piagnucolando (*o* con voce tremante), ⟨*iron*⟩ belare.

bleb [bleb] *s.* **1** (*blister*) vescichetta *f.* **2** (*bubble*) bolla *f* d'aria.

bled [bled] → **bleed**.

bleed [bli:d] *v.* (*pret., p.p.* **bled** [bled]) **I** *v.i.* **1** sanguinare, perdere sangue. **2** ⟨*fig*⟩ (*to die*) morire, versare il proprio sangue. **3** (*to exude sap, etc.*) stillare linfa. **4** ⟨*fig*⟩ (*to feel pity*) sanguinare, provare grande compassione (*o* dolore): *my heart –s* il mio cuore sanguina. **5** (*of dye, paint*) diffondersi. **6** (*of a stain*) venir fuori. **II** *v.t.* **1** salassare. **2** (*to take sap, etc. from*) estrarre la linfa da. **3** ⟨*Legat*⟩ smarginare eccessivamente. **4** ⟨*fam*⟩ (*to get money from*) spillare (*o* carpire) quattrini a. **5** ⟨*tecn*⟩ (*to drain slowly*) spurgare. □ *to* ~ *to death* dissanguarsi, morire dissanguato; ⟨*fig*⟩ *to* ~ *white* dissanguare, ridurre allo stremo.

bleeder ['bli:də] *s.* **1** emofiliaco *m* (*f* –a). **2** (*phlebotomist*) salassatore *m.* **3** ⟨*El*⟩ (*bleeder resistor*) resistore *m* di zavorra (*o* scarico). **4** ⟨*sl*⟩ (*sponger*) sanguisuga *f.* **5** ⟨*sl*⟩ (*rogue*) canaglia *f.*

bleeding ['bli:diŋ] **I** *a.* **1** sanguinante (*anche fig.*). **2** ⟨*sl*⟩ (*bloody*) maledetto, dannato. **II** *s.* **1** emorragia *f.* (*blood letting*) salasso *m.* **3** ⟨*Fot*⟩ frangia *f.* **4** ⟨*tecn*⟩ spurgo *m.*

bleeding heart *s.* ⟨*Bot*⟩ dicentra *f.*

bleep [bli:p] **I** *v.i.* ⟨*Rad*⟩ emettere un bep. **II** *s.* (*sound from an electronic device*) bip *m.*

blemish ['blemiʃ] **I** *s.* **1** macchia *f.* **2** ⟨*fig*⟩ (*flaw*) difetto *m,* imperfezione *f,* macchia *f.* **3** ⟨*fig*⟩ (*moral stain*) macchia *f,* infamia *f.* **II** *v.t.* **1** macchiare; (*to scar*) sfigurare. **2** ⟨*fig*⟩ rovinare, macchiare.

blench [blentʃ] *v.i.* ritrarsi, tirarsi indietro.

blend[1] [blend] *v.* (*pret., p.p.* **blended** [-id]/**blent** [blent]) **I** *v.t.* **1** mescolare, mischiare; (*to mix several things*) miscelare. **2** (*of paints, pigments*) sfumare. **3** (*of wines*) tagliare. **II** *v.i.* **1** mescolarsi, amalgamarsi, fondersi. **2** (*to harmonize*) intonarsi, accordarsi, armonizzare: *those colours* ~ *nicely* quei colori armonizzano bene. **3** (*to shade*) sfumare: *red –ing into yellow* rosso che sfuma nel giallo.

blend[2] *s.* **1** miscela *f,* mistura *f: a choice* ~ *of coffee* una miscela scelta di caffè. **2** ⟨*fig*⟩ fusione *f,* unione *f.* **3** (*of colours*) sfumatura *f.* **4** ⟨*Mus*⟩ modulazione *f.* **5** ⟨*Gramm,Ling*⟩ (*blendword*) composto *m* ibrido.

blende [blend] *s.* ⟨*Min*⟩ blenda *f.*

blender ['blendə] *s.* **1** (*agent*) miscelatore *m,* mescolatrice *f.* **2** (*person*) miscelatore *m* (*f* –trice), mescolatore *m* (*f* –trice). **3** (*home appliance*) frullatore *m.* **blending** [-diŋ] *s.* miscela *f.*

blennorrh(o)ea [,blenə'ri:ə] *s.* ⟨*Med*⟩ blenorrea *f,* blenorragia *f.*

blenny ['bleni] *s.* ⟨*Itt*⟩ blennio *m,* bavosa *f.*

blent [blent] → **blend**[1].

bless [bles] *v.t.* (*pret., p.p.* **blessed/blest** [-t]) **1** santificare: *God –ed the seventh day* Dio santificò il settimo giorno. **2** (*to consecrate*) consacrare. **3** (*to ask God's favour*) benedire, invocare la protezione divina su. **4** (*to wish well to*) benedire. **5** (*to make prosperous, happy*) rendere prospero (*o* felice). **6** (*to praise, glorify*) benedire, lodare, glorificare. **7** (*to protect*) proteggere. **8** ⟨*rifl*⟩ farsi il segno della croce, ⟨*fam*⟩ segnarsi. □ ⟨*esclam*⟩ (*God*) ~ *me,* ~ *my soul* Dio mio, santo cielo; (*God*) ~ *you!* Dio vi benedica (*o* protegga)!; (*to one who sneezes*) ~ *you!* salute!

blessed ['blesid, blest] **I** *a.* **1** santo, sacro, benedetto. **2** ⟨*Rel.catt*⟩ (*beatified*) beato. **3** (*fortunate*) beato, fortunato: ~ *are the pure in heart* beati i puri di cuore. **4** (*joyful*) beato, felice; (*blissful*) fausto. **5** ⟨*eufem*⟩ (*cursed*) benedetto. **II** *s.* (*collett*) (*costr.pl.*) ⟨*Rel.catt*⟩ Beati *pl.* □ *to be* ~ *with s.th.* avere la fortuna di avere qc.; ⟨*fam*⟩ *I'm* ~ *if I know* mi venga un colpo (*o* accidente) se lo so; *of* ~ *memory* di santa memoria; ⟨*fam*⟩ *well I'm* ~! benedetto Iddio!; ⟨*fam*⟩ *well I'll be* ~! perbacco!, ⟨*fam*⟩ accipicchia!

blessedness ['blesidnis] *s.* **1** felicità *f.* **2** ⟨*Rel*⟩ beatitudine *f.*

Blessed| Sacrament ['blesid] *s.* ⟨*Rel*⟩ santissimo Sacramento *m.* ~ **Trinity** *s.* ⟨*Rel*⟩ santissima Trinità *f.* ~ **Virgin** *s.* ⟨*Rel*⟩ Vergine *f* Santissima.

blessing ['blesiŋ] *s.* **1** benedizione *f.* **2** ⟨*fig*⟩ (*gift, boon*) dono *m,* beneficio *m: the –s of nature* i doni della natura. **3** ⟨*fig*⟩ (*approval*) approvazione *f,* beneplacito *m.* □ *to count one's –s* accontentarsi, essere soddisfatto; *a* ~ *in disguise* un male che si rivela un bene.

blest[1] [blest] → **bless**.

blest[2] *a.* → **blessed**.

blether ['bleðə] *s./v.* → **blather**.

blew [blu:] → **blow**[2], **blow**[4].

blight [blait] **I** *s.* **1** ⟨*Agr*⟩ golpe *f,* carbonchio *m; (brand)* ruggine *f.* **2** ⟨*fig*⟩ (*ruin*) rovina *f,* sventura *f.* **3** ⟨*fig*⟩ (*pernicious influence*) influsso *m* malefico (*o* dannoso). **II** *v.t.* **1** ⟨*Agr*⟩ inaridire, fare appassire, bruciare. **2** ⟨*fig*⟩ rovinare; (*of hopes*) deludere, frustrare.

blighter ['blaitə] *s.* ⟨*sl*⟩ **1** individuo *m,* tipo *m,* tizio *m.* **2** (*rascal*) canaglia *f,* briccone *m* (*f* –a).

Blighty ['blaiti] *s.* ⟨*mil*⟩ casa *f,* patria *f:* ~ *wound* ferita che assicura il rimpatrio.

blimey ['blaimi] *intz.* ⟨*sl*⟩ accidenti, caspita.

blimp [blimp] *s.* **1** ⟨*Aer*⟩ piccolo dirigibile *m.* **2** ⟨*fam*⟩ conservatore *m* (*f* –trice) borioso. **'blimpish** [-iʃ] *a.* pomposo, tronfio, borioso.

blind [blaind] **I** *a.* **1** cieco (*anche fig.*), non vedente: *to go* ~ diventare cieco; ~ *with rage* cieco d'ira (*o* dalla rabbia). **2** ⟨*fig*⟩ (*unreasonable*) cieco, sconsiderato: ~ *fury* cieco furore; (*uncontrollable*) incontrollabile. **3** ⟨*fig*⟩ (*unheeding*) sordo, cieco: *to be* ~ *to criticism* essere sordo alle critiche. **4** (*hidden*) coperto, nascosto, invisibile: *a* ~ *curve on a road* una curva stradale coperta (*o* cieca). **5** (*dead–end*) cieco: *a* ~ *canyon* un vallone cieco. **6** (*of or for blind people*) per ciechi. **7** ⟨*fig*⟩ (*without prior knowledge*) a occhi chiusi, alla cieca: *a* ~ *purchase* un acquisto a occhi chiusi. **8** (*anonymous*) anonimo. **9** (*illegible*) illeggibile; (*unintelligible*) oscuro. **10** ⟨*Edil, Arch*⟩ senza apertura, cieco, finto: *a* ~ *wall* una parete cieca; *a* ~ *arch* un arco finto. **11** ⟨*Comm*⟩ di difficile valutazione (*o* stima). **12** ⟨*sl*⟩ (*dead–drunk*) ubriaco fradicio, ⟨*fam*⟩ sbronzo. **II** *s.* **1** (*blind people;* costr. pl.) ciechi *mpl,* non vedenti *pl.* **2** (*of a window: shade on a roller*) avvolgibile *m;* (*Venetian blind*) tenda *f* (*o* persiana) alla veneziana, veneziana *f.* **3** *pl.* (*blinkers*) paraocchi *m.* **4** ⟨*fig*⟩ schermo *m,* paravento *m: his business was a* ~ *for his criminal activities* la sua azienda faceva da paravento alle sue attività criminose. **5** ⟨*venat*⟩ nascondiglio *m.* **6** (*in poker*) buio *m.* **7** ⟨*sl*⟩ (*drunkenness*) ubriacatura *f,* ⟨*fam*⟩ sbronza *f;* (*drinking spree*) bicchierata *f.* **III** *v.t.* **1** accecare, abbagliare. **2** (*to darken*) oscurare, offuscare; (*to cover*) coprire; (*to eclipse*) eclissare. **3** ⟨*fig*⟩ (*to deprive of judgement, etc.*) accecare, rendere cieco. **4** ⟨*tecn*⟩ rendere opaco, opacizzare. **5** ⟨*Rad*⟩ schermare. **IV** *avv.* **1** alla cieca, ciecamente. **2** ⟨*fam*⟩ (*unconscious*) privo di sensi,

in stato d'incoscienza. **3** ⟨*Aer*⟩ con gli strumenti. □ *as* ~
as a **bat** cieco come una talpa; ~ *in* (o *of*) *one* **eye** cieco
(o orbo) da un occhio; ⟨*fig*⟩ (*it's a question of*) *the* ~
leading *the* ~ se un cieco guida l'altro tut'e due cascano
nella fossa; ⟨*fig*⟩ *to* **turn** *a* ~ *eye to s.th.* ignorare (o
fingere di non vedere) qc., chiudere un occhio su qc.
Prov.: there are none so ~ *as those that will not see* non
c'è peggior cieco di chi non vuol vedere.
blindage ['blaindidʒ] *s.* **1** ⟨*Mil*⟩ blindaggio *m,* blindatura
f. **2** ⟨*Rad*⟩ schermaggio *m.*
blind| alley I *s.* **1** vicolo *m* cieco (*anche fig.*). **2** ⟨*fig*⟩
(*job*) lavoro *m* senza prospettive. **II** *a.* senza prospettive
(o avvenire). ~ **coal** *s.* carbone *m* a fiamma corta. ~
date *s.* ⟨*fam*⟩ appuntamento *m* alla cieca (fra un ragazzo
e una ragazza che non si conoscono).
blinder ['blaində] *s.* **1** *pl.* (*blinkers*) paraocchi *m.* **2** ⟨*fam*⟩
(*something excellent*) ⟨*fam*⟩ schianto *m,* ⟨*fam*⟩ cannonata
f.
blind|flight, ~ **flying** *s.* ⟨*Aer*⟩ volo *m* cieco (o
strumentale).
blindfold ['blaindfould] **I** *v.t.* bendare gli occhi a, bendare
(*anche fig.*). **II** *a.* **1** con gli occhi bendati, bendato. **2**
(*reckless*) avventato, sconsiderato, impulsivo. **III** *s.* benda
f. **IV** *avv.* alla cieca, ciecamente. **blindfolded** [–id] *a.*
con gli occhi bendati.
blinding[1] ['blaindiŋ] *s.* ⟨*Strad*⟩ getto *m* di ghiaietto su
strada catramata.
blinding[2] *a.* (*dazzling*) accecante, abbagliante.
blind landing *s.* ⟨*Aer*⟩ atterraggio *m* cieco (o con
visibilità zero).
blindly ['blaindli] *avv.* **1** alla cieca. **2** ⟨*fig*⟩ ciecamente, a
occhi chiusi.
blindman's-buff ['blaindmænz] *s.* (*game*) mosca *f* cieca.
blindness ['blaindnis] *s.* cecità *f.*
blind| selling *s.* vendita *f* a scatola chiusa. ~ **shell** *s.*
⟨*Artigl*⟩ proiettile *m* inesploso. ~ **spot** *s.* **1** ⟨*Anat*⟩ punto
m cieco. **2** ⟨*fig*⟩ punto *m* debole, lacuna *f.* **3** ⟨*Rad*⟩ zona
f di silenzio. ~ **stamp** *s.* timbro *m* a secco. ~**stitch** *v.t.*
cucire con punti interni. ~ **turning** *s.* ⟨*Strad*⟩ curva *f*
cieca.
blink [bliŋk] **I** *v.i.* **1** battere gli occhi (o le palpebre). **2** (*to
wink repeatedly*) ammiccare. **3** (*to peep*) guardare con gli
occhi socchiusi, guardare di sottecchi. **4** (*to shine
unsteadily*) brillare a intermittenza, baluginare; (*to
twinkle*) tremolare. **5** ⟨*fig*⟩ (*to look with indifference*)
chiudere un occhio (*at* su), fingere di non vedere, ignorare
(qc.). **6** ⟨*dial*⟩ (*of milk, beer, etc.*) inacidire. **II** *v.t.* **1**
battere, sbattere: *to* ~ *one's eyes* battere gli occhi. **2** (*to
cause to blink*) far lampeggiare. **3** ⟨*fig*⟩ (*to ignore*)
ignorare, trascurare: *we cannot* ~ *the fact that he is right*
non possiamo ignorare il fatto che ha ragione; (*to shirk*)
eludere: *to* ~ *a question* eludere una domanda. **III** *s.* **1**
l'ammiccare, battito *m* di ciglia. **2** (*gleam of light*) lampo
m, sprazzo *m,* raggio *m.* **3** (*scozz*) ⟨*glance*⟩ occhiata *f,*
rapido sguardo *m.* **4** (*brightness from ice or snow*)
riverbero *m.*
blinker ['bliŋkə] *s.* **1** (*warning signal*) lampeggiatore *m;*
(*traffic light*) semaforo *m* (a luce) intermittente. **2** *pl.*
(*horse blinders*) paraocchi *m.* **3** *pl.* (*goggles*) occhiali *mpl*
da motociclista, occhialoni *mpl.* **4** *pl.* ⟨*Aut*⟩ luci *fpl* di
direzione.
blinking ['bliŋkiŋ] *a.* **1** ⟨*eufem*⟩ (*damned*) maledetto,
dannato. **2** ⟨*fam*⟩ (*utter*) perfetto, completo, assoluto,
⟨*scherz*⟩ matricolato: *a* ~ *fool* un perfetto cretino. **3** (*of a
light*) intermittente.
blip [blip] **I** *v.t.* ⟨*TV*⟩ interrompere brevemente l'audio. **II**
s. breve interruzione *f* dell'audio.
bliss [blis] *s.* **1** gioia *f* immensa, felicità *f* perfetta,
beatitudine *f.* **2** ⟨*Rel*⟩ beatitudine *f: eternal* ~ l'eterna
beatitudine; (*heaven*) paradiso *m.* **'blissful** [–fəl] *a.* beato,
molto felice, pieno di gioia. **'blissfulness** [–fəlnis] *s.*
felicità *f* perfetta, beatitudine *f.*
blister ['blistə] **I** *s.* **1** vescica *f,* vescichetta *f,* bolla *f: to
raise –s* far venire le vesciche. **2** (*of plants, paints, etc.*)
bolla *f.* **3** ⟨*Met*⟩ (*defect*) bolla *f.* **4** ⟨*Aer*⟩ torretta *f.* **5**
⟨*Farm*⟩ → **blister plaster. II** *v.t.* **1** far venire' (o
produrre) delle vesciche su, riempire di vesciche. **2** ⟨*fig*⟩

(*to attack with words*) criticare aspramente, fulminare. **3**
⟨*Med*⟩ applicare un vescicante su. **III** *v.i.* coprirsi di
vesciche.
blister| beetle *s.* ⟨*Entom*⟩ cantaride *m.* ~ **copper** *s.*
⟨*Met*⟩ rame *m* di cementazione. ~ **gas** *s.* ⟨*Mil*⟩ gas *m*
vescicante (o vescicatorio).
blistering ['blistəriŋ] *a.* **1** rovente, infocato, scottante: *the*
~ *sun* il sole rovente. **2** ⟨*fig*⟩ (*scathing*) rovente, aspro,
feroce: ~ *criticism* aspre critiche.
blister plaster *s.* ⟨*Farm*⟩ vescicante *m.*
blithe [blaið] *a.* gioioso, gaio, allegro.
blither ['bliðə] *v.i.* ⟨*fam*⟩ (*to blather*) chiacchierare
scioccamente, cianciare, blaterare. **blithering** [–riŋ] *a.* **1**
chiacchierone. **2** ⟨*fam*⟩ (*utter*) perfetto, completo,
assoluto: *a* ~ *idiot* un perfetto idiota.
blithesome ['blaiðsəm] *a.* allegro, gioioso, spensierato.
blitz [blits] **I** *s.* **1** ⟨*Mil*⟩ (*blitzkrieg*) guerra *f* lampo. **2**
⟨*Mil*⟩ (*sudden air attack*) incursione *f* (aerea) improvvisa.
3 ⟨*fig*⟩ (*sudden attack*) assalto *m.* **Blitz** *s.* ⟨*Stor*⟩
bombardamento *m* aereo di Londra. **II** *v.t.* ⟨*Mil*⟩
bombardare. **'blitzkrieg** [–kri:g] *s.* guerra *f* lampo.
blizzard ['blizəd] *s.* ⟨*Meteor*⟩ bufera *f* di neve.
bloat [blout] **I** *v.t.* **1** gonfiare, dilatare. **2** (*of fish: to cure*)
affumicare. **3** ⟨*fig*⟩ insuperbire, inorgoglire, rendere
presuntuoso (o vanitoso). **II** *v.i.* gonfiarsi, dilatarsi. **III** *s.*
1 ⟨*Veter*⟩ meteorismo *m.* **2** ⟨*am.sl*⟩ (*drunkard*) ubriacone
m (*f* –a). **'bloated** [–id] *a.* **1** gonfio. **2** ⟨*fig*⟩ gonfio,
tronfio, borioso: ~ *with pride* gonfio d'orgoglio. **3** (*obese*)
obeso, estremamente grasso. **4** (*of fish*) affumicato.
bloater [–ə] *s.* (*kipper*) aringa *f* affumicata; (*mackerel*)
sgombro *m* affumicato.
blob [blɔb] *s.* **1** goccia *f.* **2** (*spot of colour*) chiazza *f,*
macchia *f.* **3** (*small lump*) grumo *m,* pezzetto *m.* **4**
⟨*Sport*⟩ (*in cricket*) zero punti *mpl.*
bloc [blɔk] *s.* ⟨*Pol*⟩ blocco *m: the neutral* ~ il blocco
neutrale.
block[1] [blɔk] *s.* **1** blocco *m.* **2** (*piece of wood*) blocco *m* di
legno, ceppo *m.* **3** ⟨*Edil*⟩ (*hollow brick*) blocco *m* cavo. **4**
(*child's toy*) cubo *m,* cubetto *m: building –s* cubi per fare
le costruzioni. **5** ⟨*am*⟩ (*of houses*) isolato *m;* (*distance*)
distanza *f* di un isolato: *he lives three –s from me* abita a
(distanza di) tre isolati da me. **6** (*large building*) palazzo
m: a ~ *of offices* un palazzo pieno di uffici. **7** (*group of
things*) serie *f,* collezione *f;* (*of tickets*) blocchetto *m.* **8**
(*obstruction*) ingorgo *m,* blocco *m,* intasamento *m.* **9** ⟨*fig*⟩
(*dullard*) stupido *m* (*f* –a). **10** ⟨*Econ*⟩ (*group of shares*)
pacchetto *m.* **11** ⟨*Stor*⟩ (*for beheading*) ceppo *m.* **12** (*for
auctions*) piattaforma *f,* palco *m.* **13** ⟨*Sport,Med*⟩ blocco
m. **14** (*mould*) forma *f,* stampo *m.* **15** ⟨*Tip*⟩ (*engraving
plate*) composizione *f* tipografica, cliché *m.* **16** ⟨*Mar*⟩
bozzello *m.* **17** ⟨*Mot*⟩ blocco *m* cilindri (o motore). **18**
⟨*tecn*⟩ (*pulley set*) carrucola *f,* bozzello *m.* **19** ⟨*austral*⟩
(*of land*) lotto *m.* □ ⟨*fam*⟩ *to be a chip off the old* ~
rassomigliare al proprio padre; ~ *of flats* caseggiato *m; to
go to the* ~: 1 essere decapitato; 2 essere (messo) in
vendita all'asta; *to have a mental* ~ *for mathematics*
essere negato per la matematica; ~ *and tackle* paranco
m.
block[2] *v.t.* **1** bloccare, arrestare, fissare. **2** (*to obstruct;*
spesso con *up*) bloccare, ostruire, intasare. **3** ⟨*Sport*⟩
bloccare, intercettare. **4** ⟨*Econ*⟩ (*of funds*) bloccare,
congelare. **5** ⟨*Parl*⟩ (*of a bill*) bloccare, osteggiare,
ostacolare. **6** (*to shape on a mould*) modellare su stampo
(o una forma): *to* ~ *a hat* modellare un cappello su una
forma. **7** ⟨*Chim*⟩ disattivare, rendere inattivo. □ *to* ~ **in**
abbozzare, schizzare, tratteggiare (*anche fig.*); *to* ~ **off**
bloccare, chiudere: *to* ~ *off a street to traffic* chiudere una
strada al traffico; *to* ~ **out:** 1 (*to screen*) escludere; 2 = *to
block in.*
blockade [blɔ'keid] **I** *s.* **1** ⟨*Mil*⟩ blocco *m.* **2** ⟨*fig*⟩ blocco
m, ostruzione *f,* impedimento *m.* **II** *v.t.* **1** bloccare,
stringere d'assedio. **2** ⟨*fig*⟩ bloccare, ostruire. □ *to raise a*
~ togliere il blocco; *to run a* ~ forzare (o rompere) il
blocco. **blockade-runner** *s.* unità *f* (o persona) che ha
forzato il blocco.
blockage ['blɔkidʒ] *s.* **1** blocco *m.* **2** ⟨*fig*⟩ blocco *m,* arresto
m.

block| book s. ⟨Tip⟩ libro m xilografico. ~ **booking** s. (of films) noleggio m in blocco. **~buster** s. 1 ⟨Mil⟩ bomba f ad alto potenziale. 2 ⟨fam⟩ cosa f (o fatto m) sensazionale, ⟨fam⟩ cannonata f. ~ **capital** s. ⟨Tip⟩ stampatello m maiuscolo. ~ **chain** s. ⟨tecn⟩ paranco m con catena. ~ **diagram** s. ⟨Inform⟩ diagramma m a blocchi. ~ **flute** s. ⟨Mus⟩ flauto m dolce. **~head** s. testa f di legno. **~house** s. ⟨Mil⟩ fortino m, blockhaus m.
blockish ['blɔkiʃ] a. stupido, ottuso, tonto.
block| letter(ing) s. stampatello m. ~ **maker** s. ⟨Tip⟩ esecutore m di cliché. ~ **printing** s. ⟨Tip⟩ xilografia f, riproduzione f a stampa mediante xilografia. ~ **ship** s. ⟨Mar⟩ nave f di blocco. ~ **sort** s. ordinamento m a gruppi. ~ **structure** s. struttura f a blocchi. ~ **system** s. ⟨Ferr⟩ sistema m di blocco. ~ **vote** s. ⟨Pol⟩ voto m di blocco.
bloke [blouk] s. ⟨fam⟩ individuo m, tipo m.
blond [blɔnd] I a. 1 chiaro. 2 (of hair) biondo. II s. 1 biondo m (f –a), persona f dai capelli biondi. 2 ⟨Mod⟩ (lace) blonda f. **blonde** [blɔnd] s. bionda f, biondina f. 'blondish [–iʃ] a. biondastro, biondiccio. 'blondness [–nis] s. color m biondo, biondo m.
blood [blʌd] s. 1 sangue m (anche fig.). 2 (family, ancestry) sangue m, stirpe f, discendenza f: of mixed ~ di sangue misto. 3 (royal lineage) sangue m (o stirpe f) reale: a prince of the ~ un principe di sangue reale. 4 (temperament) sangue m, temperamento m, indole f: a man of hot ~ un uomo che ha il sangue caldo. 5 ⟨fig⟩ (bloodshed, slaughter) sangue m, assassinio m, morte f: to avenge s.o.'s ~ vendicare l'assassinio di qd. 6 ⟨fam⟩ (dandy) damerino m, ⟨spreg⟩ zerbinotto m; (rake) libertino m. II v.t. 1 ⟨Venat⟩ (of a hound) assuefare al gusto del sangue. 2 (of a novice) instradare, avviare, iniziare. □ ⟨fig⟩ there is bad ~ between them non corre buon sangue tra di loro; to make bad ~ between seminare zizzania tra; to make s.o.'s ~ boil far ribollire il sangue (nelle vene) a qd.; in cold ~ a sangue freddo; her ~ ran cold le si gelò il sangue; to draw ~ ferire; to draw first ~ colpire (o ferire) per primo (anche fig.); to have s.o.'s ~ on one's hands (o head) essersi macchiato del sangue di qd.; ⟨fig⟩ in hot ~ a sangue caldo; to infuse new ~ into an enterprise dare nuova energia a un'impresa; ⟨fig⟩ to be out for ~ aver giurato vendetta; related by ~ consanguineo; ⟨fig⟩ it runs in the ~ è nella natura umana; ~ and thunder sensazionalismo m, esagerato melodramma m; his ~ is up è in collera, gli è andato il sangue alla testa. Prov.: ~ is thicker than water il sangue non è acqua; you can't get ~ out of a stone non si può cavar sangue da una rapa; ~ will tell (o not lie) buon sangue non mente.
blood| bank s. banca f del sangue, emobanca f. ~ **bath** s. ⟨fig⟩ massacro m, eccidio m, strage f. ~ **brother** s. 1 fratello m carnale. 2 ⟨Etnol⟩ amico m legato da patto di fratellanza. 3 ⟨fig⟩ amico m fraterno (o per la pelle). ~ **clot** s. ⟨Med⟩ grumo m di sangue, embolo. m. ~ **count** s. ⟨Med⟩ esame m emocromocitometrico. **~-curdling** a. che fa gelare il sangue, raccapricciante, orripilante. ~ **derivate** s. emoderivato m. ~ **disease** s. malattia f del sangue, emopatia f. ~ **donor** s. ⟨Med⟩ donatore m (f –trice) di sangue.
blooded ['blʌdid] a. 1 di razza, purosangue. 2 (nei composti) a (o dal) sangue ...: cold–~ dal sangue freddo.
blood| feud s. ⟨Stor⟩ faida f. ~ **giver** s. → blood donor. ~ **group** s. ⟨Fisiol⟩ gruppo m sanguigno. ~ **grouping** s. determinazione f del gruppo sanguigno. **~guilty** a. colpevole di un delitto di sangue. **~-heat** s. temperatura f (normale) del sangue. ~ **horse** s. cavallo m purosangue, purosangue m. **~-hound** s. 1 ⟨Zool⟩ bracco m, limiere m. 2 ⟨fam⟩ (detective) poliziotto m, agente m investigativo, ⟨fam⟩ segugio m.
bloodily ['blʌdili] avv. sanguinosamente. **bloodiness** [–dinis] s. l'essere sanguinario. **bloodless** [–dlis] a. 1 anemico, dissanguato. 2 (pale) pallido, esangue. 3 (without bloodshed) incruento, senza spargimento di sangue. 4 ⟨fig⟩ (spiritless) fiacco, debole. 5 (cold-hearted) freddo, insensibile.
blood|letter s. ⟨Med⟩ flebotomo m. **~letting** s. salasso m.

~-mobile s. autoemoteca f. **~money** s. 1 compenso m del mandatario di un omicidio. 2 (sum paid to dead man's family) denaro m pagato alla famiglia di un assassinato. 3 (reward) compenso m del delatore. ~ **orange** s. ⟨Bot⟩ arancia f sanguigna. ~ **plasma** s. ⟨Biol⟩ plasma m sanguigno. ~ **poisoning** s. ⟨Med⟩ setticemia f. ~ **pressure** s. 1 ⟨Fisiol⟩ pressione f sanguigna (o arteriosa). 2 ⟨pop⟩ ipertensione f, ⟨pop⟩ pressione f alta. ~ **pudding** s. ⟨Gastr⟩ migliaccio m, sanguinaccio m. ~ **purge** s. ⟨Pol⟩ epurazione f cruenta. '**~-red** s. 1 rosso (come il) sangue. 2 (red with blood) rosso di sangue. ~ **relation** s. consanguineo m (f –a). ~ **relationship** s. consanguineità f. ~ **royal** s. sangue m reale. ~ **sausage** s. → blood pudding. ~ **serum** s. ⟨Biol⟩ siero m del sangue. **~shed(ding)** s. 1 spargimento m di sangue. 2 (slaughter) eccidio m, massacro m. **~shot** a. (of the eyes) iniettato di sangue, arrossato, rosso. ~ **sport** s. sport m cruento. **~-stain** s. macchia f di sangue. **~-stained** a. macchiato di sangue (anche fig.). **~stock** s. (of horses) cavalli mpl purosangue (o di razza). **~stone** s. ⟨Min⟩ 1 eliotropio m. 2 (hematite) ematite f. **~stream** s. ⟨Fisiol⟩ circolo m ematico. **~sucker** s. ⟨pop⟩ 1 sanguisuga f, mignatta f. 2 ⟨fig⟩ sanguisuga f, vampiro m. **~sucking** s. 1 il succhiare il sangue, vampirismo m. 2 ⟨fig⟩ (extortion) sfruttamento m. ~ **test** s. ⟨Med⟩ analisi f (o esame m) del sangue. **~thirstily** avv. sanguinosamente, crudelmente. **~thirstiness** s. sete f di sangue. **~thirsty** a. 1 assetato di sangue, sanguinario. 2 (enjoying violence) che ama la violenza. ~ **vessel** s. ⟨Anat⟩ vaso m sanguigno.
bloody ['blʌdi] I a. 1 sanguinante, che perde sangue. 2 (blood-stained) insanguinato. 3 (with much bloodshed) sanguinoso, cruento. 4 (bloodthirsty) sanguinario. 5 (blood–coloured) rosso sangue, (di color) sanguigno. 6 ⟨volg⟩ (damned) maledetto, dannato. II avv. ⟨volg⟩ molto, tremendamente, ⟨pop⟩ maledettamente. III v.t. insanguinare, macchiare di sangue. □ that's a ~ lie è una sporca menzogna.
Bloody| Mary N.pr. 1 ⟨Stor⟩ Maria f la Sanguinaria. 2 (cocktail) cocktail m a base di vodka e succo di pomodoro. **~-minded** a. 1 sanguinario, crudele. 2 ⟨sl⟩ (unhelpful) scontroso, intrattabile. **~-mindedness** s. 1 crudeltà f. 2 (unhelpfulness) scontrosità f.
bloom¹ [blu:m] I s. 1 (flower) fiore m. 2 (blossom) fioritura f, fiore m: almond trees in ~ mandorli in fiore. 3 ⟨fig⟩ (flourishing) rigoglio m, il fiorire. 4 ⟨fig⟩ (glow, vigour) freschezza f, splendore m, rigoglio m. 5 ⟨Bot⟩ (on fruit, leaves) lanugine f, peluria f; (waxy material) pruina f. 6 (of cheeks) colorito m roseo. 7 (surface coating) patina f. 8 ⟨Ind⟩ efflorescenza f. 9 ⟨TV⟩ luminosità f intensa. II v.i. 1 fiorire, essere in fiore, sbocciare. 2 ⟨fig⟩ (to flourish) essere 'in fiore' (o fiorente). 3 (to be fashionable) essere molto di moda. 4 (to glow) essere raggiante (o splendente). □ to burst into ~ sbocciare all'improvviso; in full ~ in piena fioritura; ⟨fam⟩ maidens in ~ fanciulle fpl in fiore; ⟨fig⟩ to take the ~ off far avvizzire.
bloom² I s. 1 ⟨Met⟩ lingotto m, blumo m; (mass of wrought iron) massello m. 2 ⟨Vetr⟩ massa f di vetro fuso. II v.t. ⟨Met⟩ massellare.
bloomer¹ ['blu:mə] s. ⟨fam⟩ errore m grossolano, sproposito m.
bloomer² s. 1 ⟨Sart⟩ abito m da donna (composto di sottana corta e calzoni lunghi). 2 pl. (for sports) calzoncini mpl da ginnastica.
bloomery ['blu:məri] s. ⟨Met⟩ forni mpl e fucine per masselli.
blooming ['blu:miŋ] I s. 1 fioritura f. 2 ⟨Met⟩ massellatura f. II a. 1 in fiore. 2 ⟨fig⟩ (flourishing) fiorente, prospero, florido. 3 ⟨fig⟩ (glowing) raggiante, splendente. 4 ⟨sl⟩ (confounded) maledetto, dannato. □ a ~ fool un perfetto cretino.
bloomy ['blu:mi] a. 1 ⟨Bot⟩ pruinoso. 2 (flowery) fiorito.
blooper am. ['blu:pə] s. ⟨sl⟩ 1 (public blunder) gaffe f. 2 ⟨Rad⟩ radio f ricevente che disturba la ricezione di altre radio.

blossom ['blɔsəm] **I** s. **1** fiore m: pear –s fiori di pero. **2** (flowering) fioritura f, fiore m (anche fig.): an apple tree in ~ un melo in fiore. **II** v.i. **1** fiorire, essere in fiore, sbocciare. **2** (fig) (to develop; spesso con into, out) sbocciare, svilupparsi, diventare. **3** (fig) (to appear) rivelarsi, manifestarsi: his talent –ed early il suo talento si rivelò in tenera età. **blossomed** [–d] a. **1** fiorito, in fiore. **2** (nei composti) dai (o con) fiori ...: yellow–~ dai fiori gialli. **blossomless** [–lis] a. senza fioritura. **blossomy** [–i] a. (poet) **1** fiorito, pieno di fiori. **2** (like a blossom) come (o simile a) un fiore.

blot[1] [blɔt] v. (pret., p.p. 'blotted [–id]) **I** v.t. **1** macchiare (d'inchiostro). **2** (to dry) asciugare (con materiale assorbente). **3** (fig) (to disgrace) macchiare, sporcare. **II** v.i. **1** fare macchie. **2** (to become blotted) macchiarsi. □ to ~ out: **1** cancellare; **2** (of fog, etc: to hide) nascondere, coprire; **3** (to destroy) distruggere, annientare.

blot[2] s. **1** macchia f (d'inchiostro). **2** (fig) macchia f, infamia f.

blot[3] s. **1** (in backgammon) pedina f scoperta. **2** (rar) punto m debole.

blotch [blɔtʃ] **I** s. **1** macchia f, chiazza f. **2** (on the skin) macchia f; (skin eruption) foruncolo m, pustola f. **II** v.t. **1** macchiare, ricoprire di macchie. **2** (assol) fare una macchia. **'blotchiness** [–inis] s. l'esser coperto di macchie (o chiazze). **'blotchy** [–i] a. macchiato, chiazzato, a macchie: a ~ complexion una pelle chiazzata.

blotter ['blɔtə] s. **1** tampone m di carta assorbente. **2** (record, logbook) brogliaccio m, scartafaccio m. **3** (tecn) guarnizione f.

blotting| pad ['blɔtiŋ] s. tampone m di carta assorbente. ~ **paper** s. carta f assorbente (o asciugante).

blotto ['blɔtou] a. (sl) ubriaco fradicio, (fam) sbronzo.

blouse [blauz] **I** s. **1** camicetta f, blusa f. **2** (am.Mil) giubba f, giubbotto m, casacca f. **3** (of workmen) camiciotto m. **II** v.i. cadere in pieghe sciolte. **III** v.t. disporre in pieghe sciolte.

blow[1] [blou] s. **1** colpo m. **2** (fig) colpo m, disgrazia f, (fam) botta f. **3** (sudden attack) attacco m improvviso, colpo m di mano. □ (fig) at a (single) ~ in un sol colpo, in una volta; to come to –s venire alle mani; to return ~ for ~ rendere colpo per colpo; (fig) to strike a ~ for s.o. spezzare una lancia a favore di qd.; without striking a ~ senza colpo ferire (anche fig.).

blow[2] v. (pret. blew [blu:], p.p. blown [bloun]) **I** v.i. **1** soffiare. **2** (of wind) soffiare, tirare: the wind is –ing hard il vento soffia forte. **3** (to be driven by wind) essere spinto dal vento. **4** (to make a sound) sonare; (to whistle) fischiare: the siren blew at noon la sirena fischiò a mezzogiorno. **5** (to pant, puff) soffiare, ansimare, sbuffare. **6** (fam) (to boast) vantarsi, gloriarsi (about di). **7** (to explode; general. con out) scoppiare, esplodere, saltare: a short circuit caused the fuse to ~ un corto circuito ha fatto saltare la valvola. **8** (Zool) (of whales) lanciare acqua (dagli sfiatatoi). **9** (Entom) (of flies) depositare le uova. **10** (sl) (to go away) andarsene, (pop) filare. **II** v.t. **1** muovere, spingere: the wind blew the curtains il vento muoveva le tende. **2** (to force air through, into, etc.) gonfiare, insufflare, soffiare dentro (o sopra). **3** (to clear) liberare (o svuotare) soffiando; (of the nose) soffiare: to ~ one's nose soffiarsi il naso. **4** (Mus) (of a wind instrument) sonare. **5** (to cause to explode; spesso con up) far saltare in aria, far esplodere: to ~ up a bridge far saltare in aria un ponte. **6** (to burst; general. con out) far scoppiare, far saltare; (of a fuse) far saltare (o fondere). **7** (to cause to pant) far ansare (o ansimare), sfiancare. **8** (am.fam) (to squander) scialacquare, sperperare, (fam) mangiarsi: he blew a fortune sperperò una fortuna. **9** (teat) (of lines) sbagliare, pasticciare. **10** (to spread about) diffondere, spargere; (of a secret) rivelare, (fam) spifferare. **11** (am.fam) (to leave) lasciare, andarsene da. **12** (fam) (to waste) sprecare, sciupare: to ~ an opportunity sprecare un'occasione. □ to ~ away: **1** soffiare via; **2** (of the wind) portare (o far volare) via; **3** (to overwhelm) travolgere, trascinare; to ~ to bits mandare in frantumi (o pezzi); to ~ bubbles fare le bolle di

sapone; to ~ down: **1** abbattere, rovesciare; **2** (Met) (of steam, etc.) scaricare; (fam) ~ the expense! crepi l'avarizia!; (fig) to ~ a fuse perdere le staffe, arrabbiarsi; (sl) to ~ the gaff rivelare (o spifferare) un segreto; it's –ing a gale c'è tempesta; to ~ glass soffiare il vetro; to ~ great guns (of winds) soffiare a tutta forza, infuriare; to ~ hot and cold nicchiare, tentennare; to ~ in: **1** (to squander) dissipare, sperperare; **2** (to appear unexpectedly) apparire all'improvviso, (fam) capitare tra capo e collo; ~ it! accidenti!; to ~ kisses gettar baci; (fam) to ~ the lid off rivelare, scoprire; (fam) to ~ one's lid perdere la testa, andare su tutte le furie; to ~ off: **1** (Met) = to blow down; **2** (of wind) far volare via; my hat blew off mi volò via il cappello; (fig) to ~ off steam sfogarsi; to ~ an oil well far sgorgare un getto di petrolio; (fam) to ~ on s.o. tradire (o vendere) qd.; the door blew open la porta si aprì per un colpo di vento; the wind blew the door open il vento spalancò la porta; to ~ out: **1** spegnere (soffiando): to ~ out a candle spegnere una candela; **2** (to be extinguished) spegnersi, estinguersi; to ~ over: **1** passare, placarsi: the storm soon blew over la tempesta passò presto; **2** (fig) passare, essere dimenticato; to ~ one's stack (o top) = to blow one's lid; to ~ one's (own) trumpet lodarsi, tessere (o cantare) le proprie lodi; to ~ up: **1** (to inflate) gonfiare; **2** (to enlarge a photo) ingrandire; **3** (to explode) far saltare (in aria); **4** (to exaggerate) montare, gonfiare; **5** (to rebuke) rimproverare, sgridare; **6** (to sabotage) far fallire, mandare all'aria; **7** (to become angry) arrabbiarsi, esplodere; **8** (to break out) scoppiare, levarsi: a storm blew up si levò una burrasca; to ~ upon (to discredit) macchiare, rovinare; what good wind –s you here? qual buon vento ti porta?

blow[3] s. **1** colpo m di vento, raffica f (di vento), ventata f. **2** (gale) vento m forte, burrasca f. **3** (of wind instruments) squillo m. **4** (fam) (boasting) vanteria f, millanteria f. **5** (fly egg) uovo m di mosca. **6** (Met) (blast of air) soffio m. **7** (leak: of gas) fuga f; (of liquids) fuga f, getto m. **8** (fam) (spree) baldoria f, bagordo m. □ let's go out for a ~ usciamo a prendere una boccata d'aria.

blow[4] **I** s. **1** fioritura f: in full ~ in piena fioritura. **2** (fig) (display) spiegamento m, sfoggio m, festa f. **II** v.i. (pret. blew [blu:], p.p. blown [bloun]) (rar) fiorire, germogliare, sbocciare, schiudersi.

blow|back s. (of firearms) vampa f di ritorno. **~-ball** s. (Bot) tarassaco m. **'~-by-'blow** a. dettagliato, minuzioso. ~ **cock** s. (tecn) rubinetto m di scarico. **~-dry** v.t. asciugare con il fon, (pop) fonare. **~-dryer** s. fon m, asciugacapelli.

blowed [bloud]: (fam) I'll be ~ ! accidenti!, che il diavolo mi porti!; I'll be ~ if I'll go! che mi venga un accidente se ci vado!

blower ['blouə] s. **1** (person) soffiatore m (f –trice): glass ~ soffiatore di vetro. **2** (Mot) compressore m. **3** (fam) (telephone) telefono m. **4** (tecn) sfiatatoio m. **5** (estens) (whale) balena f.

blow|fly (Entom) moscone m azzurro della carne. **~gun** s. cerbottana f. **~hard** s. (sl) smargiasso m (f –a), spaccone m (f –a). **~hole** s. **1** (tecn) soffiatura f, bolla f. **2** (of whales) sfiatatoio m.

blowing ['blouiŋ] s. **1** soffiatura f (anche tecn.). **2** (hard breathing) respiro m affannoso.

blown[1] [bloun] a. **1** gonfiato, gonfio. **2** (breathless) sfiatato, senza fiato; (exhausted) stremato, sfinito. **3** (of food) guasto. **4** (shaped by blowing) soffiato. **5** (of a fuse, etc.) scoppiato, saltato, fuso.

blown[2] a. **1** sbocciato, dischiuso, aperto: a full–~ rose una rosa completamente sbocciata. **2** (covered with flowers) fiorito.

blow|off s. **1** (tecn) scarico m. **2** (apparatus) dispositivo m di scarico (del vapore). **~-out** s. **1** scoppio m di pneumatico. **2** (escape of gas) fuoriuscita f di gas. **3** (sl) grande festa f. **~-pipe** s. (tecn) cannello m ossidrico. **~-up** s. **1** esplosione f. **2** (Fot) gigantografia f.

blowy ['bloui] a. ventoso, pieno di vento: a ~ day una giornata ventosa; (of a place) battuto dal vento.

blowziness ['blauzinis] s. sciatteria f, trasandatezza f. **blowzy** [–zi] a. **1** sciatto, trascurato, trasandato. **2**

(*red–faced*) paonazzo.

blub [blʌb] *v.i.* (*pret., p.p.* **blubbed** [–d]) ⟨*sl*⟩ piagnucolare, frignare.

blubber ['blʌbə] **I** *s.* **1** grasso *m* di balena. **2** → **blubbering**. **3** (*medusa*) medusa *f.* **II** *v.i.* → blub. **III** *v.t.* dire piagnucolando. **IV**a. **1** gonfio dal (*o* per il) pianto. **2** (*swollen*) tumido, gonfio: ~ *lips* labbra tumide.

blubberer [–rə] *s.* piagnone *m* (*f* –a), piagnucolone *m* (*f* –a). **blubbering** [–riŋ] *s.* piagnisteo *m*, piagnucolio *m.*

blubbery [–ri] *a.* **1** grasso. **2** (*disfigured*) tumefatto, gonfio.

bludgeon ['blʌdʒən] **I** *s.* mazza *f,* randello *m.* **II** *v.t.* **1** prendere a randellate, bastonare, colpire (con una mazza): *to* ~ *s.o. to death* bastonare qd. a morte. **2** ⟨*fig*⟩ minacciare, intimidire; (*to coerce*) costringere: *to* ~ *s.o. into buying s.th.* costringere qd. a comprare qc. **bludgeoner** [–ə] *s.* soverchiatore *m* (*f* –trice), prepotente *m/f.*

blue [bluː] **I** *s.* **1** azzurro *m,* blu *m,* turchino *m.* **2** (*blue dye*) tinta *f* azzurra. **3** (*blue material*) tessuto *m* (*o* stoffa *f*) blu. **4** ⟨*fig*⟩ (*the sky*) cielo *m,* volta *f* celeste. **5** ⟨*fig*⟩ (*the sea*) mare *m.* **6** ⟨*Sport*⟩ giocatore *m* di una squadra universitaria. **7** ⟨*Stor.am*⟩ soldato *m* dell'Unione. **II** *a.* **1** azzurro, blu, turchino. **2** (*livid*) livido: ~ *with cold* livido dal freddo. **3** (*fam*) (*depressed*) malinconico, triste, depresso, ⟨*fam*⟩ giù di corda (*o* morale). **4** (*depressing*) tetro, deprimente, nero: *the future looks* ~ il futuro si prospetta nero. **5** (*fam*) (*obscene*) osceno, indecente, sconcio: *a* ~ *joke* una barzelletta sconcia. **6** (*fam*) (*great*) grandissimo, terribile: *to be in a* ~ *funk* avere una fifa terribile (*o* blu). **7** ⟨*Pol*⟩ conservatore, del partito conservatore. **8** (*am*) (*moral*) puritano. **9** (*of a woman: learned*) intellettuale; (*affectedly learned*) intellettualoide. **III** *v.t.* **1** rendere blu, tingere di blu. **2** ⟨*fam*⟩ (*to squander*) scialacquare, sperperare, dissipare. **3** ⟨*Met*⟩ (*of steel*) brunire. **IV** *v.i.* diventare blu. □ *to drink till all's* ~ bere fino a ubriacarsi; *black and* ~ coperto di lividi; ⟨*fam*⟩ *the boys in* ~ la polizia; *to burn* ~ bruciare a fiamma azzurra; ⟨*fig*⟩ *to be* ~ *in the face:* 1 essere furibondo, essere paonazzo dalla rabbia; 2 (*to be exhausted*) essere sfinito (*o* esausto); *to disappear into the* ~ scomparire (*o* svanire) nel nulla; **out** *of the* ~ improvviso, inaspettato, a ciel sereno; **true** ~ fedele, leale.

blue| baby *s.* ⟨*Med*⟩ bambino *m* cianotico. **~beard** *N.pr.* ⟨*Lett*⟩ Barbablù *m.* **~beard** *s.* ⟨*fig*⟩ barbablù *m.* **~bell** *s.* ⟨*Bot*⟩ **1** campanula *f.* **2** (*grape hyacinth*) giacinto *m* delle vigne. ~ **belt** *s.* (*in judo*) cintura *f* azzurra. **~berry** *s.* ⟨*Bot*⟩ mirtillo *m.* **~bird** *am. s.* ⟨*Ornit*⟩ uccello *m* (*o* pettirosso) azzurro. ~ **Bird** *am. s.* (*campfire girl*) ragazza *f* appartenente a un'associazione giovanile. **~-black** *a.* nero brunito. ~ **blood** *s.* **1** ⟨*fig*⟩ sangue *m* blu. **2** (*aristocrat*) aristocratico *m* (*f* –a), persona *f* di sangue blu. **3** (*nobility*) aristocrazia *f,* nobiltà *f.* '**~-blooded** *a.* di sangue blu, aristocratico, nobile. ~ **book** *s.* **1** (*fam*) elenco *m* di persone socialmente eminenti, libro *m* azzurro. **2** (*am*) (*examination book*) quaderno *m* degli esami. **3** (*government publication*) relazione *f* governativa. ~ **chip** *s.* **1** (*in poker*) gettone *m* azzurro. **2** ⟨*am.Econ*⟩ (*stock*) titoli *mpl* di prim'ordine. **~-collar worker** *s.* operaio *m* (*f* –a) di fabbrica. **~coat** *am. s.* **1** poliziotto *m.* **2** ⟨*Stor.am*⟩ soldato *m* statunitense. ~ **devils** *s.pl.* (*fam*) depressione *f,* avvilimento *m.* ~ **disease** *s.* ⟨*Med*⟩ morbo *m* blu, cianosi *f.* **~-eyed** *a.* **1** dagli occhi azzurri. **2** (*fam*) preferito, prediletto. ~ **fox** ⌈ ⟨*Zool*⟩ volpe *f* azzurra. ~ **gas** *s.* ⟨*Chim*⟩ gas *m* ⌈d'acqua (*o* blu). **~grass** *s.* ⟨*Bot*⟩ gramigna *f* dei prati, fienarola *f.* **~grass State** *am. N.pr.* ⟨*fam*⟩ stato del Kentucky. **~-green** *a.* verde azzurro, verdazzurro. **~helmet** *s.* casco *m* blu (delle Nazioni Unite).

blueing *s.* → bluing. **blueish** *a.* → bluish.

blue|jacket *s.* marinaio *m.* ~ **jeans** *s.pl.* (blue) jeans *mpl.* ~ **laws** *am. s.pl.* leggi *fpl* puritane. ~ **moon:** *once in a* ~ raramente, ⟨*pop*⟩ ogni morte di papa.

blueness ['bluːnis] *s.* azzurro *m,* ⟨*lett*⟩ azzurrità *f.*

bluenose *am. s.* ⟨*fam*⟩ puritano *m* (*f* –a), moralista *m/f.* **Bluenose** *s.* ⟨*fam*⟩ abitante *m/f* della Nuova Scozia.

'**~'pencil** *v.t.* **1** (*to revise*) revisionare; (*to delete*) cancellare. **2** (*to censor*) censurare. ~ **Peter** *s.* ⟨*Mar*⟩ bandiera *f* di partenza. ~ **point** *s.* ⟨*Zool*⟩ specie di gatto siamese. **~print I** *s.* **1** ⟨*tecn*⟩ cianografia *f.* **2** ⟨*fig*⟩ piano *m,* programma *m.* **II** *v.t.* **1** cianografare, riprodurre mediante cianografia. **2** ⟨*fig*⟩ (*to outline in detail*) programmare. '**~-'ribbon** *am. a.* di alta classe (*o* qualità). ~ **ribbon** *s.* **1** ordine *m* della giarrettiera. **2** (*first prize*) primo premio *m,* nastro *m* azzurro.

blues [bluːz] *s.pl.* **1** malinconia *f,* tristezza *f,* depressione *f.* **2** (costr. sing. o pl.) ⟨*Mus*⟩ blues *m.* **Blues** *s.pl.* guardie *fpl* reali a cavallo. □ *to have the* ~ essere depresso (*o* malinconico), essere giù di morale (*o* corda).

blue| shark *s.* ⟨*Itt*⟩ verdesca *f,* verdone *m,* squalo *m* azzurro. '**~-'sky** *am. a.* ⟨*Econ*⟩ (*unsound*) poco sicuro; (*unprofitable*) infruttuoso. **~-sky law** *am. s.* ⟨*fam*⟩ legge *f* che regola la vendita di titoli, buoni, ecc. ~ **spar** *s.* ⟨*Min*⟩ lazulite *f.* ~ **steel** *s.* ⟨*Met*⟩ acciaio *m* sbozzato. ~ **stocking** *s.* ⟨*fam*⟩ donna *f* intellettuale, intellettuale *f,* bas bleu *f.* ~ **stone** *s.* **1** ⟨*Chim*⟩ solfato *m* di rame. **2** ⟨*Min*⟩ turchese *f.* ~ **streak** *am. s.* **1** fulmine *m,* lampo *m,* baleno *m,* freccia *f: to run like a* ~ correre come una freccia (*o* un lampo). **2** (*stream of words*) fiume *m* di parole.

bluey ['bluːi] *a.* bluastro.

bluff[1] [blʌf] **I** *s.* costa *f* alta e ripida, scogliera *f;* (*steep cliff*) promontorio *m* a picco. **II** *a.* **1** scosceso, ripido, a picco: *a* ~ *headland* un promontorio a picco. **2** ⟨*fig*⟩ schietto, franco, sincero.

bluff[2] **I** *s.* **1** (*in poker*) bluff *m.* **2** ⟨*fig*⟩ bluff *m,* montatura *f.* **II** *v.t.* **1** (*in poker*) fare un bluff a. **2** (*to deceive*) ingannare; (*to gain by bluffing*) ottenere bluffando (*o* con un bluff). **III** *v.i.* bluffare. □ *to call s.o.'s* ~ costringere qd. a mettere le carte in tavola (*anche fig.*).

bluffer ['blʌfə] *s.* bluffatore *m* (*f* –trice).

bluffness ['blʌfnis] *s.* **1** ripidezza *f.* **2** ⟨*fig*⟩ franchezza *f* un po' rude.

bluing ['bluːiŋ] *s.* **1** ⟨*Met*⟩ brunitura *f.* **2** (*in laundering*) azzurraggio *m.* **bluish** ['bluːiʃ] *a.* bluastro, azzurrognolo.

blunder ['blʌndə] **I** *s.* **1** gaffe *f,* errore *m* grossolano (*o* marchiano), cantonata *f,* ⟨*fam*⟩ granchio *m: to make a* ~ prendere una cantonata. **II** *v.i.* **1** prendere una cantonata (*o* un granchio). **2** (*to move unsteadily, blindly*) annaspare, brancolare, muoversi (*o* andare) ⌈a tentoni⌉ (*o* alla cieca). **3** ⟨*fig*⟩ (*to chance upon*) inciampare, imbattersi (*on, upon* in), scoprire (*o* trovare) casualmente. **III** *v.t.* **1** (*to blurt*) general. con *out*) spifferare, spiattellare. **2** (*to bungle*) abborracciare, pasticciare, sciupare.

blunderbuss ['blʌndəbʌs] *s.* archibugio *m,* trombone *m.*

blunderer ['blʌndərə] *s.* confusionario *m* (*f* –a), pasticcione *m* (*f* –a). **blundering** [–riŋ] *a.* confusionario, pasticcione.

blunge [blʌndʒ] *v.t.* impastare l'argilla (con acqua).

blunt [blʌnt] **I** *a.* **1** (*of a blade*) che non taglia, smussato, non affilato; (*of a pencil*) spuntato. **2** (*frank*) schietto, franco, sincero: *a* ~ *answer* una risposta schietta; (*curt*) reciso, brusco. **3** (*slow, dull*) ottuso, lento, tardo: *a* ~ *mind* un cervello ottuso. **II** *s.* **1** ago *m* grosso e corto. **2** ⟨*sl*⟩ denaro *m* sonante. **III** *v.t.* **1** (*of a blade*) smussare; (*of a pencil*) spuntare. **2** (*to dilute*) diluire. **3** ⟨*fig*⟩ (*to dull*) ottundere: *alcohol –s one's faculties* l'alcool ottunde il cervello. **4** (*to weaken*) smorzare, attutire. **IV** *v.i.* **1** diventare ottuso. **2** (*of a blade*) smussarsi; (*of a pencil*) spuntarsi.

bluntly ['blʌntli] *avv.* senza mezzi termini, recisamente. **bluntness** [–tnis] *s.* **1** ottusità *f.* **2** (*of a blade*) l'essere senza taglio (*o* filo); (*of a pencil*) l'essere senza punta. **3** ⟨*fig*⟩ franchezza *f* un po' rude.

blur[1] [bləː] *s.* **1** visione *f* (*o* immagine) confusa (*o* sfocata). **2** (*indistinctness*) nebulosità *f,* offuscamento *m.* **3** (*blot*) macchia *f.* **4** ⟨*fig*⟩ macchia *f,* infamia *f.* **5** (*hum*) suono *m* confuso, ronzio *m.*

blur[2] *v.* (*pret., p.p.* **blurred** [bləːd]) **I** *v.t.* **1** macchiare, imbrattare. **2** (*to make dim*) rendere confuso (*o* indistinto); (*to obscure*) offuscare, ottenebrare, velare. **3** ⟨*fig*⟩ (*to sully*) ledere, macchiare, imbrattare. **II** *v.i.*

confondersi, diventare indistinto (o vago).

blurb [bləːb] s. (on a book cover) fascetta f pubblicitaria.

blurred [bləːd] a. 1 macchiato, chiazzato. 2 (dim) indistinto, confuso, sfocato: a ~ photo una foto sfocata. 3 ⟨fig⟩ confuso, poco chiaro. □ ⟨Tip⟩ ~ print stampa f sbavata. **blurring** ['bləːrin] s. ⟨Cin,TV⟩ indefinitezza f, evanescenza f. **blurry** ['bləːri] a. → blurred.

blurt [bləːt] I v.t. (general. con out) spifferare, spiattellare. II v.i. parlare d'impulso (o impulsivamente), sbottare.

blush [blʌʃ] I v.i. 1 arrossire: to ~ at the thought arrossire al pensiero. 2 (to feel shame) vergognarsi. 3 ⟨poet⟩ (of the sky) rosseggiare. II s. 1 (flush) rossore m. 2 (colour) rosso m, colore m rosato (o rosso): the ~ of sunset il rosso del tramonto. 3 ⟨fig⟩ freschezza f, splendore m, rigoglio m. 4 ⟨tecn⟩ (of varnish, etc.) lattescenza f. □ ⟨lett⟩ at first ~ a prima vista; to put s.o. to the ~ far arrossire qd.; to ~ to the roots of one's hair arrossire fino alla radice dei capelli; in the first ~ of youth nel fiore della giovinezza. **'blushing** [-in] a. che arrossisce, timido, pudico.

bluster ['blʌstə] I v.i. 1 (of wind, etc.) infuriare, imperversare; (to roar) rumoreggiare. 2 ⟨fig⟩ (to rage) dare in escandescenze, fare una sfuriata. II v.t. ⟨fig⟩ costringere (con la prepotenza), intimidire. III s. 1 tempesta f, bufera f. 2 ⟨fig⟩ (swagger) spavalderia f; (boasting) millanteria f. **blusterer** [-rə] s. gradasso m, spaccone m (f -a), ⟨fam⟩ bullo m. **blustering** [-rin], **blusterous** [-rəs], **blustery** [-ri] a. 1 tempestoso, burrascoso. 2 ⟨fig⟩ (swaggering) spavaldo; (fond of boasting) millantatore.

blvd. = boulevard viale.

B.M. = 1 British Museum museo britannico. 2 Bachelor of Medicine baccelliere in medicina. 3 Bachelor of Music baccelliere in musica.

B.M.A. = British Medical Association Associazione medica britannica.

B.M.R. = Basal Metabolic Rate metabolismo basale.

Bn. = 1 Baron barone. 2 Battalion battaglione (abbr. btg.).

bo[1] am. [bou] s. (pl. boes [bouz]) ⟨sl⟩ 1 vagabondo m, (fam) barbone m. 2 (fellow) vecchio m mio.

bo[2] intz. bu. □ he can't say ~ to a goose ha paura di una mosca.

b.o. = 1 branch office succursale. 2 buyer's option premio d'acquisto.

B.O. = 1 ⟨fam⟩ body odour puzzo di sudore. 2 box office botteghino del teatro. 3 ⟨Comm⟩ brought over riportato.

boa ['bouə] s. ⟨Zool,Mod⟩ boa m.

boar [bɔː] s. 1 (male pig, hog) verro m. 2 (wild boar) cinghiale m.

board[1] [bɔːd] s. 1 asse f, assicella f. 2 (slab of wood) tavola f di legno, asse f. 3 ⟨fig⟩ (table) mensa f, desco m. 4 (daily meals) vitto m, pasti mpl. 5 (group of persons) consiglio m, comitato m, commissione f. 6 (notice board) tabellone m, quadro m murale, albo m: the list was pinned on the ~ l'elenco venne affisso al tabellone. 7 ⟨fam⟩ (blackboard) lavagna f. 8 ⟨Cart⟩ cartone m. 9 ⟨Mar⟩ (side of a ship) bordo m, fianco m; (tack) bordata f. 10 pl. (stage) palcoscenico m, scene fpl: to tread the -s calcare le scene. □ above ~ apertamente, lealmente, a carte scoperte; ⟨Econ⟩ ~ of auditors collegio m sindacale; ~ of arbitrators collegio m arbitrale; bed and ~ vitto e alloggio m, pensione completa; to go by the ~: 1 cadere in mare; 2 ⟨fig⟩ andare in rovina (o a rotoli); ⟨SU⟩ ~ of Commissioners consiglio m di contea; ⟨GB⟩ ~ of Customs and Excise direzione f generale dei dazi e delle dogane; ~ of Directors consiglio m d'amministrazione; ~ of examiners commissione esaminatrice (o d'esame); ⟨Comm⟩ free on ~ franco a bordo; full ~ pensione completa; ~ of Health ministero m (o istituto) della sanità; ~ of management direzione f; on ~ a bordo: to go on ~ (a) ship salire a bordo di una nave; ⟨fig⟩ to sweep the ~ sfondare; ⟨am⟩ ~ of trade Camera f di commercio.

board[2] I v.t. 1 (a ship) imbarcarsi su, salire a bordo di; (a train, bus, car) salire su, montare su (o in); (a bicycle, etc.) inforcare. 2 ⟨Mar⟩ (to go alongside) abbordare, accostare;

(to attack) assaltare, arrembare. 3 (to provide lodgings) far pensione a, tenere a pensione. 4 (to cover with boards; general. con up, over) coprire di assi (o tavole). II v.i. 1 essere a pensione (at presso, in). 2 ⟨Mar⟩ (to tack) virare di bordo, bordeggiare. □ to ~ out: 1 consumare i pasti fuori; 2 (of neglected children) mettere a pensione presso una famiglia.

board chairman [mən] s. presidente m del consiglio d'amministrazione.

boarded ['bɔːdid] a. 1 coperto di assi. 2 (made of boards) fatto di assi.

boarder ['bɔːdə] s. 1 (lodger) pensionante m/f; (of a school) convittore m (f -trice). 2 ⟨Mar⟩ chi va all'arrembaggio.

boarding ['bɔːdin] s. 1 assito m, tavolato m. 2 ⟨Mar⟩ abbordaggio m, accostamento m; (embarking) imbarco m. 3 ⟨Aer⟩ imbarco m.

boarding| area s. ⟨Aer⟩ sala f d'imbarco. **~ card** s. carta f d'imbarco. **~ gate** s. cancello m d'imbarco. **~ pass** s. → boarding card. **~-out** s. il mettere a pensione. **~ school** s. collegio m, convitto m, pensionato m.

board|man am. [mən] s.irr. 1 uomo m reclame (o sandwich). 2 (on the Stock-Exchange) agente m di borsa. **~ meeting** s. riunione f del consiglio d'amministrazione. **~ panel** s. quadro m elettrico. **~ room** s. sala f del consiglio. **~-school** s. ⟨Stor⟩ scuola f primaria comunale (o municipale). **~-wages** s.pl. 1 (of a domestic servant) vitto e alloggio m (come compenso). 2 (of an employee) indennità f di vitto e alloggio. **~walk** s. 1 passaggio m (o passerella f) di legno. 2 ⟨estens⟩ lungomare m.

boar hound s. ⟨Zool⟩ cane m per la caccia al cinghiale.

boarish ['bɔːriʃ] a. 1 del cinghiale. 2 ⟨fig⟩ animalesco, maialesco.

boast[1] [boust] I v.i. vantarsi, gloriarsi (of, about di). II v.t. 1 ⟨assol⟩ (to brag about o.s.) vantarsi, millantarsi. 2 (to have and be proud of) vantare: some cities ~ large parks alcune città vantano grandi parchi. III s. 1 vanteria f, millanteria f, spacconeria f. 2 (something to be proud of) vanto m. □ it's nothing to ~ about non c'è da vantarsene.

boast[2] v.t. (of stone) sgrossare, sbozzare.

boaster[1] ['boustə] s. millantatore m (f -trice), spaccone m (f -a).

boaster[2] s. (chisel) scalpello m da sbozzo.

boastful ['boustfəl] a. 1 vanaglorioso. 2 (of persons) millantatore. **boastfulness** [-nis] s. millanteria f. **boasting** [-tin] s. millantamento m.

boat [bout] I s. 1 imbarcazione f, barca f, battello m; (lifeboat) scialuppa f: to lower the -s calare le scialuppe. 2 (ship) nave f. 3 (gravy boat) salsiera f. II v.t. 1 imbarcare, mettere nella barca; (of oars) tirare in barca. 2 (to transport by boat) trasportare in barca, traghettare. III v.i. andare in barca. □ ⟨fig⟩ to burn one's ~s farsi saltare i ponti alle spalle; -s for hire barche fpl da noleggio; ⟨fig⟩ to miss the ~:1 perdere un'occasione; 2 (to fail to grasp) non afferrare (o capire); ⟨fig⟩ to be all in the same ~ esser tutti nella stessa barca; ⟨fig⟩ to take to the ~s mettersi in salvo.

boatage ['boutidʒ] s. ⟨Mar⟩ costo m del trasporto via mare.

boat| builder s. costruttore m navale. **~ deck** s. ⟨Mar⟩ ponte m delle imbarcazioni.

boater ['boutə] s. 1 barcaiolo m, battelliere m. 2 (hat) paglietta f, cappello m di paglia. **boatful** ['boutful] s. barca f, barcata f.

boat|hook s. ⟨Mar⟩ alighiero m, gaffa f, gancio m d'accosto. **~ house** s. rimessa f (o tettoia) per imbarcazioni.

boating ['boutin] I s. canottaggio m. II a. di canottaggio. **boating club** s. circolo m del canottaggio.

boat|load s. → boatful. **~man** [mən] s.irr. 1 (boat hirer) noleggiatore m di imbarcazioni. 2 (rover) barcaiolo m, battelliere m. **~ neckline** s. ⟨Sart⟩ scollatura f a barchetta. **~ race** s. regata f.

boatswain ['bousn] s. nostromo m. **boatswain's chair** s. ⟨Mar⟩ balzo m.

boat| train s. treno m in coincidenza con navi. **~ trip** s.

gita *f* in barca. **~yard** *s.* cantiere *m* per imbarcazioni minori.

bob[1] [bɔb] *v.* (*pret., p.p.* **bobbed** [–d]) **I** *v.t.* **1** muovere (*o* spingere) a scatti: *the bird –bed its head* l'uccello muoveva la testa a scatti. **2** (*to tap lightly*) battere (*o* picchiare) leggermente, dare colpetti a. **II** *v.i.* **1** muoversi (*o* chinarsi) di scatto. **2** (*to curtsy*) fare un rapido inchino. **3** ⟨*fig*⟩ (*to appear suddenly;* general. con *up*) farsi vivo, saltar fuori. □ *to ~ up and down* ballonzolare, andar su e giù.

bob[2] *s.* **1** rapido cenno *m* del capo, inchino *m.* **2** (*light tap*) colpetto *m.* **3** (*felt or leather polishing wheel*) disco *m* per lucidatrice.

bob[3] **I** *s.* **1** capelli *mpl* (tagliati) alla maschietta. **2** (*lock, knot of hair*) ciocca *f* di capelli. **3** (*of a horse's tail*) coda *f* mozza. **4** ⟨*tecn*⟩ (*a pendulum*) peso *m* terminale; (*of a plumb line*) peso *m* del filo a piombo. **5** ⟨*Pesc*⟩ (*knot of worms*) mazzetto *m* di vermi (sull'amo); (*float*) galleggiante *m,* sughero *m.* **6** (*short line in a verse*) verso *m* breve. **7** → **bob-sled. II** *v.t.* **1** (*of hair*) tagliare corto. **2** (*a horse*) mozzare. **III** *v.i.* pescare col galleggiante.

bob[4] *s.inv.* ⟨*fam*⟩ scellino *m.*

Bob *N.pr.* dim. di **Robert.**

bobbed [bɔbd] *a.* **1** (*of hair*) tagliato corto (*o* alla maschietta). **2** (*a horse's tail*) mozzato, mozzo.

bobber ['bɔbə] *s.* ⟨*Sport*⟩ bobbista *m/f.*

bobbery ['bɔbəri] ⟨*fam*⟩ **I** *s.* baccano *m,* tumulto *m.* **II** *a.* rumoroso.

bobbin ['bɔbin] *s.* **1** ⟨*Tess*⟩ rocchetto *m,* bobina *f,* spola *f.* **2** ⟨*El*⟩ bobina *f.* **bobbi'net** [–net] *s.* ⟨*Tess*⟩ pizzo *m* a rete.

bobbin lace *s.* ⟨*Lav.femm*⟩ merletto *m* ⌐al tombolo⌐ (*o* a fuselli), tombolo *m.*

bobbish ['bɔbiʃ] *a.* ⟨*fam,dial*⟩ vivace, brioso; (*in fine fettle*) in forma.

bobby ['bɔbi] *s.* ⟨*fam*⟩ poliziotto *m,* ⟨*gerg*⟩ piedi piatti *m.*

Bobby *N.pr.* dim. di **Robert.**

bobby|pin *am. s.* forcina *f,* molletta *f.* **~ socks, ~sox** *am. s.pl.* ⟨*fam*⟩ calzini *mpl* corti. **~ soxer** *s.* ⟨*fam*⟩ ragazzina *f.*

bobcat ['bɔbkæt] *s.* ⟨*Zool*⟩ lince *f* rossa.

bobolink ['bɔbəliŋk] *s.* ⟨*Ornit*⟩ doliconice *f.*

bob|-sled, ~-sleigh I *s.* ⟨*Sport*⟩ guidoslitta *f,* bob *m.* **II** *v.i.* andare in bob. □ *two–man* ~ bob a due. **~stay** *s.* ⟨*Mar*⟩ briglia *f* del bompresso. **~tail I** *s.* **1** coda *f* mozza. **2** (*horse or dog*) cane *m* (*o* cavallo) con la coda mozza. **II** *a.* con la coda mozza.

boche [bɔʃ] **I** *s.* ⟨*sl,spreg*⟩ tedesco *m* (*f* –a), ⟨*pop*⟩ crucco *m* (*f* –a). **II** *a.* tedesco.

bock (beer) [bɔk] *s.* birra *f* forte e scura.

bode [boud] **I** *v.t.* ⟨*lett*⟩ preannunciare, far presagire: *dark clouds ~ rain* le nubi nere preannunciano la pioggia. **II** *v.i.* far presagire, promettere. □ *to ~ well* (*o ill*) essere di buon (*o* cattivo) augurio.

bodega [bo(u)'di:gə] *s.* **1** spaccio *m* di vini. **2** ⟨*am*⟩ (*grocery store*) drogheria *f.*

bodice ['bɔdis] *s.* **1** (*outer garment*) bolero *m.* **2** (*part of a dress*) corpetto *m,* corpino *m,* bustino *m.* **3** (*fitted vest*) maglia *f* aderente. **4** ⟨*ant*⟩ (*stays*) busto *m,* corsetto *m.*

bodied ['bɔdid] *a.* (nei composti) dal corpo ...: *small–~* dal corpo piccolo. **bodiless** [–dilis] *a.* senza corpo, incorporeo. **bodily** [–dili] **I** *a.* **1** fisico, corporale: ~ *strength* forza fisica. **2** (*corporeal*) corporeo: ~ *life* vita corporea. **II** *avv.* **1** in persona, in carne e ossa. **2** (*entirely*) di peso, fisicamente, materialmente.

boding ['boudiŋ] **I** *s.* **1** presagio *m,* presentimento *m.* **2** (*prediction*) predizione *f.* **II** *a.* presago, precorritore.

bodkin ['bɔdkin] *s.* **1** ago *m* grosso (*o* senza punta). **2** (*long hairpin*) spillone *m.* **3** (*awl*) punteruolo *m.* **4** ⟨*Tip*⟩ mollette *fpl,* pinze *fpl.* **5** ⟨*Sart*⟩ infilanastri *m.* **6** ⟨*ant*⟩ (*dirk*) pugnale *m,* stiletto *m.*

body[1] ['bɔdi] *s.* **1** corpo *m.* **2** (*corpse*) corpo *m,* cadavere *m,* salma *f;* (*carcass*) carcassa *f.* **3** ⟨*Anat*⟩ (*trunk*) busto *m,* tronco *m.* **4** ⟨*Arch*⟩ (*of a building*) corpo *m* principale; (*of a church*) navata *f* centrale. **5** ⟨*Aut*⟩ carrozzeria *f.* **6** ⟨*Mar*⟩ scafo *m.* **7** ⟨*Aer*⟩ fusoliera *f.* **8** (*main part*)

maggior parte *f: the ~ of the nation* la maggior parte della nazione; (*of an army*) grosso *m.* **9** (*principal part*) parte *f* principale, corpo *m: the ~ of a letter* il corpo (*o* contesto) di una lettera. **10** ⟨*fig*⟩ (*bulk, extent*) forza *f,* peso *m,* importanza *f: the ~ of evidence* il peso delle prove. **11** (*mass*) massa *f,* quantità *f: a ~ of water* una massa d'acqua. **12** (*fighting force*) corpo *m.* **13** (*consistency*) consistenza *f,* corpo *m,* pastosità *f.* **14** ⟨*Dir*⟩ corpus *m,* corpo *m,* raccolta *f: a ~ of laws* una raccolta di leggi. **15** (*corporation*) corpo *m,* associazione *f;* (*body corporate*) ente *m* (giuridico), corporazione *f.* **16** ⟨*fig*⟩ (*substance*) sostanza *f,* consistenza *f,* significato *m.* **17** ⟨*fam*⟩ (*person*) persona *f,* tipo *m.* **18** ⟨*Tip,Enol,Tess*⟩ corpo *m.* **19** ⟨*tecn*⟩ (*of a bolt*) gambo *m.* **20** ⟨*Fis,Mat,Astr*⟩ corpo *m,* massa *f: solid ~* corpo solido; *heavenly ~* corpo celeste. **21** ⟨*Chim*⟩ sostanza *f.* **22** ⟨*Ceram*⟩ materia *f* base. **23** ⟨*Min*⟩ giacimento *m.* □ ⟨*Dir*⟩ *the ~ of creditors* la massa dei creditori; *foreign ~* corpo estraneo; *in a ~* in massa, tutti insieme: *they resigned in a ~* si dimisero in massa; ⟨*fig*⟩ ~ *and soul* anima e corpo; ⟨*fam*⟩ *to keep ~ and soul together* vivacchiare, tirare avanti alla meglio.

body[2] *v.t.* **1** incarnare, dare corpo a. **2** (*to represent;* general. con *forth*) rappresentare, impersonare, dare forma corporea a.

body| blow *s.* (*in boxing*) colpo *m* al petto. **~ builder** *s.* **1** ⟨*Aut*⟩ carrozziere *m.* **2** (*nourishing food*) alimento *m* plastico. **3** (*person*) culturista *m/f.* **~ building** *s.* **1** ⟨*Aut*⟩ costruzione *f* di scocche (*o* carrozzerie). **2** (*development of the body*) body building *m,* culturismo *m.* **~ burden** *s.* carico *m* fisico. **~ cavity** *s.* ⟨*Zool*⟩ cavità *f* periviscerale. **~ colour** *s.* colore *m* intrinseco. **~ corporate** *s.* ⟨*Dir*⟩ ente *m* giuridico, corporazione *f.* **~guard** *s.* guardia *f* del corpo. **~ language** *s.* linguaggio *m* corporeo (*o* del corpo). **~ linen** *s.* biancheria *f* intima. **~ maker** *s.* ⟨*Aut*⟩ carrozziere *m.* **~ odour** *s.* **1** odore *m* del corpo. **2** (*smelling of sweat*) puzzo *m* di sudore. **~ plan** *s.* ⟨*Mar*⟩ sezione *f* trasversale (di nave). **~ plasm** *s.* ⟨*Biol*⟩ somatoplasma *m.* **~ repairer** *s.* carrozziere *m.* **~ search** *s.* perquisizione *f.* **~servant** *s.* valletto *m.* **~ shop** *s.* officina *f* di carrozziere. **~ snatcher** *s.* dissotterratore *m* di cadaveri. **~ stocking** *s.* calzamaglia *f.* **~ weight** *s.* peso *m* corporeo. **~ work** *s.* ⟨*Aut*⟩ carrozzeria *f.*

Boeotia [bi'ouʃiə] *N.pr.* ⟨*Geog*⟩ Beozia *f.* **Boeotian** [–n] **I** *s.* beota *m/f* (*anche fig.*). **II** *a.* **1** beota. **2** ⟨*fig*⟩ beota, stupido, ottuso.

Boer ['bouə] **I** *s.* ⟨*Geog*⟩ boero *m* (*f* –a). **II** *a.* boero: ~ *War* guerra boera.

B. of E. = **1** *Bank of England* Banca d'Inghilterra. **2** ⟨*GB*⟩ *Board of Education* ministero della pubblica istruzione.

boffin ['bɔfin] *s.* ⟨*fam*⟩ scienziato *m* (che lavora a un progetto segreto).

bog[1] [bɔg] *s.* **1** pantano *m,* palude *f,* acquitrino *m.* **2** ⟨*volg*⟩ (*lavatory*) gabinetto *m,* latrina *f,* ⟨*volg*⟩ cesso *m.*

bog[2] *v.* (*pret., p.p.* **bogged** [–d]; general. con *down*) **I** *v.t.* **1** impantanare. **2** ⟨*fig*⟩ ostacolare. **II** *v.i.* impantanarsi (*anche fig.*).

bog earth *s.* ⟨*Min*⟩ torba *f.*

bogey[1] ['bougi] *s.* ⟨*Sport*⟩ (*in golf: par*) norma *f;* (*one over par*) uno *m* sopra la norma.

bogey[2] *s.* → **bogy.**

bogey[3] *s.* → **bogie**[1].

bogginess ['bɔginis] *s.* paludosità *f.*

boggle ['bɔgl] **I** *v.i.* **1** sobbalzare, trasalire. **2** (*to be startled*) trasecolare. **3** (*to show indecision*) indugiare, esitare, tentennare (*at* a). **II** *v.t.* **1** sbalordire, riempire di stupore; (*to shock*) colpire, impressionare: *his wealth –s the imagination* le sue ricchezze colpiscono l'immaginazione. **2** (*to bungle*) abborracciare.

boggy ['bɔgi] *a.* paludoso, pantanoso.

bogie[1] ['bougi] *s.* **1** (*of a six–wheel truck*) carrello *m* a tre assi. **2** ⟨*Ferr*⟩ carrello *m* ferroviario. **3** ⟨*fam*⟩ (*cart*) carro *m,* carretto *m.*

bogie[2] *s.* → **bogey**[1].

bogie[3] *s.* → **bogy.**

bog| iron-ore *s.* ⟨*Min*⟩ limonite *f.* **~land** *s.* terreno *m* paludoso.

bogle ['bougl] *s.* → **bogy**.

Bogota [,bougə'tɑ:] *N.pr.* ⟨*Geog*⟩ Bogotà *f.*

bogus ['bougəs] *a.* **1** contraffatto, falsificato, ⟨*fam*⟩ fasullo. **2** (*false*) falso, finto.

bog wood *s.* legname *m* annerito in torbiera.

bogy ['bougi] *s.* **1** fantasma *m*, folletto *m*, spirito *m*. **2** ⟨*fig*⟩ (*bugbear*) spauracchio *m: the real ~ is unemployment* il vero spauracchio è la disoccupazione. **3** ⟨*mil*⟩ aeromobile *m* non identificato.

bogy man ['bougimən] *s.irr.* orco *m*, babau *m*, ⟨*fam*⟩ uomo *m* nero.

Bohemia [bou'hi:miə] *N.pr.* ⟨*Geog*⟩ Boemia *f.* **Bohemian** [-n] **I** *s.* **1** boemo *m* (*f* –a). **2** (*language*) lingua *f* boema. **3** ⟨*fig*⟩ (*artist, writer, etc.*) bohémien *m* (*f* –ienne). **4** (*gypsy*) zingaro *m* (*f* –a). **II** *a.* **1** boemo. **2** ⟨*fig*⟩ bohémien. **3** (*vagabond*) vagabondo. □ ⟨*Vetr*⟩ ~ **glass** cristallo *m* di Boemia. **Bohemianism** [-nizəm] *s.* bohème *f.*

bohunk *am.* ['bouhʌŋk] *s.* ⟨*spreg*⟩ operaio *m* (*f* –a) proveniente dall'Europa centro-orientale.

boil[1] [bɔil] **I** *v.i.* **1** bollire. **2** ⟨*fig*⟩ bollire, fremere, ⟨*fam*⟩ friggere (*with* di): *to ~ with rage* fremere di rabbia. **3** ⟨*fig*⟩ (*to move violently*) ribollire, agitarsi. **II** *v.t.* **1** bollire, far bollire. **2** (*to cook in boiling water*) lessare. □ *to ~* **away** (far) evaporare mediante bollitura; ⟨*fig*⟩ *to make s.o.'s* **blood** ~ far bollire (*o* ribollire) il sangue a qd.; *to ~* **down:** 1 condensare, condensarsi; 2 ⟨*fig*⟩ (*to condense*) condensare, riassumere; ⟨*fig*⟩ *it all –s down to this* tutto si riduce a questo; *to ~* **fast** bollire a fuoco alto; *to ~* **gently** bollire a fuoco basso; ⟨*fig*⟩ *to keep the pot –ing* procurarsi il pane; *to ~* **over** 1 traboccare (per ebollizione): *the milk is –ing over* il latte trabocca; 2 ⟨*fig*⟩ traboccare: *to ~ over with indignation* traboccare di indignazione; *to ~* **up** (far) bollire, (far) alzare il bollore. *Prov.: a watched pot never –s* il desiderio rende lunga l'attesa.

boil[2] *s.* **1** (*act of boiling*) bollitura *f.* **2** (*state of boiling*) bollore *m: to come to the ~* alzare il bollore, cominciare a bollire. □ *to be on the ~* bollire; *to bring to the ~* far bollire.

boil[3] *s.* **1** ⟨*Med*⟩ foruncolo *m.* **2** ⟨*Vetr*⟩ pulica *f.*

boiled [bɔild] *a.* **1** bollito, lessato. **2** ⟨*am.sl*⟩ ubriaco, ⟨*fam*⟩ sbronzo.

boiled| egg *s.* **1** (*soft–boiled*) uovo *m* bazzotto. **2** (*hard–boiled*) uovo *m* sodo. **~ ham** *s.* ⟨*Gastr*⟩ prosciutto *m* cotto. **~ shirt** *s.* ⟨*fam*⟩ camicia *f* inamidata. **~ sweets** *s.pl.* caramelle *fpl* dure.

boiler ['bɔilə] *s.* **1** bollitore *m.* **2** (*of a steam generator*) caldaia *f.* **3** (*hot–water tank*) scaldabagno *m*, scaldaacqua *m.* **4** (*laundry tub*) vasca *f* scaldaacqua. □ *this chicken is a ~* questo pollo è da fare lesso.

boiler| maker *s.* calderaio *m.* **~ room** *s.* **1** locale *m* (*o* sala *f*) delle caldaie. **2** ⟨*am.sl*⟩ sala *f* di contrattazione (nelle borse valori). **~suit** *s.* tipo di tuta. **~ works** *s.pl.* fabbrica *f* di caldaie.

boiling ['bɔiliŋ] **I** *a.* **1** bollente: ~ **water** acqua bollente. **2** ⟨*fig*⟩ (*torrid*) torrido, cocente, rovente. **3** ⟨*fig*⟩ (*seething*) ribollente, agitato, in fermento. **II** *avv.* molto: ~ *hot coffee* caffè molto caldo (*o* bollente). **III** *s.* **1** (*action of boiling*) ebollizione *f.* **2** (*subjection to boiling*) bollitura *f.* **3** ⟨*Tess*⟩ (*in silk cleaning*) sgommatura *f.* **4** ⟨*fam*⟩ (*group, lot*) gruppo *m*, compagnia *f*, ⟨*pop*⟩ baracca *f.* □ *to be ~* essere in ebollizione.

boiling| point *s.* **1** punto *m* (*o* temperatura *f*) di ebollizione. **2** ⟨*fig*⟩ stato *m* di eccitazione. **~ water reactor** *s.* ⟨*Atom*⟩ reattore *m* ad acqua bollente.

boisterous ['bɔistərəs] *a.* **1** turbolento, tumultuoso. **2** (*unrestrained*) sfrenato: ~ *laughter* risata sfrenata. **3** (*stormy*) violento, impetuoso: *a ~ wind* un vento impetuoso. **boisterousness** [-nis] *s.* turbolenza *f.*

boko ['boukou] *s.* (*pl.* **-s** [z]) ⟨*sl*⟩ (*nose*) naso *m.*

bold [bould] *a.* **1** baldo, baldanzoso, ardito, spavaldo. **2** (*daring*) audace, coraggioso, ardito: *a ~ plan* un piano audace. **3** (*impudent*) impudente, sfacciato, sfrontato. **4** (*free, daring*) libero, audace, franco: *a ~ thinker* un libero pensatore. **5** (*eye-catching*) saliente, marcato: ~ *lettering*

caratteri marcati; (*fully delineated*) chiaro, nitido, ben delineato. **6** (*sheer*) a picco, a perpendicolo. **7** ⟨*Tip*⟩ stampato in neretto (*o* grassetto). □ *to put a ~* **face** *on the matter* giocare d'audacia; *as ~ as a* **lion** fiero come un leone; *to make ~ to do s.th.* osare fare qc., permettersi (*o* prendersi la libertà) di fare qc.; *to make ~ with s.th.* prendersi la libertà di usare qc.; *to make ~ with s.o.* prendersi delle libertà con qd.; *to make so ~ as to do s.th.* avere il coraggio di fare qc.; *if I* **may** *be so ~ as to offer a suggestion* se posso prendermi la libertà di dare un suggerimento.

boldface ['bouldfeis] *s.* ⟨*Tip*⟩ neretto *m*, grassetto *m.*

bold-faced *a.* **1** ⟨*Tip*⟩ stampato in neretto. **2** ⟨*fig*⟩ (*impudent*) impudente, sfacciato.

boldness ['bouldnis] *s.* **1** audacia *f*, baldanza *f.* **2** (*impudence*) impudenza *f*, sfacciataggine *f*, ⟨*fam*⟩ faccia *f* tosta. **3** (*clearness*) chiarezza *f*, nitidezza *f.*

bole [boul] *s.* tronco *m* (d'albero).

bolero [bə'lɛərou] *s.* (*pl.* **-s** [z]) ⟨*Mus,Vest*⟩ bolero *m.*

boletus [bou'li:təs] *s.* ⟨*Bot*⟩ boleto *m.*

bolide ['boulaid] *s.* ⟨*Astr*⟩ bolide *m*, aerolito *m.*

Bolivia [bə'liviə] *N.pr.* ⟨*Geog*⟩ Bolivia *f.* **Bolivian** [-n] *a.* boliviano. **II** *s.* **1** boliviano *m* (*f* –a). **2** (*language*) boliviano *m.*

boll [boul] **I** *s.* ⟨*Bot*⟩ capsula *f.* **II** *v.t.* ⟨*Agr*⟩ raccogliere le capsule di.

bollard ['bɔləd] *s.* **1** ⟨*Mar*⟩ bitta *f.* **2** ⟨*Strad*⟩ pilastrino *m* spartitraffico.

bollocks *s.pl.* → **ballocks**.

Bologna sausage [bə'lounjə] *s.* ⟨*Gastr*⟩ mortadella *f.*

bolometer [bou'lɔmitə] *s.* bolometro *m.*

boloney [bə'louni] *s.* **1** (*baloney*) fandonie *fpl*, sciocchezze *fpl.* **2** ⟨*am*⟩ → **Bologna sausage**.

Bolshevik ['bɔlʃəvik] **I** *s.* **1** ⟨*Stor*⟩ bolscevico *m* (*f* –a). **2** ⟨*pop*⟩ (*revolutionary*) agitatore *m* (*f* –trice). **3** (*communist*) comunista *m/f.* **II** *a.* **1** ⟨*Stor*⟩ bolscevico. **2** (*revolutionary*) rivoluzionario. **3** (*communist*) comunista. **Bolshevism** [-vizəm] *s.* **1** ⟨*Stor*⟩ bolscevismo *m.* **2** (*revolutionary politics*) politica *f* rivoluzionaria. **3** (*communism*) comunismo *m.* ,**Bolshevization** [-vai'zeiʃən] *s.* bolscevizzazione *f.* **Bolshie, Bolshy** [-ʃi] *s./a.* ⟨*fam*⟩ → **Bolshevik**.

bolster ['boulstə] **I** *s.* **1** capezzale *m*, guanciale *m.* **2** (*padding*) imbottitura *f.* **3** ⟨*tecn*⟩ supporto *m*, appoggio *m*, sostegno *m.* **4** ⟨*Mecc*⟩ piano *m* (*o* intelaiatura *f*) d'appoggio. **5** ⟨*Fal*⟩ mensola *f.* **II** *v.t.* **1** sostenere, sorreggere, pulare. **2** ⟨*fig*⟩ (*to reinforce, uphold*; spesso con *up*) appoggiare, rinforzare, sottolineare. **3** (*to supplement*) integrare, rinforzare. **4** (*to pad*) imbottire.

bolt[1] [boult] *s.* **1** bullone *m.* **2** (*of a door*) chiavistello *m*, catenaccio *m.* **3** (*of a firearm*) otturatore *m.* **4** (*arrow*) freccia *f*, dardo *m.* **5** (*thunderbolt*) fulmine *m*, saetta *f.* **6** (*sudden start*) balzo *m*, sobbalzo *m.* **7** (*sudden desertion*) abbandono *m*, ritiro *m*, diserzione *f.* **8** (*roll: of cloth*) pezza *f*; (*of wallpaper*) rotolo *m.* □ ⟨*fig*⟩ *a ~ from the blue* un fulmine a ciel sereno; *to make a ~ for s.th.* balzare su qc.; ⟨*fig*⟩ *to shoot one's ~* sparare tutte le cartucce, mettercela tutta; ~ **upright** ritto (impalato), diritto come un fuso.

bolt[2] **I** *v.t.* **1** serrare, sprangare, chiudere col catenaccio: ~ *the doors* sprangare le porte. **2** (*to desert*) abbandonare, disertare. **3** (*to eat hastily*) ingoiare, tranguiare, ingollare. **II** *v.i.* **1** fuggire, scappare; (*of a horse*) prendere la mano, imbizzarrirsi. **2** (*to rush, dart*; spesso con *up*) balzare, scattare, saettare. **3** ⟨*fig*⟩ (*to break away*) staccarsi, allontanarsi. **4** ⟨*Bot*⟩ (*to go to seed*) andare a seme. □ *to ~* **in** sprangare dentro; *to ~* **out** sprangare fuori.

bolt[3] *v.t.* **1** setacciare, burattare. **2** ⟨*fig*⟩ indagare, fare indagini su.

bolter[1] ['boultə] *s.* **1** cavallo *m* ombroso. **2** (*in politics*) transfuga *m.*

bolter[2] *s.* (*sifter*) setaccio *m*, buratto *m.*

bolt| head *s.* **1** testa *f* del bullone. **2** ⟨*Chim*⟩ matraccio *m.* **~ hole** *s.* via *f* di scampo (*anche fig.*).

bolting ['boultiŋ] *s.* **1** setacciatura *f.* **2** *pl.* residuo *m* della setacciatura.

bolt rope *s.* ⟨*Mar*⟩ gratile *m*, ralinga *f.*

bolus ['bouləs] *s.* **1** ⟨*Med,Veter*⟩ bolo *m,* grossa pillola *f.* **2** (*round mass*) bolo *m.* **3** ⟨*Min*⟩ bolo *m* (d'Armenia), terra *f* bolare (*o* argillosa).

Bom. = ⟨*Artigl*⟩ *Bombardier* bombardiere.

bomb [bɔm] **I** *s.* **1** bomba *f.* **2** ⟨*fig*⟩ bomba *f,* spiacevole sorpresa *f.* **3** ⟨*Geol*⟩ bomba *f* vulcanica (*o* lavica). **II** *v.t.* **1** bombardare, lanciare (*o* far cadere) bombe su: *to ~ a city* bombardare una città. **2** (*to blow up with bombs*) far saltare in aria, far esplodere. **III** *v.i.* gettare (*o* sganciare) bombe. ☐ *to ~* **out** radere al suolo; (*of a person*) ridurre senza tetto con bombardamenti; *to ~* **up** (*of an aircraft*) caricare di bombe.

bombard [bɔm'ba:d] **I** *v.t.* **1** bombardare (con cannoni), cannoneggiare. **2** ⟨*fig*⟩ bersagliare, bombardare: *to ~ with questions* bersagliare di domande. **3** ⟨*Fis*⟩ bombardare. **II** *s.* ⟨*ant*⟩ **1** ⟨*Artigl*⟩ bombarda *f.* **2** ⟨*Mus*⟩ specie di fagotto.

bombardier [,bɔmbə'diə] *s.* **1** (*non-commissioned officer in artillery*) sottufficiale *m* d'artiglieria. **2** (*member of bomber crew*) bombardiere *m.* **3** ⟨*ant*⟩ (*artilleryman*) artigliere *m.*

bombardment [bɔm'ba:dmənt] *s.* ⟨*Mil,Fis*⟩ bombardamento *m.*

bombardon(e) [bɔm'ba:dn] *s.* ⟨*Mus*⟩ **1** (*wind instrument*) bombardone *m.* **2** (*organ stop*) bombarda *f.*

bombast ['bɔmbæst] *s.* magniloquenza *f,* stile *m* ampolloso.

bombastic [-'bæstik] *a.* altisonante, pomposo, ampolloso.

Bombay [bɔm'bei] *N.pr.* ⟨*Geog*⟩ Bombay *f.*

'bomb| 'bay *s.* ⟨*Aer*⟩ vano *m* bombe. **~ carrier** *s.* ⟨*Mil*⟩ portabombe *m.* **~ disposal** *s.* rimozione *f* e disinnesco di bombe.

bombe [bɔ:b] *s.* ⟨*Dolc*⟩ bomba *f* gelata.

bombed-out *a.* **1** che ha perduto la casa sotto i bombardamenti. **2** ⟨*sl*⟩ sotto l'effetto della droga, ⟨*sl*⟩ strippato.

bomber ['bɔmə] *s.* **1** ⟨*Aer*⟩ bombardiere *m.* **2** (*person who bombs*) bombarolo *m,* dinamitardo *m.* **bombing** [-miŋ] *s.* ⟨*Mil*⟩ bombardamento *m.*

bombing aviation *s.* aviazione *f* da bombardamento.

bomb| load *s.* ⟨*Mil*⟩ carico *m* di bombe. **~-proof** *a.* a prova di bomba: *~ shelter* rifugio a prova di bomba. **~shell** *s.* **1** bomba *f.* **2** ⟨*fig*⟩ bomba *f,* fulmine *m* a ciel sereno. **~ shelter** *s.* rifugio *m* antiaereo. **~ sight** *s.* ⟨*Mil*⟩ dispositivo *m* di puntamento, punteria *f.* **~ site** *s.* zona *f* bombardata.

bona fide *lat.* ['bounə'faidi] **1** (*fatto*) in buona fede: *a ~ offer* un'offerta in buona fede. **2** (*authentic*) autentico: *a ~ Rembrandt* un Rembrandt autentico.

bonanza [bə'nænzə] **I** *s.* **1** ⟨*Minier*⟩ bonanza *f,* ricco giacimento *m.* **2** ⟨*fam*⟩ fonte *f* di grossi guadagni. **II** *a.* buono, favorevole, prospero: *~ year* annata prospera. ☐ ⟨*fig*⟩ *to be in ~* avere un periodo di buona fortuna.

Bonapartism ['bounəpə:tizəm] *s.* ⟨*Stor*⟩ bonapartismo *m.* **Bonapartist** [-tist] **I** *s.* bonapartista *m/f.* **II** *a.* bonapartista.

bond¹ [bɔnd] **I** *s.* **1** vincolo *m,* legame *m* (*anche fig.*): *the ~s of friendship* i vincoli dell'amicizia. **2** *pl.* (*fetters*) ceppi *mpl,* ferri *mpl.* **3** *pl.* ⟨*fig*⟩ prigionia *f,* schiavitù *f,* catene *fpl: to break one's ~s* spezzare le catene. **4** ⟨*fig*⟩ (*covenant*) accordo *m,* patto *m.* **5** (*sealed promise to pay*) impegno *m.* **6** ⟨*Dir*⟩ (*written surety*) garanzia *f,* cauzione *f,* impegno *m: to place s.o.* (*o s.th.*) *under ~* porre qd. (*o* qc.) sotto cauzione. **7** ⟨*am*⟩ (*bonded whisky*) whisky *m* invecchiato in magazzini doganali. **8** ⟨*Cart*⟩ → **bond paper.** **9** ⟨*Econ*⟩ obbligazione *f: to call ~s* rimborsare obbligazioni. **10** ⟨*Assic*⟩ garanzia *f* (assicurativa). **11** ⟨*tecn*⟩ (*cohesion*) aderenza *f,* commessura *f.* **12** ⟨*tecn*⟩ (*binder*) agglutinante *m,* legante *m.* **13** ⟨*Edil*⟩ (*arrangement*) apparecchiatura *f;* (*connection*) connessione *f* (per sovrapposizione). **14** ⟨*Chim*⟩ legame *m.* **15** ⟨*El*⟩ collegamento *m.* **II** *v.t.* **1** legare, assicurare, fissare. **2** ⟨*Econ*⟩ (*to secure payment of*) emettere obbligazioni su. **3** (*to mortgage*) ipotecare. **4** (*to provide bond*) cauzionare. **5** ⟨*El*⟩ (*of metal elements*) collegare. **6** ⟨*Edil*⟩ (*to arrange*) apparecchiare; (*to connect*) connettere (per sovrapposizione). ☐ ⟨*am*⟩ *bottled in ~* imbottigliato sotto

controllo ufficiale; ⟨*Comm*⟩ *goods in ~* merce soggetta a dogana; ⟨*Comm*⟩ *to take out of ~* sdoganare; *his word is* (*as good as*) *his ~* la sua parola vale una firma.

bond² *a.* ⟨*ant*⟩ schiavo, ⟨*lett*⟩ servo. **bondage** ['bɔndidʒ] *s.* **1** (*serfdom*) servitù *f,* schiavitù *f.* **2** ⟨*fig*⟩ soggezione *f,* sottomissione *f.*

bond| course *s.* ⟨*Edil*⟩ corso *m* di legamento. **~ creditor** *s.* creditore *m* garantito da cauzione. **~ department** *s.* ufficio *m* titoli.

bonded ['bɔndid] *a.* **1** cauzionato, garantito da cauzione. **2** (*placed in bond*) vincolato, sotto vincolo doganale: *~ goods* merce sotto vincolo doganale.

bonded| debt *s.* ⟨*Econ*⟩ debito *m* garantito da obbligazioni. **~ warehouse** *s.* magazzino *m* doganale.

bond holder ['bɔndhouldə] *s.* ⟨*Econ*⟩ obbligazionista *m/f.*

bonding ['bɔndiŋ] **I** *a.* legante. **II** *s.* ⟨*Comm*⟩ deposito *m,* cauzione *f,* garanzia *f.* ☐ ⟨*tecn*⟩ *~ agent* legante *m.*

bond| issue *s.* ⟨*Econ*⟩ emissione *f* obbligazionaria. **~ maid** *s.* → **bond(s)woman. ~man** [mən] *s.irr.* ⟨*Stor*⟩ (*serf*) servo *m* della gleba, schiavo *m.* **~ market** *s.* mercato *m* dei titoli a reddito fisso. **~ paper** *s.* ⟨*Cart*⟩ carta *f* di buona qualità. **~servant** *s.* → **bondman.**

bondsman ['bɔndzmən] *s.irr.* **1** ⟨*Dir*⟩ garante *m,* mallevadore *m.* **2** ⟨*Stor*⟩ → **bondman.**

bond|stone *s.* ⟨*Edil*⟩ filare *m* di legamento. **~ strength** *s.* ⟨*Fis*⟩ forza *f* di coesione.

bond(s)woman ['bɔnd(z)wumən] *s.irr.* ⟨*Stor*⟩ serva *f* della gleba, schiava *f.*

bond yield *s.* reddito *m* obbligazionario.

bone [boun] **I** *s.* **1** osso *m.* **2** (*of fish*) lisca *f,* spina *f.* **3** *pl.* (*skeleton*) ossa *fpl,* scheletro *m.* **4** *pl.* ⟨*fig*⟩ (*framework*) ossatura *f,* intelaiatura *f.* **5** *pl.* (*mortal remains*) spoglie *fpl* (mortali): *to inter s.o.'s ~s* seppellire le spoglie di qd. **6** *pl.* ⟨*fam*⟩ (*dice*) dadi *mpl.* **7** *pl.* (*bone clappers*) castagnette *fpl,* nacchere *fpl.* **8** *pl.* (*player;* costr. sing.) sonatore *m* (*f –trice*) di castagnette. **9** (*in corsets*) stecca *f* (di balena). **II** *avv.* molto, assai. **III** *v.t.* **1** (*of meat*) disossare; (*of fish*) spinare. **2** (*of a garment, corset*) munire di stecche (di balena). **3** ⟨*sl*⟩ (*to steal*) rubare, sgraffignare. **IV** *v.i.* ⟨*am*⟩ (spesso con *up*) studiare sodo, ⟨*fam*⟩ sgobbare. ☐ *chilled to the ~* gelato fino al midollo; ⟨*fig*⟩ *~ of* **contention** pomo *m* della discordia; ⟨*fig*⟩ *to cut expenses to the ~* ridurre le spese all'osso; *to feel s.th. in one's ~s* presagire qc., sentirselo nelle ossa; ⟨*fam*⟩ *to make no ~s about s.th.* agire (*o* parlare) francamente (*o* decisamente); ⟨*fam*⟩ *his criticism was* **near** *the ~* la sua critica ha colpito nel segno; ⟨*fam*⟩ *he won't make old –s* non camperà molto; ⟨*fig*⟩ *to have a ~ to* **pick** *with s.o.* avere un conto (da saldare) con qd.; ⟨*fam*⟩ *to ~* **up** studiare con grande impegno, sgobbare.

bone| ash *s.* ⟨*Chim*⟩ solfato *m* di calcio, cenere *f* di ossa. **~black** *s.* ⟨*Chim*⟩ carbone *m* di ossa. **~ china** *s.* porcellana *f* fine. **~ coal** *s.* ⟨*Minier*⟩ scisto *m* carbonifero.

boned [bound] *a.* **1** (nei composti) dalle ossa ..., di ossatura ...: *a big-~ boy* un ragazzo di ossatura robusta. **2** (*having bones removed*) disossato; (*of fish*) senza lische.

'bone|-'dry *a.* **1** secchissimo, arido. **2** ⟨*fam*⟩ (*without alcohol*) senza bevande alcoliche; (*opposed to alcohol*) proibizionista. **~ dust** *s.* → **bonemeal. ~head** *s.* ⟨*sl*⟩ stupido *m* (*f –a*), ⟨*fam*⟩ testa *f* di legno. **~headed** *a.* ⟨*sl*⟩ tardo, stupido, tonto. **~-idle, ~-lazy** *a.* estremamente pigro, poltrone.

boneless ['bounlis] *a.* **1** senz'ossa, disossato; (*of fish, etc.*) senza (*o* privo di) lische. **2** ⟨*fig*⟩ (*spineless*) fiacco, smidollato.

bone| meal *s.* farina *f* di ossa. **~ oil** *s.* olio *m* di ossa.

boner ['bounə] *am. s.* ⟨*sl*⟩ errore *m* marchiano, sproposito *m.*

bone| setter *s.* ⟨*fam*⟩ conciaossa *m.* **~ shaker** *s.* ⟨*fam*⟩ **1** bicicletta *f* senza pneumatici. **2** (*dilapidated vehicle*) carcassa *f.*

Boney ['bouni] *N.pr.* ⟨*scherz*⟩ Napoleone *m.*

bonfire ['bɔnfaiə] *s.* falò *m.*

bong [bɔŋ] **I** *s.* rintocco *m,* colpo *m.* **II** *v.i.* risonare. **III** *v.t.* sonare.

bongo ['bɔŋgou] s. (pl. inv./-s [z]) ⟨Zool⟩ bocerco m, bongo m.

bonhomie [,bɔnə'mi:] s. bonomia f, bonarietà f.

Boniface ['bɔnifeis] N.pr. Bonifacio m.

bonito [bɔ'ni:tou] s. (pl. inv./-s [z]) ⟨Itt⟩ sarda f.

bonkers ['bɔŋkəz] a. ⟨sl⟩ pazzo, tocco.

bon mot fr. [bɔ̃'mou] s. (pl. **bons mots**) bon mot m, battuta f di spirito, frizzo m.

bonnet ['bɔnit] **I** s. **1** cappellino m, cuffia f. **2** ⟨scozz⟩ (cap) berretto m. **3** (chimney hood) cappa f. **4** ⟨Aut⟩ cofano m. **5** (of a valve casing) coperchio m, calotta f. **6** ⟨Mar⟩ grembiale m. **7** (of a hot–air furnace) parascintille m. **8** ⟨Aer⟩ tettuccio m della carlinga. **II** v.t. mettere il berretto (o cappellino) a.

bonnet rouge fr. [bɔnɛ'ruːʒ] s. **1** berretto m frigio. **2** ⟨fig⟩ rivoluzionario m (f –a).

bonnie, bonny ['bɔni] a. **1** bello, simpatico, grazioso: a ~ lass una graziosa ragazza; (of a place) ameno, piacevole. **2** (of considerable degree) eccellente, in gamba. **3** (healthy–looking) robusto, vigoroso, sano: a ~ baby un bambino robusto.

bonus ['bounəs] s. **1** ⟨Comm⟩ indennità f, pagamento m straordinario: cost of living ~ indennità di carovita. **2** ⟨Comm⟩ (premium) premio m. **3** ⟨Econ⟩ extradividendo m. **4** (free gift) gratifica f. **5** (government subsidy) sussidio m governativo, sovvenzione f statale.

bonus| issue s. ⟨Econ⟩ emissione f gratuita di azioni. ~ **scheme** s. programma m d'incentivazione.

bon vivant fr. [bɔnviːvã:] s. (pl. **bons vivants**) buongustaio m (f –a).

bony ['bouni] a. **1** di osso (o ossa), osseo. **2** (like bone) simile all'osso, come un osso. **3** (full of bones: of meat) tutt'osso; (of fish) pieno di lische. **4** (having protruding bones) ossuto, dalle ossa sporgenti: ~ face viso ossuto. **5** (thin) magro, (tutto) pelle e ossa.

bonze [bɔnz] s. ⟨Rel⟩ bonzo m.

bonzer austral. ['bɔnzə] a. ⟨sl⟩ eccellente, di prima qualità.

boo [bu:] **I** s. (pl. **-s** [z]) fischio m; (shout of disapproval) grido m di scherno (o protesta); (cry of contempt) urlo m di disprezzo. **II** v.i. fischiare, gridare in segno di protesta (o disapprovazione). **III** v.t. fischiare, disapprovare, protestare contro. **IV** intz. (to disapprove) poh, puah; (to frighten) bu; (to drive out) passa via. ▢ ⟨fam⟩ he can't say ~ to a goose ha paura di una mosca; ⟨teat⟩ to ~ s.o. off the stage scacciare qd. dal palcoscenico a furia di fischi.

boob am. [bu:b] ⟨fam⟩ **I** s. **1** (fool) sciocco m (f –a), semplciotto m (f –a). **2** (blunder) errore m marchiano, sproposito m, strafalcione m. **II** v.i. sbagliare stupidamente (o in modo marchiano).

booby ['bu:bi] s. **1** stupido m (f –a), tonto m (f –a). **2** ⟨Ornit⟩ sula f.

booby| hatch s. **1** ⟨Mar⟩ tuga f. **2** ⟨sl⟩ manicomio m. ~ **prize** s. premio m di consolazione. ~ **trap** s. **1** tranello m, trappola f. **2** ⟨mil⟩ trappola f esplosiva, ordigno m esplosivo camuffato. **3** ⟨fig⟩ trabocchetto m, insidia f.

boodle ['bu:dl] s. ⟨sl⟩ **1** combriccola f, banda f. **2** ⟨am⟩ (bribe) bustarella f. **3** (loot) bottino m. **4** (counterfeit money) denaro m falso.

boogie ['bu:gi] s. **1** ⟨spreg⟩ (Negro) negro m (f –a). **2** → **boogie-woogie**. **boogie-woogie** [-'wu:gi] s. ⟨Mus⟩ boogie–woogie m.

boohoo ['bu:hu:] v.i. piangere forte, strillare.

book[1] [buk] s. **1** libro m. **2** (notebook) notes m, quaderno m per appunti. **3** (register) registro m, libro m commerciale. **4** ⟨Mus⟩ (libretto) libretto m. **5** (record of bets) elenco m delle scommesse. **6** ⟨am.sl⟩ (bookmaker) allibratore m (f –trice). **7** (of tickets, stamps, matches, etc.) blocchetto m, mazzetto m, blocco m. **8** pl. ⟨Comm⟩ (records) contabilità f, registrazioni fpl, conti mpl: to keep the –s tenere la contabilità. **9** (in card games) bazza f. Book s. ⟨Rel⟩ Bibbia f. ▢ ⟨Comm⟩ ~ of account libro m (o registro) contabile; to be at one's –s studiare, essere immerso nello studio; ⟨fam⟩ to be in s.o.'s bad –s essere nel libro nero di qd., essere malvisto da qd.; the ~ of Books = the Good Book; to bring s.o. to ~: 1 costringere

qd. alla resa dei conti; 2 (to bring to justice) assicurare qd. alla giustizia; ⟨fig⟩ by the ~ : 1 secondo le regole, correttamente; 2 (in the usual manner) nel solito modo, come d'uso; to speak by the ~ parlare con cognizione di causa; ⟨Comm⟩ to close the –s chiudere i conti; ⟨fig⟩ mathematics is a closed ~ to me la matematica è un enigma per me; ⟨fig⟩ to bring s.o. down to ~ costringere qd. alla resa dei conti; ⟨Comm⟩ ~ of first entry prima nota f; ⟨fam⟩ one for the ~ fatto m notevole, evento straordinario; in ~ form in forma di libro; to be in s.o.'s good –s essere ben visto da qd., andare a genio a qd., essere nelle grazie di qd.; the Good ~ la Bibbia; ⟨Rel⟩ ~ of hours breviario m; in my ~ (o –s) secondo me, a mio parere; ⟨Comm⟩ ~ of invoices copiafatture m; ⟨Bibl⟩ the ~ of life il libro della vita; to know s.o. like a ~ conoscere qd. a fondo; on the –s: 1 (messo) in lista, elencato, registrato; 2 ⟨Dir⟩ in vigore; ⟨fam⟩ what's on the –s today? che progetti ci sono per oggi?; ⟨fam⟩ one for the –s una cosa notevole; ⟨fig⟩ his face was an open ~ la sua faccia era un libro aperto; ⟨Comm⟩ ~ of original entry libro m giornale; ⟨Rel⟩ ~ of Common Prayers libro m di preghiere (della chiesa anglicana); ⟨fam⟩ to speak like a ~ parlare come un libro stampato; to suit one's ~ andare a genio; ⟨fam⟩ to throw the ~ at s.o. accusare di ogni possibile reato; (to reprimand) sgridare aspramente; without ~: 1 a memoria; 2 (without authority) senza citare la fonte.

book[2] **I** v.t. **1** registrare, annotare, elencare; (to put on an account) segnare. **2** (to reserve) prenotare, fissare, (far) riservare: to ~ a seat prenotare un posto. **3** (of persons: to register) (far) registrare, (far) mettere in nota, fare una prenotazione a favore di. **4** ⟨Teat,Cin⟩ scritturare. **5** (to enter a charge against) incriminare: they –ed him on a charge of murder venne incriminato per omicidio; (to fine) elevare una contravvenzione (o multa) a. **II** v.i. **1** prenotare, fare la prenotazione; (at a hotel) prenotarsi, fissare una stanza. **2** ⟨assol⟩ (of passengers) prendere un biglietto: to ~ through to London prendere un biglietto diretto per Londra.

bookable ['bukəbl] a. che si può prenotare, prenotabile.

book| account s. ⟨Econ⟩ conto m corrente. ~ **balance** s. saldo m contabile. ~ **binder** s. rilegatore m (f –trice), legatore m (f –trice) di libri. ~**bindery** s. ⟨am.⟩ legatoria f. ~**binding** s. rilegatura f, legatura f di libri. ~**case** s. scaffale m (per libri), libreria f. ~ **club** s. club m del libro. ~ **credit** s. ⟨Comm⟩ partita f accreditata. ~ **creditor** s. creditore m chirografario. ~ **debit** s. ⟨Comm⟩ partita f addebitata. ~ **debt** s. ⟨Comm⟩ debito m attivo, credito m chirografario. ~ **debtor** s. debitore m chirografario. ~**designer** s. ⟨Legat⟩ impaginatore m.

booked [bukt] a. **1** registrato. **2** (engaged) impegnato, scritturato. **3** (of tickets, etc.) riservato, prenotato. ▢ ~ **up**: 1 (of theatres) esaurito; 2 (of hotels) (al) completo; I'm ~ up for the whole day sono impegnato per l'intera giornata.

book|-end s. fermalibri m. ~ **entry** s. ⟨Comm⟩ scrittura f contabile.

bookie ['buki] s. ⟨fam⟩ (bookmaker) allibratore m.

booking ['bukiŋ] s. **1** prenotazione f. **2** ⟨Teat⟩ (engagement) impegno m, scrittura f. **3** (issuing of tickets) vendita f di biglietti.

booking| agency s. ufficio m (o agenzia f) prenotazioni. ~ **clerk** s. **1** bigliettaio m. **2** (one who registers passengers, baggage, etc.) impiegato m addetto alle prenotazioni. ~ **hall** s. biglietteria f, sala f biglietti. ~ **office** s. **1** → **booking agency**. **2** (ticket office) biglietteria f. ~ **order** s. ⟨Comm⟩ cedola f di commissione.

bookish ['bukiʃ] a. **1** amante 'dei libri' (o della lettura). **2** ⟨fig⟩ (impractical) teorico, privo di senso pratico. **3** (literary) ricercato: ~ way of speaking modo di parlare ricercato. **4** (pedantic) libresco, pedante. **bookishness** [-nis] s. **1** amore m per i libri. **2** (pedantry) pedanteria f. **3** (literary inclinations) inclinazioni fpl letterarie.

book| jacket s. sopraccoperta f. ~**keeper** s. contabile m/f. ~**keeping** s. contabilità f. ~ **learning** s. **1** cultura f teorica, cognizioni fpl libresche. **2** ⟨fam⟩ (schooling) istruzione f formale.

booklet ['buklit] *s.* **1** (*pamphlet*) libello *m.* **2** (*small book*) opuscolo *m,* libretto *m.* **3** ⟨*Tip*⟩ libro *m* in brossura.

book|lore *s.* → **book learning**. **~ loss** *s.* ⟨*Econ*⟩ perdita *f* contabile. **~lover** *s.* bibliofilo *m* (*f* –a).

bookmaker ['bukmeikə] *s.* **1** allibratore *m.* **2** (*printer*) tipografo *m* (*f* –a); (*binder*) legatore *m* (*f* –trice) di libri.

bookmaking [–kiŋ] *s.* **1** accettazione e registrazione *f* di scommesse. **2** (*book industry*) editoria *f.*

book|man [mən] *s.irr.* **1** letterato *m,* erudito *m.* **2** ⟨*fam*⟩ (*editor, publisher, etc.*) chi lavora nel campo editoriale. **~mark(er)** *s.* segnalibro *m.* **~mobile** *am. s.* bibliobus *m,* autolibro *m.* **~-oath** *s.* giuramento *m* fatto sulla Bibbia. **~ plate** *s.* ex-libris *m.* **~ post** *s.* ⟨*Post*⟩ tariffa *f* ridotta (per libri). **~ profit** *s.* ⟨*Econ*⟩ utile *m* contabile. **~rack** *s.* scaffale *m.* **~ rate** *s.* → **book post**. **~-rest** *s.* leggio *m.* **~ review** *s.* recensione *f* (di libri), critica *f* letteraria. **~ reviewer** *s.* recensore *m,* critico *m* letterario. **~seller** *s.* libraio *m.* **~selling** *s.* vendita *f* di libri. **~shelf** *s.irr.* scaffale *m* (per libri). **~shop** *s.* libreria *f.* **~shop order coupon** *s.* cedola *f* di commissione libraria. **~stack** *s.* serie *f* di scaffali (per libri). **~stall** *s.* **1** bancarella *f.* **2** (*news–stand*) edicola *f,* chiosco *m.* **~-stand** *s.* **1** → **book-rest**. **2** → **bookstall**. **~store** *am. s.* → **bookshop**. **~ surplus** *s.* ⟨*Econ*⟩ eccedenza *f* contabile. **~ token** *s.* buono *m* per l'acquisto di libri. **~ trade** *s.* industria *f* libraria. **~ value** *s.* ⟨*Econ*⟩ valore *m* contabile. **~ work** *s.* studio *m* (di libri), studio mnemonico. **~worm** *s.* **1** ⟨*Entom*⟩ tarma *f,* tignola *f.* **2** ⟨*fig*⟩ bibliofago *m* (*f* –a), ⟨*scherz*⟩ topo *m* di biblioteca.

Boolean ['bu:liən] *a.* ⟨*Inform*⟩ booleano, di Boole: **~ algebra** algebra booleana.

boom¹ [bu:m] **I** *s.* **1** ⟨*Mar*⟩ boma *m,* asta *f.* **2** (*of a derrick*) braccio *m* (di gru). **3** ⟨*Cin,TV*⟩ giraffa *f,* asta *f* portamicrofono. **4** (*barrier*) barriera *f,* sbarramento *m;* (*in lumbering*) sbarramento *m* di tronchi. **5** ⟨*Mar.mil*⟩ cavo *m* (o catena *f*) di sbarramento. **II** *v.t.* (*of a sail; general.* con *off, out*) tendere.

boom² **I** *s.* **1** suono *m* cupo, rimbombo *m,* rombo *m.* **2** ⟨*fig*⟩ (*rapid increase*) rapido aumento *m,* boom *m: the population* **~** boom demografico. **3** ⟨*fig*⟩ (*economic expansion*) alta congiuntura *f,* rapida espansione *f* economica, boom *m.* **4** ⟨*fig*⟩ (*rise in popularity*) improvvisa popolarità *f.* **II** *a.* ⟨*am*⟩ derivante da⟩ (o dovuto a) rapido sviluppo economico. **III** *v.i.* **1** rombare, risonare, rimbombare: *the cannon –ed* il cannone rombò. **2** (*to cry: of animals*) urlare; (*of birds*) stridere. **3** (*of drone*) ronzare. **4** ⟨*fig*⟩ (*to develop rapidly*) svilupparsi (o espandersi) rapidamente. **5** (*to prosper*) prosperare, andare a gonfie vele: *business was –ing* gli affari prosperavano. **IV** *v.t.* (*spesso con out*) far rimbombare, far risonare. **2** (*to cause to grow rapidly*) far espandere, far prosperare. **3** (*to boost*) lanciare, fare pubblicità: *to ~ a product* lanciare un prodotto; (*of persons*) appoggiare, sostenere.

boomer ['bu:mə] *s.* **1** chi prospera, chi si è affermato. **2** ⟨*am.fam*⟩ (*settler*) emigrato *m* (*f* –a). **3** ⟨*Zool*⟩ (*mountain beaver*) castoro *m* di montagna. **4** ⟨*Zool*⟩ (*large male kangaroo*) canguro *m* gigante.

boomerang ['bu:məræŋ] **I** *s.* **1** bumerang *m,* boomerang *m.* **2** ⟨*fig*⟩ bumerang *m,* azione *f* che sortisce l'effetto contrario. **II** *v.i.* **1** tornare indietro come un bumerang. **2** ⟨*fig*⟩ ottenere (o avere) l'effetto contrario.

booming ['bu:miŋ] *a.* **1** (*of sounds*) risonante, rimbombante. **2** (*developing rapidly*) in rapido sviluppo (o aumento).

boom| operator *s.* ⟨*Cin,TV*⟩ giraffista *m.* **~ town** *s.* città *f* sviluppatasi improvvisamente, città fungo.

boon¹ [bu:n] *s.* **1** favore *m,* piacere *m: to grant a ~* fare un favore. **2** (*advantage*) vantaggio *m,* beneficio *m: I found it a great ~* l'ho trovato di gran beneficio; (*blessing*) benedizione *f,* manna *f.*

boon² *a.* allegro, gioviale, gaio, festoso: *a ~ companion* un compagno gioviale, un simpaticone.

boor ['buə] *s.* **1** maleducato *m* (*f* –a), villano *m* (*f* –a), cafone *m* (*f* –a). **2** (*yokel*) zoticone *m* (*f* –a). **3** (*peasant*) contadino *m* (*f* –a).

boorish ['buəriʃ] *a.* maleducato; (*coarse*) rozzo, zotico.

boorishness [–nis] *s.* maleducazione *f,* villania *f;* (*coarseness*) rozzezza *f.*

boost [bu:st] **I** *s.* **1** spinta *f* ⌐verso l'alto⌐ (*o* in su). **2** (*increase*) aumento *m,* incremento *m: production ~* aumento della produzione. **3** ⟨*fig*⟩ aiuto *m,* spinta *f,* incoraggiamento *m: a moral ~* un aiuto morale. **4** (*advertising campaign*) lancio *m* pubblicitario, campagna *f* pubblicitaria, propaganda *f.* **5** ⟨*Aer,Mot*⟩ pressione *f* d'alimentazione. **II** *v.t.* **1** spingere ⌐verso l'alto⌐ (*o* in su), issare, alzare, sollevare. **2** (*to increase*) aumentare, incrementare, accrescere. **3** ⟨*fam*⟩ (*to promote: of things*) lanciare, diffondere, propagandare: *to ~ a new product* lanciare un nuovo prodotto; (*of persons*) sostenere, appoggiare. **4** ⟨*El,Fis*⟩ elevare, aumentare: *to ~ the voltage* aumentare il voltaggio. **5** ⟨*Mot*⟩ sovralimentare; (*to increase power*) aumentare la potenza di, ⟨*fam*⟩ truccare.

booster ['bu:stə] *s.* **1** sostenitore *m* (*f* –trice), fautore *m* (*f* –trice). **2** ⟨*El*⟩ booster *m.* **3** (*in rocketry*) primo stadio *m,* razzo *m* ausiliario (*o* vettore). **4** ⟨*Med*⟩ (*booster dose*) dose *f* di mantenimento; (*booster injection*) iniezione *f* di richiamo. **5** ⟨*Mecc*⟩ elevatore *m* di pressione, surpressore *m;* (*servo–mechanism*) sovralimentatore *m.* **6** ⟨*Acu*⟩ amplificatore *m* di suoni.

booster| brake *s.* ⟨*Mecc*⟩ servofreno *m.* **~ charge** *s.* ⟨*Mil*⟩ detonatore *m* secondario. **~ measure** *s.* ⟨*Econ*⟩ provvedimento *m* per il rilancio della congiuntura. **~ pump** *s.* ⟨*tecn*⟩ pompa *f* di sovralimentazione, pompa ausiliaria. **~ rocket** *s.* ⟨*Mot*⟩ razzo *m* ausiliario.

boot¹ [bu:t] *s.* **1** (*above the ankle*) stivaletto *m;* (*to the knee*) stivale *m;* (*above the knee*) stivale *m* alla scudiera. **2** (*special shoe*) scarpa *f* (alta), scarpone *m.* **3** (*kick*) calcio *m,* pedata *f.* **4** ⟨*Aut*⟩ (*of a tyre*) rinforzo *m* interno. **5** ⟨*Aut*⟩ (*trunk*) bagagliaio *m,* vano *m* portabagagli. **6** ⟨*fam*⟩ (*dismissal*) licenziamento *m.* **7** ⟨*am*⟩ (*recruit*) recluta *f.* **8** ⟨*Stor*⟩ (*instrument of torture*) stanghetta *f,* dado *m.* □ ⟨*fam*⟩ *to bet one's –s* esserne certo, contarci; ⟨*fam*⟩ *to get too big for one's –s* montarsi la testa; *to die ⌐with one's –s on⌐* (*o in one's –s*): **1** (*in battle*) morire combattendo; **2** (*working*) morire in piena attività, ⟨*fam*⟩ morire in piedi; *the ~ is on the other* **foot** è proprio l'opposto (*o* il contrario); ⟨*fam*⟩ *to get the ~* essere licenziato; *to give s.o. the ~* licenziare (*o* mettere alla porta) qd.; *to have one's* **heart** *in one's –s* avere paura, ⟨*fam*⟩ avere la tremarella; ⟨*fig*⟩ *to lick s.o.'s –s* lustrare gli stivali a qd., ⟨*pop*⟩ leccare i piedi a qd.

boot² *v.t.* **1** calzare (*o* mettere) gli stivali a. **2** (*to supply with boots*) calzare, fornire di stivali. **3** (*to kick*) prendere a calci. **4** (*to dismiss; general.* con *out*) cacciare via (in malo modo), mettere alla porta. **5** ⟨*Inform*⟩ caricare.

boot³ **I** *s.* ⟨*ant*⟩ vantaggio *m,* utilità *f.* **II** *v.i.* ⟨*ant*⟩ giovare, servire. **III** *v.t.* beneficare. □ *to ~* per giunta, inoltre.

bootblack ['bu:tblæk] *s.* lustrascarpe *m.*

booted ['bu:tid] *a.* con stivali, stivalato, calzato (di stivali). □ ⟨*fig*⟩ *~ and spurred* pronto per partire. **,bootee** [–'ti:] *s.* **1** stivaletto *m* (da signora). **2** (*of infants*) scarpetta *f* (di lana).

booth [bu:ð, *am.* bu:θ] *s.* **1** (*at a fair, market*) bancarella *f* (coperta). **2** (*cubicle*) cabina *f.* **3** (*at a restaurant*) séparé *m.* **4** ⟨*Agr*⟩ (*temporary shelter*) riparo *m* di fortuna, capanno *m.* **5** ⟨*Mil*⟩ garitta *f.* **6** (*for interpreters*) cabina *f.*

boot| hook *s.* calzastivali *m,* calzatoio *m.* **~jack** •*s.* cavastivali *m.* **~lace** *s.* stringa *f* (per stivali); (*shoe lace*) laccio *m* (per scarpe).

bootleg ['bu:tleg] **I** *a.* ⟨*am.fam*⟩ **1** di contrabbando: *~ whisky* whisky di contrabbando. **2** (*clandestine*) clandestino. **II** *v.t.* ⟨*am.fam*⟩ **1** contrabbandare. **2** (*of spirits*) distillare clandestinamente. **III** *v.i.* ⟨*am.fam*⟩ **1** contrabbandare alcolici. **2** (*to manufacture spirits*) distillare alcolici clandestinamente. **bootlegger** *am.* [–ə] *s.* ⟨*fam*⟩ (*carrier*) contrabbandiere *m* (*f* –a) di alcolici; (*seller*) spacciatore *m* clandestino di alcolici; (*manufacturer*) distillatore *m* clandestino di alcolici. **bootlegging** *am.* [–iŋ] *s.* ⟨*fam*⟩ contrabbando *m* di alcolici.

bootless ['bu:tlis] *a.* inutile, vano. **bootlessly** [–li] *avv.*

vanamente. **bootlessness** [–nis] *s.* inutilità *f*, futilità *f.*

bootlick ['bu:tlik] *v.t.* 〈*fam*〉 adulare servilmente, 〈*fam*〉 lustrare le scarpe a. **bootlicker** [–ə] *s.* adulatore *m* (*f* –trice), 〈*pop*〉 leccapiedi *m/f.*

boots [bu:ts] *s.pl.* (costr. sing.) **1** servitore *m* (*f* –trice) (in un albergo). **2** → **bootblack. 3** (*porter*) portabagagli *m*, facchino *m* (in un albergo).

bootstrap ['bu:tstræp] *s.* **1** linguetta *f* per calzare gli stivali. **2** 〈*Inform*〉 lancio *m* iniziale, innesco *m.*

bootstrap program *s.* 〈*Inform*〉 programma *m* di lancio iniziale.

boot tree *s.* forma *f* da scarpe.

booty ['bu:ti] *s.* **1** bottino *m*, preda *f*, spoglie *fpl* di guerra. **2** 〈*fam*〉 (*reward*) premio *m*, bottino *m.*

booze [bu:z] 〈*fam*〉 **I** *s.* **1** bevanda *f* alcolica; (*hard liquor*) liquore *m.* **2** (*spree*) bevuta *f*, bicchierata *f.* **II** *v.i.* bere smoderatamente (*o* come una spugna), 〈*pop*〉 trincare. **'boozer** [–ə] *s.* 〈*fam*〉 **1** bevitore *m* (*f* –trice) accanito, ubriacone *m* (*f* –a), 〈*fam*〉 spugna *f.* **2** (*public house*) osteria *f*, taverna *f.* **'boozy** [–i] *a.* 〈*sl*〉 **1** ubriaco, 〈*fam*〉 sbronzo. **2** (*fond of drink*) dedito all'alcool.

bo-peep [bou'pi:p] *s.* gioco *m* del cucù, nascondino *m.* □ **to play ~:** 1 fare a cucù, giocare a nascondino; 2 〈*fig*〉 essere evasivo.

bor. = *borough.*

boracic [bə'ræsik] *a.* → **boric.**

borage ['bɔridʒ] *s.* 〈*Bot*〉 borragine *f.*

borate ['bɔ:reit] *s.* 〈*Chim*〉 borato *m.*

borax ['bɔ:ræks] *s.* 〈*Min*〉 borace *m.*

borborygmus [,bɔ:bə'rigməs] *s.* 〈*Med*〉 borborigmo *m.*

Bordeaux *fr.* [bɔ:'dou] *s.* **1** (*wine*) bordeaux *m.* **2** (*colour*) bordò *m.*

border ['bɔ:də] **I** *s.* **1** margine *m*, orlo *m*, bordo *m*, estremità *f*: *on the ~ of the forest* al margine della foresta. **2** (*frontier*) confine *m*, frontiera *f*: *to cross the ~* passare il confine; (*country along a frontier*) terra *f* (*o* zona) di confine. **3** 〈*Giard*〉 aiola *f*, striscia *f.* **4** 〈*Sart*〉 orlo *m*, orlatura *f.* Border *N.pr.* 〈*Geog*〉 **1** zona *f* di confine fra l'Inghilterra e la Scozia. **2** 〈*am*〉 zona *f* di confine tra gli Stati Uniti e il Messico. **II** *v.t.* **1** orlare, fare un orlo a, bordare. **2** (*to bound*) delimitare, circoscrivere, cingere. **3** (*to adjoin*) confinare con, essere vicino a, fare da confine a. **III** *v.i.* **1** confinare (*on* con): *the garden –s on the road* il giardino confina con la strada. **2** 〈*fig*〉 (*to verge*) essere assai vicino (a), rasentare (qc.): *his behaviour –s on insolence* il suo comportamento rasenta l'insolenza.

bordereau *fr.* [,bɔ:də'rou] *s.* (*pl.* **-x** [z]) 〈*Comm*〉 borderò *m.*

borderer ['bɔ:dərə] *s.* abitante *m/f* di zona di confine. **bordering** [–riŋ] *s.* orlatura *f.*

borderland ['bɔ:dəlænd] *s.* **1** zona *f* di confine, confine *m.* **2** 〈*fig*〉 (*fringe area*) confini *mpl*, margini *mpl*: *to live on the ~ of society* vivere ai margini della società; (*twilight zone*) confine *m* incerto: *the ~ between good and evil* l'incerto confine tra il bene e il male.

borderline ['bɔ:dəlain] **I** *s.* linea *f* di confine. **II** *a.* **1** di confine, di frontiera: *a ~ town* una città di confine. **2** (*questionable*) discutibile, dubbio, marginale.

borderline case *s.* 〈*Psic*〉 caso *m* limite.

border| town *s.* città *f* di frontiera. **~ worker** *s.* frontaliere *m.*

bordure ['bɔ:dʒə] *s.* 〈*Arald*〉 bordura *f.*

bore[1] [bɔ:] **I** *v.t.* **1** forare, perforare, bucare; (*to drill*) trapanare. **2** (*of a hole*) fare, praticare. **3** 〈*Minier*〉 trivellare, perforare: *to ~ an oil well* trivellare un pozzo petrolifero; *to ~ a tunnel* perforare una galleria. **II** *v.i.* **1** fare (*o* praticare) un foro. **2** (*to excavate*) perforare il terreno: *to ~ for oil* perforare il terreno in cerca di petrolio. **3** (*that can be bored*) perforarsi: *this steel does not ~ well* questo acciaio non è facile a perforarsi. **4** 〈*fig*〉 farsi largo, aprirsi un passaggio (*o* varco) (*through, into* attraverso, tra): *to ~ (one's way) through the crowd* farsi largo tra la folla. **5** 〈*Mecc*〉 alesare, barenare. **III** *s.* **1** (*hole*) foro *m.* **2** (*diameter of a hole*) diametro *m* interno; (*of a cylinder*) alesaggio *m.* **3** (*of a gun: inner tube*) anima *f*, tubo *m*; (*calibre*) calibro *m.* **4** (*vertical hole*) pozzo *m.* **5** 〈*Mecc*〉 trivella *f.* □ *twelve ~ shotgun* fucile *m* da caccia

calibro dodici.

bore[2] **I** *v.t.* annoiare, tediare: *–d to death* (*o tears*) annoiato a morte. **II** *s.* **1** persona *f* noiosa, seccatore *m* (*f* –trice). **2** (*cause of boredom*) noia *f*, 〈*fam*〉 barba *f*: *what a ~!* che barba!

bore[3] *s.* (*of an estuary*) onda *f* di marea.

bore[4] → **bear**[1].

boreal ['bɔ:riəl] *a.* boreale.

boreas ['bɔ:riæs] *s.* 〈*poet*〉 borea *m.* **Boreas** *N.pr.* 〈*Mitol*〉 Borea *m.*

boredom ['bɔ:dəm] *s.* noia *f*, tedio *m*, uggia *f.*

borehole ['bɔ:houl] *s.* 〈*Minier*〉 pozzo *m* trivellato.

borer ['bɔ:rə] *s.* **1** operaio *m* scavapozzi; (*miner*) minatore *m* (addetto al trivellamento). **2** (*tool*) trivella *f.* **3** 〈*Mecc*〉 alesatore *m*, barenatore *m.* **4** 〈*Entom*〉 tarlo *m.*

boric ['bɔ:rik] *a.* 〈*Chim*〉 borico: *~ acid* acido borico.

boring ['bɔ:riŋ] *s.* **1** 〈*Mecc*〉 alesatura *f*, barenatura *f.* **2** 〈*Mecc*〉 (*hole*) foro *m.* **3** 〈*Minier*〉 trivellazione *f*, sondaggio *m*, perforazione *f.* **4** *pl.* trucioli *mpl* (*o* frammenti) di alesatura.

boring| machine *s.* 〈*Mecc*〉 alesatrice *f.* **~ test** *s.* 〈*Minier*〉 sondaggio *m.*

born [bɔ:n] *a.* **1** nato: *I was ~ in York* sono nato a York. **2** (*native*) di nascita (*o* origine), nato in (*o* a): *a British-~ writer* uno scrittore *m* di origine inglese. **3** (*natural*) nato, 〈*iron*〉 perfetto: *a ~ actor* un attore nato; *a ~ idiot* un perfetto idiota; (*innate*) innato. **4** (*destined*) destinato (*to* a), nato (per): *~ to succeed* destinato al successo. □ 〈*am*〉 *to be ~ on the wrong side of the* **blanket** essere (figlio) illegittimo; 〈*fam*〉 *in all my ~* **days** in tutta la mia vita; 〈*fig*〉 *to be ~ to be* **hanged** essere un avanzo di galera; *to be ~ under a lucky star* essere nato sotto una buona stella; 〈*fig*〉 *to be ~ with a silver* **spoon** *in one's mouth* essere nato con la camicia; 〈*fig*〉 *to be ~ before one's* **time** essere in anticipo sui tempi; *~ yesterday* ingenuo, inesperto; *I wasn't ~ yesterday* non sono nato ieri.

born-again *a.* **1** convertito: *~ Christian* convertito al cristianesimo. **2** (*characterized by renewal*) rinnovato: *~ enthusiasm* entusiasmo rinnovato.

borne [bɔ:n] → **bear**[1].

boron ['bɔ:rɔn] *s.* 〈*Chim*〉 boro *m.*

borosilicate [,bɔ:ro(u)'silikeit] *s.* 〈*Chim*〉 borosilicato *m.*

borough ['bʌrə, *am.* 'bə:rou] *s.* **1** 〈*GB*〉 città *f* a statuto speciale; (*constituency*) collegio *m* elettorale. **2** 〈*SU*〉 città *f* con amministrazione autonoma; (*of New York City*) distretto *m* amministrativo. **3** 〈*ant*〉 città *f* fortificata. **Borough** *N.pr.* (*in London*) Southwark *f.*

borrow ['bɔrou] **I** *v.t.* **1** prendere in (*o* a) prestito: *to ~ money from s.o.* prendere denaro in prestito da qd. **2** 〈*fig*〉 prendere, attingere. **3** 〈*Ling*〉 mutuare. **II** *v.i.* prendere prestiti. □ 〈*fig*〉 *–ed plumes* penne altrui (*o* del pavone); *to live on –ed time* avere i giorni contati; *to ~ trouble* crucciarsi inutilmente (*o* anzitempo); 〈*Ling*〉 *–ed word* parola *f* presa in prestito, prestito *m.* **borrower** [–ə] *s.* **1** chi prende in prestito. **2** 〈*Econ*〉 mutuatario *m.* **borrowing** [–iŋ] *s.* **1** richiesta *f* di prestito. **2** (*thing borrowed*) prestito *m.*

borrowing rate *s.* 〈*Econ*〉 tasso *m* passivo.

Borstal| boy ['bɔ:stəl] *s.* corrigendo *m.* **~ institution** *s.* riformatorio *m*, correzionale *m.*

bort [bɔ:t] *s.* **1** 〈*Ind*〉 bort *m.* **2** (*carbon diamond*) diamante *m* nero.

borzoi ['bɔ:zoi] *s.* 〈*Zool*〉 barzoi *m*, levriere *m* russo.

boscage ['bɔskidʒ] *s.* boschetto *m*, gruppo *m* d'alberi.

bosh[1] [bɔʃ] **I** *s.* 〈*sl*〉 sciocchezze *fpl*, scemenze *fpl*, 〈*pop*〉 fesserie *fpl*: *to talk ~* dire sciocchezze. **II** *intz* sciocchezze, 〈*fam*〉 balle.

bosh[2] *s.* 〈*Met*〉 (*of a blast furnace*) sacca *f.*

bosk [bɔsk] *s.* 〈*rar*〉 boschetto *m.* **'boskage** [–idʒ] *s.* → boscage. **bosky** [–i] *a.* boscoso.

bo's'n ['bousn] *s.* → **boatswain.**

Bosnia ['bɔzniə] *N.pr.* 〈*Geog*〉 Bosnia *f.* **Bosnian** [–n] *a.* bosniaco. **II** *s.* **1** bosniaco *m* (*f* –a). **2** (*language*) lingua *f* bosniaca.

bosom ['buzəm] **I** *s.* **1** petto *m*; (*of a woman*) petto *m*, seno *m.* **2** 〈*Sart*〉 petto *m*; (*of a man's dress shirt*) sparato *m.* **3** 〈*fig*〉 (*centre of emotions*) cuore *m*, petto *m*, seno *m*

4 ⟨*fig*⟩ (*embrace*) seno *m*, grembo *m*: *in the* ~ *of one's family* in seno alla propria famiglia. **5** ⟨*fig*⟩ (*broad surface*) distesa *f*, vasta superficie *f*: *the* ~ *of the sea* la distesa del mare. **II** *a*. **1** del cuore, prediletto, amato: ~ *friend* amico del cuore. **2** (*of the bosom*) del petto. □ ⟨*fig*⟩ *in Abraham's* ~ nel seno di Abramo. **bosomed** [–d] *a*. **1** nascosto nel seno (*anche fig.*). **2** (nei composti) a petto ..., dal petto ...: *bare-*~ a petto nudo. **bosomy** [–i] *a*. dal seno prospero (*o* procace).

Bosphorus ['bɔsfərəs] *N.pr.* ⟨*Geog*⟩ Bosforo *m*.

boss[1] [bɔs] **I** *s*. **1** protuberanza *f*, nodo *m*. **2** (*ornamentation*) borchia *f*. **3** ⟨*Arch*⟩ bugna *f*, bozza *f*. **4** ⟨*tecn*⟩ (*of a shaft*) mozzo *m*. **5** ⟨*Mecc*⟩ punzone *m*. **II** *v.t.* **1** lavorare a sbalzo. **2** (*to provide with bosses*) munire di borchie. **3** ⟨*Mecc*⟩ punzonare.

boss[2] **I** *s*. ⟨*fam*⟩ **1** capo *m*, padrone *m* (*f* –a), principale *m*. **2** (*top executive*) dirigente *m/f*, capo *m* (*anche Pol.*): *a political* ~ un dirigente politico. **II** *a*. **1** (*master*) capo, principale: ~ *stonemason* muratore capo. **2** ⟨*am.sl*⟩ (*excellent*) eccellente, ottimo. **III** *v.t.* dirigere, avere sotto di sé[1] (*o* la propria direzione), avere alle proprie dipendenze. **IV** *v.i.* **1** essere il capo (*o* padrone). **2** (*to be domineering*) essere autoritario (*o* tirannico), agire da padrone. □ *to* ~ *about* fare il tiranno; *to* ~ *the show* essere un accentratore.

bossage ['bɔsidʒ] *s*. ⟨*Edil*⟩ bugnato *m*, aggetto *m*.

'boss-'eyed *a*. ⟨*sl*⟩ strabico.

bossiness ['bɔsinis] *s*. autoritarismo *m*. **bossism** [–sizm] *s*. autoritarismo *m*, ⟨*spreg*⟩ bossismo *m*.

boss shot *s*. ⟨*sl*⟩ colpo *m* mancato.

bossy[1] ['bɔsi] *a*. **1** protuberante. **2** (*studded*) guarnito (*o* adorno) di borchie.

bossy[2] *a*. ⟨*fam*⟩ autoritario, tirannico.

Boston ['bɔstən] *s*. **1** (*type of whist*) boston *m*. **2** (*dance*) boston *m*.

Bostonian [bɔs'tounjən] **I** *a*. bostoniano. **II** *s*. bostoniano *m* (*f* –a).

bosun ['bousn] *s*. → **boatswain**.

bot. = **1** *botanical* botanico. **2** *botany* botanica (*abbr.* bot.).

B.O.T. = ⟨*GB*⟩ *Board of Trade* ministero del commercio.

botanic [bə'tænik], **botanical** [–l] *a*. botanico: ~ *garden* orto (*o* giardino) botanico. **botanically** [–kli] *avv.* secondo la botanica.

botanist ['bɔtənist] *s*. botanico *m* (*f* –a). **botanize** [–naiz] **I** *v.i.* **1** studiare botanica. **2** (*to collect plants*) botanizzare. **II** *v.t.* esaminare dal punto di vista botanico. **botanizer** [–naizə] *s*. erborista *m/f*. **botany** [–ni] *s*. **1** botanica *f*. **2** (*plant life*) vegetazione *f*, flora *f*. **3** ⟨*Tess*⟩ (*botany wool*) lana *f* australiana.

botch[1] [bɔtʃ] **I** *s*. lavoro *m* ⌐mal fatto⌐ (*o* abborracciato), pasticcio *m*. **II** *v.t.* **1** abborracciare, pasticciare, fare male. **2** (*to mend clumsily*) rabberciare, rattoppare, rappezzare.

botch[2] *s*. ⟨*ant*⟩ (*boil*) bitorzolo *m*, foruncolo *m*.

botcher ['bɔtʃə] *s*. **1** rappezzatore *m* (*f* –trice). **2** (*bungler*) pasticcione *m* (*f* –a). **3** ⟨*Itt*⟩ salmone *m* giovane. **botchy** [–tʃi] *a*. **1** rattoppato, rappezzato. **2** (*badly done*) mal fatto, pasticciato.

both [bouθ] **I** *a*. tutti e due, ambedue, entrambi, l'uno e l'altro, ambo: ~ *models are suitable* ambedue i modelli sono adatti; *look at it* ~ *ways* esamina la cosa sotto tutti e due gli aspetti. **II** *pron.* tutti e due, ambedue, entrambi, l'uno e l'altro: *I'd like* ~ mi piacerebbero tutti e due; ~ *of them were there* erano là entrambi. **III** *congz.* **1** (*alike*) sia..., tanto...: ~ *Rome and London* sia Roma sia Londra. **2** (*at the same time*) contemporaneamente, a un tempo.

bother ['bɔðə] **I** *v.t.* **1** infastidire, dar noia, seccare, importunare. **2** (*to cause discomfort*) dare (*o* causare) noia a, dare fastidio a: *does the smoke* ~ *you?* ti dà fastidio il fumo? **3** (*to confuse*) confondere, disorientare. **II** *v.i.* **1** preoccuparsi (*about* di, per), agitarsi (per): *they weren't* –*ed about it* non se ne sono preoccupati. **2** (*to take the trouble*) preoccuparsi (di, per), prendersi il disturbo (*o* la briga) (di): *don't* ~ *to shut the door* non preoccuparti di chiudere la porta. **III** *s*. **1** fastidio *m*, seccatura *f*, noia *f*. **2** (*worried state*) agitazione *f*, nervosismo *m*, stato *m* di

agitazione: *to get in a* ~ entrare in uno stato di agitazione. **3** (*annoying person*) seccatore *m* (*f* –trice). **IV** *intz.* uffa, accidenti. □ *I can't be* –*ed* non mi va; ~ *the flies!* accidenti alle mosche!; *oh,* ~ *it!* uffa!; *what's* –*ing you?* che cos'hai?

botheration [,bɔðə'reiʃən] **I** *intz.* uffa, che noia (*o* seccatura). **II** *s*. ⟨*fam*⟩ preoccupazione *f*, seccatura *f*, ⟨*fam*⟩ scocciatura *f*. **'bothersome** [–ðəsəm] *a*. seccante, fastidioso, noioso.

bothie, bothy *scozz.* ['bɔθi] *s*. casupola *f*, capanna *f*, baracca *f*.

bottle[1] ['bɔtl] *s*. **1** bottiglia *f*. **2** (*feeding-bottle*) poppatoio *m*, biberon *m*: *to bring up on the* ~ allevare (*o* tirare su) col poppatoio. **3** → **bottleful**. **4** ⟨*fig*⟩ bottiglia *f*, il bere: *he's fond of the* ~ gli piace bere, è dedito a bacco. **5** (*gas container*) bombola *f*. □ ⟨*sl*⟩ *to hit the* ~: **1** (*to be an alcoholic*) essere alcolizzato; **2** (*to drink excessively*) bere troppo, ⟨*fam*⟩ alzare il gomito; **3** (*to get drunk*) ubriacarsi, ⟨*fam*⟩ sbronzarsi; *to talk over a* ~ discutere bevendoci sopra; *to be a slave of the* ~ essere schiavo del bere.

bottle[2] *v.t.* **1** imbottigliare, infiascare: *to* ~ *wine* imbottigliare il vino. **2** (*to preserve*) mettere in conserva, conservare. □ *to* ~ *up*: **1** contenere, frenare, reprimere: *to* ~ *up one's anger* reprimere la collera; **2** (*to entrap*) imbottigliare, prendere (*o* mettere) in trappola, bloccare.

bottle[3] *s*. (*of hay*) mucchio *m*. □ *to look for a needle in a* ~ *of hay* cercare un ago in un pagliaio.

bottle| baby *s*. ⟨*fam*⟩ bambino *m* allattato artificialmente. ~ **bomb** *s*. bottiglia *f* Molotov (*o* incendiaria). ~ **cap** *s*. tappo *m*. ~ **cleaner** *s*. scovolino *m*.

bottled ['bɔtld] *a*. **1** imbottigliato, in bottiglia. **2** ⟨*fam*⟩ ubriaco, ⟨*fam*⟩ sbronzo.

bottled gas *s*. gas *m* ⌐in bombole⌐ (*o* compresso).

bottle|-fed *a*. allattato artificialmente (*o* con il poppatoio). ~ **feeding** *s*. allattamento *m* artificiale.

bottleful ['bɔtlful] *s*. bottiglia *f*, contenuto *m* di una bottiglia.

bottle| glass *s*. ⟨*Vetr*⟩ vetro *m* di bottiglia. ~ **grass** *s*. ⟨*Bot*⟩ panicastrella *f*. ~**-green** *s*. verde *m* bottiglia. **II** *a*. (color) verde bottiglia. ~ **holder** *s*. **1** ⟨*scherz*⟩ assistente *m/f*, secondo *m*, aiuto *m*. **2** ⟨*Sport*⟩ (*in boxing*) secondo *m*. ~**neck** *s*. **1** strettoia *f*, strozzatura *f*, stretto passaggio *m*. **2** (*traffic obstruction*) ingorgo *m*, intasamento *m*. **3** ⟨*fig*⟩ strettoia *f*, vicolo *m* cieco, punto *m* morto, impasse *f*. ~**-nose** *s*. **1** ⟨*Zool*⟩ → **bottle-nosed dolphin**. **2** (*large nose*) naso *m* gonfio, naso grosso e rosso, ⟨*fam*⟩ naso a peperone. ~**-nosed dolphin** *s*. ⟨*Zool*⟩ tursiope *m*. ~ **opener** *s*. apribottiglie *m*. ~ **party** *s*. festa *f* in cui gli invitati portano da bere.

bottler ['bɔtlə] *s*. (*machine*) imbottigliatrice *f*.

bottle| rack *s*. portabottiglie *m*, rastrelliera *f* (*o* ripiano *m*) per bottiglie. ~ **washer** *s*. **1** lavabottiglie *m*. **2** ⟨*fig*⟩ persona *f* di fatica, sguattero *m* (*f* –a). □ ⟨*fig*⟩ *head cook and* ~ factotum *m*.

bottom[1] ['bɔtəm] *s*. **1** parte *f* inferiore, fondo *m*, disotto *m*: *the* ~ *of the barrel* il fondo del barile. **2** (*the lowest part*) fondo *m*; (*of a mountain*) piedi *mpl*. **3** (*the lowest place*) fondo *m*, posto *m* in fondo: *at the* ~ *of the table* in fondo alla tavola. **4** (*end*) fondo *m*, fine *f*, estremità *f*: *at the* ~ *of our garden* in fondo al nostro giardino. **5** (*of a river, the sea, etc.*) fondo *m*. **6** *pl.* ⟨*Geol*⟩ → **bottom land**. **7** ⟨*Mar*⟩ (*part of the hull*) carena *f*, opera *f* viva; (*cargo ship*) nave *f* (*o* bastimento *m*) mercantile, nave da trasporto (*o* carico). **8** ⟨*fam*⟩ (*buttocks*) sedere *m*, deretano *m*: *he fell flat on his* ~ è caduto battendo il sedere. **9** (*of a chair*) fondo *m*, piano *m* della sedia. **10** (*basis*) fondo *m*, nocciolo *m*, essenza *f*: *to get to the* ~ *of a problem* arrivare al nocciolo di un problema, andare fino in fondo a una questione. **11** (*worst possible level*) fondo *m*, colmo *m*: *the* ~ *of despair* il fondo della disperazione. **12** *pl.* (*pyjama trousers*) pantaloni *mpl*. **13** (*stamina*) resistenza *f*. **14** ⟨*Aut*⟩ (*lowest gear*) prima *f*, prima marcia *f*. □ *at* ~ in fondo, in realtà; ⟨*fig*⟩ *to be at the* ~ *of s.th.* essere ⌐la causa reale⌐ (*o* il vero responsabile) di qc.; ⟨*scol*⟩ *to be* ~ *of the* **class** essere l'ultimo della classe; ⟨*Mar*⟩ *to go to the* ~ colare a picco, andare a fondo, affondare; *from the* ~ *of one's* **heart** dal più profondo del cuore, di tutto cuore, sinceramente; *to knock the ~ out of a theory* demolire (*o* dimostrare l'infondatezza di) una teoria; ⟨*mar*⟩ *to touch* (*the*) *~* toccare il fondo; ⟨*fam*⟩ *–s up!* cin cin!, salute!

bottom² I *v.t.* 1 mettere (*o* fare) il fondo a: *to ~ a chair* fare il fondo (*o* piano) a una sedia. 2 (*to base*) basare, fondare, poggiare. 3 (*to bring to the bottom*) portare sul fondo, far toccare il fondo a; (*of a submarine*) far posare, adagiare. 4 ⟨*fig*⟩ (*to fathom*) penetrare, sondare, andare al fondo di: *to ~ the mystery* andare al fondo del mistero. II *v.i.* 1 essere basato, basarsi, fondarsi (*on, upon* su). 2 (*to reach the bottom*) toccare il fondo, posarsi sul fondo; (*of a submarine*) posarsi, adagiarsi (su).

bottom³ *a.* 1 ultimo, in (*o* del) fondo; (*located at the bottom*) più basso, ultimo in basso: *the ~ shelf* l'ultimo scaffale in basso. 2 (*lowest*) il più basso: *the ~ prices* i prezzi più bassi. 3 (*basic*) fondamentale, basilare.

bottom drawer s. ⟨*scherz*⟩ corredo *m* (da sposa).

bottoming ['bɔtəmiŋ] s. 1 ⟨*Strad*⟩ piattaforma *f* stradale, massicciata *f.* 2 ⟨*Ferr*⟩ massicciata *f.*

bottom land s. ⟨*Geol*⟩ terreno *m* basso, bassa *f.*

bottomless ['bɔtəmlis] *a.* 1 sfondato, senza fondo. 2 (*very deep*) profondissimo, senza fondo: *a ~ pit* un abisso senza fondo. 3 ⟨*fig*⟩ (*unfathomable*) insondabile, impenetrabile. 4 ⟨*fig*⟩ (*boundless*) illimitato, senza limiti. 5 ⟨*fig*⟩ (*baseless*) senza fondamento, infondato.

bottommost ['bɔtəmmoust] *a.* 1 il più basso, il più fondo. 2 (*lowest*) il più in basso, l'ultimo in basso. 3 (*deepest*) il più profondo: *the ~ depths of the sea* i più profondi abissi del mare.

botulism ['bɔtjulizəm] s. ⟨*Med*⟩ botulismo *m.*

bouffant *fr.* [bu'fã] *a.* gonfio, vaporoso: *~ hairdos* pettinature vaporose; (*of sleeves*) a sbuffo; (*of a skirt*) a palloncino.

bougainvill(a)ea, bougainvil(l)ia [,bu:gən'viliə] s. ⟨*Bot*⟩ buganvillea *f,* bougainvillea *f.*

bough [bau] s. ramo *m* (d'albero).

bought [bɔ:t] → **buy¹.**

boughten *am.* [bɔ:tn] *a.* ⟨*dial*⟩ comprato già confezionato.

bougie [bu:'ʒi:] s. 1 candela *f.* 2 ⟨*Chir*⟩ sonda *f,* dilatatore *m.*

bouillon *fr.* [,bu:'jõ] s. ⟨*Gastr*⟩ brodo *m.* **bouillon cube** s. ⟨*Alim*⟩ dado *m* per brodo¹ (*o* di estratto di carne).

boulder ['bouldə] s. 1 ciottolo *m.* 2 ⟨*Geol*⟩ masso *m* (tondeggiante).

boulevard ['bu:lva:(d)] s. boulevard *m,* viale *m,* passeggiata *f.*

boult *v.* → **bolt³.**

boulter ['boultə] s. ⟨*Pesc*⟩ palamito *m.*

bounce¹ [bauns] I *v.t.* 1 far rimbalzare: *to ~ a ball off a wall* far rimbalzare una palla contro il muro. 2 ⟨*sl*⟩ (*to dismiss*) licenziare, ⟨*fam*⟩ mandare a spasso; (*to expel*) espellere, scacciare. 3 (*to bluff*) raggirare, abbindolare. 4 ⟨*am.sl*⟩ (*from a night club, etc.*) buttare fuori. II *v.i.* 1 rimbalzare. 2 (*to bound*) balzare, precipitare, slanciarsi: *he –d into the room* si precipitò nella stanza. 3 ⟨*sl*⟩ (*of a cheque*) essere respinto al beneficiario. 4 (*to boast*) vantarsi, millantarsi, darsi delle arie. 5 ⟨*Aer*⟩ piastrellare, rimbalzare. □ *to ~ against* s.th. sbattere contro qc.; *to ~ back*: 1 (*to recover*) riaversi, riprendersi (*from* da); 2 (*to recoil*) ricadere (*on* su), ritorcersi (contro).

bounce² I *s.* 1 rimbalzo *m: he caught the ball on the first ~* prese la palla al primo rimbalzo. 2 (*elasticity*) elasticità *f.* 3 ⟨*fig*⟩ (*verve*) spirito *m,* slancio *m,* energia *f: full of ~* pieno di energia. 4 (*bluster*) vanteria *f,* millanteria *f;* (*impudence*) sfacciataggine *f.* II *avv.* improvvisamente, inaspettatamente. □ ⟨*am.sl*⟩ *to get the ~* essere licenziato.

bounceable ['baunsəbl] *a.* che può rimbalzare.

bounce back s. ⟨*Rad*⟩ eco *f.*

bouncer ['baunsə] s. 1 fanfarone *m* (*f* –a), spaccone *m* (*f* –a). 2 (*lie*) grossa bugia *f,* ⟨*fam*⟩ balla *f.* 3 (*something big*) cosa *f* molto grossa. 4 ⟨*am.sl*⟩ (*at a night club, etc.*) buttafuori *m.* □ *that baby is a ~* quel bambino è un colosso. **bouncing** [-siŋ] *a.* 1 robusto, gagliardo, vigoroso, pieno di salute: *a ~ boy* un ragazzo pieno di

salute. 2 (*lively*) vivace, animato.

bound¹ [baund] → **bind¹.**

bound² *a.* 1 legato: *~ hand and foot* legato mani e piedi. 2 ⟨*fig*⟩ legato, inchiodato, costretto. 3 (*of a book*) rilegato, legato. 4 (*obliged*) obbligato, costretto, vincolato: *~ by a contract* vincolato da un contratto. 5 (*sure*) destinato: *his plan is ~ to fail* il suo piano è destinato a fallire. 6 (*apprenticed*) messo a far pratica, collocato come apprendista. 7 ⟨*am*⟩ (*resolved*) deciso, risoluto. 8 ⟨*Med*⟩ costipato. 9 ⟨*Chim*⟩ combinato. □ *to be* (*in*) *honour ~* essere moralmente obbligato; *to be ~ up in* (*o* with): 1 essere strettamente connesso (*o* tutt'uno) con; 2 (*devoted to*) essere dedito a.

bound³ I *s.* 1 salto *m,* balzo *m: he cleared the fence in a ~* superò la staccionata con un balzo. 2 (*bounce, rebound*) rimbalzo *m.* II *v.i.* 1 balzare, slanciarsi. 2 (*to rebound*) rimbalzare.

bound⁴ I *s.* (general. al pl.) limite *m,* confine *m* (*anche fig.*): *within the –s of reason* entro i limiti della ragione. II *v.t.* 1 delimitare: *fields –ed by hedges* campi delimitati da siepi. 2 ⟨*fig*⟩ (*to limit*) limitare, porre dei limiti a. III *v.i.* confinare (*with* con). □ *out of –s:* 1 ⟨*Sport*⟩ fuori campo; 2 (*forbidden*) proibito, vietato: *this bar is out of –s to students* l'accesso a questo bar è vietato agli studenti; *within –s* entro i limiti fissati, entro limiti ragionevoli.

bound⁵ *a.* diretto (*for, to* a), sulla via (di), in viaggio, con destinazione (per): *a ship ~ for Palermo* una nave diretta a Palermo.

bound⁶ *a.* (nei composti) 1 impedito ..., bloccato ...: *snow ~* bloccato dalla neve. 2 ⟨*fig*⟩ legato, inchiodato, costretto: *desk ~* inchiodato alla scrivania. 3 (*going*) diretto a, verso: *west~* diretto a ovest.

boundary ['baundəri] s. 1 limite *m.* 2 ⟨*Geol*⟩ delimitazione *f.*

boundary| dispute s. contestazione *f* di confine. **~ stone** s. cippo *m* (*o* pietra *f*) di confine.

bounden ['baundən] *a.* ⟨*ant*⟩ 1 obbligatorio. 2 ⟨*ant*⟩ obbligato. □ *my ~ duty* il mio sacrosanto dovere.

bounder ['baundə] s. 1 ⟨*fam*⟩ maleducato *m.* 2 ⟨*cad*⟩ canaglia *f.*

boundless ['baundlis] *a.* 1 infinito, illimitato, sconfinato, sterminato: *the ~ ocean* l'oceano sconfinato. 2 (*without restraint*) incontenibile, senza limiti. **boundlessness** [–nis] s. illimitatezza *f,* immensità *f,* sconfinatezza *f.*

bounteous ['bauntiəs] *a.* 1 generoso, liberale, munifico. 2 (*plentiful*) abbondante, copioso, ricco. **bounteousness** [–nis] s. 1 generosità *f,* liberalità *f.* 2 (*plentifulness*) abbondanza *f.*

bountiful ['bauntiful] *a.* 1 generoso, munifico, liberale: *a ~ nature* una natura generosa. 2 (*plentiful*) abbondante, copioso, ricco: *a ~ supply of food* un'abbondante provvista di cibo. **bounty** [–ti] s. 1 liberalità *f,* munificenza *f,* generosità *f.* 2 (*something given*) dono *m* generoso (*o* munifico). 3 (*reward*) ricompensa *f,* compenso *m,* premio *m;* (*of criminals*) taglia *f.* 4 ⟨*Mil*⟩ premio *m* di arruolamento (*o* rafferma). 5 ⟨*Econ*⟩ (*subsidy*) sovvenzione *f;* (*premium*) premio *m: ~ on exports* premio per l'esportazione; *~ on production* premio di produzione.

bounty| fed *a.* ⟨*Econ*⟩ sovvenzionato. **~ hunter** s. cacciatore *m* di taglie.

bouquet ['bukei] s. 1 mazzo *m* (*o* mazzolino) di fiori. 2 ⟨*fig*⟩ complimento *m.* 3 (*of wine, etc.*) bouquet *m,* aroma *m,* profumo *m.*

bouquetin ['bu:ktin] s. ⟨*Zool*⟩ stambecco *m.*

bourbon ['bɔ:bən] s. (*bourbon whisky*) bourbon *m.* **Bourbon** ['buəbən] s. 1 ⟨*Stor*⟩ borbonico *m* (*f* –a). 2 ⟨*fig*⟩ borbonico *m* (*f* –a), reazionario *m* (*f* –a).

bourdon ['buədən] s. ⟨*Mus*⟩ 1 (*of a bagpipe*) bordone *m.* 2 (*bass*) registro *m* basso. 3 (*organ stop*) bordone *m.* 4 (*bell*) campana *f* grossa.

bourgeois¹ *fr.* ['buəʒwa:, *am.* ,buər'ʒwa:] I *s.inv.* 1 borghese *m/f.* 2 (*capitalist*) capitalista *m/f.* II *a.* borghese (*anche spreg.*).

bourgeois² [bə:'dʒɔis] s. ⟨*Tip*⟩ corpo *m* 9.

bourgeoisie *fr.* [,buəʒwa:'zi:] *s.inv.* borghesia *f.*

bourn(e)¹ [buən, bɔ:n] s. ruscello *m.*

bourn(e)[2] s. 1 ⟨poet⟩ meta f, obiettivo m. 2 ⟨ant⟩ (bound) confine m.

bout [baut] s. 1 incontro m, gara f: a boxing ~ un incontro di pugilato; (with the enemy) scontro m. 2 (period of activity) un po': a ~ at gardening un po' di giardinaggio. 3 (session) sessione f, ⟨fam⟩ tirata f. 4 (attack) attacco m, accesso m: a ~ of flu un attacco di influenza. □ a drinking ~ una bicchierata.

boutique fr. [bu'ti:k] s. boutique f.

bovine ['bouvain] a. 1 bovino. 2 ⟨fig⟩ ottuso, lento, stupido.

bovril ['bɔvril] s. ⟨Alim⟩ qualità di estratto di carne.

bow[1] [bau] I v.i. 1 (in reverence) inchinarsi, fare un inchino. 2 (in salutation) fare un cenno di saluto, accennare (o salutare) col capo. 3 ⟨fig⟩ piegarsi, rassegnarsi, piegare (o chinare) il capo, cedere: to ~ to the inevitable rassegnarsi all'inevitabile. II v.t. 1 chinare, piegare: to ~ one's head chinare la testa. 2 (to cause to stoop) curvare, piegare, rendere curvo: -ed with old age reso curvo dagli anni, carico d'anni. 3 (to express by bowing) esprimere con un cenno del capo: he -ed his thanks espresse con un cenno del capo la sua gratitudine. 4 (to bend) piegare, curvare: the wind -ed the trees il vento piegava gli alberi. □ to have a -ing acquaintance with s.o. conoscere appena qd.; to ~ down schiacciare, sopraffare, prostrare, abbattere: he is -ed down by care è prostrato dagli affanni, ⟨fig⟩ to ~ to the facts arrendersi all'evidenza; to ~ s.o. in far entrare qd. con un inchino; to ~ s.o. out congedare qd. con un inchino; to ~ o.s. out uscire con un inchino; ⟨fig⟩ abbandonare la scena; to ~ and scrape profondersi in inchini e salamelecchi; ⟨fig⟩ essere servile.

bow[2] s. inchino m. □ to make one's ~: 1 fare un inchino; 2 ⟨fig⟩ esordire, debuttare; 3 ⟨fig⟩ ritirarsi; to take a ~ ringraziare (il pubblico) con un inchino.

bow[3] [bəu] I s. 1 arco m. 2 (curve) curva f. 3 (knot) nodo m, fiocco m: he tied the parcel with a neat ~ legò il pacco con un bel fiocco. 4 (decoration) fiocco m, nastro m, gala f. 5 ⟨Mus⟩ archetto m, arco m; (movement of a bow) arcata f. 6 → bow tie. 7 (archer) arciere m. 8 ⟨El⟩ (of a tram, trolley bus) archetto m, trolley m, asta f di presa. 9 (rainbow) arcobaleno m. II v.i. 1 piegarsi (o curvarsi) ad arco. 2 ⟨Mus⟩ sonare uno strumento ad arco. III v.t. 1 piegare ad arco, inarcare. 2 ⟨Mus⟩ sonare con l'archetto. IV a. arcuato, ad arco: ~ legs gambe arcuate. □ to bend (o draw) the ~ tendere l'arco; ⟨fig⟩ to draw the long ~ esagerare; to draw a ~ at a venture rischiare, azzardare; ⟨fig⟩ to have many (o two) strings to one's ~ avere molte frecce al proprio arco.

bow[4] [bau] s. 1 ⟨Mar⟩ prua f, prora f. 2 ⟨Aer⟩ (of an airship) scudo m di prua. 3 ⟨Mar⟩ (of the rudder) spalla f. 4 ⟨Mar⟩ (oar) remo m di prua; (bowman) rematore m al remo di prua. □ ⟨Mar⟩ down by the ~ → bow-heavy; on the ~ entro 45° dalla linea di prua; -s on di prua; -s under con la prua sommersa.

bow|-backed [bəu] a. gobbo. ~ **bells** s.pl. campane fpl di St. Mary-le-Bow. □ born within the sound of ~ nato nel cuore di Londra. ~ **compass** s. balaustrino m.

bowdlerism ['baudlərizəm], **bowdlerization** [-rai'zeiʃən] s. espurgazione f. **bowdlerize** [-raiz] v.t. espurgare: a -d edition of Boccaccio un'edizione espurgata del Boccaccio.

bow drill [bəu] s. ⟨Mecc⟩ trapano m 'ad arco' (o a violino).

bowel ['bauəl] I s. 1 ⟨Anat⟩ (spesso al pl.) intestino m. 2 pl. ⟨fig⟩ viscere fpl: in the -s of the earth nelle viscere della terra. 3 pl. ⟨ant⟩ (internal organs) viscere fpl. II v.t. (pret., p.p. **bowelled** [-d]/ am. **boweled** [-d] sventrare, sbudellare. □ to move one's -s andare di corpo; -s of compassion compassione f.

bowel motion s. 1 defecazione f. 2 (faeces) feci fpl.

bower[1] ['bauə] s. 1 pergola f, pergolato m; (leafy recess) recesso m ombroso. 2 (cottage) casetta f (di campagna). 3 ⟨ant⟩ (lady's boudoir) salottino m privato, boudoir m.

bower[2] s. ⟨Mar⟩ ancora f di prua.

bowery[1] ['bauəri] a. pieno di pergolati; (shady) ombroso.

bowery[2] s. ⟨Stor.am.⟩ piantagione f (o fattoria) coloniale olandese.

Bowery am. N.pr. quartiere di New York.

bow-heavy ['bau] a. ⟨Mar⟩ appruato.

bowie knife am. ['bəui] s. coltello–pugnale m, coltello m da caccia.

bowing ['bəuiŋ] s. ⟨Mus⟩ archeggio m.

bowl[1] [bəul] s. 1 ciotola f, scodella f: a ~ of rice una ciotola di riso. 2 (drinking cup) coppa f. 3 (of a toilet) tazza f, vaso m. 4 (of a pipe) fornello m. 5 (of a spoon) incavo m. 6 ⟨am⟩ (stadium) stadio m. 7 ⟨Mot⟩ (of a filter) bicchierino m, vaschetta f. 8 ⟨Geog⟩ bacino m. □ ⟨fig⟩ he was addicted to the ~ aveva il vizio del bere.

bowl[2] s. 1 (in skittles) palla f di legno. 2 (in lawn bowling) boccia f. 3 pl. (lawn bowling; costr. sing.) gioco m delle bocce. 4 (cast of the ball) lancio m (o tiro) della boccia. 5 ⟨tecn⟩ rullo m, cilindro m.

bowl[3] I v.i. 1 giocare a bocce. 2 (to roll a bowl) tirare una boccia. 3 (in cricket) lanciare. II v.t. 1 lanciare, far rotolare. 2 ⟨Sport⟩ (in cricket: of the ball) lanciare; (of a batsman; spesso con out) eliminare. □ to ~ along (of a carriage) viaggiare rapidamente; (of a ship) filare; to ~ a good game fare una bella partita; to ~ over: 1 abbattere, buttar giù, investire; 2 ⟨fig⟩ sconcertare, confondere: he was -ed over by the news rimase sconcertato dalla notizia.

'bow-'legged a. dalle gambe arcuate.

bowler[1] ['bəulə] s. ⟨Sport⟩ 1 (in bowls) giocatore m (f -trice) di bocce. 2 (in cricket) lanciatore m.

bowler[2] s. (bowler hat) cappello m duro, bombetta f.

bowlful ['bəulful] s. scodellata f, scodella f.

bow light [bau] s. ⟨Mar⟩ fanale m di prora.

bowline ['bəulin] s. ⟨Mar⟩ 1 (bowline knot) gassa f d'amante. 2 (of a sail) bolina f. □ on a ~ stretto di bolina; running ~ gassa f d'amante scorsoia.

bowling ['bəuliŋ] s. 1 ⟨Sport⟩ (in cricket) lancio m della palla. 2 (lawn bowling) gioco m delle bocce. 3 (in an alley: skittles) bowling m, gioco m dei birilli.

bowling| alley s. 1 corsia f per il gioco 'del bowling' (o dei birilli). 2 (building) bowling m. ~ **crease** s. ⟨Sport⟩ (in cricket) linea f di demarcazione. ~ **fan** s. bocciofilo m (f -a), appassionato m di bocce. ~ **green** s. campo m di bocce. ~ **pin** s. birillo m.

bowman[1] ['bəumən] s.irr. (archer) arciere m.

bowman[2] ['baumən] s.irr. (bow oar) rematore m al remo di prua.

bow| net [bəu] s. ⟨Pesc⟩ nassa f. ~ **oar** [bau] s. 1 remo m di prua. 2 → **bowman**[2]. ~ **pen** [bəu] s. balustrino m a inchiostro. ~ **pencil** [bou] s. → bow compass. ~ **saw** [bəu] s. ⟨Fal⟩ sega f a mano (o telaio). ~ **shot** [bəu] s. (distance) tiro m d'arco. ~ **sprit** [bəu] s. ⟨Mar⟩ bompresso m. ~ **sprit shrouds** s.pl. ⟨Mar⟩ sartie fpl del bompresso. ~**string** [bəu] s. ⟨Mus⟩ corda f d'archetto. II v.t. irr. (to strangle) strangolare con un laccio. ~ **tie** [bou] s. cravatta f a farfalla. ~ **'window** [bəu] s. bovindo m.

bow-wow ['bau'wau] I onom. bau bau, bu bu. II s. ⟨infant⟩ cane m. **bow-wow style** s. modo m enfatico (di parlare o scrivere).

box[1] [bɔks] s. 1 scatola f: a ~ of chocolates una scatola di cioccolatini; (case) cassetta f; (chest) cassa f. 2 (gift) regalo m, strenna f; (tip) mancia f. 3 (in a courtroom: for the jury) banco m della giuria; (for witnesses) banco m dei testimoni. 4 (for a sentry) garitta f. 5 (booth) séparé m; (telephone booth) cabina f telefonica. 6 (post office box) casella f postale. 7 (of a coach) cassetta f. 8 (of a truck) cassone m. 9 (for horses) box m, posta f. 10 (in baseball) box m, pedana f. 11 (cabin, cottage) capanno m, casetta f. 12 (of a cartridge) bossolo m. 13 ⟨fig⟩ (fix) guaio m, pasticcio m. 14 ⟨fam⟩ (television) televisione f, ⟨fam⟩ tivù f: on the ~ alla televisione; I saw it on the ~ l'ho visto alla tivù. 15 ⟨Teat⟩ palco m, palchetto m. 16 ⟨Tip⟩ riquadro m. 17 ⟨tecn⟩ (housing) alloggiamento m, scatola f, sede f. 18 ⟨El⟩ (of a battery) vaso m. 19 ⟨Ferr⟩ (of a wagon) cassoncino m; (axle box) boccola f.

box[2] v.t. 1 (to enclose: in a box; spesso con up) inscatolare, mettere in (una) scatola; (in a case) mettere in una cassetta; (in a chest) mettere in una cassa. 2 (to supply with a box) munire di vaso (o staffa, cassoncino, ecc.) 3

box 134 brackish

⟨*fig*⟩ (*to hem in; general.* con *in, out, up*) tagliare la strada, chiudere. **4** ⟨*Mar*⟩ → **boxhaul. 5** ⟨*Agr*⟩ incidere, praticare un'incisione in (*o* a): *to ~ a tree* incidere un albero. **6** ⟨*austral*⟩ (*of sheep*) mescolare, mischiare. □ *to ~ the* **compass**: 1 ⟨*Mar*⟩ nominare per ordine le 32 quarte della bussola; 2 ⟨*fig*⟩ ritornare sulle posizioni di partenza; ⟨*Mar*⟩ *to ~* **off** abbattere bracciando a collo le vele di prora; ⟨*fam*⟩ *to ~* **up** pasticciare, abborracciare.

box³ I *s.* schiaffo *m.* II *v.t.* schiaffeggiare, prendere a schiaffi. III *v.i.* **1** battersi, fare a pugni, boxare. **2** (*to be a professional boxer*) fare ⸢il pugile⸣ (*o* del pugilato). □ *he* –*es very well* è un bravo pugile; *to ~ s.o.'s ears* prendere a schiaffi qd.

box⁴ *s.* **1** ⟨*Bot*⟩ → **box tree. 2** → **boxwood.**

box| barrage *s.* ⟨*Aer.mil*⟩ sbarramento *m* antiaereo. **~ bed** *s.* armadio *m* letto. **~board** *s.* ⟨*Cart*⟩ cartone *m* per scatole. **~calf** *s.irr.* ⟨*Conc*⟩ pelle *f* di vitello al cromo. **~ camera** *s.* macchina *f* fotografica a cassetta. **~car** *s.* ⟨*Ferr*⟩ carro *m* merci. **~ cloth** *s.* ⟨*Tess*⟩ tessuto *m* felpato di lana. **~ coat** *s.* **1** mantello *m* (*o* cappotto) pesante. **2** (*for coachmen*) pastrano *m,* gabbano *m.* **~ coupling** *s.* ⟨*tecn*⟩ giunto *m* a manicotto.

boxer¹ [ˈbɔksə] *s.* ⟨*Sport*⟩ pugile *m,* pugilatore *m,* boxeur *m.*

boxer² *s.* ⟨*Zool*⟩ boxer *m,* cane *m* boxer.

Boxer *s.* ⟨*Stor*⟩ Boxer *m: the ~ Rebellion* la rivolta dei Boxers.

boxful [ˈbɔksful] *s.* scatola *f;* (*caseful*) cassetta *f;* (*chestful*) cassa *f.*

box|haul *v.t.* (spesso con *off*) ⟨*Mar*⟩ virare di bordo bracciando a collo le vele di prora. **~ holder** *s.* **1** ⟨*Teat*⟩ palchettista *m/f.* **2** ⟨*Post*⟩ casellista *m/f.*

boxing¹ [ˈbɔksiŋ] *s.* **1** (*packing*) imballaggio *m,* imballo *m.* **2** (*providing with a box*) inscatolamento *m.* **3** ⟨*Edil*⟩ cassaforma *f,* armatura *f.*

boxing² *s.* ⟨*Sport*⟩ pugilato *m,* boxe *f.*

Boxing| Day *s.* Santo Stefano *m.* **~ glove** *s.* ⟨*Sport*⟩ guantone *m* (da pugile). **~ machine** *s.* ⟨*Ind*⟩ inscatolatrice *f.* **~ match** *s.* incontro *m* di pugilato. **~ ring** *s.* quadrato *m,* ring *m.*

box| iron *s.* ⟨*ant*⟩ ferro *m* da stiro a carbone. **~ kite** *s.* cervo *m* volante. **~ letter** *s.* ⟨*Tip*⟩ carattere *m* cubitale. **~ lunch** *s.* cestino *m.* **~-nailing machine** *s.* inchiodatrice *f.* **~ number** *s.* ⟨*Post*⟩ numero *m* della casella postale. **~ office** I *s.* ⟨*Teat*⟩ **1** botteghino *m.* **2** (*receipts*) incasso *m.* II *a.* di cassetta: *a ~ success* un successo di cassetta. **~ pleat** *s.* ⟨*Sart*⟩ cannone *m.* **~ room** *s.* sgabuzzino *m,* ripostiglio *m,* stanzino *m.* **~ seat** *s.* **1** posto *m* a cassetta. **2** ⟨*Teat*⟩ posto *m* in un palco. **~ set** *s.* ⟨*Teat*⟩ scena *f* rappresentante l'interno di una stanza. **~ spanner** *s.* → **box wrench. ~ spring** *s.* materasso *m* a molle. **~ stall** *s.* (*loose-box*) posta *f.* **~ system** *s.* sistema *m* scatolare. **~thorn** *s.* ⟨*Bot*⟩ spinacristi *m,* agutoli *m.* **~ tree** *s.* ⟨*Bot*⟩ bosso *m.* **~-up** *s.* ⟨*sl*⟩ confusione *f,* baraonda *f.* **~ wag(g)on** *s.* ⟨*Ferr*⟩ carro *m* merci. **~wood** *s.* legno *m* di bosso, bosso *m.* **~ wrench** *s.* ⟨*Mecc*⟩ chiave *f* a tubo (*o* collare).

boy [bɔi] I *s.* **1** ragazzo *m,* fanciullo *m.* **2** (*son*) figlio *m,* ragazzo *m;* (*new-born*) maschietto *m.* **3** (*immature youth*) ragazzone *m,* bambinone *m.* **4** ⟨*fam*⟩ (*fellow, man*) tizio *m,* tipo *m,* ⟨*fam*⟩ diavolo *m: a nice old ~* un tipo simpatico; (*used vocatively*) amico *m,* vecchio *m* mio, caro *m: cheer up, old ~* coraggio, vecchio mio. **5** (*pupil, student*) studente *m.* **6** (*male servant*) servo *m,* domestico *m,* ragazzo *m;* (*in the colonies*) boy *m.* **7** (*worker*) ragazzo *m,* garzone *m,* fattorino *m: the grocer's ~* il garzone del droghiere. II *intz.* accipicchia, accidenti. □ *the* –*s back home* gli amici, i compaesani; ⟨*fam*⟩ *to be one of the* –*s* essere un buontempone (*o* tipo allegro). *Prov.:* –*s will be boys* i ragazzi sono ragazzi.

boyar(d) [bɔiˈja:(d)] *s.* ⟨*Stor*⟩ boiar(d)o *m.*

boycott [ˈbɔikɔt] I *v.t.* boicottare. II *s.* → **boycotting. boycotter** [–ə] *s.* boicottatore *m* (*f* –trice). **boycotting** [–iŋ] *s.* boicottaggio *m.*

boy friend *s.* amichetto *m,* ragazzo *m* (del cuore), fidanzato *m.*

boyhood [ˈbɔihud] *s.* **1** fanciullezza *f;* (*adolescence*)

adolescenza *f.* **2** ⟨*collett*⟩ (*boys*) ragazzi *mpl,* gioventù *f.*

boyish [ˈbɔiiʃ] *a.* **1** di (*o* da) ragazzo, fanciullesco, puerile. **2** ⟨*spreg*⟩ (*childish*) infantile, puerile. **boyishness** [–nis] *s.* **1** puerilità *f,* fanciullaggine *f.* **2** ⟨*spreg*⟩ infantilismo *m.*

boylike [ˈbɔilaik] *a.* fanciullesco.

boy scout *s.* giovane esploratore *m,* (boy) scout *m.*

bp. = **1** *bishop* vescovo. **2** ⟨*Fis*⟩ *boiling point* punto d'ebollizione.

B.P. = **1** ⟨*Comm*⟩ *bills payable* effetti passivi. **2** ⟨*Med*⟩ *blood pressure* pressione del sangue.

bpi = ⟨*Inform*⟩ *bits per inch* bit per pollice.

bpl. = *birthplace* luogo di nascita.

BPO = ⟨*Mil*⟩ *base post office* ufficio postale.

bps = ⟨*Inform*⟩ *bits per second* bit al secondo.

Br. = **1** *Britain* Gran Bretagna. **2** *British* britannico.

B.R. = **1** *British Railways* ferrovie britanniche. **2** ⟨*Comm*⟩ *bills receivable* effetti attivi.

bra [brɑ:] *s.* ⟨*fam*⟩ → **brassière.**

brabble [ˈbræbl] I *v.i.* ⟨*ant*⟩ rissare. II *s.* alterco *m,* lite *f.*

brace¹ [breis] *s.* **1** ⟨*tecn*⟩ grappa *f,* gancio *m;* (*support*) sostegno *m,* rinforzo *m.* **2** ⟨*Fal*⟩ girabacchino *m.* **3** ⟨*Edil*⟩ (*of a truss*) controvento *m.* **4** ⟨*Mar*⟩ (*rope of a yard*) braccio *m;* (*rudder gudgeon*) femminella *f.* **5** ⟨*Mus*⟩ (*of a drum*) tirante *m.* **6** ⟨*Mus*⟩ (*connected staves*) legatura *f.* **7** ⟨*Dent*⟩ arco *m* ortodontico. **8** ⟨*Med*⟩ busto *m* ortopedico. **9** *pl.* (*suspenders*) bretelle *fpl.* **10** ⟨*Tip*⟩ graffa *f.* **11** (*pair, couple*) coppia *f,* paio *m: a ~ of pheasants* una coppia di fagiani.

brace² *v.t.* **1** sostenere, rinforzare. **2** (*rifl*) prepararsi, farsi coraggio, chiamare a raccolta le proprie forze. **3** (*to make taut*) tendere: *to ~ a drum* tendere la pelle di un tamburo. **4** ⟨*fig*⟩ (*to invigorate;* spesso con *up*) tonificare, rinvigorire, corroborare, rinfrescare. **5** ⟨*Mar*⟩ bracciare. **6** ⟨*Aer,Edil*⟩ controventare. □ ⟨*Mar*⟩ *to ~ aback* bracciare a collo; ⟨*Mar*⟩ *to ~ about* (*o around*) bracciare per virare di bordo; ⟨*Mar*⟩ *to ~ in* (*o to*) bracciare in croce; *to ~ up:* 1 ⟨*Mar*⟩ bracciare di punta; 2 ⟨*fig*⟩ farsi coraggio, raccogliere le forze.

bracelet [ˈbreislit] *s.* **1** braccialetto *m: a gold ~* un braccialetto d'oro. **2** *pl.* ⟨*sl*⟩ (*handcuffs*) manette *fpl.*

bracer¹ [ˈbreisə] *s.* **1** (*person*) persona *f* che ferma (*o* assicura). **2** (*thing*) cosa *f* che ferma (*o* assicura). **3** ⟨*fam*⟩ (*drink*) bicchierino *m,* ⟨*fam*⟩ cicchetto *m.* **4** ⟨*fig*⟩ (*reviver*) conforto *m,* stimolo *m.*

bracer² *s.* ⟨*Sport*⟩ (*in archery*) braccialetto *m* d'arco, bracciale *m.*

brachial [ˈbreikiəl] *a.* ⟨*Anat*⟩ brachiale.

brachiate [ˈbreikiit] *a.* **1** ⟨*Bot*⟩ opposto. **2** ⟨*Zool*⟩ con braccia.

brachycephalic [ˌbrækisiˈfælik], **brachycephalous** [–ˈsefələs] *a.* brachicefalico. **brachycephaly** [–ˈsefəli] *s.* brachicefalia *f.*

brachylogy [ˌbræˈkilədʒi] *s.* brachilogia *f.*

bracing [ˈbreisiŋ] I *a.* tonificante, corroborante: *the ~ mountain air* l'aria corroborante di montagna. II *s.* **1** ⟨*Edil*⟩ controventamento *m,* controventatura *f.* **2** (*material*) materiale *m* di rinforzo. **3** ⟨*Mecc*⟩ rinforzo *m.*

bracken [ˈbrækən] *s.* **1** ⟨*Bot*⟩ felce *f* aquilina. **2** ⟨*Bot*⟩ (*royal fern*) felce *f* florida. **3** (*area of bracken*) felceta *f,* felceto *m.*

bracket [ˈbrækit] I *s.* **1** mensola *f* (di sostegno), supporto *m.* **2** (*wall shelf*) scaffale *m* a muro. **3** ⟨*Arch*⟩ (*support*) mensola *f;* (*false console*) mensola *f* ornamentale. **4** ⟨*El*⟩ braccio *m,* supporto *m* a collare. **5** ⟨*Tip,Mat*⟩ parentesi *f: between* (*o in*) –*s* fra parentesi. **6** ⟨*fam*⟩ (*class, group*) serie *f,* gruppo *m,* categoria *f.* **7** ⟨*Artigl*⟩ forcella *f.* II *v.t.* **1** sostenere con mensole. **2** (*to enclose in brackets*) mettere tra parentesi. **3** ⟨*fam*⟩ (*to group*) raggruppare, classificare (*o* mettere) insieme, collegare; (*to divide*) dividere. **4** ⟨*fig*⟩ (*to set aside;* spesso con *off*) mettere da parte, accantonare. **5** ⟨*Mil*⟩ sparare a forcella. **bracketing** [–iŋ] *s.* **1** serie *f* di supporti, supporti *mpl.* **2** ⟨*Edil*⟩ nervatura *f* di sostegno.

brackish [ˈbrækiʃ] *a.* **1** salmastro. **2** (*unpalatable*) di gusto sgradevole, di sapore cattivo. **brackishness** [–nis] *s.* sapore *m* salmastro.

bract [brækt] *s.* ⟨*Bot*⟩ brattea *f.* **'bracteal** [–iəl] *a.* bratteale. **'bracteate** [–iit] **I** *s.* ⟨*Numism*⟩ moneta *f* bratteata. **II** *a.* ⟨*Bot*⟩ bratteato.

brad [bræd] **I** *s.* ⟨*tecn*⟩ chiodo *m* senza testa. **II** *v.t.* (*pret., p.p.* **'bradded** [–id]) fissare (*o* attaccare) con chiodi senza testa.

bradawl ['brædɔ:l] *s.* ⟨*Fal*⟩ punteruolo *m* a punta piatta.

bradycardia [ˌbrædi'ka:diə] *s.* ⟨*Med*⟩ bradicardia *f.*

bradyseism ['brædisaizəm] *s.* ⟨*Geog*⟩ bradisismo *m.* □ *negative* (*positive*) ~ bradisismo negativo (positivo). **bradyseismal** [–zməl], **bradyseismic** [–zmik] *a.* bradisismico.

brae *scozz.* [brei] *s.* pendio *m*, declivio *m*, erta *f.*

brag [bræg] **I** *v.i.* (*pret., p.p.* **bragged** [–d]) boriarsi, vantarsi, millantarsi (*about* di). **II** *s.* **1** vanteria *f,* spacconeria *f,* millanteria *f.* **2** (*thing boasted of*) vanto *m.* **3** (*person*) millantatore *m* (*f* –trice), spaccone *m* (*f* –a). **4** (*card game*) gioco *m* di carte (simile al poker). **braggadocio** [–ə'douʃiou] *s.* (*pl.* **-s** [z]) **1** → **braggart.** **2** (*bragging*) vanteria *f,* millanteria *f,* spacconeria *f.* **'braggart** [–ət] **I** *s.* millantatore *m* (*f* –trice), spaccone *m* (*f* –a), fanfarone *m,* smargiasso *m.* **II** *a.* vanaglorioso.

Brahma ['brɑ:mə] *N.pr.* ⟨*Rel*⟩ Bra(h)ma *m.*

Brahman ['brɑ:mən] *s.* ⟨*Rel*⟩ bra(h)mano *m,* bramino *m.*

Brahmanee, Brahmani [–i:] *s.* donna *f* di casta bramina. **Brahmanic** [–'mænik], **Brahmanical** [–'mænikl] *a.* bra(h)manico, bra(h)minico. **Brahmanism** [–izəm] *s.* bra(h)manesimo *m,* bra(h)manismo *m.* **Brahmanist** [–ist] *s.* studioso *m* (*f* –a) di bra(h)manesimo. **Brahmin** [–min] *s.* **1** ⟨*Rel*⟩ bra(h)mano *m,* bramino *m.* **2** ⟨*am.fig*⟩ persona *f* colta. **3** ⟨*spreg*⟩ persona *f* appartenente a una classe privilegiata. **Brahminee, Brahminic** *e der.* → **Brahmanee, Brahmanic** *e der.*

braid [breid] **I** *v.t.* **1** intrecciare: *to* ~ *hair* intrecciare i capelli. **2** (*to make by braiding*) lavorare a treccia. **3** (*of the hair*) legare con un nastro. **4** ⟨*Sart*⟩ guarnire (*o* bordare) con passamaneria. **II** *s.* **1** treccia *f: she wore* –*s* portava le trecce. **2** ⟨*Tess*⟩ gallone *m,* passamano *m,* spighetta *f.* **3** (*ribbon*) nastro *m;* (*band*) fascia *f.* **'braiding** [–iŋ] *s.* **1** trecce *fpl.* **2** ⟨*Tess*⟩ passamaneria *f.* **3** ⟨*tecn*⟩ calza *f.*

brail [breil] ⟨*Mar*⟩ *s.* imbroglio *m.* **II** *v.t.* (*of sails; general.* con *up*) imbrogliare.

braille, Braille [breil] *s.* braille *m.*

braille type *s.* carattere *m* Braille.

brain [brein] **I** *s.* **1** ⟨*Anat*⟩ cervello *m.* **2** (*intelligence; spesso usato al pl.*) cervello *m,* intelligenza *f;* (*mind*) mente *f,* ingegno *m.* **3** *pl.* ⟨*fam*⟩ (*guiding genius*) mente *f* (*organizzatrice*), cervello *m: he's the* –*s behind the movement* è la mente organizzatrice del movimento. **4** ⟨*fam*⟩ (*genius*) genio *m,* cervello *m,* ⟨*fam*⟩ cervellone *m.* **II** *v.t.* spaccare (*o* rompere) la testa a. □ ⟨*fig*⟩ *to beat one's* –*s* lambiccarsi il cervello, scervellarsi; *to blow one's* –*s out* bruciarsi (*o* farsi saltare) le cervella; *to cudgel one's* –*s* = *to beat one's brains;* ⟨*fam*⟩ *to have s.th. on the* ~ avere un chiodo fisso (*o* in testa), essere ossessionato da qc.; *he has a lot of* –*s* è molto intelligente; *to pick s.o.'s* –*s* sfruttare le idee di qd.; *he has a quick* ~ ha un'intelligenza pronta; ⟨*fig*⟩ *to rack one's* –*s* = *to beat one's brains; to turn s.o.'s* ~ dare al cervello a qd.

brain| box, ~ case *s.* ⟨*Anat*⟩ scatola *f* cranica. **~child** *s.* frutto *m* dell'ingegno, prodotto *m* dell'immaginazione. **~ death** *s.* morte *f* cerebrale. **~ drain** *s.* ⟨*fam*⟩ fuga *f* dei cervelli. **~ fag** *s.* esaurimento *m* nervoso. **~ fever** *s.* ⟨*Med*⟩ encefalite *f.*

braininess ['breininis] *s.* intelligenza *f.*

brain-injured *a.* cerebroleso.

brainless ['breinlis] *a.* senza cervello, scervellato, stupido.

brain|pan *s.* → **brain box. ~ power** *s.* capacità *fpl* intellettuali, cervello *m.* **~sick** *a.* malato di mente, pazzo. **~stem** *s.* ⟨*Anat*⟩ tronco *m* encefalico. **~storm** *s.* **1** accesso *m* di pazzia, disturbo *m* cerebrale. **2** ⟨*fig*⟩ idea *f* brillante (*o* luminosa), lampo *m* di genio, trovata *f* geniale. **~ storming** *am. s.* brain-storming *m.*

brains trust *am.* [breinz] *s.* gruppo *m* di esperti (*o* consulenti), trust *m* dei cervelli.

brain| teaser, ~ twister *am. s.* indovinello *m,* rebus *m.* **~wash** *v.t.* ⟨*fig*⟩ **1** fare il lavaggio del cervello a. **2** (*to persuade*) convincere, persuadere. **~washing** *s.* ⟨*fig*⟩ lavaggio *m* del cervello. **~wave** *s.* **1** ⟨*Fisiol*⟩ onda *f* cerebrale. **2** ⟨*fig*⟩ idea *f* brillante (*o* luminosa), lampo *m* di genio, trovata *f* geniale. **~work** *s.* lavoro *m* di concetto, lavoro (*o* attività *f*) mentale. **~worker** *s.* lavoratore *m* (*f* –trice) 'di concetto' (*o* intellettuale).

brainy ['breini] *a.* ⟨*fam*⟩ **1** intelligente. **2** (*ingenious*) ingegnoso, acuto: *a* ~ *idea* un'idea ingegnosa.

braise [breiz] *v.t.* ⟨*Gastr*⟩ cuocere in stufato, brasare, stufare.

brake[1] [breik] **I** *s.* **1** freno *m* (*anche fig.*). **2** ⟨*Mecc*⟩ macchina *f* profilatrice. **3** ⟨*Tess*⟩ gramola *f,* maciulla *f,* scotola *f.* **4** ⟨*tecn*⟩ (*kneading machine*) impastatrice *f.* **5** ⟨*Agr*⟩ (*drag*) erpice *m* pesante. **6** ⟨*ant*⟩ (*instrument of torture*) ruota *f* (di tortura), tormento *m.* **II** *v.t.* **1** frenare: *to* ~ *the car* frenare la macchina. **2** ⟨*Tess*⟩ gramolare, maciullare, scotolare. **3** ⟨*Agr*⟩ erpicare. **III** *v.i.* **1** azionare (*o* usare) i freni, frenare. **2** (*of a vehicle*) frenare, fermarsi: *the bus* –*d* l'autobus frenò. □ ⟨*fig*⟩ *to act as a* ~ *upon* agire da freno su, fare da freno a, frenare; *to put on the* –*s* frenare, azionare i freni; *to release the* –*s* allentare i freni, levare il freno.

brake[2] *s.* **1** boschetto *m,* macchia *f.* **2** ⟨*Bot*⟩ felce *f* aquilina.

brake| drum *s.* tamburo *m* del freno. **~ fluid** *s.* liquido *m* per freni. **~ horsepower** *s.* potenza *f* del freno. **~ lining** *s.* guarnizione *f* del freno, ferodo *m.* **~man** [mən] *s.irr.* ⟨*Ferr,Sport*⟩ frenatore *m.* **~ shoe** *s.* ganascia *f* del freno.

brakesman ['breiksmən] *s.* → **brakeman.**

brake-van *s.* ⟨*Ferr*⟩ carro *m* con freno.

braking ['breikiŋ] *s.* **1** ⟨*Aut*⟩ frenatura *f.* **2** ⟨*Sport*⟩ frenaggio *m.*

braking| distance *s.* ⟨*Aut*⟩ spazio *m* di frenata. **~ rocket** *s.* ⟨*Astron*⟩ retrorazzo *m.*

bramble ['bræmbl] *s.* ⟨*Bot*⟩ rovo *m.*

brambling ['bræmbliŋ] *s.* ⟨*Ornit*⟩ peppola *f,* fringuello *m* montanaro.

brambly ['bræmbli] *a.* **1** pieno di rovi. **2** (*like brambles*) spinoso.

bran [bræn] *s.* **1** crusca *f.* **2** (*stock feed*) mangime *m.*

brancard ['bræŋkəd] *s.* lettiga *f* (a due cavalli).

branch [brɑ:ntʃ, *am.* bræntʃ] **I** *s.* **1** (*of a tree*) ramo *m.* **2** (*of a river*) ramo *m,* affluente *m.* **3** (*division: of a subject*) ramo *m,* branca *f: a* ~ *of physics* un ramo della fisica; (*of a family*) ramo *m.* **4** (*section*) sezione *f,* gruppo *m,* squadra *f: the special* ~ *of the police force* la sezione speciale della polizia. **5** (*of a bank, etc.*) succursale *f,* filiale *f,* agenzia *f.* **6** (*of a pipe*) diramazione *f.* **7** ⟨*Arch*⟩ nervatura *f* (di volta gotica). **8** ⟨*Geom,Zool,Ling,Strad*⟩ ramo *m.* **9** ⟨*Inform*⟩ diramazione *f: to take a* ~ fare una diramazione. **II** *v.i.* **1** ramificare, mettere rami, ramificarsi. **2** (*to diverge*) diramarsi, ramificarsi; (*to fork;* spesso con *off*) biforcarsi. **3** ⟨*fig*⟩ (*to be derived*) derivare (*from* da). □ ~ *of business* ramo *m* d'affari; ⟨*fig*⟩ *to* ~ *out* estendersi, ampliare il proprio giro d'affari, estendere la propria attività.

branch| bank *s.* filiale *f* di banca. **~ circuit** *s.* ⟨*El*⟩ circuito *m* di derivazione.

branchia ['bræŋkiə] *s.* (*pl.* **-chiae** [kii:]) ⟨*Itt*⟩ branchia *f.* **branchial** [–l] *a.* branchiale. **branchiate** [–kiit] *a.* ⟨*Zool*⟩ branchifero.

branching lackspur ['brɑ:ntʃiŋ] *s.* ⟨*Bot*⟩ speronella *f.*

branchless ['brɑ:ntʃlis] *a.* senza (*o* privo di) rami.

branchlet ['brɑ:ntʃlit] *s.* ramoscello *m,* rametto *m.*

branch| line *s.* ⟨*Ferr*⟩ diramazione *f.* **~ manager** *s.* ⟨*Comm*⟩ direttore *m* (*f* –trice) di filiale (*o* succursale). **~ office** *s.* filiale *f,* succursale *f.*

branchy ['brɑ:ntʃi, *am.* 'bræ(:)ntʃi] *a.* ramoso.

brand [brænd] *s.* **1** marca *f,* qualità *f,* tipo *m: an excellent* ~ *of tea* un'ottima marca di tè. **2** (*trademark*) marchio *m* (di fabbrica). **3** (*mark made by burning*) marchio *m* (a fuoco), bollo *m.* **4** ⟨*fig*⟩ (*mark of infamy*)

stigma *m*, marchio *m* (d'infamia). **5** ⟨*fig*⟩ (*variety*) tipo *m*, qualità *f*. **6** → **branding iron**. **7** (*firebrand*) tizzone *m*. **8** ⟨*Agr*⟩ ruggine *f*. **9** ⟨*poet*⟩ (*torch*) torcia *f*. **II** *v.t.* **1** marchiare, marcare, bollare con marchio a fuoco: *to ~ a calf* marchiare un vitello. **2** ⟨*fig*⟩ bollare, stigmatizzare, tacciare: *he was -ed as a liar* fu tacciato di bugiardo.
brand awareness *s.* ⟨*Comm*⟩ notorietà *f* della marca.
branded ['brændid] *a.* bollato (*anche fig.*).
Brandenburg ['brændənbə:g] *N.pr.* ⟨*Geog*⟩ Brandeburgo *m*.
branded goods *s.pl.* ⟨*Comm*⟩ articoli *mpl* di marca.
brandied ['brændid] *a.* **1** conservato in (*o* sotto) brandy. **2** (*flavoured with brandy*) aromatizzato (*o* insaporito) con brandy.
branding iron ['brændiŋ] *s.* marchio *m*, ferro *m* (da marchio).
brandish ['brændiʃ] *v.t.* **1** brandire, agitare. **2** ⟨*fig*⟩ esibire, ostentare: *to ~ one's superiority* ostentare la propria superiorità.
brand| leader *s.* ⟨*Comm*⟩ marca *f* con la più alta quota di mercato. **~ loyalty** *s.* fedeltà *f* alla marca. **~ new** *a.* nuovo di zecca: *a ~ hat* un cappello nuovo di zecca. **~ share** *s.* quota *f* di mercato (di un prodotto).
brandy ['brændi] *s.* acquavite *f*, brandy *m*.
brandy| ball *s.* cioccolatino *m* (*o* caramella *f*) al liquore. **,~'pawnee** *s.* acquavite *f* allungata con acqua. **~ snap** *s.* ⟨*Gastr*⟩ pan *m* pepato.
brank ursine *s.* ⟨*Bot*⟩ acanto *m*, branca *f* ursina.
bran-new ['bræn'nju] *a.* → **brand-new**.
brant (goose) [brænt] *s.* (*pl. inv./-s* [s]) ⟨*Ornit*⟩ oca *f* colombaccio.
brash [bræʃ] **I** *a.* **1** insolente, sfacciato, impudente; (*arrogant*) arrogante; (*bumptious*) presuntuoso. **2** ⟨*fam*⟩ (*rash*) avventato, spericolato. **3** ⟨*am*⟩ (*impetuous*) impetuoso; (*ebullient*) effervescente, esuberante. **4** (*of wood: brittle*) fragile. **5** (*of colour: bold*) vistoso, sgargiante. **II** *s.* **1** frammenti *mpl*, detriti *mpl*. **2** (*hedge clippings*) tralci *mpl* (*o* rami) potati, potatura *f*. **3** → **brash ice**. **4** ⟨*Med*⟩ pirosi *f*. **5** (*downpour*) rovescio *m*, acquazzone *m* improvviso.
brash ice *s.* frammenti *mpl* di ghiaccio.
brashness ['bræʃnis] *s.* **1** impetuosità *f*. **2** (*ebullience*) esuberanza *f*, vitalità *f*. **3** (*insolence*) sfacciataggine *f*, insolenza *f*, impudenza *f*. **brashy** [-ʃi] *a.* (*of wood*) fragile.
brass [brɑ:s, *am.* bræ:s] **I** *s.* **1** ottone *m*. **2** (*metal utensils*) recipienti *mpl* d'ottone. **3** ⟨*Mecc*⟩ bronzina *f*. **4** ⟨*Mus*⟩ (talvolta al pl.) ottoni *mpl*. **5** ⟨*sl*⟩ (*money*) denaro *m*, contante *m*. **6** → **brass plate**. **7** ⟨*mar*⟩ accessori *mpl* di ottone, ottoni *mpl*. **8** (*colour*) giallo *m* ambra, color *m* ottone. **9** ⟨*mil,sl*⟩ ufficiali *mpl* superiori. **10** ⟨*fam*⟩ pezzi *mpl* grossi, ⟨*fam*⟩ alti papaveri *mpl*: *the top ~ of the industry* i pezzi grossi dell'industria. **11** ⟨*fig*⟩ (*shamelessness*) sfacciataggine *f*, impudenza *f*, ⟨*fam*⟩ faccia *f* tosta (*o* di bronzo). **II** *a.* d'ottone: *a ~ cannon* un cannone d'ottone. **2** ⟨*Mus*⟩ degli ottoni: *the ~ section* il gruppo degli ottoni. **3** (*colour*) ambrato.
brassage ['brɑ:sidʒ, *am.* 'bræ(:)sidʒ] *s.* ⟨*Stor*⟩ costo *m* del conio di una moneta.
brassard ['bræsɑ:d], **brassart** [-sət] *s.* bracciale *m*.
brass| bound *a.* consolidato: *a ~ tradition* una tradizione consolidata; (*rigid*) rigido. **~ collar** *s.* ⟨*pol*⟩ persona *f* fedele alla linea del partito.
brasserie [bras'ri] *s.* birreria *f*.
brass| farthing *s.* ⟨*fig*⟩ niente *m*, fico *m* (secco): *I don't care a ~* non m'importa un fico secco. **~ hat** *s.* **1** ⟨*mil,sl*⟩ ufficiale *m* superiore. **2** ⟨*fam*⟩ pezzo *m* grosso, ⟨*fam*⟩ alto papavero *m*.
brassie ['brɑ:si, *am.* 'bræ(:)si] *s.* ⟨*Sport*⟩ (*in golf*) mazza *f* (con la testa ricoperta di ottone).
brassière *fr.* ['bræsiєə, *am.* brə'ʒiər] *s.* reggipetto *m*, reggiseno *m*.
brassiness ['brɑ:sinis, *am.* 'bræ(:)sinis] *s.* **1** (*of a sound*) asprezza *f*. **2** ⟨*fig*⟩ (*brazenness*) sfacciataggine *f*, sfrontatezza *f*, impudenza *f*.
brass| knuckles *s.pl.* pugno *m* di ferro, tirapugni *m*. **~ plate** *s.* targa *f* d'ottone. **~ sheet** *s.* lamiera *f* d'ottone.

~ tacks *s.pl.* essenziale *m*. ◻ *to get down to ~* venire al sodo. **~ ware** *s.* ottoname *m*.
brassy[1] ['brɑ:si, *am.* 'bræ-] *a.* **1** d'ottone. **2** (*brass-like*) simile a ottone. **3** (*of a sound: harsh*) aspro, metallico; (*shrill*) stridente, penetrante. **4** ⟨*fig*⟩ (*brazen*) sfacciato, impudente, sfrontato. **5** ⟨*fig*⟩ (*ostentatious*) vistoso, sgargiante.
brassy[2] *s.* → **brassie**.
brat [bræt] *s.* ⟨*spreg*⟩ monello *m* (*f* –a), ragazzaccio *m* (*f* –a), peste *f*.
bravado [brə'vɑ:dou] *s.* (*pl. -es/-s* [z]) spacconeria *f*, bravata *f*.
brave [breiv] **I** *a.* **1** coraggioso, valoroso, animoso: *a ~ soldier* un valoroso soldato. **2** (*bright*) vivace, sgargiante; (*splendid*) fastoso, magnifico. **3** (*excellent*) ottimo, splendido, mirabile. **II** *s.* **1** valoroso *m*, ⟨*lett*⟩ prode *m*. **2** ⟨*collett*⟩ (costr. pl.) coraggiosi *mpl*, valorosi *mpl*. **3** (North American Indian warrior) guerriero *m* pellerossa. **4** ⟨*ant*⟩ (*bully*) sgherro *m*, bravo *m*. **III** *v.t.* **1** affrontare coraggiosamente, tener testa a. **2** (*to challenge*) sfidare: *to ~ death* sfidare la morte. **'bravery** [-əri] *s.* **1** valore *m*, coraggio *m*. **2** ⟨*lett*⟩ (*magnificence*) fasto *m*, splendore *m*, magnificenza *f*: *the royal procession in all its ~* il corteo reale in tutto il suo fasto.
bravo[1] *it.* ['brɑ:vou] *s.* (*pl. -s/-es* [z]) bravo *m*, sgherro *m*, bravaccio *m*.
bravo[2] *it.* **I** *s.* (*pl. -s* [z]; general. al pl.) grida *fpl* di «bravo», acclamazione *f*. **II** *intz.* bravo, bene.
bravura [brə'vjuərə] **I** *s.* **1** ⟨*Mus*⟩ virtuosismo *m*; (*piece*) pezzo *m* di bravura. **2** (*brilliant performance, daring*) bravura *f*, virtuosismo *m*, abilità *f*: *the ~ of an acrobat* la bravura di un acrobata. **3** (*aggressive confidence*) spavalderia *f*. **II** *a.* ⟨*Mus*⟩ di bravura.
brawl [brɔ:l] **I** *s.* **1** rissa *f*. **2** (*quarrel*) alterco *m*, disputa *f*. **3** (*uproar*) rumore *m*, strepito *m*. **4** ⟨*sl*⟩ (*party*) festa *f*, baldoria *f*. **II** *v.i.* **1** azzuffarsi, rissare, fare una rissa. **2** (*to quarrel*) litigare. **3** (*of a stream*) rumoreggiare. **III** *v.t.* **1** urlare, gridare. **'brawler** [-ə] *s.* rissatore *m* (*f* –trice), persona *f* rissosa. **'brawling** [-iŋ] *a.* **1** (*noisy*) rumoroso, chiassoso. **2** (*quarrelsome*) litigioso.
brawn [brɔ:n] *s.* **1** muscoli *mpl*, muscolatura *f*. **2** (*muscular strength*) forza *f* muscolare. **3** ⟨*fig*⟩ forza *f* bruta: *brains against ~* l'intelligenza contro la forza bruta. **4** ⟨*Gastr*⟩ soppressata *f*. **'brawniness** [-inis] *s.* muscolosità *f*. **'brawny** [-i] *a.* **1** muscoloso: *~ arms* braccia muscolose. **2** (*swollen and hard*) gonfio e indurito.
bray[1] [brei] **I** *v.i.* **1** (*of a donkey*) ragliare. **2** ⟨*fig*⟩ gridare, urlare, sbraitare. **II** *v.t.* ⟨*fig*⟩ gridare, urlare. **III** *s.* **1** (*of a donkey*) raglio *m*. **2** ⟨*fig*⟩ suono *m* alto e rauco; (*of a trumpet*) squillo *m*.
bray[2] *v.t.* pestare, frantumare; (*to grind*) macinare.
braze[1] [breiz] *v.t.* **1** fare con l'ottone. **2** (*to cover with brass*) rivestire di ottone, ottonare. **3** (*to make brass-like*) rendere simile all'ottone.
braze[2] *v.t.* ⟨*Met*⟩ saldare a forte (*o* ottone), brasare.
brazen ['breizn] **I** *a.* **1** di ottone. **2** (*like brass: of a colour*) ambrato, giallo metallico; (*of a sound*) penetrante, squillante. **3** ⟨*fig*⟩ sfacciato, impudente, sfrontato: *a ~ liar* un impudente bugiardo. **II** *v.t.* affrontare con coraggio (general. con *out*): *to ~ a crisis* affrontare una crisi con coraggio.
brazen|-faced *a.* sfrontato, ⟨*fam*⟩ dalla faccia di bronzo. **~-facedly** *avv.* → **brazenly**.
brazenly ['breiznli] *avv.* in modo sfrontato. **brazenness** [-znnis] *s.* ⟨*fig*⟩ sfacciataggine *f*, sfrontatezza *f*, ⟨*fam*⟩ faccia *f* tosta.
brazier[1] ['breiziə] *s.* braciere *m*.
brazier[2] *s.* calderaio *m*, ottonaio *m*.
Brazil[1] [brə'zil] *s.* **1** → **Brazil wood**. **2** (*dye*) rosso *m* arancio.
Brazil[2] *N.pr.* ⟨*Geog*⟩ Brasile *m*. **Brazilian** [brə'ziljən] **I** *a.* brasiliano. **II** *s.* brasiliano *m* (*f* –a). **Brazilian Portuguese** *s.* brasiliano *m*.
Brazil| nut *s.* castagna *f* del Brasile. **~ wood** *s.* legno *n* di pernambuco⌐ (*o* del Brasile), brasile *m*.
brazing ['breiziŋ] *s.* ⟨*Met*⟩ brasatura *f*, saldatura *f* forte (*o*

all'ottone).

B.R.C.S. = *British Red Cross Society* Croce rossa britannica.

breach [bri:tʃ] **I** *s.* **1** rottura *f.* **2** (*gap: in fortifications, walls, etc.*) breccia *f,* squarcio *m;* (*in a hedge*) varco *m,* buco *m.* **3** 〈*fig*〉 (*violation*) violazione *f,* abuso *m:* ~ *of confidence* abuso di fiducia. **4** 〈*fig*〉 (*disagreement, quarrel*) frattura *f,* rottura *f,* incrinatura *f.* **II** *v.t.* **1** aprire una breccia (*o* un varco) in: *to* ~ *the walls of a city* aprire una breccia nelle mura di una città. **2** 〈*Mil*〉 (*in a minefield*) aprire un varco in. **III** *v.i.* (*of a whale*) fare un balzo fuori dall'acqua. □ 〈*Mil*〉 ~ *of* **arrest** infrazione *f* agli arresti; 〈*Dir*〉 ~ *of* **close** violazione *f* di un divieto d'accesso; 〈*Dir*〉 ~ *of* **contract** violazione *f* di contratto, inadempienza *f* contrattuale; ~ *of* **discipline** infrazione *f* disciplinare; ~ *of* **duty** violazione *f* di un dovere; ~ *of* **etiquette** infrazione *f* all'etichetta; ~ *of* **faith** mancanza *f* di fede (*o* parola); 〈*fig*〉 *to* **fling** *o.s. into the* ~ gettarsi nella mischia; *to* **make** *a* ~ aprire una breccia; 〈*Dir*〉 ~ *of the* **peace** violazione *f* dell'ordine pubblico; (*riot*) rissa *f;* ~ *of* **prison** evasione *f* dal carcere; ~ *of* **privilege** violazione *f* dei diritti di un'assemblea; ~ *of* **promise** rottura *f* di promessa; (*of marriage*) rottura *f* di promessa di matrimonio; *to* **stand** *in the* ~ sostenere l'assalto; 〈*fig*〉 essere sulla breccia; *to* **step** *into the* ~ aiutare qd. in crisi; *to* **throw** *o.s. into the* ~ = *to* **fling** *o.s. into the breach;* ~ *of* **trust** abuso *m* di fiducia; 〈*Dir*〉 ~ *of* **warranty** violazione *f* di garanzia.

bread [bred] **I** *s.* **1** pane *m.* **2** 〈*fig*〉 (*food*) pane *m,* cibo *m: give us this day our daily* ~ dacci oggi il nostro pane quotidiano. **3** 〈*fig*〉 (*livelihood*) pane *m,* vita *f: to earn one's* ~ guadagnarsi la vita. **4** 〈*Rel*〉 pane *m;* (*wafer*) ostia *f.* **5** 〈*sl*〉 (*money*) soldi *mpl,* (*gerg*) grana *f.* **II** *v.t.* 〈*Gastr*〉 impanare. □ 〈*Rel*〉 *to* **break** ~: 1 comunicare, amministrare la comunione; 2 comunicarsi, fare la comunione; 〈*fig*〉 *to break* ~ *with s.o.* spezzare il pane con qd.; ~ *and* **butter:** 1 pane imburrato; 2 〈*fig*〉 mezzi *mpl* di sussistenza (*o* sostentamento), pane *m,* da vivere: *journalism is his* ~ *and butter* il giornalismo gli dà da vivere; 〈*fig*〉 *to want one's* ~ **buttered** *on both sides* volere tutto, 〈*fam*〉 volere la botte piena e la moglie ubriaca; *to know on which side one's* ~ *is buttered* saper fare il proprio interesse, sapere da che parte tira il vento; 〈*fig*〉 *to* **cast** ~ *upon the waters* agire con generosità e disinteresse; *to* **eat** *the* ~ *of idleness* vivere nell'ozio; 〈*fam*〉 *to* **quarrel** *with one's* ~ *and butter* lamentarsi del proprio lavoro; 〈*fig*〉 *to* **ask** *for* ~ *and receive* **stone** chiedere pane e ricevere calci; 〈*fig*〉 *to* **take** *the* ~ *out of s.o.'s mouth* togliere il pane di bocca a qd. *Prov.: man does not live by* ~ *alone* non si vive di solo pane.

'bread|-and-'butter *a.* **1** puerile, da bambino, non maturo. **2** (*staple*) sicuro, solido. **3** (*practical*) pratico, concreto; (*prosaic*) prosaico. □ ~ **letter** lettera *f* di ringraziamento per l'ospitalità ricevuta. **~-basket** *s.* **1** cestino *m* per il pane. **2** 〈*am*〉 (*grain–producing area*) granaio *m.* **3** 〈*sl*〉 (*stomach*) stomaco *m,* pancia *f.* **~board** *s.* **1** tagliere *m* (per affettare il pane). **2** (*experimental model*) prototipo *m.* **~-board** *v.t.* 〈*sl*〉 costruire un modello sperimentale di. ~ **box** *s.* cassetta *f* portapane. **~crumb** *s.* **1** mollica *f,* midolla *f.* **2** *pl.* 〈*Gastr*〉 pane *m* grattugiato, pangrattato *m.* **~-crumb** *v.t.* impanare. ~ **fruit** *s.* **1** 〈*Bot*〉 albero *m* del pane. **2** (*fruit*) frutto *m* dell'albero del pane. ~ **knife** *s.irr.* coltello *m* da pane. ~ **line** *am. s.* fila *f* di persone presso un ente assistenziale. □ 〈*fig*〉 *to be on the* ~ vivere di stenti. **~sauce** *s.* 〈*Gastr*〉 salsa *f* composta di latte, burro e pangrattato. ~ **stick** *s.* 〈*Gastr*〉 grissino *m.* **~stuffs** *s.pl.* cereali *mpl* panificabili.

breadth [bredθ] *s.* **1** larghezza *f,* ampiezza *f;* (*of fabric*) altezza *f.* **2** (*piece of cloth*) pezza *f.* **3** (*wide expanse*) distesa *f,* vasta estensione *f: –s of green* distesa di verde. **4** 〈*fig*〉 (*liberality, scope*) larghezza *f,* liberalità *f:* ~ *of outlook* larghezza di vedute; (*in art*) ampio respiro *m.*

breadth|ways, ~wise *avv.* nel senso della larghezza, in larghezza, per il largo.

bread winner ['bredwinəɜ] *s.* chi lavora per mantenere tutta la famiglia, capofamiglia *m/f.*

break¹ [breik] *v.* (*pret.* **broke** [brouk], *p.p.* **broken**

['broukən]) **I** *v.t.* **1** rompere, spaccare, spezzare: *to* ~ *a glass* rompere un bicchiere; (*to shatter*) frantumare, mandare in frantumi. **2** 〈*fig*〉 (*to violate*) violare, infrangere: *to* ~ *the law* violare la legge; (*of promises, etc.*) venire meno a, rompere. **3** (*to fracture*) fratturare, rompere, spezzare: *to* ~ *one's leg* rompersi (*o* spezzarsi) una gamba. **4** (*to rupture*) rompere, provocare la rottura di. **5** 〈*fig*〉 (*to interrupt*) rompere, interrompere: *to* ~ *the silence* rompere il silenzio; *to* ~ *a journey* interrompere un viaggio; *to* ~ *ranks* rompere le righe. **6** (*to put an end to*) mettere (*o* porre) fine a. **7** (*to smash*) distruggere, stroncare, schiantare, frantumare: *to* ~ *the enemy forces* distruggere le forze nemiche. **8** 〈*fig*〉 (*to weary;* spesso con *down*) esaurire, fiaccare, logorare: *to* ~ *down s.o.'s resistance* fiaccare la resistenza di qd. **9** (*to dissolve;* spesso con *off*) rompere, troncare, spezzare: *to* ~ *off diplomatic relations* rompere i rapporti diplomatici. **10** (*to cause to yield;* spesso con *down*) far cedere (*o* crollare): *the prisoner was broken by interrogation* l'interrogatorio fece crollare il prigioniero. **11** 〈*fig*〉 (*to distress;* spesso con *up*) abbattere, prostrare; (*to overwhelm*) sopraffare. **12** (*to split the surface of*) rompere la superficie di: *flying fish broke the water* pesci volanti rompevano la superficie dell'acqua; (*of soil*) dissodare. **13** (*of an animal: to train;* spesso con *in*) domare, ammaestrare, addomesticare: *to* ~ *a horse* domare un cavallo. **14** 〈*fig*〉 (*to decipher*) decifrare, interpretare. **15** 〈*fig*〉 (*to split up*) cambiare, spicciolare: *to* ~ *a five pound note* cambiare una banconota da cinque sterline. **16** 〈*fig*〉 (*to escape from*) fuggire da (*o* di), scappare da (*o* di), evadere da. **17** 〈*fig*〉 (*to solve*) risolvere, sciogliere, districare: *to* ~ *a case* risolvere un caso. **18** 〈*fig*〉 (*to disclose*) comunicare, dare, rivelare: *to* ~ *the news* rivelare la notizia. **19** (*giorn*) dare alla stampa, rendere pubblico. **20** 〈*fig*〉 (*to bankrupt*) rovinare, mandare in rovina, far fallire. **21** 〈*fig*〉 (*to weaken the effect of*) attutire, smorzare, indebolire: *his helmet broke the blow* il suo elmetto attutì il colpo. **22** 〈*Dir*〉 scassinare, forzare; (*of a will*) invalidare. **23** 〈*Sport*〉 battere, migliorare, superare: *to* ~ *the record* migliorare il primato, battere il record. **24** 〈*Mil*〉 (*to reduce in rank*) abbassare di grado, degradare. **25** 〈*El*〉 interrompere. **26** 〈*Mar*〉 spiegare, distendere. **II** *v.i.* **1** rompersi, infrangersi, spaccarsi, spezzarsi; (*to shatter*) frantumarsi. **2** (*to become detached*) sciogliersi, staccarsi (*from, away from* da): *the boat broke from its moorings* la barca si staccò dagli ormeggi. **3** (*to become inoperative;* spesso con *down*) rompersi, guastarsi: *the bus broke down on a hill* l'autobus 'si guastò' (*o* rimase in panne) su una salita. **4** (*to force a way*) farsi largo, aprirsi un varco (*through* tra, in): *the police broke through the crowd* la polizia si fece largo tra la folla. **5** (*to leave suddenly;* spesso con *away*) andarsene improvvisamente, fuggire, scappare. **6** (*of the day: to dawn*) spuntare, cominciare. **7** (*of a storm*) scoppiare. **8** (*of weather: to change;* spesso con *up*) cambiare, mutare: *the weather broke after two weeks of sunshine* il tempo cambiò dopo due settimane di sole; (*to get worse*) peggiorare; (*to get better*) migliorare. **9** (*to surface*) emergere, affiorare, venire a galla. **10** (*of health*) rovinarsi, venir meno. **11** 〈*fig*〉 (*of the heart*) spezzarsi: *my heart –s to see him go* mi si spezza il cuore a vederlo partire. **12** (*of the voice: to change*) mutarsi, cambiarsi; (*to cease abruptly*) spezzarsi, rompersi. **13** (*of waves*) frangersi. **14** 〈*fig*〉 (*to be uttered*) erompere (*from* da), uscire, sfuggire (da, di): *a cry broke from his lips* gli uscì di bocca un grido. **15** 〈*fig*〉 (*to make a sudden dash*) precipitarsi, slanciarsi: *the men broke for cover* gli uomini si precipitarono al riparo. **16** 〈*fig*〉 (*to yield;* spesso con *down*) cedere, arrendersi, crollare. **17** 〈*fig*〉 (*to be dispersed*) disperdersi, sparpagliarsi, sbandarsi. **18** 〈*fig*〉 (*to go bankrupt*) fallire, far bancarotta, andare in rovina. **19** (*of prices*) subire un forte ribasso, crollare. **20** 〈*fig*〉 (*to interrupt one's activity*) interrompere (*o* sospendere) il lavoro, fare (una) pausa: *we* ~ *at five* interrompiamo il lavoro alle cinque. **21** 〈*am.fam*〉 (*to develop, turn out*) mettersi, andare, riuscire. **22** 〈*Sport*〉 (*of a ball*) deviare; (*in horse racing*) partire; (*in boxing*) dividersi, separarsi. **23** 〈*giorn*〉 (*to become public*) essere divulgato, diventare di dominio pubblico; (*of scandals, etc.*) scoppiare. □ *to* ~ **away:** 1 ⟨*Sport*⟩ fare una falsa partenza; 2 ⟨*fig*⟩ staccarsi, allontanarsi, separarsi (*from* da); *the broken* **bodies** *of the victims* i corpi martoriati delle vittime; ⟨*Dir*⟩ *to* ~ *a* **contract** rompere un contratto; *to* ~ **down:** 1 abbattere, distruggere, fracassare: *to* ~ *down a door* abbattere una porta; 2 ⟨*fig*⟩ (*to make ineffective*) rendere inefficiente, indebolire; 3 ⟨*fig*⟩ (*to analyse*) analizzare: *to* ~ *down a report* analizzare una relazione; 4 ⟨*Chim*⟩ decomporre, disgregare; 5 ⟨*fig*⟩ (*to become ineffective*) disgregarsi, venir meno, crollare; 6 (*to be classified*) dividersi, classificarsi (*into* in); 7 (*to decompose*) disgregarsi, decomporsi; *to* ~ **even** finire (in) pari, chiudere in parità; ⟨*fig*⟩ *to* ~ *the* **ice** rompere il ghiaccio; *to* ~ **in:** 1 irrompere, fare irruzione, penetrare; 2 (*to interrupt*) interrompere, interloquire, intromettersi in: *to* ~ *in on a conversation* intromettersi in una conversazione; 3 (*to smash*) sfondare: *to* ~ *in the door* sfondare la porta; 4 (*to train*) domare, ammaestrare; 5 ⟨*fig*⟩ (*to train*) addestrare, impratichire, iniziare: *to* ~ *in an apprentice* addestrare un apprendista; 6 ⟨*Calz*⟩ ammorbidire con l'uso; 7 ⟨*Tip*⟩ inserire nel testo; 8 ⟨*Aut*⟩ rodare; *to* ~ **into:** 1 entrare in, penetrare in: *the thieves broke into the house* i ladri penetrarono nella casa; 2 ⟨*fig*⟩ (*to become established*) affermarsi, farsi un nome: *to* ~ *into films* affermarsi nel mondo del cinema; 3 ⟨*fig*⟩ (*to burst*) scoppiare, prorompere: *she broke into tears* scoppiò a piangere; 4 (*to interrupt*) interrompere: *they broke into the programme for an announcement* interruppero il programma per fare un annuncio; *to* ~ **loose** spezzare i legami, liberarsi; ⟨*fig*⟩ scatenarsi; *all hell broke loose* successe ⌐un finimondo⌐ (*o* l'ira di Dio); *to* ~ *one's* **neck** rompersi il (*o* l'osso del) collo; *to* ~ *o.s.* **of** *a bad habit* perdere (*o* levarsi) un vizio; *to* ~ **off:** 1 interrompersi, tacere improvvisamente; 2 (*of a habit*) smettere, cessare: *to* ~ *off smoking* smettere di fumare; *to* ~ *s.th.* **open** aprire qc. con la forza, scassinare qc., forzare qc.; *to* ~ **out:** 1 scoppiare, prorompere: *the day war broke out* il giorno in cui scoppiò la guerra; 2 (*of a person*) riempirsi, coprirsi (*in* di): *to* ~ *out in spots* riempirsi di macchioline rosse; (*of a disease*) erompere, scoppiare; 3 (*to start an action*) scoppiare, prorompere: *to* ~ *out laughing* scoppiare a ridere; 4 (*to escape*) evadere, scappare, fuggire: *to* ~ *out of prison* evadere di prigione; 5 (*of flags*) spiegarsi, spiegare; ⟨*Comm*⟩ *to* ~ *a* **sales** *campaign* lanciare una campagna di vendite; ⟨*Mar*⟩ *to* ~ **sheer** mollare gli ormeggi; *to* ~ **through:** 1 penetrare, sfondare, aprirsi un varco in; 2 ⟨*fig*⟩ (*to overcome*) vincere, sopraffare; *to* ~ **up:** 1 sciogliere, concludere, porre fine a: *to* ~ *up a meeting* sciogliere una riunione; *to* ~ *up a friendship* rompere (*o* troncare) un'amicizia; 2 (*to break into pieces*) demolire, smantellare, fare a pezzi; 3 (*to disrupt*) interrompere, spezzare; 4 ⟨*Ling*⟩ (*of syllables*) dividere; 5 (*to disband*) separarsi, dividersi; (*of a meeting or a party*) sciogliersi, finire; 6 (*to fall to pieces*) sfasciarsi, andare in pezzi; 7 ⟨*scol*⟩ chiudersi, finire: *we* ~ *up in a week* la scuola si chiude tra una settimana; 8 (*to dissolve*) sciogliersi, disgelare; 9 (*to become weak*) indebolirsi, perdere le forze; *to* ~ **with:** 1 rompere (*o* chiuderla) con: *to* ~ *with one's family* rompere con la (propria) famiglia; 2 (*to repudiate*) rompere, ripudiare: *to* ~ *with custom* rompere una consuetudine.

break[2] *s.* **1** rottura *f*, spaccatura *f*, frattura *f*, incrinatura *f*. **2** (*gap*) apertura *f*, varco *m*, squarcio *m*: *a* ~ *in the clouds* uno squarcio tra le nuvole. **3** (*dash*) corsa *f*, balzo *m*, salto *m*. **4** (*escape*) evasione *f*, fuga *f*: *a* ~ *from gaol* un'evasione (dal carcere). **5** (*severance of relations*) rottura *f*, incrinatura *f*, interruzione *f* dei rapporti. **6** (*change*) cambiamento *m*, mutamento *m*: *a* ~ *in the weather* un cambiamento del tempo. **7** (*rest, pause*) interruzione *f*, intervallo *m*, pausa *f*: *tea* ~ intervallo per il tè. **8** (*of the voice*) incrinatura *f*. **9** (*of prices*) crollo *m*. **10** ⟨*fig*⟩ (*abrupt change*) interruzione *f*, cambiamento *m* improvviso, rottura *f*. **11** ⟨*fam*⟩ (*opportunity*) occasione *f*, possibilità *f* **12** ⟨*am.fam*⟩ (*faux pas*) gaffe *f*, papera *f*. **13** ⟨*Rad,TV,El*⟩ interruzione *f*. **14** ⟨*Metr*⟩ cesura *f*. **15** ⟨*Mus*⟩ cambiamento *m* di registro. **16** ⟨*Sport*⟩ (*in billiards: win*) serie *f* di punti; (*of a bowled ball*)

deviazione *f*; (*in horse racing*) partenza *f*; (*in boxing, rugby*) break *m*. **17** *pl.* ⟨*Tip*⟩ puntini *mpl* di sospensione. **18** ⟨*El*⟩ commutatore *m*. **19** ⟨*Geol*⟩ (*dislocation*) dislocazione *f*; (*fault*) faglia *f*. □ *a* **bad** ~ una sfortuna, un colpo di cattiva fortuna; *to make a* **clean** ~ *with* rompere completamente con; *at* (*the*) ~ *of* **day** allo spuntar del giorno; ⟨*fam*⟩ *to* **give** *s.o. a* ~ offrire a qd. l'occasione di rifarsi (*o* riparare a un errore); *a* **lucky** ~ un colpo di fortuna, una fortuna; **without** *a* ~ ininterrottamente, senza interruzione (*o* sosta).

breakable ['breikəbl] *a.* fragile. **breakables** [–z] *s.pl.* oggetti *mpl* fragili. **breakage** [–kidʒ] *s.* **1** rottura *f*. **2** (*effect*) rottami *mpl*. **3** (*damage*) danni *mpl*, guasti *mpl*. **4** ⟨*Comm*⟩ risarcimento *m*.

breakaway ['breikəwei] **I** *s.* **1** separazione *f*, distacco *m*, scissione *f*: *a* ~ *from trad:tion* un distacco dalla tradizione. **2** ⟨*austral*⟩ (*stampede*) fuga *f* precipitosa (di bestiame). **3** ⟨*Sport*⟩ falsa partenza *f*. **II** *a.* separatista, scissionistico: *a* ~ *movement* un movimento separatista.

breakdown ['breikdaun] *s.* **1** guasto *m*, avaria *f*; (*of cars*) panna *f*, guasto *m*. **2** (*collapse: of physical health*) collasso *m*; (*of mental health*) esaurimento *m*, collasso *m*: *a nervous* ~ un esaurimento nervoso. **3** (*loss of self–control*) crollo *m*, cedimento *m*, abbattimento *m*. **4** (*of negotiations, etc.*) fallimento *m*, insuccesso *m*, rottura *f*. **5** (*failure*) interruzione *f*, sospensione *f*: *a* ~ *of communications* un'interruzione delle comunicazioni. **6** (*analysis*) analisi *f*, classificazione *f*: *a* ~ *of results* un'analisi dei risultati. **7** (*division*) scomposizione *f*, suddivisione *f*. **8** ⟨*El*⟩ interruzione *f*. **9** ⟨*Chim*⟩ scomposizione *f*, decomposizione *f*. **10** ⟨*Mar*⟩ avaria *f*.

breakdown| crane *s.* ⟨*Aut*⟩ autogru *f*. ~ **gang** *s.* ⟨*Ferr,Aut*⟩ squadra *f* di soccorso. ~ **lights** *am. s.pl.* ⟨*Aut*⟩ luci *fpl* d'emergenza. ~ **lorry** *s.* ⟨*Aut*⟩ carro *m* soccorso (*o* attrezzi). ~ **service** *s.* servizio *m* assistenza stradale. ~ **train** *s.* ⟨*Ferr*⟩ convoglio *m* di soccorso. ~ **van** *s.* → breakdown lorry.

breaker[1] ['breikə] *s.* **1** chi rompe (*o* interrompe). **2** (*machine*) apparecchio *m* che rompe (*o* interrompe). **3** ⟨*fig*⟩ (*violator*) violatore *m* (*f* –trice), trasgressore *m*. **4** (*of horses: tamer*) domatore *m* (*f* –trice). **5** (*wave*) frangente *m*, cavallone *m*. **6** ⟨*Aut*⟩ (*breaker strip*) fascia *f* di rinforzo (del pneumatico). **7** ⟨*El*⟩ interruttore *m*. **8** ⟨*Cart*⟩ olandese *f*. **9** ⟨*Tess*⟩ carda *f*. **10** ⟨*Minier*⟩ frantoio *m*.

breaker[2] *s.* ⟨*Mar*⟩ barilotto *m* per acqua.

breaker points *s.pl.* ⟨*Mot*⟩ puntine *fpl* platinate.

breaker's yard *s.* cimitero *m* delle automobili.

break|-even *am. a.* ⟨*Comm*⟩ in pareggio. ~**-even point** *s.* ⟨*Econ*⟩ punto *m* di pareggio.

breakfast ['brekfəst] **I** *s.* (prima) colazione *f*: *to have* ~ fare colazione. **II** *v.i.* fare (la prima) colazione: *to* ~ *on eggs and bacon* fare colazione con uova e pancetta. **III** *v.t.* offrire la (prima) colazione a.

breakfast food *s.* cereali *mpl* per la (prima) colazione.

breakfastless ['brekfəstlis] *a.* senza colazione, (a) digiuno.

break-in *s.* **1** irruzione *f*. **2** ⟨*Mot*⟩ rodaggio *m*.

breaking ['breikiŋ] *s.* **1** rottura *f*. **2** ⟨*El*⟩ interruzione *f*. **3** ⟨*Ling*⟩ mutamento *m* di vocale di dittongo, dittongazione *f*. □ ⟨*Dir*⟩ ~ *and entering* effrazione *f*, scasso *m*; ~ *of the voice* mutazione *f* della voce.

breaking|-in *s.* **1** (*of horses*) domatura *f*, addestramento *m*. **2** ⟨*Mot*⟩ rodaggio *m*. ~ **point** *s.* **1** ⟨*tecn*⟩ limite *m* (*o* punto) di rottura. **2** ⟨*fig*⟩ (*of a person*) limite *m* di sopportazione; (*of a situation*) momento *m* (*o* punto) cruciale, punto *m* di rottura.

break jaw *s.* scioglilingua *m*, parola *f* difficile da pronunziare.

breakneck ['breiknek] *a.* **1** pericoloso, rischioso. **2** (*very rapid*) veloce, precipitoso, ⟨*fam*⟩ da rompersi il collo. □ *at* ~ *pace* (*o* *speed*) a rotta di collo, a gran velocità.

break-out *s.* **1** (*escape from prison, etc.*) evasione *f*, fuga *f*. **2** ⟨*Mil*⟩ offensiva *f* (*o* attacco *m*) per rompere l'accerchiamento.

break-through *s.* **1** ⟨*Mil*⟩ sfondamento *m*, breccia *f*, varco *m*. **2** ⟨*Comm*⟩ rialzo *m* improvviso (di prezzo). **3**

(*overcoming of an obstacle*) progresso *m*, conquista *f*, passo *m* (*o* salto) avanti: *a* ~ *in cancer research* un passo avanti nel campo delle ricerche sul cancro. **4** ⟨*Minier*⟩ passaggio *m* di comunicazione.

break-up *s.* **1** sfacelo *m*, disfacimento *m*; (*of a state, etc.*) smembramento *m*. **2** (*separation*) rottura *f*, scioglimento *m*: ~ *of a marriage* scioglimento di un matrimonio. **3** (*subdivision*) frazionamento *m*, spezzettamento *m*: *the* ~ *of a property* il frazionamento di una proprietà. **4** (*of ice*) disgelo *m*. **5** ⟨*scol*⟩ fine *f* (del trimestre). **6** ⟨*Mil*⟩ sbandamento *m*. **7** ⟨*Mar*⟩ smantellamento *m*. **8** ⟨*Chim,Fis*⟩ disgregazione *f*, decomposizione *f*. **9** ⟨*Comm*⟩ realizzo *m*, liquidazione *f*.

break-up value *s.* ⟨*Econ*⟩ valore *m* di realizzo.

breakwater ['breikwɔːtə] *s.* frangiflutti *m*, frangionde *m*.

bream[1] [briːm] *s.* ⟨*Itt*⟩ abramide *m* comune.

bream[2] *v.t.* ⟨*Mar*⟩ bruscare.

breast[1] [brest] *s.* **1** ⟨*Anat*⟩ mammella *f*, seno *m*, petto *m*. **2** (*chest*) petto *m*. **3** ⟨*fig*⟩ cuore *m*, animo *m*, petto *m*, seno *m*. **4** (*of animals*) mammelle *fpl*. **5** (*of meats*) petto *m*. **6** (*of a garment*) petto *m*, davanti *m*. **7** ⟨*fig*⟩ (*curved surface*) curva *f*, incurvatura *f*. **8** ⟨*Arch*⟩ (*of a wall*) parapetto *m*; (*of a chimney*) cappa *f*. **9** ⟨*Minier*⟩ fronte *m* d'avanzamento (*o* abbattimento). □ *to be at the* ~ (*of a baby*) prendere il latte materno, poppare; *to beat one's* ~ battersi il petto; *to make a clean* ~ *of s.th.* fare ampia confessione di qc.

breast[2] *v.t.* **1** affrontare, lottare contro. **2** (*to ascend*) salire, scalare, risalire. □ ⟨*Sport*⟩ *to* ~ *the tape* tagliare il traguardo.

breast| bone *s.* ⟨*Anat*⟩ sterno *m*. ~ **cancer** *s.* → breast tumour. '~-'deep *a.pred.* fino al petto: ~ *in water* in acqua fino al petto. ~ **drill** *s.* ⟨*tecn*⟩ trapano *m* a petto.

breasted ['brestid] *a.* (nei composti) dal petto ...: *broad-*~ dal petto largo (*o* ampio). □ ⟨*Sart*⟩ *double-*~ a doppio petto; *single-*~ a un petto, monopetto.

breast| feed *v.t.irr.* allattare al seno. ~ **feeding** *s.* allattamento *m* al seno. ~ **harness** *s.* (*of horses*) pettorale *m*, pettiera *f*. '~-'high *a./avv.* che arriva fino al petto. ~**line** *s.* ⟨*Mar*⟩ traversino *m*. ~**pin** *s.* (*brooch*) spilla *f*; (*tie pin*) spilla *f* da cravatta. ~**plate** *s.* **1** corazza *f*. **2** → breast harness. **3** ⟨*Rel.ebr*⟩ razionale *m*. ~ **pocket** *s.* ⟨*Sart*⟩ taschino *m*. ~**pump** *s.* tiralatte *m*. ~**rope** *s.* → breast harness. ~**stroke** *s.* ⟨*Sport*⟩ nuoto *m* a rana. ~**summer** *s.* ⟨*Arch*⟩ architrave *m*. ~ **tumor** *am.*, ~ **tumour** *s.* cancro *m* mammario (*o* della mammella), tumore *m* della mammella. ~ **wall** *s.* ⟨*Arch*⟩ muro *m* di sostegno (*o* rinforzo), parapetto *m*. ~**work** *s.* **1** ⟨*Mil*⟩ fortificazione *f* improvvisata (di media altezza). **2** ⟨*Mar*⟩ parapetto *m* di murata (del castello di prua e del ponte di poppa).

breath [breθ] *s.* **1** fiato *m*, respiro *m*: *to lose one's* ~ rimanere senza fiato. **2** (*act of breathing*) respiro *m*, respirazione *f*: *to fight to one's last* ~ lottare fino all'ultimo respiro. **3** ⟨*fig*⟩ (*spirit, life*) vitalità *f*, anima *f*, spirito *m*. **4** ⟨*fig*⟩ (*respite*) respiro *m*, tregua *f*: *give me some* ~ dammi un po' di respiro; (*instant*) attimo *m*, istante *m*: *in the same* ~ nello stesso istante. **5** (*breeze*) soffio *m*, alito *m* (di vento), ⟨*fam*⟩ filo *m*: *there was not a* ~ *of air* non c'era un filo d'aria. **6** (*whisper*) sussurro *m*, mormorio *m*. **7** ⟨*fig*⟩ (*light stain*) sospetto *m*, diceria *f*, ombra *f*. □ *to take s.o's* ~ **away** togliere il fiato a qd., lasciare qd. senza fiato; *to take a* **deep** ~ respirare profondamente; *to hold one's* ~ trattenere il respiro; **out** *of* ~ senza fiato; *to waste one's* ~ sprecare il fiato.

breathable ['briːðəbl] *a.* respirabile.

breathalyze ['breθəlaiz] *v.t.* sottoporre all'alcoltest. **breathalyzer** [-ə] *s.* alcoltest *m*.

breathe [briːð] **I** *v.i.* **1** respirare: *to* ~ *deeply* respirare profondamente. **2** ⟨*fig*⟩ (*to pause, rest*) prendere fiato, respirare. **3** (*of winds*) spirare, soffiare, alitare. **4** ⟨*fig*⟩ (*to live, exist*) vivere, esistere, esserci. **5** ⟨*fig*⟩ (*to emanate*) emanare, trapelare, diffondersi. **6** (*to smell of*) odorare, profumare, olezzare (*of di*): *she –d of roses* olezzava di rose. **7** ⟨*Fon*⟩ aspirare. **8** ⟨*tecn*⟩ respirare: *leather must be allowed to* ~ il cuoio deve poter respirare. **II** *v.t.* **1**

respirare. **2** (*to let breathe*) far riprendere fiato a, far riposare: *to* ~ *a horse* far riposare un cavallo. **3** (*to whisper*) mormorare, sussurrare. **4** (*to evince*) dimostrare, manifestare. **5** (*to infuse*) infondere, ispirare, trasfondere: *to* ~ *life into a party* ⌐infondere vita a¬ (*o* animare) una festa. □ *to* ~ **again** sentirsi sollevato; *to* ~ **easily** (*o* *freely*) respirare (liberamente); ⟨*fig*⟩ = *to breathe* **again**; *to* ~ **hard** respirare ⌐con difficoltà¬ (*o* male); *to* ~ **in** inspirare, aspirare; ⟨*fig*⟩ *to* ~ **down** *s.o.'s* **neck** stare addosso a qd.; *to* ~ **out** espirare; *to* ~ **short** ansimare, avere il fiato corto; *to* ~ *a* **sigh** sospirare, emettere un sospiro; *don't* ~ *a* **word** *of this to anyone* non far parola di questo con nessuno.

breathed [briːðd, breθt] *a.* **1** (nei composti) dall'alito ...: *foul-*~ dall'alito cattivo. **2** ⟨*Fon*⟩ (*of a vowel*) aspirato; (*of a consonant*) sordo.

breather ['briːðə] *s.* **1** chi respira. **2** (*pause, rest*) attimo *m* di respiro, pausa *f*: *to take a* ~ prendersi un attimo di respiro, fare una pausa. **3** (*spell of exercise*) intenso esercizio *m* fisico. **4** ⟨*tecn*⟩ sfiatatoio *m*. **breathing** [-ðiŋ] **I** *s.* **1** respirazione *f*. **2** (*single breath*) respiro *m*. **3** ⟨*Ling*⟩ aspirazione *f*. **II** *a.* **1** che respira. **2** (*living*) che è (*o* sembra) vivo: *a* ~ *statue* una statua che sembra viva.

breathing| space, ~ **spell**, ~ **time** *s.* respiro *m*, attimo *m* di tregua (*o* respiro), pausa *f*, momento *m* di sosta.

breathless ['breθlis] *a.* **1** senza respiro (*o* fiato), ansante, ansimante. **2** (*dead*) morto, senza vita. **3** (*holding one's breath*) che tratteneva il respiro: *she* ~ *with fear* tratteneva il respiro per la paura. **4** (*windless*) senza un alito di vento, soffocante, afoso. **breathlessly** [-li] *avv.* **1** affannosamente. **2** ⟨*fig*⟩ con il fiato sospeso. **breathlessness** [-nis] *s.* **1** affanno *m*. **2** ⟨*Med*⟩ dispnea *f*.

breath| taking *a.* **1** da togliere il respiro, da far restare senza fiato. **2** (*exciting*) elettrizzante, eccitante, che mozza il fiato. ~**-test** *v.t.* → breathalyze. ~ **test** *s* prova *f* ⌐dell'alcool¬ (*o* del palloncino).

breccia ['bretʃiə] *s.* ⟨*Geol*⟩ breccia *f*.

bred [bred] → **breed**[1].

breech [briːtʃ] **I** *s.* **1** (*hind part: of the body*) deretano *m*, sedere *m*; (*of anything*) parte *f* posteriore, didietro *m*. **2** ⟨*Artigl*⟩ culatta *f*. **3** ⟨*tecn*⟩ (*of a pulley*) parte *f* terminale. **II** *v.t.* **1** ⟨*Artigl*⟩ fornire di culatta. **2** (*to clothe with breeches*) mettere i calzoni a.

breech| birth *s.* → breech delivery. ~ **block** *s.* ⟨*Artigl*⟩ otturatore *m*. ~ **delivery** *s.* ⟨*Med*⟩ parto *m* podalico.

breeches ['britʃiz] *s.pl.* **1** calzoni *mpl* corti, calzoni alla zuava. **2** (*riding breeches*) calzoni *mpl* alla cavallerizza. **3** ⟨*fam*⟩ (*trousers*) calzoni *mpl*, pantaloni *mpl*. □ ⟨*fig*⟩ *to get too big for one's* ~ gonfiarsi, insuperbirsi; ⟨*fig*⟩ *to wear the* ~ (*of a wife*) portare i calzoni.

breeches buoy *s.* ⟨*Mar*⟩ salvagente *m* a calzone.

breeching ['britʃiŋ] *s.* **1** (*of a harness*) imbraca *f*. **2** ⟨*tecn*⟩ collettore *m*. **3** ⟨*Mar*⟩ imbracatura *f* (di cannone).

breechless ['britʃlis] *a.* **1** ⟨*Artigl*⟩ senza culatta. **2** (*of a person*) senza calzoni.

breech| loader *s.* ⟨*Artigl*⟩ arma *f* da fuoco a retrocarica. ~ **presentation** *s.* ⟨*Med*⟩ presentazione *f* podalica.

breed[1] [briːd] *v.* (*pret., p.p.* **bred** [bred]) **I** *v.t.* **1** generare, procreare. **2** (*of people: to bring up*) allevare, educare, tirare su. **3** ⟨*fig*⟩ (*to produce*) generare, causare, produrre: *violence –s violence* violenza genera violenza. **4** ⟨*fig*⟩ (*to be the source of*) essere fonte (*o* il luogo d'origine) di: *stagnant water –s mosquitoes* l'acqua stagnante è fonte di zanzare. **5** ⟨*Zootecn*⟩ (*to raise*) allevare: *to* ~ *cattle* allevare bestiame; (*to mate*) accoppiare. **6** ⟨*Agr*⟩ riprodurre; (*to improve by selection*) selezionare: *to* ~ *roses* selezionare rose. **II** *v.i.* **1** riprodursi, figliare: *sheep* ~ *in the spring* le pecore si riproducono in primavera. **2** ⟨*fig*⟩ (*to be produced*) nascere, avere origine. **3** ⟨*fig*⟩ (*to develop*) svilupparsi, aumentare, propagarsi. □ *bred in the* **bone** inculcato profondamente, insito, innato; **born** *and bred in London* nato e cresciuto a Londra; ⟨*fam*⟩ *to* ~ *like flies* (*o* *rabbits*) essere prolifici come i conigli; *he bred his son to the Church* avviò (*o* destinò) il figlio alla carriera ecclesiastica. *Prov: what's bred in the bone will come out in the flesh* buon sangue non mente.

breed[2] *s.* **1** razza *f,* stirpe *f,* discendenza *f.* **2** (*of domestic animals*) razza *f;* (*of plants*) famiglia *f,* varietà *f,* specie *f.* **3** ⟨*fig*⟩ tipo *m,* genere *m,* specie *f: a new ~ of scientists* un nuovo genere di scienziati.

breeder ['bri:də] *s.* **1** ⟨*Zootecn*⟩ allevatore *m* (*f* –trice). **2** (*of plants*) orticoltore *m* (*f* –trice), frutticoltore *m* (*f* –trice); (*of flowers*) floricoltore *m* (*f* –trice). **3** (*animal*) riproduttore *m,* animale *m* da riproduzione; (*plant*) pianta *f* da riproduzione. **4** → **breeder pile.**

breeder| pile, ~ reactor *s.* ⟨*Atom*⟩ reattore *m* autofertilizzante.

breeding ['bri:diŋ] *s.* **1** il figliare, il partorire. **2** ⟨*fig*⟩ educazione *f,* formazione *f;* (*good manners*) buona educazione *f,* buone maniere *fpl: the girl lacks ~* la ragazza manca di buone maniere. **3** ⟨*Zootecn*⟩ allevamento *m.* **4** ⟨*Agr*⟩ selettocoltura *f.* □ *bad* (o *ill*) *~* cattive maniere, mancanza *f* di educazione; *good ~* buone maniere, saper vivere.

breeding| ground, ~ place *s.* **1** luogo *m* di cova. **2** ⟨*fig*⟩ terreno *m* fertile. **~ stock** *s.* ⟨*Zootecn*⟩ animali *mpl* da riproduzione.

breeze[1] [bri:z] *s.* **1** brezza *f,* venticello *m.* **2** ⟨*fam*⟩ (*quarrel*) lite *f,* alterco *m.* **3** ⟨*am.fam*⟩ (*easy task*) sciocchezza *f,* cosa *f* da nulla.

breeze[2] *v.i. impers.* (*to blow gently*) soffiare, spirare, tirare. □ ⟨*fam*⟩ *to ~* **in:** 1 arrivare inaspettatamente; 2 (*to win easily*) vincere con facilità; *to ~* **out** andarsene senza preavviso; *to ~* **through** superare facilmente; *to ~ through a book* dare una scorsa a un libro; *to ~* **up** (*of the wind*) rinfrescare.

breeze[3] *s.* **1** (*cinders*) cenere *f* (di carbone). **2** ⟨*Edil*⟩ scorie *fpl* di coke (o carbone di legna). **3** ⟨*Met*⟩ scorie *fpl* di fornace.

breezeless ['bri:zlis] *a.* senza brezza, afoso. **breeziness** [–zinis] *s.* **1** ariosità *f,* ventilazione *f.* **2** ⟨*fig*⟩ brio *m,* spigliatezza *f,* vivacità *f,* disinvoltura *f.* **breezy** [–zi] *a.* **1** arieggiato, ventilato; (*windy*) ventoso. **2** ⟨*fam*⟩ (*brisk, fresh*) spigliato, vivace, disinvolto.

Bremen ['breimən] *N.pr.* ⟨*Geog*⟩ Brema *f.*

Bren (gun) [bren] *s.* ⟨*Artigl*⟩ fucile *m* mitragliatore, mitra *m* Bren.

brent (goose) [brent] *s.irr.* ⟨*Ornit*⟩ (*brant*) oca *f* colombaccio.

br'er *am.* [brə:] *s.* ⟨*dial*⟩ (*brother*) fratello *m.*

Breslau ['brezlau] *N.pr.* ⟨*Geog*⟩ Breslavia *f.*

bressummer ['bresəmə] *s.* → **breastsummer.**

brethren ['breðrin] → **brother.**

Breton ['bretən] **I** *a.* bretone. **II** *s.* **1** bretone *m/f.* **2** (*language*) lingua *f* bretone, bretone *m.*

brev. = **1** *brevet* brevetto. **2** *brevier* corpo 8.

breve [bri:v] *s.* **1** ⟨*Tip*⟩ segno *m* di vocale breve. **2** ⟨*Mus*⟩ breve *f.* **3** (*an authorizing letter: of kings or Popes*) breve *m.*

brevet ['brevit, *am.* brə'vet] **I** *s.* **1** ⟨*Mil*⟩ promozione *f* onoraria, grado *m* onorario. **2** (*official document*) decreto *m* di nomina, brevetto *m.* **II** *v.t.* (*pret., p.p.* **-ted /-tted** [–id]) conferire una promozione (o carica) onoraria a.

breviary ['bri:viəri] *s.* ⟨*Rel*⟩ breviario *m.*

brevier [brə'viə] *s.* ⟨*Tip*⟩ corpo 8.

brevity ['breviti] *s.* **1** brevità *f.* **2** (*terseness*) concisione *f,* brevità *f.*

brew [bru:] **I** *v.t.* **1** (*of beer, etc.*) fare (mediante fermentazione). **2** (*to prepare*) preparare, mettere in infusione: *to ~ tea* preparare il tè. **3** ⟨*fig*⟩ macchinare, tramare, architettare: *to ~ a plot* tramare una congiura. **II** *v.i.* **1** (*of beer, etc.*) fermentare, essere in fermentazione. **2** (*of tea, etc.*) essere in infusione. **3** ⟨*fig*⟩ prepararsi, ⟨*fam*⟩ bollire in pentola: *s.th. is –ing* qc. bolle in pentola; (*of a storm*) essere nell'aria, addensarsi. **III** *s.* **1** → **brewing. 2** (*hot beverage*) infuso *m,* tisana *f,* decotto *m.* **3** (*concoction*) mistura *f,* miscuglio *m.* **'brewage** [–idʒ] *s.* **1** bevanda *f* fermentata. **2** (*infusion*) infuso *m.* **'brewer** [–ə] *s.* **1** fabbricante *m/f* di birra. **2** (*worker*) birraio *m* (*f* –a). **3** ⟨*fig*⟩ macchinatore *m* (*f* –trice), intrigante *m/f.*

brewer's yeast ['bru:əz] *s.* lievito *m* di birra.

brewery ['bru:əri] *s.* fabbrica *f* di birra. **brewing** ['bru:iŋ] *s.* **1** (*act*) preparazione *f* della birra; (*process*)

fermentazione *f.* **2** (*quantity*) quantità *f* di bevanda preparata in un solo processo.

Brian ['braiən] *N.pr.* Brian *m.*

briar *s.* → **brier.**

briar| root, ~ wood *s.* → **brier root.**

bribability [ˌbraibə'biliti] *s.* corruttibilità *f.* **'bribable** [–bl] *a.* corruttibile, corrompibile. **bribe** [braib] **I** *s.* **1** dono *m* (o denaro) per corrompere, ⟨*fam*⟩ bustarella *f.* **2** (*inducement*) allettamento *m,* lusinga *f,* esca *f.* **II** *v.t.* corrompere, ⟨*fam*⟩ comprare. **2** (*to induce*) indurre, allettare, attirare. **'briber** [–bə] *s.* corruttore *m* (*f* –trice). **'bribery** [–bəri] *s.* corruzione *f.* □ *open to ~* corruttibile.

bric-à-brac ['brikəbræk] *s.* bric-à-brac *m,* anticaglie *fpl,* cianfrusaglie *fpl.*

brick[1] [brik] **I** *s.* **1** mattone *m,* laterizio *m.* **2** (*rectangular block*) barra *f,* mattonella *f: a ~ of gold* una barra d'oro. **3** (*child's toy*) blocchetto *m* (di legno per costruzioni). **4** ⟨*fam*⟩ (*good fellow*) brav'uomo *m,* persona *f* generosa (o ammodo). **II** *a.* di mattoni. □ ⟨*fam*⟩ *be a ~ and lend me a pound* sii bravo e prestami una sterlina; ⟨*fam*⟩ *to* **drop** *a ~* fare una gaffe; ⟨*am.sl*⟩ *to* **hit** *the* –s scioperare; ⟨*fig*⟩ *to* **make** –s *without straw:* 1 (*to act on a false premise*) fare i conti senza l'oste; 2 (*to make s.th. without the necessary materials*) fare miracoli; 3 (*to make s.th. which will not last*) costruire qc. sulla sabbia; *to* **swim** *like a ~* nuotare come una gatta di piombo; ⟨*fam*⟩ *to come down on s.o. like a* **ton** *of* –s scagliarsi contro qd.

brick[2] *v.t.* (spesso con *over*) rivestire di mattoni, ammattonare, mattonare. □ *to ~* **in** (o *up*) murare, chiudere con mattoni.

brick|bat *s.* **1** frammento *m* (o pezzo) di mattone. **2** ⟨*fig*⟩ critica *f* negativa, frecciata *f.* **~ cheese** *am. s.* ⟨*Gastr*⟩ qualità *f* di formaggio. **~ clay** *s.* argilla *f* (o terra) per mattoni. **~ dust** *s.* polvere *f* di mattoni. **~ earth** *s.* → **brick clay.** **~-field** *s.* → **brickyard.** **~ hammer** *s.* martello *m* (o mazzuola *f*) da muratore. **~ kiln** *s.* fornace *f* (o forno *m*) per mattoni. **~layer** *s.* muratore *m.* **~laying** *s.* muratura *f.* **~maker** *s.* mattonaio *m.* **~making** *s.* fabbricazione *f* di mattoni. **'~-'red** *s.* rosso *m* mattone. **~ wall** *s.* muro *m* di mattoni. **~work** *s.* muratura *f* in mattoni, ammattonato *m.*

bricky ['briki] *a.* **1** di mattoni. **2** (*like brick*) simile a mattone.

brickyard ['brikjɑ:d] *s.* fabbrica *f* di mattoni, mattonificio *m.*

bricole [bri'koul] *s.* **1** ⟨*Sport*⟩ (*in billiards*) tiro *m* di sponda (o rimbalzo). **2** ⟨*Artigl,ant*⟩ (*harness worn by men*) cinghia *f,* sopraspalla *f.*

bridal ['braidl] **I** *a.* **1** nuziale. **2** (*of a bride*) della sposa. **II** *s.* **1** (*poet*) sposalizio *m,* nozze *fpl.* **2** (*wedding feast*) banchetto *m* nuziale.

bridal| cake *s.* torta *f* nuziale. **~ gown** *s.* abito *m* nuziale (o da sposa). **~ party** *s.* la sposa e il suo seguito. **~ veil** *s.* velo *m* nuziale.

bride[1] [braid] *s.* **1** (*newly married*) sposa *f* (novella), ⟨*fam*⟩ sposina *f;* (*about to be married*) promessa sposa *f* (sul punto di sposarsi). **2** ⟨*Rel*⟩ monaca *f,* suora *f.* □ *~ of Christ* sposa *f* di Cristo.

bride[2] *s.* **1** (*in lace making*) punto *m* tulle. **2** (*bonnet string*) laccio *m* di cappellino (che si annoda sotto il mento).

bridegroom ['braidgru:m] *s.* (*newly married*) sposo *m* (novello); (*about to be married*) promesso sposo *m* (sul punto di sposarsi).

bridesmaid ['braidzmeid] *s.* damigella *f* d'onore (della sposa).

bridewell ['braidwəl] *s.* ⟨*fam*⟩ **1** casa *f* di correzione, correzionale *m,* riformatorio *m.* **2** (*prison*) prigione *f,* carcere *m.*

bridge[1] [bridʒ] **I** *s.* **1** ponte *m* (*anche fig.*). **2** ⟨*Mar*⟩ ponte *m* di comando, plancia *f;* (*gangway*) passerella *f,* ponticello *m* (di sbarco). **3** (*of the nose*) dorso *m* nasale, ⟨*fam*⟩ gobba *f.* **4** (*of spectacles*) ponte *m,* cavalletto *m.* **5** ⟨*Mus*⟩ (*of an instrument*) ponticello *m;* (*bridge passage*) raccordo *m,* passaggio *m* di collegamento. **6** ⟨*Dent,Ginn*⟩ ponte *m.* **7** (*in billiards*) ponte *m.* **8** ⟨*Rad,TV*⟩

intermezzo *m,* intervallo *m.* **II** *v.t.* **1** fare un ponte su, collegare (con un ponte): *to ~ a river* fare un ponte su un fiume. **2** ⟨*fig*⟩ superare, colmare. **3** ⟨*El*⟩ collegare. □ *~ of boats* ponte *m* di barche; ⟨*fig*⟩ *to burn one's ~s* (*behind one*) bruciarsi (*o* tagliarsi) i ponti alle spalle; ⟨*fig*⟩ *to ~ a gap* colmare una lacuna; *~ of sighs* ponte *m* dei sospiri. *Prov.: don't cross your ~s till you come to them* non fare il passo più lungo della gamba.
bridge² *s.* (*card game*) bridge *m.*
bridged ['brid3d] *a.* provvisto di ponte.
bridge| deck *s.* ⟨*Mar*⟩ **1** ponte *m* del cassetto centrale. **2** (*navigating bridge deck*) ponte *m* di comando, plancia *f.* **~ drive** *s.* torneo *m* bridgistico. **~head** *s.* **1** ⟨*Mil*⟩ testa *f* di ponte (*o* sbarco). **2** ⟨*fig*⟩ caposaldo *m.* **~house** *s.* ⟨*Mar*⟩ tuga *f.* **~ player** *s.* bridgista *m/f.*
Bridget ['brid3it] *N.pr.* Brigida *f.*
bridge| train *s.* ⟨*Mil*⟩ reparto *m* di pontieri. **~ trolley** *s.* ⟨*Mecc*⟩ ponte *m* mobile.
bridging loan ['brid3iŋ] *s.* ⟨*Econ*⟩ prestito *m* temporaneo.
bridle ['braidl] **I** *s.* **1** (*of a horse*) briglia *f.* **2** ⟨*fig*⟩ briglia *f,* freno *m.* **3** ⟨*Mecc*⟩ briglia *f,* cravatta *f.* **4** ⟨*Mar*⟩ cima *f* di ormeggio. **5** ⟨*Anat*⟩ frenulo *m.* **II** *v.t.* **1** imbrigliare, mettere le briglie a. **2** ⟨*fig*⟩ imbrigliare, tenere a freno, mettere sotto controllo. **III** *v.i.* risentirsi, indignarsi, inalberarsi (*at, against* per, a). □ *to give a horse the ~* allentare (*o* dare) la briglia a un cavallo.
bridle| bit *s.* morso *m.* **~ hand** *s.* mano *f* sinistra. **~-path** *s.* → bridle road. **~ rein** *s.* redini *fpl.* **~ road, ~ way** *s.* **1** pista *f* per cavalli. **2** (*trail*) mulattiera *f.* **~-wise** *a.* obbediente alla briglia.
bridoon [bri'du:n] *s.* redini *fpl* e morso.
brief [bri:f] **I** *a.* **1** breve, corto: *a ~ visit* una breve visita. **2** (*concise*) conciso, breve, succinto. **3** (*curt*) brusco, secco. **II** *s.* **1** compendio *m,* riassunto *m,* sunto *m.* **2** ⟨*giorn*⟩ breve *f,* trafiletto *m.* **3** ⟨*Dir*⟩ (*memorandum*) memoriale *m;* (*written argument*) memoria *f,* comparsa *f.* **4** *pl.* (*underpants*) slip *mpl,* mutande *fpl;* (*for women*) mutandine *fpl.* **5** (*set of instructions*) istruzioni *fpl,* direttive *fpl.* **6** ⟨*Aer.mil*⟩ piano *m* di volo, istruzioni *fpl.* **7** (*papal letter*) breve *m.* **III** *v.t.* **1** riassumere, fare un sunto di. **2** (*to give instructions to*) dare (*o* impartire) istruzioni a: *to ~ the men before an attack* dare istruzioni agli uomini prima di un attacco. **3** ⟨*Dir*⟩ (*to retain*) riservarsi, impegnare: *to ~ a lawyer* impegnare un avvocato. □ *to be ~ with s.o.* sbrigare qd. con poche parole; ⟨*Dir*⟩ *to hold a ~ for* patrocinare, perorare la causa di; *in ~* in breve, in poche parole, per farla breve; ⟨*Dir*⟩ *to take a ~* accettare di difendere (*o* patrocinare) una causa; ⟨*am.Dir*⟩ *~ of title* estratto *m* catastale.
brief| bag, ~ case *s.* borsa *f,* cartella *f.*
briefing ['bri:fiŋ] *s.* **1** istruzioni *fpl,* disposizioni *fpl.* **2** ⟨*Aer.mil*⟩ istruzioni *fpl* di volo.
briefless ['bri:flis] *a.* **1** senza istruzioni. **2** (*of a lawyer*) senza clienti, senza cause. **briefly** [-li] *avv.* **1** (*in brief*) brevemente, in breve. **2** (*for a short time*) per breve tempo, per poco. **briefness** [-fnis] *s.* brevità *f,* concisione *f.*
brier ['braiə] *s.* **1** spineto *m,* roveto *m,* prunaio *m.* **2** (*prickly twig*) tralcio *m* spinoso. **3** ⟨*Bot*⟩ erica *f* arborea. **4** (*pipe*) pipa *f* di radica. **5** (*rose*) rosa *f* selvatica (*o* canina).
brier| root, ~ wood *s.* **1** radica *f.* **2** (*pipe*) pipa *f* di radica.
brig [brig] *s.* → brigantine.
Brig. = **1** *Brigade* brigata. **2** *Brigadier* generale di brigata.
brigade [bri'geid] **I** *s.* **1** ⟨*Mil*⟩ brigata *f.* **2** (*large body of troops*) armata *f.* **3** (*group*) associazione *f,* corpo *m: the fire ~* il corpo dei vigili del fuoco. **II** *v.t.* costituire in brigata.
brigadier, am. brigadier general [,brigə'diə] *s.* ⟨*Mil*⟩ generale *m* di brigata.
brigand ['brigənd] *s.* brigante *m,* bandito *m.* **brigandage** [-id3] *s.* brigantaggio *m,* banditismo *m.* **brigandism** [-iʃ] *a.* brigantesco, banditesco. **brigandism** [-izəm] *s.* → brigandage.

brigantine ['brigənti:n] *s.* ⟨*Mar*⟩ brigantino *m.*
Brig. Gen. = ⟨*am.Mil*⟩ *Brigadier General* generale di brigata.
bright [brait] **I** *a.* **1** luminoso, splendente, radioso, brillante: *a ~ sun* un sole splendente. **2** (*filled with light*) luminoso, pieno di luce, illuminato. **3** (*of colours*) brillante, vivo, vivace, acceso. **4** (*of liquids*) limpido, chiaro, trasparente. **5** ⟨*fig*⟩ (*glorious*) glorioso, illustre, splendido: *the ~est period in our history* il più glorioso periodo della nostra storia. **6** ⟨*fig*⟩ (*intelligent, quick*) intelligente, sveglio, perspicace, acuto: *a ~ young man* un giovanotto sveglio; *a ~ remark* un'osservazione acuta. **7** ⟨*fig*⟩ (*cheerful*) vivace allegro, brioso. **8** (*happy*) radioso, raggiante, felice: *a ~ face* un viso raggiante. **9** ⟨*fig*⟩ (*promising*) brillante, promettente: *a ~ future* un avvenire brillante. **10** (*glossy*) lucido: *~ leather* cuoio lucido. **II** *s.pl.* ⟨*am.Aut*⟩ fari *mpl* abbaglianti, abbaglianti *mpl.* **III** *avv.* **1** luminosamente, brillantemente. **2** (*cheerfully*) allegramente, briosamente. □ *~-eyed* dagli occhi luminosi; ⟨*fig*⟩ *to look on the ~ side* vedere tutto rosa; ⟨*Met*⟩ *~ steel* acciaio (ricotto) lucido; *to be up ~ and early* alzarsi di buon mattino.
brighten ['braitn] **I** *v.t.* **1** far brillare, lucidare. **2** ⟨*fig*⟩ (*to make illustrious*) dare lustro a, rendere illustre. **3** ⟨*fig*⟩ (*to enliven*) spesso con *up*) ravvivare, rianimare, rallegrare. **II** *v.i.* **1** illuminarsi, diventare (più) luminoso: *his face ~ed* il suo viso s'illuminò. **2** (*of the sky*) rischiararsi, schiarirsi. **3** ⟨*fig*⟩ (*to become lively, cheerful;* spesso con *up*) animarsi, ravvivarsi. **4** ⟨*fig*⟩ (*to improve*) migliorare, rischiararsi: *prospects are ~ing* le prospettive migliorano.
brightness ['braitnis] *s.* **1** luminosità *f,* lucentezza *f,* splendore *m.* **2** ⟨*fig*⟩ (*splendour*) grandezza *f,* gloria *f.* **3** (*acuteness*) intelligenza *f* pronta, acume *m.* **4** (*vivacity*) allegrezza *f,* vivacità *f.* **5** ⟨*tecn*⟩ luminosità *f.*
brightness control *s.* ⟨*TV*⟩ regolatore *m* di luminosità.
Brigid ['brid3id] *N.pr.* Brigida *f.*
brill [bril] *s.* ⟨*Itt*⟩ rombo *m* liscio.
brilliance ['briljəns], **brilliancy** [-i] *s.* **1** luminosità *f,* splendore *m,* fulgore *m.* **2** ⟨*fig*⟩ (*intelligence, talent*) genialità *f,* eccezionalità *f,* talento *m.* **3** ⟨*TV*⟩ luminosità *f.* **4** ⟨*Mus*⟩ intensità *f* (di tono).
brilliant ['briljənt] **I** *a.* **1** brillante, lucente, splendente, luminoso. **2** ⟨*fig*⟩ (*striking*) brillante, fulgido, magnifico: *a ~ career* una carriera brillante. **3** ⟨*fig*⟩ (*talented*) di talento, geniale, illustre. **4** (*of colours*) brillante, vivo, vivace, acceso. **II** *s.* **1** (*in jewelry*) brillante *m.* **2** ⟨*Tip*⟩ corpo *m* 3 e mezzo.
brilliantine [,briljən'ti:n] *s.* brillantina *f.*
brim [brim] **I** *s.* **1** orlo *m,* bordo *m: the ~ of the crater* l'orlo del cratere. **2** (*of a hat*) falda *f,* tesa *f,* ala *f.* **II** *v.i.* (*pret., p.p.* brimmed [-d]) essere pieno fino all'orlo, essere colmo (*with* di); (*to become full*) riempirsi, colmarsi (di): *her eyes ~med with tears* i suoi occhi si riempirono di lacrime. □ *to ~ over:* 1 (*to overflow*) traboccare; 2 ⟨*fig*⟩ traboccare (*with* di), sprizzare (qc.).
brimful ['brimful] *a.* pieno, ricolmo, traboccante (*anche fig.*). **brimless** [-mləs] *a.* **1** senza bordo (*o* orlo). **2** (*of a hat*) senza falda (*o* tesa). **brimmed** [brimd] *a.* (nei composti) **1** con bordo (*o* orlo). **2** (*of a hat*) con (*o* a) tesa ..., con (*o* a) falda ...: *a broad-~ hat* un cappello a larghe tese¹ (*o* dall'ampia falda). **brimmer** [-mə] *s.* bicchiere *m* (*o* recipiente) colmo.
brimstone ['brimstən, *am.* 'brimstoun] *s.* zolfo *m.*
brindle ['brindl] **I** *s.* **1** grigio *m* pezzato (*o* striato), fulvo *m* pezzato (*o* striato). **2** (*animal*) animale *m* dal mantello pezzato (*o* striato). **II** *a.* → brindled**: brindled** [-d] *a.* pezzato, striato.
brine [brain] **I** *s.* **1** acqua *f* salata (*o* salmastra). **2** ⟨*Gastr*⟩ salamoia *f.* **3** ⟨*Chim*⟩ soluzione *f* salina. **4** ⟨*poet*⟩ ⟨*sea*⟩ mare *m;* (*seawater*) acqua *f* di mare. **5** ⟨*ant*⟩ (*tears*) lacrime *fpl.* **II** *v.t.* ⟨*Gastr*⟩ mettere in salamoia.
brine| pan *s.* recipiente *m* di ferro per ricevere il sale dall'acqua. **~ pit** *s.* ⟨*Geol*⟩ salina *f.*
bring [briŋ] *v.t.* (*pret., p.p.* brought [brɔ:t]) **1** portare: *will you ~ me my book?* vuoi portarmi il mio libro?; (*of a person*) condurre, portare: *he brought his brother to my office* portò suo fratello nel mio ufficio. **2** (*to cause to*

come) apportare, procurare, attirare: *he brought honour to his family* ha apportato onore alla sua famiglia. **3** (*to persuade, lead*) indurre, persuadere, fare. **4** (*rifl*) (*to decide*) decidersi, risolversi: *I couldn't ~ myself to do it* non seppi decidermi a farlo; (*to succeed*) riuscire, rassegnarsi: *I can't ~ myself to believe it* non riesco a crederci. **5** (*to cause to occur, produce*) portare, causare, produrre: *war –s nothing but bereavements* la guerra causa solo lutti. **6** (*to sell for*) rendere, fruttare: *antiques ~ a good price* gli oggetti di antiquariato fruttano un buon guadagno. **7** (*Dir*) intentare, promuovere, proporre: *to ~ a legal action* promuovere un'azione legale, intentare una causa. □ *to ~* **about:** 1 effettuare, essere la causa di, operare, determinare: *to ~ about changes* effettuare dei cambiamenti; 2 (*Mar*) invertire la rotta di; *to ~* **along** portare (*o* condurre) con sé; *to ~ s.th. to s.o.'s attention* far notare qc. a qd.; *to ~* **back:** 1 riportare, restituire; 2 (*to call to mind*) richiamare alla memoria, ricordare; *to ~* *to bear* esercitare, mettere in azione (*o* opera), fare uso di; *to ~* **down:** 1 ridurre, far calare, abbassare: *to ~ down prices* abbassare i prezzi; 2 (*venat*) abbattere, uccidere; 3 (*Aer*) abbattere; 4 (*Comm*) (*to carry forward*) riportare; (*Teat*) *to ~ down the house* avere un eccezionale successo di pubblico, suscitare un'esplosione di applausi (*o* risate); *to ~* **forth:** 1 produrre, originare, causare; 2 (*to give birth*) dare alla luce, partorire; 3 (*to introduce*) proporre, presentare; *to ~* **forward:** 1 mettere in mostra, mostrare; 2 (*to introduce, adduce*) produrre, presentare, addurre: *to ~ forward a new argument* addurre un nuovo argomento; 3 (*Comm*) riportare; (*fig*) *to ~ s.th.* **home** *to s.o.* far comprendere (*o* sentire) qc. a qd.; *to ~* **in:** 1 fruttare, rendere; 2 (*to earn*) guadagnare; 3 (*Dir*) emettere, pronunciare, dichiarare: *the jury brought in a verdict of not guilty* la giuria emise un verdetto di non colpevolezza; *to ~ s.o. in guilty* dichiarare qd. colpevole; 4 (*Parl*) presentare: *to ~ in a bill* presentare un progetto di legge; 5 (*to introduce*) introdurre; *to ~* **into** *fashion* far diventare di moda; *that –s to* **mind** *a funny story* questo mi fa ricordare una storiella divertente; *to ~* **off:** 1 (riuscire a) portare a termine, riuscire a compiere; 2 (*to rescue*) salvare, mettere in salvo; *to ~* **on:** 1 provocare, causare, essere causa di: *to ~ on a crisis* provocare una crisi; 2 (*to cause to appear*) introdurre, far entrare; *to ~* **out:** 1 portare alla luce, mettere in evidenza, rivelare: *the job brought out his fine qualities* il lavoro mise in evidenza le sue ottime qualità; 2 (*to explain*) chiarire, spiegare, illustrare: *to ~ out the meaning of a passage* spiegare il significato di un brano; 3 (*to market*) lanciare; 4 (*Edit*) pubblicare, dare alle stampe; 5 (*to introduce socially*) presentare in società; 6 (*to utter*) pronunciare, dire; *to ~* **over:** 1 portare (*o* condurre) con sé; 2 (*to convert*) far cambiare idea a, convincere; *to ~* **to** *pass* far accadere, causare; *to ~* **round:** 1 convincere, persuadere, indurre: *I brought him round to my way of thinking* lo indussi a darmi ragione; 2 (*to revive*) far riprendere i sensi, far rinvenire; 3 (*of a visitor*) portare con sé, (*fam*) portarsi dietro; 4 (*to divert*) portare, deviare: *she brought the discussion round to her favourite topic* portò la discussione sul suo argomento preferito; *to ~ s.o. to his* **senses** richiamare qd. alla ragione, far rinsavire qd.; *to ~* **through** salvare, far superare una malattia a; *to ~* **to:** 1 (*Mar*) fermare, (far) arrestare; 2 (*to revive*) far riprendere i sensi, far rinvenire; *to ~* **together** mettere insieme, riunire; *to ~* **under:** 1 reprimere, domare; (*of persons*) ridurre all'obbedienza, sottomettere; 2 (*to include*) includere, comprendere; *to ~* **up:** 1 allevare, educare, tirar su: *to ~ up one's children* tirar su i figli; 2 (*to introduce*) introdurre nella conversazione, proporre, (*fam*) tirare in ballo; 3 (*to cause to stop suddenly*) arrestare (*o* fermare) di colpo, bloccare; 4 (*Mar*) dare fondo all'ancora, fermare una nave; 5 (*to vomit*) vomitare, rigettare; (*Mil*) *to ~ up the rear* essere alla retroguardia.

bringdown ['briŋdaun] *s.* (*fam*) delusione *f,* doccia *f* fredda.

bringer ['briŋə] *s.* portatore *m* (*f* –trice), latore *m* (*f* –trice).

'bringing-'up ['briŋiŋ] *s.* allevamento *m* (*o* educazione *f*)

dei figli.

brininess ['braininis] *s.* salinità *f.* **brinish** [–niʃ] *a.* salmastro.

brink [briŋk] *s.* **1** orlo *m,* bordo *m: the ~ of a precipice* l'orlo di un precipizio. **2** (*bank*) sponda *f,* riva *f.* **3** (*fig*) orlo *m,* punto *m: on the ~ of ruin* sull'orlo della rovina. □ *to be on the ~ of doing s.th.* essere sul punto di fare qc.; (*fig*) *to be on the ~ of the grave* avere un piede nella fossa; *to shiver on the ~* esitare a tuffarsi. **'brinkmanship** [–mənʃip] *s.* (*Pol*) politica *f* del rischio calcolato.

briny ['braini] **I** *a.* salato, salmastro. **II** *s.* (*sl*) (*sea*) mare *m.*

brioche *fr.* ['bri:oʃ] *s.* brioche *f.*

briony *s.* → **bryony.**

briquet(te) [bri'ket] *s.* bricchetta *f,* bricchetto *m.*

brisk [brisk] **I** *a.* **1** svelto, vivace: *a ~ walk* un'andatura svelta. **2** (*of people*) attivo, vivace, vispo: *a ~ old lady* una vecchietta vivace. **3** (*of weather*) frizzante, fresco. **4** (*of drinks*) frizzante, effervescente. **5** (*Comm*) attivo, intenso, animato: *~ trade* commercio attivo. **II** *v.t.* (general. con *up*) ravvivare, animare. **III** *v.i.* (general. con *up*) sveltirsi, diventare attivo (*o* energico).

brisket ['briskit] *s.* (*Macell*) punta *f* (*o* spicchio *m*) di petto.

briskness ['brisknis] *s.* vivacità *f;* (*quickness*) sveltezza *f.*

brisling ['brisliŋ] *s.* (*Itt*) spratto *m,* sarda *f.*

bristle ['brisl] **I** *s.* setola *f.* **II** *v.i.* **1** (*of hair*) rizzarsi. **2** (*of an animal;* spesso con *up*) arruffare (*o* rizzare) il pelo. **3** (*fig*) mostrare i denti, (*fam*) rizzare (*o* arruffare) il pelo. **4** (*fam*) (*to be full of*) essere pieno (*o* irto), pullulare (*with* di): *to ~ with difficulties* essere irto di difficoltà. **bristled** [–d], **bristly** [–i] *a.* setoloso, ispido, irsuto.

Bristol| board ['bristl] *s.* (*Cart*) cartoncino *m* bristol, bristol *m.* **~ Channel** *s.* (*Geog*) canale *m* di Bristol.

Brit. = 1 *Britain* Gran Bretagna. 2 *British* britannico.

Britain ['britn] *N.pr.* **1** (*Great Britain*) Gran Bretagna *f.* **2** (*in Roman times*) Britannia *f.* **Britannia** [–'tænjа] *s.* **1** Britannia *f,* impero *m* britannico. **2** → **Britain.** **Britannic** [–'tænik] *a.* britannico: *Her* (o *His*) *~ Majesty* Sua Maestà Britannica. **Briticism** [–tisizəm] *s.* (*Ling*) anglicismo *m,* anglismo *m.* **British** [–tiʃ] **I** *a.* **1** britannico. **2** (*of the ancient Britons*) britannico. **II** *s.* **1** (*collett*) popolo *m* britannico, inglesi *mpl.* **2** (*British English*) inglese *m* parlato in Inghilterra; (*Celtic*) bretone *m.*

British| Columbia *N.pr.* (*Geog*) Columbia *f* britannica. **~ Commonwealth (of Nations)** *N.pr.* Commonwealth *m* (britannico). **~ Empire** *s.* (*Stor*) Impero *m* britannico. **~ English** *s.* inglese *m* parlato in Inghilterra.

Britisher *am.* ['britiʃə] *s.* inglese *m/f.*

British Isles *N.pr.pl.* (*Geog*) Isole *fpl* britanniche.

Britishism *am.* ['britiʃizəm] *s.* → **Briticism.**

British| Legion *s.* associazione *f* dei militari in congedo. **~ Museum** *s.* Museo *m* britannico. **~ thermal unit** *s.* (*Fis*) unità *f* termica inglese. **~ warm** *s.* (corto) soprabito *m* militare.

Briton ['britn] *s.* **1** inglese *m/f.* **2** (*Celt*) britanno *m* (*f* –a).

Brittany ['britəni] *N.pr.* (*Geog*) Bretagna *f.*

brittle ['britl] *a.* **1** fragile. **2** (*fig*) (*frail*) fragile, precario, effimero: *~ promises* promesse precarie. **3** (*fig*) (*cold, calculating*) freddo, calcolatore. **4** (*Met*) fragile. □ (*Met*) *~ fracture* fragilità *f* alla rottura. **brittleness** [–nis] *s.* fragilità *f* (*anche fig.*).

broach [broutʃ] **I** *s.* **1** spiedo *m.* **2** (*for tapping casks*) spina *f.* **3** → **broach spire.** **4** (*Mecc*) broccia *f,* spina *f.* **5** (*Mur*) scalpello *m.* **II** *v.t.* **1** (*of a cask: to tap*) munire di spina, mettere la spina a. **2** (*to draw by tapping*) spillare: *to ~ beer from a barrel* spillare birra da un barile. **3** (*fig*) (*to introduce a topic, etc.*) introdurre, avanzare, toccare; (*to announce*) annunciare: *he –ed his plans for the next month* annunciò i suoi progetti per il mese successivo. **4** (*Mecc*) brocciare. **III** *v.i.* (*Mar*) (general. con *to*) straorzare.

broach spire s. ⟨Arch⟩ guglia f (ottagonale).
broad [brɔːd] **I** a. **1** largo: a ~ street una strada larga. **2** (spacious) ampio, vasto, spazioso: the ~ sea il vasto mare. **3** (clear, full) chiaro, aperto, pieno: in ~ daylight in pieno giorno. **4** (extensive) largo, ampio, vasto: a ~ basis for negotiations un'ampia base per il negoziato. **5** (liberal) largo, ampio, liberale: a man of ~ views un uomo di larghe vedute. **6** (general) generale: a ~ rule una regola generale; they achieved a ~ agreement raggiunsero un accordo generale. **7** (patent) chiaro, lampante, esplicito: a ~ hint una chiara allusione. **8** (coarse) volgare, triviale, scollacciato; (risqué) salace, piccante, spinto. **9** ⟨Ling⟩ forte, marcato, spiccato: a ~ Irish accent uno spiccato accento irlandese. **10** ⟨Fon⟩ aperto: a ~ A un'a aperta. **II** s. **1** parte f larga: the ~ of the hand la parte larga della mano. **2** (am.sl) (woman) donna f; (prostitute) prostituta f. **III** avv. completamente, del tutto: ~ awake completamente sveglio. □ ⟨fig⟩ it's as ~ as it's long è la stessa cosa; in ~ outline a grandi linee; in a ~ sense in senso lato.
broad|-backed a. dell'ampia schiena. **~band I** s. ⟨Rad⟩ banda f larga. **II** a. su banda larga: ~ communications comunicazioni su banda larga. **~ bean** s. ⟨Bot⟩ fava f. **~brim** s. **1** cappello m a tesa larga. **2** ⟨iron⟩ quacchero (f –a). **~-brush** a. incompleto, imperfetto.
broadcast[1] ['brɔːdkɑːst] v.irr. **I** v.t. **1** ⟨Rad⟩ radiodiffondere, trasmettere (per radio): the Queen ~ a message la regina ha trasmesso per radio un messaggio. **2** ⟨Agr⟩ seminare ⌈a spaglio⌉ (o alla volata), spargere. **3** (to spread about) spargere, diffondere. **II** v.i. **1** ⟨Rad⟩ trasmettere. **2** (to speak) parlare alla radio.
broadcast[2] **I** s. **1** ⟨Rad⟩ radiodiffusione f, trasmissione f radiofonica; (programme) programma m radiofonico. **2** ⟨Agr⟩ semina f ⌈a spaglio⌉ (o alla volata). **II** a. **1** ⟨Rad⟩ radiodiffuso, trasmesso per radio; (of broadcasting) radiofonico. **2** ⟨Agr⟩ sparso, disseminato. **III** avv. **1** ⟨Rad⟩ per radio, radiofonicamente. **2** ⟨Agr⟩ a spaglio, alla volata.
broadcast account s. ⟨Rad⟩ radiocronaca f.
broadcaster ['brɔːdkɑːstə, am. –kɑːstə] s. ⟨Rad⟩ (person) annunciatore m (f –trice); (company) società f di radiodiffusione. **broadcasting** [–stiŋ] s. **1** ⟨Rad⟩ radiodiffusione f. **2** ⟨Agr⟩ semina f ⌈a spaglio⌉ (o alla volata).
broadcasting| centre s. radiocentro m. **~ engineering** s. ⟨Rad⟩ radiotecnica f. **~ organization** s. organismo m di radiodiffusione. **~ station** s. stazione f radiotrasmittente. **~ studio** s. auditorio m radiofonico, sala f di trasmissione. **~ time** s. tempo m di trasmissione.
broadcast| listener s. radioascoltatore m (f –trice). **~ program(me)** s. programma m radiofonico. **~ receiver** s. ⟨Rad⟩ apparecchio m radioricevente. **~ seeder** s. ⟨Agr⟩ seminatrice f a spaglio. **~ sowing** s. semina f a spaglio. **~ studio** s. → broadcasting studio. **~ transmitter** s. trasmittente f.
Broad|-Church s. chiesa f lata (o latitudinaria). **~Churchman** [mən] s.irr. latitudinario m. **~cloth** s. ⟨Tess⟩ **1** tessuto m in doppia altezza. **2** (woollen fabric) tessuto m di lana pettinata.
broaden ['brɔːdn] **I** v.i. **1** allargarsi. **2** ⟨fig⟩ estendersi, allargarsi. **II** v.t. **1** allargare. **2** ⟨fig⟩ allargare, ampliare.
broad|-faced a. dal viso largo. **~ ga(u)ge** s. ⟨Ferr⟩ scartamento m largo. **~ jump** am. s. ⟨Sport⟩ salto m in lungo. **~loom (carpet)** s. tappeto m tessuto su telaio largo.
broadly ['brɔːdli] avv. **1** largamente, ampiamente. **2** ⟨fig⟩ in generale, in senso lato, generalmente: ~ speaking parlando in generale.
broad|-minded a. di larghe vedute, di mente aperta; (liberal) liberale, tollerante. **~-mindedness** s. larghezza f di vedute; (liberality) liberalità f, tolleranza f.
broadness ['brɔːdnis] s. **1** larghezza f, ampiezza f. **2** ⟨fig⟩ (liberality) liberalità f, ampiezza f: ~ of outlook ampiezza di vedute. **3** ⟨fig⟩ (coarseness) volgarità f, grossolanità f.
broad|sheet s. **1** ballata f popolare. **2** (handbill) manifesto m, volantino m. **~-shouldered** a. dalle spalle larghe.

~side I s. **1** ⟨Mar⟩ fiancata f, murata f. **2** ⟨Mar.mil⟩ cannoni mpl di una stessa fiancata; (volley) bordata f: to fire a ~ sparare una bordata. **3** ⟨fig⟩ violento attacco m, aspra critica f. **4** → broadsheet. **II** avv. **1** di traverso, col fianco (più largo). **2** ⟨Tip⟩ di traverso. **3** ⟨Mil⟩ in una bordata. **~sword** s. spadone m. **~tail** s. ⟨Mod⟩ breitschwanz m, agnellino m di Persia.
Broadway ['brɔːdwei] N.pr. **1** Broadway f, quartiere m dei teatri a New York. **2** ⟨fig⟩ teatro m, mondo m del teatro: a career on ~ una carriera ⌈nel teatro⌉ (o teatrale).
broadways ['brɔːdweiz], **~wise** [–waiz] avv. per il largo, nel senso della larghezza.
brocade [brə'keid] **I** s. ⟨Tess⟩ broccato m. **II** v.t. ornare (un tessuto) con disegni in rilievo, broccare.
broccoli it. ['brɔkəli] s. ⟨Bot⟩ broccolo m.
brochure fr. ['brouʃjuə, am. brou'ʃuə] s. opuscolo m, fascicolo m.
brock [brɔk] s. **1** ⟨Zool⟩ tasso m. **2** ⟨dial⟩ (nasty fellow) canaglia f.
brocket ['brɔkit] s. ⟨Zool⟩ cervo m (di due anni).
brocoli s. → broccoli.
brogue[1] [broug] s. **1** tipo di scarpa pesante (portata in Irlanda). **2** (oxford shoe) scarpa f sportiva da uomo.
brogue[2] **1** accento m irlandese. **2** accento m (o cadenza f) dialettale.
broider ['brɔidə] v.t. ⟨ant⟩ ricamare.
broil[1] [brɔil] **I** v.t. **1** cuocere ⌈alla griglia⌉ (o ai ferri), cuocere ⌈sui carboni⌉ (o sulla brace). **2** ⟨fig⟩ arroventare, bruciare, arrostire. **II** v.i. **1** (of meat) cuocersi ⌈alla griglia⌉ (o allo spiedo), cuocersi ⌈sui carboni⌉ (o sulla brace). **2** ⟨fig⟩ bruciarsi, arrostirsi: he –ed in the sun si arrostiva al sole. **3** ⟨fig⟩ (to burn with impatience, etc.) fremere (d'impazienza), ⟨fam⟩ friggere (with per). **III** s. vivanda f cotta ⌈alla griglia⌉ (o ai ferri).
broil[2] s. rissa f, lite f violenta, tafferuglio m.
broiler[1] ['brɔilə] s. **1** graticola f, griglia f, piastra f. **2** (compartment of a cooker) griglia f incorporata. **3** (cook) cuoco m (f –a) specializzato in cibi alla griglia. **4** (chicken) pollo m da cuocersi alla griglia. **5** ⟨fam⟩ giornata f caldissima (o torrida).
broiler[2] s. persona f litigiosa, ⟨fam⟩ attaccabrighe m/f.
broiling ['brɔiliŋ] a. torrido, caldissimo, soffocante.
broke[1] [brouk] → break[1].
broke[2] a. ⟨fam⟩ senza un soldo, al verde, ⟨fam⟩ in bolletta; (bankrupt) fallito, rovinato. □ ⟨fam⟩ to go ~ fallire, fare bancarotta; ⟨am.fam⟩ to go for ~ sfruttare al massimo le proprie risorse.
broken[1] ['broukən] → break[1].
broken[2] a. **1** rotto, spaccato, spezzato: a ~ glass un bicchiere rotto; (shattered) frantumato. **2** (fractured) fratturato, rotto. **3** (not functioning) guasto, rotto. **4** (not complete) incompleto, manchevole, carente: a ~ line of goods un assortimento (di merci) incompleto. **5** (of speech) scorretto, sgrammaticato: ~ English inglese scorretto; (halting) rotto, incrinato, alterato: words ~, with sobs parole incrinate dai singhiozzi. **6** (not smooth) accidentato, frastagliato: ~ country regione accidentata. **7** (of water) mosso, agitato. **8** (of an animal) domato, addomesticato. **9** ⟨fig⟩ (violated) violato, mancato, infranto: a ~ promise una promessa mancata (o non mantenuta). **10** ⟨fig⟩ (interrupted) interrotto, spezzato: ~ sleep sonno interrotto. **11** ⟨fig⟩ (weak, infirm) malfermo, deperito, debole: ~ health salute malferma. **12** ⟨fig⟩ (crushed) avvilito, piegato, sopraffatto: a ~ spirit uno spirito avvilito. **13** ⟨fig⟩ (ruined) distrutto, rovinato, spezzato. **14** (of weather) variabile, incerto. **15** ⟨Mil⟩ degradato.
'broken|-down a. **1** a pezzi, sfasciato. **2** (out of order) guasto, rotto. **3** ⟨fig⟩ (disheartened) cadente, decrepito; (in health) gravemente ammalato. **~-hearted** a. dal cuore infranto (o spezzato), straziato dal dolore. **~ home** s. famiglia f disunita (in seguito al divorzio). **~ line** s. ⟨Strad⟩ striscia f discontinua.
brokenly ['broukənli] avv. a scatti, con voce rotta (o malferma).
broken| money s. spiccioli mpl. **~ number** s. ⟨Mat⟩

frazione *f.* ~ **tea** *s.* polvere *f* (*o* scarto *m*) di tè. ~ **time** *s.* orario *m* (di lavoro) ridotto. ~ **week** *s.* settimana *f* interrotta da una festività. ~ **wind** *s.* ⟨*Veter*⟩ bolsaggine *f.* '~-'**winded** *a.* bolso.

broker ['broukə] *s.* **1** ⟨*Econ*⟩ mediatore *m*, agente *m* di cambio. **2** ⟨*Comm*⟩ mediatore *m*, sensale *m*. **3** (*intermediary*) intermediario *m* (*f* –a). **4** (*dealer*) rigattiere *m*. **5** (*marriage broker*) sensale *m* di matrimoni. **brokerage** [–ridʒ] *s.* senseria *f*, mediazione *f*, brokeraggio *m*.

brokerage house *s.* ⟨*Econ*⟩ agenzia *f* di intermediazione.

broker's| contract *s.* contratto *m* di commissione. ~ **loan** *s.* prestito *m* su titoli (fatto da una banca a un agente di cambio).

broking ['broukiŋ] *s.* **1** attività *f* di sensale, lavoro *m* di mediatore. **2** ⟨*Econ*⟩ intermediazione *f.*

broking house *s.* → **brokerage house.**

brolly ['brɔli] *s.* ⟨*fam*⟩ ombrello *m.*

bromal ['broumæl] *s.* ⟨*Farm*⟩ bromalio *m*, bromale *m.*

bromate ['broumeit] *s.* ⟨*Chim*⟩ bromato *m.*

bromic ['broumik] *a.* ⟨*Chim*⟩ bromico.

bromide ['broumaid] *s.* **1** ⟨*Chim*⟩ bromuro *m.* **2** ⟨*fam*⟩ (*bore*) persona *f* noiosa, seccatore *m* (*f* –trice). **3** ⟨*fam*⟩ (*platitude*) luogo *m* comune, banalità *f.*

bromide paper *s.* ⟨*Fot*⟩ carta *f* al bromuro d'argento.

bromin ['broumin], **bromine** [–mi:n] *s.* ⟨*Chim*⟩ bromo *m.*

bromism ['broumizəm] *s.* ⟨*Med*⟩ bromismo *m.*

bromize ['broumaiz] *v.t.* ⟨*Chim*⟩ trattare con bromo (*o* bromuro).

bromoform ['broumoufɔ:m] *s.* ⟨*Chim*⟩ bromofomio *m.*

bronchia ['brɔŋkiə] *s.pl.* ⟨*Anat*⟩ bronchi *mpl.* **bronchial** [–l] *a.* bronchiale.

bronchial| asthma *s.* ⟨*Med*⟩ asma *m* bronchiale, bronchite *f* asmatica. ~ **pneumonia** *s.* → **bronchopneumonia.**

bronchiole ['brɔŋkioul] *s.* ⟨*Anat*⟩ bronchiolo *m.*

bronchitic [brɔŋ'kitik] **I** *a.* **1** della bronchite, bronchitico. **2** (*of a person*) affetto da bronchite. **II** *s.* bronchitico *m.* **bronchitis** [–'kaitis] *s.* ⟨*Med*⟩ bronchite *f.*

bronchocele ['brɔŋkosi:l] *s.* ⟨*Med*⟩ broncocele *m.*

bronchography [brɔŋ'kɔgrəfi] *s.* ⟨*Med*⟩ broncografia *f.*

bronchopneumonia [,brɔŋkounju:'məniə] *s.* ⟨*Med*⟩ broncopolmonite *f.*

bronchoscope ['brɔŋkəskoup] *s.* broncoscopio *m.* **bronchoscopist** [–kəskoupist] *s.* broncoscopista *m.* **bronchoscopy** [–'kɔskəpi] *s.* broncoscopia *f.*

bronchotomy [brɔŋ'kɔtəmi] *s.* ⟨*Chir*⟩ broncotomia *f.*

bronchus ['brɔŋkəs] *s.* (*pl.* -**chi** [kai]) ⟨*Anat*⟩ bronco *m.*

bronco *am.* ['brɔŋkou] *s.* (*pl.* -**s** [z]) mustang *m*, cavallo *m* selvatico (di razza piccola). **broncobuster** *am.* ['brɔŋkoubʌstə] *s.* domatore *m* di mustang.

brontosaurus [,brɔntə'sɔ:rəs] *s.* ⟨*Paleont*⟩ brontosauro *m.*

Bronx [brɔŋks] *N.pr.* Bronx *m.*

Bronx cheer *am. s.* ⟨*sl*⟩ pernacchia *f.*

bronze [brɔnz] **I** *s.* **1** ⟨*Met*⟩ bronzo *m.* **2** (*sculpture*) oggetto *m* di bronzo, bronzo *m.* **3** (*colour*) color *m* bronzo, bronzo *m.* **II** *a.* **1** di bronzo, bronzeo: *a* ~ *statue* una statua di bronzo. **2** (*bronze-coloured*) color bronzo, bronzeo. **III** *v.t.* **1** bronzare: *to* ~ *a bust* bronzare un busto. **2** (*to make brown*) abbronzare. **3** ⟨*Fot*⟩ metallizzare. **IV** *v.i.* abbronzarsi.

Bronze Age *s.* ⟨*Geol*⟩ età *f* del bronzo.

bronzing ['brɔnziŋ] *s.* **1** ⟨*Met*⟩ bronzatura *f.* **2** (*of the skin*) abbronzatura *f.* **3** ⟨*Fot*⟩ metallizzazione *f.* **bronzy** [–zi] *a.* bronzeo.

brooch [broutʃ] *s.* spilla *f*, fermaglio *m.*

brood [bru:d] **I** *s.* **1** (*young birds*) nidiata *f*, covata *f.* **2** (*progeny*) figliolanza *f*, prole *f*, ⟨*scherz*⟩ covata *f*, ⟨*scherz*⟩ nidiata *f.* **3** ⟨*fig*⟩ (*group*) serie *f*, gruppo *m.* **II** *v.t.* covare. **III** *v.i.* **1** covare. **2** ⟨*fig*⟩ (*to loom*) torreggiare (*over* su, sopra), incombere (su). **3** ⟨*fig*⟩ (*to meditate*) ripensare (*over*, *on* a), riflettere (su), rimuginare (qc.): *he was –ing over his problems* stava rimuginando i suoi problemi; (*to meditate depressedly*) meditare tristemente, tormentarsi (a pensare). **IV** *a.* **1** che cova. **2** ⟨*Zootecn*⟩ da riprodu-

zione.

brooder ['bru:də] *s.* **1** ⟨*Zootecn*⟩ → **brooder house. 2** (*animal*) animale *m* che cova; (*hen*) chioccia *f.* **3** ⟨*fig*⟩ persona *f* che medita.

brooder house *s.* ⟨*Zootecn*⟩ incubatrice *f.*

broodiness ['bru:dinis] *s.* **1** (*of animals*) disposizione *f* (*o* tendenza) a covare. **2** (*of persons*) tendenza *f* a meditare tristemente. **brooding** [–diŋ] **I** *a.* **1** (*of animals*) che cova. **2** (*of persons*) che medita tristemente. **II** *s.* covatura *f.*

broodmare ['bru:dmɛə] *s.* ⟨*Zootecn*⟩ cavalla *f* da riproduzione, fattrice *f.*

broody ['bru:di] *a.* **1** covaticcia, che cova, covatrice. **2** ⟨*fig*⟩ (*moody*) pensoso, meditabondo.

broody hen *s.* gallina *f* covaticcia, chioccia *f.*

brook[1] [bruk] *s.* ruscello *m*, torrente *m.*

brook[2] *v.t.* (general. in frasi negative) sopportare, tollerare: *he will never* ~ *interference* non tollererà mai interferenze.

brooklet ['bruklit] *s.* ruscello *m*, torrentello *m.*

broom [bru(:)m] **I** *s.* **1** scopa *f*; (*made of broomcorn*) granata *f.* **2** ⟨*Bot*⟩ ginestra. **II** *v.t.* scopare, spazzare. □ *Prov.: a new* ~ *sweeps clean* granata nuova spazza bene tre giorni.

broom|corn *s.* ⟨*Bot*⟩ saggina *f*, sorgo *m.* ~ **cupboard** *s.* armadio *m* delle scope, portascope *m.* ~ **handle** *s.* manico *m* di scopa. ~**rape** *s.* ⟨*Bot*⟩ succiamele *m.* ~ **staff**, ~**stick** *s.* ~ **broom handle.**

Bros. = ⟨*Comm*⟩ *Brothers* Fratelli (*abbr.* F.lli).

brose *scozz.* [brouz] *s.* zuppa *f.*

broth [brɔθ] *s.* **1** brodo *m.* **2** ⟨*Biol*⟩ (*culture medium*) brodo *m*, terreno *m* di coltura. □ ⟨*irl*⟩ *a* ~ *of a boy* un ragazzo in gamba.

brothel ['brɔθl] *s.* postribolo *m*, bordello *m.*

brother ['brʌðə] **I** *s.* (*pl.* -**s** [z]/*ant.* **brethren** ['breðrən]; il plurale **brethren** è usato per i membri di comunità religiose o di società) **1** fratello *m* (*anche fig.*): *all men are –s* tutti gli uomini sono fratelli; (*fellow countryman*) compatriota *m*, connazionale *m.* **2** (*fellow member, etc.*) compagno *m*, camerata *m*, collega *m:* *our –s in the medical profession* i nostri colleghi medici; (*in a society*) socio *m.* **3** ⟨*am.sl*⟩ (*buddy*) amico *m*, compagno *m.* **4** ⟨*Rel*⟩ (*lay member*) confratello *m;* (*of a religious order*) fratello *m*, frate *m.* **II** *intz.* perdinci, perbacco, perdiana: ~, *can she cook!* perdiana, se sa cucinare!

brother-german *s.* fratello *m* carnale (*o* germano).

brotherhood ['brʌðəhud] *s.* **1** fratellanza *f* (*anche fig.*). **2** (*comradeship*) cameratismo *m.* **3** (*organization, fraternity, etc.*) confraternita *f*, associazione *f*, sodalizio *m.* **4** (*trade union*) sindacato *m.* **5** (*body of people*) corpo *m*, collegio *m.*

brother|-in-arms *s.* compagno *m* d'arme, commilitone *m.* ~**-in -law** *s.* cognato *m.*

brotherless ['brʌðəlis] *a.* senza fratelli. **brotherliness** [–linis] *s.* fraternità *f*, fratellanza *f.* **brotherly** [–li] *a.* fraterno: ~ *love* amore fraterno.

brougham [bru(:)m] *s.* **1** carrozza *f* chiusa, brum *m.* **2** ⟨*Aut*⟩ automobile *f* con guida esterna, limousine *f.*

brought [brɔ:t] → **bring.**

brow [brau] *s.* **1** ⟨*Anat*⟩ arcata *f* sopracciliare. **2** (*eyebrow*) sopracciglio *m.* **3** (*forehead*) fronte *f.* **4** ⟨*poet*⟩ (*air*) aria *f*, aspetto *m.* **5** (*edge*) ciglio *m*, orlo *m;* (*top*) cima *f: the* ~ *of the hill* la cima della collina. □ *to knit* (*o wrinkle*) *one's –s* aggrottare le sopracciglia.

brow| antler *s.* ⟨*Zool*⟩ primo palco *m* delle corna dei cervidi. ~**beat** *v.t.irr.* tiranneggiare, intimidire. □ *to* ~ *s.o. into doing s.th.* costringere qd. a fare qc. (con le minacce). ~**beater** *s.* despota *m*, tiranno *m.*

brown [braun] **I** *a.* **1** marrone, bruno; (*of hair and eyes*) castano. **2** (*of animals*) bruno. **3** (*sunburnt*) abbronzato, ⟨*fam*⟩ nero. **4** (*brown-skinned*) di carnagione (*o* pelle) scura, moro. **II** *s.* **1** marrone *m*, bruno *m.* **2** (*horse*) cavallo *m* sauro, sauro *m.* **III** *v.i.* **1** diventare bruno. **2** (*to tan*) abbronzarsi, ⟨*fam*⟩ prendere la tintarella. **3** (*in cooking*) rosolarsi. **IV** *v.t.* **1** rendere bruno. **2** (*in cooking*) rosolare. **3** ⟨*tecn*⟩ brunire. □ *as* ~ *as a berry* nero come il carbone; ⟨*am.sl*⟩ *to do s.th. up* ~ fare qc. alla perfezione; ⟨sl⟩ to be -ed off essere stufo (o scocciato), averne abbastanza; ⟨Gastr⟩ to ~ in boiling sugar pralinare.

brown| algae s.pl. ⟨Biol⟩ alghe fpl brune. **~-bag** am. v.i. (to take one's lunch to work) portarsi il pranzo in ufficio, (to take one's own liquor into a public establishment) portarsi da bere in un locale pubblico. **~bear** s. ⟨Zool⟩ orso m bruno. **~ bread** s. ⟨Gastr⟩ pane m nero (o integrale). **~coal** s. lignite f. **~ goods** s.pl. televisori mpl e alta fedeltà. **~-haired** a. dai capelli castani.

Brownian ['brauniən] a. ⟨Fis⟩ browniano: ~ motion moto browniano.

brownie ['brauni] s. 1 ⟨Folcl⟩ folletto m buono. 2 ⟨am⟩ (cake) torta f di cioccolato con nocciole. 3 (in the Girl Guides) ragazza f della sezione giovanile. 4 ⟨Fot⟩ macchina f fotografica a cassetta.

brownish ['brauniʃ] a. tendente al marrone, brunastro.

brownness ['braunnis] s. tinta f bruna, bruno m.

brown| out am. s. 1 (blackout) oscuramento m parziale. 2 (power reduction) illuminazione f ridotta. **~ owl** s. 1 ⟨Ornit⟩ allocco m, gufo m selvatico. 2 (in the Girl Guide movement) capogruppo f. **~ paper** s. carta f (marrone) da pacchi. **~ rice** s. riso m non brillato. **~shirt** s. ⟨Stor⟩ 1 ⟨Nazi⟩ camicia f bruna, nazista m/f. 2 ⟨Fascist⟩ camicia f nera, fascista m/f. **~stone** s. ⟨Edil⟩ arenaria f (di color bruno rossastro). **~ study** s. ⟨fig⟩ riflessione f, meditazione f. □ to be in a ~ essere assorto nei propri pensieri, essere meditabondo. **~ sugar** s. 1 zucchero m scuro (o bruno), zucchero m greggio. 2 ⟨sl⟩ eroina f. **~ware** s. terraglie fpl.

browse [brauz] I v.t. pascere, brucare. II v.i. 1 pascolare, pascere. 2 ⟨fig⟩ (to glance through a book) scartabellare. 3 ⟨fig⟩ (in a bookshop) curiosare, indugiare. III s. 1 germogli mpl (o ramoscelli) teneri. 2 (act) brucatura f. 3 ⟨fig⟩ (of books) letta f, sfogliata f, scorsa f.

brucellosis [bru:si'lousis] s. ⟨Veter⟩ brucellosi f.

bruin ['bru:in] s. (in tales) orso m (bruno).

bruise [bru:z] I v.t. 1 far (venire) un livido a, ammaccare. 2 (of fruit) ammaccare. 3 (of food or drugs) pestare, frantumare. 4 ⟨fig⟩ ferire, offendere, urtare: to ~ s.o.'s feelings ferire i sentimenti di qd. 5 ⟨Met⟩ battere. II v.i. 1 coprirsi di lividi. 2 (of fruit) ammaccarsi. III s. 1 contusione f, livido m, ammaccatura f. 2 (of fruit) ammaccatura f. 3 ⟨fig⟩ offesa f, ferita f, colpo m.

bruiser ['bru:zə] s. ⟨sl⟩ 1 pugile m. 2 (strong, tough person) colosso m, omaccione m.

bruit [bru:t] v.t. 1 pubblicizzare. 2 (to report; spesso con about) diffondere, propalare, spargere.

Brum [brʌm] N.pr. ⟨Geog⟩ ⟨fam⟩ Birmingham f.

brumal ['bru:məl] a. ⟨lett⟩ invernale, ⟨lett⟩ brumale.

brumby austral. ['brʌmbi] s. cavallo m selvatico.

brumous ['bru:məs] a. ⟨lett⟩ nebbioso, ⟨lett⟩ brumoso.

brunch [brʌntʃ] s. colazione f che si consuma a mattina inoltrata.

brunette [bru:'net] I a. (of hair) bruna; (of skin) di carnagione scura. II s. bruna f, brunetta f.

Brunhild ['bru:nhilt], **Brunhilde** [-'hildə] N.pr. Brunilde f.

brunt [brʌnt] s. 1 urto m, violenza f: to bear the ~ of an attack sostenere l'urto di un attacco. 2 ⟨fig⟩ urto m, assalto m, attacco m: to bear the ~ of criticism sostenere l'attacco della critica.

brush¹ [brʌʃ] s. 1 spazzola f, spazzolino m; (for painting) pennello m. 2 (act) spazzolata f, colpo m di spazzola: he gave his shoes a ~ diede una spazzolata alle scarpe. 3 (of an animal) coda f folta (a pennello). 4 (fleeting encounter) breve scontro m, scaramuccia f (anche Mil.). 5 (light touch) lieve contatto m (o tocco). 6 ⟨El⟩ spazzola f. 7 ⟨El⟩ ~ discharge. 8 ⟨Ott⟩ fascio m di raggi.

brush² I v.t. 1 spazzolare: to ~ one's hair spazzolarsi i capelli. 2 (to remove by brushing) spazzolare, spolverare: he -ed the dust off his hat si spolverò il cappello. 3 (to apply with a brush) applicare (o stendere) col pennello. 4 (to touch gently) sfiorare, toccare lievemente: his lips -ed her hair le sfiorò i capelli con le labbra. II v.i. sfiorare passando. □ to ~ against s.o. = to brush past s.o.; to ~ objections aside ignorare le obiezioni; ⟨am.sl⟩ to ~ off: 1

licenziare; 2 (to rebuff) rifiutare seccamente; 3 (to remove or be removed by brushing) togliere (o venir via) con la spazzola; to ~ over dare una leggera pennellata a; to ~ past s.o. sfiorare qd. passando; to ~ up: 1 migliorare, perfezionare; (of a literary work) limare; 2 (to revive) rinfrescare, ripassare: to ~ up one's Shakespeare rinfrescare le proprie conoscenze di Shakespeare.

brush³ s. 1 boscaglia f, macchia f. 2 → brushwood. 3 ⟨am⟩ (backwoods) foreste fpl interne (dell'America del Nord).

brush| discharge s. ⟨El⟩ scarica f a fiocco. **~-off** am. s. ⟨sl⟩ 1 licenziamento m. 2 (rebuff) secco rifiuto m, ripulsa f. □ to give s.o. the ~ licenziare qd.; (to rebuff) respingere (bruscamente) qd. **~-up** s. 1 colpo m di spazzola, spazzolata f: to have a ~ darsi una spazzolata, mettersi in ordine. 2 (reviewing) ripassata f, rinfrescata f. 3 (perfecting) perfezionamento m, correzione f. 4 ⟨Art⟩ ritocco m. **~wood** s. 1 (thicket) folto m, macchia f, sottobosco m. 2 (wood) ramaglia f. **~work** s. ⟨Art⟩ 1 lavoro m di pennello. 2 (technique) tecnica f (o arte) del pennello.

brushy ['brʌʃi] a. 1 ricco di boscaglia, cespuglioso, con vegetazione a macchia. 2 (shaggy) ispido, irsuto, irto.

brusque [brʌsk, brusk] a. brusco, secco, aspro, rude.

'brusqueness [-nis], **brusquerie** [bryskə'ri] s. asprezza f, rudezza f.

Brussels ['brʌslz] N.pr. ⟨Geog⟩ Bruxelles f.

Brussels| carpet s. tappeto m di Bruxelles. **~ lace** s. pizzo m di Bruxelles. **~ sprouts** s.pl. cavoletti mpl di Bruxelles.

brutal ['bru:tl] a. brutale. □ the ~ truth la dura verità.

brutality [-'tæliti] s. brutalità f. **,brutalization** [-tələi'zeiʃən] s. 1 brutalizzazione. 2 (effect) abbruttimento m. **brutalize** [-təlaiz] v.t. 1 trattare in modo brutale, brutalizzare. 2 (to make brutal, degrade) abbrutire: war -s men la guerra abbrutisce gli uomini.

brute [bru:t] I a. 1 animale: the ~ world il mondo animale. 2 (purely physical) bruto, irrazionale: ~ force forza bruta. 3 (unreasonable) irragionevole, insensato. 4 (cruel) brutale, crudele. 5 (coarse) brutale, animalesco, bestiale. 6 (crude) nudo e crudo, puro e semplice: ~ facts la realtà nuda e cruda. II s. 1 bestia f, animale m. 2 ⟨fig⟩ (coarse lout) bruto m, bestia f. 3 (brute qualities) istinti mpl (o impulsi) animaleschi: to bring out the ~ in s.o. destare gli istinti animaleschi di qd. □ a ~ of a job un lavoro bestiale (o da cani).

brutify ['bru:tifai] v. → brutalize.

brutish ['bru:tiʃ] a. 1 bestiale, brutale, animalesco. 2 (unintelligent) irragionevole, ignorante, insensato. 3 (gross) rozzo, grossolano. 4 (brutal) brutale, inumano, spietato: slavery is ~ la schiavitù è inumana. **brutishness** [-nis] s. brutalità f, bestialità f.

Brutus ['bru:təs] N.pr. ⟨Stor⟩ Bruto m.

bryologist [brai'blɔdʒist] s. ⟨Bot⟩ briologo m (f -a). **bryology** [-dʒi] s. briologia f.

bryony ['braiəni] s. ⟨Bot⟩ 1 brionia f, vite f bianca. 2 (white bryony) barbone m, fescera f.

bryophite ['braioufait] s. ⟨Bot⟩ briofita f.

Brython ['briθən] s. celta m britannico. **Brythonic** [-'θɔnik] I a. celtico britannico. II s. (language) celtico m britannico.

b.s. = 1 balance sheet bilancio. 2 ⟨Comm⟩ bill of sale fattura.

B.S.G. = British Standard Gauge scartamento normale inglese.

bsh = 1 bushel staio. 2 bushels staia.

BSI = ⟨tecn⟩ British Standards Institute (o Institution) Istituto britannico di normalizzazione (o unificazione).

bskt. = basket cesto.

B.S.T. = British Summer Time ora legale britannica.

Bt. = Baronet Baronetto.

B.T. = ⟨GB⟩ Board of Trade camera di commercio.

B.Th.U., B.T.U. = ⟨Fis⟩ British Thermal Unit unità termica inglese.

bubal(e) ['bju:bəl], **bubalis** [-is] s. ⟨Zool⟩ bubalo m.

bubble¹ ['bʌbl] s. 1 bolla f: soap -s bolle di sapone; (in liquids) bollicina f; (in glass) pulica f. 2 (bubbling) ribollimento *m.* **3** (*sound of bubbling*) gorgoglio *m*, borbottio *m.* **4** (*fig*) (*delusion*) cosa *f* effimera, bolla *f* di sapone. **5** (*fig*) (*fraudulent speculation*) truffa *f*, frode *f.* □ *to blow* –*s* fare (le) bolle di sapone; (*fig*) *to burst* (o *prick*) *the* ~ sgonfiare; (*fig*) *the* ~ *was pricked* fu una delusione.

bubble[2] *v.i.* **1** formare (o fare) bolle; (*in liquids*) formare bollicine. **2** (*to make a bubbling noise*) gorgogliare, borbottare. **3** (*to boil*) bollire, ribollire. **4** (*to sparkle*) essere effervescente (o spumeggiante) (*anche fig.*). **5** (*El*) bollire. □ *to* ~ **over** essere traboccante (*with* di), sprizzare (qc.): *to* ~ *over with enthusiasm* essere traboccante d'entusiasmo; *to* ~ **up** scaturire, gorgogliare.

bubble| and squeak *s.* (*Gastr*) fritto *m* di carne e verdura. ~ **bath** *s.* **1** (*bath*) bagno *m* di schiuma. **2** (*liquid*) bagno *m* schiuma. ~ **canopy** *s.* (*Aer*) tettuccio *m.* ~ **car** *s.* (*Aut*) utilitaria *f.* ~ **chamber** *s.* (*Fis*) camera *f* a bolle. ~ **gum** *s.* gomma *f* da masticare (che fa i palloncini). ~ **memory** *s.* (*Inform*) memoria *f* a bolle. ~**top** *s.* ombrello *m* trasparente a cipolla.

bubbly ['bʌbli] *I a.* **1** pieno di bolle, effervescente. **2** (*bubble–like*) a forma di bolla, (ro)tondeggiante. **II** *s.* (*fam*) champagne *m*, spumante *m*.

bubo ['bju:bou] *s.* (*pl.* **-es** [z]) (*Med*) bubbone *m.*

bubonic [–'bɔnik] *a.* bubbonico: ~ *plague* peste bubbonica.

bubonocele [bju:'bɔnosi:l] *s.* (*Med*) bubbonocele *f.*

buccal ['bʌkəl] *a.* (*Anat*) (*of the cheek*) delle guance; (*of the mouth*) della bocca, boccale, orale: ~ *cavity* cavità orale.

buccaneer [,bʌkə'niə] *I s.* **1** (*pirate*) pirata *m.* **2** (*Stor*) bucaniere *m.* **3** (*unscrupulous person*) avventuriero *m*, filibustiere *m.* **II** *v.i.* pirateggiare. **buccaneerish** [–riʃ] *a.* piratesco, da filibustiere.

buccinator ['bʌksineitə] *s.* (*Anat*) muscolo *m* buccinatore.

Bucephalus [bju:'sefələs] *N.pr.* (*Stor*) Bucefalo *m.* **bucephalus** *s.* (*scherz*) cavallo *m*, (*scherz*) bucefalo *m.*

Bucharest ['bju:kərest] *N.pr.* (*Geog*) Bucarest *f.*

buck[1] [bʌk] *I s.* **1** (*Zool*) maschio *m* (dei cervidi); (*of sheep*) capro *m*, caprone *m*, montone *m;* (*of rabbits*) coniglio *m* maschio. **2** (*fig*) (*dandy*) zerbinotto *m*, damerino *m.* **3** (*am.sl*) (*Negro*) negro *m* americano; (*Indian*) pellerossa *m*, indiano *m.* **4** (*am.sl*) (*dollar*) dollaro *m.* **5** (*Fal*) (*saw–horse*) cavalletto *m* per segare. **6** (*Ginn*) cavallo *m.* **7** (*Pesc*) nassa *f* per anguille. **II** *a.* maschio. □ *to pass the* ~ *to s.o.* scaricare la responsabilità su qd.; fare a scaricabarili.

buck[2] *I v.i.* **1** (*of a horse, mule*) recalcitrare; (*of a vehicle*) procedere a strappi, sobbalzare. **2** (*to boast*) darsi delle arie, vantarsi. **II** *v.t.* **1** sbalzare di sella, disarcionare. **2** (*am.fam*) (*to oppose*) opporre resistenza a, tenere testa a. **3** (*am*) (*to butt*) attaccare a testa bassa, caricare. **4** (*Sport*) (*in football*) caricare. **5** (*am*) (*to gamble against*) rischiare, azzardare: *to* ~ *the odds* rischiare le possibilità contrarie. □ *to* ~ **for** *s.th.* lottare (o battersi) per ottenere qc.; *to* ~ **off** sbalzare di sella; *to* ~ **up:** **1** (*to hurry up*) affrettarsi, sbrigarsi; **2** (*to become cheerful*) rincorarsi, riprendere coraggio; **3** (*to strengthen*) rafforzare, rinvigorire; **4** (*to cheer up*) rincorare, fare coraggio a; (*fam*) ~ *up!* sbrigati!; (fatti) coraggio!

buckaroo *am.* ['bʌkəru:] *s.* **1** cowboy *m.* **2** (*broncobuster*) domatore *m* di cavalli selvatici.

buck|bean *s.* (*Bot*) trifoglio *m* d'acqua. ~**board** *am. s.* specie di carro.

bucked [bʌkt] *a.* (*fam*) rincorato, allegro, contento.

bucker[1] ['bʌkə] *s.* cavallo *m* recalcitrante.

bucker[2] *s.* (*Minier*) frantumatore *m* del minerale.

bucket ['bʌkit] *I s.* **1** secchio *m*, secchia *f.* **2** (*quantity*) secchio *m*, secchiata *f.* **3** (*of a conveyor*) tazza *f.* **4** (*of a water wheel, etc.*) pala *f.* **5** (*of a dredge*) cucchiaia *f.* **6** (*Mar*) bugliolo *m.* **7** (*of an excavator*) benna *f.* **8** (*of a steam turbine*) paletta *f* mobile. **II** *v.t.* **1** (spesso con *up*, *out*) attingere col secchio. **2** (*of a horse: to ride hard*) cavalcare a briglia sciolta. **III** *v.i.* **1** avanzare (o procedere) rapidamente, affrettarsi. **2** (*to move jerkily*) sobbalzare. **3** (*Econ*) trattare affari in borsa illegalmente.

□ (*sl*) *to kick the* ~ morire, (*pop*) tirare le cuoia; (*fam*) *it rained* –*s* pioveva a catinelle.

bucket| bag *s.* (*Mod*) borsa *f* (da donna) a secchiello. ~ **dredger** *s.* (*Idr*) draga *f* a catena di tazze, draga a secchie.

bucketeer [,bʌki'tiə] *s.* (*Econ*) agente *m* di cambio clandestino.

bucketful ['bʌkitful] *s.* secchiata *f*, secchio *m.*

bucket| seat *s.* (*Aut,Aer*) sedile *m* ribaltabile. ~ **shop** *s.* (*Econ*) agenzia *f* di cambio clandestina. ~ **wheel** *s.* ruota *f* a secchielli.

buck|eye *s.* (*Bot*) castagno *m* americano. ~ **horn** *s.* corno *m* (di cervo). ~ **hound** *s.* cane *m* per cacciare il cervo. ~**jump** *s.* sgroppata *f.* ~**jumper** *s.* cavallo *m* che dà sgroppate.

buckle ['bʌkl] *I s.* **1** fibbia *f*, fermaglio *m.* **2** (*Met*) rigonfiamento *m*, gobba *f.* **II** *v.t.* **1** (*to fasten with a buckle;* spesso con *on*) affibbiare, allacciare. **2** (*to bend, warp*) storcere, piegare, deformare, accartocciare. **III** *v.i.* **1** affibbiarsi, allacciarsi. **2** (*fig*) (*to apply o.s.;* spesso con *down*) impegnarsi a fondo (*to* in), applicarsi (a): *he* –*d* (*down*) *to the job* si impegnò a fondo nel lavoro. **3** (*to bend, warp*) storcersi, piegarsi, deformarsi, accartocciarsi. **4** (*fig*) (*to yield;* general. con *under*) cedere, arrendersi, crollare.

buckler ['bʌklə] *s.* **1** (*Mil.ant*) piccolo scudo *m* rotondo. **2** (*fig*) tutela *f*, protezione *f.* **3** (*Zool*) guscio *m* (di crostacei).

buckling ['bʌkliŋ] *s.* (*tecn*) **1** schiacciamento *m.* **2** (*Aer*) imbozzamento *m*, ingobbamento *m.* **3** (*Met*) rigonfiamento *m.*

bucko ['bʌkou] *s.* (*pl.* **-es** [z]) **1** (*irl*) ragazzo *m*, giovanotto *m.* **2** (*mar*) marinaio *m* millantatore (o spaccone).

buck passer *am. s.* persona *f* che fa a scaricabarili.

buckram ['bʌkrəm] *I s.* **1** (*Tess,Legat*) tela *f* rigida. **2** (*fig*) sostenutezza *f*, rigidezza *f* di comportamento. **II** *a.* (*fig*) sostenuto, rigido, contegnoso. **III** *v.t.* rinforzare con tela rigida.

Bucks = (*Geog*) Buckinghamshire.

bucksaw ['bʌksɔ:] *s.* (*Mecc*) sega *f* a telaio.

buckshee ['bʌkʃi:] *I s.* (*mil*) razione *f* supplementare (o extra). **II** *a.* (*sl*) gratuito. **III** *avv.* (*sl*) gratis, gratuitamente.

buck|shot *s.* (*venat*) pallettoni *mpl.* ~**skin I** *s.* **1** pelle *f* di daino (o camoscio), camoscio *m.* **2** (*Conc*) pelle *f* scamosciata. **3** *pl.* calzoni *mpl* di pelle scamosciata. **4** (*Tess*) tessuto *m* scamosciato. **II** *a.* **1** di pelle di daino (o camoscio). **2** (*colour*) color camoscio. ~ **stick** *s.* (*sl*) millantatore *m* (*f* –trice), spaccone *m* (*f* –a). ~**thorn** *s.* (*Bot*) spincervino *m*, spino *m* merlo. ~ **tooth** *s.irr.* dente *m* incisivo sporgente. ~**wheat** *s.* **1** (*Bot*) grano *m* saraceno, fagopiro *m.* **2** (*flour*) farina *f* di grano saraceno.

bucolic [bju:'kɔlik] *I a.* **1** bucolico, pastorale: ~ *poetry* poesia bucolica. **2** (*rustic*) rustico, agreste, rurale. **II** *s.* **1** bucolica *f*, poema *m* pastorale. **2** (*scherz*) (*bumpkin*) campagnolo *m* (*f* –a).

bud[1] [bʌd] *s.* **1** (*Bot*) (*of a plant*) gemma *f*, germoglio *m*, getto *m;* (*of a flower*) boccio *m*, bocciolo *m.* **2** (*Biol*) gemma *f.* **3** (*fig*) ragazzo *m* (*f* –a), giovanetto *m* (*f* –a). □ *to be in* ~ essere in boccio; (*fig*) *a musician in the* ~ un musicista in erba; (*fig*) *to nip s.th. in the* ~ soffocare (o stroncare) qc. sul nascere.

bud[2] *v.* (*pret., p.p.* '**budded** [–id]) *I v.i.* **1** (*of a plant or its parts*) mettere le gemme, germogliare; (*of a flower*) sbocciare. **2** (*fig*) crescere, sbocciare. **3** (*Biol*) riprodursi per gemmazione. **II** *v.t.* **1** (*to cause to bud;* spesso con *out*) far germogliare, far sbocciare. **2** (*to graft*) innestare con gemme.

bud[3] *s.* → **buddy.**

Buddha ['budə] *s.* (*Rel*) Budda *m.* **Buddhism** [–dizəm] *s.* buddismo *m.* **Buddhist** [–dist] *I s.* buddista *m/f.* **II** *a.* buddistico. **Buddhistic** [–'distik] *a.* buddistico.

budding ['bʌdiŋ] *I s.* (*Bot*) innesto *m* a occhio. **II** *a.* **1** (*Bot*) in boccio. **2** (*fig*) che è agli inizi, in erba: *a* ~ *poet* un poeta in erba.

buddy *am.* ['bʌdi] *s.* ⟨*fam*⟩ **1** amico *m*, compagno *m;* (*fellow soldier*) commilitone *m*, compagno *m* d'armi. **2** (*as a term of address*) amico; (*to a little boy*) ragazzo *m*, ragazzino *m.*

budge [bʌdʒ] **I** *v.t.* **1** spostare, scostare, smuovere. **2** (*to cause to change an opinion*) far cambiare idea a, smuovere. **II** *v.i.* **1** muoversi, spostarsi: *the mule refused to* ~ il mulo rifiutò di muoversi. **2** (*to change one's opinion*) cambiare idea, mutare parere.

budgerigar ['bʌdʒəriːgɑ:] *s.* ⟨*Ornit*⟩ pappagallino *m* ondulato.

budget ['bʌdʒit] **I** *s.* **1** ⟨*Econ*⟩ bilancio *m* ⌐di previsione⌐ (*o* preventivo). **2** (*plan*) bilancio *m: family* ~ bilancio familiare. **3** (*sum required*) preventivo *m* (di cassa), somma *f* stanziata. **4** (*supply*) quantità *f*, riserva *f* (*anche fig.*). **5** ⟨*ant*⟩ (*small bag*) borsa *f*, sacchetto *m*. **II** *v.t.* **1** preventivare. **2** (*to earmark*) stanziare, mettere in bilancio: *to* ~ *funds* stanziare fondi. **III** *v.i.* fare un bilancio preventivo (*for* di): *to* ~ *for a holiday* fare il bilancio preventivo delle spese di una vacanza. □ *to keep the* ~ *balanced* far quadrare il bilancio; *passing of the* ~ votazione *f* del bilancio.

budget appropriations *s.pl.* stanziamento *m* di bilancio.

budgetary ['bʌdʒitəri] *a.* budgetario, buggettario.

budgetary appropriations *s.pl.* → **budget appropriations**. ~ **control** *s.* controllo *m* budgetario.

budget committee *s.* commissione *f* per il bilancio. ~ **cut** *s.* tagli *mpl* al bilancio. ~ **deficit** *s.* deficit *m* (*o* disavanzo) di bilancio.

budgeteer [,bʌdʒiˈtiə], **budgeter** [-ə] *s.* chi redige un bilancio (preventivo).

budget estimate *s.* previsione *f* di bilancio.

budgeting ['bʌdʒitiŋ] *s.* **1** iscrizione *f* in bilancio. **2** (*planning of the expenditure*) preparazione *f* del bilancio.

budget item *s.* voce *f* di bilancio. ~ **plan** *am.* sistema *m* di pagamento a rate. ~ **policy** *s.* politica *f* di bilancio.

budgie ['bʌdʒi] *s.* ⟨*fam*⟩ → **budgerigar**.

budlet ['bʌdlit] *s.* ⟨*Bot*⟩ bocciolo *m.*

bud scale *s.* ⟨*Bot*⟩ brattea *f* (*o* ipsofillo *m*) della gemma.

buff [bʌf] **I** *s.* **1** ⟨*Conc*⟩ pelle *f* di bufalo (*o* bue). **2** (*garment*) giaccone *m* di ⌐pelle di bufalo⌐ (*o* cuoio). **3** (*colour*) color *m* cuoio. **4** → **buff stick**. **5** → **buffing wheel**. **6** ⟨*fam*⟩ (*bare skin*) pelle *f* nuda. **7** ⟨*am.fam*⟩ (*enthusiast*) entusiasta *m/f*, ⟨*fam*⟩ fanatico *m* (*f* –a): *theatre* –*s* i fanatici del teatro. **II** *a.* **1** di pelle di bufalo (*o* bue). **2** (*in colour*) color cuoio. **3** (*shammy*) scamosciato. **III** *v.t.* **1** ⟨*Met*⟩ lucidare, brillantare. **2** (*to polish*) lucidare: *to* ~ *one's shoes* lucidarsi le scarpe. **3** ⟨*Conc*⟩ scamosciare. □ ⟨*fam*⟩ *in the* ~ nudo.

buffalo ['bʌfələu] **I** *s.* (*pl.* -**s**/-**es** [z]) **1** ⟨*Zool*⟩ bufalo *m*. **2** ⟨*Zool*⟩ (*bison*) bisonte *m* americano. **3** ⟨*Itt*⟩ (*buffalofish*) pesce *m* bufalo. **4** ⟨*am.mil*⟩ carro *m* armato anfibio. **II** *v.t.* ⟨*am.fam*⟩ **1** confondere, disorientare. **2** (*to overawe*) intimidire, intimorire.

buff coat *s.* ⟨*Mil.ant*⟩ giubba *f* di ⌐pelle di bufalo⌐ (*o* cuoio).

buffer[1] ['bʌfə] *s.* **1** ⟨*Ferr*⟩ respingente *m*. **2** ⟨*Mecc*⟩ paracolpi *m*. **3** ⟨*Econ*⟩ scorta *f* cuscinetto. **4** ⟨*Chim*⟩ stabilizzatore *m*, tampone *m*. **5** ⟨*Inform*⟩ tampone *m*, buffer *m*, memoria *f* di transito.

buffer[2] *s.* **1** ⟨*tecn*⟩ pulitrice *f*. **2** (*person*) operaio *m* (*f* –a) addetto alla pulitrice, pulitore *m* (*f* –trice).

buffer[3] *s.* ⟨*sl*⟩ incompetente *m*, pasticcione *m* (*f* –a); (*fellow*) tipo *m*, tale *m*, ⟨*spreg*⟩ arnese *m.*

buffer action *s.* ⟨*Chim*⟩ azione *f* compensatrice.

buffering *s.* tamponatura *f.*

buffer state *s.* ⟨*Pol*⟩ stato *m* cuscinetto. ~ **stock** *s.* ⟨*Econ*⟩ scorta *f* tampone. ~ **stop** *s.* ⟨*Ferr*⟩ fermacarro *m.* ~**storage** *s.* ⟨*Inform*⟩ memoria *f* tampone. ~ **zone** *s.* ⟨*Pol*⟩ zona *f* cuscinetto.

buffet[1] ['bʌfit] **I** *s.* **1** colpo *m*, botta *f;* (*smack*) schiaffo *m*, ceffone *m;* (*fillip*) buffetto *m*. **2** ⟨*fig*⟩ colpo *m*, avversità *f: the* –*s of destiny* le avversità della sorte. **II** *v.t.* **1** colpire; (*to smack*) schiaffeggiare; (*to fillip*) dare un buffetto a. **2**

(*to batter*) battere contro, investire, urtare contro: *the waves* –*ed the sea wall* le onde battevano contro la diga. **3** (*to battle against*) combattere (*o* lottare) contro (*o* con). **III** *v.i.* **1** fare a pugni. **2** (*to contend*) combattere, lottare (*with* contro, con). **3** (*to force one's way*) farsi strada lottando, aprirsi un varco a forza, ⟨*fam*⟩ farsi largo a gomitate.

buffet[2] *fr.* ['bufei, *am.* bəˈfei] *s.* **1** credenza *f*, buffet *m*, buffé *m*. **2** (*in a restaurant, etc.*) banco *m* di rinfresco, buffet *m*. **3** (*restaurant;* ['bufei]) caffè-ristorante *m* di stazione, bar *m*. **4** (*buffet supper*) cena *f* fredda, buffet *m.*

buffet car *s.* ⟨*Ferr*⟩ carrozza *f* ristorante. ~ **lunch** *s.* colazione *f* alla forchetta.

buffing wheel ['bʌfiŋ] *s.* ⟨*tecn*⟩ disco *m* pulitore.

buffoon [bʌˈfuːn] *s.* **1** buffone *m*, comico *m*, pagliaccio *m*, clown *m*. **2** (*clownish person*) persona *f* burlona. **II** *v.i.* fare il buffone. **buffoonery** [-əri] *s.* buffonata *f*, buffoneria *f.*

buff stick *s.* ⟨*tecn*⟩ bastoncino *m* pulitore. ~ **wheel** *s.* → **buffing wheel**.

bug [bʌg] **I** *s.* **1** ⟨*am*⟩ (*any insect*) insetto *m*. **2** ⟨*Entom*⟩ emittero *m*. **3** ⟨*Entom*⟩ (*bedbug*) cimice *f* dei letti. **4** ⟨*fam*⟩ (*germ*) virus *m*, germe *m*; (*viral disease*) infezione *f*. **5** ⟨*am.fam*⟩ (*defect*) difetto *m*, guasto *m*. **6** (*enthusiast*) fanatico *m* (*f* –a). **7** (*hobby, craze*) mania *f*, passione *f*, ⟨*pop*⟩ pallino *m*. **8** ⟨*fam*⟩ (*hidden microphone*) microfono *m* nascosto (*o* spia), ⟨*gerg*⟩ cimice *f*. **9** ⟨*Inform*⟩ difetto *m* del computer; (*error*) errore *m* (in un programma). **II** *v.t.* ⟨*am.sl*⟩ (*pret., p.p.* **bugged** [bʌgd]) **1** installare un microfono spia in. **2** (*to irritate*) seccare, irritare. □ ⟨*fam*⟩ *big* ~ pezzo *m* grosso; ⟨*am.fam*⟩ *what's* –*ging you?* che hai?

bugaboo ['bʌgəbuː] *s.* **1** ⟨*infant*⟩ lupo *m* mannaro, orco *m*. **2** (*source of fear*) spauracchio *m* (*anche fig.*).

bugbear ['bʌgbeə] *s.* **1** spauracchio *m*. **2** (*problem*) grattacapo *m*, preoccupazione *f.*

bugger ['bʌgə] **I** *s.* **1** sodomita *m*, pederasta *m*. **2** ⟨*spreg*⟩ (*fellow, man*) individuo *m*, ⟨*spreg*⟩ bastardo *m*, ⟨*spreg*⟩ canaglia *f*. **3** (*of a child*) bricconcello *m*, birbante *m*. **4** ⟨*esclam*⟩ maledizione! **II** *v.t.* **1** avere rapporti sodomitici con. **2** ⟨*volg*⟩ (*to damn*) mandare al diavolo, maledire. **3** ⟨*volg*⟩ (*to exhaust*) spossare, sfiancare. □ ⟨*volg*⟩ *to* ~ *off* svignarsela; ~ *off!* va' a quel paese! **buggery** [-ri] *s.* sodomia *f.*

bugging *am.* ['bʌgiŋ] *s.* ⟨*fam*⟩ intercettazione *f* telefonica.

buggy[1] ['bʌgi] *s.* **1** (*two-wheeled carriage*) calesse *m*, calessino *m*. **2** ⟨*am*⟩ (*four-wheeled open carriage*) baghero *m*. **3** ⟨*am*⟩ (*perambulator*) carrozzina *f*. **4** ⟨*Ind*⟩ carrello *m.*

buggy[2] *a.* **1** infestato da insetti; (*with bedbugs*) cimicioso. **2** ⟨*sl*⟩ (*crazy*) pazzo, matto.

bughouse ['bʌghaus] *s.* ⟨*sl*⟩ manicomio *m.*

bughunter *s.* ⟨*scherz*⟩ entomologo *m* (*f* –a).

bugle[1] ['bjuːgl] **I** *s.* **1** ⟨*Mil*⟩ tromba *f*. **2** ⟨*Venat*⟩ corno *m* da caccia. **II** *v.i.* ⟨*Mil*⟩ sonare la tromba. **III** *v.t.* sonare (con la tromba).

bugle[2] *s.* ⟨*Bot*⟩ bugola *f*, bugula *f*, morandola *f.*

bugle[3] *s.* ⟨*Mod*⟩ (*bead*) perlina *f* oblunga per ricamo.

bugler ['bjuːglə] *s.* ⟨*Mil*⟩ trombettiere *m*, tromba *f.*

bugloss ['bjuːglɔs] *s.* ⟨*Bot*⟩ buglossa *f.*

buhl [buːl], **buhlwork** [-wəːk] *s.* ⟨*Arred*⟩ tessera *f* per intarsio.

build [bild] *v.* (*pret., p.p.* **built** [bilt]) **I** *v.t.* **1** costruire, fabbricare, edificare, erigere: *to* ~ *a garage* costruire un garage. **2** ⟨*fig*⟩ (*to form*) modellare, formare, trasformare: *to* ~ *boys into men* trasformare dei ragazzi in uomini. **3** (*to found*) fondare, basare, poggiare: *to* ~ *one's hopes on work* riporre le proprie speranze sul lavoro. **II** *v.i.* **1** fare il costruttore. **2** costruirsi (*o* farsi costruire) la casa. **3** (*to base a plan, etc.*) basarsi, fondarsi (*on, upon* su). □ ⟨*tecn*⟩ *to* ~ *in* incassare, incorporare; *to* ~ *on* contare su, fidarsi di; *to* ~ *up* **1** sviluppare, incrementare, aumentare: *to* ~ *up one's strength* sviluppare la propria forza; *tension was* –*ing up* la tensione aumentava; **2** (*to strengthen*) rafforzare, fortificare; **3** (*to build in stages*) costruire (per gradi); **4** (*to accumulate*) accumulare, ammassare; **5** (*to* *cover with buildings*) edificare, costruire; 6 ⟨*fam*⟩ (*to give publicity to*) lanciare.

build² *s.* **1** stile *m*, forma *f*, costruzione *f*. **2** (*physique*) corporatura *f*, fisico *m: a man of heavy* ~ un uomo di corporatura robusta.

builder ['bildə] *s.* **1** costruttore *m* (*f* –trice), edificatore *m* (*f* –trice) (*anche fig.*). **2** → **building contractor. building** [–diŋ] *s.* **1** edificio *m*, costruzione *f*, fabbricato *m*. **2** (*act*) edilizia *f*.

building‖ code *s.* ⟨*Dir*⟩ regolamento *m* edilizio. ~ **contract** *s.* contratto *m* di costruzione, appalto *m* edile. ~ **contractor** *s.* imprenditore *m* edile. ~ **land** *s.* terreno *m* da costruzione. **~loan** *s.* mutuo *m* casa. **~lot** *s.* lotto *m* edificabile (*o* fabbricabile). ~ **material** *s.* materiale *m* da costruzione. ~ **plot** *s.* terreno *m* da costruzione. ~ **regulations** *s.pl.* norme *fpl* edilizie. ~ **site** *s.* → **building-lot. ~ slip** *s.* ⟨*Mar*⟩ scalo *m* di costruzione. ~ **society** *s.* cooperativa *f* edilizia. ~ **surveyor** *s.* perito *m* edile. ~ **worker** *s.* edile *m*, lavoratore *m* dell'edilizia. ~ **wrecker** *s.* demolitore *m*. ~ **yard** *s.* cantiere *m*.

build-up *s.* **1** incremento *m*, aumento *m*. **2** ⟨*Mil*⟩ concentramento *m*. **3** (*development*) sviluppo *m*, rafforzamento *m*. **4** (*publicity*) lancio *m* pubblicitario: *the* ~ *of a star* il lancio pubblicitario di una diva. **5** (*process of preparation*) preparazione *f*.

built¹ [bilt] → **build¹**.

built² *a.* (nei composti) di corporatura ...: *a slightly-~ man* un uomo di corporatura gracile.

built‖-in *a.* **1** incassato, incorporato. **2** (*inherent*) innato, connaturato, intrinseco. ☐ ~ *cupboard* armadio a muro. **~-up** *a.* **1** composto, fatto a strati. **2** (*covered with buildings*) fabbricato, edificato, urbano: ~ *area* area edificata, agglomerato.

bulb [bʌlb] **I** *s.* **1** ⟨*Bot*⟩ (*of buds*) bulbo *m;* (*of plants*) tubero *m.* **2** (*of a thermometer*) bulbo *m.* **3** ⟨*El*⟩ (*glass housing*) bulbo *m*, globo *m;* (*incandescent lamp*) lampada *f*, lampadina *f: electric* ~ lampadina elettrica. **4** ⟨*Rad*⟩ valvola *f* termoionica. **5** ⟨*Anat*⟩ bulbo *m.* **II** *v.i.* gonfiarsi (a forma di bulbo).

bulbiferous [bʌl'bifərəs] *a.* che produce bulbi, bulbifero. **'bulbiform** [–bifɔ:m] *a.* bulbiforme. **'bulbous** [–bəs] *a.* **1** ⟨*Bot*⟩ bulboso; (*growing from bulbs*) prodotto da un bulbo. **2** ⟨*fig*⟩ (*bulb-shaped*) bulbiforme, tondeggiante.

bulbul ['bulbul] *s.* **1** ⟨*lett*⟩ usignolo *m.* **2** ⟨*Ornit*⟩ bulbul *m.*

Bulgar ['bʌlgɑ:] *s.* **1** (*native*) bulgaro *m* (*f* –a). **2** (*language*) bulgaro · *m*. **Bulgaria** [–'gɛəriə] *N.pr.* ⟨*Geog*⟩ Bulgaria *f*. **Bulgarian** [–'gɛəriən] **I** *s.* → **Bulgar. II** *a.* bulgaro.

bulge [bʌldʒ] **I** *s.* **1** protuberanza *f*, rigonfiamento *m*, prominenza *f*. **2** ⟨*fig*⟩ (*increase in numbers*) aumento *m* (*o* incremento) temporaneo. **3** ⟨*Statist*⟩ punta *f* (di diagramma). **4** ⟨*Mil*⟩ saliente *m*. **5** ⟨*Mar*⟩ controcarena *f*. **II** *v.i.* **1** incurvarsi, essere protuberante, sporgere. **2** ⟨*fig*⟩ (*of eyes*) uscire dalle orbite. **3** (*to be full of*) traboccare, essere rigonfio (*with* di): *his pockets –d with sweets* le sue tasche erano rigonfie di caramelle. **III** *v.t.* gonfiare. ☐ ⟨*am.fam*⟩ *to have the* ~ *on s.o.* avere (*o* ottenere) un vantaggio su qd.

bulger ['bʌldʒə] *s.* ⟨*Sport*⟩ (*in golf*) specie di mazza (di legno).

bulginess ['bʌldʒinis] *s.* qualità d'essere incurvato (*o* · rigonfio). **bulgy** [–dʒi] *a.* incurvato, protuberante, rigonfio.

bulimia [bju:'limiə] *s.* ⟨*Med*⟩ bulimia *f.*

bulk [bʌlk] **I** *s.* **1** dimensioni *fpl*, massa *f*, mole *f;* (*quantity*) quantità *f.* **2** (*greater part*) maggior parte *f*, grosso *m*, più *m: the* ~ *of the work has been done* il grosso del lavoro è stato fatto. **3** (*body*) corpo *m*, mole *f: the* ~ *of an elephant* la mole di un elefante. **4** ⟨*Mar*⟩ (*cargo*) carico *m* (sfuso); (*hold*) stiva *f.* **II** *a.* ⟨*Comm*⟩ all'ingrosso, in massa: ~ *order* ordinazione all'ingrosso. **III** *v.i.* aumentare di volume, gonfiarsi. **IV** *v.t.* **1** gonfiare, ingrossare. **2** (*to mass*) ammassare. ☐ ⟨*Comm*⟩ *to break* ~ iniziare le operazioni di scarico, togliere una parte dalla massa; ⟨*Comm*⟩ *in* ~: 1 senza imballaggio; 2 (*in large numbers*) all'ingrosso, in massa; 3 alla rinfusa: *to*

load in ~ caricare alla rinfusa; ⟨*fig*⟩ *to* ~ *large* occupare un posto importante, essere una persona importante.

bulk‖ buying *s.* acquisto *m* in massa. ~ **cargo** *s.* ⟨*Comm*⟩ carico *m* ˈalla rinfusaˈ (*o* a monte). ~ **goods** *s.pl.* merci *fpl* alla rinfusa.

bulkhead ['bʌlkhed] *s.* **1** ⟨*Mar*⟩ paratia *f*. **2** ⟨*Aer*⟩ paratia *f*, diaframma *m;* (*rib*) ordinata *f* di forza. **3** ⟨*tecn*⟩ divisorio *m*, diaframma *m*. **4** ⟨*Edil*⟩ (*in a tunnel*) muratura *f* di sostegno.

bulkiness ['bʌlkinis] *s.* voluminosità *f*, grossezza *f.*

bulk‖ sale *s.* vendita *f* in blocco. ~ **transport** *s.* trasporto *m* alla rinfusa.

bulky ['bʌlki] *a.* **1** voluminoso, grosso. **2** (*cumbersome*) ingombrante.

bulky waste *s.* rifiuti *mpl* ingombranti.

bull¹ [bul] **I** *s.* **1** toro *m.* **2** (*male of certain large animals*) maschio *m: a whale* ~ una balena maschio. **3** ⟨*sl*⟩ (*policeman*) poliziotto *m.* **4** ⟨*fam*⟩ (*bull's eye*) centro *m.* **5** ⟨*Mil*⟩ barilotto *m.* **6** ⟨*Econ*⟩ rialzista *m/f.* **II** *a.* **1** maschio: ~ *elephant* elefante maschio. **2** (*bull–like*) taurino, da toro. **3** ⟨*Econ*⟩ tendente al rialzo: ~ *market* mercato tendente al rialzo. Bull *N.pr.* ⟨*Astr*⟩ Toro *m.* ☐ ⟨*Comm*⟩ *to buy a* ~ comperare allo scoperto; ⟨*fig*⟩ ~ *in a china shop* persona maldestra (*o* goffa), ⟨*fam*⟩ fracassone *m* (*f* –a); ⟨*Econ*⟩ *to go a* ~ speculare al rialzo; ⟨*fig*⟩ *to take the* ~ *by the horns* prendere il toro per le corna.

bull² **I** *v.t.* **1** ⟨*Econ*⟩ cercare di far rialzare (il prezzo di). **2** ⟨*Zootecn*⟩ coprire, montare. **II** *v.i.* **1** ⟨*Econ*⟩ speculare al rialzo. **2** (*of shares*) salire di prezzo. **3** ⟨*Zootecn*⟩ essere in calore (*o* fregola). ☐ ⟨*Econ*⟩ *to* ~ *the market* comperare allo scoperto.

bull³ *s.* bolla *f: Papal* ~ bolla papale (*o* pontificia).

bull⁴ *s.* **1** fandonie *fpl*, ⟨*fam*⟩ balle *fpl.* **2** (*mistake in language*) affermazione *f* contraddittoria, lapsus linguae *m.* ☐ ⟨*sl*⟩ *to shoot the* ~: 1 parlare a vanvera; 2 (*to exaggerate*) raccontare balle.

bull. = *bulletin* bollettino.

bullace ['bulis] *s.* ⟨*Bot*⟩ susino *m* selvatico.

bullate ['buleit] *a.* ⟨*Bot,Med*⟩ bolloso, coperto di bolle.

bull‖ baiting *s.* ⟨*Stor*⟩ combattimento *m* di cani contro un toro. ~ **calf** *s.irr.* **1** ⟨*Zool*⟩ vitello *m*, torello *m.* **2** ⟨*fig*⟩ sempliciotto *m.*

bulldog ['buldɔg] **I** *s.* **1** ⟨*Zool*⟩ bulldog *m.* **2** ⟨*mil*⟩ pistola *f* di grosso calibro. **3** ⟨*Met*⟩ materiale *m* refrattario per rivestimento. **4** ⟨*Univ*⟩ (*buller*) assistente *m* del censore. **II** *a.* testardo, tenace.

bulldog edition *am. s.* ⟨*Giorn*⟩ prima edizione *f* del mattino.

bulldoze *am.* ['buldouz] *v.t.* **1** costringere con la forza (*o* violenza). **2** (*to intimidate*) angariare, intimorire, costringere con minacce. **3** (*to clear with a bulldozer*) spianare con un bulldozer. **bulldozer** [–ə] *s.* **1** ⟨*Mecc*⟩ bulldozer *m*, apripista *m*, spianatrice *f.* **2** ⟨*fam*⟩ (*bully*) prepotente *m*, ⟨*fam*⟩ bullo *m.*

bullet ['bulit] *s.* ⟨*Mil*⟩ pallottola *f*, proiettile *m.*

bullet‖ head *s.* **1** testa *f* rotonda. **2** (*person*) persona *f* dalla testa rotonda. **3** ⟨*fam*⟩ (*stubborn person*) persona *f* ostinata, ⟨*fam*⟩ testone *m.* '~-'**headed** *a.* **1** dalla testa rotonda. **2** ⟨*fam*⟩ (*stubborn*) ostinato, testardo, ⟨*fam*⟩ cocciuto, ⟨*fam*⟩ dalla testa dura.

bulletin ['bulitin] *s.* **1** bollettino *m*, comunicato *m.* **2** ⟨*Giorn*⟩ breve dispaccio *m.* **3** ⟨*Rad,TV*⟩ notiziario *m.* **4** ⟨*Univ*⟩ ordine *m* degli studi.

bulletin board *am. s.* tabella *f*, albo *m.*

bullet-proof I *a.* a prova di proiettile, antiproiettile: ~ **vest** giubbotto antiproiettile. **II** *v.t.* rendere a prova di proiettile. **bullet-proof glass** *s.* vetro *m* antiproiettile.

bull‖ fight *s.* corrida *f.* ~**fighter** *s.* torero *m*, matador *m.* **~fighting** *s.* tauromachia *f.*

bullfinch¹ ['bulfintʃ] *s.* ⟨*Ornit*⟩ ciuffolotto *m.*

bullfinch² *s.* siepe *f* fiancheggiata da un fossato.

bull‖ frog *s.* ⟨*Zool*⟩ rana *f* toro. **~head** *s.* **1** ⟨*Itt*⟩ pesce *m* gatto. **2** ⟨*fig*⟩ persona *f* stupida, ⟨*fam*⟩ zuccone *m* (*f* –a). **~headed** *a.* **1** ostinato. **2** (*impetuous*) precipitoso. **~horn** *am. s.* megafono *m.*

bullion ['buljən] **I** *s.* **1** oro *m* (*o* argento) in lingotti. **2**

(*trimming for uniforms*) frangia *f* dorata, gallone *m* dorato. **II** *a.* ⟨*Econ*⟩ bullionista. **bullionism** [–izəm] *s.* ⟨*Econ*⟩ bullionismo *m.* **bullionist** [–ist] *s.* fautore *m* (*f* –trice) del bullionismo.

bullish ['buliʃ] *a.* **1** taurino. **2** ⟨*Econ*⟩ tendente al rialzo.

bull-necked *a.* dal collo taurino.

bullock ['bulək] *s.* **1** manzo *m*, giovenco *m.* **2** (*young bull*) torello *m.*

bull| pen *s.* **1** recinto *m* per tori. **2** ⟨*am.fam*⟩ guardina *f.* **~ puncher** *am. s.* bovaro *m.* **~ring** *s.* arena *f.* **~roarer** *s.* raganella *f.*

bull's eye *s.* **1** centro *m* del bersaglio, ⟨*mil*⟩ barilotto *m.* **2** (*statement*) affermazione *f* che ʻfa centroʼ (*o* colpisce in pieno). **3** ⟨*Edil*⟩ occhio *m* di bue. **4** ⟨*Mar*⟩ (*glass disk*) oblò *m*, portellino *m;* (*wooden block*) mandorla *f.* **5** (*sweet*) caramella *f* tonda.

bully[1] ['buli] **I** *s.* **1** prepotente *m*, bravaccio *m*, attaccabrighe *m*, ⟨*fam*⟩ bullo *m.* **2** ⟨*rar*⟩ (*hired ruffian*) sicario *m*, bravo *m.* **3** ⟨*ant*⟩ (*pimp*) lenone *m*, sfruttatore *m.* **II** *a.* ⟨*sl*⟩ fantastico, straordinario, eccezionale. **III** *v.t.* angariare, opprimere, tiranneggiare. **IV** *v.i.* fare il prepotente. **V** *intz.* ⟨*fam*⟩ bene. □ ~ *for you!* bravissimo!; *to* ~ *s.o. into doing s.th.* costringere qd. a fare qc.

bully[2] **I** *s.* (*in hockey*) messa *f* in gioco. **II** *v.t.* (*general.* con *off*) mettere in gioco.

bully (beef) *s.* ⟨*Alim*⟩ carne *f* di manzo in scatola.

bully|boy *s.* (*ruffian*) gorilla *m.* **~rag** *v.t.* angariare, maltrattare.

bulrush ['bulrʌʃ] *s.* ⟨*Bot*⟩ **1** giunco *m* di palude. **2** (*cat–tail*) stancia *f*, mazzasorda *f.* **3** (*papyrus*) papiro *m.*

bulwark ['bulwək] *s.* ⟨*Mil*⟩ bastione *m*, spalto *m.* **2** (*breakwater*) opera *f* di difesa, argine *m*, molo *m.* **3** ⟨*fig*⟩ baluardo *m*, difesa *f.* **4** *pl.* ⟨*Mar*⟩ murata *f*, parapetto *m* di murata.

bum[1] [bʌm] *s.* ⟨*sl*⟩ ⟨*fam*⟩ sedere *m*, ⟨*volg*⟩ chiappe *fpl.*

bum[2] *am.* ⟨*sl*⟩ **I** *s.* **1** (*loafer*) fannullone *m* (*f* –a); (*tramp*) vagabondo *m* (*f* –a), ⟨*gerg*⟩ barbone *m;* (*sponger*) scroccone *m* (*f* –a). **2** (*enthusiast of a sport*) fanatico *m* (*f* –a). **3** (*dissolute person*) dissoluto *m* (*f* –a). **4** (*orgy*) orgia *f*, baldoria *f.* **II** *a.* **1** scadente, di poco valore. **2** (*false*) falso. **III** *v.t.* scroccare. **IV** *v.i.* **1** vivere alle spalle altrui, vivere da parassita. **2** (*to loaf*) bighellonare, vagabondare: *to* ~ *around the fields* vagabondare per i campi. □ ⟨*sl*⟩ *to give s.o. the* ~*'s rush* buttare fuori qd.; *on the* ~ **1** dedito al vagabondaggio; **2** (*dissolute*) poco raccomandabile, dissoluto; **3** (*out of order*) guasto, rotto.

bumbailiff [,bʌm'beilif] *s.* ⟨*spreg*⟩ ufficiale *m* giudiziario.

bumble[1] ['bʌmbl] *s.* (*minor official*) usciere *m*, messo *m.*

bumble[2] **I** *v.i.* **1** incespicare, confondersi. **2** (*to mutter*) borbottare. **II** *v.t.* pasticciare, abborracciare. **III** *s.* balordaggine *f.*

bumble[3] *v.i.* ronzare.

bumble bee ['bʌmblbi:] *s.* ⟨*Entom*⟩ bombo *m.*

bumbledom ['bʌmbldəm] *s.* sciocco sfoggio *m* d'autorità.

bumbling ['bʌmbliŋ] *a.* **1** maldestro, goffo. **2** (*incompetent*) incompetente.

bumboat ['bʌmbout] *s.* ⟨*Mar*⟩ bettolina *f.*

bumkin ['bʌmkin] *s.* → **bumpkin**[2]

bump[1] [bʌmp] **I** *v.t.* **1** colpire, urtare (contro), (andare a) sbattere contro. **2** (*to cause to strike*) sbattere, cozzare, battere: *he –ed his head on the door* batté la testa contro la porta. **3** ⟨*am*⟩ (*to oust*) prendere il posto di, soppiantare. **4** ⟨*am*⟩ (*to dismiss*) licenziare, buttare fuori. **5** (*in boat racing*) toccare con la prua (superando). **II** *v.i.* **1** andare a sbattere (*o* urtare, cozzare) (*into, against* contro): *the car –ed into a tree* la macchina andò a sbattere contro un albero. **2** (*to bounce along*) sobbalzare. □ ⟨*fig*⟩ *to* ~ *into s.o.* imbattersi in qd., incontrare qd. per caso; ⟨*sl*⟩ *to* ~ *off* uccidere, ⟨*fam*⟩ togliere di mezzo, ⟨*gerg*⟩ far fuori.

bump[2] *s.* **1** colpo *m*, urto *m*, collisione *f*, botto *m.* **2** (*sound*) colpo *m* sordo. **3** (*swelling*) bernoccolo *m*, bozza *f*, protuberanza *f: a* ~ *on the forehead* un bernoccolo sulla fronte. **4** ⟨*fig*⟩ (*bent*) bernoccolo *m: he has the* ~ *of mathematics* ha il bernoccolo della matematica. **5** (*in*

phrenology) protuberanza *f* (*o* bozza) cranica. **6** (*on a road surface*) gobba *f*, asperità *f.* **7** (*in boat racing*) il toccare con la prua l'imbarcazione davanti. **8** ⟨*Aer*⟩ sbalzo *m* di pressione.

bump[3] *s.* ⟨*Ornit*⟩ verso *m* del tarabuso.

bumper ['bʌmpə] **I** *s.* **1** ⟨*Aut*⟩ paraurti *m.* **2** ⟨*Mar*⟩ parabordo *m.* **3** ⟨*Ferr*⟩ respingente *m.* **4** (*in toasting*) bicchiere *m* colmo (fino all'orlo). **5** ⟨*fam*⟩ (*something very large*) fenomeno *m*, cosa *f* eccezionale. **II** *a.* molto abbondante, eccezionale, fenomenale: ~ *crops* raccolti abbondantissimi.

bumper| car *s.* autoscontro *m.* **~ sticker** *s.* adesivo *m* per paraurti.

bumpiness ['bʌmpinis] *s.* irregolarità *f*, scabrosità *f*, asperità *f: the* ~ *of the ground* l'irregolarità del terreno.

bumpkin[1] ['bʌmpkin] *s.* (*yokel*) bifolco *m* (*f* –a), zoticone *m* (*f* –a), sempliciotto *m* (*f* –a): *a country* ~ un sempliciotto di campagna.

bumpkin[2] *s.* ⟨*Mar*⟩ buttafuori *m.*

bumptious ['bʌmpʃəs] *a.* presuntuoso, borioso, arrogante.

bumptiousness [–nis] *s.* presunzione *f*, boria *f*, arroganza *f.*

bumpy ['bʌmpi] *a.* **1** accidentato, sconnesso, irregolare: *a* ~ *road* una strada accidentata. **2** (*full of jolts*) pieno di scossoni (*o* sobbalzi): *a* ~ *flight* un volo pieno di scossoni.

bun[1] [bʌn] *s.* **1** ⟨*Gastr*⟩ panino *m* dolce, focaccina *f.* **2** (*of hair*) chignon *m*, crocchia *f*, ⟨*fam*⟩ cipolla *f.* □ *hot cross* ~ focaccina *f* con un segno di croce sopra, focaccina del venerdì santo.

bun[2] *s.* ⟨*dial*⟩ coniglio *m*, scoiattolo *m.*

buna ['bu:nə] *s.* buna *f.*

bunch [bʌntʃ] **I** *s.* **1** grappolo *m: a* ~ *of grapes* un grappolo d'uva. **2** (*group of things*) mazzo *m*, mucchio *m*, quantità *f: a* ~ *of flowers* un mazzo di fiori. **3** ⟨*fam*⟩ (*group of people, friends*) gruppo *m*, comitiva *f.* **4** (*lump*) gobba *f*, protuberanza *f.* **5** ⟨*Tess*⟩ fiocco *m.* **II** *v.t.* **1** raggruppare, raccogliere in mazzi, riunire (in fascio). **2** (*to drape*) drappeggiare. **III** *v.i.* **1** (*spesso con up*) raggrupparsi, fare (*o* formare) capannello, radunarsi. **2** ⟨*Mil*⟩ serrare le file. □ *a* ~ *of bananas* un casco di banane; ⟨*fam*⟩ *the best* (*o pick*) *of the* ~ il migliore di tutti; ⟨*fam*⟩ ~ *of fives* pugno *m*, mano *f;* ~ *of keys* mazzo *m* di chiavi. **'bunchy** [–i] *a.* **1** (*che cresce*) a grappoli (*o* mazzi). **2** (*protuberant*) con sporgenze. **3** ⟨*Minier*⟩ irregolare.

bunco *am. s./v.* → **bunko**.

buncombe *s.* → **bunkum**.

bundle[1] ['bʌndl] *s.* **1** fascio *m*, fastello *m: a* ~ *of sticks* un fascio di sterpi. **2** (*of clothes, rags, etc.*) fagotto *m*, involto *m.* **3** (*package*) pacco *m*, involto *m*, pacchetto *m.* **4** (*collection*) mucchio *m*, quantità *f.* **5** ⟨*Anat*⟩ fascio *m.* □ *a* ~ *of firewood* una fascina.

bundle[2] **I** *v.t.* **1** legare in un fascio, affastellare. **2** (*to pack*) impacchettare. **3** (*to put away hurriedly*) mettere (*o* riporre) alla rinfusa, ⟨*pop*⟩ schiaffare: *they –d everything into the cupboard* misero tutto nella credenza. **4** (*to send away hurriedly*) mandare via precipitosamente, ⟨*fam*⟩ imballare. **5** ⟨*Met*⟩ pacchettare. **II** *v.i.* andarsene (in tutta fretta), svignarsela, ⟨*fam*⟩ fare fagotto. □ *to* ~ *away* (*o off, out*): **1** mandare via in tutta fretta; **2** andarsene, ⟨*fam*⟩ fare fagotto; *to* ~ *a child off to bed* spedire un ragazzino difilato a letto; *to* ~ *up* infagottarsi; *to* ~ *s.th. up* impacchettare qc., fare un fagotto di qc.

bundling ['bʌndliŋ] *s.* pacchettatura *f.*

bung [bʌŋ] *s.* **1** (*of a cask*) cocchiume *m;* (*of a demijohn*) grosso turacciolo *m*, tappo *m.* **II** *v.t.* ⟨*sl*⟩ gettare, scagliare, lanciare. □ *to* ~ *up*: **1** (*of a cask*) tappare, turare; **2** ⟨*fam*⟩ (*to clog*) intasare, riempire; **3** ⟨*am*⟩ (*to maul*) picchiare, ⟨*fam*⟩ pestare.

bungaloid ['bʌŋgəloid] *a.* ⟨*spreg*⟩ **1** di (*o* da) bungalow. **2** (*of a town, district*) con bungalow. **bungalow** [–lou] *s.* casa *f* di legno a un piano, bungalow *m.*

bunghole ['bʌŋhoul] *s.* (*hole in a cask*) cocchiume *m.*

bungle ['bʌŋgl] **I** *v.t.* pasticciare, abborracciare. **II** *v.i.* fare pasticci, impasticciare. **III** *s.* **1** pasticcio *m*, abborracciatura *f.* **2** (*something bungled*) lavoro *m* pasticciato (*o* mal fatto), pasticcio *m*. **bungler** [-ə] *s*. pasticcione *m* (*f* -a), confusionario *m* (*f* -a).

bunion ['bʌnjən] *s*. ⟨*Med*⟩ infiammazione *f* dell'alluce.

bunk[1] [bʌŋk] **I** *s*. **1** cuccetta *f* (*anche Ferr*.). **2** ⟨*fam*⟩ (*bed*) letto *m*. **II** *v.i.* **1** dormire in cuccetta. **2** (*to stay the night*) passare la notte.

bunk[2] *s*. ⟨*sl*⟩ *abbr. di* **bunkum**.

bunk[3] *s*. ⟨*sl*⟩ fuga *f*. □ *to do a* ~ svignarsela, ⟨*fam*⟩ tagliare la corda.

bunk bed *s*. letto *m* a castello.

bunker ['bʌŋkə] **I** *s*. **1** ⟨*Mar*⟩ carbonile *m*, stiva *f* (per carbone). **2** ⟨*Sport*⟩ (*in golf*) bunker *m*; (*hazard*) ostacolo *m*. **3** ⟨*Mil*⟩ fortino *m*, casamatta *f*, bunker *m*. **II** *v.t.* **1** ⟨*Sport*⟩ mandare (la palla) in un bunker. **2** ⟨*Mar*⟩ fornire di carbone. **III** *v.i.* ⟨*Mar*⟩ rifornirsi di carbone. □ ⟨*fig*⟩ *to be* -*ed* essere in difficoltà.

bunkhouse *am*. ['bʌŋkhaus] *s*. baracca *f*.

bunko *am*. ['bʌŋkou] ⟨*fam*⟩ **I** *s*. (*pl*. -s [z]) truffa *f*, imbroglio *m*. **II** *v.t.* imbrogliare, truffare.

bunko steerer *am*. *s*. ⟨*fam*⟩ imbroglione *m*.

bunkum ['bʌŋkəm] *s*. ⟨*fam*⟩ sciocchezze *fpl*, fandonie *fpl*.

bunny ['bʌni] *s*. ⟨*infant*⟩ coniglietto *m*.

Bunsen burner ['bunsn] *s*. ⟨*Chim*⟩ becco *m* Bunsen.

bunt[1] [bʌnt] **I** *s*. **1** ⟨*Mar*⟩ (*of a sail*) parte *f* concava (*o* mediana). **2** ⟨*Pesc*⟩ sacco *m*. **3** ⟨*Aer*⟩ virata *f* imperiale. **II** *v.i.* ⟨*Aer*⟩ fare una virata imperiale.

bunt[2] **I** *v.t.* ⟨*Sport*⟩ (*in baseball*) smorzare. **II** *s*. smorzata *f*.

bunt[3] *s*. ⟨*Agr*⟩ ruggine *f* del frumento.

bunting[1] ['bʌntiŋ] *s*. **1** ⟨*Tess*⟩ stamigna *f*, stamina *f*. **2** ⟨*collett*⟩ (*flags*) bandiere *fpl*, pavesi *mpl*.

bunting[2] *s*. ⟨*Ornit*⟩ **1** (*indigo bunting*) specie di gringillide. **2** (*red bunting*) migliarino *m* di palude. **3** (*snow bunting*) zigolo *m* delle nevi.

buoy [bɔi] **I** *s*. ⟨*Mar*⟩ **1** boa *f*, gavitello *m*. **2** (*life buoy*) boa *f* di salvataggio. **II** *v.t.* segnalare (*o* segnare) con boe. **III** *v.i.* galleggiare, venire a galla. □ *to* ~ **up**: 1 tenere a galla; 2 ⟨*fig*⟩ (*to sustain*) sostenere, sorreggere: *to be* -*ed up by hope* essere sorretto dalla speranza; 3 ⟨*fig*⟩ (*to hearten*) incoraggiare, rincorare.

buoyage ['bɔiidʒ] *s*. ⟨*Mar*⟩ **1** sistema *m* di segnalazione per mezzo di boe. **2** (*provision of buoys*) provvista *f* (*o* scorta) di boe.

buoyancy ['bɔiənsi] *s*. **1** galleggiabilità *f*. **2** ⟨*Fis*⟩ spinta *f* idrostatica (*o* di galleggiamento). **3** ⟨*Aer*⟩ spinta *f* aerostatica, forza *f* ascensionale. **4** ⟨*fig*⟩ capacità *f* di ripresa (*o* recupero); (*cheerfulness*) vivacità *f*, esuberanza *f*. **5** ⟨*Econ*⟩ elasticità *f*, tendenza *f* al rialzo.

buoyancy tank *s*. ⟨*Mar*⟩ cassa *f* di emersione.

buoyant ['bɔiənt] *a*. **1** capace di galleggiare. **2** (*capable of causing to float*) capace di tenere a galla. **3** ⟨*fig*⟩ (*cheerful*) vivace, esuberante, allegro. **4** ⟨*Econ*⟩ elastico, tendente al rialzo. □ ⟨*Fis*⟩ ~ *force* spinta *f* idrostatica.

B.U.P. = *British United Press* stampa unita britannica.

bur[1] [bə:] *s*. **1** ⟨*Bot*⟩ (*of a chestnut*) riccio *m*. **2** → **burdock**. **3** ⟨*fig*⟩ persona *f* noiosa (*o* appiccicaticcia), ⟨*fam*⟩ attaccabottoni *m/f*. **4** ⟨*Tess*⟩ lappola *f*.

bur[2] *s./v.* → **burr**[2].

bur. = **1** *bureau* ufficio (*abbr*. uff.). **2** *buried* sepolto (*abbr*. sep.).

Burberry ['bə:bəri] *s*. ⟨*Vest*⟩ impermeabile *m* Burberry, Burberry *m*.

burble ['bə:bl] **I** *v.i.* **1** gorgogliare; (*of the stomach*) gorgogliare, ⟨*fam*⟩ brontolare. **2** (*to prattle*) chiacchierare, ciarlare (*about* di). **II** *s*. **1** gorgoglio *m*. **2** ⟨*Aer*⟩ vortice *m*, corrente *f* vorticosa.

burbot ['bə:bət] *s*. ⟨*Itt*⟩ bottatrice *f*.

burden[1] ['bə:dn] **I** *s*. **1** carico *m*, peso *m*. **2** ⟨*fig*⟩ onere *m*, peso *m*, fardello *m*, responsabilità *f*: *the* ~ *of leadership* la responsabilità del comando. **3** ⟨*Mar*⟩ (*cargo weight*) portata *f*, tonnellaggio *m*; (*capacity*) capacità *f* (di trasporto), stazza *f* netta. **4** ⟨*Met*⟩ letto *m* di fusione. **5** ⟨*Comm*⟩ gravame *m*, aggravio *m*. **II** *v.t.* **1** caricare, gravare, imporre un onere a. **2** ⟨*fig*⟩ opprimere, deprimere. □ *to be a* ~ *to s.o.* essere di peso a qd., pesare (*o* gravare) su qd.; *beast of* ~ bestia *f* da soma; ~ *of care* fardello *m* di affanni; ⟨*Dir*⟩ -*ed* **estate** proprietà *f*

ipotecata; ⟨*Dir*⟩ ~ *of* **proof** onere *m* della prova; ⟨*Mar*⟩ **ship** *of* ~ nave *f* da carico; ⟨*Dir*⟩ ~ *of* **taxation** carico tributario, onere *m* fiscale.

burden[2] *s*. **1** ⟨*Mus*⟩ ritornello *m*; (*drone*) bordone *m*. **2** ⟨*fig*⟩ (*central idea*) tema *m* dominante (*o* principale), punto *m* centrale.

burdened ['bə:dnd] *a*. ⟨*Dir*⟩ gravato di pesi ed oneri.

burdensome ['bə:dnsəm] *a*. **1** pesante, gravoso. **2** ⟨*fig*⟩ gravoso, pesante, opprimente. **burdensomeness** [-nis] *s*. gravosità *f*.

burdock ['bə:dɔk] *s*. ⟨*Bot*⟩ lappa *f*, lappola *f*, bardana *f*.

bureau ['bjuərou] *s*. (*pl*. -s/-x [z]) **1** scrittoio *m*, scrivania *f*. **2** ⟨*am*⟩ (*dressing table*) cassettone *m*, comò *m*. **3** ⟨*am*⟩ (*government department*) dipartimento *m*, sezione *f*. **4** (*agency, office*) agenzia *f*, ufficio *m*.

bureaucracy [bju'rɔkrəsi] *s*. **1** burocrazia *f*. **2** → **bureaucratism**.

bureaucrat ['bjuəroukræt] *s*. burocrate *m*. **bureaucratese** [-'ti:z] *s*. gergo *m* burocratico, burocratese *m*. ,**bureau'cratic** [-ik] *a*. burocratico. **bureaucratism** [-'rɔkrətizəm] *s*. burocratismo *m*. **bureaucratist** [-'rɔkrətist] *s*. burocrate *m*. **bureaucratization** [-rɔkrətai'zeiʃən] *s*. burocratizzazione *f*.

buret(te) [bju'ret] *s*. ⟨*Chim*⟩ buretta *f*.

burg [bə:g] *s*. **1** ⟨*Stor*⟩ città *f* fortificata. **2** ⟨*am.fam*⟩ (*town*) città *f*.

burgee ['bə:dʒi] *s*. ⟨*Mar*⟩ bandiera *f*, guidone *m*.

burgeon ['bə:dʒən] **I** *s*. ⟨*Bot*⟩ (*bud*) gemma *f*; (*sprout*) germoglio *m*, getto *m*. **II** *v.i.* **1** ⟨*Bot*⟩ (*to bud*) gemmare; (*to sprout*) germogliare, buttare, gettare. **2** ⟨*fig*⟩ divenire, svilupparsi, trasformarsi.

burger *am*. ['bʌgə] *s*. **1** hamburger *m*. **2** (*sandwich*) sandwich *m*: *a crab* ~ un sandwich di gamberetti.

burgess ['bə:dʒis] *s*. **1** abitante *m/f* di un «borough». **2** ⟨*Stor.brit*⟩ rappresentante *m* parlamentare di un «borough».

burgh ['bʌrə] *s*. (*in Scotland*) città *f* con autonomia amministrativa.

burgher ['bə:gə] *s*. **1** abitante *m/f* di un «borough». **2** ⟨*estens*⟩ cittadino *m* (*f* -a).

burglar ['bə:glə] *s*. scassinatore *m* (*f* -trice).

burglar alarm *s*. antifurto *m*.

burglarious [bə'glɛəriəs] *a*. ˹relativo a˺ (*o* che costituisce) furto con scasso. **burglarize** ['bʌ:gləraiz] *v.t.* scassinare. **burglarproof** [-ləpru:f] *a*. a prova di scasso (*o* furto). **burglary** [-ləri] *s*. ⟨*Dir*⟩ **1** furto *m* (notturno) con scasso. **2** (*housebreaking*) violazione *f* di domicilio. **burgle** ['bə:gl] **I** *v.t.* scassinare, svaligiare. **II** *v.i.* commettere un furto con scasso.

burgomaster ['bɛ:gəmɑ:stə] *s*. borgomastro *m*.

burgonet ['bə:gənət] *s*. ⟨*Mil.ant*⟩ borgognotta *f*.

burgrave ['bə:greiv] *s*. ⟨*Stor*⟩ burgravio *m*.

Burgundian [bə:'gʌndiən] **I** *s*. borgognone *m* (*f* -a). **II** *a*. borgognone. **Burgundy** ['bə:gəndi] **I** *N.pr.* ⟨*Geog*⟩ Borgogna *f*. **II** *s*. borgogna *m*, vino *m* di Borgogna. **burgundy** *s*. rosso *m* borgogna.

burial ['beriəl] *s*. **1** (*ceremony*) sepoltura *f*, funerale *m*. **2** (*act*) inumazione *f*, seppellimento *m*. **3** (*grave*) sepolcro *m*, tomba *f*.

burial| benefit *s*. ⟨*Assic*⟩ assegno *m* funerario. ~ **ground** *s*. cimitero *m*, camposanto *m*. ~ **mound** *s*. tumulo *m* sepolcrale. ~ **service** *s*. ⟨*Lit*⟩ ufficio *m* funebre.

burin ['bjuərin] *s*. ⟨*Met*⟩ bulino *m*. **burinist** [-ist] *s*. bulinatore *m*.

burke [bə:k] *v.t.* **1** soffocare. **2** ⟨*fig*⟩ (*to hush up*) soffocare, mettere a tacere, passare sotto silenzio. **3** ⟨*burocr*⟩ insabbiare.

burl [bə:l] **I** *s*. ⟨*Tess*⟩ **1** nodo *m*. **2** ⟨*Bot*⟩ escrescenza *f*. **II** *v.t.* ⟨*Tess*⟩ slappolare, rifinire (togliendo i nodi).

burlap ['bə:læp] *s*. ⟨*Tess*⟩ tela *f* da imballaggio (*o* sacchi), tela ruvida.

burlesque [bə:'lesk] **I** *s*. **1** ⟨*Lett*⟩ farsa *f*, componimento *m* comico-burlesco. **2** (*parody, caricature*) parodia *f*, presa *f* in giro, caricatura *f*. **3** ⟨*Teat*⟩ spettacolo *m* di varietà, rivista *f*. **II** *a*. **1** caricaturale, parodistico, burlesco. **2** ⟨*Teat*⟩ di varietà, di rivista. **III** *v.t.* parodiare, prendere in giro, mettere in ridicolo.

burliness ['bə:linis] *s.* corpulenza *f,* robustezza *f.* **burly** [-li] *a.* corpulento, robusto, tarchiato.

Burma ['bə:mə] *N.pr.* ⟨*Geog*⟩ Birmania *f.* **Burman** [-n], **Burmese** [-'mi:z] **I** *a.* birmano. **II** *s.* **1** birmano *m* (*f* -a). **2** (*language*) birmano *m.*

Burmese cat *s.* ⟨*Zool*⟩ gatto *m* birmano.

burn[1] [bə:n] *v.* (*pret., p.p.* **burnt** [-t]/**-ed** [-d]) **I** *v.i.* **1** bruciare; (*of fire*) ardere, fiammeggiare, essere acceso; (*of fuel*) bruciare, ardere: *green wood won't ~ well* la legna verde non brucia bene. **2** (*of stoves, etc.*) essere acceso. **3** (*of light, gas*) ardere, essere acceso; (*to glow brightly*) fare luce, risplendere: *the lamp –ed brightly* la lampada faceva molta luce. **4** ⟨*fig*⟩ (*to feel heat*) bruciare, avvampare, ardere (*with* per, da, di): *his forehead –ed with fever* la fronte gli bruciava per la febbre; *to ~ with shame* ardere dalla vergogna. **5** (*to be hot*) bruciare, scottare, ardere. **6** (*to become charred*) bruciarsi, bruciacchiarsi: *the toast has –t* il toast si è bruciacchiato; (*of the skin*) bruciarsi, scottarsi, ustionarsi. **7** ⟨*sl*⟩ (*to die on the electric chair*) essere giustiziato (sulla sedia elettrica). **8** (*to feel anger*) avvampare (*o* ardere) d'ira, bruciare di sdegno. **9** ⟨*fig*⟩ (*to long*) desiderare ardentemente, bruciare (*o* ardere) dal desiderio. **10** ⟨*Chim*⟩ bruciarsi, ossidarsi. **II** *v.t.* **1** bruciare, distruggere col fuoco: *he –t the papers* bruciò i documenti. **2** (*to use as fuel*) usare (*o* consumare) come combustibile, bruciare, ⟨*fam*⟩ andare a: *this stove –s coke* questa stufa va a carbon coke. **3** (*to injure: by heat or fire*) bruciare, scottare, ustionare: *I –t my fingers* mi sono scottato le dita. **4** (*to overcook, char*) bruciare, bruciacchiare. **5** (*to treat with heat*) cuocere, calcinare: *to ~ clay* cuocere l'argilla. **6** (*to mark with fire*) imprimere a fuoco. **7** (*to sting*) bruciare, pungere: *whisky –s my throat* il whisky mi brucia la gola. **8** ⟨*fig*⟩ (*to squander*) sperperare, buttare (via): *he has money to ~* ha denaro da buttare. **9** ⟨*fam*⟩ (*to cheat, disillusion*) deludere, ⟨*fam*⟩ scottare: *I got –ed* ci sono rimasta scottata. **10** ⟨*Med*⟩ cauterizzare, bruciare. **11** ⟨*Chim,Met*⟩ ossidare. □ *to ~ to* **ashes** incenerire, incenerirsi; *to ~* **away:** 1 eliminare bruciando, bruciare (via); 2 consumarsi (bruciando): *the candle has –t away* la candela si è consumata; 3 rimanere acceso, (continuare a) bruciare: *the fire has been –ing away all night* il fuoco è rimasto acceso tutta la notte; ⟨*fig*⟩ *to ~ one's* **boats** (*o* **bridges**) tagliarsi i ponti alle spalle; *to ~ the* **candle** *at both ends* vegliare fino a tardi e alzarsi presto; ⟨*fig*⟩ lavorare troppo; *to ~* **daylight** sprecare tempo (*o* energie), fare un lavoro inutile; *to ~ to* **death** morire carbonizzato (*o* bruciato vivo); (*at the stake*) morire (*o* bruciare) sul rogo; *to ~* **down** bruciare completamente, distruggere col fuoco: *his house was –t down* la sua casa fu distrutta dal fuoco; ⟨*fam*⟩ *my* **ears** *are –ing* mi fischiano le orecchie; ⟨*sl*⟩ *to ~ s.o.'s ears* ⟨*fam*⟩ dare una lavata di capo a qd.; ⟨*fig*⟩ *to ~ one's* **fingers** bruciarsi le dita, rimanere scottato; *to ~* **for** *s.o.* ardere (*o* bruciare) d'amore per qd.; ⟨*fig*⟩ *the money –ed a* **hole** *in his pockets* il denaro gli scottava tra le dita; *his words –t into my memory* le sue parole mi rimasero impresse (nella memoria); *to ~ the* **midnight** *oil* lavorare fino a notte tarda (*o* inoltrata); *to ~* **out:** 1 = *to burn* **down;** 2 ⟨*fig*⟩ (*to exhaust*) esaurire, logorare; 3 (*to stop burning*) spegnersi, estinguersi: *the fire –ed itself out* il fuoco si spense; 4 ⟨*El*⟩ fulminarsi, bruciarsi; ⟨*fig*⟩ *to ~ o.s. out* esaurirsi, rovinarsi la salute; *to ~* **up:** 1 (*to get rid of by burning*) bruciare; 2 ⟨*fam*⟩ (*to make angry*) irritare, far adirare; (*to become angry*) irritarsi, arrabbiarsi; 3 ⟨*fam*⟩ (*to move speedily over*) divorare: *to ~ up the highway* divorare la strada; *4* (*to burst into flames*) prendere fuoco, divampare, avvampare.

burn[2] *s.* **1** ⟨*Med*⟩ ustione *f,* scottatura *f: first degree ~* ustione di primo grado. **2** (*burnt place*) scottatura *f,* bruciatura *f;* (*of land*) zona *f* bruciata. **3** ⟨*tecn*⟩ (*baking*) cottura *f.* **4** (*brand*) marchio *m* a fuoco. **5** ⟨*sl*⟩ (*cigarette*) sigaretta *f,* ⟨*pop*⟩ cicca *f.*

burn[3] *scozz. s.* ruscello *m.*

burned [bə:nd] *a.* → **burnt**[2] **burned-out** *a.* → **burnt-**'**out.**

burner ['bə:nə] *s.* **1** (*of a gas fixture*) becco *m* a gas. **2** (*in brickmaking*) operaio *m* addetto alla cottura. **3** ⟨*tecn*⟩

bruciatore *m.*

burnet ['bə:nit] *s.* ⟨*Bot*⟩ sanguisorba *f.*

burning ['bə:niŋ] **I** *a.* **1** che brucia, in fiamme. **2** (*very hot*) cocente, scottante, ardente: *the ~ sun* il sole cocente. **3** (*affecting with heat*) bruciante, ardente: *a ~ fever* una febbre ardente. **4** ⟨*fig*⟩ (*intense*) ardente, veemente, bruciante: *~ desire* desiderio ardente. **5** ⟨*fig*⟩ (*hotly debated*) grave, scottante: *a ~ question* una questione scottante. **II** *s.* **1** incendio *m.* **2** ⟨*tecn*⟩ cottura *f.* **3** ⟨*Mecc*⟩ fusione *f,* combustione *f.* **4** ⟨*Met*⟩ bruciatura *f.*

burning| **bush** *s.* ⟨*Bot*⟩ dittamo *m.* **~ glass** *s.* ⟨*Ott*⟩ specchio *m* ustorio. **~ hot** *a.* rovente.

burnish ['bə:niʃ] **I** *v.t.* **1** (*to polish*) lucidare. **2** (*to make smooth*) brunire. **II** *s.* **1** (*polish*) lucidatura *f.* **2** (*smoothing*) brunitura *f.* **burnisher** [-ə] *s.* **1** (*person*) brunitore *m.* **2** (*tool*) brunitoio *m.*

burnoose, burnous(e) [bə:'nu:s] *s.* burnus *m.*

burn out ['bə:naut] *s.* **1** incendio *m.* **2** ⟨*fig*⟩ (*exhaustion*) esaurimento *m,* crollo *m.* **3** ⟨*Mot*⟩ fine *f* della combustione. **4** ⟨*El*⟩ bruciatura *f,* interruzione *f* per corto circuito.

burnt[1] [bə:nt] → **burn**[1].

burnt[2] *a.* **1** bruciato, bruciacchiato. **2** (*of colours*) bruciato. **3** ⟨*tecn*⟩ (*of clay, etc.*) cotto. **4** ⟨*Met*⟩ bruciato.

burnt| **almond** *s.* mandorla *f* caramellata. **~ lime** *s.* calce *f* viva. **~ offering** *s.* ⟨*Rel*⟩ olocausto *m,* sacrificio *m.* '**~-**'**out** *a.* **1** spento, consumato, morto (*anche fig.*). **2** ⟨*El*⟩ fulminato, bruciato. **3** ⟨*Mot*⟩ fuso.

burn treatment centre *s.* reparto *m* ustionati.

'**burnt**|**si**'**enna** *s.* (*colour*) terra *f* di Siena bruciata. **~ umber** *s.* (*colour*) terra *f* d'ombra bruciata.

burn| **unit** *s.* reparto *m* ustionati. **~ victim** *s.* ustionato *m* (*f* –a).

burp [bə:p] ⟨*fam*⟩ **I** *s.* eruttazione *f,* ⟨*volg*⟩ rutto *m.* **II** *v.i.* eruttare, ⟨*volg*⟩ ruttare. **III** ⟨*am*⟩ *v.t.* (*of a baby*) far fare il ruttino a.

burr[1] [bə:] *s.* **1** ⟨*Mecc*⟩ (*tool*) fresa *f* a lima; (*washer*) riparella *f,* rosetta *f.* **2** ⟨*Dent*⟩ fresa *f.* **3** ⟨*Met*⟩ bava *f,* bavatura *f,* ricciolo *m.*

burr[2] **I** *s.* **1** ⟨*Ling*⟩ pronuncia *f* arrotata delle erre; (*rough pronunciation*) pronuncia *f* aspra (*o* dura). **2** (*whirring noise*) ronzio *m.* **II** *v.i.* **1** ⟨*Ling*⟩ arrotare la erre; (*to speak roughly*) parlare con una pronuncia aspra. **2** (*to make a whirring noise*) ronzare, emettere un ronzio. **3** (*to speak indistinctly*) parlare con suoni confusi. **III** *v.t.* ⟨*Ling*⟩ pronunciare arrotando la erre.

burr[3] *s.* ⟨*Geol*⟩ **1** roccia *f* silicea per macine. **2** (*millstone*) macina *f.*

burring machine ['bə:riŋ] *s.* **1** ⟨*Tess*⟩ slappolatrice *f.* **2** ⟨*Met*⟩ sbavatrice *f.*

burrow ['bʌrou] **I** *s.* **1** tana *f,* cunicolo *m,* buco *m.* **2** (*place of retreat*) covo *m,* rifugio *m.* **II** *v.i.* **1** scavare un buco (*o* cunicolo). **2** ⟨*fig*⟩ indagare, frugare, setacciare, fare ricerche in. **3** (*to live in a burrow*) vivere in un tugurio. **4** (*to hide*) nascondersi. **III** *v.t.* scavare. **burrower** [-ə] *s.* (*of animals*) scavatore *m.*

bursar ['bə:sə] *s.* **1** economo *m,* tesoriere *m.* **2** ⟨*Mediev*⟩ studente *m* universitario. **3** (*scholarship student*) borsista *m/f.* **bursarial** [-'seəriəl] *a.* **1** del tesoriere. **2** (*of bursary*) della tesoreria. **bursary** [-ri] *s.* **1** economato *m,* tesoreria *f.* **2** (*scholarship*) borsa *f* di studio.

burst[1] [bə:st] *v.* (*pret., p.p.* **burst**) **I** *v.i.* **1** scoppiare, spaccarsi. **2** (*to explode*) esplodere, scoppiare (*anche fig.*): *if he goes on eating he will ~* se continua a mangiare scoppierà. **3** (*to issue forth violently*) irrompere, slanciarsi: *the bull ~ out of its pen* il toro si slanciò fuori dal recinto; (*of liquids*) zampillare, sgorgare. **4** ⟨*fig*⟩ scoppiare, prorompere (*into* in): *to ~ into tears* scoppiare in lacrime. **5** (*to be very full*) traboccare, essere ricolmo (*with* di). **6** (*to appear suddenly*) apparire improvvisamente, sbucare: *the sun ~ through the clouds* il sole apparve improvvisamente tra le nuvole. **7** (*to rupture*) scoppiare, rompersi: *the boil has ~* il foruncolo è scoppiato. **8** (*of buds*) aprirsi, schiudersi. **9** ⟨*fig*⟩ (*to be eager*) essere impaziente, non vedere l'ora, ⟨*fam*⟩ morire dalla voglia. **II** *v.t.* **1** far scoppiare, far esplodere. **2** (*to cause to rupture*) provocare la rottura di, farsi scoppiare: *to ~ a* *blood vessel* provocare la rottura di un vaso sanguigno, farsi scoppiare un'arteria. □ *to* ~ **in**: 1 entrare con violenza, irrompere; 2 (*to break down*) abbattere, buttare giù: *he* ~ *in the door* abbatté la porta; *to* ~ *in upon a conversation* interrompere una conversazione; *to* ~ **open** aprirsi violentemente; *to* ~ **out** *laughing* scoppiare a ridere; **ready** *to* ~ sul punto di esplodere; *the river has* ~ *its banks* il fiume ha rotto gli argini; *to* ~ **up** esplodere, far saltare in aria; *to* ~ **upon**: 1 giungere (*o* venire) improvvisamente; 2 (*to storm*) irrompere, fare irruzione; *to* ~ **with** *laughing* scoppiare dal ridere.

burst[2] *s.* **1** scatto *m*, sforzo *m* improvviso: *a* ~ *of speed* uno scatto di velocità. **2** (*outburst*) scoppio *m*, esplosione *f*: *a* ~ *of anger* uno scoppio d'ira. **3** (*sudden eruption*) fuoriuscita *f* improvvisa, getto *m*, sbuffo *m*. **4** ⟨Mil⟩ (*explosion*) esplosione *f*, scoppio *m*; (*of a weapon*) raffica *f*. **5** (*breach*) rottura *f*, squarcio *m*, fenditura *f*, falla *f*: *a* ~ *in the water mains* una rottura nelle condutture dell'acqua. **6** ⟨Minier⟩ cedimento *m* con scoppio. □ *a* ~ *of applause* uno scroscio di applausi; *a* ~ *of flames* una vampata.

bursting ['bɔːstiŋ] **I** *s.* esplosione *f*, scoppio *m*. **II** *a.* che scoppia, sul punto di scoppiare (*anche fig.*). □ ~ *point* limite *m* di sopportazione.

burthen ['bɔːðn] *s./v.* ⟨ant⟩ → **burden**[1].

burton ['bɔːtn] *s.* ⟨Mar⟩ **1** paranchino *m*. **2** (*Spanish burton*) paranco *m*, candeletta *f*. □ ⟨fam⟩ *to be gone for a* ~ essere morto (*o* disperso).

bury ['beri] *v.t.* **1** sotterrare: *the dog buried his bone* il cane sotterrò l'osso. **2** (*of a corpse*) seppellire. **3** (*to hide*) nascondere: *he buried his face in his hands* nascose la faccia tra le mani. **4** (*to plunge in*) affondare, sprofondare: *to* ~ *one's hands in one's pockets* affondare le mani nelle tasche. **5** ⟨rifl⟩ (*to immerse o.s.*) immergersi, sprofondarsi: *he buried himself in a book* si immerse nella lettura di un libro. **6** ⟨fig⟩ dimenticare: *to* ~ *one's differences* dimenticare le discordie. **7** (*to lose by death*) perdere, ⟨scherz⟩ sotterrare: *she has already buried two husbands* ha già sotterrato due mariti. □ *to* ~ *s.o.* **alive** seppellire vivo qd.; ⟨fig⟩ *to* ~ *o.s.* *alive* segregarsi, seppellirsi vivo; ⟨fig⟩ *to* ~ *the* **hatchet** riconciliarsi; *to be buried in* **thought** essere immerso (*o* assorto) nei propri pensieri.

bus[1] [bʌs] *s.* (*pl.* buses/*am.* busses [-iz]) **1** autobus *m*. **2** ⟨am⟩ (*coach*) torpedone *m*, pullman *m*. **3** (*horse-drawn vehicle*) diligenza *f*, omnibus *m*. **4** ⟨sl⟩ (*aeroplane*) aeroplano *m*; (*car*) automobile *f*. □ ⟨fig⟩ *to miss the* ~ lasciarsi sfuggire un'occasione, ⟨fam⟩ perdere l'autobus.

bus[2] *v.* (*pret., p.p.* **bused/bussed** [bʌst]) **I** *v.i.* andare in autobus. **II** *v.t.* **1** trasportare in autobus. **2** ⟨am⟩ portare gli allievi in una scuola di un quartiere diverso (nel quadro della politica di integrazione razziale).

bus| bar *s.* ⟨El⟩ sbarra *f* collettrice. ~ **boy** *am.* *s.* aiuto cameriere *m*.

busby ['bʌzbi] *s.* ⟨Mil⟩ colbacco *m*.

bus| conductor *s.* bigliettaio *m* di autobus. ~ **driver** *s.* autista *m* (*o* conducente) di autobus. ~ **girl** *am.* *s.* aiuto-cameriera *f*.

bush[1] [buʃ] **I** *s.* **1** cespuglio *m*, arbusto *m*. **2** (*uncultivated land*) zona *f* incolta (*o* selvaggia), terreno *m* a macchia. **3** (*dense forest*) foresta *f* fitta, selva *f*. **4** ⟨am⟩ (*backwoods*) foreste *fpl* interne (dell'America del Nord). **5** ⟨Zool⟩ coda *f* folta (a pennello). **6** ⟨ant⟩ (*tavern*) osteria *f*; (*tavern sign*) frasca *f*. **II** *v.i.* diventare cespuglioso, coprirsi di cespugli. □ ⟨fig⟩ *to beat about the* ~ menare il can per l'aia; *to go* (*o take to the*) ~ darsi alla macchia. *Prov.: good wine needs no* ~ il vino buono non ha bisogno di frasca.

bush[2] **I** *s.* **1** ⟨Mecc⟩ boccola *f*, bussola *f*. **2** ⟨El⟩ rivestimento *m* (*o* guaina *f*) isolante. **II** *v.t.* **1** ⟨Mecc⟩ imboccolare, imbussolare. **2** ⟨El⟩ rivestire con isolante.

bush| baby *s.* ⟨Zool⟩ galagone *m*. ~**buck** *s.* ⟨Zool⟩ tragelafo *m* striato (*o* scritto). ~ **cat** *s.* ⟨Zool⟩ servalo *m*, gattopardo *m* africano.

bushed [buʃt] *a.* **1** cespuglioso. **2** ⟨austral⟩ (*lost in the bush*) perduto nella selva. **3** ⟨fam⟩ (*exhausted*) sfinito, esausto, stremato.

bushel ['buʃl] *s.* **1** unità *f* di misura di capacità (circa 36 litri). **2** (*container*) staio *m*. **3** (*lots*) grande quantità *f*. □

⟨fig⟩ *to hide one's light under a* ~ mettere la fiaccola sotto il moggio, nascondere una virtù (*o* un pregio). **bushelful** [-ful] *s.* quantità *f* contenuta in un bushel.

bush| fighter *s.* guerrigliero *m*, franco tiratore *m*. ~ **fighting** *s.* guerriglia *f*. ~ **fire** *s.* incendio *m* di boscaglia. ~ **hammer** *s.* ⟨Edil⟩ bocciarda *f*. ~ **harrow** *s.* ⟨Agr⟩ erpice *m*.

bushiness ['buʃinis] *s.* cespugliosità *f*.

bushing ['buʃiŋ] *s.* **1** ⟨El⟩ (*sleeve*) fodera *f* isolante; (*conductor*) isolatore *m* passante. **2** ⟨Mecc⟩ (*sleeve*) boccola *f*, bussola *f*.

bush|-league *am.* *a.* mediocre, di qualità inferiore. ~**man** [mən] *s.irr.* **1** abitatore *m* dei boschi. **2** ⟨austral⟩ pioniere *m*, abitante *m* di regioni selvagge. ~**man** [mæn] *s.irr.* boscimano *m*. ~ **ranger** *s.* ⟨austral⟩ brigante *m* (alla macchia). ~ **telegraph** *s.* **1** telegrafo *m* della giungla. **2** ⟨austral⟩ sistema *m* d'informazioni trasmesse oralmente. **3** ⟨sl⟩ (*grapevine*) diceria *f*, voce *f*.

bush|whack *am.* **I** *v.i.* **1** aprirsi un sentiero (*o* passaggio) a colpi d'accetta. **2** (*to travel through woods*) passare nei boschi, attraversare i boschi. **3** (*to fight as a bushwhacker*) combattere alla macchia, fare la guerriglia. **II** *v.t.* tendere un'imboscata a. ~**whacker** *am.* *s.* **1** chi ripulisce il sottobosco. **2** ⟨Stor.am⟩ guerrigliero *m* confederato. **3** (*guerrilla*) guerrigliero *m*. **4** (*sniper*) cecchino *m*.

bushy ['buʃi] *a.* **1** cespuglioso, coperto di cespugli. **2** (*growing thickly*) cespuglioso, folto, a ciuffi: ~ *eyebrows* sopracciglia folte.

busily ['bizili] *avv.* attivamente, laboriosamente.

business ['biznis] **I** *s.* **1** lavoro *m*, occupazione *f*, mestiere *m*, attività *f*. **2** (*commercial activity*) affari *mpl*, commercio *m*: ~ *is booming* gli affari prosperano. **3** (*firm, etc.*) ditta *f*, azienda *f*, impresa *f*, compagnia *f*. **4** (*office*) sede *f*, uffici *mpl*; (*shop*) negozio *m*, rivendita *f*; (*factory*) fabbrica *f*. **5** (*rightful concern*) affare *m*, affari *mpl*, fatti *mpl*: *this is none of your* ~ non sono affari tuoi, non ti riguarda. **6** (*task*) compito *m*, dovere *m*: *it is my* ~ *to warn them* è mio dovere avvertirli. **7** (*matter*) faccenda *f*, storia *f*, affare *m*: *I'm tired of the whole* ~ sono stanco di tutta questa faccenda. **8** (*difficult matter*) fatica *f*, affare *m* serio, cosa *f* difficile: *it's quite a* ~ *getting him to come* è una vera fatica indurlo a venire. **9** ⟨Teat⟩ mimica *f*, gesto *m*. **II** *a.* **1** di affari, affaristico: *a* ~ *trip* un viaggio d'affari; ~ *sense* spirito affaristico. **2** (*suitable for business*) commerciale. □ *it's a bad* ~ è un brutto affare; *to come to* ~ mettersi al lavoro (*o* all'opera); *to do* ~ *with s.o.* avere rapporti di affari con qd.; *to get down to* ~ = *to come to business*; *to go about one's* ~ andarsene per i fatti propri; *to have no* ~ *doing s.th.* non avere il diritto (*o* alcuna ragione) di fare qc.; *how is* ~ ? come vanno gli affari?; *to be in* ~ essere negli affari; *to be in* ~ *for o.s.* essere (*o* lavorare) in proprio; *to go into* ~ darsi agli affari, mettersi nel commercio; *to enter into* ~ *connections with s.o.* entrare in (*o* stringere) rapporti d'affari con qd.; ⟨fam⟩ *like nobody's* ~ con grande entusiasmo (*o* energia); **line** *of* ~ genere *m* d'attività; *to* **make** *it one's* ~ *to do s.th.* farsi un dovere di fare qc., assumersi il compito di fare qc.; *he makes a great* ~ *of it* ne fa un affare di stato; ⟨epist⟩ *we shall make it our* ~ *to satisfy you* sarà nostra preoccupazione (*o* cura) venirvi incontro; ⟨Comm⟩ **man** *of* ~ agente *m* d'affari, procuratore *m*; ⟨fam⟩ *to* **mean** ~ fare sul serio, non scherzare; *the* ~ *before the* **meeting** l'ordine *m* del giorno, l'agenda *f*; *to* **mind** *one's own* ~ pensare (*o* badare) ai fatti propri; **normal** ~ affari *mpl* di ordinaria amministrazione; *to go away on* ~ partire per affari; ~ *before* **pleasure** prima il dovere e poi il piacere, prima (*o* anzitutto) gli affari; ~ **reply** *card* cartolina *f* con risposta pagata; *to* **send** *s.o. about his* ~ mandare qd. per i fatti suoi (*o* a quel paese); ~ *is at a* **standstill** gli affari sono fermi; *a good* **stroke** *of* ~ un buon affare, ⟨fam⟩ un bel colpo; *to* **talk** ~ parlare d'affari; **volume** *of* ~ giro *m* (*o* volume) d'affari; **what** ~ *have you to be here?* con quale diritto Lei è qui?; ~ *is not what it was* (*o used to be*) gli affari non vanno più come una volta. *Prov.: everybody's* ~ *is nobody's* ~ affare di tutti, affare di nessuno; ~ *is* ~ gli affari sono affari.

business| acumen s. senso m degli affari. ~ **address** s. indirizzo m d'ufficio. ~ **agent** s. incaricato m d'affari. ~ **analyst** s. analista m/f finanziario. ~ **associate** s. partner m/f, socio m (f –a). ~ **books** s.pl. scritture fpl contabili. ~ **budget** s. bilancio m aziendale. ~ **call** s. conversazione f di affari. ~ **capital** s. ⟨Econ⟩ capitale m d'esercizio. ~ **card** s. biglietto m da visita (di una ditta). ~ **climate** s. situazione f congiunturale. ~ **college** am. s. istituto m commerciale. ~ **computer** s. calcolatore m da ufficio. ~ **consultant** commercialista m. ~ **correspondence** s. corrispondenza f d'affari. ~ **cycle** s. ⟨Econ⟩ ciclo m economico. ~ **done** s. ⟨Econ⟩ corsi mpl (o prezzi) praticati. ~ **economics** s.pl. (costr. sing. o pl.) economia f aziendale. ~ **education** s. istruzione f commerciale (o professionale). ~ **end** s. ⟨fam⟩ **1** (of a blade) punta f. **2** (of a gun) bocca f. ~ **English** s. inglese m commerciale. ~ **enterprise** s. ⟨Comm⟩ impresa f commerciale. ~ **executive** am. s. dirigente m commerciale. ~ **expenses** s.pl. ⟨Econ⟩ spese fpl di esercizio. ~ **forecasting** s. previsioni fpl economiche. ~ **game** s. gestione f simulata. ~ **graphics** s.pl. (costr. sing.) grafica finanziaria. ~ **hours** s.pl. ⟨Comm⟩ orario m d'ufficio⌐ (o d'apertura). ~ **income** s. redditi mpl industriali (o commerciali). ~ **journey** s. viaggio m d'affari. ~ **language** s. lingua f di lavoro. ~ **letter** s. lettera f commerciale. ~**like** a. **1** pratico, metodico. **2** (efficient) efficiente. **3** (purposeful) serio, risoluto. ~ **machine** s. macchina f (contabile) per ufficio. ~ **magazine** s. rivista f economica. ~**man** s.irr. uomo m d'affari. ~ **management** s. direzione f aziendale. ~ **manager** s. direttore m commerciale. ~ **meeting** s. seduta f di lavoro. ~ **name** s. nome m (o ragione f sociale) dell'azienda. ~ **outlook** s. ⟨Econ⟩ congiuntura f economica. ~ **reply card** s. cartolina f con risposta pagata. ~ **strategy** s. strategia f aziendale. ~ **studies** s.pl. studi mpl di economia aziendale. ~ **trip** s. viaggio m d'affari. ~ **undertaking** s. → **business enterprise.** ~ **unionism** am. s. sindacalismo m aziendale. ~ **year** s. anno m d'esercizio.

busk [bʌsk] s. **1** (in corsetry) stecca f. **2** (corset) busto m.

busker ['bʌskə] s. artista m girovago, sonatore m ambulante.

buskin ['bʌskin] s. **1** ⟨Calz⟩ stivaletto m. **2** ⟨Stor.gr⟩ coturno m. **3** ⟨fig⟩ (tragedy) tragedia f; (art of acting) arte f tragica. □ ⟨fig⟩ to put on the ~ calzare il coturno. **buskined** [–d] a. **1** che calza stivaletti. **2** ⟨fig⟩ tragico, da tragedia.

bus| line s. **1** (route) autolinea f. **2** (company) compagnia f di autolinee. ~**man** [mən] s.irr. conducente m (o bigliettaio) di autobus.

busman's holiday ['bʌsmənz] s. ⟨fam⟩ vacanza f trascorsa facendo un lavoro simile a quello di un giorno lavorativo.

buss[1] [bʌs] s. ⟨Mar⟩ peschereccio m (per la pesca delle aringhe).

buss[2] **I** s. bacio m. **II** v.t. baciare, ⟨fam⟩ sbaciucchiare.

bus| service s. servizio m autobus. ~ **stop** s. fermata f dell'autobus.

bust[1] [bʌst] s. **1** ⟨Art⟩ busto m. **2** ⟨Anat⟩ torace m, petto m; (woman's breasts) seno m, petto m. **3** ⟨Sart⟩ petto m, busto m.

bust[2] v. (pret., p.p. 'busted [–id]/bust [bʌst]) ⟨fam⟩ **I** v.i. **1** scoppiare, esplodere: he laughed fit to ~ scoppiava dalle risa. **2** (to go bankrupt) fallire, fare bancarotta. **3** (to collapse with effort) scoppiare, ⟨fam⟩ schiattare: I'll beat the record or ~ batterò il record o scoppierò. **II** v.t. **1** far scoppiare, far esplodere. **2** (to break) rompere, spezzare. **3** (to hit) colpire, picchiare. **4** (to bankrupt) mandare in rovina, far fallire. **5** ⟨mil⟩ degradare. **6** (of a horse) domare.

bust[3] ⟨fam⟩ **I** s. **1** fallimento m, fiasco m. **2** (person) fallito m (f –a). **3** (spree) baldoria f, bagordi mpl: to go on a ~ fare baldoria. **4** (punch, hit) pugno m, colpo m. **5** ⟨mil⟩ degradazione f. **II** a. fallito, rovinato. □ the company went ~ la società è fallita.

bustard ['bʌstəd] s. ⟨Ornit⟩ otarda f, otide f.

buster ['bʌstə] s. **1** ⟨sl⟩ cosa f eccezionale (o straordinaria), fenomeno m. **2** ⟨am.fam⟩ (breaker–up) demolitore m (f –trice), distruttore m (f –trice). **3** ⟨fam⟩ (reveller) festaiolo m (f –a); (revel) baldoria f. **4** ⟨am.fam⟩ (term of address) bello m, giovanotto m: listen, ~ senti, bello. **5** ⟨am.fam⟩ (smart aleck) dritto m. **6** ⟨tecn⟩ martello–piccone m pneumatico.

bustle[1] ['bʌsl] **I** v.i. **1** (spesso con about) darsi da fare, affaccendarsi, agitarsi. **2** (to teem) brulicare, pullulare, essere pieno (with di): to ~ with people brulicare di gente. **II** v.t. fare fretta a, sollecitare, pungolare. **III** s. trambusto m, andirivieni m, confusione f.

bustle[2] s. ⟨Mod⟩ (framework) crinolina f; (padded cushion) sellino m.

bustler ['bʌslə] s. persona f indaffarata (o agitata).

bustling [–liŋ] **I** s. andirivieni m, trambusto m. **II** a. indaffarato, affaccendato.

bust-up s. ⟨fam⟩ **1** violenta lite f. **2** (break–up) rottura f.

busty ['bʌsti] a. ⟨fam⟩ dal petto prosperoso.

busy ['bizi] **I** a. **1** indaffarato, affaccendato, occupato: she's ~ cooking dinner è affaccendata a cucinare il pranzo, è indaffarata in cucina. **2** (otherwise engaged) impegnato, occupato: I can't come, I'm ~ non posso venire, sono già impegnato. **3** (active) pieno di attività (o lavoro): a ~ office un ufficio pieno di attività; (of streets) pieno di traffico, che ha un traffico intenso. **4** (officious, meddling) intrigante, che si impiccia dei fatti altrui. **5** ⟨Tel⟩ occupato: the line is ~ la linea è occupata. **II** v.t. **1** tenere occupato. **2** ⟨rifl⟩ darsi da fare (at, about, in per), occuparsi (with di). □ as ~ as a bee laborioso come un'ape; get ~! sbrigati!, muoviti! **busybody** [–bɔdi] s. intrigante m/f, impiccione m (f –a), ⟨fam⟩ ficcanaso m/f. **busyness** [–nis] s. attività f, operosità f.

busy signal am. s. ⟨Tel⟩ segnale m di occupato.

but [bʌt] **I** congz. **1** ma, però, tuttavia: she wanted to come ~ she couldn't voleva venire, ma non ha potuto. **2** (except) eccetto che, eccettuato (o tranne, altro, salvo) che: he does nothing ~ sleep non fa altro che dormire. **3** (without the circumstance that) senza che, se non: he never goes out ~ his wife goes with him non esce mai senza che la moglie l'accompagni. **4** (otherwise than) che, altro che, se non (che): he could not ~ laugh non poté fare altro che ridere. **5** (that) che: I don't doubt ~ he is telling the truth non dubito che stia dicendo la verità. **II** prep. **1** eccetto, eccettuato, tranne, salvo, fuorché: no one ~ me nessuno tranne me. **2** (other or otherwise than) che, altro che, se non: it was nothing ~ an insult non era che un insulto. **III** avv. **1** solo, soltanto, non ... (altro) che: he is ~ a child non è altro che un bambino, è solo un bambino. **2** (no more than) solo, soltanto: there is ~ one God vi è un solo Dio. **3** (no longer ago than) non più di: ~ five minutes ago non più di cinque minuti fa. **IV** pron.rel. (solo in proposizioni negative) che non. **V** s. ma m, obiezione f: full of ifs and –s pieno di se e di ma. □ all ~ quasi, per poco non: it is all ~ complete è quasi finito; anything ~ tutt'altro che; but me no –s non c'è ma che tenga; ~ for se non fosse (stato) per; the last ~ one il penultimo; the next ~ one il secondo (di una serie); not ~ that non che non; ⟨dial⟩ not ~ what = not but that; ~ that: **1** (except that) se non, **2** che: there is no doubt ~ that he is wrong non c'è alcun dubbio che si sbaglia; ~ then (ma) d'altra parte; ⟨dial⟩ ~ what = but that.

butane ['bjutein] s. ⟨Chim⟩ butano m.

butcher ['butʃə] s. **1** macellaio m, beccaio m; (slaughterer) macellatore m, macellaio m. **2** ⟨fig⟩ assassino m, uccisore m, massacratore m. **3** ⟨am⟩ venditore m ambulante (di giornali, bibite, dolciumi sui treni, ecc.). **II** v.t. **1** macellare. **2** ⟨fig⟩ massacrare, fare strage di. □ to go to the ~'s andare 'dal macellaio⌐ (o alla macelleria).

butcher bird s. ⟨Ornit⟩ averla f maggiore, laniere m aviereccio.

butcherly ['butʃəli] a. da macellaio, sanguinario, crudele.

butcher's| broom s. ⟨Bot⟩ pungitopo m. ~ **meat** s. ⟨Alim⟩ carne f fresca. ~ **shop** s. macelleria f, beccheria f.

butchery ['butʃəri] s. **1** macello m, mattatoio m. **2** (trade) commercio m di carni macellate. **3** ⟨fig⟩ macello m, carneficina f, strage f.

butch haircut [butʃ] am. s. taglio m a spazzola.

butler ['bʌtlə] s. **1** maggiordomo m. **2** (servant in charge of wines) cameriere m addetto ai vini.

butler's pantry s. office m.

butlery ['bʌtləri] s. dispensa f.

butlery hatch s. → **buttery hatch**.

butt[1] [bʌt] s. **1** estremità f (più grossa): the ~ of a spear l'estremità di una lancia. **2** (of a firearm) calcio m, impugnatura f. **3** (of a plant) ceppo m. **4** (butt-end) mozzicone m, residuo m: a cigar ~ un mozzicone di sigaro. **5** ⟨sl⟩ (cigarette) sigaretta f, ⟨pop⟩ cicca f.

butt[2] I s. **1** zimbello m, bersaglio m, oggetto m di scherno (o critiche). **2** ⟨Mil⟩ terrapieno m dietro un bersaglio. **3** pl. tiro m a segno, poligono m. **4** (target) bersaglio m. **5** ⟨Fal⟩ (butt hinge) cerniera f. II v.i. confinare (on, against con). III v.t. **1** far combaciare. **2** (tecn) fare giunti di testa. □ ⟨Dir⟩ -s and bounds confini mpl.

butt[3] I v.t. dare una testata a (o contro); (of an animal) dare una cornata a, incornare. II v.i. dare di capo, andare a cozzare (against, on contro); (of an animal) dare cornate. III v.t. cozzo m, cornata f, testata f. □ ⟨fam⟩ to ~ in interferire, intromettersi.

butt[4] s. (grossa) botte f, barile m.

butt[5] s. ⟨Itt⟩ ippoglosso m.

butt-end s. **1** estremità f (più grossa). **2** (fag end) mozzicone m.

butter ['bʌtə] I s. **1** burro m. **2** (spread) pasta f. **3** ⟨fig⟩ adulazione f. II v.t. **1** imburrare: to ~ bread imburrare il pane. **2** ⟨sl⟩ (to flatter; spesso con up) adulare, ⟨fam⟩ ungere. □ ⟨fig⟩ to know which side one's bread is -ed on saper fare i propri interessi; to look as if ~ would not melt in one's mouth avere l'aria innocente; fine words ~ no parsnips le belle parole non servono a nulla.

'butter-and-'eggs s.pl. (costr. sing. o pl.) ⟨Bot⟩ linaiola f, linaria f.

butter|ball am. s. ⟨fam⟩ grassone m (f -a), ⟨scherz⟩ ciccione m (f -a). ~ **bean** s. ⟨Bot⟩ **1** fagiolo m americano. **2** (am) (Lima bean) fagiolo m ⌐a sciabola⌐ (o di Lima). ~ **bump** s. ⟨Zool⟩ tarabuso m. ~**bur** s. ⟨Bot⟩ farfaraccio m, cavolaccio m. ~ **churn** s. ⟨tecn⟩ zangola f. ~ **cooler** s. refrigeratore m per burro. ~**cup** s. ⟨Bot⟩ ranuncolo m. ~ **dish** s. burriera f. ~**fat** s. grasso m di latte. **-fingered** a. dalle mani di pasta frolla, maldestro. ~ **fingers** s.pl. (costr. sing.) persona f ⌐dalle mani di pasta frolla⌐ (o maldestra).

butterfly ['bʌtəflai] I s. **1** ⟨Entom⟩ farfalla f. **2** ⟨fig⟩ (person) vanesio m (f -a), farfallino m (f -a). **3** ⟨Sport⟩ → **butterfly breast-stroke**. II a. a farfalla. □ social ~ persona frivola e mondana; to have butterflies in one's stomach essere molto nervoso (fin quasi alla nausea).

butterfly| bomb s. ⟨Mil⟩ bomba-mina f. ~ **breast-stroke** s. ⟨Sport⟩ nuoto m a farfalla. ~ **dolphin** s. ⟨Sport⟩ nuoto m a delfino. ~ **net** s. acchiappafarfalle m. ~ **nut** s. ⟨Mecc⟩ dado m ad alette. ~ **stroke** → **butterfly breast-stroke**. ~ **valve** s. ⟨Mot⟩ **1** (clack valve) valvola f a cerniera. **2** (throttle valve) valvola f a farfalla. ~ **window** s. ⟨Aut⟩ finestrino m deflettore.

butter| knife s.irr. coltello m per tagliare il burro. ~**milk** s. latticello m. ~**nut** s. **1** ⟨Bot⟩ noce m cinereo americano. **2** (Souari nut) noce f del souari. **3** ⟨Stor.am⟩ soldato m confederato. ~ **print** s. stampo m per burro. ~**scotch** s. **1** tipo di caramella. **2** (flavour) aroma m di zucchero e burro fusi. ~ **shaper** s. arricciaburro m. ~**wort** s. ⟨Bot⟩ pinguicola f.

buttery[1] ['bʌtəri] a. burroso.

buttery[2] s. **1** (store room) dispensa f. **2** ⟨Univ⟩ spaccio m.

buttery hatch s. passavivande m.

buttock ['bʌtək] I s. **1** ⟨Anat⟩ natica f. **2** pl. (of humans) deretano m, ⟨fam⟩ sedere m; (of animals) posteriore m, groppa f. **3** ⟨Mar⟩ (spesso al pl.) colmo m dell'anca, arcaccia f. **4** (in wrestling) colpo m d'anca, ancata f. **5** ⟨Macell⟩ girello e controgirello m (di manzo). II v.t. (in wrestling) atterrare con ⌐un colpo d'anca⌐ (o un'ancata).

button[1] ['bʌtn] s. **1** bottone m. **2** (badge) distintivo m. **3** ⟨Bot⟩ (bud) bottone m (fiorale), bocciolo m, gemma f; (young mushroom) fungo m non ancora maturo. **4** ⟨El⟩ bottone m, pulsante m. **5** (of a fencing foil) bottone m. □ on the ~ puntualissimo; ⟨fig⟩ to be a ~ short essere corto di comprendonio; ⟨fig⟩ to take s.o. by the ~ attaccare un bottone a qd.; worth a ~ di nessun conto.

button[2] I v.t. **1** (spesso con up) abbottonare: to ~ up a coat abbottonare una giacca. **2** fornire (o ornare) di bottoni. II v.i. **1** abbottonarsi: this jacket -s at the back questa giacca si abbottona sulla schiena. **2** ⟨Bot⟩ gemmare, germogliare. **3** ⟨Sport⟩ (in fencing) toccare. □ to be -ed up essere abbottonato (anche fig.).

button| battery s. ⟨El⟩ batteria f a bottone. ~ **boot** s. scarpa f (o stivaletto m) con bottoni. ~ **boy** s. → **buttons**. ~**-head rivet** s. chiodo m a testa tonda. ~**hole** I s. **1** asola f, occhiello m. **2** (boutonnière) fiore m all'occhiello. II v.t. **1** ⟨Sart⟩ fare il punto asola (o a occhiello). **2** (to make buttonholes in) fare le asole (o gli occhielli) a. **3** ⟨fig⟩ attaccare un bottone a.

buttonhole machine s. occhiellatrice f.

buttonholer ['bʌtnhoulə] s. ⟨fig⟩ attaccabottoni m/f.

buttonhole stitch s. ⟨Sart⟩ punto m asola (o a occhiello).

button hook s. gancio m allacciabottoni.

buttonless ['bʌtnlis] a. senza bottoni.

buttons ['bʌtnz] s.pl. (costr. sing.) ragazzo m (o fattorino) d'albergo. □ boy in ~ paggio m in livrea.

button| tree, ~ **wood** s. ⟨Bot⟩ platano m occidentale.

buttony ['bʌtni] a. **1** simile a un bottone. **2** (with many buttons) con molti bottoni.

buttress ['bʌtris] I s. **1** ⟨Arch⟩ contrafforte m, sperone m. **2** ⟨fig⟩ appoggio m, sostegno m. II v.t. **1** sostenere (o rinforzare) con un contrafforte (o uno sperone). **2** ⟨fig⟩ (to support; spesso con up) appoggiare, sostenere, rafforzare.

butt stock s. ⟨Mil⟩ (of a firearm) impugnatura f.

butty ['bʌti] s. **1** ⟨dial⟩ compagno m, amico m. **2** ⟨Minier⟩ rappresentante m (o capogruppo) di minatori a cottimo.

butty gang s. ⟨Minier⟩ gruppo m di minatori a cottimo.

butyl ['bju:til] s. ⟨Chim⟩ butile m.

butylene ['bju:tili:n] s. ⟨Chim⟩ butilene m.

butyl rubber s. ⟨Ind⟩ gomma f sintetica (o butilica).

butyric [bju'tirik] a. butirrico: ~ acid acido butirrico.

buxom ['bʌksəm] a. **1** (of a woman: full-bosomed) formosa, florida, prosperosa; (plump) paffuta, rotonda. **2** ⟨rar⟩ (lively) gioioso, allegro. **buxomness** [-nis] s. formosità f, prosperosità f, floridezza f.

buy[1] [bai] v.t. (pret., p.p. **bought** [bɔ:t]) **1** comp(e)rare, acquistare. **2** (to obtain) ottenere, comprare, procurare. **3** (to hire) ingaggiare. **4** (to bribe) comprare, corrompere (con denaro): to ~ a witness comprare un testimone. **5** (to be the purchasing equivalent of) valere, avere un potere d'acquisto di. **6** ⟨Teol⟩ redimere. **7** ⟨sl⟩ (in cards: to be dealt) ricevere. **8** ⟨sl⟩ (to believe) credere a, ⟨fam⟩ bere. □ to ~ back ricomprare qc.; to ~ **cash** comprare in contanti; to ~ on **credit** comprare a credito; ⟨fig⟩ to ~ **dear** acquistare ⌐a caro prezzo⌐ (o con grande sacrificio); my wife is fond of -ing mia moglie ha la passione degli acquisti; to ~ **in**: 1 comprare una scorta (o uno stock) di; 2 (at an auction) ricomprare (per conto del venditore); ⟨fam⟩ to ~ **into** comprare azioni (o titoli) di; ⟨sl⟩ I'll ~ **it** rinuncio a indovinare, mi arrendo; to ~ **off** comprare il silenzio di, tacitare; to ~ **out**: 1 rilevare la quota di: he bought his partner out ha rilevato la quota del suo socio; 2 (of a business) comprare, rilevare; to ~ **over** (to bribe) corrompere, comprare; ⟨fig⟩ to ~ a **pig** in a poke comprare qc. ⌐a occhi chiusi⌐ (o alla cieca); ⟨Comm⟩ to ~ on **term** comprare a termine; to ~ **up** comprare l'intero stock di, accaparrarsi, fare incetta di.

buy[2] s. **1** acquisto m, compera f, spesa f. **2** (bargain) affare m, occasione f. □ a bad ~ un cattivo affare; a good ~ un buon acquisto, un affare.

buyable ['baiəbl] a. acquistabile. **buyer** ['baiə] s. compratore m (f -trice), acquirente m/f.

buyers'| market ['baiəz] s. ⟨Econ⟩ mercato m favorevole

ai compratori, mercato *m* al ribasso. ~ **option** *s.* premio *m* per i compratori. ~ **strike** *s.* ostruzionismo *m* dei compratori.

buying ['baiiŋ] **I** *s.* acquisto *m,* compera *f.* **II** *a.* degli acquisti.

buying| agent *s.* ⟨*Comm*⟩ agente *m* compratore, addetto *m* agli acquisti. ~ **department** *s.* reparto *m* acquisti. ~ **power** *s.* ⟨*Econ*⟩ potere *m* d'acquisto. ~ **price** *s.* prezzo *m* d'acquisto. ~ **rate** *s.* ⟨*Econ*⟩ cambio *m* d'acquisto. ~ **up** *s.* accaparramento *m.*

buzz [bʌz] **I** *s.* **1** ronzio *m: the* ~ *of a fly* il ronzio di una mosca; (*of people*) brusio *m,* mormorio *m.* **2** (*rumour*) diceria *f,* voce *f.* **3** ⟨*fam*⟩ (*telephone call*) colpo *m* di telefono, telefonata *f.* **4** ⟨*Fon*⟩ suono *m* della fricativa. **II** *v.i.* **1** ronzare. **2** (*of people talking*) emettere (*o* fare) un brusio, bisbigliare, mormorare. **3** (*to gossip*) pettegolare, fare della maldicenza. **4** (*to move busily;* spesso *con about*) agitarsi, correre qua e là. **5** (*to dart, whizz;* spesso *con off*) sfrecciare, filare; (*to go away*) andarsene. **6** (*to use a buzzer*) chiamare con un cicalino. **III** *v.t.* **1** far ronzare. **2** (*to spread*) diffondere, spargere. **3** (*to signal with a buzzer*) segnalare con un cicalino. **4** ⟨*fam*⟩ (*to telephone*) telefonare a, fare una telefonata a. **5** ⟨*Aer*⟩ sorvolare a bassa quota. □ ⟨*fam*⟩ ~ *off!* fila!

buzzard ['bʌzəd] *s.* ⟨*Ornit*⟩ poiana *f,* buzzago *m.*

buzz bomb *s.* ⟨*mil*⟩ bomba *f* volante.

buzzer ['bʌzə] *s.* **1** insetto *m* che ronza; (*person*) individuo *m* che bisbiglia. **2** ⟨*El*⟩ cicalino *m,* vibratore *m* a cicala, segnale *m* acustico. **3** ⟨*Aut*⟩ clacson *m.* **4** (*hooter*) sirena *f* (di fabbrica).

buzzing ['bʌziŋ] **I** *a.* ronzante. **II** *s.* ronzio *m,* brusio *m.*

buzz| saw *s.* ⟨*Mecc*⟩ sega *f* circolare. **~session** *am s.* dibattito *m,* discussione *f.* ~ **word** *s.* parola *f* di moda (in un dato ambiente).

B.V.M. = *Blessed Virgin Mary* Beata Vergine Maria (*abbr.* B.V.M.).

BW = **1** *biological warfare* guerra biologica. **2** *bacteriological warfare* guerra batteriologica. **3** ⟨*GB*⟩ *Board of Works* ministero dei lavori pubblici. **4** ⟨*Comm*⟩ *bonded warehouse* magazzino doganale.

B.W.R. = ⟨*Atom*⟩ *Boiling Water Reactor* reattore ad acqua bollente.

by[1] [bai] *prep.* **1** vicino a, presso: *come and sit* ~ *me* vieni a sederti vicino a me; *a house* ~ *the river* una casa presso il fiume. **2** (*over the surface of*) per: *he went* ~ *the longest route* è passato per la strada più lunga; *to travel* ~ *sea* viaggiare per mare. **3** (*via*) attraverso, via, per: *he sailed to India* ~ *the Suez Canal* è andato in India attraverso il canale di Suez. **4** (*past*) davanti a, vicino a: *she walked* ~ *me* mi è passata vicino. **5** (*of transport*) in, con: *to go* ~ *car* andare in macchina; *they arrived* ~ *ship* arrivarono con la nave. **6** (*to, into*) a, in: *he came* ~ (*our house*) *last night* è venuto a casa nostra ieri sera. **7** (*in compass readings*) *generally not translated:* North ~ North East Nord–Nord Est. **8** (*of time*) di, durante: ~ *night* di notte. **9** (*not later than*) entro, per: *I shall finish* ~ *tomorrow* finirò entro domani. **10** (*with passive verbs*) da: *he was killed* ~ *a car* fu ucciso da una macchina. **11** (*author of*) di: *a novel* ~ *Steinbeck* un romanzo di Steinbeck. **12** (*by means of*) con, per mezzo di: *she earned her living* ~ *translating* si guadagnava da vivere con le traduzioni; *he made a fortune* ~ *hard work* costruì una fortuna lavorando duramente. **13** (*as a consequence of*) per, a causa di, con: *he won* ~ *a trick* vinse con un inganno. **14** (*in the opinion of, according to*) per, secondo: *it's all right* ~ *me* per me va bene; ~ *my watch* secondo il mio orologio. **15** (*in conformity with*) secondo, conformemente a: *to play* ~ *the rules* giocare secondo le regole; ~ *the terms of the agreement* secondo i termini dell'accordo. **16** (*of parts of the body*) per: *he took me* ~ *the arm* mi prese per il braccio. **17** (*to the extent of*) di: *he missed the target* ~ *a foot* mancò il bersaglio di un piede. **18** (*with periods of time, units of measure*) a, per: *he is paid* ~ *the week* è pagato a settimana; *eggs are sold* ~ *the dozen* le uova sono vendute a dozzina. **19** (*after, in order*) a, per: *inch* ~ *inch* centimetro per centimetro; *little* ~ *little* poco a poco. **20** (*on behalf of*) per, nell'interesse di: *to do one's*

best ~ *s.o.* fare del proprio meglio nell'interesse di qd. **21** (*born of*) da: *a child* ~ *his first wife* un figlio dalla prima moglie. **22** (*in oaths*) nel nome di, su: *to swear* ~ *all that is holy* giurare su tutto ciò che vi è di più sacro. **23** ⟨*Mat*⟩ per: *to multiply 2* ~ *2* moltiplicare 2 per 2; *to divide 60* ~ *20* dividere 60 per 20. □ *to begin* ~ [*ger*] cominciare con [*inf*]: *he began* ~ *insulting me* cominciò con l'insultarmi; ~ *the* by(e) = *by the* way; ~ *chance per caso*; ~ **degrees** per gradi; *to end* ~ [*ger*] finire con [*inf*]; ~ **far** di gran lunga; *the box was three feet* ~ *two* la scatola misurava (*o* era) tre piedi per due; ~ **good fortune** per fortuna; *that's nothing to go* ~ non è cosa che possa servire da modello (*o* esempio); *made* ~ **hand** fatto a mano; *to have s.th.* ~ *one* avere qc. a portata di mano; *to learn* ~ **heart** imparare a memoria; ~ **implication** implicitamente, per induzione; ~ *your* **leave** col tuo permesso; ~ *all* **means** senz'altro, certamente; ~ **mistake** per sbaglio; *to call s.o.* ~ **name** chiamare qd. per nome; *I know him* ~ **name** lo conosco di nome; ~ **now** ormai, a quest'ora; *one* ~ **one** uno alla volta, (a) uno a uno; ~ **oneself** **1** (*alone*) solo; **2** (*without help*) da solo, da sé: *I did it* ~ *myself* l'ho fatto da me; ~ **rights** di diritto; *to abide* ~ *the* **rules** stare alle regole; *a day* ~ *the* **sea** una giornata al mare; *to know s.o.* ~ **sight** conoscere qd. di vista; *to* **stand** ~ *s.o.* appoggiare qd., sostenere qd.; *step* ~ **step** passo (a) passo; *they were taken* ~ **surprise** furono colti di sorpresa; *what do you mean* ~ **that?** che intendi dire con ciò?; ~ *the* **time** (*that*) quando: ~ *the time you've finished it will be too late* quando avrai finito sarà troppo tardi; ~ *this time* = **by** now; ~ **twos** due alla volta, (a) due a due; ~ *the* **way** a proposito, incidentalmente; ~ **way** *of a joke* per scherzo.

by[2] **I** *avv.* **1** vicino: *the shops are close* ~ i negozi sono molto vicini. **2** (*past*) oltre: *he passed* ~ *without stopping* passò oltre senza fermarsi. **3** (*aside*) da parte, via: *put your work* ~ metti da parte il lavoro. **II** *a.* **1** laterale, secondario. **2** (*secondary*) secondario, marginale, incidentale. □ ~ **and** ~ tra poco, tra breve; *in years gone* ~ nei tempi andati, in altri tempi; *all that is gone* ~ tutto ciò che è passato; ~ *and* **large** nell'insieme, in complesso, tutto sommato; *to* **run** ~ passare di corsa; *he* **stood** ~ *and watched* stava lì a guardare.

by|-bidder *s.* (*at an auction*) chi fa offerte fittizie (per far salire il prezzo). **~-bidding** *s.* il fare offerte fittizie. **~-blow** *s.* **1** colpo *m* accidentale (*o* causale). **2** (*illegitimate child*) figlio *m* (*f* –a) illegittimo. **~-corner** *s.* nascondiglio *m.*

bye [bai] *s.* **1** ⟨*Sport*⟩ (*in golf*) buche *fpl* non fatte (rimandate alla partita successiva); (*in cricket*) punto *m* per palla passata. **2** (*something secondary*) cosa *f* secondaria (*o* di scarsa importanza). □ *by the* ~ a proposito, incidentalmente.

bye-bye *intz.* arrivederci, addio, ⟨*fam*⟩ ciao. □ ⟨*infant*⟩ *to go* ~ (*o* –*s*) andare a nanna.

bye|-election *s.* → by-election. **~law** *s.* → by-law.

by-election *s.* ⟨*Parl*⟩ elezione *f* suppletiva.

Byelorussia ['bjelourʌʃə] *N.pr.* ⟨*Geog*⟩ Bielorussia *f.*

by|-end *s.* fine *m* recondito, scopo *m* segreto. **~gone I** *a.* passato, del passato: ~ *days* i tempi passati (*o* andati). **II** *s.* (general. al pl.) passato *m.* □ *Prov.: let* –*s be* –*s* il passato è passato, acqua passata non macina più. **~-issue** *s.* questione *f* d'interesse secondario. **~-lane** *s.* viottolo *m* (*o* sentiero) secondario. **~-law** *s.* ⟨*Dir*⟩ **1** legge *f* (*o* ordinanza) locale. **2** ⟨*am*⟩ (*of a corporation, company*) regolamento *m,* statuto *m.* **3** (*subsidiary law*) legge *f* suppletiva. **~-line** *s.* ⟨*Giorn*⟩ riga *f* con il nome dell'autore. **~name** *s.* soprannome *m,* nomignolo *m.* **~-pass I** *s.* **1** ⟨*Strad*⟩ deviazione *f* stradale; (*around a city*) circonvallazione *f.* **2** (*pipe, channel*) bipasso *m,* tubo *m* di derivazione. **3** ⟨*El*⟩ derivazione *f,* shunt *m.* **II** *v.t.* **1** seguire la circonvallazione, girare attorno a. **2** (*to avoid by following a by-pass*) evitare (mediante una deviazione). **3** (*of a fluid, gas*) far passare in un bipasso. **4** (*fig*) (*to ignore*) scavalcare: *to* ~ *office procedures* scavalcare le procedure d'ufficio. **~path** *s.* via *f* secondaria; (*private path*) via *f* privata. □ ⟨*fig*⟩ *the* –*s of history* i retroscena della storia. **~-play** *s.* ⟨*teat*⟩ azione *f* secondaria (sul

palcoscenico). **~-plot** *s.* ⟨*teat*⟩ intreccio *m* secondario.
~-product *s.* **1** ⟨*Ind*⟩ sottoprodotto *m.* **2** ⟨*fig*⟩ conseguenza *f,* effetto *m* secondario.
byre ['baiə] *s.* ⟨*Agr*⟩ vaccheria *f,* stalla *f* per mucche.
by-road ['bairoud] *s.* strada *f* secondaria.
Byronic [bai'rɔnik] *a.* ⟨*Lett*⟩ byroniano. **'Byronism** [-rənizəm] *s.* byronismo *m.*
byssus ['bisəs] *s.* (*pl.* **byssuses** [-əz]/**byssi** ['bisi:]) ⟨*Zool,Tess*⟩ bisso *m.*
by|stander *s.* astante *m/f,* spettatore *m* (*f* –trice). **~-street** *s.* strada *f* secondaria (*o* fuorimano).

byte [bait] *s.* ⟨*Inform*⟩ byte *m.*
by|-walk, ~way *s.* **1** strada *f* secondaria (*o* poco frequentata). **2** ⟨*fig*⟩ parte *f* poco conosciuta, campo *m* secondario. **~word** *s.* **1** cosa *f* proverbiale. **2** ⟨*ant*⟩ (*proverb*) proverbio *m.* **3** (*object of derision*) zimbello *m,* favola *f.* **~-work** *am. s.* lavoro *m* secondario, occupazione *f* marginale.
Byzantine [bi'zæntain, bai–] **I** *a.* ⟨*Art,Rel*⟩ bizantino. **II** *s.* bizantino *m* (*f* –a). **Byzantinism** [–izəm] *s.* ⟨*Art,Lett*⟩ bizantinismo *m.* **Byzantium** [–tiəm] *N.pr.* Bisanzio *f.*

C

c, C [si:] *s.* (*pl.* **c's/cs, C's/Cs** [si:z]) (*letter of the alphabet*) c, C *f/m:* ⟨*Tel*⟩ C *for Charlie* c come Catania.

C *s.* 1 ⟨*Mus*⟩ do *m:* ~ *major* do maggiore. 2 (*Roman numeral*) cento *m.*

c = 1 *calorie* caloria (*abbr.* cal.). 2 *about* circa (*abbr.* ca).

C = 1 *calorie* caloria (*abbr.* cal.). 2 *centigrade* centigrado (*abbr.* C). 3 ⟨*El*⟩ *coulomb* coulomb (*abbr.* c).

c. = 1 *carat* carato. 2 *cent* centesimo di dollaro. 3 *about* circa (*abbr.* ca). 4 *small calorie* piccola caloria (*abbr.* c).

C. = 1 ⟨*Geog*⟩ *Cape* capo. 2 *Celsius* celsius (*abbr.* C). 3 *large calorie* grande caloria (*abbr.* C).

ca. = 1 *cathode* catodo. 2 *circa* circa (*abbr.* ca).

C.A. = 1 ⟨*Geog*⟩ *Central America* America centrale. 2 *chartered accountant* ragioniere collegiato. 3 *commercial agent* agente di commercio.

C/A = 1 *capital account* conto capitale. 2 *current account* conto corrente. 3 *credit account* conto creditori. 4 *cash account* conto cassa.

cab [kæb] **I** *s.* 1 (*taxicab*) tassì *m*, auto *f* pubblica: *to hail a* ~ fermare un tassì. 2 (*horse-drawn vehicle*) carrozza *f* ⌐di piazza¬ (*o* da nolo), carrozzella *f.* 3 ⟨*am*⟩ (*of a railway engine, lorry, etc.*) cabina *f.* **II** *v.i.* (*pret., p.p.* **cabbed** [–d]) andare in tassì.

cabal [kə'bæl] **I** *s.* 1 ⟨*Stor*⟩ cabala *f.* 2 (*intrigue, plot*) cabala *f*, intrigo *m*, complotto *m.* 3 (*clique, coterie*) conventicola *f*, cricca *f.* **II** *v.i.* (*pret., p.p.* **caballed** [–d]) congiurare, tramare cabale.

cabala [kə'bɑ:lə] *s.* cabala *f* (*anche Rel.ebr.*).

cabalism ['kæbəlizəm] *s.* ⟨*Rel.ebr*⟩ cabalismo *m.* **cabalist** [–list] *s.* cabalista *m/f.* ,**cabalistic** [–'listik] *a.* cabalistico.

caballer [kə'bælə] *s.* 1 ⟨*Rel. ebr*⟩ cabalista *m/f.* 2 (*plotter*) cospiratore *m* (*f* –trice).

cabaret ['kæbərei] **I** *s.* 1 (*restaurant*) cabaret *m*, caffè *m* concerto. 2 (*floor show*) cabaret *m*, varietà *m.* **II** *a.* cabarettistico, da cabaret.

cabaret show *s.* spettacolo *m* cabarettistico.

cabbage ['kæbidʒ] *s.* 1 ⟨*Bot*⟩ cavolo *m* cappuccio. 2 ⟨*Alim*⟩ cavolo *m.*

cabbage| butterfly *s.* ⟨*Entom*⟩ 1 (*small white*) rapaiola *f.* 2 (*large white*) cavolaia *f.* **~head** *s.* 1 cavolo *m.* 2 ⟨*sl*⟩ imbecille *m/f*, ⟨*volg*⟩ testa *f* di cavolo. ~ **lettuce** *s.* ⟨*Bot*⟩ lattuga *f* cappuccio. ~ **palmetto** *s.* ⟨*Bot*⟩ palmetto *m.* ~ **patch** *s.* cavolaia *f*, cavolaio *m.* ~ **rose** *s.* ⟨*Bot*⟩ rosa *f* centifoglia. ~ **stalk**, ~ **stump** *s.* torsolo *m* di cavolo. **~-tree** *s.* ⟨*Bot*⟩ → **cabbage palmetto.** ~ **white** *s.* → **cabbage butterfly.**

cabbala, cabbalism *e der.* → **cabala, cabalism** *e der.*

cabby ['kæbi] *s.* (*pl.* **cabbies** [–s]), **cabdriver** ['kæbdraivə] *s.* (*of a taxi*) tassista *m*; (*of a horse-drawn carriage*) vetturino *m*, cocchiere *m.*

caber *scozz.* ['keibə] *s.* ⟨*Sport*⟩ tronco *m* (da lancio).

cabin ['kæbin] **I** *s.* 1 capanna *f*, casupola *f*; (*shed*) baracca *f.* 2 (*enclosed space*) cabina *f*: *the* ~ *of a cable car* la cabina di una funivia. 3 ⟨*Mar*⟩ cabina *f.* 4 ⟨*Aer*⟩

(*cockpit*) cabina *f* di comando (*o* pilotaggio). 5 ⟨*Aer*⟩ (*passenger's compartment*) cabina *f* passeggeri; (*cargo compartment*) stiva *f.* 6 ⟨*Ferr*⟩ cabina *f* (*o* garitta) di manovra (*o* blocco). **II** *v.t.* rinchiudere in uno spazio ristretto, ingabbiare.

cabin| boy *s.* ⟨*Mar*⟩ 1 mozzo *m.* 2 (*waiter*) aiuto cameriere *m* di bordo. **~-class I** *a.* di seconda classe. **II** *avv.* in seconda classe. ~ **class** *s.* cabina *f* di seconda classe ~ **cruiser** *s.* cabinato *m*, motoscafo *m* cabinato.

cabinet ['kæbinit] **I** *s.* 1 ⟨*Pol*⟩ gabinetto *m*; (*government*) governo *m*, consiglio *m* dei ministri. 2 ⟨*Arred*⟩ vetrina *f: a china* ~ una vetrina per le porcellane. 3 (*housing for radio, television, etc.*) mobile *m.* 4 ⟨*ant*⟩ (*small private room*) stanzetta *f* appartata. 5 → **cabinet photograph.** **II** *a.* 1 ⟨*Pol*⟩ del gabinetto, del governo: *a* ~ *meeting* una riunione del governo. 2 ⟨*Fal*⟩ dell'ebanistica.

cabinet| crisis *s.* ⟨*Pol*⟩ crisi *f* ministeriale (*o* di governo). ~ **edition** *s.* edizione *f* pregiata. ~ **maker** *s.* ⟨*Fal*⟩ stipettaio *m*, ebanista *m.* ~ **making** *s.* ⟨*Fal*⟩ ebanisteria *f.* ~ **Minister** *s.* ⟨*Pol*⟩ membro *m* del gabinetto, ministro *m.* ~ **photograph** *s.* fotografia *f* formato gabinetto (*o* album). ~ **pudding** *s.* ⟨*Dolc*⟩ dolce *m* a base di frutta candita.

cabin| ship *s.* nave *f* cabina, nave *f* passeggeri a classe unica. ~ **staff** *s.* ⟨*Aer*⟩ personale *m* di cabina.

cable ['keibl] **I** *s.* 1 cavo *m*, canapo *m.* 2 ⟨*Mar*⟩ (*rope*) cavo *m*, gomena *f*; (*anchor chain*) catena *f* dell'ancora. 3 ⟨*Mar*⟩ (*cable's length*) misura *f* di lunghezza (da 608 a 720 piedi). 4 ⟨*El*⟩ cavo *m* elettrico. 5 ⟨*Tel*⟩ cavo *m* telefonico. 6 ⟨*Tel*⟩ → **cablegram.** 7 ⟨*Arch*⟩ rudente *m/f.* 8 (*cable television*) televisione *f* via cavo. **II** *v.t.* 1 munire di un cavo. 2 (*to fasten with a cable*) legare (*o* fissare) con un cavo. 3 ⟨*Tel*⟩ cablare, trasmettere per cablogramma. **III** *v.i.* ⟨*Tel*⟩ inviare (*o* trasmettere) un cablogramma.

cable| address *s.* indirizzo *m* cablografico. ~ **car** *s.* 1 (*of a cableway*) cabina *f* teleferica (*o* di funivia). 2 (*of a cable railway*) vagone *m* (*o* cabina *f*) di funicolare.

cablecast ['keiblkɑ:st] **I** *s.* trasmissione *f* televisiva via cavo. **II** *v.t.* trasmettere via cavo.

cable| code *s.* codice *m* cablografico. **~gram** *s.* ⟨*Tel*⟩ cablogramma *m*, cablo *m.* ~ **joiner** *s.* ⟨*Tel*⟩ giuntista *m/f.* ~ **laid** *a.* ⟨*Mar*⟩ ritorto. **~-laid rope** *s.* ⟨*Mar*⟩ torticcio *m.* **~-layer** *s.* operaio *m* posacavi. ~ **locker** *s.* ⟨*Mar*⟩ pozzo *m* (per) catene. ~ **railway** *s.* funicolare *f.* **~-ship** *s.* ⟨*Mar*⟩ nave *f* posacavi. ~ **system** *s.* ⟨*TV*⟩ sistema *m* via cavo. **~-stitch** *s.* ⟨*Lav. femm*⟩ punto *m* (a) cordoncino.

cablet ['keiblət] *s.* ⟨*Mar*⟩ piccolo cavo *m* (di circonferenza inferiore a 10 pollici).

cable| television *s.* TV *f* cavo, televisione *f* via cavo. ~ **tramway** *s.* funicolare *f* aerea. ~ **transfer** *s.* bonifico *m* cablografico.

cablevision ['keiblviʒn] *s.* → **cable television.**

cableway ['keiblwəi] *s.* teleferica *f*, funivia *f.*

cabling ['keibliŋ] *s.* 1 ⟨*Arch*⟩ rudenti *m/fpl.* 2 ⟨*Tess*⟩ ritorcitura *f.*

cabman ['kæbmən] *s.irr.* → **cabby**.
cabochon ['kæbəʃɔn] **I** *s.* ⟨*Oref*⟩ cabochon *m*. **II** *avv.* a cabochon.
caboodle [kə'bu:dl] *s.* ⟨*sl*⟩ **1** mucchio *m*. **2** (*crowd*) banda *f*, tribù *f*. □ *the whole* ~ : **1** (*of things*) tutta la baracca; **2** (*of persons*) tutta la tribù.
caboose [kə'bu:s] *s.* **1** ⟨*Mar*⟩ cambusa *f*. **2** ⟨*am.Ferr*⟩ carro *m* di servizio, vagone *m* del personale viaggiante.
cabotage [kə'bətɑ:ʒ] *s.* ⟨*Mar*⟩ cabotaggio *m*.
cab rank *s.* fila *f* di tassì (in un posteggio).
cabriolet [‚kæbri:ou'lei] *s.* cabriolè *m*, cabriolet *m* (*anche Aut.*).
cab stand ['kæbstænd] *s.* (*for taxicabs*) posteggio *m* (*o* stazione *f*) di tassì; (*for horse-drawn vehicles*) posteggio *m* di carrozze da nolo.
ca'canny [kæ'kæni] *s.* sciopero *m* bianco.
cacao [kə'kɑ:ou] *s.* (*pl.* **-s** [z]) **1** ⟨*Bot*⟩ cacao *m*. **2** → **cacao bean**.
cacao| bean *s.* seme *m* di cacao. **~ butter** *s.* burro *m* di cacao.
cachalot ['kæʃələt] *s.* ⟨*Zool*⟩ capodoglio *m*.
cache [kæʃ] **I** *s.* **1** nascondiglio *m*; (*for munitions, foodstuffs*) deposito *m* segreto. **2** (*something hidden*) provviste *fpl* segrete (*o* nascoste). **II** *v.t.* nascondere, occultare.
cachectic [kə'kektik] *a.* ⟨*Med*⟩ cachettico.
cachet *fr.* ['kæʃei, *am.* kæ'ʃei] *s.* **1** sigillo *m*. **2** (*feature*) segno *m* caratteristico; (*mark*) impronta *f*, contrassegno *m*. **3** (*sign of approval*) crisma *m*, convalida *f*. **4** ⟨*Farm*⟩ cachet *m*, cialdino *m*.
cachexia [kə'keksiə], **cachexy** [-si] *s.* ⟨*Med*⟩ cachessia *f*.
cachinnate ['kækineit] *v.i.* ridere rumorosamente (*o* sguaiatamente). ‚**cachinnation** [-'neiʃən] *s.* riso *m* rumoroso (*o* sguaiato). ‚**cachinnatory** [-'neitəri] *a.* di risa rumorose (*o* sguaiate).
cachou [kæ'ʃu:] *s.* **1** ⟨*Bot,Chim*⟩ catecù *m*. **2** (*breath sweetener*) pasticca *f* per profumare l'alito.
cacique [kæ'si:k] *s.* **1** (*Indian chief*) cacicco *m*. **2** (*in Spain, Latin America*) pezzo *m* grosso, alto papavero *m*. **3** ⟨*Ornit*⟩ cacico *m*.
cackle ['kækl] **I** *v.i.* **1** (*of a hen*) chiocciare; (*of a goose*) schiamazzare. **2** (*to laugh harshly*) ridere in modo chioccio (*o* roco). **3** (*to prattle*) blaterare, ciarlare. **II** *v.t.* esprimere con petulanza (*o* petulantemente), dire con voce stridula. **III** *s.* **1** (*of a hen*) coccodè *m*; (*of a goose*) schiamazzo *m*. **2** (*prattle*) chiacchierio *m*, ciarlìo *m*, chiacchiere *fpl*: *cut the* ~ basta con le chiacchiere.
cacod(a)emon [‚kækə'di:mən] *s.* genio *m* cattivo.
cacography [kə'kɔgrəfi] *s.* cacografia *f*.
cacophonous [kə'kɔfənəs] *a.* cacofonico. **cacophony** [-ni] *s.* cacofonia *f*.
cactaceous [kæk'teiʃəs] *a.* ⟨*Bot*⟩ delle cactacee. '**cactoid** [-tɔid] *a.* cactiforme. **cactus** ['kæktəs] *s.* (*pl.* **-tuses** [-iz]/**cacti** [-tai]) cacto *m*, cactus *m*.
cad [kæd] *s.* ⟨*sl*⟩ villano *m*, furfante *m*, mascalzone *m*.
CAD = ⟨*Inform*⟩ *Computer Aided Design* progettazione assistita dal calcolatore.
cadastral [kə'dæstrəl] *a.* catastale: ~ *survey* rilievo catastale.
cadastre [kə'dæstə] *s.* catasto *m*.
cadaver [kə'deivə] *s.* cadavere *m*. **cadaveric** [-'dævərik] *a.* cadaverico.
cadaverine [kə'dævəri:n] *s.* ⟨*Chim*⟩ cadaverina *f*.
cadaverous [kə'dævərəs] *a.* **1** cadaverico. **2** ⟨*fig*⟩ (*pale*) cadaverico, pallido, smorto. **3** ⟨*fig*⟩ (*gaunt*) emaciato, smunto.
caddice *s.* → **caddis worm**.
caddie ['kædi] **I** *s.* ⟨*Sport*⟩ (*in golf*) caddie *m*, portamazze *m*. **II** *v.i.* ⟨*Sport*⟩ lavorare come (*o* fare il) portamazze.
caddie cart *s.* ⟨*Sport*⟩ carrello *m* portamazze.
caddis[1] ['kædis] *s.* **1** ⟨*Tess*⟩ filato *m* di lana. **2** ⟨*fam*⟩ (*cotton wool*) bambagia *f*, ovatta *f*.
caddis[2] *s.* → **caddis worm**.
caddish ['kædiʃ] *a.* villano, zotico. **caddishness** [-nis] *s.* villania *f*.
caddis worm *s.* ⟨*Entom*⟩ larva *f* di friganea.

caddy[1] *s./v.* → **caddie**.
caddy[2] ['kædi] *s.* (*tea caddy*) barattolo *m* (*o* scatola *f*) per il tè.
cadence ['keidəns] *s.* **1** cadenza *f*, inflessione *f*. **2** (*rhythm*) cadenza *f*, ritmo *m*. **3** ⟨*Metr,Mus*⟩ cadenza *f*. **4** ⟨*Fon*⟩ (*fall in pitch*) cadenza *f*; (*modulation*) intonazione *f*, modulazione *f*. **cadenced** [-t] *a.* cadenzato, ritmico.
cadency [-i] *s.* **1** ⟨*Arald*⟩ discendenza *f* da un ramo cadetto. **2** ⟨*am*⟩ → **cadence**.
cadenza [kə'denzə] *s.* ⟨*Mus*⟩ cadenza *f*.
cadet [kə'det] *s.* **1** ⟨*Mil*⟩ cadetto *m*, allievo *m*: *an Air Force* ~ un cadetto dell'aeronautica. **2** (*trainee*) praticante *m*. **3** (*younger son*) cadetto *m*, figlio *m* cadetto.
cadet| blue *s.* grigioblù *m*. **~ grey** *s.* grigioazzurro *m*.
cadetship [kə'detʃip] *s.* grado *m* (*o* rango) di cadetto.
cadet–ship *s.* ⟨*Mar*⟩ nave *f* scuola.
cadge [kædʒ] ⟨*fam*⟩ **I** *v.t.* **1** mendicare, elemosinare. **2** (*to sponge*) scroccare: *to* ~ *a cigarette off s.o.* scroccare una sigaretta a qd. **II** *v.i.* **1** campare (*o* vivere) a scrocco. **2** (*to beg*) mendicare, elemosinare (*for s.th.* qc.). '**cadger** [-ə] *s.* **1** scroccone *m*. **2** (*pedlar*) venditore *m* ambulante.
Cadiz [kə'diz] *N.pr.* ⟨*Geog*⟩ Cadice *f*.
Cadm(a)ean [kæd'mi:ən] *a.* ⟨*Mitol*⟩ di Cadmo. **Cadm(a)ean victory** *s.* ⟨*fig*⟩ vittoria *f* di Cadmo (*o* Pirro).
cadmic ['kædmik] *a.* ⟨*Chim*⟩ del cadmio. **cadmium** [-miəm] *s.* cadmio *m*.
cadmium|-coated *a.* cadmiato. **~-plate** *v.t.* cadmiare. **~-plated** *a.* cadmiato. **~ plating** *s.* ⟨*Met*⟩ cadmiatura *f*. **~ yellow** *s.* giallo *m* di cadmio.
Cadmus ['kædməs] *N.pr.* ⟨*Mitol*⟩ Cadmo *m*.
cadre ['kɑ:dr, 'kædri] *s.* **1** ⟨*Mil*⟩ quadri *mpl* (degli ufficiali). **2** ⟨*Pol*⟩ gruppo *m*, schiera *f*, manipolo *m*. **3** (*group of trained men*) squadra *f*. **4** (*framework*) quadro *m*, schema *m*.
caduceus [kæ'dju:siəs] *s.* (*pl.* **-cei** [siai]) ⟨*Mitol*⟩ caduceo *m*.
caducity [kə'dju:siti] *s.* **1** senilità *f*. **2** (*transientness*) caducità *f* (*anche Biol.*). **caducous** [-'dju:kəs] *a.* **1** caduco, effimero, fugace. **2** ⟨*Biol,Dir*⟩ caduco.
caecal ['si:kəl] *a.* ⟨*Anat*⟩ cecale.
caecum ['si:kəm] *s.* (*pl.* **-ca** [kə]) ⟨*Anat*⟩ intestino *m* cieco.
Caesar ['si:zə] **I** *N.pr.* Cesare *m*. **II** *s.* **1** ⟨*Stor.rom*⟩ Cesare *m*. **2** (*emperor*) imperatore *m*, cesare *m*. **3** (*tyrant*) autocrate *m*. **4** (*temporal ruler*) sovrano *m*, cesare *m*. □ ⟨*fig*⟩ *to be like* ~*'s wife* essere al di sopra di ogni sospetto.
Caesarean [si'zɛəriən] **I** *a.* **1** cesarino, di Giulio Cesare. **2** (*imperial*) cesareo, imperiale. **II** *s.* **1** cesariano *m* (*f* –a), seguace *m/f* di Giulio Cesare. **2** ⟨*Chir*⟩ → **Caesarean operation**.
Caesarean| operation, ~ section *s.* ⟨*Chir*⟩ taglio *m* cesareo.
Caesarism ['si:zərizəm] *s.* ⟨*Pol*⟩ cesarismo *m*. **Caesarist** [-rist] *s.* cesarista *m/f*.
caesium ['si:ziəm] *s.* ⟨*Chim*⟩ cesio *m*.
caesura [si:'zjuərə] *s.* (*pl.* **-rae** [ri:]/**-s** [z]) cesura *f*.
c.a.f., C.A.F. = ⟨*Comm*⟩ **1** *cost and freight* costo e nolo. **2** *cost, assurance and freight* costo, assicurazione e nolo (*abbr.* c.a.f., Caf).
café ['kæfei, *am.* kə'fe, kæ'fe] *s.* **1** bar *m*, caffè *m*. **2** (*small restaurant*) trattoria *f*, tavola *f* calda.
café society *s.* bel mondo *m*, café society *f*.
cafeteria [‚kæfi'tiəriə] *s.* self service *m*.
caff [kæf] *s.* ⟨*sl*⟩ → **café**.
caffeine ['kæfii:n] *s.* ⟨*Chim*⟩ caffeina *f*. **caffeine free** *a.* decaffeinato.
caftan ['kæftən] *s.* caffetano *m*.
cage [keidʒ] **I** *s.* **1** gabbia *f*. **2** (*prison*) prigione *f*, carcere *m*. **3** (*for a bank clerk, etc.*) sportello *m*. **4** (*of a lift*) gabbia *f*, cabina *f*. **5** ⟨*Edil*⟩ ingabbiatura *f*. **6** ⟨*Minier*⟩ gabbia *f*. **7** ⟨*Sport*⟩ (*in hockey*) porta *f*; (*in basketball*) cesto *m*. **II** *v.t.* **1** mettere in gabbia, ingabbiare, imprigionare. **2** ⟨*Sport*⟩ mandare in porta, ⟨*fam*⟩ insaccare. □ ~ *of a staircase* tromba *f* delle scale.

cage bird s. uccello m da gabbia.

cag(e)y ['keidʒi] a. ⟨fam⟩ **1** cauto, guardingo, circospetto. **2** (shrewd) astuto, furbo. **caginess** [–nis] s. ⟨fam⟩ **1** cautela f, circospezione f. **2** (shrewdness) astuzia f.

cahoot am. [kə'huːt] s. (general. al pl.) ⟨sl⟩ **1** società f. **2** pl. (collusion) collusione f, combutta f. □ to be in –s with s.o.: 1 fare lega (o società) con qd.; 2 (to act in collision) essere in combutta con qd.; to go –s spartire.

caiman ['keimən] s. ⟨Zool⟩ caimano m.

Cain [kein] **I** N.pr. ⟨Bibl⟩ Caino m. **II** s. ⟨fig⟩ assassino m. □ ⟨sl⟩ to raise ~: 1 fare una sfuriata, ⟨fam⟩ uscire dai gangheri; 2 (to behave boisterously) fare un ꞌgran chiasso⌐ (o baccano del diavolo).

Cainozoic [ˌkaino'zouik] **I** a. ⟨Geol⟩ cenozoico. **II** s. cenozoico m.

caique, caïque [kɑi'iːk] s. ⟨Mar⟩ caicco m.

Cairene am. [kai'riːn] **I** a. Cairota. **II** s. cairota m/f.

Cairo ['kaiərou] N.pr. ⟨Geog⟩ il Cairo m.

cairn ['kɛən] s. **1** mucchio m di pietre. **2** (tombstone) tumulo m. **3** ⟨Zool⟩ (cairn terrier) specie di terrier.

caisson ['keisən] s. **1** ⟨Idr,Mil⟩ cassone m. **2** ⟨Mar⟩ (float) cassone m d'immersione; (coffer–dam) cassone m a tenuta idraulica. **3** ⟨Arch⟩ cassettone m.

caisson disease s. ⟨Med⟩ embolia f gassosa, malattia f dei cassoni (o palombari).

caitiff ['keitif] ⟨ant⟩ **I** a. **1** spregevole, vile, ignobile. **2** (cowardly) codardo. **II** s. **1** individuo m spregevole. **2** (coward) codardo m (f –a).

cajole [kə'dʒoul] v.t. **1** (to persuade: by flattery) allettare, persuadere (con lusinghe): he was –d into going lo persuasero ad andarci; (by trickery) circuire, ingannare, raggirare. **2** (to wheedle) ottenere con lusinghe (o moine). **cajolement** [–mənt], **cajolery** [–əri] s. allettamento m; (trickery) inganno m, raggiro m.

cake [keik] **I** s. **1** torta f, dolce m. **2** (of unleavened bread) schiacciata f, focaccia f. **3** (pancake) frittella f. **4** (flat, round mass of food) polpetta f, crocchetta f. **5** (compressed mass) pane m, barra f, tavoletta f. **6** (incrustation) incrostazione f, crosta f. **II** v.t. incrostare. **III** v.i. incrostarsi, rapprendersi, agglomerarsi. □ ⟨fig⟩ –s and ale i piaceri della vita, la vita allegra; ⟨fam⟩ to sell like hot –s andare a ruba; ⟨sl⟩ a piece of ~ un gioco da ragazzi, un giochetto, uno scherzo; a ~ of soap una saponetta; ⟨iron⟩ to take the ~ eccellere, ottenere la palma; a ~ of tobacco un blocchetto di tabacco. Prov.: you can't have your ~ and eat it non si può avere la botte piena e la moglie ubriaca.

cake| make-up s. ⟨Cosmet⟩ cipria f compatta. **~ mix** s. miscela f per torte. **~ shop** s. pasticceria f.

caky ['keiki] a. **1** simile a una torta. **2** (lumpy) grumoso.

cal. = 1 calendar calendario. **2** calibre calibro. **3** small calorie piccola caloria (abbr. cal.).

Cal. = large calorie, kilogramcalorie grande caloria (abbr. Cal.).

Calabarbean [ˌkælə'bɑː] s. ⟨Farm⟩ fava f del Calabar.

calabash ['kæləbæʃ] s. **1** ⟨Bot⟩ zucca f ꞌa fiasco⌐ (o da vino). **2** ⟨Bot⟩ (calabash tree) specie di crescenzia. **3** (container) zucca f.

calaber ['kæləbə] s. ⟨Zool⟩ petit–gris m.

calaboose [ˌkælə'buːs] s. ⟨fam⟩ prigione f, galera f, ⟨fam⟩ gattabuia f.

calamander (wood) ['kæləmændə] s. calamandra f.

calamary ['kæləməri] s. ⟨Itt⟩ calamaro m.

calamine ['kæləmain] s. ⟨Min⟩ (hemimorphite) calamina f, emimorfite; f; (smithsonite) smithsonite f.

calamint ['kæləmint] s. ⟨Bot⟩ calaminta f, nepitella f, mentuccia f.

calamite ['kæləmait] s. ⟨Geol⟩ calamite m.

calamitous [kə'læmitəs] a. disastroso, calamitoso, rovinoso. **calamity** [–ti] s. **1** flagello m, piaga f; (misfortune) sventura f, disgrazia f. **2** (disaster) calamità f, disastro m: natural calamities calamità naturali.

calamity howler am. s. profeta m di sventure, cassandra f.

calamus ['kæləməs] s. (pl. **-mi** [mai]) **1** ⟨Bot⟩ (sweet flag) calamo m aromatico. **2** ⟨Ornit⟩ (quill) calamo m. **3** (reed pen) calamo m.

calash [kə'læʃ] s. **1** calesse m. **2** (folding top) mantice m. **3** ⟨Mod⟩ cappuccio m, cappellino m.

calcar[1] ['kælkɑ:] s. (pl. **-ria** [riə]) ⟨Biol⟩ calcare m, 'sperone m.

calcar[2] s. (pl. **-caria** [kɑriə]) ⟨Vetr⟩ calcara f, forno m di calcinazione.

calcareous, calcarious [kæl'kɛəriəs] a. ⟨Min⟩ calcareo, calcarifero.

calceolaria [ˌkælsiə'lɛəriə] s. ⟨Bot⟩ calceolaria f. **'calceolate** [–leit] a. calceolato.

calcic ['kælsik] a. ⟨Geol,Chim⟩ calcico.

calciferous [kæl'sifərəs] a. ⟨Geol,Chim⟩ calcifero.

calcific [kæl'sifik] a. **1** calcificante. **2** (caused by calcification) causato da calcificazione. ˌcalcifiˈcation [–eifən] s. ⟨Med,Biol⟩ calcificazione f. **'calcify** [–fai] **I** v.i. calcificarsi. **II** v.t. calcificare.

calcination [ˌkælsi'neifən] s. ⟨tecn⟩ calcinazione f.

calcine ['kælsain] **I** v.t. sottoporre a calcinazione, calcinare. **II** v.i. calcinarsi, ridursi in cenere. **calcined** [–d] a. calcinato.

calcite ['kælsait] s. ⟨Min⟩ calcite f.

calcium ['kælsiəm] s. ⟨Chim⟩ calcio m.

calcium| carbide s. carburo m di calcio. **~ chloride** s. cloruro m di calcio. **~ cyanamide** s. calciocianamide f. **~ fluoride** s. ⟨Chim⟩ fluoruro m di calcio. **~ hydroxide** s. idrato m (o idrossido) di calcio.

calculability [ˌkælkjulə'biliti] s. determinabilità f (o accertabilità) mediante calcolo. **'calculable** [–bl] a. calcolabile, accertabile.

calculate ['kælkjuleit] **I** v.t. **1** calcolare: to ~ the weight of the earth calcolare il peso della terra. **2** (to ascertain by common sense) calcolare, considerare, valutare: he did not ~ the consequences of his action non calcolò le conseguenze della sua azione. **3** (to plan; general. al pass.) essere inteso a, essere calcolato per: his words were –d to arouse passion le sue parole erano intese a suscitare emozione. **4** ⟨am.dial⟩ (to believe) credere, ritenere; (to plan) contare di, intendere. **II** v.i. **1** eseguire calcoli, calcolare. **2** (to rely; general. con on, upon) contare, fare assegnamento (su).

calculated ['kælkjuleitid] a. **1** calcolato, accertato. **2** (deliberate) deliberato, ponderato, calcolato: a ~ insult un insulto deliberato. **3** (intended) inteso, volto (to a), studiato (per): words ~ to deceive parole volte a ingannare. ˌcalcuˈlating [–tiŋ] a. **1** che calcola, calcolatore. **2** (cautious) prudente, cauto. **3** (scheming) calcolatore, astuto. □ to behave in a ~ way agire per calcolo.

calculating machine s. macchina f calcolatrice, calcolatore m, calcolatrice f.

calculation [ˌkælkju'leifən] s. **1** calcolo m, computo m, conteggio m: ~ of interest calcolo degli interessi. **2** (forecast) previsione f, congettura f. **3** (shrewdness) calcolo m, astuzia f. **'calculative** [–leitiv] a. del calcolo. **'calculator** [–leitə] s. **1** (person) chi calcola, computista m/f; (operator) operatore m (f –trice). **2** (shrewd person) calcolatore m (f –trice). **3** (machine) calcolatore m, calcolatrice f. **4** (set of tables) prontuario m per calcoli.

calculous ['kælkjuləs] a. ⟨Med⟩ calcoloso. **calculus** ['kælkjuləs] s. (pl. **-li** [lai]/**-luses** [ləsiz]) ⟨Mat,Med⟩ calcolo m.

caldron ['kɔːldrən] s. calderone m (anche fig.).

Caledonia [ˌkæli'dounjə] N.pr. ⟨Geog.stor⟩ Caledonia f. **Caledonian** [–n] **I** a. **1** ⟨Geol⟩ caledoniano. **2** ⟨Stor⟩ caledonio. **II** s. ⟨Stor⟩ caledonio m.

calefacient [ˌkæli'feifənt] **I** a. riscaldante, ⟨lett⟩ calefaciente. **II** s. ⟨Farm⟩ calefaciente m. **calefaction** [–'fækʃən] s. **1** ⟨Fis⟩ calefazione f. **2** (thermal pollution) inquinamento m termico. **calefactory** [–'fæktəri] **I** a. riscaldante, ⟨lett⟩ calefaciente. **II** s. (in a monastery) parlatorio m riscaldato.

calendar ['kælində] **I** s. **1** (system) calendario m: the Aztec ~ il calendario azteco. **2** (table) calendario m, almanacco m. **3** (list, register) annuario m, lista f, registro m. **II** v.t. **1** segnare (o annotare) sul calendario. **2** (to index) classificare, schedare, registrare.

calendar| clock s. ⟨Orol⟩ orologio m a calendario. **~ file** s. ⟨Comm⟩ scadenzario m. **~ month** s. mese m civile. **~ package** s. ⟨Farm⟩ confezione f calendario. **~ year** s. anno m civile.

calender ['kælində] **I** s. **1** ⟨tecn⟩ calandra f. **2** ⟨Cart⟩ pressa f. **II** v.t. ⟨tecn⟩ calandrare, cilindrare. **calendering** [–riŋ] s. calandratura f.

calends ['kælindz] s.pl. ⟨Stor.rom⟩ calende fpl.

calendula [kə'lendjulə] s. ⟨Bot⟩ calendola f, calendula f.

calenture ['kæləntjuə] s. ⟨Med⟩ calentura f, febbre f tropicale.

calf[1] [kɑːf] s. (pl. **calves** [kɑːvz]) **1** ⟨Zool⟩ (of a cow) vitello m; (of certain other mammals) piccolo m. **2** ⟨Conc⟩ vitello m, pelle f di vitello. **3** ⟨fam⟩ (silly boy) sciocco m, ⟨fam⟩ tonto m; (callow boy) sbarbatello m, pivello m. **4** ⟨Geol⟩ blocco m di ghiaccio (staccatosi da un iceberg). □ ⟨fig⟩ to kill the fatted **~** uccidere il vitello grasso, fare festa per qd.; ⟨Bibl⟩ the golden **~** il vitello d'oro; ⟨Zootecn⟩ in **~** (of a cow) gravida, pregna; to slip one's **~** abortire.

calf[2] s. (pl. **calves** [kɑːvz]) ⟨Anat⟩ polpaccio m.

calf|-bound a. ⟨Legat⟩ rilegato in (pelle di) vitello. **~ love** s. amore m da ragazzi, cotta f giovanile. **~ skin I** s. ⟨Conc⟩ vitello m, pelle f di vitello. **II** a. (di pelle) di vitello.

Caliban ['kælibæn] **I** N.pr. ⟨Lett⟩ Calibano m. **II** s. ⟨fig⟩ mostro m.

caliber am. → **calibre**.

calibrate ['kælibreit] v.t. **1** calibrare. **2** (to mark with graduations) graduare. **3** (to rectify the graduation of) tarare. **calibrated** [–id] a. calibrato, tarato. ,**calibration** [–'breiʃən] s. **1** calibratura f, taratura f. **2** pl. (set of graduations) graduazione f. **calibrator** [–ə] s. calibratore m. **calibre** [–bə] s. ⟨tecn⟩ **1** calibro m. **2** ⟨fig⟩ levatura f, importanza f, calibro m: a writer of high **~** uno scrittore di grande levatura.

calico ['kælikou] **I** s. (pl. **-s/-es** [z]) **1** ⟨Tess⟩ calicò m, tela f di cotone. **2** ⟨am⟩ cotonina f stampata. **II** a. di calicò.

calico printing s. ⟨Tess⟩ stampa f (o stampaggio m) multicolore.

calif ['kælif] s. → **caliph**.

California [,kæli'fɔ:njə] N.pr. ⟨Geog⟩ California f. **Californian** [–n] **I** a. californiano. **II** s. californiano m (f –a).

caliginous [kə'lidʒinəs] a. oscuro, incerto, caliginoso.

Caligula [kə'ligjulə] N.pr. ⟨Stor.rom⟩ Caligola m.

caliper am. v. → **calliper**.

calipers am. s. → **callipers**.

caliph ['kælif] s. califfo m. **caliphate** [–eit] s. califfato m.

calisthenics am. s. → **callisthenics**.

calix ['kæliks] s. (pl. **-ices** [isi:z]) ⟨Rel⟩ calice m.

calk[1] [kɔːk] v.t. **1** ⟨Mar⟩ calafatare. **2** ⟨Mecc⟩ cianfrinare, presellare. **3** (to putty up) stuccare.

calk[2] **I** s. rampone m. **II** v.t. fornire di ramponi.

calker ['kɔːkə] s. **1** calafato m. **2** (tool) cianfrino m, presello m.

calkin ['kælkin] s. (calk) rampone m, bottone m.

calking ['kɔːkiŋ] s. **1** ⟨Mar⟩ calafataggio m. **2** ⟨Mecc⟩ cianfrinatura f.

call[1] [kɔːl] **I** v.t. **1** chiamare; (to shout) gridare, urlare: he –ed her name gridò il suo nome. **2** (to summon) chiamare, far venire: to **~** a doctor chiamare un medico; (to bring together) riunire, radunare, convocare. **3** (to rouse from sleep) chiamare, svegliare: mother –ed us early la mamma ci chiamò di buon'ora. **4** (to telephone to) telefonare a, chiamare. **5** (to proclaim) annunziare, proclamare, indire: to **~** a strike proclamare uno sciopero. **6** (to bring) chiamare, evocare, richiamare: to **~** to mind richiamare alla mente. **7** (to name) chiamare, dare il nome di: what are they going to **~** the baby? come chiameranno il bambino?; what's that flower –ed? come si chiama quel fiore? **8** (to designate) chiamare, dare del: to **~** s.o. a liar dare del bugiardo a qd. **9** (to convoke) convocare, indire: to **~** a meeting convocare una riunione. **10** (of birds: to lure) richiamare, attirare. **11** ⟨fam⟩ (to criticize;

spesso con on) criticare, riprovare, censurare. **12** (to consider) considerare, ritenere, giudicare: I wouldn't **~** that a nice thing to do non la chiamerei una bella azione. **13** (in billiards) dichiarare. **14** (in card games: to demand) dichiarare, accusare; (in poker) vedere. **15** ⟨Econ⟩ esigere il pagamento di: to **~** a loan esigere il pagamento di un prestito. **II** v.i. **1** gridare, chiamare, invocare: she –ed to her friends chiamò i suoi amici; to **~** for help invocare aiuto. **2** (to pay a short visit) passare: I only –ed to see you sono passato solo per vederti. **3** (to telephone) telefonare, chiamare. **4** (of animals) emettere il richiamo. □ to **~** s.o. to account chiamare qd. alla resa dei conti; to **~** after dare il nome di; to be –ed after prendere il nome da (o di); ⟨Mil⟩ to **~** to arms chiamare sotto le armi; to **~** at: **1** passare da, fermarsi brevemente in: we –ed at the post office passammo dall'ufficio postale; **2** ⟨Mar,Aer⟩ fare scalo a, fermarsi a; to **~** (s.o.'s) attention to s.th. richiamare (o attirare) l'attenzione (di qd.) su qc.; to **~** away chiamare via, richiamare; to **~** back: **1** (to recall) richiamare; **2** (to retract) ritrattare, revocare; **3** (on the telephone) richiamare, ritelefonare a; to be –ed to the bar essere ammesso alla professione forense; to **~** s.th. into being dar vita a qc.; to **~** s.o.'s bluff scoprire il gioco di qd.; ⟨Econ⟩ to **~** a bond rimborsare un'obbligazione; –ed bonds obbligazioni estratte o rimborsate; to **~** a day sospendere, interrompere, smettere; to **~** down: **1** (to invoke) invocare, chiamare; **2** ⟨am.fam⟩ (to reprimand) sgridare, rimproverare; to **~** for: **1** (to pick up, fetch) passare a prendere: I'll **~** for your at nine o'clock passerò a prendervi alle nove; **2** (to request, summon) chiamare, far venire; **3** (to require, need) richiedere, necessitare; ⟨Post⟩ to be kept until –ed for trattenere fino al ritiro; (on an envelope) fermoposta; to **~** forth: **1** causare, suscitare, provocare; **2** (to summon into action) fare appello a, radunare: to **~** forth all one's energy fare appello a tutte le proprie energie; ⟨Mil⟩ to **~** a halt dare l'alt; to **~** heads or tails fare (a) testa e croce; to **~** in: **1** ⟨Econ⟩ (to call for payment) chiedere il pagamento (o rimborso); **2** (to withdraw from circulation) ritirare dalla circolazione; **3** (to summon to one's aid) far venire, chiamare; to **~** s.o. names insultare (o ingiuriare) qd.; to **~** off: **1** richiamare, allontanare: to **~** off the dogs richiamare i cani; **2** (to cancel) sospendere, aggiornare; **3** (to annul) disdire, revocare: to **~** off a strike revocare uno sciopero; to **~** on: **1** (to appeal to) rivolgersi a, chiedere l'aiuto di; **2** (to ask, invite) invitare; **3** (to visit) andare (o venire) a trovare, fare una visita a; to **~** s.o. to order richiamare qd. all'ordine; to **~** out: **1** annunciare, proclamare; **2** (to summon into action troops, police) chiamare (in azione); **3** (to elicit, bring out) (ri)destare, suscitare, risvegliare; to **~** over leggere ad alta voce; to **~** s.th. one's own possedere (o avere) qc.; ⟨fam⟩ he hasn't a penny to **~** his own non ha ˈil becco di un quattrinoˈ (o una lira); to **~** into play chiamare in gioco (o causa); to **~** in question mettere in dubbio; to **~** the roll fare l'appello; to **~** a spade a spade dire pane al pane; to **~** together chiamare a raccolta; to **~** up: **1** ridestare, rievocare, richiamare, ricordare: this music –s up childhood memories questa musica ridesta i ricordi dell'infanzia; **2** (to telephone) telefonare a, chiamare; **3** (to bring forward for discussion) proporre, presentare: to **~** up a bill presentare una legge; **4** ⟨Mil⟩ chiamare alle armi; **5** ⟨Econ⟩ (of capital) richiamare; to **~** upon = to call on; to feel –ed upon to do s.th. ˈritenersi in dovere diˈ (o sentirsi obbligato a) fare qc. Prov.: many are –ed, but few are chosen molti sono i chiamati, pochi gli eletti.

call[2] s. **1** richiamo m, chiamata f, grido m; (appeal) invocazione f, appello m: a **~** for help un'invocazione d'aiuto. **2** (short visit) breve visita f: to pay a **~** on s.o. fare una breve visita a qd. **3** ⟨Mar, Aer⟩ scalo m, fermata f. **4** (telephone call) telefonata f, chiamata f, ⟨fam⟩ colpo m di telefono: to give s.o. a **~** fare una telefonata a qd. **5** (of animals) verso m, richiamo m, grido m. **6** ⟨Venat⟩ richiamo m. **7** (summons) convocazione f, chiamata f, invito m: to gather at s.o.'s **~** riunirsi su invito di qd. **8** ⟨Dir⟩ citazione f. **9** (vocation) vocazione f. **10** (attraction) richiamo m, fascino m, attrazione f: the **~** of the desert il richiamo del deserto. **11** (*need*) bisogno *m*, motivo *m*, necessità *f: you had no ~ to treat him so rudely* non avevi alcun motivo di trattarlo così sgarbatamente. **12** (*roll-call*) appello *m*, chiamata *f.* **13** (*in card games*) chiamata *f*, invito *m*. **14** ⟨*Econ*⟩ richiesta *f* di pagamento. □ **at ~ = on** *call; a* **bugle ~** 'un suono] (*o* uno squillo) di tromba; ⟨*fig*⟩ *to have a* **close ~** scamparla bella (*o* per un pelo); ⟨*Econ*⟩ *~ for* **funds** richiesta *f* di fondi; **on ~**: 1 a disposizione, in (*o* di) servizio: *a doctor is always on ~* un medico è sempre in servizio; 2 ⟨*Econ*⟩ pagabile 'su domanda] (*o a* richiesta); *to* **pay** *a ~*: 1 ⟨*Econ*⟩ versare in conto azioni; 2 (*to visit*) andare a trovare, fare una visita a; ⟨*Comm,Mar*⟩ **place** (*o* port) *of ~* scalo *m*, porto *m* d'ordini; ⟨*Mil*⟩ *~ to* **quarters** ritirata *f;* ⟨*Teat*⟩ *to* **take** *a ~* essere chiamato alla ribalta; **within ~** a portata di voce.

calla ['kælə] *s.* ⟨*Bot*⟩ calla *f* dei fioristi.

callable ['kɔːləbl] *a.* ⟨*Econ*⟩ **1** (*subject to redemption*) redimibile. **2** (*subject to payment*) rimborsabile.

call‖ **back** *s.* ritiro *m* (di un prodotto) dalla circolazione. **~ bell** *s.* ⟨*Tel*⟩ soneria *f.* **~ bird** *s.* ⟨*Venat*⟩ uccello *m* da richiamo. **~ board** *s.* ⟨*Teat*⟩ indicatore *m* di servizio. **~ box** *s.* cabina *f* telefonica. **~boy** *s.* **1** ⟨*Teat*⟩ buttafuori *m*. **2** (*in a hotel*) fattorino *m*, ragazzo *m*. **~ charge** *s.* ⟨*Tel*⟩ importo *m* di una conversazione. **~-down** *am. s.* rimprovero *m*, sgridata *f.*

called bond ['kɔːləd] *s.* ⟨*Econ*⟩ obbligazione *f* rimborsata per estrazione.

caller ['kɔːlə] *s.* **1** persona *f* che chiama. **2** (*one who pays a visit*) visitatore *m* (*f* –trice).

call‖-**girl** *s.* ragazza *f* squillo. **~-house** *s.* casa *f* squillo.

calligrapher [kə'ligrəfə] *s.* calligrafo *m*. **calligraphic** [,kæli'græfik] *a.* calligrafico. **calligraphist** [–'fist] *s.* → **calligrapher. calligraphy** [–fi] *s.* **1** calligrafia *f.* **2** (*handwriting*) scrittura *f* a mano.

call-in *am.* [kɔː'lin] *s.* trasmissione *f* radiofonica (*o* televisiva) con telefonate degli ascoltatori.

calling ['kɔːliŋ] *s.* **1** chiamata *f*, grido *m*. **2** (*profession*) attività *f*, impiego *m*, occupazione *f.* **3** (*summoning*) convocazione *f*, invito *m*. **4** (*vocation*) vocazione *f.*

calling‖ **card** *am. s.* biglietto *m* da visita. **~ program** *s.* ⟨*Inform*⟩ programma *m* chiamante. **~ sequence** *s.* sequenza *f* di richiamo.

call instruction *s.* ⟨*Inform*⟩ istruzione *f* di richiamo.

calliper ['kælipə] *v.t.* calibrare.

callipers ['kælipəz] *s.pl.* calibro *m* a compasso, compasso *m* da tracciatore.

callisthenics [,kælis'θeniks] *s.pl.* **1** (*art;* costr. sing.) ginnastica *f* ritmica, callistenica *f.* **2** (*exercises;* costr. pl.) esercizi *mpl* di ginnastica ritmica.

call‖ **loan** *s.* ⟨*Econ*⟩ prestito *m* a richiesta. **~ money** *s.* ⟨*Econ*⟩ denaro *m* rimborsabile a richiesta. **~-note** *s.* (*of a bird*) grido *m* di richiamo. **~ number** *s.* ⟨*Bibliot*⟩ numero *m* di schedario.

callosity [kæ'lɔsiti] *s.* **1** callosità *f.* **2** ⟨*Med,Bot*⟩ callo *m*. **3** ⟨*fig*⟩ insensibilità *f*, durezza *f.* **'callous** [–ləs] *a.* **1** calloso, indurito: *~ skin* pelle indurita. **2** ⟨*fig*⟩ (*insensitive*) indifferente, insensibile. **3** ⟨*fig*⟩ (*hardened*) indurito, incallito. **4** → **calloused. 'calloused** [–ləst] *a.* calloso: *~ hands* mani callose. **'callousness** [–ləsnis] *s.* **1** durezza *f.* **2** ⟨*fig*⟩ insensibilità *f*, durezza *f.*

call-over *s.* (*roll-call*) appello *m*.

callow ['kælou] *a.* **1** (*of a bird*) implume. **2** ⟨*fig*⟩ imberbe, inesperto, immaturo: *a ~ youth* un giovane inesperto.

call‖ **price** *s.* ⟨*Econ*⟩ prezzo *m* di riscatto. **~ rate** *s.* ⟨*Econ*⟩ tasso *m* d'interesse dei prestiti a richiesta. **~ risk** *s.* ⟨*Assic*⟩ rischio *m* negli scali. **~ sign** *s.* ⟨*Tel,Rad*⟩ segnale *m* di chiamata. **~-up** *s.* ⟨*Mil*⟩ chiamata *f* alle armi; (*number of men*) leva *f.*

callus ['kæləs] *s.* (*pl.* **-luses** [–iz]/**calli** [–lai]) **1** ⟨*Med*⟩ callo *m; (osseous growth*) callo *m* osseo. **2** ⟨*Bot*⟩ (*tissue*) callosità *f*, callo *m*.

calm [kɑːm] **I** *a.* **1** calmo, tranquillo, placido: *a ~ sea* un mare calmo; (*not windy*) calmo, senza vento. **2** ⟨*fig*⟩ calmo, sereno, tranquillo, placido. **3** ⟨*fam*⟩ (*brazen*) impudente, sfacciato. **II** *s.* **1** calma *f*, quiete *f*, tranquillità *f.* **2** (*of the sea*) bonaccia *f.* **3** ⟨*Meteor*⟩ calmatura *f.* **4**

⟨*fig*⟩ calma *f*, serenità *f*, tranquillità *f.* **III** *v.t.* calmare, placare, rasserenare. **IV** *v.i.* (general. con *down*) calmarsi, placarsi. □ *to ~ s.o. down* calmare qd., placare qd.; *keep ~! calma!; keep cool, ~ and collected!* calma e sangue freddo!; *as ~ as a mill-pond* (*of the sea*) liscio come l'olio; *the ~ before the storm* la calma che precede il temporale (*anche fig.*).

calmative ['kælmətiv] **I** *s.* ⟨*Med*⟩ calmante *m*, tranquillante *m*, sedativo *m*. **II** *a.* calmante, sedativo.

calmly ['kɑːmli] *avv.* con calma, tranquillamente.

calmness [–mnis] *s.* **1** calma *f.* **2** ⟨*fig*⟩ calma *f*, serenità *f.*

calomel ['kæləmel] *s.* ⟨*Farm*⟩ calomelano *m*.

caloric [kə'lɔrik] **I** *a.* **1** ⟨*Fisiol*⟩ calorico, delle calorie: *the ~ content of food* il contenuto calorico degli alimenti. **2** (*relating to heat*) calorico. **3** (*driven by heat*) a calore, termico. **II** *s.* calore *m*. **calorie** ['kæləri] *s.* caloria *f.* **ca,lorifacient** [–ri'feiʃənt], **calorific** [,kælə'rifik] *a.* calorifico.

calorific‖ **power** *am., ~* **value** *s.* valore *m* (*o* potere) calorifico.

calorimeter [,kælə'rimitə] *s.* ⟨*Fis*⟩ calorimetro *m*. **calorimetric** [–'metrik], **calorimetrical** [–'metrikəl] *a.* calorimetrico. **calorimetry** [–tri] *s.* calorimetria *f.*

calory *s.* → **calorie.**

calotte [kə'lɔt] *s.* **1** calotta *f*, papalina *f; (zucchetto*) zucchetto *m*. **2** ⟨*Arch*⟩ (*dome*) cupola *f; (inner dome*) calotta *f*, volta *f.* **3** ⟨*Geol,tecn*⟩ calotta *f.* **4** ⟨*Med*⟩ calotta *f* cranica. **5** ⟨*Zool*⟩ cresta *f* a cappuccio.

caltrap, caltrop ['kæltrəp] *s.* **1** ⟨*Bot*⟩ tribolo *m*. **2** ⟨*Bot*⟩ (*water chestnut*) castagna *f* d'acqua. **3** ⟨*Bot*⟩ (*star thistle*) specie di centaurea. **4** ⟨*Mil.ant*⟩ tribolo *m*.

calumet ['kæljumet] *s.* calumet *m*, pipa *f* della pace.

calumniate [kə'lʌmnieit] *v.t.* calunniare, diffamare. **ca,lumniation** [–ni'eiʃən] *s.* → **calumny. calumniator** [–ə] *s.* calunniatore *m* (*f* –trice), diffamatore *m* (*f* –trice). **ca,lumniatory** [–ni'eitəri], **calumnious** [–niəs] *a.* calunnioso, diffamatorio. **calumny** ['kæləmni] *s.* **1** (*statement*) calunnia *f.* **2** (*act*) calunnia *f*, diffamazione *f.*

Calvary ['kælvəri] *N.pr.* ⟨*Geog*⟩ Calvario *m*, Golgota *m*. **calvary** *s.* **1** ⟨*Rel*⟩ Via Crucis *f*, calvario *m*. **2** ⟨*fig*⟩ calvario *m*.

calve [kɑːv] *v.t.* **1** ⟨*Zootecn*⟩ figliare, partorire. **2** ⟨*Geol*⟩ (*of an ice mass*) spaccarsi.

calves [kɑːvz] → **calf**[1], **calf**[2].

Calvinism ['kælvinizəm] *s.* ⟨*Rel*⟩ calvinismo *m*. **Calvinist** [–nist] **I** *s.* calvinista *m/f.* **II** *a.* calvinista. **,Calvinistic** [–'nistik], **,Calvinistical** [–'nistikl] *a.* calvinistico.

calx [kælks] *s.* (*pl.* **calxes** [–i:z]/**calces** ['kælsi:z]) ⟨*tecn*⟩ residuo *m* calcinato (*o* di calcinazione).

calyciform [kə'lisifɔːm] *a.* a forma di calice, caliciforme. **calycinal** [–sinəl], **calycine** ['kælisin] *a.* calicino, sepaloide. **calycle** ['kælikl] *s.* ⟨*Bot*⟩ calicetto *m*. **calyculus** [–'likjuləs] *s.* (*pl.* **-li** [lai]) ⟨*Zool*⟩ calice *m*.

Calypso [kə'lipsou] *N.pr.* ⟨*Mitol*⟩ Calipso *f*. **calypso** *s.* (*pl.* **-s** [z]) ⟨*Mus*⟩ calipso *m*, calypso *m*.

calyptra [kə'liptrə] *s.* ⟨*Bot*⟩ **1** (*in mosses*) archegonio *m*. **2** (*in flowering plants*) cupola *f.* **3** (*root cap*) caliptra *f*, calittra *f.*

calyx ['keiliks] *s.* (*pl.* **-xes** [i:z]/**-lyces** [lisi:z]) ⟨*Biol,Anat*⟩ calice *m*.

cam [kæm] *s.* ⟨*Mecc*⟩ camma *f*, eccentrico *m*.

camaraderie [,kæmə'rɑːdəri] *s.* cameratismo *m*.

camber ['kæmbə] **I** *s.* **1** curvatura *f*, arcuatura *f.* **2** (*height of curve*) freccia *f.* **3** ⟨*Aer*⟩ curvatura *f*, incartamento *m*. **4** ⟨*Strad*⟩ profilo *m* curvo, bombatura *f.* **5** (*camber beam*) trave *f* ricurva (*o* deformata). **II** *v.t.* curvare, arcuare. **III** *v.i.* curvarsi, arcuarsi.

cambist ['kæmbist] *s.* ⟨*Econ*⟩ **1** cambiavalute *m*, agente *m* di cambio. **2** (*table, manual*) prontuario *m* (della borsa valori).

cambium ['kæmbiəm] *s.* (*pl.* **-s** [z]/**-bia** [biə]) ⟨*Bot*⟩ cambio *m*.

Cambodia [kæm'boudiə] *N.pr.* ⟨*Geog*⟩ Cambogia *f*. **Cambodian** [–n] **I** *a.* cambogiano. **II** *s.* **1** cambogiano *m* (*f* –a). **2** (*language*) cambogiano *m*.

Cambrian ['kæmbriən] **I** a. **1** gallese. **2** ⟨Geol⟩ cambriano. **II** s. **1** gallese m/f. **2** ⟨Geol⟩ cambriano m, periodo m cambriano.

cambric ['keimbrik] s. ⟨Tess⟩ cambrì m, batista f.

cambric muslin s. ⟨Tess⟩ percalle m.

came[1] [keim] → **come**.

came[2] s. ⟨tecn⟩ bacchetta f di piombo per (fissare) vetri.

camel ['kæməl] s. **1** ⟨Zool⟩ cammello m. **2** ⟨Zool⟩ (dromedary) dromedario m. **3** (colour) color m cammello, cammello m. **4** ⟨Mar⟩ (float) cassone m pneumatico. ☐ on ~ back a dorso di cammello.

camel| corps s.inv. → **camelry**. ~ **driver** s. cammelliere m.

cameleer [ˌkæmi'liə] s. **1** → **camel driver**. **2** ⟨Mil⟩ soldato m cammellato.

camellia [kə'mi:ljə] s. ⟨Bot⟩ camelia f.

camelopard [kə'meləpɑ:d] s. ⟨Zool,ant⟩ giraffa f, camelopardo m.

camelry ['kæməlri] s. ⟨Mil⟩ truppe fpl cammellate.

camel's hair ['kæməlz] **I** a. **1** di (pelo di) cammello. **2** (of a painter's brush) di (coda di) scoiattolo. **II** s. **1** pelo m di cammello. **2** ⟨Tess⟩ cammello m.

Camembert ['kæməmbɛə] s. ⟨Alim⟩ camembert m.

cameo ['kæmiou] s. **1** cammeo m. **2** ⟨Lett,Teat,Cin⟩ quadro m, quadretto m, scena f.

camera ['kæm(ə)rə] s. **1** ⟨Fot⟩ macchina f fotografica, apparecchio m fotografico. **2** ⟨TV⟩ telecamera f. **3** ⟨Dir⟩ (judge's office) ufficio m privato del giudice. ☐ in ~: 1 ⟨Dir⟩ in sessione segreta; 2 (privately) in segreto, in confidenza; ⟨TV⟩ on ~ in trasmissione, in onda.

camera| angle s. ⟨Fot⟩ angolo m di campo. ~ **dolly** s. ⟨TV⟩ carrello m di telecamera. ~ **gun** s. fotomitragliatrice f.

cameralism ['kæmərəlizm] s. ⟨Pol⟩ cameralismo m. **cameralist** [–list] s. cameralista m/f.

cameraman ['kæm(ə)rəmən] s.irr. **1** ⟨Cin,TV⟩ cineoperatore m, cameraman m. **2** ⟨Giorn⟩ fotocronista m/f, fotoreporter m/f.

camerlengo [ˌkæmə'lengou], **camerlingo** [–lingou] s. (pl. -s [z]) ⟨Rel⟩ camerlengo m.

Cameroons ['kæməru:nz] N.pr.pl. ⟨Geog⟩ Camerun m.

camiknickers [ˌkæmi'nikəz] s.pl. ⟨Mod⟩ combinazione f, pagliaccetto m.

camion ['kæmiən] s. **1** carro m. **2** (lorry) camion m, autocarro m.

camisole ['kæmisoul] s. camiciola f.

camlet ['kæmlit] s. ⟨Tess⟩ cammellotto m.

camomile ['kæməmail] s. ⟨Bot⟩ **1** camomilla f romana. **2** (wild camomile) matricaria f. **camomile tea** s. camomilla f, infuso m di camomilla.

Camorra [kə'mɔrə] s. ⟨Stor⟩ Camorra f. **Camorrism** [–rizəm] s. camorrismo m. **Camorrist** [–rist] s. camorrista m/f.

camouflage fr. ['kæməflɑ:ʒ] **I** s. **1** ⟨Mil⟩ mimetizzazione f, mascheramento m. **2** ⟨fig⟩ travestimento m, camuffamento m; (pretence) maschera f, finzione f. **3** (deception) frode f, inganno m. **II** v.t. **1** ⟨Mil⟩ mimetizzare, mascherare. **2** ⟨fig⟩ mascherare, camuffare.

camp [kæmp] **I** s. **1** campo m, campeggio m: a boy scout ~ un campeggio di boy scout. **2** (body of campers) campo m, campeggiatori mpl. **3** (military life) campo m, accampamento m. **4** ⟨fig⟩ campo m, fazione f, partito m. **II** v.i. **1** accamparsi, attendarsi, piantare ⌐la tenda⌐ (o le tende). **2** (to live in a camp; spesso con out) campeggiare, fare un campeggio. **3** (to lodge temporarily) alloggiare provvisoriamente, ⟨fam⟩ accamparsi. **4** (to settle down) sistemarsi. **5** (to take up a besieging position) accamparsi, piazzarsi: the reporters –ed on the star's doorstep i cronisti si piazzarono davanti all'uscio della diva. **III** v.t. accampare. ☐ army ~ accampamento militare; to break ~⌐ = to **strike** camp; ⟨fig⟩ to have one **foot** in each ~ tenere il piede in due staffe; to **pitch** ~ piantare (o alzare) le tende, accamparsi; ⟨fig⟩ to go over to the **rival** ~ passare ⌐in campo avverso⌐ (o al nemico); to **strike** ~ levare (o togliere) il campo.

campaign [kæm'pein] **I** s. ⟨Mil,Pol,fig⟩ campagna f: an advertising ~ una campagna pubblicitaria. **II** v.i. fare (o

partecipare a) una campagna. **campaigner** [–ə] s. **1** ⟨Mil⟩ combattente m, partecipante m a una campagna. **2** ⟨fig⟩ fautore m (f –trice), sostenitore m (f –trice): a ~ for civil rights un fautore dei diritti civili. ☐ ⟨Mil⟩ old ~ vecchio combattente, veterano m.

campaign fund s. ⟨Pol⟩ fondo m per una campagna (elettorale).

campanologist [ˌkæmpə'nɔlədʒist] s. esperto m (f –a) in (o di) campane. **campanology** [–dʒi] s. **1** studio m delle campane. **2** (art) arte f campanaria.

campanula [kəm'pænjulə] s. ⟨Bot⟩ campanula f, giulietta f. **campanulate** [–lit] a. campanulato, campaniforme.

camp| bed s. letto m da campo, branda f. ~ **car** am. s. ⟨Ferr⟩ vagone m dormitorio. ~ **chair** s. sedia f pieghevole (o da campeggio).

camper ['kæmpə] s. **1** campeggiatore m (f –trice), campeggista m/f. **2** ⟨Aut⟩ camper m.

campestral [kæm'pestrəl] a. rurale, campestre.

camp| fire s. fuoco m di bivacco (o accampamento). ~ **follower** s. **1** civile m al seguito delle truppe. **2** (prostitute) prostituta f.

camphor ['kæmfə] s. ⟨Chim⟩ canfora f. **camphorate** [–reit] **I** v.t. impregnare di canfora, trattare con canfora. **II** s. ⟨Chim⟩ canforato m. **camphorated** [–reitid] a. canforato: ~ oil olio canforato. **camphoric** [–'fɔrik] a. canforico.

camping ['kæmpiŋ] s. campeggio m, camping m.

camping| ground, ~ **site** s. campeggio m. ~ **tent** s. tenda f da campeggio.

campion ['kæmpjən] s. ⟨Bot⟩ **1** licnide f. **2** (bladder campion) strigolo m.

camp| meeting am. s. ⟨Rel⟩ raduno m religioso ⌐all'aperto⌐ (o sotto una tenda). ~ **shot** s. arginatura f. ~ **site** s. → **camping site**. ~ **stool** s. seggiolino m pieghevole. **~stove** s. fornello m da campo.

campus am. ['kæmpəs] s. (pl. -**puses** [–iz]/-**pi** [pai]) ⟨Univ⟩ **1** (grounds) città f universitaria. **2** (university) università f. **3** (academic world) ambiente m universitario (o accademico).

campus upheaval s. rivolta f universitaria.

camshaft ['kæmʃɑ:ft] s. ⟨Mecc⟩ albero m ⌐a camme⌐ (o di distribuzione).

can[1] [kæn] v.aus. (pr. can [kæn], negativo **cannot** ['kænɔt]; pret. e condiz. **could** [kud]; **cannot** e **could not** si contraggono spesso in **can't** [kɑ:nt] e **couldn't** ['kudnt]; manca dell'inf. e del p.p.) **1** posso, puoi, ecc., sono, ecc. ⌐in grado⌐ (o capace) di: ~ you tell me the way? può indicarmi la strada?; we cannot possibly do it non siamo assolutamente in grado di farlo. **2** (to know how to) so, sai, ecc., sono, ecc. capace di: ~ you swim? sai nuotare? **3** (to have the right to) posso, puoi, ecc.: they cannot vote non possono votare. **4** (to have permission to) posso, puoi, ecc.: you ~ go now puoi andare ora. **5** (may perhaps) può darsi che (costr. impers.), posso, puoi, ecc.: you could be right ⌐potresti avere⌐ (o può darsi che tu abbia) ragione. **6** (with verbs of perception) generally not translated: I can't hear you non ti sento; she can't see anything without her glasses non vede niente senza occhiali. **7** (to manage to) riesco a, riesci a, ecc., posso, puoi, ecc.: I just cannot understand non riesco proprio a capire. ☐ as soon as ~ be il più presto possibile; as sure as ~ be senza dubbio; as well (o best) as I could come meglio potei; this cannot be non è possibile, non può essere; he can't be very rich non può essere molto ricco; I could not but admire her non potevo fare a meno di ammirarla; we ~ but hope non possiamo far altro che sperare; I can't do it non ci riesco, non ce la faccio, non posso farcela; it can't be **helped**: 1 pazienza, non importa; 2 (it's inevitable) non c'è rimedio; ⟨lett⟩ I ~ no more non ce la faccio più; ⟨sl⟩ no ~ do è impossibile; you never ~ tell non si può mai dire.

can[2] **I** s. **1** (tin) scatola f, scatoletta f, barattolo m, latt(in)a f: a ~ of beer una lattina di birra. **2** (receptacle for liquids) contenitore m, recipiente m: a milk ~ un recipiente per il latte. **3** ⟨am⟩ (large receptacle) bidone m: a garbage ~ un bidone per le immondizie. **4** ⟨am.sl⟩ (lavatory) toletta f, latrina f. **5** (am.sl) (jail) carcere m, galera f. **6** ⟨am.sl⟩ (buttocks) deretano m, ⟨fam⟩ sedere *m.* **7** ⟨*Cin*⟩ scatola *f* per pellicole, ⟨*gerg*⟩ pizza *f.* **II** *v.t.* ⟨*am*⟩ **1** inscatolare, conservare in scatola. **2** ⟨*sl*⟩ (*to fire*) licenziare. **3** ⟨*sl*⟩ (*to stop*) smettere: ~ *it!* smettila! **4** ⟨*Rad,sl*⟩ registrare su dischi. □ (*fam*) *to carry the* ~ assumersi la responsabilità; ⟨*am*⟩ *in* ~ in scatola, in conserva; ⟨*cin*⟩ *in the* ~ (*of films*) pronto per la distribuzione; ⟨*am.sl*⟩ *an old tin* ~ (*of cars, etc.*) un vecchio macinino, una carcassa; ⟨*am.sl*⟩ *a* ~ *of worms* una questione intricata, un pasticcio.

Canaan ['keinən] *N.pr.* ⟨*Bibl*⟩ Canaan *m.* **Canaanite** [–ait] *s.* cananeo *m* (*f* –a).

Canada ['kænədə] *N.pr.* ⟨*Geog*⟩ Canada *m,* Canadà *m.*

Canadian [kə'neidiən] **I** *a.* canadese. **II** *s.* canadese *m/f.* **Canadianism** [–izəm] *s.* **1** atteggiamento *m* di simpatia per il Canadà. **2** (*custom*) costume *m* (*o* uso) proprio del Canadà. **3** ⟨*Ling*⟩ voce *f* dell'inglese parlato in Canadà. **Canadianize** [–aiz] *v.t.* rendere canadese.

canal [kə'næl] **I** *s.* **1** canale *m* (anche Geog.): *the Suez* ~ il canale di Suez. **2** ⟨*Biol*⟩ canale *m,* dotto *m,* tubo *m.* **II** *v.t.* (*pret., p.p.* **-lled**/*am.* **-led** [–d]) **1** costruire (*o* fare) un canale attraverso, tagliare con un canale. **2** (*to provide with canals*) canalizzare.

canaliculate [,kænə'likjuleit], **canaliculated** [–id] *a.* ⟨*Bot*⟩ scanalato, canalicolato.

canalization [,kænəlai'zeiʃən] *s.* **1** incanalamento *m.* **2** (*construction or system of canals*) canalizzazione *f.* **3** ⟨*Med*⟩ canalizzazione *f.* **'canalize** [–laiz] *v.t.* **1** costruire (*o* fare) un canale attraverso, tagliare con un canale. **2** (*to convert into a canal*) canalizzare, incanalare. **3** (*of a river, stream*) rendere navigabile. **4** ⟨*fig*⟩ incanalare, convogliare. **5** ⟨*Med*⟩ incanalare.

canal| ray *s.* ⟨*Fis*⟩ raggio *m* positivo (*o* canale). ~ **Zone** *N.pr.* ⟨*Geog*⟩ zona *f* del canale (di Panama).

canapé *fr.* ['kænəpei, *am.* ,kænə'pei] *s.* ⟨*Gastr,Arred*⟩ canapè *m.*

canard *fr.* [kæ'nɑːd] *s.* **1** (*false report*) canard *m,* notizia *f* (*o* voce) infondata; (*hoax*) beffa *f,* burla *f.* **2** ⟨*Aer*⟩ canard *m.*

canary [kə'nɛəri] **I** *s.* **1** ⟨*Ornit*⟩ canarino *m,* canario *m.* **2** → **canary yellow. 3** (*wine*) vino *m* delle Canarie. **II** *a.* (color) canarino.

canary| grass *s.* ⟨*Bot*⟩ canaria *f,* scagliola *f.* ~ **Islands** *N.pr.pl.* ⟨*Geog*⟩ Canarie *fpl,* isole *fpl* Canarie. ~ **seed** *s.* seme *m* di canaria. ~ **yellow** *s.* canarino *m,* giallo *m* canarino.

canasta [kə'næstə] *s.* (*card game*) canasta *f.*

canaster [kə'næstə] *s.* (*tobacco*) tabacco *m* grossolano.

Canberra ['kænbərə] *N.pr.* ⟨*Geog*⟩ Camberra *f.*

cancel[1] ['kænsəl] *v.* (*pret., p.p.* **cancelled**/*am.* **canceled** [–d]) **I** *v.t.* **1** annullare, disdire, revocare. **2** (*of events*) sospendere: *the match was –led* l'incontro fu sospeso. **3** (*of stamps, tickets, etc.*) annullare. **4** (*to cross out, delete*) cancellare. **5** ⟨*fig*⟩ (spesso con *out*) compensare, bilanciare, neutralizzare. **6** ⟨*Comm*⟩ (*of an account*) chiudere, estinguere; (*of a debit*) estinguere, pagare; (*of a credit*) stornare. **7** ⟨*Tip*⟩ sopprimere, omettere. **8** ⟨*Mat*⟩ elidere. **II** *v.i.* **1** (general. con *out*) compensarsi, neutralizzarsi, bilanciarsi: *the advantages and disadvantages* ~ *out* i vantaggi e gli svantaggi si bilanciano. **2** ⟨*Mat*⟩ elidersi. □ ⟨*Econ*⟩ *to* ~ *a cheque* annullare un assegno; ⟨*Dir*⟩ *to* ~ *a contract* annullare un contratto; ⟨*Dir*⟩ *to* ~ *a law* abrogare una legge; ⟨*Comm*⟩ *to* ~ *an order* annullare un'ordinazione.

cancel[2] *s.* **1** cancellazione *f,* annullamento *m.* **2** ⟨*Tip*⟩ (*omission*) omissione *f,* soppressione *f;* (*replacement*) testo *m* sostitutivo.

cancellable ['kænsələbl] *a.* annullabile, cancellabile. **cancellate** [–leit], **cancellated** [–leitid] *a.* **1** ⟨*Anat*⟩ → **cancellous. 2** (*reticulate*) reticolato. **,cancellation** [–'leiʃən] *s.* **1** cancellazione *f,* annullamento *m.* **2** (*crossing out*) cancellazione *f,* cancellatura *f.* **3** (*of events*) sospensione *f.* **4** ⟨*Post*⟩ annullo *m.* **5** ⟨*Assic*⟩ abrogazione *f,* revoca *f.* **6** (*something cancelled*) cancellatura *f.* □ ⟨*Dir*⟩ ~ *of a mortgage* radiazione *f* (*o* estinzione) d'ipoteca; ⟨*Comm*⟩ ~ *of an order* cancellazione *f* di ordine.

cancellation clause *s.* ⟨*Dir*⟩ clausola *f* di annullamento.

cancellous ['kænsələs] *a.* ⟨*Anat*⟩ poroso, spugnoso, cellulare.

cancer ['kænsə] *s.* **1** ⟨*Med*⟩ cancro *m.* **2** ⟨*fig*⟩ male *m* fondamentale (*o* principale), cancro *m.* □ ~ *of the lung* cancro *m* del polmone. **Cancer** *N.pr.* **1** ⟨*Astr*⟩ Cancro *m.* **2** (*person*) cancro *m,* persona *f* nata sotto il segno del cancro. **cancerous** [–rəs] *a.* **1** canceroso. **2** ⟨*fig*⟩ maligno, cattivo.

cancer hospital *s.* ospedale *m* oncologico.

cancerologist [kænsə'rɔlədʒist] *s.* cancerologo *m* (*f* –a). **cancerology** [–dʒi] *s.* cancerologia *f.*

cancer| patient *s.* canceroso *m* (*f* –a). ~ **prevention** *s.* prevenzione *f* 'dei tumori¬ (*o* del cancro). ~ **promoting** *a.* cancerogeno. ~ **specialist** *s.* cancerologo *m,* oncologo *m.* ~ **stick** *s.* ⟨*sl*⟩ sigaretta *f.*

cancroid ['kæŋkrɔid] **I** *a.* **1** ⟨*Med*⟩ cancroide, cancroide. **2** ⟨*Zool*⟩ granchiforme, simile a un granchio. **II** *s.* ⟨*Med*⟩ cancroide *m.*

candelabrum [,kændə'lɑːbrəm] *s.* (*pl.* **-bra** [brə]/**-s** [z]) **1** candelabro *m.* **2** (*chandelier*) lampadario *m* (a corona).

candescence [kæn'desəns] *s.* candescenza *f.* **candescent** [–nt] *a.* candescente.

candid[1] ['kændid] *a.* **1** franco, schietto, sincero: *a* ~ *reply* una risposta schietta. **2** (*outspoken*) franco, esplicito, chiaro. **3** (*honest, impartial*) imparziale, disinteressato, onesto. □ ⟨*iron*⟩ ~ *friend* amico insincero, falso amico.

candid[2] *s.* ⟨*Fot*⟩ fotografia *f* istantanea, istantanea *f.*

candidacy *am.* ['kændidəsi] *s.* → **candidature. candidate** [–dit] *s.* **1** candidato *m* (*f* –a) (anche fig.). **2** ⟨*Univ*⟩ laureando *m* (*f* –a). □ *to stand* (*o* run) *as a* ~ *for an office* 'presentarsi candidato¬ (*o* porre la candidatura) a una carica. **candidature** [–didəʃə] *s.* candidatura *f: to withdraw one's* ~ ritirare la propria candidatura.

candid camera *s.* ⟨*Fot*⟩ **1** microcamera *f.* **2** (*style of photography*) fotografia–verità *f.*

candidness ['kændidnis] *s.* **1** franchezza *f,* schiettezza *f.* **2** (*outspokenness*) franchezza *f,* chiarezza *f.* **3** (*impartiality*) imparzialità *f.*

candied ['kændiːd] *a.* **1** candito. **2** ⟨*fig*⟩ mellifluo, melato.

candied fruit *s.* frutta *f* candita, canditi *mpl.*

Candiot ['kændiːɔt] **I** *a.* candiota, cretese. **II** *s.* → **Candiote. Candiote** [–diːɔt] *s.* candiota *m/f,* cretese *m/f.*

candle ['kændl] *s.* candela *f* (*anche Fis.*). □ ⟨*fig*⟩ *not to hold a* ~ *to* non potersi paragonare a, non essere all'altezza di; *to sell by inch of* ~ vendere (a un'asta) fino all'estinzione della candela; ⟨*fig*⟩ *not worth the* ~ inutile, che non vale la pena; *the game is not worth the* ~ il gioco non vale la candela.

candle|holder *s.* → **candlestick.** ~ **hour** *s.* ⟨*Fis*⟩ candela–ora *f.* ~ **light** *s.* **1** lume *m* di candela: *to read by* ~ leggere al lume di candela. **2** (*soft artificial light*) luce *f* artificiale tenue (*o* soffusa). **3** (*twilight*) crepuscolo *m,* sera *f.* ~ **maker** *s.* candelaio *m.*

Candlemas (Day) ['kændlməs] *s.* ⟨*Rel*⟩ candelora *f.*

candle| nut *s.* frutto *m* dell'aleurite. ~ **power** *s.* ⟨*Fis*⟩ **1** candela *f.* **2** (*of a lamp*) intensità *f* (in candele). ~ **snuffer** *s.* smoccolatoio *m.* ~**stick** *s.* candeliere *m.* ~**wick** *s.* stoppino *m,* lucignolo *m.*

can-do *am.* ['kæn'duː] *a.* persona *f* zelante.

candor *am.,* **candour** ['kændə] *s.* **1** franchezza *f,* sincerità *f,* schiettezza *f.* **2** imparzialità *f,* obiettività *f.*

candy ['kændi] **I** *s.* **1** zucchero *m* candito. **2** ⟨*am*⟩ (*sweet*) caramella *f,* confetto *m.* **3** ⟨*am.sl*⟩ (*cocaine*) cocaina *f.* **II** *v.t.* **1** (*to cook in sugar or syrup*) candire, sciroppare. **2** (*to crystallize by boiling*) caramellare. **3** (*to coat with sugar*) confettare, candire. **4** ⟨*fig*⟩ rendere gradevole, addolcire. **III** *v.i.* caramellarsi, diventare candito.

candy| floss *s.* ⟨*Dolc*⟩ zucchero *m* filato. ~ **striper** *am. s.* infermiera *f* volontaria. ~**tuft** *s.* ⟨*Bot*⟩ iberide *f.*

cane [kein] **I** *s.* **1** bastone *m* da passeggio. **2** (*stem of bamboo, etc.*) canna *f.* **3** (*in wickerwork*) canna *f* (di bambù), bambù *m.* **4** (*stick for flogging*) verga *f,* canna *f.* **5** ⟨*Bot*⟩ (*stem of raspberry*) stelo *m,* gambo *m.* **6** (*sugar cane*) canna *f* da zucchero. **II** *v.t.* **1** battere con una canna (*o* verga), fustigare. **2** (*of chairs, etc.: to furnish with* *canes*) rivestire di bambù; (*to make with canes*) fare con bambù.

cane‖ apple *s.* ⟨*Bot*⟩ corbezzolo *m.* **~ brake** *am. s.* canneto *m.* **~ chair** *s.* sedia *f* di bambù.

canella [kə'nelə] *s.* ⟨*Gastr,Farm*⟩ cannella *f.*

cane mill *s.* ⟨*Ind*⟩ zuccherificio *m.*

canescent [kə'nesnt] *a.* **1** biancastro. **2** ⟨*Bot*⟩ canescente.

cane‖ sugar *s.* zucchero *m* di canna. **~work** *s.* canniccio *m.*

Canicula [kə'nikjulə] *N.pr.* ⟨*Astr*⟩ Canicola *f.* **canicular** [–lə] *a.* canicolare.

canine ['keinain, 'kæn–] **I** *a.* canino. **II** *s.* **1** ⟨*Zool*⟩ canide *m.* **2** (*dog*) cane *m.* **3** → **canine tooth.**

canine tooth *s.* ⟨*Dent*⟩ dente *m* canino, canino *m.*

caning ['keiniŋ] *s.* bastonatura *f,* ⟨*fam*⟩ dose *f* di legnate.

canister ['kænistə] *s.* **1** scatola *f* (*o* barattolo *m*) di metallo. **2** ⟨*Artigl*⟩ → **canister shot. 3** ⟨*Mil*⟩ (*of a gas mask*) filtro *m* (antigas).

canister shot *s.* ⟨*Artigl*⟩ mitraglia *f* (per cannoni).

canker [kæŋkə] **I** *s.* **1** ⟨*Med*⟩ ulcera *f* (*o* stomatite) cancrenosa. **2** ⟨*Veter*⟩ (*of horses*) cancro *m* dello zoccolo; (*of dogs, cats, etc.*) ulcerazione *f* delle orecchie. **3** ⟨*Agr*⟩ cancro *m,* tumore *m.* **4** ⟨*fig*⟩ cancro *m,* cancrena *f,* male *m* insanabile. **II** *v.t.* **1** infettare, ulcerare. **2** ⟨*fig*⟩ corrompere, guastare. **III** *v.i.* **1** incancrenire, andare in cancrena. **2** ⟨*fig*⟩ essere corrotto. **cankered** [–kəd] *a.* **1** ⟨*Agr*⟩ distrutto da un bruco (*o* una larva) del cancro; (*infected with a canker*) infettato dal cancro. **2** ⟨*Med*⟩ affetto da ulcera cancrenosa. **3** ⟨*fig*⟩ (*spiteful*) velenoso, maligno, malevolo. **cankerous** [–rəs] *a.* **1** ⟨*Agr*⟩ che causa il cancro, cancerogeno; (*affected with canker*) affetto da cancro. **2** ⟨*fig*⟩ corruttivo, corrompitore.

canker‖ rash *s.* ⟨*Med*⟩ scarlattina *f* (con ulcerazioni alla gola). **~ worm** *s.* ⟨*Zool*⟩ bruco *m* (*o* larva *f*) del cancro delle piante.

canna ['kænə] *s.* ⟨*Bot*⟩ canna *f.*

cannabis ['kænəbis] *s.* **1** ⟨*Bot*⟩ canapa *f.* **2** ⟨*Farm*⟩ (*hashish*) ascisc *m.*

canned [kænd] *a.* **1** (*of food*) in scatola, inscatolato, in conserva. **2** ⟨*sl*⟩ (*recorded*) registrato, inciso: ~ *music* musica registrata; (*not spontaneous*) preparato (in anticipo), prestabilito: *a ~ speech* un discorso preparato. **3** ⟨*sl*⟩ (*drunk*) ubriaco, ⟨*fam*⟩ sbronzo.

canned‖ food *s.* scatolame *m,* conserve *fpl.* **~ goods** *s.pl.* scatolame *m.* **~ heat** *am. s.* combustibile *m* in scatola.

cannel coal ['kænl] *s.* ⟨*Ind*⟩ tipo di carbon fossile bituminoso.

canner ['kænə] *s.* ⟨*Alim*⟩ inscatolatore *m.* **cannery** [–ri] *s.* ⟨*Ind*⟩ conservificio *m.*

cannibal ['kænibəl] **I** *s.* **1** (*human being*) antropofago *m* (*f* –a), cannibale *m.* **2** (*animal*) cannibale *m.* **II** *a.* **1** antropofago, cannibalesco: ~ *tribes* tribù antropofaghe. **2** (*pertaining to cannibals*) cannibalesco, dei cannibali. **cannibalism** [–izəm] *s.* **1** cannibalismo *m.* **2** ⟨*Etnol*⟩ antropofagia *f* rituale. **3** ⟨*fig*⟩ ferocia *f,* barbarie *f,* crudeltà *f.* **,cannibalistic** [–'istik] *a.* **1** (*of humans*) antropofago, cannibalesco; (*of animals*) cannibalesco. **2** ⟨*fig*⟩ (*voracious*) distruttivo, divorante, cannibalesco. **3** ⟨*fig*⟩ (*ruthless*) cannibalesco, spietato.

cannibalization ['kænibəlaizeiʃən] *s.* cannibalizzazione *f.* **cannibalize** [–laiz] *v.t.* cannibalizzare.

cannikin ['kænikin] *s.* **1** piccola scatola *f,* scatoletta *f;* (*drinking vessel*) tazza *f.* **2** (*wooden bucket*) secchio *m* di legno.

cannily ['kænili] *avv.* **1** cautamente, con circospezione. **2** (*shrewdly*) astutamente. **canniness** [–ninis] *s.* **1** cautela *f,* circospezione *f.* **2** (*shrewdness*) astuzia *f,* furberia *f,* scaltrezza *f.* **3** (*frugality*) parsimonia *f,* frugalità *f.* **4** ⟨*scozz*⟩ (*gentleness*) delicatezza *f,* tatto *m.*

canning ['kæniŋ] *s.* **1** ⟨*Ind*⟩ conservazione *f* (dei cibi) in scatola. **2** ⟨*Atom*⟩ incamiciatura *f.* **3** ⟨*sl*⟩ (*recording*) registrazione *f,* incisione *f.*

canning‖ factory *s.* → **cannery. ~ industry** *s.* industria *f* conserviera.

cannon ['kænən] **I** *s.* (*pl.* **-s** [z]/*inv.;* il pl. inv. si usa general. con valore collett.) **1** ⟨*Mil*⟩ (*large gun*) cannone *m;* (*mounted piece of ordnance*) mortaio *m.* **2** ⟨*Mecc*⟩ albero *m* (*o* perno) cavo. **3** ⟨*Equit*⟩ (*cannon bit*) morso *m* curvo. **4** ⟨*Zool*⟩ (*cannon bone*) osso *m* cannone (*o* tubolare). **5** (*in billiards*) carambola *f.* **II** *v.i.* **1** ⟨*Mil*⟩ sparare cannonate (*against* contro). **2** (*in billiards*) fare carambola, carambolare. **3** (*to collide*) urtare violentemente (*into, against, with* contro), scontrarsi (con): *to ~ into s.o.* urtare violentemente contro qd. **4** (*to rebound*) rimbalzare (*off* sopra, su, da). **III** *v.t.* ⟨*Mil*⟩ cannoneggiare.

cannonade [,kænə'neid] **I** *s.* **1** ⟨*Mil*⟩ cannoneggiamento *m.* **2** ⟨*fig*⟩ bombardamento *m,* fuoco *m* di fila. **II** *v.t.* ⟨*Mil*⟩ cannoneggiare. **III** *v.i.* ⟨*Mil*⟩ sparare cannonate (*against* contro).

cannon–ball *s.* **1** ⟨*Artigl*⟩ palla *f* di cannone. **2** ⟨*Sport*⟩ bolide *m.* **3** ⟨*Ferr*⟩ treno *m* rapidissimo.

cannoneer [,kænə'niə] *s.* ⟨*Mil*⟩ cannoniere *m.*

cannon-fodder *s.* ⟨*mil*⟩ carne *f* da cannone.

cannonry ['kænənri] *s.* ⟨*Mil*⟩ **1** (*discharge*) cannoneggiamento *m.* **2** (*artillery*) artiglieria *f.*

cannon shot *s.* ⟨*Artigl*⟩ **1** → **cannon–ball. 2** (*shooting*) colpo *m* di cannone, cannonata *f.* **3** (*range*) gittata *f,* portata *f.*

cannot ['kænət] → **can¹.**

canny ['kæni] *a.* **1** cauto, circospetto, guardingo. **2** (*shrewd*) astuto, furbo, scaltro. **3** ⟨*scozz*⟩ (*frugal*) frugale, sobrio. **4** ⟨*scozz*⟩ (*gentle*) cordiale, gentile, garbato. **II** *avv.* ⟨*scozz*⟩ → **cannily.**

canoe [kə'nu:] **I** *s.* canoa *f.* **II** *v.i.* andare in canoa. **III** *v.t.* trasportare su una canoa. □ ⟨*fam*⟩ *to paddle one's own ~* cavarsela da solo, fare da sé. **canoeing** [–iŋ]. *s.* ⟨*Sport*⟩ canoismo *m.* **canoeist** [–ist] *s.* canoista *m/f.*

canon¹ ['kænən] *s.* **1** norma *f,* principio *m* fondamentale (*o* basilare), regola *f: the –s of good taste* le regole del buon gusto. **2** (*standard*) canone *m,* criterio *m* (generale), norma *f: the –s of morality* i canoni della morale. **3** ⟨*Rel,Dir,Mus*⟩ canone *m.* **4** ⟨*Rel*⟩ (*genuine books of the Bible*) canone *m* biblico; (*genuine sacred writing*) canone *m* della sacra Scrittura. **5** ⟨*Lett*⟩ canone *m: the Homeric ~* il canone omerico. **6** (*list of accepted books*) canone *m,* catalogo *m* di opere, corpus *m.* **7** ⟨*Tip*⟩ corpo *m* 48.

canon² *s.* **1** ⟨*Rel*⟩ canonico *m.* **2** ⟨*Rel.catt*⟩ → **canon regular.**

canon³ *s.* → **canyon.**

canoness ['kænənis] *s.* ⟨*Rel*⟩ canonichessa *f.*

canonical [kə'nɔnikl] *a.* **1** canonico, regolare. **2** (*widely accepted*) tradizionale, consacrato, universalmente riconosciuto. **3** ⟨*Rel*⟩ canonico. **4** ⟨*Lett*⟩ genuino, del (*o* incluso nel) canone, del corpus.

canonical‖ dress *s.* → **canonicals. ~ hours** *s.pl.* ⟨*Rel*⟩ ore *fpl* canoniche.

canonically [kə'nɔnikəli] *avv.* in modo conforme ⌐a un canone⌐ (*o* ai canoni). **canonicals** [–lz] *s.pl.* ⟨*Rel*⟩ paramenti *mpl.* **canonicate** [–keit] *s.* ⟨*Rel*⟩ canonicato *m.*

canonicity [,kænə'nisiti] *s.* ⟨*Rel*⟩ canonicità *f.*

canonisation *s.* → **canonization. canonise** *v.* → **canonize.**

canonist ['kænənist] *s.* ⟨*Rel*⟩ canonista *m.* **,canon'istic** [–ik] *a.* **1** di un canonista. **2** (*of canon law*) del diritto canonico.

canonization [,kænənai'zeiʃən] *s.* ⟨*Rel*⟩ canonizzazione *f.* **'canonize** [–naiz] *v.t.* **1** ⟨*Rel.catt*⟩ canonizzare, santificare. **2** ⟨*Rel*⟩ riconoscere come canonico (*o* appartenente al canone biblico). **3** ⟨*Rel*⟩ (*to sanction*) approvare, ratificare. **4** ⟨*fig*⟩ considerare (come) sacrosanto.

canon‖ law *s.* ⟨*Rel*⟩ diritto *m* canonico. **~ lawyer** *s.* → **canonist. ~ regular** *s.* ⟨*Rel.catt*⟩ canonico *m* regolare.

canonry ['kænənri] *s.* **1** canonicato *m.* **2** ⟨*collett*⟩ canonici *mpl.*

canoodle [kə'nu:dl] ⟨*sl*⟩ **I** *v.t.* sbaciucchiare. **II** *v.i.* sbaciucchiarsi.

can opener *s.* apriscatole *m.*

canopy ['kænəpi] **I** *s.* **1** baldacchino *m.* **2** ⟨*Arch*⟩ tettoia *f.* **3** (*of a parachute*) calotta *f;* (*of an aeroplane*) tettuccio *m.* **4** ⟨*fig*⟩ volta *f* celeste, cielo *m.* **II** *v.t.* **1** coprire con un baldacchino. **2** ⟨*fig*⟩ coprire, formare una volta sopra.

canopy bed s. ⟨Arred⟩ letto m a baldacchino.
canorous [kə'nɔːrəs] a. **1** canoro, musicale. **2** (sonorous) sonoro.
canst [kænst] → **can**[1].
cant[1] [kænt] **I** s. **1** (slang) gergo m; (thieves' slang) gergo m ⌐dei ladri⌐ (o della malavita), furbesco m. **2** (jargon) linguaggio m (convenzionale), gergo m, terminologia f: juridical ~ terminologia giuridica. **3** (insincere speech) linguaggio m (o discorso) ipocrita. **4** (conventional expressions) frasi fpl fatte, luoghi mpl comuni. **5** (monotonous whining) lagna f, cantilena f (lamentosa). **II** v.i. **1** parlare in gergo (o linguaggio convenzionale). **2** (to whine) lagnarsi, lamentarsi.
cant[2] **I** s. **1** cantonata f, angolo m esterno. **2** (slanting thrust) urto m (o spinta f) di traverso. **3** (slanting position) inclinazione f. **4** (slanting surface) piano m inclinato. **5** ⟨Strad⟩ soprelevazione f. **6** ⟨Mar⟩ (cant frame) ordinata f (o costa) deviata. **II** a. **1** smussato. **2** (sloping) inclinato. **III** v.t. **1** smussare. **2** (of a log) squadrare. **3** (to tilt) inclinare; (to turn over) rovesciare, voltare sottosopra. **4** (to throw with a jerk) sbilanciare. **IV** v.i. **1** inclinarsi; (to turn over) rovesciarsi. **2** (to slope) essere inclinato, avere un'inclinazione. **3** ⟨Mar⟩ (of a ship; spesso con round, across) ingavonarsi, sbandare.
can't [kɑːnt, am. kænt] → **can**[1].
Cantabrigian [ˌkæntə'bridʒiən] **I** a. (caratteristico) di Cambridge; (of Cambridge University) dell'Università di Cambridge. **II** s. **1** abitante m/f di Cambridge. **2** (student or graduate of Cambridge University) membro m dell'Università di Cambridge.
cantaloup(e) ['kæntəluːp] s. ⟨Bot⟩ **1** cantalupo m, ⟨pop⟩ zatta f. **2** (musk melon) melone m, popone m.
cantankerous [kæn'tæŋkərəs] a. **1** irascibile, litigioso, intrattabile, bisbetico. **2** (of an animal) bizzoso, selvatico, difficile. **cantankerousness** [-nis] s. irascibilità f, intrattabilità f.
cantata it. [kæn'tɑːtə] s. ⟨Mus⟩ cantata f.
cant| board s. ⟨tecn⟩ asse f smussata. **~ dog** am. s. → **cant hook.**
canted ['kæntid] a. **1** inclinato, obliquo. **2** (bevelled) smussato.
canted| column s. ⟨Arch⟩ colonna f sfaccettata. **~ wall** s. ⟨Edil⟩ muro m ad angolo.
canteen [kæn'tiːn] s. **1** ⟨Mil⟩ bettolino m, spaccio m; (maintained by civilians) cantina f. **2** (in a factory, etc.) mensa f (o posto m di ristoro) aziendale. **3** (box for cutlery) scatola f (o cesta) per posate. **4** ⟨mil⟩ (water bottle) borraccia f.
canter[1] ['kæntə] s. **1** ipocrita m/f. **2** (beggar) mendicante m/f.
canter[2] **I** s. piccolo galoppo m; (ride) cavalcata f al piccolo galoppo. **II** v.i. far andare al piccolo galoppo. **III** v.i. andare (o cavalcare) al piccolo galoppo. □ ⟨fig⟩ to win in a ~ vincere senza sforzo.
canterbury ['kæntəbəri] s. (music stand) leggio m.
Canterbury bell s. ⟨Bot⟩ campanula f.
cantharides [kæn'θæridiːz] s.pl. (costr. sing. o pl.) ⟨Farm⟩ cantaride f.
cant hook s. ⟨tecn⟩ asta f a gancio (per far rotolare tronchi d'albero).
canticle ['kæntikl] s. ⟨Rel⟩ cantico m. □ ~ of Canticles Cantico m dei Cantici. **Canticles** [-z] s.pl. (costr. sing.) ⟨Bibl⟩ Cantici mpl.
cantilever ['kæntiliːvə] s. **1** ⟨Arch⟩ mensola f. **2** ⟨Edil⟩ trave f (o elemento m) a sbalzo. **3** ⟨Aer⟩ (cantilever wing) ala f a sbalzo.
cantilever| bridge s. ⟨Arch⟩ ponte m a sbalzo (o mensola). **~ roof** s. pensilina f. **~ spring** s. ⟨Aut⟩ molla f a flessione (o sbalzo).
cantle ['kæntl] s. **1** (of a saddle) arcione m posteriore. **2** (piece of bread, cheese, etc.) pezzo m, pezzetto m, ⟨fam⟩ cantuccio m.
canto ['kæntou] s. (pl. -s [z]) ⟨Lett,Mus⟩ canto m.
canton ['kæntən] **I** s. **1** (in Switzerland) cantone m. **2** ⟨Arald⟩ cantone m. **3** ⟨Arch⟩ spicchio m di volta. **II** v.t. **1** dividere, suddividere; (into territorial districts) dividere in cantoni. **2** ⟨Mil⟩ accantonare, acquartierare. **cantonal**

[-tənl] a. ⟨Geog⟩ cantonale.
Cantonese [ˌkæntə'niːz] **I** a. di Canton. **II** s. **1** abitante m/f di Canton. **2** (dialect) dialetto m di Canton.
cantonment [kæn'tɔnmənt] s. ⟨Mil⟩ **1** (camp) quartiere m. **2** (quarters) acquartieramento m.
cantor ['kæntɔː] s. **1** ⟨Mus⟩ cantore m. **2** ⟨Rel.ebr⟩ cantore m officiante. **can'toral** [-rəl], **can'torial** [-riəl] a. ⟨Mus⟩ di un cantore.
canty ['kænti] a. ⟨dial⟩ vivace, allegro, gaio.
Canuck am. [kə'nuk] s. **1** canadese m/f. **2** ⟨spreg⟩ (French Canadian: person) franco-canadese m/f; (language) franco-canadese m.
canvas ['kænvəs] **I** s. **1** ⟨Tess⟩ grossa tela f di canapa (o cotone). **2** ⟨Pitt⟩ tela f; (painting) dipinto m su tela, tela f: a ~ by Manet una tela di Manet. **3** (tent) tenda f; (tents) attendamento m. **4** ⟨Mar⟩ (sail cloth) tela f da (o per) vele; (sails) velatura f, vele fpl. **5** ⟨fig⟩ (circus) circo m. **6** ⟨fig⟩ (background, setting) scenario m. **7** ⟨Lav.femm⟩ canovaccio m. **8** ⟨Sart⟩ imbottitura f. **9** ⟨Sport⟩ tappeto m: flat out on the ~ messo al tappeto. **II** a. di tela. □ under ~: 1 ⟨mar⟩ a vele spiegate; 2 ⟨mil⟩ sotto le tende.
canvas-back ['kænvəsbæk] s. ⟨Ornit⟩ moretta f americana.
canvass ['kænvəs] **I** v.t. **1** saggiare (o sondare) l'opinione di. **2** ⟨Pol⟩ effettuare un sondaggio elettorale di. **3** (of votes, orders, etc.) sollecitare. **4** (to discuss) dibattere, discutere; (to examine thoroughly) vagliare. **II** v.i. **1** (to solicit orders, subscriptions, etc.) fare propaganda, chiedere adesioni (for per). **2** ⟨Pol⟩ fare una campagna elettorale, fare propaganda politica (per). **III** s. **1** esame m approfondito, vaglio m. **2** (solicitation of votes, orders, etc.) sollecitazione f. **3** ⟨Pol⟩ campagna f elettorale, propaganda f politica; (survey) sondaggio m elettorale.
canvasser [-ə] s. **1** chi sollecita. **2** ⟨Pol⟩ agente m (o galoppino) elettorale. **3** (salesman) piazzista m.
canvassing [-iŋ] s. ⟨Pol⟩ sollecitazione f di voti.
canvas| town s. accampamento m, attendamento m. **~ work** s. ⟨Lav. femm⟩ piccolo punto m.
canyon ['kænjən] s. ⟨Geog⟩ cañón m, canyon m.
caoutchouc ['kautʃuk] s. ⟨Chim⟩ caucciù m, gomma f naturale.
cap[1] [kæp] s. **1** berretto m, copricapo m. **2** (for a woman) cuffia f. **3** (as part of a uniform: of a sailor) berretto m da marinaio; (of a nurse) cuffia f; (of a maid) crestina f, cuffietta f. **4** ⟨Univ⟩ (professor's hat) tocco m; (student's hat) berretto m goliardico. **5** (cardinal's biretta) berretta f (cardinalizia), cappello m cardinalizio. **6** (top, covering) coperchio m, copertura f, capsula f; (for pens, pencils) cappuccio m, salvapunte m. **7** (of a cartridge) capsula f. **8** (summit) cima f, vetta f. **9** ⟨Bot⟩ (of a mushroom) cappello m. **10** ⟨Sport⟩ posto m in nazionale. **11** ⟨Mar⟩ testa f di moro. **12** ⟨Aut⟩ (of a tyre) battistrada m ricostruito; (of a radiator) tappo m. **13** ⟨Arch⟩ capitello m. **14** ⟨Mecc⟩ (of a bearing) cappello m; (of a valve stem) puntalino m; (of a spring) scodellino m. **15** ⟨El⟩ (of a cable) cappuccio m isolante; (of a distributor) calotta f; (of an insulator) cappa f. **16** ⟨Calz⟩ puntale m. □ ~ and bells berretto m ⌐con campanelli⌐ (o a sonagli), berretto da giullare; **feather** in one's ~ segno onorifico (o di distinzione); the ~ **fits** l'osservazione ⌐è giusta⌐ (o coglie nel segno); ⟨Univ⟩ ~ and **gown** tocco m e toga, tenuta accademica; ⟨fig⟩ ~ in **hand** umilmente; ⟨Stor⟩ ~ of liberty berretto m frigio; ⟨fam⟩ to **set** one's ~ for (o at) a man dar la caccia a un uomo. Prov.: if the ~ fits, wear it a buon intenditor poche parole.
cap[2] v. (pret., p.p. **capped** [-t]) **I** v.t. **1** mettere il berretto a. **2** (to provide with a top) tappare, mettere il coperchio a. **3** (to crown, cover) circondare alla sommità, ricoprire la cima di: the mountain was -ped with snow la cima della montagna era ricoperta di neve. **4** ⟨fig⟩ (to better) superare, far meglio di, dar dei punti a. **5** ⟨fig⟩ (to provide with a climax) far culminare, coronare, completare. **6** ⟨Univ⟩ conferire un grado accademico a. **7** ⟨Arch⟩ fornire di capitello. **8** ⟨Sport⟩ scegliere, mettere in squadra. **9** ⟨Dent⟩ incapsulare. **10** ⟨Aut⟩ (of a tyre) ricostruire. **II** v.i. **1** togliersi il cappello, scappellarsi. **2** ⟨venat⟩ (in

fox–hunting) partecipare a una battuta (dietro pagamento di una quota). □ *to* ~ *it all* a (*o* per) colmare la misura; *to* ~ *the climax* oltrepassare ogni limite.

cap. = **1** *chapter* capitolo (*abbr.* cap.). **2** *capital letter* lettera maiuscola. **3** *capacity* capacità. **4** ⟨*Geog*⟩ *capital* capitale.

CAP = ⟨*Econ*⟩ *Common Agricultural Policy* politica agricola comune (*abbr.* PAC).

capability [ˌkeɪpə'bɪlɪti] *s.* **1** abilità *f,* capacità *f,* ingegno *m.* **2** (*of things*) proprietà *f,* caratteristica *f,* facoltà *f.* **3** *pl.* (*potential abilities*) possibilità *fpl,* risorse *fpl,* capacità *fpl: a man of great capabilities* un uomo di grandi possibilità.

'**capable** [–bl] *a.* **1** capace, abile, bravo: *a* ~ *administrator* un abile amministratore; (*competent*) competente. **2** (*able to*) capace, in grado (*of* di): ~ *of looking after himself* in grado di badare a se stesso. **3** (*susceptible to*) suscettibile (di): ~ *of improvement* suscettibile di miglioramento.

capacious [kə'peɪʃəs] *a.* spazioso, ampio, capace, capiente. **capaciousness** [–nɪs] *s.* ampiezza *f,* spaziosità *f,* capacità *f.*

capacitance [kə'pæsɪtəns] *s.* ⟨*El*⟩ **1** capacità *f.* **2** (*of a conductor*) capacitanza *f,* reattanza *f* capacitiva. **capacitate** [–teɪt] *v.t.* rendere capace, mettere in grado (*o* condizione). **capacitative** [–teɪtɪv], **capacitive** [–tɪv] *a.* ⟨*El*⟩ capacitivo. **capacitor** [–tə] *s.* ⟨*El*⟩ condensatore *m,* capacitore *m.*

capacitor microphone *s.* microfono *m* a condensatore.

capacity [kə'pæsɪti] *s.* **1** capacità *f: the theatre has a seating* ~ *of five hundred* il teatro ha una capienza di cinquecento posti. **2** (*volume, cubic content*) capacità *f,* contenuto *m;* (*of a ship*) carico *m.* **3** (*mental ability*) capacità *f* (psichica), potenziale *m* mentale. **4** (*ability to perform, etc.*) abilità *f,* capacità *f,* possibilità *f.* **5** (*ability to produce*) produttività *f,* capacità *f* produttiva. **6** (*distinctive quality, trait*) proprietà *f,* caratteristica *f: the* ~ *of steel to withstand pressure* la proprietà dell'acciaio di resistere alla pressione. **7** (*position, function*) funzione *f,* posizione *f,* qualità *f,* veste *f: in the* ~ *of technical adviser* in qualità di consigliere tecnico. **8** ⟨*Dir*⟩ capacità *f,* potere *m.* **9** ⟨*El*⟩ capacità *f,* capacitanza *f;* (*maximum output*) potenza *f* massima. □ ⟨*Ind*⟩ *at* ~ al massimo di produttività; **filled** *to* ~ pieno zeppo; *I speak in my* ~ *of* parlo in qualità di; **measures** *of* ~ misure *fpl* di capacità; *in an* **official** ~ a titolo ufficiale; *in a* **private** ~ a titolo personale; **to** ~ = **at** *capacity.*

capacity| increase *s.* ⟨*Econ*⟩ ampliamento *m* della capacità. ~ **reduction** *s.* riduzione *f* della capacità.

cap-a-pie, cap-à-pie [ˌkæpə'piː] *avv.* da capo a piedi, dalla testa ai piedi. □ *armed* ~ armato fino ai denti.

caparison [kə'pærɪsn] **I** *s.* **1** (*of a horse: covering*) gualdrappa *f;* (*trappings*) bardatura *f.* **2** ⟨*fig*⟩ (*rich clothing*) bardatura *f,* (*scherz*) pompa *f* (*o* cappa) magna. **II** *v.t.* bardare (*anche fig.*).

cape[1] [keɪp] *s.* ⟨*Vest*⟩ cappa *f,* mantellina *f;* (*of a bullfighter*) muleta *f.*

cape[2] *s.* ⟨*Geog*⟩ capo *m,* promontorio *m.* □ ⟨*Geog*⟩ ~ *of Good Hope* Capo *m* di Buona Speranza.

Cape| boy *s.* ragazzo *m* sudafricano di sangue misto. ~ **Coloured** *s.* mulatto *m* (*f* –a) del Sud Africa. ~ **doctor** *s.* (*in South Africa*) forte vento *m* da sud–est. ~ **Dutch** *s.* afrikaans *m.*

capelin ['kæpəlɪn] *s.* ⟨*Itt*⟩ cappellano *m* (dei mari artici).

caper[1] ['keɪpə] **I** *v.i.* **1** fare (*o* spiccare) salti, saltellare. **2** (*to turn somersaults*) fare capriole. **II** *s.* **1** salto *m,* saltello *m.* **2** (*somersault*) capriola *f.* **3** (*frivolous act*) azione *f* frivola, leggerezza *f.* **4** ⟨*fig*⟩ (*prank*) stravaganza *f,* stramberia *f.* □ *to cut a* ~: **1** saltellare; **2** (*to somersault*) fare una capriola; **3** (*to act frivolously*) agire frivolamente; **4** ⟨*fig*⟩ agire (*o* comportarsi) da sciocco.

caper[2] *s.* ⟨*Bot,Gastr*⟩ cappero *m.*

capercaillie, capercailye [ˌkæpə'keɪljiː], **capercailzie** [–lzi] *s.* ⟨*Ornit*⟩ cedrone *m,* gallo *m* cedrone, urogallo *m.*

Capernaum [kə'pɜː:njəm] *N.pr.* ⟨*Geog*⟩ Cafarnao *f.*

Capetian [kə'piː:ʃən] **I** *a.* ⟨*Stor*⟩ della (*o* relativo alla) dinastia dei Capetingi. **II** *s.* Capetingio *m* (*f* –a).

Capetown, Cape Town ['keɪptaun] *N.pr.* ⟨*Geog*⟩ Città *f* del Capo.

Cape Verde [və:d] *N.pr.* ⟨*Geog*⟩ Capo Verde *m.*

capful ['kæpful] *s.* (*quantity*) cappellata *f.*

capias ['keɪpiəs] *s.* ⟨*Dir*⟩ mandato *m* di cattura.

capillarity [ˌkæpɪ'lærɪti] *s.* capillarità *f* (*anche Fis.*).

capillary [kə'pɪləri] **I** *a.* capillare. **II** *s.* ⟨*Anat*⟩ capillare *m,* vaso *m* capillare. □ ⟨*tecn*⟩ ~ *tube* tubo *m* capillare.

capital[1] ['kæpɪtl] **I** *s.* **1** capitale *f: Cardiff is the* ~ *of Wales* Cardiff è la capitale del Galles. **2** (*capital letter*) maiuscola *f,* lettera *f* maiuscola. **3** ⟨*Econ*⟩ capitale *m.* **4** ⟨*Comm*⟩ (*assets*) attivo *m,* disponibilità *f* finanziaria, capitale *m* netto. **5** ⟨*fig*⟩ risorsa *f,* capitale *m.* **6** (*collett*) (*capitalists*) capitalisti *mpl,* classe *f* capitalista. **II** *a.* **1** ⟨*Econ*⟩ del capitale. **2** (*of a letter*) maiuscolo. **3** (*of a city*) capitale. **4** ⟨*fig*⟩ primario, capitale: *of* ~ *importance* di primaria importanza. **5** ⟨*fig*⟩ (*excellent*) ottimo, eccellente, ⟨*fam*⟩ coi fiocchi: *a* ~ *meal* un pasto coi fiocchi. **6** ⟨*Dir*⟩ capitale: *a* ~ *crime* un delitto capitale. **7** ⟨*fig*⟩ (*fatal*) fatale, funesto. **III** *intz.* benissimo, magnifico. □ ~ *at hand* = *capital* on *hand; called up* ~ capitale richiamato; ~ **expenditure** *account* conto *m* immobilizzazioni; ~ **locked** *up* capitale immobilizzato; ⟨*fig*⟩ *to* **make** ~ (*out*) *of s.th.* fare capitale (*o* tesoro) di qc., trarre vantaggio da qc.; ⟨*Econ*⟩ **movement** *of* ~ movimento *m* di capitali; ~ *on* **hand** dotazione *f* di capitale; (*full*) **paid** *up* ~ capitale interamente versato; ~ *in* **trade** capitale impiegato (*o* investito); ~ *at a* **venture** capitale *m* a fondo perduto.

capital[2] ⟨*Arch*⟩ capitello *m.*

capital| account *s.* **1** ⟨*Econ*⟩ conto *m* capitale. **2** *pl.* ⟨*Comm*⟩ conto *m* di capitale, attivo *m,* disponibilità *f* finanziaria. ~ **accumulation** *s.* accumulazione *f* del capitale. ~ **allowance** *s.* ⟨*Econ*⟩ ammortamento *m* fiscale. ~ **assets** *s.pl.* ⟨*Econ*⟩ capitale *m* fisso. ~ **balance** *s.* capitale *m* netto. ~ **bonus** *s.* dividendo *m.* ~ **budget** *s.* bilancio *m* preventivo degli investimenti. ~ **charges** *s.pl.* spese *fpl* del capitale. ~ **consumption allowance** *s.* ammortamento *m* degli investimenti. ~ **deficit** *s.* disavanzo *m* patrimoniale. ~ **expenditure** *s.* ⟨*Comm*⟩ spese *fpl* in conto capitale. ~ **export** *s.* esportazione *f* di capitali. ~ **gain** *s.* ⟨*Econ*⟩ utile *m* del capitale. ~ **gains** *tax s.* imposta *f* sulle plusvalenze. ~ **goods** *s.pl.* beni *mpl* strumentali. ~ **inflow,** ~ **influx** *s.* afflusso *m* di capitali. ~ **injection** *s.* iniezione *f* di capitali. ~**intensive** *a.* ⟨*Econ*⟩ ad alta intensità di capitale. ~ **investment** *s.* **1** (*money invested*) investimento *m* di capitale. **2** (*money required*) capitale *m* di investimento.

capitalism ['kæpɪtəlɪzəm] *s.* ⟨*Econ,Pol*⟩ capitalismo *m.* **capitalist** [–list] **I** *s.* capitalista *m/f.* **II** *a.* capitalistico: ~ *countries* paesi capitalistici (*o* a regime capitalistico).

capitalist economy *s.* economia *f* capitalista.

capitalistic [ˌkæpɪtə'lɪstɪk] *a.* capitalistico.

capitalization [ˌkæpɪtəlaɪ'zeɪʃən] *s.* **1** ⟨*Econ*⟩ (*stocks, bonds*) azioni *fpl,* capitale *m.* **2** ⟨*Comm*⟩ (*total investment*) capitale *m* complessivo. **3** ⟨*Econ*⟩ (*conversion into stocks*) conversione *f* in azioni. **4** ⟨*Econ*⟩ capitalizzazione *f:* ~ *of interest* capitalizzazione degli interessi. **5** (*of letters*) uso *m* delle maiuscole. □ ~ *of income* capitalizzazione *f* del reddito.

capitalization issue *s.* ⟨*Econ*⟩ emissione *f* di azioni gratuite.

capitalize ['kæpɪtəlaɪz] **I** *v.t.* **1** ⟨*Econ*⟩ capitalizzare. **2** ⟨*Comm*⟩ (*to enter in the books as assets*) registrare nella partita attiva. **3** ⟨*Econ*⟩ (*to supply with capital*) finanziare. **4** ⟨*Econ*⟩ (*to estimate the value of*) valutare, stimare (*o* calcolare) il valore di. **5** (*of letters*) scrivere 'in maiuscolo (*o* con lettere maiuscole). **II** *v.i.* far capitale (*o* tesoro), giovarsi (*on* di), trarre vantaggio (da).

capital| levy *s.* ⟨*Econ*⟩ imposta *f* sul capitale (*o* patrimonio). ~ **loss** *s.* perdita *f* di capitale.

capitally ['kæpɪtli] *avv.* **1** ⟨*Dir*⟩ con la pena capitale (*o* di morte). **2** ⟨*fig*⟩ benissimo, splendidamente, in modo eccellente.

capital| market *s.* ⟨*Econ*⟩ mercato *m* finanziario. ~ **offence** *s.* delitto *m* capitale. ~ **project** *s.* progetto *m* d'investimento. ~ **punishment** *s.* ⟨*Dir*⟩ pena *f* di morte.

~ redemption s. ⟨Econ⟩ rimborso m del capitale. **~ requirements** s.pl. fabbisogno m di capitale. **~ ship** s. ⟨Mar.mil⟩ corazzata f, supercorazzata f.

capitals lock s. fissamaiuscole m.

capital| stock s. ⟨Econ⟩ 1 (total stock) capitale m sociale (o azionario). 2 (par value of capital) valore m azionario alla pari. **~ structure** s. ⟨Econ⟩ struttura f finanziaria. **~ sum** s. ⟨Assic⟩ massimale m. **~ surplus** s. ⟨Econ⟩ eccedenza f di capitale. **~ value** s. ⟨Econ⟩ valore m capitale (o capitalizzato).

capitate ['kæpiteit] a. ⟨Biol⟩ capitato.

capitation [,kæpi'teiʃən] s. **~ capitation tax.**

capitation| grant s. concessione f pro capite. **~ tax** s. imposta f (o tributo m) pro capite, capitazione f.

Capitol ['kæpitl] N.pr. ⟨Stor.rom,SU⟩ Campidoglio m.

Capitoline [kə'pitəlain] I a. capitolino. II N.pr. ⟨Geog⟩ colle m capitolino (a Roma).

capitular [kə'pitjulə] I s. ⟨Rel⟩ 1 (person) membro m del capitolo. 2 pl. (laws of a chapter) leggi fpl (o statuti mpl) del capitolo, capitolari mpl. II a. 1 ⟨Bot⟩ capitato. 2 ⟨Rel⟩ capitolare. **capitulary** [-ri] I a. ⟨Rel⟩ capitolare. II s.pl. ⟨Stor⟩ capitolari mpl.

capitulate [kə'pitjuleit] v.i. 1 ⟨Mil⟩ capitolare, arrendersi. 2 ⟨fig⟩ cedere, arrendersi (to a). **capitulation** [-'leiʃən] s. 1 ⟨Mil⟩ capitolazione f, resa f; (document of surrender) trattato m (o patti mpl) di resa. 2 (list of headings) capitolato m, enumerazione f. 3 ⟨fig⟩ cedimento m, resa f. 4 pl. ⟨ant,Dir⟩ capitolazioni fpl.

capitulum [kə'pitjuləm] s. 1 ⟨Bot⟩ capolino m. 2 ⟨Anat⟩ condilo m.

capless ['kæplis] a. senza berretto, a testa nuda.

Cap'n ['kæpn] accorc. di **captain.**

capon ['keipən] I s. ⟨Zootecn⟩ cappone m. II v. → **caponize.**

caponier [,kæpə'niə] s. ⟨Mil.ant⟩ caponiera f.

caponize ['keipənaiz] v.t. ⟨Zootecn⟩ castrare, accapponare.

capot [kə'pɔt] I s. (in card games) cappotto m. II v.t. (pret., p.p. **capotted** [-id]) fare cappotto a.

capote [kə'pout] s. 1 mantello m con cappuccio. 2 ⟨Aut⟩ capote f, mantice m.

capping ['kæpiŋ] s. 1 ⟨Minier⟩ strato m roccioso. 2 ⟨Arch⟩ capitello m. 3 ⟨Aut⟩ (of a window) cornice f.

cap pistol s. pistola f a capsule.

capric acid ['kæprik] s. ⟨Chim⟩ acido m caprinico (o caprico).

capriccio it. [kæ'pri:tʃou] s. (pl. **-s** [z]/-**cci** [tʃi]) ⟨Mus⟩ capriccio m.

caprice [kə'pri:s] s. 1 capriccio m, grillo m, ghiribizzo m; (of children) capriccio m, bizza f. 2 (sudden change in weather, etc.) mutamento m improvviso, ⟨fam⟩ capriccio m. 3 ⟨Mus⟩ capriccio m.

capricious [kə'priʃəs] a. incostante, instabile, capriccioso: **~ weather** tempo instabile. **capriciousness** [-nis] s. capricciosità f.

Capricorn ['kæprikɔ:n] N.pr. 1 ⟨Astr⟩ Capricorno m. 2 (person) Capricorno m, persona f nata sotto il segno del Capricorno.

caprification [,kəprifi'keiʃən] s. caprificazione f.

caprifig ['kæprifig] s. ⟨Bot⟩ fico m selvatico (o maschile), caprifico m.

caprine ['kæprain] a. ⟨Zool⟩ caprino.

capriole ['kæprioul] I s. capriola f. II v.i. 1 fare capriole (o una capriola). 2 (of a trained horse) eseguire una capriola.

cap rock s. ⟨Geol⟩ cappello m, strato m di copertura, calotta f.

caps. = 1 capital letters lettere maiuscole. 2 ⟨Farm⟩ capsule capsula.

cap screw s. ⟨Mecc⟩ vite f mordente.

capsicum ['kæpsikəm] s. ⟨Bot⟩ capsico m.

capsid ['kæpsid] s. ⟨Biol⟩ capside m.

capsizable ['kæpsaizəbl] a. ⟨mar⟩ ribaltabile. **capsize** [-'saiz] I v.t. capovolgere, ribaltare, rovesciare. II v.i. capovolgersi, ribaltarsi, rovesciarsi, ⟨pop⟩ fare scuffia.

capstan ['kæpstən] s. ⟨Mar⟩ argano m. □ **to man the ~** armare l'argano; **to work the ~** virare l'argano.

capstan lathe s. ⟨Mecc⟩ tornio m a revolver (o tor-

retta).

capstone ['kæpstoun] s. 1 ⟨Arch⟩ chiave f di volta, pietra f di coronamento. 2 ⟨Archeol⟩ (of a dolmen) lastra f di copertura.

capsular ['kæpsjulə] a. capsulare. **capsule** [-sju:l] I s. 1 capsula f (anche Bot.,Biol.,Mot.) 2 ⟨fig⟩ breve riassunto m, sommario m. 3 ⟨Astron⟩ capsula f (spaziale). II v.t. 1 incapsulare. 2 ⟨fig⟩ sintetizzare, riassumere. □ ⟨Astron⟩ **manned orbital ~** capsula f orbitale con equipaggio umano. **capsuliform** [-sju:lifɔ:m] a. capsulare.

Capt. = Captain Capitano (abbr. Cap.).

captain ['kæptin] I s. 1 capo m. 2 ⟨Mil,Aer.mil,Sport⟩ capitano m. 3 ⟨Mar.mil⟩ capitano m di vascello. 4 ⟨Mar⟩ (officer in charge of a ship) comandante m; (in the mercantile marine) capitano m marittimo. 5 ⟨am⟩ (in the police) capitano m; (in the fire department) comandante m di compagnia. 6 ⟨Aer⟩ (pilot) comandante m pilota. 7 ⟨Stor⟩ condottiero m. 8 ⟨am.Pol⟩ funzionario m di partito. 9 (magnate) magnate m, capitano m: a **~ of industry** un magnate dell'industria. 10 ⟨am⟩ (headwaiter) capocameriere m; (bell captain) capofattorino m (d'albergo). II v.t. essere il capitano di, capitanare: **to ~ a football team** capitanare una squadra di calcio. □ ⟨Stor⟩ **~ of fortune** capitano m di ventura; ⟨Mar⟩ **~ of top** capo m coffa. **captaincy** [-si] s. capitanato m.

Captain's biscuit s. ⟨Alim⟩ galletta f di prima qualità.

captainship ['kæptinʃip] s. ⟨Mil⟩ 1 capitanato m. 2 (leadership) arte f di comandare; (of an enterprise) comando m, guida f.

Captain's Register s. ⟨Mar⟩ matricola f generale dei capitani inglesi.

captation [kæp'teiʃən] s. ⟨Dir⟩ captazione f.

caption ['kæpʃən] s. 1 intestazione f, titolo m. 2 ⟨Tip⟩ leggenda f, didascalia f: **the ~ for a photograph** la didascalia di una fotografia. 3 ⟨Cin⟩ didascalia f, sottotitolo m. 4 ⟨Dir⟩ rubrica f. 5 ⟨scozz.Dir⟩ cattura f, arresto m. II v.t. intitolare, mettere (o dare) il titolo a.

caption writer s. ⟨Giorn⟩ titolista m/f.

captious ['kæpʃəs] a. 1 ipercritico, incontentabile, esigente. 2 (sophistical) capzioso, insidioso, sofistico: **~ questions** domande capziose. **captiousness** [-nis] s. capziosità f.

captivate ['kæptiveit] v.t. ⟨fig⟩ attrarre, affascinare, incantare: **he was -d by her smile** fu affascinato dal suo sorriso; (of s.o.'s affection) cattivarsi. **captivating** [-iŋ] a. seducente, cattivante, affascinante. ,**captivation** [-'veiʃən] s. attrazione f, fascino m, seduzione f.

captive ['kæptiv] I s. 1 prigioniero m (f –a). 2 ⟨fig⟩ prigioniero m (f –a), schiavo m (f –a) (to, of di). II a. 1 prigioniero. 2 (caged) in gabbia, in cattività: a **~ bird** un uccello in gabbia; (of herds) nel recinto. 3 ⟨fig⟩ affascinato, attratto, sedotto (to da). 4 (relating to a captive) di un prigioniero. 5 ⟨Comm⟩ sussidiario, ausiliario: **~ industry** industria sussidiaria. 6 ⟨Pol⟩ che subisce (o è sotto) l'influenza di; (of states) satellite. □ ⟨Aer⟩ **~ balloon** pallone m frenato; **to be held ~** essere prigioniero (o in prigionia); **to be taken ~** essere fatto prigioniero. **cap'tivity** [-viti] s. 1 prigionia f, schiavitù f. 2 (being caged) cattività f: **animals living in ~** animali che vivono in cattività. **captor** [-tə] s. chi fa prigioniero, chi cattura.

capture ['kæptʃə] I v.t. 1 far prigioniero, arrestare, catturare. 2 ⟨Mil⟩ conquistare, espugnare, impadronirsi di: **to ~ a strategic position** conquistare una posizione strategica; (to sack) depredare, saccheggiare. 3 ⟨fig⟩ (to get control of) accaparrare, conquistare: **to ~ the market** accaparrare il mercato. 4 ⟨fig⟩ (to attract) attrarre, avvincere, allettare: **to ~ s.o.'s fancy** attrarre la fantasia di qd. 5 (in chess, etc.) mangiare. 6 ⟨Atom,Mar⟩ catturare. II s. 1 cattura f, arresto m. 2 ⟨Mil⟩ presa f, espugnazione f, conquista f; (thing captured) bottino m, preda f di guerra. 3 (captured ship) preda f, nave f catturata. 4 ⟨fig⟩ (gaining control) accaparramento m, conquista f. 5 (in chess, etc.) cattura f. 6 ⟨Atom⟩ cattura f.

capuchin ['kæpjuʃin] s. 1 ⟨Zool⟩ cappuccino m. 2 ⟨Vest⟩ mantello m (da donna) con cappuccio. **Capuchin** s. ⟨Rel⟩ cappuccino m, frate m cappuccino.

capybara [ˌkæpiˈbɑːrə] s. ⟨Zool⟩ capibara m, maiale m d'acqua.

car [kɑː] s. **1** automobile f, macchina f. **2** ⟨am⟩ (tramcar) tram m, vettura f tranviaria. **3** ⟨am.Ferr⟩ carrozza f viaggiatori, vettura f. **4** (of a lift) gabbia f, cabina f. **5** (of a balloon or airship) navicella f. **6** (of a cableway) vagoncino m, cabina f. **7** ⟨Minier⟩ vagoncino m, vagonetto m. **8** (poet) (chariot) carro m, cocchio m.

car. = carat carato.

C.A.R. = ⟨Geog⟩ Central African Republic Repubblica centrafricana.

carabin ['kærəbin], **carabine** [–bain] s. → **carbine**. **ˌcarabiˈneer**, **ˌcarabiˈnier** [–iə] s. → **carbineer**.

caracal ['kærəkæl] s. ⟨Zool⟩ lince f del deserto, caracal m.

car| accessories s.pl. autoaccessori mpl. **~-accessory dealer** s. accessorista m.

caracole ['kærəkoul] **I** s. **1** ⟨Equit⟩ caracollo m. **2** ⟨Arch⟩ scala f a chiocciola. **II** v.i. (pret., p.p. **caracolled** [–d]) ⟨Equit⟩ caracollare.

caracul ['kærəkul] s. **1** (fur) pelliccia f di caracul. **2** ⟨Zool⟩ agnello m caracul, karakul m.

carafe [kəˈrɑːf] s. caraffa f.

caramel ['kærəmel] s. **1** ⟨Dolc⟩ (syrup) caramello m. **2** ⟨Dolc⟩ (sweet) caramella f. **3** (colour) caramello m, color m zucchero bruciato.

caramel custard s. ⟨Dolc⟩ crème m caramel.

caramelize ['kærəmelaiz] v.t. caramellare.

carapace ['kærəpeis] s. ⟨Zool⟩ carapace m.

carat ['kærət] s. carato m: twenty-four ~ gold oro a ventiquattro carati.

caravan ['kærəvæn] **I** s. **1** (of merchants, etc.) carovana f; (of vehicles) fila f, colonna f. **2** (covered vehicle) carro m coperto, carrozzone m: a circus ~ un carrozzone da circo. **3** (trailer) roulotte f. **II** v.i. (pret., p.p. **-nned**/am. **-ned** [–d]) viaggiare (o girare) in roulotte. **caravan(n)er** [–ə] s. **1** carovaniere m. **2** (trailer) roulottista m/f, caravanista m/f. **ˌcaraˈvansary** [–səri], **ˌcaraˈvanserai** [–sərai] s. caravanserraglio m.

caravel ['kærəvel] s. ⟨Mar⟩ caravella f.

caraway ['kærəwei] s. ⟨Bot⟩ carvi m, cumino m dei prati.

caraway| oil s. essenza f di carvi. **~ seed** s. seme m di cumino.

carbarn am. ['kɑːbɑːn] s. deposito m (o garage) per veicoli pubblici.

carbide ['kɑːbaid] s. ⟨Chim⟩ carburo m.

carbine ['kɑːbain] s. ⟨Mil⟩ carabina f. **ˌcarbineer** [–bəˈnir] s. soldato m armato di carabina.

carbohydrate [ˌkɑːbouˈhaidreit] s. ⟨Chim,Alim⟩ carboidrato m.

carbolic [kɑːˈbɔlik] a. ⟨Chim⟩ carbolico, fenico. □ ~ acid acido carbolico (o fenico), fenolo m. **'carbolize** [–bəlaiz] v.t. trattare (o sterilizzare) con acido fenico.

car bomb s. auto f bomba.

carbon ['kɑːbən] **I** s. **1** ⟨Chim⟩ carbonio m. **2** ⟨El⟩ (carbon rod) filo m a carbone; (in batteries) piastra f di carbone. **3** (sheet of carbon paper) foglio m di carta carbone. **4** → **carbon copy**. **II** v.t. rivestire di uno strato di carbonio. **III** v.i. coprirsi di carbonio.

carbonaceous [ˌkɑːbəˈneiʃəs] a. **1** → **carboniferous**. **2** ⟨Chim⟩ carbonioso.

carbonate ['kɑːbəneit] **I** s. ⟨Chim⟩ carbonato m. **II** v.t. **1** trasformare in carbonato. **2** (to gas) impregnare di anidride carbonica, gassare. **3** (fig) animare, dar vita (o brio) a. **carbonated** [–id] a. gassato, impregnato di anidride carbonica: ~ drink bevanda gassata.

carbon| black s. ⟨Chim⟩ nerofumo m (di gas). **~ button** s. ⟨Acu⟩ capsula f a carbone. **~ copy I** s. **1** copia f (con carta) carbone. **2** (fig) copia f esatta. **II** v.t. fare una copia esatta di. **~ cycle** s. **1** ⟨Bot⟩ ciclo m del carbonio. **2** ⟨Fis⟩ ciclo m del carbonio–azoto (o carbonio). **~-date** v.t. datare con il metodo del carbonio 14. **~ deposit** s. deposito m carbonioso. **~ dioxide** s. ⟨Chim⟩ biossido m di carbonio, anidride f carbonica. **~ disulfide** am., **~ disulphide** s. ⟨Chim⟩ solfuro m di carbonio. **~-14 dating** s. datazione f con carbonio 14.

carbonic [kɑːˈbɔnik] a. carbonico.

carbonic| acid s. ⟨Chim⟩ acido m carbonico. **~ acid gas**, **~ anhydride** s. **~ carbon dioxide**.

carboniferous [ˌkɑːbəˈnifərəs] a. ⟨Minier⟩ carbonifero.

Carboniferous I s. ⟨Geol⟩ carbonifero m. **II** a. carbonifero.

carbonisation s. → **carbonization**. **carbonise** v. → **carbonize**.

carbonization [ˌkɑːbənaiˈzeiʃən] s. ⟨Chim⟩ carbonizzazione f. **'carbonize** [–naiz] v.t. **1** carbonizzare. **2** ⟨Met,Mot⟩ → **carburize**.

carbon| lamp s. ⟨El⟩ lampada f ad arco. **~ microphone** s. ⟨Rad⟩ microfono m a carbone. **~ monoxide** s. ⟨Chim⟩ ossido m di carbonio. **~ paper** s. carta f carbone (o copiativa). **~ process** s. ⟨Fot⟩ processo m al carbone. **~ steel** s. acciaio m al carbonio. **~ tetrachloride** s. ⟨Chim⟩ tetracloruro m di carbonio. **~ tissue** s. ⟨Fot⟩ carta f al carbone.

carborundum [ˌkɑːbəˈrʌndəm] s. carborundo m, carburo m di silicio.

carboxyl [kɑːˈbɔksil] s. ⟨Chim⟩ carbossile m. **carboxylation** [–eiʃən] s. ⟨Chim⟩ carbossilazione f.

carboxylic acid [kɑːbɔkˈsilik] s. ⟨Chim⟩ acido m carbossilico.

carboy ['kɑːbɔi] s. ⟨Vetr⟩ damigiana f (per acidi).

car| breaker s. demolitore m di automobili, ⟨fam⟩ sfasciacarrozze m. **~ building industry** s. industria f automobilistica.

carbuncle ['kɑːbʌŋkl] s. **1** ⟨Med⟩ carbonchio m; (pimple) pustola f. **2** ⟨Min⟩ (garnet) granato m. **3** (colour) marrone m rossastro, granato m. **carbuncled** [–d] a. ⟨Med⟩ affetto da carbonchio. **car'buncular** [–kjulə] a. ⟨Med⟩ carbonchioso.

carburant ['kɑːbjurənt] s. → **carburetant**. **carburet** [–ret] v.t. (pret., p.p. **-tted**/am. **-reted** [–tid]) ⟨Chim,Mot⟩ carburare. **carburetant** [–retənt] s. carburante m. **ˌcarburation** [–ˈreiʃən] s. ⟨Chim,Mot⟩ carburazione f. **carburetter**, **carburettor** [–retə] s. carburatore m.

carburization [ˌkɑːbjuraiˈzeiʃən] s. ⟨Met,Mot⟩ carburazione f. **'carburize** [–raiz] v.t. **1** ⟨Met⟩ carburare, cementare (in superficie). **2** ⟨Mot⟩ carburare.

carcanet ['kɑːkənet] s. ⟨ant⟩ monile m.

carcase, carcass ['kɑːkəs] s. **1** (dead body of an animal) carcassa f, carcame m; (skeleton of a dead animal) carcame m. **2** ⟨spreg⟩ (body of a human being) carcassa f, ⟨spreg⟩ pellaccia f. **3** ⟨Macell⟩ carcassa f. **4** (fig) (empty shell) cosa f morta; (of a town) cumulo m di rovine. **5** (framework: of a building) armatura f; (of a ship) ossatura f, scheletro m; (of a wrecked boat) carcame m. **6** ⟨tecn⟩ (of a tyre) carcassa f. □ (fam) to save one's ~ salvare la pelle.

car chassis s. autotelaio m.

carcinogen [kɑːˈsinədʒən] s. ⟨Med⟩ cancerogeno m, sostanza f cancerogena. **carcinogenesis** [–dʒenisis] s. carcinogenesi f. **carcinogenic** [–nəˈdʒenic] a. cancerogeno.

carcinology [kɑːsiˈnɔlədʒi] s. carcinologia f.

carcinoma [ˌkɑːsiˈnəumə] s. (pl. **-s** [z]/**-ta** [tə]) carcinoma m. **carcinomatous** [–ˈnəumətəs] a. carcinomatoso.

car coat s. ⟨Vest⟩ giaccone m.

card[1] [kɑːd] s. **1** biglietto m; (visiting card) biglietto m da visita; (greeting card) biglietto m d'auguri. **2** (of membership) tessera f, tesserino m; (of a filing system) scheda f, cartella f (di schedario). **3** ⟨Post⟩ cartolina f (postale); (illustrated postcard) cartolina f (illustrata). **4** (playing card) carta f da gioco. **5** pl. (game; costr. sing.) carte fpl, partita f a carte: to play –s fare una partita a carte. **6** (fig) carta f (sicura). **7** (programme) programma m: race ~ programma delle corse; (menu) menù m, carta f. **8** (in golf) carta f della segnatura (o del punteggio). **9** ⟨Mar⟩ (of a compass: dial) quadrante m; (compass card) rosa f dei venti. **10** ⟨fam⟩ (amusing person) tipo m ameno, spasso m; (strange person) tipo m strambo, persona f eccentrica. **11** ⟨am.Giorn⟩ annuncio m, avviso m. **II** v.t. **1** scrivere su una scheda (o un biglietto). **2** (to schedule) registrare, schedare. □ ⟨fam⟩ to get one's –s essere licenziato; ⟨fig⟩ house of –s → **card house**; ⟨fam⟩

he is a **knowing** ~ è un tipo che la sa lunga; ⟨*fig*⟩ *to play one's* **last** ~ giocare l'ultima carta; *to leave a* ~ *for s.o.* lasciare il proprio biglietto da visita a qd.; ⟨*fig*⟩ **on** *the* ~*s* probabile, non impossibile; ⟨*fig*⟩ *to* **play** *one's* ~*s* **right** giocare bene le proprie carte; ⟨*fig*⟩ *to* **put** (*all*) *one's* ~*s on the table* mettere le carte in tavola, scoprire le proprie carte; ⟨*fig*⟩ *to* **show** *one's* ~*s* rivelare le proprie intenzioni; ⟨*fig*⟩ *to have a* ~ *up one's* **sleeve** avere un asso nella manica; ⟨*fig*⟩ ~*s and* **spades** vantaggio *m*; ⟨*fig*⟩ *to* **speak** *by the* ~ parlare con precisione (*o* sicurezza); ⟨*fig*⟩ *to* **throw** *up the* ~*s* darsi per vinto, cedere; *the* **winning** ~ la carta vincente (*anche fig.*). *Prov.: lucky at* ~*s, unlucky in love* sfortunato al gioco, fortunato in amore.

card² **I** *s.* ⟨*Tess*⟩ **1** → **carding machine**. **2** (*hand implement*) scardasso *m* (a mano). **II** *v.t.* cardare, scardassare.

Card. = *Cardinal* cardinale (*abbr.* card.).

cardamom ['kɑ:dəməm], **cardamon** [-mən], **cardamum** [-məm] *s.* ⟨*Bot*⟩ cardamomo *m*.

cardan ['kɑ:dæn] *a.* ⟨*tecn*⟩ cardanico.

cardan| **joint** *s.* ⟨*Mecc*⟩ giunto *m* cardanico. ~ **shaft** *s.* albero *m* cardanico (*o* di trasmissione), cardano *m*.

card|board **I** *s.* ⟨*Cart*⟩ cartone *m*. **II** *a.* **1** di cartone: *a* ~ *box* una scatola di cartone. **2** ⟨*fig*⟩ convenzionale, stereotipato. ~**-carrying** *a.* **1** iscritto al partito. **2** ⟨*estens*⟩ devoto (a una causa): *a* ~ *liberal* un liberale devoto. ~**case** *s.* portabiglietti *m* (da visita). ~**castle** *s.* → **card house**. ~ **catalog** *am.*, ~ **catalogue** *s.* ⟨*Bibliot*⟩ catalogo *m* (a schede), schedario *m*.

carded ['kɑ:did] *a.* ⟨*Tess*⟩ cardato. **carder** [-də] *s.* **1** (*worker*) cardatore *m* (*f* –trice). **2** → **carding machine**.

car designer *s.* designer *m/f* di automobili.

card| **file** *s.* → **card catalogue**. ~ **holder** *s.* **1** (*of a political party*) tesserato *m* (*f* –a) (*o* membro) di partito; (*of an organization*) membro *m*, affiliato *m* (*f* –a), socio *m* (*f* –a). **2** (*on a typewriter*) asta *f* reggicarta. ~ **house** *s.* ⟨*fig*⟩ castello *m* di carte, progetto *m* campato in aria.

cardiac ['kɑ:diæk] **I** *a.* (*of the heart*) cardiaco; (*of the cardia*) cardiale. **II** *s.* **1** ⟨*Farm*⟩ cardiotonico *m*, cardiostimolante *m*. **2** ⟨*Med*⟩ cardiaco *m* (*f* –a), cardiopatico *m* (*f* –a).

cardiac| **cycle** *s.* ⟨*Med*⟩ ciclo *m* cardiaco, rivoluzione *f* cardiaca. ~ **massage** *s.* massaggio *m* cardiaco. ~ **monitoring** *s.* monitoraggio *m* cardiaco. ~ **muscle** *s.* ⟨*Anat*⟩ muscolo *m* cardiaco. ~ **neurosis** *s.* ⟨*Med*⟩ nevrosi *f* cardiaca, cardionevrosi *f*.

cardialgia [kɑ:di'ældʒiə] *s.* ⟨*Med*⟩ cardialgia *f*.

cardigan ['kɑ:digən] *s.* ⟨*Vest*⟩ cardigan *m*, golf *m*.

cardinal ['kɑ:dinl] **I** *s.* **1** ⟨*Rel.catt*⟩ cardinale *m*. **2** ⟨*Ornit*⟩ → **cardinal grosbeak**. **3** (*colour*) rosso *m* cardinale, color *m* porpora. **4** ⟨*Vest*⟩ specie di mantellina da donna. **II** *a.* **1** fondamentale, cardinale, capitale: *of* ~ *importance* di capitale importanza; ~ *virtues* virtù cardinali. **2** ⟨*Rel*⟩ cardinalizio. **3** ⟨*Zool,Entom*⟩ del cardine. **cardinalate** [-nəleit] *s.* ⟨*Rel.catt*⟩ cardinalato *m*.

cardinal| **bird** *s.* → **cardinal grosbeak**. ~ **bishop** *s.* ⟨*Rel.catt*⟩ cardinale *m* vescovo. ~ **flower** *s.* ⟨*Bot*⟩ lobelia *f* a fior di cardinale. ~ **grosbeak** *s.* ⟨*Ornit*⟩ cardinale *m* rosso. ~ **number** *s.* numero *m* cardinale. ~ **points** *s.pl.* ⟨*Astr*⟩ punti *mpl* cardinali.

cardinalship ['kɑ:dinlʃip] *s.* → **cardinalate**.

card| **index** **I** *s.* schedario *m*, indice *m* a schede. **II** *v.t.* schedare, catalogare. ~ **index file** *s.* indice *m* a schedario.

carding ['kɑ:diŋ] *s.* ⟨*Tess*⟩ cardatura *f*, scardassatura *f*.

carding machine *s.* ⟨*Tess*⟩ carda *f*, cardatrice *f*.

cardio-active [,kɑ:diɔ'æktiv] *a.* cardiostimolante.

cardiogenic [,kɑ:diɔ'dʒenik] *a.* cardiogenico.

cardiogram ['kɑ:diəgræm] *s.* ⟨*Med*⟩ cardiogramma *m*.

cardiograph [-grɑ:f] *s.* cardiografo *m*. ,**cardiography** [-di'ɔgrəfi] *s.* cardiografia *f*.

cardiologist [,kɑ:di'ɔlədʒist] *s.* ⟨*Med*⟩ cardiologo *m* (*f* –a).

cardiology [-dʒi] *s.* cardiologia *f*.

cardiomegaly [,kɑ:diɔu'megəli] *s.* ⟨*Med*⟩ cardiomegalia *f*.

cardioplegic [,kɑ:diɔ'pli:dʒik] *a.* cardioplegico.

cardiorespiratory [,kɑ:diɔure'spirətəri] *a.* ⟨*Med*⟩ cardio-respiratorio.

cardiospasm [,kɑ:diɔu'spæzm] *s.* ⟨*Med*⟩ cardiospasmo *m*.

cardiotonic [,kɑ:diɔ(u)'tɔnik] **I** *a.* ⟨*Farm*⟩ cardiotonico. **II** *s.* cardiotonico *m*.

cardiovascular [,kɑ:diɔu'væskjulə] *a.* ⟨*Med*⟩ cardiovascolare.

car distributor *s.* concessionario *m* d'auto.

carditis [kɑ:'daitis] *s.* ⟨*Med*⟩ cardite *f*.

cardoon ['kɑ:du:n] *s.* ⟨*Bot*⟩ carciofo *m* selvatico, cardone *m*, cardo *m*.

card| **punch** *s.* ⟨*tecn*⟩ perforatore *m* di schede. ~ **reader** *s.* ⟨*Inform*⟩ lettore *m* di schede perforate. ~ **sharp(er)** *s.* baro *m*. ~**-sharping** *s.* il barare al gioco. ~ **sorter** *s.* ⟨*Inform*⟩ ordinatrice *f* (di schede). ~ **table** *s.* tavolo *m* da gioco. ~ **vote** *s.* ⟨*Pol*⟩ (*in trade unions*) voto *m* per delega (equivalente al numero dei membri rappresentati). ~ **voting** *s.* sistema *m* di votazione mediante delegati.

care [kɛə] **I** *s.* **1** ansietà *f*, affanni *mpl*, preoccupazioni *fpl*, ⟨*fam*⟩ pensieri *mpl*: *the* ~*s of motherhood* le preoccupazioni della maternità. **2** (*attention, solicitude*) attenzione *f*, cura *f*: *he devotes great* ~ *to his work* dedica molta attenzione al suo lavoro. **3** (*protection, charge*) cura *f*, cure *fpl*, protezione *f*, responsabilità *f*: *she left the children in the* ~ *of their grandmother* lasciò i bambini alle cure della nonna. **4** (*temporary keeping*) custodia *f*, mani *fpl*: *our furniture is in the* ~ *of a shipping agent* i nostri mobili sono in custodia presso uno spedizioniere marittimo. **5** (*object of attention, concern*) preoccupazione *f*, cura *f*: *his family is his only* ~ la sua unica cura è la famiglia. **II** *v.i.* **1** preoccuparsi, ⟨*fam*⟩ prendersela (a cuore): *she doesn't* ~ lei non se la prende. **2** (*in negative sentences: to mind*) costr. impers.) importare, tenerci: *I don't* ~ *if he comes* non m'importa che egli venga. **3** (*to look after*) avere (*o* prendersi) cura (*for* di). **4** (*to be fond of*) amare (qc.); (*to like*; costr. impers.) piacere (qc.): *I don't* ~ *much for chocolate* non mi piace molto la cioccolata. **5** (*to wish*) desiderare (qc.), avere voglia (di): *would you* ~ *for a beer?* avresti voglia di una birra?; (*to want*) volere: *would you* ~ *to step in?* si vuol accomodare? □ ⟨*fam*⟩ *I don't* ~ *a* **damn** non me ne importa un bel niente, ⟨*volg*⟩ me ne infischio; *to be* **free** *from* ~ non avere preoccupazioni (*o* pensieri); **handle** *with* ~ ! (*on a package*) fragile!, attenzione!; *I couldn't* ~ **less** = *I don't care a* **damn**; ⟨*Post*⟩ ~ *of* presso; **take** ~! mi raccomando!, sta' attento!, (fa') attenzione!; *take* ~ *not to be late* bada di non fare tardi; *to take* ~ *of*: 1 avere (*o* prendersi) cura di: *to take* ~ *of a patient* prendersi cura di un malato; 2 (*to deal with, attend to*) occuparsi di: *I'll take* ~ *of the bill* mi occuperò del conto; **under** *s.o.'s* ~ sotto la responsabilità di qd.; ⟨*fam*⟩ **who** ~*s?* che importa?, ⟨*volg*⟩ chi se ne infischia (*o* frega)?

careen [kə'ri:n] **I** *v.t.* ⟨*Mar*⟩ **1** abbattere in carena, carenare. **2** (*to cause to heel over*) far sbandare, inclinarsi. **3** ⟨*assol*⟩ carenare una nave. **4** (*of a vehicle: to sway*) sbandare. **II** *s.* ⟨*Mar*⟩ posizione *f* di carenaggio: *on the* ~ in posizione di carenaggio. **careenage** [-dʒ] *s.* ⟨*Mar*⟩ **1** sbandamento *m*, carenaggio *m*. **2** (*place for careening*) bacino *m* (*o* cantiere) di carenaggio. **3** (*expense*) spese *fpl* di carenaggio. **careening** [-iŋ] *s.* ⟨*Mar*⟩ **1** sbandamento *m*. **2** (*repair*) carenaggio *m*.

career [kə'riə] **I** *s.* **1** carriera *f*. **2** (*profession*) carriera *f*, lavoro *m*, mestiere *m*. **3** (*success in an occupation*) successo *m*, posizione *f*, carriera *f*: *to make a* ~ *for o.s.* farsi una posizione, fare carriera, affermarsi. **4** (*full speed*) carriera *f*, corsa *f*, velocità *f*. **II** *a.* di carriera. **III** *v.i.* andare di gran carriera, andare a tutta velocità. □ ~ *in a managerial capacity* carriera *f* direttiva; *in full* ~ di gran carriera; *to stop in mid* ~ fermarsi nel mezzo della corsa; *to take up a* ~ intraprendere una carriera.

career| **advancement** *s.* avanzamento *m* di carriera. ~ **brief** *s.* profilo *m* professionale. ~ **development** *s.* sviluppo *m* di carriera. ~ **diplomat** *s.* diplomatico *m* di carriera. ~ **girl** *s.* ragazza *f* che fa carriera.

careerism [kə'riərizəm] *s.* arrivismo *m*, carrierismo *m*. **careerist** [-rist] *s.* arrivista *m/f*, carrierista *m/f*.

career| **man**, ~ **officer** *am.* *s.* → **career diplomat**.

careers| **advice** *s.* orientamento *m* professionale. ~ **master** *s.* psicotecnico *m*.

carefree ['kɛəfriː] *a.* libero da preoccupazioni, spensierato: *a ~ holiday in the sun* una spensierata vacanza al sole.

careful ['kɛəful] *a.* **1** attento: *be ~!* sta' attento! **2** (*thorough*) diligente, attento, accurato: *a ~ worker* un lavoratore diligente. **3** (*of things: done with accuracy*) accurato, fatto con accuratezza. **4** (*taking good care*) attento (*of, about* a): *to be ~ of one's health* stare attento alla salute. **5** (*mindful, precise*) ordinato, accurato, curato (*in* in): *to be ~ in one's dress* essere curato nel vestire, vestire con accuratezza. □ *be ~ not to do it!* guardati dal farlo!; *to be ~ with one's money* essere parsimonioso. *Prov.: you can't be too ~* la prudenza non è mai troppa.

carefulness [-fəlnis] *s.* **1** cautela *f,* prudenza *f.* **2** (*thoroughness*) accuratezza *f,* diligenza *f,* attenzione *f.*

care-laden *a.* → **careworn.**

careless ['kɛəlis] *a.* **1** trascurato, negligente, disattento, sbadato: *a ~ typist* una dattilografa sbadata. **2** (*of things: inaccurate*) inesatto, impreciso, non accurato. **3** (*heedless*) avventato, sconsiderato, incauto. **4** (*inconsiderate*) incurante (*of, about* di): *~ of other people's feelings* incurante dei sentimenti altrui. **5** (*unstudied*) spontaneo, naturale: *~ beauty* bellezza naturale.

careless driving *s.* ⟨*Dir*⟩ guida *f* imprudente.

carelessness ['kɛəlisnis] *s.* **1** trascuratezza *f,* negligenza *f.* **2** (*imprecision*) imprecisione *f,* inesattezza *f.* **3** (*heedlessness*) avventatezza *f,* sconsideratezza *f.*

caress [kə'res] **I** *v.t.* **1** accarezzare, carezzare. **2** (*to embrace*) abbracciare. **3** (*to kiss*) baciare. **4** (*to fondle*) vezzeggiare, coccolare. **5** ⟨*fig*⟩ sfiorare, accarezzare: *the breeze ~ed the tree-tops* la brezza accarezzava la cima degli alberi. **II** *s.* **1** carezza *f.* **2** (*act of affection*) gesto *m* affettuoso, espressione *f* d'affetto, affettuosità *f.* **3** (*embrace*) abbraccio *m.* **4** (*kiss*) bacio *m.* **caressing** [-iŋ] *a.* carezzevole.

caret ['kærət] *s.* segno *m* di omissione (di una parola in un testo).

caretaker ['kɛəteikə] *s.* **1** custode *m/f,* guardiano *m* (*f* –a), sorvegliante *m/f.* **2** (*janitor*) portinaio *m* (*f* –a).

caretaker government *s.* ⟨*Pol*⟩ governo *m* ⌜di transizione⌝ (*o* provvisorio).

careworn ['kɛəwɔːn] *a.* logorato dalle preoccupazioni.

car|fare *am. s.* prezzo *m* della corsa. **~ ferry** *s.* ⟨*Mar*⟩ nave *f* traghetto, autotraghetto *m.* **~float** *am. s.* ⟨*Mar*⟩ barcone *m* traghetto.

cargo ['kaːgou] **I** *s.* (*pl.* **-es/-s** [z]) ⟨*Mar,Aer*⟩ **1** carico *m.* **2** → **cargo boat. II** *v.t.* ⟨*sl*⟩ caricare.

cargo| boat *s.* ⟨*Mar*⟩ nave *f* mercantile (*o* da carico). **~ hold** *s.* ⟨*Mar*⟩ spazio *m* (utile) di carico. **~ liner** *s.* **1** ⟨*Mar*⟩ nave *f* mercantile di linea. **2** ⟨*Aer*⟩ aereo *m* da carico di linea. **~ service** *s.* servizio *m* su navi da carico. **~ steamer** *s.* ⟨*Mar*⟩ vapore *m* da carico. **~ tank** *s.* ⟨*Mar*⟩ cisterna *f* da carico. **~ terminal** *s.* ⟨*Mar*⟩ terminale *m* di carico.

car hire *s.* autonoleggio.

carhop *am.* ['kaːhɔp] *s.* cameriere *m* (*f* –a) di ristorante drive-in.

Carib ['kærib] *s.* (*pl.* **-s** [z]/*inv.*) **1** car(a)ibo *m* (*f* –a). **2** (*language*) car(a)ibico *m.* ,**Carib'bean** [-iːən] **I** *a.* car(a)ibico. **II** *s.* **1** car(a)ibo *m* (*f* –a). **2** *pl.* (*people*) car(a)ibi *mpl.* **III** *N.pr.* → **Caribbean Sea.**

Caribbean| Islands *N.pr.pl.* ⟨*Geog*⟩ Piccole Antille *fpl.* **~ Sea** *N.pr.* ⟨*Geog*⟩ mar *m* Car(a)ibico, mar ⌜delle Antille⌝ (*o* dei Caraibi).

caribou ['kæribuː] *s.* (*pl.* **-s** [z]/*inv.;* il pl. inv. è usato general. con valore collett.) ⟨*Zool*⟩ caribù *m,* renna *f* dei boschi.

caricaturable [,kærikə'tjuərəbl] *a.* che si presta alla caricatura. '**caricature** [-tjuə] **I** *s.* caricatura *f.* **II** *v.t.* mettere in caricatura, caricaturare. **caricaturist** [-rist] *s.* caricaturista *m/f.*

caries ['kɛəriːz] *s.inv.* ⟨*Med,Bot*⟩ carie *f.*

carillon *fr.* ['kæriljən] *s.* **1** (*set of bells*) carillon *m.* **2** (*melody*) musica *f* (*o* aria) del carillon. **3** (*organ stop*) registro *m* di carillon.

carina [kə'rainə] *s.* (*pl.* **-s** [z]/**-nae** [niː]) ⟨*Anat,Biol*⟩ carena *f.*

carinate ['kærineit], **carinated** [-id] *a.* ⟨*Biol*⟩ carenato.

Carinthia [kə'rinθiə] *N.pr.* ⟨*Geog*⟩ Carinzia *f.* **Carinthian** [-n] **I** *a.* carinziano. **II** *s.* carinziano *m* (*f* –a).

cariogenic [,kɛəriːɔ'dʒenik] *a.* (*producing caries*) cariogeno.

carious ['kɛəriəs] *a.* ⟨*Med*⟩ cariato: *~ tooth* dente cariato.

carking ['kaːkiŋ] *a.* ⟨*poet*⟩ preoccupante, gravoso.

car licence *s.* ⟨*Aut*⟩ permesso *m* (*o* carta *f*) di circolazione, ⟨*fam*⟩ libretto *m* di circolazione.

carline ['kaːlin] *s.* **1** ⟨*Bot*⟩ (*carline thistle*) carlina *f.* **2** ⟨*scozz.spreg*⟩ vecchia *f,* megera *f,* strega *f.*

Carlism ['kaːlizəm] *s.* ⟨*Stor*⟩ carlismo *m.* **Carlist** [-list] *s.* carlista *m/f.*

carload *am.s.* ⟨*Ferr*⟩ carico *m* completo, portata *f.*

Carlovingian [,kaːlo(u)'vindʒiən] *a.* ⟨*Stor*⟩ carolingio.

carman ['kaːmən] *s.irr.* **1** (*driver of a van*) conducente *m,* guidatore *m;* (*of a cart*) carrettiere *m.* **2** ⟨*am*⟩ (*of a streetcar*) conducente *m.*

car market *s.* mercato *m* automobilistico.

Carmelite ['kaːməlait] **I** *s.* ⟨*Rel*⟩ **1** (*friar*) carmelitano *m,* frate *m* carmelitano. **2** (*nun*) carmelitana *f,* suora *f* carmelitana. **II** *a.* carmelitano.

carminative ['kaːminətiv] **I** *s.* ⟨*Farm*⟩ carminativo *m.* **II** *a.* carminativo.

carmine ['kaːmain] **I** *s.* **1** (*colour*) color *m* carminio, carminio *m.* **2** (*crimson pigment*) carminio *m.* **II** *a.* (color) carminio.

carnage ['kaːnidʒ] *s.* carneficina *f,* strage *f,* massacro *m.*

carnal ['kaːnl] *a.* **1** caduco, mondano, temporale. **2** (*sensual*) carnale, sensuale, dei sensi: *~ knowledge* rapporti carnali (*o* sessuali). **carnality** [-'næliti] *s.* **1** sensualità *f,* carnalità *f.* **2** (*worldliness*) mondanità *f.*

carnation [kaː'neiʃən] **I** *s.* **1** ⟨*Bot*⟩ garofano *m.* **2** (*colour pink*) rosa *m;* (*flesh-colour*) rosa *m* carne. **II** *a.* rosa.

carnelian [kaː'niːljən] *s.* ⟨*Min*⟩ corniola *f,* cornalina *f.*

carnet [kaː'nei] *s.* **1** ⟨*Aut*⟩ carnet *m.* **2** ⟨*Aer*⟩ permesso *m* che sostituisce il passaporto.

carnification [,kaːnifi'keiʃən] *s.* ⟨*Med*⟩ carnificazione *f.* '**carnify** [-fai] **I** *v.t.* ⟨*Med*⟩ carnificare. **II** *v.i.* carnificarsi.

carnival ['kaːnivəl] *s.* **1** lunapark *m,* parco *m* dei divertimenti. **2** (*revelry*) festa *f,* baldoria *f,* carnevalata *f.* **3** (*Shrove-tide*) carnevale *m.*

carnivore ['kaːnivɔː] *s.* **1** ⟨*Zool*⟩ carnivoro *m.* **2** ⟨*Bot*⟩ pianta *f* carnivora (*o* insettivora). **car'nivorous** [-vərəs] *a.* ⟨*Zool,Bot*⟩ carnivoro.

carny ['kaːni] *v.t.* ⟨*fam*⟩ adulare, blandire, fare moine a.

carob ['kærəb] *s.* **1** → **carob bean. 2** ⟨*Bot*⟩ → **carob tree.**

carob| bean *s.* (*fruit*) carruba *f,* baccello *m* greco (*o* dolce). **~ tree** *s.* ⟨*Bot*⟩ carrubo *m,* guainella *f.*

carol[1] ['kærəl] *s.* **1** canto *m* di gioia, inno *m.* **2** (*religious song*) inno *m,* canto *m;* (*Christmas carol*) canto *m* di Natale. **3** ⟨*ant.Mus*⟩ carola *f.*

carol[2] *v.* (*pret., p.p.* **carolled**/*am.* **caroled** [-d]) **I** *v.i.* **1** cantare allegramente (*o* gioiosamente). **2** (*to sing carols*) cantare inni. **II** *v.t.* **1** cantare allegramente. **2** (*to praise in song*) celebrare con canti.

Carol *N.pr.* Carola *f.*

caroler *am. s.* → **caroller.**

Caroline ['kærəlain] *N.pr.* Carolina *f.*

Carolingian [,kærə'lindʒiən] **I** *a.* ⟨*Stor*⟩ carolingio. **II** *s.* carolingio *m* (*f* –a).

Carolinian[1] [,kærə'liniən] **I** *a.* ⟨*Geog*⟩ della Carolina. **II** *s.* abitante *m/f* della Carolina.

Carolinian[2] *a./s.* → **Carolingian.**

caroller ['kærələ] *s.* cantore *m* (*f* cantatrice) di inni di Natale.

carom ['kærəm] **I** *s.* **1** (*in billiards*) carambola *f.* **2** (*rebound*) rimbalzo *m.* **II** *v.i.* **1** fare carambola, carambolare. **2** rimbalzare.

carotene ['kærətiːn] *s.* ⟨*Chim*⟩ carotene *m.*

carotid [kə'rɔtid] **I** *s.* ⟨*Anat*⟩ (*carotid artery*) carotide *f,* arteria *f* carotide. **II** *a.* → **carotidal. carotidal** [-l] *a.* carotideo, carotico.

carotin ['kærətin] *s.* → **carotene.**

carousal [kə'rauzəl] *s.* bicchierata *f*, bevuta *f*. **carouse** [-'rauz] **I** *s.* → **carousal**. **II** *v.i.* **1** fare baldoria. **2** (*to drink deeply*) bere smodatamente. **carousel** *s.* → **carrousel**. **carouser** [-zə] *s.* chi fa baldoria.

carp[1] [kɑ:p] *v.i.* **1** cavillare, trovare da ridire (*at, on, about* su). **2** (*to complain*) lamentarsi, lagnarsi (di).

carp[2] *s.* ⟨*Itt*⟩ carpa *f*.

carpal ['kɑ:pəl] *a.* ⟨*Anat*⟩ carpale.

car| park *s.* posteggio *m*, parcheggio *m*. **~-park attendant** *s.* posteggiatore *m*.

Carpathian [kɑ:'peiθiən] *a.* ⟨*Geog*⟩ carpatico. **Carpathians** [–s] *N.pr.pl.* ⟨*Geog*⟩ Carpazi *mpl*, monti *mpl* Carpazi.

carpel ['kɑ:pəl] *s.* ⟨*Bot*⟩ carpello *m*. **carpellary** [–əri] *a.* carpellare.

carpenter ['ka:pintə] **I** *s.* **1** falegname *m*, carpentiere *m*. **2** ⟨*Mar*⟩ maestro *m* d'ascia. **II** *v.i.* fare il carpentiere. **III** *v.t.* fabbricare.

carpenter| ant *s.* ⟨*Entom*⟩ camponoto *m*. **~ bee** *s.* ⟨*Entom*⟩ ape *f* legnaiuola.

carpentry ['ka:pəntri] *s.* **1** (*trade*) carpenteria *f*. **2** (*woodwork*) lavoro *m* di carpenteria, rifiniture *fpl* (*o* elementi *mpl*) in legno.

carper ['ka:pə] *s.* criticone *m* (*f* –a).

carpet ['ka:pit] **I** *s.* **1** tappeto *m*: a Persian ~ un tappeto persiano. **2** ⟨*fig*⟩ tappeto *m*, strato *m*: a ~ of leaves un tappeto di foglie. **3** ⟨*Strad*⟩ manto *m* (*o* superficie *f*) stradale. **4** ⟨*Aer*⟩ dispositivo *m* (*o* sistema) antiradar. **II** *v.t.* **1** coprire con tappeti. **2** ⟨*fig*⟩ rimproverare, riprendere, ⟨*fam*⟩ fare un cicchetto a. □ ⟨*fig*⟩ on the ~ sul tappeto, in discussione; ⟨*fam*⟩ he was called on the ~ for indiscipline si è preso una sgridata (*o* un cicchetto) per indisciplina.

carpet|-bag *s.* borsa *f* (*o* sacca) da viaggio. **~-bagger** *am. s.* **1** candidato *m* non residente nel collegio elettorale. **2** ⟨*Stor.am*⟩ profittatore *m* politico (nordista). **3** (*estens*) avventuriero *m* politico. **~-baggery** *am. s.* opportunismo *m*. **~ beater** *s.* battipanni *m*. **~ bed** *s.* ⟨*Giard*⟩ aiola *f* con fiori a disegno ornamentale. **~ bombing** *s.* ⟨*Mil*⟩ bombardamento *m* a tappeto. **~ dance** *s.* ballo *m* improvvisato, ⟨*fam*⟩ quattro salti *mpl*.

carpeting ['ka:pətiŋ] *s.* stoffa *f* (*o* tessuto *m*) per tappeti.

carpet| knight *s.* ⟨*rar*⟩ **1** eroe *m* da salotto. **2** ⟨*mil*⟩ (*stay-at-home soldier*) imboscato *m*. **~ moth** *s.* ⟨*Entom*⟩ tignola *f* dei tappeti. **~ rod** *s.* asta *f* fermaguida. **~ slippers** *s.pl.* ⟨*Calz*⟩ pantofole *fpl* di stoffa (*o* da camera). **~ sweeper** *s.* spazzola *f* per tappeti, scopatappeti *m*.

carping ['ka:piŋ] **I** *a.* **1** cavilloso, difficile. **2** (*querulous*) lagnoso, lamentoso. **II** *s.* **1** (*act*) lagnanza *f*. **2** (*instance*) lamentela *f*.

carpological [,ka:pə'lɔdʒikl] *a.* ⟨*Bot*⟩ carpologico. **carpologist** [–'pɔlədʒist] *s.* carpologo *m*. **carpology** [–'pɔlədʒi] *s.* carpologia *f*.

car pool *s.* consorzio *m* (*o* pool) automobilistico.

carpophore [,ka:pə'fɔ:] *s.* ⟨*Bot*⟩ **1** carpoforo *m*. **2** (*of mushrooms*) corpo *m* fruttifero.

carport ['ka:pɔ:t] *s.* ⟨*Aut*⟩ tettoia *f* per automobili.

carpus ['ka:pəs] *s.* (*pl.* **-pi** [pai]) ⟨*Anat*⟩ carpo *m*.

carrag(h)een ['kærəgi:n] *s.* ⟨*Bot*⟩ lichene *m* d'Irlanda, carrageen *m*. **carrag(h)enin** [–in] *s.* carragenina *f*.

car| rally *s.* autoraduno *m*. **~ registration book** *s.* ⟨*Aut*⟩ carta *f* di circolazione. **~ registration plate** *s.* targa *f* automobilistica. **~ rental** *s.* autonoleggio *m*. **~ repairs** *s.pl.* autoriparazione *f*.

carriage ['kæridʒ] *s.* **1** carrozza *f*: ~ and pair carrozza (*o* tiro) a due. **2** ⟨*Ferr*⟩ vagone *m*, carrozza *f*, vettura *f* (ferroviaria). **3** (*transporting*) trasporto *m*. **4** ⟨*Comm*⟩ spese *fpl* di trasporto, porto *m*. **5** (*wheeled support*) carrello *m*. **6** (*bearing*) portamento *m*, atteggiamento *m*, contegno *m*: a man of military ~ un uomo dal portamento militare. **7** ⟨*Artigl*⟩ (*gun carriage*) affusto *m* di cannone. **8** ⟨*Edil*⟩ montante *m* della scala. **9** ⟨*tecn*⟩ (*of a lathe*) carrello *m*; (*of a spinning machine*) carro *m*. **10** (*of a typewriter*) carrello *m*. □ ⟨*Comm*⟩ ~ by land trasporto *m* terrestre (*o* via terra); ~ by sea trasporto marittimo. **carriageable** [–əbl] *a.* **1** trasportabile. **2** (*of a*

road) carrozzabile.

carriage| drive *s.* strada *f* privata, viale *m* d'accesso. **~ entrance** *s.* passo *m* carrabile (*o* carraio). **~ forward** *avv.* ⟨*Comm*⟩ porto assegnato. **~ 'free** *avv.* ⟨*Comm*⟩ porto franco (*o* affrancato). **~ inwards** *s.pl.* ⟨*Comm*⟩ spese *fpl* di trasporto per la merce acquistata. **~ lever** *s.* (*of a typewriter*) leva *f* dell'interlinea. **~ note** *s.* ⟨*Comm*⟩ lettera *f* di vettura (*o* porto). **~ outwards** *s.pl.* ⟨*Comm*⟩ spese *fpl* di trasporto per la merce venduta. **~ paid** *avv.* → **carriage free**. **~way** *s.* ⟨*Strad*⟩ strada *f* rotabile; (*lane*) corsia *f*.

carrick| bend ['kærik] *s.* ⟨*Mar*⟩ nodo *m* vaccaio (*o* del vaccaro). **~ bitt** *s.* ⟨*Mar*⟩ sostegno *m* dell'argano.

carrier ['kæriə] *s.* **1** portatore *m* (*f* –trice), latore *m* (*f* –trice). **2** ⟨*am.Post*⟩ postino *m* (*f* –a). **3** ⟨*Mar*⟩ (*aircraft carrier*) nave *f* portaerei, portaerei *f*. **4** (*on a car, etc.*) portabagagli *m*; (*on a bicycle, etc.*) portapacchi *m*. **5** ⟨*Comm*⟩ impresa *f* di trasporti; (*person*) corriere *m*, vettore *m*. **6** → **carrier bag**. **7** ⟨*Mecc*⟩ (*carrying plate*) piastra *f* portante; (*of a lathe*) brida *f*. **8** ⟨*Med*⟩ (*person*) portatore *m* (*f* –trice); (*animal, plant*) veicolo *m*. **9** ⟨*Chim*⟩ veicolo *m*, catalizzatore *m* trasportatore. **10** ⟨*Fis*⟩ elemento *m* portante. **11** ⟨*Rad*⟩ → **carrier wave**. **12** ⟨*Ornit*⟩ → **carrier pigeon**. **13** (*in paint*) base *f*.

carrier| bag *s.* busta *f* (*o* sacco *m*) di carta. **~-borne** *a.* ⟨*Aer.mil*⟩ di base su una portaerei: ~ aircraft aereo di base su una portaerei. **~ frequency** *s.* ⟨*El*⟩ frequenza *f* portante. **~ pigeon** *s.* ⟨*Ornit*⟩ piccione *m* (*o* colombo) viaggiatore. **~ tricycle** *s.* ciclofurgone *m*. **~ wave** *s.* ⟨*Rad*⟩ onda *f* portante, portante *m*.

carrion ['kæriən] **I** *s.* **1** carcame *m*, carogna *f*. **2** ⟨*fig*⟩ marcio *m*, marciume *m*. **II** *a.* **1** necrofago. **2** (*putrid*) putrido, in putrefazione, marcio.

carrion crow *s.* ⟨*Ornit*⟩ cornacchia *f* nera (*o* maggiore).

carrom *s./v.* → **carom**.

carronade [,kærə'neid] *s.* ⟨*Mil.ant*⟩ car(r)onata *f*.

carrot ['kærət] *s.* **1** ⟨*Bot*⟩ carota *f*. **2** *pl.* capelli *mpl* rossi. **3** ⟨*fam*⟩ (*carrot top*) persona *f* dai capelli rossi, ⟨*fam*⟩ pel *m* di carota. **4** ⟨*fig*⟩ (*reward*) ⟨*fam*⟩ zuccherino *m*, ⟨*fam*⟩ carota *f*. **carroty** [–i] *a.* **1** color carota. **2** (*carroty-haired*) dai (*o* con i) capelli rossi.

carrousel [,kærə'sel] *s.* **1** ⟨*am*⟩ carosello *m*, giostra *f*. **2** (*riding exhibition*) carosello *m*.

carry[1] ['kæri] **I** *v.t.* **1** portare, trasportare: the porter carried my bags il facchino portò le mie valigie. **2** (*to wear, have on one*) portare, avere (*o* portare) con sé: he carries a cane porta il bastone; to ~ money with one portare con sé del denaro; (*of clothes*) indossare. **3** (*to contain*) portare, contenere: your car is too small to ~ us all la tua macchina è troppo piccola per portarci tutti. **4** (*to convey*) portare, trasmettere: to ~ a message portare un messaggio. **5** (*to be pregnant with*) aspettare, portare in grembo. **6** ⟨*Mat*⟩ riportare; (*in an addition*) portare, riportare. **7** (*to bear the weight of*) sostenere, sorreggere, portare: concrete pillars ~ the roof il tetto è sostenuto da pilastri di cemento. **8** ⟨*Mus*⟩ (*to sustain a part*) sostenere la parte di, cantare da; (*to play an instrument*) sonare. **9** (*of the body, head*) portare, tenere: to ~ one's head high tenere la testa alta. **10** (*to conduct o.s.*) comportarsi, tenere un contegno: to ~ o.s. with decorum comportarsi dignitosamente. **11** (*to approve*) accogliere, approvare: the motion was carried la mozione fu approvata. **12** (*to gain a majority in*) ottenere (*o* avere) la maggioranza in: to ~ a meeting ottenere la maggioranza in un'assemblea. **13** (*to extend*) portare, estendere: the war was carried into the enemy territory la guerra fu estesa al territorio nemico. **14** (*to continue, prolong*) portare, spingere: to ~ things to extremes spingere le cose all'estremo. **15** (*to win, capture*) conquistare, impadronirsi di. **16** ⟨*Mil*⟩ (*to take by assault*) espugnare, prendere d'assalto. **17** ⟨*Giorn*⟩ riportare, pubblicare: the paper carried a full report of the incident il giornale pubblicò un resoconto completo dell'incidente. **18** ⟨*fig*⟩ (*to sway*) conquistare, trascinare: to ~ the audience conquistare il pubblico. **19** ⟨*fig*⟩ (*to bear the burden of*) reggere, sostenere (il peso di). **20** (*to channel*) convogliare, incanalare: this pipe carries sewage into the river questa tubatura convoglia le acque di scarico nel fiume. **21** ⟨*fig*⟩ (*to involve*) comportare, implicare, avere per (*o* come) conseguenza: *a crime which carries the death penalty* un delitto che comporta la pena di morte. **22** ⟨*Comm*⟩ (*to keep in stock*) tenere, vendere, trattare: *this shop does not ~ that article* questo negozio non tratta quell'articolo. **23** (*of land: to bear as a crop*) produrre. **II** *v.i.* **1** fare da portatore: *the natives will ~ for us* gli indigeni ci faranno da portatori. **2** (*of guns*) avere una portata (*o* gittata) di. **3** (*to be transmitted*) arrivare, giungere: *his voice carried over the lake* la sua voce arrivò oltre il lago. **4** (*of a horse*) avere portamento di testa. **5** ⟨*venat*⟩ (*of a dog*) seguire la traccia. □ *to ~* **along** portar via, trascinare; *to ~* **authority** avere autorità (*o* influenza); *to ~* **away**: 1 portare via (*o* altrove); 2 (*to cause the death of*) causare la morte (di), uccidere, ⟨*fam*⟩ portarsi via; 3 ⟨*fig*⟩ trascinare, (far) entusiasmare, trasportare; 4 ⟨*Mar*⟩ portare via, spazzare (via), strappare (via); 5 ⟨*Mar*⟩ (*of a ship*) perdere il sartiame; *to be carried away* (*by emotion, etc.*) essere trasportato, lasciarsi trascinare (*o* trasportare); *to ~* **back**: 1 riportare, portare indietro; 2 ⟨*fig*⟩ riportare, far ricordare, far riandare: *this tune carries me back to my childhood* questo motivo mi ¯riporta all'infanzia¯ (*o* fa ricordare l'infanzia); 3 ⟨*Econ*⟩ ripartire (su esercizi precedenti); ⟨*fig*⟩ *to ~* **the ball**: 1 assumere (*o* avere) il ruolo principale; 2 assumersi (*o* prendersi) la maggiore responsabilità; ⟨*fig*⟩ *to ~* **everything** (*o* all) **before** *one* avere un completo (*o* pieno) successo; *to ~* **conviction** essere convincente; *to ~* **the day** vincere, avere la meglio, spuntarla; *to ~* **into effect** mettere (*o* porre) in atto (*o* pratica); ⟨*fig*⟩ *to ~* **s.th. too far** passare il segno, passare il (*o* ogni) limite, esagerare; ⟨*fig*⟩ *to* **fetch** *and ~* fare il tirapiedi, essere una persona tuttofare; *to ~* **forward**: 1 portare (*o* mandare) avanti: *to ~ forward a project* mandare avanti un progetto; 2 ⟨*Comm,Econ*⟩ riportare; ⟨*teat*⟩ *to ~* **the house** trascinare (*o* conquistare) il pubblico; ⟨*Econ*⟩ *to ~* **interest** rendere, fruttare; ⟨*Mar*⟩ *to ~* **lee helm** navigare sottovento; *he fled as fast as his* **legs** *could ~ him* scappò a gambe levate; ⟨*fig*⟩ *to ~* **one's liquor** reggere (bene) l'alcol; *to ~* **off**: 1 vincere, ⟨*fam*⟩ portarsi via: *to ~ off the prize* vincere (*o* portarsi via) il premio; 2 (*to succeed in*) compiere, portare a termine, riuscire in: *to ~ off an attempt* riuscire in un tentativo; 3 (*to cause the death of*) portare via, causare la morte di; 4 (*to face out*) affrontare con successo, superare; *to ~* **it off** (*well*) cavarsela ¯con successo¯ (*o* bene); *to ~* **on**: 1 condurre, mandare avanti, dirigere: *to ~ on a business* mandare avanti un'azienda; 2 (*to continue*) continuare, proseguire; 3 ⟨*fam*⟩ (*to behave foolishly*) fare buffonate (*o* stramberie); 4 ⟨*fam*⟩ (*to behave improperly*) comportarsi male; 5 ⟨*fam*⟩ (*to behave agitatedly*) agitarsi, fare storie; 6 ⟨*fam*⟩ (*to flirt*) civettare, flirtare (*with* con); ⟨*scherz*⟩ *~ on* (*with*) *the good work!* bravo!, continua pure così!; *to ~* **out**: 1 eseguire, attuare: *to ~ out an order* eseguire un ordine; 2 (*to accomplish*) portare (*o* condurre) a termine, mandare in porto; *to ~* **over**: 1 (*to postpone*) rimandare, rinviare; 2 ⟨*Comm,Econ*⟩ riportare; *to ~* **one's point** far prevalere ¯il proprio punto di vista¯ (*o* le proprie idee); ⟨*Mar*⟩ *to ~* **sail** spiegare le vele; ⟨*Econ*⟩ *to ~* **stock** riportare titoli, prendere titoli a riporto; ⟨*Mil*⟩ *to ~* **the sword** salutare con la spada; *to ~* **through**: 1 (*to accomplish*) compiere, portare a termine (*o* buon fine); 2 (*to help*) sostenere, aiutare: *the extra money will ~ us through to the end of the month* il denaro in più ci aiuterà ad arrivare alla fine del mese; 3 (*to persist, survive*) continuare, persistere; ⟨*Mar*⟩ *to ~* **weather helm** navigare sopravvento (*o* di bolina); *to ~* **weight**: 1 (*of an argument, etc.*) avere peso, essere convincente; 2 (*of a person*) avere autorità (*o* influenza); 3 ⟨*Sport*⟩ (*of racehorses*) essere (h)andicappato; ⟨*fig*⟩ *to ~* **s.o. with** *one* conquistare (*o* trascinare) qd.

carry² *s.* **1** (*of a gun: range*) portata *f*, gittata *f*. **2** (*in golf: of a ball*) traiettoria *f*. **3** ⟨*am.Mar*⟩ (*portage*) portage *m*. **4** ⟨*Econ*⟩ riporto *m*.

carry-all¹ ['kæriɔ:l] *s.* **1** (*carriage*) giardiniera *f*, giardinetta *f*. **2** ⟨*Aut*⟩ berlina *f* con sedili trasversali.

carry-all² *s.* grossa borsa *f*.

carry|-back *am. s.* ⟨*Econ*⟩ riporto *m* in esercizi precedenti. **~ cot** culla *f* trasportabile, porte–enfant *m*.

~-forward *s.* **1** → **carry-over**. **2** ⟨*Econ*⟩ riporto *m* in conto nuovo.

carrying| agent ['kæriiŋ] *s.* ⟨*Comm*⟩ spedizioniere *m*. **~ capacity** *s.* ⟨*Aer,Mar*⟩ portata *f*. **~ case** *s.* valigetta *f*. **~ charge** *s.* ⟨*Comm*⟩ maggiorazione *f* per pagamento rateale. **~-on** *s.* ⟨*fam*⟩ faccenda *f*, affare *m*. **~ trade** *s.* trasporto *m* di merci.

carry-on I *a.* a mano: *~ luggage* bagaglio a mano. **II** *s.* bagaglio *m* a mano.

carry-over *s.* **1** rimanenza *f*, residuo *m* (anche *Comm*.). **2** (*something extended*) continuazione *f*. **3** ⟨*am.Econ*⟩ riporto *m*.

car|shop *am. s.* ⟨*Ferr*⟩ officina *f* di manutenzione (*o* riparazioni). **~sick** *a.* sofferente di mal d'auto. **~sickness** *s.* mal *m* d'auto.

cart¹ [ka:t] *s.* **1** carro *m*, barroccio *m*. **2** (*light vehicle*) calesse *m*, carrozzino *m*. **3** (*hand vehicle*) carretto *m*, barroccino *m*. □ ⟨*fam*⟩ *to be in the ~* trovarsi nei guai, essere in una posizione difficile; ⟨*fig*⟩ *to put the ~ before the horse* mettere il carro davanti ai buoi.

cart² I *v.t.* trasportare con un carro. **II** *v.i.* andare in calesse. □ ⟨*pop*⟩ *to ~* **about** scarrozzare; ⟨*fam*⟩ *to ~* **off** trascinare, portare via, condurre a forza.

cartage ['ka:tidʒ] *s.* **1** trasporto *m*. **2** (*cost*) spese *fpl* di trasporto.

carte¹ *fr.* [ka:t] *s.* lista *f* delle vivande, menu *m*. □ *à la ~* alla carta.

carte² *s.* ⟨*Sport*⟩ (*in fencing*) quarta *f*.

carte blanche *fr.* ['ka:'blã:nʃ] *s.* (*pl.* **cartes blanches**) carta *f* bianca.

cartel [ka:'tel] *s.* **1** ⟨*Econ*⟩ cartello *m*, consorzio *m*. **2** ⟨*Mil*⟩ convenzione *f* per lo scambio di prigionieri; (*exchange of prisoners*) scambio *m* di prigionieri. **3** ⟨*Pol*⟩ cartello *m*. **4** (*challenge to a duel*) cartello *m* di sfida. □ ⟨*Econ*⟩ *~ of banks* cartello bancario.

car telephone *s.* autotelefono *m*.

cartelize ['ka:təlaiz] **I** *v.t.* cartellizzare. **II** *v.i.* fare un cartello.

carter ['ka:tə] *s.* **1** carrettiere *m*, barrocciaio *m*. **2** (*truck driver*) camionista *m*.

Cartesian [ka:'ti:ʒən] **I** *a.* ⟨*Filos, Mat*⟩ cartesiano. **II** *s.* cartesiano *m* (*f* –a). **Cartesianism** [–izəm] *s.* ⟨*Filos*⟩ cartesianesimo *m*.

cartful ['ka:tful] *s.* carrettata *f*, barrocciata *f*.

Carthage ['ka:θidʒ] *N.pr.* ⟨*Geog*⟩ Cartagine *f*. **,Carthaginian** [–θə'dʒiniən] **I** *a.* cartaginese. **II** *s.* cartaginese *m/f*.

cart-horse ['ka:tho:s] *s.* cavallo *m* da tiro (*o* traino).

Carthusian [ka:'θju:ziən] **I** *s.* ⟨*Rel.catt*⟩ certosino *m*. **II** *a.* certosino.

cartilage ['ka:tilidʒ] *s.* ⟨*Anat*⟩ cartilagine *f*.

cartilaginous [,ka:ti'lædʒinəs] *a.* cartilaginoso, cartilagineo.

cart-load ['ka:tloud] *s.* **1** carrettata *f*, barrocciata *f*. **2** ⟨*fam*⟩ (*great amount*) carrettata *f*, ⟨*fam*⟩ sacco *m*, ⟨*fam*⟩ mucchio *m*.

cartogram ['ka:tougræm] *s.* cartogramma *m*. **cartographer** [ka:'tɔgrəfə] *s.* cartografo *m*. **,cartographical** [–to(u)'græfikl] *a.* cartografico. **cartography** [–fi] *s.* cartografia *f*.

cartomancy ['ka:təmænsi] *s.* ⟨*Occult*⟩ cartomanzia *f*.

carton ['ka:tn] *s.* **1** scatola *f* di cartone, scatolone *m*; (*quantity*) cassetta *f*. **2** (*contents*) scatola *f*, pacco *m*. **3** (*of a target*) centro *m*. □ *a ~ of cigarettes* una stecca di sigarette.

cartoon [ka:'tu:n] **I** *s.* **1** vignetta *f*, disegno *m* umoristico. **2** (*comic strip*) fumetto *m*. **3** ⟨*Art*⟩ cartone *m*. **4** ⟨*Cin*⟩ (*animated cartoon*) disegno *m* (*o* cartone) animato. **5** *pl.* ⟨*Cin*⟩ (*film*) cartoni *mpl* animati. **II** *v.t.* **1** mettere in caricatura, fare un ritratto umoristico di. **2** ⟨*Art*⟩ fare (*o* disegnare) un cartone di. **III** *v.i.* disegnare vignette (*o* cartoni animati). **cartoonist** [–ist] *s.* **1** disegnatore *m* (*f* –trice) di vignette, vignettista *m/f*, caricaturista *m/f*. **2** ⟨*Cin*⟩ cartonista *m*, cartoonist *m*.

cartouche [ka:'tu:ʃ] *s.* **1** ⟨*Arch*⟩ cartiglio *m*, cartoccio *m*. **2** (*on Egyptian monuments*) mandorla *f*. **3** ⟨*Mil*⟩ cartuccia *f*. **4** → **cartridge box**.

cartridge ['ka:tridʒ] *s.* **1** ⟨*Mil,El,tecn*⟩ cartuccia *f*. **2** ⟨*Fot*⟩

caricatore *m.* **3** (*for a recorder*) cartuccia *f,* cassetta *f.*

cartridge| belt *s.* ⟨*Mil*⟩ cartucciera *f,* giberna *f.* **~ box** *s.* cassetta *f* per munizioni. **~ case** *s.* → **cartridge belt.** **~ chamber** *s.* camera *f* di scoppio. **~ clip** *s.* ⟨*Mil*⟩ caricatore *m.* **~-paper** *s.* carta *f* opaca da disegno. **~ pick-up** *s.* ⟨*El*⟩ cartuccia *f* per testina di giradischi. **~ pouch** *s.* → **cartridge belt.**

cart| road, ~ track *s.* strada *f* carreggiabile, carraia *f.*

cartulary [ˈkɑːtjuləri] *s.* cartolario *m,* cartulario *m.*

cart| wheel *s.* **1** ruota *f* di carro. **2** ⟨*Ginn*⟩ ruota *f.* **3** ⟨*sl*⟩ (*large coin*) grossa moneta *f.* **4** ⟨*am.sl*⟩ dollaro *m* d'argento. □ *to turn* –*s* fare capriole (*o* la ruota). **~ wright** *s.* carradore *m,* carraio *m.*

caruncle [kəˈrʌŋkl] *s.* ⟨*Biol,Anat*⟩ caruncola *f.*

carve [kɑːv] **I** *v.t.* **1** (*of stones, etc.*) intagliare, scolpire, incidere. **2** (*to shape by cutting*) scolpire: *to ~ a statue out of marble* scolpire una statua nel marmo. **3** (*to cut, hew out*) tagliare, aprire: *to ~ a path in the bush* aprire un passaggio nella macchia. **4** ⟨*fig*⟩ (spesso con *out*) costruirsi, farsi: *he –d out a name for himself* si fece un nome. **5** (*to cut: into pieces*) trinciare, scalcare: *to ~ a chicken* trinciare un pollo; (*into slices*) affettare. **II** *v.i.* **1** fare l'intagliatore (*o* lo scultore). **2** (*of meat*) fare le parti. □ ⟨*fig*⟩ *to ~ up:* 1 (sud)dividere: *to ~ up an estate* suddividere una proprietà; 2 spartire (specialmente il bottino); 3 ⟨*sl*⟩ accoltellare, sfregiare; *to ~ one's* **way** farsi largo, farsi strada.

carvel [ˈkɑːvəl] *s.* → **caravel.**

carvel|-built, ~-planked *a.* ⟨*Mar*⟩ a comenti appaiati, a paro.

carven [ˈkɑːvən] *a.* ⟨*poet*⟩ scolpito, intagliato, inciso.

carver [ˈkɑːvə] *s.* **1** (*sculptor, etc.*) intagliatore *m,* incisore *m.* **2** ⟨*lett*⟩ (*of meat*) scalco *m.* **3** → **carving knife. 4** *pl.* → **carving set.**

carve-up *s.* ⟨*sl*⟩ imbroglio *m,* truffa *f,* ⟨*volg*⟩ fregatura *f.*

carving [ˈkɑːviŋ] *s.* lavoro *m* d'intaglio, intaglio *m.*

carving| chisel *s.* scalpello *m* da intaglio. **~ fork** *s.* forchetta *f* da scalco. **~ knife** *s.irr.* trinciante *m,* coltello *m* da scalco. **~ set** *s.* servizio *m* di posate per trinciare.

car| wash *s.* autolavaggio *m.* **~ washing service** *s.* autolavaggio *m,* impianto *m* di autolavaggio. **~ worker** *s.* operaio *m* dell'industria automobilistica. **~ wrecker** *s.* demolitore *m* di auto usate, ⟨*fam*⟩ sfasciacarrozze *m.*

caryatid [ˌkæriˈætid] *s.* (*pl.* **-s** [z]/**-ides** [-iːz]) ⟨*Arch,Art*⟩ cariatide *f.*

casaba (melon) [kəˈsɑːbə] *s.* ⟨*Bot*⟩ melone *m* d'inverno.

casbah [ˈkæsbɑː] *s.* casba *f.*

cascade [kæsˈkeid] **I** *s.* **1** cascata *f* (anche El.); (*series of shallow waterfalls*) cascatelle *fpl.* **2** ⟨*fig*⟩ cascata *f,* ondata *f: a ~ of coins* una cascata di monete. **3** (*firework*) cascata *f.* **4** ⟨*Tess,Mod*⟩ (*fall of material*) cascata *f;* (*drapery*) drappeggio *m.* **II** *v.i.* **1** precipitare (*o* venire giù) a cascata. **2** ⟨*fig*⟩ cadere (*o* fluire) con impeto, prorompere.

cascade-connect *v.t.* ⟨*El*⟩ collegare in cascata.

case[1] [keis] *s.* **1** caso *m,* esempio *m: a ~ of great courage* un esempio di grande coraggio. **2** (*actual state of things*) caso *m,* situazione *f: to put the ~ clearly* esporre chiaramente la situazione. **3** (*question*) caso *m,* questione *f,* problema *m: a ~ of conscience* un caso di coscienza. **4** (*of police matters*) caso *m: the police are investigating the ~* la polizia sta indagando sul caso. **5** (*argument*) argomento *m,* motivi *mpl,* ragioni *fpl: to present a strong ~* avere valide ragioni. **6** ⟨*Med,Gramm*⟩ caso *m.* **7** ⟨*Dir*⟩ (*action*) causa *f,* processo *m: the ~ will be tried next month* il processo ˈsarà discussoˈ (*o* si terrà) il mese prossimo; (*set of facts*) argomentazioni *fpl,* prove *fpl.* **8** ⟨*fam*⟩ (*strange person*) tipo *m* strano, (bel) tipo *m,* ⟨*fam*⟩ bell'arnese *m.* □ *in* any ~ ad ogni modo, in ogni caso; *as is the ~* with come nel caso di; *as the ~ may be* a seconda del caso, secondo le circostanze; *such being the ~* stando così le cose; ⟨*Dir*⟩ *a ~ for* **counsel** una consulenza legale; *to be in an* **evil** ~ essere (*o* versare) in cattive acque, essere nei guai; *as is* **generally** *the ~* com'è generalmente il caso, come avviene normalmente; *to be in a* **good** ~ avere delle buone carte in mano; *it is a* **hard** ~

è un caso difficile; ⟨*Dir*⟩ ~ *ready for* **hearing** causa istruita; **hopeless** ~ caso disperato; **in** ~ nel (*o* per il) caso che, caso mai, se: *take an umbrella just in* ~ *it rains* prendi l'ombrello, caso mai piovesse; *in* ~ *that* nel caso che; ⟨*Dir*⟩ *the* ~ *at* **issue** il caso in discussione, la fattispecie; ⟨*Dir*⟩ *a* **legal** ~ un caso giuridico; *to* **make** (*out*) *a* ~ *for* dimostrare la fondatezza (*o* giustezza) di; *in* **most** –*s* in generale, nella maggioranza dei casi; *in* **nine** –*s out of ten* in nove casi su dieci, nove volte su dieci; *in* **no** ~ in nessun caso, per nessuna ragione; *that is* **not** *the* ~ non è così, le cose non stanno così; *in* ~ **of** in caso di; *a* ~ *in* **point** un esempio calzante; **put** *the* ~ *that* metti (il caso) che, ˈponi il casoˈ (*o* supponi) che; **sad** ~ caso pietoso; **should** *that not be the* ~ in caso contrario; *that is the* ~ le cose stanno (proprio) così; *if that is the* ~ se le cose stanno così, stando così le cose; *in that* ~ in tal caso; *in* **this** ~ in questo caso; ⟨*Dir*⟩ *to* **win** *one's* ~ vincere la causa.

case[2] **I** *s.* **1** scatola *f,* contenitore *m;* (*for jewels, instruments, etc.*) astuccio *m,* custodia *f.* **2** (*sheath, covering*) astuccio *m,* busta *f,* guaina *f,* custodia *f: a ~ for spectacles* un astuccio per gli occhiali; (*for a knife, sword, etc.*) guaina ˈf,ˈ fodero *m;* (*of a pistol*) fondina *f.* **3** (*box*) cassa *f,* scatola *f,* scatolone *m,* cassetta *f: a ~ of whisky* una cassa di whisky. **4** (*contents of a box*) cassa *f,* cassetta *f: a ~ of eggs* una cassetta di uova. **5** (*pair, brace*) coppia *f,* paio *m: a ~ of pistols* una coppia di pistole. **6** (*suitcase*) valigia *f.* **7** ⟨*am.sl*⟩ (*dollar*) dollaro *m.* **8** ⟨*Legat*⟩ copertina *f.* **9** ⟨*Tip*⟩ cassa *f* (di caratteri). **10** ⟨*Edil*⟩ (*of a door, window*) intelaiatura *f;* (*of a building*) incassatura *f.* **II** *v.t.* **1** imballare, mettere in casse (*o* cassette). **2** (*to sheathe*) rinfoderare, ringuainare, rimettere nella fondina. **3** (*to cover, protect*) rivestire, ricoprire, proteggere: *–d in steel* rivestito d'acciaio. **4** (*to examine closely*) esaminare a fondo, vagliare. **5** ⟨*am.sl*⟩ (*in planning a crime: to survey*) ispezionare, perlustrare.

case| binding *s.* ⟨*Legat*⟩ copertina *f.* **~book** *s.* **1** ⟨*Med*⟩ schedario *m* dei casi clinici. **2** ⟨*Dir*⟩ raccolta *f* di giurisprudenza. **~-harden** *v.t.* **1** ⟨*Met*⟩ cementare. **2** ⟨*Vetr*⟩ temperare. **3** ⟨*fig*⟩ indurire, rendere insensibile. **~-hardened** *a.* **1** ⟨*Met*⟩ cementato. **2** ⟨*fig*⟩ indurito, insensibile. **3** (*resistant to change*) incallito, inveterato: *a ~ criminal* un delinquente incallito. **~-hardening** *s.* **1** (*of lumber*) cementazione *f* (superficiale). **2** (*carburizing*) carburazione *f.* **~ history** *s.* **1** ⟨*Med,Sociol*⟩ anamnesi *f.* **2** (*typical example*) modello *m,* campione *m.*

casein [ˈkeisiːin] *s.* ⟨*Chim*⟩ caseina *f.* **caseinate** [–eit] *s.* caseinato *m.*

case law *s.* principi *mpl* enunciati in decisioni giudiziarie.

casemate [ˈkeismeit] *s.* **1** ⟨*Mar.mil*⟩ casamatta *f.* **2** ⟨*Mil*⟩ casamatta *f,* bunker *m.*

casement [ˈkeismənt] *s.* **1** ⟨*Edil*⟩ intelaiatura *f* (*o* telaio *m*) di finestra a battenti; (*casement window*) finestra *f* a battenti (*o* cerniera). **2** ⟨*Tess*⟩ (*casement cloth*) stoffa *f* per tendine.

case| record *s.* → **case history. ~ shot** *s.* ⟨*Mil*⟩ mitraglia *f,* shrapnel *m.* **~ study** *s.* ⟨*Sociol*⟩ **1** studio *m* dello sviluppo in relazione all'ambiente. **2** (*case history*) anamnesi *f.* **~ system** *s.* ⟨*Dir*⟩ insegnamento *m* basato sulla casistica giurisprudenziale. **~work** *s.* ⟨*Sociol*⟩ assistenza *f* sociale. **~worker** *s.* ⟨*Sociol*⟩ assistente *m/f* sociale. **~worm** *s.* ⟨*Zool*⟩ larva *f* evoica.

cash[1] [kæʃ] *s.inv.* **1** ⟨*Econ*⟩ denaro *m* contante, contante *m,* contanti *mpl.* **2** ⟨*fam*⟩ (*ready money*) denaro *m* contante, liquido *m,* soldi *mpl: to be short of ~* non avere disponibilità di liquido. □ ⟨*Comm*⟩ *to* **buy** *for* ~ comprare in contanti; ~ *before* **delivery** pagamento anticipato; ~ *on delivery* pagamento *m* ˈalla consegnaˈ (*o* contro assegno); ~ *against* **documents** pagamento *m* contro documenti; ~ **down** in denaro contante, in contanti; ⟨*Comm*⟩ ~ *on* **hand** fondo *m* cassa; ⟨*fam*⟩ ~ *on the* **nail** contanti *mpl* alla consegna; ⟨*Comm*⟩ ~ *with* **order** pagamento *m* all'ordinazione; *to be* **out** *of* (*ready*) ~ essere senza fondi, non avere denaro, ⟨*fam*⟩ essere senza quattrini (*o* soldi); ⟨*Comm*⟩ *to* **pay** *by* (o *for, in*) ~ pagare in contanti.

cash² *v.t.* **1** incassare, riscuotere: *to ~ a cheque* incassare un assegno. **2** (*to give cash for*) pagare, cambiare: *the shopkeeper –ed my cheque* il negoziante mi cambiò l'assegno. □ *to ~* **in**: 1 ⟨*Econ*⟩ convertire; 2 ⟨*am.sl*⟩ (*to die*) morire, ⟨*volg*⟩ tirare le cuoia; ⟨*am.fam*⟩ *to ~* **in on**: 1 fare soldi con: *film producers –ed in on the spy film boom* i produttori fecero soldi con il boom dei film di spionaggio; 2 (*to profit by*) approfittare di, trarre vantaggio da.

cash³ *s.inv.* ⟨*Numism*⟩ moneta *f* cinese (di poco valore).

cashable ['kæʃəbl] *a.* incassabile.

cash| account *s.* conto *m* cassa. **~ adjustment** *s.* conguaglio *m* in contanti. **~ advance** *s.* anticipo *m* in contanti. **~-and-carry** *am. s.* vendita *f* in contanti senza servizio di consegna. **~ assets** *s.pl.* contanti *mpl* in cassa, fondo *m* cassa. **~ audit** *s.* controllo *m* di gestione. **~ balance** *s.* saldo *m* di cassa. **~-book** *s.* libro *m* cassa, giornale *m* di cassa. **~box** *s.* cassetta *f* (a scompartimenti) per denaro. **~ budget** *s.* ⟨*Econ*⟩ preventivo *m* di cassa. **~ capital** *s.* capitale *m* in contanti. **~ credit** *s.* credito *m* di cassa ⌐(o allo scoperto), conto *m* corrente di cassa. **~ crop** *s.* ⟨*Agr*⟩ raccolto *m* commerciale. **~ dealings** *s.pl.* affari *mpl* in contanti. **~ deficit** *s.* disavanzo *m* di cassa. **~ desk** *s.* cassa *f.* **~ discount** *s.* sconto *m* per contanti. **~ dispenser** *s.* cassa *f* automatica (nelle banche). **~ distribution** *s.* → **cash adjustment**. **~ down** *s.* pagamento *m* a pronta cassa. **~ drawing** *s.* prelevamento *m* di cassa.

cashew [kæ'ʃu:] *s.* **1** ⟨*Bot*⟩ anacardio *m,* acagiù *m.* **2** (*cashew nut*) noce *f* (o nocciolina) di acagiù.

cash-flow *s.* ⟨*Econ*⟩ flusso *m* di cassa, cash–flow *m.*

cashier¹ [kæ'ʃiə] *s.* cassiere *m* (*f* –a).

cashier² *v.t.* **1** licenziare. **2** ⟨*Mil*⟩ destituire. **3** ⟨*fig*⟩ scartare.

cashier's| check *am.,* **~ cheque** *s.* ⟨*Econ*⟩ assegno *m* circolare. **~ office** *s.* ufficio *m* cassa, cassa *f.*

cash letter *s.* ⟨*Econ*⟩ distinta *f* di versamento.

cash|-limited *a.* a corto di contanti. **~ management** *s.* gestione *f* di cassa.

cashmere [kæʃ'miə] *s.* ⟨*Tess*⟩ cachemire *m,* cashmere *m.*

cash| note *s.* nota *f* di cassa. **~ office** *s.* ufficio *m* di cassa.

cashomat *am.* ['kæʃəmæt] *s.* → **cash dispenser.**

cash order *s.* buono *m* di acquisto.

cashou [kə'ʃu:] *s.* → **catechu.**

cash| payment *s.* ⟨*Comm*⟩ pagamento *m* in contanti. **~ position** *s.* tesoreria *f.* **~ price** *s.* prezzo *m* per contanti. **~ purchase** *s.* acquisto *m* a pronti. **~ ratio** *s.* ⟨*Econ*⟩ coefficiente *m* (o quoziente) di liquidità. **~ register** *s.* registratore *m* di cassa. **~ reserve** *s.* ⟨*Econ*⟩ riserva *f* monetaria. **~ situation** *s.* situazione *f* di cassa. **~ slip** scontrino *m* di cassa. **~ statement** *s.* ⟨*Econ*⟩ prospetto *m* (o situazione *f*) di cassa. **~ value** *s.* ⟨*Assic*⟩ valore *m* (di riscatto) per contanti. **~ voucher** *s.* scontrino di cassa. **~ warrant** *s.* mandato *m* di riscossione.

casing ['keisiŋ] *s.* **1** custodia *f,* rivestimento *m,* involucro *m.* **2** (*material*) copertura *f,* involucro *m,* fodera *f.* **3** (*of a door, window*) telaio *m.* **4** ⟨*am.Aut*⟩ (*tyre casing*) copertone *m.* **5** ⟨*tecn*⟩ (*framework*) alloggiamento *m,* corpo *m.* **6** ⟨*Alim*⟩ budello *m* per salumi.

casino [kə'si:nou] *s.* (*pl.* **-s** [z]) casinò *m,* casa *f* da gioco.

cask [ka:sk] **I** *s.* barile *m,* botte *f.* **II** *v.t.* mettere in botti, imbarilare.

casket ['ka:skit] *s.* **1** cofanetto *m,* scrigno *m.* **2** ⟨*am*⟩ (*coffin*) bara *f,* feretro *m;* (*urn*) urna *f.*

Caspian ['kæspiən] *a.* ⟨*Geog*⟩ caspico. □ *~ Sea* mar *m* Caspio.

casque [kæsk] *s.* ⟨*Mil.ant*⟩ casco *m,* elmo *m.*

Cassandra [kə'sændrə] *N.pr.* ⟨*Mitol,fig*⟩ Cassandra *f.*

cassation [kæ'seiʃən] *s.* ⟨*Dir*⟩ cassazione *f.*

cassava [kə'sɑ:və] *s.* **1** ⟨*Bot*⟩ (*bitter cassava*) manioca *f,* cassava *f,* tapioca *f.* **2** ⟨*Bot*⟩ (*sweet cassava*) specie di manihot. **3** ⟨*Alim*⟩ (*starch*) fecola *f* di manioca; (*bread*) pane *m* di manioca.

casserole ['kæsəroul] *s.* **1** casseruola *f,* tegame *m.* **2** ⟨*Gastr*⟩ sformato *m* (servito in casseruola).

cassette [kæ'set] *s.* **1** ⟨*Fot*⟩ caricatore *m.* **2** (*for a recorder*) cassetta *f.*

cassette| case *s.* portacassette *m.* **~ deck** *s.* piastra *f* di registrazione. **~ head cleaner** *s.* cassetta *f* puliscitestine. **~ recorder** *s.* registratore *m* a cassetta.

cassia ['kæsiə] *s.* ⟨*Bot*⟩ cassia *f.*

cassia bark *s.* ⟨*Bot*⟩ cannella *f* cinese.

cassock ['kæsək] *s.* ⟨*Rel*⟩ abito *m* (o veste *f*) talare, tonaca *f.*

cassolette [ˌkæso(u)'let] *s.* incensiere *m,* turibolo *m.*

cassowary ['kæsəweəri] *s.* ⟨*Ornit*⟩ casuario *m* dell'elmo.

cast¹ [kɑ:st] *v.* (*pret., p.p.* **cast**) **I** *v.t.* **1** gettare, buttare: *to ~ dice* gettare i dadi. **2** (*of the eye, etc.*) lanciare; gettare: *to ~ a glance at s.th.* gettare un'occhiata a qc. **3** (*to put forth*) gettare, dare, emettere: *the candle ~ a dim light* la candela dava una luce fioca. **4** (*to lose, discard*) perdere, lasciar cadere: *the horse has ~ a shoe* il cavallo ha perduto un ferro. **5** (*to shed: of animals*) mutare, cambiare: *snakes ~ their skins* i serpenti mutano la pelle; (*of fruit, leaves*) lasciar cadere, perdere. **6** (*of a ballot, vote*) votare, dare il voto a. **7** (*to throw by force*) buttare, scaraventare: *to ~ s.o. into prison* gettare qd. in prigione. **8** (*to throw down*) atterrare, gettare a terra, abbattere. **9** (*to arrange, plan*) preparare, fare i piani di (o per): *the book was ~ in the form of a dialogue* il libro fu preparato sotto forma di dialogo. **10** ⟨*Pesc*⟩ (*of a fishing line, etc.*) gettare, lanciare; (*of a river*) pescare (o gettare l'amo). **11** ⟨*Zootecn*⟩ partorire prematuramente. **12** ⟨*Teat,Cin*⟩ (*of a film, play*) scegliere gli attori per; (*to assign to a role*) scegliere, scritturare: *to be ~ as Hamlet* essere scritturato per la parte di Amleto; (*to allot a role*) assegnare, distribuire, dare: *to ~ the leading part* assegnare la parte principale. **13** ⟨*Met,Scult*⟩ fondere, gettare: *to ~ a statue in bronze* fondere una statua in bronzo; (*of metal, etc.*) fondere. **14** (*to calculate, add*) addizionare, calcolare, sommare. **15** ⟨*Mar*⟩ mollare di poppa, virare di bordo. **16** ⟨*Lav.femm*⟩ gettare: *to ~ a stitch* gettare una maglia. **17** ⟨*Venat*⟩ (*of a dog*) mettere sulle tracce di. **II** *v.i.* **1** gettare. **2** ⟨*Pesc*⟩ gettare (o buttare) l'esca. **3** ⟨*Teat,Cin*⟩ assegnare le parti. **4** ⟨*Met,Scult*⟩ fondere. □ *to ~* **about**: 1 cercare (*for s.th.* qc.), andare in cerca (di), guardarsi intorno (per); 2 ⟨*Mar*⟩ (*to go about*) navigare senza una meta precisa; 3 (*to devise*) escogitare, progettare: *to ~ about how to do s.th.* escogitare il modo di fare qc.; ⟨*Mar*⟩ *to ~* **anchor** gettare l'ancora; *to ~* **aside** scartare; *to ~* **away** gettare via; *to be ~ away* far naufragio; *to ~* **back** (*to revert to*) rifarsi, ritornare (*to* a); *to ~ the* **blame** *on s.o.* dare la colpa a qd.; *to ~* **doubts** *on s.th.* mettere (o porre) in dubbio qc.; *to ~* **down**: 1 abbassare, umiliare; 2 (*to depress in spirit*) abbattere; ⟨*fig*⟩ *to ~ an* **eye** *at* (o *over*) *s.th.* gettare l'occhio su qc.; *to ~ a* **horoscope** fare un oroscopo, trarre l'oroscopo; ⟨*Mar*⟩ *to ~ the* **lead** gettare lo scandaglio; ⟨*fig*⟩ *to ~* (*new*) **light** *on s.th.* gettare (nuova) luce su qc.; *to ~* **loose** *from* liberarsi (o staccarsi) da; *to ~ one's* **lot** *with s.o.* legare (o unire) la propria sorte a quella di qd.; *to ~* **lots** tirare (o estrarre) a sorte; *to ~* **off**: 1 smettere, scartare, buttare via: *to ~ off one's old clothes* buttare via i vestiti vecchi; 2 ⟨*Mar*⟩ disormeggiare, mollare; 3 ⟨*Tip*⟩ calcolare (in base al manoscritto) le pagine di stampa; 4 ⟨*Lav.femm*⟩ fermare, chiudere; ⟨*Tess,Lav.femm*⟩ *to ~* **on** avviare; *to ~* **out** scacciare, buttare fuori; ⟨*Met*⟩ *to ~* **soft** produrre ghisa a basso tenore di carbonio; *to ~ a* **spell** *on s.o.* ammaliare (o stregare) qd.; *to ~ s.th. in s.o.'s* **teeth** rinfacciare (o gettare in faccia) qc. a qd.; *to ~* **up**: 1 addizionare, sommare; 2 (*to reproach*) riprendere, rimproverare; 3 (*to vomit*) rimettere, ⟨*fam*⟩ vomitare; ⟨*Met*⟩ *to ~* **white** fondere ghisa bianca. *Prov.: ~ not a clout till May be out* aprile non ti scoprire.

cast² *s.* **1** lancio *m,* tiro *m.* **2** (*distance*) tiro *m.* **3** (*of dice: a throw*) lancio *m,* tiro *m;* (*number thrown*) numero *m* estratto. **4** ⟨*Pesc*⟩ lancio *m,* getto *m.* **5** ⟨*fig*⟩ (*stroke of fortune*) colpo *m.* **6** ⟨*Teat,Cin*⟩ complesso *m* di attori, cast *m: an all–star ~* un complesso di attori ⌐di primo piano⌐ (o famosi). **7** (*form, arrangement*) forma *f,* stesura *f.* **8** ⟨*Met,Scult*⟩ (*act*) getto *m,* fusione *f;* (*quantity*) colata *f,* gettata *f;* (*impression, mould*) forma *f,* stampo *m.* **9** ⟨*Med*⟩ ingessatura *f.* **10** (*shape*) forma *f: the irregular ~ of her nose* la forma irregolare del suo naso. **11** (*sort*) tipo *m*, genere *m*, qualità *f*, stampo *m*. **12** (*bent*) tendenza *f*, inclinazione *f*: *an artist of futuristic* ~ un artista di tendenze futuriste. **13** (*of the eye: glance*) occhiata *f*; (*expression*) espressione *f*; (*strabismus*) strabismo *m*. **14** (*hue*) sfumatura *f*, colore *m*. **15** (*addition*) calcolo *m*, addizione *f*. **16** ⟨*Zool,Ornit*⟩ muta *f*. **17** ⟨*Ornit*⟩ (*pellet*) pallottola *f*.

Castalia [kæsˈteiljə] *N.pr.* ⟨*Mitol*⟩ Castalia *f*. **Castalian** [-n] *a*. castalio.

castanets [ˌkæstəˈnets] *s.pl.* nacchere *fpl*, castagnette *fpl*.

castaway [ˈkɑːstəwei] **I** *s*. **1** ⟨*Mar*⟩ naufrago *m*. **2** (*something thrown away*) scarto *m*, rifiuto *m*. **3** (*fig*) (*outcast*) reietto *m*, reprobo *m*. **II** *a*. **1** (*shipwrecked*) naufragato, che ha fatto naufragio. **2** (*thrown away*) scartato, gettato (*o* buttato) via.

caste [kɑːst] *s*. **1** casta *f*: *high* ~ alta casta. **2** (*social position*) privilegio *m* (*o* posizione *f*) sociale: *to lose* ~ perdere la propria posizione sociale; (*prestige*) prestigio *m*.

castellan [ˈkæstələn] *s*. castellano *m* (*f* –a).

castellated [ˈkæstəleitid] *a*. **1** ⟨*Arch*⟩ castellato. **2** (*furnished with battlements*) turrito. **3** (*having many castles*) ricco di castelli.

caster [ˈkɑːstə] *s*. **1** ⟨*Met*⟩ fonditore *m*, modellatore *m*. **2** → **castor²**.

caster| action *s*. ⟨*Aut*⟩ reversibilità *f*. **~ sugar** *s*. → **castor sugar**.

castigate [ˈkæstigeit] *v.t*. **1** castigare, punire. **2** (*to criticize*) censurare, giudicare severamente, criticare. **3** (*of a literary text*) correggere, emendare. **castigation** [-ˈgeiʃən] *s*. **1** castigo *m*, punizione *f*. **2** (*criticism*) critica *f*, censura *f*. **3** (*of a literary text*) correzione *f*. **castigator** [-ə] *s*. castigatore *m* (*f* –trice). **castigatory** [-əri] *a*. punitivo.

Castile [kæsˈtiːl] **I** *N.pr.* ⟨*Geog*⟩ Castiglia *f*. **II** *s*. → **castile soap**.

castile soap *s*. tipo di sapone all'olio d'oliva.

Castilian [kæsˈtiliən] **I** *s*. **1** (*dialect*) castigliano *m*. **2** (*native*) castigliano *m* (*f* –a). **II** *a*. castigliano.

casting [ˈkɑːstiŋ] *s*. **1** ⟨*Met*⟩ getto *m*, fusione *f*, colata *f*; (*object cast*) pezzo *m* fuso. **2** ⟨*Teat,Cin*⟩ assegnazione *f* delle parti. **3** ⟨*Pesc*⟩ lancio *m* della lenza.

casting vote *s*. voto *m* decisivo.

cast|-iron *a*. **1** ⟨*Met*⟩ di ghisa. **2** ⟨*fig*⟩ (*inflexible*) duro, rigido, inflessibile, ferreo: ~ *will* volontà ferrea; (*strong*) di ferro (*o* acciaio): *a* ~ *constitution* una costituzione di ferro. **~ iron** *s*. ⟨*Met*⟩ ghisa *f*. □ *machinable* (o *soft*) ~ ghisa *f* dolce.

castle [ˈkɑːsl] **I** *s*. **1** castello *m* (*anche fig*.). **2** (*in chess*) torre *f*. **II** *v.t*. (*in chess*) arroccare. **III** *v.i*. arroccarsi. □ ⟨*fig*⟩ *to build –s in* ⎡*the air*⎤ (o *Spain*) fare castelli in aria; ⟨*fig*⟩ *an Englishman's home is his* ~ la casa di un inglese è il suo castello.

castle builder *s*. ⟨*fig*⟩ sognatore *m* (*f* –trice), chi fa castelli in aria.

castled [ˈkɑːsld] *a*. **1** munito di castello. **2** ⟨*Arch*⟩ turrito, merlato.

cast net *s*. ⟨*Pesc*⟩ giacchio *m*.

castoff [ˈkɑːstɔf] *s*. ⟨*Tip*⟩ valutazione *f* dello spazio occupato dalla composizione.

cast-off I *a*. scartato, smesso: ~ *clothing* abiti smessi. **II** *s*. **1** (*person*) ripudiato *m* (*f* –a), reietto *m* (*f* –a). **2** (*garment*) abito *m* smesso; (*object*) scarto *m*.

castor¹ [ˈkɑːstə] *s*. **1** → **castoreum**. **2** (*hat*) berretto *m* di castoro.

castor² *s*. **1** (*for furniture, etc.*) rotella *f*. **2** (*bottle, cruet*) ampolla *f*. **3** *pl*. (*cruet stand*) ampolliera *f*.

Castor *N.pr.* ⟨*Astr,Mitol*⟩ Castore *m*.

castor bean *s*. **1** seme *m* di ricino. **2** → **castor–oil plant**.

castoreum [kæsˈtɔːriəm] *s*. ⟨*Farm,Cosmet*⟩ castoreo *m*.

castor|-oil *s*. ⟨*Farm*⟩ olio *m* di ricino. **~-oil plant** *s*. ⟨*Bot*⟩ ricino *m*. **~ sugar** *s*. zucchero *m* raffinato.

castrate [kæsˈtreit] *v.t*. **1** castrare, evirare. **2** ⟨*fig*⟩ (*of a book, etc.*) mutilare, espurgare. **castration** [-ˈtreiʃən] *s*. **1** castrazione *f*, evirazione *f*. **2** ⟨*fig*⟩ (*of a book, etc.*) mutilazione *f*, taglio *m*.

Castroism [ˈkæstroizəm] *s*. ⟨*Pol*⟩ castrismo *m*. **Castroite** [-roait] *s*. castrista *m/f*.

cast steel *s*. ⟨*Met*⟩ acciaio *m* fuso (*o* in getti).

casual [ˈkæʒuəl] **I** *a*. **1** casuale, accidentale, fortuito: *a* ~ *meeting* un incontro fortuito. **2** (*off-hand, not serious*) superficiale, poco impegnativo: *a* ~ *love-affair* una relazione poco impegnativa. **3** (*unconcerned*) noncurante, indifferente. **4** (*informal*) disinvolto, spontaneo. **5** (*of clothes*) sportivo, semplice, pratico. **6** (*occasional*) occasionale, saltuario: ~ *work* lavoro saltuario; (*of a workman*) avventizio, occasionale. **II** *s*. **1** (*workman*) avventizio *m*. **2** (*one who occasionally receives charity*) povero *m* assistito saltuariamente. **3** *pl*. ⟨*Calz*⟩ scarpe *fpl* sportive. **4** ⟨*Mod*⟩ casual *m*.

casualism [ˈkæʒuəlizəm] *s*. ⟨*Filos*⟩ casualismo *m*. **casualist** [-list] *s*. casualista *m/f*.

casual labourer *s*. bracciante *m* a giornata.

casually [ˈkæʒuəli] *avv*. **1** con semplicità, con naturalezza. **2** (*indifferently*) con indifferenza. **3** (*off-handedly*) con disinvoltura, con noncuranza. **casualness** [-lnis] *s*. naturalezza *f*.

casualty [ˈkæʒuəlti] *s*. **1** ⟨*Mil*⟩ (*dead*) morto *m*; (*wounded*) ferito *m*. **2** *pl*. (*losses*) perdite *fpl*. **3** (*one injured or killed*) vittima *f*: *the flood caused several casualties* l'inondazione ha fatto molte vittime. **4** (*accident*) incidente *m*, infortunio *m*.

casualty| insurance *am. s*. ⟨*Assic*⟩ assicurazione *f* contro gli infortuni. **~ list** *s*. lista *f* (*o* elenco *m*) delle vittime. **~ ward** *s*. (*first–aid station*) pronto soccorso *m*.

casual worker *s*. lavoratore *m* saltuario.

casuist [ˈkæʒuist] *s*. **1** ⟨*Teol*⟩ casista *m/f*, casuista *m/f*. **2** (*sophist*) casista *m/f*, sofista *m/f*, cavillatore *m* (*f* –trice). **,casu'istic** [-ik] *a*. **1** ⟨*Teol*⟩ casistico. **2** (*sophistic*) sofistico, cavilloso. **casuistry** [-ri] *s*. **1** ⟨*Teol*⟩ casistica *f*. **2** (*spreg*) cavillo *m*, ragionamento *m* capzioso (*o* specioso).

cat¹ [kæt] *s*. **1** gatto *m*. **2** ⟨*Zool*⟩ felino *m*. **3** (*spiteful woman*) maliziosa *f*. **4** ⟨*sl*⟩ (*chap*) tizio *m*, tipo *m*. **5** (*jazz fan*) fanatico *m* del jazz. **6** → **cat-o'nine-tails**. **7** (*tipcat*) lippa *f*; (*stick*) bastoncino *m* per giocare alla lippa. **8** → **catboat**. **9** → **catfish**. **10** ⟨*Mar*⟩ capone *m*. **11** (*double tripod*) doppio tripode *m*. □ ⟨*fig*⟩ *to bell the* ~ intraprendere (*o* tentare) un'impresa pericolosa; *to be* (o *jump around*) *like a* ~ *on hot* **bricks** stare ⎡sulle spine⎤ (*o* sui carboni accesi); *to grin like a* **Cheshire** ~ sorridere scioccamente (*o* in modo stereotipato); ⟨*fig*⟩ *to rain –s and* **dogs** piovere a catinelle (*o* dirotto); ⟨*fig*⟩ *to wait* ⎡*for the* ~ *to* **jump**⎤ (*o* to see which way the cat jumps) vedere (*o* stare a guardare) da che parte tira il vento; ⟨*fig*⟩ *to make a* ~ **laugh** fare ridere i polli; ⟨*fig*⟩ *to let the* ~ *out of the bag* lasciarsi sfuggire un segreto; *to have a* ~'s *lick* lavarsi come i gatti; ~ *and* **mouse** (*children's game*) guardie *fpl* e ladri; ⟨*fig*⟩ *to play* ~ *and mouse with s.o.*: **1** giocare con qd. come il gatto con il topo; **2** (*to outwit*) farla in barba a qd.; ⟨*fam*⟩ *the* ~'s *pyjamas* la cosa migliore; ⟨*fam*⟩ *there's not enough room to* **swing** *a* ~ non c'è spazio nemmeno per muoversi (*o* muovere un dito); *the* ~'s *whiskers = the cat's* **pyjamas**. *Prov.: when the* ~'s *away the mice will play* quando il gatto manca, i topi ballano; *a* ~ *may look at a king* anche un gatto può guardare un re.

cat² *v*. (*pret., p.p.* 'catted [-id]) **I** *v.t*. **1** frustare, fustigare. **2** ⟨*Mar*⟩ caponare l'ancora. **II** *v.i*. ⟨*sl*⟩ rigettare, ⟨*fam*⟩ vomitare.

cat. = **1** *catalogue* catalogo. **2** *catechism* catechismo.

CAT = ⟨*Med*⟩ *Computerized Axial Tomography* tomografia assiale computerizzata (*abbr.* TAC).

catabolic [ˌkætəˈbɔlik] *a*. ⟨*Biol*⟩ catabolico. **catabolism** [kəˈtæbəlizəm] *s*. catabolismo *m*. **catabolite** [-lait] *s*. ⟨*Biol*⟩ catabolita *m*.

catachresis [ˌkætəˈkriːsis] *s*. (*pl.* **-ses** [siːz]) ⟨*Ret*⟩ catacresi *f*.

cataclysm [ˈkætəklizəm] *s*. **1** ⟨*Geol*⟩ cataclisma *m*. **2** ⟨*fig*⟩ cataclisma *m*, sconvolgimento *m*, disastro *m*. **,cata'clysmal** [-zməl], **,cata'clysmic** [-zmik] *a*. di un cataclisma, disastroso.

catacomb [ˈkætəkəum] *s*. catacomba *f*. **Catacombs** [-z] *s.pl.* Catacombe *fpl.*

catacoustics [‚kætə'ku:stiks] *s.pl.* (costr. sing.) ⟨*Fis*⟩ catacustica *f.*

catafalque ['kætəfælk] *s.* catafalco *m.*

Catalan ['kætələn] **I** *s.* **1** catalano *m* (*f* –a). **2** (*language*) catalano *m.* **II** *a.* catalano.

catalectic [‚kætə'lektik] *a.* ⟨*Metr*⟩ catalettico.

catalepsis [‚kætə'lepsis], **'catalepsy** [–si] *s.* ⟨*Med,Filos*⟩ catalessi *f,* catalessia *f.* **cataleptic** [–ptik] *a.* ⟨*Med*⟩ catalettico.

catalog *am. s./v.* → **catalogue. cataloger** *am. s.* → **cataloguer.**

catalogue ['kætələg] **I** *s.* **1** catalogo *m.* **2** ⟨*fig*⟩ elenco *m,* serie *f.* **II** *v.t.* catalogare. **cataloguer** [–ə] *s.* catalogatore *m* (*f* –trice), cataloghista *m/f.*

catalogue sale *s.* ⟨*Comm*⟩ vendita *f* su catalogo.

Catalonia [‚kætə'lounje] *N.pr.* ⟨*Geog*⟩ Catalogna *f.*

catalpa [kə'tælpə] *s.* ⟨*Bot*⟩ catalpa *f.*

catalysis [kə'tælisis] *s.* (*pl.* -ses [si:z]) ⟨*Chim*⟩ catalisi *f.*

catalyst ['kætəlist] *s.* ⟨*Chim*⟩ catalizzatore *m.* ‚**catalytic** [–'litik], ‚**catalytical** [–'litikl] *a.* catalitico. **catalyze** [–laiz] *v.t.* catalizzare.

catamaran [‚kætəmə'ræn] *s.* **1** (*float*) zattera *f.* **2** (*boat with twin hulls*) catamarano *m.* **3** ⟨*fam*⟩ (*shrew*) bisbetica *f,* attaccabrighe *f.*

catamount *am.* ['kætəmaunt] *s.* ⟨*Zool*⟩ **1** (*cougar*) coguaro *m,* puma *m.* **2** (*lynx*) lince *f* comune. **3** → **catamountain.**

catamountain [‚kætə'mauntin] *s.* ⟨*Zool*⟩ **1** (*wildcat*) gatto *m* selvatico. **2** (*leopard*) leopardo *m.*

'cat-and|-'dog *a.* **1** come cane e gatto, litigioso. **2** (*of a fight*) feroce, rabbioso. **3** ⟨*sl*⟩ (*of a security*) speculativo. **'~-'mouse** *a.* straziante, tormentoso.

cataplasm ['kætəplæzm] *s.* cataplasma *m.*

cataplexy ['kætəpleksi] *s.* cataplessia *f.*

catapult ['kætəpʌlt] **I** *s.* **1** ⟨*Mil.ant,Aer*⟩ catapulta *f.* **2** (*sling*) fionda *f,* frombola *f.* **II** *v.t.* **1** catapultare, scagliare. **2** ⟨*fig*⟩ lanciare, catapultare: *to* ~ *s.o. to fame* catapultare qd. verso la fama. **3** ⟨*Aer*⟩ catapultare, lanciare. **III** *v.i.* **1** essere (*o* venire) catapultato (*o* scagliato). **2** ⟨*fig*⟩ scaraventarsi, lanciarsi, scagliarsi.

cataract ['kætərækt] *s.* **1** (*waterfall*) cascata *f;* (*rapids*) cateratta *f.* **2** (*deluge*) pioggia *f* torrenziale, diluvio *m.* **3** ⟨*fig*⟩ diluvio *m: a* ~ *of words* un diluvio di parole. **4** ⟨*Med*⟩ cataratta *f,* cateratta *f.*

catarrh [kə'tɑ:] *s.* ⟨*Med*⟩ catarro *m.* **catarrhal** [–rəl] *a.* catarrale.

catarrhine [‚kætə'rain] **I** *a.* ⟨*Zool*⟩ dei catarrini. **II** *s.* **1** scimmia *f* dei catarrini. **2** *pl.* catarrini *mpl,* cercopitecoidi *mpl.*

catarrhous [kə'tɑ:rəs] *a.* → **catarrhal.**

catastrophe [kə'tæstrəfi] *s.* **1** catastrofe *f,* disastro *m.* **2** (*failure*) fallimento *m,* ⟨*fam*⟩ fiasco *m.* **3** ⟨*Lett,Teat*⟩ catastrofe *f.* **4** ⟨*Geol*⟩ cataclisma *m.*

catastrophe theory *s.* ⟨*Mat*⟩ teoria *f* delle catastrofi.

catastrophic [‚kætə'strɔfik], **catastrophical** [‚kætə'strɔfikl] *a.* catastrofico, disastroso.

catastrophism [kə'tæstrəfizəm] *s.* ⟨*Geol*⟩ catastrofismo *m.* **catastrophist** [–fist] *s.* catastrofista *m/f.*

cat|bird *am. s.* ⟨*Ornit*⟩ uccello *m* gatto. **~bird seat** *s.* ⟨*fig*⟩ posizione *f* (*o* condizione) vantaggiosa. **~boat** *s.* ⟨*Mar*⟩ imbarcazione *f* da diporto, catboat *m.* **~ burglar** *s.* ladro *m* acrobata. **~call I** *s.* fischio *m: the speaker was greeted by* –*s* l'oratore fu accolto con fischi. **II** *v.i./t.* fischiare.

catch¹ [kætʃ] *v.* (*pret., p.p.* **caught** [kɔ:t]) **I** *v.t.* **1** prendere, catturare, acciuffare, acchiappare: *to* ~ *a thief* prendere un ladro. **2** (*to trap*) prendere, catturare, intrappolare: *to be caught in a trap* essere (*o* rimanere) intrappolato, essere preso in trappola. **3** (*to intercept s.th. when falling*) prendere, afferrare, acchiappare: *to* ~ *a ball* afferrare una palla. **4** (*to be in time for*) prendere, riuscire a prendere, arrivare in tempo per: *to* ~ *a bus* prendere un autobus. **5** (*to surprise*) sorprendere, cogliere (*o* di sorpresa): *to* ~ *s.o. in the act* cogliere qd. sul fatto. **6** (*to come up with*) raggiungere, acchiappare: *he ran too fast to be caught* correva troppo veloce perché lo si potesse

raggiungere. **7** (*to hit, strike*) prendere, colpire. **8** (*to seize*) afferrare, agguantare: *to* ~ *s.o. by the arm* afferrare qd. per il braccio. **9** (*to check*) trattenere, frenare: *to* ~ *one's breath* trattenere il respiro. **10** (*of disease, etc.*) prendere, contrarre: *to* ~ *a cold* prendere un raffreddore; *to* ~ *measles* contrarre il morbillo. **11** (*to become inspired by*) lasciarsi prendere (*o* vincere) da: *to* ~ *s.o.'s enthusiasm* lasciarsi prendere dall'entusiasmo di qd. **12** (*to hook, entangle*) impigliare, intrappolare: *he caught his sleeve on the nail* gli s'impigliò la manica nel chiodo. **13** (*to fasten*) allacciare, agganciare. **14** (*to attract*) attrarre, richiamare, attirare: *to* ~ *s.o.'s eye* attrarre lo sguardo di qd. **15** (*to captivate*) attrarre, affascinare, prendere. **16** (*to grasp, comprehend*) cogliere, afferrare, capire, comprendere: *to* ~ *s.o.'s meaning* capire le intenzioni di qd.; *I didn't* ~ *your last remark* non ho afferrato la tua ultima osservazione. **17** (*to grasp and reproduce*) saper rendere (*o* esprimere): *the writer has caught the mood of the times perfectly* lo scrittore ha saputo rendere perfettamente l'atmosfera dell'epoca. **18** ⟨*Sport*⟩ (*in cricket, baseball*) ricevere. **II** *v.i.* **1** (*to become hooked, entangled*) impigliarsi, avvilupparsi, aggrovigliarsi. **2** (*to get involved*) impelagarsi. **3** (*to take hold*) prendere, fare presa: *the lock won't* ~ *la serratura non prende;* (*of a door, window, etc.*) chiudere. **4** (*to take fire*) prendere fuoco, andare ˈa fuocoˈ (*o* in fiamme). **5** ⟨*Bot*⟩ attecchire, prendere. □ *to* ~ **at** prendere (*o* cogliere) al volo, afferrare, attaccarsi a: *he caught at the chance* prese al volo l'occasione; *to* ~ *s.o.* **a blow** assestare un colpo a qd.; *to* ~ *one's* **breath** riprendere fiato; *to* ~ *s.o.'s* **fancy** andare a genio a qd.; *to* ~ *one's* **foot** inciampare; ⟨*fam*⟩ *you won't* ~ *him giving you any help* non c'è speranza che ti dia un aiuto; *to* ~ *a glimpse of s.o.* intravedere qd.; *to* ~ **hold** *of s.o.* afferrare qd.; ⟨*fam*⟩ *to* ~ **it** prendersi una bella sgridata; ⟨*fam*⟩ ~ **me!** stai fresco!, non ci casco!; ⟨*fam*⟩ ~ *me doing that!* non ho nessuna (*o* la minima) intenzione di farlo!; *to* ~ *s.o.* **napping:** 1 cogliere (*o* sorprendere) qd. nel sonno; 2 (*to surprise s.o.*) cogliere di sorpresa qd., sorprendere qd.; *to* ~ **on:** 1 diffondersi, attecchire: *the fashion quickly caught on* la moda si è diffusa rapidamente; 2 (*to comprehend*) afferrare, arrivare a capire; *to* ~ **out:** 1 scoprire, sorprendere, cogliere (in fallo); 2 ⟨*Sport*⟩ eliminare; ⟨*fig*⟩ *to* ~ *a* **tartar** avere a che fare con un osso duro, trovare pane per i propri denti; *to* ~ **up:** 1 afferrare, prendere; 2 (*to come up to*) raggiungere, riprendere: *we caught up* (*with*) *the car* raggiungemmo la macchina; 3 (*to involve in*) coinvolgere; 4 (*to get up-to-date*) mettersi in pari, aggiornarsi (*on,* with con): *to* ~ *up on one's work* mettersi in pari col lavoro.

catch² **I** *s.* **1** (*of a door, window, etc.*) gancio *m,* fermo *m;* (*of a brooch, etc.*) fermaglio *m.* **2** (*of the breath, voice*) arresto *m,* esitazione *f.* **3** ⟨*Pesc*⟩ retata *f,* pesca *f.* **4** ⟨*Sport*⟩ (*in football*) parata *f;* (*in cricket, baseball*) presa *f.* **5** (*someone worth catching*) preda *f,* occasione *f;* (*of a bachelor*) (buon) partito *m.* **6** (*drawback, trick*) inganno *m,* trappola *f,* tranello *m: there must be a* ~ *in it* ci deve essere un tranello. **7** (*play on words*) gioco *m* di parole. **8** (*ball game*) gioco *m* della palla. **9** (*fragment*) brano *m,* frammento *m:* –*es of a song* brani di una canzone. **II** *a.* **1** (*tricky*) insidioso, ingannevole: *a* ~ *question* una domanda insidiosa. **2** (*easily remembered*) di (sicuro) effetto, che fa colpo: *a* ~ *phrase* una frase d'effetto.

catchable ['kætʃəbl] *a.* prendibile, catturabile.

catch|all *am. s.* ripostiglio *m.* '~-as-'catch-'can **I** *s.* ⟨*Sport*⟩ lotta *f* libera americana. **II** *a.* disorganizzato, disordinato, senza metodo. ~ **crop(ping)** *s.* ⟨*Agr*⟩ coltura *f* intercalare, seconda coltura. ~ **drain** *s.* ⟨*Idr*⟩ canale *m* (*o* fosso) di scolo.

catcher ['kætʃə] *s.* **1** ⟨*Sport*⟩ (*in baseball*) ricevitore *m.* **2** → **catch hook.** **3** ⟨*tecn*⟩ (*in a piping system*) separatore *m.*

catch|fly *s.* ⟨*Bot*⟩ **1** pigliamosche *m.* **2** (*bladder catchfly*) strigolo *m.* ~ **hook** *s.* ⟨*Mecc*⟩ dente *m* d'arresto.

catching ['kætʃiŋ] *a.* **1** contagioso (*anche fig.*): *his enthusiasm is* ~ il suo entusiasmo è contagioso. **2** (*appealing*) attraente, affascinante.

catch line *s.* (*in an advertisement, etc.: word*) parola *f* che fa effetto (*o colpo*); (*sentence, motto*) slogan *m* (*o motto*) pubblicitario.

catchment ['kætʃmənt] *s.* **1** raccolta *f* d'acqua. **2** (*basin, reservoir*) bacino *m* pluviale (*o artificiale*). **3** (*water*) acqua *f* di raccolta.

catchment| area, ~ basin *s.* ⟨*Geol*⟩ bacino *m* di raccolta.

catch|penny *a.* da quattro (*o pochi*) soldi: **~** *novelettes* romanzetti da quattro soldi. **~ phrase** *s.* slogan *m*, frase *f* d'effetto. **~pole, ~poll** *s.* ufficiale *m* giudiziario. **~-22** *s.* ⟨*fig,fam*⟩ situazione *f* senza via d'uscita, vicolo *m* cieco. **~-up** *s.* aumento *m*, intensificazione *f*, accelerazione *f: a* **~** *in production* un aumento della produzione. **~weight** *s.* ⟨*Sport*⟩ peso *m* effettivo. **~word** *s.* **1** slogan *m*. **2** (*in a dictionary, etc.*) esponente *m*, testatina *f*. **3** ⟨*Teat*⟩ parola *f* che dà la battuta.

catchy ['kætʃi] *a.* **1** che si ricorda facilmente; (*of music*) orecchiabile. **2** (*tricky, deceptive*) insidioso, ingannevole: *a* **~** *question* una domanda insidiosa.

catechesis [ˌkæti'ki:sis] *s.* (*pl.* **-ses** [si:z]) ⟨*Rel*⟩ catechesi *f*. **,catechetic** [-'ketik], **,catechetical** [-'kətikl] *a.* catechetico.

catechism ['kætikizem] *s.* **1** ⟨*Rel*⟩ catechismo *m*. **2** (*oral instruction*) catechesi *f*. **3** (*series of questions*) serie *f* di domande. **,cate'chismal** [-zməl] *a.* catechistico. **catechist** [-kist] *s.* catechista *m/f*. **,catechistic** [-'kistik], **,cate'chistical** [-l] *a.* catechistico. **catechize** [-kaiz] *v.t.* **1** ⟨*Rel*⟩ catechizzare. **2** (*to question systematically*) interrogare. **catechizer** [-kaizə] *s.* catechizzatore *m* (*f* –trice).

catecholamine [ˌkætikələ'mi:n] *s.* ⟨*Biol*⟩ catecolammina *f*.

catechu ['kætitʃu] *s.* ⟨*Chim,Bot*⟩ catecù *m*.

catechumen [ˌkæti'kju:mən] *s.* ⟨*Rel*⟩ catecumeno *m* (*f* –a).

categorical [ˌkæti'gɔrikl] *a.* categorico. **categoricalness** [-nis] *s.* categoricità *f*. **categorization** [-gə'raizəiʃən] *s.* categorizzazione *f*, classificazione *f*. **'categorize** [-gəraiz] *v.t.* classificare, categorizzare. **'category** [-gəri] *s.* categoria *f*.

catenary ['kætinəri] **I** *s.* ⟨*Mat*⟩ catenaria *f*. **II** *a.* catenario.

catenary bridge *s.* ponte *m* sospeso.

catenate ['kætineit] *v.t.* concatenare. **,catenation** [-'neiʃən] *s.* concatenamento *m*, concatenazione *f*.

cater ['keitə] **I** *v.i.* **1** provvedere di cibo, approvvigionare (*for s.o.* qd.). **2** (*fig*) andare incontro (*to, for* a), soddisfare (qd.): *to* **~** *for public opinion* soddisfare l'opinione pubblica; (*to provide what is necessary*) provvedere 'alle necessità (*o* ai bisogni) (*for* d): *to* **~** *for the sick* provvedere alle necessità degli ammalati. **II** *v.t.* provvedere al cibo di, approvvigionare.

cater|-corner(ed) *am.* **I** *a.* diagonale. **II** *avv.* diagonalmente. **~-cousin** *s.* intimo amico *m*.

caterer ['keitərə] *s.* approvvigionatore *m*. **cateress** [-ris] *s.* approvvigionatrice *f*. **catering** [-rin] *s.* rifornimento *m* di cibo e bevande (per comunità, ecc.).

catering industry *s.* ristorazione *f*.

caterpillar ['kætəpilə] *s.* **1** bruco *m*. **2** ⟨*tecn*⟩ caterpillar *m*.

caterwaul ['kætəwɔ:l] **I** *v.i.* **1** miagolare (di gatto in amore). **2** (*fig*) (*to screech, howl*) lamentarsi, lagnarsi. **3** ⟨*spreg*⟩ (*to sing*) strillare, lamentarsi (come un gatto in amore). **4** (*fig*) (*to quarrel*) litigare, azzuffarsi. **II** *s.* **1** miagolio *m* (di gatto in amore). **2** (*fig*) (*screech, howl*) lamentela *f*, lagna *f*.

cat|-eyed *a.* **1** dagli occhi di gatto. **2** (*fig*) capace di vedere al buio. **~fall** *s.* ⟨*Mar*⟩ tirante *m* di capone. **~fight** *s.* disputa *f*, alterco *m*. **~fish** *s.* ⟨*Itt*⟩ **1** pesce *m* gatto. **2** (*wolf fish*) pesce *m* lupo. **~-foot** *v.i.* sgattaiolare, scivolare via. **~-footed** *a.* **1** con (*o* dalle) zampe di gatto. **2** (*fig*) dal passo felpato.

catgut ['kætgʌt] *s.* **1** ⟨*Chir*⟩ catgut *m*, filo *m* per suture. **2** ⟨*Mus*⟩ corda *f* di minugia.

Cath. = **1** *Cathedral* cattedrale. **2** *Catholic* cattolico.

Catharine *N.pr.* → **Catherine.**

catharsis [kə'θɑ:sis] *s.* (*pl.* **-ses** [si:z]) **1** ⟨*Med*⟩ evacuazione *f*. **2** ⟨*Lett,Teat,Psic*⟩ catarsi *f*. **3** (*release, discharge of* *emotion*) catarsi *f*, liberazione *f*, purificazione *f*. **cathartic** [-θɑ:tik] **I** *a.* **1** ⟨*Med*⟩ purgativo. **2** (*releasing, purifying*) catartico, liberatore. **II** *s.* ⟨*Med*⟩ catartico *m*, purgante *m*. **cathartical** [-θɑ:tikl] *a.* → **cathartic.**

Cathay [kæ'θei] *N.pr.* ⟨*Geog*⟩ Catai *m*.

cathead ['kæthed] *s.* ⟨*Mar*⟩ ceppo *m* dell'ancora.

cathedral [kə'θi:drəl] **I** *s.* cattedrale *f*, duomo *m*. **II** *a.* **1** cattedrale: **~** *church* chiesa cattedrale. **2** (*containing a cathedral*) sede vescovile: *a* **~** *city* una città sede vescovile. **3** (*authoritative*) autorevole.

Catherine ['kæθrin] *N.pr.f.* Caterina *f*.

catherine wheel *s.* **1** (*firework*) girandola *f*. **2** ⟨*Ginn*⟩ ruota *f*. **3** ⟨*Arch*⟩ rosone *m*.

catheter ['kæθitə] *s.* ⟨*Med*⟩ catetere *m*. **,catheterization** [-rai'zeiʃən] *s.* cateterismo *m*. **catheterize** [-raiz] *v.t.* cateterizzare.

cathode ['kæθoud] **I** *s.* ⟨*El*⟩ catodo *m*. **II** *a.* catodico.

cathode| grid *s.* griglia *f* catodica, soppressore *m*. **~ ray** *s.* raggio *m* catodico. □ **~** *oscillograph* oscilloscopio *m* a raggi catodici; **~** *tube* tubo *m* a raggi catodici. **~ tube** *s.* tubo *m* catodico.

cathodic [kə'θɔdik] *a.* ⟨*El*⟩ catodico.

cathodic| bombardment *s.* ⟨*Fis*⟩ bombardamento *m* catodico. **~ ray tube** *s.* schermo, monitor *m*.

catholic ['kæθəlik] *a.* **1** ⟨*Rel*⟩ cattolico. **2** (*universal*) generale, universale. **3** (*comprehensive*) tollerante, comprensivo; (*broad-minded*) ampio, liberale, aperto: *a man of* **~** *interests* un uomo di ampi interessi. **Catholic I** *a.* ⟨*Teol*⟩ cattolico: **~** *Church* chiesa cattolica. **II** *s.* ⟨*Rel*⟩ **1** cristiano *m* (*f* –a). **2** (*Roman Catholic*) cattolico *m* (*f* –a).

Catholicism [kə'θɔlisizəm] *s.* ⟨*Rel*⟩ cattolicismo *m*, cattolicesimo *m*.

catholicity [ˌkæθə'lisiti] *s.* **1** apertura *f* mentale, larghezza *f* di vedute. **2** (*universality*) universalità *f*. **Catholicity** *s.* cattolicità *f*.

catholicize [kə'θɔlisaiz] **I** *v.t.* **1** universalizzare. **2** ⟨*Rel*⟩ convertire al cattolicesimo. **II** *v.i.* convertirsi al cattolicesimo.

catholicon [kə'θɔlikən] *s.* panacea *f*.

cathouse ['kæthaus] *s.* ⟨*sl*⟩ bordello *m*.

Catiline ['kætilain] *N.pr.* ⟨*Stor.rom*⟩ Catilina *m*.

cation ['kætaiən] *s.* ⟨*Fis*⟩ catione *m*. **,cationic** [-tai'ɔnik] *a.* cationico.

catkin ['kætkin] *s.* ⟨*Bot*⟩ amento *m*, gattino *m*.

catlike ['kætlaik] *a.* felino.

catling ['kætlin] *s.* **1** catgut *m* (*o* minugia *f*) sottile. **2** ⟨*Chir*⟩ bisturi *m*.

cat|mint *s.* → **catnip. ~ nap** *s.* pisolino *m*, dormitina *f: to take a* **~** schiacciare un pisolino. **~nip** *s.* ⟨*Bot*⟩ erba *f* gattaia.

Cato ['keitou] *N.pr.* ⟨*Stor.rom*⟩ Catone *m*.

cat|-o'mountain *s.* → **catamountain ~-o'nine-tails** *s.* *inv.* gatto *m* a nove code.

catoptric [kə'tɔptrik], **catoptrical** [-l] *a.* ⟨*Fis*⟩ catottrico, catoptrico. **catoptrics** [-triks] *s.pl.* (costr. sing.) catottrica *f*, catoptrica *f*.

cat's| cradle *s.* (*game*) ripiglino *m*, matassa *f*. **~ eye** *s.* **1** ⟨*Min*⟩ occhio *m* di gatto. **2** *pl.* ⟨*Strad*⟩ catarifrangenti *mpl*. **3** (*child's marble*) biglia *f*. **~ foot** *s.irr.* ⟨*Bot*⟩ piede *m* di gatto, bambagia *f* selvatica. **~ paw** *s.* **1** zampa *f* di gatto. **2** (*fig*) (*dupe*) burattino *m*, strumento *m*. **3** ⟨*Mar*⟩ (*hitch*) nodo *m* da gancio a bocca di lupo; (*light wind*) brezza *f*. **~ tail** *s.* → **cat-tail. ~ whisker** *s.* ⟨*Rad,El*⟩ baffo *m* di gatto.

cat| tackle *s.* ⟨*Mar*⟩ paranco *m* per ancora. **~-tail** *s.* ⟨*Bot*⟩ stancia *f*.

cattiness ['kætinis] *s.* atteggiamento *m* dispettoso, malizia *f*. **cattish** [-tiʃ] *a.* → **catty. cattishness** [-tiʃnis] *s.* → **cattiness.**

cattle ['kætl] *s.pl.* **1** bestiame *m*. **2** ⟨*spreg*⟩ (*human beings*) marmaglia *f*, gentaglia *f*.

cattle| breeder *s.* allevatore *m* (*f* –trice) di bestiame. **~ dealer** *s.* commerciante *m* di bestiame. **~ fair** *s.* fiera *f* del bestiame. **~ feeder** *s.* ⟨*Zootecn*⟩ macchina *f* per alimentare il bestiame (a dosi costanti). **~ leader** *s.* nasiera *f*. **~ lifter** *s.* abigeo *m*, ladro *m* di bestiame.

~**man** [mən] *s.irr.* **1** bovaro *m.* **2** ⟨*am*⟩ allevatore *m* di bestiame. ~ **pen** *s.* recinto *m* (per bestiame). ~ **plague** *s.* ⟨*Veter*⟩ peste *f* bovina. ~ **run** *s.* pascolo *m.* ~ **rustler** *am. s.* → **cattle lifter.** ~ **shed** *s.* stalla *f* per bovini. ~ **show** *s.* mostra *f* di bestiame (a premi). ~ **truck** *s.* ⟨*Ferr*⟩ carro *m* bestiame.

catty ['kæti] *a.* **1** felino. **2** ⟨*fig*⟩ (*malicious*) dispettoso, malizioso; (*spiteful*) malevolo, maligno.

catty-cornered *am. a.* → **cater-cornered.**

Catullus [kəˈtʌləs] *N.pr.* ⟨*Stor.rom*⟩ Catullo *m.*

CATV = **1** *Cable Television* televisione via cavo. **2** *Community Aerial Television* televisione ad antenna centralizzata.

cat|walk *s.* **1** ⟨*Mar, Aer*⟩ passerella *f.* **2** ⟨*Edil*⟩ passerella *f,* ponte *m* dell'impalcatura. ~ **whisker** *s.* → **cat's-whisker.**

Caucasian [kɔːˈkeiʒjen, –ʃən] **I** *a.* caucasico: ~ *languages* lingue caucasiche. **II** *s.* caucasico *m* (*f* –a). **Caucasus** ['kɔːkəsəs] *N.pr.* ⟨*Geog*⟩ **1** (*mountain range*) Caucaso *m.* **2** (*Caucasia*) Caucasia *f.*

caucus ['kɔːkəs] **I** *s.* ⟨*Pol*⟩ **1** (*of a party*) comitato *m* di dirigenti; (*party organization*) organizzazione *f* di partito. **2** ⟨*am*⟩ caucus *m,* riunione *f* di dirigenti. **3** ⟨*am*⟩ (*of a legislative body*) riunione *f* ad alto livello. **II** *v.i.* ⟨*am*⟩ tenere una riunione ad alto livello.

caudal ['kɔːdəl] *a.* ⟨*Zool*⟩ **1** caudale: ~ *fin* pinna caudale. **2** (*tail–like*) caudiforme. **caudate** [–deit], **caudated** [–deitid] *a.* caudato.

caught [kɔːt] → **catch**[1].

caul [kɔːl] *s.* **1** ⟨*Anat*⟩ (*amnion*) amnio *m,* amnios *m;* (*greater omentum*) grande omento *m.* **2** ⟨*Vest*⟩ cappellino *m,* cuffia *f.*

cauldron ['kɔːldrən] *s.* calderone *m.*

caulescent [kɔːˈlesnt] *a.* ⟨*Bot*⟩ caulescente.

cauliflower ['kɔliflauə] *s.* cavolfiore *m.*

cauliflower ear *s.* ⟨*fig*⟩ orecchio *m* ⌐da pugile⌐ (*o a* cavolfiore).

cauliform ['kɔːlifɔːm] *a.* ⟨*Bot*⟩ cauliforme. **cauline** [–lain] *a.* caulinare, caulino. **caulis** [–lis] *s.* (*pl.* **-les** [liːz]) caule *m.*

caulk [kɔːk] *v.t.* **1** ⟨*Mar*⟩ calafatare. **2** ⟨*Mecc*⟩ cianfrinare, presellare. '**caulker** [–ə] *s.* **1** (*person*) calafato *m.* **2** (*tool*) cianfrino *m,* presello *m.* '**caulking** [–iŋ] *s.* **1** ⟨*Mar*⟩ calafataggio *m.* **2** ⟨*Mecc*⟩ presellatura *f,* cianfrinatura *f.*

caulking| chisel, ~ iron *s.* ⟨*tecn*⟩ scalpello *m* da calafataggio.

causal ['kɔːzəl] **I** *a.* causale (*anche Gramm.*). **II** *s.* ⟨*Gramm*⟩ congiunzione *f* causale. **causality** [–ˈzæliti] *s.* causalità *f.* **causally** [–li] *avv.* causalmente, in modo causale.

causation [kɔːˈzeiʃən] *s.* **1** causale *f,* causa *f.* **2** (*relation of cause and effect*) causalità *f.* **causationism** [–izəm] *s.* ⟨*Filos*⟩ dottrina *f* della causalità.

causative ['kɔːzətiv] **I** *a.* **1** causativo, che causa. **2** ⟨*Gramm*⟩ causativo. **II** *s.* ⟨*Gramm*⟩ causativo *m.* **causatively** [–li] *avv.* causalmente. ,**causa'tiveness** [–nis], ,**causa'tivity** [–iti] *s.* causalità *f.*

cause [kɔːz] **I** *s.* **1** causa *f* (*anche Dir.*). **2** (*reason, motive*) ragione *f,* motivo *m,* causa *f: there is no* ~ *for alarm* non c'è ragione di allarmarsi. **3** (*good reason*) giusta causa *f: he was sacked without* ~ fu licenziato senza una giusta causa. **4** (*ideal, belief*) causa *f,* ideale *m: to fight for the* ~ combattere per la causa. **II** *v.t.* **1** causare, provocare, produrre, determinare: *smoking –s cancer* il fumo provoca il cancro. **2** (*to make, induce*) costringere, indurre: *to* ~ *s.o. to do s.th.* indurre qd. a fare qc. ☐ *to go back to the –s* risalire alle cause; *to make* **common** ~ *with s.o.* fare causa comune con qd.; ⟨*Filos*⟩ **final** ~ causa *f* finale; ⟨*Filos*⟩ **first** ~ causa prima; *the First* ~ la Causa Prima, il Creatore; *to* **give** *s.o.* ~ *for s.th.* dare a qd. motivo di qc.; *to* ~ *s.th. to* **happen** fare in modo che qc. succeda, far succedere qc.; ⟨*fig*⟩ **lost** ~ causa persa: *defender of lost –s* avvocato *m* delle cause perse; *to* **plead** *a* ~ perorare una causa (*anche fig.*); ⟨*Dir*⟩ **true** *and just* ~ giusta causa.

causeless ['kɔːzlis] *a.* **1** senza causa apparente. **2** (*chance*) fortuito, casuale. **3** (*groundless*) ingiustificato, senza

motivo (*o* ragione).

cause list *s.* ⟨*Dir*⟩ elenco *m* delle cause a ruolo.

causerie ['kouzəri] *s.* **1** chiacchierata *f,* conversazione *f* informale. **2** ⟨*Lett,Giorn*⟩ breve articolo *m* (*o* saggio) in stile discorsivo.

causeway ['kɔːzwei], **causey** [–zi] **I** *s.* **1** (*raised road*) strada *f* rialzata (*o* soprelevata). **2** (*highway*) strada *f* maestra. **3** ⟨*scozz*⟩ (*paved road*) strada *f* lastricata (*o* selciata). **II** *v.t.* **1** provvedere di una strada rialzata. **2** ⟨*scozz*⟩ (*to pave*) lastricare, selciare.

caustic ['kɔːstik] **I** *a.* **1** caustico. **2** ⟨*fig*⟩ caustico, mordace, pungente: ~ *comments* commenti mordaci. **II** *s.* **1** sostanza *f* caustica. **2** → **caustic surface. 3** ⟨*Ott*⟩ (*caustic curve*) curva *f* caustica. **causticity** [ˌkɔːsˈtisiti] *s.* causticità *f* (*anche fig.*).

caustic| potash *s.* potassa *f* caustica. ~ **soda** *s.* soda *f* caustica. ~ **surface** *s.* ⟨*Ott*⟩ superficie *f* caustica.

cauter ['kɔːtə] *s.* ⟨*Med*⟩ cauterio *m.* ,**cauterization** [–raiˈzeiʃən] *s.* cauterizzazione *f.* **cauterize** [–raiz] *v.t.* **1** cauterizzare, causticare. **2** ⟨*fig*⟩ rendere insensibile. **cautery** [–ri] *s.* **1** (*agent*) cauterio *m.* **2** (*process*) cauterizzazione *f.*

caution ['kɔːʃən] **I** *s.* **1** cautela *f,* prudenza *f,* circospezione *f,* attenzione *f.* **2** (*warning*) avvertimento *m,* ammonimento *m,* avviso *m.* **3** ⟨*fam*⟩ (*person*) tipo *m* strano (*o* buffo), ⟨*fam*⟩ sagoma *f;* (*thing*) cosa *f* straordinaria (*o* buffa), ⟨*fam*⟩ spasso *m: his clothes are a* ~ i suoi vestiti sono uno spasso. **4** ⟨*Dir*⟩ cauzione *f.* **II** *v.t.* avvertire, mettere in guardia, ammonire: *to* ~ *s.o. against s.th.* mettere in guardia qd. contro qc. **III** *intz.* attenzione, attenti. ☐ ⟨*Dir*⟩ *dismissed with a* ~ assolto con diffida.

cautionary ['kɔːʃənəri] *a.* **1** ammonitore, ammonitorio, di avvertimento: *a* ~ *tale* un aneddoto ammonitore. **2** ⟨*Dir*⟩ cauzionale.

cautionary| judgement *s.* ⟨*Dir*⟩ ordinanza *f* di sequestro conservativo. ~ **obligation** *s.* ⟨*Dir*⟩ vincolo *m* (*o* obbligazione *f*) cauzionale di un avallante.

cautioner ['kɔːʃənə] *s.* garante *m/f,* avallante *m/f.*

cautious ['kɔːʃəs] *a.* prudente, cauto, guardingo, circospetto. **cautiousness** [–nis] *s.* prudenza *f,* cautela *f,* circospezione *f.*

cav. = **1** *cavalry* cavalleria. **2** *cavalier* cavaliere (*abbr.* cav.).

cavalcade [ˌkævəlˈkeid] *s.* **1** corteo *m* (*o* colonna *f*) di persone a cavallo, cavalcata *f.* **2** (*procession*) sfilata *f,* processione *f,* corteo *m.* **3** ⟨*fig*⟩ (*sequence*) serie *f,* sequela *f,* successione *f.*

cavalier [ˌkævəˈliə] **I** *s.* **1** cavaliere *m.* **2** (*escort*) cavaliere *m,* cavalier *m* servente, accompagnatore *m.* **II** *a.* **1** altezzoso, sprezzante, sdegnoso. **2** (*debonair*) disinvolto, alla mano, cortese, affabile. **Cavalier** *s.* ⟨*Stor*⟩ Cavaliere *m.* **III** *v.i.* **1** darsi arie da cavaliere. **2** (*to act haughtily*) comportarsi altezzosamente. **3** (*to act debonairly*) comportarsi in modo affabile.

cavally [kəˈvæli] *s.* ⟨*Itt*⟩ scombro *m* cavallino, carangide *m* gigante.

cavalry ['kævəlri] *s.* ⟨*Mil*⟩ cavalleria *f;* (*cavalrymen*) cavalleggeri *mpl.*

cavalry|man [mən] *s.irr.* soldato *m* ⌐di cavalleria⌐ (*o a* cavallo), cavalleggero *m.* ~ **twill** *s.* ⟨*Tess*⟩ tessuto *m* diagonale (per divise).

cave[1] [keiv] **I** *s.* **1** caverna *f,* grotta *f,* spelonca *f.* **2** (*den*) covo *m,* tana *f.* **3** ⟨*Pol*⟩ secessione *f;* (*group of seceders*) dissidenti *mpl,* secessionisti *mpl.* **II** *v.t.* **1** scavare. **2** (*to smash; general.* con *in*) schiacciare, sfondare. **III** *v.i.* (*general.* con *in*) **1** (*to fall in*) franare. **2** (*to collapse*) crollare. **3** ⟨*fam*⟩ (*to submit*) cedere, arrendersi.

cave[2] ['keivi] *intz.* ⟨*fam*⟩ attenti, attenzione, occhio.

cave art *s.* arte *f* paleolitica (*o* rupestre).

caveat ['keiviæt] *s.* **1** ⟨*Dir*⟩ opposizione *f.* **2** (*caution, warning*) ammonimento *m,* avvertimento *m.* ☐ ⟨*Dir*⟩ *to enter* (*o file*) *a* ~ fare opposizione, opporsi (*against* a).

caveat emptor ['emptə] *s.* ⟨*Comm*⟩ rischio *m* del compratore.

cave| bear *s.* ⟨*Zool*⟩ orso *m* delle caverne. ~ **dweller** *s.* **1** cavernicolo *m* (*f* –a). **2** (*prehistoric man*) troglodita *m,* cavernicolo *m*, uomo *m* delle caverne. **3** ⟨*fam*⟩ (*city dweller*) abitante *m/f* di città. **~-in** *s*. crollo *m*, frana *f*. **~-man** [mən] *s.irr*. **1** (*cave dweller*) uomo *m* delle caverne, troglodita *m*, cavernicolo *m*. **2** ⟨*scherz*⟩ (*rough man*) individuo *m* rozzo (*o* primitivo), troglodita *m*.

cavendish [ˈkævəndiʃ] *s*. tabacco *m* dolce (in panetti).

cavern [ˈkævən] *s*. grotta *f*, caverna *f*, spelonca *f*.

cavernicolous [-ˈnikələs] *a*. cavernicolo, che abita nelle caverne. **cavernous** [-əs] *a*. **1** cavernoso (*anche fig.*): ~ *darkness* oscurità cavernosa. **2** (*of eyes: deep-set*) incavato, infossato. **3** (*deep-sounding*) cavernoso, cupo, profondo: *a* ~ *voice* una voce cavernosa. **4** ⟨*Min*⟩ poroso.

cavesson [ˈkævisən] *s*. cavezzone *m*.

caviar(e) [ˈkæviɑː] *s*. **1** ⟨*Gastr*⟩ caviale *m*. **2** ⟨*fig*⟩ raffinatezza *f*, delicatezza *f*. □ ⟨*fig*⟩ ~ *to the general* perle *fpl* ai porci.

cavil [ˈkævil] **I** *v.i*. (*pret., p.p.* **-lled**/*am*. **-led** [-d]) cavillare, ricorrere a cavilli (*at, about* su). **II** *s*. cavillo *m*: *to accept s.th. without* -*s* accettare qc. senza cercare cavilli.

caviler, caviling *am*. → **caviller, cavilling**.

caviller [ˈkævilə] *s*. cavillatore *m* (*f* -trice). **cavilling** [-liŋ] *a*. cavilloso.

cavitation [ˌkæviˈteiʃən] *s*. ⟨*Fis*⟩ cavitazione *f*.

cavity [ˈkæviti] *s*. **1** cavità *f*, spazio *m* vuoto. **2** ⟨*Anat,Dent*⟩ cavità *f*. **3** ⟨*Mecc*⟩ intercapedine *f*.

cavity wall *s*. ⟨*Mur*⟩ muro *m* a intercapedine.

cavort [kəˈvɔːt] *v.i.* ⟨*sl*⟩ **1** saltellare, saltare, fare capriole. **2** (*of horses*) corvettare.

cavortings [kəˈvɔːtiŋz] *s.pl*. comportamento *m* poco dignitoso.

cavy [ˈkeivi] *s*. ⟨*Zool*⟩ cavia *f*, porcellino *m* (*o* maialino) d'India.

caw [kɔː] **I** *s*. gracchiamento *m* (*anche fig.*). **II** *v.i.* gracchiare (*anche fig.*).

cay [kei, kiː] *s*. ⟨*Geol*⟩ banco *m* di sabbia; (*of coral*) banco *m* corallino.

cayenne (pepper) [ˈkeien] *s*. pepe *m* ⌐di Caienna⌐ (*o* rosso).

cayman [ˈkeimən] *s*. ⟨*Zool*⟩ caimano *m*.

CB = *Citizens' Band* banda cittadina.

CBC = *Canadian Broadcasting Corporation* ente radiofonico canadese.

C.B.E. = *Commander of the Order of the British Empire* comandante dell'ordine dell'Impero britannico.

CBer [siːˈbiːə] *s*. utente *m/f* della banda civica.

CBI = *Confederation of British Industry* confederazione dell'industria britannica.

CBW = *Chemical and Biological Warfare* guerra chimica e biologica.

cc, c.c. = **1** *cubic centimetre* centimetro cubo (*abbr*. cmc). **2** ⟨*El*⟩ *continuous current* corrente continua. **3** *chapters* capitoli.

C.C. = **1** *circuit court* tribunale distrettuale. **2** *city council* consiglio comunale. **3** *county council* consiglio di contea. **4** *county court* tribunale di contea. **5** *cricket club* circolo del cricket.

C.C.A.= ⟨*SU*⟩ *Circuit Court of Appeals* corte d'appello distrettuale.

C.C.C. = *Central Criminal Court* tribunale penale centrale.

ccm. = *centimetres* centimetri (*abbr*. cm.).

C clef *s*. ⟨*Mus*⟩ chiave *f* di do.

C.C.P. = ⟨*Dir*⟩ **1** *Court of Common Pleas*. **2** *Code of Civil Procedure* codice di procedura civile.

CCTV = *Closed Circuit Television* televisione a circuito chiuso.

c.d. = ⟨*Comm*⟩ *cash discount* sconto cassa.

C.D. = **1** *Civil Defence* difesa civile. **2** *Diplomatic Corps* corpo diplomatico (*abbr*. C.D.).

Cdr., CDR = *Commander* comandante (*abbr*. Com.).

C.E. = **1** *Church of England* chiesa anglicana. **2** *Chief Engineer* ingegnere capo. **3** *Civil Engineer* ingegnere civile.

cease [siːs] **I** *v.i*. **1** cessare, finire: *to* ~ *to exist* cessare di esistere. **2** ⟨*rar*⟩ (*to discontinue*) smettere, sospendere

(*from s.th.* qc.). **II** *v.t.* cessare, smettere, esaudire, porre fine a: *to* ~ *doing s.th.* smettere di fare qc. □ *without* ~ senza sosta, incessantemente.

cease fire *s*. ⟨*Mil*⟩ **1** cessate il fuoco *m*. **2** (*order*) ordine *m* di cessare il fuoco.

ceaseless [ˈsiːslis] *a*. incessante, continuo. **ceaselessness** [-nis] *s*. continuità *f*, persistenza *f*.

CEC = *Commission of the European Communities* Commissione delle comunità europee.

Cecile [ˈsesiːl], **Cecily** [ˈsesili] *N.pr*. Cecilia *f*.

cecity [ˈsiːsiti] *s*. ⟨*fig,poet*⟩ cecità *f*.

CED = ⟨*SU*⟩ *Committee for Economic Development* commissione per lo sviluppo economico.

cedar [ˈsiːdə] *s*. ⟨*Bot*⟩ **1** cedro *m*. **2** (*cedar of Lebanon*) cedro *m* del Libano. **3** (*wood*) cedro *m*, legno *m* di cedro.

cedarn [-n] *a*. **1** ⟨*poet*⟩ cedrino. **2** (*made of cedar wood*) di cedro, di legno cedrino.

cede [siːd] *v.t*. **1** cedere. **2** (*to transfer*) cedere, trasferire. **3** (*to admit*) concedere, ammettere.

cedilla [siˈdilə] *s*. ⟨*Ling*⟩ cediglia *f*.

C E E C = *Committee of European Economic Cooperation* commissione di cooperazione economica europea.

ceil [siːl] *v.t*. **1** ⟨*Mur*⟩ coprire, intonacare. **2** (*to provide with a ceiling*) fare il soffitto a. **3** ⟨*Mar*⟩ rivestire internamente.

ceiling [ˈsiːliŋ] *s*. **1** soffitto *m*. **2** ⟨*Mar*⟩ fasciame *m* interno. **3** (*top limit*) tetto *m*, limite *m* massimo: ~ *on prices* limite massimo dei prezzi. **4** ⟨*Aer*⟩ altitudine *f* massima, quota *f* di tangenza; (*of a rocket*) quota *f* massima. **5** ⟨*Meteor*⟩ livello *m* delle nubi. **6** ⟨*Arch*⟩ volta *f*. □ *false* ~ controsoffitto *m*; ⟨*fam*⟩ *to hit the* ~ andare su tutte le furie, uscire dai gangheri.

ceiling prices *s.pl*. ⟨*Comm*⟩ prezzi *mpl* massimi.

ceilometer [siːˈlɔmitə] *s*. ⟨*Meteor*⟩ telemetro *m* di plafond.

celadon [ˈselədɔn] **I** *s*. **1** ⟨*Ceram*⟩ celadon *m*. **2** (*colour*) verde *m* celadon. **II** *a*. (color) verde celadon.

celandine [ˈseləndain] *s*. ⟨*Bot*⟩ **1** (*greater celandine*) celidonia *f*, erba *f* da porri. **2** (*lesser celandine*) favagello *m*.

celanese [ˌseləˈniːz] *s*. ⟨*Tess*⟩ tipo di seta artificiale.

celebrant [ˈselibrənt] *s*. ⟨*Lit*⟩ celebrante *m*, officiante *m*.

celebrate [ˈselibreit] **I** *v.t*. **1** festeggiare, celebrare, commemorare: *to* ~ *one's wedding anniversary* festeggiare l'anniversario di matrimonio. **2** (*to make known*) proclamare, annunciare. **3** (*to praise*) celebrare, esaltare, inneggiare a. **4** ⟨*Lit*⟩ celebrare: *to* ~ *a Mass* celebrare una Messa. **II** *v.i*. **1** fare festeggiamenti (*o* celebrazioni). **2** ⟨*Rel*⟩ santificare le feste; (*to perform a religious ceremony*) officiare. **3** (*to enjoy o.s.*) fare festa, fare baldoria, divertirsi. **celebrated** [-id] *a*. celebre, famoso, rinomato. **celebration** [-ˈbreiʃen] *s*. **1** festeggiamento *m*, celebrazione *f*, commemorazione *f*. **2** ⟨*Lit*⟩ celebrazione *f*. **celebrator** [-ə] *s*. celebratore *m* (*f* -trice).

celebrity [səˈlebriti] *s*. **1** celebrità *f*, persona *f* famosa. **2** (*fame*) celebrità *f*, fama *f*, rinomanza *f*.

celerity [siˈleriti] *s*. **1** celerità *f*, velocità *f*, rapidità *f*. **2** (*promptness*) prontezza *f*, tempestività *f*.

celery [ˈseləri] *s*. ⟨*Bot*⟩ sedano *m*.

celesta [səˈlestə] *s*. ⟨*Mus*⟩ celesta *f*, celeste *f*.

céleste *fr*. [səˈlest] *s*. ⟨*Mus*⟩ (*voix céleste*) registro *m* celeste.

celestial [siˈlestjəl, *am*. -tʃl] *a*. **1** celestiale, celeste, divino. **2** (*pertaining to the sky*) celeste. **3** (*of celestial navigation*) astronomico. **4** ⟨*fig*⟩ celestiale, etereo, spirituale. **Celestial I** *s*. ⟨*Stor*⟩ suddito *m* (*f* -a) del celeste Impero. **II** *a*. cinese.

celestial| body *s*. ⟨*Astr*⟩ corpo *m* celeste. **~ City** *N.pr*. ⟨*Lett*⟩ città *f* celeste, Gerusalemme *f*. **~ Empire** *N.pr*. ⟨*Stor*⟩ celeste Impero *m*. **~ equator** *s*. ⟨*Astr*⟩ equatore *m* celeste. **~ fix** *s*. ⟨*Aer*⟩ punto *m* astronomico. **~ hierarchy** *s*. ⟨*Bibl*⟩ gerarchia *f* celeste. **~ horizon** *s*. ⟨*Astr*⟩ orizzonte *m* celeste. **~ meridian** *s*. meridiano *m* celeste (*o* astronomico). **~ navigation** *s*. navigazione *f* astronomica. **~ pole** *s*. polo *m* celeste. **~ sphere** *s*. sfera *f* celeste.

celestine ['seləstain], **celestite** [–tait] *s.* ⟨*Min*⟩ celestina *f.*

celiac ['si:liæk] *a.* ⟨*Anat*⟩ (*coeliac*) celiaco.

celibacy ['selibəsi] *s.* **1** celibato *m.* **2** (*abstention from sexual relations*) astinenza *f* (sessuale). **,celibatarian** [–bə'tɛəriən] **I** *a.* celibatario. **II** *s.* celibatario *m.* **celibate** [–beit] **I** *s.* celibe *m*, scapolo *m.* **II** *a.* **1** celibe, scapolo. **2** (*chaste*) casto.

cell [sel] *s.* **1** (*in a prison, convent, etc.*) cella *f.* **2** ⟨*Pol*⟩ cellula *f*, nucleo *m.* **3** ⟨*Biol*⟩ cellula *f.* **4** (*of a honeycomb*) cella *f.* **5** ⟨*El*⟩ elemento *m.* **6** ⟨*Inform*⟩ cellula *f* di memoria.

cellar ['selə] **I** *s.* **1** (*underground store room*) cantina *f*, sotterraneo *m.* **2** (*underground room*) stanza *f* sotterranea, sotterraneo *m;* (*set of rooms*) scantinato *m*, sottosuolo *m.* **3** ⟨*fig*⟩ scorta *f* (*o* riserva) di vini: *our host kept a fine* ∼ il nostro ospite aveva una buona riserva di vini. **II** *v.t.* mettere in cantina. □ ⟨*Sport*⟩ *to be in the* ∼ essere ultimo in classifica, fare il fanalino di coda. **cellarage** [–ridʒ] *s.* **1** spazio *m* utile d'una cantina. **2** (*charge for storage*) spese *fpl* di magazzinaggio. **cellarer** [–rə] *s.* cellerario *m*, dispensiere *m.* **cellaress** [–ris] *s.* celleraria *f*, dispensiera *f.* **,cellaret** [–'ret] *s.* mobile *m* per vini.

cellar man [mən] *s.irr.* cantiniere *m.*

cell| **biology** *s.* biologia *f* cellulare. ∼ **block** *s.* (*of a prison*) blocco *m* di celle, braccio *m.* ∼ **body** *s.* ⟨*Biol*⟩ protoplasma *m.* ∼ **division** *s.* ⟨*Biol*⟩ mitosi *f*, cariocinesi *f.*

celliform ['selifɔ:m] *a.* celliforme.

cellist ['tʃelist] *s.* ⟨*Mus*⟩ violoncellista *m/f.* **cello** ['tʃelou] *s.* (*pl.* **-s** [z]/**celli** ['tʃeli:]) violoncello *m.*

cell metabolism *s.* ricambio *m* cellulare.

cellophane ['seləfein] **I** *s.* cellofan *m.* **II** *a.* di cellofan.

cell| **sap** *s.* linfa *f* cellulare (*o* della cellula). ∼ **therapy** *s.* terapia *f* cellulare, celluloterapia *f.*

cellular ['seljulə] *a.* **1** ⟨*Biol*⟩ cellulare. **2** (*porous*) poroso, spugnoso, celluloso: ∼ *rubber* gomma spugnosa. **3** (*using cell–like rooms*) cellulare: ∼ *prison* carcere cellulare.

cellular| **biology** *s.* → **cell biology.** ∼ **cloth** *s.* ⟨*Tess*⟩ tessuto *m* cellulare (*o* a nido d'ape). ∼ **confinement** *s.* segregazione *f* cellulare. ∼ **plant** *s.* ⟨*Bot*⟩ pianta *f* cellulare, tallofita *f.* ∼ **therapy** *s.* → **cell therapy.** ∼ **tissue** *s.* ⟨*Biol*⟩ tessuto *m* cellulare.

cellulate ['seljuleit] **I** *a.* cellulare. **II** *v.t.* fornire di cellule. **cellulated** [–id] *a.* → **cellulate.**

cellule ['selju:l] *s.* cellula *f.*

cellulitis [,selju'laitis] *s.* ⟨*Med*⟩ cellulite *f.*

celluloid ['seljulɔid] **I** *s.* **1** ⟨*Chim*⟩ celluloide *f.* **2** (*photographic film*) pellicola *f* fotografica; (*motion–picture film*) pellicola *f* cinematografica. **3** (*motion–picture*) film *m*, pellicola *f* (cinematografica). **II** *a.* di celluloide.

cellulose ['seljulous] **I** *s.* ⟨*Chim*⟩ cellulosa *f.* **II** *a.* celluloso. **III** *v.t.* trattare con cellulosa.

cellulose| **acetate** *s.* ⟨*Chim*⟩ acetato *m* di cellulosa. ∼ **nitrate** *s.* nitrocellulosa *f.* ∼ **plastics** [–*s.pl.* resine *fpl* termoplastiche.

cell wall *s.* ⟨*Biol*⟩ parete *f* cellulare (*o* della cellula).

Cels. = *Celsius* Celsius.

Celsius ['selsiəs] *a.* Celsius, centigrado.

celt [selt] *s.* ⟨*Paleont*⟩ specie di ascia preistorica.

Celt [kelt, *am.* selt] *s.* ⟨*Stor*⟩ celta *m.* **'Celtic** [–ik] **I** *s.* (*language*) celtico *m.* **II** *a.* celtico. □ ⟨*Geog*⟩ *the* ∼ *fringe* la fascia celtica. **'Celticism** [–isizəm] *s.* **1** uso *m* (*o* costume) celtico; (*idiom*) celtismo *m.* **2** (*liking for Celtic customs*) interesse *m* per i costumi celtici. **'celticist** [–isist] *s.* celtista *m/f.* **'celticize** [–isaiz] **I** *v.t.* rendere celtico. **II** *v.i.* diventare celtico.

cembalist ['tʃembəlist] *s.* ⟨*Mus*⟩ cembalista *m/f.* **cembalo** [–lou] *s.* (*pl.* **-li** [li:]/**-s** [z]) **1** clavicembalo *m.* **2** (*dulcimer*) salterio *m.*

cement [si'ment] **I** *s.* **1** cemento *m* (*anche Geol., Dent.,Med.*). **2** (*adhesive substance*) adesivo *m*, mastice *m.* **3** ⟨*fig*⟩ cemento *m*, legame *m.* **4** → **cementum.** **II** *v.t.* **1** cementare. **2** ⟨*fig*⟩ cementare, saldare; (*to establish firmly*) consolidare, rinsaldare, rinforzare: *to* ∼ *a friendship* consolidare un'amicizia. **3** (*to coat with cement*) dare il cemento a, coprire di cemento.

cementation [,si:men'teiʃən] *s.* cementazione *f* (*anche Met.*). **cementer** [–ə] *s.* **1** (*workman*) cementiero *m*, cementiere *m.* **2** → **cement-layer. 3** ⟨*Min*⟩ cementatore *m.*

cement| **factory** *s.* cementificio *m*, cementeria *f.* ∼ **gun** *s.* ⟨*Edil*⟩ pistola *f* spruzzacemento.

cementite [si'mentait] *s.* ⟨*Met*⟩ cementite *f.*

cement-layer *s.* cementista *m.* ∼**-mixer** *s.* ⟨*Edil*⟩ betoniera *f*, impastatrice *f* per cemento. ∼**-mortar** *s.* ⟨*Edil*⟩ malta *f* di cemento. ∼**-steel** *s.* ⟨*Met*⟩ acciaio *m* di cementazione.

cementum [si'mentəm] *s.* ⟨*Anat*⟩ cemento *m* dentario.

cemetery ['semitri] *s.* cimitero *m*, camposanto *m.*

c.e.m.f. = ⟨*El*⟩ *counterelectromotive force* forza controelettromotrice.

cenobite ['si:nobait] *s.* ⟨*Rel*⟩ cenobita *m.*

cenotaph ['senəta:f] *s.* cenotafio *m.*

Cenozoic [,si:no'zouik] **I** *a.* ⟨*Geol*⟩ cenozoico. **II** *s.* cenozoico *m.*

cense [sens] *v.t.* incensare, bruciare incenso a. **'censer** [–ə] *s.* incensiere *m*, turibolo *m.*

censer bearer *s.* turiferario *m.*

censor ['sensə] **I** *s.* **1** censore *m* (*anche Mil., Stor.rom.*). **2** (*critic*) censore *m*, persona *f* ipercritica. **3** ⟨*Psic*⟩ censura *f.* **II** *v.t.* **1** censurare. **2** (*to criticize*) criticare, censurare. □ *Board of* ∼ comitato *m* di censura, censura *f*; *to pass the* ∼ passare la censura.

censorial [sen'sɔ:riəl] *a.* censorio, censoriale. **censorious** [–riəs] *a.* critico, incline a criticare. **censoriousness** [–riəsnis] *s.* atteggiamento *m* critico.

censorship ['sensəʃip] *s.* **1** censura *f* (*anche Psic.*). **2** ⟨*Stor*⟩ censorato *m.*

censurable ['senʃərəbl] *a.* censurabile, biasimevole, riprensibile.

censure ['senʃə] **I** *s.* **1** biasimo *m*, riprovazione *f*, disapprovazione *f*, critica *f.* **2** (*official disapproval*) censura *f*, condanna *f*: *public* ∼ condanna pubblica. **3** ⟨*Rel*⟩ censura *f.* **II** *v.t.* biasimare, criticare, censurare. □ ⟨*Parl*⟩ *vote of* ∼ voto *m* di sfiducia. **censurer** [–rə] *s.* censore *m*, critico *m* (severo).

census ['sensəs] *s.* **1** censimento *m: to hold a population* ∼ effettuare un censimento della popolazione. **2** ⟨*Stor.rom*⟩ censo *m.* □ ∼ *of business* censimento *m* industriale; ∼ *of production* censimento *m* della produzione.

census| **paper** *s.* modulo *m* per censimento. ∼ **taker** *s.* persona *f* che raccoglie i dati per un censimento.

cent [sent] *s.* **1** ⟨*am*⟩ centesimo *m* di dollaro. **2** (*in other countries*) centesimo *m.* **3** ⟨*fam*⟩ (*small coin*) centesimo *m*, soldo *m*, lira *f: to pay to the last* ∼ pagare fino all'ultimo centesimo. □ ⟨*fam*⟩ *I don't care a* ∼ non me ne importa niente; ⟨*fam*⟩ *I haven't a* (*red*) ∼ non ho una lira (*o* un centesimo); ⟨*Comm*⟩ *per* ∼ per cento: *at five per* ∼ al cinque per cento; ∼ *per* ∼: **1** ⟨*Econ,Comm*⟩ cento per cento; **2** ⟨*fig*⟩ completamente, al cento per cento.

cent. = **1** *centigrade* centigrado (*abbr.* C.). **2** *central* centrale. **3** *centum* cento. **4** *century* secolo (*abbr.* sec.).

cental ['sentl] *s.* (*short hundredweight*) cental *m* (100 libbre).

centaur ['sentɔ:] *s.* ⟨*Mitol*⟩ centauro *m.* **Centaur** *N.pr.* ⟨*Astr*⟩ Centauro *m.*

centaury ['sentɔ:ri] *s.* ⟨*Bot*⟩ centaurea *f* minore, cacciafebbre *f.*

centenarian [,senti'nɛəriən] **I** *a.* centenario. **II** *s.* centenario *m* (*f* –a). **centenary** [–'ti:nəri] **I** *a.* **1** (*lasting a hundred years*) centennale, centenne. **2** (*every hundred years*) centenario, centennale. **II** *s.* **1** (*anniversary*) centenario *m.* **2** (*period*) centennio *m.*

centennial [sen'tenjəl] **I** *a.* centennale. **II** *s.* centenario *m.* **centennially** [–i] *avv.* ogni cento anni.

center *am. e der.* → **centre** *e der.*

centesimal [sen'tesiməl] **I** *a.* centesimale. **II** *s.* centesimo *m.*

centigrade ['sentigreid] *a.* centigrado.

centigrade thermometer *s.* termometro *m* centigrado.

centigram *am.*, **centigramme** ['sentigræm] *s.* centigrammo *m.*

centiliter *am.*, **centilitre** ['sentili:tə] *s.* centilitro *m.*

centillion [sen'tiljən] *s.* **1** (*in USA and France*) venticinque trilioni *mpl.* **2** (*in Britain and Germany*) cinquanta trilioni *mpl.*

centimeter *am.*, **centimetre** ['sentimi:tə] *s.* centimetro *m.*

centipede ['sentipi:d] *s.* ⟨*Entom*⟩ centopiedi *m.*

cento ['sentou] *s.* (*pl.* **-s** [z]/**-tones** [−nez]) ⟨*Lett*⟩ centone *m.*

CENTO = *Central Treaty Organization* Organizzazione del Trattato Centrale (*abbr.* CENTO).

central ['sentrəl] **I** *a.* **1** centrale. **2** ⟨*fig*⟩ principale, centrale, fondamentale: *the ~ issue* il problema principale. **3** ⟨*Anat*⟩ relativo al sistema nervoso centrale. **II** *s.* ⟨*am.Tel*⟩ centrale *f* telefonica, centralino *m.* □ ⟨*Anat*⟩ *~ nervous system* sistema nervoso centrale; ⟨*Geog*⟩ *~ European time* ora *f* dell'Europa centrale.

Central| America *N.pr.* ⟨*Geog*⟩ America *f* centrale, Centroamerica *m.* **~ American** *a.* dell'America centrale, centroamericano. **~ angle** *s.* ⟨*Geom*⟩ angolo *m* al centro. **~ computer** *s.* calcolatore *m* centrale. **~ European I** *a.* centroeuropeo, medi(o)europeo **II** *s.* centroeuropeo *m* (*f* −a), medi(o)europeo *m* (*f* −a). **~ file** *s.* schedario *m* centrale, archivio *m* centrale. **~ government** *s.* governo *m* centrale. **~ heating** *s.* riscaldamento *m* centrale.

centralism ['sentrəlizəm] *s.* ⟨*Pol*⟩ centralismo *m.* **centralist** [−list] *s.* centralista *m/f.* **centrality** [−'trӕliti] *s.* centralità *f.* **,centralization** [−lai'zeiʃən] *s.* **1** centralizzazione *f*, accentramento *m.* **2** ⟨*Pol*⟩ centralizzazione *f*, accentramento *m*, concentrazione *f* di poteri. **centralize** [−laiz] **I** *v.t.* **1** accentrare. **2** ⟨*Pol*⟩ centralizzare, accentrare. **II** *v.i.* accentrarsi, radunarsi al centro. **centralizing** [−iŋ] *a.* centralizzatore. **centrally** [−li] *avv.* in posizione centrale, centralmente.

Central| Powers *s.pl.* ⟨*Stor*⟩ Imperi *mpl* centrali. **~ processing unit** *s.* ⟨*Inform*⟩ unità *f* centrale di elaborazione. **~ reservation** *s.* ⟨*Strad*⟩ aiola *f* spartitraffico. **~ station** *s.* ⟨*El*⟩ centrale *f* elettrica. **~ time** *am. s.* ora *f* dell'America centrale.

centre[1] ['sentə] **I** *s.* **1** centro *m*: *the ~ of a circle* il centro di un cerchio. **2** (*pivot, axis*) centro *m*, perno *m*: *the ~ of a wheel* il perno di una ruota. **3** ⟨*fig*⟩ (*source, heart*) centro *m*, cuore *m*, fulcro *m*, motivo *m* (*o elemento*) centrale. **4** (*principal place*) centro *m*: *a ~ of the wool trade* un centro dell'industria laniera. **5** (*core, middle*) parte *f* centrale (*o interna*), nucleo *m*; (*of fruit*) torsolo *m.* **6** (*shopping centre*) centro *m* commerciale, zona *f* dei negozi. **7** ⟨*Sport*⟩ (*centre forward*) centravanti *m*, centrattacco *m*; (*centre half*) centromediano *m*; (*in hockey*) centro *m*; (*centred ball, puck, etc.*) tiro *m* (*o passaggio*) al centro. **8** ⟨*Mecc*⟩ (*on a lathe, etc.*) punta *f*; (*conical recess*) centro *m.* **9** ⟨*Arch*⟩ centina *f.* **Centre** *s.* ⟨*Pol*⟩ **1** centro *m.* **2** ⟨*collett*⟩ (*Centrists*) centristi *mpl.* **II** *a.* centrale. □ *~ of attraction* **1** ⟨*Fis*⟩ centro *m* di attrazione; **2** ⟨*fig*⟩ centro *m* di attrazione (*o richiamo*), attrattiva *f*; ⟨*Mot*⟩ *bottom dead-~* punto morto inferiore; ⟨*Mar*⟩ *~ of buoyancy* centro *m* (*o spinta f*) di carena; ⟨*Mar.mil*⟩ *combat operational ~* (*on a warship*) centrale *f* di combattimento; ⟨*Fis*⟩ *~ of gravity* centro *m* di gravità, baricentro *m*; *to hit the ~* fare centro; ⟨*Fis*⟩ *~ of mass* centro *m* di massa; *~ of motion* fulcro *m.*

centre[2] **I** *v.t.* **1** centrare, mettere nel (*o al*) centro. **2** ⟨*fig*⟩ concentrare, accentrare, polarizzare, imperniare: *he −d his life on his work* accentrò la sua vita sul lavoro. **3** (*to occupy the centre of*) occupare il centro di, stare (*o trovarsi*) al centro di. **4** ⟨*Mecc*⟩ centrare. **5** ⟨*Sport*⟩ (*of a ball, puck, etc.*) passare al centro. **II** *v.i.* **1** rotare, imperniarsi (*on, about, around, in* intorno, su): *the tribal organization −d round the chief* l'organizzazione tribale s'imperniava intorno al capo. **2** ⟨*fig*⟩ concentrarsi, accentrarsi, polarizzarsi: *the discussion −d around the latest news* la discussione si accentrò sulle ultime notizie.

centre|back *s.* ⟨*Sport*⟩ centroterzino *m.* **~ bit** *s.* ⟨*Fal*⟩ punta *f* inglese (*o a centro*). **~ board** *s.* ⟨*Mar*⟩ deriva *f* mobile, chiglia *f* di deriva. **~ distance** *s.* ⟨*Mecc*⟩ interasse *m.* **~ drill** *s.* ⟨*Mecc*⟩ punta *f* a centrare. **~ field** *s.* ⟨*Sport*⟩ centrocampo *m.* **~ fielder** *s.* ⟨*Sport*⟩

centrocampista *m/f.* **~ forward** *s.* ⟨*Sport*⟩ centravanti *m*, centrattacco *m.* **~ half** *s.* ⟨*Sport*⟩ centromediano *m.* **~ lathe** *s.* ⟨*Mecc*⟩ tornio *m* parallelo. **~-left** *s.* ⟨*Pol*⟩ centrosinistra *m.* **~ line** *s.* **1** linea *f* centrale (*o mediana*). **2** ⟨*Mar*⟩ mezzeria *f.* **3** (*axis*) asse *m.*

centremost ['sentəmoust] *a.* il più centrale, centralissimo.

centre|-piece *s.* **1** centrotavola *m.* **2** (*of a ceiling*) rosone *m* centrale. **~-rail** *s.* ⟨*Ferr*⟩ rotaia *f* centrale. **~-right** *s.* ⟨*Pol*⟩ centrodestra *m.* **~-second** *s.* lancetta *f* dei secondi. **~ spread** *s.* ⟨*Giorn*⟩ pagine *fpl* centrali senza suddivisione in colonne.

centric ['sentrik] *a.* **1** centrale. **2** ⟨*Anat*⟩ di (*o relativo a*) un centro nervoso. **3** ⟨*Bot*⟩ centrico. **centricity** [−'trisiti] *s.* centralità *f.*

centrifugal [sen'trifjugəl] **I** *a.* centrifugo. **II** *s.* ⟨*Mecc*⟩ centrifuga *f.*

centrifugal| dryer *s.* **1** ⟨*Mecc*⟩ idroestrattore *m*, essiccatore *m* centrifugo. **2** (*of washing machines*) centrifuga *f.* **~ force** *s.* ⟨*Fis*⟩ forza *f* centrifuga. **~ separator** *s.* separatore *m* centrifugo.

centrifugation [,sentrifju'geiʃən] *s.* centrifugazione *f.* **'centrifuge** [−ʃju:dʒ] **I** *s.* centrifuga *f.* **II** *v.t.* centrifugare.

centring ['sentriŋ] *s.* **1** ⟨*Edil*⟩ centina *f.* **2** ⟨*tecn*⟩ centratura *f.*

centring machine *s.* ⟨*tecn*⟩ centratore *m.*

centripetal [sen'tripitl] *a.* **1** ⟨*Fis,Bot*⟩ centripeto: *~ force* forza centripeta. **2** ⟨*Med*⟩ centripeto, afferente.

centrism ['sentrizm] *s.* ⟨*Pol*⟩ centrismo *m.* **centrist** [−ist] **I** *s.* ⟨*Pol*⟩ centrista *m/f.* **II** *a.* centrista.

centrosome ['sentrəsoum] *s.* ⟨*Biol*⟩ centrosoma *m.*

centrosphere ['sentrəsfiə] *s.* **1** ⟨*Biol*⟩ centrosfera *f.* **2** ⟨*Geol*⟩ nucleo *m* terrestre.

centumvir [sen'tʌmvə] *s.* (*pl.* **-viri** [vərai]/**-s** [z]) ⟨*Stor.rom*⟩ centumviro *m.* **centumvirate** [−virit] *s.* centumvirato *m.*

centuple ['sentjupl] **I** *a.* centuplo, centuplice. **II** *v.t.* centuplicare. **centuplicate** [−'tju:plikit] **I** *v.t.* centuplicare. **II** *a.* centuplicato. **III** *s.* centuplo *m.* □ *in ~* in cento copie.

centurion [sen'tjuəriən] *s.* ⟨*Stor.rom*⟩ centurione *m.*

century ['sentʃuri] *s.* **1** secolo *m*: *in the nineteenth ~* nel diciannovesimo secolo. **2** (*group of a hundred*) centinaio *m*, centuria *f.* **3** ⟨*Stor.rom*⟩ centuria *f.* **4** ⟨*am.sl*⟩ cento dollari *mpl*, ⟨*fam*⟩ centone *m.*

century plant *s.* ⟨*Bot*⟩ aloe *f* (*o* agave) americana.

cephalalgia [,sefə'lӕldʒiə], **cephalalgy** [−dʒi] *s.* ⟨*Med*⟩ cefalalgia *f*, cefalea *f*, ⟨*fam*⟩ mal *m* di testa.

cephalic [se'fӕlik] *a.* cefalico: *~ index* indice cefalico.

cephalopod ['sefələpɔd] *s.* ⟨*Itt*⟩ **1** mollusco dei cefalopodi. **2** *pl.* cefalopodi *mpl.*

cephalosporin [,sefəlou'spɔrin] *s.* ⟨*Biol*⟩ cefalosporina *f.*

cephalotomy [,sefə'lɔtəmi] *s.* ⟨*Chir*⟩ cefalotomia *f.*

ceramic [sə'rӕmik] *a.* della ceramica, ceramico. **ceramics** [−s] *s.pl.* **1** (*art, technique*; costr. sing.) ceramica *f.* **2** (*articles*; costr. pl.) ceramiche *fpl.* **ceramist** ['serəmist] *s.* ceramista *m/f.*

cerastes [sə'rӕsti:z] *s.inv.* ⟨*Zool*⟩ ceraste *m* cornuto.

Cerberus ['sə:bərəs] **I** *N.pr.* ⟨*Mitol*⟩ Cerbero *m.* **II** *s.* (*pl.* **-uses** [−iz]/**-ri** [rai]) cerbero *m.* □ ⟨*fig*⟩ *a sop to ~* un dono propiziatorio, ⟨*lett*⟩ un'offa a Cerbero.

cercopith ['sə:kəpiθ] *s.* ⟨*Zool*⟩ cercopiteco *m.*

cere [siə] *s.* ⟨*Ornit*⟩ cera *f*, ceroma *m.*

cereal ['siəriəl] **I** *s.* **1** cereale *m.* **2** (*breakfast food*) cereali *mpl.* **II** *a.* cereale.

cereal| grower *s.* cerealicoltore *m* (*f* −trice). **~ growing** *s.* cerealicoltura *f.*

cerebellar [,seri'belə] *a.* ⟨*Anat*⟩ cerebellare. **cerebellum** [−m] *s.* (*pl.* **-s** [z]/**-lla** [lə]) cervelletto *m.*

cerebral ['seribrəl] *a.* **1** ⟨*Anat*⟩ cerebrale. **2** ⟨*fig*⟩ cerebrale, intellettuale.

cerebral| blood flow *s.* flusso *m* ematico cerebrale. **~ cortex** *s.* ⟨*Anat*⟩ corteccia *f* cerebrale. **~ hemisphere** *s.* emisfero *m* cerebrale.

cerebralism ['siribrəlizm] *s.* cerebralismo *m.*

cerebral palsy *s.* ⟨*Med*⟩ paralisi *f* cerebrale.

cerebrate ['seribreit] *v.i.* usare il cervello, ragionare.

cerebration [ˌseriˈbreiʃən] *s.* **1** cerebrazione *f,* meditazione *f.* **2** (*product*) elucubrazione *f.*

cerebrospinal [ˌseribrɔ(u)ˈspainl] *a.* ⟨*Med*⟩ **1** (*of the brain and the spinal cord*) cerebrospinale. **2** (*of the central nervous system*) del sistema nervoso centrale.

cerebrospinal| fluid *s.* ⟨*Anat*⟩ liquido *m* cerebrospinale. **~ meningitis** *s.* ⟨*Med*⟩ meningite *f* cerebrospinale.

cerebrum [ˈseribrəm] *s.* (*pl.* **-s** [z]/**-bra** [brə]) ⟨*Anat*⟩ cerebro *m,* cervello *m.*

cerecloth [ˈsiəklɔθ] *s.* **1** tela *f* cerata, incerata *f.* **2** (*piece of cloth*) pezzo *m* di tela cerata; (*shroud*) sudario *m.*

cerement [ˈsiəmənt] *s.* **1** tela *f* cerata. **2** *pl.* (*grave clothes*) sudario *m.*

ceremonial [ˌseriˈmounjəl] **I** *a.* **1** formale, solenne, rituale: *a ~ funeral* un funerale solenne. **2** (*used in ceremonies*) da (*o* di) cerimonia, cerimoniale: *~ robes* abiti da cerimonia. **II** *s.* **1** cerimoniale *m.* **2** ⟨*Lit*⟩ cerimoniale *m,* rituale *m;* (*book*) cerimoniale *m.* **3** (*ceremonial usage, behaviour*) etichetta *f.* **ceremonialism** [-izəm] *s.* **1** ⟨*Rel*⟩ ritualismo *m.* **2** (*fondness for ceremonies*) formalismo *m.* **ceremonialist** [-ist] *s.* **1** ⟨*Rel*⟩ ritualista *m.* **2** ⟨*spreg*⟩ formalista *m/f.* **ceremonially** [-i] *avv.* formalmente. **ceremonious** [-jəs] *a.* **1** cerimonioso, convenzionale, formale. **2** (*marked by ceremony*) formale, solenne. **ceremoniousness** [-jəsnis] *s.* cerimoniosità *f.*

ceremony [ˈseriməni] *s.* **1** cerimonia *f.* **2** ⟨*Lit*⟩ cerimonia *f,* rito *m.* **3** ⟨*collett*⟩ (*formal observances*) complimenti *mpl,* convenevoli *mpl,* cerimonie *fpl: without ~* senza fare complimenti. **4** (*meaningless observance*) formalità *f: the signing of the treaty was nothing but ~* la firma del trattato non fu che una formalità. □ *Master of Ceremonies* maestro *m* di cerimonie, cerimoniere *m; to stand on ~* fare cerimonie (*o* complimenti).

Ceres [ˈsiəri:z] *N.pr.* ⟨*Mitol*⟩ Cerere *f.*

cerise [səˈriːz] **I** *a.* (color) rosso ciliegia. **II** *s.* rosso *m* ciliegia.

cerium [ˈsiəriəm] *s.* ⟨*Chim*⟩ cerio *m.*

ceroplastic [ˌsiərɔ(u)ˈplæstik] *a.* ceroplastico. **ceroplastics** [-s] *s.pl.* (costr. sing.) ceroplastica *f.*

cert [sə:t] *s.* ⟨*sl*⟩ cosa *f* certa, certezza *f.* □ *it's a dead ~* è più che certo.

cert. = 1 *certificate* certificato. **2** *certified* attestato.

certain [ˈsə:tn] *a.* **1** sicuro, certo: *I am ~ that I am right* sono sicuro di aver ragione; *to be ~ of* (*o about*) *s.th.* essere certo di qc. **2** (*destined, sure*) scontato, stabilito, certo: *he is ~ to be late* è scontato che sarà in ritardo. **3** (*inevitable*) certo, sicuro, inevitabile: *it meant ~ death* significava morte certa. **4** (*unquestionable*) indubbio, indiscutibile: *his integrity is ~* la sua onestà è indiscutibile. **5** (*fixed, established*) certo, dato, determinato, stabilito: *on a ~ day* in un giorno stabilito. **6** (*definite but not specified*) certo: *a ~ well-known actress* una certa attrice famosa. **7** (*indefinite*) certo, qualche: *a ~ likeness* una certa somiglianza. □ *I'm absolutely ~ of* it ne sono più che certo; ⟨*Comm*⟩ *to quote ~ exchange* quotare (*o* dare) il certo; *for ~* per certo, di sicuro, con certezza: *to know s.th. for ~* sapere qc. ⌐di sicuro⌐ (*o* per certo); *to be able to say for ~* poter (*o* saper) dire con certezza; *to make ~* accertarsi, assicurarsi.

certainly [ˈsə:tnli] *avv.* **1** certamente, sicuramente, senza fallo, indubbiamente. **2** (*in answers*) certo, sicuro, senz'altro, certamente. **3** (*used for emphasis*) senza dubbio, certamente, (di) certo: *he ~ has made a lot of money* ha fatto certamente un mucchio di soldi. □ *~ not!* no di certo!, certamente no!

certainty [ˈsə:tnti] *s.* **1** certezza *f,* sicurezza *f.* **2** (*something certain*) cosa *f* certa, certezza *f.* □ *to bet on a ~* scommettere sul sicuro; *for* (*o to*) *a ~* per certo, di sicuro, con sicurezza: *I know for a ~ that you are wrong* so per certo che hai sbagliato.

certes [ˈsə:tiz] *avv.* ⟨*ant*⟩ certamente, in verità, invero.

certifiable [ˈsə:tifaiəbl] *a.* **1** attestabile. **2** ⟨*Med*⟩ da ricoverare (*o* internare) in manicomio. **3** ⟨*pop*⟩ (*mad*) pazzo, matto, da manicomio.

certificate **I** *s.* [səˈtifikit] **1** certificato *m* (*anche Dir.,Comm.*). **2** ⟨*Scol*⟩ certificato *m,* attestato *m.* **3** ⟨*Econ*⟩ cartella *f.* **II** *v.t.* [-keit] **1** certificare, attestare

(mediante certificato). **2** (*to authorize by a certificate*) autorizzare (mediante certificato), abilitare. □ *~ of airworthiness* certificato *m* di navigabilità aerea; ⟨*Dir.am*⟩ *~ of authority* certificato *m* di autorizzazione; *~ of character* certificato *m* di buona condotta; ⟨*Mar*⟩ *~ of clearance* certificato *m* di nulla osta; ⟨*Comm*⟩ *~ of clearing inwards* certificato *m* d'arrivo; ⟨*Comm*⟩ *~ of clearing outwards* certificato *m* d'uscita; *~ of compliance* certificato *m* di conformità; ⟨*Comm*⟩ *~ of damage* certificato *m* d'avaria; ⟨*Comm*⟩ *~ of discharge* certificato *m* di scarico; ⟨*Dir*⟩ **duration** *of ~* durata *f* della validità del certificato; *to extend a ~* prorogare un certificato; *~ of firearms* porto *m* d'armi; ⟨*Dir.am*⟩ *~ of incorporation* certificato *m* di costituzione (di una società); ⟨*Comm*⟩ *~ of indebtedness* certificato *m* di debito; ⟨*Agr*⟩ *~ of land ownership* estratto *m* del ⌐registro immobiliare⌐ (*o* libro fondiario); ⟨*Comm*⟩ *~ of origin* certificato *m* d'origine; ⟨*Mar*⟩ *~ of owner* documento *m* d'identità della nave; *~ of police record* certificato *m* penale; *~ of qualification* certificato *m* di abilitazione (professionale); ⟨*Mar*⟩ *~ of registry* certificato *m* di registro della nave; ⟨*Dir*⟩ *~ of satisfaction* certificato *m* di cancellazione (*o* radiazione); ⟨*Mar*⟩ *~ of seaworthiness* certificato *m* di navigabilità; ⟨*Econ*⟩ *~ of stock* certificato *m* di proprietà di azioni.

certificate book *s.* registro *m* ⌐dei certificati⌐ (*o* degli attestati).

certification [ˌsə:tifiˈkeiʃən] *s.* **1** certificazione *f.* **2** (*certified statement*) attestazione *f.* **3** (*of a cheque, document*) autenticazione *f,* vidimazione *f.* **4** ⟨*Dir*⟩ legalizzazione *f,* autenticazione *f.* □ ⟨*Dir*⟩ *~ of signatures* legalizzazione *f* delle firme; ⟨*Dir*⟩ *~ of transfer* autentificazione *f* di un atto di cessione.

certified [ˈsə:tifaid] *a.* **1** certificato, attestato. **2** (*proved by a certificate*) attestato, autenticato, legalizzato; (*guaranteed*) garantito. □ ⟨*Dir*⟩ *~ true copy* copia autenticata conforme all'originale.

certified| check *am. s.* ⟨*Econ*⟩ assegno *m* vistato (a copertura garantita). **~ date** *s.* data *f* autenticata. **~ mail** *am. s.* posta *f* raccomandata. **~ mark** *s.* ⟨*Comm*⟩ marchio *m* di origine (*o* autenticità). **~ milk** *am. s.* latte *m* pastorizzato. **~ public accountant** *am. s.* ragioniere *m* iscritto all'albo. **~ transfer** *s.* ⟨*Dir*⟩ cessione *f* documentata.

certifier [ˈsə:tifaiə] *s.* chi certifica (*o* attesta). **certify** [-fai] **I** *v.t.* **1** attestare, certificare: *to ~ the truth of s.th.* attestare la verità di qc.; (*in writing*) certificare, attestare, dichiarare per iscritto. **2** (*to guarantee*) legalizzare, autenticare: *to ~ a signature* legalizzare una firma; (*of a cheque*) garantire. **3** ⟨*Med*⟩ dichiarare pazzo. **II** *v.i.* attestare ⌐con un⌐ (*o* mediante) certificato (*to s.th.* qc.), rilasciare un certificato (di): *to ~ to unfitness for a job* rilasciare un certificato d'inabilità a un lavoro. □ ⟨*Dir*⟩ *to ~ a deed* legalizzare un atto; ⟨*Dir*⟩ *I hereby ~ that* con la presente attesto (*o* dichiaro) che; ⟨*Dir*⟩ *this is to ~ that* si certifica che.

certiorari [ˌsə:ʃiɔˈreərai] *s.* ⟨*Dir*⟩ richiesta *f* degli atti processuali (da parte di autorità giudiziaria superiore).

certitude [ˈsə:titju:d] *s.* certezza *f,* sicurezza *f.*

cerulean [siˈru:ljən] **I** *a.* ceruleo. **II** *s.* ceruleo *m.*

cerumen [siˈru:mən] *s.* ⟨*Med*⟩ cerume *m.* □ *inspissated ~* tappo *m* di cerume. **ceruminous** [-əs] *a.* ceruminoso.

ceruse [ˈsiəru:s] *s.* cerussa *f,* biacca *f.*

cervical [ˈsə:vikl] *a.* ⟨*Anat*⟩ cervicale.

cervical cancer *s.* ⟨*Med*⟩ cancro *m* della cervice.

cervine [ˈsə:vain] *a.* **1** simile al cervo. **2** (*of deer*) di cervo, cervino.

cervix [ˈsə:viks] *s.* (*pl.* **-vixes** [-iz]/**-vices** [visi:z]) ⟨*Anat*⟩ **1** (*neck*) cervice *f;* (*nape*) nuca *f.* **2** (*neck-like part*) collo *m,* cervice *f.*

Cesarean *a./s.* → Caesarean.

Cesarean operation *s.* → Caesarean operation.

cess¹ [ses] *s.* **1** tassa *f,* imposta *f.* **2** ⟨*scozz*⟩ imposta *f* terriera. **3** ⟨*irl*⟩ tassa *f* militare.

cess² *irl. s.* ⟨*sl*⟩ fortuna *f,* sorte *f.* □ *bad ~ to you!* il diavolo ti porti!, va' in malora!

cessation [seˈseiʃən] *s.* **1** cessazione *f: ~ of hostilities* cessazione delle ostilità. **2** (*pause, stop*) sospensione *f,* pausa *f* (*from* di).

cesser ['sesə] *s.* ⟨*Dir*⟩ cessazione *f.*

cession ['seʃən] *s.* cessione *f* (*anche Dir.*). **cessionary** [–əri] *s.* ⟨*Dir*⟩ cessionario *m* (*f* –a).

cess|pit, ~pool *s.* **1** pozzo *m* nero, fogna *f.* **2** ⟨*fig*⟩ fogna *f,* letamaio *m.*

cestode ['sestoud] **I** *a.* ⟨*Zool*⟩ dei cestodi. **II** *s.* cestodo *m.*

cestoid [–tɔid] **I** *a.* (*of worms*) nastriforme. **II** *s.* cestodo *m.*

cestus ['sestəs] *s.inv.* ⟨*Stor.rom*⟩ cesto *m.*

cesura [si:'zjuərə] *s.* (*pl.* **-s** [z]/**-rae** [ri:])⟨*Metr*⟩(*caesura*) cesura *f.*

CET = *Central European Time* ora dell'Europa Centrale.

cetacean [se'teiʃən] **I** *a.* ⟨*Zool*⟩ dei cetacei. **II** *s.* **1** cetaceo *m.* **2** *pl.* cetacei *mpl.* **cetaceous** [–ʃəs] *a.* → cetacean.

cetane| number, ~ rating *s.* ⟨*Chim,Mot*⟩ numero *m* di cetano.

ceterach ['si:təræk] *s.* ⟨*Bot*⟩ cedracca *f,* cetracca *f,* erba *f* dorata.

cetologist [si'tɔlədʒist] *s.* cetologo *m.* **cetology** [–dʒi] cetologia *f.*

cetyl alcohol ['si:til] *s.* alcol *m* cetilico.

Ceylon [si'lɔn] *N.pr.* ⟨*Geog*⟩ Ceylon *f.* **Ceylonese** [selə'ni:z] **I** *a.* di Ceylon. **II** *s.* abitante *m/f* di Ceylon.

c.f. = *compare* confronta (*abbr.* cfr.).

c.f., C.F., c & f, c. & f. = ⟨*Comm*⟩ *cost and freight* costo e nolo.

c/f = ⟨*Comm*⟩ *carried forward* riportato.

c.f.i., C.F.I. = ⟨*Comm*⟩ *cost, freight and insurance* costo, nolo e assicurazione.

cg. = *centigramme* centigrammo (*abbr.* cg).

C.G. = **1** *Captain of the Guard* capitano delle guardie. **2** *Coast Guard* guardia costiera. **3** *Consul-General* console generale (*abbr.* C.G.).

C.G.S. = **1** ⟨*GB*⟩ *Chief of the General Staff* Capo di stato maggiore. **2** *Centimetre-gramme-second* centimetro –grammo–secondo (*abbr.* C.G.S.).

ch. = *chapter* capitolo (*abbr.* cap.).

C.H. = **1** ⟨*Econ*⟩ *Clearing House* stanza di compensazione. **2** *Custom House* dogana.

cha-cha ['tʃa:tʃa:] **I** *s.* (*ballroom dance*) cha–cha–cha *m.* **II** *v.i.* (*pret., p.p.* **cha–chaed** [–d]) ballare il cha–cha–cha.

chaconne [ʃə'kɔn] *s.* ⟨*Mus*⟩ ciaccona *f.*

chafe [tʃeif] **I** *v.t.* **1** riscaldare sfregando (*o* strofinando). **2** (*to wear away by rubbing*) logorare, consumare. **3** (*to make sore by rubbing*) irritare: *the rough cloth –d her skin* la stoffa ruvida le ha irritato la pelle. **4** ⟨*fig*⟩ (*to irritate*) irritare, infastidire, ⟨*fam*⟩ seccare. **II** *v.i.* **1** sfregarsi, strofinarsi (*against* contro). **2** (*to become worn by rubbing*) logorarsi, consumarsi. **3** (*to become sore with rubbing*) irritarsi. **4** ⟨*fig*⟩ irritarsi, infastidirsi, ⟨*fam*⟩ seccarsi (*at* di, per): *to ~ at the constant interruptions* infastidirsi per le continue interruzioni. **III** *s.* **1** irritazione *f.* **2** ⟨*fig*⟩ irritazione *f,* fastidio *m.* **3** (*rage*) accesso *m* d'ira (*o* di rabbia). □ ⟨*fig*⟩ *to ~ at the bit* mordere il freno; *to be in a ~* essere irritato (*o* seccato).

chafer ['tʃeifə] *s.* ⟨*Entom*⟩ coleottero *m.*

chaff[1] [tʃɑ:f] *s.* **1** ⟨*Agr*⟩ pula *f,* loppa *f,* lolla *f.* **2** (*straw fodder*) paglia *f,* fieno *m.* **3** ⟨*fig*⟩ rifiuto *m,* scarto *m.* **4** ⟨*Bot*⟩ palea *f,* paglietta *f.* □ ⟨*fig*⟩ *to be caught with ~* essere facilmente imbrogliato.

chaff[2] **I** *v.t.* canzonare, prendere in giro, prendersi gioco di. **II** *v.i.* scherzare, celiare. **III** *s.* celia *f,* canzonatura *f,* presa *f* in giro.

chaff cutter *s.* ⟨*Agr*⟩ trinciapaglia *m.*

chaffer[1] ['tʃæfə] **I** *v.i.* mercanteggiare (*over* su), contrattare (qc.), tirare sul prezzo (di). **II** *s.* mercanteggiamento *m,* contrattazione *f.*

chaffer[2] ['tʃɑ:fə] *s.* canzonatore *m* (*f* –trice), burlone *m* (*f* –a).

chaffinch ['tʃæfintʃ] *s.* ⟨*Ornit*⟩ fringuello *m.*

chaffy ['tʃɑ:fi] *a.* **1** coperto di pula; (*resembling chaff*) simile a pula. **2** ⟨*fig*⟩ vuoto, insignificante, privo di valore.

chafing ['tʃeifiŋ] *s.* **1** irritazione *f.* **2** ⟨*Mecc*⟩ sfregamento *m.*

chafing| dish, ~ pan *s.* scaldavivande *m.*

chagrin ['ʃægrin, *am.* ʃə'grin] **I** *s.* mortificazione *f,* umiliazione *f.* **II** *v.t.* (*pret., p.p.* **-nned/-ned** [–d]) mortificare, umiliare. □ *to be* (*o feel*) *–ed at* (*o by*) *s.th.* essere (*o* sentirsi) mortificato per (*o* di) qc.

chain [tʃein] **I** *s.* **1** catena *f* (*anche Chim.*). **2** (*as an ornament*) catenina *f,* collana *f: a gold ~* una catenina d'oro. **3** ⟨*fig*⟩ (*bond, tie*) catena *f,* vincolo *m.* **4** *pl.* (*bonds*) catene *fpl,* ceppi *mpl,* ferri *mpl: to keep a prisoner in –s* tenere un prigioniero in catene; (*bondage*) schiavitù *f,* servitù *f.* **5** ⟨*fig*⟩ (*series, succession*) concatenamento *m,* serie *f,* successione *f,* catena *f: a ~ of events* una catena di eventi. **6** (*of banks, shops, etc.*) catena *f: a ~ of shoeshops* una catena di negozi di calzature. **7** *pl.* ⟨*Aut*⟩ catene *fpl* (per pneumatici). **8** ⟨*Geog*⟩ catena *f* montuosa (*o* di montagne). **9** ⟨*Topogr*⟩ (*surveyor's chain*) catena *f* da topografo; (*of length*) catena *f* (66 piedi). **II** *v.t.* incatenare; (*of animals;* general. con *up*) incatenare, mettere (*o* tenere) alla catena: *to ~ up a dog* tenere un cane alla catena. □ ⟨*Dir*⟩ *~ of causation* rapporto *m* di causalità; *~ of command* via gerarchiche.

chain| armour *s.* → **chain mail.** **~ banking** *s.* attività *f* bancaria a catena. **~ belt** *s.* ⟨*tecn*⟩ nastro *m* trasportatore. **~ break** *am. s.* ⟨*Rad,Tel*⟩ annuncio *m* pubblicitario. **~ bridge** *s.* ⟨*Arch*⟩ ponte *m* sospeso. **~ cable** *s.* ⟨*Mar*⟩ catena *f* d'ancora. **~ code** *s.* ⟨*Inform*⟩ codice *m* concatenato. **~ coupling** *s.* ⟨*Ferr*⟩ attacco *m* a catena. **~ drive** *s.* ⟨*Mecc*⟩ trasmissione *f* a catena. **~ gang** *s.* squadra *f* (*o* fila) di forzati incatenati. **~ guard** *s.* ⟨*Mecc*⟩ copricatena *m.*

chainlet ['tʃeinlət] *s.* catenina *f,* catenella *f.*

chain| letter *s.* lettera *f* a catena, ⟨*fam*⟩ catena *f* di sant'Antonio. **~ lightning** *s.* lampo *m* a zigzag. **~ locker** *s.* ⟨*Mar*⟩ pozzo *m* delle catene. **~ mail** *s.* ⟨*Mil.ant*⟩ corazza *f* a maglia. **~ printer** *s.* stampante *f* a catena. **~ pump** *s.* ⟨*Mecc*⟩ pompa *f* a catena. **~ react** *v.i.* reagire a catena, presentare reazioni a catena. **~ reaction** *s.* ⟨*Atom*⟩ reazione *f* a catena (*anche fig.*). □ ⟨*Atom*⟩ *~ pile* pila atomica per reazione a catena. **~ reactor** *s.* reattore *m* nucleare, pila *f* atomica. **~ rule** *s.* ⟨*Mat*⟩ regola *f* catenaria. **~-smoke** *v.i.* fumare una sigaretta dopo l'altra, ⟨*fam*⟩ fumare come un turco. **~ smoker** *s.* fumatore *m* accanito. **~ stitch** *s.* ⟨*Lav.femm*⟩ punto *m* catenella. **~ store** *s.* negozio *m* a catena. **~ wheel** *s.* ⟨*Mecc*⟩ puleggia *f* per catena.

chair [tʃɛə] **I** *s.* **1** sedia *f,* seggiola *f.* **2** (*seat of office, authority*) seggio *m,* scranna *f.* **3** ⟨*fig*⟩ carica *f,* seggio *m: the presidential ~* la carica di presidente; (*professorship*) cattedra *f: ~ of geology* cattedra di geologia. **4** ⟨*fig*⟩ (*chairman of a meeting*) presidente *m: to address the ~* rivolgersi al presidente. **5** ⟨*am*⟩ (*electric chair*) sedia *f* elettrica. **6** (*sedan chair*) portantina *f.* **7** ⟨*Ferr*⟩ ganascia *f.* **8** ⟨*Mecc*⟩ mozzo *m* di ruota. **9** ⟨*Dir.am*⟩ banco *m* dei testimoni. **II** *v.t.* **1** ⟨*fig*⟩ (*to install in office*) insediare. **2** ⟨*fig*⟩ (*to act as chairman of*) presiedere: *to ~ a meeting* presiedere una riunione. **3** (*to carry in triumph*) portare in trionfo. □ ⟨*fig*⟩ *to be in the ~* avere la presidenza, presiedere; ⟨*fig*⟩ *to leave the ~:* 1 (*to end a meeting*) togliere (*o* chiudere) la seduta; 2 (*to leave the chairmanship*) lasciare la presidenza; *to take a ~* prendere una sedia, sedersi; *please,* (*won't you*) *take a ~?* prego, si segga (*o* accomodi)! ⟨*fig*⟩ *to take the ~:* 1 (*to open a meeting*) aprire la seduta; 2 (*to act as chairman*) assumere la presidenza.

chair|back *s.* schienale *m.* **~ bed** *s.* poltrona *f* letto. **~ lift** *s.* seggiovia *f.*

chairman ['tʃɛəmən] *s.irr.* **1** presidente *m: the ~ of a company* il presidente di una società. **2** ⟨*am.Univ*⟩ professore *m* che dirige un dipartimento. **3** (*one who wheels an invalid's chair*) chi spinge una sedia a rotelle; (*carrier of a sedan chair*) portatore *m* di portantina. □ *~ of the board* presidente *m* del consiglio di amministrazione. **chairmanship** [–ʃip] *s.* presidenza *f.*

chair| warmer *am. s.* ⟨*sl*⟩ fannullone *m* (*f* –a), ⟨*scherz, spreg*⟩ scaldaseggiole *m/f.* **~ woman** *s.irr.* presidentessa *f.*

chaise [ʃeiz] *s.* **1** calesse *m.* **2** (*post chaise*) diligenza *f.* **3**

→ **chaise-longue.**

chaise-longue *fr.* ['lõg] *s.* (*pl.* **chaises-longues**) chaise–longue *f,* sedia *f* a sdraio.

chalcedony [kæl'sedəni] *s.* calcedonio *m.*

chalcography [kæl'kɔgrəfi] *s.* calcografia *f.*

chalcopyrite [ˌkælko(u)'pairait] *s.* (*Min*) calcopirite *f.*

Chaldaic [kæl'deiik] *a.* → **Chaldean. Chaldea** [-'di:ə] *N.pr.* (*Geog*) Caldea *f.* **Chaldean** [-'di:ən] **I** *s.* **1** caldeo *m* (*f* –a). **2** (*language*) lingua *f* caldaica (*o* caldea). **3** (*astrologer*) astrologo *m* (*f* –a). **II** *a.* caldeo.

chaldron ['tʃɔ:ldrən] *s.* unità *f* di misura di peso (da 32 a 36 bushel).

chalet ['ʃælei] *s.* **1** (*herdsman's hut in the Alps*) baita *f,* malga *f.* **2** (*farm house in the Alps*) fattoria *f* di montagna. **3** (*cottage*) villetta *f* rustica, chalet *m.*

chalice ['tʃælis] *s.* **1** (*lett*) coppa *f,* calice *m.* **2** (*Lit,Bot*) calice *m.* **chaliced** [-t] *a.* (*Bot*) che fiorisce a (forma di) calice.

chalk[1] [tʃɔ:k] **I** *s.* **1** gesso *m.* **2** (*piece of chalk*) gesso *m,* gessetto *m: coloured –s* gessetti colorati. **II** *a.* **1** di gesso. **2** (*drawn with chalk*) disegnato col gesso. □ (*fig*) *as like as ~ to cheese* del tutto dissimili; (*fam*) *not to know ~ from cheese* prendere fischi per fiaschi; (*Sport*) *to hit the ~ (of a ball)* toccare la linea del campo; (*fam*) *by a long ~* di gran lunga; (*fam*) *not by a long ~* per nulla, affatto.

chalk[2] *v.t.* **1** scrivere col gesso; (*to mark with chalk*) segnare col gesso. **2** (*to fertilize land with chalk*) gessare. □ *to ~ out a plan* abbozzare (*o* delineare) un piano; *to ~* **up:** 1 (*to score*) riportare, ottenere: *to ~ up a win* riportare una vittoria; 2 (*to ascribe*) attribuire.

chalk| bed *s.* (*Geol*) strato *m* gessoso. **~board** *s.* lavagna *f.* **~ drawing** *s.* (*Art*) disegno *m* coi gessetti colorati.

chalkiness ['tʃɔ:kinis] *s.* l'essere gessoso.

chalk| pit *s.* cava *f* di gesso. **~ stone** *s.* (*Med*) tofo *m* della gotta. **~ talk** *am.* *s.* conferenza *f* illustrata da diagrammi. **~ up** *s.* (*score*) punteggio *m.*

chalky ['tʃɔ:ki] *a.* **1** gessoso. **2** (*chalk–coloured*) pallido, terreo.

challenge ['tʃælindʒ] **I** *s.* **1** sfida *f.* **2** (*threat*) sfida *f,* minaccia *f: a ~ to democracy* una minaccia alla democrazia. **3** (*demand for an explanation*) richiesta *f* di chiarificazione (*o* spiegazione). **4** (*fig*) impresa *f* difficile (*o* ardua), sfida *f: this mission is the greatest ~ of his career* questa missione è l'impresa più ardua della sua carriera. **5** (*Mil*) chi va là *m,* alto là *m.* **6** (*Dir*) (*of a jury, juror*) impugnazione *f,* opposizione *f,* eccezione *f.* **7** (*am.Parl*) (*of a vote*) dichiarazione *f* di nullità, invalidamento *m.* **II** *v.t.* **1** sfidare: *to ~ s.o. to a duel* sfidare qd. a duello. **2** (*to require, demand*) rivendicare, esigere. **3** (*to call into question*) mettere in discussione (*o* dubbio): *I ~ your right to do it* metto in dubbio il tuo diritto di farlo. **4** (*fig*) suscitare, eccitare, stimolare: *to ~ the imagination* eccitare la fantasia. **5** (*Mil*) intimare 'il chi va là' (*o* l'alto là). **6** (*Dir*) impugnare. **7** (*am.Parl*) (*of a vote*) invalidare. □ *to accept a ~* raccogliere una sfida; (*Dir*) *~ to the array* opposizione *f* contro tutta la giuria; *to ~ attention* imporsi all'attenzione, meritare d'essere preso in considerazione; (*Dir*) *~ for cause* opposizione motivata; *a career that offers a ~* una carriera che richiede molto impegno.

challenge cup *s.* (*Sport*) coppa *f* (*o* trofeo *m*) challenge.

challenger ['tʃælindʒə] *s.* **1** sfidatore *m* (*f* –trice), provocatore *m* (*f* –trice). **2** (*Sport*) sfidante *m/f.*

challenging ['tʃælindʒiŋ] *a.* **1** (*stimulating*) provocatorio, polemico, di sfida; (*interesting*) interessante, stimolante: *a ~ idea* un'idea interessante. **2** (*inviting, fascinating*) provocante, attraente, invitante: *a ~ smile* un sorriso provocante. **3** (*offering difficulty*) impegnativo, difficoltoso: *a ~ task* un compito impegnativo.

chalybeate [kə'libieit] **I** *a.* (*Geol,Farm*) ferruginoso, contenente ferro: *~ spring* sorgente ferruginosa. **II** *s.* (*Geol*) acqua *f* ferruginosa.

chamber ['tʃeimbə] **I** *s.* **1** (*lett*) (*room*) camera *f;* (*bedroom*) camera *f* da letto; (*in a palace, etc.*) sala *f,* salone *m.* **2** *pl.* (*apartment*) appartamento *m,* stanze *fpl.* **3** (*Parl*) (*meeting hall*) aula *f.* **4** (*fig*) (*parliamentary body*) camera *f.* **5** *pl.* (*Dir*) (*judge's office*) ufficio *m* privato di un giudice. **6** *pl.* (*lawyer's quarters*) studio *m* di avvocato. **7** (*treasury, chamberlain's office*) tesoreria *f.* **8** (*Anat*) cavità *f,* camera *f.* **9** (*Mil*) (*for cartridges, shells*) camera *f* di scoppio; (*part of the barrel*) camera *f* di caricamento. **II** *a.* **1** segreto, privato. **2** (*Mus*) da camera. **III** *v.t.* **1** alloggiare, ospitare. **2** (*to furnish with a chamber*) fornire di camera. **3** (*Mil*) (*of guns, firearms*) contenere. □ *~ of Commerce* camera *f* di commercio; (*Parl*) *~ of deputies* camera *f* dei deputati; *~ of horrors:* 1 (*place*) stanza *f* degli orrori (*anche fig.*); 2 (*collection*) raccolta *f* di oggetti macabri.

chamber| concert *s.* (*Mus*) concerto *m* di musica da camera, concerto *m* cameristico. **~ council** *s.* (*ant*) consiglio *m* segreto. **~ counsel** *s.* (*Dir*) avvocato *m* consulente, consultore *m.*

chamberlain ['tʃeimbəlin] *s.* **1** (*bed–chamber attendant*) maestro *m* di camera. **2** (*high steward*) cerimoniere *m;* (*high official*) ciambellano *m.* **3** (*treasurer*) tesoriere *m.* □ (*GB*) *the Lord ~* il Lord Ciambellano. **chamberlainship** [-ʃip] *s.* ufficio *m* (*o* carica *f*) di ciambellano.

chamber|maid *s.* cameriera *f* d'albergo. **~ music** *s.* (*Mus*) musica *f* da camera. **~ orchestra** *s.* orchestra *f* da camera. **~-pot** *s.* vaso *m* da notte.

chameleon [kə'mi:ljən] *s.* (*Zool,fig*) camaleonte *m.* **chameleonic** [-li'ɔnik] *a.* camaleontico (*anche fig.*).

chamfer ['tʃæmfə] **I** *s.* **1** (*tecn*) bisello *m,* smusso *m,* taglio *m* a sbieco. **2** (*Arch*) modanatura *f,* smussatura *f.* **3** (*Fal*) scanalatura *f.* **II** *v.t.* **1** (*tecn*) smussare, bisellare. **2** (*Fal*) scanalare.

chammy ['ʃæmi] **I** *s.* (*pl.* -mies [-s]) **1** (*Conc*) pelle *f* di camoscio, camoscio *m.* **2** (*Tess*) tessuto *m* scamosciato. **II** *v.t.* **1** (*Conc*) scamosciare. **2** (*to rub with a chammy*) strofinare con una pelle di camoscio.

chamois ['ʃæmwɑ:] **I** *s.* **1** (*Zool*) camoscio *m.* **2** (*Conc*) pelle *f* di camoscio, camoscio *m.* **II** *v.t.* → **chammy.**

chamois leather ['ʃæmwɑ:, 'ʃæmi] *s.* (*Conc*) camoscio *m,* pelle *f* di camoscio.

chamomile ['kæməmail] *s.* → **camomile.**

champ[1] [tʃæmp] **I** *v.t.* **1** (*of horses*) mordere: *to ~ the bit* mordere il freno. **2** (*to chew, munch*) masticare rumorosamente, sgranocchiare. **II** *v.i.* **1** masticare rumorosamente. **2** (*fig*) essere impaziente, fremere d'impazienza. **III** *s.* masticazione *f* rumorosa. □ (*fig*) *to ~ (at) the bit* mordere il freno, attendere con impazienza.

champ[2] *s.* (*fam*) accorc. di **champion.**

champac ['tʃæmpæk] *s.* (*Bot*) champaca *f.*

champagne [ʃæm'pein] *s.* **1** champagne *m.* **2** (*colour*) color *m* champagne, champagne *m.* □ (*scherz*) *to live in the ~ belt* abitare in un quartiere signorile.

champagne brandy *s.* (*Enol*) qualità *f* di brandy.

champaign [ʃæm'pein] *s.* (*Lett*) pianura *f,* aperta campagna *f.*

champak *s.* → **champac.**

champignon [tʃæm'pinjən] *s.* (*Bot*) **1** (*meadow mushroom*) fungo *m* prataiolo. **2** (*fairy–ring*) gambasecca. *f.*

champion ['tʃæmpjən] **I** *s.* **1** campione *m* (*f* –essa) (*anche Sport.*): *the world heavyweight ~* il campione mondiale dei pesi massimi. **2** (*fist–prize winner*) vincitore *m* (*f* –trice) del primo premio: *the ~ rose at the flower show* la rosa vincitrice del primo premio alla mostra floreale. **3** (*the best, the most expert*) campione *m* (*f* –essa), fuoriclasse *m/f,* asso *m.* **4** (*upholder*) difensore *m* (*f* difenditrice): *a ~ of women's rights* un difensore dei diritti della donna. **II** *a.* **1** vincitore, campione: *~ team* squadra campione. **2** (*fam*) (*first–rate*) di prim'ordine, eccellente, (*fam*) fantastico. **III** *v.t.* difendere, battersi per. **IV** *avv.* (*fam*) in modo eccellente, da campione □ *to ~ the cause of s.th.* farsi campione di qc.; *~ of –s* campionissimo *m* (*f* –a).

championship ['tʃæmpjənʃip] *s.* **1** campionato *m: to win a ~* vincere un campionato. **2** (*contest*) torneo *m,* gara *f.* **3** (*fig*) (*support, defence*) difesa *f.*

chance[1] [tʃɑ:ns] **I** *s.* **1** caso *m,* sorte *f.* **2** (*fortune*) fortuna *f,* sorte *f.* **3** (*possibility, probability*) probabilità *f,* possibilità *f: to have a good ~ of success* avere una buona probabilità di successo. **4** (*opportunity*) possibilità *f*, opportunità *f*, occasione *f: I've had no ~ to read it* non ho avuto la possibilità di leggerlo; *take your ~ while you have it* approfitta dell'occasione quando ti si presenta, non lasciarti sfuggire l'occasione. **5** (*risk*) rischio *m*, azzardo *m: don't take –s* non correre rischi. **6** ⟨*Sport*⟩ chance *f*, possibilità *f* di vittoria. **II** *a.* casuale, fortuito, accidentale: *a ~ encounter* un incontro fortuito. □ *the –s are fifty to one* **against** *his winning* ha una probabilità su cinquanta di vincere; (*the*) *–s* **are** *that* molto probabilmente; **by ~** per caso, fortuitamente; *if by any ~* se per caso; *purely by ~* per puro caso; *a* **game** *of ~* un gioco d'azzardo; *to* **give** *s.o. a ~* dare a qd. una possibilità; *it's your* **last** *~* è l'ultima occasione che ti si presenterà; *to* **leave** *it to ~* lasciar (fare) al caso; *to* **leave** *nothing to ~* non lasciare niente al caso; *a ~ of a* **lifetime** un'occasione unica (*o* più unica che rara); *the* **main** *~* l'occasione di ⌐far fortuna⌐ (*o* arricchire); *to* **look** (*o have an eye*) *to the main ~* ⌐fare i⌐ (*o* badare ai) propri interessi; *to* **miss** *a ~* mancare un'opportunità; **now** *is your ~* questa è la tua occasione; *on the* **off** *~* nell'eventualità; *on the ~ of* caso mai; *on the ~* **that** nel caso che; *to* **stand** *a good ~* avere buone probabilità; *to* **stand** *a poor ~* avere scarse probabilità; *to* **take** *no –s* non voler correre rischi; *to take the ~ to do s.th.* cogliere l'occasione per fare qc.; *to take a long ~* rischiare molto; *to take one's ~:* 1 cogliere l'occasione, approfittare dell'occasione; 2 (*to trust to luck*) affidarsi al caso, confidare nella buona sorte: *you'll just have to take your ~* non ti resta che affidarti al caso; ⟨*Econ*⟩ *the* **theory** *of –s* il calcolo delle probabilità.

hance² **I** *v.i.* (costr. pers. o impers.) darsi il caso che, succedere, capitare, accadere: *I –d to be there when it happened* mi capitò di essere lì quando accadde; *it –d that they arrived late* si è dato il caso che arrivarono tardi. **II** *v.t.* rischiare, azzardare. □ ⟨*fam*⟩ *to ~ one's* **arm** rischiare, voler correre il rischio; ⟨*fam*⟩ *to ~ it* tentare, ⟨*fam*⟩ provarci; *to ~ on* (*o upon*) imbattersi in, incontrare per caso.

hance| comer *s.* visitatore *m* inatteso. **~ companion** *s.* compagno *m* di ventura. **~ gain** *s.* ⟨*Comm*⟩ guadagno *m* aleatorio.

hancel ['tʃɑ:nsl] *s.* ⟨*Arch*⟩ coro *m.*

hancellery ['tʃɑ:nsələri] *s.* **1** carica *f* di cancelliere. **2** (*office of a chancellor*) cancelleria *f* (*anche Dipl.*). **3** ⟨*fig*⟩ (*ambassadorial personnel*) diplomatici *mpl.*

hancellor ['tʃɑ:nsələ] *s.* **1** cancelliere *m* (*anche Dipl.*). **2** ⟨*am.Dir*⟩ (*judge of a court of equity*) giudice *m* di una corte di giustizia. **3** ⟨*Parl*⟩ (*in West Germany*) cancelliere *m.* **4** ⟨*Univ*⟩ presidente *m* onorario. **5** ⟨*am.Univ*⟩ rettore *m.* □ *~ of a* **diocese** consulente *m* legale del vescovo; ⟨*GB*⟩ *~ of the Exchequer* Cancelliere *m* dello Scacchiere; ⟨*GB*⟩ *~ the Lord ~* il Lord Cancelliere. **chancellorship** [–ʃip] *s.* cancellierato *m.* **chancellory** *s.* → **chancellery.**

hance-medley *am.* *s.* **1** ⟨*Dir*⟩ omicidio *m* preterintenzionale (*o* involontario). **2** ⟨*fig*⟩ (*haphazard action*) azione *f* arrischiata (*o* avventata).

hancery ['tʃɑ:nsəri] *s.* **1** cancelleria *f.* **2** ⟨*GB*⟩ corte *f* di giustizia del Lord Cancelliere. **3** ⟨*am.Dir*⟩ (*court of equity*) corte *f* di giustizia. **4** ⟨*Rel*⟩ (*of a diocese*) cancelleria *f*; (*of the Curia Romana*) cancelleria *f* apostolica. □ *in ~:* 1 ⟨*Dir*⟩ in contestazione; 2 ⟨*fig*⟩ in una situazione senza uscita; ⟨*Sport*⟩ *hold in ~* cravatta *f*; ⟨*Dir*⟩ *a ward in ~* un minorenne sotto tutela legale.

hanciness ['tʃɑ:nsinis] *s.* accidentalità *f*, casualità *f.*

hancre ['ʃæŋkə] *s.* ⟨*Med*⟩ sifiloma *m* iniziale, lesione *f* sifilitica primaria. **chancroid** [–krɔid] *s.* ulcera *f* molle (*o* venerea). **chancrous** [–krəs] *a.* dell'(*o* relativo all'*)* ulcera sifilitica.

hancy ['tʃɑ:nsi] *a.* rischioso, azzardoso; (*uncertain*) incerto.

handelier [ʃændəliə] *s.* lampadario *m* (a corona).

handelle [ʃæn'del] **I** *s.* ⟨*Aer*⟩ candela *f.* **II** *v.i.* salire in candela.

handler ['tʃɑ:ndlə] *s.* **1** candelaio *m* (*f* –a). **2** (*dealer in provisions*) commerciante *m/f* di alimentari (*o* coloniali);

(*grocer*) droghiere *m.* **chandlery** [–ri] *s.* **1** deposito *m* (*o* magazzino) di candele. **2** (*business of a chandler*) commercio *m* di alimentari (*o* coloniali). **3** (*provisions;* spesso al pl.) generi *mpl* alimentari (*o* coloniali).

change¹ [tʃeindʒ] **I** *v.t.* **1** cambiare, mutare, variare: *to ~ the topic* cambiare argomento; *to ~ one's clothes* cambiarsi d'abito. **2** (*to transform*) tramutare, trasformare, cambiare, mutare: *you can't ~ human nature* non si può cambiare la natura umana. **3** (*to interchange*) scambiare: *let's ~ seats* scambiamoci i posti. **4** (*to exchange*) scambiare, barattare. **5** (*of money*) cambiare. **6** ⟨*Econ*⟩ cambiare: *to ~ pounds for lire* cambiare sterline in lire. **II** *v.i.* **1** cambiare, mutare: *he has –d since I last saw him* è cambiato dall'ultima volta che l'ho visto. **2** (*to be transformed*) essere trasformato (*o* tramutato) (*into* in). **3** (*to undergo transition*) mutarsi, tramutarsi, trasformarsi (*to*, *into* in): *love can easily ~ to* hate l'amore può facilmente tramutarsi in odio. **4** (*to make an exchange*) fare a cambio: *you can ~ with me* puoi fare a cambio con me. **5** (*to change trains, etc.*) cambiare: *where do we ~ for Manchester?* dove si cambia per Manchester? **6** (*to change one's clothes*) cambiarsi, mutare d'abito. □ *to ~* **about** fare un voltafaccia, mutare parere; ⟨*Ferr*⟩ *all ~!* fine della corsa!; *to ~ a* **bed** cambiare la biancheria del letto; *to ~ for the* **better** mutare in meglio; *to ~* **colour** cambiare (di) colore; *to ~* **into** *s.th. more* **comfortable** mettersi qc. di più comodo; *to ~ one's* **condition** sposarsi; ⟨*Aut*⟩ *to ~* **down** passare a una marcia inferiore; *to ~* **front** assumere (*o* prendere) un atteggiamento diverso; ⟨*Aut*⟩ *to ~* **gears** cambiare (marcia); *to ~* **hands**: 1 cambiare proprietario (*o* padrone); 2 (*to pass to the opposition*) passare ⌐dall'altra parte⌐ (*o* all'opposizione); *to ~ the* **leg** (*of a horse*) cambiare andatura; *to ~ one's* **mind** cambiare idea (*o* opinione); *to ~ one's* **name** cambiarsi il nome; ⟨*fig*⟩ *to ~ one's* **note** cambiare tono, mutare registro; *to ~* **over**: 1 cambiare (*o* mutare) sistema; 2 (*of a sentry*) dare il cambio; 3 ⟨*El*⟩ commutare; ⟨*fig*⟩ *to ~* **sides** cambiare bandiera; *to ~* **step** cambiare passo; *to ~ one's* **tune** = *change one's* **note**; ⟨*Aut*⟩ *to ~* **up** passare a una marcia superiore.

change² *s.* **1** cambiamento *m*, mutamento *m.* **2** (*variation*) cambiamento *m*, variazione *f*, alterazione *f: a ~ in the weather* una variazione del tempo; *the ~ of season* il cambiamento delle stagioni; (*of the moon*) variazione *f.* **3** (*novelty*) cambiamento *m*, diversivo *m*, novità *f: it will be a pleasant ~* sarà un piacevole diversivo. **4** (*replacement*) sostituzione *f*, cambio *m.* **5** (*of clothes*) cambio *m*, muta *f: take a ~ with you in case you get wet* portati un cambio nel caso ti dovessi bagnare. **6** (*of money*) resto *m: you have given me the wrong ~* ti sei sbagliato nel darmi il resto; *can you give me ~ for a dollar?* può darmi il resto di un dollaro? **7** (*small money*) spiccioli *mpl.* **8** ⟨*Econ*⟩ (*Exchange*) borsa *f.* **9** (*of bells*) variazione *f.* **10** ⟨*Mus*⟩ modulazione *f.* □ ⟨*Econ*⟩ *to be on ~* essere in (*o* alla) borsa; ⟨*El*⟩ *of* **connection** commutazione *f*; **for** *a ~* (tanto) per cambiare; *a ~ for the* **better** (*o* worse) un cambiamento in meglio (*o* peggio); ⟨*fig*⟩ *to* **get** *no ~ out of s.o.* non riuscire ⌐ad avere la meglio su⌐ (*o* a spuntarla con) qd.; *~ of* **heart** ripensamento *m*, mutamento *m* di sentimento; ⟨*fam*⟩ *~ of* **life** menopausa *f*; ⟨*am*⟩ *~ of* **pace**: 1 ⟨*Sport*⟩ → **change-up**; 2 ⟨*fig*⟩ (*change from a routine*) variazione *f*, diversivo *m*; *to* **ring** *the –s:* 1 sonare le campane in tutte le variazioni possibili; 2 ⟨*fig*⟩ cantarla in tutti i toni; **small** *~* spiccioli *mpl*; ⟨*Econ*⟩ *to* **make** *a ~ of* **stock** fare un arbitraggio di titoli; ⟨*fam*⟩ *to* **take** *one's* (*o the*) *~ out of s.o.* prendersi la rivincita su qd.; ⟨*Dir*⟩ *~ the* **venue** rinvio *m* di una causa (ad altro tribunale); ⟨*mar*⟩ *~ of* **wind** salto *m* di vento.

changeability [ˌtʃeindʒə'biliti] *s.* **1** variabilità *f*, mutevolezza *f*, incostanza *f.* **2** (*alterability*) alterabilità *f.* **'changeable** [–bl] *a.* **1** variabile, mutevole, incostante: *the weather has been very ~* il tempo è stato molto incostante. **2** (*alterable*) alterabile. **3** (*changing colour*) cangiante. **'changeableness** [–blnis] *s.* → **changeability.**

changeful ['tʃeindʒful] *a.* mutevole, incostante.

change gear *s.* ⟨*Aut*⟩ cambio *m.*

changeless ['tʃeindʒlis] *a.* immutabile, costante.

changeling ['tʃeindʒliŋ] s. 1 bambino m sostituito furtivamente a un altro. 2 ⟨Folcl⟩ (elf child) bambino m portato dalle fate.

changeover ['tʃeindʒəuvə] s. conversione f, passaggio m: the ~ to the decimal system la conversione al sistema decimale.

changer ['tʃeindʒə] s. cambiavalute m.

change|-speed gear s. ⟨Aut⟩ cambio m di velocità. **~-up** am. s. ⟨Sport⟩ cambio m di velocità (della palla).

changing ['tʃeindʒiŋ] I s. il cambiare, cambio m: ~ of the guard cambio della guardia (anche fig.). II a. mutevole, variabile.

channel[1] [tʃænl] s. 1 (bed of a stream) alveo m, letto m. 2 (deeper part of a waterway) parte f più profonda, mezzo m. 3 (strait) stretto m, canale m. 4 ⟨Arch,tecn⟩ scanalatura f. 5 ⟨fig⟩ (means of access) via f d'accesso, sbocco m: a ~ to foreign markets una via d'accesso ai mercati stranieri. 6 ⟨fig⟩ (direction, course) direzione f, indirizzo m. 7 pl. (official course of communication) vie fpl, canali mpl, mezzi mpl: through official ~s tramite le vie ufficiali, per via gerarchica. 8 ⟨Rad,TV⟩ canale m. 9 ⟨tecn⟩ (in a computer) canale m. 10 (conduit, pipe) canale m, condotto m. 11 ⟨Biol⟩ canale m, tubo m. **Channel** N.pr. ⟨Geog⟩ (the English Channel) la Manica.

channel[2] v.t. (pret., p.p. -lled/am. -led [-d]) 1 scavare canali in (o su): the hillside was -led by streams i torrenti avevano scavato canali sul fianco della collina. 2 ⟨fig⟩ (to direct) incanalare, convogliare, dirigere, rivolgere. 3 ⟨fig⟩ (to convey) trasmettere, comunicare: the announcement was -led to the newspapers through the press officer l'annuncio fu trasmesso ai giornali dall'addetto stampa. 4 ⟨Arch,tecn⟩ scanalare.

channel| iron s. ⟨Met,Edil⟩ ferro m a U (o C). **~ Islands** N.pr.pl. ⟨Geog⟩ Isole fpl (del canale) della Manica.

channelling ['tʃænliŋ] s. scanalatura f.

chant [tʃɑ:nt] I s. 1 canto m. 2 ⟨Rel⟩ canto m liturgico; (psalm, canticle, etc.) salmodia f, salmo m, cantico m. 3 (singsong) cantilena f. II v.t. 1 cantare, intonare. 2 (to speak or recite monotonously) dire (o recitare) con voce monotona, cantilenare. 3 ⟨fig⟩ cantare: to ~ s.o.'s praises cantare le lodi di qd. III v.i. 1 ⟨Rel⟩ salmodiare. 2 (to speak or recite monotonously) dire (o recitare) con voce monotona, cantilenare. 'chanter [-ə] s. 1 cantante m/f. 2 (chorister) cantore m, corista m. 3 ⟨Mus⟩ (of a bagpipe) cannello m.

chanterelle [,tʃæntə'rel] s. ⟨Bot⟩ gallinaccio m, galletto m.

chanteuse fr. [ʃã:tə:z] s. cabarettista f.

chantey s. → **chanty**.

chanticleer ['tʃæntikliə] s. ⟨lett⟩ gallo m, ⟨lett⟩ Cantachiaro m.

chantilly fr. [ʃã:ti:ji] s. ⟨Dolc⟩ chantilly m.

chantress ['tʃɑ:ntris] s. cantante f, corista f.

chantry ['tʃɑ:ntri] s. ⟨Rel⟩ 1 (foundation) cappellania f; (endowment) lascito m, donazione f. 2 (endowed chapel) cappella f votiva.

chanty ['ʃænti] s. ⟨mar⟩ canto m marinaresco.

chaos ['keiɔs] s. 1 caos m, confusione f, disordine m, soqquadro m: a room in ~ una stanza tutta a soqquadro. 2 (confused, disorderly mass) caos m, guazzabuglio m, accozzaglia f: a ~ of colours un guazzabuglio di colori. **chaotic** [-'ɔtik] a. caotico, confuso. **chaotically** [-ɔtikəli] avv. caoticamente.

chap[1] [tʃæp] v. (pret., p.p. **chapped** [-t]) I v.t. screpolare. II v.i. screpolarsi.

chap[2] s. 1 (of the skin) screpolatura f. 2 (of the ground, wood) crepa f, spaccatura f, fenditura f.

chap[3] s. ⟨fam⟩ tipo m, tizio m, uomo m, individuo m. □ ⟨fam⟩ old ~ vecchio mio.

chap[4] s. ⟨Anat⟩ 1 (jaw) mascella f, mandibola f. 2 (cheek) guancia f.

chap, Chap = 1 Chaplain cappellano. 2 chapter capitolo (abbr. cap.).

chapbook ['tʃæpbuk] s. raccolta f di racconti e poesie popolari.

chape ['tʃeip] s. 1 ⟨Mil⟩ (of a scabbard: trimming at the upper end) ghiera f, viera f, bocchetta f; (lowermost terminal mount) cresta f, dado m. 2 (of a buckle) attacco m.

chapel ['tʃæpl] I s. 1 cappella f. 2 (in Nonconformism) tempio m. 3 (religious service) funzioni fpl, rito m religioso: morning ~ le funzioni mattutine. 4 ⟨rar⟩ (printing shop) laboratorio m tipografico, tipografia f, (body of printers) associazione f di tipografi. II a. ⟨Rel⟩ (Nonconformist) dissidente: are you church or ~ ? sei anglicano o dissidente? □ ~ of ease cappella f (o chiesa f) succursale.

chapel| goer s. (Nonconformist) nonconformista m/f. ~ **master** s. ⟨Mus⟩ maestro m di cappella. **~ royal** s. cappella f reale.

chaperon ['ʃæpərəun] I s. dama f di compagnia, accompagnatrice f. II v.t. accompagnare, fare da accompagnatrice a. **chaperonage** [-idʒ] s. sorveglianza f, tutela f.

chap-fallen ['tʃæpfɔ:lən] a. scoraggiato, depresso, ⟨fam⟩ giù di corda.

chapiter ['tʃæpitə] s. ⟨Arch⟩ capitello m.

chaplain ['tʃæplin] s. cappellano m (anche Mil.) **chaplaincy** [-si], **chaplainship** [-ʃip] s. ⟨Rel⟩ cappellanato m.

chaplet ['tʃæplit] s. 1 ghirlanda f, corona f. 2 (string of beads) filo m di perle (o perline). 3 ⟨Rel.catt⟩ corona del rosario, rosario m; (prayers) rosario m. 4 ⟨Arch⟩ fregio m a gocce (o perline). **chapleted** [-id] a inghirlandato, incoronato di fiori.

chapman ['tʃæpmən] s.irr. venditore m ambulante.

chapped [tʃæpt] a. screpolato: ~ hands mani screpolate.

chappie, chappy ['tʃæpi] s. ⟨fam⟩ → **chap**[3].

chaps am. [tʃæps] s.pl. ⟨Calz⟩ gambali mpl di cuoio.

chapter ['tʃæptə] s. 1 capitolo m. 2 ⟨fig⟩ (era) capitolo m, periodo m, epoca f. 3 ⟨am⟩ (local branch) sezione f, succursale f. 4 ⟨Rel⟩ capitolo m. 5 ⟨Rel⟩ (passage of scripture) capo m. □ ⟨fig⟩ ~ of accidents serie f di incidenti (o imprevisti); ⟨fig⟩ to the end of the ~ sempre, fino alla fine; ~ and verse: 1 (exact reference) fonte precisa, riferimento preciso; 2 (full information) spiegazione particolareggiata.

chapter house s. 1 ⟨Rel⟩ capitolo m, sala f capitolare. ⟨am⟩ (of a society, etc.) luogo m di riunione, circolo m.

char[1] [tʃɑ:] v. (pret., p.p. **-rred** [-d]) I v.t. 1 carbonizzare. 2 (to burn black) bruciacchiare, annerire. II v. carbonizzarsi.

char[2] s. 1 materiale m bruciacchiato. 2 (charcoal) carbone m di legna; (decolourizing agent) nero m (o carbone animale.

char[3] s. (pl. inv./-s [z]; il pl. inv. si usa general. con valore collett.) ⟨Itt⟩ salmerino m.

char[4] I s. 1 ⟨fam⟩ → **charwoman**. 2 (housework) lavori mpl di casa, faccende fpl domestiche. II v.i. (pret., p.p. **-rred** [-d]) andare a servizio a ore.

char[5] s. ⟨sl⟩ tè m.

charabanc, char-à-banc ['ʃærəbæŋ] s. ⟨ant⟩ torpedone m, pullman m. 2 (horse-drawn vehicle) carrozza f con sedili trasversali.

character ['kæriktə] I s. 1 carattere m, indole f, natura f: a woman of strong ~ una donna di carattere forte; questions of a general ~ domande di carattere generale. 2 (characteristic) caratteristica f, carattere m, peculiarità f. 3 (moral strength) carattere m: a man of ~ un uomo di carattere. 4 (reputation) reputazione f, buon nome m: to stain one's ~ macchiare la propria (o macchiarsi la reputazione. 5 (employer's statement) benservito m: dismissed without a ~ licenziato senza il benservito. 6 (of a book, story, etc.) personaggio m, carattere m. 7 ⟨fam⟩ (eccentric person) tipo m strano (o eccentrico), originale m, bel tipo m: he's quite a ~ è proprio un originale. ⟨Teat⟩ parte f, ruolo m, personaggio m. 9 (capacity) qualità f, condizione f: in his ~ as Mayor nella sua qualità di sindaco. 10 (graphic symbol) carattere m, lettera f: Russian ~s caratteri russi. 11 (handwriting) grafia f, scrittura f, carattere m. 12 ⟨Mat,Tip⟩ carattere m. II a. 1 ⟨Teat, Cin⟩ (of a role) tipico, caratteristico; (of an actor, actress) specializzato in ruoli (o parti) caratterista. **2** ⟨*Psic*⟩ caratteriale. **III** *v.t.* **1** incidere, inscrivere. **2** (*to describe*) rappresentare, raffigurare. □ *in* ~ in carattere, appropriato, intonato: *his actions are not in* ~ *with his words* le sue azioni non sono in carattere con le sue parole; *out of* ~ non in carattere, non appropriato, non intonato; *to have a weak* ~ mancare di carattere, avere un carattere debole.

character| actor *s.* ⟨*Teat,Cin*⟩ caratterista *m.* ~ **analysis** *s.* analisi *f* caratteriale. ~ **disorder** *s.* turba *f* caratteriale. ~ **drawing** *s.* caratterizzazione *f* ⌐di un personaggio⌐ (*o* dei personaggi).

characteristic [ˌkæriktəˈristik] **I** *a.* caratteristico, tipico, proprio. **II** *s.* caratteristica *f.* □ ⟨*tecn*⟩ ~ *curve* curva *f* caratteristica, diagramma *m.* **characteristically** [–li] *avv.* in modo caratteristico, tipicamente.

characterization [ˌkæriktəraiˈzeiʃən] *s.* **1** descrizione *f.* **2** ⟨*Lett*⟩ caratterizzazione *f: a novel weak in* ~ un romanzo debole nella caratterizzazione. **'characterize** [–raiz] *v.t.* **1** (*to mark*) caratterizzare. **2** (*to describe the character of*) caratterizzare, descrivere. **3** (*to attribute character to*) definire, qualificare: *to* ~ *s.o. as a liar* definire qd. un bugiardo.

characterless [ˈkæriktəlis] *a.* **1** senza carattere. **2** (*commonplace*) banale, ovvio. **3** (*without a written character*) sprovvisto di benservito.

character| piece *s.* ⟨*Mus*⟩ impressione *f.* ~ **reader** *s.* ⟨*Inform*⟩ lettore *m* di caratteri. ~ **reference** *s.* benservito *m.* ~ **set** *s.* serie *f* di caratteri. ~ **sketch** *s.* ⟨*Lett*⟩ saggio *m* di carattere. ~ **string** *s.* stringa *f* di caratteri.

charades [ʃəˈrɑːdz] *s.pl.* (*game;* costr. sing. o pl.) sciarada *f.*

charcoal [ˈtʃɑːkoul] *s.* **1** carbone *m* di legna. **2** (*drawing pencil*) carboncino *m.* **3** → **charcoal drawing**.

charcoal| black *s.* nerofumo *m.* ~ **burner** *s.* **1** carbonaio *m* (*f* –a). **2** (*stove*) stufa *f* a carbone. ~ **drawing** *s.* disegno *m* a carboncino.

charge¹ [tʃɑːdʒ] **I** *v.t.* **1** (*to load, fill*) caricare (*anche El.*): *to* ~ *a battery* caricare una batteria. **2** (*to accuse*) accusare, incolpare: *he was –d with murder* fu accusato di assassinio. **3** (*to command, instruct*) incaricare, dare l'incarico a; (*of a judge: to instruct a jury*) fare l'allocuzione a. **4** (*to entrust*) incaricare, affidare: *to* ~ *s.o. with a mission* incaricare qd. di una missione, affidare una missione a qd. **5** (*to rush at, attack*) attaccare, caricare: *they –d the enemy lines* attaccarono le linee nemiche; (*in football*) caricare. **6** (*to hold liable for payment*) far pagare, mettere a carico: *I won't* ~ *you for the extra weight* non le farò pagare il peso in più; *he –d me two pounds for the material* mi fece pagare la stoffa due sterline. **7** (*to ask for as a price*) chiedere, prendere: *what do you* ~ *for mending this umbrella?* quanto prende per riparare questo ombrello? **8** (*to enter as a debit*) addebitare, mettere in (*o* sul) conto. **9** ⟨*am*⟩ (*to defer payment for*) differire (*o* rimandare) il pagamento di. **10** (*to impregnate*) impregnare, saturare, caricare (*anche fig.*): *the air was –d with electricity* l'atmosfera era carica di elettricità. **11** (*to impute, place the blame for*) addebitare, attribuire, dare la colpa di, imputare: *you cannot* ~ *the accident to carelessness* non puoi dare la colpa dell'incidente alla sbadataggine. **12** ⟨*fig*⟩ (*to burden, weigh down*) caricare, opprimere: *–d with guilt* oppresso dalla colpa. **13** ⟨*Arald*⟩ provvedere ⌐d'insegna⌐ (*o* di stemma). **II** *v.i.* **1** (*to attack*) caricare, andare alla carica, attaccare; (*to rush headlong*) lanciarsi, precipitarsi: *he –d into the room* si precipitò nella stanza. **2** (*to ask payment*) farsi pagare: *we don't* ~ *for service* non (ci) facciamo pagare l'assistenza. **3** ⟨*am*⟩ (*to defer payment*) mettere in conto: *to* ~ *for an expensive item* mettere in conto un articolo costoso. **4** (*of a judge*) fare l'allocuzione a una giuria. **5** ⟨*sl*⟩ (*to take drugs*) drogarsi, ⟨*gerg*⟩ imbottirsi. **III** *intz.* ⟨*Mil*⟩ carica. □ *to* ~ *at s.o.* avventarsi (*o* scagliarsi) contro qd.; *to* ~ *off:* **1** ⟨*Comm*⟩ mettere al passivo; **2** (*to attribute to*) attribuire, ascrivere; **3** (*to dash off in a hurry*) andarsene in fretta.

charge² *s.* **1** (*load, quantity*) carico *m* (*anche El.*). **2** (*accusation*) accusa *f,* capo *m* d'accusa, imputazione *f: he*

was arrested on a ~ *of treason* fu arrestato sotto accusa di tradimento. **3** (*command*) comando *m,* ordine *m.* ingiunzione *f.* **4** (*instruction*) istruzioni *fpl;* (*of a judge to a jury*) allocuzione *f,* esortazione *f.* **5** (*duty, obligation*) dovere *m,* compito *m,* responsabilità *f.* **6** ⟨*Mil,Sport*⟩ carica *f: to sound the* ~ sonare la carica. **7** (*care, custody*) cura *f,* custodia *f,* tutela *f: the orphan was put in his uncle's* ~ l'orfano fu posto sotto la tutela dello zio. **8** (*person or thing in one's care*) persona *f* (*o* cosa) affidata (alle cure di qd.): *the nurse took her –s for a walk* la bambinaia portò a passeggio i bambini a lei affidati. **9** (*expense, cost*) spesa *f,* costo *m: what is the* ~ *?* qual è la spesa?; (*fee, price*) prezzo *m,* tariffa *f.* **10** (*burden, load*) gravame *m,* peso *m,* onere *m* (*anche fig.*): *to become a* ~ *on s.o.* diventare un peso per qd. **11** (*debit to an account*) addebito *m.* **12** ⟨*Rel*⟩ parrocchia *f.* **13** ⟨*Arald*⟩ insegna *f.* stemma *m.* □ ⟨*Comm*⟩ *carriage will be at your* ~ il trasporto sarà a vostro carico; ⟨*Comm*⟩ ~ *collect* spese *fpl* assegnate; ⟨*Comm*⟩ *–s and* **disbursements** spese *fpl* ed esborsi (*o* anticipi); ⟨*Dir*⟩ *–s on an* **estate** spese *fpl* di successione; ⟨*Comm*⟩ ~ **forward** spese assegnate; ⟨*Comm*⟩ *free of –s* franco spese; *to give s.o. in* ~ far arrestare qd., consegnare qd. alla polizia; *to be in* ~ comandare, avere la responsabilità, dirigere, essere incaricato (*o* addetto, a capo): *who is in* ~ *here?* chi comanda qui?; *to be in* ~ *of* avere in custodia (*o* cura); *in* (*the*) ~ *of* sotto ⌐la sorveglianza⌐ (*o* il controllo) di; *to lay a* ~ *on s.o.* dare un incarico a qd.; *to lay s.th. to s.o.'s* ~ accusare qd. di qc., imputare qc. a qd.; *at one's own* ~ a proprie spese; *to put s.o. in* ~ *of s.th.* affidare a qd. la responsabilità di qc.; ⟨*fig*⟩ *to return to the* ~ tornare alla carica; *to take* ~ *of s.th.* prendersi cura di qc.; *to take in* ~ arrestare; ⟨*Dir*⟩ *to* **withdraw** *the* ~ ritirare l'accusa.

chargeability [ˌtʃɑːdʒəˈbiliti] *s.* **1** ⟨*Comm*⟩ l'essere addebitabile. **2** ⟨*Dir*⟩ imputabilità *f.* **'chargeable** [–bl] *a.* **1** ⟨*Comm*⟩ addebitabile. **2** (*taxable*) tassabile, soggetto a imposta. **3** ⟨*Dir*⟩ imputabile, accusabile. **4** (*liable to be a burden*) a carico di: *the poor* ~ *to the parish* poveri a carico della parrocchia.

chargeable time indicator *s.* ⟨*Tel*⟩ indicatore *m* di conteggio, contascatti *m.*

charge| account *am. s.* ⟨*Comm*⟩ conto *m* (presso un negozio). ~ **card** *s.* (*credit card*) carta *f* di credito.

charged [tʃɑːdʒd] *a.* **1** (*loaded*) caricato. **2** ⟨*El*⟩ carico. **3** ⟨*fig*⟩ (*intense*) intenso, veemente, appassionato; (*tense*) teso, intenso; ~ *atmosphere* atmosfera tesa. **4** ⟨*fig*⟩ (*capable of arousing emotion*) scottante.

chargé d'affaires *fr.* [ˈʃɑːʒeidæˈfɛə] *s.* (*pl.* **chargés d'affaires**) ⟨*Dipl*⟩ incaricato *m* d'affari.

charger [tʃɑːdʒə] *s.* **1** chi carica. **2** (*horse*) destriero *m.* cavallo *m* da parata (*o* battaglia). **3** ⟨*El*⟩ caricabatterie *m.*

charge sheet *s.* ⟨*Dir*⟩ elenco *m* delle cause a ruolo.

charging [ˈtʃɑːdʒiŋ] *s.* caricamento *m* (*anche tecn.*).

charging|-order *s.* ⟨*Dir*⟩ ordine *m* di sequestro. ~ **set** *s.* ⟨*El*⟩ gruppo *m* alimentatore. ~ **voltage** *s.* ⟨*El*⟩ tensione *f* di carica.

charily [ˈtʃɛərili] *avv.* **1** cautamente. **2** (*sparingly*) parcamente, con parsimonia. **chariness** [–rinis] *s.* **1** cautela *f,* prudenza *f.* **2** (*sparingness*) frugalità *f.*

chariot [ˈtʃæriət] **I** *s.* biga *f,* cocchio *m.* **II** *v.t.* trasportare in carrozza. **III** *v.i.* andare in carrozza. **,charioteer** [–ˈtiə] *s.* auriga *m.*

charisma [kæˈrizmə] *s.* (*pl.* **-mata** [–tə]) ⟨*Rel*⟩ carisma *m* (*anche fig.*). **,charismatic** [–ˈmætik] *a.* carismatico (*anche fig.*).

charitable [ˈtʃæritəbl] *a.* **1** caritatevole. **2** (*benevolent*) indulgente, benevolo, caritatevole. **3** (*relating to charity*) di carità, di beneficenza, filantropico, caritativo: *a* ~ *institution* un'istituzione filantropica. □ ~ *association* congregazione *f* di carità; *to take a* ~ *view of s.th.* giudicare benevolmente qc.

charitable association *s.* associazione *f* di beneficenza.

charitableness [ˈtʃæritəblnis] *s.* **1** l'essere caritatevole. **2** (*indulgence*) indulgenza *f,* benevolenza *f.* **charitably** [–i] *avv.* **1** caritatevolmente, con carità. **2** (*indulgently*) benevolmente.

charity ['tʃæriti] **I** *s.* **1** atti *mpl* (*o* opere *fpl*) di carità. **2** (*something given, alms*) elemosina *f,* carità *f: to live on ~* vivere di elemosina. **3** (*charitable institution*) istituto *m* di carità (*o* beneficenza), opera *f* pia. **4** (*benevolence*) carità *f,* benevolenza *f.* **5** ⟨*Rel*⟩ carità *f.* **II** *a.* di beneficenza. □ ⟨*fig*⟩ *as cold as ~* indifferente, freddo, impersonale; *out* (*o for the sake*) *of ~* per pura carità (*o* misericordia); ⟨*Rel*⟩ *sister of ~* suora *f* (*o* sorella) di carità. *Prov.: ~ begins at home* la prima carità comincia da se stessi.

charity| ball *s.* ballo *m* di beneficenza. **~ boy** *s.* orfanello *m.* **~ girl** *s.* orfanella *f.* **~ sale** *s.* vendita *f* di beneficenza. **~ school** *s.* scuola *f* gratuita per i poveri.

charivari [ˌʃɑːriˈvɑːri] *s.* **1** scampanata *f,* serenata *f* burlesca. **2** (*hubbub*) baccano *m,* schiamazzo *m,* chiassata *f.*

charlady ['tʃɑːleidi] *s.* → **charwoman**.

charlatan ['ʃɑːlətən] *s.* **1** ciarlatano *m.* **2** (*swindler*) ciarlatano *m,* imbroglione *m.* **charlatanish** [-iʃ] *a.* ciarlatanesco. **charlatanism** [-izəm], **charlatanry** [-ri] *s.* ciarlataneria *f,* ciarlatanismo *m.*

Charlemagne ['ʃɑːləmein] *N.pr.* ⟨*Stor*⟩ Carlomagno *m.*

Charles [tʃɑːlz] *N.pr.* Carlo *m.*

Charles's Wain ['tʃɑːlzlziz] *N.pr.* ⟨*Astr*⟩ Orsa *f* maggiore.

Charleston ['tʃɑːlstən] *s.* ⟨*Mus*⟩ charleston *m.*

Charley, Charlie ['tʃɑːli] *N.pr. dim. di* **Charles**.

charlock ['tʃɑːlɔk] *s.* ⟨*Bot*⟩ senape *f* selvatica.

charlotte ['ʃɑːlət] *s.* ⟨*Dolc*⟩ Charlotte *f.*

Charlotte *N.pr.* Carlotta *f.*

charm [tʃɑːm] **I** *s.* **1** fascino *m,* incanto *m,* attrattiva *f,* seduzione *f: a woman full of ~* una donna ricca di fascino. **2** (*amulet*) amuleto *m,* talismano *m,* portafortuna *m; (trinket on a bracelet, etc.)* ciondolo *m.* **3** (*enchantment*) incanto *m,* incantesimo *m,* malia *f.* **4** (*magical verse, formula*) formula *f* magica. **II** *v.t.* **1** affascinare, incantare, deliziare, rapire. **2** (*to influence by magic*) incantare, stregare; (*to protect by magic*) proteggere con arti magiche. **3** (*to check as if by magic*) spesso con *away*) far scomparire (*o* passare) come per incanto (*o* magia). □ *to ~ s.o. asleep* fare addormentare qd. per magia; *like a ~* come per incanto (*o* magia); *I shall be -ed to meet her* ˈsarò felice diˈ (*o* mi farà molto piacere) conoscerla. **charmed** [-d] *a.* **1** (*bewitched*) incantato, fatato. **2** (*enchanted, delighted*) incantato, rapito, ammaliato.

charmed circle *s.* gruppo *m* (*o* cerchia *f*) di privilegiati.

charmer ['tʃɑːmə] *s.* **1** ammaliatore *m* (*f* –trice), persona *f* affascinante (*o* incantevole). **2** (*enchanter, magician*) incantatore *m* (*f* –trice). **charming** [-miŋ] *a.* **1** affascinante, attraente, incantevole. **2** (*employing magic*) magico. **charmingly** [-miŋli] *avv.* in modo affascinante (*o* attraente).

charnel ['tʃɑːnl], **charnel-house** *s.* ossario *m.*

Charon ['kɛərən] *N.pr.* ⟨*Mitol*⟩ Caronte *m.*

chart [tʃɑːt] **I** *s.* **1** (*hydrographic map*) carta *f* idrografica; (*marine map*) carta *f* nautica. **2** (*graph*) grafico *m,* diagramma *m.* **3** (*outline map*) carta *f,* prospetto *m.* **4** (*table*) tabella *f* informativa, quadro *m* informativo. **II** *v.t.* **1** fare (*o* disegnare) una carta geografica di. **2** ⟨*Mar*⟩ tracciare la rotta di. **3** ⟨*fig*⟩ progettare, studiare, ideare.

charter ['tʃɑːtə] **I** *s.* **1** licenza *f,* lettera *f* di privilegio, patente *f* di franchigia. **2** (*for a corporation*) atto *m* costitutivo. **3** (*for a new branch, lodge, etc.*) atto *m* istitutivo. **4** (*for a colony*) statuto *m,* documento *m* di concessione. **5** (*constitution*) statuto *m,* carta *f* costituzionale. **6** (*privilege, immunity*) privilegio *m,* immunità *f,* esenzione *f.* **7** ⟨*Comm*⟩ → **charter party**. **8** ⟨*Mar*⟩ noleggio *m.* **II** *v.t.* **1** istituire (*o* riconoscere) mediante statuto. **2** (*to hire*) noleggiare, prendere a noleggio: *to ~ an aircraft* noleggiare un aereo. **3** (*to grant a favour or privilege to*) concedere un privilegio (*o* un'esenzione) a. □ ⟨*Dir*⟩ *forfeiture of the ~* revoca *f* della personalità giuridica di una società; ⟨*Stor*⟩ *the Great ~* la Magna Carta; ⟨*Dir*⟩ *by Royal ~* per decreto reale; *the ~ of the United Nations* la Carta delle Nazioni Unite. **charterable** [-rəbl] *a.* noleggiabile.

chartered| accountant ['tʃɑːtəd] *s.* ragioniere *m* collegiato (*o* iscritto all'albo). **~ company** *s.* società *f* commerciale

(che gode di speciali diritti). **~ freight** *s.* ⟨*Comm*⟩ nolo *m* contrattuale.

charterer ['tʃɑːtərə] *s.* ⟨*Comm*⟩ noleggiatore *m* (di navi).

charter flight *s.* ⟨*Aer*⟩ volo *m* charter.

Charterhouse ['tʃɑːtəhaus] *s.* certosa *f.*

charter| member *s.* socio *m* fondatore. **~ party** *s.* ⟨*Comm*⟩ contratto *m* di noleggio.

charthouse ['tʃɑːthaus] *s.* ⟨*Mar*⟩ sala *f* nautica.

Chartism ['tʃɑːtizəm] *s.* ⟨*Pol*⟩ cartismo *m.* **Chartist** [-tist] *s.* cartista *m/f.*

chartreuse [ʃɑːˈtrɜːz] **I** *s.* **1** (*liqueur*) certosa *f,* chartreuse *f.* **2** (*colour*) verde *m* pallido. **3** → **Charterhouse**. **II** *a.* verde pallido.

chartroom *s.* → **charthouse**.

chartulary ['kɑːtjuləri] *s.* → **cartulary**.

charwoman ['tʃɑːwumən] *s.irr.* domestica *f* (*o* donna di servizio) a ore.

chary ['tʃɛəri] *a.* **1** prudente, cauto, attento (*in, of* in): *to be ~ in making promises* essere cauto nel fare promesse. **2** (*sparing*) parco, avaro (*of* di): *~ of compliments* parco di complimenti.

Charybdis [kəˈribdis] *N.pr.* ⟨*Mitol*⟩ Cariddi *f.*

chase[1] [tʃeis] **I** *v.t.* **1** inseguire, rincorrere: *to ~ a thief* inseguire un ladro. **2** ⟨*venat*⟩ inseguire, cacciare, dare la caccia a. **3** (*to drive by pursuing*; spesso con *away, off*) scacciare, cacciar (via): *she -d him out of the room* lo scacciò dalla stanza; *to ~ a dog away* cacciar via un cane **II** *v.i.* **1** rincorrere, dare la caccia a: *to ~ after s.o.* rincorrere qd. **2** ⟨*fam*⟩ (*to rush, run*) affrettarsi, precipitarsi, correre. **III** *s.* **1** caccia *f,* inseguimento *m.* **2** (*quarry*) preda *f.* **3** (*private game preserve*) riserva *f* di caccia; (*hunting right*) diritto *m* di caccia; (*hunting*) caccia *f.*

chase[2] **I** *s.* **1** ⟨*Tip*⟩ telaio *m.* **2** (*groove*) traccia *f,* incassatura *f.* **3** ⟨*Mil*⟩ (*of a cannon*) volata *f.* **II** *v.t.* **1** ⟨*Art*⟩ cesellare, sbalzare. **2** ⟨*Mecc*⟩ filettare, scanalare. **3** (*to set with gems*) incastonare.

chaser[1] ['tʃeisə] *s.* **1** inseguitore *m* (*f* –trice); (*hunter*) cacciatore *m* (*f* –trice). **2** ⟨*am.fam*⟩ (*drink*) acqua *f* (*o* bibita) presa dopo un liquore. **3** ⟨*Mar.mil*⟩ (*chase gun*) pezzo *m* cacciatore.

chaser[2] *s.* ⟨*Art*⟩ cesellatore *m* (*f* –trice), incisore *m*. **chasing** ['tʃeisiŋ] *s.* ⟨*Art*⟩ **1** cesellatura *f.* **2** (*object*) oggetto *m* cesellato.

chasm ['kæzəm] *s.* **1** abisso *m,* baratro *m* (*anche fig.*). **2** (*fissure*) fenditura *f,* fessura *f,* crepa *f.* **3** (*omission*) lacuna *f,* omissione *f.* **chasmy** [-zmi] *a.* **1** pieno di abissi (*o* baratri). **2** (*abyssal*) abissale.

chassis ['ʃæsi] *s.inv.* **1** ⟨*Aut,tecn,Rad*⟩ telaio *m.* **2** ⟨*Mil*⟩ (*of a gun carriage*) slitta *f.* **3** ⟨*Aer*⟩ ossatura *f.*

chaste [tʃeist] *a.* **1** casto, puro. **2** (*of language*) decente, pudico, castigato. **3** ⟨*fig*⟩ (*undefiled*) immacolato, puro: *~ white linen* biancheria di un bianco immacolato. **4** ⟨*fig*⟩ (*of style, taste*) semplice, puro.

chasten ['tʃeisn] *v.t.* **1** castigare, correggere castigando, punire. **2** (*to subdue*) frenare, trattenere, contenere: *he ~ed by his father's words* le parole del padre lo frenarono **3** (*of a style, etc.*) castigare, purificare. **chastener** [-ə] *s.* castigatore *m* (*f* –trice).

chasteness ['tʃeistnis] *s.* castità *f,* purezza *f* (*anche fig.*).

chastisable [tʃæsˈtaizəbl] *a.* castigabile. **chastise** [-ˈtaiz] **1** *v.t.* castigare, punire. **2** (*to criticize severely*) criticar aspramente. **chastisement** [-zmənt] *s.* castigo *m,* punizione *f.* **chastiser** [-zə] *s.* castigatore *m* (*f* –trice).

chastity ['tʃæstiti] *s.* **1** castità *f,* purezza *f.* **2** (*decency*) decenza *f,* castigatezza *f.* **3** (*virginity*) castità *f,* verginità *f.*

chastity belt *s.* ⟨*Stor*⟩ cintura *f* di castità.

chasuble ['tʃæsjubl] *s.* ⟨*Lit*⟩ casula *f,* pianeta *f.*

chat [tʃæt] **I** *v.i.* (*pret., p.p.* 'chatted [-id]) chiacchierare, discorrere, conversare (*about* di). **II** *s.* **1** chiacchierata *f,* quattro chiacchiere *fpl: we had a pleasant ~* abbiamo fatto una piacevole chiacchierata. **2** ⟨*Ornit*⟩ (*stonechat*) saltimpalo *m;* (*whinchat*) stiaccino *m.*

chatelaine ['ʃætəlein] *s.* **1** castellana *f.* **2** (*mistress of household*) padrona *f* di casa. **3** ⟨*Mod*⟩ catenella *f* (portata alla cintura).

chattel ['tʃætl] *s.* ⟨*Dir*⟩ bene *m* mobile. □ *goods and –s* ogni sorta di beni mobili; *–s personal* beni *mpl* mobili; *–s real* beni *mpl* immobili.

chattel mortgage *am. s.* ⟨*Dir*⟩ ipoteca *f* su beni mobili.

chatter ['tʃætə] **I** *v.i.* **1** chiacchierare, ciarlare, cicalare. **2** (*of monkeys*) schiamazzare, squittire; (*of birds*) cinguettare. **3** (*of the teeth*) battere: *his teeth were –ing with cold* batteva i denti dal (*o* per il) freddo. **4** ⟨*Mecc*⟩ vibrare; (*of a valve*) battere. **II** *v.t.* blaterare. **III** *s.* **1** chiacchierio *m*, cicaleccio *m*, ciarlio *m*. **2** (*of monkeys*) schiamazzo *m*, squittio *m;* (*of birds*) cinguettio *m*. **3** ⟨*Mecc*⟩ vibrazione *f.*

chatterbox [–bɔks], **chatterer** [–rə] *s.* chiacchierone *m* (*f* –a), ciarlone *m* (*f* –a). **chattily** [–tili] *avv.* in modo discorsivo. **chattiness** [–tinis] *s.* loquacità *f.* **chatty** [–ti] *a.* **1** chiacchierino, ciarliero, loquace. **2** (*conversational*) discorsivo: ~ *tone* tono discorsivo.

Chaucerian [tʃɔ:'siəriən] **I** *a.* di (*o* relativo a) Chaucer. **II** *s.* studioso *m* (*f* –a) di Chaucer.

chauffer ['tʃɔ:fə] *s.* scaldino *m*.

chauffeur *fr.* ['ʃoufə] *s.* autista *m*.

chauvinism ['ʃouvinizəm] *s.* sciovinismo *m*. **chauvinist** [–nist] *s.* sciovinista *m/f*. **chauvinistic** [–nistik] *a.* sciovinistico.

chaw [tʃɔ:] ⟨*dial*⟩ **I** *v.t.* masticare. **II** *s.* cicca *f* (da masticare).

chaw bacon *s.* villano *m*, zotico *m*.

Ch.E. = *Chemical Engineer* ingegnere chimico.

cheap [tʃi:p] **I** *a.* **1** poco costoso, conveniente, economico, a buon mercato: ~ *edition* edizione economica. **2** ⟨*fig*⟩ (*not difficult*) facile: ~ *promises* facili promesse. **3** ⟨*fig*⟩ (*of poor quality*) scadente, dozzinale, di poco valore. **4** (*reduced in price*) a prezzo ridotto: ~ *tickets* biglietti a prezzo ridotto. **5** (*charging low prices*) che vende a basso prezzo. **6** (*of money: obtainable at a low interest*) svalutato. **7** (*of decreased value*) deprezzato: *the sterling was ~ after devaluation* la sterlina fu deprezzata dopo la svalutazione. **II** *avv.* a buon mercato, a basso prezzo: *to sell ~* vendere a buon mercato. □ *as ~ as* **dirt** a bassissimo prezzo; ~ *emotion* emozione superficiale (*o* poco sentita); ~ **fare** tariffa ridotta; ⟨*fig*⟩ *to* **feel** ~ vergognarsi, essere imbarazzato; ~ **flattery** complimenti ⌐d'occasione¬ (*o* di rito); ⟨*sl*⟩ *to* **get** *off* ~ cavarsela ⌐con poco¬ (*o* a buon mercato); ⟨*scherz*⟩ *it's* ~ *at* **half** *the price* costa un occhio della testa; *to* **hold** *s.th.* ~ tenere in poco conto qc.; ⟨*fig*⟩ *to* **make** *o.s.* ~ mancare alla propria dignità.

cheapen ['tʃi:pn] **I** *v.t.* **1** ridurre il prezzo di. **2** ⟨*fig*⟩ (*to belittle*) screditare, sminuire: *to* ~ *o.s.* screditarsi. **3** ⟨*fig*⟩ (*to lower the value of*) deprezzare, svalutare. **II** *v.i.* diminuire di prezzo, costare meno. **cheapish** [–piʃ] *a.* **1** abbastanza conveniente. **2** (*rather ordinary*) alquanto dozzinale.

cheapjack ['tʃi:pdʒæk] **I** *s.* venditore *m* ambulante. **II** *a.* da quattro soldi.

cheaply ['tʃi:pli] *avv.* a buon prezzo (*o* mercato). **2** ⟨*fig*⟩ grossolanamente. **cheapness** [–pnis] *s.* basso prezzo *m*.

cheap skate *am. s.* ⟨*sl*⟩ avaro *m* (*f* –a), taccagno *m* (*f* –a).

cheat [tʃi:t] **I** *v.t.* **1** frodare, defraudare, truffare: *to* ~ *s.o. out of s.th.* defraudare qd. di qc. **2** (*to influence by fraud*) indurre (*o* persuadere) con l'inganno: *to* ~ *s.o. into doing s.th.* indurre con l'inganno qd. a fare qc.; (*to deceive*) imbrogliare, ingannare. **3** (*to elude, foil*) eludere, sottrarsi (*o* sfuggire) a. **II** *v.i.* **1** imbrogliare, fare imbrogli. **2** (*to break rules*) imbrogliare, barare: *to* ~ *at cards* barare al gioco. **3** ⟨*am.sl*⟩ (*to be unfaithful to*) tradire (*on s.o.* qd.), ⟨*volg*⟩ mettere le corna (a). **III** *s.* **1** imbroglione *m* (*f* –a), truffatore *m* (*f* –trice); (*at cards*) baro *m*. **2** (*fraud, swindle*) inganno *m*, imbroglio *m*, frode *f*, truffa *f.* □ *to* ~ *death* farla in barba alla morte; ⟨*fig*⟩ *to* ~ *the gallows* farla franca, cavarsela; *to* ~ *time* ingannare il tempo.

cheater [–ə] *s.* imbroglione *m* (*f* –a), truffatore *m* (*f* –trice); (*at cards*) baro *m*.

check¹ [tʃek] **I** *v.t.* **1** arrestare, (far) fermare. **2** (*to restrain, hold back*) arrestare, trattenere, frenare: *to* ~ *inflation* frenare l'inflazione. **3** (*to curb, diminish*)

rallentare, ridurre, diminuire: *drugs –ed the progress of the disease* i farmaci rallentarono il progredire della malattia. **4** (*to verify*) controllare, verificare: *to* ~ *a copy with the original* controllare una copia con l'originale; *he –ed that everyone was there* controllò che ci fossero tutti. **5** (*to inspect*) ispezionare, esaminare, controllare. **6** (*to mark as examined, etc.;* spesso con *off*) spuntare: *to* ~ *a list* spuntare una lista. **7** ⟨*am*⟩ (*to leave in safekeeping*) depositare, lasciare in consegna: *he –ed his baggage at the station* depositò il bagaglio alla stazione; (*to accept in safekeeping*) prendere in consegna. **8** ⟨*am*⟩ (*to consign for shipment*) consegnare per la spedizione; (*to accept for shipment*) accettare per la spedizione. **9** (*to mark with squares*) quadrettare. **10** (*to cause to crack*) far screpolare, fare incrinare. **11** (*in chess*) dare scacco a. **II** *v.i.* **1** controllare, verificare: *you'd better* ~ faresti meglio a controllare. **2** (*to correspond, agree*) concordare (*with* con), corrispondere (a): *your account does not* ~ *with the facts* il tuo resoconto non concorda con i fatti. **3** (*to stop suddenly*) arrestarsi bruscamente. **4** (*to crack, split*) screpolarsi, incrinarsi. **5** (*in chess*) dare scacco al re; (*in poker*) passare. **6** ⟨*am*⟩ (*to draw a cheque*) emettere un assegno. **7** ⟨*venat*⟩ (*of hounds*) fermarsi (fiutando la traccia); (*of a hawk*) abbandonare la preda (per altra selvaggina). □ ⟨*am*⟩ *to* ~ **in:** 1 (*to register*) firmare il registro; 2 (*to make a record of*) registrare; *to* ~ *in a hotel* registrarsi in un albergo; *to* ~ **on** = *to check* **up**; *to* ~ **out:** 1 (*to vacate a hotel room*) lasciare libera la stanza; 2 (*to accord*) concordare, coincidere; 3 (*to qualify*) superare una prova (*o* un esame), qualificarsi; 4 ⟨*am*⟩ (*of money: to withdraw*) ritirare; 5 ⟨*am*⟩ (*in a supermarket*) stare alla cassa; 6 ⟨*am.sl*⟩ (*to die*) morire, ⟨*volg*⟩ tirare le cuoia; *to* ~ **up** (*on*) controllare, verificare, fare accertamenti (su).

check² **I** *s.* **1** freno *m*, ostacolo *m*, impedimento *m:* *wind acts as a* ~ *on speed* il vento fa da freno alla velocità. **2** (*arrest, stop*) arresto *m*, fermata *f* improvvisa, battuta *f* d'arresto. **3** (*control, inspection*) controllo *m*, verifica *f*, esame *m*, ispezione *f:* *to* ⌐*carry out*¬ (*o* run) *a* ~ *on s.th.* fare un controllo su qc. **4** (*criterion, standard*) criterio *m*, norma *f*, principio *m*. **5** (*check mark*) visto *m*. **6** (*inquiry, search*) ricerca *f*, indagine *f:* *after a quick* ~ *they found nothing missing* dopo una breve indagine trovarono che non mancava niente. **7** ⟨*am.Econ*⟩ → **cheque**. **8** ⟨*am*⟩ (*bill*) conto *m*. **9** ⟨*am*⟩ (*ticket denoting ownership*) scontrino *m*, tagliando *m: a baggage* ~ uno scontrino per il bagaglio. **10** (*pattern of squares*) quadrettatura *f*, disegno *m* a quadri (*o* scacchi); (*one square*) quadro *m*, scacco *m;* (*checked fabric*) tessuto *m* a quadri (*o* scacchi). **11** (*in chess*) scacco *m* al re: *you are in* ~ ti ho dato scacco al re. **12** (*counter, chip*) gettone *m*. **13** (*tecn*) (*crack, chink*) screpolatura *f*, incrinatura *f.* **14** ⟨*venat*⟩ perdita *f* della traccia. **15** ⟨*Inform*⟩ controllo *m*, verifica *f.* **II** *a.* **1** di arresto, di ritenuta. **2** (*serving to verify*) di controllo (*o* verifica): *a* ~ *system* un sistema di controllo. **3** (*checked*) quadrettato, a quadri, a scacchi. **III** *intz.* **1** (*in chess*) scacco al re. **2** ⟨*fam*⟩ d'accordo, va bene. □ ~ *on consumption* contenimento *m* dei consumi; ⟨*fam*⟩ *to hand in one's –s* morire, ⟨*volg*⟩ tirare le cuoia; *to keep* (*o* hold) *s.th. in* ~ tenere a freno qc., tenere qc. sotto controllo; *to keep one's anger in* ~ dominare l'ira; *to put a* ~ *on production* contenere la produzione.

check| back *s.* controllo *m* alla rovescia. **~book** *am. s.* libretto *m* degli assegni. **~book holder** *s.* portassegni *m.* ~ **clerk** *s.* ⟨*Econ*⟩ revisore *m.* ~ **digit** *s.* ⟨*Inform*⟩ cifra *f* chiave.

checked [tʃekt] *a.* **1** a quadri, a scacchi, quadrettato. **2** (*restrained*) contenuto, frenato.

checker¹ ['tʃekə] *s.* **1** chi controlla (*o* verifica). **2** (*of coats*) guardarobiere *m* (*f* –a); (*of luggage*) addetto *m* ai bagagli. **3** (*timekeeper*) cronometrista *m/f.* **4** ⟨*am*⟩ (*in a supermarket*) cassiere *m* (*f* –a). **5** (*of telescope*) cercatore *m*.

checker² *am. s.* → **chequer**.

checkerboard *am. s./v.* → **chequer-board**.

checkerman *am.* ['tʃekəmən] *s.irr.* (*draughtsman*) pedina *f.*

checkers player *am s.* damista *m/f*, giocatore *m* (*f*

-trice) di dama.

check-in [tʃek'i:n] *s.* (*at the airport, etc.*) accettazione *f*, check–in *m.* **check-'in desk** *s.* banco *m* dell'accettazione.

checking| account *am.* ['tʃekiŋ] *s.* conto *m* corrente bancario. ~ **deposit** *am. s.* ⟨*Comm*⟩ deposito *m* in conto corrente.

check| list *s.* lista *f* di controllo. ~ **mark** *s.* visto *m.*

checkmate ['tʃekmeit] **I** *s.* **1** (*in chess*) scacco *m* matto. **2** ⟨*fig*⟩ scacco *m* matto, insuccesso *m* totale, disfatta *f: to meet with* ~ essere un totale insuccesso. **II** *v.t.* dare scacco matto a (*anche fig.*).

check| nut *am.* ⟨*Mec*⟩ controdado *m.* ~ **off** *am. s.* trattenuta *f.* ~ **out I** *s.* **1** (*of a hotel room: procedure*) disdetta *f;* (*time*) tempo *m* limite per la disdetta. **2** (*test*) controllo *m,* collaudo *m;* (*examination*) esame *m,* verifica *f.* **3** ⟨*am*⟩ (*in a supermarket*) cassa *f;* (*payment*) pagamento *m* alla cassa. **II** *v.i.* **1** lasciare la camera (di un albergo). **2** (*to pay*) pagare (alla cassa del supermercato). □ ~ *girl* cassiera *f* (di supermercato); ~ *is at* 12.00 (*midday*) i clienti devono lasciare la camera a mezzogiorno. ~ **point** *s.* **1** ⟨*Strad*⟩ posto *m* di controllo. **2** ⟨*Aer*⟩ punto *m* di riferimento. **3** ⟨*Inform*⟩ punto *m* di controllo. ~ **rail** *s.* ⟨*Ferr*⟩ controrotaia *f.* ~ **rein** *s.* **1** martingala *f.* **2** (*of a pair of horses*) redine *f* che unisce i cavalli di una pariglia. **~room** *am. s.* deposito *m* bagagli. ~ **sample** *s.* campione *m* di prova. ~ **taker** *s.* (*in a theatre, etc.*) controllore *m.* ~ **till** *s.* registratore *m* di cassa. **~up** *s.* **1** controllo *m,* verifica *f.* **2** ⟨*Med*⟩ controllo *m* (generale), check–up *m.* ~ **word** *s.* ⟨*Tel*⟩ parola *f* convenzionale di controllo.

cheek [tʃi:k] **I** *s.* **1** guancia *f,* gota *f.* **2** ⟨*fam*⟩ (*impudence*) sfrontatezza *f,* sfacciataggine *f,* impudenza *f,* ⟨*fam*⟩ faccia *f* tosta. **3** ⟨*Arch*⟩ lato *m* di un'apertura. **4** ⟨*tecn*⟩ (*of a vice*) ganascia *f.* **5** ⟨*Mar*⟩ maschetta *f,* galtella *f.* **II** *v.t.* ⟨*fam*⟩ parlare in modo impertinente (*o* insolente) a. □ **brazen** ~ faccia di bronzo; ~ *by jowl:* 1 gota a gota, guancia a guancia; 2 (*side by side*) fianco a fianco, affiancato; 3 (*in close intimacy*) in intimità, in stretto rapporto; *I like your* ~! che faccia tosta!, hai un bel coraggio!; *rosy--ed* dalle guance rosee; ⟨*fig*⟩ *with one's tongue in one's* ~ ironicamente, in modo beffardo; ⟨*fam*⟩ *what a* ~! che sfacciataggine!

cheek-bone *s.* ⟨*Anat*⟩ zigomo *m,* pomello *m.*

cheekily ['tʃi:kili] *avv.* sfacciatamente, sfrontatamente.

cheekiness [-kinis] *s.* sfacciataggine *f,* sfrontatezza *f,* impudenza *f.*

cheek| pouch *s.* ⟨*Zool*⟩ tasca *f* boccale, borsa *f* guanciale. ~ **tooth** *s.irr.* ⟨*Anat*⟩ molare *m.*

cheeky ['tʃi:ki] *a.* ⟨*fam*⟩ (*impudent*) sfacciato, sfrontato, insolente.

cheep [tʃi:p] **I** *v.i.* pigolare; (*to squeak*) squittire. **II** *s.* (*chirp*) pigolio *m;* (*squeak*) squittio *m.* **'cheeper** [-ə] *s.* uccellino *m* che pigola.

cheer [tʃiə] **I** *s.* **1** acclamazione *f,* applauso *m;* (*traditional shout*) grido *m* di incoraggiamento (*o* plauso), evviva *m,* urrà *m: three -s for our commander* tre urrà per il nostro comandante. **2** (*encouragement, comfort*) incoraggiamento *m,* conforto *m: words of* ~ parole d'incoraggiamento. **3** (*feeling*) stato *m* (*o* disposizione *f*) d'animo, umore *m: to be of good* ~ essere di buon umore; (*good spirits*) gaiezza *f,* allegrezza *f.* **4** (*food*) cibo *m,* vivande *fpl.* **II** *v.t.* **1** acclamare, applaudire. **2** (*to gladden*) rallegrare, allietare. **3** (*to encourage;* spesso con *up*) rincorare, confortare; (*to incite;* spesso con *on*) incoraggiare, incitare: *to* ~ *a team on* incitare una squadra. **III** *v.i.* **1** plaudire, applaudire. **2** (*to become more cheerful;* spesso con *up*) rincorarsi, farsi animo, rallegrarsi: *she -ed up as soon as she heard the news* si rincorò non appena seppe la notizia; ~ *up!* fatti animo!, su, coraggio! □ *to give a* ~ lanciare un urrà (*o* evviva); *be of good* ~ stai allegro (*o* di buon animo)!; *to make good* ~ mangiare e stare allegri; *with good* ~ di buon animo, allegramente; ⟨*fam*⟩ *what* ~? come va?, come ti senti?

cheerful ['tʃiəful] *a.* **1** allegro, contento, di buon umore. **2** (*lively, gay*) allegro, vivace, gaio: *a* ~ *room* una stanza allegra; (*bright*) raggiante, luminoso; (*of the country*)

ridente. **3** (*willing*) volenteroso, pronto. □ ~ *giver* persona generosa; ~ *news* notizie incoraggianti.

cheerfully [-i] *avv.* **1** allegramente. **2** (*willingly*) volentieri, di buon grado. **cheerfulness** [-nis] *s.* allegria *f,* contentezza *f,* buon umore *m.* **cheerily** [-ərili] *avv.* → cheerfully. **cheeriness** [-ərinis] *s.* → cheerfulness.

cheering ['tʃiəriŋ] **I** *s.* ovazione *f,* applausi *mpl,* acclamazioni *fpl.* **II** *a.* **1** plaudente, acclamante: ~ *crowd* folla plaudente. **2** (*encouraging*) incoraggiante: ~ *news* notizie incoraggianti. **cheerio** [-ri'ou] *intz.* ⟨*fam*⟩ **1** ciao, arrivederci. **2** (*as a toast*) evviva.

cheer leader *am. s.* capo claque *m.*

cheerless ['tʃiəlis] *a.* squallido, triste, tetro: *a* ~ *waiting room* una squallida sala d'aspetto. □ ~ *weather* tempo tetro (*o* brutto), tempaccio *m.* **cheerlessness** [-nis] *s.* squallore *m,* tristezza *f.*

cheers ['tʃiəz] *intz.* (*as a toast*) salve, alla salute, evviva.

cheery ['tʃiəri] *a.* **1** allegro, contento, di buon umore; (*lively*) vivace, brioso. **2** (*causing cheerfulness*) gioioso, gaio, festoso.

cheese[1] [tʃi:z] *s.* formaggio *m,* cacio *m;* (*mass of cheese*) forma *f* di formaggio. □ ⟨*fam*⟩ *to believe the moon is made of green* ~ prendere fischi per fiaschi (*o* lucciole per lanterne).

cheese[2] *v.t.* ⟨*sl*⟩ smettere, cessare. □ ~ *it!* smettila! piantala!

cheese[3] *s.* ⟨*sl*⟩ **1** pezzo *m* grosso, ⟨*fam*⟩ alto papavero *m.* **2** (*first-rate thing*) ⟨*fam*⟩ non plus ultra *m,* ⟨*fam*⟩ cannonata *f.* □ *hard* ~! che disdetta!, che sfortuna!; *that's the* ~! alla buon'ora!

cheese| biscuit *s.* biscotto *m* al formaggio. **~board** *s.* vassoio *m* per formaggi. **~burger** *s.* hamburger *m* al formaggio. **~cake** *s.* **1** torta *f* di formaggio (*o* ricotta). **2** ⟨*sl*⟩ fotografia *f* di donna seminuda. **~cloth** *s.* ⟨*Tess*⟩ buratto *m,* stamigna *f.* ~ **curd** *s.* grumo *m* di latte rappreso. ~ **cutter** *s.* → cheese knife.

cheesed [tʃi:zd] *a.* ⟨*sl*⟩ disgustato, ⟨*fam*⟩ stufo.

cheese| dairy *s.* caseificio *m.* ~ **dish** *s.* formaggiera *f.* ~ **hopper** *s.* → cheese maggot. ~ **knife** *s.irr.* coltello *m* da formaggio. ~ **maggot** *s.* verme *m* del formaggio. **~maker** *s.* formaggiaio *m.* **~monger** *s.* commerciante *m* di formaggi. **~parer** *s.* ⟨*fam*⟩ avaro *m* (*f* –a), spilorcio *m* (*f* –a). **~paring I** *a.* gretto, misero, meschino: *a* ~ *allowance* un misero assegno. **II** *s.* **1** crosta *f* di formaggio. **2** ⟨*fig*⟩ grettezza *f,* avarizia *f.* **3** (*odds and ends*) inezie *fpl,* cianfrusaglie *fpl.* ~ **rennet** *s.* ⟨*Bot*⟩ caglio *m.* ~ **sticks,** ~ **straws** *s.pl.* salatini *mpl* al formaggio.

cheesiness ['tʃi:zinis] *s.* proprietà *f* (*o* qualità) del formaggio. **cheesy** [-zi] *a.* **1** (*resembling cheese: in consistence*) caseiforme, del formaggio; (*in odour*) di formaggio (*o* cacio): *a* ~ *smell* un odore di formaggio. **2** (*caseous*) caseoso. **3** ⟨*am.sl*⟩ scadente.

cheeta(h) ['tʃi:tə] *s.* ⟨*Zool*⟩ ghepardo *m.*

chef *fr.* [ʃef] *s.* capocuoco *m,* chef *m.*

chef-d'oeuvre *fr.* [ʃɛ'dœ:vr] *s.* capolavoro *m.*

Chekhovian [tʃe'kouviən] *a.* cecoviano, di Cechov.

chela[1] ['ki:lə] *s.* (*pl.* **chelae** ['ki:li:]) ⟨*Zool*⟩ chela *f,* chela *f.*

chela[2] ['tʃeilə] *s.* cela *m,* novizio *m* buddista.

chelate ['ki:leit] **I** *a.* ⟨*Zool,Chim*⟩ chelato. **II** *s.* ⟨*Chim*⟩ chelato *m.* **III** *v.i.* ⟨*Chim*⟩ reagire formando anelli chelati. **chelation** [ki'leiʃən] *s.* chelazione *f.* **cheliform** [-lifɔ:m] *a.* ⟨*Zool*⟩ cheliforme.

chelonian [ki'louniən] **I** *a.* ⟨*Zool*⟩ dei cheloni. **II** *s.pl.* chelonii *mpl.*

Chelsea| bun ['tʃelsi] *s.* specie di focaccina. ~ **ware** porcellane *fpl* di Chelsea.

Cheltonian [tʃel'touniən] *s.* membro *m* del Cheltenham College.

chemical ['kemikl] **I** *s.* prodotto *m* chimico, sostanza chimica. **II** *a.* chimico.

chemical| bond *s.* legame *m* chimico, valenza *f.* ~ **engineering** *s.* chimica *f* industriale. ~ **fertilizer** *s.* fertilizzante *m* (*o* concime) chimico: *without -s* senza fertilizzanti chimici. ~ **lead** *s.* ⟨*Met*⟩ piombo *m* duro.

chemically ['kemikli] *avv.* chimicamente. □ ⟨*Chim*⟩

pure chimicamente puro.

chemical| plant *s.* stabilimento *m* chimico. **~ pollutant** *s.* inquinante *m* chimico. **~ process** *s.* processo *m* chimico. **~ reactor** *s.* reattore *m* chimico. **~ warfare** *s.* ⟨*Mil*⟩ guerra *f* chimica. **~ waste** *s.* rifiuti *mpl* chimici. **~ weapons** *s.pl.* armi *fpl* chimiche. **~ works** *s.pl.* (costr. sing. o pl.) laboratorio *m* chimico.

chemico-physical [kemikou–] *a.* chimico–fisico.

chemise [ʃəˈmiːz] *s.* **1** ⟨*Vest*⟩ camicia *f* da donna. **2** ⟨*Mod*⟩ chemisier *m.* **3** ⟨*tecn*⟩ (*revetment for earth embankments*) muro *m* di ritegno.

chemisette [ˌʃemiˈzet] *s.* ⟨*Vest*⟩ davantino *m*, pettorina *f.*

chemist [ˈkemist] *s.* **1** chimico *m* (*f* –a). **2** (*druggist*) farmacista *m/f.* **chemistry** [–ri] *s.* **1** chimica *f.* **2** (*chemical properties*) proprietà *fpl* chimiche. □ **~ of metals** metallochimica *f.*

chemist's (shop) *s.* farmacia *f.*

chemotaxis [ˌkemo(u)ˈtæksis] *s.* (*pl.* **-xes/-xies** [siːz]) ⟨*Biol*⟩ chemiotassi *f.* **chemotherapeutic** [ˌkemouθeˈrəpjuːtik] *a.* chemioterapico. **,chemotherapy** [–ˈθerəpi] *s.* chemioterapia *f.*

chemurgy [ˈkeməʤi] *s.* ⟨*Chim*⟩ chemiurgia *f.*

chenille [ʃəˈniːl] *s.* ⟨*Tess*⟩ ciniglia *f.*

cheque [tʃek] *s.* assegno *m* (bancario), chèque *m: to pay by ~* pagare con un assegno. □ ⟨*Econ*⟩ **~ to bearer** assegno *m* al portatore; ⟨*Econ*⟩ *to endorse a ~* girare un assegno; ⟨*Econ*⟩ **~ to order** assegno *m* all'ordine.

cheque| book *s.* libretto *m* degli assegni. **~ card** *s.* carta *f* assegni.

chequer [ˈtʃekə] **I** *s.* **1** (*pattern*) disegno *m* a quadri (*o* scacchi); (*one square*) riquadro *m*, quadro *m*, scacco *m*. **2** *pl.* (*draughts;* costr. sing.) dama *f.* **3** ⟨*am*⟩ → checkerman. **II** *v.t.* **1** segnare a riquadri, quadrettare. **2** (*to variegate in colour*) striare, variegare, screziare. **3** ⟨*fig*⟩ (*to vary, diversify*) variare, rendere diverso (*o* movimentato).

chequer-board [ˈtʃekəbɔːd] *s.* damiera *f.*

chequered [ˈtʃekəd] *a.* **1** a scacchi, a quadri, quadrettato. **2** (*variegated in colour*) variegato, striato, screziato.

chequer|-wise *avv.* a scacchi. **~ work** *s.* **1** disegno *m* a scacchi (*o* quadri). **2** ⟨*fig*⟩ (*vicissitude*) vicissitudini *fpl*, traversie *fpl.*

cherish [ˈtʃeriʃ] *v.t.* **1** essere molto affezionato a, avere caro. **2** (*to care for lovingly*) curare teneramente, avere molta cura di: *to ~ one's garden* avere molta cura del proprio giardino. **3** (*of hopes, ideas, etc.: to cling to*) nutrire, serbare (in cuore), conservare.

cheroot [ʃəˈruːt] *s.* sigaro *m* spuntato.

cherry [ˈtʃeri] **I** *s.* **1** ciliegia *f.* **2** ⟨*Bot*⟩ → **cherry tree**. **3** (*wood*) ciliegio *m.* **4** → **cherry-red**. **II** *a.* **1** di ciliegie. **2** (*cherry-coloured*) color ciliegia. **3** (*made of cherry wood*) di (*o* in) ciliegio.

cherry| bay *s.* → **cherry laurel**. **~ blossom** *s.* ⟨*Bot*⟩ fiore *m* del ciliegio. **~ bob** *s.* grappolo *m* (*o* mazzetto) di due ciliegie. **~ brandy** *s.* acquavite *f* di ciliegie. **~ laurel** *s.* ⟨*Bot*⟩ lauroceraso *m.* **~ liqueur** *s.* ciliegiolo *m.* **~ orchard** *s.* ciliegeto *m.* **~ pie** *s.* **1** ⟨*Dolc*⟩ torta *f* di ciliegie. **2** ⟨*Bot*⟩ valeriana *f* (minore). **~-red** *s.* rosso *m* ciliegia. **~ stone** *s.* nocciolo *m* di ciliegia. **~ tree** *s.* ⟨*Bot*⟩ ciliegio *m.* **~ wood** *s.* legno *m* di ciliegio.

chersonese [ˈkəːsəniːz] *s.* ⟨*poet*⟩ penisola *f.*

chert [tʃəːt] *s.* ⟨*Min*⟩ pietra *f* silicea. **'cherty** [–i] *a.* di selce, siliceo.

cherub [ˈtʃerəb] *s.* (*pl.* **-im** [im]/**-s** [z]) **1** ⟨*Bibl,Teol*⟩ cherubino *m.* **2** ⟨*Art*⟩ (*cupid*) amorino *m*, cupido *m*, putto *m.* **3** ⟨*fig*⟩ (*innocent, chubby child*) amorino *m*, angioletto *m.* **cherubic** [–ˈruːbik] *a.* cherubico, di (*o* da) cherubino, serafico.

chervil [ˈtʃəːvil] *s.* ⟨*Bot*⟩ cerfoglio *m.*

Cheshire [ˈtʃeʃə] **I** *N.pr.* ⟨*Geog*⟩ Cheshire *m.* **II** *s.* (*Cheshire cheese*) formaggio *m* del Cheshire. □ ⟨*fig*⟩ *to grin like a ~ cat* avere un sorriso sardonico.

chess¹ [tʃes] *s.* gioco *m* degli scacchi, scacchi *mpl: to play ~* giocare a scacchi.

chess² *s.* (*pl. inv./*-**sses** [–iz]) ⟨*Mar*⟩ (*of a floating bridge*) tavolato *m.*

chess³ *s.* ⟨*Bot*⟩ bromo *m* segalino.

chess-board [ˈtʃes] *s.* scacchiera *f.*

chessel [ˈtʃesəl] *s.* stampo *m* (*o* forma *f*) per formaggio.

chess|-man [mən] *s.irr.* pezzo *m* (degli scacchi). **~ player** *s.* giocatore *m* (*f* –trice) di scacchi, scacchista *m/f.* **~ tournament** *s.* torneo *m* di scacchi. **~ tree** *s.* ⟨*Mar*⟩ galloccia *f*, cazzascotta *f.*

chest [tʃest] *s.* **1** ⟨*Anat*⟩ torace *m*, petto *m.* **2** (*large box*) cassa *f*, cassetta *f*; (*for storing clothes*) cassapanca *f.* **3** (*coffer*) scrigno *m*, forziere *m*; (*funds*) cassa *f*, fondo *m.* □ **~ of drawers** cassettone *m*; ⟨*Mus*⟩ **high C from the ~** do *m* di petto; ⟨*fam*⟩ *to get s.th. off one's ~* sfogarsi, togliersi un peso dallo stomaco; *to throw out one's ~* gonfiare il petto; ⟨*fig*⟩ *to have a weak ~* avere i bronchi delicati.

chest cold *s.* ⟨*Med*⟩ bronchite *f.*

chested [ˈtʃestid] *a.* (nei composti) dal petto ...: *narrow–~* dal petto stretto.

chesterfield [ˈtʃestəfiːld] *s.* **1** ⟨*Vest*⟩ soprabito *m* a un petto. **2** ⟨*Arred*⟩ sofà *m.*

chestiness [ˈtʃestinis] *s.* **1** ampiezza *f* di torace. **2** ⟨*am.sl*⟩ (*boastfulness*) presunzione *f*, vanagloria *f*, vanità *f.*

chestnut [ˈtʃesnʌt] **I** *s.* **1** (*nut*) castagna *f*; (*tree*) castagno *m*; (*wood*) castagno *m.* **2** ⟨*Bot*⟩ (*horse chestnut*) ippocastano *m*, marrone *m* (*o* castagno) d'India; (*fruit*) castagna *f* d'India. **3** → **chestnut-brown**. **4** ⟨*Zool*⟩ (*on a horse's leg*) castagna *f*, castagnetta *f.* **5** ⟨*Zool*⟩ (*reddish–brown horse*) baio *m* castano; (*liver chestnut*) cavallo *m* sauro. **6** ⟨*fam*⟩ (*old joke*) barzelletta *f* vecchia (*o* trita), storiella *f* risaputa. **II** *a.* **1** (*color*) castano, castagnolo; (*of a horse*) baio, sauro. **2** (*made of chestnuts*) di castagne. □ ⟨*fig*⟩ *to pull s.o.'s –s out of the fire* cavar le castagne dal fuoco per qd.; ⟨*fam*⟩ *that's a* (*o an old*) *~!* è vecchia!, è risaputa!

chestnut| brown I *s.* castano *m*, color *m* castano. **II** *a.* (color) castano, castagnolo. **~ cake** *s.* ⟨*Dolc*⟩ castagnaccio *m.* **~ flour** *s.* farina *f* di castagne. **~ grove** *s.* castagneto *m.*

chest register *s.* ⟨*Mus*⟩ registro *m* inferiore.

chesty [ˈtʃesti] *a.* **1** ⟨*fam*⟩ largo di torace, pettoruto. **2** ⟨*am.sl*⟩ (*boastful*) presuntuoso, borioso; (*conceited*) vanitoso. **3** ⟨*sl*⟩ dai bronchi delicati. **4** ⟨*Mus*⟩ (*of voice*) di petto.

cheval-glass [ʃəˈvæl] *s.* ⟨*Arred*⟩ specchio *m* a bilico, psiche *f.*

chevalier [ʃevəˈliə] *s.* **1** (*member of an order of Knighthood*) cavaliere *m.* **2** (*in French nobility*) cadetto *m.* **3** (*chivalrous man*) cavaliere *m.*

chevet [ʃəˈvei] *s.* ⟨*Arch*⟩ abside *f.*

cheviot [ˈtʃeviət] *s.* **1** ⟨*Zool*⟩ pecora *f* cheviot. **2** ⟨*Tess*⟩ lana *f* cheviot.

chevron [ˈʃevrən] *s.* **1** ⟨*Mil*⟩ gallone *m.* **2** ⟨*Arch*⟩ (*chevron moulding*) modanatura *f* a zig-zag. **3** ⟨*Arald*⟩ capriolo *m*, scaglione *m.* **chevronways** [–weiz], **chevronwise** [–waiz] *avv.* ⟨*Arald*⟩ a guisa di capriolo (*o* scaglione).

chevrot(a)in [ˈʃevro(u)t(e)in] *s.* ⟨*Zool*⟩ tragulo *m.*

chevy [ˈtʃevi] **I** *v.t.* **1** molestare, tormentare. **2** (*to chase*) cacciare, inseguire. **II** *s.* caccia *f*, inseguimento *m*; (*cry*) grido *m* di caccia.

chew¹ [tʃuː] **I** *v.t.* **1** masticare. **2** (*to grind with the teeth*) rosicchiare, rodere: *the puppy –ed a hole in my slipper* il cucciolo ha rosicchiato la mia pantofola fino a farci un buco. **II** *v.i.* **1** masticare. **2** ⟨*am.fam*⟩ (*to chew tobacco*) masticare tabacco, ⟨*fam*⟩ ciccare. **3** ⟨*fig*⟩ (*to ponder*) rimuginare, ponderare. □ ⟨*fig*⟩ *to bite off more than one can ~* fare il passo più lungo della gamba; *to ~ the cud:* 1 ruminare; 2 (*to meditate*) rimuginare, meditare; ⟨*am.sl*⟩ *to ~ out* rimproverare aspramente; ⟨*fam*⟩ *to ~ over* rimuginare, ponderare, meditare (*o* riflettere) su; ⟨*sl*⟩ *to ~ the rag* brontolare, lagnarsi, ⟨*pop*⟩ mugugnare.

chew² *s.* masticazione *f.* □ *a ~ of tobacco* una cicca di tabacco.

chewing gum [ˈtʃuːiŋ] *s.* gomma *f* da masticare.

chewy [ˈtʃuːi] *a.* che richiede una laboriosa masticazione.

chiaroscurist [kiˌɑːrəsˈkjuərist] *s.* artista *m/f* che usa il chiaroscuro. **chiaroscuro** [–rou] *s.* (*pl.* **-s** [z]) ⟨*Pitt*⟩ chiaroscuro *m.*

chiasma [kaiˈæzmə] *s.* (*pl.* **-s** [z]/**-mata** [–tə] ⟨*Biol,Anat*⟩ chiasma *m.*

chiasmus [kaiˈæzməs] *s.* (*pl.* **-mi** [mai]) ⟨*Ret*⟩ chiasmo *m.* **chiastic** [-ˈæstik] *a.* chiastico.

chic [ʃiːk] **I** *a.* elegante, chic; (*modish*) alla moda. **II** *s.* **1** eleganza *f,* sciccheria *f;* (*style*) stile *m.* **2** (*fashionableness*) moda *f.*

Chicago school *s.* ⟨*Econ*⟩ scuola *f* di Chicago, monetaristi *mpl.*

chicane [ʃiˈkein] *v.* **I** *s.* **1** sotterfugio *m,* inganno *m,* imbroglio *m;* (*chicanery*) cavillo *m.* **2** (*in bridge*) chicane. **II** *v.i.* usare cavilli (*o* artifici). **III** *v.t.* **1** imbrogliare, ingannare: *to ~ s.o. out of an inheritance* imbrogliare qd. togliendogli un'eredità. **2** (*to cavil at*) cavillare su. **chicanery** [-əri] *s.* **1** sofisma *m,* cavillo *m.* **2** (*trick*) imbroglio *m,* raggiro *m;* (*at law*) cavillo *m* (legale).

chick [tʃik] *s.* **1** (*young chicken*) pulcino *m;* (*young of any bird*) uccellino *m.* **2** (*small child*) bambino *m* (*f* –a), piccino *m* (*f* –a). **3** ⟨*sl*⟩ (*girl*) ragazza *f,* ⟨*fam*⟩ bambina *f.*

chickabiddy [ˈtʃikəbidi] *s.* ⟨*vezz*⟩ pulcino *m,* ⟨*fam*⟩ coccolo *m.*

chicken [ˈtʃikən] **I** *s.* **1** pollo *m;* (*young*) pollastro *m* (*f* –a). **2** (*flesh*) pollo *m.* **3** ⟨*sl*⟩ (*coward*) vigliacco *m* (*f* –a), fifone *m* (*f* –a); (*sissy*) ⟨*fam*⟩ signorina *f.* **4** (*inexperienced person*) pollo *m,* pollastro *m* (*f* –a), pivello *m* (*f* –a). **II** *a.* **1** di pollo. **2** ⟨*sl*⟩ vile, pauroso. □ ⟨*sl*⟩ *she's no ~* non è una pollastrella. *Prov.: don't count your ~s before they are hatched* non vendere la pelle dell'orso prima d'averlo preso.

chicken| **breast** *s.* ⟨*Med*⟩ petto *m* carenato, ⟨*pop*⟩ petto di pollo. **~-breasted** *a.* dal petto carenato. **~ coop** *s.* gabbia *f* (*o* stia) per polli. **~ farmer** *am. s.* pollicoltore *m.* **~ farming** *am. s.* pollicoltura *f.* **~ feed** *s.* ⟨*sl*⟩ **1** somma *f* irrilevante, sciocchezza *f,* bazzecola *f.* **2** (*small change*) spiccioli *mpl.* **~-hearted, ~-livered** *a.* ⟨*fam*⟩ pauroso, pusillanime, ⟨*fam*⟩ cuor di coniglio. **~pox** *s.* ⟨*Med*⟩ varicella *f.* **~ run** *s.* recinto *m* per polli. **~ salad** *s.* insalata *f* di pollo.

chickling (vetch) [ˈtʃikliŋ] *s.* ⟨*Bot*⟩ cicerchia *f.*

chicle (gum) [ˈtʃikl] *s.* lattice *m* della sapota.

chicory [ˈtʃikəri] *s.* cicoria *f.*

chide [tʃaid] *v.* (*pret.* **chid** [tʃid]/**chided** [ˈtʃaidid], *p.p.* **chided**/**chid**/**chidden** [ˈtʃidn]) **I** *v.t.* rimproverare, sgridare, riprendere. **II** *v.i.* **1** borbottare contro, lamentarsi di. **2** (*of a storm, sea, etc.: to roar*) mugghiare. □ *to ~ s.o. into doing s.th.* far fare qc. a qd. a furia di rimproveri. **'chiding** [-iŋ] *s.* rimprovero *m,* sgridata *f.*

chief [tʃiːf] **I** *s.* **1** capo *m,* comandante *m: the ~ of police* il capo della polizia; (*leader*) condottiero *m.* **2** (*head of a tribe or clan*) capo *m: a Zulu ~* un capo zulù. **3** ⟨*sl*⟩ (*boss*) capo *m,* principale *m.* **4** ⟨*Arald*⟩ capo *m.* **II** *a.* **1** primo, sommo, capo: *the ~ priest* il sommo sacerdote. **2** (*principal*) principale, più importante, primo: *the ~ town in the county* la città più importante della contea; *the ~ problem* il problema principale. □ ⟨*Mar*⟩ **~ boatswain's mate** primo nostromo; *the ~ good* il bene supremo, Dio *m;* **in ~:** **1** ⟨*ant*⟩ in special modo, specialmente; **2** ⟨*Arald*⟩ in (*o* nel) capo; *Commander-in-~* comandante *m* 'in capo' (*o* supremo); ⟨*am.Mar*⟩ **~ petty** *officer* sottufficiale *m* capo; ⟨*Mil*⟩ **~ of** (*the General*) **Staff** capo *m* di stato maggiore.

chief| **accountant** *s.* ragioniere *m* capo. **~ clerk** *s.* capo *m* ufficio. **~ constable** *s.* capo *m* della polizia di una contea.

chiefdom [ˈtʃiːfdəm] *s.* **1** dignità *f* di capo, sovranità *f;* (*office*) comando *m.* **2** (*region*) territorio *m* sottoposto, giurisdizione *f.*

chief| **engineer** *s.* ⟨*Mar*⟩ primo ufficiale *m* di macchina. **~ executive** *am. s.* **1** governatore *m* (di uno stato). **2** (*head of a government*) capo *m* del governo. **3** ⟨*Comm*⟩ direttore *m* generale. **~ Executive** *am. s.* presidente *m* degli Stati Uniti. **~ inspector** *s.* ispettore *m* capo. **~ justice** *s.* ⟨*Dir*⟩ giudice *m* capo. **~ Justice** *am. s.* 'giudice *m* capo' (*o* primo presidente) della corte suprema.

chiefly [ˈtʃiːfli] *avv.* **1** principalmente, soprattutto. **2** (*mostly, mainly*) più che altro.

chief| **object** *s.* scopo *m* principale. **~ rabbi** *s.* rabbino

m capo. **~ surgeon** *s.* primario *m* chirurgo.

chieftain [ˈtʃiːftən] *s.* **1** (*head of a tribe or clan*) capo *m.* **2** (*head of a gang*) capobanda *m,* capo *m.* **3** (*leader of a troop*) condottiero *m,* ⟨*lett*⟩ capitano *m.* **chieftaincy** [-si], **chieftainship** [-ʃip] *s.* **1** dignità *f* di capo. **2** (*office*) comando *m.*

chief warder *s.* capocarceriere *m.*

chiff-chaff [ˈtʃiftʃæf] *s.* ⟨*Ornit*⟩ liù *m* piccolo.

chiffon *fr.* [ˈʃifən, *am.* ʃiˈfɔn] **I** *s.* ⟨*Tess*⟩ chiffon *m,* velo *m* crespo. **II** *a.* chiffon.

chiffonier *fr.* [ʃifəˈniə] *s.* ⟨*Arred*⟩ chiffonier *m,* stipo *m* a cassettini.

chignon [ˈʃiːnjɔ̃] *s.* chignon *m,* crocchia *f.*

chilblain [ˈtʃilblein] *s.* (general. al pl.) ⟨*Med*⟩ gelone *m.*

child [tʃaild] *s.* (*pl.* **children** [ˈtʃildrən]) **1** (*boy, girl*) bambino *m* (*f* –a), fanciullo *m* (*f* –a), ragazzo *m* (*f* –a). **2** (*son, daughter*) figlio *m* (*f* –a): *I have three ~ren* ho tre figli. **3** (*baby*) bambino *m* (*f* –a) (*anche fig.*). **4** (*descendant*) discendente *m/f: the ~ren of Abraham* i discendenti di Abramo. **5** ⟨*fig*⟩ (*result*) prodotto *m,* risultato *m,* esito *m.* **6** ⟨*fig*⟩ (*person conditioned by s.th.*) figlio *m* (*f* –a), prodotto *m,* frutto *m: a ~ of the revolution* un figlio della rivoluzione. □ *our children's ~ren* i nostri pronipoti; **eldest ~** figlio *m* maggiore, primogenito *m; to be far gone with ~* essere in stato di avanzata gravidanza; *to be with ~* essere incinta, essere in stato interessante.

child|**bearing** *s.* gravidanza *f.* **~bearing age** *s.* età *f* feconda (della donna). **~bed** *s.* puerperio *m.* **~bed fever** *s.* ⟨*Med*⟩ febbre *f* puerperale. **~birth** *s.* parto *m: to die in ~* morire di parto. **~ care** *s.* assistenza *f* pediatrica. **~-centred** *a.* ⟨*Ped*⟩ che tiene conto degli interessi dei bambini.

childe [tʃaild] *s.* ⟨*rar,lett*⟩ rampollo *m* di famiglia nobile.

Childermas [ˈtʃildəmæs] *s.* ⟨*Rel,ant*⟩ festa *f* degli Innocenti.

child guidance *s.* educazione *f* (*o* guida) dell'infanzia.

childhood [ˈtʃaildhud] *s.* **1** infanzia *f,* fanciullezza *f.* **2** ⟨*fig*⟩ infanzia *f,* origini *fpl,* primordi *mpl.* □ *from ~* (fin) dall'infanzia.

childish [ˈtʃaildiʃ] *a.* **1** da bambino, fanciullesco, infantile. **2** ⟨*spreg*⟩ (*puerile*) puerile, infantile, ⟨*spreg*⟩ bambinesco. □ *to be ~* essere puerile, comportarsi in modo infantile. **childishly** [-li] *avv.* puerilmente, infantilmente. **childishness** [-nis] *s.* fanciullaggine *f,* puerilità *f.*

child|**-labor** *am.,* **~-labour** *s.* sfruttamento *m* del lavoro minorile.

childless [ˈtʃaildlis] *a.* senza figli: *a ~ couple* una coppia senza figli. □ *~ marriage* matrimonio (*o* unione) sterile. **childlessness** [-nis] *s.* l'essere senza figli, sterilità *f.*

childlike [ˈtʃaildlaik] *a.* **1** da bambino, fanciullesco, infantile: *~ innocence* innocenza fanciullesca. **2** (*innocent*) ingenuo, innocente.

child| **murder** *s.* infanticidio *m.* **~-proof** *a.* sicuro (per i bambini). **~ psychology** *s.* psicologia *f* infantile.

children [ˈtʃildrən] → **child.**

children's| **court** *s.* ⟨*Dir*⟩ tribunale *m* minorile. **~ disease** *s.* ⟨*Med*⟩ malattia *f* infantile. **~ literature** *s.* letteratura *f* infantile (*o* per l'infanzia).

child's play *s.* ⟨*fig*⟩ gioco *m* da bambini, cosa *f* facilissima.

chile *s.* → **chilli.**

Chile [ˈtʃili] *N.pr.* ⟨*Geog*⟩ Cile *m.* **Chilean** [-ən] **I** *a.* cileno. **II** *s.* cileno *m* (*f* –a).

Chile| **nitre, ~ saltpetre** *s.* ⟨*Min*⟩ nitro *m* del Cile.

chili *s.* → **chilli.**

chiliad [ˈkiliæd] *s.* **1** migliaio *m.* **2** (*thousand years*) millennio *m.*

chiliburger *am.* [ˈtʃilibəːgə] *s.* hamburger *m* al peperoncino.

chili| **pepper** *s.* → **chilli.** **~ sauce** *s.* ⟨*Gastr*⟩ salsa *f* di peperoncino rosso.

chill [tʃil] **I** *s.* **1** freddo *m,* rigore *m,* rigidezza *f.* **2** (*feeling of cold*) brivido *m* (*o* sensazione *f*) di freddo. **3** ⟨*Med*⟩ infreddatura *f,* colpo *m* di freddo: *to catch a ~* prendere un'infreddatura. **4** ⟨*fig*⟩ senso *m* di gelo freddezza *f,* atmosfera *f* gelida. **5** ⟨*fig*⟩ (*discouragement* scoraggiamento *m*, abbattimento *m*. **6** ⟨*Met*⟩ (*chill mould*) conchiglia *f*. **II** *a*. **1** freddo, rigido: *a ~ wind* un vento freddo. **2** ⟨*fig*⟩ deprimente, scoraggiante; (*unfriendly*) freddo, gelido: *a ~ reception* un'accoglienza fredda. **III** *v.t.* **1** raffreddare, gelare, intirizzire: *to be -ed to the bones* essere gelato fino alle ossa. **2** (*of food, drinks, etc.*) raffreddare, mettere in fresco. **3** ⟨*fig*⟩ deprimere, abbattere, scoraggiare: *to ~ s.o.'s hopes* scoraggiare le speranze di qd. **4** ⟨*Met*⟩ (*to cast in an iron mould*) fondere in conchiglia; (*to harden by cooling*) temprare. **IV** *v.i.* **1** raffreddarsi. **2** (*to catch a chill*) raffreddarsi, prendere freddo. **3** ⟨*Met*⟩ temprarsi. □ *there's a ~ in the air* l'aria incomincia ad essere gelata; *to run ~* (*of blood*) gelarsi, raggelarsi; *to take the ~ off a bottle of wine* lasciar intiepidire (*o* togliere il gelo a) una bottiglia di vino.

hill casting *s.* ⟨*Met*⟩ fusione *f* in conchiglia.

hilled [tʃild] *a.* **1** raffreddato. **2** (*of food, etc.*) tenuto in fresco (*o* ghiaccio): *~ meat* carne conservata in (*o* al) fresco. **3** ⟨*Met*⟩ temprato. **'chiller** [-lə] *s.* (*in a refrigerator*) refrigeratore *m*, congelatore *m*.

hilli ['tʃili] *s.* (*pl.* **-es** [z]) ⟨*Gastr*⟩ **1** chile *m*, peperoncino *m* rosso, capsico *m*. **2** ⟨*am*⟩ chile *m* con carne.

hilliness ['tʃilinis] *s.* **1** freddo *m*, gelo *m*. **2** ⟨*fig*⟩ freddezza *f*.

hilling ['tʃiliŋ] *s.* **1** ⟨*Met*⟩ tempra *f*. **2** ⟨*Vetr*⟩ gelatura *f*.

hilly ['tʃili] *a.* **1** freddo, fresco: *~ weather* tempo freddo. **2** (*feeling cold*) che ha freddo, infreddolito; (*sensitive to cold*) freddoloso. **3** ⟨*fig*⟩ (*cold in manner*) freddo, raggelante; (*unfriendly*) poco cordiale.

hiloplasty ['kailoplæsti] *s.* ⟨*Chir*⟩ cheiloplastica *f*.

hilopod ['kailopod] *s.* ⟨*Entom*⟩ chilopodo *m*, centopiedi *m*.

hime¹ [tʃaim] *s.* **1** rintocco *m*, suono *m*: *the ~ of a clock* il rintocco di un orologio. **2** *pl.* (*set of bells, etc.*) sistema *m* di campane, campanelli *mpl*, carillon *m*; (*sequence of notes*) scampanio *m*. **3** (*apparatus for a door, clock, etc.*) carillon *m*, soneria *f*. **4** (*melody, harmony*) melodia *f*, suono *m* armonioso, armonia *f*. **5** ⟨*fig*⟩ (*accord*) armonia *f*, accordo *m*: *to be in ~ with s.o.* essere in armonia con qd. □ *to ring the -s* scampanare, sonare a festa.

hime² **I** *v.i.* **1** scampanare, sonare a festa; (*to toll*) rintoccare. **2** (*of a doorbell*) sonare. **3** ⟨*fig*⟩ (*to be in accord*) accordarsi, andare d'accordo, essere in armonia (*with* con). **II** *v.t.* **1** diffondere: *the bells a gay tone* le campane diffusero un suono lieto. **2** (*to cause to chime*) far sonare (*o* risonare). **3** (*to indicate by chiming*) battere, sonare: *the clock -d midnight* l'orologio battè la mezzanotte. **4** (*to utter in a singsong voice*) cantilenare, ripetere monotonamente. □ *to ~ in:* 1 (*in singing*) unirsi, associarsi; 2 (*to break into a conversation*) intromettersi, intervenire; 3 (*to express agreement*) approvare calorosamente, fare eco; **4** ⟨*fig*⟩ (*to agree*) armonizzare, essere in accordo (*with* con), essere aderente (a); ⟨*fam*⟩ *to ~ together* andare d'accordo.

hime³ *s.* (*of a cask, barrel*) capruggine *f*.

himera [ki'miərə] *s.* **1** ⟨*Mitol*⟩ chimera *f*. **2** ⟨*fig*⟩ (*imaginary monster*) mostro *m*; (*wild idea, fancy*) chimera *f*, fantasticheria *f*.

himere [tʃi'miə] *s.* ⟨*Vest*⟩ (*robe worn by Anglican bishops*) specie di pianeta.

himeric [ki'merik], **chimerical** [-əl] *a.* **1** (*unreal*) chimerico, immaginario, fantastico. **2** (*fanciful*) chimerico, utopistico, illusorio.

himing clock ['tʃaimiŋ] *s.* orologio *m* (*o* pendolo) con soneria.

himney ['tʃimni] *s.* **1** camino *m*. **2** → **chimney top**. **3** (*of a lamp*) tubo *m* di vetro. **4** (*of a volcano*) camino *m*. **5** ⟨*Ferr,Mar*⟩ fumaiolo *m*, ciminiera *f*. **6** ⟨*Alp*⟩ camino *m*.

himney| breast *s.* ⟨*Edil*⟩ bocca *f* del camino. **~ cap** *s.* → **chimney top**. **~ corner** *s.* **1** angolo *m* del camino. **2** (*seat, bench*) sedile *m* posto all'angolo del camino. **~ flue** *s.* ⟨*Edil*⟩ canna *f* del camino (*o* fumaria). **~ piece** *s.* ⟨*Edil*⟩ caminetto *m*. **~ pot** *s.* → **chimney top**. **~ stack** *s.* gruppo *m* di camini (*o* ciminiere). **~ sweep(er)** *s.* spazzacamino *m*. **~ top** *s.* comignolo *m*.

chimp [tʃimp] ⟨*fam*⟩, **,chimpanzee** [-æn'zi:] *s.* ⟨*Zool*⟩ scimpanzé *m*.

chin¹ [tʃin] *s.* mento *m*. □ ⟨*fam*⟩ *keep your ~ up!* (fatti) coraggio!, forza!; *up to the ~* (immerso) fino al collo; ⟨*sl*⟩ *to wag one's ~* pettegolare.

chin² *v.* (*pret., p.p.* **chinned** [-d]) **I** *v.t.* ⟨*Ginn*⟩ toccare con il mento. **II** *v.i.* ⟨*am.sl*⟩ (*to chatter*) chiacchierare, cianciare.

china¹ ['tʃainə] **I** *s.* **1** ⟨*Ceram*⟩ porcellana *f* (fine). **2** (*porcelain ware*) porcellane *fpl*, oggetti *mpl* di porcellana. **3** (*crockery*) vasellame *m*, stoviglie *fpl*. **II** *a.* di porcellana.

china² *s.* ⟨*sl*⟩ amico *m*, compagno *m*.

China *N.pr.* ⟨*Geog*⟩ Cina *f*.

china| blue *s.* **1** azzurro *m*. **2** ⟨*Chim*⟩ azzurro *m* di cobalto. **~ cabinet** *s.* ⟨*Arred*⟩ vetrina *f*. **~ clay** *s.* ⟨*Min*⟩ caolino *m* **~ closet** *s.* → **china cabinet ~ ink** *s.* inchiostro *m* di china. **~man** [mən] *s.irr.* ⟨*spreg*⟩ cinese *m*. **~town** *s.* quartiere *m* cinese. **~ ware** *s.* oggetti *mpl* di porcellana, porcellane *fpl*.

chinch [tʃintʃ] *s.* ⟨*Entom*⟩ **1** cimice *f* dei campi. **2** ⟨*am*⟩ (*bedbug*) cimice *f* dei letti.

chinchilla [tʃin'tʃilə] *s.* **1** ⟨*Zool*⟩ chinchilla *m/f*. **2** (*fur*) cincillà *m/f*.

chin-chin [,tʃin'tʃin] *intz.* **1** (*as a toast*) cincin, cin cin. **2** (*as a greeting*) arrivederci, addio, salve.

'chin-'deep *a.* immerso fino al collo.

chine¹ [tʃain] *s.* ⟨*dial*⟩ calanco *m*.

chine² *s.* **1** ⟨*Anat*⟩ spina *f* dorsale. **2** ⟨*Gastr*⟩ lombata *f*. **3** ⟨*Geol*⟩ cresta *f*. **4** ⟨*Mar, Aer*⟩ angolare *m*.

Chinee [tʃai'ni:] *s.* ⟨*sl*⟩ cinese *m/f*. **Chinese** [-z] **I** *s.* **1** cinese *m/f*. **2** ⟨*collett*⟩ (*people;* costr. pl.) cinesi *mpl*, popolo *m* cinese. **3** (*language*) cinese *m*. **II** *a.* cinese.

Chinese| artichoke *s.* ⟨*Bot*⟩ tuberina *f*. **~ cabbage** *s.* cavolo *m* cinese, pe-tsai *m*. **~ checkers** *s.pl.* (costr. sing. o pl.) dama *f* cinese. **~ cinnamon** *s.* ⟨*Bot*⟩ cannella *f* cinese. **~ landing** *s.* ⟨*Aer*⟩ atterraggio *m* mal riuscito. **~ lantern** *s.* lanterna *f* cinese. **~ pavilion** *s.* **1** ⟨*Mus*⟩ cappello *m* cinese. **2** (*kiosk*) padiglione *m* alla cinese, chiosco *m*. **~ puzzle** *s.* **1** rompicapo *m* cinese. **2** ⟨*fig*⟩ rompicapo *m*, enigma *m*. **~ wall** *s.* muraglia *f* cinese, grande muraglia.

chink¹ [tʃiŋk] **I** *s.* **1** fessura *f*, crepa *f*; (*narrow space*) interstizio *m*. **2** ⟨*fig*⟩ (*weak spot*) punto *m* debole, tallone *m* d'Achille. **II** *v.t.* riempire le fessure (*o* crepe) di. **III** *v.i.* fendersi, spaccarsi.

chink² **I** *v.t.* far tintinnare. **II** *v.i.* tintinnare. **III** *s.* **1** tintinnio *m*, il tintinnare. **2** ⟨*am.sl*⟩ (*ready money*) moneta *f* sonante, ⟨*fam*⟩ grana *f*.

Chink *s.* ⟨*spreg*⟩ cinese *m/f*.

chinless ['tʃinlis] *a.* dal mento sfuggente.

chinned [tʃind] *a.* (nei composti) dal mento ...: *weak-~* dal mento poco pronunciato (*o* sfuggente).

chinoiserie [ʃi:nʷwa:zəri] *s.* cineseria *f*.

chintz [tʃints] *s.* ⟨*Tess*⟩ chintz *m*. **chintzy** [-i] *a.* **1** ricoperto di chintz. **2** ⟨*fam*⟩ (*cheap*) dozzinale; (*gaudy*) vistoso, appariscente.

chin-wag ['tʃinwæg] **I** *s.* ⟨*sl*⟩ pettegolezzo *m*, maldicenza *f*. **II** *v.i.* pettegolare, fare della maldicenza, malignare.

chip¹ [tʃip] *s.* **1** scheggia *f*, pezzetto *m*, frammento *m*: *wood -s* schegge di legno; (*flake*) truciolo *m*, scaglia *f*; (*of food*) fettina *f*, bastoncino *m*. **2** *pl.* (*French fried potatoes*) patatine *fpl* fritte. **3** (*missing piece*) scheggiatura *f*, sbocconcellatura *f*: *the cup has a ~* la tazza ha una scheggiatura. **4** (*token, counter*) gettone *m*, fiche *f*: *poker -s* gettoni *mpl* del poker. **5** (*for hats, baskets, etc.*) truciolo *m*, striscia *f* di paglia. **6** → **chip basket**. **7** (*of a computer*) piastra *f* di silicio, chip *m*. **8** ⟨*Inform*⟩ chip *m*. □ ⟨*fig*⟩ *a ~ off the old block* un figlio tale e quale il padre, un figlio degno del padre; ⟨*fig*⟩ *as dry as a ~* privo d'interesse, arido; ⟨*fam*⟩ *to pass in one's -s* morire; ⟨*fig*⟩ *to have a ~ on one's shoulder* avere voglia di litigare (*o* attaccar briga).

chip² *v.* (*pret., p.p.* **chipped** [-t]) **I** *v.t.* **1** scalpellare: *to ~ marble* scalpellare il marmo. **2** (*to break a fragment from*) scheggiare, sbeccare, sbocconcellare: *to ~ the edge of a saucer* scheggiare l'orlo di un piattino. **3** (*to break into* *fragments*) rompere, fare a pezzi. **4** (*to make or form by cutting*) intagliare, scolpire: *to ~ a figure out of wood* intagliare una figura nel legno. **5** (*to cut into slices*) affettare, tagliare a fette. **6** (*to poke fun at*) deridere, farsi beffe di. **II** *v.i.* **1** scheggiarsi, sbeccarsi; (*to break off in small pieces*) frantumarsi, andare in pezzi (*o* frantumi). **2** (*of an egg*) schiudersi. **3** ⟨*Sport*⟩ (*to make a chip shot*) fare un colpo di approccio. □ *to ~* **in:** 1 interrompere, intromettersi; 2 (*to contribute money*) contribuire; 3 (*in poker*) intervenire.

chip³ *s.* ⟨*Sport*⟩ (*in wrestling*) sgambetto *m*.

chip| ax(e) *s.* ascia *f.* **~ basket** *s.* **1** (*for fruit*) cestino *m*, paniere *m*. **2** (*for cooking chips*) reticella *f* per friggere. **~-board** *s.* ⟨*Cart*⟩ cartone *m* per scatole. **~ carving** *s.* intaglio *m* in legno (a disegni geometrici).

chipmunk ['tʃipmʌŋk] *s.* ⟨*Zool*⟩ **1** tamia *m* striato. **2** cipmunk *m* specioso. **3** borunduk *m*.

chipped potatoes [tʃipt] *s.pl.* patatine *fpl* fritte.

Chippendale ['tʃipəndeil] **I** *a.* ⟨*Arred*⟩ (in stile) Chippendale. **II** *s.* Chippendale *m*, stile *m* Chippendale.

chipper *am.* ['tʃipə] *a.* ⟨*fam*⟩ allegro, vivace, gaio.

chippings ['tʃipiŋz] *s.pl.* trucioli *mpl*.

chippy ['tʃipi] *a.* **1** arido, monotono, privo d'interesse. **2** (*suffering from a hangover*) sofferente dei postumi di una sbornia. □ *to be* ~ avere la luna, essere di malumore; *to feel* ~ avere un cerchio alla testa (dopo una sbornia).

chip shot *s.* ⟨*Sport*⟩ colpo *m* di approccio (*o* approssimazione).

chirograph ['kaiərəugrɑ:f] *s.* ⟨*Dir*⟩ chirografo *m*. **,chiro'graphary** [-əri] *a.* chirografario: *~ creditor* creditore chirografario. **chirographer** [-'rɔgrəfə] *s.* calligrafo *m*. **chirography** [-'rɔgrəfi] *s.* calligrafia *f*.

chiromancer ['kaiərəumænsə] *s.* chiromante *m/f.* **chiromancy** [-si] *s.* chiromanzia *f*.

chiropodist [ki'rɔpədist] *s.* callista *m/f*, pedicure *m/f.* **chiropody** [-di] *s.* mestiere *m* di pedicure.

chiropractic [,kairə'præktik] *s.* **1** chiropratica *f*, chiroterapia *f*, chiroprassi *f.* **2** → **chiropractor. chiropractical** [-əl] *a.* chiroterapico. **'chiropractor** [-tə] *s.* chiropratico *m*, chiroterapeuta *m/f.*

chiropteran [kai'rɔptərən] **I** *a.* ⟨*Zool*⟩ dei chirotteri. **II** *s.pl.* chirotteri *mpl*.

chirp [tʃə:p] **I** *v.i.* cinguettare; (*of crickets, grasshoppers*) stridere, frinire. **II** *v.t.* dire con voce stridula. **III** *s.* cinguettio *m;* (*of crickets, grasshoppers*) stridio *m*. **'chirpily** [-ili] *avv.* ⟨*fam*⟩ allegramente. **'chirpiness** [-inis] *s.* ⟨*fam*⟩ allegria *f*, gaiezza *f.* **'chirpy** [-i] *a.* ⟨*fam*⟩ allegro, gaio.

chirr [tʃə:] **I** *v.i.* (*pret., p.p.* **chirred** [-d]) frinire, stridere. **II** *s.* stridio *m*.

chirrup ['tʃirəp] **I** *v.i.* **1** cinguettare. **2** (*in urging on a horse*) schioccare la lingua. **II** *s.* cinguettio *m*. **chirrupy** [-i] *a.* allegro, gaio; (*lively*) vivace.

chisel¹ ['tʃizl] *s.* scalpello *m*, cesello *m*.

chisel² *v.* (*pret., p.p.* **chiselled/** *am.* **chiseled** [-d]) **I** *v.t.* **1** scalpellare, cesellare. **2** (*to make, form by chiselling*) intagliare: *to ~ a head out of wood* intagliare una testa nel legno. **3** ⟨*sl*⟩ (*to cheat, swindle*) imbrogliare, ingannare, defraudare; (*to get by cheating*) ottenere con l'inganno. **II** *v.i.* **1** lavorare di scalpello (*o* cesello). **2** ⟨*sl*⟩ (*to cheat*) fare imbrogli. **chiselled** [-d] *a.* **1** cesellato. **2** ⟨*fig*⟩ scolpito, cesellato: *finely ~ features* fattezze finemente cesellate. **chiseller** [-lə] *s.* **1** cesellatore *m* (*f* –trice). **2** ⟨*sl*⟩ (*swindler, cheat*) imbroglione *m* (*f* –a).

chit¹ [tʃit] *s.* **1** (*voucher of debt*) nota *f*, conto *m*. **2** (*note, memorandum*) appunto *m*, promemoria *m*.

chit² *s.* ⟨*spreg*⟩ **1** bambino *m* (*f* –a), marmocchio *m* (*f* –a). **2** ragazzetta *f*, ragazzina *f.* □ *she's a mere ~ of a girl* è solo una ragazzina.

chit chat ['tʃittʃæt] *s.* **1** chiacchierata *f*, quattro chiacchiere *f.* **2** (*gossip*) maldicenza *f*.

chitin ['kaitin] *s.* ⟨*Zool*⟩ chitina *f.* **chitinous** [-əs] *a.* chitinoso.

chiton ['kaitən] *s.* ⟨*Stor.gr,Zool*⟩ chitone *m*.

chitter ['tʃitə] *v.i.* **1** cinguettare. **2** ⟨*dial*⟩ (*to shiver*) rabbrividire.

chitterlings ['tʃitəliŋz] *s.pl.* ⟨*Gastr*⟩ trippa *f* di maiale.

---

chivalric ['ʃivəlrik], **chivalrous** [-rəs] *a.* cavalleresco **chivalrously** [-rəsli] *avv.* cavallerescamente **chivalrousness** [-rəsnis] *s.* condotta *f* cavalleresca cortesia *f.* **chivalry** [-ri] *s.* **1** ⟨*Mediev*⟩ cavalleria *f: the age of ~* l'epoca della cavalleria. **2** (*body of knights, gallant gentlemen*) cavalieri *mpl*. **3** ⟨*fig*⟩ (*gallantry*) cavalleria *f*, galanteria *f*, cortesia *f.* □ *deed of ~* impres cavalleresca.

chive [tʃaiv] *s.* ⟨*Bot*⟩ cipollina *f*, erba *f* cipollina, aglio *r* cipollino.

chiv(v)y *s./v.* → **chevy.**

chlamys ['klæmis] *s.* (*pl.* -**myes** [-iz]/-**mydes** [midi:z] ⟨*Stor.gr*⟩ clamide *f*.

chloracne [klɔ:'rækni] *s.* ⟨*Med*⟩ cloracne *f*, acne *f* clorica

chloral ['klɔ:rəl] *s.* ⟨*Chim*⟩ cloralio *m*.

chlorate ['klɔ:reit] *s.* ⟨*Chim*⟩ clorato *m*.

chloric ['klɔ:rik] *a.* ⟨*Chim*⟩ clorico: *~ acid* acido clorico.

chloride ['klɔ:raid] *s.* ⟨*Chim*⟩ cloruro *m*.

chlorinate ['klɔ:rineit] *v.t.* **1** ⟨*Chim*⟩ clorurare. **2** (*t disinfect with chlorine*) clorare, trattare con cloro **chlorinated** [-id] *a.* clorurato: *~ water* acqu clorurata.

chlorinated| hydrocarbons *s.pl.* ⟨*Chim*⟩ cloroidro carburi *mpl*. **~ lime** *s.* ⟨*Chim*⟩ cloruro *m* di calce.

chlorination [,klɔ:ri'neiʃən] *s.* ⟨*Chim*⟩ clorurazione *f*. (*for sterilizing water*) clorazione *f*.

chlorine ['klɔ:ri:n] *s.* ⟨*Chim*⟩ cloro *m: ~ water* acqua al cloro.

chlorine acne *s.* → **chloracne.**

chloring ['klɔ:riŋ] *s.* → **chlorination.**

chlorite¹ ['klɔ:rait] *s.* ⟨*Min*⟩ clorite *f*.

chlorite² *s.* ⟨*Chim*⟩ clorito *m*.

chloroform ['klɔ:rəfɔ:m] **I** *s.* ⟨*Chim,Farm*⟩ cloroformio *m.* **II** *v.t.* ⟨*Med*⟩ cloroformizzare. **,chloroformizatio** [-ai'zeiʃən] *s.* cloroformizzazione *f*.

chlorophyll ['klɔ:rəfil] *s.* ⟨*Bot*⟩ clorofilla *f*.

chlorosis [klə'rousis] *s.* (*pl.* -**ses** [si:z]) ⟨*Bot,Med*⟩ clorosi **chlorotic** [-'rɔtik] *a.* clorotico.

chlorous ['klɔ:rəs] *a.* ⟨*Chim*⟩ cloroso.

chock [tʃɔk] **I** *s.* **1** cuneo *m*, zeppa *f*, tassello *m*; (*for th wheels of a vehicle*) calzatoia *f.* **2** ⟨*Mar*⟩ (*for passin ropes*) passacavi *m*, bocca *f* di rancio; (*boat chock*) mors *f*, calastra *f.* **3** *pl.* ⟨*Aer*⟩ tacchi *mpl*. **II** *v.t.* **1** assicurare fermare) con un cuneo. **2** ⟨*Mar*⟩ (*of a boat*) mettere sul calastre. **3** ⟨*fam*⟩ (*to fill up;* general. con *up*) ingombrar stipare. **III** *avv.* il più vicino possibile.

chock|-a-'block *a.* stipato (*with* di). '**~-'full** *a.* **1** pier zeppo, traboccante. **2** (*stuffed*) farcito, ripieno: *~ of nu* ripieno di noci.

chocolate ['tʃɔklit] **I** *s.* **1** cioccolata *f*, cioccolato *m: a ba of ~* una tavoletta di cioccolato. **2** (*drink*) cioccolata *f.* (*individual sweet*) cioccolatino *m*. **4** (*colour*) color cioccolato. **II** *a.* **1** di cioccolata, al cioccolato. (*chocolate-coloured*) color cioccolato.

chocolate|-box *a.* ⟨*spreg*⟩ (*of a painting, etc.*) lezios sdolcinato. **~ cake** *s.* ⟨*Dolc*⟩ torta *f* al cioccolato. **cream** *s.* ⟨*Dolc*⟩ cioccolatino *m* ripieno. **manufacturer** *s.* cioccolataio *m* (*f* –a), cioccolatiere *m* –a). **~ pot** *s.* cioccolatiera *f.* **~ soldier** *s.* ⟨*mil*⟩ solda *m* non combattente. **~ tree** *s.* ⟨*Bot*⟩ cacao *m*, teobron *m*.

choice [tʃɔis] **I** *s.* **1** scelta *f: to make* (*o take*) *a ~* fa una scelta; *he was fortunate in his ~* fu fortunato nel scelta, ha fatto una scelta felice. **2** (*thing chosen*) scelta oggetto *m* prescelto: *this is my ~* questa è la mia scel (*person chosen*) prescelto *m* (*f* –a). **3** (*option*) possibilità *f* (*o* facoltà) di scelta: *he had no ~ but to ob* non aveva altra scelta che obbedire; (*alternativ* alternativa *f*. **4** (*variety from which to choose*) scelta assortimento *m: a large ~ of dishes* un ricco assortimen di piatti. **5** (*person, thing preferred*) preferenza *f*, scelta **6** (*best, élite*) meglio *m*, crema *f*, fior fiore *m*. **II** *a.* **1** prima qualità, scelto, eccellente: *a ~ dinner* un pran eccellente. **2** (*well-chosen*) scelto con cura, ben scelto. ⟨*Macell*⟩ di prima scelta. □ *at ~* a scelta; *to do s.th. ~ of one's own ~* fare qc. per scelta; *for ~* di preferenza, potessi scegliere; *given the ~* dovendo scegliere; *to ha* (o *take*) *one's* ~ fare la propria scelta; *to have no* ~ non avere alternativa.

choicely ['tʃɔisli] *avv.* **1** attentamente, con cura. **2** (*daintily*) squisitamente. **choiceness** [–snis] *s.* squisitezza *f*, raffinatezza *f*. **choicy** *am.* [–si] *a.* ⟨*sl*⟩ schizzinoso, di difficile contentatura.

choir ['kwaiə] **I** *s.* coro *m: a male-voice* ~ un coro di voci maschili. **II** *a.* ⟨*Rel*⟩ del coro. **III** *v.t./i.* cantare in coro. □ *member of a* ~ corista *m/f.*

choir| book *s.* corale *m.* **~boy** *s.* cantore *m*, corista *m.* **~ loft** *s.* ⟨*Arch*⟩ galleria *f* del coro. **~master** *s.* maestro *m* del coro. **~ organ** *s.* ⟨*Mus*⟩ organo *m* positivo. **~ screen** *s.* ⟨*Arch*⟩ grata *f* del coro.

choke[1] [tʃəuk] **I** *v.t.* **1** soffocare; (*to strangle*) strangolare, strozzare. **2** (*to make breathing difficult*) togliere il respiro a, asfissiare. **3** (*to clog*) intasare, ostruire, bloccare: *seaweed have –d the channel* le alghe hanno intasato il canale; (*to fill chock-full*) stipare, pigiare. **4** ⟨*fig*⟩ (*to check, stop;* spesso con *back, down*) soffocare, arrestare, reprimere: *to* ~ *speculation* arrestare la speculazione; *to* ~ *down one's rage* soffocare l'ira. **5** ⟨*Mot*⟩ chiudere l'aria a, ingolfare: *to* ~ *the carburettor* ingolfare il carburatore. **6** ⟨*tecn*⟩ (*of a furnace*) soffocare. **II** *v.i.* **1** strozzarsi, soffocare: *to* ~ *on a fishbone* strozzarsi con una lisca. **2** (*to become clogged*) ingorgarsi, intasarsi, ostruirsi. □ *to* ~ *with anger* soffocare dall'ira; *to* ~ *back one's tears* ˹mandar giù˺ (*o* trattenere) le lacrime; *to* ~ *to death* morire soffocato; *to* ~ *s.o. to death* strangolare qd.; *to* ~ *down* inghiottire (con difficoltà); *to* ~ *a fire* soffocare le fiamme; *to* ~ *with laughter* soffocare dalle risa; *to* ~ *off:* 1 por fine a; 2 ⟨*fam*⟩ (*of a person: to silence*) far tacere, far stare zitto; 3 ⟨*fam*⟩ (*of a person: to get rid of*) liberarsi di, sbarazzarsi di; *a voice –d with sobs* una voce rotta dai singhiozzi; *to* ~ *up* restare senza fiato.

choke[2] *s.* **1** soffocamento *m.* **2** ⟨*Sport*⟩ (*in wrestling*) strangolamento *m.* **3** ⟨*sl*⟩ (*prison*) prigione *f*, carcere *m*, (*pop*) gattabuia *f*. **4** ⟨*Mot*⟩ valvola *f* dell'aria. **5** ⟨*Rad*⟩ → **choke coil. 6** ⟨*Vetr*⟩ strozzatura *f.* □ *to speak with a* ~ *in one's voice* parlare con voce soffocata.

choke|berry [kʃəuk'beri] *s.* ⟨*Bot*⟩ aronia *f.* **~ bore** *s.* **1** calibro *m* decrescente. **2** (*shotgun*) fucile *m* a calibro decrescente. **~ coil** *s.* ⟨*Rad*⟩ bobina *f* di arresto. **~ damp** *s.* ⟨*Minier*⟩ biossido *m* di carbonio. **~ pear** *s.* ⟨*fig*⟩ cosa *f* difficile da ˹mandar giù˺ (*o* ingoiare), ⟨*fam*⟩ rospo *m.*

choker ['tʃəukə] *s.* **1** (*thing*) cosa *f* che soffoca; (*person*) soffocatore *m* (*f* –trice), strangolatore *m* (*f* –trice). **2** ⟨*fam*⟩ (*tight necklace*) collana *f* a giro collo; (*high collar*) colletto *m* rigido.

chokey *s.* → **choky[2]**.

choking ['tʃəukiŋ] *a.* **1** soffocante, asfissiante: *a* ~ *cloud of gas* una soffocante nuvola di gas. **2** (*of the voice*) soffocato, strozzato.

choky[1] ['tʃəuki] *a.* soffocante.

choky[2] *s.* ⟨*sl*⟩ (*jail*) prigione *f*, carcere *m*, ⟨*pop*⟩ gattabuia *f.*

cholagogic [,kɔlə'gɔdʒik] *a.* ⟨*Med*⟩ colagogo. **,cholagogue** [–'gɔg] **I** *a.* → **cholagogic. II** *s.* colagogo *m.*

cholecyst ['kɔləsist] *s.* ⟨*Anat*⟩ colecisti *f*, cistifellea *f.* **,cholecystectomy** [–'tektəmi] *s.* ⟨*Chir*⟩ colecistectomia *f.* **,cholecystitis** [–'taitis] *s.* (*pl.* **-tides** [tidiːz]) ⟨*Med*⟩ colecistite *f.*

choler ['kɔlə] *s.* **1** collera *f*, ira *f*; (*irascibility*) irascibilità *f*, iracondia *f.* **2** ⟨*rar*⟩ (*bile*) bile *f.* **3** ⟨*ant*⟩ (*biliousness*) carattere *m* bilioso.

cholera ['kɔlərə] *s.* ⟨*Med*⟩ colera *m.*

choleraic [,kɔlə'reiik] *a.* coleroso.

cholera vaccine *s.* ⟨*Med*⟩ anticolerica *f*, vaccinazione *f* anticolerica.

choleric ['kɔlərik] *a.* **1** collerico, irascibile. **2** ⟨*ant*⟩ bilioso.

cholerine ['kɔlərain] *s.* ⟨*Med*⟩ colerina *f.*

cholesterol [kə'lestərɔl] *s.* ⟨*Chim*⟩ colesterolo *m*, colesterina *f.*

choliamb ['kouliæmb] *s.* ⟨*Metr*⟩ coliambo *m.* **,choli'ambic** [–ik] *a.* coliambico.

choline ['koulain] *s.* ⟨*Chim*⟩ colina *f.* **cholinergic**

[–li'nəːdʒik] *a.* ⟨*Biol*⟩ colinergico.

chondrite ['kɔndrait] *s.* ⟨*Min*⟩ condrite *f.*

choo-choo ['tʃuːtʃu] *s.* ⟨*infant*⟩ (*train*) ciuf–ciuf *m.*

choose [tʃuːz] *v.* (*pret.* **chose** [tʃouz], *p.p.* **chosen** ['tʃouzn]) **I** *v.t.* **1** scegliere. **2** (*to prefer*) scegliere, preferire, optare per: *she chose to stay at home* preferì restare a casa. **II** *v.i.* **1** scegliere, fare una scelta. **2** (*to be inclined*) piacere (costr. impers.), preferire, volere: *he does as he –s* fa quel che gli piace. □ *as you* ~ come vuoi (*o* credi); *he cannot* ~ *but give in* non ˹ha altra scelta˺ (*o* gli resta) che cedere; *there's not much to* ~ *between them* l'uno vale l'altro; *to pick and* ~: 1 scegliere con cura; 2 (*to be fastidious*) essere schizzinoso (*o* difficile da accontentare), fare il difficile; ⟨*fam*⟩ *to* ~ **up** *sides for a game* formare (*o* fare) le squadre per una partita; ~ *for* **yourself** scegli da te, lascio a te la scelta.

chooser ['tʃuːzə] *s.* chi sceglie. **choosiness** [–zinis] *s.* ⟨*fam*⟩ pignoleria *f.* **choosy** [–zi] *a.* ⟨*fam*⟩ pignolo, esigente, difficile: ~ *about food* esigente nel mangiare.

chop[1] [tʃɔp] *v.* (*pret., p.p.* **chopped** [–t]) **I** *v.t.* **1** tagliare a pezzi; (*of firewood*) spaccare. **2** (*to cut into small pieces;* spesso con *up*) tagliare a pezzetti, trinciare; (*to mince*) tritare, triturare. **3** (*to make by chopping*) tagliare: *to* ~ *a passage through the jungle* tagliare una strada nella giungla. **4** ⟨*Sport*⟩ tagliare. **5** (*in hand-to-hand combat*) colpire ˹di taglio˺ (*o* col taglio della mano). **II** *v.i.* **1** dare (*o* vibrare) un colpo (*at* a): *he –ped at the tree with his hatchet* diede un colpo d'accetta all'albero. **2** ⟨*Sport*⟩ (*in tennis, cricket, etc.*) dare un colpo tagliato, tagliare una palla; (*in boxing*) dare un colpo uncinato corto. **3** ⟨*mar*⟩ esserci maretta. □ *to* ~ **down** *a tree* abbattere un albero; *to* ~ **in** intromettersi, interloquire; *to* ~ **off** *a branch* tagliare un ramo; *to* ~ **s.th. to pieces** fare qc. a pezzi (*o* pezzettini); *to* ~ *one's speech* mangiarsi le parole; ⟨*Geol*⟩ *to* ~ **up** affiorare, apparire in superficie.

chop[2] *s.* **1** taglio *m* netto, colpo *m.* **2** ⟨*Sport*⟩ (*in tennis, cricket, etc.: chop stroke*) colpo *m* tagliato; (*in boxing*) colpo *m* uncinato corto. **3** ⟨*Gastr*⟩ costoletta *f*, braciola *f: a pork-*~ una costoletta di maiale. **4** ⟨*mar*⟩ maretta *f.* **5** ⟨*fam*⟩ (*dismissal*) licenziamento *m: to get the* ~ essere licenziato.

chop[3] **I** *v.i.* (*pret., p.p.* **chopped** [–t]) (*of the wind*) essere incostante (*o* variabile), cambiare direzione. **II** *s.* cambiamento *m*, mutamento *m.* □ *the –s and changes of life* gli alti e bassi della vita; ⟨*fig*⟩ *to* ~ *and change* essere incostante, tentennare, fare la banderuola; *to* ~ *logic* cavillare, sofisticare.

chop[4] *s.* (general. al pl.) (*jaw*) mascella *f*, ⟨*fam*⟩ ganascia *f*; (*mouth*) bocca *f.* □ *to* ~ *and change jobs* cambiare continuamente lavoro; ⟨*sl*⟩ *to lick one's –s* leccarsi i baffi (*o* le labbra).

chop[5] *s.* **1** (*in the Far East: official stamp or seal*) timbro *m* (*o* sigillo) ufficiale; (*passport*) passaporto *m.* **2** (*trade mark*) marchio *m* di fabbrica; (*quality*) qualità *f: first* ~ *goods* merce di prima qualità.

'chop-'chop *avv.* ⟨*sl*⟩ presto, in fretta, subito.

chopfallen ['tʃɔpfɔːln] *a.* depresso, scoraggiato, ⟨*fam*⟩ giù di corda.

chop house *s.* trattoria *f.*

chopper[1] ['tʃɔpə] **I** *s.* **1** tagliatore *m*; (*person who cuts up*) trinciatore *m.* **2** ⟨*Macell*⟩ mannaia *f*; (*kitchen utensil*) tritacarne *m.* **3** *pl.* ⟨*sl*⟩ denti *mpl.* **4** ⟨*am.fam*⟩ elicottero *m.* **II** *v.t.* ⟨*am.fam*⟩ trasportare in elicottero. **III** *v.i.* ⟨*am.fam*⟩ viaggiare in elicottero.

chopper[2] *s.* ⟨*El*⟩ chopper *m.*

chopper[3] *s.* bicicletta *f*; (*motorcycle*) motocicletta *f.*

choppily ['tʃɔpili] *avv.* variabilmente. **choppiness** [–pinis] *s.* **1** (*of the sea*) maretta *f.* **2** (*of the wind*) variabilità *f*, incostanza *f.* **3** ⟨*fig*⟩ (*unevenness*) irregolarità *f*, discontinuità *f.*

chopping[1] ['tʃɔpiŋ] *a.* → **choppy.**

chopping[2] *s.* (*of the sea*) maretta *f.* □ ~ *and changing* cambiamenti *mpl*, variazioni *fpl.*

chopping| block, **~ board** *s.* tagliere *m.* **~ knife** *s.irr.* trinciante *m*, coltello *m* tritacarne (*o* tritaverdure).

choppy ['tʃɔpi] *a.* **1** (*of the sea*) corto, rotto, frangente: *the sea is* ~ *today* oggi c'è ˹mare corto˺ (*o* maretta). **2** (*of the* *wind*) incostante, variabile. **3** ⟨*fig*⟩ (*uneven, jerky*) irregolare, disuguale, discontinuo: *a ~ style* uno stile disuguale.

chopstick ['tʃɔpstik] *s.* bacchetta *f*, bastoncino *m*.

choral ['kɔːrəl] **I** *a.* **1** corale. **2** (*sung by a chorus*) corale, per coro. **II** *s.* → **chorale. chorale** [kɔ'rɑːl] *s.* **1** ⟨*Mus*⟩ corale *m*: *a Bach ~* un corale di Bach. **2** (*group of singers*) coro *m*. **choralist** [–ist] *s.* corista *m/f*. **chorally** [–i] *avv.* in coro, coralmente.

choral service *s.* ⟨*Lit*⟩ funzione *f* religiosa con canti corali. □ *a full ~* una funzione religiosa (unicamente) cantata. *~ speaking s.* declamazione *f* corale.

chord¹ [kɔːd] *s.* **1** ⟨*Geom*⟩ corda *f*. **2** ⟨*Edil*⟩ catena *f*. **3** ⟨*fig*⟩ corda *f*, tasto *m*: *his story struck a ~ of pity* la sua storia toccò (*o* fece vibrare) la corda della pietà. **4** (*string of a musical instrument*) corda *f*. □ ⟨*fig*⟩ *to touch the right ~* toccare ʾla corda giustaʾ (*o* il tasto giusto).

chord² *s.* ⟨*Mus*⟩ accordo *m*. □ *to break* (*o* *spread*) *a ~* eseguire un accordo arpeggiato.

chordal¹ ['kɔːdəl] *a.* **1** della corda. **2** ⟨*Mecc*⟩ cordale.

chordal² *a.* ⟨*Mus*⟩ di (*o* relativo a) un accordo.

chordate ['kɔːdeit] **I** *a.* ⟨*Zool*⟩ dei cordati. **II** *s.pl.* cordati *mpl.*

chore [tʃɔː] **I** *s.* **1** *pl.* faccende *fpl* domestiche (*o* di casa), lavori *mpl* domestici. **2** (*small task*) lavoretto *m*. **3** (*difficult, unpleasant job*) lavoro *m* ingrato. **II** *v.i.* fare (*o* sbrigare) le faccende domestiche.

chorea [kɔ'riə] *s.* ⟨*Med*⟩ corea *f*, ⟨*pop*⟩ ballo *m* di san Vito.

choree [kɔ'riː] *s.* ⟨*Metr*⟩ coreo *m*.

choreographer [ˌkɔri'ɔgrəfə] *s.* coreografo *m* (*f* –a). **choreographic** [–riə'græfik] *a.* coreografico. **choreography** [–fi] *s.* **1** coreografia *f*. **2** (*dancing*) danza *f*; (*stage dancing*) balletto *m*.

choriamb ['kɔriæmb] *s.* ⟨*Metr*⟩ coriambo *m*. **chori'ambic** [–ik] *a.* coriambico. **chori'ambus** [–əs] *s.* (*pl.* **-ambi** [–bai]/**-buses** [–əz]) → **choriamb.**

choric ['kɔrik] *a.* corale.

chorine ['kɔːriːn] *s.* ⟨*sl*⟩ → **chorus girl.**

chorion ['kɔriən] *s.* ⟨*Biol*⟩ corion *m*, corio *m*.

chorister ['kɔristə] *s.* **1** → **choirboy. 2** → **choirmaster.**

chorographer [kɔ'rɔgrəfə] *s.* corografo *m* (*f* –a). **chorographic** [–'græfik], **chorographical** [–'græfikl] *a.* corografico. **chorography** [–fi] *s.* corografia *f*.

choroid ['kɔrɔid] **I** *a.* ⟨*Anat*⟩ **1** (*membraneous*) coroideo, corioideo. **2** (*like the corion*) coriale. **II** *s.* → **choroid coat. cho'roidal** [–l] *a.* coroideale.

choroid coat *s.* coroide *f*, coroidea *f*.

chorology [kɔ'rɔlədʒi] *s.* corologia *f*.

chortle ['tʃɔːtl] **I** *v.i.* ridacchiare. **II** *s.* **1** espressione *f* di esultanza (*o* contentezza). **2** (*chuckle*) riso *m* represso.

chorus ['kɔːrəs] **I** *s.* **1** ⟨*Mus*⟩ coro *m*. **2** (*refrain*) ritornello *m*. **3** (*company in a musical show*) corpo *m* di ballo. **II** *v.t.* **1** cantare in coro. **2** (*to speak or shout in unison*) dire (*o* gridare) ʾin coroʾ (*o* all'unisono). **III** *v.i.* fare coro.

chorus girl *s.* **1** (*singer*) corista *f*. **2** (*dancer*) ballerina *f* (di fila).

chose [tʃouz] → **choose.**

chosen ['tʃouzn] (*p.p. di* **choose**) *a.* **1** scelto, selezionato: *the ~ few* i pochi scelti, gli eletti. **2** ⟨*Teol*⟩ eletto.

chough [tʃʌf] *s.* ⟨*Ornit*⟩ gracchio *m*.

chow\chow *s.* ⟨*Gastr*⟩ **1** conserva *f* di frutta mista. **2** (*mixed pickles*) sottaceti *mpl* misti. *~* **Chow** *s.* ⟨*Zool*⟩ (chow) chow *m*.

chowder *am.* ['tʃaudə] *s.* ⟨*Gastr*⟩ specie *f* di zuppa di pesce.

chrematistic [ˌkriːmə'tistik] *a.* ⟨*Econ*⟩ crematistico. **chrematistics** [–s] *s.pl.* (costr. sing.) crematistica *f*.

chrestomathy [kres'tɔməθi] *s.* ⟨*Lett*⟩ crestomazia *f*.

chrism ['krizəm] *s.* ⟨*Lit*⟩ crisma *m*.

chrisom ['krizəm] *s.* **1** → **chrism. 2** (*baptismal robe*) veste *f* lustrale.

chrisom child *s.* **1** infante *m/f*. **2** (*child that dies in its first month*) bambino *m* (*f* –a) che muore nel primo mese di vita.

Christ [kraist] *N.pr.* Cristo *m*. □ *the ~ child* il bambino

Gesù.

christen ['krisn] *v.t.* **1** battezzare; (*to name at baptism*) battezzare, dare il nome (di battesimo) a: *he was -ed John* lo battezzarono Giovanni. **2** (*of ships: to name*) chiamare, battezzare, mettere (*o* dare) il nome di. **3** ⟨*fam*⟩ (*to use for the first time*) inaugurare: *to ~ one's new home* inaugurare la nuova casa. □ *to ~ a child after s.o.* battezzare un bambino col nome di qd.

Christendom ['krisəndəm] *s.* **1** (*body of Christians*) cristianità *f*. **2** (*the Christian world*) cristiani *mpl*, mondo *m* cristiano, cristianità *f*.

christening ['krisniŋ] *s.* ⟨*Rel*⟩ battesimo *m*.

Christian ['kristjən] **I** *a.* **1** cristiano: *a ~ country* un paese cristiano. **2** ⟨*fig*⟩ civile, umano. **3** ⟨*fam*⟩ (*decent*) decoroso, decente, ⟨*fam*⟩. **II** *s.* **1** cristiano *m* (*f* –a). **2** ⟨*fam*⟩ (*decent person*) persona *f* civile, ⟨*fam*⟩ cristiano *m* (*f* –a). **3** ⟨*dial*⟩ essere *m* umano.

Christian Brothers *s.pl.* ⟨*Rel*⟩ fratelli *mpl* cristiani. *~* **burial** *s.* sepoltura *f* cristiana. *~* **era** *s.* era *f* cristiana.

Christiania [ˌkristi'ɑːnjə] *s.* ⟨*Sport*⟩ cristiania *m*.

Christianism ['kristjənizəm] *s.* cristianesimo *m*. **Christianity** [–ti'æniti] *s.* **1** religione *f* cristiana. **2** (*Christian belief or character*) cristianità *f*, spirito *m* (*o* sentimento) cristiano. **3** → **Christendom. Christianization** [–nai'zeiʃən] *s.* conversione *f* al cristianesimo. **Christianize** [–naiz] *v.t.* cristianizzare, convertire al cristianesimo. **Christianizer** [–naizə] *s.* chi cristianizza, chi converte al cristianesimo. **Christianlike** [–nlaik] *a.* (da) cristiano. **Christianly** [–nli] **I** *a.* → **Christianlike. II** *avv.* cristianamente.

Christian name *s.* nome *m* di battesimo. *~* **Science** *s.* Christian Science *f*. *~* **Scientist** *s.* seguace *m/f* della Christian Science.

Christlike ['kraistlaik] *a.* simile a Cristo. □ *~ patience* pazienza evangelica.

Christmas ['krisməs] *s.* ⟨*Rel*⟩ Natale *m*. □ *~ comes but once a year* non tutti i giorni è Natale; *a Merry ~!* buon Natale!

Christmas box *s.* mancia *f* natalizia. *~* **cake** *s.* torta natalizia. *~* **card** *s.* cartoncino *m* (*o* biglietto) d'auguri natalizi. *~* **carol** *s.* canto *m* (*o* inno) di Natale. *~* **crib** *s.* presepio *m*. *~* **Day** *s.* giorno *m* di Natale. *~* **Eve** *s.* vigilia *f* di Natale. *~* **holidays** *s.pl.* vacanze *fpl* di Natale (*o* natalizie). *~* **present** *s.* regalo *m* di Natale, strenna *f* natalizia. *~* **pudding** *s.* dolce *m* di Natale. *~* **rose** *s.* ⟨*Bot*⟩ rosa *f* di Natale, elleboro *m* nero. *~* **stocking** *s.* calza *f* di Natale.

Christmassy ['krisməsi] *a.* natalizio, festoso.

Christmas\-tide ⟨*lett*⟩, *~* **time** *s.* periodo *m* natalizio, Natale *m*. *~* **tree** *s.* albero *m* di Natale.

Christolatry [kris'tɔlətri] *s.* cristolatria *f*.

Christology [kris'tɔlədʒi] *s.* ⟨*Teol*⟩ cristologia *f*.

Christopher ['kristəfə] *N.pr.* Cristoforo *m*.

Christy ['kristi] *s.* → **Christiania.**

chromate ['kroumeit] *s.* ⟨*Chim*⟩ cromato *m*.

chromatic [krəu'mætik] *a.* ⟨*Ott,Mus*⟩ cromatico. **chromaticity** [–tisiti] *s.* cromaticità *f*.

chromatics [krəu'mætiks] *s.pl.* (costr. sing.) cromatica *f*, teoria *f* cromatica.

chromatic scale *s.* ⟨*Mus*⟩ scala *f* cromatica.

chromatin ['kroumətin] *s.* ⟨*Biol*⟩ cromatina *f*.

chromatography [ˌkroumə'tɔgrəfi] *s.* cromatografia *f*.

chromatology [ˌkroumə'tɔlədʒi] *s.* → **chromatics.**

chromatophore [krou'mætəfɔː] *s.* ⟨*Biol*⟩ cromatoforo *m*.

chrome [krəum] **I** *s.* **1** ⟨*Chim*⟩ → **chromium. 2** (*dyeing*) bicromato *m* di potassio (*o* sodio). **3** ⟨*fam*⟩ (*on car, motorcycle, etc.*) cromature *fpl*. **II** *v.t.* ⟨*Mecc*⟩ cromare.

chrome leather *s.* cuoio *m* al cromo. *~* **steel** *s.* → **chromium steel. *~* yellow** *s.* ⟨*Chim*⟩ giallo *m* cromo.

chromic ['krɔumik] *a.* ⟨*Chim*⟩ cromico: *~ acid* acido cromico.

chromium ['krɔumiəm] *s.* ⟨*Chim*⟩ cromo *m*.

chromium plate *v.t.* cromare. *~* **plating** *s.* cromatura *f*. *~* **steel** *s.* acciaio *m* al cromo. *~* **poisoning** *s.* ⟨*Med*⟩ cromismo *m*.

chromo ['kroumou] *s.* → **chromolithograph.**

chromolithograph [ˌkroumo(u)'liθəgrɑ:f] *s.* ⟨*Tip*⟩ cromolitografia *f.* **chromolithographer** [-'θɔgrəfə] *s.* cromolitografo *m* (*f* –a). **chromolithographic** [-'græfik] *a.* cromolitografico. **chromolithography** [-'θɔgræfi] *s.* cromolitografia *f.*

chromosome ['krɔməsoum] *s.* ⟨*Biol*⟩ cromosoma *m.*

chromosome number *s.* numero *m* cromosomico.

chromotherapy [ˌkroumou'θerəpi] *s.* ⟨*Med*⟩ cromoterapia *f.*

chromotypography [ˌkrouməti'pɔgrəfi] *s.* ⟨*Tip*⟩ cromotipografia *f*, cromotipia *f.*

chronic ['krɔnik] **I** *a.* **1** cronico, persistente, inveterato; (*obstinate*) ostinato, impenitente: *a* ~ *bachelor* uno scapolo impenitente. **2** (*recurrent*) ricorrente, continuo: ~ *problems* problemi ricorrenti. **3** ⟨*Med*⟩ cronico. **4** ⟨*sl*⟩ (*terrible*) terribile, pessimo, ⟨*fam*⟩ da cani. **II** *s.* cronico *m* (*f* –a), malato *m* cronico. **chronically** [-əli] *avv.* cronicamente. **chronicity** [-'nisiti] *s.* cronicità *f.*

chronicle ['krɔnikl] **I** *s.* cronaca *f*, cronistoria *f.* **II** *v.t.* **1** fare la cronaca (*o* cronistoria) di. **2** (*to register*) annotare, registrare.

chronicle| history, ~ **play** *s.* ⟨*Teat*⟩ dramma *m* storico.

chronicler ['krɔniklə] *s.* cronista *m/f.*

chronic unemployment *s.* disoccupazione *f* cronica (*o* permanente).

chronobiologist [ˌkrɔnoubai'ɔlədʒist] *s.* cronobiologo *m.* **chronobiology** [-dʒi] cronobiologia *f.*

chronogram ['krɔnəgræm] *s.* cronogramma *m.* **chronograph** [-grɑ:f] *s.* ⟨*tecn*⟩ cronografo *m.* **chronographic** [-'græfik] *a.* cronografico. **'cronography** [-fi] *s.* cronografia *f.*

chronologer [krə'nɔlədʒə] *s.* → **chronologist. chronological** [ˌkrɔnə'lɔdʒikl] *a.* cronologico: *in* ~ *order* in ordine cronologico. **chronologically** [ˌkrɔnə'lɔdʒikəli] *avv.* cronologicamente. **chronologist** [-dʒist] *s.* cronologista *m/f.* **chronology** [-dʒi] *s.* cronologia *f.*

chronometer [krə'nɔmitə] *s.* cronometro *m.* **chronometric** [ˌkrɔnə'metrik], **chronometrical** [ˌkrɔnə'metrikl] *a.* cronometrico. **chronometry** [-tri] *s.* **1** (*science*) cronometria *f.* **2** (*timekeeping*) cronometraggio *m.*

chronophotograph [ˌkrɔnə'foutəgrɑ:f] *s.* cronofotografia *f.* **chronophotography** [-'græfi] *s.* cronofotografia *f*, processo *m* cronofotografico.

chronoscope ['krɔnəskoup] *s.* cronoscopio *m.*

chrysalid ['krisəlid] **I** *s.* ⟨*Entom*⟩ → **chrysalis. II** *a.* della crisalide. **chrysalis** [-lis] *s.* (*pl.* **-ses** [si:s]/**chrysalides** [-'sælidi:z]) crisalide *f.*

chrysanthemum [kri'zænθəməm] *s.* crisantemo *m.*

chryselephantine [kri,seli'fæntin] *a.* ⟨*lett*⟩ cris(o)elefantino.

chrysoberyl ['krisəberil] *s.* ⟨*Min*⟩ crisoberillo *m.*

chrysolite ['krisəlait] *s.* ⟨*Min*⟩ crisolito *m.*

chthonian ['θouniən], **chthonic** [-nik] *a.* infernale, degli inferi.

CHU = *centigrade heat unit* unità termica centigrada.

chub [tʃʌb] *s.* ⟨*Itt*⟩ cavedano *m.*

chubbiness ['tʃʌbinis] *s.* paffutezza *f.* **chubby** [-bi] *a.* paffuto, grassoccio, pienotto: *a* ~ *baby* un bimbo paffuto.

chuck¹ [tʃʌk] **I** *v.t.* **1** dare un buffetto a. **2** ⟨*fam*⟩ (*to throw*) buttare, gettare: *to* ~ *s.th. away* buttare via qc. **3** ⟨*fam*⟩ (*to resign from;* spesso con *up*) abbandonare, smettere, ⟨*fam*⟩ piantare: *to* ~ *one's job* piantare il lavoro. **4** ⟨*sl*⟩ (*to throw out;* general. con *out*) buttare fuori, cacciare: *he was -ed out of the cinema* fu buttato fuori dal cinema. **II** *s.* **1** colpetto *m*, buffetto *m.* **2** ⟨*fam*⟩ (*short throw*) lancio *m*, getto *m.* □ *to be -ed* (*at an exam*) essere bocciato (*o* respinto); *to* ~ *a friend* rompere un'amicizia; ⟨*sl*⟩ *to get the* ~ essere licenziato, ⟨*fam*⟩ essere mandato a spasso; ⟨*sl*⟩ *to give the* ~ cacciare via, licenziare; ⟨*sl*⟩ *to* ~ *one's hand in* = to chuck up *the sponge;* ⟨*sl*⟩ ~ *it!* smettila!, piantala!; *to* play *at -s* giocare a buca; ⟨*fig*⟩ *to* ~ up *the sponge* arrendersi, ⟨*fam*⟩ gettare la spugna.

chuck² **I** *s.* **1** ⟨*Mecc*⟩ (*of a drill*) mandrino *m* portapunta; (*of a lathe*) autocentrante *m.* **2** (*wedge, chock*) calzatoia *f.* **3** ⟨*Macell*⟩ spalla *f.* **II** *v.t.* ⟨*Mecc*⟩ bloccare (*o* mettere) nel mandrino.

chuck³ *v.i.* (*of fowls*) chiocciare; (*of persons*) schioccare la lingua. **II** *s.* **1** chiocciolio *m.* **2** (*sound to urge on a horse*) schiocco *m* della lingua. **III** *intz.* **1** (*to hens*) pio, pio. **2** (*to horses*) clop, clop.

chuck⁴ *s.* ⟨*sl*⟩ (*food*) cibo *m;* (*meal*) pasto *m.*

chucker-out ['tʃʌkəraut] *s.* ⟨*sl*⟩ buttafuori *m.*

chuck farthing *s.* gioco *m* della buca (con monetine).

'chucking-'out time ['tʃʌkiŋ] *s.* ⟨*fam*⟩ (*bar closing time*) ora *f* di chiusura.

chuckle ['tʃʌkl] **I** *v.i.* **1** ridere di soppiatto, ⟨*fam*⟩ ridere sotto i baffi; (*to gloat*) sogghignare. **2** (*of fowls*) chiocciare. **II** *s.* riso *m* soffocato.

chuckle| head *s.* ⟨*fam*⟩ sciocco *m* (*f* –a), stupido *m* (*f* –a), ⟨*fam*⟩ testone *m* (*f* –a). **~-headed** *a.* sciocco, stupido.

chuck wagon *am. s.* carro *m* delle provviste.

chuff [tʃʌf] **I** *s.* ciuf ciuf *m.* **II** *v.i.* fare ciuf ciuf.

chuffed [tʃʌft] *a.* **1** orgoglioso. **2** (*delighted*) esultante, felice.

chug [tʃʌg] **I** *s.* (*of a train*) sbuffo *m*, ciuf ciuf *m;* (*of an engine*) scoppiettio *m.* **II** *v.i.* (*pret., p.p.* **chugged** [-d]) **1** sbuffare, fare ciuf ciuf; (*of an engine*) scoppiettare. **2** (*to proceed chugging: of a train*) muoversi (*o* avanzare) sbuffando.

chugalug [tʃʌ'gəlʌg] *v.t.* (*pret., p.p.* **chugalugged** [-d]) ⟨*fam*⟩ bere tutto d'un fiato.

chum [tʃʌm] ⟨*fam*⟩ **I** *s.* **1** amico *m* intimo (*o* del cuore), amicone *m.* **2** ⟨*am*⟩ (*room mate*) compagno *m* di camera. **II** *v.i.* (*pret., p.p.* **chummed** [-d]) **1** (*to form a close friendship;* general. con *up*) fare stretta amicizia (con). **2** ⟨*am*⟩ (*to share a room*) dividere una stanza (con). □ ⟨*austral*⟩ *new* ~ immigrato *m* da poco. **'chumminess** [-inis] *s.* **1** amicizia *f.* **2** (*friendliness*) amichevolezza *f.* **'chummy** [-mi] *a.* ⟨*fam*⟩ amichevole.

chump [tʃʌmp] *s.* **1** ⟨*fam*⟩ stupido *m* (*f* –a), sciocco *m* (*f* –a), ⟨*fam*⟩ zuccone *m* (*f* –a). **2** (*short piece of wood*) ceppo *m*, ciocco *m.* **3** ⟨*sl*⟩ testa *f*, capo *m.* □ ⟨*sl*⟩ *to be off one's* ~ essere mezzo matto.

chump chop *s.* ⟨*Macell*⟩ (*of mutton*) taglio *m* alto (*o* spesso).

chunk [tʃʌŋk] *s.* **1** pezzo *m*, tocco *m:* *a* ~ *of cheese* un pezzo di formaggio; (*of wood*) grosso ceppo *m.* **2** ⟨*fig*⟩ (*large amount*) buona parte *f*, bel po' *m*, ⟨*fam*⟩ bella (*o* grossa) fetta *f.* **3** ⟨*am.fam*⟩ (*thickset person*) pezzo *m* d'uomo, omone *m.* **'chunkiness** [-inis] *s.* robustezza *f.* **'chunky** [-i] *a.* **1.** robusto, massiccio, atticciato, tarchiato. **2** (*in chunks*) a pezzi, a tocchi.

church [tʃə:tʃ] **I** *s.* **1** chiesa *f.* **2** (*religious service*) funzione *f* (religiosa), ufficio *m* (*o* servizio) divino: *when does* ~ *begin?* a che ora comincia la funzione? **3** (*ecclesiastical organization, etc.*) chiesa *f:* ~ *and state* chiesa e stato; (*clergy*) clero *m.* **4** (*clerical profession*) ordini *mpl* (sacri): *to enter the* ~ prendere (*o* ricevere) gli ordini. **II** *a.* ecclesiastico, della chiesa. **II** *v.t.* **1** condurre (*o* portare) in chiesa. **2** (*to bless a woman after childbirth*) impartire la benedizione dopo il parto *a.* □ **after** ~ dopo la funzione; ~ *of* **England** chiesa anglicana; *to* go *to* ~ andare in chiesa, essere praticante; *to be received* into *the* ~: **1** prendere il velo, farsi monaca; **2** fare (*o* ricevere) la prima Comunione; **3** essere battezzato; *to be as poor as a* ~-mouse essere povero in canna; ~ *of* **Rome** chiesa cattolica.

church| burial *s.* sepoltura *f* religiosa. ~ **cleaner** *s.* scaccino *m.* ~ **goer** *s.* fedele *m/f*, osservante *m/f*, praticante *m/f.* ~ **going I** *s.* **1** (*of a Catholic*) il seguire le pratiche religiose. **2** (*of a Protestant*) assiduità *f* ai servizi religiosi. **II** *a.* di chiesa, religioso. ~ **hall** *s.* sala *f* parrocchiale. ~ **hen** *s.* ⟨*spreg*⟩ bigotta *f*, bacchettona *f.*

Churchillian [tʃə:'tʃiliən] *a.* di (*o* relativo a) Winston Churchill.

churching ['tʃə:tʃiŋ] *s.* ⟨*Rel*⟩ benedizione *f* di una donna dopo il parto.

church land *s.* beni *mpl* ecclesiastici (*o* della chiesa).

churchless ['tʃəːtʃlis] *a.* **1** senza chiesa. **2** (*not belonging to any church*) che non appartiene a nessuna chiesa.

churchman ['tʃəːtʃmən] *s.irr.* **1** ecclesiastico *m*, uomo *m* di chiesa. **2** (*adherent of a church*) appartenente *m* a una chiesa. **churchmanship** [-ʃip] *s.* (*belief*) fede *f*; (*practice*) pratica *f* religiosa.

church| rate *s.* ⟨*Stor*⟩ tassa *f* per la chiesa. **~ register** *s.* registro *m* parrocchiale. **~ service** *s.* ⟨*Rel*⟩ ufficio *m* divino.

churchwarden ['tʃəːʃwɔːdən] *s.* **1** (*in the Church of England*) rappresentante *m* laico della parrocchia. **2** (*in the Episcopal Church*) amministratore *m* laico della parrocchia. **3** ⟨*fam*⟩ (*long clay-pipe*) lunga pipa *f* di terracotta.

churchwards ['tʃəːtʃwədz] *avv.* verso la chiesa.

church|woman *s.irr.* appartenente *f* a una chiesa. **~ work** *s.* attività *f* parrocchiale.

churchy ['tʃəːtʃi] *a.* ⟨*fam*⟩ religioso, bigotto.

church|yard *s.* **1** sagrato *m*. **2** (*burial ground*) cimitero *m*, camposanto *m*. ▢ ⟨*fam*⟩ a ~ **cough** una tosse da mandare al camposanto; *a fat* ~ un cimitero con molte tombe. **~ year** *s.* anno *m* liturgico.

churl [tʃəːl] *s.* **1** contadino *m* (*f* –a), campagnolo *m* (*f* –a). **2** (*boorish person*) zoticone *m* (*f* –a), villano *m* (*f* –a). **3** (*miser*) avaro *m* (*f* –a), spilorcio *m* (*f* –a). **4** ⟨*Stor*⟩ uomo *m* libero (del più basso rango sociale). **'churlish** [-iʃ] *a.* **1** rozzo, volgare, grossolano, da zoticone: ~ *behaviour* contegno da zoticone. **2** (*niggardly*) avaro. **'churlishness** [-iʃnis] *s.* **1** rusticità *f*. **2** (*boorishness*) zoticaggine *f*, villania *f*.

churn [tʃəːn] **I** *s.* **1** ⟨*Agr*⟩ zangola *f*. **2** (*large milk can*) bidone *m* per il latte. **II** *v.t.* **1** (*of milk, cream*) agitare (*o* sbattere) in una zangola; (*of butter*) fare nella zangola. **2** ⟨*fig*⟩ (*of liquids: to stir up*) agitare, sconvolgere, sommuovere. **3** ⟨*fig*⟩ (*of the screw of a boat*; spesso con *up*) far spumeggiare, far ribollire: *the speedboat –ed up the waves* il motoscafo faceva spumeggiare le onde. **III** *v.i.* **1** fare il burro nella zangola. **2** (*to move in agitation*) agitarsi, ribollire. ▢ ⟨*fig*⟩ *to* ~ **out** produrre in gran quantità, ⟨*fam*⟩ sfornare.

churn dasher *s.* paletta *f* della zangola.

churner ['tʃəːnə] *s.* zangolatore *m* (*f* –trice). **churning** [-niŋ] *s.* **1** zangolatura *f*. **2** (*quantity of butter*) quantità *f* di burro (fatta in un solo processo).

churn| milk *s.* ⟨*dial*⟩ latticello *m*. **~ staff** *s.* → **churn dasher.**

churr *s./v.* → **chirr.**

chute[1] [ʃuːt] *s.* **1** scivolo *m*, piano *m* inclinato: *a coal* ~ uno scivolo per il carbone. **2** (*waterfall*) cascata *f*; (*rapid*) rapida *f*. **3** ⟨*Geol*⟩ canale *m* di scolo. **4** ⟨*Sport*⟩ pista *f* inclinata.

chute[2] **I** *s.* ⟨*fam*⟩ paracadute *m*. **II** *v.t.* paracadutare.

chutney ['tʃʌtni] *s.* ⟨*Gastr*⟩ salsa *f* indiana a base di frutta e spezie.

chyle [kail] *s.* ⟨*Fisiol*⟩ chilo *m*. **chyliferous** [-'lifərəs] *a.* chilifero. **,chylification** [-lifi'keiʃən] *s.* chilificazione *f*. **'chylify** [-ifai] *v.t.* chilificare.

chyme [kaim] *s.* ⟨*Fisiol*⟩ chimo *m*. **chymificate** [-'mifikeit] *v.t.* chimificare. **,chymification** [-mifi'keiʃən] *s.* **1** ⟨*Fisiol*⟩ chimificazione *f*. **2** ⟨*Biol*⟩ chimosi *f*.

c.i., c.&i. = ⟨*Comm*⟩ *cost and insurance* costo e assicurazione.

CIA = ⟨*SU*⟩ *Central Intelligence Agency.*

ciborium [si'bɔːriəm] *s.* (*pl.* **-ria** [riə]) **1** ⟨*Arch*⟩ ciborio *m*. **2** ⟨*Lit*⟩ pisside *f*, ciborio *m*.

C.I.C. = ⟨*Mil*⟩ *Commander-in-Chief* comandante in capo.

cicatrice ['sikətris] *s.* → **cicatrix. cicatricial** [-'triʃəl] *a.* ⟨*Med,Bot*⟩ cicatriziale. **cicatricle** [-trikl] *s.* **1** ⟨*Biol*⟩ cicatricola *f*. **2** ⟨*Bot*⟩ cicatricola *f*, ilo *m*. **cicatrix** [-triks] *s.* (*pl.* **-trices** ['traisiːz]/**-es** [iz]) ⟨*Med,Bot*⟩ cicatrice *f*. **,cicatrization** [-trai'zeiʃən] *s.* ⟨*Med*⟩ cicatrizzazione *f*. **cicatrize** [-traiz] **I** *v.t.* cicatrizzare. **II** *v.i.* cicatrizzarsi. **cicatrizer** [-traizə] *s.* cicatrizzante *m*.

cicely ['sisili] *s.* ⟨*Bot*⟩ finocchiella *f*.

Cicero ['sisərou] *N.pr.* ⟨*Stor*⟩ Cicerone *m*.

Cicerone *it.* **I** *s.* [,tʃitʃə'rəuni] (*pl.* **-ni** [nai]) cicerone *m*,

guida *f* turistica. **II** *v.i.* [-'roun] fare da cicerone (*to* a).

Ciceronian ['sisərəuniən] **I** *a.* ciceroniano: ~ *eloquence* eloquenza ciceroniana. **II** *s.* **1** (*expert*) studioso *m* (*f* –a) delle opere di Cicerone. **2** (*imitator*) seguace *m/f* del ciceronianismo. **Ciceronianism** [-'rəuniənizəm] *s.* ciceronianismo *m*.

cider ['saidə] *s.* **1** (*sweet cider*) succo *m* di mele non fermentato. **2** (*hard cider*) sidro *m*.

cider| cup *s.* bibita *f* di sidro aromatizzato. **~ press** *s.* pressa *f* per mele.

c.i.f., C.I.F. = ⟨*Comm*⟩ *cost, insurance, freight* costo, assicurazione, nolo.

cigar [si'gɑː] *s.* sigaro *m*.

cigar| box *s.* scatola *f* per sigari. **~ case** *s.* portasigari *m*, astuccio *m* per sigari. **~ cutter** *s.* tagliasigari *m*. **~ end** *s.* mozzicone *m* di sigaro, cicca *f*.

cigaret(te) [,sigə'ret] *s.* sigaretta *f*: *a filter-tipped* ~ una sigaretta con filtro.

cigarette| butt *s.* cicca *f*. **~ case** *s.* portasigarette *m*. **~ end** *s.* → **cigarette stub. ~ girl** *s.* sigaraia *f*. **~ holder** *s.* bocchino *m*. **~ lighter** *s.* accendisigari *m*, accendino *m*. **~ machine** *s.* distributore *m* (automatico) di sigarette. **~ paper** *s.* cartina *f* per sigarette. **~ stub** *s.* mozzicone *m* di sigaretta, cicca *f*.

cigar holder *s.* bocchino *m* per sigari.

cigarillo *sp.* [,sigə'rilou] *s.* (*pl.* **-s** [z]) sigaretto *m*.

cigar|-shaped *a.* a forma di sigaro. **~ store** *am. s.* tabaccheria *f*.

ciliary ['siliəri] *a.* **1** ciliare. **2** ⟨*Biol*⟩ → **ciliated.**

ciliate ['silieit] **I** *s.* ⟨*Zool*⟩ ciliato *m*. **II** *a.* **1** ⟨*Zool*⟩ dei (*o* relativo ai) ciliati. **2** ⟨*Biol*⟩ ciliato. **ciliated** [-id] *a.* ⟨*Biol*⟩ ciliato. **,ciliation** [-'eiʃən] *s.* l'essere provvisto di ciglia.

cilice ['silis] *s.* cilicio *m*.

cilium ['siliəm] *s.* (*pl.* **-lia** [liə]) **1** (*eyelash*) ciglio *m*. **2** *pl.* ⟨*Biol*⟩ ciglia *fpl* vibratili. **3** ⟨*Bot,Ornit*⟩ ciglio *m*.

Cimbri ['simbrai] *s.pl.* ⟨*Etnol*⟩ cimbri *mpl.* **Cimbrian** [-briən] **I** *s.* (*dialect*) cimbro *m*. **II** *a.* → **Cimbric. Cimbric** [-brik] *a.* cimbrico.

cimex ['saimeks] *s.* (*pl.* **cimices** ['saiməsiːz]) ⟨*Entom*⟩ cimice *f*.

Cimmerian [sə'miriən] **I** *a.* ⟨*fig*⟩ oscuro, nebbioso, buio: *a* ~ *dungeon* un oscuro sotterraneo. **II** *s.* ⟨*Stor*⟩ cimmerio *m*.

C. in C., C-in-C = ⟨*Mil*⟩ *Commander-in-Chief* comandante in capo.

cinch *am.* [sintʃ] **I** *s.* **1** (*girth*) straccale *m*. **2** ⟨*sl*⟩ (*something easy*) cosa *f* facile, inezia *f*, quisquilia *f*. **3** ⟨*sl*⟩ (*dead certainty*) certezza *f* assoluta: *it's a* ~ *that our team will win* abbiamo la certezza assoluta che la nostra squadra vincerà. **II** *v.t.* **1** (*of a horse*) stringere lo straccale a (*o* di). **2** ⟨*sl*⟩ (*to guarantee, assure*) garantire, assicurare.

cinchona bark [siŋ'kounə] *s.* ⟨*Farm*⟩ corteccia *f* di china.

cincture ['siŋktʃə] **I** *s.* **1** recinzione *f*, recinto *m*; (*of walls*) cinta *f*. **2** (*poet*) (*belt, girdle*) cintura *f*. **3** ⟨*Arch*⟩ filetto *m*, listello *m*. **II** *v.t.* (re)cingere, delimitare.

cinder ['sində] *s.* **1** (*burnt piece of wood, etc.*) tizzone *m*, tizzo *m*; (*of coal*) scoria *f*. **2** *pl.* (*ashes*) cenere *f*. **3** *pl.* ⟨*Geol*⟩ (*of volcanoes*) scorie *fpl*, ceneri *fpl*. **4** (*ember, live coal*) brace *f*. **5** ⟨*Met*⟩ scaglia *f*, scoria *f*. ▢ *to cook joint to a* ~ carbonizzare un arrosto.

Cinderella [,sində'relə] *N.pr.* ⟨*Lett*⟩ Cenerentola *f* (*anche fig.*).

cinder| path *s.* → **cinder track. ~ sifter** *s.* ⟨*tecn*⟩ setaccio *m* per cenere. **~ track** *s.* ⟨*Sport*⟩ pista *f* di cenere (*o* carbonella).

cindery ['sindəri] *a.* **1** simile a cenere. **2** (*sprinkled with cinders*) cosparso (*o* coperto) di cenere.

cine camera ['sini] *s.* cinecamera *f*, macchina *f* da presa.

cinema ['sinəmə] *s.* **1** cinema *m*, cinematografo *m*: *to go to the* ~ andare al cinema. **2** (*art*) cinema *m*, cinematografia *f*.

cinema| fan *s.* fanatico *m* (*f* –a) del cinema. **~ goer** *s.* frequentatore *m* (*f* –trice) (abituale) di cinematografi.

Cinemascope ['sinəməskoup] *s.* cinemascope *m*.

cinema theatre *s.* cinemateatro *m.*

cinematic [‚sinə'mætik] *a.* cinematografico. **cinematically** [-li] *avv.* cinematograficamente.

cinematograph [‚sinə'mætəgrɑ:f] *s.* **1** → **cine camera**. **2** → **cine projector**. **cinematographer** [-mə'tɔgrəfə] *s.* **1** operatore *m* cinematografico. **2** (*projectionist*) proiezionista *m.* **cinematographic** [-'græfik], **cinematographical** [-'græfikl] *a.* cinematografico. **cinematographically** [-'græfikli] *avv.* cinematograficamente. **cinematography** [-mə'tɔgrəfi] *s.* cinematografia *f.*

cine projector ['sini] *s.* proiettore *m* cinematografico, macchina *f* da proiezione.

cinerama [‚sini'rɑ:mə] *s.* cinerama *m.*

cineraria [‚sinə'reəriə] *s.* ⟨*Bot*⟩ cineraria *f.*

cinerarium [‚sinə'reəriəm] *s.* (*pl.* **-ria** [riə]) cinerario *m.*

'**cinerary** [-rəri] *a.* cinerario: ~ *urn* (o *vase*) urna cineraria, vaso cinerario.

cinereous [si'niəriəs] *a.* cinereo, cericcio: *a* ~ *sky* un cielo cinereo.

Cingalese [‚siŋgə'li:z] **I** *a.* cingalese. **II** *s.* **1** cingalese *m/f.* **2** (*dialect*) cingalese *m.*

cinnabar ['sinəbɑ:] *s.* **1** ⟨*Min*⟩ cinabro *m.* **2** (*pigment*) vermiglione *m.*

cinnamon ['sinəmən] *s.* **1** ⟨*Bot*⟩ cinnamomo *m.* **2** (*cinnamon bark*) cannella *f.* **3** (*spice*) cannella *f.* **4** (*colour*) color *m* cannella.

cinquefoil ['siŋkfɔil] *s.* **1** ⟨*Bot*⟩ potentilla *f.* **2** ⟨*Arch*⟩ pentalobo *m.*

Cinque Ports *N.pr.* ⟨*Geog.stor*⟩ Cinque Porti *mpl* (città portuali che godevano di speciali privilegi).

cipher ['saifə] **I** *s.* **1** ⟨*Mat*⟩ zero *m.* **2** (*Arabic numeral, figure*) cifra *f.* **3** ⟨*fig*⟩ (*nonentity*) zero *m* assoluto, nullità *f: he is a mere* ~ è uno zero assoluto, non vale nulla. **4** (*secret method of writing*) scrittura *f* cifrata; (*coded message*) messaggio *m* cifrato; (*key to a code*) cifrario *m.* **5** (*monogram*) monogramma *m.* **II** *v.t.* **1** (spesso con *out*) calcolare (numericamente), computare: *to* ~ (*out*) *a sum* calcolare una somma. **2** (*to code*) cifrare, tradurre in cifra. **III** *v.i.* **1** fare (o eseguire) calcoli. **2** (*to write in cipher*) scrivere in cifra.

cipher| cable *s.* ⟨*Tel*⟩ cablogramma *m* cifrato. ~ **code** *s.* cifrario *m.*

cipherer ['saifərə] *s.* cifrista *m/f.* **ciphering** [-riŋ] *s.* **1** cifratura *f.* **2** (*calculation*) computo *m*, calcolo *m.*

cipher| key *s.* chiave *f* di cifrario. ~ **telegram** *s.* ⟨*Tel*⟩ telegramma *m* cifrato.

cipolin ['sipəlin] *s.* cipollino *m*, marmo *m* cipollino.

circa ['sə:kə] **I** *prep.* intorno a: ~ *1922* intorno al 1922. **II** *avv.* circa, pressappoco.

circadian [sə:'keidiən] *a.* ⟨*Biol*⟩ circadiano.

Circassian [sə:'kæsiən] **I** *s.* **1** circasso *m* (*f* -a). **2** (*language*) circasso *m*, lingua *f* circassa. **II** *a.* circasso.

Circe ['sə:si] *N.pr.* ⟨*Mitol*⟩ Circe *f* (*anche fig*.). **Circean** [-'si:ən] *a.* **1** di Circe. **2** ⟨*fig*⟩ affascinante, seducente, ammaliante.

circinate ['sə:sineit] *a.* **1** circolare, a forma di anello. **2** ⟨*Bot*⟩ circinato. **circinately** [-li] *avv.* in modo circolare, ad anello.

circle[1] ['sə:kl] *s.* **1** ⟨*Geom*⟩ circolo *m*, cerchio *m*; (*circumference*) circonferenza *f.* **2** (*ring*) cerchio *m*, circolo *m: they sat in a* ~ sedevano in cerchio. **3** (*in a theatre*) galleria *f.* **4** (*environment, milieu*) cerchia *f*, ambiente *m*, sfera *f: the family* ~ la cerchia di famiglia; *he moves in the best* -s frequenta i migliori ambienti. **5** (*realm*) sfera *f* di influenza (o attività). **6** (*cycle, complete series*) ciclo *m*, serie *f* completa: *the* ~ *of the seasons* il ciclo delle stagioni. **7** (*in logic*) circolo *m* vizioso: *arguments in a* (*vicious*) ~ argomenti in (un) circolo vizioso. **8** ⟨*Geog*⟩ circolo *m*; (*meridian*) meridiano *m*; (*parallel*) parallelo *m.* **9** ⟨*Astr*⟩ circolo *m*; (*orbit*) orbita *f*, rivoluzione *f*; (*halo*) alone *m.* □ ⟨*fig*⟩ *to* **come** *full* ~ tornare al punto di partenza; *to move in* **fashionable** -s frequentare circoli (o ambienti) alla moda; ⟨*Ginn*⟩ *to do the* **grand** ~ fare (o eseguire) la grande volta; *in* **high** ~s nell'alta società, negli ambienti aristocratici; ⟨*Astr*⟩ ~ *of* **latitude** meridiano *m*; ⟨*fam*⟩ *to go all* **round** *the* ~ fare la via più lunga; ⟨*fam*⟩ *to run round in* -s agire senza costrutto; ⟨*fig*⟩ *to* **square**

the ~ fare la quadratura del circolo, tentare l'impossibile.

circle[2] **I** *v.t.* **1** girare intorno a: *the plane* -d *the airport before landing* l'aeroplano girò intorno all'aeroporto prima di atterrare. **2** (*to surround*) circondare, racchiudere, delimitare. **3** (*to by-pass, evade*) aggirare, girare attorno a. **II** *v.i.* girare in circolo (o tondo); (*of birds, planes*) volteggiare. □ ⟨*Ginn*⟩ *to* ~ *one's arms* circondurre le braccia; ⟨*Ginn*⟩ *to* ~ *the bar* fare la grande volta.

circlet ['sə:klit] *s.* **1** cerchietto *m.* **2** (*ring*) anello *m.*

circling ['sə:kliŋ] *s.* **1** il volteggiare, il girare attorno. **2** ⟨*Ginn*⟩ circonduzione *f.*

circs ['sə:ks] *s.pl.* ⟨*sl*⟩ circostanze *fpl: in the* ~ date le circostanze.

circuit ['sə:kit] **I** *s.* **1** giro *m: the car made a* ~ *of the course* l'automobile fece un giro di pista. **2** (*journey of a judge, minister, etc.*) viaggio *m* di trasferta, trasferta *f: to go on* ~ andare in trasferta. **3** (*judicial district*) distretto *m* giudiziario, giurisdizione *f.* **4** (*circumference*) circonferenza *f*; (*of a city*) cinta *f: the* ~ *of the city walls* la cinta delle mura cittadine. **5** (*chain of night clubs, cinemas, etc.*) catena *f*, organizzazione *f.* **6** ⟨*Astr*⟩ rivoluzione *f.* **7** ⟨*El, Mecc*⟩ circuito *m.* **II** *v.t.* compiere il giro di, girare intorno a. **III** *v.i.* percorrere un circuito. □ ⟨*El*⟩ *to* **break** *the* ~ interrompere il circuito; ⟨*El*⟩ *to* **close** *the* ~ chiudere il circuito; *that singer is on a regular* ~ *in London* quel cantante sta facendo una serie di spettacoli a Londra; ⟨*El*⟩ *short* ~ corto circuito.

circuit| breaker *s.* ⟨*El*⟩ interruttore *m.* ~ **court** *s.* ⟨*Dir*⟩ tribunale *m* ambulante. ~ **diagram** *s.* ⟨*Rad*⟩ schema *m* di montaggio. ~ **judge** *s.* giudice *m* di un tribunale ambulante.

circuitous [sə:'kju:itəs] *a.* **1** tortuoso, serpeggiante, sinuoso: *a* ~ *route* una strada tortuosa. **2** (*of words, etc.*) tortuoso. **circuitously** [-li] *avv.* tortuosamente. **circuitousness** [-nis] *s.* tortuosità *f.*

circuitry ['sə:kitri] *s.* ⟨*El*⟩ **1** (*plan of a network*) schema *m.* **2** (*components*) collegamenti *mpl* elettrici, circuiteria *f.*

circuit switching *s.* ⟨*El*⟩ commutazione *f* dei circuiti.

circuity [sə:'kju:iti] *s.* → **circuitousness**.

circular ['sə:kjulə] **I** *a.* **1** circolare: *a* ~ *race track* una pista circolare; *the* ~ *rotation of a planet* la rotazione circolare di un pianeta. **2** (*moving in a cycle*) ciclico: *the* ~ *succession of the seasons* il succedersi ciclico delle stagioni. **II** *s.* → **circular letter**.

circular| check *am.*, ~ **cheque** *s.* ⟨*Econ*⟩ assegno *m* circolare.

circularity [‚sə:kju'læriti] *s.* forma *f* circolare. **circularization** [-lərai'zeiʃən] *s.* invio *m* di (lettere) circolari. '**circularize** [-ləraiz] *v.t.* **1** inviare (o mandare) circolari a: *to* ~ *delegates* mandare circolari ai delegati. **2** (*of a letter, etc.*) far circolare: *to* ~ *a memorandum* far circolare un memorandum. **3** (*to announce by circulars*) annunciare (o rendere noto) per mezzo di circolari.

circular| letter *s.* lettera *f* circolare, circolare *f.* ~ **note** *s.* ⟨*Econ*⟩ lettera *f* di credito. ~ **number** *s.* ⟨*Mat*⟩ numero *m* periodico. ~ **point** *s.* ⟨*Mat*⟩ punto *m* della circonferenza. ~ **saw** *s.* sega *f* circolare. ~ **ticket** *s.* ⟨*Ferr,Aer*⟩ biglietto *m* circolare. ~ **tour** *s.* viaggio *m* circolare.

circulate ['sə:kjuleit] **I** *v.i.* **1** circolare: *blood* -s *through the body* il sangue circola nel corpo. **2** (*of news, rumours, etc.*) circolare, diffondersi, divulgarsi. **3** (*to pass from person to person*) girare fra, circolare: *the hostess* -d *among her guests* la padrona di casa girava fra gli ospiti. **4** (*to be sold over a wide area*) circolare, essere venduto (o diffuso). **5** ⟨*Mat*⟩ (*to recur*) ricorrere (periodicamente). **II** *v.t.* **1** far circolare. **2** (*of news, etc.: to diffuse*) far circolare, diffondere. **circulating** [-iŋ] *a.* circolante.

circulating| capital *s.* ⟨*Econ*⟩ capitale *m* circolante. ~ **decimal** *s.* ⟨*Mat*⟩ frazione *f* decimale periodica. ~ **function** *s.* ⟨*Mat*⟩ funzione *f* periodica. ~ **library** *s.* biblioteca *f* circolante. ~ **medium** *s.* ⟨*Econ*⟩ circolante *m*, medio *m* circolante.

circulation [‚sə:kju'leiʃən] *s.* **1** circolazione *f.* **2** (*of rumours, news, etc.*) diffusione *f*, divulgazione *f*, propagazione *f.* **3** ⟨*Giorn*⟩ diffusione *f*, distribuzione *f:*

nation–wide ~ diffusione su scala nazionale; (*number of copies distributed*) tiratura *f*: *a* ~ *of five million* una tiratura di cinque milioni (di copie). **4** ⟨*Econ*⟩ circolazione *f*: *the* ~ *of money* la circolazione monetaria; (*currency*) valuta *f* corrente. **5** ⟨*Aer*⟩ circuitazione *f*. □ *to put into* ~ mettere in circolazione; *to withdraw from* ~ ritirare dalla circolazione.

circulator ['sə:kjuleitə] *s*. **1** diffonditore *m* (*f* –trice) di notizie. **2** ⟨*Mat*⟩ → **circulating function**. **circulatory** [–ri] *a*. circolatorio.

circumambience [,sə:kəm'æmbiəns], **circumambiency** [–i] *s*. l'essere circostante. **circumambient** [–nt] *a*. circostante.

circumambulate [,sə:kəm'æmbjuleit] **I** *v.i.* **1** girare attorno (*o* qua e là). **2** ⟨*fig*⟩ tergiversare, temporeggiare. **II** *v.t.* girare attorno a. **,circum,ambulation** [–'leiʃən] *s*. **1** il girare attorno. **2** ⟨*fig*⟩ tergiversazione *f*, temporeggiamento *m*.

circumcentre [,sə:kəm'səntə] *s*. ⟨*Geom*⟩ circoncentro *m*.

circumcise ['sə:kəmsaiz] *v.t.* **1** circoncidere. **2** ⟨*fig*⟩ purificare. **,circumcision** [–'siʒən] *s*. **1** circoncisione *f*. **2** ⟨*fig*⟩ purificazione *f*. **Circumcision** *s*. ⟨*Rel*⟩ Circoncisione *f* del Signore.

circumference [sə'kʌmfərəns] *s*. **1** ⟨*Geom*⟩ circonferenza *f*. **2** (*boundaries*) circonferenza *f*, linea *f* di delimitazione. **3** ⟨*fig*⟩ (*limits*) limiti *mpl*, confini *mpl*. **cir,cumferential** [–'renʃəl] *a*. **1** della circonferenza. **2** (*encircling*) che circonda, attorno a. **3** ⟨*fig*⟩ tortuoso, indiretto.

circumflex ['sə:kəmfleks] **I** *a*. ⟨*Fon*⟩ circonflesso. **II** *s*. → **circumflex accent. III** *v.t.* segnare con accento circonflesso, circonflettere.

circumflex accent *s*. ⟨*Ling*⟩ accento *m* circonflesso.

circumflexion [,sə:kəm'flekʃən] *s*. circonflessione *f* (*anche Ling.*).

circumfluent [sə'kʌmfluənt] *a*. circonfluente. **circumfluous** [–fluəs] *a*. **1** → **circumfluent. 2** (*surrounded by water*) circondato da acqua.

circumfuse [,sə:kəm'fju:z] *v.t.* **1** spargere (*o* versare) intorno. **2** ⟨*fig*⟩ circonfondere, soffondere: *a face –d with light* un volto circonfuso di luce.

circumjacence [,sə:kəm'dʒeisəns], **circumjacency** [–i] *s*. ⟨*lett*⟩ adiacenza *f*, contiguità *f*. **circumjacent** [–nt] *a*. adiacente, contiguo.

circumlittoral [,sə:kəm'litərəl] *a*. litoraneo, costiero.

circumlocution [,sə:kəmlə'kju:ʃən] *s*. **1** stile *m* circonlocutorio. **2** (*periphrasis*) circonlocuzione *f*, perifrasi *f*, giro *m* di parole. **circumlocutory** [–'lɔkjutəri] *a*. circonlocutorio.

circumnavigable [,sə:kəm'nævigəbl] *a*. circumnavigabile. **circumnavigate** [–geit] *v.t.* circumnavigare: *to* ~ *the earth* circumnavigare la terra. **circum,navigation** [–'geiʃən] *s*. circumnavigazione *f*. **circumnavigator** [–geitə] *s*. circumnavigatore *m*.

circumpolar [,sə:kəm'poulə] *a*. ⟨*Astr*⟩ circumpolare: ~ *stars* stelle circumpolari.

circumscribe ['sə:kəmskraib] *v.t.* **1** circoscrivere. **2** ⟨*fig*⟩ (*to enclose, limit*) limitare, restringere, frenare: *his ambitions were –d by lack of money* la mancanza di denaro frenò le sue ambizioni. **3** ⟨*fig*⟩ (*to define*) definire, stabilire. **4** ⟨*Geom*⟩ circoscrivere: *to* ~ *a polygon with a circle* circoscrivere un cerchio a un poligono. **circumscription** [–'skripʃən] *s*. **1** circoscrizione *f*. **2** ⟨*fig*⟩ (*restriction*) limitazione *f*, restrizione *f*. **3** ⟨*fig*⟩ (*limit, boundary*) limite *m*, 'delimitazione *f*. **4** ⟨*fig*⟩ (*limited area*) circoscrizione *f*, 'territorio *m* circoscritto.

circumsolar [,sə:kəm'soulə] *a*. intorno al sole.

circumspect ['sə:kəmspekt] ,*a*. **1** circospetto, cauto, guardingo. **2** (*of an action: well–considered*) saggio, ponderato. **,circum'spection** [–kʃən] *s*. circospezione *f*, cautela *f*. **,circum'spective** [–iv] *a*. → **circumspect. circumspectly** [–li] *avv*. con circospezione (*o* prudenza), cautamente. **circumspectness** [–nis] *s*. → **circumspection.**

circumstance ['sə:kəmstæns] *s*. **1** circostanza *f*, fatto *m*, dettaglio *m*: *no –s must be overlooked* nessun dettaglio deve essere trascurato; (*minor detail*) particolare *m*. **2** *pl*. (*existing conditions*) circostanze *fpl*: *it will depend on the*

–s dipenderà dalle circostanze. **3** *pl*. (*financial condition*) condizioni *fpl* finanziarie, stato *m* finanziario. **4** (*incident, event*) circostanza *f*, avvenimento *m*. **5** (*fate, chance*) circostanza *fpl*, sorte *f*, caso *m*: *a victim of –s* una vittima delle circostanze. **6** (*ceremony, formal display*) cerimonie *fpl*, pompa *f*. □ ⟨*Dir*⟩ **aggravating** ~ circostanza *f* aggravante; *to be in* **easy** *–s* essere in buone (*o* agiate) condizioni finanziarie; ⟨*Dir*⟩ **extenuating** ~ circostanza *f* attenuante; **in** (*o* *under*) **no** *–s* in nessun caso; *in* (*o under*) *the –s* date le circostanze, stando così le cose: *it was a wise decision in the –s* date le circostanze fu una saggia decisione; *–s* **permitting** salvo imprevisti; *with* **pomp** *and* ~ con grande pompa; *as –s* (*may*) **require** secondo le necessità.

circumstanced ['sə:kəmstænst] *a*. in condizioni finanziarie: *to be well* ~ essere in buone condizioni finanziarie.

circumstantial [,sə:kəm'stænʃəl] *a*. **1** circostanziale, dipendente (*o* derivante) dalle circostanze. **2** (*secondary, unessential*) secondario, di secondaria importanza, incidentale: *a* ~ *factor* un fattore di secondaria importanza. **3** (*detailed*) circostanziato, dettagliato, particolareggiato: *a* ~ *description* una descrizione dettagliata. **4** ⟨*Dir*⟩ indiziario: ~ *evidence* prova indiziaria. **circumstantiality** [–ʃi'æliti] *s*. ricchezza *f* (*o* abbondanza) di particolari. **circum'stantially** [–ʃæli] *avv*. in modo particolareggiato. **circumstantiate** [–ʃieit] *v.t.* **1** avvalorare. **2** (*to describe minutely*) circostanziare, descrivere dettagliatamente.

circumvallate [,sə:kəm'væleit] *v.t.* circonvallare, cingere di bastioni (*o* terrapieni). **circumvallation** [–və'leiʃən] *s*. ⟨*Mil*⟩ vallo *m* fortificato.

circumvent [,sə:kəm'vent] *v.t.* **1** (*to entrap*) prendere in trappola. **2** (*to go around*) aggirare, eludere (*anche fig.*): *to* ~ *an obstacle* aggirare un ostacolo. **3** ⟨*fig*⟩ (*to deceive, outwit: of a person*) raggirare, circonvenire; (*of the law*) eludere; (*of hopes, wishes, etc.*) frustrare. **circumvention** [–'venʃən] *s*. ⟨*Dir*⟩ circonvenzione *f*: ~ *of an incapable* circonvenzione d'incapace.

circumvolution [,sə:kəmvə'lju:ʃən] *s*. **1** movimento *m* di rotazione; (*single rotation or cycle*) rotazione *f*. **2** (*winding, twisting*) sinuosità *f*, serpeggiamento *m*.

circus ['sə:kəs] *s*. **1** circo *m* (equestre). **2** (*troupe of performers*) compagnia *f* (*o* troupe) di circo equestre. **3** (*circular arena*) anfiteatro *m*, arena *f* circolare. **4** ⟨*Stor.rom*⟩ circo *m*. **5** ⟨*Strad*⟩ piazza *f*. **6** ⟨*fig*⟩ (*uproar*) parapiglia *m*, babele *f*.

circus| games *s.pl.* ⟨*Stor.rom*⟩ giochi *mpl* circensi. ~ **Maximus** *N.pr.* ⟨*Stor.rom*⟩ circo *m* massimo.

cirque [sə:k] *s*. ⟨*Geol*⟩ circo *m* (glaciale).

cirrhosis [si'rəusis] *s*. (*pl*. **-ses** [si:z]) cirrosi *f*: ~ *of the liver* cirrosi epatica. **cirrhotic** [–'rəutik] **I** *a*. cirrotico. **II** *s*. cirrotico *m* (*f* –a).

cirrocumulus [,sirə'kju:mjuləs] *s*. (*pl. inv./-*li [lai]) ⟨*Meteor*⟩ cirrocumulo *m*.

cirrose [si'rous] *a*. ⟨*Biol,Meteor*⟩ cirroso.

cirrostratus [,sirə'streitəs] *s*. (*pl. inv./-*strati [–tai]) ⟨*Meteor*⟩ cirrostrato *m*.

cirrous ['sirəs] *a*. → **cirrose.**

cirrus ['sirəs] *s*. (*pl*. **cirri** ['sirai]) **1** ⟨*Biol*⟩ cirro *m*. **2** ⟨*Meteor*⟩ → **cirrus cloud.**

cirrus cloud *s*. ⟨*Meteor*⟩ cirro *m*.

cisalpine [sis'ælpain] *a*. cisalpino.

cisatlantic [,sisət'læntik] *a*. cisatlantico.

cismontane [sis'mɔntein] *a*. cismontano.

cispadane ['sispədein] *a*. ⟨*lett*⟩ cispadano.

cissy ['sisi] *s*. ⟨*sl*⟩ effeminato *m*.

cist [sist] *s*. ⟨*Archeol*⟩ cista *f*.

Cistercian [sis'tə:ʃən] **I** *s*. ⟨*Rel*⟩ cistercense *m*, monaco *m* cistercense. **II** *a*. cistercense. **Cistercianism** [–izəm] *s*. **1** ordine *m* cistercense. **2** (*practices*) regola *f* cistercense.

cistern ['sistən] *s*. **1** cisterna *f*, serbatoio *m*. **2** (*of barometer*) vaschetta *f*.

cistus ['sistəs] *s*. ⟨*Bot*⟩ cisto *m*.

citable ['saitəbl] *a*. citabile, menzionabile.

citadel ['sitədl] *s*. cittadella *f*, fortezza *f*, roccaforte *f* (*anche fig.*).

citation [sai'teiʃən] *s.* **1** citazione *f.* **2** ⟨*Dir*⟩ citazione *f* (a giudizio). **3** ⟨*Mil*⟩ encomio *m: solemn ~* encomio solenne.

citatory letter ['saitətəri] *s.* ⟨*Dir*⟩ lettera *f* di citazione.

cite [sait] *v.t.* **1** (*to quote*) citare. **2** (*to refer to*) citare, fare riferimento a: *he –d the experience of other countries* fece riferimento alle esperienze di altri paesi. **3** ⟨*Dir*⟩ citare: *to ~ s.o. before a court* citare qd. davanti a un tribunale. **4** (*to hold up as an example*) citare, portare come modello (*o* esempio). **5** (*to commend*) encomiare.

cithara ['siθərə] *s.* (*pl.* **-rae** [ri:]) ⟨*lett*⟩ cetra *f.*

cither(n) ['siθə(n)] *s.* → **cittern.**

citizen ['sitizn] *s.* **1** cittadino *m* (*f* –a): *an Italian ~* un cittadino italiano. **2** (*inhabitant, denizen*) abitante *m/f,* abitatore *m* (*f* –trice). **3** (*civilian*) borghese *m/f,* civile *m/f.* □ *~ of the world* cittadino *m* del mondo, cosmopolita *m/f.*

citizens' band *s.* ⟨*Rad*⟩ banda *f* cittadina.

citizenship ['sitiznʃip] *s.* cittadinanza *f.*

citizenship papers *am. s.pl.* documenti *mpl* di cittadinanza.

citrate ['sitrit] *s.* ⟨*Chim*⟩ citrato *m.*

citric ['sitrik] *a.* ⟨*Chim*⟩ citrico: *~ acid* acido citrico.

citrin ['sitrin] *s.* ⟨*Biol*⟩ citrina *f.* **citrine** [–trin] **I** *a.* (color) citrino, giallo limone. **II** *s.* **1** citrino *m,* giallo *m* limone. **2** ⟨*Min*⟩ citrino *m.*

citron ['sitrən] **I** *s.* **1** ⟨*Bot*⟩ cedro *m.* **2** (*colour*) giallo *m* cedrino. **II** *a.* cedrino.

citronella [,sitrə'nelə] *s.* **1** ⟨*Bot*⟩ citronella *f,* nardo *m.* **2** ⟨*Chim*⟩ → **citronella oil.**

citronella oil *s.* ⟨*Chim*⟩ olio *m* essenziale di citronella.

citron-flavoured *a.* cedrato.

citrous ['sitrəs] *a.* ⟨*Bot*⟩ di agrumi. **citrus** [–trəs] **I** *s.* citro *m,* agrume *m.* **II** *a.* → **citrous.**

citrus fruits *s.pl.* agrumi *mpl.*

cittern ['sitən] *s.* ⟨*Mus*⟩ specie di liuto.

city ['siti] *s.* **1** città *f: the ~ of Rome* la città di Roma. **2** ⟨*collett*⟩ cittadinanza *f,* cittadini *mpl,* città *f.* **3** ⟨*am*⟩ municipalità *f.* □ *the ~ of God* il paradiso, il regno dei cieli; *the ~ of the seven hills* la città dei sette colli, Roma *f; to be in the ~* essere negli affari.

city article *s.* **1** ⟨*Econ*⟩ bollettino *m* finanziario. **2** ⟨*Giorn*⟩ notiziario *m* finanziario. **~-born** *a.* nato in città. **~-bred** *a.* cresciuto in città. **~ centre** *s.* centro *m* cittadino (*o* della città). **~ council** *s.* consiglio *m* municipale. **~ councillor** *s.* consigliere *m* municipale. **~ court** *am. s.* ⟨*Dir*⟩ tribunale *m* locale. **~ desk** *s.* ⟨*Giorn*⟩ sezione *f* stampa locale. **~ dweller** *s.* cittadino *m* (*f* –a). **~ editor** *s.* ⟨*Giorn*⟩ **1** redattore *m* finanziario. **2** ⟨*am*⟩ capocronista *m.* **~ father** *s.* notabile *m* (della città). **~ hall** *s.* municipio *m.* **~ man** [mən] *s.irr.* uomo *m* d'affari. **~ manager** *am. s.* capo *m* dei servizi municipali. **~ plan** *s.* piano *m* regolatore. **~ planner** *s.* urbanista *m.* **~ planning** *s.* urbanistica *f.* **~ room** *s.* ⟨*Giorn*⟩ **1** ufficio *m* della cronaca locale. **2** (*staff*) redattori *mpl* della cronaca locale.

cityscape ['sitiskeip] *s.* veduta *f* (*o* panorama *m*) di una città.

city-state *s.* ⟨*Stor*⟩ città–stato *f.*

cityward(s) ['sitiwəd(z)] *avv./a.* verso la città.

civet ['sivit] *s.* **1** ⟨*Cosmet*⟩ zibetto *m.* **2** ⟨*Zool*⟩ → **civet cat.**

civet cat *s.* ⟨*Zool*⟩ civetta *f* zibetto.

civic ['sivik] *a.* civico: *~ rights* diritti civici. **civically** [–əli] *avv.* civicamente.

civic center *am.,* **~ centre** *s.* quartiere *m* amministrativo. **~-minded** *a.* dotato di civismo.

civics ['siviks] *s.pl.* (costr. sing.) ⟨*Scol*⟩ educazione *f* civica.

civil ['sivl] *a.* **1** civile: *~ liberties* libertà civili. **2** (*secular*) civile, secolare, non religioso: *a ~ holiday* una festa civile. **3** (*polite, courteous*) civile, gentile, cortese.

civil action *s.* ⟨*Dir*⟩ causa *f* civile. **~ airliner** *s.* aereo *m* passeggeri. **~ appeal** *s.* ⟨*Dir*⟩ appello *m* civile. **~ aviation** *s.* ⟨*Aer*⟩ aviazione *f* civile. **~ bond** *s.* ⟨*Econ*⟩ titolo *m* del debito pubblico. **~ code** *s.* ⟨*Dir*⟩ codice *m* civile. **~ commitment** *s.* impegno *m* civile. **~**

commotion *s.* tumulto *m* (*o* sommossa *f*) popolare. **~ court** *s.* ⟨*Dir*⟩ tribunale *m* civile. **~ day** *s.* giorno *m* civile. **~ death** *s.* ⟨*Dir*⟩ perdita *f* dei diritti civili, morte *f* civile. **~ defence** *s.* **1** difesa *f* territoriale. **2** (*protective measures for civilians*) protezione *f* civile. **~ disobedience** *s.* disubbidienza *f* civile. **~ disturbance** *s.* agitazione *f.* **~ engineer** *s.* **1** ingegnere *m* civile. **2** *pl.* ⟨*collett*⟩ genio *m* civile. **~ engineering** *s.* ingegneria *f* civile.

civilian [si'viljən] **I** *s.* civile *m/f,* borghese *m/f.* **II** *a.* **1** civile: *the ~ population* la popolazione civile. **2** (*pertaining to civilians*) civile, (da) borghese: *~ habits* abitudini borghesi.

civilian libertarian *s.* esponente *m/f* del movimento per i diritti civili.

civilisation *s.* → **civilization. civilise** *v.* → **civilize.**

civility [si'viliti] *s.* **1** civiltà *f,* cortesia *f,* educazione *f.* **2** (*act, expression*) cortesia *f,* gentilezza *f: exchange of civilities* scambio di cortesie.

civilizable ['sivilaizəbl] *a.* civilizzabile, suscettibile di civilizzazione.

civilization [,sivilai'zeiʃən] *s.* **1** civilizzazione *f,* incivilimento *m.* **2** (*civilized people, nations*) paesi *mpl* (*o* popoli) civili: *a crime against ~* un delitto contro i popoli civili. **3** (*type of society, culture, etc.*) civiltà *f: modern ~* civiltà moderna. **4** (*cultural refinement*) cultura *f.* **5** (*populated area*) zona *f* abitata, abitato *m: to live far from ~* vivere lontano dall'abitato. **6** ⟨*scherz*⟩ (*modern comforts*) civiltà *f,* vita *f* civile: *to get back to ~ after a week of camping* ritornare alla vita civile dopo una settimana di campeggio.

civilization disease *s.* ⟨*Med*⟩ malattia *f* da civilizzazione.

civilize ['sivilaiz] *v.t.* **1** civilizzare, incivilire. **2** (*to refine*) incivilire, dirozzare, ingentilire. **civilized** [–laizd] *a.* **1** civile, civilizzato, incivilito: *the ~ world* il mondo civile. **2** (*polite, refined*) civile, ben educato. **civilizer** [–laizə] *s.* civilizzatore *m* (*f* –trice).

civil law *s.* **1** ⟨*Dir*⟩ diritto *m* civile. **2** ⟨*Stor.rom*⟩ diritto *m* romano (*o* civile). **~ liberties** *s.pl.* → **civil rights. ~ list** *s.* ⟨*GB*⟩ (*sum granted: to the sovereign*) lista *f* civile, appannaggio *m* della casa reale; (*to the government*) lista *f* civile.

civilly ['sivili] *avv.* **1** (*politely*) cortesemente, educatamente, garbatamente. **2** ⟨*Dir*⟩ secondo il diritto civile.

civil marriage *s.* matrimonio *m* civile. **~ rights** *s.pl.* diritti *mpl* civili.

civil rights march *s.* marcia *f* per i diritti civili. **~ movement** *s.* movimento *m* per i diritti civili.

civil servant *s.* pubblico funzionario *m,* impiegato *m* statale. **~ service** *s.* **1** amministrazione *f* civile. **2** ⟨*collett*⟩ (*civil servants*) pubblici funzionari *mpl,* impiegati *mpl* ⸢dello stato⸣ (*o* statali). □ *~ Department* ministero *m* per l'amministrazione statale. **~ trial** *s.* ⟨*Dir*⟩ processo *m* civile. **~ war** *s.* guerra *f* civile.

civism ['sivizəm] *s.* civismo *m.*

civvies ['siviz] *s.pl.* ⟨*fam*⟩ abiti *mpl* civili (*o* borghesi). □ *in ~* in borghese. **civvy** ['sivi] *a.* ⟨*fam*⟩ civile, (da) borghese.

Civvy Street *s.* ⟨*mil*⟩ vita *f* civile (*o* borghese): *what did you do in ~?* che facevi ⸢da borghese⸣ (*o* nella vita civile)?

cl. = *centilitre* centilitro.

clack [klæk] **I** *v.i.* **1** produrre un suono secco, schioccare. **2** (*to chatter*) chiacchierare ad alta voce, schiamazzare. **II** *v.t.* **1** far schioccare. **2** (*to utter with a clack*) blaterare. **III** *s.* **1** rumore *m* forte e secco, ticchettio *m;* (*of the tongue*) schiocco *m.* **2** (*chatter, prattle*) chiacchierio *m,* schiamazzo *m.*

clack valve *s.* ⟨*tecn*⟩ valvola *f* a cerniera.

clad[1] [klæd] → **clothe.**

clad[2] *a.* **1** vestito: *a well-~ child* un bambino ben vestito. **2** (*covered*) rivestito: *iron-~* rivestito di ferro. **3** ⟨*Met*⟩ placcato.

claim [kleim] **I** *v.t.* **1** (*to demand as a right*) esigere, reclamare, pretendere: *to ~ an inheritance* reclamare un'eredità. **2** (*to demand recognition of*) rivendicare: *to ~*

one's rights rivendicare i propri diritti. **3** (*to call for, require*) richiedere, esigere. **4** (*to profess to have*) vantare, pretendere di avere: *he –s a wide knowledge of the subject* vanta una vasta conoscenza della materia. **5** (*to assert, maintain*) sostenere, affermare, asserire: *she –s she has been cheated* sostiene di essere stata truffata; *he –ed to have done it by himself* affermava di averlo fatto da solo. **II** *s.* **1** reclamo *m.* **2** (*right to ask for*) diritto *m,* titolo *m:* ~ *to fame* diritto alla fama. **3** (*assertion of possession, etc.*) pretesa *f,* pretensione *f: I make no –s to scientific knowledge* non ho alcuna pretesa di cultura scientifica. **4** (*piece of land claimed*) concessione *f* (mineraria): *to stake out a* ~ segnare i confini di una concessione. **5** (*Assic*) domanda *f* d'indennizzo: *to ͺput in͵* (o *file*) *a* ~ presentare una domanda d'indennizzo; (*amount*) indennità *f.* □ *to* ~ *attention* imporsi all'attenzione; *to* ~ *damages* chiedere il risarcimento danni; *to dispute a* ~ contestare un reclamo; *disputed –s office* contenzioso *m,* ufficio *m* del contenzioso; *to* ~ *one's due* rivendicare i propri diritti; *to enforce one's –s* far valere i propri diritti; *to lay* ~ *to s.th.* rivendicare qc.; *to lodge a* ~ presentare un reclamo; *to have no* ~ *whatever on s.th.* non avere alcun diritto su qc.; (*Dir*) ~ **secured** *by bond* credito privilegiato; *to set up a* ~ fare un reclamo; (*fig*) *to have many –s on one's time* avere molte cose da fare.
claimable ['kleiməbl] *a.* rivendicabile. **claimant** [–mənt] *s.* **1** reclamante *m/f.* **2** (*Dir*) ricorrente *m/f.* □ (*Dir*) *rightful* ~ avente diritto.
claim| holder *s.* concessionario *m* (di miniere). ~ **jumper** *am. s.* usurpatore *m* di una concessione mineraria.
Claire [kleə] *N.pr.* Clara *f,* Chiara *f.*
clairvoyance [kleə'vɔiəns] *s.* (*Occult,fig*) chiaroveggenza *f.* **clairvoyant** [–nt] **I** *a.* chiaroveggente. **II** *s.* chiaroveggente *m.*
clam[1] [klæm] *s.* **1** (*Zool*) mollusco *m* bivalve. **2** (*as food; general. al pl.*) molluschi *mpl.*
clam[2] *s.* → **clamp**[1].
clamant ['kleimənt] *a.* **1** (*lett*) rumoroso, chiassoso. **2** (*pressing*) pressante, insistente; (*urgent*) urgente.
clamber ['klæmbə] **I** *v.i.* arrampicarsi (con mani e piedi); (*to climb with effort*) arrampicarsi con difficoltà (o fatica). **II** *s.* arrampicata *f,* ascesa *f,* salita *f.* **clamberer** [–rə] *s.* **1** arrampicatore *m* (*f* –trice). **2** (*Bot*) rampicante *m.*
clammily ['klæmili] *avv.* vischiosamente. **clamminess** [–minis] *s.* viscidità *f,* viscosità *f.* **clammy** [–mi] *a.* vischioso, appiccicaticcio, viscido: ~ *hands* mani appiccicaticce.
clamoʳ: *am. s./v.* → **clamour.**
clamorous ['klæmərəs] *a.* **1** (*noisy*) clamoroso, chiassoso, rumoroso; (*vociferous*) rumoreggiante, vociante. **2** (*insistent, importunate*) insistente, importuno. **clamorously** [–li] *avv.* clamorosamente, rumorosamente.
clamour [–mə] **I** *s.* **1** (*loud uproar*) clamore *m,* chiasso *m,* strepito *m,* rumore *m.* **2** (*loud protest, outcry*) clamore *m,* rimostranza *f,* lagnanza *f.* **II** *v.i.* **1** rumoreggiare, fare un gran chiasso, strepitare. **2** (*to demand by clamouring*) chiedere (o invocare) a gran voce (*for s.th.* qc.): *the press –ed for his resignation* la stampa chiedeva a gran voce le sue dimissioni. **3** (*to raise an outcry*) suscitare rimostranze (o lagnanze) (*against* verso, contro). **III** *v.t.* **1** esprimere rumorosamente (o con clamore). **2** (*to drive, force by clamouring*) costringere a forza di urli.
clamp[1] [klæmp] *s.* **1** (*tecn*) brida *f,* morsetto *m,* morsa *f.* **2** (*fig*) presa *f,* stretta *f.* **3** (*Aut*) chiusura *f.* **4** (*Minier*) clampa *f.* **5** (*Chir*) clamp *m,* pinza *f.* **6** (*Mar*) → **clamp strake.**
clamp[2] *v.t.* **1** assicurare, fissare, unire con grappe. **2** (*fig*) stringere, tener fermo (o fisso). □ (*fam*) *to* ~ *down* (*to increase controls*) stringere i freni nei confronti di, dare un giro di vite a.
clamp[3] **I** *s.* (*compact pile*) cumulo *m,* pila *f.* **II** *v.t.* ammucchiare.
clamp[4] **I** *v.i.* (*to tread heavily*) camminare con passo pesante. **II** *s.* passo *m* pesante.
clamp-down *s.* (*fam*) restrizione *f,* giro *m* di vite. □ ~ *on credit* stretta creditizia.

clamper ['klæmpə] *s.* **1** → **clamp**[1]. **2** (*Calz*) rampone *m.*
clamping ['klæmpiŋ] *s.* (*tecn*) grappatura *f.*
clamp| jaw *s.* (*tecn*) tenaglia *f.* **~-on lamp** *s.* lampada *a* morsetto. ~ **strake** *s.* (*Mar*) sottodormiente *m,* serretta *f* di baglio.
clam shell *s.* (*Zool*) valva *f* di mollusco.
clan [klæn] *s.* **1** (*family, related group*) gruppo *m* (o nucleo) familiare. **2** (*clique, set*) clan *m,* cricca *f,* congrega *f.* **3** (*Etnol*) clan *m,* tribù *f.* **II** *v.i.* (*pret., p.p.* **clanned** [–d]) riunirsi.
clandestine [klæn'destin] *a.* clandestino: *a* ~ *marriage* un matrimonio clandestino. **clandestinely** [–li] *avv.* clandestinamente. ͺ**clandes'tinity** [–iti] *s.* clandestinità *f.*
clang [klæŋ] **I** *v.i.* risonare con fragore; (*of pieces of metal*) produrre un suono metallico; (*of a bell*) scampanellare. **II** *v.t.* far risonare con fragore; (*of a bell*) scampanellare. **III** *s.* fragore *m;* (*of a bell*) scampanellio *m.* **'clanger** [–ə] *s.* (*fam*) errore *m,* sbaglio *m,* svarione *m: to drop a* ~ fare uno sbaglio (o svarione).
clangor *am. s.* → **clangour.**
clangorous ['klæŋgərəs] *a.* fragoroso. **clangorously** [–li] *avv.* fragorosamente. **clangour** [–gə] *s.* fragore *m.*
clank [klæŋk] **I** *s.* rumore *m* metallico. **II** *v.i.* fare un rumore metallico. **III** *v.t.* far risonare con suono metallico.
clannish ['klæniʃ] *a.* **1** (*scozz*) di (o relativo a) un clan. **2** (*spreg*) (*cliquish*) imbevuto di spirito di parte. **clannishly** [–li] *avv.* con spirito di parte. **clannishness** [–nis] *s.* spirito *m* di parte.
clansman *scozz.* ['klænzmən] *s.irr.* membro *m* di un clan. **clanswoman** *scozz.* [–wumən] *s.irr.* donna *f* appartenente a un clan.
clap[1] [klæp] *v.* (*pret., p.p.* **clapped** [–t]) **I** *v.t.* **1** (*of the hands*) battere: *to* ~ *hands delightedly* battere le mani per la gioia; (*to applaud*) applaudire. **2** (*to strike together with a sharp noise*) sbattere. **3** (*to strike encouragingly*) battere (amichevolmente): *to* ~ *s.o. on the shoulder* battere amichevolmente qd. sulla spalla. **4** (*to place hastily, forcefully*) sbattere, buttare, gettare. **5** (*of wings*) sbattere. **II** *v.i.* applaudire. □ (*fam*) *to* ~ *eyes on s.o.* vedere qd. *I haven't –ped eyes on him for a month* non lo vedo da un mese; *to* ~ *s.o. into jail* gettare qd. in carcere, (*pop*) sbattere qd. in prigione; (*Mar*) *to* ~ *on sail* alzare in fretta le vele; *to* ~ *to* (*of a door*) chiudersi (o sbattere) con violenza.
clap[2] *s.* **1** battimano *m,* applauso *m: to give s.o. a big* ~ tributare un grande applauso a qd. **2** (*abrupt sharp sound*) colpo *m* (o rumore) secco: *he closed the book with a* ~ chiuse il libro con un colpo secco; (*of thunder*) scoppio *m.* **3** (*friendly slap*) manata *f* (amichevole): *a* ~ *on the back* una manata sulla schiena. □ *a* ~ *of thunder* un tuono.
clap[3] *s.* (*sl*) (*gonorrhea*) gonorrea *f,* (*triv*) scolo *m.*
clap|board *am. s.* **1** (*Edil*) assicella *f* (per rivestimento esterno). **2** *pl.* (*Cin*) → **clapsticks. ~-net** *s.* rete *f* da uccellatore.
clapper ['klæpə] *s.* **1** applauditore *m* (*f* –trice). **2** (*of a bell*) battaglio *m.* **3** (*of a door, gate*) battente *m.* **4** (*sl*) (*tongue*) lingua *f.* **5** *pl.* (*Mus*) nacchere *fpl.* **6** *pl.* (*Cin*) → **clapsticks. 7** (*Rel*) (*rattle*) raganella *f.*
clapsticks ['klæpstiks] *s.pl.* (*Cin*) ciac *m.*
claptrap ['klæptræp] *s.* sproloquio *m,* sfilza *f* di paroloni; parola *f* a effetto.
claque [klæk] *s.* claque *f.* **claqueur** *fr.* [kla'kœːr] *s.* clacchista *m.*
Clara ['kleərə], **Clare** [kleə] *N.pr.* Clara *f,* Chiara *f.*
clarendon ['klærəndən] *s.* (*Tip*) neretto *m.*
claret ['klærət] **I** *s.* **1** (*Enol*) chiaretto *m,* claretto *m.* **2** → **claret-red. II** *a.* (color) rosso violaceo.
claret| cup *s.* bevanda *f* a base di claretto. **~-red** *s.* color *m* rosso violaceo.
clarification [ͺklærifi'keiʃən] *s.* chiarificazione *f,* chiarimento *m.* **'clarify** [–fai] **I** *v.t.* **1** chiarire, chiarificare: *to* ~ *a statement* chiarire un'affermazione. **2** (*Chim*) chiarificare. **II** *v.i.* chiarificarsi, chiarirsi.
clarinet [ͺklæri'net] *s.* (*Mus*) clarinetto *m.* **clarinet(t)ist** [–ist] *s.* clarinettista *m/f.*

clarion ['klæriən] **I** *a.* squillante: *a ~ call from the bugle* uno squillante suono di tromba. **II** *s.* **1** ⟨*Mus*⟩ chiarina *f,* chiarino *m.* **2** (*sound of a clarion*) squillo *m* di chiarina.

clarity ['klæriti] *s.* **1** chiarezza *f,* trasparenza *f.* **2** ⟨*fig*⟩ chiarezza *f,* lucidità *f: ~ of thought* chiarezza di pensiero, lucidità di mente.

clary (sage) ['kleri] *s.* ⟨*Bot*⟩ sclarea *f,* erba *f* moscatella.

clash [klæʃ] **I** *v.i.* **1** fare (*o* produrre) un rumore metallico, far frastuono. **2** (*to come together with a clash*) cozzare rumorosamente, scontrarsi (*o* urtarsi) con gran frastuono: *their swords -ed* le loro spade cozzarono rumorosamente. **3** ⟨*fig*⟩ (*to conflict, be at variance*) essere in disaccordo (*o* contrasto), scontrarsi (*with* con); (*of colours*) stridere, ⟨*fam*⟩ fare a pugni; (*of events*) avvenire contemporaneamente, coincidere. **4** ⟨*fig*⟩ (*to fight*) scontrarsi, venire a conflitto (con). **II** *v.t.* far cozzare con gran frastuono. **III** *s.* **1** rumore *m* (*o* suono) metallico, fragore *m,* frastuono *m.* **2** (*noisy collision*) cozzo *m.* **3** ⟨*fig*⟩ (*conflict, opposition*) contrasto *m,* conflitto *m,* scontro *m: ~ of interests* contrasto d'interessi; (*of colours*) contrasto *m,* stonatura *f.* □ ⟨*Aut*⟩ *to ~ the gears* far grattare le marce, ⟨*pop*⟩ grattare; *~ of views* diversità *f* di vedute.

clash gear *s.* ⟨*tecn*⟩ cambio *m* a ingranaggi scorrevoli.

clasp [klɑːsp, *am.* klæsp] **I** *s.* **1** fibbia *f,* gancio *m,* fermaglio *m.* **2** (*grip, grasp*) stretta *f: a ~ of hands* una stretta di mano; (*embrace*) abbraccio *m.* **II** *v.t.* **1** affibbiare, agganciare, fermare. **2** (*to seize, grasp*) afferrare, stringere. **3** (*to embrace, hug*) abbracciare, stringere. **'clasper** [-ə] *s.* **1** ⟨*Zool*⟩ appendice *f* prensile. **2** ⟨*Bot*⟩ viticcio *m.*

clasp knife *s.irr.* coltello *m* a serramanico.

class [klɑːs, *am.* klæs] **I** *s.* **1** classe *f,* genere *m,* categoria *f,* tipo *m: a certain ~ of people* una certa categoria di persone; *a hotel of the best ~* un albergo di prima categoria. **2** ⟨*Sociol*⟩ classe *f: the ruling ~* la classe dominante; (*system*) sistema *m* classista, classi *fpl: the abolition of ~* l'abolizione delle classi. **3** (*excellence, distinction*) classe *f,* prim'ordine *m: a musician of ~* un musicista di classe; *this car has real ~* quest'automobile è veramente di classe. **4** ⟨*Scol*⟩ (*group of students*) classe *f,* scolaresca *f;* (*lesson, period of time*) lezione *f,* ora *f* (di lezione): *~ begins at nine o'clock* la lezione comincia alle nove. **5** (*course of instruction*) corso *m: she goes to evening ~es* frequenta un corso serale (*o* di lezioni serali). **6** ⟨*am.scol*⟩ (*students of the same year*) alunni *mpl* (*o* studenti) del ...: *the ~ of 1965* gli alunni del 1965; (*students graduated in the same year*) laureati *mpl* del ... **7** ⟨*Univ*⟩ voto *m* di laurea: *a third ~ in philosophy* un discreto voto di laurea in filosofia. **8** ⟨*Mil*⟩ (*annual contingent*) classe *f.* **9** ⟨*Biol,Mat*⟩ classe *f.* **II** *v.t.* **1** assegnare a una classe, classificare. **2** (*to classify*) classificare, dividere in classi: *to ~ flowers* classificare i fiori. □ ⟨*Scol*⟩ *to be bottom* (*o top*) *of the ~* essere l'ultimo (*o* il primo) della classe.

classable ['klɑːsəbl, *am.* 'klæs–] *a.* classificabile.

class| book *am.s.* ⟨*Scol*⟩ registro *m.* **~ conflict** *s.* lotta *f* di classe. **~ conscious** *a.* che ha coscienza di classe. **~ consciousness** *s.* coscienza *f* di classe. **~ fellow** *s.* ⟨*scol*⟩ compagno *m* (*f* –a) di classe.

classic ['klæsik] **I** *a.* **1** classico: *the ~ work on Greek mythology* l'opera classica sulla mitologia greca; *~ architecture* architettura classica; *a ~ evening dress* un abito da sera ⌐di linea classica¬ (*o* classico). **2** (*well-proportioned*) armonioso, ben proporzionato. **3** (*basic, fundamental*) basilare, fondamentale: *the ~ techniques of wrestling* le tecniche fondamentali della lotta. **4** (*traditional, typical*) tipico, classico: *a ~ persecution complex* un tipico (esempio di) complesso di persecuzione. **II** *s.* **1** classico *m: Homer is a ~ of epic poetry* Omero è un classico della poesia epica; *the book is a ~ of its kind* il libro è un classico nel suo genere. **2** (*standard, model*) modello *m,* tipo *m* (*o* esempio) classico. **3** ⟨*Mod*⟩ (*classic garment*) capo *m* (di vestiario) classico. **4** ⟨*Sport*⟩ (*traditional, important contest*) gara *f* classica, classica *f.* **5** *pl.* (*classical studies*) studi *mpl* classici (*o* umanistici): *he read –s* ha fatto studi classici. **classical** [–əl] *a.* classico:

~ mythology mitologia classica.

classicalism ['klæsikəlizəm] *s.* → **classicism. classicalist** [–list] *s.* → **classicist. ‚classicality** [–'kæliti] *s.* classicità *f.* **classically** [–li] *avv.* **1** classicamente. **2** (*typically, traditionally*) tipicamente, tradizionalmente.

classicism ['klæsisizəm] *s.* **1** classicismo *m.* **2** (*Greek form or word*) grecismo *m;* (*Latin form or word*) latinismo *m.* **3** (*classical scholarship*) cultura *f* (*o* erudizione) classica. **classicist** [–sist] *s.* classicista *m/f.* **classicize** [–sisaiz] **I** *v.t.* rendere classico, classicizzare. **II** *v.i.* classicheggiare.

classifiable ['klæsifaiəbl] *a.* classificabile. ‚**classification** [–fi'keiʃən] *s.* classificazione *f: ~ by occupation* classificazione professionale.

classified| ad(vertisement) ['klæsifaid] *s.* ⟨*Giorn*⟩ annuncio *m* economico. **~ advertising** *s.* annunci *mpl* economici. **~ phone directory** *am. s.* pagine *fpl* gialle.

classifier ['klæsifaiə] *s.* classificatore *m* (*f* –trice). **classify** [–fai] *v.t.* **1** classificare, dividere in (*o* per) categorie: *to ~ library books* classificare i libri di una biblioteca. **2** (*to arrange by classes*) assegnare a una classe, classificare. **3** ⟨*am.mil,Parl*⟩ classificare.

classily ['klɑːsili, *am.* 'klæs–] *avv.* ⟨*fam*⟩ con classe. **classiness** [–sinis] *s.* eleganza *f.*

classless ['klɑːslis, *am.* 'klæs–] *a.* ⟨*Sociol*⟩ senza classi: *a ~ society* una società senza classi.

class| list *s.* ⟨*Univ*⟩ elenco *m* delle votazioni. **~ mate** *s.* ⟨*scol*⟩ compagno *m* (*f* –a) di classe. **~ register** *s.* → **class book. ~ room** *s.* classe *f,* aula *f.* **~ struggle,** **war** *s.* ⟨*Sociol*⟩ lotta *f* di classe. **~work** *s.* ⟨*Scol*⟩ compito *m* in classe.

classy ['klɑːsi, *am.* 'klæs–] *a.* ⟨*sl*⟩ **1** di alta classe. **2** (*stylish*) elegante.

clastic ['klæstik] *a.* ⟨*Biol,Geol*⟩ clastico: *~ rock* roccia clastica.

clatter ['klætə] **I** *v.i.* **1** (*of plates*) produrre un (rumore di) acciottolio; (*of shutters*) sbattere. **2** (*to move with a clatter*) muoversi rumorosamente, (*of vehicles*) sferragliare. **3** (*to chatter, prattle*) chiacchierare, ciarlare. **II** *v.t.* acciottolare, produrre un acciottolio con: *she –ed the pots in the sink* acciottolò le pentole nell'acquaio. **III** *s.* **1** (*of plates*) acciottolio *m;* (*of shutters, doors*) lo sbattere; (*of vehicles*) sferragliamento *m.* **2** (*din*) chiasso *m,* schiamazzo *m;* (*of voices*) vocio *m;* (*chatter*) chiacchierio *m,* ciarlio *m.*

Claude ['klɔːd] *N.pr.* Claudio *m.*

Claudian ['klɔːdjən] *a.* ⟨*Stor.rom*⟩ di (*o* relativo a) Claudio.

claudication [‚klɔːdi'keiʃən] *s.* ⟨*Med*⟩ claudicazione *f.*

Claudius ['klɔːdjəs] *N.pr.* Claudio *m.*

clausal ['klɔːzəl] *a.* di (*o* relativo a) una clausola. **clause** [klɔːz] *s.* **1** ⟨*Gramm*⟩ proposizione *f: a subordinate ~* una proposizione subordinata (*o* dipendente). **2** ⟨*Dir,Comm*⟩ clausola *f.*

claustral ['klɔːstrəl] *a.* claustrale.

claustrophilia [‚klɔːstrə'filiə] *s.* claustrofilia *f.* **claustrophobia** [–foubiə] *s.* ⟨*Med,Psic*⟩ claustrofobia *f.* **claustrophobic** [–bik] *a.* **1** affetto da claustrofobia. **2** (*inducing claustrophobia*) che causa (*o* dà) claustrofobia.

clavate ['kleiveit] *a.* ⟨*Bot*⟩ claviforme.

clave [kleiv] → **cleave¹.**

clavichord ['klævikɔːd] *s.* ⟨*Mus*⟩ clavicord(i)o *m.*

clavicle ['klævikl] *s.* ⟨*Anat*⟩ clavicola *f.* **clavicular** [klə'vikjulər] *a.* clavicolare.

claviform ['klævifɔːm] *a.* → **clavate.**

claw¹ [klɔː] *s.* **1** ⟨*Zool*⟩ (*of a cat, dog, etc.*) artiglio *m,* unghia *f* (ad artiglio); (*of an insect*) parte *f* terminale della zampa; (*of a crab, lobster, etc.*) chela *f,* pinza *f,* ⟨*pop*⟩ tenaglia *f.* **2** ⟨*Fal*⟩ (*of a hammer head*) granchio *m.* **3** ⟨*Cin*⟩ griffa *f.* **4** ⟨*tecn*⟩ (*of hoisting apparatus*) branca *f,* dispositivo *m* di tenuta del carico. □ *to draw in its –s* (*of a cat*) ritirare gli artigli; ⟨*fig*⟩ *to pare* (*o clip, cut*) *s.o.'s –s* tagliare gli artigli a qd., rendere qd. innocuo; *to sharpen its –s* (*of an animal*) affilare gli artigli.

claw² *v.t.* **1** (*to seize*) afferrare con gli artigli, ghermire; (*to tear, scratch*) lacerare, graffiare. **2** (*to dig with claws*) fare (*o* scavare) raspando. **II** *v.i.* **1** graffiare, lacerare (con gli artigli). **2** ⟨*fig*⟩ (*to grip, clutch*) aggrapparsi, afferrarsi:

he −ed at the handle si aggrappò alla maniglia. □ ⟨*Mar*⟩ *to ~* **off** prendere il largo col favore del vento.

claw| bar *s.* ⟨*tecn*⟩ palanchino *m*, piè *m* di porco. **~ hammer** *s.* ⟨*Fal*⟩ martello *m* a granchio. **~ hammer coat** *s.* ⟨*Vest*⟩ frac *m*, marsina *f*. **~ hatchet** *s.* ⟨*Fal*⟩ accetta *f* a granchio.

clawless ['klɔ:lis] *a.* ⟨*Zool*⟩ senza (*o* privo di) artigli.

clay [klei] *s.* **1** argilla *f*, creta *f*. **2** ⟨*fig*⟩ (*human body, the flesh*) corpo *m* umano, ⟨*poet*⟩ creta *f* mortale. **3** ⟨*fig*⟩ (*human nature*) natura *f*, carattere *m*, ⟨*fam*⟩ pasta *f*. **'clayey** [−i] *a.* **1** argilloso, cretoso. **2** (*covered with clay*) ricoperto (*o* incrostato) di argilla.

claymore *scozz.* ['kleimɔ:] *s.* ⟨*Mil.ant*⟩ spadone *m*.

clay| pigeon *s.* ⟨*Sport*⟩ piattello *m*. **~ pipe** *s.* pipa *f* di creta. **~ pit** *s.* ⟨*Geol*⟩ cava *f* d'argilla. **~ slate** *s.* ⟨*Geol*⟩ argilloscisto *m*. **~ soil** *s.* ⟨*Agr*⟩ terreno *m* argilloso. **~ stone** *s.* arenaria *f*. **~ware** *s.* ⟨*collet*⟩ stoviglie *fpl* d'argilla.

clean[1] [kli:n] **I** *a.* **1** pulito, lindo, netto: *a ~ shirt* una camicia pulita. **2** (*having clean habits*) pulito: *cats are ~ animals* i gatti sono animali puliti. **3** (*free from foreign matter*) puro, senza impurità, incontaminato: *~ water* acqua pura. **4** ⟨*fig*⟩ (*pure, honest*) pulito, limpido, ineccepibile: *to have a ~ past* avere un passato ineccepibile. **5** (*neat, well−made*) puro, dalla (*o* di) linea pura, armonioso: *a ~ profile* un profilo puro; (*of a ship, aeroplane, etc.*) dalla linea armoniosa. **6** (*free from unevenness*) netto: *a ~ cut* un taglio netto. **7** (*adroit, skilful*) abile, esperto, destro: *a ~ move* un'abile mossa. **8** ⟨*Tip*⟩ (*of proofs*) pulito. **9** ⟨*Bibl*⟩ puro, mondo: *a ~ animal* un animale mondo. **10** ⟨*Sport*⟩ corretto, sportivo, leale: *a ~ fighter* un lottatore corretto. **11** ⟨*Equit*⟩ (*of a jump*) netto. **12** (*of a nuclear weapon*) pulito: *a ~ bomb* una bomba pulita. **II** *s.* pulita *f: he gave his shoes a ~* si diede una pulita alle scarpe. **III** *avv.* **1** in modo da ⌈lasciar pulito⌉ (*o* pulire bene). **2** (*without cheating*) lealmente, secondo le regole, sportivamente. **3** (*completely, wholly*) completamente, interamente, del tutto: *I ~ forgot about it* me ne sono completamente dimenticato. □ ⟨*am.sl*⟩ *to* **come** *~* confessare, ammettere la propria colpa; *to show a ~ pair of* **heels** fuggire a gambe levate, ⟨*scherz*⟩ mostrare le calcagna; *to* **jump** *~ over s.th.* superare qc. d'un salto; ⟨*fig*⟩ *to* **keep** *it ~* non fare discorsi spinti (*o* licenziosi); ⟨*fam*⟩ *to have a ~* **slate** avere la fedina penale pulita; *to make a ~* **sweep** *of* fare piazza pulita di; *as ~ as a* **whistle** pulito come uno specchio; *to be ~* **wrong** avere torto marcio.

clean[2] **I** *v.t.* **1** pulire, nettare: *~ your shoes* puliciti le scarpe. **2** (*to make clean by emptying*; general. con *out*) dare una ripulita a, ripulire. **3** ⟨*sl*⟩ (*to take away all money from;* spesso con *out*) vuotare (*o* ripulire) le tasche a, lasciare senza un soldo. **4** (*to drive out*) epurare: *to ~ up the government of subversives* epurare il governo di elementi sovversivi. **II** *v.i.* (spesso con *up*) **1** pulirsi, diventare pulito: *marble floors ~ easily* i pavimenti di marmo si puliscono facilmente. **2** (*to perform the process of cleaning*) pulire. □ *to ~* **down** (*of walls*) dare una pulita a; (*of horses*) strigliare; *to ~* **out**: **1** (*to remove dirt, etc. from*) dare una ripulita a, ripulire: *to ~ out a room* dare una ripulita a una stanza; **2** ⟨*sl*⟩ (*to take all money from*) vuotare le tasche a, lasciare senza un soldo; **3** ⟨*fam*⟩ (*to use up*) dilapidare, ⟨*fam*⟩ far fuori; ⟨*fam*⟩ *to be −ed out* essere ridotto al verde; *to ~ one's* **plate** ripulire il piatto; *to ~* **up**: **1** (*to tidy*) riordinare, mettere in ordine, rassettare; **2** (*to rid of undesirable elements*) ripulire, epurare: *to ~ up a red−light district* ripulire un quartiere malfamato; **3** (*to wash, tidy o.s.*) darsi una pulita, mettersi in ordine; **4** ⟨*fam*⟩ (*to make money*) fare soldi a palate.

cleanable ['kli:nəbl] *a.* pulibile, che si può pulire.

clean| acceptance *s.* ⟨*Econ*⟩ accettazione *f* ⌈senza riserve⌉ (*o* incondizionata). **~ bill** *s.* ⟨*Comm*⟩ tratta *f* semplice (*o* libera). □ ⟨*Mar*⟩ *~ of health* patente *f* di sanità netta. **~−bred** *a.* ⟨*Zootecn*⟩ di razza pura. **~−burning** *a.* ⟨*tecn*⟩ che brucia senza scorie (*o* residui). **~ credit** *s.* ⟨*Econ*⟩ credito *m* in bianco. **~−cut** *a.* **1** marcato, ben delineato, netto, nitido: *~ features* lineamenti marcati. **2** (*clearly outlined*) chiaro, evidente, inequivocabile: *a ~ case of*

homicide un chiaro caso di omicidio.

cleaner ['kli:nə] *s.* **1** addetto *m* (*f* −a) alle pulizie. **2** (*apparatus, machine*) arnese *m* (*o* macchina *f*) per pulire. **3** (*chemical preparation*) smacchiatore *m*; (*detergent*) detersivo *m*. **4** *pl.* (*dry−cleaning establishment*) lavanderia *f* (a secco).

clean|−fingered *a.* **1** (*deft*) agile di mano, destro. **2** ⟨*fig*⟩ (*scrupulous*) incorruttibile. **~−handed** *a.* ⟨*fig*⟩ che ha le mani pulite, innocente. **~−handedness** *s.* coscienza *f* pulita.

cleaning ['kli:niŋ] *s.* **1** pulizia *f: to do the ~* fare le pulizie. **2** ⟨*Tess*⟩ pulitura *f*.

cleaning| rod *s.* scovolo *m* (per pulire la canna del fucile). **~ woman** *s.irr.* donna *f* delle pulizie.

cleanlily ['klenlili] *avv.* in modo pulito.

clean−limbed *a.* con (*o* dalle) membra proporzionate.

clean−living *a.* che conduce una vita onesta.

cleanly I *a.* ['klenli] pulito, amante della pulizia: *a ~ animal* un animale pulito. **II** *avv.* [kli:nli] con pulizia, in modo pulito. **cleanness** ['kli:nnis] *s.* **1** pulizia *f;* (*of water, features, etc.*) purezza *f*. **2** (*of lines*) nitidezza *f*.

clean|−out *s.* ripulita *f: she gave the cupboard a good ~* diede una bella ripulita alla credenza. **~ proof** *s.* ⟨*Tip*⟩ bozza *f* pulita. **~ receipt** *s.* ⟨*Comm*⟩ ricevuta *f* senza riserve. **~ record** *s.* ⟨*Dir*⟩ fedina *f* penale netta (*o* pulita). **~ room** *s.* camera *f* asettica.

cleansable ['klenzəbl] *a.* **1** pulibile. **2** ⟨*fig*⟩ purificabile.

cleanse [klenz] *v.t.* **1** pulire, nettare: *to ~ a wound* pulire una ferita. **2** ⟨*fig*⟩ purificare, mondare: *to ~ the heart of sin* purificar l'anima dal peccato. **cleanser** [−zə] *s.* **1** pulitore *m* (*f* −trice). **2** (*chemical preparation*) detersivo *m*.

'clean|−'shaven *a.* (ben) rasato. **~ sheet** *s.* → **clean record**.

cleansing ['klenziŋ] **I** *s.* **1** pulitura *f*. **2** ⟨*fig*⟩ purificazione *f*. **II** *a.* detergente: *~ cream* crema detergente. □ ⟨*Cosmet*⟩ *~ pad* dischetto *m* detergente.

clean| timber *s.* ⟨*Fal*⟩ legno *m* pulito (*o* senza nodi). **~ tongue** *s.* linguaggio *m* castigato (*o* pulito). **~−up** *s.* **1** epurazione *f*, repulisti *m*. **2** (*large profit*) utile *m* (*o* profitto) ingente.

clear[1] [kliə] **I** *a.* **1** (*bright, radiant*) chiaro, luminoso, radioso: *a ~ flame* una fiamma luminosa; (*cloudless*) sereno, limpido: *a ~ sky* un cielo sereno. **2** (*transparent*) trasparente, limpido. **3** (*of the skin*) chiaro. **4** (*easily seen*) distinto, nitido: *a ~ photograph* una fotografia nitida. **5** (*easily heard*) chiaro, distinto, chiaramente udibile: *a ~ voice* una voce chiara. **6** (*easily understood*) chiaro: *is that quite ~?* è (del tutto) chiaro? **7** ⟨*fig*⟩ (*of one's conscience*) pulito, limpido: *my conscience is ~* ho la coscienza pulita. **8** (*obvious, evident*) chiaro, ovvio. **9** (*plain, definite*) chiaro, reciso, netto: *a ~ refusal* un netto rifiuto. **10** (*certain, confident*) sicuro, certo: *I am ~ about what I want* sono sicuro di ciò che voglio. **11** (*free from obstructions*) libero, sgombro, aperto: *from here the view of the valley is ~* di qui si ha una vista aperta sulla valle; *the road is ~ of snow* la strada è libera dalla neve. **12** (*free from obligations*) libero, esente: *~ of taxes* esente da tasse. **13** (*absolute, complete*) assoluto, netto, completo: *a ~ victory* una vittoria assoluta. **14** (*without deductions*) netto: *a ~ profit* un guadagno netto. **15** ⟨*am*⟩ (*without adulteration*) puro: *~ tea* tè puro. **16** (*of time or measurement: entire*) intero, completo: *five ~ days* cinque giorni interi. **17** ⟨*Tel*⟩ in chiaro, non cifrato. **II** *avv.* **1** (in modo) chiaro; chiaramente: *he spoke loud and ~* parlò forte e chiaro. **2** ⟨*fam*⟩ (*completely*) completamente, del tutto. **3** (*without contact, apart*) discosto, da parte, lontano. □ *all ~* cessato pericolo; ⟨*fig*⟩ *as ~ as a bell* chiaro, cristallino; ⟨*fig*⟩ *the coast is ~* la via è libera; ⟨*fig*⟩ *as ~ as crystal* (*o daylight*) chiaro come il sole; *to get ~ of debt* liberarsi dai debiti; *to write a ~ hand* avere una scrittura chiara; *to have a ~ head* avere le idee chiare; *in the ~*: **1** libero da ogni sospetto; **2** (*free of debt*) senza debiti; **3** ⟨*Tel*⟩ in chiaro: *message in the ~* messaggio in chiaro; *to* **jump** *~* balzare via; *to* **keep** *~ of s.o.* (*o s.th.*) ⌈tenersi lontano⌉ (*o* stare alla larga) da qd. (*o* qc.); *a ~* **majority** una netta maggioranza; *to make o.s.* (*o one's* *meaning*) ~ farsi capire, spiegarsi: *have I made myself ~?* sono stato chiaro?, mi sono spiegato?; ⟨*iron*⟩ *as ~ as* **mud** chiaro come l'acqua sporca; *to be* **quite** ~ *on* (o *about*) *s.th.* essere sicuro di qc.

clear² **I** *v.t.* **1** rendere trasparente (o chiaro). **2** (*to explain;* spesso con *up*) chiarire, spiegare: *to ~ up a doubt* chiarire un dubbio. **3** (*to free from obstructions*) sgombrare, liberare: *to ~ the roads of snow* sgombrare le strade dalla neve. **4** (*to remove*) togliere, levare: *to ~* ⌐*papers from the desk*⌐ (o *the desk of papers*) togliere le carte dalla scrivania. **5** (*of a path, road, etc.*) farsi, fare, aprirsi, aprire: *to ~ a path* aprirsi un sentiero. **6** (*to free from suspicion*) discolpare, dichiarare innocente: *to ~ o.s. of a charge* discolparsi da un'accusa. **7** (*to pass by, over or through without contact or difficulty*) superare, oltrepassare: *the horse –ed the fence* il cavallo superò (o saltò) lo steccato. **8** (*of goods: to sell out*) liquidare, svendere: *to ~ stocks* liquidare le scorte. **9** (*to realize as profit*) realizzare (o fare) un guadagno netto di. **10** (*of messages, mail, etc.: to classify*) classificare. **11** ⟨*Econ*⟩ (*of cheques*) compensare. **12** (*of goods: to pass through customs;* spesso con *off*) sdoganare, svincolare. **13** ⟨*Inform*⟩ cancellare, rimettere a zero. **II** *v.i.* **1** diventare limpido (o chiaro, trasparente). **2** (*of the weather: to become better;* spesso con *up*) schiarirsi, rischiararsi, rasserenarsi: *we'll go out later if it –s up* usciremo più tardi, se il cielo si schiarirà. **3** (*to become free of doubt, confusion, etc.*) schiarirsi, diventare chiaro: *his mind –ed* la sua mente si schiarì. **4** ⟨*fam*⟩ (*to go away quickly or abruptly;* general. con *up, off*) andarsene rapidamente, ⟨*fam*⟩ squagliarsela: *we –ed out before the police arrived* ce la squagliammo prima che arrivasse la polizia; ~ *off!* vattene!, fila! **5** (*to clear the table;* general. con *away*) sparecchiare (la tavola). **6** ⟨*Mar*⟩ (*to pay customs, duties, etc.;* general. con *in*) pagare i diritti doganali; (*to leave;* spesso con *out*) salpare. □ *to ~ the* **air:** 1 rinfrescare l'aria: *the storm has –ed the air* il temporale ha rinfrescato l'aria; 2 ⟨*fig*⟩ mettere le cose in chiaro, eliminare ogni malinteso; *to ~* **away:** 1 (*to remove*) portare via, togliere; 2 (*of snow, earth*) spalare; ⟨*Dir*⟩ *to ~ the* **court** far sgombrare l'aula; ⟨*fig*⟩ *to ~ the* **decks** *for action* prepararsi all'azione; (*to prepare to fight*) prepararsi a combattere; ⟨*Comm*⟩ *to ~* **expenses** rifarsi delle spese; ⟨*fig*⟩ *to ~ the* **ground** *for discussion* sgombrare il terreno per la discussione; *to ~* **land** diboscare e dissodare il terreno; ⟨*Ferr*⟩ *to ~ the* **line** dare via libera; *to ~* **off:** 1 saldare, regolare: *to ~ off a debt* saldare un debito; 2 (*to go away*) andarsene; *to ~* **out:** 1 (*to tidy up*) mettere in ordine, riordinare, rassettare; 2 ⟨*fam*⟩ (*to drive out*) far uscire, cacciare via; ~ *out!* vattene!; ⟨*fam*⟩ *these expenses have completely –ed me out* queste spese mi hanno ridotto al verde; ⟨*Comm*⟩ *the* **stock** *is –ed* lo stock è esaurito; *to ~* **one's throat** schiarirsi la gola; *to ~* **up:** 1 (*to tidy up*) riordinare, rassettare; 2 ⟨*fig*⟩ (*to explain, solve*) chiarire, spiegare: *to ~ up a misunderstanding* chiarire (o dissipare) un malinteso.

clearance ['kliərəns] *s.* **1** liberazione *f*, rimozione *f*, sgombro *m*. **2** (*clearing*) radura *f*. **3** (*clear space, distance between two things*) distanza *f*, tratto *m* libero: *there was a two-foot ~ between the top of the bus and the bridge* c'era una distanza di due piedi tra la sommità dell'autobus e il ponte. **4** (*authorization*) autorizzazione *f*, permesso *m*. **5** ⟨*Mecc*⟩ gioco *m*. **6** ⟨*Mot*⟩ spazio *m* nocivo. **7** ⟨*Econ*⟩ (*of cheques*) compensazione *f*. **8** ⟨*Mar*⟩ (*of a ship in port*) pratiche *fpl* di sdoganamento; (*of goods*) sdoganamento *m*. **9** ⟨*Mar*⟩ → **clearance papers.** □ ⟨*Mar*⟩ ~ *inwards* dichiarazione *f* d'entrata; ⟨*Mar*⟩ ~ *outwards* dichiarazione *f* d'uscita.

clearance| agent *s.* agente *m* di dogana. ~ **light** *s.* ⟨*Aut,Aer*⟩ luce *f* d'ingombro. ~ **limit** *s.* ⟨*tecn*⟩ gioco *m* massimo. ~ **papers** *s.pl.* ⟨*Mar*⟩ documenti *mpl* di spedizione. ~ **sale** *s.* ⟨*Comm*⟩ svendita *f*, liquidazione *f*.

clear certificate *s.* ⟨*Mar,Aer*⟩ congedo *m*.

clearcole ['kliəkoul] *s.* prima mano *f*.

'clear|-'cut *a.* **1** ben delineato, netto, nitido: *a ~ profile* un

profilo ben delineato. **2** (*definite*) completo, netto, reciso: *a ~ victory* una vittoria completa. ~ **estate** *s.* immobile *m* libero da gravame. **~-eyed** *a.* **1** dalla vista acuta (o buona). **2** ⟨*fig*⟩ acuto, perspicace. '~-'**headed** *a.* dalle idee chiare, lucido. '~-'**headedness** *s.* lucidità *f* di mente, perspicacia *f*.

clearing ['kliəriŋ] *s.* **1** liberazione *f*, sgombro *m*, rimozione *f*. **2** (*tract of cleared land*) radura *f*: *a ~ in the forest* una radura nella foresta. **3** ⟨*Econ*⟩ compensazione *f*.

clearing| agent *s.* → **clearance agent.** ~ **agreement** *s.* ⟨*Econ*⟩ accordo *m* internazionale di compensazione. ~ **bank** *s.* banca *f* associata alla stanza di compensazione. ~ **check** *am.*, ~ **cheque** *s.* assegno *m* di compensazione. ~ **department** *s.* ⟨*Econ*⟩ ufficio *m* delle compensazioni. ~ **hospital** *s.* ⟨*Mil*⟩ ospedale *m* da campo di smistamento. ~ **house** *s.* ⟨*Econ*⟩ stanza *f* di compensazione. ~ **station** *s.* ⟨*Mil*⟩ stazione *f* di smistamento. ~ **system** *s.* ⟨*Econ*⟩ sistema *m* di compensazione.

clearly ['kliəli] *avv.* **1** chiaramente, con chiarezza: *to explain things* ~ spiegare le cose con chiarezza. **2** (*without doubt, plainly*) evidentemente, decisamente. **clearness** [–ənis] *s.* **1** chiarezza *f*. **2** (*freedom from obstruction*) l'essere libero (o sgombro).

clear| profit *s.* ⟨*Econ*⟩ utile *m* netto. '~-'**sighted** *a.* **1** dalla vista acuta (o buona). **2** ⟨*fig*⟩ (*perceptive*) perspicace, acuto. '~-'**sightedness** *s.* **1** vista *f* acuta (o buona). **2** ⟨*fig*⟩ chiarezza *f* di vedute. ~ **soup** *s.* ⟨*Gastr*⟩ brodo *m*. **~way** *s.* strada *f* con divieto di sosta.

cleat [kli:t] *s.* **1** bietta *f*. **2** ⟨*Mar*⟩ galloccia *f*, tacchetto *m*. **3** (*strengthening*) striscia *f* di rinforzo.

cleavage ['kli:vidʒ] *s.* **1** fenditura *f*, spaccatura *f*. **2** ⟨*Biol,Chim*⟩ scissione *f*. **3** ⟨*Geol*⟩ clivaggio *m*, sfaldatura *f*. **4** ⟨*fig*⟩ (*division*) scissione *f*, divisione *f*; (*divergence*) divergenza *f*, disparità *f*: *a ~ of opinion* disparità di opinioni.

cleave¹ [kli:v] *v.i.* (*pret., p.p.* **cleaved** [–d]) **1** aderire, stare attaccato (*to* a). **2** ⟨*fig*⟩ essere (o rimanere) fedele (*to* a).

cleave² *v.* (*pret.* **cleft** [kleft]/**cleaved** [–d]/**clove** [klouv], *p.p.* **cleft/cleaved/cloven** ['klouvn]) **I** *v.t.* **1** fendere, spaccare: *to ~ logs* spaccare ceppi di legno. **2** (*to penetrate, pass through*) fendere: *to ~ the water* fendere l'acqua. **3** (*to make by cleaving*) fare, farsi, aprire, aprirsi: *to ~ a path through the jungle* aprirsi un sentiero nella giungla. **II** *v.i.* **1** (*to split*) fendersi, spaccarsi. **2** (*to pierce*) fendere, solcare (*through s.th.* qc.): *the ship clove through the water* la nave solcava le acque.

cleaver ['kli:və] *s.* **1** chi fende (o spacca). **2** ⟨*Macell*⟩ mannaia *f*.

cleavers ['kli:və:z] *s.pl.* (costr. sing.) ⟨*Bot*⟩ attaccavesti *m*.

clef [klef] *s.* ⟨*Mus*⟩ chiave *f*.

cleft¹ [kleft] **I** *s.* **1** fenditura *f*, fessura *f*, spacco *m*; (*of glaciers, rock*) crepaccio *m*. **2** ⟨*fig*⟩ divisione *f*, scissione *f*. **3** ⟨*Anat*⟩ fessura *f*. **II** *a.* **1** spaccato, diviso. **2** ⟨*Bot*⟩ crenato.

cleft² → **cleave**².

'cleft|-'footed *a.* ⟨*Zool*⟩ fissipede. ~ **grafting** *s.* ⟨*Agr*⟩ innesto *m* a spacco. ~ **palate** *s.* ⟨*Med*⟩ palato *m* leporino. ~ **stick** *s.* ⟨*fig*⟩ dilemma *m*, situazione *f* difficile.

cleg [kleg] *s.* ⟨*Entom*⟩ tafano *m*, mosca *f* cavallina.

cleistogamic [,klaistə'gæmik], **cleistogamous** [–'togəməs] *a.* ⟨*Bot*⟩ cleistogamo. **cleis'togamy** [–gəmi] *s.* cleistogamia *f*.

clematis ['klemətis] *s.* ⟨*Bot*⟩ clematide *f*.

clemency ['klemənsi] *s.* **1** clemenza *f*: *to show ~ to s.o.* usare clemenza verso qd. **2** (*of the weather*) mitezza *f*, clemenza *f*. **clement** [–nt] *a.* **1** clemente. **2** (*of the weather*) mite, clemente.

Clement ['klemənt] *N.pr.* Clemente *m*.

Clementine ['klemən'tain] *N.pr.* Clementina *f*.

clemently ['kleməntli] *avv.* con clemenza.

clench [klentʃ] **I** *v.t.* **1** stringere, serrare: *to ~ one's fists* stringere i pugni. **2** (*to grasp firmly*) afferrare (o saldamente). **3** ⟨*Mar*⟩ (*to clinch*) legare. **II** *v.i.* stringersi, serrarsi. **III** *s.* presa *f*, stretta *f*.

clencher ['klentʃə] *s.* → **clincher.**

clepsydra ['klepsidrə] *s.* (*pl.* **-s** [s]/**-drae** [dri:]) clessidra *f.*

cleptomania [ˌkleptə'meiniə] *s.* ⟨*Med*⟩ cleptomania *f.* **cleptomaniac** [-niæk] *s.* cleptomane *m/f.*

clerestory ['kliəstəri] *s.* ⟨*Arch*⟩ lanterna *f.*

clergy ['klə:dʒi] *s.* clero *m*, ecclesiastici *mpl.* **clergyman** [-mən] *s.irr.* 1 ecclesiastico *m*, sacerdote *m.* 2 ⟨*Rel.ev*⟩ pastore *m*, ministro *m.*

cleric ['klerik] *s.* ecclesiastico *m.* **clerical** [-əl] I *a.* 1 impiegatizio, d'ufficio: *a* ~ *job* un lavoro impiegatizio. 2 (*pertaining to the clergy*) ecclesiastico, clericale. 3 ⟨*Pol*⟩ clericale: *a* ~ *party* un partito clericale. II *s.* ⟨*Pol*⟩ clericale *m.*

clerical| collar *s.* colletto *m* da ecclesiastico. ~ **duties** *s.pl.* mansioni *fpl* esecutive. ~ **error** *s.* errore *m* materiale.

clericalism ['klerikəlizəm] *s.* ⟨*Pol*⟩ clericalismo *m.* **clericalist** [-list] *s.* clericale *m.* **clericalize** [-laiz] *v.t.* rendere clericale.

clerical| mistake *s.* → **clerical error.** ~ **staff** *s.* corpo *m* impiegatizio, personale *m* (d'ufficio), impiegati *mpl.* ~ **work** *s.* lavoro *m* d'ufficio. ~ **worker** *s.* impiegato *m* (*f* –a).

clerk [klɑ:k, *am.* klə:k] I *s.* 1 impiegato *m* (*f* –a): *bank* ~ impiegato di banca. 2 ⟨*am*⟩ (*shop assistant*) commesso *m* (*f* –a); (*hotel receptionist*) portiere *m.* 3 (*person in charge of records*) cancelliere *m*: *the* ~ *of the court* il cancelliere del tribunale. 4 (*clergyman*) ecclesiastico *m.* 5 (*layman performing ecclesiastical duties*) funzionario *m* laico di una parrocchia. II *v.i.* ⟨*am*⟩ lavorare come commesso. □ *an articled* ~ un praticante in uno studio legale; ⟨*Sport*⟩ ~ *of the course* commissario *m* di pista; ~ *in holy orders* ecclesiastico *m*, sacerdote *m;* ⟨*fig*⟩ *the* ~ *of the weather* la Provvidenza; ~ *of the works* sovrintendente *m* ai lavori.

clerkship ['klɑ:kʃip] *s.* 1 posto *m* da impiegato; (*office, function*) lavoro *m* impiegatizio. 2 ⟨*am.Univ*⟩ pratica *f* d'ospedale, internato *m.*

clever ['klevə] *a.* 1 intelligente, sveglio: *a* ~ *student* uno studente intelligente; (*able*) bravo, capace: *she's very* ~ *at making cakes* è molto brava nel fare dolci. 2 (*of things*) ingegnoso, intelligente, abile: *a* ~ *speech* un discorso abile. 3 (*dexterous*) abile, bravo, esperto: *a* ~ *craftsman* un abile artigiano. **cleverish** [-riʃ] *a.* piuttosto abile (*o* bravo). **cleverly** [-li] *avv.* 1 intelligentemente. 2 (*ably*) abilmente, destramente. **cleverness** [-nis] *s.* 1 abilità *f*, destrezza *f*, bravura *f.* 2 (*intelligence*) intelligenza *f.*

clevis ['klevis], **clevy** [-vi] *s.* 1 ⟨*tecn*⟩ cavallotto *m*, cambretta *f.* 2 ⟨*Agr*⟩ (*of a plough*) gancio *m* d'attacco.

clew[1] [klu:] *s.* 1 gomitolo *m.* 2 *pl.* (*of a hammock*) corde *fpl* di sostegno. 3 ⟨*Mar*⟩ (*corner of a sail*) bugna *f*, angolo *m* di vela. 4 ⟨*Mitol*⟩ filo *m* d'Arianna.

clew[2] *v.t.* aggomitolare. □ ⟨*mar*⟩ *to* ~ **down** (*of a sail*) imbrogliare; ⟨*mar*⟩ *to* ~ **up** (*of a sail*) alare, tirare su.

clew| garnet, ~ **line** *s.* ⟨*Mar*⟩ caricabugne *m*, cima *f* per issare le vele.

cliché *fr.* ['kli:ʃei, *am.* kli'ʃei] *s.* 1 ⟨*Tip*⟩ cliché *m.* 2 ⟨*fig*⟩ (*trite, hackneyed phrase*) cliché *m*, frase *f* fatta, luogo *m* comune.

click [klik] I *s.* 1 scatto *m*: *the* ~ *of the lock* lo scatto della serratura; (*of the tongue*) schiocco *m.* 2 ⟨*tecn*⟩ dente *m* d'arresto. 3 ⟨*Fon*⟩ clic(k) *m*, consonante *f* avulsiva. II *v.i.* 1 scattare, fare 'uno scatto' (*o* un colpo secco). 2 ⟨*fam*⟩ (*to succeed, be lucky*) avere fortuna, raggiungere lo scopo, ⟨*fam*⟩ fare colpo. 3 ⟨*fam*⟩ (*to get along well*) trovarsi bene insieme, andare d'accordo: *they –ed at their first meeting* andarono subito d'accordo. III *v.t.* 1 far scattare. 2 (*to strike with a click*) battere con un colpo secco. □ ⟨*mil*⟩ *to* ~ *one's heels* battere i tacchi.

click-clack I *s.* ticchettio *m.* II *v.i.* ticchettare.

clicker ['klikə] *s.* 1 ⟨*tecn*⟩ (*of leather, paper, etc.*) tagliatore *m.* 2 ⟨*Tip*⟩ compositore *m* capo.

clickety-clack ['klikiti] *s.* clicchettio *m.*

client ['klaiənt] *s.* 1 cliente *m/f.* 2 ⟨*spreg*⟩ (*dependent*) cliente *m/f*, protetto *m* (*f* –a). 3 ⟨*Comm*⟩ committente *m/f.* **clientele** [ˌkli:ã'teil] *s.* clientela *f.*

cliff [klif] *s.* 1 scogliera *f*, rupe *f*: *the white –s of Dover* le bianche scogliere di Dover. 2 (*precipice*) precipizio *m*, dirupo *m.*

cliff hanger ['klifhæŋgə] *s.* racconto *m* di suspense.

climacteric [klai'mæktərik] I *s.* 1 ⟨*Fisiol*⟩ climaterio *m*, età *f* critica. 2 ⟨*fig*⟩ periodo *m* critico (*o* cruciale). II *a.* 1 ⟨*Fisiol*⟩ climaterico. 2 ⟨*fig*⟩ → **climacterical.** □ ⟨*fig*⟩ *the grand* ~ il grande climaterio (il sessantatreesimo anno); ⟨*fig*⟩ *the* ~ *years* gli anni critici (*o* climaterici). **climacterical** [-'terikəl] *a.* ⟨*fig*⟩ critico, cruciale.

climactic [klai'mæktik], **climactical** [-əl] *a.* 1 culminante, all'apogeo. 2 ⟨*Ret*⟩ per gradazione ascendente.

climate ['klaimit] *s.* 1 clima *m.* 2 (*region, area*) clima *m*, regione *f*, paese *m*: *he went to live in a warmer* ~ andò a vivere in un paese più caldo. 3 ⟨*fig*⟩ clima *m*, atmosfera *f*, ambiente *m*: *the cultural* ~ *of an age* il clima culturale di un'epoca. □ *a change of* ~ un cambiamento di clima (*anche fig.*). **climatic** [-'mætik] *a.* climatico.

climatically [klai'mætikli] *avv.* climaticamente.

climatic| chamber *s.* camera *f* climatica (*o* per prove climatiche). ~ **zone** *s.* zona *f* climatica.

climatologic [ˌklaimətə'lɔdʒik], **climatological** [-əl] *a.* climatologico. **climatologist** [-'tɔlədʒist] *s.* climatologo *m.* **climatology** [-'tɔlədʒi] *s.* climatologia *f.*

climax ['klaimæks] I *s.* 1 acme *m*, punto *m* (*o* periodo) culminante, culmine *m*, apice *m.* 2 ⟨*Lett,Teat,Med*⟩ climax *m.* 3 ⟨*Ret*⟩ climax *m*, gradazione *f.* 4 ⟨*Fisiol*⟩ orgasmo *m.* II *v.t.* portare al punto culminante. III *v.i.* culminare, raggiungere il punto culminante. □ *this brought matters to a* ~ fu il colmo; *to reach a* ~ raggiungere il punto culminante, essere al colmo.

climb[1] [klaim] *v.* (*pret., p.p.* **climbed** [-d]) I *v.i.* 1 arrampicarsi, salire (*up* su, in): *to* ~ *up a ladder* salire su una scala a pioli. 2 (*to go up slowly or laboriously*) scalare (*to s.th.* qc.), salire (fino a): *to* ~ *to the top* salire in cima. 3 (*to slope upwards*) arrampicarsi, salire (*up* su, per, lungo): *the road –s up the mountainside* la strada si arrampica lungo il fianco della montagna. 4 (*of a plant*) arrampicarsi (*up, to* su, per, lungo). 5 ⟨*fig*⟩ arrivare (*to* a) giungere (*to* a), raggiungere (qc.): *to* ~ *to the top of one's profession* arrivare al culmine della carriera. 6 ⟨*Aer*⟩ prendere quota. II *v.t.* 1 arrampicarsi (*o* salire) su (*o* fino a); (*of a mountain*) scalare; (*of stairs*) salire. 2 (*to go up using the hands and feet*) arrampicarsi su (*o* per): *to* ~ *a tree* arrampicarsi su un albero. □ *to* ~ **down:** 1 scendere da: *to* ~ *down a ladder* scendere da una scala; 2 ⟨*fam*⟩ (*to retreat*) cedere, far marcia indietro; *to* ~ *over a wall* scavalcare un muro; *to* ~ *to power* salire al potere.

climb[2] *s.* 1 arrampicata *f*, salita *f;* (*of a mountain*) scalata *f*, ascensione *f.* 2 (*place to be climbed*) salita *f*, erta *f*: *a difficult* ~ una salita difficile. 3 ⟨*Aer*⟩ salita *f.*

climbable ['klaiməbl] *a.* che si può scalare, scalabile.

climb-down *s.* ⟨*fig*⟩ ritirata *f*, marcia *f* indietro.

climber ['klaimə] *s.* 1 arrampicatore *m* (*f* –trice); (*of a mountain*) scalatore *m* (*f* –trice). 2 ⟨*fig*⟩ (*social climber*) arrampicatore *m* (*f* –trice) sociale. 3 ⟨*Bot*⟩ → **climbing plant.** 4 ⟨*Ornit*⟩ uccello *m* rampicante, rampicante *m.*

climbing [-miŋ] I *a.* rampicante. II *s.* arrampicata *f*, salita *f.*

climbing| iron *s.* ⟨*Alp*⟩ rampone *m.* ~ **plant** *s.* ⟨*Bot*⟩ rampicante *m*, pianta *f* rampicante. ~ **speed** *s.* ⟨*Aut, Aer*⟩ velocità *f* di salita.

clime [klaim] *s.* ⟨*poet*⟩ (*climate*) clima *m.*

clinch [klintʃ] I *v.t.* 1 (*of a nail*) ribadire. 2 ⟨*fam*⟩ (*to settle decisively*) concludere, liquidare: *to* ~ *a deal* concludere un accordo. 3 ⟨*Mar*⟩ legare. II *v.i.* ⟨*Sport*⟩ (*in boxing*) immobilizzare l'avversario in un corpo a corpo. III *s.* 1 ⟨*Sport*⟩ (*in boxing*) clinch *m*, corpo a corpo *m*, nodo *m.* 2 ⟨*fam*⟩ (*passionate embrace*) abbraccio *m* stretto (*o* forte). 3 ⟨*Mar*⟩ nodo *m* per caricamezzi. □ *that –es the argument!* questo è decisivo!, e con questo l'argomento è chiuso! **clincher** [-ə] *s.* 1 ribattitore *m.* 2 (*nail, screw*) graffatrice *f.* 3 ⟨*fam*⟩ (*decisive argument*) argomento *m* decisivo.

clinch nail *s.* ⟨*tecn*⟩ ribattino *m.*

cling [kliŋ] *v.i.* (*pret., p.p.* **clung** [klʌŋ]) 1 aderire, stare attaccato (*o* appiccicato), incollarsi (*to* a): *the wet clothes clung to his body* gli abiti bagnati gli si incollavano al corpo; (*of plants*) abbarbicarsi (a). **2** (*to hold tight*) stringersi (con forza), avvinghiarsi (a). **3** ⟨*fig*⟩ attaccarsi, aggrapparsi (a).

clinginess ['kliŋinis] *s.* aderenza *f.* **clinging** [-ŋiŋ] *a.* aderente. **clingingly** [-ŋiŋli] *avv.* in modo da aderire strettamente.

clingstone peach ['kliŋstoun] *s.* pesca *f* duracina, duracina *f.*

clingy ['kliŋi] *a.* aderente.

clinic ['klinik] *s.* **1** (*part of a hospital*) clinica *f*, reparto *m* ospedaliero. **2** (*bedside instruction or class*) clinica *f.* **3** (*any group in a special field*) gruppo *m* (*o* classe *f*) di allievi: *a child guidance* ~ una classe di allievi di pedagogia. **clinical** [-əl] *a.* **1** clinico: *a* ~ *case* un caso clinico. **2** (*objective*) obiettivo: *a* ~ *description of the financial situation* una descrizione obiettiva della situazione finanziaria.

clinical⎮ eye ['klinikəl] *s.* occhio *m* clinico (*anche fig.*). ~ **laboratory** *s.* laboratorio *m* di analisi cliniche.

clinically ['klinikəli] *avv.* clinicamente.

clinical thermometer *s.* ⟨*Med*⟩ termometro *m* clinico.

clinician [kli'niʃən] *s.* clinico *m.*

clink¹ [kliŋk] *v.i.* tintinnare: *ice –ed in the glass* il ghiaccio tintinnava nel bicchiere. **II** *v.t.* far tintinnare. **III** *s.* tintinnio *m.*

clink² *s.* ⟨*sl*⟩ (*prison, jail*) prigione *f*, galera *f*, ⟨*pop*⟩ gattabuia *f.*

clinker¹ ['kliŋkə] *s.* **1** (*hard brick*) clinker *m.* **2** (*vitrified mass of brick*) scoria *f* vitrea (*o* vetrosa). **3** (*mass of stone, slag, etc. fused together*) massa *f* fusa. **4** ⟨*Met*⟩ scoria *f.* **5** ⟨*Geol*⟩ massa *f* di lava indurita.

clinker² *s.* ⟨*sl*⟩ bomba *f*, cannonata *f.*

clinometer [klai'nɔmitə] *s.* clinometro *m.*

Clio ['klaiou] *N.pr.* ⟨*Mitol*⟩ Clio *f.*

clip¹ [klip] *v.* (*pret.* **clipped**, *p.p.* **clipped/clipt** [-t]) **I** *v.t.* **1** tagliare; (*of a hedge*) potare, cimare, pareggiare; (*of articles, pictures*) ritagliare. **2** (*to shear*) tosare: *to* ~ *a sheep* tosare una pecora. **3** (*of coins*) limare. **4** (*of a ticket*) bucare, forare. **5** (*of words, sounds*) biascicare, ⟨*fam*⟩ mangiarsi. **6** ⟨*fam*⟩ (*to hit sharply*) dare ⸢un colpo secco⸥ (*o* uno scappellotto) a. **II** *v.i.* **1** sforbiciare. **2** (*to move swiftly*) muoversi velocemente, filare, sfrecciare. □ ⟨*fig*⟩ *to* ~ *s.o.'s wings* (*o claws*) tarpare le ali a qd.

clip² *s.* **1** taglio *m*, tosatura *f.* **2** (*wool clipped off*) lana *f* di tosatura. **3** ⟨*fam*⟩ (*blow, punch*) colpo *m*, scappellotto *m*, botta *f.* **4** ⟨*fam*⟩ (*speed*) velocità *f*; (*pace*) passo *m*, ritmo *m*, andatura *f*: *the horse trotted along at a steady* ~ il cavallo trottava ad andatura regolare. **5** ⟨*fam*⟩ (*cutting*) ritaglio *m.* **6** ⟨*Cin*⟩ (*film clip*) inserto *m* filmato.

clip³ **I** *s.* **1** graffa *f*, grappa *f*, fermaglio *m*; (*for hair*) molletta *f.* **2** (*for papers*) fermaglio *m*, clip *f*, graffetta *f*; (*spring clip*) fermaglio *m* a molla. **3** ⟨*Mil*⟩ (*cartridge clip*) caricatore *m.* **4** (*pin*) clip *f*, fermaglio *m*: *a diamond* ~ un fermaglio di diamanti; (*ear–ring*) clip *f*, orecchino *m* a clip. **II** *v.t.* (*pret., p.p.* **clipped** [-t]) fermare con una graffetta: *he –ped the documents together* fermò i documenti con una graffetta.

clip-clop ['klip'klɔp] *s.* **1** zoccolio *m.* **2** ⟨*onom*⟩ → **clippety-clop.**

clip joint *s.* ⟨*sl*⟩ (*disreputable public place*) locale *m* malfamato.

clip-on ['klipɔn] *a.* a fermaglio: ~ *brooch* spilla a fermaglio a scatto. **clip-'on ear–ring** *s.* orecchino *m* a molla, clip *f.*

clipper ['klipə] *s.* **1** (*person*) tagliatore *m* (*f* –trice); (*of sheep*) tosatore *m.* **2** *pl.* (*tool*) forbici *fpl*, cesoie *fpl*; (*for hair*) macchina *f* per tagliare i capelli, ⟨*fam*⟩ macchinetta *f*; (*for hedges*) tagliasiepi *f*, tosatrice *f.* **3** ⟨*fig*⟩ fulmine *m*, saetta *f*: *that runner is a real* ~ quel corridore è un vero fulmine. **4** ⟨*sl*⟩ (*first–rate person*) fuoriclasse *m/f*, asso *m.* **5** ⟨*Mar,Aer,El*⟩ clipper *m.*

clipper-built *a.* ⟨*Mar*⟩ di linea aerodinamica (*o* slanciata).

clippety-clop ['klipiti'klɔp] *s.* ⟨*onom*⟩ clop clop *m.*

clipping ['klipiŋ] **I** *s.* **1** taglio *m*, tosatura *f*; (*of sheep*) tosatura *f*, tosa *f.* **2** (*from a newspaper, etc.*) ritaglio *m.* **3** ⟨*Met*⟩ sbavatura *f.* **II** *a.* **1** tagliente. **2** ⟨*fig*⟩ (*swift*)

veloce. **3** ⟨*sl*⟩ (*excellent*) straordinario, eccellente.

clipping bureau *am. s.* agenzia *f* di ritagli di stampa.

clique [kli:k] *s.* conventicola *f*, cricca *f*, gruppo *m* (ristretto), ⟨*fam*⟩ clan *m.* **'cliqu(e)y** [-i], **'cliquish** [-iʃ] *a.* che tende a dividersi in gruppi (*o* conventicole); (*tending to join cliques*) tendente a unirsi in gruppi. **'cliquism** [-izəm] *s.* tendenza *f* a unirsi in gruppi.

clitoris ['klitəris] *s.* ⟨*Anat*⟩ clitoride *f/m.*

cloaca [kləu'eikə] *s.* (*pl.* -**cae** [si:]) cloaca *f* (*anche fig.*). **cloacal** [-l] *a.* ⟨*Zool*⟩ cloacale: ~ *membrane* membrana cloacale.

cloak [klouk] **I** *s.* **1** ⟨*Vest*⟩ mantello *m*, manto *m.* **2** ⟨*fig*⟩ (*disguise*) velo *m*, manto *m*: *under the* ~ *of modesty* sotto il velo della modestia; (*excuse*) scusa *f*, pretesto *m*: *under the* ~ *of religion* con il pretesto della religione. **II** *v.t.* **1** coprire con un mantello, ammantare. **2** ⟨*fig*⟩ (*to hide, disguise*) mascherare, dissimulare, nascondere.

'cloak⎮-and-'dagger *a.* melodrammatico. **'~-and-'sword** *a.* di cappa e spada: *a* ~ *novel* un romanzo di cappa e spada.

cloakroom ['kloukru:m] *s.* **1** (*in a restaurant, hotel, etc.*) guardaroba *m.* **2** ⟨*eufem*⟩ (*bathroom*) bagno *m.* **3** ⟨*Ferr*⟩ deposito *m* bagagli.

clobber¹ ['klɔbə] *v.t.* ⟨*sl*⟩ battere, picchiare, colpire duramente.

clobber² *s.* (costr. pl.) ⟨*sl*⟩ (*clothes*) abiti *mpl*, indumenti *mpl.*

cloche [klɔʃ] *s.* **1** ⟨*Agr*⟩ campana *f* di vetro. **2** ⟨*Mod*⟩ → **cloche hat.**

cloche hat *s.* ⟨*Mod*⟩ cloche *f*, cappello *m* a cloche.

clock¹ [klɔk] *s.* orologio *m.* □ *to work against the* ~ combattere contro il tempo; **by** *the* ~: 1 secondo (quanto segna) l'orologio: *it is three by the* ~ sono le tre secondo l'orologio; 2 (*exactly*) orologio alla mano: *I waited an hour by the* ~ ho aspettato un'ora, orologio alla mano, ho aspettato una buona ora di orologio; *the* ~ *is* **fast** l'orologio è (*o* va) avanti; *the* ~ *is* **going** l'orologio cammina (*o* funziona); *I make it ten o'~* il mio orologio segna le dieci; *to put the* ~ **back:** 1 mettere l'orologio indietro; 2 ⟨*fig*⟩ (*to revert to an earlier state*) riportare (*o* far tornare) indietro il tempo; *to put a* ~ **right** regolare un orologio; **round** *the* ~: 1 giorno e notte, ventiquattro ore su ventiquattro; 2 (*without resting, tirelessly*) instancabilmente, giorno e notte: *to work round the* ~ lavorare giorno e notte; *the* ~ *has* **run** *down* l'orologio è scarico; *to set a* ~ mettere un orologio all'ora esatta; *the* ~ *is* **slow** l'orologio ⸢va indietro⸥ (*o* ritarda); *what o'* ~ *is it? – it's two o'* ~ che ⸢ora è⸥ (*o* ore sono)? – sono le due.

clock² *v.t.* cronometrare. □ *to* ~ **in** registrare l'ora d'entrata, timbrare il cartellino all'entrata; *to* ~ **out** (*o off*) registrare l'ora d'uscita, timbrare il cartellino all'uscita.

clock³ *s.* ⟨*Mod*⟩ freccia *f*, baghetta *f*, spighetta *f.*

clock⎮ card *s.* cartellino *m* di presenza. ~ **face** *s.* quadrante *m.* ~ **golf** *s.* ⟨*Sport*⟩ specie di golf.

clocking hen ['klɔkiŋ] *s.* ⟨*dial*⟩ gallina *f* che cova, chioccia *f.*

clock–like ['klɔklaik] *a.* ⟨*fig*⟩ regolare, preciso, cronometrico.

clock⎮ maker *s.* fabbricante *m* di orologi. ~ **radio** *s.* radio *f* con orologio, radio-orologio *f.* ~ **watcher** *s.* ⟨*scherz*⟩ impiegato *m* che consulta sempre l'orologio.

clockwise ['klɔkwaiz] *avv.* in senso orario, da sinistra a destra.

clockwork ['klɔkwə:k] **I** *s.* **1** (*of a clock*) meccanismo *m.* **2** (*timing device: of toys*) molla *f*, carica *f*; (*of bombs*) orologeria *f.* **II** *a.* **1** ad orologeria. **2** (*of toys*) a molla, carica: *a* ~ *train* un trenino a molla. □ ⟨*fig*⟩ *like* ~ con perfetta regolarità, come un orologio; ⟨*fig*⟩ *things went like* ~ tutto filò liscio.

clod [klɔd] *s.* **1** zolla *f.* **2** (*earth, soil*) terra *f*, terreno *m.* **3** ⟨*fam*⟩ (*blockhead*) stupido *m* (*f* –a), zuccone *m* (*f* –a), ⟨*fam*⟩ testa *f* di legno. **4** ⟨*Macell*⟩ petto *m.*

clod breaker *s.* ⟨*Agr*⟩ rullo *m* frangizolle.

cloddish ['klɔdiʃ] *a.* stupido, zuccone. **cloddishness** [-nis] *s.* stupidità *f*, goffaggine *f.* **cloddy** [-di] *a.* zolloso.

clodhopper ['klɔdhɔpə] *s.* **1** zoticone *m* (*f* –a), ignorante *m/f.* **2** *pl.* scarpe *fpl* pesanti.

clog[1] [klɔg] *v.* (*pret., p.p.* **clogged** [–d]) **I** *v.t.* **1** bloccare, ostruire, intasare, otturare: *the stream was –ged up with weeds* le erbacce avevano intasato il ruscello. **2** (*to hamper*) inceppare, intralciare. **3** (*to block up*) intasare, congestionare: *heavy traffic –ged the highway* l'autostrada era intasata da un traffico intenso. **II** *v.i.* **1** intasarsi, ostruirsi, otturarsi (*with* con, per, di). **2** (*to stick together*) incollarsi, appiccicarsi.

clog[2] *s.* **1** impedimento *m,* intoppo *m,* ostacolo *m.* **2** (*hobble*) pastoia *f.* **3** ⟨*Calz*⟩ zoccolo *m.*

cloggy ['klɔgi] *a.* **1** appiccicoso, vischioso. **2** (*lumpy*) grumoso, nodoso.

cloister ['klɔistə] **I** *s.* **1** ⟨*Arch*⟩ chiostro *m;* (*covered walk*) portico *m.* **2** (*monastery, convent*) chiostro *m,* monastero *m,* convento *m.* **3** ⟨*fig*⟩ vita *f* monastica, chiostro *m.* **II** *v.t.* **1** chiudere (*o* mandare) in convento. **2** ⟨*fig*⟩ segregare, isolare: *he –ed himself in his laboratory* si isolò nel suo laboratorio. **cloistered** [–d] *a.* **1** ⟨*Arch*⟩ con chiostro. **2** (*monastic*) claustrale, monastico. **3** ⟨*fig*⟩ appartato, isolato, da cenobita.

cloistered nun *s.* suora *f* di clausura.

cloister garth *s.* ⟨*Arch*⟩ chiostro *m.*

cloistral ['klɔistrəl] *a.* **1** claustrale. **2** ⟨*fig*⟩ appartato, isolato.

clonal ['klounəl] *a.* ⟨*Biol*⟩ clonale. **clone** [kloun] **I** *s.* clone *m.* **II** *v.t.* clonare. **III** *v.i.* riprodursi per clonazione.

clonic ['klɔnik] *a.* ⟨*Med*⟩ clonico: ~ *spasm* spasmo clonico.

cloning ['klouniŋ] *s.* clonaggio *m,* clonazione *f.*

clonus ['klounəs] *s.* clono *m.*

clop [klɔp] *s.* ⟨*onom*⟩ clop clop *m.*

close[1] ['klɔuz] **I** *v.t.* **1** chiudere: ~ *the door* chiudi la porta; (*to block, shut off*) chiudere, bloccare, sbarrare: *to* ~ *a road to traffic* chiudere una strada al traffico. **2** (*to grip, clutch*) serrare, chiudere: *he –d his hand on her wrist* serrò la mano intorno al suo polso. **3** (*to fill, block up*) chiudere, tappare: *he –d the cracks with plaster* tappò le fessure con lo stucco. **4** (*to bring to an end*) chiudere, concludere, porre termine (*o* fine) a: *to* ~ *the debate* concludere il dibattito; (*to settle*) concludere, portare a termine: *to* ~ *a deal* concludere un accordo. **5** (*of a gap, distance, etc.*) colmare, guadagnare. **6** ⟨*Mar*⟩ accostare. **7** ⟨*Mil*⟩ serrare, stringere: *to* ~ *ranks* serrare le file. **II** *v.i.* **1** chiudersi; (*to join together*) chiudersi, serrarsi: *the dog's jaws –d with a snap* le mascelle del cane si chiusero con uno scatto. **2** (*to end*) concludersi, avere fine, terminare. **3** (*to cease to operate*) chiudersi, restare chiuso: *the school –d for the holidays* la scuola si chiuse per il periodo delle vacanze; (*of a play, show*) finire. **4** ⟨*Econ*⟩ essere in chiusura, chiudere (*at* a): *steel shares –d at one hundred* le azioni siderurgiche erano a cento in chiusura. □ *to* ~ **about** circondare, avvolgere; ⟨*Comm*⟩ *to* ~ *the* **books** chiudere i conti; ⟨*El*⟩ *to* ~ *a* **circuit** chiudere un circuito; ⟨*fig*⟩ *to* ~ *one's* **days** finire i propri giorni, morire; ⟨*fig*⟩ *this has –d all* **doors** *to him* questo gli ha precluso ogni possibilità; *to* ~ **down:** 1 far chiudere: *the police –d down the restaurant* la polizia fece chiudere il ristorante; 2 (*to end operations*) chiudere, cessare la propria attività; 3 ⟨*Rad,TV*⟩ chiudere la trasmissione; *to* ~ **in:** 1 avanzare da ogni lato (*on, upon* verso, contro), circondare (qd.); 2 (*to grow dark early*) accorciarsi: *the days are beginning to* ~ *in* le giornate cominciano ad accorciarsi; ⟨*Mil*⟩ ~ **left!** serrare a sinistra!; ⟨*am.Comm*⟩ *to* ~ **out:** 1 abbassare i prezzi di; 2 (*to liquidate*) liquidare; *to* ~ **up:** 1 chiudere, concludere, definire; 2 ⟨*Tip*⟩ ridurre lo spazio di; 3 (*to come together, converge*) chiudersi, serrarsi; 4 (*to retreat into silence*) chiudersi ⌐nel silenzio⌐ (*o* in un ostinato mutismo); 5 (*of wounds*) rimarginarsi, chiudersi; ⟨*Mil*⟩ ~ *up!* serrare le file!; ⟨*Mar*⟩ *to* ~ *the* **wind** serrare il vento; *to* ~ **with:** 1 accettare, essere d'accordo (per): *to* ~ *with an offer* accettare un'offerta; 2 (*to engage in a fight at close quarters*) venire alle prese, ingaggiare un corpo a corpo (con).

close[2] [klɔus] **I** *a.* **1** (*near in space*) vicino, prossimo,

presso: *our house is* ~ *to yours* la nostra casa è vicina alla tua; (*in time*) vicino; (*in degree or action*) vicino, prossimo: *she was* ~ *to tears* era prossima alle lacrime; (*in kind*) affine, simile, vicino: *Spanish is* ~ *to Italian* lo spagnolo è affine all'italiano; (*in relation*) vicino, stretto: *a* ~ *relation* uno stretto parente. **2** (*compact*) compatto, fitto, serrato: *to fly in* ~ *formation* volare in formazione serrata; (*dense*) denso, spesso. **3** (*reserved*) chiuso, riservato: *a very* ~ *boy* un ragazzo molto riservato. **4** (*intimate, united*) unito, vicino, legato: *the two sisters are very* ~ (*to each other*) le due sorelle sono molto legate l'una all'altra. **5** (*strict*) rigoroso, stretto: *in* ~ *custody* in stretta sorveglianza; (*searching*) approfondito, minuzioso: *a* ~ *investigation* un'indagine minuziosa. **6** (*precise, exact*) preciso, esatto; (*of a translation*) fedele, aderente al testo. **7** (*strictly logical*) stringato: ~ *reasoning* ragionamento stringato. **8** (*of a prisoner*) sotto stretta (*o* rigorosa) sorveglianza, sorvegliato (*o* guardato) a vista. **9** (*even, equal*) equo, pari: *a* ~ *contest* un combattimento equo. **10** (*sultry, oppressive*) afoso, soffocante, opprimente: ~ *weather* tempo afoso; (*of a room, etc.: unventilated*) poco arieggiato. **11** (*stingy*) avaro, tirchio, spilorcio. **12** ⟨*Fon*⟩ stretto, chiuso. **13** (*fitting tightly*) stretto, attillato: *a* ~ *-fitting garment* un indumento attillato. **II** *avv.* **1** (*near in space or time*) vicino, accanto, dappresso: *to walk* ~ *to the wall* camminare vicino al muro. **2** (*in a close manner*) da vicino, dappresso. **3** (*tightly*) completamente, ermeticamente: *the door was shut* ~ la porta era ermeticamente chiusa. □ *to be* ~ *about s.th.* tacere su qc., tenere qc. segreto; *to follow s.o.* ~ **behind** seguire qd. dappresso (*o* a distanza ravvicinata); *to* **come** ~ *to* giungere (*o* arrivare) vicino a, sfiorare; *to* **come** ~ *to perfection* sfiorare la perfezione; *to* **draw** ~ avvicinarsi; *on –r* **inspection** a un più attento esame; *to* **lie** (*o* **keep**) ~ restare (*o* tenersi) nascosto; ~ **observer** osservatore attento (*o* acuto); ~ **on** vicino (*o* prossimo) a: *he is* ~ *on sixty* è vicino ai sessant'anni; *to* **press** *s.o.* ~ mettere qd. alle strette (*o* corde); ⟨*mil*⟩ *at* ~ **range** a distanza ravvicinata; *to* **sail** ~ *to the wind:* 1 ⟨*Mar*⟩ navigare stringendo il vento; 2 ⟨*fig*⟩ rasentare l'illegalità; ~ **smell** odore di chiuso, tanfo; *a* ~ **victory** una vittoria di stretta misura.

close[3] [klɔuz] *s.* **1** conclusione *f,* fine *f,* chiusa *f,* chiusura *f.* **2** (*enclosed space;* [klɔus]) recinto *m,* chiuso *m,* luogo *m* (*o* terreno) cintato: *a cathedral* ~ il terreno cintato di una cattedrale. **3** ⟨*Dir*⟩ [klɔus] terreno *m* privato. **4** ⟨*Mus*⟩ [klɔuz] finale *m.* **5** ⟨*Econ,Venat,Pesc*⟩ [klous] chiusura *f.* □ *to bring s.th. to a* ~ concludere qc., portare qc. a termine; *to draw to a* ~ avvicinarsi alla fine, volgere al termine.

close-at-hand ['klɔus] *a.* **1** (*of time*) imminente, prossimo. **2** (*of space*) vicino, a portata di mano. **~-by** *a.* adiacente, vicino, accanto. ~ **call** *s.* ⟨*fam*⟩ rischio *m* da cui si è scampati per miracolo (*o* un pelo). □ ⟨*fam*⟩ *to have a* ~ cavarsela per un pelo, scamparla bella. ~ **combat** *s.* **1** combattimento *m* (*o* lotta *f*) corpo a corpo. **2** ⟨*Mar.mil*⟩ combattimento *m* a distanza ravvicinata. ~ **confinement** *s.* segregazione *f* cellulare. '**~-'cropped,** '**~-'cut** *a.* tagliato raso, rasato.

closed [klouzd] *a.* **1** chiuso. **2** (*concluded*) chiuso, concluso, finito: *the incident is* ~ l'incidente è chiuso. **3** (*restricted, exclusive*) limitato, ristretto, esclusivo, riservato a pochi. **4** ⟨*Fon*⟩ chiuso.

closed account *s.* conto *m* chiuso (*anche fig.*). **~-captioned** *a.* ⟨*TV*⟩ sottotitolato: ~ *for the deaf* sottotitolato per i non udenti. ~ **chain** *s.* ⟨*Chim*⟩ catena *f* chiusa. ~ **circuit I** *s.* ⟨*El*⟩ circuito *m* chiuso. **II** *a.* a circuito chiuso: ~ *television* televisione a circuito chiuso. ~ **corporation** *am. s.* società *f* chiusa. ~ **course** *s.* ⟨*Sport*⟩ circuito *m* chiuso. **~-end investment trust** *s.* ⟨*Econ*⟩ fondo *m* comune d'investimento a capitale fisso. ~ **hearing** *s.* ⟨*Dir*⟩ dibattimento *m* a porte chiuse.

close-down ['klouz] *s.* **1** chiusura *f: the* ~ *of a factory* la chiusura di una fabbrica. **2** ⟨*Rad,TV*⟩ segnale *m* di fine trasmissione.

closed shop *s.* azienda *f* che assume esclusivamente membri del sindacato.

close escort ['klɔus] *s.* ⟨*Mar.mil*⟩ scorta *f* ravvicinata.

'~-'fisted *a.* avaro, spilorcio, tirchio. '~-'fistedness *s.* avarizia *f,* tirchieria *f.* ~-fitting *a.* ⟨*Vest*⟩ aderente, attillato. ~ formation *s.* ⟨*Mil*⟩ formazione *f* serrata. '~-'grained *a.* compatto: ~ *wood* legno *m* compatto.

losely ['kləusli] *avv.* 1 molto attentamente, con grande attenzione: *to listen* ~ ascoltare molto attentamente. 2 (*in close conformity*) moltissimo, in sommo grado: *to resemble s.o.* ~ somigliare moltissimo a qd. 3 (*intimately*) intimamente, strettamente.

lose|-minded ['kləus] *a.* 1 di vedute ristrette. 2 (*stubborn*) ostinato, testardo. ~-'mouthed *a.* riservato, discreto; (*reticent*) reticente.

loseness ['kləusnis] *s.* 1 vicinanza *f,* prossimità *f;* (*in kind*) affinità *f,* vicinanza *f.* 2 (*close relationship*) parentela *f* stretta; (*close friendship*) amicizia *f* intima; (*intimacy*) intimità *f.* 3 (*reservedness*) riservatezza *f;* (*reticence*) reticenza *f.* 4 (*oppressiveness*) oppressione *f,* pesantezza *f: the* ~ *of the climate* la pesantezza del clima. 5 (*niggardliness*) avarizia *f,* tirchieria *f,* spilorceria *f.*

loseout ['kləuzout] *s.* ⟨*Comm*⟩ liquidazione *f.*

lose| pronunciation [kləus] *s.* ⟨*Fon*⟩ pronuncia *f* chiusa (*o* stretta). ~-quarters *s.pl.* 1 spazio *m* limitato, ambiente *m* ristretto. 2 (*direct contact*) corpo a corpo *m: to fight at* ~ combattere corpo a corpo. □ *to come at* ~ *with s.o.* venire alle mani con qd. '~-'range *a.* a breve distanza. ~ season *s.* ⟨*Venat,Pesc*⟩ periodo *m* di chiusura. ~ shave *s.* ⟨*fig*⟩ → close call.

loset ['klɔzit] I *s.* 1 armadio *m,* stipo *m,* armadietto *m;* (*small room*) stanzino *m,* vano *m.* 2 (*water-closet*) gabinetto *m* (di decenza). II *v.t.* (general. al pass.) chiudere, rinchiudere: *to be –ed with s.o.* essere rinchiuso con qd.

loset| drama, ~ play *s.* ⟨*Lett*⟩ dramma *m* destinato soltanto alla lettura. ~ strategist *s.* stratega *m* da tavolino.

lose-up ['kləus] *s.* 1 ⟨*Fot,Cin,TV*⟩ primo piano *m.* 2 ⟨*fig*⟩ quadro *m* ⌐molto chiaro⌐ (*o* dettagliato), primo piano *m.*

lose weather *s.* ⟨*Meteor*⟩ tempo *m* afoso.

losing ['kləuziŋ] I *a.* ultimo, finale, conclusivo. II *s.* 1 chiusura *f.* 2 (*conclusion*) fine *f,* conclusione *f.*

losing| balance *s.* ⟨*Econ*⟩ bilancio *m* di chiusura. ~ ceremony *s.* cerimonia *f* di chiusura. ~ date *s.* 1 scadenza *f.* 2 (*deadline*) data *f* di chiusura, chiusura *f.* ~ down *s.* cessazione *f* d'esercizio. ~ price *s.* ⟨*Econ*⟩ prezzo *m* (*o* quotazione *f*) di chiusura. ~ rate *s.* ⟨*Comm*⟩ corso *m* di chiusura. ~ speech *s.* discorso *m* di chiusura. ~ stock *s.* ⟨*Comm*⟩ scorta *f* (*o* giacenza) finale. ~ time *s.* 1 orario *m* di chiusura. 2 ⟨*esclam*⟩ si chiude.

losure ['kləuʒə] I *s.* 1 chiusura *f: the* ~ *of a mine* la chiusura di una miniera. 2 (*end, conclusion*) conclusione *f,* fine *f,* termine *m.* 3 ⟨*Parl*⟩ sospensione *f* (*o* termine *m*) di un dibattito. II *v.t.* ⟨*Parl*⟩ votare la sospensione di.

ot¹ [klɔt] *s.* 1 blocco *m,* grumo *m;* (*of a coagulated liquid*) grumo *m,* coagulo *m: a* ~ *of blood* un grumo di sangue. 2 ⟨*sl*⟩ (*idiot, fool*) stupido *m* (*f* –a), zuccone *m* (*f* –a), ⟨*fam*⟩ testa *f* di legno.

ot² *v.* (*pret., p.p.* 'clotted [–id]) I *v.i.* 1 formare un blocco. 2 (*to coagulate*) coagularsi, raggrumarsi. II *v.t.* far coagulare.

oth [klɔθ] I *s.* 1 ⟨*Tess*⟩ tela *f,* tessuto *m,* stoffa *f,* panno *m.* 2 (*piece of cloth, for cleaning, etc.*) pezza *f,* panno *m,* straccio *m,* cencio *m.* 3 (*covering*) coperta *f.* 4 (*tablecloth*) tovaglia *f.* 5 (*distinctive dress of a profession*) abito *m,* tenuta *f;* (*of the clergy*) abito *m* talare, clergyman *m.* 6 ⟨*collett*⟩ (*clergy;* costr. pl.) clero *m,* ecclesiastici *mpl.* 7 ⟨*Mar*⟩ ferzo *m;* (*sail*) vela *f.* II *a.* di stoffa, di tela. □ ⟨*fig*⟩ *to cut one's coat according to one's* ~ fare il passo secondo la gamba; ~ *of gold* (*o silver*) stoffa intessuta d'oro (*o* d'argento); *to lay the* ~ apparecchiare (*o* preparare) la tavola; *a man of the* ~ un ecclesiastico; ~ *in the piece* stoffa *f* in pezza; *to remove the* ~ sparecchiare la tavola).

oth| beam *s.* ⟨*Tess*⟩ subbio *m.* ~ binding *s.* ⟨*Legat*⟩ ri)legatura *f* in tela. ~bound *a.* rilegato in tela.

othe [kləuð] *v.t.* (*pret., p.p.* clothed [–d]/clad [klæd]) 1

---

vestire. 2 (*to provide clothes for*) vestire, provvedere di abiti: *to* ~ *one's family* vestire la propria famiglia. 3 ⟨*fig*⟩ ammantare, rivestire, ricoprire: *fields –d with snow* campi ammantati di neve. 4 ⟨*fig*⟩ (*of language, ideas, etc.*) esprimere, formulare. clothes [–z] *s.pl.* 1 abiti *mpl,* vestiti *mpl,* indumenti *mpl;* (*clothing*) vestiario *m,* abbigliamento *m.* 2 ⟨*estens*⟩ panni *mpl: to wash* ~ lavare i panni. □ *in plain* ~ in borghese, in abiti civili.

clothes|-basket [kləuðz] *s.* cesto *m* per il bucato. ~-brush *s.* spazzola *f* per vestiti. ~-hanger *s.* gruccia *f.* ~ hook *s.* attaccapanni *m* da parete. ~-horse *s.* stenditoio *m.* ~-line *s.* corda *f* del bucato. ~-moth *s.* ⟨*Entom*⟩ tignola *f* delle pellicce. ~-peg *s.* molletta *f* da bucato. ~-pin *am. s.* → clothes-peg. ~-press *s.* 1 (*cupboard*) armadio *m.* 2 (*device for pressing clothes*) pressa *f* per biancheria. ~-prop *s.* palo *m* (*o* paletto) di sostegno (della corda del bucato). ~-stand, ~-tree *s.* attaccapanni *m* a stelo, uomo *m* morto.

clothier ['kləuðiə] *s.* 1 negoziante *m/f* di vestiti. 2 (*maker of cloth*) fabbricante *m/f* di stoffe. 3 → cloth merchant.

clothing [–ðiŋ] *s.* 1 vestiario *m,* abbigliamento *m.* 2 (*covering*) coperta *f.* □ *an article of* ~ un capo di vestiario.

clothing wool *s.* ⟨*Tess*⟩ lana *f* da carda.

cloth merchant *s.* negoziante *m/f* (*o* commerciante) di stoffe.

Clotho ['kləuθəu] *N.pr.* ⟨*Mitol*⟩ Cloto *f.*

cloth| worker *s.* 1 tessile *m.* 2 (*manufacturer*) fabbricante *m/f* di stoffe. '~-'yard shaft *s.* ⟨*Stor*⟩ freccia *f* lunga una iarda.

clotted ['klɔtid] *a.* grumoso; (*of hair*) appiccicati (in ciocche). clotting [–tiŋ] *s.* coagulazione *f.* clotty [–ti] *a.* 1 (*clotted*) pieno di grumi. 2 (*tending to clot*) tendente a coagularsi.

cloture ['kləutʃə] *s.* ⟨*Parl*⟩ mozione *f* di chiusura.

cloud [klaud] I *s.* 1 nube *f,* nuvola *f* (anche fig.). 2 ⟨*estens*⟩ (*mass of smoke, etc.*) nube *f,* nuvola *f: to raise a* ~ *of dust* sollevare una nube di polvere. 3 (*mass of birds, insects, etc.*) stormo *m,* nugolo *m,* nuvolo *m.* 4 (*dim patch on a transparent surface*) velo *m,* velatura *f,* appannamento *m: a* ~ *of steam on a window* un velo di vapore su una finestra. II *v.t.* 1 annuvolare, coprire di nuvole. 2 (*to make opaque, dim*) annebbiare, velare, appannare: *his breath –ed the window* il suo respiro appannò la finestra. 3 ⟨*fig*⟩ (*to make gloomy, troubled*) annuvolare, turbare. 4 ⟨*fig*⟩ (*to sully*) macchiare, offuscare, gettare ombra su. 5 (*to darken in patches*) variegare, striare. III *v.i.* 1 (*to grow cloudy;* general. con *over, up*) annuvolarsi, coprirsi di nuvole: *the sky has –ed over* il cielo si è annuvolato. 2 (*of a transparent surface: to become opaque*) appannarsi, diventare opaco. 3 ⟨*fig*⟩ (*of the face*) annuvolarsi: *his face –ed at the reproof* al rimprovero si annuvolò (in volto). □ bank *of* ~s banco *m* di nubi; ⟨*fig*⟩ *in the* ~s con la testa fra le nuvole: *he's always up in the* ~s ha sempre la testa fra le nuvole; *under* ~ *of night* nell'oscurità della notte; ⟨*fam*⟩ *on* ~ *seven* al settimo cielo; *to be under a* ~: 1 (*in disgrace*) essere (caduto) in disgrazia; 2 (*under suspicion*) essere oggetto di sospetti. *Prov.: every* ~ *has a silver lining* non tutto il male vien per nuocere.

cloud|burst *s.* 1 acquazzone *m,* piovasco *m.* 2 (*deluge*) nubifragio *m.* ~-capped *a.* incappucciato (*o* coperto) di nubi. ~ ceiling *s.* ⟨*Meteor*⟩ cappa *f* (*o* coltre) di nubi.

clouded ['klaudid] *a.* 1 nuvoloso, coperto. 2 ⟨*fig*⟩ confuso, oscuro, nebuloso. 3 (*mottled*) variegato, striato. cloudiness [–dinis] *s.* nuvolosità *f.*

cloud|-kissing *a.* che tocca le nuvole. ~land *s.* paese *m* dei sogni, utopia *f.*

cloudless ['klaudlis] *a.* senza nubi, limpido, sereno (*anche fig.*).

cloudlet ['klaudlit] *s.* nuvoletta *f.*

cloud| nine *s.* ⟨*fig*⟩ settimo cielo *m: to be on* ~ essere al settimo cielo. ~ rack *s.* ⟨*Meteor*⟩ cumulo *m* di nubi.

cloudy ['klaudi] *a.* 1 nuvoloso, coperto: *a* ~ *sky* un cielo nuvoloso. 2 (*dimmed, dulled*) appannato, velato, offuscato, non puro: *a* ~ *diamond* un diamante non puro; (*of liquids*) torbido, non limpido: ~ *beer* birra torbida. 3

⟨*fig*⟩ (*obscure, vague*) vago, confuso, nebuloso. **4** (*gloomy, sad*) cupo, scuro, rabbuiato. **5** (*variegated*) variegato, striato: ~ *marble* marmo variegato. □ *it is* ~ (*of the weather*) è nuvoloso, il cielo è coperto.

clout [klaut] **I** *s.* **1** ⟨*fam*⟩ (*blow*) colpo *m; (cuff)* scapaccione *m*, scappellotto *m*. **2** ⟨*Sport*⟩ (*in archery*) bersaglio *m*. **3** ⟨*Calz*⟩ rinforzo *m* di metallo. **4** (*rag*) cencio *m*, straccio *m*. **5** ⟨*fam*⟩ (*influence*) influenza *f: political* ~ influenza politica. **II** *v.t.* ⟨*fam*⟩ colpire; (*to cuff*) dare uno scappellotto a. □ *Prov.: cast not a* ~ *till May be out* aprile non ti scoprire.

clove[1] [kləuv] *s.* (*aromatic dried flower-bud*) chiodo *m* di garofano.

clove[2] *s.* ⟨*Bot*⟩ spicchio *m: a* ~ *of garlic* uno spicchio d'aglio.

clove[3] → **cleave**[2].

cloven ['kləuvn] *a.* spaccato, fesso.

cloven| hoof *s.* **1** ⟨*Zool*⟩ zoccolo *m* (*o* piede) fesso. **2** ⟨*fig*⟩ aspetto *m* (*o* lato) diabolico. **~-hoofed** *a.* **1** ⟨*Zool*⟩ dallo zoccolo fesso. **2** ⟨*fig*⟩ diabolico, satanico.

clove| oil *s.* ⟨*Farm*⟩ essenza *f* (*o* olio *m*) di garofano. **~ pink** *s.* ⟨*Bot*⟩ garofano *m*.

clover ['kləuvə] *s.* ⟨*Bot*⟩ trifoglio *m*. □ ⟨*fig*⟩ *to be* (*o* live) *in* ~ nuotare nell'abbondanza.

clover leaf *s.irr.* ⟨*Strad*⟩ raccordo *m* a quadrifoglio.

clown [klaun] **I** *s.* **1** clown *m*, pagliaccio *m*. **2** (*prankster, joker*) burlone *m* (*f* –a), buffone *m* (*f* –a). **3** (*coarse, ill-bred person*) villano *m* (*f* –a), zoticone *m* (*f* –a). **II** *v.i.* fare il pagliaccio (*o* buffone). **'clownery** [–əri] *s.* buffoneria *f; (instance)* buffonata *f*, pagliacciata *f*. **'clowning** [–iŋ] *s.* buffoneria *f*. **'clownish** [–iʃ] *a.* **1** buffonesco, da pagliaccio, clownesco. **2** (*boorish, rude*) rude, sgarbato. **'clownishly** [–iʃli] *avv.* buffonescamente. **'clownishness** [–iʃnis] *s.* **1** buffoneria *f*. **2** (*coarse manners*) rozzezza *f*, grossolanità *f*.

cloy [klɔi] *v.t./i.* saziare, nauseare, stancare: *a pleasure which never –s* un piacere che non stanca mai. □ *to* ~ *the appetite* togliere (*o* far passare) l'appetito.

club[1] [klʌb] *s.* **1** bastone *m*, randello *m*, clava *f*, mazza *f*. **2** ⟨*Sport*⟩ mazza *f* (*o* bastone *m*) da golf. **3** (*organized group of persons*) circolo *m*, associazione *f*, società *f*, club *m: a sports* ~ un'associazione sportiva; (*building*) circolo *m*, club *m: to go to the* ~ andare al circolo. **4** (*card*) carta *f* di fiori.

club[2] *v.* (*pret., p.p.* **clubbed** [–d]) **I** *v.t.* **1** bastonare, prendere a bastonate: *to* ~ *s.o. to death* bastonare qd. a morte. **2** (*to contribute;* spesso con *up*) raccogliere, mettere insieme (*o* in comune), unire. **II** *v.i.* **1** raccogliersi insieme, associarsi, mettersi (tutti) insieme. **2** (*to pay a contribution*) pagare una quota (*o* un contributo), quotarsi.

clubbable ['klʌbəbl] *a.* **1** che ha i requisiti per entrare a far parte di un circolo. **2** (*sociable*) socievole, di compagnia.

clubbed [klʌbd] *a.* ⟨*Bot*⟩ claviforme.

clubby ['klʌbi] *a.* **1** (*exclusive*) ristretto, esclusivo. **2** ⟨*fam*⟩ (*sociable*) socievole, di compagnia.

club| car *am. s.* ⟨*Ferr*⟩ carrozza *f* ristoro (*o* buffet). **'~-'foot** *s.irr.* ⟨*Med*⟩ **1** talismo *m*. **2** (*foot*) piede *m* deformato da talismo. **'~-'footed** *a.* dal piede storto, talipede. **~ house** *s.* edificio *m* (*o* sede *f*) di club, circolo *m*. **~land** *s.* quartiere *m* dei circoli (St. James e Piccadilly a Londra). **~ law** *s.* **1** statuto *m*, norme *fpl* associative. **2** ⟨*fig*⟩ legge *f* del ⌐più forte⌐ (*o* bastone). **~-man** [mən] *s.irr.* frequentatore *m* di club. **~ moss** *s.* ⟨*Bot*⟩ licopodio *m*. **~ room** *s.* locale *m* di un circolo. **~ root** *s.* ⟨*Bot*⟩ ernia *f* dei cavoli. **~ sandwich** *s.* sandwich *m* a più strati, club sandwich *m*. **~-woman** *s.* frequentatrice *f* di club.

cluck [klʌk] **I** *v.i.* **1** (*of a hen*) chiocciare. **2** (*of the tongue*) schioccare. **II** *s.* **1** il chiocciare. **2** (*clicking sound*) schiocco *m*. **'clucky** [–i] *a.* che chioccia.

clue[1] [klu:] **I** *s.* indizio *m*, traccia *f*, pista *f*. **II** *v.t.* informare (*general.* con *in*): ~ *me in on what's happening* informami su quanto sta accadendo. □ *–s of a crossword puzzle* definizioni *fpl; to give s.o. a* ~ mettere qd. sulla pista (*o* strada giusta); ⟨*fam*⟩ *I haven't a* ~ non ho la

minima idea.

clue[2] *s./v.* → **clew**[1], **clew**[2].

clued-up [klu:d'ʌp] *a.* (*of a person*) ben informato.

clueless ['klu:lis] *a.* **1** senza indizi (*o* tracce). **2** ⟨*s*⟩ (*helpless, stupid*) inetto, sciocco.

clump [klʌmp] **I** *s.* **1** (*of trees, plants*) gruppo *m* fitto; (*of bushes*) macchia *f*. **2** (*lump, mass*) blocco *m*, pezzo *m*; (*of roots*) intrico *m*, viluppo *m*. **3** (*heavy tread*) rumore *m* (sordo), tonfo *m*. **4** ⟨*Calz*⟩ → **clump sole**. **5** ⟨*Biol*⟩ agglutinazione *f*. **II** *v.i.* **1** camminare con passo pesante. **2** ⟨*Biol*⟩ agglutinarsi. **III** *v.t.* **1** raggruppare, ammucchiare, ammassare; (*of trees*) piantare a (fitti) gruppi. **2** ⟨*Biol*⟩ agglutinare.

clump sole *s.* ⟨*Calz*⟩ grossa suola *f* di rinforzo.

clumsily ['klʌmzili] *avv.* **1** goffamente. **2** (*tactlessly*) senza tatto, grossolanamente. **clumsiness** [–zinis] *s.* **1** goffaggine *f*. **2** (*tactlessness*) mancanza *f* di tatto (*o* garbo).

clumsy [–zi] *a.* **1** goffo, impacciato, sgraziato; (*lacking dexterity*) maldestro. **2** (*tactless*) senza tatto, sgarbato. **3** (*badly designed*) malfatto, mal costruito.

clung [klʌŋ] → **cling**.

Cluniac ['klu:niæk] **I** *s.* ⟨*Rel*⟩ cluniacense *m*. **II** *a.* cluniacense.

clupeid ['klu:piid] **I** *a.* ⟨*Itt*⟩ dei clupeidi. **II** *s.* clupeide *m*.

cluster ['klʌstə] **I** *s.* **1** grappolo *m: a* ~ *of grapes* un grappolo d'uva; (*of flowers*) mazzo *m;* (*of honey-bees*) sciame *m*. **2** (*group*) gruppo *m*, ammasso *m: a* ~ *of spectators* un gruppo di spettatori. **3** ⟨*Astr*⟩ (*of stars*) ammasso *m*. **4** ⟨*Fon*⟩ gruppo *m: a consonant* ~ un gruppo consonantico. **II** *v.t.* raggruppare, riunire in gruppo. **III** *v.i.* raggrupparsi, stringersi, fare gruppo (*around* intorno a).

cluster candlestick *s.* candelabro *m*.

clustered ['klʌstəd] *a.* ⟨*Arch*⟩ polistilo: ~ *pier* pilastro polistilo.

cluster pine *s.* ⟨*Bot*⟩ pino *m* marittimo (*o* selvatico).

clutch[1] [klʌtʃ] **I** *v.t.* **1** (*to snatch*) afferrare. **2** (*to hold tightly*) stringere forte, tenere stretto: *she –ed her doll* her teneva la bambola stretta. **II** *v.i.* afferrare (*at s.th.* qc.), aggrapparsi (a). **III** *s.* **1** artigli *mpl*, grinfie *fpl: mouse in the* ~ *of an eagle* un topo fra gli artigli (*o* grinfie) di un'aquila. **2** *pl.* ⟨*fig*⟩ potere *m*, balia *f*, grinfie *fpl: to fall into s.o.'s –es* cadere ⌐in potere⌐ (*o* nelle grinfie) di qd. **3** (*act of grasping*) atto *m* di afferrare: *he made a* ~ *at the rope* fece l'atto di afferrare la corda; (*grasp*) stretta *f*, presa *f*. **4** ⟨*Mecc*⟩ (*coupling*) innesto *m; (friction clutch)* frizione *f*. **5** ⟨*Mecc*⟩ → **clutch pedal**. **IV** *a.* **1** (*of handbag*) a busta. **2** (*of a coat*) senza allacciatura. □ ⟨*Mecc*⟩ *to* **adjust** *the* ~ regolare la frizione; ⟨*Aut*⟩ *the* ~ *is* **in** (*o engaged*) la frizione è innestata; ⟨*Aut*⟩ *to* ⌐*let in*⌐ (*o engage*) *the* ~ innestare la frizione; ⟨*Aut*⟩ *the* ~ *is* **out** (*o disengaged*) la frizione è disinnestata; ⟨*Aut*⟩ *the* ~ **slips** la frizione slitta; ⟨*Aut*⟩ *to* ⌐**throw** *out*⌐ (*o disengage*) *the* ~ disinnestare (*o* abbassare) la frizione.

clutch[2] *s.* **1** (*of eggs*) covata *f; (brood of chickens)* covata *f*, nidiata *f*. **2** ⟨*fig*⟩ (*group*) gruppo *m*. **II** *v.t.* (*to hatch*) covare.

clutch| bag *s.* ⟨*Mod*⟩ bustina *f*, pochette *f*. ~ **brake** ⟨*Mecc*⟩ freno *m* sulla frizione.

clutchless ['klʌtʃlis] *a.* ⟨*Mecc*⟩ senza frizione. □ ⟨*Aut*⟩ *gearshift* cambio automatico.

clutch pedal *s.* ⟨*Mecc*⟩ pedale *m* della frizione, frizione *f*.

clutter ['klʌtə] **I** *v.t.* (*to litter;* spesso con *up*) ingombrare, stipare. **II** *s.* **1** (*confused collection*) ammasso *m*, congerie *f*, cumulo *m* (disordinato). **2** (*disorder, mess*) disordine *m*, confusione *f*, scompiglio *m: the room was in a* ~ la stanza era in completo disordine.

clypeal ['klipiəl], **clypeate** [–pieit] *a.* ⟨*Entom*⟩ clipeato. **clypeiform** [–pi:ifɔ:m] *a.* clipeiforme. **clypeus** [–piəs] (*pl.* **-pei** [piai]) clipeo *m*.

clyster ['klistə] *s.* ⟨*Med*⟩ clistere *m*, clisma *m*.

Clyt(a)emnestra [ˌklaitim'nestrə] *N.pr.* ⟨*Stor.gr*⟩ Clitennestra *f*.

cm = *centimetre* centimetro (*abbr.* cm).

Cmdr. = *Commander* comandante (*abbr.* Com.).

Cmdre. = *Commodore* Commodoro.

CMEA = *Council for Mutual Economic Assistance* Consiglio di mutua assistenza Economica (*abbr.* COMECON).

C.M.G. = ⟨*GB*⟩ *Companion* (*of the Order*) *of St. Michael and St. George.*

CMOS = ⟨*Inform*⟩ *Complementary Metal Oxide Semiconductor* (Circuito) metallo-ossido-semiconduttore complementare.

cnidoblast ['naidəblæst] *s.* ⟨*Biol*⟩ cnidoblasto *m.* **cnidocell** [–dəsel] *s.* cnidocisto *m.* **cnidocil** [–dəsil] *s.* cnidociglio *m.*

Co. = 1 ⟨*Comm*⟩ *Company* Compagnia (*abbr.* C.ia). 2 *County* Contea.

C.O. = 1 *Colonial Office* ministero delle colonie. 2 *Commanding Officer* ufficiale comandante. 3 *conscientious objector* obiettore di coscienza.

c/o = 1 *care of* presso. 2 *carried over* riportato.

coacervate [kou'æsə:veit] *s.* ⟨*Chim*⟩ coacervato *m.* **co,acervation** [–'veiʃən] *s.* coacervazione *f.*

coach [kəutʃ] **I** *s.* 1 carrozza *f.* 2 (*motor coach*) pullman *m,* torpedone *m: a ~ tour of the city* un giro della città in pullman. 3 ⟨*Ferr*⟩ vettura *f.* 4 ⟨*Aut*⟩ coupé *m.* 5 ⟨*Mar*⟩ sala *f* (del) consiglio. 6 (*private tutor*) insegnante *m/f* privato, istitutore *m* (*f* –trice); (*of an actor, a singer*) maestro *m* (*f* –a). 7 ⟨*Sport*⟩ allenatore *m* (*f* –trice): *a football ~* un allenatore di calcio. **II** *v.t.* 1 istruire, preparare: *to ~ s.o. for an examination* preparare qd. per un esame; *to ~ a witness* istruire un testimone. 2 ⟨*Sport*⟩ allenare. **III** *v.i.* 1 viaggiare in carrozza (*o* pullman). 2 (*to be instructed by a coach*) prendere ⌜lezioni private⌝ (*o* ripetizioni) (*with* da); (*to instruct*) istruire, preparare. □ *in the old –ing days* al tempo delle carrozze (*o* diligenze).

coach|-and-'four *s.* tiro *m* a quattro. **~ box** *s.* posto *m* a cassetta, sedile *m* del vetturino. **~builder** *s.* ⟨*Aut*⟩ carrozziere *m.* **~building** *s.* costruzione *f* di carrozzerie. **~-built** *a.* carrozzato. **~ horse** *s.* cavallo *m* da carrozza. **~ house** *s.* rimessa *f.*

coaching ['kəutʃiŋ] *s.* 1 ripetizioni *fpl,* lezioni *fpl* private. 2 ⟨*Sport*⟩ allenamento *m.* 3 (*travel in a horse–drawn coach*) viaggio *m* in carrozza.

coach|man [mən] *s.irr.* vetturino *m,* postiglione *m,* cocchiere *m.* **~ painter** *s.* verniciatore *m* di carrozzerie. **~ tour** *s.* gita *f* in torpedone. **~ work** *s.* ⟨*Aut*⟩ carrozzeria *f.*

coact [kəu'ækt] **I** *v.t.* fare insieme. **II** *v.i.* agire insieme. **coaction** [–kʃən] *s.* 1 azione *f* congiunta (*o* comune). 2 ⟨*Biol*⟩ interazione *f.* 3 ⟨*Psic*⟩ (*compulsion*) coazione *f.* **coactive** [–iv] *a.* 1 congiunto. 2 ⟨*Psic*⟩ coattivo.

coadjutor [kəu'ædʒutə] *s.* 1 coadiutore *m,* collaboratore *m.* 2 ⟨*Rel*⟩ coadiutore *m.* **coadjutorship** [–ʃip] *s.* coadiutoria *f.* **coadjutrix** [–triks] *s.* (*pl.* -trices ['traisi:z]) coadiutrice *f,* collaboratrice *f.*

coadunate [kəu'ædʒunit] *a.* ⟨*Biol*⟩ connato.

coagulability [kəu,æɡjulə'biliti] *s.* coagulabilità *f.* **co'aguable** [–bl] *a.* coagulabile. **co'agulant** [–lənt] *s.* ⟨*Farm*⟩ coagulante *m.* **co'agulate** [–leit] **I** *v.t.* coagulare. **II** *v.i.* coagularsi. **coagulation** [–'leiʃən] *s.* coagulazione *f,* coagulamento *m.* **coagulative** [–'lətiv] *a.* ⟨*Farm*⟩ coagulante. **coagulator** [–'leitə] *s.* → **coagulant.** **coagulum** [–ləm] *s.* (*pl.* -la [lə]) coagulo *m.*

coaita [,kouai'tɑ:] *s.* ⟨*Zool*⟩ scimmia *f* ragno.

coal [kəul] **I** *s.* 1 carbone *m.* 2 (*piece of coal, burning wood, etc.*) carbone *m,* tizzone *m: a live ~* un carbone ardente. 3 (*charcoal*) carbone *m* ⌜di legna⌝ (*o* vegetale), carbonella *f.* **II** *v.t.* rifornire di carbone. **III** *v.i.* rifornirsi di carbone, fare carbone, carbonare. □ ⟨*fig*⟩ *to carry –s to Newcastle* portare acqua al mare, fare una cosa inutile; ⟨*fig*⟩ *to haul s.o. over the –s* criticare (*o* rimproverare) aspramente qd.; ⟨*fig*⟩ *to heap –s of fire on s.o.'s head* restituire a qd. bene per male.

coal| bed *s.* ⟨*Minier*⟩ strato *m* carbonifero. **~ bin** *s.* bidone *m* per il carbone. **~ black** *a.* color nero carbone. **~ bunker** *s.* carbonile *m.* **~ cellar** *s.* carbonaia *f.* **~ chemistry** *s.* carbochimica *f.* **~ dust** *s.* polvere *f* di carbone, polverino *m.*

coaler ['kəulə] *s.* ⟨*Mar*⟩ nave *f* carbonaia, carboniera *f.*

coalesce [,kouə'les] *v.i.* 1 crescere insieme; (*of the edges of a wound*) saldarsi, rimarginarsi. 2 (*to unite into one body*) unirsi, fondersi: *the two unions –d* le due società si fusero. 3 ⟨*Fon*⟩ assimilarsi. **coalescence** [–əns] *s.* ⟨*Chim,Fis*⟩ coalescenza *f.* **coalescent** [–ənt] *a.* coalescente.

coal| field *s.* ⟨*Minier*⟩ bacino *m* carbonifero. **~-fired power plant** *s.* centrale *f* a carbone. **~ fish** *s.* ⟨*Itt*⟩ merlano *m* nero. **~ flap** *s.* botola *f* di scivolo per il carbone (sul marciapiede). **~ gas** *s.* 1 gas *m* illuminante. 2 (*gas made from coal*) gas *m* di carbone. **~ gasification** *s.* gassificazione *f* del carbone. **~ heaver** *s.* spalatore *m* (*o* scaricatore) di carbone. **~ hole** *s.* → **coal cellar.**

coalification [,koulifi'keiʃən] *s.* ⟨*Geol*⟩ carbonificazione *f,* carbonizzazione *f.*

coaling station ['kouliŋ] *s.* ⟨*Mar*⟩ porto *m* di carbonamento.

coalition [,kouə'liʃən] *s.* 1 coalizione *f,* unione *f.* 2 ⟨*Pol*⟩ coalizione *f,* alleanza *f: a ~ government* un governo di coalizione. **coalitionist** [–ist] *s.* 1 chi entra a far parte di una coalizione, alleato *m* (*f* –a). 2 (*one who favours a coalition*) chi favorisce una coalizione.

coal|man [mən] *s.irr.* 1 → **coal merchant.** 2 → **coal heaver.** **~ master** *s.* proprietario *m* di miniere di carbone. **~ measures** *s.pl.* ⟨*Geol*⟩ strati *mpl* carboniferi. **~ merchant** *s.* carbonaio *m,* commerciante *m* di carbone. **~ mine** *s.* miniera *f* di carbone. **~ miner** *s.* minatore *m* (di carbone). **~ mining** *s.* estrazione *f* del carbone. **~ mining industry** *s.* industria *f* estrattiva del carbone. **~ oil** *am. s.* cherosene *m.* **~ owner** *s.* → **coal master.** **~ pit** *s.* → **coal mine.** **~ port** *s.* porto *m* carbonifero. **~rake** *s.* attizzatoio *m.* **~ screen** *s.* setaccio *m* per la cernita del carbone. **~ scuttle** *s.* secchio *m* del carbone. **~ seam** *s.* ⟨*Geol*⟩ giacimento *m* di carbone. **~ ship** *s.* nave *f* carbonaia, carboniera *f.* **~ shoot** *s.* ⟨*Mar*⟩ scivolo *m* per carbone. **~ tar** *s.* ⟨*Chim*⟩ catrame *m* minerale (*o* di carbone fossile). **~ tit, ~ titmouse** *s.* ⟨*Ornit*⟩ cincia *f* mora.

coaly ['kəuli] *a.* 1 ricco di carbone, che contiene carbone. 2 (*resembling coal*) simile a carbone; (*in colour*) color nero carbone.

coarctate [kou'ɑ:kteit] *a.* ⟨*Biol*⟩ coartato. **,coarctation** [–'teiʃən] *s.* 1 costrizione *f.* 2 ⟨*Med*⟩ coartazione *f.*

coarse [kɔ:s] *a.* 1 grezzo, ruvido: *~ cloth* tela grezza. 2 (*having large particles*) a grana grossa. 3 (*of inferior quality*) scadente, comune, dozzinale: *~ fish* pesce scadente. 4 ⟨*fig*⟩ (*lacking delicacy, unpolished*) grossolano, rude, rozzo: *~ manners* modi grossolani. 5 (*obscene*) osceno, triviale: *~ language* linguaggio osceno; (*vulgar*) volgare. 6 ⟨*Met,Minier*⟩ grezzo.

coarse|-fibred, ~-grained *a.* 1 ⟨*Met*⟩ a grana grossa. 2 ⟨*fig*⟩ (*crude, gross*) grossolano, rozzo.

coarsely ['kɔ:sli] *avv.* rudemente. **coarsen** [–sn] **I** *v.t.* rendere grossolano (*o* rozzo). **II** *v.i.* diventare grossolano (*o* rozzo). **coarseness** [–snis] *s.* 1 ruvidezza *f,* stato *m* grezzo. 2 (*roughness, impoliteness*) grossolanità *f,* rudezza *f;* (*obscenity*) trivialità *f,* oscenità *f.*

coarse salt *s.* sale *m* grosso (*o* da cucina).

coarsish ['kɔ:siʃ] *a.* piuttosto grossolano (*o* rozzo).

coast [kəust] **I** *s.* 1 costa *f,* litorale *m;* (*adjoining region*) costa *f,* zona *f* costiera: *they live on the ~* vivono sulla costa. 2 (*am*) (*slope for sledging*) pista *f* per slitte; (*run on a sled*) corsa *f* (*o* discesa) su slitta. **Coast** *am. s.* ⟨*fam*⟩ costa *f* del Pacifico. **II** *v.i.* 1 ⟨*Mar*⟩ costeggiare, navigare lungo la costa; (*to call at various ports*) fare (*o* esercitare) il piccolo cabotaggio. 2 (*to move free–wheel: by car*) procedere in folle, andare a motore spento; (*on a bicycle*) procedere (*o* andare) a ruota libera. 3 (*am*) (*to slide downhill on a sled*) fare una discesa in slitta. 4 ⟨*fig*⟩ farsi strada senza sforzo. **III** *v.t.* 1 ⟨*Mar*⟩ costeggiare: *we –ed the island* costeggiammo l'isola. 2 (*to cause to move without power*) far andare ⌜in folle⌝ (*o* a motore spento). □ ⟨*fig*⟩ *the ~ is clear* la via è libera; *from ~ to ~* da un lato all'altro del paese. **'coastal** [–əl] *a.* litoraneo, costiero.

coastal| environment *s.* litorale *s.* **~ pollution** *s.* inquinamento *m* (*o* contaminazione *f*) delle coste.

coast| artillery s. ⟨Mil⟩ artiglieria f costiera. **~ battery** s. ⟨Mar⟩ batteria f costiera. **~ defence** s. ⟨Mil⟩ difesa f costiera.

coaster ['kəustə] s. **1** ⟨Mar⟩ → **coasting vessel**. **2** ⟨am⟩ (sled) slitta f, slittino m. **3** (rollercoaster) montagne fpl russe, ottovolante m. **4** (plate, mat: under a glass) sottobicchiere m; (under a bottle) sottobottiglia m. **5** (movable tray) tavolinetto m a rotelle.

coast|guard. s. **1** (unit) guardia f costiera. **2** → **coast-guard(s)man**. **~guard cutter** s. nave f guardacoste, guardacoste m. **~guard(s)man** [gɑ:d(z)mən] s.irr. guardacoste m, guardia f costiera.

coasting| trade ['kəustiŋ] s. ⟨Mar⟩ cabotaggio m, traffico m cabotiero. **~ vessel** s. nave f cabotiera (o da cabotaggio).

coast|line s. linea f (o fascia) costiera, litorale m. **~-to-coast** am. a. nazionale: a ~ broadcast una trasmissione nazionale. **~ waiter** s. funzionario m di dogana in servizio costiero.

coastward ['kəustwəd] I a. diretto verso la costa. II avv. → **coastwards. coastwards** [-s] avv. verso la costa.

coastways ['kəustweiz], **coastwise** [-waiz] I a. lungo la costa. II a. **1** che si muove lungo la costa. **2** → **coastal**.

coat [kəut] I s. **1** ⟨Vest⟩ soprabito m, cappotto m; (jacket) giacca f, giubba f. **2** (of an animal) mantello m, pelliccia f, pelo m. **3** (covering layer) strato m; (of paint) mano f. II v.t. ricoprire (o rivestire) di uno strato: the path was –ed with leaves il sentiero era ricoperto di uno strato di foglie. □ ~ of arms: **1** ⟨Arald⟩ cotta f d'armi; **2** (heraldic achievement) arme f, blasone m; ⟨fig⟩ to dust s.o.'s ~ picchiare qd., ⟨fam⟩ spolverare le spalle a qd.; to wear the king's ~ indossare l'uniforme, fare il soldato; ~ of mail cotta f di maglia, giaco m; ⟨fam⟩ to turn one's ~ fare un voltafaccia.

coatee [kəu'ti:] s. giubbotto m, giubba f corta.

coat hanger s. stampella f, gruccia f.

coating ['kəutiŋ] s. **1** strato m; (of paint) mano f. **2** ⟨Tess⟩ stoffa f per soprabiti.

coat| rack s. attaccapanni m a rastrelliera, portamantelli m a muro. **~ tail** s. **1** falda f. **2** pl. (of a dress coat) code fpl del frac.

co–author [kəu'ɔ:θə] I s. coautore m (f –trice). II v.t. essere coautore di.

coax [kəuks] I v.t. **1** (to persuade by flattery) persuadere con (le) lusinghe (o blandizie): to ~ s.o. 'to do' (o into doing) s.th. persuadere con lusinghe qd. a fare qc.; (by persistent effort) convincere (o persuadere) con paziente insistenza. **2** (to wheedle) ottenere blandendo (o con moine). II v.i. usare (le) lusinghe. □ to ~ the fire ravvivare il fuoco. **'coaxer** [-ə] s. chi blandisce, adulatore m (f –trice).

coaxial [kəu'æksiəl] a. ⟨Mat,El⟩ coassiale: ~ cable cavo coassiale.

coaxing ['kəuksiŋ] I a. che blandisce, adulatorio. II s. ⟨collett⟩ blandizie fpl, moine fpl.

cob¹ [kɔb] s. **1** cigno m maschio. **2** (stocky horse) cavallo m di piccola corporatura. **3** (corn cob) pannocchia f. **4** (lump of coal) pezzo m di carbone. **5** (rounded mass) ovulo m. **6** ⟨Edil⟩ mattone m crudo (di argilla e paglia). **7** → **cobnut**.

cob² s. ⟨Ornit⟩ mugnaiaccio m.

cobalt ['kəubɔ:lt, kə'bɔ:lt] s. ⟨Chim⟩ cobalto m.

cobalt| bloom s. ⟨Min⟩ eritrite f, fiori mpl di cobalto. **~ blue** s. **1** ⟨Chim⟩ (pigment) azzurro m (o blu) di cobalto. **2** (colour) blu m cobalto. **~ bomb** s. ⟨Mil,Med⟩ bomba f al cobalto.

cobaltic [kəu'bɔ:ltik] a. ⟨Chim⟩ cobaltico. **,cobaltiferous** [-'tifərəs] a. ⟨Min⟩ contenente cobalto. **'cobaltine** [-tin], **cobaltite** [-tait, kə'bɔ:ltait] s. ⟨Min⟩ cobaltina f, cobaltite f. **cobaltous** [-təs] a. ⟨Chim⟩ cobaltoso.

cobalt therapy s. ⟨Med⟩ cobaltoterapia f.

cobber austral. ['kɔbə] s. compagno m (f –a).

cobble¹ ['kɔbl] I s. **1** ⟨Strad⟩ → **cobblestone**. **2** pl. ⟨Minier⟩ → **cobble coal**. II v.t. ⟨Strad⟩ acciottolare, pavimentare con ciottoli.

cobble² v.t. ⟨Calz⟩ rattoppare, rappezzare: to ~ shoes

rattoppare scarpe. **2** (to mend roughly) aggiustare alla meglio, rabberciare. **3** ⟨fig⟩ (to botch; spesso con up) acciabattare, abborracciare.

cobble coal s. ⟨Minier⟩ carbone m di pezzatura media.

cobbler ['kɔblə] s. **1** ⟨Calz⟩ ciabattino m, calzolaio m. **2** ⟨fig⟩ (clumsy workman) abborracciatore m (f –trice). **3** ⟨am⟩ (iced drink) bevanda f ghiacciata (di vino, frutta e zucchero). **4** ⟨am.Dolc⟩ (fruit pie) crostata f di frutta. □ Prov.: let the ~ stick to his last a ognuno il suo mestiere.

cobblestone ['kɔblstoun] s. ⟨Strad⟩ ciottolo m. □ ~ pavement acciottolato m.

cob coal s. carbone m in ovuli.

co-belligerency [,koubə'lidʒərənsi] s. cobelligeranza f. **co-belligerent** [-rənt] I s. cobelligerante m/f. II a. cobelligerante.

cobnut ['kɔbnʌt] s. nocciola f.

COBOL = ⟨Inform⟩ Common Business Oriented Language cobol, linguaggio orientato alle procedure amministrative correnti.

cobra ['koubrə] s. ⟨Zool⟩ cobra m.

cobweb ['kɔbweb] s. **1** ragnatela f, tela f di ragno; (single thread) filo m di ragnatela. **2** ⟨fig⟩ (snare) rete f, trappola f, tranello m: the –s of the law i tranelli della legge. □ ⟨fig⟩ to blow (o chase) the –s away snebbiare il cervello, schiarirsi le idee. **cobwebby** [-i] a. **1** simile a una ragnatela. **2** (cobwebbed) coperto di ragnatele.

coca ['koukə] s. **1** ⟨Bot⟩ coca f. **2** pl. foglie fpl di coca.

cocaine [ko(u)'kein, kə'kein] s. ⟨Chim⟩ cocaina f.

cocaine| addict s. cocainomane m/f. **~ habit** s. cocainomania f.

cocainism [kou'keinizəm] s. ⟨Med⟩ cocainismo m. **cocainist** [-nist] s. cocainizzato m (f –a). **co,cainization** [-nai'zeiʃən] s. cocainizzazione f. **cocainize** [-naiz] v.t. cocainizzare.

coccagee [,kɔkə'gi:] s. mela f da sidro.

coccus ['kɔkəs] s. (pl. cocci ['kɔksai]) ⟨Med,Bot⟩ cocco m.

coccygeal [kɔk'sidʒiəl] a. ⟨Anat⟩ coccigeo. **'coccyx** [-siks] s. (pl. -cyges ['saidʒi:z]/-cyxes [-iz]) coccige m.

co-chairman s. co-presidente m.

Cochin ['koutʃin] s. → **Cochin China. Cochin China** ▶ N.pr. ⟨Geog⟩ Cocincina f. II s. ⟨Zootecn⟩ cocincina f razza f cocincina.

cochineal [,kɔtʃi'ni:l] s. cocciniglia f.

cochlea ['kɔkliə] s. (pl. -leae [lii:]/-s [z]) ⟨Anat⟩ coclea f **cochlear** [-ə] a. cocleare.

cock¹ [kɔk] I s. **1** ⟨Ornit⟩ gallo m. **2** (male of any bird) maschio m (di gallinacei e sim.). **3** ⟨fig⟩ (leader) capo m caporione m, ⟨scherz⟩ capoccia m. **4** ⟨Sport⟩ capitano m **5** (tilt, slant) inclinazione f, posizione f inclinata. **6** (weathercock) banderuola f, galletto m. **7** (of a sundial gnomone m. **8** ⟨sl⟩ (fellow, friend) compagno m, amico m **9** ⟨sl⟩ (nonsense) sciocchezze fpl, corbellerie fpl: he talks a lot of ~ dice un sacco di sciocchezze. **10** ⟨triv⟩ (penis pene m, ⟨triv⟩ uccello m. **11** ⟨tecn⟩ rubinetto m. **12** (of firearms: hammer) cane m. **13** ⟨Orol⟩ ponte m de bilanciere. II a. **1** (of birds and other animals: male maschio: ~ canary canarino maschio. **2** ⟨sl⟩ (chief leading) primo, principale. III v.t. **1** armare, alzare i cane di: to ~ a rifle armare un fucile. **2** (to turn u jauntily; spesso con up) alzare, drizzare: the dog –ed hi ears il cane drizzò le orecchie; (of a hat) mettere d sghimbescio⸗ (o sulle ventitré). IV v.i. drizzarsi rizzarsi, levarsi. □ to ~ one's eye at s.o. dare un'occhiata d'intesa a qd., ammiccare a qd.; ⟨fig⟩ to live like fightin –s avere ogni ben di Dio, vivere nell'abbondanza; at ful ~ (of firearms) col cane in posizione di sparo; at half ~ (of firearms) col cane in sicura; he gave his hat a ~ si mise il cappello di sghimbescio; to ~ one's nose arricciar (o storcere) il naso; to ~ one's nose at s.o. guardare qd dall'alto in basso; how are you doing, old ~? come va vecchio mio?; ⟨fig⟩ to be the ~ of the walk (o roost primeggiare; ⟨Ornit⟩ ~ of the wood (capercaillie) gallo r cedrone, urogallo m.

cock² I s. (of hay, dung, etc.) mucchio m. II v. ammucchiare.

cockade [kɔ'keid] s. coccarda f. **cockaded** [-id] a. ornat (o decorato) di coccarda.

ock-a-doodle-doo ['kɔkə,du:dl'du] s. **1** chicchirichì m. **2** ⟨infant⟩ (cock, rooster) gallo m, ⟨infant⟩ chicchirichì m.

ock-a-hoop [,kɔkə'hu:p] **I** a. pred. esultante, euforico. **II** avv. per (o di) traverso, di (o a) sghimbescio.

'ockaigne [kɔ'kein] N.pr. paese m della cuccagna, cuccagna f.

ockamamie, cockamamy [kɔk'ɔmæmi:] a. **1** ⟨sl⟩ (trifling) di nessun valore. **2** (nonsensical) assurdo, insensato.

ock-and-'bull story s. racconto m inverosimile, frottola f.

ockatoo [,kɔkə'tu:] s. ⟨Ornit⟩ cacatua m.

ockatrice ['kɔkətris] s. basilisco m.

ock| bird s. uccello m maschio. **~boat** s. ⟨Mar⟩ piccola scialuppa f a fondo piatto. **~chafer** s. ⟨Entom⟩ maggiolino m. **~ crow(ing)** s. **1** canto m del gallo. **2** ⟨fig⟩ alba f: to get up at ~ alzarsi 'all'alba' (o al primo canto del gallo).

ocked hat [kɔkt] s. (two-pointed hat) feluca f, bicorno m; (three-pointed hat) tricorno m. □ ⟨fig⟩ to knock into a ~: 1 polverizzare, distruggere; 2 (to make shapeless) ridurre a uno straccio; 3 (of persons) picchiare di santa ragione.

ocker[1] ['kɔkə] s. → cocker spaniel.

ocker[2] v.t. (to pamper) viziare, coccolare.

ockerel ['kɔkərəl] s. galletto m (anche fig.).

ocker spaniel s. ⟨Zool⟩ cocker m (spagnolo).

ock|-eyed a. **1** strabico. **2** ⟨sl⟩ (askew, awry) storto, sghembo. **3** ⟨sl⟩ (foolish, absurd) strampalato, assurdo. **4** ⟨sl⟩ (drunk) ubriaco, ⟨fam⟩ sbronzo. **~fight, ~fighting** s. combattimento m di galli. **'~'horse I** s. cavalluccio m. **II** avv. a cavalcioni.

ockily ['kɔkili] avv. sfrontatamente. **cockiness** [–kinis] s. sfrontatezza f, impudenza f.

ockle[1] ['kɔkl] **I** s. **1** ⟨Zool⟩ cardio m. **2** ⟨Zool⟩ cuore m, cuoretto m. **3** ⟨Zool⟩ → cockle shell. **4** (wrinkle, pucker) grinza f, increspatura f. **II** v.i. **1** incresparsi, raggrinzarsi: this paper –s easily questa carta s'increspa facilmente. **2** (of waves) incresparsi. **III** v.t. far raggrinzare (o increspare). □ ⟨fig⟩ to warm the –s of s.o.'s heart infondere gioia (o calore) nel cuore di qd., rincorare qd.

ockle[2] s. **1** ⟨Bot⟩ loglio m. **2** ⟨Bot⟩ gettaione m. **3** ⟨Agr⟩ golpe f.

ockle| boat s. → cockboat. **~ shell** s. **1** ⟨Zool⟩ conchiglia f di cuore. **2** ⟨Mar⟩ → cockboat.

ck loft s. ⟨Edil⟩ soffitta f.

ockney ['kɔkni] **I** s. **1** cockney m/f. **2** (pronunciation) pronuncia f cockney; (dialect) dialetto m cockney. **II** a. tipicamente londinese, proprio dei popolani di Londra. **cockneyese** [–'i:z] s. dialetto m cockney. **cockneyfy** [–fai] v.t. dare un carattere cockney a. **cockneyism** [–izəm] s. **1** atteggiamento m cockney. **2** (expression) espressione f cockney.

ckpit ['kɔkpit] s. **1** ⟨Aer⟩ cabina f di pilotaggio. **2** ⟨Mar⟩ quartiere m di poppa, poppetta f. **3** (pit for cockfights) arena f per combattimenti di galli. **4** ⟨fig⟩ teatro m (o campo) di battaglia.

ckroach ['kɔkroutʃ] s. ⟨Entom⟩ blatta f.

** cks|comb** [kɔks] s. **1** cresta f di gallo. **2** (fool's cap) berretto m da buffone. **3** ⟨Bot⟩ celosia f a cresta di gallo. **4** ⟨fig⟩ (foolish dandy) damerino m, zerbinotto m. **~foot** s.irr. ⟨Bot⟩ erba f mazzolina. **~head** s. ⟨Bot⟩ cedrangola f, lupinella f, crocetta f.

ck|shot, ~shy s. **1** tiro m, lancio m. **2** (target) bersaglio m (anche fig.). **~ sparrow** s. **1** ⟨Ornit⟩ maschio m di passero. **2** ⟨fam⟩ ometto m presuntuoso. **~spur** s. ⟨Ornit⟩ sprone m di gallo. **,~'sure** a. **1** sicurissimo. **2** (overconfident) presuntuoso, sicuro di sé, baldanzoso. **,~'sureness** s. presunzione f, baldanza f. **~swain** s. ⟨Sport,Mar⟩ timoniere m.

cktail ['kɔkteil] **I** s. **1** (drink) cocktail m. **2** (appetizer) antipasto m. **3** (fruit mixture) macedonia f di frutta. **4** ⟨fig⟩ (mixture) cocktail m, miscuglio m: a musical ~ un cocktail musicale. **5** (horse with a docked tail) cavallo m dalla coda mozza. **6** ⟨fam⟩ cocktail m farmacologico. **II** a. da cocktail: a ~ dress un abito da cocktail.

cktail| cabinet s. ⟨Arred⟩ mobile m bar. **~ lounge** s.

---

sala f da cocktail. **~ party** s. cocktail m. **~ snacks** s.pl. ⟨Gastr⟩ salatini mpl.

cock-up s. **1** ⟨Tip⟩ iniziale f in maiuscolo grande. **2** ⟨triv⟩ (mess) pasticcio m, ⟨triv⟩ casino m.

cocky ['kɔki] a. **1** impertinente, impudente. **2** (vain) vanitoso.

coco ['kəukəu] s. (pl. -s [z]) **1** ⟨Bot⟩ → coconut-palm. **2** (coconut) noce f di cocco.

cocoa ['kəukəu] s. **1** cacao m. **2** (colour) color m cacao.

cocoa| bean s. ⟨Bot⟩ fava f di cacao. **~ butter** s. burro m di cacao. **~ nib** s. ⟨Bot⟩ grano m di cacao. **~ palm** s. → coconut palm.

coconut ['kəukənʌt] s. **1** noce f di cocco. **2** ⟨Bot⟩ → coconut palm. **3** ⟨sl⟩ (head) testa f, ⟨fam⟩ zucca f.

coconut| butter s. burro m di cocco. **~ fat** s. grasso m di cocco. **~ matting** s. ⟨Tess⟩ stuoia f di cocco. **~ milk** s. latte m di cocco. **~ oil** s. olio m di cocco. **~ palm, ~ tree** s. ⟨Bot⟩ cocco m, palma f di cocco.

cocoon [kə'ku:n] **I** s. ⟨Entom⟩ bozzolo m. **II** v.t. avvolgere nel bozzolo. **cocoonery** [–əri] s. bigattiera f.

coco| palm, ~ tree s. → coconut palm.

cod[1] [kɔd] s. (pl. inv./-s [z]; il pl. inv. si usa general. con valore collett.) ⟨Itt⟩ merluzzo m.

cod[2] s. **1** ⟨Pesc⟩ → cod end. **2** (bag) borsa f; (sack) sacco m, sacca f.

C.O.D. = cash on delivery pagamento alla consegna.

coda ['kəudə] s. ⟨Mus, Lett⟩ coda f.

cod bank ['kɔdbæŋk] s. banco m di merluzzi.

coddle ['kɔdl] **I** v.t. **1** coccolare, vezzeggiare. **2** ⟨Gastr⟩ cuocere a fuoco lento. **II** s. effeminato m.

code [kəud] s. **1** codice m: ~ of criminal procedure codice di procedura penale; (collection of rules) codice m, regole fpl: a gentleman's ~ of behaviour le regole di condotta di un gentiluomo. **2** (system of symbols) codice m, linguaggio m convenzionale (o cifrato): a message written in ~ un messaggio in codice; (symbol used in a code) cifra f. **3** → code book. **II** v.t. **1** ⟨Dir⟩ codificare. **2** (to translate into a code) cifrare, mettere (o tradurre) in cifra. **3** ⟨Inform⟩ programmare. □ ⟨am.Tel⟩ ~ for long distance calls = code for trunk calls; ~ of ethics codice m deontologico; ~ of practice codice m di comportamento; ⟨Tel⟩ ~ for trunk calls indicativo interurbano.

code book s. cifrario m.

codeclination [,kəudekli'neiʃən] s. ⟨Astr⟩ complemento m della declinazione.

code conversion s. ⟨Inform⟩ decodifica f, decodificazione f.

codefendant [,kəudi'fendənt] s. ⟨Dir⟩ coimputato m (f –a).

codeine ['kəudi:n] s. ⟨Chim⟩ codeina f.

code name s. nome m in codice.

cod end s. ⟨Pesc⟩ sacco m (di rete a strascico).

code number s. numero m di codice.

coder ['kəudə] s. **1** cifrista m/f. **2** ⟨El⟩ codificatore m.

codetermination [kəuditə:mi'neiʃən] s. cogestione f, codeterminazione f.

code word s. parola f in codice.

codex ['kəudeks] s. (pl. -dices [disi:z]) codice m, manoscritto m (antico).

COD fees s.pl. ⟨Post⟩ diritti mpl di assegno.

cod|fish s. → cod[1]. **~fisher** s. pescatore m di merluzzi.

codger ['kɔdʒə] s. ⟨fam⟩ tipo m strambo, originale m.

codicil ['kɔdisil] s. codicillo m. **,codi'cillary** [–əri] a. codicillare.

codification [,kɔdifi'keiʃən] s. **1** codificazione f. **2** ⟨Inform⟩ → coding. **'codifier** [–faiə] s. codificatore m (f –trice) (anche Inform.). **'codify** [–fai] v.t. **1** codificare: to ~ laws codificare le leggi. **2** (to translate into a code) cifrare, mettere (o tradurre) in cifra.

coding ['kəudiŋ] s. ⟨Inform⟩ codifica f.

coding sheet s. ⟨Inform⟩ foglio m di verifica.

co-direction [,kəudi'rekʃən] s. cogestione f. **co-director** [–ktə] s. condirettore m, cogerente m.

cod|-liver-oil s. olio m di fegato di merluzzo. **~man** [mən] s.irr. barca f per la pesca del merluzzo.

codon ['kəudən] s. ⟨Biol⟩ codon(e) m.

codpiece ['kɔdpi:s] s. ⟨Stor⟩ brachetta f.

coed, co-ed ['kəu'ed] **I** s. ⟨am.scol⟩ studentessa f di scuola mista. **II** a. → **coeducational.**

co-editor [kəu'editə] s. ⟨Giorn⟩ condirettore m.

coeducation ['kəu,edju'keiʃən] s. coeducazione f. **coeducational** [–l] a. della coeducazione. □ ~ school scuola f mista.

coefficient [,kəui'fiʃənt] s. 1 ⟨Mat,Fis⟩ coefficiente m. 2 ⟨fig⟩ (measure, degree) coefficiente m, grado m. □ ⟨Fis⟩ ~ of expansion coefficiente m di dilatazione (o espansione); ~ of friction coefficiente m di attrito.

coelenterate [si'lentəreit] s. ⟨Zool⟩ celenterato m.

coeliac ['si:liæk] a. ⟨Anat⟩ celiaco.

coeliac‖ artery s. ⟨Anat⟩ arteria f celiaca. ~ **disease** s. ⟨Med⟩ celiachia f, morbo m celiaco.

coelom(e) ['si:ləm] s. ⟨Biol⟩ celoma m.

coemption [kəu'empʃən] s. ⟨Dir⟩ incetta f, accaparramento m.

coenobite ['sinobait] s. ⟨Rel⟩ cenobita m. **,coenobitic** [–'bitik] a. cenobitico. **coenobitism** [–izəm] s. cenobitismo m.

coenzyme [kəu'enzaim] s. ⟨Chim,Biol⟩ coenzima m, cofermento m.

coequal [kou'i:kwəl] **I** a. coeguale, uguale a un altro. **II** s. chi è uguale a un altro. **coequality** [–'kwɔliti] s. parità f, uguaglianza f.

coerce [kəu'ə:s] v.t. 1 costringere, obbligare, forzare: to ~ s.o. into doing s.th. costringere qd. a fare qc. 2 (to control by force) reprimere. 3 (to bring about by force, etc.) effettuare con la forza, imporre. **,coercibility** [–ə'biliti] s. coercibilità f (anche Fis.). **coercible** [–ibl] a. 1 coercibile. 2 ⟨Fis⟩ coercibile, compressibile.

coercion [kəu'ə:ʃən] s. 1 coercizione f (anche Dir.): to act under ~ agire sotto coercizione. 2 (power, force used) forza f, costrizione f. 3 ⟨Pol⟩ privazione f dei diritti civili. 4 ⟨Fis⟩ forza f coercitiva (o compressiva).

coercion act s. ⟨Pol⟩ legge f che reprime i diritti civili.

coercionist [kəu'ə:ʃənist] s. fautore m (f –trice) di sistemi coercitivi.

coercive [kəu'ə:siv] a. coercitivo (anche Fis.): ~ field (o force) forza f coercitiva. **coercively** [–li] avv. con la coercizione, forzatamente. **coerciveness** [–nis] s. carattere m coercitivo.

coessential [,kəui'senʃəl] a. coessenziale.

coetaneous [,kəui'teiniəs] a. → **coeval.**

coeternal [,kəui'tə:nl] a. coeterno.

coeval [kou'i:vəl] **I** a. 1 coetaneo. 2 (equally old) coevo, della stessa epoca. 3 (contemporary) contemporaneo. **II** s. 1 (contemporary) contemporaneo m (f –a). 2 (one of the same age) coetaneo m (f –a).

coexecutor [,kəuig'zekjutə] s. coesecutore m. **coexecutrix** [–triks] s. (pl. -trices ['traisi:z]) coesecutrice f.

coexist [,kəuig'zist] v.i. coesistere. **coexistence** [–əns] s. coesistenza f. **coexistent** [–ənt] a. coesistente.

C. of E. = Church of England Chiesa d'Inghilterra.

coffee ['kɔfi, am. 'kɔ:fi] **I** s. 1 caffè m: to order a cup of ~ ordinare un caffè. 2 → **coffee bean.** 3 (colour) color m caffè. **II** a. color caffè. □ ground ~ caffè macinato; roasted ~ caffè tostato; strong ~ caffè ristretto.

coffee‖ bar s. caffè m, bar m. ~ **bean** s. chicco m di caffè. ~ **break** s. pausa f per il caffè, coffeebreak m. ~ **cup** s. tazzina f da caffè. ~ **grinder** s. → coffee-mill. **~grounds** s.pl. fondi mpl di caffè. **~growing** a. caffeicolo. ~ **house** s. (café) caffè m. ~ **industry** s. industria f caffearia. ~ **mill** s. macinino m per il caffè, macinacaffè m. ~ **poisoning** s. ⟨Med⟩ caffeismo m. ~ **pot** s. caffettiera f, macchina f del caffè. **~producing** a. caffeicolo. ~ **roaster** s. tostacaffè m. ~ **room** s. 1 (of a station) sala f bar, posto m di ristoro. 2 (of a hotel) ristorante m. ~ **set** s. servizio m da caffè. ~ **shop** s. → coffee room. ~ **spoon** s. cucchiaino m da caffè. ~ **stall** s. rivendita f (ambulante) di caffè. ~ **table** s. tavolino m da caffè. ~ **tree** s. ⟨Bot⟩ caffè m, pianta f del caffè.

coffer ['kɔfə] **I** s. 1 scrigno m, cofano m, forziere m. 2 pl. (funds) fondi mpl, riserve fpl, casse fpl. 3 ⟨Arch⟩ (caisson) cassettone m. **II** v.t. 1 mettere in uno scrigno. 2 ⟨Arch⟩ decorare a cassettoni.

cofferdam ['kɔfədæm] s. 1 ⟨Edil⟩ cassone m di

fondazione‾ (o a tenuta idraulica). 2 ⟨Mar⟩ cofferdam m, intercapedine f stagna. 3 ⟨Idr⟩ argine m di con‹ tenimento.

coffin ['kɔfin] **I** s. 1 bara f, cassa f da morto. 2 ⟨Zool⟩ (of horse's foot) cavità f dello zoccolo. **II** v.t. chiudere nell‹ bara. □ ⟨fig⟩ to drive a nail into s.o.'s ~ affrettare l‹ morte di qd.

coffin‖ block s. ⟨Tip⟩ cassa f. ~ **bone** s. ⟨Zoo‹ falangetta f. ~ **joint** s. ⟨Zool⟩ articolazione f dell‹ falangetta. ~ **nail** s. ⟨sl⟩ sigaretta f. ~ **plate** s. targa funeraria.

coffle ['kɔfl] s. (of slaves, animals) carovana f (o fila) i catene.

co-finance [kəufai'næns] v.t. cofinanziare. **co-financin‹** [–iŋ] s. cofinanziamento m.

cog¹ [kɔg] s. 1 ⟨Mecc⟩ dente m. 2 ⟨Mecc⟩→ cog wheel. ⟨Fal⟩ (cog joint) incastro m (o giunzione f) a dente; (tenor tenone m, dente m d'incastro. □ ⟨fam⟩ to slip a ~ wheel essere una rotella di (o in) un grande ingranaggio ‹

cog² v. (pret., p.p. **cogged** [–d]) **I** v.t. (of dice: manipulate, load) truccare. **II** v.i. (at dice, etc.: to chea‹ barare.

cogency ['kəudʒənsi] s. forza f di persuasione, validità efficacia f. **cogent** [–nt] a. convincente, persuasiv‹ valido: a ~ argument un argomento valido. **cogentl‹** [–ntli] avv. in modo convincente (o persuasivo).

cogitable ['kɔdʒitəbl] a. concepibile, pensabile. **cogitat‹** [–teit] **I** v.i. meditare, riflettere. **II** v.t. ponderar‹ meditare su. **,cogitation** [–'teiʃən] s. 1 meditazione riflessione f. 2 (thought) pensiero m. **cogitative** [–tətiv‹ a. 1 della riflessione, ⟨lett⟩ cogitativo: the ~ faculty ‹ facoltà cogitativa. 2 (given to cogitation) meditativ‹ portato alla riflessione.

cognac ['kounjæk] s. 1 (Cognac brandy) cognac m. 2 (ar brandy) acquavite f, brandy m.

cognate ['kɔgneit] **I** a. 1 legato da vincoli di parentel‹ consanguineo; (kindred) affine. 2 ⟨Ling⟩ (of a languag‹ affine, appartenente alla stessa famiglia linguistica: Englis is ~ with (o to) German la lingua inglese è affine al tedesca; (of a word) affine, derivante da una stessa radic‹ 3 ⟨fig⟩ affine, simile. **II** s. 1 parente m/f, congiunto m –a), affine m/f. 2 ⟨Ling⟩ parola f (o vocabolo m affine.

cognate object s. ⟨Gramm⟩ complemento m ogget‹ interno.

cognation [kɔg'neiʃən] s. parentela f, consanguineità f.

cognisable, cognisance e der. → **cognizable, co‹ nizance** e der.

cognition [kɔg'niʃən] s. 1 cognizione f; (perceptio‹ percezione f. 2 ⟨Filos⟩ conoscenza f. **cognitional** [–‹ 'cognitive** [–nitiv] a. cognitivo, conoscitivo.

cognitive faculty s. ⟨Filos⟩ facoltà f cognitiva.

cognizable ['kɔgnizəbl] a. 1 conoscibile. 2 ⟨Dir⟩ sogget‹ alla giurisdizione (o competenza) di un tribunale.

cognizance ['kɔgnizəns] s. 1 nota f, atto m: to take ~ s.th. prender nota di qc. 2 (knowledge) conoscenza comprensione f. 3 ⟨Dir⟩ (right of jurisdiction) competen‹ f, giurisdizione f. 4 (control) controllo m, sorveglianza to have ~ over s.th. avere il controllo di qc. 5 ⟨Aral‹ segno m distintivo, emblema m. **cognizant** [–nt] a. che è 'a conoscenza‾ (o al corrente). 2 ⟨Dir⟩ cognitor‹ **cognize** [–naiz] v.t. avere o prendere) cognizione di.

cognomen [kɔg'noumen] s. (pl. -s [z]/-nomina ['nɔmina 1 cognome m. 2 (nickname) soprannome m.

cognoscible [kɔg'nɔsibl] a. conoscibile.

cognovit [kɔg'nouvit] s. ⟨Dir⟩ riconoscimento m del dirit‹ dell'attore (da parte del convenuto).

cog‖ rail s. ⟨tecn⟩ cremagliera f. ~ **railway** s. ferrovia f cremagliera. **~wheel** s. ⟨Mecc⟩ ruota f dentata dell'ingranaggio.

cohabit [kəu'hæbit] v.i. convivere, coabitare, vivere mo uxorio. **co,habi'tation** [–eiʃən] s. convivenza f (mo uxorio).

coheir [kəu'ɛə] s. coerede m. **coheiress** [–ris] s. coere‹ f.

cohere [kəu'hiə] v.i. 1 aderire, restare unito. 2 ⟨fig⟩ esse‹

logico (o coerente). **3** ⟨*Fis*⟩ avere coesione. **coherence** [-rəns], **coherency** [-rənsi] *s.* **1** coerenza *f.* **2** ⟨*fig*⟩ (*logic*) coerenza *f*, logica *f.* **coherent** [-rənt] *a.* **1** aderente. **2** ⟨*fig*⟩ coerente, logico: *a ~ explanation* una spiegazione coerente. **3** ⟨*Fis*⟩ coerente: *~ light* luce coerente. **coherently** [-rəntli] *avv.* coerentemente. **coherer** [-rə] *s.* ⟨*Rad*⟩ coherer *m.*

cohesion [kəu'hi:ʒən] *s.* **1** coesione *f* (*anche Fis.*). **2** ⟨*fig*⟩ coesione *f*, unità *f.* **cohesive** [-'hi:siv] *a.* coesivo. **cohesively** [-'hi:sivli] *avv.* in modo coesivo. **cohesiveness** [-'hi:sivnis] *s.* coesione *f.*

cohort ['kəuhɔ:t] *s.* **1** ⟨*Stor.rom*⟩ coorte *f.* **2** (*group of soldiers*) schiera *f.* **3** (*band*) schiera *f*, stuolo *m*, moltitudine *f.*

C.O.I. = ⟨*GB*⟩ *Central Office of Information* ufficio centrale d'informazioni.

coif [kɔif] *s.* ⟨*Vest*⟩ cuffia *f;* (*skullcap*) papalina *f.*

coiffeur *fr.* [kwɑ:'fɔ:] *s.* parrucchiere *m* per signora. **coiffure** *fr.* [-'fjuə] *s.* **1** pettinatura *f.* **2** (*headdress*) acconciatura *f.*

coign [kɔin] *s.* ⟨*Mur*⟩ angolo *m;* (*corner stone*) pietra *f* 'd'angolo' (*o* angolare). □ ⟨*fig*⟩ *~ of vantage* posizione vantaggiosa.

coil [kɔil] **I** *s.* **1** rotolo *m: a ~ of rope* un rotolo di corda. **2** (*single loop*) giro *m;* (*of a snake*) spira *f;* (*of hair*) crocchia *f.* **3** ⟨*Mecc*⟩ (*in a radiator*) serpentina *f.* **4** ⟨*El*⟩ bobina *f;* (*magnetic field*) matassa *f.* **5** ⟨*Filat*⟩ rotolo *m* di francobolli. **II** *v.t.* **1** avvolgere 'in un rotolo' (*o* a spirale). **2** ⟨*Mar*⟩ adduggliare, abbisciare. **III** *v.i.* **1** avvolgersi (a spirale), attorcigliarsi. **2** (*to wind*) serpeggiare.

coil spring *s.* ⟨*Mecc*⟩ molla *f* a spirale.

coin [kɔin] **I** *s.* **1** moneta *f: a gold ~* una moneta d'oro. **2** ⟨*collett*⟩ moneta *f*, denaro *m*, quattrini *mpl.* **3** ⟨*Arch*⟩ (*corner*) angolo *m;* (*corner stone*) pietra *f* angolare. **II** *v.t.* **1** coniare. **2** (*to convert in coins*) trasformare in monete. **3** ⟨*fig*⟩ inventare, creare, coniare: *to ~ a new word* coniare una parola nuova. □ (*fam*) *to ~ money* far denaro a palate, arricchirsi rapidamente; *to pay in ~* pagare in contanti; ⟨*scherz*⟩ *to pay in ~ of the realm* pagare in denaro sonante; ⟨*fig*⟩ *to 'pay s.o. back'* (*o serve s.o.*) *in his own ~* pagare qd. della stessa moneta, rendere pan per focaccia. **'coinable** [-əbl] *a.* coniabile. **'coinage** [-idʒ] *s.* **1** coniatura *f*, conio *m.* **2** ⟨*collett*⟩ (*coins*) monete *fpl.* **3** (*system of money*) sistema *m* monetario: *decimal ~* sistema monetario decimale. **4** ⟨*fig*⟩ (*invented word*) parola *f* coniata; (*act of coining words*) coniatura *f.*

coinage offence *s.* ⟨*Dir*⟩ reato *m* di falsificazione di moneta.

coin box *s.* cassetta *f* per gettoni (*o* monete).

coincide [,kəuin'said] *v.i.* **1** coincidere (*with* con); (*to correspond exactly*) coincidere, corrispondere (esattamente): *our likes and dislikes ~* i nostri gusti coincidono. **2** (*of opinions, etc.: to concur*) concordare; (*of persons*) essere d'accordo (con).

coincidence [kəu'insidəns] *s.* coincidenza *f*, combinazione *f*, caso *m: by pure ~* per pura coincidenza. **coincident** [-dənt] *a.* **1** coincidente. **2** (*in agreement, harmonious*) coincidente, concordante, d'accordo (*with* con). **co,incidental** [-'dentl] *a.* casuale, fortuito. **co,incidently** [-'dentli] *avv.* per coincidenza, casualmente.

coiner ['kɔinə] *s.* **1** coniatore *m* (*anche fig.*). **2** (*counterfeiter*) falsario *m* (*f* -a).

coin-operated **I** *a.* a gettone: *~ machine* macchina a gettone; *~ laundry* lavanderia a gettone. **II** *s.* ⟨*Tel*⟩ apparecchio *m* a gettoni.

coin phone *s.* telefono *m* a gettone.

coinstantaneous [,kəuinstən'teiniəs] *a.* simultaneo.

coinsurance [,kəuin'ʃuərəns] *s.* coassicurazione *f.* **coinsurer** [-rə] *s.* coassicuratore *m.*

coir [kɔiə] *s.* fibra *f* di cocco.

coition [kəu'iʃən], **coitus** ['kɔuitəs] *s.* coito *m.*

coke[1] [kəuk] **I** *s.* coke *m*, carbone *m* coke. **II** *v.t.* trasformare in coke, cokificare. **III** *v.i.* trasformarsi in coke.

coke[2] *s.* ⟨*fam*⟩ coca cola *f.*

coke| breeze *s.* ⟨*tecn*⟩ scorie *fpl* di coke. **~ plant** *am.s.* → cokery.

cokernut ['kəukə:nʌt] *s.* ⟨*fam*⟩ → coconut.

cokery ['kəukəri] *s.* cokeria *f*, cocheria *f.*

cokey, cokie ['kəuki] *s.* ⟨*sl*⟩ (*cocaine addict*) cocainomane *m/f.*

col [kɔl] *s.* **1** ⟨*Geol*⟩ sella *f*, passo *m*, valico *m.* **2** ⟨*Meteor*⟩ sella *f.*

col. = *column* colonna (*abbr.* col.).

Col. = *Colonel* colonnello (*abbr.* Col.).

cola ['kəulə] *s.* **1** → cola nut. **2** ⟨*Bot*⟩ cola *f.*

colander ['kʌləndə] **I** *s.* colatoio *m*, colino *m.* **II** *v.t.* passare al colino.

cola| nut, ~ seed *s.* noce *f* di cola.

colatitude [kəu'lætitju:d] *s.* ⟨*Geog*⟩ colatitudine *f.*

colchicine ['kɔltʃisi:n] *s.* ⟨*Chim*⟩ colchicina *f.* **colchicum** [-tʃikəm] *s.* ⟨*Bot*⟩ colchico *m.*

colcothar ['kɔlkəθə] *s.* ⟨*Chim*⟩ colcotar *m.*

cold [kəuld] **I** *a.* **1** freddo: *~ tea* tè freddo; *a ~ colour* un colore freddo. **2** ⟨*fig*⟩ (*unfriendly*) freddo, privo di calore: *a ~ reception* un'accoglienza fredda; (*aloof*) riservato. **3** ⟨*fig*⟩ (*lacking in enthusiasm*) indifferente, freddo, insensibile: *the suggestion left him ~* la proposta lo lasciò indifferente; (*unexcitable*) imperturbabile. **4** ⟨*fig*⟩ (*lacking sensual desire*) frigido, freddo: *~ kisses* baci freddi. **5** ⟨*fig*⟩ (*unconcerned*) freddo, distaccato, calmo: *a ~ appraisal of the facts* una fredda valutazione dei fatti. **6** ⟨*fig*⟩ (*depressing, cheerless*) deprimente, raggelante, gelido. **7** ⟨*fam*⟩ (*unconscious*) privo di sensi (*o* conoscenza), svenuto; (*dead*) morto, freddo. **8** ⟨*Venat*⟩ (*of a scent*) appena percettibile, debole. **II** *s.* **1** freddo *m;* (*cold weather*) freddo *m*, tempo *m* freddo: *don't go out in this ~* non uscire con questo freddo. **2** (*common cold*) raffreddore *m*, infreddatura *f: a bad ~* una brutta infreddatura. **III** *avv.* ⟨*sl*⟩ **1** (*totally*) completamente, del tutto, totalmente: *~ sober* completamente lucido. **2** (*without preparation*) senza preparazione: *to take the exam ~* presentarsi all'esame senza preparazione. □ *to be ~:* **1** = *to feel cold;* **2** (*of the weather*) fare freddo: *it's bitterly ~* fa un freddo terribile; *the news made his* **blood** *run ~* la notizia gli gelò il sangue; *to* **catch** (*a*) *~* prendere un (*o* il) raffreddore, raffreddarsi; *~ in the* **chest** raffreddore *m* di petto; ⟨*fam*⟩ *you will catch your* **death** *of* (*a*) *~* prenderai una polmonite, ti verrà un accidente; *to* **feel** *~* avere (*o* sentire) freddo; *to* **get** *~* raffreddarsi, diventare freddo: *dinner is getting ~* il pranzo si raffredda; *~ in the* **head** raffreddore *m* di testa; *as ~ as* **ice** freddo come il ghiaccio; *to* **knock** *s.o. ~* mandare qd. al tappeto, mettere qd. k.o.; ⟨*fig*⟩ *to* **leave** *s.o. out in the ~* lasciare (*o* mettere) qd. in disparte, disinteressarsi di qd.; ⟨*fig*⟩ *to* **throw ~ water** *on s.o.* spegnere (*o* raffreddare) l'entusiasmo di qd. *Prov.: ~ hands, warm heart* freddo di mano, caldo di cuore.

cold| blood *s.* ⟨*fig*⟩ sangue *m* freddo, calma *f: in ~ a* (sangue) freddo. **'~-'blooded** *a.* **1** ⟨*Biol*⟩ eterotermo, a sangue freddo. **2** ⟨*fig*⟩ (*of persons*) insensibile, indifferente, freddo; (*of actions*) spietato, crudele, efferato: *a ~ murder* uno spietato assassinio. **3** (*sensitive to cold*) freddoloso. **'~-'bloodedly** *avv.* ⟨*fig*⟩ a sangue freddo. **'~-'bloodedness** *s.* ⟨*fig*⟩ sangue *m* freddo. ~ **boot** *s.* → **cold start.** ~ **chisel** *s.* ⟨*Mecc*⟩ scalpello *m* a freddo. ~ **comfort** *s.* ⟨*fam*⟩ magra consolazione *f.* ~ **cream** *s.* ⟨*Cosmet*⟩ crema *f* emolliente e protettiva. ~ **cuts** *s.pl.* ⟨*Gastr*⟩ piatto *m* freddo misto. **~-draw** *v.t. irr.* ⟨*Met*⟩ trafilare a freddo. ~ **emission** *s.* ⟨*El*⟩ autoemissione *f.* ~ **feet** *s.pl.* ⟨*fam*⟩ paura *f*, ⟨*fam*⟩ fifa *f.* ~ **frame** *s.* ⟨*Agr,Giard*⟩ specie di serra. ~ **front** *s.* ⟨*Meteor*⟩ fronte *m* freddo. **'~-'hammer** *v.t.* ⟨*Met*⟩ martellare a freddo. **'~-'hearted** *a.* freddo, indifferente. **'~-'heartedness** *s.* freddezza *f*, indifferenza *f*, aridità *f* di sentimenti. ~ **house** *s.* serra *f* fredda.

coldish ['kəuldiʃ] *a.* ⟨*fam*⟩ piuttosto freddo, freddino. **coldly** [-dli] *avv.* freddamente, con freddezza. **coldness** [-dnis] *s.* freddezza *f* (*anche fig.*).

cold| pack *s.* (*cold compress*) impacco *m* freddo; (*ice bag*) borsa *f* di ghiaccio. **'~-'pack method** *s.* ⟨*Ind*⟩ inscatolamento *m* a freddo (di frutta e vegetali). ~ **peace** *s.* ⟨*Pol*⟩ pace *f* instabile. **'~ 'pig** *s.* ⟨*sl*⟩ doccia *f* d'acqua fredda (per svegliare qd.). **'~-'short** *a.* ⟨*Met*⟩ fragile a freddo. '~-shoulder *v.t.* ⟨*fam*⟩ essere freddo con, trattare con voluta (*o* ostentata) indifferenza. ~ shoulder *s.* ⟨*fam*⟩ freddezza *f*, voluta (*o* ostentata) indifferenza *f.* □ *to give s.o. the* ~ esser freddo con qd., trattare qd. con freddezza. ~ sore *s.* ⟨*Med*⟩ herpes *m* labialis. ~ start *s.* ⟨*Inform*⟩ partenza *f* a freddo. ~ steel *s.* ⟨*Mil*⟩ arma *f* bianca. ~ storage *s.* 1 conservazione *f* in celle frigorifere. 2 ⟨*fig*⟩ (*abeyance*) sospensione *f* (temporanea), interruzione *f.* □ ⟨*sl*⟩ *to be in* ~ (*in prison*) essere al fresco⁷ (*o* in gattabuia); ⟨*sl*⟩ *to leave s.th. in* ~ lasciare qc. in sospeso. '~-'storage room *s.* cella *f* frigorifera. ~ store *s.* deposito *m* refrigerato. ~ sweat *s.* sudore *m* freddo. ~ war *s.* ⟨*Pol*⟩ guerra *f* fredda. ~-water *a.* senza acqua calda: *a* ~ *flat* un appartamento senza acqua calda. ~ wave *s.* 1 ⟨*Meteor*⟩ ondata *f* di freddo. 2 (*of the hair*) permanente *f* a freddo.

cole [koul] *s.* ⟨*Bot*⟩ ravizzone *m*.
coleopteran [ˌkɔliˈɔptərən] I *a.* ⟨*Entom*⟩ dei coleotteri. II *s.* → coleopteron. **coleopteron** [–rɔn] *s.* (*pl.* -ra [rə]) coleottero *m*. **coleopterous** [–rəs] *a.* → coleopteran.
cole‖ seed *s.* 1 ⟨*Bot*⟩ → cole. 2 (*seed*) seme *m* di ravizzone. ~slaw *am.s.* ⟨*Gastr*⟩ insalata *f* di cavolo. ~wort *s.* ⟨*Bot*⟩ 1 → cole. 2 (*kale*) cavolo *m* riccio.
colibacillus [ˌkoulibəˈsiləs] *s.* ⟨*Biol*⟩ colibacillo *m*.
colibri [ˈkɔlibri] *s.* ⟨*Ornit*⟩ colibrì *m*.
colic [ˈkɔlik] I *s.* ⟨*Med*⟩ colica *f.* II *a.* ⟨*Anat,Med*⟩ colico. **colicky** [–i] *a.* 1 soggetto a coliche. 2 (*causing colics*) che provoca coliche.
coliform [ˈkɔlifɔːm] I *a.* coliforme. II *s.* coliforme *m*.
Coliseum [ˌkɔliˈsiːəm] *N.pr.* ⟨*Archeol*⟩ Colosseo *m*.
colitis [kɔˈlaitis] *s.* ⟨*Med*⟩ colite *f.*
coll. = 1 *college* collegio (*abbr.* coll.). 2 *colloquial* colloquiale.
collaborate [kəˈlæbəreit] *v.i.* 1 collaborare, cooperare (*with* con): *to* ~ *with s.o. on* (o *in*) *s.th.* collaborare con qd. a qc. 2 ⟨*Pol*⟩ collaborare (con), praticare il collaborazionismo: *to* ~ *with the enemy* collaborare col nemico. **col‖laboration** [–ˈreiʃən] *s.* 1 collaborazione *f*, cooperazione *f.* 2 (*result*) frutto *m* della collaborazione: *the novel is a* ~ *of two writers* il romanzo è frutto della collaborazione di due scrittori. 3 ⟨*Pol*⟩ collaborazione *f.* **col‖laborationism** [–ˈreiʃənizəm] *s.* ⟨*Pol*⟩ collaborazionismo *m*. **col‖laborationist** [–ˈreiʃənist] *s.* collaborazionista *m/f*. **collaborative** [–iv] *a.* collaborativo: ~ *study* studio collaborativo. **collaborator** [–ə] *s.* collaboratore *m* (*f* –trice).
collagen [ˈkɔlədʒən] *s.* ⟨*Biol*⟩ collageno *m*.
collagen‖ fibre, *am.* ~ **fiber** *s.* ⟨*Biol*⟩ fibra *f* collagena.
collagenous [kɔˈlædʒinəs] *a.* ⟨*Biol*⟩ collageno.
collapsable *a.* → collapsible.
collapse [kəˈlæps] I *v.i.* 1 crollare, rovinare, franare: *the roof* –*d* il tetto crollò. 2 ⟨*fig*⟩ (*of projects, hopes, etc.: to fail*) crollare, franare, fallire; (*of persons: to break down*) crollare, accasciarsi: *he* –*d after the race* crollò dopo la gara. 3 (*to close together*) chiudersi, piegarsi: *this bed* –*s* questo letto si chiude. 4 ⟨*Med*⟩ avere un collasso. II *v.t.* 1 far crollare (*o* rovinare). 2 (*to fold up*) piegare. III *s.* 1 crollo *m* (*anche fig.*). 2 ⟨*Med*⟩ collasso *m*: *nervous* ~ collasso nervoso.
collapsible [kəˈlæpsəbl] *a.* 1 pieghevole, piegabile: *a* ~ *table* un tavolo pieghevole. 2 ⟨*Fot*⟩ (*of a lens*) rientrabile.
collapsible‖ antenna *s.* ⟨*Rad*⟩ antenna *f* telescopica. ~ **boat** *s.* canotto *m* pieghevole (*o* pneumatico). ~ **hood**, ~ **roof** *s.* ⟨*Aut*⟩ capote *f* (*o* tetto *m*) apribile.
collar [ˈkɔlə] I *s.* 1 ⟨*Vest*⟩ collo *m*, colletto *m*, bavero *m*: *a coat with a fur* ~ un cappotto con il bavero di pelliccia; (*of a shirt*) colletto *m*, collo *m*; (*of a cassock*) collare *m*, collarino *m*. 2 (*for animals*) collare *m*. 3 ⟨*Mod*⟩ (*neckband*) collare *m*. 4 (*necklace*) collana *f*: *a diamond* ~ una collana di diamanti; (*worn as an insigna*) collare *m*, collana *f.* 5 ⟨*Calz*⟩ collo *m*. 6 ⟨*Mecc*⟩ collare *m*, fascetta *f.* 7 ⟨*Minier*⟩ bocca *f.* 8 ⟨*Gastr*⟩ (*of meat, fish*) rotolo *m*. II *v.t.* 1 mettere il collare a. 2 (*to seize: by the collar*) afferrare per il colletto (*o* bavero); (*by the neck*) afferrare (*o* prendere) per il collo. 3 (*to capture*) catturare, prendere, acciuffare. 4 ⟨*fam*⟩ (*to detain in conversation*)

attaccare (un) bottone a (*o* con). 5 ⟨*fam*⟩ (*to seize, lay hold of*) appropriarsi di, impadronirsi di; (*to take*) prendere: *someone has* –*ed my pen* qualcuno ha preso la mia penna. 6 ⟨*Sport*⟩ marcare. 7 ⟨*Gastr*⟩ (*of meat, fish*) arrotolare. □ ⟨*fam*⟩ *to get* (*all*) *hot under the* ~ adirarsi, montare su tutte le furie.
collar‖ beam *s.* ⟨*Edil*⟩ trave *f* orizzontale. ~ **bone** *s.* ⟨*Anat*⟩ clavicola *f.*
collaret(te) [ˌkɔləˈret] *s.* colletto *m* a giro collo, collarette *m*.
collar‖ stud *s.* bottone *m* da (*o* del) colletto. ~ **work** *s.* ⟨*fam*⟩ lavoro *m* duro.
collate [kɔˈleit] *v.t.* 1 collazionare, comparare, confrontare: *to* ~ *two manuscripts* collazionare due manoscritti. 2 ⟨*Legat*⟩ raccogliere, mettere insieme. 3 ⟨*Rel*⟩ conferire mediante collazione.
collateral [kəˈlætərəl] I *a.* 1 collaterale; (*parallel*) parallelo. 2 ⟨*fig*⟩ (*secondary*) accessorio, secondario; (*additional*) ausiliare, addizionale. 3 (*not lineal*) collaterale: ~ *relatives* parenti collaterali. II *s.* (*kinsman*) collaterale *m*, parente *m* collaterale.
collateral‖ agreement *s.* ⟨*Dir*⟩ clausola *f* accessoria. ~ **loan** *s.* ⟨*Econ*⟩ mutuo *m* accessorio.
collaterally [kəˈlætərəli] *avv.* 1 ⟨*fig*⟩ indirettamente. 2 (*not lineally*) collateralmente.
collation [kɔˈleiʃən] *s.* 1 collazione *f*, confronto *m.* 2 ⟨*Legat*⟩ raccoglitura *f.* 3 ⟨*Bibliot*⟩ descrizione *f.* 4 ⟨*Rel*⟩ (*advowson*) collazione *f.* 5 (*light meal*) spuntino *m*, refezione *f.* **collator** [–ˈleitə] *s.* 1 chi collaziona (*o* confronta). 2 ⟨*Legat*⟩ (*machine*) inseritrice *f.* 3 ⟨*Dir.can*⟩ collatore *m*. 4 ⟨*Inform*⟩ collazionatrice *f.*
colleague [ˈkɔliːg] *s.* collega *m/f*.
collect¹ [kəˈlekt] I *v.t.* 1 (r)adunare, mettere insieme, raccogliere: *he* –*ed his belongings* mise insieme le sue cose. 2 (*to accumulate*) accumulare, ammucchiare. 3 (*to make a collection of*) fare raccolta (*o* collezione) di, collezionare: *to* ~ *stamps* fare collezione di francobolli. 4 (*to receive payment*) riscuotere, incassare: *to* ~ *a cheque* riscuotere un assegno. 5 ⟨*fig*⟩ (*to recover*) riprendere il controllo (*o* la padronanza) di: *he quickly* –*ed himself* riprese prontamente la padronanza di sé, si riprese prontamente. 6 (*to fetch, pick up*) andare a prendere: *to* ~ *a child from school* andare a prendere un bambino a scuola. II *v.i.* 1 adunarsi, riunirsi. 2 (*to accumulate*) ammucchiarsi, accumularsi: *dust had* –*ed on the shelves* la polvere si era accumulata sugli scaffali. 3 (*to make a collection*) fare una colletta. 4 (*to receive payment*) riscuotere il pagamento (*on* di): *to* ~ *on an insurance policy* riscuotere il pagamento di una polizza d'assicurazione. III *a./avv.* ⟨*am*⟩ a carico del destinatario: *a* ~ *telephone call* una chiamata telefonica a carico del destinatario. □ *to* ~ *one's courage* farsi coraggio; ⟨*Comm*⟩ *to* ~ *a debt* riscuotere un credito; *to* ~ *one's thoughts* concentrarsi, raccogliere le proprie idee.
collect² [ˈkɔlekt] *s.* ⟨*Lit*⟩ colletta *f.*
collectable *a.* → collectible.
collected [kəˈlektid] *a.* 1 padrone di sé. 2 (*gathered together*) raccolto, messo insieme. **collectedly** [–li] *avv.* ⟨*fig*⟩ con padronanza di sé, con compostezza. **collectedness** [–nis] *s.* padronanza *f* di sé, compostezza *f.*
collectibility [kəˌlektiˈbiliti] *s.* ⟨*Econ*⟩ l'essere riscuotibile (*o* esigibile). **col'lectible** [–bl] I *a.* 1 che si può collezionare (*o* raccogliere). 2 ⟨*Econ*⟩ riscuotibile, esigibile. II *s.* pezzo *m* da collezione.
collecting [kəˈlektiŋ] *s.* 1 adunata *f.* 2 (*accumulation*) raccolta *f*: ~ *of waste* raccolta di rifiuti.
collecting‖ agent *s.* ⟨*Econ*⟩ esattore *m*. ~ **bank** *s.* ⟨*Comm*⟩ banca *f* incaricata dell'incasso. ~ **clerk** *s.* — collecting agent. ~ **point** *s.* centro *m* di raccolta. ~ **station** *s.* ⟨*Mil*⟩ centro *m* di raccolta (dei feriti).
collection [kəˈlekʃən] *s.* 1 raccolta *f.* 2 (*objects collected*) collezione *f*, raccolta *f*: *a* ~ *of Chinese vases* una collezione di vasi cinesi. 3 (*group*) gruppo *m*, raccolta *f*: *he has a strange* ~ *of friends* ha uno strano gruppo di amici; (*lot*) mucchio *m*, ⟨*scherz*⟩ collezione *f*: *a fine* ~ *of grandchildren* una bella collezione di nipoti. 4 (*money*

collected) colletta *f: to take up a* ~ fare una colletta. **5** ⟨*Mod*⟩ collezione *f.* **6** ⟨*Edit*⟩ collezione *f*, raccolta *f*, serie *f.* **7** ⟨*Comm*⟩ riscossione *f*, esazione *f:* ~ *of taxes* esazione delle imposte. **8** ⟨*Post*⟩ levata *f.* **9** *pl.* ⟨*Univ*⟩ esame *m* trimestrale. □ ⟨*Comm*⟩ *to present a bill for* ~ presentare un effetto all'incasso; ~ *of debts* recupero *m* di crediti; ⟨*Comm*⟩ *subject to* ~ salvo buon fine.

collection‖ box *s.* cassetta *f* per le elemosine. ~ **charges** *s.pl.* ⟨*Comm*⟩ spese *fpl* d'incasso. ~ **expenses** *s.pl.* ⟨*Comm*⟩ spese *fpl* d'esazione. ~ **fees** *s.pl.* → **collective charges.** ~ **order** *s.* mandato *m* di riscossione.

collective [kə'lektiv] **I** *a.* **1** collettivo. **2** (*joint*) collettivo, comune, collegiale: ~ *decision* deliberazione collegiale. **3** ⟨*Bot*⟩ sincarpico. **II** *s.* **1** collettività *f*, comunità *f.* **2** ⟨*Gramm*⟩ → **collective noun. 3** → **collective farm.**

collective‖ agreement *s.* ⟨*Dir*⟩ contratto *m* collettivo (di lavoro). ~ **assets** *s.pl.* ⟨*Econ*⟩ patrimonio *m* collettivo, beni *mpl* collettivi. ~ **bargaining** *s.* ⟨*Dir*⟩ trattative *fpl* (sindacali) collettive, contrattazione *f* collettiva. ~ **behaviour** *s.* ⟨*Sociol*⟩ comportamento *m* di gruppo. ~ **farm** *s.* azienda *f* agraria collettiva. ~ **fruit** *s.* ⟨*Bot*⟩ sincarpio *m.* ~ **goods** *s.pl.* beni *mpl* pubblici.

collectively [kə'lektivli] *avv.* collettivamente, collegialmente.

collective‖ mortgage *s.* ⟨*Econ*⟩ ipoteca *f* generale. ~ **note** *s.* ⟨*Dipl*⟩ nota *f* collettiva. ~ **noun** *s.* ⟨*Gramm*⟩ nome *m* collettivo. ~ **order** *s.* ⟨*Comm*⟩ ordine *m* collettivo. ~ **ownership** *s.* ⟨*Dir*⟩ proprietà *f* collettiva. ~ **security** *s.* ⟨*Pol*⟩ sicurezza *f* collettiva. ~ **social mind** *s.* ⟨*Social*⟩ coscienza *f* collettiva. ~ **unconscious** *s.* ⟨*Psic*⟩ inconscio *m* collettivo.

collectivism [kə'lektivizəm] *s.* collettivismo *m.* **collectivist** [-vist] *s.* collettivista *m/f.* **col‖lectivistic** [-'vistik] *a.* collettivistico, collettivista.

collectivity [ˌkɔlek'tiviti] *s.* collettività *f.* **col‖lectivization** [-vai'zeiʃən] *s.* collettivizzazione *f.* **collectivize** [-vaiz] *v.t.* collettivizzare.

collector [kə'lektə] *s.* **1** collettore *m* (*f* –trice): ~ *of signatures* collettore di firme. **2** (*one who makes a collection*) collezionista *m/f*, raccoglitore *m: a stamp* ~ un collezionista di francobolli. **3** (*of money, taxes, etc.*) esattore *m.* **4** ⟨*Met,Chim*⟩ collettore *m.* **5** ⟨*El*⟩ elettrodo *m* collettore. □ ⟨*Econ*⟩ ~ *of customs* ricevitore *m* delle dogane; ⟨*Ferr*⟩ *ticket* ~ bigliettaio *m.* **collectorship** [-ʃip] *s.* (*office*) esattoria *f*, collettoria *f*; (*jurisdiction*) distretto *m* esattoriale.

collector's‖ item, ~ piece *s.* pezzo *m* da collezionista.

colleen *irl.* ['kɔli:n] *s.* ragazzina *f*: (*Irish girl*) ragazza *f* irlandese.

college ['kɔlidʒ] *s.* **1** istituto *m* per gli studi universitari (*o* superiori). **2** ⟨*Univ*⟩ istituto *m* (*o* scuola *f*) di specializzazione. **3** (*am*) (*faculty*) facoltà *f.* **4** (*at Oxford and Cambridge*) college *m.* **5** (*private secondary school*) scuola *f* secondaria privata. **6** (*body, board*) collegio *m:* ~ *of physicians* collegio dei medici.

college‖ catalog *am. s.* annuario *m* delle università. ~ **education** *s.* cultura *f* universitaria.

colleger ['kɔlidʒə] *s.* **1** (*at Eton*) borsista *m/f.* **2** ⟨*am*⟩ studente *m* (*f* –essa) universitario, universitario *m* (*f* –a). **collegial** [kə'li:dʒiəl] *a.* → **collegiate. collegian** [-dʒiən] *s.* studente *m* (*f* –essa) di un college. **collegiate** [-dʒiit] *a.* **1** di (*o* relativo a un) college: ~ *life* vita di college. **2** (*of college students*) di studenti di un college. **3** ⟨*Rel*⟩ collegiato: ~ *church* chiesa *f* collegiata, collegiata *f.* **4** (*of a group of colleagues*) collegiale.

collet ['kɔlit] *s.* **1** collare *m.* **2** (*of a jewel*) castone *m.* **3** ⟨*Met*⟩ anello *m*, colletto *m.*

collide [kə'laid] *v.i.* **1** scontrarsi, entrare in collisione (*with* con). **2** ⟨*fig*⟩ (*to clash*) cozzare (contro, con), essere in urto (*o* conflitto) (con): *to* ~ *with s.o.'s ideas* essere in conflitto con le idee di qd.

collie ['kɔli] *s.* ⟨*Zool*⟩ collie *m*, cane *m* da pastore scozzese.

collier ['kɔljə] *s.* **1** minatore *m* (di carbone). **2** ⟨*Mar*⟩ carboniera *f.* **colliery** [-ri] *s.* miniera *f* di carbone.

colligate ['kɔligeit] *v.t.* collegare, connettere. **colligation** [-'geiʃən] *s.* collegamento *m.*

colligative [kə'ligətiv] *a.* ⟨*Chim*⟩ colligativo.

collimate ['kɔlimeit] *v.t.* ⟨*Astr,Fis*⟩ collimare. **collimation** [-'meiʃən] *s.* collimazione *f.* **collimator** [-ə] *s.* collimatore *m.*

collinear [kə'liniə] *a.* ⟨*Geom*⟩ situato sulla stessa retta.

collision [kə'liʒən] *s.* **1** collisione *f*, scontro *m*, urto *m.* **2** ⟨*fig*⟩ (*clash, conflict*) collisione *f*, conflitto *m*, contrasto *m.* **3** ⟨*Fis*⟩ collisione *f.* □ *to come into* ~ *with s.o.* entrare in conflitto con qd.

collision‖-avoidance system *s.* ⟨*Aut*⟩ sistema *m* anticollisione. ~ **course** *s.* **1** ⟨*Mar*⟩ rotta *f* di collisione (*anche fig.*). **2** ⟨*Mil*⟩ traiettoria *f* di collisione. ~**mat** *s.* ⟨*Mar*⟩ paglietto *m* turafalle.

collocate ['kɔləkeit] *v.t.* **1** collocare. **2** (*to arrange*) sistemare, ordinare. **collocation** [-'keiʃən] *s.* **1** il collocare. **2** (*arrangement*) collocazione *f*, disposizione *f*; (*of words*) collocazione *f.*

collocutor [kə'lɔkjutə] *s.* ⟨*lett*⟩ interlocutore *m* (*f* –trice).

collodion [kə'loudiən] *s.* ⟨*Chim*⟩ collodio *m*, collodione *m.*

collodion cotton *s.* nitrocellulosa *f.*

collogue [kə'loug] *v.i.* **1** ⟨*fam*⟩ (stare a) discorrere, conversare. **2** ⟨*dial*⟩ (*to plot*) tramare, complottare.

colloid ['kɔlɔid] **I** *s.* **1** ⟨*Chim*⟩ colloide *m.* **2** ⟨*Med*⟩ sostanza *f* colloide. **II** *a.* → **colloidal. col‖loidal** [-əl] *a.* ⟨*Chim*⟩ colloidale.

collop ['kɔləp] *s.* fetta *f* (di carne).

colloquial [kə'loukwiəl] *a.* **1** colloquiale, familiare: ~ *English* inglese colloquiale. **2** (*conversational*) della lingua parlata (*o* corrente), di uso comune. **colloquialism** [-izəm] *s.* espressione *f* colloquiale, colloquialismo *m.*

colloquist ['kɔləkwist] *s.* → **collocutor. colloquium** *am.* [kə'loukwiəm] *s.* **1** riunione *f*, incontro *m.* **2** (*academic seminar*) seminario *m.* **colloquy** [-kwi] *s.* **1** colloquio *m*, conversazione *f.* **2** (*conference*) conferenza *f.* **3** ⟨*Lett*⟩ dialogo *m.* **4** ⟨*Rel.ev*⟩ corte *f* legislativa e giudiziaria.

collotype ['kɔlətaip] *s.* ⟨*Fot*⟩ **1** (*process*) collotipia *f*, collografia *f.* **2** (*print*) stampa *f* ottenuta mediante collotipia.

collude [kə'lju:d] *v.i.* agire in collusione, colludere (*with* con). **collusion** [-'lu:ʒən] *s.* ⟨*Dir*⟩ collusione *f*, accordo *m* fraudolento (*o* collusivo): *to act in* ~ *with s.o.* agire in collusione con qd. **collusive** [-'lu:siv] *a.* collusivo, collusorio. **collusively** [-'lu:sivli] *avv.* collusivamente, in modo collusivo.

collyrium [kə'liriəm] *s.* (*pl.* **-ria** [riə]/**-s** [z]) ⟨*Farm*⟩ collirio *m.*

collywobbles ['kɔliwɔblz] *s.pl.* (costr. sing. o pl.) ⟨*fam*⟩ mal *m* di pancia, brontolii *mpl* intestinali.

colocynth ['kɔləsinθ] *s.* **1** ⟨*Bot*⟩ → **colocynth apple. 2** (*fruit*) coloquintide *f.* **3** ⟨*Farm*⟩ colocintina *f.*

colocynth apple *s.* ⟨*Bot*⟩ coloquintide *f*, coloquinta *f*, pomo *m* amaro.

cologne (water) [kə'loun] *s.* ⟨*Cosmet*⟩ acqua *f* di colonia.

Colombia [kə'lʌmbiə] *N.pr.* ⟨*Geog*⟩ Colombia *f.* **Colombian** [-n] **I** *a.* colombiano. **II** *s.* colombiano *m* (*f* –a).

colon[1] ['koulən] *s.* **1** (*pl.* **-s** [z]) due punti *mpl*, doppio punto *m.* **2** ⟨*Metr*⟩ (*pl.* **cola** ['koulə]) colon *m.*

colon[2] *s.* (*pl.* **-s** [z]/**cola** ['koulə]) ⟨*Anat*⟩ colon *m.*

colonate [kə'louneit] *s.* ⟨*Stor.rom*⟩ colonato *m.*

colonel ['kə:nl] *s.* ⟨*Mil*⟩ colonnello *m.* **colonelcy** [-si] *s.* grado *m* di colonnello.

colonel general *s.* ⟨*Mil*⟩ generale *m* di corpo d'armata. **colonelship** ['kə:nlʃip] *s.* → **colonelcy.**

colonial [kə'louniəl] **I** *a.* coloniale. **II** *s.* coloniale *m.*

colonial‖ goods, ~ groceries *s.pl.* ⟨*Alim*⟩ coloniali *mpl*, generi *mpl* coloniali.

colonialism [kə'louniəlizəm] *s.* ⟨*Pol*⟩ colonialismo *m.* **colonialist** [-list] **I** *a.* colonialistico. **II** *s.* colonialista *m/f.* **co‖lonialization** [-lai'zeiʃən] *s.* colonizzazione *f.* **colonialize** [-laiz] *v.t.* colonizzare. **colonially** [-li] *avv.* secondo il sistema coloniale.

Colonial‖ Office *s.* ⟨*Stor*⟩ ministero *m* delle colonie. ~ **style** *s.* ⟨*Arred*⟩ stile *m* coloniale.

colonic [kə'lɔnik] *a.* ⟨*Anat*⟩ colonico.

Colonies ['kɔləniz] *s.pl.* ⟨*Stor.am*⟩ colonie *fpl* britanniche d'America.

colonisation *s.* → **colonization**. **colonise** *v.* → **colonize**.

colonist ['kɔlənist] *s.* **1** coloniale *m.* **2** (*one who colonizes a country*) colonizzatore *m* (*f* –trice). **3** ⟨*Stor*⟩ colono *m.*

colonizable ['kɔlənaizəbl] *a.* colonizzabile. **colonization** [-'zeiʃən] *s.* colonizzazione *f.* **colonizationist** *am.* [-'zeiʃənist] *s.* sostenitore *m* (*f* –trice) del ritorno dei negri americani in Africa. **colonize** [-naiz] **I** *v.t.* colonizzare. **II** *v.i.* **1** fondare una colonia. **2** (*to settle in a colony*) stabilirsi in una colonia. **colonizer** [-naizə] *s.* colonizzatore *m* (*f* –trice).

colonnade [,kɔlə'neid] *s.* **1** ⟨*Arch*⟩ colonnato *m.* **2** (*row of trees, posts, etc.*) filare *m.* **colonnaded** [–id] *a.* colonnato.

colony ['kɔləni] *s.* **1** ⟨*Pol,Stor,Biol*⟩ colonia *f.* **2** (*group of connected people*) colonia *f,* comunità *f: the English ~ in Rome* la colonia inglese a Roma.

colophon ['kɔləfən] *s.* ⟨*Filol,Tip*⟩ colofone *m.* □ ⟨*fam*⟩ *from title page to ~* dal principio alla fine.

colophony ['kɔləfouni] *s.* colofonia *f.*

color *am. e der.* → **colour** *e der.*

Colorado (potato) beetle [,kɔlə'ra:dou] *s.* ⟨*Entom*⟩ dorifora *f.*

coloratura [,kɔlərə'tuərə] **I** *s.* ⟨*Mus*⟩ coloratura *f,* infiorettatura *f.* **II** *a.* di (*o* della) coloratura.

coloratura soprano *s.* ⟨*Mus*⟩ soprano *m* leggero.

colorific [,kɔlə'rifik] *a.* **1** colorante. **2** (*highly coloured*) fortemente colorato.

colorimeter [,kɔlə'rimitə] *s.* ⟨*Fis,Chim*⟩ colorimetro *m.*

colossal [kə'lɔsl] *a.* colossale, enorme, smisurato (*anche fig.*). **colossally** [–i] *avv.* in modo colossale, smisuratamente.

colossus [kə'lɔsəs] *s.* (*pl.* **-suses** [–iz]/**-ssi** [sai]) colosso *m* (*anche fig.*).

colostrum [kə'lɔstrəm] *s.* ⟨*Med,Veter*⟩ colostro *m.*

colour ['kʌlə] **I** *s.* **1** colore *m.* **2** (*hue*) tinta *f,* colore *m,* tonalità *f: a light ~* una tinta leggera. **3** (*complexion*) colore *m,* carnagione *f,* colorito *m;* (*ruddy complexion*) colorito *m* (*o* colore) roseo: *the fresh air brought ~ to her cheeks* l'aria fresca ha ridato (un) colore (roseo) alle sue guance; (*blush*) rossore *m.* **4** ⟨*fig*⟩ (*vividness*) colore *m,* vivacità *f,* colorito *m: to give ~ to a description* dare vivacità a una descrizione; (*realism*) realismo *m.* **5** ⟨*fig*⟩ (*plausibility*) credibilità *f,* plausibilità *f,* verosimiglianza *f.* **6** ⟨*fig*⟩ (*semblance*) colore *m,* apparenza *f,* sembianza *f: your words have the ~ of sincerity* le tue parole hanno il colore della sincerità; (*pretext*) pretesto *m.* **7** ⟨*fig*⟩ (*political colour*) colore *m,* partito *m;* (*political views*) colore *m,* idee *fpl* (politiche). **8** *pl.* (*coloured clothing, badge, etc.*) colori *mpl,* insegne *fpl: the Queen's –s* i colori della regina. **9** *pl.* ⟨*fig*⟩ (*personality*) carattere *m,* personalità *f: his behaviour revealed his true –s* il suo comportamento ha messo in luce la sua vera personalità. **10** (*pigment, paint*) colore *m,* vernice *f,* tinta *f;* (*dye*) colorante *m,* tintura *f.* **11** ⟨*Pitt*⟩ (*use of colours*) colore *m,* colorito *m: a master of ~* un maestro del colore. **12** ⟨*Tip*⟩ inchiostro *m.* **13** ⟨*Mus*⟩ (*tone colour*) colorito *m.* **14** ⟨*Fon*⟩ timbro *m.* **15** *pl.* ⟨*Mil,Mar*⟩ bandiera *f,* colori *mpl* (nazionali): *the –s of the republic* i colori della repubblica. **16** ⟨*am.Mar*⟩ (*hoisting of the flag*) alzabandiera *m;* (*lowering of the flag*) ammainabandiera *m.* **17** ⟨*Dir*⟩ pretesto *m,* titolarità *f* apparente. **18** ⟨*Arald*⟩ colore *m,* smalto *m.* **II** *v.t.* **1** colorare, colorire: *to ~ s.th. red* colorare qc. di rosso; (*to paint*) dipingere, pitturare. **2** ⟨*fig*⟩ (*to misrepresent*) travisare, svisare, deformare; (*to make seem better*) colorire, dare un colorito diverso a: *to ~ the facts* colorire i fatti. **3** ⟨*fig*⟩ (*to make vivid*) rendere vivo, dare colore (*o* vivacità) a: *to ~ a description* dare colore a una descrizione. **4** ⟨*fig*⟩ (*to make plausible*) rendere credibile (*o* plausibile). **5** ⟨*fig*⟩ (*to influence*) influenzare, influire su. **III** *v.i.* **1** colorarsi. **2** (*to blush*) arrossire, colorirsi (in volto). □ ⟨*mil*⟩ *to call s.o. to the –s* chiamare qd. alle armi; *to change ~:* 1 (*to blush*) cambiare colore, arrossire; 2 (*to grow pale*) = *to lose colour;* ⟨*mil*⟩ *to desert one's –s* abbandonare la

bandiera; ⟨*fig*⟩ *to give a false ~ to s.th.* svisare (*o* travisare) qc.; *to sail under false –s:* 1 ⟨*Mar*⟩ navigare sotto falsa bandiera; 2 ⟨*fig*⟩ agire sotto 'mentite spoglie' (*o* falso nome); ⟨*fig*⟩ *with flying –s* a bandiere spiegate, vittorioso; ⟨*Sport*⟩ *to get* (*o* *win*) *one's –s* 'indossare la maglia' (*o* portare i colori della squadra; ⟨*fig*⟩ *to give* (*o* *lend*) ~ *to s.th.* conferire plausibilità a qc., rendere verosimile qc.; ⟨*fig*⟩ *to have a high ~* avere un colorito acceso; ⟨*mil*⟩ *to join the –s* arruolarsi nell'esercito; ⟨*Lett*⟩ *local ~* colore locale; *to lose ~* (*of a person*) sbiancarsi (in volto) impallidire; ⟨*fig*⟩ *to lower one's –s* arrendersi, darsi per vinto; *a man of ~* un uomo di colore; ⟨*fam*⟩ *to see the ~ of s.o.'s money* sentire l'odore dei soldi di qd.; ⟨*fig*⟩ ⟨*fam*⟩ *to nail one's –s to the mast* tener duro, resistere; ⟨*fam*⟩ *to be off ~* essere giù di corda; *all one ~* di colore unito; ⟨*fig*⟩ *to paint s.th. in bright –s* dipingere qc a colori (*o* tinte) vivaci; ⟨*fig*⟩ *to turn all the –s of the rainbow* diventare (*o* farsi) di mille colori; ⟨*fig*⟩ *to see s.th. in its real –s* vedere qc. nella sua giusta luce; ⟨*mil*⟩ *to serve with the ~* essere sotto le armi; ⟨*fig*⟩ *to stick to one's –s* essere fedele ai propri principi, non mutare (*o* cambiare) bandiera; ⟨*fig*⟩ *under (the) ~ of* con il pretesto (*o* la scusa) di.

colourable ['kʌlərəbl] *a.* **1** colorabile, che si può tingere. **2** (*plausible*) plausibile, credibile. **3** (*feigned*) finto, simulato, falso. **colourableness** [,kʌlərə'blnis] *s.* plausibilità *f,* credibilità *f.* **colouration** [-'reiʃən] *s.* **1** ⟨*fig*⟩ colore *m,* qualità *f.* **2** ⟨*Pitt*⟩ colore *m,* colorazione *f.*

colour| bar *s.* → **colour line.** ~ **bearer** *s.* ⟨*Mil*⟩ portabandiera *m,* alfiere *m.* ~ **blind** *a.* **1** ⟨*Med*⟩ daltonico. **2** ⟨*fig*⟩ che non pratica la discriminazione razziale. **3** ⟨*fig*⟩ antisegregazionista. ~ **blindness** *s.* ⟨*Med*⟩ daltonismo *m,* acromatopsia *f.* ~ **box** *s.* scatola dei colori. **~cast I** *s.* ⟨*TV*⟩ programma *m* a colori. **II** *v.t./i.irr.* trasmettere a colori. ~ **cell** *s.* ⟨*Biol*⟩ cromocito *m.* ~ **chart** *s.* gamma *f* di colori. **~-code** *v.t.* contrassegnare con un codice colore.

coloured ['kʌləd] **I** *a.* **1** colorato: ~ *pencils* matite colorate. **2** ⟨*fig*⟩ (*feigned, specious*) specioso, insincero, finto. **3** ⟨*fig*⟩ (*biased*) distorto, travisato, non obiettivo. **II** *s.* uomo *m* (*o* donna *f*) di colore. □ ~ *people* gente di colore.

colourer ['kʌlərə] *s.* chi colora.

colour|-fast *a.* di colore solido (*o* indelebile). **~-fastness** *s.* solidità *f* del colore. ~ **film** *s.* **1** ⟨*Fot*⟩ pellicola *f* a colori. **2** ⟨*Cin*⟩ film *m* a colori. ~ **filter** *s.* ⟨*Fot*⟩ filtro *m* colorato.

colourful ['kʌləful] *a.* **1** pieno di colore. **2** (*vivid*) dai colori vivaci, vivacemente colorato. **3** ⟨*fig*⟩ (*lively*) colorito, vivace; (*picturesque*) pittoresco: *a ~ style* uno stile pittoresco. **colourfully** [–i] *avv.* in modo colorito (*o* pittoresco). **colourfulness** [–nis] *s.* **1** abbondanza *f* di colori. **2** (*vividness*) vivacità *f* di colori. **3** ⟨*fig*⟩ (*expressiveness*) colorito *m,* vivezza *f* espressiva.

colourimeter [,kʌləri'mi:tə] *s.* colorimetro *m.* **colourimetric** [-'metrik] *a.* colorimetrico. **'colourimetry** [-tri] *s.* colorimetria *f.*

colouring ['kʌləriŋ] *s.* **1** coloritura *f,* colorazione *f.* **2** (*substance*) colorante *m.* **3** (*complexion*) colorito *m,* colore *m.* **4** ⟨*fig*⟩ (*slant, bias*) colore *m,* tendenza *f: political ~ of a newspaper* tendenza politica di un giornale. **5** ⟨*fig*⟩ (*semblance*) apparenza *f;* (*tone*) tono *m.* **colourist** [-rist] *s.* **1** ⟨*Art*⟩ colorista *m/f.* **2** ⟨*Fot*⟩ ritoccatore *m* (*f* –trice).

colourless ['kʌləlis] *a.* **1** incolore. **2** (*pale*) pallido: *a ~ complexion* una carnagione pallida; (*dull in colour*) spento, smorto, scolorito. **3** ⟨*fig*⟩ (*lacking vividness*) scialbo, insipido, sbiadito: *a ~ article* un articolo scialbo. **4** ⟨*fig*⟩ (*unbiased*) imparziale, neutrale, obiettivo. **colourlessly** [–li] *avv.* **1** scialbamente, in modo insipido. **2** (*unbiasedly*) imparzialmente. **colourlessness** [–nis] *s.* **1** assenza *f* di colore. **2** (*paleness*) pallore *m.* **3** ⟨*fig*⟩ (*dullness*) mancanza *f* di colore, monotonia *f.* **4** (*neutrality*) imparzialità *f,* oggettività *f.*

colour| line *s.* discriminazione *f* (*o* barriera) razziale. □ *to draw the ~* avere pregiudizi razziali. **~man** [mən] *s.irr.* negoziante *m* di colori. ~ **party** *s.* ⟨*Mil*⟩ scorta *f* d'onore alla bandiera. ~ **photography** s. fotografia f a colori, cromofotografia f. ~ **prejudice** s. pregiudizio m razziale. ~ **print** s. ⟨Tip⟩ policromia f. ~ **scheme** s. disposizione f di colori. ~ **sergeant** s. ⟨Mil⟩ sergente m portabandiera. ~ **television** s. televisione f a colori. ~ **transparency** s. ⟨Fot⟩ diapositiva f a colori. ~ **wash** s. ⟨Mur⟩ colore m a calce.

:olporteur ['kɔlpɔ:tə] s. venditore m ambulante di libri sacri.

:olposcope ['kɔlpouskoup] s. ⟨Med⟩ colposcopio m. ~ **colposcopy** [-pɔskəpi] s. ⟨Med⟩ colposcopia f.

:olt [kəult] s. **1** puledro m. **2** ⟨fig⟩ novellino m, principiante m, ⟨fam⟩ pivello m.

:olter am. ['kəultə] s. ⟨Agr⟩ coltro m.

:oltish ['kəulti∫] a. **1** di un puledro. **2** ⟨fig⟩ (undisciplined) indisciplinato. **3** ⟨fig⟩ (playful) vivace, giocoso.

coltishness [-nis] s. vivacità f, giocosità f.

:oltsfoot ['kəultsfut] s. ⟨Bot⟩ farfara f.

:olt's tail s. ⟨Bot⟩ coda f cavallina (o di cavallo).

:oluber ['kɔljubə] s. ⟨Zool⟩ colubro m. **colubrid** [-brid] I a. ⟨Zool⟩ dei colubridi. II s. colubride m. **colubrine** [-brain] a. **1** ⟨Zool⟩ dei colubrini. **2** (snakelike) serpentino.

Columba [kə'lʌmbə] N.pr. Colomba f (anche Astr.).

columbarium [ˌkɔləm'bɛəriəm] s. (pl. -ria [riə]) **1** ⟨Stor.rom⟩ colombario m. **2** (recess) nicchia f. **'columbary** [-bəri] s. colombaia f.

Columbian [kə'lʌmbiən] I a. **1** ⟨Geog⟩ colombiano. **2** (of Columbus) di (o relativo a) Cristoforo Colombo. II s. ⟨Tip⟩ corpo m 16.

columbine[1] ['kɔləmbain] s. ⟨Bot⟩ aquilegia f.

columbine[2] a. **1** colombino. **2** ⟨fig⟩ puro, innocente, da colomba.

Columbine N.pr. ⟨Teat⟩ Colombina f.

columbite [kə'lʌmbait] s. ⟨Min⟩ columbite f.

columbium [kə'lʌmbiəm] s. ⟨Chim⟩ columbio m, niobio m.

Columbus [kə'lʌmbəs] N.pr. ⟨Stor⟩ Cristoforo Colombo m.

column ['kɔləm] s. **1** colonna f: a ~ of smoke una colonna di fumo; a ~ of figures una colonna di cifre; (line, row) colonna f, fila f: a ~ of cars una colonna di auto. **2** ⟨Giorn⟩ colonna f, rubrica f. **3** ⟨Arch,Mil, Mar.mil⟩ colonna f: to march in ~ marciare in colonna. **4** ⟨Mecc⟩ colonna f, montante m.

columnar [kə'lʌmnə] a. **1** colonnare. **2** (characterized by columns) caratterizzato da colonne. **3** (printed in columns) stampato in colonne. **columned** [-d] a. colonnato.

column galley s. ⟨Tip⟩ vantaggio m per colonne.

columnist ['kɔləmnist] s. **1** ⟨Giorn⟩ colonnista m/f, rubricista m/f. **2** ⟨Rad,TV⟩ rubricista m/f.

column shaft s. ⟨Arch⟩ corpo m della colonna.

colza ['kɔlzə] s. ⟨Bot⟩ colza m.

:olza oil s. ⟨Chim⟩ olio m di colza.

com. = **1** comedy commedia. **2** commerce commercio (abbr. comm.). **3** common comune.

·Com. = **1** Commander comandante (abbr. Com.). **2** Committee comitato. **3** ⟨Mar⟩ Commodore commodoro.

coma[1] ['kəumə] s. ⟨Med⟩ coma m: to go into a ~ entrare in coma.

coma[2] s. (pl. comae [-mi:]) **1** ⟨Astr⟩ chioma f. **2** ⟨Ott⟩ coma f. **3** ⟨Bot⟩ (tuft of hair) ciuffo m (di peli).

Comanches [ko(u)'mænt∫is] N.pr.pl. ⟨Etnol⟩ Comanci mpl.

comate ['kəumeit] a. **1** ⟨Bot⟩ che ha un ciuffo di peli. **2** (hairy) peloso.

comatose ['kəumətous] a. **1** ⟨Med⟩ comatoso. **2** ⟨fig⟩ (drowsy) letargico, lento, torpido.

comb [kəum] I s. **1** pettine m. **2** ⟨Tess⟩ pettine m; (card) carda f. **3** (curry comb) striglia f. **4** ⟨Zool,Ornit⟩ cresta f. **5** (of a mountain or hill) cresta f, spartiacque m. **6** (of a helmet, wave) cresta f. **7** (honeycomb) favo m. II v.t. **1** pettinare; to ~ one's hair pettinarsi i capelli. **2** ⟨Tess⟩ pettinare; (to card) cardare. **3** (to curry) strigliare. **4** ⟨fig⟩ (to remove) eliminare, allontanare, levare di mezzo. **5** ⟨fig⟩ (to search through; spesso con out) rastrellare, perlustrare, setacciare: the police –ed the district for the

murderer la polizia rastrellò il quartiere in cerca dell'assassino. **6** ⟨fig⟩ (of waves) spazzare. III v.i. (of a wave) frangersi.

combat[1] ['kɔmbæt] s. **1** lotta f, contesa f. **2** ⟨Mil⟩ combattimento m, battaglia f. **3** ⟨fig⟩ conflitto m.

combat[2] v. (pret., p.p. combated/combatted [-id]) I v.t. **1** combattere: to ~ disease combattere le malattie. **2** (to oppose) opporsi a, ostacolare. II v.i. combattere, lottare (with contro), contrastare (qc.): to ~ death combattere contro la morte. **combatant** [-ənt] I s. combattente m. II a. combattente, che combatte.

combat| efficiency s. ⟨Mil⟩ efficienza f tattica. ~ **fatigue** s. ⟨Med⟩ sindrome f da fatica. ~ **group** s. ⟨Mil⟩ gruppo m combattente. ~ **helicopter** s. ⟨Aer. mil⟩ elicottero m da combattimento.

combative ['kɔmbətiv] a. combattivo, battagliero. **combativeness** [-nis], ˌcomba'tivity [-iti] s. combattività f, bellicosità f.

combat| order s. ⟨Mil,Mar.mil⟩ ordine m (o formazione f) di combattimento. ~ **team** am.s. → combat group.

combe [ku:m] s. ⟨Geol⟩ comba f.

comber ['kəumə] s. **1** chi pettina. **2** ⟨Tess⟩ pettinatore m (f –trice); (carder) cardatore m (f –trice); (combing machine) pettinatrice f; (carding machine) carda f, cardatrice f. **3** (wave) frangente m.

combinable [kəm'bainəbl] a. combinabile.

combination [ˌkɔmbi'nei∫ən] s. **1** combinazione f (anche Mat., Chim.). **2** (things combined) combinazione f, assortimento m, varietà f: a ~ of colours un assortimento di colori. **3** (alliance of persons, groups, etc.) associazione f, lega f, federazione f, alleanza f: a ~ in restraint of trade un'associazione per il controllo del commercio. **4** (motorcycle with sidecar) motocicletta f con carrozzino. **5** pl. ⟨Vest⟩ combinazione f; (overalls) tuta f, combinazione f.

combination| carrier s. ⟨Mar⟩ nave f a carico combinato. ~ **lock** s. serratura f a combinazione. ~ **room** s. ⟨Univ⟩ (at Cambridge) sala f dei professori. ~ **switch** s. ⟨El⟩ interruttore–commutatore m. ~ **tone** s. ⟨Acu⟩ tono m combinato.

combinative ['kɔmbineitiv] a. **1** tendente a una combinazione. **2** (relating to a combination) combinatorio, di combinazione. ˌcombinatorial [-nətɔ:riəl] a. ⟨Mat⟩ combinatorio: ~ analysis analisi combinatoria, calcolo combinatorio.

combine I v.t. [kəm'bain] **1** combinare, mettere insieme, unire: to ~ forces unire le forze. **2** (to show or possess in union) possedere (o rivelare) a un tempo, comprendere (insieme), riunire: his art –s the best qualities la sua arte combina insieme le migliori qualità. **3** ⟨Chim⟩ combinare. II v.i. **1** combinarsi, fondersi: the two papers –d i due giornali si fusero. **2** (to join forces) unirsi, unire le proprie forze. **3** ⟨Chim⟩ combinarsi. III s. ['kɔmbain] **1** combinazione f. **2** (alliance of persons, groups, etc.) associazione f, lega f, federazione f, alleanza f. **3** ⟨Agr⟩ → combine harvester. □ to ~ business with pleasure unire l'utile al dilettevole; everything –d to give me that impression tutto contribuiva a darmi quell'impressione; to ~ offices cumulare incarichi.

combined [kəm'baind] a. **1** combinato, unito, congiunto: ~ efforts sforzi combinati. **2** (considered together) (preso) insieme: he has more money than both his brothers ~ ha più soldi lui che tutti e due i suoi fratelli presi insieme. **3** ⟨Chim⟩ combinato. □ ⟨Ferr⟩ ~ rail and road ticket biglietto misto (ferrovia e auto).

combined| carbon s. ⟨Chim⟩ carbonio m combinato. ~ **hand -microphone** s. microtelefono m. ~ **operations** s.pl. ⟨Mil,Mar.mil⟩ operazioni fpl combinate. ~ **skiing** s. ⟨Sport⟩ combinata f.

combine harvester ['kɔmbain] s. ⟨Agr⟩ combine f, mietitrebbia f.

combing| card ['kəumiŋ] s. ⟨Tess⟩ scardasso m. ~ **machine** s. ⟨Tess⟩ pettinatrice f, cardatrice f.

combings ['kəumiŋz] s.pl. capelli mpl strappati dal pettine.

combing waste s. ⟨Tess⟩ cascami mpl di pettinatura (o cardatura).

combining form [kəm'bainiŋ] *s.* ⟨*Ling*⟩ prefissoide *m.*

comb| jelly *s.* ⟨*Zool*⟩ ctenoforo *m.* **~shell** *s.* ⟨*Zool*⟩ pettine *m.* **~ through** *s.* pettinata *f.*

combustibility [kəm,bʌsti'biliti] *s.* combustibilità *f.* **com'bustible** [-bl] **I** *a.* **1** combustibile; (*inflammable*) infiammabile. **2** ⟨*fig*⟩ (*excitable*) irascibile, infiammabile. **II** *s.* combustibile *m.* **combustion** [-tʃən] *s.* **1** combustione *f.* **2** ⟨*fig*⟩ (*turmoil*) grande agitazione *f*, trambusto *m.*

combustion chamber *s.* ⟨*Mot*⟩ camera *f* di combustione.

combustive [kəm'bʌstiv] *a.* tendente alla combustione. **combustor** [-stə] *s.* ⟨*Aer*⟩ combustore *m.*

come [kʌm] *v.* (*pret.* **came** [keim], *p.p.* **come**) **I** *v.i.* **1** venire: **~ here** vieni qui. **2** (*to arrive*) arrivare, venire: *she hasn't ~ yet* non è ancora arrivata; *the train is coming now* il treno sta arrivando. **3** (*to fall in time*) avvenire, aver luogo, cadere, venire: *Easter –s in April this year* quest'anno Pasqua cade in aprile. **4** (*to occur to the mind*) venire (in mente), sorgere: *the idea suddenly came to me* l'idea mi venne improvvisamente. **5** (*to happen*) avvenire, accadere, succedere: *no harm will ~ to you* non ti succederà nulla di male. **6** (*to reach*) arrivare, esser lungo (fino) (*to* a): *his raincoat came to his knees* l'impermeabile gli arrivava al ginocchio. **7** (*to issue, be derived*) venire, derivare, provenire (*from, of* da): *he –s from* (o *of*) *a good family* viene da una buona famiglia. **8** (*to result*) essere il frutto (o risultato) (*from, of* di): *this –s of your carelessness* questo è il risultato della tua trascuratezza. **9** (*to take shape*) prendere forma, riuscire: *in spite of his efforts the picture would not ~* nonostante i suoi sforzi il quadro non prendeva forma. **10** (*to be a native of*) essere nativo (*from* di): *she –s from Scotland* è nativa della Scozia; (*to have as place of origin*) provenire (*from* da). **11** (*to become, be*) diventare, farsi: *the work will ~ easy with a little patience* il lavoro diventerà facile con un po' di pazienza. **12** (*to be available*) essere disponibile: *these dresses ~ in several sizes* questi vestiti sono disponibili in varie taglie. **13** (*to be uttered*) levarsi, venire (emesso): *a cry came from the audience* un grido si levò dal pubblico. **14** ⟨*triv*⟩ (*to have an orgasm*) arrivare all'orgasmo. **II** *v.t.* **1** percorrere, fare: *I have ~ six miles* ho percorso sei miglia. **2** ⟨*fam*⟩ (*to pretend to be*) fingersi, fare la parte di. **3** (*to perform, do*) fare, eseguire, compiere. **4** (*to be near an age*) ⸢essere vicino a⸣ (o stare per) compiere, avvicinarsi a: *my son is coming ten* mio figlio sta per compiere dieci anni. **III** *intz.* suvvia, andiamo: **~**, *my dear fellow* andiamo, vecchio mio. □ *to* **~ about:** 1 accadere, capitare, succedere; 2 (*to change direction*) mutar direzione, cambiare; 3 ⟨*Mar*⟩ virare di bordo; *to* **~ across:** 1 trovare per caso; 2 (*to meet by chance*) incontrare per caso, imbattersi in; 3 (*to be convincing*) convincere, persuadere, essere convincente: *this actor doesn't ~ across* questo attore non convince; 4 ⟨*sl*⟩ (*to contribute*) sborsare, tirar fuori (*with s.th.* qc.); ⟨*fam*⟩ **~ again?** (*what did you say?*) scusa?, che hai detto?, come dici?; *to* **~ alive** sembrare vero (o reale): *the scene came alive* la scena sembrava vera; *to* **~ along:** 1 venire (insieme): **~** *along with us* vieni con noi; 2 (*to make progress*) progredire, far progressi, migliorare: *the patient is coming along quite nicely* il paziente sta facendo buoni progressi; **~ along**, *we're late* ⸢fa' presto⸣ (o cammina), siamo in ritardo; ⟨*Mar*⟩ *to* **~ alongside** affiancarsi (alla banchina); *to* **~ apart:** 1 sfasciarsi: *the book came apart in my hands* il libro mi si sfasciò tra le mani; 2 ⟨*fig*⟩ (*to collapse*) crollare, cedere; ⟨*fam*⟩ *as ... as they* **~** tanto ... quanto è possibile esserlo: *he's as stupid as they* **~** è tanto stupido quanto è possibile esserlo; *it came as a great surprise to me* fu una grande sorpresa per me; ⟨*fam*⟩ *how do you like your tea? - as it –s* come lo vuoi il tè? - non ho preferenze; *to* **~ at:** 1 raggiungere, giungere a, arrivare a; 2 (*to attack*) attaccare, assalire, dare addosso a; ⟨*fam*⟩ *I'll be twenty-eight* **~ August** *6th* il 6 agosto compirò ventotto anni; *to* **~ away:** 1 venir via, allontanarsi; 2 (*to become detached*) staccarsi: *the shelf came away from the wall* lo scaffale si staccò dal muro; *to* **~ back:** 1 ritornare, tornare: *we came back last week* siamo tornati la

settimana scorsa; 2 (*to return to the memory*) (ri)tornar ⸢alla memoria⸣ (o in mente): *it will ~ back to you* ▮ tornerà in mente; 3 (*of fashions*) (ri)tornare ⸢di moda⸣ (o in voga); 4 ⟨*fam*⟩ (*to stage a comeback*) fare un ritorno (rientro); 5 ⟨*fam*⟩ (*to reply, retort*) ribattere, rimbeccare; *t* **~ before:** 1 venire prima di, avere la precedenza su; 2 (*t* *be dealt with*) venir discusso in, essere trattato da: *the bi* *will ~ before Parliament next week* la proposta di legg verrà discussa in Parlamento la prossima settimana; *to ~* *to believe* arrivare a credere; *to ~ off* **best** avere l meglio; ⟨*fig*⟩ *nothing can ever ~* **between** *us* niente potr mai frapporsi tra di noi; *to ~* **the bully** *over s.o.* fare ▮ prepotente con qd.; *to ~* **by:** 1 passare vicino a; 2 (*t* *acquire*) ottenere, procurarsi, trovare: *how did you ~ b* *that money?* come ti sei procurato quel denaro?; 3 ⟨*am* (*to pay a call*) fare una visita a; ⟨*sl*⟩ *to ~* **clea** confessare; *to ~* **up against** **difficulties** incontrar difficoltà; *to ~* **down:** 1 (di)scendere: *to ~ down the stair* scendere le scale; 2 (*of prices, etc.*) calare; 3 (*to los* *wealth*) rovinarsi: *to ~ down in the world* rovinarsi, ave conosciuto giorni migliori; 4 (*to be handed down*) esser tramandato (o trasmesso): *many legends have ~ down t* *us* molte leggende ci sono state tramandate; 5 (*to oppose* opporsi (*up, upon* a), lottare (contro); 6 (*to reprimand* riprendere (o redarguire) severamente; 7 (*to becom* *afflicted with*) prendersi, buscarsi (*with s.th.* qc.): *to ~* *down with a cold* buscarsi un raffreddore; *to ~* **up t** **expectations** corrispondere all'aspettativa; *to ~* **for** *s.th* venire per (o a prendere) qc.: *he has ~ for his money* ▮ venuto per il suo denaro; *to ~* **forward** farsi (o venire avanti; *to ~* **forward** *as a candidate* presentarsi come candidato; *to ~* **and go** andare e venire, ⟨*fam*⟩ fare la spola; *after many months had ~ and gone* (dopo che furono) passati molti mesi; *to ~* **in handy** tornare utile ⟨*sl*⟩ *to* **have** *it coming to one* meritare qc.: *he had i* *coming to him* se lo meritava, ha avuto quello che s meritava; ⟨*fam*⟩ *how ~ you were late?* come mai hai fatt tardi?; *to ~* **in:** 1 entrare, venir dentro; 2 (*to becom* *fashionable*) diventare di moda, venire in voga; 3 ⟨*Sport* piazzarsi, arrivare: *to ~ in first* arrivare primo; 4 ⟨*Pol* (*to assume official duties*) andare al potere; (*to be elected* essere eletto; 5 (*to come as gain*) entrare (*to* in): *a lot o* *money is coming in to the country* molto denaro st entrando nel paese; 6 (*to be the recipient*) ottenere ricevere, avere (*for s.th.* qc.): *his policy came in for heav* *criticism* la sua politica ebbe pesanti critiche; 7 ⟨*Agr* maturare; *to ~* **into:** 1 entrare: *he came into the room* entrò nella stanza; 2 (*to inherit*) ereditare, entrare in possesso di: *to ~ into a fortune* ereditare una fortuna; *t* **~ to light** venire ⸢alla luce⸣ (o a galla); *his objections ~ t* **very little** le sue obiezioni si riducono a ben poca cosa; *h* **will never ~ to much** non farà mai grandi cose; *to ~ t* **nothing** (o *naught*) finire in niente; **~ now!** suvvia! andiamo!; *now that I ~ to think of it* ora che ci penso; *t* **~ off:** 1 staccarsi da, venir via da; 2 (*to fall from*) cader (o cascare) da; 3 (*to take place*) aver luogo, avvenire; 4 (*t* *succeed*) riuscire, aver successo, ⟨*fam*⟩ andare: *th experiment did not ~ off* l'esperimento non è riuscito; *how did it ~ off?* com'è andata?; 5 (*to acquit o.s.*) districarsi da, uscire da, venir fuori da: *he came off well in his firs* *match* dal suo primo incontro ne è venuto fuori bene ⟨*fam*⟩ *~ off it!* piantala!; *to ~* **on:** 1 seguire, venire dopo *you go ahead, I'll ~ on later* tu vai avanti, io verrò dopo 2 (*to make progress*) fare progressi, progredire; 3 (*o* *natural phenomena: to begin by degrees*) cominciare: *i* *came on to rain* cominciò a piovere; 4 ⟨*Teat*⟩ entrare in scena; 5 (*to arise for discussion*) venire trattato (*o* discusso); ⟨*fam*⟩ *~ on!:* 1 muoviti!, sbrigati!, andiamo! 2 (*please*) ti prego, per favore: **~ on,** *give me a kiss* ti prego dammi un bacio; *to ~* **to oneself:** 1 riprendere i sensi, riaversi, ritornare in sé; 2 (*to behave sensibly*) comportarsi in modo ragionevole (o sensato); *to ~* **out:** 1 uscire, apparire, comparire, venire fuori: *suddenly the sun came out* improvvisamente apparve il sole; 2 (*to be published*) essere (o venire) pubblicato, uscire; 3 (*to become known*) venir fuori (o a galla), essere rivelato: *the truth came out in the end* la verità venne fuori alla fine; 4 (*to go on* *strike*) scioperare, fare (*o* entrare in) sciopero; 5 (*in a photograph*) riuscire, ⟨*fam*⟩ venire: *you've ~ out very well in this photograph* sei riuscita molto bene in questa fotografia; 6 (*of stains*) scomparire, andar (*o* venir) via; 7 (*to make one's social début*) debuttare in società; 8 (*to be placed*) riuscire, risultare: *to ~ out top* riuscire primo; 9 (*to end, turn out*) terminare, (andare *a*) finire; 10 (*to declare oneself*) dichiararsi: *to ~ out strongly against s.th.* dichiararsi decisamente contrario a qc.; 11 (*to confess*) confessare, rivelare (*with s.th.* qc.): *to ~ out with one's thoughts* rivelare i propri pensieri; *to ~* **over**: 1 (*to come from far away*) venire, arrivare: *his family came over with the original colonists* la sua famiglia venne (qui) con i primi colonizzatori; 2 (*to change sides*) passare dalla parte (*to* di): *several deserters came over to us* parecchi disertori passarono dalla nostra parte; 3 ⟨*fam*⟩ sentirsi: *to ~ over strange* sentirsi strano; 4 ⟨*fam*⟩ (*to become*) diventare, farsi: *the sky came over dark* il cielo diventò scuro; 5 (*of feelings, etc.: to take possession of*) prendere, impossessarsi di: *a feeling of helplessness came over him* un senso d'impotenza si impossessò di lui; *what has ~ over you?* che cosa ti ha preso?, che ti è successo?; *to ~ to* **pass** accadere, avvenire; *it will all ~ right in the end* alla fine tutto andrà bene; *to ~* **round**: 1 ricorrere, verificarsi regolarmente; 2 (*to come by a circuitous route*) venire (*o* arrivare) facendo un lungo giro; 3 (*to pay a visit*) fare una visita (*to* a), passare (da); 4 (*to agree*) trovarsi d'accordo, convenire (*to* con): *at last he has ~ round to our way of thinking* alla fine si è trovato d'accordo con noi; 5 (*to regain consciousness*) rinvenire, riaversi, tornare in sé; 6 (*to cease being angry*) arrendersi, cedere; 7 ⟨*Mar*⟩ orzare; *it ~s to the* **same** *thing* è la stessa cosa; *to ~ to one's* **senses** = *to come to* **oneself**; *that's what ~s of* questo è quel che succede a, questa è la conseguenza di: *that's what ~s of not paying attention* questo è quel che succede a non fare attenzione; *if it ~s to that* se è così, se è per questo; ⟨*fam*⟩ *what are* **things** *coming to?* dove andremo a finire?; *what you say ~s to* **this** ciò che dici, in definitiva, si riduce a questo; *to ~* **through**: 1 superare, uscire da: *to ~ safely through a war* uscire sano e salvo da una guerra; 2 ⟨*am.fam*⟩ (*to do what is expected*) soddisfare le aspettative; 3 (*of a telephone call*) arrivare; *for some time to ~* ancora per un po' di tempo; *to ~* **to**: 1 costare, ammontare a, ⟨*fam*⟩ venire: *how much does it ~ to?* quanto costa?; 2 (*to regain consciousness*) tornare in sé; *to ~* **true** avverarsi, verificarsi; *to ~* **under**: 1 rientrare in, far parte di: *your case ~s under a separate heading* il tuo caso rientra in un capitolo a parte; 2 (*to be the province of*) essere (di) competenza di, dipendere da; 3 (*to be subject to*) dipendere da, essere sotto; *to ~ under s.o.'s influence* subire l'influenza di qd.; *to ~* **up**: 1 (*plants, etc.*) spuntare; 2 (*to arise*) saltar (*o* venir) fuori: *his name came up in the conversation* il suo nome saltò fuori nel corso della conversazione; 3 (*to be presented for discussion*) venir presentato: *the case ~s up* (*for discussion*) *next week* il caso verrà presentato per la discussione la settimana prossima; 4 ⟨*Univ*⟩ entrare (*to* in, a), iscriversi (a); 5 (*to approach*) avvicinarsi (*to* a): *he came up to me in the street* mi si avvicinò per la strada; 6 (*to equal, compare with*) uguagliare (*to s.o.* qd.), essere all'altezza (di); 7 (*to overtake*) raggiungere (*with s.o.* qd.); 8 (*to produce*) offrire, fornire (*with s.th.* qc.): *to ~ up with a suggestion* offrire un suggerimento; *to ~* **upon**: 1 piombare su, attaccare; 2 (*to meet by chance*) imbattersi in, incontrare per caso; *to ~ into* **view** apparire (alla vista).

come-and-go I *s.* andirivieni *m.* II *a.* mutevole, volubile.

come-'at-able *a.* ⟨*fam*⟩ accessibile, facilmente raggiungibile (*o* ottenibile).

come–back ['kʌmbæk] *s.* 1 ⟨*fam*⟩ ritorno *m*, rientro *m*: *to make* (*o stage*) *a resounding ~* fare un ritorno clamoroso. 2 ⟨*fam*⟩ (*sharp answer, retort*) risposta *f* pungente, rimbeccata *f*.

COMECON = *Council for Mutual Economic Aid* Consiglio di mutua assistenza economica (*abbr.* COMECON).

comedian [kə'mi:djən] *s.* 1 (*comic*) comico *m*, attore *m*

comico: *a television ~* un comico della televisione; (*entertainer*) chi intrattiene. 2 ⟨*Teat*⟩ (*actor*) attore *m*; (*writer*) commediografo *m.* 3 (*comical person*) persona *f* divertente, tipo *m* ameno. **co,medienne** [–di'en] *s.* 1 (*female comic*) attrice *f* comica; (*entertainer*) chi intrattiene (*o* diverte). 2 ⟨*Teat*⟩ (*actress*) attrice *f*. **comedist** ['kɔmidist] *s.* commediografo *m* (*f* –a).

come–down ['kʌmdaun] *s.* ⟨*fam*⟩ 1 crollo *m*, rovescio *m* finanziario. 2 (*disappointment*) delusione *f*, frustrazione *f*. 3 (*humiliation*) umiliazione *f*. 4 (*setback*) intoppo *m*, ostacolo *m*, battuta *f* d'arresto.

comedy ['kɔmədi] *s.* 1 commedia *f* (*anche Lett.*). 2 (*comic element*) elemento *m* comico, nota *f* comica. 3 (*comic incident*) commedia *f*, spasso *m*: *the party was a ~* il ricevimento fu un vero spasso. □ ⟨*fig*⟩ *to* **cut** *out the ~* smetterla di fare il buffone; *~ of* **ideas** commedia *f* a tesi; *~ of* **intrigue** commedia *f* d'intreccio; *~ of* **manners** commedia *f* di costume; *~ and* **tragedy** socco e coturno *m.*

,come-'hither ⟨*fam*⟩ I *a.* allettante, invitante, seducente: *a ~ look* un'occhiata invitante. II *s.* invito *m* allettante.

comeliness ['kʌmlinis] *s.* 1 avvenenza *f*, grazia *f*. 2 (*properness*) dignità *f*, decoro *m.* **comely** [–li] *a.* 1 avvenente, aggraziato, piacevole. 2 (*seemly, proper*) dignitoso, decoroso.

comer ['kʌmə] *s.* 1 chi viene (*o* si presenta). 2 ⟨*fam*⟩ (*one on his way to fame, etc.*) persona *f* che farà strada, promessa *f*. □ *all ~s* tutti coloro che si presentano; *first ~* primo arrivato.

comestible [kə'mestibl] I *a.* commestibile. II *s.* (general. al pl.) commestibili *mpl*, generi *mpl* alimentari (*o* commestibili).

comet ['kɔmit] *s.* ⟨*Astr*⟩ cometa *f*. **cometary** [–əri], **cometical** [kə'metikl] *a.* cometario; (*like a comet*) simile a una cometa.

come–uppance [,kʌm'ʌpəns] *s.* ⟨*fam*⟩ punizione *f* meritata.

comfit ['kʌmfit] *s.* ⟨*Dolc*⟩ confetto *m.*

comfit box *s.* bomboniera *f*.

comfort ['kʌmfət] I *v.t.* confortare, consolare. II *s.* 1 conforto *m*, consolazione *f*, sollievo *m*: *it is a ~ to me* mi è di conforto. 2 (*person, thing giving consolation*) consolazione *f*, conforto *m*: *that is cold ~* è una magra consolazione. 3 (*state of physical ease*) agiatezza *f*, benessere *m.* 4 (*thing providing ease, etc.*) comfort *m*, conforti *mpl*, comodità *fpl*, agi *mpl*: *this house has every ~* questa casa ha tutti i conforti. □ *~ be of good ~!* fatevi animo (*o* coraggio)!; *it is a ~ to know that* è 'di conforto' (*o* consolante) sapere questo.

comfortable ['kʌmfətəbl] *a.* 1 comodo, confortevole: *~ shoes* scarpe comode. 2 (*enjoying physical ease*) comodo, a proprio agio: *to make o.s. ~* mettersi a proprio agio; (*enjoying mental ease*) sereno, tranquillo. 3 (*adequate, sufficient*) adeguato, sufficiente, soddisfacente: *a ~ income* un reddito soddisfacente. **comfortableness** [–nis] *s.* comodità *fpl*, conforti *mpl*, agi *mpl.* **comfortably** [–i] *avv.* 1 comodamente. 2 (*easily*) facilmente, senza difficoltà: *the key fitted ~ in the lock* la chiave entrò facilmente nella serratura. □ *to be ~ off* essere in buone condizioni finanziarie.

comforter ['kʌmfətə] *s.* 1 confortatore *m* (*f* –trice), consolatore *m* (*f* –trice). 2 (*scarf*) sciarpa *f* di lana. 3 ⟨*am*⟩ (*quilted bedcover*) imbottita *f*, trapunta *f*. 4 (*pacifier*) succhiotto *m*, ⟨*pop*⟩ ciuccciotto *m*. **Comforter** *s.* ⟨*Rel*⟩ Spirito *m* Santo. **comforting** [–tiŋ] *a.* confortante. **comfortless** [–tlis] *a.* 1 (*cheerless*) privo di conforto, sconsolato. 2 (*lacking in comforts*) senza comodità, scomodo; (*dreary*) squallido.

comfort| room, ~ station *am. s.* ⟨*eufem*⟩ gabinetti *mpl* pubblici.

comfrey ['kʌmfri] *s.* ⟨*Bot*⟩ consolida *f* maggiore.

comfy ['kʌmfi] *a.* ⟨*fam*⟩ (*comfortable*) comodo, a proprio agio.

comic ['kɔmik] I *a.* 1 ⟨*Teat,Cin*⟩ comico. 2 (*comical, funny*) comico, divertente, spassoso. II *s.* 1 (*comedian*) comico *m*, attore *m* comico: *a radio ~* un comico della radio. 2 (*comic periodical*) giornale *m* umoristico. 3 *pl.* →

comic strip. **comical** [-əl] *a.* comico, divertente, spassoso. **,comi'cality** [-æliti] *s.* comicità *f.* **comically** [-əli] *avv.* comicamente, in modo comico.

comic| book *s.* giornale *m* a fumetti. **~ opera** *s.* opera *f* buffa. **~ relief** *s.* 1 ⟨*Teat*⟩ parentesi *f* comica, diversivo *m* comico. 2 (*relief from tension*) diversivo *m*. **~ strip** *s.* fumetto *m*, fumetti *mpl.*

coming ['kʌmiŋ] **I** *s.* 1 arrivo *m*, venuta *f*, ⟨*lett*⟩ avvento *m*. 2 (*accession*) assunzione *f*, avvento *m*: **~ to power** assunzione al potere. **II** *a.* 1 prossimo, futuro, a venire: *the ~ years* gli anni futuri. 2 (*on the way to fame, etc.*) promettente, che ha un avvenire. ▢ ⟨*Cin*⟩ **~ soon** prossimamente (su questo schermo).

coming|-of-age *s.* (*pl.* **comings-of-age**) raggiungimento *m* della maggiore età. **~-out party** *s.* ricevimento *m* (o festa *f*) delle debuttanti.

comity ['kɔmiti] *s.* cortesia *f*, buone maniere *fpl.* ▢ ⟨*Dir*⟩ **~ of nations** rispetto reciproco di leggi e costumi, cortesia *f* internazionale.

comix ['kɔmiks] *am. s.* → **comic strip**.

comma ['kɔmə] *s.* (*pl.* **-s** [z]) 1 virgola *f*. 2 ⟨*Metr,Mus*⟩ comma *m*.

comma bacillus *s.* ⟨*Biol*⟩ vibrione *m* colerico, bacillo *m* virgola.

command [kə'mɑ:nd] **I** *v.t.* 1 comandare, ordinare, impartire l'ordine di: *to ~ s.o. to do s.th.* ordinare a qd. di fare qc. 2 (*to require, demand*) pretendere, esigere. 3 (*to have control over*) dominare, controllare, avere il controllo di: *to ~ the market* avere il controllo del mercato. 4 (*to have at one's disposal*) avere a (propria) disposizione, disporre di. 5 (*to deserve and get*) imporre: *to ~ respect* imporre rispetto. 6 (*of places*) dominare, sovrastare. 7 (*of feelings*) dominare, frenare, tenere a freno. 8 ⟨*Mil*⟩ comandare, avere il comando di: *to ~ a platoon* comandare un plotone. 9 (*to master*) avere la padronanza di: *to ~ two languages* avere la padronanza di due lingue. **II** *v.i.* 1 impartire (o dare) ordini, comandare. 2 (*to be in charge*) detenere il comando. **III** *s.* 1 ordine *m*, comando *m*: *to obey a ~* eseguire un ordine. 2 (*authority, right to command*) comando *m*, autorità *f* di comando: *to be in ~ of an expedition* essere ⌐al comando⌐ (o a capo) di una spedizione. 3 (*mastery*) padronanza *f*, controllo *m*, dominio *m* (anche fig.): *he has a good ~ of English* ha una buona padronanza dell'inglese. 4 (*of places: extent of view*) visuale *f*, campo *m* visivo. 5 (*royal invitation*) invito *m* da parte del sovrano. 6 ⟨*tecn*⟩ (*of computers*) comando *m*, tasto *m* di comando. ▢ *to do s.th.* **at** (o by) *s.o.'s ~* far qc. per ordine di qd.; *to have at one's ~* avere a (propria) disposizione; *to be at s.o.'s ~* essere ⌐agli ordini⌐ (o ai comandi) di qd.; ⟨*Mil*⟩ *to* **have a ~** comandare un reparto; **~ of language** facilità *f* d'espressione; **~ over** *o.s.* padronanza *f* di sé, autocontrollo *m*; ⟨*Mil*⟩ **second in ~** comandante *m* in seconda; **under** *the ~ of* al comando di; ⟨*Mil*⟩ *at the* **word of ~** secondo l'ordine verbale.

commandant [,kɔmən'dænt] *s.* comandante *m* (anche *Mil.*). **commandeer** [-'diə] *v.t.* 1 ⟨*Mil*⟩ (*to seize*) requisire; (*to force into active military service*) arruolare obbligatoriamente. 2 (*to seize arbitrarily*) impossessarsi di, prendere con la forza.

commander [kə'mɑ:ndə] *s.* 1 capo *m*, comandante *m*: *the ~ of an expedition* il capo di una spedizione. 2 ⟨*Mar.mil*⟩ capitano *m* di fregata. 3 ⟨*Mil*⟩ comandante *m*. 4 (*of an order of Chivalry*) commendatore *m*.

commander–in–chief *s.* ⟨*Mil*⟩ comandante *m* in capo.

commandership [kə'mɑ:ndəʃip] *s.* comando *m*, autorità *f* di comando. **commanding** [-diŋ] *a.* 1 imponente, autorevole. 2 (*of places*) dominante, sovrastante: *in a ~ position* in posizione dominante. 3 (*in command*) in comando: **~ officer** ufficiale *m* in comando.

commandment [kə'mɑ:ndmənt] *s.* 1 comando *m*. 2 ⟨*Bibl*⟩ comandamento *m*.

command module *s.* ⟨*Astron*⟩ modulo *m* di comando.

commando [kə'mɑ:ndəu] *s.* (*pl.* **-s**/**-es** [z]) ⟨*Mil*⟩ commando *m*.

command| paper *s.* ⟨*Parl*⟩ regio decreto *m*. **~ performance** *s.* spettacolo *m* teatrale (dato) a richiesta

del sovrano.

commeasurable [kə'meʒərəbl] *a.* commensurabile. **commeasure** [-ʒə] *v.t.* commisurare, commensurare.

commemorate [kə'meməreit] *v.t.* commemorare: *to ~ those who died in the war* commemorare i caduti in guerra. **com,memoration** [-'reiʃən] *s.* 1 commemorazione *f*. 2 (*service*) commemorazione *f*, cerimonia *f* commemorativa. **commemorative** [-rətiv] *a.* commemorativo, celebrativo.

commence [kə'mens] **I** *v.t.* (in)cominciare, iniziare: *to ~ ⌐to do⌐* (o *doing*) *s.th.* cominciare a fare qc. **II** *v.i.* cominciare, aver inizio. **commencement** [-mənt] *s.* principio *m*, inizio *m*.

commend [kə'mend] *v.t.* 1 (*to entrust*) raccomandare, affidare. 2 (*to praise*) lodare, encomiare: *to ~ s.o. on* (o *for*) *his courage* lodare qd. per il suo coraggio. ▢ *such behaviour does not ~ itself to the authorities* un tale contegno non riscuote l'approvazione delle autorità; *to ~ one's soul to God* raccomandare l'anima a Dio. **commendable** [-əbl] *a.* lodevole, encomiabile. **commendableness** [-əblnis] *s.* l'essere lodevole. **commendam** [-æm] *s.* ⟨*Rel*⟩ commenda *f*.

commendation [,kɔmen'deiʃən] *s.* 1 lode *f*, approvazione *f*; (*recommendation*) raccomandazione *f*. 2 (*award*) encomio *m*. **commendatory** [kə'mendətəri] *a.* 1 elogiativo, d'encomio. 2 ⟨*Rel*⟩ (*of a cleric*) commendatario; (*of a benefice*) affidato in commenda.

commensal [kə'mensəl] **I** *a.* ⟨*Biol*⟩ commensale. **II** *s.* commensale *m/f* (anche *Biol.*). **commensalism** [-izəm] *s.* ⟨*Biol*⟩ commensalismo *m*.

commensurability [kə,menʃərə'biliti] *s.* commensurabilità *f* (anche *Mat.*). **com'mensurable** [-bl] *a.* 1 commisurato, proporzionato. 2 ⟨*Mat*⟩ commensurabile. **com'mensurably** [-bli] *avv.* proporzionatamente. **com'mensurate** [-rit] *a.* 1 di ugual misura (with di). 2 (*proportionate*) adeguato, proporzionato (a): *his income was not ~ with his needs* il suo reddito non era proporzionato ai suoi bisogni. **com'mensurately** [-ritli] *avv.* in modo adeguato (o proporzionato). **com-mensuration** [-'reiʃən] *s.* 1 l'essere proporzionato. 2 (*comparison*) commisurazione *f*, confronto *m*.

comment ['kɔment] **I** *s.* 1 commento *m*, osservazione *f*. 2 (*criticism*) commento *m*, critica *f*. 3 ⟨*Lett*⟩ (*annotation*) commento *m*, nota *f*, chiosa *f*, glossa *f*; (*explanatory matter*) commento *m*, note *fpl* illustrative. **II** *v.i.* 1 fare commenti (o osservazioni), esprimere un giudizio (*on, about* su), criticare (qc.). 2 (*to write comments*) fare il commento (*on* a), commentare (qc.), annotare (qc.): *to ~ on a text* fare il commento a un testo. **III** *v.t.* ⟨*Lett*⟩ commentare, chiosare. ▢ *your objection is fair ~* la tua obiezione è legittima; *to invite ~* provocare (o prestarsi alle) critiche; ⟨*esclam*⟩ *no* **~** nessuna dichiarazione, nessun commento; *to pass* **–s on** (*to criticize*) fare commenti su.

commentary ['kɔməntəri] *s.* 1 ⟨*Lett*⟩ commento *m*, note *fpl* illustrative: *a ~ on the Bible* un commento alla Bibbia; (*explanatory treatise*) commentario *m*. 2 *pl.* (*record of events*) commentari *mpl.* 3 ⟨*Rad*⟩ radiocronaca *f*: *a ~ on a football match* la radiocronaca di una partita di calcio. 4 ⟨*TV*⟩ telecronaca *f*. **commentate** [-teit] *v.t.* 1 ⟨*Lett*⟩ commentare, chiosare. 2 ⟨*Rad*⟩ fare la radiocronaca di. 3 ⟨*TV*⟩ fare la telecronaca di. **commentator** [-teitə] *s.* 1 ⟨*Lett*⟩ commentatore *m* (*f* –trice), annotatore *m* (*f* –trice). 2 ⟨*Rad*⟩ radiocronista *m/f*. 3 ⟨*TV*⟩ telecronista *m/f*.

commerce ['kɔmə:s] *s.* 1 commercio *m*. 2 (*social intercourse*) rapporto *m*, contatti *mpl.* **commercial** [kə'mə:ʃəl] **I** *a.* 1 commerciale: *a ~ success* un successo commerciale. 2 ⟨*Rad,TV*⟩ commerciale, pubblicitario: *a ~ film* un film commerciale (o di cassetta). **II** *s.* 1 ⟨*Rad,TV*⟩ comunicato *m* commerciale, annuncio *m* pubblicitario. 2 ⟨*fam*⟩ → **commercial traveller**.

commercial| agency *s.* agenzia *f* commerciale. **~ agent** *s.* agente *m* commerciale (o di commercio). **~ airport** *s.* aeroporto *m* civile. **~ art** *s.* arte *f* pubblicitaria. **~ artist** *s.* disegnatore *m* (*f* –trice) pubblicitario. **~ attaché** *s.* ⟨*Dipl*⟩ addetto *m* commerciale. **~ bank** *s.* ⟨*Econ*⟩ banca *f* commerciale. **~ car** *s.* ⟨*Aut*⟩ utilitaria *f*. **~ center** *am*.

~ centre *s.* centro *m* commerciale. **~ directory** *s.* libro *m* d'indirizzi commerciali, guida *f* generale del commercio. **~ hotel** *s.* albergo *m* per viaggiatori di commercio.

ommercialism [kə'mə:ʃəlizəm] *s.* **1** spirito *m* commerciale, mercantilismo *m.* **2** (*emphasis on profit*) affarismo *m.* **3** (*commercial custom*) uso *m* commerciale; (*commercial expression*) espressione *f* (del linguaggio) commerciale. **commercialist** [-list] *s.* commerciante *m/f.* **com,mercialization** [-lai'zeiʃən] *s.* commercializzazione *f.* **commercialize** [-laiz] *v.t.* **1** commercializzare: *to ~ Christmas* commercializzare il Natale. **2** (*to cause to be sold, etc.*) rendere commerciabile: *to ~ an invention* rendere commerciabile un'invenzione. **commercially** [-ʃli] *avv.* commercialmente, mercantilmente.

ommercial| paper *s.* **1** ⟨*Econ*⟩ effetto *m* commerciabile. **2** ⟨*Post*⟩ manoscritto *m* con lettera di accompagnamento. **~ pilot** *s.* ⟨*Aer*⟩ pilota *m* civile. **~ school** *s.* scuola *f* (tecnica) commerciale. **~ traveller** *s.* viaggiatore *m* di commercio, commesso *m* viaggiatore.

ommie ['kɔmi] ⟨*sl*⟩ **I** *s.* comunista *m/f.* **II** *a.* comunista.

omminate [,kɔmi'neit] *v.t.* **1** minacciare; (*to threaten divine punishment*) minacciare la punizione divina a. **2** ⟨*Dir*⟩ comminare. **commination** [-'neiʃən] *s.* **1** (*threat*) comminazione *f* (*anche Dir.*); (*of divine punishment*) minaccia *f* di punizione divina. **2** ⟨*Rel*⟩ (*in the Anglican Church*) litania *f* delle minacce divine. **'comminatory** [-nətəri] *a.* comminatorio.

ommingle [kə'miŋgl] **I** *v.i.* mescolarsi. **II** *v.t.* mescolare.

omminute ['kɔminju:t] *v.t.* **1** sminuzzare, triturare, stritolare, polverizzare. **2** ⟨*Med*⟩ comminuire.

omminuted fracture ['kɔminju:tid] *s.* ⟨*Med*⟩ frattura *f* comminuta, comminuzione *f.*

omminution [,kɔmi'nju:ʃən] *s.* **1** triturazione *f,* stritolamento *m,* polverizzazione *f.* **2** ⟨*Med*⟩ → **comminuted fracture**.

ommiserable [kə'mizərəbl] *a.* commiserabile. **commiserate** [-reit] **I** *v.t.* commiserare, compiangere. **II** *v.i.* partecipare al dolore (*with* di), condolersi (con): *to ~ with s.o. over a bereavement* condolersi con qd. per un lutto. **com,miseration** [-'reiʃən] *s.* commiserazione *f.* **commiserative** [-rətiv] *a.* di commiserazione (*o* compatimento).

ommissar ['kɔmisɑ:, kɔmi'sɑ:] *s.* commissario *m* del popolo; (*minister*) ministro *m.* **,commissarial** [-'sɛəriəl] *a.* commissariale, del commissario. **,commissariat** [-'sɛəriət] *s.* **1** (*in Russia*) commissariato *m;* (*ministry*) ministero *m.* **2** ⟨*Mil*⟩ (*supply system*) intendenza *f;* (*department*) commissariato *m.*

ommissary ['kɔmisəri] *s.* **1** commissario *m,* delegato *m,* incaricato *m.* **2** (*provisions store*) spaccio *m.* **3** ⟨*Rel*⟩ vicario *m.* **4** ⟨*Mil*⟩ ufficiale *m* di un commissariato (*o* un'intendenza). **5** (*in France, Italy*) commissario *m* (di pubblica sicurezza). **6** → **commissar**.

ommissary general *s.* **1** commissario *m* (*o* delegato) generale. **2** ⟨*Mil*⟩ intendente *m* generale.

ommissaryship ['kɔmisəriʃip] *s.* **1** commissariato *m.* **2** ⟨*Rel*⟩ vicariato *m.*

commission [kə'miʃən] **I** *s.* **1** incarico *m,* commissione *f,* mandato *m,* missione *f.* **2** (*warrant*) mandato *m* scritto, autorizzazione *f;* (*authority*) autorità *f,* potere *m.* **3** ⟨*Mil*⟩ decreto *m* di nomina a ufficiale; (*rank*) grado *m* di ufficiale. **4** (*order for a work*) commissione *f,* ordinazione *f;* (*errand, piece of work*) commissione *f: she gave me a few –s* mi diede da fare alcune commissioni. **5** ⟨*Comm*⟩ commissione *f,* provvigione *f: a ten per cent ~ on a sale* una provvigione del dieci per cento su una vendita. **6** (*body of commissioners*) commissione *f,* comitato *m: ~ on Human Rights* commissione dei diritti dell'uomo. **7** ⟨*Mar.mil*⟩ armamento *m.* **II** *v.t.* **1** delegare, autorizzare; (*to appoint to a task*) incaricare. **2** (*to order*) commissionare, ordinare, commettere: *to ~ a statue from a sculptor* commissionare una statua a uno scultore. **3** ⟨*Mar.mil*⟩ affidare il comando a; (*of a ship*) armare. □ *~ of the European* **Communities** Commissione delle comunità europee; ⟨*Mil*⟩ *to* **hold** *a ~ in the army* avere il grado di ufficiale nell'esercito; **in** *~*: 1 ⟨*Mar.mil*⟩ armato, pronto per salpare; 2 ⟨*fig*⟩ (*in use*) in efficienza, in servizio; 3 (*of an office*) autorizzato, delegato; *to* **sell on** *~* vendere a provvigione; **out** *of ~*: 1 ⟨*Mar.mil*⟩ in disarmo; 2 ⟨*fig*⟩ (*out of order*) guasto, fuori uso (*o* servizio); 3 (*of an office*) non autorizzato; ⟨*Mar.mil*⟩ *to* **put** *a ship into ~* armare una nave; ⟨*Mil*⟩ *to* **receive** *a ~ in a regiment* ricevere la nomina di ufficiale di un reggimento; ⟨*Mar*⟩ *to have a* **roving** *~* avere libertà di manovra.

commission agent *s.* allibratore *m.*

commissionaire [kə,miʃə'nɛə] *s.* **1** (*of a hotel, an office, etc.*) fattorino *m.* **2** (*of a cinema, theatre*) portiere *m* (in livrea).

commission| broker *s.* → **commission agent**. **~ charges** *s.pl.* ⟨*Comm*⟩ spese *fpl* di provvigione. **~-day** *s.* ⟨*Dir*⟩ giorno *m* d'apertura della Corte d'Assise.

commissioned [kə'miʃənd] *a.* (*of a person*) delegato, autorizzato.

commissioned officer *s.* ⟨*Mil*⟩ ufficiale *m.*

commissioner [kə'miʃənə] *s.* **1** commissario *m* (*f* –a), componente *m/f* di una commissione. **2** (*delegate, deputy*) commissario *m,* delegato *m: ~ of a colony* commissario di una colonia. **3** (*government official*) (alto) funzionario *m.* **4** ⟨*Comm*⟩ (*orderer*) commettitore *m,* committente *m.* **5** ⟨*Sport*⟩ commissario *m.* □ ⟨*Dir*⟩ *~ of* **audit** consigliere referendario della Corte dei Conti; ⟨*Dir*⟩ *~ in* **bankruptcy** curatore *m* fallimentare (*o* di un fallimento); *the* **Civil** *Service Commissioners* corpo incaricato della nomina dei funzionari statali; *Commissioners of* **Customs** direzione *f* generale delle dogane; *Commissioners of* **Inland** *Revenue* fisco *m;* ⟨*Dir*⟩ *~ for* **oaths** funzionario designato a ricevere le dichiarazioni giurate; *~ of* **patents** direttore *m* dell'ufficio brevetti; *~ of* **police** questore *m.*

commissionership [kə'miʃənəʃip] *s.* commissariato *m.*

commission| house *s.* ⟨*Comm*⟩ azienda *f* commissionaria. **~ merchant** *s.* commissionario *m.*

commissural [,kɔmi'sjurəl] *a.* ⟨*Anat,Biol*⟩ commissurale.

'commissure [-sjuə] *s.* **1** commettitura *f.* **2** commessura *f.*

commit [kə'mit] *v.t.* (*pret., p.p.* **committed** [-id]) **1** affidare, consegnare: *to ~ s.th. to s.o.'s care* affidare qc. alle cure di qd. **2** (*to place in confinement*) relegare, mandare: *to ~ a criminal to prison* mandare un criminale in prigione; (*in a mental hospital*) ricoverare, internare. **3** (*to commend*) affidare, raccomandare: *to ~ one's soul to God* affidare l'anima a Dio. **4** (*to perform, execute*) commettere, compiere: *to ~ a crime* commettere un delitto. **5** (*to pledge; spesso rifl.*) impegnare, legare: *to ~ o.s. to do s.th.* impegnarsi a fare qc. **6** ⟨*rifl*⟩ (*to express one's opinion, etc.*) compromettersi, impegnarsi: *he doesn't want to ~ himself* non vuole compromettersi. □ ⟨*Parl*⟩ *to ~ a* **bill** rinviare un progetto di legge a una commissione parlamentare; *to ~ a body to the* **flames** dare un corpo alle fiamme, ardere un corpo; *to ~ s.th. to* **memory** imparare qc. a memoria; *to ~* **suicide** suicidarsi; ⟨*Dir*⟩ *to ~ s.o. for* **trial** rinviare qd. a giudizio; *to ~ s.th. to* **writing** (*o paper*) mettere qc. per iscritto.

commitment [kə'mitmənt] *s.* **1** affidamento *m;* (*in custody*) imprigionamento *m,* carcerazione *f;* (*to a mental hospital*) ricovero *m,* internamento *m.* **2** (*undertaking, pledge*) obbligo *m,* impegno *m;* (*financial obligation*) impegno *m.* **3** ⟨*Dir*⟩ mandato *m* d'arresto. **4** ⟨*Parl*⟩ (*of a bill*) rinvio *m* a una commissione parlamentare.

committable [kə'mitəbl] *a.* **1** ⟨*Dir*⟩ passibile di arresto e carcerazione. **2** (*capable of being committed*) che può essere commesso. **committal** [-təl] *s.* **1** impegno *m: ~ to a cause* impegno in una causa. **2** (*consignment to custody*) imprigionamento *m,* carcerazione *f.* **3** (*of a body to the grave*) seppellimento *m,* sepoltura *f.* □ ⟨*Dir*⟩ *~ to a higher court* rinvio *m* a un tribunale superiore; *~ for trial* rinvio *m* a giudizio. **committed** [-tid] *a.* impegnato: *a ~ writer* uno scrittore impegnato.

committee [kə'miti] *s.* **1** comitato *m,* commissione *f,* consiglio *m.* **2** ⟨*Dir*⟩ tutore *m* (*f* –trice), curatore *m* (*f* –trice). □ ⟨*Parl*⟩ *to* **go into** *~* riunirsi in commissione; *to* **resolve** *itself into a ~ = to* **go into** *committee;* ⟨*Parl*⟩ *~*

of **selection** commissione *f* delle proposte; *to* **sit** *on a* ~ ⌐far parte¬ (*o* essere membro) di un comitato; ⟨*Parl*⟩ ~ *of* **Supply** (o *Ways and Means*) commissione *f* per il bilancio; ⟨*Parl*⟩ ~ *of the* **whole** (*house*) seduta plenaria (di un'assemblea).

committee| man [mən] *s.irr.* membro *m* di un comitato (*o* una commissione). ~ **room** *s.* sala *f* del consiglio.

commix [kə'miks] *v.* ⟨*poet*⟩ → **commingle. commixture** [-tʃə] *s.* **1** mescolanza *f,* mistura *f.* **2** ⟨*Rel*⟩ mescolanza *f* delle due specie.

commode [kə'məud] *s.* **1** ⟨*Arred*⟩ canterano *m,* cassettone *m.* **2** (*chamber pot*) seggetta *f.* **3** (*movable washstand*) lavabo *m.*

commodious [kə'məudiəs] *a.* ampio, spazioso. **commodiousness** [-nis] *s.* spaziosità *f,* ampiezza *f.*

commodity [kə'mɔditi] *s.* **1** (*article of trade*) prodotto *m,* merce *f,* derrata *f.* **2** (*useful thing*) oggetto *m* d'uso, articolo *m: household commodities* articoli casalinghi. **3** *pl.* ⟨*Econ*⟩ (*agricultural and mining products*) prodotti *mpl* (del suolo).

commodity exchange *s.* ⟨*Econ*⟩ borsa *f* merci.

commodore ['kɔmədɔ:] *s.* **1** ⟨*Mar.mil*⟩ commodoro *m.* **2** ⟨*Mar*⟩ capitano *m* di lungo corso. **3** (*of a yacht club*) presidente *m.*

common ['kɔmən] **I** *a.* **1** comune: *our* ~ *heritage* la nostra comune eredità; *a* ~ *mistake* un errore comune (*o* frequente); (*widespread*) comune, diffuso, generale: *a* ~ *belief* una credenza diffusa. **2** (*shared by*) comune (*to* a), condiviso (da), proprio (di): *an experience* ~ *to many* un'esperienza comune a molti. **3** (*average, ordinary*) comune, medio, normale: *of* ~ *height* di statura media. **4** (*hackneyed*) comune, ovvio, trito, banale. **5** (*shoddy*) ordinario, scadente, dozzinale. **6** (*vulgar*) volgare, grossolano: ~ *language* linguaggio grossolano. **II** *s.* **1** (*common tract of land;* spesso al pl.) terre *fpl* in godimento collettivo, comunanza *fpl;* (*pasture*) pascolo *m* comune (*o* pubblico); (*park*) parco *m* cittadino (*o* pubblico). **2** ⟨*Dir*⟩ servitù *f.* **III** *avv.* ⟨*fam*⟩ in modo volgare. □ *to* **act** *in* ~ agire insieme (*o* di comune accordo); *to the* ~ **advantage** a vantaggio di tutti, per il bene comune; *to* **make** *a* ~ **cause** *with s.o.* far causa comune con qd.; *by* ~ **consent** per unanime consenso; *a matter of* ~ **courtesy** una questione di semplice cortesia; ⟨*fam*⟩ ~ *or* **garden** normale, ordinario, di tutti i giorni; **in** ~ in comune: *the two have a lot in* ~ quei due hanno molte cose in comune; *it is* ~ **knowledge** *that* è notorio (*o* risaputo) che; *the* ~ **man** l'uomo comune (*o* della strada); **out** *of* (*the*) ~ fuori del comune; *nothing out of the* ~ niente di straordinario (o eccezionale); *in* ~ **parlance** nel linguaggio corrente; ⟨*Dir*⟩ ~ *of* **pasturage** diritto *m* di pascolo; ~ **soldier** soldato *m* semplice; *it is* ~ **talk** *that* è voce diffusa che; ⟨*fam*⟩ *don't* **talk** ~ non dire volgarità; *in* ~ **use** nell'uso comune (*o* corrente).

commonable ['kɔmənəbl] *a.* **1** (*of land*) di proprietà comune; (*public*) pubblico. **2** (*of animals*) che può pascolare su un terreno di proprietà comune. **commonage** [-nidʒ] *s.* **1** diritto *m* di pascolo. **2** (*state of being held in common*) comunanza *f;* (*land*) terreno *m* di proprietà comune. **3** → **commonality. commonality** [-'næliti], **commonalty** [-nəlti] *s.* gente *f* comune, popolo *m.*

common| carrier *s.* ⟨*Comm*⟩ vettore *m.* ~ **chord** *s.* ⟨*Mus*⟩ accordo *m* perfetto. ~ **cold** *s.* ⟨*Med*⟩ raffreddore *m,* rinite *f.* ~ **criminal** *s.* ⟨*Dir*⟩ delinquente *m* comune. ~ **denominator** *s.* ⟨*Mat.fig*⟩ denominatore *m* comune. ~ **divisor** *s.* ⟨*Mat*⟩ divisore *m* comune.

commoner ['kɔmənə] *s.* **1** cittadino *m* (*f* –a) comune, borghese *m/f.* **2** ⟨*Univ*⟩ studente *m* che paga la retta. **3** ⟨*Dir*⟩ persona *f* che ha diritto a una terra in godimento comune. □ ⟨*Parl*⟩ *the First* ~ il Presidente della Camera dei comuni.

Common| Era *s.* era *f* volgare (*o* cristiana). ~ **factor** *s.* → **common divisor.** ~ **fraction** *s.* ⟨*Mat*⟩ frazione *f* ordinaria. ~ **gender** *s.* ⟨*Gramm*⟩ genere *m* comune. ~ **grave** *s.* ⟨*Archeol*⟩ sepolcro *m* poliandro. ~ **ground** *s.* ⟨*fig*⟩ terreno *m* comune, punto *m* d'incontro. ~ **intendment** *s.* ⟨*Dir*⟩ interpretazione *f* secondo la consuetudine. ~ **jury** *s.* ⟨*Dir*⟩ giuria *f* ordinaria. ~

labour *s.* manodopera *f* non qualificata. ~ **law** *s.* diritto *m* comune. **2** (*unwritten law*) diritto *r* consuetudinario, legge *f* non scritta. ~**-law marriage** * matrimonio *m* non legalizzato. ~**-law wife** *s.* convivent *f.*

commonly ['kɔmənli] *avv.* **1** comunemente, generalmente **2** ⟨*fam*⟩ (*in a vulgar way*) volgarmente, grosso lanamente.

Common| Market *s.* ⟨*Econ*⟩ Mercato *m* comune. ~ **measure** *s.* **1** → **common time. 2** → **common metre.** ~ **metre** *s.* ⟨*Metr*⟩ metro *m* di ballata. ~ **multiple** * ⟨*Mat*⟩ multiplo *m* comune: *lowest* (o *least*) ~ minim comune multiplo. ~ **name** *s.* → **common noun.**

commonness ['kɔmənnis] *s.* **1** banalità *f,* l'essere comune **2** (*quality of being frequent*) frequenza *f,* l'esser frequente. **3** (*vulgarity*) volgarità *f,* grossolanità *f.*

common| noun *s.* ⟨*Gramm*⟩ nome *m* comune ((appellativo). ~ **nuisance** *s.* ⟨*Dir*⟩ danno *m* pubblico. ~ **people** *s.* popolo *m,* gente *f* comune.

commonplace ['kɔmənpleis] **I** *s.* **1** luogo *m* comune banalità *f,* frase *f* fatta. **2** (*common occurence*) fatto *r* normale, ⟨*fam*⟩ cosa *f* di ⌐tutti i giorni¬ (*o* normal amministrazione). **II** *a.* **1** ovvio, trito, banale. (*ordinary*) comune, medio, normale.

commonplace book *s.* ⟨*Lett*⟩ raccolta *f* di passi scelti.

commonplaceness ['kɔmənpleisnis] *s.* banalità * mancanza *f* di originalità.

common| pleas *s.pl.* ⟨*Dir*⟩ cause *fpl* civili. ~ **Pleas** *s.p.* (*Court of Common Pleas*) tribunale *m* delle cause civili. ~ **Prayer** *s.* (*Book of Common Prayer*) rituale *m* della chies anglicana. ~ **property** *s.* proprietà *f* comune (*anche fig.*) ~ **room** *s.* ⟨*Univ*⟩ **1** (*for students*) sala *f* di ritrovo. (*for the teaching staff*) sala *f* (dei) professori.

commons ['kɔmənz] *s.pl.* **1** (*people without rank;* cost sing. o pl.) popolo *m.* **2** (*provisions for a community* costr. sing. o pl.) viveri *mpl;* (*rations;* costr. sing.) razion *fpl,* porzioni *fpl.* **Commons** *s.pl.* ⟨*Parl*⟩ (*representative* costr. sing. o pl.) membri *mpl* del parlamento, deputat *mpl;* (*house*) Camera *f* dei comuni. □ ⟨*fam*⟩ *to be o short* ~ essere a corto di viveri; ⟨*fam*⟩ *to keep s.o. o short* ~ tenere qd. a stecchetto; ⟨*Parl*⟩ *to sit in the* ~ essere un membro della Camera dei comuni.

common| salt *s.* sale *m* da cucina. ~ **school** *am. s.* scuola *f* pubblica gratuita. ~**-sense** *a.* di buonsenso sensato. ~ **sense** *s.* senso *m* comune, buonsenso *m.* ~ **sorrel** *s.* ⟨*Bot*⟩ saleggiola *f.* ~ **stock** *s.* ⟨*Econ*⟩ titoli *m* ordinari. ~ **time** *s.* ⟨*Mus*⟩ misura *f* di due (*o* quattro battute. ~ **touch** *s.* favore *m* popolare, ascendente *m* sulle masse. ~**weal** *s.* ⟨*lett*⟩ bene *m* pubblico (* comune).

commonwealth ['kɔmənwelθ] *s.* **1** confederazione * comunità *f* indipendente; (*republic*) repubblica *f.* **2** ⟨*fig* comunità *f,* complesso *m,* collettività *f: the world-wide* ~ *of scientists* la comunità mondiale degli scienziati. **3** ⟨*fig* (*range of interests*) repubblica *f: the* ~ *of learning* la repubblica delle lettere. **Commonwealth** *s.* **1** (*of Britain* Commonwealth *m.* **2** (*of Australia*) Federazione australiana. **3** (*of certain American states*) repubblica *f.* ~ ⟨*Stor*⟩ (*under Cromwell*) Repubblica *f* d'Inghilterra. □ *th* (*British*) ~ *of Nations* il Commonwealth britannico.

commotion [kə'məuʃən] *s.* **1** agitazione *f,* confusione *f* trambusto *m.* **2** (*mental excitement*) agitazione *f* eccitazione *f* (mentale). **3** (*popular tumult*) insurrezione *f* sommossa *f,* tumulto *m.*

communal ['kɔmjunl, kə'mju:nl] *a.* **1** (*of a commune* comunale, municipale; (*of a community*) della comunità comunitario: ~ *life* la vita della comunità. **2** (*owned i* *common*) pubblico, comune, comunale: ~ *land* suol pubblico; (*shared*) (in) comune. **3** (*of rival communities* di comunità rivali, comunale: ~ *strife* lotta comunale

com'munalism [-izəm] *s.* **1** ⟨*Pol*⟩ dottrina *f* delle autonomie locali (*o* comunali). **2** ⟨*Econ*⟩ comunismo *m* **com'munalist** [-ist] *s.* **1** fautore *m* (*f* –trice) delle autonomie locali. **2** ⟨*Stor*⟩ comunardo *m.* ,**com-munalization** [-ai'zeiʃən] *s.* municipalizzazione *f.* **com'munalize** [-aiz] *v.t.* municipalizzare.

communal| marriage *s.* ⟨*Etnol*⟩ matrimonio *m* d

gruppo. **~ ownership** *s.* proprietà *f* comune, bene *m* pubblico.

Communard ['kɔmjunɑːd] *s.* ⟨*Stor*⟩ comunardo *m*.

commune[1] [kəˈmjuːn] *v.i.* **1** essere in comunione, unirsi in spirito (*with* con): *to ~ with nature* essere in comunione con la natura. **2** ⟨*am.Rel*⟩ comunicarsi. □ *to ~ with o.s.* raccogliersi.

commune[2] ['kɔmjuːn] *s.* (*in Italy, France, etc.*) comune *m*, municipio *m*. **Commune** *s.* ⟨*Stor*⟩ (*Commune of Paris*) Comune *f*.

communicability [kə,mjuːnikəˈbiliti] *s.* **1** comunicabilità *f*. **2** ⟨*Med*⟩ trasmissibilità *f*. **com'municable** [-bl] *a.* **1** comunicabile. **2** ⟨*Med*⟩ trasmissibile, comunicabile. **com'municant** [-kənt] **I** *s.* **1** ⟨*Rel*⟩ comunicando *m* (*f* –a). **2** (*informant*) chi comunica, informatore *m* (*f* –trice). **II** *a.* ⟨*Rel*⟩ comunicante.

communicate [kəˈmjuːnikeit] **I** *v.t.* **1** comunicare, far sapere (*o* conoscere). **2** (*to transmit;* spesso rifl.) comunicare, trasmettere: *his joy –d itself to us* la sua gioia si comunicò anche a noi. **3** ⟨*Rel*⟩ comunicare, amministrare la comunione a. **II** *v.i.* **1** comunicare con qd. per (*o* via) radio; (*of two persons*) scriversi, essere in corrispondenza. **2** (*of rooms, etc.*) comunicare, essere in comunicazione⟩ (*o* comunicante). **3** ⟨*Rel*⟩ comunicarsi, ricevere la comunione.

communication [kə,mjuːniˈkeiʃən] *s.* **1** comunicazione *f*, trasmissione *f*, diffusione *f*. **2** (*something imparted*) comunicazione *f*, informazione *f*: *confidential ~* informazione segreta; (*message, document*) comunicato *m*, notizia *f*, messaggio *m*. **3** (*contact*) contatto *m*, comunicazione *f*, collegamento *m*: *we are in constant ~ with them* siamo in costante contatto con loro; (*between places*) comunicazioni *fpl*, collegamenti *mpl*: *snow blocked ~* la neve interruppe le comunicazioni. **4** *pl.* ⟨*Mil*⟩ collegamenti *mpl*. **5** (*of a disease*) trasmissione *f*. □ *to break off all ~ with s.o.* rompere ogni rapporto con qd.; *to get into* (*o effect a*) *~ with s.o.* mettersi in contatto con qd.

communication cord *s.* ⟨*Ferr*⟩ segnale *m* d'allarme.

communications| satellite *s.* satellite *m* per telecomunicazioni. **~ zone** *s.* ⟨*Mil*⟩ retrovie *fpl*.

communicative [kəˈmjuːnikətiv] *a.* comunicativo, loquace; (*sociable*) socievole, espansivo. **communicatively** [-li] *avv.* in modo comunicativo. **communicativeness** [-nis] *s.* comunicativa *f*. **communicator** [-keitə] *s.* **1** chi comunica. **2** ⟨*Tel*⟩ trasmettitore *m*.

communion [kəˈmjuːnjən] *s.* **1** comunione *f*, intima unione *f*: *~ with nature* comunione con la natura; (*dealings*) rapporti *mpl*, contatti *mpl*. **2** ⟨*Rel*⟩ comunione *f*, comunità *f*: *the Anglican ~* la comunione anglicana. **Communion** *s.* ⟨*Rel*⟩ (*Holy Communion*) comunione *f*. □ *~ of* **goods** comunione *f* dei beni; *to* **hold** *~ with o.s.* essere assorto in meditazione; ⟨*Rel*⟩ *~ in one* **kind** comunione *f* sotto la specie del solo pane; ⟨*Rel*⟩ *~ in both kinds* comunione *f* sotto le due specie; ⟨*Rel*⟩ *to belong to the* **same** *~* appartenere alla stessa confessione; ⟨*Rel*⟩ *to* **take** (*Holy*) *~* fare (*o* ricevere) la comunione.

communion| cloth *s.* ⟨*Lit*⟩ corporale *m*. **~ cup** *s.* calice *m* per la comunione. **~ plate** *s.* patena *f*. **~ rail** *s.* balaustra *f* dell'altare della comunione. **~ table** *s.* altare *m* eucaristico.

communiqué [kəˈmjuːnikei] *s.* comunicato *m*, bollettino *m*.

communism ['kɔmjunizəm] *s.* ⟨*Econ*⟩ teoria *f* della comunanza dei beni, comunismo *m*. **Communism** *s.* ⟨*Pol*⟩ comunismo *m*. **communist, Communist** [-nist] **I** *s.* comunista *m/f*. **II** *a.* comunista. **,communistical** [-'nistikəl] *a.* comunistico. **,communistically** [-'nistikli] *avv.* da comunista.

Communist Party *s.* ⟨*Pol*⟩ partito *m* comunista.

communitarian [kə,mjuːniˈtɛəriən] **I** *s.* fautore *m* (*f* –trice) di una società comunistica. **II** *a.* basato su principi comunistici.

community [kəˈmjuːniti] *s.* **1** comunità *f*; (*the public*) società *f*, comunità *f*, collettività *f*, pubblico *m*: *the good of the ~* il bene della collettività. **2** (*group within society*) comunità *f*, mondo *m*, ambienti *mpl*: *the business ~* gli ambienti commerciali; *the Italian communities abroad* le comunità italiane all'estero. **3** (*common possession*) comunanza *f*, comunione *f*: *~ of goods* comunanza dei beni; (*sharing*) comunanza *f*, concordanza *f*: *~ of interests* comunanza d'interessi. **4** ⟨*Rel,Zool,Bot*⟩ comunità *f*.

community| action *s.* iniziativa *f* civica. **~ aerial** *s.* antenna *f* centralizzata. **~ aerial television** *s.* televisione *f* via cavo. **~ budget** *s.* bilancio *m* comunitario. **~ center** *am.*, **~ centre** *s.* luogo *m* di ritrovo e di ricreazione (di una comunità). **~ chest** *am.* *s.* fondo *m* ⌐della comunità⌐ (*o* di beneficenza). **~ law** *s.* diritto *m* comunitario. **~ preference** *s.* ⟨*Econ*⟩ preferenza *f* comunitaria. **~ property** *s.* ⟨*Dir*⟩ comunione *f* di beni. **~ singing** *s.* canto *m* comunitario (*o* corale). **~ work** *s.* assistenza *f* sociale comunitaria.

communize ['kɔmjunaiz] *v.t.* **1** rendere di proprietà comune. **2** (*to transfer to state-owned property*) statalizzare, nazionalizzare. **Communize** *v.t.* ⟨*Pol*⟩ comunistizzare.

commutability [kə,mjuːtəˈbiliti] *s.* commutabilità *f* (*anche Dir.*). **com'mutable** [-bl] *a.* commutabile (*anche Dir.*).

commutate ['kɔmjuteit] *v.t.* ⟨*El*⟩ commutare. **,commutation** [-'teiʃən] *s.* commutazione *f*: *~ of death sentence to life imprisonment* commutazione della pena di morte in ergastolo.

commutation| passenger *am. s.* ⟨*Ferr*⟩ abbonato *m* (*f* –a). **~ ticket** *am. s.* abbonamento *m* ferroviario.

commutative [kəˈmjuːtətiv] *a.* commutativo (*anche Mat.,Dir.*).

commutator ['kɔmjuteitə] *s.* ⟨*El*⟩ commutatore *m*.

commute [kəˈmjuːt] **I** *v.t.* commutare: *to ~ a lump sum into part payments* commutare un pagamento in contanti in versamenti parziali. **II** *v.i.* fare un viaggio di andata e ritorno (per recarsi al lavoro), (*fam*) fare il pendolare: *to ~ between Brighton and London* fare il pendolare tra Brighton e Londra. **commuter** [-ə] *s.* **1** ⟨*fam*⟩ pendolare *m/f*. **2** (*season-ticket holder*) abbonato *m* (*f* –a). **commuting** [-iŋ] *s.* migrazione *f* interna.

Comoros ['kɔmərous] *N.pr.* ⟨*Geog*⟩ Comore *fpl*.

comose ['koumous] *a.* ⟨*Bot*⟩ peloso.

compact[1] **I** *a.* [kəmˈpækt] **1** (*close-packed*) fitto, denso, pieno, ricco; (*closely united*) compatto, sodo: *~ soil* terreno compatto. **2** ⟨*fig*⟩ (*terse*) serrato, conciso. **3** ⟨*Aut*⟩ compatto. **II** *s.* ['kɔmpækt] **1** ⟨*Cosmet*⟩ cipria *f* compatta; (*case*) portacipria *m* (da borsetta). **2** ⟨*Aut*⟩ vettura *f* compatta, compatta *f*. **III** *v.t.* [kəmˈpækt] **1** rendere compatto, comprimere, pressare. **2** (*to condense*) compendiare, riassumere. **3** (*to compose*) mettere insieme, comporre. **4** (*of waste*) compattare.

compact[2] ['kɔmpækt] *s.* patto *m*, accordo *m*, convenzione *f*.

compact| camera *s.* ⟨*Fot*⟩ macchina *f* fotografica compatta, compatta *f*. **~ car** *s.* ⟨*Aut*⟩ vettura *f* compatta, compatta *f*. **~ disc**, **~ disk** *s.* disco *m* compatto, compact *m*.

compactly [kəmˈpæktli] *avv.* in modo da occupare poco posto. **compactness** [-ktnis] *s.* **1** compattezza *f*. **2** (*of language, etc.*) concisione *f*.

compactor [kəmˈpæktə] *s.* ⟨*Mecc*⟩ compattatore *m*, costipatore *m*. **2** (*waste compactor*) compattatore *m* di rifiuti.

compages [kəmˈpeidʒiːz] *s.inv.* compagine *f*, struttura *f*.

companion[1] [kəmˈpænjən] **I** *s.* **1** compagno *m* (*f* –a), amico *m* (*f* –a), camerata *m/f*. **2** (*lady companion*) dama *f* di compagnia. **3** (*one of a pair of things*) compagno *m* (*f* –a), riscontro *m*. **4** (*person with similar tastes, etc.*) compagno *m* (*f* –a), compagnia *f*: *he will be a good ~ for you* sarà una buona compagnia per te. **5** (*handbook*) manuale *m*, guida *f*, prontuario *m*, vademecum *m*: *the Gardener's ~* il manuale del giardiniere. **6** (*in an order of knighthood*) compagno *m*: *~ of the Bath* compagno dell'ordine di Bath. **II** *a.* compagno: *the ~ shoe* la scarpa compagna. **III** *v.i.* accompagnarsi, stare insieme (*with* con, a); (*to associate with*) frequentare (qd.). **IV** *v.t.* accompagnare, fare da compagno a.

companion[2] *s.* ⟨*Mar*⟩ **1** cappa *f* di boccaporto. **2** → **companionway**.

companionable [kəm'pænjənəbl] *a.* socievole, di (buona) compagnia. **companionableness** [–nis] *s.* socievolezza *f.* **companionably** [–i] *avv.* socievolmente.

companion| hatch *s.* ⟨*Mar*⟩ chiusura *f* di boccaporto. **~-in-arms** *s.* compagno *m* d'armi, commilitone *m.* **~ ladder** *s.* ⟨*Mar*⟩ scaletta *f* d'accesso alle cabine. **~ piece** *s.* ⟨*Lett,Mus*⟩ opera *f* complementare.

companionship [kəm'pænjənʃip] *s.* **1** l'essere compagni, cameratismo *m,* amicizia *f.* **2** (*body of companions*) compagnia *f,* gruppo *m* (di compagni). **3** ⟨*Tip*⟩ associazione *f* di compositori.

companionway [kəm'pænjənwei] *s.* ⟨*Mar*⟩ corridoio *m* di accesso alle cabine.

company ['kʌmpəni] *s.* **1** compagnia *f: he is good ~* è una buona compagnia. **2** ⟨*fam*⟩ (*guest, guests*) ospiti *mpl,* visite *fpl: we are having ~ for dinner* abbiamo ospiti (*o* gente) a pranzo. **3** (*assemblage*) compagnia *f,* assemblea *f;* (*group of people*) compagnia *f,* brigata *f,* accolta *f* di persone. **4** ⟨*Comm,Econ*⟩ società *f,* compagnia *f.* **5** ⟨*Teat,Mil*⟩ compagnia *f.* **6** ⟨*Mar*⟩ (*ship's company*) equipaggio *m,* ciurma *f.* **Company** *s.* ⟨*Comm*⟩ compagni *mpl: James Jones and ~* James Jones e compagni. □ ⟨*fam*⟩ **and ~** (*o Co.*) e compagni, e compagnia bella; *I'll go with you for ~* verrò con te per (tenerti) compagnia; *she had only her thoughts for ~* era sola in compagnia dei suoi pensieri; *to get into bad ~* fare cattive amicizie; ⟨*fig*⟩ *to be in* **good** *~* essere in buona compagnia; **in** *~* in compagnia, in mezzo agli altri (*o* alla gente); *in ~* **with** in compagnia di, assieme a; *to* **keep** *~* **with:** 1 stare con, accompagnarsi a, frequentare; 2 (*of lovers*) fare l'amore con; *to keep s.o. ~* tenere (*o* fare) compagnia a qd.; *you may* **know** *a man by the ~ he keeps* dimmi con chi vai e ti dirò chi sei; *to be glad of s.o.'s ~ on a journey* essere contento di avere qd. come compagno di viaggio; *to keep one's* **own** *~* starsene solo (*o* in disparte); *to* **part** *~:* 1 separarsi, lasciarsi; 2 (*to cease association*) rompere, troncare i rapporti (*with* con); 3 ⟨*fig*⟩ (*to disagree*) essere in disaccordo, avere delle divergenze di vedute (con); *to request the* **pleasure** *of s.o.'s ~ at dinner* avere il piacere di invitare qd. a pranzo; *to be* **poor** *~* (*of a person*) non essere di compagnia; **present** *~ excepted* esclusi i presenti. *Prov.: two's ~, three's a crowd* poca brigata, vita beata.

company| law *s.* diritto *m* societario. **~ letterhead** *s.* carta *f* intestata (di un'azienda). **~ loyalty** *s.* fedeltà *f* all'azienda. **~ meeting** *s.* assemblea *f* societaria. **~ officer** *s.* ⟨*Mil*⟩ ufficiale *m* di compagnia. **~ policy** *s.* politica *f* aziendale. **~ profile** *s.* profilo *m* aziendale. **~ store** *am. s.* spaccio *m* aziendale. **~ union** *am. s.* sindacato *m* d'impresa.

comparability [ˌkɒmpərə'biliti] *s.* comparabilità *f.* **'comparable** [–bl] *a.* **1** confrontabile (*with, to* con), comparabile, paragonabile (a). **2** (*worthy of comparison*) paragonabile, degno di (*o* che può) essere paragonato (a). **'comparably** [–bli] *avv.* in modo paragonabile.

comparative [kəm'pærətiv] **I** *a.* **1** comparativo (*anche Gramm.*): *~ study* studio comparativo. **2** (*using comparison*) comparato: *~ anatomy* anatomia comparata. **3** (*relative*) relativo: *to live in ~ comfort* vivere in un relativo benessere. **II** *s.* ⟨*Gramm*⟩ → **comparative degree**.

comparative| degree *s.* ⟨*Gramm*⟩ comparativo *m,* grado *m* comparativo. **~ linguistics** *s.pl.* (costr. sing.) linguistica *f* comparativa (*o* filologica).

comparatively [kəm'pærətivli] *avv.* **1** comparativamente. **2** (*relatively*) relativamente: *they are ~ wealthy* sono relativamente ricchi.

comparative| method *s.* comparativismo *m.* **~ religion** *s.* studio *m* comparativo delle religioni.

comparator [kəm'pærətə] *s.* ⟨*tecn*⟩ comparatore *m.*

compare [kəm'peə] **I** *v.t.* **1** paragonare, confrontare, mettere a confronto: *to ~ one thing with another* paragonare una cosa a un'altra; (*of documents, etc.*) collazionare. **2** (*to liken*) paragonare, assomigliare: *to ~ death to sleep* paragonare la morte al sonno. **3** ⟨*Gramm*⟩ fare il comparativo di. **II** *v.i.* **1** essere paragonato (*with* a), reggere il confronto (con): *his work cannot ~ with yours* il suo lavoro non può essere paragonato al tuo. **2**

(*to be alike, equal*) equivalere, essere pari, non essere inferiore (*with* a). **III** *s.* confronto *m,* paragone *m.* □ **beyond** (*o past, without*) *~* senza confronti; *she is beautiful beyond ~* è incomparabilmente bella; *to ~* **favourably** *with* guadagnarci al confronto con; *to ~* **notes** scambiarsi impressioni; *to ~* **unfavourably** *with* perdere nel confronto con; (*as*) *–d* **with** rispetto a, a paragone di; *not to be –d with* non paragonabile a.

comparison [kəm'pærisn] *s.* **1** paragone *m,* confronto *m. to make a ~ between two countries* fare il confronto tra due paesi. **2** ⟨*Gramm,Statist*⟩ comparazione *f,* paragone *m.* □ *to* **bear** (*o stand*) *~* **with** reggere al confronto (*o* paragone) con, sostenere il confronto con; **beyond** (*o without, out of all*) *~* senza confronto (*o* confronti), senza paragone; **by** *~* al confronto, a paragone; ⟨*Gramm*⟩ **degrees** *of ~* gradi *mpl* di comparazione; *to* **draw** *a ~ between two things* fare un paragone tra due cose; **in** *~* **with** in confronto a, a paragone di, rispetto a; *–s are* **odious** i paragoni sono (sempre) odiosi.

compartment [kəm'pɑːtmənt] *s.* **1** ripartizione *f,* suddivisione *f.* **2** ⟨*Ferr,Mar*⟩ scompartimento *m,* compartimento *m: a non-smoking ~* uno scompartimento per non fumatori; *a watertight ~ in a ship* un compartimento stagno di una nave. **3** ⟨*fig*⟩ settore *m,* parte *f,* sezione *f.* **4** ⟨*Parl*⟩ (*of a bill*) sezione *f.* **5** ⟨*Arch*⟩ scomparto *m,* partizione *f.*

compartmentalization [ˌkɒmpɑːt'mentəlaiˈzeiʃən] *s.* divisione *f* in compartimenti, compartimentalizzazione *f.* **compartmentalize** [ˌkɒmpɑːt'mentlaiz] *v.t.* dividere in compartimenti, compartimentalizzare.

compass ['kʌmpəs] **I** *s.* **1** ⟨*Mar*⟩ bussola *f.* **2** (general. al pl.) compasso *m.* **3** (*circumference*) circonferenza *f,* perimetro *m.* **4** ⟨*fig*⟩ (*range, scope*) ambito *m,* portata *f,* possibilità *fpl: the ~ of the human mind* le possibilità della mente umana. **5** (*circuit*) giro *m,* movimento *m* circolare: *to fetch* (*o go*) *a ~* 'fare un giro' (*o* prenderla) alla larga. **6** ⟨*Mus*⟩ estensione *f,* gamma *f,* registro *m.* **II** *v.t.* **1** fare il giro di, girare intorno a: *to ~ the earth* fare il giro del mondo. **2** (*to encompass*) circondare racchiudere, delimitare; (*to besiege, surround*) circondare, attorniare: *to be –ed about by enemies* essere circondato da nemici. **3** ⟨*fig*⟩ (*to achieve*) conseguire, raggiungere ottenere. **4** ⟨*fig*⟩ (*to scheme*) ordire, tramare: *to ~ a plot* ordire una congiura. **5** ⟨*fig*⟩ (*to grasp*) afferrare, capire comprendere. □ ⟨*fig*⟩ *beyond the ~ of one's mind* al di là della propria comprensione; *a pair of –es* un compasso; ⟨*fig*⟩ *in* (*a*) *small ~* in un ambito ristretto; ⟨*fig*⟩ *within the ~ of my knowledge* entro i limiti delle mie cognizioni (in materia); ⟨*fig*⟩ *to be within the ~ of s.th.* rientrare nell'ambito di qc.

compassable ['kʌmpəsəbl] *a.* ⟨*lett*⟩ **1** circondabile. **2** (*attainable*) conseguibile, raggiungibile.

compass| bearing *s.* ⟨*Mar,Aer*⟩ rilevamento *m* alla bussola. **~ bowl** *s.* ⟨*Mar*⟩ mortaio *m* della bussola. **~ card** *s.* ⟨*Mar*⟩ rosa *f* 'dei venti' (*o* della bussola). **~ dial** *s.* ⟨*Mar*⟩ quadrante *m* della bussola.

compassion [kəm'pæʃən] *s.* compassione *f,* pietà *f: to have* (*o take*) *~ on s.o.* avere pietà (*o* compassione) di qd.; *out of ~* per pietà. **compassionate** [–it] **I** *a.* compassionevole, pietoso. **II** *v.t.* ⟨*ant*⟩ compassionare, avere compassione di.

compassionate| allowance *s.* sovvenzione *f* concessa a persona bisognosa. **~ leave** *s.* congedo *m* per gravi motivi familiari.

compassionately [kəm'pæʃənitli] *avv.* pietosamente. **compassionateness** [–tnis] *s.* l'essere pietoso (*o* compassionevole).

compass| needle *s.* ⟨*Mar*⟩ ago *m* della bussola. **~ north** *s.* ⟨*Mar*⟩ nord *m* magnetico. **~ plane** *s.* ⟨*Fal*⟩ pialla *f* circolare. **~ rose** *s.* ⟨*Mar*⟩ rosa *f* della bussola. **~ saw** *s.* ⟨*Fal*⟩ gattuccio *m.* **~ window** *s.* ⟨*Arch*⟩ bovindo *m.*

compatibility [kəmˌpætə'biliti] *s.* compatibilità *f* (*anche Bot.*). **com'patible** [–bl] *a.* **1** compatibile, conciliabile (*with* con). **2** (*consistent, harmonious*) che è in armonia concordante (*with* con). **3** ⟨*TV*⟩ combinato per la ricezione a colori e in bianco e nero. **com'patibly** [–bli] *avv.* compatibilmente.

compatriot [kəm'pætriət, am. -'peit-] s. compatriota m/f.
com,patriotic [-riɔtik] a. della patria, di compatriota.
compeer [kɔm'piə] s. 1 (equal in rank) pari m/f, eguale m/f. 2 (companion) amico m (f –a), compagno m (f –a).
compel [kəm'pel] v.t. (pret., p.p. **compelled** [-d]) 1 costringere, obbligare, forzare: to ~ s.o. to do s.th. obbligare qd. a fare qc. 2 (to bring about by force) imporre, esigere, pretendere: to ~ obedience from s.o. imporre l'obbedienza a qd., esigere (o pretendere) obbedienza da qd.; (to cause irresistibly) imporre: his courage –s respect il suo coraggio impone rispetto.
compellable [-əbl] a. coercibile. **compelling** [-iŋ] a. 1 che impone rispetto; (demanding attention) avvincente, che suscita interesse (o attenzione); (irresistible) irresistibile. 2 (convincing) convincente: ~ evidence prova convincente. **compellingly** [-iŋli] avv. irresistibilmente, in modo avvincente.
compendious [kəm'pendiəs] a. compendioso, succinto, conciso, breve: a ~ history of the world una breve storia universale. **compendiousness** [-nis] s. compendiosità f, concisione f, brevità f. **compendium** [-diəm] s. (pl. -s [z]/-dia [diə]) compendio m, sommario m.
compensable [kəm'pensəbl] a. ⟨Assic⟩ risarcibile.
compensate ['kɔmpənseit] I v.t. 1 risarcire, indennizzare: to ~ a worker for an injury risarcire un lavoratore per un infortunio. 2 (to counterbalance) compensare, controbilanciare. 3 (to repay) compensare, ricompensare, ripagare. 4 ⟨tecn,Econ⟩ compensare. II v.i. 1 compensare, ripagare (for di): nothing can ~ for the loss of one's health niente può compensare la perdita della salute. 2 ⟨Psic⟩ compensare (qc.). **compensating** [-iŋ] a. ⟨tecn⟩ compensatore, di compensazione.
compensating| errors s.pl. errori mpl che si compensano. **~ gear** s. ⟨Mecc⟩ ingranaggio m differenziale.
compensation [,kɔmpən'seiʃən] s. 1 compensazione f (anche tecn., Psic.). 2 (payment) risarcimento m, indennizzo m, indennità f. 3 (moral, spiritual reward) ricompensa f, soddisfazione f: the –s of academic life le soddisfazioni della vita accademica. 4 ⟨Med⟩ compenso m, compensazione f. **compensational** [-əl] a. della (o relativo alla) compensazione.
compensative ['kɔmpenseitiv] a. → **compensatory**.
compensator [-tə] s. 1 compensatore m (f –trice). 2 ⟨El⟩ compensatore m; (autotransformer) autotrasformatore m. 3 ⟨Fot⟩ diaframma m variabile. 4 ⟨Mecc,Orol⟩ compensatore m, bilanciere m. 5 ⟨Ott⟩ compensatore m, comparatore m.
compensatory [kəm'pensətəri] a. compensativo, compensatore.
compère ['kɔmpeə] I s. ⟨Teat,Rad,TV⟩ presentatore m. II v.t. presentare. III v.i. fare da presentatore.
compete [kəm'pi:t] v.i. 1 competere, concorrere, gareggiare. 2 (to stand comparison) competere (with con), far concorrenza (a), reggere al confronto (con).
competence ['kɔmpitəns], **competency** [-i] s. 1 competenza f, capacità f, abilità f, perizia f: he shows great ~ as a mechanic dimostra una grande competenza come meccanico. 2 ⟨Dir⟩ competenza f; (of a witness) capacità f, idoneità f; (of evidence) ammissibilità f. 3 (financial sufficiency) mezzi npl di sussistenza, entrate fpl, rendita f.
competent ['kɔmpitənt] a. 1 competente, capace, esperto, abile: a ~ worker un lavoratore capace. 2 (sufficient) sufficiente, adeguato: a ~ knowledge of Greek un'adeguata conoscenza del greco. 3 ⟨Dir⟩ competente: the ~ court il tribunale competente; (of a witness) capace, idoneo; (of evidence) ammissibile. **competently** [-li] avv. 1 con competenza, con abilità. 2 (adequately) adeguatamente, convenientemente; (sufficiently) sufficientemente.
competition [,kɔmpi'tiʃən] s. 1 rivalità f, concorrenza f: ~ between the two teams was keen c'era una forte rivalità tra le due squadre. 2 (contest) competizione f, gara f, concorso m: to enter a ~ partecipare a una competizione; a short-story ~ un concorso per una novella. 3 ⟨Comm⟩ concorrenza f: fair ~ concorrenza leale; (competitors) concorrenza f, concorrenti mpl: our ~ is cutting prices la nostra concorrenza riduce i prezzi. □ to enter into ~ with

s.o. entrare in concorrenza con qd.; not for ~ fuori concorso; in open ~ in gara libera, in concorso pubblico (o aperto); spirit of ~ spirito agonistico.
competitive [kəm'petitiv] a. 1 di (o basato sulla) competizione, competitivo, agonistico: a ~ sport uno sport agonistico. 2 (showing competition) combattivo, battagliero: a ~ player un giocatore combattivo. 3 ⟨Comm⟩ concorrenziale, competitivo: ~ prices prezzi concorrenziali.
competitive examination s. concorso m.
competitiveness [kəm'petitivnis] s. competitività f, concorrenzialità f.
competitive| spirit s. spirito m competitivo. **~ sport** s. sport m competitivo.
competitor [-tə] s. 1 competitore m, concorrente m; (rival) rivale m, emulo m, avversario m. 2 ⟨Comm⟩ concorrente m. **competitory** [-təri] a. → **competitive**.
compilation [,kɔmpi'leiʃən] s. compilazione f. **compile** [-'pail] v.t. compilare: to ~ a dictionary compilare un dizionario; to ~ a list of names compilare una lista di nomi. **compiler** [-'pailə] s. 1 compilatore m (f –trice). 2 ⟨Inform⟩ compilatore m.
complacence [kəm'pleisns], **complacency** [-i] s. compiacimento m (o soddisfazione f) di sé. **complacent** [-snt] a. compiaciuto (o soddisfatto) di sé. **complacently** [-sntli] avv. con vanità, con sufficienza.
complain [kəm'plein] v.i. 1 protestare, reclamare: you never stop –ing non (la) smetti mai di protestare; to ~ to the authorities about s.th. reclamare presso le autorità per qc. 2 (to express grief) lagnarsi, dolersi, rammaricarsi (about di, per): the teacher –ed about his pupils il professore si è lagnato dei suoi alunni. 3 (of an illness, etc.) lagnarsi, lamentarsi (of di, per): to ~ of an aching back lamentarsi di un dolore alla schiena. □ you have nothing to ~ of (o about) non hai niente di cui lagnarti; how are things? – I can't ~ come va? – non mi lamento.
complainant [-ənt] s. ⟨Dir⟩ attore m (f –trice), querelante m/f. **complainer** [-ə] s. chi si lamenta.
complaint [kəm'pleint] s. 1 rimostranza f, protesta f. 2 (expression of grief) lagnanza f, lamentela f: their –s are justified le loro lamentele sono giustificate. 3 (ailment) disturbo m: a liver ~ un disturbo epatico; (sickness) malattia f: childish –s malattie infantili. 4 ⟨Comm⟩ reclamo m. 5 ⟨Dir⟩ querela f, denunzia f. □ to have good cause for ~ avere buoni motivi di lamentarsi (o lagnarsi); to have no cause (o ground) for ~ non avere motivo di lamentarsi (o lagnarsi); to lodge a ~ with s.o. reclamare presso (o con) qd.; to lodge a ~ against s.o.: 1 ⟨Comm⟩ presentare un reclamo contro qd.; 2 ⟨Dir⟩ sporgere querela contro qd., querelare qd.
complaisance [kəm'pleizəns] s. cortesia f, compiacenza f. **complaisant** [-nt] a. cortese, compiacente. **complaisantly** [-ntli] avv. cortesemente, con compiacenza.
complement ['kɔmplimənt] I s. 1 (something that completes, perfects) complemento m, completamento m: a good brandy was the perfect ~ to our dinner un buon brandy fu il perfetto completamento della nostra cena. 2 (full quantity) serie f completa, insieme m. 3 (counterpart) complemento m: liberty and its ~, democracy la libertà e ciò che costituisce il suo complemento, la democrazia. 4 ⟨Gramm,Geom,Mat⟩ complemento m. 5 ⟨Mar⟩ effettivo m, effettivi mpl. II v.t. 1 completare. 2 (to form a complement to) essere (o fare da) complemento a, essere il complemento di.
complementation ['kɔmplimenteiʃən] s. ⟨Biol⟩ complementazione f.
complemental [,kɔmpli'mentl], **complementary** [-təri] a. complementare: ~ angle angolo complementare.
complete [kəm'pli:t] I a. 1 completo, intero, integro, integrale: the ~ works of Shakespeare le opere complete di Shakespeare. 2 (concluded) completo, finito, compiuto, concluso: the work is now ~ adesso il lavoro è concluso. 3 (whole, entire) completo, intero: a ~ month un mese intero (o completo). 4 (of a person) completo, perfetto, finito, vero: a ~ gentleman un perfetto gentiluomo. 5 (total, fully realized) completo, totale, pieno, assoluto: our

victory was ~ la nostra vittoria fu completa; *I have* ~ *faith in you* ho assoluta fiducia in te. **6** ⟨*iron*⟩ (*absolute*) perfetto, assoluto: *he is a* ~ *fool* è un perfetto stupido. **II** *v.t.* **1** portare a compimento, completare, finire. **2** (*to make perfect or whole*) completare: *to* ~ *a collection* completare una collezione. **3** (*to mark the end of*) concludere, segnare la fine di: *and that –s our lesson for today* e questo conclude la nostra lezione per oggi. □ ~ *with* **fittings** completo di accessori; *to* ~ *a* **form** riempire (*o* completare) un modulo; *to* ~ **payment** perfezionare il pagamento; ⟨*fig*⟩ *to* ~ *the* **picture** completare il quadro, dare il tocco finale; *the* **staff** *is* ~ il personale è al completo; *he is a* ~ **stranger** *to me* per me è un perfetto estraneo.

complete feed *s.* ⟨*Zootecn*⟩ mangime *m* completo.

completely [kəm'pli:tli] *avv.* completamente, del tutto.

completeness [–tnis] *s.* completezza *f*, totalità *f*, pienezza *f*, integrità *f*. **completion** [–'pli:ʃən] *s.* **1** (*act*) completamento *m;* (*state*) completezza *f*, compiutezza *f*, integrità *f*. **2** ⟨*Mar*⟩ allestimento *m*, approntamento *m*.

complex ['kɔmpleks, *am.* ˌkɔmp'leks] **I** *a.* **1** complesso, complicato: *a* ~ *mechanism* un meccanismo complesso; (*of a problem, etc.*) complesso, difficile, intricato. **2** ⟨*Gramm,Mat,Chim*⟩ complesso. **II** *s.* **1** complesso *m*, insieme *m: an industrial* ~ un complesso industriale. **2** ⟨*Psic,Mat*⟩ complesso *m.* **3** ⟨*pop*⟩ (*obsession*) fissazione *f*, mania *f*. **4** ⟨*Chim*⟩ composto *m* complesso.

complex fraction *s.* ⟨*Mat*⟩ frazione *f* complessa (*o* composta).

complexion [kəm'plekʃən] *s.* **1** carnagione *f*, colorito *m: to have a dark* ~ avere la carnagione scura; (*skin of the face*) pelle *f* del viso, ⟨*fam*⟩ viso *m:* ~ *cleansing* la pulizia del viso. **2** ⟨*fig*⟩ (*aspect*) aspetto *m*, apparenza *f*. **3** ⟨*fig*⟩ (*viewpoint*) modo *m* di vedere, veduta *f*. □ *to have a good* ~ avere un bel colorito; ⟨*fig*⟩ *to put a good* ~ *on s.th.* presentare qc. sotto un aspetto favorevole; ⟨*fig*⟩ *to put a different* ~ *on s.th.* far cambiare aspetto a qc.; ⟨*fig*⟩ *to put a false* ~ *on s.th.* interpretare male qc., fraintendere qc.; ⟨*fig*⟩ *to put a fresh* ~ *on s.th.* far vedere qc. sotto un aspetto nuovo. **complexioned** [–d] *a.* di (*o* dalla) carnagione ...: *fresh-*~ dalla carnagione fresca.

complexity [kəm'pleksiti] *s.* **1** complessità *f*, complicatezza *f*. **2** (*instance*) complicazione *f*. **complexly** [–sli] *avv.* in modo complesso (*o* complicato). **complexness** [–snis] *s.* complessità *f*.

complex **number** *s.* ⟨*Mat*⟩ numero *m* complesso. **~ sentence** *s.* ⟨*Gramm*⟩ proposizione *f* complessa.

compliance [kəm'plaiəns], **compliancy** [–i] *s.* **1** condiscendenza *f*, acquiescenza *f*, arrendevolezza *f*. **2** (*submission*) remissività *f*, sottomissione *f*. **3** (*conformity*) adesione *f*, conformità *f: in* ~ *with your wishes* in conformità ai tuoi desideri. □ ~ *test* prova *f* di conformità. **compliant** [–ənt] *a.* **1** compiacente, condiscendente. **2** (*submissive*) remissivo, sottomesso.

complicacy ['kɔmplikəsi] *s.* **1** complessità *f*, complicatezza *f*. **2** (*something complicated*) complicazione *f*.

complicate ['kɔmplikeit] **I** *v.t.* **1** complicare, rendere difficile: *this –s matters* questo complica le cose. **2** ⟨*Med*⟩ complicare, aggravare. **II** *a.* **1** ⟨*Bot*⟩ conduplicato. **2** ⟨*Entom*⟩ (*of wings*) ripiegato longitudinalmente. **complicated** [–id] *a.* **1** complicato, complesso. **2** (*involved*) complesso, arduo, di difficile comprensione: *a* ~ *problem* un problema arduo; (*of persons*) complicato, difficile. **complication** [–'keiʃən] *s.* complicazione *f* (*anche Med.*): *–s have arisen* (*o set in*) sono sorte (*o* sopravvenute) delle complicazioni.

complicity [kəm'plisiti] *s.* complicità *f*.

compliment ['kɔmplimənt] **I** *s.* **1** complimento *m: to pay s.o. a* ~ fare un complimento a qd. **2** (*consideration, respect*) cortesia *f*, riguardo *m*, considerazione *f: you might at least pay me the* ~ *of listening* potresti almeno usarmi la cortesia di stare a sentire. **3** *pl.* (*good wishes*) omaggi *mpl*, ossequi *mpl*, rispetti *mpl: my –s to your wife* i miei ossequi a sua moglie. **II** *v.t.* **1** complimentarsi con, complimentare: *to* ~ *s.o. on his work* complimentarsi con qd. per il suo lavoro. **2** (*with a gift*) fare omaggio a. **3** (*to congratulate*) felicitarsi con, congratularsi con, rallegrarsi

con: *to* ~ *a friend on the birth of a son* congratularsi con un amico per la nascita del figlio. □ *with the author's –s* omaggio *m* dell'autore; *the –s of the season to you* auguri (di Pasqua, Natale, ecc.).

complimentary [ˌkɔmpli'mentəri] *a.* **1** lusinghiero, favorevole. **2** (*given to paying compliments*) complimentoso. **3** (*presented free*) (in) omaggio: *a* ~ *ticket* un biglietto omaggio; ~ *copy of a book* copia in omaggio di un libro.

complimentary| **close,** ~ **closing** *s.* ⟨*epist*⟩ chiusa *f* (di lettera).

complin(e) ['kɔmplin] *s.* ⟨*Lit*⟩ compieta *f*.

comply [kəm'plai] *v.i.* **1** aderire, accondiscendere (*with* a) soddisfare (qc.): *to* ~ *with a request* soddisfare una richiesta; (*of wishes*) secondare (qc.). **2** (*to keep to:* o *rules*) attenersi (a), osservare (qc.); (*of an order*) ottemperare (a), eseguire (qc.).

compo ['kɔmpəu] *s.* (*pl. –s* [z]) **1** ingrediente *m*, componente *m*. **2** ⟨*Mur*⟩ (*mortar*) malta *f*; (*carver's mixture*) stucco *m*.

component [kəm'pəunənt] **I** *s.* **1** componente *f*, parte *f*, elemento *m* (*anche fig.*). **2** ⟨*Fis,Chim*⟩ componente *m*. **II** *a.* componente.

comport [kəm'pɔ:t] **I** *v.t.* ⟨*rifl*⟩ comportarsi, condursi. **II** *v.i.* accordarsi, essere in armonia (*with* con).

compose [kəm'pəuz] *v.t.* **1** comporre, costituire, formare: *the committee was –d of seven lawyers* il comitato era composto da sette avvocati; (*to be a part of*) costituire. **2** ⟨*Mus*⟩ comporre (*anche assol.*). **3** (*to write*) comporre, scrivere. **4** (*to calm*) calmare, placare. **5** ⟨*rifl*⟩ (*to grow calm*) calmarsi, ricomporsi. **6** (*to readjust*) mettere in ordine, aggiustare: *to* ~ *one's hair* aggiustarsi i capelli; (*o thoughts, ideas, etc.*) riordinare, mettere in ordine. **7** (*to settle*) comporre, conciliare, appianare: *to* ~ *a dispute* comporre una disputa. **8** ⟨*Tip*⟩ comporre. □ *to* ~ *one's features* rasserenarsi in viso, ricomporsi. **composed** [–d] *a.* calmo, sereno. **composedly** [–idli] *avv.* compostamente, serenamente, con calma. **composedness** [–idnis] *s.* calma *f*, compostezza *f*. **composer** [–ə] *s.* ⟨*Mus*⟩ compositore *m* (*f –*trice). **2** (*author*) autore *m* (*f –*trice).

composing| **frame** [kəm'pəuziŋ] *s.* ⟨*Tip*⟩ telaio *m*, marginatore. **~ machine** *s.* compositrice *f*. **~ room** *s.* sala *f* di composizione. **~ rule** *s.* filetto *m*. **~ stick** *s.* compositoio *m*.

composite ['kɔmpəzit] **I** *a.* **1** composito (*anche Bot.*). **2** ⟨*Mar*⟩ a struttura mista. **II** *s.* **1** composto *m*, insieme *m* composito. **2** *pl.* ⟨*Bot*⟩ composite *fpl*.

composite| **carriage** *s.* ⟨*Ferr*⟩ vettura *f* (*o* carrozza) mista. **~ material** *s.* materiale *m* composito, composit *m*.

compositeness ['kɔmpəzitnis] *s.* l'essere composito, eterogeneità *f*.

composite| **number** *s.* ⟨*Mat*⟩ numero *m* composto. **~ order** *s.* ⟨*Arch*⟩ ordine *m* composito. **~ photograph** *s.* ⟨*Cin*⟩ fotomontaggio *m*.

composition [ˌkɔmpə'ziʃən] *s.* **1** composizione *f: a floral* ~ una composizione floreale. **2** (*manner of being composed*) composizione *f*, componenti *mpl: the* ~ *of a committee* la composizione di un comitato. **3** (*of a person: nature*) costituzione *f*, natura *f*, carattere *m: there is little modesty in his* ~ non è molto modesto di natura. **4** ⟨*Mus,Let*⟩ (*art*) composizione *f*; (*work*) composizione *f*, componimento *m*. **5** (*settlement*) transazione *f*, compromesso *m*. **6** ⟨*Dir*⟩ (*agreement, settlement*) composizione, conciliazione *f*; (*of a debt*) concordato *m*. **7** ⟨*Scol*⟩ composizione *f*, componimento *m*, tema *m*. **8** (*aggregate*) composto *m*, mescolanza *f*. **9** ⟨*Tip*⟩ il comporre, composizione *f*. □ ⟨*Dir*⟩ *to come to a* ~ giungere un'intesa; ⟨*Dir*⟩ *deed of* ~ atto *m* di compromesso, compromesso *m; a tune of his own* ~ un motivo di una sua composizione.

composition| **bankruptcy** *s.* ⟨*Dir*⟩ concordato preventivo al fallimento. **~ metal** *s.* lega *f* di rame.

compositive [kəm'pɔzitiv] *a.* compositivo.

compositor [kəm'pɔzitə] *s.* ⟨*Tip*⟩ compositore *m*.

compos mentis *lat.* ['kɔmpɔs'mentis] *a.pred.* ⟨*Dir*⟩ sano mente.

compossible [kəm'pɔsəbl] *a.* ⟨*Filos*⟩ compossibile.

compost ['kɔmpɔst] **I** *s.* ⟨*Agr*⟩ miscela *f* fertilizzante, concime *m* composto, composta *f*. **II** *v.t.* **1** concimare (con la composta). **2** (*to convert into manure*) fare concime con.

composure [kəm'pəuʒə] *s.* compostezza *f*; (*self-possession*) padronanza *f* di sé, sangue *m* freddo: *to lose one's* ~ perdere la padronanza di sé.

compote *fr.* ['kɔmpout] *s.* ⟨*Alim*⟩ composta *f*, conserva *f* di frutta.

compound[1] **I** *v.t.* [kəm'paund] **1** comporre, mettere insieme; (*of a drug*) preparare. **2** (*to combine*) combinare, mescolare. **3** ⟨*Dir*⟩ fare una transazione per: *to* ~ *a debt* fare una transazione per (il regolamento di) un debito; (*to settle*) conciliare, comporre. **4** ⟨*Dir*⟩ (*of an offence*) astenersi dal denunciare (dietro compenso). **5** ⟨*Econ*⟩ (*of interest*) aumentare in proporzione geometrica. **6** (*to increase*) aumentare: *the wind –ed the difficulties of the fire-fighters* il vento aumentava le difficoltà dei vigili del fuoco. **II** *v.i.* **1** accordarsi, venire a un accordo (*with* con). **2** (*to settle a debt, etc. by compromise*) transigere, venire a una transazione. **III** *a.* ['kɔmpaund] **1** composto, composito: *a* ~ *substance* una sostanza composta. **2** ⟨*Gramm,Mus,Bot*⟩ composto. **IV** *s.* **1** composto *m*, miscela *f*, miscuglio *m* (*anche fig.*). **2** ⟨*Gramm,Chim*⟩ composto *m*. **3** ⟨*Farm*⟩ preparato *m*.

compound[2] ['kɔmpaund] *s.* **1** (*in the East*) cinta *f* attorno ai quartieri destinati agli stranieri. **2** ⟨*Mil*⟩ campo *m* di concentramento.

compoundable [kɔm'paundəbl] *a.* regolabile mediante transazione.

compound| **engine** ['kɔmpaund] *s.* **1** ⟨*Aer*⟩ motore *m* compound. **2** (*steam engine*) macchina *f* a espansione composta. ~ **eye** *s.* ⟨*Zool*⟩ occhio *m* composto. ~ **fraction** *s.* ⟨*Mat*⟩ frazione *f* composta. ~ **fracture** *s.* ⟨*Med*⟩ frattura *f* composta. ~ **interest** *s.* ⟨*Econ*⟩ interesse *m* composto. ~ **lever** *s.* leveraggio *m*. ~ **microscope** *s.* ⟨*Ott*⟩ microscopio *m* composto.

comprehend [,kɔmpri'hend] *v.t.* **1** comprendere, intendere, capire. **2** (*to comprise*) comprendere, abbracciare, includere. **comprehendingly** [-iŋli] *avv.* consapevolmente, scientemente.

comprehensibility [,kɔmpri,hensə'biliti] *s.* intelligibilità *f*, comprensibilità *f*. ,**compre'hensible** [-bl] *a.* comprensibile, intelligibile. ,**compre'hensibly** [-bli] *avv.* comprensibilmente.

comprehension [,kɔmpri:'henʃən] *s.* **1** comprensione *f*, intelligenza *f*, capacità *f* d'intendere; (*grasp, reach*) estensione *f*, portata *f*. **2** (*sympathetic understanding*) comprensione *f*, tolleranza *f*, indulgenza *f*. **3** (*inclusion*) inclusione *f*, accoglimento *m*. □ *to be* **beyond** (*o* *above*) *one's* ~ essere incomprensibile; *it passes all* ~ trascende ogni capacità di comprensione; *to be* **quick** *of* ~ capire prontamente, ⟨*fam*⟩ capire (*o* afferrare) al volo; *to be* **slow** *of* ~ essere lento a capire, ⟨*fam*⟩ essere duro di comprendonio; *a term of* **wide** ~ un termine denso di significato.

comprehension exercize *s.* ⟨*Scol*⟩ esercizio *m* di comprensione.

comprehensive [,kɔmpri'hensiv] **I** *a.* **1** esauriente, completo: *a* ~ *report* un resoconto esauriente; *a* ~ *list* una lista completa. **2** (*comprehending mentally*) comprensivo; (*of wide mental grasp*) intelligente, aperto. **3** ⟨*Assic*⟩ globale. **II** *s.* **1** ⟨*Scol*⟩ → **comprehensive school**. **2** *pl.* ⟨*am.Scol*⟩ (*comprehensive examination*) esame *m* generale. **comprehensively** [-li] *avv.* esaurientemente, in modo completo. **comprehensiveness** [-nis] *s.* **1** facoltà *f* di comprendere (*o* intendere), comprensione *f*. **2** (*inclusiveness*) comprensività *f*.

comprehensive school *s.* scuola *f* secondaria con diverse specializzazioni.

compress I *v.t.* [kəm'pres] **1** comprimere. **2** (*to make solid by pressing*) pressare: *to* ~ *cotton into bales* pressare il cotone in balle. **3** (*to press together*) comprimere, stringere, serrare. **4** (*to make smaller*) ridurre comprimendo, schiacciare. **5** ⟨*fig*⟩ (*to condense*)

condensare, compendiare, riassumere. **6** (*of waste*) compattare. **II** *s.* ['kɔmpres] **1** compressa *f*. **2** ⟨*Mecc*⟩ pressaballe *m*.

compressed [kəm'prest] *a.* **1** compresso, pressato. **2** (*pressed together*) stretto, premuto insieme: ~ *lips* labbra strette (*o* serrate). **3** (*flattened*) appiattito, schiacciato. **4** ⟨*Biol*⟩ compresso.

compressed|**-air** *a.* ad aria compressa. ~ **air** *s.* aria *f* compressa.

compressibility [kəm,presi'biliti] *s.* ⟨*Fis*⟩ compressibilità *f*. **com'pressible** [-səbl] *a.* compressibile, comprimibile.

compression [-'preʃən] *s.* **1** compressione *f*. **2** ⟨*fig*⟩ (*condensation*) concentrazione *f*. **3** ⟨*Mot*⟩ → **compression ratio**.

compression ratio *s.* ⟨*Mot*⟩ rapporto *m* di compressione.

compressive [kəm'presiv] *a.* che serve a comprimere.

compressive| **strength** *s.* ⟨*Edil,Mecc*⟩ resistenza *f* alla compressione. ~ **stress** *s.* ⟨*Edil*⟩ sollecitazione *f* di compressione.

compressor [kəm'presə:] *s.* ⟨*Anat,Mecc*⟩ compressore *m*.

compressor operator *s.* compressorista *m*.

comprisable [kəm'praizəbl] *a.* che può essere compreso (*o* incluso).

comprise [kəm'praiz] *v.t.* **1** (*to contain, include*) comprendere, includere, contenere. **2** (*to consist of*) comprendere, constare di, essere formato da: *the house –s six rooms* la casa è formata da sei stanze.

compromise ['kɔmprəmaiz] **I** *s.* **1** (*settlement*) compromesso *m*, transazione *f*, accomodamento *m: to reach* (*o* *arrive at*) *a* ~ raggiungere (*o* giungere a) un compromesso. **2** (*middle course*) compromesso *m* (*anche spreg.*). **3** (*exposure to danger*) il compromettere, il mettere a repentaglio. **II** *v.t.* **1** compromettere. **2** ⟨*rifl*⟩ compromettersi. **III** *v.i.* **1** venire a un compromesso. **2** (*to make shameful concessions*) scendere a compromessi, venire a patti. □ ~ *agreement* soluzione *f* di compromesso, compromesso *m; to negotiate in a spirit of no* ~ negoziare deciso all'intransigenza; *to resort to* ~ ricorrere (*o* venire) a compromessi. **compromising** [-iŋ] *a.* compromettente: *a* ~ *situation* una situazione compromettente.

comptometer [kɔmp'tɔmitə] *s.* macchina *f* calcolatrice.

comptroller [kən'trəulə] *s.* → **controller**.

compulsion [kəm'pʌlʃən] *s.* **1** costrizione *f*, coercizione *f*. **2** ⟨*Psic*⟩ coazione *f*. **3** ⟨*fig*⟩ (*compelling force*) capacità *f* di fare presa, mordente *m*. □ *to act under* ~ agire per (*o* dietro) costrizione.

compulsive [kəm'pʌlsiv] **I** *a.* **1** costrittivo, coercitivo. **2** ⟨*Psic*⟩ compulsivo: ~ *neurosis* nevrosi compulsiva. **II** *s.* ⟨*Psic*⟩ persona *f* soggetta a coazione. **compulsively** [-li] *avv.* in modo coercitivo. **compulsiveness** [-nis] *s.* l'essere coercitivo (*o* costrittivo). **compulsorily** [-sərili] *avv.* obbligatoriamente, forzatamente. **compulsory** [-səri] *a.* **1** obbligatorio: *a* ~ *examination* un esame obbligatorio. **2** (*using compulsion*) coercitivo, costrittivo, coattivo: ~ *measures* misure coercitive.

compulsory| **exchange** *s.* ⟨*Econ*⟩ cambio *m* forzoso. ~ **insurance** *s.* assicurazione *f*. obbligatoria. ~ **jurisdiction** *s.* ⟨*Dir*⟩ giurisdizione *f* obbligatoria. ~ **loan** *s.* ⟨*Econ*⟩ prestito *m* forzoso. ~ **sale** *s.* ⟨*Dir*⟩ vendita *f* giudiziaria. ~ **schooling** *s.* scuola *f* dell'obbligo.

compunction [kəm'pʌŋkʃən] *s.* **1** compunzione *f*, pentimento *m*, rimorso *m*. **2** (*reproach of conscience*) scrupolo *m*, esitazione *f: to steal without* ~ rubare senza (alcuno) scrupolo. **compunctious** [-ʃəs] *a.* **1** che provoca rimorso. **2** (*feeling compunction*) compunto, contrito, pentito.

compurgation [,kɔmpə:'geiʃən] *s.* ⟨*Stor*⟩ compurgazione *f*. '**compurgator** [-geitə] *s.* compurgatore *m*.

computability [kəm,pju:tə'biliti] *s.* l'essere calcolabile (*o* computabile). **com'putable** [-bl] *a.* computabile, calcolabile.

computation [,kɔmpju'teiʃən] *s.* computo *m*, calcolo *m*. **computational** [-l] *a.* di calcolo, computazionale: ~ *errors* errori di calcolo; ~ *linguistics* linguistica computazionale.

compute [kəm'pju:t] **I** *v.t.* calcolare, computare, contare. **II** *v.i.* calcolare, eseguire calcoli. **computer** [-ə] *s.* **1** calcolatore *m* (*f* -trice). **2** ⟨*tecn*⟩ computer *m*, calcolatore *m* (*o* elaboratore) elettronico.

computer| age *s.* era *f* dei computer. **~-aided design** *s.* grafica *f* computerizzata. **~ analyst** *s.* analista *m* di informatica. **~-assisted** *a.* gestito dall'elaboratore. **~-based** *a.* basato su computer. **~ center** *am.*, **~ centre** *s.* centro *m* di calcolo. **~-controlled** *a.* comandato da un calcolatore elettronico. **~ crime** *s.* criminalità *f* informatica.

computerese [,kəm,pju:tə'ri:z] *s.* linguaggio *m* (*o* gergo) dell'informatica, computerese *m*.

computer| graphics *s.pl.* grafica *f* elettronica. **~ industry** *s.* industria *f* dei calcolatori elettronici.

computerizable [,kəmpju:tə'raizəbl] *a.* computerizzabile. **computerization** [-'zeiʃən] *s.* computerizzazione *f.* **computerize** [-əraiz] *v.t.* **1** (*of information*) controllare (*o* elaborare) mediante calcolatori elettronici. **2** (*of a factory, department, etc.*) computerizzare. **computerized** [-'pju:təraizd] *a.* computerizzato.

computerized axial tomography *s.* ⟨*Radiol*⟩ tomografia *f* assiale computerizzata.

computer| language *s.* linguaggio *m* del calcolatore elettronico. **~ literacy** *s.* conoscenze *f* dei computer. **~ literate** *s.* chi conosce i computer. **~ music** *s.* musica al calcolatore. **~ program, programme** *s.* programma *m* del calcolatore elettronico. **~ programming** *s.* programmazione *f* (del computer). **~ satellite** *s.* calcolatore *m* satellite. **~ science** *s.* scienza *f* dei calcolatori elettronici. **~ store** *s.* memoria *f* interna. **~ terminal** *s.* terminale *m* del calcolatore elettronico.

comrade ['kɔmrid, 'kʌmrid, *am.* -ræd] *s.* **1** compagno *m* (*f* -a), camerata *m/f.* **2** (*fellow member*) collega *m/f*, socio *m* (*f* -a). **3** ⟨*fam*⟩ (*Communist*) compagno *m* (*f* -a).

comrade-in-arms *s.* compagno *m* d'armi, commilitone *m.*

comradely ['kɔmridli] *a.* cameratesco, da compagno. **comradeship** [-dʃip] *s.* cameratismo *m*, colleganza *f.*

con[1] [kɔn] **I** *avv.* contro, a sfavore: *the arguments pro and* **~** gli argomenti pro e contro. **II** *s.* contro *m*, argomento *m* a sfavore⌐ (*o* contrario): *the pros and -s of a decision* i pro e i contro di una decisione.

con[2] *v.t.* (*pret., p.p.* **conned** [-d]; spesso con *over*) **1** studiare a fondo, esaminare attentamente. **2** (*to learn*) imparare, apprendere; (*to memorize*) imparare a memoria.

con[3] **I** *v.t.* (*pret., p.p.* **conned** [-d]) ⟨*Mar*⟩ governare, dare la rotta a, pilotare. **II** *s.* pilotaggio *m.*

con[4] *v.t.* (*pret., p.p.* **conned** [-d]) ⟨*sl*⟩ **1** estorcere con l'inganno (*o* l'imbroglio): *to ~ s.o. out of his savings* estorcere a qd. i risparmi (con l'inganno). **2** (*to persuade by deception*) indurre con raggiri: *to ~ s.o. into doing s.th.* indurre con raggiri qd. a fare qc.

conation [kəu'neiʃən] *s.* ⟨*Psic,Filos*⟩ volizione *f.* **conative** ['kəunətiv] *a.* **1** ⟨*Psic*⟩ della (*o* riguardante la) volizione. **2** ⟨*Gramm*⟩ volitivo.

concatenate [kɔn'kætineit] **I** *v.t.* concatenare. **II** *a.* concatenato. **con,catenation** [-'neiʃən] *s.* concatenazione *f*, il concatenare, il concatenarsi (*anche fig.*): *a ~ of circumstances* un concatenarsi di circostanze.

concave [kɔn'keiv] **I** *a.* concavo (*anche Geom.*). **II** *s.* concavo *m*, superficie *f* (*o* parte) concava. **concavely** [-li] *avv.* in forma concava.

concavity [kɔn'kæviti] *s.* concavità *f* (*anche Geom.*).

concavo|-concave [kɔn'keivou] *a.* biconcavo. **~-convex** *a.* **1** concavo–convesso. **2** ⟨*Ott*⟩ concavo-convesso, menisco–convergente.

conceal [kən'si:l] *v.t.* **1** nascondere, celare: *to ~ o.s. behind a tree* nascondersi dietro un albero. **2** (*to keep secret*) celare, (man)tenere segreto: *to ~ the truth from s.o.* celare la verità a qd. **concealable** [-əbl] *a.* che si può nascondere. **concealer** [-ə] *s.* **1** chi nasconde, occultatore *m* (*f* -trice). **2** ⟨*Dir*⟩ ricettatore *m* (*f* -trice). **concealment** [-mənt] *s.* **1** occultamento *m.* **2** (*improper secrecy*) dissimulazione *f.* **3** (*state of being concealed*) il nascondersi, il celarsi. **4** (*hiding place*) nascondiglio *m.* **5**

⟨*Dir*⟩ ricettazione *f.*

concede [kən'si:d] **I** *v.t.* **1** concedere, ammettere riconoscere: *to ~ that one is wrong* riconoscere di aver sbagliato. **2** (*to acknowledge as won*) dare (per) vinto. (*to grant*) concedere, dare: *to ~ independence* conceder l'indipendenza. **II** *v.i.* cedere, arrendersi.

conceit [kən'si:t] *s.* **1** presunzione *f*, boria *f*, orgoglio *m* vanità *f.* **2** (*thought, idea*) concetto *m*, idea *f*; (*whimsica idea*) fantasia *f*, capriccio *m.* **3** ⟨*Lett*⟩ (*elaborat metaphor*) metafora *f* ricercata; (*use of such metaphors* concettismo *m.* ▢ *in my own ~* secondo il mio modo d vedere, a mio giudizio; *to be out of ~ with s.o.* non esser più soddisfatto di qd. **conceited** [-id] *a.* **1** vanitoso presuntuoso, pieno di sé. **2** ⟨*Lett*⟩ concettoso **conceitedly** [-idli] *avv.* presuntuosamente vanitosamente. **conceitedness** [-idnis] *s.* presunzione vanità *f.*

conceivability [kən,si:və'biliti] *s.* concepibilità **con'ceivable** [-bl] *a.* concepibile, pensabile immaginabile: *it is hardly ~ that* non è concepibile che *by every means ~* con ogni mezzo possibile immaginabile. **con'ceivableness** [-blnis] *s.* ~ **conceivability. con'ceivably** [-bli] *avv.* in mod concepibile.

conceive [kən'si:v] **I** *v.t.* **1** concepire, ideare, elaborare: *t ~ a plan* ideare un piano; *to ~ a dislike for s.o.* concepir (*o* nutrire) antipatia per qd. **2** (*to imagine, think* concepire, pensare, immaginare: *I cannot ~ why you le* non riesco a immaginare il perché della tua partenza. (*to become pregnant with*) concepire, rimanere incinta d *to ~ a child* concepire un figlio. **II** *v.i.* **1** farsi un'idea ((di), immaginare, pensare (qc.). **2** (*to become pregnan* rimanere incinta.

concelebrant [kən'selibrənt] *s.* ⟨*Lit*⟩ concelebrante *m* **concelebrate** [-breit] *v.i.* concelebrare. **con,celebratio** [-'breiʃən] *s.* concelebrazione *f.*

concentrate ['kɔnsəntreit] **I** *v.t.* **1** concentrare, far convergere. **2** (*to gather in one place*) concentrar raccogliere, riunire: *to ~ power in a few hands* concentrar il potere nelle mani di pochi. **3** (*to make denser* concentrare (*anche Chim.*). **II** *v.i.* **1** concentrarsi (*on in* concentrare l'attenzione (su): *to ~ on a job* concentrarsi un lavoro. **2** (*to collect*) concentrarsi, raccogliersi, riunirs **3** (*to become dense*) concentrarsi, condensarsi. **III** concentrato *m* (*anche Chim.,Min.*). **IV** *a.* - **concentrated. concentrated** [-id] *a.* **1** concentrat condensato, ristretto: *~ milk* latte concentrato. **2** ⟨*fig* (*intense*) intenso, forte: *~ hate* odio intenso. **3** ⟨*Mil,Min* concentrato: *~ fire* tiro concentrato.

concentration [,kɔnsən'treiʃən] *s.* **1** concentrazione concentramento *m* (*anche Chim.*). **2** (*fixed attention*) concentrarsi, concentrazione *f.*

concentration camp *s.* ⟨*Mil*⟩ campo *m* d concentramento.

concentrative ['kɔnsəntreitiv] *a.* che (si) concentr **concentrator** [-tə] *s.* ⟨*tecn*⟩ concentratore *m.*

concentre [kɔn'sentə] **I** *v.t.* concentrare, raccogliere in un stesso punto. **II** *v.i.* concentrarsi.

concentrical [kɔn'sentrikəl] *a.* concentrico (*anche Geom.* **concentrically** [-i] *avv.* concentricamente. **concen tricity** [,kɔnsən'trisiti] *s.* concentricità *f* (*anche Geom.*).

concept ['kɔnsept] *s.* **1** concetto *m*, nozione *f*, idea *f.* ⟨*Filos,Art*⟩ concetto *m: the ~ of good* il concetto d bene.

concept art *s.* → **conceptual art.**

conception [kən'sepʃən] *s.* **1** ⟨*Fisiol*⟩ concezione concepimento *m.* **2** (*conceiving of ideas*) concezione concepimento *m*, ideazione *f*; (*idea, concept*) idea concetto *m*, concezione *f: to have a clear ~ of s.th.* ave un'idea chiara di qc. **3** (*design, plan*) concezione ideazione *f*, raffigurazione *f.* **conceptional** [-əl] *a.* concezionale. **conceptive** [-septiv] *a.* **1** concettivo. ⟨*Fisiol*⟩ della concezione.

concept test *s.* ricerca *f* motivazionale (su un'idea).

conceptual [kən'septjuəl] *a.* ⟨*Filos*⟩ concettuale.

conceptual art *s.* ⟨*Art*⟩ arte *f* concettuale.

conceptualism [kən'septjuəlizəm] *s.* concettualismo *n*

conceptualist [-ist] *s.* concettualista *m/f.* **conceptualization** ['-laizeifən] *s.* concettualizzazione. *linguistic* ~ concettualizzazione *f* linguistica. **conceptualize** [-aiz] *v.t.* concettualizzare. **conceptually** [kən'septjuəli] *avv.* concettualmente.

concern [kən'sɔːn] **I** *v.t.* **1** concernere, riguardare, interessare: *the matter does not* ~ *you* la faccenda non ti riguarda. **2** (*to interest, occupy;* usato riflessivamente o al pass.) interessare, occupare: *you must not* ~ *yourself with other people's problems* non devi occuparti delle faccende altrui; *several companies are –ed in the enterprise* diverse società si occupano del progetto. **3** (*to relate to*) riguardare, essere attinente a, avere attinenza con. **4** (*to trouble, worry*) preoccupare, turbare: *he was –ed about* (o *for*) *his wife's health* era preoccupato per la salute di sua moglie. **II** *s.* **1** affare *m,* faccenda *f,* ⟨*fam*⟩ fatto *m: it is none of your* ~ non è affar tuo. **2** (*occupation, interest*) interesse *m,* preoccupazione *f.* **3** (*relation*) rapporto *m,* relazione *f: to have no* ~ *with s.th.* non essere in relazione con qc., non avere nulla a che vedere con qc. **4** ⟨*Comm*⟩ interesse *m,* cointeressenza *f,* partecipazione *f: to have a* ~ *in a firm* avere una cointeressenza in un'azienda. **5** (*worry, anxiety*) preoccupazione *f,* ansietà *f,* sollecitudine *f.* **6** ⟨*Comm*⟩ impresa *f,* azienda *f,* ditta *f: a flourishing* ~ un'azienda fiorente. □ *as –s* per quanto riguarda; *as* (o *so*) *far as I am –ed* per quanto mi riguarda, quanto a me; *what* ~ *is it of yours?* (ma) che t'immischi a fare?; ⟨*burocr*⟩ *to whom it may* ~ a chi di spettanza, a tutti gli interessati.

concerned [kən'sɔːnd] *a.* **1** interessato: *the parties* ~ le parti interessate. **2** (*troubled*) preoccupato, ansioso, turbato. **3** (*involved*) coinvolto, implicato: *everyone* ~ *in the affair* tutte le persone coinvolte nel fatto. **concernedly** [-nidli] *avv.* ansiosamente, premurosamente. **concerning** [-sɔːniŋ] *prep.* circa, riguardo a, in merito a. **concernment** [-sɔːnmənt] *s.* **1** affare *m,* faccenda *f.* **2** (*importance*) importanza *f,* interesse *m: a matter of vital* ~ una questione di capitale importanza. **3** (*anxiety*) preoccupazione *f,* ansietà *f,* sollecitudine *f.*

concert I *s.* ['kɔnsət] **1** ⟨*Mus*⟩ concerto *m.* **2** ⟨*Mus*⟩ (*harmony*) armonia *f.* **3** (*concerted action, agreement*) concerto *m,* accordo *m,* unione *f.* **II** *a.* ⟨*Mus*⟩ da concerto. **III** *v.t.* [kən'sɔːt] concertare, concordare, stabilire insieme. □ *in* ~: 1 (*of voices*) all'unisono; 2 (*together, jointly*) insieme, di concerto, d'accordo: *to act in* ~ *with s.o.* agire d'accordo con qd.

concertante [ˌkɔnsə'tɑːnti] *s.* ⟨*Mus*⟩ composizione *f* concertante.

concerted [kən'sɔːtid] *a.* **1** concertato, concordato, convenuto. **2** (*done together*) concertato: *a* ~ *attack* un assalto concertato. **3** ⟨*Mus*⟩ concertato, polivocale. □ ~ *action* azione concertata.

concert|goer *s.* frequentatore *m* (*f* –trice) di concerti. ~ **grand** *s.* ⟨*Mus*⟩ pianoforte *m* ⌐a coda⌐ (o da concerto). ~ **hall** *s.* sala *f* dei concerti.

concertina [ˌkɔnsə'tiːnə] *s.* **1** ⟨*Mus*⟩ concertina *f.* **2** → **concertina wire**.

concertina wire *s.* ⟨*Mil*⟩ concertina *f,* filo *m* spinato.

concert-master *s.* ⟨*am.Mus*⟩ primo violino *m.*

concerto *it.* [kən'tʃə:tou] *s.* (*pl.* **-ti** [ti]/**-s** [z]) ⟨*Mus*⟩ concerto *m.*

concert| performer *s.* concertista *m/f.* ~ **pitch** *s.* ⟨*Mus*⟩ diapason *m* da concerto. □ ⟨*fam*⟩ *to keep up to* ~ mantenersi in forma, tenersi su (o pronto). ~ **season** *s.* stagione *f* concertistica.

concession [kən'seʃən] *s.* **1** concessione *f* (*anche Dir.,Pol.*): *the* ~ *of a loan* la concessione di un prestito. **2** ⟨*fig*⟩ (*admission*) concessione *f,* ammissione *f,* riconoscimento *m.* **con,cession'aire** [-ɛə] *s.* ⟨*Comm*⟩ concessionario *m.* **concessionary** [-əri] **I** *a.* di una concessione, concessionario. **II** *s.* → **concessionaire**. **concessive** [-'sesiv] *a.* ⟨*Gramm*⟩ concessivo.

concessive clause *s.* ⟨*Gramm*⟩ proposizione *f* concessiva, concessiva *f.*

concettism [kən'tʃetizəm] *s.* ⟨*Lett*⟩ concettismo *m.*

conch [kɔŋk] *s.* (*pl.* **conchs** [-s]/**conches** ['kɔntʃiz]) **1**

conchiglia *f.* **2** ⟨*Entom*⟩ cassida *f.* **3** ⟨*Zool*⟩ strombo *m.* **4** → **concha**. **concha** ['kɔŋkə] *s.* (*pl.* **-chae** [ki:]) **1** ⟨*Anat*⟩ conca *f.* **2** ⟨*Arch*⟩ conca *f* absidale.

conchie *s.* → **conchy**.

con'chiferous [kɔŋ'kifərəs] *a.* ⟨*Zool,Geol*⟩ conchifero. **'conchiform** [-fɔ:m] *a.* conchiliforme.

conchoid ['kɔŋkɔid] *s.* ⟨*Geom*⟩ concoide *f.* **con'choidal** [-l] *a.* concoidale, concoide.

conchy ['kɔntʃi] *s.* ⟨*fam*⟩ obiettore *m* di coscienza.

concierge *fr.* [ˌkɔnsi'ɛːʒ] *s.* portiere *m* (*f* –a).

conciliar [kən'siliə] *a.* di un concilio, conciliare.

conciliate [kən'silieit] *v.t.* **1** placare, blandire. **2** (*to win over*) conciliarsi, cattivarsi: *to* ~ *s.o.'s liking* cattivarsi l'animo di qd. **3** (*to make compatible*) conciliare, mettere d'accordo. **con,cili'ation** [-li'eiʃən] *s.* conciliazione *f.*

conciliation board *s.* ⟨*Dir*⟩ commissione *f* di conciliazione.

conciliative [kən'siliətiv] *a.* → **conciliatory. conciliator** [-lieitə] *s.* **1** conciliatore *m* (*f* –trice). **2** ⟨*Comm*⟩ arbitro *m.* **conciliatoriness** [-liətərinis] *s.* l'essere conciliativo. **conciliatory** [-liətəri] *a.* conciliativo.

concinnity [kən'siniti] *s.* ⟨*lett*⟩ eleganza *f* di stile, ⟨*lett*⟩ concinnità *f.*

concise [kən'sais] *a.* conciso, stringato, breve. **concisely** [-li] *avv.* concisamente, brevemente. □ *to put it* ~ per dirla in breve. **conciseness** [-nis], **concision** [-'siʒən] *s.* concisione *f,* brevità *f.*

conclave ['kɔnkleiv] *s.* **1** riunione *f* segreta (o privata). **2** ⟨*Rel.catt*⟩ conclave *m.* **conclavist** [-ist] *s.* ⟨*Rel.catt*⟩ conclavista *m.*

conclude [kən'kluːd] **I** *v.t.* **1** concludere, terminare. **2** (*to deduce, infer*) concludere, dedurre, arguire. **3** (*to settle, reach an agreement on*) concludere, condurre a termine: *to* ~ *a bargain* concludere un affare. **4** (*to decide*) decidere, stabilire. **II** *v.i.* **1** concludersi, finire. **2** (*to decide, judge*) decidere, stabilire, venire a una conclusione. **concluding** [-iŋ] *a.* conclusivo, finale.

conclusion [kən'kluːʒən] *s.* **1** conclusione *f,* termine *m,* chiusa *f: to bring s.th. to a* ~ portare qc. a termine. **2** (*result*) conclusione *f,* esito *m.* **3** (*inference*) conclusione *f,* deduzione *f.* □ *to draw –s from s.th.* trarre le conclusioni da qc.; *a foregone* ~ una conclusione scontata; **in** ~ in conclusione; ⟨*Dir*⟩ ~ *by judgement* decisione giudiziaria; *to jump to –s* trarre conclusioni affrettate; ⟨*fam*⟩ *to try –s with s.o.* misurarsi (o contendere) con qd.

conclusive [kən'kluːsiv] *a.* **1** conclusivo, decisivo, finale: ~ *evidence* prova conclusiva. **2** (*concluding*) conclusivo, concludente. **conclusiveness** [-nis] *s.* l'essere conclusivo.

concoct [kən'kɔkt] *v.t.* **1** preparare (mettendo insieme), mescolare. **2** (*to contrive*) architettare, macchinare. **concoction** [-kʃən] *s.* **1** miscuglio *m,* preparato *m,* miscela *f.* **2** ⟨*fig*⟩ (*device*) stratagemma *m,* trovata *f;* (*contrivance*) macchinazione *f.* □ *a* ~ *of lies* un tessuto di bugie.

concomitance [kən'kɔmitəns], **concomitancy** [-i] *s.* concomitanza *f.* **concomitant** [-tənt] **I** *a.* concomitante. **II** *s.* fattore *m* concomitante.

concord ['kɔnkɔːd] *s.* **1** concordia *f,* armonia *f,* accordo *m: to live in* ~ vivere in (buona) armonia. **2** (*treaty*) trattato *m,* accordo *m.* **3** ⟨*Gramm*⟩ concordanza *f.* **4** ⟨*Mus*⟩ accordo *m.* **con'cordance** [-əns] *s.* **1** armonia *f,* concordia *f,* accordo *m.* **2** ⟨*Lett,Statist*⟩ concordanza *f: –s of the Bible* concordanze bibliche. **con'cordant** [-ənt] *a.* **1** concorde, concordante, in armonia (*with* con). **2** ⟨*Mus*⟩ armonioso. **con'cordat** [-æt] *s.* **1** trattato *m,* accordo *m.* **2** ⟨*Stor*⟩ concordato *m.*

concourse ['kɔŋkɔːs] *s.* **1** folla *f,* assembramento *m.* **2** (*confluence*) concorso *m,* affluenza *f: a* ~ *of circumstances* un concorso di circostanze. **3** ⟨*am*⟩ (*in a station*) sala *f,* atrio *m;* (*promenade, boulevard*) passeggiata *f,* viale *m.* **4** ⟨*Dir*⟩ concorso *m.*

concrescence [kən'kresns] *s.* ⟨*Biol*⟩ concrescenza *f.*

concrete ['kɔnkriːt] **I** *a.* **1** concreto (*anche Gramm.*); (*definite*) concreto, reale: ~ *proposals* proposte concrete. **2** (*solid*) concreto, solido, compatto. **3** (*made of concrete*) di calcestruzzo. **II** *s.* **1** ⟨*Edil*⟩ calcestruzzo *m,* conglomerato *m* cementizio. **2** (*concrete idea, form*) concreto *m*. **III** *v.t.* **1** 〈*Edil*〉 rivestire di calcestruzzo. **2** (*to form into a solid mass;* [kən'kri:t]) solidificare. **IV** *v.i.* solidificarsi. □ *in the* ~ in concreto, in realtà. **con'cretely** [-li] *avv.* concretamente.

concrete| mixer *s.* 〈*Edil*〉 betoniera *f.* □ ~ **operator** betonista *m.* ~ **music** *s.* musica *f* concreta.

concreteness [kɔn'kri:tnis] *s.* concretezza *f* (*anche fig.*).

concrete| slab *s.* 〈*Edil*〉 soletta *f* di calcestruzzo. ~ **work** *s.* 〈*Edil*〉 betonaggio *m*.

concretion [kɔn'kri:ʃən] *s.* **1** concretezza *f*, realtà *f*. **2** (*solid mass*) sostanza *f* concreta, conglomerato *m*, massa *f* compatta. **3** 〈*Med,Geol*〉 concrezione *f*. **concretionary** [-əri] *a.* 〈*Geol*〉 concrezionale, concrezionato.

concretism ['kɔŋkri:tizm] *s.* 〈*Art*〉 concretismo *m*. **concretist** [-ist] *s.* concretista *m/f.*

concretize ['kɔŋkritaiz] *v.t.* concretare, rendere concreto.

concubinage [kɔn'kju:binidʒ] *s.* concubinato *m*. **concubinary** [-binəri] **I** *a.* che vive in concubinato. **II** *s.* concubino *m*. **'concubine** [-kjubain] *s.* concubina *f.*

concupiscence [kɔn'kju:pisəns] *s.* concupiscenza *f*, desiderio *m* (carnale). **concupiscent** [-sənt] *a.* concupiscente. **concupiscible** [-sibl] *a.* concupiscibile (*anche Filos.*).

concur [kɔn'kɔ:] *v.i.* (*pret., p.p.* **concurred** [-d]) **1** concordare, essere d'accordo, convenire (*with* con): *to* ~ *with s.o. in doing s.th.* essere d'accordo con qd. nel fare qc. **2** (*to contribute*) concorrere, contribuire (*in* a): *many causes –red in his ruin* molte cause hanno contribuito alla sua rovina; (*to cooperate*) collaborare (a). **3** (*to coincide*) coincidere.

concurrence [kən'kʌrəns], **concurrency** [-i] *s.* **1** l'essere d'accordo. **2** (*agreement*) assenso *m*, accordo *m*. **3** (*cooperation: of persons*) collaborazione *f*; (*of things*) concorso *m*. **4** (*coincidence*) coincidenza *f*, simultaneità *f*, concomitanza *f*. **5** 〈*Dir*〉 conflitto *m*: ~ *of jurisdiction* conflitto di giurisdizione. □ 〈*Dir*〉 ~ *of charges* concorso *m* di capi d'imputazione; ~ *of crime* concorso *m* di reati.

concurrent [kən'kʌrənt] **I** *a.* **1** (*occurring together*) concomitante; (*existing together*) coesistente; (*in time*) simultaneo. **2** (*acting in conjunction*) coordinato: ~ *efforts* sforzi coordinati. **3** (*agreeing*) concordante, coincidente. **4** 〈*Dir*〉 (*of a sentence*) concorrente; (*of rights*) in conflitto, opposto. **5** (*converging*) concorrente, convergente: ~ *lines* linee concorrenti. **II** *s.* causa *f* (*o* circostanza) concomitante. **concurrently** [-li] *avv.* simultaneamente.

concuss [kən'kʌs] *v.t.* **1** scuotere violentemente, squassare. **2** 〈*fig*〉 (*to intimidate*) intimorire. **concussion** [-'kʌʃən] *s.* **1** sbattimento *m*, sc(u)otimento *m*. **2** (*shock caused*) scossa *f*. **3** 〈*Med*〉 commozione *f* cerebrale. **concussive** [-iv] *a.* che scuote.

concyclic [kən'saiklik] *a.* 〈*Geom*〉 giacente sulla stessa circonferenza.

condemn [kən'dem] *v.t.* **1** condannare, censurare. **2** (*to pronounce guilty*) condannare, rivelare la colpevolezza di: *his very looks –ed him* il suo stesso aspetto lo condannava. **3** (*to force into*) condannare, costringere, obbligare. **4** 〈*Mar*〉 (*of a ship*) radiare. **5** 〈*Dir,Edil*〉 condannare: *he was –ed to death* fu condannato a morte. **6** 〈*Med*〉 condannare, dichiarare inguaribile. **7** (*to declare forfeited*) confiscare. **condemnable** [-nəbl] *a.* condannabile.

condemnation [,kɔndem'neiʃən] *s.* **1** condanna *f*, biasimo *m*, censura *f*. **2** (*cause for condemning*) condanna *f*, motivo *m* di condanna. **3** 〈*Dir*〉 condanna *f*. **4** 〈*am.Dir*〉 (*of land*) confisca *f*. **condemnatory** [kən'demnətəri] *a.* di condanna.

condensability [kən,densə'biliti] *s.* 〈*Fis,Chim*〉 condensabilità *f*. **con'densable** [-bl] *a.* condensabile. **con'densate** [-seit] *s.* 〈*Chim*〉 prodotto *m* di condensazione, condensato *m*.

condensation [,kɔnden'seiʃən] *s.* **1** condensazione *f*, condensamento *m*. **2** (*condensed mass*) condensato *m*, prodotto *m* di condensazione. **3** (*abridgement*) riassunto *m*: *the* ~ *of a speech* il riassunto di un discorso.

condense [kən'dens] **I** *v.t.* **1** (far) condensare, rendere denso, raddensare. **2** (*to abridge*) condensare, compendiare, riassumere. **3** 〈*Fis,Chim,Alim*〉 condensare. **II** *v.i.* **1** condensarsi (*anche Fis., Chim.*). **2** (*to abridge*) fare un compendio (*o* riassunto). **condensed** [-t] *a.* **1** (*abridged*) condensato, compendiato. **2** 〈*Fis,Chim*〉 condensato.

condensed| milk *s.* 〈*Alim*〉 latte *m* condensato. ~ **type** *s.* 〈*Tip*〉 carattere *m* allungato.

condenser [kən'densə] *s.* **1** (*person*) condensatore *m* (*f* –trice). **2** 〈*Chim*〉 condensatore *m*, refrigerante *m*. **3** 〈*El,Rad*〉 condensatore *m*. **4** 〈*Ott*〉 → **condensing lens**.

condenser| coil *s.* 〈*tecn*〉 serpentina *f* di raffreddamento. ~ **water** *s.* acqua *f* di condensazione, condensa *f.*

condensing [kən'densiŋ] **I** *a.* che condensa. **II** *s.* condensazione *f.*

condensing| engine *s.* 〈*Mecc*〉 macchina *f* a vapore a condensazione. ~ **lens** *s.* 〈*Ott*〉 condensatore *m* ottico.

condescend [,kɔndi'send] *v.i.* **1** condiscendere, accondiscendere, (ac)consentire (*to* a): *to* ~ *to do s.th.* accondiscendere a fare qc. **2** (*to stoop*) condiscendere (a), degnarsi (di). **3** (*to behave patronizingly*) mostrarsi condiscendente (verso, con). **condescendence** [-əns] *s.* condiscendenza *f*, accondiscendenza *f.* **condescending** [-iŋ] *a.* condiscendente, accondiscendente. **condescendingly** [-iŋli] *avv.* con condiscendenza. **condescension** [-'senʃən] *s.* **1** condiscendenza *f*, compiacenza *f*. **2** (*affability*) affabilità *f*, cortesia *f.*

condign [kən'dain] *a.* 〈*lett*〉 proporzionato, adeguato.

condiment ['kɔndimənt] *s.* condimento *m*.

condition [kən'diʃən] **I** *s.* **1** condizioni *fpl*, stato *m*: *the goods were in perfect* ~ le merci erano in perfette condizioni. **2** (*state of health*) condizioni *fpl* (*o* stato *m*) di salute, salute *f*. **3** (*fit state*) condizione *f*: *he is in no* ~ *to go out alone* non è in condizione di uscire da solo; (*for sports competitions*) forma *f*: *to keep o.s. in* ~ mantenersi in forma. **4** (*social position*) condizione *f* (*o* posizione *f*) sociale; (*rank*) rango *m*, ceto *m*. **5** *pl.* (*circumstances*) condizioni *fpl*, situazioni *fpl*: *living –s* condizioni di vita. **6** (*prerequisite*) condizione *f*, requisito *m*, presupposto *m*; (*stipulation*) condizione *f*: *to accept s.th. without –s* accettare qc. senza condizioni. **7** 〈*Dir*〉 (*clause*) clausola *f*, condizione *f*. **8** *pl.* 〈*Comm*〉 condizioni *fpl*. **9** 〈*am.Univ*〉 obbligo *m* di riparare un'insufficienza. **10** 〈*Gramm*〉 protasi *f*. **11** 〈*Mat,Filos*〉 condizione *f*. **II** *v.t.* **1** condizionare, determinare. **2** (*to put in a fit state*) mettere in buone condizioni; (*to train*) allenare. **3** (*to stipulate*) pattuire, stipulare. **4** 〈*Ind,Psic*〉 condizionare: *to* ~ *air* condizionare l'aria. **5** 〈*am.Univ*〉 obbligare a riparare un'insufficienza. □ *in certain –s* in date (*o* certe) circostanze; *on certain –s* a certe condizioni; *under existing –s* nelle attuali condizioni; *to be* **in** ~ essere in 'buono stato' (*o* buone condizioni); *to* **make** *it a* ~ *that* porre come condizione che; *on* **no** ~ a nessuna condizione, a nessun patto; **on** ~ *that* a condizione che, a patto che; *to be* **out** *of* ~ essere in cattive condizioni, 〈*fam*〉 essere giù di forma; 〈*Comm*〉 *–s of* **sale** condizioni *fpl* di vendita; 〈*Comm*〉 **terms** *and –s* condizioni *fpl*, modalità *fpl.*

conditional [kən'diʃənl] **I** *a.* **1** condizionale, a condizioni: *a* ~ *surrender* una resa a condizioni. **2** (*subject to conditions*) condizionale, condizionato: *to be* ~ *on* (*o upon*) *s.th.* essere condizionato a qc. **3** 〈*Gramm, Mat,Filos*〉 condizionale. **II** *s.* 〈*Gramm*〉 condizionale *m*.

conditional branch *s.* 〈*Inform*〉 salto *m* condizionato.

conditionality [kən,diʃə'næliti] *s.* l'essere condizionale. **conditionally** [-ʃənəli] *avv.* condizionalmente, subordinatamente.

conditional sale *s.* 〈*Comm*〉 vendita *f* con riserva di proprietà.

conditioned [kən'diʃənd] *a.* **1** condizionato, condizionale. **2** (*in a fit condition*) in buone condizioni, in forma. **3** (*air–conditioned*) condizionato, climatizzato. **4** 〈*Psic,Ling*〉 condizionato: ~ *by one's environment* condizionato dall'ambiente.

conditioned| reflex, ~ response *s.* 〈*Psic*〉 riflesso *m* condizionato.

conditioner [kən'diʃənə] *s.* **1** 〈*Tess*〉 condizionatore *m* (*f*

–trice). **2** (*air conditioner*) condizionatore *m* (d'aria).

conditioning [kən'diʃəniŋ] *s.* **1** (*of air*) condizionamento *m.* **2** ⟨*Tess*⟩ condizionamento *m*, condizionatura *f.* **3** ⟨*Idr*⟩ (*of water*) potabilizzazione *f.* **4** ⟨*Psic*⟩ condizionamento *m:* ~ *schedule* programma di condizionamento.

condolatory [kən'doulətəri] *a.* di condoglianze. **condole** [–'doul] *v.i.* fare le (proprie) condoglianze (*with* a), condolersi (con). **condolence** [–ləns] *s.* condoglianza *f: to offer s.o. one's –s* fare (*o* porgere) le (proprie) condoglianze a qd.

condom ['kɔndəm] *s.* ⟨*Farm*⟩ condom *m*, preservativo *m.*

condominium [ˌkɔndə'miniəm] *s.* **1** ⟨*am*⟩ palazzo *m* in condominio, condominio *m;* (*apartment*) appartamento *m* in un condominio. **2** ⟨*Pol*⟩ condominio *m* internazionale.

condonation [ˌkɔndo(u)'neiʃən] *s.* **1** perdono *m*, condono *m.* **2** ⟨*Dir*⟩ perdono *m* di un coniuge adultero. **condone** [kən'doun] *v.t.* **1** perdonare, passare sopra a: *to* ~ *an offence* perdonare un'offesa. **2** (*to overlook*) trovare delle scuse per. **3** ⟨*Dir*⟩ condonare.

condor ['kɔndɔ:] *s.* ⟨*Ornit*⟩ condor *m*, condore *m.*

conduce [kən'dju:s] *v.i.* (*to contribute*) contribuire, tendere (*to*, *toward* a); (*to lead*) portare (a), condurre (a, verso). **conducive** [–iv] *a.* contribuente, tendente (*to* a).

conduct I *s.* ['kɔndʌkt] **1** condotta *f*, comportamento *m*, contegno *m: exemplary* ~ condotta esemplare. **2** (*direction*) gestione *f*, direzione *f*, condotta *f: the* ~ *of a business* la gestione di un'azienda; *the* ~ *of a war* la condotta di una guerra. **3** ⟨*Scol*⟩ condotta *f.* **II** *v.t.* [kən'dʌkt] **1** condurre, dirigere, eseguire: *to* ~ *an experiment* eseguire un esperimento. **2** (*to lead, guide*) guidare, portare, accompagnare: *to* ~ *s.o. round the city* guidare qd. in giro per la città. **3** (*to carry*) condurre, trasportare, convogliare: *these pipes* ~ *gas* questi tubi trasportano gas. **4** (*rifl*) comportarsi, condursi: *to o.s. well* comportarsi bene. **5** ⟨*Mus*⟩ dirigere. **6** ⟨*Fis*⟩ condurre, trasmettere: *copper* –*s electricity* il rame conduce l'elettricità. **III** *v.i.* ⟨*Mus*⟩ fare il direttore d'orchestra.

conductance [kən'dʌktəns] *s.* ⟨*El*⟩ conduttanza *f.*

conducted tour [kən'dʌktid] *s.* visita *f* turistica guidata.

conductibility [kənˌdʌkti'biliti] *s.* ⟨*Fis*⟩ conducibilità *f*, conduttività *f.* **con'ductible** [–təbl] *a.* conduttivo. **conductimetry** [ˌkɔndʌk'timitri] *s.* conduttimetria *f.* **con'ducting** [–tiŋ] *a.* conduttore.

conduction [kən'dʌkʃən] *s.* **1** (*of water through a pipe*) convogliamento *m.* **2** ⟨*Fis*⟩ conduzione *f*, trasmissione *f;* (*conductivity*) conduttività *f.* **3** ⟨*Fisiol*⟩ conduzione *f.* **conductive** [–ktiv] *a.* ⟨*Fis*⟩ conduttivo. **conductivity** [ˌkɔndʌk'tiviti] *s.* **1** ⟨*Fis*⟩ conducibilità *f*, conduttività *f.* **2** ⟨*Fisiol*⟩ conduttività *f.*

conduct money ['kɔndʌkt] *s.* trasferta *f.*

conductor [kən'dʌktə] *s.* **1** capo *m*, guida *f;* (*manager*) dirigente *m.* **2** (*of a bus, tram*) bigliettaio *m.* **3** ⟨*am.Ferr*⟩ conduttore *m*, controllore *m.* **4** ⟨*Mus*⟩ direttore *m.* **5** ⟨*Fis,Fisiol*⟩ conduttore *m.*

conductor rail *s.* ⟨*El*⟩ terza rotaia *f.*

conductorship [kən'dʌktəʃip] *s.* ⟨*Mus*⟩ direzione *f.*

conductress [kən'dʌktris] *s.* (*of a bus, tram*) bigliettaia *f.*

conduit ['kɔndit, *am.* –duit] *s.* **1** conduttura *f*, condotto *m*, tubazione *f.* **2** (*secret passage*) passaggio *m* segreto. **3** ⟨*El*⟩ tubo *m* protettivo.

condyle ['kɔndil] *s.* ⟨*Anat*⟩ condilo *m.* **condyloid** [–ɔid] *a.* condiloideo.

cone [koun] **I** *s.* **1** cono *m* (*anche Geom., Geol., Meteor.*). **2** (*ice cream cone*) cono *m* (gelato). **3** ⟨*Bot*⟩ pigna *f*, cono *m.* **II** *v.t.* dare forma conica a. **III** *v.i.* ⟨*Bot*⟩ produrre pigne.

cone|-in-cone *a.* ⟨*Geol*⟩ a coni concentrici. **~pulley** *s.* ⟨*Mecc*⟩ conopuleggia *f.* **~-shaped** *a.* a forma di cono, conico.

coney *s.* → **cony**.

confab ['kɔnfæb] ⟨*fam*⟩ **I** *s.* → **confabulation**. **II** *v.i.* (*pret., p.p.* **confabbed** [–d]) → **confabulate**. **con'fabulate** [–juleit] *v.i.* chiacchierare (familiarmente), conversare. **con,fabulation** [–ju'leiʃən] *s.* conversazione *f* (familiare), chiacchierata *f*, ⟨*scherz*⟩ confabulazione *f.* **con'fabulatory**

[–juleitəri] *a.* confabulatorio.

confect [kən'fekt] *v.t.* ⟨*Lett*⟩ **1** preparare, confezionare, fare. **2** (*of fruit*) confettare.

confection [kən'fekʃən] *s.* **1** confezione *f*, preparazione *f*, fattura *f.* **2** ⟨*Dolc*⟩ (*preserve*) confettura *f;* (*bonbon*) confetto *m.* **3** ⟨*Farm*⟩ preparato *m.* **4** ⟨*Vest*⟩ confezione *f*, articolo *m* confezionato. **confectionary** [–əri] **I** *s.* **1** confettiera *f.* **2** (*candy, sweet*) dolciumi *mpl.* **II** *a.* dolciario, di dolciumi. **confectioner** [–ə] *s.* confettiere *m* (*f* –a), pasticciere *m* (*f* –a).

confectioner's sugar *am. s.* zucchero *m* a velo.

confectionery [kən'fekʃənəri] *s.* **1** dolciumi *mpl.* **2** (*confectioner's business*) industria *f* dolciaria. **3** (*shop*) pasticceria *f*, confetteria *f.*

confederacy [kən'fedərəsi] *s.* **1** confederazione *f*, lega *f*, alleanza *f.* **2** (*conspiracy*) cospirazione *f*, congiura *f.* **3** ⟨*Dir*⟩ collusione *f.* **Confederacy** *s.* ⟨*Stor.am*⟩ confederazione *f* degli Stati Uniti.

confederate I *a.* [kən'fedərit] confederato, alleato: *a* ~ *state* uno stato confederato. **II** *s.* **1** confederato *m*, alleato *m.* **2** (*accomplice*) complice *m/f.* **III** *v.t.* [–reit] confederare. **IV** *v.i.* **1** confederarsi, allearsi. **2** (*to conspire*) cospirare, complottare. □ ⟨*Stor. am*⟩ ~ *States of America* confederazione *f* degli Stati Uniti. **con,federation** [–'reiʃən] *s.* **1** il confederarsi. **2** (*alliance*) confederazione *f*, lega *f*, alleanza *f.* **Confederation** *s.* ⟨*Stor.am*⟩ Confederazione *f.* **confederative** [–rətiv] *a.* confederativo, confederale.

confer [kən'fə:] *v.* (*pret., p.p.* **conferred** [–d]) **I** *v.t.* conferire, accordare, concedere: *to* ~ *an honour on s.o.* conferire un'onorificenza a qd. **II·** *v.i.* conferire, consultarsi (*with* con): *to* ~ *with s.o. on a matter* conferire con qd. su una questione. **conferee** [ˌkɔnfə'ri:] *s.* **1** persona *f* consultata. **2** (*recipient*) persona *f* cui viene conferita qc.

conference ['kɔnfərəns] *s.* **1** consultazione *f*, colloquio *m*, abboccamento *m: to be in* ~ *with s.o.* avere un colloquio con qd. **2** (*congress*) conferenza *f*, convegno *m*, congresso *m.* **3** ⟨*Pol,Rel*⟩ conferenza *f.* **4** ⟨*am.Sport*⟩ lega *f.*

conference| center *am.,* ~ **centre** *s.* centro *m* congressi.

conferential [ˌkɔnfe'renʃəl] *a.* **1** consultivo. **2** (*of a conference*) relativo a conferenza, convegno, ecc.

conferment [kən'fə:mənt] *s.* conferimento *m.* **conferrable** [–'fə:rəbl] *a.* conferibile.

confess [kən'fes] **I** *v.t.* **1** confessare. **2** (*to admit*) confessare, ammettere, riconoscere. **3** (*to attest*) confessare, professare: *to* ~ *Christian faith* professare la fede cristiana. **4** ⟨*Rel*⟩ confessare: *to* ~ *one's sins* confessare i propri peccati; *to* ~ *a sinner* confessare un peccatore. **II** *v.i.* **1** dichiararsi (*o* riconoscersi) colpevole (*to* di): *to* ~ *to a crime* riconoscersi colpevole di un delitto. **2** (*to admit*) ammettere (qc.): *I* ~ *to having done it* ammetto d'averlo fatto io. **3** ⟨*Rel*⟩ confessarsi; (*of a priest*) confessare, ascoltare la confessione. **confessant** [–ənt] *s.* ⟨*Rel*⟩ chi si confessa, penitente *m/f.* **confessedly** [–idli] *avv.* per confessione propria.

confession [kən'feʃən] *s.* **1** confessione *f* (*anche Rel.*): *to make a full* ~ rendere piena confessione. **2** (*admission*) confessione *f*, ammissione *f.* **3** ⟨*Rel,Arch*⟩ (*tomb*) altare *m* della confessione, confessione *f.*

confessional [kən'feʃənl] **I** *a.* confessionale (*anche Rel.*). **II** *s.* ⟨*Rel*⟩ confessionale *m.* **confessionary** [–nəri] *a.* ⟨*Rel*⟩ confessionale. **confessionist** [–nist] *s.* ⟨*Rel,Stor*⟩ confessionista *m/f.* **confessor** [–'fesə] *s.* **1** chi confessa. **2** ⟨*Rel*⟩ confessore *m.*

confetti *it.* [kən'feti] *s.pl.* (*costr. sing.*) coriandoli *mpl.*

confidant [ˌkɔnfi'dænt] *s.* confidente *m*, amico *m* intimo. **confidante** [–dænt] *s.* confidente *f*, amica *f* intima. **confide** [kən'faid] **I** *v.i.* **1** confidarsi (*in* con). **2** (*to have faith in*) confidare, aver fiducia (in): *to* ~ *in one's own ability* aver fiducia nelle proprie capacità. **II** *v.t.* **1** confidare, dire in confidenza: *to* ~ *a secret to s.o.* confidare un segreto a qd. **2** (*to entrust*) affidare.

confidence ['kɔnfidəns] *s.* **1** confidenza *f*, fiducia *f.* **2** (*self–assurance*) sicurezza *f* di sé, baldanza *f;* (*presumption*) presunzione *f.* **3** (*certitude*) fiducia *f*, sicurezza *f:* ~ *of* *victory* fiducia nella vittoria. **4** (*secret*) confidenza *f: to exchange –s with s.o.* scambiare confidenze con qd. □ ⟨*Parl*⟩ *to* **give** *a vote of* ~ concedere la fiducia; **in** ~ in confidenza, in via confidenziale; *in strict* ~ in via strettamente confidenziale, con la massima riservatezza; ⟨*Parl*⟩ *to put the* **question** *of* ~ porre la questione di fiducia; *to* **take** *s.o. into one's* ~ accordare fiducia a qd.; ⟨*Parl*⟩ **vote** *of* ~ voto *m* di fiducia; ⟨*Parl*⟩ *vote of no* ~ voto *m* di sfiducia; *to* **win** *a vote of* ~ ottenere la fiducia.

confidence|-building measures *s.pl.* ⟨*Pol*⟩ misure *fpl* di fiducia. ~ **crisis** *s.* ⟨*Pol*⟩ crisi *f* di fiducia. ~ **crook** *s.* → **confidence trickster.** ~ **game** *am. s.* → **confidence trick.** ~ **interval** *s.* ⟨*Statist*⟩ intervallo *m* di confidenza. ~ **level** *s.* ⟨*Statist*⟩ livello *m* di confidenza. ~ **man** [mən] *s.irr.* → **confidence trickster.** ~ **trick** *s.* truffa *f* all'americana. ~ **trickster** *s.* truffatore *m.*

confident ['kɔnfidənt] *a.* **1** confidente, fiducioso (*of* in): *we are* ~ *of success* siamo fiduciosi nel buon esito. **2** (*self–assured*) sicuro di sé, baldanzoso; (*presumptuous*) presuntuoso.

confidential [ˌkɔnfi'denʃəl] *a.* **1** confidenziale, riservato: ~ *information* informazione riservata. **2** (*indicating intimacy*) confidenziale: *a* ~ *smile* un sorriso confidenziale. **3** (*inclined to confide*) fiducioso. **4** (*trusted*) fidato, di fiducia. **5** ⟨*Pol,Mil*⟩ segreto, riservato: ~ *agent* agente segreto. **confidentially** [–li] *avv.* confidenzialmente. **confidentialness** [–nis] *s.* riservatezza *f.*

confidential secretary *s.* segretario *m* (*f* –a) particolare (*o* privato).

confidently ['kɔnfidəntli] *avv.* **1** confidentemente, con fiducia. **2** (*boldly*) baldanzosamente.

confiding [kən'faidiŋ] *a.* (*trustful*) confidente, fiducioso, senza sospetto.

configuration [kənˌfigju'reiʃən] *s.* **1** configurazione *f,* conformazione *f.* **2** ⟨*Astr,Chim*⟩ configurazione *f.* **3** ⟨*Geog*⟩ configurazione *f,* struttura *f: the* ~ *of the land* la struttura del terreno. **configurationism** [–izm] *s.* ⟨*Psic*⟩ configurazionismo *m.* **con'figure** [–gə] *v.t.* configurare, rappresentare.

confinable [kən'fainəbl] *a.* limitabile.

confine I *v.t.* [kən'fain] **1** limitare, restringere: *to* ~ *o.s. to the facts* limitarsi (*o* attenersi) ai fatti. **2** (*to shut or keep in*) confinare, relegare, rinchiudere; (*to imprison*) imprigionare. **II** *s.* ['kɔnfain] **1** *pl.* confine *m,* limite *m;* (*frontier*) confine *m,* frontiera *f.* **2** *pl.* ⟨*fig*⟩ confini *mpl,* limiti *mpl.* □ *to be –d to bed* essere costretto a letto; *to* ~ *a soldier to barracks* consegnare un soldato; *to be –d* partorire. **confined** [–d] *a.* **1** limitato, ristretto: *in a* ~ *space* in uno spazio limitato. **2** (*in children*) in puerperio. **confinement** [–mənt] *s.* **1** confinamento *m;* (*shutting up*) isolamento *m,* reclusione *f.* **2** (*imprisonment*) reclusione *f: solitary* ~ reclusione in cella d'isolamento. **3** (*limitation*) limitazione *f,* restrizione *f.* **4** (*childbirth*) parto *m.*

confirm [kən'fə:m] *v.t.* **1** confermare, convalidare: *to* ~ *a rumour* confermare una diceria; *the news –ed my fears* la notizia confermò i miei timori. **2** (*to ratify*) ratificare. **3** (*to strengthen*) rafforzare, rinsaldare. **4** ⟨*Rel*⟩ cresimare. **confirmable** [–əbl] *a.* che può essere confermato.

confirmand [ˌkɔnfə'mænd] *s.* ⟨*Rel*⟩ cresimando *m* (*f* –a). **confirmation** [ˌkɔnfə'meiʃən] *s.* **1** conferma *f;* (*strengthening*) rafforzamento *m,* rinsaldamento *m.* **2** (*something which confirms*) conferma *f,* prova *f.* **3** (*ratification*) ratifica *f.* **4** ⟨*Rel*⟩ cresima *f,* confermazione *f.* **5** ⟨*Dir*⟩ omologazione *f.* □ ~ *of credit* conferma *f* di credito (*o* fido); ~ *of order* conferma *f* d'ordine.

confirmation note *s.* nota *f* di conferma.

confirmative [kən'fə:mətiv], **confirmatory** [–təri] *a.* confermativo.

confirmed [kən'fə:md] *a.* **1** confermato, convalidato. **2** (*ratified*) ratificato. **3** (*inveterate*) inveterato, impenitente, incallito; (*of a criminal*) recidivo; (*of a disease*) cronico. **confirmee** [ˌkɔnfə'mi:] *s.* ⟨*Rel*⟩ cresimato *m* (*f* –a).

confiscable [kən'fiskəbl] *a.* confiscabile.

confiscate ['kɔnfiskeit] **I** *v.t.* **1** confiscare: *to* ~ *goods from s.o.* confiscare i beni a qd. **2** (*to take away*) confiscare, requisire, sequestrare: *the teacher –d the boy's*

sweets il maestro sequestrò le caramelle del bambino. **II** *a.* requisito, sequestrato. ,**confiscation** [–'keiʃən] *s.* **1** ⟨*Dir*⟩ confisca *f.* **2** (*taking away*) requisizione *f,* sequestro *m.* **confiscator** [–ə] *s.* confiscatore *m* (*f* –trice). **con'fiscatory** [–kətəri] *a.* di confisca.

conflagration [ˌkɔnflə'greiʃən] *s.* conflagrazione *f.*

conflate [kən'fleit] *v.t.* (*of two variant texts*) fondere, combinare (insieme). **conflation** [–'fleiʃən] *s.* fusione *f,* combinazione *f.*

conflict I *v.t.* [kən'flikt] **1** essere in conflitto (*o* contrasto, disaccordo) (*with* con). **2** (*to do battle*) contendere, lottare. **II** *s.* ['kɔnflikt] **1** conflitto *m,* scontro *m;* (*war*) guerra *f.* **2** (*struggle*) conflitto *m,* controversia *f,* disputa *f.* □ ~ *of duties* conflitto *m* di doveri; ~ *of interests* conflitto *m* d'interessi; ~ *of power* conflitto *m* di attribuzioni. **con'flicting** [–iŋ] *a.* in conflitto, contraddittorio, contrastante: ~ *evidence* prove contraddittorie. **con'fliction** [–kʃən] *s.* l'essere in conflitto (*o* contrasto).

conflict resolution *s.* risoluzione *f* di conflitti.

conflictual [kən'fliktjuəl] *a.* conflictuale.

confluence ['kɔnfluəns] *s.* **1** ⟨*Geog*⟩ confluenza *f;* (*body of water*) fiume *m* collettore. **2** (*concourse*) affluenza *f,* concorso *m.* **3** (*large crowd*) folla *f,* ressa *f.* **confluent** [–nt] **I** *a.* confluente (*anche Med.*): ~ *rivers* fiumi confluenti. **II** *s.* confluente *m.* **conflux** [–flʌks] *s.* → **confluence.**

conform [kən'fɔ:m] **I** *v.i.* **1** conformarsi, uniformarsi, adeguarsi (*to* a): *to* ~ *to the rules* conformarsi alle regole. **2** ⟨*assol*⟩ essere conformisti. **3** (*to be in agreement*) corrispondere (*to, with* a), essere in armonia (con). **4** ⟨*Rel*⟩ conformarsi (*o* fare atto di sottomissione) alla religione di stato. **5** ⟨*Geol*⟩ conformarsi. **II** *v.t.* conformare, uniformare, adeguare.

conformability [kənˌfɔ:mə'biliti] *s.* **1** conformità *f* (*anche Geol.*). **2** (*compliance*) condiscendenza *f,* acquiescenza *f.* **con'formable** [–bl] *a.* **1** conforme, simile (*to* a). **2** (*compliant*) remissivo, docile. **3** ⟨*Rel*⟩ conformista. **4** ⟨*Geol*⟩ conforme. **con'formably** [–bli] *avv.* conformemente. **con'formance** [–məns] *s.* **1** conformità *f.* **2** (*compliance*) remissività *f,* docilità *f.*

conformation [ˌkɔnfɔ:'meiʃən] *s.* **1** conformazione *f,* struttura *f,* forma *f;* (*to shape*) profilo *m.* **2** (*adaptation*) adattamento *m.*

conformist [kən'fɔ:mist] **I** *s.* conformista *m/f* (*anche Rel.*). **II** *a.* conformistico, conformista. **conformity** [–miti] *s.* **1** conformità *f* (*anche Geol.*). **2** (*compliance*) condiscendenza *f,* acquiescenza *f.* **3** ⟨*Rel*⟩ conformismo *m.* □ *in* ~ *to* (*o with*) in conformità di (*o* a).

confound [kən'faund] *v.t.* **1** confondere, disorientare, sconcertare. **2** (*to refute*) confutare, ribattere, contraddire: *to* ~ *s.o.'s arguments* ribattere gli argomenti di qd. **3** (*of confusion: to increase*) aumentare, crescere. **4** (*to mistake*) confondere, scambiare: *to* ~ *the means with the end* confondere i mezzi con il fine. **5** (*to bring to ruin*) mandare in rovina. □ ~ *it!* al diavolo! **confounded** [–id] *a.* **1** ⟨*eufem*⟩ maledetto, dannato: *a* ~ *nuisance* una maledetta seccatura. **2** (*confused*) confuso, perplesso, disorientato. **confoundedly** [–idli] *avv.* ⟨*fam*⟩ maledettamente, terribilmente.

confraternity [ˌkɔnfrə'tə:niti] *s.* **1** ⟨*Rel*⟩ confraternita *f.* **2** (*fraternal union*) fratellanza *f;* (*in a profession*) associazione *f* professionale. '**confrère** [–freə] *s.* **1** collega *m.* **2** ⟨*estens*⟩ compagno *m.*

confront [kən'frʌnt] *v.t.* **1** essere (*o* stare) di fronte a, essere faccia a faccia con. **2** (*to stand in the way of*) presentarsi a: *many problems –ed us* ci si presentavano molti problemi. **3** ⟨*fig*⟩ affrontare, fronteggiare: *to* ~ *danger* affrontare il pericolo. **4** ⟨*fig*⟩ (*to compare*) confrontare, comparare. **5** ⟨*Dir*⟩ mettere a confronto, confrontare: *to* ~ *two witnesses* mettere due testimoni a confronto. **confrontation** [ˌkɔnfrən'teiʃən] *s.* confronto *m* (*anche Dir.*).

Confucian [kən'fju:ʃən] **I** *s.* ⟨*Rel*⟩ seguace *m/f* del confucianesimo, confuciano *m* (*f* –a). **II** *a.* confuciano. **Confucianism** [–izm] *s.* confucianesimo *m.* **Confucianist** [–ist] *a./s.* → **Confucian. Confucius** [–ʃəs] *N.pr.* ⟨*Stor*⟩ Confucio *m.*

confusable [kən'fju:zəbl] *a.* confondibile.
confuse [kən'fju:z] *v.t.* **1** confondere, turbare, disorientare. **2** (*to make unclear*) rendere confuso (*o* indistinto), imbrogliare: *to ~ the issue* imbrogliare la questione. **3** (*to mistake*) confondere, scambiare: *I always ~ him with his brother* lo scambio sempre per suo fratello. **4** (*to jumble together*) confondere, mettere in disordine, mischiare. **5** (*to embarrass*) confondere, mettere in imbarazzo; (*to abash*) mortificare. **confused** [–d] *a.* **1** confuso, disorientato, perplesso. **2** (*disordered*) confuso: ~ *shouting* grida confuse. □ *to get ~* confondersi. **confusedly** [–(i)dli] *avv.* confusamente. **confusedness** [–idnis] *s.* confusione *f.* **confusing** [–iŋ] *a.* che confonde (*o* disorienta).
confusion [kən'fju:ʒən] *s.* **1** confusione *f.* **2** (*disorder*) confusione *f*, disordine *m: there was utter ~ in the room* nella stanza regnava il completo disordine; (*bustle*) ressa *f.* **3** (*embarrassment*) confusione *f*, imbarazzo *m.* **4** (*mistaking*) confusione *f*, scambio *m:* ~ *of names* confusione di nomi. □ *to throw s.o. into ~* mettere qd. in imbarazzo. **confusional** [–əl] *a.* ⟨*Psic*⟩ confusionale.
confutable [kən'fju:təbl] *a.* confutabile, oppugnabile. **confutation** [ˌkɔnfju:'teiʃən] *s.* confutazione *f* (*anche Ret.*). **confutative** [–tətiv] *a.* confutativo. **confute** [–'fju:t] *v.t.* **1** confutare, oppugnare. **2** (*of a person*) dimostrare (*o* provare) l'errore di.
conga ['kɔŋgə] *s.* (*dance, music*) conga *f.*
congé *fr.* [kɔ̃'ʒe] *s.* **1** commiato *m.* **2** (*dismissal*) congedo *m.* □ *to give s.o. his ~* dare (il) congedo a qd., mandar via qd.
congeal [kən'dʒi:l] **I** *v.t.* **1** (*to freeze*) congelare. **2** (*to coagulate*) coagulare. **II** *v.i.* **1** congelarsi, gelarsi. **2** (*to coagulate*) coagularsi, rapprendersi. **3** ⟨*fig*⟩ (*to become fixed*) paralizzarsi, irrigidirsi. **congealable** [–əbl] *a.* **1** congelabile. **2** (*coagulable*) coagulabile. **congealment** [–mənt], **congelation** [ˌkɔndʒi'leiʃən] *s.* **1** congelamento *m.* **2** (*coagulation*) coagulazione *f.* **3** (*congealed matter*) sostanza *f* congelata (*o* coagulata).
congener ['kɔndʒinə] *s.* **1** persona *f* (*o* cosa) congenere. **2** ⟨*Biol*⟩ congenere *m.* ˌ**congeneric** [–'nerik], **congenerous** [kən'dʒenərəs] *a.* **1** affine, attinente. **2** (*of the same genus*) congenere, consimile.
congenial [kən'dʒi:njəl] *a.* **1** affine, simile, della stessa natura: *two ~ spirits* due anime affini. **2** (*pleasant*) piacevole, amabile, simpatico: *a ~ company* una compagnia piacevole. **3** (*suited to o.s.*) congeniale, consono, adatto: *I find this climate very ~* trovo che questo clima mi è molto congeniale. **con,geniality** [–ni'æliti] *s.* **1** congenialità *f*, affinità *f.* **2** (*mutual agreeableness*) piacevolezza *f*, amabilità *f.*
congenital [kən'dʒenitl] *a.* congenito (*anche Med.*). □ *a ~ liar* un bugiardo nato.
congenital anomaly *s.* ⟨*Med*⟩ anomalia *f* congenita.
congenitally [kən'dʒenitəli] *avv.* congenitamente.
conger (eel) ['kɔŋgə] *s.* ⟨*Itt*⟩ grongo *m.*
congeries [kɔn'dʒiəri:z] *s.pl.* (costr. sing. o pl.) congerie *f.*
congest [kən'dʒest] **I** *v.t.* **1** congestionare, ingorgare. **2** ⟨*Med*⟩ congestionare. **II** *v.i.* congestionarsi. **congested** [–id] *a.* congestionato (*anche Med.*): ~ *streets* strade congestionate. **congestion** [–stʃən] *s.* **1** congestione *f*, ingorgo *m.* **2** ⟨*Med*⟩ congestione *f*, congestionamento *m.* **congestive** [–iv] *a.* ⟨*Med*⟩ congestivo, congestizio.
conglobate [kɔn'gləubeit] **I** *v.t.* conglobare. **II** *v.i.* conglobarsi. **III** *a.* conglobato. ˌ**conglobation** [–'beiʃən] *s.* conglobamento *m.*
conglomerate **I** *s.* [kən'glɔmərit] conglomerato *m* (*anche fig.,Geol.*). **II** *a.* **1** conglomerato. **2** ⟨*Geol*⟩ di conglomerazione. **III** *v.t.* [–reit] conglomerare, ammassare. **IV** *v.i.* conglomerarsi. **con,glomeration** [–'reiʃən] *s.* **1** conglomerazione *f.* **2** (*mass*) conglomerato *m.*
conglutinate [kən'glu:tineit] *v.t.* conglutinare, agglutinare. **II** *v.i.* conglutinarsi, agglutinarsi. **con,glutination** [–'neiʃən] *s.* conglutinazione *f* (*anche Med.*).
Congo ['kɔŋgəu] *N.pr.* ⟨*Geog*⟩ Congo *m.* **Congolese** [ˌkɔŋgəu'li:z] **I** *a.* congolese. **II** *s.* congolese *m/f.*

congratulant [kən'grætjulənt] *a.* (con)gratulatorio. **congratulate** [–leit] *v.t.* congratularsi con, felicitarsi con, complimentarsi con: *to ~ s.o. on* (o *upon*) *his marriage* congratularsi con qd. per il suo matrimonio. **con,gratulation** [–'leiʃən] *s.* **1** (*act*) congratulazione *f.* **2** *pl.* (*expression*) congratulazioni *fpl*, felicitazioni *fpl*, rallegramenti *mpl: to offer s.o. one's –s* fare (*o* presentare) le congratulazioni a qd., congratularsi con qd.; *–s on your new baby!* congratulazioni per il neonato! **congratulator** [–leitə] *s.* chi si congratula. **congratulatory** [–leitəri] *a.* di congratulazioni, gratulatorio: *a ~ letter* una lettera di congratulazioni.
congregate ['kɔŋgrigeit] **I** *v.i.* congregarsi, adunarsi, raccogliersi. **II** *v.t.* congregare, adunare. **III** *a.* congregato, radunato.
congregation [ˌkɔŋgri'geiʃən] *s.* **1** congregazione *f* (*anche Rel.*); (*assemblage*) riunione *f*, adunanza *f*, assemblea *f.* **2** ⟨*Bibl*⟩ popolo *m* ebraico. **3** ⟨*Univ*⟩ assemblea *f*, riunione *f.* **4** ⟨*am.Rel.ev*⟩ comunità *f* congregazionalista. □ ~ *of cardinals* congregazione cardinalizia, sacra congregazione. **congregational** [–l] *a.* di (*o* della) congregazione. **Congregational** *a.* ⟨*Rel.ev*⟩ congregazionalista. **Congregationalism** [–əlizəm] *s.* ⟨*Rel.ev*⟩ congregazionalismo *m.* **Congregationalist** [–əlist] **I** *s.* ⟨*Rel.ev*⟩ congregazionalista *m/f.* **II** *a.* congregazionalista.
congress ['kɔŋgres] *s.* **1** ⟨*Pol*⟩ congresso *m*, conferenza *f* internazionale: *the ~ of Vienna* il congresso di Vienna. **2** (*meeting*) congresso *m*, riunione *f: a medical ~* un congresso medico. **Congress** *s.* ⟨*SU*⟩ Congresso *m.*
congressional [kɔn'greʃənl] *a.* congressuale, di (*o* del) congresso. **Congressional** *a.* ⟨*SU*⟩ congressionale, congressuale, del Congresso.
Congressional district *s.* ⟨*SU*⟩ distretto *m* elettorale.
Congress|man [mən] *s.irr.,* **~woman** *s.irr.* ⟨*SU*⟩ membro *m* del Congresso.
congruence ['kɔŋgruəns], **congruency** [–i] *s.* **1** corrispondenza *f*, proporzionalità *f*, conformità *f.* **2** ⟨*Mat,Geom*⟩ congruenza *f.* **3** ⟨*Gramm*⟩ concordanza *f.* **congruent** [–nt] *a.* **1** proporzionale, adeguato, corrispondente: ~ *with the facts* corrispondente ai fatti. **2** ⟨*Mat,Geom*⟩ congruo, congruente. **3** ⟨*Gramm*⟩ concordato, in concordanza. **congruity** [kɔn'gruiti] *s.* **1** concordanza *f*, corrispondenza *f*, armonia *f: the ~ of art and nature* la corrispondenza tra arte e natura. **2** (*suitableness*) convenienza *f*, appropriatezza *f.* **congruous** [–gruəs] *a.* **1** corrispondente, proporzionato, adeguato (*with* a). **2** (*suitable*) appropriato, adatto, conveniente. **congruously** [–gruəsli] *avv.* proporzionalmente, ade-guatamente. **congruousness** [–gruəsnis] *s.* corrispon-denza *f*, armonia *f.*
conic ['kɔnik], **conical** [–l] *a.* conico: ~ *section* (sezione) conica. **conically** [–əli] *avv.* a cono. **conicalness** [–əlnis] *s.* conicità *f*, forma *f* conica. **conics** [–s] *s.pl.* (costr. sing.) ⟨*Geom*⟩ teoria *f* delle (sezioni) coniche.
conidium [ko(u)'nidiəm] *s.* ⟨*Bot*⟩ (*pl.* **-dia** [diə]) conidio *m.*
conifer ['kɔunifə] *s.* ⟨*Bot*⟩ conifera *f.* **co'niferous** [–rəs] *a.* conifero.
coniform ['kɔunifɔ:m] *a.* a cono, conico.
coni(i)ne ['kɔunii:n] *s.* ⟨*Chim*⟩ conina *f.*
conjecturable [kən'dʒektʃərəbl] *a.* congetturabile. **conjectural** [–rəl] *a.* **1** congetturale, ipotetico. **2** (*given to conjecturing*) portato a fare congetture. **conjecturally** [–rəli] *avv.* presumibilmente. **conjecture** [–tʃə] **I** *s.* congettura *f;* (*opinion*) opinione *f,* teorie *fpl.* **II** *v.t.* congetturare, supporre, ipotizzare. **III** *v.i.* fare congetture (*o* supposizioni).
conjoin [kən'dʒɔin] **I** *v.t.* congiungere, collegare, unire. **II** *v.i.* congiungersi, unirsi. **conjoint** [–t] *a.* **1** congiunto, unito. **2** (*joint*) collegato, combinato. **conjointly** [–tli] *avv.* congiuntamente.
conjugable ['kɔndʒugəbl] *a.* ⟨*Gramm*⟩ coniugabile.
conjugal ['kɔndʒugəl] *a.* coniugale: ~ *love* amore coniugale. ˌ**conjugality** [–'gæliti] *s.* stato *m* coniugale.
conjugate I *v.t.* ['kɔndʒugeit] ⟨*Gramm,Chim*⟩ coniugare. **II** *v.i.* **1** ⟨*Biol*⟩ accoppiarsi; (*to fuse*) fondersi. **2** ⟨*Gramm*⟩ coniugarsi. **III** *s.* ['kɔndʒugit] **1** ⟨*Gramm*⟩

parola *f* derivata dalla stessa radice (di un'altra). **2** ⟨*Mat*⟩ → **conjugate axis**. **3** ⟨*Chim*⟩ composto *m* coniugato. **IV** *a*. **1** accoppiato, coniugato. **2** ⟨*Gramm*⟩ derivato dalla stessa radice. **3** ⟨*Mat,Chim*⟩ coniugato.

conjugate| axis *s*. ⟨*Mat*⟩ asse *m* coniugato. **~ diameter** *s*. diametro *m* coniugato. **~ system** *s*. ⟨*Chim*⟩ sistema *m* coniugato.

conjugation [ˌkɔndʒu'geiʃən] *s*. **1** ⟨*Gramm,Biol,Chim*⟩ coniugazione *f*. **2** (*union*) congiunzione *f*, unione *f*, accoppiamento *m*. **conjugational** [-l], '**conjugative** [-geitiv] *a*. della congiunzione.

conjunct [kən'dʒʌŋkt] **I** *a*. **1** congiunto, unito. **2** (*joint*) congiunto, associato, combinato: *~ operation* azione combinata. **II** *s*. (*of persons*) socio *m* (*f* –a); (*of things*) cosa *f* associata (*o* collegata) a un'altra. **conjunction** [-kʃən] *s*. **1** congiunzione *f*, unione *f*, associazione *f*: *to act in ~ with s.o.* agire ⸢in unione⸣ (*o* d'accordo) con qd. **2** (*combination of events*) concomitanza *f*, coincidenza *f*. **3** ⟨*Gramm,Astr*⟩ congiunzione *f*. **conjunctional** [-kʃənl] *a*. ⟨*Gramm,Astr*⟩ della (*o* di) congiunzione.

conjunctiva [ˌkɔndʒʌŋk'taivə] *s*. (*pl.* **-s** [z]/–**vae** [vi:]) ⟨*Anat*⟩ congiuntiva *f*. **conjunctival** [-vl] *a*. congiuntivale.

conjunctive [kən'dʒʌŋktiv] **I** *a*. **1** congiuntivo (*anche Gramm.*). **2** ⟨*Biol*⟩ connettivo. **II** *s*. ⟨*Gramm*⟩ (*word*) congiunzione *f*; (*mood*) congiuntivo *m*.

conjunctivitis [kənˌdʒʌŋkti'vaitis] *s*. ⟨*Med*⟩ congiuntivite *f*.

conjunctly [kən'dʒʌŋktli] *avv*. unitamente, insieme.

conjuncture [kən'dʒʌŋktʃə] *s*. **1** (*combination of events*) congiuntura *f*, circostanza *f*, occasione *f*. **2** (*crisis*) momento *m* critico.

conjuration [ˌkɔndʒu'reiʃən] *s*. **1** scongiuro *m*, invocazione *f* solenne. **2** (*incantation*) incantesimo *m*, magia *f*. **3** (*conjuring up*) evocazione *f* di spiriti. **4** (*conspiracy*) congiura *f*.

conjure ['kʌndʒə] **I** *v.t.* **1** (*of spirits;* general. con *up*) evocare: *to ~ up the dead* evocare i morti. **2** (*to recall;* general. con *up*) rievocare, evocare: *to ~ up visions of the past* rievocare visioni del passato. **3** (*to produce as by magic*) far apparire come per incanto (*o* magia). **4** (*to implore*) scongiurare. **II** *v.i.* **1** esercitare la magia, fare incantesimi. **2** (*to practise legerdemain*) fare giochi di prestigio. □ *to ~ s.th. away* far scomparire qc.; ⟨*fam*⟩ *a name to ~ with* un nome di grande prestigio (*o* influenza). **conjurer, conjuror** [-rə] *s*. prestigiatore *m* (*f* –trice).

conk[1] [kɔŋk] ⟨*sl*⟩ **I** *s*. **1** naso *m*. **2** ⟨*am*⟩ testa *f;* (*blow*) botta *f* sulla (*o* in) testa. **II** *v.t.* ⟨*am*⟩ colpire (*o* picchiare) sulla testa.

conk[2] *v.i.* ⟨*fam*⟩ (*to break down;* general. con *out*) rompersi, guastarsi; (*of an engine*) incepparsi.

conker ['kɔŋkə] *s*. ⟨*infant*⟩ **1** *pl.* gioco di bambini fatto con le castagne d'India. **2** (*horse chestnut*) castagna *f* d'ippocastano (*o* d'India).

con man *s*. ⟨*sl*⟩ → **confidence trickster**.

conn [kɔn] **I** *v.t.* ⟨*Mar*⟩ pilotare. **II** *s*. pilotaggio *m*.

connate [kɔ'neit] *a*. **1** connaturato, innato, congenito. **2** ⟨*Biol*⟩ unito congenitamente, connato. **connatural** [kə'nætʃərəl] *a*. **1** innato, congenito, connaturato. **2** (*of the same nature*) connaturale, della stessa natura.

connect [kə'nekt] **I** *v.t.* **1** connettere, collegare, unire, allacciare: *the two cities are –ed* le due città sono collegate; *our telephone hasn't been –ed yet* il nostro telefono non è stato ancora allacciato. **2** (*to associate mentally*) collegare, associare (mentalmente): *she –s telegrams with bad news* collega i telegrammi alle cattive notizie. **3** (*to be associated;* general. al pass.) avere relazioni (*o* rapporti) con, essere in contatto con: *our company is –ed with that firm* la nostra compagnia ha rapporti (commerciali) con quella ditta. **4** (*to relate*) imparentare. **5** ⟨*Tel*⟩ mettere in comunicazione. **6** ⟨*El*⟩ collegare: *to ~ to the socket* collegare alla presa. **II** *v.i.* **1** connettersi, collegarsi, inserirsi: *where does this wire ~?* dove va collegato questo filo? **2** (*of trains, buses, etc.*) ⸢essere in⸣ (*o* fare) coincidenza (*with* con): *the twelve o'clock train –s with the boat for Dover* il treno delle dodici è in coincidenza col battello per Dover. **3** ⟨*sl*⟩ (*to*

hit) colpire.

connected [kə'nektid] *a*. **1** collegato, unito: *a ~ series* una serie collegata. **2** (*related*) imparentato: *he is ~ with the Daniels* è imparentato con i Daniel. **3** (*coherent*) logico, coerente: *~ account* resoconto coerente. **connectedly** [-li] *avv*. coerentemente. **connectedness** [-nis] *s*. coerenza *f;* (*of ideas*) associazione *f*, concatenazione *f*. **connecter** *s*. → **connector**.

connecting| cable [kə'nektiŋ] *s*. ⟨*El*⟩ cavo *m* di collegamento. **~ flight** *s*. ⟨*Aer*⟩ coincidenza *f*. **~ link** *s*. ⟨*Biol*⟩ anello *m* di congiunzione (*anche fig.*). **~ rod** *s*. ⟨*El,Mecc*⟩ asta *f* di collegamento.

connection, connectional → **connexion, connexional**.

connective [kə'nektiv] **I** *a*. **1** di collegamento. **2** ⟨*Biol*⟩ connettivo: *~ tissue* tessuto connettivo. **II** *s*. ⟨*Gramm*⟩ congiunzione *f*.

connector [kə'nektə] *s*. **1** ⟨*El*⟩ morsetto *m* serrafili. **2** ⟨*Mecc*⟩ connettore *m*, raccordo *m*.

connexion [kə'nekʃən] *s*. **1** connessione *f*, collegamento *m*, legame *m*. **2** (*thing connecting*) mezzo *m* di collegamento, attacco *m: a pipe ~* l'attacco di un tubo. **3** (*relation, link*) connessione *f*, relazione *f*, nesso *m*, rapporto *m: I can see no ~ between the two ideas* non vedo alcuna connessione tra le due idee. **4** (*relationship by marriage, etc.*) parentela *f*, parente *m*. **5** (*intercourse*) relazione *f*, rapporto *m;* (*sexual*) rapporto *m* sessuale. **6** (*of trains, buses, etc.*) coincidenza *f*. **7** (*context*) caso *m*, circostanza *f: in this ~* in questo caso. **8** *pl.* (*powerful friends, etc.*) conoscenze *fpl*, relazioni *fpl: to have –s in high places* avere conoscenze in alto. **9** (*clientele*) clientela *f*. **10** ⟨*sl*⟩ (*drug peddler*) fornitore *m* (*o* spacciatore) di droga. **11** ⟨*Tel*⟩ collegamento *m*. **12** ⟨*El*⟩ connessione *f*, contatto *m*. **13** ⟨*Mecc*⟩ accoppiamento *m*, collegamento *m*. **14** ⟨*Rel*⟩ setta *f*, comunità *f*. □ *in ~ with* con riferimento a; *in this ~* a questo proposito. **connexional** [-l] *a*. di connessione (*o* collegamento).

conning tower ['kɔniŋ] *s*. ⟨*Mar.mil*⟩ torre *f* di comando.

conniption (fit) *am*. [kə'nipʃən] *s*. ⟨*sl*⟩ (*of rage, hysteria*) accesso *m*.

connivance [kə'naivəns] *s*. connivenza *f* (*anche Dir.*). **connive** [-naiv] *v.i.* **1** essere connivente (*with, in, at* in, con). **2** (*to be indulgent*) essere indulgente (*at* verso), chiudere gli occhi (su), tollerare (qc.). **connivent** [-vənt] *a*. ⟨*Biol*⟩ convergente, connivente.

connoisseur [ˌkɔni'sɔ:] *s*. conoscitore *m* (*f* –trice), intenditore *m* (*f* –trice), esperto *m* (*f* –a).

connotation [ˌkɔnə'teiʃən] *s*. **1** connotazione *f*. **2** (*implication*) connotazione *f*, implicazione *f*, significato *m* implicito. **connotative** [kə'nəutətiv] *a*. ⟨*Ling*⟩ connotativo. **connote** [kə'nəut] *v.t.* **1** suggerire (*o* implicare) il concetto (*o* l'idea) di. **2** ⟨*estens*⟩ (*to mean*) significare. **3** ⟨*Filos*⟩ connotare.

connubial [kə'nju:biəl] *a*. coniugale, matrimoniale. **con,nubiality** [-bi'æliti] *s*. stato *m* coniugale.

conoid ['kəunɔid] **I** *s*. ⟨*Geom*⟩ conoide *m*. **II** *a*. → **conoidal**. **co'noidal** [-l] *a*. conoidale.

conquer ['kɔŋkə] **I** *v.t.* **1** conquistare. **2** (*to vanquish*) vincere, sconfiggere: *to ~ an army* sconfiggere un esercito; (*to subdue*) soggiogare. **3** (*to gain mastery over*) conquistare; (*of fear*) vincere; (*of difficulties*) sormontare, superare. **II** *v.i.* vincere, ottenere la vittoria. **conquerable** [-rəbl] *a*. conquistabile. **conquering** [-riŋ] *a*. vincitore, vittorioso: *the ~ hero* l'eroe vittorioso. **conqueror** [-rə] *s*. conquistatore *m*, vincitore *m*. **Conqueror** *s*. ⟨*Stor*⟩ (Guglielmo) il Conquistatore. **conquest** [-kwest] *s*. conquista *f* (*anche fig.*). **Conquest** *s*. ⟨*Stor*⟩ (*Norman Conquest*) conquista *f* normanna (dell'Inghilterra).

Cons. = **1** *Conservative* conservatore. **2** *Consul* console.

consanguine [kɔn'sæŋgwin], **,consan'guineous** [-iəs] *a*. consanguineo. **,consan'guinity** [-iti] *s*. consanguineità *f*.

conscience ['kɔnʃəns] *s*. coscienza *f: to listen to one's ~* ascoltare la voce della coscienza; (*scruple*) coscienza *f*, scrupolo *m*. □ *to have a* **clear** (*o easy*) *~* avere la coscienza pulita (*o* tranquilla); *to clear one's ~* togliersi un peso dalla coscienza; *to obey the* **dictates** *of ~* operare (*o* agire) secondo coscienza; *to have a* **guilty** *~* avere la

coscienza sporca; **in** (*all*) ~: 1 in (tutta) coscienza, onestamente; 2 (*certainly*) certamente, di sicuro; *to make s.th. a* **matter** (*o point*) *of* ~ fare di qc. un caso di coscienza; *to have s.th.* **on** *one's* ~ avere qc. sulla coscienza; *to set one's* ~ *at* **rest** mettersi la coscienza in pace; *for* ~ **sake** per dovere (*o* obbligo) di coscienza; *I have* **twinges** *of* ~ mi rimorde la coscienza.
conscience clause *s.* ⟨*Dir*⟩ clausola *f* di coscienza.
conscienceless ['kɔnʃənslis] *a.* senza coscienza, privo di scrupoli.
conscience| money *s.* denaro *m* restituito anonimamente per togliersi un peso dalla coscienza. **~-smitten, ~-stricken** *a.* preso dal rimorso.
conscientious [ˌkɔnʃi'enʃəs] *a.* 1 coscienzioso: *a* ~ *worker* un lavoratore coscienzioso. 2 (*done carefully*) coscienzioso, scrupoloso, accurato: ~ *work* un lavoro accurato. **conscientiousness** [–nis] *s.* coscienziosità *f*, scrupolosità *f*.
conscientious objector *s.* obiettore *m* di coscienza.
conscious ['kɔnʃəs] **I** *a.* 1 cosciente: *the patient is* ~ il paziente è cosciente. 2 (*knowing, aware*) cosciente, conscio, consapevole: *to be* ~ *of one's deficiencies* essere conscio delle proprie mancanze; *a* ~ *liar* un bugiardo consapevole (di mentire). 3 (*deliberate*) intenzionale, deliberato: *a* ~ *lie* una bugia intenzionale. 4 (*self-conscious*) affettato, manierato, impacciato. **II** *s.* ⟨*Psic*⟩ conscio *m*. □ *to become* ~ *of s.th.* prendere coscienza di qc. **consciously** [–li] *avv.* consciamente, consapevolmente. **consciousness** [–nis] *s.* 1 coscienza *f*: *to regain* (*o recover*) ~ riprendere coscienza (*o* i sensi); *to lose* ~ perdere la coscienza (*o* conoscenza). 2 (*awareness*) coscienza *f*, consapevolezza *f*. 3 ⟨*Psic,Filos*⟩ coscienza *f*.
conscribe [kən'skraib] *v.* ⟨*rar*⟩ → **conscript**.
conscript I *v.t.* [kən'skript] ⟨*Mil*⟩ coscrivere, chiamare sotto le armi, arruolare. **II** *s.* ['kɔnskript] coscritto *m*. **III** *a.* di leva: ~ *soldiers* soldati di leva. **conscription** [kən'skripʃən] *s.* coscrizione *f*, reclutamento *m*.
consecrate ['kɔnsikreit] **I** *v.t.* 1 ⟨*Rel*⟩ consacrare. 2 (*to devote*) consacrare, dedicare: *to* ~ *one's life to medicine* consacrare la propria vita alla medicina. 3 ⟨*fig*⟩ (*to sanction, hallow*) consacrare: *customs –d by time* usi consacrati dal tempo. **II** *a.* consacrato (*anche Rel.*).
consecration [–'kreiʃən] *s.* 1 consacrazione *f* (*anche Rel.*). 2 ⟨*fig*⟩ (*devotion*) consacrazione *f*, dedizione *f*.
consecrator [–ə] *s.* consacratore *m* (*f* –trice).
consecratory [–əri] *a.* ⟨*Rel*⟩ di consacrazione.
consecution [ˌkɔnsi'kju:ʃən] *s.* 1 successione *f*, sequenza *f*. 2 (*chain of reasoning*) nesso *m* logico. 3 ⟨*Gramm*⟩ consecuzione *f*.
consecutive [kən'sekjutiv] *a.* 1 consecutivo, di seguito: *four* ~ *weeks* quattro settimane consecutive. 2 (*in logical sequence*) coerente, consequente. 3 ⟨*Gramm*⟩ consecutivo. **consecutively** [–li] *avv.* consecutivamente, di seguito. **consecutiveness** [–nis] *s.* l'essere consecutivo.
consensual [kən'senʃuəl] *a.* ⟨*Dir,Fisiol*⟩ consensuale.
consensus [–nsəs] *s.* 1 consenso *m* (generale), unanimità *f*: ~ *of opinion* unanimità di opinioni. 2 (*collective opinion*) opinione *f* generale.
consent [kən'sent] **I** *v.i.* acconsentire, consentire (*to* a). **II** *s.* 1 consenso *m*, permesso *m*, benestare *m*; (*approval*) consenso *m*, approvazione *f*. 2 (*agreement in opinion*) consenso *m*, accordo *m*. □ *by* **common** ~ di comune accordo; *declaration of* ~ dichiarazione *f* di benestare; *to give one's* ~ *to s.o.* dare il proprio consenso a qd.; *government by* ~ governo fondato sul consenso generale; *with one* ~ unanimemente, all'unanimità.
consentaneity [kənˌsentə'ni:iti] *s.* 1 conformità *f*. 2 (*unanimity*) unanimità *f*. **consentaneous** [ˌkɔnsen'teiniəs] *a.* 1 corrispondente, conforme (*to, with* a), ⟨*lett*⟩ consentaneo; (*suited*) adatto (a). 2 (*unanimous*) unanime.
consentient [kən'senʃənt] *a.* consenziente, d'accordo.
consentingly [–'sentiŋli] *avv.* d'accordo.
consequence ['kɔnsikwens] *s.* 1 consequenza *f*, risultato *m*. 2 (*importance*) importanza *f*, rilievo *m*, peso *m*. 3 (*conclusion*) consequenza *f*, conclusione *f* logica. 4 *pl.* (*game;* costr. sing.) gioco *m* delle consequenze. 5 ⟨*Filos*⟩ consequenza *f*. □ **as** ⟨*o in*⟩ ~ di (*o* in, per)

consequenza, perciò; **in** ~ *of* a causa di; *of* **no** ~ di nessuna importanza; *he is of no* ~ non conta niente; *all the people of* ~ tutte le persone importanti; *to* **suffer** (*o take*) *the* –s subire le consequenze.
consequent ['kɔnsikwent] **I** *a.* 1 consequente, derivante, risultante: *infirmity* ~ *on a wound* infermità derivante da una ferita. 2 ⟨*Filos*⟩ consequente. **II** *s.* 1 consequenza *f*, risultato *m*. 2 ⟨*Gramm*⟩ apodosi *f*. 3 ⟨*Mat,Filos*⟩ consequente *m*. **ˌconse'quential** [–nʃəl] *a.* 1 consequente, derivante. 2 (*logical*) consequente, consequenziale. 3 (*self-important*) pieno di sé, borioso, presuntuoso.
consequential damages *s.pl.* ⟨*Dir*⟩ danni *mpl* indiretti.
consequentiality [ˌkɔnsiˌkwenʃi'æliti] *s.* 1 (*of reasoning*) consequenza *f*, coerenza *f*. 2 (*self-importance*) prosopopea *f*, presunzione *f*, boria *f*. **'consequently** [–kwentli] *avv.* di (*o* in, per) consequenza, perciò, consequentemente.
conservable [kən'sə:vəbl] *a.* conservabile. **conservancy** [–vənsi] *s.* 1 (*of natural resources*) protezione *f*, tutela *f*. 2 (*board*) commissione *f* di controllo (di porto, fiume, ecc.).
conservation [ˌkɔnsə'veiʃən] *s.* 1 conservazione *f*, preservazione *f*; (*of rivers, forests, etc.*) protezione *f*, tutela *f*; (*district*) parco *m* nazionale. 2 ⟨*Fis*⟩ conservazione *f*: ~ *of energy* conservazione dell'energia. □ ~ *of natural resources* conservazione *f* delle risorse naturali; ~ *of the species* conservazione *f* della specie. **conservationism** [–izm] *s.* ambientalismo *m*. **conservationist** [–ist] *s.* ambientalista *m/f*.
conservatism [kən'sə:vətizəm] *s.* conservatorismo *m*, tradizionalismo *m*. **Conservatism** *s.* ⟨*Pol*⟩ conservatorismo *m*. **conservative** [–tiv] **I** *a.* 1 conservatore. 2 (*cautious*) prudente, cauto, moderato: *a* ~ *estimate* una valutazione prudente. **II** *s.* conservatore *m* (*f* –trice), tradizionalista *m/f*. **Conservative I** *a.* ⟨*Pol*⟩ conservatore. **II** *s.* conservatore *m* (*f* –trice).
Conservative Party *s.* ⟨*GB*⟩ partito *m* conservatore.
conservatoire *fr.* [kənˌsə:və'twɑ:] *s.* 1 ⟨*Mus*⟩ conservatorio *m*. 2 ⟨*Teat*⟩ scuola *f* di recitazione. 3 ⟨*Art*⟩ scuola *f* di Belle Arti.
conservator ['kɔnsəveitə] *s.* 1 conservatore *m* (*f* –trice). 2 ⟨*Dir*⟩ tutore *m* (*f* –trice). 3 ⟨*GB*⟩ (*of rivers, fisheries*) conservatore *m*; (*of a museum*) sovrintendente *m/f*.
conservatory [kən'sə:vətri] *s.* 1 serra *f*. 2 → conservatoire.
conserve [kən'sə:v] **I** *v.t.* 1 conservare. 2 (*of fruit*) mettere in conserva. **II** *s.* (spesso al pl.) ⟨*Alim*⟩ conserva *f* di frutta mista.
conshie, conshy ['kɔntʃi] *s.* ⟨*fam*⟩ obiettore *m* di coscienza.
consider [kən'sidə] **I** *v.t.* 1 considerare, esaminare: *they –ed emigrating* considerarono la prospettiva di emigrare. 2 (*to regard*) considerare, reputare, ritenere. 3 (*to bear in mind*) considerare, tener presente, tener conto di: *you must* ~ *her youth* devi considerare la sua giovane età. 4 (*to look at steadily*) considerare, guardare attentamente, fissare. 5 (*to think about before accepting, buying, etc.*) prendere in considerazione. 6 ⟨*Dir*⟩ contemplare, considerare: *the law does not* ~ *this case* la legge non contempla questo caso. **II** *v.i.* considerare, riflettere, ponderare.
considerable [kən'sidərəbl] **I** *a.* 1 considerevole, notevole: *a* ~ *sum* una somma considerevole. 2 (*important*) importante, degno di considerazione. **II** *s.* ⟨*am.fam*⟩ molto *m*, parecchio *m*. **considerably** [–i] *avv.* considerevolmente, notevolmente.
considerate [kən'sidərit] *a.* premuroso, sollecito, riguardoso: *a* ~ *husband* un marito premuroso. **considerately** [–li] *avv.* premurosamente. **considerateness** [–nis] *s.* premura *f*, sollecitudine *f*, riguardo *m*.
consideration [kənˌsidə'reiʃən] *s.* 1 considerazione *f*, esame *m*: *to give* ~ *to* prendere in considerazione. 2 (*influencing factor*) fattore *m*, elemento *m*: *money is the most important* ~ il denaro è il fattore più importante; (*reason*) motivo *m*, ragione *f*. 3 (*thoughtfulness*) premura *f*, riguardo *m*, sollecitudine *f*: *to show* ~ *for s.o.* mostrare riguardo per qd. 4 (*thought, reflection*) considerazione *f*, riflessione *f*. 5 (*esteem, regard*) considerazione *f*, stima *f*,

riguardo *m.* **6** (*recompense*) ricompensa *f,* rimunerazione *f: for a* ~ dietro ricompensa; (*payment*) pagamento *m.* **7** 〈*Dir*〉 controprestazione *f,* corrispettivo *m.* □ **in** ~ *of* (*in view of*) in considerazione (*o* vista) di; *to* **leave** *s.th. out of* ~ non prendere in considerazione qc.; *on* **no** ~ in nessun caso, per nessun motivo; **out** *of* ~ *for s.o.* per riguardo verso qd.; 〈*Comm*〉 ~ *for* **sale** premio *m* di vendita; *to* **take** *into* ~ prendere in considerazione; *to be* **under** ~ essere in esame.

considered [kən'sidəd] *a.* meditato, ponderato: *a* ~ *opinion* un'opinione ponderata. **considering** [–dəriŋ] **I** *prep.* in considerazione di, tenendo (*o* tenuto) conto di, considerato. **II** *avv.* 〈*fam*〉 tutto considerato. **III** *congz.* considerato che, visto che: *it's very cheap* ~ *it's gold* costa molto poco considerato (*o* se si considera) che è d'oro.

consign [kən'sain] *v.t.* **1** consegnare; (*to entrust*) consegnare, affidare, rimettere. **2** 〈*Comm*〉 spedire, consegnare, inviare. **3** 〈*Dir*〉 (*of money*) depositare. **consignable** [–əbl] *a.* consegnabile.

consignation [ˌkɔnsig'neiʃən] *s.* **1** 〈*Comm*〉 consegna *f,* spedizione *f.* **2** 〈*Dir*〉 (*of money*) deposito *m.* □ 〈*Comm*〉 *to the* ~ *of* all'indirizzo di. **consignee** [–sai'ni:] *s.* 〈*Comm*〉 consegnatario *m* (*f* –a), destinatario *m* (*f* –a). **consigner** *s.* → **consignor**.

consignment [kən'sainmənt] *s.* **1** spedizione *f,* invio *m;* (*single shipment*) partita *f* (in consegna). **2** 〈*Comm*〉 consegna *f* in conto deposito. □ 〈*Comm*〉 ~ *note* lettera *f* di vettura; *on* ~ in deposito.

consignor [kən'sainə] *s.* 〈*Comm*〉 mittente *f/m.*

consist [kən'sist] *v.i.* **1** consistere (*of* in, di), essere composto, constare (di). **2** (*to lie in*) consistere (*in* in). **3** (*to be harmonious*) accordarsi, essere in accordo (*with* con).

consistence [kən'sistəns], **consistency** [–i] *s.* **1** consistenza *f,* compattezza *f,* densità *f: the* ~ *of cream* la consistenza di una crema. **2** (*adherence to principles, etc.*) costanza *f,* fermezza *f;* (*coherence*) coerenza *f.* **3** (*agreement, harmony*) concordanza *f,* accordo *m,* armonia *f:* ~ *of style* concordanza di stile. **consistent** [–tənt] *a.* **1** in armonia, coerente (*with* con), corrispondente (a). **2** (*costant*) fermo, costante.

consistorial [ˌkɔnsis'tɔːriəl] *a.* 〈*Rel*〉 concistoriale.

consistory [kən'sistəri] *s.* **1** 〈*Rel.catt*〉 concistoro *m.* **2** 〈*Rel.ev*〉 consiglio *m* ecclesiastico. □ 〈*GB*〉 ~ *Court* corte *f* concistoriale.

consociate **I** *v.t.* [kən'səuʃieit] consociare, associare. **II** *v.i.* consociarsi, associarsi. **III** *a.* [–ʃiit] consociato, associato. **IV** *s.* consocio *m* (*f* –a), socio *m* (*f* –a). **consociation** [–ˌsəusi'eiʃən] *s.* consociazione *f,* associazione *f.*

consolable [kən'səuləbl] *a.* consolabile. **consolation** [ˌkɔnsə'leiʃən] *s.* consolazione *f,* conforto *m: the* –*s of old age* le consolazioni della vecchiaia. □ *a poor* ~ un'amara (*o* una magra) consolazione.

consolation prize *s.* premio *m* di consolazione.

consolatory [kənsɔlətəri] *a.* consolatorio.

console[1] [kən'səul] *v.t.* consolare, confortare.

console[2] *fr.* ['kɔnsəul] *s.* **1** 〈*Mus*〉 (*of an organ*) consolle *f.* **2** 〈*Arred*〉 (*radio cabinet*) mobile *m.* **3** → **console table**. **4** 〈*Arch*〉 mensola *f.* **5** 〈*El*〉 quadro *m* di comando. **6** (*Inform*) console *f.* □ ~ *operator* operatore *m* di console.

console table ['kɔnsəul] *s.* 〈*Arred*〉 consolle *f.*

consolidate [kən'sɔlideit] **I** *v.t.* **1** unificare, unire; (*of business companies*) fondere. **2** (*to strengthen*) consolidare, rafforzare: *to* ~ *one's position* consolidare la propria posizione. **3** 〈*Econ,Dir,Mil*〉 consolidare: *to* ~ *debts* consolidare i debiti. **4** 〈*concr*〉 (*to compress*) consolidare, solidificare. **II** *v.i.* **1** unificarsi, unirsi; (*of business companies*) fondersi. **2** (*to solidify*) consolidarsi, solidificarsi.

consolidated| annuities [kən'sɔlideitid] *s.pl.* → **consols**. ~ **balance sheet** *s.* bilancio *m* consolidato. ~ **debt** *s.* 〈*Econ*〉 debito *m* consolidato. ~ **fund** *s.* 〈*Econ*〉 fondo *m* consolidato. ~ **school** *am. s.* scuola *f* unificata.

consolidation [kənˌsɔli'deiʃən] *s.* **1** unificazione *f;* (*of business companies*) fusione *f.* **2** (*strengthening*) consolidamento *m,* rafforzamento *m.* **3** 〈*concr*〉 conso-

lidamento *m,* solidificazione *f.* **4** 〈*Econ*〉 consolidamento *m,* consolidazione *f.* **consolidator** [–deitə] *s.* consolidatore *m* (*f* –trice).

consols [kən'sɔlz] *s.pl.* 〈*Econ*〉 titoli *mpl* del debito pubblico consolidato.

consommé *fr.* [kən'sɔmei] *s.* 〈*Gastr*〉 consommé *m,* brodo *m* ristretto.

consonance ['kɔnsənəns], **consonancy** [–i] *s.* **1** consonanza *f,* armonia *f.* **2** (*harmony of sounds*) armonia *f* di suoni. **3** 〈*Mus*〉 consonanza *f,* accordo *m.* **4** 〈*Metr,Fis*〉 consonanza *f.* **consonant** [–nt] **I** *s.* 〈*Fon*〉 consonante *f.* **II** *a.* **1** consono, conforme (*with* a): ~ *with one's principles* consono ai propri principi. **2** (*of sounds*) armonioso. **3** 〈*Mus,Metr*〉 consonante. ,**consonantal** [–'næntl] *a.* 〈*Fon*〉 consonantico, di consonante. **consonantly** [–ntli] *avv.* d'accordo, in conformità.

consort **I** *s.* ['kɔnsɔːt] **1** consorte *m/f,* coniuge *m/f;* (*of a royal person*) consorte *m/f.* **2** 〈*Mar*〉 nave *f* di conserva. **II** *v.i.* [kən'sɔːt] **1** associarsi, unirsi (*with* con), frequentare (qd.): *to* ~ *with criminals* associarsi con delinquenti. **2** (*to harmonize*) accordarsi (*with* con), adattarsi (a). □ *to act in* ~ agire di comune accordo (*o* conserva).

consortium [kən'sɔːʃiəm] *s.* (*pl.* -**tia** [ʃiə]/-**s** [z]) 〈*Econ*〉 consorzio *m.*

consortium bank *s.* 〈*Econ*〉 banca *f* consortile.

conspecific [ˌkɔnspə'sifik] *a.* 〈*Biol*〉 della stessa specie.

conspectus [kən'spektəs] *s.* **1** (*survey*) rassegna *f,* panorama *m.* **2** (*summary*) prospetto *m,* compendio *m,* sommario *m.*

conspicuous [kən'spikjuəs] *a.* **1** ben visibile, evidente, manifesto, lampante. **2** (*remarkable*) che si distingue, che spicca, cospicuo, notevole. □ 〈*fam*〉 *to be* ~ *by one's absence* brillare per la propria assenza; *to make o.s.* ~ farsi notare, mettersi in vista. **conspicuousness** [–nis] *s.* l'essere cospicuo (*o* ben visibile), evidenza *f.*

conspiracy [kən'spirəsi] *s.* **1** cospirazione *f,* congiura *f,* complotto *m.* **2** 〈*fig*〉 intesa *f.* **3** 〈*Dir*〉 associazione *f* a delinquere. □ ~ *of silence* congiura *f* del silenzio, omertà *f.* **conspirator** [–rətə] *s.* cospiratore *m,* congiurato *m.* **con,spiratorial** [–rə'tɔːriəl] *a.* di cospirazione. **conspire** [–'spaiə] **I** *v.i.* **1** cospirare, congiurare, complottare. **2** (*of events*) concorrere, contribuire. **II** *v.t.* complottare, tramare.

constable ['kʌnstəbl] *s.* **1** poliziotto *m,* agente *m* (di polizia), guardia *f.* **2** 〈*Mediev*〉 con(n)estabile *m.* **3** (*of a castle*) governatore *m.* **constabulary** [kən'stæbjuləri] **I** *s.* 〈*collett*〉 **1** poliziotti *mpl* (di un distretto). **2** (*police force*) corpo *m* di polizia, polizia *f.* **II** *a.* che riguarda la polizia (*o* i poliziotti), di polizia.

Constance ['kɔnstəns] *N.pr.f.* Costanza *f.*

constancy ['kɔnstənsi] *s.* **1** costanza *f,* fermezza *f,* perseveranza *f:* ~ *of purpose* fermezza di propositi. **2** (*fortitude*) forza *f* d'animo. **3** (*stability*) regolarità *f,* stabilità *f.* **constant** [–nt] **I** *a.* **1** costante, invariabile. **2** (*unceasing*) costante, continuo, incessante: ~ *complaints* continue lagnanze. **3** (*firm*) costante, fermo, perseverante; (*faithful*) fedele. **II** *s.* costante *f* (*anche Fis.,Mat.*).

Constantine ['kɔnstəntain] *N.pr.m.* Costantino *m.*

Constantinople [ˌkɔnstænti'nəupl] *N.pr.* 〈*Geog*〉 Costantinopoli *f.*

constantly ['kɔnstəntli] *avv.* costantemente, continuamente.

constellate ['kɔnstəleit] **I** *v.t.* costellare, cospargere. **II** *v.i.* raggrupparsi. ,**constellation** [–'leiʃən] *s.* 〈*Astr,fig*〉 costellazione *f.*

consternate ['kɔnstəneit] *v.t.* costernare, sgomentare. ,**consternation** [–'neiʃən] *s.* costernazione *f;* (*paralysing dismay*) terrore *m.*

constipate ['kɔnstipeit] *v.t.* 〈*Med*〉 costipare. **constipated** [–id] *a.* stitico. ,**constipation** [–'peiʃən] *s.* 〈*Med*〉 stitichezza *f.*

constituency [kən'stitjuənsi] *s.* **1** 〈*Pol*〉 collegio *m* elettorale. **2** 〈*fig*〉 sostenitori *mpl,* fautori *mpl.*

constituent [–juent] *a.* **1** costituente, che costituisce (*o* compone): *a* ~ *part* una parte costituente. **2** 〈*Parl*〉 costituente: ~ *assembly* assemblea costituente; (*having power to elect*) che ha diritto di voto. **II** *s.* **1** elemento *m* costitutivo (*o* componente), costituente *m.* **2** 〈*Pol*〉

elettore *m* (*f* –trice), membro *m* di un collegio elettorale.
constitute ['kɔnstitjuːt] *v.t.* **1** costituire, formare, comporre: *twelve men –d the jury* la giuria era costituita da dodici uomini. **2** (*to create, establish*) costituire, creare: *to ~ a precedent* costituire un precedente. **3** (*to appoint*) nominare, eleggere, costituire. **constituted** [–tid] *a.* costituito: *~ authorities* autorità costituite.
constitution [ˌkɔnsti'tjuːʃən] *s.* **1** costituzione, *f,* composizione *f,* struttura *f.* **2** (*temperament*) carattere *m,* temperamento *m,* indole *f; (of the body)* costituzione *f,* fisico *m: a strong ~* una costituzione forte. **3** (*setting up*) costituzione *f,* istituzione *f: the ~ of laws* la costituzione delle leggi. **4** (*Parl*) costituzione *f: an unwritten ~* una costituzione non scritta; (*document*) costituzione *f,* carta *f* costituzionale. **5** *pl.* (*Stor*) (*decrees*) costituzioni *fpl.*
constitutional [–l] **I** *a.* **1** costituzionale: *~ strength* robustezza costituzionale. **2** (*innate*) innato, connaturato: *a ~ weakness* una debolezza innata. **3** (*Parl*) costituzionale: *~ monarchy* monarchia costituzionale. **II** *s.* (*fam*) passeggiata *f* (igienica). □ *~ Court* corte *f* costituzionale.
constitutionalism [ˌkɔnsti'tjuːʃənəlizəm] *s.* (*Pol*) **1** costituzionalismo *m.* **2** (*constitutional government*) governo *m* costituzionale. **constitutionalist** [–list] *s.* costituzionalista *m/f.* **consti,tutionality** [–'næliti] *s.* costituzionalità *f.* **constitutionally** [–li] *avv.* costituzionalmente (*anche Pol.*).
constitutional practice *s.* prassi *f* costituzionale.
constitutive ['kɔnstitjuːtiv] *a.* **1** (*constituent*) costitutivo; (*essential*) essenziale. **2** (*having power to establish*) costitutivo, istitutivo.
constrain [kən'strein] *v.t.* **1** costringere, obbligare, forzare. **2** (*to confine forcibly*) relegare, confinare, imprigionare. **constrained** [–d] *a.* **1** costretto, forzato. **2** (*unnatural*) innaturale, forzato: *a ~ smile* un sorriso forzato; (*embarrassed*) impacciato, imbarazzato. **constraint** [–t] *s.* **1** relegazione *f.* **2** (*embarrassment*) soggezione *f,* imbarazzo *m.* **3** (*compulsion*) costrizione *f,* coercizione *f: to act under ~* agire dietro costrizione. **4** (*Dir*) coazione *f.*
constrict [kən'strikt] *v.t.* **1** restringere, comprimere; (*of a muscle*) contrarre. **2** (*fig*) (*to inhibit*) inibire, reprimere, soffocare. **constriction** [–kʃən] *s.* **1** restringimento *m,* compressione *f; (of a muscle*) contrazione *f.* **2** (*something blocking*) inibizione *f,* repressione *f.* **3** (*feeling of tightness*) oppressione *f,* senso *m* di oppressione: *a ~ in one's chest* un senso di oppressione al torace; (*in the throat*) nodo *m.* **4** (*Fon*) costrizione *f.* **constrictive** [–iv] *a.* restrittivo, costrittivo. **constrictor** [–ə] *s.* **1** (*Zool*) boa *m,* serpente *m* boa. **2** (*Anat*) muscolo *m* costrittore.
constringe [kən'strindʒ] *v.t.* stringere, comprimere, far contrarre. **constringency** [–ənsi] *s.* capacità *f* di stringere (*o* comprimere). **constringent** [–ənt] *a.* **1** costrittore. **2** (*Farm*) astringente.
construable [kən'struːəbl] *a.* interpretabile.
construct I *v.t.* [kən'strʌkt] **1** costruire, fare, fabbricare. **2** (*fig*) costruire, congegnare, formare: *to ~ a sentence* costruire un periodo. **3** (*Edil,Geom*) costruire: *to ~ a bridge* costruire un ponte. **II** *s.* ['kɔnstrʌkt] **1** costruzione *f.* **2** (*intellectual construction*) costruzione *f* intellettuale (*o* mentale). **constructer** *s.* → **constructor**.
construction [kən'strʌkʃən] *s.* **1** costruzione *f* (*anche Geom.*); (*of literary works*) costruzione *f,* struttura *f.* **2** (*fig*) (*interpretation*) interpretazione *f,* spiegazione *f,* senso *m: to put a wrong ~ on s.th.* dare un'interpretazione sbagliata a qc., interpretare qc. in maniera sbagliata. **3** (*Gramm*) costruzione *f,* costrutto *m.* **constructional** [–l] *a.* **1** di costruzione, costruttivo. **2** (*structural*) strutturale. **constructionist** [–ist] *s.* (*am*) (*of laws*) commentatore *m,* esegeta *m.*
construction site *s.* (*Edil*) cantiere *m* (di costruzione).
constructive [kən'strʌktiv] *a.* **1** costruttivo, positivo: *~ criticism* critica costruttiva. **2** (*of construction*) di costruzione, costruttivo: *~ technique* tecnica costruttiva; (*structural*) strutturale. **3** (*inferred*) dedotto, presunto, implicito. **4** (*Dir*) presunto. **constructively** [–li] *avv.*

costruttivamente.
constructivism [kən'strʌktivizəm] *s.* (*Art*) costruttivismo *m.* **constructivist** [–ivist] *s.* costruttivista *m/f.*
constructor [kən'strʌktə] *s.* **1** costruttore *m* (*f* –trice). **2** (*Mar*) costruttore *m* navale.
construe I *v.t.* [kən'struː] **1** interpretare, tradurre: *to ~ s.o.'s words literally* interpretare alla lettera le parole di qd. **2** (*to understand*) capire; (*to deduce*) dedurre, arguire. **3** (*Gramm*) costruire; (*to explain the syntax of*) fare l'analisi grammaticale di; (*to translate literally*) tradurre letteralmente. **II** *v.i.* (*Gramm*) fare l'analisi grammaticale. **III** *s.* ['kɔnstruː] (*Gramm*) (*of a sentence*) analisi *f; (of a translation*) traduzione *f* letterale.
consubstantial [ˌkɔnsəb'stænʃəl] *a.* (*Teol*) consustanziale. **,consub,stantiality** [–ʃi'æliti] *s.* consustanzialità *f.* **consubstantiate** [–ʃieit] **I** *v.t.* consustanziare. **II** *v.i.* consustanziarsi. **,consub,stantiation** [–ʃi'eiʃən] *s.* consustanziazione *f.*
consuetude ['kɔnswitjuːd] *s.* consuetudine *f* (*anche Dir.*). **,consue'tudinary** [–ənəri] **I** *a.* consuetudinario: *~ law* diritto consuetudinario. **II** *s.* (*Rel*) rituale *m,* libro *m* liturgico.
consul ['kɔnsəl] *s.* console *m.* **consular** [–sjulə] *a.* consolare.
consular| agent *s.* agente *m* consolare. **~ charges, ~ fees** *s.pl.* diritti *mpl* consolari.
consulate ['kɔnsjulit] *s.* consolato *m.*
consul general *s.* (*pl.* **consuls general**) console *m* generale.
consulship ['kɔnsəlʃip] *s.* (*Stor.rom*) consolato *m.*
consult [kən'sʌlt] **I** *v.t.* **1** consultare: *to ~ a dictionary* consultare un dizionario. **2** (*to have regard for*) tener conto di, pensare a: *we must ~ our own interests* dobbiamo tener conto dei nostri interessi. **II** *v.i.* consultarsi (*with con*): *to ~ with a lawyer* consultarsi con un avvocato. **consultant** [–ənt] *s.* **1** consultatore *m* (*f* –trice). **2** (*professional adviser*) consulente *m/f,* esperto *m* (*f* –a): *legal ~* consulente legale. **3** → **consulting physician**.
consultation [ˌkɔnsəl'teiʃən] *s.* **1** riunione *f: to be in ~ with s.o.* essere in riunione con qd. **2** (*meeting for deliberation*) consultazione *f.* **3** (*Med*) consulto *m: to hold a ~* tenere un consulto.
consultative [kən'sʌltətiv], **consultatory** [–tətəri] *a.* → **consultive. consulter** [–sʌltə] *s.* → **consultor. consulting** [–tiŋ] *a.* consulente.
consulting| engineer *s.* consulente *m* tecnico. **~ firm** *s.* società *f* di consulenza. **~ hours** *s.pl.* orario *m* di visita. **~ physician** *s.* medico *m* consulente. **~ room** *s.* studio *m.*
consultive [kən'sʌltiv] *a.* consultivo, consultorio, di consulenza. **consultor** [–tə] *s.* consultatore *m* (*f* –trice).
consumable [kən'sjuːməbl] *a.* di consumo, consumabile: *~ goods* articoli (*o* generi) di consumo.
consume [kən'sjuːm] **I** *v.t.* **1** distruggere: *–d by fire* distrutto dal fuoco. **2** (*to waste*) consumare, dissipare, sprecare. **3** (*to use up*) consumare, esaurire: *to ~ one's energies* consumare le proprie energie. **4** (*fig*) (*to eat up;* costr. pass.) consumare, struggere, rodere. **II** *v.i.* consumarsi (*anche fig.*). **consumer** [–ə] *s.* consumatore *m* (*f* –trice) (*anche Econ.*).
consumer| advocate *s.* difensore *m* del consumatore, consumerista *m/f.* **~ cooperative** *s.* cooperativa *f* di consumo. **~ Council** *s.* (*GB*) ente *m* per la tutela dei consumatori. **~ education** *s.* educazione *f* del consumatore. **~ electronics** *s.pl.* elettronica *f* di consumo. **~ goods** *s.pl.* (*Econ*) beni *mpl* di consumo.
consumerism [kən'sjuːmerizəm] *s.* consumerismo *m.*
consumer| law *s.* legislazione *f* a tutela del consumatore. **~ loan** *s.* credito *m* al consumo. **~ market** *s.* mercato *m* di consumo. **~ movement** *s.* movimento *m* dei consumatori. **~ organisation** *s.* organizzazione *f* dei consumatori. **~ price** *s.* prezzo *m* al consumo. **~ price index** *s.* (*Econ*) indice *m* dei prezzi al consumo. **~ protection** *s.* difesa *f* (*o* tutela) del consumatore. **~ protection board** *s.* comitato *m* per la difesa del consumatore. **~ rights** *s.pl.* diritti *mpl* del consu-

matore.

consumers' advice *s.* consulenza *f* ai consumatori.

consumer society *s.* società *f* dei consumi.

consummate I *v.t.* ['kɔnsəmeit] completare, compiere, coronare; (*of a marriage*) consumare. **II** *a.* [kən'sʌmit] consumato, completo, perfetto: ~ *skill* consumata abilità; (*excellent*) eccellente, abile.

consummation [ˌkɔnsʌ'meiʃən] *s.* **1** compimento *m*, coronamento *m*; (*of marriage*) consumazione *f.* **2** (*ultimate end*) fine *f*, conclusione *f*; (*goal*) scopo *m*. **consummative** [–meitiv] *a.* finale, che completa. **consummator** [–meitə] *s.* chi completa.

consumption [kən'sʌmpʃən] *s.* **1** consumo *m* (*anche Econ.*). **2** (*destroying*) consumazione *f*, distruzione *f*, fine *f*; *till the* ~ *of the world* fino alla consumazione dei secoli. **3** ⟨*Med*⟩ consunzione *f*; (*tuberculosis*) tubercolosi *f.*

consumption tax *s.* ⟨*Econ*⟩ imposta *f* sui consumi.

consumptive [kən'sʌmptiv] **I** *a.* **1** che consuma (*o* distrugge). **2** ⟨*Econ*⟩ consuntivo, di consumo. **3** ⟨*Med*⟩ tisico, tubercolotico. **II** *s.* ⟨*Med*⟩ tisico *m* (*f* –a), tubercolotico *m* (*f* –a). **consumptiveness** [–nis] *s.* ⟨*Med*⟩ predisposizione *f* alla tubercolosi.

contact ['kɔntækt] **I** *s.* **1** contatto *m*: *in* ~ *with the air* a contatto con l'aria. **2** (*communication*) contatto *m*, rapporto *m*, relazione *f*: *I am in daily* ~ *with him* sono in contatto quotidiano con lui. **3** (*person*) conoscenza *f*, amicizia *f*, contatti *mpl.* **4** ⟨*El*⟩ contatto *m*. **5** ⟨*Med*⟩ portatore *m* (*f* –trice) di germi. **II** *v.t.* **1** mettere in contatto. **2** ⟨*fam*⟩ (*to get in touch*) mettersi in contatto con, contattare. □ ⟨*El*⟩ *to* **break** ~ interrompere il contatto; *to be in* (*close*) ~ *with s.o.* essere in (stretto) contatto con qd.; *to keep in* ~ *with s.o.* mantenersi in contatto con qd.; ⟨*El*⟩ *to* **make** ~ stabilire il contatto; *to make* ~ *with the enemy* prendere contatto col nemico; *to be* **out** *of* ~ *with s.o.* aver perso i contatti con qd.

contact| **breaker** *s.* ⟨*El*⟩ ruttore *m*. ~ **flight,** ~ **flying** *s.* ⟨*Aer*⟩ volo *m* a vista. ~ **lens** *s.* ⟨*Ott*⟩ lente *f* a contatto. ~ **lens specialist** *s.* contattologo *m*. ~ **maker** *s.* → **contactor**. ~ **man** [mən] *s.irr.* persona *f* che rappresenta una ditta (nei contatti ad alto livello), intermediario *m*.

contactor ['kɔntæktə] *s.* ⟨*El*⟩ contattore *m*.

contact| **print** *s.* ⟨*Fot*⟩ copia *f* per contatto. ~ **ring** *s.* ⟨*El*⟩ anello *m* di contatto. ~ **screw** *s.* vite *f* di contatto.

contagion [kən'teidʒən] *s.* **1** ⟨*Med*⟩ contagio *m*; (*disease*) malattia *f* contagiosa. **2** ⟨*fig*⟩ (*evil influence*) contagio *m*, corruzione *f.* **3** ⟨*fig*⟩ (*spread of an idea, emotion, etc.*) contagio *m*: *a* ~ *of panic* il contagio del panico. **contagious** [–dʒəs] *a.* **1** ⟨*Med*⟩ contagioso, infettivo; (*carrying contagion*) portatore di contagio. **2** ⟨*fig*⟩ contagioso: ~ *enthusiasm* entusiasmo contagioso. **contagiousness** [–dʒəsnis] *s.* contagiosità *f.*

contain [kən'tein] *v.t.* **1** contenere. **2** (*to be capable of holding*) contenere, avere la capacità (*o* capienza) di: *the saloon can* ~ *seventy people* il salone può contenere settanta persone; (*of measures*) contenere: *a gallon* ~ *eight pints* un gallone contiene otto pinte. **3** (*to include*) comprendere (*anche Geom.*). **4** (*to restrain*) contenere, frenare, trattenere: *he could not* ~ *himself for joy* non riusciva a contenersi dalla gioia. **5** (*to check, halt*) contenere, fermare: *to* ~ *the enemy's advance* contenere l'avanzata nemica. **6** ⟨*Mat*⟩ contenere: *twenty –s five four times* il cinque è contenuto nel venti quattro volte; (*to be a multiple of*) essere un multiplo di, essere divisibile per. **containable** [–əbl] *a.* contenibile. **contained** [–d] *a.* (*of passions, behaviour*) contenuto, controllato. **container** [–ə] *s.* **1** contenitore *m*, recipiente *m*. **2** ⟨*Ferr*⟩ contenitore *m*, container *m*, cassamobile *f.*

containerization [kənˌteinəraizeiʃən] *s.* ⟨*Comm*⟩ containerizzazione *f.* **containerize** [–əraiz] *v.t.* ⟨*Comm*⟩ containerizzare.

container| **ship** *s.* ⟨*Mar*⟩ nave *f* portacontainers, portacontainers *f*. ~ **transport** *s.* ⟨*Comm*⟩ trasporto *m* containerizzato.

containment [–mənt] *s.* **1** ritegno *m*, riserbo *m*. **2** ⟨*Pol*⟩ contenimento *m*.

contaminate [kən'tæmineit] *v.t.* **1** contaminare, inquinare;

(*to infect*) infettare. **2** ⟨*fig*⟩ contaminare, corrompere. **con,tamination** [–'neiʃən] *s.* contaminazione *f* (*anch Ling.,Atom.*).

contango [kən'tæŋgou] *s.* (*pl.* **-s/-es** [z]) ⟨*Econ*⟩ interess *m* (*o* premio) di riporto.

contango day *s.* ⟨*Econ*⟩ giorno *m* di riporto.

contd. = *continued* continua.

contemn [kən'tem] *v.t.* ⟨*lett*⟩ disprezzare, disdegnare spregiare.

contemplable [kən'templəbl] *a.* contemplabile.

contemplate ['kɔntəmpleit] **I** *v.t.* **1** contemplare osservare. **2** (*to meditate on*) meditare (*o* riflettere) su. (*to intend*) ⸢avere intenzione⸣ (*o* pensare) di, progettare di proporsi di: *we are contemplating emigrating* stiam progettando di emigrare. **4** (*to expect*) prevedere aspettarsi. **II** *v.i.* meditare, riflettere (*on* su). **contemplation** [–'pleiʃən] *s.* **1** contemplazione *f.* (*meditation*) meditazione *f*, riflessione *f.* **3** (*intention* intenzione *f*, progetto *m*. **4** (*expectation*) aspettativa previsione *f.* **contemplative** [–iv] **I** *a.* contemplativo *the* ~ *life* la vita contemplativa. **II** *s.* contemplativo *m* (–a). **contemplativeness** [–ivnis] *s.* contemplazione meditazione *f.*

contemporaneity [kənˌtempərə'ni:iti] *s.* contemporaneità **contemporaneous** [–'reiniəs] *a.* contemporaneo.

contemporary [kən'tempərəri] **I** *a.* **1** contemporaneo coevo (*with* di). **2** (*of the same age*) coetaneo. **3** (*modern* contemporaneo, moderno. **II** *s.* **1** contemporaneo *m* (–a). **2** (*person of the same age*) coetaneo (*f* –a).

contemporize [–raiz] **I** *v.t.* far accadere contem poraneamente, sincronizzare. **II** *v.i.* accadere contem poraneamente.

contempt [kən'tempt] *s.* **1** disprezzo *m*, sprezzo *m* dispregio *m*: *in* ~ *of the rules* in disprezzo ai regolament **2** (*state of being despised*) disonore *m*, infamia *f*: *to brin into* ~ coprire di disonore. **3** ⟨*Dir*⟩ (*contempt of court* vilipendio *m* (*o* oltraggio) alla corte. **4** ⟨*am.Parl* (*contempt of Congress*) offesa *f* (*o* oltraggio *m*) congresso. □ ⟨*Dir*⟩ ~ *of court* oltraggio *m* alla corte; *to fall into* ~ cadere nel disprezzo; *to be held in* ~ esser disprezzato; *in* ~ *of danger* con sprezzo del pericolo *Prov.: familiarity breeds* ~ confidenza toglie riverenza.

contemptibility [kənˌtempti'biliti] *s.* spregevolezza **con'temptible** [–bl] *a.* disprezzabile, spregevole **con'temptibleness** [–blnis] *s.* → **contemptibility con'temptibly** [–bli] *avv.* in modo spregevole.

contemptuous [kən'təmptjuəs] *a.* sprezzante, altezzosc sdegnoso. **contemptuousness** [–nis] *s.* disprezzo *m* alterigia *f.*

contend [kən'tend] **I** *v.i.* **1** contendersi, disputarsi (*for s.th* qc.): *to* ~ *for a prize* contendersi un premio; (*with a person*) contendere, competere, gareggiare (*with* con). (*to struggle*) lottare, combattere (*with, against* contro): t ~ *with difficulties* lottare contro le difficoltà; (*in debate* battersi, contendere (*for, about* per). **II** *v.t.* sostenere (asserire) con fermezza. **contender** [–ə] *s.* contendente *m/* concorrente *m/f.* **contending** [–iŋ] *a.* contendente contrastante: ~ *passions* passioni contrastanti.

content[1] ['kɔntent, kən'tent] *s.* **1** *pl.* contenuto *m*: *the –s of box* il contenuto di una scatola. **2** *pl.* (*of a book, etc. table of contents*) indice *m*. **3** (*subject matter*) contenut *m*, concetto *m*. **4** (*amount contained*) contenuto *m* quantità *f*: *alcohol* ~ il contenuto di alcool. **5** ⟨*Met* tenore *m*, titolo *m*. **6** (*capacity*) capacità *f*; (*volume volume *m*.

content[2] [kən'tent] **I** *a. pred.* **1** soddisfatto, pago, content (*with* di): *to be* ~ *with one's lot* essere contento di ciò ch si ha. **2** (*willing*) pronto, disposto. **II** *s.* **1** soddisfazione contentezza *f.* **2** ⟨*Parl*⟩ voto *m* favorevole; (*voter*) votant *m* a favore. **III** *v.t.* **1** accontentare, soddisfare. **2** (*rifl* contentarsi, essere soddisfatto (*with* di). □ *to one's heart* ~ a sazietà, a volontà; ⟨*Parl*⟩ *not* ~ sfavorevole, contro *well* ~ arcicontento, assai soddisfatto. **contented** [–id] *a* soddisfatto, contento. **contentedly** [–idli] *avv.* co soddisfazione. **contentedness** [–idnis] *s.* → **contentment**.

contention [kən'tenʃən] *s.* **1** lotta *f*, conflitto *m*.

(*dispute*) contesa *f*, lite *f*, disputa *f*, alterco *m*. **3** (*point contended*, *claim*) tesi *f*, assunto *m*, asserzione *f*. **4** (*competition*) contesa *f*, gara *f*. □ (*fig*) *bone of* ~ pomo *m* della discordia. **contentious** [–ʃəs] *a*. **1** litigioso, polemico. **2** (*causing contention*) controverso. **3** ⟨*Dir*⟩ contenzioso. **contentiousness** [–ʃəsnis] *s*. litigiosità *f*, polemicità *f*.

contentment [kən'tentmənt] *s*. **1** appagamento *m*, soddisfacimento *m*. **2** (*content*) contentezza *f*, soddisfazione *f*.

conterminous [kən'tə:minəs] *a*. **1** confinante, limitrofo, contiguo. **2** (*coincident in time, etc.*) ⌐della stessa⌐ (o di uguale) durata. **3** (*coextensive*) della stessa estensione.

contest I *s*. ['kɔntest] **1** lotta *f*, combattimento *m*, contesa *f*. **2** (*competition*) concorso *m*, gara *f*, competizione *f*: *a beauty* ~ un concorso di bellezza. **3** (*argument*) disputa *f*, alterco *m*, controversia *f*. **II** *v.t.* [kən'test] **1** contendere, contendersi, disputarsi: *to* ~ *a prize* contendersi un premio. **2** (*to dispute*) contestare, impugnare: *to* ~ *a will* impugnare un testamento. **III** *v.i.* contendere (*with* con).

contestant [kən'testənt] *s*. competitore *m* (*f* –trice), concorrente *m/f*. **contestation** [ˌkɔntes'teiʃən] *s*. **1** contestazione *f*, disputa *f*, discussione *f*. **2** (*point asserted*) asserzione *f*, tesi *f*.

context ['kɔntekst] *s*. **1** contesto *m*: *to take out of* ~ staccare dal contesto. **2** ⟨*fig*⟩ (*conditions, environment*) quadro *m*, contesto *m*: *within the political* ~ nel contesto politico. **con'textual** [–kstʃuəl] *a*. contestuale.

contexture [kən'tekstʃə] *s*. ⟨*Lett*⟩ **1** tessitura *f*, intreccio *m*. **2** (*structure*) struttura *f*, composizione *f*; (*of a fabric*) tessitura *f*, trama *f*.

contiguity [ˌkɔnti'gjuiti] *s*. contiguità *f*. **contiguous** [kən'tigjuəs] *a*. **1** contiguo, confinante, attiguo. **2** (*near*) vicino, prossimo.

continence ['kɔntinəns], **continency** [–i] *s*. continenza *f* (*anche Med.*).

continent[1] ['kɔntinənt] *s*. ⟨*Geog*⟩ continente *m*: *the* ~ *of Asia* il continente asiatico; (*mainland*) continente *m*, terraferma *f*. **Continent** *s*. Continente *m*, Europa *f* continentale.

continent[2] *a*. continente, temperato, moderato; (*chaste*) casto.

continental [ˌkɔnti'nentl] **I** *a*. ⟨*Geog*⟩ continentale. **II** *s*. continentale *m/f*. **Continental I** *a*. **1** dell'Europa continentale, del continente europeo. **2** ⟨*Stor.am*⟩ delle colonie americane. **II** *s*. **1** europeo *m* (*f* –a). **2** ⟨*Stor.am*⟩ soldato *m* dell'esercito coloniale.

continental‖ climate *s*. clima *m* continentale. ~ **divide** *s*. ⟨*Geog*⟩ spartiacque *m* continentale. ~ **drift** *s*. ⟨*Geol*⟩ deriva *f* dei continenti.

continentalism [ˌkɔnti'nentlizəm] *s*. **1** caratteristica *f* del continente europeo. **2** (*policy*) politica *f* continentale. **continentalize** [–laiz] *v.t.* rendere continentale.

continental‖ shelf *s*. ⟨*Geol*⟩ platea *f* (o piattaforma) continentale. ~ **slope** *s*. ⟨*Geol*⟩ balza *f* marina.

contingence [kən'tindʒəns] *s*. **1** ⟨*Geom*⟩ tangenza *f*. **2** → **contingency**. **contingency** [–i] *s*. **1** contingenza *f*, caso *m*, circostanza *f* fortuita. **2** (*chance occurrence*) eventualità *f*, evenienza *f*, possibilità *f*: *to be prepared for all contingencies* essere preparato a ogni evenienza. **3** ⟨*Filos*⟩ contingenza *f*.

contingency‖ fund *s*. ⟨*Econ*⟩ fondo *m* di previdenza. ~ **insurance** *s*. assicurazione *f* contro i mancati utili.

contingent [kən'tindʒənt] **I** *a*. **1** (*dependent*) condizionato (*on, upon* a). **2** (*liable to happen*) eventuale, possibile. **3** (*happening by chance*) casuale, accidentale, fortuito; (*incidental*) incidentale, accessorio. **4** ⟨*Filos*⟩ contingente. **II** *s*. **1** contingente *m*, quota *f*, parte *f*. **2** (*representative group*) rappresentativa *f*. **3** (*something contingent*) contingenza *f*, caso *m*, circostanza *f* fortuita. **4** ⟨*Mil,Filos*⟩ contingente *m*.

contingent‖ asset *s*. ⟨*Comm*⟩ sopravvenienza *f* attiva. ~ **expenses** *s.pl.* spese *fpl* impreviste. ~ **liability** *s*. sopravvenienza *f* passiva. ~ **order** *s*. ordine *m* condizionato (o vincolato). ~ **profit** *s*. ⟨*Econ*⟩ utile *m* aleatorio.

continuable [kən'tinjuəbl] *a*. che può essere continuato.

continual [–juəl] *a*. **1** continuo, costante, incessante. **2** (*very frequent*) continuo, frequente. **continually** [–juəli] *avv*. continuamente. **continuance** [–juəns] *s*. **1** continuità *f*, durata *f*. **2** (*remaining in the same place*) permanenza *f*: ~ *in office* permanenza in carica; (*of conditions*) persistenza *f*. **3** (*sequel*) seguito *m*, continuazione *f*. **4** ⟨*Dir*⟩ rinvio *m*, proroga *f*. **continuant** [–juənt] **I** *s*. ⟨*Fon*⟩ consonante *f* continua. **II** *a*. ⟨*Fon*⟩ continuo.

continuation [kən,tinju'eiʃən] *s*. **1** continuazione *f*, il perdurare, persistenza *f*. **2** (*resumption*) ripresa *f*, continuazione *f*. **3** (*something continuing*) continuazione *f*, seguito *m*: *the* ~ *of the story* il seguito del racconto. **4** ⟨*Econ*⟩ (*contango*) riporto *m*.

continuation school *s*. scuola *f* serale.

continuative [kən'tinjuətiv] *a*. continuativo. **continuator** [–jueitə] *s*. → **continuer**.

continue [kən'tinju:] **I** *v.i.* **1** continuare, seguitare. **2** (*to go on*) continuare, proseguire: *the road* –*d* la strada proseguiva. **3** (*to resume*) continuare, riprendere: *we will* ~ *after lunch* continueremo dopo pranzo. **4** (*to remain*) rimanere, restare: *to* ~ *in office* rimanere in carica. **II** *v.t.* **1** continuare, proseguire, seguitare. **2** (*to resume*) riprendere, continuare. **3** (*to retain*) tenere, mantenere: *the manager was* –*d in office* il direttore fu mantenuto in carica. **4** (*to prolong*) prolungare, protrarre, continuare. □ *to* ~ *doing* (o *to do*) *s.th.* continuare a fare qc. **continued** [–d] *a*. **1** continuo, incessante, ininterrotto. **2** (*resumed*) ripreso; (*of a story*) a puntate. □ *to be* ~ (*of a story*) continua, il seguito alla prossima puntata. **continuer** [–ə] *s*. continuatore *m* (*f* –trice).

continuing education [kən'tinju:iŋ] *s*. educazione *f* permanente.

continuity [ˌkɔnti'nu:iti] *s*. **1** continuità *f*, nesso *m* logico. **2** ⟨*Cin*⟩ sceneggiatura *f*. **3** ⟨*Rad,TV*⟩ testo *m*, copione *m*. **4** ⟨*Mat,Filos*⟩ continuità *f*. □ *solution of* ~ soluzione *f* di continuità.

continuity girl *s*. ⟨*Cin*⟩ segretaria *f* di edizione.

continuous [kən'tinjuəs] *a*. **1** continuo, costante, ininterrotto. **2** ⟨*Mat,Fon*⟩ continuo.

continuous form paper *s*. ⟨*Inform*⟩ carta *f* a modulo continuo.

continuously [kən'tinjuəsli] *avv*. continuamente, in continuazione, ininterrottamente. **continuousness** [–nis] *s*. continuità *f*.

continuous‖ performance *s*. ⟨*Cin*⟩ spettacolo *m* continuato. ~ **process** *s*. ⟨*Econ*⟩ processo *m* di produzione a ciclo continuo.

continuum [kən'tinjuəm] *s*. (*pl.* **-s** [z]/**-nua** [njuə]) **1** serie *f* ininterrotta. **2** ⟨*Mat,Filos*⟩ continuo *m*.

contort [kən'tɔ:t] *v.t.* **1** contorcere; (*of expression*) stravolgere: –*ed with pain* stravolto dal dolore. **2** ⟨*fig*⟩ distorcere, travisare. **contortion** [–'tɔ:ʃən] *s*. contorsione *f*. **contortionist** [–'tɔ:ʃənist] *s*. contorsionista *m/f*.

contour ['kɔntuə] **I** *s*. **1** contorno *m*, profilo *m*, sagoma *f*. **2** ⟨*Topogr*⟩ → **contour line**. **3** ⟨*Mat*⟩ grafico *m*. **II** *v.t.* **1** (di)segnare il contorno di. **2** ⟨*Topogr*⟩ segnare con isoipse. **3** (*of roads, etc.*) costruire seguendo i contorni del terreno. **4** ⟨*Agr*⟩ coltivare secondo le isoipse (o curve di livello).

contour‖ chair *s*. sedia *f* anatomica. ~ **interval** *s*. ⟨*Topogr*⟩ equidistanza *f*. ~ **line** *s*. ⟨*Topogr*⟩ isoipsa *f*, curva *f* di livello. ~ **map** *s*. ⟨*Topogr*⟩ carta *f* a curve di livello.

contra ['kɔntrə] **I** *prep*. contro. **II** *avv*. al contrario, per contro. **III** *s*. **1** contro *m*: *the pros and* –*s* i pro e i contro. **2** (*contrary*) contrario *m*. **3** ⟨*Econ*⟩ contropartita *f*. □ ⟨*Econ*⟩ (*as*) *per* ~ in contropartita; ⟨*Econ*⟩ *per* ~ *entry* scrittura *f* per storno.

contraband ['kɔntrəbænd] **I** *s*. **1** contrabbando *m*: ~ *of war* contrabbando di guerra. **2** (*smuggled goods*) merce *f* di contrabbando. **3** ⟨*Stor.am*⟩ schiavo *m* rifugiato al Nord. **II** *a*. di contrabbando, contrabbandiere. **contrabandist** [–ist] *s*. contrabbandiere *m* (*f* –a).

contrabass ['kɔntrəbeis] *s*. ⟨*Mus*⟩ contrabbasso *m*. **II** *a*. contrabbasso. **contrabassoon** [–bə'su:n] *s*. ⟨*Mus*⟩ controfagotto *m*.

contraception [ˌkɔntrə'sepʃən] *s*. pratiche *fpl*

antifecondative, contraccezione *f.* **contraceptive** [–ptiv] **I** *a.* antifecondativo, contraccettivo. **II** *s.* anticoncezionale *m,* contraccettivo *m.*

contraceptive gel *s.* ⟨*Farm*⟩ pomata *f* anticoncezionale.

contract[1] ['kɔntrækt] *s.* **1** patto *m,* accordo *m,* convenzione *f.* **2** ⟨*Dir*⟩ contratto *m.* **3** ⟨*Comm*⟩ appalto *m:* ~ **work** lavoro in appalto. **4** (*betrothal*) promessa *f* di matrimonio. **5** (*contract bridge*) bridge *m* contratto; (*final bid*) dichiarazione *f* finale; (*number of tricks*) contratto *m.* **6** ⟨*am.Ferr*⟩ abbonamento *m.* □ **as per** ~ come da contratto; **breach of** ~ inadempimento *m* di contratto; **by** ~ contrattualmente; ⟨*Comm*⟩ **to give out by** ~ dare in appalto; **to make** (o **enter into**) **a** ~ **with s.o.** stipulare un contratto con qd.; ⟨*Comm*⟩ **on** ~ a contratto, in appalto, a cottimo; **provisions of the** ~ disposizioni *fpl* contrattuali; ⟨*Comm*⟩ ~ **for** (o *of*) **sale** contratto *m* di vendita; **terms of** ~ capitolati *mpl* di contratto; ⟨*Dir*⟩ ~ **in writing** contratto scritto.

contract[2] [kən'trækt] **I** *v.t.* **1** contrarre (*anche Gramm.*): *to* ~ *a muscle* contrarre un muscolo. **2** (*of a disease, habit*) contrarre, prendere; (*of a debt, etc.*) contrarre, fare. **3** (*to establish by agreement*) contrarre, stabilire, concludere: *to* ~ *a marriage* contrarre un matrimonio. **4** (*to betroth*) promettere in matrimonio. **5** ⟨*Comm*⟩ prendere in appalto, appaltare. **II** *v.i.* **1** contrarsi, restringersi. **2** (*to enter into an agreement*) impegnarsi (formalmente), fare un contratto (*with* con). □ *to* ~ *o.s.* **in** (*of a trade –union member*) impegnarsi a versare una quota per il sindacato; *to* ~ *o.s.* **out** *of:* 1 disimpegnarsi; 2 (*of a trade–union member*) rifiutarsi di pagare una quota per il sindacato; *to* ~ *for* **work** fare dei lavori in appalto.

contractable [kən'træktəbl] *a.* ⟨*Med*⟩ che si può contrarre, contagioso.

contract| advance *s.* anticipazione *f* su contratti. ~ **award** *s.* aggiudicazione *f* d'appalto.

contracted [kən'træktid] *a.* **1** contratto, tirato. **2** ⟨*fig*⟩ (*abridged*) conciso, ridotto. **3** ⟨*fig*⟩ (*illiberal, narrow*) ristretto, limitato, gretto.

contract freight ['kɔntrækt] *s.* ⟨*Comm*⟩ nolo *m* a tariffa ridotta.

contractible [kən'træktəbl] *a.* → **contractile.** **con,tractibility** [–'biliti] *s.* → **contractility. contractile** [–tail] *a.* contrattile.

contractile muscle *s.* ⟨*Anat*⟩ muscolo *m* contrattile.

contractility [kɔntræk'tiliti] *s.* contrattilità *f.* **contracting** [kən'træktiŋ] *a.* **1** (*drawing together*) che si contrae. **2** (*subscribing to a contract*) contraente: *the* ~ *parties* le parti contraenti.

contraction [kən'trækʃən] *s.* **1** contrazione *f.* **2** (*act of making a contract*) il contrarre: *the* ~ *of a marriage* il contrarre un matrimonio. **contractive** [–ktiv] *a.* che tende a contrarsi.

contract| labor *am.,* ~ **labour** ['kɔntrækt] *s.* manodopera *f* temporanea. ~ **note** *s.* ⟨*Comm*⟩ distinta *f* di compra (o vendita).

contractor [kən'træktə] *s.* **1** contraente *m/f.* **2** ⟨*Comm*⟩ appaltatore *m* (*f* –trice), imprenditore *m* (*f* –trice), impresario *m* (*f* –a); (*building contractor*) imprenditore *m* (*f* –trice) edile. **3** ⟨*Anat*⟩ muscolo *m* contrattile. □ ~**s to Her Majesty's Government** fornitori *mpl* del governo di Sua Maestà (Britannica).

contract theory ['kɔntrækt] *s.* contrattualismo *m.*

contractual [kən'træktʃuəl] *a.* contrattuale. □ ⟨*Dir*⟩ ~ **treaty** trattato–contratto *m.* **contractualism** [–izm] *s.* ⟨*Pol*⟩ contrattualismo *m.* **contractually** [–li] *avv.* contrattualmente.

contracture [kən'træktʃə] *s.* ⟨*Med*⟩ contrattura *f.*

contract work *s.* lavoro *m* in appalto.

contradict [kɔntrə'dikt] *v.t.* **1** contraddire, contestare: *to* ~ *a statement* contraddire un'affermazione. **2** (*to be contrary to*) contraddire, essere in contraddizione con, smentire. **3** ⟨*rifl*⟩ contraddirsi, cadere in contraddizione. **contradictable** [–əbl] *a.* che si può contraddire (o smentire). **contradiction** [–kʃən] *s.* **1** contraddizione *f* (*anche Filos.*). **2** (*denial*) smentita *f.* □ **in** ~ **with** in contraddizione con; ~ **in terms** contraddizione *f* in termini. **contradictious** [–kʃəs] *a.* che ama contraddire,

polemico. **contradictive** [–iv] *a.* → **contradictory.** **contradictor** [–ə] *s.* contraddittore *m* (*f* –trice.) **contradictoriness** [–ərinis] *s.* l'essere contraddittorio. **contradictory** [–əri] **I** *a.* **1** contraddittorio (*anche Filos.*): ~ **orders** ordini contraddittori. **2** (*given to contradicting*) polemico. **II** *s.* ⟨*Filos*⟩ proposizione *f* contraddittoria.

contradistinction [kɔntrədis'tiŋkʃən] *s.* distinzione *f* antitetica. □ **in** ~ **to** in antitesi a. **contradistinguish** [–ŋgwiʃ] *v.t.* distinguere.

contrail ['kɔntreil] *s.* ⟨*Aer*⟩ scia *f* di condensazione.

contra-indicate [kɔntrə'indikeit] *v.t.* ⟨*Med*⟩ controindicare. **contra-,indication** [–'keiʃən] *s.* controindicazione *f.*

contralto *it.* [kən'træltəu] **I** *s.* (*pl.* -s [z]) ⟨*Mus*⟩ **1** contralto *m.* **2** (*singer*) contralto *f/m.* **II** *a.* contralto.

contraposition [kɔntrəpə'ziʃən] *s.* **1** contrapposizione *f* (*anche Filos.*). **2** (*contrast*) contrasto *m,* antitesi *f.* **contrapositive** [–'pɔzitiv] **I** *a.* ⟨*Filos*⟩ della contrapposizione. **II** *s.* asserzione *f* antitetica.

contraption [kən'træpʃən] *s.* ⟨*fam*⟩ aggeggio *m,* ⟨*fam*⟩ congegno *m.*

contrapuntal [kɔntrə'pʌntl] *a.* ⟨*Mus*⟩ contrappuntistico. **contrapuntist** [–tist] *s.* contrappuntista *m/f.*

contrariety [kɔntrə'raiəti] *s.* **1** contrarietà *f,* opposizione *f,* antagonismo *m.* **2** (*instance*) contraddizione *f,* discordanza *f,* discrepanza *f.* **'contrarily** [–rili] *avv.* **1** al contrario, viceversa. **2** ⟨*fam*⟩ (*obstinately*) ostinatamente. **'contrariness** [–rinis] *s.* **1** opposizione *f,* antagonismo *m.* **2** ⟨*fam*⟩ (*obstinacy*) spirito *m* di contraddizione, caparbietà *f,* testardaggine *f.*

contrariwise ['kɔntrəriwaiz] *avv.* **1** al contrario, invece. **2** (*conversely*) in senso contrario (*o* opposto). **3** (*obstinately*) ostinatamente.

contrary ['kɔntrəri] **I** *a.* **1** contrario, opposto: ~ **opinions** idee opposte; ~ **to expectations** contrario all'aspettativa. **2** (*conflicting*) contrastante: ~ **to regulations** contrario alle regole. **3** (*of weather*) sfavorevole, avverso; (*of wind*) contrario. **4** ⟨*fam*⟩ (*obstinate;* [kən'treəri]) ostinato, testardo, caparbio, ⟨*fam*⟩ cocciuto. **II** *s.* **1** contrario *m,* opposto *m.* **2** ⟨*Filos*⟩ proposizione *f* contraria. **III** *avv.* contrariamente, contro, in contrasto con: *to act* ~ *to* **orders** agire contrariamente agli ordini. □ **by contraries** contrariamente all'aspettativa; *unless you hear to the* ~ salvo avviso contrario, salvo contrordine; *on the* ~ **a** contrario, invece, viceversa; *by rule of contraries* per la legge dei contrari.

contrast I *s.* ['kɔntrɑːst] **1** contrasto *m* (*anche Fot., TV.*): ~ *of light and shade* contrasto di luce e ombra. **2** (*unlikeness*) contrasto *m,* diversità *f,* differenza *f: a striking* ~ una sorprendente diversità. **3** (*person, thing showing difference*) contrasto *m,* diversità *f.* **II** *v.i.* [–'trɑːst] contrastare, fare (*o* essere in) contrasto (*with* con). **III** *v.t.* **1** mettere in contrasto. **2** (*to oppose*) contrapporre, opporre. □ **by** ~ **with** in confronto a; *in* ~ *to* (*o* **with**) in antitesi (*o* contrasto) con.

contrastive [kən'trɑːstiv] *s.* ⟨*Ling*⟩ contrastivo: ~ **grammar** grammatica contrastiva.

contrasty [kən'trɑːsti] *a.* ⟨*Fot*⟩ contrastato.

contravallation [kɔntrəvə'leiʃən] *s.* ⟨*Mil*⟩ controvallazione *f.*

contravene [kɔntrə'viːn] *v.t.* **1** contravvenire (*o* trasgredire) a: *to* ~ *the law* contravvenire alla legge. **2** (*to contradict*) contraddire, contestare. **contravener** [–ə] *s.* contravventore *m* (*f* –trice). **contravention** [–'venʃən] *s.* contravvenzione *f,* trasgressione *f,* infrazione *f.* □ **in** ~ **o** *the rules* trasgredendo ai regolamenti.

contretemps *fr.* [kɔ̃trə'tɑ̃] *s.* (*pl.* -temps [tɑ̃z]) contrattempo *m.*

contribute [kən'tribjut] **I** *v.t.* **1** contribuire con, dare come contributo. **2** ⟨*fig*⟩ (*to supply*) fornire, dare: *to* ~ **information** fornire informazioni. **3** ⟨*Giorn*⟩ scrivere. **II** *v.i.* **1** contribuire, dare il proprio contributo (*to* a): *to* ~ *to* **charity** contribuire alle opere di carità. **2** ⟨*fig*⟩ (*to have a share in*) contribuire, essere d'aiuto (a). **3** ⟨*Giorn*⟩ collaborare (*to* a), scrivere (per): *to* ~ *to a newspaper* collaborare a un giornale.

contribution [ˌkɔntri'bju:ʃən] *s.* **1** contribuzione *f.* **2** (*something contributed*) contributo *m: all –s accepted* si accetta qualsiasi contributo. **3** ⟨*Giorn*⟩ collaborazione *f.* **4** ⟨*Econ*⟩ contributo *m,* imposta *f,* tassa *f.*

contribution rate *s.* ⟨*Assic*⟩ aliquota *f* contributiva.

contributive [kən'tribjutiv] *a.* contributivo. **contributor** [–tə] *s.* **1** contributore *m* (*f* –trice). **2** ⟨*Giorn*⟩ collaboratore *m* (*f* –trice). **contributory** [–təri] **I** *a.* **1** che contribuisce, contribuente. **2** ⟨*Assic*⟩ basato sui contributi. **II** *s.* **1** chi contribuisce, contributore *m* (*f* –trice). **2** ⟨*Econ,Dir*⟩ tributario *m,* contributario *m.* □ ~ *insurance scheme* piano *m* di assicurazione sociale.

contributory| mass *s.* ⟨*Econ*⟩ massa *f* debitrice (*o* passiva). ~ **negligence** *s.* ⟨*Dir*⟩ concorso *m* di colpa.

contrite ['kɔntrait] *a.* contrito, pentito; (*of actions*) contrito, mortificato, che esprime pentimento. **contritely** [–li] *avv.* contritamente, con mortificazione. **contriteness** [–nis] *s.* l'essere contrito. **contrition** [kən'triʃən] *s.* contrizione *f* (*anche Rel.*).

contrivable [kən'traivəbl] *a.* escogitabile. **contrivance** [–vəns] *s.* **1** congegno *m,* dispositivo *m,* apparato *m.* **2** (*act of contriving*) invenzione *f,* trovata *f.* **3** (*power of contriving*) capacità *f* inventiva: *to go beyond* ~ superare ogni capacità inventiva. **4** (*scheme*) espediente *m,* artificio *m.*

contrive [kən'traiv] **I** *v.t.* **1** escogitare, ideare, trovare; (*to invent*) inventare. **2** (*to fabricate*) costruire, fare. **3** (*to bring about*) fare in modo di, trovare il sistema (*o* modo) di (*o* per), riuscire a. **II** *v.i.* **1** fare piani (*o* progetti). **2** (*to manage*) cavarsela, sbrigarsela. **contrived** [–d] *a.* artificioso, studiato, affettato. **contriver** [–ə] *s.* **1** inventore *m* (*f* –trice), ideatore *m* (*f* –trice). **2** (*good manager*) chi sa cavarsela (*o* trarsi d'impiccio).

control [kən'trəul] **I** *v.t.* (*pret., p.p.* **controlled** [–d]) **1** controllare, frenare, dominare: *to* ~ *one's nerves* controllare i propri nervi. **2** (*to regulate*) controllare, regolare. **3** (*to rule*) controllare, dominare: *to* ~ *the seas* dominare i mari. **4** (*to check, test*) controllare, verificare, riscontrare. **5** (*to prevent the spreading of*) tenere sotto controllo, contenere il diffondersi di: *to* ~ *a fire* tenere un incendio sotto controllo. **6** ⟨*Aer,Mar*⟩ pilotare, governare. **II** *s.* **1** controllo *m;* (*power*) autorità *f,* potere *m: to have no* ~ *over one's children* non avere alcuna autorità sui figli. **2** (*check, restraint*) controllo *m,* dominio *m,* padronanza *f* (*anche fig.*); (*self-control*) autocontrollo *m,* padronanza *f* di sé. **3** (*check-up*) controllo *m,* verifica *f.* **4** (*standard of comparison*) termine *m* di paragone, confronto *m.* **5** (*supervision*) controllo *m,* sorveglianza *f,* vigilanza *f: under police* ~ sotto il controllo della polizia. **6** ⟨*Mecc*⟩ comando *m,* dispositivo *m* di regolazione (*o* comando). □ ⟨*Mecc*⟩ *to be* at *the –s* essere ai comandi; *for reasons* beyond *our* ~ per motivi indipendenti dalla nostra volontà, per forza maggiore; ⟨*Econ*⟩ **foreign exchange** ~ controllo *m* delle divise estere; *to get* (*o gain*) ~ *over s.o.* tenere a freno qd.; *who is in* ~ *here?* chi comanda qui?; *to lose* ~ *of* (*o over*) perdere il controllo di; *to be* out *of* ~: 1 non essere sotto controllo; 2 ⟨*Mecc*⟩ non rispondere più ai comandi; **under** ~ sotto controllo; *to have one's feelings under* ~ dominare i propri sentimenti.

control| character *s.* ⟨*Inform*⟩ carattere *m* di controllo. ~ **column** *s.* ⟨*Aer*⟩ barra *f* di comando (*o* controllo), cloche *f.* ~ **console** *s.* console *f.* ~ **experiment** *s.* esperimento *m* di controllo (*o* verifica). ~ **group** *s.* ⟨*Psic,Med*⟩ gruppo *m* di controllo.~ **knob** *s.* ⟨*El*⟩ bottone *m* (*o* manopola *f*) di comando.

controllability [kənˌtrəulə'biliti] *s.* **1** controllabilità *f.* **2** ⟨*Aer*⟩ maneggevolezza *f,* manovrabilità *f.* **con'trollable** [–ləbl] *a.* **1** controllabile, verificabile. **2** ⟨*Mecc*⟩ maneggevole, manovrabile.

controlled| company [kən'trəuld] *s.* ⟨*Econ*⟩ società *f* controllata. ~ **response** *s.* ⟨*Mil*⟩ risposta *f* controllata. ~ **waste disposal** *s.* eliminazione *f* controllata dei rifiuti

controller [kən'trəulə] *s.* **1** controllore *m,* ispettore *m,* sovrintendente *m;* (*of expenditure*) economo *m.* **2** ⟨*Comm*⟩ direttore *m* amministrativo. **3** ⟨*Mecc,Aer*⟩ regolatore *m.* **4** ⟨*El*⟩ combinatore *m;* (*of a tram*) combinatore *m* di marcia. **controllership** [–ʃip] *s.* ufficio *m* di economo (*o* direttore amministrativo).

control| panel *s.* ⟨*El*⟩ pannello *m* di comando, pulsantiera *f.* ~ **rod** *s.* ⟨*Atom*⟩ barra *f* di controllo. ~ **room** *s.* **1** ⟨*El*⟩ sala *f* di controllo, cabina *f* di comando. **2** ⟨*Tel,Rad,Cin*⟩ sala *f* di controllo (*o* d'ascolto). **3** ⟨*Mar*⟩ camera *f* di manovra. **4** (*fig*) stanza *f* dei bottoni. ~ **scheme** *s.* ⟨*Econ*⟩ regime *m* vincolistico. ~ **stick** *s.* → **control column.** ~ **surface** *s.* ⟨*Aer*⟩ superficie *f* di governo. ~ **tower** *s.* ⟨*Aer*⟩ torre *f* di controllo.

controversial [ˌkɔntrə'və:ʃəl] *a.* **1** controverso, discutibile: *a* ~ *decision* una decisione discutibile. **2** (*given to controversy*) polemico. **controversialism** [–izəm] *s.* spirito *m* polemico. **controversialist** [–ist] *s.* controversista *m/f.* **controversially** [–i] *avv.* polemicamente. **'controversy** [–və:si] *s.* **1** controversia *f,* polemica *f,* discussione *f,* disputa *f: to give rise to* ~ suscitare polemiche. **2** ⟨*Dir*⟩ controversia *f,* vertenza *f.*

controvert ['kɔntrəvə:t, ˌkɔntrə'və:t] *v.t.* disputare, discutere; (*to confute*) confutare. **contro'vertible** [–əbl] *a.* controvertibile, discutibile.

contumacious [ˌkɔntju'meiʃəs] *a.* **1** ribelle, indocile, insubordinato. **2** ⟨*Dir*⟩ contumace. **contumaciously** [–li] *avv.* **1** con ostinata insubordinazione. **2** ⟨*Dir*⟩ in contumacia. **contumaciousness** [–nis], **'contumacy** [–məsi] *s.* **1** ribellione *f,* insubordinazione *f,* indocilità *f.* **2** ⟨*Dir*⟩ contumacia *f.*

contumelious [ˌkɔntju'mi:liəs] *a.* ingiurioso, insolente, offensivo. **'contumely** [–mli, *am.* kən'tuməli] *s.* **1** insolenza *f,* disprezzo *m.* **2** (*abuse*) insulto *m,* ingiuria *f,* contumelia *f.* **3** (*disgrace*) onta *f,* vergogna *f.*

contuse [kən'tju:z] *v.t.* ⟨*Med*⟩ contundere. **contusion** [–'tju:ʒən] *s.* contusione *f.* **contusive** [–siv] *a.* contundente.

conundrum [kə'nʌndrəm] *s.* **1** indovinello *m.* **2** (*fig*) enigma *m,* mistero *m.*

conurbation [ˌkɔnə:'beiʃən] *s.* conurbazione *f.*

convalesce [ˌkɔnvə'les] *v.i.* entrare in convalescenza, rimettersi (in salute). **convalescence** [–ns] *s.* convalescenza *f.* **convalescent** [–nt] **I** *a.* (*of persons*) convalescente, in convalescenza; (*of convalescence*) di convalescente: *a* ~ *ward* un reparto (di) convalescenza. **II** *s.* convalescente *m/f.* □ ~ *home* convalescenziario *m.*

convection [kən'vekʃən] *s.* ⟨*Fis,Meteor*⟩ convezione *f.* **convector** [–ktə] *s.* ⟨*Fis*⟩ convettore *m,* termoconvettore *m.*

convenable [kən'vi:nəbl] *a.* **1** convocabile. **2** ⟨*Dir*⟩ citabile.

convene [kən'vi:n] **I** *v.i.* convenire, radunarsi, riunirsi. **II** *v.t.* **1** adunare, riunire, convocare. **2** ⟨*Dir*⟩ convenire, citare: *to* ~ *s.o. to appear in court* convenire qd. in giudizio. **convener** [–ə] *s.* convocatore *m* (*f* –trice).

convenience [kən'vi:njəns] *s.* **1** convenienza *f,* utilità *f;* (*advantage*) vantaggio *m.* **2** (*convenient time or opportunity*) comodo *m,* agio *m: at your* ~ a tuo comodo. **3** (*source of comfort*) comodità *f: a washing-machine is a great* ~ la lavatrice è una grande comodità. **4** (*ease, efficiency*) convenienza *f,* praticità *f,* comodità *f.* **5** (*toilet*) toletta *f,* gabinetto *m: public* ~ gabinetto pubblico. □ *at your earliest* ~ non appena potete, al più presto possibile, con cortese sollecitudine; *to* ~ tenendo conto della praticità, in modo funzionale; *to make a* ~ *of s.o.* approfittare (*o* abusare) di qd.; *when it is at your* ~ quando ti fa comodo.

convenience food *s.* alimenti *mpl* in scatola, surgelati e precotti.

convenient [kən'vi:njent] *a.* **1** conveniente, adatto, che va bene: *a* ~ *time and place* l'ora e il luogo adatti. **2** (*easy to use, etc.*) pratico, utile, comodo: *a* ~ *tool for this job* un arnese utile per questo lavoro. **3** (*near at hand*) vicino, comodo, a portata di mano. □ *would it be* ~ *if I came earlier?* ti andrebbe bene se venissi prima?

convent ['kɔnvənt] *s.* convento *m,* monastero *m* (di suore).

conventicle [kən'ventikl] *s.* ⟨*Stor*⟩ conventicola *f.*

convention [kən'venʃən] *s.* **1** convegno *m,* riunione *f,* assemblea *f.* **2** (*agreement*) patto *m,* accordo *m: a* *copyright* ~ un accordo per i diritti d'autore; (*international agreement*) convenzione *f.* 3 (*agreed usage*) convenzione *f,* consuetudine *f: social* ~*s* convenzioni sociali. 4 (*in card games*) regola *f.* **Convention** *s.* ⟨*Stor*⟩ Convenzione *f* (nazionale).

conventional [kən'venʃənl] *a.* 1 convenzionale, formale, convenzionalista: ~ *behaviour* comportamento formale; (*traditional*) convenzionale, tradizionale: ~ *design* una linea tradizionale. 2 ⟨*spreg*⟩ (*unoriginal*) convenzionale, comune, corrente: ~ *ideas* idee convenzionali. 3 ⟨*Dir*⟩ contrattuale. □ ⟨*Mil*⟩ ~ *weapons* armi convenzionali. **conventionalism** [-nəlizəm] *s.* convenzionalismo *m,* formalismo *m.* **conventionalist** [-nəlist] *s.* convenzionalista *m/f,* formalista *m/f.* **con,ventionality** [-'næliti] *s.* 1 convenzionalità *f.* 2 (*practice, usage, etc.*) convenzionalismo *m,* formalità *f.* 3 *pl.* convenzioni *fpl* sociali. **conventionalize** [-nəlaiz] *v.t.* 1 rendere convenzionale. 2 ⟨*Art*⟩ rappresentare (*o* raffigurare) in modo convenzionale.

conventual [kən'ventʃuəl] I *a.* conventuale. II *s.* frate *m* conventuale.

converge [kən'vɜːdʒ] I *v.i.* 1 convergere: *parallel lines do not* ~ le rette parallele non convergono. 2 (*to move towards a single point*) convergere, dirigersi, confluire (*on, towards* su, verso). II *v.t.* far convergere. **convergence** [-əns], **convergency** [-ənsi] *s.* convergenza *f* (*anche fig.*). **convergent** [-ənt] *a.* convergente (*anche fig.*).

conversable [kən'vɜːsəbl] *a.* 1 di piacevole conversazione, affabile, socievole. 2 (*inclined to conversation*) che ama conversare.

conversance ['kɒnvəsəns, kən'vɜːsəns], **conversancy** [-i] *s.* familiarità *f,* dimestichezza *f.* **con'versant** [-sənt] *a.* pratico (*with* di), versato, competente (*in*); (*well-informed*) al corrente, a conoscenza (di): ~ *with finance* al corrente in materia di finanza.

conversation [,kɒnvə'seiʃən] *s.* 1 conversazione *f,* conversare *m: the art of* ~ l'arte del conversare. 2 (*instance*) conversazione *f,* discorso *m,* colloquio *m: to have a* ~ *with s.o.* avere un colloquio con qd. 3 (*sexual intercourse*) rapporto *m* intimo; (*criminal conversation*) adulterio *m.* □ *to be in* ~ *with s.o.* essere a colloquio con qd.; *to keep the* ~ *going* mantenere viva la conversazione; *to make* ~ conversare, fare conversazione, discorrere; ⟨*fam*⟩ *he is only making* ~ parla tanto per parlare. **conversational** [-l] *a.* 1 colloquiale, familiare: *a* ~ *style of writing* una prosa colloquiale. 2 (*given to conversation*) amante della conversazione, loquace. **conversationalist** [-əlist] *s.* conversatore *m* (*f* -trice).

conversation piece *s.* 1 ⟨*Art*⟩ quadro *m* di conversazione. 2 (*something arousing comment*) spunto *m* (*o* oggetto) di conversazione.

converse[1] I *v.i.* [kən'vɜːs] conversare, discorrere (*with* con). II *s.* ['kɒnvɜːs] 1 conversazione *f.* 2 (*intimate association*) comunione *f* spirituale.

converse[2] ['kɒnvɜːs] I *a.* opposto, inverso. II *s.* 1 contrario *m,* opposto *m.* 2 ⟨*Filos*⟩ conversione *f.* 3 ⟨*Mat*⟩ proporzione *f* inversa.

conversely [kən'vɜːsli] *avv.* al contrario, per contro, invece.

conversion [kən'vɜːʃən] *s.* 1 conversione *f,* trasformazione *f.* 2 (*change of religion, opinions, etc.*) conversione *f.* 3 (*structural change, etc.*) trasformazione *f.* 4 ⟨*Econ*⟩ conversione *f:* ~ *of lire into pounds* conversione di lire in sterline. □ ⟨*Comm*⟩ ~ *into cash* realizzo *m;* ~ *of public funds* peculato *m.*

conversion| factor *s.* ⟨*Econ*⟩ fattore *m* di conversione. ~ **stock** *s.* ⟨*Econ*⟩ titolo *m* pubblico di conversione. ~ **table** *s.* ⟨*Mat*⟩ tavola *f* di conversione.

convert I *v.t.* [kən'vɜːt] 1 convertire, trasformare: *to* ~ *lead into gold* trasformare il piombo in oro. 2 (*of religious beliefs, opinions, etc.*) convertire: *to* ~ *s.o. to Buddhism* convertire qd. al buddismo. 3 (*to turn to another use*) convertire, trasformare. 4 ⟨*Fis,Econ*⟩ convertire. II *v.i.* 1 convertirsi. 2 (*to change*) mutarsi, trasformarsi. 3 ⟨*Sport*⟩ (*in rugby*) trasformare una meta. III *s.* ['kɒnvɜːt] convertito *m* (*f* -a). **con'verted** [-id] *a.* 1 pentito, ravveduto, convertito. 2 ⟨*Rel*⟩ convertito. 3 (*adapted,*

redesigned) riadattato, riattato. **con'verter** [-ə] *s.* 1 convertitore *m* (*f* -trice), chi converte. 2 ⟨*El,Inform*⟩ convertitore *m.* 3 ⟨*Met*⟩ convertitore *m.*

convertibility [kən,vɜːtə'biliti] *s.* convertibilità *f* (*anche Econ.*). **con'vertible** [-bl] I *a.* 1 convertibile, trasformabile. 2 (*interchangeable in meaning*) intercambiabile: ~ *terms* termini intercambiabili. 3 ⟨*Econ,Filos*⟩ convertibile. II *s.* ⟨*Aut*⟩ convertibile *f,* decappottabile *f.*

convertible loan *s.* ⟨*Econ*⟩ prestito *m* convertibile. **convertiplane** [kən'vɜːtiplein] *s.* ⟨*Aer*⟩ convertiplano *m.* **convertor** [kən'vɜːtə] *s.* ⟨*El*⟩ convertitore *m.*

convex ['kɒnvɛks, kɒn'vɛks] *a.* convesso (*anche Geom.*). □ ⟨*Ott*⟩ ~ *lens* lente convessa. **con'vexity** [-iti] *s.* convessità *f.* **con'vexly** [-li] *avv.* convessamente, in modo convesso.

convexo|-concave ['kɒnvɛksou] *a.* convesso–concavo (*anche Ott.*). ~**-convex** *a.* biconvesso. ~**-plane** *a.* pianoconvesso.

convey [kən'vei] *v.t.* 1 condurre, trasportare, portare. 2 (*to conduct*) convogliare, portare: *pipes* -*ing hot water* i tubi che portano l'acqua calda. 3 (*of an infection*) trasmettere. 4 (*to communicate*) trasmettere, comunicare, dare. 5 ⟨*Dir*⟩ trasferire, cedere. □ *to* ~ *one's meaning* comunicare (*o* esprimere) il proprio pensiero; *to* ~ *the suggestion that* far pensare che; *these words* ~ *nothing to me* queste parole non mi dicono niente. **conveyable** [-əbl] *a.* 1 trasportabile, portabile. 2 ⟨*Dir*⟩ trasferibile, cedibile.

conveyance [kən'veiəns] *s.* 1 trasporto *m,* convogliamento *m.* 2 (*communicating*) trasmissione *f,* comunicazione *f.* 3 (*vehicle*) mezzo *m* di trasporto. 4 ⟨*Dir*⟩ trasferimento *m,* cessione *f,* trapasso *m;* (*instrument*) atto *m* di cessione. □ ⟨*Dir*⟩ ~ *of a patent* cessione *f* di un brevetto; ~ *by sea* trasporto marittimo. **conveyancer** [-ə] *s.* ⟨*Dir*⟩ notaio *m.* **conveyancing** [-iŋ] *s.* ⟨*Dir*⟩ branca *f* del diritto che si occupa delle cessioni di proprietà. **conveyer** [-'veiə] *s.* 1 portatore *m* (*f* -trice), trasportatore *m* (*f* -trice). 2 ⟨*Dir*⟩ cedente *m/f.* 3 ⟨*tecn*⟩ trasportatore *m,* convogliatore *m.*

conveyer| belt *s.* ⟨*tecn*⟩ nastro *m* trasportatore. ~ **chain** *s.* catena *f* convogliatrice (*o* di convogliamento).

conveyor *s.* → **conveyer.**

conveyorize [kən'veiəraiz] *v.t.* ⟨*Ind*⟩ fornire di nastri trasportatori.

convict I *v.t.* [kən'vikt] 1 giudicare (*o* dichiarare) colpevole, convincere: *to* ~ *s.o. of murder* convincere qd. di omicidio. 2 ⟨*fig*⟩ (*to prove guilty*) condannare, accusare: *your blushing has* -*ed you* il tuo rossore ti ha condannato. II *s.* ['kɒnvikt] 1 reo *m* convinto. 2 (*person in prison*) carcerato *m* (*f* -a), detenuto *m* (*f* -a). □ *an escaped* ~ un evaso. **con'victed** [-id] *a.* ⟨*Dir*⟩ convinto. **con'viction** [-kʃən] *s.* 1 dichiarazione *f* di colpevolezza, condanna *f.* 2 (*being convinced*) convinzione *f,* convincimento *m.* □ *to have the courage of one's* -*s* avere il coraggio delle proprie convinzioni; *to carry* ~ essere convincente; *to be open to* ~ essere pronto a ricredersi.

convictive [kɒn'viktiv] *a.* → **convincing.**

convince [kən'vins] *v.t.* convincere, persuadere. **convinced** [-t] *a.* convinto, persuaso. **convincement** [-mənt] *s.* convincimento *m.* **convincer** [-ə] *s.* chi convince. **convincible** [-ibl] *a.* convincibile. **convincing** [-iŋ] *a.* convincente, persuasivo. **convincingly** [-iŋli] *avv.* in modo convincente.

convivial [kən'viviəl] *a.* 1 conviviale. 2 (*festive*) festoso, allegro, gioviale: *a* ~ *company* un'allegra compagnia. **con,viviality** [-vi'æliti] *s.* 1 giovialità *f,* festosità *f.* 2 (*convivial activities*) festeggiamenti *mpl.*

convocation [,kɒnvə'keiʃən] *s.* 1 convocazione *f;* (*assembly*) assemblea *f,* comitato *m.* 2 ⟨*Rel*⟩ sinodo *m,* concilio *m* ecclesiastico. 3 ⟨*Univ*⟩ consiglio *m* accademico. **convocational** [-əl] *a.* di convocazione. **convoke** [kən'vəuk] *v.t.* convocare.

convolute ['kɒnvəluːt] *a.* ⟨*Bot*⟩ convoluto, accartocciato. **convoluted** [-id] *a.* 1 attorcigliato, avvolto. 2 ⟨*fig*⟩ (*involved*) contorto, complicato, involuto. **,convolution**

[-'luːʃən] *s.* **1** attorcigliamento *m,* avvolgimento *m.* **2** *(coil, whorl)* giro *m,* spira *f,* sinuosità *f.* **3** ⟨*Anat*⟩ circonvoluzione *f.*

onvolve [kən'vɔlv] **I** *v.t.* arrotolare, avvolgere. **II** *v.i.* arrotolarsi, attorcigliarsi.

onvolvulus [kən'vɔlvjuləs] *s.* (*pl.* **-luses** [ləsis]/**-li** [lai]) ⟨*Bot*⟩ convolvolo *m.*

onvoy ['kɔnvɔi] **I** *v.t.* convogliare, scortare. **II** *s.* **1** ⟨*Mar.mil*⟩ scorta *f,* convoglio *m: to sail under* ~ navigare in convoglio; (*protective force*) scorta *f;* (*force or ship escorted*) convoglio *m.* **2** ⟨*Mil*⟩ autocolonna *f;* (*motorized column*) autoconvoglio *m.*

onvulse [kən'vʌls] *v.t.* **1** dare (*o* far venire) le convulsioni a. **2** ⟨*fig*⟩ (*to agitate*) agitare, sconvolgere, mettere sottosopra. □ *to be –d with laughter* contorcersi dalle risa.

convulsion [-lʃən] *s.* **1** ⟨*Med*⟩ (general. al pl.) convulsioni *fpl.* **2** (*uncontrolled fit*) convulsione *f,* parossismo *m,* ⟨*pop*⟩ convulso *m:* ~ *of crying* convulsione di pianto. **3** *pl.* (*fit of laughter*) accesso *m* (*o* convulso) di risa: *she went into –s* fu presa da un convulso di risa. **4** ⟨*fig*⟩ (*agitation*) agitazione *f,* sconvolgimento *m.*

convulsionary [-lʃənəri] *a.* convulsionario. **convulsive** [-iv] *a.* **1** convulsivo. **2** ⟨*fig*⟩ convulso, scomposto, disordinato.

ony ['kəuni] *s.* (*rabbit*) coniglio *m;* (*rabbit fur*) coniglio *m,* pelliccia *f* di coniglio, lapin *m.*

oo [kuː] **I** *v.i.* **1** (*of doves*) tubare. **2** ⟨*fig*⟩ (*to talk fondly, amorously*) tubare. **II** *s.* il tubare. **III** *intz.* ⟨*sl*⟩ ah, oh.

ooee, cooey ['kuːi] *intz.* ohè, ehilà.

ook¹ [kuk] **I** *v.t.* **1** cucinare, cuocere. **2** (*to expose to heat*) cuocere: *to* ~ *bricks* cuocere mattoni. **3** ⟨*fam*⟩ (*to falsify;* spesso con *up*) falsificare, alterare, manipolare: *to* ~ *the books* falsificare i registri. **II** *v.i.* **1** cucinare. **2** (*of food*) cuocersi. □ ⟨*fam*⟩ *to be –ed* (*of athletes*) essere sfinito, ⟨*pop*⟩ essere cotto; ⟨*fam*⟩ *to* ~ *s.o.'s goose* mandare all'aria i progetti di qd., rompere le uova nel paniere a qd.; *to* ~ *up* inventare, improvvisare: *she –ed up an excuse* inventò una scusa; ⟨*fam*⟩ *what's –ing?* che cosa bolle in pentola?, che succede?

ook² *s.* cuoco *m* (*f* –a). □ *Prov.: too many ~s spoil the broth* troppi cuochi guastano il pranzo (*o* la salsa).

ookbook *am.* ['kukbuk] *s.* → **cookery book.**

ooked ['kukt] *a.* **1** cucinato. **2** ⟨*fig*⟩ truccato, falsificato: ~ *balance sheet* bilancio truccato.

ooker ['kukə] *s.* **1** fornello *m,* cucina *f;* (*utensil*) pentola *f,* tegame *m.* **2** → **cook stove.** **3** (*of apples, etc.*) frutta *f* da cuocere. **cookery** [-ri] *s.* gastronomia *f,* arte *f* culinaria, cucina *f.*

ookery book *s.* libro *m* di cucina, ricettario *m.*

ook| '**general** *s.* domestico *m* (*f* –a) tuttofare. ~**house** *s.* **1** ⟨*Mar*⟩ cucina *f* di bordo. **2** ⟨*Mil*⟩ → **cooking tent.**

ookie *am.* ['kuki] *s.* biscotto *m.*

ooking ['kukiŋ] **I** *s.* cucina *f,* gastronomia *f,* arte *f* culinaria: *Italian* ~ cucina italiana. **II** *a.* **1** da (*o* di) cucina: ~ *utensils* utensili da cucina. **2** (*fit for cooking*) da cuocere: ~ *apple* mela da cuocere.

ooking| fat *s.* grasso *m* per friggere. ~ **oil** *s.* olio *m* da cucina. ~ **plate** *s.* piastra *f,* fornello *m.* ~ **range** *s.* → **cook stove.** ~ **tent** *s.* ⟨*Mil*⟩ cucina *f* da campo.

ook|room *am.* *s.* **1** cucina *f.* **2** ⟨*Mar*⟩ cucina *f* di bordo. ~**-shop** *s.* trattoria *f,* ristorante *m.* ~ **stove** *s.* cucina *f* economica.

ookware ['kukweə] *s.* pentole *fpl* e tegami *mpl.*

ooky *am.* *s.* → **cookie.**

ool¹ [kuːl] **I** *a.* **1** fresco: *a* ~ *drink* una bevanda fresca; (*of a dress*) fresco, leggero. **2** (*chilly*) piuttosto freddo, freddino: *a* ~ *wind* un vento freddino. **3** (*refreshing*) rinfrescante: *a* ~ *breeze* un venticello rinfrescante. **4** ⟨*fig*⟩ (*calm*) calmo, tranquillo, freddo. **5** ⟨*fig*⟩ (*not hasty, deliberate*) freddo, studiato, calcolato. **6** ⟨*fig*⟩ (*unresponsive*) freddo, distaccato, indifferente: *a* ~ *reception* una fredda accoglienza. **7** ⟨*fig*⟩ (*impudent*) sfacciato, impudente, insolente. **8** ⟨*fam*⟩ (*of a number or sum*) la bellezza di, ben: *a* ~ *thousand pounds* la bellezza di mille sterline. **9** ⟨*sl*⟩ (*excellent*) eccezionale, fantastico: *a real* ~ *comic* un comico veramente eccezionale. **10** ⟨*Lett,Art,Mus*⟩ freddo. **II** *s.* **1** fresco *m,* frescura *f: in the*

~ *of the evening* nella frescura della sera. **2** → **coolness.** **III** *avv.* ⟨*fam*⟩ freddamente. □ ~, *calm and collected* impassibile; ⟨*fig*⟩ *as* ~ *as a cucumber* imperturbabile; ⟨*fam*⟩ *he is a* ~ *customer* è uno sfacciato; *to get* ~ (*of weather*) rinfrescare; *to have a* ~ **head** avere sangue freddo, non perdere la testa; ⟨*Mus*⟩ ~ **jazz** jazz freddo; ⟨*fig*⟩ *to* **keep** ~ conservare la calma; *keep* ~! sta' calmo!; ⟨*Venat*⟩ ~ **scent** traccia *f* debole.

cool² **I** *v.t.* **1** (*to refresh;* general. con *off, down*) rinfrescare: *the swim –ed us off* la nuotata ci ha rinfrescato. **2** (*to make less hot;* spesso con *off, down*) raffreddare, far freddare. **3** ⟨*fig*⟩ (*to calm*) raffreddare, calmare, smorzare. **II** *v.i.* (spesso con *off, down*) **1** raffreddarsi, freddarsi; (*of people*) rinfrescarsi; (*of weather*) rinfrescare. **2** ⟨*fig*⟩ (*to lose passion*) raffreddarsi, calmarsi: *he soon –ed down* si è calmato presto; (*of anger*) sbollire, placarsi. □ ~ *down!* calmati!; ⟨*fig*⟩ *to* ~ *one's heels* aspettare a lungo, fare una lunga anticamera.

coolant ['kuːlənt] *s.* ⟨*tecn*⟩ liquido *m* refrigerante. **cooler** [-lə] *s.* **1** refrigeratore *m.* **2** (*iced drink*) bibita *f* (ghiacciata). **3** ⟨*sl*⟩ (*jail*) prigione *f,* ⟨*pop*⟩ gattabuia *f: to put in the* ~ mettere in prigione, ⟨*pop*⟩ mettere al fresco.

'cool|-'headed *a.* calmo, imperturbabile. ,~-'**headedness** *s.* calma *f,* imperturbabilità *f,* sangue *m* freddo.

coolie ['kuːli] *s.* (*in the Far East*) portatore *m* indigeno, coolie *m.*

cooling ['kuːliŋ] **I** *a.* rinfrescante, refrigerante. **II** *s.* raffreddamento *m,* refrigerazione *f.*

cooling| agent *s.* ⟨*Chim*⟩ refrigerante *m.* ~ **chamber** *s.* cella *f* frigorifera. ~ **circuit** *s.* circuito *m* di raffreddamento. ~**-off period** *s.* periodo *m* di ripensamento prima di un'agitazione sindacale. ~ **system** *s.* ⟨*Mot*⟩ impianto *m* di raffreddamento. ~ **tower** *s.* ⟨*Idr*⟩ torre *f* di raffreddamento.

coolish ['kuːliʃ] *a.* piuttosto fresco. **coolly** [-(l)li] *avv.* **1** freddamente. **2** ⟨*fig*⟩ (*calmly*) freddamente, a sangue freddo; (*impudently*) sfacciatamente. **coolness** [-lnis] *s.* **1** fresco *m,* frescura *f.* **2** ⟨*fig*⟩ (*calmness*) calma *f,* freddezza *f,* sangue *m* freddo. **3** ⟨*fig*⟩ (*lack of ardour, etc.*) freddezza *f,* indifferenza *f.* **4** ⟨*fig*⟩ (*self-assurance*) sicurezza *f* di sé, disinvoltura *f.*

coomb(e) [kuːm] *s.* ⟨*Geog*⟩ comba *f.*

coon *am.* [kuːn] *s.* **1** ⟨*Zool*⟩ (*raccoon*) orsetto *m* (*o* procione) lavatore. **2** ⟨*spreg*⟩ negro *m.* □ ⟨*sl*⟩ *a gone* ~ una persona in una situazione disperata; *I haven't seen him in a* ~*'s age* non lo vedo da molto tempo.

coon songs *s.pl.* canti *mpl* dei negri d'America.

coop [kuːp] **I** *s.* **1** ⟨*Zootecn*⟩ stia *f.* **2** ⟨*Pesc*⟩ nassa *f.* **3** ⟨*sl*⟩ (*prison*) prigione *f,* ⟨*pop*⟩ gattabuia *f.* **II** *v.t.* (spesso con *up, in*) **1** rinchiudere nella stia. **2** (*to confine strictly*) rinchiudere, costringere, stipare. □ ⟨*sl*⟩ *to fly the* ~ scappare di prigione.

co-op [kou'ɔp] *s.* ⟨*fam*⟩ cooperativa *f.*

cooper ['kuːpə] **I** *s.* **1** bottaio *m.* **2** (*wine retailer*) vinaio *m.* **II** *v.t.* **1** (*of casks, barrels, etc.: to make*) fabbricare; (*to repair*) riparare. **2** (*to pack in barrels*) imbottare, imbarilare. **cooperage** [-ridʒ] *s.* **1** mestiere *m* di bottaio. **2** (*place*) bottega *f* di bottaio.

co-operant [kəu'ɔpərənt] *a.* che lavora in collaborazione. **co-operate** [-reit] *v.i.* **1** cooperare, collaborare. **2** (*to act together*) concorrere, contribuire (*to* a). **co-,operation** [-'reiʃən] *s.* **1** cooperazione *f,* collaborazione *f.* **2** (*willingness to co-operate*) volontà *f* di cooperare: *to show* ~ mostrare volontà di cooperare. **3** (*co-operative movement*) cooperativismo *m.*

co-operation agreement *s.* accordo *m* di cooperazione. **co-,operative** [kəu'ɔpərətiv] **I** *a.* **1** cooperativo. **2** (*willing to co-operate*) disposto a cooperare (*o* collaborare). **3** ⟨*Econ*⟩ cooperativistico. **II** *s.* cooperativa *f.*

co-operative| farm *s.* ⟨*Agr*⟩ azienda *f* cooperativa. ~ **farming** *s.* agricoltura *f* cooperativistica. **co-operatively** [kəu'ɔpərətivli] *avv.* in cooperazione.

co-operative| movement *s.* cooperativismo *m.* ~ **society** *s.* ⟨*Comm*⟩ società *f* cooperativa. ~ **store** *s.* ⟨*Comm*⟩ spaccio *m* cooperativo, cooperativa *f.*

co-operator [kəu'ɔpəreitə] *s.* **1** cooperatore *m* (*f* –trice), collaboratore *m* (*f* –trice). 2 (*member of a co–operative*) socio *m* (*f* –a) di una cooperativa.

cooperer ['ku:pərə] *s.* bottaio *m.* **coopery** [–ri] *s.* → **cooperage**.

co-opt [kəu'ɔpt], **co-optate** [–eit] *v.t.* cooptare. **,co-op'tation** [–eiʃən], **co-option** [–pʃən] *s.* cooptazione *f.*

co-ordinate[1] [kəu'ɔrdinit] I *a.* 1 uguale (*with* a), della stessa condizione (*o* importanza) (di). 2 ⟨*Gramm, Chim,Mat*⟩ coordinato. II *s.* 1 persona *f* (*o* cosa) della stessa importanza, uguale *m*, pari *m.* 2 ⟨*Gramm*⟩ → **co-ordinate clause.** 3 ⟨*Mat,Geog,Astr*⟩ coordinata *f.*

co-ordinate[2] [kəu'ɔrdineit] *v.t.* coordinare.

co-ordinate| clause [kəu'ɔrdinit] *s.* ⟨*Gramm*⟩ proposizione *f* coordinata. **~ geometry** *s.* geometria *f* analitica. **~ paper** *s.* carta *f* millimetrata. **~ system** *s.* ⟨*Mat*⟩ sistema *m* di coordinate.

co-ordination [kəu,ɔrdi'neiʃən] *s.* coordinazione *f.* □ *lack of* ~ scoordinamento *m*, scoordinazione *f.*

co-ordination committee *s.* comitato *m* di coordinamento.

co-'ordinative [kəu,ɔrdi'nətiv] *a.* coordinativo. **co-'ordinator** [–neitə] *s.* coordinatore *m* (*f* –trice).

coot [ku:t] *s.* 1 ⟨*Ornit*⟩ folaga *f* (comune). 2 ⟨*fam*⟩ (*foolish person*) sempliciotto *m*, tonto *m.* □ *as bald as a* ~ pelato come un uovo.

cootie ['ku:ti] *s.* ⟨*sl*⟩ pidocchio *m.*

co-owner ['kəu'əunə] *s.* comproprietario *m* (*f* –a). **co-ownership** [–ʃip] *s.* comproprietà *f.*

cop[1] [kɔp] ⟨*sl*⟩ I *v.t.* (*pret., p.p.* **copped** [kɔpt]) acchiappare, afferrare, agguantare. II *s.* cattura *f.* □ *fair* ~ arresto *m* in flagranza di reato; ⟨*fam*⟩ *not much* ~ niente di speciale; *to* ~ *it:* 1 prenderle, buscarle; 2 (*to get killed*) essere ucciso.

cop[2] *s.* ⟨*sl*⟩ poliziotto *m*, guardia *f*, ⟨*gerg*⟩ piedipiatti *m.* □ *-s and robbers* (*children's game*) guardie *fpl* e ladri.

cop[3] *s.* 1 ⟨*Tess*⟩ bobina *f*, spola *f.* 2 (*dial*) (*crest*) cresta *f.*

copaiba [kɔ'paibə] *s.* 1 → **copaiba balsam.** 2 ⟨*Bot*⟩ copaive *f*; (*wood*) legno *m* di copaive.

copaiba balsam *s.* balsamo *m* di copaive.

copal ['kəupəl] *s.* (*resin*) copale *f/m.*

coparcenary [kəu'pa:sənəri] *s.* ⟨*Dir*⟩ coeredità *f.* **coparcener** [–nə] *s.* coerede *m/f.* **coparceny** [–ni] *s.* → **coparcenary.**

copartner [kəu'pa:tnə] *s.* consocio *m* (*f* –a), socio *m* (*f* –a). **copartnership** [–ʃip] *s.* società *f*, associazione *f.*

cope[1] [kəup] *v.i.* far fronte, tener testa (*with* a), fronteggiare (qc.).

cope[2] I *s.* 1 ⟨*Rel*⟩ piviale *m.* 2 ⟨*fig*⟩ (*vault of heaven*) cappa *f* del cielo, volta *f* celeste. 3 (*cloak–like covering*) cappa *f*, copertura *f* esterna. 4 ⟨*Edil*⟩ → **coping.** 5 ⟨*Met*⟩ staffa *f* superiore, coperchio *m.* II *v.t.* 1 coprire. 2 ⟨*Rel*⟩ fornire di piviale. 3 ⟨*Edil*⟩ (*of a wall*) fare la cimasa a.

copeck ['kəupek] *s.* (*Russian coin*) copeco *m.*

Copenhagen [,kəupn'heigən] *N.pr.* ⟨*Geog*⟩ Copenaghen *f.*

coper ['kəupə] *s.* mercante *m* di cavalli.

Copernican [kəu'pə:nikən] *a.* copernicano; ~ *theory* ipotesi copernicana. **Copernicus** [–kəs] *N.pr.* ⟨*Stor*⟩ Copernico *m.*

copestone ['kəupstoun] *s.* → **coping stone.**

copier ['kɔpiə] *s.* 1 copista *m/f*, trascrittore *m* (*f* –trice). 2 (*imitator*) imitatore *m* (*f* –trice). 3 (*machine*) copiatrice *f.* 4 ⟨*Inform*⟩ copiatrice *f.*

copilot [kəu'pailət] *s.* ⟨*Aer*⟩ secondo pilota *m*, copilota *m.*

coping ['kəupiŋ] *s.* ⟨*Edil*⟩ (*of a wall*) cimasa *f*, copertina *f.*

coping stone *s.* 1 ⟨*Edil*⟩ pietra *f* ⌐per cimasa⌐ (*o* da copertina). 2 ⟨*fig*⟩ tocco *m* finale, ultimo tocco *m*, coronamento *m.*

copious ['kəupjəs] *a.* copioso, abbondante, ricco; (*in words*) verboso, prolisso; (*in thoughts*) concettoso. **copiousness** [–nis] *s.* copiosità *f*, abbondanza *f*, profusione *f*; (*of words*) verbosità *f*, prolissità *f.*

copper[1] ['kɔpə] I *s.* 1 ⟨*Chim*⟩ rame *m.* 2 (*coin*) moneta *f* di rame (*o* bronzo). 3 *pl.* ⟨*fam*⟩ spiccioli *mpl.* 4 (*cooking boiler*) bollitore *m* (*o* caldaia *f*) di rame. 5 → **copper red.** 6 *pl.* ⟨*Mar*⟩ stoviglie *fpl* di rame, rami *mpl.* II *a.* 1 di

rame. 2 (*copper–coloured*) color rame, ramato. III *v.* ramare, rivestire di rame.

copper[2] *s.* → **cop**[2]

copperas ['kɔpərəs] *s.* ⟨*Chim*⟩ solfato *m* ferroso.

copper| beech *s.* ⟨*Bot*⟩ faggio *m* rosso. **~ bit** *s.* ⟨*tecn*⟩ saldatore *m.* **~-bottomed** *a.* ⟨*Mar*⟩ dal fondo rivestito di rame. **~ engraver** *s.* calcografo *m.* **~ nose** *s.* naso rosso. **~ number** *s.* ⟨*Chim*⟩ indice *m* del rame. **~ ore** minerale *m* ramifero (*o* di rame). **~plate** *s.* 1 lastra *f* di rame per incisione. 2 (*print, engraving*) incisione *f* s rame, calcografia *f.* 3 (*handwriting*) corsivo *m* chiaro regolare. **~plated** *a.* ⟨*Met*⟩ ramato. **~ plating** *s.* ⟨*Met*⟩ ramatura *f.* **~ red** *s.* color *m* rame. **~ skin** *am.* indiano *m* (*f* –a), pellerossa *m/f.* **~ smith** *s.* ramaio *m* calderaio *m.* **~ top** *s.* ⟨*sl*⟩ persona *f* dai capelli ross ⟨*pop*⟩ rosso *m* (*f* –a). **~ wire** *s.* ⟨*Met*⟩ filo *m* di rame.

coppery ['kɔpəri] *a.* 1 che contiene rame. 2 (*in colour* color rame.

coppice ['kɔpis] *s.* 1 ceduo *m*, bosco *m* ceduo. (*brushwood*) macchia *f*, sottobosco *m.* **coppicing** [–iŋ] ⟨*Silv*⟩ ceduazione *f.*

copra ['kɔprə] *s.* ⟨*Ind*⟩ copra *f.*

co-produce [,kəuprə'dju:s] *v.t.* produrre in forma associat **co-producer** [–ə] *s.* coproduttore *m* (*f* –trice **co-production** [–'dʌkʃn] *s.* coproduzione *f.*

coprology [kə'prɔlədʒi] *s.* coprologia *f.*

copse [kɔps] *s.* → **coppice.**

Copt [kɔpt] *s.* ⟨*Rel*⟩ copto *m* (*f* –a).

copter ['kɔptə] *s.* ⟨*fam*⟩ elicottero *m.*

'Coptic ['kɔptik] I *s.* copto *m*, lingua *f* copta. II *a.* copte ~ *church* chiesa copta.

co-publish [kou'pʌbliʃ] *v.t.* coeditare. **co-publisher** co-editore *m.*

copula ['kɔpjulə] *s.* (*pl.* **-s** [z]/**-lae** [li:]) 1 ⟨*Ana* collegamento *m.* 2 ⟨*Gramm,Dir*⟩ copula *f.* **copular** [–lε *a.* ⟨*Gramm*⟩ della copula.

copulate ['kɔpjuleit] *v.i.* congiungersi carnalmente accoppiarsi. **,copulation** [–'leiʃən] *s.* 1 accoppiamento *m* unione *f.* 2 (*sexual union*) copulazione *f*, accoppiament *m.* **copulative** [–lətiv] I *a.* 1 di accoppiamento. ⟨*Gramm*⟩ copulativo. II *s.* ⟨*Gramm*⟩ congiunzione copulativa. **copulatory** [–lətəri] *a.* ⟨*Biol*⟩ copulatore.

copy ['kɔpi] I *s.* 1 copia *f*; (*reproduction*) copia riproduzione *f: a* ~ *of a painting* la riproduzione di u quadro. 2 (*one of a series*) copia *f*, esemplare *m: a* ~ *of newspaper* una copia di un giornale. 3 ⟨*Tip*⟩ copia *f* (*o* stampa). 4 ⟨*Giorn*⟩ argomento *m*, spunto *m.* 5 (*of a advertisement*) testo *m.* II *v.t.* 1 copiare, trascrivere; (*to reproduce*) copiare, riprodurre. 2 (*to imitate*) copiare imitare: *to* ~ *s.o.'s style* imitare lo stile di qd. III *v.i.* fare una copia, copiare. 2 (*to undergo copying*) esser riprodotto. 3 ⟨*scol*⟩ (*to crib*) copiare. □ *a fair* ~ un bella copia; *to make a rough* ~ *of s.th.* fare una brutt copia di qc.

copy|book I *s.* ⟨*Scol*⟩ quaderno *m.* II *a.* stereotipat trito. □ ⟨*fig*⟩ *to blot one's* ~ macchiare il proprio nom **~book maxims** *s.pl.* luoghi *mpl* comuni. **~ boy** ⟨*Giorn*⟩ fattorino *m.* **~cat** *s.* ⟨*fam*⟩ imitatore pedissequo, ⟨*fam*⟩ copione *m* (*f* –a). **~-edit** *v.t.* prepara per la stampa. **~ editor** *s.* → **copy-reader.**

copyhold ['kɔpihould] *s.* ⟨*Dir*⟩ proprietà *f* di un terren (basata su copia di documenti di concessione feudale).

copyholder[1] ['kɔpihouldə] *s.* proprietario *m* di terreno (p concessione feudale).

copyholder[2] *s.* 1 ⟨*tecn*⟩ raccoglitore *m.* 2 (*proof–reader assistant*) aiuto correttore *m* (*o* revisore) di bozze.

copying| ink ['kɔpiŋ] *s.* inchiostro *m* copiativo. **machine** *s.* copiatrice *f.* **~ office** *s.* copisteria *f.* **paper** *s.* carta *f* velina. **~ pencil** *s.* matita *f* copiativa. **press** *s.* copialettere *m.*

copyist ['kɔpiist] *s.* 1 copista *m/f*, scrivano *m.* 2 (*imitato* imitatore *m* (*f* –trice).

copy-read ['kɔpiri:d] *v.t.* fare la revisione di. **copy-reade** [–ə] *s.* 1 revisore *m* di bozze. 2 (*editor*) redattore *m* –trice).

copyright ['kɔpirait] I *s.* ⟨*Dir*⟩ diritti *mpl* d'autore. II tutelato dai diritti d'autore. III *v.t.* tutelare in base diritti d'autore. □ ⟨*Dir*⟩ ~ *matter* opera protetta dai diritti d'autore.

opy strategy *s.* strategia *f* dei testi pubblicitari.

opy-writer [ˌkɔpiˈraitə] *s.* redattore *m* (*f* –trice) pubblicitario, creatore *m* di testi pubblicitari.

oquet [kəuˈket] **I** *v.i.* (*pret., p.p.* **coquetted** [–id]) **1** civettare, fare la civetta (*with* con). **2** (*to trifle, dally*) scherzare (con), prendere alla leggera (qc.). **II** *a.* → **coquettish.** '**coquetry** [–kitri] *s.* **1** civetteria *f.* **2** (*dalliance*) il prendere alla leggera. **coquette** [–ˈket] *s.* civetta *f.* **coquettish** [–ˈketiʃ] *a.* civettuolo, da civetta. **coquettishly** [–ˈketiʃli] *avv.* in modo civettuolo.

oracle [ˈkɔrəkl] *s.* (*in Wales, Ireland*) imbarcazione *f* di vimini.

oral [ˈkɔrəl] **I** *s.* **1** corallo *m.* **2** (*child's toy*) anello *m* di corallo (per dentizione). **3** (*colour*) color *m* corallo, rosso *m* corallo. **4** ⟨*Zool*⟩ (*lobster roe*) uova *fpl* di aragosta. **II** *a.* **1** di corallo, corallino. **2** (*coral-coloured*) corallino, rosso corallo.

oral| bead *s.* ⟨*Oref*⟩ **1** perla *f* (*o* grano *m*) di corallo. **2** *pl.* collana *f* di coralli, coralli *mpl.* ~ **island** *s.* isola *f* corallina.

oralliferous [ˌkɔrəˈlifərəs] *a.* corallifero. **coralliform** [kəˈræli fɔ:m] *a.* coralloide, a forma di corallo.

oral limestone *s.* ⟨*Geol*⟩ calcare *m* corallino, corallina *f.*

oralline [ˈkɔrəlain] **I** *a.* **1** corallino. **2** (*coral-coloured*) color corallo, rosso corallo, corallino. **II** *s.* **1** ⟨*Zool*⟩ animale *m* simile al corallo. **2** ⟨*Bot*⟩ corallina *f.* **corallite** [–lait] *s.* ⟨*Zool*⟩ scheletro *m* di corallo, corallo *m* fossile. **coralloid** [–ˈlɔid] *a.* coralloide.

oral| red *s.* rosso *m* corallo. ~ **reef** *s.* barriera *f* (*o* scogliera) corallina.

or anglais [ˈkɔ:rãˈglɛ] *s.* ⟨*Mus*⟩ corno *m* inglese.

orbel[1] [ˈkɔ:bəl] *s.* ⟨*Arch*⟩ mensolone *m*, modiglione *m.*

orbel[2] *v.* (*pret., p.p.* **corbelled**/*am.* **corbeled** [–d]) **I** *v.t.* ⟨*Arch*⟩ **1** (*of bricks*) disporre in modo da formare un modiglione. **2** (*to support*) sostenere mediante mensole (*o* modiglioni). **II** *v.i.* sporgere su mensole. **corbeling** *am.*, **corbelling** [–iŋ] *s.* ⟨*Arch*⟩ **1** costruzione *f* di un modiglione. **2** (*system*) sistema *m* di mensole.

orbie *scozz.* [ˈkɔ:bi] *s.* ⟨*Ornit*⟩ **1** corvo *m.* **2** (*crow*) cornacchia *f.*

orbie| gable *s.* ⟨*Arch*⟩ frontone *m* con ornamento a gradini. ~ **step** *s.* ornamento *m* a gradini.

ord [kɔ:d] **I** *s.* **1** corda *f*, spago *m*, funicella *f.* **2** ⟨*El*⟩ filo *m* (*o* cordoncino) completo di spina. **3** ⟨*Tess*⟩ (*fabric*) tessuto *m* a coste; (*rib*) corda *f*, costa *f.* **4** *pl.* ⟨*Vest*⟩ (*trousers*) pantaloni *mpl* (di tessuto) a coste. **5** ⟨*Anat*⟩ corda *f: vocal* ~ corda vocale. **6** (*for fuel wood*) corda *f* (unità di volume pari a 3,625 m³). **II** *v.t.* **1** legare con una corda. **2** (*of wood*) accatastare in corde. '**cordage** [–idʒ] *s.* **1** cordame *m.* **2** ⟨*Mar*⟩ sartiame *m.*

ordate [ˈkɔ:deit] *a.* ⟨*Bot*⟩ cordato. **corded** [–did] *a.* **1** ⟨*Tess*⟩ cordonato, a coste. **2** (*bound with cords*) legato con corde; (*made of cord*) fatto di corde, di corda.

ordelier [ˌkɔ:diˈliə] *s.* ⟨*Rel*⟩ frate *m* francescano.

ordial [ˈkɔ:djəl, *am.* –dʒəl] **I** *a.* **1** cordiale. **2** (*invigorating*) corroborante, stimolante. **II** *s.* **1** (*stimulating medicine*) stimolante *m.* **2** (*liqueur*) liquore *m*; (*drink*) cordiale *m.* □ *glass of* ~ cordialino *m*, bicchierino *m* di liquore. ,**cordiality** [–diˈæliti, *am.* –ˈdʒæliti] *s.* cordialità *f.* **cordially** [–i] *avv.* cordialmente (*anche iron.*).

ordillera [ˌkɔ:dilˈjeərə] *s.* ⟨*Geog*⟩ cordigliera *f.*

ording [ˈkɔ:diŋ] *s.* **1** cordoncino *m* (per ornamento). **2** → **cordage.**

ordite [ˈkɔ:dait] *s.* ⟨*Chim*⟩ cordite *f.*

ordless [ˈkɔ:dlis] *a.* **1** senza corda. **2** (*using batteries*) a batteria: ~ *electric shaver* rasoio elettrico a batteria.

ord maker *s.* funaiolo *m*, funaio *m*, cordaio *m.*

ordon [ˈkɔ:dən] **I** *s.* **1** cordone *m* (*anche Arch., Bot.*). **2** (*line of troops, police, etc.*) cordone *m*, cordoni *mpl.* **II** *v.t.* general. con *off*) **1** fare cordone intorno a. **2** (*to close by a cordon*) isolare.

ordon bleu *fr.* [kɔ:dɔ̃ˈblø] *s.* (*pl.* **cordons bleus** kɔ:dɔ̃ˈbløz]) (*chef*) cordon bleu *m*, cuoco *m* (*f* –a) di grande abilità.

Cordova [ˈkɔ:dəvə] *N.pr.* ⟨*Geog*⟩ Cordova *f.* **Cordovan** [–n] **I** *s.* **1** (*inhabitant*) cordovano *m* (*f* –a). **2** ⟨*Conc*⟩ cordovano *m.* **II** *a.* **1** cordovano, di Cordova. **2** ⟨*Conc*⟩ di cordovano.

corduroy [ˈkɔ:dərɔi] **I** *s.* **1** ⟨*Tess*⟩ velluto *m* (di cotone) a coste. **2** *pl.* ⟨*Vest*⟩ (*trousers*) pantaloni *mpl* (di velluto) a coste. **II** *a.* di velluto (di cotone) a coste.

corduroy road *s.* strada *f* di tronchi d'albero.

cordwain [ˈkɔ:dwein] *s.* ⟨*Conc*⟩ cordovano *m.* **cordwainer** [–ə] *s.* ⟨*rar*⟩ **1** ⟨*Conc*⟩ chi lavora il cordovano. **2** (*shoemaker*) calzolaio *m.*

core [kɔ:] **I** *s.* **1** (*of a fruit*) torsolo *m.* **2** ⟨*fig*⟩ (*heart, central part*) centro *m*, nucleo *m*, cuore *m.* **3** ⟨*fig*⟩ (*essential meaning*) nocciolo *m*, essenza *f: the* ~ *of a problem* il nocciolo di un problema. **4** (*of timber*) anima *f*, cuore *m.* **5** ⟨*El,Biol*⟩ nucleo *m.* **6** ⟨*Met*⟩ cuore *m*, anima *f.* **7** ⟨*Minier,Geol*⟩ carota *f*, nucleo *m.* **8** ⟨*Atom*⟩ (*reactor core*) nocciolo *m* del reattore. **II** *v.t.* **1** togliere il torsolo a. **2** ⟨*Minier,Geol*⟩ carotare. **3** ⟨*Met*⟩ svuotare. □ *in my heart's* ~ ˈnell'intimoˈ (*o* nel più profondo) del mio cuore; ⟨*fam*⟩ *to get to the* ~ *of a* **matter** andare al nocciolo di una questione; ⟨*fig*⟩ **rotten** *to the* ~ corrotto fino in fondo all'anima; **selfish** *to the* ~ d'un egoismo senza limiti; ⟨*fig*⟩ **English** to *the* ~ inglese fino alle midolla; *to* **touch** *s.o. to the* ~ toccare profondamente qd.

core| city *am. s.* nucleo *m* urbano, centro *m* cittadino. ~ **drill** *s.* ⟨*Minier,Geol*⟩ carotiera *f.* ~ **drilling** *s.* carotaggio *m.*

corelation [ˌkɔuriˈleiʃən] *s.* → **correlation. corelative** [kəˈrelativ] *a./s.* → **correlative.**

co-religionist [ˌkɔuriˈlidʒənist] *s.* correligionario *m* (*f* –a). **core memory** *s.* ⟨*Inform*⟩ memoria *f* a nuclei magnetici.

corer [ˈkɔ:rə] *s.* snocciolatore *m* levanoccioli *m.*

co-respondent [ˌkəurisˈpɔndənt] *s.* ⟨*Dir*⟩ coimputato *m* (*f* –a), correo *m* (*f* –a).

co-responsibility *s.* corresponsabilità *f.* □ ⟨*Econ*⟩ ~ *levy* imposta *f* di corresponsabilità. **co-responsible** *a.* corresponsabile.

corf [kɔ:f] *s.* (*pl.* **corves** [kɔ:vz]) **1** ⟨*Minier*⟩ carrello *m.* **2** ⟨*Pesc*⟩ cesto *m* per mantenere il pesce vivo nell'acqua.

coriaceous [ˌkɔriˈeiʃəs] *a.* coriaceo, simile a cuoio.

coriander [ˌkɔriˈændə] *s.* ⟨*Bot*⟩ coriandolo *m.*

Corinth [ˈkɔrinθ] *N.pr.* ⟨*Geog*⟩ Corinto *f.* **Corinthian** [kəˈrinθiən] **I** *a.* **1** corinzio, corintio, di Corinto. **2** ⟨*fig*⟩ licenzioso, dissoluto. **3** ⟨*fig*⟩ (*of style*) ricercato, ornato. **4** ⟨*Arch*⟩ corintio, corinzio: ~ *column* colonna corinzia. **II** *s.* **1** corinzio *m* (*f* –a), abitante *m/f* di Corinto. **2** *pl.* (*costr. sing. o pl.*) ⟨*Bibl*⟩ Corinti *mpl*, Corinzi *mpl.*

Coriolanus [ˌkɔriəˈleinəs] *N.pr.* ⟨*Stor.rom*⟩ Coriolano *m.*

cork [kɔ:k] **I** *s.* **1** ⟨*Bot*⟩ sughero *m.* **2** (*stopper*) tappo *m*, turacciolo *m: to draw the* ~ togliere il tappo, stappare. **3** ⟨*Bot*⟩ ~ **cork oak.** **4** ⟨*Pesc*⟩ (*float*) sughero *m.* **5** ⟨*Bot*⟩ (*phellem*) fellema *m.* **II** *v.t.* **1** tappare, turare: *to* ~ *a bottle* tappare una bottiglia. **2** (*of nets, fishing lines*) munire di sugheri. **3** (*to blacken with burnt cork*) annerire con sughero bruciato. '**corkage** [–idʒ] *s.* **1** (*corking*) il tappare; (*uncorking*) lo stappare. **2** (*charge*) denaro *m* pagato in un'osteria per bere bottiglie acquistate altrove. **corked** [–t] *a.* **1** tappato. **2** (*blackened with burnt cork*) annerito con sughero bruciato. **3** ⟨*Enol*⟩ che sa di sughero. '**corker** [–ə] *s.* **1** operaio *m* che tappa le bottiglie. **2** ⟨*sl*⟩ meraviglia *f*, fenomeno *m*; (*in a discussion*) argomento *m* conclusivo. '**corking** [–iŋ] **I** *a.* ⟨*fam*⟩ fantastico, superbo. **II** *avv.* (*very*) molto.

cork| jacket *s.* ⟨*Mar*⟩ giacca *f* di salvataggio (in sughero). ~ **oak** *s.* ⟨*Bot*⟩ quercia *f* da sughero, sughera *f.* ~**screw** **I** *s.* cavatappi *m*, cavaturaccioli *m.* **II** *a.* a spirale. **III** *v.i.* **1** muoversi a spirale. **2** ⟨*Aer*⟩ avvitarsi. **IV** *v.t.* muovere a spirale. ~**tipped** *a.* (*of a cigarette*) con il bocchino di sughero. ~ **tree** *s.* → **cork oak.**

corky [ˈkɔ:ki] *a.* **1** sugheroso. **2** ⟨*fam*⟩ (*lively*) vivace, esuberante.

corm [kɔ:m] *s.* ⟨*Bot*⟩ cormo *m.* '**cormoid** [–ɔid] *a.* cormoide.

cormorant [ˈkɔ:mərənt] *s.* **1** ⟨*Ornit*⟩ cormorano *m* (comune), marangone *m.* **2** ⟨*fig*⟩ persona *f* avida (*o* rapace), avvoltoio *m.*

corn[1] [kɔːn] **I** *s.* **1** ⟨*Agr*⟩ cereale *m;* (*seeds*) granaglie *fpl;* (*wheat*) grano *m,* frumento *m.* **2** ⟨*scozz*⟩ (*oats*) avena *f.* **3** ⟨*am*⟩ (*Indian corn*) granturco *m,* frumentone *m,* mais *m.* **4** ⟨*am*⟩ → **corn whisk(e)y.** **5** ⟨*fam*⟩ (*something trite*) cosa *f* trita e ritrita. **II** *v.t.* ⟨*Gastr*⟩ conservare ⌐sotto sale⌐ (*o* in salamoia). □ *-ed beef* manzo *m* sotto sale; ⟨*Gastr*⟩ ~ *on the cob* pannocchia *f* di granturco.

corn[2] *s.* (*callus on feet*) callo *m.*

Corn| Belt *am. s.* ⟨*Agr*⟩ zona *f* (classica) del granturco. ~ **bran** *s.* crusca *f.* **~brash** *s.* ⟨*Geol*⟩ terreno *m* calcareo. ~ **bread** *s.* pane *m* di granturco. ~ **chandler** *s.* venditore *m* di granaglie (al minuto). **~cob** *s.* pannocchia *f,* tutolo *m.* **~cob pipe** *s.* pipa *f* fatta con un tutolo. ~ **cockle** *s.* ⟨*Bot*⟩ gettaione *m.*

cornea [ˈkɔːniə] *s.* ⟨*Anat*⟩ cornea *f.* **corneal** [-l] *a.* corneale.

cornel [ˈkɔːnəl] *s.* ⟨*Bot*⟩ corniolo *m,* corgnolo *m.*

cornellian [kɔːˈniːljən] *s.* ⟨*Min*⟩ corniola *f,* cornalina *f.*

Cornelius [kɔːˈniːljəs] *N.pr.* Cornelio *m.*

corneous [ˈkɔːniəs] *a.* corneo.

corner [ˈkɔːnə] **I** *s.* **1** angolo *m;* (*edge*) angolo *m,* spigolo *m: the ~ of the table* lo spigolo del tavolo; (*of two streets*) angolo *m,* canto *m,* cantonata *f.* **2** ⟨*fig*⟩ (*place, part*) angolo *m,* canto *m: in every ~ of the country* in ogni angolo del paese. **3** (*secret, secluded place*) angolo *m,* cantuccio *m,* angoletto *m.* **4** → **corner piece.** **5** ⟨*Econ*⟩ (*of goods*) accaparramento *m,* incetta *f;* (*of the market*) monopolizzazione *f.* **6** ⟨*Sport*⟩ angolo *m,* corner *m.* **7** ⟨*Sport*⟩ → **corner kick.** **II** *a.* **1** d'angolo: *a ~ shop* un negozio d'angolo. **2** (*used, shaped for a corner*) angolare. **III** *v.t.* **1** mettere in un angolo (*o* cantuccio). **2** ⟨*fig*⟩ mettere ⌐in difficoltà⌐ (*o* alle strette), mettere con le spalle al muro. **3** ⟨*Econ*⟩ (*of goods*) accaparrare, fare incetta di; (*of the market*) monopolizzare. **IV** *v.i.* **1** ⟨*Aut*⟩ fare una curva, curvare. **2** (*to meet in a corner*) convergere, fare angolo. □ *to cut -s:* **1** prendere una scorciatoia; **2** ⟨*fig*⟩ tirar via nel fare qc.; ⟨*fig*⟩ *to drive s.o. into a ~* mettere qd. con le spalle al muro; ⟨*fig*⟩ *the **four** -s of the earth* i quattro angoli della terra; ⟨*fig*⟩ **hole-and-~** *methods* metodi poco puliti; ⟨*fam*⟩ *just round the ~* dietro l'angolo, vicinissimo, prossimo; ⟨*Sport*⟩ *to **take** a ~* effettuare un calcio d'angolo; ⟨*fam*⟩ *to be in a **tight** ~* essere in una situazione difficile; ⟨*fig*⟩ *to **turn** the ~* superare una crisi.

corner cupboard *s.* angoliera *f,* cantonale *m.*

cornered [ˈkɔːnəd] *a.* **1** (*of animals*) intrappolato; (*of people*) messo ⌐in difficoltà⌐ (*o* alle strette), messo con le spalle al muro. **2** (nei composti) ...angolare: *three-~* triangolare.

corner|kick *s.* ⟨*Sport*⟩ calcio *m* d'angolo, ⌐corner *m.* ~ **man** [mən] *s.irr.* **1** accaparratore *m.* **2** (*loafer*) fannullone *m,* perditempo *m.* ~ **piece** *s.* guarnizione *f* (*o* rinforzo *m*) d'angolo. ~ **rocket** *s.* ⟨*Bot*⟩ ruchetta *f* dei campi. ~ **seat** *s.* posto *m* d'angolo. ~ **shelf** *s.* ⟨*Arred*⟩ angoliera. ~ **shop** *s.* negozietto *m* all'angolo. ~ **stone** *s.* **1** ⟨*Arch*⟩ pietra *f* angolare; (*foundation stone*) prima pietra *f.* **2** ⟨*fig*⟩ (*foundation*) pietra *f* angolare, base *f,* fondamento *m: the ~ of success* la base del successo.

cornerways [ˈkɔːnəweiz], **cornerwise** [-waiz] *avv.* diagonalmente.

cornet[1] [ˈkɔːnit] *s.* **1** ⟨*Mus*⟩ → **cornet-à-pistons.** **2** ⟨*Mus*⟩ → **cornet(t)ist.** **3** (*cone of paper*) cartoccio *m* (fatto) a cono. **4** (*wafer for ice cream*) cialdone *m;* (*ice-cream cone*) cono *m* gelato, cornetto *m.*

cornet[2] *s.* **1** ⟨*Rel*⟩ (*headdress*) cornetta *f,* cuffia *f* delle suore di carità. **2** ⟨*Stor*⟩ (*officer*) alfiere *m,* cornetta *m/f.*

cornet-à-pistons *fr.* [ˈkɔːnetəˈpistənz] *s.* ⟨*Mus*⟩ cornetta *f* (a pistoni).

cornet(t)ist [kɔːˈnetist] *s.* ⟨*Mus*⟩ cornettista *m/f,* sonatore *m* (*f* -trice) di cornetta.

corn| exchange *s.* ⟨*Econ*⟩ borsa *f* dei cereali. ~ **factor** *s.* → **corn chandler.** **~field** *s.* campo *m* di grano. **~flakes** *s.pl.* ⟨*Gastr*⟩ fiocchi *mpl* di granturco. **~flour** *s.* farina *f* finissima di granturco (mais, riso, ecc.). **~flower** *s.* ⟨*Bot*⟩ **1** fiordaliso *m.* **2** (*corn cockle*) gettaione *m.*

cornice [ˈkɔːnis] *s.* **1** ⟨*Arch*⟩ cornicione *m;* (*of an*

entablature) cornice *f.* **2** ⟨*Arred*⟩ mantovana *f.* **3** ⟨*Al*⟩ cornice *f.*

cornily [ˈkɔːnili] *avv.* ⟨*fam*⟩ in modo trito (*o* risaputo).

corniness [-ninəs] *s.* ⟨*fam*⟩ l'essere trito (*o* vecchi risaputo).

Cornish [ˈkɔːniʃ] **I** *a.* della Cornovaglia. **II** *s.* lingua della Cornovaglia. **Cornishman** [-mən] *s.irr.* abitante della Cornovaglia.

corn| laws *s.pl.* ⟨*Stor.brit*⟩ leggi *fpl* protezionistiche s cereali. **~loft** *s.* ⟨*Agr*⟩ granaio *m.* ~ **market** *s.* ⟨*Eco* mercato *m* cerealicolo (*o* dei cereali). ~ **meal** *s.* **1** fari *f* (di grano). **2** (*Indian meal*) farina *f* gialla (*o* granturco), farina da polenta. **3** ⟨*scozz*⟩ farina *f* d'aven ~ **oil** *s.* olio *m* di mais. **~pone** *am. s.* pane *m* granturco. **~poppy** *s.* ⟨*Bot*⟩ papavero *m* di campo. ~ **silk** *s.* barba *f* del granturco. ~ **snow** *s.* ⟨*Sport*⟩ neve granulosa. ~ **stalk** *s.* stelo *m* del granturco. ~ **starc** *am. s.* amido *m* di mais.

cornucopia [ˌkɔːnjuˈkoupiə] *s.* **1** ⟨*Mitol*⟩ cornucopia *f.* ⟨*fig*⟩ abbondanza *f,* prosperità *f.* **cornucopian** [-n] ⟨*fig*⟩ abbondante.

cornuted [kɔːˈnjuːtid] *a.* cornuto, provvisto di corna.

Cornwall [ˈkɔːnwɔːl] *N.pr.* ⟨*Geog*⟩ Cornovaglia *f.*

corn whisk(e)y *am. s.* whisky *m* di mais.

corny[1] [ˈkɔːni] *a.* **1** del grano; (*abounding in corn*) ricco grano. **2** ⟨*fam*⟩ (*trite*) trito, fritto e rifritto, risaputo: *a joke* una barzelletta risaputa; (*mawkish*) sdolcina stucchevole, sentimentale.

corny[2] *a.* calloso.

corolla [kəˈrɒlə] *s.* ⟨*Bot*⟩ corolla *f.*

corollary [kəˈrɒləri, *am.* ˈkɒrəleri] **I** *s.* **1** ⟨*Filos,M* corollario *m.* **2** (*natural consequence*) facile deduzione conseguenza *f* logica. **II** *a.* conseguente, risultan (*supplementary*) supplementare.

corona [kəˈrounə] *s.* (*pl.* **-s** [s]/**-nae** [niː]) **1** ⟨*As* Arch,Anat,Bot*⟩ corona *f.* **2** ⟨*El*⟩ → **corona discharg 3** ⟨*am*⟩ tipo di sigaro.

coronach *scozz., irl.* [ˈkɒrənæk] *s.* lamento *m* funebre.

corona discharge *s.* ⟨*El*⟩ corona *f,* scarica *f* a corona.

coronal [ˈkɔːrənl] **I** *s.* **1** corona *f,* diadema *m.* **2** (*garlan* corona *f,* ghirlanda *f.* **II** *a.* **1** della corona. **2** ⟨*Astr,An* coronale. **coronary** [-nəri] **I** *a.* **1** ⟨*Anat*⟩ coronari (*relating to the coronary vessels*) coronarico. **2** (*coron* coronale. **II** *s.* **1** ⟨*Anat*⟩ (*coronary artery*) arteria coronaria. **2** ⟨*Med*⟩ (*coronary thrombosis*) trombosi coronaria.

coronary| artery *s.* arteria *f* coronaria, coronaria *f.* ~ **disease** *s.* ⟨*Med*⟩ coronaropatia *f.* ~ **insufficiency** insufficienza *f* coronarica (*o* delle coronarie). ~ **patie** *s.* coronaropatico *m* (*f* -a).

coronate [ˈkɒrəneit], **coronated** [-id] *a.* corona ,**coronation** [-ˈneiʃən] *s.* incoronazione *f.* **coronati oath** *s.* giuramento *m* fatto dal sovrano al momer dell'incoronazione.

coroner [ˈkɒrənə] *s.* ⟨*Dir*⟩ coroner *m,* pubblico ufficiale incaricato dell'inchiesta nei casi di morte violen **coronership** [-ʃip] *s.* ufficio *m* di coroner.

coroner's| inquest *s.* ⟨*Dir*⟩ inchiesta *f* condotta da coroner. ~ **jury** *s.* giuria *f* che collabora con il corone

coronet [ˈkɒrənit] *s.* **1** coroncina *f.* **2** (*of a peer*) corona nobiliare. **3** (*ornamental band*) corona *f,* diadema *m.* **4** *a horse*) corona *f.* **coronet(t)ed** [-netid] *a.* nobi titolato.

corp., Corp. = **1** ⟨*Mil*⟩ *corporal* caporale (*abbr.* cap.). *corporation* corporazione.

corporal[1] [ˈkɔːpərəl] *a.* corporale, del corpo; (*person* personale.

corporal[2] *s.* **1** ⟨*Mil*⟩ caporale *m.* **2** (*in the polic* aiutosergente *m.* **3** ⟨*am*⟩ missile *m* terra-terra.

corporal[3] *s.* → **corporal-cloth.**

corporal cloth *s.* ⟨*Lit*⟩ corporale *m.*

corporalcy [ˈkɔːpərəlsi] *s.* ⟨*Mil*⟩ rango *m* (*o* grado) caporale.

corporality [ˌkɔːpəˈræliti] *s.* corporalità *f.*

corporal| oath *s.* giuramento *m* solenne (sulla Bibbia). **punishment** *s.* **1** punizione *f* corporale. **2** ⟨*Dir*⟩ pen corporale.

orporate ['kɔ:pərit] *a.* **1** corporativo, di corporazione. **2** ⟨*Dir*⟩ costituito (in ente giuridico). **3** (*combined, united*) collegato, unito. **4** (*of a united group*) collegiale, collettivo: *the* ~ *good* il bene collettivo. **5** ⟨*Pol*⟩ corporativo. **6** ⟨*am.Econ*⟩ aziendale: ~ *profit* utile aziendale.

orporate| advertising *s.* pubblicità *f* aziendale. ~ **adviser** *s.* consulente *m* aziendale. ~ **body** *s.* ⟨*Dir*⟩ ente *m* giuridico. ~ **bond** *s.* ⟨*Econ*⟩ obbligazione *f* di una società. ~ **capital** *s.* ⟨*Econ*⟩ capitale *m* sociale. ~ **image** *s.* immagine *f* aziendale. ~ **law** *s.* diritto *m* societario. ~ **name** *s.* ⟨*Comm*⟩ nome *m* (*o* ragione *f*) sociale. ~ **pension** *s.* pensione *f* aziendale. ~ **property** *s.* proprietà *f* corporativa. ~ **state** *s.* regime *m* corporativo. ~ **strategy** *s.* strategia *f* aziendale.

orporation [,kɔ:pə'reiʃən] *s.* **1** ⟨*Dir*⟩ ente *m* (*o* corpo) morale (*o* privato). **2** ⟨*Dir*⟩ → **corporate body**. **3** ⟨*am.Dir*⟩ società *f* per azioni. **4** ⟨*Dir.rom*⟩ (*body corporate*) corporazione *f*; (*artificial person*) persona *f* giuridica. **5** (*of a city*) ente *m* (*o* azienda *f*) municipale. **6** ⟨*fam*⟩ (*prominent belly*) pancione *m*.

orporation| law *s.* ⟨*Dir*⟩ diritto *m* corporativo. ~ **stocks** *s.pl.* prestiti *mpl* municipali. ~ **tax** *s.* ⟨*Econ*⟩ imposta *f* sugli enti collettivi.

orporatism ['kɔ:pərətizm] *s.* ⟨*Pol*⟩ corporativismo *m*. **corporatist** [-tist] *a.* corporativistico. **corporative** [-tiv] *a.* **1** corporativo. **2** ⟨*Pol*⟩ corporativistico. **corporator** [-reitə] *s.* corporato *m*.

orporeal [kɔ:'pɔ:riəl] *a.* **1** corporeo, fisico. **2** (*material*) materiale. **,corporeality** [-ri'æliti] *s.* corporalità *f*, esistenza *f* corporea.

:orporeal property *s.* ⟨*Dir*⟩ beni *mpl* corporali.

:orporeity [,kɔ:pə'ri:əti] *s.* corporeità *f*.

:orposant ['kɔ:pəzænt] *s.* ⟨*Meteor*⟩ fuochi *mpl* di sant'Elmo.

:orps [kɔ:] *s.inv.* **1** ⟨*Mil*⟩ corpo *m*; (*tactical unit*) corpo *m* d'armata. **2** (*associated body*) corpo *m*; (*corps de ballet*) corpo *m* di ballo.

corpse [kɔ:ps] *s.* cadavere *m*, salma *f*; (*at a burial*) spoglia *f*.

:orpsman *am.* ['kɔ:zmən] *s.irr.* ⟨*Mil*⟩ soldato *m* di sanità, portaferiti *m*.

corpulence ['kɔ:pjuləns], **corpulency** [-i] *s.* corpulenza *f*, obesità *f*. **corpulent** [-lənt] *a.* corpulento, obeso.

:orpus ['kɔ:pəs] *s.* (*pl.* **corpora** [-pərə]) **1** ⟨*Lett*⟩ corpus *m*, corpo *m*, raccolta *f*. **2** ⟨*Anat,Bot*⟩ corpo *m*. **3** ⟨*Econ*⟩ capitale *m* iniziale.

Corpus Christi *lat.* ['kristi] *s.* ⟨*Lit*⟩ Corpusdomini *m*.

:orpuscle ['kɔ:pʌsl] *s.* corpuscolo *m*. **cor'puscular** [-skjulə] *a.* corpuscolare.

corpus delicti *lat.* [di'liktai] *s.* ⟨*Dir*⟩ corpo *m* del delitto (*o* reato).

corpus juris *lat.* ['dʒuris] *s.* ⟨*Dir*⟩ corpus iuris *m.* □ ~ *Canonici* diritto canonico; ~ *Civilis* diritto *m* civile.

corral [kɔ'ra:l] **I** *s.* **1** recinto *m* per bestiame. **2** (*enclosure of wagons*) cerchio *m* di carri (per proteggere un accampamento). **II** *v.t.* (*pret., p.p.* **corralled** [-d]) **1** (*of cattle, etc.*) chiudere in un recinto. **2** (*of wagons*) disporre a (forma di) cerchio. **3** ⟨*am.fam*⟩ impadronirsi di.

:orrasion [kɔ'reiʒən] *s.* ⟨*Geol*⟩ corrasione *f*.

:orrect [kə'rekt] **I** *v.t.* **1** correggere: *to* ~ *examination papers* correggere (*o* rivedere) le prove d'esame. **2** (*to rebuke*) correggere, rimproverare. **3** (*to counteract*) correggere, rettificare, controbilanciare: *to* ~ *a tendency* correggere una tendenza. **4** ⟨*tecn*⟩ (*to adjust*) correggere, aggiustare, rettificare. **II** *a.* **1** corretto, giusto, esatto: *the* ~ *time* l'ora esatta. **2** (*proper*) educato, corretto: ~ *behaviour* comportamento corretto. □ *if my memory is* ~ se ben ricordo; ~ *to a millimetre* esatto al millesimo; *to* ~ *o.s.* correggersi, rettificare; *to stand* –*ed* riconoscere i propri torti.

correction [kə'rekʃən] *s.* **1** correzione *f*, rettifica *f* (*anche tecn.*). **2** (*reproof*) correzione *f*, rimprovero *m.* □ *house of* ~ casa *f* di correzione, riformatorio *m*; *I speak under* ~ posso sbagliarmi.

correctional [kə'rekʃənəl] *a.* **1** correttivo. **2** ⟨*Dir*⟩ correzionale.

correction| key *s.* correttore *m*, tasto *m* correttore (di

macchina da scrivere e sim.). ~ **ribbon** *s.* nastro *m* correttore.

correctitude [kə'rektitju:d] *s.* correttezza *f.* **corrective** [-ktiv] **I** *a.* correttivo. **II** *s.* correttivo *m*.

corrective measure *s.* misura *f* correttiva, correttivo *m*.

correctly [kə'rektli] *avv.* correttamente. **correctness** [-ktnis] *s.* **1** correttezza *f*, esattezza *f*, precisione *f.* **2** (*propriety*) correttezza *f*, educazione *f.* **corrector** [-ktə] *s.* **1** correttore *m* (*f* –trice). **2** ⟨*Tip*⟩ (*corrector of the press*) correttore *m* (*f* –trice) di bozze.

correlate ['kɔrileit] **I** *v.t.* **1** mettere in correlazione. **2** (*to establish a relationship between*) stabilire un rapporto (*o* una correlazione) tra. **II** *v.i.* essere in correlazione (*with* con). **III** *a.* → **correlated**. **IV** *s.* termine *m* di correlazione. **correlated** [-id] *a.* correlato. **,correlation** [-'leiʃən] *s.* correlazione *f.* **correlational** [-'leiʃənl] *a.* ⟨*Statist*⟩ di correlazione.

correlation coefficient *s.* ⟨*Statist*⟩ coefficiente *m* di correlazione.

correlative [kɔ'relətiv] **I** *a.* correlativo (*anche Gramm.*). **II** *s.* **1** termine *m* di correlazione. **2** ⟨*Gramm*⟩ termine *m* correlativo. **correlativeness** [-nis], **cor,rela'tivity** [-iti] *s.* l'essere correlativo, correlatività *f*.

correligionist [,kouri'lidʒənist] *s.* ⟨*Rel,Pol*⟩ correligionario *m* (*f* –a).

correspond [,kɔri'spɔnd] *v.t.* **1** corrispondere (*with, to* a), concordare, essere in armonia (con): *deeds must* ~ *with promises* i fatti devono corrispondere alle promesse. **2** (*to be equivalent*) corrispondere, equivalere (*to* a). **3** (*to communicate by letter*) essere in corrispondenza, corrispondere (*with* con). **4** ⟨*Mat*⟩ corrispondersi. **correspondence** [-əns] *s.* **1** corrispondenza *f*, accordo *m*, armonia *f.* **2** (*letters*) corrispondenza *f*, carteggio *m*; (*mail*) corrispondenza *f*, posta *f*.

correspondence| column *s.* ⟨*Giorn*⟩ rubrica *f* delle lettere al direttore. ~ **course** *s.* corso *m* per corrispondenza. ~ **school** *s.* scuola *f* per corrispondenza.

correspondency [,kɔri'spɔndənsi] *s.* corrispondenza *f.* **correspondent** [-dənt] **I** *s.* corrispondente *m/f*: *our Washington* ~ il nostro corrispondente da Washington. **II** *a.* corrispondente. □ ⟨*Giorn*⟩ *special* ~ inviato *m* speciale.

correspondent bank *s.* banca *f* corrispondente.

corresponding [,kɔrispɔndiŋ] *a.* **1** corrispondente; (*similar*) simile (*to* a). **2** ⟨*Post*⟩ corrispondente: ~ *post office* ufficio postale corrispondente.

corridor ['kɔridɔ:] *s.* corridoio *m* (*anche Pol.*).

corridor train *s.* treno *m* con carrozze intercomunicanti.

corrigendum *lat.* [,kɔri'dʒendəm] *s.* (*pl.* **-da** [də]) **1** ⟨*Tip*⟩ errore *m* di stampa. **2** *pl.* (*list*) errata corrige *f*, corrigenda *mpl*.

corrigible ['kɔridʒəbl] *a.* correggibile.

corroborant [kə'rɔbərənt] **I** *a.* corroborante, convalidante. **II** *s.* convalida *f*, conferma *f.* **corroborate** [-rəit] *v.t.* corroborare, confermare, convalidare. **cor,roboration** [-'reiʃən] *s.* corroborazione *f*, convalida *f*, avvaloramento *m.* **corroborative** [-rətiv] *a.* corroborativo, convalidante. **corroborator** [-reitə] *s.* corroboratore *m* (*f* –trice). **corroboratory** [-rətəri] *a.* → **corroborative**.

corrode [kə'rəud] *v.t.* **1** ⟨*Chim*⟩ corrodere, intaccare. **2** ⟨*fig*⟩ corrodere, consumare. **II** *v.i.* corrodersi, consumarsi. **corrosion** [-'rəuʒən] *s.* corrosione *f*.

corrosion-resistant *a.* anticorrosione.

corrosive [kə'rəusiv] **I** *a.* ⟨*Chim,fig*⟩ corrosivo. **II** *s.* corrosivo *m.* **corrosively** [-li] *avv.* in modo corrosivo. **corrosiveness** [-nis] *s.* corrosività *f*.

corrugate ['kɔrəgeit] **I** *v.t.* **1** ondulare, increspare. **2** (*of the face, etc.*) corrugare, aggrottare. **II** *v.i.* corrugarsi, incresparsi.

corrugated| cardboard ['kɔrəgeitid] *s.* cartone *m* ondulato. ~ **iron** *s.* lamiera *f* ondulata. ~ **paper** *s.* carta *f* increspata (*o* crespata).

corrugation [,kɔrə'geiʃən] *s.* **1** (*act*) corrugamento *m*; (*state*) increspatura *f*, ondulazione *f.* **2** (*groove*) scanalatura *f*, solco *m.* **'corrugator** [-geitə] *s.* ⟨*Anat*⟩ muscolo *m* corrugatore.

corrupt [kə'rʌpt] **I** *a.* **1** corrotto. **2** (*depraved, evil*) corrotto, depravato, guasto. **3** ⟨*Filol*⟩ corrotto, alterato. **II** *v.t.* **1** corrompere, comprare: *to ~ a referee* corrompere un arbitro. **2** (*to deprave*) corrompere, traviare, depravare, pervertire. **3** (*to make putrid*) guastare; (*to taint*) contaminare. **III** *v.i.* **1** corrompersi, depravarsi. **2** (*to become putrid*) corrompersi, putrefarsi. **corrupter** [-ə] *s.* corruttore *m* (*f* –trice). **cor,ruptibility** [-i'biliti] *s.* corruttibilità *f.* **corruptible** [-ibl] *a.* corruttibile.

corruption [kə'rʌpʃən] *s.* **1** corruzione *f.* **2** (*moral deterioration*) corruzione *f*, depravazione *f*, pervertimento *m.* **3** ⟨*Filol*⟩ corruzione *f*, alterazione *f.* **4** (*decay*) corruzione *f*, decomposizione *f*, putrefazione *f.* □ ⟨*Dir*⟩ ~ *of blood* proscrizione *f*, morte *f* civile; ⟨*Dir*⟩ *bribery and ~* subornazione *f; proof against ~* incorruttibile; ⟨*Dir*⟩ ~ *of witnesses* subornazione *f* di testimoni.

corruptive [kə'rʌptiv] *a.* corruttivo, atto a corrompere. **corruptly** [-tli] *avv.* correttamente. **corruptness** [-tnis] *s.* corruzione *f.*

corrupt practices *s.pl.* forme *fpl* (*o* metodi *mpl*) di corruzione. □ ⟨*am.Dir*⟩ ~ *act* legge *f* contro la corruzione.

corsage [kɔ:'sɑ:ʒ] *s.* **1** ⟨*am*⟩ (*bouquet*) mazzolino *m* di fiori (da appuntare al petto). **2** ⟨*Vest*⟩ (*bodice*) corpetto *m*, corpino *m.*

corsair [kɔ:'sɛɛ] *s.* **1** ⟨*Stor*⟩ corsaro *m.* **2** (*vessel*) nave *f* corsara.

corselet [kɔ:'slit] *s.* **1** ⟨*Vest*⟩ corsetto *m*, bustino *m.* **2** ⟨*Mil.ant*⟩ → **corslet. corset** [-sit] *s.* **1** *pl.* ⟨*Vest*⟩ corsetto *m*, bustino *m.* **2** ⟨*Med*⟩ corsetto *m*, busto *m* ortopedico. **corset maker** *s.* bustaia *f.*

corsetry ['kɔ:sitri] *s.* **1** corsetteria *f.* **2** (*art*) arte *f* della corsetteria.

Corsica ['kɔ:sikə] *N.pr.* ⟨*Geog*⟩ Corsica *f.* **Corsican** [-n] **I** *a.* corso. **II** *s.* **1** corso *m* (*f* –a). **2** (*dialect*) dialetto *m* corso.

corslet ['kɔ:slit] *s.* ⟨*Mil.ant*⟩ corsaletto *m*, corsetto *m.*

cortège [kɔ:'teiʒ] *s.* **1** (*retinue*) seguito *m*, corteo *m*, scorta *f.* **2** (*procession*) corteo *m*, processione *f.*

cortex ['kɔ:teks] *s.* (*pl.* **-tices** [tisi:z]/**-texes** [-iz]) ⟨*Biol,Anat*⟩ corteccia *f.* **cortical** [-tikl] *a.* corticale. **corticate** [-tikeit] *a.* provvisto di corteccia, corticato.

corticosteroid [,kɔ:tikou,sterɔid] *s.* ⟨*Farm*⟩ corticosteroide *m.*

cortisone ['kɔ:tizoun] *s.* ⟨*Farm*⟩ cortisone *m.*

cortisone preparation *s.* ⟨*Farm*⟩ cortisonico *m.*

corundum [kə'rʌndəm] *s.* ⟨*Min*⟩ corubino *m*, corindone *m.*

coruscant [kə'rʌskənt] *a.* corrusco, scintillante, risplendente. **,coruscate** [-'rʌskeit] *v.i.* brillare, scintillare (*anche fig*). **,coruscation** [-rəs'keiʃən] *s.* **1** il brillare, lo scintillare; (*sudden gleam*) scintillio *m.* **2** ⟨*fig*⟩ lampo *m* di genio, trovata *f* (geniale).

corvée ['kɔ:vei] *s.* **1** ⟨*Mediev*⟩ corvée *f.* **2** ⟨*Dir*⟩ prestazione *f* non retribuita. **3** ⟨*fig*⟩ corvè *f*, lavoro *m* ingrato e gravoso.

corvet(te) [kɔ:'vet] *s.* ⟨*Mar.mil*⟩ corvetta *f.*

corvine [kɔ:'vain] *a.* corvino.

Corybant ['kɔribænt] *s.* (*pl.* **-s** [-'bænts]/**-ntes** [-i:z]) ⟨*Mitol*⟩ coribante *m.* **,Cory'bantian** [-nʃən], **,Cory'bantic** [-ik], **,Cory'bantine** [-i:n] *a.* coribantico.

corymb ['kɔrimb] *s.* ⟨*Bot*⟩ corimbo *m.* **,corym'biferous** [-ifərəs] *a.* che produce corimbi. **co'rymbose** [-əs] *a.* **1** che cresce in corimbi. **2** (*corymblike*) simile a un corimbo.

coryphaeus [,kɔri'fi:əs] *s.* (*pl.* **-phaei** [fiai]) ⟨*Stor.gr,fig*⟩ corifeo *m.* **coryphée** *fr.* [-'fei] *s.* ballerina *f* solista, prima ballerina.

coryza [kə'raizə] *s.* ⟨*Med,Veter*⟩ coriz(z)a *f.*

cos [kɔs] *s.* ⟨*Bot*⟩ (*cos lettuce*) lattuga *f* romana.

cos = ⟨*Mat*⟩ *cosine* coseno (*abbr.* cos).

cosec = ⟨*Mat*⟩ *cosecant* cosecante (*abbr.* cosec).

cosecant [kou'si:kənt] *s.* ⟨*Mat*⟩ cosecante *f.*

cosh [kɔʃ] ⟨*sl*⟩ **I** *s.* manganello *m*, sfollagente *m.* **II** *v.t.* manganellare.

cosher ['kɔʃə] *v.t.* vezzeggiare, coccolare.

co-signatory [kou'signətəri] *s.* cofirmatario *m* (*f* –a).

cosily ['kəuzili] *avv.* comodamente, con agio.

cosine ['kousain] *s.* ⟨*Mat*⟩ coseno *m.* □ ~ *curve* cosinusoide *f.*

cosiness ['kəuzinis] *s.* comodità *f*, agio *m.*

cosmetic [kɔz'metik] **I** *s.* cosmetico *m*, prodotto *m* di bellezza. **II** *a.* **1** cosmetico. **2** ⟨*Chir*⟩ plastico. **3** (*decorative*) ornamentale, decorativo: ~ *fenders on cars* parafanghi ornamentali su una macchina. **4** (*superficial*) superficiale: *to make a few ~ changes* fare qualche cambiamento superficiale. **,cosmetician** [-mə'tiʃən] *s.* **1** cosmetista *m/f.* **2** (*make-up artist*) truccatore *m* (*f* –trice). **cosmetologist** [-me'tɔlədʒist] *s.* cosmetologo *m* (*f* –a). **,cosmetology** [-mə'tɔlədʒi] *s.* cosmetologia *f.*

cosmic ['kɔzmik], **cosmical** [-əl] *a.* cosmico (*anche fig*). **cosmically** [-i] *avv.* in maniera cosmica.

cosmic| dust ['kɔzmik] *s.* ⟨*Astr*⟩ polvere *f* cosmica. **~ rays** *s.pl.* ⟨*Atom*⟩ raggi *mpl* cosmici.

cosmodrome ['kɔzmədroum] *s.* ⟨*Astron*⟩ cosmodromo *m.*

cosmogonal [kɔz'mɔgənəl], **cosmogonic** [-mou'gɔnik] **cosmogonical** [-mou'gɔnikəl] *a.* cosmogonico. **cos'mogony** [-ni] *s.* cosmogonia *f.*

cosmographer [kɔz'mɔgrəfə] *s.* cosmografo *m.* **,cosmographic** [-mou'græfik], **cosmographical** [-mou'græfikəl] *a.* cosmografico. **cos'mography** [-fi] *s.* cosmografia *f.*

cosmologic [,kɔzmə'lɔdʒik], **cosmological** [-əl] *a.* ⟨*Filos*⟩ cosmologico. **,cosmologist** [-'mɔlədʒist] *s.* cosmologo *m.* **cosmology** [-'mɔlədʒi] *s.* cosmologia *f.*

cosmonaut ['kɔzmənɔ:t] *s.* cosmonauta *m/f*, astronauta *m/f.* **cosmo'nautic** [-ik], **cosmo'nautical** [-ikəl] *a.* cosmonautico, astronautico. **cosmo'nautics** [-iks] *s.pl.* (*costr. sing.*) cosmonautica *f*, astronautica *f.*

cosmopolis [kɔz'mɔpəlis] *s.* città *f* internazionale **,cosmopolitan** [-mə'pɔlitən] **I** *a.* cosmopolita. **II** *s.* cosmopolita *m/f.* **,cosmopolitanism** [-mə'pɔlitənizm] *s.* cosmopolitismo *m.* **cosmopolite** [-lait] *a./s.* ~ **cosmopolitan. ,cosmopolitical** [-məpə'litikl] *a.* della politica internazionale.

cosmorama [,kɔzmə'rɑ:mə] *s.* cosmorama *m.*

cosmos ['kɔzmɔs] *s.* **1** cosmo *m* (*anche Bot.*). **2** ⟨*fig*⟩ (*harmonious system*) sistema *m* armonico (*o* ordinato), piccolo cosmo *m.*

cosmotron ['kɔzmətrɔn] *s.* ⟨*Atom*⟩ cosmotrone *m.*

Cossack ['kɔsæk] **I** *s.* cosacco *m* (*f* –a). **II** *a.* cosacco.

cosset ['kɔsit] **I** *v.t.* vezzeggiare, coccolare. **II** *s.* agnello *m.*

cost[1] [kɔst] *s.* **1** ⟨*Econ*⟩ costo *m.* **2** (*price*) costo *m*, prezzo *m* (*anche fig.*): *at great ~* a caro prezzo. **3** ⟨*fig*⟩ (*sacrifice*) costo *m*, sacrificio *m: at the ~ of one's health* a costo della propria salute; (*loss*) perdita *f.* **4** *pl.* ⟨*Dir*⟩ (*paid to a party*) spese *fpl*; (*paid to the court*) spese *fpl* processuali. □ *at all –s* a tutti i costi, a ogni costo; ⟨*Dir*⟩ *to award –* decretare il risarcimento delle spese processuali; ⟨*fig*⟩ *to count the ~* fare i conti, calcolare i rischi; ⟨*Comm*⟩ ~ *insurance and freight* costo *m*, assicurazione e nolo; *at (a* *great ~ of* life con grave perdita di vite umane; ~ *of* *living* costo *m* della vita; ~ *of living allowance* indennità di spese giornaliere; ~ *what it* may costi quel che costi; ~ *of* **money** costo *m* del denaro; ⟨*Dir*⟩ *to* **pay** *–s* pagare le spese processuali; *without* **regard** *to* ~ senza badare a spese; ⟨*Comm*⟩ *to* **sell** *at* ~ vendere a prezzo di costo; *to* **spare** *no* ~ non badare a spese; ⟨*fig*⟩ *to* **one's** ~ a proprie spese; ⟨*Dir*⟩ *with* ~*s* condannato alle spese.

cost[2] *v.t.* (*pret., p.p.* **cost**) **1** costare (*anche fig.*): *how much does it* ~ *?* quanto costa?; *the accident* ~ *him his licence* l'incidente gli è costato la patente. **2** ⟨*Comm*⟩ (*to value*) valutare, stabilire il prezzo di.

cost| absorption *s.* assorbimento *m* dei costi. **~ accountant** *s.* analizzatore *m* dei costi di produzione. **~ accounting** *s.* contabilità *f* industriale.

costal ['kɔstəl] *a.* costale.

cost| allocation *s.* ⟨*Econ*⟩ allocazione *f* dei costi. **~ analysis** *s.* ⟨*Econ*⟩ analisi *f* dei costi.

co-star ['kou'stɑ:] **I** *s.* ⟨*Cin,Teat*⟩ co-protagonista *m/f.* **II** *v.i.* avere un ruolo di co-protagonista. **III** *v.t.* presentare come co-protagonisti.

costard ['kʌstəd] *s.* mela *f* da cuocere.

Costa Rica ['kɔstə'rikə] *N.pr.* ⟨*Geog*⟩ Costarica *f*, Costa

Rica *f.* **Costa Rican** [-n] *s.* costaricano *m* (*f* -a), costaricense *m/f.*

cost| benefit analysis *s.* analisi *f* costi-benefici. **~ center** *am.,* **~ centre** *s.* centro *m* di costo. **~ containment** *s.* contenimento *m* dei costi. **~ cutting** *s.* riduzione *f* dei costi, taglio *m* ai costi. **~ distribution** *s.* → **cost allocation. ~ effectiveness** *s.* costo *m* efficacia.

coster ['kɔstə], **costermonger** [-mʌŋgə] *s.* venditore *m* ambulante.

cost| estimation *s.* valutazione *f* dei costi. **~-free** *a.* ⟨*Comm*⟩ franco di spese. **~ inflation** *s.* ⟨*Econ*⟩ inflazione *f* da costi.

costing ['kɔstiŋ] *s.* ⟨*Econ*⟩ **1** → **cost accounting. 2** (*determining of costs*) determinazione *f* dei costi di produzione.

costing| system *s.* sistema *f* di determinazione dei costi. **~ unit** *s.* → **cost unit.**

costive ['kɔstiv] *a.* **1** ⟨*Med*⟩ stitico. **2** (*fig*) (*sluggish*) pigro, lento. **costiveness** [-nis] *s.* ⟨*Med*⟩ stitichezza *f.*

costliness ['kɔstlinis] *s.* dispendiosità *f.* **costly** [-li] *a.* **1** costoso, caro. **2** (*fig*) costoso, che costa caro: *a ~ mistake* un errore che costa caro. **3** (*of great value*) prezioso; (*sumptuous*) sontuoso.

costmary ['kɔstmeəri] *s.* ⟨*Bot*⟩ **1** balsamita *f.* **2** (*tansy*) tanaceto *m.*

cost-of-living| bonus *s.* indennità *f* di contingenza. **~ index** *s.* ⟨*Statist*⟩ indice *m* del costo della vita.

cost|-plus *s.* ⟨*Comm*⟩ costo *m* di produzione e utile. **~-plus contract** *s.* contratto *m* a rimborso spese e utile. **~-plus price** *s.* prezzo *m* di costo e utile. **~ price** *s.* ⟨*Comm*⟩ prezzo *m* di costo. **~ price calculation** *s.* calcolo *m* del prezzo di costo. **~ -push inflation** *s.* inflazione *f* da costi. **~-revenue balance** *s.* ⟨*Comm*⟩ equilibrio *m* costi-ricavi.

costume ['kɔstju:m] **I** *s.* **1** (*Folcl,Teat*) costume *m.* **2** (*fancy dress*) costume *m*, maschera *f.* **3** ⟨*Vest*⟩ abito *m* a due pezzi, tailleur *m.* **II** *v.t.* mettere (*o* vestire) in costume.

costume| ball *s.* ballo *m* ⌐in costume⌐ (*o* mascherato). **~ designer** *s.* ⟨*Teat*⟩ costumista *m/f.* **~ jewellery** *s.* bigiotteria *f.* **~ piece** *s.* ⟨*Teat*⟩ dramma *m* in costume.

costumer [kɔs'tju:mə], **costumier** [-miə] *s.* (*seller*) venditore *m* (*f* -trice) di costumi; (*maker*) costumista *m/f.*

cost unit *s.* unità *f* di costo.

cosy ['kəuzi] **I** *a.* confortevole, comodo, accogliente, intimo: *a ~ room* una stanza confortevole. **II** *s.* (*tea cosy*) copriteiera *m.*

cot¹ [kɔt] *s.* **1** branda *f.* **2** (*child's bed*) lettino *m.* **3** ⟨*Mar*⟩ cuccetta *f.*

cot² *s.* **1** (*cottage*) casetta *f;* (*hut*) capanna *f.* **2** (*shelter*) rifugio *m.*

cot = ⟨*Mat*⟩ cotangent cotangente (*abbr.* cot).

cotangent [kou'tændʒənt] *s.* ⟨*Mat*⟩ cotangente *f.*

cote [kout] *s.* ⟨*Zootecn*⟩ riparo *m*, ricovero *m.*

co-tenancy [kou'tenənsi] *s.* ⟨*Dir*⟩ locazione *f* in comune. **co-tenant** [-nənt] *s.* coaffittuario *m.* **co-tenure** [-njə] *s.* → **co-tenancy.**

coterie ['koutəri] *s.* **1** gruppo *m* di persone unite da interessi comuni. **2** (*clique*) consorteria *f*, camarilla *f.*

cothurnus [kou'θə:nəs] *s.* (*pl.* -ni [nai]) coturno *m* (*anche fig.*).

cotidal [kou'taidl] *a.* ⟨*Geog*⟩ cotidale: *~ line* linea cotidale.

cotillion [kə'tiljən] *s.* **1** ballo *m* figurato, cotillon *m.* **2** (*dance for many people*) quadriglia *f.* **3** (*formal ball*) ballo *m* di società.

cotta ['kɔtə] *s.* ⟨*Lit*⟩ (*surplice*) cotta *f.*

cottage ['kɔtidʒ] *s.* **1** casetta *f.* **2** (*country house*) villetta *f.*

cottage| cheese *s.* specie di ricotta. **~ hospital** *s.* piccolo ospedale *m* (senza personale medico interno). **~ industry** *s.* industria *f* a domicilio. **~ loaf** *s.* pagnotta *f* di due pani sovrapposti. **~ piano** *s.* piccolo pianoforte *m* verticale. **~ pie** *s.* torta *f* rustica.

cottager ['kɔtidʒə] *s.* abitante *m/f* in un cottage.

cottar *s.* → **cotter²**

cotter¹ ['kɔtə] **I** *s.* ⟨*Mecc*⟩ **1** chiavetta *f* (*o* bietta) trasversale, spinotto *m.* **2** ⟨*tecn*⟩ (*cotter pin*) coppiglia *f.* **II** *v.t.* inchiavettare.

cotter² *s.* **1** (*scozz,irl*) affittuario *m*, fittavolo *m.* **2** (*rural worker*) contadino *m.*

cottier ['kɔtiə] *s.* **1** ⟨*irl*⟩ affittuario *m*, fittavolo *m.* **2** → **cottager.**

cotton¹ ['kɔtn] **I** *s.* **1** ⟨*Tess*⟩ cotone *m.* **2** ⟨*Bot*⟩ cotone *m*, pianta *f* del cotone. **II** *a.* di cotone: *a ~ dress* un vestito di cotone.

cotton² *v.i.* ⟨*fam*⟩ andare d'accordo, vivere in buona armonia. □ ⟨*fam*⟩ *to ~* (**on**) to capire, afferrare, comprendere; ⟨*fam*⟩ *to ~* (**up**) *to* (*o with*): 1 affezionarsi a; 2 (*to agree with*) convenire, approvare.

cotton| batting *am. s.* cotone *m* idrofilo. **~ Belt** ⸱*am. s.* zona *f* (di coltivazione) del cotone. **~cake** *s.* ⟨*Zootecn*⟩ pane *m* di semi di cotone pressati. **~ candy** *am. s.* ⟨*Dolc*⟩ zucchero *m* filato. **~ gin** *s.* ⟨*Tess*⟩ ginnatrice *f,* sgranatrice *f* per cotone. **~ grass** *s.* ⟨*Bot*⟩ erioforo *m.* **~ grower** *s.* cotonicoltore *m* (*f* -trice). **~ growing** *s.* cotonicoltura *f.* **~ mill** *s.* ⟨*Tess*⟩ cotonificio *m.*

cottonocracy [ˌkɔtn'ɔkrasi] *s.* ⟨*collett*⟩ magnati *mpl* del cotone.

cotton| picker *s.* (*machine*) raccoglitrice *f* per cotone. **~ press** *s.* pressatrice *f* per imballare il cotone. **~ print** *s.* ⟨*Tess*⟩ cotone *m* stampato. **~seed oil** *s.* ⟨*Chim*⟩ olio *m* di semi di cotone. **~ staple** *s.* ⟨*Tess*⟩ fiocco *m* di cotone. **~ swab** *s.* bastoncino *m* d'ovatta. **~tail** *am.s.* specie di coniglio americano. **~ twist** *s.* ⟨*Tess*⟩ cotone *m* ritorto. **~ waste** *s.* cascame *m* di cotone, bambagia *f.* **~ wool** *s.* **1** (*raw cotton*) cotone *m* grezzo (*o* in fiocchi). **2** (*absorbent cotton*) cotone *m* idrofilo. □ ⟨*fam*⟩ *to wrap s.o. up in ~* tenere qd. nella bambagia.

cottony ['kɔtni] *a.* cotonoso.

cotyledon [ˌkɔti'li:dən] *s.* ⟨*Bot*⟩ cotiledone *m.* **cotyledonal** [-əl], **cotyledonar(y)** [-ə(ri)], **cotyledonous** [-əs] *a.* cotiledonare.

cotyloid ['kɔtiloid] *a.* ⟨*Anat*⟩ cotiloide.

couch¹ [kautʃ] **I** *s.* **1** divano *m*, sofà *m.* **2** ⟨*poet*⟩ (*resting place*) letto *m*, giaciglio *m.* **3** (*in brewing*) strato *m* di cereale (messo a germinare). **4** ⟨*tecn*⟩ (*of paint*) fondo *m*, strato *m* di base. **II** *v.t.* **1** esprimere, fare: *to ~ a compliment in flowing terms* fare un complimento con parole melate; (*to express obscurely*) velare, coprire, nascondere. **2** (*of a lance, etc.*) abbassare, mettere in resta. **3** (*to lower*) abbassare, reclinare. **4** ⟨*Chir*⟩ (*of a cataract*) togliere, abbassare. **5** ⟨*Cart*⟩ porre sulla tavola dei feltri. **III** *v.i.* **1** giacere, essere adagiato; (*of an animal*) giacere, essere accucciato. **2** (*to lie in ambush*) essere in agguato.

couch² *s.* ⟨*Bot*⟩ (*couch grass*) agropiro *m*, dente *m* canino.

couchant ['kautʃənt] *a.* **1** giacente. **2** ⟨*Arald*⟩ coricato.

couchette *fr.* [ku'ʃet] *s.* ⟨*Ferr*⟩ cuccetta *f.*

couching (stitch) ['kautʃiŋ] *s.* ⟨*Lav.femm*⟩ punto *m* stuoia.

cougar ['ku:gə] *s.* ⟨*Zool*⟩ coguaro *m*, puma *m.*

cough¹ [kɔf] *s.* tosse *f* (*anche Med.*): *to have a bad ~* avere una brutta tosse. □ *to give a ~* tossire (volutamente).

cough² *v.i.* **1** tossire. **2** ⟨*fig*⟩ (*of an engine*) scoppiettare, tossire. □ *to ~* **down** zittire, far tacere; *to ~* **out** (*o up*): 1 espettorare tossendo; 2 ⟨*sl*⟩ (*to disclose reluctantly*) svelare, ⟨*pop*⟩ sputare (fuori); ⟨*sl*⟩ *to ~* **up** (*of money*) ⟨*fam*⟩ cacciare (fuori).

cough| drop *s.* **1** pastiglia *f* per la tosse. **2** ⟨*sl*⟩ furbone *m* (*f* -a), ⟨*fam*⟩ dritto *m* (*f* -a). **~ mixture, ~ syrup** *s.* sciroppo *m* per la tosse.

could [kud], **couldn't** ['kudnt] → **can¹.**

coulée ['ku:li] *s.* **1** ⟨*Geol*⟩ colata *f.* **2** ⟨*am*⟩ (*ravine*) burrone *m*, gola *f.*

coulisse [ku:'li:s] *s.* **1** ⟨*Fal*⟩ telaio *m* con scanalatura, guida *f* (di legno), coulisse *f.* **2** ⟨*Teat*⟩ quinta *f.*

couloir [ku'lwa:r] *s.* (*gorge*) canalone *m.*

coulomb [ku:'lɔm] *s.* ⟨*El*⟩ coulomb *m.* **coulombmeter, coulometer** [-itə] *s.* coulombmetro *m*, voltametro *m.*

coulter ['koultə] *s.* ⟨*Agr*⟩ coltro *m*, vomero *m.*

coumarin [ku:'mærin] *s.* ⟨*Chim*⟩ cumarina *f.*

council ['kaunsl] *s.* **1** consiglio *m.* **2** ⟨*Rel*⟩ concilio *m.* □ **court** *of common* ~ consiglio *m* municipale della città di Londra; ~ *of* **Europe** consiglio *m* d'Europa; ~ *of* **Ministers** consiglio *m* dei ministri; ~ *of* **state** consiglio *m* di stato; ⟨*Stor*⟩ ~ *of* **Trent** concilio *m* di Trento; ⟨*Mil*⟩ ~ *of* **war** consiglio *m* di guerra (*anche fig.*).

council| board *s.* **1** tavolo *m* del consiglio. **2** ⟨*fig*⟩ (*council in deliberation*) riunione *f* consiliare. ~ **chamber** *s.* ⟨*Dir*⟩ sala *f* consiliare. ~ **house** *s.* casa *f* popolare (costruita dal comune).

councillor ['kaunsilə] *s.* consigliere *m* (*f* –a). **councillorship** [–ʃip] *s.* carica *f* di consigliere.

council|man [mən] *s.irr.* **1** consigliere *m.* **2** (*city councillor*) consigliere *m* municipale. ~ **school** *s.* scuola *f* comunale (*o* pubblica).

counsel[1] ['kaunsl] *s.* **1** consiglio *m,* parere *m; (consultation)* consultazione *f.* **2** ⟨*Dir*⟩ (*legal adviser;* costr. sing. o pl.) avvocato *m* (*f* –essa), consulente *m/f* legale, patrocinante *m/f; (group)* collegio *m* di difesa. □ ⟨*Dir*⟩ ~ *for the* **defence** avvocato *m* difensore; ⟨*Dir*⟩ ~ *for the* **defendant** avvocato *m* del convenuto (*o* dell'accusato); *to* **hold** ~ *with s.o.* consultarsi con qd.; *to* **keep** *one's own* ~ tener segreti i propri piani; ⟨*Dir*⟩ **King's** (o *Queen's*) ~ patrocinante *m* della corona; ⟨*fam*⟩ *a* ~ *of* **perfection** un consiglio difficile da seguire; ⟨*Dir*⟩ ~ *for the* **plaintiff** avvocato *m* della parte lesa; ⟨*Dir*⟩ ~ *for the* **prosecution** pubblico ministero; *to* **take** ~ *together* consultarsi, consigliarsi.

counsel[2] *v.t.* (*pret., p.p.* **counselled**/*am.* **counseled** ['kaunsld]) **1** consigliare: *to* ~ *s.o. not to do s.th.* consigliare qd. di non fare qc. **2** (*to recommend*) consigliare, raccomandare. **counsellor** [–sələ] *s.* **1** consigliere *m* (*f* –a), consulente *m/f.* **2** ⟨*am.Dir*⟩ (*counsellor–at–law*) avvocato *m* (*f* –essa). **3** ⟨*Pol*⟩ (*of an embassy*) consigliere *m.* '**counsellorship** [–sələːʃip] *s.* carica *f* di consigliere.

count[1] [kaunt] **I** *v.t.* **1** (*to number;* spesso con *up, over*) contare. **2** (*to include in a reckoning*) contare, calcolare, conteggiare; (*to reckon*) contare, annoverare: *to* ~ *s.o. among one's friends* annoverare qd. fra i propri amici. **3** (*to consider*) considerare, reputare, ritenere: *to* ~ *o.s. lucky* considerarsi fortunato. **II** *v.i.* **1** contare: *to learn to* ~ imparare a contare. **2** (*to rely*) contare, fare affidamento (*on, upon* su). **3** (*to intend*) proporsi (qc.), fare conto, avere intenzione (di): *he* –*s on leaving tomorrow* ha intenzione di partire domani. **4** (*to expect*) aspettarsi (*on s.th.* qc.). **5** (*to have importance*) contare, avere importanza (*o* valore). **6** (*to be included*) essere nel numero (*among* di). **7** (*to total*) ammontare (*on* a). □ *to* ~ *s.th.* **against** *s.o.* imputare qc. a qd.; *we must not* ~ *that against him* non dobbiamo fargliene una colpa; *to* ~ *the* **cost** calcolare il costo (*anche fig.*); ⟨*Astron*⟩ *to* ~ **down** fare il conteggio alla rovescia; *to* ~ *for little* contare poco; *to* ~ *for much* avere molta importanza, contare molto; ⟨*fig*⟩ *to* ~ **heads** contare i presenti; *to* ~ **in** includere, comprendere; *to* ~ **off:** 1 ⟨*Mil*⟩ fare la conta; 2 (*to select*) selezionare, designare; *to* ~ **out:** 1 escludere: *you can* ~ *me out* mi potete escludere; 2 ⟨*Sport*⟩ dichiarare battuto per k.o. (*o* fuori combattimento); ⟨*GB*⟩ *to* ~ *out the* **House** aggiornare la Camera (per mancanza del numero legale); *that* **doesn't** ~ questo non conta; *to* ~ **up** *figures* sommare cifre.

count[2] *s.* **1** conteggio *m,* conto *m,* calcolo *m.* **2** ⟨*Dir*⟩ capo *m* d'accusa. **3** ⟨*Tess*⟩ titolo *m.* **4** ⟨*Sport*⟩ (*in boxing*) conteggio *m;* (*in baseball, bowling*) conta *f.* □ **by** *my* ~ secondo il mio calcolo; ⟨*Sport*⟩ *to* **go** *down for the* ~ andare al tappeto per il conteggio; *to* **keep** ~ *of s.th.* tenere il conteggio (*o* conto) di qc.; *to* **lose** ~ *of s.th.* perdere il conto di qc.; *to* **lose** ~ *of time* perdere la nozione del tempo; ⟨*Sport*⟩ *to* **take** *the* ~ essere dichiarato fuori combattimento; *to take no* ~ *of s.th.* non tenere alcun conto di qc.

count[3] *s.* (*f.* '**countess** [–is]) conte *m* (*f* –essa).

countable ['kauntəbl] *a.* che si può contare, numerabile.

countdown ['kauntdaun] *s.* ⟨*Astron*⟩ conteggio *m* (*o* conto) alla rovescia.

countenance ['kauntinəns] **I** *s.* **1** espressione *f,* aria *f;*

(*composure*) compostezza *f,* contegno *m.* **2** (*face*) volto *m,* viso *m,* faccia *f.* **3** (*approval, support*) appoggio *m,* approvazione *f.* **II** *v.t.* **1** permettere, tollerare. **2** (*t support, approve*) approvare, dare il proprio appoggio a. □ *to change* ~ cambiare espressione; *to give* ~ *to a pla* dare il proprio appoggio a un piano; *to keep one's* ~ mantenersi composto, stare in contegno; *to put s.o. out c* ~ mettere qd. in imbarazzo, sconcertare qd.

counter[1] ['kauntə] *s.* **1** (*in a shop, etc.*) banco *m,* bancon *m.* **2** (*cashier's desk*) cassa *f.* **3** (*token*) contrassegno *m,* contromarca *f,* gettone *m;* (*used in games*) gettone *m.* □ ⟨*Econ*⟩ *over the* ~: 1 (*of stock*) in un ufficio privato; 2 (*c merchandise*) al dettaglio; *under the* ~ sottobanco.

counter[2] *s.* **1** chi conta (*o* calcola). **2** (*device*) contatore *m* (*anche Atom.*). **3** (*of recorder*) contanastro *m.*

counter[3] **I** *avv.* **1** in senso contrario. **2** ⟨*fig*⟩ (*in oppositio to*) in opposizione, contrariamente. **II** *a.* contrario, opposto. **III** *s.* **1** ⟨*Sport*⟩ (*in boxing*) colpo *m* d'incontr‹ (*in fencing*) parata *f* d'incontro. **2** ⟨*Calz*⟩ rinforzo *m* de calcagno. **IV** *v.t.* **1** ricambiare, controbattere: *to* ~ *a blo* ricambiare un colpo. **2** (*to oppose*) contrastare, opporsi *a* **3** (*to offset*) neutralizzare, annullare. **4** (*to say in answe* replicare, controbattere. **V** *v.i.* **1** opporsi. **2** ⟨*Sport* colpire di contro, contrare. □ ~ *to s.o.'s wishes* contro desideri di qd.

counteract [ˌkauntəˈrækt] *v.t.* **1** agire contro, contrapporsi *a* **2** (*to nullify*) rendere vano, neutralizzare. **counteractio** [–kʃən] *s.* controazione *f.* **counteractive** [–iv] *a.* ch agisce in opposizione, antagonistico. **counteragen** [–ˈreidʒənt] *s.* oppositore *m* (*f* –trice).

counterattack **I** *s.* ['kauntərətæk] **1** controffensiva *f* contrattacco *m* (*anche Mil.*). **2** ⟨*Sport*⟩ contropiede *m* controazione *f.* **II** *v.i.* [ˌkauntərəˈtæk] passare all controffensiva, contrattaccare. **III** *v.t.* contrattaccare.

counterbalance **I** *s.* ['kauntəbæləns] contrappeso *m* (*anch fig.*). **II** *v.t.* [–ˈbæləns] contrappesare, controbilancia‹ (*anche fig.*).

counterblast ['kauntəblɑːst] *s.* replica *f* violenta.

counterbrace ['kauntəbreis] **I** *s.* ⟨*Mar*⟩ controbraccio *m* **II** *v.t.* controbracciare.

counterchange [ˌkauntəˈtʃeindʒ] *v.t.* scambiare; (*t diversify*) variare.

countercharge **I** *s.* ['kauntətʃɑːdʒ] ⟨*Dir*⟩ contraccusa *f.* **I** *v.t.* [ˌkauntəˈtʃɑːdʒ] muovere una contraccusa a.

countercheck **I** *s.* ['kauntətʃek] **1** contrappeso *m.* (*verification*) controverifica *f,* riscontro *m.* **II** *v.* [ˌkauntəˈtʃek] **1** contrapporsi a. **2** (*to restrain*) frenare. (*to check again*) verificare, riscontrare.

counter| check *am.,* ~ **cheque** *s.* ⟨*Econ*⟩ assegno *m* c cassa (*o* banco).

counterclaim ['kauntəkleim] **I** *s.* ⟨*Dir*⟩ controquerela *f.* **I** *v.t.* controquerelare. **III** *v.i.* sporgere una controquerela.

counter-clockwise [ˌkauntəˈklɔkwaiz] **I** *a.* antiorario. **I** *avv.* in senso antiorario.

counter-cultural [ˌkauntəˈkʌltʃərl] *a.* contulturale. **coun ter-culture** [ˌkauntəˈkʌltʃə] *s.* controcultura *f.* **counte -culturist** [–ˈkʌltʃərist] *s.* esponente *m* della controcu‹ tura.

countercurrent ['kauntəkʌrənt] *s.* ⟨*Geog,El*⟩ corrente contraria, controcorrente *f.*

counterdemonstration [ˌkauntədemənˈstreiʃən] *s.* cor trodimostrazione *f.*

counter-espionage [ˌkauntəˈespiənɑːdʒ] *s.* controspionaggi‹ *m.*

counterfeit ['kauntəfiːt] **I** *a.* **1** falsificato, falso, con traffatto. **2** ⟨*fig*⟩ falso, simulato, finto: ~ *sorrow* fint dolore. **II** *s.* falsificazione *f,* contraffazione *f.* **III** *v.t.* **1** contraffare, falsificare: *to* ~ *coins* falsificare mon‹ te. **2** ⟨*fig*⟩ fingere, simulare; (*to imitate*) imitar‹ **counterfeiter** [–ə] *s.* **1** contraffattore *m* (*f* –trice falsario *m* (*f* –a). **2** ⟨*fig*⟩ contraffattore *m* (*f* –trice imitatore *m* (*f* –trice).

counterfoil ['kauntəfɔil] *s.* (*of a cheque, money order, etc.* matrice *f.*

counterfort ['kauntəfɔːt] *s.* ⟨*Arch*⟩ contrafforte *m.*

counterfugue ['kauntəfjuːg] *s.* ⟨*Mus*⟩ controfuga *f.*

counter hand *s.* banconiere *m,* banconista *m.*

ounterintelligence [ˌkauntin'telidʒəns] s. → **counter -espionage**.

ounter-irritant [ˌkauntər'irit(ə)nt] s. ⟨Med⟩ revulsivo m, vescicante m. **counter-irritation** [-'teiʃən] s. revulsione f.

ountermand [ˌkauntə'mɑːnd] I v.t. 1 (of an order, etc.) revocare, annullare. 2 (to recall by a contrary order) richiamare (con un contrordine). II s. revoca f, contrordine m.

ountermanoeuvre [ˌkauntəmə'nuːvə] s. ⟨Mil⟩ contro-manovra f.

ountermarch ['kauntəmɑːtʃ] I s. contromarcia f (anche Mil.). II v.i. 1 ⟨Mil⟩ fare una contromarcia. 2 ⟨fig⟩ fare marcia indietro.

ountermark ['kauntəmɑːk] I s. 1 contromarca f (anche Numism.). 2 ⟨Comm⟩ contrassegno m. II v.t. contras-segnare, contromarcare.

ountermeasure ['kauntəmeʒə] s. contromisura f.

ountermine ['kauntəmain] I s. ⟨Mil.fig⟩ contromina f. II v.t. ⟨Mil.fig⟩ controminare. III v.i. ⟨Mil⟩ collocare contromine.

ountermove ['kauntəmuːv] s. 1 contromanovra f. 2 (in chess) contromossa f.

ounteroffensive ['kauntərə'fensiv] s. ⟨Mil⟩ controffensiva f, contrattacco m.

ounterorder ['kauntərɔːdə] s. contrordine m.

ounterpane ['kauntəpein] s. copriletto m.

ounterpart ['kauntəpɑːt] s. 1 copia f, duplicato m. 2 (similar thing) copia f; (similar person) copia f, sosia m. 3 (equivalent) equivalente m; (complement) complemento m. 4 ⟨Dir,Teat⟩ controparte f.

ounterplea ['kauntəpliː] s. ⟨Dir⟩ 1 → **counterclaim**. 2 (replication) replica f.

ounterplot ['kauntəplɔt] I s. 1 controprogetto m, contromanovra f. 2 ⟨Lett⟩ (subplot) trama f secondaria. II v.i. tramare per sventare un progetto. III v.t. sventare, prevenire.

ounterpoint ['kauntəpɔint] s. ⟨Mus,fig⟩ contrappunto m.

ounterpoise ['kauntəpɔiz] I s. contrappeso m (anche fig.). II v.t. contrappesare, bilanciare, fare da contrappeso a (anche fig.).

ounterpower ['kauntəpauə] s. contropotere m.

ounterproductive [ˌkauntəprə'dʌktiv] a. controprodu-cente.

ounter-proposal [ˌkauntəprə'pouzəl] s. controproposta f.
ounter-Reformation s. ⟨Stor⟩ Controriforma f.

ounter-revolution [ˌkauntəre'vəljuːʃən] s. controrivo-luzione f. **counter-revolutionary** [-əri] I s. → **counter -revolutionist**. II a. controrivoluzionario. **counter-re-volutionist** [-nist] s. controrivoluzionario m (f -a).

ounterscarp ['kauntəskɑːp] s. ⟨Mil.ant⟩ controscarpa f.

ountersecurity [ˌkauntəsi'kjuːriti] s. ⟨Econ⟩ controga-ranzia f.

ountershaft ['kauntəʃɑːft] s. ⟨Mecc⟩ contralbero m.

ountersign ['kauntəsain] I s. 1 ⟨Mil⟩ parola f d'ordine; (sign in reply) segnale m di risposta. 2 → **countersignature**. II v.t. 1 controfirmare. 2 ⟨fig⟩ confermare, avvalorare. **countersignature** [-'signitʃə] s. controfirma f.

ountersink ['kauntəsiŋk] I v.t.irr. ⟨tecn⟩ 1 fresare, svasare. 2 (of a screw head) accecare. II s. 1 accecatoio m, fresa f. 2 (hole) accecatura f, svasatura f.

ounterslope ['kauntəsloup] s. ⟨Geog⟩ contropendenza f.

ountersteer ['kauntəstiə] I v.t. ⟨Aut⟩ controsterzare. II s. controsterzo m. **countersteering** [-riŋ] s. controsterzata f.

ounterstrategy [ˌkauntə'straetidʒi] s. controstrategia f.

ountertenor ['kauntətenə] s. ⟨Mus⟩ tenore m leggero.

ountertrend ['kauntətrend] s. controtendenza.

ountervail ['kauntəveil] I v.t. 1 agire contro, contrapporsi a. 2 (to offset) compensare, bilanciare. II v.i. fare da contrappeso.

ountervailing| duty [ˌkauntə'veiliŋ] s. ⟨Comm⟩ dazio m compensativo. ~ **strategy** s. ⟨Mil⟩ strategia f bilanciata.

ounterweigh [ˌkauntə'wei] I v.t. controbilanciare,

contrappesare. II v.i. fare da contrappeso. **'counterweight** [-t] s. contrappeso m.

counter word ['kauntəwɔːd] s. termine m generico.

counterwork ['kauntəwɔːk] I s. 1 lavoro m opposto a un altro. 2 pl. ⟨Mil.ant⟩ fortificazioni fpl. II v.i. lavorare in opposizione a. III v.t. agire contro, opporsi a.

countess ['kauntis] s. contessa f.

counting| house, ~ room am. ['kauntiŋ] s. ufficio m contabile.

countless ['kauntlis] a. innumerevole, infinito.

count| palatine s. (pl. **counts palatine**) ⟨Stor⟩ conte m palatino. **~-out** s. 1 ⟨Parl⟩ aggiornamento m della seduta (per non raggiunto numero legale). 2 ⟨Sport⟩ (in boxing) conteggio m.

countrified ['kʌntrifaid] a. rustico, campagnolo.

country ['kʌntri] I s. 1 nazione f, stato m, paese m; (people) popolo m, popolazione f. 2 (one's own country) patria f, paese m (o terra f) natale: for King and ~ per il re e per la patria. 3 (district, region) regione f, territorio m: hill ~ regione collinosa. 4 (rural area) campagna f: to go into the ~ andare in campagna. 5 ⟨fig⟩ (area of interest) campo m. II a. 1 di campagna, campestre, rurale: ~ life vita rurale. 2 ⟨fig⟩ (rude, rustic) rustico, rozzo, zotico. □ ~ of adoption patria adottiva, paese m d'adozione; ⟨Parl⟩ to go (o appeal) to the ~ indire le elezioni generali, fare appello al paese; to live in the ~ vivere in campagna; ~ of origin paese m d'origine; ⟨fig⟩ this is unknown ~ to me questo è un campo a me sconosciuto, è un settore che non conosco.

country| bank s. banca f rurale. ~ **bumpkin** s. zoticone m. ~ **club** s. circolo m sportivo. ~ **cousin** s. campagnolo m ingenuo, ⟨scherz⟩ topo m di campagna. **~-dance** s. danza f popolare.

countryfied a. → **countrified**.

country|folk s.inv. (costr.pl.) gente f di campagna, contadini mpl, campagnoli mpl. ~ **gentleman** s. gentiluomo m di campagna, proprietario m terriero. ~ **house** s. villa f di campagna. **~man** [mən] s.irr. 1 compatriota m, connazionale m. 2 (person living in the country) contadino m, campagnolo m. ~ **music** s. musica f country, country m.

countryside ['kʌntrisaid] s. 1 campagna f: the English ~ la campagna inglese. 2 (people) popolazione f agricola.

country-wide ['kʌntriwaid] a. generale, esteso a tutto il paese.

countrywoman ['kʌntriwumən] s.irr. 1 compatriota f, connazionale f. 2 (woman living in the country) contadina f, campagnola f.

countship ['kauntʃip] s. 1 titolo m di conte. 2 (territory) contea f.

county ['kaunti] s. 1 ⟨GB⟩ contea f. 2 ⟨SU⟩ contea f, provincia f. 3 (inhabitants) abitanti mpl di una contea. 4 (gentry) possidenti mpl di campagna, piccola nobiltà f terriera (o di campagna). □ ⟨Geog⟩ the home counties le sei contee intorno a Londra.

county| borough s. ⟨GB⟩ città-contea f, città f con amministrazione autonoma. ~ **clerk** am. s. segretario m di contea. ~ **commissioner** am. s. amministratore m provinciale. ~ **council** s. ⟨GB⟩ consiglio m (amministrativo) di contea. ~ **court** s. 1 ⟨Dir⟩ tribunale m di contea. 2 ⟨am⟩ consiglio m di amministrazione provinciale. ~ **family** s. (nobile) famiglia f terriera di provincia. ~ **seat** am., ~ **town** s. capoluogo m di contea.

coup fr. [kuː] s. 1 colpo m (audace). 2 ⟨fig⟩ colpo m (da) maestro, mossa f brillante. 3 (in billiards) messa f in buca.

coup| de grâce fr. [kuːdə'grɑːs] s. colpo m di grazia (anche fig.). ~ **de main** fr. [kuːdə'mɛ̃] s. colpo m di mano. ~ **d'état** fr. [kuːdə'tɑ] s. colpo m di stato. ~ **de théâtre** fr. [kuːdəte'ɑːtr] s. ⟨Teat⟩ colpo m di scena. ~ **d'oeil** fr. [kuː'dœːj] s. colpo m d'occhio.

coupé ['kuːpei am. kuː'pei] s. 1 coupé m (anche Aut.). 2 ⟨Ferr⟩ scompartimento m a un solo sedile.

couple ['kʌpl] I s. 1 paio m, coppia f: a ~ of days un paio di giorni. 2 (man and wife, pair of dancers) coppia f: a handsome ~ una bella coppia. 3 (link, coupling) legame *m*, aggancio *m*. **4** ⟨*Venat*⟩ (*two hounds*) coppia *f*. **5** *pl.* ⟨*Venat*⟩ (*double leash*) accoppiatoio *m*. **6** ⟨*El*⟩ coppia *f* voltaica. **II** *v.t.* **1** agganciare: *to ~ a trailer to a car* agganciare una roulotte a un'automobile. **2** ⟨*fig*⟩ (*to associate*) mettere in relazione, associare. **3** (*to join in marriage or sexual union*) accoppiare. **4** ⟨*Mecc,Zootecn*⟩ accoppiare. **III** *v.i.* accoppiarsi, congiungersi. □ *in* –*s* a coppie; *a married* ~ una coppia di sposi.

couple close *s.* ⟨*Edil*⟩ travi *fpl* accoppiate.

coupled [ˈkʌpld] *a.* accoppiato. □ ⟨*Arch*⟩ ~ *column* colonna binata. **coupler** [–lə] *s.* **1** ⟨*Mus*⟩ tirante *m* (d'accoppiamento). **2** ⟨*Rad*⟩ accoppiatore *m*. **3** ⟨*Ferr*⟩ gancio *m* (di trazione).

couplet [ˈkʌplit] *s.* **1** ⟨*Metr*⟩ distico *m*. **2** ⟨*Mus*⟩ couplet *m*.

coupling [ˈkʌpliŋ] *s.* **1** accoppiamento *m*. **2** ⟨*Mecc*⟩ giunto *m* (d'accoppiamento); (*of a hub*) calettamento *m;* (*of a pipe*) manicotto *m*. **3** ⟨*Ferr*⟩ agganciamento *m*, attacco *m;* (*device*) accoppiatore *m*.

coupling| chain *s.* ⟨*Ferr*⟩ catena *f* d'agganciamento. ~ **rod** *s.* biella *f* di collegamento.

coupon [ˈkuːpɔn] *s.* **1** coupon *m*, buono *m*, scontrino *m*, tagliando *m: petrol* –*s* buoni per la benzina. **2** ⟨*Econ*⟩ cedola *f*. **3** ⟨*Parl*⟩ appoggio *m* del capo di un partito a un candidato. □ ⟨*Comm*⟩ ~ *in arrears* cedola scaduta.

coupon| free *a.* non razionato. ~ **renewal** *s.* ⟨*Econ*⟩ affogliamento *m*.

courage [ˈkʌridʒ] *s.* coraggio *m*, ardimento *m*. □ *to lose* ~ perdersi di coraggio (o d'animo); *to pluck* (o *screw*) *up* ~ farsi (o armarsi di) coraggio; *to take* ~ prendere coraggio; *to take one's* ~ *in both hands* prendere il coraggio a due mani.

courageous [kəˈreidʒəs] *a.* coraggioso, ardimentoso. **courageousness** [–nis] *s.* coraggio *m*, ardimento *m*.

courier [ˈkuriə] *s.* **1** corriere *m*, messaggero *m*. **2** (*espionage agent*) agente *m/f* di spionaggio. **3** (*tourist's guide*) accompagnatore *m* turistico, guida *f* (turistica).

course [kɔːs] **I** *s.* **1** corso *m*, il fluire. **2** (*progress*) corso *m*, svolgimento *m: the* ~ *of events* il corso degli eventi; (*of a disease*) corso *m*, decorso *m*. **3** (*direction*) corso *m*, direzione *f*. **4** (*customary method of proceeding*) corso *m*, andamento *m: the* ~ *of nature* il corso della natura. **5** (*line of action*) linea *f* (di condotta), via *f*, strada *f: our best* ~ *is to do nothing* la miglior linea di condotta per noi è (il) non far nulla. **6** (*part of a meal*) portata *f: the main* ~ la portata principale. **7** ⟨*Aer,Mar*⟩ rotta *f: to go off* ~ deviare dalla rotta. **8** ⟨*Sport*⟩ percorso *m*, circuito *m;* (*golf course*) campo *m* da golf; (*race course*) pista *f*. **9** ⟨*Scol*⟩ corso *m: a* ~ *of English* un corso d'inglese; (*series*) serie *f: a* ~ *of lectures* una serie di conferenze. **10** ⟨*Med*⟩ cura *f*, serie *f: a* ~ *of injections* una cura d'iniezioni. **11** ⟨*Edil*⟩ corso *m: a* ~ *of bricks* un corso di mattoni. **12** ⟨*Geol*⟩ filone *m*. **13** *pl.* ⟨*Fisiol*⟩ mestruazioni *fpl*. **14** ⟨*Venat*⟩ inseguimento *m* (a vista). **II** *v.t.* **1** rincorrere, inseguire. **2** ⟨*Sport*⟩ (*to race*) far correre, far gareggiare. **3** ⟨*Venat*⟩ inseguire a vista; (*of dogs*) far inseguire a vista. **III** *v.i.* **1** scorrere: *tears* –*d down her face* le lacrime scorrevano sul suo viso. **2** ⟨*Sport*⟩ correre, fare gare di corsa. **3** ⟨*Venat*⟩ essere all'inseguimento. □ ~ *of action* linea *f* di condotta; *in due* ~ a suo tempo, a tempo debito; *our* ~ *was due west* eravamo diretti a ovest; ⟨*Econ*⟩ *the* ~ *of* **exchange** il corso dei cambi; *in full* ~ velocemente; ⟨*fig*⟩ in pieno svolgimento; **in** ~ *of* in via di, in corso di: *the road is in* ~ *of construction* la strada è in corso di costruzione; *as a* **matter** *of* ~ automaticamente, naturalmente; *it's a matter of* ~ *that* va da sé che; **of** ~ naturalmente, senza dubbio; *of* ~ *not* no di certo, naturalmente no; *in the* ~ *of* nel corso di, durante; ⟨*Mar,Aer*⟩ *to be* **off** ~ essere fuori rotta; ⟨*Mar,Aer*⟩ *to be* **on** ~ mantenere la rotta; *to* **run** (o *take*) *one's* ~ avere (o seguire) il proprio corso: *the disease must run its* ~ la malattia deve seguire il suo corso; *the stars in their* –*s* le stelle nei loro corsi; ⟨*fig*⟩ *to stay the* ~ tirare dritto.

courser[1] [ˈkɔːsə] *s.* ⟨*lett*⟩ (*swift horse*) destriero *m*, ⟨*lett*⟩ corsiero *m*.

courser[2] *s.* ⟨*Ornit*⟩ cursorio *m*.

courser[3] *s.* ⟨*Venat*⟩ **1** (*dog*) levriero *m*. **2** (*perso*⟩ cacciatore *m* (*f* –trice).

coursing [ˈkɔːsiŋ] *s.* caccia *f* con levrieri.

court [kɔːt] **I** *s.* **1** corte *f;* (*enclosed yard*) cortile *m*, cor *f;* (*short street*) vicolo *m*. **2** ⟨*Dir*⟩ corte *f*, tribunale *n* (*persons*) corte *f;* (*session*) seduta *f: to adjourn the* aggiornare la seduta. **3** ⟨*Sport*⟩ (*in tennis, etc.*) campo *n* **4** (*sovereign's residence*) reggia *f*, palazzo *m* real (*sovereign's retinue*) corte *f*, seguito *m*. **5** (*stately dwellin* dimora *f* sontuosa. **6** (*homage*) omaggi *mpl;* (*wooin* corte *f*. **7** ⟨*Pol*⟩ parlamento *m*, corpo *m* legislativo. **II** *v* **1** corteggiare, fare la corte a. **2** (*to seek to gain*) cerca (di ottenere), sollecitare: *to* ~ *favour from s.o.* cercare **o** ottenere il favore di qd. **3** (*to provoke*) andare in cerca **d** cercare: *to* ~ *danger* cercare un pericolo. **III** *v.i.* fare corte. □ ⟨*Dir*⟩ ~ *of* **appeal** corte *f* d'appello; *to b* **brought** *to* ~ *for trial* venir citato a giudizio in tribunal *to* **clear** *the* ~ far sgombrare l'aula; ⟨*am.Dir*⟩ ~ *of* **equit** corte *f* di giustizia; *to go to* ~ adire il tribunale; **High** *of Justice* alta corte di giustizia; ⟨*Mil*⟩ ~ *of* **inquiry** cor *f* (o commissione) d'inchiesta; ~ *of* **justice** corte *f* giustizia; –*s of justice* palazzo *m* di giustizia; ⟨*Mediev*⟩ *of love* corte *f* d'amore; ⟨*Dir*⟩ *in* **open** ~ a porte apert ⟨*Dir*⟩ *to settle a dispute* **out** *of* ~ comporre una vertenz in via amichevole; ⟨*fig*⟩ *to put o.s. out of* ~ squalificars *to* **pay** ~ *to:* 1 (*homage*) rendere omaggio a; 2 (*wooin* corteggiare, fare la corte a; **silence** *in* ~*!* silenzio in aula ⟨*GB*⟩ *the* ~ *of* St. James's la corte di san Giacomo.

court| card *s.* figura *f*. ~ **Circular** *s.* bollettino *i* giornaliero sugli avvenimenti di corte. ~ **costs** *s.pl.* spe *fpl* giudiziarie. ~ **dress** *s.* abito *m* di corte.

courteous [ˈkɔːtiəs] *a.* cortese, gentile, affabi **courteously** [–li] *avv.* cortesemente. **courteousnes** [–nis] *s.* cortesia *f*, gentilezza *f*.

courtesan [ˌkɔːtiˈzæn, *am.* ˈkɔːtizən] *s.* cortigiana prostituta *f*.

courtesy [ˈkɔːtisi] **I** *s.* **1** cortesia *f*, affabilità *f*, gentilezza **2** (*instance*) cortesia *f*, gentilezza *f*, favore *m*. **II** *a.* cortesia: *a* ~ *visit* una visita di cortesia; *a* ~ *title* u titolo di cortesia. □ *by* ~ a titolo di favore, per corte. concessione.

courtesy| lamp *s.* ⟨*Aut*⟩ luce *f* di cortesia. ~ **mirror** specchietto *m* di cortesia.

court| fool *s.* buffone *m* di corte. ~ **guide** *s.* elenco delle persone presentate a corte. ~ **hand** *s.* scrittura *f* grossi caratteri. ~ **house** *s.* **1** palazzo *m* di giustizia. ⟨*am*⟩ → **county seat**.

courtier [ˈkɔːtiə] *s.* gentiluomo *m* (o dama *f*) di cort cortigiano *m*.

courting [ˈkɔːtiŋ] *s.* corteggiamento *m*. □ *to go* ~ corteggiare, fare la corte a una donna.

courtliness [ˈkɔːtlinis] *s.* eleganza *f*, raffinatezza *f*. **courtl** [–tli] *a.* **1** elegante, raffinato. **2** (*obsequious*) cortigianesc adulatore. **3** (*of a sovereign's court*) di corte, regale. ⟨*lett*⟩ cortese: ~ *love* amor cortese.

'**court|-'martial I** *s.* (*pl.* courts-martial) corte *f* marzial **II** *v.t.* (*pret., p.p.* -**martialled**/*am.* -**martialed** [–d processare in una corte marziale. ~~**plaster** *s.* cerotto *r* ~**room** *s.* sala *f* d'udienza, aula *f* giudiziaria.

courtship [ˈkɔːtʃip] *s.* corteggiamento *m*.

court| shoe *s.* ⟨*Calz*⟩ scarpa *f* (da ballo (o scollata) tacco alto. ~ **system** *s.* sistema *m* giudiziario. ~ **tenni** *s.* ⟨*Sport*⟩ specie di pallacorda. ~**yard** *s.* cortile *m*.

couscous [ˈkuskus] *s.* ⟨*Gastr*⟩ cuscus *m*, cuscussù *m*.

co-use [kouˈjuːs] *s.* couso *m*.

cousin [ˈkʌzn] *s.* **1** cugino *m* (*f* –a) (*anche fig.*). **2** (*relativ* parente *m/f*.

cousin-german *s.* (cousins-german) primo cugino *m*.

cousinhood [ˈkʌznhud] *s.* **1** → **cousinship**. **2** (*colle* parentela *f*, cuginanza *f*. **cousinly** [–nli] *avv.* da buon cugin **cousinship** [–nʃip] *s.* cuginanza *f*.

couture *fr.* [kuˈtyːr] *s.* alta moda *f*. **couturier** *fr.* [–tyˈrj *s.* stilista *m*.

couvade *fr.* [kuˈvɑːd] *s.* covata *f*, accubito *m*.

covalence [kouˈveiləns], **covalency** [–i] *s.* ⟨*Chim* covalenza *f*. **covalent** [–lənt] *a.* ⟨*Chim*⟩ covalente: *bond* legame covalente.

ovariance [kəu'vɛəriəns] *s.* ⟨*Mat*⟩ covarianza *f.* **co-variant** [-ənt] **I** *a.* covariante. **II** *s.* covariante *f.*

ove¹ [kəuv] **I** *s.* **1** baia *f,* insenatura *f,* cala *f.* **2** (*sheltered area between hills*) valletta *f,* avvallamento *m; (ravine)* burrone *m.* **3** ⟨*Arch*⟩ modanatura *f* concava, (s)guscio *m.* **II** *v.t.* ⟨*Arch*⟩ piegare ad arco.

ove² *s.* ⟨*sl*⟩ tipo *m,* tizio *m,* individuo *m.*

ove ceiling *s.* ⟨*Arch*⟩ soffitto *m* a volta.

ovenant ['kʌvənənt] **I** *s.* **1** patto *m,* convenzione *f,* contratto *m.* **2** ⟨*Dir*⟩ clausola *f; (contract under seal)* compromesso *m.* **3** ⟨*Rel,Bibl*⟩ patto *m,* alleanza *f.* **II** *v.t.* pattuire, convenire, stipulare. **III** *v.i.* impegnarsi. □ ⟨*Stor*⟩ ~ *of the League of Nations* patto *m* della società delle nazioni; ⟨*Stor*⟩ (*Scottish*) *National* ~ convenzione *f* nazionale; ⟨*Stor.brit*⟩ *the Solemn League and* ~ accordo *m* fra i parlamenti di Scozia e d'Inghilterra. **covenanted** [-id] *a.* **1** legato da un patto. **2** (*established by covenant*) pattuito. ,**covenan'tee** [-i:] *s.* ⟨*Dir*⟩ creditore *m* (*f* –trice).

covenanter [-ə] *s.* contraente *m/f.* **Covenanter** *s.* ⟨*Stor*⟩ aderente *m/f* alla convenzione nazionale.

Coventry ['kovəntri] *N.pr.* ⟨*Geog*⟩ Coventry *f.* □ ⟨*fig*⟩ *to send s.o. to* ~ mettere qd. al bando, dare l'ostracismo a qd.

over¹ ['kʌvə] *v.t.* **1** coprire (*anche fig.*): *to* ~ *o.s. with glory* coprirsi di gloria; (*to lie over*) (ri)coprire, rivestire: *leaves –ed the grass* le foglie ricoprivano il prato. **2** (*to dress warmly;* spesso con *up*) coprire, vestire: ~ *yourself up well before you go out* copriti bene prima di uscire. **3** (*to hide from view*) coprire, nascondere alla vista. **4** (*to fill completely*) coprire, riempire: *to* ~ *a sheet of paper with figures* riempire un foglio di cifre. **5** ⟨*fig*⟩ (*to load*) coprire, colmare: *he –ed her with presents* la colmò di regali. **6** ⟨*fig*⟩ (*to conceal*; general. con *up*) mascherare, dissimulare. **7** ⟨*Mil*⟩ coprire, proteggere. **8** ⟨*Artigl*⟩ (*to aim at*) tenere sotto il fuoco (*o* la mira). **9** (*to travel over*) coprire, percorrere. **10** ⟨*fig*⟩ (*to concern*) riguardare, contemplare, prevedere; (*to include*) includere, comprendere, abbracciare: *his report –ed all the main points* il suo resoconto comprendeva tutti i punti essenziali. **11** ⟨*fig*⟩ (*to deal with*) trattare esaurientemente: *he –ed the subject well* trattò l'argomento molto esaurientemente. **12** (*of an expense, etc.*) coprire, soddisfare. **13** ⟨*Assic*⟩ assicurare, coprire. **14** ⟨*Giorn*⟩ fare la cronaca di, fare un servizio completo su: *to* ~ *an event* fare la cronaca di un avvenimento. **15** ⟨*Sport*⟩ (*to guard*) difendere, coprire. **16** ⟨*Zootecn*⟩ (*of a male animal*) coprire, montare; (*of a hen*) covare. □ ⟨*Econ*⟩ *to* ~ *a cheque* coprire (*o* fornire la copertura per) un assegno; *to* ~ *in* ricoprire, colmare, riempire; *to* ~ *over* (ri)coprire, chiudere; *to* ~ *up for s.o.* coprire (*o* fare da copertura a) qd.; *to be –ed with:* 1 essere coperto di: *he was –ed with blood* era coperto di sangue; 2 ⟨*fig*⟩ (*to be overcome*) essere vinto, essere sopraffatto.

over² *s.* **1** coperchio *m; (of an armchair, etc.)* fodera *f.* **2** (*protection, shelter*) riparo *m,* protezione *f,* copertura *f:* ~ *from the rain* un riparo contro la pioggia. **3** ⟨*fig*⟩ (*concealment*) copertura *f,* velo *m,* manto *m; (guise)* maschera *f,* schermo *m.* **4** (*blanket*) coperta *f.* **5** → **coverlet. 6** (*place at a table*) coperto *m.* **7** → **cover charge. 8** ⟨*Legat*⟩ copertina *f.* **9** ⟨*Post*⟩ busta *f,* plico *m: under separate* ~ in plico separato. **10** ⟨*Mil*⟩ copertura *f: to provide air* ~ fornire la copertura aerea. **11** ⟨*Venat*⟩ riparo *m,* nascondiglio *m.* **12** ⟨*Econ*⟩ cauzione *f,* garanzia *f,* copertura *f.* **13** ⟨*Aut*⟩ copertone *m.* **14** ⟨*Mecc,El*⟩ coperchio *m,* calotta *f* (di protezione). **15** ⟨*Zootecn*⟩ monta *f.* □ ⟨*Venat*⟩ *to break* ~ uscire allo scoperto; *to read a book from* ~ *to* ~ leggere un libro dalla prima all'ultima pagina¹ (*o* da cima a fondo); *to take* (*o get under*) ~ mettersi al riparo; ⟨*fig*⟩ **under** ~ *of* con il pretesto di, con la scusa di.

overage ['kʌvəridʒ] *s.* **1** copertura *f* (*anche Econ.,Assic.*). **2** ⟨*Rad,TV*⟩ zona *f* di udibilità (*o* ricezione); (*people*) utenti *mpl.* **3** (*report, comment*) cronaca *f,* servizio *m.*

over|alls *am. s.pl.* tuta *f* (da lavoro). ~ **charge** *s.* (*in a restaurant, etc.*) prezzo *m* del coperto, coperto *m.*

overed| wagon ['kʌvəd] *s.* **1** ⟨*am*⟩ carro *m* coperto. **2** ⟨*Ferr*⟩ carro *m* merci coperto. ~ **way** *s.* passaggio *m*

coperto tra due edifici.

cover girl *s.* cover-girl *f,* ragazza *f* copertina.

covering ['kʌvəriŋ] *s.* **1** copertura *f,* rivestimento *m.* **2** ⟨*Econ*⟩ copertura *f.* **3** ⟨*Tess*⟩ guarnizione *f.* **4** ⟨*Zootecn*⟩ monta *f.*

covering letter *s.* lettera *f* d'accompagnamento.

coverlet ['kʌvəlit] *s.* copriletto *m.*

cover| name *s.* pseudonimo *m.* ~ **note** ⟨*Assic*⟩ polizza *f* provvisoria. ~ **point** *s.* ⟨*Sport*⟩ posizione *f* di copertura.

covert ['kʌvət] **I** *a.* nascosto, velato: ~ *threats* minacce velate; (*secret*) segreto, furtivo. **II** *s.* **1** rifugio *m,* riparo *m,* ricovero *m.* **2** ⟨*Venat*⟩ riparo *m.* **3** ⟨*Ornit*⟩ piuma *f.* **4** ⟨*Tess*⟩ (*covert cloth*) specie di tweed.

covert coat *s.* ⟨*Vest*⟩ soprabito *m* leggero, spolverino *m.*

coverture ['kʌvətjuə, *am.* –tʃə] *s.* **1** copertura *f.* **2** (*shelter*) rifugio *m,* riparo *m.* **3** ⟨*fig*⟩ schermo *m,* paravento *m.* **4** ⟨*Dir*⟩ tutela *f* maritale.

cover-up *s.* **1** copertura *f,* schermo *m.* **2** ⟨*Mod*⟩ copricostume *m.*

covet ['kʌvit] *v.t.* desiderare ardentemente, bramare, agognare. **covetable** [-ibl] *a.* bramabile, desiderabile. **covetous** [-əs] *a.* **1** bramoso, avido, cupido. **2** (*desirous*) desideroso (*of* di). **covetousness** [-əsnis] *s.* bramosia *f,* desiderio *m* ardente.

covey ['kʌvi] *s.* **1** (*brood*) covata *f;* (*flock*) stormo *m.* **2** ⟨*fig*⟩ (*group, crowd*) gruppetto *m,* comitiva *f.*

covin ['kʌvin] *s.* ⟨*Dir*⟩ intesa *f* fraudolenta, collusione *f.*

coving ['kəuviŋ] *s.* **1** ⟨*Arch*⟩ (*of a roof or ceiling*) parte *f* ricurva (*o* a volta). **2** (*of a fireplace*) fiancate *fpl* inclinate.

cow¹ [kau] *s.* (*pl.* -s [z]) **1** vacca *f,* mucca *f.* **2** (*female elephant or cetacean*) femmina *f.* **3** ⟨*volg*⟩ (*coarse woman*) donna *f* volgare e cattiva. □ ⟨*fam*⟩ *till the –s come home* (fino) alle calende greche.

cow² *v.t.* intimidire, intimorire, spaventare.

coward ['kauəd] *s.* vigliacco *m* (*f* –a), codardo *m* (*f* –a). □ *to turn* ~ intimorirsi. **cowardice** [-is], **cowardliness** [-linis] *s.* codardia *f,* vigliaccheria *f,* pusillanimità *f.* **cowardly** [-li] **I** *a.* codardo, vigliacco, pusillanime. **II** *avv.* codardamente, vigliaccamente.

cow|bane *s.* ⟨*Bot*⟩ cicuta *f* acquatica. ~**bell** *s.* campanaccio *m* (da mucca). ~**boy** *am. s.* cowboy *m,* buttero *m.* ~**-boy** *s.* → **cowherd.** ~**catcher** *am. s.* ⟨*Ferr*⟩ cacciapietre *m.* ~ **college** *am. s.* ⟨*spreg*⟩ università *f* di provincia.

cower ['kauə] *v.i.* farsi piccolo (per la paura), rannicchiarsi.

cow|fish *s.* **1** ⟨*Itt*⟩ sirena *f.* **2** ⟨*Zool*⟩ grampo *m* grigio. ~**girl** *am. s.* mandriana *f.* ~**hand** *s.* → **cowboy.** ~**herd** *s.* bovaro *m,* vaccaro *m.* ~**hide** *s.* **1** pelle *f* bovina. **2** ⟨*Conc*⟩ vacchetta *f.* **3** (*whip of rawhide*) frusta *f* di pelle non conciata. ~**house** *s.* stalla *f* (per bovini).

cowl [kaul] **I** *s.* **1** cappa *f;* (*hood*) cappuccio *m.* **2** ⟨*Sart*⟩ collo *m* a cappuccio. **3** ⟨*Edil*⟩ (*chimney covering*) mitra *f.* **4** ⟨*Aer*⟩ → **cowling. 5** ⟨*Ferr*⟩ parascintille *m.* **II** *v.t.* **1** mettere la tonaca a. **2** (*to cover with a cowl*) incappucciare.

cowlick ['kaulik] *s.* ciuffo *m* ribelle.

cowling ['kauliŋ] *s.* ⟨*Aer*⟩ cappottatura *f.*

cowman ['kaumən] *s.irr.* **1** vaccaro *m.* **2** ⟨*am*⟩ allevatore *m* di bestiame.

co-worker [kou'wə:kə] *s.* compagno *m* (*f* –a) di lavoro.

cow|parsnip *s.* ⟨*Bot*⟩ panacea *f.* ~**pea** *s.* ⟨*Bot*⟩ fagiolo *m* dall'occhio. ~**pox** *s.* ⟨*Veter*⟩ vaiolo *m* bovino, vaccina *f.* ~**puncher** *am. s.* buttero *m,* cowboy *m.*

cowrie ['kauri] *s.* **1** ⟨*Zool*⟩ ciprea *f.* **2** (*shell*) conchiglia *f* di ciprea.

cowshed ['kauʃəd] *s.* → **cowhouse. cowshed manure** *s.* letame *m* bovino.

cow|slip *s.* ⟨*Bot*⟩ **1** primavera *f* odorosa, primula *f* odorosa. **2** (*marsh marigold*) farfarugine *f,* calta *f.* ~ **town** *am. s.* ⟨*spreg*⟩ cittadina *f* di provincia. ~**-tree** *s.* ⟨*Bot*⟩ albero *m* del latte.

cox [koks] *s./v.* ⟨*fam*⟩ → **coxswain.**

coxa ['koksə] *s.* (*pl.* **coxae** [-si:]) **1** ⟨*Anat*⟩ anca *f,* coxa *f.* **2** ⟨*Entom*⟩ coxa *f.* **coxal** [-l] *a.* del fianco, dell'anca.

coxcomb ['kɔkskəum] *s.* **1** bellimbusto *m*, damerino *m*, zerbinotto *m*. **2** ⟨*ant*⟩ (*jester's cap*) berretto *m* da giullare. **cox'combic** [–ik], **cox'combical** [–ikəl] *a.* vanitoso, fatuo. **cox'combry** [–ri] *s.* fatuità *f*, vanità *f*.

coxswain ['kɔksn, –swein] **I** *s.* ⟨*Sport,Mar*⟩ timoniere *m*. **II** *v.t.* guidare come timoniere. **III** *v.i.* stare al timone, fare da timoniere.

coy [kɔi] *a.* **1** riservato, timido, schivo. **2** (*coquettish*) civettuolo, vezzoso. **'coyness** [–nis] *s.* timidezza *f*, ritrosia *f*, riservatezza *f*.

coyote *sp.* ['kɔiout, *am.* kɔi'outi] *s.* **1** ⟨*Zool*⟩ coyote *m*, cane *m* della prateria, lupo *m* della steppa. **2** ⟨*am.sl*⟩ imbroglione *m* (*f* –a).

cozen ['kʌzn] **I** *v.t.* **1** imbrogliare, raggirare; (*to defraud*) frodare, truffare: *to* ~ *s.o. out of s.th.* frodare qc. a qd. **2** (*to deceive*) ingannare, indurre con l'inganno: *to* ~ *s.o. into doing s.th.* indurre con l'inganno qd. a fare qc. **II** *v.i.* imbrogliare. **cozenage** [–idʒ] *s.* **1** frode *f*. **2** (*instance*) inganno *m*.

cozily ['kouzili] *avv.* → **cosily. coziness** [–zinis] *s.* → **cosiness. cozy** [–zi] *a./s.* → **cosy.**

cp. = *compare* confronta (*abbr.* cfr.).

c.p. = ⟨*El*⟩ *candle power* intensità in candele.

cpl. = ⟨*Mil*⟩ *corporal* caporale (*abbr.* cap.).

CP/M = ⟨*Inform*⟩ *Control Program for Microcomputers* programma di controllo per microcalcolatori.

C.P.O. = ⟨*Mar*⟩ *Chief Petty Officer* primo sottufficiale.

cps = ⟨*El*⟩ *cycles per second* cicli al secondo.

CPU = ⟨*Inform*⟩ *Central Processing Unit* unità centrale di elaborazione.

cr. = **1** *credit* credito. **2** *creditor* creditore.

crab[1] [kræb] *s.* **1** ⟨*Zool*⟩ granchio *m*. **2** ⟨*Mecc*⟩ (*winch*) argano *m*, verricello *m*; (*crane*) gru *f* a benna. **3** ⟨*Mar*⟩ arganello *m*. **4** ⟨*Aer*⟩ deriva *f*. **5** ⟨*Entom*⟩ → **crab louse. Crab** *N.pr.* ⟨*Astr*⟩ Granchio *m*, Cancro *m*. □ *to turn out* –*s* (*of an enterprise, etc.*) far fiasco, fallire.

crab[2] *v.i.* (*pret., p.p.* **crabbed** [–d]) **1** ⟨*Aer*⟩ compensare la deriva. **2** ⟨*Mar*⟩ andare alla deriva. **3** (*to fish for crabs*) pescare granchi.

crab[3] *s.* **1** → **crab apple. 2** → **crabstick.**

crab[4] *v.* (*pret., p.p.* **crabbed** [–d]) **I** *v.i.* **1** (*of hawks*) azzuffarsi. **2** (*to complain*) brontolare (*at, about* per, su), lamentarsi (di). **II** *v.t.* **1** (*of a hawk*) artigliare. **2** (*to complain about*) lamentarsi (*o* lagnarsi) di, trovare da ridire su. **3** (*to spoil*) guastare, rovinare.

crab apple *s.* **1** (*wild apple*) mela *f* selvatica. **2** (*small, cultivated apple*) mela *f* cotogna. **3** ⟨*Bot*⟩ melo *m* selvatico.

crabbed ['kræbid] *a.* **1** sgarbato, bisbetico, acido; (*sour-tempered*) scontroso, intrattabile. **2** (*difficult to understand*) oscuro, contorto, intricato; (*of handwriting*) illeggibile, indecifrabile. **crabbedness** [–nis] *s.* acidità *f*, asprezza *f*. **crabby** [–bi] *a.* acido, aspro, bisbetico.

crab grass *s.* ⟨*Bot*⟩ **1** sanguinella *f*. **2** (*eleusine*) eleusina *f*.

crablike ['kræblaik] *a.* come (*o* simile a) un granchio.

crab| louse *s.irr.* ⟨*Entom*⟩ pidocchio *m* inguinale (*o* del pube), piattola *f*. ~ **pot** *s.* ⟨*Pesc*⟩ nassa *f*. ~**stick** *s.* ⟨*fig*⟩ persona *f* acida (*o* bisbetica). ~ **tree** *s.* ⟨*Bot*⟩ melo *m* selvatico.

crack[1] [kræk] **I** *v.i.* **1** schioccare: *the whip* –*ed* la frusta schioccò. **2** (*to crunch*) scricchiolare. **3** (*to break*) spaccarsi, spezzarsi, incrinarsi, fendersi. **4** (*of the voice*) incrinarsi, diventare stridula. **5** ⟨*fig*⟩ (*to give way*; spesso con *up*) cedere, crollare: *he* –*ed under interrogation* crollò durante l'interrogatorio. **II** *v.t.* **1** schioccare, far (s)crocchiare: *to* ~ *one's knuckles* far crocchiare le nocche. **2** (*to break into fissures*) incrinare, fendere, spaccare; (*to break with a sudden sound*) schiacciare: *to* ~ *nuts* schiacciare noci. **3** (*to strike*) colpire, picchiare: *to* ~ *s.o. over the head* colpire qd. sulla testa. **4** ⟨*fam*⟩ (*to solve*) risolvere, decifrare, chiarire: *to* ~ *a code* decifrare un codice. **5** ⟨*fam*⟩ (*of a joke*) dire, raccontare. **6** ⟨*fam*⟩ (*of a bottle of wine, etc.*) stappare e scolare; (*of a safe*) scassinare, forzare. **7** ⟨*Chim*⟩ sottoporre a piroscissione. □ ⟨*am*⟩ *to* ~ **down** dare un giro di vite (*on* a), prendere severe misure (contro); ⟨*fam*⟩ *to* **get** –*ing* mettersi

all'opera; *to* ~ **up**: **1** ⟨*fam*⟩ fracassare, schiantare: *to* ~ *up an aeroplane* fracassare un aeroplano; **2** ⟨*fam*⟩ (*to praise*) lodare, decantare, magnificare; **3** (*to break down in health*) crollare.

crack[2] **I** *s.* **1** scoppio *m*, schiocco *m*, schianto *m*: *the* ~ *of a rifle* lo scoppio di un fucile. **2** (*fissure*) incrinatura *f*, spaccatura *f*, crepa *f*, fenditura *f*: –*s in the ice* crepe nel ghiaccio; *a* ~ *in a glass* un'incrinatura in un bicchiere. (*slight opening*) fessura *f*: *a* ~ *in the door* una fessura nella porta. **3** (*blow*) colpo *m*, percossa *f*, botta *f*. **4** ⟨*fam*⟩ (*witty remark*) battuta *f*, frizzo *m*. **5** ⟨*fam*⟩ (*attempt*) tentativo *m*, prova *f*. **6** ⟨*fam*⟩ (*instant*) attimo *m*, istante *m*, baleno *m*. **7** ⟨*sl*⟩ (*burglary*) scasso *m*, effrazione *f*. **8** ⟨*fam*⟩ (*one who excels*) asso *m*, fuoriclasse *m/f*. **9** ⟨*Edil*⟩ crepa *f*, lesione *f*. **10** ⟨*Met*⟩ cricca *f*. **II** *a.* ⟨*fam*⟩ eccellente, ottimo, formidabile: *a* ~ *shot* un tiro formidabile. **III** *avv.* con uno schiocco (*o* schianto). **IV** *intz.* crac. □ *at the* ~ *of dawn* alle prime luci dell'alba. ⟨*fam*⟩ *to have* (o *take*) *a* ~ *at s.th.* tentare di fare qc.

crack|brain *s.* **1** eccentrico *m* (*f* –a); (*fool*) stupido *m* (*f* –a). **2** (*insane person*) matto *m* (*f* –a). ~-**brained** *a.* **1** bizzarro, stravagante, strambo; (*foolish*) stupido. **2** (*insane*) folle, pazzo, matto. ~-**down** *s.* severo provvedimento *m*, giro *m* di vite.

cracked [krækt] *a.* **1** incrinato, crepato, fesso; (*broken into pieces*) a (*o* in) pezzi, spezzettato, infranto. **2** (*of the voice*) incrinato, stridulo, fesso. **3** ⟨*fam*⟩ eccentrico, stravagante; (*crazy*) matto, scemo.

cracker ['krækə] *s.* **1** ⟨*Gastr*⟩ crack(er) *m*. **2** (*firecracker*) petardo *m*, castagnola *f*. **3** ⟨*am.spreg*⟩ bianco *m* povero. □ ~ *of jokes* burlone *m* (*f* –a).

crackerjack ['krækədʒæk] **I** *s.* ⟨*fam*⟩ asso *m*, fuoriclasse *m/f*. **II** *a.* eccellente, eccezionale.

crackers ['krækəz] *a.* ⟨*fam*⟩ pazzo, matto, folle.

cracking ['krækiŋ] **I** *s.* **1** ⟨*Chim*⟩ piroscissione *f*, pirolisi *f*. **2** ⟨*Met*⟩ criccatura *f*. **II** *a.* ⟨*fam*⟩ straordinario, eccezionale.

crackjaw ['krækdʒɔ] *a.* ⟨*fam*⟩ difficile a pronunziarsi.

crackle ['krækl] **I** *v.i.* **1** scoppiettare, crepitare, scricchiolare: *the fire* –*d* il fuoco scoppiettava. **2** ⟨*Ceram*⟩ screpolarsi. **II** *v.t.* far scoppiettare, far crepitare. **III** *s.* **1** scricchiolio *m*, crepitio *m*, scoppiettio *m*. **2** ⟨*Ceram*⟩ screpolatura *f*. **crackling** [–iŋ] *s.* **1** scricchiolio *m*, crepitio *m*, scoppiettio *m*. **2** ⟨*Gastr*⟩ (*of roast pork*) cotenna *f* croccante. **3** *pl.* ⟨*Gastr*⟩ (*cracknels*) ciccioli *mpl.*

cracknel ['kræknəl] *s.* ⟨*Gastr*⟩ **1** (*biscuit*) biscotto *m* croccante. **2** *pl.* (*of pork*) ciccioli *mpl.*

crackpot ['krækpɔt] ⟨*fam*⟩ **I** *s.* picchiatello *m* (*f* –a), tipo *m* strambo, stravagante *m/f*. **II** *a.* stravagante, strambo.

cracksman ['kræksmən] *s.irr.* ⟨*sl*⟩ scassinatore *m*.

crack-up ['krækʌp] *s.* ⟨*fam*⟩ **1** esaurimento *m* nervoso. **2** (*crash, collision*) collisione *f*, scontro *m*. **3** (*collapse, breakdown*) rottura *f*, cessazione *f*.

cracky ['kræki] *a.* **1** pieno di crepe, screpolato. **2** → **crack-brained.**

cradle ['kreidl] **I** *s.* **1** culla *f* (*anche fig.*): *the* ~ *of Western civilization* la culla della civiltà occidentale. **2** ⟨*Mecc,Aer,Mar*⟩ culla *f*, intelaiatura *f* di sostegno. **3** ⟨*Mar*⟩ (*launching cradle*) invasatura *f*. **4** ⟨*Aut*⟩ sdraio *m* carrellino *m*. **5** ⟨*Minier*⟩ crivello *m*, vaglio *m*. **6** ⟨*Med*⟩ archetto *m*, gabbia *f* (per sollevare le coperte). **7** ⟨*Edil*⟩ centina *f*. **8** ⟨*Art*⟩ intelaiatura *f*. **9** ⟨*Tel*⟩ forcella (portamicrofono). **II** *v.t.* **1** cullare. **2** (*to nurture*) allevare, educare (*anche fig.*). **3** ⟨*fig*⟩ (*to hug protectively*) cullare stringere a sé. **4** ⟨*Agr*⟩ falciare con una falce dentata. **5** ⟨*Tel*⟩ posare sulla forcella. **6** ⟨*Minier*⟩ passare al crivello, vagliare.

cradle| scythe *s.* ⟨*Agr*⟩ falce *f* dentata. ~ **song** *s.* ninnananna *f*.

craft [krɑ:ft] *s.* **1** mestiere *m*: *school for arts and* –*s* scuola di arti e mestieri. **2** (*skill*) arte *f*, abilità *f*, destrezza *f*, maestria *f*. **3** (*cunning*) astuzia *f*, furberia *f*, scaltrezza *f*, (*deceit*) inganno *m*. **4** (*members of a trade*) corporazione *f*, categoria *f*. **5** ⟨*Mar*⟩ imbarcazione *f*, barca *f*, natante *m*. **6** ⟨*collett*⟩ (*ships*; costr. sing. o pl.) navi *fpl.* **7** ⟨*Aer*⟩ aeroplano *m*. **8** ⟨*collett*⟩ (*aircraft*; costr. sing. o pl.

aeroplani *mpl.*

craftily ['krɑːftili] *avv.* astutamente, scaltramente.
craftiness [–tinis] *s.* astuzia *f,* furberia *f,* scaltrezza *f.*
craftsman ['krɑːftsmən] *s.irr.* **1** artigiano *m.* **2** *(fig)* artista *m,* maestro *m.* **craftsmanship** [–ʃip] *s.* arte *f,* abilità *f,* maestria *f.*
craft union *s.* corporazione *f,* associazione *f* di categoria.
crafty ['krɑːfti] *a.* furbo, astuto, scaltro.
crag [kræg] *s.* balza *f,* dirupo *m,* rupe *f,* roccia *f* scoscesa.
'**cragginess** ·[–inis] *s.* l'essere scosceso, ripidezza *f.*
'**craggy** [–i] *a.* dirupato, scosceso. '**cragsman** [–zmən] *s.irr.* rocciatore *m.*
crake [kreik] **I** *s.* ⟨*Ornit*⟩ creca *f,* re *m* di quaglie. **II** *v.i.* gracchiare.
cram[1] [kræm] *v. (pret., p.p.* **crammed** [–d]) **I** *v.t.* **1** riempire, (ri)colmare, imbottire; *(to force, stuff)* calcare, stipare, ammassare: *to ~ food into a cupboard* stipare cibo in una credenza. **2** *(to overfeed)* ingozzare, rimpinzare. **3** ⟨*fam*⟩ *(to coach for an examination)* preparare intensivamente; *(of a subject)* studiare affrettatamente. **II** *v.i.* **1** ingozzarsi, rimpinzarsi. **2** ⟨*fam*⟩ *(to study intensively;* spesso con *up)* sgobbare, fare una bella sgobbata. **3** ⟨*fam*⟩ *(to tell a lie)* dire una bugia.
cram[2] *s.* **1** folla *f,* calca *f,* ressa *f.* **2** ⟨*fam*⟩ *(intense studying)* sgobbata *f.* **3** ⟨*fam*⟩ bugia *f,* ⟨*fam*⟩ balla *f.*
'**cram-full** *a.* pieno zeppo, strapieno.
crammer ['kræmə] *s.* **1** ⟨*Zootecn*⟩ ingozzatrice *f.* **2** ⟨*scol*⟩ *(coach)* insegnante *m/f* che prepara intensivamente; *(student)* studente *m (f* –essa*)* che si prepara all'ultimo momento.
cramp[1] [kræmp] **I** *s.* ⟨*Med*⟩ crampo *m,* spasmo *m: writer's ~* crampo *m* dello scrivano. **II** *v.t. (o* far venire*)* i crampi a.
cramp[2] **I** *s.* **1** ⟨*Edil*⟩ → **cramp iron**. **2** ⟨*tecn*⟩ morsetto *m,* morsa *f.* **3** ⟨*Calz*⟩ forma *f* (per tomaia). **4** ⟨*fig*⟩ impedimento *m,* ostacolo *m,* freno *m.* **II** *a.* → **cramped**. **III** *v.t.* **1** ⟨*tecn*⟩ stringere in' *(o* fissare con*)* una morsa. **2** *(fig)* ostacolare, impedire, intralciare.
'**cramped** [kræmpt] *a.* **1** *(restricted in space)* ristretto, limitato, costretto. **2** *(of handwriting)* illeggibile, indecifrabile.
'**cramp|fish** *s.* ⟨*Itt*⟩ torpedine *f.* **~ iron** *s.* ⟨*Edil*⟩ grappa *f,* graffa *f.*
'**crampon** ['kræmpən] *s.* **1** ⟨*Edil*⟩ grappa *f (o* braga*)* a gancio. **2** *pl.* ⟨*Alp*⟩ ramponi *mpl,* grappette *fpl.*
cranage ['kreinidʒ] *s.* ⟨*Mar*⟩ **1** uso *m* di una gru. **2** *(price)* tariffa *f* per l'uso di una gru.
'**cranberry** ['krænbəri] *s.* ⟨*Bot*⟩ mirtillo *m.*
crane [krein] **I** *s.* **1** ⟨*Ornit,Mecc,Cin,TV*⟩ gru *f.* **2** ⟨*Mar*⟩ sifone *m.* **3** *(for a fireplace)* braccio *m* girevole (per paiolo). **4** ⟨*Ferr*⟩ *(water crane)* tubo *m* di rifornimento d'acqua. **Crane** *N.pr.* ⟨*Astr*⟩ Gru *f.* **II** *v.t.* **1** ⟨*Mecc*⟩ spostare *(o* sollevare*)* con una gru. **2** *(of the neck)* allungare. **III** *v.i.* allungare il collo.
'**crane| fly** *s.* ⟨*Entom*⟩ tipula *f.* **~man** [mən] *s.irr.* gruista *m.*
'**crane's-bill** ['kreinzbil] *s.* ⟨*Bot*⟩ geranio *m.*
'**cranial** ['kreiniəl] *a.* ⟨*Anat*⟩ cranico, craniale, cefalico.
'**craniectomy** [kreini'ektəmi] *s.* ⟨*Chir*⟩ craniectomia *f.*
'**craniological** [ˌkreiniə'lɔdʒikəl] *a.* craniologico.
'**craniologist** [–ni'ɔlədʒist] *s.* craniologo *m.* **craniology** [–ni'ɔlədʒi] *s.* craniologia *f.*
'**craniometer** [ˌkreini'ɔmətə] *s.* ⟨*tecn*⟩ cefalometro *m,* craniometro *m.* **craniometrist** [–trist] *s.* specialista *m/f* in craniometria. **craniometry** [–tri] *s.* craniometria *f,* cefalometria *f.*
'**cranioscopy** [ˌkreini'ɔskəpi] *s.* cranioscopia *f.*
'**craniotome** ['kreiniətoum] *s.* craniotomo *m.*
'**cranium** ['kreinjəm] *s. (pl.* -s [z]/-**nia** [niə]*)* ⟨*Anat*⟩ **1** *(skull)* cranio *m.* **2** *(braincase)* scatola *f* cranica.
crank[1] [kræŋk] *s.* **1** ⟨*Mecc*⟩ manovella *f,* gomito *m.* **2** ⟨*fig*⟩ *(eccentric person)* eccentrico *m (f* –a*),* stravagante *m/f,* tipo *m* bizzarro. **II** *a. (of machinery)* non in ordine, sconquassato. **III** *v.t.* **1** curvare *(o* piegare*)* a gomito. **2** ⟨*Mot*⟩ *(to move by a crank)* spesso con *up)* far partire, mettere in moto. **3** *(to furnish with a crank)* fornire di manovella. '**IV** *v.i.* **1** ⟨*Mot*⟩ girare la manovella di

avviamento. **2** ⟨*Cin*⟩ girare, riprendere.
crank[2] *a.* ⟨*Mar*⟩ *(of a boat, ship)* instabile.
crank case *s.* ⟨*Mot*⟩ basamento *m (o* banco*)* del motore.
crankiness ['kræŋkinis] *s.* **1** irritabilità *f.* **2** *(eccentricity)* eccentricità *f,* stravaganza *f,* bizzarria *f.* **3** ⟨*Mar*⟩ instabilità *f.*
crankle ['kræŋkl] **I** *s.* curva *f,* svolta *f.* **II** *v.i.* curvarsi, avvolgersi.
crankshaft ['kræŋkʃæft] *s.* ⟨*Mecc*⟩ albero *m* a gomiti.
cranky ['kræŋki] *a.* **1** nervoso, irascibile. **2** *(eccentric)* eccentrico, stravagante, bizzarro. **3** *(of machinery)* non in ordine, sconquassato. **4** *(crooked)* storto, curvo.
crannied ['krænid] *a.* screpolato, crepato.
crannog ['krænəg] *s.* ⟨*Archeol*⟩ *(in Ireland, Scotland)* abitazione *f* lacustre.
cranny ['kræni] *s.* **1** fessura *f,* crepa *f.* **2** ⟨*fig*⟩ recesso *m.*
crap[1] *am.* [kræp] *s.* **1** *(in dice)* tiro *m* sfortunato. **2** → **craps**.
crap[2] *s.* ⟨*sl*⟩ **1** ⟨*triv*⟩ sterco *m,* escremento *m,* ⟨*triv*⟩ merda *f.* **2** *(nonsense)* sciocchezze *fpl,* ⟨*volg*⟩ fesserie *fpl.*
crap[3] *v.i. (pret., p.p.* **crapped** [–t]*)* ⟨*triv*⟩ defecare, ⟨*triv*⟩ cacare.
crape [kreip] *s.* → **crêpe**.
craps *am.* [kræps] *s.pl.* (costr.sing.) gioco *m* d'azzardo con i dadi. ▢ *to shoot ~* gettare *(o* tirare*)* i dadi.
crapshooter *am.* ['kræpʃuːtə] *s.* giocatore *m (f* –trice*)* di dadi.
crapulence ['kræpjuləns], **crapulency** [–i] *s.* crapula *f,* bagordo *m,* gozzoviglia *f,* bisboccia *f.* **crapulent** [–lənt] *a.* sofferente 'd'indigestione' *(o* di nausea*).* **crapulous** [–ləs] *a.* **1** dedito alla crapula, intemperante. **2** → **crapulent**.
crapy ['kreipi] *a.* simile a crespo, (in)crespato.
crash[1] [kræʃ] **I** *v.t.* **1** fare a pezzi, fracassare. **2** ⟨*Aer*⟩ far precipitare, (far) schiantare al suolo. **3** ⟨*fam*⟩ *(of a party, etc.)* entrare senza invito a *(o* in*),* intrufolarsi in. **II** *v.i.* **1** fracassarsi, cadere rumorosamente. **2** ⟨*Aer*⟩ precipitare, schiantarsi al suolo. **3** ⟨*Aut*⟩ scontrarsi (con fracasso), cozzare *(against, into* contro*).* **4** *(to make a loud noise)* fare fracasso, provocare un rumore assordante. **5** ⟨*fig*⟩ *(to collapse suddenly)* crollare, fallire, andare in rovina. **III** *s.* **1** *(collision)* scontro *m: a car ~* uno scontro automobilistico; *(impact)* cozzo *m,* urto *m* (violento). **2** ⟨*Aer*⟩ disastro *m.* **3** *(loud noise)* fracasso *m,* fragore *m,* frastuono *m,* schianto *m.* **4** ⟨*fig*⟩ *(collapse)* crollo *m,* fallimento *m.* **IV** *a.* ⟨*fam*⟩ accelerato, affrettato: *a ~ course in English* un corso accelerato d'inglese.
crash[2] *s.* ⟨*Tess*⟩ tela *f* di lino pesante.
'**crash| course** *s.* corso *m* accelerato. **~ -'dive I** *s.* ⟨*Mar.mil*⟩ immersione *f* rapidissima. **II** *v.i.* fare una immersione rapida. **~ helmet** *s.* casco *m* antiurto. '**~'land** *v.i.* ⟨*Aer*⟩ fare un atterraggio di fortuna. '**~'landing** *s.* atterraggio *m* di fortuna. **~ programme** *s.* programma *m* d'urgenza. **~worthy** *a. (of a car)* resistente.
crasis ['kreisis] *s. (pl.* -ses [siːz]*)* ⟨*Gramm,Med*⟩ crasi *f.*
crass [kræs] *a.* crasso, grossolano: *~ ignorance* ignoranza crassa. '**crassitude** [–itjuːd], '**crassness** [–nis] *s.* grossolanità *f.***cratch** [krætʃ] *s.* mangiatoia *f,* rastrelliera *f.*
crate [kreit] **I** *s.* **1** cassa *f (o* gabbia*)* da imballaggio; *(basket)* cesta *f* di vimini (per imballaggio). **2** ⟨*fam*⟩· *(old car, aeroplane)* ⟨*fam*⟩ macinino *m,* ⟨*fam*⟩ caffettiera *f.* **II** *v.t.* imballare in casse.
crater ['kreitə] *s.* **1** ⟨*Geol,Archeol*⟩ cratere *m.* **2** *(bomb hole, etc.)* cratere *m.* **Crater** *N.pr.* ⟨*Astr*⟩ Cratere *m.*
cratered [–d] *a.* pieno di crateri.
cravat [krə'væt] *s.* ⟨*Vest*⟩ cravatta *f* larga; *(neck cloth)* fazzoletto *m* da collo. **cravatted** [–id] *a.* che porta una cravatta larga.
crave [kreiv] **I** *v.t.* **1** bramare, desiderare intensamente. **2** *(to beg)* implorare, scongiurare, chiedere con insistenza. **II** *v.i.* provare un ardente desiderio *(for, after* di*),* bramare (qc.).
craven ['kreivən] **I** *a.* codardo, vile, vigliacco, pusillanime.

II s. codardo m (f –a), vile m/f, vigliacco m (f –a). □ ⟨fig⟩ to cry ~ arrendersi. **cravenness** [–nis] s. viltà f, codardia f, vigliaccheria f.

craving ['kreiviŋ] **I** s. desiderio m ardente, brama f, ⟨fam⟩ voglia f matta: a ~ for alcohol un ardente desiderio di alcolici. **II** a. ardente, intenso, veemente.

craw [krɔ:] s. **1** ⟨Ornit⟩ gozzo m. **2** ⟨Zool⟩ stomaco m.

crawfish ['krɔ:fiʃ] s. → **crayfish**.

crawl[1] [krɔ:l] **I** v.i. **1** strisciare; (of a baby) camminare a quattro zampe. **2** ⟨fig⟩ avanzare (o procedere) lentamente: to ~ through the traffic procedere lentamente in mezzo al traffico; (to drag along) trascinarsi, arrancare. **3** (to toady) strisciarsi (a), adulare: to ~ to one's boss strisciarsi al proprio superiore. **4** (to be alive with) brulicare, formicolare (with di). **5** (of a person) avere la pelle d'oca; (of one's flesh) accapponarsi: spiders make her flesh ~ i ragni le fanno 'accapponare la pelle' (o venire la pelle d'oca). **6** ⟨am⟩ (to do the crawl) nuotare a crawl. **II** s. **1** lo strisciare. **2** ⟨fig⟩ progresso m lento, lento progredire m. **3** ⟨Sport⟩ crawl m.

crawl[2] s. vivaio m subacqueo.

crawler ['krɔ:lə] s. **1** persona f (o cosa) che striscia. **2** ⟨fig⟩ persona f servile, ⟨fam⟩ leccapiedi m/f. **3** ⟨Mecc⟩ trattore m cingolato (o a cingoli). **4** pl. (baby garment) tuta f per bambini piccoli.

'crawl 'swimmer s. crawlista m/f, nuotatore m (f –trice) di crawl.

crawly ['krɔ:li] a. ⟨fam⟩ che fa rabbrividire (o accapponare la pelle), che fa venire la pelle d'oca.

crayfish ['kreifiʃ] s. ⟨Zool⟩ **1** gambero m. **2** (spiny lobster) aragosta f.

crayon ['kreiən] **I** s. **1** crayon m, pastello m, matita f colorata; (of chalk) gessetto m. **2** (drawing) pastello m. **II** v.t. disegnare a pastello.

craze [kreiz] **I** v.t. **1** fare impazzire, far diventare matto. **2** ⟨Ceram⟩ screpolare, incrinare. **II** v.i. ⟨Ceram⟩ screpolarsi. **III** s. **1** (fad) mania f, smania f; (fashion) moda f del momento, voga f. **2** ⟨Ceram⟩ screpolatura f. **crazed** [–d] a. **1** pazzo, matto, folle. **2** ⟨Ceram⟩ screpolato, incrinato. **'craziness** [–inis] s. pazzia f, follia f. **'crazing** [–iŋ] s. ⟨Ceram⟩ screpolatura f.

crazy ['kreizi] a. **1** matto, pazzo, folle. **2** (senseless) assurdo, insensato. **3** (enthusiastic) matto, pazzo, entusiasta (about per). **4** ⟨fam⟩ (infatuated) pazzo, matto: she's ~ about (o over) him è pazza di lui. **5** (bizarre) stravagante, strampalato. **6** (of a building) pericolante, instabile. □ ⟨fam⟩ to drive s.o. ~ fare impazzire qd.; ⟨fam⟩ to go ~ impazzire, diventare matto; ⟨sl⟩ like ~ come un pazzo.

crazy| bone am. s. ⟨Anat⟩ osso m cubitale. **'~ 'quilt** am. s. **1** trapunta f fatta di pezzi di stoffa irregolari. **2** (hodgepodge) miscuglio m, guazzabuglio m.

creak [kri:k] **I** v.i. cigolare, stridere, scricchiolare. **II** s. cigolio m, stridio m, scricchiolio m. **'creaky** [–i] a. cigolante, stridente.

cream [kri:m] **I** s. **1** panna f, crema f. **2** ⟨Farm,Cosmet⟩ crema f. **3** (purée, soup) crema f, passato m: ~ of tomato soup crema di pomodori. **4** ⟨fig⟩ (best part) crema f, fior fiore m: the ~ of society la crema della società. **5** (colour) color m crema, crema m. **II** v.i. **1** fare la panna. **2** ⟨fig⟩ (to froth, foam) fare la spuma, spumeggiare. **III** v.t. **1** (of milk) scremare. **2** (to prepare with cream) cucinare con la panna. **3** ⟨Cosmet⟩ spalmare (o applicare) la crema su. □ ⟨fam⟩ the ~ of the crop la crema della crema; ⟨Chim⟩ ~ of tartar cremore m di tartaro; cremortartaro m.

cream| cake s. ⟨Dolc⟩ torta f alla crema. **~ cheese** s. formaggio m fresco e burroso. **'~-'coloured** a. color crema.

creamer ['kri:mə] s. **1** (separator) scrematrice f. **2** ⟨am⟩ (jug) bricchetto m per la panna. **creamery** [–ri] s. **1** caseificio m. **2** (shop) latteria f.

creamery industry s. industria f lattiero–casearia.

cream ice s. gelato m.

creaminess ['kri:minis] s. cremosità f; (softness) morbidezza f.

cream| laid s. ⟨Cart⟩ carta f da lettera filigranata. **~ puff** s. bignè m.

creamy ['kri:mi] a. **1** cremoso, ricco di crema (o panna). **2** (smooth, soft) morbido, soffice, vellutato.

crease [kri:s] **I** s. **1** piega f, piegatura f, grinza f. **2** (of the face) ruga f, piega f, grinza f. **3** ⟨Sport⟩ (popping crease) linea f del battitore; (bowling crease) linea f del lanciatore. **II** v.t. spiegazzare, sgualcire; (of trousers) fare la piega a. **III** v.i. sgualcirsi. □ ⟨Tess⟩ ~-resistant inqualcibile antipiega. **creased** [–t] a. sgualcito, spiegazzato. **'creasing** [–iŋ] s. ⟨Legat⟩ cordonatura f. **'creasy** [–i] a. → **creased**.

create [kri'eit] **I** v.t. **1** creare, fare, produrre: God –d the world Dio creò il mondo. **2** (to appoint) nominare, eleggere: to ~ s.o. a judge nominare qd. giudice. **3** (to cause) suscitare, creare, causare, far sorgere: to ~ difficulties creare difficoltà. **II** v.i. **1** creare, inventare, ideare. **2** ⟨fam⟩ (to make a fuss) far tragedie (o storie).

creatine ['kri:əti:n] s. ⟨Chim⟩ creatina f.

creation [kri'eiʃən] s. **1** creazione f (anche fig.). **2** (the world) creato m, universo m; (creatures) creature fpl esseri mpl creati, creato m. **3** (investiture) nomina f elezione f. **creationism** [–izəm] s. ⟨Filos,Teol⟩ creazionismo m. **creationist** [–ist] s. seguace m/f del creazionismo.

creative [kri'eitiv] a. creativo; (imaginative) ricco d'inventiva. □ ⟨Filos⟩ ~ evolution evoluzione creatrice. **creatively** [–li] avv. in modo creativo. **creativeness** [–nis], **creativity** [kriə'tiviti] s. **1** creatività f. **2** (ability) facoltà f (o capacità) creativa. **creator** [–tə] s. creatore m (f –trice). **Creator** s. Creatore m.

creature ['kri:tʃə] s. **1** essere m vivente, creatura f (animal) animale m; (human being) creatura f, essere m umano. **2** ⟨fig⟩ creatura f, protetto m (f –a): he is a ~ of the minister's è una creatura del ministro; (slave) schiavo m (f –a): a ~ of habit uno schiavo delle abitudini. **3** ⟨fam⟩ (spirits) bevanda f alcolica; (whisky) whisky m. □ our fellow –s i nostri simili.

creature comforts s.pl. agi mpl, comodità fpl.

crèche fr. [kreiʃ] s. **1** asilo m infantile, nido m (d'infanzia); (foundling home) brefotrofio m. **3** (crib) presepio m.

credence ['kri:dəns] s. **1** credenza f, fede f. **2** (trustworthiness) credito m, fiducia f. **3** ⟨Lit⟩ (credenc table) credenza f.

credential [kri'denʃəl] s. **1** pl. ⟨Dipl⟩ credenziali fpl lettere fpl credenziali. **2** ⟨Econ⟩ lettera f di credito **credentialism** [–izm] s. eccessivo valore m attribuito a titoli di studio.

credibility [ˌkredi'biliti] s. credibilità f. **'credible** [–bl] a credibile; (trustworthy) degno di fede, attendibile **'credibly** [–bli] avv. credibilmente, in maniera attendibile.

credit ['kredit] **I** s. **1** credito m, fede f: to give (o lend) ~ to a rumour 'dar credito' (o prestar fede) a una voce. **2** (honour) onore m, merito m. **3** (acknowledgement) riconoscimento m. **4** (standing) ascendente m, influenza f (esteem) credito m, stima reputazione f. **5** ⟨Comm credito m, fido m: the firm's ~ stands high la ditta h molto credito. **6** ⟨Comm⟩ (book keeping) accreditament m, somma f a credito; (creditor side) colonna f dell'avere **7** ⟨Comm⟩ → **credit balance**. **8** ⟨am.Rad,TV⟩ annunci m pubblicitario. **9** ⟨am.Scol⟩ certificato m di promozion (basato sulle ore di frequenza). **10** ⟨am.Scol⟩ → **credi hour**. **11** pl. ⟨Cin⟩ titoli mpl. **II** v.t. **1** dar credito a prestar fede a, credere a. **2** (to ascribe to; general. al pass attribuire a: many herbs are –ed with healing powers molte erbe sono attribuite proprietà curative. **3** ⟨Comm (in book keeping) accreditare: to ~ s.o. with a sum accreditare una somma a qd. □ ⟨Comm⟩ to deal on ~ trattare a credito; to do s.o. ~ fare onore a qd.; to get ~ for s.th. vedersi attribuito il merito di qc.; to give ~ where credit is due riconoscere giustamente un merito; h is more intelligent than I gave him ~ for è più intelligent di quanto (non) credessi; to lose ~ perdere credibilità; t take (the) ~ for s.th. attribuirsi il merito di qc.; ⟨fam you wouldn't ~ it non lo crederesti.

creditable ['kreditəbl] a. lodevole, encomiabile, degno d elogio. **creditably** [–i] avv. con onore, in mod ncomiabile.

edit| account s. conto m creditori (o a credito). ~ **amount** s. ammontare m a credito. ~ **balance** s. 〈Comm〉 saldo m creditore. ~ **bank** s. banca f di credito. ~ **card** s. carta f di credito. ~ **circulation** s. 〈Econ〉 ircolazione f fiduciaria. ~ **crunch** s. stretta f creditizia. ~ **department** s. ufficio m crediti (o fidi). ~ **entry** s. 〈Econ〉 scrittura f di accredito. ~ **facilities** s.pl. 〈Econ〉 gevolazioni fpl creditizie. ~ **hour** am. s. 〈Scol〉 ora f di requenza, frequenza f. ~ **interest** s. interesse m reditore. ~ **limit**, ~ **line** s. 〈Econ〉 linea f di credito, astelletto m, fido m. ~ **management** s. gestione f del redito. ~ **money** s. 〈Econ〉 denaro m accettato in conto redito. ~ **note** s. 〈Econ〉 nota f di accredito. ~ **opening** s. apertura f (o accensione) di credito.
editor ['kredita] s. creditore m (f –trice).
editor| country s. 〈Pol〉 paese m creditore. ~ **firm** s. ditta f creditrice.
edit| policy s. politica f creditizia. ~ **'purchase** s. 〈Econ〉 acquisto m a credito (o termine). ~ **rating** s. 〈Econ〉 affidamento m. ~ **squeeze** s. stretta f creditizia. ~ **standing** s. posizione f creditizia. ~ **system** s. sistema m creditizio. ~ **taker** s. mutuatario m (f –a). ~ **titles** s., pl. 〈Cin〉 titoli mpl di testa. ~ **worthiness** s. capacità f di credito, affidabilità f. ~ **worthy** a. degno di credito (o fido), affidabile.
edo lat. ['kri:dəu] s. (pl. -s [z]) 〈fig〉 credo m, fede f, onvinzioni fpl. Credo s. 〈Rel,Lit〉 Credo m.
edulity [kri'djuliti] s. credulità f. **credulous** ['kredjuləs, m. -dʒələs] a. credulo, credulone. **credulously** 'kredjuləsli] avv. con credulità. **credulousness** kreidjuləsnis] s. → **credulity**.
eed [kri:d] s. 1 〈Rel〉 credo m. 2 (system of faith) lottrina f religiosa. 3 (religion) religione f, credo m. 4 fig) (beliefs) credo m, fede f, convinzioni fpl. Creed s. Rel,Lit〉 Credo m. **'creedless** [–lis] a. miscredente, enza fede.
eek [kri:k] s. 1 〈am〉 ruscello m, torrente m. 2 (inlet) piccola baia f, insenatura f, cala f. □ 〈sl〉 to be up the ~ ssere nei pasticci (o guai).
eel [kri:l] s. 1 〈Pesc〉 cestino m (usato per la pesca con a lenza); (for carrying fish) cesta f; (trap) nassa f. 2 Tess〉 rastrelliera f.
eep[1] [kri:p] v.i. (pret., p.p. crept [krept]) 1 strisciare. 2 to behave servilely) essere (o avere un atteggiamento) ervile, strisciare. 3 〈am〉 (of a baby) muoversi trisciando. 4 〈fig〉 (to move slowly) procedere (o vanzare) lentamente; (of time) scorrere (o passare) entamente. 5 〈fig〉 (to insinuate itself) insinuarsi, nfiltrarsi (into in). 6 〈fig〉 (to go stealthily) camminare (o nuoversi) furtivamente. 7 〈Bot〉 arrampicarsi. 8 〈Mar〉 dragare il fondo con un grappino. □ 〈fam〉 to make s.o.'s lesh ~ far venire la pelle d'oca a qd., far accapponare la elle a qd.; 〈fig〉 to ~ up on s.o. avvicinarsi furtivamente lle spalle di qd.
eep[2] s. 1 strisciamento m; (slow pace) andatura f lenta. 2 〈sl〉 persona f sgradevole; (sneak thief) ladruncolo m. 3 l. 〈sl〉 pelle f d'oca: to give s.o. the –s far venire la pelle 'oca a qd. 4 〈tecn〉 deformazione f permanente. 5 Geol,Met〉 scorrimento m. **'creepage** [–idʒ] s. 〈El〉 ispersione f. **'creeper** [–ə] s. 1 cosa f (o persona) che triscia; (reptile) rettile m. 2 〈Bot〉 pianta f rampicante. 3 l. 〈am〉 (baby garment) tuta f per bambini piccoli. 4 Mar〉 grappino m, ancorotto m. 5 pl. 〈Alp〉 ramponi mpl la ghiaccio.
eeper lane s. 〈Strad〉 corsia f d'arrampicamento.
eepiness [kri:pinis] s. l'essere raccapricciante.
eeping| barrage ['kri:piŋ] s. 〈Mil〉 barriera f di fuoco che si sposta con l'avanzare delle truppe). ~ **cinquefoil** 〈Bot〉 potentilla f. ~ **inflation** s. 〈Econ〉 inflazione f trisciante. ~ **paralysis** s. 〈Med〉 paralisi f progressiva anche fig.).
eepy ['kri:pi] a. 1 strisciante, che striscia. 2 〈fig〉 causing horror) che fa rabbrividire (o accapponare la elle), raccapricciante.
eepy-crawly I s. 〈infant〉 insetto m, verme m. II a. → reepy.

creese [kri:s] s. kris m, pugnale m malese.
cremate [kri'meit] v.t. cremare, incinerare. **cremation** [–'meiʃən] s. cremazione f, incinerazione f. **cremationist** [–'meiʃənist] s. sostenitore m (f –trice) della cremazione.
cremator [–ə] s. 1 chi esegue la cremazione. 2 → **crematory**.
crematorium [,kremə'tɔ:riəm] s. (pl. -s [z]/-ria [riə]) forno m crematorio. **'crematory** [–təri] s. 1 → **crematorium**. 2 (incinerator) inceneritore m.
crème fr. [krem] s. crema f: ~ de menthe crema di menta. □ ~ caramel crème caramel m.
crenate ['kri:neit] a. 1 〈Bot〉 crenato, merlato. 2 〈Anat〉 dentellato. **crenation** [–'neiʃən], **crenature** ['krenətʃə] s. 1 〈Bot〉 crenatura f, merlatura f. 2 〈Anat〉 dentellatura f.
crenel ['krenəl] s. 〈Arch〉 feritoia f. **'crenellate** [–nileit] I v.t. 〈Arch〉 guarnire di merli. II a. → **crenellated**. **'crenellated** [–nileitid] a. 〈Arch〉 merlato. **,crenellation** [–ni'leiʃən] s. 〈Arch〉 (battlement) merlatura f; (crenel) feritoia f. **crenelle** [kri'nel] s. → **crenel**.
Creole ['kri:oul] I s. 1 creolo m (f –a). 2 (language: in Spanish America) negro–spagnolo m; (in Louisiana) negro–francese m. II a. creolo.
creolin [kri:'oulin] s. 〈Chim〉 creolina f.
Creon ['kri:ɔn] N.pr. 〈Mitol〉 Creonte m.
creosote ['kri:əsout] s. 〈Chim〉 creosoto m.
crêpe fr. [kreip] s. 1 〈Tess〉 crêpe m, crespo m. 2 → **crêpe paper**. 3 (crape) fascia f nera (portata in segno di lutto).
crêpe| de Chine fr. [də'ʃi:n] s. 〈Tess〉 crespo m di Cina. ~ **paper** s. carta f crespata. ~ **rubber** s. 〈Calz〉 crêpe m, suola f rugosa di gomma (o para).
crepitant ['krepitənt] a. crepitante. **crepitate** [–teit] v.i. crepitare. **,crepitation** [–'teiʃən] s. 1 crepitio m, scoppiettio m. 2 〈Med〉 crepitazione f.
crept [krept] → **creep**[1].
crepuscular [kri'pʌskjulə] a. 1 crepuscolare. 2 〈Entom〉 che appaiono (o volano) al crepuscolo. 3 〈fig〉 (dim) crepuscolare, vago, indistinto. **,crepuscule** [–'kju:l] s. crepuscolo m.
cres., cresc. = 〈Mus〉 crescendo crescendo.
crescendo it. [krə'ʃendəu] s. (pl. –s/–es [z]) 〈Mus,fig〉 crescendo m.
crescent ['kresnt] I s. 1 〈Astr〉 falce f di luna. 2 (figure) figura f falciforme. 3 (emblem of Turkey) mezzaluna f. 4 〈fig〉 (Turkish, Islamic power) mezzaluna f, islamismo m. 5 〈Strad〉 strada f a semicerchio. II a. (crescent–shaped) falcato, a mezzaluna. 2 〈fig〉 crescente, in aumento. □ ~ moon luna crescente.
crescent roll s. 〈Dolc〉 cornetto m.
cresol ['kri:sɔl] s. 〈Chim〉 cresolo m.
cress [kres] s. 1 〈Bot〉 1 crocifera f. 2 (garden cress) crescione m inglese (o d'orto), agretto m. 3 (water cress) crescione m (d'acqua).
cresset ['kresit] s. lanterna f; (torch) torcia f.
crest [krest] I s. 1 〈Zool〉 cresta f; (of feathers) ciuffo m di piume; (mane) criniera f. 2 (of a helmet) cimiero m, pennacchio m, cresta f. 3 〈Arald〉 cimiero m. 4 (poet) (helmet) elmo m. 5 (of a mountain) cresta f, cima f; (of a wave) cresta f. 6 〈fig〉 (climax) apice m, culmine m, acme m. 7 〈Arch〉 linea f di displuvio (o colmo). 8 〈Anat,El〉 cresta f. II v.t. 1 munire di cresta (o pennacchio). 2 (to crown) coronare, sormontare. 3 (of a mountain, wave, etc.) raggiungere la sommità (o cima) di, arrivare in cresta a. III v.i. (of a wave) sollevarsi in creste. □ 〈fig〉 to be on the ~ of a wave essere sulla cresta dell'onda. **'crested** [–id] a. 〈Zool,Arald〉 crestato.
crestfallen ['krestfɔ:lən] a. 1 depresso, abbattuto. 2 (abashed) mortificato, umiliato, con la cresta abbassata.
Cretaceous [kri'teiʃəs] I a. 〈Geol〉 cretaceo. II s. cretaceo m.
Cretan ['kri:tən] I a. cretese. II s. cretese m/f. **Crete** [kri:t] N.pr. 〈Geog〉 Creta f.
cretin fr. ['kretin, am. 'kri:tn] s. 〈Med〉 cretino m (f –a) (anche estens.). **cretinism** [–izəm] s. 〈Med〉 cretinismo m. **cretinous** [–əs] a. cretino.
cretonne fr. [kre'tɔn] s. 〈Tess〉 cretonne f/m, cotonina f

stampata.

crevasse [kri'væs] *s.* **1** crepaccio *m.* **2** ⟨*am*⟩ falla *f* in un argine.

crevice ['krevis] *s.* crepa *f*, fessura *f*, fenditura *f*.

crew[1] [kru:] *s.* **1** gruppo *m*, squadra *f*. **2** ⟨*Mar,Aer,Sport*⟩ equipaggio *m*. **3** ⟨*spreg*⟩ (*gang*) banda *f*, combriccola *f*, cricca *f*. □ *a sorry* ~ una masnada; *a train* ~ il personale di un treno.

crew[2] → **crow**[2].

crew cut *s.* (*hair style*) taglio *m* a spazzola.

crewel ['kru:əl] *s.* ⟨*Lav.femm*⟩ filo *m* ritorto per ricamo su tela.

crewel‖ stitch *s.* ⟨*Lav.femm*⟩ punto *m* erba. ~ **work** *s.* ricamo *m* su tela. ~ **yarn** *s.* → **crewel**.

crew neck ['kru:nek] *s.* ⟨*Mod*⟩ collo *m* rotondo.

crib [krib] **I** *s.* **1** lettino *m* per bambini; (*cradle*) culla *f.* **2** ⟨*Zootecn*⟩ (*stall*) stalla *f*, posta *f*; (*manger*) mangiatoia *f*, greppia *f*, rastrelliera *f*. **3** (*crèche*) presepio *m*. **4** (*hut*) casupola *f*, capanna *f*. **5** ⟨*fam*⟩ (*plagiarism*) plagio *m*. **6** ⟨*scol*⟩ traduttore *m*, bigino *m*. **7** ⟨*Edil*⟩ → **cribwork**. **8** ⟨*Minier*⟩ catasta *f* di puntellamento. **9** ⟨*am*⟩ (*bin, crate*) deposito *m*, silo(s) *m*. **10** (*in cribbage*) carte *fpl* scartate per il mazziere. **II** *v.t.* **1** fornire di mangiatoie (*o* rastrelliere). **2** ⟨*fam*⟩ (*to pilfer*) rubacchiare. **3** ⟨*fam*⟩ (*to plagiarize*) plagiare. **III** *v.i.* ⟨*scol*⟩ copiare; (*to cheat*) imbrogliare; (*in translating*) fare uso di un traduttore.

cribbage ['kribidʒ] *s.* (*card game*) cribbage *m*.

cribbage board *s.* segnapunti *m* (per il cribbage).

cribber ['kribə] *s.* studente *m* (*f* –essa) che ha l'abitudine di copiare. **cribbing** [–biŋ] *s.* ⟨*Minier*⟩ armatura *f* in legno.

crib-biting *s.* ⟨*Veter*⟩ il mordicchiare la mangiatoia.

cribriform ['kribrifɔ:m] *a.* ⟨*Biol*⟩ cribriforme, cribroso.

cribwork ['kribwə:k] *s.* ⟨*Edil*⟩ armatura *f* di sostegno.

crick [krik] **I** *s.* (*of the back*) spasmo *m* muscolare, crampo *m*; (*of the neck*) torcicollo *m*. **II** *v.t.* provocare uno spasmo in (*o* a).

cricket[1] ['krikit] *s.* ⟨*Entom*⟩ grillo *m*.

cricket[2] *s.* **1** ⟨*Sport*⟩ cricket *m*. **2** ⟨*fig*⟩ correttezza *f*, lealtà *f*. □ ⟨*fam*⟩ *it's* (*o that's*) *not* ~ non è leale (*o* sportivo). **cricketer** [–ə] *s.* giocatore *m* (*f* –trice) di cricket.

cricoid ['kraikɔid] **I** *a.* ⟨*Anat*⟩ cricoideo. **II** *s.* cricoide *f*.

crier ['kraiə] *s.* **1** chi piange, (*fam*) piagnone *m* (*f* –a). **2** ⟨*Dir*⟩ usciere *m*. **3** (*town crier*) banditore *m*. **4** (*hawker*) venditore *m* ambulante.

crikey ['kraiki] *intz.* ⟨*sl*⟩ caspita, per Bacco.

crime [kraim] **I** *s.* **1** delitto *m*, crimine *m*, reato *m*: *to commit a* ~ commettere un delitto. **2** (*criminal activity*) criminalità *f*. **3** (*sin*) peccato *m* (*anche fig.*): *it's a* ~ *to waste money* è un peccato (*o* delitto) sprecare il denaro. **II** *v.t.* ⟨*Mil*⟩ accusare e punire. □ ⟨*Dir*⟩ ~ *against humanity* crimine *m* di lesa umanità; *political* ~ delitto *m* a sfondo politico; ⟨*Mil*⟩ ~*-sheet* foglio *m* delle punizioni.

Crimea [krai'miə] *N.pr.* ⟨*Geog*⟩ Crimea *f*. **Crimean** [–n] *a.* della Crimea. □ ⟨*Stor*⟩ ~ *War* guerra *f* di Crimea.

crime‖ fiction *s.* letteratura *f* poliziesca. ~ **novel** *s.* romanzo *m* giallo, giallo *m*. ~ **prevention** *s.* prevenzione *f* della criminalità. ~ **racket** *s.* sindacato *m* del crimine. ~ **rate** *s.* tasso *m* di criminalità. ~ **statistics** *s.pl.* statistica *f* criminale. ~ **wave** *s.* ondata *f* di criminalità. ~ **writer** *s.* giallista *m*.

criminal ['kriminəl] **I** *a.* **1** ⟨*Dir*⟩ penale. **2** (*involving crime*) criminale, delittuoso, criminoso: ~ *negligence* negligenza delittuosa. **3** ⟨*fam*⟩ (*senseless*) insensato, assurdo; (*exorbitant*) esorbitante: ~ *prices* prezzi esorbitanti. **II** *s.* criminale *m/f*, delinquente *m/f*. □ ~ *investigation department* polizia scientifica, scientifica *f*.

criminal‖ action *s.* ⟨*Dir*⟩ azione *f* penale. ~ **assault** *s.* violenza *f* carnale, stupro *m*. ~ **association** *s.* associazione *f* per delinquere. ~ **attorney** *am.,* ~ **barrister** *s.* penalista *m/f*. ~ **code** *s.* codice *m* penale. ~ **contempt** *s.* oltraggio *m* alla magistratura. ~ **conversation** *s.* adulterio *m*. ~ **history** *s.* precedenti *mpl* penali. ~ **injury** *s.* ⟨*Dir*⟩ lesione *f* personale dolosa.

criminalist ['kriminəlist] *s.* → **criminal lawye**‖ **,criminality** [–'næliti] *s.* **1** criminalità *f*, criminosità *f*. (*act*) azione *f* criminale. **criminalization** [–lai'zeiʃən] criminalizzazione *f*. **criminalize** [–laiz] *v.t.* penalizza‖ criminalizzare: *to* ~ *drug addicts* criminalizzare tossicodipendenti.

criminal‖ law *s.* diritto *m* penale. ~ **lawyer** *s.* penali‖ *m/f*.

criminally ['kriminəli] *avv.* **1** criminalmente, crimin‖ samente. **2** ⟨*Dir*⟩ penalmente.

criminal trial *s.* processo *m* penale.

criminate ['krimineit] *v.t.* **1** accusare di un delit‖ incriminare. **2** (*to prove guilty of crime*) provare colpevolezza di. **3** (*to blame*) incolpare, biasima‖ **,crimination** [–'neiʃən] *s.* incriminazione *f*. **criminati** [–nətiv] *a.* incriminante. **criminatory** [–nəitəri] accusatorio. **,criminologist** [–'nɔlədʒist] *s.* criminologo **,criminology** [–'nɔlədʒi] *s.* criminologia *f*.

crimp[1] [krimp] **I** *v.t.* **1** piegare, pieghettare; (*to crink* increspare, arricciare. **2** (*of the hair*) arricciare, ondula‖ **3** ⟨*Conc*⟩ (*of leather*) modellare. **4** ⟨*Met*⟩ curvare bordo di; (*to corrugate*) ondulare. **5** ⟨*Gastr*⟩ (*of fresh fi*‖ sventrare. **6** (*to press together*) comprimere, stringe‖ insieme; (*to contract*) ridurre. **II** *s.* **1** *pl.* (*of the ha* arricciatura *f*, riccioli *mpl*. **2** ⟨*Tess*⟩ increspatura *f*. ⟨*Met*⟩ piegatura *f*. □ ⟨*am.sl*⟩ *to put a* ~ *in s.* ostacolare qc.

crimp[2] *s.* ⟨*Mil*⟩ ingaggiatore *m* di militari. **II** ‖ arruolare forzatamente.

crimping iron ['krimpiŋ] *s.* arricciacapelli *m*.

crimpy ['krimpi] *a.* (*of the hair*) arricciato, crespo.

crimson ['krimzən] **I** *a.* **1** cremisino, cremisi. **2** (*blooc* rosso sangue (*o* acceso). **3** (*flushed*) rosso: ~ *with an*‖ rosso per la rabbia. **II** *s.* **1** cremisi *m*. **2** (*flush*) rossc *m*. **III** *v.t.* tingere di cremisi. **IV** *v.i.* **1** diventare ros‖ cremisi. **2** (*to blush*) arrossire.

cringe [krindʒ] **I** *v.i.* **1** farsi piccolo per la paura; (‖ *huddle*) acquattarsi, rannicchiarsi. **2** (*to fawn*) esse‖ servile, strisciare. **II** *s.* servilismo *m*. **'cringer** [–ə] *s.* ‖ si comporta servilmente.

cringle ['kriŋgl] *s.* ⟨*Mar*⟩ **1** gassa *f*. **2** (*thimble*) radan‖ *f*.

crinite ['krainait] *a.* ⟨*Biol*⟩ peloso.

crinkle ['kriŋkl] **I** *v.t.* arricciare, increspare. **II** *v.i.* arricciarsi, incresparsi; (*of cloth*) sgualcirsi. **2** (*to tu*‖ attorcigliarsi, avvolgersi. **3** (*to rustle*) frusciare, crepita‖ **III** *s.* crespa *f*, grinza *f*, piega *f*. **crinkled** [–d], **crink**‖ [–i] *a.* **1** arricciato, riccio; ~ *hair* capelli ricci; (*of clo*‖ sgualcito, spiegazzato. **2** (*rustling*) frusciante.

crinkum–crankum ['kriŋkəm'kræŋkəm] *s.* ⟨*rar*⟩ ‖ ghirigoro *m*. **2** ⟨*fig*⟩ faccenda *f* ingarbugliata.

crinoid ['krainɔid] **I** *a.* ⟨*Zool*⟩ dei crinoidi. **II** *s.* crinoi‖ *m*.

crinoline ['krinəli(:)n] *s.* **1** ⟨*Mod*⟩ crinolina *f*; (*hoopski* gonna *f* con guardinfante. **2** ⟨*Tess*⟩ crinolino *m*. ⟨*Mar.mil*⟩ rete *f* parasiluri.

cripes [kraips] *intz.* ⟨*fam*⟩ caspita, accidenti.

cripple ['kripl] **I** *s.* **1** storpio *m* (–a), sciancato *m* (*f* –‖ (*lame person*) zoppo *m* (*f* –a). **2** ⟨*fig*⟩ inetto *m* (*f* –‖ incapace *m/f*. **3** ⟨*Fal*⟩ impalcatura *f*. **II** *v.t.* **1** mutila‖ storpiare; (*to lame*) azzoppare. **2** ⟨*fig*⟩ paralizza‖ rendere inefficiente.

crisis ['kraisis] *s.* (*pl.* **crises** [–si:z]) **1** svolta *f*: *events ho* reached a ~ gli avvenimenti sono giunti a una svolta. (*critical moment*) crisi *f*, punto *m* (*o* momento) critico: *go through a* ~ attraversare una crisi. **3** ⟨*Med*⟩ crisi fase *f* acuta. **4** ⟨*Teat,Lett*⟩ momento *m* (*o* pun‖ culminante. □ *to go* (*o to pass*) *through a* ~ attraversare periodo di crisi.

crisis‖ center *am.* *s.* centro *m* di consulenza (‖ problemi personali). ~ **management** *s.* ⟨*Pol*⟩ gestion‖ della crisi.

crisp [krisp] **I** *a.* **1** friabile, croccante: ~ *toast* to‖ croccante. **2** (*fresh*) fresco: *a* ~ *leaf of lettuce* una fog‖ fresca di lattuga. **3** ⟨*fig*⟩ (*of style, manners: clear-c*‖ chiaro, nitido, netto, preciso. **4** (*brisk*) vivace, anima‖ brioso. **5** ⟨*fig*⟩ (*neat*) lindo, azzimato. **6** (*frosty*) frede‖

gelido; (*invigorating*) tonificante, frizzante. **7** (*curly*) crespo, ricciuto, riccio: ~ *hair* capelli ricciuti. **II** *s.pl.* patatine *fpl* fritte (croccanti). **III** *v.t.* **1** rendere friabile (*o* croccante). **2** (*to curl*) arricciare. **3** (*to wrinkle*) increspare. **IV** *v.i.* **1** diventare friabile (*o* croccante). **2** (*to curl*, *wrinkle*) arricciarsi, incresparsi. □ *burnt to a* ~ *carbonizzato;* (*of food*) *done to a* ~ croccante.

crispate ['krispeit], **crispated** [–id] *a.* ⟨*Bot*⟩ increspato. **,crispation** [–'peiʃən] *s.* **1** ondulazione *f,* arricciatura *f,* increspatura *f.* **2** ⟨*Med*⟩ (*shrinking, contraction*) contrazione *f* (involontaria), brivido *m.*

crisper ['krispə] *s.* cassetto *m* (*o* scomparto) per frutta e verdura.

crispness ['krispnis] *s.* **1** friabilità *f.* **2** (*of hair*) l'essere crespo. **3** (*briskness*) vivacità *f,* animazione *f.* **4** (*of style, manners*) chiarezza *f,* nitidezza *f.* **5** (*frostiness*) freddo *m* gelido. **crispy** [–pi] *a.* **1** friabile, croccante. **2** (*curly*) crespo, ricciuto. **3** (*brisk*) vivace, animato, brioso.

criss-cross ['kriskrɔs] **I** *a.* incrociato, intersecato. **II** *s.* rete *f,* incrocio *m.* **III** *v.t.* incrociare, intersecare. **IV** *v.i.* incrociarsi, intersecarsi. **V** *avv.* **1** in direzione opposta. **2** ⟨*fig*⟩ (*awry*) di traverso, a rovescio.

cristate ['kristit], **cristated** [–'teitid] *a.* ⟨*Biol*⟩ crestato. **criterion** [krai'tiəriən] *s.* (*pl.* **-ria** [riə]/-**s** [z]) criterio *m,* principio *m.*

critic ['kritik] *s.* **1** critico *m,* recensore *m: an art* ~ un critico d'arte. **2** (*fault finder*) censuratore *m* (*f* –trice), ⟨*spreg*⟩ criticone *m* (*f* –a). □ *to be one's own best* ~ essere il miglior giudice di se stesso. **critical** [–əl] *a.* **1** pronto a criticare, ipercritico. **2** (*of critics or criticism*) critico, di (*o* della) critica. **3** (*crucial*) critico, cruciale. **critical‖ angle** *s.* ⟨*Ott*⟩ angolo *m* limite. **~ constants** *s.pl.* ⟨*Fis*⟩ costanti *fpl* critiche. **~ essay** *s.* ⟨*Lett*⟩ critica *f,* saggio *m* critico.

criticaster [,kriti'kæstə] *s.* critico *m* da strapazzo, criticastro *m* (*f* –a).

criticism ['kritisizəm] *s.* **1** critica *f: literary* ~ critica letteraria. **2** (*censure*) critica *f,* biasimo *m,* censura *f: sensitive to* ~ sensibile alle critiche; (*instance*) critica *f.* **3** ⟨*Lett*⟩ esegesi *f.* **4** ⟨*Filos*⟩ criticismo *m.* □ *to lay o.s. open to* ~ offrire il fianco alla critica.

criticizable ['kritisaizəbl] *a.* criticabile. **criticize** [–saiz] **I** *v.t.* **1** criticare, fare la critica a (*o* di), recensire. **2** (*to find fault with*) criticare, biasimare, censurare. **II** *v.i.* criticare.

critique [kri'ti:k] *s.* **1** (*essay*) saggio *m* critico; (*article*) recensione *f.* **2** (*act of criticizing*) critica *f.*

critter *am.* ['kritə] *s.* ⟨*sl*⟩ creatura *f,* essere *m.*

croak [krəuk] **I** *v.i.* **1** gracidare, gracchiare; (*of a person*) parlare con voce rauca, gracchiare. **2** ⟨*fig*⟩ (*to grumble*) lamentarsi, brontolare. **3** (*to talk forebodingly*) presagire mali (*o* disgrazie), fare l'uccello del malaugurio. **4** ⟨*sl*⟩ (*to die*) morire. **II** *v.t.* **1** dire (*o* annunciare) con voce lugubre. **2** ⟨*am.sl*⟩ (*to kill*) ammazzare, ⟨*gerg*⟩ far fuori. **III** *s.* **1** gracidamento *m,* gracchiamento *m,* gracidio *m.* **2** (*harsh tone of voice*) tono *m* di voce rauco. **'croaker** [–ə] *s.* **1** animale *m* che gracchia. **2** (*one who forebodes evil*) uccello *m* del malaugurio. **'croaky** [–i] *a.* **1** gracchiante, gracidante. **2** (*low and hoarse*) rauco, roco.

Croat ['krəuæt] *s.* → **Croatian. Croatia** [krəu'eiʃə] *N.* ⟨*Geog*⟩ Croazia *f.* **Croatian** [krəu'eiʃən] **I** *a.* croato. **II** *s.* **1** croato *m* (*f* –a). **2** (*language*) croato *m,* lingua *f* croata.

crochet ['krəuʃei, *am.* krou'ʃei] **I** *s.* ⟨*Lav.femm*⟩ lavoro *m* all'uncinetto. **II** *v.t.* fare (*o* lavorare) all'uncinetto. **III** *v.i.* lavorare all'uncinetto.

rochet‖ hook, ~ needle *s.* uncinetto *m,* crochet *m.*

rock[1] [krɔk] *s.* **1** vaso *m* (*o* brocca *f*) di terracotta. **2** (*potsherd*) coccio *m* di terracotta.

rock[2] [krɔk] *s.* **1** ronzino *m.* **2** ⟨*fam*⟩ (*old car, etc.*) macinino *m,* caffettiera *f;* (*old person*) persona *f* vecchia e malandata, rottame *m.* **II** *v.t.* ⟨*fam*⟩ (*to disable;* spesso con *up*) rendere inabile, ⟨*fam*⟩ mettere fuori combattimento. **III** *v.i.* ⟨*fam*⟩ crollare, accasciarsi.

rockery ['krɔkəri] *s.* terraglia *f,* terrecotte *fpl.*

rocket ['krɔkit] *s.* ⟨*Arch*⟩ foglia *f* rampante.

rocodile ['krɔkədail] *s.* **1** ⟨*Zool,Conc*⟩ coccodrillo *m.* **2**

⟨*scol*⟩ fila *f* di scolare a passeggio. □ ⟨*fig*⟩ ~ *tears* lacrime *fpl* di coccodrillo. **,crocodilian** [–'diliən] *a.* **1** ⟨*Zool*⟩ dei coccodrilli. **2** ⟨*fig*⟩ (*hypocritical*) ipocrita, di (*o* da) coccodrillo.

crocus ['krəukəs] *s.* **1** ⟨*Bot*⟩ croco *m.* **2** (*colour*) giallo *m* zafferano.

Croesus ['kri:səs] **I** *N.pr.* ⟨*Stor*⟩ Creso *m.* **II** *s.* riccone *m,* creso *m.*

croft [krɔft] *s.* **1** piccola fattoria *f.* **2** (*field, garden*) campicello *m,* orto *m.* **'crofter** [–ə] *s.* affittuario *m* di una piccola fattoria.

croissant *fr.* ['krwæsā] *s.* ⟨*Dolc*⟩ croissant *m* cornetto *m.*

cromlech ['krɔmlek] *s.* ⟨*Archeol*⟩ **1** cromlech *m.* **2** dolmen *m.*

Cromwellian [krɔm'weljən] *a.* ⟨*Stor.brit*⟩ di Cromwell.

crone [krəun] *s.* **1** vecchiaccia *f.* **2** (*old ewe*) vecchia pecora *f.*

crony ['krəuni] *s.* amico *m* intimo (*o* per la pelle), amicone *m.*

crook [kruk] **I** *s.* **1** parte *f* ricurva, incurvatura *f,* piegatura *f.* **2** (*hook*) gancio *m,* uncino *m.* **3** (*of a shepherd*) bastone *m* da pastore. **4** ⟨*Rel*⟩ → **crosier. 5** (*act of crooking*) curvatura *f,* il curvare; (*bend, turn*) curva *f,* svolta *f.* **6** ⟨*sl*⟩ (*swindler*) imbroglione *m* (*f* –a), truffatore *m* (*f* –trice); (*thief*) ladro *m* (*f* –a). **7** ⟨*Mus*⟩ (*of a trumpet, horn*) ritorno *m.* **II** *v.t.* curvare, piegare. **III** *v.i.* curvarsi, piegarsi. □ ⟨*sl*⟩ *to live on the* ~ vivere disonestamente.

crook back *s.* gobba *f.* **crook-backed** *a.* gobbo.

crooked ['krukid] *a.* **1** storto, curvo. **2** (*twisted*) tortuoso (*anche fig.*). **3** (*askew*) storto, di traverso: *your tie is* ~ hai la cravatta storta. **4** (*deformed*) deforme, storpio. **5** (*dishonesty*) disonesto. **crookedness** [–nis] *s.* **1** tortuosità *f.* **2** (*dishonesty*) disonestà *f.*

croon [kru:n] **I** *v.i.* **1** cantilenare, canticchiare. **2** (*to sing in half voice*) cantare 'a mezza voce' (*o* in tono sommesso). **II** *v.t.* **1** canticchiare, cantilenare. **2** (*to sing as a crooner*) cantare in tono sommesso. **III** *s.* **1** mormorio *m,* canto *m* sommesso. **2** (*song*) canzone *f* sussurrata. **'crooner** [–ə] *s.* cantante *m/f* confidenziale.

crop[1] [krɔp] *s.* **1** ⟨*Agr*⟩ raccolto *m,* messe *f: the wheat* ~ il raccolto del frumento. **2** ⟨*fig*⟩ (*collection*) raccolta *f,* gruppo *m,* quantità *f.* **3** (*of a whip*) manico *m;* (*riding crop*) frustino *m.* **4** (*earmark on an animal*) mozzatura *f.* **5** (*hair style*) rapata *f.* **6** ⟨*Conc*⟩ pelle *f* conciata. **7** ⟨*Macell*⟩ spalla *f.* **8** ⟨*Ornit*⟩ gozzo *m.* □ ⟨*Agr*⟩ *land out of* ~ terra *f* a maggese; *land under* (*o* in) ~ terra coltivata.

crop[2] *v.* (*pret., p.p.* **cropped** [–t]) **I** *v.t.* **1** spuntare, cimare. **2** (*of an animal's ears*) mozzare. **3** (*of the hair*) rapare, rasare. **4** ⟨*Fot,Legat*⟩ rifilare, ritagliare. **5** ⟨*Agr*⟩ piantare (*o* seminare) a: *to* ~ *a field with barley* piantare un campo a orzo; (*to harvest*) raccogliere. **6** (*of animals*) brucare. **II** *v.i.* **1** ⟨*Agr*⟩ dare un raccolto, produrre. **2** (*to graze*) pascolare. **3** ⟨*Minier*⟩ (*to come to the surface;* general. con *out*) affiorare. **4** ⟨*fig*⟩ (*to appear suddenly;* general. con *out, up*) saltar fuori, sorgere (all'improvviso): *a problem has –ped up* è sorto un problema.

crop‖-dust *v.t.* ⟨*Agr*⟩ disinfestare. **~ dusting** *s.* disinfestazione *f.* **~-eared** *a.* **1** dalle orecchie mozze. **2** → **crop-headed. ~-headed** *a.* rasato. **~ insurance** *s.* assicurazione *f* del raccolto.

cropper[1] ['krɔpə] *s.* **1** ⟨*Agr*⟩ coltivatore *m;* (*share cropper*) mezzadro *m.* **2** (*plant*) pianta *f* che dà un raccolto: *a heavy* ~ una pianta che dà un buon raccolto. **3** ⟨*Agr*⟩ cimatore *m.* **4** ⟨*Tess*⟩ (*worker*) cimatore *m;* (*machine*) cimatrice *f.* □ (*fam*) *to come a* ~: **1** fare un capitombolo; **2** ⟨*fig*⟩ (*to fail*) fare fiasco.

cropper[2] *s.* ⟨*Ornit*⟩ piccione *m* gozzuto.

croppy ['krɔpi] *s.* **1** persona *f* con i capelli rasati. **2** ⟨*Stor.brit*⟩ ribelle *m* irlandese.

crop rotation *s.* ⟨*Agr*⟩ rotazione *f* (*o* avvicendamento *m*) delle colture.

croquet ['krəukei, *am.* krou'kei] **I** *s.* ⟨*Sport*⟩ croquet *m.* **II** *v.t./i.* bocciare.

croquette *fr.* [krɔ'ket] *s.* ⟨*Gastr*⟩ crocchetta *f.*

crosier ['krəuʒiə] *s.* ⟨*Rel*⟩ pastorale *m,* bastone *m* pastorale.

cross[1] [krɔs] **I** *s.* **1** croce *f;* (*mark*) croce *f,* segno *m* di croce: *to mark s.th. with a* ~ tracciare un segno di croce su qc. **2** ⟨*Rel*⟩ croce *f,* segno *m* della croce. **3** (*monument*) croce *f,* monumento *m* (a forma di croce). **4** ⟨*fig*⟩ (*suffering*) croce *f,* tormento *m;* (*thwarting*) contrarietà *f,* dispiacere *m: a* ~ *in love* un dispiacere d'amore. **5** ⟨*Arald*⟩ croce *f.* **6** ⟨*Biol*⟩ incrocio *m,* ibridazione *f: a* ~ *between a horse and an ass* un incrocio di un cavallo con un'asina. **7** ⟨*fig*⟩ (*mixture*) via *f* di mezzo, ibrido *m,* incrocio *m.* **8** ⟨*tecn*⟩ raccordo *m* a croce. **9** ⟨*Sport*⟩ (*in boxing*) diretto *m: a right* ~ un diretto destro; (*in football*) traversone *m.* **10** ⟨*fam*⟩ (*fraudulent contest*) incontro *m* sportivo truccato. **Cross** *s.* ⟨*Rel*⟩ santa croce *f.* **II** *a.* **1** trasversale, intersecante: *a* ~ *stroke* un fregio trasversale. **2** (*moving across*) (che si muove in senso) trasversale. **3** (*opposing*) contrario, opposto, avverso: *a* ~ *wind* un vento contrario. **4** (*annoyed*) irritato, seccato, di cattivo umore; (*snappish*) stizzoso, bisbetico, irritabile. **5** ⟨*Biol*⟩ → **crossbred.** □ ⟨*fig*⟩ *to bear one's* ~ portare la propria croce; *to get* ~ adirarsi, arrabbiarsi; *to make s.o.* ~ irritare qd., far arrabbiare qd.; *on the* ~*:* 1 di sbieco, diagonalmente, di traverso; 2 ⟨*sl*⟩ disonestamente; *to put* (*o make*) *one's* ~ fare (*o firmare con*) una croce; ⟨*Rel*⟩ *the stations of the* ~ la via Crucis; ⟨*fam*⟩ *as* ~ *as two sticks* d'umore nero, ⟨*fam*⟩ nero.
cross[2] **I** *v.t.* **1** attraversare, traversare: *to* ~ *the road* attraversare la strada. **2** (*to make the sign of the cross over*) fare il segno della croce su: *he* ~*ed himself* si fece il segno della croce. **3** (*to mark with a cross*) segnare con una croce. **4** (*to cancel;* general. con *off, out*) cancellare, fare (*o tirare*) un frego su: *the first line had been* ~*ed out* la prima riga era stata cancellata; (*to eradicate*) depennare: *to* ~ *a name off a list* depennare un nome da un elenco. **5** ⟨*Econ*⟩ sbarrare: *to* ~ *a cheque* sbarrare un assegno. **6** ⟨*Biol*⟩ incrociare, ibridare. **7** (*of the arms*) incrociare; (*of the legs*) accavallare, incrociare. **8** (*to intersect*) incrociare, intersecare. **9** ⟨*sl*⟩ (*to double-cross*) imbrogliare. **10** ⟨*fig*⟩ (*to oppose*) contrastare, ostacolare, opporsi a. **11** ⟨*Mar*⟩ incrociare. **II** *v.i.* **1** attraversare; (*of a ship*) fare una traversata. **2** (*to intersect*) incrociarsi, intersecarsi. **3** ⟨*Biol*⟩ incrociarsi, ibridarsi. **4** (*to meet in passing*) incrociarsi; (*of letters*) incrociarsi. □ *to* ~ *one's* **fingers** incrociare le dita (per scaramanzia); *to* ~ *one's* **heart** mettersi una mano sul cuore; ⟨*infant*⟩ ~ *my heart and hope to die* giuro sul segno della croce; ⟨*fig*⟩ *to* ~ *one's* **mind** venire in mente, passare per la mente; ⟨*fig*⟩ *an idea* ~*ed my mind* mi venne un'idea; ⟨*fig*⟩ *to* ~ *s.o.'s* **palm** dare (del) denaro a qd.; *to* ~ *s.o.'s* **path** trovarsi sulla strada di qd.; ⟨*fig*⟩ ostacolare qd., attraversare la strada a qd.; ⟨*fig*⟩ *to* ~ *one's* **t's** *and dot one's* **i's** essere pignolo.
cross|bar *s.* **1** traversa *f.* **2** (*of a bicycle*) canna *f.* **3** ⟨*Sport*⟩ (*of a goal*) traversa *f;* (*in the high–jump, etc.*) asticella *f.* **4** ⟨*Ginn*⟩ sbarra *f.* **5** ⟨*Mar*⟩ ceppo *m.* **~beam** *s.* ⟨*Edil*⟩ trave *f* incrociata. **~ bearer** *s.* crocifero *m.* **bearing** *s.* ⟨*Mar*⟩ rilevamento *m* a incrocio. **~ belt** *s.* cartucciera *f* a tracolla. **~ bench I** *s.* ⟨*Parl*⟩ banco *m* dei deputati indipendenti. **II** *a.* ⟨*fig*⟩ imparziale, equanime. **~ bencher** *s.* deputato *m* indipendente. **~bill** *s.* ⟨*Ornit*⟩ crociere *m.* **~–bones** *s.pl.* tibie *fpl* incrociate. **~bow** *s.* ⟨*Mil.ant*⟩ balestra *f.* **~bowman** *s.irr.* balestriere *m.* **~–bred I** *a.* ⟨*Biol*⟩ ibrido, incrociato. **II** *s.* incrocio *m,* ibrido *m.* **~–breed** *v.irr.* ⟨*Biol*⟩ **I** *v.t.* incrociare, ibridare. **II** *v.i.* fare incroci, produrre ibridi. **III** *s.* → **crossbred.** **~–breeding** *s.* ibridazione *f.* **~–buttock** *s.* ⟨*Sport*⟩ colpo *m* d'anca, ancata *f.* **~–channel** *a.* che attraversa la Manica. **~–check I** *v.t.* riscontrare l'esattezza di. **II** *s.* **1** (*act*) riscontro *m,* controllo *m* accurato. **2** (*means*) dato *m* di riscontro. **~–claim** *s.* ⟨*Dir*⟩ domanda *f* riconvenzionale. **~–country I** *a.* **1** che attraversa tutto il paese. **2** (*over the countryside*) attraverso la campagna (*o* i campi). **3** ⟨*Sport*⟩ motocampestre. **II** *s.* ⟨*Sport*⟩ cross *m,* motocross *m,* motocampestre *f.* **~–country cyclist** *s.* ciclocrossista *m.* **~–country race** *s.* ⟨*Sport*⟩ corsa *f* campestre.
cross-cut ['krɔskʌt] **I** *a.* **1** ⌐atto a⌐ (*o* usato per) tagliare trasversalmente. **2** (*cut across*) tagliato di traverso. **II** *s.* **1** scorciatoia *f.* **2** ⟨*Minier*⟩ galleria *f* trasversale. **3** ⟨*Cin*⟩

montaggio *m* incrociato. **III** *v.t.irr.* **1** tagliare in senso trasversale. **2** (*to intersect*) intersecare.
crosse [krɔs] *s.* ⟨*Sport*⟩ (*in lacrosse*) mazza *f.*
crossed cheque [krɔst] *s.* ⟨*Econ*⟩ assegno *m* sbarrato.
,cross| elasticity *s.* ⟨*Econ*⟩ elasticità *f* incrociata. **~–ex,ami'nation** *s.* ⟨*Dir*⟩ interrogatorio *m* in contradditorio, controinterrogatorio *m.* **,~–ex'amine** *v.t.* **1** esaminare (*o* interrogare) attentamente. **2** ⟨*Dir*⟩ interrogare in contradditorio, sottoporre a controinterrogatorio. **~–eye** *s.* ⟨*Med*⟩ strabismo *m.* **~–eyed** *a.* strabico. **~ fade** *s.* ⟨*Cin,TV*⟩ dissolvenza *f* incrociata. **,~–ferti'li'zation** *s.* **1** ⟨*Biol*⟩ incrocio *m,* ibridazione *f.* **2** ⟨*Bot*⟩ → **cross-pollination. ,~–'fertilize I** *v.t.* ⟨*Biol*⟩ incrociare, ibridare. **II** *v.i.* incrociarsi. **~–fire** *s.* ⟨*Mil*⟩ **1** tiro *m* (*o* fuoco) incrociato. **2** ⟨*fig*⟩ tiro *m* incrociato □ *exposed to* ~ tra due fuochi (*anche fig.*). **~ garnet** *s.* ⟨*tecn*⟩ banda *f* a T. **'~–'grained** *a.* **1** (*of wood*) con venature trasversali, a fibra irregolare. **2** ⟨*fig*⟩ intrattabile, irascibile. **~–guard** *s.* ⟨*Mil*⟩ guardamano *m* a croce. **~ hair** *s.* → **cross-wire. ~ hatch I** *v.t.* ombreggiare con tratteggio incrociato. **II** *s.* tratteggio *m* incrociato. **~–head** *s.* **1** ⟨*Mecc*⟩ cappello *m.* **2** ⟨*Tip*⟩ sottotitolo *m.*
crossing ['krɔsiŋ] *s.* **1** traversata *f.* **2** (*place where one may cross*) attraversamento *m;* (*street crossing*) attraversamento *m* (*o* passaggio) pedonale. **3** (*place where roads, etc. cross*) incrocio *m,* crocicchio *m.* **4** ⟨*fig*⟩ (*opposing*) opposizione *f,* contrasto *m.* **5** ⟨*Arch*⟩ transetto *m.* **6** ⟨*Biol*⟩ incrocio *m,* ibridazione *f.*
crossing|-out *s.* cancellatura *f,* cancellazione *f.* **~ over** *s.* ⟨*Biol*⟩ scambio *m* di geni fra cromosomi omologhi, crossing over.
'cross|-kick *s.* ⟨*Sport*⟩ traversone *m,* cross *m.* **~-'legged** *a./avv.* a gambe incrociate (*o* accavallate).
crosslet ['krɔslit] *s.* ⟨*Arald*⟩ crocetta *f,* piccola croce *f.*
cross| light *s.* **1** luce *f* incrociata. **2** ⟨*fig*⟩ schiarimento *m* raggio *m* di luce. **~ link, ~ linkage** *s.* ⟨*Chim*⟩ legame *m* atomico incrociato.
crossly ['krɔsli] *avv.* irritabilmente, con irascibilità.
crossness [–snis] *s.* irritabilità *f,* irascibilità *f.*
cross|over *s.* **1** ⟨*Strad*⟩ attraversamento *m.* **2** ⟨*Ferr*⟩ scambio *m.* **3** ⟨*Biol*⟩ → **crossing over. 4** ⟨*El*⟩ incrocio *m.* **~ parity** *s.* ⟨*Econ*⟩ parità *f* indiretta. **'~–'pass** *s.* → **cross-kick. ~patch** *s.* ⟨*fam*⟩ persona *f* acida (*o* bisbetica). **~piece** *s.* **1** traversa *f.* **2** ⟨*Mecc*⟩ pezzo *m* a croce. **~–point screwdriver** *s.* ⟨*Mecc*⟩ cacciavite *m* con punta a croce. **,~–,polli'nation** *s.* ⟨*Bot*⟩ impollinazione indiretta. **,~–'purpose** *s.* **1** *pl.* scopi *mpl* contrastanti, fini *mpl* opposti. **2** *pl.* (*game;* costr. sing.) gioco *m* delle domande incrociate. □ *to be at* ~*s* essere in disaccordo (*a* causa di un malinteso), fraintendersi. **'~–'question I** *v.* → **cross-examine. II** *s.* domanda *f* in contradditorio. **~–reference** *s.* riferimento *m,* rimando *m.* **~road** *s.* **1** traversa *f,* strada *f* trasversale. **2** (*by–road*) strada *f* secondaria. **3** *pl.* (costr. sing. *o* pl.) incrocio *m,* crocevia *m,* crocicchio *m.* **4** *pl.* ⟨*fig*⟩ (costr. sing. *o* pl.) bivio *m,* svolta *f,* punto *m* cruciale: *to be at the* ~*s* trovarsi a un bivio. **~ section** *s.* **1** sezione *f* trasversale, spaccato *m;* (*piece cut off*) pezzo *m* sezionato. **2** ⟨*Fis*⟩ sezione *f* d'urto. **3** ⟨*Topogr*⟩ sezione *f* verticale. **4** ⟨*fig*⟩ settore *m* rappresentativo, campione *m.* **II** *v.t.* sezionare, tagliare trasversalmente. **~–shaped** *a.* cruciforme. **~ sill** *s.* ⟨*Ferr*⟩ traversina *f.* **~–stitch** *s.* ⟨*Lav.femm*⟩ punto *m* a (*o* in) croce. **~–street** *s.* traversa *f,* strada *f* trasversa. **~talk** *s.* **1** chiacchierata *f,* conversazione *f.* **2** ⟨*Teat*⟩ (*repartee*) dialogo *m* a botta e risposta. **3** ⟨*Tel*⟩ interferenza *f,* diafonia *f.* **~–tie** *s.* → **cross-sill. ~town** *am. a.* dall'altra parte della città. **2** (*crossing the city*) che attraversa la città. **~–tree** *s.* ⟨*Mar*⟩ crocetta *f,* barra *f.* **~ twill** *s.* ⟨*Tess*⟩ tessuto *m* diagonale. **~walk** *s.* attraversamento *m* pedonale. **~ways** *avv.* di traverso, trasversalmente. **~–wire** *s.* ⟨*tecn*⟩ croce *f* di collimazione. **~wise** *avv.* **1** di traverso, trasversalmente. **2** ⟨*fig*⟩ (*contrarily*) di (*o* per) traverso. **3** a forma di croce, in croce. **~word** *s.* → **crossword puzzle. ~worder** *s.* cruciverbista *m/f.* **~word puzzle** *s.* cruciverba *m,* parole *fpl* incrociate.

rotch [krɔtʃ] *s.* **1** (*of a branch*) forca *f,* biforcazione *f.* **2** (*forked staff*) bastone *m* biforcuto. **3** 〈*Anat*〉 inforcatura *f.* **4** 〈*Sart*〉 cavallo *m.* **crotched** [–t] *a.* biforcuto, forcuto.

rotchet ['krɔtʃit] *s.* **1** uncino *m,* uncinetto *m,* gancio *m.* **2** 〈*Mus*〉 semiminima *f.* **3** 〈*Tip*〉 parentesi *f* uncinata. **4** 〈*fig*〉 mania *f,* ghiribizzo *m,* capriccio *m.* **crotchety** [–i] *a.* irascibile, irritabile.

roton ['krəutən] *s.* 〈*Bot*〉 **1** croton *m.* **2** crotontiglio *m.*

roton oil *s.* 〈*Farm*〉 olio *m* di crotontiglio.

rouch [krautʃ] **I** *v.i.* **1** accoccolarsi, accovacciarsi, rannicchiarsi. **2** (*of an animal*) acquattarsi, accucciarsi. **3** (*to fawn*) umiliarsi, strisciare. **II** *s.* l'accovacciarsi, il rannicchiarsi.

roup [kru:p] *s.* 〈*Med*〉 crup *m,* laringite *f* difterica.

roup [kru:p] *s.* groppa *f.* **croupade** [–'peid] *s.* 〈*Equit*〉 groppata *f.* **crupe** *s.* → **croup.**

roupier ['kru:piə] *s.* **1** croupier *m.* **2** (*at a public dinner*) vicepresidente *m.*

row[1] [krəu] *s.* **1** 〈*Ornit*〉 corvo *m.* **2** (*carrion crow*) cornacchia *f* nera. **Crow** *N.pr.* 〈*Astr*〉 Corvo *m.* □ (*am.fam*) *to eat* ~ ingoiare (*o* mandar giù) un rospo; 〈*fig*〉 *ten miles as the* ~ *flies* dieci miglia in linea d'aria (*o* a volo d'uccello); 〈*fig*〉 *a white* ~ una mosca bianca.

row[2] **I** *v.i.* (*pret.* **crowed** [–d]/**crew** [kru:], *p.p.* **crowed**) **1** (*of a cock*) cantare. **2** (*of a baby*) fare gridolini di gioia. **3** (*to exult*) esultare, cantar vittoria (*over* per). **4** (*to brag*) vantarsi, gloriarsi (*over, about* di). **II** *s.* **1** canto *m* del gallo. **2** (*sound expressive of pleasure*) gridolino *m* di gioia.

row|**bar** *s.* 〈*tecn*〉 palanchino *m,* piede *m* di porco. **~berry** *s.* 〈*Bot*〉 **1** pianta delle empetracee. **2** (*bearberry*) uva *f* d'orso.

rowd[1] [kraud] *s.* **1** folla *f,* moltitudine *f;* (*press, crush*) calca *f,* ressa *f.* **2** (*common people*) masse *fpl,* popolo *m: to harangue the* ~ arringare il popolo. **3** (*multitude*) quantità *f,* massa *f,* mucchio *m,* 〈*fam*〉 sacco *m: a* ~ *of books* una quantità di libri. **4** 〈*fam*〉 (*set, clique*) compagnia *f,* combriccola *f,* 〈*fam*〉 cricca *f.* □ *to draw a good* ~ attirare molta gente; 〈*fig*〉 *to follow* (*o* go with) *the* ~ seguire la corrente; 〈*fig*〉 *to pass in a* ~ essere passabile; *it will pass in a* ~ può andare; 〈*fig*〉 *to rise above the* ~ distinguersi dalla massa; 〈*Mar*〉 *under* ~ *of sails* a vele spiegate.

rowd[2] **I** *v.i.* **1** affollarsi, accalcarsi, assembrarsi. **2** (*to press forward*) fare ressa, spingere, premere. **II** *v.t.* **1** affollare, riempire, gremire: *to* ~ *the streets* affollare le strade. **2** (*to cram*) stipare, ammassare, ammucchiare. **3** (*to shove*) spingere: *to* ~ *s.o. off the pavement* spingere qd. fuori (*o* giù) dal marciapiede. **4** 〈*fam*〉 (*to put pressure on*) far pressione su, sollecitare. □ *memories –ed* in *upon me* i ricordi mi si affollavano nella mente; *many were –ed out* molti vennero lasciati fuori per mancanza di spazio.

rowded ['kraudid] *a.* **1** affollato: *a* ~ *street* una strada affollata; (*with things*) ingombro, pieno (*with* di). **2** (*full of rich events, etc.*) movimentato, avventuroso. **3** (*close together*) stipato, pigiato.

rowd psy'chology *s.* psicologia *f* ⌐delle masse⌐ (*o* della folla).

rowfoot ['krəufut] *s.irr.* **1** 〈*Bot*〉 (*pl.* **-s** [s]) ranuncolo *m.* **2** 〈*Mil.ant*〉 (*caltrop*) tribolo *m.* **3** 〈*Mar*〉 patta *f* d'oca.

rown [kraun] **I** *s.* **1** corona *f* (*anche Arald., Numism.*). **2** (*wreath*) corona *f,* ghirlanda *f,* 〈*poet*〉 serto *m: the martyr's* ~ la corona del martirio. **3** 〈*fig*〉 (*culmination*) coronamento *m,* compimento *m: the* ~ *of one's efforts* il coronamento dei propri sforzi. **4** (*top of a head or hat*) cocuzzolo *m;* (*head*) testa *f;* (*pop*) zucca *f: to break one's* ~ rompersi la testa. **5** (*of a mountain*) cima *f,* vetta *f,* sommità *f.* **6** 〈*Bot*〉 (*of a tree*) corona *f;* (*of flowers*) corolla *f.* **7** 〈*Edil,Idr*〉 coronamento *m.* **8** 〈*Ornit*〉 cresta *f.* **9** 〈*Dent*〉 corona *f;* (*substitute*) capsula *f.* **10** 〈*Strad*〉 colmo *m.* **II** *v.t.* **1** incoronare: *to* ~ *s.o. King* incoronare qd. re. **2** (*of a wreath*) incoronare, coronare: *the victor was –ed with laurel* il vincitore fu incoronato d'alloro. **3** 〈*fig*〉 coronare: *success –ed his efforts* i suoi sforzi sono stati coronati dal successo; (*to put a finishing touch to*) completare, dare l'ultimo tocco a. **4** 〈*Dent*〉 mettere una corona a. **5** 〈*Strad*〉 colmare. □ 〈*fam*〉 *to* ~ (*it*) **all** per

giunta, per colmo di sventura; *an* **officer** *of the* ~ funzionario della corona; 〈*fig*〉 *to* **succeed** *to the* ~ salire (*o* succedere) al trono; *from* ~ *to* **toe** dalla testa ai piedi; 〈*fig*〉 *to* **wear** *the* ~ regnare; *the* ~ *of the* **year** l'autunno.

crown| **cap** *s.* tappo *m* a corona. ~ **colony** *s.* 〈*GB*〉 colonia *f* della corona. ~ **cork** *s.* → **crown cap.** **~-cork opener** *s.* levacapsule *m,* apribottiglie *m.* ~ **Court** *s.* 〈*GB,Dir*〉 corte *f* d'appello per processi penali. ~ **Derby** *s.* 〈*Ceram*〉 porcellana *f* di Derby.

crowned [kraund] *a.* **1** incoronato, coronato. **2** (*having a crown*) con (*o* recante) una corona.

crowner ['kraunə] *s.* 〈*dial*〉 coroner *m.*

crown| **glass** *s.* **1** 〈*Ott*〉 vetro *m* corona, crown *m.* **2** (*window glass*) vetro *m* crown. ~ **imperial** *s.* 〈*Bot*〉 corona *f* imperiale.

crowning ['krauniŋ] **I** *s.* **1** incoronazione *f.* **2** 〈*fig*〉 (*completion*) coronamento *m,* compimento *m.* **3** 〈*Strad*〉 bombatura *f.* **II** *a.* perfetto, vero e proprio; (*supreme*) supremo, sommo.

crown| **jewels** *s.pl.* gioielli *mpl* della corona. ~ **land** *s.* **1** proprietà *f* terriera della corona. **2** *pl.* 〈*Dir*〉 (*public land*) terreni *mpl* demaniali. ~ **law** *s.* 〈*GB,Dir*〉 diritto *m* penale. ~ **lawyer** *s.* 〈*GB,Dir*〉 penalista *m.* ~ **lens** *s.* 〈*Ott*〉 lente *f* di vetro crown. ~ **piece** *s.* 〈*Numism*〉 corona *f.* ~ **prince** *s.* principe *m* ereditario. ~ **princess** *s.* **1** consorte *f* del principe ereditario. **2** (*female heir*) principessa *f* ereditaria.

crow quill *s.* penna *f* per esercizi di calligrafia.

crow's|-**foot** *s.irr.* **1** *pl.* (*of the eyes*) zampe *fpl* di gallina. **2** 〈*Mil.ant,Mar*〉 → **crowfoot.** ~ **nest** *.s.* 〈*Mar*〉 coffa *f,* gabbia *f.*

croze [krouz] **I** *s.* 〈*Fal*〉 capruggine *f.* **II** *v.t.* caprugginare.

crozier *s.* → **crosier.**

CRT = *Cathode Ray Tube* tubo a raggi catodici.

crucial ['kru:ʃəl] *a.* **1** cruciale, decisivo, critico. **2** 〈*Anat*〉 crociato.

crucian (carp) ['kru:ʃən] *s.* 〈*Itt*〉 carassio *m.*

cruciate ['kru:ʃieit] *a.* 〈*Bot,Zool*〉 cruciforme.

crucible ['kru:sibl] *s.* **1** 〈*Met*〉 crogiolo *m.* **2** 〈*fig*〉 dura prova *f,* prova del fuoco. □ ~ *steel* acciaio *m* al crogiolo.

crucifer ['kru:sifə] *s.* **1** crocifero *m.* **2** 〈*Bot*〉 crocifera *f.* **cru'ciferous** [–rəs] *a.* **1** crocifero. **2** 〈*Bot*〉 delle crocifere. **crucifier** [–faiə] *s.* crocifissore *m.* **crucifix** [–fiks] *s.* crocifisso *m.* ⸴**crucifixion** [–'fikʃən] *s.* **1** crocifissione *f* (*anche Art.*). **2** 〈*fig*〉 tormento *m,* martirio *m.* **Crucifixion** *s.* 〈*Rel.catt*〉 Crocifissione *f.* **cruciform** [–fɔ:m] *a.* cruciforme, crociforme. **crucify** [–fai] *v.t.* **1** crocifiggere. **2** 〈*fig*〉 mettere in croce, tormentare, torturare.

crude [kru:d] **I** *a.* **1** grezzo, greggio, non raffinato: ~ *sugar* zucchero non raffinato; ~ *oil* (*o petroleum*) petrolio grezzo. **2** 〈*fig*〉 (*rudimentary*) rozzo, grezzo, primitivo. **3** 〈*fig*〉 (*blunt, undisguised*) crudo, chiaro, nudo, puro: *the* ~ *facts* i puri fatti. **II** *s.* (*crude oil*) petrolio *m* greggio, greggio *m.* '**crudeness** [–nis], '**crudity** [–iti] *s.* **1** l'essere grezzo. **2** 〈*fig*〉 grossolanità *f,* crudezza *f.*

cruel ['kru:əl] **I** *a.* **1** crudele, spietato. **2** (*causing pain*) crudele, perfido; (*painful*) crudele, doloroso: ~ *fate* destino crudele. **II** *avv.* 〈*fam*〉 terribilmente, spaventosamente. □ *to be* ~ *to be kind* essere severo per il bene di qd. **cruel-hearted** *a.* crudele, spietato. **cruelly** [–i] *avv.* crudelmente. **cruelness** [–nis], **cruelty** [–ti] *s.* crudeltà *f* (*anche Dir.*): *mental* ~ crudeltà mentale.

cruet ['kru:it] *s.* **1** ampolla *f.* **2** 〈*Lit*〉 ampollina *f,* ampolla *f.*

cruet stand *s.* ampolliera *f,* oliera *f.*

cruise [kru:z] **I** *v.i.* **1** 〈*Mar*〉 incrociare, crociare; (*to go for a pleasure cruise*) andare in crociera, fare una crociera. **2** 〈*Aer*〉 volare a velocità di crociera. **3** 〈*Aut*〉 viaggiare a velocità di crociera. **4** (*of a taxi*) girare in cerca di clienti; (*of a police car*) girare in perlustrazione. **II** *s.* crociera *f: a Mediterranean* ~ una crociera nel Mediterraneo.

cruise| **car** *am. s.* automobile *f* della polizia in giro di ronda. **~ missile** *s.* ⟨*Mil*⟩ missile *m* da crociera.

cruiser ['kru:zə] *s.* **1** ⟨*Mar.mil*⟩ incrociatore *m.* **2** ⟨*Mar*⟩ (*cabin cruiser*) imbarcazione *f* da crociera. **3** ⟨*am*⟩ → **cruise car.**

cruiserweight ['kruizəweit] *s.* ⟨*Sport*⟩ mediomassimo *m.*

cruise ship *s.* nave *f* da crociera.

cruising‖ altitude ['kru:ziŋ] *s.* ⟨*Aer*⟩ quota *f* di crociera. **~ ceiling** *s.* ⟨*Aer*⟩ tangenza *f* di crociera. **~ radius** *s.* ⟨*Aer*⟩ raggio *m* di autonomia. **~ speed** *s.* ⟨*Aer*⟩ velocità *f* di crociera.

crumb [krʌm] **I** *s.* **1** briciola *f*, mollica *f.* **2** ⟨*fig*⟩ briciolo *m*, minuzzolo *m: a ~ of hope* un briciolo di speranza. **3** (*soft inner part of bread*) mollica *f*, midolla *f.* **4** ⟨*Ind*⟩ (*of rubber*) grumo *m.* **II** *v.t.* **1** sbriciolare. **2** ⟨*Gastr*⟩ impanare. **III** *pl. intz.* ⟨*fam*⟩ capperi, diamine.

crumble ['krʌmbl] **I** *v.t.* sbriciolare: *to ~ bread* sbriciolare il pane; (*to break into fragments*) sgretolare, frantumare. **II** *v.i.* **1** sbriciolarsi; (*to disintegrate*) sgretolarsi, frantumarsi. **2** ⟨*fig*⟩ crollare, cadere, andare in rovina: *his hopes –d to dust* le sue speranze crollarono. **crumbliness** [–inis] *s.* friabilità *f.* **crumbly** [–i] *a.* friabile.

crumb scoop ['krʌmsku:p] *s.* raccoglibriciole *m.*

crumb structure *s.* struttura *f* granulare.

crumby ['krʌmi] *a.* **1** pieno di briciole. **2** (*of bread*) pieno di mollica. **3** (*soft*) soffice, morbido, molle.

crummy ['krʌmi] *a.* **1** ⟨*sl*⟩ (*of a woman*) formosa, prosperosa. **2** ⟨*sl*⟩ (*worthless*) scadente, di nessun valore.

crump [krʌmp] **I** *v.t.* colpire violentemente. **II** *v.i.* ⟨*mil*⟩ esplodere, scoppiare. **III** *s.* detonazione *f*, scoppio *m.*

crumpet ['krʌmpit] *s.* **1** ⟨*Gastr*⟩ specie di focaccina. **2** ⟨*sl*⟩ (*head*) testa *f*, ⟨*pop*⟩ zucca *f.*

crumple ['krʌmpl] **I** *v.t.* sgualcire, spiegazzare, raggrinzare. **II** *v.i.* **1** sgualcirsi, spiegazzarsi, raggrinzirsi: *this material won't ~* questa stoffa non si sgualcisce. **2** (*to collapse;* spesso con *up*) crollare, abbattersi, accasciarsi. **III** *s.* piega *f*, sgualcitura *f.* **crumpled** [–d] *a.* **1** spiegazzato, sgualcito. **2** (*bent spirally*) ricurvo: *a ~ horn* un corno ricurvo. **crumply** [–i] *a.* che si sgualcisce.

crunch [krʌntʃ] **I** *v.t.* **1** sgranocchiare, masticare rumorosamente: *to ~ sweets* sgranocchiare caramelle. **2** (*to crush noisily*) far scricchiolare. **II** *v.i.* **1** masticare rumorosamente. **2** (*to be crushed noisily*) scricchiolare: *gravel –ed under the wheels* la ghiaia scricchiolava sotto le ruote. **III** *s.* **1** lo sgranocchiare. **2** (*noise*) scricchiolio *m.* **3** ⟨*fig*⟩ crisi *f: energy ~* crisi energetica. **'crunchy** [–i] *a.* che scricchiola; (*of food*) croccante.

crupper ['krʌpə] *s.* **1** (*of a harness*) sottocoda *m*, groppiera *f.* **2** (*horse's rump*) groppa *f.*

crural ['kruərəl] *a.* ⟨*Anat*⟩ crurale.

crusade [kru:'seid] **I** *s.* crociata *f.* **II** *v.i.* **1** ⟨*Stor*⟩ partecipare a una crociata. **2** ⟨*fig*⟩ battersi, partecipare a una crociata in favore di. **crusader** [–ə] *s.* **1** ⟨*Stor*⟩ crociato *m.* **2** ⟨*fig*⟩ chi lotta per un ideale.

cruse [kru:z] *s.* tazza *f* (*o* vaso *m*) di terracotta.

crush[1] [krʌʃ] **I** *v.t.* **1** schiacciare, strizzare; (*of olives*) torchiare; (*of grapes*) pigiare. **2** (*to cram*) pigiare, stipare. **3** (*to wrinkle*) sgualcire, spiegazzare. **4** (*to reduce to particles*) frantumare, stritolare. **5** (*to hug*) stringere forte tra le braccia. **6** ⟨*fig*⟩ (*to subdue*) schiacciare, soffocare. **II** *v.i.* **1** sgualcirsi, schiacciarsi, spiegazzarsi. **2** (*to be reduced to particles*) frantumarsi, stritolarsi. **3** (*to push*) farsi largo (a gomitate), aprirsi un varco (spingendo). □ *to be –ed to* **death** morire schiacciato (*o* stritolato); ⟨*fig*⟩ *to ~ s.o.'s* **hopes** far crollare le speranze di qd.; *to ~* **out** spremere, strizzare; *to ~* **up** polverizzare, frantumare; *to ~ one's* **way** *through a crowd* aprirsi un varco tra la folla.

crush[2] *s.* **1** schiacciamento *m;* (*reducing to particles*) frantumazione *f.* **2** (*large crowd*) folla *f*, ressa *f*, calca *f.* **3** ⟨*fam*⟩ (*large party*) ricevimento *m* (*o* trattenimento) con molti invitati. **4** ⟨*fam*⟩ (*infatuation*) infatuazione *f*, ⟨*fam*⟩ cotta *f: to have a ~ on s.o.* avere una cotta per qd.; (*object*) cotta *f*, ⟨*scherz*⟩ filarino *m.* **5** (*fruit drink*) spremuta *f: orange ~* spremuta d'arancia. **'crushable** [–əbl] *a.* che si può sgualcire.

crush barrier *s.* transenna *f* per contenere la folla.

crusher ['krʌʃə] *s.* **1** chi schiaccia. **2** ⟨*Met*⟩ frantumatore

m meccanico. **3** ⟨*Tess*⟩ frantoio *m.*

crush hat *s.* gibus *m.*

crushing ['krʌʃiŋ] *a.* schiacciante (*anche fig.*): *a ~ victo* una vittoria schiacciante. **crushing mill** *s.* ⟨*tec* frantoio *m.*

crush room *s.* (*of a theatre, etc.*) foyer *m*, ridotto *m.*

crust [krʌst] **I** *s.* **1** (*of bread, pie*) crosta *f.* **2** (*ha coating*) crosta *f*, incrostazione *f: a ~ of mud* una cros di fango. **3** ⟨*fig*⟩ crosta *f*, apparenza *f.* **4** ⟨*am.s* (*boldness*) sfacciataggine *f*, ⟨*fam*⟩ faccia *f* tosta. ⟨*Geol,Med*⟩ crosta *f.* **6** ⟨*Enol*⟩ gromma *f.* **7** ⟨*Stra* manto *m* superficiale (*o* di usura). **II** *v.t.* incrostare: *~ –ed the pond* lo stagno era incrostato di ghiaccio. **III** *v* formare una crosta, incrostarsi.

crustacean [krʌs'teiʃən] **I** *a.* ⟨*Zool*⟩ dei crostacei. **II** *s.p* crostacei *mpl.* **crustaceous** [–ʃəs] *a.* **1** simile a crost crostoso. **2** (*having a crust*) provvisto di crosta. **3** ⟨*Zoo* → **crustacean.**

crusted ['krʌstid] *a.* **1** coperto da una crosta, crostoso. ⟨*Enol*⟩ grommato. **3** ⟨*fig*⟩ antiquato, di vecchia dat **crustiness** [–tinis] *s.* **1** durezza *f* della crosta. **2** ⟨*fi* irritabilità *f*, intrattabilità *f.* **crusty** [–ti] *a.* **1** crostoso. ⟨*fig*⟩ (*surly*) irritabile, intrattabile.

crutch [krʌtʃ] *s.* **1** gruccia *f*, stampella *f: to go about o –es* camminare con le grucce. **2** (*of a branch, tree*) forcel *f*, biforcazione *f.* **3** ⟨*fig*⟩ (*prop*) sostegno *m*, appoggio *m.* ⟨*Anat*⟩ inforcatura *f.* **5** ⟨*Mar*⟩ (*for a boom, spa* forcaccio *m*, candeliere *m* a forca, forcola *f;* (*for an oa* scalmiera *f.* **crutched** [–t] *a.* munito di grucce.

crux [krʌks] *s.* (*pl.* **-es** ['krʌksiz]/**cruces** ['kru:si:z]) **1** pun *m* cruciale, nodo *m: the ~ of the matter* il nodo del questione. **2** (*puzzling problem*) problema *m* ardu difficoltà *f.* **3** (*cross*) croce *f.*

cry[1] [krai] **I** *v.i.* **1** lamentarsi, dolersi. **2** (*to wee*, piangere. **3** (*to call, shout*) sgridare, strillare, urlare. **4** (*things: to need;* general. con *out*) richiedere, esigere (*f* *s.th.* qc.). **5** (*of animals*) fare il verso. **6** ⟨*Venat*⟩ guair **II** *v.t.* **1** gridare, strillare, urlare: *to ~ one's wares* strilla (per vendere) la propria merce. **2** (*to proclaim;* spesso co *out*) proclamare, annunciare pubblicamente. □ *to ~* **dow** deprezzare, screditare; ⟨*fig*⟩ *to ~ one's eyes* (*o heart*) *o* piangere tutte le proprie lacrime; *to ~* **for** *s.th.* chiede qc. piangendo; ⟨*fig*⟩ reclamare qc., chiedere a gran vo qc.; *to* **give** *s.o. s.th. to ~* **for** dare a qd. motivo p piangere; *to ~ for* **joy** piangere di gioia; ⟨*fig*⟩ *to ~ for t* **moon** volere la luna; *to ~* **off:** 1 (*to call off*) disdir annullare; 2 (*from a promise, etc.: to excuse o.s.*) ritirars tirarsi indietro; *to ~* **out** protestare vigorosamente; *to o.s. to* **sleep** addormentarsi per il gran piangere; *to ~* u esaltare, portare alle stelle; ⟨*fig*⟩ *to ~* **wolf** gridare al lup *Prov.: it is no use –ing over spilt* (*o* spilled) *milk* è inuti piangere sul latte versato.

cry[2] *s.* **1** grido *m*, urlo *m*, strillo *m: a ~ of pain* un urlo d dolore; *a ~ for* **help** un grido d'aiuto. **2** (*or proclamation*) annuncio *m*, proclama *m.* **3** (*entreat* invocazione *f*, preghiera *f*, appello *m.* **4** (*battle cry*) grid *m* di battaglia; (*war cry*) grido *m* di guerra; (*slogan* slogan *m.* **5** (*fit of weeping*) pianto *m.* **6** (*of an anima* verso *m*, richiamo *m.* **7** ⟨*Venat*⟩ guaito *m.* **8** (*rumou* voce *f*, diceria *f;* (*general belief*) opinione *f* generale comune). □ *a* **far ~:** 1 una grande distanza, lontano; ⟨*fig*⟩ tutt'altra cosa, molto diverso; *street cries* grida *f* dei venditori ambulanti; *within ~* a portata di voce. *Pro* *much ~ and little wool* molto fumo e poco arrosto.

cry baby *s.* **1** bambino *m* piagnucoloso. **2** (*adul* piagnucolone *m* (*f* –a).

crying ['kraiiŋ] *a.* **1** urgente: *a ~ need* un bisogno urgent **2** (*heinous*) odioso, atroce; (*flagrant*) evidente, palese. *a ~ shame* una vergogna.

cryobiology [ˌkraioubai'ɔlədʒi] *s.* criobiologia *f.*

cryocautery [-'kɔːtəri] *s.* criocauterio *m.*

cryogenic [ˌkraiou'dʒenik] *a.* criogeno. **cryogenics** [– *s.pl.* (*costr. sing.*) criogenia *f.*

cryolite ['kraiəlait] *s.* ⟨*Min*⟩ criolite *f.*

cryoprobe [ˌkraiou'proub] *s.* criosonda *f.*

cryosurgery ['kraiou'sə:dʒəri] *s.* chirurgia *f* del fredd criochirurgia .

rypt [kript] *s.* cripta *f* (*anche Anat.*).

ryptanalysis [ˌkriptə'næləsis] *s.* **1** → **cryptanalytics**. **2** (*solving*) risoluzione *f* di crittogrammi. **cryptanalyst** [-t'ænəlist] *s.* studioso *m* (*f* –a) di crittogrammi. **cryptanalytics** [-tænə'litiks] *s.pl.* (costr. sing.) scienza *f* che studia i crittogrammi.

ryptic ['kriptik], **cryptical** [-əl] *a.* **1** segreto, occulto (*anche Med.*). **2** (*mysterious*) misterioso, enigmatico: *a* ~ *remark* un'osservazione enigmatica. **3** ⟨*Zool*⟩ mimetico. **cryptically** [-əli] *avv.* in modo enigmatico.

rypto-Communist [kriptəu] *s.* criptocomunista *m/f.*

ryptogam ['kriptə(u)gæm] *s.* ⟨*Bot*⟩ crittogama *f.* ,**crypto'gamic** [-ik], **cryptogamical** [-ikəl], **cryptogamous** [-'tɔgəməs] *a.* crittogamico. **cryptogamy** [-'tɔgəmi] *s.* crittogamia *f,* crittogamologia *f.*

ryptogram ['kriptə(u)græm], **cryptograph** [-grɑ:f] *s.* crittogramma *m.* **cryptographer** [-'tɔgrəfə] *s.* crittografo *m.* ,**cryptographic** [-'græfik] *a.* crittografo. **cryptography** [-'tɔgrəfi] *s.* crittografia *f.*

rystal ['kristəl] **I** *s.* **1** cristallo *m: a necklace of* –*s* una collana di cristalli; *snow* –*s* cristalli di neve. **2** → **crystal ware**. **3** ⟨*am.Orol*⟩ vetro *m.* **II** *a.* **1** di cristallo, cristallino: ~ *ornaments* ninnoli di cristallo. **2** ⟨*fig*⟩ (*clear*) cristallino, limpido, trasparente. **3** ⟨*Rad*⟩ a cristallo, a galena.

rystal| ball *s.* ⟨*Occult*⟩ sfera *f* di cristallo. ,~-**'clear** *a.* cristallino. ~ **detector** *s.* ⟨*Rad*⟩ rivelatore *m* a cristallo (*o* galena). ~ **gazing** *s.* ⟨*Occult*⟩ cristalloscopia *f.* ~ **lattice** *s.* ⟨*Chim*⟩ reticolo *m* cristallino.

rystalliferous [ˌkristə'lifərəs] *a.* cristallifero. '**crystalline** [-lain] *a.* cristallino (*anche fig.*): ~ *waters* acque cristalline.

rystalline| heaven *s.* ⟨*Astr*⟩ cielo *m* cristallino. ~ **lens** *s.* ⟨*Anat*⟩ cristallino *m.* ~ **sphere** *s.* → **crystalline heaven.**

rystallizable ['kristəlaizəbl] *a.* cristallizabile. ,**crystallization** [-'zeiʃən] *s.* cristallizzazione *f.* **crystallize** [-laiz] **I** *v.t.* **1** cristallizzare. **2** ⟨*fig*⟩ (*to give definite form to*) fissare, definire, dare una forma precisa a. **3** ⟨*Dolc*⟩ candire. **II** *v.i.* (spesso con *out*) **1** cristallizzarsi. **2** ⟨*fig*⟩ prendere un aspetto ben definito, concretarsi. **crystallized** [-laizd] *a.* **1** cristallizzato. **2** ⟨*Dolc*⟩ candito: ~ *fruit* frutta candita. **3** ⟨*fig*⟩ ben definito, chiaro.

rystallographer [ˌkristə'lɔgrəfə] *s.* cristallografo *m.* **crystallographic** [-lɔ'græfik], **crystallographical** [-lɔ'græfikl] *a.* cristallografico. **crystallography** [-fi] *s.* cristallografia *f.*

rystalloid ['kristəlɔid] **I** *a.* cristalloide. **II** *s.* cristalloide *m.*

ystal| loudspeaker *s.* ⟨*Rad*⟩ altoparlante *m* piezo-elettrico. ~ **pick-up** *s.* testina *f* piezoelettrica. ~ **rectifier** *s.* ⟨*El*⟩ raddrizzatore *m* a cristallo. ~ **set** *s.* ⟨*Rad*⟩ apparecchio *m* ricevitore a galena. ~ **ware,** ~ **work** *s.* cristalleria *f,* cristalli *mpl.*

SE = *Certificate of Secondary Education* diploma di istruzione secondaria.

.S.T. = ⟨*am*⟩ *Central Standard Time* ora dell'America centrale.

: = **1** *carat* carato. **2** *cent* centesimo.

.T. = ⟨*am*⟩ *Central Time* ora dell'America Centrale.

. = *cubic* cubico.

.U. = ⟨*GB*⟩ *Cambridge University* Università di Cambridge.

ib [kʌb] **I** *s.* **1** cucciolo *m;* (*of a lion*) leoncino *m;* (*of a bear*) orsacchiotto *m;* (*of a fox*) volpacchiotto *m;* (*of a tiger*) tigrotto *m.* **2** ⟨*fig*⟩ giovane *m* goffo e inesperto, cucciolo *m;* (*young apprentice*) principiante *m/f,* novellino *m* (*f* –a). **3** ⟨*giorn*⟩ → **cub reporter. 4** → **Cub Scout. II** *v.i.* (*pret., p.p.* **cubbed** [-d]) partorire, figliare.

uba ['kju:bə] *N.pr.* ⟨*Geog*⟩ Cuba *f.*

ibage ['kju:bidʒ] *s.* → **cubature.**

uban ['kju:bən] **I** *a.* cubano. **II** *s.* cubano *m* (*f* –a).

ibature ['kju:bətʃə] *s.* cubatura *f.*

ibbing ['kʌbiŋ] *s.* → **cub hunting.**

ibbish ['kʌbiʃ] *a.* **1** da cucciolo. **2** (*awkard*) goffo, impacciato.

---

cubby ['kʌbi], **cubby-hole** ['kʌbihoul] *s.* angolino *m,* cantuccio *m* accogliente.

cube [kju:b] **I** *s.* **1** ⟨*Geom,Mat*⟩ cubo *m.* **2** (*cubical piece*) cubetto *m: a* ~ *of sugar* un cubetto di zucchero; (*for road paving*) blocchetto *m.* **II** *v.t.* **1** tagliare a cubetti: *to* ~ *carrots* tagliare le carote a cubetti. **2** ⟨*Mat,Geom*⟩ cubare, fare la cubatura di, calcolare il volume di. **3** ⟨*Mat*⟩ elevare 'al cubo' (*o* alla terza potenza). **4** (*of a road*) pavimentare a blocchetti.

cube root *s.* ⟨*Mat*⟩ radice *f* cubica.

cub hunting *s.* ⟨*Venat*⟩ caccia *f* ai volpacchiotti.

cubic ['kju:bik] **I** *a.* **1** tridimensionale. **2** (*cubical*) cubico. **3** (*pertaining to measurement*) cubo. **4** ⟨*Mat*⟩ cubico, alla terza potenza. **5** ⟨*Min*⟩ isometrico. **II** *s.* ⟨*Mat*⟩ curva *f* cubica. **cubical** [-əl] *a.* **1** cubico, a forma di cubo. **2** ⟨*Fis*⟩ cubico.

cubic| capacity *s.* ⟨*Aut*⟩ cilindrata *f.* ~ **centimetre** *s.* ⟨*Mat*⟩ centimetro *m* cubico. ~ **content(s)** *s.* volume *m.* ~ **equation** *s.* ⟨*Mat*⟩ equazione *f* cubica (*o* di terzo grado). ~ **foot** *s.* piede *m* cubico.

cubicle ['kju:bikl] *s.* **1** (*in a dormitory, etc.*) scompartimento *m* separato. **2** ⟨*Bibliot*⟩ cabina *f* per lettura.

cubic measure *s.* misura *f* di capacità.

cubiform ['kju:bifɔ:m] *a.* cubiforme.

cubism ['kju:bizəm] *s.* ⟨*Art*⟩ cubismo *m.* **cubist** [-bist] **I** *s.* cubista *m/f.* **II** *a.* → **cubistic. cubistic** [-'bistik] *a.* cubistico.

cubit ['kju:bit] *s.* cubito *m* (pari a 18–22 pollici). **cubital** [-əl] *a.* ⟨*Anat*⟩ cubitale, ulnare.

Cubmaster ['kʌbmɑ:stə] *s.* capo *m* di un gruppo di lupetti.

cuboid ['kju:bɔid] **I** *a.* ⟨*Geom,Anat*⟩ cuboide. **II** *s.* cuboide *m.*

cub| reporter *s.* ⟨*giorn*⟩ cronista *m* alle prime armi. ~ **Scout** *s.* (*junior member of the Boy Scouts*) lupetto *m.*

cucking stool ['kʌkiŋ] *s.* ⟨*Stor*⟩ sedia *f* su cui il condannato era messo alla berlina.

cuckold ['kʌkəld] **I** *s.* marito *m* tradito, ⟨*volg*⟩ cornuto *m,* ⟨*volg*⟩ becco *m.* **II** *v.t.* mettere le corna a, tradire. **cuckoldry** [-ri] *s.* adulterio *m.*

cuckoo ['kuku:] **I** *s.* **1** ⟨*Ornit*⟩ cuculo *m* (comune). **2** (*call*) cucù *m.* **3** ⟨*fam*⟩ sciocco *m* (*f* –a), semplicione *m* (*f* –a). **II** *a.* ⟨*fam*⟩ (*crazy*) matto, pazzo; (*silly*) sciocco, tonto. **III** *v.i.* fare il verso del cuculo.

cuckoo| clock *s.* orologio *m* a cucù. ~ **flower** *s.* ⟨*Bot*⟩ **1** crescione *m* dei prati, billeri *mpl.* **2** fior *m* di cuculo. **3** acetosella *f.* ~ **pint** *s.* ⟨*Bot*⟩ gigaro *m,* gighero *m,* pan *m* di serpe.

cucullate ['kju:kəleit], **cucullated** [-id] *a.* **1** ⟨*Biol*⟩ a forma di cappuccio. **2** ⟨*Entom*⟩ incappucciato.

cucumber ['kju:kʌmbə] *s.* cetriolo *m.* □ ⟨*fig*⟩ *as cool as a* ~ imperturbabile, impassibile.

cucumber tree *s.* ⟨*Bot*⟩ magnolia *f* acuminata.

cucurbit ['kju:kə:bit] *s.* **1** ⟨*Bot*⟩ cucurbita *f.* **2** ⟨*Chim*⟩ matraccio *m,* cucurbita *f.* **cu,curbitaceous** [-'teiʃəs] *a.* ⟨*Bot*⟩ delle cucurbitacee.

cud [kʌd] *s.* (*of a ruminant*) bolo *m* alimentare. □ ⟨*fig*⟩ *to chew the* ~ ruminare, ruminare, meditare a lungo.

cuddle ['kʌdl] **I** *v.t.* stringere a sé teneramente, abbracciare amorevolmente; (*to fondle*) vezzeggiare, coccolare. **II** *v.i.* stringersi (*to, up to* a), rannicchiarsi (vicino a): *to* ~ *up to s.o.* rannicchiarsi vicino a qd. **III** *s.* tenero abbraccio *m.* **cuddlesome** [-səm], **cuddly** [-i] *a.* che ispira tenerezza.

cuddy[1] ['kʌdi] *s.* **1** ⟨*Mar*⟩ cabina *f* di poppa; (*galley*) cambusa *f,* cucina *f.* **2** (*closet*) armadietto *m;* (*small room*) stanzino *m.*

cuddy[2] *scozz.* *s.* asino *m,* somaro *m* (*anche fig.*).

cudgel ['kʌdʒəl] **I** *s.* clava *f,* manganello *m,* randello *m.* **II** *v.t.* (*pret., p.p.* **cudgelled**/*am.* **cudgeled** [-d]) prendere a randellate, manganellare. □ ⟨*fig*⟩ *to* ~ *one's brains* lambiccarsi il cervello; ⟨*fig*⟩ *to take up the* –*s for s.o.* difendere qd. a spada tratta.

cudgel play *s.* lotta *f* coi bastoni.

cudweed ['kʌdwi:d] *s.* ⟨*Bot*⟩ gnafalio *m.*

cue[1] [kju:] *s.* **1** ⟨*Teat*⟩ battuta *f* d'entrata. **2** ⟨*Cin,Rad*⟩ segnale *m* d'azione. **3** ⟨*fig*⟩ (*suggestion*) imbeccata *f,* suggerimento *m*, spunto *m*. **4** (*part*) parte *f*, ruolo *m*. □ *to give s.o. the* ~: **1** (*Teat*) suggerire a qd. la battuta d'entrata; **2** (*fig*) dare l'imbeccata a qd.; (*Teat*) *to miss one's* ~ non rispondere alla battuta d'entrata; (*fig*) *to take one's* ~ *from s.o.* regolare la propria condotta su quella di qd., ricevere (*o* prendere) l'imbeccata da qd.

cue² *s.* **1** (*in billiards, etc.*) stecca *f*. **2** (*pigtail*) coda *f*, codino *m*.

cue ball *s.* palla *f* colpita dalla stecca.

cueist ['kjuːist] *s.* giocatore *m* (*f* –trice) di biliardo.

cue sheet *s.* (*Teat,Rad,TV*) lista *f* completa delle battute d'entrata.

cuff¹ [kʌf] *s.* **1** (*Sart*) polsino *m*. **2** (*am.Sart*) (*of trousers*) risvolto *m*. **3** *pl.* (*handcuffs*) manette *fpl*. □ (*fam*) *off the* ~ improvvisando; (*unofficially*) in via confidenziale; *to give a speech off the* ~ improvvisare un discorso, fare un discorso a braccio; (*fam*) *on the* ~ a credito.

cuff² **I** *s.* schiaffo *m*, ceffone *m*, manrovescio *m*. **II** *v.t.* schiaffeggiare, dare uno schiaffo (*o* un ceffone) a.

cuff links *s.pl.* (*sleeve-links*) gemelli *mpl*.

Cufic ['kjuːfik] **I** *s.* (*Stor*) scrittura *f* cufica. **II** *a.* cufico.

cuirass [kwiˈræs] *s.* (*Mil.ant,Zool*) corazza *f*. **cuirassier** [–rəˈsiə] *s.* (*Mil.ant*) corazziere *m*.

cuisine *fr.* [kwiˈziːn] *s.* cucina *f*, modo *m* di cucinare.

cuisse [kwis] *s.* (*Mil.ant*) cosciale *m*.

cul-de-sac *fr.* ['kuldəˈsæk] *s.* vicolo *m* cieco (*anche fig.*).

culinary ['kʌlinəri] *a.* culinario, gastronomico.

culinary| art *s.* arte *f* culinaria, gastronomica *f*. ~ **herbs** *s.pl.* erbe *fpl* culinarie (*o* aromatiche). ~ **utensils** *s.pl.* utensili *mpl* da cucina.

cull [kʌl] **I** *v.t.* **1** cogliere, raccogliere. **2** (*to select*) scegliere, selezionare. **II** *s.* **1** scelta *f*, selezione *f*. **2** *pl.* (*am*) (*rejects*) scarti *mpl*, rifiuti *mpl*. **3** (*Zootecn*) animale *m* eliminato da un armento.

cullender ['kʌləndə] *s.* (*colander*) colino *m*, colabrodo *m*.

cullet ['kʌlit] *s.* (*Vetr*) vetro *m* di scarto, rottame *m* di vetro.

cully ['kʌli] *s.* **1** (*sl*) (*companion*) amico *m*, compagno *m*. **2** (*dupe*) babbeo *m*, semplicione *m*.

culm¹ [kʌlm] *s.* **1** (*Min*) (*coal dust*) polvere *f* di carbon fossile; (*anthracite*) antracite *f*. **2** *pl.* (*Geol*) (*culm measures*) calcari *mpl* nerastri (del carbonifero inferiore).

culm² *s.* (*Bot*) culmo *m*.

culminant ['kʌlminənt] *a.* culminante. **culminate** [–neit] *v.i.* **1** culminare (*anche Astr.*). **2** (*fig*) (*to reach a climax*) culminare, raggiungere il culmine (*in* con). **culmination** [–ˈneiʃən] **1** culmine *m*, apice *m*, apogeo *m*. **2** (*Astr*) culminazione *f*.

culottes *fr.* [kjuˈlɔts] *s.pl.* (*Mod*) gonna-pantalone *f*.

culpability [ˌkʌlpəˈbiliti] *s.* colpevolezza *f*.

culpable ['kʌlpəbl] *a.* **1** colposo. **2** (*guilty*) colpevole. **culpableness** [–nis] *s.* → **culpability. culpably** [–i] *avv.* colpevolmente.

culprit ['kʌlprit] *s.* **1** colpevole *m/f*, reo *m* (*f* –a). **2** (*Dir*) (*one arraigned for an offence*) imputato *m* (*f* –a), accusato *m* (*f* –a).

cult [kʌlt] *s.* **1** culto *m*. **2** (*group, sect*) setta *f*, gruppo *m* di seguaci. **3** (*fig*) culto *m*, venerazione *f*: ~ *personality* ~ culto della personalità. □ *to make a* ~ *of s.th.* avere un culto per qc.

cultivability [ˌkʌltivəˈbiliti] *s.* coltivabilità *f*. **cultivable** [–bl] *a.* coltivabile. **cultivate** [–veit] *v.t.* **1** coltivare. **2** (*fig*) (*to train*) coltivare, educare: *to* ~ *one's voice* educare la voce. **3** (*fig*) (*of friendship, etc.*) coltivare, curare; (*of people*) coltivare, tenersi amico. **cultivated** [–veitid] *a.* **1** (*of land*) coltivato. **2** (*fig*) (*cultured*) colto, istruito; (*refined*) raffinato, fine. **3** (*of the voice*) educata. □ ~ *pearl* perla coltivata.

cultivation [ˌkʌltiˈveiʃən] *s.* **1** coltivazione *f*. **2** (*fig*) (*training*) educazione *f*, formazione *f*. **3** (*fig*) (*of a friendship, etc.*) il coltivare. **4** (*fig*) (*refinement*) raffinatezza *f*, cultura *f*. **5** (*Biol*) coltura *f* di microrganismi. □ *to bring land into* ~ dissodare un terreno; *land out of* ~ terreno non coltivato; *land under* ~ terreno coltivato. **cultivator** [–veitə] *s.* **1** coltivatore *m*. **2** (*of an art, etc.*) cultore *m* (*f* –trice).

cult object *s.* oggetto *m* di culto.

cultural ['kʌltʃərəl] *a.* **1** culturale: ~ *interests* interes culturali. **2** (*Biol*) ottenuto per mezzo di coltura. **3** (*Ag* d'orticoltura. □ ~ *relations* rapporti *mpl* culturali.

culture ['kʌltʃə] **I** *s.* **1** cultura *f*, istruzione *f*: *a man of* un uomo di cultura; (*training*) educazione *f*. **2** (*Socio* civiltà *f*. **3** (*Biol*) coltura *f*: ~ *in glass* (*o* vitro) coltura vitro. **4** (*Agr*) (*tillage*) coltura *f*, coltivazione *f*. **5** (*Bio* coltura *f*, allevamento *m*: *the* ~ *of roses* la coltura del rose. **6** (*Topogr*) planimetria *f*. **II** *v.t.* coltivare. □ *physical* ~ culturismo *m*. **cultured** [–tʃəd] *a.* **1** colt istruito; (*refined*) raffinato: ~ *manners* modi raffinati. (*cultivated*) coltivato. **3** (*Biol*) ottenuto per mezzo coltura. □ ~ *pearl* perla coltivata.

culture| medium *s.* (*Biol*) terreno *m* di coltura. **pattern** *s.* (*Sociol*) forma *f* culturale. ~ **shock** *s.* (*Socio* choc *m* culturale. '~ **'vulture** *s.* (*sl*) intellettualoide *m/*.

culturist ['kʌltʃərist] *s.* **1** coltivatore *m* (*f* –trice). (*Zootecn*) allevatore *m* (*f* –trice).

culver ['kʌlvə] *s.* (*Zool*) colombo *m*, piccione *m*.

culverin ['kʌlvərin] *s.* (*Mil.ant*) **1** colubrina *f*. **2** moschet *m*.

culvert ['kʌlvət] *s.* **1** (*Strad*) canale *m* sotterraneo. (*arched sewer*) galleria *f* di drenaggio, fogna *f*.

cumber ['kʌmbə] **I** *v.t.* **1** ostacolare, impaccia ingombrare. **2** (*to burden*) sovraccaricare, gravar appesantire. **II** *s.* **1** ostacolo *m*, impaccio impedimento *m*. **2** (*burden*) carico *m*, peso *m*, gravan *m*. **cumbersome** [–səm] *a.* **1** ingombrante, scomodo. (*slow-moving*) lento, tardo; (*clumsy*) goffo, impaccia **cumbersomeness** [–səmnəs] *s.* ingombro *m*. **cumbro** [–brəs] *a.* ingombrante, scomodo. **cumbrousne** [–brəsnis] *s.* ingombro *m*.

cum [kʌm] *a./avv.* (*Econ*) col dividendo.

cumin ['kʌmin] *s.* (*Bot*) cumino *m*.

cummerbund ['kʌməbʌnd] *s.* (*Vest*) fascia *f* di seta (che annoda alla vita).

cumulate ['kjuːmjuleit] **I** *v.t.* **1** accumulare, ammucchiar ammassare. **2** (*Dir*) conglobare. **II** *v.i.* accumular ammassarsi. **III** *a.* ammassato, accumulato. **cumulatio** [–'leiʃən] *s.* **1** accumulazione *f*. **2** (*product*) accumulo ammasso *m*. **cumulative** [–lətiv] *a.* **1** cumulativo: *effect* effetto cumulativo. **2** (*Dir*) aggiuntivo. **3** (*Eco* addizionale, composto.

cumulative| dividend *s.* (*Econ*) dividendo *m* cumulativ ~ **evidence** *s.* (*Dir*) prova *f* aggiuntiva. ~ **stock** (*Econ*) titoli *mpl* a dividendo cumulativo. ~ **vote** *s.* vo *m* cumulativo.

cumuliform ['kjuːmjulifɔːm] *a.* (*Meteor*) cumuliforme.

cumulo| 'cirrus [ˌkjuːmjuloˈ(u)] *s.* cirrocumulo *m*. **'nimbus** *s.* cumulonembo *m*. ~ **'stratus** *s.* stratocumu *m*.

cumulus ['kjuːmjuləs] *s.* (*pl.* –li [lai]) cumulo *m* (*anc Meteor.*).

cuneate ['kjuːni(e)it], **cuneated** [–nieitid] *a.* **1** cuneato. (*Bot*) cuneiforme, cuneato.

cuneiform ['kjuːniifɔːm] **I** *a.* cuneiforme. **II** *s.* carattere cuneiforme.

cunning ['kʌniŋ] **I** *s.* astuzia *f*, furberia *f*, furbizia scaltrezza *f*. **II** *a.* **1** astuto, furbo, scaltro. **2** (*ar* (*dexterous*) abile, destro. **3** (*am.fam*) (*charming*) grazios attraente, carino.

cunt [kʌnt] *s.* (*triv*) vulva *f*, (*triv*) fica *f*.

cup¹ [kʌp] *s.* **1** tazza *f*: *a* ~ *of tea* una tazza di tè. **2** (*bo of a goblet*) coppa *f*, calice *m*. **3** (*any iced beverag* bevanda *f* (*o* bibita) ghiacciata. **4** (*fig*) parte *f*, porzione **5** (*Sport*) coppa *f*, trofeo *m*. **6** (*Rel*) (*chalice*) calice (*wine*) vino *m* eucaristico. **7** (*of a brassière*) coppa *f*. **8** *a barometer*) vaschetta *f*. **9** (*Med*) coppetta *f*, ventosa **10** (*Bot*) calice *m*. **11** (*Mecc*) coppa *f*, scodellino *f* **Cup** *N.pr.* (*Astr*) Coppa *f*, Cratere *m*. □ (*fig*) *to drag the* ~ *of bitterness to the dregs* bere l'amaro calice fi alla feccia; (*fig*) *my* ~ *of happiness is* full sono al colm della felicità; (*fig*) *to be in one's* –s essere ubriaco, ave alzato il gomito; (*fam*) ~ *of tea* cavallo *m* di battagl argomento preferito, forte *m*; (*fam*) *that's another* ~ tea questo è un altro paio di maniche.

cup² *v.t.* (*pret., p.p.* **cupped** [–t]) **1** dar forma di coppa mettere a forma di coppa, foggiare a coppa: *to* ~ *one's hands* mettere le mani a forma di coppa, far coppa con le mani. **2** ⟨*Med*⟩ applicare ventose (*o* coppette) a. **3** ⟨*tecn*⟩ imbutire, rendere convesso.

cup|-and-ball joint *s.* ⟨*Mecc*⟩ giunto *m* a sfera. **~bearer** *s.* coppiere *m* (*f* –a).

cupboard ['kʌbəd] *s.* **1** armadio *m*, credenza *f.* **2** (*closet, cabinet*) armadietto *m*, stipo *m*.

cupboard love *s.* amore *m* interessato.

cupel ['kju:pəl] **I** *s.* ⟨*Met*⟩ coppella *f.* **II** *v.t.* (*pret., p.p.* cupelled/*am.* cupeled [–d]) coppellare. **,cupel'lation** [–eiʃən] *s.* coppellazione *f.*

cup final *s.* ⟨*Sport*⟩ finale *f* di coppa.

cupful ['kʌpful] *s.* **1** tazza *f.* **2** (*in cooking*) mezza pinta *f.*

Cupid ['kju:pid] *N.pr.* ⟨*Mitol*⟩ Cupido *m.* **cupid** *s.* ⟨*Art*⟩ cupido *m.*

cupidity [kju'piditi] *s.* cupidigia *f*, avidità *f*, bramosia *f.*

cupola ['kju:pələ] *s.* **1** ⟨*Arch,Anat*⟩ cupola *f.* **2** ⟨*Met*⟩ (*cupola furnace*) cubilotto *m*, forno *m* a manica. **3** ⟨*Ferr*⟩ garitta *f.* **4** ⟨*Mil*⟩ torretta *f.*

cupped [kʌpt] *a.* **1** a (forma di) coppa. **2** (*concave*) concavo, incavato.

cupper ['kʌpə] *s.* ⟨*Med*⟩ salassatore *m* (*f* –trice). **cupping** [–piŋ] *s.* coppettazione *f*, salasso *m.* □ ~ *glass* coppetta *f* da salasso.

cupreous ['kju:priəs] *a.* **1** di rame, simile al rame. **2** (*copper-coloured*) color rame, ramato. **cupric** [–prik] *a.* ⟨*Chim*⟩ rameico: ~ *oxide* ossido rameico (*o* di rame). **cupriferous** [–'prifərəs] *a.* cuprifero. **cuprite** [–prait] *s.* ⟨*Min*⟩ cuprite *f.* **,cupronickel** [–pro(u)'nikəl] **I** *s.* ⟨*Min*⟩ cupronichelio *m.* **II** *a.* ⟨*Met*⟩ al cupronichelio. **cuprous** [–prəs] *a.* ⟨*Chim*⟩ ram(e)oso.

cup| shake *s.* (*of timber*) cipollatura *f.* **~ tie** *s.* ⟨*Sport*⟩ partita *f* di coppa.

cupule ['kju:pju:l] *s.* ⟨*Biol*⟩ cupola *f.*

cur [kə:] *s.* **1** cagnaccio *m*, cane *m* bastardo. **2** ⟨*fig*⟩ (*despicable person*) persona *f* spregevole (*o* vile).

curability [,kjuərə'biliti] *s.* curabilità *f.* '**curable** [–bl] *a.* curabile.

curaçao, curaçoa [,kjurə'səu] *s.* curaçao *m*, curassò *m.*

curacy ['kjurəsi] *s.* ⟨*Rel*⟩ curazia *f.*

curara [kju'rɑ:rɑ:], **curare, curari** [–ri] *s.* ⟨*Chim*⟩ curaro *m.* **,curarization** [–rai'zeiʃən] *s.* ⟨*Fisiol*⟩ curarizzazione *f.* '**curarize** [–rəraiz] *v.t.* trattare col curaro, somministrare curaro a.

curate ['kjurit] *s.* ⟨*Rel*⟩ **1** curato *m*, vicario *m* parrocchiale. **2** (*assistant clergyman*) curato *m*, coadiutore *m.*

curate-in-charge *s.* vicario *m* che funge da parroco.

curative ['kjuərətiv] *a.* ⟨*Med*⟩ curativo.

curator [kjuə'reitə] *s.* **1** (*of a museum, etc.*) conservatore *m.* **2** (*overseer, manager*) curatore *m*, sovrintendente *m*, amministratore *m.* **3** ⟨*Univ*⟩ membro *m* del consiglio d'amministrazione. **4** ⟨*Dir*⟩ curatore *m;* (*of a minor*) tutore *m.* **,curatorial** [–rə'tɔ:riəl] *a.* di curatore. **curatorship** [–ʃip] *s.* ⟨*Dir*⟩ curatela *f;* (*of a minor*) tutela *f.* '**curatrix** [–rətriks] *s.* ⟨*Dir*⟩ curatrice *f;* (*of a minor*) tutrice *f.*

curb [kə:b] **I** *s.* **1** barbazzale *m.* **2** ⟨*fig*⟩ (*restraint*) controllo *m*, freno *m: a* ~ *on prices* un controllo sui prezzi. **3** ⟨*Strad*⟩ (*kerb*) bordo *m*, orlo *m*, cordone *m.* **4** ⟨*am.Econ*⟩ → **curb market. 5** (*of a well*) parapetto *m* (circolare). **6** ⟨*Arch*⟩ (*of a mansard roof*) spiovente *m* inferiore. **7** ⟨*Veter*⟩ corba *f.* **II** *v.t.* **1** mettere il morso a, tenere a freno. **2** ⟨*fig*⟩ frenare, dominare, trattenere: *to* ~ *one's enthusiasm* frenare l'entusiasmo. **3** ⟨*Strad*⟩ bordare. □ ⟨*fig*⟩ *to put* (*o keep*) *a* ~ *on s.th.* tenere a freno qc., controllare qc.

curb| bit *s.* morso *m.* **~ market** *am. s.* ⟨*Econ*⟩ mercato *m* di valori (non quotati in borsa). **~ roof** *s.* ⟨*Edil*⟩ tetto *m* a mansarda.

curbstone ['kə:bstoun] *s.* ⟨*Strad*⟩ paracarro *m.* **curbstoner** *am.* [–ə] *s.* ⟨*Econ*⟩ operatore *m* volante (*o* non autorizzato).

curcuma ['kə:kjumə] *s.* ⟨*Bot*⟩ curcuma *f*, radice *f* gialla.

curd [kə:d] **I** *s.* **1** (*spesso al pl.*) cagliata *f.* **2** (*of soap*)

grumo *m.* **II** *v.t.* far cagliare, coagulare. **III** *v.i.* cagliarsi, coagularsi, rapprendersi. □ ⟨*Alim*⟩ –*s and whey* giuncata *f.*

curd cheese *s.* ricotta *f.*

curdle ['kə:dl] **I** *v.t.* **1** (*of milk*) far cagliare, coagulare. **2** (*to congeal*) congelare, gelare (*anche fig.*). **II** *v.i.* **1** (*of milk*) cagliare, coagularsi. **2** (*to congeal*) gelarsi, raggelarsi (*anche fig.*): *his blood* –*d at the sight* gli si gelò il sangue a quella vista. **curdy** [–di] *a.* cagliato, coagulato.

cure ['kjuə] **I** *s.* **1** ⟨*Med*⟩ (*treatment*) cura *f*, trattamento *m;* (*successful treatment*) guarigione *f;* (*means of healing*) cura *f*, medicina *f*, rimedio *m* (*anche fig.*). **2** (*preserving of meat, fish, etc.*) conservazione *f.* **3** (*of rubber*) vulcanizzazione *f.* **4** ⟨*Rel*⟩ cura *f.* **II** *v.t.* **1** curare, guarire, risanare; (*of an illness*) curare. **2** (*of meat, fish*) salare, affumicare; (*of tobacco*) conciare; (*of rubber*) vulcanizzare. **III** *v.i.* conservarsi. **cure-all** *s.* panacea *f*, toccasana *m.*

cureless ['kjuəlis] *a.* ⟨*Med*⟩ incurabile.

curer ['kjuərə] *s.* **1** (*healer*) guaritore *m* (*f* –trice). **2** ⟨*tecn*⟩ (*of leather*) conciatore *m;* (*of meat, fish, etc.*) salatore *m.*

curettage [kju'retidʒ] *s.* ⟨*Chir*⟩ raschiamento *m.* **curette** [–'ret] **I** *s.* raschiatoio *m.* **II** *v.i.* raschiare.

curfew ['kə:fju:] *s.* coprifuoco *m;* (*bell*) segnale *m* del coprifuoco. □ *to lift* (*o raise*) *the* ~ togliere il coprifuoco.

curia ['kjuriə] *s.* (*pl.* **curiae** ['kjurii:]) ⟨*Stor.rom,Rel.catt*⟩ curia *f.* **curial** [–l] *a.* curiale. **curialism** [–lizəm] *s.* curialismo *m.*

curie *fr.* [kju'ri:] *s.* ⟨*Fis*⟩ curie *m.* **Curie point** *s.* punto *m* di Curie.

curio ['kjuriou] *s.* (*pl.* -**s** [z]) rarità *f*, curiosità *f*, oggetto *m* raro.

'**curiosity** [,kjuri'ɔsiti] *s.* **1** curiosità *f.* **2** ⟨*spreg*⟩ (*nosiness*) invadenza *f.* **3** (*something curious or rare*) curiosità *f*, rarità *f.*

curious ['kjuriəs] *a.* **1** curioso: *I'm* ~ *to know what happened to him* sono curioso di sapere che cosa gli è accaduto. **2** ⟨*spreg*⟩ (*prying*) curioso, indiscreto, impiccione, ficcanaso: ~ *neighbours* vicini impiccioni. **3** (*odd, strange*) curioso, singolare, strano. **4** (*of books*) pornografico, erotico. **curiously** [–li] *avv.* **1** curiosamente, con curiosità. **2** (*oddly*) stranamente.

curium ['kjuriəm] *s.* ⟨*Chim*⟩ curio *m.*

curl[1] [kə:l] **I** *v.t.* **1** (*of the hair*) arricciare. **2** (*to coil*) arrotolare, avvolgere a spirale. **3** (*of the mouth, lips*) piegare, (s)torcere: *to* ~ *one's lips in contempt* storcere le labbra in segno di disprezzo. **II** *v.i.* **1** (*of the hair*) arricciarsi, essere riccio. **2** (*to twist*) arrotolarsi, avvolgersi a spirale. **3** (*to move in curves*) muoversi (*o* salire) a spirale: *smoke* –*ed up* il fumo saliva a spirale. **4** ⟨*Sport*⟩ giocare a curling. □ *to* ~ **up:** 1 accoccolarsi, raggomitolarsi; 2 ⟨*fig*⟩ (*to collapse*) cadere, crollare.

curl[2] *s.* **1** (*of hair*) ricciolo *m*, boccolo *m.* **2** (*coil, spiral*) spira *f*, voluta *f.* **3** (*curliness*) arricciatura *f*, arricciamento *m.* **4** (*of the mouth, lips*) piega *f*, smorfia *f.* **5** ⟨*Agr*⟩ arricciamento *m*, arrotolamento *m;* (*puffing*) bollosità *f.* □ *to wear* –*s* portare i capelli ricci. **curler** ['kə:lə] *s.* **1** bigodino *m*, diavoletto *m: to put one's hair in* –*s* mettersi i bigodini. **2** ⟨*Sport*⟩ giocatore *m* (*f* –trice) di curling.

curlew ['kə:lju:] *s.* ⟨*Ornit*⟩ chiurlo *m.* **curlew sandpiper** *s.* piovanello *m.*

curliness ['kə:linis] *s.* arricciatura *f.*

curling ['kə:liŋ] *s.* **1** arricciatura *f.* **2** ⟨*Sport*⟩ curling *m.*

curling| iron *s.,* ~ **irons** *s.pl.* arricciacapelli *m*, ferro *m* per ondulazione. ~ **stone** *s.* ⟨*Sport*⟩ piastra *f* per giocare a curling. ~ **tongs** *s.pl.* → **curling iron.**

curl-paper ['kə:lpeipə] *s.* bigodino *m* di carta.

curly ['kə:li] *a.* **1** riccio, ricciuto. **2** (*crinkled*) increspato, arricciato.

curly| head *s.* persona *f* ricciuta. **~-headed** *a.* riccio, ricciuto.

curmudgeon [kə:'mʌdʒən] *s.* burbero *m* (*f* –a), musone *m* (*f* –a).

currach, curragh ['kʌrə] *s.* (*coracle*) coracle *m.*

currant ['kʌrənt] *s.* **1** sultanina *f*, uva *f* sultanina. **2** ⟨*Bot*⟩ ribes *m.*

currency ['kʌrənsi] *s.* **1** circolazione *f*, corso *m*; (*prevalence*) diffusione *f*; (*time, period*) periodo *m* (*o* durata *f*) di diffusione, vita *f*. **2** ⟨Econ⟩ valuta *f*, divisa *f*, moneta *f* corrente (*o* legale): *gold ~* valuta aurea; (*paper money*) moneta *f* cartacea; (*amount in circulation*) circolazione *f* (monetaria). □ *to gain ~* diffondersi, avere diffusione; *to give ~ to a rumour* propagare (*o* diffondere) una voce; *to have short ~* avere una breve durata, avere vita breve.

currency| adjustment *s.* allineamento *m* valutario, conguaglio *m* monetario. **~ bonds** *s.pl.* obbligazioni *fpl* valutarie. **~ convertibility** *s.* convertibilità *f* della valuta. **~ doctrine** *s.* teoria *f* metallica (della valuta). **~ holdings** *s.pl.* disponibilità *f* valutaria. **~ note** *s.* ⟨Econ⟩ biglietto *m* di banca, banconota *f*. **~ principle** *s.* → currency doctrine. **~ regulations** *s.pl.* disposizioni *fpl* valutarie. **~ unit** *s.* unità *f* monetaria.

current ['kʌrənt] **I** *a.* **1** corrente, in corso: *the ~ month* il corrente mese; (*present*) attuale, presente, del momento: *the ~ crisis* l'attuale crisi. **2** (*of a publication*) ultimo: *the ~ number* l'ultimo numero. **3** ⟨Econ⟩ corrente. **4** (*in vogue*) attuale, di oggi, in voga: *~ fashions* le mode attuali. **II** *s.* **1** corrente *f*, corso *m* (*anche fig.*): *the ~ of events* il corso degli avvenimenti. **2** (*flow*) corrente *f*: *a ~ of air* una corrente d'aria; (*speed of flow*) velocità *f*. **3** ⟨El⟩ corrente *f*; (*intensity*) intensità *f* (di corrente). **4** ⟨fig⟩ (*trend*) corrente *f*, tendenza *f*: *the ~ of political ideas* le correnti politiche. □ *to pass ~* essere generalmente accettato; ⟨Econ⟩ *~ rate of exchange* cambio *m* del giorno.

current| account *s.* conto *m* corrente. **~ assets** *s.pl.* attività *fpl* correnti. **~ breaker** *s.* ⟨El⟩ interruttore *m*. **~ costs** *s.pl.* ⟨Econ⟩ costi *mpl* correnti. **~ exchange rate** *s.* cambio *m* del giorno.

currently ['kʌrəntli] *avv.* **1** generalmente, comunemente. **2** (*at present*) attualmente, al momento.

current| meter *s.* **1** ⟨El⟩ misuratore *m* di corrente. **2** ⟨Idr⟩ correntometro *m*. **~ money** *s.* moneta *f* corrente (*o* in corso).

curricle ['kʌrikl] *s.* calesse *m* (a due cavalli).

curricular [kə'rikjulə] *a.* di un corso di studi, curricolare. **curriculum** [–m] *s.* (*pl.* **-s** [z]/**-la** [lə]) ⟨Scol,Univ⟩ **1** programma *m* (*o* curriculum) di studi. **2** (*particular course*) corso *m* di studi. **curriculum vitae** *lat.* ['vaiti:] *s.* curriculum vitae *m*.

currier ['kʌriə] *s.* **1** ⟨Conc⟩ conciatore *m* (*f* –trice). **2** (*of a horse*) addetto *m* alla strigliatura. **curriery** [–ri] *s.* conceria *f*.

currish ['kə:riʃ] *a.* **1** da cane bastardo. **2** ⟨fig⟩ (*snarling*) ringhioso, intrattabile, irascibile. **3** ⟨fig⟩ (*contemptible*) spregevole, abietto, ignobile. **currishness** [–nis] *s.* spregevolezza *f*, abiezione *f*. **~ unit** *s.* unità *f*

curry[1] ['kʌri] **I** *s.* ⟨Gastr⟩ **1** → curry-powder. **2** (*dish*) pietanza *f* al curry. **II** *v.t.* condire (*o* cucinare) con curry.

curry[2] *v.t.* **1** (*of a horse*) strigliare. **2** (*to thrash*) bastonare, ⟨fam⟩ conciare per le feste. **3** ⟨Conc⟩ conciare. □ *to ~ favour with s.o.* (ac)cattivarsi il favore di qd., cercare d'ingraziarsi qd.

curry|-comb *s.* striglia *f*. **~-powder** *s.* ⟨Gastr⟩ curry *m*.

curse[1] [kə:s] **I** *s.* **1** maledizione *f*. **2** ⟨fig⟩ calamità *f*, sventura *f*, disgrazia *f*, sciagura *f*: *drink was his ~* il bere era la sua disgrazia. **3** ⟨Rel⟩ anatema *m*, scomunica *f*. **4** (*oath*) imprecazione *f*, bestemmia *f*. **5** ⟨fam⟩ mestruazione *f*. **II** *intz.* maledizione. □ *to call down –s on s.o.* invocare la maledizione (di Dio) su qd.; ⟨fam⟩ *the ~ of Scotland* (*in cards*) il nove di quadri; *to be under a ~* essere sotto il peso di una maledizione. *Prov.: –s come home to roost* le maledizioni ricadono sul capo di chi maledice.

curse[2] *v.* (*pret., p.p.* **-d** [t]) **I** *v.t.* **1** maledire. **2** (*to swear at*) imprecare (*o* inveire) contro; (*to blaspheme*) bestemmiare. **3** ⟨Rel⟩ scomunicare. **4** ⟨fig⟩ (*to afflict*) affliggere, tormentare. **II** *v.i.* imprecare, bestemmiare. □ *~ it!* maledizione!; ⟨fig⟩ *he is –d with a violent temper* per sua disgrazia ha un carattere violento.

cursed ['kə:sid] *a.* maledetto, dannato (*anche fig.*): *this ~ weather* questo maledetto tempo. **'cursedness** [–nis] *s.* l'essere maledetto (*o* odioso).

cursive ['kə:siv] **I** *a.* corsivo. **II** *s.* ⟨Tip,Giorn⟩ corsivo *m*.

cursor ['kə:sə] *s.* **1** ⟨Mecc⟩ cursore *m*. **2** ⟨Inform⟩ cursore *m*, indicatore *m* luminoso.

cursorial [kə:'sɔ:riəl] *a.* ⟨Zool⟩ corridore, atto a correre.

cursoriness ['kə:sərinis] *s.* rapidità *f*, superficialità *f*. **cursory** [–ri] *a.* frettoloso, rapido: *a ~ glance at the newspaper* una rapida occhiata (*o* scorsa) al giornale; (*superficial*) superficiale. **~ glance**

curst [kə:st] *a.* → cursed.

curt [kə:t] *a.* **1** breve, conciso. **2** (*rudely brief*) secco, asciutto.

curtail [kə:'teil] *v.t.* **1** accorciare, abbreviare, tagliar corto a: *to ~ a visit* abbreviare una visita. **2** (*to reduce*) ridurre, diminuire. **curtailment** [–mənt] *s.* abbreviazione *f*, riduzione *f*.

curtain ['kə:tn] **I** *s.* **1** tenda *f*, tendina *f*: *to draw the –s* aprire (*o* tirare) le tende. **2** ⟨Teat⟩ sipario *m*, telone *m*, tela *f*; (*at the beginning of a play*) alzata *f* del sipario; (*at the end*) calata *f* del sipario; (*ending, final line*) fine *f*, finale *m*: *the play has a weak ~* la commedia ha un finale fiacco. **3** ⟨fig⟩ (*screen*) cortina *f*, barriera *f*: *a ~ of fire* una barriera di fuoco d'artiglieria. **4** ⟨Arch⟩ muro *m* secondario. **5** *pl.* ⟨sl⟩ fine *f*, morte *f*. **II** *v.t.* mettere tende a, provvedere di tende. **III** *intz.* ⟨Teat⟩ sipario. □ ⟨Teat⟩ *~ is at nine o'clock* la rappresentazione inizia alle nove; ⟨fig⟩ *to draw the ~ on* (*o* over) *s.th.* calare il sipario su qc.; *the ~ falls* cala il sipario; ⟨fig⟩ *to lift the ~ on s.th.*: **1** iniziare qc.; **2** (*to make known*) svelare qc.; *to ~ off* separare (*o* dividere) con una tenda; *the ~ rises* si alza il sipario; *~ up!* su il sipario!

curtain|-call *s.* ⟨Teat⟩ chiamata *f* (alla ribalta). □ *to take a ~* essere chiamato alla ribalta. **~-fire** *s.* ⟨Mil⟩ fuoco *m* di sbarramento. **~-lecture** *s.* ramanzina *f* in privato. **~-line** *s.* ⟨Teat⟩ battuta *f* finale. **~ raiser** *s.* **1** avanspettacolo *m*. **2** ⟨fig⟩ preludio *m*. **~ time** *s.* ⟨Teat⟩ orario *m* d'inizio dello spettacolo. **~ wall** *s.* ⟨Edil⟩ esterno *m* di pannelli, curtain wall *m*.

curtesy ['kə:təsi] *s.* ⟨Dir⟩ (*of a husband*) usufrutto *m* vedovile.

curtly ['kə:tli] *avv.* seccamente, bruscamente. **curtness** [–tnis] *s.* **1** brevità *f*. **2** (*abruptness*) bruschezza *f*, tono *m* brusco (*o* secco).

curts(e)y ['kə:tsi] **I** *s.* inchino *m*, riverenza *f*. **II** *v.i.* inchinarsi, fare la riverenza.

curule ['kjuru:l] *a.* ⟨Stor.rom⟩ curule: *~ chair* sedia *f* curule.

curvaceous [kə:'veiʃəs] *a.* ⟨fam⟩ formosa, ⟨fam⟩ piena di curve.

curvature ['kə:vətʃə] *s.* **1** curvatura *f*, incurvatura *f*. **2** ⟨Med,Geom,Ott⟩ curvatura *f*: *~ of the spine* curvatura della spina dorsale.

curve [kə:v] **I** *s.* **1** curva *f*, svolta *f*. **2** ⟨Mat,Geom⟩ curva *f*; (*graph*) curva *f*: *a price ~* una curva dei prezzi. **3** *pl.* ⟨fam⟩ (*of a woman*) curve *fpl*, rotondità *fpl*. **4** ⟨Sport⟩ (*curve ball*) tiro *m* deviato. **II** *v.i.* curvare, fare una curva. **III** *v.t.* curvare, piegare. □ *~ chart* diagramma *m*. **curved** [–d] *a.* curvato, curvo. **'curvedness** [–dnis] *s.* l'essere curvo.

curvet [kə:'vet] **I** *s.* ⟨Equit⟩ corvetta *f*. **II** *v.i.* (*pret., p.p.* **curvetted/curveted** [–id]) **1** ⟨Equit⟩ corvettare. **2** (*to prance*) saltellare.

curvilineal [,kə:vi'liniəl], **curvilinear** [–niə] *a.* curvilineo.

curvy ['kə:vi] *a.* **1** → curved. **2** ⟨fam⟩ → curvaceous.

cuscus[1] ['kuskus] *s.* ⟨Zool⟩ cusco *m*.

cuscus[2] *s.* ⟨Gastr⟩ cuscus *m*, cuscussù *m*.

cusec ['kju:sek] *s.* piede *m* cubo al secondo.

cushat ['kʌʃət] *s.* ⟨Ornit⟩ (*wood pigeon*) colombaccio *m*.

cushion ['kuʃən] **I** *s.* **1** cuscino *m*. **2** (*on a billiard table*) sponda *f* elastica. **3** (*to absorb shocks, etc.*) cuscino *m*, ammortizzatore *m*: *a ~ of air* un cuscino d'aria. **4** ⟨Calz⟩ imbottitura *f*. **II** *v.t.* **1** provvedere di cuscini, imbottire: *to ~ a seat* imbottire un sedile. **2** (*to prop up with a cushion*) sostenere con un cuscino. **3** ⟨Mecc⟩ ammortizzare, ⟨fig,Acu⟩ attutire, attenuare, smorzare: *to ~ a blow* attutire un colpo. **5** ⟨fig⟩ (*of complaints, etc.*)

soffocare, sedare.

ıshion| craft s. veicolo m a cuscino d'aria. ~ tire am., ~ tyre s. ⟨Aut⟩ pneumatico m a cuscino.

ıshiony ['kuʃəni] a. soffice, morbido.

ıshy ['kuʃi] a. ⟨fam⟩ comodo, facile, piacevole, di tutto riposo: a ~ job un lavoro comodo (o di tutto riposo).

ısp [kʌsp] s. 1 cuspide f, apice m, punta f. 2 ⟨Dent,Biol,Geom,Arch⟩ cuspide f. 3 ⟨Astr⟩ corno m; (in astrology) cuspide f. 'cuspate [–eit], 'cuspated [–eitid], 'cusped [–t] a. cuspidato. 'cuspid [–id] s. ⟨Dent⟩ canino m. 'cuspidal [–idl] a. cuspidale. 'cuspidate [–ideit] a. cuspidato (anche Bot.).

ıspidor am. ['kʌspidɔ:] s. sputacchiera f.

ıss am. [kʌs] I s. ⟨fam⟩ 1 maledizione f; (oath) imprecazione f, bestemmia f. 2 (fellow) individuo m, tipo m. II v.t. maledire, imprecare contro. III v.i. imprecare, bestemmiare. 'cussed [–id] a. ⟨fam⟩ 1 maledetto, dannato. 2 (obstinate) testardo, ostinato. 'cussedness [–idnis] s. ⟨fam⟩ testardaggine f, caparbietà f.

ıstard ['kʌstəd] s. ⟨Gastr⟩ crema f, budino m di crema.

ıstard| apple s. anona f. ~-pie a. grossolano, dozzinale.

ıstodial [kʌs'təudiəl] a. relativo a custodia (o custode). custodian [–diən] s. 1 custode m/f, guardiano m (f –a). 2 (janitor) portiere m (f –a), custode m/f. 'custody [–tədi] s. 1 custodia f, vigilanza f, cura f. 2 ⟨Dir⟩ custodia f; (imprisonment) custodia f, detenzione f: to be held in ~ essere tenuto sotto custodia.

ıstom ['kʌstəm] I s. 1 costume m, abitudine f, consuetudine f, usanza f: as was his ~ com'era sua abitudine; every people has its –s ogni popolo ha i suoi costumi; (conventions) convenzioni fpl, convenienze fpl sociali. 2 ⟨Dir⟩ consuetudine f. 3 pl. (duties; costr. sing. o pl.) dogana f, diritti mpl (o dazi) doganali; (department; costr. sing.) dogana f. 4 ⟨Comm⟩ clientela f. II a. ⟨am⟩ 1 su ordinazione, su misura. 2 (doing work to order) che lavora su ordinazione: a ~ tailor un sarto che lavora su ordinazione. □ Customs and Excise Authority ufficio m dazio e dogane; –s and excise duties dazi doganali e di consumo; to pass through –s passare la dogana.

customable [–əbl] a. soggetto a dogana.

ıstomarily ['kʌstəmərili] avv. usualmente, abitualmente. customariness [–rinis] s. consuetudine f, abitudine f. customary [–ri] I a. 1 consueto, ordinario, usuale, abituale; (usual) usuale, solito: at the ~ time all'ora solita. 2 ⟨Dir⟩ consuetudinario. II s. ⟨Dir⟩ codice m di leggi fondate sul diritto consuetudinario. □ as is ~ secondo l'usanza.

ıstomary| clause s. ⟨Dir⟩ clausola f d'uso. ~ law s. diritto m consuetudinario.

ıstom-|'built a. fatto su ordinazione (o misura), (costruito) fuoriserie. ~-built car s. ⟨Aut⟩ fuoriserie f, automobile f fuoriserie. '~-'made a. fatto su ordinazione (o misura).

ıstomer ['kʌstəmə] s. 1 cliente m/f. 2 ⟨fam⟩ tipo m, individuo m. □ ⟨fam⟩ a tough ~ un duro.

ıstomer's number s. codice m cliente.

ıstom| file s. schedario m clienti. ~ house s. dogana f, ufficio m doganale. '~-'made a. fatto su ordinazione (o misura).

ıstoms| agent s. agente m doganale. ~ broker s. agente m doganale. ~ charges s.pl. spese fpl di dogana. ~ clearance s. sdoganamento m, svincolo m doganale. ~ collector s. esattore m delle dogane. ~ duty s. dazio m doganale. ~ entry certificate s. bollettino m doganale. ~ examination s. controllo m (o visita f) doganale. ~ house s. → custom house. ~ station s. posto m di dogana. ~ tariff s. tariffa f doganale. ~ union s. unione f doganale. ~ warehouse deposito m doganale.

ıstom-tailored a. fatto su misura (anche fig.).

ıt¹ [kʌt] v. (pret., p.p. cut) I v.t. 1 tagliare, ferire: to ~ one's hand tagliarsi una mano. 2 (to sever) tagliare: to ~ a slice of bread tagliare una fetta di pane. 3 (to trim) tagliare, accorciare: to have one's hair ~ farsi tagliare i capelli. 4 (to fell, hew) tagliare, spaccare: to ~ timber spaccar legna. 5 (to mow, reap) falciare, mietere: to ~ the grass falciare l'erba. 6 (to intersect) tagliare, intersecare, incrociare. 7 (to strike sharply) colpire forte (o a sangue).

8 ⟨fig⟩ (to hurt the feelings of) ferire, urtare. 9 ⟨fig⟩ (to abridge) tagliare, abbreviare: to ~ a speech abbreviare un discorso; (to reduce) ridurre, diminuire: to ~ prices ridurre i prezzi. 10 (to excavate) scavare, traforare. 11 (to make or shape by cutting; spesso con out) tagliare: to ~ out a dress tagliare un abito; (of a statue) scolpire, intagliare; (of a jewel) tagliare; (of a key) fare. 12 (to dilute) diluire, annacquare; (of wine) tagliare. 13 ⟨fam⟩ (to cease) smettere. 14 ⟨fig⟩ (to refuse to recognize) far finta di non riconoscere (o vedere). 15 ⟨fam⟩ (to absent o.s. from) non partecipare a, assentarsi da; (of school) marinare. 16 ⟨fam⟩ (to split) dividere, spartire: the thieves ~ the booty i ladri si spartirono il bottino. 17 (of teeth) spuntare. 18 (of an engine: to stop) fermare. 19 (of a pack of cards) tagliare; (of a card) pescare. 20 (to record) registrare, incidere; (to make a recording of) fare una registrazione di. 21 ⟨Legat⟩ (of book edges) rifilare; (of pages) tagliare. 22 ⟨Cin⟩ (to edit) montare; (to finish photographing) tagliare; (to censor) tagliare. 23 ⟨Sport⟩ (of a ball) tagliare. II v.i. 1 tagliare: this knife doesn't ~ questo coltello non taglia. 2 (that can be cut) tagliarsi: butter –s easily il burro si taglia facilmente. 3 (to take a short cut) tagliare: let's ~ through the fields tagliamo per i campi. 4 ⟨fam⟩ (to leave quickly) scappare, filare, tagliare la corda. 5 (to make a stroke) colpire (at s.o. qd.): to ~ at s.o. with a sword colpire qd. con una spada. 6 ⟨fig⟩ (to wound feelings) colpire, ferire. 7 (of cards) tagliare, alzare: to ~ for dealer tagliare per decidere chi fa carte. 8 (of teeth) spuntare. 9 ⟨Cin⟩ (to cease photographing) tagliare. □ to ~ across: 1 (to transcend) trascendere, superare, oltrepassare; 2 (to be the concern of) interessare, riguardare; to ~ after s.o. correre dietro a qd.; ⟨fig⟩ to ~ at s.th. (s)troncare qc., porre fine a qc.; to ~ away: 1 tagliare, troncare, recidere: to ~ away dead wood from a tree tagliare i rami secchi da un albero; 2 ⟨fam⟩ (to run away) svignarsela, filarsela, tagliare la corda; to ~ back: 1 (to shorten, prune) potare, cimare, sfrondare, spuntare; 2 ⟨fig⟩ (to reduce) ridurre, diminuire, contrarre: to ~ back production ridurre la produzione; 3 (of a plot, etc.) tornare indietro, rifarsi, ritornare; 4 ⟨Sport⟩ colpire di taglio; ⟨fig⟩ the wind ~ me to the bone il vento mi penetrava fino all'osso; ⟨fig⟩ to ~ both ways essere a doppio taglio; ⟨scol⟩ to ~ classes marinare la scuola; ⟨fam⟩ to ~ and come again servirsi di nuovo, ⟨fam⟩ mangiare a quattro palmenti; to ~ a connection with s.o. tagliare i ponti con qd.; to ~ off a corner tagliare un angolo; ⟨fig⟩ to ~ a dash fare una gran bella figura; ⟨fig⟩ to ~ s.o. dead fingere di non vedere (o conoscere) qd.; to ~ down: 1 tagliare, abbattere: to ~ down a tree abbattere un albero; 2 ⟨fig⟩ (to curtail) ridurre, diminuire, contrarre; 3 (to strike down, destroy) sgominare, sbaragliare; 4 (to incapacitate by disease, etc.) inabilitare, rendere inabile; 5 (to kill) uccidere, stroncare; ⟨fam⟩ to ~ it fine (of time) farcela per un pelo (o soffio); to ~ s.th. in half tagliare qc. in due, dimezzare qc.; to ~ a horse with a whip frustare a sangue un cavallo; ⟨fam⟩ to ~ no ice non avere peso (o influenza), fare poco effetto; to ~ in: 1 ⟨Aut⟩ tagliare la strada (dopo un sorpasso); 2 (to interpose) intervenire, intromettersi, frapporsi (on in): to ~ in on a conversation intervenire in una conversazione; 3 ⟨tecn⟩ inserire automaticamente; 4 ⟨El⟩ inserire, collegare; ⟨fig⟩ to ~ into: 1 (to interrupt) interrompere; 2 (to diminish) intaccare; ⟨fig⟩ to ~ loose from one's family rendersi indipendente dalla propria famiglia; to ~ one's losses rinunciare in tempo a un cattivo affare; to ~ ˹the matter˺ (o a long story) short a farla breve, per tagliar corto; to ~ off: 1 (to sever) tagliare, mozzare, troncare; 2 (to intercept) tagliare (fuori); to ~ off the enemy tagliar fuori il nemico; 3 ⟨fig⟩ (to cause the death of) stroncare; 4 (to turn off) spegnere, fermare: to ~ off the engine spegnere il motore; to ~ s.th. open spaccare qc.; to ~ out: 1 ritagliare: to ~ out an article from a newspaper ritagliare un articolo da un giornale; 2 ⟨fig⟩ (to omit) eliminare, togliere; 3 ⟨fam⟩ (to supplant) soppiantare, prendere il posto di; 4 ⟨fam⟩ (to desist from) smettere, cessare, rinunciare a: to ~ out drinking smettere di bere; 5 ⟨tecn⟩ spegnere, disinnestare, staccare; 6 ⟨fam⟩ (to leave hastily) scappare, ⟨fam⟩

svignarsela; ⟨fam⟩ he is not ~ out for this job non è tagliato per questo lavoro; ⟨fam⟩ ~ it out! smettila!, finiscila!, ⟨fam⟩ piantala!; to ~ to pieces: 1 fare a pezzi; 2 ⟨fig⟩ (to destroy) annientare, distruggere; ⟨fig⟩ to be ~ to the quick essere ferito nel profondo del cuore; ⟨Sport⟩ to ~ the record battere il primato; ⟨fam⟩ to ~ up rough (o nasty) infuriarsi, dare in escandescenze; to ~ and run ⟨fam⟩ tagliare la corda; ⟨fig⟩ to ~ s.o. off without a shilling diseredare qd.; to ~ up: 1 (to cut into pieces) tagliare, affettare, fare (o tagliare) a pezzi; 2 (to destroy) distruggere, annientare, fare a pezzi; 3 ⟨fig⟩ (to distress) addolorare, affliggere; 4 ⟨fig⟩ (to criticize) criticare, stroncare.

cut² I s. 1 taglio m (anche fig.): a clean ~ un taglio netto; to make ~s in a film fare tagli in un film. 2 (stroke of a weapon) colpo m, fendente m; (of a whip) sferzata f, frustata f. 3 ⟨fig⟩ (reduction) riduzione f, diminuzione f, taglio m: a ~ in salary una riduzione di stipendio. 4 (piece cut off) taglio m, fetta f, pezzo m, pezza f: a ~ of cloth un taglio di stoffa. 5 ⟨fam⟩ (share) parte f, quota f: his ~ was 20% la sua quota era del 20%. 6 (short cut) scorciatoia f. 7 ⟨fig⟩ (act, speech that wounds) offesa f, affronto m. 8 ⟨fam⟩ (act of refusing to recognize) il non voler riconoscere (o vedere). 9 ⟨fig⟩ (kind) tipo m, stampo m: a man of a different ~ un uomo di stampo diverso. 10 ⟨Macell⟩ taglio m: prime ~s tagli di prima scelta. 11 ⟨Sart⟩ taglio m: the ~ of a suit il taglio di un abito. 12 ⟨Tip⟩ zinco m, matrice f; (print) illustrazione f, vignetta f. 13 ⟨Sport⟩ colpo m secco (o tagliato), colpo di taglio. 14 (in cards) taglio m, alzata f. 15 (canal, channel) canale m; (passage cut) trincea f, scavo m, galleria f. 16 (in drawing lots) sorteggio m. 17 ⟨Cin⟩ (editing) montaggio m. 18 ⟨El⟩ interruzione f. II a. 1 tagliato; (of flowers) reciso. 2 ⟨fig⟩ (reduced) ridotto: ~ prices prezzi ridotti. 3 (of tobacco) trinciato. 4 ⟨Zootecn⟩ castrato. III intz. ⟨Cin⟩ alt. □ ⟨fam⟩ to be a ~ above s.o. essere superiore a qd.; ⟨fam⟩ to give s.o. the direct ~ fare a qd. l'affronto di fingere di non riconoscerlo; ~ and thrust: 1 colpo m di taglio e di punta; 2 ⟨fig⟩ lotta f senza esclusione di colpi.

cut-and-dried a. 1 preparato in anticipo. 2 (trite) trito, banale. 3 (routine) di routine, di ordinaria amministrazione.

cutaneous [kju:'teiniəs] a. ⟨Anat,Med⟩ cutaneo.

cutaway ['kʌtəwei] I a. 1 ⟨Sart⟩ a coda di rondine. 2 (of a drawing, etc.) in sezione, spaccato. II s. 1 ⟨Sart⟩ (cutaway coat) giacca f a coda di rondine. 2 (of a picture, etc.) spaccato m.

cut-back ['kʌtbæk] s. 1 riduzione f, diminuzione f, contrazione f: a ~ in production una diminuzione della produzione. 2 (in a story, film, etc.) salto m (o passo) indietro. 3 ⟨Sport⟩ rovesciata f.

cute [kju:t] a. 1 ⟨fam⟩ svelto, acuto, sveglio. 2 ⟨am⟩ (pretty) grazioso, attraente. '**cuteness** [-nis] s. 1 ⟨fam⟩ ingegnosità f, acutezza f. 2 ⟨am⟩ (prettiness) grazia f, leggiadria f. **cutey** am. s. → cutie.

cut glass s. vetro m tagliato.

cuticle ['kju:tikl] s. 1 ⟨Anat⟩ cuticola f; (of the nails) cuticola f, pellicina f. 2 ⟨Biol⟩ cuticola f, pellicola f. **cu'ticular** [-kjulə] a. cuticolare.

cutie ['kju:ti] s. ⟨sl⟩ ragazza f graziosa.

cut-in s. 1 ⟨Cin,TV⟩ scena f di collegamento, inserto m. 2 ⟨Rad,TV⟩ inserto m. 3 ⟨fam⟩ (share) compartecipazione f. 4 ⟨Tip⟩ fotografia f (inserita nel corpo di un articolo).

cutis ['kju:tis] s. (pl. -tises [-i:z]/cutes [-ti:z]) ⟨Anat⟩ cute f.

cutlass ['kʌtləs] s. coltellaccio m (da marinaio).

cutler ['kʌtlə] s. coltellinaio m. **cutlery** [-ri] s. 1 coltellame m, coltelleria f. 2 (trade) mestiere m del coltellinaio.

cutlet ['kʌtlit] s. ⟨Gastr⟩ 1 costoletta f, cotoletta f: veal ~ costoletta di vitello. 2 (croquette) crocchetta f.

cut| off ['kʌtɔf] s. 1 taglio m, mozzatura f. 2 (short cut) scorciatoia f. 3 (of a river) scorciatoia f, braccio m diretto. 4 ⟨Mecc⟩ otturatore m, chiusura f dell'ammissione. 5 ⟨Tip⟩ linea f di separazione. 6 ⟨Artigl⟩ leva f d'arresto, sicura f. ~ out s. 1 ritaglio m. 2 (in advertising) parte da ritagliare. 3 ⟨El⟩ interruttore m. 4 ⟨Mecc⟩ valvola f scappamento libero. ~ price s. ⟨Comm⟩ prezzo ridotto. ~purse. ladro m (f –a), tagliaborse m. '~-'ra a. ⟨Comm⟩ a prezzo ridotto, a tariffa ridotta.

cutter ['kʌtə] s. 1 tagliatore m (f –trice). 2 ⟨Mar⟩ cutt m; (warship's boat) lancia f armata; (ship's boat) canot m, lancia f di bordo. 3 ⟨am.Mar⟩ nave f guardacoste. ⟨Cin⟩ montatore m. 5 ⟨am⟩ slitta f leggera. 6 ⟨Ed⟩ tagliapietre m. 7 ⟨Cart⟩ taglierina f, trancia f.

cut-throat I s. 1 assassino m; (hired killer) sicario m. (in card games) gioco m senza coppie (o compagni). a. 1 assassino, omicida. 2 ⟨fig⟩ (merciless) spietat accanito, feroce: ~ competition spietata concorrenza.

cut-throat bridge s. bridge m a tre.

cutting ['kʌtiŋ] I s. 1 taglio m, incisione f. 2 (somethi cut off) pezzo m; (from a newspaper) ritaglio m. 3 ⟨fi (reduction) riduzione f, diminuzione f. 4 (excavatio trincea f, scavo m: a railway ~ una trincea ferroviaria. ⟨Agr⟩ talea f. 6 ⟨Tess⟩ cimatura f. 7 ⟨Cin⟩ montaggio 8 ⟨Min⟩ trincea f. II a. 1 tagliente, affilato. 2 ⟨fi (wounding) tagliente, sferzante, pungente: a ~ rema un'osservazione tagliente. 3 ⟨fig⟩ (of wind) tagliente.

cutting| and thrusting weapons s.pl. ⟨Mil⟩ armi bianche. ~ blow s. ⟨Sport⟩ polsino m. ~ board tagliere m. ~ edge s. (of a blade, tool) filo m, taglio ~ machine s. tagliatrice f. ~ off machine troncatrice f. ~ pliers s. pinze fpl universali. ~ room ⟨Chim⟩ sala f di montaggio. ~ tool s. utensile m taglio.

cuttle ['kʌtl] s. → cuttle fish.

cuttle| bone s. osso m di seppia. ~ fish s. ⟨Itt⟩ sepp f.

cutty scozz. ['kʌti] I a. 1 corto, scorciato. 2 (irritab nervoso, irritabile. II s. 1 cucchiaio m corto. 2 (sh pipe) pipa f corta.

cut|water s. 1 ⟨Mar⟩ tagliamare m. 2 ⟨Idr⟩ (of a brid pier) sperone m, frangicorrente m. ~work s. ⟨Lav.femr intaglio m. ~worm s. ⟨Entom⟩ agrotide f.

C.V.O. = Commander of the Royal Victorian Order.

cwt. = hundredweight quintale inglese.

cyanamid(e) [si'ænəmid] s. ⟨Chim⟩ cianam(m)ide f.

cyanate ['saiəneit] s. ⟨Chim⟩ cianato m.

cyanic [sai'ænik] a. 1 ⟨Chim⟩ cianico. 2 (blue) azzurr turchino.

cyanid ['saiənid], **cyanide** [-naid] I s. cianuro m. II cianurare.

cyanopathy [ˌsaiə'nɔpəθi] s. → cyanosis. **cyanos** [-'nousis] s. (pl. -ses [si:z]) ⟨Med⟩ cianosi f. **cyanot** [-'nɔtik] a. cianotico.

Cybele [si'bi:li] N.pr. ⟨Mitol⟩ Cibele f.

cybernation [saibə'neiʃən] s. automazione f assistita c computer.

cybernetic [saibə'netik] a. cibernetico: ~ art a cibernetica. ,**cyber'netics** [-s] s.pl. (costr. sing. o pl.) bernetica f. **cyberneticist** [-tisist] s. esperto m di cibe netica.

cycad ['saikæd] s. ⟨Bot⟩ cicadacea f.

cyclamen ['sikləmən] s. 1 ⟨Bot⟩ ciclamino m. 2 (colot ciclamino m.

cycle ['saikl] I s. 1 ciclo m (anche Fis., Biol., Astr.): the of the seasons il ciclo delle stagioni. 2 ⟨Lett,Teat⟩ cic m, serie f. 3 (bicycle) bicicletta f; (tricycle) triciclo m. ⟨El⟩ ciclo m, periodo m. II v.i. 1 andare in bicicletta. (to pass through a cycle) superare un ciclo. 3 (to recur cycles) ricorrere periodicamente, avere un andame ciclico.

cycle-car s. motofurgone m.

cycler ['saiklə] s. → cyclist.

cycle| race s. gara f ciclistica. ~ shop s. negozio m biciclette. ~ track s. ⟨Sport⟩ velodromo m.

cyclic ['saiklik] a. ciclico (anche Chim.). **cyclical** [-l] ciclico, periodico.

cyclical policy s. politica f congiunturale, provvidem mpl congiunturali.

cycling ['saikliŋ] s. ciclismo m.

cycling tourist s. cicloturista m/f.

cyclist ['saiklist] *s.* ciclista *m/f.*

cyclograph ['saiklo(u)grɑ:f] *s.* ⟨*tecn*⟩ ciclografo *m.*

cycloid ['saiklɔid] **I** *a.* circolare, cicloidale. **II** *s.* **1** ⟨*Itt*⟩ pesce *m* cicloide. **2** ⟨*Geom*⟩ cicloide *f.* **cy'cloidal** [–əl] *a.* → **cycloid.**

cyclometer [sai'klɔmitə] *s.* **1** ⟨*Mat*⟩ misuratore *m* di archi di cerchio. **2** ⟨*tecn*⟩ odometro *m.*

cyclone ['saiklɔun] *s.* **1** ⟨*Meteor*⟩ ciclone *m.* **2** ⟨*pop*⟩ (*tornado*) ciclone *m,* uragano *m.* □ ~ *cellar* rifugio *m* anticiclone. **cyclonic** [–'klɔnik], **cyclonical** [–'klɔnikəl] *a.* ciclonico.

Cyclopean [,saiklə'pi:ən] *a.* ⟨*Mitol*⟩ ciclopico. **cyclopean** *a.* **1** ⟨*fig*⟩ ciclopico, gigantesco, colossale. **2** ⟨*Archeol*⟩ ciclopico.

cyclopedia [,saiklɒu'pi:diə] *s.* enciclopedia *f.*

Cyclops ['saiklɔps] *s.* (*pl.* **Cyclopes** [sai'kluəpi:z]) ⟨*Mitol*⟩ ciclope *m.*

cyclorama [,saiklə'rɑ:mə] *s.* **1** panorama *m* circolare. **2** ⟨*Teat*⟩ fondale *m* curvo.

cyclostyle ['saiklə(u)stail] **I** *s.* ciclostile *m.* **II** *v.t.* ciclostilare.

cyclotron ['saiklətrɔn] *s.* ⟨*Atom*⟩ ciclotrone *m.*

cyder ['saidə] *s.* (*cider*) sidro *m.*

cygnet ['signit] *s.* ⟨*Ornit*⟩ giovane cigno *m.*

cylinder ['silində] *s.* **1** ⟨*Geom,Mecc*⟩ cilindro *m.* **2** (*of a revolver*) tamburo *m.* **3** ⟨*Tip*⟩ rullo *m,* cilindro *m.* **4** (*gas container*) bombola *f.*

cylinder| barrel *s.* ⟨*Aut*⟩ pareti *fpl* (*o* canna *f*) del cilindro. ~ **block** *s.* ⟨*Mot*⟩ blocco *m* cilindri, monoblocco *m.*

cylindered ['silindəd] *a.* ⟨*tecn*⟩ (nei composti) a ... cilindri: *a six-~ engine* un motore a sei cilindri.

cylinder| head *s.* testata *f,* testa *f* cilindri. ~ **press** *s.* ⟨*Tip*⟩ rotativa *f.*

cylindric [si'lindrik], **cylindrical** [–əl] *a.* cilindrico. **'cylindroid** *s.* ⟨*Mat*⟩ cilindroide *m.*

cyma ['saimə] *s.* (*pl.* -**s** [z]/-**mae** [mi:]) ⟨*Arch*⟩ gola *f,* onda *f.*

cymar ['saimɑ:] *s.* ⟨*Stor*⟩ zimarra *f.*

cymbal ['simbəl] *s.* ⟨*Mus*⟩ cembalo *m,* piatto *m.* **cymbalist** [–ist] *s.* sonatore *m* (*f* –trice) di piatti.

cyme ['saim] *s.* ⟨*Bot*⟩ racemo *m,* cima *f.* **cymose** [–ous] *a.* cimoso.

Cymric ['kimrik] **I** *a.* ⟨*Etnol*⟩ cimrico. **II** *s.* (*language*) cimrico *m.*

cynic ['sinik] **I** *s.* cinico *m* (*f* –a). **II** *a.* cinico. **cynical** [–əl] *a.* **1** cinico. **2** (*sneering*) beffardo, sprezzante. **cynically** [–li] *avv.* cinicamente. **Cynicism** ['sinisizəm] *s.* ⟨*Filos*⟩ cinismo *m.* **cynicism** *s.* **1** cinismo *m.* **2** (*remark*) osservazione *f* cinica.

cynocephalus [,sino(u)'sefələs] *s.* (*pl.* -**li** [lai]) ⟨*Mitol*⟩ cinocefalo *m.*

Cynosure ['sinəʒjuə] *N.pr.* ⟨*Astr*⟩ (*Ursa Minor*) Orsa *f* minore; (*North Star*) stella *f* polare. **cynosure** *s.* centro *m* d'attrazione.

Cynthia ['sinθiə] **I** *N.pr.* ⟨*Mitol*⟩ Cinzia *f.* **II** *s.* ⟨*poet*⟩ luna *f.*

cypher ['saifə] **I** *s.* cifra *f.* **II** *v.t.* cifrare. **III** *v.i.* scrivere in cifra.

cypress ['saiprəs] *s.* ⟨*Bot*⟩ cipresso *m.*

Cyprian ['sipriən] **I** *a.* **1** cipriota. **2** ⟨*fig*⟩ (*lewd*) licenzioso, dissoluto, lascivo. **II** *s.* **1** (*Cypriot*) cipriota *m/f.* **2** ⟨*fig*⟩ (*lewd person*) persona *f* licenziosa; (*prostitute*) prostituta *f.*

cyprinid [si'prinid] **I** *a.* ⟨*Itt*⟩ dei ciprinidi. **II** *s.* ciprinide *m.* **'cyprinoid** [–nɔid] **I** *a.* ⟨*Itt*⟩ dei ciprinoidi. **II** *s.* ciprinoide *m.*

Cypriot ['sipriət], **Cypriote** [–riout] **I** *s.* **1** cipriota *m/f.* **2** (*dialect*) cipriota *m.* **II** *a.* cipriota. **Cyprus** ['saiprəs] *N.pr.* ⟨*Geog*⟩ Cipro *m.*

Cyrenaic [,sairə'neiik] **I** *a.* cirenaico. **II** *s.* cirenaico *m* (*f* –a).

Cyril ['siril] *N.pr.m.* Cirillo *m.*

Cyrillic [si'rilik] **I** *a.* cirillico. **II** *s.* alfabeto *m* cirillico.

cyst [sist] *s.* ⟨*Med,Biol*⟩ cisti *f,* ciste *f.* **'cystic** [–ik] *a.* cistico.

cystectomy [sis'tektəmi] *s.* ⟨*Med*⟩ cistectomia *f.*

cystic| duct *s.* ⟨*Anat*⟩ dotto *m* cistico. ~ **fibrosis** *s.* ⟨*Med*⟩ fibrosi *f* cistica.

cystitis [sis'taitis] *s.* (*pl.* -**tides** [tidi:z]) ⟨*Med*⟩ cistite *f.*

cystography [sis'tɔgrəfi] *s.* ⟨*Rad*⟩ cistografia *f.*

cystoid ['sistɔid] **I** *a.* cistoide. **II** *s.* ⟨*Med*⟩ massa *f* cistoidea.

cystoscope ['sistəskoup] *s.* ⟨*Med*⟩ cistoscopio *m.* **cystotomy** [–'tɔtəmi] *s.* ⟨*Chir*⟩ cistotomia *f.*

Cytherea [,siθə'riə] *N.pr.* ⟨*Mitol*⟩ Citerea *f,* Venere *f* citerea.

cyto|diagnostics [,saitəu'daiəgnɔstiks] *s.* ⟨*Med*⟩ citodiagnostica *f.*

cytogenetic [,saitəudʒə'nətik], **cytogenetical** [–əl] *a.* citogenetico. **cytogenetics** [–ks] *s.pl.* (costr. sing.) citogenetica *f.*

cytologic [,saito(u)'lɔdʒik], **cytological** [–əl] *a.* ⟨*Biol*⟩ citologico. **cytologist** [–'tɔlədʒist] *s.* citologo *m.* **cytology** [–'tɔlədʒi] *s.* citologia *f.*

cytopathology [,saitoupə'θɔlədʒi] *s.* citopatologia *f.*

cytoplasm ['saito(u)plæzəm] *s.* ⟨*Biol*⟩ citoplasma *m.*

cytosome ['saitəusoum] *s.* citosoma *m.*

cytostatic [,saitou'stætik] *a.* ⟨*Farm*⟩ citostatico. □ ~ *agent* citostatico *m.*

cytostome ['saitou'stoum] *s.* ⟨*Zool*⟩ citostoma *m.*

cyto|toxix *a.* citotossico. **~toxicity** *s.* citotossicità *f.*

czar [zɑ:] *s.* zar *m,* imperatore *m.* **Czar** *s.* ⟨*Stor*⟩ zar *m.*

czardas ['tʃɑ:dɑ:ʃ] *s.* ⟨*Mus*⟩ ciarda *f.*

czarevitch ['zɑ:rəvitʃ] *s.* zarevic *m.* **czarevna** [–'revnə] *s.* zarevna *f.* **czarina** [–'ri:nə] *s.* zarina *f.* **czarism** [–rizəm] *s.* zarismo *m.* **czarist** [–rist] **I** *a.* zarista. **II** *s.* zarista *m/f.*

Czech [tʃek] **I** *s.* **1** ceco *m* (*f* –a). **2** (*language*) ceco *m.* **II** *a.* ceco.

Czechoslovak ['tʃeko(u)'slouvæk] **I** *s.* cecoslovacco *m* (*f* –a). **II** *a.* cecoslovacco. **,Czechoslo'vakia** [–iə] *N.pr.* ⟨*Geog*⟩ Cecoslovacchia *f.* **,Czechoslo'vakian** [–iən] *s./a.* → **Czechoslovak.**

D

d, D [di:] *s.* (*pl.* **d's/ds, D's/Ds** [di:z]) (*letter of the alphabet*) d, D *f/m: a capital D* una d maiuscola; *a small d* una d minuscola; ⟨*Tel*⟩ *D for David,* ⟨*am*⟩ *D for Dog* d come Domodossola.

D I *a.* **1** (*fourth in order or class*) d: ~ *Company* compagnia D. **2** (*D-shaped*) a (forma di) D. **II** *s.* ⟨*Mus*⟩ re *m:* ~ *flat* re bemolle.

d. = **1** *date* data. **2** *daughter* figlia. **3** ⟨*Fis*⟩ *density* densità. **4** *diameter* diametro. **5** *died* morto. **6** *dollar* dollaro.

D. = ⟨*am*⟩ *Democrat(ic)* democratico.

d' [d] *accorc. di* do, did.

'd [d] *accorc. di* had, would, should, did.

D.A. = ⟨*am.Dir*⟩ *District Attorney* procuratore distrettuale.

d/a, D/A = ⟨*Comm*⟩ **1** *days after acceptance* giorni dopo l'accettazione. **2** *deposit account* conto vincolato. **3** *documents against acceptance* documenti contro accettazione.

dab[1] [dæb] *v.* (*pret., p.p.* **dabbed** [–d]) **I** *v.t.* **1** battere leggermente, picchiettare; (*to touch lightly*) toccare leggermente, sfiorare. **2** (*to apply*) dare, applicare: *she –bed powder on her cheeks* si diede la cipria alle guance. **II** *v.i.* dare rapidi tocchi (*at* a).

dab[2] *s.* **1** colpetto *m*, tocco *m* (rapido). **2** (*small quantity*) piccola quantità *f*, pochino *m*. **3** *pl.* ⟨*fam*⟩ (*fingerprints*) impronte *fpl* digitali.

dab[3] *s.* ⟨*Itt*⟩ limanda *f.*

dab[4] *s.* ⟨*fam*⟩ competente *m/f*, esperto *m* (*f* –a).

dabber ['dæbə] *s.* **1** chi picchietta (*o* batte leggermente); (*one that touches lightly*) chi sfiora (*o* tocca lievemente). **2** ⟨*Tip*⟩ tampone *m.*

dabble ['dæbl] **I** *v.t.* bagnare, spruzzare. **II** *v.i.* **1** sguazzare, diguazzare. **2** ⟨*fig*⟩ dilettarsi, occuparsi a tempo perso (*in* di): *he –s in politics* si diletta di politica. **dabbler** [–ə] *s.* dilettante *m/f* (*in* di). **dabbling** [–iŋ] *s.* dilettantismo *m.*

dabchick ['dæbtʃik] *s.* ⟨*Ornit*⟩ **1** tuffetto *m.* **2** (*pied-billed grebe*) podilimbo *m.*

dab hand *s.* → **dab**[4].

DAC = *Development Assistance Committee* comitato per l'assistenza economica.

dace [deis] *s.* (*pl. inv./*daces [–iz]; il pl. inv. si usa general. con valore collett.) ⟨*Itt*⟩ cavedano *m.*

dachshund ['dækshund] *s.* ⟨*Zool*⟩ bassotto *m*, dachshund *m.*

Dacia ['deiʃə] *N.pr.* ⟨*Geog.stor*⟩ Dacia *f.* **Dacians** [–nz] *s.pl.* ⟨*Stor*⟩ Daci *mpl.*

dacron ['deikrɔn] *s.* ⟨*Chim,Tess*⟩ dacron *m.*

dactilogram ['dæktiləgræm] *s.* dattilogramma *m.* **dacti'lography** [–grəfi] *s.* dattiloscopia *f.*

dactyl ['dæktil] *s.* **1** ⟨*Metr*⟩ dattilo *m.* **2** (*finger*) dito *m.* **dactylic** [dæk'tilik] **I** *a.* ⟨*Metr*⟩ dattilico. **II** *s.* metro *m* dattilico.

dad [dæd] *s.* **1** ⟨*fam*⟩ babbo *m*, ⟨*fam*⟩ papà *m.* **2** ⟨*am.fam*⟩ (*fellow, friend*) amico *m*, vecchio *m* mio.

dada, Dada ['da:da:] **I** *s.* dadaismo *m.* **II** *a.* dadaistico, dadaista: *the* ~ *movement* il movimento dadaista. **Dadaist** [–ist] **I** *s.* dadaista *m/f.* **II** *a.* → **Dadaistic. Dadaistic** [–'istik] *a.* dadaistico, dadaista.

daddy ['dædi] *s.* ⟨*fam*⟩ babbo *m*, ⟨*fam*⟩ papà *m*, ⟨*fam*⟩ paparino *m.*

daddy-long-legs *s.pl.* (costr. sing. o pl.) ⟨*Entom*⟩ **1** tipula *f.* **2** ⟨*am*⟩ (*harvestman*) falangio *m.*

dado ['deidou] *s.* (*pl.* -es/-s [z]) **1** ⟨*Arch*⟩ dado *m*, plinto *m.* **2** (*of an interior wall*) zoccolo *m* decorato. **3** ⟨*Fal*⟩ scanalatura *f.*

daedal ['di:dl] *a.* **1** ingegnoso, abile. **2** (*intricate*) complesso, intricato, ⟨*lett*⟩ dedaleo. **Daedalean, Daedalian** [di'deiliən] *a.* **1** dedaleo, di Dedalo. **2** → **daedal. Daedalus** [–dələs] *N.pr.* ⟨*Mitol*⟩ Dedalo *m.*

daemon *s.* → **demon.**

daffodil ['dæfədil] *s.* **1** ⟨*Bot*⟩ trombone *m*, giunchiglia *f* grande. **2** (*colour*) color *m* giunchiglia.

daft [dæft] *a.* **1** ⟨*fam*⟩ sciocco, stupido, scemo. **2** ⟨*fam*⟩ (*mad*) matto, tocco. □ ⟨*fam*⟩ *to go* ~ *over s.o.* (*o s.th.*) infatuarsi di qd. (*o* qc.). **'daftness** [–nis] *s.* **1** stupidità *f.* **2** (*madness*) pazzia *f.* □ *don't talk* ~ non dire idiozie.

dag. = *decagram(me)* decagrammo (*abbr.* dag).

D.A.G. = ⟨*Mil*⟩ *Deputy Adjutant-General.*

dagger ['dægə] *s.* **1** pugnale *m*, stiletto *m.* **2** ⟨*Tip*⟩ obelisco *m*, obelo *m.* □ *to be at* –s *drawn with s.o.* essere ai ferri corti con qd.; ⟨*fig*⟩ *to look* –s *at s.o.* guardare qd. in cagnesco; ⟨*fig*⟩ *to speak* –s parlare in tono arrabbiato.

dago, Dago ['deigou] *s.* (*pl.* -es/-s [z]) ⟨*spreg*⟩ persona *f* d'origine italiana (*o* spagnola), dago *m*, dego *m.*

daguerreotype [də'gerotaip] *s.* ⟨*Fot*⟩ **1** (*picture*) dagherrotipo *m.* **2** → **daguerreotypy. daguerreotypy** [–i] *s.* dagherrotipia *f.*

dahlia ['deiljə, *am.* 'dæljə] *s.* **1** ⟨*Bot*⟩ dalia *f.* **2** (*colour*) violetto *m.*

Dail Eireann *irl.* [dɛəil'arən] *s.* ⟨*Parl*⟩ Camera *f* dei deputati (della repubblica d'Irlanda).

dailiness ['deilinis] *s.* quotidianità *f.*

daily ['deili] **I** *a.* quotidiano, giornaliero: ~ *bread* pane quotidiano; ~ *wages* paga giornaliera. **II** *s.* **1** → **daily newspaper. 2** ⟨*fam*⟩ (*woman servant*) domestica *f* a giornata. **III** *avv.* quotidianamente, giornalmente, ogni giorno.

daily| allowance *s.* diaria *f.* ~ **dozen** *s.* ⟨*fam*⟩ (*daily exercise;* costr. pl.) ginnastica *f* quotidiana. ~ **help** *s.* domestica *f* a giornata. ~ **list** *s.* ⟨*Econ*⟩ listino *m* giornaliero di borsa. ~ **newspaper** *s.* quotidiano *m*, giornale *m* quotidiano.

daintily ['deintili] *avv.* **1** delicatamente, squisitamente. **2** (*elegantly*) con raffinatezza, con grazia. **daintiness** [–tinis] *s.* **1** bellezza *f* delicata, finezza *f.* **2** (*fastidiousness*) incontentabilità *f.* **3** (*deliciousness*) squisitezza *f*, delicatezza *f.* **dainty** [–ti] **I** *a.* **1** fine, delicato. **2** (*fastidious*) esigente, difficile, incontentabile: *a* ~ *eater* una persona esigente a tavola; (*finical*) schizzinoso, schifiltoso, di gusti raffinati. **3** (*delicious*)

squisito, delizioso, prelibato. **II** *s.* bocconcino *m*
prelibato, ghiottoneria *f,* leccornia *f.*

airy ['deəri] *s.* **1** caseificio *m.* **2** → **dairy farm. 3** (*shop*)
latteria *f.* **4** ⟨*collett*⟩ (*cows on a farm*) mucche *fpl* di una
fattoria.

airy| cattle *s.pl.* ⟨*Zootecn*⟩ mucche *fpl* da latte. ~ **farm**
s. fattoria *f* per la produzione lattiero–casearia. ~
farming *s.* allevamento *m* di bestiame da latte. ~
industry *s.* industria *f* lattiero–casearia.

airying ['deəriiŋ] *s.* ⟨*Agr*⟩ industria *f* casearia.

airy| lunch *am. s.* ristorante *m* specializzato in latticini.
~**maid** *s.* lavorante *f* di un caseificio. ~**man** [mən] *s.irr.*
1 lavorante *m* di un caseificio. **2** (*seller*) lattaio *m,*
lattivendolo *m.* ~ **products** *s.pl.* prodotti *mpl* caseari,
latticini *mpl.* ~**woman** *s.irr.* **1** → **dairymaid. 2** (*seller*)
lattaia *f,* lattivendola *f.*

ais ['deiis] *s.* predella *f,* palco *m.*

aisied ['deizid] *a.* coperto (*o* cosparso) di margherite.

daisy [–zi] *s.* **1** ⟨*Bot*⟩ (*English daisy*) pratolina *f.* **2**
⟨*Bot*⟩ (*ox-eye daisy*) margherita *f* dei campi. **3** ⟨*am.sl*⟩
(*person or thing of excellent quality*) gioiello *m,* cosa *f*
eccellente (*o* eccezionale), perla *f: she is a* ~ è una perla.
□ *to be as fresh as a* ~ esser fresco come una rosa; ⟨*sl*⟩
to push (*up*) *daisies* essere morto e sepolto.

aisy| chain *s.* ghirlanda *f* di margherite. ~**-wheel**
printer *s.* ⟨*Inform*⟩ stampante *f* a margherita.

ak. = ⟨*Geog*⟩ Dakota Dakota.

aks [dæks] *s.pl.* ⟨*Vest*⟩ pantaloni *mpl* di flanella.

al. = *decalitre* decalitro (*abbr.* dal).

ale [deil] *s.* ⟨*poet*⟩ valletta *f,* valle *f.* **'dalesman** [–smən]
s.irr. valligiano *m.*

alles *am.* [dælz] *s.pl.* rapide *fpl.*

alliance ['dæliəns] *s.* **1** il baloccarsi, il gingillarsi. **2**
⟨*amorous toying*⟩ l'amoreggiare, amoreggiamento *m.* **dally**
[–li] *v.i.* **1** amoreggiare (*with* con). **2** (*to play mockingly*)
scherzare, giocare (con): *to* ~ *with danger* scherzare con il
pericolo. **3** (*to waste time*) perder tempo, gingillarsi,
baloccarsi, trastullarsi. □ *to* ~ *with an idea* accarezzare
un'idea; *to* ~ *away time* sciupare il proprio tempo.

almatia [dæl'meiʃə] *N.pr.* ⟨*Geog*⟩ Dalmazia *f.*
Dalmatian [–n] *I a.* ⟨*Geog*⟩ dalmata. **II** *s.* **1** dalmata
m/f. **2** (*language*) lingua *f* dalmata. **3** ⟨*Zool*⟩ cane *m*
dalmata.

almatic [dæl'mætik] *s.* ⟨*Stor.rom,Lit*⟩ dalmatica *f.*

altonism ['dɔːltənizəm] *s.* ⟨*Med*⟩ daltonismo *m.*

am¹ [dæm] *s.* ⟨*Zool*⟩ genitrice *f.*

am² **I** *s.* **1** ⟨*Idr*⟩ diga *f;* (*embankment*) arginatura *f.* **2**
(*body of water*) bacino *m* d'acqua (di una diga). **3** ⟨*Met*⟩
dama *f,* piastra *f.* **II** *v.t.* **1** (general. con *up*) chiudere (*o*
costruire) con una diga. **2** ⟨*fig*⟩ (general. con *up, back*)
arginare, tenere a freno, dominare.

am. = *decametre* decametro (*abbr.* dam).

amage ['dæmidʒ] *s.* **1** danno *m: to do great* ~ causare
gravi danni; (*of engines, ships*) guasto *m,* avaria *f.* **2** *pl.*
⟨*Dir*⟩ risarcimento *m* dei danni, indennizzo *m,* danni *mpl:*
to be awarded –*s* aver diritto al risarcimento dei danni. **3**
⟨*fam*⟩ (*cost*) costo *m,* spesa *f.* **II** *v.t.* danneggiare, portare
(*o* recare) danno a; (*of goods*) avariare, guastare. **III** *v.i.*
rovinarsi, sciuparsi. □ **assessment** *of* ~ valutazione *f* dei
danni; ⟨*Dir,Assic*⟩ **claim** *for* –*s* domanda *f* d'indennizzo; *to
be entitled to* –*s* aver diritto al risarcimento; *to be* **liable**
for –*s* rispondere dei danni; **notice** *of* ~ avviso *m* di
danneggiamento; ⟨*Dir*⟩ *to* **pay** –*s* risarcire i danni; *to* **sue**
for –*s* citare per danni; ⟨*fam*⟩ **what's** *the* ~? quanto
costa?

amageable ['dæmidʒəbl] *a.* danneggiabile.

amage| certificate *s.* ⟨*Comm*⟩ certificato *m* di avaria.
~ **claim** *s.* richiesta *f* di risarcimento.

amaged [–d] *a.* **1** danneggiato. **2** ⟨*Comm*⟩ avariato: ~
goods merci avariate, **3** (*of fruit*) guasto. **4** (*of a car*)
sinistrato, incidentato.

amage| insurance *s.* assicurazione *f* contro i danni. ~
report *s.* certificato *m* d'avaria. ~ **survey** *s.* ⟨*Assic*⟩
perizia *f* dei danni.

amaging ['dæmidʒiŋ] *a.* lesivo, offensivo.

amascene ['dæməsiːn] **I** *a.* damaschino, damaschinato.
II *s.* damaschinatura *f.* **III** *v.t.* ⟨*Met*⟩ damaschinare.

Damascene I *a.* di Damasco, damasceno. **II** *s.* abitante
m/f di Damasco.

damascening ['daməsiːniŋ] *s.* damaschinatura *f.*

Damascus [də'mæskəs] *N.pr.* ⟨*Geog*⟩ Damasco *m.*

Damascus| blade *s.* → **Damascus sword.** ~ **steel** *s.*
⟨*Met*⟩ acciaio *m* damaschino. ~ **sword** *s.* spada *f* di
Damasco.

damask ['dæməsk] **I** *s.* **1** ⟨*Tess*⟩ damasco *m.* **2** ⟨*Met*⟩
(*pattern*) damaschinatura *f,* damascatura *f.* **3** →
Damascus steel. 4 (*colour*) rosa *m* intenso. **II** *a.* ⟨*Tess*⟩
di damasco. **III** *v.t.* **1** ⟨*Met*⟩ damaschinare. **2** ⟨*Tess*⟩
damascare. **,dama'skeen** [–iːn] *v.* → **damascene.**

damask| rose *s.* ⟨*Bot*⟩ rosa *f* damaschina (*o* damascena).
~ **steel** *s.* → **Damascus steel.**

dame [deim] *s.* **1** ⟨*rar,poet*⟩ dama *f,* signora *f,* gentildonna
f. **2** ⟨*Scol*⟩ (at *Eton*) signora *f* che tiene a pensione
studenti. **3** ⟨*am.sl*⟩ (*woman*) donna *f.* **Dame** *s.* **1** (*as a
title*) Donna *f.* **2** (*in personifications*) signora *f:* ~ *Fortune*
la signora fortuna. **3** ⟨*Teat*⟩ personaggio *m* femminile
impersonato da un attore.

dame school *s.* ⟨*ant*⟩ scuola *f* elementare gestita da una
signora.

damfool ['dæmfuːl] **I** *a.* ⟨*fam*⟩ cretino, stupidissimo. **II** *s.*
(perfetto) cretino *m.* **damfoolishness** [–iʃnis] *s.*
imbecillità *f.*

damn [dæm] **I** *v.t.* **1** (*to doom to punishment*) condannare.
2 (*to condemn*) disapprovare, biasimare, riprovare; (*of a
book, play, etc.*) stroncare. **3** (*to ruin*) rovinare, mandare
in rovina. **4** (*to swear at*) maledire, mandare al diavolo.
II *intz.* maledizione, dannazione. **III** *s.* **1** maledizione *f,*
imprecazione *f.* **2** (*something of no value*) bel niente *m,*
nulla *m,* ⟨*volg*⟩ cavolo *m.* **IV** *a.* maledetto. □ *to know* ~
all *about s.th.* non conoscere assolutamente niente 'intorno
a' (*o* di) qc.; *I'll be* –*ed if I go* che io sia dannato se ci
andrò; ⟨*volg*⟩ ~ *your* eyes maledetta tua sfacciataggine;
⟨*fam*⟩ *I don't* give (*o care*) *a* ~ non me ne importa un
fico secco; ~ **it!** al diavolo!, all'inferno!; ⟨*fam*⟩ ~ **well**
certamente, sicuramente; *you know* ~ *well* sai benissimo;
⟨*fam*⟩ *it's not* **worth** *a* ~ non vale un fico secco.

damnable ['dæmnəbl] *a.* **1** dannabile. **2** (*detestable*)
detestabile, odioso, dannato: *a* ~ *lie* un'odiosa bugia.

damnation [dæm'neiʃən] **I** *s.* dannazione *f.* **II** *intz.*
maledizione, dannazione, al diavolo. **'damnatory**
[–nətəri] *a.* di condanna, di biasimo.

damned [dæmd] **I** *a.* **1** dannato: ~ *souls* anime dannate.
2 (*detestable*) dannato, maledetto: *a* ~ *nuisance* una
maledetta seccatura. **3** (*utter*) assoluto, perfetto, completo:
a ~ *fool* un perfetto imbecille. **4** (*in the superlative*) il più
straordinario, il più eccezionale: *the* –*est I've ever seen* la
cosa più straordinaria che io abbia mai visto. **II** *avv.*
estremamente, terribilmente, maledettamente. **III** *s.*
⟨*Teol*⟩ (costr. pl.) dannati *mpl.* □ *it's* ~ *hot* fa un caldo
del diavolo; *it's* ~ *hard* è maledettamente difficile.
'damnedest [–əst]: *to do one's* ~ fare 'tutto il possibile'
(*o* del proprio meglio).

damnification [,dæmnifi'keiʃən] *s.* ⟨*Dir*⟩ danneggiamento
m. **'damnify** [–fai] *v.t.* danneggiare, recare danno a.

damning ['dæmiŋ] *a.* **1** incriminante. **2** (*bringing
damnation*) che porta a (*o* alla) dannazione.

damning evidence *s.* ⟨*Dir*⟩ prove *fpl* schiaccianti.

Damocles ['dæməkliːz] *N.pr.* ⟨*Stor*⟩ Damocle *m.* □ ⟨*fig*⟩
sword of ~ spada *f* di Damocle.

damp¹ [dæmp] **I** *a.* umido. **II** *s.* **1** umidità *f,* umido *m.* **2**
(general. al pl.) vapori *mpl,* gas *mpl* di scarico. **3** ⟨*fig*⟩
scoraggiamento *m,* abbattimento *m.* □ ⟨*fig*⟩ *to cast a* ~
over s.th. gettare un velo di tristezza su qc.

damp² *v.t.* **1** inumidire. **2** (*to suffocate*) general. con *down*)
soffocare, coprire con la cenere. **3** ⟨*fig*⟩ smorzare,
mitigare, spegnere: *to* ~ *s.o.'s enthusiasm* spegnere
l'entusiasmo di qd. **4** ⟨*Fis,El,Acu*⟩ smorzare. □ *to* ~ *the*
appetite far passar l'appetito; *to* ~ **down** consumption
contenere il consumo; *to* ~ *down the* **market** frenare il
mercato; ⟨*Agr*⟩ *to* ~ **off** (*of seedlings, etc.*) avvizzire,
marcire per l'umidità.

damp course *s.* ⟨*Edil*⟩ strato *m* impermeabile.

dampen ['dæmpən] **I** *v.t.* **1** inumidire. **2** ⟨*fig*⟩ abbattere,
scoraggiare. **3** ⟨*Fis,El*⟩ smorzare. **II** *v.i.* inumidirsi.

damper [-pə] *s.* **1** (*person*) persona *f* che opprime (*o* scoraggia), guastafeste *m/f;* (*thing*) cosa *f* che deprime (*o* spegne ogni entusiasmo), ⟨*fam*⟩ doccia *f* fredda. **2** ⟨*Mecc*⟩ (*in a stove, furnace*) valvola *f* di tiraggio. **3** ⟨*Mus*⟩ sordina *f.* **4** ⟨*Fis,El*⟩ smorzatore *m.* □ ⟨*fig*⟩ *to put a ~ on a party* smorzare l'allegria di una festa.

damper pedal *s.* ⟨*Mus*⟩ pedale *m* del piano.

damping ['dæmpiŋ] *s.* **1** inumidimento *m,* umettazione *f.* **2** ⟨*Fis,fig*⟩ smorzamento *m.*

dampish ['dæmpiʃ] *a.* umidiccio. **dampness** [-pnis] *s.* umidità *f.*

damp| proof *a.* impermeabile. **~ proofing** *s.* impermeabilizzazione *f.* **~ stain** *s.* macchia *f* d'umido.

damsel ['dæmzəl] *s.* **1** ⟨*lett*⟩ damigella *f,* donzella *f.* **2** (*girl, maiden*) fanciulla *f,* ragazza *f.*

damson ['dæmzən] *s.* **1** → **damson plum**. **2** ⟨*Bot*⟩ susino *m* selvatico. **3** (*colour*) prugna *m,* color *m* prugna.

damson| cheese *s.* ⟨*Gastr*⟩ marmellata *f* di susine damaschine. **~ plum** *s.* damaschina *f,* susina *f* damaschina.

dance [dɑ:ns] **I** *v.i.* **1** ballare, danzare. **2** ⟨*fig*⟩ (*to leap*) ballare, saltare: *to ~ with joy* ballare dalla (*o* per la) gioia. **3** ⟨*fig*⟩ (*to bob up and down*) saltellare, sobbalzare. **II** *v.t.* **1** ballare, danzare: *to ~ a tango* ballare un tango. **2** (*to cause to dance*) far ballare (*o* danzare). **3** ⟨*fig*⟩ far saltare (*o* ballare), far sobbalzare: *to ~ a baby on one's knee* far ballare un bambino sulle ginocchia. **III** *s.* **1** ballo *m,* danza *f: may I have the next ~?* mi concede il prossimo ballo? **2** (*ball*) ballo *m,* festa *f* ⌐da ballo⌐ (*o* danzante); (*piece of music*) ballabile *m,* musica *f* da ballo. □ *to ~ attendance upon s.o.:* 1 stare alle costole di qd.; 2 (*to be kept waiting*) fare anticamera per essere ricevuto da qd.; *~ of death* danza macabra; *to go dancing* andare a ballare; ⟨*fig*⟩ *to lead s.o. a* (*pretty*) *~* rendere la vita difficile a qd.; ⟨*sl*⟩ *to ~ on nothing* essere impiccato; *to ~ s.o.* **off** *his feet* far ballare qd. fino a lasciarlo sfinito; ⟨*fig*⟩ *to ~ to s.o.'s* **piping** seguire i desideri di qd.; ⟨*fig*⟩ *to ~ to another tune* cambiar musica.

danceable ['dɑ:nsəbl] *a.* ballabile.

dance| band *s.* orchestra *f* da ballo. **~ hall** *s.* sala *f* da ballo. **~ music** *s.* musica *f* da ballo.

dancer ['dɑ:nsə] *s.* ballerino *m* (*f* –a), danzatore *m* (*f* –trice). **dancing** [-siŋ] *s.* danza *f,* ballo *m.*

dance salon *am. s.* dancing *m,* sala *f* da ballo.

dancing| girl ['dɑ:nsiŋ] *s.* **1** ballerina *f.* **2** (*in the Orient*) baiadera *f.* **~ master** *s.* maestro *m* di ballo. **~ partner** *s.* **1** cavaliere *m.* **2** ⟨*spreg*⟩ gigolo *m.* **3** (*female partner*) dama *f.* **~ school** *s.* scuola *f* di ballo.

dandelion ['dændilaiən] *s.* ⟨*Bot*⟩ dente *m* di leone, tarassaco *m.*

dander *am.* ['dændə] *s.* ⟨*fam*⟩ ira *f,* collera *f,* indignazione *f.* □ ⟨*fam*⟩ *to get one's ~ up* andare in collera, perdere la pazienza.

dandiacal [dæn'daiəkəl] *a.* da (*o* di) damerino.

dandified ['dændifaid] *a.* vestito con estrema eleganza, simile a un dandy. **dandify** [-fai] *v.t.* rendere simile a un dandy.

dandle ['dændl] *v.t.* **1** (*of a baby*) cullare, ninnare. **2** (*to pet, pamper*) accarezzare, vezzeggiare, coccolare.

dandruff ['dændrəf] *s.* forfora *f.* **dandruffy** [-i] *a.* forforoso.

dandy ['dændi] **I** *s.* **1** dandy *m,* damerino *m,* elegantone *m.* **2** ⟨*am.fam*⟩ (*something excellent*) cosa *f* eccellente (*o* di prima qualità), ⟨*fam*⟩ cannonata *f.* **3** ⟨*Mar*⟩ dandy *m.* **II** *a.* **1** da damerino, da elegantone, da dandy. **2** ⟨*am.fam*⟩ (*excellent*) eccellente, splendido.

dandy| brush *s.* (*for horses*) striglia *f.* **~ fever** *s.* ⟨*Med*⟩ dengue *f.*

dandyish ['dændiiʃ] *a.* di (*o* da) dandy (*o* damerino), dandistico. **dandyism** [-diizəm] *s.* dandismo *m.*

dandy roll(er) *s.* ⟨*Cart*⟩ tamburo *m* ballerino.

Dane [dein] *s.* **1** danese *m/f.* **2** ⟨*Zool*⟩ (*Great Dane*) cane *m* danese.

danger ['deindʒə] *s.* **1** pericolo *m,* rischio *m: is there any ~ of his refusing?* c'è pericolo che rifiuti? **2** (*something causing peril*) pericolo *m,* minaccia *f: he is a ~ to society* è un pericolo ˙per la società. □ *to be in ~* essere in

pericolo; *to be in ~ of losing one's job* correre il rischio di perdere il posto; ⟨*Strad*⟩ *~, Men at Work!* attenzion lavori in corso!; ⟨*Med*⟩ *out of ~* fuori pericolo.

danger| level *s.* livello *m* di guardia (*anche fig.*). **~ money** *s.* indennità *f* di ⌐lavoro pericoloso⌐ (*o* rischio

dangerous ['deindʒərəs] *a.* **1** pericoloso, rischioso: *driving* guida pericolosa. **2** (*able to harm*) pericoloso: *a lunatic* un pazzo pericoloso. □ *to be on ~ ground* esse su un terreno pericoloso; *to go to ~ length* passare segno.

dangerous driving *s.* ⟨*Dir*⟩ guida *f* pericolosa.

danger signal *s.* segnale *m* di pericolo (*o* allarme).

dangle ['dæŋgl] **I** *v.i.* **1** dondolare, ciondolare, penzolar **2** ⟨*fig*⟩ ronzare intorno, stare dietro (*after* a). **II** *v* dondolare, penzolare, far dondolare (*o* ciondolare): *to one's arms* far ciondolare le braccia.

Daniel ['dænjəl] *N.pr.* Daniele *m.*

Danish ['deiniʃ] **I** *a.* danese. **II** *s.* lingua *f* danese, dane *m.*

dank [dæŋk] *a.* (freddo e) umido.

Dantean ['dæntiən] **I** *a.* **1** dantesco. **2** → **Dantesque**. *s.* dantista *m/f.* **Dantesque** [-'tesk] *a.* nello stile Dante.

Danube ['dænju:b] *N.pr.* ⟨*Geog*⟩ Danubio *m.* **Danubia** [-iən] *a.* danubiano.

Danzig ['dæntsig] *N.pr.* ⟨*Geog*⟩ Danzica *f.*

dap[1] [dæp] *v.* (*pret., p.p.* **dapped** [-t]) **I** *v.i.* **1** ⟨*Pes* pescare con l'esca a fior d'acqua. **2** (*to dip*) tuffar immergersi. **3** (*to bounce*) rimbalzare. **II** *v.t.* **1** ⟨*Pes* pescare con l'esca a fior d'acqua. **2** (*to cause to skip*) f rimbalzare, far saltare.

dap[2] *s.* **1** rimbalzo *m.* **2** ⟨*Pesc*⟩ esca *f* (per pescare a fi d'acqua).

Daphne ['dæfni] *N.pr.* ⟨*Mitol*⟩ Dafne *f.* **daphne** *s.* ⟨*Bc* dafne *f.*

dapper ['dæpə] *a.* **1** elegante, azzimato, agghindato. (*brisk*) attivo, svelto; (*small and lively*) piccolo e vivac ⟨*fam*⟩ pepato.

dapple ['dæpl] **I** *s.* **1** screziatura *f,* chiazza *f.* **2** (*anima* animale *m* screziato; (*horse*) cavallo *m* pezzato pomellato). **II** *a.* → **dappled**. **III** *v.t.* screziare, variegar chiazzare. **dappled** [-d] *a.* screziato, variegato, chiazza (*of an animal*) screziato; (*of horses*) pomellat **'dapple-'grey I** *a.* (grigio) pomellato. **II** *s.* cavallo (grigio) pomellato.

darbies ['dɑ:biz] *s.pl.* ⟨*sl*⟩ manette *fpl.*

Darby and Joan ['dɑ:bi] *s.* ⟨*scherz*⟩ Filemone *m* e Bau *f.*

Dardanelles [ˌdɑ:də'nels] *N.pr.pl.* ⟨*Geog*⟩ Dardanelli *mp.*

dare [deə] **I** *v.aus.* (*pret.* **dared** ['deəd]/*rar.* **durst** [də:s** manca del p.p.; è usato general. in frasi interrogativ negative, condizionali e dubitative; **dare not** e **durst not** contraggono spesso in **daren't** ['deənt] e **durstn't** ['də:snt **1** oso,osi,ecc., ardisco,ardisci,ecc., mi arrischio, ho coraggio di: *~ you climb that tree?* ti arrischi arrampicarti su quell'albero?; *he ~ not disobey his fath* non osa disubbidire a suo padre; *I don't know if he ~* it non so se ha il coraggio di farlo. **2** (*to have t impudence to*) oso,osi,ecc., ho la sfacciataggine l'impudenza) di: *how ~ you talk to me like that?* come c parlarmi così? **II** *v.i.* (*pret., p.p.* **dared**) osare, avere arrischiarsi, avere il coraggio: *I did not ~* (*to*) *ask hi* non ebbi il coraggio di domandarglielo. **III** *v.t.* (*pret., p* **dared**) **1** sfidare, affrontare: *he will ~ any danger* sfide qualsiasi pericolo. **2** (*to challenge*) sfidare: *he –d me follow him* mi sfidò a seguirlo. **3** (*to venture*) (ar)rischiar azzardare, tentare. **IV** *s.* sfida *f,* provocazione *f.* □ *I say* può darsi, è possibile: *I ~ say you're right* può da che tu abbia ragione.

daredevil ['deədevl] **I** *s.* scavezzacollo *m.* **II** *a.* audac temerario. **daredevil(t)ry** [-(t)ri] *s.* temerarietà *f,* audac *f.*

daresay *am.* ['deə'sei] *v.t.* (usato alla 1ª pers. sing.) credere, osare, dire, ritenere probabile. **2** ⟨*assol*⟩ suppor pensare, presumere.

daring ['deəriŋ] **I** *a.* **1** audace, ardito, coraggios intrepido: *~ pioneers* intrepidi pionieri. **2** (*novel, strikin* ardito, nuovo, originale, sorprendente. **II** *s.* audacia *f,* ardire *m,* coraggio *m.*

dark [dɑːk] **I** *a.* **1** oscuro, buio, scuro. **2** *(of colours)* scuro, cupo: ~ *blue* blu scuro. **3** *(of eyes, skin)* bruno, scuro; *(having brunette hair)* bruno. **4** ⟨*fig*⟩ *(gloomy)* tetro, nero, buio: ~ *days* giorni neri. **5** ⟨*fig*⟩ *(hidden, mysterious)* oscuro, misterioso: *a* ~ *plot* un oscuro complotto. **6** ⟨*fig*⟩ *(wicked)* losco, fosco, sinistro. **7** ⟨*fig*⟩ *(destitute of knowledge)* oscuro, oscurantistico: *a second* ~ *age* una seconda era oscurantistica. **8** ⟨*fig*⟩ *(not clear to the mind)* oscuro, incomprensibile, astruso. **II** *s.* **1** oscurità *f,* buio *m,* tenebre *fpl: cats can see in the* ~ i gatti possono vedere al buio. **2** *(nightfall, night)* notte *f,* il cadere *(o* calare*)* della notte, buio *m: to wait until* ~ aspettare fino al calar della notte. □ **after** ~ dopo il calar delle tenebre, a notte fatta; *to get* ~ farsi scuro *(o* buio*);* ⟨*fig*⟩ *to be* in *the* ~ *about s.th.* essere all'oscuro di qc., ignorare qc.; ⟨*fig*⟩ *to* **keep** *s.th.* ~ tenere qc. segreto; ⟨*fam*⟩ *keep it* ~ tienlo per te, ⟨*fam*⟩ acqua in bocca; ⟨*fig*⟩ *to keep s.o. in the* ~ *about s.th.* tenere qd. all'oscuro di qc.; ⟨*fig*⟩ *a leap in the* ~ un salto nel buio; ⟨*fig*⟩ *to look on the* ~ **side** *of things* vedere tutto nero; *to* **work** *in the* ~ procedere alla cieca.

Dark| Ages *s.pl.* alto Medioevo *m.* ~ **Blues** *s.pl.* studenti *mpl* di Oxford *(o* Harrow*).* ~ **Continent** *s.* ⟨*Geog*⟩ continente *m* nero, Africa *f.*

darken ['dɑːkən] **I** *v.t.* **1** oscurare, rendere oscuro, fare (il) buio in: *to* ~ *a room* fare il buio in una stanza; *(to lessen the illumination of)* offuscare, oscurare: *clouds –ed the sun* (delle) nubi offuscavano il sole. **2** *(in colour)* scurire, annerire: *smoke had –ed the ceiling* il fumo aveva annerito il soffitto. **3** ⟨*fig*⟩ *(to obscure)* confondere, rendere confuso *(o* difficile*).* **4** ⟨*fig*⟩ *(to make gloomy)* deprimere, rattristare. **II** *v.i.* **1** oscurarsi, farsi scuro *(o* buio*),* offuscarsi: *the sky –ed* il cielo si fece scuro; *(of colours)* diventare scuro, scurirsi. **2** ⟨*fig*⟩ farsi cupo *(o* nero*),* oscurarsi, rabbuiarsi: *his face –ed with anger* si oscurò in viso dalla rabbia. □ *never* ~ *my door again* non rimettere mai più piede in casa mia.

darkey *s.* → **darky.**

dark| glasses *s.pl.* occhiali *mpl* scuri. ~ **haired** *a.* dai capelli scuri *(o* bruni*).* ~ **horse** *s.* ⟨*Sport*⟩ outsider *m (anche fig.).*

darkish ['dɑːkiʃ] *a.* piuttosto scuro *(o* buio*).*

dark lantern *s.* lanterna *f* cieca.

darkle ['dɑːkl] *v.i.* **1** celarsi nel buio. **2** *(to grow dark)* oscurarsi. **darkling** [-iŋ] **I** *a.* ⟨*lett*⟩ **1** fatto *(o* che avviene*)* al buio. **2** *(dark)* oscuro, fosco. **II** *avv.* al buio, nelle tenebre.

darkly ['dɑːkli] *avv.* **1** oscuramente. **2** *(dimly)* indistintamente. **3** ⟨*fig*⟩ *(obscurely)* in modo oscuro *(o* vago*),* confusamente; *(threateningly)* minacciosamente. □ *to hint* ~ fare allusioni minacciose. **darkness** [-knis] *s.* **1** oscurità *f,* buio *m,* tenebre *fpl: the room was in* ~ la stanza era al buio. **2** *(colour)* tinta *f* carica. **3** ⟨*fig*⟩ *(wickedness)* cattiveria *f,* malvagità *f,* male *m: the powers of* ~ le potenze del male. **4** ⟨*fig*⟩ *(obscurity)* oscurità *f.* **5** ⟨*fig*⟩ *(lack of knowledge)* ignoranza *f.* **6** ⟨*fig*⟩ *(blindness)* cecità *f.* □ ⟨*fig*⟩ *the Prince of* ~ il principe delle tenebre.

dark|room *s.* ⟨*Fot*⟩ camera *f* oscura. ~**-skinned** *a.* dalla pelle scura.

darksome ['dɑːksəm] *a.* ⟨*poet*⟩ cupo, fosco, tetro.

darky ['dɑːki] *s.* ⟨*spreg*⟩ negro *m (f –a).*

darling ['dɑːliŋ] **I** *s.* **1** amato bene *m,* tesoro *m: my* ~ tesoro mio. **2** *(favourite)* beniamino *m (f –a),* prediletto *m (f –a),* ⟨*fam*⟩ cocco *m (f –a).* **II** *a.* **1** caro, diletto, prediletto. **2** ⟨*fam*⟩ *(charming)* affascinante, delizioso, incantevole. □ *a* ~ *baby* un tesoro di bimbo.

darn¹ [dɑːn] **I** *v.t.* rammendare: *to* ~ *socks* rammendare calzini. **II** *s.* rammendo *m,* rammendatura *f.*

darn² **I** *v.t.* ⟨*eufem*⟩ maledire. **II** *a./avv.* → **darned.** **III** *s.* maledizione *f.* **'darned** [–d] **I** *a.* ⟨*eufem*⟩ maledetto. **II** *avv.* maledettamente.

darnel ['dɑːnl] *s.* ⟨*Bot*⟩ loglio *m* (cattivo).

darner ['dɑːnə] *s.* **1** rammendatore *m (f –trice).* **2** → **darning needle. 3** → **darning egg. darning** [-niŋ] *s.* **1**

(act) il rammendare. **2** *(result)* rammendo *m,* rammendatura *f.*

darning| egg *s.* uovo *m* da rammendo. ~ **needle** *s.* ago *m* da rammendo. ~**-stitch** *s.* punto *m* rammendo.

dart [dɑːt] **I** *s.* **1** dardo *m; I* ⟨*javelin*⟩ giavellotto *m; (in the game)* piccola freccia *f* (da tirassegno). **2** *pl. (game; costr. sing.)* tirassegno *m* con frecce. **3** ⟨*fig*⟩ *(swift movement)* balzo *m,* guizzo *m.* **4** ⟨*fig*⟩ *(something that wounds)* dardo *m,* freccia *f,* strale *m: the –s of irony* i dardi dell'ironia. **5** ⟨*Sart*⟩ pince *f.* **6** ⟨*Entom*⟩ pungiglione *m.* **II** *v.i.* lanciarsi, balzare, guizzare. **III** *v.t.* **1** spingere di colpo; *(to move suddenly)* muovere repentinamente; *(of the eyes, look, etc.)* dardeggiare, saettare, lanciare. **2** *(to throw suddenly)* scagliare *(o* lanciare*)* ⸢di colpo⸣ *(o* all'improvviso*).* **3** ⟨*Sart*⟩ fare una pince a. □ *to* ~ *away* uscire a razzo; *to* ~ *in* entrare a razzo; *he –ed past* passò come una freccia.

dartboard ['dɑːtbɔːd] *s.* bersaglio *m* del tirassegno.

darter ['dɑːtə] *s.* **1** arciere *m.* **2** ⟨*Ornit*⟩ aninga *f.* **3** ⟨*Itt*⟩ perca *f* dorata.

dartle ['dɑːtl] **I** *v.t.* dardeggiare ripetutamente. **II** *v.i.* muoversi avanti e indietro.

dartre ['dɑːtə] *s.* ⟨*Med*⟩ erpete *m.*

Darwinian [dɑːˈwiniən] **I** *a.* darviniano. **II** *s.* → **Darwinist. 'Darwinism** [–nizəm] *s.* darvinismo *m.* **'Darwinist** [–nist] *s.* darvinista *m/f,* darviniano *m (f –a).*

dash¹ [dæʃ] **I** *v.t.* **1** gettare, buttare, scagliare, sbattere: *to* ~ *s.th. to the ground* gettare a terra qc. **2** *(to break by striking, etc.)* rompere, infrangere. **3** *(to splash)* spruzzare: *to* ~ *one's face with cold water* spruzzarsi la faccia con acqua fredda; *(to spatter)* cospargere. **4** ⟨*fig*⟩ *(of hopes, etc.)* distruggere, infrangere, far svanire, rendere vano. **5** *(to mix)* mescolare, correggere; *(to adulterate)* adulterare. **6** ⟨*eufem*⟩ *(to damn)* maledire, mandare al diavolo. **II** *v.i.* **1** battere, cozzare, urtare *(against, upon* contro*).* **2** *(to move suddenly)* balzare, scagliarsi, precipitarsi. □ ⟨*fig*⟩ *to* ~ **along** *(of a car)* sfrecciare a tutta velocità; *to* ~ **down** *the stairs* scendere le scale a precipizio; ⟨*eufem*⟩ ~ *it!* maledizione!, accidenti!; *I* **must** ~ *now* devo correre *(o* scappare*); to* ~ **off:** 1 *(to hurry away)* scappare via; 2 *(to execute with haste)* buttar giù, scrivere di getto, improvvisare: *to* ~ *off a letter* buttar giù una lettera; *to* ~ *s.th.* **to pieces** ⸢fare a pezzi⸣ *(o* frantumare*)* qc.; *to* ~ *s.o.'s* **spirits** fare una doccia fredda a qd.

dash² **I** *s.* **1** lo scrosciare, scroscio *m: the* ~ *of waves* lo scrosciare delle onde; *(sound)* tonfo *m,* rumore *m.* **2** *(rush)* balzo *m,* salto *m: to make a* ~ *for the door* fare un balzo per raggiungere la porta. **3** *(small quantity)* piccola quantità *f,* tantino *m; (of liquids)* goccio *m,* schizzo *m: a* ~ *of brandy in one's coffee* un goccio di brandy nel caffè; *(of colours)* sfumatura *f,* macchia *f.* **4** ⟨*fig*⟩ *(touch)* tocco *m,* pizzico *m,* briciolo *m,* po' *m.* **5** ⟨*Tip*⟩ lineetta *f.* **6** *(stroke of the pen)* tratto *m,* trattino *m.* **7** ⟨*fig*⟩ *(spirit)* slancio *m,* spirito *m,* foga *f.* **8** ⟨*Sport*⟩ corsa *f* (veloce). **9** ⟨*Aut,Aer*⟩ *(dashboard)* cruscotto *m.* **II** *intz.* ⟨*eufem*⟩ al diavolo. □ *at a* ~ a precipizio, di volata; ⟨*fig*⟩ *to* **cut** *a* ~ fare una ⸢bella figura⸣ *(o* figurona*); to* **make** *a* ~ *forward* slanciarsi in avanti; *to make a* ~ *at s.th.* precipitarsi su qc.; *at one* ~ in un balzo; ⟨*Mus*⟩ *to* **play** *with* ~ sonare con foga.

dashboard ['dæʃbɔːd] *s.* **1** ⟨*Aut,Aer*⟩ *(instrument panel)* cruscotto *m.* **2** *(of a carriage)* riparo *m* anteriore per l'acqua.

dashed [dæʃt] **I** *a.* ⟨*eufem*⟩ maledetto. **II** *avv.* maledettamente.

dasher ['dæʃə] *s.* **1** ⟨*tecn*⟩ *(of a churn, etc.)* pestello *m.* **2** ⟨*fam*⟩ *(smart and showy person)* persona *f* elegante e brillante.

dashing ['dæʃiŋ] *a.* **1** impetuoso, focoso, pieno di slancio; *(of horses)* focoso. **2** *(elegantly showy)* vistosamente elegante, sgargiante.

dastard ['dæstəd] *s.* vile *m,* codardo *m.* **dastardliness** [–linis] *s.* codardia *f,* viltà *f.* **dastardly** [–li] *a.* vilmente, da codardo.

dasyure ['dæsijuə] *s.* ⟨*Zool*⟩ dasiuro *m.*

dat. = ⟨*Gramm*⟩ *dative* dativo.

data ['deitə] *s.pl.* (costr. sing. o pl.) dati *mpl* (di fatto), premesse *fpl.*

data| bank *s.* ⟨*Inform*⟩ banca *f* dei dati. ~ **base** *s.* base *f* dei dati.

datable ['deitəbl] *a.* databile.

data| collection *s.* ⟨*Inform*⟩ raccolta *f* dei dati. ~ **compaction** *s.* compattazione *f* dei dati. ~ **compression** *s.* concentrazione *f* dei dati. ~ **entry** *s.* immissione *f* dei dati; (*input*) ingresso *m* dei dati. ~ **file** *s.* archivio *m* (dei) dati. ~ **handling** *s.* trattamento *m* dei dati. ~ **input** *s.* ingresso *m* dei dati.

datal ['deitəl] *a.* cronologico.

data| management *s* gestione *f* dei dati. ~ **processing** *s.* elaborazione *f* dei dati.

data processing| card *s.* scheda *f* perforata. ~ **center** *am.* ~ **centre** *s.* centro *m* 'di eʃaborazione dati' (*o* di calcolo). ~ **department** *s.* centro *m* meccanografico.

data| processor *s.* elaboratore *m* di dati. ~ **protection** *s.* protezione *f* dei dati. ~ **protection bill** *s.* legge *f* sulla protezione dei dati.

datary ['deitəri] *s.* ⟨*Rel.catt*⟩ dataria *f* apostolica, dataria *f.*

data| security *s.* ⟨*Inform*⟩ sicurezza *f* dei dati. ~ **storage** *s.* memoria *f* dei dati.

date[1] [deit] **I** *s.* **1** data *f.* **2** (*period of time*) tempo *m*, periodo *m*, epoca *f*: *of Roman* ~ dell'epoca romana. **3** ⟨*fam*⟩ (*appointment*) appuntamento *m*; (*person dated*) persona *f* con cui si ha un appuntamento. **4** ⟨*Comm*⟩ scadenza *f.* **II** *v.t.* **1** datare, mettere (*o* apporre) la data a (*o* su): *to* ~ *a letter* datare una lettera. **2** (*to assign a date to*) attribuire, datare, fissare la data di: *this church is –d to the thirteenth century* questa chiesa è attribuita al tredicesimo secolo. **3** (*to show the age of*) rivelare l'età, mostrare la propria età: *his wing collar –s him* il suo colletto alto rivela la sua età; (*to show to be old-fashioned*) datare. **4** ⟨*fam*⟩ (*to make a date with*) dare un appuntamento a. **II** *v.i.* **1** risalire (*from, back to* a), datare (da): *the manuscripts* ~ *back to 1750* i manoscritti risalgono al 1750; (*to extend*) risalire (a), tramandarsi (da). **2** (*to become old-fashioned*) essere antiquato (*o* passato di moda). □ ⟨*Econ*⟩ *bill* **after** ~ cambiale *f* a certo tempo data; ⟨*Econ*⟩ *bill payable* **at** *three day's* ~ effetto *m* pagabile a tre giorni data; ⟨*Comm*⟩ *to* ~ **back** retrodatare; ~ *of* **birth** data *f* di nascita; ⟨*Econ*⟩ **due** ~ *of coupon* godimento *m* della cedola; *at an* **early** ~ in un'epoca primitiva; ⟨*Comm*⟩ *of* **even** ~ di pari data; *to* **fix** *a* ~ *for a meeting* fissare la data di un incontro; ⟨*Comm*⟩ *to* ~ **forward** postdatare; *to* **make** *a* ~ *with s.o.* fissare un appuntamento con qd.; ⟨*Comm*⟩ ~ *of* **maturity** data *f* di scadenza; *a letter of* *today's* ~ una lettera 'con la' (*o* in) data di oggi; **out** *of* ~ antiquato, fuori moda, sorpassato; *to* ~ fino a oggi, sinora; *a letter* **under** *today's* ~ = *a letter* of *today's date*; **up** *to* ~: **1** moderno; **2** (*to include present knowledge, up to the present moment*) aggiornato: *my diary is up to* ~ il mio diario è aggiornato; *to* **bring up** *to* ~ aggiornare; **what** ⸢~ *is it*⸣ (*o is the date*) *today?* quanti ne abbiamo (oggi)?, che giorno (del mese) è oggi?

date[2] *s.* **1** dattero *m.* **2** ⟨*Bot*⟩ → **date palm.**

date-cancel *v.t.* (*pret., p.p.* **-celled**) obliterare (con un timbro).

dated ['deitid] *a.* **1** datato, con data. **2** (*old-fashioned*) antiquato, ⸢passato di⸣ (*o* fuori) moda. **dateless** [–tlis] *a.* **1** senza data. **2** ⟨*poet*⟩ (*endless*) senza fine, eterno. **3** (*immemorial*) che esiste da tempo immemorabile.

date|line *s.* **1** ⟨*Geog*⟩ (*international dateline*) linea *f* di data. **2** ⟨*Giorn*⟩ (*of a news story*) riga *f* che contiene la data e il luogo d'origine; (*of a publication*) indicazione *f* della data. □ *a dispatch –d London* un dispaccio datato da Londra. ~ **palm** *s.* ⟨*Bot*⟩ dattero *m.* ~ **stamp** *s.* **1** datario *m.* **2** (*information*) timbro *m* (della data). **3** ⟨*Post*⟩ bollo *m* a data. ~ **stamp impression** *s.* impronta *f* del bollo a data.

dating ['deitiŋ] *s.* datazione *f.* □ ⟨*Archeol*⟩ ~ *by radiocarbon* datazione *f* con carbonio 14.

datival [dei'taivəl] *a.* ⟨*Gramm*⟩ del (*o* relativo al) dativo. **'dative** [–tiv] **I** *a.* ⟨*Gramm*⟩ **1** dativo. **2** → **datival. II** *s.* dativo *m.*

datum *lat.* ['deitəm] *s.* **1** (*pl.* **-ta** [tə]/**-s** [z]) → **data. 2** ⟨*Topogr*⟩ (*pl.* **datums**) caposaldo *m.*

datura [də'tjurə] *s.* ⟨*Bot*⟩ datura *f.*

daub [dɔ:b] **I** *v.t.* **1** rivestire, ricoprire: *to* ~ *the walls wit* *paint* ricoprire i muri di pittura. **2** (*to paint unskilfully* imbrattare, impiastrare. **II** *v.i.* dipingere malamente (alla meglio). **III** *s.* **1** sostanza *f* spalmabile. **2** (*somethin* *daubed on*) imbratto *m*, imbrattatura *f.* **3** (*crude painting* pittura *f* mal fatta. **'dauber** [–ə], **'daubster** [–stə] ⟨*spreg*⟩ imbrattatore *m* (*f* –trice), imbrattatele *m/f.* **'daub** [–i] *a.* **1** attaccaticcio. **2** (*crudely executed*) mal dipint imbrattato.

daughter ['dɔ:tə] *s.* **1** figlia *f* (*anche fig.*): *a* ~ *of Eve* un figlia di Eva. **2** ⟨*fig*⟩ (*as a term of address*) figlia *f*, figlio *f.*

daughter| cell *s.* ⟨*Biol*⟩ cellula *f* figlia. **~-in-law** *s.* nuor *f.*

daughterly ['dɔ:təli] *a.* filiale, di figlia.

daunt [dɔ:nt] *v.t.* scoraggiare; (*to intimidate*) spaventar intimidire. **'daunting** [–iŋ] *a.* scoraggiante. **'dauntles** [–lis] *a.* impavido, intrepido. **'dauntlessness** [–lisnis] ardimento *m*, coraggio *m.*

Dauphin ['dɔ:fin] *s.* ⟨*Stor*⟩ delfino *m.* **Dauphin** [–'fi:n].

Dave [deiv] *N.pr. dim. di* **David.**

davenport ['dævnpɔ:t] *s.* ⟨*Arred*⟩ **1** (*desk*) scrittoio *m* scrivania *f.* **2** (*am*) (*sofa*) sofà *m*, canapè *m*; (*divan be* divanoletto *m.*

David ['deivid] *N.pr.* Davide *m.*

davit ['dævit] *s.* ⟨*Mar*⟩ gru *f* (d'imbarcazione).

davy ['deivi] *s.* ⟨*sl*⟩ giuramento *m.* □ *to take one's* ~ *th* giurare che.

Davy Jones ['dʒounz]: ⟨*mar*⟩ ~'s *locker* fondo *m* d mare, tomba *f* dei marinai; *to go to* ~'s *locker* morire mare.

Davy lamp *s.* ⟨*Minier*⟩ lampada *f* (di) Davy, lampada *f* sicurezza.

daw [dɔ:] *s.* ⟨*Ornit*⟩ (*jackdaw*) taccola *f.*

dawdle ['dɔ:dl] **I** *v.i.* bighellonare, ciondolare, gingillars **II** *v.t.* (*of time*; general. con *away*) sciupare, sprecar **dawdler** [–ə] *s.* bighellone *m* (*f* –a), fannullone *m* (*f* –a ⟨*fam*⟩ perdigiorno *m/f.*

dawn [dɔ:n] **I** *s.* **1** alba *f*, aurora *f*: *at* ~ all'alba. **2** ⟨*fig* alba *f*, albori *mpl*, inizio *m*, principio *m*: *the* ~ *civilization* gli albori della civiltà. **II** *v.i.* **1** albeggiar farsi giorno; (*of the day*) spuntare. **2** ⟨*fig*⟩ (*to begin*) av inizio, essere agli albori. **3** ⟨*fig*⟩ (*to become eviden* (cominciare a) farsi chiaro (*o* evidente), farsi strada (o *upon* in), venire in mente (a): *it –ed on me that* mi venuto in mente che. □ ⟨*fam*⟩ *a* ~ *of hope* un barlum di speranza.

dawn chorus *s.* cinguettio *m* d'uccelli (all'alba).

dawning ['dɔ:niŋ] *s.* **1** l'albeggiare, lo spuntar del giorno. ⟨*fig*⟩ alba *f*, albori *mpl*, inizio *m*, principio *m.*

day [dei] *s.* **1** giorno *m*, giornata *f*, ⟨*poet*⟩ dì *m*: *beautiful* ~ una bella giornata. **2** (*daylight*) giorno *m*, luc *f* del giorno: *to sleep by* ~ dormire di giorno. **3** ⟨*Ast* giorno *m.* **4** (*period for work*) giorno *m* (lavorativo giornata *f* (lavorativa): *an eight–hour* ~ una giornata otto ore; *a five* ~ *week* una settimana ⸢di cinque giorni⸣ corta). **5** (*particular day*) giorno *m*, festa *f*, ricorrenza *the* ~ *of our marriage* il giorno del nostro matrimonio. *pl.* (*age, period*) tempi *mpl*, giorni *mpl*, tempo *m*, period *m*: *in the –s of Queen Victoria* ai tempi della regir Vittoria; *in my* ~ ai miei tempi. **7** ⟨*fig*⟩ giornata battaglia *f*, combattimento *m*: *to lose the* ~ perdere battaglia. □ ~ **after** ~ un giorno dopo l'altro; *the* **before** il giorno prima (*o* avanti), la vigilia; ⟨*fig*⟩ *to ha* **seen better** –*s* aver visto (*o* conosciuto) giorni migliori; **by** ~ di giorno in giorno; *to be paid by the* ~ esse pagato a giornata; ⟨*fig*⟩ *to* **carry the** ~ riportare conseguire) la vittoria, avere la meglio, prevalere; *in –s* **come** nei giorni futuri (*o* che verranno), nel futuro; ⟨*fi your* ~ *will come* il tuo giorno verrà; *until one's* **dying** fino al giorno della (propria) morte; ⟨*fig*⟩ *to fall on evil* – vivere giorni neri, passare brutti giorni; ⟨*fig*⟩ *the* ~ *af the* **fair** troppo tardi, quando la festa è finita; ⟨*fig*⟩ *the* **before the fair** troppo presto, in anticipo; *the* **last few** - questi ultimi giorni; *this* ~ **fortnight** oggi a quindici, t

uindici giorni; **from** ~ *to* ~ continuamente, giorno dopo
iorno; *the good old* –*s* i bei tempi andati; ⟨*Econ*⟩ –*s of
g*race* giorni *mpl* di respiro; ⟨*fig*⟩ *ideas that* **have** *had
heir* ~ idee che hanno fatto il loro tempo; ~ **in** ~ *out*: 1
la mattina a sera; 2 (*without relief*) senza tregua; ~ *of
judgement* giorno *m* del giudizio (universale); *all* ~ **long**
tutto il santo giorno; ⟨*fig*⟩ *to* **name** *the* ~ fissare il giorno
del matrimonio; *from one* ~ *to the* **next** di giorno in
iorno; ⟨*fig*⟩ *his* –*s are* **numbered** ha i giorni contati; *a* ~
ff (*work*) un giorno di riposo; *in* –*s of* **old** nei tempi
andati; **one** ~ una volta (o l'altra), un giorno (o l'altro);
ne of these (*fine*) –*s* uno di questi giorni; *the other* ~
altro giorno; *every other* ~ un giorno sì e un giorno no;
fig⟩ *the* ~ *is* **ours** la vittoria è nostra; ⟨*fig*⟩ *to* **pass** *the
ime of* ~ *with s.o.* intrattenersi (o scambiare quattro
hiacchiere) con qd.; *the* **present** ~ oggigiorno; ⟨*fig*⟩ *to
ave money against a* **rainy** ~ metter denaro da parte per
giorni difficili; ~ *of* **reckoning** giorno *m* della resa dei
onti; ⟨*fig*⟩ giorno del giudizio; *some* ~ = one *day;* these
s di (o in) questi tempi; *in those* –*s* a quei tempi, allora;
n a few –*s'* **time** entro qualche giorno; *the* ~ *after
tomorrow* dopodomani, domani l'altro; *this* **very** ~
roprio oggi; *this* ~ **week** oggi a otto, tra una settimana;
vhat ~ *is it today?* che giorno è oggi?; ⟨*fig*⟩ *it's all in a
's* **work** è normale, è una cosa di tutti giorni; *the* ~
efore **yesterday** ieri l'altro, l'altro ieri, avantieri. *Prov.:
very dog has its* ~ ognuno ha il suo raggio di sole.

y| **bed** *s.* divanoletto *m.* ~ **blindness** *s.* ⟨*Med*⟩
ictalopia *f.* ~ **boarder** *s.* ⟨*Scol*⟩ semiconvittore *m* (*f*
trice). ~**book** *s.* 1 ⟨*Comm*⟩ libro *m* giornale, giornale
i. 2 (*diary*) diario *m.* ~ **boy** *s.* ⟨*Scol*⟩ allievo *m* esterno.
~**break** *s.* lo spuntar del giorno, alba *f.* ~ **care**
ervices *am. s.pl.* asili *mpl* e nidi. ~-**date watch** *s.*
rologio *m* calendario (o con la data). ~**dream I** *s.* sogno
i a occhi aperti, fantasticheria *f.* **II** *v.i.* sognare a occhi
perti, fantasticare. ~**dreamer** *s.* sognatore *m* (*f* –trice).
~ **girl** *s.* ⟨*Scol*⟩ allieva *f* esterna. ~ **hospital** *s.* ospedale
i diurno. ~ **labour** *s.* 1 ⟨*collett*⟩ mano *f* d'opera
iornaliera. 2 (*work*) lavoro *m* a giornata. ~ **labourer** *s.*
avoratore *m* (*f* –trice) a giornata, giornaliero *m* (*f* –a). ~
etter *s.* ⟨*Tel*⟩ telegramma *m* lettera (a tariffa ridotta).

ylight ['deilait] *s.* 1 luce *f* del giorno (o sole), giorno *m.*
(*dawn*) alba *f,* l'albeggiare, lo spuntar del giorno: *at* ~
l'alba. 3 ⟨*fig*⟩ (nuova) luce *f: the discovery throws some
~ on the problem* la scoperta getta nuova luce sul
roblema. 4 ⟨*fig*⟩ (*space between two parts*) apertura *f,
ce f,* spazio *m* libero. □ (*fam*) *to* **beat** *the* (*living*) –*s
ut of s.o.* riempire qd. di botte; ⟨*fig*⟩ *to* **burn** ~ sprecare
tempo; **by** ~ di giorno; ⟨*Fot*⟩ ~ *type* **film** pellicola *f* per
ce diurna; (*fam*) *to* **frighten** *the* (*living*) –*s out of s.o.*
paventare a morte qd.; ⟨*fig*⟩ *to* **see** ~ vederci chiaro,
ominciare a capire.

ylight| **robbery** *s.* 1 rapina *f* in pieno giorno. 2 ⟨*fig*⟩
xorbitant price) furto *m,* ladrocinio *m.* ~ **saving,** ~
aving **time** *s.* ora *f* legale.

y lily *s.* ⟨*Bot*⟩ emerocallide *f.*

ylong ['deilɔŋ] *a.* che dura tutta la (o una) giornata.

y| **nursery** *s.* asilo *m* infantile. ~ **room** *s.* sala *f*
omune (*anche Mil.*). ~ **school** *s.* ⟨*Scol*⟩ 1 scuola *f*
iurna. 2 (*non-boarding*) scuola *f* senza convitto. ~**shift**
1 lavoratori *mpl* (o operai) del turno di giorno. 2
eriod) turno *m* di giorno. ~**spring** *s.* ⟨*poet*⟩ alba *f.*
~ **star** *s.* stella *f* mattutina. ~ **student** *s.* studente *m*
sterno. ~ **ticket** *s.* biglietto *m* ferroviario valido per un
orno. ~**time** *s.* giorno *m: in the* ~ di giorno. '~-to-'**day
1** giornaliero. 2 (*from day to day*) da un giorno
all'altro, di giorno in giorno. '~-to-day'**loan** *s.* ⟨*Econ*⟩
restito *m* pagabile su domanda. ~-**to-day**
anagement *s.* gestione *f* ordinaria. ~ **work** *s.* lavoro
a giornata. ~ **worker** *s.* → **day-labourer**.

ze [deiz] **I** *v.t.* 1 stordire, intontire. 2 ⟨*fig*⟩ (*to bewilder*)
alordire, stupefare; (*to dazzle*) abbagliare. **II** *s.* **1**
ordimento *m.* 2 ⟨*fig*⟩ (*bewilderment*) sbalordimento *m.*
] *to be in a* ~ essere stupefatto (o sbalordito). '**dazedly**
idli] *avv.* con aria sbalordita.

zzle ['dæzl] **I** *v.t.* 1 abbagliare, abbacinare. 2 ⟨*fig*⟩
bagliare, impressionare, colpire. **II** *s.* **1** abbagliamento

m, accecamento *m.* 2 (*something dazzling*) bagliore *m.*
dazzlement [–mənt] *s.* abbagliamento *m.* **dazzler** [–ə]
s. persona *f* (o cosa) che abbaglia (o affascina). **dazzling**
[–iŋ] *a.* accecante, abbagliante. □ *a* ~ *success* un successo
travolgente.

db = ⟨*Fis*⟩ *decibel* decibel (*abbr.* db).

D.B.E. = *Dame Commander of the Order of the British
Empire.*

DBMS = ⟨*Inform*⟩ *Data Base Management System*
sistema di gestione.

DBS = *Direct Broadcasting Satellite* satellite per diffusione
diretta.

D.C. = **1** ⟨*El*⟩ *direct current* corrente continua (*abbr.* c.c.).
2 ⟨*Mus*⟩ *da capo* da capo (*abbr.* D.C.).

D.C.M. = ⟨*GB*⟩ *Distinguished Conduct Medal.*

dd = **1** ⟨*Comm*⟩ *days after date* giorni dopo la data. **2**
⟨*Comm*⟩ *delivered* consegnato. **3** ⟨*Econ*⟩ *demand draft*
tratta a vista.

D.D. = *Doctor of Divinity* dottore in teologia.

D-day *s.* **1** ⟨*Stor*⟩ D–day *m,* giorno *m* dello sbarco in
Normandia. **2** ⟨*Mil*⟩ giorno *m* dell'attacco. **3** ⟨*GB*⟩
(*decimal day*) giorno *m* dell'introduzione del sistema
decimale. **4** ⟨*fig*⟩ giorno *m* dell'azione.

D.D.T. = ⟨*Chim*⟩ *dichlorodiphenyltrichloroethane* diclorodifeniltricloroetano (*abbr.* D.D.T.).

deacon ['di:kən] *s.* ⟨*Rel*⟩ **1** diacono *m.* **2** (*in the
Presbyterian Church*) fabbriciere *m;* (*in the Congregational
Church*) anziano *m.* **deaconess** [–is] *s.* ⟨*Rel.ev,Stor*⟩
diaconessa *f.* **deaconry** [–ri], **deaconship** [–ʃip] *s.*
diaconato *m.*

deactivate [di:'æktiveit] *v.t.* **1** disattivare, neutralizzare. **2**
⟨*Mil*⟩ (*of a unit*) smilitarizzare; (*of a bomb*) disinnescare.
3 ⟨*Chim*⟩ deattivare. ,**deactivation** [–'eiʃən] *s.*
disattivazione *f.*

dead [ded] **I** *a.* **1** morto (*anche fig.*): ~ *branches* rami
morti; ~ *with fright* morto di paura. **2** (*inanimate*) inerte,
inanimato: ~ *matter* materia inanimata. **3** (*resembling
death*) simile alla morte: *a* ~ *sleep* un sonno simile alla
morte. **4** ⟨*fig*⟩ (*insensitive*) insensibile, sordo: *she was* ~
to my pleas era sorda alle mie suppliche. **5** (*numb*)
intirizzito, intorpidito: *my foot has gone* ~ mi si è
intorpidito un piede; (*insensible*) insensibile. **6** (*of an
emotion*) morto, spento, finito. **7** (*no longer current*)
caduto in disuso; (*of a language*) morto. **8** ⟨*fam*⟩
(*exhausted*) sfinito, esausto, morto. **9** (*not working,
uncharged*) scarico, inservibile, fuori uso: *a* ~ *battery* una
batteria scarica; (*extinct*) esaurito: *a* ~ *gold mine* una
miniera d'oro esaurita. **10** (*of a fire*) spento; (*of a
volcano*) spento, inattivo. **11** (*dull*) morto, privo di vita
(o animazione). **12** (*absolute*) assoluto, completo, totale: ~
silence silenzio assoluto (o di tomba). **13** (*abrupt*) brusco,
improvviso. **14** (*accurate*) molto preciso, preciso al
millimetro. **15** (*exact*) esatto, preciso: *the* ~ *centre of a
target* il centro esatto del bersaglio. **16** (*of colours*)
smorto, spento. **17** (*barren*) sterile, improduttivo. **18**
⟨*Acu*⟩ smorzato. **19** ⟨*Sport*⟩ (*of a ball*) morto, fuori gioco.
20 ⟨*Tip*⟩ fermo: ~ *type* piombo fermo. **21** ⟨*El*⟩ messo a
terra, fuori tensione. **II** *s.* **1** ⟨*collett*⟩ morti *mpl,* defunti
mpl. **2** (*quietest, darkest time, etc.*) cuore *m,* profondità *f,*
pieno *m: in the* ~ *of night* nel cuore della notte. **III** *avv.*
1 assolutamente, completamente, profondamente. **2**
(*abruptly*) di colpo, bruscamente: *to stop* ~ fermarsi di
colpo. **3** (*directly*) nettamente, decisamente. □ ~ *and
buried* morto e sepolto; ⟨*fam*⟩ *he's* ~ *and* **done** *for* per
lui è proprio finita; *as* ~ *as a* **doornail** morto stecchito; *to
fall* ~ cadere morto stecchito; ⟨*Tel*⟩ *the* **line** *went* ~ si è
interrotta la comunicazione; ⟨*sl*⟩ ~ *from the* **neck**
up essere stupido e insensibile; *to come to a* ~ **stop**
fermarsi bruscamente; ⟨*fam*⟩ *to be* ~ *to the* **world**: 1
essere in stato d'incoscienza; 2 (*to be asleep*) essere
immerso nel sonno. *Prov.:* ~ *men tell no tales* i morti non
parlano.

dead| **account** *s.* ⟨*Econ*⟩ conto *m* inattivo (o fermo).
~-(**and**)-**alive** *a.* ⟨*fam*⟩ **1** noioso, monotono, tedioso. **2**
(*of a person*) privo di vita (o vitalità). ~ **arch** *s.* ⟨*Arch*⟩
arco *m* murato. ~ **ball** *s.* palla *f* fuori gioco.

'**dead-'beat**[1] **I** *a.* ⟨*fam*⟩ sfinito, esausto, morto. **II** *s.* ⟨*am*⟩

1 scroccone *m* (*f* –a), parassita *m/f*. **2** (*loafer*) fannullone *m* (*f* –a).

dead-beat² *a.* **1** (*Orol*) libero, senza rimbalzo. **2** (*El*) aperiodico.

dead| body *s.* cadavere *m.* ~ **broke** *a.* squattrinato, al verde. ~ **calm** *s.* bonaccia *f,* calma *f* piatta. ~ **capital** *s.* (*Econ*) capitale *m* inattivo (*o* morto). ~ **centre** *s.* **1** (*Mot*) punto *m* morto. **2** (*Mecc*) contropunta *f* fissa. ~ **drunk** *a.* (*fam*) ubriaco fradicio. ~ **duck** *s.* persona *f* destinata al fallimento.

deaden ['dednə] *v.t.* **1** smorzare, attutire, attenuare: *to* ~ *a blow* attutire un colpo. **2** (*Acu*) isolare acusticamente.

dead|-end *a.* **1** (*Strad*) cieco, senza uscita. **2** (*fig*) senza sbocco (*o* futuro), senza prospettive. **3** (*fam*) (*living in the slums*) che vive nei bassifondi. ~ **end** *s.* **1** vicolo *m* cieco (*anche fig.*). **2** (*Ferr*) binario *m* morto. ~**-end kid** *s.* giovane delinquente *m.*

deadener ['dednə] *s.* (*Acu*) materiale *m* isolante. **deadening** [–niŋ] *s.* (*Acu*) isolamento *m* acustico, insonorizzazione *f.*

dead|eye *s.* (*Mar*) bigotta *f.* ~**fall** *s.* (*Venat*) trappola *f.* ~**freight** *s.* (*Mar*) nolo *m* vuoto per pieno. ~**head** *s.* (*fam*) **1** chi ha un biglietto omaggio. **2** (*dullard*) stupido *m* (*f* –a), tonto *m* (*f* –a). ~ **heat** *s.* (*Sport*) gara *f* che si chiude in parità. ~ **house** *s.* (*sl*) obitorio *m,* camera *f* mortuaria. ~ **letter** *s.* **1** (*Dir*) lettera *f* morta. **2** (*Post*) lettera *f* giacente (*o* non recapitata). □ *to become a* ~ cadere in disuso. ~ **level** *s.* (*Idr*) livello *m* costante (*o* permanente). ~**light** *s.* (*Mar*) **1** (*shutter*) oscuratore *m* di oblò. **2** (*pane of glass*) occhio *m* di bue. ~**-line** *s.* **1** data *f* limite, termine *m* ultimo. **2** (*in prison*) confine *m* invalicabile.

deadliness ['dedlinis] *s.* carattere *m* mortale (*o* letale).

dead| load *s.* (*Edil*) carico *m* fisso. ~**lock** *s.* incaglio *m,* punto *m* morto: *to reach a* ~ arrivare a un punto morto. □ (*fig*) *to come out of the* ~ superare il punto morto, uscire dalla situazione di stallo. ~ **loss** *s.* **1** (*Comm*) perdita *f* totale. **2** (*fam*) (*someone or something hopeless*) caso *m* disperato (*o* senza speranza).

deadly ['dedli] **I** *a.* **1** mortale, letale, micidiale. **2** (*aiming to kill: of a person*) mortale: *a* ~ *enemy* un nemico mortale; (*of a thing*) mortale, micidiale. **3** (*like death*) mortale: *a* ~ *pallor* un pallore mortale. **4** (*accurate*) preciso, esatto: ~ *aim* mira precisa. **5** (*fam*) (*very boring*) mortalmente noioso, insopportabile. **II** *avv.* **1** mortalmente: ~ *pale* mortalmente pallido. **2** (*extremely*) estremamente, terribilmente.

deadly nightshade *s.* (*Bot*) belladonna *f.*

'dead-man's|float *s.* (*in swimming*) galleggiamento *m.* ~ **handle** *s.* (*tecn*) leva *f* di arresto automatico, dispositivo *m* di uomo morto.

dead| march *s.* (*Mus*) marcia *f* funebre. ~ **men** *s.pl.* (*sl*) bottiglie *fpl* vuote.

deadness ['dednis] *s.* **1** torpore *m,* intorpidimento *m.* **2** (*fig*) insensibilità *f,* indifferenza *f.*

dead| nettle *s.* (*Bot*) lamio *m.* ~ **office** *s.* (*Lit*) ufficio *m* funebre. ~**pan I** *s.* **1** (*sl*) viso *m* senza (*o* privo di) espressione. **2** (*Teat*) tipo di commedia in cui gli attori non mutano mai espressione. **II** *a.* compassato, impassibile, all'inglese: ~ *humour* umorismo all'inglese. ~ **point** *s.* → **dead centre.** ~ **reckoning** *s.* (*Mar*) stima *f* della posizione. ~ **room** *s.* (*Acu*) camera *f* anecoica. ~ **Sea** *N.pr.* (*Geog*) Mar *m* Morto. ~ **season** *s.* bassa stagione *f.* ~ **set** *s.* **1** (*Venat*) punta *f.* **2** (*fig*) sforzo *m* deciso. □ *she made a* ~ *at him* ce l'ha messa tutta per conquistarlo; *to make a* ~ *at winning* impiegare tutte le proprie forze per vincere. ~ **shot** *s.* tiratore *m* (*f* –trice) infallibile. ~ **slow** *a./avv.* (*Mar*) lentissimo. ~ **spit** *s.* ritratto *m* vivente. ~ **stock** *s.* **1** (*Comm*) merce *f* invendibile, giacenze *fpl* inutilizzabili. **2** (*Econ*) capitale *m* azionario inutilizzato. **3** (*Dir*) scorte *fpl* morte. ~ **time** *s.* (*Ind*) tempo *m* d'inattività. ~ **tired** *a.* stanco morto. ~**weight** *s.* **1** peso *m* morto (*anche fig.*). **2** (*Mar*) (*deadweight capacity*) portata *f* (*o* stazza) lorda. ~**wire** *s.* (*El*) filo *m* a terra. ~**wood** *s.* **1** rami *mpl* secchi (*anche fig.*): *to cut the* ~ eliminare i rami secchi. **2** (*Mar*) massiccio *m* di poppa.

deaf [def] *a.* sordo (*anche fig.*). □ *as* ~ *as a doorp[e]* sordo come una campana; *to be* ~ *in one ear* essere sor[do] da un orecchio; *to go* ~ diventar sordo; (*fig*) *to preach* ~ *ears* predicare al deserto; (*fig*) *to turn a* ~ *ear* to s.[?] far orecchi da mercante a qc. *Prov.: none so* ~ *as* he w[?] (*o those that*) *will not hear* non c'è peggior sordo di c[?] non vuol sentire.

deaf| aid *s.* apparecchio *m* acustico. '~**-and-'dum**[?] **alphabet** *s.* alfabeto *m* dei sordomuti.

deafen ['defn] *v.t.* **1** assordare, rendere (*o* fare diventa[r]) sordo. **2** (*Acu*) isolare acusticamente. **deafening** [–iŋ] assordante, fragoroso.

'deaf|-'mute I *a.* sordomuto. **II** *s.* sordomuto *m* (*f* – ~**-'muteness,** ~**-'mutism** *s.* sordomutismo *m.*

deafness ['defnis] *s.* sordità *f.*

deal¹ [di:l] *v.* (*pret., p.p.* **dealt** [delt]) **I** *v.i.* **1** occupa[r]si (*with* di), dedicarsi (a): *I shall* ~ *with you later* mi occupe[rò] di te più tardi; (*of things*) trattare (di). **2** (*to take act[ion] concerning*) affrontare (qc.). **3** (*to behave towar[d]*) comportarsi (con, verso), trattare (con). **4** (*to trad[e]*) occuparsi (in di), commerciare (in); (*to do business*) fa[re] affari (*with* con): *to* ~ *with a firm* fare affari con u[na] ditta. **5** (*in card games*) dare (*o* fare) le carte. **II** *v.t.* **1** *distribute;* spesso con *out*) dare, elargire, distribui[re] spartire. **2** (*of cards*) fare, dare: *to* ~ *s.o. an ace* dare asso a qd. □ *to* ~ *s.o. a blow* dare un colpo a qd.; *to [deal] well by s.o.* trattare bene qd.; *person difficult to* ~ w[ith] persona difficile (da trattare); *person easy to* ~ w[ith] persona con cui si tratta facilmente.

deal² *s.* **1** affare *m,* accordo *m: to do a* ~ *with s.o.* fare affare con qd. **2** (*treatment received*) trattamento *m:* gave *me a raw* ~ mi riservò un trattamento ingiusto. [**3** (*underhand arrangement*) accordo *m* (*o* patto) segreto. **4** (*in cards*) il fare (*o* dare) le carte; (*turn to deal*) turno (*o* diritto) di fare le carte; (*set of cards*) mano *f: to p[ass] the* ~ passare la mano. **5** (*amount, quantity;* gene[re] preceduto da *good, great*) ammontare *m,* quantità *f,* (*fa* sacco *m: a good* ~ *of trouble* un sacco di guai, u[na] quantità di fastidi. **Deal** *am. s.* (*Pol*) gestione amministrazione *f.* □ *I am a great* ~ **better** sto mo[lto] meglio; **big** ~ grosso affare; (*iron*) bell'affare; (*fam*) it'[s] *a* ~ siamo d'accordo, affare fatto; *a great* ~ *of money* sacco di soldi, una grossa somma di denaro; *that's* say[?] *a good* ~ questo vuol dire già molto; (*fam*) *to give s.o[.]* **square** ~ agire lealmente verso qd.; (*Econ*) ~ *on* Stock Exchange colpo *m* in Borsa; **whose** ~ *is it?* a [chi] tocca fare le carte?

deal³ I *s.* **1** legno *m* di abete (*o* pino). **2** (*board*) tavol[a] (*o* asse) di abete (*o* pino). **II** *a.* (*of fir*) di abete; (*of pi[ne]* di pino.

dealer ['di:lə] *s.* **1** commerciante *m/f;* (*supplier*) fornit[ore] *m.* **2** (*Econ*) (*stockjobber*) operatore *m* di borsa. **3** [*in card games*) chi fa le carte. □ *an honest* ~ una pers[ona] onesta; ~ *in stolen goods* ricettatore *m* (*f* –trice).

dealing ['di:liŋ] *s.* **1** *pl.* relazioni *fpl,* rapporti *mpl: busin[ess]* –*s* relazioni d'affari. **2** (*conduct towards others*) modo [di] d'agire, condotta *f,* comportamento *m.* **3** (*Com[m]* commercio *m:* ~ *in wines* commercio in vini. □ (*Ec[on]* ~ *for the account* operazione *f* a termine; (*Econ*) –*s* cash operazioni *fpl* a contanti.

dealt [delt] → **deal¹.**

deambulation [di:æmbjuˈleiʃən] *s.* deambulazione **deˈambulatory** [–lətəri] *a.* ambulatorio, d[i] deambulazione.

dean [di:n] *s.* **1** (*Univ*) preside *m* di facoltà; (*official [in] charge of discipline*) funzionario *m* addetto alla discipli[na] **2** (*Rel*) (*head of a chapter*) decano *m.* **3** (*Rel.c[att]* diacono *m.* **4** (*senior member*) decano *m.* **'deanery** [–ə]* **'deanship** [–ʃip] *s.* (*Rel*) decanato *m.*

dear [diə] **I** *a.* **1** caro, amato, diletto: *a* ~ *friend* un c[aro] amico. **2** (*epist*) caro: ~ *John* caro John. **3** (*precio[so]* caro, prezioso: *one's* –*est possessions* i beni più preziosi [4] (*heartfelt*) sentito, sincero: *his* –*est wish* il suo più sen[tito] augurio. **5** (*expensive*) caro, costoso, (*fam*) salato. **II** *s[.]* tesoro *m,* amore *m.* **2** (*as a term of address*) caro *m* [(*f* –a). **III** *avv.* **1** affettuosamente, caramente. **2** (*at a [high] price*) caro, a caro prezzo. **IV** *intz.* povero me, mio [Dio]

□ **be** _a_ ~ _and help me_ sii buono e aiutami; _to_ **get** _–er_ rincarare; _to_ **run for** ~ **life** correre a ⌐più non posso⌐ (_o_ perdifiato); ⟨_epist_⟩ ~ **Madam** Gentile Signora; ~ **me!** ohimè!; _oh_ ~ **no!** oh no!, certamente no!; **oh** ~! mio Dio!, povero me!; _he's an old_ ~ è un carissimo uomo; _one's_ ~ **ones** i propri cari; ⟨_epist_⟩ ~ **Sir** Egregio Signore; ⟨_fam_⟩ **there's** _a_ ~ su, da bravo.

dearie _s._ → **deary**.

dearly ['diəli] _avv._ **1** caramente, teneramente: _to love s.o._ ~ amare qd. teneramente. **2** (_earnestly_) ardentemente, fervidamente. **3** (_at a high price_) a caro prezzo. □ ⟨_Lit_⟩ ~ _beloved_ (_brethren_) miei (cari) fratelli. **dearness** ['diəːnis] _s._ **1** amabilità _f._ **2** (_fondness_) affettuosità _f._ **3** (_expensiveness_) costo _m_ elevato, dispendiosità _f._

dearth [dəːθ] _s._ **1** scarsità _f_, mancanza _f_, penuria _f._ **2** (_famine_) carestia _f_, scarsità _f_ di viveri.

deary ['diəri] _s._ ⟨_fam_⟩ tesoro _m_, tesoruccio _m._

death [deθ] _s._ **1** morte _f_; (_instance_) decesso _m_: _a_ ~ _in the family_ un decesso in famiglia. **2** ⟨_fig_⟩ morte _f_, fine _f_, distruzione _f_, crollo _m_: _the_ ~ _of one's hopes_ la fine di tutte le speranze. **3** (_cause of death_) causa _f_ di morte. **4** (_capital punishment_) pena _f_ capitale, morte _f_: _to condemn to_ ~ condannare a morte. **5** → **death notice**. **6** ⟨_rar_⟩ (_plague_) peste _f._ □ ⟨_fam_⟩ _you'll be the_ ~ _of me_ mi farai morire; ~ **comes** _to all men_ tutti dobbiamo morire, la morte non guarda in faccia nessuno; _to_ **do** _to_ ~ far morire; _to be at_ ~_'s_ **door** essere in punto di morte; _to_ **drink** _o.s._ ~ uccidersi a furia di bere; _to_ **fall** _to one's_ ~ morire per una caduta, fare una caduta mortale; _to_ **die** _a_ **hero's** ~ morire (_o_ fare una morte) da eroe; _to be_ **in** _at the_ ~: 1 ⟨_venat_⟩ essere presente all'uccisione della preda; 2 ⟨_fig_⟩ assistere al ⌐coronamento di un'impresa⌐ (_o_ momento culminante di un evento); _to_ **look** _like_ ~ essere il ritratto della morte; ⟨_fam_⟩ _to look like_ ~ _warmed up_ sembrare la morte in vacanza; ⟨_fam_⟩ _to be_ ~ **on** esser portato per, aver talento per; ⟨_Dir_⟩ **proof** _of_ ~ constatazione _f_ di decesso; _to_ **put** _to_ ~ uccidere; ⟨_poet_⟩ ~ _the_ **Reaper** la morte falciatrice; **to** _the_ ~: 1 fino alla morte, all'ultimo sangue; 2 (_to the end_) fino alla fine; ~ _to traitors!_ a morte i traditori!; _I'm sick to_ ~ _of your complaints_ sono stanco morto delle tue lamentele; _to_ **work** _o.s. to_ ~ ammazzarsi di lavoro.

death|-adder _s._ ⟨_Zool_⟩ vipera _f_ della morte. ~ **bed** I _s._ **1** letto _m_ di morte. **2** (_last illness_) malattia _f_ mortale. II _a._ fatto (_o_ espresso) in punto di morte. □ ~ _conversion_ conversione _f_ in punto di morte; _to be on one's_ ~ essere in punto di morte. ~ **benefit** _s._ ⟨_Assic_⟩ indennità _f_ in caso di morte. ~ **blow** _s._ colpo _m_ mortale (_anche fig._). ~ **certificate** _s._ certificato _m_ di morte. ~ **chamber** _s._ camera _f_ mortuaria. ~ **duty** _s._ ⟨_Dir_⟩ imposta _f_ (_o_ tassa) di successione. ~ **house** _s._ → **death row**. ~ **instinct** _s._ ⟨_Psic_⟩ istinto _m_ di morte. ~ **knell** _s._ rintocco _m_ funebre, campana _f_ a morte.

deathless ['deθlis] _a._ **1** immortale, eterno. **2** ⟨_fig_⟩ immortale, imperituro: ~ _fame_ fama imperitura. **deathlessness** [–nis] _s._ immortalità _f._ **deathlike** [–laik] _a._ mortale, simile alla morte, di morte. **deathly** [–li] I _a._ **1** mortale, letale, fatale. **2** (_like death_) di morte, mortale: _a_ ~ _silence_ un silenzio di morte. II _avv._ **1** mortalmente, come la morte: ~ _pale_ pallido come la morte. **2** ⟨_fig_⟩ (_utterly_) mortalmente, estremamente, molto. □ ~ _tired_ stanco morto.

death| mask _s._ maschera _f_ (mortuaria). ~ **notice** _s._ ⟨_Giorn_⟩ necrologio _m._ ~ **penalty** _s._ pena _f_ di morte. ~ **rate** _s._ ⟨_Statist_⟩ tasso _m_ (_o_ quoziente) di mortalità, media _f_ (_o_ indice _m_) della mortalità. ~ **rattle** _s._ rantolo _m_ (di agonia). ~ **ray** _s._ raggio _m_ della morte. ~ **roll** _s._ elenco _m_ dei morti (_o_ caduti) in guerra. ~ **row** _s._ (_of prison_) braccio _m_ della morte.

death's| head _s._ teschio _m_, testa _f_ di morto. '~-'**head moth** _s._ ⟨_Entom_⟩ testa _f_ di morto, atropo _m._

death| tax _am. s._ → **death duty**. ~ **trap** _s._ tranello _m_ (_o_ trappola _f_) mortale. ~ **warrant** _s._ **1** ⟨_Dir_⟩ mandato _m_ d'esecuzione capitale. **2** ⟨_fig_⟩ condanna _f_ a morte. ~ **watch** _s._ **1** veglia _f_ al letto di un moribondo. **2** (_of a criminal_) guardia _f_ (fatta) a un condannato a morte. ~-**watch beetle** _s._ ⟨_Entom_⟩ orologio _m_ della morte. ~

wish _s._ desiderio _m_ di morte.

deb [deb] (_accorc. di debutante_) _s._ debuttante _f._

debacle [dei'bɑːkl], **débâcle** _fr._ [de'bɑːkl] _s._ **1** fuga _f_ precipitosa, fuggi fuggi _m._ **2** (_collapse_) sfacelo _m_, disastro _m_, rovina _f._ **3** ⟨_Geog_⟩ (_breaking up of ice_) débâcle _f_, sgelo _m_ repentino; (_rush of water and ice_) corsa _f_ impetuosa di acque e blocchi di ghiaccio.

debag [diː'bæg] _v.t._ (_pret., p.p._ **debagged** [–d]) ⟨_sl_⟩ togliere i calzoni a.

debar [di'bɑː] _v.t._ (_pret., p.p._ **debarred** [–d]) **1** privare, escludere: _to_ ~ _s.o. from a right_ privare qd. di un diritto. **2** (_to prohibit_) impedire a, vietare a: _to_ ~ _s.o. from doing s.th._ impedire a qd. di fare qc. **3** (_to shut out_) vietare l'accesso a. □ ⟨_Dir_⟩ _debarred from succeeding_ indegno a succedere; _to_ ~ _by time_ prescrivere.

debark [di'bɑːk] _v.t./i._ sbarcare. ˌ**debar'kation** [–eiʃən] _s._ sbarco _m._

debase [di'beis] _v.t._ **1** abbassare, avvilire, degradare. **2** ⟨_Econ_⟩ svilire, svalutare, deprezzare: _to_ ~ _the coinage_ svilire la moneta; (_to adulterate_) falsificare (usando leghe di basso valore). **debasement** [–mənt] _s._ avvilimento _m_, degradazione _f_; (_of coinage_) svilimento _m_, deprezzamento _m._ **debaser** [–ə] _s._ (_of coinage_) falsificatore _m_ (_f_ –trice).

debatable [di'beitəbl] _a._ **1** discutibile, contestabile. **2** (_questionable_) discutibile, dubbio.

debatable land _s._ ⟨_Pol_⟩ territorio _m_ conteso.

debate [di'beit] I _s._ **1** ⟨_Parl_⟩ dibattito _m_, discussione _f._ **2** (_speaking contest_) disputa _f_, discussione _f_, dibattimento _m_, contraddittorio _m._ **3** (_controversy_) controversia _f_, disputa _f_, polemica _f._ II _v.t._ **1** ⟨_Parl_⟩ discutere, dibattere. **2** (_to argue about, discuss_) discutere. **3** (_to reflect upon_) ponderare, considerare, riflettere su. III _v.i._ **1** partecipare (_o_ prender parte) a un dibattito. **2** (_to discuss_) discutere. □ _to_ ~ _with o.s. whether or not to do s.th._ essere in dubbio se fare o no qc.; _the question under_ (_o in_) ~ la questione in discussione. **debater** [–ə] _s._ chi partecipa a un dibattito.

debating society [di'beitiŋ] _s._ associazione _f_ che organizza dibattiti fra i soci.

debauch [di'bɔːtʃ] I _v.t._ **1** corrompere, depravare, pervertire. **2** (_to lead astray_) traviare, sviare. II _s._ **1** corruzione _f_, pervertimento _m._ **2** (_orgy_) gozzoviglia _f_, orgia _f_, stravizio _m._ **debauchable** [–əbl] _a._ corruttibile. **debauched** [–t] _a._ corrotto, dissoluto. **debauchee** [ˌdebɔː'tʃiː] _s._ vizioso _m_ (_f_ –a), dissoluto _m_ (_f_ –a), depravato _m_ (_f_ –a). **debauchery** [–əri] _s._ **1** dissolutezza _f_, depravazione _f._ **2** _pl._ (_orgies_) gozzoviglie _fpl_, orge _fpl_, stravizi _mpl._

debenture [di'bentʃə] _s._ **1** ⟨_Comm_⟩ polizza _f_ doganale (di rimborso di un dazio pagato). **2** ⟨_Econ_⟩ (_bond_) obbligazione _f._ **3** → **debenture bond**. □ ~ _to bearer_ obbligazione _f_ al portatore; ~ _at a discount_ obbligazione _f_ sotto la pari.

debenture| bond _s._ ⟨_Econ_⟩ obbligazione _f_ non garantita. ~ **capital** _s._ capitale _m_ obbligazionario. ~ **certificate** _s._ cartella _f_ di obbligazione. ~ **holder** _s._ obbligazionista _m/f._ ~ **interest** _s._ interesse _m_ su obbligazioni. ~ **loan** _s._ prestito _m_ obbligazionario. ~ **stock** _s._ obbligazione _f_ nominativa.

debilitate [di'biliteit] _v.t._ debilitare, indebolire. de,**bilitation** [–'teiʃən] _s._ debilitazione _f._ **debility** [–ti] _s._ debolezza _f_ (_anche Med._).

debit ['debit] I _s._ **1** ⟨_Comm_⟩ (_item_) addebito _m_; (_sum of items_) conto _m_ debitore; (_entry_) registrazione _f_ a debito. **2** ⟨_fig_⟩ debito _m._ II _v.t._ ⟨_Comm_⟩ **1** addebitare: _to_ ~ _a firm with a sum_ addebitare una somma a una ditta. **2** (_to charge as a debt_) registrare come addebito. □ ⟨_Econ_⟩ ~ _and credit_ debito e credito _m_, dare e avere _m_; ⟨_fig_⟩ _on the_ ~ _side_ nella colonna del dare.

debit| account _s._ ⟨_Econ_⟩ conto _m_ debitore. ~ **advice** _s._ avviso _m_ di addebito. ~ **amount** _s._ ammontare _m_ a debito. ~ **balance** _s._ saldo _m_ debitore (_o_ a debito). ~ **column** _s._ colonna _f_ del dare. ~ **entry** _s._ registrazione _f_ a debito. ~ **interest** _s._ interesse _m_ debitore. ~ **item** _s._ → **debit entry**. ~ **ledger** _s._ ⟨_Comm_⟩ libro _m_ mastro delle vendite. ~ **note** _s._ nota _f_ di addebito. ~ **side** _s._ lato _m_ dell'avere.

debonair(e) [ˌdebəˈnɛ] *a.* **1** affabile, bonario, cortese. **2** (*light–hearted*) allegro, gaio, spensierato. **3** (*nonchalant*) disinvolto.

Deborah ['debərə] *N.pr.* Debora *f.*

debouch [diˈbuːʃ] *v.i.* **1** ⟨*Mil*⟩ uscire allo scoperto. **2** (*of a river, etc.*) sboccare (all'aperto), sfociare, emergere. **debouchment** [–mənt] *s.* **1** ⟨*Mil*⟩ l'uscire allo scoperto. **2** (*of a river, etc.*) sbocco *m.*

debrief [diˈbriːf] *v.t.* chiamare a rapporto. **debriefing** [–iŋ] *s.* chiamata *f* a rapporto.

debris, débris *fr.* ['deibri, *am.* dəˈbriː] *s.* avanzi *mpl*, rottami *mpl.*

debt [det] *s.* **1** debito *m.* **2** ⟨*fig*⟩ debito *m*, obbligo *m* (morale), obbligazione *f*: *to owe a ~ of gratitude to s.o.* avere un debito di gratitudine verso qd. □ ⟨*Comm*⟩ *a* **bad** ~ un credito inesigibile; *to collect a ~* ricuperare un credito; ⟨*fam*⟩ *to be up to one's* **eyes** (*o* **ears**) *in* ~ essere indebitato fino al collo; *to* **get** *into* ~ indebitarsi, fare (*o* contrarre) debiti; *to get out of* ~ pagare i debiti; ~ *of* **honour** debito *m* d'onore; *to be deeply* in ~ essere pieno di debiti; **National** ~ debito pubblico; *to* **pay** *off a* ~ liquidare (*o* estinguere) un debito.

debt| collector *s.* ⟨*Comm*⟩ agente *m* per il ricupero dei crediti. **~ conversion** *s.* conversione *f* del debito (pubblico). **~ management** *s.* gestione *f* del debito pubblico.

debtor ['detə] *s.* debitore *m* (*f* –trice).

debtor country *s.* ⟨*Econ*⟩ paese *m* debitore.

debt| provision *s.* accantonamento *m* per sopravvenienze passive. **~ ratio** *s.* indice *m* di indebitamento. **~ service** *s.* servizio *m* del debito.

debug [diˈbʌg] *v.t.* **1** disinfestare. **2** ⟨*Inform*⟩ eliminare errori di programma. **3** (*to remove a hidden device*) eliminare un apparecchio di intercettazione da. **debugging** [–iŋ] *s.* **1** disinfestazione *f.* **2** ⟨*Inform*⟩ eliminazione *f* di errori di programma.

debunk [diˈbʌŋk] *v.t.* ⟨*fam*⟩ ridurre alle giuste proporzioni, sgonfiare, ridimensionare: *to ~ a myth* sgonfiare un mito.

debus [diˈbʌs] **I** *v.i.* scendere dall'autobus. **II** *v.t.* far scendere dall'autobus.

debut, début *fr.* ['deibjuː, *am.* deiˈbju] **I** *s.* **1** ⟨*Teat*⟩ esordio *m*, debutto *m.* **2** (*entrance into society*) debutto *m* (*o* ingresso) in società. **II** *v.i.* ⟨*fam*⟩ debuttare: *the singer –s here tonight* il cantante debutta qui stasera. □ ⟨*Teat*⟩ *to make one's ~* debuttare, esordire.

debutant, débutant ['debjutã, *am.* ˌdebjuˈtɑːnt] *s.* debuttante *m*, esordiente *m*, principiante *m.* **debutante, débutante** ['debjutãt, *am.* ˌdebjuˈtɑnt] *s.* **1** debuttante *f* (in società) **2** (*beginner of a career*) esordiente *f.*

dec. = **1** *deceased* deceduto. **2** *declaration* dichiarazione.

Dec. = *December* dicembre (*abbr.* dic.).

decadal ['dekədl] *a.* di decade; (*of ten years*) di dieci anni.

decade ['dekeid] *s.* **1** (*ten years*) decennio *m.* **2** (*group, set of ten*) decade *f* (*anche* Lett.). **3** (*of a rosary*) posta *f.* **4** ⟨*Mat*⟩ decade *f.*

decadence ['dekədəns] *s.* **1** decadenza *f.* **2** ⟨*Art,Lett*⟩ decadenza *f*, decadentismo *m.* **decadent** [–nt] **I** *a.* decadente (*anche* Lett.): *a ~ society* una società decadente. **II** *s.* decadente *m/f* (*anche* Lett.). **decadentism** [–ntizm] *s.* ⟨*Lett*⟩ decadentismo *m.*

decaffeinate [diˈkæfiːineit] *v.t.* decaffeinare, decaffeinizzare. **decaffeinization** [–naiˈzeiʃən] *s.* decaffeinizzazione *f.*

decagon ['dekəgɔn] *s.* ⟨*Geom*⟩ decagono *m.* **decagonal** [diˈkægənəl] *a.* decagonale.

decagram(me) ['dekəgræm] *s.* decagrammo *m.*

decahedron [ˌdekəˈhiːdrən] *s.* (*pl.* **-s** [z]/**-dra** [drə]) ⟨*Geom*⟩ decaedro *m.*

decalcification [diːˌkælsifiˈkeiʃən] *s.* ⟨*Chim,Med*⟩ decalcificazione *f.* **de'calcifier** [–fiə] *s.* ⟨*Chim*⟩ decalcificatore *m.* **de'calcify** [–fai] *v.t.* decalcificare.

decalkomania [diˌkælkoˈ(u)meiniə] *s.* decalcomania *f.*

decaliter *am.*, **decalitre** ['dekəliːtə] *s.* decalitro *m.*

Decalog(ue) ['dekəlɔg] *s.* ⟨*Bibl*⟩ decalogo *m.*

decameter *am.*, **decametre** ['dekəmiːtə] *s.* decametro *m*

decamp [diˈkæmp] *v.i.* **1** ⟨*Mil*⟩ levare il campo, decampare. **2** ⟨*fam*⟩ (*to leave suddenly*) andarsen improvvisamente, levare le tende, ⟨*fam*⟩ svignarsela **decampment** [–mənt] *s.* ⟨*Mil*⟩ decampamento *m.*

decanal [diˈkeinl] *a.* **1** (*of a dean*) del (*o* relativo al decano. **2** (*of a deanery*) del (*o* relativo al) decanato.

decant [diˈkænt] *v.t.* **1** ⟨*Chim*⟩ decantare. **2** (*to pour fron one container into another*) travasare: *to ~ wine* travasar il vino. **decantation** [ˌdiːkænˈteiʃən] *s.* ⟨*Chim* decantazione *f.* **decanter** [–ə] *s.* **1** caraffa *f*, boccia *f.* ⟨*tecn*⟩ decantatore *m.*

decarbonate [diːˈkɑːbəneit] *v.t.* ⟨*Chim*⟩ decarbonare **decarbonation** [–ˈneiʃən] *s.* decarbonazione *f.*

decarbonization [diːˌkɑːbənaiˈzeiʃən] *s.* ⟨*Met*⟩ decarbu razione *f.* **de'carbonize** [–naiz] *v.t.* decarburare.

decarburization [diːˌkɑːbjuəraiˈzeiʃən] *s.* → **decarbon ization. de'carburize** [–raiz] *v.* → **decarbonize.**

decartelization [ˌdiːkɑːtəˈlaizeiʃən] *s.* ⟨*Econ*⟩ decartel lizzazione *f.* **de'cartelize** [–laiz] *v.t.* decartellizzare.

decasyllabic [ˌdekəsiˈlæbik] *a.* ⟨*Metr*⟩ decasillabo **deca'syllable** [–ləbl] *s.* decasillabo *m.*

decatize ['dekətaiz] *v.t.* ⟨*Tess*⟩ decatizzare.

decay [diˈkei] **I** *v.i.* **1** decomporsi, marcire, guastarsi imputridire: *–ing vegetation* vegetazione che marcisce. ⟨*fig*⟩ (*to lose health, etc.*) deperire, indebolirsi; (*to declin in excellence*) decadere, deteriorarsi, declinare. **3** ⟨*fig*⟩ (*to fall into ruin*) andare in rovina: *–ing walls* mura ˈandate i rovina˺ (*o* cadenti). **4** ⟨*Fis*⟩ disintegrarsi. **5** ⟨*Dent* cariarsi. **II** *v.t.* far marcire (*o* imputridire); (*to impair*) fa deperire (*o* indebolire). **III** *s.* **1** decomposizione imputridimento *m;* (*product*) marciume *m.* **2** ⟨*fig* (*decline*) decadimento *m*, decadenza *f*, declino *m;* (*loss o health, etc.*) deperimento *m*, indebolimento *m*, calo *m.* ⟨*Fis*⟩ disintegrazione *f.* **4** ⟨*Dent*⟩ carie *f.* □ *to fall into ~* cadere in rovina (*anche fig.*).

decease [diˈsiːs] **I** *s.* decesso *m*, morte *f.* **II** *v.i.* decedere morire. **deceased** [–t] **I** *a.* deceduto, defunto. **II** *s* defunto *m* (*f* –a), estinto *m* (*f* –a), morto *m* (*f* –a). □ *Joh Miller ~* il fu John Miller; *son of Mary Watson ~* figli della fu Mary Watson.

decedent [diˈsiːdənt] *s.* ⟨*Dir*⟩ defunto *m* (*f* –a).

deceit [diˈsiːt] *s.* **1** inganno *m: by ~* con l'inganno. ⟨*Dir*⟩ frode *f*, dolo *m.* **deceitful** [–ful] *a.* **1** (*of a person* disonesto, falso, menzognero. **2** (*of a thing*) disonestc ingannevole, fraudolento. **deceitfulness** [–fəlnis] *s* falsità *f*, disonestà *f.*

deceivable [diˈsiːvəbl] *a.* ingannabile. **deceive** [–v] *v.* ingannare, raggirare, truffare; (*to delude*) deludere l fiducia di. □ *to be –d by s.o.* esser stato deluso da qd.; *t ~ o.s. into believing s.th.* ingannarsi (*o* illudersi) su qc **deceiver** [–və] *s.* ingannatore *m* (*f* –trice).

decelerate [diːˈseləreit] **I** *v.t.* decelerare, rallentare l velocità di. **II** *v.i.* rallentare, decelerare. **de,celeratio** [–ˈreiʃən] *s.* rallentamento *m*, decelerazione *f.*

deceleration lane *s.* ⟨*am.Strad*⟩ corsia *f* di decelera zione.

decelerator [diːˈseləreitə] *s.* rallentatore *m.*

December [diˈsembə] *s.* dicembre *m.*

decemvir [diˈsemvə] *s.* (*pl.* **-s** [z]/**-viri** [vərai]) ⟨*Stor.rom* decemviro *m.* **decemvirate** [–vəreit] *s.* decemvirato *m.*

decency [diˈsnsi] *s.* **1** decenza *f*, rispettabilità *f* convenienza *f*, decoro *m;* (*modesty*) decenza *f*, pudore *m* **2** *pl.* (*requirements of respectable behaviour*) convenienz *fpl*, norme *fpl* del vivere civile.

decennary [diˈsenəri] *s.* decennio *m.* **decenniad** [–niəd *s.* → **decennium. decennial** [–niəl] **I** *a.* decennale. **II** *s* decennale *m.* **decennium** [–niəm] *s.* (*pl.* **-s** [z]/**-nia** [niə] decennio *m.*

decent ['diːsnt] *a.* **1** rispettabile, decoroso. **2** (*proper* decente, decoroso, conveniente, corretto: ~ *languag* linguaggio corretto. **3** (*fairly good*) decente, soddisfacent discreto: *a ~ meal* un pasto discreto. **4** ⟨*fam*⟩ (*kind* gentile, generoso: *that's very ~ of you* è molto gentile d parte tua. **5** ⟨*fam*⟩ (*not nude*) decente. □ *a ~ sized fla* un appartamento abbastanza grande. **decently** [–li] *avv.* **1** decentemente. **2** ⟨*fam*⟩ (*fairly well*) abbastanza bene, discretamente.

decentralization [di:,sentrəlai'zeiʃən] *s.* decentralizzazione *f*, decentramento *m* (*anche Pol.*). **de'centralize** [–laiz] *v.t.* ⟨*Pol*⟩ decentrare, decentralizzare: *to ~ the government* decentrare l'amministrazione.

deception [di'sepʃən] *s.* **1** inganno *m*, l'ingannare: *to practise ~ on s.o.* fare (*o* tramare) inganni contro qd., ingannare qd. **2** (*trick, fraud*) frode *f*, raggiro *m*, inganno *m*, sotterfugio *m*. **deceptive** [–ptiv] *a.* ingannevole, fallace, menzognero. □ *appearances are ~* l'apparenza inganna. **deceptiveness** [–ptivnis] *s.* fallacia *f*, falsità *f*.

decibar ['desiba:] *s.* ⟨*Fis*⟩ decibar *m*. **decibel** [–bel] *s.* decibel *m*.

decidable [di'saidəbl] *a.* che si può decidere. **decide** [–d] **I** *v.t.* **1** decidere, risolvere: *the judge –d the case* il giudice risolse il caso. **2** (*to choose as a course of action*) decidere, stabilire, prendere la decisione di: *I can't ~ what to do* non so decidere cosa fare. **3** (*to infer*) dedurre, inferire, concludere. **4** (*to bring to a decision*) far prendere una decisione a, (far) decidere: *what –d you to leave?* che cosa ti ha ⌐deciso a⌐ (*o* fatto decidere di) partire? **II** *v.i.* **1** decidere, prendere una decisione: *the referee –d against him* l'arbitro decise in suo sfavore. **2** (*to come to a conclusion*) decidersi, risolversi. □ *to ~ against s.th.* pronunciarsi contro qc.; *to ~ against doing s.th.* decidere (*o* risolvere) di non fare qc.

decided [di'saidid] *a.* **1** netto, definito, chiaro, deciso. **2** (*resolute*) deciso, risoluto, fermo: *I am quite ~* sono fermamente deciso. **decidedly** [–li] *avv.* (*unquestionably*) chiaramente, nettamente; (*determinedly*) decisamente, risolutamente. **decider** [–də] *s.* **1** chi decide. **2** ⟨*Sport*⟩ gara *f* (*o* partita) decisiva. **deciding** [–iŋ] *a.* decisivo: *~ factor* fattore decisivo.

deciduous [di'sidʒuəs] *a.* **1** ⟨*Bot*⟩ a foglie decidue, caducifoglio. **2** ⟨*Biol*⟩ deciduo, caduco. □ *~ tooth* dente *m* deciduo (*o* da latte).

decigram(me) ['desigræm] *s.* decigrammo *m*.

deciliter *am.*, **decilitre** ['desili:tə] *s.* decilitro *m*.

decimal ['desiməl] **I** *a.* ⟨*Mat*⟩ decimale. **II** *s.* ⟨*Mat*⟩ **1** decimale *m*. **2** *pl.* aritmetica *f* decimale. **3** → **decimal fraction**.

decimal coinage *s.* ⟨*Econ*⟩ sistema *m* monetario decimale. **~ fraction** *s.* ⟨*Mat*⟩ frazione *f* decimale. **decimalization** [,desiməlai'zeiʃən] *s.* ⟨*Mat*⟩ riduzione *f* al sistema decimale, decimalizzazione *f*. **'decimalize** [–laiz] *v.t.* ridurre al sistema decimale, decimalizzare.

decimally ['desiməli] *avv.* **1** a decine. **2** (*by means of decimals*) per mezzo di decimali.

decimal place *s.* ⟨*Mat*⟩ posizione *f* di una cifra rispetto alla virgola. **~ point** *s.* virgola *f* alla sinistra della frazione decimale. **~ system** *s.* sistema *m* decimale. **decimate** ['desimeit] *v.t.* ⟨*Mil*⟩ decimare (*anche fig.*). ,**decimation** [–'meiʃən] *s.* ⟨*Mil*⟩ decimazione *f* (*anche fig.*).

decimeter *am.*, **decimetre** ['desimi:tə] *s.* decimetro *m*.

decipher [di'saifə] *v.t.* **1** (*of a code*) decifrare. **2** (*to make out*) decifrare, capire, (riuscire a) leggere. **decipherable** [–rəbl] *a.* decifrabile. **decipherment** [–mənt] *s.* deciframento *m*, decifrazione *f*.

decision [di'siʒən] *s.* **1** (*determination of a contest, trial, etc.*) decisione *f*; (*judgement*) giudizio *m*, sentenza *f*: *the court's ~ is final* il giudizio della corte è definitivo. **2** (*act of choosing a course*) scelta *f*, decisione *f*: *a difficult ~* una scelta difficile; (*resolution*) risoluzione *f*, deliberazione *f*. **3** (*firmness*) fermezza *f*, decisione *f*, risolutezza *f*: *to speak with ~* parlare con fermezza. **4** ⟨*Sport*⟩ (*in boxing*) vittoria *f* ai punti. □ ⟨*Dir*⟩ *~ on appeal* giudizio *m* d'appello; *to ⌐come to⌐* (*o arrive at*) *a ~* giungere a una decisione; *to lack ~* mancare di fermezza; *to reach a ~ =* *to come to a decision; the ~ rests with you* tocca (*o* spetta) a te decidere.

decision analysis *s.* analisi *f* decisionale (*o* delle decisioni). **~-maker** *s.* persona *f* investita del potere decisionale, responsabile *m* della decisione. **~-making I** *a.* decisionale. **II** *s.* processo *m* ⌐di decisione⌐ (*o* decisionale).

decision-making body *s.* organo *m* decisionale. **~ power** *s.* potere *m* decisionale.

decisive [di'saisiv] *a.* **1** decisivo, determinante: *~ argument* argomento decisivo. **2** (*resolute*) deciso, fermo, risoluto: *a ~ character* un carattere risoluto. **decisiveness** [–nis] *s.* **1** importanza *f* decisiva, carattere *m* decisivo. **2** (*firmness*) fermezza *f*, risolutezza *f*.

deck [dek] **I** *s.* **1** ⟨*Mar*⟩ ponte *m*, coperta *f*. **2** ⟨*Aer*⟩ (*flight-deck*) ponte *m* di volo; (*pilot compartment*) cabina *f* piloti. **3** (*of a bus*) piano *m*. **4** ⟨*Ferr*⟩ (*roof*) imperiale *m*, tetto *m*; (*floor*) pavimento *m*. **5** (*pack of cards*) mazzo *m* di carte. **6** ⟨*Acu*⟩ piastra *f* di registrazione, deck *m*. **7** ⟨*am.sl*⟩ (*packet of cigarettes*) pacchetto *m* di sigarette; (*packet of heroin*) pacchetto *m* di eroina. **II** *v.t.* **1** (*to attire;* spesso con *out*) rivestire, abbigliare; (*to adorn*) adornare, abbellire, addobbare. **2** ⟨*Mar*⟩ munire di ponte (*o* coperta) (*over, in s.th.* qc.). □ *to clear the –s* (*for action*): 1 ⟨*Mar*⟩ sgombrare i ponti; 2 ⟨*fig*⟩ prepararsi all'azione; ⟨*fig*⟩ *to hit the ~*: 1 alzarsi dal letto; 2 (*to prepare for action*) prepararsi all'azione; 3 (*to fall to a prone position*) cadere disteso; *on ~*: 1 ⟨*Mar*⟩ sul ponte, sopraccoperta; 2 ⟨*fam*⟩ (*ready*) pronto; *to be all –ed out in one's best clothes* essere tutto in ghingheri; *the streets were –ed with flags* le strade erano imbandierate (*o* adorne di bandiere).

deck cargo *s.* ⟨*Mar*⟩ carico *m* di coperta. **~ chair** *s.* sedia *f* a sdraio.

decker ['dekə] *s.* **1** ⟨*Mar*⟩ bastimento *m* (*o* nave *f*) a uno (*o* più) ponti: *a single-~* un bastimento a un ponte. **2** (*of a bus*) autobus *m* a uno (*o* più) piani: *a double-~ bus* un autobus a due piani. □ *a double-~ sandwich* un panino doppio.

deck|hand *s.* ⟨*Mar*⟩ marinaio *m* di coperta. **~house** *s.* ⟨*Mar*⟩ tuga *f*. **~ landing** *s.* ⟨*Mar*⟩ appontaggio *m*.

deckle ['dekl] *s.* ⟨*Cart*⟩ **1** cascio *m*, cornice *f*. **2** → **deckle edge**.

deckle| edge *s.* ⟨*Cart*⟩ zazzera *f*, sbavatura *f*, riccio *m*. '**~-'edged** *a.* con zazzera, con riccio, con sbavatura: *~ paper* carta con sbavatura.

deck| officer *s.* ⟨*Mar*⟩ ufficiale *m* di coperta. **~ passenger** *s.* passeggero *m* (*f* –a) di ponte (senza cabina).

decl. = ⟨*Gramm*⟩ *declension* declinazione (*abbr.* decl.)

declaim [di'kleim] **I** *v.i.* **1** declamare. **2** (*to inveigh*) inveire, scagliarsi (*against* contro). **3** (*to speak rhetorically*) parlare in modo retorico (*o* enfatico), declamare; (*to harangue*) arringare. **II** *v.t.* declamare. **declaimer** [–ə] *s.* declamatore *m* (*f* –trice). **declamation** [,deklə'meiʃən] *s.* **1** declamazione *f*; (*as an exercise in elocution*) esercizio *m* retorico (*o* di retorica). **2** (*rhetorical speech*) declamazione *f*, discorso *m* ampolloso (*o* retorico), arringa *f*. **declamatory** [–'klæmətəri] *a.* **1** declamatorio. **2** (*rhetorical*) retorico, declamatorio, ampolloso.

declarable [di'klɛərəbl] *a.* **1** dichiarabile. **2** ⟨*Econ*⟩ (*at customs*) che bisogna dichiarare. **declarant** [–rənt] *s.* ⟨*Dir*⟩ dichiarante *m/f*.

declaration [,deklə'reiʃən] *s.* dichiarazione *f*: *a ~ of war* una dichiarazione di guerra. □ *~ of income* dichiarazione *f* dei redditi; ⟨*Stor.am*⟩ *~ of Independence* dichiarazione *f* d'indipendenza; ⟨*Pol*⟩ *~ of intent* dichiarazione *f* di volontà; ⟨*Pol*⟩ *~ of the poll* comunicazione *f* dei risultati elettorali; ⟨*Pol*⟩ *~ of rights* dichiarazione *f* dei diritti.

declarative [di'klærətiv] *a.* **1** ⟨*Dir*⟩ → **declaratory**. **2** ⟨*Gramm*⟩ dichiarativo. **declaratory** [–təri] *a.* ⟨*Dir*⟩ dichiarativo.

declare [di:'klɛə] **I** *v.t.* **1** dichiarare, rendere noto; (*to proclaim*) annunciare, proclamare: *to ~ peace* proclamare la pace. **2** (*to state emphatically*) proclamare, affermare, dichiarare (con fermezza): *he –d he was innocent* proclamò la propria innocenza. **3** ⟨*Econ*⟩ dichiarare: *have you anything to ~?* ha qualcosa da dichiarare? **4** (*in cricket, card games*) dichiarare. **II** *v.i.* **1** dichiararsi: *to ~ against* (*o for*) *a candidate* dichiararsi contro (*o* a favore di) un candidato. **2** ⟨*Sport*⟩ (*in cricket*) dichiarare. □ *to ~ off* ritirarsi da; *to ~ off a contract* disdire un contratto; *to ~ oneself*: 1 prendere posizione, dichiarare le proprie intenzioni; 2 (*to declare one's love*) dichiararsi, fare la dichiarazione; ⟨*fam*⟩ **well**, *I* ~ ! oh, questa poi!

declared [di'kleəd] *a.* dichiarato. **declaredly** [–leəridli] *avv.* dichiaratamente, apertamente. **declarer** [–leərə] *s.* **1** dichiaratore *m* (*f* –trice). **2** (*in bridge*) dichiarante *m/f.*

déclassé *fr.* [dekla'se] **I** *a.* **1** declassato, degradato. **2** (*of inferior status*) di condizione sociale inferiore. **II** *s.* persona *f* declassata.

declassify [di'klæsifai] *v.t.* **1** ⟨*Mil,Pol*⟩ (*of documents, codes, etc.*) togliere la qualifica di segreto di stato a. **2** ⟨*Econ*⟩ (*of costs*) riclassificare.

declension [di'klenʃən] *s.* **1** ⟨*Gramm*⟩ declinazione *f.* **2** (*descent*) declività *f*, declivio *m*, pendenza *f.* **3** ⟨*fig*⟩ (*decline*) decadenza *f*, declino *m;* (*deterioration*) deterioramento *m.*

declinable [di'klainəbl] *a.* ⟨*Gramm*⟩ declinabile.

declination [,dekli'neiʃən] *s.* **1** inclinazione *f*, pendenza *f.* **2** ⟨*fig*⟩ (*decline*) decadenza *f*, declino *m;* (*deterioration*) deterioramento *m.* **3** ⟨*fig*⟩ (*polite refusal*) cortese rifiuto *m.* **4** ⟨*Astr*⟩ declinazione *f.* **declinational** [–əl] *a.* ⟨*Astr*⟩ declinazionale.

declinatory exception [di'klainətəri] *s.* ⟨*Dir*⟩ declinatoria *f.*

decline [di'klain] **I** *v.t.* **1** declinare, rifiutare: *to* ~ *an offer* declinare un'offerta. **2** ⟨*Gramm*⟩ declinare. **II** *v.i.* **1** rifiutare. **2** (*to slope downward*) scendere, digradare. **3** (*to fail*) declinare, indebolirsi, venir meno, dileguarsi: *my health is declining* la mia salute declina. **4** (*to turn aside*) declinare, deviare, allontanarsi (*from* da). **5** (*of the sun*) declinare, tramontare. **III** *s.* **1** declivio *m*, pendio *m.* **2** (*loss of strength, value, etc.*) declino *m*, decadenza *f*, decadimento *m: the* ~ *of the Roman Empire* il declino dell'impero romano. **3** (*diminution*) diminuzione *f*, calo *m*, ribasso *m: a* ~ *in prices* un calo dei prezzi. **4** (*deterioration of health*) deperimento *m;* (*wasting disease*) consunzione *f*, tisi *f.* **5** (*of the sun*) tramonto *m.* □ ~ *in population* regresso demografico.

declining [di'klainiŋ] *a.* **1** in declino. **2** (*of the sun*) al tramonto.

declinometer [,dekli'nɔmitə] *s.* ⟨*Fis*⟩ declinometro *m.*

declivitous [di'klivitəs] *a.* in pendio, scosceso. **declivity** [–ti] *s.* declivio *m*, pendio *m.* **declivous** [–vəs] *a.* in pendio.

declutch [di:'klʌtʃ] *v.i.* ⟨*Aut*⟩ disinnestare (*o* staccare) la frizione, debragliare. **declutching** [–iŋ] *s.* debragliata *f*, debrayage *m.*

decoction [di'kɔkʃən] *s.* decozione *f.* **2** ⟨*Farm*⟩ (*extract*) decotto *m.*

decode [di:'koud] *v.t.* **1** decifrare, **2** ⟨*Inform*⟩ decodificare. **decoder** [–ə] *s.* **1** (*person*) crittografo *m* (*f* –a). **2** ⟨*Inform*⟩ decodificatore *m.*

decoding [di:'koudiŋ] *s.* decodificazione *f*, decodifica *f.*

decollate [di'kɔleit] *v.t.* decapitare, decollare. **decollation** [,di:kɔ'leiʃən] *s.* decapitazione *f*, decollazione *f.*

décolletage *fr.* [dei'kɔlta:ʒ, *am.* ,deikɔl'ta:ʒ] *s.* **1** ⟨*Mod*⟩ scollatura *f*, scollo *m.* **2** (*garment*) décolleté *m*, abito *m* scollato. **décolleté** *fr.* [dei'kɔltei, *am.* ,deikɔl'tei] **I** *a.* scollato. **II** *s.* → **décolletage.**

decolonization [di,kələnai'zeiʃən] *s.* decolonizzazione *f.* **de'colonize** [–naiz] *v.t.* decolonizzare.

decolorant [di:'kʌlərənt] **I** *a.* decolorante. **II** *s.* decolorante *m.* **decolorize, decolour** *v.* → **decolourize.** **de,colourization** [–rai'zeiʃən] *s.* decolorazione *f.* **decolourize** [–raiz] *v.t.* decolorare, scolorare.

decompensation [,di:kɔmpen'seiʃən] *s.* ⟨*Med*⟩ scompenso *m.*

decomposable [,di:kɔm'pouzəbl] *a.* scomponibile, decomponibile.

decompose [,di:kɔm'pouz] **I** *v.t.* **1** scomporre, decomporre. **2** ⟨*Chim*⟩ decomporre. **II** *v.i.* decomporsi, putrefarsi.

decomposite [di'kɔmpəzit] *a./s.* → **decompound. decomposition** [–pə'ziʃən] *s.* decomposizione *f* (*anche Chim.*). **decompound** [–kəm'paund] **I** *v.i.* scomporre, decomporre. **II** *a.* **1** doppiamente composto. **2** ⟨*Bot*⟩ composito. **III** *s.* ⟨*Ling*⟩ parola *f* doppiamente composta.

decompress [,di:kəm'pres] **I** *v.t.* decomprimere. **II** *v.i.*

decomprimersi. **decompression** [–'preʃən] *s.* decompressione *f.*

decompression| chamber *s.* camera *f* di decompressione ~ **sickness** *s.* ⟨*Med*⟩ malattia *f* dei cassoni, embolismo *m* gassoso.

decondition [,di:kən'diʃən] *v.t.* decondizionare. **decon ditioning** [–iŋ] *s.* decondizionamento *m.*

decongest [,di:kən'dʒest] *v.t.* decongestionare. **decon gestant** [–ənt] **I** *a.* decongestionante. **II** *s.* decon gestionante *m.* **decongestion** [–ʃən] *s.* decon gestionamento *m* (*anche Med.*).

deconsecrate [di:'kɔnsikreit] *v.t.* sconsacrare.

decontaminate [,di:kən'tæmineit] *v.t.* decontaminare (*anch Atom.*). **decon,tamination** [–'neiʃən] *s.* decontamina zione *f.*

decontrol [,di:kən'troul] *v.t.* **1** togliere (*o* abolire) controllo da; (*of rents*) sbloccare. **2** ⟨*Econ*⟩ liberalizzare.

décor *fr.* ['deikɔ:, *am.* dei'kɔr] *s.* **1** decorazione *f.* **2** ⟨*Teat* decorazione *f* scenica (*o* di scena), scenografia *f.*

decorate ['dekəreit] *v.t.* **1** decorare, adornare, addobbare **2** (*to confer a distinction on*) decorare, insignire di (una decorazione: *to* ~ *a soldier for bravery* decorare un soldat al valore. **decorated** [–id] *a.* **1** decorato, adorno. (*awarded a decoration*) decorato, insignito di (una decorazione.

Decorated style *s.* ⟨*Art*⟩ stile *m* decorato.

decoration [,dekə'reiʃən] *s.* **1** decorazione *f*, ornamento *m* addobbo *m: Christmas –s* decorazioni natalizie. **2** (*award decorazione *f*, onorificenza *f;* (*medal*) medaglia *f.* □ *holders of war* ~ decorati *mpl* di guerra.

Decoration Day *am.* *s.* giorno *m* commemorativo de caduti in guerra.

decorative ['dekərətiv, *am.* –reitiv] *a.* decorative ornamentale. **decorator** [–reitə] *s.* **1** decoratore *m* –trice). **2** (*interior decorator*) arredatore *m* (*f* –trice). ⟨*Edil*⟩ decoratore *m*, pittore *m* decoratore.

decorous ['dekərəs] *a.* decoroso, dignitoso.

decorum [di'kɔ:rəm] *s.* decoro *m*, dignità *f.* **2** *p* (*conventions*) convenzioni *fpl*, regole *fpl* del vivere civile

decoy [di'kɔi] **I** *s.* **1** ⟨*fig*⟩ (*person*) adescatore *m* (*f* –trice allettatore *m* (*f* –trice); (*thing*) esca *f.* **2** ⟨*Venat*⟩ (*artificia bird*) richiamo *m;* (*trained bird*) uccello *m* da richiamo (*pond*) stagno *m* dove vengono attirate le anatr selvatiche. **3** ⟨*Mil*⟩ ordigno *m* civetta. **II** *v.t.* attirare adescare, allettare.

decoy| duck *s.* **1** ⟨*Venat*⟩ richiamo *m*, anatra *f* d richiamo. **2** ⟨*fig*⟩ persona *f* che fa da esca. ~ **ship** nave *f* civetta.

decrease **I** *v.i.* [di:'kri:s] decrescere, diminuire, calar scemare. **II** *v.t.* **1** diminuire, ridurre. **2** ⟨*Lav.femm*⟩ (* knitting*) calare, diminuire. **III** *s.* ['di:kri:s] **1** decrescenz *f*, diminuzione *f.* **2** (*amount*) riduzione *f*, calo *m*, ribass *m.* **3** ⟨*Lav.femm*⟩ calo *m*, diminuzione *f.* □ *to be on th* ~ essere in diminuzione; ~ *in speed* rallentamento *n* **decreasing** [–iŋ] *a.* decrescente. □ ⟨*Econ*⟩ ~ *costs* cos decrescenti. **decreasingly** [–iŋli] *avv.* in mod decrescente.

decree [di'kri:] **I** *s.* **1** decreto *m*, deliberazione *f;* (*edic* editto *m.* **2** ⟨*Dir*⟩ decreto *m*, ordinanza *f;* (*decisio* sentenza *f.* **3** ⟨*Teol*⟩ decreto *m.* **II** *v.t.* decretar deliberare, ordinare. **III** *v.i.* emettere un decreto.

decree| absolute *s.* ⟨*Dir*⟩ sentenza *f* definitiva divorzio. ~ **nisi** ['naisai] *s.* ⟨*Dir*⟩ sentenza *f* interlocutor di divorzio.

decrement ['dekrimənt] *s.* **1** decrescenza *f*, diminuzione **2** (*amount*) perdita *f.* **3** ⟨*Mat,Fis*⟩ decremento *m.*

decrepit [di'krepit] *a.* decrepito, cadente.

decrepitate [di'krepiteit] **I** *v.t.* ⟨*Chim*⟩ sottoporre decrepitazione. **II** *v.i.* decrepitare. **de,crepitatio** [–'teiʃən] *s.* decrepitazione *f.*

decrescendo *it.* [,di:kre'ʃendou] *s.* (*pl.* **-s** [z]) ⟨*Mu* decrescendo *m.*

decrescent [di'kresnt] *a.* decrescente, calante.

decrial [di'kraiəl] *s.* deprezzamento *m*, svalutazione *f* **decrier** [–raiə] *s.* denigratore *m* (*f* –trice).

decriminalization [,di:kriminə'laizeiʃən] *s.* depenali zazione *f.* **decriminalize** [–laiz] *v.t.* depenalizzare.

decry [di'krai] *v.t.* **1** screditare, sminuire, denigrare. **2** (*to denounce*) condannare, biasimare.

decubitus [di'kju:bitəs] *s.* (*pl.* -ti [tai]) ⟨*Med*⟩ decubito *m.*

decuman ['dekjumən] *a.* **1** enorme. **2** ⟨*Stor.rom*⟩ decumano.

decumbent [di'kʌmbənt] *a.* **1** disteso. **2** ⟨*Biol*⟩ reclinato, disteso.

decuple ['dekjupl] **I** *a.* decuplo. **II** *s.* decuplo *m.* **III** *v.t.* decuplicare.

decurion [di'kjuriən] *s.* ⟨*Stor.rom*⟩ decurione *m.*

decury ['dekjuri] *s.* ⟨*Stor.rom*⟩ decuria *f.*

decussate [di'kʌseit] **I** *v.t.* incrociare a forma di x. **II** *a.* decussato (*anche Bot.*). **decussation** [,di:kʌ'seiʃən] *s.* decussazione *f.*

dedicate ['dedikeit] *v.t.* **1** dedicare, consacrare. **2** (*to devote*) dedicare, votare, consacrare: *to ~ one's life to the theatre* dedicare la vita al teatro. **3** (*of a book, etc.*) dedicare. **4** ⟨*Dir*⟩ destinare a uso pubblico. **dedicated** [–id] *a.* **1** devoto, votato. **2** ⟨*Inform*⟩ specializzato, dedicato. **,dedica'tee** [–i:] *s.* dedicatario *m* (*f* –a). **,dedication** [–'keiʃən] *s.* **1** consacrazione *f: the ~ of a church* la consacrazione di una chiesa. **2** (*devotion*) dedizione *f,* zelo *m.* **3** (*in a book, etc.*) dedica *f.* **dedicative** [–tiv] *a.* → **dedicatory. dedicator** [–ə] *s.* dedicante *m/f.* **dedicatory** [–əri] *a.* dedicante, dedicatorio.

deduce [di'dju:s] *v.t.* **1** dedurre, desumere, argomentare, concludere. **2** (*to trace the course of*) derivare, trarre, far discendere. **deducible** [–ibl] *a.* deducibile, desumibile.

deduct [di'dʌkt] **I** *v.t.* dedurre, defalcare, detrarre, sottrarre: *to ~ a sum from a salary* defalcare un'aliquota da uno stipendio. **II** *v.i.* ridurre, diminuire: *the state of bad repair –s from the value of the house* le cattive condizioni riducono il valore della casa. **deductibility** [–'ibiliti] *s.* detraibilità *f.* **deductible** [–ibl] *a.* ⟨*Econ*⟩ (*in taxation*) detraibile, deducibile, defalcabile.

deductible loss *s.* perdita *f* deducibile (*o* defalcabile).

deduction [di'dʌkʃən] *s.* **1** deduzione *f,* detrazione *f.* **2** (*result*) deduzione *f,* trattenuta *f: –s from wages* trattenute sullo stipendio. **3** (*deducing*) deduzione *f,* conclusione *f.* **deductive** [–ktiv] *a.* deduttivo.

dee [di:] *s.* **1** d *m/f,* lettera *f* d. **2** (*on a saddle*) anello *m* a D.

deed [di:d] *s.* **1** atto *m,* azione *f: to do a good ~* compiere una buona azione. **2** (*exploit, feat*) impresa *f,* atto *m* eroico (*o* di valore), prodezza *f.* **3** (*performance*) fatti *mpl: to match words with –s* far corrispondere i fatti alle parole. **4** ⟨*Dir*⟩ atto *m,* scrittura *f* legale. □ ⟨*Dir*⟩ ~ *of arrangement* concordato *m;* ~ *of* **assignment** atto *m* di cessione; **bold** *in word and –s* audace a parole e a (*o* con i) fatti; *to* **cancel** *a ~* annullare un atto; ⟨*Dir*⟩ *to* **draw up** *a ~* redigere un atto; ⟨*Dir*⟩ ~ *of* **gift** atto *m* di donazione; *in ~ though not in* **name** non di nome ma di fatto; ⟨*Dir*⟩ ~ *of* **partnership** contratto *m* sociale (di associazione), atto costitutivo di società; ⟨*Dir*⟩ ~ *under* **private** *seal* scrittura privata.

deed poll *s.* ⟨*Dir*⟩ atto *m* unilaterale.

deem [di:m] *v.t.* credere, giudicare, pensare, stimare: *I don't ~ it necessary to go* non credo sia necessario andarci.

deep [di:p] **I** *a.* **1** profondo, fondo: *the river is ten feet ~* il fiume è profondo dieci piedi. **2** (*extending far backwards*) largo: *a ~ shelf* uno scaffale largo. **3** (*wide, broad*) ampio, largo, esteso. **4** (*reaching far down*) profondo, alto: *a ~ dive* un'immersione profonda. **5** (*submerged*) sommerso (*in* da), immerso (*in*): *a road ~ in snow* una strada sommersa dalla neve. **6** (*secluded*) sperduto, isolato (*in* in): *his house is ~ in the country* la sua casa è sperduta nella campagna. **7** ⟨*fig*⟩ (*difficult to understand*) difficile, recondito, astruso. **8** ⟨*fig*⟩ (*mysterious*) misterioso, oscuro: *~ plots* misteriosi complotti; (*of persons*) sornione, subdolo. **9** ⟨*fig*⟩ (*not superficial*) profondo, approfondito: *a ~ thinker* un pensatore profondo. **10** (*of sleep*) profondo, pesante; (*of emotions*) intenso, profondo. **11** ⟨*fig*⟩ (*absorbed*) sprofondato, immerso (*in* in): *to be ~ in a book* essere

immerso in un libro. **12** (*of a colour*) cupo, forte, intenso. **13** (*of sound*) profondo, basso, grave, cupo: *~ voice* voce profonda. **II** *s.* **1** profondo *m,* abissi *mpl,* profondità *f: the ~ of the ocean* gli abissi dell'oceano. **2** (*the middle, most intense part*) profondo *m,* cuore *m,* mezzo *m: the ~ of winter* il cuore dell'inverno. **3** ⟨*poet*⟩ (*sea, ocean*) mare *m,* oceano *m.* **III** *avv.* **1** profondamente, in profondità: *to dig ~* scavare in profondità. **2** ⟨*fig*⟩ a fondo. □ *the mud was ankle-~* il fango arrivava alle caviglie; ~ **below** *the* surface molto al di sotto della superficie; *a ~ bow* un inchino profondo; ~ *in* **debt** immerso nei debiti, carico di debiti; *to* **drink** *~* bere forte (*o* molto); ⟨*fam*⟩ *to go off the ~* **end** adirarsi, arrabbiarsi; *to be* **knee-~** *in snow* affondare nella neve fino al ginocchio; ⟨*fam*⟩ *a ~* **one** un dritto, uno che la sa lunga; *with one's hands ~ in one's* **pockets** con le mani affondate nelle tasche; *a ~* **sigh** un profondo sospiro; ⟨*fam*⟩ *that's too ~ for me* è troppo difficile per me; ~ *in* **thought** immerso nei pensieri; ⟨*Mil*⟩ **two** *~* in fila per due; ⟨*fig*⟩ *to be in ~* **water(s)** essere (*o* trovarsi) in difficoltà (*o* cattive acque). *Prov.: still waters run ~* l'acqua cheta rovina i ponti.

deep|-chested *a.* dal torace ampio. **~-drawn** *a.* (*of a sigh*) profondo. **~-dyed** *a.* completo, da cima a fondo, in tutto e per tutto.

deepen ['di:pən] **I** *v.t.* **1** approfondire, scavare più a fondo. **2** ⟨*fig*⟩ approfondire, accrescere, rendere più intenso. **3** ⟨*Mus*⟩ fare più grave (*o* cupo). **II** *v.i.* **1** approfondirsi, divenire più profondo. **2** ⟨*fig*⟩ diventare più intenso (*o* forte), aumentare d'intensità. **3** ⟨*fig*⟩ (*of colours*) farsi più cupo (*o* intenso); (*of sound*) diventare più grave (*o* cupo). □ *the shadows –ed* le ombre s'infittivano.

deep| *fat s.* ⟨*Gastr*⟩ grasso *m* bollente per fritti. '**~-'freeze I** *s.* surgelatore *m.* **II** *v.t.irr.* surgelare, ultracongelare. '**~-'freeze** *s.* ⟨*fam*⟩ sospensione *f* temporanea. '**~-'freezing** *s.* surgelamento *m,* ultracongelazione *f.* '**~-'frozen** *a.* surgelato, ultracongelato: ~ *vegetables* ortaggi surgelati. '**~-'fry** *v.t.* ⟨*Gastr*⟩ friggere nel grasso bollente.

deepish ['di:piʃ] *a.* piuttosto profondo.

deep-laid *a.* ben elaborato: *a ~ plot* un piano ben elaborato.

deeply ['di:pli] *avv.* **1** profondamente, in profondità, a fondo. **2** ⟨*fig*⟩ (*intensely*) profondamente, intensamente; (*greatly*) molto.

deep mourning *s.* lutto *m* stretto.

deepness ['di:pnis] *s.* profondità *f.*

deep| **psychology** *s.* psicologia *f* del profondo. '**~-'rooted** *a.* ⟨*fig*⟩ radicato: ~ *prejudices* pregiudizi radicati. **~-sea** *a.* ⟨*Mar*⟩ d'alto mare.

deep-sea| **captain** *s.* ⟨*Mar*⟩ capitano *m* di lungo corso. ~ **diving** *s.* immersione *f* in alto mare. ~ **fishing** *s.* pesca *f* ⌐d'altura⌐ (*o* alturiera).

'**deep|-'seated** *a.* inveterato, radicato. **~-set** *a.* incavato, infossato. ~ **South** *am. s.* parte *f* sud-orientale degli Stati Uniti. '**~-'water** *a.* **1** di acque profonde. **2** ⟨*Mar*⟩ → **deep-sea.**

deer [diə] *s.* (*pl. inv./-s* [z]; il pl.inv. si usa general. con valore collett.) **1** ⟨*Zool*⟩ cervide *m.* **2** (*small deer*) cervo *m* (*f* –a). **3** (*fallow-deer*) daino *m* (*f* –a).

deer| **forest** *s.* ⟨*Venat*⟩ riserva *f* di caccia al cervo. ~ **hound** *s.* levriero *m* scozzese (per la caccia al cervo). ~ **lick** *s.* rocce *fpl* salate che attirano i cervi. ~ **park** *s.* → **deer forest. ~skin** *s.* pelle *f* di daino, daino *m.* ~ **stalker** *s.* **1** ⟨*Venat*⟩ cacciatore *m* (*f* –trice) di cervi. **2** (*hat*) berretto *m* da cacciatore. ~ **stalking** *s.* ⟨*Venat*⟩ caccia *f* al cervo.

de-escalate [di:'eskəleit] **I** *v.t.* ridimensionare: *to ~ expectations* ridimensionare le aspettative. **II** *v.i.* ridimensionarsi, diminuire: *the birth rate was –ing* il tasso di natalità diminuiva. **de-escalation** [–leiʃən] *s.* riduzione *f,* ridimensionamento *m.*

deface [di'feis] *v.t.* **1** deturpare, sfigurare, sciupare, imbruttire. **2** (*to make illegible*) rendere illeggibile; (*to efface*) cancellare; (*to make invalid*) annullare. **defacement** [–mənt] *s.* **1** deturpazione *f,* imbruttimento *m.* **2** (*of a stamp*) annullo *m.*

de facto *lat.* [di:'fæktou] *a./avv.* di fatto. □ ⟨*Dir*⟩ ~

corporation società *f* irregolare (*o* de facto).

defalcate [di'fælkeit] *v.i.* 〈*Dir*〉 sottrarre beni, stornare fondi. **defalcation** [‚di:fæl'keiʃən] *s.* **1** 〈*Dir*〉 appropriazione *f* indebita; (*of public money*) concussione *f.* **2** (*sum misappropriated*) deficit *m* (di cassa), fondi *mpl* mancanti. **'defalcator** [-ə] *s.* 〈*Dir*〉 chi commette appropriazione indebita; (*of public money*) concussionario *m.*

defamation [‚defə'meiʃən] *s.* diffamazione *f,* calunnie *fpl.* **defamatory** [di'fæmətəri] *a.* diffamatorio, diffamante.

defame [di'feim] *v.t.* diffamare, infamare. **defamer** [-ə] *s.* diffamatore *m* (*f* –trice).

defatted [di:'fætid] *a.* sgrassato.

default [di'fɔ:lt] **I** *s.* **1** mancanza *f,* difetto *m.* **2** 〈*Comm*〉 inadempienza *f.* **3** 〈*Dir*〉 contumacia *f,* mancata comparizione *f.* **4** 〈*Sport*〉 abbandono *m: to win a match by ~* vincere un incontro per abbandono. **II** *v.i.* **1** venir meno, mancare (*on* a). **2** 〈*Comm*〉 essere inadempiente (*in* in). **3** 〈*Dir*〉 essere (*o* rendersi) contumace. **4** 〈*Sport*〉 (*to fail to appear*) non presentarsi; (*to lose by default*) perdere per abbandono. **III** *v.t.* **1** essere inadempiente in. **2** 〈*Dir*〉 condannare in contumacia. **3** 〈*Sport*〉 (*to fail to compete in*) abbandonare; (*to lose by default*) perdere per abbandono. □ 〈*Dir*〉 *to be in ~* essere in contumacia; *in ~ of* in mancanza (*o* difetto) di.

defaulter [di:'fɔ:ltə] *s.* **1** 〈*Dir*〉 imputato *m* (*f* –a) contumace. **2** 〈*Comm*〉 debitore *m* (*f* –trice) moroso. **3** 〈*Mil*〉 soldato *m* colpevole d'infrazione disciplinare.

defaulting party [di'fɔ:ltiŋ] *s.* 〈*Dir*〉 parte *f* inadempiente.

default interest *s.* 〈*Econ*〉 interesse *m* di mora.

defeasance [di'fi:zəns] *s.* 〈*Dir*〉 **1** annullamento *m,* abrogazione *f.* **2** (*condition*) condizione *f* risolutiva. **defeasible** [-zəbl] *a.* annullabile.

defeat [di'fi:t] **I** *v.t.* **1** sconfiggere, battere, vincere: *to ~ the enemy* sconfiggere il nemico. **2** (*to frustrate*) frustrare, deludere: *our hopes were –ed* le nostre speranze furono deluse. **3** 〈*Dir*〉 annullare. **II** *s.* **1** sconfitta *f,* disfatta *f* (*anche fig.*): *to suffer a ~* subire una sconfitta. **2** (*frustration*) frustrazione *f,* fallimento *m,* insuccesso *m.*

defeatism [di'fi:tizəm] *s.* disfattismo *m.* **defeatist** [–tist] **I** *s.* disfattista *m/f.* **II** *a.* disfattista. □ *to be a ~* fare il disfattista.

defecate ['defikeit] **I** *v.i.* 〈*Fisiol*〉 defecare. **II** *v.t.* **1** 〈*Chim*〉 defecare. **2** 〈*Ind*〉 purificare, raffinare. **‚defecation** [–'keiʃən] *s.* **1** 〈*Fisiol,Chim*〉 defecazione *f.* **2** 〈*Ind*〉 purificazione *f,* raffinazione *f.* **defecator** [-ə] *s.* 〈*Ind*〉 chiarificatore *m.*

defect **I** *s.* ['di:fekt] **1** difetto *m,* imperfezione *f.* **2** (*lack*) mancanza *f,* deficienza *f.* **II** *v.i.* [di'fekt] disertare, defezionare. **defection** [di'fekʃən] *s.* **1** defezione *f,* diserzione *f.* **2** 〈*Rel*〉 apostasia *f.*

defective [di'fektiv] **I** *a.* **1** imperfetto, difettoso: *~ eyesight* vista difettosa. **2** 〈*Psic*〉 subnormale. **3** 〈*Gramm*〉 difettivo. **II** *s.* **1** 〈*Gramm*〉 (*noun*) nome *m* difettivo; (*verb*) verbo *m* difettivo. **2** 〈*Med*〉 subnormale *m/f.* □ *to be ~ in s.th.* mancare di qc. **defectively** [–li] *avv.* difettosamente. **defectiveness** [–nis] *s.* **1** imperfezione *f,* manchevolezza *f.* **2** 〈*Gramm*〉 l'essere difettivo.

defector [di'fektər] *s.* disertore *m,* defezionista *m.*

defence [di'fens] *s.* **1** difesa *f,* protezione *f: coastal –s* difese costiere; *in ~ of liberty* in difesa della libertà. **2** 〈*Dir*〉 difesa *f,* collegio *m* di difesa. **3** *pl.* 〈*Mil*〉 (*defensive works*) difese *fpl,* fortificazioni *fpl.* **4** 〈*Sport*〉 (*practice, art*) difesa *f.* □ *to come to s.o.'s ~* venire (*o* accorrere) in difesa di qd.; 〈*Mil*〉 *line of ~* linea fortificata; 〈*Dir*〉 *to make no ~* non difendersi; *it may be said in his ~ that* si può dire a sua difesa che.

defence| agreement *s.* 〈*Pol*〉 accordo *m* di difesa. **~ expenditure** *s.* 〈*Mil*〉 spese *fpl* per la difesa.

defenceless [di'fenslis] *a.* senza difesa, indifeso. **defencelessness** [–lisnis] *s.* incapacità *f* (*o* impossibilità) di difendersi.

defence| mechanism *s.* 〈*Fisiol,Psic*〉 meccanismo *m* di difesa. **~ policy** *s.* politica *f* difensiva (*o* di difesa).

defend [di'fend] **I** *v.t.* **1** difendere, proteggere. **2** (*to uphold*) difendere, sostenere: *to ~ a theory* sostenere una

teoria; (*to justify*) giustificare. **3** 〈*Dir*〉 difendere, assumere la difesa di; (*of a suit, claim*) contestare, impugnare. **II** *v.i.* 〈*Dir*〉 pronunciare la difesa. □ (*esclam*) *God ~ Dio* non voglia. **defendable** [–əbl] *a.* difendibile.

defendant [di'fendənt] **I** *s.* 〈*Dir*〉 imputato *m* (*f* –a) accusato *m* (*f* –a). **II** *a.* convenuto, citato in giudizio.

defender [–də] *s.* **1** difensore *m* (*f* difenditrice). **2** 〈*Sport*〉 difensore *m* del titolo. □ 〈*GB*〉 *~ of the Faith* difensore *m* della fede.

defenestration [di:‚fenis'treiʃən] *s.* defenestrazione *f* (*anche Stor.*).

defense, defenseless *am., ecc.* → **defence, defenceless** *ecc.*

defensibility [di‚fensi'biliti] *s.* **1** 〈*Mil*〉 l'essere difendibile. **2** (*excusability*) l'essere giustificabile. **de'fensible** [–bl] *a.* **1** 〈*Mil*〉 difendibile. **2** (*excusable*) scusabile, giustificabile.

defensive [di'fensiv] **I** *a.* difensivo, di difesa (*anche Mil.*): *~ weapons* armi difensive; *~ attitude* atteggiamento di difesa. **II** *s.* difensiva *f: to be on the ~* stare (*o* mettersi) sulla difensiva (*anche fig.*).

defer[1] [di'fə:] *v.* (*pret., p.p.* **deferred** [–d]) **I** *v.t.* differire, rimandare, procrastinare, rinviare: *to ~ one's departure* rimandare la partenza; *to ~ payment* differire il pagamento. **II** *v.i.* indugiare, temporeggiare. □ *to ~ to a later date* rimandare ad altra data.

defer[2] *v.* (*pret., p.p.* **deferred** [–d]) **I** *v.t.* rimettere, sottomettere, sottoporre: *to ~ a decision to a higher authority* rimettere una decisione a un'autorità più elevata. **II** *v.i.* essere deferente (*to* verso).

deference ['defərəns] *s.* deferenza *f,* rispetto *m,* riguardo *m,* considerazione *f: to show ~ to s.o.* mostrare rispetto verso qd. □ *in* (*o out of*) *~ to* per riguardo a.

deferent ['defərənt] *a.* 〈*Anat*〉 deferente; (*relating to the vas deferens*) deferenziale.

deferential [‚defə'renʃəl] *a.* deferente. **deferentially** [–i] *avv.* deferentemente, con deferenza.

deferment [di'fə:mənt] *s.* **1** differimento *m,* dilazione *f,* rinvio *m.* **2** 〈*Mil*〉 rinvio *m* del servizio di leva.

deferred| annuity [di'fə:d] *s.* 〈*Assic*〉 rendita *f* vitalizia differita. **~ asset** *s.* 〈*Econ*〉 riscontro *m* attivo. **~ bond** *s.* 〈*Econ*〉 obbligazione *f* differita (*o* postergata). **~ charge** *s.* → **deferred asset. ~ dividend** *s.* 〈*Econ*〉 dividendo *m* differito. **~share, ~ stock** *am. s.* 〈*Econ*〉 azione *f* postergata (*o* con dividendo differito). **~ tax** *s.* imposta *f* differita.

defiance [di'faiəns] *s.* **1** disprezzo *m,* sprezzo *m,* spregio *m: ~ of danger* sprezzo del pericolo. **2** (*challenge*) sfida *f,* provocazione *f.* □ *to bid ~ to s.o.* lanciare una sfida a qd.; *in ~ of* a dispetto di, senza tener conto di: *to act in ~ of orders* agire senza tener conto degli ordini; *to set s.th. at ~* sfidare qc. **defiant** [–nt] *a.* provocatorio, di sfida.

defibrillate [di:'faibrileit] *v.t.* 〈*Med*〉 defibrillare. **defibrillation** [–'leiʃən] *s.* defibrillazione *f.* **defibrillator** [–ə] *s.* defibrillatore *m.*

deficiency [di'fiʃənsi] *s.* **1** deficienza *f.* **2** (*defect*) difetto *m,* insufficienza *f,* mancanza *f.* **3** (*amount lacked*) differenza *f* (in meno): *a ~ of ten pounds* una differenza di dieci sterline. **4** 〈*Econ*〉 disavanzo *m,* scoperto *m,* deficit *m.* **5** 〈*fig*〉 carenza *f,* insufficienza *f* (*in, of* di): *~ of vitamins* carenza di vitamine.

deficiency disease *s.* 〈*Med*〉 malattia *f* da carenza, avitaminosi *f.*

deficient [di'fiʃənt] **I** *a.* **1** deficiente, mancante, che manca: *~ in courage* che manca di coraggio. **2** (*insufficient*) insufficiente. **II** *s.* 〈*Psic*〉 deficiente *m/f.*

deficit ['defisit] *s.* 〈*Econ*〉 deficit *m,* disavanzo *m: to make up the ~* colmare il disavanzo.

deficit| cutting *s.* riduzione *f* del deficit. **~ financing, ~ spending** *s.* 〈*Econ*〉 finanziamento *m* in disavanzo, deficit spending *m.*

defier [di'faiə] *s.* sfidante *m/f.*

defilade [‚defi'leid] **I** *s.* 〈*Mil*〉 defilamento *m.* **II** *v.t.* defilare.

defile[1] [di'fail] *v.t.* **1** insozzare, lordare. **2** 〈*fig*〉 (*to corrupt*) corrompere, contaminare. **3** 〈*fig*〉 (*to profane* contaminare, profanare. 4 ⟨fig⟩ (to ravish) violentare. 5 ⟨fig⟩ (to dishonour) denigrare, rovinare.

defile[2] I s. 1 ⟨Mil⟩ sfilata f. 2 (narrow pass) gola f, stretta f. II v.i. ⟨Mil⟩ marciare in fila, sfilare.

defilement [di'failmənt] s. 1 l'insudiciare, l'insozzare. 2 ⟨fig⟩ corruzione f; (pollution) contaminazione f, profanazione f. **defiler** [-lə] s. contaminatore m (f –trice); (profaner) profanatore m (f –trice).

definable [di'fainəbl] a. definibile, determinabile. **define** [-n] v.t. 1 definire: to ~ a word definire un vocabolo. 2 (to describe clearly) definire, chiarire, precisare, determinare chiaramente: to ~ s.o.'s duties determinare chiaramente i doveri di qd. 3 (to determine the boundaries of) delimitare, definire (o determinare) i limiti di. 4 (to make distinct in outline) delineare, tracciare il contorno di. 5 (to characterize) caratterizzare, distinguere.

definite ['definit] a. 1 preciso, esatto, (ben) definito: a ~ answer una risposta precisa. 2 (precisely fixed) definito, fissato, determinato: a ~ period of time un determinato periodo di tempo. 3 (certain) sicuro, certo: a ~ possibility una sicura possibilità. □ ⟨Gramm⟩ ~ article articolo determinativo. **definitely** [-li] I avv. 1 definitivamente, in modo definitivo. 2 (certainly) di sicuro, certamente: I am ~ not coming non verrò di sicuro. II intz. sì, certo, certamente. **definiteness** [-nis] s. precisione f, determinatezza f.

definition [,defi'niʃən] s. 1 definizione f. 2 ⟨Rad,TV⟩ definizione f. 3 ⟨Rad⟩ (precision of a receiver) fedeltà f.

definitive [di'finitiv] a. definitivo, decisivo, finale: a ~ edition un'edizione definitiva; a ~ victory una vittoria decisiva. **definitively** [-li] avv. definitivamente, in modo definitivo.

deflagrate ['defləgreit] I v.t. ⟨Chim⟩ far deflagrare. II v.i. deflagrare. **deflagration** [-reiʃən] s. deflagrazione f. **deflagrator** [-ə] s. deflagratore m.

deflate [di'fleit] I v.t. 1 sgonfiare. 2 ⟨Econ⟩ deflazionare. 3 ⟨fig⟩ reprimere, umiliare: to ~ s.o.'s ego reprimere l'io di qd. II v.i. sgonfiarsi. **deflation** [-'fleiʃən] s. 1 (of a tyre, etc.) sgonfiamento m. 2 ⟨Econ,Geol⟩ deflazione f. **deflationary** [-'fleiʃənəri] a. ⟨Econ⟩ deflazionistico, deflatorio: ~ gap scarto deflatorio. **deflationist** [-'fleiʃənist] s. ⟨Econ⟩ sostenitore m (f –trice) della deflazione. **deflator** [-ə] s. ⟨Econ⟩ deflatore m.

deflect [di'flekt] I v.t. (far) deviare, far deflettere (anche fig.). II v.i. deflettere, deviare (anche fig.). **deflection** [-kʃən] s. 1 deviazione f. 2 (bend) deformazione f, incurvatura f. 3 ⟨Rad,TV,Fis⟩ deflessione f. **deflector** [-ə] s. ⟨tecn⟩ deflettore m. **deflexion** am. s. → **deflection**.

defloration [,deflɔ'reiʃən] s. deflorazione f. **deflower** [di'flauə] v.t. 1 deflorare; (to ravish) violentare, stuprare. 2 ⟨fig⟩ sciupare, devastare. 3 (to deprive of flowers) spogliare dei fiori.

defluent ['defluənt] a. defluente.

defoliant [di'fouliənt] s. 1 ⟨Agr⟩ sostanza f defoliante. 2 ⟨Mil⟩ defogliante m. **defoliate** [-lieit] I v.t. sfogliare, togliere le foglie a. II v.i. sfogliarsi, perdere le foglie. **defoliation** [-li'eiʃən] s. defogliazione f, corismo m.

deforest [di'fɔrist] v.t. di(s)boscare deforestare. **deforestation** [-'eiʃən] s. deforestazione f, di(s)boscamento m.

deform [di'fɔ:m] I v.t. 1 deformare. 2 (to disfigure) sfigurare, deturpare. 3 (to mar) guastare, sciupare. II v.i. deformarsi. **deformation** [,di:fɔ'meiʃən] s. deformazione f. **deformed** [-d] a. 1 deforme: a ~ foot un piede deforme. 2 ⟨fig⟩ odioso, detestabile. **deformity** [-iti] s. 1 deformità f (anche Med.). 2 ⟨fig⟩ (ugliness) deforme m, deformità f, bruttezza f.

defraud [di'frɔ:d] v.t. defraudare, frodare: to ~ s.o. of s.th. defraudare qd. di qc. **defraudation** [-eiʃən] s. defraudazione f, frode f. **defrauder** [-ə] s. defraudatore m (f –trice).

defray [di'frei] v.t. pagare, sostenere: to ~ expenses pagare le spese. **defrayable** [-əbl] a. a carico (by di). **defrayal** [-əl], **defrayment** [-mənt] s. pagamento m (o rimborso) delle spese.

defreeze [di'fri:z] v.t. scongelare. **defreezing** [-iŋ] s.

scongelamento m.

defrock [di:'frɔk] v.t. ⟨Rel⟩ (of a priest) sospendere dall'ufficio sacerdotale.

defrost [di:'frɔst] I v.t. 1 (of food) disgelare, sgelare, scongelare. 2 (of a refrigerating unit) disgelare, sbrinare. II v.i. disgelare. **defroster** [-ə] s. 1 ⟨Aut⟩ visiera f termica, riscaldatore m. 2 (of a freezer) sbrinatore m. **defrosting** [-iŋ] s. 1 sbrinamento m. 2 ⟨Aer⟩ disgelamento m, scongelamento m.

deft [deft] a. abile, destro, svelto: ~ hands mani abili. **deftness** [-nis] s. destrezza f, abilità f.

defunct [di'fʌŋkt] I a. 1 defunto, morto. 2 ⟨fig⟩ (caduto) in disuso, superato. II s. defunto m (f –a).

defuse [di:'fju:z] v.t. ⟨Mil⟩ disinnescare.

defy [di'fai] v.t. 1 sfidare, provocare: to ~ the law sfidare la legge; (to resist openly) rifiutare (o rifiutarsi) di obbedire a. 2 (to offer resistance) sfidare, opporre resistenza a, non temere: goods that ~ competition merci che non temono la concorrenza. 3 (to challenge) sfidare: I ~ you to prove me wrong ti sfido a provare che ho torto. □ to ~ definition sfuggire a ogni definizione; to ~ description essere impossibile a descriversi.

deg. = degree grado.

degas [di:'gæs] v.t. degassare. **degassing** [-iŋ] s. degassamento m. **degasify** [-ifai] v.t. degassificare.

de Gaullism [de'goulizəm] s. (de)gollismo m, (de)gaullismo m. **de Gaullist** [-list] s. (de)gollista m/f, (de)gaullista m/f.

degeneracy [di'dʒenərəsi] s. degenerazione f, pervertimento m. **degenerate** I v.i. [-reit] 1 degenerare. 2 (to become corrupt) degenerare, corrompersi. 3 (to deteriorate) deteriorarsi: water pipes ~ with age con il tempo le tubature si deteriorano. 4 (to go down in quality) scadere, deteriorarsi. II a. [-rit] 1 degenere: a ~ race una razza degenere. 2 (characterized by degeneracy) degenerato, depravato, corrotto: ~ times tempi degenerati. 3 ⟨Biol,Fis⟩ degenerato. III s. degenerato m (f –a). **degeneration** [-'reiʃən] s. degenerazione f. **degenerative** [-reitiv] a. degenerativo: ~ disease malattia degenerativa.

deglutition [,di:glu'tiʃən] s. ⟨Fisiol⟩ deglutizione f. **deglutitive** [-'glu:titiv], **deglutitory** [-'glu:titəri] a. che aiuta la deglutizione.

degradation [,degrə'deiʃən] s. 1 degradazione f, abbrutimento m, decadimento m. 2 ⟨Mil,Rel⟩ (reduction to a lower rank) degradazione f. 3 ⟨Geol,Fis,Chim⟩ degradazione f.

degrade [di'greid] I v.t. 1 degradare, disonorare, rendere spregevole (o abietto): vice –s man i vizi degradano l'uomo. 2 ⟨Mil,Rel⟩ (to reduce in rank) degradare. 3 (to lower in dignity) degradare, umiliare: to feel o.s. –d by a job sentirsi umiliato da un lavoro. 4 ⟨Geol,Fis,Chim⟩ degradare. II v.i. 1 subire una degradazione, venire (o essere) degradato. 2 ⟨Biol⟩ degenerare. **degraded** [-id] a. 1 degradato, declassato. 2 (reduced in quality) scaduto, deteriorato. 3 (depraved) depravato, abietto. **degrading** [-iŋ] a. degradante, avvilente, umiliante.

degrease [di'gri:s] v.t. sgrassare. **degreaser** [-ə] s. (di)sgrassatore m.

degree [di'gri:] s. 1 grado m: twenty –s centigrade venti gradi centigradi. 2 (relative intensity) grado m, livello m, stadio m: a high ~ of culture un alto grado di cultura; (extent, measure) grado m, misura f. 3 (rank, station) grado m, rango m, condizione f sociale: a lady of high ~ una signora d'alto rango. 4 ⟨Univ⟩ laurea f, titolo m. □ ~ of accuracy grado m di precisione; ~ of alcoholic strength gradazione alcolica; by –s gradatamente, per gradi; ⟨Gramm⟩ –s of comparison gradi mpl di comparazione; a cousin of the first ~ un cugino di primo grado; first-~ murder omicidio m 「di primo grado」 (o premeditato); it is improbable to a high ~ è assolutamente improbabile; to (o in) the highest (o last) ~ nel modo più assoluto; ~ of latitude grado m di latitudine; ⟨Ind⟩ ~ of safety fattore m di sicurezza; he was not in the slightest ~ interested non era minimamente interessato; to some ~ fino a un certo punto, in una certa misura; ⟨Univ⟩ to take (o get) one's ~ laurearsi; ⟨Med⟩ a third-~ burn un'ustione di terzo grado; ⟨Dir⟩ a third ~ interrogation un interrogatorio di terzo grado; to a ~: 1 (exceedingly) all'eccesso, terribilmente: stupid to a ~ terribilmente stupido; 2 (somewhat) piuttosto.

degression [di'greʃən] s. 1 decrescenza f. 2 ⟨Econ⟩ (in taxation) diminuzione f progressiva. **degressive** [–resiv] a. ⟨Econ⟩ decrescente.

dehisce [di'his] v.i. aprirsi per deiscenza. **dehiscence** [–əns] s. ⟨Bot⟩ deiscenza f. **dehiscent** [–ənt] a. deiscente.

dehumanization [ˌdi:hjumənai'zeiʃən] s. disumanizzazione f. **de'humanize** [–naiz] v.t. rendere disumano, disumanizzare.

dehumidifier [ˌdi:hju:'midifaiə] s. deumidificatore m. **dehumidify** [–fai] v.t. deumidificare.

dehydrate [di:'haidreit] I v.t. 1 ⟨Chim,Alim⟩ disidratare, essiccare. 2 ⟨Med⟩ disidratare. II v.i. 1 ⟨Chim,Alim⟩ disidratarsi, essiccarsi. 2 ⟨Med⟩ disidratarsi. **dehy'dration** [–reiʃən] s. 1 ⟨Chim,Alim⟩ disidratazione f, essiccazione f. 2 ⟨Med⟩ disidratazione f. **dehydrator** [–ə] s. ⟨tecn⟩ disidratatore m, essiccatoio m.

dehypnotize [di:'hipnətaiz] v.t. liberare da uno stato d'ipnosi.

deice [di:'ais] v.t. 1 liberare dal ghiaccio. 2 ⟨Aer⟩ mantenere libero dal ghiaccio. 3 (of refrigerator) sbrinare. **deicer** [–ə] s. 1 ⟨Aer⟩ dispositivo m antighiaccio. 2 (of refrigerators) sbrinatore m. **deicing** [–iŋ] s. 1 ⟨Aer⟩ sghiacciamento m. 2 (of refrigerators) sbrinamento m.

deicide ['di:isaid] s. 1 (person) deicida m/f. 2 (act) deicidio m.

deictic ['daiktik] a. 1 ⟨Ling⟩ deittico. 2 ⟨Gramm⟩ dimostrativo, indicativo.

deification [ˌdi:ifi'keiʃən] s. deificazione f. **'deiform** [–fɔ:m] a. deiforme. **'deify** [–fai] v.t. 1 deificare, divinizzare. 2 (to regard as a god) considerare come un dio. 3 ⟨fig⟩ (to exalt, glorify) esaltare, glorificare.

deign [dein] I v.i. degnarsi: he did not even ~ to say good morning non si è neppure degnato di dire buongiorno. II v.t. degnarsi di dare, accordare, concedere: to ~ a reply degnarsi di dare una risposta.

deism ['di:izəm] s. ⟨Filos⟩ deismo m. **deist** [–ist] s. deista m/f. **deistic** [–'istik], **deistical** [–'istikl] a. deistico.

deity [–iti] s. 1 divinità f, deità f. 2 (divine nature) divinità f, essenza f (o natura) divina. **Deity** s. Dio m.

deject [di'dʒekt] v.t. abbattere, demoralizzare, deprimere. **dejected** [–id] a. abbattuto, demoralizzato, scoraggiato, depresso. **dejectedly** [–idli] avv. in modo demoralizzato (o depresso). **dejection** [–kʃən] s. 1 abbattimento m, depressione f, scoraggiamento m. 2 ⟨Med⟩ (defecation) deiezione f, defecazione f; (excrement) escremento m.

de jure lat. [ˌdi:'dʒuəri] avv. di diritto. □ ⟨Dir⟩ ~ corporation società f regolare (o di diritto).

dekko ['dekou] (pl. -s [z]) ⟨sl⟩ sguardo m, occhiata f. □ let's have a ~ fa' un po' vedere.

delaine [də'lein] s. ⟨Tess⟩ mussolina f di lana.

delate [di'leit] v.t. denunciare. **delation** [–'leiʃən] s. delazione f. **delator** [–ə] s. delatore m (f –trice).

delay [di'lei] I v.t. 1 (far) ritardare, causare un ritardo a: bad weather –ed the flight il maltempo ha ritardato il volo. 2 (to put off, defer) differire, rimandare, rinviare: to ~ one's departure rinviare la partenza. II v.i. indugiare, tardare; (to loiter) gingillarsi. III v. 1 ritardo m, indugio m. 2 (instance) ritardo m: an hour's ~ un ritardo di un'ora. 3 ⟨Comm⟩ proroga f, dilazione f: to obtain a ~ in payment ottenere una proroga di pagamento. □ to ~ doing s.th. rimandare qc.; to make no ~ in doing s.th. non ritardare a fare qc.; to ~ the traffic ostacolare (o intralciare) il traffico; without ~ senza indugio.

delayed [di'leid] a. 1 ritardato, tardivo: a ~ reply una risposta tardiva. 2 ⟨Cin,TV⟩ differito: ~ broadcasting trasmissione (in) differita.

delayed-action [di'leid] a. ⟨Artigl⟩ a scoppio ritardato.

delaying action [di'leiiŋ] s. ⟨Mil⟩ azione f ritardatrice.

del credere it. [del'kredəri] a. ⟨Comm⟩ (star) del credere.

del credere| agent s. rappresentante m di star del credere. ~ **agreement** s. contratto m del credere. ~

commission s. provvigione f del credere.

dele ['di:li] I v.t. ⟨Tip⟩ cancellare. II s. deleatur m.

delectability [diˌlektə'biliti] s. piacevolezza f. **de'lectable** [–bl] a. delizioso, gradevole, piacevole. **de'lectably** [–bli] avv. dilettevolmente, piacevolmente. **delectation** [–'teiʃən] s. diletto m, piacere m.

delegacy ['deligəsi] s. 1 delega f. 2 (body) delegazione f. **delegant** [–gənt] s. delegante m/f. **delegate** I s. [–git] delegato m (f –a), incaricato m (f –a); (representative) rappresentante m/f. 2 ⟨am.Parl⟩ delegato m (f –a). II v. [–geit] 1 delegare, autorizzare a rappresentare. 2 (to commit) delegare, rimettere, affidare: to ~ power to s.o. delegare il potere a qd. **delegatee** [–'geiti:] s. delegatorio m (f –a). **delegation** [–'geiʃən] s. 1 delegazione f. 2 (body) delegazione f, commissione f. □ ⟨Comm⟩ ~ for collection delega f per l'incasso.

delete [di'li:t] v.t. cancellare, cassare: to ~ a name from a list cancellare un nome da una lista. □ ~ where inapplicable cancellare ciò che non interessa.

deleterious [ˌdeli'tiriəs] a. deleterio, nocivo, dannoso.

deletion [di'li:ʃən] s. cancellatura f.

delf(t) [delf(t)], **'delftware** [–ftwe:] s. ⟨Ceram⟩ maiolica di Delft.

Delhi ['deli] N.pr. ⟨Geog⟩ Delhi f.

deli ['deli] s. ⟨fam⟩ → delicatessen.

deliberate I a. [di'libərit] 1 intenzionale, calcolato premeditato, voluto. 2 (careful, cautious) ponderato guardingo, cauto: a ~ judgement un giudizio ponderato. (slow, unhurried) lento, fatto senza fretta. II v.t. [–reit] ponderare, riflettere su, considerare: to ~ a decisio ponderare una decisione. III v.i. riflettere, ponderare **deliberately** [–li] avv. 1 deliberatamente, volutamente. 2 (carefully) ponderatamente, cautamente. 3 (slowly) lentamente, senza fretta. **deliberateness** [–nis] s. cautel f, prudenza f, ponderatezza f.

deliberation [diˌlibə'reiʃən] s. 1 riflessione f considerazione f: after due ~ dopo la dovuta riflessione. (formal consultation) deliberazione f. 3 (slowness) lentezz f: to speak with ~ parlare con lentezza. **de'liberativ** [–rətiv] a. 1 (of a legislative body, etc.) deliberante. (marked by deliberation) deliberativo. **de'liberato** [–reitə] s. chi delibera.

delicacy ['delikəsi] s. 1 delicatezza f, finezza f: the ~ her skin la finezza della sua pelle. 2 (choice food) cibo r squisito (o ghiotto), squisitezza f. 3 (fineness of perceptio feeling, etc.) delicatezza f, finezza f, sensibilità squisitezza f. 4 (of a mechanism, etc.: sensitivit sensibilità f. 5 (sensibility, shrinking from coarseness, etc delicatezza f, sensibilità f; (consideration for other delicatezza f, tatto m. 6 (bodily frailty) gracilità delicatezza f. **delicate** [–kit] a. 1 delicato, fine: a very lace un pizzo finissimo. 2 (fragile) delicato, fragile; (o people) delicato, gracile. 3 (pleasing to the sense delicato, piacevole: a ~ perfume un profumo piacevole. (of colours) delicato, tenue, leggero. 5 (sensitiv discriminating) acuto, sensibile: a ~ sense of smell u acuto senso dell'odorato. 6 (requiring care, precisio delicato: a ~ operation un'operazione delicata. (requiring tact, etc.) delicato, difficile, che richiede tatto. (of food: choice) scelto, raffinato. **delicately** [–kitli] av delicatamente. **delicateness** [–kitnis] s. delicatezza finezza f.

delicatessen [ˌdelikə'tesən] s. 1 (shop) negozio m specialità gastronomiche. 2 (choice food) cibi m prelibati, specialità fpl gastronomiche.

delicious [di'liʃəs] a. 1 squisito, prelibato: a ~ meal u pasto squisito. 2 (delightful, pleasing) delizioso, squisito: ~ sense of humour uno squisito senso dell'umorism **deliciously** [–li] avv. deliziosamente, squisitament **deliciousness** [–nis] s. delizia f, squisitezza f.

delict [di'likt] s. ⟨Dir⟩ delitto m.

delight [di'lait] I s. 1 delizia f, delizie fpl, diletto n piacere m. 2 (something giving pleasure) piacere m, gio f, contentezza f. II v.t. deliziare, rallegrare, dilettare: h gift –ed me il suo dono mi ha rallegrato. III v.i. dilettar (in di, a), deliziarsi (di, con), divertirsi (a): she –s arranging flowers si diletta a disporre i fiori; to ~ to ca

s.th. divertirsi a fare qc. □ *to take great ~ in doing s.th.* divertirsi molto a fare qc.; *to one's great ~* con grande gioia. **delighted** [–id] *a.* contentissimo, lietissimo, felice: *they were ~ at the news* furono lietissimi nell'apprendere la notizia. **delightful** [–ful] *a.* delizioso, dilettevole, molto piacevole: *a ~ holiday* una deliziosa vacanza; *(of persons)* incantevole, delizioso. **delightfulness** [–fulnis] *s.* piacevolezza *f,* delizia *f.*

•**elilah** [di'lailə] **I** *N.pr.* ⟨*Bibl*⟩ Dalila *f.* **II** *s.* donna *f* affascinante e infida.

elimit [di'limit], **delimitate** [–eit] *v.t.* delimitare. **de,limitation** [–'teiʃən] *s.* delimitazione *f.*

elineate [di'linieit] *v.t.* delineare, tracciare *(anche fig.).* **de,lineation** [–ni'eiʃən] *s.* **1** delineazione *f (anche fig.).* **2** *(chart or diagram)* traccia *f,* tracciato *m;* *(sketch)* abbozzo *m.* **3** *(description)* descrizione sommaria, abbozzo *m.* **delineator** [–ə] *s.* chi delinea.

elinquency [di'liŋkwənsi] *s.* **1** delinquenza *f.* **2** *(juvenile delinquency)* delinquenza *f* minorile. **3** *(misdeed, offence)* delitto *m,* misfatto *m.* **delinquent** [–nt] **I** *a.* **1** colpevole, che manca ai propri doveri. **2** ⟨*Econ*⟩ *(of a debtor)* moroso; *(of a tax)* (in) arretrato. **II** *s.* **1** delinquente *m/f,* colpevole *m/f.* **2** *(juvenile delinquent)* delinquente *m/f* minorenne.

eliquesce [,deli'kwes] *v.i.* **1** liquefarsi, sciogliersi. **2** ⟨*Chim,Bot*⟩ diventare deliquescente. **deliquescence** [–əns] *s.* ⟨*Chim*⟩ deliquescenza *f.* **deliquescent** [–ənt] *a.* ⟨*Chim,Bot*⟩ deliquescente.

elirious [di'liriəs] *a.* **1** ⟨*Med*⟩ delirante. **2** ⟨*fig*⟩ delirante, ebbro, fuori di sé: *~ with joy* delirante *(o* ebbro) di gioia. □ *to be ~* delirare; *to become ~* cadere in delirio. **delirium** [–riəm] *s.* *(pl.* **-s** [z]/**-ria** [riə]) **1** ⟨*Med*⟩ delirio *m.* **2** ⟨*fig*⟩ delirio *m,* frenesia *f,* esaltazione *f.*

elisting [di:'listiŋ] *s.* depennamento *m* (da una lista), cancellazione *f.*

eliver [di'livə] *v.t.* **1** consegnare, distribuire: *to ~ goods* consegnare merce. **2** *(to set free)* liberare: *to ~ s.o. from captivity* liberare qd. dalla prigionia. **3** *(to save, rescue)* liberare, salvare: *~ us from evil* liberaci dal male. **4** *(to transfer, commit;* spesso con *up, over)* cedere, trasferire, trasmettere: *to ~ over an estate to one's son* trasmettere un bene al figlio; *(to surrender)* consegnare: *to ~ up s.o. to the police* consegnare qd. alla polizia. **5** *(to aim)* assestare, dare, vibrare: *to ~ a blow* assestare un colpo. **6** *(to utter)* tenere, pronunciare, fare: *to ~ a speech* fare un discorso. **7** ⟨*Sport*⟩ *(of a ball, service, etc.)* lanciare, tirare. **8** ⟨*Med*⟩ *(to assist in giving birth)* aiutare a partorire *(o* dare alla luce): *to ~ a woman of twins* aiutare una donna a partorire due gemelli; *(to assist the birth of)* aiutare a nascere; *(to give birth to)* mettere al mondo, procreare. □ *to be –ed of a child* partorire; *to ~ a message* fare un'ambasciata; *to ~ o.s. of an opinion* esprimere un'opinione.

eliverable [di'livərəbl] *a.* consegnabile. **deliverance** [–rəns] *s.* **1** liberazione *f.* **2** *(thought, judgement)* opinione *f,* giudizio *m;* *(formal pronouncement)* dichiarazione *f,* asserzione *f.* **3** ⟨*Dir*⟩ verdetto *m;* *(acquittal of a prisoner)* proscioglimento *m,* assoluzione *f.* **deliverer** [–rə] *s.* **1** chi consegna, distributore *m (f* –trice). **2** *(one who transfers)* chi trasmette *(o* trasferisce), ceditore *m (f* –trice). **3** *(one who liberates)* liberatore *m (f* –trice), salvatore *m (f* –trice). **delivery** [–ri] *s.* **1** consegna *f,* distribuzione *f: the ~ of letters* la distribuzione della posta; *(something delivered)* consegna *f: daily deliveries* consegne giornaliere. **2** *(liberation, rescue)* liberazione *f.* **3** *(transfer)* cessione *f,* trasferimento *m (anche Econ.).* **4** ⟨*Comm*⟩ consegna *f.* **5** *(utterance)* pronuncia *f,* dizione *f;* *(manner of speaking)* modo *m* di esprimersi: *to have a good ~* avere un bel modo di esprimersi, esprimersi con proprietà; *(manner of singing)* modo *m* di cantare. **6** ⟨*Sport*⟩ lancio *m,* tiro *m.* **7** ⟨*Fisiol*⟩ parto *m.* **8** ⟨*Idr*⟩ *(of a pump)* portata *f;* *(volume of liquid)* erogazione *f.* □ ⟨*Comm*⟩ *~ to arrive* consegna *f* all'arrivo della nave; ⟨*Post*⟩ *~ to callers* distribuzione *f* allo sportello; ⟨*Comm*⟩ *to sell for ~* vendere al coperto.

elivery| area *s.* ⟨*Post*⟩ zona *f* di distribuzione. **~ book** *s.* ⟨*Comm*⟩ bollettario *m* di consegna. **~ charges** *s.pl.*

⟨*Comm*⟩ spese *fpl* di *(o* per la) consegna. **~ date** *s.* data *f* di consegna. **~ ex warehouse** *s.* ⟨*Comm*⟩ consegna *f* dal magazzino. **~man** [mən] *s.irr.* fattorino *m.* **~ note** *s.* ⟨*Comm*⟩ buono *m (o* bolla *f)* di consegna. **~ notice** *s.* avviso *m* di consegna. **~ order** *s.* ⟨*Comm*⟩ ordine *m* di consegna. **~ terms** *pl.* condizioni *fpl* di consegna. **~ truck** *am.,* **~ van** *s.* furgone *m.*

dell [del] *s.* ⟨*Geog*⟩ **1** valletta *f.* **2** *pl.* *(dalles)* rapide *fpl.*

delouse [di:'laus] *v.t.* spidocchiare.

Delphi ['delfai] *N.pr.* ⟨*Geog.stor*⟩ Delfi *f.* **Delphic** [–fik] *a.* **1** delfico, di Delfo. **2** *(of Apollo)* di *(o* relativo ad) Apollo. **3** ⟨*fig*⟩ *(oracular, prophetic)* delfico, profetico; *(obscure)* sibillino, ambiguo.

delphinium [del'finiəm] *s. (pl.* **-s** [z]/**-nia** [niə]) ⟨*Bot*⟩ delfinio *m.*

delta ['deltə] *s.* **1** *(letter of the Greek alphabet)* delta *m.* **2** ⟨*Geog,Tel,Mat*⟩ delta *m: the Nile ~* il delta del Nilo. **3** ⟨*El*⟩ triangolo *m.*

delta| connected *a.* ⟨*El*⟩ collegato a delta *(o* triangolo). **~ connexion** *s.* ⟨*El*⟩ collegamento *m* a delta *(o* triangolo). **~ metal** *s.* ⟨*Met*⟩ metallo *m* delta. **~ rays** *s.pl.* ⟨*Atom*⟩ raggi *mpl* delta. **~ wing** *s.* ⟨*Aer*⟩ ala *f* a delta.

deltiologist [,delti'ɔlədʒist] *s.* collezionista *m/f* di cartoline illustrate. **deltiology** [–dʒi] *s.* collezione *f* di cartoline illustrate.

deltoid ['deltɔid], **deltoid muscle** *s.* ⟨*Anat*⟩ muscolo *m* deltoide.

delude [di'lu:d] *v.t.* ingannare, illudere: *to ~ s.o. with false promises* ingannare qd. con false promesse. **deluder** [–ə] *s.* ingannatore *m (f* –trice).

deluge ['delju:dʒ] **I** *s.* **1** allagamento *m,* inondazione *f.* **2** *(heavy downpour)* diluvio *m,* pioggia *f* torrenziale. **3** ⟨*fig*⟩ diluvio *m,* grande quantità *f: a ~ of protests* un diluvio di proteste. **Deluge** *s.* diluvio *m* universale. **II** *v.t.* **1** inondare, allagare. **2** ⟨*fig*⟩ sommergere, tempestare: *to be –d with requests* essere sommerso dalle richieste.

delusion [di'lu:ʒən] *s.* **1** inganno *m,* illusione *f,* errore *m.* **2** ⟨*Med*⟩ idea *f* fissa, fissazione *f,* mania *f: to suffer from –s* soffrire di manie. □ *–s of grandeur* manie *fpl* di grandezza. **delusive** [–'lu:siv] *a.* illusorio. **delusiveness** [–'lu:sivnis] *s.* fallacia *f.* **delusory** [–'lu:zəri] *a.* → **delusive**.

de luxe [də'luks, də'lju:ks, də'lʌks] *a.* di lusso.

delve [delv] **I** *v.i.* fare ricerche: *to ~ into old books* fare ricerche su libri antichi. **II** *v.t.* esplorare *(o* studiare) a fondo, investigare.

demagnetization [di:,mægnətai'zeiʃən] *s.* smagnetizzazione *f.* **de'magnetize** [–taiz] *v.t.* smagnetizzare. **demagnetizer** [–taizə] *s.* ⟨*tecn*⟩ smagnetizzatore *m.*

demagog *am. s.* → **demagogue**.

demagogic [,deməˈgɔgik], **demagogical** [–əl] *a.* demagogico. **'demagogue** [–gɔg] *s.* demagogo *m.* **'demagoguery** [–gəri], **'demagoguism** [–gizəm] *s.* demagogia *f.* **'demagogy** [–gɔdʒi] *s.* **1** → **demagoguery**. **2** ⟨*collett*⟩ demagoghi *mpl.*

demand [di'mɑ:nd] **I** *v.t.* **1** *(to ask for authoritatively)* domandare, richiedere, chiedere: *the policeman –ed his name and address* il poliziotto gli domandò il nome e l'indirizzo. **2** *(to ask for peremptorily)* chiedere, esigere, pretendere: *to ~ obedience* esigere obbedienza. **3** *(to call for, require)* richiedere, esigere: *a job which –s great patience* un lavoro che richiede una grande pazienza. **II** *s.* **1** *(peremptory request)* domanda *f,* richiesta *f,* pretesa *f: a ~ for silence* una richiesta di far silenzio. **2** *(something demanded)* richiesta *f: we cannot accede to your –s* non possiamo venire incontro alle vostre richieste. **3** ⟨*Econ*⟩ domanda *f,* richiesta *f: the ~ for a product* la richiesta di un prodotto; *~ exceeds supply* la domanda supera l'offerta. **4** *(requirement)* esigenza *f,* necessità *f;* *(need)* bisogno *m.* **5** ⟨*Dir*⟩ domanda *f.* □ *an article in great ~* un articolo molto richiesto; *the –s of labour* le rivendicazioni dei lavoratori; *to ~ s.th. of s.o.* chiedere qc. a qd.; *on ~* a richiesta: *a cheque payable on ~* un assegno pagabile a richiesta; *to make great –s upon s.o.'s patience* mettere a dura prova la pazienza di qd.; *to have many –s on one's time* avere molte cose da fare, essere molto occupato.

demandable [di'mɑ:ndəbl] *a.* che può essere domandato (*o* chiesto). **demandant** [–dənt] *s.* ⟨*Dir*⟩ attore *m* (*f* –trice).

demand| **bill** *s.* → demand draft. **~ curve** *s.* ⟨*Econ*⟩ curva *f* della domanda. **~ deposit** *s.* ⟨*Econ*⟩ deposito *m* bancario ritirabile su richiesta. **~ draft** *s.* ⟨*Econ*⟩ tratta *f* a vista. **~ increase** *s.* aumento *m* (*o* incremento) della domanda.

demanding [di'mɑ:ndiŋ] *a.* arduo, difficile, impegnativo: *a* ~ *task* un arduo compito; (*of a person*) severo, esigente.

demand loan *s.* ⟨*Econ*⟩ prestito *m* pagabile su domanda.

demarcate ['di:mɑ:keit] *v.t.* demarcare, delimitare. **demarcation** [–'keiʃən] *s.* demarcazione *f*, delimitazione *f*.

démarche *fr.* [de'marʃ, 'deima:ʃ] *s.* **1** ⟨*Pol*⟩ manovra *f* diplomatica. **2** (*course of action*) piano *m* d'azione.

dematerialization [ˌdi:məˌtiriəlai'zeiʃən] *s.* smaterializzazione *f*. **dema'terialize** [–laiz] **I** *v.t.* smaterializzare. **II** *v.i.* smaterializzarsi.

deme [di:m] *s.* ⟨*Stor.gr*⟩ demo *m*.

demean[1] [di'mi:n] *v.t.* abbassare, avvilire, umiliare: *to* ~ *o.s. by doing s.th.* abbassarsi a fare qc.

demean[2] *v.i.* comportarsi, condursi: *to* ~ *o.s. well* comportarsi bene.

demeanor *am.*, **demeanour** [di'mi:nə] *s.* comportamento *m*, condotta *f*.

dement [di'ment] *v.t.* far impazzire. **demented** [–id] *a.* demente, pazzo. **dementia** [–ʃiə] *s.* ⟨*Med*⟩ demenza *f*: ~ *praecox* demenza precoce.

demerara [ˌdemə'rerə] *s.* tipo di zucchero bruno.

demerit [di:'merit] *s.* **1** colpevolezza *f*. **2** (*fault*) demerito *m*, colpa *f* **3** (*mark*) nota *f* di biasimo.

demesne [di'mein] *s.* **1** ⟨*Dir*⟩ (*possession*) dominio *m* (diretto). **2** (*estate*) proprietà *f* terriera. **3** (*state property*) demanio *m*. **4** ⟨*Stor.brit*⟩ dominio *m*. **5** (*region, territory*) territorio *m*, regione *f*. □ ~ *of the Crown* possedimenti *mpl* della Corona; ⟨*Dir*⟩ *to hold and in* ~ avere il dominio di un fondo.

Demeter [di'mi:tə] *N.pr.* ⟨*Mitol*⟩ Demetra *f*.

demigod ['demigɔd] *s.* ⟨*Mitol*⟩ semidio *m* (*anche fig.*).

demijohn ['demidʒɔn] *s.* damigiana *f*.

demilitarization [di:ˌmilitərai'zeiʃən] *s.* smilitarizzazione *f*. **de'militarize** [–raiz] *v.t.* demilitarizzare, smilitarizzare: *–d zone* zona demilitarizzata.

demineralization [ˌdi:minərəlai'zaiʃən] *s.* demineralizzazione *f*. **de'mineralize** [–laiz] *v.t.* demineralizzare.

demise [di'maiz] **I** *s.* **1** morte *f*, decesso *m*. **2** ⟨*fig*⟩ (*end*) fine *f*. **3** ⟨*Dir*⟩ trasferimento *m*, trasmissione *f*. **4** ⟨*Pol*⟩ trasmissione *f*, successione *f*: ~ *of the crown* trasmissione della corona. **II** *v.t.* **1** ⟨*Dir*⟩ (*of an estate*) trasferire, trasmettere; (*to lease*) cedere in affitto. **2** ⟨*Pol*⟩ (*of sovereignty*) trasmettere.

demisemiquaver ['demi'semikweivə] *s.* ⟨*Mus*⟩ semibiscroma *f*.

demission [di'miʃən] *s.* dimissioni *fpl*, rinuncia *f*; (*abdication*) abdicazione *f*. **demit** [–'mit] *v.i.* (*pret., p.p. demitted* [–id]) dimettersi, dare le dimissioni.

demiurge ['demiə:dʒ] *s.* demiurgo *m*. **ˌdemi'urgic** [–ik], **ˌdemi'urgical** [–ikəl] *a.* demiurgo.

demo ['demou] *s.* **1** dimostrazione *f* di protesta. **2** ⟨*Comm*⟩ dimostrazione *f*; (*product*) prodotto *m* di dimostrazione.

demob [di:'mɔb] **I** *v.t.* ⟨*Mil*⟩ smobilitare. **II** *s.* soldato *m* smobilitato.

demobilization [ˌdi:moubilai'zeiʃən] *s.* ⟨*Mil*⟩ smobilitazione *f*. **de'mobilize** [–laiz] *v.t.* ⟨*Mil*⟩ smobilitare, congedare.

democracy [di'mɔkrəsi] *s.* **1** democrazia *f*. **2** (*democratic spirit*) democraticità *f*. **3** (*common people*) popolo *m*. Democracy *am. s.* partito *m* democratico.

democrat ['deməkræt] *s.* democratico *m* (*f* –a). **Democrat** *am. s.* democratico *m* (*f* –a), membro *m* del partito democratico. **ˌdemo'cratic** [–ik] *a.* democratico. Democratic *am. a.* democratico. □ ⟨*SU*⟩ ~ *Party* partito democratico.

democratism [di'mɔkrətizəm] *s.* democratismo.

de'mocratization [–tai'zeiʃən] *s.* democratizzazione *f*. **democratize** [–taiz] **I** *v.t.* democratizzare. **II** *v* democratizzarsi.

Democritean [diˌmɔkri'ti:ən] *a.* ⟨*Filos*⟩ democrite De'mocritus [–təs] *N.pr.* ⟨*Stor.gr*⟩ Democrito *m*.

démodé *fr.* [ˌdei'moudei, *am.* ˌdeimou'dei], **demode** [di:'moudid] *a.* démodé, fuori moda.

demodulate [di:'mɔdjuleit] *v.t.* ⟨*Rad*⟩ demodular **de‚modulation** [–'leiʃən] *s.* demodulazione *f*. **demodulator** [–ə] *s.* demodulatore *m*.

demographer [di'mɔgrəfə] *s.* demografo *m*. **demograph** [ˌdi:mo(u)'græfik], **demographical** [–əl] *a.* demografic **demography** [–fi] *s.* demografia *f*.

demoiselle crane *fr.* [ˌdemwɑ'zel] *s.* ⟨*Ornit*⟩ damigella di Numidia, gru *f* damigella.

demolish [di'mɔliʃ] *v.t.* **1** demolire, abbattere, distrugge (*anche fig.*). **2** ⟨*fam*⟩ (*to devour*) divorare. **demolish** [–ə] *s.* demolitore *m* (*f* –trice). **demolishment** [–mən **demolition** [ˌdemə'liʃən] *s.* demolizione *f* (*anche fig.*).

demolition| **bomb** *s.* ⟨*Mil*⟩ bomba *f* dirompente. **contractor** *s.* impresa *f* di demolizioni.

demon ['di:mən] **I** *s.* **1** demonio *m*, diavolo *m*. **2** (*e trait, passion*) demone *m*, passione *f* sfrenata: *the* ~ *gambling* il demone del gioco. **3** (*attendant spirit, geniu* demone *m*, genio *m* (ispiratore). **4** ⟨*fam*⟩ (*energet person*) demonio *m*, diavolo *m* scatenato: *a* ~ *for wo* un demonio nel lavoro. **II** *a.* **1** demoniaco, del demoni **2** (*possessed by a demon*) indemoniato.

demonetization [di:ˌmɔnitai'zeiʃən] *s.* ⟨*Econ*⟩ demon tizzazione *f*. **de'monetize** [–taiz] *v.t.* demonetizzare.

demoniac [di'mouniæk] **I** *a.* → demoniacal. **II** indemoniato *m* (*f* –a). **demoniacal** [ˌdi:mə'naiəkəl] *a.* demoniaco. **2** (*possessed by a devil*) indemoniato. **3** ⟨*fi (fiendish, devilish*) demoniaco, satanico, diabolic **demoniacally** [ˌdi:mə'naiəkli] *avv.* in modo demoniac **demonic** [–'mɔnik], **demonical** [–'mɔnikəl] *a.* demoniaco. **2** (*possessed by a devil*) indemoniato.

demonism ['di:mənizəm] *s.* **1** (*belief*) demonismo *m*. (*worship*) demonolatria *f*. **demonist** [–nist] *s.* chi cre nel demonismo. **demonization** [–nai'zeiʃən] demonizzazione *f*. **demonize** [–naiz] *v.t.* rendere (sim a) un demonio, demonizzare.

demonolater [ˌdi:mə'nɔlətə] *s.* demonolatra *m* **demonolatry** [–tri] *s.* demonolatria *f*. **demonologi** [–lədʒist] *s.* studioso *m* (*f* –a) di demonologi **demonology** [–lədʒi] *s.* **1** (*study*) demonologia *f*. (*belief*) demonismo *m*.

demonstrability [diˌmɔnstrə'biliti] *s.* dimostrabilità **de'monstrable** [–bl] *a.* dimostrabile. **de'monstrabl** [–bli] *avv.* in modo dimostrabile.

demonstrate ['demənstreit] **I** *v.t.* **1** dimostrare, provar *to* ~ *the truth of a theory* dimostrare la verità di u teoria; (*to describe*) descrivere, spiegare. **2** (*to sho* (di)mostrare: *to* ~ *one's courage* mostrare il propr coraggio; (*of feelings*) manifestare, esternare. **3** (*to she the operation or use of*) mostrare l'uso di, fare u dimostrazione dell'uso di: *to* ~ *a washing machi* mostrare il funzionamento di una lavatrice. **II** *v.i.* **1** fa una dimostrazione, dimostrare. **2** (*to teach, explain* ~ *demonstration*) spiegare attraverso dimostrazioni. **3** ⟨*M* fare (*o* effettuare) una dimostrazione.

demonstration [ˌdemən'streiʃən] *s.* **1** dimostrazione (*anche Mat.*). **2** (*proof, evidence*) prova *f*, testimonianza dimostrazione *f*. **3** (*public display*) dimostrazione manifestazione *f*: *political* –*s* dimostrazioni politiche. (*explanation with examples, etc.*) dimostrazione illustrazione *f* pratica. **5** (*of feelings*) dimostrazione manifestazione *f*. **6** ⟨*Mil*⟩ dimostrazione *f*, azione dimostrativa. □ *to teach by* ~ insegnare con il metoc dimostrativo.

demonstration| **effect** *s.* effetto *m* dimostrativo. **~ far** *s.* fattoria *f* modello.

demonstrative [di'mɔnstrətiv] *a.* **1** (*effusive*) espansiv (*expressed openly*) aperto, sincero: *a* ~ *welcome* un since benvenuto. **2** (*serving to explain*) dimostrativ esplicativo. **3** (*serving to prove*) probante; (*conclusiv* definitivo. **4** ⟨*Gramm*⟩ dimostrativo: ~ *pronoun* pronor dimostrativo. **demonstrativeness** [–nis] *s.* **1** l'essere dimostrativo. **2** (*effusiveness*) carattere *m* espansivo.

demonstrator ['demənstreitə] *s.* **1** dimostrante *m/f,* manifestante *m/f: three –s were arrested* tre dimostranti furono arrestati. **2** (*one who demonstrates an article*) dimostratore *m* (*f* –trice). **3** ⟨*Scol*⟩ insegnante *m/f* che usa il metodo dimostrativo; (*teacher's assistant*) assistente *m/f.*

demophobia [‚di:mə'foubiə] *s.* ⟨*Psic*⟩ demofobia *f.*

demoralization [di‚mɔrəlai'zeiʃən] *s.* **1** demoralizzazione *f,* scoraggiamento *m.* **2** (*corruption*) corruzione *f,* depravazione *f.* **de'moralize** [–laiz] *v.t.* **1** demoralizzare, scoraggiare: *the troops were –d* le truppe erano demoralizzate. **2** (*to corrupt the morals of*) corrompere, depravare.

demos ['di:mɔs] *s.* **1** ⟨*Stor.gr*⟩ demo(s) *m.* **2** (*common people*) gente *f* comune, popolo *m.*

Demosthenes [di'mɔsθəni:z] *N.pr.* ⟨*Stor.gr*⟩ Demostene *m.*

demote [di'mout] *v.t.* degradare.

demotic [di'mɔtik] *a.* **1** demotico, popolare. **2** ⟨*Paleogr*⟩ demotico.

demotion [di:'mouʃən] *s.* degradazione *f.*

demount [di:'maunt] *v.t.* ⟨*Mecc*⟩ smontare. **demountable** [–əbl] *a.* smontabile.

demulcent [di'mʌlsənt] *s.* ⟨*Med*⟩ demulcente *m,* emolliente *m.*

demur [di'mə:] **I** *v.i.* (*pret., p.p.* demurred [–d]) **1** fare obiezione (*to, at* a). **2** ⟨*Dir*⟩ sollevare un'obiezione. **II** *s.* **1** (*act of objecting*) obiezione *f.* **2** ⟨*Dir*⟩ obiezione *f,* eccezione *f.* **3** (*irresolution*) esitazione *f.* □ *without ~* senza muovere (*o* fare) obiezioni.

demure [di'mjuə] *a.* **1** schivo, riservato, modesto. **2** (*affectedly coy*) pudibondo, falsamente pudico. **demureness** [–nis] *s.* **1** modestia *f,* riservatezza *f.* **2** (*affected coyness*) falsa pudicizia *f.*

demurrage [di'mʌridʒ] *s.* ⟨*Mar*⟩ **1** controstallia *f.* **2** (*charge*) spese *fpl* (*o* diritti *mpl*) di controstallia.

demurrer [di'mə:rə] *s.* **1** ⟨*Dir*⟩ eccezione *f* perentoria. **2** (*objection*) obiezione *f.*

demystification [‚di:mistifi'keiʃən] *s.* demistificazione *f.* **demystify** [–'mistifai] *v.t.* demistificare.

demythicization [‚di:mitisai'zeiʃən] *s.* smitizzazione *f.* **demythicize** [–'saiz] *v.t.* smitizzare.

den [den] *s.* **1** tana *f,* covo *m: a lion's ~* la tana di un leone. **2** (*cave*) antro *m,* caverna *f.* **3** (*hotel*) covo *m,* nascondiglio *m,* ricetto *m: a ~ of thieves* un covo di ladri. **4** (*comfortable room*) rifugio *m,* ritiro *m.* **5** (*squalid place*) topaia *f,* bugigattolo *m,* tana *f.*

denationalization [di:‚næʃənəlai'zeiʃən] *s.* snazionaliz-zazione *f.* **de'nationalize** [–laiz] *v.t.* **1** snazionalizzare, privare della nazionalità. **2** ⟨*Econ*⟩ snazionalizzare.

denaturalization [di:‚nætʃərəlai'zeiʃən] *s.* **1** snaturaliz-zazione *f.* **2** (*deprivation of citizenship*) privazione *f* del diritto di cittadinanza. **de'naturalize** [–laiz] *v.t.* **1** denaturalizzare, snaturare. **2** (*to deprive of citizenship*) privare del diritto di cittadinanza.

denaturant [di:'neitʃərənt] *s.* ⟨*Chim*⟩ denaturante *m.* **de‚naturation** [–'reiʃən] *s.* denaturazione *f.* **denature** [–tʃə] *v.t.* denaturare.

denazification [di:‚na:tsifi'keiʃən] *s.* denazificazione *f.* **de'nazify** [–fai] *v.t.* denazificare.

dendrite ['dendrait] *s.* **1** ⟨*Min*⟩ dendrite *f.* **2** ⟨*Anat*⟩ dendrite *m.* **dendritic** [–'dritik], **dendritical** [–'dritikəl] *a.* **1** ⟨*Min,Anat*⟩ dendritico. **2** (*arborescent*) arborescente, ramificato.

dendrochronology [‚dendrokrə'nɔlədʒi] *s.* dendrocrono-logia *f.*

dendroid ['dendrɔid], **dendroidal** [–'rɔidəl] *a.* **1** dendroide. **2** (*arborescent*) arborescente, ramificato.

dendrologist [den'drɔlədʒist] *s.* ⟨*Silv*⟩ dendrologo *m.* **dendrology** [–dʒi] *s.* dendrologia *f.*

dendrometry [–'drɔmitri] *s.* dendrometria *f.*

dene[1] [di:n] *s.* (*sand hill*) duna *f.*

dene[2] *s.* (*valley*) valle *f.*

dengue (fever) ['deŋgi] *s.* ⟨*Med*⟩ dengue *f.*

deniable [di'naiəbl] *a.* negabile. **denial** [–'naiəl] *s.* **1**

smentita *f,* negazione *f.* **2** (*refusal*) rifiuto *m,* diniego *m: a flat ~* un netto rifiuto. **3** (*disavowal*) ripudio *m,* rinnegazione *f: the ~ of one's faith* il ripudio della propria fede. **4** (*self–denial*) abnegazione *f.* **5** ⟨*Dir*⟩ diniego *m.* □ *in ~* in segno di diniego.

denicotine [di:'nikətain], **denicotinize** [–ti:naiz] *v.t.* denicotinizzare. **denicotinizing** [–ti:naiziŋ] *s.* denicotinizzazione *f.*

denier [di'naiə] *s.* **1** negatore *m* (*f* –trice). **2** (*disavower*) rinnegatore *m* (*f* –trice).

denigrate ['denigreit] *v.t.* denigrare, diffamare. **‚denigration** [–'greiʃən] *s.* denigrazione *f,* diffamazione *f.* **denigrator** [–ə] *s.* denigratore *m* (*f* –trice), diffamatore *m* (*f* –trice).

denim ['denim] *s.* **1** ⟨*Tess*⟩ tessuto *m* di cotone ritorto, denim *m.* **2** *pl.* (*overalls*) tuta *f.*

denizen ['denizn] **I** *s.* **1** ⟨*poet*⟩ (*inhabitant*) abitante *m/f.* **2** ⟨*Dir*⟩ straniero *m* (*f* –a) naturalizzato. **3** ⟨*Biol*⟩ (*animal*) animale *m* acclimatato; (*plant*) pianta *f* acclimatata. **4** (*naturalized word*) parola *f* naturalizzata (*o* entrata nell'uso). **II** *v.t.* ⟨*Dir*⟩ naturalizzare, concedere la naturalizzazione a.

Denmark ['denma:k] *N.pr.* ⟨*Geog*⟩ Danimarca *f.*

denominate [di'nɔmineit] *v.t.* denominare, chiamare, nominare.

denomination [di‚nɔmi'neiʃən] *s.* **1** denominazione *f,* nome *m,* qualifica *f.* **2** ⟨*Rel*⟩ confessione *f: the Methodist ~* la confessione metodista. **3** (*unit, size: of money*) taglio *m,* valore *m: bills of small ~* banconote di piccolo taglio; (*of weight, measure*) unità *f;* (*of numbers*) denominatore *m.* □ ⟨*Econ*⟩ *~ of a draft* valore *m* nominale di una tratta; *–s of weights* divisioni *fpl* dei pesi. **denominational** [–əl] *a.* ⟨*Rel*⟩ confessionale: *~ schools* scuole confessionali. **denominationalism** [–əlizəm] *s.* confessionalismo *m;* (*sectarianism*) settarismo *m.* **denominationalist** [–əlist] *s.* ⟨*Rel*⟩ membro *m* di una setta religiosa.

denominative [di'nɔminətiv] **I** *a.* denominativo (*anche Gramm.*). **II** *s.* ⟨*Gramm*⟩ denominativo *m,* verbo *m* denominativo. **denominator** [–neitə] *s.* **1** ⟨*Mat*⟩ denominatore *m.* **2** (*fig*) (*common trait*) denominatore *m* comune.

denotable [di'noutəbl] *a.* che può essere indicato.

denotation [‚di:nou'teiʃən] *s.* **1** denotazione *f,* indicazione *f.* **2** (*denoting term, name*) nome *m,* designazione *f.* **3** (*sign, symbol*) indicazione *f,* segno *m,* simbolo *m.* **4** (*meaning*) significato *m.* **5** ⟨*Filos*⟩ (*of a term*) estensione *f.* **de'notative** [–tətiv] *a.* **1** indicativo. **2** ⟨*Filos*⟩ estensivo. **denote** [di'nout] *v.t.* denotare, indicare. **2** (*to stand for*) indicare, stare per, rappresentare. **3** (*to mark*) indicare, segnare, contrassegnare: *a red flag denoting a danger area* una bandierina rossa che indica una zona pericolosa. **4** (*to mean*) significare, voler dire.

denouement *fr.* [dei'nu:mã] *s.* ⟨*Lett*⟩ scioglimento *m* di un intreccio, epilogo *m.*

denounce [di'nauns] *v.t.* **1** riprovare, biasimare, censurare: *to ~ tax evasion* biasimare l'evasione fiscale. **2** (*to inform against*) denunziare, denunciare. **3** (*of a treaty, contract, etc.*) denunziare, disdire. **denouncement** [–mənt] *s.* **1** riprovazione *f,* biasimo *m.* **2** (*act of informing against*) denunzia *f.* **3** (*of a treaty, etc.*) denunzia *f,* disdetta *f.*

dense [dens] *a.* **1** denso, fitto, folto, spesso: *a ~ forest* una fitta foresta; (*compact*) compatto. **2** ⟨*fig*⟩ (*stupid*) ottuso, sciocco, stupido. **3** ⟨*Ott*⟩ scuro, opaco. **4** ⟨*Fot*⟩ denso. **'densely** [–li] *avv.* densamente, fittamente: *~ populated* densamente popolato. **'denseness** [–nis] *s.* **1** densità *f.* **2** ⟨*fig*⟩ (*stupidity*) ottusità *f* (di mente), stupidità *f.* **'densifier** [–ifaiə] *s.* ⟨*Min*⟩ addensatore *m.* **densimeter** [–'simitə] *s.* ⟨*Fis*⟩ densimetro *m.* **'density** [–iti] *s.* **1** densità *f,* spessore *m,* fittezza *f.* **2** ⟨*fig*⟩ (*stupidity*) ottusità *f,* stupidità *f.* **3** ⟨*Fis*⟩ densità *f.* **4** ⟨*Fot*⟩ oscurità *f,* opacità *f.*

dent[1] [dent] **I** *s.* ammaccatura *f,* incavo *m.* **II** *v.t.* ammaccare: *to ~ a mudguard* ammaccare un parafango. **III** *v.i.* ammaccarsi.

dent[2] *s.* **1** ⟨*Mecc*⟩ tacca *f,* dente *m.* **2** ⟨*Tess*⟩ dente *m* di pettine.

dental ['dentl] **I** *a.* **1** dentario. **2** (*of dentistry*) dentistico, odontoiatrico. **3** ⟨*Fon*⟩ dentale; (*alveolar*) alveolare. **II** *s.* ⟨*Fon*⟩ dentale *f.*
dental‖ arch *s.* ⟨*Anat*⟩ processo *m* alveolare. **~ calculus** *s.* ⟨*Dent*⟩ tartaro *m* dentario. **~ caries** *s.* ⟨*Dent*⟩ carie *f* (dentaria). **~ clinic** clinica *f* odontoiatrica. **~ decay** *s.* → **dental caries. ~ hygiene** *s.* igiene *f* dentale (*o* boccale). **~ hygienist** *s.* tecnico *m* d'igiene boccale. **~ laboratory** *s.* laboratorio *m* di odontotecnica. **~ mechanic** *s.* → **dental technician. ~ mirror** *s.* specchietto *m* (del dentista). **~ office** *s.* gabinetto *m* (*o* studio) dentistico. **~ orthopaedics** *s.pl.* ortodonzia *f.* **~ plaque** *s.* placca *f* dentaria. **~ plate** *s.* dentiera *f.* **~ pulp** *s.* ⟨*Anat*⟩ polpa *f* dentaria. **~ school** *s.* ⟨*Univ*⟩ facoltà *f* di odontoiatria. **~ student** *s.* ⟨*Univ*⟩ studente *m* di odontoiatria. **~ surgeon** *s.* → **dentist. ~ surgery** *s.* **1** chirurgia *f* dentaria. **2** → **dental office. ~ technician** *s.* odontotecnico *m.*
dentate ['denteit] *a.* ⟨*Biol*⟩ dentato. **dentation** [–'teiʃən] *s.* ⟨*Biol*⟩ dentellatura *f.*
dentex ['denteks] *s.* ⟨*Itt*⟩ dentice *m* (comune).
denticle ['dentikl] *s.* dentello *m* (*anche Arch.*). **den'ticular** [–kjulə] *a.* denticolato. **den'ticulate** [–kjuleit], **den'ticulated** [–kjuleitid] *a.* ⟨*Biol,Arch*⟩ dentellato. **den,ticulation** [–kju'leiʃən] *s.* **1** dentellatura *f* (*anche Arch.*). **2** → **denticle. dentiform** [–tifɔːm] *a.* a forma di dente. **dentifrice** [–tifris] *s.* dentifricio *m,* pasta *f* dentifricia. **dentil** [–til] *s.* ⟨*Arch*⟩ dentello *m.*
dentine ['dentiːn] *s.* ⟨*Anat*⟩ dentina *f.* **dentist** [–tist] *s.* dentista *m/f,* odontoiatra *m/f.* **'dentistry** [–tistri] *s.* odontoiatria *f.* **dentition** [–'tiʃən] *s.* **1** (*teeth*) denti *mpl,* dentatura *f.* **2** (*teething*) dentizione *f.* **3** (*arrangement of the teeth*) dentatura *f.* **denture** [–tʃə] *s.* dentiera *f,* protesi *f* dentaria.
denuclearization [diːˌnjuːkliərai'zeiʃən] *s.* denuclearizzazione *f.* **de'nuclearize** [–raiz] *v.t.* denuclearizzare.
denudation [ˌdinjuː'deiʃən] *s.* **1** denudamento *m.* **2** ⟨*Geol*⟩ denudazione *f;* (*erosion*) erosione *f.* **denude** [di'njuːd] *v.t.* **1** denudare (*anche Geol.*). **2** ⟨*fam*⟩ (*to deprive*) spogliare, privare.
denunciation [diˌnʌnsi'eiʃən] *s.* **1** biasimo *m,* censura *f;* (*condemnation*) condanna *f.* **2** ⟨*Dir*⟩ denunzia *f,* denuncia *f.* **3** (*of a treaty, etc.*) denuncia *f,* disdetta *f.* **de'nunciative** [–siətiv] *a.* → **denunciatory. de'nunciator** [–sieitə] *s.* denunziatore *m* (*f* –trice), denunziante *m/f.* **de'nunciatory** [–sieitəri] *a.* di denunzia.
deny [di'nai] *v.t.* **1** negare, smentire: *I cannot ~ it* non posso negarlo; *to ~ a charge* smentire un'accusa. **2** (*to refuse to grant*) negare, rifiutare, ricusare: *to ~ s.o. permission* rifiutare l'autorizzazione a qd.; (*of a person*) respingere, dire di no a. **3** (*to refuse to recognize*) negare, non riconoscere: *to ~ God* negare l'esistenza di Dio; *to ~ one's signature* non riconoscere una firma come propria. **4** (*to disavow*) rinnegare, ripudiare: *to ~ one's God* rinnegare il proprio Dio. □ *to ~ all knowledge of s.th.* dichiarare di essere completamente all'oscuro di qc.; *to ~ o.s. s.th.* negarsi (*o* privarsi di) qc.
deodorant [diː'oudərənt] **I** *s.* deodorante *m.* **II** *a.* deodorante. **de,odorization** [–rai'zeiʃən] *s.* deodorazione *f.* **deodorize** [–raiz] *v.t.* deodorare. **deodorizer** [–raizə] *s.* deodorante *m.*
deontological [diˌɔntə'lɔdʒikəl] *a.* ⟨*Filos*⟩ deontologico. **,deontologist** [–'tɔlədʒist] *s.* studioso *m* (*f* –a) di deontologia. **,deontology** [–'tɔlədʒi] *s.* deontologia *f.*
deoxidation [diːˌɔksi'deiʃən], **deoxidization** [–dai'zeiʃən] *s.* ⟨*Chim*⟩ disossidazione *f.* **de'oxidize** [–daiz] *v.t.* disossidare. **de'oxidizer** [–daizə] *s.* disossidante *m.* **de'oxygenate** [–sidʒəneit] *v.t.* ⟨*Chim*⟩ deossigenare. **de,oxygenation** [–sidʒə'neiʃən] *s.* deossigenazione *f.*
deoxyribonucleic acid [diːˌɔksiraibou'njukleiik] *s.* ⟨*Chim*⟩ acido *m* desossiribonucleico, DNA *m.*
depart [di'pɑːt] **I** *v.i.* **1** partire. **2** ⟨*fig*⟩ (*to diverge*) allontanarsi, discostarsi, deviare (*from* da): *to ~ from the truth* allontanarsi dalla verità. **II** *v.t.* lasciare. □ ⟨*eufem*⟩ *to ~* (*from*) *this life* morire. **departed** [–id] **I** *a.* **1** passato, trascorso, svanito: *~ glories* glorie passate. **2** ⟨*eufem*⟩ (*dead*) morto, defunto, estinto. **II** *s.* **1** defunto *m*

(*f* –a), estinto *m* (*f*–a): *the dear ~* il caro estinto. ⟨*collett*⟩ morti *mpl,* defunti *mpl.*
department [di'pɑːtmənt] *s.* **1** reparto *m.* **2** ⟨*Comm*⟩ (*division of a business*) ufficio *m,* reparto *m: the invoicing ~* il reparto fatture. **3** ⟨*Pol*⟩ dicastero *m,* ministero *m.* (*administrative division*) dipartimento *m.* **5** ⟨*fig*⟩ (*sphere, province*) campo *m,* sfera *f,* ambito *m.* **6** ⟨*Univ*⟩ facoltà *f.* **7** ⟨*Scol*⟩ sezione *f.* □ ⟨*SU*⟩ **~ of Agriculture** ministero *m* dell'agricoltura; ⟨*SU*⟩ **~ of the Air Force** ministero *m* dell'aeronautica; ⟨*SU*⟩ **~ of Commerce** ministero *m* del commercio; ⟨*GB*⟩ **~ of Customs and Excise** ufficio *m* dogane e imposte indirette; ⟨*SU*⟩ **~ of Defense** ministero *m* della difesa; ⟨*GB*⟩ **~ of Education and Science** ministero *m* dell'istruzione e delle scienze; ⟨*GB*⟩ **~ of Employment** ministero *m* del lavoro; ⟨*GB*⟩ **~ of the Environment** ministero *m* dell'ambiente; ⟨*GB*⟩ **~ of Health and Social Security** ministero *m* della sanità e delle assicurazioni sociali; ⟨*SU*⟩ **~ of Health, Education and Welfare** ministero *m* della sanità, dell'istruzione dell'assistenza sociale; ⟨*SU*⟩ **~ of the Interior** ministero *m* dell'interno; ⟨*SU*⟩ **~ of Justice** ministero *m* dell giustizia; ⟨*SU*⟩ **~ of Labor** ministero *m* del lavoro; ⟨*SU*⟩ **~ of the Navy** ministero *m* della marina; ⟨*SU*⟩ **~ of State** ministero *m* degli esteri; ⟨*GB*⟩ **~ of Trade and Industry** ministero *m* del commercio e dell'industria; ⟨*SU*⟩ **~ of the Treasury** ministero *m* del tesoro.
departmental [ˌdiːpɑːt'mentl] *a.* **1** dipartimentale. **2** ⟨*SU*⟩ ministeriale. ⟨*GB*⟩ **~ minister** ministro *m* a capo di un dicastero. **departmentalism** [–izəm] *s.* burocrazia *f.* **departmentalize** [–aiz] *v.t.* dividere in dipartimenti (*o* reparti).
department‖ budget *s.* bilancio *m* di reparto. **~ head** *s.* caporeparto *m.* **~ store** *s.* grande magazzino *m.*
departure [di'pɑːtʃə] *s.* **1** partenza *f: time of ~* orario *m* partenza. **2** ⟨*fig*⟩ (*beginning of a new course of action*) orientamento *m,* tendenza *f,* indirizzo *m: a new ~* un nuovo indirizzo. **3** ⟨*fig*⟩ (*divergence*) divergenza *f,* deviazione *f: ~ from a rule* deviazione da un regola.
departure lounge *s.* (*at the airport*) sala *f* dell partenze.
depenalize [ˌdipenə'laiz] *v.t.* depenalizzare.
depend [di'pend] *v.i.* **1** contare, fare affidamento (*on, upon* su): *you may ~ on me* puoi contare su di me. **2** (*to rely for support, etc.*) dipendere (da), essere (*o* vivere) a carico (di). **3** (*to be conditioned*) dipendere, essere condizionato (da), essere subordinato (a): *our trip –s on the weather* nostra gita dipende dal tempo; (*to be contingent on*) essere in relazione (con). **4** ⟨*Gramm*⟩ dipendere (*on, upon* da). □ *it (all)* (*o that*) *–s* dipende; *he is a man to be –ed on* un uomo di cui ci si può fidare (*o* su cui si può contare) *~ upon it* non dubitare, puoi contarci. **de,pendability** [–ə'biliti] *s.* fidatezza *f,* lealtà *f.* **dependable** [–əbl] *a.* fidato, sicuro. **2** ⟨*tecn*⟩ affidabile.
dependence [di'pendəns] *s.* **1** il dipendere, dipendenza *f: children's ~ on their parents* la dipendenza dei figli da genitori. **2** (*confidence, trust*) fiducia *f,* affidamento *m.* (*state of being contingent*) dipendenza *f,* relazione *f.* (*subordination*) dipendenza *f,* subordinazione *f.* **5** ⟨*Med*⟩ assuefazione *f.* □ *to put* (*o place*) *~ on s.o.* fare affidamento (*o* contare) su qd. **dependency** [–i] *s.* **1** dipendenza *f.* **2** (*something dependent, appurtenance*) cosa *f* dipendente da (*o* subordinata a) un'altra. (*appurtenant building*) dipendenza *f,* edificio *m* annesso dépendance *f.* **4** (*subject territory*) possedimento *m,* colonia *f.* **dependent** [–dənt] **I** *a.* **1** che dipende dipendente (*on, upon* da): *a country ~ on immigrant labour* un paese che dipende dalla mano d'ope immigrata. **2** (*conditioned*) dipendente, condizionato (da subordinato (a). **3** (*subject*) dipendente, soggetto: *territories* territori dipendenti. **4** (*relying for support, etc* a carico. **5** ⟨*Gramm*⟩ dipendente. **II** *s.* **1** dipendente *m,* **2** (*for tax purposes, etc.*) persona *f* a carico.
dependents benefit *s.* ⟨*Assic*⟩ indennità *f* per persone carico.
depersonalization [diːˌpəːsənəlai'zeiʃən] *s.* spersonali zazione *f.* **de'personalize** [–laiz] *v.t.* spersonalizzare.
depict [di'pikt] *v.t.* **1** dipingere. **2** ⟨*fig*⟩ (*to describ*

dipingere, presentare, descrivere. **depiction** [-kʃən] *s.* **1** dipinto *m,* pittura *f.* **2** (*description*) descrizione *f,* pittura *f.* **depictive** [-iv] *a.* descrittivo, rappresentativo.

epigmentation [ˌdi:pigmen'teiʃon] *s.* ⟨*Med*⟩ depigmentazione *f.* **de'pigmented** [-tid] *a.* depigmentato.

epilate ['depileit] *v.t.* depilare. **depilation** [-'leiʃən] *s.* depilazione *f.* **depilatory** [di'pilətəri] **I** *a.* depilatorio. **II** *s.* depilatorio *m,* crema *f* depilatoria.

eplane [di'plein] *v.i.* scendere da un aeroplano.

eplenish [di'pleniʃ] *v.t.* vuotare, svuotare, sgombrare.

eplete [di'pli:t] *v.t.* **1** vuotare, privare, svuotare. **2** (*to lessen in number, etc.*) esaurire: *the holiday –d his savings* le vacanze esaurirono i suoi risparmi. **3** ⟨*Med*⟩ decongestionare. **depletion** [-li:ʃən] *s.* **1** svuotamento *m.* **2** ⟨*Econ*⟩ sfruttamento *m* intensivo. **3** ⟨*Med*⟩ deplezione *f,* svuotamento *m.* **depletive** [-iv], **depletory** [-əri] *a.* atto a svuotare.

eplorability [diˌplɔ:rə'biliti] *s.* l'essere deplorabile (*o* deplorevole). **de'plorable** [-bl] *s.* **1** (*lamentable*) deplorabile, doloroso, da compiangere: *a ~ accident* un doloroso incidente; (*regrettable*) deplorevole, biasimevole: *a ~ mistake* un deplorevole errore. **2** (*wretched, bad*) deplorevole, pessimo, miserevole. **deplore** [di'plɔ:] *v.t.* **1** deplorare, biasimare, disapprovare: *to ~ s.o.'s behaviour* biasimare la condotta di qd. **2** (*to grieve*) deplorare, compiangere; (*to lament over*) lamentarsi di: *he –d his fate* si lamentò della sua sorte; (*to regret*) dispiacersi di.

eploy [di'plɔi] **I** *v.t.* ⟨*Mil*⟩ schierare, spiegare. **II** *v.i.* schierarsi. **deployment** [-mənt] *s.* **1** ⟨*Mil*⟩ schieramento *m.* **2** ⟨*Aer*⟩ (*of a parachute*) apertura *f,* spiegamento *m.* **eployment area** [di'plɔimənt] *s.* ⟨*Mil*⟩ zona *f* di concentramento.

eplumation [ˌdi:plu'meiʃon] *s.* ⟨*Ornit*⟩ perdita *f* delle penne, muta *f.* **deplume** [di'plu:m] *v.t.* spennare.

epolarization [di:ˌpoulərai'zeiʃon] *s.* depolarizzazione *f.* **de'polarize** [-raiz] *v.t.* depolarizzare. **de'polarizer** [-zə] *s.* depolarizzatore *m.*

epoliticization [ˌdi:pəlitisai,zeiʃon] *s.* spoliticizzazione *f,* depoliticizzazione *f.* **de'politicize** [-saiz] *v.t.* spoliticizzare, depoliticizzare.

epollute [ˌdi:pə'lju:t] *v.t.* disinquinare: *to ~ a river* disinquinare un fiume. **depollution** [-ʃən] *s.* disinquinamento *m.*

epolymerization [di:pɔlimərai'zeiʃon] *s.* ⟨*Chim*⟩ depolimerizzazione *f.* **de'polymerize** [-aiz] *v.t.* depolimerizzare.

eponent [di'pounənt] **I** *a.* ⟨*Gramm*⟩ deponente. **II** *s.* **1** ⟨*Dir*⟩ teste *m/f,* testimone *m/f.* **2** ⟨*Gramm*⟩ deponente *m.*

epopulate [di:'pɔpjuleit] **I** *v.t.* spopolare. **II** *v.i.* spopolarsi. **de,population** [-'leiʃon] *s.* spopolamento *m.*

eport [di'pɔ:t] *v.t.* **1** ⟨*Dir*⟩ (*of an alien*) bandire; (*of a criminal*) deportare. **2** ⟨*rifl*⟩ (*to behave*) comportarsi, condursi, portarsi: *to ~ o.s. badly* comportarsi male. **deportation** [ˌdi:pɔ:'teiʃon] *s.* ⟨*Dir*⟩ **1** (*of an alien*) espulsione *f;* (*of a criminal*) deportazione *f.* **2** (*banishment*) bando *m,* esilio *m.* **deportee** [ˌdi:pɔ:'ti:] *s.* ⟨*Dir*⟩ deportato *m* (*f –a*). **deportment** [-mənt] *s.* comportamento *m,* contegno *m.*

epose [di'pouz] **I** *v.t.* **1** deporre: *to ~ a dictator* deporre un dittatore; (*to divest of office or rank*) destituire. **2** ⟨*Dir*⟩ (*to testify*) deporre, testimoniare. **II** *v.i.* ⟨*Dir*⟩ fare una testimonianza (*o* deposizione).

eposit [di'pɔzit] **I** *v.t.* **1** deporre, porre (*o* metter) giù, posare. **2** (*to leave as precipitation*) depositare. **3** ⟨*Econ*⟩ (*of money in a bank*) depositare; (*to give as security*) pagare come cauzione. **II** *s.* **1** deposito *m,* sedimento *m* (*anche Geol.,Enol.*): *a ~ of mud* un deposito di fango. **2** ⟨*Econ*⟩ (*money placed in a bank*) deposito *m,* versamento *m;* (*as security*) cauzione *f.* **3** ⟨*Minier*⟩ giacimento *m,* deposito: *m: –s of tin* giacimenti di stagno. □ ⟨*Econ*⟩ *~ at call* deposito *m* rimborsabile a vista; *to leave a ~ on goods* versare una somma in acconto per la merce; ⟨*Econ*⟩ *~ at notice* deposito *m* con clausola di preavviso; *to place s.th. on ~* depositare qc.; ⟨*Econ*⟩ *~ of a security* deposito *m* in garanzia (*o* cauzione).

eposit account *s.* ⟨*Econ*⟩ conto *m* di deposito.

depositary [di'pozitəri] *s.* depositario *m* (*f –a*).

deposit bank *s.* ⟨*Econ*⟩ banca *f* di deposito.

deposition [ˌdepə'ziʃon] *s.* **1** deposizione *f: the ~ of a tyrant* la deposizione di un tiranno. **2** (*act of depositing*) deposito *m.* **3** ⟨*Geol*⟩ deposito *m,* sedimento *m.* **4** ⟨*Dir*⟩ (*testifying*) deposizione *f;* (*testimony*) testimonianza *f.* **Deposition** *s.* ⟨*Rel.Art*⟩ deposizione *f* (di Cristo).

depositor [di'pozitə] *s.* ⟨*Econ*⟩ depositante *m/f.* □ *~ 's book* libretto *m* di deposito. **depository** [-ri] *s.* **1** deposito *m.* **2** ⟨*Comm*⟩ (*warehouse*) deposito *m,* magazzino *m.*

deposit| passbook *s.* libretto *m* di deposito. **~ receipt** *s.* ricevuta *f* di deposito. **~ slip** *s.* **1** distinta *f* di versamento. **2** → **deposit receipt**. **~ warrant** *s.* ⟨*Comm*⟩ fede *f* di deposito.

depot ['depou] *s.* **1** ⟨*Mil*⟩ deposito *m,* magazzino *m;* (*recruiting station*) posto *m* di reclutamento. **2** (*warehouse*) deposito *m,* magazzino *m.* **3** ⟨*am.Ferr*⟩ scalo *m* ferroviario. **4** (*am*) (*bus station*) stazione *f* degli autobus.

depravation [ˌdeprə'veiʃon] *s.* depravazione *f,* corruzione *f.*

deprave [di'preiv] *v.t.* depravare, corrompere. **depraved** [-d] *a.* depravato, corrotto, degenerato. **depravity** [-'præviti] *s.* depravazione *f,* corruzione *f.*

deprecate ['deprikeit] *v.t.* deprecare, biasimare, disapprovare; (*to condemn*) condannare: *to ~ violence* condannare la violenza. **deprecating** [-iŋ] *a.* di biasimo, di disapprovazione, disapprovante. **deprecatingly** [-iŋli] *avv.* con aria (*o* tono) di disapprovazione. **deprecation** [-'keiʃon] *s.* disapprovazione *f,* biasimo *m.* **deprecative** [-iv], **deprecatory** [-əri] *a.* → **deprecating**.

depreciable [di'pri:ʃibl] *a.* ⟨*Econ*⟩ suscettibile di deprezzamento (*o* svalutazione). **depreciate** [-ʃieit] **I** *v.t.* **1** ⟨*Econ*⟩ (*of money*) svalutare, deprezzare; (*to lessen in price, value*) deprezzare: *to ~ an article* deprezzare una merce. **2** (*fig*) (*to disparage*) deprezzare, sottovalutare, togliere merito (*o* pregio) a. **II** *v.i.* ⟨*Econ*⟩ (*of money*) deprezzarsi, svalutarsi; (*of price, value*) deprezzarsi.

depreciation [diˌpri:ʃi'eiʃon] *s.* **1** ⟨*Econ*⟩ (*of money*) svalutazione *f,* deprezzamento *m;* (*decrease in value*) deprezzamento *m;* (*of property*) ammortamento *m.* **2** (*disparagement*) discredito *m,* denigrazione *f.* □ *~ on buildings* ammortamento *m* sugli immobili; *~ charge* spese *fpl* di ammortamento; *~ on diminishing value* ammortamento *m* decrescente; *~ fund* fondo *m* d'ammortamento; ⟨*Econ*⟩ *~ for wear and tear* ammortamento tecnico.

depreciative [di'pri:ʃieitiv], **depreciatory** [-təri] *a.* spregiativo; (*disparaging*) sprezzante.

depredate ['depredeit] *v.t.* depredare, saccheggiare. **depredation** [-'deiʃon] *s.* **1** saccheggio *m.* **2** *pl.* ⟨*fig*⟩ (*ravages*) danni *mpl,* offese *fpl.* **depredator** [-ə] *s.* saccheggiatore *m,* predone *m.*

depress [di'pres] *v.t.* **1** deprimere, abbattere, avvilire, scoraggiare. **2** (*to weaken*) indebolire, svigorire. **3** ⟨*Comm*⟩ (*to lower in value*) ridurre, (fare) abbassare; (*in marketability*) deprimere. **4** (*to lower*) abbassare; (*to press down*) abbassare, premere: *to ~ a lever* premere una leva. **5** ⟨*Mus*⟩ (*of a voice*) calare il tono o il, abbassare. **depressant** [-ənt] **I** *a.* ⟨*Med*⟩ sedativo. **II** *s.* sedativo *m.* **depressed** [-t] *a.* **1** depresso, scoraggiato, abbattuto. **2** (*pressed down*) abbassato, premuto. **3** (*economically oppressed, etc.*) depresso: *~ countries* paesi depressi (*o* sottosviluppati).

depressed arch *s.* ⟨*Arch*⟩ arco *m* ribassato.

depressing [di'presiŋ] *a.* deprimente, sconfortante. **depression** [-'preʃon] *s.* **1** depressione *f,* abbattimento *m,* scoraggiamento *m.* **2** ⟨*Comm*⟩ (*dullness, inactivity*) crisi *f,* ristagno *m: a trade ~* una crisi commerciale. **3** ⟨*Econ*⟩ depressione *f,* recessione *f.* **4** (*sunken place*) depressione *f,* avvallamento *m;* (*hollow*) cavità *f.* **5** (*pressing down*) pressione *f.* **6** ⟨*Meteor,Med,Astr*⟩ depressione *f.* □ ⟨*Econ*⟩ *the Great ~* la grande crisi.

depressive [-siv] *a.* depressivo. **depressor** [-sə] *s.* **1** ⟨*Anat*⟩ depressore *m.* **2** ⟨*Chim*⟩ catalizzatore *m* negativo. **3** ⟨*Med*⟩ (*tongue depressor*) abbassalingua *m.*

depressurization [di:,preʃəraiˈzeiʃən] *s.* ⟨*Aer*⟩ depressurizzazione *f.* **deˈpressurize** [-raiz] *v.t.* depressurizzare: *to ~ the cabin* depressurizzare la cabina.

deprival [diˈpraivəl] *s.* privazione *f.* **deprivation** [,depriˈveiʃən] *s.* **1** privazione *f;* (*loss*) perdita *f.* **2** (*removal from office*) destituzione *f.* □ *~ of civil rights:* 1 (*temporary*) interdizione *f;* 2 (*permanent*) morte *f* civile; ⟨*Dir*⟩ *~ of enjoyment* privazione *f* del godimento. **deprive** [diˈpraiv] *v.t.* **1** privare. **2** (*to remove from office*) destituire. □ *to ~ o.s.* imporsi delle privazioni.

dept. = *department* reparto.

depth [depθ] *s.* **1** profondità *f* (*anche fig.*): *the ~ of the sea* la profondità del mare; *~ of meaning* profondità di significato. **2** ⟨*fig*⟩ (*complexity*) complessità *f.* **3** ⟨*fig*⟩ (*of feelings*) intensità *f,* profondità *f;* (*of a colour*) intensità *f;* (*of sound*) profondità *f,* gravità *f.* **4** *pl.* (*deep place*) profondità *fpl,* abissi *mpl: the –s of the sea* gli abissi marini. **5** *pl.* (*innermost part*) cuore *m,* profondo *m: in the –s of the forest* nel cuore della foresta; (*height, most intense part*) cuore *m,* culmine *m,* colmo *m: the –s of winter* il cuore dell'inverno; *the –s of despair* il colmo della disperazione. **6** *pl.* ⟨*fig*⟩ (*low intellectual, moral condition*) abbrutimento *m,* degradazione *f* (morale). **7** ⟨*Mar*⟩ (*of a submarine*) quota *f.* □ **in ~:** 1 ⟨*Mil*⟩ in profondità; 2 ⟨*fig*⟩ (*thoroughly*) in profondità, a fondo: *to make a study in ~ of a problem* studiare a fondo un problema; *the snow was four feet in ~* la neve era alta quattro piedi; *a* **man** *of great ~* un uomo molto profondo; *to be* **out** *of one's ~:* 1 (*in swimming*) non toccare (il fondo); 2 ⟨*fig*⟩ (*to be beyond one's understanding*) essere al disopra delle capacità di qd.

depth| bomb, ~ charge *s.* ⟨*Mar.mil*⟩ bomba *f* antisommergibile (*o* di profondità). **~ finder** *s.* ⟨*Mar*⟩ scandaglio *m.* **~ gauge** *s.* ⟨*Mecc*⟩ calibro *m* di profondità.

depurant [ˈdepjurənt] **I** *a.* ⟨*Med*⟩ depurativo. **II** *s.* ⟨*Farm*⟩ farmaco *m* depurativo. **depurate** [-reit] *v.t.* depurare. **,depuration** [-ˈreiʃən] *s.* depurazione *f.* **depurative** [-rətiv] *a./s.* → **depurant. depurator** [-reitə] *s.* depuratore *m* (*f* –trice).

deputation [,depjuˈteiʃən] *s.* **1** il deputare. **2** (*person,group*) deputazione *f,* delegazione *f.* **depute** [diˈpju:t] *v.t.* **1** (*of a person*) deputare, designare, delegare. **2** (*of a duty, etc.*) affidare, delegare. **deputize** [ˈdepjutaiz] *v.i.* fungere da delegato, agire come rappresentante (*for* di): *to ~ for s.o.* fungere da delegato di qd. **deputy** [-ti] **I** *s.* **1** delegato *m* (*f* –a), sostituto *m* (*f* –a), supplente *m/f.* **2** (*assistant, second in command*) vice *m/f,* aggiunto *m.* **3** ⟨*Parl*⟩ deputato *m* (*f* –a), rappresentante *m/f.* **II** *a.* che è autorizzato a sostituire, che fa le veci.

deputy| chairman *s.* vicepresidente *m.* **~ editor** *s.* ⟨*Giorn*⟩ viceredattore *m.* **~governor** *s.* vicegovernatore *m.* **~judge** *s.* ⟨*Dir*⟩ giudice *m* supplente. **~ manager** *s.* direttore *m* aggiunto.

derail [di:ˈreil] **I** *v.t.* ⟨*Ferr*⟩ far deragliare. **II** *v.i.* deragliare. **derailment** [-mənt] *s.* deragliamento *m.*

derange [diˈreindʒ] *v.t.* **1** disordinare, confondere, scompigliare, scombussolare. **2** (*to disturb, disorder*) guastare (il funzionamento di). **3** (*to drive mad*) far impazzire, squilibrare. **4** (*to upset, unsettle*) turbare, disturbare. **deranged** [-d] *a.* **1** disordinato, scompigliato. **2** (*insane*) squilibrato, pazzo. **derangement** [-mənt] *s.* **1** sconvolgimento *m,* confusione *f,* scompiglio *m.* **2** (*insanity*) pazzia *f,* squilibrio *m* mentale.

Derby [ˈdɑ:bi, *am.* ˈdɔ:bi] *s.* ⟨*Sport*⟩ Derby *m.* **Derby| Day** *s.* giorno *m* del derby (primo mercoledì di giugno). **~ hat** *am. s.* (*bowler*) bombetta *f.*

deregulate [di:ˈregjuleit] *v.t.* deregolamentare. **deregulation** [-ˈleiʃən] *s.* deregolamentazione *f.*

derelict [ˈderilikt] **I** *a.* **1** abbandonato: *a ~ ship* una nave abbandonata. **2** (*remiss, neglectful*) negligente, trascurato. **II** *s.* **1** (*thing abandoned*) oggetto *m* abbandonato, rifiuto *m.* **2** ⟨*Mar*⟩ relitto *m.* **3** (*vagrant, person abandoned*) derelitto *m* (*f* –a), relitto *m* della società. **4** (*neglectful person*) persona *f* negligente. **,dereˈliction** [-kʃən] *s.* **1** trascuratezza *f,* incuria *f,* negligenza *f.* **2** (*state of being abandoned*) abbandono *m.* **3** (*fault, neglect*) manchevolezza *f.* **4** (*land left dry by the sea*) terreno *n* abbandonato dal mare.

derequisition [di:rekwiˈziʃən] **I** *v.t.* derequisire. **II** *s* derequisizione *f.*

derestrict [di:riˈstrikt] *v.t.* togliere un divieto a. □ *to ~* *road* togliere il limite di velocità a una strada.

deride [diˈraid] *v.t.* deridere, beffare, schernire. **deride** [-ə] *s.* derisore *m,* schernitore *m* (*f* –trice).

de rigueur *fr.* [dəriˈgœ:r] *a.* di rigore.

derision [diˈriʒən] *s.* **1** derisione *f,* scherno *m.* **2** (*object c ridicule*) oggetto *m* di derisione (*o* scherno), zimbello *n* □ *to become an object of ~* diventare oggetto di scherno *to bring s.o.* (*o s.th.*) *into ~* mettere in ridicolo qd. (*o qc.*) *to be held in ~* essere deriso.

derisive [diˈraisiv] *a.* di derisione, derisorio. **derisivel** [-li] *avv.* derisoriamente, ironicamente. **derisory** [-səri *a.* **1** → **derisive. 2** (*ridiculing*) irrisorio, ridicolo.

derivable [diˈraivəbl] *a.* derivabile.

derivation [,deriˈveiʃən] *s.* **1** derivazione *f,* adattamento *m* rielaborazione *f.* **2** (*source, origin*) derivazione *f,* fonte *j* origine *f: a word of Latin ~* una parola di derivazion latina; (*origination, descent*) derivazione *f,* discendenza ** **3** ⟨*Ling*⟩ (*formation of words*) derivazione *f;* (*etymology* etimologia *f.* **4** ⟨*Mat,El*⟩ derivazione *f.*

derivative [diˈrivətiv] **I** *a.* **1** ⟨*Ling*⟩ derivativo, derivato **2** (*not original, secondary*) derivato (*anche Dir.,Psic.*). *s.* **1** derivato *m* (*anche Ling.,Fis.,Chim.*) derivato *m.* ⟨*Mat*⟩ derivata *f.* **3** ⟨*Farm*⟩ derivativo *m.* **derivativel** [-li] *avv.* in maniera derivata, indirettamente.

derive [diˈraiv] **I** *v.t.* **1** derivare. **2** (*to acquire, get* ricavare, provare, trarre: *to ~ pleasure from reading* trarr piacere dalla lettura. **3** (*to take, draw*) derivare, trarre prendere. **4** (*to trace the origin of*) far derivare (, originare). **II** *v.i.* **1** derivare, provenire (*from* da): *th word –s from French* la parola deriva dal francese. **2** (*t spring, ensue*) derivare, essere causato (*o* prodotto) (da): *he shyness –s from a complex* la sua timidezza deriva da u complesso.

derm [də:m], **derma** [ˈdə:mə] *s.* ⟨*Anat*⟩ **1** derma *m.* ? (*skin*) cute *f,* pelle *f.*

dermabrasion [ˈdə:məˈbreiʒən] *s.* ⟨*Chir*⟩ dermoabrasion *f.*

dermal [ˈdə:ml] *a.* dermico, cutaneo, della pelle.

dermatitis [,də:məˈtaitis] *s.* ⟨*Med*⟩ dermatite *j* **dermatologist** [-ˈtɔlədʒist] *s.* ⟨*Med*⟩ dermatologo *m* (–a). **dermatology** [-ˈtɔlədʒi] *s.* dermatologia *f* **dermatosis** [-ˈtousis] *s.* (*pl.* **-ses** [si:z]) ⟨*Med*⟩ dermatos *f.*

dermic [ˈdə:mik] *a.* → **dermal. dermis** [-mis] *s.* → derm.

derogate [ˈdero(u)geit] *v.i.* portar detrimento (*from* a) sminuire (qc.), danneggiare (qc.): *the accusation did not ~* *from his reputation* l'accusa non danneggiò la su reputazione. **,derogation** [-ˈgeiʃən] *s.* **1** detrazione *f* diminuzione *f.* **2** (*disparagement*) detrimento *m,* scredit *m.* **3** ⟨*Dir*⟩ (*partial repeal*) deroga *f,* derogazione *f.*

derogatory [diˈrɔgətəri] *a.* **1** ⟨*Dir*⟩ derogatorio: *~ claus* clausola derogatoria. **2** (*disparaging, detracting* sprezzante, umiliante: *a ~ remark* un'osservazione umiliante.

derrick [ˈderik] *s.* **1** ⟨*Mecc*⟩ derrick *m,* falcone *m,* gru *f* d sollevamento. **2** ⟨*Minier*⟩ torre *f* di trivellazione (*o* sondaggio). **3** ⟨*Mar*⟩ albero *m* (*o* picco) da carico.

derring-do [ˈderiŋˈdu:] *s.* audacia *f,* ardimento *m* temerarietà *f.*

derringer *am.* [ˈderindʒə] *s.* pistola *f* ¯a canna corta¯ (*o* derringer).

dervish [ˈdə:viʃ] *s.* ⟨*Rel*⟩ derviscio *m,* dervis *m.*

desalinization [di:,sælinaiˈzeiʃən] *s.* dissalamento *m* dissalazione *f.*

desalinization plant *s.* impianto *m* di dissalazione.

desalinize [diˈsælinaiz] *v.t.* dissalare.

descale [di:ˈskeil] *v.t.* ⟨*tecn*⟩ disincrostare. **descaler** [-ə *s.* ⟨*Met*⟩ disincrostatore *m.*

descant [ˈdeskænt] **I** *s.* **1** ⟨*Mus*⟩ discanto *m;* (*upper voice* soprano *m;* (*melody*) melodia *f.* **2** ⟨*fig*⟩ (*comment*, emark) commento *m*, disquisizione *f*. **3** ⟨*poet*⟩ (*song*) anto *m*. **II** *v.i.* **1** ⟨*Mus*⟩ discantare. **2** ⟨*fig*⟩ (*to comment at length*) discorrere (*on, upon* di), dissertare (*su*, di). **escanter** [-ə], **descantist** [-ist] *s*. ⟨*Mus*⟩ discantista *n/f*.

escend [di'send] **I** *v.i.* **1** discendere, scendere: *to ~ from a mountain peak* scendere da una vetta; (*to lead downward*) scendere: *the road -ed steeply* la strada scendeva ripidamente. **2** (*to originate*) discendere, avere .o trarre) origine (*from* da): *to ~ from foreign stock* discendere da stirpe straniera; (*to pass by inheritance*) rasmettersi, passare: *the title -s through the female line* il titolo si trasmette per linea femminile; (*to pass by transmission*) derivare, discendere (da): *the song -s from a medieval ballad* il canto deriva da una ballata medievale. **3** (*to swoop down*) calare, piombare (*on, upon* su), attaccare improvvisamente (qc.): *the bandits -ed on the village* i banditi piombarono sul villaggio. **4** ⟨*fig*⟩ (*to demean o.s.*) abbassarsi (*to* a). **5** ⟨*Astr,Mus*⟩ discendere. **II** *v.t.* **1** scendere, discendere: *to ~ the stairs* scendere le scale. **2** (*to extend down along*) scendere lungo (*o* giù per): *the path -ed the hill* il sentiero scendeva lungo la collina. □ *o be -ed from* discendere, aver origine da: *he is -ed from the Normans* discende dai Normanni; *to ~ from the general to the particular* passare dal generale al particolare; *in -ing order of importance* in ordine decrescente d'importanza; *to ~ to particulars* entrare (*o* scendere) nei particolari.

scendable [di'sendəbl] *a*. → **descendible**. **descendance** [-dəns] *s*. discendenza *f*, discendenti *mpl*, posteri *mpl*. **descendant** [-dənt] *s*. discendente *m/f*. **descender** [-də] *s*. ⟨*Tip*⟩ **1** (*part of a letter*) parte *f* discendente di una lettera. **2** (*descending letter*) lettera *f* discendente. **descendible** [-dibl] *a*. (*of property, etc.*) trasmissibile. **descending** [-diŋ] *a*. discendente (*anche* Tip.).

scent [di'sent] *s*. **1** discesa *f*: *the ~ of a mountain* la discesa di (*o* da) una montagna; ⟨*Alp*⟩ *~ on the rope* discesa in cordata. **2** (*downward slope*) discesa *f*, china *f*, pendio *m*: *a sharp ~* un ripido pendio. **3** (*lineage, extraction*) discendenza *f*, lignaggio *m*, stirpe *f*, nascita *f*: *a man of noble ~* un uomo di nobile discendenza. **4** ⟨*fig*⟩ (*decline*) declino *m*, decadenza *f*. **5** (*sudden raid*) discesa *f*, calata *f*, invasione *f*. **6** ⟨*Dir*⟩ trasmissione *f* ereditaria, passaggio *m* in eredità. □ ⟨*Art*⟩ *~ from the Cross* deposizione *f* (dalla croce).

school [di:'sku:l] *v.t.* descolarizzare. **deschooling** [-iŋ] descolarizzazione *f*: *~ of society* descolarizzazione della società.

scribable [di'skraibəbl] *a*. descrivibile. **describe** [-skraib] *v.t.* **1** descrivere, rappresentare. **2** (*to label, pronounce*) classificare, chiamare, definire: *I would ~ him as a scoundrel* lo definirei un farabutto. **3** ⟨*Geom*⟩ racciare, descrivere: *to ~ a circle* tracciare un cerchio. □ *he -s himself as an actor* dice di essere un attore, si fa passare per attore. **describer** [-bə] *s*. descrittore *m* (*f* -trice).

scription [di'skripʃən] *s*. **1** descrizione *f*, rappresentazione *f*. **2** (*for police purposes, etc.*) connotati *pl*. **3** (*sort, kind*) genere *m*, tipo *m*, specie *f*: *cars of all descriptions* automobili di tutti i tipi. **4** ⟨*Geom*⟩ descrizione *f*. □ *o answer to the ~* rispondere ai connotati; *beyond ~* che opera ogni descrizione; *to defy ~* essere indescrivibile; ⟨*Comm*⟩ *~ of securities* specificazione *f* dei titoli.

escriptive [-ptiv] *a*. **1** descrittivo: *~ anatomy* anatomia descrittiva. **2** ⟨*Gramm*⟩ qualificativo: *~ adjective* aggettivo qualificativo.

escriptive| catalogue *s*. ⟨*Bibliot*⟩ catalogo *m* ragionato. **linguistics** *s.pl.* (costr. sing.) linguistica *f* descrittiva. **scriptor** [di'skriptə] *s*. ⟨*Inform*⟩ descrittore *m*. **scry** [di'skrai] *v.t.* scorgere, discernere, riuscire a edere.

ecrate ['desikreit] *v.t.* **1** profanare (*anche fig.*): *to ~ o.'s memory* profanare la memoria di qd. **2** (*to divest of sacred character*) sconsacrare. **desecrater** [-ə] *s*. profanatore *m* (*f* -trice). **desecration** [-'kreiʃən] *s*. **1** profanazione *f* (*anche fig.*). **2** (*divestment from a sacred character*) sconsacrazione *f*.

---

desegregate [di:'segrigeit] *v.t.* abolire la segregazione razziale in. **desegregation** [-'geiʃən] *s*. abolizione *f* della segregazione razziale.

desensitization [di:ˌsensitai'zeiʃən] *s*. ⟨*Fot,Med*⟩ desensibilizzazione *f*. **de'sensitize** [-taiz] *v.t.* desensibilizzare. **de'sensitizer** [-taizə] *s*. ⟨*Fot*⟩ desensibilizzatore *m*.

desert[1] ['dezət] **I** *s*. deserto *m* (*anche fig.*): *the Sahara ~* il deserto del Sahara. **II** *a*. **1** deserto, incolto. **2** (*deserted, empty*) deserto, vuoto; (*uninhabited*) deserto, spopolato, disabitato: *a ~ island* un'isola deserta. **3** (*peculiar to a desert*) desertico, del deserto: *~ tribes* tribù del deserto.

desert[2] [di'zə:t] **I** *v.t.* **1** abbandonare, lasciare. **2** ⟨*Mil*⟩ disertare, abbandonare: *to ~ one's post* abbandonare il (proprio) posto. **3** ⟨*fig*⟩ (*to fail*) abbandonare, venir meno a: *his courage -ed him* il coraggio gli venne meno. **II** *v.i.* **1** passare: *to ~ to the opposition* passare all'opposizione. **2** ⟨*Mil*⟩ disertare.

desert[3] [di'zə:t] *s*. **1** (*what is due;* general. al pl.) ciò che è dovuto (*o* spetta), compenso *m*, ricompensa *f*. **2** (*worthiness*) merito *m*, valore *m*. □ *to get one's -s* avere ciò che si merita.

deserted [di'zə:tid] *a*. **1** abbandonato: *a ~ wife* una moglie abbandonata. **2** (*uninhabited*) deserto, disabitato: *a ~ village* un villaggio deserto. **deserter** [-tə] *s*. **1** chi abbandona. **2** ⟨*Mil*⟩ disertore *m*. **desertification** [-fiˈkeiʃən] *s*. ⟨*Geol*⟩ desertificazione *f*. **desertion** [-'zə:ʃən] *s*. **1** diserzione *f* (*anche* Mil.). **2** ⟨*Dir*⟩ abbandono *m*.

desert zone *s*. regione *f* desertica.

deserve [di'zə:v] **I** *v.t.* **1** meritare, meritarsi: *he -s to be sent to prison* merita di finire in prigione. **2** (*to merit, be worth*) meritare, essere degno di: *to ~ the prize* meritare il premio. **II** *v.i.* ⟨*assol*⟩ meritare: *to reward s.o. as he -s* ricompensare qd. come merita (*o* secondo i suoi meriti). □ *to ~ ill* (*o well*) *of s.o.* meritare di esser trattato male (*o* bene) da qd.; *he thoroughly -s it* lo merita in pieno. **deservedly** [-idli] *avv.* meritatamente, giustamente. **deserving** [-iŋ] *a*. meritevole, degno.

desex [di:'seks] *v.t.* → **desexualize**. **desexualization** [-ksuə'laizeiʃən] *s*. desessualizzazione *f*. **desexualize** [-uəlaiz] *v.t.* desessualizzare.

desiccant ['desikənt] **I** *a*. essiccativo, disseccante. **II** *s*. ⟨*Chim*⟩ disseccante *m*. **desiccate** [-keit] *v.t.* **1** essiccare, disseccare. **2** (*of food*) disidratare. **3** ⟨*Fal*⟩ (*of wood*) stagionare. **desiccation** [-'keiʃən] *s*. **1** dissecazione *f*. **2** (*dehydration*) disidratazione *f*. **desiccative** [-kətiv] *a./s.* → **desiccant**. **desiccator** [-keitə] *s*. ⟨*tecn*⟩ dissecatore *m*, essiccatoio *m*.

desiderative [di'sidərətiv] *s*. ⟨*Gramm*⟩ desiderativo *m*. **deˌsideratum** [-'reitəm] *s*. (*pl.* **-ta** [tə]) desiderato *m*, ciò che si desidera.

design [di'zain] **I** *v.t.* **1** progettare: *to ~ a new school* progettare una nuova scuola. **2** (*to create, fashion*) creare, disegnare, fare lo schizzo di: *to ~ costumes for a play* disegnare i costumi per (*o* di) una commedia. **3** (*to intend;* general. al pass. *o* al p.p.) intendere: *a policy -ed to increase exports* una politica intesa ad aumentare le esportazioni. **4** (*to plan in the mind*) progettare, avere in animo. **5** (*to designate*) assegnare, destinare, designare: *his father -ed him for the army* fu destinato dal padre alla carriera militare. **6** (*to propose, intend*) proporsi, mirare a, avere intenzione di. **II** *v.i.* **1** (*to draw designs, plans, etc.*) fare (*o* eseguire) progetti (*o* disegni). **2** (*to be a costume designer*) fare il costumista. **III** *s*. **1** progetto *m*: *a ~ for a new airport* un progetto per un nuovo aeroporto; *a ~ for a machine* un progetto di una macchina. **2** (*pattern*) disegno *m*, motivo *m*: *a floral ~* un motivo floreale; (*drawing, outline*) modello *m*, disegno *m*, schizzo *m*: *a ~ for a dress* un modello per un vestito. **3** (*art of designing*) disegno *m*: *a school of ~* una scuola di disegno. **4** (*outline, draft*) disegno *m*, abbozzo *m*, canovaccio *m*: *the ~ of a novel* l'abbozzo di un romanzo. **5** (*plan, project*) piano *m*, progetto *m*; (*plot, intrigue*) complotto *m*, intrigo *m*. **6** (*purpose, intention*) proposito *m*, intenzione *f*. **7** *pl.* (*hostile project*) mire *fpl*, cattive intenzioni *fpl*: *to have -s on* (*o against*) *s.th.* avere delle mire su qc. □ *by ~*

apposta, di proposito.

designate ['dezigneit] **I** *v.t.* **1** segnare, indicare: *to ~ boundaries* segnare i confini. **2** (*to denote*) denotare, indicare, rivelare: *his reply -d uncertainty* la sua risposta rivelava incertezza. **3** (*to name, give a title to*) designare, denominare, chiamare. **4** (*to appoint*) designare, nominare: *to ~ s.o. for an office* designare qd. a un incarico. **II** *a.* designato: *bishop ~* vescovo designato. **designation** [-'neiʃən] *s.* **1** designazione *f:* (*name, title*) nome *m,* titolo *m.* **2** (*appointment*) designazione *f,* nomina *f.*

design characteristics *s.pl.* ⟨*tecn*⟩ caratteristiche *fpl* di progetto.

designedly [di'zainidli] *avv.* di proposito, deliberatamente.

designer [di'zainə] *s.* **1** (*of buildings, machines, etc.*) progettista *m/f,* modellista *m/f.* **2** (*commercial artist*) designer *m,* disegnatore *m* (*f* –trice) grafico. **3** ⟨*Cin,Teat*⟩ costumista *m/f;* (*stage designer*) scenografo *m* (*f* –a). **4** ⟨*Aut*⟩ carrozziere *m,* progettista *m/f.* **5** ⟨*fig*⟩ (*schemer*) intrigante *m/f.* **designing** [-niŋ] **I** *s.* disegno *m,* studio *m,* progettazione *f,* creazione *f.* **II** *a.* (*scheming*) intrigante.

design parameters *s.pl.* di proposito, deliberatamente.

desilver [di:'silvə], **desilverize** [-raiz] *v.t.* ⟨*Chim*⟩ disargentare.

desinence ['desinəns] *s.* **1** parte *f* finale. **2** ⟨*Gramm*⟩ desinenza *f.*

desirability [di,zaiərə'biliti] *s.* desiderabilità *f.* **de'sirable** [-bl] *a.* **1** bello, piacevole, ameno: *a ~ property* una bella tenuta. **2** (*causing sensual desire*) desiderabile, attraente: *a ~ woman* una donna attraente. **3** (*advisable*) consigliabile. **de'sirably** [-bli] *avv.* in modo desiderabile.

desire [di'zaiə] **I** *v.t.* **1** (*to wish*) desiderare; (*to long for*) bramare, anelare. **2** (*to request*) chiedere, sollecitare: *to ~ s.th. of s.o.* chiedere qc. a qd.; (*of a person*) chiedere a, pregare, invitare: *they -d him to come in* lo invitarono a entrare. **II** *s.* **1** desiderio *m,* brama *f,* voglia *f: ~ for knowledge* brama di sapere. **2** (*wish, request*) richiesta *f,* preghiera *f,* invito *m.* **3** (*something desired*) desiderio *m: my greatest ~* il mio più grande desiderio. **4** (*longing, yearning*) desiderio *m,* rimpianto *m,* nostalgia *f.* **5** (*sexual appetite*) desiderio *m* (carnale). □ *in accordance with your ~* secondo il vostro desiderio; *at the ~ of s.o.* per invito di qd.; *to have no ~ for s.th.* non desiderare qc.

desired [-d] *a.* **1** desiderato, bramato. **2** (*suitable, right*) adeguato, giusto: *add the ~ amount* aggiungete la giusta quantità. **desirous** [-rəs] *a.* desideroso, voglioso, bramoso. □ *to be ~ of s.th.* desiderare qc.

desist [di'zist] *v.i.* desistere (*from* da), cessare (di): *to ~ from doing s.th.* desistere dal fare qc., rinunciare a fare qc.

desk [desk] **I** *s.* **1** scrivania *f,* scrittoio *m,* tavolo *m.* **2** ⟨*fig*⟩ (*section of a newspaper, office, etc.*) sezione *f,* reparto *m,* ufficio *m.* **3** (*music stand*) leggio *m.* **4** ⟨*Scol*⟩ (*for pupils*) banco *m;* (*for teachers*) cattedra *f.* **5** ⟨*Comm*⟩ (*cash desk*) cassa *f: pay at the ~* pagare alla cassa. **II** *a.* **1** da scrittoio: *~ lamp* lampada da scrittoio (o tavolo). **2** (*of a job*) di tavolino, sedentario: *~ work* lavoro di tavolino.

desk| clerk *am. s.* receptionist *m/f.* **~ computer** *s.* calcolatore *m* da tavolo. **~ research** *s.* ricerca *f* a tavolino. **~top computer** → desk computer.

desman ['desmən] *s.* ⟨*Zool*⟩ desman *m,* miogale *m.*

desolate I *a.* ['desəlit] **1** desolato, privo di vita, sterile: *a ~ waste* un deserto desolato. **2** (*uninhabited*) disabitato, deserto; (*lonely*) solitario; (*devastated, dilapidated*) devastato, in rovina. **3** ⟨*fig*⟩ (*forlorn, wretched*) desolato, afflitto, sconsolato. **4** ⟨*fig*⟩ (*dreary, dismal*) tetro, triste, squallido. **II** *v.t.* ['desəleit] **1** devastare. **2** (*to depopulate*) spopolare. **3** ⟨*fig*⟩ desolare, affliggere. **desolateness** [-litnis] *s.* ⟨*non com*⟩ → desolation. **desolation** [-'leiʃən] *s.* **1** desolazione *f,* devastazione *f;* (*state*) desolazione *f,* squallore *m.* **2** (*desolate, barren area*) zona *f* desolata (o squallida). **3** ⟨*fig*⟩ desolazione *f,* dolore *m,* pena *f.*

despair [di'speə] **I** *s.* disperazione *f: to be seized by ~* essere in preda alla disperazione; *he was the ~ of his*

family era la disperazione della famiglia. **II** *v.i.* **1** ⟨*ass* disperare, disperarsi, perdere la speranza. **2** (*to give hope for*) disperare, perdere la speranza (*of* di): *the doctc ~ of saving his life* i dottori disperano di salvargli la vi □ *the courage of ~* il coraggio della disperazione; *to dr s.o. to ~* spingere qd. alla disperazione; *to be filled with* esser preso dalla disperazione, essere disperato; *in* (o *c of*) *~* disperato, in preda alla disperazione. **despairi** [-riŋ] *a.* **1** (*hopeless*) disperato, senza speranza. (*indicating despair*) di disperazione, disperato: *a ~ lc* uno sguardo disperato.

despatch *s./v.* → dispatch.

desperado [,despə'reidou] *s.* (*pl.* -es/-s [z]) bandito malvivente *m* pronto a tutto.

desperate ['despərit] *a.* **1** disperato, furioso, accanito: *a struggle* una lotta disperata. **2** (*serious, dangerous*) ser speranza, disperato: *a ~ illness* una malattia ser speranza; *a ~ situation* una situazione disperata. **3** *persons: having no hope*) disperato, senza (o che ha pe ogni) speranza. **4** (*exerting all one's power*) dispera estremo: *a ~ effort* uno sforzo disperato. **5** ⟨*fam*⟩ (*awf* terribile, disastroso, spaventoso. □ *to become ~* arriv alla disperazione; *~ cases require ~ remedies* a m estremi, estremi rimedi. **desperately** [-li] *avv.* disperatamente. **2** (*recklessly*) disperatamente, accan mente, con furore. **3** ⟨*fam*⟩ (*very*) terribilmente, spavento mente, enormemente: *~ tired* spaventosamente stanc **desperation** [-'reiʃən] *s.* **1** disperazione *f.* **2** (*extre recklessness*) temerarietà *f* disperata. □ ⟨*fam*⟩ *to drive s to ~* spingere qd. alla disperazione.

despicable ['despikəbl] *a.* spregevole, disprezzab **despicably** [-bli] *avv.* spregevolmente.

despise [di'spaiz] *v.t.* disprezzare, disdegnare. **despisin** [-iŋli] *avv.* con disprezzo.

despite [di'spait] **I** *prep.* malgrado, nonostante, a dispe di. **II** *s.* malanimo *m,* malevolenza *f.* □ *to hold s.o. in* disprezzare qd.; *in ~ of* a dispetto di, nonostante; *in own ~* suo malgrado. **despiteful** [-ful] *a.* dispettc maligno.

despoil [di'spoil] *v.t.* depredare, spogliare, saccheggiare: *~ s.o. of s.th.* spogliare qd. di qc. **despoiler** [-ə] saccheggiatore *m.* **despoilment** [-mənt], **despoliati** [-,spouli'eiʃən] *s.* depredazione *f,* saccheggio *m,* spoliazic *f.*

despond [di'spond] *v.i.* abbattersi, perdersi d'anir scoraggiarsi. **despondence** [-əns], **despondency** [-ə *s.* abbattimento *m,* scoraggiamento *m,* sconforto **despondent** [-ənt], **desponding** [-iŋ] *a.* abbattu depresso, scoraggiato, sconfortato.

despot ['despot] *s.* despota *m.* **des'potic** [-t **des'potical** [-tikəl] *a.* dispotico. **despotism** [-izəm dispotismo *m.*

desquamate ['deskwəmeit] *v.i.* ⟨*Med*⟩ squama **desquamation** [-'meiʃən] *s.* desquamazione *f.*

dessert [di'zə:t] *s.* ⟨*Gastr*⟩ **1** dessert *m.* **2** (*course of fr* frutta *f* (a fine pasto).

dessert| knife *s.* coltellino *m* da dessert. **~ spoon** cucchiaino *m* da dessert.

destabilization [,di:'steibilai'zeiən] *s.* ⟨*Pol*⟩ destabi zazione *f.* **de'stabilize** [-laiz] *v.t.* destabilizzare. **destab zer** [-zə] *s.* destabilizzatore *m.* **destabilizing** [-ziŋ destabilizzante.

destalinization [di:,sta:linai'zeiʃən] *s.* ⟨*Pol*⟩ destalini; zione *f.* **de'stalinize** [-naiz] *v.t.* destalinizzare.

destination [,desti'neiʃən] *s.* destinazione *f,* meta *f.*

destine ['destin] *v.t.* **1** destinare: *to ~ the takings to* poor destinare l'incasso ai poveri. **2** (*to design, inte* destinare, indirizzare: *his parents -d him for the law* i s genitori lo avevano destinato alla carriera forense. **3** *predetermine;* general. al pass.) predestinare, destin they were -d never to meet again erano destinati a incontrarsi mai più. □ *it was -d that* era destinato che scritto) che. **destined** [-d] *a.* diretto (*for* a): *a ship ~ London* una nave diretta a Londra. **destiny** [-i destino *m,* fato *m,* sorte *f: it was his ~ to die young* destino che morisse giovane. □ ⟨*Mitol*⟩ *the Destinie* parche.

estitute ['destitju:t] *a.* **1** bisognoso, indigente. **2** (*deprived, lacking*) privo, mancante (*of* di). ,**destitution** -'tju:ʃən] *s.* povertà *f,* indigenza *f.*

estroy [di'strɔi] *v.t.* **1** distruggere: *–ed by fire* distrutto dal 'uoco; (*to extinguish*) annientare, sterminare. **2** (*fig*) (*to 'ring to ruin*) distruggere, rovinare: *to ~ s.o.'s reputation* 'ovinare la reputazione di (*o* a) qd. **3** (*to kill*) uccidere, mmazzare; (*of an animal*) abbattere. **destroyable** [–əbl] *ɔ. distruttibile.* **destroyer** [–ə] *s.* **1** distruttore *m* (*f* -trice) (*anche fig.*). **2** (*Mar.mil*) cacciatorpediniere *m.*

estructibility [di,strʌkti'biliti] *s.* l'essere distruttibile. **le'structible** [–bl] *a.* distruttibile. **de'struction** [–kʃən] *s.* **1** distruzione *f,* annientamento *m.* **2** (*cause of ruin*) listruzione *f,* rovina *f: drink was his ~* il bere fu la sua 'ovina. □ *work of ~* opera devastatrice. **de'structive** [–tiv] *a.* **1** distruttivo, rovinoso. **2** (*not constructive*) listruttivo, non costruttivo, negativo: *~ criticism* critica listruttiva. **3** (*deleterious*) deleterio, dannoso. **le'structively** [–tivli] *avv.* in maniera distruttiva. **le'structiveness** [–tivnis] *s.* capacità *f* distruttiva.

esuetude ['deswitju:d, di'sju:itju:d] *s.* disuso *m.* □ *to fall o pass*) *into ~* cadere (*o* andare) in disuso.

esulfur(ate) *am. e der.* → **desulphur(ate)** *e der.*

esulphur(ate) [di:'sʌlfə(reit)] *v.* → **desulphurize.** **de,sulphurization** [–rai'zeiʃən] *s.* desolforazione *f.* **le'sulphurize** [–raiz] *v.t.* desolforare.

esultorily ['desəltərili] *avv.* **1** saltuariamente. **2** (*without nethod*) senza metodo (*o* ordine), a casaccio. **lesultoriness** [–rinis] *s.* saltuarietà *f,* discontinuità *f.* **2** (*lack of method*) mancanza *f* di metodo. **desultory** –ri] *a.* **1** saltuario, discontinuo. **2** (*disconnected*) nstabile, sconnesso.

•**tach** [di'tætʃ] *v.t.* **1** staccare, distaccare: *to ~ a rail-vay carriage* staccare una carrozza ferroviaria. **2** (*Mil,Mar.mil*) distaccare. **3** (*fig*) (*to withdraw*) al-ontanare, staccare: *to ~ o.s. from a group* allontanarsi la un gruppo. **detachable** [–əbl] *a.* staccabile, separabile. **letached** [–t] *a.* staccato, separato; (*of a house*) isolato. **2** (*fig*) obiettivo, imparziale, spassionato: *a ~ opinion* un parere spassionato; (*aloof, unconcerned*) listaccato, indifferente, disinteressato. **detachedly** [–idli] *vv.* in modo distaccato. **detachedness** [–dnis] *s.* **1** eparazione *f,* isolamento *m.* **2** (*objectivity*) obiettività *f,* mparzialità *f.* **detachment** [–mənt] *s.* **1** distacco *m,* eparazione *f.* **2** (*fig*) (*neutrality*) obiettività *f,* mparzialità *f;* (*aloofness*) distacco *m,* indifferenza *f,* lisinteresse *m.* **3** (*Mil,Mar.mil*) (*act*) il distaccare; (*body*) listaccamento *m.* **4** (*Med*) distacco *m: ~ of the retina* listacco della retina.

•**tail** I *s.* ['di:teil, *am.* di'teil] **1** dettaglio *m,* particolare *n,* minuzia *f.* **2** (*attention to every particular*) cura *f* dei articolari (*o* dettagli). **3** (*Art,Fot*) dettaglio *m.* **4** (*Arch,Mecc*) **detail drawing. 5** (*Mil*) (*small group*) •iccolo distaccamento *m* (*o* gruppo), reparto *m: the patrol ~* il reparto in perlustrazione; (*list of duties*) ordine *m* del ,iorno. II *v.t.* [di'teil] **1** dettagliare, esporre lettagliatamente; (*to enumerate*) enumerare, elencare. **2** (*Mil*) distaccare, assegnare. □ *in every ~* in ogni articolare; *to go* (*o* enter) *into –s* entrare nei particolari; *n ~* minuziosamente, dettagliatamente; *that's only a ~* è •olo una minuzia.

•**tail drawing** *s.* (*Arch,Mecc*) disegno *m* di particolari.

•**tailed** ['diteild] *a.* dettagliato, particolareggiato, ircostanziato: *a ~ report* un resoconto dettagliato.

•**tail man** [mən] *s.irr.* (*am*) collaboratore *m* armaceutico.

•**tain** [di'tein] *v.t.* **1** trattenere, far aspettare; (*to delay*) far itardare. **2** (*Dir*) trattenere, detenere: *–ed for questioning* •y the police trattenuto dalla polizia per essere interrogato. ? (*to withhold*) non restituire, trattenere. **detainee** [–'i:] , detenuto *m* (*f* -a). **detainer** [–ə] *s.* (*Dir*) **1** (*holding*) letenzione *f* (illegale). **2** (*detention in custody*) detenzione stato *m* d'arresto. **3** (*writ*) ordine *m* di detenzione.

tect [di'tekt] *v.t.* scoprire, notare: *to ~ a mistake* coprire (*o* trovare) un errore. **2** (*to bring to light*) coprire, smascherare: *to ~ a murderer* scoprire un ssassino. **3** (*to discover doing*) scoprire, sorprendere: *to ~*

s.o. stealing sorprendere qd. mentre sta rubando. **4** (*Rad*) raddrizzare. **detectable** [–əbl] *a.* scopribile, avvertibile. **detection** [–kʃən] *s.* **1** scoperta *f: the ~ of a crime* la scoperta di un delitto. **2** (*Rad*) raddrizzamento *m.* **detective** [–iv] I *s.* **1** (*officer*) detective *m,* poliziotto *m* (*o* agente) investigativo. **2** (*private detective*) detective *m,* investigatore *m* privato. II *a.* **1** investigativo, poliziesco, giallo. **2** (*fig*) poliziesco: *~ methods* metodi polizieschi. **detective| fiction** *s.* giallistica *f.* ~ **film** *s.* film *m* poliziesco. ~ **story** *s.* racconto *m* poliziesco.

detector [di'tektə] *s.* **1** scopritore *m* (*f* -trice). **2** (*El*) galvanometro *m* direzionale. **3** (*Rad,Atom*) rivelatore *m,* detector *m.*

detent [di'tent] *s.* (*Mecc*) dente *m* d'arresto, fermo *m.*

détente *fr.* [de'tã:t] *s.* (*Pol*) distensione *f.*

detention [di'tenʃən] *s.* **1** (*Dir*) detenzione *f,* stato *m* d'arresto. **2** (*holding*) detenzione *f* (abusiva): *~ of goods* detenzione di beni. **3** (*Scol*) il trattenere per punizione (oltre l'orario scolastico). □ (*Dir*) *~ on remand*] (*o pending trial*) detenzione preventiva.

detention| barrack *s.* (*Mil*) prigione *f* militare. ~ **home** *s.* riformatorio *m,* casa *f* di correzione.

deter [di'tə:] *v.t.* (*pret., p.p.* **deterred** [–d]) **1** distogliere, dissuadere, trattenere: *to ~ s.o. from doing s.th.* dissuadere qd. dal fare qc.; (*to discourage*) scoraggiare. **2** (*to prevent*) evitare, impedire.

deterge [di'tə:dʒ] *v.t.* detergere (*anche Med.*). **detergent** [–ənt] I *a.* detergente, detersivo. II *s.* detergente *m,* detersivo *m.*

deteriorate [di'tiəriəreit] I *v.i.* **1** peggiorare: *your work has –d* il tuo lavoro è peggiorato. **2** (*to become lower in value*) deprezzarsi, diminuire di valore. **3** (*to degenerate*) deteriorarsi, alterarsi. II *v.t.* **1** deteriorare, alterare. **2** (*to reduce in value*) deprezzare, sminuire. **de,terioration** [–'reiʃən] *s.* deterioramento *m.* □ *~ of the environment* degrado *m* ambientale.

determent [di'tə:mənt] *s.* **1** il distogliere, il trattenere. **2** (*deterrent*) freno *m,* impedimento *m.*

determinable [di'tə:minəbl] *a.* **1** determinabile. **2** (*Dir*) risolvibile: *~ contract* contratto risolvibile. **determinant** [–nənt] I *s.* **1** fattore *m* determinante (*o* decisivo). **2** (*Mat,Biol*) determinante *m.* II *a.* determinante.

determinate [–nit] *a.* **1** determinato, definito, preciso; (*fixed*) stabilito, fissato. **2** (*definitive*) definitivo, decisivo. **3** (*Mat,Biol*) determinato. **determinately** [–nitli] *avv.* con precisione, definitivamente. **determinateness** [–nitnis] *s.* determinatezza *f,* esattezza *f.*

determination [di,tə:mi'neiʃən] *s.* **1** determinazione *f,* decisione *f.* **2** (*reckoning, ascertainment*) determinazione *f,* accertamento *m,* calcolo *m: the ~ of the area of a figure* la determinazione dell'area di una figura. **3** (*conclusion, decision*) conclusione *f,* decisione *f.* **4** (*resoluteness*) risolutezza *f,* decisione *f,* ferma volontà *f: to act with ~* agire con risolutezza; (*fixed purpose*) fermo proposito *m.* **5** (*Dir*) (*of a contract*) risoluzione *f.* **6** (*Biol,Filos*) determinazione *f.* □ *to come to a ~* decidersi.

determinative [di'tə:minitiv] I *a.* determinativo (*anche Gramm.*). II *s.* **1** fattore *m* determinante (*o* decisivo). **2** (*Gramm*) (*article*) articolo *m* determinativo; (*pronoun*) pronome *m* determinativo.

determine [di'tə:min] I *v.t.* **1** determinare, fissare, stabilire: *to ~ a date* stabilire una data. **2** (*to settle*) risolvere| definire: *to ~ a dispute* definire una controversia. **3** (*to decide*) decidere, determinare, stabilire: *to ~ to do s.th.* decidere di fare qc.; (*of a person: to lead to a decision*) convincere, (far) decidere: *what –d you?* che cosa ti ha deciso? **4** (*to ascertain*) stabilire, fissare: *to ~ the hour of death* stabilire l'ora della morte. **5** (*Dir*) (*of a contract*) risolvere, sciogliere. II *v.i.* (*to resolve*) risolversi, decidersi (*on* per): *to ~ on a career in banking* decidersi per la carriera bancaria. **determined** [–d] *a.* **1** (*resolute*) deciso, fermo, risoluto: *a ~ opponent* un avversario risoluto. **2** (*decided*) deciso: *I am ~ to succeed* sono deciso a riuscire. □ *to be ~ on s.th.* volere assolutamente qc. **determinedly** [–dli] *avv.* con risolutezza.

determinism [di'tə:minizəm] *s.* (*Filos*) determinismo *m.*

determinist [–nist] **I** *s.* determinista *m/f.* **II** *a.* →
deterministic. de,terministic [–'nistik] *a.* deterministico.
deterrence [di'terəns] *s.* deterrenza *f.* **deterrent** [–nt] **I** *a.*
1 che distoglie, che dissuade. **2** ⟨*Mil,Pol*⟩ deterrente. **II** *s.*
1 freno *m*, impedimento *m*, remora *f.* **2** ⟨*Mil,Pol*⟩
deterrente *m.*
detersive [di'tə:siv] *s.* detersivo *m*, detergente *m.*
detest [di'test] *v.t.* detestare, aborrire, odiare. **detestable**
[–əbl] *a.* detestabile, odioso. **detestably** [–əbli] *avv.*
detestabilmente. **,detestation** [–'teiʃən] *s.* **1** avversione *f*,
odio *m.* **2** (*object of hatred: thing*) cosa *f* detestata, orrore
m; (*person*) persona *f* detestata.
dethrone [di'θroun] *v.t.* detronizzare. **dethronement**
[–mənt] *s.* detronizzazione *f.*
detinue ['detinju:] *s.* ⟨*Dir*⟩ **1** detenzione *f* (illegale). **2**
(*action for recovery*) rivendicazione *f*, azione *f* di
rivendicazione.
detonate ['detəneit] **I** *v.t.* ⟨*Mil*⟩ far esplodere. **II** *v.i.*
esplodere.
detonating fuse ['detəneitiŋ] *s.* ⟨*Artigl*⟩ spoletta *f* (*o*
miccia) detonante.
detonation [,detə'neiʃən] *s.* **1** detonazione *f*, esplosione *f.* **2**
⟨*Mot*⟩ detonazione *f.* **detonator** [–neitə] *s.* **1** (*device*)
detonatore *m.* **2** ⟨*Ferr*⟩ detonatore *m*, petardo *m.*
detour ['deituə, *am.* di'tuə] *s.* ⟨*Strad*⟩ deviazione *f.*
detox [di:'tɔks] **I** *v.t.* ⟨*fam*⟩ disintossicare. **II** *s.* centro *m*
per la disintossicazione. **detoxicate** [–tɔksikeit] *v.* →
detoxify. de,toxication [–'keiʃən], **de,toxification**
[–sifi'keiʃən] *s.* disintossicazione *f.* **detoxify** [–sifai] *v.t.*
disintossicare.
detract [di'trækt] **I** *v.t.* distogliere, distrarre. **II** *v.i.*
sminuire, diminuire, ridurre (*from s.th.* qc.): *we must not*
~ *from his merit* non dobbiamo sminuire il suo merito.
detraction [–kʃən] *s.* **1** detrazione *f*, denigrazione *f*,
diffamazione *f.* **2** (*taking away*) detrazione *f*, sottrazione *f.*
detractive [–iv] *a.* **1** che detrae, che tende a detrarre. **2**
(*defamatory*) denigratorio, diffamatorio. **detractor** [–ə] *s.*
detrattore *m* (*f* –trice), denigratore *m* (*f* –trice).
detractory [–əri] *a.* → **detractive.**
detrain [di:'trein] **I** *v.i.* scendere dal treno. **II** *v.t.* far
scendere dal treno.
detriment ['detrimənt] *s.* detrimento *m*, danno *m*,
pregiudizio *m.* □ *I know nothing to his* ~ non sono a
conoscenza di nulla contro di lui; *to the* ~ *of one's health*
a detrimento della salute; *without* ~ *to* senza pregiudizio
(*o* danno) per. **,detri'mental** [–əl] *a.* dannoso, nocivo,
pregiudizievole. □ *to be* ~ *to s.o.* tornare a detrimento di
qd. **,detri'mentally** [–əli] *avv.* dannosamente, in modo
nocivo.
detrital [di'traitl], **detrited** [–tid] *a.* ⟨*Geol*⟩ detritico.
detrition [–'triʃən] *s.* detrizione *f*, corrosione *f* per attrito.
detritus [–təs] *s.inv.* **1** ⟨*Geol*⟩ detriti *mpl.* **2** (*debris*)
frammenti *mpl.*
detumescence [,di:tju'mesəns] *s.* detumefazione *f*,
detumescenza *f.*
deuce [dju:s] **I** *s.* **1** (*of cards, dice, dominoes*) due *m.* **2**
(*cast of dice*) tiro *m* di due, due *m.* **3** ⟨*Sport*⟩ (*in tennis*)
parità *f* (a quaranta punti). **II** *intz.* ⟨*fam*⟩ diavolo,
diamine: *what the* ~ *are you doing?* che diavolo stai
facendo? □ *he is a* ~ *of a liar* è un bugiardo matricolato;
⟨*fam*⟩ *there'll be the* ~ *to pay* ci saranno un sacco di
guai; ⟨*fam*⟩ *the* ~ *I will!* il diavolo mi porti se lo farò!;
where in the ~ *is he?* dove diavolo è? **deuced** [–t] ⟨*fam*⟩
I *a.* maledetto, dannato, tremendo. **II** *avv.* → **deucedly.**
'deucedly [–idli] *avv.* ⟨*fam*⟩ **1** diabolicamente. **2** (*very,
remarkably*) maledettamente, terribilmente.
deuterium [dju:'tiriəm] *s.* ⟨*Chim*⟩ deuterio *m*, idrogeno *m*
pesante.
deuteron ['dju:tərən] *s.* ⟨*Fis*⟩ deutone *m*, deuterone *m.*
Deuteronomic [,dju:tərə'nɔmik], **Deuteronomical** [–əl]
a. ⟨*Bibl*⟩ deuteronomico. **Deuteronomist** [–'rɔnəmist] *s.*
autore *m* (presunto) del deuteronomio. **Deuteronomy**
[–'rɔnəmi] *s.* deuteronomio *m.*
devaluate *am.* [di:'væljueit] *v.* → **devalue. de,valuation**
[–lju'eiʃən] *s.* svalutazione *f*, svalutazionista *f*: ~ *of
currency* svalutazione monetaria. **devaluationist**
[–lju'eiʃənist] *s.* ⟨*Econ*⟩ svalutazionista *m/f.* **devalue**
[–lju:] *v.t.* svalutare.
devastate ['devəsteit] *v.t.* devastare; (*to ruin*) devastar
rovinare. **devastating** [–iŋ] *a.* **1** devastatore, distrut
vo: *a* ~ *fire* un fuoco devastatore. **2** ⟨*fig*⟩ (*satirically effe
tive*) mordace, pungente, sarcastico: *a* ~ *rema*
un'osservazione pungente. **,devastation** [–'teiʃən]
devastazione *f*; (*ruin*) distruzione *f*, rovina *f.* □ *work of*
opera devastatrice. **devastator** [–ə] *s.* devastatore *m*
–trice), distruttore *m* (*f* –trice).
develop [di'veləp] **I** *v.t.* **1** sviluppare, valorizzare, f
progredire, incrementare: *to* ~ *natural resourc*
valorizzare le risorse naturali. **2** (*to cause to gro*
sviluppare: *to* ~ *one's muscles* sviluppare i muscoli. **3** (
an argument, etc.: to elaborate in detail) sviluppa
ampliare. **4** (*to acquire gradually*) acquisire gradualmen
to ~ *a habit* acquisire gradualmente un'abitudine. **5** (
bring to light) manifestare, rivelare: *to* ~ *a tender*
manifestare una tendenza. **6** (*of land: to build on*) usa
come ‛terreno da costruzione’ (*o* area fabbricabile).
⟨*Fot,Mat,Biol*⟩ sviluppare. **8** ⟨*Mus*⟩ (*of a them*
sviluppare, elaborare. **II** *v.i.* **1** svilupparsi; (*of a perso*
farsi, rivelarsi: *he is –ing into a fine painter* si s
rivelando un bravo pittore. **2** (*to evolve, grow*) diventa
svilupparsi, trasformarsi. **3** (*to become evider*
svilupparsi: *the plot –s slowly* l'intreccio si svilup
lentamente. **4** ⟨*Med*⟩ (*of a disease*) manifestarsi.
developable [di'veləpəbl] *a.* sviluppabile. **developer** [–
s. **1** sviluppatore *m* (*f* –trice). **2** ⟨*Fot,Chim*⟩ rivelatore
sviluppatore *m.* **3** (*one who develops land, etc.*) persona
che ‛apporta migliorie’ (*o* valorizza). **developing** [–piŋ]
di sviluppo (*anche Fot.*).
developing| bath *s.* ⟨*Fot,Chim*⟩ bagno *m* rivelatore (*o*
sviluppo). ~ **countries** *s.pl.* paesi *mpl* in via
sviluppo.
development [di'veləpmənt] *s.* **1** sviluppo *m*, p
tenziamento *m*, incremento *m.* **2** (*result*) sviluppi *m*
eventi *mpl: the latest –s in the crisis* gli ultimi svilup
della crisi. **3** (*evolution, growth*) sviluppo *m*, crescita *f.*
(*of land: act of developing*) valorizzazione *f*; (*develop*
area) area *f* valorizzata; (*group of buildings, etc.*) immob
m. **5** ⟨*Fot,Biol*⟩ sviluppo *m.* **6** ⟨*Mus*⟩ sviluppo
elaborazione *f.* **7** (*in chess*) mossa *f.*
development aid *s.* ⟨*Pol*⟩ aiuti *mpl* allo sviluppo.
developmental [di,veləp'məntl] *a.* **1** dello svilup
inerente allo sviluppo. **2** ⟨*Ped*⟩ che favorisce lo svilup
mentale.
developmental| age *s.* età *f* evolutiva. ~ **biology**
biologia *f* dello sviluppo. ~ **genetics** *s.pl.* genetica *f* de
sviluppo’ (*o* fisiologica).
development| area *s.* area *f* di sviluppo industriale.
bank *s.* banca *f* di sviluppo. ~ **fund** *s.* ⟨*Econ*⟩ fondo
di sviluppo. ~ **plan** *s.* ⟨*Econ*⟩ piano *m* di sviluppo. ~
planning *s.* pianificazione *f* dello sviluppo. ~ **pole**
polo *m* di sviluppo.
deviance ['di:viəns] *s.* ⟨*Sociol*⟩ devianza *f.* **deviant** [–ə
I *a.* deviante. **II** *s.* deviante *m/f.*
deviate I *v.i.* ['di:vieit] **1** deviare. **2** ⟨*fig*⟩ derogare (*fr*
a), deviare, allontanarsi, scostarsi (da): *to* ~ *from or*
principles derogare ai propri principi; *to* ~ *from the tr*
scostarsi dalla verità. **II** *a.* ['di:viit] anormale:
behaviour comportamento anormale. **III** *s.* **1** anorm
m/f. **2** (*sexual pervert*) pervertito *m* (*f* –a) (sessuale).
deviation [,di:vi'eiʃən] *s.* **1** deviazione *f.* **2** ⟨*Statt*
deviazione *f*, scostamento *m*, scarto *m.* **deviationis**
[–izəm] *s.* ⟨*Pol*⟩ deviazionismo *m.* **deviationist** [–ist
deviazionista *m/f.*
device [di'vais] *s.* **1** congegno *m*, dispositivo
meccanismo *m*, ⟨*fam*⟩ aggeggio *m*, ⟨*fam*⟩ arnese *m.*
(*plan, scheme*) piano *m*, schema *m*; (*crafty scheme*
stratagemma *m*, espediente *m.* **3** (*something elabore*
intricate) motivo *m* elaborato. **4** ⟨*Arald*⟩ divisa
emblema *m*, stemma *m.* □ *to leave s.o. to his own*
lasciare qd. libero di agire come vuole.
devil[1] ['devl] *s.* **1** (*Satan*) satana *m*, diavolo *m*, demo
m. **2** ⟨*fig*⟩ (*wicked person*) essere *m* diabolico, demo
m; (*energetic, reckless person*) diavolo *m*, demonio *m*
(*mischievous child*) diavoletto *m.* **3** ⟨*fam*⟩ (*wret*

iavolo *m*, disgraziato *m* (*f* –a): *the poor* ~ *has lost his ob again* quel povero diavolo ha di nuovo perso il posto. ‖ ⟨*Gastr*⟩ pietanza *f* molto piccante. □ ⟨*fam*⟩ *to be a* ~ *or* essere un diavolo in fatto di: *he's a* ~ *for women* è un iavolo 'in fatto di' (*o* con le) donne; ⟨*fig*⟩ *to give the* ~ *is due* riconoscere i meriti di qd. (nonostante tutti i ifetti), rendere giustizia a qd.; ⟨*fam*⟩ *to* go *to the* ~ (*to e ruined*) andare in malora (*o* rovina); ⟨*fam*⟩ go *to the* –*!* va' al diavolo!; *the* ~ *has had a* hand *in this* il diavolo i ha messo la coda; ⟨*fig*⟩ *the* ~ *take the* hindmost si alvi chi può; ⟨*fam*⟩ *how the* ~ *did he find out?* come iavolo l'ha scoperto?; *I'm in a* ~ *of a* mess sono in un erribile pasticcio; ⟨*fam*⟩ ~ *a* one (*not a single*) nessuno; *he* ~ *is not so black as he is* painted il diavolo non è poi osì brutto come lo si dipinge; ⟨*fam*⟩ *there'll be the* ~ *to ay* vi saranno serie conseguenze; ⟨*fam*⟩ *to* play *the* ~ *vith* fare il diavolo a quattro; ⟨*fig*⟩ *to* raise *the* ~: 1 (*to make a din*) fare un chiasso del diavolo; 2 (*to celebrate vildly*) far baldoria; 3 (*to protest strongly*) fare il diavolo a quattro; *to* run *like the* ~ correre come il vento; ⟨*fig*⟩ *etween the* ~ *and the deep blue* sea fra l'incudine e il nartello, tra Scilla e Cariddi; *the* ~ take *you!* che il iavolo ti porti!; ⟨*fam*⟩ who *the* ~ *do you think you are?* hi diavolo credi di essere?; *to* work *like the* ~ lavorare er quattro. ‖ ⟨*fam*⟩ *the* –*!* ma no!, ma va là!; ⟨*fam*⟩ *a* ~ *f* d'inferno, da non dire, spaventoso: *a* ~ *of a* row un accano d'inferno; ⟨*fam*⟩ *to do s.th. for the* ~ *of it* fare c. per puro capriccio.

vil[2] *v.t.* (*pret., p.p.* **devilled**/*am.* **deviled** [–d]) ⟨*Gastr*⟩ reparare (*o* cuocere) con molte spezie.

vil| **dodger** *s.* ⟨*fam*⟩ predicatore *m.* ~ **fish** *s.* ⟨*Itt*⟩ iavolo *m* di mare.

vilish ['devliʃ] **I** *a.* **1** diabolico, demoniaco. **2** ⟨*fam*⟩ *extreme*) infernale, del diavolo, maledetto: *to be in a* ~ *urry* avere una fretta del diavolo. **II** *avv.* ⟨*fam*⟩ *extremely*) maledettamente, tremendamente. **devilishly** –li] *avv.* ⟨*fam*⟩ diabolicamente. **devilishness** [–nis] *s.* atura *f* diabolica. **devilism** [–lizəm] *s.* satanismo *m.*

villed ['devəld] *a.* ⟨*Gastr*⟩ condito con salsa bollente e iccante.

vil-may-'care *a.* **1** (*reckless*) avventato, temerario. **2** *impudent*) impudente, sfrontato.

vilment ['dəvlmənt] *s.* diavoleria *f*, azione *f* diabolica. □ *o be full of* ~ avere il diavolo in corpo. **devilry** [–lri] *s.* → **devilment. 2** (*extreme wickedness*) malvagità *f.* **3** *vorks of the devil*) diavolerie *fpl.* **4** (*witchcraft*) magia *f* era.

vil's| **advocate** *s.* ⟨*Rel.catt*⟩ avvocato *m* del diavolo *inche fig.*). ~ **bones** *s.pl.* ⟨*sl*⟩ (*dice*) dadi *mpl.* ~ **tattoo** ⟨*fig*⟩ il tamburellare.

vious ['di:viəs] *a.* **1** indiretto, tortuoso, traverso (*anche g.*). **2** ⟨*fig*⟩ (*tricky, deceptive*) ambiguo, subdolo, infido. **eviously** [–li] *avv.* indirettamente. **deviousness** [–nis] *s.* **1** tortuosità *f* (*anche fig.*). **2** ⟨*fig*⟩ (*trickiness, ishonesty*) ambiguità *f*, modi *mpl* subdoli.

visable [di'vaizəbl] *a.* **1** concepibile, immaginabile. **2** *Dir*⟩ trasmissibile (per testamento).

vise [di'vaiz] **I** *v.t.* **1** concepire, escogitare, ideare: *to* ~ *plan* escogitare un piano. **2** ⟨*Dir*⟩ lasciare in eredità, gare. **II** *s.* **1** ⟨*Dir*⟩ disposizione *f* testamentaria. **2** *property*) beni *mpl* immobili lasciati in eredità. **devi'see** -i:] *s.* ⟨*Dir*⟩ legatario *m* (*f* –a), erede *m/f.* **devisor** [–ə] ⟨*Dir*⟩ testatore *m* (*f* –trice).

vitalization [di:,vaitəlai'zeiʃən] *s.* ⟨*Dent*⟩ devitalizza-ione *f.* **de'vitalize** [–laiz] *v.t.* **1** ⟨*Dent*⟩ devitalizzare. *to weaken*) indebolire.

void [di'vɔid] *a.* privo, mancante, sprovvisto, destituito *of* di): *a person* ~ *of shame* una persona priva di udore.

voir [də'vwa:] *s.* **1** dovere *m.* **2** *pl.* ossequi *mpl*, omaggi *ipl: to pay one's* –*s to s.o.* porgere i propri omaggi a d.

volution [,di:və'lu:ʃən] *s.* **1** ⟨*Dir*⟩ (*of property*) evoluzione *f*, trapasso *m*; (*of authority, power*) delega *f.* **2** *Biol*) involuzione *f.* **devolve** [di'vɔlv] **I** *v.t.* devolvere, 'asmettere, trasferire (*anche Dir.*): *to* ~ *a right on* (*o to*) o. devolvere un diritto a qd. **II** *v.i.* devolversi, essere

trasmesso (*on, upon* a).

Devonian [di'vouniən] **I** *a.* **1** ⟨*Geol*⟩ devoniano. **2** ⟨*Geog*⟩ del (*o* relativo al) Devonshire. **II** *s.* **1** ⟨*Geol*⟩ devoniano *m.* **2** ⟨*Geog*⟩ abitante *m/f* del Devonshire.

devote [di'vout] *v.t.* **1** dedicare, consacrare: *to* ~ *one's life to study* consacrare la propria vita allo studio; *to* ~ *o.s. to doing good works* dedicarsi alle opere di bene. **2** (*to vow, consecrate*) votare, consacrare. **devoted** [–id] *a.* **1** devoto, affezionato, fedele: *a* ~ *mother* una madre affezionata. **2** (*dedicated, consecrated*) dedicato, consacrato, dedito. **devotedly** [–idli] *avv.* devotamente.

devotee [,devə'ti:] *s.* **1** devoto *m* (*f* –a), fedele *m/f.* **2** (*person devoted to religion*) devoto *m* (*f* –a), persona *f* pia. **3** ⟨*fam*⟩ appassionato *m* (*f* –a), patito *m* (*f* –a), ⟨*fam*⟩ fanatico *m* (*f* –a).

devotion [di'vouʃən] *s.* **1** devozione *f*, dedizione *f*, attaccamento *m*: ~ *to* duty attaccamento al dovere. **2** (*love, affection*) attaccamento *m*, affetto *m.* **3** (*assignment*) il consacrare. **4** *pl.* ⟨*Rel*⟩ (*prayers*) preghiere *fpl*, devozioni *fpl*: *to be at one's* –*s* dire le preghiere. **devotional** [–l] *a.* religioso, pio: ~ *exercises* pratiche religiose. **devotionally** [–li] *avv.* con devozione.

devour [di'vauə] *v.t.* **1** divorare (*anche fig.*): *to* ~ *a book* divorare un libro. **2** ⟨*fig*⟩ (*to consume*) divorare, distruggere, consumare: *fire* –*ed the building* il fuoco distrusse l'edificio; *to* ~ *a fortune* divorare (*o* dilapidare) una fortuna. **3** ⟨*fig*⟩ (*to absorb*) divorare, struggere, rodere: –*ed by hatred* divorato dall'odio. **devouring** [–riŋ] *a.* **1** vorace, che divora. **2** ⟨*fig*⟩ divoratore, che consuma: *a* ~ *passion* una passione divoratrice.

devout [di'vaut] *a.* **1** devoto, pio, religioso, osservante: *a* ~ *Catholic* un cattolico osservante. **2** (*expressing devotion*) devoto, religioso: ~ *prayer* preghiera devota. **3** (*hearty, sincere*) sincero, sentito, di cuore, fervente: ~ *wishes* sinceri auguri. **devoutly** [–li] *avv.* devotamente, piamente. **devoutness** [–nis] *s.* devozione *f*, pietà *f*, religiosità *f.*

dew [dju:] **I** *s.* **1** rugiada *f.* **2** ⟨*fig*⟩ (*something pure, fresh*) ristoro *m*, refrigerio *m.* **II** *v.t.* **1** bagnare di rugiada. **2** (*to wet as with dew*) imperlare, inumidire.

dewfall ['dju:fɔ:l] *s.* **1** formazione *f* di rugiada. **2** (*time*) ora *f* in cui comincia a formarsi la rugiada. **dewiness** ['dju:inis] *s.* l'essere rugiadoso.

dewlap ['dju:læp] *s.* **1** ⟨*Zool*⟩ giogaia *f.* **2** ⟨*pop*⟩ doppio mento *m*, pappagorgia *f.*

dewy ['dju:i] *a.* **1** rugiadoso. **2** ⟨*fig*⟩ (*like dew*) simile a (gocce di) rugiada. **3** ⟨*fig*⟩ (*fresh, pure*) ristoratore, che dà refrigerio.

dewy-eyed *a.* dagli occhi umidi (*o* rugiadosi).

dexter ['dekstə] *a.* destro (*anche Arald.*). **dex'terity** [–riti] *s.* **1** destrezza *f*, abilità *f.* **2** ⟨*fig*⟩ (*mental skill*) destrezza *f*, accortezza *f.* **3** (*righthandedness*) destrismo *m.*

dexterous [–rəs] *a.* **1** destro, abile. **2** ⟨*fig*⟩ (*mentally quick*) destro, accorto. **3** (*righthanded*) che usa la destra. **dexterously** [–rəsli] *avv.* destramente, abilmente. **dextral** [–trəl] *a.* **1** destro. **2** (*righthanded*) che si serve della destra. **3** ⟨*Zool*⟩ destrorso. **dextrality** [–'træliti] *s.* destrismo *m.*

dextrin(e) ['dekstrin] *s.* destrina *f.*

dextrorotatory ['dekstrou] *a.* ⟨*Chim,Fis*⟩ destrorotatorio, destrogiro.

dextrorsal [deks'trɔ:səl], **dextrorse** [–rɔ:s] *a.* destrorso.

dextrose ['dekstrous] *s.* destrosio *m.*

dextrous ['dekstrəs] *a.* → **dexterous. dextrously** [–li] *avv.* → **dexterously.**

D.G. = *Director–General* direttore generale.

dhow [dau] *s.* ⟨*Mar*⟩ sambuco *m.*

diabase ['daiəbeis] *s.* diabase *m.*

diabetes [,daiə'bi:tiz] *s.inv.* ⟨*Med*⟩ diabete *m.* **diabetic** [–'betik] **I** *a.* diabetico. **II** *s.* diabetico *m* (*f* –a).

diablerie *fr.* [di'ɑ:bləri], **diablery** [di'æbləri] *s.* **1** dia-voleria *f*, stregoneria *f.* **2** (*demon lore*) demonologia *f.*

diabolic [daiə'bɔlik], **diabolical** [–əl] *a.* diabolico: *a* ~ *plan* un piano diabolico. **diabolically** [–əli] *avv.* diabolicamente.

diabolism [dai'æbəlizəm] *s.* **1** (*sorcery*) magia *f* nera, arte *f* diabolica; (*action, practice*) diavoleria *f.* **2** ⟨*Teol*⟩ culto *m* dei demoni. **3** ⟨*fig*⟩ (*evil*) azione *f* diabolica, perfidia *f.*

diabolize [–laiz] *v.t.* **1** rendere diabolico. **2** (*to represent as diabolical*) raffigurare come un demonio.

diabolo [dai'æbəlou] *s.* (*pl.* **-s** [z]) (*game*) diabolo *m*.

diachronic [ˌdaiə'krɔnik] *a.* ⟨*Ling*⟩ diacronico.

diachronism [–'ækrənizm], **diachrony** [–'ækrəni] *s.* diacronia *f*.

diachylon [dai'ækilɔn], **diachylum** [–ləm] *s.* ⟨*Farm*⟩ diachilo *m*.

diaconal [dai'ækənl] *a.* ⟨*Rel*⟩ di diacono, diaconale. **diaconate** [–nit] *s.* **1** diaconato *m*. **2** ⟨*collett*⟩ (*body of deacons*) diaconato *m*, diaconi *mpl*.

diacritic [ˌdaiə'kritik] **I** *s.* ⟨*Ling*⟩ segno *m* diacritico. **II** *a.* → diacritical. **diacritical** [–əl] *a.* ⟨*Ling,Med*⟩ diacritico: ~ mark segno diacritico.

diadem ['daiədem] *s.* diadema *m*. **diademed** [–d] *a.* cinto di diadema, diademato (*anche Arald.*).

diaeresis [dai'iərisis] *s.* (*pl.* **-ses** [si:z]) dieresi *f*.

diagnose ['daiəgnouz] *v.t.* ˌdiagnosticare. ˌ**diagnosis** [–'nousis] *s.* (*pl.* **-ses** [si:z]) diagnosi *f*. ˌ**diagnostic** [–'nɔstik] **I** *a.* diagnostico. **II** *s.* **1** ⟨*Med*⟩ (*diagnosis*) diagnosi *f*; (*symptom*) sintomo *m*. **2** *pl.* (*art, practice; costr. sing.*) diagnostica *f*.

diagnostic| center *am.*, ~ **centre** *s.* ⟨*Med*⟩ centro *m* diagnostico. ~ **laboratory** *s.* laboratorio *m* diagnostico. ~ **test center** *am.*, ~ **test centre** *s.* ⟨*Aut*⟩ centro *m* diagnostico (*o* di diagnosi).

diagonal [dai'ægənəl] **I** *a.* diagonale; (*oblique*) diagonale, obliquo, trasversale. **II** *s.* **1** ⟨*Geom*⟩ diagonale *f*. **2** ⟨*Tess*⟩ → diagonal cloth.

diagonal cloth *s.* ⟨*Tess*⟩ diagonale *m*, tessuto *m* in diagonale.

diagonally [dai'ægənəli] *avv.* diagonalmente, in diagonale.

diagram ['daiəgræm] *s.* **1** diagramma *m*, grafico *m*. **2** (*chart, plan*) grafico *m*, schema *m*. □ ⟨*tecn*⟩ ~ *factor* coefficiente *m* d'utilizzazione; ⟨*Fis*⟩ ~ *of stresses* poligono *m* delle forze.

diagrammatic [ˌdaiəgrə'mætik], **diagrammatical** [–əl] *a.* diagrammatico. **diagrammatically** [–'əli] *avv.* in forma di diagramma, schematicamente. **diagrammatize** [–'græmətaiz] *v.t.* diagrammare, rappresentare con un diagramma.

dial ['daiəl] **I** *s.* **1** (*on a clock, on a measuring instrument*) quadrante *m*. **2** ⟨*Rad*⟩ scala *f* parlante, quadrante *m*. **3** ⟨*Tel*⟩ disco *m* combinatore. **4** ⟨*Minier*⟩ bussola *f*. **5** (*sundial*) meridiana *f*. **6** ⟨*sl*⟩ (*face*) faccia *f*, muso *m*. **II** *v.t.* (*pret., p.p.* dialled/*am.* dialed [–d]) **1** ⟨*Tel*⟩ (*of a number*) fare, comporre, formare; (*of a person*) chiamare (*al telefono*): *to* ~ *the police* chiamare la polizia. **2** ⟨*Rad*⟩ (*of a station*) cercare; (*of a programme*) sintonizzare. **3** ⟨*tecn*⟩ misurare per mezzo di un quadrante.

dialect ['daiəlekt] *s.* **1** ⟨*Ling*⟩ (*local, regional language*) dialetto *m*; (*cognate language*) lingua *f*: *Indo–European –s* lingue indoeuropee. **2** (*jargon*) gergo *m*. ˌ**dia'lectal** [–əl] *a.* dialettale.

dialectic [ˌdaiə'lektik] **I** *a.* **1** → dialectal. **2** ⟨*Filos*⟩ dialettico. **II** *s.* **1** ⟨*Filos*⟩ dialettica *f*. **2** *pl.* (*systematic reasoning; costr. sing.*) dialettica *f*, arte *f* del ragionare. **dialectical** [–əl] *a.* **1** ⟨*Filos*⟩ dialettico: ~ *materialism* materialismo dialettico. **2** → dialectal. **dialectician** [ˌdaiəlek'tiʃən] *s.* **1** ⟨*Filos*⟩ dialettico *m*. **2** ⟨*Ling*⟩ → dialectologist. **dialectologist** [–'tɔlədʒist] *s.* ⟨*Ling*⟩ dialettologo *m*. **dialectology** [–'tɔlədʒi] *s.* dialettologia *f*.

dialect word *s.* dialettalismo *m*, dialettismo *m*.

dialling| code *s.* ⟨*Tel*⟩ prefisso *m*. ~ **tone** *s.* → dialtone.

dial lock *s.* serratura *f* a combinazione.

dialog *am. s./v.* → dialogue.

dialogic [ˌdaiə'lɔdʒik], **dialogical** [–əl] *a.* dialogico. **dialogism** [dai'ælədʒizəm] *s.* dialogismo *m*. **dialogist** [dai'ælədʒist] *s.* **1** (*speaker*) chi partecipa a un dialogo. **2** (*writer*) dialogista *m/f*. ˌ**dialogistic** [–'dʒistik] *a.* → dialogic. **dialogize** [dai'ælədʒaiz] *v.i.* dialogare, dialogizzare. **dialogue** ['daiəlɔg] **I** *s.* dialogo *m* (*anche Lett.,Pol.*): *Plato's –s* i dialoghi di Platone. **II** *v.i.* sostenere un dialogo, conversare. **III** *v.t.* dialogare, scrivere i dialoghi di.

dial| pointer *s.* ⟨*Rad*⟩ indice *m* della scala. ~ **tone** ⟨*Tel*⟩ segnale *m* di libero.

dialysis [dai'ælisis] *s.* (*pl.* **-ses** [si:z]) **1** ⟨*Chim*⟩ dia *f*. **2** ⟨*Med*⟩ dialisi *f*: *renal* ~ dialisi renale. □ ~ *ι* centro diagnostico. **dialytic** [daiə'litik] *a.* dialitico. **d lyze** ['daiəlaiz] *v.t.* dializzare (*anche Med.*). **dialyⱬ** ['daiəlaizə] *s.* dializzatore *m*.

diamagnetic [ˌdaiəmæg'netik] **I** *a.* ⟨*Fis*⟩ diamagnetico. *s.* sostanza *f* diamagnetica. **dia'magnetism** [–tizəm] diamagnetismo *m*.

diamantiferous [ˌdaiəmæn'tifərəs] *a.* diamantifero.

diameter [dai'æmitə] *s.* diametro *m*: *three inches in* ~ tre pollici di diametro. **diametral** [–trəl] *a.* diametr del diametro.

diametric [ˌdaiə'metrik], **diametrical** [–əl] *a.* **1** diametral. **2** ⟨*fig*⟩ diametrale, in completa opposizione *opposition* opposizione diametrale. **diametrically** [*avv.* diametralmente (*anche fig.*).

diamond ['daiəmənd] **I** *s.* **1** ⟨*Min*⟩ diamante *m*. **2** ⟨*te* diamante *m*; (*tool*) tagliavetri *m*, punta *f* di diamante ⟨*Geom*⟩ rombo *m*, losanga *f*. **4** (*playing card*) carta *f* quadri. **5** *pl.* (*suit; costr. sing. o* pl.) quadri *mpl*: –*s trumps* i quadri sono briscola. **6** ⟨*Tip*⟩ diamante occhio *m* di mosca. **7** ⟨*Sport*⟩ (*in baseball: infie* diamante *m*; (*entire field*) campo *m* di baseball. **II** *a.* ⟨*X* diamanti: *a* ~ *necklace* una collana di diamanti. (*diamond–shaped*) a rombo, a losanga. **3** (*sparkli* splendente, scintillante. **4** (*of an anniversary*) di diamaᵢ **III** *v.t.* (ad)ornare di diamanti. □ ⟨*fig*⟩ ~ *cut* – astu per astuzia.

diamond| anniversary *s.* anniversario *m* di diamaᵢ ~**back** *s.* **1** ⟨*Zool*⟩ (*diamondback rattlesnake*) crotalo adamantino occidentale. **2** ⟨*Entom*⟩ (*diamondback mc* tignola *f* dei cavoli. ~ **cement** *s.* ⟨*tecn*⟩ cemento *m* incastonare diamanti. ~ **drill** *s.* ⟨*Minier*⟩ trapano *m* ᵢ punta *di* diamante. ~-**edged** *a.* ⟨*Mecc*⟩ diamantᵢ ~-**field** *s.* campo *m* diamantifero.

diamondiferous [ˌdaiəmən'difərəs] *a.* diamantifero.

diamond| jubilee *s.* → diamond anniversary. ~ **poin** ⟨*tecn*⟩ diamante *m*, punta *f* (*o* scalpello *m* a punta) diamante. ~ **wedding** *s.* nozze *fpl* di diamante.

Diana [dai'ænə] **I** *N.pr.* Diana *f* (*anche Mitol.*). **II** ⟨*poet*⟩ luna *f*.

dianthus [dai'ænθəs] *s.* ⟨*Bot*⟩ dianto *m*.

diapason [ˌdaiə'peisən] *s.* ⟨*Mus*⟩ diapason *m*.

diaper ['daiəpə] **I** *s.* **1** ⟨*Tess*⟩ tela *f* operata a rombi damascata. **2** (*diamond-shaped figure*) disegno *m* rombiᵀ (*o* romboidale). **3** ⟨*Arch*⟩ decorazione *f* a rombi ⟨*am*⟩ (*for a baby*) pannolino *m*. **II** *v.t.* **1** ⟨*Tᵢ* damascare, tessere con disegni a rombi. **2** ⟨*Arch*⟩ decoᵢ con motivi a rombiᵀ (*o* romboidali). **3** ⟨*am*⟩ (*of a ba* mettere un pannolino a.

diaphanous [dai'æfənəs] *a.* diafano, trasparente.

diaphoresis [ˌdaiəfo'ri:sis] *s.* (*pl.* **-ses** [si:z]) ⟨*M* diaforesi *f*. **diaphoretic** [–'retik] **I** *a.* diaforetico. **II** diaforetico *m*.

diaphragm ['daiəfræm] *s.* **1** diaframma *m*. **2** ⟨*R* membrana *f*. **3** ⟨*Med*⟩ (*pessary*) diaframma *m*. **di** **phragmatic** [–fræg'mætik] *a.* diaframmatico.

diaphragm| opening *s.* ⟨*Ott,Fot*⟩ diaframmatura *f*. **pump** *s.* pompa *f* a membrana. ~ **shutter** *s.* ⟨*F* otturatore *m* a diaframma.

diarchy ['daiɑ:ki] *s.* ⟨*Pol*⟩ diarchia *f*.

diarist ['daiərist] *s.* diarista *m/f*. **diarize** [–raiz] **I** *v.t.* il diario di. **II** *v.i.* tenere un diario.

diarrh(o)ea [ˌdaiə'ri:ə] *s.* ⟨*Med*⟩ diarrea *f*. **diarrh(o)eic** [–l], **diarrh(o)eic** [–'ri:ik] *a.* diarroico.

diarthrosis [daiɑ:'θrousis] *s.* ⟨*Med*⟩ diartrosi *f*.

diary ['daiəri] *s.* **1** diario *m*: *to keep a* ~ tenere un dia **2** (*memorandum book*) diario *m*, agenda *f*.

Diaspora [dai'æspərə] *s.* ⟨*Rel*⟩ diaspora *f*.

diastase ['daiəsteis] *s.* ⟨*Biol*⟩ diastasi *f*. ˌ**dia'stasic** [ˌ**diastatic** [–'stætik] *a.* diastatico.

diastole [dai'æstəli] *s.* ⟨*Med,Metr*⟩ diastole *f*. **diasto** [–ik] *a.* diastolico.

diathermal [ˌdaiə'θɜ:məl] *a.* → diathermic. **diath** **mancy** [–mənsi] *s.* ⟨*Fis*⟩ diaterman(e)ità *f*. **diathern**

[-mik] *a.* **1** ⟨*Fis*⟩ diatermano. **2** ⟨*Med*⟩ diatermico. **'dia-thermy** [-mi] *s.* diatermia *f.*

iathesis [dai'æθisis] *s.* (*pl.* **-ses** [si:z]) ⟨*Med,Gramm*⟩ diatesi *f.*

iatom ['daiətəm] *s.* ⟨*Bot*⟩ diatomea *f.* **diatomaceous** [-tə'meiʃəs] *a.* di (*o* contenente) diatomee.

iatomic [,daiə'tɔmik] *a.* ⟨*Chim*⟩ **1** diatomico. **2** (*binary*) biatomico.

iatomite [dai'ætəmait] *s.* ⟨*tecn*⟩ diatomite *f,* farina *f* fossile.

iatonic [,daiə'tɔnik] *a.* ⟨*Mus*⟩ diatonico.

iatribe ['daiətraib] *s.* diatriba *f,* discorso *m* polemico.

ib [dib] *v.i.* (*pret., p.p.* **dibbed** [-d]) ⟨*Pesc*⟩ pescare facendo saltare l'esca sull'acqua.

ibasic [dai'beisik] *a.* ⟨*Chim*⟩ bibasico.

ibber ['dibə] *s.* ⟨*Agr*⟩ piantatoio *m,* foraterra *m.* **dibble** [-bl] **I** *s.* → **dibber. II** *v.t.* **1** forare con il piantatoio. **2** (*of plants*) piantare.

ibranchiate [dai'bræŋkiit] *a.* ⟨*Zool*⟩ dibranchiato *m.*

ibs [dibz] *s.pl.* **1** (costr. sing.) gioco *m* con ossetti di pecora; (*knucklebones*) ossetti *mpl* di pecora. **2** (*in card games: counters*) gettoni *mpl.* **3** ⟨*sl*⟩ (*money*) quattrini *mpl,* ⟨*pop*⟩ grana *f.*

ice [dais] **I** *s.pl.* (*sing.* **die** [dai]) **1** dadi *mpl.* **2** (*game*) gioco *m* dei dadi, dadi *mpl: to play at* ~ giocare a(i) dadi. **3** (*small cubes*) dadini *mpl,* cubetti *mpl,* quadratini *mpl.* **II** *v.t.* **1** tagliare a dadini (*o* cubetti): *to* ~ *carrots* tagliare a dadini le carote. **2** (*to chequer*) disegnare a scacchi (*o* quadri). **3** (*to lose by dicing;* spesso con *away*) perdere a(i) dadi. **III** *v.i.* **1** giocare a(i) dadi. **2** ⟨*fig*⟩ giocare (*with* con), rischiare (qc.): *to* ~ *with death* giocare con la morte.

ice box *s.* bossolo *m* (*o* bussolotto) dei dadi.

icephalous [dai'sefələs] *a.* ⟨*Med*⟩ dicefalo, bicipite.

icer ['daisə] *s.* giocatore *m* (*f* –trice) di dadi.

icer's oath *s.* ⟨*fam*⟩ promessa *f* di marinaio.

icey ['daisi] *a.* ⟨*sl*⟩ rischioso, azzardoso.

ichotomic [,daiko(u)'tɔmik] *a.* ⟨*Bot*⟩ dicotomo. **dichotomous** [-'kɔtəməs] *a.* **1** → **dichotomic. 2** (*relating to dichotomy*) dicotomico. **dichotomy** [-'kɔtəmi] *s.* ⟨*Astr,Bot*⟩ dicotomia *f.*

ichroic [dai'krouik] *a.* ⟨*Fis*⟩ dicroico. **'dichroism** [-izm] dicroismo *m.*

ichromatic [,daikro(u)'mætik] *a.* **1** bicromatico, a due colori. **2** ⟨*Med*⟩ dicromatico. **dichromatism** [-'kroumətizəm] *s.* **1** ⟨*Ott*⟩ dicromia *f.* **2** ⟨*Med*⟩ dicromatismo *m,* daltonismo *m.*

ichromic [dai'kroumik] *a.* **1** ⟨*Med*⟩ dicromatico. **2** ⟨*Chim*⟩ dicromico. □ ⟨*Med*⟩ ~ *vision* visione *f* dicromatica, dicromatopsia *f.*

ick[1] [dik] *s.* **1** ⟨*fam*⟩ individuo *m,* uomo *m,* tipo *m.* **2** ⟨*triv*⟩ (*penis*) pene *m,* ⟨*triv*⟩ cazzo *m.* **3** ⟨*sl*⟩ (*detective*) agente *m* investigativo.

ick[2] *s.* ⟨*sl*⟩ dichiarazione *f.* □ ⟨*sl*⟩ *to take one's* ~ *that* giurare che.

Dick *N.pr. dim.* di **Richard.**

ickens ['dikinz] *s.* ⟨*eufem*⟩ diavolo *m.* □ *what the* ~ *are you doing?* che diamine stai facendo?

Dickensian [di'kensiən] **I** *a.* dickensiano, (caratteristico) di Dickens. **II** *s.* ammiratore *m* (*f* –trice) di Dickens.

icker[1] ['dikə] **I** *v.i.* mercanteggiare, discutere sul prezzo. **II** *s.* **1** (*bargain*) affare *m.* **2** (*barter*) baratto *m,* scambio *m.*

icker[2] *s.* dieci *m,* d(i)ecina *f.*

ickering ['dikəriŋ] *s.* mercanteggiamento *m.*

ickey ['diki] *s.* **1** ⟨*Vest*⟩ (*men's shirt front*) sparato *m,* pettino *m;* (*for a woman's dress, etc.*) pettino *m,* davantino *m,* pettorina *f;* (*for a child: bib*) bavaglino *m.* **2** ⟨*Aut*⟩ sedile *m* posteriore. **3** (*on a carriage*) sedile *m* posteriore (per servitori). **4** → **dickeybox. 5** → **dickybird. 6** ⟨*dial*⟩ (*donkey*) asinello *m,* somarello *m.*

dickey|box (*on a carriage*) cassetta *f;* (*on a car*) sedile *m* dell'autista. **~seat** ⟨*Aut*⟩ sedile *m* ribaltabile.

dicky[1] *s.* → **dickey.**

dicky[2] ['diki] *a.* ⟨*fam*⟩ malandato, debole, in cattivo stato.

dickybird *s.* ⟨*infant*⟩ uccellino *m.*

dicot(yl) [dai'kɔt(il)], **di,cotyledon** [-ti'li:dən] *s.* ⟨*Bot*⟩ dicotile *m.* **di,cotyledonous** [-ti'li:dənəs] *a.* dicotile, dicotiledone.

dict. = **1** *dictation* dettato. **2** *dictionary* dizionario (*abbr.* diz.).

dictaphone ['diktəfoun] *s.* dittafono *m.*

dictate I *v.t.* [dik'teit] **1** dettare. **2** ⟨*fig*⟩ (*to lay down*) dettare, imporre: *to* ~ *the peace terms* dettare le condizioni di pace. **3** ⟨*fig*⟩ (*to require*) dettare, richiedere: *a policy* –*d by necessity* una politica dettata dalla necessità. **II** *v.i.* **1** dettare. **2** (*to give orders*) ordinare, dare ordini. **III** *s.* ['dikteit] **1** ordine *m,* dettato *m.* **2** ⟨*fig*⟩ dettame *m,* legge *f: the* –*s of fashion* i dettami della moda. □ *I won't be* –*d to* non accetto ordini (*o* imposizioni).

dictating machine [dik'teitiŋ] *s.* dittafono *m.*

dictation [dik'teiʃən] *s.* **1** dettatura *f.* **2** (*passage dictated*) dettato *m,* brano *m* dettato. **3** (*order*) ordine *m,* comando *m.* □ *to take* ~ scrivere sotto dettatura.

dictator [dik'teitə, *am.* 'dikteitə] *s.* **1** ⟨*Pol,fig*⟩ dittatore *m.* **2** (*one who dictates letters, etc.*) chi detta. **,dictatorial** [-tə'tɔ:riəl] *a.* **1** ⟨*Pol*⟩ dittatoriale, dittatorio. **2** ⟨*fig*⟩ dittatoriale, autoritario. **dictatorialness** [-tə'tɔ:riəlnis] *s.* autoritarismo *m.* **dictatorship** [-ʃip] *s.* dittatura *f.* □ ⟨*Pol*⟩ *the* ~ *of the proletariat* la dittatura del proletariato. **dictatress** [-trəs], **dictatrix** [-triks] *s.* dittatrice *f.*

diction ['dikʃən] *s.* **1** modo *m* di esprimersi, dizione *f.* **2** (*enunciation*) dizione *f: he has good* ~ ha una buona dizione.

dictionary ['dikʃənəri, *am.* – neri] *s.* dizionario *m,* vocabolario *m,* lessico *m: a French-English* ~ un dizionario francese-inglese.

dictionary| maker *s.* lessicografo *m* (*f* –a). **~ making** *s.* lessicografia *f.*

dictograph ['diktəgrɑ:f] *s.* dittografo *m.*

dictum ['diktəm] *s.* (*pl.* **-cta** [ktə]/**-s** [z]) **1** dichiarazione *f,* asserzione *f,* affermazione *f.* **2** (*maxim*) detto *m,* massima *f.* **3** ⟨*Dir*⟩ sentenza *f* non definitiva.

did [did] → **do**[1].

didactic [di'dæktik], **didactical** [-əl] *a.* **1** didattico, istruttivo: *a* ~ *film* un film didattico. **2** (*giving unwanted instruction*) didascalico, pedante. **didacticism** [-tisizəm] *s.* didattismo *m.* **didactics** [-s] *s.pl.* (costr. sing.) ⟨*Ped*⟩ didattica *f.*

diddle ['didl] *v.t.* ⟨*fam*⟩ imbrogliare, truffare, ingannare, gabbare. □ ⟨*am.fam*⟩ *to* ~ *away time* sprecare il tempo; *to* ~ *s.o. into believing s.th.* far credere qc. a qd. con l'inganno. **diddler** [-ə] *s.* ⟨*fam*⟩ imbroglione *m* (*f* –a), truffatore *m* (*f* –trice).

didn't ['didnt] → **do**[1].

dido *am.* ['daidou] *s.* (*pl.* **-es**/**-s** [z]) ⟨*fam*⟩ **1** stranezza *f,* stravaganza *f.* **2** (*trick*) tiro *m* mancino: *to cut* –*es* giocare tiri mancini.

Dido *N.pr.* ⟨*Mitol*⟩ Didone *f.*

didymous ['didiməs] *a.* ⟨*Biol*⟩ didimo, bigloboso.

die[1] [dai] *v.i.* (*p.pr.* **dying** ['daiiŋ]) **1** morire (*anche fig.*): *to* ~ *of hunger* morire di fame; *the laughter* –*d on her lips* la risata le morì sulle labbra; *to* ~ *of boredom* morire di noia. **2** ⟨*fig*⟩ (*to become extinct*; general. con *out*) morire, estinguersi, tramontare, scomparire: *the family has* –*d out* la famiglia si è estinta; *the custom* –*d out* l'usanza tramontò. **3** (*of light, sound*; general. con *down, away*) affievolirsi, attenuarsi, smorzarsi; (*of the wind*; general. con *down, away*) placarsi, calmarsi, diminuire, calare. **4** ⟨*fig*⟩ (*to stop*) fermarsi, smetterè di funzionare: *the engine* –*d* il motore si fermò. **5** ⟨*fam*⟩ (*to long for*) desiderare ardentemente (*for s.th.* qc.), morire ⸢dalla voglia⸣ (*o* dal desiderio) (di), ⟨*fam*⟩ avere una voglia matta (*o* da morire) (di): *I'm dying for a cigarette* ho una voglia matta di una sigaretta; *we are dying to see you again* moriamo dalla voglia di rivederti. □ ⟨*fig*⟩ *to* ~ *in* (*one's*) *bed* morire ⸢nel proprio letto⸣ (*o* di morte naturale); *to* ~ *a beggar* morire in miseria; ⟨*fig*⟩ *to* ~ ⸢*with one's* **boots** *on*⸣ (*o in one's boots*) morire di morte improvvisa, ⟨*fam*⟩ morire con le scarpe; ⟨*scherz*⟩ *to* ~ *the death* venire ucciso; *to* ~ *down:* **1** (*of a fire*) spegnersi; **2** ⟨*Bot*⟩ avvizzire, appassire; *to* ~ (*off*) *like* **flies** morire ⸢come mosche⌐ (o in gran numero); to ~ by one's own hand morire di propria mano, suicidarsi; ⟨fig⟩ to ~ hard essere duro a morire; to ~ in harness cadere (o morire) sulla breccia; ⟨fig⟩ he nearly –d si sentì morire; never say ~ non disperare, non mollare; to ~ off morire uno dopo l'altro; to ~ by violence ⌐fare una⌐ (o morire di) morte violenta.

die² s. (pl. dice [dais]) dado m. □ ⟨fig⟩ the ~ is cast il dado è tratto.

die³ s. 1 ⟨tecn⟩ matrice f; (in press forging) stampo m; (for cutting screws, threads, etc.) filiera f, trafila f. 2 ⟨Numism⟩ conio m. 3 ⟨Arch⟩ dado m, plinto m.

die|-away a. languente, languido. ~back s. ⟨Bot⟩ apoplessia f. ~cast v.t. ⟨Met⟩ pressofondere, fondere sotto pressione. ~casting s. 1 pressofusione f, fusione f (o colata) sotto pressione. 2 (article) pressogetto m, pezzo m ottenuto mediante pressofusione.

diehard ['daihɑːd] I s. 1 persona f ostinata (o tenace). 2 ⟨Pol⟩ conservatore m (f –trice) intransigente, tradizionalista m/f. II a. 1 tenace, ostinato. 2 ⟨Pol⟩ conservatore intransigente, tradizionalistico.

diehard policy s. ⟨Pol⟩ immobilismo m.

dielectric [ˌdaii'lektrik] I s. ⟨El⟩ dielettrico m. II a. dielettrico.

dieresis [daiˈɛrəsis] s. (pl. -ses [siːz]) → diaeresis.

diesel ['diːzəl] I s. 1 ⟨Mot⟩ → diesel engine. 2 (vehicle powered by a diesel engine) diesel m, autovettura f diesel. II a. diesel.

diesel|-electric a. diesel–elettrico, dieselelettrico. ~ engine s. motore m (a ciclo) diesel, diesel m. ~ locomotive s. ⟨Ferr⟩ locomotiva f (a trazione) diesel. ~ oil s. ⟨Mot⟩ nafta f (per motori diesel).

die stock s. ⟨Mecc⟩ girautensili m.

diet¹ ['daiət] I s. 1 (usual food) alimentazione f, cibo m, vitto m, nutrimento m. 2 (prescribed food) dieta f, regime m (dietetico): to be ⌐on a ~⌐ (o dieting) stare (o essere) a dieta. 3 ⟨fig⟩ dose f (o razione) consueta. II v.t. mettere a dieta (o regime), prescrivere una dieta a. III v.i. stare a dieta, seguire (o fare) una dieta. □ to go on a ~ mettersi a dieta; to keep to one's ~ seguire la dieta; to live on a ~ of rice vivere cibandosi soltanto di riso; to stick to a strick ~ attenersi a una dieta rigorosa.

diet² s. 1 ⟨Stor⟩ dieta f: the ~ of Worms la dieta di Worms. 2 ⟨Pol⟩ dieta f, assemblea f.

dietarian [ˌdaiəˈtɛriən] s. persona f a regime dietetico, chi segue una dieta. 'dietary [–təri] I a. dietetico, di dieta. II s. 1 vitto m (o cibo) quotidiano. 2 (system of diet) regime m dietetico.

dietary| fiber am., ~ fibre s. fibra f alimentare. ~ habits s.pl. abitudini fpl alimentari. ~ product s. prodotto m dietetico. ~ recommendations s.pl. consiglio m dietetico.

dietetic [ˌdaiəˈtetik], dietetical [–əl] a. dietetico. dietetics [–s] s.pl. (costr. sing.) dietetica f. dietician [–ˈtiʃən] s. dietista m/f, dietologo m (f –a).

diet pill s. pillola f dimagrante.

diff. = 1 difference differenza. 2 different differente.

differ ['difə] v.i. 1 differire, essere diverso (o differente) (from da): his account –ed from mine la sua descrizione differiva dalla mia. 2 (to be unlike) differire, scostarsi, divergere (da). 3 (to disagree) dissentire (with, from da), non essere d'accordo (con). 4 (to dispute) discutere, litigare. □ to agree to ~ riconoscere l'impossibilità di intendersi; I beg to ~ mi permetto di dissentire; tastes ~ ognuno ha i suoi gusti, (tutti) i gusti sono gusti.

difference ['difrəns] s. 1 differenza f, diversità f, divario m: there is a great ~ between the two countries tra i due paesi c'è una grande diversità. 2 (instance, amount) differenza f: there was ten shillings ~ c'era una differenza di dieci scellini. 3 (disagreement) disaccordo m, dissapore m, controversia f; (quarrel) lite f. 4 (discrimination) differenza f, discriminazione f. □ your presence made all the ~ la tua presenza ⌐ha reso tutto diverso⌐ (o è stata decisiva); to make a ~ far differenza, trattare diversamente; will my absence make any ~? che differenza fa se non ci sarò?; it makes a great ~ c'è una bella differenza; it makes no ~ non fa nessuna differenza,

non cambia niente; a ~ of opinion una divergenza d⌐ opinioni; ⟨Ferr⟩ to pay the ~ pagare il supplemento (o l⌐ differenza); to settle one's –s mettersi d'accordo; to spli⌐ the ~: 1 dividere a metà la differenza; 2 ⟨fig⟩ giungere ⌐ un compromesso.

different ['difrənt] a. 1 differente, dissimile, diverso: hi⌐ ideas are very ~ from (o to) mine le sue idee sono molt⌐ diverse dalle mie. 2 (separate, distinct) diverso, distinto⌐ on three ~ occasions in tre occasioni diverse. 3 (various⌐ differente, vario, diverso: they come in ~ colours sono⌐ disponibili in vari colori. 4 (not ordinary) insolito, fuor⌐ dell'ordinario, originale.

differentiability [ˌdifərenʃiəˈbiliti] s. differenziabilità ⌐ diffe'rentiable [–əbl] a. differenziabile (anche Mat.).

differential [ˌdifəˈrenʃəl] I a. differenziale. II s. 1 ⌐ differential gear. 2 ⟨Mat⟩ differenziale m. 3 →⌐ differential rate.

differential| calculus s. ⟨Mat⟩ analisi f (o calcolo m⌐ differenziale. ~ coefficient s. ⟨Mat⟩ derivata ⌐ coefficiente m differenziale. ~ diagnosis s. ⟨Med⌐ diagnosi f differenziale. ~ duty s. ⟨Econ⟩ dazio n⌐ differenziale. ~ equation s. ⟨Mat⟩ equazione ⌐ differenziale. ~ field s. ⟨Fis⟩ campo m differenziale. ~⌐ gear s. ⟨Mecc⟩ differenziale m, gruppo m (del⌐ differenziale. ~ rate, ~ tariff s. ⟨Comm⟩ tariffa ⌐ differenziale.

differentiate [ˌdifəˈrenʃieit] I v.t. 1 differenziare⌐ distinguere, rendere differente. 2 (to discriminate) far⌐ differenza tra, discriminare, distinguere tra. 3 ⟨Biol,Mat⌐ differenziare. II v.i. 1 fare differenza, distinguere. 2 (t⌐ become different) differenziarsi (from da) (anche Biol.)⌐ differentiation [–ʃiˈeiʃən] s. differenziazione f.

difficult ['difikəlt] a. 1 difficile, arduo, difficoltoso: a ~⌐ task un compito arduo. 2 (hard to please) difficile⌐ esigente. 3 (hard to get on with) difficile, scontroso. 4⌐ (finicky) difficile, delicato: he is very ~ over his food ⌐ molto difficile nel mangiare. 5 (attended by hardship⌐ difficile, duro, penoso: the ~ years gli anni difficili. □ t⌐ be ~ to get on with avere un carattere difficile.

difficulty ['difikəlti] s. 1 difficoltà f: to be in ~ essere i⌐ difficoltà. 2 pl. (financial troubles) difficoltà fp⌐ ristrettezze fpl economiche: to be in difficulties trovarsi i⌐ difficoltà. 3 (objection) difficoltà f, obiezione ⌐ opposizione f: he raised (o made) no ~ to our proposa⌐ non fece alcuna obiezione alla nostra proposta. ⌐ (disagreement) contrasto m, disaccordo m. □ to cause s.o⌐ ~ causare difficoltà (o imbarazzo) a qd.; to have ~ i⌐ doing s.th. fare qc. con difficoltà, avere difficoltà a far⌐ qc., trovare difficile fare qc.; to smooth out a ~ appianar⌐ una difficoltà; to work under difficulties lavorare in mezz⌐ alle difficoltà; with ~ faticosamente, a fatica, co⌐ difficoltà.

diffidence ['difidəns] s. 1 mancanza f di fiducia in s⌐ stesso. 2 (shyness, modesty) timidezza f eccessiva⌐ modestia f. diffident [–nt] a. 1 timido, che non ha⌐ fiducia in se stesso, insicuro. 2 (restrained) riservato⌐ schivo. □ to be ~ about doing s.th. esitare a fare qc.

diffluence ['difluəns] s. ⟨Geol⟩ diffluenza f. diffluen⌐ [–nt] a. ⟨Med⟩ diffluente.

diffract [di'frækt] v.t. ⟨Fis⟩ diffrangere. diffractio⌐ [–kʃən] s. diffrazione f. diffractive [–iv] a. ⌐relativo a⌐ (⌐ che produce) diffrazione.

diffuse I v.t. [di'fjuːz] 1 diffondere, emanare. 2 ⟨fig⌐ diffondere, divulgare, propagare. II v.i. 1 diffonders⌐ spargersi. 2 ⟨Fis⟩ diffondersi, propagarsi. III a. [di'fjuːs⌐ 1 diffuso (anche Fis.). 2 ⟨fig⟩ (prolix) diffuso, prolisso⌐ verboso.

diffused lighting [diˈfjuːzd] s. illuminazione f ⌐a luc⌐ diffusa⌐ (o indiretta).

diffuser [diˈfjuːzə] s. diffusore m (anche Mecc.,Acu.).

diffusibility [diˌfjuːzəˈbiliti] s. diffusibilità f. diffusibl⌐ [–bl] a. diffusibile, propagabile.

diffusion [diˈfjuːʒən] s. 1 diffusione f, propagazione ⌐ divulgazione f. 2 ⟨fig⟩ (verbosity) prolissità f, verbosità ⌐ 3 ⟨Fis,Ott⟩ diffusione f.

diffusive [diˈfjuːsiv] a. 1 diffusivo, che tende a diffonders⌐ 2 (characterized by diffusion) diffusorio. 3 ⟨fig⟩ (verbose⌐

prolisso, verboso.

ig[1] [dig] v. (pret., p.p. **dug** [dʌg]) **I** v.t. **1** zappare, vangare: to ~ the garden zappare il giardino. **2** (to obtain by digging) scavare: to ~ a trench scavare una trincea. **3** (to turn up by digging; general. con up) estrarre, riportare alla luce, cavare: to ~ up an ancient vase riportare alla luce un vaso antico; to ~ up potatoes cavare le patate. **4** (of land: to break up; general. con up) dissodare, lavorare, rompere. **5** (fig) (spesso con out) scoprire: to ~ out the truth scoprire la verità. **6** (to poke, thrust) conficcare, ficcare, piantare: she dug her elbow into my ribs mi piantò un gomito nelle costole. **7** (sl) (to appreciate) capire, apprezzare, piacere (costr. impers.): to ~ modern jazz apprezzare il jazz moderno. **8** (sl) (to take notice of) notare, far caso a; (to admire) ammirare. **II** v.i. **1** scavare, fare uno scavo. **2** (fig) fare ricerche (for di), cercare (qc.). □ to ~ **in:** 1 (Mil) scavare trincee; 2 (fig) ⌐rimanere ancorato alle⌐ (o trincerarsi nelle) proprie posizioni; 3 (to begin eating) mettersi a mangiare con avidità; (am.fam) to ~ in for the exams sgobbare per gli esami; (fig) to ~ **into** a meal buttarsi sul cibo; to ~ **out:** 1 liberare (o tirar fuori) scavando; 2 (to bring out of hiding) stanare, scovare: they dug out the fox stanarono la volpe; 3 (to make hollow by digging) scavare: to ~ out a tunnel scavare un tunnel; to ~ **for treasure** cercare un tesoro sottoterra; to ~ **up:** 1 (fig) scovare: to ~ up information scovare delle informazioni; 2 (fam) (to pay) sborsare.

ig[2] s. **1** scavo m, sterro m. **2** (thrust, poke) colpo m, urto m, spinta f: a ~ in the ribs una gomitata (o un colpo) nelle costole. **3** (fam) (verbal thrust) frecciata f, stoccata f, osservazione f sarcastica, allusione f maligna: that was a ~ at you (quella) era una frecciata per te. **4** (Archeol) scavo m. **5** pl. (fam) (lodgings) camera f ammobiliata.

igamous ['digəməs] a. passato a seconde nozze. **digamy** [-mi] s. seconde nozze fpl.

igastric [dai'gæstrik] **I** a. (Anat) digastrico. **II** s. digastrico m.

igest I v.t. [di'dʒest] **1** digerire: to ~ food digerire il cibo. **2** (fig) assimilare, smaltire: to ~ what one reads assimilare ciò che si legge. **3** (fig) (to bear patiently) sopportare, tollerare: to ~ an insult tollerare un insulto. **4** (to condense) condensare, riassumere, compendiare. **5** (to classify) classificare, ordinare, codificare: to ~ laws codificare le leggi. **II** v.i. (Fisiol) essere digerito, digerirsi, assimilarsi. **III** s. ['daidʒest] **1** compendio m, riassunto m, sommario m. **2** (Giorn) digest m, selezione f. **3** (Dir) digesto m. **Digest** s. (Stor.rom) digesto m, pandette fpl.

igester [di'dʒestə] s. **1** compilatore m (f -trice) di un sommario (o compendio). **2** (Farm) digestivo m. **3** (Chim) digestore m.

igestibility [di,dʒesti'biliti] s. digeribilità f. **di'gestible** [-bl] a. digeribile.

igestion [di'dʒestʃən] s. digestione f (anche Chim.): to have good ~ avere una buona digestione.

igestive [di'dʒestiv] **I** a. **1** digerente. **2** (promoting digestion) digestivo. **II** s. (Farm) digestivo m.

igestive| **juices** s.pl. (Fisiol) succhi mpl gastrici (o digerenti). **~ system, ~ tract** s. (Anat) apparato m digerente.

igger ['digə] s. **1** zappatore m, scavatore m, sterratore m; (animal) animale m scavatore. **2** (miner) minatore m. **3** (gold digger) cercatore m d'oro. **4** (tecn) (tool) escavatore m, scavatrice f. **5** (sl) soldato m australiano (o neo-zelandese) (della prima guerra mondiale).

igger wasps s.pl. (Entom) sfecidi mpl, sfegidi mpl.

igging ['digiŋ] s. **1** scavo m, sterro m. **2** pl. (materials; costr. pl.) materiali mpl di sterro. **3** pl. (goldfield) giacimento m aurifero, miniera f d'oro. **4** pl. (fam) (lodgings) camera f ammobiliata.

igit ['didʒit] s. **1** (Anat) dito m. **2** (unit of length) dito m (pari a 3/4 di pollice). **3** (Mat) (number) cifra f. **4** (Astr) digito m. **digital** [-əl] a. **1** (Anat) digitale, delle dita. **2** (Inform) digitale, numerico.

igital| **circuit** s. (Inform) circuito m digitale. **~ computer** s. calcolatore m (o elaboratore m) digitale. **~ disk** s. disco m digitale. **~ display** s. indicazione f

digitale.

digitalis [,didʒi'teilis] s. **1** (Bot) digitale f. **2** (Farm) digitaleina f.

digitalization [,didʒitəlai'zeiʃən] s. (Inform) digitalizzazione f. **'digitalize** [-laiz] v.t. digitalizzare.

digital| **keyboard** s. tastiera f digitale. **~ recording** s. registrazione f digitale. **~ watch** s. orologio m digitale.

digitate ['didʒiteit], **digitated** [-id] a. (Anat,Biol) digitato. **digitigrade** ['didʒitigreid] **I** a. (Zool) digitigrado. **II** s. digitigrado m.

digitize ['didʒitaiz] v. → digitalize. **digitizer** [-ə] s. (Inform) digitalizzatore m.

dignified ['dignifaid] a. dignitoso, solenne, maestoso. **dignify** [-fai] v.t. **1** conferire dignità a, nobilitare, onorare. **2** (to invest with dignity) chiamare pomposamente, fregiare di un titolo. **dignitary** [-nitəri] s. dignitario m. **dignity** [-niti] s. **1** dignità f, decoro m. **2** (excellence, worthiness) dignità f: the ~ of labour la dignità del lavoro. **3** (elevated rank) dignità f, alto ufficio m, carica f elevata; (particular rank, office) dignità f, grado m. **4** (rar) (dignitary) dignitario m. □ it is beneath your ~ to accept sarebbe indegno di te accettare; to lose one's ~ perdere la dignità, venir meno alla propria dignità; to stand (up)on one's ~ mantenere la propria dignità.

digram ['daigræm], **digraph** [-grɑ:f] s. (Ling) digramma m.

digress [dai'gres] v.i. divagare, fare una digressione. **digression** [-rəʃən] s. digressione f, divagazione f: to make a ~ fare una digressione. □ by way of ~ per inciso. **digressive** [-iv] a. digressivo.

dihedral [dai'hi:drəl] **I** a. (Geom,Aer) diedro: ~ angle angolo diedro. **II** s. (Geom) diedro m.

dike [daik] **I** s. **1** argine m, terrapieno m; (dam) diga f. **2** (ditch) fosso m, fossato m, canale m. **3** (causeway) strada f sopraelevata (su paludi, ecc.). **4** (fig) barriera f, argine m, diga f. **5** (Minier) roccia f intrusiva. **6** (Geol) dicco m, filone m eruttivo. **II** v.t. proteggere con una diga (o un argine), arginare.

diktat ['diktæt] s. (Pol) diktat m.

dilacerate [di'læsəreit] v.t. lacerare, dilaniare. **di,laceration** [-'reiʃən] s. **1** lacerazione f. **2** (Med) (di)lacerazione f.

dilapidate [di'læpideit] **I** v.t. rovinare, ridurre in cattivo stato, mandare in rovina. **II** v.i. andare in sfacelo (o rovina). **dilapidated** [-id] a. in rovina, in sfacelo, cadente. **di,lapidation** [-'deiʃən] s. **1** l'andare in rovina. **2** (state) rovina f, sfacelo m. **3** (Dir) danni mpl. **4** (Geol) disgregazione f; (debris) detriti mpl.

dilatability [dai,leitə'biliti] s. dilatabilità f. **di'latable** [-bl] a. dilatabile.

dilatation [,dilə'teiʃən] s. dilatazione f.

dilate [dai'leit] **I** v.t. dilatare. **II** v.i. **1** dilatarsi, espandersi. **2** (to speak at length) diffondersi, dilungarsi (on, upon su). **dilated** [-id] a. dilatato. **dilation** [-'leiʃən] s. dilatazione f.

dilator [dai'leitə] s. **1** (Anat) (dilator muscle) dilatatore m, muscolo m dilatatore. **2** (Chir) dilatatore m, divaricatore m, divulsore m.

dilatoriness ['dilətərinis] s. lentezza f, ritardo m. **dilatory** [-ri] a. **1** lento, tardivo, tardo. **2** (intending to cause delay) dilatorio.

dilemma [di'lemə] s. **1** dilemma m, alternativa f. **2** (difficult problem) dilemma m. **3** (Filos) dilemma m. □ to be in a ~ trovarsi di fronte a un dilemma; the horns of a ~ i corni del dilemma; on the horns of a ~ a un bivio, di fronte a un'alternativa.

dilettante [,dili'tænti] s. (pl. **-s** [z]/**-ti** [ti:]) **1** dilettante m/f. **2** (lover of an art) dilettante m/f, amatore m (f -trice). **dilettantish** [-ʃ] a. dilettantesco, da dilettante. **dilettantism** [-zəm] s. dilettantismo m.

diligence[1] ['dilidʒəns] s. diligenza f, cura f, accuratezza f. **diligence**[2] s. (Stor) (stage-coach) diligenza f. **diligent** ['dilidʒənt] a. **1** diligente, coscienzioso: a ~ student uno scolaro diligente. **2** (done with diligence) accurato, diligente.

dill [dil] s. **1** (Bot) finocchio m fetido, aneto m. **2** (Gastr) semi mpl di aneto. **3** (Gastr) → dill pickle.

dill| pickle s. ⟨Gastr⟩ cetriolo m aromatizzato con semi di aneto. ~ **water** s. ⟨Farm⟩ acqua f di aneto.

dilly-dally ['dilidæli] v.i. tentennare, esitare, indugiare.

diluent ['diljuənt] I a. ⟨Chim⟩ diluente. II s. diluente m.

dilute [dai'lju:t] I v.t. 1 diluire, allungare. 2 (of a colour) diluire. 3 ⟨fig⟩ attenuare, affievolire, indebolire. II a. → **diluted**. **diluted** [-id] a. 1 diluito. 2 ⟨fig⟩ attenuato, indebolito. **dilution** [-'lju:ʃən] s. 1 diluizione f. 2 ⟨Ind⟩ diluizione f della manodopera.

diluvial [di'lu:viəl], **diluvian** [-viən] a. ⟨Geol⟩ diluviale.

diluvium ['dilu:viəm] s. (pl. **-s** [z]/**-via** [viə]) ⟨Geol⟩ diluvio m, diluvium m, pleistocene m.

dim[1] [dim] a. 1 fioco, debole, incerto, tenue, fievole: a ~ light una luce fioca; (dark) oscuro, buio. 2 (indistinct) indistinto, confuso. 3 ⟨fig⟩ (vague) vago, confuso, indistinto: a ~ notion una nozione vaga. 4 ⟨fig⟩ oscuro: ~ future avvenire oscuro. 5 (of the eyes) offuscato, velato. 6 ⟨fam⟩ (stupid) stupido, ottuso. □ to grow ~ oscurarsi, incupirsi, rabbuiarsi; ⟨fam⟩ to take a ~ view of s.th. guardare senza troppo entusiasmo qc., disapprovare qc.

dim[2] v. (pret., p.p. **dimmed** [-d]) I v.t. 1 attenuare, abbassare, affievolire: to ~ a light attenuare una luce. 2 ⟨am.Aut⟩ (of headlights) abbassare, commutare. II v.i. attenuarsi, offuscarsi.

dim. = 1 ⟨Mus⟩ diminuendo diminuendo (abbr. dim.). 2 ⟨Gramm⟩ diminutive diminutivo (abbr. dim.).

dime am. [daim] s. (silver coin) dime m, moneta f da dieci cent. □ ⟨fam⟩ a ~ a dozen dozzinale, ordinario, ⟨fam⟩ da quattro soldi.

dimension [di'menʃən] I s. 1 dimensione f. 2 pl. (size) dimensioni fpl, grandezza f, misura f: a house of small ~s una casa di piccole dimensioni. 3 pl. ⟨fig⟩ dimensione f, importanza f, portata f. 4 ⟨tecn⟩ (of a drawing) quota f. II v.t. dimensionare. **dimensional** [-l] a. dimensionale.

dimension analysis s. analisi f dimensionale.

dimensioned drawing [di'menʃənd] s. ⟨tecn⟩ disegno m quotato.

dimensioning [di'menʃəniŋ] a. (forming of the required dimensions) dimensionamento.

dimensionless [di'menʃənlis] a. 1 senza dimensioni, illimitato. 2 ⟨Fis⟩ adimensionale.

dimerous ['dimərəs] a. 1 costituito da due parti. 2 ⟨Biol⟩ dimero.

dime store am. s. negozio che vende articoli di poco prezzo.

dimeter ['dimitə] s. ⟨Metr⟩ dimetro m.

dimidiate [di'midieit] a. dimezzato (anche Biol.).

dimin. = ⟨Gramm⟩ diminutive diminutivo (abbr. dim.).

diminish [di'miniʃ] I v.t. 1 diminuire, ridurre, sminuire. 2 (to disparage) svilire, sminuire. 3 ⟨Arch⟩ rastremare, assottigliare. 4 ⟨Mus⟩ diminuire. II v.i. 1 diminuire, decrescere. 2 ⟨Arch⟩ rastremarsi, assottigliarsi. **diminishable** [-əbl] a. riducibile. **diminished** [-t] a. 1 diminuito, scemato, ridotto. 2 ⟨Mus⟩ diminuito: ~ fifth quinta diminuita. □ ⟨Arch⟩ ~ arch arco scemo. **diminishing** [-iŋ] a. decrescente (anche Econ.): ~ returns ricavi decrescenti.

diminuendo [di,minju'endou] s. (pl. **-s** [z]) ⟨Mus⟩ diminuendo m.

diminution [,dimi'nju:ʃən] s. 1 diminuzione f (anche Mus.). 2 ⟨Arch⟩ rastremazione f.

diminutival [di,minju'taivəl] a. ⟨Gramm⟩ diminutivo.

diminutive [di'minjutiv] I a. 1 minuscolo. 2 ⟨Gramm⟩ diminutivo. II s. ⟨Gramm⟩ diminutivo m, forma f diminutiva. **diminutiveness** [-nis] s. l'essere minuscolo, estrema piccolezza f.

dimissory ['dimisəri] a. ⟨Rel⟩ dimissorio: ~ letter lettera dimissoria.

dimity ['dimiti] s. ⟨Tess⟩ tessuto m di cotone con disegni in rilievo.

dimmer ['dimə] s. 1 ⟨El⟩ oscuratore m (graduale). 2 pl. ⟨am.Aut⟩ anabbaglianti mpl; (parking lights) luci fpl di posizione.

dimmer switch s. ⟨El⟩ commutatore m delle luci (o per luce anabbagliante).

dimming ['dimiŋ] s. 1 oscuramento m; (of light)

attenuazione f. 2 (of the eyes) offuscamento m. ⟨am.Aut⟩ commutazione f agli anabbaglianti.

dimmish ['dimiʃ] a. piuttosto oscuro, piuttosto tenue (fioco). **dimness** [-mnis] s. (of light, sight) debolezza f (of a room) oscurità f; (of intelligence) stupidità f.

dimorphic [dai'mɔ:fik] a. ⟨Biol,Min⟩ dimorfo. **dimor phism** [-fizəm] s. dimorfismo m. **dimorphous** [-fəs] (→ **dimorphic**.

dim-out am. s. ⟨Mil⟩ oscuramento m parziale.

dimple ['dimpl] I s. 1 fossetta f. 2 (on the ground) cavit f, piccola ondulazione f. 3 (on water) increspatura f. I v.t. 1 (of a smile) formare delle fossette su (o in). 2 (o wind) increspare. III v.i. 1 fare le fossette. 2 (to rippl incresparsi. **dimpled** [-d], **dimply** [-i] a. che ha fossette.

dimwit ['dimwit] s. ⟨fam⟩ scemo m (f –a), stupido m –a), sciocco m (f –a). **'dim-'witted** [-id] a. sceme stupido, sciocco.

din[1] [din] s. chiasso m, baccano m, strepito m, frastuon m. □ to kick up a ~ fare baccano; what a ~! ch chiasso!

din[2] v. (pret., p.p. **dinned** [-d]) I v.t. 1 intronare rintronare, stordire. 2 (to repeat persistently) ripetere 'con insistenza (o incessantemente). II v.i. far baccan strepitare. □ to ~ s.th. into s.o. stordire qd. a forza ripetergli qc.

dine [dain] I v.i. pranzare. II v.t. offrire un pranzo invitare a pranzo. □ to ~ in pranzare in casa; to ~ off (on) roast beef fare un pranzo a base di (manzo) arrosto; ~ **out**: 1 pranzare fuori; 2 ⟨sl⟩ (to go dinnerless) rimane senza mangiare; to **wine** and ~ s.o. offrire un laut pranzo a qd.

diner ['dainə] s. 1 commensale m/f. 2 ⟨Ferr⟩ → **dinin car**. 3 ⟨am⟩ (restaurant built like a dining car) ristoran m a forma di vagone.

'diner-'out s. chi pranza spesso fuori, chi ha frequen inviti a pranzo.

dinette [dai'net] s. 1 saletta f da pranzo (adiacente all cucina), tinello m. 2 ⟨Arred⟩ tavolo m e sedie di u tinello.

ding [diŋ] I v.t. 1 sonare. 2 ⟨fam⟩ (to keep repeatin ripetere continuamente. II v.i. (of a bell) sonare, risonar III s. suono m del campanello.

ding-a-ling s. drindrin m.

ding-dong [dɔŋ] I s. dindon m, scampanio m. II a oscillante. 2 ⟨fam⟩ (of a struggle, battle, etc.) ad (o co alterne vicende. III avv. ⟨fam⟩ con impegno, con lena.

dinghy ['diŋgi] s. 1 ⟨Mar⟩ dinghy m. 2 ⟨Mar.mil⟩ lanci f.

dinginess ['dindʒinis] s. squallore m, tetraggine f.

dingle ['diŋgl] s. valletta f boscosa.

dingle-dangle ['dæŋgl] I a. penzolante. II avv. pe zoloni.

dingo ['diŋgou] s. (pl. **-es** [z]) ⟨Zool⟩ dingo m.

dingy ['dindʒi] a. 1 sporco, sudicio, lercio. 2 (of a dusk colour) scuro, tetro. 3 (drab) squallido, misero, povero.

dining| area ['dainiŋ] s. angolo m pranzo. ~ **car** s. ⟨Ferr⟩ carrozza f (o vagone m) ristorante. ~ **hall** s. sala f c pranzo; (in a college) refettorio m. ~ **room** s. sala f c pranzo. ~ **table** s. tavolo m da pranzo.

dinkey ['diŋki] s. ⟨Ferr,fam⟩ piccola locomotiva f c manovra.

dinky ['diŋki] a. ⟨fam⟩ 1 piccolo. 2 (neat) grazios civettuolo.

dinner ['dinə] s. 1 (main meal) pranzo m, desinare m. (evening meal) cena f. 3 (formal meal) pranzo (ufficiale); (feast) banchetto m. □ to have ~ pranzare; invite s.o. to ~ invitare qd. a pranzo.

dinner| bell s. campanello m che annuncia il pranzo. **clothes** s. ⟨Vest⟩ vestito m da sera. ~ **dance** s. pranz m seguito da un ballo. ~ **dress** s. ⟨Vest⟩ abito m c mezza sera. ~ **jacket** s. ⟨Vest⟩ smoking m. ~ **party** pranzo m (con ospiti). ~ **service**, ~ **set** s. servizio m c posate) da tavola. ~ **time** s. ora f di pranzo (o cena). **wagon** s. portavivande m, carrello m a più ripiani.

dinosaur ['dainsɔ:] s. ⟨Paleont⟩ dinosauro r **,dino'saurian** [-riən] I a. del (o relativo al) dinosaur

II s. → dinosaur.

int [dint] **I** s. **1** (dent) tacca f, dentello m. **2** (rar) (force) forza f. **II** v.t. fare una tacca su. ☐ by ~ of hard work a forza di duro lavoro, lavorando duramente.

iocesan [dai'ɔsisən] **I** a. (Rel) diocesano. **II** s. vescovo m diocesano. **diocese** ['daiəsi:s] s. diocesi f.

iode ['daioud] s. (El) diodo m.

Dionysiac [,daiə'niziæk], **Dionysian** [-'nisiən] a. (Stor.gr) dionisiaco (anche fig.). **Dionysus** [-'naisəs] N.pr. (Mitol) Dioniso m.

iopside [dai'ɔpsaid] s. (Min) diopside f.

iopter [dai'ɔptə], **dioptre** [-tri] s. (Ott) diottria f. **dioptric** [-trik] a. diottrico. **dioptrics** [-triks] s.pl. (costr. sing.) diottrica f.

iorama [,daiə'rɑ:mə] s. (Fot,Cin) diorama m.

Dioscuri [,daiɔs'kjurai] N.pr.pl. (Mitol) Dioscuri mpl.

ioxide [dai'ɔksaid] s. (Chim) diossido m, biossido m.

ioxin [dai'ɔksən] s. (Chim) diossina f.

ip[1] [dip] v. (pret., p.p. **dipped** [-t]) **I** v.t. **1** immergere, bagnare, tuffare: to ~ one's hand into a stream immergere la mano in un ruscello. **2** (to lift with a utensil) prender su, tirare fuori. **3** (to lower) abbassare. **4** (Zootecn) immergere in un liquido disinfettante. **5** (Mar) (of a yard) inclinare; (of a signal flag) abbassare in segno di saluto. **6** (Mot) abbassare, attenuare: = ~ the headlights abbassare le luci. **II** v.i. **1** immergersi, tuffarsi, calarsi. **2** (to sink, drop down) scendere, abbassarsi: the plane –ped behind the mountains l'aereo si abbassò dietro le montagne. **3** (to incline downward) declinare, digradare, scendere, essere in pendio (o declivio): the road –ped la strada prese a digradare. **4** (fig) (to decrease slightly) subire un leggero calo (o ribasso). **5** (fig) (to make inroads into) attingere (into da), intaccare (qc.): to ~ into one's savings intaccare i propri risparmi. **6** (fig) (to engage slightly) interessarsi superficialmente (a), farsi un'infarinatura (di). **7** (fig) (of a book) leggere qua e là, scorrere. **8** (Aer) scendere in picchiata (prima di risalire). ☐ to ~ candles fabbricare candele immergendo lo stoppino nel sego fuso; (fig) to ~ into the future fare un salto nel futuro; (fig) to ~ into one's purse (o pockets) spendere e spandere, spendere con larghezza; (Aut) to ~ and switch rientrare nella corsia, mettersi in coda.

ip[2] s. **1** immersione f, tuffo m. **2** (downward slope) pendenza f, pendio m, discesa f, declivio m: a ~ in the road una pendenza della strada. **3** (hollow in the land) depressione f, avvallamento m. **4** (fam) (brief swim) breve nuotata f. **5** (fig) (moderate decrease) leggera flessione f: a ~ in prices una leggera flessione dei prezzi. **6** (of a flag) posizione f abbassata (o di saluto). **7** (candle) candela f di sego. **8** (Minier,Geol) pendenza f. **9** (Gastr) crema f, salsa f. **10** (Zootecn) bagno m disinfettante. **11** (of a magnetic needle) inclinazione f magnetica. **12** (Aer) picchiata f, tuffo m.

iphase ['daifeiz], **diphasic** [-'fæsik] a. (El) bifase.

iphtheria [dif'θiriə] s. (Med) difterite f. **diphtherial** [-l], **diphtheric** [-'θerik], **diphtheritic** [-θe'ritik] a. difterico.

iphthong ['difθɔŋ] s. **1** (Fon) dittongo m. **2** (Ling) (digraph) digramma m. **3** (Tip) legatura f. **diph'thongal** [-gəl] a. di (o formante) dittongo. **diphthongize** [-aiz] v.t./i. (Fon) dittongare.

iplex ['daipleks] **I** a. (Tel) duplex. **II** s.m. duplex m. **III** v.t. duplessare, trasmettere in duplex.

iploma [di'ploumə] s. (pl. **-s** [z]/**-mata** [mətə]) diploma m.

iplomacy [di'plouməsi] s. **1** (Pol) diplomazia f. **2** (fig) (tact) diplomazia f, tatto m. '**diplomat** [-mæt] s. **1** (Pol) diplomatico m. **2** (fig) diplomatico m, persona f piena di tatto.

iplomatic [,diplo(u)'mætik] a. **1** (Pol) diplomatico. **2** (fig) diplomatico, pieno di tatto. **diplomatically** [-li] avv. **1** diplomaticamente. **2** (fig) con diplomazia, con tatto.

iplomatic| body s. → diplomatic corps. **~ channel** s. via f diplomatica. **~ corps** s. corpo m diplomatico. **~ courier** s. corriere m diplomatico. **~ immunity** s. immunità f diplomatica.

diplomatics [,diplo(u)'mætiks] s.pl. (costr. sing.) diplomatica f. **di'plomatist** [-mətist] s. → diplomat. **di'plomatize** [-mətaiz] v.i. usare diplomazia.

dipody ['dipədi] s. (Metr) dipodia f.

dipolar [dai'poulə] a. (El) bipolare.

dipole ['daipoul] s. dipolo m.

dipped headlamp [dipt] s. faro m a luce anabbagliante.

dipper ['dipə] s. **1** chi immerge (o bagna). **2** (container) mestolo m, ramaiolo m. **3** (Aut) → dipswitch. **4** (tecn) scavatrice f. **5** (Ornit) (water ouzel) merlo m acquaiolo. **Dipper** am. N.pr. (Astr) **1** (Big Dipper) Orsa f maggiore. **2** (Little Dipper) Orsa f minore.

dippy ['dipi] a. (fam) un po' matto, tocco, (fam) picchiato.

dipsomania [,dipso(u)'meiniə] s. (Med) dipsomania f. **dipsomaniac** [-niæk] s. dipsomane m/f, alcolizzato m (f –a). **,dipsomaniacal** [-mə'naiəkəl] a. dipsomane.

dip|stick s. (Mot) asta f di livello. **~switch** s. (Aut) commutatore m delle luci (o per luce anabbagliante).

dipteral ['diptərəl] a. **1** (Arch) dittero. **2** (Entom) → dipterous. **dipteran** [-rən] **I** a. → dipterous. **II** s. dittero m. **dipterous** [-rəs] a. (Entom) dei ditteri.

diptych ['diptik] s. (Archeol,Art) dittico m (anche estens.).

dir. = director direttore.

dire [daiə] a. **1** terribile, tremendo, atroce. **2** (ominous) sinistro, infausto. **3** (urgent) urgente, pressante, estremo: ~ need urgente bisogno.

direct [di'rekt, dai'rekt] **I** v.t. **1** dirigere, comandare: to ~ a company dirigere una società; (to guide) dirigere, guidare. **2** (to order) ordinare: the judge –ed him to pay costs il giudice gli ordinò di pagare le spese. **3** (Cin, am.Teat) dirigere, curare la regia di: to ~ a play curare la regia di un'opera teatrale; to ~ a film dirigere un film. **4** (Mus) dirigere. **5** (to show the way) indirizzare, indicare la strada a: can you ~ me to the consulate? mi può indicare la strada per il consolato? **6** (to point, aim) dirigere, rivolgere, destinare: my criticism was not –ed at you la mia critica non era diretta contro di (o a) te; (of one's energies, attentions, etc.) rivolgere, dedicare; (of words, etc.) rivolgere: please ~ your remarks to the chair per cortesia, rivolgere le osservazioni al presidente. **7** (of a letter, etc.) indirizzare. **II** v.i. **1** far da guida. **2** (to prescribe) dare ordini, comandare. **3** (Cin, am.Teat) curare la regia, dirigere. **4** (Mus) dirigere. **III** a. **1** diretto: the ~ rays of the sun i raggi diretti del sole; (by the shortest course) diretto, diritto, breve: a ~ route una strada diretta. **2** (without an intermediary) diretto, immediato: in ~ contact in contatto diretto; ~ descendant discendente diretto. **3** (straightforward) chiaro, franco, schietto: a ~ answer una chiara risposta. **4** (exact) esatto, preciso. **5** (Gramm,Mat) diretto: ~ speech discorso diretto. **6** (El) continuo. **IV** avv. direttamente, diretto. ☐ to ~ one's course to dirigersi (o indirizzarsi) verso, prendere la direzione di; the ~ opposite esattamente il contrario; (TV) to transmit a show ~ trasmettere uno spettacolo in diretta; to ~ one's steps towards a place dirigere i propri passi verso un luogo.

direct| action s. (Pol) azione f diretta. **~ broadcasting satellite** s. satellite m a diffusione diretta. **~ control** s. (Mecc) comando m diretto. **~ costing** s. (Econ) sistema m a costi diretti. '**~-current** a. (El) a corrente continua. **~ current** s. corrente f continua. **~-dial** v.t. (Tel) chiamare in teleselezione: to ~ a city chiamare in teleselezione una città; (of persons) telefonare in teleselezione a. ☐ to ~ call telefonata f in tele·elezione. **~ dialling** s. (Tel) teleselezione f. ☐ to be linked by ~ essere servito dalla teleselezione. **~ drive** s. (Mecc) presa f diretta. **~ election** s. (Pol) elezione f diretta. **~-injection engine** s. (Mot) motore m a iniezione diretta.

directing power [di'rektiŋ] s. potere m direttivo.

direction [di'rekʃən, dai-] s. **1** direzione f, senso m: in the opposite ~ nella direzione opposta. **2** (fig) indirizzo m, corso m, tendenza f. **3** (management) direzione f. **4** pl. (instructions) direttive fpl, istruzioni fpl, indicazioni fpl: read the –s carefully leggere attentamente le istruzioni. **5** (*order, command*) direzione *f*, guida *f: he did the work under my* ~ ha fatto il lavoro sotto la mia direzione. **6** (*address on a letter, etc;* spesso al pl.) indirizzo *m*. **7** 〈*Cin,Teat*〉 regia *f*, direzione *f*. **8** 〈*Mus*〉 (*directing*) direzione *f*; (*sign, phrase*) indicazione *f*, didascalia *f*. □ *in all* –*s* in tutte le direzioni; **complying with your** –*s* in conformità alle vostre direttive; *the* ~ *at yesterday's* **concert** *was perfect* il concerto di ieri è stato diretto in maniera perfetta; *the ship sailed in an* **easterly** ~ la nave fece rotta verso est; 〈*Strad*〉 ~ *to be* **followed** senso obbligatorio; *from all* –*s* da ogni direzione; *to give s.o.* **full** –*s* dare a qd. istruzioni complete; *in the* ~ *of* in direzione di, alla volta di, verso.

directional [di'rekʃənl] *a.* direzionale (*anche Rad.*).

directional| aerial, ~ antenna *s.* 〈*Rad*〉 antenna *f* direzionale.

directionality [di,rekʃənəl'iti] *s.* direzionalità *f* (*anche Rad.*).

direction| board *s.* 〈*Strad*〉 indicatore *m* stradale. **~ finder** *s.* 〈*Rad*〉 radiogoniometro *m*. **~ finding** *s.* 〈*Rad*〉 radiogoniometraggio *m*, radiorilevamento *m*. **~ indicator** *s.* 〈*Aer*〉 indicatore *m* di direzione.

directive [di'rektiv, dai–] **I** *a.* **1** direttivo. **2** (*indicating direction*) che indica la direzione. **II** *s.* direttive *fpl*, istruzioni *fpl*.

direct| labor *am.*, ~ **labour** *s.* 〈*Ind*〉 manodopera *f* diretta. **~ lighting** *s.* 〈*El*〉 illuminazione *f* diretta.

directly [di'rektli, dai–] **I** *avv.* **1** direttamente. **2** (*immediately*) immediatamente, subito; (*very soon*) ben presto, tra breve: *he'll be here* ~ sarà qui tra breve. **3** (*absolutely*) completamente, del tutto: ~ *opposed opinions* opinioni ⌐del tutto¬ (*o* diametralmente) opposte. **4** (*without intervening space*) esattamente, proprio: ~ *opposite the cinema* proprio di fronte al cinema. **II** *congz.* 〈*fam*〉 (non) appena.

direct| memory access *s.* 〈*Inform*〉 accesso *m* diretto alla memoria. **~ method** *s.* (*teaching method*) metodo *m* diretto.

directness [di'rektnis, dai–] *s.* **1** l'essere diretto (*o* immediato). **2** (*frankness*) chiarezza *f*, franchezza *f*, schiettezza *f*. □ ~ *of manner* maniere spontanee; ~ *of speech* modo di parlare esplicito.

direct object *s.* 〈*Gramm*〉 complemento *m* oggetto.

director [di'rektə, dai–] *s.* **1** direttore *m*, dirigente *m*. **2** 〈*Comm*〉 direttore *m* (amministrativo), amministratore *m*; (*of a board*) consigliere *m* d'amministrazione. **3** 〈*Cin,Teat*〉 regista *m*. **4** 〈*Rel*〉 direttore *m* spirituale. **5** 〈*Mus*〉 (*conductor*) direttore *m* d'orchestra. □ 〈*Cin*〉 *assistant (to the)* ~ aiuto *m* regista; *board of* –*s* consiglio *m* d'amministrazione. **directorate** [–rit] *s.* **1** direzione *f*, ufficio *m* di direttore. **2** (*body*) consiglio *m* d'amministrazione.

director general *s.* direttore *m* generale.

directorial [di,rek'tɔ:riəl] *a.* **1** direttoriale. **2** (*serving to direct*) direttivo.

director's chair *s.* sedia *f* da regista.

directorship [di'rektəʃip] *s.* **1** carica *f* di direttore (*o* amministratore). **2** (*office*) amministrazione *f*.

directory [di'rektəri] *s.* **1** annuario *m*, elenco *m* nominativo. **2** (*telephone directory*) elenco *m* telefonico; (*street directory*) guida *f* stradale. **3** (*book of directions*) libro *m* (*o* manuale) d'istruzioni. **4** 〈*Rel*〉 direttorio *m*. **Directory** *s.* 〈*Stor*〉 direttorio *m*.

directory enquiry *s.* 〈*Tel*〉 servizio *m* informazioni telefoniche.

direct| pick-up *s.* 〈*TV*〉 trasmissione *f* (*o* ripresa) diretta. **~ primary** *am. s.* 〈*Pol*〉 elezione *f* primaria a votazione diretta. **~ question** *s.* 〈*Gramm*〉 interrogazione *f* diretta. **'~ 'reading** *a.* 〈*tecn*〉 a lettura diretta.

directress [di'rektris] *s.* direttrice *f*. **directrix** [–triks] *s.* (*pl.* -trices ['traisi:z]) **1** 〈*Mat*〉 direttrice *f*. **2** (*rar*) → directress.

direct| tax *s.* 〈*Econ*〉 imposta *f* diretta. **~ taxation** *s.* imposizione *f* diretta. **~ vision finder** *s.* 〈*Ott*〉 mirino *m* ⌐a visione diretta¬ (*o* traguardo). **~ voltage** *s.* 〈*El*〉 corrente *f* continua.

direful ['daiəful] *a.* 〈*lett*〉 spaventoso, terribile. **direful-**

ness [–nis] *s.* orrore *m*. **direness** ['daiənis] *s.* l'esser‹ funesto (*o* sinistro).

dirge [də:dʒ] *s.* **1** canto *m* (*o* inno) funebre. **2** 〈*Lett*〉 lamento *m*. **3** 〈*fig*〉 canto *m* lamentoso, lamento *m*.

dirigible ['diridʒəbl] **I** *s.* 〈*Aer*〉 dirigibile *m*, aerostato *m* aeronave *f*. **II** *a.* dirigibile: ~ *balloon* pallone dirigibile.

dirigism ['diridʒizm] *s.* 〈*Econ*〉 dirigismo *m*. **diri'gist(ic** [–ist(ik)] *a.* dirigistico.

dirk [də:k] **I** *s.* dirk *m*, pugnale *m* (scozzese). **II** *v.t* pugnalare.

dirt [də:t] *s.* **1** sudiciume *m*, sporcizia *f*, lordura *f*, por cheria *f*. **2** (*earth, soil*) fango *m*, terriccio *m*. **3** (*mora filth*) sozzura *f*, bruttura *f*, lordura *f*. **4** (*obscene language* linguaggio *m* osceno. **5** 〈*fam*〉 (*malicious gossip* maldicenza *f*, pettegolezzo *m*. □ *as* **cheap** *as* ~ –‹ **dirt-cheap**; 〈*sl*〉 *to* **eat** ~ 〈*fam*〉 ingoiare un rospo; *t‹ show the* ~ (*of material*) sporcarsi facilmente, prendere l‹ sporco; *to* **talk** ~ dire sconcezze; 〈*fig*〉 *to* **throw** (*o fling* ~ *at s.o.* gettar fango su qd.; 〈*fig*〉 *to* **treat** *s.o. like* ~ trattare qd. come spazzatura.

dirt| bed *s.* 〈*Geol*〉 strato *m* di torba. **'~-'cheap I** *a.* 〈*sl* da due (*o* quattro) soldi, di poco prezzo. **II** *avv.* bassissimo prezzo, per pochi soldi. **~ farmer** *am. s* 〈*fam*〉 coltivatore *m* diretto.

dirtiness ['də:tinis] *s.* **1** sporcizia *f*, sudiciume *m*, lordur *f*, sozzura *f*. **2** 〈*fig*〉 (*moral filthiness*) bassezza *f*, viltà *f* 〈*fig*〉 (*obscenity*) oscenità *f*, sconcezza *f*.

dirt| road *am. s.* strada *f* ⌐di terra battuta¬ (*o* no asfaltata). **~ track** *s.* 〈*Sport*〉 pista *f* di terra battuta (pe corse motociclistiche).

dirty ['də:ti] **I** *a.* **1** sporco, sudicio, lordo, sozzo. **2** (*fig* (*vile, mean*) basso, vile, meschino. **3** 〈*fig*〉 (*obscene* osceno, sconcio, sporco: ~ *jokes* barzellette sporche. ‹ 〈*fig*〉 (*not fair*) brutto, scorretto, sleale: *a* ~ *football playe* un calciatore scorretto; *a* ~ *trick* un brutto tiro. **5** (*of th‹ weather*) orribile, 〈*fam*〉 da cani (*o* lupi). **6** 〈*Atom* sporco, sudicio: *a* ~ *bomb* una bomba sporca. **II** *v.1* sporcare, insudiciare, lordare, insozzare. **III** *v.i.* sporcarsi insudiciarsi, insozzarsi. □ 〈*fam*〉 *to do the* ~ *on s.o* giocare un brutto scherzo (*o* tiro) a qd.; 〈*fig*〉 *to* ~ *one' hands* sporcarsi le mani; *to give s.o. a* ~ *look* guardare qd in cagnesco.

dirty| money *s.* **1** denaro *m* di dubbia provenienz‹ guadagno *m* illecito. **2** 〈*Ind*〉 soprassoldo *m* per l‹ manipolazione di merci ripugnanti. **~ word** *s.* parolacci‹ *f*, parola *f* sconcia. **~ work** *s.* 〈*fam*〉 azione *f* disonesta (‹ sporca), 〈*fam*〉 porcheria *f*. □ 〈*fig*〉 *to leave the* ~ *to s.o else* lasciare tutte le rogne (*o* gatte da pelare) a qualcu‹ altro.

disability [,disə'biliti] *s.* **1** incapacità *f*, impotenza *f*. **2** (*physical impairment, loss*) handicap *m*, menomazione *f*. **3** (*handicap*) svantaggio *m*. **4** 〈*Dir*〉 incapacità *f*, inabilità *f*.

disability| benefit *s.* 〈*Assic*〉 indennità *f* per invalidità (temporanea) al lavoro. **~ clause** *s.* 〈*Assic*〉 clausola d'invalidità. **~ insurance** *s.* assicurazione *f* contr‹ l'invalidità. **~ pension** *s.* pensione *f* d'invalidità. **~ pensioner** *s.* pensionato *m* d'invalidità. **~ percentag‹** *s.* percentuale *f* d'invalidità.

disable [dis'eibl] *v.t.* **1** mutilare. **2** (*to incapacitate* rendere inabile (*o* invalido). **3** 〈*Dir*〉 inabilitare, dichiarar‹ giuridicamente incapace (*o* ad agire). **4** 〈*Inform*〉 disattivare diseccitare. **disabled** [–d] *a.* **1** handicappato, disabile *mentally* ~ disabile psichico; *physically* ~ disabile fisico **2** (*handicapped*) minorato: *mentally* ~ minorato psichico *physically* ~ minorato fisico. □ 〈*Mil*〉 ~ *ex servicema‹* mutilato di guerra; 〈*am*〉 ~ *workers benefit* pensione ‹ d'invalidità. **disablement** [–mənt] *s.* **1** il rendere inabil‹ (*o* invalido). **2** 〈*Dir*〉 inabilitazione *f*.

disabuse [,disə'bju:z] *v.t.* disingannare, disilludere.

disaccord [,disə'kɔ:d] **I** *v.i.* discordare, dissentire (*with* da) **II** *s.* disaccordo *m*, dissenso *m*, divergenza *f*.

disaccustom [,disə'kʌstəm] *v.t.* disabituare.

disadvantage [,disəd'va:ntidʒ] **I** *s.* **1** svantaggio *m* condizione *f* sfavorevole. **2** (*loss, injury*) svantaggio *m* danno *m*, detrimento *m*, discapito *m*. **II** *v.t.* danneggiare recare detrimento a. □ *to be* (*o find o.s.*) *at a* ~ essere (‹

trovarsi) in condizioni sfavorevoli (*o* di svantaggio); *to our great* ~ *con* nostro grande svantaggio; *to put s.o. at a* ~ mettere qd. in (condizioni di) svantaggio.

isadvantageous [dis‚ædvən'teidʒəs] *a.* svantaggioso, sfavorevole.

saffect [‚disə'fekt] *v.t.* **1** disaffezionare, disamorare. **2** (*to raise discontent in*) suscitare malcontento in. **disaffect-ed** [-id] *a.* **1** disamorato. **2** (*rebellious*) ostile, ribelle. **disaffectedness** [-idnis], **disaffection** [-kʃən] *s.* **1** disaffezione *f.* **2** (*hostility*) ostilità *f.*

saffirm [‚disə'fə:m] *v.t.* **1** confutare, contraddire, contestare. **2** (*Dir*) annullare, revocare, cassare; (*of a contract*) risolvere. **disaffirmation** [disˌæfə'meiʃən] *s.* **1** confutazione *f.* **2** (*Dir*) annullamento *m*, revoca *f*; (*of a contract*) risoluzione *f.*

safforest [‚disə'fɔrist] *v.t.* diboscare. **'disaf‚fores'tation** –eiʃən] *s.* diboscamento *m.*

sagree [‚disə'gri:] *v.i.* **1** non essere d'accordo (*with* con): I ~ *with you* non sono d'accordo con te. **2** (*to dissent*) non essere d'accordo, discordare, dissentire (*with, on* su). **3** (*to cause discomfort*) fare male, non confarsi, non essere adatto (*with* a): *sea air* –*s with her* l'aria di mare non le si confà. **disagreeable** [-əbl] **I** *a.* **1** sgradevole, antipatico, piacevole. **2** (*ill-tempered*) di carattere difficile, antipatico, scontroso. **II** *s.* (general. al pl.) noie *fpl*, fastidi *mpl*. **disagreeableness** [-əblnis] *s.* sgradevolezza *f*, piacevolezza *f.* **disagreement** [-mənt] *s.* **1** disaccordo *m*, dissenso *m: to be in* ~ *with s.o. about s.th.* essere in disaccordo con qd. su qc. **2** (*difference of opinion*) dissenso *m*, divergenza *f.* **3** (*dispute*) discordia *f*, dissapore *m.* **4** (*discrepancy*) discrepanza *f*, diversità *f.*

sallow [‚disə'lau] *v.t.* **1** non permettere, respingere; (*to veto*) porre il veto a. **2** (*to refuse assent to*) non ammettere, non riconoscere. **disallowance** [-əns] *s.* rigetto *m*, rifiuto *m*, divieto *m.*

sannul [‚disə'nʌl] *v.t.* annullare, revocare.

sappear [‚disə'piə] *v.t.* **1** scomparire, sparire, svanire. **2** (*to cease to be*) finire. **disappearance** [-rəns] *s.* comparsa *f*, sparizione *f.*

sappoint [‚disə'pɔint] *v.t.* **1** deludere, lasciar deluso. **2** (*to thwart*) deludere, rendere vano, frustrare.

sappointed [‚disə'pɔintid] *a.* deluso. □ *I was agreeably* ~ *in it* l'ho trovato migliore di quanto non pensassi; *to be* ~ *at not winning* restar (*o* rimanerci) male per non aver vinto; *to feel* ~ *about s.th.* restare deluso di (*o* male per) qc.; *to look* ~ avere l'aria delusa; *to be* ~ *in love* avere delusioni d'amore; *a* ~ *man* un uomo scontento (*o* insoddisfatto).

sappointing [‚disə'pɔintiŋ] *a.* deludente, scoraggiante, piacevole. □ *how* ~! che contrattempo!, che contrarietà!

sappointment [‚disə'pɔintmənt] *s.* **1** delusione *f*, disappunto *m.* **2** (*person, thing*) delusione *f*: *he was a great* ~ *to me* è stato una grande delusione per me. □ *to suffer* (*o meet with*) *a* ~ subire (*o* avere) una delusione; *to my great* ~ con mio grande disappunto.

sapprobation [‚disæprə'beiʃən] *s.* disapprovazione *f.* **disapprobative** [-'beitiv], **disapprobatory** [-'beitəri] *a.* di disapprovazione.

sapproval [‚disə'pru:vəl] *s.* disapprovazione *f*, riprovazione *f.* **disapprove** [-'pru:v] **I** *v.t.* **1** disapprovare, riprovare. **2** (*to decline to sanction*) rigettare, respingere. **II** *v.i.* disapprovare (*of s.th.* qc.). **disapprovingly** [-viŋli] *avv.* con disapprovazione.

sarm [dis'a:m] **I** *v.t.* **1** disarmare. **2** (*to make harmless*) rendere innocuo. **3** (*fig*) disarmare; (*to win over*) disarmare, averla vinta su: *to* ~ *s.o. with a smile* disarmare qd. con un sorriso. **II** *v.i.* disarmare (*anche Pol.*). **disarmament** [-əmənt] *s.* disarmo *m* (*anche Pol.*). **disarmer** [-mə] *s.* (*Pol*) fautore *m* del disarmo. **disarming** [-miŋ] *a.* disarmante: ~ *honesty* sincerità disarmante.

sarrange [‚disə'reindʒ] *v.t.* mettere in disordine, disordinare, scompigliare, scomporre. **disarrangement** [-mənt] *s.* disordine *m*, scompiglio *m*, confusione *f.*

sarray [‚disə'rei] **I** *v.t.* mettere in disordine, buttare all'aria, scompigliare. **II** *s.* **1** disordine *m*, scompiglio *m*,

confusione *f.* **2** (*disorderly dress*) abbigliamento *m* trasandato.

disarticulate [‚disa:'tikjuleit] **I** *v.t.* **1** disarticolare, disgiungere. **2** (*Chir*) disarticolare. **II** *v.i.* disarticolarsi. **‚disar‚ticulation** [-'leiʃən] *s.* disarticolazione *f* (*anche Chir.*).

disassemble [‚disə'sembl] *v.t.* smontare. **disassembly** [-i] *s.* (*of engines, etc.*) smontaggio *m.*

disassimilate [‚disə'simileit] *v.t.* (*Fisiol*) decomporre, scomporre. **‚disas‚similation** [-'leiʃən] *s.* catabolismo *m.*

disassociate [‚disə'souʃieit] *v.* → **dissociate. ‚disas‚sociation** [-ʃi'eiʃən] *s.* → **dissociation.**

disaster [di'za:stə] *s.* **1** disastro *m*, calamità *f*, sinistro *m.* **2** (*fiasco*) (completo) fallimento *m*, disastro *m*, (*fam*) fiasco *m.* **3** (*Mil*) disastro *m.*

disaster area *s.* zona *f* sinistrata (*o* del disastro).

disastrous [di'za:strəs] *a.* disastroso.

disavow [‚disə'vau] *v.t.* disconoscere, ripudiare, sconfessare, rinnegare: *to* ~ *the paternity of a child* disconoscere la paternità di un figlio. **disavowal** [-əl] *s.* disconoscimento *m*, sconfessione *f.*

disband [dis'bænd] **I** *v.t.* **1** sciogliere: *to* ~ *a corporation* sciogliere una società. **2** (*Mil*) congedare. **II** *v.i.* **1** sciogliersi, disperdersi, sparpagliarsi. **2** (*Mil*) (*to break ranks*) sbandarsi. **disbandment** [-mənt] *s.* scioglimento *m*, dispersione *f.*

disbar [dis'ba:] *v.t.* (*Dir*) radiare dall'albo (degli avvocati). **disbarment** [-mənt] *s.* radiazione *f* dall'albo (degli avvocati).

disbelief [‚disbi'li:f] *s.* incredulità *f.* **disbelieve** [-'li:v] **I** *v.t.* non credere a, rifiutarsi di credere a. **II** *v.i.* non credere (*in* a). **disbeliever** [-'li:və] *s.* **1** incredulo *m* (*f* –a). **2** (*Rel*) miscredente *m/f.*

disbranch [dis'bra:ntʃ] *v.t.* spogliare (*o* privare) dei rami.

disbud [dis'bʌd] *v.t.* togliere i germogli (superflui) a.

disburden [dis'bə:dn] *v.t.* **1** scaricare, sbarazzare (*o* liberare) da un peso. **2** (*fig*) sgravare, alleggerire, alleviare.

disburse [dis'bə:s] *v.t.* sborsare. **disbursement** [-mənt] *s.* **1** sborso *m*, pagamento *m*, spesa *f*, esborso *m.* **2** (*money paid out*) disborso *m.*

disc *s.* → **disk.**

disc. = **1** *discount* sconto. **2** *discovered* scoperto.

discalceate [dis'kælsiit], **discalced** [-st] *a.* (*Rel*) scalzo.

discard [dis'ka:d] **I** *v.t.* **1** scartare, eliminare; (*of a garment*) smettere. **2** (*to give up*) rinunciare a, abbandonare: *to* ~ *a habit* abbandonare un'usanza. **3** (*in cards*) scartare. **II** *v.i.* (*in cards*) scartare, fare uno scarto. **III** *s.* **1** (*in cards*) scarto *m.* **2** (*cast-off*) scarto *m*, rifiuto *m.*

discarnate [dis'ka:nit] *a.* disincarnato, incorporeo.

discern [di'sə:n] **I** *v.t.* **1** discernere, scorgere, percepire: *to* ~ *a ship on the horizon* scorgere una nave all'orizzonte; (*mentally*) discernere, capire. **2** (*to distinguish*) discernere, distinguere. **II** *v.i.* discernere, distinguere: *to* ~ *between good and bad* distinguere tra il bene e il male. **discernible** [-əbl] *a.* distinguibile. **discerning** [-iŋ] *a.* **1** dotato di discernimento, acuto, perspicace: *a* ~ *critic* un critico acuto. **2** (*of intelligence*) penetrante, sottile, acuto. **discernment** [-mənt] *s.* discernimento *m*, acume *m*, sagacia *f.*

discerptibility [diˌsə:pti'biliti] *s.* l'essere divisibile (*o* separabile). **dis'cerptible** [-bl] *a.* **1** divisibile, separabile. **2** (*capable of being torn apart*) che si può strappare.

discharge [dis'tʃa:dʒ] **I** *v.t.* **1** scaricare: *to* ~ *a ship* scaricare una nave; (*of a load, cargo*) scaricare, sbarcare. **2** (*Artigl*) (*of a firearm*) scaricare; (*of a projectile*) sparare, far esplodere. **3** (*to pour forth, emit*) mandar fuori, versare, gettare. **4** (*to release*) rilasciare, liberare: *to* ~ *a criminal* rilasciare un criminale; (*from a hospital*) dimettere. **5** (*to relieve of office, etc.*) licenziare, dimettere. **6** (*Mil*) congedare. **7** (*to execute*) assolvere, adempiere, compiere: *to* ~ *one's duties* assolvere i propri doveri. **8** (*of a debt*) far fronte a, pagare; (*of a liability*) adempiere. **9** (*fig*) (*to give vent to*) dare sfogo a, sfogare, scaricare. **10** (*fig*) (*to utter*) lanciare: *to* ~ *oaths* lanciare imprecazioni.

11 ⟨*Med*⟩ emettere, mandar fuori, secernere. **12** ⟨*Dir*⟩ (*to release*) assolvere; (*of a bankrupt*) riabilitare; (*to annul*) annullare, revocare. **13** ⟨*El*⟩ scaricare. **14** ⟨*tecn*⟩ (*in dyeing*) stingere, decolorare. **II** *v.i.* **1** scaricare. **2** ⟨*Artigl*⟩ (*of a firearm*) scaricarsi, sparare. **3** ⟨*tecn*⟩ (*of dyes*) stingere. **4** (*to emit liquid*) mandar fuori, buttare, versare. **5** ⟨*Med*⟩ (*of an abscess*) emettere pus; (*of wounds*) suppurare. **6** ⟨*El*⟩ scaricarsi. **III** *s.* **1** scarico *m*, scaricamento *m*. **2** ⟨*Artigl*⟩ scarica *f*, sparo *m*. **3** (*of arrows*) scarica *f*. **4** (*release, emission*) emissione *f*, efflusso *m*, scarico *m*; (*rate of flow*) flusso *m*; (*something emitted*) scarico *m*. **5** ⟨*Med*⟩ fuoriuscita *f* (di pus), scolo *m* (purulento). **6** (*release*) rilascio *m*, liberazione *f*; (*from hospital*) dimissione *f*; the ~ *of a prisoner* il rilascio di un prigioniero. **7** (*dismissal*) licenziamento *m*. **8** ⟨*Mil*⟩ congedo *m*; (*certificate*) congedo *m*, foglio *m* di congedo. **9** ⟨*Dir*⟩ (*acquittal*) proscioglimento *m*, esonero *m*; (*liberation*) liberazione *f*; (*of a bankrupt*) riabilitazione *f*; (*annulment*) annullamento *m*, abrogazione *f*. **10** (*fulfilment*) adempimento *m*, assolvimento *m*, compimento *m: the* ~ *of one's duties* l'adempimento dei propri doveri. **11** (*payment of a debt*) pagamento *m*; (*certification*) quietanza *f*. **12** ⟨*El*⟩ scarica *f*. □ ⟨*Mar*⟩ ~ *of* **cargo** sbarco *m* del carico; ⟨*Dir*⟩ *to* ~ *a* **debt** estinguere un debito; *in the* ~ *of his* **duties** nell'esercizio delle sue funzioni; ⟨*Comm*⟩ *in* **full** ~ per quietanza; *the Amazon –s itself* **into** *the Atlantic* il Rio delle Amazzoni si getta nell'Atlantico; ⟨*Dir*⟩ *to* ~ *a* **jury** sciogliere (*o* congedare i membri di) una giuria; ⟨*Dir*⟩ *to* ~ *a* **person** *from an obligation* liberare qd. da un'obbligazione; ~ *into the* **sea** scarico *m* in mare.
discharge⎮ lamp *s.* ⟨*El*⟩ lampada *f* a ⌐gas rarefatto⌐ (*o* elettroluminescenza). ~ **manifold** *s.* collettore *m* di scarico. ~ **note** *s.* ⟨*Comm*⟩ ordine *m* di sbarco.
discharger [dis'tʃɑːdʒə] *s.* ⟨*El,Mecc*⟩ scaricatore *m*.
discharge signature *s.* firma *f* per quietanza.
disciple [di'saipl] *s.* discepolo *m*, seguace *m*. **Disciple** *s.* ⟨*Rel*⟩ discepolo *m*. **discipleship** [-ʃip] *s.* stato *m* (*o* qualità *f*) di discepolo.
disciplinable ['disiplinəbl] *a.* **1** disciplinabile. **2** (*subject to punishment*) punibile: *a* ~ *offence* un reato punibile. **,disciplinal** [-'plainl] *a.* → **disciplinary. ,disciplinarian** [-'neriən] **I** *s.* chi 'impone la⌐ (*o* crede nella) disciplina. **II** *a.* → **disciplinary. 'disciplinary** [-nəri] *a.* disciplinare, di disciplina. **'discipline** [-plin] **I** *s.* **1** disciplina *f* (*anche Rel.*). **2** (*behaviour in accordance with rules*) disciplina *f*, comportamento *m* disciplinato. **3** (*punishment*) disciplina *f*, castigo *m*. **4** (*branch of learning*) disciplina *f*, materia *f* di studio. **II** *v.t.* **1** disciplinare, educare alla disciplina; (*to train, drill*) addestrare. **2** (*to punish*) punire, castigare. **3** ⟨*Rel*⟩ flagellare.
disclaim [dis'kleim] *v.t.* **1** (*to deny*) negare, smentire; (*to disavow*) disconoscere, ripudiare, rinnegare. **2** ⟨*Dir*⟩ rinunciare al diritto di. **disclaimer** [-ə] *s.* **1** chi nega (*o* smentisce). **2** ⟨*Dir*⟩ rinuncia *f*. **3** (*repudiation*) disconoscimento *m*, ripudio *m*.
disclose [dis'klouz] *v.t.* **1** svelare, rendere noto, divulgare: *to* ~ *a secret* svelare un segreto. **2** (*concr*) (*to cause to be seen*) scoprire, offrire alla vista. **disclosure** [-louʒə] *s.* **1** rivelazione *f*, divulgazione *f*. **2** ⟨*Dir*⟩ (*in a patent application*) descrizione *f*.
disco ['diskou] **I** *s.* discoteca *f*. **II** *a.* da discoteca.
discobolus [dis'kɔbələs] *s.* (*pl.* -li [lai]) ⟨*Stor.gr,Art*⟩ discobolo *m*.
discoid ['diskɔid] *a.* discoideo, discoide.
discolor *am. v.* → **discolour. discoloration** [dis,kʌlə'reiʃən] *s.* **1** scoloramento *m*. **2** (*fading*) appannamento *m*, offuscamento *m*. **3** (*stain*) chiazza *f*, macchia *f*. **discolour** [-'kʌlə] **I** *v.t.* **1** scolorare, sbiadire, scolorire. **2** (*to fade*) appannare, offuscare. **II** *v.i.* **1** scolorirsi, scolorire. **2** (*to become faded*) appannarsi, offuscarsi; (*to become stained*) macchiarsi, chiazzarsi. **discolouration** *s.* → **discoloration. discoloured** [-'kʌləd] *a.* scolorito, stinto, sbiadito.
discomfit [dis'kʌmfit] *v.t.* **1** sconfiggere, sgominare. **2** (*to thwart*) frustrare, rendere vano, mandare a vuoto. **3** (*to*

disconcert) sconcertare, sconvolgere. **discomfitu** [-fitʃə] *s.* **1** sconfitta *f*, disfatta *f*, insuccesso *m*. (*frustration*) frustrazione *f*. **3** (*confusion*) confusione imbarazzo *m*.
discomfort [dis'kʌmfət] **I** *s.* **1** mancanza *f* di comodit scomodità *f*, disagio *m*. **2** (*distress, hardship*) afflizione pena *f*. **3** (*something causing lack of comfort*) incomoc *m*, disturbo *m*, fastidio *m*. **II** *v.t.* causare disagio disturbo) a.
discommode [,diskə'moud] *v.t.* ⟨*rar*⟩ scomodar incomodare, disturbare. **discommodious** [-iəs] *a.* ⟨*ra* scomodo, fastidioso.
discompose [,diskəm'pouz] *v.t.* **1** scomporre, agitar sconcertare, turbare. **2** (*to disarrange*) scompor scompigliare, disordinare. **discomposedly** [-idli] *a* scompostamente, in modo agitato. **discomposu** [-'pouʒə] *s.* **1** turbamento *m*, agitazione *f*. **2** (*dis rangement*) disordine *m*, scompiglio *m*.
disconcert [,diskən'sɔːt] *v.t.* **1** sconcertare, turba imbarazzare. **2** (*of plans, etc.: to upset*) sconvolge scombinare, scombussolare. **disconcerted** [-id] sconcertato, turbato. **disconcerting** [-iŋ] *a.* sconcertant imbarazzante. **disconcertment** [-mənt] *s.* turbamen *m*, imbarazzo *m*, sconcerto *m*.
disconnect [,diskə'nekt] *v.t.* **1** staccare, sconnettere. ⟨*Mecc*⟩ disinserire, disinnestare. **3** ⟨*El*⟩ (*of a circu* interrompere. **4** ⟨*Mot*⟩ disinnestare, distaccare. **disco nected** [-id] *a.* **1** staccato, separato. **2** (*disjointed*) sco nesso, incoerente: ~ *remarks* osservazioni incoerenti. **di connection, disconnexion** [-'nekʃən] *s.* **1** separazio *f*, disgiunzione *f*, sconnessione *f*. **2** ⟨*Mecc,El*⟩ disi nesto *m*.
disconsolate [dis'kɔnsəlit] *a.* sconsolato, sconfortato, ◄ solato.
discontent [,diskən'tent] **I** *a.* ⟨*rar*⟩ → **discontented. II** → **discontentment. III** *v.t.* scontentare, rendere scc tento. **discontented** [-id] *a.* scontento, insoddisfat malcontento (*with* di). **discontentment** [-mənt] *s.* scc tento *m*, malcontento *m*, insoddisfazione *f*.
discontiguous [,diskən'tigjuəs] *a.* disgiunto, separato.
discontinuance [,diskən'tinjuəns] *s.* **1** sospensione interruzione *f*; (*cessation*) cessazione *f*. **2** ⟨*Dir*⟩ abbando *m*. **discontinue** [-ju] **I** *v.t.* **1** cessare, sospende smettere, interrompere: *to* ~ *doing s.th.* smettere di fa qc. **2** (*to cease to publish*) sospendere le pubblicazi di; (*to cease to subscribe to*) disdire (*o* sospende l'abbonamento a. **3** ⟨*Dir*⟩ desistere da, abbandonare: *to a lawsuit* desistere da un'azione legale. **II** *v.i.* cessare, a▸ termine, finire.
discontinuity [,diskɔnti'njuiti] *s.* **1** discontinuità intermittenza *f*. **2** (*break, gap*) interruzione *f*, soluzion di continuità. **3** ⟨*fig*⟩ discontinuità *f*, incoerenza *f*: ~ *style* discontinuità di stile. **discon'tinuous** [-njuəs] *a.* discontinuo, intermittente, interrotto. **2** ⟨*fig*⟩ discontin irregolare, incoerente. **3** ⟨*Mat*⟩ discontinuo.
discophile ['diskoufail] *s.* discofilo *m* (*f* -a).
discord I *s.* ['diskɔːd] **1** disaccordo *m*, discordanza disarmonia *f*. **2** (*strife, dispute*) discordia *f*, disaccordo dissenso *m*. **3** ⟨*Mus*⟩ dissonanza *f*. **4** (*discordant noi* frastuono *m*, fragore *m*. **II** *v.i.* [dis'kɔːd] **1** essere disaccordo (*with* con), dissentire (da). **2** ⟨*Mus*⟩ dissona □ ⟨*fig*⟩ *the apple of* ~ il pomo della discordia.
discordance [dis'kɔːdəns], **discordancy** [-i] *s.* discordanza *f*, disarmonia *f*, disaccordo *m*, discordia *f* ⟨*Mus*⟩ dissonanza *f*. **discordant** [-nt] *a.* **1** diverger discordante, contrastante: ~ *opinions* opinioni discorda **2** (*of sound*) dissonante, stonato.
discothèque *fr.* ['diskətek] *s.* (*club*) discoteca *f*.
discount I *v.t.* ['diskaunt, dis'kaunt] **1** ⟨*Econ*⟩ scontare ⟨*Comm*⟩ (*to sell at a reduced price*) ribassare, vender prezzo ribassato (*o* ridotto). **3** (*to leave out of accou* non tenere conto di, non dare credito a: *his objecti were –ed* le sue obiezioni non furono tenute in al conto. **4** (*to allow for exaggeration in*) fare la tara a. **5** *take into account in advance*) dare per scontato. **II** ['diskaunt] *s.* ⟨*Comm*⟩ sconto *m*, ribasso *m*, riduzione *f ten per cent* ~ *for large orders* uno sconto del dieci

cento su grosse ordinazioni. **2** ⟨*Econ*⟩ sconto *m*. **3** → **discount rate**. **4** (*allowance for exaggeration*) tara *f*. **5** (*drawback*) restituzione *f* (*o* rimborso *m*) di dazio. □ *at a* ~: **1** ⟨*Comm*⟩ sottoprezzo; **2** ⟨*fig*⟩ (*in low esteem*) in scarsa considerazione; **3** ⟨*fig*⟩ (*unwanted, of little value*) poco richiesto, di scarso valore.

iscountable [dis'kauntəbl] *a*. ⟨*Econ*⟩ scontabile.

iscount| bank *s*. ⟨*Econ*⟩ banca *f* di (deposito e) sconto. ~ **broker** *s*. ⟨*Comm*⟩ negoziatore *m* di cambiali, agente *m* di sconto. ~ **business** *s*. ⟨*Econ*⟩ operazioni *fpl* di sconto.

iscountenance [dis'kauntinəns] **I** *v.t.* **1** sconcertare, imbarazzare, turbare. **2** (*to disapprove of*) disapprovare, scoraggiare. **II** *s*. disapprovazione *f*.

iscounter ['diskauntə] *s*. ⟨*Comm*⟩ scontista *m/f*, scontatario *m*.

iscount| house *s*. **1** ⟨*Comm*⟩ ditta *f* che vende la merce sottoprezzo. **2** ⟨*Econ*⟩ istituto *m* di sconto. ~ **ledger** *s*. ⟨*Comm*⟩ libro *m* rischi. ~ **market** *s*. ⟨*Econ*⟩ mercato *m* dello sconto dei fidi bancari. ~ **rate** *s*. ⟨*Econ*⟩ tasso *m* (*o* saggio) di sconto.

iscourage [dis'kʌridʒ] *v.t.* **1** scoraggiare, abbattere, demoralizzare. **2** (*to dissuade*) dissuadere, distogliere: *to* ~ *s.o. from doing s.th.* dissuadere qd. dal fare qc. **discouragement** [-mənt] *s*. **1** scoraggiamento *m*, sconforto *m*. **2** (*deterrent*) impedimento *m*, freno *m*. **discouraging** [-iŋ] *a*. scoraggiante. **discouragingly** [-iŋli] *avv*. in modo scoraggiante.

iscourse ['diskɔ:s] ⟨*lett*⟩ **I** *s*. **1** (*formal discussion: in writing*) discorso *m*, trattazione *f*; (*in speech*) discorso *m*, orazione *f*. **2** ⟨*lett*⟩ (*conversation*) discorso *m*, conversazione *f*. **II** *v.i.* **1** discorrere, conversare. **2** (*to talk formally*) dissertare (*upon, on* su), trattare (di).

iscourteous [dis'kə:tʃəs] *a*. scortese, sgarbato. **discourteousness** [-nis] *s*. scortesia *f*, sgarbatezza *f*. **discourtesy** [-təsi] *s*. **1** → **discourteousness**. **2** (*discourteous act*) scortesia *f*, sgarbo *m*.

iscover [dis'kʌvə] *v.t.* **1** scoprire, trovare: *to* ~ *a new drug* scoprire un nuovo farmaco. **2** (*to realize*) scoprire, accorgersi di, rendersi conto di. **3** ⟨*rar*⟩ (*to make known*) rivelare, render noto; (*to disclose to view*) scoprire, rendere visibile. **discoverable** [-rəbl] *a*. scopribile. **discoverer** [-rə] *s*. scopritore *m* (*f* –trice).

iscovert [dis'kʌvət] *a*. ⟨*Dir*⟩ (*of a woman*) senza tutela maritale.

iscovery [dis'kʌvəri] *s*. **1** scoperta *f: the* ~ *of America* la scoperta dell'America. **2** (*something discovered*) scoperta *f*, invenzione *f*, ritrovato *m*. **3** ⟨*Dir*⟩ (*of documents, etc.*) esibizione *f*, presentazione *f*. □ *a voyage of* ~ un viaggio d'esplorazione.

Discovery Day *am*. *s*. (*Columbus Day*) anniversario *m* della scoperta dell'America.

iscredit [dis'kredit] **I** *v.t.* **1** screditare, tornare a discredito di: *this act* –*ed him in everybody's eyes* quest'azione lo screditò agli occhi di tutti. **2** (*to destroy confidence in*) screditare, gettare il discredito su: *the theory has been* –*ed* la teoria è (stata) screditata. **3** (*to disbelieve*) non credere a, non prestar credito (*o* fede) a. **II** *s*. **1** discredito *m*, scredito *m*, disistima *f*. **2** (*disbelief*) incredulità *f*, dubbio *m*. **3** (*cause of disrepute*) vergogna *f*, disonore *m*, onta *f*. □ *to bring s.o. into* ~ screditare qd., gettare il discredito su qd.; *to fall into* ~ cadere in discredito, screditarsi; *to meet with* ~ non trovare credito.

discreditable [-əbl] *a*. vergognoso, disonorevole, ignominioso.

iscreet [dis'kri:t] *a*. **1** discreto, prudente, riservato. **2** (*tactful*) discreto, non importuno: *a* ~ *silence* un silenzio discreto. **discreetly** [-li] *avv*. con discrezione, con tatto.

iscrepancy [dis'krepənsi] *s*. **1** discrepanza *f*, disaccordo *m*, divario *m*. **2** (*instance*) discrepanza *f*, divergenza *f*.

discrepant [-nt] *a*. discrepante, contrastante, discordante; (*differing*) diverso.

iscrete [dis'kri:t] *a*. **1** separato, distinto, diviso; (*not continuous*) discontinuo. **2** ⟨*Filos*⟩ astratto. **3** ⟨*Mat*⟩ discreto: ~ *variable* variabile discreta.

iscretion [dis'kreʃən] *s*. **1** discrezione *f*, arbitrio *m*. **2** (*judgement*) saggezza *f*, giudizio *m*, prudenza *f*. **3** (*quality of being discreet*) discrezione *f*, riservatezza *f*. □ ⟨*Dir*⟩ **abuse** *of* ~ abuso *m* di potere; **age** *of* ~ = **years** *of discretion*; **at** ~ a discrezione, a volontà: *at the* ~ *of s.o.* a discrezione di qd.; *to have* **full** ~ *to do s.th.* avere piena libertà di fare qc.; *at one's* **own** ~ secondo il proprio arbitrio; *to use one's own* ~ fare come meglio si crede; ⟨*Mil*⟩ *to* **surrender** *at* ~ arrendersi a discrezione; **use** ~ sii prudente; **years** *of* ~ età *f* ⸢del discernimento⸣ (*o* della ragione). *Prov.:* ~ *is the better part of valour* la prudenza è la parte migliore del coraggio.

discretional [dis'kreʃənəl], **discretionary** [-nəri] *a*. discrezionale.

discretionary power *s*. ⟨*Dir*⟩ potere *m* (*o* facoltà *f*) discrezionale, discrezionalità *f*.

discriminant [dis'kriminənt] *s*. ⟨*Mat*⟩ discriminante *f*: ~ *function* funzione discriminante.

discriminate I *v.i.* [dis'krimineit] **1** distinguere, discriminare: *to* ~ *against negroes* discriminare la gente di colore. **2** (*to distinguish*) distinguere, far differenza: *to* ~ *between good and bad* distinguere tra (il) bene e (il) male. **II** *v.t.* **1** differenziare, caratterizzare. **2** (*to distinguish*) distinguere, far differenza tra: *to* ~ *good from bad* distinguere il bene dal male. **III** *a*. [-nit] giudizioso.

discriminating [dis'krimineitiŋ] *a*. **1** dotato di discernimento, acuto, penetrante, perspicace: *a* ~ *judge of paintings* un acuto intenditore di pittura. **2** (*distinctive*) distintivo, caratteristico. **3** ⟨*Econ*⟩ (*of tariffs, duties*) differenziale. **dis,crimination** [-'neiʃən] *s*. **1** discriminazione *f: racial* ~ discriminazione razziale. **2** (*differentiation*) discriminazione *f*, differenziazione *f* (*anche Econ.*). **3** (*acute judgement*) discernimento *m*, acume *m*, perspicacia *f*. **4** ⟨*tecn*⟩ discriminazione *f*. **dis,criminative** [-'neitiv] *a*. → **discriminating**. **dis,criminator** [-'neitə] *s*. ⟨*tecn*⟩ discriminatore *m*. **dis,criminatory** [-'neitəri] *a*. discriminatorio.

discrown [dis'kraun] *v.t.* detronizzare, deporre.

discursive [dis'kə:siv] *a*. **1** digressivo, che divaga. **2** ⟨*Filos*⟩ raziocinativo, deduttivo. **discursiveness** [-nis] *s*. **1** l'essere digressivo. **2** ⟨*Filos*⟩ l'essere raziocinativo.

discus ['diskəs] *s*. (*pl.* **-cuses** [kəsiz]/**disci** ['disai]) ⟨*Sport*⟩ disco *m*.

discuss [dis'kʌs] *v.t.* **1** discutere, dibattere: *to* ~ *a matter* discutere una questione; (*to talk*) discutere su (*o* di), parlare di: *to* ~ *the weather* parlare del tempo. **discussible** [-ibl] *a*. discutibile.

discussion [dis'kʌʃən] *s*. discussione *f*, dibattito *m*. □ *after much* ~ dopo molto discutere; *to* **come** *up for* ~ venire discusso, essere oggetto di discussione; *to* **enter** *into* (*o upon*) *a* ~ entrare in discussione; *a matter for* ~ un argomento di discussione; **under** ~ in discussione.

discussion group *s*. gruppo *m* di discussione.

discus| thrower *s*. ⟨*Sport*⟩ discobolo *m* (*f* –a), lanciatore *m* (*f* –trice) di disco. ~ **throwing** *s*. lancio *m* del disco, disco *m*.

disdain [dis'dein] **I** *v.t.* **1** sdegnare, disdegnare, disprezzare. **2** (*to think it beneath one*) non degnarsi di. **II** *s*. sdegno *m*, disdegno *m*, disprezzo *m*. **disdainful** [-ful] *a*. sdegnoso, sprezzante.

disease [di'zi:z] *s*. **1** ⟨*Med,Biol*⟩ malattia *f*, morbo *m*, affezione *f*. **2** (*ailment*) male *m*, malanno *m*. **3** ⟨*fig*⟩ malattia *f*, male *m*. **diseased** [-d] *a*. malato (*anche fig.*): *a* ~ *mind* una mente malata.

diseconomy [disi'kɔnəmi] *s*. diseconomia *f*, squilibrio *m* economico.

disembark [,disim'ba:k] *v.t./i.* sbarcare. **disembarkation** [,disemba:'keiʃən], **disembarkment** [-mənt] *s*. sbarco *m*.

disembarrass [,disim'bærəs] *v.t.* **1** togliere d'imbarazzo, trarre d'impaccio. **2** (*to relieve, rid*) liberare, sbarazzare, disimpegnare.

disembodied [,disim'bɔdid] *a*. incorporeo, immateriale, disincarnato. **disembodiment** [-dimənt] *s*. **1** il rendere incorporeo. **2** (*state*) incorporeità *f*. **disembody** [-di] *v.t.* **1** disincarnare, liberare dal corpo, rendere incorporeo. **2** ⟨*Mil.ant*⟩ congedare.

disembogue [,disim'boug] **I** *v.i.* **1** riversarsi, versarsi. **2** (*of a body of water*) sboccare, sfociare. **II** *v.t.* ⟨*ant*⟩

riversare, scaricare.

disembosom [‚disim'buzəm] *v.t.* rivelare, svelare. □ *to ~ o.s.* aprirsi, confidarsi.

disembowel [‚disim'bauəl] *v.t.* **1** sventrare, sbudellare. **2** ⟨*fig*⟩ svuotare. **disembowelment** [–mənt] *s.* sventramento *m.*

disembroil [‚disim'brɔil] *v.t.* sbrogliare, districare, risolvere.

disenchant [‚disin'tʃɑ:nt] *v.t.* disincantare, disilludere. **disenchantment** [–mənt] *s.* disincanto *m,* disillusione *f.*

disencumber [‚disin'kʌmbə] *v.t.* **1** liberare, sbarazzare, sgravare. **2** ⟨*Dir*⟩ sgravare, liberare da un'ipoteca. **disencumbrance** [–brəns] *s.* **1** il liberare. **2** ⟨*Dir*⟩ sgravio *m* (da un'ipoteca).

disendow [‚disin'dau] *v.t.* (*of a church, etc.*) privare delle dotazioni.

disengage [‚disin'geidʒ] **I** *v.t.* **1** districare, sbrogliare, liberare. **2** (*to free from obligation*) liberare, disimpegnare. **3** ⟨*Mil,Sport*⟩ disimpegnare. **4** ⟨*Mecc*⟩ disinnescare, disinserire. **II** *v.i.* **1** disimpegnarsi, liberarsi. **2** ⟨*Sport*⟩ (*in fencing*) fare una cavazione. **3** ⟨*Mil*⟩ disimpegnarsi, sganciarsi. □ ⟨*Mot*⟩ *to ~ the clutch* disinnestare la frizione, debraiare. **disengaged** [–d] *a.* **1** libero, disimpegnato, disponibile. **2** ⟨*Mecc*⟩ disinnestato. **disengagement** [–mənt] *s.* **1** sganciamento *m,* disimpegno *m,* svincolamento *m,* liberazione *f.* **2** (*freedom from ties*) libertà *f,* disponibilità *f.* **3** (*cancellation of promise to marry*) rottura *f* di fidanzamento. **4** ⟨*Pol*⟩ disimpegno *m.* **5** ⟨*Mecc*⟩ disinnesto *m.* **6** ⟨*Sport*⟩ cavazione *f.*

disengaging| gear [‚disin'geidʒiŋ] *s.* ⟨*Mecc*⟩ ingranaggio *m* di disinnesto. **~ movement** *s.* ⟨*Mil*⟩ manovra *f* di disimpegno (*o* sganciamento).

disentail [‚disin'teil] *v.t.* ⟨*Dir*⟩ svincolare, liberare da vincoli.

disentangle [‚disin'tæŋgl] **I** *v.t.* sbrogliare, districare, liberare (*anche fig.*). **II** *v.i.* sbrogliarsi, districarsi, liberarsi (*anche fig.*). **disentanglement** [–mənt] *s.* districamento *m.*

disenthral(l) [‚disin'θrɔ:l] *v.t.* affrancare, emancipare, liberare. **disenthral(l)ment** [–mənt] *s.* affrancamento *m,* emancipazione *f.*

disentomb [‚disin'tu:m] *v.t.* **1** dissotterrare, esumare, riesumare. **2** ⟨*fig*⟩ riesumare, portare alla luce. **disentombment** [–mənt] *s.* riesumazione *f,* esumazione *f* (*anche fig.*).

disequilibrium [dis‚i:kwi'libriəm] *s.* mancanza *f* d'equilibrio, squilibrio *m.*

disestablish [‚disis'tæbliʃ] *v.t.* **1** annullare, abolire. **2** ⟨*Rel*⟩ (*of a church*) privare del riconoscimento (da parte dello stato). **disestablishment** [–mənt] *s.* ⟨*Rel*⟩ separazione *f* fra chiesa e stato.

disesteem [‚disis'ti:m] **I** *v.t.* disistimare. **II** *s.* disistima *f.*

disfavor *am.,* **disfavour** [dis'feivə] **I** *s.* **1** sfavore *m,* disapprovazione *f: to incur s.o.'s ~* incorrere nella disapprovazione di qd. **2** (*lack of favour*) sfavore *m,* disgrazia *f.* **II** *v.t.* disapprovare. □ *to be* (*o fall*) *into ~* essere (*o* cadere) in disgrazia.

disfeature [dis'fi:tʃə] *v.t.* sfigurare, deturpare. **disfeaturement** [–mənt] *s.* deturpazione *f.*

disfiguration [dis‚figju'reiʃən] *s.* deturpazione *f,* deformazione *f,* sfregio *m.* **dis'figure** [–gə] *v.t.* sfigurare, deturpare, rovinare: *to ~ the landscape* deturpare il paesaggio. **dis'figurement** [–gəmənt] *s.* → **disfiguration.**

disfranchise [dis'fræntʃaiz] *v.t.* **1** (*of civil rights*) privare dei diritti civili; (*of electoral privileges*) privare del diritto di voto. **2** (*of a corporation*) privare di una franchigia (*o* un privilegio). **disfranchisement** [–tʃizmənt] *s.* privazione *f* dei diritti civili.

disfrock [dis'frɔk] *v.t.* ⟨*Rel*⟩ sospendere dall'ufficio sacerdotale.

disgorge [dis'gɔ:dʒ] **I** *v.t.* **1** vomitare, rigettare. **2** (*to discharge*) scaricare, riversare. **3** (*of illicit gains, etc.*) restituire, rendere. **II** *v.i.* scaricarsi, riversarsi.

disgrace [dis'greis] **I** *s.* **1** disonore *m,* onta *f,* vergogna *f,*

ignominia *f: to bring ~ on one's name* ⸢recare onta al⸣ (disonorare il) proprio nome. **2** (*cause of shame*) vergogna disonore *m,* ignominia *f: he is a ~ to his family* è disonore della famiglia; *it's a ~!* è una vergogna! : (*disfavour*) disgrazia *f,* sfavore *m: he is in ~ at court* è i disgrazia a corte. **II** *v.t.* **1** disonorare, fare (*o recare*) ont a. **2** (*to dismiss from favour*) far cadere in disgrazia privare della protezione. □ *to fall into ~ with s.o.* cader in disgrazia presso qd.; *there is no ~ in being poor* non un disonore essere poveri; *the child is in ~* il bambino in castigo.

disgraceful [dis'greisful] *a.* disonorevole, vergognose ignobile. **disgracefulness** [–nis] *s.* vergogna *f,* infamia obbrobrio *m.*

disgruntled [dis'grʌntld] *a.* contrariato, scontento, c cattivo umore.

disguise [dis'gaiz] **I** *v.t.* **1** travestire, mascherare camuffare: *she –d herself as a gipsy* si è mascherata d zingara. **2** ⟨*fig*⟩ mascherare, dissimulare, nascondere: *to ~ one's intentions* mascherare le proprie intenzioni; (*of th voice*) contraffare, alterare. **II** *s.* **1** travestimento *n* maschera *f.* **2** ⟨*fig*⟩ maschera *f,* pretesto *m,* finzione *under the ~ of charity* sotto la maschera della carità. □ ⟨*fig*⟩ *to make no ~ of* non fare mistero di; *to be in ~* essere mascherato; *there is no disguising the fact th* bisogna ammettere che.

disgust [dis'gʌst] **I** *v.t.* **1** disgustare, rivoltare, indignar* *we were –ed with* (*o at, by*) *his callousness* fumm disgustati dalla sua insensibilità. **2** (*to nauseate* disgustare, nauseare. **II** *s.* **1** disgusto *m,* ripugnanza *f.* (*nausea*) disgusto *m,* nausea *f.* □ *much to my ~* con mi grande disappunto; *to turn away in ~* voltare le spall disgustato. **disgusted** [–id] *a.* disgustato, indignat nauseato. **disgustedly** [–idli] *avv.* in modo disgustat* con disgusto. **disgusting** [–iŋ] *a.* disgustoso, nauseant* ripugnante. **disgustingly** [–iŋli] *avv.* **1** in manier disgustosa (*o* nauseante). **2** ⟨*fam*⟩ enormemente, ⟨*fam disgustosamente: ~ rich* disgustosamente ricco.

dish [diʃ] **I** *s.* **1** piatto *m.* **2** *pl.* (*table utensils*) piatti *m* *to wash the –es* lavare i piatti. **3** (*food served*) piatto *n* pietanza *f.* **4** → **dishful. 5** (*anything like a dish*) ogget *m* a forma di piatto, piatto *m.* **6** (*concavity*) concavità **7** (*hollow in land*) cunetta *f.* **8** ⟨*Rad*⟩ riflettore * parabolico. **9** ⟨*Fot*⟩ bacinella *f.* **10** ⟨*Chim*⟩ capsula *f.* ⟨*sl*⟩ (*attractive girl*) ragazza *f* attraente, ⟨*gerg*⟩ bocconcin *m.* **II** *v.t.* **1** (*of food:to put into a dish*: spesso con u* mettere nel piatto, scodellare; (*to serve from a dis* general. con *up, out*) servire, fare le porzioni. **2** ⟨*fam*⟩ (* present;* general. con *up*) presentare, ⟨*fam*⟩ servire. ⟨*tecn*⟩ imbutire. **4** ⟨*sl*⟩ (*to defeat*) sconfiggere, battere.

dishabille [‚disæ'bi:l] *s.* **1** abbigliamento *m* succinto. (*garment*) déshabillé *m,* veste *f* da camera.

dishabituate [‚dishə'bitjueit] *v.t.* (*non com*) disabituare.

disharmonious [‚dishɑ:'mouniəs] *a.* disarmonic* **dis'harmonize** [–mənaiz] *v.t.* rendere discordant* **dis|harmony** [–məni] *s.* disarmonia *f.*

dish|cloth *s.* strofinaccio *m* per i piatti. **~cover** coprivivande *m.*

dishearten [dis'hɑ:tn] *v.t.* scoraggiare, demoralizzar* **disheartening** [–iŋ] *a.* scoraggiante, demoralizzant deprimente. **disheartenment** [–mənt] *s.* scoraggiament *m,* abbattimento *m.*

dished [diʃt] *a.* **1** concavo, cavo. **2** ⟨*tecn*⟩ (*of a wheel*) disco. **3** ⟨*Aut*⟩ (*of wheels*) a ruote convergenti. **4** ⟨*fam* spacciato.

dishevel [di'ʃevəl] *v.t.* (*pret., p.p.* **dishevelled**/*an* **disheveled** [–d]) (*of hair*) scompigliare, arruffar* scarmigliare; (*of clothing*) mettere in disordin* scompigliare. **disheveled** *am.,* **dishevelled** [–d] *a.* scompigliato, arruffato, scarmigliato: *~ hair* cape arruffati. **2** (*untidy*) in disordine. **dishevelment** [–mən *s.* disordine *m,* scompiglio *m.*

dishful ['diʃful] *s.* piatto *m,* contenuto *m* di un piatto.

dishonest [dis'ɔnist] *a.* disonesto, sleale. □ *~ gair* guadagni illeciti. **dishonesty** [–i] *s.* **1** disonestà *f,* sleal *f.* **2** (*act*) disonestà *f.*

dishonor, dishonorable *am. e der.* →. **dishonou**

ishonourable *e der.*

shonour [dis'ɔnə] **I** *s.* **1** disonore *m,* infamia *f.* **2** *⟨shame, disgrace⟩* disonore *m,* vergogna *f,* onta *f,* ignominia *f.* **3** *(insult)* affronto *m,* insulto *m.* **4** *(cause of shame)* vergogna *f,* disonore *m: he is a ~ to the family* è il disonore della famiglia. **5** *⟨Comm⟩* mancato pagamento *m,* mancata accettazione *f.* **II** *v.t.* **1** disonorare, infamare. **2** *(to disgrace)* far disonore a, essere il disonore di. **3** *(to violate)* disonorare, sedurre. **4** *⟨Comm⟩* rifiutare di pagare *(o* accettare): *to ~ a cheque* rifiutare di pagare un assegno. □ *to bring ~ on* disonorare. **dishonourable** [-rəbl] *a.* disonorante, disonorevole, vergognoso. □ *⟨Mil⟩ ~ discharge* radiazione *f.* **dishonourableness** [-rəblnis] *s.* l'essere disonorevole *(o* vergognoso).

ishonoured| bill [dis'ɔnəd] *s.* cambiale *f* insoluta, effetto *m* respinto. *~ cheque* *s.* assegno *m* insoluto *(o* non pagato).

ishouse [dis'hauz] *v.t.* sloggiare, sfrattare.

ish|pan *am. s.* catino *m* (per lavare i piatti). **~rack** *s.* scolapiatti *m.* **~rag** *s.* → **dishcloth.** **~ towel** *am. s.* → **dishcloth. ~ware** *am. s.* piatti *mpl.* **~wash** *am* **I** *s. ⟨fam⟩* stupidaggini *fpl,* idiozie *fpl.* **II** *v.i.* lavare i piatti. **~washer** *s.* **1** *(person)* sguattero *m* (*f* –a), lavapiatti *m/f.* **2** *(machine)* lavastoviglie *f.* **~washing liquid** *s.* detersivo *m* (liquido) per piatti. **~water** *s.* rigovernatura *f.* □ *dull as ~* molto noioso.

isillusion [,disi'luːʒən] **I** *v.t.* disilludere, disingannare. **II** *s.* disillusione *f,* disinganno *m.* **disillusionize** [-aiz] *v.* → **disillusion. disillusionment** [-mənt] *s.* → **disillusion.**

isincentive [,disin'sentiv] *s.* **1** freno *m,* remora *f.* **2** *⟨Econ⟩* disincentivo *m.*

isinclination [,disinkli'neiʃən] *s.* ripugnanza *f,* avversione *f,* antipatia *f: a ~ for work* un'avversione per il lavoro.

disincline [-'klain] *v.t.* suscitare antipatia *(o* avversione), rendere poco incline. **disinclined** [-'klaind] *a.* poco disposto *(o* incline), riluttante, restio: *to be ~ to do s.th.* essere restio a fare qc.

isincorporate [,disin'kɔːpəreit] *v.t.* *(of a company, etc.)* sciogliere.

isinfect [,disin'fekt] *v.t.* disinfettare. **disinfectant** [-ənt] **I** *s.* disinfettante *m.* **II** *a.* disinfettante. **disinfection** [-'fekʃən] *s.* disinfezione *f.*

isinfest [,disin'fest] *v.t.* *⟨Chim⟩* disinfestare. **disinfestant** [-ənt] *s.* disinfestante *m.* **,disinfes'tation** [-eiʃən] *s.* disinfestazione *f.*

isinflation [,disin'fleiʃən] *s.* disinflazione *f.* **disinflationary** [-əri] *a.* disinflazionistico.

isinformation [dis,infə'meiʃən] *s.* disinformazione *f.*

isingenuous [,disin'dʒenjuəs] *a.* falso, insincero, in malafede. **disingenuousness** [-nis] *s.* insincerità *f,* falsità *f.*

isinherit [,disin'herit] *v.t.* diseredare. **disinheritance** [-əns] *s.* il diseredare, diseredazione *f.*

isinhibit [disin'hibit] *v.t.* *⟨Psic⟩* disinibire. **disinhi'bition** [-ʃən] *s.* disinibizione *f.*

isintegrate [dis'intigreit] **I** *v.i.* disintegrarsi, disgregarsi *(anche fig.).* **II** *v.t.* disintegrare. **dis,integration** [-'greiʃən] *s.* **1** disintegrazione *f,* disgregazione *f (anche fig.).* **2** *⟨Geol⟩* decomposizione *f,* disgregazione *f.* **3** *⟨Atom⟩* disintegrazione *f.* **disintegrator** [-ə] *s.* *⟨tecn⟩* disintegratore *m.*

isinter [,disin'tə:] *v.t.* **1** dissotterrare, esumare, riesumare. **2** *(fig) (to bring to light)* riportare alla luce, riesumare, risumare.

isinterest [dis'intərist] **I** *v.t.* togliere interesse a, privare di (ogni) interesse. **II** *s.* disinteresse *m,* indifferenza *f.* **disinterested** [-id] *a.* **1** indifferente. **2** *(unselfish)* disinteressato, altruistico; *(impartial)* imparziale. **disin'terestedness** [-idnis] *s.* disinteresse *m.*

isintermediation [,disintəmi:di'eiʃən] *s.* *⟨Econ⟩* disintermediazione *f.*

isinterment [,disin'tə:mənt] *s.* dissotterramento *m,* esumazione *f.*

isinvest [disin'vest] *v.t.* *⟨Econ⟩* disinvestire, smobilizzare. **disinvestment** [-mənt] *s.* disinvestimento *m.*

isjoin [dis'dʒɔin] **I** *v.t.* disgiungere, separare, staccare. **II** *v.i.* disgiungersi, separarsi, staccarsi.

disjoint [dis'dʒɔint] *v.t.* **1** disgiungere, sconnettere, scomporre. **2** *⟨fig⟩* smembrare, disgregare. **disjointed** [-id] *a.* **1** disarticolato. **2** *⟨fig⟩ (incoherent)* sconnesso, incoerente, slegato.

disjunction [dis'dʒʌnkʃən] *s.* **1** disgiunzione *f,* separazione *f.* **2** *⟨fig⟩* disunione *f.* **disjunctive** [-ktiv] **I** *a.* disgiuntivo. **II** *s.* **1** *⟨Gramm⟩ (disjunctive conjunction)* congiunzione *f* disgiuntiva. **2** *⟨Filos⟩ (disjunctive proposition)* proposizione *f* disgiuntiva, giudizio *m* disgiuntivo.

disk [disk] *s.* **1** disco *m.* **2** *(record)* disco *m* (fonografico). **3** *⟨Anat⟩* disco *m* intervertebrale. **4** *⟨Tel⟩* disco *m* combinatore.

disk| brake *s.* *⟨Mecc⟩* freno *m* a disco. *~ capacity* *s.* *⟨Inform⟩* capacità *f* del disco. *~ coupling* *s.* *⟨tecn⟩* accoppiamento *m* a dischi. *~ drive* *s.* unità *f* disco.

diskette [dis'ket] *s.* *⟨Inform⟩* dischetto *m* flessibile, floppy disk *m.*

disk| harrow *s.* *⟨Agr⟩* erpice *m* a dischi. *~ jockey* *s.* *⟨Rad,TV⟩* disk jockey *m.* *~ operating system* *s.* *⟨Inform⟩* sistema *m* operativo a disco. *~ saw* *s.* sega *f* circolare. *~ storage unit* *s.* unità *f* disco. *~ wheel* *s.* *⟨Mot⟩* ruota *f* a disco.

dislike [dis'laik] **I** *v.t.* **1** non piacere (costr. impers.), non gradire: *I ~ getting up early* non mi piace alzarmi presto. **2** *(to regard with aversion)* provare *(o* nutrire) antipatia *(o* avversione) per *(o* verso), non poter soffrire: *she –s him* non lo può soffrire. **II** *s.* avversione *f,* antipatia *f (of, for* per). □ *to get o.s. –d* rendersi antipatico; *to be full of likes and –s* andare a simpatie e antipatie; *to take a ~ to s.o.* prendere in antipatia qd.

dislocate ['disləkeit] *v.t.* **1** dislocare, spostare. **2** *⟨Med⟩* slogare, lussare. **3** *⟨fig⟩* disturbare, intralciare, ostacolare. **,dislocation** [-'keiʃən] *s.* **1** dislocazione *f,* spostamento *m.* **2** *⟨fig⟩* disturbo *m,* intralcio *m.* **3** *⟨Med⟩* slogatura *f,* lussazione *f.* **4** *⟨Geol⟩* dislocazione *f.*

dislodge [dis'lɔdʒ] *v.t.* **1** rimuovere, smuovere, staccare: *to ~ a stone* smuovere una pietra. **2** *(to drive out)* sloggiare, scacciare. **dislodg(e)ment** [-mənt] *s.* sloggiamento *m.*

disloyal [dis'lɔiəl] *a.* sleale, infedele. **disloyalist** [-ist] *s.* *⟨Pol⟩* ribelle *m.* **disloyalty** [-ti] *s.* **1** slealtà *f,* infedeltà *f.* **2** *(act)* slealtà *f,* perfidia *f.* **3** *(violation of allegiance)* ribellione *f.*

dismal ['dizməl] **I** *a.* **1** triste, lugubre, deprimente: *in a ~ tone of voice* in tono lugubre. **2** *(maked by ineptness, etc.)* misero, scarso, inadeguato: *a ~ attempt* un misero tentativo. **II** *s.pl.* malinconia *f,* depressione *f.* □ *⟨scherz⟩ ~ science* economia politica. **dismalness** [-nis] *s.* tristezza *f,* malinconia *f.*

dismantle [dis'mæntl] *v.t.* **1** smontare: *to ~ house* smontare la casa. **2** *⟨Mar⟩* disarmare. **3** *⟨Mil⟩* smantellare, demolire. **dismantlement** [-mənt] *s.* **1** smantellamento *m,* demolizione *f.* **2** *⟨Mar⟩* disarmo *m.* **3** *⟨Mil⟩* smantellamento *m.*

dismast [dis'mɑːst] *v.t.* *⟨Mar⟩* disalberare.

dismay [dis'mei] *v.t.* sgomentare, costernare; *(to alarm)* allarmare. **II** *s.* costernazione *f,* sgomento *m,* sbigottimento *m;* *(alarm)* allarme *m.* □ *to be filled with ~* essere costernato; *in (blank) ~* costernato; *to strike s.o. with ~* gettare qd. nella costernazione.

dismember [dis'membə] *v.t.* **1** smembrare, squartare. **2** *⟨fig⟩* smembrare. **dismemberment** [-mənt] *s.* smembramento *m (anche fig.).*

dismiss [dis'mis] **I** *v.t.* **1** sciogliere, congedare: *to ~ a class* congedare una classe; *(of a person)* congedare. **2** *⟨Mil⟩ (of a unit)* congedare, mandare in congedo; *(of an officer, etc.)* destituire. **3** *(to sack)* licenziare, congedare. **4** *(to reject)* respingere, allontanare: *to ~ a suitor* respingere un corteggiatore. **5** *(to put out of one's mind)* abbandonare, accantonare: *to ~ an idea as impractical* accantonare un'idea perché poco pratica. **6** *⟨Dir⟩* rigettare, respingere. **II** *intz.* *⟨Mil⟩* rompere le righe. **dismissal** [-əl] *s.* **1** scioglimento *m.* **2** *⟨Mil⟩* destituzione *f.* **3** *(discharge)* licenziamento *m,* destituzione *f.* **4** *⟨Dir⟩* rigetto *m.* **5** *(putting out of mind)* abbandono *m* (di un'idea, ecc.).

dismount [dis'maunt] **I** *v.i.* smontare: *to ~ from a horse* smontare da cavallo. **II** *v.t.* **1** smontare: *to ~ a gun* smontare un cannone; *to ~ an engine* smontare un motore. **2** (*to unhorse*) disarcionare.

disnature [dis'neitʃə] *v.t.* snaturare. **disnatured** [-d] *a.* snaturato.

disobedience [,disə'bi:diəns] *s.* disobbedienza *f.* **disobedient** [-nt] *a.* disobbediente, disubbidiente. **disobey** [-'bei] *v.t.* **1** disobbedire a, disubbidire a. **2** ⟨assol⟩ disobbedire, disubbidire.

disoblige [,disə'blaidʒ] *v.t.* **1** essere scompiacente (*o* scortese) verso. **2** (*to incommode*) incomodare, disturbare. **disobliging** [-iŋ] *a.* scortese, scompiacente.

disorder [dis'ɔ:də] **I** *s.* **1** disordine *m*, confusione *f: the room was in ~* la stanza era in disordine. **2** (*public disturbance*) disordine *m;* (*instance*) disordini *mpl*, tumulti *mpl*. **3** ⟨Med⟩ disturbo *m*, male *m*, malattia *f*, indisposizione *f: mental ~s* disturbi mentali. **II** *v.t.* **1** disordinare, mettere in disordine. **2** ⟨Med⟩ alterare, turbare. □ *to throw into ~* mettere disordine in. **disordered** [-d] *a.* **1** disordinato, in disordine. **2** ⟨Med⟩ in disordine, malato. **disorderliness** [-linis] *s.* **1** disordine *m*, confusione *f.* **2** (*turbulence*) turbolenza *f*, riottosità *f.* **disorderly** [-li] *a.* **1** in disordine, disordinato, sottosopra, a soqquadro. **2** (*disorganized*) disordinato, male organizzato: *~ administration* amministrazione disordinata. **3** (*unruly*) turbolento, riottoso. **4** ⟨Dir⟩ che turba l'ordine pubblico.

disorderly| conduct *s.* ⟨Dir⟩ condotta *f* contraria all'ordine pubblico. **~ house** *s.* **1** (*brothel*) bordello *m*, casa *f* di malaffare. **2** (*gambling house*) bisca *f* clandestina. **~ person** *s.* ⟨Dir⟩ perturbatore *m* (*f* -trice) dell'ordine pubblico.

disorganization [dis,ɔ:gənai'zeiʃən] *s.* disorganizzazione *f.* **dis'organize** [-naiz] *v.t.* disorganizzare.

disorientate [dis'ɔriənteit] *v.t.* disorientare (*anche fig.,Psic.*). **dis,orientation** [-'teiʃən] *s.* disorientamento *m.*

disown [dis'oun] *v.t.* **1** ripudiare, sconfessare, rinnegare: *to ~ one's son* ripudiare il proprio figlio. **2** (*to disclaim*) disconoscere.

disparage [dis'pæridʒ] *v.t.* **1** denigrare, screditare. **2** (*to belittle*) sminuire, deprezzare, sottovalutare, svilire: *to ~ s.o.'s achievements* sminuire le imprese di qd. **disparagement** [-mənt] *s.* **1** denigrazione *f.* **2** (*belittlement*) svalutazione *f*, svilimento *m.* **disparaging** [-iŋ] *a.* **1** denigratorio. **2** (*contemptuous*) sprezzante, di disprezzo.

disparate ['dispərit] **I** *a.* disparato. **II** *s.* (general. al pl.) cose *fpl* disparate. **disparity** [-'pæriti] *s.* disparità *f*, diversità *f.* □ *~ in position* differenza *f* di classe (sociale), disparità *f* di condizioni.

dispart [dis'pɑ:t] **I** *v.t.* ⟨rar⟩ separare, dividere, fendere. **II** *v.i.* separarsi, dividersi, fendersi.

dispassionate [dis'pæʃənit] *a.* **1** spassionato, imparziale, equo. **2** (*calm*) calmo, padrone di sé. **dispassionateness** [-nis] *s.* **1** spassionatezza *f*, imparzialità *f.* **2** (*calmness*) calma *f.*

dispatch [dis'pætʃ] **I** *v.t.* **1** spedire, inviare, far partire, mandare: *to ~ a telegram* spedire un telegramma; *to ~ troops to the front* inviare truppe al fronte. **2** ⟨fig⟩ (*to kill*) uccidere, spacciare. **3** ⟨fig⟩ (*to dispose of*) sbrigare, liquidare: *to ~ a matter* liquidare una faccenda; (*of food*) smaltire (*o* consumare) in fretta. **II** *s.* **1** invio *m*, spedizione *f.* **2** (*official communication*) dispaccio *m* (*anche Giorn.*). **3** ⟨Mil⟩ bollettino *m*, ordine *m* del giorno. **4** ⟨fig⟩ (*putting to death*) esecuzione *f.* **5** ⟨fig⟩ (*prompt settlement*) rapido disbrigo *m*, esecuzione *f* rapida. **6** (*promptness*) prontezza *f*, celerità *f*, sollecitudine *f.* **7** ⟨Comm⟩ (*shipment*) spedizione *f;* (*agency*) agenzia *f* di spedizioni. □ ⟨Mil⟩ *to be mentioned in ~es* essere citato all'ordine del giorno.

dispatch| box, ~ case *s.* **1** valigia *f* diplomatica. **2** (*envelope*) busta *f* per dispacci.

dispatcher [dis'pætʃə] *s.* **1** chi spedisce, mittente *m/f.* **2** ⟨Comm⟩ spedizioniere *m.* **3** ⟨Ferr,Mar⟩ chi dirige il traffico. **dispatching** [-iŋ] *s.* invio *m*, spedizione *f.*

dispatch| note *s.* ⟨Comm⟩ bollettino *m* di spedizione. **rider** *s.* ⟨Mil⟩ motociclista *m* portaordini, staffetta *f.*

dispel [dis'pel] *v.t.* (*pret., p.p.* **dispelled** [-d]) disperdere, dissipare, dileguare, scacciare: *the wind ~led the fog* il ven disperse la nebbia.

dispensable [dis'pensəbl] *a.* **1** superfluo, di cui si può fa a meno. **2** (*distribuible*) distribuibile. **3** ⟨Rel.ca remissibile, perdonabile.

dispensary [dis'pensəri] *s.* ⟨Med⟩ dispensario *m.*

dispensation [,dispen'seiʃen] *s.* **1** dispensa *f*, distribuzio *f.* **2** (*administration*) amministrazione *f*, governo *m.* ⟨Teol⟩ (*divine ordering*) ordine *m*, ordinamento *m: the of the world by Providence* l'ordine delle cose voluto da provvidenza; (*divine provision*) dono *m* divino; (*religio system*) religione *f*, legge *f* religiosa. **4** (*exemptio dispensa *f*, esenzione *f.* **5** ⟨Dir.can⟩ dispensa *f* (*from d **dispensatory** [-'sətəri] **I** *s.* ⟨Med⟩ ricettario farmacopea *f.* **II** *a.* di dispensa, che concede dispensa esenzione).

dispense [dis'pens] **I** *v.t.* **1** dispensare, elargir distribuire: *to ~ alms* dispensare elemosine. **2** (administer*) amministrare: *to ~ justice* amministrare giustizia. **3** ⟨Farm⟩ (*of medicines*) preparare e distribui **4** (*to exempt*) dispensare, esonerare: *to ~ s.o. from doi s.th.* dispensare qd. dal fare qc. **5** ⟨Dir.can⟩ dispensare. *v.i.* **1** fare a meno (*with* di), tralasciare (qc.): *we can with the preliminaries* possiamo tralasciare i prelimina (*to do away with*) sopprimere, eliminare (qc.). **2** (*exempt from*) dispensare, esentare, esonerare (d **dispenser** [-ə] *s.* **1** chi distribuisce, dispensatore *m -trice); (*administrator*) amministratore *m* (*f* -trice). (*container*) recipiente *m*, contenitore *m;* (*automa machine*) distributore *m* automatico. **3** (*chemist*) fa macista *m/f.*

dispeople [dis'pi:pl] *v.t.* spopolare.

dispersal [dis'pə:səl] *s.* dispersione *f.*

disperse [dis'pə:s] **I** *v.t.* **1** disperdere (*anche Ott.,Mil.*) *~ a crowd* disperdere la folla. **2** (*to dispel*) disperde dileguare, dissipare: *the wind ~d the clouds* il ven disperse le nuvole. **II** *v.i.* **1** disperdersi, dileguarsi. *be dissipated*) disperdersi, dissiparsi. **dispersed** [-t] disperso. **dispersedly** [-idli] *avv.* in ordine sparso.

dispersion [dis'pə:ʃən] *s.* dispersione *f.* **Dispersion** ⟨Rel.ebr⟩ diaspora *f.*

dispersive [dis'pə:siv] *a.* dispersivo (*anche Ott.*).

dispirit [dis'pirit] *v.t.* scoraggiare, abbattere. **dispirit [-id] *a.* scoraggiato, abbattuto. **dispiritedly** [-idli] *a in tono depresso, con aria abbattuta.

displace [dis'pleis] *v.t.* **1** spostare, rimuovere. **2** (supplant*) soppiantare, subentrare a, prendere il posto (*to replace*) rimpiazzare, sostituire. **3** (*to remove from office*) destituire, deporre. **4** ⟨Mar⟩ disloca **displaceable** [-əbl] *a.* spostabile.

displaced person [dis'pleist] *s.* profugo *m* (*f ~ perseguitato *m* (*f* -a) politico, deportato *m* (*f* -a).

displacement [dis'pleismənt] *s.* **1** spostamento rimozione *f.* **2** (*deposition*) destituzione *f.* **3** (*substitutio sostituzione *f*, rimpiazzo *m.* **4** ⟨Mar⟩ dislocamento *m.* ⟨Mot⟩ cilindrata *f.* **6** ⟨Fis⟩ spostamento *m.* **7** ⟨Ge dislocazione *f.* **8** ⟨Psic⟩ transfert *m.*

displacement theory *s.* ⟨Geol⟩ teoria *f* della deriva continenti.

display [dis'plei] **I** *v.t.* **1** esporre, mettere in mostr esibire: *to ~ goods in a shop window* esporre la merce vetrina. **2** (*to manifest*) manifestare, mostrare, rivelare: *~ emotion* manifestare emozione; *to ~ one's ignoran rivelare la propria ignoranza; (*to exhibit ostentatious ostentare, fare sfoggio (*o* mostra) di. **3** (*to unfo spiegare. **4** ⟨Tip⟩ stampare a caratteri ben visibili. ⟨Inform⟩ visualizzare. **II** *s.* **1** esposizione *f*, mostr (*anche Comm.*). **2** (*manifestation*) manifestazione dimostrazione *f: a ~ of courage* una dimostrazione coraggio; (*ostentatious show*) sfoggio *m*, ostentazione esibizione *f*, mostra *f: to make a great ~ of one's wea fare grande sfoggio della propria ricchezza. **3** ⟨Tip⟩ risa *m* dei caratteri; (*printed matter*) stampa *f* in risalto. (*Inform*) visore *m*, display *m.* □ *to ~ a notice* affigge un avviso.

display| ad(vertisement) s. annuncio m a caratteri ben visibili. ~ **advertising** s. pubblicità f a caratteri ben visibili. ~ **case** s. vetrina f, bacheca f. ~ **packaging** s. confezione f da esposizione. ~ **stand** s. ⟨Comm⟩ banco m di mostra. ~ **unit** s. ⟨Inform⟩ unità f video m, visualizzatore m. ~ **window** s. vetrina f.

displease [dis'pli:z] v.t. **1** dispiacere a, far dispiacere a. **2** (to offend, annoy) seccare, contrariare. **3** ⟨assol⟩ essere spiacevole. □ to be -d with (o at) essere scontento di. **displeasing** [-iŋ] a. sgradevole, spiacevole. **displeasure** [-'pleʒə] s. scontento m, dispiacere m, malcontento m. □ to incur s.o.'s ~ scontentare qd.

displume [dis'plu:m] v.t. **1** ⟨poet⟩ spennare. **2** ⟨fig⟩ privare degli onori.

disport [dis'pɔ:t] **I** v.r. **1** divertirsi. **2** (to conduct) comportarsi. **3** ⟨assol⟩ divertirsi, spassarsela. **II** s. divertimento m, passatempo m.

disposability [dis,pouzə'biliti] s. **1** l'essere eliminabile. **2** (availability) disponibilità f. **dis'posable** [-bl] a. **1** eliminabile, da buttar via: ~ paper handkerchiefs fazzoletti di carta da buttar via. **2** (available) disponibile.

disposable a. **1** da gettare, monouso: ~ needle siringa monouso; ~ razor rasoio monouso. **2** (available) disponibile (anche Econ.): ~ income reddito disponibile.

disposal [dis'pouzel] s. **1** disposizione f, sistemazione f, collocamento m: the ~ of furniture la disposizione dei mobili; (settlement) sistemazione f: ~ of business affairs sistemazione di affari. **2** (act of disposing) eliminazione f: the ~ of rubbish l'eliminazione dei rifiuti. **3** (power to dispose) disposizione f: to put s.th. at s.o.'s ~ mettere qc. a disposizione di qd. **4** ⟨Dir⟩ (by will) trasferimento m, assegnazione f; (by sale) vendita f, cessione f. **5** ⟨Mil⟩ disposizione f: the ~ of troops la disposizione delle truppe. **6** ⟨am.Mil⟩ (disposal unit) gruppo m addetto al disinnesco delle bombe.

disposal| area, ~ ground, ~ site s. discarica f dei rifiuti.

dispose [dis'pouz] **I** v.t. **1** disporre, collocare, sistemare. **2** ⟨fig⟩ (to incline) disporre, indurre, rendere incline: to ~ s.o. to mercy disporre qd. alla clemenza; (to prepare) preparare, disporre, predisporre: to ~ s.o. for bad news preparare qd. a una cattiva notizia. **3** ⟨Mil,Mar.mil⟩ disporre, preparare. **II** v.i. disporre: I can ~ of my time posso disporre del mio tempo. □ to ~ of: 1 (to settle) sistemare, regolare, sbrigare: we have -d of the question abbiamo sistemato la questione; 2 (to get rid of) disfarsi, sbarazzarsi, liberarsi (di); 3 (to kill) uccidere, liquidare (qd.); 4 (to transfer) cedere, trasferire; 5 ⟨Comm⟩ (to sell) collocare, vendere; article difficult to ~ of articolo m di difficile smercio; to ~ of a meal divorare un pasto; to ~ o.s. to sleep disporsi a dormire. Prov.: man proposes, God -s l'uomo propone e Dio dispone. **disposed** [-d] a. **1** disposto, incline: to be ~ to pity essere incline alla pietà. **2** (willing) disposto, pronto (a): I did not feel ~ to help him non mi sentivo disposto ad aiutarlo. □ to be ill (o well) ~ toward s.o. essere mal (o ben) disposto verso qd.; to be ~ to obesity avere tendenza all'obesità.

disposition [,dispə'ziʃən] s. **1** carattere m, indole f, temperamento m: a cheerful ~ un temperamento allegro; (inclination) inclinazione f, tendenza f. **2** (arrangement) disposizione f, sistemazione f, collocamento m: the ~ of the furniture la disposizione del mobilio. **3** (will, wish) disposizione f, volontà f. **4** (settlement) sistemazione f, definizione f. **5** ⟨Dir⟩ cessione f, trasferimento m. **6** ⟨Mil⟩ (of troops) disposizione f, schieramento m. **7** pl. ⟨Mil⟩ (plans) disposizioni fpl. □ a general ~ una tendenza generale; to have a natural ~ to catch cold avere predisposizione (o tendenza) al raffreddore; ⟨Dir⟩ ~ by testament disposizione testamentaria.

dispossess [,dispə'zes] v.t. **1** spogliare, spossessare, spodestare. **2** ⟨Dir⟩ espropriare. **dispossession** [-'zeʃən] s. **1** spo(g)liazione f. **2** ⟨Dir⟩ espropriazione f, esproprio m. **dispossessor** [-ə] s. espropriante m/f, espropriatore m (f -trice).

dispraise [dis'preiz] **I** v.t. denigrare, criticare, biasimare. **II** s. denigrazione f, critica f, biasimo m.

disproof [dis'pru:f] s. confutazione f.

disproportion [,disprə'pɔ:ʃən] s. sproporzione f, divario m: ~ in age divario d'età. **disproportionate** [-it] a. sproporzionato.

disprovable [dis'pru:vəbl] a. confutabile. **disprove** [-'pru:v] v.t. confutare, dimostrare la falsità di; (to invalidate) invalidare.

disputable [dis'pju:təbl] a. discutibile, contestabile. **disputant** [-tənt] **I** s. disputante m/f. **II** a. che disputa, contendente. **disputation** [-'teiʃən] s. disputa f, discussione f. **disputatious** [-'teiʃəs], **disputative** [-'pju:tətiv] a. polemico, cavilloso.

dispute [dis'pju:t] **I** v.i. **1** disputare, discutere (on, about di). **2** (to argue) disputare, litigare, altercare. **II** v.t. **1** discutere, dibattere, trattare. **2** (to argue against) mettere in discussione (o dubbio). **3** (to contest) contestare, impugnare: to ~ a will impugnare un testamento. **4** ⟨fig⟩ contrastare, contendere, disputare: to ~ the enemy's advance contendere l'avanzata al nemico. **III** s. controversia f, disputa f, discussione f. **2** (quarrel) lite f, alterco m, contesa f, vertenza f. □ beyond (all) ~ fuori discussione; ⟨Dir⟩ case under ~ causa f in giudizio; ~ at law vertenza giudiziaria, lite f; the matter in ~ l'argomento in discussione; to settle a ~ comporre una controversia; I don't ~ that non lo discuto, non lo metto in dubbio; without ~ indiscutibilmente, incontestabilmente.

disqualification [dis,kwɔlifi'keiʃən] s. **1** squalifica f (anche Sport.). **2** (state) incapacità f, inabilità f. **3** (that which disqualifies) causa f di incapacità (o inabilità). **4** ⟨Dir⟩ interdizione f. □ ⟨Dir⟩ ~ from holding a driving licence revoca f della patente; ~ from holding public offices interdizione f dai pubblici uffici. **dis'qualify** [-fai] v.t. **1** rendere (o dichiarare) incapace, inabilitare. **2** ⟨Dir⟩ interdire, dichiarare incapace. **3** ⟨Sport⟩ squalificare.

disquiet [dis'kwaiət] **I** v.t. inquietare, turbare. **II** s. inquietudine f, turbamento m, agitazione f. **disquieting** [-iŋ] a. inquietante, preoccupante. **disquietude** [-ju:d] s. → disquiet.

disquisition [,diskwi'ziʃən] s. disquisizione f, dissertazione f; (inquiry) ricerca f minuziosa. **dis'quisitive** [-zitiv] a. dissertativo.

disrate [dis'reit] v.t. ⟨Mar,rar⟩ (of an officer) degradare.

disregard [,disri'gɑ:d] **I** v.t. **1** non far caso a, non badare a, trascurare, non curarsi di. **2** (to show no respect for) disprezzare, non rispettare: to ~ conventions non rispettare le convenzioni. **II** s. **1** noncuranza f, indifferenza f. **2** (slight) disprezzo m, inosservanza f. **disregardful** [-ful] a. noncurante, indifferente; (careless) negligente.

disrelish [dis'reliʃ] **I** v.t. provare ripugnanza (o avversione) per, detestare, non poter soffrire. **II** s. disgusto m, ripugnanza f.

disremember [,disri'membə] v.t. ⟨dial⟩ dimenticare, non ricordare.

disrepair [,disri'peə] s. cattivo stato m, rovina f, sfacelo m: to fall into ~ cadere in rovina.

disreputable [dis'repjutəbl] a. **1** malfamato, che ha una cattiva reputazione (o fama). **2** (discreditable) sconveniente, disdicevole; (dishonourable) disonorevole. **3** (in bad condition) sciupato, logoro, rovinato, stracciato. **disreputableness** [-nis] s. cattiva reputazione f (o fama). **disrepute** [-ri'pju:t] s. discredito m, disistima f, cattiva reputazione (o fama): to fall into ~ cadere in discredito.

disrespect [,disri'spekt] **I** s. mancanza f di rispetto, irriverenza f: to treat s.o. with ~ mancare di rispetto a qd.; (discourtesy) scortesia f, sgarbo m. **II** v.t. mancare di rispetto a, essere irriverente verso. □ I mean no ~ non intendo mancare di rispetto; to show ~ for s.o. mostrarsi irriguardoso verso qd. **disrespectful** [-ful] a. irrispettoso, irriverente, irriguardoso; (rude) scortese, sgarbato. **disrespectfully** [-fuli] avv. senza rispetto, in modo irrispettoso.

disrobe [dis'roub] **I** v.t. svestire, spogliare (anche fig.). **II** v.i. svestirsi.

disroot [dis'ru:t] v.t. **1** sradicare, estirpare. **2** (to dislodge)

sloggiare.
disrupt [dis'rʌpt] *v.t.* **1** scombussolare, scompigliare. **2** (*to destroy the unity of*) rompere, infrangere, distruggere: *to ~ an alliance* rompere un'alleanza; (*of an empire, party, etc.*) smembrare, disgregare. **3** (*to interrupt*) interrompere: *communications were –ed* le comunicazioni furono interrotte. **disruption** [–pʃən] *s.* **1** scissione *f*, rottura *f*, scioglimento *m*: *the ~ of a coalition* lo scioglimento di una coalizione; (*of an empire, party, etc.*) sfacelo *m*, smembramento *m*. **2** (*wild confusion*) disordine *m*, scompiglio *m*. **disruptive** [–ptiv] *a.* **1** disgregativo. 2 ⟨*Mil*⟩ dirompente. **3** ⟨*El*⟩ disruptivo.
dissatisfaction [ˌdissætis'fækʃən] *s.* insoddisfazione *f*, malcontento *m*, scontentezza *f*, malumore *m*. **dis'satisfied** [–faid] *a.* insoddisfatto, non soddisfatto, scontento (*with* di). **dis'satisfy** [–fai] *v.t.* non soddisfare, scontentare.
disseat [dis'si:t] *v.t.* **1** rimuovere da una carica. 2 ⟨*Parl*⟩ privare del seggio.
dissect [di'sekt] *v.t.* **1** dividere, sezionare. 2 ⟨*Chir,Biol*⟩ sezionare, anatomizzare, dissecare. 3 ⟨*fig*⟩ analizzare, esaminare minutamente, anatomizzare. 4 ⟨*Econ*⟩ analizzare. **dissecting** [–iŋ] *a.* da dissezione. **dissection** [–kʃən] *s.* **1** sezionamento *m*. 2 ⟨*Chir,Biol*⟩ dissezione *f*; (*specimen*) sezione *f*, parte *f* sezionata. 3 ⟨*Econ*⟩ analisi *f* (*anche fig.*). **dissector** [–ə] *s.* ⟨*Chir*⟩ dissettore *m*.
disseise, disseize [dis'si:z] *v.t.* **1** ⟨*Dir*⟩ espropriare illegalmente, spossessare. 2 ⟨*fig*⟩ privare, spogliare. **disseisin, disseizin** [–in] *s.* espropriazione *f* (ingiusta).
dissemble [di'sembl] **I** *v.t.* **1** dissimulare, celare, nascondere. **2** (*to feign*) simulare, fingere. **II** *v.i.* dissimulare, fingere. **dissembler** [–ə] *s.* simulatore *m* (*f* –trice), ipocrita *m/f*. **dissembling** [–iŋ] **I** *a.* che dissimula, che finge. **II** *s.* dissimulazione *f*, finzione *f*.
disseminate [di'semineit] *v.t.* ⟨*Bot*⟩ disseminare (*anche fig.*). **dis,semination** [–'neiʃən] *s.* **1** ⟨*Bot*⟩ disseminazione *f*. 2 ⟨*fig*⟩ diffusione *f*. **disseminator** [–ə] *s.* divulgatore *m* (*f* –trice).
dissension [di'senʃən] *s.* **1** divergenza *f* (d'opinioni). **2** (*quarrel*) dissenso *m*, discordia *f*, dissidio *m*. □ *to sow*·*~* seminare zizzania.
dissent [di'sent] **I** *v.i.* **1** dissentire (*from* da), discordare (da), non essere d'accordo (con). 2 ⟨*Rel*⟩ essere dissidente. **II** *s.* **1** dissenso *m*, dissidio *m*. 2 ⟨*Rel*⟩ scisma *m;* ⟨*collett*⟩ dissidenti *mpl*, nonconformisti *mpl*. **dissenter** [–ə] *s.* dissenziente *m/f*, dissidente *m/f*. **Dissenter** *s.* ⟨*Rel*⟩ dissidente *m/f*, nonconformista *m/f*. **dissentient** [–nʃənt] **I** *a.* dissenziente, dissidente. **II** *s.* dissenziente *m/f*, dissidente *m/f*. □ *with one ~ vote* con un solo voto contrario.
dissepiment [di'sepimənt] *s.* ⟨*Biol*⟩ dissepimento *m*, setto *m*.
dissert [di'sə:t] *v.i.* ⟨*rar*⟩ dissertare. **,dissertation** [–'teiʃən] *s.* **1** dissertazione *f*. 2 ⟨*Univ*⟩ dissertazione *f* (*o* tesi) di laurea. **'dissertator** [–eitə] *s.* ⟨*lett*⟩ dissertatore *m* (*f* –trice).
disservice [dis'sə:vis] *s.* cattivo servizio *m*, danno *m*: *to do s.o. a ~* fare un cattivo servizio a qd.; *to be of ~ to s.o.* recare danno a qd.
dissever [di'sevə] **I** *v.t.* dividere, separare, staccare. **II** *v.i.* separarsi, dividersi. **disseverance** [–rəns] *s.* separazione *f*, divisione *f*.
dissidence ['disidəns] *s.* dissidenza *f*, dissidio *m*. **dissident** [–nt] **I** *a.* dissidente, dissenziente, discorde. **II** *s.* **1** dissidente *m/f*, dissenziente *m/f*. 2 ⟨*Rel*⟩ dissidente /f, nonconformista *m/f*.
dissimilar [di'similə] *a.* dissimile, diverso, differente. **dis,similarity** [–'læriti] *s.* dissomiglianza *f*, diversità *f*. **dissimilate** [–leit] *v.t.* **1** rendere dissimile (*o* diverso). 2 ⟨*Fon*⟩ dissimilare. **dis,similation** [–'leiʃən] *s.* **1** diversificazione *f*. 2 ⟨*Fon*⟩ dissimilazione *f*. 3 ⟨*Biol*⟩ catabolismo *m*. **,dissi'militude** [–litju:d] *s.* → dissimilarity.
dissimulate [di'simjuleit] **I** *v.i.* dissimulare, fingere. **II** *v.t.* dissimulare. **dis,simulation** [–'leiʃən] *s.* dissimulazione *f*, mascheramento *m*. **dissimulator** [–ə] *s.* dissimulatore *m* (*f* –trice).

dissipate ['disipeit] **I** *v.t.* **1** dissipare, disperdere dileguare, dissolvere (*anche fig.*): *the sun –d the mist* i sole dissipò la nebbia. **2** (*to squander*) dissipare sperperare. **II** *v.i.* **1** dissiparsi, dissolversi, dileguare svanire (*anche fig.*). **2** (*to engage in dissolute pleasures*) condurre (una) vita dissipata. **dissipated** [–id] *a.* **1** dissipato, dissoluto. **2** (*dispersed*) dissipato, dissolto dileguato. **3** (*wasted*) dissipato, sperperato. **,dissipation** [–'peiʃən] *s.* **1** dissipazione *f*, dispersione *f*. **2** (*wasting* dissipazione *f*, spergero *m*. **3** (*dissolute living*) dissipazione *f*, dissipatezza *f*, vita *f* dissoluta; (*excessive drinking* bagordi *mpl*, stravizi *mpl*. **4** (*amusement*) distrazione *f* divertimento *m*. **dissipative** [–iv] *a.* che tende a dissipare (*o* dissiparsi). **dissipator** [–ə] *s.* ⟨*Fis* dispersore *m*.
dissociable [di'souʃəbl] *a.* **1** dissociabile, separabile. **2** (*unsociable*) → **dissocial**. **dissocial** [–ʃəl] *a.* insocievole **dissocialize** [–ʃəlaiz] *v.t.* rendere insocievole.
dissociate [di'souʃieit] **I** *v.t.* **1** dissociare, separare disgiungere, scindere. 2 ⟨*Chim*⟩ dissociare, scindere. 3 ⟨*Psic*⟩ dissociare. **II** *v.i.* **1** dissociarsi, separarsi disgiungersi. 2 ⟨*Chim*⟩ dissociarsi, scindersi. 3 ⟨*Psic* dissociarsi. **dissociated** [–id] *a.* dissociato (*anche Psic.*) *~ personality* personalità dissociata. **dissociation** [–,sousi'eiʃən] *s.* **1** dissociazione *f*, separazione *f*. 2 ⟨*Chim*⟩ dissociazione *f*, scissione *f*. 3 ⟨*Psic*⟩ dissociazione *f*. **dissociative** [–'sousieitiv] *a.* dissociativo.
dissolubility [di,sɔlju'biliti] *s.* dissolubilità *f*, solubilità *f* **dis'soluble** [–bl] *a.* dissolubile.
dissolute ['disəlu:t] *a.* dissoluto, licenzioso, vizioso **dissoluteness** [–nis] *s.* dissolutezza *f*, vizio *m*.
dissolution [,disəlu:ʃən] *s.* **1** dissoluzione *f*, lo sciogliersi **2** (*decay*) decomposizione *f*, dissoluzione *f*, disfacimento *m*. 3 ⟨*fig*⟩ crollo *m*, rovina *f*, sfacelo *m*, disfacimento *m* (*of a marriage, bond, etc.*) scioglimento *m*, risoluzione *f*. 4 ⟨*fig*⟩ (*death*) fine *f*, scomparsa *f*, morte *f*. 5 ⟨*Parl,Comm* scioglimento *m*. 6 ⟨*Chim*⟩ dissoluzione *f*. □ ⟨*Stor.brit*⟩ *of the Monasteries* soppressione *f* dei monasteri.
dissolvable [di'zɔlvəbl] *a.* **1** dissolubile, solubile. 2 ⟨*fig* dissolubile.
dissolve [di'zɔlv] **I** *v.t.* **1** sciogliere, disciogliere, dissolvere *to ~ sugar in water* sciogliere lo zucchero nell'acqua; (*to melt*) sciogliere, fondere, liquefare. 2 ⟨*fig*⟩ (*to end* sciogliere, annullare, porre fine a: *to ~ a marriage* annullare un matrimonio. 3 ⟨*Parl,Comm*⟩ sciogliere: *to ~ a company* sciogliere una società. 4 ⟨*fig*⟩ (*to cause t disappear*) far scomparire, eliminare, cancellare. 5 ⟨*Cin* dissolvere. 6 ⟨*Dir*⟩ annullare, abrogare. **II** *v.i.* **1** sciogliersi; (*to melt*) fondersi, liquefarsi. 2 ⟨*fig*⟩ (*t disperse, disappear*) dissolversi, dileguarsi, svanire: *th mist –d in the sun* la nebbia si dileguò al sole. 3 ⟨*Parl* sciogliersi. 4 ⟨*fig*⟩ fondersi, sciogliersi, struggersi: *to ~ in(to) tears* sciogliersi in lacrime. 5 ⟨*Cin*⟩ dissolversi svanire. **III** *s.* ⟨*Cin*⟩ (*lap dissolve*) dissolvenza incrociata.
dissolve-in *s.* ⟨*Cin*⟩ dissolvenza *f* in apertura.
dissolvent [di'zɔlvənt] **I** *a.* **1** ⟨*Chim*⟩ dissolvente solvente. 2 ⟨*fig*⟩ che dissolve, che dissipa. **II** *s.* ⟨*Chim* solvente *m*.
dissolve-out *s.* ⟨*Cin*⟩ dissolvenza *f* in chiusura.
dissonance ['disənəns], **dissonancy** [–i] *s.* **1** dissonanza *f*, discordanza *f* (*anche fig.*). 2 ⟨*Mus*⟩ dissonanza **dissonant** [–nt] *a.* **1** dissonante, discordante (*anche fig.*) 2 ⟨*Mus*⟩ dissonante.
dissuade [di'sweid] *v.t.* dissuadere, distogliere: *to ~ s.o from doing s.th.* dissuadere qd. dal fare qc. **dissuasior** [–'sweiʒən] *s.* il dissuadere, dissuasione *f*. **dissuasiv** [–'sweisiv] *a.* dissuasivo.
dissyllabic, dis'syllable → **disyllabic, disyllable**.
dissymmetric [,disi'metrik], **dissymmetrical** [–əl] *a* asimmetrico. **dis'symmetry** [–mitri] *s.* asimmetria *f*.
dist. = **1** *distance* distanza. = **2** *district* distretto.
distaff ['distɑ:f] **I** *s.* **1** (*in spinning*) rocca *f*. 2 ⟨*fig*⟩ lavor *mpl* femminili. **II** *a.* femminile, della donna: *~ side* linea (*o* ramo) femminile. □ *on the ~ side* per parte d madre.
distal ['distl] *a.* ⟨*Anat*⟩ distale.

distance ['distəns] **I** s. **1** distanza f: to see from a great ~ vedere da una grande distanza. **2** (extent of space) distanza f, tratto m: we walked for a ~ of two miles abbiamo camminato per (una distanza di) due miglia; (length travelled) percorso m, tragitto m: we went part of the ~ on foot facemmo parte del tragitto a piedi. **3** (expanse) distesa f, estensione f. **4** (remoteness) distanza f, lontananza f. **5** (of time) distanza f, intervallo m. **6** ⟨fig⟩ (difference) distanza f, differenza f, disparità f. **7** ⟨fig⟩ (reserve) distanza f, riserbo m. **8** ⟨Sport⟩ distanza f, percorso m; (in horse racing) distanza f. **9** ⟨Mus⟩ intervallo m. **10** ⟨Art⟩ prospettiva f. **II** v.t. distanziare, lasciare indietro, superare. □ to go (o last) the ~: **1** ⟨Sport⟩ compiere l'intero percorso; **2** ⟨fig⟩ reggere fino in fondo; in the ~ in lontananza; ⟨fig⟩ to keep one's ~ mantenere le distanze; ⟨fig⟩ to keep s.o. at a ~ tenere qd. a distanza; ⟨fig⟩ to know one's ~ saper mantenere le distanze; it looks better at a ~ ci guadagna visto da lontano; in the middle ~ in secondo piano; it is no ~ away non sono che quattro passi, è proprio qui vicino; a great ~ off molto lontano, a (una) grande distanza; ⟨fig⟩ to ~ o.s. from prendere le distanze da; to run a short ~ fare un breve tratto di corsa; it is some ~ to my house c'è un po' di strada (da fare) fino a casa mia, casa mia è un po' distante; within speaking ~ a portata (o tiro) di voce; ⟨Artgl⟩ within striking ~ a tiro; at this ~ of time a distanza di tanto tempo; within walking ~ a una distanza percorribile a piedi.

distant ['distənt] a. **1** (in space) distante, lontano: a ~ country un paese lontano; the town is three miles ~ from the coast la città è lontana (o dista) tre miglia dalla costa. **2** (in time) lontano, remoto: ~ ages epoche remote. **3** (in consanguinity) lontano: a ~ cousin un lontano cugino. **4** ⟨fig⟩ (reserved) distante, riservato: a ~ manner modi riservati; (cool, aloof) freddo. **5** ⟨fig⟩ (different) differente, diverso. **6** ⟨fig⟩ (slight) lontano, vago, leggero: a ~ resemblance una lontana somiglianza. **7** (coming from or going to a distance) lontano, a distanza, in lontananza: a ~ sound un suono lontano. □ to have a ~ view of s.th. vedere qc. di lontano. **distantly** [-li] avv. **1** alla lontana: ~ related imparentato alla lontana. **2** ⟨fig⟩ freddamente, con distacco.

distant signal s. ⟨Ferr⟩ segnale m a distanza.

distaste [dis'teist] s. antipatia f, avversione f, ripugnanza f. **distasteful** [-ful] a. **1** spiacevole, antipatico, sgradevole. **2** (unpleasant to the taste) disgustoso, nauseante. **distastefulness** [-fulnis] s. l'essere disgustoso (o sgradevole).

distemper[1] [dis'tempə] **I** s. **1** ⟨Pitt⟩ tempera f. **2** ⟨Mur⟩ tinteggiatura f a tempera. **II** v.t. dipingere (o tinteggiare) a tempera; (of colours: to dilute) stemperare.

distemper[2] **I** s. **1** ⟨Veter⟩ cimurro m. **2** ⟨fig⟩ rivolta f, disordine m, tumulto m. **3** ⟨rar⟩ (physical, mental disorder) indisposizione f, disturbo m. **II** v.t. disordinare, turbare, far ammalare. **distempered** [-d] a. indisposto, malato, turbato.

distend [dis'tend] **I** v.t. **1** gonfiare, dilatare. **2** (to stretch out) distendere, allargare. **II** v.i. **1** gonfiarsi, dilatarsi. **2** (to stretch out) distendersi, allargarsi. **distended** [-id] a. disteso, spiegato, allargato; (dilated) dilatato: ~ nostrils narici dilatate; (swollen) gonfio.

distensibility [dis,tensi'biliti] s. dilatabilità f. **dis'tensible** [-bl] a. dilatabile. **dis'tension, dis'tention** [-nʃən] s. **1** dilatazione f. **2** ⟨Med⟩ gonfiore m, dilatazione f.

distich ['distik] s. ⟨Metr⟩ distico m. **distichous** ['distikəs] a. **1** ⟨Bot⟩ distico. **2** ⟨Entom⟩ bipartito, bifido.

distil [dis'til] v. (pret., p.p. **distilled** [-d]) **I** v.t. **1** ⟨Chim,Ind⟩ distillare; (to obtain by distillation) distillare, ottenere dalla (o per) distillazione; (to transform by distillation) distillare, convertire per distillazione. **2** (to let fall in drops) distillare, versare stilla a stilla. **3** ⟨fig⟩ (to concentrate) distillare, instillare, infondere. **4** ⟨fig⟩ (to extract the essence out of) distillare, (es)trarre, ricavare. **II** v.i. **1** stillare, gocciolare. **2** ⟨Chim,Ind⟩ venire distillato. □ -led water acqua distillata. **distillable** [-əbl] a. ⟨Chim⟩ distillabile. **'distillate** [-it] s. distillato m.

distillation [-'leiʃən] s. **1** ⟨Chim⟩ distillazione f. **2** ⟨fig⟩ distillato m, (quint)essenza f. **distillatory** [-ətəri] a. relativo a distillazione. **distiller** [-ə] s. **1** ⟨Chim⟩ distillatore m. **2** (person) distillatore m (f -trice). **distillery** [-əri] s. distilleria f.

distilling flask [dis'tiliŋ] s. ⟨Chim⟩ alambicco m, storta f.

distinct [dis'tiŋkt] a. **1** distinto, diviso, separato (from da): the two problems are quite ~ i due problemi sono del tutto distinti. **2** (different in nature) diverso, distinto, differente (from da). **3** (clear) distinto, chiaro, netto: a ~ sound un suono distinto; (unmistakable) evidente, inconfondibile. **4** (notable) notevole, considerevole: a ~ achievement un successo notevole. □ as ~ from (in quanto) diverso da; on the ~ understanding alla precisa condizione.

distinction [dis'tiŋkʃən] s. **1** distinzione f: to make (o draw) no ~ non fare alcuna distinzione; without ~ senza distinzione, indifferentemente. **2** (difference) differenza f, diversità f. **3** (distinguishing mark) caratteristica f, particolarità f. **4** (eminence) eminenza f, importanza f. **5** (distinguished appearance) distinzione f, aspetto m distinto; (refinement) raffinatezza f. **6** (mark of honour) distinzione f, onorificenza f. □ an artist of ~ un artista di fama (o insigne); a career without ~ una carriera poco brillante; to draw -s distinguere, fare delle distinzioni; to gain ~ distinguersi.

distinctive [dis'tiŋktiv] a. **1** distintivo. **2** (peculiar) caratteristico, particolare (of di). **distinctiveness** [-nis] s. caratteristica f.

distinctly [dis'tiŋktli] avv. **1** distintamente, chiaramente, nettamente. **2** (decidedly) decisamente. **distinctness** [-tnis] s. chiarezza f.

distingué fr. [dis'tæŋwei] a. distinto, di classe.

distinguish [dis'tiŋwiʃ] **I** v.t. **1** distinguere, differenziare: to ~ the original from the copy distinguere l'originale dalla copia. **2** (to discern) distinguere, discernere, individuare. **3** (to characterize) distinguere, caratterizzare, contraddistinguere. **4** (to make prominent) distinguere, segnalare: to ~ o.s. in an examination distinguersi in un esame. **II** v.i. fare una distinzione (between tra). **distinguishable** [-əbl] a. distinguibile. **distinguished** [-t] a. **1** eminente, illustre, esimio: a ~ scientist un illustre scienziato; (of things) brillante, splendido: a ~ career una carriera brillante. **2** (having an air of distinction) distinto, raffinato. □ as ~ from (in quanto) distinto da; to be ~ as a scholar essere uno studioso illustre; ⟨Mil⟩ ~ Conduct Medal medaglia f al valor militare; ⟨Aer.mil⟩ ~ Flying Cross croce f di guerra al valore aeronautico; ⟨am.Mil⟩ ~ Service Cross croce f al valore militare; ⟨Mil⟩ ~ Service Order decorazione f al merito.

distinguishing [dis'tiŋwiʃiŋ] a. caratteristico, proprio, peculiare.

distinguishing trait s. caratteristica f, peculiarità f.

distort [dis'tɔ:t] v.t. **1** distorcere, contorcere, stravolgere: his face was -ed with rage aveva il volto stravolto dall'ira. **2** (to make deformed) deformare, sformare. **3** ⟨fig⟩ distorcere, alterare, travisare, svisare: to ~ the facts travisare i fatti. **4** ⟨Mecc⟩ deformare. **5** ⟨El,Fis⟩ distorcere. **distorting** [-iŋ] a. deformante: ~ mirror specchio deformante. **distortion** [-'tɔ:ʃən] s. **1** (act) distorsione f, torsione f. **2** (state) deformazione f, alterazione f. **3** ⟨fig⟩ deformazione f, distorsione f, travisamento m, alterazione f. **4** ⟨Ott,Mecc⟩ distorsione f, deformazione f. **5** ⟨TV,El,Rad⟩ distorsione f. □ ⟨Econ⟩ ~ of competition distorsione f della concorrenza. **distortionist** [-'tɔ:ʃənist] s. **1** contorsionista m/f. **2** ⟨Pitt⟩ caricaturista m/f.

distract [dis'trækt] v.t. **1** distrarre, distogliere, sviare: to ~ s.o.'s. attention distrarre l'attenzione di qd.; the noise -ed me il rumore mi ha distratto. **2** (to trouble) turbare, infastidire; (to madden) far impazzire. **3** (to provide amusement for) distrarre, svagare, divertire. **4** (to disrupt) confondere, sconvolgere. **distracted** [-id] a. **1** distratto, disattento. **2** (harassed) preoccupato, inquieto, turbato; (maddened) impazzito, fuori di sé. □ to drive s.o. ~ far impazzire qd.; ~ *between hope and fear* tormentato (*o* diviso) tra la speranza e il timore. **distractedly** [–idli] *avv.* **1** distrattamente. **2** (*distraughtly*) in modo turbato, con agitazione. **3** (*madly*) pazzamente, follemente.

distraction [dis'trækʃən] *s.* **1** distrazione *f,* disattenzione *f.* **2** (*madness*) pazzia *f,* follia *f.* **3** (*bewilderment*) confusione *f,* perplessità *f,* turbamento *m.* **4** (*amusement*) svago *m,* divertimento *m.* **5** (*disorder*) scompiglio *m,* confusione *f.* □ *to drive s.o. to* ~ far impazzire qd.; *to love s.o. to* ~ amare qd. follemente (*o* alla follia).

distrain [dis'trein] **I** *v.t.* ⟨*Dir*⟩ sequestrare, pignorare, mettere sotto sequestro. **II** *v.i.* sequestrare (*upon, on s.th.* qc.). **distrainable** [–əbl] *a.* sequestrabile. **distrai'nee** [–iː] *s.* chi subisce un sequestro. **distrainer, distrainor** [–ə] *s.* sequestratore *m* (*f* –trice). **distraint** [–t] *s.* ⟨*Dir*⟩ sequestro *m,* pignoramento *m.*

distraught [dis'trɔːt] *a.* **1** sconvolto, turbato. **2** (*crazed*) impazzito, folle, fuori di sé: ~ *with grief* pazzo di dolore.

distress [dis'tres] **I** *s.* **1** dolore *m,* sofferenza *f,* afflizione *f,* angoscia *f.* **2** (*peril*) pericolo *m,* difficoltà *f.* **3** (*want, poverty*) miseria *f,* indigenza *f,* bisogno *m.* **4** (*exhaustion*) esaurimento *m,* spossatezza *f.* **5** ⟨*Dir*⟩ sequestro *m; (property seized*) beni *mpl* sequestrati. **II** *v.t.* **1** addolorare, affliggere, angosciare. **2** (*to exhaust*) stremare, estenuare, spossare. □ **companions** *in* ~ compagni *mpl* di sventura; ⟨*Mar*⟩ **in** ~ (*of a ship*) in pericolo; ⟨*Dir*⟩ *to* **levy** *a* ~ *on a debtor's property* mettere sotto sequestro i beni di un debitore; *to* ~ **o.s.** affliggersi, addolorarsi; ⟨*Mar*⟩ **port** *of* ~ porto *m* di rifugio.

distress| call *s.* ⟨*Rad*⟩ segnale *m* di richiesta di aiuto, S.O.S. *m.* ~ **committee** *s.* comitato *m* di beneficenza.

distressed [dis'trest] *a.* **1** afflitto, angosciato. **2** (*in great poverty*) indigente, bisognoso. **3** (*exhausted*) esausto, spossato, stremato.

distressed| area *s.* zona *f* depressa. ~ **ship** *s.* ⟨*Mar*⟩ nave *f* in pericolo.

distressful [dis'tresful] *a.* **1** doloroso, angoscioso, penoso. **2** (*sorrowful*) afflitto. **distressing** [–siŋ] *a.* penoso, angoscioso, doloroso.

distress| rocket *s.* ⟨*Mar*⟩ razzo *m* ⌐di pericolo⌐ (*o* per chiamare soccorso). ~ **sale** *s.* asta *f* (pubblica) di beni sequestrati. ~ **signal** *s.* → distress call. ~ **warrant** *s.* ⟨*Dir*⟩ mandato *m* di sequestro.

distributable [dis'tribjutəbl] *a.* distribuibile, ripartibile.

distributary [dis'tribjutəri] **I** *s.* **1** ⟨*Geog*⟩ emissario *m.* **2** ⟨*Idr*⟩ emissario *m,* canale *m* di distribuzione. **II** *a.* ⟨*Geog,Idr*⟩ di distribuzione.

distribute [dis'tribjuːt] *v.t.* **1** distribuire, ripartire, dividere: *he –d the money among his sons* distribuì il denaro ai figli; *to* ~ *dividends* ripartire i dividendi; (*to allot*) assegnare. **2** (*to spread*) spargere, spandere. **3** (*to classify*) classificare, ordinare. **4** (*to dispense*) amministrare: *to* ~ *justice* amministrare la giustizia. **5** ⟨*Tip*⟩ scomporre.

distribution [ˌdistri'bjuːʃən] *s.* **1** distribuzione *f: the* ~ *of a nation's wealth* la distribuzione · della ricchezza nazionale; ~ *of population* distribuzione della popolazione. **2** (*spreading out*) diffusione *f,* propagazione *f.* **3** (*classification*) classificazione *f.* **4** (*delivery*) distribuzione *f,* consegna *f,* recapito *m: the* ~ *of the post* la distribuzione della posta. **5** ⟨*Biol*⟩ area *f* (*o* zona) di diffusione. **6** ⟨*Econ*⟩ (*of commodities, dividends, profits*) distribuzione *f,* ripartizione *f.* **7** ⟨*Statist,Ling*⟩ distribuzione *f.* **8** ⟨*Filos*⟩ uso *m* di un termine in senso distributivo. **9** ⟨*Tip*⟩ scomposizione *f.* □ ~ *of an estate* divisione *f* di un'eredità; ~ *of load* distribuzione *f* (*o* ripartizione) del carico. **distributional** [–nəl] *a.* ⟨*Ling*⟩ distribuzionale.

distribution| channel *s.* ⟨*Comm*⟩ canale *m* di distribuzione. ~ **panel** *s.* ⟨*El*⟩ pannello *m* di distribuzione.

distributism [dis'tribjutizəm] *s.* ⟨*Pol*⟩ dottrina *f* che propugna la distribuzione della proprietà. **distributist** [–tist] *s.* fautore *m* (*f* –trice) della distribuzione della proprietà.

distributive [dis'tribjutiv] **I** *a.* distributivo. **II** *s.*

⟨*Gramm*⟩ aggettivo *m* (*o* numerale) distributivo.

distributive| education *am. s.* formazione *f* professionale teorica e pratica. ~ **share** *s.* ⟨*Dir*⟩ legittima *f.*

distributor [dis'tribjutə] *s.* **1** distributore *m* (*f* –trice). **2** ⟨*Mot*⟩ distributore *m* (d'accensione), spinterogeno *m.* **3** ⟨*Comm,El*⟩ distributore *m.* **4** ⟨*Tip*⟩ scompositore *m.* **5** (*vending machine*) distributore *m* automatico.

distributor shaft *s.* ⟨*Mot*⟩ alberino *m* del distributore.

district ['distrikt] **I** *s.* **1** (*administrative division: of a country*) distretto *m,* circoscrizione *f;* (*of a state*) regione *f* (*of a city*) quartiere *m.* **2** (*part of a country*) regione *f* zona *f,* territorio *m: a mountainous* ~ una regione montuosa; (*part of a city*) zona *f,* quartiere *m: residential* ~ un quartiere residenziale. **3** ⟨*Comm*⟩ zona *f* ~ *representative* rappresentante di zona. **II** *a.* distrettuale **III** *v.t.* suddividere in distretti.

district| attorney *s.* ⟨*SU*⟩ procuratore *m* distrettuale. **Commissioner** *s.* ⟨*GB*⟩ commissario *m* distrettuale. **council** *s.* consiglio *m* distrettuale. □ *rural* ~ consiglio *m* regionale di una zona rurale; *urban* ~ consiglio *m* municipale. ~ **court** *s.* ⟨*SU*⟩ tribunale *m* federale d prima istanza. ~ **heating** *s.* riscaldamento *m* centralizzato, teleriscaldamento *m.* ~ **judge** *s.* ⟨*SU* giudice *m* distrettuale. ~ **nurse** *s.* assistente *f* sanitaria. ~ **sales office** *s.* ⟨*Comm*⟩ ufficio *m* vendite territoriale. ~ **visitor** *s.* dama *f* di carità.

distrust [dis'trʌst] **I** *v.t.* diffidare di, non avere fiducia in sospettare di. **II** *s.* sfiducia *f,* diffidenza *f,* sospetto *m* **distrustful** [–ful] *a.* diffidente, sospettoso. □ *to be* ~ o *s.o.* diffidare di qd.

disturb [dis'təːb] *v.t.* **1** disturbare, turbare la quiete di. **2** (*to interfere with*) disturbare, interrompere, intralciare *don't* ~ *me while I am working* non disturbatemi mentre lavoro. **3** (*to move out of place*) scompigliare, mettere ʰi disordine⌐ (*o* sottosopra). **4** (*to trouble*) agitare, turbare mettere in agitazione. **5** (*to put to inconvenience* disturbare, incomodare: *don't* ~ *yourself by getting up* nor ti disturbare ad alzarti. **6** ⟨*Rad*⟩ disturbare. **disturbance** [–əns] *s.* **1** disturbo *m,* turbamento *m.* **2** (*something which disturbs*) disturbo *m,* fastidio *m,* molestia *f.* **3** (*commotion*) agitazione *f,* disordine *m: political* ~ disordini politici. **4** (*anxiety*) ansia *f,* preoccupazione *f* inquietudine *f.* **5** ⟨*Meteor*⟩ perturbazione *f.* **6** ⟨*Rad*⟩ disturbo *m.* **7** ⟨*Psic*⟩ turba *f: emotional* ~ turba emotiva. **disturbed** [–d] *a.* ⟨*Psic*⟩ affetto da turb psichiche. **disturber** [–ə] *s.* disturbatore *m* (*f* –trice): ~ *of the peace* disturbatore della quiete pubblica **disturbing** [–iŋ] *a.* **1** che disturba, molesto, fastidioso. **2** (*worrying*) preoccupante, allarmante.

disunion [dis'juːnjən] *s.* **1** separazione *f,* disunione *f.* **2** (*dissension*) disunione *f,* discordia *f.* **disunite** [–juː'nait] *v.t.* **1** disunire, separare. **2** (*to alienate, divide*) disunire dividere: *a –d family* una famiglia disunita. **II** *v.i.* separarsi, dividersi.

disuse I *s.* [dis'juːs] disuso *m.* **II** *v.t.* [–'juːz] smettere d usare. □ *to fall into* ~ cadere in disuso. **disused** [–'juːzd] *a.* **1** caduto in disuso, disusato. **2** (*of a building* etc.) abbandonato.

disyllabic [ˌdisi'læbik] *a.* bisillabo, di due sillabe disillabico, disillabo. **di'syllable** [–ləbl] *s.* bisillabo *m* disillabo *m.*

ditch [ditʃ] **I** *s.* **1** (*for drainage, irrigation*) canale *m* ⌐d'irrigazione⌐ (*o* di scolo), fossato *m,* fosso *m.* **2** (*natura channel*) canale *m,* fosso *m.* **3** ⟨*Strad*⟩ fossato *m,* fosse *m.* **4** ⟨*Mil*⟩ fosso *m,* trincea *f.* **II** *v.t.* **1** scavare un fosse in (*o* attorno a). **2** (*of a car*) mandare a finire in un fosse **3** ⟨*Aer*⟩ far fare un ammaraggio di fortuna a. **4** ⟨*am*⟩ (*o a train*) far deragliare. **5** ⟨*fam*⟩ (*to get rid of*) liberarsi d disfarsi di, ⟨*fam*⟩ mollare. **III** *v.i.* **1** scavare un fosso. **2** ⟨*Aer*⟩ compiere un ammaraggio di fortuna. □ ⟨*fig*⟩ *to di in the last* ~ difendersi disperatamente; ⟨*fig*⟩ *to make last–* ~ *stand* fare un estremo tentativo di resistenza (*o* difesa). **'ditcher** [–ə] *s.* **1** (*person*) scavatore *m,* sterrator *m.* **2** (*tecn*) scavatrice *f* per fossi.

ditch water *s.* acqua *f* ⌐di fosso⌐ (*o* stagnante). □ ⟨*fig*⟩ *a dull as* ~ noioso.

dither ['diðə] **I** *s.* **1** tremito *m,* tremore *m.* **2** ⟨*fam* *agitation*) eccitazione *f,* agitazione *f.* **II** *v.i.* **1** tremare, abbrividire. **2** ⟨*fam*⟩ (*to act nervously*) agitarsi, eccitarsi; (*to hesitate*) esitare, titubare, vacillare. □ ⟨*fam*⟩ *to be all of* ~ essere tutto tremante, essere agitato; ⟨*fam*⟩ *to have the –s* tremare, ⟨*fam*⟩ avere la tremarella. **dithery** [–ri] *a.* ⟨*fam*⟩ agitato, nervoso, eccitabile.

thyramb ['diθiræm] *s.* **1** ⟨*Metr*⟩ ditirambo *m.* **2** ⟨*fig*⟩ elogio *m,* ditirambo *m.* **dithyrambic** [–bik] *a.* ⟨*Metr*⟩ ditirambico (*anche fig.*).

ttany ['ditəni] *s.* ⟨*Bot*⟩ **1** dittamo *m* cretico. **2** *fraxinella*) dittamo *m,* frassinella *f,* frassinello *m.*

tto ['ditou] **I** *s.* (*pl.* -s/-es [z]) **1** lo stesso, il medesimo, a cosa (*o* persona) suddetta. **2** *pl.* → **ditto marks. II** *avv.* **dem,** come sopra. □ ⟨*fam*⟩ *to say* ~ *to* essere d'accordo on, dichiararsi dello stesso parere di; ⟨*Vest*⟩ *suit of –s* completo *m.*

tto marks *s.pl.* ⟨*Tip*⟩ virgolette *fpl,* segni *mpl* di ipetizione.

tty ['diti] *s.* canzonetta *f* (*anche Lett.*).

tty| bag, ~ **box** *s.* ⟨*Mar*⟩ borsetta *f* riparazione estiario.

uresis [ˌdaiju'riːsis] *s.* (*pl.* -ses [siːz]) ⟨*Med*⟩ diuresi *f.* **iuretic** [–'retik] **I** *a.* diuretico. **II** *s.* diuretico *m.*

urnal [dai'ə:nl] **I** *a.* **1** giornaliero, quotidiano. **2** (*of the aytime*) diurno (*anche Zool.,Ornit.,Astr.*). **II** *s.* ⟨*Lit*⟩ iiurno *m,* diurnale *m.*

v. = **1** *dividend* dividendo. **2** ⟨*Mil*⟩ *division* divisione.

vagate ['daivəgeit] *v.i.* **1** vagare, errare. **2** ⟨*fig*⟩ divagare. **divagation** [–'geiʃən] *s.* digressione *f,* divagazione *f.*

valent [dai'veilənt] *a.* ⟨*Chim*⟩ bivalente.

van [di'væn, *am.* 'daivæn] *s.* **1** ⟨*Arred*⟩ divano *m,* canapè *m.* **2** → **divan bed. 3** ⟨*Stor,Lett*⟩ divano *m.* **4** (*smoking 'oom*) sala *f* per fumatori, fumoir *m.*

van bed *s.* ⟨*Arred*⟩ divano *m* letto.

varicate [dai'værikeit] **I** *v.i.* **1** divergere, discostarsi. **2** (*to branch*) diramarsi, ramificarsi. **II** *v.t.* divaricare, allargare. **III** *a.* ⟨*Biol*⟩ divaricato, divergente. **di,varication** [–'keiʃən] *s.* **1** diramazione *f,* ramificazione *f.* **2** (*stretching apart*) divaricamento *m.*

ve [daiv] **I** *s.* **1** tuffo *m: to take a* ~ fare un tuffo. **2** ⟨*Aer*⟩ picchiata *f,* tuffo *m.* **3** ⟨*Mar*⟩ immersione *f.* **4** (*dash, plunge*) balzo *m: he made a* ~ *for the gun* fece un palzo per afferrare la pistola. **5** (*sharp decline*) crollo *m.* **6** *underground restaurant*) trattoria *f* sotterranea. **7** ⟨*am*⟩ *disreputable drinking saloon*) bettola *f,* taverna *f* malfamata; (*gambling den*) bisca *f.* **II** *v.i.* (*pret.* **dived** [–d]/**dove** [douv], *p.p.* dived) **1** tuffarsi (*into* in): *to* ~ *for pearls* tuffarsi per pescare perle. **2** ⟨*Mar*⟩ (*to submerge*) immergersi, effettuare un'immersione. **3** ⟨*Aer*⟩ scendere in picchiata, eseguire una picchiata. **4** (*to plunge one's hands into s.th.*) affondare (*o* cacciare) la mano (in). **5** (*to dart, dash*) balzare, (s)lanciarsi, gettarsi. **6** ⟨*fig*⟩ penetrare: *to* ~ *into the heart of the matter* penetrare nel vivo della questione.

ive|-bomb I *v.t.* ⟨*Aer.mil*⟩ bombardare in picchiata. **II** *v.i.* effettuare un bombardamento in picchiata. ~ **bomber** *s.* bombardiere *m* in picchiata. ~ **bombing** *s.* bombardamento *m* in picchiata.

iver ['daivə] *s.* **1** tuffatore *m* (*f* –trice), tuffista *m/f.* **2** (*in salvage work, etc.*) sommozzatore *m,* palombaro *m.* **3** ⟨*Ornit*⟩ strolaga *f,* colimbo *m.*

iverge [dai'və:dʒ] *v.i.* **1** divergere, scostarsi, allontanarsi. **2** (*to turn aside*) deviare. **3** ⟨*fig*⟩ divergere, differenziarsi, distinguersi. **divergence** [–əns], **divergency** [–ənsi] *s.* **1** divergenza *f* (*anche Mat.,Fis.*). **2** ⟨*fig*⟩ divergenza *f,* differenza *f* (*o* disparità) d'opinioni. **divergent** [–ənt] *a.* divergente.

ivers ['daivəz] **I** *a.* ⟨*lett*⟩ più di uno, diversi, vari. **II** *pron.pl.* diversi, parecchi, vari.

iverse [dai'və:s] *a.* **1** diverso, dissimile, differente. **2** (*various*) svariato, vario. **diversely** [–li] *avv.* variamente, in modo diverso.

iversification [dai,və:sifi'keiʃən] *s.* **1** il rendere diverso (*o* vario). **2** (*variety*) varietà *f,* diversità *f.* **3** ⟨*Econ*⟩ (*of capital*) investimento *m* diversificato; (*of business activities*) diversificazione *f.* **4** ⟨*Comm*⟩ differenziazione *f.* **di'versify** [–fai] *v.i.* **1** rendere diverso (*o* differente). **2** ⟨*Econ*⟩ (*of securities, etc.*) investire in diversi tipi di; (*of business activities*) diversificare: *to* ~ *exports* diversificare le esportazioni. **3** ⟨*Comm*⟩ differenziare.

diversion [dai'və:ʃən] *s.* **1** diversione *f,* deviazione *f.* **2** ⟨*Strad*⟩ deviazione *f.* **3** (*distraction*) passatempo *m,* svago *m,* diversivo *m,* distrazione *f.* **4** ⟨*Mil*⟩ diversione *f* (tattica). □ ⟨*Econ*⟩ ~ *of funds* storno *m* di fondi; ⟨*Econ*⟩ ~ *of profits* distrazione *f* di utili. **diversionary** [–əri] *a.* ⟨*Mil*⟩ di diversione.

diversity [dai'və:siti] *s.* **1** diversità *f,* differenza *f.* **2** (*variety*) diversità *f,* varietà *f.*

divert [dai'və:t] *v.t.* **1** (far) deviare, sviare: *to* ~ *a river from its purpose* deviare il corso di un fiume. **2** (*to turn to a new purpose*) distogliere, stornare, distrarre: *to* ~ *funds to one's own use* stornare fondi per uso personale. **3** (*to entertain*) divertire, svagare, distrarre. **4** ⟨*Strad*⟩ (far) deviare, dirottare: *to* ~ *traffic* far deviare il traffico. **diverting** [–iŋ] *a.* divertente, che fa ridere.

divertissement *fr.* [divertis'mã] *s.* **1** divertimento *m,* svago *m.* **2** (*short ballet*) divertimento *m,* intermezzo *m.* **3** ⟨*Mus*⟩ divertimento *m.*

Dives ['daivi:z] **I** *N.pr.* ⟨*Bibl*⟩ Epulone *m.* **II** *s.* uomo *m* ricco, ⟨*fam*⟩ riccone *m.*

dives costs *s.pl.* ⟨*Dir*⟩ spese *fpl* processuali ordinarie.

divest [dai'vest] *v.t.* **1** spogliare, svestire. **2** (*to deprive*) spogliare, privare: *to* ~ *an official of his position* privare un funzionario della sua carica. **3** (*to rid*) liberare. **4** ⟨*Dir*⟩ (*of a property*) spossessare; (*of a right*) privare. **divestiture** [–itʃə], **divestment** [–mənt] *s.* **1** privazione *f.* **2** ⟨*Dir*⟩ spoliazione *f;* (*alienation*) alienazione *f.* **3** → **disinvestment.**

dividable [di'vaidəbl] *a.* divisibile.

divide [di'vaid] **I** *v.t.* **1** dividere, spartire: *to* ~ *one's time between house and work* spartire il proprio tempo tra casa e lavoro. **2** (*to share*) spesso con *out*) dividere, ripartire, spartire, distribuire: *they –d the profits between them* si divisero i profitti. **3** (*to separate*) dividere, separare: *a fence –s the garden from the road* uno steccato separa il giardino dalla strada. **4** ⟨*fig*⟩ dividere, disunire: *to* ~ *the country* dividere il paese; (*of opinions, etc.*) dividere: *opinions are –d* le opinioni sono divise. **5** (*to subdivide;* spesso con *up*) dividere, suddividere. **6** ⟨*Mat*⟩ dividere: *to* ~ *50 by 10* dividere 50 per 10; (*of a number*) essere divisore di. **7** ⟨*tecn*⟩ dividere in gradi, graduare. **8** ⟨*Parl*⟩ dividere: *to* ~ *the House* dividere la Camera. **II** *v.i.* **1** dividersi, diramarsi: *the river –s at its mouth* il fiume si divide alla foce. **2** (*to separate*) dividersi, separarsi; (*of political parties*) scindersi; (*of roads*) biforcarsi. **3** ⟨*fig*⟩ (*to diverge in opinion*) dissentire, essere in disaccordo. **4** ⟨*Mat*⟩ essere divisibile: *12 –s by 3* 12 è divisibile per 3. **5** ⟨*Parl*⟩ dividersi (in due gruppi per votare). **III** *s.* ⟨*Geog*⟩ spartiacque *m,* linea *f* di displuvio.

divided| highway *am.* [di'vaidid] *s.* ⟨*Strad*⟩ autostrada *f* con spartitraffico. ~ **skirt** *s.* ⟨*Mod*⟩ gonna *f* a pantaloni.

dividend ['dividend] *s.* ⟨*Mat,Econ*⟩ dividendo *m.*

dividend|-bearing share *s.* ⟨*Econ*⟩ azione *f* di godimento. ~ **coupon** *s.* cedola *f* di dividendo. ~ **tax** *s.* imposta *f* cedolare (*o* sui dividendi).

divider [di'vaidə] *s.* **1** chi divide (*o* distribuisce), divisore *m.* **2** *pl.* ⟨*tecn*⟩ compasso *m* a punte fisse. **dividing** [–iŋ] *a.* divisorio, di separazione: *a* ~ *wall* una parete divisoria. □ ~ *line* linea *f* di demarcazione. **dividual** [–'vidjuəl] *a.* ⟨*ant*⟩ **1** divisibile, separabile. **2** (*separate*) separato, distinto. **3** (*divided*) diviso.

divination [ˌdivi'neiʃən] *s.* **1** divinazione *f.* **2** ⟨*fig*⟩ intuizione *f.* **di'vinatory** [–nətəri] *a.* divinatorio.

divine [di'vain] *a.* **1** divino: ~ *worship* culto divino. **2** ⟨*fig*⟩ divino, sublime, celeste: ~ *music* musica divina. **3** ⟨*fam*⟩ (*excellent*) divino, superbo, eccellente, splendido: ~ *weather* tempo splendido. **II** *s.* **1** teologo *m.* **2** (*priest, clergyman*) ecclesiastico *m,* sacerdote *m.* **III** *v.t.* **1** profetizzare. **2** (*of water, metal, etc.*) scoprire mediante rabdomanzia. **3** ⟨*fig*⟩ indovinare, intuire, presagire: *to* ~ *s.o.'s intentions* intuire le intenzioni di qd. **IV** *v.i.* **1** profetizzare, praticare la divinazione. **2** ⟨*fig*⟩ fare congetture (*o* supposizioni). □ *king by* ~ *right* re per diritto divino. **divinely** [-li] *avv.* divinamente (*anche fig.*). **divineness** [-nis] *s.* divinità *f,* essenza *f* divina. **diviner** [-ə] *s.* 1 indovino *m* (*f* -a). 2 (*of water, minerals, etc.*) rabdomante *m.*

diving ['daiviŋ] I *s.* 1 il tuffarsi, tuffi *mpl.* 2 ⟨Mar⟩ immersione *f: deep-sea* ~ immersione a grande profondità. 3 ⟨Aer⟩ picchiata *f.* II *a.* 1 per (*o* dei) tuffi. 2 ⟨Mar⟩ d'immersione.

diving| bell *s.* ⟨Mar⟩ campana *f* subacquea. ~ **board** *s.* trampolino *m.* ~ **compartment** *s.* ⟨Mar,Mil⟩ cassa *f* di compenso. ~ **dress** *s.* ⟨Mar⟩ scafandro *m.* ~ **helmet** *s.* casco *m* da palombaro. ~ **mask** *s.* ⟨Sport⟩ maschera *f* subacquea. ~ **suit** *s.* → diving dress.

divining rod [di'vainiŋ] *s.* bacchetta *f* da rabdomante.

divinity [di'viniti] *s.* 1 divinità *f,* natura *f* divina. 2 (*deity*) divinità *f,* dio *m.* 3 (*theology*) teologia *f.* **Divinity** *s.* Dio *m.*

divinity calf *s.* ⟨Legat⟩ rilegatura *f* in vitello scuro.

divinization [,divinai'zeiʃən] *s.* divinizzazione *f,* deificazione *f.* '**divinize** [-naiz] *v.t.* divinizzare, deificare.

divisibility [di,vizi'biliti] *s.* divisibilità *f.* **di'visible** [-bl] *a.* divisibile. □ ⟨Econ⟩ ~ *profits* utili *mpl* ripartibili. **di'visibly** [-bli] *avv.* in modo divisibile.

division [di'viʒən] *s.* 1 divisione *f* (*anche Mat.,Mil.*). 2 (*distribution*) divisione *f,* distribuzione *f,* ripartizione *f.* 3 (*partition*) divisione *f,* parete *f* divisoria, tramezzo *m;* (*dividing line*) linea *f* di divisione; (*of a scale*) graduazione *f.* 4 ⟨fig⟩ (*dissension*) divisione *f,* discordia *f.* 5 ⟨Parl⟩ votazione *f* per divisione. 6 ⟨am⟩ (*administrative unit of a country*) settore *m* amministrativo. 7 ⟨Comm⟩ servizio *m: the sales* ~ il servizio vendite. 8 ⟨Filol⟩ classificazione *f,* distinzione *f.* 9 ⟨Sport⟩ divisione *f;* (*in boxing*) categoria *f.* 10 ⟨Bot⟩ divisione *f,* suddivisione *f.* □ ⟨Parl⟩ *to come to a* ~ fare una votazione; ~ *of labour* divisione *f* del lavoro.

divisional [di'viʒənəl] *a.* 1 che divide, di divisione, divisorio. 2 ⟨Mil⟩ divisionale.

divisional coin *s.* ⟨Econ⟩ moneta *f* divisionaria (*o* divisionale), divisionario *m.*

division bell *s.* ⟨Parl⟩ campanello *m* che annuncia una votazione.

divisionism [di'viʒənizm] *s.* ⟨Art⟩ divisionismo *m.* **divisionist** [-nist] I *a.* divisionista. II *s.* divisionista *m/f.*

division sign *s.* ⟨Mat⟩ segno *m* di divisione.

divisor [di'vaizə] *s.* ⟨Mat⟩ divisore *m: common* ~ comune divisore.

divorce [di'vɔːs] I *s.* 1 ⟨Dir⟩ divorzio *m.* 2 ⟨fig⟩ separazione *f,* divorzio *m.* II *v.t.* 1 divorziare da. 2 (*to separate by divorce*) concedere il divorzio a. 3 ⟨fig⟩ separarsi da, divorziare da. III *v.i.* divorziare. □ *decree* sentenza *f* di divorzio; *to file a petition for* ~ chiedere il divorzio; □ *to start* ~ *proceedings* iniziare un'azione di divorzio; *to sue for a* ~ iniziare una causa di divorzio. **di,vor'cé** [-ei] *s.* divorziato *m.*

divorce court *s.* ⟨Dir⟩ tribunale *m* per cause di divorzio.

divorcee [di,vɔː'siː] *s.* 1 → divorcé. 2 → divor'cée. **divorcée** [-'si:] *s.* divorziata *f.* **di'vorcement** [-smənt] *s.* divorzio *m,* separazione *f.*

divulgation [,divʌl'geiʃən] *s.* → divulgement.

divulge [di'vʌldʒ] *v.t.* divulgare, diffondere, rivelare. **divulgement** [-mənt], **divulgence** [-əns] *s.* divulgazione *f,* diffusione *f.*

divulsion [di'vʌlʃən] *s.* ⟨Chir⟩ divulsione *f.*

divvy[1] ['divi] *v.* (spesso con *up*) ⟨sl⟩ I *v.t.* distribuire, spartire, dividere. II *v.i.* fare le parti.

divvy[2] *s.* ⟨sl⟩ 1 spartizione *f,* divisione *f,* distribuzione *f.* 2 (*share*) quota *f,* parte *f.* 3 (*dividend*) dividendo *m.*

dixie ['diksi] *s.* marmitta *f.*

Dixie *am.* I *s.* sud *m* (degli Stati Uniti), stati *mpl* del sud. II *a.* del sud (degli Stati Uniti). **Dixiecrat** *am.* [-kræt] *s.* ⟨Pol⟩ membro *m* di un partito secessionista del sud. **Dixieland** *am.* [-lænd] *s.* 1 → Dixie. 2 ⟨Mus⟩ dixieland *m.*

dizziness ['dizinis] *s.* stordimento *m,* capogiro *m,* vertigini *fpl.* **dizzy** [-zi] I *a.* 1 stordito, in preda alle vertigini. 2

⟨fig⟩ confuso, sconcertato. 3 (*causing dizzine* vertiginoso: ~ *heights* altezze vertiginose. 4 ⟨fa (*foolish*) sciocco. II *v.t.* 1 stordire, far venire le vertig (*o* il capogiro) a. 2 ⟨fig⟩ confondere, disorientare.

Djibouti [dʒɜːbuːti] *N.pr.* ⟨Geog⟩ Gibuti *m.*

dl. = *decilitre* decilitro (*abbr.* dl).

D.Lit. = *Doctor of Literature* dottore in lettere.

dm. = *decimetre* decimetro (*abbr.* dm).

D/N = ⟨Comm⟩ *debit note* nota di debito.

DNA[1] = ⟨Biol⟩ *Desoxyribonucleic Acid* acido desossi bonucleico (*abbr.* DNA, ADN).

DNA[2] ['dienei] *s.* ⟨Biol⟩ Dna *m,* DNA *m.*

do[1] [du:] *v.* (*pr. ind.* 1[a] *pers.* do/*rar.* **doest** [du:ist]/d (*[dʌst], 3*[a] *pers.* **does** [dʌz]/*rar.* **doeth** [du:iθ]/**doth** [dʌ] *pl.* do; *pret.* 1[a] *pers.* **did** [did], 2[a] *pers.* did/*rar.* **didst** [did *3*[a] *pers.* did, *pl.* did; *p.p.* **done** [dʌn]) I *v.t.* 1 fare: *w are you* -*ing?* che fai?, cosa stai facendo? 2 (*to perfor* fare, compiere, adempiere: *to* ~ *one's duty* fare il propr dovere; (*to execute*) fare, eseguire: *to* ~ *an important* fare un lavoro importante. 3 (*to finish*) fare, fini concludere: *it's* -*ne at last* finalmente è fatta; (*w gerunds*) finire: *when you have* -*ne working* quando av finito di lavorare. 4 (*to produce, make*) fare: *to* ~ *translation* fare una traduzione. 5 (*to study*) fare, studia *what did you* ~ *at university?* 'che cosa hai studiato' che studi hai fatto all'università?; *to* ~ *one's lessons* far compiti. 6 (*to prepare*) preparare, approntare: *who's go to* ~ *the lunch?* chi prepara il pranzo?; (*to cook*) cuoce *you haven't* -*ne the meat enough* non hai cotto abbastan la carne. 7 (*to solve*) fare, risolvere: *I can't* ~ *this s* non riesco a fare questa addizione. 8 (*to clean*) fa pulire: *the bedrooms have been* -*ne* le camere da le sono state fatte; (*to arrange, tidy*) aggiustare, acconcia mettere in ordine: *to* ~ *one's hair* acconciarsi (*o* farsi capelli; (*to wash*) lavare, ⟨fam⟩ fare: *to* ~ *the dishes* far piatti; (*to decorate*) fare, decorare. 9 (*to deal with*) fa occuparsi di, pensare a: *I'll* ~ *it* 'me ne occupo' (*o* penso) io. 10 (*of a journey*) fare, compiere: *we did t journey in three hours* abbiamo fatto il viaggio in tre o (*of a distance*) fare, coprire, percorrere: *this car* -*es twe miles to the gallon* questa macchina fa venti miglia con gallone; (*of speed*) fare, andare a: *we did ninety miles hour on the motorway* andavamo a centocinquanta l'o sull'autostrada. 11 (*to render*) fare, rendere: *to* ~ *s.o. favour* fare un piacere a qd.; *to* ~ *honour to s.o.* rend onore a qd. 12 (*to play the part of*) fare, fare la parte 13 (*to suffice*) bastare a, essere sufficiente a: *ten poun will* ~ *me* dieci sterline mi bastano. 14 (*to cause*) fa avere come effetto, produrre: *this will* ~ *you good* ques ti farà bene; *to* ~ *a lot of damage* fare un sacco di dan 15 (*to translate*) tradurre. 16 ⟨fam⟩ (*to exhau* spossare, stremare, sfinire. 17 ⟨fam⟩ (*to visit*) visita ⟨fam⟩ fare: *we'll be* -*ing Spain next year* l'anno prossim visiteremo la Spagna. 18 ⟨fam⟩ (*to cheat, swind* imbrogliare, ingannare, ⟨fam⟩ farla a, ⟨fam⟩ buggera *you've been* -*ne* te l'hanno fatta, sei stato buggerato. ⟨fam⟩ (*to treat*) trattare: *you* ~ *yourself very well* ti tra molto bene. 20 ⟨fam⟩ (*of a prison sentence*) esse condannato a, fare, scontare: *to* ~ *seven years for arm robbery* fare sette anni (di carcere) per rapina a ma armata. II *v.i.* 1 fare, agire, comportarsi: ~ *as I tell y* fai come ti dico. 2 (*to finish*) finire, terminare: *have y* -*ne with the brush?* hai finito 'di usare' (*o* con) spazzola? 3 (*to get along*) andare, ⟨fam⟩ cavarsela: *how he* -*ing at school?* come va a scuola?; *how are* -*ing in yo new job?* come te la cavi col tuo nuovo lavoro? 4 (*to f as to health*) stare (in salute): *mother and baby are* –*i splendidly* mamma e bambino stanno benissimo. 5 (*to satisfactory, suitable*) andar bene, essere adatto, fare caso: *any clothes will* ~ qualunque abito andrà bene. 6 *be enough*) bastare, essere sufficiente: *that will* ~, tha *you* basta così, grazie. 7 (*to serve*) fare, servire (*for d* venire usato (per, come). 8 ⟨fam⟩ (*to be proper*) addir essere conveniente, ⟨fam⟩ star bene: *it doesn't* ~ *to spe with your mouth full* non sta bene parlare con la bocc piena. 9 ⟨fam⟩ (*to happen*) succedere: *what's* -*ing at t club tonight?* cosa succede al circolo questa sera? I *v.aus.* **1** (*to form negatives and interrogatives*) *not translated: I ~ not believe you* non ti credo; *~ you like it?* ti piace?; *he didn't come* non è venuto. **2** (*to invert constructions*) *not translated: not only ~ I refuse to help him, but* non solo mi rifiuto di aiutarlo, ma; *little did I know that* certo non mi aspettavo che. **3** (*used in affirmative phrases for emphasis*) sì che, davvero, veramente, sul serio: *you're wrong, he –es work hard* ti sbagli, sì che lavora sodo; *I ~ love you* ti amo sul serio, quanto ti amo; (*to emphasize positive imperatives*) *not translated: ~ hurry up* sbrigati; (*in negative imperatives*) *not translated: –n't talk* non parlare. **4** (*to replace a verb already used*) *not translated: he earns more than I ~* guadagna più di me; *I understand less now than I did before* capisco meno ora di prima; *may I come in? – please ~!* posso entrare? – prego! **5** (*in question phrases*) vero?, non è vero?: *you want it, –n't you?* lo vuoi, vero?; *you didn't hit him, did you?* non l'hai colpito, vero? **6** (*in agreements, disagreements*) è vero, non è vero: *you talk too much – yes, I ~* tu parli troppo – sì, è vero (o lo so); *she sang well – no, she didn't* ha cantato bene – no, non è vero. **7** (*in short answers*) *not translated: did you ask him? – no, I didn't* glielo hai chiesto? – no; *who made the coffee? – I did* chi ha fatto il caffè? – io. **8** (*in comments*) davvero?, vero?: *they live in Paris – ~ they?* vivono a Parigi – davvero? **9** (*in correlative phrases*) *not translated: she doesn't talk much – neither –es her husband* lei non parla molto – nemmeno suo marito; *you know it and so ~ I* tu lo sai e lo so anch'io; *my wife went but I didn't* mia moglie è andata ma io no. **10** (*in ecclesiastical, legal language*) *not translated: the charge is that you did cause a breach of the peace* l'accusa è che avete disturbato la quiete pubblica. □ *what are you going to ~ about it?* riguardo a questo, che intenzioni hai?; *to ~ again* fare di nuovo, rifare; *to ~ away with:* 1 (*to abolish*) abolire, sopprimere, eliminare; 2 (*to kill*) uccidere, sopprimere, 〈fam〉 far fuori; *to ~ away with o.s.* uccidersi, suicidarsi; *to ~ badly:* 1 fare (o eseguire) male, abborracciare; 2 (*to lose money, etc.*) rimetterci; *to ~ by* trattare: *he has been hard –ne by* è stato trattato male; *to ~ all one can* fare tutto il possibile; 〈fam〉 *to ~ or die* o la va o la spacca; 〈fam〉 *to ~ down* (*to cheat*) imbrogliare, mettere nel sacco, 〈fam〉 infinocchiare; 〈sl〉 *to ~ in the eye* imbrogliare, truffare; *to ~ one's* **face** truccarsi; *to ~* **for:** 1 〈fam〉 (*to act as housekeeper for*) prendersi cura di, badare a; 2 〈fam〉 (*to ruin*) rovinare, distruggere; 3 (*to kill*) uccidere, 〈fam〉 far fuori; *what can I ~ for you?* cosa posso fare per te?; *what will we ~ for money if you lose the job?* che faremo per i soldi se perdi il posto?; **how** do *you ~?* (*in introductions*) piacere; *to ~* **in** 1 〈fam〉 (*to ruin*) rovinare, mandare in rovina; 2 〈sl〉 (*to kill*) uccidere, 〈fam〉 far fuori; 3 〈fam〉 (*to exhaust*) spossare, sfinire, esaurire: *I feel –ne in* mi sento esausto; 4 〈fam〉 (*to cheat*) raggirare, imbrogliare; *to ~ the* **ironing** stirare; *to ~* **make** *~ with s.th.* accontentarsi di qc.; *it isn't much, but I'll make it ~* non è molto, ma lo farò bastare; *to ~ no more than* limitarsi a; *that hat –es much for her* quel cappello le dona molto; *this will never ~* così non va (o può andare); *to ~* **nothing** *but* non far altro che: *the baby –es nothing but cry* il bambino non fa altro che piangere; 〈fam〉 *nothing –ing* niente da fare, 〈fam〉 nemmeno per sogno; *there is nothing to be –ne* non c'è nulla da fare; *I have nothing to ~ today* oggi non ho nulla da fare; *to ~* **out** (ri)pulire, riordinare; *to ~ s.o. out of s.th.* ⌐portar via⌐ (o togliere) qc. a qd. con l'inganno; *to ~* **over:** 1 (*to redecorate*) riverniciare, ridipingere; 2 (*to do again*) rifare; *to ~ the* **sights** *of a town* fare il giro turistico di una città; *to ~ one's* **teeth** pulirsi (o spazzolarsi) i denti; *to ~* **up:** 1 (*to tie up*) avvolgere, legare; 2 (*to wrap up*) avvolgere, incartare; 3 (*to fasten*) abbottonare, allacciare, chiudere, agganciare; 4 (*of the hair: to tidy*) acconciare, aggiustare; 5 (*to renovate, clean up*) pulire, ripulire; 6 〈fam〉 (*to exhaust*) stremare, spossare; *to ~* **well:** 1 fare bene; 2 (*to be wise*) fare bene, agire bene: *you did well to refuse* hai fatto bene a rifiutare; 3 (*to make progress*) essere bravo, andar bene: *my son is –ing very well at school* mio figlio va molto bene a scuola; 4 (*to make money*) guadagnare,

arricchirsi: *he did well out of the war* si è arricchito con la guerra; *to ~* **with:** 1 farne di: *what have you –ne with the shoe polish?* che ne hai fatto del lucido da scarpe?; 2 (*to behave as regards*) fare, comportarsi; 3 (*to occupy o.s.*) fare, impegnarsi, impiegare il tempo; 4 (*used with can, could: to express a wish*) volere, desiderare, avere voglia di: *I could ~ with a cup of coffee* vorrei una tazza di caffè, mi andrebbe un caffè; 5 (*to express a need*) aver bisogno, necessitare: *the car could ~ with a clean* la macchina avrebbe bisogno di una bella pulita; *to ~* **without** ⌐fare a meno⌐ (o privarsi) di, rinunciare a; *there's none left, you'll have to ~ without* non ce n'è più, devi farne senza. *Prov.: ~ as I say, not as I ~* segui il mio consiglio, non il mio esempio; *~ it now* chi ha tempo non aspetti tempo; *~ as you would be –ne by* non fare agli altri quello che non vorresti fosse fatto a te. || *let's try what kind words can ~* proviamo con le buone; *when in doubt, –n't* nel dubbio, astienti; *you ~ the talking and I'll ~ the listening* tu parla e io (ti) ascolto; *what does he ~ (for a living)?* che (mestiere) fa?, come si guadagna da vivere?; *what's –ing?* che succede?, che c'è?

do² [dt:] *s.* (*pl. dos/do's* [du:z]) **1** ciò che ⌐si deve⌐ (*o* si può) fare. **2** 〈fam〉 (*party*) festa *f*, ricevimento *m*, trattenimento *m*. **3** 〈sl〉 (*swindle*) imbroglio *m*, truffa *f*, 〈volg〉 fregatura *f*. **4** 〈fam〉 (*affair, happening*) fatto *m*, avvenimento *m*; (*state of affairs*) situazione *f*.

do³ [dou] *s.* (*pl.* **-s** [z]) 〈Mus〉 do *m*.

do. = *ditto* idem.

doable ['du:əbl] *a.* realizzabile, attuabile, fattibile.

do-all [du:] *s.* factotum *m/f*, persona *f* che fa un po' di tutto.

doat *v.* → **dote**.

dobbin ['dɔbin] *s.* cavallo *m* da tiro.

doc *am.* [dɔk] *s.* 〈fam〉 dottore *m*, medico *m*.

docent *am.* ['dousənt] *s.* 〈Univ〉 (*libero*) docente *m*. **docentship** *am.* [-ʃip] *s.* 〈Univ〉 (*libera*) docenza *f*.

docile ['dousail, *am.* 'dɔsəl] *a.* **1** (*of animals*) docile, mansueto. **2** (*of people*) docile, arrendevole. **3** (*teachable*) disposto a imparare, ricettivo. **docilely** [-li] *avv.* docilmente. **docility** [dou'siliti] *s.* **1** (*of animals*) docilità *f*, mansuetudine *f*. **2** (*of people*) docilità *f*, arrendevolezza *f*.

docimology [ˌdɔsiˈmɔlədʒi] *s.* 〈Ped〉 docimologia *f*.

dock¹ [dɔk] **I** *s.* **1** 〈Mar〉 (*basin*) dock *m*, bacino *m*; (*wharf*) banchina *f*. **2** *pl.* (*complex of docks, wharfs, etc.*) docks *m pl*. **3** 〈Ferr〉 piano *m* caricatore. **4** 〈Aer〉 hangar *m*. **II** *v.t.* **1** 〈Mar〉 mettere in bacino: *to ~ a ship* mettere una nave in bacino. **2** (*to provide with docks*) munire di bacini. **3** 〈Astron〉 attraccare, agganciare. **III** *v.i.* **1** 〈Mar〉 entrare in bacino. **2** 〈Mar〉 (*to tie up at a wharf*) attraccare. **3** 〈Astron〉 attraccare. □ 〈fam〉 *to be in ~* essere in riparazione.

dock² **I** *s.* **1** (*of an animal's tail*) parte *f* solida (*o* carnosa); (*part left after docking*) mozzicone *m*, troncone *m*. **2** (*piece of harness*) sottocoda *m*. **II** *v.t.* **1** (*of an animal's tail or ears*) tagliare, mozzare; (*of an animal*) tagliare (*o* mozzare) la coda a. **2** 〈fig〉 (*to deduct a part from*) ridurre, diminuire, decurtare: *to ~ s.o.'s pay* diminuire il salario a qd.; (*to deduct*) trattenere, detrarre: *they –ed a pound from his pay* gli hanno trattenuto una sterlina sullo stipendio.

dock³ *s.* (*in a court room*) banco *m* degli imputati. □ 〈Dir〉 *to sit in the ~* essere sul banco degli imputati.

dock⁴ *s.* 〈Bot〉 **1** romice *f*. **2** (*sour dock*) acetosa *f*. **3** (*bitter dock*) romice *f* (*o* lapazio *m*) dei tetti.

dockage ['dɔkidʒ] *s.* 〈Mar〉 **1** → **dock dues**. **2** (*docking facilities*) attrezzatura *fpl* di bacino. **3** (*docking*) immissione *f* in (un) bacino.

dock| brief *s.* 〈Dir〉 diritto *m* alla difesa d'ufficio. **~ dues** *s.pl.* 〈Mar〉 diritti *mpl* di bacino (*o* banchina).

docker ['dɔkə] *s.* lavoratore *m* (*o* scaricatore *m*) di porto, portuale *m*.

docket ['dɔkit] **I** *s.* **1** 〈Dir〉 (*list of cases*) elenco *m* delle cause a ruolo; (*register of judgements*) registro *m* delle sentenze. **2** (*memorandum attached to a document*) sommario *m*. **3** 〈Comm〉 (*label, ticket*) etichetta *f*, cartellino *m*; (*for customs duty*) ricevuta *f* (*o* scontrino *m*) del dazio doganale. **II** *v.t.* **1** ⟨*Dir*⟩ registrare. **2** (*to make a summary of*) fare un sommario di; (*to fix a memorandum to*) accludere un sommario a.

dock gate *s.* ⟨*Mar*⟩ chiusa *f.*

docking ['dɔkiŋ] *s.* ⟨*Astron*⟩ attracco *m,* aggancio *m.*

dock|land *s.* ⟨*Mar*⟩ bacini *mpl* portuali. **~ master** *s.* direttore *m* (*o* comandante) di bacino.

docksman ['dɔksmən] *s.irr.* portuale *m.*

dock yard *s.* cantiere *m* navale. □ **~ worker** arsenalotto *m.*

doctor ['dɔktə] **I** *s.* **1** dottore *m* (*f* –essa), medico *m.* **2** ⟨*Univ*⟩ dottore *m* (*f* –essa). **3** ⟨*sl*⟩ (*ship's cook*) cuoco *m* di bordo. **4** ⟨*Mecc*⟩ strumento *m* (*o* apparecchio) d'emergenza. **5** ⟨*Pesc*⟩ mosca *f* artificiale. **II** *v.t.* **1** ⟨*Univ*⟩ conferire il dottorato a, addottorare. **2** (*to treat medically*) curare, avere in cura; (*of an ailment*) curare. **3** ⟨*fig*⟩ (*to repair*) aggiustare, accomodare. **4** ⟨*fam*⟩ (*of food, drink*) adulterare, sofisticare, fatturare. **5** ⟨*fam*⟩ (*to falsify*) falsificare; (*to adapt*) adattare, modificare, alterare. □ ⟨*Rel*⟩ **~ of the Church** dottore *m* della chiesa; **~ of Divinity** dottore *m* in teologia; **~ of Laws** dottore *m* in legge. **doctoral** [–rəl] *a.* dottorale. □ **~ degree** dottorato *m.* **doctorate** [–reit], **doctorship** [–ʃip] *s.* dottorato *m.*

doctrinaire [,dɔktri'neə] **I** *a.* dottrinario, dogmatico, astratto, teorico. **II** *s.* dottrinario *m.* **doctrinairism** [–rizəm] *s.* dottrinarismo *m.*

doctrinal ['dɔktrinl, dɔk'trainl] *a.* dottrinale. □ **~ theology** teologia *f* dottrinale, dogmatica *f.* **doctrine** [–in] *s.* dottrina *f.*

document ['dɔkjumənt] **I** *s.* documento *m,* carta *f;* (*certificate*) certificato *m,* attestato *m.* **II** *v.t.* **1** documentare: *to ~ a claim* documentare una richiesta. **2** ⟨*Mar*⟩ provvedere ⌐dei documenti⌐ (*o* delle carte) di bordo. □ ⟨*Comm*⟩ **–s against acceptance** documenti *mpl* contro accettazione; **–s against cash** documenti *mpl* contro contanti; **–s against payment** documenti *mpl* contro pagamento; **–s in support** pezze *fpl* d'appoggio; **~ of title** atto *m* (*o* titolo) di proprietà.

documentarist [,dɔkju'mentərist] *s.* ⟨*Cin*⟩ documentarista *m/f.* **documentary** [–'mentəri] **I** *a.* documentario. **II** *s.* ⟨*Cin,TV*⟩ (*documentary film*) documentario *m.*

documentary| bill *s.* ⟨*Comm*⟩ tratta *f* documentaria. **~ credit** *s.* ⟨*Econ*⟩ credito *m* documentario. **~ draft** *s.* → **documentary bill.**

documentation [,dɔkjumen'teiʃən] *s.* documentazione *f.*

DOD = ⟨*SU*⟩ *Department of Defence* ministero della difesa.

dodder[1] ['dɔdə] *v.i.* **1** tremare, tremolare. **2** (*to be feeble*) essere fiacco (*o* debole); (*to progress tremblingly*) barcollare, vacillare.

dodder[2] *s.* ⟨*Bot*⟩ cuscuta *f.*

doddered ['dɔdəd] *a.* (*of a tree*) privo dei rami superiori. **doddering** [–dəriŋ], **doddery** [–dəri] *a.* **1** tremante, tremolante. **2** (*feeble*) debole, fiacco; (*tottering*) vacillante, malfermo.

dodecagon [dou'dekəgɔn] *s.* ⟨*Geom*⟩ dodecagono *m.*

dodecahedron [,doudekə'hi:drən] *s.* (*pl.* **-s** [z]/**-dra** [drə]) ⟨*Geom*⟩ dodecaedro *m.*

Dodecanese [,doudekə'ni:z] *N.pr.* ⟨*Geog*⟩ Dodeca(n)neso *m.*

dodecaphonic [,doudekə'fɔnik] *a.* ⟨*Mus*⟩ dodecafonico.

dodecasyllable [,doudekə'siləbl] *s.* ⟨*Metr*⟩ dodecasillabo *m.*

dodge [dɔdʒ] **I** *v.t.* **1** evitare, schivare, scansare: *to ~ a blow* schivare un colpo. **2** ⟨*fig*⟩ eludere, sottrarsi a. **II** *v.i.* **1** spostarsi rapidamente, scansarsi. **2** (*to move back and forth*) spostarsi avanti e indietro, muoversi. **3** ⟨*fig*⟩ (*to evade responsibility, etc.*) sfuggire; (*to quibble*) cavillare, sottilizzare, cercare scappatoie. **III** *s.* **1** schivata *f.* **2** ⟨*fam*⟩ (*trick*) inganno *m,* sotterfugio *m,* trucco *m;* (*expedient*) espediente *m,* stratagemma *m.* □ ⟨*am*⟩ *to ~ the draft* essere renitente alla leva; *to be on the* **~** vivere alla macchia; ⟨*fam*⟩ *to be up to all the* **–s** conoscere tutti i trucchi, ⟨*fam*⟩ saperle tutte.

dodgem (car) ['dɔdʒəm] *s.* autoscontro *m.*

dodger ['dɔdʒə] *s.* **1** evasore *m: a tax* **~** un evasore fiscale.

2 ⟨*am*⟩ (*handbill*) volantino *m* pubblicitario. **3** ⟨*Ma* guardacorpo *m.* **4** ⟨*am*⟩ (*corn dodger*) dolce *m* di ma **dodgy** [–dʒi] *a.* **1** sfuggente, evasivo, elusivo. **2** ⟨*far* (*tricky*) difficile, complicato.

doe [dou] *s.* (*pl. inv./*-**s** [z]; il pl.inv. si usa general. c valore collett.) ⟨*Zool*⟩ **1** (*female deer*) daina *f.* **2** (*of oth animals*) femmina *f.*

DOE = ⟨*GB*⟩ *Department of Environment* ministero dell'ambiente.

doer ['du:ə] *s.* chi fa (*o* agisce), persona *f* d'azione. □ *he a ~ of good* è uno che fa del bene; *he is a ~ not a talk* è uno che agisce senza tante chiacchiere.

doeskin ['douskin] *s.* **1** pelle *f* di daino. **2** ⟨*Tess*⟩ dai *m.*

doesn't ['dʌznt] *contraz. di* **does not.**

doest ['du:ist], **doeth** ['du:iθ] ⟨*ant*⟩ **→ do**[1].

doff [dɔf] *v.t.* **1** (*of clothing, a hat, etc.*) togliersi, levarsi: **~** *one's hat to a lady* levarsi il cappello davanti a u signora. **2** ⟨*fig*⟩ abbandonare, smettere.

dog [dɔg] **I** *s.* **1** ⟨*Zool*⟩ cane *m* (*f* cagna). **2** *pl.* ⟨*Zo* canidi *mpl.* **3** ⟨*Zool*⟩ (*male of a fox*) maschio *m* de volpe; (*male of a wolf*) lupo *m* (maschio). **4** ⟨*fig,spre* individuo *m* spregevole, cane. *m.* **5** ⟨*fam*⟩ (*fellow*) tipo ragazzo *m,* uomo *m: a gay* **~** un tipo allegro. **6** (*firedogs*) alari *mpl.* **7** ⟨*Mecc*⟩ (*gripping device*) gancio rampone *m; (catch, pawl)* dente *m* d'arresto. **8** ⟨*F* grappa *f.* **9** *pl.* ⟨*Sport*⟩ (*greyhound racing*) corse *fpl* cani. **Dog** *N.pr.* ⟨*Astr*⟩ **1** (*Greater Dog*) Cane *m* maggio **2** (*Lesser Dog*) Cane *m* minore. **II** *v.t.* (*pret., p.p.* **dogg** [–d]) **1** dare la caccia a, inseguire, incalzare. **2** (*f* perseguitare, accanirsi contro, assillare: *to be –ged* misfortune essere perseguitato dalla sfortuna. **3** ⟨*Mec* assicurare con un rampone (*o* una briglia). □ ⟨*fam*⟩ *to have (even) a ~'s* **chance** non avere nessuna (*o* minima) possibilità di successo; ⟨*fig*⟩ *to* **die** ⌐*a ~'s dea* (*o like a dog*) morire come un cane; ⟨*sl*⟩ (*dressed up*) *a ~'s* **dinner** vestito a festa; ⟨*fig*⟩ **~ eat ~** accan rivalità; ⟨*fam*⟩ *to go to the –s:* **1** (*to degenerate moral* degenerare, tralignare; **2** (*to go to ruin*) andare in malc (*o* rovina); ⟨*scherz*⟩ *to take a* **hair** *of the* **~** *that bit o* (bere) un altro goccio per farsi passare la sbornia; *to* **~** **1** ⟨*sl*⟩ andare a piedi; **2** (*to run away*) fuggire, scappare; ⟨*am.sl*⟩ (*to loaf during work*) gingillarsi, perdere temp ⟨*fig*⟩ *to help a* **lame ~** *over a stile* soccorrere qd. momento del bisogno; ⟨*fig*⟩ *to lead a ~'s* **life** fare u vita da cani; ⟨*fig*⟩ *to give s.o. a ~'s life* far fare a ⌐qd. u vita da cani; ⟨*fig*⟩ *he is a* **~** *in the* **manger** è come il ca nella mangiatoia; ⟨*sl*⟩ *to* **put** *on (the)* **~** darsi delle ar ⟨*fig*⟩ *to let* **sleeping** *–s* lie ⌐lasciar stare⌐ (*o* non svegli il can(e) che dorme; ⟨*fig*⟩ *to* **throw** *s.th. to the –s* but via qc.; *to be* **top ~** essere un pezzo (*o* cane) grosso. *Pr* **~** *does not eat* **~** cane non mangia cane; *give a* **~** *a b* **name** *and hang him* niente uccide più della calunnia; *y can't teach an old* **~** *new tricks* non è possibile cambiare ⌐ai vecchi⌐ le loro abitudini (*o* idee).

dogate ['dougeit] *s.* ⟨*Stor*⟩ dogato *m,* dogado *m.*

dog| berry *s.* ⟨*Bot*⟩ sanguinella *f.* **~-berry** *s.* ⟨*sl*⟩ funzionario *m* ottuso. **2** (*policeman*) poliziotto *m,* ⟨*ge* piedi piatti *m.* **~ biscuit** *s.* biscotto *m* per cani. **~cart 1** carrettino *m* tirato da cani. **2** (*high carriage*) calesse **~catcher** *s.* accalappiacani *m.* '**~**-'**cheap** **I** *a.* ⟨*fa* poco costoso, da due soldi. **II** *avv.* a prezzo bassissimo. **collar** *s.* **1** collare *m* per cani. **2** ⟨*fam*⟩ (*clergyma collar*) collare *m,* collarino *m.* **~ days** *s.pl.* canicola giorni *mpl* canicolari.

doge [doudʒ] *s.* ⟨*Stor*⟩ doge *m.*

dog| ear **I** *s.* (*in a book*) orecchia *f.* **II** *v.t.* fare le orecc *a.* **~-eared** *a.* con le orecchie. **~-eat-dog** *a.* competitiv *a ~ society* una società competitiva. **~ face** *am. s.* ⟨*M* soldato *m* semplice. **~-faced ape, ~-faced baboon** ⟨*Zool*⟩ cinocefalo *m.* **~ fancier** *s.* **1** cinofilo *m* (*f* –a). (*breeder*) allevatore *m* (*f* –trice) di cani. **~ fight** *s.* combattimento *m* di cani. **2** ⟨*Aer.mil*⟩ combattimento ravvicinato. **~ fish** *s.* ⟨*Itt*⟩ piccolo squalo *m.*

dogged ['dɔgid] *a.* **1** caparbio, ostinato, accanito. (*determined*) tenace, risoluto. **doggedness** [–nis] *s.* caparbietà *f,* accanimento *m.* **2** (*tenaciousness*) tenacia

•gger ['dɔgə] s. ⟨Mar⟩ dogre m.
•ggerel ['dɔgərəl] I a. (of verse: comic) burlesco; (bad) cadente, zoppicante. II s. poesia f burlesca.
•ggie ['dɔgi] s. ⟨infant⟩ cagnetto m.
•ggish ['dɔgiʃ] a. 1 da (o di) cane, canino. 2 ⟨fig⟩ inghioso, iracondo.
•ggo ['dɔgou] avv. ⟨fam⟩ in disparte. □ ⟨sl⟩ to lie ~ fare morto.
•ggone [,dɔ'gɔn] a. ⟨fam⟩ dannato, maledetto.
•ggy ['dɔgi] I s. → doggie. II a. 1 di cane, canino: ~ smell odore di cane. 2 (resembling a dog) da cane. 3 fond of dogs) cinofilo. 4 ⟨fam⟩ (ostentatious) pretenzioso; smart) elegante.
•g| hole s. ⟨sl⟩ topaia f, tugurio m, tana f, buco m. ~ •ouse s. → dog kennel. □ ⟨sl⟩ to be in the ~ essere in |isgrazia. ~-iron s. ⟨Mur,Fal⟩ grappa f. ~ kennel s. anile m. ,~-'Latin s. latino m maccheronico. ~leg s. •oppia curvatura f. ~-legged a. (of stairs) elicoidale.
•glike ['dɔglaik] a. 1 simile a un cane. 2 ⟨fig⟩ da cane, .anino.
•g lover s. cinofilo m (f –a).
gma ['dɔgmə] s. (pl. -s [z]/mata [-tə]) dogma m.
•gmatic [dɔg'mætik], dogmatical [–l] a. 1 dogmatico. 2 •of people) dogmatico, assolutista. dogmatics [–s] s.pl. :ostr. sing.) ⟨Rel⟩ dogmatica f.
•gmatism ['dɔgmətizəm] s. dogmatismo m (anche •stens.). dogmatist [–tist] s. 1 enunciatore m di dogmi. : (opinionated person) dogmatico m. dogmatize [–taiz] .i. dogmatizzare.
g| officer s. accalappiacani m. ~ poor a. ⟨fam⟩ •overissimo. ~ racing s. corsa f dei levrieri. ~ rose s. •Bot⟩ rosa f canina (o di macchia). ~ salmon s. ⟨Itt⟩ almone m cane.
gsbody ['dɔgzbɔdi] s. ⟨fam⟩ chi lavora come un cane, •fam⟩ bestia f da soma.
•g's|-ear s./v. → dog ear. ~-eared a. → dog-eared.
g|show s. esposizione f canina. ~skin s. pelle f di cane. •~ sled(ge) s. slitta f tirata da cani.
•g Star N.pr. ⟨Astr⟩ Sirio m.
g's| tongue s. ⟨Bot⟩ cinoglosso m. ~-tooth grass s. •Bot⟩ erba f canina. ~ tooth violet s. → dog tooth iolet.
g|-tag s. 1 medaglietta f di riconoscimento (per il •ollare). 2 ⟨am.Mil⟩ piastrino m di riconoscimento. ~ •eam s. tiro m di cani. '~-'tired a. ⟨fam⟩ stanco morto, •pezzi. ~tooth s.irr. ⟨Dent⟩ canino m, dente m canino. •-tooth violet s. ⟨Bot⟩ dente m di cane. ~ track s. Sport⟩ cinodromo m.
h [dou] s. → do³.
ily ['dɔili] s. centrino m, sottocoppa m.
ing ['du:iŋ] s. 1 il fare: talking is one thing, ~ is another •arlare è una cosa, fare un'altra, un conto sono le parole, n conto i fatti. 2 pl. (activities) ciò che si fa, vita f: the •s of high society la vita dell'alta società. 3 pl. ⟨sl⟩ •hrashing; costr. sing.) bastonatura f, ⟨fam⟩ sonata f. 4 •l. (fam) (used when the speaker cannot remember the •ame; costr. sing.) affare m, aggeggio m, ⟨fam⟩ coso m. □ •iis is all your ~ è tutta colpa tua; it was none of my ~ •on è stata colpa mia; ⟨fam⟩ nothing ~! niente da fare!; •fam) it will take some ~ ci vorrà un bel po', non sarà •na cosa facile.
it [dɔit] s. 1 ⟨Stor⟩ antica moneta f di scarso valore. 2 •ig⟩ inezia f, nonnulla m. □ I don't care a ~ non •'importa un bel niente.
•-it-your'self I a. da fare da soli. II s. fai da te m, •ricolage m. □ a ~ boat–building kit scatola f di •iontaggio, modellismo navale. 'do-it-your'selfer s. chi •a piccole riparazioni (in casa, ecc.).
Idrums ['dɔldrəmz] s.pl. 1 ⟨Geog,Meteor⟩ zona f delle •alme equatoriali. 2 ⟨fig⟩ depressione f, malinconia f, •ristezza f.
le [doul] I s. 1 elemosina f, carità f. 2 ⟨fam⟩ •unemployment pay) sussidio m di disoccupazione. II v.t. •dare come elemosina. 2 (to distribute sparingly; general. •n out) distribuire con parsimonia. □ ⟨fam⟩ to be on •ie ~ essere disoccupato, percepire il sussidio di •isoccupazione.

doleful ['doulful] a. addolorato, dolente, triste. dolefulness [–nis] s. dolore m, tristezza f, malinconia f.
dolerite ['dɔlərait] s. ⟨Geol⟩ 1 dolerite f. 2 (diabase) diabase m.
dolichocephalic [,dɔliko(u)si'fælik] a. ⟨Anat⟩ dolicocefalo.
dolina, doline [dɔ'li:nə] s. ⟨Geol⟩ dolina f.
doll [dɔl] I s. 1 bambola f, pupattola f (anche fig.). 2 ⟨sl⟩ (any girl) ragazza f; (attractive girl) bambola f, pupa f. II v.t./i. (seguito da up) ⟨fam⟩ vestire ˹con eleganza˺ (o alla moda).
dollar ['dɔlə] s. 1 ⟨Econ⟩ dollaro m. 2 ⟨sl⟩ (five shillings) corona f. □ ⟨fig⟩ the almighty ~ la potenza del denaro, il dio denaro; ⟨sl⟩ half a ~ mezza corona.
dollar| area s. ⟨Econ⟩ area f del dollaro. ~ diplomacy s. ⟨Pol⟩ politica f di penetrazione economica, diplomazia f del dollaro. ~ earner s. ⟨Econ⟩ esportatore m nell'area del dollaro. ~ gap s. ⟨Econ⟩ disavanzo m nella copertura in dollari. ~ mark, ~ sign s. ⟨Tip⟩ simbolo m del dollaro.
doll-like a. simile a una bambola, che sembra una bambola.
dollop ['dɔləp] s. ⟨fam⟩ grumo m, fiocco m, bioccolo m.
doll's house s. casa f di bambola.
dolly ['dɔli] I s. 1 ⟨infant⟩ (doll) bambola f, bambolina f, bambolotto m. 2 ⟨Mecc,Cin,TV⟩ carrello m. 3 ⟨Minier⟩ locomotiva f a scartamento ridotto. 4 (in laundering) pala f (o spatola) da bucato. 5 ⟨Mecc⟩ (for a rivet) controstampo m. II a. ⟨sport⟩ (of a catch, shot) facile. III v.i. ⟨Cin,TV⟩ carrellare, fare una carrellata.
dolly|man [mən] s.irr. ⟨Cin,TV⟩ carrellista m. ~ shot s. ⟨Cin,TV⟩ carrellata f.
dolmen ['dɔlmən] s. ⟨Archeol⟩ dolmen m.
dolomite ['dɔləmait] s. ⟨Min⟩ 1 dolomite f. 2 (dolomite rock) dolomia f, roccia f dolomitica. Dolomites [–s] N.pr.pl. ⟨Geog⟩ Dolomiti fpl. dolomitic [,dɔlo(u)'mitik] a. ⟨Min⟩ dolomitico. dolomitization [–iti'zeiʃən] s. dolomitizzazione f.
dolorous ['dɔlərəs] a. ⟨poet⟩ 1 penoso, doloroso. 2 (distressed) addolorato, dolente. dolour ['doulə] s. dolore m, pena f.
dolphin ['dɔlfin] s. 1 ⟨Zool⟩ delfino m. 2 ⟨Itt⟩ (dorado) corifena f. 3 ⟨Zool⟩ (porpoise) marsuino m comune. 4 ⟨Mar⟩ (buoy) boa f d'ormeggio; (fender) colonna f d'alaggio. 5 ⟨Sport⟩ (swimming stroke) bracciata f a delfino.
dolphin|stroke s. ⟨Sport⟩ delfino m. ~ swimmer s. delfinista m/f.
dolt [doult] s. stupido m, ⟨pop⟩ zuccone m. 'doltish [–iʃ] a. stupido, ottuso. 'doltishness [–iʃnis] s. stupidità f, ottusità f.
Dom [dɔm] s. ⟨Rel,Stor⟩ Don m.
domain [də'mein] s. 1 ⟨Dir⟩ dominio m, proprietà f. 2 (territory under control) dominio m, possedimento m. 3 ⟨fig⟩ campo m, dominio m, sfera f. 4 ⟨Mat⟩ dominio m.
domainial [–jəl] a. di un dominio, di una proprietà.
dome [doum] I s. 1 ⟨Arch⟩ cupola f; (domic roof) cupola f, volta f a cupola. 2 (anything dome–shaped) cupola f, volta f. 3 ⟨Mecc⟩ (of a boiler, etc.) duomo m. 4 ⟨fam⟩ (head) testa f, ⟨fam⟩ zucca f. 5 ⟨poet⟩ (stately building) palazzo m, ⟨poet⟩ magione f. II v.t. 1 ⟨Arch⟩ coprire con una (volta a) cupola. 2 (to shape like a dome) dare forma di cupola a. III v.i. ergersi (o profilarsi) come una cupola.
dome car am. s. ⟨Aut,Ferr⟩ carrozza f panoramica.
domed [doumd] a. 1 ⟨Arch⟩ fornito di cupola, a cupola: a ~ roof un tetto a cupola. 2 (shaped like a dome) fatto a cupola, prominente. domelike ['doumlaik] a. a cupola, simile a una cupola.
Domesday (Book) ['du:mzdei] s. ⟨Stor.brit⟩ libro m del catasto.
domestic [də'mestik] I a. 1 domestico, della casa, della famiglia: ~ problems problemi domestici. 2 (devoted to home life) di casa, dedito alla casa, casalingo. 3 (of an animal) domestico, addomesticato. 4 ⟨Econ,Pol⟩ interno, nazionale. II s. domestico m (f –a). domestically [–li] avv. 1 in modo semplice (o familiare). 2 ⟨Econ,Pol⟩ sul piano nazionale, entro i confini nazionali.

domesticate [də'mestikeit] *v.t.* **1** ⟨*Agr,Zootecn*⟩ addomesticare, domesticare. **2** (*to accustom to home life*) rendere casalingo (*o* esperto nelle faccende domestiche), abituare alla vita di casa. **domesticated** [–id] *a.* **1** ⟨*Agr,Zootecn*⟩ domesticato, addomesticato. **2** (*of people*) civilizzato, incivilito. **do,mestication** [–'keiʃən] *s.* **1** ⟨*Agr,Zootecn*⟩ addomesticazione *f,* domesticazione *f.* **2** (*attachment to home life*) amore *m* per la casa (*o* vita domestica).

domestic fuel *s.* combustibile *m* per uso domestico.

domesticity [,doumes'tisiti] *s.* **1** vita *f* domestica (*o* familiare). **2** (*devotion to home life*) amore *m* per la casa. **3** *pl.* faccende *fpl* di casa.

domestic| science *s.* economia *f* domestica. **~ sewage** *s.* rifiuti *mpl* domestici.

domic ['doumik], **domical** [–əl] *a.* **1** ⟨*Arch*⟩ provvisto di cupola (*o* cupole). **2** → **domelike**.

domicile ['dɔmisail] **I** *s.* **1** domicilio *m,* abitazione *f,* casa *f.* **2** ⟨*Dir,Comm*⟩ domicilio *m.* **II** *v.t.* **1** fornire di domicilio. **2** ⟨*Comm*⟩ (*of bills*) domiciliare. **III** *v.i.* prendere domicilio, fissare il proprio domicilio, domiciliarsi. □ ⟨*Dir*⟩ **~ of choice** domicilio eletto (*o* elettivo); ⟨*Dir*⟩ **to elect ~** eleggere il domicilio. **domiciled** [–d] *a.* ⟨*Comm*⟩ domiciliato: **~ bill** cambiale domiciliata. **,domiciliary** [–'siljəri] *a.* domiciliare. □ ⟨*Dir*⟩ **~ visit** visita *f* domiciliare. **,domiciliate** [–'silieit] *v.* → **domicile. ,domiciliation** [–sili'eiʃən] *s.* **1** elezione *f* di domicilio. **2** ⟨*Comm*⟩ domiciliazione *f.*

dominance ['dɔminəns], **dominancy** [–i] *s.* **1** ascendente *m,* influenza *f.* **2** (*commanding position*) dominio *m.* **3** (*preponderance*) predominio *m,* prevalenza *f.* **dominant** [–nt] **I** *a.* **1** più importante, più autorevole. **2** (*of places*) dominante, sovrastante. **3** (*predominant*) dominante, predominante, prevalente; (*main*) principale, primo. **4** ⟨*Mus,Biol*⟩ dominante. **II** *s.* **1** → **dominant character. 2** ⟨*Mus*⟩ dominante *f,* nota *f* dominante. **3** ⟨*Psic*⟩ pensiero *m* dominante.

dominant character *s.* ⟨*Biol*⟩ carattere *m* dominante.

dominate ['dɔmineit] **I** *v.t.* **1** (*of places*) dominare, sovrastare. **2** (*to rule over*) dominare, tenere sottomesso: *a people –d by foreign invaders* un popolo dominato dagli invasori. **3** (*to predominate*) dominare, predominare su, imporsi su. **4** (*to hold, grip*) dominare: *his mother completely –s him* la madre lo domina completamente. **II** *v.i.* **1** dominare, prevalere (*over* su). **2** (*to occupy a commanding position*) dominare, sovrastare (qc.). **,domination** [–'neiʃən] *s.* **1** dominazione *f,* dominio *m.* **2** *pl.* ⟨*Rel*⟩ Dominazioni *fpl.* **dominator** [–ə] *s.* dominatore *m* (*f* –trice).

domineer [,dɔmi'niə] *v.i.* tiranneggiare, spadroneggiare. **domineering** [–riŋ] *a.* dispotico, autoritario, imperioso, prepotente.

dominical [də'minikəl] *a.* **1** (*of Jesus Christ*) del Signore, divino. **2** (*of the Lord's Day*) domenicale, della domenica.

dominical| day *s.* domenica *f,* giorno *m* del Signore. **~ letter** *s.* ⟨*Lit*⟩ lettera *f* domenicale. **~ year** *s.* anno *m* del Signore.

Dominican[1] [də'minikən] **I** *s.* ⟨*Rel.catt*⟩ frate *m* domenicano, domenicano *m.* **II** *a.* domenicano.

Dominican[2] **I** *s.* (*native*) dominicano *m* (*f* –a). **II** *a.* dominicano.

Dominican Republic *N.pr.* ⟨*Geog*⟩ Repubblica *f* Dominicana.

dominie ['dɔmini] *s.* **1** ⟨*scozz*⟩ (*schoolmaster*) maestro *m* di scuola. **2** ⟨*am.Rel*⟩ pastore *m* della chiesa olandese riformata.

dominion| [də'minjən] *s.* **1** dominio *m,* sovranità *f,* potere *m.* **2** (*territory ruled*) dominio *m.* **3** ⟨*Pol*⟩ (*of the British Commonwealth*) dominion *m.* **4** *pl.* ⟨*Rel*⟩ Dominazioni *fpl.* □ **to hold ~ over s.o.** dominare qd.

Dominion Day *s.* (*in Canada*) anniversario *m* della proclamazione del dominion.

domino ['dɔminou] *s.* (*pl.* -es/-s [z]) **1** domino *m.* **2** (*in the game of dominoes*) tessera *f* del domino. **3** *pl.* (*game; costr. sing.*) domino *m,* gioco *m* del domino. □ ⟨*fam*⟩ *it's* **~ with him** per lui è finita.

Domitian [də'miʃiən] *N.pr.* ⟨*Stor*⟩ Domiziano *m.*

don[1] [dɔn] *s.* **1** ⟨*Univ*⟩ professore *m,* docente *m;* (*tut* assistente *m* di un gruppo di studenti. **2** (*Spanish lor* gentiluomo *m* spagnolo. **3** ⟨*fam*⟩ (*ace, wizard*) asso campione *m.* **Don** *s.* Don *m.*

don[2] *v.t.* (*pret., p.p.* **donned** [–d]) **1** indossare, vesti mettersi. **2** ⟨*fig*⟩ (*to assume*) assumere, addossarsi.

dona ['dounə] *s.* ⟨*sl*⟩ **1** donna *f.* **2** (*sweetheart*) innamora *f.*

donate [do(u)'neit] *v.t.* donare, dare, regalare, fare dono **donation** [–'neiʃən] *s.* **1** donazione *f,* elargizio *f.* **2** ⟨*Dir*⟩ donazione *f.* **donative** ['dɔnətiv] **I** *s.* **1** ⟨*D* donativo *m.* **2** ⟨*Rel*⟩ beneficio *m* conferito per donazio **II** *a.* ⟨*Dir*⟩ in dono, in donazione. **donator** [–ə] donatore *m* (*f* –trice) (*anche Dir.*). **donatory** ['dɔnətəri] → **donee.**

done[1] [dʌn] → **do**[1].

done[2] *a.* **1** fatto, compiuto, finito: *the job is ~* il lavoro fatto. **2** ⟨*fam*⟩ (*worn-out*) stremato, spossato, sfini stanco morto. **3** (*cooked*) cotto: *is the meat ~?* è cotta carne? **4** (*acceptable in society*) conveniente, che sta bem **5** ⟨*sl*⟩ (*cheated*) ingannato, giocato, ⟨*fam*⟩ gabbato. ⟨*esclam*⟩ d'accordo, affare fatto. □ ⟨*fam*⟩ **~ brown** b cotto; *the day is ~* la giornata è finita (*o* volge termine); ⟨*fam*⟩ **to be ~ for:** **1** = *to be done* **in;** **2** (*to ruined*) essere completamente rovinato (*o* inservibile); (*to be in a hopeless situation*) essere rovinato (*o* fini spacciato): *if help doesn't come soon we're ~ for* se n arrivano presto gli aiuti siamo finiti; **4** (*to be close death*) essere spacciato; ⟨*fam*⟩ **to be hard ~ by** esse trattato malissimo; ⟨*fam*⟩ **to be ~ in** essere stanco mor ⟨*fam*⟩ **to be ~ out of one's money** essere derubato ripulito) del proprio denaro; ⟨*fam*⟩ *the ~* **thing** (* *socially correct thing*) ciò che sta bene (fare); **~ to a tu** cotto a puntino; ⟨*fam*⟩ **to be ~ up** = *to be done* ⟨*fam*⟩ **~ with** fatto, compiuto, finito: *that's another job with* anche questo lavoro è fatto; **to have ~ with** fini smettere, ⟨*fam*⟩ farla finita, ⟨*fam*⟩ piantarla: *I have with him* l'ho fatta finita con lui. ‖ ⟨*fam*⟩ *I'm afr you've been ~* temo che ti abbiano menato per il naso; *isn't ~ to sing at table* non sta bene cantare a tavola.

donee [,dou'ni:] *s.* **1** persona *f* cui è stato fatto un dono. ⟨*Dir*⟩ donatario *m* (*f* –a). **3** ⟨*Med*⟩ ricevente *m/f.*

donjon ['dʌndʒən] *s.* (*of a castle*) torrione *m.*

Don Juan ['dʒu:ən] *s.* dongiovanni *m,* donnaiolo *m.*

donkey ['dɔŋki] *s.* asino *m* (*f* –a), somaro *m* (*f* –a), ciu *m* (*anche fig.*). □ ⟨*fam*⟩ *to talk the hind leg off a* chiacchierare molto.

donkey| boiler *s.* ⟨*tecn*⟩ caldaia *f* ausiliaria, calderina *f.* **~ driver** *s.* asinaio *m.* **~ engine** *s.* **1** ⟨*Mecc*⟩ motore ausiliario. **2** ⟨*Ferr*⟩ locomotiva *f* da manovra.

donkey's| breakfast *s.* ⟨*pop*⟩ cappello *m* di pag paglietta *f.* **~ stable** *s.* asinaia *f.* **~ years** *s.pl.* ⟨*fa* molto tempo *m,* ⟨*fam*⟩ secoli *mpl: I haven't seen him ~* son secoli che non lo vedo.

donkey work *s.* ⟨*fam*⟩ lavoro *m* ingrato (*o* massacrant ⟨*fam*⟩ sfacchinata *f.*

donnish ['dɔniʃ] *a.* meticoloso, preciso, pedan **donnishness** [–nis] *s.* meticolosità *f,* precisione pedanteria *f.*

donnybrook ['dɔnibruk] *s.* parapiglia *f,* scompiglio (*free-for-all*) mischia *f,* zuffa *f.*

donor ['dounə] *s.* **1** donatore *m* (*f* –trice). **2** ⟨*M* donatore *m* (*f* –trice) di sangue. **3** ⟨*Dir*⟩ donante *m* donatore *m* (*f* –trice).

donor country *s.* ⟨*Pol*⟩ paese *m* donatore.

do-nothing ['du:nʌθiŋ] *s.* fannullone *m* (*f* –a), ozioso *m* –a).

Don Quixote ['kwiksout] **I** *N.pr.* ⟨*Lett*⟩ Don Chiscio *m.* **II** *a.* donchisciotte *m.*

don't[1] [dount] (*contraz. di do not*) → **do**[1].

don't[2] *s.* ⟨*fam*⟩ divieto *m,* proibizione *f,* cosa *f* da n fare. □ *a list of dos and –s* un elenco di cose permesse non (permesse).

doo-da(h) ['du:dɑ:] *s.* ⟨*sl*⟩ coso *m,* aggeggio *m.* □ ⟨*sl* *be all of a ~* essere eccitato.

doodle ['du:dl] **I** *v.i.* fare scarabocchi (*o* ghirigo scarabocchiare. **II** *s.* scarabocchio *m,* ghirigoro disegnino *m.*

loodle bug *s.* **1** ⟨*Mil*⟩ bomba *f* volante. **2** ⟨*am*⟩ (*divining rod*) pendolo *m*, pendolino *m.* **3** ⟨*am.Entom*⟩ larva *f* di formicaleone.

loom [du:m] **I** *s.* **1** destino *m*, fato *m; (adverse fate)* destino *m* avverso, sorte *f* avversa. **2** (*ruin*) distruzione *f*, rovina *f; (death)* morte *f.* **3** (*Last Judgement*) giudizio *m* universale. **4** ⟨*Stor*⟩ statuto *m*, decreto *m.* **II** *v.t.* (usato general. al p.p.) **1** predestinare, destinare: *he was –ed to fail* era (pre)destinato all'insuccesso. **2** (*to condemn*) condannare. □ *the crack of* ~ il giorno del giudizio; *a –ed man* un condannato; *his* ~ *is sealed* la sua sorte è segnata.

loomsayer ['du:mseiə] *s.* profeta *m* di sciagure, cassandra *f.*

loomsday ['du:mzdei] *s.* giorno *m* del giudizio (universale). □ *from now till* ~ per sempre, fino alla fine del mondo.

loomsday Book *s.* → **Domesday (Book).**

loomwatcher ['du:mwɔtʃə] *s.* → **doomsayer.**

loomwriting ['du:mraitiŋ] *s.* rovinografia *f.*

loor [dɔ:] *s.* **1** porta *f*, uscio *m; (doorway)* vano *m* (*o* arco) della porta. **2** (*of furniture*) sportello *m*, anta *f.* **3** (*of a vehicle*) sportello *m*, portiera *f.* **4** (*house or building with a door*) casa *f*, porta *f*, portone *m: he lives three –s down the street* abita tre case più in là. **5** ⟨*fig*⟩ via *f*, porta *f.* **6** ⟨*Mar*⟩ portello *m.* **7** ⟨*Met*⟩ (*of a furnace*) bocca *f*, porta *f.* □ *to* **answer** *the* ~ aprire la porta; ⟨*fig*⟩ *by the* **back** ~ dalla porta di servizio; ⟨*fig*⟩ *to* **close** *the* ~ *to* (*o on, against*) sbarrare la strada a; ⟨*fig*⟩ *behind* **closed** *–s a porte chiuse;* ⟨*fig*⟩ *to be at* **death's** ~ avere un piede nella fossa; ⟨*fig*⟩ *to have a* (*o one*) **foot** *in the* ~ riuscire a infilarsi; ⟨*fig*⟩ *to* **lay** *s.th. at s.o.'s* ~ imputare qc. a qd.; ⟨*fig*⟩ *to* **lie** *at s.o.'s* ~ essere colpa di qd.; **next** ~ nella casa accanto; *next* ~ *to:* 1 porta a porta con; 2 ⟨*fam*⟩ (*virtually*) quasi, praticamente, ⟨*fam*⟩ poco ci manca; *next* ~ *but one* due case più in là; ⟨*fig*⟩ *to* **open** *the* ~ *to* aprire la strada a, rendere possibile; **out** *of –s* fuori, all'aperto; ⟨*fig*⟩ *to* **show** *s.o. the* ~ indicare (*o* mostrare) la porta a qd., mettere qd. alla porta; *to show s.o. to the* ~ accompagnare qd. (fino) alla porta; *to* **slam** *the* ~ *in s.o.'s face* chiudere (*o* sbattere) la porta in faccia a qd.; *he went* **through** *the* ~ varcò la soglia.

loorbell ['dɔ:bel] *s.* campanello *m* della porta.

lo-or-'die [du:] *a.* estremo, supremo: *a* ~ *attempt* un estremo tentativo.

loor| frame *s.* telaio *m* (*o* intelaiatura *f*) della porta. ~ **handle** *s.* maniglia *f* della porta. **~jamb** *s.* → **doorpost.** **~keeper** *s.* portinaio *m* (*f* –a). **~knob** *s* pomello *m.* ~ **knocker** *s.* battente *m* di porta. **~man** [mən] *s.irr.* portiere *m.* **~mat** *s.* stoino *m*, zerbino *m.* **2** ⟨*fam*⟩ *to treat s.o. like a* ~ trattare qd. come una pezza da piedi. ~ **money** *s.* prezzo *m* del biglietto d'ingresso, ingresso *m.* **~nail** *s.* borchia *f* sulla porta. □ ⟨*fam*⟩ *as dead as a* ~ morto stecchito. ~ **plate** *s.* targa *f* sulla porta. **~post** *s.* stipite *m*, montante *m* della porta. ~ **scraper** *s.* raschietto *m* per togliere il fango (dalle scarpe). **~step** *s.* **1** gradino *m* davanti alla porta. **2** ⟨*fam*⟩ spessa fetta *f* di pane. **~stop** *s.* fermaporta *m.* **~strip** *s.* parafreddo *m.*

loor-to-'door *a.* **1** di porta in porta, di casa in casa: *to sell encyclopaedias* ~ andare di casa in casa a vendere enciclopedie. **2** ⟨*Comm*⟩ a domicilio: ~ *selling* vendita a domicilio.

loor|way ['dɔ:wei] *s.* **1** vano *m* della porta, entrata *f.* **2** ⟨*fig*⟩ via *f*, porta *f.* **~yard** *am. s.* cortile *m* davanti la casa.

lopamine ['doupəmi:n] *s.* ⟨*Biol*⟩ dopamina *f.*

lopant ['doupənt] *s.* dopante *m.*

lope [doup] **I** *s.* **1** sostanza *f* viscosa; (*lubricant*) lubrificante *m*, liquido *m* lubrificante. **2** ⟨*tecn*⟩ materiale *m* assorbente (per esplosivi). **3** ⟨*Aer*⟩ vernice *f* tenditela (*o* impermeabilizzante). **4** ⟨*Fot*⟩ vernice *f* per ritocchi. **5** ⟨*Aut*⟩ (*fuel dope*) correttivo *m.* **6** ⟨*sl*⟩ (*narcotic*) narcotico *m;* (*drug*) stupefacente *m*, droga *f.* **7** ⟨*sport*⟩ sostanza *f* (*o bevanda*) eccitante, stimolante *m*, ⟨*gerg*⟩ bomba *f.* **8** ⟨*sl*⟩ (*information*) notizie *fpl*, rivelazioni *fpl.* **9** ⟨*fam*⟩ (*stupid person*) stupido *m* (*f* –a), ⟨*pop*⟩ zuccone *m* (*f* –a), ⟨*pop*⟩

tonto *m* (*f* –a). **II** *v.t.* **1** ⟨*tecn*⟩ trattare con materiale assorbente. **2** ⟨*Aer*⟩ verniciare, laccare. **3** ⟨*Aut*⟩ miscelare. **4** ⟨*sl*⟩ (*to drug*) narcotizzare, drogare. **5** ⟨*fig*⟩ placare, calmare. **6** ⟨*sport*⟩ drogare, dare sostanze eccitanti (*o* stimolanti) a. **III** *v.i.* ⟨*sl*⟩ darsi (*o* essere dedito) alla droga. □ ⟨*El*⟩ *to* ~ *semiconductors* drogare i semiconduttori; ⟨*sl*⟩ *to* ~ **out** dedurre, (saper) indovinare, scoprire.

dope| addict, ~ **fiend** *s.* ⟨*sl*⟩ tossicomane *m/f*, drogato *m* (*f* –a). **~head** *am. s.* ⟨*sl*⟩ oppiomane *m/f.* ~ **merchant**, ~ **pedlar**, ~ **pusher** *s.* trafficante *m/f* di droga (*o* stupefacenti). ~ **ring** *s.* giro *m* della droga. **~sheet** *s.* ⟨*Sport*⟩ (*in horse races*) bollettino *m* d'informazioni.

dopester ['doupstə] *s.* chi prevede risultati (politici, sportivi).

dopey ['doupi] *a.* ⟨*fam*⟩ **1** drogato. **2** (*half–asleep*) torpido, assonnato. **3** (*slow–witted*) tardo, ottuso, ⟨*fam*⟩ tonto. **doping** [–ŋ] *s.* **1** ⟨*Sport*⟩ doping *m*, drogatura *f.* **2** ⟨*El*⟩ drogaggio *m.*

doppelgänger, **doppelganger** ['dɔpəlgæŋər] *s.* alter ego *m.*

Doppler| effect ['dɔplə] *s.* ⟨*Fis*⟩ effetto *m* Doppler. **~radar** *s.* radar *m* Doppler.

dopy *a.* → **dopey.**

dor [dɔ:] *s.* ⟨*Entom*⟩ **1** calabrone *m.* **2** (*dorbeetle*) scarabeo *m* stercorario.

dorado [dɔ'ra:dou] *s.* (*pl. inv./–s* [z]; il pl. inv. si usa general. con valore collett.) ⟨*Itt*⟩ corifena *f*, lampuga *f.*

Dorian ['dɔ:riən] **I** *a.* ⟨*Stor*⟩ dorico. **II** *s.* abitante *m/f* della Doride. □ ⟨*Mus*⟩ ~ *mode* modo *m* dorico, dorio *m.*

Doric ['dɔrik] **I** *a.* **1** (*Dorian*) dorico. **2** (*of a dialect, manners*) rozzo, rustico. **3** ⟨*Arch*⟩ dorico. **II** *s.* dorico *m*, dialetto *m* dorico.

Doric| capital *s.* ⟨*Arch*⟩ capitello *m* dorico. ~ **order** *s.* ordine *m* dorico.

dorm [dɔ:m] *s.* ⟨*fam*⟩ (*dormitory*) dormitorio *m*, camerata *f.*

dormancy ['dɔ:mənsi] *s.* **1** sonno *m.* **2** ⟨*Geol*⟩ (*of a volcano*) inattività *f.* **3** ⟨*Biol*⟩ letargo *m.* **4** ⟨*Bot*⟩ dormienza *f*, diapausa *f.*

dormant ['dɔ:mənt] *a.* **1** addormentato, dormiente. **2** ⟨*fig*⟩ (*inactive*) inattivo, inoperoso; (*of a volcano*) inattivo. **3** ⟨*fig*⟩ (*of feelings*) assopito. **4** ⟨*fig*⟩ (*undisclosed*) nascosto, latente: ~ *talents* attitudini nascoste. **5** (*of a title, law*) (caduto) in disuso. **6** ⟨*Biol*⟩ in letargo. **7** ⟨*Bot*⟩ dormiente. **8** ⟨*Arald*⟩ disteso, sdraiato.

dormer (window) ['dɔ:mə] *s.* ⟨*Arch*⟩ abbaino *m.*

dormitory ['dɔ:mitri] *s.* **1** dormitorio *m*, camerata *f.* **2** ⟨*am.Univ*⟩ casa *f* dello studente. **3** (*residential district*) città *f* dormitorio.

dormitory suburb *s.* città *f* dormitorio.

dormouse ['dɔ:maus] *s.irr.* ⟨*Zool*⟩ ghiro *m.*

Dorothea [,dɔrə'θiə], **'Dorothy** [–θi] *N.pr.* Dorotea *f.*

Dorothy bag *s.* ⟨*Mod*⟩ borsetta *f* chiusa da un cordone.

dorsal¹ ['dɔ:səl] *a.* **1** ⟨*Anat*⟩ dorsale, del dorso. **2** ⟨*Bot,Fon*⟩ dorsale. □ ⟨*Itt*⟩ ~ *fin* pinna *f* dorsale.

dorsal² *s.* → **dossal.**

DOS = ⟨*Inform*⟩ *Disk Operating System* sistema operativo a disco.

dosage ['dousidʒ] *s.* ⟨*Med*⟩ dosaggio *m; (amount)* dose *f.*

dose [dous] **I** *s.* **1** ⟨*Med*⟩ dose *f.* **2** ⟨*fig*⟩ dose *f*, parte *f*, razione *f.* **3** ⟨*Enol*⟩ aggiunta *f* di zucchero. **II** *v.t.* **1** (*of a person*) curare. **2** (*of a medicine*) somministrare una dose di. **3** ⟨*Enol*⟩ aggiungere zucchero a.

dosimeter [dou'simitə] *s.* dosimetro *m.* **dosimetry** [–tri] *s.* dosimetria *f.*

doss [dɔs] ⟨*sl*⟩ **I** *s.* **1** letto *m* (di un dormitorio pubblico). **2** (*sleep*) sonno *m*, dormita *f.* **II** *v.i.* dormire in un dormitorio pubblico.

dossal, dossel ['dɔsəl] *s.* (*of an altar*) dossale *m*, paliotto *m.*

doss house *s.* dormitorio *m* pubblico.

dossier ['dɔsiə] *s.* dossier *m*, incartamento *m*, pratica *f.*

dost [dʌst] ⟨*ant*⟩ → **do¹.**

dot [dɔt] *s.* **1** segno *m*, punto *m*, puntino *m.* **2** (*spot, speck*) macchiolina *f.* **3** ⟨*fig*⟩ puntino *m*, macchiolina *f: a* ~ *on the horizon* un puntino all'orizzonte. **4**

⟨*Gramm,Tip,Mus*⟩ punto *m.* ·5 ⟨*Mat*⟩ (*in decimals*) virgola *f;* (*sign of multiplication*) punto *m.* **II** *v.t.* (*pret., p.p.* 'dotted [–id]) **1** segnare con un punto; (*to put a dot over*) mettere il punto (*o* puntino) su. **2** (*to form or cover with dots*) punteggiare (*anche Mus.*): *to ~ a line* punteggiare una linea. **3** (*fig*) punteggiare, cospargere, costellare (*with* di): *a landscape –ted with houses* un paesaggio costellato di case. □ *to ~ and* **carry one:** 1 ⟨*Mat*⟩ riportare una cifra; 2 (*to limp*) zoppicare; ⟨*fam*⟩ *a ~ of a child* un bambino alto un soldo di cacio; ⟨*Tel*⟩ *–s and* **dashes** punti *mpl* e linee; ⟨*fig*⟩ *to ~ one's* **i**'s (*and cross one's t's*) mettere i puntini sulle i; ⟨*fam*⟩ *to be* **off** *one's ~* essere ʻun po' toccoʼ (*o* picchiatello); ⟨*fam*⟩ *to arrive* **on** *the ~* arrivare puntuale (*o* all'ora precisa); ⟨*fam*⟩ *in the* **year** *~* molto tempo fa, nella notte dei tempi.

dotage ['doutidʒ] *s.* **1** rimbambimento *m.* **2** (*blind love*) amore *m* sviscerato, infatuazione *f.* □ *to be in one's ~* essere rimbambito.

dotal ['doutl] *a.* dotale □ *~ property* dotali *mpl*, beni *mpl* dotali.

dotard ['doutəd] *s.* vecchio *m* rimbambito (*o* rammollito).

dote [dout] *v.i.* **1** stravedere, avere una passione (*on, upon* per), amare sviscerataménte (qd.). **2** (*to be senile*) essere rimbambito (*o* rammollito) dall'età; (*to be foolish*) essere rincretinito.

doth [dʌθ] ⟨*ant*⟩ → **do**[1].

doting ['doutiŋ] *a.* **1** che ama ciecamente, che stravede, infatuato: *~ parents* genitori che stravedono per i figli. **2** (*senile*) rimbambito, rammollito; (*foolish, silly*) rincretinito, rimbecillito.

dot| matrix printer *s.* ⟨*Inform*⟩ stampante *f* a matrice di punti. **~ product** *s.* ⟨*Mat*⟩ prodotto *m* scalare (*o* interno).

dotted ['dotid] *a.* **1** punteggiato. **2** ⟨*fig*⟩ punteggiato, costellato, cosparso. **3** ⟨*Mus*⟩ puntato: *a ~ note* una nota puntata.

dotted line *s.* **1** linea *f* punteggiata. **2** ⟨*fig*⟩ linea *f* di condotta tracciata (*o* tratteggiata). □ ⟨*fig*⟩ *to sign on the ~:* 1 firmare nello spazio apposito; 2 accettare senza riserve le condizioni di un impegno.

dotterel ['dotral] *s.* ⟨*Ornit*⟩ piviere *m* tortolino (*o* morinello).

dottle ['dotl] *s.* (*in a pipe*) residuo *m* di tabacco non bruciato.

dotty ['doti] *a.* **1** punteggiato. **2** ⟨*fam*⟩ (*crazy*) matto, stravagante, ⟨*fam*⟩ tocco, ⟨*fam*⟩ picchiato. **3** ⟨*fam*⟩ (*feeble in gait*) traballante, malfermo. □ *to be ~ on one's legs* traballare, essere incerto sulle gambe.

double[1] ['dʌbl] **I** *a.* **1** doppio: *a ~ whisky* un doppio whisky. **2** (*twofold, dual*) duplice, doppio: *a ~ advantage* un doppio vantaggio; *to serve a ~ purpose* servire a un duplice scopo. **3** (*folded in two*) doppio, piegato in due. **4** ⟨*fig*⟩ doppio, ingannevole, falso, ambiguo. **5** ⟨*Mus*⟩ (*of an instrument*) che suona un'ottava più bassa; (*duple*) doppio. **II** *s.* **1** doppio *m*, due volte *fpl* tanto: *to pay ~* pagare il doppio. **2** (*duplicate*) copia *f*, duplicato *m; (of a person*) sosia *m*, ritratto *m.* **3** ⟨*Teat*⟩ (*understudy*) doppio *m*, sostituto *m;* (*dual role*) doppio *m*, doppione *m.* **4** ⟨*Cin*⟩ controfigura *f.* **5** *pl.* ⟨*Sport*⟩ (*in tennis, etc.*) doppio *m: mixed –s* doppio misto. **6** (*reversal*) dietrofront *m*, inversione *f* di marcia. **7** (*in bridge*) raddoppio *m.* **III** *avv.* **1** doppiamente, due volte tanto, il doppio: *it costs ~ the price* costa il doppio. **2** (*in a pair*) in due, a (*o* in) coppia: *to ride ~* cavalcare in due (sullo stesso cavallo). □ **at** (*o on*) *the ~:* 1 ⟨*Mil*⟩ a passo di corsa; 2 ⟨*scherz*⟩ di gran corsa; 3 ⟨*Mil,esclam*⟩ di corsa; *to lead a ~ life* avere una doppia vita; *~ or* **quits** (*o nothing*) lascia o raddoppia; *to see ~* vederci doppio (*anche fig.*); *to do ~ the* **work** fare il doppio del lavoro.

double[2] **I** *v.t.* **1** raddoppiare, moltiplicare (per due): *to ~ one's income* raddoppiare le proprie entrate. **2** (*to be twice as much as*) essere il doppio di, essere due volte (più di). **3** (*to fold*) piegare in doppio (*o* due). **4** (*of the hand or fist;* spesso con *up*) stringere, serrare. **5** (*to cause to bend;* spesso con *up, over*) far (ri)piegare ʻin dueʼ (*o* su se stesso): *the blow –d him up* il colpo lo fece piegare in due. **6**

⟨*Mar*⟩ (*to sail round*) doppiare. **7** ⟨*Teat,Cin*⟩ sostituire, prendere il posto di; (*to play by doubling*) fare l controfigura di. **8** ⟨*Mus*⟩ fare il raddoppio. **9** (*in car games, billiards*) raddoppiare. **10** ⟨*Cin,TV*⟩ (*to dub* doppiare. **II** *v.i.* **1** raddoppiare, raddoppiarsi. **2** (*to bena* spesso con *up, over*) (ri)piegarsi su se stesso, piegarsi i due: *to ~ up with laughter* piegarsi in due dal ridere. (*to turn back;* spesso con *back*) fare dietro front, tornar indietro (*o* sui propri passi). **4** (*to serve in two capacities* fungere (*o* servire) anche da: *the couch –s as a bed* divano serve anche da letto. **5** ⟨*Mil*⟩ andare (*o* marciare a passo di corsa. **6** ⟨*Teat*⟩ avere (*o* sostenere) due part (in una commedia). **7** ⟨*Mus*⟩ sonare anche (*on s.th.* qc. **8** (*in card games*) raddoppiare. **9** (*in billiards*) fare raddoppio. □ *to ~* **back:** 1 (*to fold back*) ripiegare; (*of a road, river*) fare una curva, svoltare; *to ~* **up:** dividere una stanza da letto (*with* con); 2 (*in betting* raddoppiare la puntata.

'double|-'acting *a.* ⟨*Mecc*⟩ a doppio effetto. **~-action** *a* **1** → **double-acting**. **2** ⟨*Mil*⟩ (*of a firearm*) automatico. '~ 'agent *s.* spia *f* che fa il doppio gioco. '~-'banked *a* ⟨*Mar*⟩ (*of a boat*) a doppio ordine di remi; (*of an oar* con due uomini. **~ bar** *s.* ⟨*Mus*⟩ doppia sbarra *f* (sbarretta). '~-'barrelled *a.* **1** ⟨*Mil*⟩ (*of firearms*) a du canne. **2** ⟨*fig*⟩ che serve a due scopi; (*ambiguous* ambiguo. **3** (*of a surname*) doppio. □ *~ gun* fucile *m* due canne, doppietta *f.* '~ 'bass . ⟨*Mus*⟩ contrabbasso *m* **~ bed** *s.* letto *m* ʻa due piazzeʼ (*o* matrimonialeʼ '~-'bedded *a.* **1** con un letto a due piazze. (*twin–bedded*) a due letti. **~ boiler** *s.* bagnomaria *m.* **bottom** *s.* doppio fondo *m* (*anche Mar.*). '~-'breasted *c* ⟨*Sart*⟩ a doppio petto: *~ suit* abito a doppio petto doppiopetto *m.* '~-'check **I** *v.t.* controllare due volte. **I** *v.i.* fare un doppio controllo. **~ chin** *s.* doppio mento *m* pappagorgia *f.* '~-'cross **I** *v.t.* ⟨*fam*⟩ tradire, fare doppio gioco con. **II** *s.* ⟨*fam*⟩ inganno *m*, tradimento *m* '~-'crosser *s.* ⟨*fam*⟩ doppiogiochista *m/f.* **~ dagger** *s* ⟨*Tip*⟩ doppia croce *f.* **~ date** *am. s.* ⟨*fam*⟩ appuntament *m* a quattro (rif. a due coppie). '~-'dealer *s.* ipocrita *m/* fariseo *m* (*f* –a). '~-'dealing **I** *s.* doppiezza *f*, falsità ipocrisia *f.* **II** *a.* doppio, falso.

double-'decker *s.* **1** ⟨*Mar*⟩ nave *f* a due ponti. **2** ⟨*Aer* biplano *m.* **3** (*bus*) autobus *m* ʻa due pianiʼ (*o* co imperiale). **4** (*of beds*) letto *m* a castello. **5** ⟨*Gastr* (*sandwich*) tramezzino *m* doppio.

'double| density *s.* ⟨*Inform*⟩ doppia densità *f.* **~-digi inflation** *s.* inflazione *f* a due zeri. **~ dome** *am. s.* ⟨*s* intellettuale *m/f.* **~ door** *s.* ⟨*Edil*⟩ porta *f* doppia (*o* due battenti). **~ dot** *s.* ⟨*Mus*⟩ punto *m* doppio. **~ Dutch** *s.* ⟨*fam*⟩ linguaggio *m* incomprensibile, ⟨*fam* turco *m*, ⟨*fam*⟩ cinese *m.* '~-'dyed *a.* **1** tinto due volte ritinto. **2** ⟨*fig*⟩ matricolato, di tre cotte: *a ~ villain* u furfante matricolato. '~-'edged *a.* a doppio taglio (*anch fig.*). **~-entendre** *fr.* [dublãˈtãːdr] *s.* parola *f* (espressione) a doppio senso. **~ entry** *s.* ⟨*Comm*⟩ partita doppia. **~ exposure** *s.* ⟨*Fot*⟩ doppia esposizione '~-'faced *a.* **1** a due facce, bifronte. **2** ⟨*fig*⟩ finto, falso sleale. **3** ⟨*Tess*⟩ double–face. **~ fault** *s.* ⟨*Sport*⟩ doppi fallo *m: to serve a ~* commettere un doppio fallo. **feature** *s.* ⟨*Cin*⟩ doppio programma *m.* **~ first** *s* ⟨*Univ*⟩ studente che ha conseguito il massimo dei voti i due lauree. **~-ganger** *s.* ⟨*Occult*⟩ doppio etereo *m.* **~ harness** *s.* ⟨*Equit*⟩ finimenti *mpl* per una pariglia. □ ⟨*scherz*⟩ *to be in ~* essere sposati. '~-'headed *a.* ⟨*tecn*⟩ testa doppia. '~-'header *am. s.* **1** ⟨*Ferr*⟩ treno *m* a du locomotive. **2** ⟨*sl*⟩ doppiogiochista •*m/f.* '~-'hearted *a* infido, falso, perfido. **~-insurance** *s.* sovrassicurazione *s* **~ jeopardy** *s.* ⟨*am.Dir*⟩ secondo giudizio *m* per un stesso reato. **~-lock** *v.t.* chiudere a doppia mandata. **~ negative** *s.* ⟨*Gramm*⟩ doppia negazione *f.*

doubleness ['dʌblnis] *s.* **1** doppiezza *f*, duplicità *f.* **2** ⟨*fig* doppiezza *f*, falsità *f*, ipocrisia *f.*

double| option *s.* ⟨*Econ*⟩ doppio premio *m*, stellage *m* ,~-'park *v.t./i.* parcheggiare in doppia fila. **~ parking** *s* parcheggio *m* in doppia fila. **~-'quick I** *a.* velocissimo **II** *s.* ⟨*Mil*⟩ passo *m* di corsa. **III** *avv.* velocemente, passo di corsa (*o* carica). **~ quotes** *s.pl.* ⟨*Tip*⟩ virgolett *bl.*

·ubler ['dʌblə] *s.* → **doubling machine.**

·uble-sided *a.* a doppia faccia.

·uble|-space *v.t./i.* battere (a macchina) a doppio spazio. **·-standard** *s.* ⟨*Econ*⟩ bimetallismo *m.* ~ **star** *s.* ⟨*Astr*⟩ ·ella *f* binaria (*o* doppia).

·ubles-player *s.* ⟨*Sport*⟩ doppista *m/f.*

·ublet ['dʌblit] *s.* **1** ⟨*Stor*⟩ farsetto *m,* giubba *f.* **2** *duplicate*) duplicato *m,* doppione *m.* **3** ⟨*Ling*⟩ doppione *n.* **4** ⟨*Rad*⟩ dipolo *m.*

·uble| take *s.* **1** ⟨*Teat*⟩ reazione *f* ritardata (*o* a scoppio ·itardato). **2** ⟨*am*⟩ (*second look*) seconda occhiata *f.* **·-talk I** *s.* **1** linguaggio *m* incomprensibile, frasi *fpl* (*o* ·arole) senza senso. **2** (*ambiguous language*) linguaggio *m* ·nvoluto e ambiguo. **II** *v.i.* usare un linguaggio ambiguo. **· taxation** *s.* ⟨*Econ*⟩ doppia imposizione *f.* ~ **time** *s.* **1** ⟨*Mil*⟩ passo *m* di corsa. **2** ⟨*Ind*⟩ tariffa *f* doppia per ·avoro straordinario. **'~-tongued** *a.* falso, infido.

·ubling ['dʌbliŋ] *s.* **1** raddoppio *m,* duplicazione *f.* **2** ·*darting back*) brusca nversione *f* di marcia. **3** (*fold*) piega ·· **4** (*of a robe*) fodera *f.* **5** ⟨*Tess*⟩ binatura *f.*

·ubling machine *s.* ⟨*Tess*⟩ binatrice *f.*

·ubloon [dʌ'bluːn] *s.* ⟨*Numism*⟩ doblone *m,* doppia *f.*

·ubly ['dʌbli] *avv.* doppiamente, due volte.

·ubt [daut] **I** *s.* **1** dubbio *m,* dubbi *mpl,* incertezza *f:* ·*here can be no* ~ non ci sono dubbi; *I have no* ~ *of* (*o* ·*bout*) *his guil* non ho dubbi circa la sua colpevolezza. **2** ·*distrust*) dubbio *m,* sospet *m: my –s have been dispelled* i ·niei sospetti sono stati dissipati. **II** *v.t.* **1** dubitare di, ·nettere in dubbio, nutrire dubbi su (*o* circa). **2** (*to* ·*listrust*) dubitare di, diffidare di: *to* ~ *s.o.'s word* dubitare ·ella parola di qd. **III** *v.i.* dubitare (*of* di): *to* ~ *of success* ·lubitare del successo; *I* ~ *that it is true* dubito che sia ·ero. □ *to give s.o. the* **benefit** *of the* ~ concedere a qd. ·· beneficio del dubbio; **beyond** (*a*) ~ senza possibilità di ·lubbio; *to call s.th. into* ~ mettere in dubbio qc.; *to be in* ·· essere in dubbio, essere incerto, avere (dei) dubbi: *his* ·*ecovery is still in* ~ la sua guarigione è ancora incerta; *to* ·*eave s.o. in no* ~ *that* togliere a qd. ogni dubbio circa; ·nake *no* ~ *about it* stanne pur certo; **no** ~ → **doubtless;** *· have no* ~ *of it* non ne dubito (affatto); **out** *of* ~ fuori ·lubbio (*o* discussione), fuor d'ogni dubbio; *there is no* ·oom *for* ~ *about it* non è assolutamente il caso di ·lubitarne; *beyond the* **shadow** *of a* ~ senza (la minima) ·nbra di dubbio; *to* **throw** ~ *on s.o.'s sincerity* far ·ascere dubbi sulla sincerità di qd.; **without** (*a*) ~ senza ·lubbio.

·ubtable ['dautəbl] *a.* dubitabile, dubbio. **doubter** [–tə] ·· chi dubita.

·ubtful ['dautful] *a.* **1** dubbioso, in dubbio, indeciso, ·ncerto: *to be* ~ *about what to do* essere in dubbio sul da ·arsi. **2** (*causing uncertainty*) dubbioso, dubbio, incerto: ·*is future is* ~ il suo avvenire è incerto; ~ *issue* esito ·ncerto. **3** (*equivocal*) di dubbia fama, ambiguo, equivoco: ·· ~ *character* una persona di dubbia fama. **4** ⟨*Econ*⟩ di ·lubbia esigibilità. □ *to be* ~ *of success* dubitare del ·uccesso. **doubtfulness** [–nis] *s.* l'essere dubbio, ·ncertezza *f,* dubbiosità *f.*

·ubting Thomas ['dautiŋ] *s.* persona *f* incredula, ·cettico *m* (*f* –a).

·ubtless ['dautlis] *avv.* **1** indubbiamente, certamente, ·enza dubbio. **2** (*in all probability*) con ogni probabilità, ·resumibilmente.

·uche [duːʃ] **I** *s.* **1** irrigazione *f,* doccia *f.* **2** (*instrument*) ·iringa *f* per irrigazioni. **3** (*shower bath*) doccia *f.* **II** *v.t.* ·are una irrigazione (*o* doccia) a. **III** *v.i.* fare irrigazioni.

·ugh [dou] *s.* **1** pasta *f,* impasto *m* per il pane. **2** ·*am.sl*⟩ (*money*) denaro *m,* quattrini *mpl,* ⟨*gerg*⟩ grana ·*f.*

·ugh|boy *s.* **1** ⟨*Gastr*⟩ specie di gnocco bollito. **2** ·*am.mil*⟩ fante *m,* fantaccino *m.* ~ **maker** *s.* macchina *f* ·er la pasta. **·-nut** *s.* ⟨*Dolc*⟩ krapfen *m.*

·ughtily ['dautili] *avv.* ⟨*poet*⟩ da prode, valorosamente.

·ughty ['dauti] *a.* ⟨*ant,scherz*⟩ valoroso, prode.

·ughy ['doui] *a.* **1** pastoso, molle, soffice. **2** ⟨*fig*⟩ (*of a* ·*erson*) dal colorito terreo. **3** ⟨*fig*⟩ (*soft, mellow*) ·astoso.

Douglas fir ['dʌgləs] *s.* ⟨*Bot*⟩ abete *m* di Douglas, abete *m* americano (*o* odoroso).

dour *scozz.* ['duːə] *a.* **1** cupo, tetro, arcigno, accigliato. **2** (*severe*) severo, austero, rigido, aspro. **3** (*unyielding*) ostinato, duro, caparbio. **dourness** [–nis] *s.* severità *f,* rigidezza *f.*

douse [daus] *v.t.* **1** bagnare, gettare acqua su; (*to imerse*) immergere, tuffare. **2** ⟨*fam*⟩ (*of a light*) spegnere. **3** ⟨*Mar*⟩ (*of sails*) ammainare.

dove[1] [dʌv] *s.* **1** ⟨*Ornit*⟩ colomba *f* (*anche fig, Pol.*). **2** (*term of endearment*) colomba *f,* colombella *f,* piccioncino *m.* **3** ⟨*Pol*⟩ colomba *f.* **Dove** *s.* ⟨*Rel*⟩ Spirito Santo *m.*

dove[2] [douv] → **dive.**

dove|-colour *s.* color *m* tortora. **~-coloured** *a.* color tortora. **~cot(e)** *s.* colombaia *f,* piccionaia *f.* □ ⟨*fig*⟩ *to flutter the –s* portare lo scompiglio. **~-eyed** *a.* dagli occhi ⸢di colomba⸣ (*o* iti, dolci).

dovelike ['dʌvlaik] *a.* mite, gentile, dolce.

dovetail ['dʌvteil] **I** *s.* ⟨*Fal*⟩ **1** tenone *m,* maschio *m* dell'incastro. **2** → **dovetail joint. II** *v.t.* **1** ⟨*Fal*⟩ congiungere (*o* incastrare) a coda di rondine. ⟨*fig*⟩ far combinare (*o* combaciare), connettere. **III** *v.i.* combaciare, combaciarsi: *his plans –ed into* (*o* *with*) *mine* i suoi piani combaciavano con i miei.

dovetail joint *s.* ⟨*Fal*⟩ incastro *m* a coda di rondine.

dowager ['dauədʒə] *s.* **1** ⟨*Dir*⟩ vedova *f* titolata (*o* nobile); (*added to a title*) madre *f: the* ~ **duchess** la duchessa madre. **2** ⟨*fam*⟩ (*dignified elderly lady*) vecchia signora *f* (*o* matrona), ⟨*fam*⟩ badessa *f.*

dowdiness ['daudinis] *s.* sciatteria *f,* trascuratezza *f* nel vestire. **dowdy** [–di] **I** *a.* **1** sciatto, trasandato, trascurato. **2** (*not smart*) inelegante. **II** *s.* sciattona *f.* **dowdyish** [–diiʃ] *a.* piuttosto sciatto.

dowel ['dauəl] **I** *s.* **1** caviglia *f.* **2** ⟨*Mecc*⟩ chiodo *m* senza testa. **II** *v.t.* (*pret., p.p.* **dowelled**/*am.* **doweled** [–d]) ⟨*Fal*⟩ incavigliare.

dower ['dauə] **I** *s.* **1** ⟨*Dir*⟩ doario *m,* dovario *m.* **2** (*dowry*) dote *f.* **3** ⟨*fig*⟩ dote *f,* dono *m* naturale, talento *m.* **II** *v.t.* **1** assegnare un doario (*o* una dote) a. **2** ⟨*fig*⟩ dotare.

dowlas ['dauləs] *s.* ⟨*Tess*⟩ tela *f* comune, calicò *m* pesante.

down[1] [daun] **I** *avv.* **1** (in) giù, in basso, di sotto: *put me* ~ mettimi giù. **2** (*below*) giù, (d)abbasso, sotto: *what are you doing* ~ *there?* che fai là abbasso? **3** (*to the ground, floor*) giù, a (*o* per) terra: *to fall* ~ cadere giù. **4** (*to the south*) giù, verso il sud, *often not translated.* **5** (*away from a centre of activity*) *not translated: to go* ~ *to the country* recarsi in campagna. **6** (*to or at a lower rate, value, intensity, strength*) *not translated: to mark* ~ *prices* abbassare i prezzi; *to water* ~ *whisky* allungare il whisky. **7** (*of time*) giù giù, *often not translated: from the Middle Ages* ~ *to modern times* dal medioevo (giù giù) fino ai nostri tempi. **8** ⟨*Comm*⟩ subito, come anticipo: *to pay fifty pounds* ~ pagare cinquanta sterline subito. **9** (*of writing*) giù, *often not translated: write* ~ *the address* scrivi l'indirizzo; (*on a list*) in lista, in nota: *I have put you* ~ *for one pound* ti ho messo in lista per una sterlina. **10** ⟨*Mar*⟩ sottovento. **II** *prep.* **1** giù per, lungo: *the tears ran* ~ *her cheeks* le lacrime le scendevano lungo le guance; ~ *the hill* giù per la collina. **2** (*along*) per, lungo: *he walked* ~ *the road* camminava per la strada. **3** (*at a lower part of*) in fondo a. **4** (*of time*) attraverso, lungo: ~ *the ages* attraverso i secoli. **III** *a.* **1** che va giù, in discesa, (diretto) verso il basso. **2** (*lowered*) giù, abbassato: *the blinds are* ~ le persiane sono abbassate. **3** ⟨*fig*⟩ depresso, avvilito, abbattuto. **4** ⟨*Econ*⟩ (*of a payment*) immediato. □ *to be* ~ -: **1** (*downstairs*) essere giù (*o* dabbasso, di sotto); **2** (*on the ground*) essere giù (*o* a terra); **3** (*ill in bed*) essere a letto (*with* con): *he's* ~ *with influenza* è a letto con l'influenza; **4** (*of prices*) essere ribassato; **5** (*of a tyre*) essere sgonfio; *he was fifty dollars* ~ era in perdita di cinquanta dollari; *to be* ~ *at* **heel** essere scalcagnato (*o* male in arnese); ⟨*fig*⟩ *don't* **hit** (*o* *kick*) *a man when he's* ~ non inferire contro chi è già a terra; *to be* ~ *on one's* **luck** trovarsi in un momento di sfortuna, ⟨*fam*⟩ essere scalognato; ⟨*fam*⟩ *to be* ~ **on** *s.o.*

⟨*fam*⟩ avercela con qd.; ~ *on* **paper** messo per iscritto; *to* **shout** *s.o.* ~ far tacere qd. urlando; ⟨*fig*⟩ *to be* ~ *in* **spirits** (o *the mouth*) essere abbattuto (o scoraggiato), essere giù (di corda); ⟨*Mar*⟩ *to be* ~ *by the* **stern** essere appoppato; *the* sun *went* ~ il sole tramontò (o calò); *to* **take** *a letter* ~ scrivere una lettera (sotto dettatura); *to* **walk** up *and* ~ camminare su e giù; *to* **wear** ~ consumare, logorare; ~ **with!**: 1 abbasso!: ~ *with tyranny* abbasso la tirannia; 2 (*on, to the ground*) giù, a terra.

down[2] **I** *s.* **1** basso *m*, rovescio *m* di fortuna: *the ups and* –*s of life* gli alti e bassi della vita. **2** (*firm dislike*) (forte) antipatia *f*, avversione *f*: *to have a* ~ *on s.o.* provare avversione per qd., ⟨*fam*⟩ avercela con qd. **II** *v.t.* **1** mettere giù, posare. **2** (*to knock down*) gettare (o mettere) a terra, atterrare. **3** (*to defeat*) battere, sconfiggere. **4** (*to drink down*) mandar (o buttar) giù, ⟨*fam*⟩ scolarsi. **5** ⟨*Aer.mil*⟩ (*to shoot down*) abbattere.

down[3] *s.* **1** (*of birds*) piumino *m*, piuma *f*, piume *fpl*. **2** (*of people*) lanugine *f*, peluria *f*. **3** ⟨*Bot*⟩ lanugine *f*, pubescenza *f*.

down[4] *s.* ⟨*rar*⟩ (*hill*) collina *f*; (*dune*) down *m*, duna *f*.

Down[5] *s.* ⟨*Med*⟩ sindrome *f* di Down, mongolismo *m*.

'down-and-'out I *a.* **1** senza una lira, ⟨*fam*⟩ al verde. **2** (*broken in health*) malridotto in salute, malandato. **3** ⟨*Sport*⟩ (*of a boxer*) al tappeto. **II** *s.* squattrinato *m* (*f* –a), spiantato *m* (*f* –a).

down-at-'heel *a.* **1** (*of shoes*) scalcagnato. **2** (*of persons*) male in arnese, scalcinato.

down|beat I *s.* ⟨*Mus*⟩ **1** (*of a conductor's baton*) attacco *m*. **2** (*first beat of a bar*) prima battuta *f*. **II** *a.* pessimistico, triste. ~ **bow** *s.* ⟨*Mus*⟩ movimento *m* discendente dell'archetto. ~**cast I** *a.* **1** abbattuto, depresso, scoraggiato. **2** (*of the eyes*) (rivolto in) basso. **II** *s.* ⟨*Minier*⟩ foro *m* di ventilazione. ~ **draught** *s.* ⟨*Minier,tecn*⟩ corrente *f* d'aria discendente. ~ **Easter** *am. s.* abitante *m/f* della nuova Inghilterra (o del Maine).

downer *am.* ['daunə] *s.* ⟨*fam*⟩ **1** sedativo *m*. **2** (*decrease*) diminuzione *f*, riduzione *f*. **3** ⟨*fig*⟩ persona *f* noiosa.

down|fall *s.* **1** rovesciamento *m*, caduta *f*. **2** (*cause of ruin*) rovina *f*: *pride was his* ~ l'orgoglio è stato la sua rovina. **3** (*fall of rain, snow, etc.*) precipitazione *f* (atmosferica). ~**grade I** *s.* **1** ⟨*Strad*⟩ discesa *f*, pendenza *f*. **2** ⟨*fig*⟩ decadenza *f*, declino *m*. **II** *a./avv.* in discesa, in pendenza. **III** *v.t.* **1** retrocedere, declassare. **2** (*to minimize*) minimizzare, sminuire. □ ⟨*fig*⟩ *to be on the* ~ essere in decadenza (o declino). ~**grading** *s.* retrocessione *f*, (*of a thing*) declassamento *m*.

downhearted ['daun'hɑ:tid] *a.* scoraggiato, abbattuto, depresso. ,**down'heartedness** [–nis] *s.* scoraggiamento *m*, abbattimento *m*.

downhill ['daun'hil] **I** *avv.* a valle, in basso, giù. **II** *a.* discendente, in discesa, in declivio: ~ *stretch* tratto in discesa. **III** *s.* **1** ⟨*Sport*⟩ (*ski event*) discesa *f*. **2** ⟨*fig*⟩ decadenza *f*, declino *m*. **3** ⟨*rar*⟩ (*slope*) pendio *m*, declivio *m*. □ ⟨*fig*⟩ *to go* ~ andare in declino (o decadenza).

downiness ['dauninis] *s.* l'essere lanuginoso.

Downing Street ['dauniŋ] *s.* ⟨*fig*⟩ governo *m* inglese.

down|land *s.* **1** pascolo *m* in collina. **2** *pl.* ⟨*austral*⟩ (*grasslands*) praterie *fpl*. ~**lead** *s.* ⟨*Rad*⟩ discesa *f* (o coda) di antenna.

downmost ['daunmoust] **I** *a.* il più in basso possibile. **II** *avv.* verso la parte più bassa.

down| payment *s.* ⟨*Econ*⟩ anticipo *m* in contanti. ~**pipe** *s.* ⟨*Edil*⟩ pluviale *m*. ~**play** *v.t.* minimizzare. ~**pour** *s.* rovescio *m*, acquazzone *m*.

downright ['daunrait] **I** *a.* **1** assoluto, vero e proprio, perfetto: ~ *rudeness* vera e propria scortesia. **2** (*frank*) franco, schietto, sincero. **II** *avv.* assolutamente, veramente, proprio. **downrightness** [–nis] *s.* franchezza *f*, schiettezza *f*.

downsize *v.t.* ridurre le dimensioni di.

downstage ['daun'steidʒ] **I** *a.* ⟨*Teat*⟩ della ribalta. **II** *s.* ribalta *f*, proscenio *m*. **III** *avv.* alla (o verso la) ribalta.

downstairs ['daun'stɛəz] **I** *avv.* **1** (*to a lower floor*) giù, ⟨*verso il*⟩ (o al) piano inferiore, ⟨*fam*⟩ (di) sotto. **2** (*on a lower floor*) dabbasso, giù, al piano inferiore (o di sotto),

⟨*fam*⟩ di sotto. **II** *a.* del piano inferiore, del pian terren III *s.pl.* (costr. sing. o pl.) piano *m* inferiore. □ *to go* scendere giù (o le scale).

downstate *am.* ['daunsteit] **I** *s.* parte *f* meridionale (uno stato). **II** *a./avv.* nel sud (di uno stato).

'down|'stream *a./avv.* **1** a valle, giù. **2** ⟨*Idr,Fis*⟩ lungo corrente. ~**stroke** *s.* **1** ⟨*Mecc*⟩ corsa *f* discendente. **2** handwriting) asta *f* (o tratto *m*) discendente. ~**swing** → **downward swing**. ~**time** *s.* ⟨*Ind*⟩ periodo *m* morto d'inattività). '~**-to-'earth** *a.* realistico, positivo, ⟨*fam*⟩ piedi sulla (o in) terra.

'down'town *am.* ['daun'taun] **I** *avv.* nel (o verso il) cent della città, in città. **II** *a.* del centro della città. **III** centro *m* (commerciale) della città, ⟨*fam*⟩ centro: *to go* andare al centro.

down|trend *s.* ⟨*Econ*⟩ contrazione *f*, fase *f* discenden '~'**trod(den)** *a.* **1** oppresso, tiranneggiato. **2** ⟨*conc* calpestato. ~**turn** *s.* → **downward swing**.

downward ['danwɔ:d] **I** *avv.* → **downwards**. **II** *a.* all'ingiù, verso il basso. **2** (*descending*) in disces degradante. **3** ⟨*fig*⟩ che trascina in basso, che porta al rovina. **downwards** [–z] *avv.* **1** verso il basso, all'ingi in giù: *head* ~ a testa in giù. **2** (*of time*) verso tempi p recenti. **3** ⟨*fig*⟩ in basso, verso lo sfacelo (o la rovina).

downward| swing *s.* ⟨*Econ*⟩ contrazione *f*. ~ **trend** tendenza *f* al ribasso.

downwind *a.* ⟨*Mar*⟩ sottovento.

downy[1] ['dauni] *a.* **1** (*of a bird*) coperto di lanugine peluria). **2** (*of a person's cheek, etc.*) lanuginoso, coper di peluria. **3** ⟨*Bot*⟩ lanuginoso. **4** (*made of down*) piume. **5** (*soft, fluffy*) soffice, morbido. **6** ⟨*sl*⟩ (*shar knowing*) sveglio, accorto.

downy[2] *a.* (*of land*) ondulato, caratterizzato da dune.

dowry ['dauri] *s.* **1** dote *f*. **2** ⟨*fig*⟩ dote *f*, dono *m* natura (o innato), talento *m*. □ ⟨*Dir*⟩ *to give a* ~ costituire u dote.

dowse[1] *v.* → **douse**.

dowse[2] [dauz] *v.i.* cercare acqua (o minerali) con bacchetta da rabdomante. '**dowser** [–ə] *s.* rabdomante **'dowsing** [–iŋ] *s.* rabdomanzia *f*.

dowsing rod *s.* bacchetta *f* da rabdomante.

doxology [dɔk'sɔlədʒi] *s.* ⟨*Lit*⟩ dossologia *f*.

doxy[1] ['dɔksi] *s.* opinione *f*; (*religious opinion*) credo fede *f*.

doxy[2] *s.* ⟨*sl*⟩ donna *f* di strada, ⟨*volg*⟩ puttana *f*; (*mistres* amante *f*.

doyen *fr.* ['dɔiən] *s.* decano *m*: ~ *of the Diplomatic Cor* decano del corpo diplomatico. **doyenne** *fr.* [dwa'jen] decana *f*.

doz. = *dozen* dozzina (*abbr.* dozz.).

doze [douz] **I** *v.i.* **1** fare un pisolino. **2** (*to fall into a lig sleep*; spesso con *off*) appisolarsi, assopirsi. **3** (*to half–asleep*) essere assopito (o mezzo addormentato). *v.t.* (spesso con *away*) trascorrere (o passare) sonne chiando: *to* ~ *away an afternoon* passare un pomerigg sonnecchiando, sonnecchiare (per) tutto un pomerigg **III** *s.* sonnellino *m*, pisolino *m*.

dozen ['dʌzn] *s.* (*pl.* -**s** [z]/*inv.*; il pl.inv. si usa in posizio attributiva o preceduto da numerale) **1** dozzina *f*: *two apples* due dozzine di mele. **2** *pl.* ⟨*fam*⟩ (*a large numb* quantità *f*, ⟨*fam*⟩ sacco *m*, ⟨*fam*⟩ mucchio *m*: *I have s things to do* ho un sacco di cose da fare. □ *baker's* tredici; ⟨*by the*⟩ (o *in*) –*s* a dozzine; ⟨*fam*⟩ *to talk ninete to the* ~ chiacchierare a non finire. **dozenth** [–θ] dodicesimo. □ ⟨*fam*⟩ *for the* ~ *time* per l'ennesir volta.

doziness ['douzinis] *s.* sonnolenza *f*, torpore *m*. **dozy** [– *a.* sonnolento.

DP = **1** *displaced person* profugo. **2** ⟨*Inform*⟩ *Da Processing* elaborazione dati.

D.Ph., D.Phil. = *Doctor of Philosophy* dottore filosofia.

D.P.H. = *Department of Public Health* ministero de sanità.

D.P.W. = *Department of Public Works* ministero lavori pubblici.

dr. = **1** *debtor* debitore. **2** *dram* dracma. **3** ⟨*Com*

rawer traente.
r. = *Doctor* Dottore (*abbr.* Dott.).
'R = ⟨*Aer*⟩ *dead reckoning* stima della posizione.
ab¹ [dræb] **I** *s.* ⟨*Tess*⟩ saglia *f* grigia, tessuto *m* grezzo. **I** *a.* **1** grigio, grigiastro, grezzo. **2** ⟨*fig*⟩ monotono, rigio, incolore.
ab² **I** *s.* **1** sciattona *f.* **2** (*prostitute*) donna *f* di nalaffare, prostituta *f.* **II** *v.i.* (*pret., p.p.* **drabbed** [-d]) requentare donne di malaffare.
abble ['dræbl] **I** *v.t.* infangare, imbrattare. **II** *v.i.* **1** nfangarsi, imbrattarsi. **2** ⟨*Pesc*⟩ pescare strisciando la enza sul fondo.
abness ['dræbnis] *s.* **1** l'essere smorto (*o* scialbo). **2** *fig*⟩ monotonia *f*, grigiore *m.*
acaena (palm) [drə'si:nə] *s.* ⟨*Bot*⟩ dracena *f.*
achm [dræm] *s.* **1** → **drachma. 2** → **dram.**
achma ['drækmə] *s.* (*pl.* **-s** [z]/**drachmae** [-mi:]/**rachmai** [-mai]) **1** ⟨*Stor.gr*⟩ (*coin*) dracma *f*; (*weight*) racma *f*, dramma *f.* **2** (*dram*) dramma *f.*
raco ['dreiko] *N.pr.* ⟨*Astr*⟩ Drago *m*, Dragone *m.*
raconian [drei'kouniən], **Draconic** [-'kɔnik] *a.* *Stor.gr*⟩ draconiano (*anche fig.*): ~ *laws* leggi raconiane.
aff [dræf] *s.* **1** ⟨*tecn*⟩ feccia *f*, fondo *m*, deposito *m*, edimento *m.* **2** ⟨*fig*⟩ feccia *f*, rifiuto *m*, scoria *f.*
aft [drɑ:ft] **I** *s.* **1** disegno *m*, abbozzo *m*, schizzo *m.* **2** *first outline of something written*) abbozzo *m*, (prima) tesura *f*, piano *m: the first* ~ *of a novel* la prima stesura i un romanzo. **3** ⟨*Comm*⟩ tratta *f*, cambiale *f*, effetto *m:* ⟩ *make a* ~ *on s.o.* spiccare una tratta su qd.; *allowance*) abbuono *m* per 'calo peso' (*o* corpi estranei). **4** *Mil*⟩ (*detachment*) distaccamento *m*, reparto *m.* **5** *am.Mil*⟩ (*levy*) coscrizione *f*, chiamata *f* alle armi; (*men rafted*) contingente *m* di leva. **6** ⟨*Met*⟩ spoglia *f*, sformo ². **7** ⟨*am*⟩ → **draught. II** *a.* **1** in prima stesura, a randi linee, in bbozzo. **2** (*am*⟩ → **draught III** *v.t.* **1** bbozzare, disegnare, fare la prima stesura di: *to* ~ *a plan* bbozzare un progetto. **2** (*to compose, write*) scrivere, edigere. **3** ⟨*Mil*⟩ distaccare, mandare in missione. **4** *am.Mil*⟩ chiamare alle armi, arruolare.
aft| articles *s.pl.* progetto *m* di statuto. ~ **board** *am. s.* *Mil*⟩ commissione *f* di leva. ~ **card** *am. s.* cartolina *f* recetto. ~ **dodger** *am. s.* ⟨*Mil*⟩ renitente *m* alla leva.
aftee *am.* [drɑ:fti:] *s.* ⟨*Mil*⟩ coscritto *m*, soldato *m* di eva.
after ['drɑ:ftə] *s.* compilatore *m* (*f* –trice), estensore *m.*
rafting [-tiŋ] *s.* **1** stesura *f*, redazione *f*, formulazione *f.* ⟨*Comm*⟩ lo spiccare una tratta.
afting board *s.* ⟨*tecn*⟩ tavolo *m* da disegno.
aft programme *s.* programma *m* di massima.
aftsman *am. ecc.* → **draughtsman** *ecc.*
ag¹ [dræg] *v.* (*pret., p.p.* **dragged** [-d]) **I** *v.t.* **1** rascinare, strascinare, strascicare. **2** ⟨*fig*⟩ trascinare: *to* ~ .*s. up a hill* trascinarsi su per la collina. **3** (*to search with drag*) dragare: *to* ~ *a lake for a drowned person* dragare n lago in cerca di un annegato. **4** ⟨*fig*⟩ (*to introduce relevantly*) tirare in ballo, far entrare nel discorso. **5** *fig*⟩ (*to protract tediously;* spesso con *out, on*) protrarre, rare per le lunghe. **6** ⟨*Agr*⟩ erpicare. **II** *v.i.* **1** rascicare, strisciare per terra. **2** ⟨*fig*⟩ (*to move heavily*) ·ascinarsi, arrancare. **3** ⟨*fig*⟩ (*to proceed with tedious lowness;* spesso con *on*) andare per le lunghe, trascinarsi tancamente: *the last act* –*s* l'ultimo atto si trascina tancamente. **4** (*to lag behind*) trascinarsi dietro; (*in inging, playing*) andare dietro, seguire. **5** (*in smoking*) rare una boccata (*on* da). **6** ⟨*tecn*⟩ (*of brakes*) aderire, trisciare. **7** ⟨*Mar*⟩ (*of an anchor*) arare; (*of a ship*) ·ascinare l'ancora. **8** ⟨*Pesc*⟩ pescare a strascico. □ *to* ~ *ne's feet* strascicare i piedi; ⟨*fig*⟩ andare a rilento; ⟨*fam*⟩ ⟩ **up** *a child* tirare su alla meglio un bambino.
ag² *s.* **1** ⟨*fig*⟩ freno *m* ostacolo *m*, impedimento *m: it is* ~ *on his career* è un ostacolo alla sua carriera. **2** ⟨*fam*⟩ *uff on a cigarette, etc.*) tirata *f*, boccata *f.* **3** ⟨*sl*⟩ (*boring erson*) persona *f* noiosa, ⟨*fam*⟩ lagna *f*; (*boring thing*) eccatura *f*, noia *f*, ⟨*fam*⟩ barba *f.* **4** ⟨*sl*⟩ (*transvestite ttire*) abbigliamento *m* da travestito. **5** ⟨*am.sl*⟩ *nfluence*) autorità *f*, influenza *f.* **6** ⟨*Agr*⟩ erpice *m*

pesante. **7** ⟨*Mar*⟩ draga *f.* **8** → **drag anchor. 9** (*heavy sledge*) treggia *f*, rozza slitta *f.* **10** (*coach*) carrozza *f* chiusa, diligenza *f*, tiro *m* a quattro. **11** ⟨*tecn*⟩ (*for a carriage wheel*) freno *m* a martinicca. **12** ⟨*Aer*⟩ resistenza *f* aerodinamica. **13** ⟨*Venat*⟩ (*fox's scent*) odore *m* di selvaggina (spaso artificialmente sul terreno); (*object dragged*) preda *f* fittizia. **14** → **drag hunt. 15** ⟨*Pesc*⟩ rete *f* a strascico. □ *to be a* ~ *on s.o.* essere un peso (*o* una palla al piede) per qd.
drag| anchor *s.* ⟨*Mar*⟩ ancora *f* galleggiante (*o* di deriva), draga *f.* ~ **coefficient** *s.* ⟨*Aer*⟩ coefficiente *m* di resistenza.
draggle ['drægl] **I** *v.t.* infangare (*o* inzaccherare) facendo strascicare per terra. **II** *v.i.* **1** infangarsi, inzaccherarsi. **2** (*to straggle*) trascinarsi.
draggle tail *s.* sciattona *f.*
drag| hunt *s.* ⟨*Venat*⟩ caccia *f* con lo strascico. ~ **link** *s.* ⟨*Mecc*⟩ biella *f* o asta) d'accoppiamento. **~net** *s.* **1** ⟨*Pesc*⟩ rete *f* radiante (*o* a strascico). **2** ⟨*fig*⟩ retata *f.*
dragoman ['drægomən] *s.* (*pl.* **-s** [z]/**-men** [men]) dragomanno *m.*
dragon ['drægən] *s.* **1** ⟨*Mitol*⟩ drago *m*, dragone *m.* **2** ⟨*Arald*⟩ drago *m.* **3** ⟨*fam*⟩ (*severe watchman*) severo custode *m;* (*severe chaperon*) governante *f* molto severa, (*scherz*) dragonessa *f.* **4** ⟨*Zool*⟩ (*flying dragon*) drago *m* volante. **5** ⟨*Artigl*⟩ trattore *m.* **Dragon** *N.pr.* → **Draco.**
dragonfly ['drægənflai] *s.* ⟨*Entom*⟩ libellula *f.*
dragon's| blood *s.* ⟨*Ind*⟩ sangue *m* di drago. ~ **teeth** *s.pl.* ⟨*Mil*⟩ ifese *fpl* anticarro.
dragoon [drə'gu:n] **I** *s.* **1** ⟨*Mil.ant*⟩ specie di moschetto. **2** ⟨*Mil*⟩ dragone *m.* **II** *v.t.* **1** perseguitare con l'impiego di truppe. **2** ⟨*fig*⟩ costringere (con la forza): *to* ~ *s.o. into doing s.th.* costringere qd. a fare qc.
drag| parachute *s.* ⟨*Aer*⟩ paracadute *m* frenante. ~ **race** *s.* ⟨*Sport*⟩ corsa *f* automobilistica di accelerazione. **~rope** *s.* **1** ⟨*Artigl*⟩ fune *f* 'da traino' (*o* d'arresto). **2** ⟨*Aer*⟩ cavo *m* moderatore (*o* guida).
drain [drein] **I** *v.t.* **1** far defluire, togliere, scaricare: *to* ~ *oil from an engine* togliere l'olio da un motore. **2** (*to empty*) prosciugare, vuotare: *to* ~ *a tank* vuotare un serbatoio. **3** (*to drink the contents of*) scolare, scolarsi, vuotare: *to* ~ *a glass* scolarsi un bicchiere. **4** (*of land*) prosciugare, bonificare: *to* ~ *a swamp* prosciugare una palude. **5** ⟨*fig*⟩ esaurire, dare fondo a, dissanguare. **6** ⟨*Chir*⟩ drenare. **II** *v.i.* **1** (*to flow off gradually;* spesso con *away*) defluire, scorrere via lentamente. **2** (*to become dry gradually*) scolare, sgocciolare: *leave the dishes to* ~ lascia scolare i piatti. **3** (*of land*) riversare (*o* scaricare) le proprie acque; (*of a river*) sfociare, riversarsi, gettarsi. **4** ⟨*fig*⟩ venir meno, declinare: *his strength –ed away* le forze gli vennero meno. **III** *s.* **1** ⟨*Idr*⟩ canale *m* di scolo (*o* drenaggio); (*liquid drained*) scolo *m*, scarico *m.* **2** *pl.* ⟨*Idr*⟩ (*sewage system*) fognature *fpl.* **3** (*sewer*) fogna *f*, tubo *m* di scarico. **4** ⟨*fig*⟩ salasso *m*, dissanguamento *m: the greatest* ~ *on the country's resources* il maggior salasso per le risorse del paese; (*gradual outflow*) fuga *f*, fuoriuscita *f: a* ~ *of dollars* una fuga di dollari. **5** → **drainage tube. 6** (*small quantity of liquid*) goccia *f*, goccio *m;* (*drink*) bevanda *f.* **7** *pl.* (*dregs*) feccia *f*, posatura *f.* □ (*fam*⟩ *to go down the* ~ andare 'a monte' (*o* all'aria); (*to be wasted*) essere sprecato (*o* perduto); *to* ~ *to the dregs* bere fino in fondo, scolare; ⟨*fam*⟩ *to laugh like a* ~ ridere fragorosamente.
drainage ['dreinidʒ] *s.* **1** (*of land*) prosciugamento *m*, bonifica *f.* **2** → **drainage system. 3** (*something drained off*) scarico *m*, scolo *m*, spurgo *m;* (*sewage*) acque *fpl* di scarico (*o* scolo); (*sewage system*) fognature *fpl.* **4** ⟨*Med,Geog*⟩ drenaggio *m.*
drainage| basin *s.* ⟨*Geog*⟩ bacino *m* idrografico (*o* imbrifero). ~ **channel** *s.* ⟨*Agr*⟩ canale *m* di drenaggio (*o* scolo). ~ **system** *s.* ⟨*Edil*⟩ rete *f* di fognature. ~ **tube** *s.* ⟨*Med*⟩ tubo *m* di drenaggio.
drainer ['dreinə] *s.* **1** scolapiatti *m*, rastrelliera *f.* **2** → **draining board. draining** [-niŋ] *s.* **1** scolatura *f*, drenaggio *m.* **2** (*of land*) prosciugamento *m*, bonifica *f.*
draining board *s.* scolatoio *m.*
drain|pipe *s.* ⟨*tecn*⟩ tubo *m* di scarico (*o* scolo). **~pipe**

trousers *s.pl.* 〈*fam*〉 pantaloni *mpl* attillati (*o* a tubo).

drake[1] [dreik] *s.* 〈*Zool*〉 maschio *m* dell'anitra.

drake[2] *s.* **1** 〈*Mil.ant*〉 dragonetto *m*, drago *m*. **2** 〈*ant*〉 (*dragon*) drago *m*, dragone *m*. **3** 〈*Pesc*〉 (*drake fly*) mosca *f* usata come esca.

dram [dræm] *s.* **1** (*avoirdupois weight*) dramma *f* (pari a 1,771 grammi). **2** (*apothecaries' weight*) dramma *f* (pari a 3,889 grammi). **3** (*small drink*) sorso *m*, goccio *m: a ~ of whisky* un sorso di whisky. **4** 〈*fig*〉 briciolo *m*, granello *m*, oncia *f*.

drama ['drɑːmə] *s.* **1** dramma *m*. **2** (*dramatic art*) arte *f* drammatica. **3** 〈*collett*〉 (*group of plays*) teatro *m: Elizabethan ~* il teatro elisabettiano. **4** 〈*fig*〉 drammaticità *f*, dramma *m*.

dramatic [drə'mætik] *a.* **1** drammatico, teatrale (*anche fig.*): *a ~ performance* uno spettacolo drammatico; *~ criticism* critica teatrale. **2** 〈*fig*〉 drammatico, emozionante, sensazionale: *a ~ rescue* un drammatico salvataggio. □ 〈*Teat*〉 *~ irony* ironia *f* tragica. **dramatics** [-s] *s.pl.* **1** (*art; costr.sing o pl.*) arte *f* drammatica, drammatica *f*. **2** (*productions; costr. pl.*) spettacoli *mpl* teatrali. **3** 〈*fig*〉 (costr. pl.) atteggiamenti *mpl* teatrali.

dramatis personae *lat.* ['drɑːmətispɔːˈsouni:] *s.pl.* 〈*Teat*〉 **1** (*characters; costr. pl.*) personaggi *mpl* di un dramma. **2** (*list; costr. sing.*) elenco *m* dei personaggi (di un dramma).

dramatist ['dræmətist] *s.* drammaturgo *m*. ,**dramatization** [-taiˈzeiʃən] *s.* **1** drammatizzazione *f*. **2** (*dramatized version*) versione *f* drammatica. **3** 〈*fig*〉 esagerazione *f*. **dramatize** [-taiz] *v.t.* **1** dare forma drammatica a, adattare per le scene. **2** 〈*fig*〉 drammatizzare. **dramaturge** [-təːdʒ], **dramaturgist** [-təːdʒist] *s.* 〈*lett*〉 → **dramatist**. **dramaturgy** [-təːdʒi] *s.* drammaturgia *f*.

drank [dræŋk] → **drink**[1].

drape [dreip] **I** *v.t.* **1** adornare, ornare, coprire: *to ~ walls with tapestries* ornare le pareti di arazzi. **2** (*to arrange in graceful folds*) drappeggiare: *he –d a cloak around his shoulders* si drappeggiò un mantello attorno alle spalle. **3** 〈*fig*〉 abbandonare, lasciar cadere (*o* andare): *to ~ o.s. in an armchair* lasciarsi andare su una poltrona. **II** *s.* **1** taglio *m*, linea *f: the ~ of a suit* il taglio di un abito. **2** *pl.* (*hangings, drapery*) tendaggi *mpl*, drappeggi *mpl*. **3** 〈*am*〉 (*curtain*) tendina *f*. '**draper** [-ə] *s.* negoziante *m/f* di tessuti. '**drapery** [-əri] *s.* **1** (*hangings*) tendaggi *mpl*, drappeggi *mpl*. **2** (*long curtains*) tende *fpl*. **3** (*draper's business*) drapperia *f*, commercio *m* di tessuti; (*wares*) drapperie *fpl*, tessuti *mpl*, stoffe *fpl*; (*shop*) negozio *m* di tessuti. **4** 〈*Art,Sart*〉 drappeggio *m*.

drastic ['dræstik] *a.* **1** drastico, severo, energico: *~ measures* misure drastiche. **2** (*extreme*) radicale, profondo: *~ alterations* profonde modifiche. **3** 〈*Farm*〉 drastico. **drastically** [-li] *avv.* in modo drastico.

drat [dræt] *intz.* 〈*fam*〉 accidenti, maledizione: *~ you!* accidenti a te!; *~ it!* maledizione!, accidenti! '**dratted** [-id] *a.* 〈*fam*〉 maledetto.

draught [drɑːft] **I** *s.* **1** tiro *m*, traino *m*, trazione *f*. **2** (*team of animals*) tiro *m*. **3** (*act of drawing liquid*) spillatura *f*; (*quantity*) quantità *f* di liquido spillato, misura *f*. **4** (*act of drinking*) tirata *f*, fiato *m: he drank the beer at one ~* bevve la birra tutto d'un fiato; (*quantity drunk*) sorso *m*, sorsata *f*. **5** (*current of air*) corrente *f* d'aria. **6** (*in a chimney, etc.*) tiraggio *m*; (*regulation device*) valvola *f* del tiraggio. **7** 〈*Farm*〉 pozione *f*. **8** 〈*Mar*〉 pescaggio *m*, profondità *f* d'immersione: *a ship with a ~ of twenty feet* una nave di venti piedi di pescaggio. **9** 〈*Pesc*〉 (*act of drawing a net*) tirata *f*; (*quantity of fish*) retata *f*. **10** *pl.* (*game; costr. sing.*) gioco *m* della dama, dama *f*. **II** *a.* **1** (*of animals*) da tiro. **2** (*of beer*) alla spina.

draught| board *s.* scacchiera *f*. **~ horse** *s.* cavallo *m* da tiro.

draughtiness ['drɑːftinis] *s.* esposizione *f* alle correnti d'aria.

draught| marks *s.pl.* 〈*Mar*〉 quote *fpl* di pescaggio (*o* immersione). **~ ox** *s.irr.* bue *m* da lavoro.

draughtsman ['drɑːftsmən] *s.irr.* **1** 〈*Ind,Arch*〉 progettis*, m*, disegnatore *m*. **2** 〈*Art*〉 disegnatore *m*. **3** 〈 *documents*) compilatore *m*, estensore *m*. **4** (*in the ga of draughts*) pedina *f* (della dama). **draughtsmansh** [-ʃip] *s.* qualità *f* (*o* arte) del disegnatore. **draught player** [-spleieə] *s.* damista *m/f*. **draughtswom** [-swumən] *s.irr.* **1** 〈*Ind,Arch*〉 disegnatrice *f*, progettis *f*. **2** 〈*Art*〉 disegnatrice *f*. **3** (*of documents*) compilatr *f*.

draughty ['drɑːfti] *a.* ⸢pieno di⸣ (*o* esposto alle) corre d'aria.

Dravidian [drə'vidiən] **I** *s.* **1** 〈*Etnol*〉 dravida *m/f*. (*language*) lingua *f* dravidica. **II** *a.* → **David Dravidic** [-dik] *a.* dravidico.

draw[1] [drɔː] *v.* (*pret.* **drew** [druː], *p.p.* **drawn** [drɔːn]) **I** *v* **1** tirare, attirare a sé; (*to haul*) tirare, trainare, trascina *the cart was –n by a donkey* il carro era tirato da asino. **2** 〈*fig*〉 (*to attract*) attirare, attrarre, allettare: *show drew a large crowd* lo spettacolo attirò una gr folla; *to ~ s.o.'s attention* attirare l'attenzione di qd. **3** *sketch, depict*) disegnare, ritrarre: *to ~ a house* disegna una casa; (*to delineate*) tracciare, tirare: *to ~ a li* tracciare una riga. **4** (*to write out in legal form; spes con up*) stendere, redigere: *to ~ up a contract* redigere contratto. **5** (*to extract*) estrarre, tirar fuori; (*of tee* estrarre, cavare, togliere. **6** (*to stretch*) tendere, tirare: *~ a rubber band* tirare un elastico. **7** (*to contra contrarre: his face was –n with pain* aveva il viso contra per il dolore. **8** (*to receive*) riscuotere, ricevere: *to ~ on pension* riscuotere la pensione. **9** (*in a lottery*) tirare sorte; (*to win*) vincere. **10** (*to inhale*) inspirare, inala **11** (*of a sword*) sguainare, sfoderare; (*of a gun*) estrar (*of a bow*) tendere. **12** (*of liquids*) spillare: *to ~ beer fr a barrel* spillare birra da un barile. **13** 〈*fig*〉 (*to inf* trarre, ricavare, dedurre: *to ~ a conclusion* trarre u conclusione. **14** 〈*fig*〉 (*to elicit*) ricavare, ottene ricevere: *my question drew no response* la mia doman non ottenne risposta. **15** 〈*fig*〉 (*to cause*) strappa scatenare, suscitare: *to ~ tears* strappare le lacrime; *to applause* scatenare gli applausi. **16** 〈*Econ*〉 (*of mon* prelevare; (*of a bill, cheque*) emettere, spiccare; (*of inter to bring in*) ricavare. **17** (*in cards*) prendere (dal mazz (*of a suit*) affrancare (le proprie carte). **18** 〈*Mar*〉 pesca *the ship –s twenty feet of water* la nave pesca venti pie **19** 〈*am.Mil*〉 ritirare, prelevare: *to ~ rations* ritirare razioni. **20** 〈*Med*〉 drenare, far spurgare. **21** 〈 *disembowel*) togliere le interiora a, sventrare: *to ~ chicken* togliere le interiora a un pollo. **22** 〈*Ven* stanare, cacciare dal covo: *to ~ a fox* stanare una vol (*of a covert, area*) battere in cerca di selvaggina. **23** 〈*Met*〉 trafilare. **II** *v.i.* **1** tirare, trascinare. **2** 〈*fig*〉 *attract an audience, etc.*) ⸢fare presa⸣ (*o* esercitare richiamo) sul pubblico: *the play drew well* la comme fece presa sul pubblico. **3** (*to sketch*) disegnare. **4** *move*) avviarsi, dirigersi, volgere: *to ~ to a close* volg al termine. **5** 〈*fig*〉 (*to make demands*) fare ricorso appello), rivolgersi (*on* a); (*of money*) attingere (a): *to on one's savings* attingere ai propri risparmi. **6** (*of chimney, pipe*) tirare. **7** (*to take out: a gun, etc.*) estra un'arma; (*a sword*) sguainare una spada. **8** (*of a bo* tendere un arco. **9** (*of tea*) essere in infusione. **10** *wrinkle, contract*) incresparsi, corrugarsi, contrarsi. 〈*Sport*〉 pareggiare. □ *to ~ s.o. aside* tirare qd. disparte; *to ~ aside* scostarsi; *to ~ away* allontana allontanarsi; *to ~ back* tirarsi indietro (*anche fig.*); *to breath* prendere fiato; *to ~ a deep breath* tirare profondo respiro; *to ~ a cheque* emettere un asseg 〈*fig*〉 *to ~ a comparison* fare un confronto; *to ~ a c togliere un turacciolo, stappare; to ~ the curtains* tirare tende; 〈*fig*〉 *to ~ a distinction* fare una distinzio distinguere; *to ~ down:* 1 attirare; 2 (*to deplate*) esauri consumare: *to ~ down oil reserves* esaurire le rise petrolifere; 〈*fig*〉 *to feel –n to s.o.* sentirsi attratto ve qd.; 〈*fig*〉 *to ~ in one's* **horns** abbassare le corna; *to one's* **imagination** giocare di fantasia, ricorr all'immaginazione; *to ~ in:* 1 abbozzare, schizza disegnare a grandi linee; 2 (*to entice*) adescare, attirare *of a day*) volgere al termine; 4 (*of daylight*) accorciarsi: *he days are –ing in* le giornate si accorciano; *to ~ nspiration from* ispirarsi a, trarre ispirazione da; *to ~ evel with s.o.* raggiungere qd.; *to ~ the line at* rifiutarsi *li*; ⟨*fam*⟩ *to ~ it mild* non esagerare; *to ~ a moral from .th.* trarre (*o* ricavare) una morale da qc.; *to ~ near to .o.* avvicinarsi (*o* farsi accanto) a qd.; *to ~ off:* 1 (*of iquids*) spillare; 2 (*to withdraw*) ritirare, trattenere: *~ off he dogs!* trattieni i cani!; 3 (*of clothing*) sfilare, togliersi; 4 *to move away*) andarsene, allontanarsi; *to ~ on:* 1 (*of lothing*) mettersi, indossare; 2 (*to induce*) indurre, pingere; 3 (*to approach*) avvicinarsi, essere vicino (*o* alle *orte*): *winter is –ing on* l'inverno è alle porte; *to ~ out:* 1 irar fuori, estrarre; 2 ⟨*fig*⟩ (*to prolong*) prolungare, rotrarre, tirare (*o* portare) in lungo: *to ~ out an interview* rotrarre un colloquio; 3 ⟨*fig*⟩ (*to persuade to speak*) far arlare, spingere (*o* indurre) a parlare; 4 ⟨*Econ*⟩ prelevare; 5 (*to become longer*) allungarsi, diventare più lungo: *the days are –ing out* le giornate si allungano; *the train drew ut of the station* il treno ⌐lasciò la⌐ (*o* uscì dalla) stazione; *fig*⟩ *to ~ a parallel* fare un parallelo; *he drew his pen hrough the address* tirò un frego sull'indirizzo; *to ~ rein* ermare un cavallo tirando le redini; *to ~ round* disporsi n circolo; ⟨*Comm*⟩ *to ~ at sight* emettere tratte a vista; *o ~ straws* tirare a sorte; *to ~ tea* tenere il tè in nfusione; ⟨*fig*⟩ *to ~ s.o.'s teeth* rendere qd. inoffensivo (*o* nnocuo); *to ~ together* accostarsi; *to ~ up:* 1 compilare, stendere, redigere: *to ~ up a contract* stendere un ontratto; 2 ⟨*Mil*⟩ allineare, schierare; 3 (*to bring or come o a halt*) fermare, fermarsi, arrestare, arrestarsi: *the taxi drew up* il tassì si fermò; *to ~ up one's chair* accostare la sedia; *to ~ o.s. up* alzarsi, ergersi; *to ~ up with s.o.* aggiungere qd.

aw² *s.* **1** tiro *m*, tirata *f*, strappo *m*, strattone *m*. **2** ⟨*fig*⟩ attrazione *f*, richiamo *m*: *his name will be a great ~* il suo nome sarà di grande richiamo. **3** (*of a lottery*) estrazione ⌐, sorteggio *m*; (*lottery, raffle*) tombola *f*. **4** (*act of drawing: a gun*) l'estrarre; (*a sword*) lo sguainare. **5** *Sport*⟩ pareggio *m*, punteggio *m* pari, parità *f*: *the game ended in a ~* la partita finì in parità. **6** (*in poker*) carta *f* ervita. **7** → **draw poker**. □ *quick on the ~* svelto a strarre un'arma.

awback ['drɔːbæk] *s.* **1** svantaggio *m*, lato *m* negativo, difetto *m*, inconveniente *m*: *this is the only ~ to his plan* questo è l'unico difetto del suo progetto. **2** ⟨*Comm*⟩ imborso *m*, indennizzo *m*; (*of a tariff, tax*) drawback *m*, dazio *m* doganale di ritorno.

aw|-bar *s.* **1** ⟨*Mecc*⟩ barra *f* di trazione. **2** ⟨*Ferr*⟩ asta *f* di trazione; (*coupler*) gancio *m* di trazione. **~-bench** *s.* *tecn*⟩ trafilatrice *f*. **~bridge** *s.* ponte *m* mobile (*o* evatoio).

awee [ˌdrɔːˈiː] *s.* ⟨*Econ*⟩ trassato *m* (*f* –a).

awer [drɔː] *s.* **1** cassetto *m*. **2** *pl.* ⟨*Vest*⟩ mutande *fpl* unghe, mutandoni *mpl*. **3** (*sketcher;* ['drɔːə]) disegnatore *n* (*f* –trice). **4** ⟨*Comm*⟩ ['drɔːə] traente *m*. **5** (*tapster;* 'drɔːə]) chi mesce alcolici, barista *m*. **6** ⟨*Met*⟩ ['drɔːə] rafilatore *m*.

awer chest *s.* ⟨*Arred*⟩ cassettiera *f*.

awer's signature *s.* firma *f* di traenza.

awing ['drɔːiŋ] *s.* **1** disegno *m;* (*picture*) disegno *m*, chizzo *m*. **2** (*pulling*) trazione *f*, il tirare. **3** (*in lottery*) strazione *f*, sorteggio *m;* (*lottery*) lotteria *f*. **4** ⟨*Met*⟩ mbutitura *f;* (*of a wire*) trafilatura *f;* (*in forging*) stiratura ⌐. **5** ⟨*Comm*⟩ prelevamento *m*, prelievo *m*. □ *in ~* disegnato (*o* delineato) bene; *out of ~* disegnato male.

awing| account *am. s.* ⟨*Econ*⟩ conto *m* corrente. **~-board** *s.* tavoletta *f* da disegno. □ ⟨*fig*⟩ *to be on the ~* essere in fase di progettazione. **~ card** *am. s.* richiamo *n*, attrazione *f*. **~ machine** *s.* ⟨*tecn*⟩ tecnigrafo *m*. **~ office** *s.* sala ⌐di progettazione⌐ (*o* disegnatori). **~pen** *s.* *tecn*⟩ tiralinee *m*. **~ pin** *s.* puntina *f* da disegno. **~ room I** *s.* **1** salotto *m*. **2** (*court reception*) ricevimento *m* a corte. **3** ⟨*am.Ferr*⟩ vettura *f* salone. **II** *a.* da salotto, alottiero. **~ table** *s.* tavolo *m* da disegno (*o* architetto). **~-up** *s.* **1** stesura *f*, compilazione *f*. **2** ⟨*Mil*⟩ chieramento *m*.

awl [drɔːl] **I** *v.i.* strascicare le parole, parlare lentamente

(*o* con tono affettato). **II** *v.t.* strascicare, pronunciare con lentezza (*o* affettazione). **III** *s.* pronuncia *f* strascicata.

drawn¹ [drɔːn] → **draw¹**.

drawn² *a.* **1** (*of appearance*) teso, contratto. **2** (*of a weapon*) sguainato. **3** ⟨*Sport*⟩ in pareggio. **4** (*eviscerated*) sventrato, sbudellato.

drawnet *s.* ⟨*Venat*⟩ rete *f* per l'uccellagione.

drawn|-out *a.* prolisso, che si protrae, tirato per le lunghe. **~(thread) work** *s.* ⟨*Lav.femm*⟩ ricamo *m* sfilato, sfilato *m*.

draw| poker *s.* tipo di poker. **~ string** *s.* cordone *m* di chiusura. **~(top) table** *s.* tavolo *m* allungabile. **~ well** *s.* pozzo *m*.

dray [drei] *s.* **1** carro *m* pesante. **2** ⟨*am*⟩ (*sledge*) treggia *f*.

dray| horse *s.* cavallo *m* da tiro. **~man** [mən] *s.irr.* barrocciaio *m*.

dread [dred] **I** *v.t.* temere (grandemente), aver terrore di. **II** *v.i.* aver molta paura. **III** *s.* **1** terrore *m*. **2** (*person, thing dreaded*) terrore *m*, spauracchio *m*. **3** ⟨*rar*⟩ (*awe*) timore *m* (reverenziale), sacro orrore *m*. **IV** *a.* **1** terribile, spaventoso, tremendo. **2** (*held in awe*) solenne, augusto, maestoso. □ *to be in ~ of s.th.* avere (*o* vivere nel) terrore di qc.; *I ~ to think what may happen* tremo al pensiero di quel che può succedere. **'dreadful** [–ful] *a.* **1** tremendo, spaventoso, terribile: *a ~ accident* uno spaventoso incidente. **2** (*inspiring awe*) maestoso, solenne, augusto. **3** ⟨*fam*⟩ (*very bad*) orribile, orrendo, pessimo: *~ weather* tempo orribile (*o* da cani).

dreadnaught, dreadnought ['drednɔːt] *s.* **1** ⟨*Mar.mil*⟩ dreadnought *f*. **2** ⟨*Tess*⟩ pesante tessuto *m* di lana. **3** ⟨*Vest*⟩ pesante mantello *m* di lana.

dream¹ [driːm] *s.* **1** sogno *m: to have a ~* fare un sogno. **2** (*daydream, reverie*) fantasticheria *f*, fantasia *f*, sogno *m* (a occhi aperti): *to live in a ~* vivere in un sogno. **3** ⟨*fig*⟩ (*goal*) sogno *m*, aspirazione *f;* (*impractical plan, etc.*) sogno *m*, chimera *f*. **4** ⟨*fam*⟩ (*something beautiful, enjoyable*) sogno *m*, meraviglia *f: a ~ of a hat* un cappello che è un sogno. **II** *a.* **1** in sogno, di (*o* dei) sogni. **2** ⟨*fam*⟩ (*ideal*) di sogno, ideale, perfetto: *a ~ house* una casa di sogno.

dream² *v.* (*pret., p.p.* **dreamed** [–d]/**dreamt** [dremt]) **I** *v.i.* **1** sognare (*of, about* di): *to ~ about s.o.* sognare (di) qd. **2** (*to have daydreams*) fantasticare (su): *he sat –ing of his future* se ne stava a fantasticare sul suo futuro. **3** ⟨*fig*⟩ (*to long*) sognare (*of s.th.* qc.): *to ~ of glory* sognare la gloria. **4** ⟨*fig*⟩ sognare, immaginare (*of* di): *I wouldn't ~ of doing such a thing* non mi sognerei (mai) di fare una cosa simile. **II** *v.t.* **1** sognare. **2** ⟨*fig*⟩ sognare, immaginare, supporre. □ *to ~ away the hours* passare le ore fantasticando; ⟨*fig*⟩ *I little –t that* non immaginavo neanche lontanamente che; ⟨*fam*⟩ *to ~ up* immaginare, escogitare, ideare.

dream| boat *s.* ⟨*sl*⟩ **1** uomo *m* (*o* donna *f*) dei sogni. **2** (*any desirable thing*) sogno *m*, cosa *f* vagheggiata. **~ book** *s.* libro *m* dei sogni.

dreamer ['driːmə] *s.* **1** sognatore *m* (*f* –trice) (*anche fig.*). **2** ⟨*fig*⟩ utopista *m/f*, visionario *m* (*f* –a). **dreamily** [–mili] *avv.* come in un sogno. **dreaminess** [–minis] *s.* l'essere sognatore, tendenza *f* a fantasticare. **dreamland** [–mlænd] *s.* paese *m* dei sogni. **dreamless** [–mlis] *a.* (*of sleep*) senza sogni. **dreamlike** [–mlaik] *a.* **1** simile a un sogno, fantastico. **2** (*vague*) indeterminato, vago, indistinto.

dreamt [dremt] → **dream²**.

dream| vision *s.* ⟨*Lett*⟩ sogno *m*. **~world** *s.* **1** → **dreamland**. **2** (*world of fantasy*) mondo *m* ⌐della fantasia⌐ (*o* dei sogni).

dreamy ['driːmi] *a.* **1** immerso in fantasticherie, sognante. **2** ⟨*fig*⟩ vago, indistinto, irreale. **3** ⟨*fam*⟩ (*delightful*) di sogno.

drear ['driə] *a.* ⟨*poet*⟩ → **dreary**. **dreariness** [–rinis] *s.* **1** desolazione *f*, tristezza *f*, squallore *m*. **2** (*boredom*) tediosità *f*. **dreary** [–ri] *a.* **1** desolato, squallido, malinconico. **2** (*depressing*) deprimente; (*boring*) noioso, tedioso.

dreck *am.* [drek] *s.* ⟨*sl*⟩ **1** escremento *m*. **2** (*inferior* *merchandise*) robaccia *f.*

dredge[1] [dredʒ] **I** *s.* draga *f.* **II** *v.t.* (spesso con *up*) dragare: *to ~ a river* dragare un fiume. **III** *v.i.* usare la draga, scavare con la draga.

dredge[2] *v.t.* ⟨*Gastr*⟩ cospargere, spruzzare, spolverizzare.

dredger[1] ['dredʒə] *s.* **1** draga *f.* **2** (*person*) draghista *m*, dragatore *m.*

dredger[2] *s.* ⟨*Gastr*⟩ spolverino *m.*

dredging ['dredʒiŋ] *s.* dragaggio *m.*

dreg [dreg] *s.* **1** *pl.* feccia *f*, posatura *f*, sedimento *m.* **2** *pl.* ⟨*fig*⟩ feccia *f*, scorie *fpl*, rifiuti *mpl: the ~s of society* le scorie della società. **3** (*last part*) residuo *m.* ▢ *to drink* (o *drain*) *to the ~s* bere fino alla feccia (*anche fig.*). **'dreggy** [-i] *a.* torbido, impuro.

drench [drentʃ] **I** *v.t.* **1** inzuppare, infradiciare: *the downpour ~ed us* il rovescio d'acqua ci infradiciò. **2** ⟨*Veter*⟩ somministrare un beverone a. **II** *s.* **1** infradiciatura *f.* **2** ⟨*Veter*⟩ beverone *m.*

Dresden ['drezdən] *N.pr.* ⟨*Geog*⟩ Dresda *f.*

dress[1] [dres] **I** *s.* **1** (*woman's garment*) abito *m*, vestito *m.* **2** (*clothing*) abbigliamento *m*, vestiti *mpl*, abiti *mpl;* (*style of clothing*) foggia *f*, moda *f: seventeenth century ~* la moda del diciassettesimo secolo. **3** (*formal attire*) abito *m* da cerimonia. **4** (*manner of dressing*) abbigliamento *m*, modo *m* di vestire: *to be careless about one's ~* non curarsi del (o essere trascurato nel) proprio abbigliamento. **5** ⟨*Ornit*⟩ piumaggio *m.* **6** ⟨*fig*⟩ veste *f*, forma *f.* **7** ⟨*Mil*⟩ divisa *f*, uniforme *f*, tenuta *f: battle ~* tenuta da combattimento. **II** *a.* **1** (*for a formal occasion*) da cerimonia: *~ shoes* scarpe da cerimonia. **2** (*requiring formal dress*) di gala.

dress[2] **I** *v.t.* **1** vestire: *to ~ a child* vestire un bambino; *this tailor ~es all the best people* questo sarto veste la migliore società. **2** (*to adorn;* spesso con *up*) addobbare, ornare, decorare. **3** (*of the hair*) pettinare, acconciare. **4** ⟨*Med*⟩ medicare, bendare, fasciare. **5** (*of meat, poultry, etc.*) preparare (per la cottura), pulire. **6** ⟨*Gastr*⟩ condire: *to ~ the salad* condire l'insalata. **7** ⟨*Mil*⟩ mettere in riga, allineare: *to ~ ranks* allineare le truppe. **8** ⟨*Agr*⟩ (*to cultivate*) coltivare; (*to manure*) concimare. **9** ⟨*Conc*⟩ conciare, lavorare. **10** ⟨*Tess*⟩ dare forma a, apprettare. **11** ⟨*Fal,Edil*⟩ levigare: *to ~ timber* levigare il legno. **12** ⟨*Mar*⟩ pavesare. **II** *v.i.* **1** vestirsi. **2** (*to wear formal dress;* spesso con *up*) vestirsi, cambiarsi: *to ~ for dinner* cambiarsi per il pranzo. **3** ⟨*Mil*⟩ allinearsi. ▢ (*fam*) *to ~ down* rimproverare, (*fam*) dare una lavata di capo a; *to get ~ed* vestirsi; ⟨*Mar*⟩ *to ~ ship* issare il pavese; *to ~ a shopwindow* preparare (o allestire) una vetrina; ⟨*Edil*⟩ *to ~ a stone* squadrare una pietra; *to ~ up:* 1 vestire a festa, mettere l'abito migliore; 2 (*to wear a fancy dress*) mascherarsi, vestirsi in costume; *to ~ well* vestire bene.

dressage [dre'saːʒ] *s.* ⟨*Equit*⟩ dressage *m*, dressaggio *m.*

dress| circle *s.* ⟨*Teat*⟩ prima galleria *f.* **~ coat** *s.* frac *m*, marsina *f.* **~ designer** *s.* stilista *m/f.*

dresser[1] ['dresə] *s.* **1** chi veste qd., cameriere *m* (*f* -a) personale; (*of an actor*) vestiarista *m/f*, costumista *m/f.* **2** (*one who dresses in a specific way*) persona *f* che (si) veste in un certo modo; (*one who dresses stylishly*) persona *f* elegante. **3** (*surgeon's assistant*) assistente *m/f.* **4** ⟨*Conc*⟩ conciatore *m.* ▢ *a careful ~* una persona che veste con cura (o accurata nel vestire).

dresser[2] *s.* ⟨*Arred*⟩ **1** credenza *f* (di cucina). **2** ⟨*am*⟩ (*dressing table*) toletta *f.* **3** ⟨*am*⟩ (*bureau*) cassettone *m.*

dress hanger *s.* appendiabiti *m.*

dressiness ['dresinis] *s.* raffinatezza *f*, ricercatezza *f*, eleganza *f.*

dressing ['dresiŋ] *s.* **1** il vestire, il vestirsi. **2** (*preparing*) allestimento *m*, preparazione *f.* **3** ⟨*Gastr*⟩ (*sauce*) condimento *m*, salsa *f: salad ~* condimento per insalata; (*stuffing*) ripieno *m.* **4** ⟨*Med*⟩ medicazione *f*, fasce *fpl*, bende *fpl.* **5** ⟨*Agr*⟩ concime *m*, fertilizzante *m.* **6** ⟨*Fal,Edil*⟩ levigatura *f.* **7** ⟨*Minier*⟩ (*of ores*) trattamento *m.* **8** ⟨*Tess*⟩ finissaggio *m*, apprettatura *f.*

dressing| case *s.* necessaire *m* (o borsa *f*) da viaggio. **~ down** *s.* (*fam*) rimprovero *m*, sgridata *f*, ⟨*fam*⟩ lavata *f* di capo. **~ gown** *s.* vestaglia *f*, veste *f* da camera. **~ room** *s.* **1** spogliatoio *m.* **2** ⟨*Teat*⟩ camerino *m.* **~**

station *s.* ⟨*Mil*⟩ posto *m* di medicazione. **~ table** *s.* to(e)letta *f.* **2** (*for babys*) fasciatoio *m.*

dress|maker I *s.* sarto *m* (*f* -a) da donna. **II** *a.* fatto misura: *a ~ suit* un abito fatto su misura. **~making** confezione *f* di abiti (da donna). **~ parade** *s.* ⟨*M* parata *f* in alta uniforme. **~ rehearsal** *s.* ⟨*Teat*⟩ prova generale (in costume di scena). **~ shield** *s.* ⟨*Sa* sottoascella *f.* **~ shirt** *s.* ⟨*Vest*⟩ camicia *f* per il frac da sera). **~ suit** *s.* ⟨*Vest*⟩ completo *m* per cerimonia da sera). **~ uniform** *s.* ⟨*Mil*⟩ alta uniforme *f.*

dressy ['dresi] *a.* ⟨*fam*⟩ **1** che veste con ricercatezza (o modo elegante). **2** (*of an event*) mondano. **3** (*of clothe* elegante.

drew [druː] → **draw**[1].

drib [drib]: *in ~s and drabs* poco per volta, a spicciolata.

dribble ['dribl] **I** *v.i.* **1** gocciolare, stillare. **2** (*to driv* sbavare: *the baby is dribbling* il bambino sbava. **3** ⟨*Spo* dribblare, scartare. **II** *v.t.* **1** (far) sgocciolare. **2** ⟨*Spo* dribblare, scartare. **III** *s.* **1** goccia *f*, gocciolina *f.* **2** (*fi* piccola quantità *f*, goccia *f.* **3** ⟨*Sport*⟩ dribbling *m.* ▢ *~s* alla spicciolata. **dribbler** [-ə] *s.* ⟨*Sport*⟩ dribblatore *n* **drib(b)let** [-it] *s.* piccola quantità *f* (o dose), pezzetto ▢ *in ~s* a poco a poco, ⟨*fam*⟩ col contagocce. **dribbli** [-iŋ] *s.* ⟨*Sport*⟩ dribblaggio *m*, dribbling *m.*

dried| beef [draid] *s.* carne *f* di bue essiccata. **~ eg** *s.pl.* uova *fpl* in polvere. **~ fruit** *s.* frutta *f* secca. **~ mi** *s.* latte *m* in polvere.

drier ['draiə] *s.* **1** (*workman*) essiccatore *m.* **2** ⟨*In* essiccatoio *m.* **3** ⟨*tecn*⟩ pasta *f* essiccante. **4** (*hair dri* asciugacapelli *m.*

drift [drift] **I** *s.* **1** movimento *m* (progressivo), moto *the ~ of the tide* il movimento della marea; (*impul* *pressure*) spinta *f*, impulso *m.* **2** (*slow movement*) il flui lento spostamento *m: the ~ to the industrial areas* il len spostamento verso le zone industriali. **3** ⟨*Mar,Aer*⟩ deri *f.* **4** ⟨*Geog*⟩ corrente *f: the North Atlantic ~* la correr dell'Atlantico settentrionale. **5** ⟨*Mar*⟩ portata *f* (o velocit di una corrente. **6** (*mass of smoke, rain, etc.*) turbine vortice *m.* **7** (*bank of snow, sand*) cumulo *m*, banco ammasso *m.* **8** (*debris carried by currents*) materiale trascinato dalle correnti. **9** ⟨*fig*⟩ (*trend*) tendenza inclinazione *f: the ~ of the economy is towards inflation* situazione economica presenta una tendenza inflazionisti **10** ⟨*fig*⟩ (*abdication of control*) immobilismo *m: drift* **~** politica dell'immobilismo. **11** ⟨*fig*⟩ (*meanin* significato *m*, senso *m*, portata *f: I did not catch the ~* his argument* non colsi il significato della s argomentazione. **12** ⟨*Geol*⟩ drift *m*, deposito alluvionale. **13** → **driftnet**. **14** ⟨*Minier*⟩ galleria *f* livello. **15** ⟨*Fis*⟩ (*of ions*) spostamento *m.* **16** ⟨*Me* punteruolo *m*, punzone *m.* **17** ⟨*Arch*⟩ spinta *f* orizzonta **II** *v.i.* **1** essere trascinato dalla corrente, andare a deriva (*anche fig.*). **2** (*to wander aimlessly*) vaga vagabondare, girovagare: *to ~ from town to to* girovagare da una città all'altra. **3** (*to move slow gradually*) spostarsi lentamente: *the nomads ~ed south* nomadi si spostavano lentamente verso il sud. **4** (*to driven into masses*) ammucchiarsi, accumular ammassarsi: *the snow is ~ing* la neve si accumula. ⟨*Aer,Mar*⟩ andare alla deriva. **6** ⟨*Rad,TV*⟩ deviare. **I** *v.t.* **1** trascinare, trasportare. **2** (*to drive into heap* accumulare, ammassare. ▢ ⟨*fig*⟩ *to ~ apart* (*of perso* perdersi di vista; *to let things ~* lasciar correre, lascia che le cose vadano per il loro verso.

driftage ['driftidʒ] *s.* **1** l'andare (o l'essere trasporta alla deriva. **2** ⟨*Geol*⟩ detriti *mpl.* **3** ⟨*Mar,Aer*⟩ deriva *f*

drift| anchor *s.* ⟨*Mar*⟩ ancora *f* galleggiante (o di deriv **~ angle** *s.* ⟨*Aer,Mar*⟩ angolo *m* di deriva. **~ bolt** *s.* **drift pin.**

drifter ['driftə] *s.* **1** persona *f* (o cosa) che va alla deriva. (*person without aim*) incostante *m/f*, indeciso *m* (*f* -a). ⟨*Mar*⟩ peschereccio *m* con rete a deriva. **4** ⟨*Mini* perforatrice *f.*

drift| ice *s.* ghiacci *mpl* galleggianti, ghiaccio *m* alla deri **~ indicator** *s.* ⟨*Aer,Mar*⟩ derivometro *m.* **~ net** ⟨*Pesc*⟩ rete *f* a deriva. **~ pin** *s.* ⟨*Mecc*⟩ spina *f* (conic

sail s. ⟨Mar⟩ vela f a sacco. ~ **sand** s. duna f.

ll¹ [dril] **I** s. **1** ⟨Mecc⟩ (drill bit) punta f da trapano; apparatus) trapano m. **2** ⟨Minier⟩ sonda f, trivella f. **3** Mil⟩ addestramento m, esercitazioni fpl: bayonet ~ sercitazioni alla baionetta. **4** (physical training) ddestramento m, allenamento m. **5** ⟨Scol⟩ esercizio m rale), esercitazione f: a pronunciation ~ un esercizio di ronuncia. **II** v.t. **1** trapanare; (to perforate) (per)forare; f a hole) fare, praticare: to ~ a hole in s.th. praticare un ro in qc. **2** ⟨Minier⟩ trivellare, sondare. **3** ⟨Mil⟩ sercitare, addestrare. **4** ⟨Scol⟩ far fare esercizio a, sercitare. **III** v.i. **1** ⟨Minier⟩ fare perforazioni (o ivellazioni, sondaggi): to ~ for oil fare trivellazioni per cerche petrolifere. **2** ⟨Mil⟩ fare esercitazioni. □ it's easy you know the ~ è facile se sai come si fa.

ll² s. ⟨Agr⟩ **1** solco m. **2** (machine) seminatrice f (a ghe). **3** (row of seeds) fila f di semi deposti nel solco. **4** lgr⟩ semina f a righe. **II** v.t. **1** (of seeds) seminare a ghe. **2** (of ground) coltivare seminando a righe.

ll³ s. ⟨Tess⟩ tessuto m diagonale (pesante).

ll| bow s. ⟨Mecc⟩ archetto m di trapano. ~ **ground** s. Mil⟩ piazza f d'armi.

lling ['drilin] s. **1** ⟨Mecc⟩ foratura f, trapanatura f. **2** Minier⟩ trivellazione f, perforazione f. **3** ⟨Mil,Scol⟩ ercitazioni fpl.

lling| machine s. ⟨Mecc⟩ trapano m, trapanatrice f. ~ g s. ⟨Minier⟩ piattaforma f di perforazione.

ll| master s. istruttore m. ~ **press** s. ⟨Mecc⟩ trapano verticale. ~ **sergeant** s. ⟨Mil⟩ sergente m istruttore.

ly avv. → **dryly**.

nk¹ [driŋk] v. (pret. **drank** [dræŋk]/p.p. **drunk** [drʌnk]) v.t. **1** bere. **2** (to absorb; spesso con in, up) bere, sorbire: the dry ground drank in the rain la terra arida eveva la pioggia. **3** (fig) (general. con in) bersi, bere: to s.o. in with one's eyes bersi qd. con gli occhi; the child ank in every word of the story il bambino beveva ogni arola del racconto. **II** v.i. **1** bere: no thanks, I don't ~ grazie, non bevo (alcolici). **2** (to toast) bere alla salute di), brindare (a): to ~ to s.o. (o s.o.'s health) bere alla lute di qd. □ to ~ **away** spendere in alcolici, ⟨fam⟩ rsi: he has drunk all his salary away si è bevuto tutto lo pendio; to ~ o.s. to **death** uccidersi a furia di bere, bere nto da morire alcolizzato; to ~ **deep**: 1 bere a grandi rsi; 2 ⟨fig⟩ abbeverarsi; to ~ o.s. **drunk** bere fino a riacarsi; ⟨fam⟩ to ~ **like** a **fish** bere come un otre (o a spugna); **fit** to ~ potabile, bevibile; to ~ **off** bere in a sorso (o tutto d'un fiato), tracannare; to ~ a **toast** to . fare un brindisi a qd.; to ~ the **waters** fare la cura lle acque.

nk² s. **1** bevanda f; (soft drink) bibita f; (alcoholic) colico m, bevanda f alcolica. **2** (excessive use of alcohol) bere alcol, vizio m del bere: to drive s.o. to ~ spingere . al bere. **3** (draught of liquid) sorso m, sorsata f: to a ~ of water bere un sorso d'acqua. **4** ⟨sl⟩ (sea) are m, oceano m. □ to **have** a ~ with s.o. bere qc. (o bicchiere) con qd.; under the **influence** of ~ sotto ffetto dell'alcool; **on** the ~ dedito all'alcool; to **smell** of puzzare d'alcool; to **take** to ~ darsi al bere; to be the rse for ~ essere ubriaco.

nkable ['driŋkəbl] a. potabile, bevibile. **drinker** [-kə] **1** chi beve. **2** (of alcoholic drinks) bevitore m (f -trice): hard ~ un forte (o accanito) bevitore. **drinking** [-kiŋ] s. **1** il bere. **2** (excessive consumption of alcohol) colismo m, ubriachezza f. **II** a. per bere.

nking| bout s. baldoria f, gozzoviglia f. ~ **cup** s. lice m, coppa f. ~**fountain** s. fontanella f, fontana f a onnina. ~ **horn** s. corno m per bere. ~ **song** s. canto bacchico. ~ **trough** s. ⟨Zootecn⟩ abbeveratoio m. water s. acqua f potabile.

p¹ [drip] v. (pret., p.p. **dripped/dript** [-t]) **I** v.i. **1** gocciolare: the tap ~ped il rubinetto gocciolava. **2** (to erflow in drops) grondare, stillare (with s.th. qc.): his thes were ~ping with water i suoi abiti grondavano qua. **II** v.t. far gocciolare.

p² s. **1** sgocciolatura f, stillicidio m; (sound) sgocciolio . **2** ⟨sl⟩ (colourless person) persona f scialba (o significante). **3** ⟨Edil⟩ gocciolatoio m. **4** ⟨Med⟩

---

fleboclisi f.

drip| coffee-maker s. caffettiera f elettrica. ~**-dry I** a. che asciuga rapidamente e non si stira. **II** v.i./t. asciugare rapidamente. ~**-feed** v.t.irr. ⟨Med⟩ nutrire con fleboclisi.

dripper ['dripə] s. scolafritto m.

dripping ['dripiŋ] s. **1** (sound) sgocciolio m. **2** pl. (liquid waste) sgocciolatura f. **3** ⟨Gastr⟩ sugo m d'arrosto.

dripping| pan s. leccarda f. ~ **wet** a. ⟨fam⟩ fradicio, zuppo.

drippy ['dripi] a. **1** → **drizzly**. **2** ⟨sl⟩ sentimentale, sdolcinato.

dripstone ['dripstoun] s. ⟨Edil⟩ gocciolatoio m di pietra.

drive¹ [draiv] v. (pret. **drove** [drouv], p.p. **driven** ['drivn]) **I** v.t. **1** spingere, sospingere: to ~ sheep to pasture spingere il gregge al pascolo. **2** (to cause to penetrate) conficcare, piantare, far entrare: to ~ a nail into the wall conficcare un chiodo nel muro. **3** (of a vehicle) guidare, condurre: to ~ a car guidare una macchina; (to convey in a vehicle) portare (in macchina), accompagnare: can you ~ me to the station? puoi portarmi fino alla stazione? **4** ⟨Mecc⟩ (general. al pass.) azionare, far funzionare: the machinery is -n by vapour il macchinario è azionato dal vapore. **5** (to force to work) far lavorare, spingere al lavoro: he -s me too hard mi fa lavorare troppo. **6** ⟨fig⟩ costringere, forzare, spingere: to ~ s.o. to suicide spingere qd. al suicidio. **7** ⟨Minier,Edil⟩ scavare, tagliare: to ~ a tunnel through a mountain scavare una galleria attraverso una montagna. **8** ⟨Sport⟩ (of a ball: to hit) battere, colpire; (to propel swiftly) scagliare. **9** ⟨Venat⟩ (of game) scovare; (of an area) battere. **II** v.i. **1** spingersi, avanzare: the clouds drove across the sky le nubi avanzavano nel cielo. **2** (to dash, plunge) irrompere, gettarsi, precipitarsi. **3** (to control a vehicle) guidare: let me ~ fammi guidare; (to go in a vehicle) andare in macchina: we drove home andammo a casa in macchina. **4** ⟨fig⟩ mirare (at a), sforzarsi di raggiungere (qc.), tendere (a), prefiggersi (qc.): to ~ at perfection mirare alla perfezione; I have no idea what he is driving at non ho idea a che cosa miri. □ to ~ **at** s.th. mirare a qc.; to ~ **away** allontanarsi (in macchina); to ~ away at s.th. lavorare assiduamente a qc.; to ~ s.o. **back** riaccompagnare qd. in macchina; the enemy was -n back il nemico fu respinto; to ~ a good **bargain** concludere un buon affare; ⟨fig⟩ to ~ s.o. into a **corner** mettere qd. ⌐alle corde⌐ (o in difficoltà); to be hard -n esser costretto a lavorare sodo; to ~ **in** entrare (in macchina); to ~ **into** the **garage** ⌐far entrare⌐ (o mettere) la macchina in garage; to let ~ at s.o. assestare (o dare) un colpo a qd.; to ~ s.o. **mad** far impazzire qd., far uscire qd. dai gangheri; to ~ **off** allontanarsi in macchina; to ~ **out**: 1 uscire (in macchina) 2 (to expel) cacciare, scacciare; to ~ a roaring **trade** fare affari d'oro; to ~ **up** (in a vehicle) accostarsi, avvicinarsi.

drive² **I** s. **1** passeggiata f in macchina (o auto, carrozza, ecc.), gita f: to go for a ~ in the country fare una gita in auto in campagna; (short trip) giro m (in macchina). **2** (vigorous movement forward) propulsione f, spinta f. **3** ⟨Psic⟩ impulso m: the sex ~ l'impulso sessuale. **4** ⟨Mil⟩ attacco m, offensiva f. **5** ⟨fig⟩ energia f, iniziativa f, spirito m d'iniziativa: he lacks ~ manca di spirito d'iniziativa. **6** ⟨Mecc⟩ trasmissione f, comando m. **7** ⟨Aut⟩ (for propelling) trazione f: front wheel ~ trazione anteriore; (for steering) guida f. **8** ⟨Strad⟩ (private road to a house) viale m (d'accesso), strada f privata; (road for vehicles) strada f rotabile (o carrozzabile). **9** (united effort for some purpose) campagna f (di propaganda). **10** ⟨Sport⟩ colpo m alla palla; (in tennis) drive m, diritto m; (in golf) drive m, colpo m lungo. **11** ⟨Venat⟩ battuta f, inseguimento m. **12** ⟨Inform⟩ unità f disco. **II** a. ⟨Mecc⟩ di trasmissione (o comando). □ to go for a ~ fare una gita in automobile; it's an hour's ~ away è a un'ora di macchina da qui; ⟨Aut⟩ with four-wheel ~ a quattro ruote motrici.

drive-in s. **1** (cinema) drive-in m, cineparco m. **2** → **drive-in bank**. **3** (restaurant) ristorante m in cui si è serviti senza scendere dall'automobile.

drive-in bank s. autobanca f, banca f per automobilisti.

drivel[1] ['drivl] v. (pret., p.p. **drivelled**/am. **driveled** [-d]) **I** v.i. **1** sbavare; (from the nose) avere la goccia al naso. **2** (to talk foolishly) parlare a vanvera, dire sciocchezze. **II** v.t. dire in modo sciocco.

drivel[2] s. ciance fpl, ciarle fpl; (nonsense) sciocchezze fpl, stupidaggini fpl. **driveler** am., **driveller** [-ə] s. chiacchierone m (f –a).

driven ['drivn] → **drive**[1].

driver ['draivə] s. **1** (of a vehicle) conducente m/f, guidatore m (f –trice), autista m/f; (of a coach) cocchiere m, postiglione m; (of a cab) vetturino m. **2** ⟨Ferr⟩ macchinista m. **3** (of cattle, etc.) mandriano m. **4** (one who exacts hard work) negriere m. **5** ⟨Sport⟩ (in golf) driver m, bastone m in legno. **6** ⟨Mecc⟩ elemento m motore.

driver's| cab s. ⟨Ferr⟩ cabina f (del macchinista). **~ license** am. s. → **driving licence**. **~ seat** s. ⟨fig⟩ posto m di comando.

drive| shaft s. ⟨Mecc⟩ albero m motore. **~way** am. s. **1** (drive) viale m (d'accesso). **2** (road for vehicles) strada f rotabile (o carrozzabile).

driving ['draiviŋ] **I** s. ⟨Aut⟩ guida f, modo m di guidare: dangerous ~ guida pericolosa. **II** a. **1** di guida: ~ lessons lezioni di guida. **2** ⟨Mecc⟩ di trasmissione. □ ~ rain pioggia sferzante.

driving| belt s. ⟨Mecc⟩ cinghia f di trasmissione. **~ force** s. **1** forza f motrice. **2** ⟨fig⟩ motore m, animatore m. **~ gear** s. ⟨Mecc⟩ ingranaggio m conduttore. **~ gloves** s.pl. guanti mpl da guida. **~ licence, ~ license** am. s. ⟨Aut⟩ patente f (di guida). **~ mirror** s. ⟨Aut⟩ retrovisore m, specchietto m retrovisivo. **~ school** s. scuola f guida. **~ test** s. esame m di guida, esame m di idoneità per la patente. **~ wheel** s. ⟨Mecc⟩ ruota f motrice.

drizzle ['drizl] **I** v.i. piovigginare (costr. impers.), cadere a goccioline. **II** s. **1** pioggerella f, acquerugiola f. **2** ⟨Meteor⟩ pioggia f fine, pioviggine f. **drizzly** [-i] a. piovigginoso.

drogue ['droug] s. **1** ⟨Mar⟩ ancora f galleggiante. **2** ⟨Aer⟩ (drogue parachute) paracadute m frenante.

droit [drɔit, drwa] s. ⟨Dir⟩ diritto m.

droll [droul] **I** a. buffo, comico, faceto, ameno. **II** s. tipo m buffo. **'drollery** [-əri] s. **1** cosa f divertente. **2** (droll quality) buffoneria f, comicità f. **3** (jesting) scherzo m, facezia f.

drome [droum] (accorc. di aerodrome) s. ⟨fam⟩ aerodromo m.

dromedary ['drʌmədəri, 'drɔm–] s. ⟨Zool⟩ dromedario m.

drone[1] [droun] **I** s. **1** ⟨Entom⟩ fuco m, pecchione m. **2** ⟨fig⟩ (idler) fannullone m (f –a), poltrone m (f –a); (parasite) scroccone m (f –a), parassita m/f. **3** ⟨Aer⟩ aeroplano m radiocomandato. **4** ⟨Mar⟩ nave f radiocomandata. **II** v.i. vivere nell'ozio, ⟨fam⟩ bighellonare.

drone[2] **I** v.i. **1** ronzare. **2** (to speak monotonously) parlare in modo monotono. **II** v.t. dire con voce monotona. **III** s. **1** ronzio m. **2** ⟨Mus⟩ suono m di cornamusa; (pipe) bordone m; (drone bass) basso m tenuto. **3** (speaker) persona f che parla in modo monotono.

drool [dru:l] **I** v.i. **1** aver l'acquolina in bocca; (to slaver) sbavare. **2** (to talk foolishly) parlare a vanvera, dire sciocchezze. **3** (to enthuse) mostrare entusiasmo. **II** s. **1** saliva f. **2** (nonsense) sciocchezze fpl.

droop [dru:p] **I** v.i.**1** chinarsi, piegarsi, abbassarsi, curvarsi: his head –ed tiredly chinò la testa stancamente; (of flowers) appassire. **2** ⟨fig⟩ abbattersi, scoraggiarsi, avvilirsi; (to flag) languire. **II** v.t. piegare, abbassare, reclinare. **III** s. **1** abbassamento m. **2** ⟨fig⟩ accasciamento m, sconforto m, scoraggiamento m. □ ⟨am.Mil⟩ to ~ the colours salutare abbassando la bandiera. **'droopy** [-i] a. **1** abbassato, chino. **2** ⟨fig⟩ abbattuto, scoraggiato, ⟨fam⟩ giù di morale.

drop[1] [drɔp] s. **1** goccia f, stilla f: a ~ of blood una goccia di sangue. **2** (small quantity of liquid) sorso m, goccio m, goccia f: a ~ of whisky un sorso di whisky. **3** pl. ⟨Farm⟩ gocce fpl; (for the eyes) gocce fpl (oculari), collirio m. **4** ⟨fig⟩ briciolo m, filo m: he has not a ~ of comprehension in him non ha un briciolo di comprensione. **5** (fall)

caduta f; (distance to which anything drops) salto m dislivello m: a ~ of twenty metres un salto di venti me (steep slope) discesa f ripida. **6** (sudden decline) caduta ribasso m: a ~ in prices un ribasso dei prezzi; (collap crollo m; (of temperature) abbassamento m. **7** ⟨Do drop m, caramella f a base di gomma e frutta. **8** (pend of an earring, chandelier, etc.) goccia f, gocciola f. **9** **drop earring**. **10** pl. ⟨Arch⟩ gocce fpl. **11** ⟨Aer.m lancio m di paracadutisti; (parachute descent) discesa f paracadute; (dropping of supplies) lancio m. **12** (of gallows) trabocchetto m. **13** → **drop curtain**. **14** → **d** scene. **15** → **drop kick**. □ ⟨fig⟩ a ~ in the bucket ocean) una goccia nel mare; by –s (o ~ by ~) a goc goccia a goccia; ⟨am.sl⟩ to **get** (o have) the ~ on s.o. essere il primo a sparare; **2** (to get the advantage o cogliere qd. in contropiede; ⟨fig⟩ at the ~ of a immediatamente, senza indugio, subito; **in** –s = **by** dr to the **last** ~ fino all'ultima goccia; ⟨fam⟩ to **take** a ~ much bere un sorso (o bicchierino) di troppo; ⟨El⟩ ~ **voltage** caduta f di tensione.

drop[2] v. (pret., p.p. **dropped** [-t]) **I** v.i. **1** (s)goccioli: gocciolare, cadere a gocce. **2** (to fall) cadere: the p –ped from her hand il piatto le cadde di mano. **3** descend abruptly) scendere bruscamente (o ripidamen the road –ped into the valley la strada scend ripidamente nella valle. **4** (to let o.s. fall) lasciarsi cade abbandonarsi: to ~ into a chair lasciarsi cadere su sedia. **5** (to fall wounded, dead, etc.) stramazzare. **6** pass gradually into a condition) cadere: to ~ asleep a addormentarsi; (of a habit) prendere: to ~ into a h prendere un'abitudine. **7** (to come to an end) cessa finire. **8** (to diminish; spesso con off) calare, abbassa diminuire, ridursi: the temperature –ped suddenly temperatura si abbassò improvvisamente; (of pri diminuire; (of the wind) calare. **9** (to vanish) spa scomparire. **10** (to withdraw) ritirarsi (out of rinunciare (a): to ~ out of a race ritirarsi da una gara. ⟨Venat⟩ (of a dog) puntare. **II** v.t. **1** far (o lasciar) cade gocce, gocciolare. **2** (to let fall) far (o lasciar) cadere: t a vase far cadere un vaso. **3** (to lower) diminuire, ridu (of the voice) abbassare (il tono di). **4** (to set down fro vehicle) far scendere, portare: the bus will ~ you at corner l'autobus ti porterà fino all'angolo. **5** (to b down with a shot or blow) abbattere. **6** (to give abbandonare, lasciar cadere: the project has been –pe progetto è stato abbandonato; to ~ the subject las cadere un argomento. **7** (to break off with) rompere tagliare i ponti con: his friends –ped him i suoi a tagliarono i ponti con lui. **8** (to mention casually) las cadere, buttar là: he –ped a remark buttò un'osservazione. **9** ⟨fam⟩ (to lose) perdere: to ~ mo perdere denaro. **10** ⟨Sport⟩ eliminare, escludere: he –ped from the team fu eliminato dalla squadra; (of a l mandare in buca (o rete). **11** ⟨Sport⟩ → **drop kick**. ⟨Zool⟩ partorire. **13** ⟨Aer.mil⟩ (to parach paracadutare; (of bombs) sganciare. **14** ⟨Fon⟩ pronunciare: to ~ one's aitches non pronunciare l'acca. (to omit in writing, typing, etc.) omettere, tralasciare. ⟨Mar⟩ distanziare. □ to ~ **across** s.o. imbattersi in incontrare qd. per caso; ⟨Mar⟩ to ~ **anchor** dar fo all'ancora, gettare l'ancora; ⟨Mar⟩ to ~ **astern** rimar indietro; to ~ **away** calare, diminuire; ⟨Mil⟩ to ~ b ritirarsi; to ~ **behind** rimanere indietro (anche fig.); ~ **dead!** crepa!; to ~ **down** on s.o. dare una lavat capo a qd., rimproverare (o sgridare) qd.; to ~ **in** on fare un salto da qd., passare da qd.; ⟨fam⟩ ~ **it!** smet piantala!; to **let** ~ dire incidentalmente, accennare (c per caso); to let a matter ~ lasciar cadere un argome let it ~ lasciamo perdere, cambiamo argomento; to **letter** into a post box imbucare una lettera; to ~ s. **line** scrivere due righe a qd.; to ~ **off:** 1 far scendere ~ you off at the corner ti farò scendere all'angolo; 2 fall asleep) cadere addormentato; 3 (to decre diminuire, calare; 4 (eufem) (to die) morire; to ~ ou (to cease to compete) ritirarsi; 2 (sl) (to opt respingere le convenzioni, rifiutare la vita convenzio ⟨scherz⟩ you could have heard a pin ~ non si sen olare una mosca.

op| curtain s. ⟨*Teat*⟩ siparietto *m*. ~ **earring** s. ⟨*Oref*⟩ recchino *m* a goccia. ~ **forge** I s. ⟨*Met*⟩ maglio *m* meccanico. II *v.t.* stampare a caldo (con maglio meccanico). ~ **forging** s. ⟨*Met*⟩ fucinatura *f* a stampo. ~ **hammer** s. ⟨*Met*⟩ maglio *m* a caduta libera, berta *f*. ~ **handlebar** s. (general. al pl.) manubrio *m* da corsa. ~ ~n s. **1** visitatore *m* (*f* –trice) casuale. **2** (*informal social event*) riunione *f* informale. ~ **kick** I s. ⟨*Sport*⟩ calcio *m* di rimbalzo. II *v.i.* calciare di rimbalzo.

oplet ['drɔplit] s. gocciolina *f*.

op-off s **1** (*steep slope*) pendio *m* ripido. **2** (*decrease*) diminuzione *f*, riduzione *f*, calo *m: a* ~ *in attendance* una diminuzione delle presenze.

opout¹ ['drɔpaut] s. emarginato *m* (*f* –a).

opout² s. **1** ⟨*Acu*⟩ caduta *f* di suono. **2** ⟨*Inform*⟩ perdita di informazioni.

opped egg [drɔpt] s. ⟨*Gastr*⟩ uovo *m* ⌐in camicia⌐ (*o* affogato).

opper ['drɔpə] s. **1** contagocce *m*. **2** ⟨*Venat*⟩ cane *m* da punta.

opping ['drɔpiŋ] s. **1** gocciolamento *m*. **2** *pl.* (*dung*) sterco *m*.

opping–out s. **1** ritiro *m* (da scuola e sim.). **2** ⟨*Sociol*⟩ allontanamento *m* dalla società.

op scene s. **1** → **drop curtain**. **2** (*final scene*) scena *f* finale.

opsical ['drɔpsikl] a. **1** → **dropsied**. **2** (*puffy*) gonfio, turgido. **dropsied** [–sid] a. ⟨*Med*⟩ idropico. **dropsy** [–si] s. ⟨*Med,Veter*⟩ idropsia *f*.

op| table s. tavolo *m* ribaltabile. ~**wort** s. ⟨*Bot*⟩ filipendola *f*.

osera ['drɔsərə] s. ⟨*Bot*⟩ drosera *f*.

osophila [drɔ'sɔfilə] s. ⟨*Entom*⟩ drosofila *f*.

oss [drɔs] s. **1** ⟨*Met*⟩ scoria *f*. **2** (*waste matter*) materiale *m* di scarto, rifiuto *m*. **3** ⟨*fig*⟩ cosa *f* senza valore, ciarpame *m*. **'drossy** [–i] a. **1** pieno di scorie. **2** ⟨*fig*⟩ senza (*o* privo di) valore.

ought [draut] s. **1** siccità *f*, mancanza *f* d'acqua. **2** ⟨*fig*⟩ scarsità *f*, penuria *f*. **3** ⟨*dial*⟩ (*thirst*) sete *f*. **'droughty** [–i] a. **1** arido, secco. **2** (*of drought*) di siccità. **3** (*thirsty*) assetato.

outh [drauθ] s. → **drought**. **'drouthy** [–i] a. → **droughty**.

ove¹ [drouv] → **drive**¹.

ove² I s. **1** branco *m*, mandria *f*; (*flock*) gregge *m*. **2** ⟨*fig*⟩ sciame *m*, folla *f*, moltitudine *f: tourists arrived in* –s turisti arrivavano a sciami. **3** ⟨*Mur*⟩ (*chisel*) scalpello *m* da sbozzo. II *v.t.* **1** (*of cattle*) condurre, spingere. **2** ⟨*Mur*⟩ lavorare con uno scalpello da sbozzo. III *v.i.* fare il mandriano. **'drover** [–ə] s. **1** mandriano *m*. **2** (*dealer*) mercante *m* di bestiame.

own [draun] I *v.i.* affogare, annegare. II *v.t.* **1** affogare, annegare (*anche fig.*): *he was* –*ed in the lake* annegò nel lago; *to* ~ *one's sorrow in drink* annegare (*o* affogare) i dispiaceri nel vino. **2** (*to flood*) allagare, inondare, sommergere. **3** ⟨*fig*⟩ sprofondare, sommergere: *to be* –*ed in sleep* essere sprofondato nel sonno. **4** (*of sounds*) soffocare, coprire: *the din* –*ed his cries* il frastuono coprì le sue grida. **5** ⟨*scherz*⟩ (*of an alcoholic drink*) mettere troppa acqua in, diluire troppo. □ *to be* –*ed out* esser costretto ad abbandonare la casa a causa ⌐dell'inondazione⌐ (*o* della piena); *as wet as a* –*ed rat* bagnato come un pulcino. *Prov.: a* –*ing man will clutch at a straw* un uomo che affoga si attacca a uno stelo.

owse [drauz] I *v.i.* **1** (spesso con *off*) sonnecchiare, essere assopito. **2** (*to be sluggish*) esser pigro (*o* indolente). II *v.t.* far assopire, rendere sonnolento. III *s.* assopimento *m*, sonnolenza *f*. □ *to* ~ *away time* passare il tempo sonnecchiando.

owsily ['drauzili] *avv.* con aria sonnolenta. **drowsiness** [–zinis] s. sonnolenza *f*, assopimento *m*. **drowsy** [–zi] a. **1** assonnato, assopito, sonnolento. **2** ⟨*fig*⟩ (*lethargic*) pigro, indolente. **3** (*inducing sleep*) sonnolento:. *a* ~ *afternoon* un pomeriggio sonnolento.

·ub [drʌb] *v.t.* (*pret., p.p.* **drubbed** [–d]) **1** battere, bastonare, picchiare. **2** (*to defeat utterly*) battere,

sconfiggere. □ *to* ~ *sense into· s.o.* far ragionare qd. a furia di botte. **'drubbing** [–iŋ] s. **1** botte *fpl*, legnate *fpl*, batoste *fpl: to give s.o. a* ~ prendere qd. a legnate. **2** (*decisive defeat*) sconfitta *f*, disfatta *f*, batosta *f*.

drudge [drʌdʒ] I s. chi fa un lavoro duro (*o* ingrato), uomo *m* (*o* donna *f*) di fatica, ⟨*fam*⟩ bestia *f* da soma. II *v.i.* fare un lavoro duro (*o* ingrato), ⟨*fam*⟩ sgobbare, ⟨*fam*⟩ sfacchinare. **'drudgery** [–əri] s. lavoro *m* duro (*o* ingrato), ⟨*fam*⟩ sgobbata *f*, ⟨*fam*⟩ sfacchinata *f*.

drug¹ [drʌg] s. **1** ⟨*Farm*⟩ farmaco *m*, prodotto *m* farmaceutico, sostanza *f* medicinale. **2** (*narcotic*) droga *f*, narcotico *m*. □ ⟨*Comm*⟩ ~ *on the market* merce *f* difficilmente vendibile, articolo poco richiesto.

drug² v. (*pret., p.p.* **drugged** [–d]) I *v.t.* **1** (*of food, drink*) drogare, mettere un narcotico in. **2** (*of people*) drogare, narcotizzare. **3** ⟨*fig*⟩ intontire, istupidire. II *v.i.* drogarsi, fare uso di stupefacenti.

drug| abuse s. abuso *m* di sostanze stupefacenti. ~ **abuser** s. drogato *m* (*f* –a), tossicodipendente *m/f*. ~ **addict** s. tossicodipendente *m/f*. ~ **addiction** s. tossicodipendenza *f*. ~ **company** s. società *f* farmaceutica. ~**daze** s stupore *m* causato dalla droga. ~ **dealing** s. traffico *m* di stupefacenti. ~ **dependence** s. ⟨*Med*⟩ dipendenza *f* dalla droga, tossicodipendenza *f*. ~ **dependent** a. tossicodipendente.

drugget ['drʌgit] s. ⟨*Tess*⟩ tappeto *m* ruvido (*o* grezzo).

druggist ['drʌgist] s. **1** farmacista *m/f*. **2** ⟨*am*⟩ (*drugstore owner*) proprietario *m* (*f* –a) di un drugstore.

drug| habit s. vizio *m* della droga. ~ **pedlar**, ~ **pusher** s. spacciatore *m* di droga. ~ **ring** s. giro *m* della droga. **drugster** ['drʌgstə] s. drogato *m* (*f* –a), tossicodipendente *m/f*.

drug|store *am.* s. **1** drugstore *m*. **2** (*pharmacy*) farmacia *f*. ~ **therapy** s. terapia *f* antidroga. ~ **tolerance** s. ⟨*Med*⟩ assuefazione *f* alla droga. ~ **trafficking** s. ⟨*fam*⟩ traffico *m* di droga.

druid, Druid s. ⟨*Rel*⟩ druido *m*, druida *m*. **druiidess Druidess** [–is] s. druida *f*, druidessa *f*. **dru'idic** [–ik], **dru'idical** [–ikl] a. druidico. **druidism** [–izəm] s. druidismo *m*.

drum¹ [drʌm] s. **1** ⟨*Mus*⟩ tamburo *m*, tamburino *m;* (*sound*) rullio *m* del tamburo. **2** (*any cylindrical object*) rullo *m*, cilindro *m;* (*tin*) barattolo *m;* (*can*) bidone *m*, fusto *m*. **3** ⟨*Mecc,Arch*⟩ tamburo *m*. **4** ⟨*tecn*⟩ tamburo *m* (*o* cilindro) da cavi. **5** ⟨*Anat*⟩ timpano *m*, membrana *f* timpanica. □ ⟨*fig*⟩ *to beat the* ~ battere la grancassa.

drum² v. (*pret., p.p.* **drummed** [–d]) I *v.i.* **1** sonare il tamburo, tamtamburreggiare. **2** (*to beat rhythmically*) tamburellare. II *v.t.* **1** tamburellare con: *to* ~ *one's fingers on the table* tamburellare con le dita sul tavolo. **2** (*to summon by drumming;* spesso con *up*) radunare a rullo di tamburo. □ *to* ~ *a lesson into s.o.'s head* far entrare una lezione in testa a qd. a furia di battere e ribattere; *to* ~ **out: 1** ⟨*Mil*⟩ espellere con infamia; **2** ⟨*fig*⟩ cacciare, espellere; *to* ~ **up** *trade* incrementare il commercio.

drum| beat s. colpo *m* di tamburo. ~**fire** s. ⟨*Artigl*⟩ fuoco *m* tamtamburreggiante. ~**head** s. **1** membrana *f* di tamburo. **2** ⟨*Anat*⟩ membrana *f* del timpano. **3** ⟨*Mar*⟩ testa *f* d'argano. □ ⟨*Mil*⟩ ~ *court martial* corte *f* marziale straordinaria. ~ **major** s. ⟨*Mil*⟩ tamburo *m* maggiore. ~ **majorette** *am.* s. majorette *f*.

drummer ['drʌmə] s. **1** tamburino *m*. **2** ⟨*am*⟩ commesso *m* viaggiatore; (*pedlar*) venditore *m* ambulante.

drum| mixer s. ⟨*Edil*⟩ betoniera *f* a tamburo. ~**stick** s. **1** bacchetta *f* del tamburo. **2** ⟨*fam*⟩ (*of a chicken*) coscia *f* (di pollo).

drunk¹ [drʌŋk] → **drink**¹.

drunk² I *a. pred.* **1** ubriaco, ebbro, ⟨*fam*⟩ sbronzo. **2** ⟨*fig*⟩ ebbro, ubriaco: ~ *with power* ebbro di potere. II s. ⟨*fig*⟩ ubriaco *m* (*f* –a). **2** (*spree*) baldoria *f*, bisboccia *f*. □ *to be dead* (*o blind*) ~ essere ubriaco fradicio; ⟨*Dir*⟩ ~ *and disorderly* in stato di ubriachezza molesta; *to get* ~ ubriacarsi, ⟨*fam*⟩ sbronzarsi; *to be half* ~ essere brillo (*o* alticcio); *as* ~ *as a lord* ubriaco fradicio.

drunkard ['drʌŋkəd] s. ubriacone *m* (*f* –a), beone *m* (*f* –a).

drunken¹ ['drʌŋkən] → **drink**¹.

drunken[2] *a.* **1** ubriaco, ebbro, ⟨*fam*⟩ sbronzo. **2** (*addicted to drink*) dedito 'al bere' (*o* all'alcool). **3** (*caused by intoxication*) da (*o* di) ubriaco: *a* ~ *brawl* una rissa di ubriachi. **4** ⟨*fig*⟩ pendente, inclinato. □ ⟨*am*⟩ ~ *driving* guida *f* in stato di ubriachezza. **drunkenly** [–li] *avv.* da ubriaco. **drunkenness** [–nis] *s.* ubriachezza *f*, sbornia *f*.

drupaceous [dru:'peiʃəs] *a.* ⟨*Bot*⟩ drupaceo. **drupe** [dru:p] *s.* drupa *f*.

druse [dru:z] *s.* ⟨*Min*⟩ drusa *f*.

Druse [dru:z] *s.* ⟨*Rel*⟩ druso *m*.

druthers *am.* [drʌ'θəz] *s.pl.* ⟨*fam*⟩ scelta *f*, preferenza *f*. □ *if I had my* ~ se potessi scegliere.

dry[1] [drai] *a.* **1** asciutto: ~ *clothes* vestiti asciutti. **2** (*not rainy*) asciutto, secco, arido: ~ *weather* tempo asciutto; *a* ~ *climate* un clima secco. **3** (*not containing water*) secco, asciutto: *a* ~ *well* un pozzo secco. **4** ⟨*fam*⟩ (*thirsty*) assetato. **5** (*of bread*) asciutto. **6** (*of a foodstuff*) disidratato, essiccato. **7** ⟨*fig*⟩ (*indifferent, cold*) freddo, distaccato. **8** ⟨*fig*⟩ (*of humour*) caustico, pungente. **9** ⟨*fig*⟩ (*plain*) (puro e) semplice, nudo: ~ *facts* nudi fatti; (*dull*) arido, noioso. **10** (*of wine*) secco, asciutto; (*of a cocktail*) secco. **11** ⟨*Edil*⟩ a secco. **12** ⟨*Met*⟩ (*brittle*) fragile; (*coarse-grained*) a grana grossa; (*impure*) impuro. **13** ⟨*Comm*⟩ solido: ~ *groceries* generi solidi di drogheria. **14** ⟨*am.fam*⟩ proibizionista: *a* ~ *state* uno stato proibizionista. □ ⟨*fam*⟩ *to feel* ~ aver sete; *a medium*–~ *wine* un vino semisecco; *to run* ~: **1** prosciugarsi, seccarsi; **2** ⟨*fig*⟩ restare a corto di argomenti; ⟨*fam*⟩ *a* ~ *work* un lavoro che mette sete.

dry[2] **I** *v.t.* **1** (spesso con *up, out, off*) asciugare: *to* ~ *one's hands* asciugarsi le mani. **2** (*to desiccate*) essiccare, far seccare. **II** *v.i.* (spesso con *out*) asciugarsi, asciugare: *to hang out the clothes to* ~ stendere i panni ad asciugare. □ *to* ~ *one's eyes* asciugarsi gli occhi (*o* le lacrime); *he dried off* (*o out*) *before the fire* si asciugò accanto al fuoco; *to* ~ *up*: **1** seccarsi, inaridirsi: *the river dried up* il torrente si seccò; **2** ⟨*fig*⟩ (*of imagination, etc.*) inaridirsi, esaurirsi; **3** ⟨*fam*⟩ (*to stop talking*) smettere di parlare; **4** ⟨*Teat*⟩ non ricordare la battuta; **5** (*to make completely dry*) essiccare, asciugare completamente, prosciugare; ⟨*fam*⟩ ~ *up!* smettila!, ⟨*fam*⟩ piantala!

dryad ['draiəd] *s.* (*pl.* **-s** [z]/**-ades** [–di:z]) ⟨*Mitol*⟩ driade *f*.

dryasdust ['draiəs'dʌst] **I** *s.* pedante *m/f*. **II** *a.* noioso, pedantesco.

dry| **battery** *s.* ⟨*El*⟩ batteria *f* (*o* pila) a secco. ~ **cell** *s.* ⟨*El*⟩ elemento *m* a secco. '**~**-'**clean** *v.t.* pulire a secco. '**~** '**cleaner** *s.* tintoria *f*. '**~ cleaning** *s.* pulitura *f* a secco. ~ **cough** *s.* tosse *f* secca. ~ **cow** *s.* ⟨*Zootecn*⟩ vacca *f* asciutta. **~**-**cure** *v.t.* conservare sotto sale. ~ **dock I** *s.* ⟨*Mar*⟩ bacino *m* di carenaggio. **II** *v.t.* mettere in un bacino di carenaggio. □ ⟨*fig*⟩ *in* ~ disoccupato.

dryer *s.* → **drier**.

dry|-**eyed** *a.* con occhi asciutti, senza lacrime. **~**-**farm** *v.t.* coltivare senza irrigazione. ~ **farmer** *s.* aridicoltore *m*. ~ **farming** *s.* ⟨*Agr*⟩ aridocoltura *f*. ~ **goods** *am. s.pl.* tessuti *mpl*, mercerie *fpl*.

drying ['draiiŋ] **I** *a.* **1** essiccante. **2** ⟨*Chim*⟩ essiccativo. **II** *s.* ⟨*Ind*⟩ essiccazione *f*, essiccamento *m*.

drying| **chamber** *s.* ⟨*Ind*⟩ essiccatoio *m*. **~**-**out** *s.* **1** prosciugamento *m*. **2** ⟨*fam*⟩ (*disintoxication*) disintossicazione *f* (dall'alcol).

dryish ['draiiʃ] *a.* piuttosto arido (*o* secco).

dry| **kiln** *s.* ⟨*Ind*⟩ essiccatoio *m*. ~ **land** *s.* **1** terra *f* arida. **2** (*terra firma*) terraferma *f*, terra *f*. ~ **law** *am. s.* legge *f* proibizionistica.

dryly ['draili] *avv.* **1** seccamente. **2** (*sarcastically*) sarcasticamente. **3** (*without emotion*) in modo distaccato, freddamente.

dry measure *s.* misura per cereali (pari a 2 pinte).

dryness ['drainis] *s.* **1** aridità *f*, secchezza *f*. **2** (*sardonic humour*) sarcasmo *m*, ironia *f* pungente. **3** (*monotony*) monotonia *f*, noiosità *f*.

dry| **nurse I** *s.* **1** balia *f* asciutta. **2** ⟨*fig*⟩ balia *f*. **II** *v.t.* fare da balia (asciutta) a (anche *fig*.). ~ **plate** *s.* ⟨*Fot*⟩ lastra *f*. ~ **point I** *s.* ⟨*Art*⟩ **1** (*tool*) puntasecca *f*. **2** (*process of engraving*) incisione *f* a puntasecca, puntasecca

f. **II** *v.i.* eseguire (*o* incidere) a puntasecca. ~ **rot** *s.* **1** timber) putrefazione *f* secca. **2** ⟨*fig*⟩ cancrena *f*. ~ **run 1** ⟨*Mil*⟩ esercitazioni *fpl* a salve. **2** (*rehearsal*) prova **~**-**salt** *v.t.* mettere sotto sale. **~salter** *s.* ⟨*Comm*⟩ droghiere *m* (*f* –a). **2** (*dealer in chemicals, e* commerciante *m/f* in prodotti chimici. **~saltery** *s.* mestiere *m* di droghiere. **2** (*articles*) generi *mpl* drogheria. **3** (*shop*) drogheria *f*. ~ **seal** *s.* ⟨*Post*⟩ bollo a secco. ~ **shampoo** *s.* ⟨*Cosmet*⟩ sciampo *m* sec **~**-**shod** *a.* a piedi asciutti. ~ **spell** *s.* periodo *m* tempo asciutto. ~ **wall** *s.* ⟨*Edil*⟩ muro *m* a secco. ~ **wash** *s.* biancheria *f* non stirata.

D.S. = ⟨*Mus*⟩ *dal segno* dal segno.

DSB = ⟨*El*⟩ *Double-Side Band* doppia banda laterale.

D.S.T. = *Daylight Saving Time* ora legale.

D.Th., D.Theol. = *Doctor of Theology* dottore i teologia.

dual ['djuəl] **I** *a.* duplice, doppio. **II** *s.* ⟨*Gramm*⟩ du *m*.

Dual| **Alliance** *s.* ⟨*Stor*⟩ duplice alleanza *f*. ~ **carriag way** *s.* ⟨*Strad*⟩ strada *f* a doppia carreggiata (*o* corsia)

dualism ['dju:əlizəm] *s.* dualismo *m* (anche *Stor.,Filo* **dualist** [–list] *s.* dualista *m/f*. **dualistic** [–'listik] dualistico. **duality** [dju:'æliti] *s.* dualità *f*. **dualize** [–la *v.t.* suddividere in due parti.

dual| **nationality** *s.* doppia cittadinanza *f*. ~ **perso ality** *s.* ⟨*Psic*⟩ doppia personalità *f*. '**~**-'**purpose** *a.* a d pio uso, bivalente.

dub[1] [dʌb] *v.t.* (*pret., p.p.* **dubbed** [–d]) **1** crea nominare, conferire un titolo a. **2** (*to style, na* chiamare, soprannominare: *he –bed me a coward* chiamò codardo. **3** ⟨*Conc*⟩ (*of leather*) patinare, dare patina a. **4** ⟨*Pesc*⟩ (*of an artificial fly*) preparare. **5** ⟨*te* (*of timber*) asciare. □ ⟨*fam*⟩ *to* ~ **up** saldare un debit

dub[2] **I** *v.t.* (*pret., p.p.* **dubbed** [–d]) ⟨*Cin*⟩ **1** doppiare: *Italian film –bed into English* un film italiano doppiato inglese. **2** (*of sounds: to add to*; spesso con *in*) sonorizza **II** *s.* → **dubbing**[2].

dub[3] *scozz. s.* **1** stagno *m* fangoso. **2** (*puddle*) pozzangh *f*.

dubbin ['dʌbin] *s.* ⟨*Conc*⟩ patina *f*.

dubbing[1] ['dʌbiŋ] *s.* **1** conferimento *m* di un titolo. **2** dubbin.

dubbing[2] *s.* ⟨*Cin*⟩ doppiaggio *m*, doppiatura *f*.

dubbing| **mixers** *s.pl.* ⟨*Cin*⟩ tecnici *mpl* del suono. **theatre** *s.* sala *f* (di) doppiaggio.

dubiety [dju:'baiəti] *s.* **1** incertezza *f*. **2** (*doubt*) dubl *m*.

dubious ['dju:biəs] *a.* **1** dubbioso, incerto, indeci esitante. **2** (*of doubtful reputation, character*) di dubl fama (*o* reputazione), discutibile, equivoco: *a* ~ *charac* una persona di dubbia fama. **3** (*causing doubt*) equivo incerto, ambiguo. **4** (*of uncertain outcome*) dubbio, esito dubbio (*o* incerto). **dubiousness** [–nis] *s.* incertezza *f*. **2** (*ambiguity*) ambiguità *f*, equivocità *f*.

dubitable ['dju:bitəbl] *a.* dubitabile. **dubitation** [–'teiʃ *s.* dubbio *m*, incertezza *f*. **dubitative** [–tətiv] dubitativo, dubbioso.

Dublin ['dʌblin] *N.pr.* ⟨*Geog*⟩ Dublino *f*. **Dubliner** [–ə dublinese *m/f*.

ducal ['dju:kəl] *a.* ducale, di duca: ~ *coronet* coro ducale.

ducat ['dʌkit] *s.* **1** ⟨*Numism*⟩ ducato *m*. **2** *pl.* ⟨*am.* quattrini *mpl*.

duchess ['dʌtʃis] *s.* duchessa *f*. **duchy** [–tʃi] *s.* duca *m*.

duck[1] [dʌk] *s.* (*pl. inv./*-**s** [s]; il pl. inv. si usa general. c valore collett.) **1** ⟨*Ornit,Gastr*⟩ anatra *f*. **2** ⟨*fam*⟩ (*de* amore *m*, tesoro *m*. **3** (*in cricket*) zero *m*. □ *–s a* **drakes** (*game*) rimbalzello *m*; ⟨*fig*⟩ *he played –s a drakes with his money* ha sperperato (*o* scialacquato) il suo denaro; ⟨*fam*⟩ *in two shakes of a* ~'*s tail* in batter d'occhio, in un baleno; ⟨*fig*⟩ *to take to s.th. like* ~ *to water* mettersi a far qc. con estrema naturalez ⟨*fam*⟩ *to look like a dying* ~ *in a thunderstorm* av un'aria smarrita; ⟨*fig*⟩ *criticism rolls off him like water a* ~'*s back* le critiche non gli fanno né caldo né fred

⟨*scherz*⟩ *lovely* **weather** *for –s* tempo piovoso.
uck² **I** *v.i.* **1** immergersi, tuffarsi. **2** (*to stoop suddenly*) chinarsi (*o* piegarsi) improvvisamente. **3** (*to disappear suddenly*) sparire di colpo. **II** *v.t.* **1** immergere, tuffare, cacciare sott'acqua. **2** (*to lower suddenly*) abbassare (*o* chinare) di colpo: *to* ~ *one's head* abbassare di colpo la testa. **3** (*to avoid*) evitare, schivare: *to* ~ *a blow* schivare un colpo. **4** (*to shirk*) eludere, sottrarsi a. **III** *s.* rapida immersione *f,* tuffo *m;* (*of the head*) schivata *f;* (*sudden stooping*) il chinarsi di colpo.
uck³ *s.* **1** ⟨*Tess*⟩ tela *f* olona (*o* da vela). **2** *pl.* ⟨*fam*⟩ (*trousers*) calzoni *mpl* di tela (bianchi).
uck⁴ *s.* ⟨*mil*⟩ autocarro *m* anfibio.
uck| **bill** *s.* ⟨*Zool*⟩ ornitorinco *m.* **~board** *s.* passerella *f* (per terreni umidi o fangosi). **~ egg** *s.* (*in cricket*) zero *m.*
ucker ['dʌkə] *s.* **1** tuffatore *m* (*f* –trice). **2** ⟨*Ornit*⟩ podilimbo *m.* **ducking** [–kiŋ] *s.* **1** tuffo *m,* immersione *f.* **2** (*thorough wetting*) infradiciatura *f.*
uckling ['dʌkliŋ] *s.* anatroccolo *m.*
ucks [dʌks] *s.* ⟨*fam*⟩ tesoro *m,* amore *m.*
uck's egg *s.* **1** → **duck egg. 2** (*greenish–blue colour*) verde–azzurro *m.*
uck| **shot** *s.* pallini *mpl* per la caccia all'anatra. **~ soup** *am. s.* ⟨*sl*⟩ cosa *f* facile, bazzecola *f.* **~weed** *s.* ⟨*Bot*⟩ lemna *f.*
ucky ['dʌki] **I** *s.* ⟨*fam*⟩ tesoro *m,* amore *m.* **II** *a.* ⟨*sl*⟩ eccellente, eccezionale, ⟨*fam*⟩ fantastico.
uct [dʌkt] *s.* **1** (*for air, liquids*) condotto *m,* tubo *m,* tubatura *f.* **2** ⟨*Anat*⟩ canale *m,* dotto *m.* **3** ⟨*Bot*⟩ canale *m.* **4** ⟨*El*⟩ condotto *m.*
uctile ['dʌktail] *a.* **1** ⟨*Met*⟩ duttile. **2** ⟨*fig*⟩ duttile, arrendevole, docile. **ductility** [–'tiliti] *s.* ⟨*Met*⟩ duttilità *f* (*anche fig.*).
uctless ['dʌktlis] *a.* ⟨*Anat*⟩ a secrezione interna, endocrino.
ud [dʌd] **I** *s.* **1** ⟨*mil*⟩ proiettile *m* (*o* bomba *f*) che fa cilecca. **2** ⟨*fam*⟩ (*useless person*) persona *f* incapace, schiappa *f.* **3** ⟨*fam*⟩ (*failure*) fallimento *m,* bolla *f* di sapone. **4** *pl.* ⟨*am.fam*⟩ (*clothes*) vestiti *mpl.* **5** *pl.* ⟨*am.sl*⟩ (*personal belongings*) roba *f,* cose *fpl.* **6** ⟨*fam*⟩ (*bad cheque*) assegno *m* a vuoto; (*bad coin*) moneta *f* falsa. **II** *a.* **1** ⟨*fam*⟩ incapace, inutile. **2** (*of a cheque*) a vuoto.
lude *am.* [dju:d] *s.* **1** bellimbusto *m,* damerino *m.* **2** ⟨*sl*⟩ persona *f* di città. **3** ⟨*dial*⟩ turista *m/f.*
lude ranch *am. s.* ranch *m* per turisti.
ludgeon ['dʌdʒən] *s.* risentimento *m,* sdegno *m,* indignazione *f: he left in high* ~ se ne andò pieno di sdegno.
ludish *am.* ['dju:diʃ] *a.* da bellimbusto.
ludman ['dʌdmən] *s.irr.* spaventapasseri *m.*
lue [dju:] **I** *a.* **1** scaduto, maturato: *this bill is* ~ questa cambiale è scaduta. **2** (*owing*) pagabile, che scade, con scadenza: *your rent is* ~ *next month* il tuo affitto scade il mese prossimo. **3** (*merited*) dovuto, doveroso, debito: *to pay* ~ *respect* tributare il dovuto rispetto. **4** (*rightful, fitting*) dovuto, debito, adatto, conveniente: *with* ~ *care* con la dovuta cura; *to arrive in* ~ *time* (*o course*) arrivare a tempo debito. **5** (*adequate*) giusto, adeguato, sufficiente. **6** (*scheduled*) che ⌐è in arrivo¬ (*o* deve arrivare): *the train is* ~ *at noon* il treno deve arrivare a mezzogiorno; (*appointed*) che è designato, che deve: *I am* ~ *to speak at the meeting* devo parlare alla riunione. **II** *s.* **1** ciò che ⌐è dovuto¬ (*o* spetta), il dovuto, il debito, il giusto. **2** *pl.* (*fees, charges*) quota *f,* tassa *f,* diritti *mpl.* **III** *avv.* verso, in direzione: *the ship sailed* ~ *west* la nave salpò in direzione ovest. □ *after* ~ **consideration** dopo attento esame; *to fall* ~ scadere; *this room is* ~ **for** *painting* è ora di pitturare questa stanza; *to give s.o. his* ~ dare a qd. quanto gli è dovuto, riconoscere i meriti di qd.; *to be* ~ *to* esser dovuto a; ~ *to* a causa di. *Prov.: give every man his* ~ a ciascuno il suo.
lue| **bill** *s.* ⟨*Econ*⟩ riconoscimento *m* di debito. **~ date** *s.* ⟨*Econ*⟩ scadenza *f,* data *f* di scadenza. **~ diligence** *s.* ⟨*Dir*⟩ debita diligenza *f.*
luel ['dju:əl] **I** *s.* **1** duello *m.* **2** ⟨*fig*⟩ lotta *f,* scontro *m,* conflitto *m.* **II** *v.i.* (*pret., p.p.* **duelled**/*am.* **dueled** [–d])

battersi in duello, duellare. **dueller** [–ə] *s.* → **duellist. duelling** [–iŋ] *s.* il duellare. **duellist** [–ist] *s.* duellante *m/f.*
duet [dju:'et] *s.* ⟨*Mus*⟩ duetto *m* (*anche fig.*). **duettist** [–ist] *s.* chi esegue un duetto.
duff¹ [dʌf] *s.* **1** polvere *f* di carbone. **2** ⟨*Gastr*⟩ budino *m* di farina.
duff² *v.t.* **1** ⟨*sl*⟩ contraffare, camuffare. **2** ⟨*sport*⟩ (*in golf: of a ball*) mancare; (*of a strike*) sbagliare, mancare. **3** ⟨*austral.sl*⟩ (*of cattle: to steal*) rubare; (*to alter the brand on*) contraffare il marchio di.
duffel ['dʌfəl] *s.* **1** ⟨*Tess*⟩ tessuto *m* di lana grezza. **2** ⟨*am*⟩ equipaggiamento *m* ⌐per campeggio¬ (*o* da campeggiatore).
duffer ['dʌfə] *s.* **1** ⟨*fam*⟩ persona *f* incapace (*o* incompetente); (*stupid person*) stupido *m* (*f* –a). **2** ⟨*sl*⟩ (*pedlar*) venditore *m* ambulante.
duffle *s.* → **duffel.**
dug¹ [dʌg] → **dig¹.**
dug² *s.* ⟨*Zool*⟩ (*nipple*) capezzolo *m;* (*teat*) mammella *f.*
dugong ['du:gɔŋ] *s.* ⟨*Zool*⟩ dugongo *m.*
dugout ['dʌgaut] *s.* **1** (*canoe*) canoa *f.* **2** (*shelter*) riparo *m,* rifugio *m.* **3** ⟨*Mil*⟩ trincea *f* coperta, ricovero *m* sotterraneo. **4** ⟨*mil*⟩ ufficiale *m* della riserva richiamato in servizio.
duiker ['daikə] *s.* (*pl. inv./*–**s** [z]; il pl. inv. si usa general. con valore collett.) ⟨*Zool*⟩ cefalofo *m.*
duke [dju:k] *s.* duca *m.* **'dukedom** [–dəm] *s.* ducato *m.*
dulcet ['dʌlsit] *a.* dolce, melodioso, soave.
dulcification [ˌdʌlsifi'keiʃən] *s.* dolcificazione *f.* **'dulcify** [–fai] *v.t.* **1** dolcificare. **2** ⟨*fig*⟩ addolcire, calmare, placare.
dull [dʌl] **I** *a.* **1** ottuso, tardo, lento. **2** (*unfeeling*) insensibile. **3** (*blunt: of an edge*) smussato, che ha perso il filo; (*of a point*) spuntato. **4** (*boring*) noioso, tedioso, monotono. **5** (*listless*) fiacco, pigro, svogliato; (*torpid*) intorpidito, torpido: *a* ~ *mind* una mente intorpidita; (*disheartened*) depresso, scoraggiato. **6** (*of the weather: overcast*) coperto, fosco; (*of the sky*) bigio, grigio. **7** (*of a light*) debole, smorto. **8** (*of a sound*) sordo, soffocato, ottuso. **9** (*of a colour*) smorto, opaco, spento. **10** (*of a pain*) sordo. **11** ⟨*Comm*⟩ fiacco, fermo: ~ *market* mercato fiacco. **II** *v.t.* **1** ottundere, intorpidire, istupidire: *drugs* –*ed his mind* le droghe gli hanno intorpidito il cervello. **2** (*to make less bright*) appannare, smorzare, offuscare. **3** (*to blunt*) smussare; (*of a point*) spuntare. **4** (*of the sense*) indebolire, affievolire. **5** (*to deaden*) attutire, lenire, mitigare: *time* –*s sorrow* il tempo lenisce il dolore. **III** *v.i.* istupidirsi, diventare ottuso. □ *as* ~ *as ditch water* mortalmente noioso, noioso come una giornata di pioggia; ~ *of hearing* duro d'orecchio.
dullard ['dʌləd] *s.* persona *f* ottusa, stupido *m* (*f* –a).
dullish [–liʃ] *a.* piuttosto ottuso. **dullness** [–lnis] *s.* **1** ottusità *f,* stupidità *f.* **2** (*apathy*) apatia *f,* indifferenza *f.* **3** (*monotony*) monotonia *f;* (*tediousness*) tediosità *f.* **4** (*bluntness*) l'essere smussato (*o* spuntato). **5** ⟨*Comm*⟩ fiacchezza *f.* **'dull-'witted** *a.* ottuso, tardo di mente.
dully ['dʌlli] *avv.* ottusamente, stupidamente.
duly ['dju:li] *avv.* **1** debitamente, come si conviene: ~ *signed* debitamente firmato. **2** (*in due time*) a tempo debito, puntualmente. □ ⟨*Dir*⟩ ~ *certified copy* copia autenticata conforme all'originale.
dumb [dʌm] *a.* **1** muto; (*of animals*) senza favella. **2** (*speechless*) ammutolito, incapace di parlare (*o* proferire parola): ~ *with amazement* ammutolito per la meraviglia. **3** (*silent*) silenzioso, taciturno. **4** (*of feelings, ideas*) muto, senza parole: ~ *horror* un muto orrore. **5** ⟨*am.fam*⟩ (*stupid*) stupido, sciocco, da stupido. □ *to be deaf and* ~ essere sordomuto; ⟨*scherz*⟩ *our* ~ *friends* i nostri amici animali; *the* ~ *millions* la maggioranza silenziosa; ⟨*fam*⟩ *to play* ~ fare il finto tonto; ⟨*fig*⟩ *to strike s.o.* ~ lasciare qd. di stucco.
dumb| **bell** *s.* **1** ⟨*Ginn*⟩ manubrio *m.* **2** ⟨*sl*⟩ stupido *m* (*f* –a). **~ blonde** *s.* ⟨*fam*⟩ ragazza *f* bellina ma stupida, ⟨*fam*⟩ oca *f.* **~ creatures** *s.pl.* animali *mpl.* **~found** *v.t.* far ammutolire, sorprendere, stupire.
dumbness ['dʌmnis] *s.* **1** mutismo *m.* **2** ⟨*fam*⟩ stupidità

f.

dumb| piano *s.* tastiera *f* muta (per fare esercizio). **~ shareholder** *s.* → **dumb stockholder. ~ show** *s.* ⟨*Teat*⟩ **1** scena *f* muta. **2** (*pantomime*) pantomima *f.* **~ stockholder** *s.* ⟨*Econ*⟩ azionista *m/f* prestanome. **~ terminal** *s.* ⟨*Inform*⟩ terminale *m* passivo. '**~ 'waiter** *s.* **1** ⟨*Arred*⟩ servo *m* muto. **2** (*food service lift*) montavivande *m.*

dumdum (bullet) ['dʌmdʌm] *s.* ⟨*Mil*⟩ proiettile *m* dumdum.

dummy ['dʌmi] **I** *s.* **1** oggetto *m* finto (*o* falso). **2** (*layfigure: for displaying, dresses, etc.*) manichino *m;* (*for a ventriloquist*) pupazzo *m;* (*in shooting practice, etc.*) sagoma *f* d'uomo, fantoccio *m.* **3** ⟨*am.fam.*⟩ (*fool*) stupido *m* (*f* –a). **4** ⟨*fig*⟩ uomo *m* di paglia, prestanome *m/f.* **5** (*rubber teat*) tettarella *f,* succhiotto *m.* **6** ⟨*am*⟩ (*mute*) muto *m* (*f* –a). **7** (*in cards*) morto *m: to play* ~ fare il morto. **8** ⟨*Sport*⟩ finto passaggio *m,* finta *f: to sell s.o. a* ~ fare un finto passaggio. **9** ⟨*Ferr*⟩ locomotiva *f* con condensatore. **10** ⟨*Tip*⟩ menabò *m.* **II** *a.* **1** finto, falso. **2** (*in cards*) giocato col morto.

dummy| corporation *s.* società *f* fittizia. **~ rum** *s.* ⟨*Mil*⟩ esercitazione *f.*

dump[1] [dʌmp] **I** *v.t.* **1** buttare, gettare. **2** (*to unload, tip out*) scaricare, rovesciare, gettare. **3** ⟨*fam*⟩ (*to get rid of*) disfarsi (*o* liberarsi) di. **4** ⟨*Comm*⟩ vendere sottocosto: *to ~ goods on a foreign market* vendere merce sottocosto in un mercato straniero. **II** *v.i.* **1** cadere con un tonfo. **2** (*to throw away refuse*) scaricare rifiuti. **3** ⟨*Comm*⟩ vendere merce sottocosto. **III** *s.* **1** scarico *m.* **2** (*rubbish tip*) cumulo *m* (*o* mucchio) di rifiuti; (*site*) discarica *f.* **3** ⟨*Mil*⟩ deposito *m* (di munizioni, viveri, ecc.). **4** ⟨*fam*⟩ (*dirty, ugly place*) luogo *m* sudicio (*o* sporco), ⟨*pop*⟩ porcile *m.*

dump[2] *s. pl.* ⟨*fam*⟩ depressione *f.* ▢ ⟨*fam*⟩ *to be* (*down*) *in the* –*s* essere depresso, ⟨*fam*⟩ essere giù di corda.

dump[3] *s.* **1** oggetto *m* tozzo, pezzo *m* informe. **2** (*in games*) gettone *m* (di piombo). **3** (*thick coin*) moneta *f* pesante.

dumper ['dʌmpə] *s.* **1** ⟨*Mecc*⟩ autoribaltabile *m,* tombarello *m,* dumper *m.* **2** ⟨*Ferr*⟩ rovesciatore *m.*

dumpiness ['dʌmpinis] *s.* aspetto *m* tozzo (*o* tarchiato).

dumping ['dʌmpiŋ] *s.* **1** ⟨*Econ*⟩ dumping *m.* **2** (*of waste*) discarica *f: public ~* discarica pubblica.

dumping| area, ~ ground *s.* zona *f* di scarico dei rifiuti, discarica *f* **~ price** *s.* ⟨*Agr*⟩ prezzo *m* (di produzione) sottocosto.

dumpling ['dʌmpliŋ] *s.* **1** ⟨*Gastr*⟩ gnocco *m;* (*dessert*) dolce *m* di frutta (al forno). **2** ⟨*fam*⟩ persona *f* rotondetta, ⟨*fam*⟩ tombolo *m.*

dump truck *s.* autocarro *m* con cassone ribaltabile, autoribaltabile *m.*

dumpy[1] ['dʌmpi] *a.* depresso, malinconico, ⟨*fam*⟩ giù di corda.

dumpy[2] **I** *a.* tozzo, (basso e) tarchiato. **II** *s.* ⟨*Ornit*⟩ gallina *f* dalle gambe corte.

dun[1] [dʌn] **I** *v.i.* (*pret., p.p.* **dunned** [–d]) sollecitare, pressare: *to ~ a customer for payment of a bill* sollecitare un cliente a pagare un conto, sollecitare il pagamento di un conto da parte di un cliente. **II** *s.* **1** creditore *m* (*f* –trice) insistente. **2** (*demand for payment*) sollecitazione *f* (*o* richiesta pressante) di pagamento.

dun[2] **I** *a.* **1** bigio, grigio spento. **2** (*of a horse*) lupino. **II** *s.* **1** bigio *m,* grigio *m* spento. **2** (*horse*) baio *m* lupino. **3** ⟨*Pesc*⟩ mosca *f* artificiale.

dunce [dʌns] *s.* **1** ignorante *m/f,* stupido *m* (*f* –a), tonto *m* (*f* –a). **2** ⟨*scol*⟩ asino *m* (*f* –a), somaro *m* (*f* –a).

dunce('s) cap *s.* ⟨*scol*⟩ berretto *m* a cono (usato un tempo come punizione).

dunderhead ['dʌndəhed] *s.* stupido *m* (*f* –a), testone *m* (*f* –a), testa *f* di legno. **dunderheaded** [–id] *a.* stupido, tonto.

dune [dju:n] *s.* ⟨*Geol*⟩ duna *f.*

dung [dʌŋ] **I** *s.* (*manure*) letame *m,* concime *m* (animale); (*excrement*) sterco *m.* **II** *v.t.* ⟨*Agr*⟩ concimare con letame, fertilizzare.

dungaree [ˌdʌŋgəˈri:] *s.* **1** ⟨*Tess*⟩ tela *f* grezza di cotone. **2**

pl. ⟨*Vest*⟩ (*trousers*) calzoni *mpl* di tela grezza; (*overall.* tuta *f* (da lavoro).

dungeon ['dʌndʒən] *s.* **1** prigione *f* sotterranea. **2** (*keep a castle*) torrione *m.*

dung| fork *s.* forca *f* da letame. **~hill** *s.* **1** letamaio *m.* ⟨*fig*⟩ stato *m* di abiezione, fango *m.* **~hill cock** ⟨*Ornit*⟩ gallo *m* domestico.

dunging ['dʌŋgiŋ] *s.* ⟨*Agr*⟩ letamazione *f.*

dunk [dʌŋk] *v.t.* inzuppare: *to ~ bread in coffee* inzuppa il pane nel caffè.

dunlin ['dʌnlin] *s.* ⟨*Ornit*⟩ piovanello *m* panciarena.

dunnage ['dʌnidʒ] *s.* **1** bagaglio *m,* effetti *mpl* personali. ⟨*Mar*⟩ pagliolo *m,* pagliolato *m.*

dunt [dʌnt] *s.* ⟨*Ceram*⟩ incrinatura *f* per uno sbalzo temperatura.

duo ['dju:ou] *s.* (*pl.* -**s** [z]) **1** ⟨*Mus*⟩ duetto *m,* duo *m.* ⟨*Teat*⟩ duo *m.*

duodecennial [ˌdju:o(u)di'seniəl] *a.* duodecennale.

duodecimal [ˌdju:o(u)'desiməl] **I** *a.* duodecimale. **II** dodicesimo *m,* duodecimo *m.* **duodecimo** [–mou] ⟨*Edit*⟩ dodicesimo *m;* (*book*) volume *m* in dodicesimo.

duodenal [ˌdju:o'di:nl] *a.* ⟨*Anat*⟩ duodenale.

duodenary [ˌdju:ə'di:nəri] *a.* ⟨*Mat*⟩ duodecimale.

duodenum [ˌdju:ə'di:nəm] *s.* (*pl.* -**na** [nə]/-**s** [z]) ⟨*Ana* duodeno *m.*

duologue ['dju:ələg] *s.* **1** dialogo *m.* **2** ⟨*Teat*⟩ scena *f* due.

duopoly [dju'ɒpəli] *s.* ⟨*Econ*⟩ duopolio *m.*

dupability [ˌdju:pə'biliti] *s.* credulità *f,* dabbenaggine *s.* '**dupable** [–bl] *a.* credulone, sempliciotto, baggiano.

dupe [dju:p] **I** *s.* credulone *m* (*f* –a), babbeo *m* (*f* –a gonzo *m* (*f* –a). **II** *v.t.* imbrogliare, ingannare, gabbar abbindolare.

dupe negative *s.* → **duplicate negative film.**

duper ['dju:pə] *s.* imbroglione *m* (*f* –a), gabbatore *m* –trice). **dupery** [–əri] *s.* imbroglio *m,* inganno *m.*

duple ['dju:pl] *a.* doppio, duplice. ▢ ⟨*Mus*⟩ ~ *time* temp *m* binario.

duplex ['dju:pleks] **I** *a.* **1** doppio, duplice. **2** ⟨*tecr* duplex. **II** *s.* ⟨*am*⟩ → **duplex house.**

duplex| apartment *am. s.* appartamento *m* su due pian ~ **cable** *s.* ⟨*El*⟩ doppino *m.* ~ **diode** *s.* ⟨*Rad*⟩ bidiod *m.* ~ **house** *am. s.* casa *f* (*o* villetta) bifamiliare.

duplicate I *a.* ['dju:plikit] **1** duplice, doppio: ~ *copies* an invoice doppia copia di una fattura. **2** (*exact corresponding*) esattamente uguale, gemello: *a ~ key* ur chiave gemella. **II** *s.* **1** copia *f,* duplicato *m.* (*counterpart*) copia *f* esatta, doppione *m.* **3** ⟨*Cin,Biblio* duplicato *m.* **III** *v.t.* ['dju:plikeit] **1** fare in duplice copi fare un duplicato di. **2** (*to repeat*) ripetere, replicare. **3** (* *double*) raddoppiare.

duplicate negative film *s.* ⟨*Cin*⟩ controtipo *m.*

duplicating machine ['dju:plikeitiŋ] *s.* → **duplicator.**

duplication [ˌdju:pli'keiʃən] *s.* **1** duplicazione *f,* raddop piamento *m.* **2** (*duplicate*) duplicato *m.* '**duplicato** [–keitə] *s.* duplicatore *m,* ciclostile *m.*

duplicity [dju:'plisiti] *s.* **1** (*deceitfulness*) doppiezza falsità *f.* **2** (*twofold quality*) duplicità *f.*

durability [ˌdjurə'biliti] *s.* durevolezza *f.* '**durable** [–bl] durevole, durabile, duraturo.

durables ['djurəblz] *s.pl.* ⟨*Econ*⟩ beni *mpl* durevoli.

duralumin [dju'ræljumin] *s.* ⟨*Met*⟩ dural1uminio *m.*

dura mater *lat.* ['djurə'meitə] *s.* ⟨*Anat*⟩ dura madre *f* duramadre *f.*

duramen [dju'reimin] *s.* ⟨*Bot*⟩ durame *m.*

durance ['djuərəns] *s.* prigionia *f: in ~ vile* in dur prigionia.

duration [dju'reiʃən] *s.* durata *f: of short ~* di brev durata. ▢ ⟨*Tel*⟩ ~ *of call* durata *f* della conversazione; *f the ~ of war*: **1** ⟨*Stor*⟩ per tutta la durata della guerra; per un lungo periodo di tempo. '**durative** [–rətiv] *c* ⟨*Gramm*⟩ durativo, continuo.

duress [dju'res] *s.* **1** costrizione *f,* coercizione *f: under* sotto coercizione. **2** (*imprisonment*) prigionia *f.* **3** ⟨*Di* violenza *f,* coazione *f.*

durian ['durian] *s.* **1** ⟨*Bot*⟩ durio *m,* durione *m.* **2** (*frui* durio *m.*

during ['djuriŋ] *prep.* durante, nel corso di: ~ *the winter* durante l'inverno. □ ~ *one's lifetime* vita natural durante.

durmast (oak) ['də:mɑ:st] *s.* ⟨*Bot*⟩ rovere *m/f.*

durra ['durə] *s.* ⟨*Bot*⟩ sorgo *m.*

durst [də:st] → **dare.**

dusk [dʌsk] **I** *s.* **1** crepuscolo *m.* **2** (*partial darkness*) semioscurità *f.* **II** *a.* ⟨*poet*⟩ → **dusky. III** *v.t.* oscurare, offuscare. **IV** *v.i.* imbrunire, oscurarsi. '**duskiness** [–inis] *s.* scuro *m,* oscurità *f.* '**dusky** [–i] *a.* **1** oscuro, buio, scuro. **2** (*blackish*) scuro, bruno: ~ *brown* marrone scuro. **3** (*having dark skin*) bruno, di carnagione bruna (*o* scura). **4** ⟨*fig*⟩ triste, tetro, malinconico.

dust[1] [dʌst] *s.* **1** polvere *f.* **2** (*cloud of dust*) polverio *m,* nube *f* di polvere, polverone *m: what a* ~! che polverone! **3** (*household rubbish*) spazzatura *f,* pattume *m.* **4** ⟨*fig*⟩ (*earthly remains*) ceneri *fpl,* spoglie *fpl* mortali, ⟨*lett*⟩ polvere *f.* **5** ⟨*fig*⟩ (*confusion, turmoil*) confusione *f,* strepito *m,* tumulto *m.* **6** ⟨*sl*⟩ (*money*) soldi *mpl,* quattrini *mpl,* ⟨*gerg*⟩ grana *f.* □ ⟨*fig*⟩ *in* ~ *and* **ashes** col capo cosparso di cenere; ⟨*fig*⟩ *to* **bite** *the* ~ mordere la polvere; ⟨*fig*⟩ *as* **dry** *as* ~ noioso da morire; ⟨*fig*⟩ *to make the* ~ **fly** lavorare per due; ⟨*fig*⟩ *in the* ~ and **heat** *of the day* nel pieno della lotta; ⟨*fig*⟩ **humbled** *into the* ~ profondamente umiliato; ⟨*fig*⟩ *to* **kick** *up a* ~ sollevare un tumulto, provocare una gran confusione; ⟨*fig*⟩ *to* **lick** *the* ~: 1 essere ammazzato; 2 (*to* **humble** *o.s.*) umiliarsi; *to* **raise** (*o make*) *a* ~ : 1 sollevare polvere (*o* un polverone); 2 = *to* **kick** *up a dust;* ⟨*fig*⟩ *to* **shake** *the* ~ *off one's feet* andarsene adirato; ⟨*fig*⟩ *to* **throw** ~ *in s.o.'s eyes* gettare la polvere negli occhi a qd.

dust[2] **I** *v.t.* **1** (spesso con *off*) spolverare. **2** (*to sprinkle with powder*) cospargere, spolverare. **3** (*to make dusty*) impolverare. **II** *v.i.* spolverare. □ *to* ~ *s.o.'s* **jacket:** 1 spolverare la giacca a qd.; 2 ⟨*fig*⟩ bastonare qd., spolverare le spalle a qd.; *to* ~ *off:* 1 ⟨*fig*⟩ rispolverare; 2 ⟨*sl*⟩ (*to kill*) uccidere, ammazzare.

dust|**bin** *s.* pattumiera *f,* cassetta *f* per la spazzatura. ~ **bowl** *s.* regione *f* devastata dalle tempeste di polvere. ~ **cart** *s.* autocarro *m* della nettezza urbana. ~ **cover** *s.* **1** → **dust sheet. 2** → **dust jacket.** ~ **devil** *s.* turbine *m* di polvere (*o* sabbia). ~ **emission** *s.* emissione *f* di polveri.

duster ['dʌstə] *s.* **1** chi spolvera. **2** (*cloth*) straccio *m* per la polvere. **3** (*sprinkler for sugar, etc.*) spolverino *m.* **4** ⟨*Agr*⟩ polverizzatore *m.* **5** ⟨*Vest*⟩ (*over-garment*) grembiule *m* (da casa); (*housecoat*) vestaglietta *f;* (*woman's summer coat*) spolverino *m.*

dustiness ['dʌstinis] *s.* polverosità *f.* **dusting** [–tiŋ] *s.* **1** spolverata *f.* **2** ⟨*fam*⟩ (*beating*) bastonatura *f,* botte *fpl.*

dust| **jacket** *s.* ⟨*Legat*⟩ copertina *f,* foderina *f.* **~man** [mən] *s.irr.* **1** spazzino *m.* **2** ⟨*infant*⟩ (*sandman*) omino *m* del sonno. **~pan** *s.* paletta *f* per la spazzatura. '**~**-'**proof** *a.* a tenuta di polvere. ~ **removal** *s.* depolverizzazione *f.* ~ **remover** *s.* depolverizzatore *m.* ~ **sheet** *s.* (*for furniture*) copertura *f* contro la polvere. ~ **shot** *s.* pallini *mpl* da caccia. ~ **storm** *s.* tempesta *f* di polvere. **~-up** *s.* ⟨*fam*⟩ lite *f,* disputa *f.* ~ **wrapper** *s.* → **dust jacket.**

dusty ['dʌsti] *a.* **1** polveroso, coperto (*o* pieno) di polvere. **2** (*powdery*) polveroso, friabile. **3** (*grey*) grigio. **4** (*dull*) monotono, privo di interesse. □ ⟨*fam*⟩ *not so* ~ discreto, ⟨*fam*⟩ mica male.

dutch [dʌtʃ] *s.* ⟨*sl*⟩ moglie *f.*

Dutch I *a.* **1** olandese. **2** ⟨*Pitt*⟩ fiammingo. **3** ⟨*am.sl*⟩ (*German*) tedesco. **II** *s.* **1** (*language*) olandese *m.* **2** ⟨*collett*⟩ (*people*) olandesi *mpl.* **3** ⟨*am.sl,ant*⟩ (*German language*) tedesco *m.* □ ⟨*fam*⟩ *to beat the* ~ superare ogni aspettativa, essere straordinario (*o* sorprendente); ⟨*fam*⟩ *to go* ~ pagare ciascuno per sé, fare alla romana; ⟨*sl*⟩ *to be in* ~ (*in trouble*) essere ⌐in difficoltà⌐ (*o* nei guai); (*in disfavour*) essere in disgrazia; ⟨*fig*⟩ *to talk to s.o. like a* ~ *uncle* fare la paternale (*o* predica) a qd.

Dutch| **auction** *s.* asta *f* all'olandese (il cui prezzo base è superiore al valore reale). ~ **cheese** *s.* ⟨*Alim*⟩ ricotta *f.* ~ **clover** *s.* ⟨*Bot*⟩ trifoglio *m* bianco, badino *m.* ~ **courage** *s.* ⟨*fam*⟩ coraggio *m* dato da alcolici.

Dutchman ['dʌtʃmən] *s.irr.* **1** olandese *m.* **2** ⟨*Mar*⟩ nave

f olandese. **3** ⟨*am.sl*⟩ (*German*) tedesco *m.* □ ⟨*fam*⟩ *I'm a* ~ *if* non sono più io se; ⟨*fam*⟩ *well, I'm a* ~*!* non è possibile!, è assurdo!

Dutch| **metal** *s.* ⟨*Met*⟩ similoro *m.* ~ **oven** *s.* **1** tipo di pentola a pressione. **2** (*oven*) forno *m* di campagna. ~ **treat** *s.* trattenimento *m* in cui ogni invitato paga la sua parte di spese. **~woman** *s.irr.* olandese *f.*

duteous ['dju:tiəs] *a.* obbediente, ligio al dovere. **duteously** [–li] *avv.* con obbedienza. **duteousness** [–nis] *s.* obbedienza *f.*

dutiable ['dju:tiəbl] *a.* ⟨*Econ*⟩ soggetto a dazio (*o* dogana), tassabile.

dutiful ['dju:tiful] *a.* **1** → **duteous. 2** (*deferential*) rispettoso, deferente. **dutifulness** [–nis] *s.* rispettosità *f.*

duty ['dju:ti] *s.* **1** dovere *m: to do one's* ~ ⌐fare il⌐ (*o* adempiere al) proprio dovere. **2** (*moral obligation*) dovere *m,* obbligo *m* morale. **3** (*task*) dovere *m,* compito *m,* mansione *f: the duties of the new clerk* le mansioni del nuovo impiegato. **4** (*respect*) rispetto *m,* deferenza *f;* (*expression of respect*) doveri *mpl,* ossequi *mpl.* **5** ⟨*Comm,Econ*⟩ dazio *m,* imposta *f: export* ~ dazio d'esportazione. **6** ⟨*Mecc*⟩ rendimento *m* di lavoro. □ *to be* (*in*) ~ **bound** *to do s.th.* essere moralmente impegnato a fare qc., sentirsi in dovere di fare qc.; *as in* ~ *bound* come si deve, come di dovere; *to do one's* ~ *by s.o.* fare il proprio dovere verso qd.; *to* **come** (*o go*) *off* ~ smontare dal servizio; *to* **come** (*o go*) *on* ~ entrare in servizio; *to* **do** ~ *as* (*o for*) servire da: *the sofa does* ~ *as a bed* il divano serve da letto; ⟨*Econ*⟩ *to* **levy** *a* ~ *on* imporre un tributo (*o* una tassa, un dazio) su; *a heavy* ~ *is levied on coffee* sul caffè grava un forte dazio; *to be on* ~ essere in servizio; *to be on* **sentry** ~ montare la guardia.

duty| **call** *s.* visita *f* di dovere. ~ **copy** *s.* ⟨*Edit*⟩ copia *f* d'obbligo. ~ **cycle** *s.* ⟨*Ind*⟩ ciclo *m* di lavoro. **~-'free** *a./avv.* esente da dazio. **~-free entry** *s.* ⟨*Comm*⟩ ingresso *m* in franchigia doganale. **~-free shop** *s.* negozio *m* franco, duty-free *m.* ~ **officer** *s.* ⟨*Mil*⟩ ufficiale *m* di servizio. ~ **paid** *a./avv.* dazio pagato.

duvetyn(e) ['du:vəti:n] *s.* ⟨*Tess*⟩ duvetina *f,* duvetine *f.*

D.V. = *deo volente* dio volendo.

dwale [dweil] *s.* ⟨*Bot*⟩ belladonna *f.*

dwarf [dwɔ:f] **I** *s.* (*pl.* **-s** [s]/**dwarves** [dwɔ:vz]) **1** nano *m* (*f* –a). **2** (*animal*) animale *m* nano; (*plant*) pianta *f* nana. **3** ⟨*Mitol*⟩ gnomo *m.* **4** ⟨*Astr*⟩ (*dwarf star*) stella *f* nana. **II** *a.* **1** ⟨*Biol*⟩ nano. **2** (*diminutive*) minuscolo, ridotto. **III** *v.t.* **1** far sembrare (*o* apparire) piccolo. **2** ⟨*fig*⟩ rendere insignificante, sminuire. **3** (*to stunt the growth of*) arrestare la crescita (*o* lo sviluppo) di. '**dwarfish** [–iʃ] *a.* di (*o* da) nano; (*very small*) piccolissimo. **dwarfism** [–izəm] *s.* ⟨*Med*⟩ nanismo *m.*

dwell [dwel] **I** *v.i.* (*pret., p.p.* **dwelt** [–t]/**-ed** [d]) **1** abitare, risiedere, ⟨*lett*⟩ dimorare. **2** (*to linger*) indugiare, soffermarsi, attardarsi (*on, upon* su): *to* ~ *on a point* soffermarsi su un particolare. **3** (*to speak, write at length*) trattare esaurientemente (di), diffondersi (su). **II** *s.* ⟨*Mecc*⟩ rotazione *f* sul pezzo ad avanzamento fermo. '**dweller** [–ə] *s.* abitante *m/f,* abitatore *m* (*f* –trice). '**dwelling** [–iŋ] *s.* abitazione *f,* residenza *f,* dimora *f: to take up one's* ~ fissare la (propria) residenza.

dwelling| **house** *s.* casa *f* d'abitazione. ~ **place** *s.* residenza *f,* luogo *m* di residenza.

dwelt [dwelt] → **dwell.**

dwindle ['dwindl] *v.i.* **1** (spesso con *away*) diminuire, decrescere, scemare, ridursi. **2** (*to decline*) declinare, decadere, degenerare.

dwt = *pennyweight.*

dyad ['daiæd] *s.* **1** coppia *f* (*anche Mat.*). **2** ⟨*Biol,Mus*⟩ diade *f.* **3** ⟨*Chim*⟩ elemento *m* bivalente. **dy'adic** [–ik] *a.* **1** diadico. **2** ⟨*Chim*⟩ bivalente.

dye [dai] **I** *s.* **1** tintura *f,* materia *f* colorante, tinta *f.* **2** (*colour*) colore *m,* tinta *f.* **II** *v.t.* **1** tingere: *to* ~ *a dress red* tingere un vestito in rosso; *to* ~ *one's hair* tingersi i capelli. **2** ⟨*fig*⟩ colorare, tingere: *a blush* –*d her cheeks* un rossore le colorò le guance. **III** *v.i.* tingersi, prendere il colore (*o* la tinta). □ ⟨*fig*⟩ *a crime of the deepest* (*o blackest*) ~ un crimine dei più neri, un delitto orrendo.

'dyed-in-the-'wool [daid] *a.* 1 ⟨*Tess*⟩ tinto prima della tessitura. 2 ⟨*fig*⟩ totale, completo, ⟨*fam*⟩ dalla testa ai piedi; (*of a bachelor*) impenitente; (*of a thing*) connaturato, radicato.

dyeing ['daiiŋ] *s.* tintura *f.* dyer ['daiə] *s.* tintore *m.*

dye|stuff *s.* materia *f* (*o* sostanza) colorante. ~wood *s.* legno *m* tintorio. ~works *s.pl.* tintoria *f.*

dying ['daiiŋ] I *a.* 1 morente, moribondo, agonizzante: *a ~ man* un uomo morente. 2 ⟨*fig*⟩ in via di estinzione: *a ~ tradition* una tradizione in via di estinzione. 3 (*of death*) ultimo, estremo: *~ breath* l'ultimo respiro. II *s.* morte *f,* agonia *f.*

dyke¹ [daik] *s./v.* → dike.

dyke² *s.* ⟨*sl*⟩ lesbica *f.*

dynamic [dai'næmik], dynamical [–əl] *a.* 1 dinamico. 2 ⟨*Med*⟩ funzionale. dynamics [–s] *s.pl.* (costr. sing. *o* pl.) 1 ⟨*Fis,Mus*⟩ dinamica *f.* 2 (*driving forces*) forze *fpl* motrici.

dynamism ['dainəmizəm] *s.* ⟨*Filos*⟩ dinamismo *m* (*anche fig.*). dynamist [–mist] *s.* ⟨*Filos*⟩ dinamista *m/f.* ,dyna-mistic [–'mistik] *a.* dinamistico.

dynamitard ['dainəmiːd] *s.* → dynamiter. dynamite [–mait] I *s.* 1 dinamite *f.* 2 ⟨*fig*⟩ carica *f* di dinamite. II *v.t.* far saltare con la dinamite. dynamiter [–maitə] *s.* dinamitardo *m* (*f* –a). ,dynamitic [–'mitik], ,dynamitical [–'mitikl] *a.* dinamitico, dinamitardo, che fa uso della dinamite.

dynamo ['dainəmou] *s.* (*pl.* -s [z]) 1 ⟨*El*⟩ dinamo *f.* 2 ⟨*fam*⟩ (*forceful person*) persona *f* energica (*o* dinamica).

dynamoelectric [,dainəmo(u)i'lektrik], dynamoelectrical [–əl] *a.* ⟨*Fis*⟩ dinamoelettrico.

dynamometer [,dainə'məmitə] *s.* ⟨*Mecc*⟩ dinamometro *m.*

dynast ['dinəst, 'dainaest] *s.* dinasta *m.* dy'nastic [–ik], dy'nastical [–ikl] *a.* dinastico. dynasty ['dinəsti] *s.* dinastia *f: the Ming ~* la dinastia Ming.

dyne [dain] *s.* ⟨*Fis*⟩ dina *f.*

dysenteric [,disən'terik] *a.* ⟨*Med*⟩ dissenterico. 'dysentery [–tri] *s.* dissenteria *f.*

dysfunction [dis'fʌŋkʃən] *s.* ⟨*Med*⟩ disfunzione *f.*

dysgenic [dis'dʒenik] *a.* ⟨*Biol*⟩ disgenetico. dysgenics [–'dʒeniks] *s.pl.* (costr. sing.) studio *m* delle degenerazioni delle razze.

dyslexia [dis'leksiə] *s.* ⟨*Med*⟩ dislessia *f.* dyslexic [–'leksik] *a.* dislessico.

dysmenorrh(o)ea [,dismenə'riə] *s.* ⟨*Med*⟩ dismenorrea *f.* dysmenorrh(o)eal [–l], dysmenorrh(o)eic [–'riːik] *a.* dismenorroico.

dysmetria [dis'metriə] *s.* ⟨*Med*⟩ dismetria *f.*

dyspepsia [dis'pepsiə], dyspepsy [dis'pepsi] *s.* ⟨*Med*⟩ dispepsia *f.* dyspeptic [dis'peptik] I *a.* 1 dispeptico. 2 ⟨*fig*⟩ irritabile, depresso. II *s.* dispeptico *m* (*f* –a).

dysphasia [dis'feiziə] *s.* ⟨*Med*⟩ disfasia *f.*

dysplasia [dis'pleiziə] *s.* ⟨*Med*⟩ displasia *f.* dysplastic [–'plæstik] *a.* displasico.

dyspn(o)ea [disp'niːə] *s.* ⟨*Med*⟩ dispnea *f.* dyspn(o)eal [–l], dyspn(o)eic [–'niːik] *a.* dispnoico.

dysprosium [dis'prousiəm] *s.* ⟨*Chim*⟩ disprosio *m.*

dystrophic [dis'trəfik] *a.* ⟨*Med*⟩ distrofico. dystrophy [–trəfi] *s.* ⟨*Med*⟩ distrofia *f.*

dysuria [dis'juriə] *s.* disuria *f.*

E

E [i:] s. (pl. e's/es, E's/Es [i:z]) (letter of the alphabet) e, ... f/m; ⟨Tel⟩ E for Edward, ⟨am⟩ E for Easy e come ...mpoli.

I a. (fifth in order or class) E, quinto. II s. 1 ⟨Mus⟩ mi ...n. 2 ⟨Scol⟩ cinque m. 3 ⟨Assic⟩ (in Lloyd's rating) nave ... di seconda categoria.

.. = 1 eldest il maggiore. 2 engineer ingegnere.

.. = 1 Earl conte. 2 East est (abbr. E). 3 Eastern ...rientale. 4 England Inghilterra. 5 English inglese. 6 ...Scol⟩ Excellent eccellente.

.. = each ciascuno.

..A. = 1 Educational Age livello di rendimento scolastico. ...⟨Mil⟩ Enemy Aircraft aereo nemico.

..ch [i:tʃ] I a. ogni, ciascuno: we paid for ~ item ...eparately abbiamo pagato ogni articolo a parte; he looked ... way before crossing guardò da ogni parte prima di ...ttraversare. II pron. ognuno m, ciascuno m: he gave one ...o ~ of us ce ne ha dato uno ciascuno; ~ went his way ...gnuno andò per la sua strada. III avv. l'uno, per uno, ...iascuno: they cost a pound ~ costano una sterlina l'uno; ... room ~ una camera per ciascuno. □ ~ man ognuno; ~ ...ther l'un l'altro, reciprocamente, a vicenda; they are ...fraid of ~ other hanno paura l'uno dell'altro; they love ~ ...ther si amano; John and Mary ~ refused sia Giovanni ...he Maria rifiutarono.

..ger ['i:gə] a. 1 desideroso, bramoso, avido: ~ to learn ...vido d'imparare; to be ~ for success essere avido di ...uccesso; (impatient) impaziente, ansioso: I am ~ to see ...ou sono impaziente di vederti. 2 (of feelings) ardente, ...ivo. 3 (keen) zelante, assiduo, diligente. □ ⟨scherz⟩ ~ ...eaver persona f molto zelante. eagerness [–nis] s. 1 ...rama f, sete f, impazienza f. 2 (enthusiasm) entusiasmo ...n, ardore m.

..AGIF = European Agricultural Guidance and Guarantee ...und Fondo europeo di orientamento e Garanzia per ...agricoltura (abbr. FEOGA).

..gle ['i:gl] s. 1 ⟨Ornit⟩ aquila f. 2 → eagle lectern. 3 ...Numism⟩ aquila f, moneta f d'oro da dieci dollari (degli ...tati Uniti). 4 ⟨Sport⟩ (in golf) aquila f. Eagle N.pr. ...4str⟩ Aquila f.

..gle| eye s. sguardo m d'aquila. ~-eyed a. dagli occhi ...i lince. ~ lectern s. leggio m a forma di aquila. ~ owl ...⟨Ornit⟩ gufo m reale. ~ ray s. ⟨Itt⟩ aquila f di ...are.

..glet ['i:glit] s. aquilotto m.

..gre ['i:gə] s. ondata f di marea (in un estuario).

..&O.E. = Errors and Omissions Excepted salvo errori e ...missioni (abbr. S.E.O.).

..r¹ [iə] s. 1 ⟨Anat⟩ orecchio m (anche fig.): to whisper in ...o.'s ~ sussurrare all'orecchio di qd.; to be hard on the ~ ...ssere sgradevole all'orecchio; to have a good ~ avere ...olto orecchio. 2 (handle of a pitcher, cup, etc.) manico ...n ricurvo, ansa f. □ ⟨fig⟩ to bring s.th. about one's –s ...ndare in cerca di guai; ⟨fig⟩ to be all –s essere ...tt'orecchi; ⟨fig⟩ to bend an ~ to s.th. prestare (o ...orgere) orecchio a qc.; your –s must have been burning

yesterday ti dovevano fischiare le orecchie ieri; to play music by ~ sonare a orecchio; ⟨fam⟩ to cock one's –s aprire (o drizzare) le orecchie, tendere l'orecchio; it has come to my –s mi è giunto (o venuto) all'orecchio; ⟨fig⟩ to fall on deaf –s non trovare ascolto; ⟨fig⟩ to give (o lend) an ~ to s.o. dare (o prestare) orecchio a qd.; ⟨scherz⟩ I would give my –s for his money darei un occhio della testa per avere i suoi soldi; ⟨fig⟩ to go in one ~ and out the other entrare da un orecchio e uscire dall'altro; ⟨fig⟩ to keep one's ~ to the ground stare all'erta (o sul chi vive); ⟨fig⟩ to have (o win) s.o.'s ~ trovare ascolto presso qd.; have I your ~? mi ascolti?; to be over head and –s in debt essere indebitato fin sopra i capelli (o fino al collo); ⟨fam⟩ he was thrown out on his ~ l'hanno buttato fuori; ⟨sl⟩ to pin s.o.'s –s back picchiare qd. di santa ragione; to prick up (o pin back) one's –s = to cock one's ears; ⟨fig⟩ to set by the –s seminare zizzania tra; to have sharp –s avere l'udito fine; to bring a storm about one's –s attirarsi una valanga di rimproveri (o critiche); to strain one's –s stare con gli orecchi all'erta; ⟨fig⟩ to give s.o. a thick ~ dare uno scapaccione a qd.; ⟨fam⟩ to the –s fin sopra i capelli; to turn a deaf ~ fare orecchi da mercante; ⟨fig⟩ to be up to one's –s in work essere oberato di lavoro; to have a word in s.o.'s ~ parlare all'orecchio di qd.

ear² I s. ⟨Bot⟩ spiga f: an ~ of wheat una spiga di grano; (of Indian corn) pannocchia f. II v.i. mettere la spiga, spigare.

ear|ache s. mal m d'orecchi. ~clip s. orecchino m a clip. ~drop s. orecchino m pendente (o a goccia). ~drum s. ⟨Anat⟩ timpano m.

eared¹ [iəd] a. 1 fornito di orecchie. 2 (nei composti) dalle orecchie ...: long-~ dalle orecchie lunghe, orecchiuto.

eared² a. ⟨Bot⟩ 1 con spiga. 2 (nei composti) dalle spighe ...

earflap ['iəflæp] s. 1 (of a cap) paraorecchie m. 2 → ear lobe.

earful ['iəful] s. ⟨fam⟩ sgridata f, ⟨fam⟩ tirata f d'orecchi.

ear-impaired I a. audioleso. II s. audioleso m (f -a).

earing ['iəriŋ] s. ⟨Mar⟩ matafione m.

earl [ə:l] s. ⟨GB⟩ conte m. 'earldom [–dəm] s. contea f.

earless ['iəlis] a. 1 privo di orecchi. 2 ⟨Mus⟩ stonato, che non ha orecchio.

earliness ['ə:linis] s. precocità f.

ear lobe s. ⟨Anat⟩ lobo m dell'orecchio.

early ['ə:li] I avv. 1 all'inizio, al principio: ~ in the year all'inizio dell'anno. 2 (of the morning) presto, di buon'ora, di buon mattino: to get up ~ alzarsi presto. 3 (ahead of time) in anticipo: the train arrived ~ il treno è arrivato in anticipo. 4 (in the distant past) in tempi remoti. II a. 1 iniziale, primo: ~ stage una fase iniziale; in the ~ morning di primo mattino. 2 (of the morning) mattutino, del mattino: an ~ train un treno del mattino. 3 (before the expected time) prematuro, precoce:

an ~ *death* una morte prematura. **4** (*in the near future*) prossimo, imminente, vicino. **5** (*distant in time*) remoto, antico, lontano; (*primitive*) primitivo, primordiale. **6** (*of fruit, flowers, etc.*) primaticcio, precoce. □ *at the earliest* al più presto; *to be* ~ essere in anticipo; (*Comm*) *at your earliest* **convenience** con cortese sollecitudine; *at an* ~ **date** prossimamente; *to have an* ~ **dinner** pranzare presto; *at an* ~ **hour** di buon'ora; *to keep* ~ *hours* andare a letto presto e alzarsi di buon mattino; ~ *and* **late** a tutte le ore; ~ *in* **life** nei primi anni di vita; ~ **on** inizialmente, in un primo tempo; (*soon*) presto; *earlier on* precedentemente, prima; *as* ~ *as* **possible** al più presto (possibile); *to be an* ~ **riser** essere mattiniero; *in* ~ **summer** all'inizio dell'estate; ~ *in the* **week** ai (o nei) primi giorni della settimana.

Early| **American** *a.* (*Arch,Arred*) in stile coloniale. ~ **bird** *s.* (*scherz*) **1** persona *f* mattiniera. **2** (*one who arrives early*) persona *f* che arriva in anticipo (rispetto agli altri). □ *Prov.: the* ~ *catches the worm* chi dorme non piglia pesci, chi tardi arriva male alloggia. ~ **childhood** *s.* prima infanzia *f.* ~ **Christian** *a.* (*Arch*) paleocristiano. '~-**closing day** *s.* (*Comm*) giorno *m* di chiusura pomeridiana dei negozi. ~ **diagnosis** *s.* (*Med*) diagnosi *f* precoce. ~ **elections** *s.pl.* (*Pol*) elezioni *fpl* anticipate. ~ **English** *s.* (*Arch*) gotico *m* inglese del primo periodo. ~ **fruit** *s.* (*Agr*) primizia *f.* ~ **retirement** *s.* pensionamento *m* anticipato. prepensionamento *m.* ~-**warning radar** *s.* (*Mil*) radar *m* d'avvistamento a distanza.

ear|**mark I** *s.* **1** (*Zootecn*) marchio *m* (di proprietà) sull'orecchio. **2** (*Comm*) contrassegno *m.* **3** (*fig*) caratteristica *f*, marchio *m*, impronta *f.* **II** *v.t.* **1** (*Zootecn*) marchiare (o marcare) l'orecchio di. **2** (*Comm*) contrassegnare. **3** (*fig*) mettere 'da parte' (o in serbo); (*of money*) accantonare, stanziare: *to* ~ *funds for development* stanziare dei fondi per lo sviluppo. ~**muff** *am.* *s.* paraorecchie *m.*

earn [ə:n] *v.t.* **1** guadagnare: *to* ~ *one's living* guadagnare da vivere. **2** (*to deserve*) meritare, meritarsi. **3** (*to acquire*) guadagnarsi, procurarsi: *to* ~ *a reputation for honesty* guadagnarsi la fama di persona onesta. **4** (*Econ*) (*of interest*) fruttare. □ *to* ~ *a degree* conseguire una laurea.

earned| **income** [ə:nd] *s.* (*Econ*) redditi *mpl* di lavoro. ~ **surplus** *s.* (*Econ*) utili *mpl* non distribuiti.

earner ['ə:nə] *s.* chi guadagna; (*thing*) cosa *f* che rende (o frutta).

earnest[1] ['ə:nist] **I** *a.* **1** serio, coscienzioso, scrupoloso; (*zealous*) zelante; (*sincere*) sincero. **2** (*grave*) serio, importante, grave. **3** (*pressing*) urgente, incalzante, pressante: *an* ~ *request for help* una pressante richiesta d'aiuto. **II** *s.* (massima) serietà *f.*

earnest[2] *s.* **1** garanzia *f*, pegno *m.* **2** (*Dir*) (*earnest money*) caparra *f.* **3** (*fig*) prova *f*, segno *m.* **earnestness** [-nis] *s.* serietà *f.*

earning| **capacity**, ~ **power** ['ə:niŋ] *s.* (*Econ*) redditività *f* (aziendale), capacità *f* di reddito, capacità *f* di guadagno.

earnings ['ə:niŋz] *s.pl.* guadagni. *mpl*, guadagno *m;* (*wages*) stipendio *m*, salario *m;* (*profit*) profitto *m*, utile *m.*

ear nose and throat specialist *s.* otorinolaringoiatra *m/f.*

ear|**phone** *s.* **1** (*Tel*) ricevitore *m* telefonico. **2** (*Rad*) cuffia *f.* ~**piece** *s.* **1** stanghetta *f.* **2** (*Tel*) → **earphone**. ~-**piercing** *a.* (*of sounds*) penetrante, acuto. ~**plugs** *s.pl.* tappi *mpl* per le orecchie. ~**ring** *s.* orecchino *m.* ~ **shell** *s.* (*Zool*) orecchia *f* di mare. ~**shot**: *to be out of* ~ non essere a portata d'orecchio; *within* ~ a portata d'orecchio. ~ **specialist** *s.* otoiatra *m.* ~-**splitting** *a.* (*of sounds*) assordante.

earth [ə:θ] **I** *s.* **1** terra *f*, globo *m* terrestre. **2** (*ground*) terra *f*, suolo *m*, terreno *m: to fall to* ~ cadere 'al suolo' (o a terra). **3** (*lair, burrow*) tana *f*, covo *m: a fox's* ~ la tana di una volpe. **4** (*fig*) cose *fpl* materiali (o terrene). **5** (*Chim*) terra *f.* **6** (*El*) massa *f*, terra *f.* **7** (*Pitt*) (*earth colour*) terra *f* colorata. **II** *v.t.* **1** (*El*) mettere a massa, collegare a terra. **2** (*to cover with earth;* spesso con *up*)

coprire di terra, interrare. **3** (*Venat*) spingere nella tan III *v.i.* (*Venat*) rintanarsi. □ (*fig*) *to* **come** *back to* scendere dalle nuvole; *to be* **down** *to* ~ essere pratico realistico; (*fam*) stare con i piedi in terra; *to* **go** *to* rintanarsi (*anche fig.*); (*fig*) *to* **move** *heaven and* muovere cielo e terra; *on* ~ del mondo: *the strongest m on* ~ l'uomo più forte del mondo.

earth|-**born** *a.* **1** (*Mitol*) nato dalla terra. **2** (*fig*) umar mortale. ~-**bound** *a.* **1** terrestre. **2** (*fig*) materialistic terreno, mondano. **3** (*moving towards the earth*) dire verso la terra.

earthed [ə:θt] *a.* (*El*) collegato a terra (o massa).

earthen ['ə:θən] *a.* **1** di terra. **2** (*of baked clay*) di terraco (o coccio). **3** (*fig*) terreno, mondano.

earthenware ['ə:θənwɛə] *s.* terraglie *fpl.*

earthfall ['ə:θfɔ:l] *s.* (*landslide*) frana *f.*

earthiness ['ə:θinis] *s.* **1** l'essere terroso. **2** (*f* materialismo *m.* **3** (*grossness*) grossolanità *f.*

earthlight ['ə:θlait] *s.* → **earth shine**.

earthliness ['ə:θlinis] *s.* l'essere terreno. **earthling** [-l *s.* **1** abitante *m/f* della terra, terrestre *m/f.* (*worldly-minded person*) persona *f* attaccata alle cc terrene. **earthly** [-θli] *a.* **1** terreno: ~ *possessions* be terreni. **2** (*fig*) terreno, mondano, materiale. (*conceivable*) concepibile, possibile. □ (*fam*) *not to h an* ~ *chance* non avere la minima speranza probabilità); *there is no* ~ *reason* non c'è nessuna ragio al mondo; *it is no* ~ *use* non serve assolutamente nulla.

earthly-minded *a.* materialistico.

earth|**man** [mən] *s.irr.* terrestre *m/f.* ~**nut** *s.* (*Bot*) bulbocastano *m.* **2** (*peanut*) arachide *f.* ~**quake** terremoto *m*, sisma *m.*

earthquake|-**proof** *a.* antisismico, asismico. ~ **shock** scossa *f* di terremoto. ~ **victim** *s.* terremotato *m* (*f -*

earth| **satellite** *s.* (*Astron*) satellite *m* terrestre. ~ **shaking** *a.* (*fig*) d'importanza capitale. ~ **shine** (*Astr*) luce *f* riflessa dalla terra. ~ **station** *s.* stazione terrestre.

earthward ['ə:θwəd] **I** *avv.* → **earthwards. II** *a.* dire verso (la) terra. **earthwards** [-z] *avv.* verso terra, giù.

earth|**work** *s.* **1** lavori *mpl* di sterro, sterro *m.* **2** (*M* terrapieno *m.* ~**worm** *s.* lombrico *m*, verme *m* di ten

earthworm| **breeding** *s.* lombricoltura *f.* ~ **grower** lombricoltore *m.* ~ **growing** *s.* → **earthwo** **breeding**.

earthy ['ə:θi] *a.* **1** terroso. **2** (*like earth*) di terra: *an* ~ *smell* un odore di terra. **3** (*gross*) rozzo, grossolano: *humour* un umorismo grossolano. **4** (*worldly*) materia mondano, terreno, terrestre.

ear| **trumpet** *s.* cornetto *m* acustico. ~**wax** *s.* cerume ~**wig** *s.* (*Entom*) dermattero *m.* ~ **witness** *s.* (*D* testimone *m* auricolare.

ease[1] [i:z] *s.* **1** sollievo *m.* **2** (*tranquillity*) tranquillità serenità *f.* **3** (*facility*) facilità *f*, agevolezza *f.* **4** (*freede from want*) agiatezza *f*, benessere *m*, agi *mpl.* **5** (*freede from constraint*) disinvoltura *f*, naturalezza *f.* (*Mil,Ginn*) *at* ~ *!* riposo!; ~ *of* **body** *and m* tranquillità *f* del corpo e della mente; *to* 'feel *at*' (o *be one's*) ~ trovarsi a proprio agio; *ill at* ~ a disagio; *a* ~ *of* ~ una vita agiata (o comoda); *to* **put** (o **set**) *s.o. at* ~ mettere qd. a suo agio.

ease[2] **I** *v.t.* **1** sollevare, alleviare. **2** (*to free from wor* tranquillizzare, rassicurare: *to* ~ *s.o.'s mind* tranquilliz: qd. **3** (*to mitigate*) calmare, mitigare, alleviare, lenire. (*to move carefully*) muovere attentamente (o con caute! *they –d the wardrobe through the door* fecero passare c cautela l'armadio attraverso la porta. **5** (*to facilita* facilitare, semplificare. **6** (*to slacken*) spesso con ε allentare: *to* ~ *a rope* allentare una fune. **7** (*to slow dov* ridurre, rallentare. **8** (*Mar*) (*of a helm, rudder*) molla allentare; (*of a vessel*) portare sottovento. **9** (*fam*) (*to* derubare, (*scherz*) alleggerire: *to* ~ *s.o. of his wa* alleggerire qd. del portafoglio. **II** *v.i.* attenuarsi, calma □ (*Mar*) *to* ~ **away** (*a rope*) mollare (o filare) un ca *to* ~ **off** = *to ease up*; *to* ~ **up**: 1 diminuire (d'intensi scemare: *the rain has ~d up* la pioggia è diminuita; 2 ⟨*fam*⟩ (*to relax gradually*) rilassarsi, distendersi.

easeful ['i:zful] *a.* ⟨*poet*⟩ **1** riposante, tranquillo, quieto. **2** (*full of ease*) comodo, confortevole. **3** (*indolent*) pigro, indolente.

easel ['i:zl] *s.* cavalletto *m* da pittore.

easement ['i:zmənt] *s.* **1** sollievo *m*, conforto *m*. **2** ⟨*Dir*⟩ servitù *f.*

easily ['i:zili] *avv.* **1** facilmente, con facilità, agevolmente. **2** (*beyond question*) senza dubbio, di gran lunga. **3** (*likely*) con tutta probabilità: *you may ~ be right* con tutta probabilità hai ragione tu, è facile che tu abbia ragione. **easiness** [–zinis] *s.* **1** facilità *f*, semplicità *f*. **2** (*ease of manner*) disinvoltura *f*, naturalezza *f*. **3** (*indifference*) indifferenza *f*. **4** ⟨*Econ*⟩ depressione *f.*

~asing ['i:ziŋ] *s.* **1** mitigazione *f*. **2** ⟨*fig*⟩ allentamento *m*, rilassamento *m*: *~ of tension* allentamento della tensione.

~ast [i:st] **I** *s.* est *m*, levante *m*, oriente *m*, parte *f* orientale: *the sun rises in the ~* il sole sorge a levante. **East** *s.* ⟨*Geog*⟩ **1** Est *m*, Oriente *m*. **2** ⟨*am*⟩ (*in the United States*) stati *mpl* della costa atlantica. **II** *a.* **1** orientale. **2** (*of winds*) di levante. **III** *avv.* a est, verso est, a oriente, a levante: *to face ~* guardare a oriente.

~astbound ['i:stbaund] *a.* diretto a oriente.

East| Coast *am. s.* costa *f* orientale degli Stati Uniti. **~ End** *s.* (*of London*) quartiere *m* orientale. **'~-'Ender** *s.* abitante *m/f* del quartiere orientale (di Londra).

Easter ['i:stə] *s.* ⟨*Rel*⟩ **1** Pasqua *f*. **2** → **Easter Day.**

Easter| Day *s.* ⟨*Rel*⟩ giorno *m* di Pasqua. **~egg** *s.* uovo *m* di Pasqua.

easterly ['i:stəli] **I** *a.* **1** orientale. **2** (*of the wind*) che soffia (*o* spira) ⌐da levante⌐ (*o* dall'est), di levante. **II** *s.* vento *m* dell'est, levante *m*. **III** *avv.* **1** verso est (*o* levante). **2** (*from the east*) dall'est, da levante.

Easter Monday *s.* lunedì *m* dopo Pasqua, pasquetta *f.*

eastern ['i:stən] **I** *a.* **1** orientale: *the ~ bank* la riva orientale. **2** (*from the east*) dall'est. **Eastern** *a.* **1** (*Oriental*) orientale. **2** ⟨*Rel*⟩ della Chiesa Orientale. **II** *s.* **1** orientale *m/f*. **2** ⟨*Rel*⟩ ortodosso *m* (*f* –a).

Eastern| Bloc *s.* ⟨*Pol*⟩ blocco *m* orientale. **~ Church** *s.* chiesa *f* orientale ortodossa. **~ Empire** *N.pr.* ⟨*Stor.rom*⟩ impero *m* romano d'Oriente.

Easterner *am.* ['i:stənə] *s.* abitante *m/f* dell'est (degli Stati Uniti).

easternmost ['i:stənmoust] *a.* dell'estremo est, della parte più orientale.

Easter| Sunday *s.* → **Easter Day.** **~tide, ~time** *s.* ⟨*Rel*⟩ **1** periodo *m* pasquale. **2** → **Easter week. 3** (*between Easter and Pentecost*) periodo *m* tra Pasqua e Pentecoste. **~ week** *s.* settimana *f* santa.

East| German I *a.* tedesco orientale. **II** *s.* tedesco *m* (*f* –a) orientale. **~ Germany** *N.pr.* ⟨*Geog*⟩ Germania *f* orientale. **~ India Company** *N.pr.* ⟨*Stor*⟩ compagnia *f* delle Indie Orientali.

easting ['i:stiŋ] *s.* **1** ⟨*Mar*⟩ distanza *f* percorsa verso oriente. **2** (*going eastward*) spostamento *m* verso oriente.

Eastside *am.* ['i:stsaid] *s.* parte *f* orientale di Manhattan. **'East'sider** *am.* [–ə] *s.* abitante *m/f* della zona orientale di Manhattan.

eastward ['i:stwəd] **I** *a.* a est, a levante, verso est, rivolto a est. **II** *avv.* → **eastwards. eastwards** [–z] *avv.* verso est (*o* levante).

easy ['i:zi] **I** *a.* **1** facile, semplice: *an ~ task* un compito facile. **2** (*comfortable*) confortevole, comodo: *an ~ life* una vita comoda. **3** (*free from pain, distress*) tranquillo, calmo: *the patient is ~* il paziente è tranquillo. **4** (*relaxed*) disinvolto, spigliato: *an ~ manner* un modo di fare spigliato. **5** (*of style*) scorrevole. **6** (*of a garment*) comodo, lento. **7** (*not strict*) indulgente, compiacente: *an ~ master* un padrone indulgente. **8** (*calm*) sereno, tranquillo. **9** ⟨*Comm*⟩ (*of a commodity*) in grande abbondanza; (*of a market*) moderato, poco attivo; (*of payments*) a rate. **10** ⟨*fam*⟩ (*no less than*) non meno di: *an ~ two hundred pounds* non meno di duecento sterline. **II** *avv.* **1** facilmente. **2** (*slowly*) piano, con calma. **III** *intz.* piano. □ *to be in ~ circumstances* essere di condizione agiata; **~ come, ~ go** tanti presi, tanti spesi;

⟨*fam*⟩ **~ does** *it!* fai piano!; *she is ~ to get on with* è facile andare d'accordo con lei, è (una donna) accomodante; ⟨*fam*⟩ **go ~** *on the sugar!* vacci piano con lo zucchero!; *to walk at an ~ pace* camminare lentamente; *to travel by ~ stages* viaggiare facendo piccole tappe; *to take things ~* prendersela comoda (*o* con calma); *take it ~!* non te la prendere!, calma!; ⟨*Comm*⟩ *on ~ terms* con facilitazioni di pagamento; *a woman of ~ virtue* una donna di facili costumi; ⟨*fam*⟩ *as ~ as winking* (*o pie*) facilissimo, ⟨*fam*⟩ facile come bere un bicchier d'acqua.

easy|-care *a.* ⟨*Tess*⟩ pratico. **~ chair** *s.* poltrona *f.* **~ game** *s.* semplicotto *m* (*f* –a). **'~-'going** *a.* **1** pacioccone, bonaccione. **2** (*indolent*) indolente. **3** (*tolerant*) tollerante. **4** (*of a horse*) dall'andatura sciolta. **~ mark** *s. am.* **~ easy game. ~ money** *s.* **1** denaro *m* guadagnato senza (tanta) fatica, denaro facile. **2** (*obtained dishonestly*) denaro *m* poco pulito. **~ street** *s.* ⟨*fam*⟩ agiatezza *f*: *to be on ~* vivere nell'agiatezza. **~-term loan** *s.* ⟨*Econ*⟩ mutuo *m* agevolato.

eat [i:t] *v.* (*pret.* **ate** [e(i)t], *p.p.* **eaten** ['i:tn]) **I** *v.t.* **1** mangiare. **2** (*of meals*) consumare, prendere. **3** (*to consume;* spesso con *away, up*) mangiare, consumare; (*to corrode*) corrodere, intaccare. **4** (*to destroy, ravage*) distruggere, devastare. **5** (*to gnaw*) rodere, rosicchiare. **II** *v.i.* **1** mangiare. **2** (*to corrode*) corrodere (*into s.th.* qc.): *acid has ~en into the metal* l'acido ha corroso il metallo. □ ⟨*fam*⟩ *to ~ crow* subire un'umiliazione; *to ~ one's dinner* pranzare, consumare il pranzo; *to ~ one's fill* mangiare a sazietà; ⟨*fig*⟩ *to ~ out of s.o.'s hand* pendere dalle labbra di qd.; ⟨*fam*⟩ *I'll ~ my hat if it's true* mi mangio il cappello se è vero; ⟨*fam*⟩ *to ~ s.o.'s head off* mangiarsi (vivo) qd.; ⟨*fig*⟩ *to ~ one's heart out* mangiarsi il cuore (*o* fegato); *to ~ like a horse* mangiare ⌐a quattro palmenti⌐ (*o* come un lupo); ⟨*fam*⟩ *to ~ s.o. out of house and home* mangiare a qd. la casa e la camicia; *to ~ into* mangiare, consumare; *to ~ o.s. sick* mangiare tanto da star male; ⟨*fig*⟩ *to ~ one's terms* (*o dinners*) studiare legge (*o* da avvocato); *to ~ up* finire di mangiare.

eatable ['i:təbl] *a.* mangiabile, commestibile. **eatables** [–z] *s.pl.* viveri *mpl*, vivande *fpl*, cibo *m*, commestibili *mpl.*

eaten ['i:tn] → **eat.**

eater ['i:tə] *s.* **1** mangiatore *m* (*f* –trice). **2** (*eating apple*) mela *f* da mangiare cruda. □ *a heavy* (*o big*) **~** un gran mangiatore, una buona forchetta, ⟨*fam*⟩ un mangione; *a poor ~* una persona che mangia poco. **eatery** [–ri] *s.* ⟨*fam*⟩ ristorante *m*. **eating** [–tiŋ] **I** *s.* **1** il mangiare. **2** (*food*) cibo *m: truffles are delicious ~* i tartufi sono un cibo delizioso. **II** *a.* da mangiare (crudo).

eating| habits *s.pl.* abitudini *fpl* alimentari. **~ house** *s.* trattoria *f.*

eat-in kitchen *s.* ⟨*Arred*⟩ cucina *f* tinello.

eats [i:ts] *s.pl.* ⟨*fam*⟩ cibo *m*, roba *f* da mangiare.

eau-de-Cologne *fr.* [ˌoudəkə'loun] *s.* acqua *f* di colonia.

eaves [i:vz] *s.pl.* ⟨*Edil*⟩ gronda *f*, grondaia *f.*

eavesdrop ['i:vzdrɔp] *v.i.* origliare, ascoltare di nascosto (*on s.o.* qd.). **eavesdropper** [–drɔpə] *s.* ascoltatore *m* indiscreto.

E.B. = *Encyclopaedia Britannica* enciclopedia britannica.

ebb [eb] **I** *s.* **1** riflusso *m*. **2** ⟨*fig*⟩ declino *m*, tramonto *m*, decadenza *f*. **II** *v.i.* **1** rifluire, abbassarsi, decrescere. **2** ⟨*fig*⟩ (spesso con *away*) declinare, venir meno, essere in declino. □ *the ~ and flow of the sea* il flusso e riflusso del mare; *to be at a low ~* essere in decadenza; *the tide is on the ~* la marea decresce (*o* si sta abbassando).

ebb tide *s.* **1** marea *f* discendente, riflusso *m* della marea. **2** ⟨*fig*⟩ decadenza *f*, declino *m.*

E-boat *s.* ⟨*Mar.mil*⟩ torpediniera *f.*

ebon ['ebən] *a.* ⟨*poet*⟩ → **ebony. ebonist** [–ist] *s.* ⟨*Fal*⟩ ebanista *m*. **ebonite** [–ait] *s.* ⟨*Ind*⟩ ebanite *f*. **ebonize** [–aiz] *v.t.* ⟨*Fal*⟩ rendere color ebano. **ebony** [–i] **I** *s.* **1** ebano *m*. **2** (*colour*) color *m* ebano. **II** *a.* **1** d'ebano. **2** (*deep black*) nero come l'ebano, ebano.

ebullience [i'bʌljəns], **ebulliency** [–i] *s.* **1** ebollizione *f*. **2** ⟨*fig*⟩ entusiasmo *m*, esuberanza *f*. **ebullient** [–nt] *a.* **1** in ebollizione, bollente. **2** ⟨*fig*⟩ entusiasta, esuberante.

ebullition [ˌebə'liʃən] *s.* **1** ebollizione *f.* **2** ⟨*fig*⟩ scoppio *m* improvviso.

eccentric [ik'sentrik] **I** *a.* **1** eccentrico, stravagante, bizzarro. **2** ⟨*Geom,Mecc*⟩ eccentrico. **II** *s.* **1** eccentrico *m* (*f* –a), stravagante *m/f.* **2** ⟨*Mecc*⟩ eccentrico *m.*

eccentricity [ˌeksen'trisiti] *s.* eccentricità *f.*

ecchymosis [ˌeki'mousis] *s.* ⟨*Med*⟩ (*pl.* -ses [si:z]) ecchimosi *f.* **ecchymotic** [–mɔtik] *a.* ecchimotico.

eccl(es). = *ecclesiastical* ecclesiastico (*abbr.* eccl.).

ecclesia [i'kli:ziə] *s.* ⟨*Stor.gr*⟩ ecclesia *f.* **ecclesiast** [–ziæst] *s.* ⟨*Stor.gr*⟩ ecclesiaste *m.* **Ec,clesiastes** [–zi'æsti:z] *s.* ⟨*Bibl*⟩ Ecclesiaste *m.* **ec,clesiastic** [–zi'æstik] *s.* ⟨*Rel*⟩ ecclesiastico *m.* **ec,clesiastical** [–zi'æstikəl] *a.* ecclesiastico. **ecclesiasticism** [–zi'æstisizəm] *s.* clericalismo *m.*

ecclesiologist [i,kli:zi'ɔlədʒist] *s.* studioso *m* di ecclesiologia. **ec,clesiology** [–zi'ɔlədʒi] *s.* ecclesiologia *f.*

ECE = *Economic Commission for Europe* Commissione economica per l'Europa.

echelon ['eʃələn] **I** *s.* **1** ⟨*Mil*⟩ scaglione *m.* **2** ⟨*Mar,Aer*⟩ formazione *f* in linea. **3** ⟨*fig*⟩ grado *m*, scalino *m*, gradino *m.* **II** *v.t.* ⟨*Mil*⟩ scaglionare. **III** *v.i.* ⟨*Mil*⟩ muovere a scaglioni.

echidna [i'kidnə] *s.* ⟨*Zool*⟩ echidna *f* istrice.

echinoderm [i'kaino(u)də:m] *s.* ⟨*Zool*⟩ **1** echinoderma *m.* **2** *pl.* echinodermi *mpl.*

echinus [i'kainəs] *s.* (*pl.* -ni [nai]) **1** ⟨*Zool*⟩ echino *m*, riccio *m* di mare. **2** ⟨*Arch*⟩ echino *m.*

echo ['ekou] **I** *s.* (*pl.* -es [z]) **1** eco *f/m* (*anche Mus., Rad.*). **2** ⟨*fig*⟩ (*repetition, imitation*) reminiscenza *f*, imitazione *f: his poetry contains –es of Eliot* nella sua poesia vi sono delle reminiscenze di Eliot. **3** ⟨*fig*⟩ (*imitator*) chi fa eco, imitatore *m* (*f* –trice) pedissequo. **4** ⟨*Metr*⟩ (*echo verse*) verso *m* ecoico. **Echo** *N.pr.* ⟨*Mitol*⟩ Eco *f.* **II** *v.i.* echeggiare, risonare (*with* di). **III** *v.t.* **1** rimandare l'eco di. **2** ⟨*fig*⟩ fare eco a, ripetere: *they –ed his words* fecero eco alle sue parole. □ *to cheer s.o. to the ~* applaudire qd. fragorosamente; *to ~ s.o.'s words* farsi l'eco di qd.

echocardiography [ˌekoka:di'ɔgrəfi] *s.* ⟨*Radiol*⟩ ecocardiografia *f.*

echo-free *a.* ⟨*tecn*⟩ anecoico.

echogram ['ekougræm] *s.* ⟨*Radiol*⟩ ecogramma *m*, ecografia *f.* **echographer** [–græfə] *s.* ⟨*Radiol*⟩ ecografo *m.* **e'chography** [–fi] *s.* ecografia *f.*

echoic [e'kouik] *a.* onomatopeico. **'echoism** [–kouizəm] *s.* onomatopea *f.*

echo| sounder *s.* ⟨*Mar*⟩ ecosonda *f*, ecoscandaglio *m.* **~ sounding** *s.* ⟨*Mar*⟩ ecogoniometria *f.*

éclair *fr.* [ei'klɛ:] *s.* ⟨*Dolc*⟩ éclair *m*, bignè *m.*

éclat *fr.* ['eiklɑ:, *am.* ei'klɑ] *s.* **1** splendore *m.* **2** (*applause*) applauso *m.*

eclectic [ek'lektik] **I** *a.* eclettico (*anche Filos.*). **II** *s.* eclettico *m.* **eclecticism** [–tisizəm] *s.* eclettismo *m*, eccletticismo *m.*

eclipse [i'klips] **I** *s.* **1** ⟨*Astr*⟩ eclissi *f*, eclisse *f.* **2** ⟨*fig*⟩ declino *m.* **II** *v.t.* **1** eclissare. **2** ⟨*fig*⟩ oscurare, offuscare, mettere in ombra. **III** *v.i.* subire un'eclissi. **ecliptic** [–ptik] **I** *s.* ⟨*Astr*⟩ eclittica *f.* **II** *a.* → **ecliptical. eclipticall** [–ptikəl] *a.* eclittico.

eclogue ['eklɔg] *s.* ⟨*Lett*⟩ egloga *f*, ecloga *f.*

ECM = *European Common Market* mercato comune europeo (*abbr.* MEC).

ecocatastrophe [ˌi:koukə'tæstrəfi] *s.* ecocatastrofe *f.*

ecocide ['i:kousaid] *s.* ecocidio *m.*

ecologic [ˌekə'lɔdʒik], **ecological** [–əl] *a.* ecologico.

ecological| area *s.* zona *f* ecologica. **~ balance** *s.* equilibrio *m* ecologico.

ecologist [i'kɔlədʒist] *s.* ecologo *m* (*f* –a). **ecology** [–dʒi] *s.* ecologia *f.*

ecology party *s.* ⟨*Pol*⟩ partito *m* ecologista.

econ. = **1** *economic* economico. **2** *economy* economia.

econometrician [ˌi:kɔnəmetr'iʃən] *s.* econometricista *m.* **econometrics** [–'metriks] *s.pl.* (costr. sing.) econometria *f.*

economic [ˌi:kə'nɔmik] *a.* **1** economico: *~ doctrines* dottrine economiche; *~ geography* geografia economica. **2** (*giving a profit*) redditizio, produttivo.

economical [ˌi:kə'nɔmikəl] *a.* **1** economo, parsimonioso. **2** (*cheap*) economico, a buon mercato. **3** → **economic.**

economic| crimes *s.pl.* criminalità *f* economica. **~ cycl** *s.* ciclo *m* economico. **~ development** *s.* sviluppo *m* economico. **~growth** *s.* crescita *f* economica. **~ indicator** *s.* indicatore *m* economico. **~ offence** *s* ⟨*Dir*⟩ reato *m* economico. **~ policy** *s.* politica economica. **~ projection** *s.* proiezione *f* economica.

economics [ˌi:kə'nɔmiks] *s.pl.* **1** (costr. sing.) economia *f*, dottrina *f* economica. **2** (*economic aspect*) lato *m* (aspetto) economico: *the ~ of a project* il lato economico di un progetto. **economist** [i:'kɔnəmist] *s.* **1** economist *m/f.* **2** ⟨*rar*⟩ (*thrifty person*) persona *f* economa.

economization [i:ˌkɔnəmai'zeiʃən] *s.* economia *f*, risparmio *m.* **e'conomize** [–maiz] **I** *v.i.* **1** fare economia (*on* d su). **2** (*assol*) economizzare, fare economia. **II** *v.* risparmiare, economizzare, fare economia d **e'conomizer** [–zə] *s.* **1** chi fa economia, risparmiatore *r* (*f* –trice). **2** ⟨*tecn*⟩ economizzatore *m.* **e'conomy** [–mi] *s* **1** economia *f.* **2** (*thrift*) economia *f*, risparmio *m* parsimonia *f.* **3** ⟨*Pol*⟩ economia *f*; (*particular system* sistema *m* economico, economia *f: a totalitarian ~* u sistema economico totalitario.

economy class *s.* ⟨*Aer*⟩ classe *f* turistica.

econut ['i:kənʌt] *s.* ⟨*spreg*⟩ ecologista *m* fanatico.

echopobia [ˌekou'foubiə] *s.* ⟨*Psic*⟩ ecofobia *f.*

ECOSOC = *Economic and Social Council of the Unite Nations* Consiglio economico e sociale delle Nazion Unite.

ecosystem ['ikousistem] *s.* ecosistema *m.*

ecotype ['ekoutaip] *s.* ⟨*Biol*⟩ ecotipo *m.*

ecru ['ekru:], **écru** ['eikru:] **I** *a.* ⟨*Tess*⟩ écru, bianc sporco. **II** *s.* color *m* écru (*o* greggio).

ECSC = *European Coal and Steel Communit* Comunità europea del carbone e dell'acciaio (*abbr* CECA).

ecstasize ['ekstəsaiz] **I** *v.t.* estasiare, mandare in estasi. **I** *v.i.* estasiarsi, andare in estasi (*o* visibilio). **ecstasy** [–si *s.* **1** estasi *f* (*anche fig.*). **2** (*rapture*) estasi *f*, rapimento *m* trasporto *m.* □ *in an ~ of delight* in un trasporto d gioia; ⟨*fam*⟩ *to go into ecstasies over s.th.* estasiarsi (andare in estasi) per (*o* davanti a) qc.; ⟨*fam*⟩ *to be in ecstasies* essere in estasi. **ecstatic** [–'stætik] *a.* estatico.

ectoderm ['ektodə:m] *s.* ⟨*Biol*⟩ ectoderma *m.*

ectoplasm ['ektouplæzm] *s.* ⟨*Biol,Occult*⟩ ectoplasma *m.*

ECU = *European Currency Unit* unità di conto europe (*abbr.* UCE).

Ecuador ['ekwədɔ:] *N.pr.* ⟨*Geog*⟩ Ecuador *m* **Ecua'dorean, Ecua'dorian** [–riən] **I** *a.* ecuadoriano. **I** *s.* ecuadoriano *m* (*f* –a).

ecumenic [ˌi:kju'menik], **ecumenical** [–əl] *a.* ecumenic (*anche Rel.*): *~ council* concilio ecumenico. **ecumenisn** ['ekju:mənizəm] *s.* ecumenismo *m.*

eczema ['eksimə] *s.* ⟨*Med*⟩ eczema *m.* **eczematous** [–'semətəs] *a.* eczematoso.

Ed [ed] *N.pr. dim.* di Edgar, Edward.

ed. = **1** *edited* redatto. **2** *edition* edizione (*abbr.* ed.). **3** *editor* redattore.

edacious [i'deiʃəs] *a.* vorace. **edacity** [–'dæsiti] *s.* voracità *f.*

Edam (cheese) ['i:dæm] *s.* ⟨*Alim*⟩ edam *m.*

edaphic [e'dæfik] *a.* ⟨*Biol*⟩ edafico. **edaphon** ['edəfən] *s.* edafon *m.*

EDC = *European Defence Community* Comunità europe di difesa (*abbr.* CED).

eddy ['edi] **I** *s.* **1** gorgo *m*, vortice *m*, mulinello *m.* **2** (*o air, dust*) mulinello *m*, vortice *m*, turbine *m.* **II** *v.i* mulinare, turbinare, girare vorticosamente. **III** *v.t.* fa turbinare.

edelweiss ['eidəlvais] *s.* ⟨*Bot*⟩ stella *f* alpina, edelweiss *m.*

edema [i:'di:mə] *s.* (*pl.* -ta [tə]) ⟨*Med*⟩ edema *m* **edematose** [–tous], **edematous** [–'demətəs] *a* edematico, edematoso.

Eden ['i:dn] **I** *N.pr.* ⟨*Bibl*⟩ Eden *m.* **II** *s.* eden *m*, paradiso *m* terrestre. □ ⟨*Bibl*⟩ *the Garden of ~* i giardino dell'Eden.

dentate [i'denteit] **I** *a.* ⟨*Zool*⟩ dei maldentati. **II** *s.* maldentato *m*, sdentato *m*.

dgar ['edgə] *N.pr.* Edgardo *m*.

dge[1] [edʒ] *s.* **1** taglio *m*, filo *m*, parte *f* tagliente: *the ~ of a knife* la parte tagliente di un coltello; *the knife has lost its ~* il coltello ha perso il taglio. **2** (*border*) bordo *m*, orlo *m*. **3** (*margin*) margine *m*, estremità *f*, limitare *m*: *the ~ of a forest* il limitare di una foresta. **4** (*brink*) orlo *m*, ciglio *m*: *the ~ of a cliff* l'orlo di una scogliera. **5** (*of a solid object*) spigolo *m*; (*of a thin, flat object*) bordo *m*, contorno *m*: *the ~ of a book* il bordo di un libro. **6** ⟨*fig*⟩ incisività *f*, mordente *m*: *his prose lacks ~* la sua prosa manca di incisività; (*of appetite, desire*) intensità *f*. **7** (*acrimony*) acredine *f*, acrimonia *f*. **8** (*fam*) (*advantage*) vantaggio *m*. □ ⟨*fig*⟩ *to blunt the ~ of s.o.'s anger* placare la collera di qd.; *you have the ~ on me* sei in vantaggio su di me, hai il coltello dalla parte del manico; ⟨*fig*⟩ *to take the ~ off one's* **hunger** (o *appetite*) calmare la (propria) fame; ⟨*fig*⟩ *to be* **on** *~* avere i nervi a fior di pelle; *to put to the ~ of a* **sword** passare a fil di spada; ⟨*fig*⟩ *to set s.o.'s* **teeth** *on ~*: 1 far rabbrividire qd.; 2 (*to irritate*) dare ai nervi a qd., irritare (*o* urtare) qd.; ⟨*fig*⟩ *to give s.o. the ~ of one's* **tongue** dare una strigliata a qd.; ⟨*fig*⟩ **words** *with an ~* parole *fpl* taglienti.

dge[2] **I** *v.t.* **1** affilare, arrotare. **2** (*to make a border on*) bordare, orlare: *to ~ a handkerchief with lace* bordare di pizzo un fazzoletto. **3** (*to be a border to*) costeggiare, fiancheggiare. **II** *v.i.* **1** procedere lateralmente, costeggiare: *he ~d along the wall* costeggiò il muro. **2** (*to move gradually*) muoversi (*o* avanzare) lentamente (*o* piano piano). □ *to ~* **away** allontanarsi, sgattaiolare via; *to ~* **out**: 1 estrarre lentamente (*o* per gradi); 2 ⟨*fig*⟩ vincere di stretta misura, avere la meglio su; *to ~ a* **road** *with trees* bordare una strada di alberi, piantare alberi lungo una strada; *to ~ one's* **way** *through a crowd* farsi largo lentamente tra la folla.

dgebone ['edʒboun] *s.* ⟨*Anat*⟩ osso *m* sacro.

dged [edʒd] *a.* **1** affilato, tagliente. **2** ⟨*fig*⟩ tagliente, pungente. □ *a two-~* **sword** una spada a due tagli (*o* doppio taglio); **keen**-*~* (dal taglio) affilato; **lace**-*~* bordato di pizzo.

dgeless ['edʒlis] *a.* **1** smussato, senza filo. **2** (*borderless*) senza bordi.

dge **number** *s.* ⟨*Cin*⟩ numero *m* di bordo.

dge tool *s.* ⟨*Mecc*⟩ utensile *m* da taglio.

dgeways ['edʒweiz], **edgewise** [-waiz] *avv.* di taglio, di fianco, lateralmente, di traverso. □ *not to be able to get a word in ~* non riuscire a inserirsi (*o* infilare una parola) in una conversazione.

dging ['edʒiŋ] *s.* **1** ⟨*Sart*⟩ orlatura *f*, bordo *m*, orlo *m*, bordura *f*. **2** ⟨*Giard*⟩ bordura *f*. **edgy** ['edʒi] *a.* **1** ⟨*angular*⟩ angoloso, rigido; (*sharp*) tagliente, affilato. **2** ⟨*fig*⟩ teso, irritabile, nervoso.

dibility [,edi'biliti] *s.* commestibilità *f.* **'edible** [-bl] **I** *a.* commestibile, mangereccio. **II** *s.* (general. al pl.) commestibili *mpl*.

dict ['i:dikt] *s.* **1** editto *m*: *to issue an ~* emanare un editto. **2** (*order*) ordine *m*, comando *m*. **edictal** [i'diktəl] *a.* edittale.

dification [,edifi'keiʃən] *s.* edificazione *f*, buon esempio *m*: *for the ~ of* a edificazione di. **edificatory** [-'keitəri] *a.* edificante.

difice ['edifis] *s.* **1** edificio *m*, costruzione *f.* **2** ⟨*fig*⟩ edificio *m*.

dify ['edifai] *v.t.* edificare. **edifying** [-iŋ] *a.* edificante.

dinburgh ['edinbərə] *N.pr.* ⟨*Geog*⟩ Edimburgo *m*.

dit ['edit] *v.t.* **1** ⟨*Giorn*⟩ dirigere: *to ~ a newspaper* dirigere un giornale. **2** (*to prepare for publication*) redigere, compilare. **3** (*to correct, revise*) revisionare, fare a revisione di, curare l'edizione di, rivedere (per la stampa). **4** (*to omit, eliminate;* general. con *out*) eliminare. **5** ⟨*Cin*⟩ montare. □ *-ed by* a cura di; *Oxford -ed texts* edizioni *fpl* di Oxford.

dit. = **1** *edited* redatto. **2** *edition* edizione. **3** *editor* redattore.

dith ['i:diθ] *N.pr.* Editta *f*.

editing ['editiŋ] *s.* **1** ⟨*Cin*⟩ montaggio *m.* **2** ⟨*Inform*⟩ edizione *f* dei dati.

edition [i'diʃən] *s.* **1** edizione *f.* **2** (*total number of copies*) edizione *f*, tiratura *f: the book appeared in a limited ~* il libro ha avuto una tiratura limitata. **3** ⟨*fig*⟩ edizione *f*, versione *f*, copia *f: he is a smaller ~ of his father* è (tutto) il padre in edizione ridotta.

editor ['editə] *s.* **1** ⟨*Giorn*⟩ direttore *m* (di redazione); (*of a department*) redattore *m: literary ~* redattore letterario. **2** (*one who revises, etc.*) curatore *m* (*f* –trice) di un'edizione. **3** ⟨*Cin*⟩ tecnico *m* del montaggio.

editorial [,edi'tɔːriəl] **I** *s.* ⟨*Giorn*⟩ editoriale *m*, articolo *m* di fondo. **II** *a.* **1** editoriale. **2** ⟨*Giorn*⟩ editoriale, redazionale. □ *~ board* comitato *m* di redazione; *~ staff* redazione *f.* **editorially** [-i] *avv.* in qualità di direttore (*o* redattore).

'editor-in-'chief *s.* ⟨*Giorn*⟩ redattore *m* (*f* –trice) capo.

editorship ['editəʃip] *s.* ⟨*Giorn*⟩ direzione *f*.

editress ['editris] *s.* ⟨*Giorn*⟩ direttrice *f* (di redazione); (*of a department*) redattrice *f*.

Edmund ['edmənd] *N.pr.* Edmondo *m*.

EDP = ⟨*Inform*⟩ *Electronic Data Processing* elaborazione elettronica dei dati.

educable ['edjukəbl] *a.* educabile.

educate ['edjukeit] *v.t.* **1** istruire, educare; (*for a particular purpose*) educare, avviare: *he was -d for the ministry* fu avviato al sacerdozio. **2** (*to provide education for*) far studiare, mantenere agli studi. **3** ⟨*fig*⟩ educare, sviluppare, affinare, coltivare: *to ~ one's taste* educare il gusto. **educated** [-id] *a.* **1** istruito, colto. **2** (*characteristic of educated people*) colto: *~ conversation* conversazione colta.

education [,edju'keiʃən] *s.* **1** istruzione *f*, educazione *f: a university ~* un'istruzione universitaria; (*product*) cultura *f*, istruzione *f: he has a good ~* ha una buona cultura. **2** (*pedagogics*) pedagogia *f*, didattica *f.* **3** ⟨*fig*⟩ educazione *f*, affinamento *m.* **educational** [-əl] *a.* **1** didattico, pedagogico. **2** (*serving to educate*) educativo, istruttivo: *an ~ film* un film istruttivo.

educationalist [,edju'keiʃənəlist] *s.* → **educationist**.

educational loan *s.* assegno *m* di studio.

educationist [,edju'keiʃənist] *s.* pedagogista *m/f.* **'educative** [-keitiv] *a.* **1** didattico, pedagogico. **2** (*serving to educate*) educativo, istruttivo. **'educator** [-keitə] *s.* **1** (*teacher*) educatore *m* (*f* –trice), insegnante *m/f*, docente *m/f.* **2** (*am*) (*educationalist*) pedagogista *m/f*.

educe [i'djuːs] *v.t.* **1** far affiorare, estrarre. **2** (*to deduce*) dedurre, trarre. **3** ⟨*Chim*⟩ liberare, isolare. **educible** [-ibl] *a.* **1** estraibile. **2** (*deducible*) deducibile, desumibile. **educt** ['i:dʌkt] *s.* **1** ⟨*Chim*⟩ elemento *m* liberato. **2** (*inference*) deduzione *f.* **eduction** [i'dʌkʃən] *s.* **1** l'estrarre; (*process*) estrazione *f.* **2** (*inference*) deduzione *f*.

edulcorate [i'dʌlkəreit] *v.t.* **1** dolcificare. **2** ⟨*Chim*⟩ purificare. **e,dulcoration** [-'reiʃən] *s.* **1** dolcificazione *f.* **2** ⟨*Chim*⟩ purificazione *f*.

Edward ['edwəd] *N.pr.* Edoardo *m.* **Edwardian** [-'wɔːdiən] **I** *a.* ⟨*Stor.brit*⟩ edoardiano. **II** *s.* artista *m* (*o* scrittore) del periodo edoardiano.

E.E. = **1** *Early English* inglese antico. **2** *Electrical Engineer* ingegnere elettrotecnico. **3** *errors excepted* salvo errori.

EEC = *European Economic Community* Comunità economica europea (*abbr.* C E E).

EEC countries *s.pl.* paesi *mpl* della Comunità europea.

eel [iːl] *s.* (*pl. inv./*-s [z]; il pl. inv. si usa general. con valore collett.) ⟨*Itt*⟩ anguilla *f.* □ *as slippery as an ~* che sguscia come un'anguilla.

eel| basket, ~ buck *s.* ⟨*Pesc*⟩ nassa *f* da anguille. **~ fare** *s.* migrazione *f* delle anguille. **~ grass** *s.* ⟨*Bot*⟩ alga *f* marina. **~ spear** *s.* ⟨*Pesc*⟩ fiocina *f* per anguille. **~ worm** *s.* ⟨*Zool*⟩ anguillula *f*.

e'en[1] [iːn] *s.* ⟨*poet*⟩ (*even, evening*) sera *f*.

e'en[2] *avv.* ⟨*poet*⟩ (*even*) anche, perfino.

e'er [ɛː] *avv.* ⟨*poet*⟩ (*ever*) mai.

eerie ['iəri] *a.* **1** pauroso. **2** (*uncanny*) misterioso, strano, che ha del soprannaturale. **eeriness** [-nis] *s.* **1** misteriosa paura *f,* vago senso *m* di timore. **2** (*weirdness*) aspetto *m* misterioso. **eery** *a.* → **eerie.**

E.E.T. = *East European Time* ora dell'Europa orientale.

efface [i'feis] *v.t.* **1** cancellare. **2** ⟨*fig*⟩ cancellare, far scomparire. □ *to ~ o.s.* tenersi in disparte, eclissarsi. **effaceable** [-əbl] *a.* cancellabile. **effacement** [-mənt] *s.* cancellatura *f.*

effect [i'fekt] **I** *s.* **1** effetto *m,* conseguenza *f,* risultato *m: cause and ~* causa ed effetto. **2** (*influence*) effetto *m,* efficacia *f: his pleas had no ~ on me* le sue implorazioni non ebbero alcun effetto su di me. **3** (*accomplishment*) effetto *m,* compimento *m: to carry s.th. into ~* dare effetto a qc., porre in effetto qc. **4** (*mental impression*) effetto *m,* impressione *f.* **5** *pl.* (*goods, property*) effetti *mpl,* beni *mpl* (personali). **6** ⟨*Teat,Cin*⟩ effetto *m;* (*special effect*) effetto *m* speciale. **II** *v.t.* **1** effettuare, compiere, fare, attuare. **2** (*to produce*) causare, produrre. □ ⟨*Dir*⟩ *to* **come** *into ~* entrare in vigore, avere effetto; *to* **give** *~ to* attuare; *to have a* **great** *~ on* avere (*o* essere di) grande effetto su; *in ~* in effetti, infatti, in realtà (*o* pratica); *the law is still in ~* la legge è ancora in vigore; *the offer is still in ~* l'offerta è tuttora valida; ⟨*Econ*⟩ *no –s* (*of a cheque*) insolvibile; *to no ~* invano, inutilmente; *to be of no ~* essere inutile; *to ~ a* **payment** effettuare (*o* eseguire) un pagamento; *to* **put** *into ~* attuare; *to the* **same** *~* con lo stesso risultato; *to* **take** *~ = to* **come** *into effect; his speech was* **to** *this ~* le sue parole erano di questo tenore; *to the ~ that* col risultato che; *with ~ from* a partire (*o* datare) da; *words meant for a ~* parole intese a far colpo; *this is what he said, or words to that ~* questo è più o meno quello che ha detto.

effective [i'fektiv] **I** *a.* **1** efficace: *an ~ treatment* una cura efficace. **2** (*operative*) valido, efficace, operativo: *the order is ~ from midnight* l'ordine è valido dalla mezzanotte. **3** (*impressive*) d'effetto, che colpisce. **4** ⟨*Mil*⟩ effettivo. **5** (*actual*) effettivo, reale. **II** *s.* ⟨*Mil*⟩ effettivo *m.* **effectively** [-li] *avv.* **1** efficacemente. **2** (*completely*) completamente, totalmente. **effectiveness** [-nis] *s.* efficacia *f.*

effector [i'fektə] *s.* ⟨*Anat*⟩ effettore *m.*

effectual [i'fektjuəl, –ktʃu–] *a.* **1** efficace. **2** (*valid*) valido. **effectualness** [-nis] *s.* efficacia *f.* **effectuate** [-tjueit] *v.t.* effettuare, mandare a effetto. **ef,fectuation** [-tju'eiʃən] *s.* effettuazione *f,* esecuzione *f.*

effeminacy [i'feminəsi] *s.* effeminatezza *f.* **effeminate** [-nit] **I** *a.* effeminato. **II** *s.* persona *f* effeminata.

efferent ['efərənt] **I** *a.* ⟨*Anat*⟩ efferente. **II** *s.* (con)dotto *m* efferente.

effervesce [ˌefə'ves] *v.i.* **1** sprigionare bollicine; (*to bubble up*) essere effervescente. **2** ⟨*fig*⟩ essere in effervescenza. **effervescence** [-əns] *s.* effervescenza *f* (*anche fig.*). **effervescent** [-ənt] *a.* effervescente (*anche fig.*).

effete [i'fi:t] *a.* **1** logoro, sorpassato. **2** (*exhausted*) logorato, esausto. **3** (*barren*) arido, sterile. **effeteness** [-nis] *s.* **1** mancanza *f* di vigore. **2** (*exhaustion*) spossatezza *f.* **3** (*barrenness*) sterilità *f.*

efficacious [ˌefi'keiʃəs] *a.* efficace: *an ~ remedy* un rimedio efficace. **efficaciousness** [-nis], **'efficacy** [-kəsi] *s.* efficacia *f.*

efficiency [i'fiʃənsi] *s.* **1** efficienza *f.* **2** ⟨*Mecc*⟩ rendimento *m,* resa *f.*

efficiency| apartment *am. s.* appartamento *m* monocamera. **~ ratio** *s.* indice *m* di efficienza.

efficient [i'fiʃənt] *a.* **1** efficiente, abile, competente. **2** (*of a thing*) efficiente, che ha un buon rendimento. □ *~ cause* causa *f* efficiente.

effigy ['efidʒi] *s.* effigie *f: to hang s.o. in ~* impiccare qd. in effigie.

effloresce [ˌeflɔ:'res] *v.i.* **1** fiorire, sbocciare (*anche fig.*). **2** ⟨*Chim*⟩ fare efflorescenza. **efflorescence** [-əns] *s.* **1** fioritura *f* (*anche fig.*). **2** ⟨*Chim,Mecc*⟩ efflorescenza *f.* **3** ⟨*Med*⟩ efflorescenza *f,* eruzione *f* cutanea. **efflorescent** [-ənt] *a.* **1** in fiore, fiorito. **2** ⟨*Chim*⟩ efflorescente.

effluence ['efluəns] *s.* **1** emanazione *f.* **2** (*that which flows out*) efflusso *m.* **effluent** [-nt] **I** *a.* effluente, defluente. **II** *s.* **1** efflusso *m,* deflusso *m.* **2** ⟨*Geog*⟩ fiume *m* defluente. **3** (*waste liquid*) effluente *m.*

effluent| channel *s.* canale *m* di scolo. **~ water** *s.* acqu *f* di scarico (*o* scolo).

effluvium [e'flu:viəm] *s.* (*pl.* **-via** [viə] /-s [z]) effluv *m.*

efflux ['eflʌks] *s.* **1** emanazione *f.* **2** (*effusion*) effusione **effluxion** [-kʃən] *s.* **1** → **efflux. 2** ⟨*fig*⟩ (*of tim* decorso *m.*

effort ['efət] *s.* **1** sforzo *m,* fatica *f: without ~* senza sforz *it takes great ~* richiede una grossa fatica. **2** (*attemp* sforzo *m,* tentativo *m: my –s to persuade him failed* i mi sforzi per persuaderlo furono vani. **3** (*achievemen* realizzazione *f* (letteraria o artistica), creazione *f,* opera *one of his best –s* una delle sue migliori creazioni. **4** (*undertaking*) impresa *f.* **5** ⟨*Mecc*⟩ sforzo *m.* □ *that's n a bad ~* non è (per) niente male; *to make an ~ to s.th.* fare il possibile per (*o* sforzarsi di) fare qc.; *I w* **make** *every ~ to be on time* farò di tutto per esse puntuale; *to spare no ~* non risparmiare fatiche; *with ~* con sforzo (*o* fatica). **effortless** [-lis] *a.* **1** che no richiede sforzo, facile. **2** (*showing no effort*) natural sciolto, disinvolto, spontaneo; (*of writing*) scorrevole. □ *with ~ ease* con estrema facilità. **effortlessly** [-lisli] *av* senza sforzo, facilmente.

effrontery [i'frʌntəri] *s.* sfacciataggine *f,* sfrontatezza impudenza *f,* ⟨*fam*⟩ faccia *f* tosta.

effulgence [e'fʌldʒəns] *s.* fulgore *m,* splendore *n* **effulgent** [-nt] *a.* fulgente, risplendente.

effuse [e'fju:z, if'–] **I** *v.t.* **1** effondere, spargere. **2** ⟨*f* emanare, diffondere, irradiare. *v.i.* effondersi, sparger **III** *a.* ⟨*Bot*⟩ senza una forma definita. **effusio** [i'fju:ʒən] *s.* **1** effusione *f* (*anche fig.*). **2** ⟨*Me* versamento *m,* travaso *m;* (*fluid*) versamento *m.*

effusive [i'fju:siv] *a.* **1** effusivo, affettuoso, espansivo. ⟨*Geol*⟩ effusivo. **effusively** [-li] *avv.* con effusior **effusiveness** [-nis] *s.* effusione *f,* espansività *f.*

eft [eft] *s.* ⟨*Zool*⟩ tritone *m* crestato.

EFT = *Electronic Fund Transfer* trasferimento elettronic di fondi.

EFTA, E.F.T.A. = *European Free Trade Associati* Associazione europea di libero scambio (*abbr.* EFTA).

eftsoon(s) [eft'su:n(z)] *avv.* ⟨*ant*⟩ **1** subito dopo, di lì poco. **2** (*often*) spesso.

e.g. = *exempli gratia* per esempio.

egad [i'gæd] *intz.* ⟨*rar*⟩ perbacco.

egalitarian [iˌgæli'teəriən] **I** *a.* ⟨*Pol*⟩ eg(u)alitario. **II** egualitario *m* (*f –a*). **egalitarianism** [-izəm] egualitarismo *m.*

egg[1] [eg] *s.* **1** uovo *m* (*anche Gastr.*): *fried –s* uova tegamino. **2** → **egg cell.** **3** ⟨*sl*⟩ (*fellow*) individuo *m,* tip *m.* **4** ⟨*mil*⟩ bomba *f.* □ ⟨*fam*⟩ *a* **bad** *~* un tipacci ⟨*Arch*⟩ *~ and* **dart** ovolo *m;* ⟨*esclam,fam*⟩ **good** *~* brav bene; *a* **good** *~* un brav'uomo, un buon diavolo; ⟨*fig*⟩ *the ~* allo stato embrionale; *to* **lay** *an ~* fare un uovo; **suck** *an ~* bere un uovo (crudo); ⟨*fig*⟩ *to* **teach** *one grandmother to suck –s* dare consigli a chi ha molta p esperienza di noi; ⟨*fam*⟩ *as* **sure** *as –s is –s* senza alcu dubbio; ⟨*fig*⟩ *to* **walk** (*o* tread) (*up*)*on –s* camminare su uova. *Prov.: do not put all your –s in one basket* no bisogna puntare tutto su una sola carta.

egg[2] *v.t.* (general. con *on*) incitare, stimolare, spinger istigare.

'egg-and-'spoon race *s.* corsa *f* con l'uovo. **~-beater** *s.* → **egg-whisk. 2** ⟨*am.mil*⟩ elicottero *m.* **~capsul ~case** *s.* ⟨*Zool*⟩ ooteca *f.* **~ cell** *s.* ⟨*Biol*⟩ cellula *f* uov ovulo *m.* **~ chandler** *s.* ovoscopio *m.* **~cup** portauovo *m.*

egger ['egə] *s.* ⟨*Entom*⟩ lasiocampa *f.*

'egg 'flip *s.* bevanda calda a base di latte (*o* birra) e uov **~grader** *s.* ⟨*Agr*⟩ selezionatore *m* d'uova. **~head** ⟨*spreg*⟩ intellettuale *m/f,* testa *f* d'uovo. '~ **'nog** *s.* → **eg flip. ~ plant** *s.* ⟨*Bot*⟩ melanzana *f.* **~-shaped** *a.* oval ovoidale. **~shell I** *s.* guscio *m* d'uovo. **II** *a.* fragilissimo. **2** (*of paint*) semiopaco. **~shell china** porcellana *f* finissima. **~ slicer** *s.* apparecchio *m* p affettare le uova. **~ spoon** *s.* cucchiaino *m* per uova. **~ timer** *s.* clessidra *f.* **~ tooth** *s.* ⟨*Zool*⟩ dente *m* ch rompe l'uovo. **~-whisk** *s.* frullino *m* per le uova.

white s. albume m, bianco m d'uovo, ⟨fam⟩ chiara f. ~
yolk s. tuorlo m, rosso m d'uovo.
gis ['i:dʒis] s. (aegis) egida f (anche fig.).
go lat. ['egou, am. 'i:gou] s. 1 ⟨Psic,Filos⟩ ego m, io m. 2 ⟨fam⟩ (self-esteem) io m, amor m proprio; ⟨self-importance⟩ boria f, presunzione f.
gocentric [,egou'sentrik, am. ,igou-] I a. 1 basato (o imperniato) sull'io. 2 (self-centred) egocentrico. II s. egocentrico m (f –a). **egocentricity** [-'trisiti], **egocentrism** [-trizəm] s. egocentricità f, egocentrismo m.
goism ['egouizəm, am. 'igou-] s. 1 egoismo m. 2 ⟨egotism⟩ egotismo m. 3 ⟨Filos⟩ egoismo m etico, solipsismo m. **egoist** [-ist] s. 1 egoista m/f. 2 ⟨self-centred person⟩ egotista m/f, egocentrico m (f –a). 3 ⟨Filos⟩ solipsista m/f. **egoistic** [-'istik], **egoistical** [-'istikəl] a. egoistico.
gomania [,ego'meiniə] s. egomania f. **egomaniac** [-niæk] s. egomaniaco m (f –a).
gotism ['egətizəm, am. 'ig-] s. 1 egotismo m. 2 ⟨selfishness⟩ egoismo m. **egotist** [-tist] s. 1 egocentrico m (f –a), egotista m/f. 2 (selfish person) egoista m/f. **egotistic** [-'tistik], **egotistical** [-'tistikəl] a. 1 egocentrico. 2 (selfish) egoista, egoistico. **egotize** [-taiz] v.i. essere egocentrico.
gregious [i'gri:dʒəs] a. 1 enorme, madornale, spropositato: an ~ error un errore madornale. 2 ⟨notorious⟩ famigerato. 3 ⟨ant⟩ (eminent) egregio, esimio. **egregiousness** [-nis] s. enormità f.
gress ['i:gres] s. 1 uscita f. 2 (right to go out) diritto m d'uscita. 3 ⟨fig⟩ via f d'uscita, scappatoia f. 4 ⟨Astr⟩ emersione f. **egression** [i'greʃən] s. uscita f.
gret ['i:grit] s. 1 ⟨Ornit⟩ egretta f, airone m bianco. 2 ⟨Ornit⟩ (little egret) garzetta f. 3 ⟨Bot⟩ lanugine f. 4 ⟨Ornit,Mod⟩ aigrette f.
gypt ['i:dʒipt] N.pr. ⟨Geog⟩ Egitto m. **Egyptian** [i'dʒipʃən] I a. egiziano. II s. 1 egiziano m (f –a). 2 (language) egiziano m (anche Tip.).
gyptologist [,i:dʒip'tɔlədʒist] s. egittologo m (f –a). **Egyptology** [-dʒi] s. egittologia f.
h [ei, e] intz. 1 (to seek confirmation) eh?, vero? 2 (to express surprise, doubt) eh!, eh?, (che) cosa?
.I. = East Indies Indie orientali.
IB = European Investment Bank Banca europea per gli investimenti.
ider ['aidə] s. 1 ⟨Ornit⟩ (eider duck) edredone m, anatra f dal piumino. 2 → eiderdown. **eiderdown** [-daun] s. 1 piuma f di edredone. 2 (quilt) piumino m, trapunta f.
idetic [ai'detik] a. ⟨Filos,Psic⟩ eidetico.
idolon [ai'doulən] s. (pl. -s [z]/-la [lə]) fantasma m, apparizione f.
ight [eit] I a. otto: page ~ pagina otto. II s. (pl.inv./-s [s]; il pl. in -s si usa general. con valore collett.) otto m (anche Sport.). □ to cut –s (in skating) fare degli otto; ⟨Edit⟩ printed in –s stampato in ottavo; it's ~ o'clock sono le otto; a boy of ~ un ragazzo di otto anni; ⟨fam⟩ to have one over the ~ prendere una sbornia.
ight ball am. s. 1 (in pool) palla f nera che porta il numero otto; (game) gioco simile al biliardo. 2 ⟨spreg⟩ (Negro) negro m (f –a). 3 ⟨El⟩ tipo di microfono. □ ⟨sl⟩ to be behind the ~ essere nei guai.
ighteen ['ei'ti:n] I a. diciotto. II s. (pl.inv./-s [s]; il pl. in -s si usa general. con valore collett.) diciotto m.
ighteenmo [ei'ti:nmou] I s. (pl. -s [z]) ⟨Edit⟩ diciottesimo m. II a. diciottesimo.
ighteenth ['ei'ti:nθ] I a. diciottesimo. II s. diciottesimo m.
ightfold ['eitfould] I a. (che è) otto volte maggiore. II avv. otto volte tanto.
ighth [eitθ] I a. ottavo. II s. 1 ottavo m. 2 ⟨Mus⟩ ottava f. □ the ~ of April l'otto aprile; Henry the ~ Enrico ottavo.
ighth| note am. s. ⟨Mus⟩ croma f. ~ rest s. pausa f d'un ottavo.
ightieth ['eitiiθ] I a. ottantesimo. II s. ottantesimo m.
ighty ['eiti] I a. ottanta. II s. (pl.inv./-ties [tiz]; il pl. in -ties si usa general. con valore collett.) ottanta m. □ to be

in one's eighties essere fra gli ottanta e i novanta anni; in the eighties of the last century tra il 1880 e il 1890.
Eire ['ɛərə] N.pr. ⟨Geog⟩ Irlanda f, Eire f.
eisteddfod [ais'teðvɔd] s. (pl. -s [z]/-fodau [-ai]) (in Wales) festival m di canto e poesia.
either ['aiðə, am. i:ðə] I a. 1 (one or the other of two) uno dei due, l'uno o l'altro, sia l'uno che l'altro, tutti e due: ~ end of the table l'una o l'altra estremità della tavola; ~ view is right tutt'e due le opinioni sono giuste. 2 (each of two) entrambi, ambo, ciascuno, tutti e due: on ~ side of the road su entrambi i lati della strada; in ~ case in entrambi i casi. II pron. 1 l'uno o l'altro: ~ of you can go può andare l'uno o l'altro di voi. 2 (after negatives) né l'uno né l'altro: I don't know ~ non conosco né l'uno né l'altro. III avv. 1 (after negatives) neanche, nemmeno, neppure: I didn't go, and she didn't ~ io non ci sono andato e 'lei neppure' (o neppure lei); haven't you seen him ~? neanche tu l'hai visto? 2 (after a negative phrase: moreover) per di più, inoltre: it's pretty, and it doesn't cost much ~ è carino e per di più non costa molto. □ ~ ... or: 1 (in positives) o ... o: ~ you go or I go o ci vai tu o ci vado io; 2 (in negatives) né ... né: I shall not come ~ today or tomorrow non verrò né oggi né domani; ~ way it's the same in un modo o nell'altro è uguale.
ejaculate [i'dʒækjuleit] v.t. 1 gridare, prorompere in. 2 ⟨Fisiol⟩ (of sperm) eiaculare. **ejaculation** [-'leiʃən] s. 1 esclamazione f improvvisa, grido m. 2 ⟨Fisiol⟩ eiaculazione f; (fluid) eiaculato ;n spermatico. 3 ⟨Lit⟩ giaculatoria f. **ejaculative** [-iv], **ejaculatory** [-əri] a. 1 prorompente, veemente. 2 ⟨Fisiol⟩ eiaculatorio, eiaculatore.
eject [i'dʒekt] v.t. 1 espellere, scacciare, buttar (o cacciar) fuori, estromettere. 2 ⟨Dir⟩ (to evict: from property) espropriare; (from a house) sfrattare. 3 (to throw out) gettar fuori, emettere: to ~ smoke emettere fumo. **ejection** [-kʃən] s. 1 espulsione f. 2 (something ejected) materia f espulsa. 3 (dismissal) destituzione f. 4 ⟨Dir⟩ (from property) esproprio m; (from a house) sfratto m.
ejective [i'dʒektiv] a. di espulsione, che causa espulsione (o emissione). **ejectment** [-tmənt] s. ⟨Dir⟩ 1 esproprio m, espropriazione f. 2 (eviction) procedura f di evizione.
ejector [-tə] s. 1 chi emette (o espelle). 2 ⟨Artigl⟩ espulsore m. 3 ⟨Mecc⟩ (jet pump) eiettore m. 4 ⟨Met⟩ espulsore m, estrattore m.
eke[1] [i:k] v.t.: to ~ out: 1 integrare, supplire all'insufficienza (di); 2 (to make last) far durare, far bastare: to ~ out provisions far durare le provviste; to ~ out a living sbarcare il lunario.
eke[2] avv. ⟨rar⟩ (also) anche, pure.
el am. [el] (accorc. di elevated railroad) s. ferrovia f soprelevata.
elaborate I a. [i'læbərit] 1 elaborato, minuzioso, dettagliato, particolareggiato: to take ~ precautions prendere minuziose precauzioni; ~ instructions istruzioni dettagliate. 2 (complicated) complicato, intricato. II v.t. [i'læbəreit] 1 elaborare, studiare con cura. 2 (to detail) approfondire, sviluppare. 3 ⟨Biol,Fisiol⟩ elaborare. III v.i. approfondire, sviluppare (on s.th. qc.), andare in fondo (a). **elaborately** [-ritli] avv. 1 minuziosamente, con cura. 2 (intricately) in modo complicato. **elaborateness** [-ritnis] s. 1 elaboratezza f, complessità f. 2 (minuteness) minuziosità f. **e,laboration** [-'reiʃən] s. 1 elaborazione f. 2 (state) elaboratezza f. **elaborator** [-reitə] s. elaboratore m (f –trice).
élan fr. [e'lã] s. slancio m, impetuosità f.
elapse [i'læps] v.i. (of time) passare, trascorrere, scorrere.
elastic [i'læstik] I a. 1 elastico. 2 ⟨fig⟩ elastico: ~ step passo elastico; an ~ conscience una coscienza elastica. 3 ⟨fig⟩ (marked by buoyancy) dotato di capacità di ricupero (o ripresa). II s. 1 tessuto m elastico, elastico m. 2 (rubber band) elastico m.
elasticity [,i:læs'tisiti] s. 1 elasticità f (anche Fis.,Econ.). 2 ⟨fig⟩ elasticità f; (adaptability) elasticità f, adattabilità f; (buoyancy) capacità f di ricupero (o ripresa). **e'lasticized** [-saizd] a. elasticizzato.
elastic| limit s. ⟨Fis,tecn⟩ limite m di elasticità. **~-side boots**, **~ sides** s.pl. stivaletti mpl con elastici ai lati.

elate [i'leit] *v.t.* **1** esaltare, inebriare, eccitare: *-d by success* inebriato dal successo. **2** (*to raise the spirits of*) rendere euforico. **elated** [-id] *a.* **1** esultante, giubilante. **2** (*very proud*) imbaldanzito. **3** (*in high spirits*) euforico. **elation** [-'leiʃən] *s.* **1** esaltazione *f*, ebbrezza *f*, giubilo *m*. **2** (*high spirits*) euforia *f*.

Elba ['elbə] *N.pr.* ⟨*Geog*⟩ Elba *f*.

elbow ['elbou] **I** *s.* **1** ⟨*Anat,tecn*⟩ gomito *m*. **2** (*curve, bend*) gomito *m*, curva *f*; (*of a river*) ansa *f*, gomito *m*. **3** (*of a chair*) bracciolo *m*. **4** (*of a sleeve*) gomito *m*. **II** *v.t.* spingere (*o* scostare) a gomitate, dare gomitate a. **III** *v.i.* farsi largo a gomitate: *to ~ through the crowd* farsi largo tra la folla a gomitate. □ ⟨*fig*⟩ *at one's ~* vicino, a fianco; *to be at s.o.'s ~* stare a fianco di[1] (*o* gomito a gomito con) qd.; ⟨*fam*⟩ *to* lift (*o* bend, crook) *an ~* alzare il gomito; *to be out at (the) -s:* **1** (*of a garment*) essere logoro (*o* sdrucito); **2** (*to be poorly dressed*) essere scalcagnato; **3** (*to be in financial straits*) trovarsi in cattive acque; *to* rub *-s with* essere in confidenza con; ⟨*fam*⟩ *up to the -s in work* immerso fino al collo nel lavoro.

elbow‖ chair *s.* sedia *f* a braccioli. **~ grease** *s.* **1** ⟨*fam*⟩ olio *m* di gomito. **2** ⟨*sl*⟩ (*sweat*) sudore *m*. **~ room** *s.* **1** spazio *m* per muoversi liberamente. **2** ⟨*fig*⟩ libertà *f* ꞈdi movimentoꞈ (*o* d'azione).

elder[1] ['eldə] (*compar. di old*) **I** *a.* **1** maggiore: *my ~ brother* mio fratello maggiore. **2** (*senior*) anziano, di grado più elevato. **II** *s.* **1** persona *f* più anziana, maggiore *m: to respect one's -s* rispettare le persone più anziane. **2** (*of a tribe, community*) membro *m* anziano, anziano *m;* (*chief*) capo *m*. **3** (*ancestor*) antenato *m*. **4** ⟨*Stor,Rel*⟩ anziano *m*. □ *he is my ~ by two years* è (di) due anni più vecchio di me.

elder[2] *s.* ⟨*Bot*⟩ sambuco *m*.

elderberry ['eldəberi] *s.* **1** bacca *f* di sambuco. **2** ⟨*Bot*⟩ → **elder**[2].

elderly ['eldəli] *a.* anziano, attempato, di una certa età. **eldership** [-dəʃip] *s.* ⟨*Rel*⟩ dignità *f* di anziano.

elder statesman *s.* ⟨*Pol*⟩ illustre statista *m* in ritiro, veterano *m* della politica.

elder‖ water *s.* infuso *m* di sambuco. **~ wine** *s.* vino *m* di sambuco.

eldest ['eldist] *a.* (*sup. di old*) il maggiore, il più vecchio, il primogenito.

El Dorado, Eldorado [ˌeldə'rɑːdou] *s.* (*pl.* **-s** [z]) eldorado *m*.

Eleanor ['elinə], **Eleanora** [ˌeliə'nɔːrə] *N.pr.* Eleonora *f*.

elecampane [ˌelikæm'pein] *s.* ⟨*Bot*⟩ enula *f* campana.

elect [i'lekt] **I** *v.t.* **1** eleggere: *to ~ s.o. president* eleggere qd. presidente; (*to choose*) scegliere. **2** (*to decide*) decidere, scegliere: *to ~ to do s.th.* decidere di fare qc. **II** *a.* **1** eletto, nominato, scelto. **2** ⟨*Teol*⟩ eletto, predestinato. **3** (*chosen for office*) designato: *president-~* presidente designato; (*chosen for marriage*) promesso: *bride-~* promessa sposa. **III** *s.* ⟨*collett*⟩ (costr. pl.) eletti *mpl* (*anche Teol.*). □ ⟨*Dir*⟩ *to ~ domicile* eleggere il domicilio.

elect. = **1** *electric* elettrico. **2** *electricity* elettricità.

election [i'lekʃən] *s.* **1** elezione *f* (*anche Teol.*). **2** (*choice*) scelta *f*. □ ⟨*Pol*⟩ *to stand for ~* porre la propria candidatura alle elezioni.

election‖ campaign *s.* campagna *f* elettorale. **~ committee** *s.* comitato *m* elettorale. **~ Day** *am. s.* giorno *m* delle elezioni. **~ district** *am. s.* circoscrizione *f* elettorale.

electioneer [iˌlekʃə'niə] **I** *v.i.* ⟨*Pol*⟩ fare propaganda (*o* una campagna) elettorale. **II** *s.* agente *m* elettorale. **electioneering** [-riŋ] **I** *a.* della propaganda elettorale. **II** *s.* propaganda *f* (*o* campagna) elettorale.

election‖ offence *s.* reato *m* elettorale. **~ poster** *s.* manifesto *m* elettorale.

elective [i'lektiv] **I** *a.* **1** elettivo. **2** (*of an election*) elettorale. **3** ⟨*am.Scol*⟩ facoltativo, opzionale. **II** *s.* ⟨*am.Scol*⟩ materia *f* facoltativa.

elective affinity ⟨*Chim*⟩ affinità *f* elettiva (*anche fig.*).

elector [i'lektə] *s.* **1** elettore *m*. **2** ⟨*am.Pol*⟩ grande elettore *m*, elettore delegato. **Elector** *s.* ⟨*Stor*⟩ elettore *m*, principe

m elettore. **electoral** [-rəl] *a.* elettorale (*anche Stor.*).

electoral college *am. s.* assemblea *f* dei grandi elettori

electoralism [i'lektərəlizm] *s.* elettoralismo *r* **electoralistic** [-listik] *a.* elettoralistico.

electoral‖ quotient *s.* quoziente *m* elettorale. **~ register** *s.* lista *f* elettorale.

electorate [i'lektərit] *s.* **1** ⟨*collett*⟩ elettorato *m*, eletto *mpl*. **2** ⟨*Stor*⟩ elettorato *m*. **electorship** [-təʃip] elettorato *m* (*anche Stor.*).

Electra [i'lektrə] *N.pr.* ⟨*Mitol*⟩ Elettra *f*.

electress [i'lektris] *s.* **1** elettrice *f*. **2** ⟨*Stor*⟩ consorte *f* principe elettore.

electric [i'lektrik] **I** *a.* **1** elettrico. **2** ⟨*fig*⟩ (*tense*) elettric teso; (*excited*) elettrizzato, eccitato. **II** *s.* ⟨*am*⟩ **1** veico *m* elettrico. **2** (*typewriter*) macchina *f* da scrivere elettric **3** ⟨*Ferr*⟩ elettrotreno *m*. **electrical** [-əl] *a.* → **electric electrical‖ engineer** *s.* ingegnere *m* elettrotecnico. **engineering** *s.* elettrotecnica *f*. **~ storm** *s.* tempes *f* elettromagnetica.

electric‖ appliances *s.pl.* elettrodomestici *mpl*. **~ arc** ⟨*El*⟩ arco *m* voltaico. **~ blanket** *s.* termocoperta *f*. **blue** *s.* blu *m* elettrico. **~ broom** *s.* scopa *f* elettrica. **car** *s.* automobile *f* elettrica. **~ chair** *am. s.* sedia elettrica. **~ eel** *s.* ⟨*Itt*⟩ gimnoto *m*, anguilla *f* elettrica. **energy** *s.* → **electric power**. **~ eye** *s.* **1** cellula fotoelettrica. **2** ⟨*El*⟩ tubo *m* a ꞈraggi elettroniciꞈ (*o* fasc elettronico). **~ fan** *s.* elettroventilatore *m*. **~ field** ⟨*Fis*⟩ campo *m* elettrostatico. **~ furnace** *s.* ⟨*tecn*⟩ for *m* elettrico, elettroforno *m*. **~ generator** *s.* ⟨*El*⟩ gruppo elettrogeno. **~ glow** *s.* effetto *m* corona. **~ househol appliances** *s.pl.* elettrodomestici *mpl*.

electrician [iˌlek'triʃən] *s.* elettricista *m*.

electricity [iˌlek'trisiti] *s.* **1** elettricità *f* (*anche fig.*). (*science*) elettrologia *f*. **3** (*electric current*) corrente elettrica.

electric‖ knife *s.* coltello *m* elettrico. **~ power** *s.* energ *f* elettrica. **~ railway** *s.* ferrovia *f* a trazione elettrica. **ray** *s.* ⟨*Itt*⟩ torpedine *f* marmoreggiata. **~ shock** scossa *f* elettrica. **~ steel** *s.* ⟨*Met*⟩ acciaio *m* al for elettrico. **~ traction** *s.* ⟨*Ferr*⟩ trazione *f* elettric elettrotrazione *f*.

electrifiable [i'lektrifaiəbl] *a.* elettrizzabile. **e,lectrif cation** [-fi'keiʃən] *s.* **1** elettrificazione *f*. **2** ⟨*fig*⟩ l'elettri zare. **electrified** [-faid] *a.* **1** elettrificato. **2** ⟨*fig*⟩ elettri zato, eccitato. **electrify** [-fai] *v.t.* **1** elettrizzare (*anch fig.*). **2** (*to supply with electricity*) elettrificare: *to ~ a ra way line* elettrificare una linea ferroviaria.

electro [i'lektrou] *s.* (*pl.* **-s** [z]) **1** → **electroplate**. **2** - electrotype.

electroacoustics [iˌlektro(u)ə'kuːstiks] *s.pl.* (costr. sing ⟨*Fis*⟩ elettroacustica *f*.

electroanalysis [iˌlektro(u)ə'nælisis] *s.* ⟨*Chim* elettroanalisi *f*, elettrogravimetria *f*. **electrobiolog** [-ro(u)bai'ɔlədʒi] *s.* elettrobiologia *f*.

electrocardiogram [iˌlektro(u)'kɑːdiəgræm] *s.* ⟨*Me* elettrocardiogramma *m*. **electrocardiograph** [-grɑːf] elettrocardiografo *m*.

electrochemical [iˌlektro(u)'kemikəl] *a.* elettrochimic **electrochemistry** [-mistri] *s.* elettrochimica *f*.

electroconvulsive [iˌlektroukən'vʌlsiv] *a.* elettroconvulsivo. **electroconvulsive therapy** *s.* elettroshockterapia *f*.

electrocute [i'lektrəkjuːt] *v.t.* **1** fulminare (con la corren elettrica. **2** (*to execute*) giustiziare sulla sedia elettric **e,lectrocution** [-'kjuːʃən] *s.* elettroesecuzione elettrocuzione *f*.

electrode [i'lektroud] *s.* ⟨*Fis,Mot,Mecc*⟩ elettrodo *m*.

electrodynamic [iˌlektro(u)dai'næmik], **electrodynan ical** [-əl] *a.* elettrodinamico. **electrodynamics** [- *s.pl.* (costr. sing.) ⟨*Fis*⟩ elettrodinamica *f*.

electroencephalogram [iˌlektro(u)in'sefələgræm] *s.* ⟨*Me* elettroencefalogramma *m*. **electroencephalograp** [-grɑːf] *s.* elettroencefalografo *m*.

electrokinetics [iˌlektro(u)ki'netiks] *s.pl.* (costr. sing ⟨*Fis*⟩ elettrocinetica *f*.

electrolysis [iˌlek'trɔlisis] *s.* **1** ⟨*Chim*⟩ elettrolisi *f*. ⟨*Med*⟩ (*of tumours, hair roots, etc.*) distruzione *f* median corrente elettrica.

electrolyte [i'lektro(u)lait] *s.* elettrolito *m,* elettrolita *m.* **e,lectrolytic** [-'litik] *a.* elettrolitico: ~ *cell* cella elettrolitica.

electrolyze [i'lektrəlaiz] *v.t.* ⟨*Chim*⟩ elettrolizzare, sottoporre a elettrolisi. **electrolyzer** [-ə] *s.* ⟨*El*⟩ cella *f* elettrolitica, elettrolizzatore *m.*

electromagnet [i,lektro(u)'mægnit] *s.* elettrocalamita *f,* elettromagnete *m.* **electromagnetic** [-'netik] *a.* elettromagnetico. **electromagnetics** [-'netiks] *s.pl.* (costr. sing.) elettromagnetismo *m.* **electromagnetism** [-nətizəm] *s.* → **electromagnetics.**

electromassage [i,lektrou'mæsɑ:ʒ] *s.* elettromassaggio *m,* massaggio *m* elettrico.

electromechanic(al) [i,lektroumi'kænik(1)] *a.* elettromeccanico. **electromechanics** [-iks] *s.pl.* (costr. sing.) elettromeccanica *f.*

electrometallurgy [i,lektro(u)me'tælədʒi] *s.* elettrometallurgia *f.*

electrometer [i,lek'trɔmitə] *s.* elettrometro *m.*

electromotive [i,lektro(u)'moutiv] *a.* elettromotore. □ ~ *force* forza *f* elettromotrice. **electromotor** [-tə] *s.* elettromotore *m.*

electron [i'lektrɔn] *s.* ⟨*Fis*⟩ elettrone *m.* **electron| affinity** *s.* ⟨*Fis*⟩ affinità *f* elettronica. ~ **beam** *s.* fascio *m* (*o* pennello) di elettroni. ~ **diffraction** *s.* diffrazione *f* elettronica.

electronegative [i,lektro(u)'negətiv] *a.* ⟨*Fis*⟩ elettronegativo. **electronegativity** [-'tiviti] *s.* elettronegatività *f.*

electron gun *s.* **1** ⟨*TV*⟩ cannone *m* (*o* proiettore) elettronico. **2** ⟨*Mil*⟩ cannone *m* elettronico. **3** ⟨*El*⟩ proiettore *m* elettronico.

electronic [i,lek'trɔnik] *a.* elettronico.

electronic| aids *s.pl.* sussidi *mpl* elettronici. ~ **brain** *s.* ⟨*Inform*⟩ cervello *m* elettronico. ~ **circuit** *s.* circuito *m* elettronico. ~ **component** *s.* componente *m* elettronico. ~ **computer** *s.* elaboratore *m* elettronico. ~ **data processing** *s.* elaborazione *f* elettronica dei dati. ~ **engineer** *s.* ingegnere *m* elettronico. ~ **engineering** *s.* ingegneria *f* elettronica. ~ **funds transfer** *s.* ⟨*Econ*⟩ trasferimento *m* elettronico di fondi. ~ **game** *s.* gioco *m* elettronico. ~ **industry** *s.* industria *f* elettronica. ~ **mail** *s.* posta *f* elettronica. ~ **money** *s.* moneta *f* elettronica. ~ **music** *s.* musica *f* elettronica. ~ **navigation** *s.* ⟨*Mar*⟩ navigazione *f* elettronica. ~ **organ** *s.* ⟨*Mus*⟩ organo *m* elettronico. ~ **pen** *s.* ⟨*Inform*⟩ penna *f* elettronica.

electronics [i,lek'trɔniks] *s.pl.* (costr. sing.) elettronica *f.*

electron| lens *s.* lente *f* elettronica. ~ **microscope** *s.* microscopio *m* elettronico. ~ **microscopy** *s.* microscopia *f* elettronica. ~ **spectroscopy** *s.* spettroscopia *f* elettronica. ~ **synchrotron** *s.* ⟨*Atom*⟩ elettrosincrotrone *m.* ~ **tube** *s.* tubo *m* elettronico, valvola *f* elettronica. ~ **volt** *s.* ⟨*Fis*⟩ elettronvolt *m.*

electro|-optical *a.* elettro(o)ttico. ~**optics** *s.pl.* (costr. sing.) elettro(o)ttica *f.*

electrophorus [i,lek'trɔfərəs] *s.* (*pl.* -**ri** [rai]) ⟨*Fis*⟩ elettroforo *m.*

electrophrenic [i,lektrou'frenik] *a.* ⟨*Med*⟩ elettrofrenico.

electroplate [i,lectro(u)'pleit] **I** *s.* oggetti *mpl* placcati (mediante galvanostegia). **II** *v.t.* trattare con galvanostegia.

electropositive [i,lektrə'pɔzitiv] *a.* ⟨*Fis*⟩ elettropositivo. **electropositivity** [-'tiviti] *s.* elettropositività *f.*

electroscope [i'lektrəskoup] *s.* ⟨*Fis*⟩ elettroscopio *m.*

electroshock [i,lectro(u)'ʃɔk] *s.* ⟨*Med*⟩ elettroshock *m.* **electroshock therapy** *s.* → **electroconvulsive therapy.**

electrostatic [i,lektro(u)'stætik] *a.* ⟨*Fis*⟩ elettrostatico. **electrostatics** [-s] *s.pl.* (costr. sing.) elettrostatica *f.*

electrotechnics [i,lektro(u)'tekniks] *s.pl.* (costr. sing.) elettrotecnica *f.*

electrotherapeutic [i,lektro(u),θerə'pju:tik] *a.* ⟨*Med*⟩ elettroterapico. **electrotherapeutics** [-s] *s.pl.* (costr. sing.) elettroterapia *f.* **electro'therapy** [-pi] *s.* elettroterapia *f.*

electrothermal [i,lektro(u)'θə:məl], **electrothermic** [-mik] *a.* ⟨*Fis*⟩ elettrotermico. **electrothermy** [-mi] *s.* elettrotermia *f.*

electrotonus [i,lek'trɔtənəs] *s.* ⟨*Fisiol*⟩ elettrotono *m.*

electrotype [i'lektro(u)taip] **I** *s.* ⟨*Tip*⟩ galvano *m.* **II** *v.t.* riprodurre mediante galvanotipia. **electrotypy** [-i] *s.* galvanotipia *f.*

electrum [i'lektrəm] *s.* **1** lega *f* di oro e argento. **2** (*German silver*) argentone *m,* argentana *f.*

electuary [i'lektjuəri] *s.* ⟨*Farm,Veter*⟩ elettuario *m,* elettovario *m.*

eleemosynary [,elii:'mɔsinəri, *am.* ,elə'mɔsinəri] *a.* **1** caritatevole, benefico. **2** (*supported by charity*) che vive ᴵd'elemosina⌉ (*o* di carità).

elegance ['eligəns] *s.* eleganza *f,* raffinatezza *f,* grazia *f,* finezza *f.* **elegant** [-nt] *a.* **1** elegante. **2** (*refined*) elegante, raffinato, fine. **3** ⟨*am.sl*⟩ (*excellent*) eccellente, ottimo, di prim'ordine.

elegiac [,eli'dʒaiæk] **I** *a.* elegiaco (*anche fig.*). **II** *s.* ⟨*Metr*⟩ **1** elegiaco *m,* verso *m* elegiaco. **2** *pl.* (*verses*) versi *mpl* elegiaci. **elegiacal** [-əl] *a.* → **elegiac.** **'elegist** [-dʒist] *s.* elegiaco *m,* poeta *m* elegiaco. **'elegize** [-dʒaiz] **I** *v.t.* commemorare in versi elegiaci. **II** *v.i.* scrivere versi elegiaci. **'elegy** [-dʒi] *s.* ⟨*Lett,Mus*⟩ elegia *f.*

element ['elimənt] *s.* **1** elemento *m* (*anche Filos.,Chim.*): *the four* ~*s* i quattro elementi. **2** ⟨*fig*⟩ elemento *m,* requisito *m,* fattore *m.* **3** (*environment*) elemento *m,* ambiente *m* (*anche fig.*): *natural* ~ ambiente naturale. **4** *pl.* (*rudiments*) elementi *mpl,* primi rudimenti *mpl,* nozioni *fpl* fondamentali: *the* ~*s of grammar* i primi rudimenti della grammatica. **5** *pl.* (*atmospheric forces*) elementi *mpl: the fury of the* ~*s* la furia degli elementi. **6** ⟨*Biol*⟩ cellula *f.* □ ⟨*fig*⟩ *to be in* (*o out of*) *one's* ~ essere nel (*o* fuori del) proprio elemento.

elemental [,eli'mentl] **I** *a.* **1** elementare (*anche Filos., Chim.*). **2** (*basic*) elementare, fondamentale; (*primitive*) rozzo, primordiale. **3** (*of nature*) naturale, della natura; (*of the forces of nature*) degli elementi. **II** *s.* **1** *pl.* rudimenti *mpl.* **2** ⟨*Occult,rar*⟩ elementale *m.*

elementariness [,eli'mentərinis] *s.* elementarità *f.* **elementary** [-ri] *a.* elementare, rudimentale: ~ *algebra* algebra elementare.

elementary| particle *s.* ⟨*Atom*⟩ particella *f* elementare. ~ **school** *s.* ⟨*Scol*⟩ scuola *f* elementare (*o* primaria).

elephant ['elifənt] *s.* **1** ⟨*Zool*⟩ elefante *m.* **2** ⟨*fig*⟩ elefante *m* bianco. **3** ⟨*Cart*⟩ formato di carta (23 x 28 pollici).

elephantiasis [,elifən'taiəsis] *s.* (*pl.* -**ses** [si:z]) ⟨*Med*⟩ elefantiasi *f.*

elephantine [,eli'fæntain] *a.* **1** elefantesco, di elefante. **2** ⟨*fig*⟩ (*huge*) elefantesco, enorme, mastodontico; (*clumsy*) pesante, sgraziato.

elephant| seal *s.* ⟨*Zool*⟩ elefante *m* marino. ~ **shrew** *s.* ⟨*Zool*⟩ macroscelide *m.*

Eleusinian [,elju'siniən] *a.* eleusino: ~ *mysteries* misteri eleusini. **Eleusis** [i'lju:sis] *N.pr.* ⟨*Geog.stor*⟩ Eleusi *f.*

elevate ['eliveit] *v.t.* **1** elevare, sollevare, alzare. **2** ⟨*fig*⟩ (*to promote in rank*) elevare, innalzare: *to* ~ *s.o. to the nobility* elevare qd. alla dignità nobiliare. **3** ⟨*fig*⟩ (*to improve*) elevare, migliorare, nobilitare. **4** ⟨*fig*⟩ (*of the voice*) alzare. **elevated** [-id] **I** *a.* **1** elevato, soprelevato. **2** ⟨*fig*⟩ (*edifying*) elevato, nobile; (*lofty*) elevato, sublime. **3** ⟨*fam*⟩ (*slightly drunk*) brillo. **II** *s.* ⟨*fam*⟩ → **elevated railway.**

elevated| railroad *am.,* ~ **railway** *s.* ferrovia *f* soprelevata.

elevation [,eli'veiʃən] *s.* **1** elevazione *f* (*anche fig.*). **2** (*height*) altezza *f* (sul livello del mare): *at an* ~ *of three thousand feet* a tremila piedi di altezza; (*high place, hill*) elevazione *f,* altura *f.* **3** (*promotion*) elevazione *f,* innalzamento *m:* ~ *to the throne* elevazione al trono. **4** ⟨*fig*⟩ (*nobleness*) elevatezza *f,* nobiltà *f.* **5** ⟨*Arch*⟩ prospetto *m.* **6** ⟨*Topogr*⟩ quota *f.* **7** ⟨*Astr*⟩ elevazione *f,* altezza *f.* **8** ⟨*Mat,Artigl*⟩ angolo *m* di elevazione. **Elevation** *s.* ⟨*Rel.catt*⟩ Elevazione *f.*

elevator ['eliveitə] *s.* **1** ⟨*Mecc*⟩ elevatore *m,* montacarichi *m.* **2** ⟨*am*⟩ (*lift*) ascensore *m.* **3** ⟨*Agr*⟩ silos *m.* **4** ⟨*Aer*⟩ elevatore *m.*

eleven [i'levn] **I** *a.* undici. **II** *s.* (*pl. inv./-*s [z]; il pl. in -s si usa general. con valore collett.) **1** undici *m.* **2** ⟨*Sport*⟩ undici *m,* squadra *f.*

elevenses [i'levnziz] *s.pl.* ⟨*fam*⟩ spuntino *m* (delle undici).

eleventh [i'levnθ] **I** *a.* undicesimo. **II** *s.* undicesimo *m.*

eleventh hour I *s.* ⟨*fig*⟩ ultimo momento *m*, ultim'ora *f.* **II** *a.* dell'ultimo momento: *an ~ change* un cambiamento dell'ultimo momento. □ *at the ~* all'ultimo momento, in extremis.

elf [elf] *s.* (*pl.* **elves** [elvz]) **1** ⟨*Mitol*⟩ elfo *m*, folletto *m*; (*fairy*) fata *f*, fatina *f.* **2** (*dwarf*) nano *m.* **3** ⟨*fig*⟩ folletto *m.* **'elfin** [–fin] **I** *a.* **1** di elfo (*o* folletto). **2** ⟨*fig*⟩ (*small*) piccolo, minuto. **3** ⟨*fig*⟩ (*playful*) scherzoso, vivace. **II** *s.* → **elf. 'elfish** [–fiʃ] *a.* **1** di elfo (*o* folletto). **2** ⟨*fig*⟩ (*mischievous*) birichino, malizioso. **'elfishness** [–fiʃnis] *s.* natura *f* di elfo.

elf|land *s.* regno *m* delle fiabe (*o* fate). **~lock** *s.* (general. al pl.) massa *f* di capelli arruffati. **~-struck** *a.* incantato, stregato.

Elias [i'laiəs] *N.pr.* ⟨*Bibl*⟩ Elia *m.*

elicit [i'lisit] *v.t.* **1** tirare fuori, cavare, strappare: *to ~ a reply from s.o.* strappare una risposta a qd. **2** (*to cause*) provocare, suscitare. **3** (*to deduce*) dedurre, ricavare. **e,lici'tation** [–eiʃən] *s.* il tirar fuori.

elide [i'laid] *v.t.* **1** ⟨*Gramm,Fon*⟩ elidere. **2** (*to omit*) sopprimere.

eligibility [ˌelidʒi'biliti] *s.* **1** eleggibilità *f.* **2** (*fitness*) idoneità *f.* **'eligible** [–bl] *a.* **1** eleggibile: *~ for an office* eleggibile a una carica. **2** (*worthy of choice*) che ha i requisiti necessari (*for* per), idoneo, adatto (a); (*advantageous*) vantaggioso. **3** ⟨*Econ*⟩ bancabile: *~ bills* titoli bancabili. □ *an ~ bachelor* un buon partito; ⟨*am.Econ*⟩ *~ paper* effetti *mpl* (*o* titoli) scontabili.

Elijah [i'laidʒə] *N.pr.* → **Elias.**

eliminate [i'liminəbl] *a.* eliminabile. **eliminate** [–neit] *v.t.* **1** eliminare, togliere, rimuovere. **2** (*to omit*) scartare. **3** ⟨*scherz*⟩ uccidere, ⟨*gerg*⟩ eliminare. **4** ⟨*Sport,Mat, Fisiol*⟩ eliminare. **e,limination** [–'neiʃən] *s.* eliminazione *f.* **eliminator** [–neitə] *s.* **1** persona *f* (*o* cosa) che elimina. **2** ⟨*El*⟩ dispositivo *m* di alimentazione diretta.

Elisabeth *N.pr.* → **Elizabeth.**

elision [i'liʒən] *s.* ⟨*Fon,Metr*⟩ elisione *f.*

elite [i'li:t], **élite** [ei'li:t] *s.* élite *f*, fior fiore *m.*

elitism, élitism [ei'li:tizm] *s.* elitismo *m.* **elitist, élitist** [–ist] *a.* elitario.

elixir [i'liksə] *s.* elisir *m*: *the ~ of life* l'elisir di lunga vita.

Eliza [i'laizə] *N.pr.* Elisa *f.*

Elizabeth [i'lizəbəθ] *N.pr.* Elisabetta *f.* **E,lizabethan** [–'bi:θən] **I** *a.* elisabettiano; *~ Age* età elisabettiana. **II** *s.* elisabettiano *m* (*f* –a).

elk [elk] *s.* (*pl. inv./*-s [s]; il pl.inv. si usa general. con valore collett.) ⟨*Zool*⟩ **1** alce *m.* **2** (*wapiti*) vapiti *m*, wapiti *m.*

ell[1] [el] *s.* **1** ⟨*Arch*⟩ ala *f.* **2** (*tecn*) gomito *m.*

ell[2] *s.* misura di lunghezza (pari a 114,3 cm.).

ellipse [i'lips] *s.* ⟨*Geom*⟩ ellisse *f.* **ellipsis** [–is] *s.* (*pl.* **-ses** [si:z]) **1** ⟨*Gramm*⟩ ellissi *f.* **2** ⟨*Tip*⟩ segno *m* d'omissione. **ellipsoid** [–ɔid] *s.* ⟨*Geom*⟩ ellissoide *m.* **ellipsoidal** [–ɔidəl] *a.* ellissoidale. **elliptic** [–ptik], **elliptical** [–ptikəl] *a.* ellittico. **ellipticity** [ˌelip'tisiti] *s.* ellitticità *f.*

elm [elm] *s.* **1** ⟨*Bot*⟩ olmo *m.* **2** (*wood*) legno *m* di olmo.

elm grove *s.* olmeto *m.*

elmy ['elmi] *a.* ricco di olmi.

elocution [ˌeləˈkju:ʃən] *s.* **1** dizione *f.* **2** (*art, study*) elocuzione *f.* **elocutionary** [–əri] *a.* elocutorio, oratorio. **elocutioner** [–ə], **elocutionist** [–ist] *s.* **1** (*teacher*) maestro *m* (*f* –a) di dizione. **2** (*professional reciter*) declamatore *m* (*f* –trice), dicitore *m* (*f* –trice).

elongate ['i:lɔŋgeit, *am.* i'lɔŋ–] **I** *v.t.* allungare. **II** *v.i.* **1** allungarsi. **2** ⟨*Bot*⟩ allungarsi, estendersi. **III** *a.* allungato, oblungo. **,elongation** [–'geiʃən] *s.* **1** allungamento *m.* **2** (*prolongation*) prolungamento *m.* **3** ⟨*Astr,Geom*⟩ elongazione *f.* **4** ⟨*Met*⟩ allungamento *m.*

elope [i'loup] *v.i.* fuggire, scappare: *the lovers –d* gli amanti sono fuggiti. **elopement** [–mənt] *s.* fuga *f* (con l'amante).

eloquence ['eləkwəns] *s.* eloquenza *f* (*anche fig.*).

eloquent [–nt] *a.* eloquente (*anche fig.*).

else [els] **I** *a.* (usato dopo un pron. interr. e dopo composti di *some, any, no, every*) **1** (*other*) altro: *give t to s.o. ~* dallo a qd. altro; *what ~ can I do?* che altro posso fare? **2** (*in addition*) altro: *have you anything ~ t say?* hai qualcos'altro da dire? **II** *avv.* **1** (*if not; general* preceduto da *or*) altrimenti, se no, oppure: *come early* (*or*) *~ you won't find a seat* vieni presto, altrimenti no troverai posto. **2** (*otherwise*) altrimenti, in altro modo *how ~ could I have acted?* come avrei potuto agir altrimenti? □ *you won't find it anywhere ~* non l troverai in nessun altro posto; *we can do little ~* no possiamo fare molto di più; ⟨*fam*⟩ *pay me what you ow me, or ~!* pagami quel che mi devi, o vedrai!; *let us spea of something ~* parliamo d'altro, cambiamo argomento *who ~ was there?* chi altri c'era?

elsewhere ['els'weə] *avv.* altrove, in qualche altro posto.

Elsie ['elsi] *N.pr.* Elsa *f.*

eluant, eluent ['eljuənt] *s.* ⟨*Chim*⟩ eluente *m.*

elucidate [i'lu:sideit] *v.t.* delucidare, spiegare. **e,lucidatio** [–'deiʃən] *s.* delucidazione *f*, spiegazione *f*, (s)chiariment *m.* **elucidative** [–iv], **elucidatory** [–əri] *a.* esplicativo chiarificatore.

elucubrate [i'lu:kju:breit] *v.i.* elucubrare.

elude [i'lju:d, i'lu:d] *v.t.* **1** eludere, schivare, sfuggire a sottrarsi a: *to ~ one's pursuers* sfuggire ai propr inseguitori. **2** (*to escape the mind*) sfuggire (di mente). (*to evade, dodge*) eludere, evadere: *to ~ the law* eludere l legge. **elusion** [i'lju:ʒən, i'lu:–] *s.* **1** lo schivare, l'evitare **2** (*evasion*) evasione *f.* **3** (*escape*) lo sfuggire.

elusive [i'lju:siv, i'lu:–] *a.* **1** inafferrabile: *an ~ animal* u animale inafferrabile. **2** (*hard to comprehend, define* sfuggente, vago, inafferrabile: *an ~ concept* un concett inafferrabile; (*of a person*) evasivo, sfuggente. **3** (*hard t pin down*) sfuggevole, inafferrabile: *an ~ memory* u ricordo sfuggevole. **elusiveness** [–nis] *s.* **1** elusività *f.* (*quality of being hard to comprehend*) l'essere inafferrabile **elusory** [–səri] *a.* → **elusive.**

elute [i'lju:t] *v.t.* ⟨*Chim*⟩ eluire. **elution** [–ʃən] *s.* eluzion *f.*

eluvial [i'lu:viəl] *a.* ⟨*Geol*⟩ eluviale. **eluvium** [–əm] *s* eluvio *m.*

elver ['elvə] *s.* ⟨*Itt*⟩ ceca *f*, giovane anguilla *f.*

elvish ['elviʃ] *a.* → **elfish.**

Elysian [i'liziən] *a.* **1** ⟨*Mitol*⟩ dell'eliso. **2** (*blissful*) felice beato. **Elysian fields** *N.pr.pl.* → **Elysium. Elysiun** [–ziəm] **I** *N.pr.* ⟨*Mitol*⟩ elisio *m*, eliso *m*, campi *mpl* elisi **II** *s.* (*pl.* **-s** [z]/**-sia** [ziə]) ⟨*fig*⟩ luogo *m* di delizie paradiso *m.*

elytron ['elitrɔn], **elytrum** [–trəm] *s.* (*pl.* **-tra** [trə] ⟨*Entom*⟩ elitra *f.*

Elzevir ['elzeviə] **I** *s.* ⟨*Tip*⟩ elzeviro *m.* **II** *a.* elzeviro.

em [əm] *s.* **1** (*letter*) emme *f.* **2** ⟨*Tip*⟩ quadratone *m.* **3** ⟨*Tip*⟩ corpo *m* 12.

em [əm] *pron.* ⟨*fam*⟩ (*them*) loro.

EMA = *European Monetary Agreement* Accord monetario europeo (*abbr.* AME).

emaciate [i'meiʃieit] *v.t.* emaciare, rendere smunto. **I** *v.i.* emaciarsi. **emaciated** [–id] *a.* emaciato, magro smunto. **e,maciation** [–ʃi'eiʃən] *s.* emaciamento *m* dimagrimento *m*, deperimento *m.*

emanate ['eməneit] *v.i.* emanare, provenire, derivare scaturire (*from* da). **,emanation** [–'neiʃən] *s.* emanazione *f.* **emanative** [–iv] *a.* **1** che emana (*o* tende a emanare) **2** (*relating to emanation*) emanativo.

emancipate [i'mænsipeit] *v.t.* emancipare (*anche Dir.rom.* **emancipated** [–id] *a.* emancipato (*anche fig.*) **e,mancipation** [–'peiʃən] *s.* emancipazione *f.* **e,manci pationist** [–'peiʃənist] *s.* fautore *m* (*f* –trice) dell'eman cipazione.

Emancipation Proclamation *am. s.* ⟨*Stor*⟩ pro clamazione *f* dell'emancipazione degli schiavi.

emancipator [i'mænsipeitə] *s.* emancipatore *m* (*f* –trice).

Emanuel [i'mænjuəl] *N.pr.* Emanuele *m.*

emasculate I *v.t.* [i'mæskjuleit] **1** evirare, castrare. **2** ⟨*fig*⟩ effeminare, indebolire, snervare, infiacchire. **3** (*of language*) rendere fiacco. **II** *a.* [i'mæskjulit] **1** evirato, astrato. 2 (*effeminate*) effeminato. 3 ⟨*fig*⟩ debole, fiacco. **masculation** [–'leiʃən] *s.* 1 evirazione *f.* 2 ⟨*fig*⟩ ndebolimento *m.* **emasculative** [–iv], **emasculatory** [–əri] *a.* che rende fiacco (*o* effeminato).

ab. = *embassy* ambasciata.

abalm [im'bɑːm, em–] *v.t.* 1 imbalsamare. 2 ⟨*fig*⟩ ɔnservare nella memoria. 3 (*to imbue with scents*) ɔrofumare, rendere balsamico. **embalmer** [–ə] *s.* mbalsamatore *m* (*f* –trice). **embalmment** [–mənt] *s.* nbalsamazione *f.*

abank [im'bæŋk, em–] *v.t.* arginare. **embankment** [–mənt] *s.* 1 arginamento *m.* 2 ⟨*Strad,Ferr*⟩ terrapieno *m,* rgine *m.*

abargo [em'bɑːgou, im–] **I** *s.* (*pl.* -es [z]) 1 ⟨*Mar*⟩ mbargo *m.* 2 ⟨*Econ*⟩ embargo *m,* divieto *m:* ~ *on xports* divieto d'esportazione; ~ *on imports* embargo sulle mportazioni. 3 ⟨*fig*⟩ veto *m,* divieto *m.* **II** *v.t.* mettere ɛmbargo su. □ ~ *on imports* divieto *m* d'importazione; ɔ *lay an* ~ *on ships* mettere l'embargo sulle navi; *to lift* ɔ *raise*) *an* ~ togliere (*o* levare) l'embargo; *to be under* ~ ɛssere sotto embargo.

abark [im'bɑːk, em–] **I** *v.t.* ⟨*Mar*⟩ imbarcare. **II** *v.i.* 1 ⟨*Mar*⟩ imbarcarsi. 2 ⟨*fig*⟩ iniziare, intraprendere (*on,* ɔpon *s.th.* qc.): *to* ~ *upon a research programme* ɲtraprendere un programma di ricerche; (*of a difficult ɲterprise*) imbarcarsi, impegnarsi (in). **embarkation** ɛmbaː'keiʃən] *s.* imbarco *m,* imbarcamento *m.*

abarrass [im'bærəs, em–] *v.t.* 1 imbarazzare, mettere ɲ imbarazzo, confondere, sconcertare. 2 (*to hamper*) ɔstacolare, intralciare. 3 (*to make intricate*) complicare, ɛndere difficile. 4 ⟨*fig*⟩ mettere in difficoltà (finanziarie). **mbarrassing** [–iŋ] *a.* imbarazzante: *an* ~ *question* una ɔmanda imbarazzante. **embarrassment** [–mənt] *s.* 1 ɲbarazzo *m,* confusione *f.* 2 (*impediment*) impaccio *m,* npedimento *m.* 3 ⟨*fig*⟩ difficoltà *fpl* finanziarie (*o* ɛconomiche).

abassy ['embəsi] *s.* 1 ambasciata *f.* 2 (*mission*) mbasceria *f: to go on an* ~ recarsi in ambasceria. **abassy personnel** *s.* personale *m* d'ambasciata.

abattle[1] [im'bætl, em–] *v.t.* ⟨*Mil*⟩ 1 (*of an army*) chierare in ordine di battaglia; (*to arm*) armare. 2 (*of a ɔwn, etc.*) fortificare.

abattle[2] *v.t.* ⟨*Arch*⟩ guarnire di merli (*o* bastioni).

abattled [im'bætld, em–] *a.* ⟨*Arald*⟩ merlato.

abay [em'bei] *v.t.* 1 chiudere in una baia. 2 ⟨*fig*⟩ ɲchiudere; (*to encircle*) circondare. **embayment** [–mənt] *s.* baia *f,* insenatura *f.*

abed [im'bed] *v.t.* (general. al pass.) 1 incastrare, ɲcassare. 2 ⟨*fig*⟩ imprimere, incidere: *facts –ded in ɲe's memory* fatti impressi nella memoria. 3 (*in ɲicroscopy*) includere. **embedment** [–mənt] *s.* incastro ɲ, incassatura *f.*

abellish [im'beliʃ, em–] *v.t.* 1 abbellire, ornare. 2 ⟨*fig*⟩ ɲfiorare, abbellire, colorire. **embellishment** [–mənt] *s.* 1 abbellimento *m* (*anche Mus.*). 2 ⟨*fig*⟩ fiorettatura *f,* ɲoritura *f.*

aber[1] ['embə] *s.* 1 tizzo *m,* tizzone *m.* 2 *pl.* (*remains of fire*) brace *f,* cenere *f* ardente. 3 *pl.* ⟨*fig*⟩ ultima scintilla

aber[2] *s.* ⟨*Ornit*⟩ (*ember goose*) strolaga *f* minore. **aber**| **day** *s.* ⟨*Rel*⟩ giorno *m* delle quattro tempora. ~ **veek** *s.* ⟨*Rel*⟩ settimana *f* delle quattro tempora.

abezzle [im'bezl, em–] *v.t.* appropriarsi indebitamente di, ɔttrarre, malversare. **embezzlement** [–mənt] *s.* ɒppropriazione *f* indebita, malversazione *f.* **embezzler** [–ə] *s.* malversatore *m* (*f* –trice).

abitter [im'bitə, em–] *v.t.* 1 rendere (più) amaro. 2 ⟨*fig*⟩ ɲareggiare, avvelenare; (*to cause to feel hostile*) inasprire, ɲsacerbare. **embitterment** [–mənt] *s.* 1 il rendere (più) ɲaro. 2 (*bitterness*) amarezza *f*; (*exacerbation*) ɲasprimento *m.*

ablazon [im'bleizən, em–] *v.t.* 1 ⟨*Arald*⟩ blasonare. 2 (*to dorn*) decorare, ornare. 3 ⟨*fig*⟩ celebrare, esaltare. **mblazonments** [–mənts] *s.pl.* ⟨*Arald*⟩ pezze *fpl* ɲorevoli. **emblazonry** [–ri] *s.* 1 ⟨*Arald*⟩ descrizione *f* ɛcnica di un blasone; (*coats of arms*) blasoni *mpl,* stemmi ɲpl. 2 (*embellishment*) abbellimento *m,* decorazione *f.*

emblem ['embləm] *s.* 1 emblema *m,* simbolo *m.* 2 ⟨*Arald*⟩ emblema *m,* stemma *m.* ,**emble'matic** [–ætik], **emble'matical** [–ætikəl] *a.* emblematico, simbolico. **emblematist** [–'blemətist] *s.* creatore *m* (*o* disegnatore) di emblemi (*o* simboli). **emblematize** [em'blemətiz] *v.t.* simboleggiare, rappresentare.

emblements ['emblmənts] *s.pl.* ⟨*Dir*⟩ frutti *mpl* pendenti.

embodiment [im'bodimənt, em–] *s.* 1 personificazione *f,* incarnazione *f.* 2 (*incorporation*) incorporamento *m,* inclusione *f.* **embody** [–di] *v.t.* 1 incarnare, concretare, dar corpo a. 2 (*to express, personify*) incarnare, esprimere, personificare. 3 (*to include*) comprendere, incorporare, racchiudere.

embog [em'bog] *v.t.* far impantanare.

embolden [im'bouldən, em–] *v.t.* incoraggiare, incitare.

embolism ['embəlizəm] *s.* 1 embolismo *m.* 2 ⟨*Med*⟩ embolismo *m,* embolia *f.* **embolus** [–ləs] *s.* (*pl.* -li [lai]) ⟨*Med*⟩ embolo *m.*

embosom [im'buzəm, em–] *v.t.* 1 stringere al cuore, abbracciare. 2 ⟨*fig*⟩ circondare, cingere, racchiudere.

emboss [im'bos, em–] *v.t.* 1 imprimere in rilievo. 2 ⟨*tecn*⟩ goffrare. 3 ⟨*Met*⟩ sbalzare, lavorare a sbalzo. **embossed** [–t] *a.* goffrato, in rilievo, sbalzato. **embosser** [–ə] *s.* 1 (*worker*) goffratore *m.* 2 (*machine*) goffratrice *f.* **embossing** [–iŋ] *s.* 1 ⟨*tecn*⟩ goffratura *f.* 2 ⟨*Met*⟩ lavoro *m* a sbalzo. 3 ⟨*Tip*⟩ impressione *f* a secco. **embossment** [–mənt] *s.* 1 rilievo *m,* sbalzo *m.* 2 (*figure*) figura *f* in rilievo⌐ (*o* sbalzata). 3 (*protuberance*) protuberanza *f,* rilievo *m.*

embouchure [,ombu'ʃuə] *s.* 1 ⟨*Geog*⟩ (*of a river*) foce *f*; (*of a valley*) sbocco *m.* 2 ⟨*Mus*⟩ imboccatura *f.*

embowel [im'bauəl, em–] *v.t.* sbudellare, sventrare.

embower [im'bauə, em–] *v.t.* 1 coprire (*o* circondare) di fogliame. 2 (*to shelter*) offrire riparo a.

embrace [im'breis, em–] **I** *v.t.* 1 abbracciare, stringere al petto. 2 ⟨*fig*⟩ (*to accept*) accettare, seguire; (*of a religion, etc.*) abbracciare. 3 ⟨*fig*⟩ (*to include*) abbracciare, comprendere. **II** *v.i.* abbracciarsi. **III** *s.* abbraccio *m,* amplesso *m,* stretta *f.* **embraceable** [–əbl] *a.* abbracciabile. **embracement** [–mənt] *s.* 1 abbraccio *m.* 2 ⟨*fig*⟩ accettazione *f.*

embranchment [im'brɑːntʃmənt, em–] *s.* diramazione *f*; (*branch*) ramo *m.*

embrangle [im'bræŋgl, em–] *v.t.* ⟨*fam*⟩ 1 confondere, rendere perplesso. 2 (*to entangle*) ingarbugliare, complicare. **embranglement** [–mənt] *s.* ⟨*fam*⟩ 1 perplessità *f.* 2 (*entanglement*) garbuglio *m.*

embrasure [im'breiʒə, em–] *s.* 1 ⟨*Mil*⟩ cannoniera *f,* feritoia *f* per cannone. 2 ⟨*Arch*⟩ strombatura *f,* svasatura *f.*

embrocate ['embro(u)keit] *v.t.* ⟨*Med*⟩ frizionare con un linimento. ,**embrocation** [–'keiʃən] *s.* 1 il frizionare. 2 (*lotion*) linimento *m.*

embroider [im'brɔidə, em–] *v.t.* 1 ⟨*Lav.femm*⟩ ricamare. 2 ⟨*fig*⟩ abbellire, infiorare; (*to exaggerate*) esagerare, ricamare su. **embroiderer** [–rə] *s.* ricamatore *m.* **embroideress** [–rəs] *s.* ricamatrice *f.* **embroidery** [–ri] *s.* 1 ⟨*Lav.femm*⟩ ricamo *m.* 2 ⟨*fig*⟩ ricamo *m,* abbellimento *m.*

embroidery frame *s.* telaio *m* da ricamo.

embroil [im'brɔil, em–] *v.t.* 1 coinvolgere, immischiare. 2 (*to confuse*) confondere, imbrogliare, ingarbugliare. □ *to* ~ *matters* imbrogliare le carte. **embroilment** [–mənt] *s.* 1 tumulto *m,* parapiglia *m.* 2 (*confusion*) imbroglio *m,* garbuglio *m,* confusione *f.*

embrown [im'braun, em–] *v.t.* scurire, abbrunire.

embryo ['embriou] **I** *s.* ⟨*Biol,fig*⟩ embrione *m.* **II** *a.* → **embryonic.** □ ⟨*fig*⟩ *in* ~ in embrione, in boccio; *painter in* ~ pittore *m* in erba.

embryogenesis [,embrio(u)'dʒenisis] *s.* embriogenesi *f,* embrionia *f.* **embryogeny** [–ri'bdʒəni] *s.* embriogenesi *f,* embrionia *f.*

embryologic [,embrio(u)'lɔdʒik], **embryological** [–əl] *a.* embriologico. **embryologist** [–ri'ɔlədʒist] *s.* embriologo *m.* **embryology** [–ri'ɔlədʒi] *s.* embriologia *f.*

embryonary ['embriənəri] *a.* embrionario. **embryonic** [,embri'ɔnik] *a.* 1 embrionale. 2 ⟨*fig*⟩ embrionale, allo stato embrionale.

embryo sac *s.* ⟨*Bot*⟩ sacco *m* embrionale.
embus [em'bʌs] **I** *v.t.* far salire su un autobus. **II** *v.i.* salire su un autobus.
emcee *am.* ['em'si:] **I** *s.* **1** maestro *m* delle cerimonie. **2** ⟨*Rad,TV,Teat*⟩ presentatore *m* (*f* -trice). **II** *v.t.* presentare.
emend [i'mend] *v.t.* **1** ⟨*Filol*⟩ emendare. **2** (*to correct*) correggere.
emendate ['i:mendeit] *v.t.* ⟨*Filol*⟩ emendare. **emendation** [-'deiʃən] *s.* **1** emendamento *m.* **2** (*correction*) correzione *f.* **3** ⟨*Filol*⟩ emendamento *m,* emendazione *f.* **emendator** [-ə] *s.* ⟨*Filol*⟩ emendatore *m* (*f* -trice). **e'mendatory** [-detəri] *a.* emendatorio.
emerald ['emərəld] **I** *s.* **1** ⟨*Min*⟩ smeraldo *m.* **2** (*emerald green*) verde *m* smeraldo. **3** ⟨*Tip*⟩ corpo *m* 6 1/2 (circa). **II** *a.* **1** di smeraldi: ~ *ring* anello di smeraldi. **2** (*emerald green*) (color) verde smeraldo. **emeraldine** [-i:n] *s.* smeraldino *m.*
Emerald Isle *N.pr.* ⟨*Geog*⟩ (*Ireland*) isola *f* ⌜di smeraldo⌝ (*o* verde).
emerge [i'mə:dʒ] *v.i.* **1** emergere, affiorare, apparire, sorgere. **2** (*to crop up*) manifestarsi, sorgere, affiorare: *a difficulty has* -*d* è sorta una difficoltà. **3** (*of people*) emergere, sorgere, staccarsi: *a new leader has* -*d* è sorto un nuovo capo. **4** (*to come into existence*) formarsi, comparire. □ *to* ~ *from hiding* venir fuori da un nascondiglio. **emergence** [-əns] *s.* **1** emersione *f.* **2** ⟨*Biol*⟩ emergenza *f.*
emergency [i'mə:dʒənsi] *s.* **1** emergenza *f,* circostanza *f* imprevista, situazione *f* critica. **2** ⟨*Med*⟩ urgenza *f.* □ *in case of* ~ in caso d'emergenza, in caso di bisogno; *to be used only in an* ~ da usarsi solo in caso d'emergenza; ⟨*Aer*⟩ ~ *landing field* campo *m* di fortuna; *to rise to the* ~ essere (*o* dimostrarsi) all'altezza della situazione.
emergency| admission *s.* ⟨*Med*⟩ ricovero *m* d'urgenza. ~ **brake** *s.* ⟨*Aut*⟩ freno *m* ⌜di sicurezza⌝ (*o* d'emergenza). ~ **door,** ~ **exit** *s.* uscita *f* di sicurezza. ~ **fund** *s.* ⟨*Econ*⟩ fondo *m* di riserva. ~ **measures** *s.pl.* misure *fpl* ⌜di sicurezza⌝ (*o* d'emergenza). ~ **plan** *s.* piano *m* d'emergenza. ~ **room** *s.* ⟨*Med*⟩ pronto soccorso *m.* ~ **ward** *s.* ⟨*Med*⟩ reparto *m* di pronto soccorso.
emergent [i'mə:dʒənt] *a.* **1** emergente, che affiora, che viene fuori. **2** (*coming into existence*) nuovo, giovane, di nuova formazione: ~ *African countries* giovani nazioni africane. **3** (*arising unexpectedly*) imprevisto, inaspettato. □ ⟨*Filos*⟩ ~ *evolution* evoluzione *f* emergente.
emeritus [i'meritəs] *a.* ⟨*Univ*⟩ emerito.
emersion [i'mə:ʃən] *s.* emersione *f* (*anche Astr.*).
emery ['eməri] *s.* ⟨*tecn*⟩ smeriglio *m.*
emery| board *s.* limetta *f* di cartone smerigliato. ~ **cloth** *s.* tela *f* smeriglio (*o* smerigliata). ~ **dust,** ~ **flour** *s.* polvere *f* di smeriglio. ~ **paper** *s.* carta *f* smerigliata (*o* smeriglio). ~ **powder** *s.* → **emery dust.** ~ **rubbing** *s.* smerigliatura *f.* ~ **wheel** *s.* mola *f* a smeriglio.
emetic [i'metik] **I** *a.* ⟨*Farm*⟩ emetico. **II** *s.* emetico *m.*
emetin(e) ['emiti:n] *s.* ⟨*Chim*⟩ emetina *f.*
e.m.f. = *electromotive force* forza elettromotrice (*abbr.* f.e.m.).
EMF = *European Monetary Fund* Fondo monetario europeo (*abbr. to* FME).
emiction [i'mikʃən] *s.* ⟨*Fisiol*⟩ minzione *f.*
emigrant ['emigrənt] **I** *s.* **1** emigrante *m/f.* **2** ⟨*Zool*⟩ animale *m* migratore. **3** ⟨*Bot*⟩ pianta *f* migratrice. **II** *a.* emigrante, migrante. **emigrate** [-greit] **I** *v.i.* emigrare. **II** *v.t.* far emigrare. **emigration** [-'greiʃən] *s.* **1** emigrazione *f.* **2** ⟨*collett*⟩ emigranti *mpl.*
emigration officer *s.* commissario *m* per l'emigrazione.
emigratory ['emigreitəri] *a.* (e)migratorio.
émigré *fr.* ['emigrei, *am.* ˌemi'grei] *s.* **1** emigrato *m* politico. **2** ⟨*Stor*⟩ emigrato *m.*
Emily ['emili] *N.pr.* Emilia *f.*
eminence ['eminəns] *s.* **1** altura *f,* luogo *m* elevato, eminenza *f.* **2** ⟨*fig*⟩ (*superiority*) eminenza *f,* eccellenza *f;* (*person*) persona *f* eminente (*o* illustre). **3** ⟨*Rel.catt*⟩ (*title of honour*) eminenza *f.*
éminence grise *fr.* [eimi:'nɑ̃s'gri:z] *s.* eminenza *f* grigia.
eminent ['eminənt] *a.* **1** ⟨*fig*⟩ eminente, illustre, insigne:

an ~ *scholar* un insigne studioso. **2** ⟨*fig*⟩ (*noteworth* eminente, prezioso: ~ *services* servigi eminen **eminently** [-ntli] *avv.* (*noteworthily*) assai, mol eminentemente: *he is* ~ *suited to the job* è molto adatto questo lavoro.
emir [e'miə] *s.* emiro *m.* **emirate** [-rit] *s.* emirato *m.*
emissary ['emisəri] *s.* **1** inviato *m.* **2** (*spy*) emissario spia *f.*
emissary vein *s.* ⟨*Anat*⟩ emissario *m.*
emission [i'miʃən] *s.* **1** emissione *f* (*anche Econ.,El.*). **2** light, heat*) emanazione *f,* emissione *f.* **3** ⟨*Fisi* emissione *f;* (*of semen*) eiaculazione *f;* (*fluid*) eiaculato spermatico. **4** (*substance discharged into the air*) emissio *f.*
emissive [i'misiv] *a.* emissivo (*anche Fis.*). **emis'sivi** [-iti] *s.* ⟨*Fis*⟩ potere *m* di emissione.
emit [i'mit] *v.t.* (*pret., p.p.* **emitted** [-id]) **1** emette mandar fuori; (*of light, heat*) emanare, emettere; (*of smell*) esalare, emanare; (*of a cry*) emettere, lanciare. **2** issue*) emettere, emanare: *to* ~ *a decree* emanare decreto. **3** ⟨*Econ*⟩ emettere. **4** (*to give voice to*) esprime pronunciare, emettere. **5** ⟨*Rad*⟩ trasmettere. **emitter** [- *s.* **1** chi emette. **2** ⟨*Atom*⟩ emettitore *m,* emittore *m.*
Emmanuel [i'mænjuəl] *N.pr.* Emanuele *m.*
emmenagogic [ˌimenəˈgɔdʒik] *a.* ⟨*Farm*⟩ emmenago **em'menagogue** [-gɔg] **I** *s.* emmenagogo *m.* **II** *a.* emmenagogic.
emmet ['emit] *s.* ⟨*dial*⟩ formica *f.*
emollient [i'mɔliənt] **I** *a.* ⟨*Farm*⟩ emolliente. **II** emolliente *m.*
emolument [i'mɔljumənt] *s.* retribuzione *f,* remunerazio *f,* emolumento *m.*
emotion [i'mouʃən] *s.* **1** sentimento *m: to appeal to* –*s* fa appello ai sentimenti. **2** (*state of excited feeling*) emozio *f,* turbamento *m,* commozione *f: he showed no* ~ *at* news* non manifestò alcun turbamento alla notiz **emotional** [-əl] *a.* **1** emozionale. **2** (*of persons*) emotiv impressionabile, sensibile. **3** (*appealing to the emotior* commovente, toccante: *an* ~ *speech* un discor commovente. **4** (*showing emotion*) che si abbandona sentimenti. **emotionalism** [-əlizəm] *s.* **1** emotività impressionabilità *f.* **2** (*appeal to the emotions*) appello ai sentimenti. **3** (*emotional character*) temperamento emotivo. **emotionalist** [-əlist] *s.* **1** chi fa appello sentimenti. **2** (*one easily affected*) emotivo *m* (*f* – **emotionally** [-əli] *avv.* con emozione. **emotionle** [-lis] *a.* privo di emozioni.
emotive [i'moutiv] *a.* **1** emotivo, impressionabile. (*appealing to the emotions*) commovente, toccante.
Emp. = **1** *Emperor* imperatore. **2** *Empire* impero. *Empress* imperatrice.
empanel [im'pænl, em-] *v.t.* (*pret., p.p.* **empanelled**/*a* empaneled [-d]) iscrivere nella lista dei giurati.
empathy ['empəθi] *s.* ⟨*Psic*⟩ empatia *f.*
emperor ['empərə] *s.* **1** imperatore *m.* **2** → **emper** butterfly.
emperor| butterfly *s.* ⟨*Entom*⟩ specie di apatura. **moth** *s.* ⟨*Entom*⟩ pavonia *f* minore. ~ **penguin** ⟨*Zool*⟩ pinguino *m* imperatore.
emphasis ['emfəsis] *s.* (*pl.* -**ses** [si:z]) **1** enfasi *f,* risalto evidenza *f,* rilievo *m: to lay* ~ *on* mettere in eviden (*importance*) importanza *f,* risalto *m.* **2** ⟨*Fon*⟩ accento tono *m,* inflessione *f* della voce. **3** (*force of expressic* enfasi *f,* vigore *m,* veemenza *f.* **4** ⟨*El*⟩ preaccentuazione **emphasize** [-saiz] *v.t.* **1** dare risalto a, mettere evidenza, accentuare, sottolineare. **2** ⟨*Fon*⟩ enfatizza accentuare, mettere l'accento su.
emphatic [im'fætik, em-] *a.* **1** enfatico, pieno di enfasi: ~ *speech* un discorso enfatico. **2** (*forceful*) vigoros energico: *an* ~ *gesture* un gesto energico. **3** (*strikin* straordinario. **4** ⟨*Fon*⟩ enfatico. **emphatically** [- *avv.* enfaticamente, con enfasi.
emphysema [ˌemfi'si:mə] *s.* ⟨*Med*⟩ enfisema *m.*
emphyteusis [ˌemfi'tju:sis] *s.* (*pl.* -**ses** [si:z]) ⟨*D* enfiteusi *f.* **emphyteutic** [-'tju:tik] *a.* enfiteutico.
empire ['empaiə] *s.* impero *m* (*anche fig.*).
empire| builder *s.* fondatore *m* di un impero (*anche fig*

~ City s. New York f. **~ Day** s. ⟨Stor.brit⟩ il 24 maggio. **~ State** am. s. ⟨vezz⟩ stato m di New York. **~ Style** s. ⟨Art⟩ stile m impero.

mpiric [em'pirik] **I** s. **1** empirista m/f. **2** (quack) empirico m, praticone m. **II** a. → **empirical. empirical** [.-əl] a. empirico (anche Filos.).

mpiric criticism s. ⟨Filos⟩ empiriocriticismo m.

mpiricism [em'pirisizəm] s. **1** ⟨Filos⟩ empirismo m. **2** (quackery) ciarlataneria f, empirismo m. **empiricist** [.-sist] s. empirista m/f.

mplacement [im'pleismənt, em-] s. **1** ubicazione f. **2** ⟨Artigl⟩ piazzola f, postazione f. **3** (setting in position) collocazione f.

mploy [im'plɔi, em-] **I** v.t. **1** dar lavoro a, occupare; (to engage) assumere. **2** (to use) usare, adoperare, servirsi di. **3** (to keep busy) tenere impegnato, occupare: to ~ o.s. in social work occuparsi di assistenza sociale. **4** (of time, energies, etc.) impiegare, occupare: he ~s his spare time by reading impiega il suo tempo libero leggendo. **II** s. occupazione f, impiego m. □ to be in s.o.'s ~ essere alle dipendenze (o al servizio) di qd.; to be ~ed in a bank essere impiegato in una banca. **employable** [-əbl] a. atto (o idoneo) al lavoro.

mployee [.emplɔi'i:, im'-] s. dipendente m/f, impiegato m (f -a); (worker) operaio m (f -a).

mployees' federation [.emplɔi'i:z] s. sindacato m dei lavoratori.

mployer [im'plɔiə, em-] s. **1** datore m (f -trice) di lavoro, principale m, padrone m (f -a). **2** (user) chi impiega, chi fa uso.

mployers'| association s. associazione f imprenditoriale (o padronale). **~ liability** s. ⟨Dir⟩ responsabilità f civile dei datori di lavoro. □ ~ insurance assicurazione f contro gli infortuni sul lavoro (da parte dei datori di lavoro).

mployment [im'plɔimənt, em-] s. **1** impiego m, lavoro m, occupazione f: to find ~ with a company trovar lavoro in una società. **2** (activity) occupazione f, attività f. **3** (use) impiego m, uso m. □ ~ of capital impiego m (o investimento) di capitali; decrease in ~ riduzione f dell'occupazione; to generate ~ produrre occupazione; to be in ~ essere impiegato (o occupato); to be in s.o.'s ~ essere alle dipendenze di qd.; to look for ~ cercare (un) impiego; to be out of ~ essere disoccupato (o senza impiego); security of ~ sicurezza f del posto di lavoro.

mployment| agency, **~ bureau** s. agenzia f di collocamento. **~ crisis** s. crisi f occupazionale (o dell'occupazione). **~ exchange** s. ⟨GB⟩ ufficio m di collocamento. **~ interview** s. intervista f d'assunzione. **~ level** s. livello m dell'occupazione (o occupazionale). **~ rate** s. tasso m di attività, percentuale f di occupati.

mpoison [em'pɔizn] v.t. **1** avvelenare, amareggiare. **2** (to corrupt) corrompere, rovinare. **3** (rar) (to poison) avvelenare.

mporium [em'pɔ:riəm] s. (pl. -s [z]/-ria [riə]) **1** emporio m, bazar m. **2** (centre of trade) centro m di commercio, emporio m.

mpower [im'pauə, em-] v.t. **1** autorizzare, dare pieni poteri a. **2** (to enable) mettere in grado. **3** ⟨Dir⟩ dare (o conferire) la procura a.

mpress ['empris] s. imperatrice f.

mptiness ['emptinis] s. **1** vuoto m. **2** (fig) (lack of substance) vacuità f, vuotaggine f. **3** (fig) (foolishness) stoltezza f.

mption ['empʃən] s. ⟨Dir⟩ acquisto m, compra f.

mpty ['empti] **I** a. **1** vuoto: an ~ bottle una bottiglia vuota. **2** (unoccupied) vuoto, disabitato: an ~ house una casa disabitata; (devoid of people) vuoto, deserto: ~ streets strade deserte. **3** (fig) (destitute) privo, vuoto (of di): ~ of meaning privo di significato. **4** (fig) (meaningless) vuoto, vano, vacuo: ~ promises vane promesse; ~ pleasures piaceri vani. **5** (fig) (foolish) stolto, stupido, sciocco. **6** (idle) vuoto, ozioso. **7** (fam) (hungry) affamato, a stomaco vuoto. **8** ⟨Mat,Filos⟩ nullo. **II** s. vuoto m: please return empties si prega di restituire i vuoti. **III** v.t. **1** vuotare, svuotare; (of contents) far uscire, far andar via: he emptied the water out of his shoes fece uscire l'acqua dalle scarpe. **2** (of a room, etc.) sgombrare,

evacuare, svuotare. **3** ⟨rifl⟩ (to discharge itself) versarsi. **4** ⟨fig⟩ (to divest) svuotare, privare. **IV** v.i. **1** (s)vuotarsi: the streets emptied le strade si (s)vuotarono. **2** (to discharge its contents) versarsi, scaricarsi (into in). □ on an ~ stomach: 1 a stomaco vuoto, a digiuno; 2 ⟨Farm⟩ a digiuno.

'empty-|'handed a. a mani vuote. **'~-'headed** a. sciocco, scervellato.

empurple [em'pə:pl] v.t. imporporare.

empyema [.empi'i:mə] s. (pl. -s [z]/-mata [-tə]) ⟨Med⟩ empiema m.

empyreal [em'piriəl] a. **1** empireo. **2** ⟨fig⟩ sublime, celeste, paradisiaco. **empyrean** [-riən] **I** s. empireo m. **II** a. empireo.

EMS = European Monetary System Sistema Monetario Europeo (abbr. SME).

emu ['i:mju:] s. ⟨Ornit⟩ emu m.

EMU, E.M.U. = electromagnetic unit unità elettromagnetica.

emulate ['emjuleit] v.t. **1** emulare. **2** (to imitate) emulare, imitare. **3** (to rival) rivaleggiare (o competere) con. **emulation** [-'leiʃən] s. **1** emulazione f. **2** (rivalry) rivalità f, antagonismo m. **emulative** [-iv] a. dell'emulazione, emulativo. **emulator** [-ə] s. **1** emulo m (f -a), emulatore m (f -trice). **2** (imitator) emulo m (f -a), imitatore m (f -trice). **3** (rival) rivale m/f, emulo m (f -a). **emulatory** [-əri] a. → **emulative. emulous** [-ləs] a. **1** desideroso (o bramoso) d'emulare. **2** (deriving from a desire to equal) emulo.

emulsifiable [i'mʌlsifaiəbl] a. emulsionabile. **emulsification** [-fi'keiʃən] s. l'emulsionare. **emulsifier** [-faiə] s. ⟨Chim⟩ emulsionante m. **emulsify** [-fai] v.t. emulsionare. **emulsion** [-mʌlʃən] s. emulsione f. **emulsionize** [-mʌlʃənaiz] v. → **emulsify. emulsive** [-siv] a. emulsivo.

emunctory [i'mʌŋktəri] **I** s. ⟨Anat⟩ emuntorio m, apparato m emuntore. **II** a. emuntore, emungitore.

en [en] s. **1** (letter) enne f, lettera f enne. **2** ⟨Tip⟩ quadratino m.

enable [e'neibl, i'neibl] v.t. **1** permettere a, consentire a, dare la possibilità a: this will ~ us to start questo ci permetterà d'iniziare. **2** (to give power, authority to) conferire poteri a, autorizzare, dare facoltà a. **3** (to give the opportunity to) mettere in condizione (o grado), permettere a. **enabling** [-iŋ] a. ⟨Dir⟩ che conferisce il potere di.

enact [e'nækt, i'nækt] v.t. **1** emanare, emettere, promulgare: to ~ a law emanare una legge; (of a bill) convertire in legge. **2** ⟨Teat⟩ recitare, rappresentare. **3** (to take place; general. al pass.) avvenire, aver luogo, svolgersi: many a drama has been ~ed here si sono svolte molte vicende drammatiche qui. □ ⟨Dir⟩ as by law ~ed a termini di legge. **enaction** [-kʃən], **enactment** [-mənt] s. **1** promulgazione f, emanazione f; (of a bill) conversione f in legge. **2** (law, statute) legge f, decreto m. **enactory** [-əri] a. promulgativo.

enamel [i'næməl] **I** s. **1** smalto m (anche Dent.,Cosmet.). **2** (glossy paint, varnish) pittura f a smalto, smalto m. **II** v.t. (pret., p.p. enamelled/am. enameled [-d]) **1** smaltare. **2** (to paint with enamel) verniciare a smalto. **3** ⟨fig⟩ decorare a (o con) colori vivaci. **4** (Cosmet) dare lo smalto a. **enamelled** [-d] a. **1** smaltato. **2** (painted with enamel) (verniciato) a smalto. □ ~ leather cuoio verniciato. **enamelling** [-iŋ] s. **1** smaltatura f. **2** (ornamentation) decorazione f a smalto, smalto m. **enamellist** [-ist] s. smaltatore m (f -trice), smaltista m/f.

enamel| painting s. pittura f a smalto. **~ware** s. stoviglie fpl smaltate.

enamor am., **enamour** [i'næmə] v.t. (general. al pass.) innamorare: to be ~ed of s.o. essere innamorato di qd. **enamoured** [-d] a. innamorato.

enantiopathy [in.ænti'ɔpəθi] s. ⟨Med⟩ allopatia f.

enarthrosis [.ena:'θrousis] s. (pl. -ses [si:z]) ⟨Anat⟩ enartrosi f.

en bloc fr. [ã'blɔk] a./avv. in blocco.

enc. = **1** enclosure allegato. **2** encyclopedia enciclopedia (*abbr.* enc.).

encaenia [en'si:niə] *s.pl.* (*of a city*) festa *f* commemorativa della fondazione; (*of a church*) festa *f* commemorativa dell'inaugurazione.

encage [in'keidʒ, en–] *v.t.* ingabbiare, chiudere in gabbia.

encamp [in'kæmp, en–] **I** *v.i.* accamparsi. **II** *v.t.* accampare. **encampment** [–mənt] *s.* accampamento *m* (*anche Mil.*).

encapsulate [in'kæpsjuleit, en–] **I** *v.t.* incapsulare. **II** *v.i.* incapsularsi. **en,capsulation** [–'leiʃən] *s.* incapsulamento *m.*

encase [en'keis] *v.t.* **1** incassare, chiudere (*o* mettere) in casse. **2** (*to cover*) ricoprire, rivestire; (*to surround*) circondare, cingere. **encasement** [–mənt] *s.* cassa *f,* rivestimento *m.*

encash [in'kæʃ, en–] *v.t.* ⟨*Econ*⟩ incassare, riscuotere; (*of a credit*) realizzare. **encashment** [–mənt] *s.* incasso *m.*

encaustic [en'kɔ:stik] **I** *s.* ⟨*Pitt*⟩ **1** (*technique*) encaustica *f.* **2** (*paint, picture*) encausto *m,* encaustico *m.* **II** *a.* encaustico, a encausto.

encaustic tile *s.* piastrella *f* decorata a fuoco.

enceinte[1] *fr.* [ã'sẽ:t] *a.* incinta, gravida.

enceinte[2] *s.* ⟨*Mil.ant*⟩ **1** cinta *f* fortificata. **2** (*area*) zona *f* fortificata.

encephalic [,ense'fælik] *a.* ⟨*Anat*⟩ encefalico. **en,cephalitic** [–fə'litik] *a.* encefalitico. **en,cephalitis** [–fə'laitis] *s.* (*pl.* -tides [tidi:z]) ⟨*Med*⟩ encefalite *f.*

encephalogram [en'sefələgræm] *s.* ⟨*Med*⟩ encefalogramma *m.* **encephalograph** [–ləgræf] *s.* **1** → **encephalogram. 2** (*electroencephalogram*) elettroencefalogramma *m.* **encephalon** [–lɔn] *s.* (*pl.* -la [lə]) encefalo *m.*

enchain [in'tʃein, en–] *v.t.* incatenare (*anche fig.*). **enchainment** [–mənt] *s.* incatenamento *m* (*anche fig.*).

enchant [in'tʃɑ:nt, en–] *v.t.* **1** stregare, incantare, ammaliare. **2** ⟨*fig*⟩ incantare, affascinare, ammaliare. **enchanter** [–ə] *s.* **1** incantatore *m,* mago *m,* stregone *m.* **2** ⟨*fig*⟩ incantatore *m,* ammaliatore *m.* **enchanting** [–iŋ] *a.* incantevole, affascinante. **enchantment** [–mənt] *s.* **1** incantesimo *m,* maleficio *m.* **2** (*spell*) incanto *m,* malia *f.* **3** ⟨*fig*⟩ (*fascination*) fascino *m.* **enchantress** [–ris] *s.* **1** incantatrice *f,* maga *f,* strega *f.* **2** ⟨*fig*⟩ incantatrice *f,* ammaliatrice *f,* donna *f* affascinante.

enchase [in'tʃeis, en–] *v.t.* **1** (*of gems*) incastonare. **2** (*to engrave*) scolpire, incidere; (*of wood*) intagliare. **3** (*to inlay*) intarsiare.

encipher [in'saifə, en–] *v.t.* cifrare.

encircle [in'sə:kl, en–] *v.t.* **1** circondare, cingere. **2** ⟨*Mil*⟩ accerchiare, aggirare. **3** (*to make a circuit around*) descrivere un cerchio intorno a. **encirclement** [–mənt] *s.* **1** circondamento *m.* **2** ⟨*Pol,Mil*⟩ accerchiamento *m,* aggiramento *m.*

encl. = **1** *enclosed* allegato. **2** *enclosure* allegato.

en clair *fr.* [ã'klɛ:r] *a./avv.* ⟨*Dipl*⟩ in chiaro.

enclasp [in'klɑsp, en–] *v.t.* abbracciare, stringere; (*to seize*) afferrare.

enclave [en'kleiv] *s.* ⟨*Pol*⟩ enclave *f.*

enclitic [en'klitik] **I** *a.* ⟨*Gramm*⟩ enclitico. **II** *s.* enclitica *f.*

enclose [in'klouz, en–] *v.t.* **1** chiudere, rinchiudere, racchiudere. **2** (*to surround*) circondare, recintare, recingere, cintare: *to* ~ *a garden with a fence* recintare un giardino con una palizzata. **3** (*to place in a letter, etc.*) allegare, unire, accludere. **4** ⟨*Rel.catt*⟩ chiudere in clausura. □ ⟨*Comm*⟩ *please find –d* troverete qui accluso.

enclosure [in'klouʒə, en–] *s.* **1** chiusura *f,* recinzione *f.* **2** (*that which encloses*) recinto *m,* recinzione *f;* (*fence*) siepe *f;* (*wall*) muro *m.* **3** (*enclosed land*) recinto *m,* terreno *m* recintato, zona *f* cintata. **4** (*in a letter*) allegato *m.* **5** ⟨*Stor.brit*⟩ enclosure *f,* recinzione *f* abusiva (a favore dei grandi proprietari terrieri). **6** ⟨*Rel.catt*⟩ clausura *f.*

encode [in'koud] *v.t.* ⟨*Inform*⟩ codificare. **encoder** [–ə] *s.* codificatore *m.* **encoding** [–iŋ] *s.* codificazione *f.*

encomiast [en'koumiæst] *s.* encomiatore *m* (*f* –trice). **en,comi'astic** [–ik], **en,comi'astical** [–ikəl] *a.* encomiastico. **encomium** [–miəm] *s.* (*pl.* -s [z]/-mia [miə]) encomio *m,* panegirico *m.*

encompass [in'kʌmpəs, en–] *v.t.* **1** circondare, attorniar cingere. **2** (*to envelop*) avvolgere, avviluppare. **3** (*include*) comprendere, includere, racchiudere. **encom passment** [–mənt] *s.* **1** aggiramento *m,* circo damento *m.* **2** (*state*) l'essere circondato (*o* atto niato).

encore *fr.* [ɔŋ'kɔ:] **I** *intz.* bis. **II** *s.* bis *m: to give an* concedere (*o* dare) il bis. **III** *v.t.* **1** (*of a piece*) chiedere bis di, bissare. **2** (*of a person*) chiedere il bis a.

encounter [in'kauntə, en–] **I** *v.t.* **1** incontrar (*unexpectedly*) incontrare (per caso), imbattersi in. **2** (*meet with*) incontrare: *to* ~ *difficulties* incontrare de difficoltà. **3** (*to engage in conflict with*) scontrarsi con. *s.* **1** incontro *m: a chance* ~ un incontro casuale. **2** (*figl* scontro *m,* combattimento *m,* conflitto *m.*

encounter group *s.* gruppo *m* di autocoscienza.

encourage [in'kʌridʒ, en–] *v.t.* **1** incoraggiare; (*to spur o* incoraggiare, incitare, stimolare. **2** (*to foster*) incoraggia favorire, promuovere: *measures to* ~ *exports* misure pre per favorire l'esportazione. **encouragement** [–mənt] *s.* incoraggiamento *m,* incitamento *m,* stimolo *m.* (*promotion*) accrescimento *m,* incremento *m* **encouraging** [–iŋ] *a.* incoraggiante, di incoraggiamen **encouragingly** [–iŋli] *avv.* in maniera incoraggiante.

encrimson [en'krimzn] *v.t.* imporporare, rendere col cremisi.

encroach [in'krəutʃ, en–] *v.i.* **1** usurpare, invadere (*o upon s.th.* qc.). **2** (*to trespass*) violare, invade (illegalmente) (qc.): *to* ~ *on a country's territory* invade il territorio di uno stato. **3** ⟨*Dir*⟩ ledere (qc.): *to* ~ *up s.o.'s rights* ledere i diritti di qd. □ *to* ~ *upon s.o.'s tir* abusare del tempo di qd. **encroachment** [–mənt] *s.* usurpazione *f,* invasione *f.* **2** (*territory, rights wo* violazione *f.*

encrust [in'krʌst, en–] **I** *v.t.* **1** incrostare. **2** (*to cov overlay*) incrostare, rivestire, ricoprire; (*of jewe* incrostare. **II** *v.i.* incrostarsi. **en,crus'tation** [–eiʃən] incrostazione *f.*

encumber [in'kʌmbə, en–] *v.t.* **1** ostacolare, impaccia intralciare. **2** (*to burden*) caricare: *to* ~ *o.s. with lugga* caricarsi di bagagli. **3** (*to overburden*) ingombra sovraccaricare (*anche fig.*): *a room* –*ed with furniture u* stanza ingombra di mobili. **4** (*with debts, etc.*) grava **encumbrance** [–brəns] *s.* **1** ingombro *m;* (*hindran* impaccio *m,* impedimento *m: to be an* ~ essere un (*o* impaccio; (*burden*) gravame *m,* carico *m.* **2** ⟨*Dir*⟩ caric *mpl* ipotecari. **3** ⟨*Dir*⟩ (*dependent person*) persona *f* carico; (*child*) figlio *m* a carico. **encumbrancer** [–brəns *s.* ⟨*Dir*⟩ creditore *m* ipotecario.

ency(c)., **encycl.** = *encyclopedia* enciclopedia (*ab* Enc.).

encyclic [en'siklik], **encyclical** [–əl] **I** *s.* ⟨*Rel.ca* enciclica *f.* **II** *a.* enciclico.

encyclop(a)edia [en,saiklo'pi:diə] *s.* enciclopedia **encyclop(a)edic** [–dik], **encyclop(a)edical** [–dikəl] enciclopedico. **encyclop(a)edism** [–dizəm] *s.* cultura enciclopedica. **Encyclop(a)edism** *s.* ⟨*Stor*⟩ enciclopedisr *m.* **encyclop(a)edist** [–dist] *s.* collaboratore *m* (*f* –trie di un'enciclopedia.

encyst [in'sist, en–] **I** *v.t.* ⟨*Biol*⟩ chiudere in una cis **II** *v.i.* **1** ⟨*Biol*⟩ incistidarsi. **2** ⟨*Med*⟩ incistar **encys'tation** [–eiʃən], **encystment** [–mənt] ⟨*Biol,Med*⟩ incistamento *m,* incistidamento *m.*

end[1] [end] *s.* **1** estremità *f,* fine *f,* fondo *m: at the* ~ *of street* in fondo alla strada. **2** (*termination*) fine estremità *f,* parte *f* terminale; (*of a rope*) capo *m;* (*o barrel*) fondo *m.* **3** (*sharp, pointed part*) estremità *f,* pur *f.* **4** (*limit*) fine *f,* limite *m.* **5** (*conclusion*) fine conclusione *f,* termine *m: the* ~ *of the day* la fine de giornata. **6** (*purpose, aim*) fine *m,* scopo *m,* intento mira *f: to gain one's* –*s* raggiungere i propri fini; (*reas for existence*) fine *m: happiness is an* ~ *in itself* la felic è fine a se stessa. **7** (*result*) risultato *m: the* ~ *of it was that he agreed* il risultato di tutto ciò fu c acconsentì. **8** (*remnant*) resto *m,* residuo *m,* avanzo mozzicone *m: a cigarette* ~ un mozzicone di sigaretta. ⟨*fig*⟩ (*death*) fine *f,* morte *f;* (*destruction*) fine

struzione *f.* **10** ⟨*sl*⟩ colmo *m,* limite *m: her face is bad* ~ough, *but her clothes are the* ~ di viso è già brutta, ma suo modo di vestire è il colmo. **11** ⟨*sl*⟩ (*peak of* ~ality) non plus ultra *m,* ⟨*fam*⟩ fine *f* del mondo. **12** ⟩ (*buttocks*) sedere *m,* deretano *m.* ☐ *to be at an* ~ ~ere finito; ⟨*fam*⟩ *you'll be the* ~ *of me!* sarai la mia ~rte!; *to fight to the* **bitter** ~ battersi fino all'ultimo ~gue (*o* respiro); *to* **bring** *s.th. to an* ~ portare a ~mine qc.; *to* **come** *to an* ~ finire, concludersi, volgere ~ termine; *to come to one's* ~ morire, ⟨*eufem*⟩ finire; ~*m*⟩ *to go off (at) the* **deep** ~ dare in escandescenze, ~ire dai gangheri; *to* **draw** *to an* ~ stare per finire; *to* ~low *s.o. to the* –*s of the* **earth** seguire qd. fino in capo ~mondo; ~ **for** ~ capovolto; *to read a book from* ⌐one ~ *the other*⌐ (*o* end *to* end) leggere un libro da cima a ~ndo; *his* **hair** stood on ~ gli si rizzarono i capelli; *the* ~ ~use *of the street* l'ultima casa della strada; **in** *the* ~ alla ~e, infine; *to be at a* **loose** ~ non aver nulla da fare; *to* ~ke *an* ~ *of s.th.* porre (*o* metter) fine a qc.; *let's make* ~ ~ *of it* finiamola, facciamola finita; *to make (both)* –*s* ~et far quadrare il bilancio (familiare), sbarcare il ~ario; ⟨*fig*⟩ *to* **near** *one's* ~ avvicinarsi alla fine (*o* ~rte); ⟨*fam*⟩ **no** ~ moltissimo, enormemente; *to no* ~ ~ano, inutilmente; ⟨*fam*⟩ **no** ~ *of* un'infinità di, ~ltissimo, ⟨*fam*⟩ un sacco di; **on** ~: 1 (*upright*) ritto, in ~sizione verticale, in piedi, diritto; 2 (*continuously*) di ~guito, senza interruzione: *he reads for hours* on ~ legge ~za interruzione per ore e ore; ~ **on** di fronte, verso chi ~arda; *for one's* **own** ~ per tornaconto personale; *to* **put** ~ *to s.th.* porre fine a qc.; *to put an* ~ *to* ⌐one's life⌐ (*o* ~.) uccidersi; *to be at the* ~ *of one's* **resources** non saper ~ che partito prendere; ⟨*fig*⟩ *to be at the* ~ *of one's* ~her (*o* rope) non poterne più, raggiungere il limite della ~portazione; ⟨*fam*⟩ **that's** *the* ~*!* ma è il colmo!; ⟨*fam*⟩ **think** no ~ *of s.o.* tenere qd. in grandissima ~nsiderazione, avere un'altissima opinione (*o* stima) di ~.; *to* **this** ~ a questo scopo (*o* fine); *to the* ~ *of* **time** ~ o alla consumazione dei secoli; *to the* ~ *that* affinché, ~o scopo di; *to* **keep** (*o* hold) *one's* ~ **up**: 1 portare a ~mine il proprio compito, fare la propria parte; 2 (*to* ⌐end *o.s. adequately*) trarsi d'impaccio, cavarsela da ~o; *to* **what** ~*?* a qual fine?, a quale scopo?; ⟨*fig*⟩ *to* ~gin *at the* **wrong** ~ cominciare dalla parte sbagliata; ~g) *to get hold of the wrong* ~ *of the stick* fraintendere, ~annaisi, equivocare. *Prov.: the* ~ *justifies the means* il ~e giustifica i mezzi.
² **I** *v.t.* 1 finire, terminare, concludere, porre fine (*o* ~mine) a. 2 (*to complete*) completare, chiudere: *this* ~*ne –s the play* questa scena chiude la commedia. **II** *v.i.* finire, terminare: *the road –s here* la strada termina qui. (*to result*) concludersi (*in* in, con), risolversi (in): *the* ~gotiations *–ed in failure* i negoziati si conclusero con un ~limento. 3 (*to reach a final condition, etc.;* spesso con ~ finire: *he –ed up in jail* finì in prigione; *he –ed up by* ~coming *Prime Minister* finì col diventare primo ~nistro. ☐ *to* ~ **off** *s.th.* concludere qc.; *the film* **to** ~ ~films il film per eccellenza; *all's well that –s* **well** tutto ~ene quel che finisce bene.
~all *s.* fine *m* supremo.

anger [in'deindʒə, en–] *v.t.* 1 mettere ⌐in pericolo⌐ (*o* a ~entaglio), rischiare: *to* ~ *one's life* rischiare la propria ~a. 2 (*of things*) mettere in pericolo, compromettere.

angered species [in'deindʒəd] *s.* ⟨*Zool,Bot*⟩ specie *fpl* ~nacciate.

~ear [in'diə, en–] *v.t.* rendere caro. ☐ *to* ~ *o.s. to* ~cattivarsi la stima (*o* le simpatie) di. **endearing** [–riŋ] tenero, dolce, affettuoso. **endearment** [–mənt] *s.* 1 ~ettuosità *f,* tenerezza *f.* 2 (*that which endears*) gesto *m* ~ettuoso; (*utterance*) parola *f* gentile (*o* affettuosa); ~ress) carezza *f;* (*term of address*) vezzeggiativo *m.*

~eavor am., **endeavour** [in'devə, en–] **I** *v.i.* sforzarsi, ~care, tentare: *to* ~ *to do s.th.* tentare di fare qc. **II** *s.* ~rzo *m,* tentativo *m.* ☐ *to use* (*o* make) *every* ~ *to* fare ~possibile⌐ (*o* ogni sforzo) per.

~emic [en'demik] **I** *a.* endemico. **II** *s.* ⟨*Med*⟩ endemia ~ malattia *f* endemica. **,endemicity** [–di'misiti], **~demism** [–dimizəm] *s.* 1 ⟨*Med*⟩ endemicità *f.* 2

⟨*Biol*⟩ endemismo *m.*

endermic [,en'dɔ:mik] *a.* ⟨*Med*⟩ endermico, intradermico.

ending ['endiŋ] *s.* 1 fine *f,* termine *m,* conclusione *f.* 2 (*conclusion*) finale *m,* fine *m: the film has a happy* ~ il film ⌐ha un finale allegro⌐ (*o* è a lieto fine). 3 ⟨*Gramm*⟩ desinenza *f.*

endive ['endiv] *s.* ⟨*Bot*⟩ indivia *f.*

endless ['endlis] *a.* 1 infinito, senza fine. 2 (*boundless*) sterminato, sconfinato, immenso. 3 (*incessant*) incessante, continuo: ~ *complaints* lamentele continue; (*interminable*) interminabile: *an* ~ *speech* un discorso interminabile. 4 ⟨*Mecc*⟩ perpetuo, senza fine: ~ *chain* catena senza fine.

endless loop *s.* ⟨*Inform*⟩ ciclo *m* senza fine.

endlessly ['endlisli] *avv.* infinitamente, senza fine; (*incessantly*) incessantemente, senza posa. **endlessness** [–nis] *s.* interminabilità *f,* perpetuità *f.*

endmost ['endmoust] *a.* il più remoto.

endocarditis [,endo(u)ka:'daitis] *s.* ⟨*Med*⟩ endocardite *f.* **endo'cardium** [–diəm] *s.* (*pl.* **-dia** [diə]) ⟨*Anat*⟩ endocardio *m.*

endocarp ['endo(u)ka:p] *s.* ⟨*Bot*⟩ endocarpo *m.*

endocrane ['endoukrein] *s.* → endocranium. **endocranial** [–əl] *a.* ⟨*Anat*⟩ endocranico. **endocranium** [–iəm] *s.* endocranio *m.*

endocrine ['endo(u)krain] **I** *a.* ⟨*Anat,Fisiol*⟩ endocrino. **II** *s.* 1 ⟨*Fisiol*⟩ ormone *m.* 2 ⟨*Anat*⟩ (*endocrine gland*) ghiandola *f* endocrina. **,endocrinologist** [–'nɔlədʒist] *s.* ⟨*Med*⟩ endocrinologo *m.* **,endocrinology** [–'nɔlədʒi] *s.* endocrinologia *f.*

endoderm ['endo(u)də:m] *s.* ⟨*Biol*⟩ ipoblasto *m.*

endogamic [,endo(u)'gæmik], **endogamous** [–'dɔgəməs] *a.* ⟨*Etnol,Biol*⟩ endogamico. **endogamy** [–'dɔgəmi] *s.* endogamia *f.*

endogen ['endo(u)dʒen] *s.* ⟨*Bot*⟩ pianta *f* endogena. **endogenous** [–'dɔdʒənəs] *a.* ⟨*Biol,Geol*⟩ endogeno. **endogeny** [–'dɔdʒəni] *s.* ⟨*Biol,Geol*⟩ endogenesi *f.*

endolymph ['endo(u)limf] *s.* ⟨*Anat*⟩ endolinfa *f.*

endometriosis [,endoumitri:'ousis] *s.* ⟨*Med*⟩ endometriosi *f.*

endometritis [,endo(u)mi'traitis] *s.* ⟨*Med*⟩ endometrite *f.*

endomorph ['endo(u)mɔ:f] *s.* 1 ⟨*Min*⟩ minerale *m* endomorfo. 2 ⟨*Psic*⟩ tipo *m* endomorfo. **,endo'morphic** [–ik] *a.* ⟨*Min,Psic*⟩ endomorfo. **,endo'morphism** [–izəm] *s.* ⟨*Geol*⟩ endomorfismo *m.*

endoparasite [,endo(u)'pærəsait] *s.* ⟨*Biol*⟩ endoparassita *m.* **'endoplasm** [–plæzəm] *s.* ⟨*Biol*⟩ endoplasma *m,* entoplasma *m.*

endorphins [,endo(u)'fi:nz] *s.pl.* ⟨*Fisiol*⟩ endorfine *fpl.*

endorsable [in'dɔ:səbl, en–] *a.* ⟨*Econ*⟩ girabile.

endorse [in'dɔ:s, en–] *v.t.* 1 firmare (*a tergo*): *to* ~ *a cheque* firmare un assegno. 2 (*of a document*) attergare, scrivere a tergo di; (*of one's name, signature*) apporre. 3 ⟨*Econ*⟩ (*to make payable to another*) girare, trasferire: *to* ~ *a bill* girare una cambiale. 4 ⟨*fig*⟩ (*to approve*) approvare; (*to support*) appoggiare, sostenere, sottoscrivere. ☐ ⟨*Econ*⟩ *to* ~ *in blank* girare in bianco; *to* ~ *a motorist's licence* annotare le infrazioni sulla patente automobilistica; *to* ~ *a passport* vistare un passaporto. **endor'see** [–i:] *s.* ⟨*Econ*⟩ giratario *m.* **endorsement** [–mənt] *s.* 1 ⟨*Econ*⟩ girata *f.* 2 (*signature*) firma *f;* (*instructions*) attergato *m.* 3 ⟨*Assic*⟩ clausola *f* aggiunta. 4 ⟨*fig*⟩ (*approval*) approvazione *f,* sanzione *f;* (*support*) appoggio *m,* sostegno *m,* adesione *f.* 5 (*on a driving-licence*) annotazione *f* delle infrazioni commesse. **endorser** [–ə] *s.* ⟨*Econ*⟩ girante *m/f.*

endosarc ['endo(u)sa:k] *s.* ⟨*Biol*⟩ endosarco *m.* **endoscope** [–skoup] *s.* ⟨*Med*⟩ endoscopio *m.* **endoscopy** [–'dɔskəpi] *s.* ⟨*Med*⟩ endoscopia *f.* **,endoskeleton** [–'skelitn] *s.* endoscheletro *m.*

endosmometer [,endɔs'mɔmitə] *s.* ⟨*Chim,Fis*⟩ endosmometro *m.* **endosmosis** [–'mousis] *s.* (*pl.* **-ses** [si:z]) ⟨*Fis*⟩ endosmosi *f.*

endosperm ['endo(u)spə:m] *s.* ⟨*Bot*⟩ endosperma *m.* **endospore** [–spɔ:] *s.* ⟨*Bot*⟩ 1 endospora *f.* 2 (*endosporium*) entina *f.*

endothermal [,endo(u)θə:məl], **endothermic** [–mik] *a.* ⟨*Chim,Fis*⟩ endotermico.

endow [in'dau, en–] *v.t.* **1** dotare, sussidiare, sovvenzionare, finanziare: *to ~ a hospital* sovvenzionare un ospedale. **2** ⟨*fig*⟩ dotare, fornire (*o* provvedere) di: *–ed with great talent* dotato di un grande talento. **endowment** [–mənt] *s.* **1** sovvenzionamento *m*, finanziamento *m*: *the ~ of a college* il finanziamento di un college. **2** (*property, money endowed*) dotazione *f*, donazione *f*, sovvenzione *f*, sussidio *m*; (*bequest*) lascito *m*. **3** ⟨*fig*⟩ dono *m* naturale, dote *f*. **endowment fund** *s.* ⟨*Econ*⟩ fondo *m* di dotazione. **end|paper** *s.* ⟨*Legat*⟩ risguardo *m*. **~ product** *s.* **1** ⟨*Comm,Ind*⟩ prodotto *m* finito. **2** ⟨*fig*⟩ risultato *m* ultimo (*o* definitivo). **~stop** *s.* ⟨*Mecc*⟩ finecorsa *m*. **'end-to-'end** *a./avv.* uno accanto all'altro: *the tables were arranged ~* i tavoli vennero disposti uno accanto all'altro (*o* in fila).

endue [in'dju:, en–] *v.t.* **1** dotare, fornire, provvedere; (*to invest*) conferire a, investire. **2** (*to clothe*) vestire, abbigliare.

endurable [in'djuərəbl, en–] *a.* sopportabile, tollerabile. **endurance** [in'djuərəns, en–] *s.* **1** resistenza *f*: *a test of ~* una prova di resistenza; *he has great powers of ~* ha grandi capacità di resistenza; (*bearing*) sopportazione *f*, tolleranza *f*, pazienza *f*. **2** ⟨*tecn*⟩ resistenza *f*, durata *f*. **3** ⟨*Aer*⟩ autonomia *f* di durata, durata *f* di volo. □ *past (o beyond)* ~ insopportabile, intollerabile. **endurance| flight** *s.* ⟨*Aer*⟩ prova *f* di durata. **~ limit** *s.* ⟨*tecn*⟩ limite *m* di fatica. **~ test** *s.* ⟨*Mecc*⟩ prova *f* di durata.

endure [in'djuə, en–] **I** *v.t.* **1** resistere a: *to ~ pain* resistere al dolore. **2** (*to bear*) sopportare, soffrire, tollerare: *I can't ~ her* non la posso soffrire. **II** *v.i.* **1** resistere, tener duro. **2** (*to last*) durare, permanere, vivere: *his name will ~ forever* il suo nome vivrà (per) sempre. **enduring** [–riŋ] *a.* **1** duraturo, durevole, stabile: *~ fame* fama duratura. **2** (*long-suffering*) paziente, tollerante. **end user** *s.* consumatore *m* finale.

endways ['endweiz], **endwise** [–waiz] *avv.* **1** (*end on*) di faccia. **2** (*lengthways*) per la lunghezza, longitudinalmente. **3** (*upright*) in posizione verticale (*o* eretta).

Endymion [en'dimiən] *N.pr.* ⟨*Mitol*⟩ Endimione *m*.

E.N.E. = ⟨*Geog*⟩ *east–north–east* est–nord–est (*abbr.* ENE).

enema ['enimə] *s.* (*pl.* **-s** [z]/**-mata** [e'nemətə]) ⟨*Med*⟩ clistere *m*.

enemy ['enimi] **I** *s.* **1** nemico *m* (*f* –a), avversario *m* (*f* –a). **2** ⟨*collett*⟩ (*armed foe;* costr. sing. o pl.) nemico *m*: *the ~ was (o were) driven back* il nemico fu ricacciato. **3** ⟨*fig*⟩ nemico *m*: *drink is his worst ~* il bere è il suo peggiore nemico. **Enemy** *s.* ⟨*Rel*⟩ nemico *m*, diavolo *m*, demonio *m*. **II** *a.* (del) nemico. □ *to make an ~ of s.o.* inimicarsi qd., farsi nemico qd.; *to make enemies* farsi dei nemici.

enemy alien *s.* straniero *m* di nazionalità nemica (in tempo di guerra).

energetic [,enə'dʒetik], **energetical** [–əl] *a.* **1** energico, di polso: *an ~ leader* un capo energico; (*done with energy*) energico, vigoroso; (*drastic*) radicale, drastico. **2** ⟨*Fis*⟩ energetico. **energetics** [–s] *s.pl.* (costr. sing.) ⟨*Fis*⟩ energetica *f*. **'energize** [–dʒaiz] **I** *v.t.* **1** stimolare, infondere energia in. **2** ⟨*El*⟩ eccitare. **II** *v.i.* consumare energie. **energizing** [–dʒaiziŋ] *a.* energetico.

energumen [,enə'gju:men] *s.* **1** energumeno *m* (*f* –a), invasato *m* (*f* –a), indemoniato *m* (*f* –a). **2** ⟨*fig*⟩ fanatico *m* (*f* –a), entusiasta *m/f*.

energy ['enədʒi] *s.* **1** energia *f*, polso *m*, forza *f*. **2** *pl.* energie *fpl.*: *to waste one's energies* sprecare le proprie energie. **3** (*of language, style*) energia *f*, vigore *m*, incisività *f*. **4** ⟨*Fis,Atom*⟩ energia *f*. □ ⟨*fig*⟩ *to throw all one's energies into s.th.* impiegare tutte le energie in qc.

energy| balance *s.* bilancio *m* energetico. **~ conservation** *s.* conservazione *f* dell'energia. **~ consumption** *s.* consumo *m* energetico (*o* di energia). **~ crisis** *s.* crisi *f* energetica. **~ efficiency** *s.* ⟨*Ind,Fisiol*⟩ rendimento *m* energetico. **~-exporting countries** *s.pl.* paesi *mpl* esportatori di energia. **~ metabolism** *s.* ⟨*Fisiol*⟩ ricambio *m.* energetico. **~ plan** *s.* piano *m* energeti-

co. **~ policy** *s.* politica *f* energetica. **~-produc** *a.* energetico: *~ food* cibo energetico. **~ product** *s.* produzione *f* di energia. **~ research** *s.* ricer energetica. **~ resources** *s.pl.* risorse *fpl* energeti **~ saving** *s.* risparmio *m* energetico.

enervate ['enəveit] **I** *v.t.* svigorire, indebolire, sner fiaccare (*anche fig.*). **II** *a.* snervato, senza fc **,enervation** [–'veiʃən] *s.* **1** infiacchimento indebolimento *m*. **2** (*state*) mollezza *f*.

enface [in'feis, en–] *v.t.* **1** (*of draft, bill*) scrivere stampare) su. **2** (*of a memorandum*) provvedere di dicitura a mano (*o* stampa).

enfeeble [in'fi:bl, en–] *v.t.* indebolire, debili infiacchire. **enfeeblement** [–mənt] *s.* indebolimentc debilitazione *f*.

enfeoff [en'fi:f] *v.t.* ⟨*Dir*⟩ infeudare, investire di un fe **enfeoffment** [–mənt] *s.* **1** infeudamento *m*, infeudaz *f.* **2** (*deed, instrument*) atto *m* d'investitura.

enfetter [in'fetə, en–] *v.t.* incatenare, mettere in c (*anche fig.*).

enfilade [,enfi'leid] **I** *s.* ⟨*Mil*⟩ (*position*) infilata *f*; (tiro *m* d'infilata. **II** *v.t.* battere (*o* colpire) d'inf infilare.

enfold [in'fould, en–] *v.t.* **1** avvolgere, avviluppare. **2** avvolgere, circondare: *–ed in mystery* avvolto nel mis **3** (*to embrace*) abbracciare, stringere tra le braccia. **4** *make into folds*) piegare.

enforce [in'fɔ:s, en–] *v.t.* **1** far rispettare, far osservare *a law*) mettere in vigore, applicare. **2** (*to obtain compulsion*) obbligare, costringere: *to ~ obedi* costringere all'obbedienza. **3** (*of a demand, claim, r* far valere, far rispettare. **4** (*to impose*) imporre. **5** *reinforce*) rafforzare, dare vigore a, rinforzare: *–ed his argument by new elements* rafforzò la sua tesi con n elementi. **enforceability** [–biliti] *s.* **1** applicabilità ⟨*Dir*⟩ esecutorietà *f*. **enforceable** [–əbl] *a.* **1** applica che si può far valere. **2** ⟨*Dir*⟩ esecutorio: *~ judger* sentenza esecutoria. **enforced** [–t] *a.* forzato, imp **enforcement** [–mənt] *s.* **1** (*of a law*) applicazione (*compulsion*) costrizione *f*, imposizione *f*. **3** (*of a cl etc.*) il far valere.

enforcement action *s.* ⟨*Dir*⟩ azione *f* coercitiva.

enfranchise [in'fræntʃaiz, en–] *v.t.* **1** concedere il di di voto a. **2** (*of a city, etc.*) concedere un privilegio (*of land*) affrancare. **4** (*to free from slavery,* affrancare, emancipare. **enfranchisement** [–tʃizmən **1** concessione *f* del diritto di voto. **2** (*of a city,* concessione *f* di un privilegio. **3** (*of a slave,* affrancamento *m*.

eng. = **1** *engine* motore. **2** *engineer* ingegnere (*abbr.* **3** *engineering* ingegneria. **4** *engraved* inciso. **5** *engr* incisore.

Eng. = **1** *England* Inghilterra. **2** *English* inglese.

engage [in'geidʒ, en–] **I** *v.t.* **1** ingaggiare, valersi dell'o di, assumere (alle proprie dipendenze); (*to emp* assumere, impiegare: *to ~ a secretary* assumere segretaria. **2** (*to reserve*) prenotare, fissare: *to ~ a r* prenotare una camera; (*to hire*) noleggiare. **3** (*to bind promise, contract, etc.*) impegnare: *he –d himself to pa debts* si è impegnato a pagare i suoi debiti. **4** (*to pro to marry;* general. al pass.) fidanzare. **5** (*to hold attention of*) tenere occupato, assorbire, impegnare: *s.o. in conversation* impegnare qd. in una conversazior (*to attract*) attrarre, affascinare. **7** ⟨*Mil*⟩ impeg impiegare: *the enemy –d all his forces* il nemico imp tutte le sue forze; (*to attack*) impegnarsi con: *to ~ enemy* impegnarsi con il nemico. **8** ⟨*Mecc*⟩ innes ingranare: *to ~ the clutch* innestare la frizione. **II** *v* occuparsi (*in* di): *to ~ in politics* occuparsi di politica *become involved*) impegnarsi, cacciarsi, impegolarsi (in (*to take part in*) partecipare (a). **3** (*to pledge* impegnarsi (a), promettere (di). **4** (*to guarantee*) gara (*for s.th.* qc.), rendersi garante (di). **5** ⟨*Mil*⟩ inizia lotta, ingaggiare battaglia. **6** ⟨*Mecc*⟩ innest ingranare.

engaged [in'geidʒd, en–] *a.* **1** (*betrothed*) fidanzato con). **2** (*busy, occupied*) impegnato, occupato. **3** (*reser*

iservato, occupato: *this seat is* ~ questo posto è
•ccupato. **4** ⟨*Tel*⟩ occupato: *the number is* ~ il numero è
•ccupato. **5** ⟨*Mil*⟩ impegnato in combattimento. **6** ⟨*Arch*⟩
ncassato. **7** ⟨*Mecc*⟩ innestato, ingranato. □ *to get* ~
idanzarsi.

gaged| couple s. coppia *f* di fidanzati, fidanzati *mpl.* ~
one s. ⟨*Tel*⟩ segnale *m* di linea occupata.

gagement [in'geidʒmənt, en–] s. **1** impegno *m,*
•romessa *f;* (*obligation*) obbligo *m,* dovere *m: to meet*
•ne's –*s* far fronte ai propri obblighi. **2** (*betrothal*)
idanzamento *m.* **3** (*appointment*) impegno *m,*
ppuntamento *m: a previous* ~ un impegno precedente. **4**
Mil⟩ scontro *m,* combattimento *m.* **5** ⟨*Mecc*⟩
ngranamento *m.* □ *to enter into an* ~ prendere un
mpegno; *to keep one's* –*s* rispettare i propri impegni.

gagement| book s. agenda *f* (degli appuntamenti). ~
ing s. anello *m* di fidanzamento.

gaging [in'geidʒiŋ, en–] a. attraente, affascinante,
educente, simpatico: *an* ~ *smile* un sorriso affascinante.

garland [in'ɡɑːlənd, en–] v.t. inghirlandare.

gender [in'dʒendə, en–] v.t. **1** generare, procreare. **2**
fig⟩ provocare, causare, (in)generare, produrre, essere
ausa di.

gine ['endʒin] **I** s. **1** motore *m.* **2** ⟨*Ferr*⟩ locomotiva *f,*
nacchina *f.* **3** ⟨*Mecc*⟩ (*any mechanical contrivance*)
nacchina *f.* **4** ⟨*Mil.ant*⟩ macchina *f* bellica. **5** ⟨*rar*⟩
means) strumento *m,* mezzo *m.* **II** v.t. motorizzare.

gine| cab s. ⟨*Ferr*⟩ cabina *f* del macchinista. ~ **crew** s.
•ersonale *m* di macchina. ~ **driver** s. macchinista *m,*
ocomotorista *m.*

gineer [,endʒi'niə] **I** s. **1** ingegnere *m.* **2** (*person who*
upervises engines, etc.) motorista *m,* meccanico *m.* **3**
Aer,Mar⟩ motorista *m.* **4** ⟨*Mil*⟩ geniere *m.* **5** ⟨*am.Ferr*⟩
⇒ **engine driver**. **6** ⟨*fig*⟩ abile ideatore *m,* genio *m;*
lotter) orditore *m,* promotore *m,* cervello *m.* **II** v.t. **1**
irigere i lavori di, costruire; (*to design*) progettare. **2**
fig⟩ (*to contrive*) escogitare, architettare, ideare; (*to plan*)
reparare, organizzare, combinare; (*to contrive dishonestly*)
nacchinare, ordire. **III** v.i. fare l'ingegnere. **engineering**
–iŋ] s. **1** ingegneria *f.* **2** ⟨*fig*⟩ macchinazione *f,* manovra
□ ~ *and design* progettazioni tecniche. .

gineering department s. ⟨*Ind*⟩ ufficio *m* tecnico.

gine| house s. rimessa *f* delle autopompe. ~ **lathe** s.
Mecc⟩ tornio *m* parallelo (*o* meccanico). ~
erformance s. ⟨*Mot*⟩ rendimento *m* del motore. ~
oom s. ⟨*Mar*⟩ sala *f* macchine.

gird [in'ɡəːd, en–] v. (*pret., p.p.* **engirt** [–ɡəːt]/**-girded**
–id]) → **engirdle**. **engirdle** [–l] v.t. cingere,
ircondare.

gland ['iŋɡlənd] N.pr. ⟨*Geog*⟩ Inghilterra *f.* **Englander**
–ə] s. ⟨*non com*⟩ inglese *m/f.*

glish ['iŋɡliʃ] **I** a. **1** inglese. **2** (*British*) inglese,
ritannico. **II** s. **1** (*language*) inglese *m,* lingua *f* inglese.
⟨*collett*⟩ (*the people of England*; costr. pl.) inglesi *mpl.* **3**
Tip⟩ corpo *m* 14. **III** v.t. **1** tradurre in inglese. **2** (*to*
nglicize) anglicizzare. □ *in plain* ~ chiaro e tondo,
nza ambiguità.

glish| bond s. ⟨*Edil*⟩ disposizione *f* a tipo inglese.
-'born a. inglese di nascita. ~ **Channel** N.pr. ⟨*Geog*⟩
lanica *f.* ~ **daisy** am. s. ⟨*Bot*⟩ margheritina *f,* pratolina

glisher am. ['iŋɡliʃə] s. **1** inglese *m/f.* **2** (*translator into*
nglish) chi traduce in inglese.

glish horn s. ⟨*Mus*⟩ corno *m* inglese.

glishism ['iŋɡliʃizəm] s. **1** anglicismo *m,* inglesismo *m.*
(*characteristic*) caratteristica *f* degli inglesi. **3**
ttachment to what is English) anglofilia *f.*

glishman ['iŋɡliʃmən] s.irr. **1** inglese *m.* **2** ⟨*Mar*⟩ nave
inglese.

glishry ['iŋɡliʃri] s. **1** l'essere inglese di nascita. **2**
eople of English descent) persone *fpl* di origine inglese. **3**
nglish ways) modi *mpl* di fare tipici degli inglesi.

glish|-speaking a. anglofono, di lingua inglese. ~
woman s.irr. inglese *f.* ~ **yew** s. ⟨*Bot*⟩ tasso *m.*

gorge [in'ɡɔːdʒ, en–] v.t. **1** ingozzare, inghiottire
vidamente, divorare. **2** (*to feed to excess*) ingozzare. **3**
Med⟩ congestionare. **engorgement** [–mənt] s. **1**

l'ingozzarsi. **2** ⟨*Med*⟩ congestione *f.*

engraft [in'ɡrɑːft, en–] v.t. **1** ⟨*Agr*⟩ innestare. **2** ⟨*fig*⟩
inculcare, instillare, infondere.

engrail [in'ɡreil, en–] v.t. **1** dentellare a linee curve (*anche*
Arald.). **2** (*of a coin*) munire di granitura. **engrailment**
[–mənt] s. granitura *f.*

engrain [in'ɡrein, en–] v.t. **1** tingere a colori forti. **2** ⟨*fig*⟩
inculcare, infondere. **engrained** [–d] a. **1** tinto a colori
forti. **2** ⟨*fig*⟩ radicato.

engrave [in'ɡreiv, en–] v.t. **1** incidere, intagliare, scolpire
(intagliando): *to* ~ *an inscription on a stone* incidere
un'iscrizione su una pietra; (*to chase*) cesellare. **2** ⟨*Art*⟩
incidere. **3** ⟨*Tip*⟩ riprodurre mediante incisione. **4** (*to*
photoengrave) ottenere mediante fotoincisione. **5** ⟨*fig*⟩
incidere, imprimere, scolpire: *to* ~ *a face upon one's*
memory incidere un volto nella memoria.

engraved printing [in'ɡreivd] s. stampa *f* a rilievo.

engraver [in'ɡreivə] s. **1** incisore *m,* intagliatore *m* (*f*
–trice); (*chaser*) cesellatore *m* (*f* –trice). **2** (*photoengraver*)
fotoincisore *m.* **engraving** [–iŋ] s. **1** incisione *f* (*anche*
Tip.). **2** (*engraved plate, block*) piastra *f* incisa, incisione
f.

engross [in'ɡrous, en–] v.t. **1** assorbire, impegnare: *this*
work –es all my attention questo lavoro assorbe tutta la
mia attenzione. **2** ⟨*Dir*⟩ (*to copy in a clear hand*) copiare
in modo chiaro; (*to write out formally*) redigere, stendere.
3 ⟨*Comm*⟩ (*to buy up*) accaparrare, fare incetta di; (*to*
monopolize) monopolizzare. **engrossed** [–t] a. assorto,
immerso. **engrosser** [–ə] s. accaparratore *m;*
(*monopolizer*) monopolizzatore *m.* **engrossing** [–iŋ] a.
avvincente, affascinante. **engrossment** [–mənt] s. **1**
l'essere assorto. **2** ⟨*Dir*⟩ stesura *f;* (*document*) rogito *m.* **3**
⟨*Comm*⟩ accaparramento *m.*

engulf [in'ɡʌlf, en–] v.t. **1** inghiottire, ingoiare; (*of water*)
sommergere. **2** ⟨*fig*⟩ immergere, sprofondare.

enhance [in'hɑːns, en–] v.t. **1** aumentare, accrescere,
intensificare: *his courage was –d by his success* il successo
accrebbe il suo coraggio. **2** (*to raise the value or price of*)
aumentare, rincarare, alzare. **3** (*to make more beautiful,*
etc.) abbellire, adornare; (*to exaggerate*) esagerare.
enhancement [–mənt] s. **1** aumento *m,* intensificazione
f, accrescimento *m.* **2** (*that which intensifies*) ciò che
intensifica (*o* accresce). **3** (*in price, value*) aumento *m,*
rincaro *m.* **4** (*beautification*) abbellimento *m;*
(*exaggeration*) esagerazione *f.*

enharmonic [,enhɑːˈmɔnik] a. ⟨*Mus*⟩ enarmonico.

enigma [i'niɡmə] s. (*pl.* **-s** [z]/**-ta** [tə]) **1** enigma *m.* **2**
(*person*) enigma *m,* mistero *m.* **enigmatic** [,eniɡˈmætik],
enigmatical [,eniɡˈmætikəl] a. enigmatico, misterioso.
enigmatize [–taiz] v.t. rendere enigmatico.

enisle [i'nail, e'n–] v.t. **1** trasformare in isola. **2** (*to set*
upon an island) relegare su un'isola. **3** ⟨*fig*⟩ isolare,
segregare.

enjamb(e)ment [in'dʒæmmənt, en–] s. ⟨*Metr*⟩
enjambement *m.*

enjoin [in'dʒɔin, en–] v.t. **1** ingiungere, comandare: *he was*
–ed to pay his debts gli fu ingiunto di pagare i suoi debiti;
(*of a course of action*) prescrivere, imporre. **2** (*to prohibit*)
proibire, vietare. **3** ⟨*Dir*⟩ diffidare, ammonire.

enjoy [in'dʒɔi, en–] v.t. **1** godere, provare gioia (*o* piacere)
in, gustare, divertirsi a: *I don't* ~ *parties, but I* ~ *talking*
to friends non mi diverto ai ricevimenti, ma provo piacere
a chiacchierare con gli amici. **2** (*rifl*) divertirsi,
spassarsela, godersela. **3** (*to have the use of*) godere,
disporre di: *to* ~ *a good income* godere una buona
rendita; (*to have the benefit of*) fruire di, godere di: *to* ~ *a*
right godere di un diritto. **enjoyable** [–əbl] a. divertente,
piacevole. **enjoyment** [–mənt] s. **1** godimento *m,* diletto
m, piacere *m.* **2** (*that which gives pleasure*) piacere *m,*
divertimento *m: hunting is his greatest* ~ la caccia è il
suo divertimento più grande. **3** ⟨*Dir*⟩ godimento *m.*

enkindle [in'kindl, en–] v.t. **1** incendiare. **2** ⟨*fig*⟩
infiammare, accendere.

enlace [in'leis, en–] v.t. **1** avvolgere, cingere. **2** (*to*
interlace) attorcigliare, intrecciare.

enlarge [in'lɑːdʒ, en–] **I** v.t. **1** ingrandire, ampliare,
allargare: *to* ~ *a house* ampliare una casa. **2** (*to expand*)

ampliare, estendere. **3** ⟨*Fot*⟩ ingrandire. **II** *v.i.* **1** allargarsi, ampliarsi, estendersi, espandersi. **2** (*to speak, write at length*) dilungarsi, soffermarsi a lungo (*on, upon* su). **enlargement** [–mənt] *s.* **1** allargamento *m,* ampliamento *m,* espansione *f.* **2** (*something added*) aggiunta *f.* **3** ⟨*Fot*⟩ ingrandimento *m.* **enlarger** [–ə] *s.* ⟨*Fot*⟩ ingranditore *m.*

enlighten [in'laitn, en–] *v.t.* **1** chiarire a, dare (s)chiarimenti a, spiegare a: *can you ~ me on this point?* puoi chiarirmi questo punto?; (*to inform*) informare. **2** (*to free from prejudice, etc.*) illuminare, mostrare la verità a. **enlightened** [–d] *a.* illuminato: *~ legislation* legislazione illuminata; (*free from ignorance*) di larghe vedute, scevro (*o* privo) di pregiudizi. **enlightening** [–tənin] *a.* istruttivo. **enlightenment** [–tənmənt] *s.* schiarimento *m,* spiegazione *f.* **Enlightenment** *s.* ⟨*Stor*⟩ Illuminismo *m.*

enlist [in'list, en–] **I** *v.t.* **1** ⟨*Mil*⟩ arruolare. **2** (*to secure the support of*) ottenere (*o* procurarsi) l'appoggio di. **3** (*to utilize*) impiegare, utilizzare. **II** *v.i.* **1** ⟨*Mil*⟩ arruolarsi: *~ in the navy* arruolarsi in marina. **2** (*to participate heartily*) offrirsi, aderire (*in* a) □ *am.Mil*⟩ *–ed man* soldato *m* semplice. **enlistment** [–mənt] *s.* ⟨*Mil*⟩ **1** arruolamento *m,* leva *f.* **2** (*state*) servizio *m* di leva. **3** (*period*) ferma *f.*

enliven [in'laivn, en–] *v.t.* **1** invigorire, rafforzare. **2** (*to make cheerful, gay*) ravvivare, animare, rallegrare: *his presence –ed the party* la sua presenza ravvivò la festa.

en masse *fr.* [en'mæs, ã'mas] *avv.* in massa, in blocco.

enmesh [in'meʃ, en–] *v.t.* irretire, avviluppare. **enmeshment** [–mənt] *s.* l'irretire.

enmity ['enmiti] *s.* **1** inimicizia *f,* ostilità *f.* **2** (*hatred*) odio *m.* □ *to be at ~ with s.o.* essere in cattivi rapporti con qd.

ennead ['eniæd] *s.* raggruppamento *m* di nove, ⟨*lett*⟩ enneade *f.*

ennoble [i'noubl, e'n–] *v.t.* **1** dotare di un titolo nobiliare, conferire un titolo nobiliare a. **2** ⟨*fig*⟩ nobilitare, elevare, conferire dignità a. **ennoblement** [–mənt] *s.* nobilitazione *f* (*anche fig.*).

ennui *fr.* [a:'nwi:] *s.* noia *f,* tedio *m.*

enormity [i'nɔ:miti] *s.* **1** atrocità *f,* mostruosità *f,* scelleratezza *f: the ~ of a crime* l'atrocità di un delitto; (*atrocious crime*) enormità *f,* delitto *m* mostruoso. **2** → **enormousness. enormous** [–məs] *a.* **1** enorme, immenso, smisurato. **2** (*heinous*) enorme, atroce, mostruoso. **enormously** [–məsli] *avv.* enormemente. **enormousness** [–məsnis] *s.* enormità *f,* immensità *f,* smisuratezza *f.*

enough [i'nʌf] **I** *a.* abbastanza, sufficiente, bastante: *have we ~ food for everyone?* abbiamo abbastanza cibo per tutti? **II** *s.* sufficienza *f.* **III** *avv.* **1** abbastanza, a sufficienza, sufficientemente: *it's not wide ~* non è sufficientemente largo. **2** (*fully, quite*) molto, assai: *you know well ~ what I mean* sai molto bene quello che voglio dire. **3** (*tolerably*) abbastanza, discretamente: *he speaks English well ~* parla abbastanza bene l'inglese. **IV** *intz.* basta. □ *I had ~ to do to save myself* ebbi un bel daffare per salvarmi; *you eat ~ for both of us* mangi per (tutti e) due; *I've had ~* ne ho avuto a sufficienza; *would you be kind ~ to help me?* vuol essere così gentile da aiutarmi?; *that's more than ~* tanto basta, è più che sufficiente; *my office is near ~ for me to walk* il mio ufficio è abbastanza vicino perché io possa raggiungerlo a piedi; *~ of your nonsense!* basta con le tue sciocchezze!; *to be old ~ to know better* essere abbastanza grande per saperne di più; *to have ~ and to spare* avere più di quanto basta; *that's ~!* basta così!; *that's ~ now!* ora basta. *Prov.: ~ is as good as a feast* chi si contenta gode.

enounce [i'nauns] *v.t.* **1** annunciare, proclamare. **2** (*to set forth*) enunciare, esporre. **3** (*to enunciate*) enunciare, formulare.

enplane [in'plein, en–] *v.i.* salire a bordo d'un aeroplano, imbarcarsi.

en quad *s.* ⟨*Tip*⟩ quadratino *m.*

enquire *e der.* → **inquire** *e der.*

enrage [in'reidʒ, en–] *v.t.* far infuriare (*o* arrabbiare), far andare in collera. **enraged** [–d] *a.* arrabbiato, adirato, collera.

enrapture [in'ræptʃə, en–] *v.t.* rapire, estasiare, incanta▪ mandare in estasi: *I was –d by her smile* rimasi estasia▪ dal suo sorriso.

enrich [in'ritʃ, en–] *v.t.* **1** arricchire (*anche fig.*). **2** ⟨*f*▪ (*to make more splendid*) arricchire, (ad)ornare, abbellire. ⟨*Agr*⟩ fertilizzare, arricchire. **4** ⟨*Fis,Mot*⟩ arricchire. **5** ▪ *food*) rendere più nutriente. □ ⟨*Atom*⟩ *–ed uraniu* uranio *m* arricchito. **enrichment** [–mənt] *s.* arricchimento *m* (*anche Fis.*). **2** ⟨*fig*⟩ arricchimento ▪ miglioramento *m;* (*embellishment*) abbellimento *m.* ⟨*Agr*⟩ fertilizzazione *f.*

enrobe [in'roub, en–] *v.t.* abbigliare.

enrol(l) [in'roul, en–] *v.* (*pret., p.p.* **enrolled** [–d]) **I** *v.t.* iscrivere. **2** ⟨*Mil*⟩ arruolare. **3** (*to register*) registrare. (*to roll up*) arrotolare, avvolgere. **II** *v.i.* **1** iscriversi: *to in a school* iscriversi a una scuola. **2** ⟨*Mil*⟩ arruolarsi: *~ in the army* arruolarsi nell'esercito. **enrol'lee** [–i:] *s.* iscritto *m* (*f* –a). **2** ⟨*Mil*⟩ arruolato *m.* **enrol(l)me** [–mənt] *s.* **1** iscrizione *f;* (*number enrolled*) numero degli iscritti, iscritti *mpl.* **2** ⟨*Mil*⟩ arruolamento (*number*) numero *m* degli arruolati, arruolati *mpl.* (*registration*) registrazione *f.*

enrol(l)ment percentage *s.* ⟨*Scol*⟩ tasso *m* di scolari▪

en route *fr.* [ã'ru:t] *avv.* in viaggio, lungo la strada (*o* viaggio): *~ from Paris to Rome* lungo il viaggio da Par a Roma; *~ for New York* in viaggio per New York.

ens [enz] *s.* (*pl.* **entia** ['enʃiə]) ⟨*Filos*⟩ ente *m.*

ensanguine [in'sæŋgwin, en–] *v.t.* insanguinare.

ensconce [in'skɔns, en–] *v.t.* **1** sistemare comodamente. (*to hide securely*) nascondere, riparare, dare rifugio a. *he –d himself in an armchair* si sprofondò in u▪ poltrona.

ensemble [ɑ:n'sɑ:mbl, ã'sãbl] *s.* **1** insieme *m,* comple▪ *m;* (*total effect*) effetto *m* d'insieme. **2** ⟨*Mus*⟩ (*concer performance*) esecuzione *f* d'insieme, ensemble *m;* (*grc of musicians*) insieme *m,* complesso *m: a string ~* complesso di strumenti a corda. **3** ⟨*Mod*⟩ ensemble insieme *m,* completo *m.* **4** ⟨*Teat*⟩ corpo *m* di ballo.

enshrine [in'ʃrain, en–] *v.t.* **1** mettere (*o* deporre) in reliquario. **2** ⟨*fig*⟩ conservare come una reliquia, custod▪ gelosamente.

enshroud [in'ʃraud, en–] *v.t.* **1** coprire (*o* nascondere) ▪ un velo. **2** ⟨*fig*⟩ (*to shroud*) avvolgere.

ensiform ['ensifɔ:m] *a.* ⟨*Biol*⟩ ensiforme.

ensign ['ensain, 'ensən] *s.* **1** bandiera *f,* vessillo *m,* stendardo *m.* **2** (*emblem*) emblema *m,* simbolo *m.* (*badge of office*) decorazione *f,* insegne *fpl;* (*heraldic arr* insegna *f,* stemma *m.* **4** ⟨*am.Mar.mil*⟩ guardiamarina **5** ⟨*Mil.ant*⟩ portabandiera *m,* alfiere *m.* **ensigncy** [– **ensignship** [–ʃip] *s.* **1** ⟨*am.Mar.mil*⟩ grado *m* guardiamarina. **2** ⟨*Mil.ant*⟩ grado *m* di alfiere.

ensilage ['ensilidʒ] **I** *s.* ⟨*Agr*⟩ **1** insilamento *m.* **2** (*fodc* foraggio *m* insilato, insilato *m.* **II** *v.* → **ensile.**

ensilage blower *s.* insilatrice *f.*

ensile [en'sail] *v.t.* ⟨*Agr*⟩ **1** insilare. **2** (*to make i ensilage*) trasformare in (foraggio) insilato.

enslave [in'sleiv, en–] *v.t.* fare (*o* rendere) schia▪ assoggettare, asservire (*anche fig.*). **enslavement** [–mə *s.* schiavitù *f,* asservimento *m* (*anche fig.*). **enslaver** [–ə **1** chi fa (*o* rende) schiavo, chi assoggetta. **2** (*of a wom* incantatrice *f,* maliarda *f.*

ensnare [in'snɛə, en–] *v.t.* intrappolare, prendere trappola (*anche fig.*).

ensorcel *am.,* **ensorcell** [in'sɔ:sl] *v.t.* incanta▪ affascinare.

ensoul [in'soul, en–] *v.t.* animare, infondere l'anima in ▪

ensphere [in'sfiə, en–] *v.t.* racchiudere (in una sfera).

ensue [in'sju:, en–] *v.i.* **1** seguire, succedere, susseg▪ susseguirsi. **2** (*to result*) derivare, conseguire, risult▪ susseguire.

en suite *fr.* [ã'syit] *avv.* di seguito, di fila.

ensure [in'ʃuə, en–] *v.t.* **1** assicurare, rendere sicuro: *▪ success* assicurare il successo. **2** (*to secure*) assicur▪ garantire, dare per sicuro: *I cannot ~ you he will a▪* non posso garantirvi il suo consenso. **3** (*to make s▪*

assicurare. 4 ⟨Comm⟩ (to insure) assicurare.

swathe [in'sweið, en–] v.t. avvolgere, fasciare.

tablature [en'tæblətʃə] s. ⟨Arch⟩ trabeazione f.

entablement [–'teiblmənt] s. ⟨Arch⟩ 1 basamento m di statua. 2 ⟨non com⟩ → entablature.

tail [in'teil, en–] I v.t. 1 comportare, implicare, richiedere, esigere: this will ~ great expense questo comporterà una grossa spesa; (to impose as a burden) richiedere, imporre: success ~s sacrifices il successo richiede sacrifici. 2 ⟨Dir⟩ lasciare in eredità col vincolo dell'inalienabilità. II s. 1 conseguenza f logica (o inevitabile). 2 ⟨Dir⟩ → entailment. 3 ⟨Dir⟩ (estate) lascito m inalienabile. 4 ⟨fig⟩ trasmissione f; (inheritance) eredità f. **entailment** [–mənt] s. ⟨Dir⟩ il lasciare in eredità col vincolo dell'inalienabilità.

tangle [in'tæŋgl, en–] v.t. 1 impigliare, intricare, imbrogliare. 2 ⟨fig⟩ intrappolare, prendere in trappola. □ to get ~d rimanere impigliato; ⟨fig⟩ impegolarsi. **entanglement** [–mənt] s. 1 intrico m, groviglio m, viluppo m. 2 ⟨fig⟩ (confusion) confusione f; (complication) complicazione f. 3 ⟨Mil⟩ reticolato m.

tasis ['entəsis] s. (pl. -ses [si:z]) ⟨Arch⟩ entasi f.

telechy [en'teliki] s. ⟨Filos⟩ entelech(e)ia f.

tellus (monkey) [en'teləs] s. ⟨Zool⟩ entello m.

tente fr. [ā'tã:t, a:n'ta:nt] s. ⟨Pol⟩ intesa f, entente f.

ter ['entə] I v.i. 1 entrare. 2 (to enrol) iscriversi: to ~ for a competition iscriversi a una gara. 3 (to start) cominciare, iniziare, intraprendere (upon, on s.th. qc.): to ~ upon a career iniziare una carriera; (to begin, come in) entrare (in): to ~ upon one's thirtieth year entrare nel trentesimo anno. 4 (to participate in) partecipare, prendere parte (into a). II v.t. 1 entrare in: he ~ed the room entrò nella stanza. 2 (to penetrate) entrare in, penetrare in. 3 (to become a member of) entrare a far parte di: to ~ a firm entrare a far parte di una ditta. 4 (to put down in writing) annotare, segnare, scrivere: to ~ a date in one's diary segnare una data sull'agenda. 5 (to enrol for) iscriversi a. 6 (to enrol) iscrivere: to ~ a horse in a race iscrivere un cavallo a una corsa. 7 (to make a beginning in) cominciare, iniziare, intraprendere: to ~ the medical profession intraprendere la professione medica. 8 ⟨fig⟩ (to identify with) entrare in, penetrare: to ~ the spirit of a work penetrare lo spirito di un'opera. 9 ⟨Dir⟩ mettere a verbale, verbalizzare: to ~ a plea of not guilty mettere a verbale una dichiarazione di non colpevolezza. 10 ⟨Dir⟩ (of land) entrare in possesso di. 11 (to put forward) avanzare, presentare: to ~ an objection avanzare un'obiezione. 12 (of a horse) domare. □ ⟨Dir⟩ to ~ an action intentare (o promuovere) causa; ⟨Comm⟩ to ~ into an agreement concludere un accordo; ⟨Dir⟩ to ~ one's appearance comparire (in tribunale); to ~ into an arrangement venire (o giungere) a un accordo; it did not ~ into my calculations non rientrava nei miei calcoli; to ~ the church farsi prete; ⟨Econ⟩ to ~ on the credit side registrare a credito, segnare in entrata; to ~ into details entrare nei particolari; ⟨Dir⟩ to ~ evidence presentare prove; to ~ into explanations dare spiegazioni; ⟨Econ⟩ to ~ goods for export dichiarare merci per l'esportazione; the thought never ~ed my head questo pensiero non mi era mai passato per la testa; to ~ upon an inheritance entrare in possesso di un'eredità; that doesn't ~ into it questo non c'entra; to ~ into negotiations entrare in trattative; to ~ into (o upon) office entrare in carica, assumere una carica.

teric [en'terik] a. ⟨Med⟩ enterico: ~ fever febbre enterica.

teritis [ˌentə'raitis] s. (pl. -tides [tidi:z]/-es [i:z]) ⟨Med⟩ enterite f.

terocolitis [ˌentəro(u)kɔ'laitis] s. ⟨Med⟩ enterocolite f.

enterology [–rou'lədʒi] s. enterologia f.

teron ['entərɔn] s. ⟨Anat⟩ intestino m. **enterotomy** [–'rɔtəmi] s. ⟨Chir⟩ enterotomia f.

terprise ['entəpraiz] s. 1 impresa f. 2 (adventurousness) intraprendenza f, iniziativa f: spirit of ~ spirito d'iniziativa. 3 ⟨Comm⟩ impresa f, azienda f. **enterprising** [–iŋ] a. intraprendente, pieno d'iniziativa. **enterprisingly** [–iŋli] avv. in modo intraprendente.

entertain [ˌentə'tein] I v.t. 1 intrattenere, divertire: we were greatly ~ed by his stories i suoi racconti ci divertirono moltissimo. 2 (to treat as a guest) ospitare; (to receive as a guest) ricevere. 3 (to consider) prendere in considerazione, considerare, valutare: to ~ a proposal prendere in considerazione una proposta. 4 (to harbour) nutrire, accarezzare, covare: to ~ thoughts of revenge accarezzare propositi di vendetta; to ~ doubts nutrire dubbi. II v.i. ricevere, dare ricevimenti, avere ospiti: they often ~ in the evening ricevono spesso la sera. □ to ~ s.o. at dinner avere qd. a pranzo. **entertainer** [–ə] s. 1 (professional) chi intrattiene; (singer) cantante m/f. 2 (one who entertains) ospite m/f, anfitrione m. **entertaining** [–iŋ] a. divertente, piacevole. **entertainment** [–mənt] s. 1 intrattenimento m, divertimento m; (public performance) spettacolo m. 2 (receiving as a guest) l'ospitare, l'avere ospiti. 3 (social gathering, reception) (in)trattenimento m, ricevimento m. 4 (act of considering) il prendere in considerazione, il considerare, valutazione f.

entertainment| business s. industria f dello spettacolo. ~ **expenses** s.pl. spese fpl di rappresentanza. ~ **tax** s. tassa f sugli spettacoli.

enthalpy ['enθælpi] s. ⟨Fis⟩ entalpia f.

enthral(l) [in'θrɔːl, en–] v.t. (pret., p.p. **enthralled** [–d]) 1 affascinare, incantare. 2 (to enslave) soggiogare, rendere schiavo, asservire. **enthralling** [–iŋ] a. affascinante. **enthral(l)ment** [–mənt] s. 1 fascino m, incanto m. 2 (enslavement) asservimento m, schiavitù f.

enthrone [in'θroun, en–] v.t. 1 mettere sul trono, elevare al trono. 2 ⟨Rel⟩ investire di dignità ecclesiastica. 3 ⟨fig⟩ (to exalt) esaltare, mettere su un piedistallo. **enthronement** [–mənt], **en,thronization** [–ai'zeiʃən] s. insediamento m sul trono.

enthuse [in'θjuːz, en–] v.i. ⟨fam⟩ entusiasmarsi, mostrare entusiasmo (over per). **enthusiasm** [–iæzəm] s. 1 entusiasmo m: to show ~ mostrare entusiasmo. 2 (occupation, etc., pursued with zeal) passione f. **enthusiast** [–iæst] s. 1 entusiasta m/f, appassionato m (f –a), fanatico m (f –a): a football ~ un appassionato di (o del) calcio. 2 (religious fanatic) fanatico m (f –a). **en,thusiastic** [–i'æstik] a. entusiastico, fervido, caloroso: an ~ welcome un'accoglienza entusiastica; (of people) entusiasta (about per, di). **en,thusiastically** [–i'æstikəli] avv. entusiasticamente, con entusiasmo.

entice [in'tais, en–] v.t. 1 attirare, allettare, attrarre. 2 (to instigate) istigare, incitare: to ~ s.o. into doing s.th. istigare qd. a fare qc. 3 (to lure into evil ways) adescare, sedurre; (to tempt) tentare. **enticement** [–mənt] s. 1 allettamento m, attrazione f. 2 (that which entices) allettamento m, seduzione f; (allurement) fascino m, attrattiva f, incanto m. **enticing** [–iŋ] a. allettante, attraente, seducente.

entire [in'taiə, en–] I a. 1 intero: he read the ~ book ha letto l'intero libro. 2 (unbroken) intatto, sano, intero. 3 (complete) totale, completo, perfetto: an ~ stranger un perfetto estraneo; to enjoy s.o.'s ~ confidence godere della completa fiducia di qd.; (full) pieno assoluto. 4 (undivided) intero, indiviso, integro, intatto. 5 ⟨Bot⟩ (of a leaf) intero. 6 ⟨Zootecn⟩ intero, non castrato. II s. 1 ⟨Zootecn⟩ stallone m. 2 (porter) birra f scura. 3 ⟨rar⟩ (the whole) intero m, tutto m. □ ⟨Dir⟩ ~ contract contratto m indivisibile.

entirely [in'taiəli, en–] avv. 1 completamente, interamente, del tutto, pienamente. 2 (solely) solamente, esclusivamente: it is your fault ~ la colpa è solamente tua. **entireness** [–ənis] s. interezza f, completezza f, integrità f. **entirety** [–əti] s. 1 interezza f, completezza f, integrità f. 2 (total, whole) totalità f, complesso m, insieme m: to examine a matter in its ~ esaminare una questione nel suo complesso. 3 ⟨Dir⟩ indivisibilità f.

entitle [in'taitl, en–] v.t. 1 dare il diritto a, concedere la facoltà a, autorizzare: freedom of speech does not ~ you to say that la libertà di parola non ti dà il diritto di dire questo. 2 (to give a title to) conferire (o concedere) un titolo a: to ~ s.o. an earl conferire il titolo di conte a qd.; (of a book) intitolare. □ to be ~d to do s.th. avere il diritto (*o* la facoltà) di fare qc.; *he is* –*d to a commission* 'ha il diritto a' (*o* gli spetta) una provvigione.

entity ['entiti] *s.* essere *m,* esistenza *f; (being)* entità *f* (*anche Filos.*).

entomb [en'tu:m] *v.t.* **1** seppellire, deporre nella tomba. **2** (*to serve as a tomb for*) servire (*o* fare) da tomba a. **entombment** [–mənt] *s.* seppellimento *m,* inumazione *f.*

entomic [en'tɔmik] *a.* ⟨*Entom*⟩ degli (*o* relativo agli) insetti.

entomologic [ˌentəmə'lɔdʒik], **entomological** [–ɔl] *a.* entomologico. **entomologist** [–'mɔlədʒist] *s.* entomologo *m.* **ento'mologize** [–lədʒaiz] *v.i.* occuparsi d'entomologia. **entomology** [–'mɔlədʒi] *s.* entomologia *f.*

entourage *fr.* [ˌɔntu'rɑ:ʒ] *s.* **1** (*circle*) entourage *m,* cerchia *f; (retinue)* entourage *m,* seguito *m.* **2** (*environment*) entourage *m,* ambiente *m.*

entozoan [ˌento(u)'zouən] **I** *a.* ⟨*Biol*⟩ entozoico. **II** *s.* entozoo *m.*

entr'acte *fr.* [ã'trækt] *s.* ⟨*Teat,Mus*⟩ **1** (*interval*) intervallo *m,* intermezzo *m,* entracte *m.* **2** (*music*) intermezzo *m* musicale, entracte *m.*

entrails ['entreilz] *s.pl.* **1** ⟨*Anat*⟩ visceri *mpl,* interiora *fpl.* **2** ⟨*fig*⟩ viscere *fpl.*

entrain [in'trein, en–] **I** *v.i.* prendere il treno, salire sul treno. **II** *v.t.* mettere sul treno, far salire sul treno.

entrammel [in'træməl, en–] *v.t.* impedire, ostacolare, intralciare.

entrance¹ ['entrəns] *s.* **1** entrata *f,* ingresso *m.* **2** (*place*) entrata *f,* ingresso *m,* accesso *m: the* ~ *to a tunnel* l'entrata di una galleria. **3** (*right to enter*) entrata *f,* accesso *m: he was refused* ~ *to the restaurant* gli fu vietato l'accesso al ristorante. **4** (*act of entering upon*) entrata *f:* ~ *into* (*o upon*) *office* entrata in carica. **5** (*admission*) ammissione *f.* **6** ⟨*Teat,Mus*⟩ entrata *f.* **7** ⟨*Mar*⟩ stellato *m* di prua. □ ⟨*Dir*⟩ ~ *upon an inheritance* assunzione *f* di un'eredità.

entrance² [in'trɑːns, en–] *v.t.* **1** estasiare, mandare in estasi, rapire, incantare. **2** (*to put into a trance*) far cadere in trance.

entrance| examination *s.* esame *m* d'ammissione. ~ **fee** *s.* quota *f* d'ammissione. ~ **hall** *s.* vestibolo *m,* atrio *m.*

entrancement [in'trɑːnsmənt, en–] *s.* **1** il mandare in estasi, il far cadere in trance. **2** (*state*) rapimento *m,* estasi *f,* trance *m.* **entrancing** [–siŋ] *a.* incantevole.

entrant ['entrənt] *s.* **1** chi entra. **2** ⟨*Univ,Scol*⟩ nuovo studente *m* (*o* allievo). **3** (*of an association*) nuovo socio *m.* **4** (*competitor*) concorrente *m/f,* partecipante *m/f,* competitore *m* (*f* –trice).

entrap [in'træp, en–] *v.t.* prendere in trappola, intrappolare (*anche fig.*).

entreat [in'tri:t, en–] *v.t.* implorare, supplicare, pregare: *to* ~ *s.th. of s.o.* implorare qc. da qd. **entreatingly** [–iŋli] *avv.* insistentemente, supplichevolmente. **entreaty** [–i] *s.* supplica *f,* preghiera *f.*

entrée *fr.,* **entree** ['ɑːntrei, ã'tre] *s.* **1** entrata *f,* accesso *m.* **2** ⟨*Gastr*⟩ entrée *f,* prima portata *f.* **3** ⟨*am.Gastr*⟩ piatto *m* principale.

entrench [in'trentʃ, en–] **I** *v.t.* **1** ⟨*Mil*⟩ trincerare; (*to surround with trenches*) munire di trincee, fortificare. **2** ⟨*fig*⟩ rafforzare, consolidare. **II** *v.i.* **1** ⟨*Mil*⟩ trincerarsi. **2** (*to infringe*) violare, usurpare (*on, upon s.th.* qc.). **entrenchment** [–mənt] *s.* **1** ⟨*Mil*⟩ trinceramento *m,* trincea *f.* **2** ⟨*fig*⟩ riparo *m,* difesa *f.*

entrepôt *fr.* ['ɑːntrəpou] *s.* ⟨*Comm*⟩ **1** (*warehouse*) magazzino *m.* **2** (*trade centre*) centro *m* commerciale.

entrepreneur *fr.* [ˌɑːntrəprə'nəː] *s.* **1** ⟨*Comm*⟩ imprenditore *m.* **2** ⟨*Teat,Mus*⟩ impresario *m.* **3** (*middleman*) intermediario *m.* **entrepreneurial** [–'nəːriəl] *a.* imprenditoriale. **entrepreneurship** [–ʃip] *s.* imprenditorialità *f.*

entresol *fr.* ['ɑːntrəsɔl] *s.* ⟨*Edil*⟩ mezzanino *m.*

entrust [in'trʌst, en–] *v.t.* **1** affidare a: *to* ~ *s.o. with responsibility* affidare una responsabilità a qd. **2** (*to commit*) affidare, dare in consegna: *to* ~ *money to s.o.* affidare (del) denaro a qd.

entry ['entri] *s.* **1** entrata *f,* ingresso *m.* **2** (*right entering*) accesso *m,* ammissione *f: to gain* ~ *into a cl* ottenere l'accesso a un circolo. **3** (*passage, gate, etc* entrata *f,* ingresso *m; (entrance hall)* vestibolo *m,* atrio *r* **4** (*recording*) registrazione *f; (notation)* annotazione appunto *m.* **5** (*in a competition, etc.*) concorrente *m* partecipante *m/f,* iscritto *m* (*f* –a): *a large* ~ un gra numero di concorrenti. **6** ⟨*Comm,Econ*⟩ partita *f.* ⟨*Dir*⟩ presa *f* di possesso, insediamento *m.* **8** ⟨*Econ*⟩ (*customs*) dichiarazione *f* d'entrata. **9** ⟨*Geog*⟩ (*mouth of river*) foce *f.* □ ⟨*Econ*⟩ ~ *under* **bond** bolletta *f* dogana di transito sotto cauzione; ⟨*Comm*⟩ ~ **inwards** outwards*)* bolletta *f* d'entrata (*o* d'uscita); *to* **make** one ~: **1** ⟨*Teat*⟩ entrare in scena; **2** ⟨*fig*⟩ debuttare; ⟨*Comr to make an* ~ *of a transaction* registrare un'operazior ⟨*Dir*⟩ ~ *of* **mortgage** iscrizione *f* d'ipoteca; ⟨*Dir*⟩ ~ *satisfaction* cancellazione *f* d'ipoteca.

entry| way *s.* ingresso *m,* entrata *f.* ~ **word** *s.* lemma *r* esponente *m.*

entwine [in'twain, en–] **I** *v.t.* intrecciare; (*to twist aroun* attorcigliare. **II** *v.i.* intrecciarsi; (*to become twiste* attorcigliarsi.

entwist [in'twist, en–] *v.t.* attorcigliare.

enucleate [i'nju:klieit] *v.t.* **1** ⟨*Biol*⟩ privare del nucleo. ⟨*Chir*⟩ enucleare. **3** (*to clarify*) chiarire, spiega e,**nucleation** [–li'eiʃən] *s.* **1** ⟨*Biol*⟩ asportazione *f* d nucleo. **2** ⟨*Chir*⟩ enucleazione *f.*

enumerate [i'nju:məreit] *v.t.* **1** enumerare, elencare. **2** (*count*) contare. **e,numeration** [–'reiʃən] *s.* enumerazione *f.* **2** (*list*) elenco *m,* lista *f.* **enumerativ** [–iv] *a.* enumerativo. **enumerator** [–ə] *s.* **1** enumerato *m* (*f* –trice). **2** (*census taker*) impiegato *m* incaricato raccogliere i dati per il censimento.

enunciable [i'nʌnsiəbl] *a.* enunciabile.

enunciate [i'nʌnsieit] **I** *v.t.* **1** pronunciare: *to* ~ *one words clearly* pronunciare le parole in modo chiaro. **2** (*formulate*) enunciare, formulare. **3** (*to announc* proclamare, annunciare. **II** *v.i.* pronunciare. **e,nunciatio** [–si'eiʃən] *s.* **1** enunciazione *f,* formulazione *f,* enuncia *m.* **2** (*pronunciation*) pronuncia *f.* **3** (*announcemer* proclamazione *f,* dichiarazione *f,* annuncio *r* **enunciative** [–iv] *a.* **1** enunciativo. **2** (*declarative*) c annuncia (*o* proclama).

enure [in'juə, en–] **I** *v.t.* (*to inure*) abituare, avvezzare. *v.i.* entrare in vigore, avere effetto.

enuresis [ˌenjuə'ri:sis] *s.* ⟨*Med*⟩ enuresi *f.*

envelop [in'veləp, en–] *v.t.* **1** avvolgere, avviluppare: – *in a cloak* avvolto in un mantello. **2** (*to surroun* avvolgere, circondare. **3** ⟨*fig*⟩ avvolgere, nascondere: *t affair is* –*ed in mystery* la cosa è avvolta nel mistero. ⟨*Mil*⟩ accerchiare, circondare.

envelope ['envəloup] *s.* **1** ⟨*Post*⟩ busta *f.* **2** (*wrappe covering*) involucro *m,* involto *m.* **3** ⟨*Geom*⟩ invilupp *m.* **4** ⟨*Bot*⟩ involucro *m.* **5** ⟨*Aer*⟩ (*of an aerosto* involucro *m; (gas bag)* pallonetto *m.* **enveloprmer** [–'veləpmənt] *s.* **1** l'avviluppare, avvolgimento *m.* (*wrapping, covering*) involucro *m,* involto *m.*

envenom [in'venəm, en–] *v.t.* **1** avvelenare. **2** (*f* avvelenare, amareggiare.

enviable ['enviəbl] *a.* invidiabile, da fare invidia.

envious ['enviəs] *a.* **1** invidioso. **2** (*expressing env* invidioso, d'invidia: *an* ~ *look* uno sguardo invidioso.

environ [in'vaiərən, en–] *v.t.* circondare, attorniare (*anc fig.*).

environment [in'vaiərənmənt, en–] *s.* **1** ⟨*Biol,Soci* ambiente *m,* condizioni *fpl* (*o* fattori *mpl*) ambientali. (*surroundings*) dintorni *mpl.* **3** (*act of surrounding*) circondare, l'attorniare. **en,viron'mental** [–l] ambientale. □ ~ *protection* protezione dell'ambiente.

environmental| art *s.* ⟨*Art*⟩ arte *f* ambiente. ~ **awareness** *s.* coscienza *f* ambientale. ~ **conditions** *s.*, condizioni *fpl* ambientali. ~ **consciousness** *s.* environmental awareness. ~ **conservation** *s.* protezio *f* dell'ambiente. ~ **contaminant** *s.* contaminante *m* inquinante) per l'ambiente. ~ **control** *s.* controllo ambientale. ~ **damage** *s.* danno *m* all'ambiente. ~ **deterioration** *s.* degrado *m* ambientale. ~ **economi**

s.pl. economia *f* ambientale. **~ education** *s.* educazione *f* ambientale. **~ engineering** *s.* ingegneria *f* ambientale. **~ factor** *s.* fattore *m* ambientale. **~ group** *s.* gruppo *m* ambientalista. **~ hazard** *s.* rischio *m* (*o* pericolo) per l'ambiente. **~ health, ~ hygiene** *s.* igiene *f* ambientale. **avironmentalism** [in,vaiərən'mentəlizəm] *s.* difesa *f* dell'ambiente, ambientalismo *m.* **environmentalist** _-'mentəlist] *s.* ambientalista *m/f.* **environmentally** [-li] *ɪvv.* dal punto di vista ambientale. □ **~** *compatible* compatibile con l'ambiente; **~** *hazardous* pericoloso (*o* rischioso) per l'ambiente. **avironmentall minister** *s.* ministro *m* dell'ambiente. **~ monitoring** *s.* controllo *m* ambientale. **~ noise** *s.* rumore *m* ambientale. **~ offence** *s.* reato *m* ecologico. **~ planning** *s.* pianificazione *f* ambientale. **~ policy** *s.* politica *f* ambientale. **~pollutant** *s.* → **environmental contaminant. ~ pollution** *s.* inquinamento *m* (*o* contaminazione *f*) ambientale. **~ protection** *s.* protezione *f* (*o* tutela) dell'ambiente. **~ quality** *s.* qualità *f* dell'ambiente. **~ research** *s.* ricerca *f* ambientale. **~ science** *s.* scienza *f* dell'ambiente. **~ studies** *s.pl.* studi *mpl* ambientali.

avirons [en'vairənz] *s.pl.* **1** dintorni *mpl*, vicinanze *fpl*. **2** (*suburbs of a city*) sobborghi *mpl*, periferia *f.*

avisage [in'vizidʒ, en–] *v.t.* **1** prevedere, avere in vista (*o* mente): *we do not* **~** *any change* non prevediamo alcun cambiamento. **2** (*to regard*) considerare. **3** (*to conceive of*) concepire.

ivoy[1] ['envɔi] *s.* ⟨*Lett*⟩ commiato *m*, congedo *m.*

ivoy[2] *s.* **1** ⟨*Dipl*⟩ inviato *m.* **2** (*messenger*) messo *m*, inviato *m;* (*representative*)ǀ rappresentante *m.* □ **~** *extraordinary and minister plenip*p*otentiary* inviato straordinario e ministro plenipotenziario. **envoyship** –ʃip] *s.* ufficio *m* (*o* carica *f*) di inviato.

avy ['envi] **I** *s.* invidia *f.* **II** *v.t.* invidiare, avere invidia di: *I don't* **~** *you* non t'invidio. □ *to do s.th. out of* **~** ʹare qc. per invidia.

iwind [in'waind, en–] *v.t.irr.* avvolgere, avviluppare.

iwomb [in'wu:m, en–] *v.t.* racchiudere in seno.

iwrap [in'ræp, en–] *v.t.* **1** avvolgere. **2** ⟨*fig*⟩ avvolgere, avviluppare. **3** (*to absorb*) assorbire (*o* occupare) totalmente.

iwreathe [in'ri:ð, en–] *v.t.* inghirlandare, incoronare (*anche fig.*).

izootic [,enzo(u)'ɔtik] **I** *a.* ⟨*Veter*⟩ enzootico. **II** *s.* enzoozia *f.*

izymatic [,enzai'mætik] *a.* enzimatico. **'enzyme** [–zaim] *ɪ.* ⟨*Biol*,Chim⟩ enzima *m.*

izyme reaction *s.* ⟨*Med*⟩ enzimoreazione *f.*

izymologist [enzi'mɔlədʒist] *s.* ⟨*Med*⟩ enzimologo *m.* **inzymology** [–dʒi] *s.* enzimologia *f.*

ɪ = *ex officio* d'ufficio.

O = ⟨*Dir*⟩ *executive order* disposizione esecutiva.

iocene ['i:əsi:n] **I** *a.* ⟨*Geol*⟩ eocenico. **II** *s.* eocene *m.*

&O.E. = *errors and omissions excepted* salvo errori e omissioni.

ilithic [,i:o'liθik] *a.* ⟨*Geol*⟩ protolitico. **'eoliths** [–θs] *s.pl.* *Paleont*⟩ eoliti *mpl.*

ozoic [,i:ə'zouik] **I** *a.* ⟨*Geol*⟩ eozoico. **II** *s.* eozoico *m.*

P = *extended play* disco microsolco.

PA = ⟨*SU*⟩ *Environmental Protection Agency* ente per la tutela dell'ambiente.

aulet(te) ['epə:lət] *s.* ⟨*Mil*⟩ spallina *f.* □ ⟨*fig*⟩ *to win* ɪne's *–s* guadagnarsi le spalline (*o* la promozione a ufficiale).

ienthesis [e'penθisis] *s.* (*pl.* -ses [si:z]) ⟨*Ling*⟩ epentesi *f.*

iergne [i'pə:n] *s.* centrotavola *m.*

ihebe [i'fi:b], **ephebus** [–əs] *s.* (*pl.* -bi [bai]) ⟨*Stor.gr*⟩ ʹfebo *m.*

ihemera [i'femərə] *s.* (*pl.* -s [z]/-rae [ri:]) **1** cosa *f* ffimera. **2** ⟨*Entom*⟩ → **ephemerid. ephemeral** [–l] *a.* ɪ effimero, passeggero, fugace: *an* **~** *success* un successo ɪffimero. **2** ⟨*Biol*⟩ effimero. **e**,**phemerality** [–'ræliti] *s.* aducità *f*, fugacità *f.* **ephemerid** [–rid] **I** *a.* ⟨*Entom*⟩ degli efemeridi. **II** *s.* efemeride *m.*

ephemeris [i'feməris] *s.* (*pl.* -rides [efi'meridi:z]) **1** ⟨*Astr*⟩ effemeride *f.* **2** ⟨*ant*⟩ (*almanac*) almanacco *m*, lunario *m.*

Ephesian [i'fi:ʒən] **I** *a.* ⟨*Stor*⟩ efesino, efesio. **II** *s.* efesino *m* (*f* –a). **Ephesians** [–z] *s.pl.* ⟨*Bibl*⟩ (costr.sing.) lettera *f* ʹagli efesini¹ (*o* efesina).

Ephesus ['efisəs] *s.* ⟨*Geog.stor*⟩ Efeso *f.*

epic ['epik] **I** *a.* **1** ⟨*Lett*⟩ epico. **2** ⟨*fig*⟩ epico, eroico. **II** *s.* **1** ⟨*Lett*⟩ (*poem*) poema *m* epico, epopea *f;* (*poetry*) epica *f.* **2** ⟨*fig*⟩ avvenimenti *mpl* epici. **3** ⟨*fam*⟩ (*film*) film *m* epico. **epical** [–əl] *a.* epico.

epicene ['episi:n] **I** *a.* **1** ⟨*Gramm*⟩ epiceno. **2** (*sexless*) asessuato, senza sesso. **3** (*effeminate*) effeminato. **II** *s.* ermafrodito *m.*

epicenter *am.*, **epicentre** ['episentə], **epicentrum** [–trəm] *s.* (*pl.* **-s** [z]/**-tra** [trə]) ⟨*Geol*⟩ epicentro *m.*

epicure ['epikjuə] *s.* **1** conoscitore *m* (*f* –trice), buongustaio *m* (*f* –a). **2** (*sensualist*) epicureo *m* (*f* –a).

epicurean [,epikju'ri:ən] **I** *a.* **1** epicureo; (*of an epicure*) da epicureo. **2** (*of things*) voluttuoso, lussurioso. **II** *s.* epicureo *m* (*f* –a). **Epicurean I** *s.* ⟨*Filos*⟩ epicureo *m.* **II** *a.* epicureo. **epicureanism** [–izəm] *s.* epicureismo *m.* **Epicureanism** *s.* ⟨*Filos*⟩ epicureismo *m.* **'epicurism** [–juərizem] *s.* → **epicureanism. Epi'curus** [–juərəs] *N.pr.* ⟨*Stor.gr*⟩ Epicuro *m.*

epicycle ['episaikl] *s.* ⟨*Astr*⟩ epiciclo *m.* **,epi'cyclic** [–ik], **epicyclical** [–ikəl] *a.* epicicloidale. **,epi'cycloid** [–ɔid] *s.* ⟨*Geom*⟩ epicicloide *m*, curva *f* epicicloide. **,epicycloidal** [–'lɔidəl] *a.* epicicloide.

epidemic [,epi'demik] **I** *s.* ⟨*Med*⟩ epidemia *f* (*anche fig.*). **II** *a.* **1** ⟨*Med*⟩ epidemico. **2** ⟨*fig*⟩ (*common*) epidemico, comune, diffuso; (*contagious*) contagioso. **epidemical** [–əl] *a.* → **epidemic. epidemiologist** [–,di:mi'ɔlədʒist] *s.* epidemiologo *m.* **epidemiology** [–,di:mi'ɔlədʒi] *s.* epidemiologia *f.*

epidermal [,epi'də:məl], **epidermic** [–mik], **epidermical** [–mikəl] *a.* ⟨*Anat,Biol*⟩ epidermico. **epidermis** [–mis] *s.* epidermide *f.* **epidermoid** [–mɔid], **epidermoidal** [–'mɔidəl] *a.* epidermoide.

epidiascope [,epi'daiəskoup] *s.* ⟨*Fis*⟩ epidiascopio *m.*

epigastric [,epi'gæstrik] *a.* ⟨*Anat*⟩ epigastrico. **epigastrium** [–triəm] *s.* (*pl.* -tria [triə]) epigastr(i)o *m.*

epigenesis [,epi'dʒenesis] *s.* ⟨*Biol*⟩ epigenesi *f.* **epigenetic** [–'netik] *a.* epigenetico.

epiglottal [,epi'glɔtl], **epiglottic** [–tik] *a.* epiglottico. **epiglottis** [–tis] *s.* (*pl.* -es [iz]/-tides [tidi:z]) ⟨*Anat*⟩ epiglottide *f.*

epigon(e) ['epigoun] *s.* epigono *m.*

epigram ['epigræm] *s.* **1** ⟨*Lett*⟩ epigramma *m.* **2** ⟨*fig*⟩ frase *f* epigrammatica. **,epigrammatic** [–grə'mætik], **,epigrammatical** [–grə'maetikəl] *a.* epigrammatico. **,epi'grammatist** [–ətist] *s.* epigrammista *m/f.* **,epi'grammatize** [–ətaiz] **I** *v.t.* **1** esprimere sotto forma di epigramma. **2** (*to make epigrams about*) comporre (*o* scrivere) epigrammi su. **II** *v.i.* comporre (*o* scrivere) epigrammi.

epigraph ['epigrɑ:f] *s.* **1** epigrafe *f*, iscrizione *f.* **2** (*at the beginning of a book, etc.*) epigrafe *f.* **e'pigrapher** [–grəfə] *s.* → **epigraphist. epigraphic** [–'græfik], **epigraphical** [–'græfikəl] *a.* epigrafico. **e'pigraphist** [–grəfist] *s.* epigrafista *m/f.* **e'pigraphy** [i'pigrəfi] *s.* epigrafia *f.*

epilepsy ['epilepsi] *s.* ⟨*Med*⟩ epilessia *f.* **epi'leptic** [–ptik] **I** *a.* epilettico. **II** *s.* epilettico *m* (*f* –a).

epilog *am.* *s.* → **epilogue.**

epilogist [i'pilədʒist] *s.* scrittore *m* di epiloghi. **epilogue** ['epilɔg] *s.* epilogo *m* (*anche Teat.*).

Epiphany [i'pifəni] *N.pr.* ⟨*Rel*⟩ epifania *f.* **epiphany** *s.* apparizione *f*, manifestazione *f*, ⟨*lett*⟩ epifania *f.*

epiphysis [i'pifisis] *s.* (*pl.* -ses [si:s]) ⟨*Anat*⟩ epifisi *f.*

Epirus [e'paiərəs] *N.pr.* ⟨*Geog*⟩ Epiro *m.*

Episc. = **1** *Episcopal* episcopale. **2** *Episcopalian* episcopaliano.

episcopacy [i'piskəpəsi] *s.* ⟨*Rel*⟩ episcopato *m.* **episcopal** [–pl] *a.* ⟨*Rel*⟩ episcopale, vescovile. **Episcopal** *a./s.* → **Episcopalian.**

episcopalian [i,piskə'peiliən] **I** *a.* ⟨*Rel*⟩ episcopalista. **II** *s.* episcopalista *m/f.* **Episcopalian I** *a.* ⟨*Rel*⟩ (*of the*

Protestant Episcopal Church) episcopaliano. **II** *s.* episcopaliano *m* (*f* –a). **Episcopalianism** [–izəm] *s.* episcopalismo *m* anglosassone. **e'piscopalism** [–pəlizəm] *s.* episcopalismo *m.*

episcopate [i'piskəpit] *s.* ⟨*Rel*⟩ **1** episcopato *m*, dignità *f* episcopale (*o* vescovile). **2** (*diocese*) diocesi *f*. **3** ⟨*collett*⟩ episcopato *m.*

episode ['episoud] *s.* episodio *m.* ,**episodic** [–'sɔdik], ,**episodical** [–'sɔdikəl] *a.* **1** episodico. **2** (*of books, films, etc.*) episodico, a episodi.

epispastic [,epi'spæstik] **I** *a.* ⟨*Farm*⟩ epispastico, revulsivo. **II** *s.* epispastico *m*, revulsivo *m.*

epistaxis [,epi'stæksis] *s.* ⟨*Med*⟩ epistassi *f.*

epistemologist [,i:pisti'mɔlədʒist] *s.* epistemologo *m.* **epistemology** [i,pisti'mɔlədʒi] *s.* ⟨*Filos*⟩ epistemologia *f.*

epistle [i'pisl] *s.* **1** lettera *f*, missiva *f*. **2** ⟨*Stor,Lett*⟩ epistola *f*. **Epistle** *s.* ⟨*Bibl,Lit*⟩ epistola *f.* **epistle side** *s.* ⟨*Lit*⟩ lato *m* dell'epistola.

epistolary [i'pistələri] *a.* epistolare (*anche. Lett.*). **epistoler** [–lə] *s.* ⟨*Rel*⟩ chi legge l'epistola.

epistrophe [i'pistrəfi] *s.* ⟨*Ret*⟩ epistrofe *f.*

epistyle ['epistail] *s.* ⟨*Arch*⟩ epistilio *m*, architrave *m.*

epitaph ['epitɑ:f] *s.* **1** epitaffio *m*, iscrizione *f* tombale. **2** (*poem*) epitaffio *m.*

epithalamial [,epiθə'leimiəl], **epithalamic** [–mik] *a.* ⟨*Lett*⟩ epitalamico. **epithalamion** [–miən] *s.* (*pl.* **-mia** [miə]) epitalamio *m.* **epithalamium** [–miəm] *s.* (*pl.* **-s** [z]/-mia [miə]) → **epithalamion.**

epithelial [,epi'θi:liəl] *a.* ⟨*Biol*⟩ epiteliale. **epithelium** [–liəm] *s.* (*pl.* **-s** [z]/-lia [liə]) ⟨*Biol*⟩ epitelio *m.*

epithet ['epiθet] *s.* epiteto *m.* ,**epi'thetic** [–ik], ,**epi'thetical** [–ikəl] *a.* di epiteto.

epitome [i'pitəmi] *s.* **1** ⟨*Lett*⟩ epitome *f*, riassunto *m*, compendio *m.* **2** ⟨*fig*⟩ simbolo *m*, personificazione *f*, incarnazione *f*: *he is the ~ of wisdom* è la personificazione della saggezza. **epitomist** [–st] *s.* epitomatore *m* (*f* –trice). **epitomize** [–maiz] *v.t.* **1** compendiare, riassumere. **2** ⟨*fig*⟩ simboleggiare, impersonare, incarnare.

epizoon [,epi'zouɔn] *s.* (*pl.* **-zoa** ['zouə]) ⟨*Biol*⟩ epizoo *m.* **epizootic** [–zo(u)'ɔtik] **I** *a.* ⟨*Veter*⟩ epizootico. **II** *s.* → **epizooty. epizooty** [–'zouəti] *s.* ⟨*Veter*⟩ epizootia *f*, epizoozia *f.*

epoch ['i:pɔk, *am.* 'epək] *s.* **1** epoca *f*, era *f*, età *f*: *the Renaissance ~* l'epoca del Rinascimento. **2** (*turning point*) svolta *f* (decisiva). **3** ⟨*Geol,Astr*⟩ epoca *f.* □ *to mark a new ~* segnare una nuova epoca, fare epoca. **epochal** [–əl] *a.* **1** dell'epoca, caratteristico di un'epoca, epocale. **2** → **epoch-making.**

epoch-making *a.* che fa epoca, storico.

epode ['epoud] *s.* ⟨*Metr,Lett*⟩ epodo *m.* **epodic** [–'pɔdik] *a.* epodico.

eponym ['epənim] *s.* eponimo *m* (*f* –a). **eponymous** [e'pɔniməs] *a.* eponimo.

epopee ['epɔpi:] *s.* **1** (*epic*) epopea *f*, poema *m* epico. **2** (*epic poetry*) epopea *f*, genere *m* epico. **epos** ['epɔs] *s.* **1** epos *m.* **2** (*epic*) epopea *f.*

epoxy resin, [i'pɔksi] *s.* resina *f* epossidica.

epsilon ['epsilɔn] *s.* (*letter of the Greek alphabet*) epsilon *m.*

Epsom salts ['epsəm] *s.pl.* (costr. sing.) ⟨*Chim,Farm*⟩ sale *m* inglese.

E.P.U. = *European Payments Union* Unione europea dei pagamenti.

eq. = **1** *equal* uguale. **2** *equation* equazione. **3** *equivalent* equivalente.

equability [,ekwə'biliti] *s.* **1** uniformità *f*. **2** (*tranquillity*) calma *f*, serenità *f.* **'equable** [–bl] *a.* **1** uniforme, costante: *an ~ climate* un clima costante. **2** (*tranquil*) calmo, tranquillo, (d'animo) sereno.

equal ['i:kwəl] **I** *a.* **1** uguale, pari: *~ parts* parti uguali; *all men are ~* tutti gli uomini sono uguali; (*same*) stesso, medesimo. **2** (*evenly balanced*) in parti uguali: *an ~ mixture* una mistura in parti uguali. **3** (*adequate, sufficient*) adeguato, proporzionato (*to* a). **4** (*having adequate ability, strength, etc.*) all'altezza (*to* di): *he is not ~ to the job* non è all'altezza del lavoro. **5** ⟨*Mat*⟩ uguale:

let x be ~ to y sia x uguale a y. **6** (*equable*) calmo, sereno, tranquillo. **7** (*impartial, fair*) giusto, equ† imparziale, equanime. **II** *s.* simile *m*, pari *m*, uguale *n we are all ~s in the sight of the law* siamo tutti uguali ‹ fronte alla legge. **III** *v.t.* (*pret., p.p.* equalled/*am.* equale [–d]) **1** essere uguale (*o* pari) a, uguagliare, eguagliare. ⟨*Mat*⟩ essere uguale a. **3** (*to match*) uguagliar‹ pareggiare: *no one can ~ his learning* nessuno pu eguagliarlo in cultura. □ *an ~* **contest** una gara ad arn pari; *to feel ~ to s.th.* sentirsi (*o* sentirsela) di fare qc.; *be of ~* **mind** *with s.o.* essere imparziale con qd.; *to ha* **no ~** non aver l'uguale; *I know* **nothing** *to ~ a good gla of beer* non c'è niente come un buon bicchiere di birra; *A was ~ to the* **occasion** fu all'altezza della situazione; **pay for ~ work** parità *f* salariale; *~ in* **size** della stes‹ misura; *on ~* **terms** su un piede di parità, a parità condizioni; ⟨*Mat*⟩ *three* **times** *three ~s nine* tre per tre nove.

equalitarian [i,kwɔli'teriən] **I** *a.* ⟨*Pol*⟩ egalitario. **II** egalitario *m* (*f* –a). **equalitarianism** [–izəm] egualitarismo *m.*

equality [i'kwɔliti] *s.* uguaglianza *f*, eguaglianza *f*, parità *~ of rights* eguaglianza di diritti; *to be on* (*a footing of*) *with s.o.* essere su un piede di uguaglianza (*o* parità) c‹ qd. □ *~ before the law* uguaglianza *f* di fronte alla legg *~ of taxation* equità *f* fiscale.

equality principle *s.* principio *m* d'uguaglianza.

equalization [,ikwəlai'zeiʃən] *s.* **1** uguagliamento ‹ pareggiamento *m.* **2** ⟨*Econ,Tel,Rad*⟩ equalizzazione *f.* ⟨*El*⟩ equalizzazione *f*, livellamento *m.* □ *~ of tax‹* perequazione *f* fiscale.

equalization fund *s.* ⟨*Econ*⟩ fondo *m* di equalizzazio‹ (dei cambi).

equalize ['i:kwəlaiz] **I** *v.t.* **1** livellare, equipara‹ pareggiare, uguagliare: *to ~ salaries* equiparare ‹ stipendi. **2** (*to make uniform*) rendere uniforme costante), stabilizzare. **3** (*to compensate for*) compensa‹ **4** ⟨*Fis,El*⟩ equalizzare, livellare. **5** ⟨*Econ*⟩ equalizzare. *v.i.* ⟨*Sport*⟩ pareggiare. **equalizer** [–ə] *s.* **1** chi paregg (*o* livella). **2** ⟨*Mecc*⟩ equilibratore *m.* **3** ⟨*El*⟩ equalizzato *m*, livellatore *m.* **4** ⟨*Sport*⟩ pareggio *m.*

equally ['i:kwəli] *avv.* **1** ugualmente, allo stesso mod (*impartially*) imparzialmente. **2** (*in an equal degre‹* ugualmente, egualmente, nella stessa misura. **3** (*in equ‹ amounts*) in parti uguali. **4** (*likewise*) similmente, a stesso modo. **5** (*uniformly*) uniformemente.

equanimity [i:kwə'nimiti] *s.* calma *f*, serenità *f* (d'anim‹ equanimità *f.* **equanimous** [i'kwæniməs] *a.* calm sereno.

equate [i'kweit] *v.t.* **1** identificare: *to ~ goodness w‹ godliness* identificare la bontà con la religiosità; (*to reg‹ as necessarily associated*) considerare inscindibile. ⟨*Mat*⟩ esprimere in forma di equazione.

equation [i'kweiʃən] *s.* **1** identificazione *f.* **2** (*balan‹* equilibrio *m*, proporzione *f: the ~ of demand and supp‹* equilibrio tra domanda e offerta. **3** (*equalizat‹* pareggiamento *m*, uguagliamento *m.* **4** ⟨*Mat,Chim,As*‹ equazione *f.* **equational** [–əl] *a.* **1** ⟨*Mat*⟩ di equazio‹ **2** ⟨*Biol*⟩ equazionale.

equator [i'kweitə] *s.* **1** ⟨*Geog,Biol*⟩ equatore *m.* **2** ⟨*As‹* (*celestial equator*) equatore *m* celeste. □ *~ of he‹* equatore termico. **equatorial** [,i:kwə'tɔ:riəl] **I** *a.* ⟨*Ge‹ Astr, Biol*⟩ equatoriale. **II** *s.* ⟨*Astr*⟩ equatoriale *m*, cannocchia *m* astronomico.

Equatorial Guinea *N.pr.* ⟨*Geog*⟩ Guinea *f* Equatoriale

equerry [i'kwəri] *s.* **1** scudiero *m.* **2** ⟨*GB*⟩ dignitario *m* corte.

equestrian [i'kwestriən] **I** *a.* **1** equestre, ippico. **2** ⟨*Stor.rom*⟩ equestre: *~ order* ordine equestre. **II** *s.* cavaliere *m.* **2** (*circus rider*) cavallerizzo *m.* **e,questrienne** [–tri'en] *s.* **1** amazzone *f.* **2** (*circus rid‹* cavallerizza *f.*

equiangular [,i:kwi'æŋgjulə] *a.* ⟨*Geom*⟩ equiangolo.

equidistant [,i:kwi'distənt] *a.* equidistante.

equilateral [,i:kwi'lætərəl] **I** *a.* **1** ⟨*Geom*⟩ equilatero. ⟨*Biol*⟩ equilaterale. **II** *s.* ⟨*Geom*⟩ poligono *m* equilater‹

equilibrate [,i:kwi'laibreit] **I** *v.t.* equilibrare, bilancia nettere (*o* tenere) in equilibrio. **II** *v.i.* equilibrarsi, ilanciarsi. **equilibration** [-li'breiʃən] *s.* **1** il mettere in quilibrio. **2** (*state*) equilibrio *m*.

uilibrist [i'kwilibrist] *s.* equilibrista *m/f*.

uilibrium [ˌi:kwi'libriəm] *s.* (*pl.* -**s** [z]/-**bria** [briə]) quilibrio *m* (*anche fig.*): *to lose one's* ~ perdere equilibrio.

uilization [ˌi,kwi:lai'zeiʃən] *s.* ⟨*Acu*⟩ equalizzazione *f*.

equilizer [i'kwilizə] *s.* ⟨*Acu*⟩ equalizzatore *m*.

uimolecular [ˌi:kwiməˈlekjulə] *a.* ⟨*Fis,Chim*⟩ contenente n uguale numero di molecole.

uine ['i:kwain] **I** *a.* ⟨*Zool*⟩ equino. **II** *s.* equino *m*.

uinoctial [ˌi:kwi'nɔkʃəl] **I** *a.* **1** equinoziale, ell'equinozio. **2** (*occurring at an equinox*) equinoziale. **3** *of the celestial equator*) equatoriale. **II** *s.* **1** → equinoctial circle. **2** → **equinoctial storm**.

uinoctial| circle, ~ line *s.* ⟨*Astr*⟩ circolo *m* (*o* linea *f*) quinoziale. ~ **point** *s.* punto *m* equinoziale, equinozio *n.* ~ **storm** *s.* burrasca *f* equinoziale. ~ **year** *s.* anno *m* ropico (*o* solare).

uinox ['i:kwinɔks] *s.* **1** equinozio *m*. **2** → **equinoctial** oint.

uip [i'kwip] *v.t.* (*pret., p.p.* equipped [-t]) **1** attrezzare, ornire, corredare, dotare. **2** ⟨*Mar,Mil*⟩ armare: *to* ~ *a ship* armare una nave. **3** (*to provide with equipment for an enterprise*) equipaggiare: *to* ~ *an army* equipaggiare un esercito. **4** ⟨*fig*⟩ (*to endow*) dotare; (*to train*) preparare, addestrare, avviare: *he -ped his son for a banking career* avviò il figlio alla carriera bancaria.

uipage ['ekwipidʒ] *s.* **1** (*carriage and retinue*) equipaggio *m*; (*carriage*) carrozza *f*. **2** (*retinue of attendants*) seguito *m* di servi in livrea. **3** (*equipment*) equipaggiamento *m*, attrezzatura *f*.

uipment [i'kwipmənt] *s.* **1** attrezzatura *f*, apparecchiatura *f*: *electrical* ~ apparecchiatura elettrica. **2** (*act, state*) equipaggiamento *m*, attrezzatura *f*. **3** ⟨*Mil,Mar*⟩ armamento *m*. **4** ⟨*fig*⟩ (*mental resources*) bagaglio *m* intellettuale, preparazione *f*; (*endowment*) dote *f*, qualità *f*. **5** ⟨*Ferr*⟩ materiale *m* mobile (*o* rotabile).

uipoise ['ekwipɔiz] **I** *s.* **1** equilibrio *m* (*anche fig.*). **2** ⟨*fig*⟩ (*counterpoise*) contrappeso *m*. **II** *v.t.* controbilanciare (*anche fig.*).

uipollence [ˌi:kwi'pɔləns], **equipollency** [-i] *s.* equipollenza *f*, equivalenza *f*. **equipollent** [-nt] **I** *a.* **1** di uguale forza. **2** (*equal in effect*) equipollente. **3** ⟨*Filos*⟩ equipollente, equivalente. **II** *s.* equivalente *m*.

quiponderance [ˌi:kwi'pɔndərəns] *s.* equilibrio *m*. **equiponderant** [-nt] *a.* **1** dello stesso peso. **2** (*evenly balanced*) (ben) bilanciato. **equiponderate** [-dəreit] **I** *v.t.* controbilanciare. **II** *v.i.* controbilanciarsi.

quipotential [ˌi:kwipə'tenʃəl] *a.* ⟨*Fis*⟩ equipotenziale.

quisetum [ˌekwi'si:təm] *s.* (*pl.* -**s** [z]/-**ta** [tə]) ⟨*Bot*⟩ equiseto *m*.

quitable ['ekwitəbl] *a.* **1** equo, giusto: *an* ~ *settlement* un'equa soluzione; (*reasonable*) ragionevole. **2** ⟨*Dir*⟩ fondato su principi di equità.

quitation [ˌekwi'teiʃən] *s.* equitazione *f*.

quity ['ekwiti] *s.* **1** equità *f*, giustizia *f*. **2** ⟨*Dir*⟩ corpo *m* di norme basate sul principio di equità. **3** *pl.* ⟨*Econ*⟩ azioni *fpl* ordinarie. **4** ⟨*Econ*⟩ capitale *m* netto. **Equity** *s.* sindacato *m* degli attori. □ ⟨*Econ*⟩ ~ *of redemption* diritto *m* di riscatto (di un'ipoteca).

quity market *s.* ⟨*Econ*⟩ mercato *m* azionario.

quiv. = *equivalent* equivalente.

quivalence [i'kwivələns], **equivalency** [-i] *s.* equivalenza *f*. **equivalent** [-nt] **I** *a.* equivalente. **II** *s.* equivalente *m* (*anche Chim.*): *what is the* ~ *of ten dollars in lire?* qual è l'equivalente in lire di dieci dollari? **equivalently** [-ntli] *avv.* in modo equivalente.

quivocal [i'kwivəkəl] *a.* **1** equivoco, ambiguo: *an* ~ *answer* una risposta equivoca. **2** (*indeterminate*) incerto, poco chiaro; (*evasive*) evasivo, elusivo. **3** (*dubious*) equivoco, sospetto, dubbio. **e,quivocality** [-'kæliti], **equivocalness** [-nis] *s.* equivocità *f*, ambiguità *f*.

quivocate [i'kwivəkeit] *v.i.* parlare in modo ambiguo, giocare sull'equivoco, equivocare (su). **e,quivocation** [-'keiʃən] *s.* **1** il parlare in modo ambiguo, l'equivocare. **2**

(*equivocal expression*) espressione *f* ambigua. **equivocator** [-ə] *s.* chi gioca sull'equivoco.

equivoke, equivoque ['ekwivouk] *s.* **1** termine *m* ambiguo. **2** (*pun*) equivoco *m*, gioco *m* di parole. **3** (*double meaning*) doppio senso *m*.

er [ə:] *intz.* (*when hesitating in speech*) ehm.

E.R. = *Elizabeth Regina* Elisabetta Regina.

era ['iərə] *s.* **1** era *f*, epoca *f*, età *f*: *the Elizabethan* ~ l'epoca elisabettiana. **2** (*important date*) data *f* memorabile (*o* storica). **3** (*system of dating*) era *f* (*anche Geol.*): *the Christian* ~ l'era cristiana.

eradiate [i'reidieit] **I** *v.i.* irradiarsi. **II** *v.t.* irradiare, irraggiare. **e,radiation** [-di'eiʃən] *s.* radiazione *f*, irradiazione *f*.

eradicable [i'rædikəbl] *a.* sradicabile, estirpabile. **eradicate** [-keit] *v.t.* **1** sradicare, estirpare, eliminare, cancellare: *to* ~ *crime* estirpare la delinquenza. **2** (*to root up*) sradicare, estirpare. **e,radication** [-'keiʃən] *s.* sradicamento *m*, estirpazione *f* (*anche fig.*).

erasable [i'reizəbl] *a.* cancellabile.

erasable storage *s.* ⟨*Inform*⟩ memoria *f* modificabile.

erase [i'reiz] *v.t.* **1** cancellare (*anche fig.*). **2** (*of a tape recording*) cancellare. **3** ⟨*sl*⟩ (*to kill*) uccidere, ⟨*gerg*⟩ far fuori.

erase head *s.* ⟨*Acu*⟩ testina *f* di cancellazione.

eraser [i'reizə] *s.* **1** gomma *f*; (*for a blackboard*) cancellino *m*, cimosa *f*; (*steel eraser*) raschino *m*. **2** (*person*) chi cancella. **erasion** [-ʒən] *s.* **1** il cancellare, cancellazione *f*. **2** ⟨*Chir*⟩ raschiamento *m*.

Erasmian [i'ræzmiən] *a.* ⟨*Filos*⟩ erasmiano. **Erasmus** [-məs] *N.pr.* ⟨*Stor*⟩ Erasmo *m* (da Rotterdam).

erasure [i'reiʒə] *s.* **1** il cancellare, cancellazione *f*. **2** (*mark left*) cancellatura *f*. **3** (*word erased*) cancellatura *f*, parola *f* cancellata.

erbium ['ə:biəm] *s.* ⟨*Chim*⟩ erbio *m*.

ere [ɛə] **I** *prep.* ⟨*poet*⟩ prima (di). **II** *congz.* prima che; (*rather than*) piuttosto che.

Erebus ['eribəs] *s.* ⟨*Mitol*⟩ erebo *m*.

erect [i'rekt] **I** *a.* **1** eretto, diritto, dritto: *to sit* ~ sedere eretto; (*standing up*) in piedi. **2** (*of the hair*) irto, ispido. **3** ⟨*Bot*⟩ eretto. **II** *v.t.* **1** erigere, costruire, edificare, fabbricare. **2** (*to set upright*) innalzare: *to* ~ *a pole* innalzare un palo. **3** ⟨*fig*⟩ (*to bring into existence*) creare, suscitare, causare: *to* ~ *barriers in the way of progress* creare ostacoli al progresso. **4** ⟨*fig*⟩ (*to establish*) erigere, istituire, fondare. **5** ⟨*Geom*⟩ tracciare. **6** ⟨*Ott*⟩ raddrizzare. **7** ⟨*Mecc*⟩ montare. **erectile** [-ail] *a.* ⟨*Fisiol,Biol*⟩ erettile: ~ *tissue* tessuto erettile. **erection** [-kʃən] *s.* **1** costruzione *f*, edificazione *f*, erezione *f*; (*building*) costruzione *f*, edificio *m*. **2** ⟨*Fisiol*⟩ erezione *f*. **3** ⟨*fig*⟩ istituzione *f*, fondazione *f*. **4** ⟨*tecn*⟩ montaggio *m*.

erector [-ə] *s.* **1** erettore *m* (*f* -trice). **2** (*worker*) montatore *m*. **3** ⟨*Anat*⟩ muscolo *m* erettore.

eremite ['erimait] *s.* eremita *m*. **,eremitic** [-'mitik], **eremitical** [-'mitikəl] *a.* eremitico.

erethism ['eriθizəm] *s.* ⟨*Fisiol*⟩ eretismo *m*. **erethismic** [-zmik] *a.* eretistico.

erg [ə:g] *s.* ⟨*Fis*⟩ erg *m*, ergon *m*.

ergo *lat.* ['ə:gou] *congz.* ergo, quindi, perciò.

ergomania [ə:gou'meinjə] *s.* ⟨*Psic*⟩ ergomania *f*.

ergometric [ə:gə'metrik] *a.* ergometrico. **ergometrics** [-iks] *s.pl.* (*costr. sing.*) ergometria *f*.

ergonometrics [əˌgounə'metriks] *s.pl.* (*costr. sing.*) ergonometria *f*.

ergonomic [ˌə:go(u)'nɔmik], **ergonomical** [-əl] *a.* ergonomico. **ergonomics** [-s] *s.pl.* (*costr. sing.*) ergonomia *f*. **ergonomist** [ə:'gɔnəmist] *s.* ergonomo *m*.

ergot ['ə:gɔt] *s.* **1** ⟨*Bot*⟩ segale *f* cornuta. **2** ⟨*Agr*⟩ chiodo *m* segalino. **3** ⟨*Farm*⟩ ergotina *f*.

ergotism ['ə:gətizəm] *s.* ⟨*Med*⟩ ergotismo *m*.

Erin ['iərin] *N.pr.* ⟨*Geol,poet*⟩ Irlanda *f*.

Erinnys [i'rinis] *s.* (*pl.* -**nyes** [ni:iz]) ⟨*Mitol*⟩ erinni *f*.

eristic [e'ristik] **I** *a.* **1** ⟨*Filos*⟩ eristico. **2** ⟨*estens*⟩ eristico, capzioso. **II** *s.* **1** ⟨*Filos*⟩ filosofo *m* eristico. **2** (*art*) eristica *f*.

Eritrea [ˌeri'triə] *N.pr.* ⟨*Geog*⟩ Eritrea *f*. **Eritrean** [-n] **I** *a.* eritreo. **II** *s.* eritreo *m* (*f* -a).

erk [ə:k] *s.* ⟨*sl*⟩ (*aircraftsman*) aviere *m.*

erl king ['ə:lkiŋ] *s.* ⟨*Mitol.nord*⟩ re *m* degli elfi.

ermine ['ə:min] **I** *s.* (*pl. inv./*-**s** [z]; il pl. inv. si usa general. con valore collett.) **1** ⟨*Zool*⟩ ermellino *m.* **2** (*fur*) ermellino *m*, pelliccia *f* d'ermellino. **3** ⟨*fig*⟩ (*of a judge*) carica *f* di giudice; (*of a peer*) dignità *f* di pari. **4** ⟨*Arald*⟩ ermellino *m*, armellino *m.* **II** *a.* orlato (*o* bordato) di ermellino. **ermined** [–d] *a.* **1** guarnito di ermellino. **2** ⟨*Arald*⟩ ermellinato, armellinato.

ern(e) [ə:n] *s.* ⟨*Ornit*⟩ aquila *f* di mare.

Ernest ['ə:nist] *N.pr.* Ernesto *m.*

erode [i'roud] **I** *v.t.* **1** erodere (*anche Geol.*). **2** (*to corrode*) corrodere. **3** ⟨*fig*⟩ corrodere, rodere, consumare. **II** *v.i.* **1** essere soggetto a processo erosivo. **2** ⟨*fig*⟩ consumarsi.

erogenous [e'rɔdʒənəs] *a.* ⟨*Fisiol*⟩ erogeno, erotogeno.

Eros ['erɔs] **I** *N.pr.* ⟨*Mitol*⟩ Eros *m.* **II** *s.* ⟨*Psic*⟩ eros *m*, libido *f.*

erosion [i'rouʒən] *s.* **1** ⟨*Geol,Med*⟩ erosione *f.* **2** (*corrosion*) corrosione *f.* **3** ⟨*fig*⟩ erosione *f: the ~ of real earnings* l'erosione dei salari reali. **erosive** [–'rousiv] *a.* erosivo, corrosivo.

erotic [i'rɔtik] **I** *a.* erotico. **II** *s.* poesia *f* erotica. **erotica** [–ə] *s.pl.* letteratura *f* erotica. **eroticism** [–'tisizəm], **erotism** ['erətizəm] *s.* **1** erotismo *m.* **2** (*sexual impulse*) impulso *m* sessuale. **erotomania** [i,routo(u)'meiniə] *s.* ⟨*Med*⟩ erotomania *f.*

ERP, E.R.P. = *European Recovery Program* Piano di ricostruzione europea (*abbr.* E.R.P.).

err [ə:] *v.i.* **1** errare, sbagliare. **2** (*to sin*) peccare, errare. □ *to ~ is human* errare è umano; *to ~ on the side of modesty* peccare d'immodestia; *to ~ from the straight path* deviare dalla retta via.

errancy ['erənsi] *s.* l'errare, errore *m.*

errand ['erənd] *s.* **1** commissione *f*, incarico *m: to run* (*o go on*) *an ~ for s.o.* fare una commissione per qd. **2** (*object of such a trip*) commissione *f*; (*message*) messaggio *m.*

errand boy *s.* fattorino *m*, commesso *m*, ⟨*fam*⟩ galoppino *m.*

errant ['erənt] **I** *a.* **1** errante. **2** (*erring*) che si allontana dalla retta via, che sbaglia. **II** *s.* ⟨*Mediev*⟩ cavaliere *m* errante. **errantry** [–ri] *s.* **1** vagabondaggio *m.* **2** ⟨*Mediev*⟩ modo *m* di vivere di un cavaliere errante.

erratic [i'rætik] **I** *a.* **1** (*of people*) eccentrico, strano, strambo, stravagante, bizzarro. **2** (*of things: irregular*) irregolare, ineguale: *an ~ heartbeat* un battito del cuore irregolare; (*uncertain*) vago, non ben definito. **3** ⟨*Geol*⟩ erratico. **II** *s.* **1** persona *f* eccentrica, eccentrico *m* (*f* –a). **2** ⟨*Geol*⟩ (*erratic block*) masso *m* erratico. **erratically** [–li] *avv.* senza metodo (*o* regola): *to work ~* lavorare senza metodo.

erratum [i'reitəm] *s.* (*pl.* -**ta** [tə]) **1** errore *m* di stampa. **2** *pl.* (*corrigendum*) errata corrige *m.*

erroneous [i'rouniəs] *a.* erroneo, sbagliato.

error ['erə] *s.* **1** errore *m*, sbaglio *m: a grammatical ~* un errore di grammatica. **2** (*mistaken belief*) errore *m: ~ of judgement* errore di valutazione (*o* giudizio). **3** (*fault*) errore *m*, colpa *f*, fallo *m: a youthful ~* un errore di gioventù; (*sin*) peccato *m.* **2** ⟨*Dir*⟩ *~ in fact* errore *m* di fatto; **in ~** per errore: *goods sent in ~* merce spedita per errore; *you are in ~* sei in errore, ti sbagli; *to do s.th. in ~* fare qc. per sbaglio (*o* errore); ⟨*Dir*⟩ *~ in law* errore *m* di diritto; *to lead s.o. into ~* indurre qd. in errore; *to make an ~* fare (*o* commettere) un errore, cadere in errore; *–s and omissions excepted* salvo errori e omissioni; *to stand* (*o be*) *in ~* essere in errore; *to see the ~ of one's ways* riconoscere i propri errori.

error| analysis *s.* ⟨*Inform*⟩ analisi *f* degli errori. **~-correcting program** *s.* programma *m* di correzione. **~ rate** *s.* tasso *m* di errore. **~ recovery program** *s.* programma *m* di gestione errori.

ersatz [er'zats] **I** *a.* surrogato, succedaneo. **II** *s.* surrogato *m.*

Erse [ə:s] **I** *s.* ⟨*Ling*⟩ **1** (*Irish Gaelic*) gaelico *m* d'Irlanda. **2** (*Scottish Gaelic*) gaelico *m* di Scozia. **II** *a.* gaelico (d'Irlanda, di Scozia).

erst [ə:st] *avv.* ⟨*rar*⟩ un tempo, tempo addietro. **'erstwhile** [–wail] **I** *a.* di un tempo, del passato. **II** *avv.* ⟨*rar*⟩ →

erst.

erubescence [,eru'besn] *s.* rossore *m*, erubescenza **erubescent** [–nt] *a.* (*reddening*) che diventa ross (*blushing*) che arrossisce.

eruct [i'rʌkt], **eructate** [–eit] **I** *v.t.* eruttare (*anche Geol* **II** *v.i.* (e)ruttare. **e,ructation** [–'teiʃən] *s.* **1** eruttazione rutto *m.* **2** ⟨*Geol*⟩ eruzione *f*; (*eructed matter*) materia *m* eruttato.

erudite ['er(j)udait] *a.* erudito, dotto. **,erudition** [–'diʃə *s.* erudizione *f.*

erupt [i'rʌpt] **I** *v.i* **1** erompere, uscire con impeto. **2** ⟨*Geol*⟩ (*of a volcano, etc.*) essere in eruzione. **3** ⟨*fi* erompere, esplodere, scoppiare. **4** (*of teeth*) spuntare; (*spots, etc.*) comparire. **II** *v.t.* eruttare (*anche Geo* **eruption** [–pʃən] *s.* **1** l'erompere. **2** ⟨*Geol*⟩ eruzione (*erupted matter*) materiale *m* eruttato. **3** ⟨*fig*⟩ scoppio esplosione *f.* **4** ⟨*Med*⟩ eruzione *f*; (*exanthema*) esanten *m.* **eruptive** [–iv] *a.* **1** erompente. **2** ⟨*Geol,Me* eruttivo.

erysipelas [,eri'sipiləs] *s.* ⟨*Med*⟩ erisipela *f.*

erythema [,eri'θi:mə] *s.* ⟨*Med*⟩ eritema *m.*

Esau ['i:sɔ:] *N.pr.* ⟨*Bibl*⟩ Esaù *m.*

escalade [,eskə'leid] **I** *s.* ⟨*Mil.ant*⟩ scalata *f* (a u fortezza). **II** *v.t.* scalare, dare la scalata a.

escalate ['eskəleit] *v.t.* ⟨*Pol*⟩ intensificare: *to ~ a w* intensificare una guerra. **,escalation** [–'leiʃən] *s.* ⟨*M* intensificazione *f*, escalation *f* (*anche fig.*).

escalator ['eskəleitə] *s.* **1** scala *f* mobile. **2** ⟨*am*⟩ (*escala clause*) clausola *f* di scala mobile.

escalator clause *s.* ⟨*Econ*⟩ clausola *f* di scala mobile.

escal(l)op [es'kɔləp] *s.* **1** ⟨*Zool*⟩ pettine *m.* **2** ⟨*Aral* conchiglia *f* di san Michele.

escapade [,eskə'peid, 'eskəpeid] *s.* **1** (*wild pran* scappatella *f.* **2** (*escape from restraint*) scappata *f.* **3** ⟨*ra* (*escape*) evasione *f*, fuga *f.*

escape [is'keip] **I** *v.t.* **1** sfuggire a, sottrarsi a: *to ~ on* *pursuers* sfuggire agli inseguitori. **2** (*to evade, elua* scampare a, sfuggire a, scansare, schivare, evitare: *to punishment* sfuggire alla punizione. **3** ⟨*fig*⟩ (*to unnoticed by*) sfuggire a, passare inosservato a: *his rep* *–d me* la sua risposta mi sfuggì. **4** ⟨*fig*⟩ (*to be uttered b* sfuggire a (*o* da), uscire inavvertitamente a (*o* da): *a c* *–d him* gli sfuggì un grido. **II** *v.i.* **1** scappare, fuggi evadere: *to ~ from prison* fuggire di prigione. **2** (*to avo an evil*) scamparla, cavarsela, salvarsi: *all but the pilot* si sono salvati tutti meno il pilota. **3** (*of liquids, et* fuoriuscire, sgorgare, traboccare. **4** ⟨*Fis,Astron*⟩ acquista la velocità di fuga. **III** *s.* **1** lo scappare, il fuggi l'evadere. **2** (*state, fact*) fuga *f*, evasione *f.* **3** ⟨*fi* evasione *f*: *~ from everyday life* evasione dalla v quotidiana. **4** (*of water, gas, etc.*) fuga *f*, fuoriuscita perdita *f.* **IV** *a.* **1** d'evasione (*anche fig.*). **2** ⟨*Dir,Comr* relativo alla possibilità di evadere una norma giuridica un accordo). □ *to make one's ~* evadere; *to have narrow ~* scamparla per miracolo (*o* un pelo); *it had my notice* era sfuggito alla mia attenzione, mi e sfuggito.

escape| chamber *s.* ⟨*Mar*⟩ (*of a submarine*) garitta *f* camera) di salvataggio. **~ clause** *s.* ⟨*Dir*⟩ clausola scappatoia *f.*

escapee [,eskə'pi:] *s.* **1** fuggiasco *m.* **2** (*escaped prison* evaso *m.*

escape| gas *s.* gas *m* di scappamento. **~ mechanism** ⟨*Psic*⟩ meccanismo *m* di difesa.

escapement [is'keipmənt] *s.* ⟨*Orol*⟩ scappamento *m.*

escape| pipe *s.* tubo *m* di scappamento. **~ valve** valvola *f* di sicurezza (*o* scarico). **~ velocity** ⟨*Fis,Astron*⟩ velocità *f* di fuga.

escapism [is'keipizəm] *s.* **1** ⟨*Psic*⟩ escapismo *m.* evasione *f* dalla realtà. **escapist** [–pist] **I** *a.* d'evasion **II** *s.* chi cerca di evadere dalla realtà.

escarp [es'ka:p] **I** *s.* scarpata *f* (*anche Mil.ant*). **II** dare una forte pendenza a, rendere erto. **escarpme** [–mənt] *s.* scarpata *f.*

eschatological [,eskətə'lɔdʒikəl] *a.* escatologic **eschatology** [–'tɔlədʒi] *s.* ⟨*Teol*⟩ escatologia *f.*

escheat [es'tʃi:t] **I** *s.* ⟨*Dir*⟩ **1** devoluzione *f* di eredità a stato (per mancanza di eredi). **2** (*property*) proprietà *f* devoluta (allo stato). **II** *v.i.* passare allo stato.

chew [is'tʃu:] *v.t.* evitare, rifuggire (*o* astenersi) da: *to ~ violence* rifuggire dalla violenza. **eschewal** [-əl] *s.* astensione *f.*

cort ['eskɔ:t] **I** *s.* **1** scorta *f*, accompagnamento *m.* **2** (*person*) accompagnatore *m* (*f* –trice); (*of a woman*) cavaliere *m.* **3** (*armed guard*) scorta *f.* **4** ⟨*Mil*⟩ scorta *f: to sail under* ~ navigare sotto scorta. **II** *v.i.* **1** ⟨*Mil*⟩ scortare. **2** (*to accompany*) accompagnare, scortare: *to ~ a girl home* accompagnare una ragazza a casa.

cort| carrier *s.* ⟨*Mar.mil*⟩ portaerei *f* di scorta. ~ **fighter** *s.* ⟨*Aer.mil*⟩ caccia *m* di scorta. ~ **vessel** *s.* ⟨*Mar.mil*⟩ avviso *m* scorta.

critoire *fr.* [ˌeskri'twa:] *s.* scrivania *f.*

crow [es'krou] *s.* ⟨*Dir*⟩ deposito *m* in garanzia.

culent ['eskjulənt] **I** *a.* commestibile. **II** *s.* commestibili *npl.*

cutcheon [is'kʌtʃən] *s.* **1** ⟨*Arald*⟩ scudo *m*, stemma *m* gentilizio, blasone *m.* **2** → **escutcheon plate. 3** ⟨*Mar*⟩ quadro *m* di poppa. □ (*fig*) *a blot on one's* ~ una macchia sul proprio onore. **escutcheoned** [-d] *a.* blasonato.

cutcheon plate *s.* (*around a keyhole*) bocchetta *f.*

skimauan *a.* → **Eskimoan.**

skimo ['eskimou] **I** *s.* **1** (*person; pl.* -s [z]/*inv.*) eschimese *m/f*, esquimese *m/f.* **2** (*language; pl. inv.*) eschimese *m*, lingua *f* eschimese. **II** *a.* → **Eskimoan.** ˌ**Eski'moan** [-ən] *a.* eschimese, esquimese.

.S.L.A.B. = *European Space Research Laboratory* laboratorio europeo di ricerche spaziali.

ophageal [i:ˌsɔfə'dʒi:əl] *a.* esofageo. **esophagus** –'sɔfəgəs] *s.* (*pl.* -gi [dʒi:]) ⟨*Anat*⟩ esofago *m.*

oteric [ˌeso(u)'terik] *a.* **1** esoterico, riservato a pochi eletti. **2** (*private, secret*) segreto, misterioso, esoterico. **esoterical** [-əl] *a.* → **esoteric. esotericism** [-risizəm] *s.* esoterismo *m* (*anche* Filos.,Rel.).

p. = *especially* specialmente.

pagnolette *fr.* [espaɲɔ'let] *s.* spagnoletta *f.*

palier [es'pæljə] **I** *s.* ⟨*Agr*⟩ **1** intelaiatura *f*, graticciato *m.* **2** (*plant*) pianta *f* che cresce a spalliera. **II** *v.t.* **1** far crescere a spalliera. **2** (*to furnish with an espalier*) provvedere d'intelaiatura.

parto [es'pɑ:tou] *s.* (*pl.* -s [z]) ⟨*Bot*⟩ sparto *m.*

parto grass *s.* → **esparto.**

pec. = *especially* specialmente.

pecial [is'peʃəl] *a.* **1** speciale, particolare; (*exceptional*) eccezionale. **2** (*close*) intimo, caro: *an ~ friend* un amico intimo. **3** (*particular*) particolare: *for your ~ benefit* per un particolare vantaggio.

sperantist [ˌespə'ræntist] *s.* ⟨*Ling*⟩ esperantista *m/f.* **Esperanto** [-tou] *s.* esperanto *m.*

pial [es'paiəl] *s.* ⟨*lett*⟩ **1** (*spying*) lo spiare. **2** (*espying*) lo scoprire. **espionage** ['espiənidʒ, –nɑ:ʒ] *s.* spionaggio *m.*

planade [ˌesplə'neid] *s.* **1** spianata *f*, spiazzo *m*, spiano *m*; (*by the sea*) lungomare *m.* **2** ⟨*Mil.ant*⟩ spianata *f.*

pousal [is'pauzəl] *s.* ⟨*lett*⟩ **1** (*betrothal*) promessa *f* di matrimonio; (*marriage*) matrimonio *m.* **2** *pl.* (*marriage ceremony*) sposalizio *m*, nozze *fpl.* **3** ⟨*fig*⟩ (*of a cause, etc.*) il fare proprio, lo sposare. **espouse** [is'pauz] *v.t.* **1** posare; (*to give in marriage*) sposare, dare in matrimonio. **2** ⟨*fig*⟩ sposare, abbracciare, aderire a: *to ~ a cause* sposare una causa.

presso *it.* [es'presou] *s.* (*pl.* -s [z]) **1** espresso *m*, caffè *m* spresso. **2** (*device*) macchina *f* (per caffè) espresso.

presso| bar *s.* bar *m* dove si beve il caffè espresso. ~ **coffee** *s.* espresso *m*, caffè *m* espresso.

prit *fr.* ['espri:, *am.* e'spri] *s.* spirito *m*, brio *m*, arguzia *f.*

py [is'pai] *v.t.* scorgere, intravedere; (*to see and recognize*) scoprire.

sq. = ⟨*epist*⟩ *Esquire* egregio signor (*abbr.* Egr. Sig.).

squiline ['eskwilain] *N.pr.* ⟨*Stor.rom*⟩ Esquilino *m.*

quire [is'kwaiə] *s.* **1** ⟨*Mediev*⟩ scudiero *m.* **2** (*of the English gentry*) nobile *m* di campagna. **Esquire** *s.* (general. nella forma abbreviata *Esq.*) ⟨*epist*⟩ egregio signor: *John*

Smith Esquire egregio signor John Smith.

ESRO = *European Space Research Organization* Organizzazione europea di ricerche spaziali.

ess [es] *s.* **1** esse *f*, lettera *f* esse. **2** (*s.th. shaped like an S*) oggetto *m* a forma di esse.

essay **I** *s.* ['esei] **1** ⟨*Lett*⟩ saggio *m.* **2** ⟨*scol*⟩ componimento *m*, tema *m.* **3** (*attempt*) tentativo *m*, prova *f*; (*effort*) sforzo *m.* **4** (*trial, test*) saggio *m*, prova *f*, esperimento *m.* **5** ⟨*Filat*⟩ prova *f* di stampa. **II** *v.t.* [e'sei] **1** tentare, provare. **2** (*to make an attempt to do, perform, etc.*) cimentarsi in. **'essayist** [–ist] *s.* ⟨*Lett*⟩ saggista *m/f.*

essence ['esəns] *s.* **1** essenza *f*, sostanza *f*, intima natura *f.* **2** ⟨*Filos*⟩ essenza *f.* **3** (*concentrated extract*) estratto *m.* **4** (*alcoholic solution, scent*) essenza *f.* **5** → **essential oil.** □ *in* ~ essenzialmente, fondamentalmente; (*at bottom*) in sostanza, in fondo; *of the* ~ essenziale, indispensabile.

essential [i'senʃəl] **I** *a.* **1** essenziale, indispensabile. **2** (*of the essence of s.th.*) essenziale, sostanziale. **3** (*basic*) fondamentale, basilare. **4** ⟨*Chim,Filos*⟩ essenziale. **II** *s.* **1** (*spesso al pl.*) elemento *m* essenziale. **2** (*s.th. indispensable*) cosa *f* indispensabile (*o* essenziale). □ *air is an* ~ *to life* l'aria è indispensabile alla vita.

essential| foodstuffs *s.pl.* generi *mpl* alimentari di prima necessità. ~ **goods** *s.pl.* ⟨*Econ*⟩ beni *mpl* essenziali.

essentiality [iˌsenʃi'æliti] *s.* **1** essenzialità *f.* **2** (*essential feature, etc.*) elemento *m* (*o* aspetto) essenziale.

'essential 'oil *s.* ⟨*Chim*⟩ olio *m* essenziale, essenza *f.*

est. = **1** *established* istituito. **2** *estate* tenuta. **3** *estimated* valutato.

establish [is'tæbliʃ] *v.t.* **1** fondare, istituire: *to ~ a school* fondare una scuola. **2** (*to set up, institute*) istituire, instaurare, costituire: *to ~ a republic* instaurare una repubblica. **3** (*to settle*) stabilire, installare: *to ~ o.s. in a new home* stabilirsi in una nuova casa. **4** (*to cause to be accepted, recognized*) far riconoscere, rendere accetto; (*to prove the truth of*) dimostrare, provare: *to ~ a theory* dimostrare una teoria. **5** (*to fix*) fissare, stabilire, determinare. **6** (*to appoint*) nominare. **7** (*of a church*) istituire come religione di stato. □ *to ~ o.s. in business* mettersi negli affari; *to ~ a credit* aprire un credito; *to ~ one's reputation* consolidare la propria fama.

established [is'tæbliʃd] *a.* **1** istituito, instaurato. **2** (*firmly based, settled*) radicato. **3** (*beyond question*) indubitabile, certo: ~ *fact* realtà indubitabile. **4** (*of a church*) ufficiale, nazionale. **5** (*of a post in the civil service*) di ruolo. □ *his honesty is well* ~ la sua onestà è ben nota.

'established| 'church *s.* religione *f* di stato. ~ **Church** *s.* ⟨*GB*⟩ chiesa *f* nazionale inglese (*o* anglicana). ~ **institutions** *s.pl.* poteri *mpl* costituiti. ~ **order** *s.* ordine *m* costituito.

establishment [is'tæbliʃmənt] *s.* **1** istituzione *f*, instaurazione *f*, costituzione *f: the ~ of law and order* l'instaurazione della legge e dell'ordine; (*founding*) fondazione *f*, istituzione *f.* **2** (*household*) famiglia e servitù *f.* **3** (*place of business and employees, etc.*) stabilimento *m*, azienda *f*, fabbrica *f.* **4** (*military, civil force*) personale *m* effettivo, effettivi *mpl.* **5** (*institution*) istituto *m*, fondazione *f: an educational* ~ un istituto d'istruzione. **Establishment** *s.* **1** → **Established Church. 2** ⟨*fam*⟩ (*ruling class*) classe *f* (*o* gruppo *m*) dirigente, dirigenza *f.* □ ~ *of identity* accertamento *m* di identità; *to be on the* ~ essere in organico, far parte del personale. **es,tablishmentarian** [-'tɛ:riən] **I** *a.* di una religione di stato. **II** *s.* sostenitore *m* (*f* –trice) di una religione di stato.

estafette [ˌestə'fet] *s.* staffetta *f*, portaordini *m.*

estate [is'teit] *s.* **1** proprietà *f*, tenuta *f*, possedimento *m.* **2** ⟨*Dir*⟩ proprietà *fpl*, sostanze *fpl*, beni *mpl*; (*aggregate of property*) asse *m* patrimoniale, patrimonio *m: the dead man's* ~ il patrimonio del defunto. **3** (*condition*) stato *m*, condizione *f.* **4** (*social rank*) classe *f* sociale, ceto *m*, rango *m.* **5** (*political, social class*) stato *m*, ceto *m.* **6** (*housing estate*) complesso *m* residenziale. **7** ⟨*Comm*⟩ situazione *f* contabile. □ *to attain to man's* ~ raggiungere l'età virile; ⟨*GB*⟩ *the Three Estates of the Realm* i tre poteri del regno.

estate| agency s. agenzia f immobiliare. ~ **agent** s. 1 agente m immobiliare. 2 (*manager of an estate*) fattore m.

esteem [is'ti:m] I v.t. 1 stimare, apprezzare: *he is -ed by all* è stimato da tutti. 2 (*to consider*) reputare, considerare, stimare, ritenere: *I ~ it an honour to be nominated* considero un onore l'essere eletto. 3 (*to think*) pensare, credere. II s. stima f, considerazione f, apprezzamento m: *to hold s.o. in high ~* avere in grande considerazione qd. □ ⟨Comm⟩ *your -ed letter* la vostra pregiata lettera.

ester ['estə] s. ⟨Chim⟩ estere m. **esterase** [-reis] s. ⟨Biol⟩ esterasi f. **esterification** [-rifi'keiʃən] s. ⟨Chim⟩ esterificazione f. **esterify** [-rifai] I v.t. esterificare. II v.i. trasformarsi in estere.

Esther ['estə] N.pr. Ester f.

esthete, esthetic, esthetical am. e der. → **aesthete, aesthetic(al)** e der.

Esthonia [es'touniə] N.pr. ⟨Geog⟩ Estonia f. **Esthonian** [-n] I a. estone. II s. 1 estone m/f. 2 (*language*) estone m.

estimable ['estiməbl] a. 1 stimabile, degno di stima. 2 (*capable of being estimated*) valutabile, calcolabile.

estimate I v.t. ['estimeit] 1 calcolare, valutare: *to ~ the value of s.th. at ten pounds* valutare qc. dieci sterline; (*to calculate the value of*) stimare, valutare, fare la stima di: *to ~ a work of art* stimare un'opera d'arte. 2 (*of a job*) preventivare, fare il preventivo di. II v.i. fare un preventivo: *to ~ for a job* fare il preventivo per un lavoro. III s. ['estimit] 1 stima f, valutazione f. 2 (*judgement*) giudizio m; (*opinion*) opinione f, idea f: *to form an ~ of s.o.'s abilities* farsi un'idea delle capacità di qd. 3 ⟨Comm⟩ preventivo m: *to make an ~* fare un preventivo. 4 pl. ⟨Parl⟩ bilancio m preventivo dello stato. □ ~ *of costs* calcolo preventivo dei costi; ⟨Assic⟩ *to ~ the damages* periziare i danni; *-d expenditure* spesa preventivata.

estimation [ˌesti'meiʃən] s. 1 giudízio m, parere m, avviso m: *in my ~* a mio avviso. 2 (*esteem*) stima f, considerazione f: *to hold s.o. in high ~* tenere qd. in grande considerazione. 3 (*calculation*) stima f, valutazione f, calcolo m; (*estimate*) preventivo m. **'estimative** [-meitiv] a. 1 capace di giudicare. 2 (*estimated*) stimato, valutato. **'estimator** [-meitə] s. 1 estimatore m (f -trice). 2 ⟨Comm,Ind⟩ stimatore m (f -trice), preventivista m/f.

estival, estivate am. e der. → **aestival, aestivate** e der.

Estonia N.pr. → **Esthonia. Estonian** a./s. → **Esthonian.**

estop [is'tɔp, es-] v.t. ⟨Dir⟩ precludere. **estoppel** [-əl] s. preclusione f.

estovers [es'touvə:z] s.pl. ⟨Dir⟩ 1 legnatico m. 2 (*alimony*) alimenti mpl.

estrade [es'tra:d] s. predella f, piattaforma f, palco m.

estrange [is'treindʒ] v.t. estraniare, allontanare, alienare. **estrangement** [-mənt] s. alienazione f, allontanamento m.

estreat [is'tri:t] I s. ⟨Dir⟩ (*of an original writing: extract*) estratto m; (*true copy*) copia f autentica. II v.t. fare un estratto di.

estrogen am. ['estrədʒən] s. estrogeno m.

estuarial [ˌestju'e:riəl], **'estuarine** [-juərin] a. di estuario. **estuary** ['estjuəri] s. ⟨Geog⟩ estuario m.

esurience [i'sjuriəns], **esuriency** [-i] s. avidità f, voracità f. **esurient** [-nt] a. avido, vorace, famelico.

etacism ['i:təsizəm] s. ⟨Ling⟩ etacismo m.

et al = 1 *et alibi* e altrove. 2 *et alii* e altri. 3 *et alia* e altre cose.

etc. = *et cetera* eccetera (*abbr.* ecc.).

et cetera lat. [et'setərə] I avv. eccetera. II s. 1 sfilza f, sequela f. 2 pl. (*sundries*) cose fpl varie, oggetti mpl disparati.

etch [etʃ] I v.t. 1 incidere all'acquaforte: *to ~ a plate* incidere una lastra all'acquaforte. 2 (*to produce by etching*) riprodurre all'acquaforte: *to ~ a picture* riprodurre un disegno all'acquaforte. 3 ⟨fig⟩ (*to fix permanently*) imprimere: *the scene is -ed in my memory* la scena è impressa nella mia mente. 4 ⟨fig⟩ (*to delineate*)

delineare. II v.i. incidere (*o* eseguire incisior all'acquaforte. **'etcher** [-ə] s. acquafortista m/f, inciso m all'acquaforte. **'etching** [-iŋ] s. 1 (*art*) acquaforte f. (*design*) acquaforte f, incisione f, incisione f all'acquaforte; (*pla* lastra f incisa all'acquaforte.

etching| ground s. ⟨Tip⟩ vernice f all'asfalto. ~ **need** s. ⟨tecn⟩ bulino m, punta f per incidere.

eternal [i'tə:nl] a. 1 eterno, senza fine: ~ *love* amc eterno. 2 (*ceaseless*) incessante, continuo. (*never-ending*) eterno, interminabile. **Eternal** s. Eterno Dio m.

Eternal City s. città f eterna, Roma f.

eternalize [i'tə:nəlaiz] v. → **eternize. eternity** [-niti] s. eternità f (*anche fig.*). 2 pl. verità fpl eterne. **eterni** [-naiz] v.t. 1 eternare, rendere eterno. 2 (*to immortaliz* immortalare, eternare.

etesian [i'ti:ʒən] I a. ⟨Meteor⟩ (*of winds*) etesio. II (general. al pl.) etesii mpl, venti mpl etesii.

ethane ['eθein] s. ⟨Chim⟩ etano m.

ether ['i:θə] I s. 1 ⟨Chim⟩ etere m. 2 ⟨Fis⟩ etere (cosmico). 3 ⟨poet⟩ (*upper sky, heavens*) etere m, cielo (*air*) aria f.

ethereal [i'θiəriəl] a. 1 etereo, immateriale. 2 (*delica* etereo, delicato, evanescente. 3 (*heavenly*) etereo, celes 4 ⟨Chim⟩ etereo. **e,thereality** [-ri'æliti] s. l'essere eter (*o* immateriale). **e,therealization** [-ai'zeiʃən] s. 1 rendere etereo. 2 (*spiritualization*) spiritualizzazione **etherealize** [-aiz] v.t. 1 rendere etereo. 2 *spiritualize*) spiritualizzare. **etherify** [-rifai] eterificare.

etherization [ˌi:θərai'zeiʃən] s. ⟨Med⟩ eterizzazione narcosi f eterea. **'etherize** [-raiz] v.t. eterizza **etheromania** [-ro(u)'meiniə] s. eteromania f.

ethic ['eθik] I s. 1 etica f, morale f. 2 pl. → **ethics.** II → **ethical. ethical** [-əl] a. 1 etico, morale. 2 ⟨Gram etico: ~ *dative* dativo etico. 3 ⟨Farm⟩ (*of a drug*) eti **ethicize** ['eθisaiz] v.t. rendere etico, moralizzare. **ethi** [-s] s.pl. 1 (*moral system;* costr. sing. o pl.) morale f, eti f. 2 ⟨Filos⟩ (costr. sing.) etica f, filosofia f morale.

Ethiopia [ˌi:θi'oupiə] N.pr. ⟨Geog⟩ Etiopia f. **Ethiopi** [-n] I a. etiopico, etiope. II s. etiope m/f, etiopico m -a). **Ethiopic** [-'ɔpik] I a. → **Ethiopian.** II s. (*langua* etiopico m.

ethmoid ['eθmɔid] I a. ⟨Anat⟩ etmoideo, etmoidale. II (*ethmoid bone*) etmoide m.

ethnic ['eθnik], **ethnical** [-əl] a. 1 etnico (*anche Ling.*) (*non-Christian*) etnico, pagano.

ethnic group s. ⟨Sociol⟩ gruppo m etnico, etnia f.

ethnocentrism [ˌeθno(u)'sentrizəm] s. ⟨Sociol⟩ etnoc trismo m.

ethnographer [eθ'nɔgrəfə] s. etnografo m (f -a). **ethn graphic** [-nə'græfik], **ethnographical** [-nə'græfik a. etnografico. **ethnography** [-fi] s. etnografia f.

ethnologic [ˌeθnə'lɔdʒik], **ethnological** [-əl] a. etn logico. **ethnologist** [-'nɔlədʒist] s. etnologo m (f - **ethnology** [-'nɔlədʒi] s. etnologia f.

ethological [ˌeθə'lɔdʒikəl] a. ⟨Psic, Biol⟩ etologi **ethologist** [i'θɔlədʒist] s. etologo m. **ethology** [i'θɔlɔc s. etologia f.

ethos ['i:θɔs] s. 1 ⟨Sociol⟩ ethos m, costume m, moralit 2 ⟨Lett⟩ senso m morale, componente f etica.

ethyl ['eθil] s. 1 ⟨Chim⟩ etile m. 2 ⟨Mot⟩ antidetona m.

ethyl| acetate s. ⟨Chim⟩ etilacetato m. ~ **alcohol** alcol m etilico.

ethylene ['eθili:n] s. ⟨Chim⟩ etilene m.

ethylic [i'θilik] a. ⟨Chim⟩ etilico.

etiolate ['i:tiəleit] v.t. 1 ⟨Bot⟩ far scolorire tenendo buio. 2 ⟨Med⟩ sbiancare, far impallidire. 3 ⟨ svigorire, infiacchire, indebolire. **etiolation** [-'leiʃən ⟨Bot⟩ eziolamento m, scolorimento m.

etiological, etiologist am. e der. → **aetiologi aetiologist** e der.

etiquette ['etiket] s. 1 etichetta f, galateo m. 2 (*o profession*) etica f professionale. 3 (*ceremonial usa* etichetta f, protocollo m, cerimoniale m.

etna ['etnə] s. tipo di fornello a spirito.

Eton| coat s. → **Eton jacket.** ~ **collar** s. ampio colletto m inamidato. ~ **crop** s. taglio m (di capelli) alla maschietta.

Etonian [i:'tounian] **I** a. di Eton. **II** s. studente m di Eton; (former student) ex studente m di Eton.

Eton jacket s. ⟨Vest⟩ giacchetta f nera a vita.

Etruria [i'truria] N.pr. ⟨Geog⟩ Etruria f. **Etrurian** [–n], **Etruscan** [–'trʌskən] **I** a. etrusco. **II** s. **1** etrusco m (f –a). **2** (language) etrusco m.

et seq. = et sequens e seguente (abbr. e seg.).

et seqq. = et sequentes, et sequentia e seguenti (abbr. e segg.).

etymologic [ˌetiməˈlɔdʒik], **etymological** [–əl] a. etimologico. **etymologist** [–'mɔlədʒist] s. etimologista m/f. **etymologize** [–'mɔlədʒaiz] **I** v.t. etimologizzare. **II** v.i. occuparsi d'etimologia. **etymology** [–'mɔlədʒi] s. etimologia f.

etymon ['etimɔn] s. (pl. -s [z]/-ma [mə]) ⟨Ling⟩ etimo m.

EUA = European unit of account unità di conto europea (abbr. UCE).

eubiotics [jubai'ɔtiks] s.pl. (costr. sing.) eubiotica f.

Euboea [ju:'biə] N.pr. ⟨Geog⟩ Eubea f.

eucalyptus [ju:kə'liptəs] s. (pl. -es [iz]/-ti [tai]) ⟨Bot⟩ eucalipto m.

eucalyptus oil s. ⟨Chim⟩ olio m d'eucalipto.

Eucharist ['ju:kərist] s. ⟨Rel⟩ eucarestia f, eucaristia f. **Eucha'ristic** [–ik], **Eucha'ristical** [–ikəl] a. eucaristico.

euchre ['ju:kə] **I** s. gioco di carte. **II** v.t. **1** (in a hand of euchre) vincere, battere. **2** (am.sl) (to outwit; general. con out) raggirare.

Euclid ['ju:klid] **I** N.pr. ⟨Stor.gr⟩ Euclide m. **II** s. (Euclidean geometry) geometria f euclidea. **Eu'clidean, Eu'clidian** [–iən] a. euclideo, di Euclide.

eud(a)emonism [ju:'di:mənizəm] s. ⟨Filos⟩ eudemonismo m.

eudiometer [ju:di'ɔmitə] s. ⟨Fis⟩ eudiometro m. **eudiometric** [–diə'metrik], **eudiometrical** [–diə'metrikəl] a. eudiometrico. **eudiometry** [–mitri] s. eudiometria f.

Eugene ['ju:dʒi:n] N.pr. Eugenio m.

eugenic [ju:'dʒenik], **eugenical** [–əl] a. eugenico, eugenetico. **eugenicist** [–nisist] s. eugenista m/f. **eugenics** [–s] s.pl. (costr. sing.) eugenica f, eugenetica f. **'eugenist** [–dʒənist] s. → **eugenicist.**

eulogist ['ju:lədʒist] s. elogiatore m (f –trice), panegirista m/f. **ˌeulo'gistic** [–ik], **ˌeulo'gistical** [–ikəl] a. elogiativo, encomiastico, laudativo. **eulogize** [–dʒaiz] v.t. elogiare, encomiare. **eulogy** [–dʒi] s. **1** elogio m, panegirico m. **2** (funeral oration) elogio m funebre. **3** (high praise) elogio m, encomio m, lode f.

Eumenides [ju:'menidi:z] N.pr.pl. ⟨Mitol⟩ Eumenidi fpl, Erinni fpl.

eunuch ['ju:nək] s. eunuco m.

euonymus [ju:'ɔniməs] s. ⟨Bot⟩ evonimo m.

eupepsia [ju:'pepsiə], **eupepsy** [–si] s. ⟨Med⟩ eupepsia f. **eupeptic** [–ptik] a. **1** eupeptico, digestivo. **2** (easy to digest) di facile digestione.

euphemism ['ju:fəmizəm] s. eufemismo m. **ˌeuphemistic** [–'mistik], **ˌeuphemistical** [–'mistikəl] a. eufemistico, eufemico. **ˌeuphemistically** [–'mistikəli] avv. eufemisticamente, per eufemismo. **euphemize** [–maiz] **I** v.t. esprimere mediante eufemismi. **II** v.i. usare (o ricorrere a) eufemismi.

euphonic [ju:'fɔnik], **euphonical** [–əl], **euphonious** [–'founiəs] a. ⟨Fon⟩ eufonico. **euphonium** [–'founiəm] s. ⟨Mus⟩ eufonio m. **'euphonize** [–fənaiz] v.t. rendere eufonico. **'euphony** [–fəni] s. eufonia f.

euphorbia [ju:'fɔ:biə] s. ⟨Bot⟩ euforbia f. **euphorbium** [–m] s. ⟨Farm⟩ euforbio m.

euphoria [ju:'fɔ:riə] s. euforia f (anche Psic.). **euphoric** [–'fɔrik] a. euforico. □ ⟨Farm⟩ ~ agent euforizzante m. **'euphory** [–fəri] s. → **euphoria.**

Euphrates [ju:'freiti:z] N.pr. ⟨Geog⟩ Eufrate m.

euphuism ['ju:fju:izəm] s. ⟨Lett⟩ **1** eufuismo m. **2** (ornate, highflown style) stile m ridondante (o ampolloso); (instance) eufuismo m. **euphuist** [–ist] s. scrittore m

eufuistico. **ˌeuphuistic** [–'istik], **euphuistical** [–'istikəl] a. eufuistico.

Eur. = **1** Europe Europa. **2** European Europeo.

Eurasia [juə'reiʒə] N.pr. ⟨Geog⟩ Eurasia f. **Eurasian** [–n] **I** a. **1** eurasiatico. **2** (of a person) eurasiano. **II** s. eurasiano m (f –a).

EURATOM [juə'rætəm] = European Atomic Energy Community Comunità europea dell'energia atomica.

eurhythmic [ju:'riðmik], **eurhythmical** [–əl] a. euritmico, armonioso. **eurhythmics** [–s] s.pl. (costr. sing. o pl.) studio m (o arte f) del movimento ritmico. **eurhythmy** [–mi] s. euritmia f.

Eurobank [juəro'bæŋk] s. eurobanca f.

Eurobond [juəro'bɔnd] s. ⟨Econ⟩ euroobbligazione f.

eurocheque, Eurocheque [juəro'tʃek] s. euroassegno m, eurochèque m.

Eurocommunism ['juəro'kɔmjuniz(ə)m] s. ⟨Pol⟩ eurocomunismo m. **Eurocommunist** [–'kɔmjunist] s. eurocomunista m/f.

Eurocracy [juəro'kræsi] s. eurocrazia f. **Eurocrat** [–kræt] s. eurocrate m.

Euro|credit s. ⟨Econ⟩ eurocredito m. ~**currency** s. eurovaluta f. ~**dollars** s.pl. ⟨Econ⟩ eurodollari mpl. ~**elections** s.pl. elezioni fpl europee. ~**group** s. ⟨Pol⟩ eurogruppo m. ~**market** s. euromercato m. ~**missile** s. ⟨Mil⟩ euromissile m. ~**money** s. ⟨Econ⟩ euromoneta f.

Europa [juə'roupə] N.pr. ⟨Mitol,Astr⟩ Europa f.

Euro|parliament s. parlamento m europeo. ~**passport** s. passaporto m europeo, europassaporto m.

Europe ['juərəp] N.pr. **1** ⟨Geog⟩ Europa f. **2** ⟨Mitol, Astr⟩ → **Europa.**

European [juərə'pi:ən] **I** a. europeo. **II** s. europeo m (f –a). □ ~ Atomic Energy Community Comunità europea dell'energia atomica; ~ Coal and Steel Community Comunità europea del carbone e dell'acciaio; ~ Parliament Parlamento Europeo, europarlamento m; ~ Political Community Comunità politica europea; ~ Recovery Program(me) Piano m di ricostruzione europea.

European| Community s. Comunità f Europea. ~ **currency unit** s. ⟨Econ⟩ ecu m, scudo m. ~ **Defence Community** s. Comunità f europea di difesa. ~ **development fund** s. fondo m di sviluppo europeo. ~ **Economic Community** s. Comunità f economica europea. ~ **Free Trade Association** s. Associazione f europea di libero scambio.

Europeanism [juərə'pi:ənizəm] s. **1** usi e costumi mpl europei. **2** (European trait) caratteristica f europea. **3** ⟨Pol⟩ europeismo m. **Europeanize** [–naiz] v.t. europeizzare.

European| law s. diritto m europeo. ~ **monetary Agreement** s. Accordo m monetario europeo. ~ **monetary fund** s. fondo m monetario europeo. ~ **monetary system** s. sistema m monetario europeo. ~ **rocket** s. razzo m europeo. ~ **snake** s. serpente m europeo. ~ **social fund** s. fondo m sociale europeo. ~ **studies** s.pl. ⟨Univ⟩ studi mpl europei. ~ **unit of account** s. unità f di conto europea.

europium [ju'roupiəm] s. ⟨Chim⟩ europio m.

Europoll [juəro(u)'poul] s. elezioni fpl europee.

Eurovision ['juərəviʒən] s. ⟨TV⟩ eurovisione f.

Eurus ['juərəs] N.pr. ⟨Mitol⟩ Euro m.

Eurydice [ju'ridisi] N.pr. ⟨Mitol⟩ Euridice f.

eurythmic, eurythmics e der. → **eurhythmic, eurhythmics** e der.

Eustachian tube [ju:'steiʃiən] s. ⟨Anat⟩ tromba f d'Eustachio.

eutectic [ju:'tektik] **I** a. ⟨Fis,Chim⟩ eutettico. **II** s. eutettico m.

Euterpe [ju:'tə:pi] N.pr. ⟨Mitol⟩ Euterpe f.

euthanasia [ju:θə'naiziə] s. eutanasia f.

euthenics [ju:'θeniks] s.pl. (costr. sing.) eutenica f.

eutrophicating [ju:trɔfi'keitiŋ] a. eutrofizzante: ~ agent sostanza m eutrofizzante. **eutrophication** [–ʃən] s. eutrofizzazione f.

ev = ⟨Fis⟩ electronvolt elettronvolt (abbr. eV).

evacuant [i'vækjuənt] **I** a. ⟨Farm⟩ evacuante, purgante, lassativo. **II** s. evacuante m, purgante m, lassativo m.

evacuate [i'vækjueit] *v.t.* **1** far sgomberare (*o* sfollare): *to ~ the inhabitants of a town* far sgomberare gli abitanti di una città; (*of an area*) evacuare, sfollare: *the city was –d* la città fu evacuata. **2** ⟨*Mil*⟩ (*of troops*) evacuare, ritirare; (*of a fort, region*) evacuare, sgomberare, ritirarsi da. **3** ⟨*Fisiol*⟩ evacuare. **e,vacuation** [–'eiʃən] *s.* **1** evacuamento *m*, sfollamento *m*. **2** ⟨*Mil*⟩ evacuazione *f*; (*of troops*) ritiro *m*. **3** ⟨*Fisiol*⟩ evacuazione *f*, defecazione *f*. **evacuative** [–iv] *a.* ⟨*Farm*⟩ evacuativo. **e,vacuee** [–kju'i:] *s.* sfollato *m* (*f* –a).

evadable [i'veidəbl] *a.* che si può eludere (*o* evitare), evitabile.

evade [i'veid] **I** *v.t.* **1** evitare, schivare: *to ~ a blow* schivare un colpo; (*to escape*) sfuggire a. **2** (*to elude*) eludere: *to ~ the law* eludere la legge; (*of taxes*) evadere. **3** (*to shirk*) sottrarsi a, sfuggire, evitare. **II** *v.i.* rifugiarsi nell'evasione, evadere dalla realtà.

evaginate [i'vædʒineit] *v.t.* ⟨*Fisiol*⟩ evaginare. **e,vagination** [–'neiʃən] *s.* evaginazione *f*.

evaluate [i'væljueit] *v.t.* **1** valutare, stimare. **2** ⟨*fig*⟩ (*to appraise*) valutare, stimare, apprezzare: *to ~ a proposal* valutare una proposta. **3** ⟨*Mat*⟩ esprimere numericamente. **e,valuation** [–lju'eiʃən] *s.* **1** valutazione *f*, perizia *f*, stima *f*. **2** ⟨*Mat,fig*⟩ valutazione *f*.

evanesce [,ivə'nes] *v.i.* svanire, sparire. **evanescence** [–əns] *s.* **1** (*process*) sparizione *f*, scomparsa *f*. **2** (*quality*) evanescenza *f*. **evanescent** [–ənt] *a.* **1** evanescente, fugace. **2** ⟨*Mat*⟩ infinitesimale.

evangelic [,i:væn'dʒelik], **evangelical** [–əl] **I** *a.* ⟨*Rel*⟩ evangelico: *Evangelic Church* chiesa evangelica. **II** *s.* evangelico *m* (*f* –a). **evangelicalism** [–əlizəm] *s.* ⟨*Rel*⟩ evangelicalismo *m*.

evangelism [i'vændʒəlizəm] *s.* **1** ⟨*Rel*⟩ predicazione *f* evangelica. **2** → evangelicalism. **evangelist** [–list] *s.* **1** ⟨*Rel*⟩ evangelista *m*. **2** ⟨*Rel.ev*⟩ evangelista *m*, predicatore *m* laico; (*revivalist*) revivalista *m/f*. **Evangelist** *s.* ⟨*Bibl*⟩ evangelista *m*. **e,vangelistic** [–'listik] *a.* **1** della predicazione del vangelo. **2** (*relating to an evangelist*) degli evangelisti. **3** (*evangelical*) evangelico. **4** (*seeking to evangelize*) inteso a evangelizzare. **Evangelistic** *a.* ⟨*Bibl*⟩ dei quattro evangelisti. **e,vangelization** [–lai'zeiʃən] *s.* evangelizzazione *f*. **evangelize** [–laiz] *v.t./i.* evangelizzare. **evangelizer** [–laizə] *s.* evangelizzatore *m* (*f* –trice).

evanish [i'væniʃ] *v.i.* ⟨*poet*⟩ svanire, scomparire, spegnersi.

evaporable [i'væpərəbl] *a.* evaporabile. **evaporate** [–reit] **I** *v.i.* **1** evaporare. **2** (*to give off vapour*) emettere vapore. **3** ⟨*fig*⟩ sfumare, volatilizzarsi, svanire. **II** *v.t.* **1** far evaporare. **2** (*to drive the moisture from*) evaporare. **evaporated milk** [i'væpəreitid] *s.* latte *m* evaporato. **evaporation** [i,væpə'reiʃən] *s.* **1** evaporazione *f*. **2** (*expulsion of moisture*) evaporamento *m*. **3** ⟨*fig*⟩ scomparsa *f*, sparizione *f*. **e'vaporative** [–rətiv] *a.* evaporativo. **e'vaporator** [–reitə] *s.* ⟨*tecn*⟩ evaporatore *m*.

evasion [i'veiʒən] *s.* **1** evasione *f*. **2** (*avoiding, shirking*) il sottrarsi, lo sfuggire: *~ of duty* il sottrarsi (*o* venir meno) al (proprio) dovere; (*of taxes*) evasione *f* (fiscale). **3** (*equivocating*) l'essere evasivo, il giocare sull'equivoco; (*instance*) scusa *f*, pretesto *m*, scappatoia *f*, sotterfugio *m*: *your answers are all –s* le tue risposte sono tutte scuse.

evasive [i'veisiv] *a.* **1** evasivo, elusivo, ambiguo: *an ~ answer* una risposta evasiva. **2** (*not easily caught*) sfuggente, inafferrabile. **evasiveness** [–nis] *s.* l'essere evasivo, elusività *f*, ambiguità *f*.

eve [i:v] *s.* **1** vigilia *f*: *on the ~ of her wedding* alla vigilia delle sue nozze. **2** ⟨*poet*⟩ (*evening*) sera *f*.

Eve *N.pr.* Eva *f* (*anche Bibl.*): *the daughters of ~* le figlie di Eva, le donne.

evection [i'vekʃən] *s.* ⟨*Astr*⟩ evezione *f*.

Evelina [,evi'li:nə], **Eveline**, **Evelyn** ['i:vlin] *N.pr.* Evelina *f*.

even[1] ['i:vən] **I** *a.* **1** uniforme, piano, piatto, pari: *~ ground* terreno piano; (*smooth*) regolare, liscio: *an ~ surface* una superficie regolare. **2** (*on the same plane*) pari, allo stesso livello. **3** (*regular*) regolare, uniforme: *~*

breathing respiro regolare. **4** (*uniform*) uniforme, uguale an *~ colour* un colore uniforme. **5** (*equal*) uguale, par stesso: *~ quantities* quantità uguali. **6** ⟨*fig*⟩ (*calm*) calmo sereno, placido, tranquillo: *to have an ~ temper* avere u carattere sereno. **7** ⟨*fig*⟩ (*fair*) giusto, imparziale, equo. **8** ⟨*fig*⟩ (*quits*) pari, pari e patta. **9** ⟨*Mat*⟩ pari: *odd and ~ numbers* numeri dispari e pari. **10** (*equally balanced*) in equilibrio, pari. **11** (*exact*) esatto, preciso: *an ~ mile* u miglio esatto. **II** *avv.* **1** perfino, persino, anche addirittura: *~ you can understand this* perfino tu puo capirlo; *he smokes continually, ~ in bed* fum continuamente, anche a letto; (*in negatives*) neanche nemmeno, neppure: *he didn't ~ warn me* non mi h nemmeno avvertito. **2** (*with comparatives*) anche, ancora *it's ~ colder today than it was yesterday* oggi fa ancor più freddo di ieri. **3** (*as an intensive*) anzi, proprio: *I ar willing, ~ eager, to help you* sono desideroso, anz ansioso, di aiutarti. **4** ⟨*rar*⟩ (*exactly*) proprio, esattamente *it was ~ so* era proprio così. **III** *v.t.* **1** (*to make smoot or even;* spesso con *out*) pareggiare, appianare, livellare spianare. **2** (*to make balance;* spesso con *out, up* bilanciare, controbilanciare, compensare. **IV** *v.i.* uguagliarsi. **2** (*to balance;* spesso con *out*) bilanciars compensarsi, essere in pareggio. □ *~ as* proprio mentr (*o* quando); ⟨*Econ*⟩ *at ~ a* pareggio; *to be ~ with:* essere allo stesso livello di; **2** ⟨*fig*⟩ essere pari (e patta con; ⟨*fam*⟩ *to break ~* finire alla pari; *to have an ~ chance of winning* avere una buona (*o* discreta probabilità di vincere; *they have ~ chances* hanno ˈl stesseˈ (*o* uguali) probabilità; *an ~ contest* una battagli ad armi pari; ⟨*Comm*⟩ *of ~ date* ˈdi pariˈ (*o* della stessa data; ⟨*fam*⟩ *to get ~ with s.o.* vendicarsi di qd.; *~* anche se; (*in negatives*) nemmeno se: *I shan't help you ~ if you ask me* non ti aiuterò nemmeno se me lo chiedi; *~ now* perfino ora; *the odds are ~* le probabilità sono pari *~ so:* **1** (*nevertheless*) nondimeno, tuttavia; **2** ⟨*rar* (*exactly so*) proprio così; *~ then* già allora; *~ though =* *even if.*

even[2] *s.* ⟨*rar,poet*⟩ (*evening*) sera *f*.

evenfall ['i:vənfɔ:l] *s.* ⟨*lett*⟩ crepuscolo *m*.

'even|-'handed *a.* imparziale, equo. **'~-'handedness** *s* imparzialità *f*.

evening ['i:vniŋ] **I** *s.* **1** sera *f*. **2** (*period from sunset t bedtime*) serata *f*, sera *f*; (*evening's entertainment*) serata *j an ~ at the theatre* una serata a teatro; *a musical ~* un serata musicale; (*reception*) serata *f*, ricevimento *m* (serale), soirée *f*. **3** ⟨*fig*⟩ tramonto *m*, declino *m: the ~ o life* il tramonto della vita. **II** *a.* serale, della sera. □ *in the ~* (*o* –*s*) di sera, la sera; *to make an ~ of it* passar una bella serata; *this ~* questa sera, stasera.

evening| bag *s.* borsetta *f* da sera, trousse *f*. **~ classes** *s.pl.* scuola *f* serale. **~ dress** *s.* **1** → evening gown. **~** (*for man's garment*) abito *m* da sera, marsina *f*, frac *m*. **~ gown** *s.* abito *m* (*o* vestito) da sera, abito lungo. **~ paper** *s.* giornale *m* della sera. **~ primrose** *s.* ⟨*Bot*⟩ enagra *f*. **~ school** *s.* scuola *f* serale. **'~'star** *s.* ⟨*Astr*⟩ Venere *f*, stella della sera.

evenly ['i:vənli] *avv.* **1** uniformemente, regolarmente. **2** (*without raising the voice*) con voce pacata (*o* calma). **3** (*impartially*) imparzialmente, equamente. **4** (*in equa parts*) in parti uguali.

'even|-'minded *a.* imparziale, equanime. **~ money** *s* denaro *m* scommesso alla pari.

evenness ['i:vənnis] *s.* **1** uniformità *f*, regolarità *f* uguaglianza *f*. **2** (*equanimity*) calma *f*, serenità *f*. **3** (*lac of expression*) piattezza *f*, monotonia *f*. **4** ⟨*rar*⟩ (*fairness* equità *f*, imparzialità *f*.

even-numbered *a.* con numeri pari.

evens ['i:vənz] *s.pl.* (costr. sing.) → even money.

evensong ['i:vənsɔŋ] *s.* **1** ⟨*Rel.ev*⟩ preghiera *f* (*o* canto *m* della sera. **2** ⟨*Rel.catt*⟩ vespro *m*.

event [i'vent] *s.* **1** avvenimento *m*, evento *m: an importan ~* un avvenimento importante. **2** (*case*) caso *m* eventualità *f*, evenienza *f*. **3** ⟨*Sport*⟩ gara *f*, prova *j* competizione *f: track and field –s* gare d'atletica leggera. **4** (*outcome*) risultato *m*, esito *m*. □ *in any ~* (*at all events* in ogni caso, qualsiasi cosa accada; *in the natural cours* *of ~s* nel corso naturale degli eventi; *in either* ~ in ambo i casi; *in the* ~ *of* in caso di; *in the* ~ *that* nel caso che (*o* in cui).

ven-'tempered *a.* calmo, sereno, imperturbabile.

ventful [i'ventful] *a.* **1** denso (*o* ricco) di avvenimenti, movimentato: *an* ~ *week* una settimana densa di avvenimenti. **2** (*momentous*) di grande importanza, estremamente importante; (*serious*) grave.

ventide ['i:vəntaid] *s.* ⟨*poet*⟩ sera *f,* ⟨*poet*⟩ vespro *m.*

ventual [i'ventʃuəl] *a.* **1** finale, definitivo, conclusivo: ~ *success* il successo finale. **2** ⟨*rar*⟩ (*depending on events*) eventuale, possibile. **e,ventuality** [-u'æliti] *s.* eventualità *f,* evenienza *f,* caso *m.* **eventually** [-i] *avv.* alla fine, infine, finalmente.

ventuate [i'ventʃueit] *v.i.* **1** andare a finire, risolversi. **2** ⟨*am*⟩ (*to come about*) accadere, succedere.

ver ['evə] *avv.* **1** mai: *have you* ~ *eaten snails?* hai mai mangiato (le) lumache?; *nothing* ~ *happens* non accade mai nulla; (*after comparatives, superlatives*) mai: *harder than* ~ più forte che mai; *the best meal I have* ~ *had* il pasto migliore che io abbia mai fatto. **2** (*after interrogatives, as an intensifier*) mai, ⟨*fam*⟩ diamine, ⟨*fam*⟩ diavolo: *what* ~ *were you thinking of?* a cosa mai stavi pensando? **3** ⟨*rar*⟩ (*always*) sempre. □ ~ *after* da allora (in poi): *and they lived happily* ~ *after* e da allora vissero felici e contenti; ~ *and* **again** di tanto in tanto, di quando in quando; **for** ~ per sempre; *for* ~ *and* ~ (*o a day*) per sempre; *we are the best friends* ~ siamo i migliori amici del mondo; **hardly** (*o scarcely*) ~ quasi mai; **how** ~ *did you manage?* ⟨*fam*⟩ come diavolo hai fatto?; *now, if* ~, *is the time* o ora o mai; ~ *since:* 1 fin da (quando); 2 = *ever* **after;** ⟨*fam*⟩ ~ **so** molto, estremamente; *I like it* ~ *so much* mi piace moltissimo; ⟨*fam*⟩ ~ *so many sweets* talmente tante caramelle; *thank you* ~ *so much* grazie mille; **when** ~? quando mai?; **where** ~ ? dove mai?, dove diavolo?; **why** ~ *not?* (ma) perché no?

:verest ['evərist] *N.pr.* ⟨*Geog*⟩ Everest *m.*

verglade *am.* ['evəgleid] *s.* terreno *m* paludoso.

vergreen ['evəgri:n] **I** *a.* **1** ⟨*Bot*⟩ sempreverde. **2** ⟨*fig*⟩ sempre d'attualità, che non tramonta. **II** *s.* **1** ⟨*Bot*⟩ sempreverde *m/f,* pianta *f* sempreverde. **2** *pl.* (*for decoration*) tralci *mpl* di sempreverde.

ver-increasing *a.* in continuo aumento.

verlasting [,evə'lɑ:stiŋ] **I** *a.* **1** eterno, perpetuo, perenne. **2** (*continual*) continuo, incessante: ~ *complaints* continue lamentele. **3** (*durable*) resistente, durevole, ⟨*fam*⟩ eterno. **II** *s.* **1** eternità *f.* **2** ⟨*Bot*⟩ (*everlasting flower*) semprevivo *m.* **Everlasting** [-] ⟨*Rel*⟩ Eterno *m,* Dio *m.*

everlastingness [-nis] *s.* eternità *f,* immortalità *f.*

vermore [,evə'mɔ:] *a.* sempre, per sempre. □ *for* ~ per sempre.

version [i'və:ʃən] *s.* ⟨*Chir*⟩ rovesciamento *m.* □ ~ *of the eyelid* ectropion *m.* **evert** [i'və:t] *v.t.* rovesciare.

very ['evri] *a.* **1** ogni, ciascuno, tutti: *his* ~ *word* ogni sua parola; ~ *bottle* ciascuna bottiglia. **2** (*with numbers*) ogni: ~ *ten minutes* ogni dieci minuti. **3** (*all possible*) ogni, tutti: *with* ~ *chance of success* con ogni (*o* tutte le) probabilità di successo; (*complete*) ogni, completo, pieno, massimo: *I have* ~ *confidence in you* ho piena fiducia in te. □ ~ **bit** *as* proprio, esattamente: *my car is* ~ *bit as fast as yours* la mia automobile è veloce esattamente quanto la tua; ~ *bit as* **much** altrettanto; ~ **last** *one* tutti, fino all'ultimo; ~ **man** *for himself* ognuno per sé; (*in danger*) *si salvi chi può;* ⟨*fam*⟩ ~ ⌐*man Jack*¬ (*o mother's son*) tutti quanti; ~ ⌐*now and then*¬ (*o once in a while*) di quando in quando, di tanto in tanto; ~ **one** *of them* ciascuno di loro, tutti; ~ **other** *day* un giorno sì e uno no; ~ **so** *often* = *every* **now** *and then;* ~ **time:** 1 sempre; 2 (*whenever*) ogni volta; *in* ~ **way** sotto ogni aspetto, in tutto e per tutto.

:verybody ['evribɔdi] *pron.* ognuno, ciascuno, tutti. □ ~ *else* tutti gli altri; *not* ~ *can do this* non è da tutti, non tutti possono farlo.

:veryday ['evridei] *a.* **1** di tutti i giorni, di ogni giorno, quotidiano: *an* ~ *occurrence* un fatto di tutti i giorni. **2** (*of clothes*) di tutti i giorni. **3** (*ordinary*) ordinario, usuale,

di tutti i giorni.

everyman ['evrimæn] *s.irr.* uomo *m* qualunque (*o* comune).

everyone ['evriwʌn] *pron.* → **everybody.**

everything ['evriθiŋ] *pron.* **1** tutto, ogni cosa: *I told him* ~ *he wanted to know* gli dissi tutto ciò che voleva sapere. **2** (*something important*) tutto: *money is* ~ *to him* il denaro è tutto per lui. □ *to do* ~ *possible* fare tutto il possibile; ~ *else* ogni altra cosa, tutto il resto; *you are my* ~ sei la mia vita, sei tutto per me.

everywhere ['evriwεə] *avv.* in ogni luogo, dappertutto; (*wherever*) dovunque.

evict [i'vikt] *v.t.* ⟨*Dir*⟩ **1** sfrattare, dare lo sfratto a: *to* ~ *a tenant* sfrattare un inquilino. **2** (*of a farmer*) escomiare, dare l'escomio a. **3** (*rar*) espellere, rivendicare in giudizio. **evic'tee** [-i:] *s.* **1** sfrattato *m* (*f* –a). **2** (*farmer*) colono *m* escomiato. **eviction** [-kʃən] *s.* ⟨*Dir*⟩ **1** sfratto *m;* (*of a farmer*) escomio *m.* **2** (*recovery of property*) evizione *f.* **evictor** [-ə] *s.* chi dà lo sfratto (*o* l'escomio).

evidence ['evidəns] **I** *s.* **1** prova *f.* **2** (*indication*) prova *f,* testimonianza *f,* dimostrazione *f: the offer is* ~ *of their desire to co-operate* l'offerta è una prova del loro desiderio di collaborare; (*token*) segno *m,* pegno *m.* **3** ⟨*Dir*⟩ prova *f: the* ~ *is too slight* le prove non sono sufficienti; (*testimony*) testimonianza *f,* deposizione *f: to give* ~ *about s.th.* rendere testimonianza di qc. **4** ⟨*Dir*⟩ (*witness*) testimone *m/f.* **II** *v.t.* **1** mostrare chiaramente, manifestare, dar prova di. **2** (*to support with evidence*) suffragare con delle prove, provare. □ ⟨*Dir*⟩ ~ *for the* **accused** prova *f* a discarico; *in the absence of* ~ *to the* **contrary** fino a prova contraria; *to* **give** (*o bear*) ~ *of* mostrare segni di; *to be* **in** ~ essere in vista (*o* evidenza); *they were nowhere in* ~ non si vedevano da nessuna parte; ~ *of* **indebtedness** titolo *m* di credito, prova *f* di debito; ⟨*Dir*⟩ ~ *for the* **prosecution** prova *f* a carico; *to* **turn** *State's* (*o King's, Queen's*) ~ testimoniare contro i propri complici (dietro promessa d'indulgenza); ~ *of* **witnesses** prova *f* testimoniale (*o* dei testimoni).

evident ['evidənt] *a.* evidente, chiaro, manifesto, ovvio. □ *it is* ~ *that* si vede chiaramente che. **evidential** [-'denʃəl] *a.* probativo. **,evidentiary** [-'denʃəri] *a.* **1** → **evidential. 2** ⟨*Dir*⟩ probatorio.

evil [i:vl] **I** *a.* **1** cattivo, malvagio, perverso, diabolico; (*sinful*) peccaminoso, immorale. **2** (*harmful*) dannoso. **3** (*foul*) cattivo, disgustoso: *an* ~ *smell* un cattivo odore; (*malignant*) maligno, cattivo, malevolo. **4** (*wretched*) sventurato, sciagurato, disgraziato, funesto. **II** *s.* **1** male *m: the problem of good and* ~ il problema del bene e del male; (*wickedness*) malvagità *f;* (*sin*) peccato *m,* male *m.* **2** (*evil thing, act*) male *m,* cattiva azione *f.* **3** (*misfortune*) disgrazia *f,* sventura *f,* male *m.* **4** (*harmful thing*) cosa *f* dannosa, danno *m,* male *m.* **III** *avv.* male, malamente. □ *to* **do** ~ *to s.o.* fare del male a qd.; *to* **fall** *on* ~ *days* cadere in miseria; *the* **forces** (*o powers*) *of* ~ le forze del male; *with* ~ **intentions** a fin di male; *the* ~ **one** il maligno, il diavolo; *to* **return** *good for* ~ rendere bene per male; *to* **speak** ~ *of s.o.* parlar male di qd.; *he has an* ~ **tongue** è una malalingua; *to* **wish** *s.o.* ~ maledire qd. *Prov.: of two* –*s* *choose the lesser* di (*o* tra) due mali, scegli il minore.

,evil'doer *s.* malfattore *m* (*f* –trice), persona *f* malvagia. **,~'doing** *s.* il far del male. ~ **eye** *s.* malocchio *m.* **'~-'minded** *a.* **1** maligno, malvagio. **2** (*dirty-minded*) lascivo, osceno.

evilness ['i:vlnis] *s.* cattiveria *f,* malignità *f,* malvagità *f.*

evince [i'vins] *v.t.* **1** mostrare, manifestare, dimostrare; (*to prove*) provare. **2** (*to denote*) denotare, rivelare: *his works* ~ *his intelligence* le sue opere rivelano la sua intelligenza. **evincible** [-ibl] *a.* dimostrabile, provabile. **evincive** [-iv] *a.* dimostrativo, indicativo.

evirate ['i:vireit] *v.t.* evirare, castrare. **eviration** [,evi'reiʃən] *s.* evirazione *f.*

eviscerate [i'visəreit] *v.t.* **1** sventrare. **2** ⟨*fig*⟩ svuotare del contenuto; (*to weaken*) indebolire. **e,visceration** [-'reiʃən] *s.* **1** sventramento *m.* **2** ⟨*Chir*⟩ eviscerazione *f.*

evocable ['evəkəbl] *a.* che può essere evocato. **evocation**

[ˌevəˈkeiʃən, ˌevou–] *s.* evocazione *f.* **evocative** [iˈvɔkətiv], **evocatory** [iˈvɔkətəri] *a.* **1** ⟨*Art,Lett*⟩ evocativo. **2** ⟨*Occult*⟩ evocatorio, evocativo.

evoke [iˈvouk] *v.t.* **1** evocare, rievocare: *the music –d happy memories* la musica evocava ricordi felici. **2** (*to elicit*) suscitare, provocare. **3** ⟨*Occult,Lett,Art*⟩ evocare.

evolute [ˈivəl(j)uːt, ˈevə] **I** *s.* ⟨*Geom*⟩ evoluta *f.* **II** *a.* ⟨*Bot*⟩ dischiuso.

evolution [ˌivəˈl(j)uːʃən, ˌevə] *s.* **1** ⟨*Biol*⟩ evoluzione *f: the theory of* ~ la teoria dell'evoluzione. **2** (*development*) evoluzione *f,* sviluppo *m: the* ~ *of an idea* l'evoluzione di un'idea. **3** ⟨*fig*⟩ evoluzione *f: the –s of a skater* le evoluzioni di un pattinatore. **4** *pl.* ⟨*Mil*⟩ manovre *fpl.* **5** ⟨*Mat*⟩ estrazione *f* di radice. □ ⟨*Chim*⟩ ~ *of hydrogen* sviluppo *m* di idrogeno. **evolutional** [–əl], **evolutionary** [–əri] *a.* di evoluzione, evolutivo. **evolutionism** [–izəm] *s.* ⟨*Biol*⟩ evoluzionismo *m.* **evolutionist** [–ist] **I** *a.* evoluzionistico. **II** *s.* evoluzionista *m/f.* **ˌevoˌlutionistic** [–ˈistik] *a.* → **evolutionist**.

evolve [iˈvɔlv] **I** *v.t.* **1** elaborare, sviluppare, svolgere: *to* ~ *a plan* elaborare un piano. **2** ⟨*Biol,Mat*⟩ evolvere. **3** (*to emit*) emettere, esalare, sprigionare. **II** *v.i.* evolversi, svilupparsi. **evolvement** [–mənt] *s.* evoluzione *f,* sviluppo *m.* **evolvent** [–ənt] *s.* ⟨*Mat*⟩ evolvente *f.*

evulsion [iˈvʌlʃən] *s.* evulsione *f.*

ewe [juː] *s.* ⟨*Zool*⟩ pecora *f.*

ewe| cheese *s.* ⟨*Alim*⟩ pecorino *m.* ~ **lamb** *s.* **1** ⟨*Zool*⟩ agnella *f.* **2** ⟨*fig*⟩ cosa *f* più cara, tesoro *m.* □ *one's* ~ la pupilla dei propri occhi.

ewer [ˈjuːə] *s.* **1** brocca *f,* caraffa *f.* **2** ⟨*Stor*⟩ acquamanile *m.*

ex¹ [eks] *prep.* **1** ⟨*Econ*⟩ senza. **2** ⟨*Comm*⟩ (fuori) da, franco: *goods delivered* ~ *store* merce consegnata franco magazzino.

ex² *s.* x *f,* lettera *f* x.

ex³ *s.* ⟨*fam*⟩ (*former husband*) ex marito *m,* ⟨*fam*⟩ ex *m;* (*former wife*) ex moglie *f,* ⟨*fam*⟩ ex *f.*

ex. = **1** *examined* esaminato. **2** *exchange* cambio.

exacerbate [igˈzæsəbeit] *v.t.* **1** esacerbare, aggravare, inasprire: *to* ~ *a disease* aggravare una malattia; *to* ~ *a quarrel* inasprire una lite. **2** (*of a person: to irritate*) esacerbare, esasperare, inasprire. **exˌacerbation** [–ˈbeiʃən] *s.* esacerbazione *f,* inasprimento *m.*

exact [igˈzækt] **I** *a.* **1** preciso, minuzioso, rigoroso: ~ *instructions* precise disposizioni. **2** (*precise*) esatto, preciso: *the* ~ *time* l'ora esatta. **3** (*of a person*) rigoroso, severo, rigido. **II** *v.t.* **1** esigere: *to* ~ *payment* esigere il pagamento; (*to insist on*) esigere, pretendere. **2** (*to require*) richiedere, esigere. □ ~ *science* scienza esatta. **exactable** [–əbl] *a.* esigibile. **exacting** [–iŋ] *a.* **1** impegnativo, arduo, gravoso: *an* ~ *task* un compito impegnativo. **2** (*of a person*) esigente, che pretende molto. **exaction** [–kʃən] *s.* **1** esazione *f,* riscossione *f.* **2** (*extortion*) estorsione *f.*

exactitude [igˈzæktitjuːd] *s.* → **exactness. exactly** [–tli] **I** *avv.* **1** esattamente, precisamente, con esattezza (*o* precisione). **2** (*entirely*) esattamente, proprio: *he did* ~ *as I told him* fece esattamente come gli dissi. **II** *intz.* proprio così, esattamente. **exactness** [–tnis] *s.* esattezza *f,* precisione *f.* **exactor** [–tə] *s.* esattore *m.*

exaggerate [igˈzædʒəreit] **I** *v.t.* **1** esagerare: *to* ~ *the difficulties* esagerare le difficoltà. **2** (*to enlarge beyond normal*) aumentare, ingrandire, ingigantire. **II** *v.i.* esagerare, caricare le tinte. **exaggerated** [–id] *a.* esagerato, spropositato. **exˌaggeration** [–ˈreiʃən] *s.* esagerazione *f.* **exaggerative** [–iv] *a.* tendente all'esagerazione. **exaggerator** [–ə] *s.* esagerato *m* (*f* –a), esageratore *m* (*f* –trice).

exalt [igˈzɔːlt] *v.t.* **1** innalzare, elevare, esaltare: *to be –ed to a peerage* essere innalzato alla dignità di pari. **2** (*to extol*) esaltare, magnificare. **3** (*of colours*) rendere più intenso, ravvivare. □ ⟨*fig*⟩ *to* ~ *s.o. to the skies* portare qd. alle stelle. **exaltation** [ˌegzɔːlˈteiʃən] *s.* **1** esaltazione *f* (*anche Astr.*). **2** (*elevation in rank*) innalzamento *m,* elevazione *f.* **3** (*elation*) esaltazione *f,* eccitazione *f.* **exalted** [–id] *a.* **1** elevato, eminente, altolocato: *an* ~ *personage* un personaggio eminente. **2** (*of style*) elevato. **3**

(*elated*) esaltato, eccitato.

exam [igˈzæm] (accorc. di *examination*) *s.* ⟨*scol*⟩ esame

examinant [–inənt] *s.* → examiner. **examinatio** [–ˌzæmiˈneiʃən] *s.* **1** esame *m,* inchiesta *f,* investigazione *f.* **2** (*inspection*) esame *m,* ispezione *f,* verifica *f.* ⟨*Scol,Univ*⟩ esame *m,* prova *f: to pass an* ~ superare esame. **4** ⟨*Med*⟩ visita *f,* esame *m: to undergo a medic* ~ sottoporsi a una visita medica. **5** ⟨*Dir*⟩ interrogator *m,* escussione *f,* □ *to fail an* ~ essere bocciato a esame; *on* ~ all'esame, in seguito a esame; *to take* (o *for) an* ~ sostenere (*o* dare) un esame; ⟨*Dir*⟩ *to be und* ~ essere sotto interrogatorio.

examinational [igˌzæmiˈneiʃənl] *a.* di (o relativo a u esame.

examination couch *s.* ⟨*Med*⟩ lettino *m* clinico.

examinatorial [igˌzæminəˈtɔːriəl] *a.* di (o relativo a u esaminatore.

examine [igˈzæmin] *v.t.* **1** esaminare, ispezionar verificare: *to* ~ *the records* esaminare i registri. **2** (*investigate*) indagare, investigare. **3** ⟨*fig*⟩ esaminar interrogare: ~ *your conscience* interroga la tua coscienz **4** ⟨*Scol,Univ*⟩ esaminare. **5** ⟨*Med*⟩ visitare, ⟨*fam*⟩ veder **6** ⟨*Dir*⟩ interrogare, escutere: *to* ~ *a witness* interroga un testimone. **exˌamiˈnee** [–iː] *s.* esaminando *m* (*f* –a **examiner** [–ə] *s.* **1** ispettore *m* (*f* –trice). **2** ⟨*Scol,Uni* esaminatore *m* (*f* –trice). **3** ⟨*Dir*⟩ giudice *m* istruttore.

example [igˈzɑːmpl] *s.* **1** esempio *m;* (*specimen*) esemp *m,* esemplare *m,* campione *m.* **2** (*model*) esempio *m,* modello *m: to follow s.o.'s* ~ seguire l'esempio di q prendere esempio da qd. **3** (*warning*) esempio *m,* avvertimento *m,* ammonimento *m,* lezione *f: let this be* ~ *to you* che ciò ti serva d'ammonimento. **4** ⟨*Ma* esercizio *m.* □ *by way of* ~ a mo' di esempio; *for* ~ p (*o* ad) esempio; *to make an* ~ *of s.o.* dare un esemp (punendo qd.); *to set an* (o *a good*) ~ *to s.o.* dare il bu esempio a qd. *Prov.:* ~ *is better than precept* contano p gli esempi che le parole.

exanimate [igˈzænimit] *a.* ⟨*lett*⟩ esanime, senza vita.

exanthema [ˌegzænˈθiːmə] *s.* (*pl.* **-ta** [tə]/**-s** [z]) ⟨*Me* esantema *m.*

exarch [ˈeksɑːk] *s.* ⟨*Stor*⟩ esarca *m.* **exarchate** [–eit] esarcato *m.*

exasperate [igˈzɑːspəreit] *v.t.* **1** esasperare, irritare. **2** (*aggravate*) aggravare, peggiorare, inasprire. **exasperatir** [–iŋ] *a.* esasperante. **exasperatingly** [–iŋli] *avv.* in mo esasperante. **exˌasperation** [–ˈreiʃən] *s.* **1** esasperazione irritazione *f.* **2** (*of a disease, pain*) aggravamento *m* peggioramento *m,* inasprimento *m.*

exc. = **1** *excellent* eccellente. **2** *excepted* eccetto.

Exc. = *Excellency* Eccellenza (*abbr.* Ecc.).

excavate [ˈekskəveit] **I** *v.t.* **1** scavare: *to* ~ *a tunn* scavare una galleria. **2** (*to dig out*) scavare, estrarre: *t mineral matter* estrarre minerale. **3** ⟨*Arched* dissotterrare, (ri)portare alla luce, scavare: *to* ~ *a lost c* scavare una città sepolta. **II** *v.i.* fare scavi. **ˌexcavatic** [–ˈveiʃən] *s.* **1** lo scavare, scavo *m.* **2** (*hole*) scavo *m,* fos *f,* buca *f.* **3** ⟨*Archeol*⟩ scavo *m.* **excavator** [–ə] *s.* (*worker*) scavatore *m.* **2** ⟨*Mecc*⟩ (e)scavatrice *f,* escavato *m.*

exceed [ikˈsiːd] **I** *v.t.* **1** eccedere, superare, oltrepassar sorpassare: *to* ~ *the speed limit* superare il limite velocità; (*of powers, authority, rights*) eccedere, esorbita da. **2** (*to be superior to*) superare, essere superiore eccedere: *the show –ed our expectations* lo spettacolo superiore alle nostre aspettative. **II** *v.i.* **1** eccede esagerare, (oltre)passare i limiti. **2** (*to excel*) eccelle **exceedingly** [–iŋli] *avv.* estremamente, straordinari mente.

excel [ikˈsel] *v.* (*pret., p.p.* **excelled** [–d]) **I** *v.t.* supera sorpassare, essere superiore a. **II** *v.i.* eccelle primeggiare: *to* ~ *at* (o *in*) *sports* eccellere nello sport.

excellence [ˈeksələns] *s.* **1** eccellenza *f,* perfezione (*superiority*) superiorità *f.* **2** (*merit*) merito *m,* pregio *f* **Excellency** [–i] *s.* Eccellenza *f: His* ~ *the Governor* S Eccellenza il Governatore. **excellent** [–nt] *a.* eccellente, ottimo. **2** (*delicious*) prelibato, squisito.

excelsior [ikˈselsiɔː] *s.* trucioli *mpl* sottili (p

imbottiture).

xcept [ik'sept] **I** *prep.* eccetto, escluso, salvo, tranne, all'infuori di: *every day ~ Sunday* tutti i giorni eccetto la domenica. **II** *congz.* ⟨*rar*⟩ a meno che, salvo (*o* eccetto) che. **III** *v.t.* eccettuare, escludere. **IV** *v.i.* ⟨*am*⟩ obiettare, eccepire, sollevare (*o* fare) obiezioni (*against, to* contro, a). □ ⟨*burocr*⟩ ~ *by* **agreement** *between the parties* salvo accordo tra le parti; ~ **for** a eccezione di, fatta eccezione per, salvo per; *I've looked everywhere* ~ *in here* ho guardato dappertutto meno che qui; **nobody** *–ed* nessuno escluso; **present** *company –ed* esclusi i presenti.

xcepting [ik'septiŋ] **I** *prep.* eccetto, tranne, salvo. **II** *congz.* ⟨*rar*⟩ a meno che. □ *not ~* compreso, senza escludere: *not ~ me* me compreso.

xception [ik'sepʃən] *s.* **1** eccezione *f: you are an ~* tu sei (*o* costituisci) un'eccezione. **2** (*adverse criticism*) obiezione *f.* **3** ⟨*Dir*⟩ eccezione *f.* □ *by way of ~* in via eccezionale, eccezionalmente; *I can* **make** *an ~ in your case* posso fare un'eccezione per te; *to* **take** *~ to s.th.:* 1 ⌈fare obiezione⌉ (*o* obiettare) a qc.; 2 (*to be offended by*) offendersi per qc.; 3 (*to find fault with*) trovare da ridire su qc.; *with the ~ of* a eccezione di. *Prov.: there is an ~ to every rule* ogni regola ha la sua eccezione; *the ~ proves the rule* l'eccezione conferma la regola.

xceptionable [ik'sepʃənəbl] *a.* criticabile, eccepibile. **exceptional** [–nl] *a.* **1** eccezionale, straordinario. **2** (*unusual*) insolito. **ex,ceptionality** [–'næliti] *s.* eccezionalità *f.* **exceptionally** [–nəli] *avv.* eccezionalmente.

xceptive [ik'septiv] *a.* **1** eccezionale. **2** (*objecting*) pronto a sollevare obiezioni; (*captious*) capzioso. **3** ⟨*Gramm,Filos*⟩ eccettuativo.

xcerpt ['eksə:pt] **I** *s.* stralcio *m,* estratto *m,* brano *m,* passo *m* scelto. **II** *v.t.* **1** stralciare. **2** (*to select passages from*) fare una scelta di brani da. **excerption** [–pʃən] *s.* **1** lo stralciare. **2** → **excerpt.**

xcess [ik'ses] **I** *s.* **1** eccesso *m,* l'eccedere: *~ of liabilities over assets* eccesso del passivo sull'attivo; (*amount*) eccesso *m,* eccedenza *f,* soprappiù *m.* **2** (*immoderation; spesso al pl.*) eccesso *m,* intemperanza *f,* smoderatezza *f.* **3** *pl.* (*outrages*) eccessi *mpl.* **II** *a.* eccedente, in eccedenza, in eccesso. □ ⟨*Dir*⟩ *~ of authority* eccesso *m* di potere; *to carry s.th. to ~* spingere qc. all'eccesso; *to drink to ~* essere smodato nel bere; *in ~* in eccesso, troppo.

xcess⎮ **baggage** *s.* eccedenza *f* di bagaglio, bagaglio *m* in eccedenza. ~ **capacity** *s.* ⟨*Econ*⟩ sovraccapacità *f.* ~ **fare** *s.* ⟨*Ferr*⟩ supplemento *m* di prezzo.

xcessive [ik'sesiv] *a.* **1** eccessivo, esagerato. **2** (*intemperate*) eccessivo, intemperante, smodato. **excessiveness** [–nis] *s.* eccessività *f.*

xcess⎮ **luggage** *s.* → **excess baggage.** ~ **postage** *s.* ⟨*Post*⟩ soprattassa *f.* ~ **price** *s.* soprapprezzo *m.*

xchange [iks'tʃeindʒ] **I** *v.t.* **1** cambiare: *to ~ dollars for francs* cambiare dollari in franchi. **2** (*to interchange*) scambiare: *to ~ gifts with s.o.* scambiare regali con qd. **3** ⟨*fig*⟩ barattare, cambiare: *to ~ one's honour for wealth* barattare l'onore con le ricchezze. **II** *v.i.* **1** (*of currency*) cambiarsi (*for* contro). **2** (*to make an exchange*) fare uno scambio, fare a cambio. **III** *s.* **1** cambio *m,* scambio *m: an ~ of greetings* uno scambio di saluti. **2** (*s.th. given or received in exchange*) cambio *m,* baratto *m,* permuta *f.* **3** ⟨*Econ*⟩ (*place for transaction business*) borsa *f;* (*organized centre*) mercato *m.* **4** ⟨*Tel*⟩ (*telephone exchange*) centrale *f,* centralino *m.* **5** ⟨*Econ*⟩ cambio *m;* (*discharge of obligations*) compensazione *f.* **6** → **exchange rate.** □ ⟨*Econ*⟩ ~ **equalization** *fund* fondo *m* di stabilizzazione dei cambi; ⟨*Comm*⟩ **first** *of ~* prima *f* di cambio; ⟨*Comm*⟩ *~ for* **forward** *delivery* cambio *m* a terminare; ⟨*Econ*⟩ *to* **gain** *on ~* guadagnare al cambio; *in ~ for* in cambio di; ⟨*Econ*⟩ *~ at* **par** borsa *f* alla pari; ⟨*Econ*⟩ *~ for* **spot** *delivery* cambio *m* a pronti; *~ of* **views** scambio *m* di opinioni. *Prov.: ~ is no robbery* il baratto non è furto.

xchangeability [iks,tʃeindʒə'biliti] *s.* possibilità *f* di scambio, l'essere cambiabile. **ex'changeable** [–bl] *a.* cambiabile, che si può scambiare.

xchange⎮ **broker** *s.* ⟨*Econ*⟩ agente *m* di cambio, cambiavalute *m.* ~ **control** *s.* controllo *m* del cambio. ~

holdings *s.pl.* valori *mpl* in divisa estera. ~ **list** *s.* bollettino *m* (*o* listino) dei cambi. ~ **market** *s.* mercato *m* delle divise a termine. ~ **office** *s.* ufficio *m* (di) cambio. ~ **profit** *s.* ⟨*Econ*⟩ utile *m* di cambio.

exchanger [iks'tʃeindʒə] *s.* **1** chi (s)cambia. **2** (*of money*) cambiavalute *m.*

exchange⎮ **rate** *s.* ⟨*Econ*⟩ tasso *m* di cambio, cambio *m.* ~ **reserves** *s.pl.* riserve *fpl* valutarie. ~ **restrictions** *s.pl.* restrizioni *fpl* valutarie. ~ **risk** *s.* rischio *m* di cambio. **~stability** *s.* stabilità *f* dei tassi di cambio. ~ **student** *s.* studente *m* (*f* –essa) che usufruisce di un piano di scambi culturali. ~ **value** *s.* controvalore *m.*

exchequer [iks'tʃekə] *s.* **1** ⟨*GB*⟩ scacchiere *m.* **2** (*treasury*) erario *m,* tesoro *m,* finanze *fpl.* **3** ⟨*fam*⟩ (*finances*) fondi *mpl,* finanze *fpl.* **Exchequer** *s.* **1** ⟨*GB*⟩ ministero *m* delle finanze e del tesoro. **2** ⟨*Stor.brit*⟩ scacchiere *m.*

exchequer bond *s.* ⟨*Econ*⟩ buono *m* del tesoro.

excisable [ek'saizəbl] *a.* ⟨*Econ*⟩ soggetto a imposte indirette.

excise[1] ['eksaiz] **I** *s.* ⟨*Econ*⟩ **1** dazio *m* di consumo; (*on manufacture*) imposta *f* di fabbricazione; (*indirect tax*) imposta *f* indiretta. **2** (*licensing tax*) tassa *f* sulle licenze. **3** ⟨*GB*⟩ (*branch of the Inland Revenue*) dazio *m.* **II** *v.t.* far pagare il dazio su, gravare d'imposta, tassare. □ *~ and revenue police* polizia tributaria.

excise[2] [ik'saiz] *v.t.* **1** ⟨*Chir*⟩ asportare, tagliar via, recidere: *to ~ a tumour* asportare un tumore. **2** ⟨*fig*⟩ espungere, sopprimere.

excise⎮ **duty** ['eksaiz] *s.* ⟨*Econ*⟩ ⌈imposta *f* indiretta⌉ (*o* dazio *m*) sul consumo interno. **~man** [mən] *s.irr.* agente *m* delle imposte indirette.

excision [ik'siʒən] *s.* **1** il tagliar via. **2** ⟨*Chir*⟩ escissione *f,* asportazione *f.* **3** (*expunction*) espunzione *f,* eliminazione *f,* soppressione *f.*

excitability [ik,saitə'biliti] *s.* eccitabilità *f,* irritabilità *f.* **ex'citable** [–bl] *a.* **1** eccitabile, irritabile. **2** ⟨*Biol*⟩ eccitabile. **excitant** ['eksitənt] **I** *a.* eccitante. **II** *s.* ⟨*Fisiol*⟩ eccitante *m,* stimolante *m.* **excitation** [,eksi'teiʃən] *s.* eccitazione *f.*

excitative [ik'saitətiv], **excitatory** [–teitəri] *a.* eccitativo, eccitante.

excite [ik'sait] *v.t.* **1** eccitare, agitare. **2** (*to arouse*) suscitare, provocare, sollevare: *to ~ jealousy in s.o.* suscitare gelosia in qd. **3** (*to stir up*) provocare, far nascere: *to ~ suspicion* far nascere dei sospetti. **4** ⟨*Fisiol,El,Atom*⟩ eccitare. □ *to ~ s.o. to anger* far arrabbiare qd. **excited** [–id] *a.* eccitato, agitato: *an ~ crowd* una folla eccitata. □ *don't get ~* non agitarti; *to get ~ over s.th.* eccitarsi per qc. **excitedly** [–idli] *avv.* in modo eccitato, con eccitazione. **excitement** [–mənt] *s.* eccitamento *m,* eccitazione *f,* agitazione *f,* orgasmo *m.* **exciter** [–ə] *s.* **1** eccitatore *m* (*f* –trice). **2** ⟨*El*⟩ eccitatrice *f,* eccitatore *m.* **3** ⟨*Med*⟩ stimolante *m,* eccitante *m.* **exciting** [–iŋ] *a.* emozionante, eccitante: *an ~ story* un racconto emozionante.

exclaim [iks'kleim] **I** *v.i.* **1** esclamare, gridare, prorompere. **2** (*to protest loudly*) inveire (*at, against* contro). **II** *v.t.* proclamare.

exclam. = ⟨*Gramm*⟩ *exclamation* esclamazione.

exclamation [,eksklə'meiʃən] *s.* **1** esclamazione *f,* grido *m: an ~ of pain* un'esclamazione di dolore. **2** (*loud protest*) protesta *f* violenta. **3** ⟨*Gramm*⟩ esclamazione *f.* □ *note of ~* → **exclamation mark.**

exclamation⎮ **mark,** *am.* ~ **point** *s.* ⟨*Gramm*⟩ punto *m* esclamativo.

exclamatory [eks'klæmətəri] *a.* esclamativo (*anche Gramm.*).

exclude [iks'klu:d] *v.t.* **1** vietare l'ingresso a, non ammettere. **2** (*to leave out*) escludere, scartare: *to ~ a possibility* scartare una possibilità; *the policy –s sea risks* la polizza esclude i rischi marittimi.

exclusion [iks'klu:ʒən] *s.* **1** esclusione *f.* **2** ⟨*Pol*⟩ divieto *m* d'ingresso. □ *to the ~ of* in modo da escludere, escludendo; *with the ~ of* a esclusione di, fatta eccezione per, eccetto.

exclusion area *s.* ⟨*Edil*⟩ zona *f* di rispetto.

exclusionism [iks'klu:ʒənizəm] *s.* l'essere esclusivo.

exclusionist [–ist] s. chi esclude.
exclusive [iks'klu:siv] a. **1** esclusivo. **2** (reserved for a privileged group) esclusivo, chiuso, ristretto, di élite: an ~ club un circolo esclusivo; (haughty) altezzoso, altero. **3** (single, sole) solo, unico, esclusivo. **4** (undivided) intero, totale, tutto: one's ~ attention (tutta) la propria attenzione. **5** ⟨Giorn⟩ (of a news item) in esclusiva. **6** ⟨fam⟩ (of high quality) di lusso, lussuoso: an ~ hotel un albergo di lusso; (expensive) caro, costoso. □ ⟨Comm⟩ ~ agent agente m esclusivo; ~ of escluso, eccetto; an ~ profession una professione chiusa. **exclusively** [–li] avv. esclusivamente, soltanto, unicamente. **exclusiveness** [–nis] s. esclusività f. **exclusivism** [–izəm] s. esclusivismo m. **exclusivist** [–ist] s. esclusivista m/f.
excogitate [eks'kɔdʒiteit] v.t. escogitare, ideare; (to invent) inventare. **ex,cogitation** [–'teiʃən] s. **1** l'escogitare. **2** (product) trovata f; (invention) invenzione f. **excogitative** [–iv] a. escogitativo.
excommunicable [,ekskə'mju:nikəbl] a. ⟨Rel⟩ **1** (of a person) scomunicabile. **2** (of an offence) punibile con la scomunica.
excommunicate **I** v.t. [,ekskə'mju:nikeit] ⟨Rel⟩ scomunicare. **II** a. [,ekskə'mju:nikeit, –kit] scomunicato. **III** s. scomunicato m (f –a). **,excom,munication** [–'keiʃən] s. scomunica f. **excommunicative** [–kətiv] a. di scomunica. **excommunicator** [–keitə] s. chi scomunica. **excommunicatory** [–kətəri] a. → excommunicative.
excoriate [iks'kɔ:rieit] v.t. **1** escoriare, scorticare. **2** ⟨fig⟩ criticare aspramente. **ex,coriation** [–ri'eiʃən] s. **1** escoriazione f, scorticatura f. **2** ⟨fig⟩ critica f corrosiva.
excrement ['ekskrimənt] s. (general. al pl.) escremento m. **,excremental** [–'mentəl], **,excrementitious** [–men'tiʃəs] a. escrementizio.
excrescence [iks'kresəns], **excrescency** [–i] s. **1** escrescenza f, protuberanza f, sporgenza f. **2** ⟨Med⟩ escrescenza f. **3** ⟨fig⟩ brutta aggiunta f. **excrescent** [–nt] a. **1** protuberante, sporgente. **2** (superfluous) superfluo, inutile. **3** ⟨Ling⟩ epentetico.
excreta [iks'kri:tə] s.pl. ⟨Biol⟩ escrezioni fpl; (faeces) escrementi mpl, feci fpl. **excrete** [–ri:t] v.t. espellere: to ~ sweat espellere il sudore. **excretion** [–ri:ʃən] s. **1** escrezione f. **2** (substance) escreto m, escrezione f. **excretive** [–tiv], **excretory** [–ri] a. **1** escretivo. **2** (serving for excretion) escretorio, escretore. **II** s. organo m escretorio.
excruciate [iks'kru:ʃieit] v.t. **1** torturare. **2** (to inflict mental pain upon) tormentare, affliggere. **excruciating** [–iŋ] a. **1** straziante, atroce. **2** (inflicting mental pain) tormentoso, angoscioso. **3** ⟨fam⟩ (intense) fortissimo, acuto: an ~ pain un dolore fortissimo. **excruciatingly** [–iŋli] avv. ⟨fam⟩ (very) molto, ⟨fam⟩ terribilmente. **ex,cruciation** [–ʃi'eiʃən] s. tortura f, tormento m.
exculpate ['ekskʌlpeit] v.t. **1** discolpare, scolpare, scagionare. **2** ⟨Dir⟩ assolvere. **,exculpation** [–'peiʃən] s. discolpa f. **ex'culpatory** [–pətəri] a. che discolpa (o scagiona).
excurrent [iks'kʌrənt] a. **1** che scorre in fuori, defluente. **2** ⟨Biol⟩ (of blood) arterioso. **3** ⟨Bot⟩ sporgente.
excursion [iks'kə:ʃən] s. **1** escursione f, gita f: to go on an ~ fare una gita. **2** ⟨fig⟩ digressione f, divagazione f. **3** ⟨Fis,Mecc⟩ escursione f, ampiezza f. **4** ⟨Mil. ant⟩ incursione f, scorreria f. **excursional** [–əl], **excursionary** [–əri] a. di un'escursione. **excursionist** [–ist] s. escursionista m/f, gitante m/f.
excursion| ticket s. biglietto m turistico. **~ train** s. treno m per gitanti.
excursive [iks'kə:siv] a. **1** digressivo. **2** (desultory) sconnesso. **excursiveness** [–nis] s. l'essere digressivo.
excursus lat. [–səs] s. (pl. -es [i:z]/inv.) **1** dissertazione f. **2** (digression) excursus m, digressione f.
excusable [iks'kju:zəbl] a. scusabile, perdonabile. **excusableness** [–zəblnis] s. l'essere scusabile (o giustificabile). **excusatory** [–zətəri] a. giustificativo.
excuse I v.t. [iks'kju:z] **1** scusare, perdonare: you must ~ his rudeness dovete scusare la sua maleducazione. **2** (to apologize for) scusare, scagionare, scolpare. **3** (to justify)

giustificare (anche Scol.): to ~ an absence giustificar un'assenza. **4** (to release from an obligation, etc.) esentare dispensare, esonerare; (to seek release from) cercare di farsi dispensare (o esentare): to ~ o.s. from attending meeting farsi dispensare dal partecipare a una riunione. **5** (to permit to leave) dare il permesso di andarsene a. **II** s [iks'kju:s] **1** scusa f, scusante f, giustificazione f: he gav no ~ non diede alcuna giustificazione; (pretext) scusa f pretesto m. **2** pl. (apologies) scuse fpl: to make one's – fare le proprie scuse. **3** (exemption) dispensa f, esenzion f, esonero m. **4** ⟨fam⟩ (inferior example) brutta copia f surrogato m. □ to beg to be –d chiedere scusa; ⟨Mil⟩ – from duty esonerato dal servizio; in ~ of a giustificazion di; ~ me (mi) scusi; (when passing s.o.) (con) permesso scusi, pardon.
ex d., ex div. = ⟨Econ⟩ ex dividend ex dividendo.
exeat lat. ['eksiæt] s. ⟨Scol,Univ⟩ permesso m d assentarsi.
execrable ['eksikrəbl] a. **1** esecrabile, abominevole detestabile. **2** ⟨fam⟩ (very bad) pessimo: ~ taste pessim gusto.
execrate ['eksikreit] **I** v.t. esecrare, aborrire, detestare. **I** v.i. lanciare imprecazioni (o maledizioni), imprecare **,execration** [–'kreiʃən] s. **1** esecrazione f. **2** (curse imprecazione f, maledizione f. **execrative** [–iv] **execratory** [–əri] a. esecratorio.
executable ['eksikju:təbl] a. eseguibile, fattibile **executant** [ig'zekjutənt] s. esecutore m (f –trice) (anche Mus.). **execute** [–t] v.t. **1** eseguire, attuare, mettere i atto, realizzare: to ~ a plan mettere in atto un piano. **2** (to perform, do) eseguire, fare, effettuare. **3** (to inflic capital punishment on) giustiziare. **4** ⟨Dir⟩ (of a law decree) eseguire, rendere esecutivo; (of a mortgage convalidare; (of a deed, contract) firmare, rendere esecutivo. **5** ⟨Art⟩ eseguire, fare, creare. **6** ⟨Mus eseguire. **7** ⟨Teat⟩ interpretare, recitare.
execution [,eksi'kju:ʃən] s. **1** esecuzione f, compimento m (accomplishment) realizzazione f, attuazione f adempimento m. **2** (capital punishment) esecuzione (capitale): the ~ of a murderer l'esecuzione di un assassino. **3** ⟨Dir⟩ esecuzione f, processo m esecutivo (judicial writ) disposto m esecutivo. **4** ⟨fig⟩ (destruction distruzione f, strage f: the grenades did great ~ le granate fecero una grande strage. **5** ⟨Mus⟩ esecuzione f. **6** ⟨Art esecuzione f, fattura f. □ ~ in the ~ of one's dut nell'adempimento del proprio dovere; to put (o carry) s.th into ~ dare (o mettere in) esecuzione qc.; the ~ of a wil l'esecuzione di un testamento. **executioner** [–ə] s. boia m, carnefice m.
executive [ig'zekjutiv] **I** a. **1** esecutivo (anche Pol.): ~ committee comitato esecutivo. **2** (designed for executives per dirigenti, per alti funzionari: ~ hotel suite appartamento d'albergo per dirigenti. **3** (suited fo managing, performing) direttivo: ~ ability capacità direttiva. **II** s. **1** dirigente m. **2** ⟨collett⟩ (directing body esecutivo m, comitato m esecutivo. **3** ⟨Pol⟩ esecutivo m potere m esecutivo.
executive| board s. comitato m esecutivo. **~ branch** s ⟨Pol⟩ potere m esecutivo, esecutivo m. **~ committee** s comitato m esecutivo. **~ council** s. ⟨Pol⟩ **1** consiglio m esecutivo. **2** (advising a government) comitato m consultivo. **~ director** s. direttore m esecutivo (anche Cin.). **~ duties** s.pl. mansioni fpl direttive. **~ order** s disposizione f esecutiva. **~ president** s. presidente m effettivo. **~ producer** s. ⟨Cin⟩ produttore m esecutivo. **~ secretary** s. ⟨Cin⟩ segretario m di produzione.
executor [ig'zekjutə] s. **1** esecutore m (f –trice). **2** ⟨Dir esecutore m testamentario. **executorship** [–ʃip] s funzione f di esecutore. **executory** [–ri] a. **1** esecutivo. **2** ⟨Dir⟩ esecutorio. **executrix** [–triks] s. (pl. -trices ['trisi:z]/-trixes [–iz]) ⟨Dir⟩ esecutrice f testamentaria.
exedra ['eksədrə] s. (pl. -drae [dri:]) ⟨Archeol,Arch⟩ esedra f.
exegesis [,eksi'dʒi:sis] s. (pl. -ses [si:z]) esegesi f.
exegete ['eksidʒi:t] s. esegeta m/f. **,exegetic** [–'dʒetik] **exegetical** [–'dʒetikəl] a. esegetico. **,exegetics** [–'dʒetiks] s.pl. (costr. sing.) esegetica f.

emplar [ig'zemplə] s. 1 esemplare m, modello m. 2 ypical specimen) prototipo m. 3 (copy of a book) emplare m, copia f. **exemplariness** [-rinis] s. l'essere emplare. **exemplary** [-ri] a. 1 esemplare: ~ behaviour ondotta esemplare. 2 (serving as a warning) esemplare, e serve 'd'esempio' (o di ammonimento): ~ punishment astigo esemplare. 3 (serving as a model or pattern) che rve di (o da) modello. 4 (serving as an example) lustrativo; (typical) tipico. **emplary damages** s.pl. ⟨Dir⟩ penalità f, ammenda f. **emplification** [ig,zemplifi'keiʃən] s. 1 esemplificazione 2 ⟨Dir⟩ copia f autentica (o conforme). **exemplify** -fai] v.t. 1 esemplificare, spiegare con esempi. 2 (to serve an example of) essere un esempio di. 3 ⟨Dir⟩ fare una pia autentica (o conforme) di.

empt [ig'zempt] I v.t. esentare, esonerare, dispensare. II esente (from da). III s. 1 persona f esentata (da tasse, c.). 2 ⟨GB⟩ (exon) ufficiale m delle guardie della Torre Londra. **exemption** [-pʃən] s. 1 esenzione f, esonero . 2 ⟨Econ,Comm⟩ (immunity) franchigia f, esenzione f un pagamento. 3 ⟨am.Dir⟩ persona f a carico. □ ~ om taxation esenzione f (o immunità) fiscale.
emption clause s. ⟨Dir⟩ clausola f esonerativa.
equies ['eksikwiz] s.pl. esequie fpl.
ercisable ['eksəsaizəbl] a. esercitabile.
ercise ['eksəsaiz] I s. 1 esercizio m fisico, moto m, ovimento m: to take ~ fare del moto; (instance) ercizio m: breathing –s esercizi di respirazione. 2 pl. ymnastics) ginnastica f. 3 (use) esercizio m, uso m: the of power l'esercizio del potere; (discharge) adempimento , esercizio m: the ~ of one's duties l'esercizio delle oprie funzioni. 4 ⟨Scol⟩ esercizio m. 5 ⟨Lett,Art,Mus⟩ ercitazione f. 6 pl. ⟨Mil⟩ esercitazioni fpl, manovre fpl. ⟨Rel⟩ pratica f religiosa. 8 pl. ⟨am⟩ (ceremony) rimonie fpl. II v.t. 1 esercitare, tenere in esercizio, enare: to ~ one's mind esercitare la mente. 2 (to put to use) esercitare, usare, adoperare: to ~ one's rights ercitare i propri diritti; (to exert) esercitare: to ~ fluence over s.o. esercitare un'influenza su qd. 3 (to rry) general. al pass.) preoccupare, turbare: to be much l by s.th. essere molto turbato da qc.; (to perplex) ndere perplesso. 4 ⟨Mil,Scol⟩ esercitare.
ercise| bicycle, ~ bike ⟨fam⟩ s. bicicletta f da mera. **~ book** s. quaderno m.
erciser ['eksəsaizə] s. 1 chi esercita. 2 ⟨Sport⟩ attrezzo ginnico (per esercizi).
rt [ig'zəːt] v.t. 1 esercitare, impiegare, far uso di: to ~ one's strength impiegare tutta la (propria) forza. 2 (to to bear) esercitare: to ~ influence on s.o. esercitare 'influenza su qd. 3 ⟨rifl⟩ sforzarsi, darsi da fare. **xertion** [-zəːʃən] s. 1 sforzo m. 2 (exercise) esercizio applicazione f, uso m: the ~ of authority l'uso delle aniere forti.
unt lat. ['eksint]: ⟨Teat⟩ escono, partono.
oliate [eks'foulieit] I v.t. 1 ridurre in lamine sottili. 2 take off in scales) sfaldare. II v.i. 1 sfogliarsi. 2 led) squamarsi. 3 ⟨Geol⟩ sfaldarsi. **ex,foliation** li'eiʃən] s. 1 lo staccarsi in lamine sottili. 2 ⟨Med⟩ foliazione f. 3 ⟨Geol⟩ desquamazione f.
alant [eks'heilənt] a. esalante. **,exhalation** [-həˈleiʃən] 1 esalamento m. 2 (that which is exhaled) esalazione f. anazione f, effluvio m; (vapour) vapore m. **exhale** [-l] v.i. 1 espirare. 2 (to be given off as vapour) esalare, anare. 3 ⟨fig⟩ svanire. II v.t. 1 emettere, espirare. 2 give off as vapour) emanare, emettere, esalare.
aust [ig'zɔːst] I v.t. 1 esaurire, consumare (com-tamente): to ~ one's patience esaurire la propria pa-nza. 2 (to tire out) esaurire, spossare, sfinire, stre-are. 3 (to treat, study thoroughly) sviscerare, studiare (o olgere) a fondo, esaurire: to ~ a subject sviscerare un gomento. 4 (to drain off) scaricare (completamente); (to pty by draining off) (s)vuotare. 5 ⟨Agr⟩ (of soil) poverire, sfruttare. II v.i. ⟨Mecc⟩ scaricarsi. III s. ecc) 1 (apparatus for discharging) scarico m, appamento m; (for withdrawing vitiated air, etc.) parato m aspiratore. 2 (gas) gas m di scarico; (steam) pore m di scarico. □ to ~ o.s. esaurirsi. **exhausted**

[-id] a. 1 esausto, sfinito, spossato, stremato, sfibrato. 2 (used up) consumato, esaurito.
exhaust| fan s. ⟨Mot⟩ aspiratore m. **~ gases** s.pl. gas mpl di scarico.
exhaustibility [ig,zɔːstiˈbiliti] s. esauribilità f. **ex'haustible** [-bl] a. esauribile. **ex'hausting** [-tiŋ] a. che esaurisce, sfibrante, spossante. **ex'haustion** [-stʃən] s. 1 esaurimento m. 2 (extreme tiredness) spossatezza f, sfinimento m. **ex'haustive** [-stiv] a. 1 esauriente, completo, approfondito. 2 (exhausting) spossante, sfi-brante. **ex'haustiveness** [-stivnis] s. l'essere esaurien-te.
exhaust| pipe s. ⟨Mot⟩ tubo m di scarico (o scappamento). **~ silencer** s. ⟨Aut⟩ silenziatore m. **~ valve** s. ⟨Mot⟩ valvola f di scarico.
exhibit [ig'zibit] I v.t. 1 esibire, mostrare. 2 (of feelings, qualities) mostrare, dimostrare, rivelare, dar prova di: to ~ interest dimostrare interesse; to ~ courage dar prova di coraggio. 3 (to show publicly) esporre: to ~ a painting esporre un quadro. 4 ⟨Dir⟩ esibire, produrre. 5 ⟨Med⟩ somministrare. II v.i. 1 organizzare una mostra (o esposizione); (of artists) esporre. III s. 1 mostra f, esposizione f. 2 (s.th. which is exhibited) oggetto m 'd'esposizione' (o esposto). 3 ⟨Dir⟩ documento m (o oggetto) prodotto in giudizio.
exhibition [,eksi'biʃən] s. 1 esibizione f, presentazione f. 2 (show, exposition) mostra f, esposizione f: an art ~ una mostra d'arte. 3 (public display of skill) dimostrazione f, esibizione f. 4 ⟨Univ⟩ (bursary) borsa f di studio. 5 ⟨Dir⟩ esibizione f, produzione f. □ ⟨fam⟩ to make an ~ of o.s. dare spettacolo di sé; to be on ~ essere 'in mostra' (o esposto). **exhibitioner** [-ə] s. ⟨Univ⟩ borsista m/f.
exhibition hall s. sala f d'esposizione.
exhibitionism [,eksi'biʃənizəm] s. esibizionismo m.
exhibitionist [-nist] s. esibizionista m/f (anche Psic.).
exhibitor [ig'zibitə] s. 1 espositore m (f –trice). 2 ⟨Cin⟩ esercente m (o gestore) di sala cinematografica.
exhibitory [-ri] a. da esposizione.
exhilarant [ig'zilərənt] I a. → exhilarating. II s. cosa f esilarante. **exhilarate** [-reit] v.t. 1 esilarare, rallegrare. 2 (to invigorate) rinvigorire, stimolare. **exhilarating** [-reitiŋ] a. 1 esilarante, rallegrante. 2 (invigorating) tonificante, stimolante. **ex,hilaration** [-'reiʃən] s. allegrezza f, gaiezza f. **exhilarative** [-rətiv] a. esilarante.
exhort [ig'zɔːt] v.t. 1 esortare: to ~ s.o. to do s.th. esortare qd. a fare qc. 2 (to caution) ammonire, mettere in guardia. **exhortation** [,egzɔː'teiʃən] s. 1 esortazione f. 2 (admonition) ammonimento m. **exhortative** [-ətiv], **exhortatory** [-ətəri] a. esortativo. **exhorter** [-ə] s. esortatore m (f –trice).
exhumation [,ekshjuːˈmeiʃən] s. esumazione f. **exhume** [-'hjuːm] v.t. 1 esumare, riesumare, disseppellire. 2 ⟨fig⟩ esumare, riesumare.
exigence ['eksidʒəns], **exigency** [-i] s. 1 urgenza f. 2 pl. (requirements) esigenze fpl, necessità fpl: the exigencies of diplomacy le esigenze della diplomazia. 3 (emergency) situazione f difficile (o critica), emergenza f. **exigent** [-nt] a. 1 urgente, pressante, impellente. 2 (demanding) esigente. **exigible** [-dʒəbl] a. esigibile.
exiguity [,eksiˈgjuːiti] s. esiguità f. **exiguous** [ig'zigjuəs] a. esiguo, piccolo, irrilevante. **exiguousness** [ig'zigjuəsnis] s. → exiguity.
exile ['eksail] I s. 1 esilio m, bando m, proscrizione f: to go into ~ andare in esilio; (voluntary) esilio m volontario. 2 (person banished) esule m/f, esiliato m (f –a). Exile s. ⟨Stor⟩ esilio m (o cattività f) babilonese. II v.t. esiliare, mandare in esilio, bandire. **exilian** [eg'ziliən], **exilic** [eg'zilik] a. ⟨Stor⟩ dell'esilio babilonese.
exist [ig'zist] v.i. 1 esistere, essere. 2 (to live) esistere, vivere: man cannot ~ without air l'uomo non può vivere senza l'aria. 3 (to continue to be) perdurare, sopravvivere: witchcraft still –s la stregoneria sopravvive ancora. 4 (to occur) esserci, trovarsi, essere presente. 5 ⟨fam⟩ vivere poveramente (o miseramente). □ to ~ as esistere in forma di; the right to ~ il diritto all'esistenza.
existence [ig'zistəns] s. 1 esistenza f. 2 (life) esistenza f,

vita *f: they lead a miserable* ~ conducono un'esistenza grama. **3** ⟨*Filos*⟩ essere *m*, entità *f*. □ *to be in* ~ esistere; *to call s.th. into* ~ dar vita a qc.; ⟨*fig*⟩ *to come into* ~ avere origine, nascere; *in* ~ che esiste, esistente. **existent** [–nt] *a*. **1** esistente. **2** (*existing now*) attuale, presente.

existential [ˌegzis'tenʃəl] *a*. esistenziale (*anche Filos.*). **existentialism** [–izəm] *s*. ⟨*Filos*⟩ esistenzialismo *m*. **existentialist** [–ist] **I** *a*. esistenzialista. **II** *s*. esistenzialista *m/f*.

exit[1] ['eksit, 'egzit] **I** *s*. **1** uscita *f*. **2** ⟨*Teat*⟩ uscita *f* (di scena). **3** ⟨*fig*⟩ morte *f*, fine *f*. **II** *v.i.* **1** uscire, andar via. **2** ⟨*fig*⟩ morire. □ *to make one's* ~ uscire, andarsene.

exit[2] *lat.:* ⟨*Teat*⟩ esce, parte: ~ *Archie* esce Archie.

exit visa *s*. visto *m* d'uscita.

exobiology [ˌeksoubai'ɔlədʒi] *s*. esobiologia *f*.

Exod = ⟨*Bibl*⟩ *Exodus* Esodo.

exoderm ['ekso(u)dəːm] *s*. ⟨*Bot*⟩ esoderma *m*, esodermide *f*.

exodus ['eksədəs] *s*. **1** esodo *m*. **2** ⟨*estens*⟩ (*mass departure*) esodo *m*, partenza *f* in massa. **Exodus** *s*. ⟨*Bibl*⟩ esodo *m*.

ex officio *lat.* [ˌeksə'fiʃiou] *a./avv.* d'ufficio, di diritto: *an* ~ *member of a committee* un membro di diritto di un comitato.

exogamic [ˌekso(u)'gæmik], **exogamous** [–'sɔgəməs] *a*. ⟨*Etnol,Biol*⟩ esogamo. **exogamy** [–'sɔgəmi] *s*. esogamia *f*.

exogen ['ekso(u)dʒən] *s*. ⟨*Bot*⟩ pianta *f* esogena. **exogenous** [–'sɔdʒənəs] *a*. ⟨*Geol, Biol*⟩ esogeno.

exon ['eksɔn] *s*. ⟨*GB*⟩ ufficiale *m* delle guardie della Torre di Londra.

exonerate [ig'zɔnəreit] *v.t.* **1** discolpare, prosciogliere: *to* ~ *s.o. from a charge* prosciogliere qd. da un'accusa. **2** (*to relieve*) esonerare, dispensare. **e,xoneration** [–'reiʃən] *s*. **1** (*from a charge*) discolpa *f*, proscioglimento *m*. **2** (*from an obligation*) esonero *m*, dispensa *f*, esenzione *f*. **exonerative** [–reitiv] *a*. **1** che discolpa, giustificativo. **2** (*relieving*) che esonera (*o* dispensa).

exorbitance [ig'zɔːbitəns] *s*. esorbitanza *f*, eccessività *f*, esagerazione *f*. **exorbitant** [–nt] *a*. **1** (*of a price, charge, etc.*) esorbitante, spropositato, astronomico. **2** (*excessive*) esorbitante, eccessivo, esagerato. **3** ⟨*Dir*⟩ illegittimo, arbitrario.

exorcise *v*. → **exorcize**.

exorcism ['eksɔːsizəm] *s*. **1** (*act*) esorcizzazione *f*. **2** (*ceremony, formula*) esorcismo *m*. **exorcist** [–sist] *s*. **1** esorcizzatore *m* (*f* –trice). **2** ⟨*Rel.catt*⟩ (*member*) esorcista *m/f*; (*order*) esorcistato *m*. **exorcize** [–saiz] *v.t.* esorcizzare. **exorcizer** [–saizə] *s*. → **exorcist**.

exordial [ig'zɔːdiəl] *a*. dell'esordio. **exordium** [–diəm] *s*. (*pl.* **-s** [z]/**-dia** [diə]) **1** esordio *m*, inizio *m*. **2** ⟨*Ret*⟩ esordio *m*.

exoteric [ˌekso(u)'terik], **exoterical** [–əl] *a*. **1** essoterico. **2** ⟨*fig*⟩ (*popular*) popolare, comune. **exoterics** [–s] *s.pl.* (costr. sing.) dottrine *fpl* essoteriche.

exothermal [ˌekso(u)'θəːməl], **exothermic** [–mik] *a*. ⟨*Chim*⟩ esotermico.

exotic [eg'zɔtik, ig–] **I** *a*. esotico: ~ *food* cibo esotico; (*foreign*) forestiero, straniero, esotico: ~ *customs* usi forestieri. **II** *s*. **1** ⟨*Bot*⟩ pianta *f* esotica. **2** ⟨*Ling*⟩ parola *f* esotica, esotismo *m*, forestierismo *m*. **exoticism** [–tisizəm] *s*. esoticità *f*, esotismo *m*.

exotoxin [ˌekso(u)'toksin] *s*. ⟨*Biol*⟩ esotossina *f*.

expand [iks'pænd] **I** *v.t.* **1** dilatare, far aumentare di volume: *heat* –*s metal* il calore dilata i metalli. **2** (*to enlarge*) espandere, ampliare, estendere, allargare, ingrandire: *to* ~ *one's business* ampliare la propria azienda. **3** (*to open wide, unfold*) spiegare, distendere, aprire: *the eagle* –*ed its wings* l'aquila spiegò le ali. **4** (*to develop*) sviluppare: *to* ~ *a topic* sviluppare un argomento. **5** ⟨*Mat*⟩ sviluppare. **II** *v.i.* **1** dilatarsi, aumentare di volume; (*of gases*) espandersi. **2** (*to enlarge*) espandersi, ampliarsi, estendersi, allargarsi, ingrandirsi: *our business has* –*ed greatly* la nostra azienda si è molto ingrandita. **3** (*to spread out*) spiegarsi, distendersi; (*to open out*) aprirsi, schiudersi. **4** (*to expatiate*) dilungarsi, diffondersi (*on, upon* su). **5** ⟨*fig*⟩ (*of a person*) aprirsi,

diventare espansivo. **expandable** [–əbl] *a*. espansibile, dilatabile. **expanded** [–id] *a*. **1** ampliato, esteso, allargato, ingrandito; (*of gases*) espanso, dilatato. (*spread out*) spiegato, disteso. **3** ⟨*Gramm*⟩ perifrastico ⟨*Tip*⟩ largo.

expanded| metal *s*. lamiera *f* stirata. ~ **plastic** espanso *m*.

expander [iks'pændə] *s*. **1** chi espande. **2** ⟨*Me* allargatubi *m*, mandrino *m*. **3** ⟨*Sport*⟩ estensore *m: ch* ~ estensore per il torace. **expanding** [–diŋ] *a*. espansione (*o* sviluppo).

expanse [iks'pæns] *s*. **1** distesa *f: an* ~ *of water* distesa d'acqua. **2** (*expansion*) espansione *f*, allargame *m*. **ex,pansibility** [–i'biliti] *s*. espansibilità *f*, dilatabi *f*. **expansible** [–ibl] *a*. espansibile, dilatabile. **expans** [–ail] *a*. **1** espansibile, dilatabile. **2** (*relating to expansi* di espansione.

expansion [iks'pænʃən] *s*. **1** espansione *f*, dilatazion, allargamento *m:* ~ *of a gas* espansione di un gas (*development*) ampliamento *m*, sviluppo *m*. **3** (*incre* aumento *m*, espansione *f:* ~ *of currency* aumento d circolazione monetaria.

expansion board *s*. ⟨*Inform*⟩ scheda *f* d'espansione.

expansionism [iks'pænʃənizəm] *s*. ⟨*Pol,Econ*⟩ espan nismo *m*. **expansionist** [–nist] **I** *a*. espansionista, esp sionistico. **II** *s*. espansionista *m/f*.

expansive [iks'pænsiv] *a*. **1** espansivo, dilatabile. (*extensive*) esteso, ampio. **3** ⟨*fig*⟩ (*of a person*) espans aperto. **4** ⟨*Mot*⟩ a espansione. **expansiveness** [–nis espansività *f*.

expatiate [iks'peiʃieit] *v.i.* dilungarsi, diffondersi (*on, u* su): *to* ~ *on a subject* dilungarsi su un argome **ex,patiation** [–ʃi'eiʃən] *s*. **1** il dilungarsi. **2** (*insta* dissertazione *f*, lungo discorso *m*. **expatiative** [– **expatiatory** [–əri] *a*. che si dilunga.

expatriate **I** *v.t.* [eks'peitrieit] esiliare, bandire. **II** espatriare. **III** *s*. [–riət] persona *f* espatriata. **IV** espatriato. **ex,patriation** [–ri'eiʃən] *s*. espatrio *m*.

expect [iks'pekt] **I** *v.t.* **1** aspettare, attendere: *we* ~ t *at any moment* li aspettiamo da un momento all'altre (*to consider probable*) aspettarsi, pensare, cred prevedere (*anche assol.*): *it was more expensive than I* era più caro di quanto pensassi; *you can't* ~ *me to be you* non puoi aspettarti che io ti creda; *I* ~ *'to be'* (*o I will be*) *home late* prevedo che farò tardi. **3** (*to requ* esigere, pretendere, richiedere: *I* ~ *you to be punc* esigo che tu sia puntuale. **4** (*to suppose*) supporre, sare: *I* ~ *you are right* suppongo che tu abbia ragion (*to be pregnant with*) aspettare, essere in attesa di *child* aspettare un bambino. **II** *v.i.* aspettare un bamb essere incinta. □ **as** *everyone* –*ed* secondo l'aspetta generale; *we* ~ *them back at eight o'clock* li attendi per le otto; *I* –*ed as much* me l'aspettavo; *you must n too much of him* non devi chiedergli troppo (*o* preten troppo da lui); ⟨*scherz*⟩ ~ *me when you see me* non aspettare, ⟨*fam*⟩ quando mi vedete è segno che è arrivato; *I* ~ *so* credo di sì; *I don't* ~ *so* credo di ne

expectance [iks'pektəns], **expectancy** [–i] *s*. aspettativa *f*; (*state*) aspettazione *f*; (*waiting*) attesa ⟨*Statist,Assic*⟩ probabilità *f*.

expectant [iks'pektənt] **I** *a*. **1** in grande aspettativa aspettazione; (*waiting*) che aspetta, in attesa. **2** (*pregn* in attesa, incinta: *an* ~ *mother* una mamma in attesa; ⟨ *father*⟩ futuro. **3** (*prospective*) probabile, eventuale. **II** chi aspetta (*o* attende). **2** (*candidate*) candidato *m* (*f* **expectantly** [–li] *avv.* con aspettazione.

expectation [ˌekspek'teiʃən] *s*. **1** aspettativa *f*, attes aspettazione *f*. **2** *pl.* (*prospects*) prospettive *fpl: to* great –*s* avere grandi prospettive; (*hopes*) speranze aspettative *fpl*. **3** (*degree of probability*) probabili (*anche Statist.*): ~ *of life* probabilità *fpl* di vita. □ *come up to* (*one's*) –*s* rispondere all'aspettativa; *in* ~ previsione di; *to fall short of s.o.'s* –*s* non corrispon all'aspettativa di qd.

expectative [iks'pektətiv] *a*. di aspettazione, di attesa

expectorant [iks'pektərənt] **I** *a*. ⟨*Med*⟩ espettorante. **I** espettorante *m*. **expectorate** [–reit] *v.t./i.* espetto

ex,pectoration [-'reiʃən] s. 1 espettorazione f. 2 (expectorated matter) espettorato m.

xpedience [iks'pi:diəns], **expediency** [-i] s. 1 opportunità f, convenienza f, utilità f. 2 (self-interest) interesse m (o vantaggio) personale. **expedient** [-nt] I a. 1 conveniente, opportuno, utile. 2 (advantageous) vantaggioso. II s. espediente m, accorgimento m; (makeshift) ripiego m, espediente m. **ex,pediential** [-di'enʃəl] a. opportunistico, basato sulla convenienza.

xpedite ['ekspidait] v.t. 1 accelerare, affrettare. 2 (to execute promptly) sbrigare, compiere celermente. 3 (to dispatch) spedire: to ~ a letter spedire una lettera. **expedition** [-'diʃən] s. 1 spedizione f: an ~ to the South Pole una spedizione al Polo Sud. 2 (promptness) speditezza f, celerità f, prontezza f. **,expeditionary** [-'diʃənəri] a. di spedizione (anche Mil.): ~ force corpo di spedizione. **,expeditionist** [-'diʃənist] s. membro m di una spedizione.

xpeditious [,ekspi'diʃəs] a. rapido, sollecito, veloce, pronto, svelto. **expeditiousness** [-nis] s. prontezza f, rapidità f, celerità f.

xpel [iks'pel] v.t. (pret., p.p. **expelled** [-d]) 1 espellere, emettere: to ~ air from the lungs espellere aria dai polmoni. 2 (to drive out or away) espellere, cacciare, scacciare. 3 (Scol,Univ) espellere, mandar via: to be -led from school essere espulso da scuola. **expellant** [-ənt] I a. espulsivo, espulsorio. II s. (Farm) farmaco m espulsivo.

expellee [,ekspe'li:] s. espulso m (f -a).

xpend [iks'pend] v.t. 1 consumare, esaurire: to ~ time and money on s.th. consumare tempo e denaro in qc. 2 (to pay out) spendere, impiegare, usare. **expendable** [-əbl] I a. 1 spendibile, usabile, consumabile. 2 (Mil) che si può sacrificare (in caso di necessità). 3 (fig) di poco valore (o conto). II s. (Mil) (general. al pl.: of a person) soldato m che viene sacrificato (in un'azione); (of things) materiale m di consumo. **expenditure** [-itʃə] s. 1 dispendio m, consumo m. 2 (amount expended) spesa f, somma f spesa, uscita f; (disbursement) sborso m. □ income and ~ le entrate e le uscite.

xpense [iks'pens] s. 1 spesa f: at one's own ~ a proprie spese; (cost) costo m. 2 pl. (Comm) (charges incurred) spese fpl; (reimbursement) rimborso m spese. □ at any ~ a qualunque costo (o prezzo); (fig) at s.o.'s ~ alle spalle di qd.; at the ~ of: 1 a prezzo (o costo) di: at the ~ of his life a prezzo della (sua) vita; 2 (to the detriment of) a detrimento (o danno) di; to cut down -s ridurre le spese; to go to ~ affrontare le spese; at public ~ a spese dello Stato; to put o.s. to great ~ sobbarcarsi a una spesa ingente; to spare no ~ non badare a spese. **pense| account** s. (Comm) conto m spese. ~ **allowance** s. rimborso m spese.

xpensive [iks'pensiv] a. costoso, dispendioso, caro, (fam) profumato: an ~ dress un vestito costoso. □ travelling is ~ viaggiare costa. **expensively** [-li] avv. a caro prezzo. **expensiveness** [-nis] s. dispendiosità f, l'essere costoso.

xperience [iks'piəriəns] I s. 1 esperienza f: to learn from ~ imparare per esperienza. 2 (skill gained by practice) esperienza f, pratica f: have you any previous teaching ~? na precedenti esperienze d'insegnamento? 3 (event) esperienza f: an amusing ~ un'esperienza divertente; (stimulating event) esperienza f emozionante. II v.t. 1 (e)sperimentare, fare esperienza di; (to undergo) subire; (to meet with) incontrare: to ~ difficulty incontrare difficoltà. 2 (to feel, suffer) provare, sentire, sperimentare: to ~ pleasure provare piacere. □ business ~ esperienza commerciale, pratica d'affari; to know s.th. from (o by) ~ sapere qc. per esperienza; (am) to ~ religion (ri)acquistare fede in Dio; facts within my ~ fatti di cui ho conoscenza diretta. **experienced** [-t] a. esperto, abile, competente, pratico.

xperiential [iks,piəri'enʃəl] a. basato sull'esperienza, empirico. **experientialism** [-izəm] s. (Filos) empirismo n. **experientialist** [-ist] s. empirista m/f.

xperiment [iks'perimənt] I s. esperimento m, esperienza f: a chemistry ~ un esperimento di chimica. 2 (process of experimenting) sperimentazione f, esperimenti mpl: the result of long ~ il risultato di una lunga sperimentazione. 3 (test, trial) prova f. II v.i. fare esperimenti (on, with su, con), sperimentare (qc.): to ~ with new methods sperimentare nuovi metodi; to ~ on animals fare esperimenti su animali. **ex,perimental** [-'mentl] a. 1 sperimentale: at an ~ stage a uno stadio sperimentale. 2 (empirical) sperimentale, empirico: ~ methods metodi sperimentali.

experimental animal s. animale m da esperimento (o laboratorio).

experimentalism [iks,peri'mentəlizəm] s. (Filos) sperimentalismo m. **ex,perimentalist** [-'mentəlist] s. 1 (Filos) sperimentalista m/f. 2 (person conducting scientific experiments) sperimentatore m (f -trice). **ex,perimentalize** [-'mentəlaiz] v. → **experiment**.

experimental| physics s.pl. (costr. sing.) fisica f sperimentale. ~ **research** s. ricerca f sperimentale.

experimenter [iks'perimentə] s. sperimentatore m (f -trice).

experiment station s. centro m sperimentale.

expert ['ekspə:t] I s. esperto m (f -a), perito m (f -a); (specialist) specialista m/f. II a. 1 esperto (at, in in). 2 (masterly, proficient) esperto, provetto, abile: ~ driver guidatore esperto. 3 (coming from an expert) di un esperto: ~ advice parere di un esperto.

expert advice s. perizia f.

expertise fr. [ekspər'ti:z] s. expertise f, perizia f.

expertly [eks'pə:tli] avv. con perizia, abilmente. **expertness** [-tnis] s. perizia f, destrezza f.

expert| opinion s. (Dir) perizia f. ~ **system** s. (Inform) sistema m esperto.

expiable ['ekspiəbl] a. espiabile. **expiate** [-pieit] v.t. espiare, scontare. **,expiation** [-pi'eiʃən] s. espiazione f. □ in ~ of in espiazione di; to make ~ for a crime espiare un crimine. **expiator** [-pieitə] s. chi espia. **expiatory** [-pieitəri] a. espiatorio, propiziatorio.

expiration [,ekspai(ə)'reiʃən] s. 1 espirazione f. 2 (fig) scadenza f, termine m, fine f: ~ of a contract scadenza di un contratto.

expiration date s. (Alim) data f di scadenza.

expiratory [iks'pai(ə)rətəri] a. 1 espiratorio (anche Ling.). 2 (Anat) espiratore.

expire [iks'paiə] I v.i. 1 (to breathe out) espirare. 2 (fig) (to die) spirare, morire. 3 (fig) (to die out) estinguersi, spegnersi. 4 (fig) (to come to an end) scadere, finire, terminare: the bill -s at the end of the month la cambiale scade alla fine del mese. II v.t. espirare, esalare. **expiry** [-ri] s. 1 espirazione f. 2 (fig) (death) morte f. 3 (fig) (termination) fine f, termine m; (of a contract, etc.) scadenza f.

expiry date s. data f di scadenza.

explain [iks'plein] I v.t. 1 spiegare: can you ~ this sentence to me? puoi spiegarmi questa frase?; (to clarify) chiarire. 2 (to make known in detail) spiegare minuziosamente, delucidare: he -ed the situation to me mi spiegò minuziosamente come stavano le cose. 3 (to account for) spiegare, giustificare. II v.i. spiegare, dare chiarimenti: let me ~ lasciami spiegare. □ to ~ away: 1 giustificare; 2 (to dispel by explanation) dissipare mediante spiegazioni.

explainable [iks'pleinəbl] a. spiegabile. **explainer** [-nə] s. chi spiega.

explanation [,eksplə'neiʃən] s. 1 spiegazione f, (s)chiarimento m, delucidazione f. 2 (justification) giustificazione f, spiegazione f. 3 (cause) causa f, motivo m. 4 (reconciliation) spiegazione f: to come to an ~ with s.o. venire a una spiegazione con qd. □ to say s.th. in ~ of dire qc. a giustificazione (di).

explanatory [iks'plænətəri] a. esplicativo.

expletive [eks'pli:tiv, iks-] I a. 1 espletivo, riempitivo. 2 (Gramm) espletivo. II s. 1 esclamazione f; (oath) imprecazione f. 2 (Gramm) riempitivo m. **expletory** [-təri] a. → **expletive**.

explicable ['eksplikəbl] a. spiegabile, esplicabile.

explicate ['eksplikeit] v.t. 1 sviluppare. 2 (to explain) spiegare, chiarire. 3 (to unravel) districare, sbrogliare. **,explication** [-'keiʃən] s. spiegazione f, chiarimento m;

(*interpretation*) interpretazione *f.* **explicative** [–iv], **explicatory** [–əri] *a.* esplicativo.

explicit [iks'plisit] *a.* **1** esplicito, preciso, specifico: ~ *instructions* istruzioni precise. **2** (*definite*) netto, categorico, esplicito: *an* ~ *refusal* un netto rifiuto. **3** (*outspoken*) esplicito, chiaro, franco: *he was quite* ~ *about the matter* fu molto esplicito sull'argomento. **4** ⟨*Mat*⟩ esplicito. **explicitness** [–nis] *s.* chiarezza *f.*

explode [iks'ploud] **I** *v.i.* **1** esplodere, scoppiare (*anche fig.*): *the bomb* –*d* la bomba esplose; *to* ~ *with anger* scoppiare dalla (*o* di) rabbia. **2** (*to burst into pieces*) esplodere, saltare in aria: *the powder magazine* –*d* la polveriera saltò in aria. **II** *v.t.* **1** far esplodere (*o* scoppiare): *to* ~ *a bomb* far esplodere una bomba. **2** ⟨*fig*⟩ distruggere, demolire, abbattere: *to* ~ *a myth* distruggere un mito.

exploded view [iks'plouded] *s.* ⟨*tecn*⟩ disegno *m* esploso.

explodent [iks'ploudənt] *s.* ⟨*Mil*⟩ esplosivo *m.* **exploder** [–ə] *s.* ⟨*tecn*⟩ (*detonator*) detonatore *m;* (*blasting machine*) esploditore *m.*

exploit¹ ['eksploit, iks'–] *s.* impresa *f,* prodezza *f,* gesta *fpl.*

exploit² [iks'ploit] *v.t.* **1** sfruttare: *to* ~ *the working classes* sfruttare le classi operaie; *to* ~ *a mine* sfruttare una miniera. **2** (*to make use of*) utilizzare, servirsi di, sfruttare.

exploitable [iks'ploitəbl, eks–] *a.* sfruttabile, utilizzabile. **exploitation** [eksploi'teiʃən] *s.* **1** sfruttamento *m.* **2** (*publicity*) pubblicità *f.* □ ~ *of mineral deposits* coltivazione mineraria. **exploiter** [–tə] *s.* sfruttatore *m* (*f* –trice).

exploration [eksplɔ'reiʃən] *s.* esplorazione *f.* **explorative** [iks'plɔ:rətiv], **exploratory** [iks'plɔ:rətəri] *a.* **1** esplorativo, d'esplorazione (*anche Chir.*). **2** (*preliminary*) esplorativo: ~ *talk* colloquio esplorativo.

explore [iks'plɔ:] **I** *v.t.* **1** esplorare (*anche Med.*). **2** (*to investigate*) esaminare, investigare, indagare: *to* ~ *the possibilities for an agreement* esaminare le possibilità di un accordo. **II** *v.i.* fare ricerche. **explorer** [–rə] *s.* **1** esploratore *m* (*f* –trice). **2** ⟨*Chir,Dent*⟩ specillo *m.*

explosion [iks'plouʒən] *s.* **1** esplosione *f,* detonazione *f;* (*noise*) esplosione *f,* scoppio *m.* **2** ⟨*fig*⟩ (*outburst of laughter, etc.*) esplosione *f,* scoppio *m.* **3** ⟨*fig*⟩ (*sudden increase*) esplosione *f:* *population* ~ esplosione demografica. **4** ⟨*fig*⟩ (*of a theory, etc.*) demolizione *f,* distruzione *f.* **5** ⟨*Mot*⟩ scoppio *m.* **6** ⟨*Fon*⟩ esplosione *f.* **explosion-proof** *a.* antideflagrante.

explosive [iks'plousiv] **I** *a.* **1** esplosivo (*anche fig.*): *an* ~ *situation* una situazione esplosiva. **2** ⟨*fig*⟩ (*hot-tempered*) collerico, irascibile: *an* ~ *temper* un temperamento collerico. **3** ⟨*Fon*⟩ esplosivo, occlusivo. **II** *s.* **1** ⟨*Mil*⟩ esplosivo *m.* **2** ⟨*Fon*⟩ esplosiva *f,* occlusiva *f,* consonante *f* esplosiva.

exponent [eks'pounənt] *s.* **1** espositore *m* (*f* –trice); (*interpreter*) interprete *m/f.* **2** (*advocate*) sostenitore *m* (*f* –trice). **3** ⟨*Mat*⟩ esponente *m,* indice *m.* ,**exponential** [–po(u)'nenʃəl] *a.* ⟨*Mat*⟩ esponenziale.

export **I** *v.t.* [iks'pɔ:t] **1** esportare. **2** ⟨*fig*⟩ esportare, diffondere (oltre i confini). **II** *s.* ['ekspɔ:t] **1** esportazione *f.* **2** (*article*) articolo *m* (*o* merce *f*) d'esportazione. **exportable** [iks'pɔ:təbl] *a.* esportabile, d'esportazione. **exportation** [ekspɔ:'teiʃən] *s.* esportazione *f.*

export| bill ['ekspɔ:t] *s.* ⟨*Comm*⟩ tratta *f* sull'estero. ~ **bond** *s.* ⟨*Econ*⟩ cauzione *f* per l'esportazione. ~ **bounty** *s.* premio *m* all'esportazione. ~ **credit** *s.* ⟨*Econ*⟩ credito *m* all'esportazione. ~ **duty** *s.* dazio *m* d'esportazione.

exporter [iks'pɔ:tə] *s.* **1** (*person*) esportatore *m* (*f* –trice). **2** (*firm*) ditta *f* esportatrice.

export| licence ['ekspɔ:t] *s.* licenza *f* d'esportazione. ~ **quota** *s.* quota *f* d'esportazione. ~ **trade** *s.* commercio *m.*

expose [iks'pouz] *v.t.* **1** esporre: *to* ~ *o.s. to the sun* esporsi al sole. **2** (*to exhibit*) esporre, mettere in mostra: *to* ~ *a painting* esporre un quadro. **3** ⟨*fig*⟩ (*to reveal*) svelare, rivelare; (*to unmask*) smascherare: *to* ~ *a traitor*

smascherare un traditore. **4** ⟨*Stor*⟩ (*of an infant*) esporr abbandonare. **5** ⟨*Fot*⟩ esporre, impressionare. **6** ⟨*Lʃ* esporre: *to* ~ *the Host* esporre il Santissimo.

exposé *fr.* [eks'pouzei, *am.* ˌekspə'zei] *s.* **1** denunzia *f.* ⟨*burocr*⟩ esposto *m.*

exposed [iks'pouzed] *a.* **1** esposto, soggetto (*to* a), nc riparato (da): ~ *to the air* esposto all'aria. **2** (*open view*) in vista, allo scoperto. **3** (*open to attack*) esposto: *to criticism* esposto alle critiche. **4** (*of a card*) scoperto. ⟨*Fot*⟩ impressionato.

exposition [ekspə'ziʃən] *s.* **1** esposizione *f:* ~ *of the fac* esposizione dei fatti; (*explanation*) spiegazione (*interpretation*) interpretazione *f.* **2** ⟨*am*⟩ (*exhibitio* esposizione *f,* mostra *f.* **3** ⟨*Stor*⟩ (*of an infant*) esposizio *f,* abbandono *m.* **4** ⟨*Lett,Mus*⟩ esposizione *f.* **5** ⟨*Lʃ* esposizione *f,* quarantore *fpl.*

expositive [iks'pɔzitiv] *a.* espositivo, esplicativ (*descriptive*) descrittivo. **expositor** [–tə] *s.* espositore *m* –trice), commentatore *m* (*f* –trice). **expository** [–təri] **→ expositive.**

expostulate [iks'pɔstjuleit] *v.i.* rimostrare, fare rimostran (*with* a), protestare (con). **ex,postulation** [–'leiʃən] *s.* rimostranza *f,* lagnanza *f.* **2** (*speech, writing*) esposto *ı* **expostulative** [–iv], **expostulatory** [–əri] *a.* rimostranza, di lagnanza.

exposure [iks'pouʒə] *s.* **1** esposizione *f:* ~ *to the sʃ* esposizione al sole. **2** (*revealing*) rivelazione *f,* denunzia (*of people*) smascheramento *m.* **3** (*exhibiting*) esposizio *f,* mostra *f.* **4** (*state of being exposed*) esposizione posizione *f: house with a western* ~ casa con esposizione ponente. **5** ⟨*Fot*⟩ esposizione *f;* (*section of film*) posa *f:* *film with thirty six* –*s* un rullino da trentasei pose; (*tim* tempo *m* d'esposizione⌐ (*o* di posa), posa *f,* esposizione **6** ⟨*Stor*⟩ (*of a child*) esposizione *f,* abbandono *m.* ⟨*Atom*⟩ irradiazione *f.*

exposure| counter *s.* ⟨*Fot*⟩ contafotogrammi *m.* **meter** *s.* ⟨*Fot*⟩ esposimetro *m.*

expound [iks'paund] *v.t.* **1** esporre: *to* ~ *a theory* espoɪ una teoria. **2** (*to explain*) esporre, spiegare: *to* ~ *a tɛ* spiegare un testo; (*to interpret*) interpretare. **expound** [–ə] *s.* espositore *m* (*f* –trice).

express [iks'pres] **I** *v.t.* **1** esprimere, esternare, esporre: ~ *an opinion* esprimere un'opinione. **2** (*to sho* esprimere, manifestare, rivelare: *her face* –*ed her disgust* suo viso esprimeva il suo disgusto. **3** (*rifl*) esprimersi: –*ed himself strongly* si espresse con molta fermezza. ⟨*am.Post*⟩ spedire per espresso. **5** (*non com*) (*to pɾ* *out*) spremere. **II** *a.* **1** esplicito, chiaro, formale: *to gʃ s.o.* ~ *instructions* dare chiare istruzioni a qd.; *agreement* accordo esplicito; (*distinctly stated*) espres: manifesto: *at your* ~ *wish* per tuo espresso desiderio. (*specific*) specifico, preciso: *for an* ~ *purpose* per u scopo preciso. **3** (*well-defined*) esatto, preciso: *an likeness* una precisa somiglianza. **4** ⟨*Post*⟩ espresso. **5** *a train, bus, etc.*) espresso, rapido. **6** ⟨*Artigl*⟩ espansione. **III** *s.* **1** autobus *m* espresso. **2** ⟨*Fe* espresso *m,* treno *m* espresso, direttissimo *m.* **3** ⟨*Po* espresso *m: to send a parcel by* ~ spedire un pacco ɪ espresso. **4** ⟨*Post*⟩ (*message*) espresso *m;* (*messengɛ* corriere *m* (*o* messaggero) speciale. **5** ⟨*am*⟩ → **expr** **company. IV** *avv.* per espresso: *to send a letter* mandare una lettera per espresso. **expressage** [–idʒ] *s.* spedizione *f* di pacchi per espresso. **2** (*charge*) spese *fpl* spedizione per espresso.

express| bullet *s.* ⟨*Artigl*⟩ proiettile *m* a espansione. **company** *am.* *s.* servizio *m* corriere, agenzia *f* spedizioni per espresso. ~ **delivery** *s.* distribuzione *f* consegna) per espresso. ~ **delivery agency** *s.* agenzia di recapito espressi. ~ **highway** *am.* *s.* ⟨*Straʃ* autostrada *f.*

expressible [iks'presibl] *a.* esprimibile.

expression [iks'preʃən] *s.* **1** espressione *f* (*anche Mʃ Mat.*): *the* ~ *of one's gratitude* l'espressione della proɪ gratitudine; *to read without* ~ leggere senza espressioɪ *an* ~ *of disgust* un'espressione di disgusto. **2** (*phraʃ* espressione *f,* locuzione *f.* **3** (*pressing out*) lo spremere. *beyond* (*o* *past*) ~ inesprimibile, indicibile; *to give* ~

› *idea* esprimere un'idea. **expressional** [–əl] *a.* relativo 'espressione.

›ressionism [iks'preʃənizəm] *s.* ⟨*Art,Lett*⟩ espressioni›o *m.* **expressionist** [–nist] I *a.* espressionista. *s.* espressionista *m/f.* **ex,pressionistic** [–'nistik] *a.* **expressionist.**

›ressionless [iks'preʃənlis] *a.* inespressivo, senza pressione.

›ression lines *s.pl.* rughe *fpl* di espressione.

›ressive [iks'presiv] *a.* **1** espressivo: *an ~ face* un volto ›ressivo; (*significant*) espressivo, eloquente, significativo: *~ silence* un silenzio eloquente. **2** (*serving to express*) ›e esprime (*of s.th.* qc.): *a look ~ of gratitude* uno ›uardo che esprime gratitudine. **expressiveness** [–nis] espressività *f,* capacità *f* espressiva.

›ress letter *s.* ⟨*Post*⟩ espresso *m,* lettera *f* espresso.

›ressly [iks'presli] *avv.* **1** espressamente, esplicitamente, ›iaramente. **2** (*specially*) espressamente, appositamente, ›posta.

›ress| messenger *s.* ⟨*Post*⟩ fattorino *m* degli espressi. **~ rifle** *s.* ⟨*Mil*⟩ fucile *m* a tiro rapido. **~ train** *s.* ⟨*Ferr*⟩ ›resso *m,* treno *m* espresso, direttissimo *m.* **~ wagon** ›. *s.* ⟨*Ferr*⟩ vagone *m* per merci spedite per espresso. **~ way** *am. s.* → **express highway.**

›ropriate [eks'prouprieit] *v.t.* **1** espropriare: *to ~ a* ›*rm* espropriare una fattoria. **2** (*to dispossess*) privare, ›ossessare: *to ~ s.o. from s.th.* privare qd. di qc. **,propriation** [–ri'eiʃən] *s.* espropriazione *f,* esproprio ›. **expropriator** [–ə] *s.* espropriatore *m* (*f* –trice).

›ulsion [iks'pʌlʃən] *s.* espulsione *f* (*anche Scol.*). ›**pulsive** [–lsiv] *a.* espulsivo.

›unction [iks'pʌŋkʃən] *s.* ⟨*Filol*⟩ espunzione *f.* **›punge** [–'pʌndʒ] *v.t.* **1** ⟨*Filol*⟩ espungere. **2** (*to delete*) ›ncellare; (*to omit*) omettere.

›urgate ['ekspə:geit] *v.t.* espurgare. **,expurgation** ›geiʃən] *s.* espurgazione *f.* **expurgator** [–ə] *s.* ›urgatore *m* (*f* –trice).

›urgatorial [iks,pə:gə'tɔ:riəl], **ex'purgatory** [–təri] *a.* ›urgatorio.

›uisite ['ekswizit] I *a.* **1** di rara bellezza, mirabile, ›endido, stupendo: *~ poetry* versi mirabili. **2** (*beautifully ›ide*) di squisita (*o* delicatissima) fattura. **3** (*of pleasure,* ›*in, etc.*) acuto, vivo, intenso. **4** (*keenly sensitive*) ›uisito, fine: *~ taste* un gusto squisito. **5** (*of a person*) ›uisito, raffinato. II *s.* gagà *m,* damerino *m,* elegantone ›ellimbusto *m.* **exquisiteness** [–nis] *s.* **1** squisitezza ›delicatezza *f,* raffinatezza *f.* **2** (*of pleasure, pain*) ›tezza *f,* intensità *f.*

›anguinate [eks'sæŋgwinit] *v.t.* dissanguare. ›**sanguine** [–win], **exsanguinous** [–nəs] *a.* **1** esangue. **2** ⟨*Med*⟩ anemico.

›cind [ek'sind] *v.t.* **1** recidere, tagliar via. **2** (*fig*) ›ettere.

›ect [ek'sekt] *v.t.* ⟨*Chir*⟩ asportare, recidere. **exsection** ›:ʃən] *s.* ⟨*Chir,Etnol*⟩ escissione *f.*

›ert [eks'sə:t] *v.t.* ⟨*Biol*⟩ far sporgere. **exserted** [–id] *a.* ›orgente.

›service *a.* ⟨*Mil*⟩ già appartenente alle forze armate. ›**-serviceman** [mən] *s.irr.* **1** ex combattente *m.* **2** ›eran) veterano *m.*

›ship *a./avv.* ⟨*Comm*⟩ franco sottobordo (*o* allo ›rco).

›iccate ['eksikeit] *v.t.* **1** essiccare, asciugare. **2** (*to dry* ›) prosciugare. **,exsiccation** [–'keiʃən] *s.* essiccazione *f,* ›sciugamento *m.*

›store *a./avv.* ⟨*Comm*⟩ franco magazzino.

›nt [eks'tænt] *a.* ancora esistente.

›mporaneous [iks,tempə'reinjəs] *a.* **1** estemporaneo, ›provvisato. **2** (*of a person*) estemporaneo, che ›provvisa: *~ speaker* oratore estemporaneo. **3** ›akeshift) di fortuna, improvvisato. **extemporaneness** [–nis] *s.* estemporaneità *f,* improvvisazione *f.* **temporary** [–rəri] *a.* → **extemporaneous. ex'temre** [–ri] I *a.* → **extemporaneous.** II *avv.* ex tempore, ›za preparazione. □ *to speak ~* parlare improvvisando, ›rovvisare un discorso. **extemporization** [–rai'zeiʃən] improvvisazione *f.* **ex'temporize** [–raiz] I *v.t.*

improvvisare (*anche Mus.*). II *v.i.* **1** parlare estemporaneamente (*o* improvvisando). **2** (*to get along without planning, etc.*) improvvisare (*anche Mus.*). **ex'temporizer** [–raizə] *s.* improvvisatore *m* (*f* –trice).

extend [iks'tend] I *v.t.* **1** estendere, tendere, distendere: *to ~ a limb* tendere un arto. **2** (*to make larger in space*) estendere, prolungare: *to ~ a railway line* prolungare una linea ferroviaria. **3** (*to stretch out*) stendere, distendere, allungare: *he –ed himself on the couch* si stese sul divano. **4** (*to prolong*) prolungare, protrarre: *to ~ a visit* prolungare una visita. **5** (*to enlarge, expand*) estendere, ampliare, allargare: *he has –ed his activities down into the South* ha allargato la sua attività anche nel meridione. **6** (*to proffer*) offrire, porgere: *to ~ a welcome to s.o.* porgere il benvenuto a qd.; (*to grant, give*) accordare, concedere, dare: *to ~ aid* concedere aiuti. **7** (*to tax to the utmost; general.* al pass.) mettere a dura prova, impegnare al massimo. **8** ⟨*Econ*⟩ (*of a debt*) prorogare, dilazionare. **9** ⟨*Mil*⟩ spiegare, schierare: *to ~ forces* spiegare le truppe. **10** ⟨*Comm*⟩ (*of figures*) riportare. **11** ⟨*Comm*⟩ (*to assess*) valutare, stimare; (*to take possession of*) confiscare, sequestrare. II *v.i.* **1** (e)stendersi: *the valley –ed before us* la valle si stendeva davanti a noi; (*of a period of time*) prolungarsi, estendersi, allungarsi. **2** (*to spread*) estendersi, ampliarsi. **3** (*to reach*) estendersi, arrivare: *our garden –s down to the river* il nostro giardino si estende fino al fiume. □ *to ~ shorthand notes* trascrivere note stenografiche.

extended [iks'tendid] *a.* **1** steso, teso, disteso. **2** (*prolonged*) prolungato, protratto: *an ~ visit* una visita prolungata. **3** (*spread out*) spiegato, disteso. **4** (*outstretched*) steso, allungato: *~ arms* braccia stese. **5** (*extensive*) esteso, ampio. **6** (*of great scope*) vasto, ampio, largo. **7** (*taxed to the utmost*) impegnato al massimo. **8** ⟨*Tip*⟩ allargato. **9** ⟨*Mil*⟩ spiegato, schierato. **extended| order** *s.* ⟨*Mil*⟩ ordine *m* sparso. **~ play** *s.* disco *m* microsolco (a 45 giri). **~ wear (contact) lenses** *s.pl.* ⟨*Ott*⟩ lenti *fpl* a contatto a lunga portata. **extender** [iks'tendə] *s.* ⟨*Chim*⟩ carica *f,* riempitivo *m.* **extendible** [–dibl] *a.* → **extensible.**

extensibility [,ikstensi'biliti] *s.* estensibilità *f,* estendibilità *f.* **ex'tensible** [–bl], **ex'tensile** [–sil] *a.* estensibile, estendibile.

extension [iks'tenʃən] *s.* **1** estensione *f,* ampliamento *m,* allargamento *m.* **2** (*addition*) aggiunta *f,* prolungamento *m: an ~ to a building* un'aggiunta a un edificio; (*in time*) prolungamento *m,* differimento *m,* protrazione *f.* **3** (*range*) estensione *f,* raggio *m.* **4** (*number*) interno *m,* numero *m* interno. **5** ⟨*Comm*⟩ dilazione *f,* proroga *f: ~ of credit* proroga (*o* rinnovo) di credito. **6** ⟨*Gramm*⟩ apposizione *f.* **7** ⟨*Anat,Fis,Filos*⟩ estensione *f.* **8** ⟨*Chir*⟩ estensione *f,* trazione *f.* **9** ⟨*Mecc,El*⟩ prolunga *f.* □ *to get an ~ of time* ottenere una proroga.

extension| courses *s.pl.* ⟨*Univ*⟩ corsi *mpl* per persone non iscritte all'università. **~ ladder** *s.* scala *f* allungabile. **~ spring** *s.* ⟨*tecn*⟩ molla *f* per trazione. **~ table** *s.* tavolo *m* allungabile.

extensive [iks'tensiv] *a.* **1** esteso, vasto, grande, ampio: *~ estates* vaste tenute. **2** (*lengthy*) lungo. **3** (*far–reaching*) vasto, approfondito: *~ knowledge* una conoscenza approfondita. **4** (*great in scope*) su vasta (*o* grande) scala: *~ business connections* relazioni d'affari su vasta scala. **5** ⟨*Agr*⟩ estensivo. **extensiveness** [–nis] *s.* ampiezza *f,* larghezza *f,* vastità *f.*

extensor [iks'tensə] *s.* ⟨*Anat*⟩ estensore *m,* muscolo *m* estensore.

extent [iks'tent] *s.* **1** estensione *f,* dimensioni *fpl: an estate of great ~* una tenuta di vaste dimensioni. **2** (*expanse*) distesa *f,* estensione *f.* **3** (*compass, scope*) ambito *m,* sfera *f: within the ~ of my powers* nell'ambito delle mie possibilità. **4** (*limit*) grado *m,* limite *m: to the full ~ of his power* fino all'estremo limite delle sue possibilità. **5** ⟨*Dir*⟩ (*writ of extent*) ordine *m* di confisca; (*seizure*) confisca *f.* □ *to a certain ~* fino a un certo punto; *the ~ of the damage* l'entità dei danni; *to a great* (*o large*) *~* in larga misura; *a park three miles in ~* un parco che si estende per tre miglia; *to such an ~ that* a tal punto che;

to be in debt **to** *the* ~ *of five thousand lire* essere in debito (per la somma) di cinquemila lire; ⟨*burocr*⟩ *to the* ~ *of* fino alla concorrenza di; *to what* ~ *?* fin dove?, fino a che punto?

extenuate [iks'tenjueit] *v.t.* **1** attenuare, mitigare. **2** (*to minimize*), attenuare, sminuire, minimizzare. **3** (*to try to justify*) cercare di giustificare (*o* scusare).

extenuating circumstance [iks'tenjueitiŋ] *s.* ⟨*Dir*⟩ circostanza *f* attenuante, attenuante *f*.

extenuation [iks,tenju'eiʃən] *s.* **1** attenuazione *f*, diminuzione *f*, riduzione *f*. **2** (*partial excuse*) attenuante *f*, circostanza *f* attenuante; (*justification*) giustificazione *f*.

extenuative [-njueitiv], **extenuatory** [-njuətəri] *a.* attenuante, che tende a giustificare.

exterior [iks'tiəriə] **I** *a.* **1** esterno, esteriore. **2** (*suitable for outside*) esterno, per esterni. **II** *s.* **1** esterno *m*, parte *f* esterna. **2** (*of a person*) aspetto *m* (esteriore). **3** ⟨*Cin,Fot*⟩ esterno *m*. □ ⟨*Geom*⟩ ~ *angle* angolo esterno.

exteriority [eks,tiəri'ɔriti] *s.* esteriorità *f*. **exteriorization** [-riərai'zeiʃən] *s.* **1** ⟨*Psic,Chir*⟩ esteriorizzazione *f*. **2** (*manifestation*) manifestazione *f*, estrinsecazione *f*.

ex'teriorize [-riəraiz] *v.t.* **1** manifestare, estrinsecare. **2** → **externalize**. **3** ⟨*Chir*⟩ portare all'esterno.

exterminate [eks'tə:mineit] *v.t.* **1** sterminare, distruggere, annientare. **2** (*fig*) sradicare, estirpare. **ex,termination** [-'neiʃən] *s.* sterminio *m*, distruzione *f*. **exterminative** [-nətiv] *a.* → **exterminatory**. **exterminator** [-ə] *s.* **1** sterminatore (*f* –trice). **2** ⟨*Chim*⟩ disinfestante *m*. **exterminatory** [-əri] *a.* di sterminio, distruttivo.

extern *am.* ['ekstə:n, iks'tə:n] *s.* **1** medico *m* esterno. **2** ⟨*Scol,Univ*⟩ studente *m* (*f* –essa) esterno, esterno *m* (*f* –a).

external [iks'tə:nəl] **I** *a.* **1** esterno, esteriore: ~ *wall* muro esterno; ~ *influences* influenze esterne. **2** (*superficial*) esteriore, superficiale. **3** (*foreign*) straniero. **4** ⟨*Econ*⟩ estero: ~ *debt* debito estero. **II** *s.* **1** *pl.* aspetto *m* esteriore; (*appearances*) esteriorità *fpl*, apparenze *fpl*: *to judge by* –*s* giudicare dalle apparenze. **2** (*s.th. external*) esteriore *m*. □ ⟨*Dir*⟩ ~ *evidence* prova estrinseca; ⟨*Farm*⟩ *for* ~ *use only* solo per uso esterno.

externalities [,ekstə:'nælitiz] *s.pl.* ⟨*Econ*⟩ economie *fpl* esterne.

externality [,ikstə:'næliti] *s.* **1** esteriorità *f*. **2**· (*external feature*) aspetto *m* esteriore. **externalization** [-nəlai'zeiʃən] *s.* esteriorizzazione *f* (*anche Psic.*).

ex'ternalize [-nəlaiz] *v.t.* **1** concretare, dar forma a, estrinsecare, manifestare. **2** ⟨*Psic*⟩ esteriorizzare.

external| memory *s.* ⟨*Inform*⟩ memoria *f* esterna. ~ **policy** *s.* ⟨*Pol*⟩ politica *f* estera. ~ **sovereignty** *s.* ⟨*Dir*⟩ sovranità *f* esterna. ~ **student** *s.* esterno *m*. ~ **trade** *s.* commercio *m* (con l') estero.

exterritorial [,eksteri'tɔ:riəl] *a.* extraterritoriale, estraterritoriale.

extinct [iks'tiŋkt] *a.* **1** estinto, scomparso: *an* ~ *species* una specie estinta. **2** (*deceased*) estinto, morto. **3** (*obsolete*) caduto in disuso, disusato: *an* ~ *law* una legge caduta in disuso. **4** (*of a volcano*) spento, inattivo; (*of a fire, light, etc.*) spento. **5** (*fig*) (*of feelings, passions*) spento, morto. □ *to become* ~ estinguersi. **extinction** [-kʃən] *s.* **1** estinzione *f* (*anche Biol.,Econ.*). **2** ⟨*fig*⟩ crollo *m*, fine *f*. **extinctive** [-ktiv] *a.* **1** che estingue (*o* spegne). **2** ⟨*Dir*⟩ estintivo.

extinguish [iks'tiŋgwiʃ] *v.t.* **1** estinguere, spegnere: *to* ~ *a fire* spegnere un incendio. **2** ⟨*fig*⟩ (*to destroy*) distruggere, porre fine a: *the news* –*ed our hopes* la notizia pose fine alle nostre speranze. **3** ⟨*fig*⟩ (*to eclipse*) eclissare, oscurare. **4** ⟨*Econ*⟩ estinguere. **extinguishable** [-əbl] *a.* estinguibile, spegnibile. **extinguisher** [-ə] *s.* **1** (*fire extinguisher*) estintore *m*. **2** (*for a candle*) spegnitoio *m*. **extinguishment** [-mənt] *s.* **1** estinzione *f*. **2** ⟨*Econ*⟩ (*of a debt*) estinzione; (*nullification*) annullamento *m*.

extirpate ['ekstə:peit] *v.t.* **1** estirpare, sradicare (*anche fig.*). **2** (*to destroy*) distruggere, sterminare. **3** ⟨*Chir*⟩ estirpare. **,extirpation** [-'peiʃən] *s.* estirpazione *f*, sradicamento *m*, estirpamento *m* (*anche fig.*). **extirpator** [-ə] *s.* estirpatore *m* (*f* –trice) (*anche fig.*).

extol(l) [iks'toul] *v.t.* (*pret., p.p.* **extolled** [-d]) esaltare,

magnificare, celebrare. □ *to* ~ *s.o. to the skies* portare levare) qd. alle stelle.

extort [iks'tɔ:t] *v.t.* **1** estorcere: *to* ~ *money from* estorcere denaro a qd.; *to* ~ *a confession* estorcere confessione. **2** (*to elicit*) strappare, carpire. **extorti** [-'tɔ:ʃən] *s.* **1** estorsione *f* (*anche Dir.*). **2** (*s.th. extort* denaro *m* estorto, cosa *f* estorta. **extortionate** [-'tɔ:ʃə *a.* (*of prices, demands*) eccessivo, esorbitante. **extortio** [-'tɔ:ʃənə] *s.* chi estorce denaro.

extra ['ekstrə] **I** *a.* **1** supplementare, addizion aggiuntivo, extra: *an* ~ *charge* una spesa supplement (*special*) straordinario: *to do* ~ *work* fare del lav straordinario; (*subject to an extra charge*) non comp nel prezzo, da pagarsi a parte. **2** (*superior*) ex eccellente, superiore. **II** *s.* **1** soprappiù *m*, extra supplemento *m*, aggiunta *f*. **2** (*added charge*) spesa *f* ex extra *m*. **3** ⟨*Giorn*⟩ edizione *f* straordinaria. **4** ⟨*Cin,T* comparsa *f*, extra *m*. **III** *avv.* **1** più del normale (*o* sol ~ *large* più grande del normale. **2** (*specia* eccezionalmente, straordinariamente: *he has done* ~ ha fatto straordinariamente bene. □ *no* –*s* t compreso.

extrabold I *s.* ⟨*Tip*⟩ nero *m*. **II** *a.* in nero.

extracorporeal *a.* ⟨*Med*⟩ extracorporeo: ~ *circula* circolazione extracorporea.

extract I *v.t.* [iks'trækt] **1** estrarre, cavare, tirar fuori: *a tooth* estrarre un dente. **2** (*to derive*) trarre, deriv ricavare. **3** (*to select from a book*) stralciare; (*to ext excerpts from*) citare. **4** (*to draw out by force persuasion*) estorcere, strappare: *to* ~ *a promise from* strappare una promessa a qd.; (*of money*) sprem spillare. **5** (*of juices, oil*) estrarre, ricavare. **6** ⟨*N* estrarre. **II** *s.* ['ekstrækt] **1** estratto *m*. **2** (*exce quotation*) brano *m* scelto, stralcio *m*, estratto *m*. **3** ⟨*Lett*⟩ passi *mpl* scelti. **4** (*from a plant, etc.*) estratto essenza *f*. **extractable** [iks'træktəbl] *a.* estrait ricavabile.

extraction [iks'trækʃən] *s.* **1** estrazione *f*. **2** (*desc lineage*) estrazione *f*, origine *f*, condizione *f* sociale: *t of low* ~ essere di bassa estrazione. **extractive** [-kti *a.* **1** ⟨*Ind*⟩ estrattivo: ~ *industries* industrie estrattive (*capable of being extracted*) estraibile. **3** (*of an extract* un estratto. **II** *s.* sostanza *f* estratta. **extractor** [-kt estrattore *m* (*anche Chir.*).

extracurricular [,ekstrəkə'rikjulə] *a.* ⟨*Scol*⟩ parascolast

extraditable ['ekstrədaitəbl] *a.* **1** (*of a crime*) che re passibile d'estradizione. **2** (*of a person*) passi d'estradizione. **extradite** [-dait] *v.t.* **1** estradare. **2** *obtain the extradition of*) ottenere l'estradizione ,**extradition** [-'diʃən] *s.* estradizione *f*.

extradition treaty *s.* trattato *m* d'estradizione.

,**extra|ga'lactic** *a.* ⟨*Astr*⟩ extragalattico. **,~ju'dicial** estragiudiziale, stragiudiziale. **,~lin'guistic** *a.* extra guistico. **,~'marital** *a.* extraconiugale. **,~'mundane** ultraterreno. **,~'mural** *a.* **1** ⟨*Univ*⟩ fuori dell'universit (*outside the city walls*) fuori delle (*o* le) mura. □ ⟨*U* ~ *courses* corsi liberi (*o* aperti).

extraneous [eks'treinjəs] *a.* **1** estraneo. **2** (*not intri* estraneo, senza rapporto; (*irrelevant*) non pertinente, luogo.

extraordinariness [iks'trɔ:dinərinis] *s.* straordinariet eccezionalità *f*. **extraordinary** [-nəri] *a.* **1** straordin ~ *powers* poteri straordinari. **2** (*exceptio* straordinario, eccezionale: ~ *beauty* straordinaria belle (*strange*) strano, curioso: *what an* ~ *idea!* che strana i (*surprising*) sorprendente.

,**extra parlia'mentary** *a.* ⟨*Pol*⟩ extraparlamentare *opposition* opposizione extraparlamentare.

extraphysical [,ekstrə'fizikəl] *a.* non soggetto a fisiche.

extrapolate [eks'træpəleit] **I** *v.t.* **1** ⟨*Statist,N* estrapolare, extrapolare. **2** (*to infer*) arguire, dedurre *v.i.* fare un'estrapolazione. ,**extrapolation** [-po(u)'le *s.* ⟨*Mat*⟩ estrapolazione *f*.

extra| price *s.* soprapprezzo *m*, sovrapprezzo **~pro'fessional** *a.* extraprofessionale. ~ '**profit** *s.* ⟨*E* sopraprofitto *m*. **,~'sensory** *a.* extrasensoriale, *erception* percezione extrasensoriale. ,~-'special *a.* pecialissimo. ~ **tax** *s.* sovrattassa *f.* ,~terres'trial *a.* xtraterrestre: ~ *civilization* civiltà extraterrestre. ~terri'torial *a.* extraterritoriale. ,~territori'ality *s.* xtraterritorialità *f.* ~ 'time *s.* ⟨*Sport*⟩ tempo *m* upplementare. ,~'uterine *a.* ⟨*Med*⟩ extrauterino.

.**travagance** [iks'trævəgəns] *s.* **1** prodigalità *f,* dispendio *n* esagerato, sperpero *m.* **2** (*extravagant conduct*) travaganza *f,* bizzarria *f.* **extravagant** [–nt] *a.* **1** •rodigo, spendereccio. **2** (*of prices, etc.*) esorbitante, esoso, sagerato. **3** (*exaggerated*) eccessivo, esagerato, smodato: ~ *praises* lodi esagerate. **4** (*flamboyant*) stravagante, •izzarro. **extravaganza** [eks,trævə'gænzə] *s.* **1** ⟨*Mus,Lett*⟩ :omposizione *f* fantastica (*o* farsesca). **2** ⟨*Teat*⟩ •roduzione *f* spettacolare. **3** (*behaviour*) comportamento *n* stravagante.

.**travašate** [eks'trævəseit] **I** *v.t.* **1** ⟨*Med*⟩ far travasare. **2** *Geol*⟩ far eruttare. **II** *v.i.* **1** ⟨*Med*⟩ travasarsi. **2** ⟨*Geol*⟩ ruttare. **ex,travasation** [–'sei∫ən] *s.* **1** ⟨*Med*⟩ (*act*) •stravasazione *f;* (*matter*) travaso *m.* **2** ⟨*Geol*⟩ (*act*) ruttazione *f;* (*matter*) materiale *m* eruttato.

.**treme** [iks'tri:m] **I** *a.* **1** estremo, grandissimo, sommo: ~ *danger* estremo pericolo. **2** (*drastic*) estremo, drastico, .enza mezzi termini, draconiano: ~ *measures* •rovvedimenti estremi. **3** (*farthest, utmost*) estremo (*anche ?ol.*): ~ *old age* estrema vecchiaia; *the* ~ *edge of the* •oods il margine estremo del bosco. **4** (*of persons, •pinions*) da estremista, estremistico. **II** *s.* **1** estremo *m,* •ccesso *m: to go from one* ~ *to the other* passare da un •stremo all'altro. **2** (*greatest intensity*) estremo *m,* punta *f* •strema: –*s of heat and cold* le punte estreme del caldo e lel freddo. **3** *pl.* (*excesses*) estremi *mpl,* eccessi *mpl.* **4** *Mat,Filos*⟩ estremo *m.* □ *to carry s.th. to* ~ spingere qc. •ll'estremo; *to go from one* ~ *to the other* andare da un •stremo all'altro, *to go to –s* arrivare agli estremi, ricorrere • rimedi estremi; *in the* ~ → **extremely.** *Prov.:* –*s meet* .li estremi si toccano. **extremely** [–li] *avv.* •stremamente, all'estremo, in sommo grado.

•x**treme| penalty** *s.* ⟨*Dir*⟩ pena *f* capitale. ~ **Unction** *s.* *Rel*⟩ estrema unzione *f.*

.**tremism** [iks'tri:mizəm] *s.* ⟨*Pol*⟩ estremismo *m.* .**extremist** [–mist] **I** *a.* estremista, estremistico. **II** *s.* •stremista *m/f.*

.**tremist group** *s.* gruppo *m* estremistico.

.**tremity** [iks'tremiti] *s.* **1** estremità *f.* **2** (*arm or leg*) arto *n.* **3** *pl.* (*hands or feet*) estremità *fpl.* **4** (*utmost degree*) •ccesso *m,* estremo *m.* **5** (*condition of urgency or 1ecessity*) (estremo) bisogno *m;* (*extreme adversity*) .ituazione *f* difficile: *I ask your help in my* ~ chiedo il :uo aiuto in questa difficile situazione. **6** (*extreme neasure*) misura *f* estrema, provvedimento *m* (*o* rimedio) •stremo: *to resort to extremities* ricorrere a rimedi estremi. □ *in extremities* in punto di morte; *to the last* ~ fino all'estremo.

.**tricable** ['ekstrikəbl] *a.* districabile. **extricate** [–keit] *v.t.* **1** districare, sbrogliare. **2** (*to free from difficulty, etc.*) districare, sbrogliare, togliere d'impaccio. **3** ⟨*Chim*⟩ (*of a gas*) liberare. ,**extrication** [–'kei∫ən] *s.* **1** il districare, lo sbrogliare. **2** ⟨*Chim*⟩ liberazione *f.*

.**trinsic** [eks'trinsik], **extrinsical** [–əl] *a.* **1** estrinseco *anche* Anat.). **2** (*external*) esterno: ~ *influences* influenze esterne.

.**troversion** [,ekstrou'və:∫ən] *s.* ⟨*Psic*⟩ estroversione *f.* **extrovert** [–və:t] **I** *s.* estroverso *m* (*f* –a). **II** *a.* estroverso. **III** *v.i.* ⟨*Biol,Med*⟩ estrovertersi.

.**trude** [eks'tru:d] **I** *v.t.* **1** cacciare fuori. **2** ⟨*tecn*⟩ estrudere. **3** ⟨*fig*⟩ espellere, scacciare. **II** *v.i.* sporgersi. **extruder** [–ə] *s.* ⟨*tecn*⟩ estrusore *m.* **extrusion** [–ru:ʒən] s. **1** espulsione *f.* **2** ⟨*tecn,Geol*⟩ estrusione *f.* **extrusive** [–ru:siv] *a.* ⟨*Geol*⟩ estrusivo.

.**uberance** [ig'zju:bərəns], **exuberancy** [–i] *s.* **1** esuberanza *f.* **2** (*luxuriance*) esuberanza *f,* rigoglio *m.* **3** (*superabundance*) esuberanza *f,* sovrabbondanza *f.* **exuberant** [–nt] *a.* **1** esuberante, vivace, pieno di vita: ~ •outh gioventù esuberante. **2** (*luxuriant*) lussureggiante, •igoglioso, esuberante. **3** (*richly productive*) fertile, •econdo, ricco: ~ *imagination* immaginazione fertile. **4**

(*overflowing*) esuberante, sovrabbondante. **5** (*great*) grandissimo, eccezionale: ~ *good health* salute eccezionale. **6** (*flamboyant, profuse*) ridondante, esuberante: ~ *style* stile ridondante. **exuberate** [–reit] *v.i.* **1** essere esuberante. **2** (*to superabound*) sovrabbondare.

exudate ['eksjudeit] *s.* ⟨*Med*⟩ essudato *m.* ,**exudation** [–'dei∫ən] *s.* **1** essudato *m.* **2** ⟨*Med*⟩ essudazione *f.* **ex'udative** [–dətiv] *a.* essudativo.

exude [ig'zju:d] **I** *v.t.* **1** stillare: *to* ~ *sweat* stillare sudore. **2** ⟨*fig*⟩ emanare, diffondere: *to* ~ *charm* emanare fascino. **II** *v.i.* trasudare.

exult [ig'zʌlt] *v.i.* **1** esultare, gioire, giubilare (*in, at* per): *to* ~ *in a success* esultare per un successo. **2** (*to triumph*) trionfare (*over* su). **exultancy** [–ənsi] *s.* → **exultation.** **exultant** [–ənt] *a.* esultante, giubilante. **exultantly** [–əntli] *avv.* con esultanza. **exultation** [,egzʌl'tei∫ən] *s.* esultanza *f,* gioia *f,* giubilo *m.*

ex warehouse *a./avv.* → **ex store.**

eye [ai] **I** *s.* **1** occhio *m: blue* –*s* occhi azzurri. **2** (*sight*) vista *f: to have a keen* ~ avere la vista acuta. **3** (*look, glance*) occhio *m,* sguardo *m,* occhiata *f: to cast an* ~ *on s.th.* dare uno sguardo (*o* un'occhiata) a qc.; (*watch*) occhi *mpl,* occhio *m: under the* ~ *of* tenuto d'occhio da. **4** ⟨*fig*⟩ (*point of view*) punto *m* di vista, opinione *f: in the* –*s of the law* dal punto di vista legale. **5** (*of a needle*) cruna *f.* **6** (*on a peacock's tail*) occhio *m,* macchia *f.* **7** ⟨*Meteor*⟩ occhio *m*, centro *m: the* ~ *of a cyclone* l'occhio di un ciclone. **8** ⟨*El*⟩ cellula *f* fotoelettrica. **9** ⟨*Mar*⟩ (*of a rope*) gassa *f.* **10** ⟨*Sart*⟩ (*buttonhole*) asola *f,* occhiello *m.* **11** ⟨*Bot*⟩ occhio *m,* gemma *f.* **12** ⟨*Fot*⟩ obiettivo *m.* **II** *v.t.* **1** guardare; (*to stare at*) fissare; (*to ogle*) occhieggiare. **2** (*to watch carefully*) osservare, squadrare, guardare attentamente. □ ⟨*fam*⟩ *to be all* –*s* essere 'tutt'occhi' (*o* attentissimo); *before one's very* –*s* proprio sotto gli occhi; (*openly*) sotto gli occhi, apertamente; *I couldn't* **believe** *my* –*s* non potevo credere ai miei occhi; *to give s.o. a* **black** ~ fare un occhio nero (*o* pesto) a qd.; *to turn a* **blind** ~ *to* chiudere un occhio su; *to have a* **cast** *in one's* ~ essere strabico; *to* **catch** *s.o.'s* ~ attirare lo sguardo di qd.; *out of the* **corner** *of one's* ~ con la coda dell'occhio; *to have* **cried** *one's* –*s out* non avere più occhi per piangere; ⟨*sl*⟩ *to* **do** *s.o. in the* ~ imbrogliare qd.; ⟨*sl*⟩ **easy** *on the* ~ piacevole a guardarsi; *to* **estimate** *by* ~ stimare a occhio; *as* **far** *as the* ~ *can see* (*o* reach) a perdita d'occhio; *to* **feast** *one's* –*s* rifarsi gli occhi (*o* l'occhio), ricrearsi guardando; ⟨*Mil*⟩ –*s* **front**! fissi!; ⟨*sl*⟩ *to* **give** *s.o. the* ~ = *to* **make** (*sheep's*) *eyes at s.o.;* ⟨*fam*⟩ *to* **give** *s.o. the* **glad** ~ fare gli occhi dolci a qd.; *if he had* **half** *an* ~ se non fosse completamente cieco; *to* **see** *with half an* ~ accorgersi di qc. alla prima occhiata; *to* **have** *an* ~ *for* avere occhio per; *to* **have** *one's* ~ *on s.th.* aver messo gli occhi su qc., avere qc. sott'occhio; *to* **have** *an* ~ *to:* **1** aver come mira, mirare a; **2** (*to look after*) stare attento a; *to* **have** *an* ~ *to the main chance* essere pronto a cogliere la grande occasione; ⟨*fig*⟩ *with a* **jaundiced** ~ con occhio invidioso; *to* **keep** *an* ~ *on* tenere d'occhio, sorvegliare, badare a; ⟨*fig*⟩ *to* **keep** *an* ~ (*o* one's eyes) **open** essere vigile, tenere gli occhi ben aperti; *to* **keep** *an* ~ **out** *for* stare all'erta; *to* **keep** *one's* –*s* **peeled** (*o* skinned) aguzzare gli occhi; ⟨*sl*⟩ *to* **make** (*sheep's*) –*s at s.o.* fare gli occhi dolci (*o* di triglia) a qd.; **mind** *your* ~! occhio!, attenzione!; *in one's* **mind's** ~ con la propria immaginazione; ⟨*fam*⟩ *my* ~ (*o* eyes)! (*nonsense*) sciocchezze!, perdinci!, diamine!; *with the* **naked** ~ *a* occhio nudo; *to* **only** *have* –*s for* non desiderare altro che; (*to look at nothing else*) non aver occhi che per; *to* **open** *one's* –*s* aprire gli occhi (*anche fig.*); ⟨*fig*⟩ *to* **open** *s.o.'s* –*s for him* aprire gli occhi a qd.; ⟨*am.sl*⟩ *in a* **pig's** ~, nemmeno per sogno; ⟨*fig*⟩ *his* –*s are* **popping** *with rage* ha gli occhi fuori dalle orbite (per l'ira); *to be in the* **public** ~ essere in vista; ⟨*Mil*⟩ –*s* **right**! attenti a destra!; *to* **roll** *one's* –*s* stralunare gli occhi; *to one's* –*s* rovinarsi 'la vista' (*o* gli occhi); *to* **run** *one's* ~ *over s.th.* dare una scorsa (*o* rapida occhiata) a qc.; ⟨*fig*⟩ *to* **scratch** *s.o.'s* –*s out* cavare gli occhi a qd.; ⟨*fig*⟩ *to* **see** *with one's own* –*s* vedere con i propri occhi; ⟨*fig*⟩ *to* **see** ~ *to* ~ *with s.o.* essere pienamente d'accordo con qd., avere le stesse idee di qd.; *to set* (o *clap, lay*) *-s on s.o.* mettere gli occhi addosso a qd.; *to shut one's -s* chiudere gli occhi (*anche fig.*); ⟨*fam*⟩ *with one's -s shut* a occhi chiusi; *a sight for sore -s* una visione piacevole, una cosa che rallegra la vista; *to sleep with one ~ open* dormire a occhi aperti; *to have a sure ~* avere occhio, essere un buon giudice; *I couldn't take my -s off her* non riuscivo a staccarle gli occhi di dosso; *to the ~* in apparenza; **under** *one's very -s* = **before** *one's very eyes*; *up to the -s* fino agli occhi (*anche fig.*): *to be up to one's -s in debt* essere indebitato fino agli occhi; **with** *an ~ to* con l'idea di: *he left with an ~ to coming back* se ne andò con l'idea di tornare. *Prov.: an ~ for an ~ and a tooth for a tooth* occhio per occhio, dente per dente; *what the ~ doesn't see, the heart doesn't grieve over* occhio non vede, cuore non duole.

eye|ball *s.* ⟨*Anat*⟩ bulbo *m* (o globo) oculare. □ ⟨*fam*⟩ ~ *to* ~ a quattr'occhi. ~ **bank** *s.* ⟨*Med*⟩ banca *f* degli occhi. **~bath** *s.* occhino *m*, occhiera *f.* **~bright** *s.* ⟨*Bot*⟩ eufrasia *f.* **~brow** *s.* sopracciglio *m.* □ ⟨*fig*⟩ *to raise one's -s* alzare (o inarcare) le ciglia. **~brow pencil** *s.* ⟨*Cosmet*⟩ matita *f* per le sopracciglia. **~-catcher** *s.* ⟨*fam*⟩ cosa *f* che attira lo sguardo. **~-catching** *a.* ⟨*fam*⟩ che colpisce, che salta agli occhi. ~ **clinic** *s.* clinica *f* oftalmica. **~cup** *am. s.* → **eyebath**.

eyed [aid] *a.* **1** occhiato, occhiuto, a macchie oculiformi. **2** (nei composti) dagli occhi: *a black-~ girl* una ragazza dagli occhi neri.

eye drops *s.pl.* ⟨*Med*⟩ gocce *fpl* per gli occhi, collirio *m.*

eyeful ['aiful] *s.* **1** lunga occhiata *f: to get an ~ of s.th.* dare una lunga occhiata a qc. **2** ⟨*fam*⟩ (*thing*) cosa *f* che attira lo sguardo; (*woman*) donna *f* bellissima. □ ⟨*fam*⟩ *get an ~ of that!* guarda là!

eye| glass *s.* **1** lente *f.* **2** (*monocle*) monocolo *m.* **3** *pl.* (*spectacles*) occhiali *mpl.* **4** → **eyepiece.** **~hole** *s.* **1** foro

m per gli occhi, occhio *m: -s in a mask* occhi de maschera; (*on a door*) spioncino *m.* **2** → **eye socket.** (*eyelet*) occhiello *m*, asola *f.* **~lash** *s.* ciglio *m.* **~la curler** *s.* piegaciglia *m.*

eyeless ['ailis] *a.* **1** senza occhi. **2** (*blind*) cieco.

eyelet ['ailit] *s.* **1** occhiello *m*, asola *f.* **2** (*metal ri* occhiello *m* metallico. **3** (*eyehole*) spioncino *m*; (*lopho* feritoia *f.*

eyelid ['ailid] *s.* palpebra *f.* □ ⟨*fig*⟩ *not to bat an ~ n* battere ciglio; ⟨*fam*⟩ *to hang on by one's -s* essere sospe a un capello, essere in continuo pericolo.

eye|liner *s.* ⟨*Cosmet*⟩ eyeliner *m.* **~-opener** *s.* ⟨*f* esperienza *f* che fa 'aprire gli occhi' (*o* capire le cos rivelazione *f.* □ *it was an ~ for him* gli aprì gli occ **~-opening** *a.* ⟨*fig*⟩ rivelatore. **~piece** *s.* ⟨*Ott*⟩ ocula *m*, lente *f* oculare. **~shadow** *s.* ⟨*Cosmet*⟩ ombretto **~shot** *s.* portata *f* visiva. □ *beyond ~* a perdita d'occh *within ~* a portata d'occhio. **~sight** *s.* **1** vista *f: to h good ~* avere (una) buona vista. **2** ⟨*rar*⟩ (*range of sig* portata *f* visiva. ~ **socket** *s.* ⟨*Anat*⟩ orbita *f.* **~sore** cosa *f* che offende la vista, vista *f* sgradevole, (*fa* pugno *m* in un occhio. ~ **strain** *s.* ⟨*Med*⟩ fatica oculare. **~tooth** *s.irr.* ⟨*Dent*⟩ dente *m* canino superio □ ⟨*fig*⟩ *to cut one's eyeteeth* diventare adulto. **~wash 1** ⟨*Med*⟩ gocce *fpl* per gli occhi, collirio *m.* **2** ⟨*fa* (*nonsense*) sciocchezza *f.* **3** ⟨*fam*⟩ (*pretence*) polvere negli occhi. **4** ⟨*fam*⟩ (*flattery*) adulazione *f.* **~wear** occhiali *mpl.* '**~-witness** *s.* testimone *m* oculare.

eyot ['eit] *s.* ⟨*Geog*⟩ isolotto *m.*

eyre [ɛə] *s.* ⟨*Stor.brit*⟩ **1** giro *m* di una corte di giusti ambulante. **2** (*court*) corte *f* di giustizia ambulante. *justices in ~* giudici ambulanti.

eyrie, eyry ['aiəri] *s.* **1** nido *m* ⌐d'aquila⌐ (*o* di falco). ⟨*fig*⟩ nido *m* d'aquila.

F

F [ef] *s.* (*pl.* **f's/fs, F's/Fs** [efs]) (*letter of the alphabet*) f, f/m: ⟨*Tel*⟩ F *for Frederick*, ⟨*am*⟩ F *for Fox* f come Firenze.

I *a.* **1** F: *room* ~ stanza F. **2** (*F-shaped*) a (forma di) F. **II** *s.* ⟨*Mus*⟩ fa *m.*

= **1** ⟨*Fot*⟩ f *number* luminosità. **2** ⟨*Ott*⟩ *focal length* distanza focale.

= **1** ⟨*El*⟩ *Farad* farad (*abbr.* F). **2** ⟨*Fis*⟩ *force* forza.

= **1** *farthing* farthing. **2** *father* padre. **3** *fathom* fathom. **4** *feminine* femminile (*abbr.* f.). **5** *foot* piede. **6** ⟨*Mus*⟩ *forte* forte (*abbr.* f.). **7** ⟨*Econ*⟩ *franc* franco. **8** *from* da.

= **1** *Fahrenheit* Fahrenheit (*abbr.* F). **2** ⟨*Univ*⟩ *Fellow* borsista.

[fɑː] *s.* ⟨*Mus*⟩ fa *m.*

A. = ⟨*GB*⟩ *Football Association* associazione calcistica.

A.A. = ⟨*Comm*⟩ *Free of All Average* franco avaria.

b [fæb] *a.* ⟨*sl*⟩ meraviglioso, favoloso.

abian ['feibjən] **I** *a.* **1** da temporeggiatore, di temporeggiamento. **2** ⟨*Pol*⟩ fabiano: ~ *Society* società fabiana. **II** *s.* ⟨*Pol*⟩ fabiano *m.* **Fabianism** [-izəm] *s.* ⟨*Pol*⟩ fabianismo *m*, fabianesimo *m.*

bius ['feibjəs] *N.pr.* ⟨*Stor.rom*⟩ Fabio *m.*

ble ['feibl] **I** *s.* **1** favola *f:* *Aesop's* ~*s* le favole di Esopo. **2** (*legend, myth*) mito *m*, leggenda *f.* **3** ⟨*collett*⟩ leggende *pl.* **4** ⟨*fig*⟩ (*fictitious story*) invenzione *f*; (*falsehood*) favola *f*, frottola *f*, fandonia *f.* **II** *v.t./i.* favoleggiare.

abled [-d] *a.* **1** di cui si favoleggia. **2** (*legendary*) favoloso, mitico, leggendario. **3** ⟨*fig*⟩ inventato, immaginario, fittizio. **fabler** [-ə] *s.* scrittore *m* (*f* –trice) di favole, favolista *m/f.*

bric ['fæbrik] *s.* **1** ⟨*Tess*⟩ stoffa *f*, tessuto *m:* ~ *gloves* guanti di stoffa. **2** (*structure*) struttura *f*, composizione *f* (*anche fig.*): *the* ~ *of society* la struttura della società. **3** (*building*) edificio *m*, fabbricato *m.*

bricate ['fæbrikeit] *v.t.* **1** fabbricare, costruire; (*by assembling parts*) montare. **2** ⟨*fig*⟩ (*to make up*) fabbricare, architettare, ideare; (*to invent*) inventare. **3** ⟨*fig*⟩ (*to forge*) falsificare: *to* ~ *a document* falsificare un documento. **,fabrication** [-'keiʃən] *s.* **1** fabbricazione *f*, costruzione *f.* **2** (*fabricated structure*) struttura *f.* **3** ⟨*fig*⟩ (*untruthful statement*) menzogna *f*, invenzione *f.* **4** (*fig*) (*forgery*) falsificazione *f*, falso *m.* **fabricator** [-ə] *s.* **1** fabbricante *m/f*, costruttore *m* (*f* –trice). **2** (*liar*) mentitore *m* (*f* –trice), bugiardo *m* (*f* –a). **3** (*forger*) falsificatore *m* (*f* –trice), contraffattore *m* (*f* –trice).

ulist ['fæbjulist] *s.* **1** favolista *m/f.* **2** (*liar*) bugiardo *m* (*f* –a). **,fabulosity** [-'lɔsiti] *s.* → **fabulousness. fabulous** [-ləs] *a.* **1** favoloso, leggendario, mitico. **2** (*incredible*) favoloso, straordinario, incredibile: ~ *wealth* ricchezza favolosa. **3** ⟨*fam*⟩ (*marvellous*) meraviglioso, favoloso. **abulousness** [-ləsnis] *s.* l'essere favoloso.

cade [fə'saːd] *s.* **1** ⟨*Arch*⟩ facciata *f*, prospetto *m.* **2** ⟨*fig*⟩ apparenza *f:* *a* ~ *of respectability* un'apparenza di spettabilità.

ce[1] [feis] *s.* **1** faccia *f*, viso *m*, volto *m: to have a pale* ~ avere un viso smunto; (*of an animal*) muso *m.* **2**

(*expression*) espressione *f*, faccia *f;* (*look*) aspetto *m.* **3** (*grimace*) smorfia *f*, boccaccia *f: to make* (o *pull*) *a* ~ fare una smorfia (o boccaccia). **4** ⟨*fam*⟩ (*impudence*) sfacciataggine *f*, faccia *f* tosta, impudenza *f: he had the* ~ *to ask for a raise* ha avuto la sfacciataggine di chiedere un aumento. **5** ⟨*fig*⟩ (*external appearance*) aspetto *m* esteriore, facciata *f*, apparenza *f.* **6** ⟨*fig*⟩ (*good reputation*) reputazione *f*, faccia *f: to lose* ~ perdere la faccia. **7** (*of a building*) facciata *f*, fronte *f;* (*of a watch*) quadrante *m;* (*of a coin*) faccia *f;* (*of cloth*) diritto *m.* **8** (*surface*) superficie *f*, faccia *f*, lato *m: the* ~ *of the earth* la faccia della terra. **9** ⟨*Alp*⟩ parete *f: to climb a cliff* ~ scalare la parete di una rupe. **10** ⟨*Minier*⟩ fronte *f.* **11** ⟨*Econ*⟩ valore *m* (nominale). **12** ⟨*Mecc*⟩ (*of a tool*) taglio *m.* **13** ⟨*Geom*⟩ faccia *f.* **14** ⟨*Tip*⟩ (*of a type, plate: working surface*) superficie *f* stampante; (*typeface*) occhio *m*, faccia *f.* **15** ⟨*Min*⟩ (*of a crystal*) faccia *f.* □ *death stared him in the* ~ ha visto la morte in faccia; *the* ~ *of a* **document** il recto di un documento ; ~ **down** a faccia in giù, capovolto; *to lay the cards* ~ *down on the table* mettere sul tavolo le carte coperte; *to lie* ~ *down* sdraiarsi bocconi; ⟨*fig*⟩ *to fly in the* ~ *of s.o.* porsi apertamente contro qd., sfidare qd.; *I never* **forget** *a* ~ non dimentico mai una fisionomia; *in one's* ~: **1** in faccia, sul viso: *the sun was shining in my* ~ il sole mi batteva in faccia; **2** ⟨*fig*⟩ in faccia, sul muso: *he laughed in my* ~ mi rise in faccia; ⟨*fig*⟩ *to look the facts in the* ~ guardare le cose in faccia; ⟨*fig*⟩ *in* (*the*) ~ *of:* **1** di fronte a, davanti a: *in the* ~ *of such difficulties* di fronte a tali difficoltà; **2** (*in spite of*) a dispetto di, nonostante; ⟨*fig*⟩ *to pull a* **long** ~ fare la faccia lunga, fare il muso; ⟨*fig*⟩ *to have* (o *wear*) *a long* ~ avere il muso; *to look s.o. in the* ~ guardare qd. ⸢in faccia⸣ (o negli occhi); **on** *the* ~ *of it* a giudicare dalle apparenze; *to put a* **bold** ~ *on it* affrontare qc. ⸢a viso aperto⸣ (o coraggiosamente); *to put a good* ~ *on s.th.* fare buon viso a qc.; ⟨*fig*⟩ *to put a new* ~ *on s.th.* dare (o conferire) un aspetto nuovo a qc., cambiare l'aspetto di qc.; ⟨*fam*⟩ *to put one's* ~ *on* truccarsi, rifarsi il viso; *to put on a* ~ *to suit the occasion* fare un viso di circostanza; *to* **save** *one's* ~ salvare le apparenze (o la faccia); ⟨*fig*⟩ *to set one's* ~ *against s.th.* contrastare (o opporsi a) qc.; *to* **show** *one's* ~ mostrare la faccia; ⟨*fig*⟩ *to show* (o *put on*) *a bold* ~ assumere un aspetto baldanzoso; ⟨*fig*⟩ *to keep a* **straight** ~ star serio, rimanere impassibile; **to** *one's* ~ in faccia, sul muso, apertamente; ~ *to* ~ faccia a faccia; ~ **up** a faccia in su.

face[2] **I** *v.t.* **1** essere (o stare) di fronte a; (*to front on to*) guardare verso, fronteggiare: *our house* ~*s the park* la nostra casa guarda verso il parco. **2** ⟨*fig*⟩ (*to confront courageously*) affrontare (con coraggio), esporsi a: *to* ~ *danger* affrontare con coraggio il pericolo; (*to oppose*) fronteggiare, far fronte a: *to* ~ *the enemy* fronteggiare il nemico. **3** ⟨*fig*⟩ (*to threaten*) minacciare: ~*d with ruin* minacciato dalla rovina. **4** ⟨*Edil,Mur*⟩ (*of a building*) rivestire, ricoprire; (*of stone, etc.*; spesso con *off*) levigare, spianare, lisciare. **5** ⟨*Sart*⟩ guarnire. **6** (*of a playing card*) voltare a faccia in su, scoprire. **7** ⟨*Mil*⟩ far volgere (verso la parte indicata). **8** ⟨*Oref*⟩ faccettare. **II** *v.i.* **1** volgersi, girarsi (*to, towards* a, verso). **2** (*to be positioned*) essere rivolto, guardare (*on, to, towards* a, verso, su): *the palace –s south* il palazzo guarda a sud. **3** ⟨*Mil*⟩ volgersi, girarsi (*to* a). □ ⟨*Mil*⟩ *about ~ !* dietro front!; *to ~ down* domare, sopraffare; **let's ~** *it* diciamocelo chiaramente; ⟨*fig*⟩ *to ~ the* **music** affrontare coraggiosamente una situazione difficile; ⟨*Sport*⟩ *to ~ off* fare un ingaggio (*o* una rimessa); *to ~ it* **out** resistere, tener duro; ⟨*Mil*⟩ **right ~!** fronte a destra!; *to ~* **up** *to:* 1 affrontare, far fronte a, guardare in faccia; 2 (*to admit*) riconoscere, ammettere: *to ~ up to the facts* ammettere i fatti.

face| ache *s.* nevralgia *f* facciale. **~ card** *s.* figura *f.* **~ cloth** *s.* **1** (*for a corpse*) telo *m* per coprire il volto. **2** → **face flannel**. **3** ⟨*Tess*⟩ tessuto *m* (di lana) rasato. **~ cream** *s.* ⟨*Cosmet*⟩ crema *f* per il viso.

faced [feist] *a.* (nei composti) **1** dalla faccia, dal viso: *a red-~ boy* un ragazzo dal viso rosso. **2** ⟨*Arch*⟩ rivestito, ricoperto: *brick-~* ricoperto di mattoni. **3** ⟨*Sart*⟩ rivestito: *satin-~* rivestito di satin.

face| down *an. s.* confronto *m* (tra due avversari). **~ flannel** *s.* pezzuola *f* per lavarsi. **~ guard** *s.* maschera *f* di protezione.

faceless ['feislis] *a.* **1** senza volto. **2** ⟨*fig*⟩ senza volto, anonimo.

face|-lift(ing) *s.* **1** ⟨*Chir*⟩ lifting *m*, eliminazione *f* delle rughe. **2** ⟨*fig*⟩ restauro *m.* □ ⟨*fig*⟩ *to give a building a ~* restaurare un edificio. **~ massage** *s.* massaggio *m* facciale. **~off** *s.* → **facedown. ~pack** *s.* ⟨*Cosmet*⟩ maschera *f* di bellezza. **~powder** *s.* ⟨*Cosmet*⟩ cipria *f.*

facer ['feisə] *s.* **1** ⟨*fam*⟩ schiaffo *m.* **2** ⟨*fam*⟩ (*difficulty*) duro colpo *m*, ⟨*fam*⟩ batosta *f.* **3** ⟨*tecn*⟩ utensile *m* per sfacciare.

face|-saver *s.* caso *m* che salva la faccia. **~-saving** *a.* che salva la faccia.

facet ['fæsit] **I** *s.* **1** sfaccettatura *f*, faccetta *f.* **2** ⟨*fig*⟩ aspetto *m*, lato *m*, faccia *f.* **II** *v.t.* (*pret., p.p.* **facetted**/*am.* **faceted** [–id]) sfaccettare.

facetiae [fə'si:ʃii:] *s.pl.* **1** facezie *fpl.* **2** (*coarsely witty books*) libri *mpl* licenziosi. **facetious** [–ʃəs] *a.* **1** faceto, scherzoso, arguto. **2** ⟨*spreg*⟩ spiritoso. **facetiousness** [–ʃəsnis] *s.* l'essere faceto.

face tissue *s.* salviettina *f* rinfrescante.

face value *s.* **1** ⟨*Econ*⟩ valore *m* facciale (*o* nominale). **2** ⟨*fig*⟩ valore *m* apparente. □ ⟨*fig*⟩ *to take s.o.'s words at (their)* ~ prendere alla lettera le parole di qd.

facia *s.* → **fascia**.

facial ['feiʃəl] **I** *a.* **1** facciale, del viso. **2** ⟨*Cosmet*⟩ per il viso. **II** *s.* ⟨*Cosmet*⟩ massaggio *m* facciale, trattamento *m* del viso.

facial| angle *s.* ⟨*Anat*⟩ angolo *m* facciale. **~ index** *s.* indice *m* facciale.

facile ['fæsail, *am.* 'fæsl] *a.* **1** facile, ottenuto facilmente: *a ~ victory* una facile vittoria; (*superficial*) superficiale. **2** (*glib*) facile, pronto: *he has a ~ tongue* ha la parola facile. **3** (*acting or proceeding with ease*) pronto, svelto. **4** (*docile*) docile, remissivo, arrendevole.

facilitate [fə'siliteit] *v.t.* **1** facilitare, agevolare. **2** (*of a person*) agevolare. **fa,cilitation** [–'teiʃən] *s.* facilitazione *f*, agevolazione *f.*

facility [fə'siliti] *s.* **1** facilità *f*; (*dexterity*) abilità *f*, destrezza *f*; (*talent, bent*) facilità *f*, attitudine *f.* **2** (*something which helps*) facilitazione *f*, agevolazione *f*: *we shall give you every* ~ vi offriremo ogni facilitazione. **3** *pl.* (*opportunities, etc.*) opportunità *fpl*, agevolazioni *fpl*, mezzi *mpl*: *facilities for study* agevolazioni per lo studio; (*building, installations, etc.*) attrezzature *fpl*, servizi *mpl*: *educational facilities* attrezzature didattiche. **4** (*of style, etc.*) facilità *f*, fluidità *f.* **5** (*compliance*) condiscendenza *f*, arrendevolezza *f.*

facing ['feisiŋ] *s.* **1** rivestimento *m* (*anche Edil.*). **2** ⟨*Sart*⟩ paramontura *f.* **3** *pl.* (*for a military coat*) mostrine *fpl.* **4** ⟨*Mil*⟩ il volgersi a un comando. **5** ⟨*tecn*⟩ (*of a dike*) rivestimento *m;* (*on a clutch, brake, etc.*) guarnizione *f.* □ ⟨*fig*⟩ *to go through one's –s* essere messo alla prova; ⟨*fig*⟩ *to put s.o. through his –s* mettere qd. alla prova.

facing| panel *s.* ⟨*Edil*⟩ pannello *m* di rivestimento. **sand** *s.* ⟨*Met*⟩ sabbia *f* 'da modello' (*o* fine).

facsimile [fæk'simili] **I** *s.* **1** facsimile *m*, copia *f* esatta. ⟨*Tel*⟩ facsimile *m.* **II** *v.t.* riprodurre in facsimile.

fact [fækt] *s.* **1** fatto *m*, dato *m*, elemento *m: to gather the available –s* raccogliere tutti i dati a disposizione (*something said or supposed to be true*) versione *f* dei fatti: *your –s are wrong* la tua versione dei fatti è sbagliata. **2** (*reality, truth*) realtà *f*, verità *f: to distinguish ~ from fiction* distinguere la realtà dalla fantasia; *a story based* ~ una storia basata sulla realtà. **3** (*something known exist, to have happened*) realtà *f* (*o* dato *m*) di fatto: *established* ~ una realtà di fatto, un fatto assodato. ⟨*Dir*⟩ (spesso al pl.) fatto *m*, atto *m.* □ *in actual* ~ realtà, di fatto; *to look –s in the* **face** guardare in faccia realtà; **in** (*point of*) ~ in realtà; *it is a ~ that* è un dato di fatto che; *to* **know** *s.th. for a* ~ sapere qc. per certo ⟨*fam*⟩ *the –s of* **life** i fatti riguardanti la vita sessuale; *a of life* una realtà della vita; *as a* **matter** *of* ~ effettivamente, per la verità, difatti; *the* ~ *of the matter that* la realtà delle cose è che, i fatti stanno così; *owing the* ~ *that* per il fatto che; *the* ~ **remains** *that* rimane fatto che; *to* **stick** *to –s* attenersi ai fatti; **taken** *in the* ~ colto in flagrante, preso sul fatto.

fact|-finder *s.* chi indaga sui fatti. **~-finding** *a.* che indaga sui fatti. **~-finding committee** *s.* commissione d'inchiesta. **~-finding session** *s.* riunione informativa.

faction ['fækʃən] *s.* **1** fazione *f*, setta *f.* **2** (*party strife*) discordia *f*, lotta *f* intestina, dissenso *m.* **factional** [–a. di (*o* caratteristico di) una fazione. **factionary** [–əri] *s.* partigiano *m* (*f* –a). **II** *a.* fazioso.

factious ['fækʃəs] *a.* fazioso, partigiano, settario; (*seditious*) sedizioso, fazioso. **factiousness** [–nis] *s.* faziosità spirito *m* di parte.

factitious [fæk'tiʃəs] *a.* **1** artificiale, artificioso. (*man-made*) prodotto artificialmente. **factitiousness** [–nis] *s.* artificiosità *f.*

factitive ['fæktitiv] *a.* ⟨*Gramm*⟩ fattitivo, causativo.

factor ['fæktə] *s.* **1** fattore *m*, elemento *m*, agente coefficiente *m: an unknown* ~ un fattore sconosciuto; *deciding* ~ l'elemento determinante. **2** ⟨*Biol*⟩ fattore *m.* ⟨*Mat*⟩ divisione *f*, fattore *m.* **4** ⟨*Fis*⟩ fattore coefficiente *m.* **5** (*agent*) delegato *m* (*f* –a), mandatario (*f* –a). **6** ⟨*Comm*⟩ (*consignee*) agente *m*, commissionario *m.* **7** ⟨*scozz*⟩ (*steward*) amministratore *m*, fattore **factorage** [–ridʒ] *s.* ⟨*Comm*⟩ commissione *f*, provvigione *f.*

factor| analysis *s.* ⟨*Statist*⟩ analisi *f* fattoriale. **~ cost** costo *m* di produzione.

factorial [fæk'tɔ:riəl] **I** *s.* ⟨*Mat*⟩ fattoriale *m.* **II** *a.* ⟨*Mat,Biol*⟩ fattoriale. **2** (*pertaining to a factor*) di fattore.

factoring ['fæktəriŋ] *s.* ⟨*Comm*⟩ factoring *m.*

factorization [,fæktərai'zeiʃən] *s.* ⟨*Mat*⟩ scomposizione *f* fattori, fattorizzazione *f.* **factorize** [–raiz] *v.t.* **1** ⟨*Mat*⟩ scomporre in fattori, fattorizzare. **2** ⟨*am.D*⟩ sequestrare.

factory ['fæktəri] *s.* **1** fabbrica *f*, stabilimento *m*, opificio *m;* (*workshop*) officina *f.* **2** (*trading post*) stazione commerciale.

Factory| Acts *s.pl.* leggi *fpl* sul lavoro industriale. **hand** *s.* operaio *m.* **~ inspection** *s.* visita *f* aziendale **price** *s.* prezzo *m* di fabbrica. **~ ship** *s.* nave *f* base caccia alla balena.

factotum [fæk'toutəm] *s.* factotum *m*, tuttofare *m/f.*

factual ['fæktjuəl] *a.* **1** che riguarda i fatti, effettivo, reale (*restricted to facts*) che si limita (*o* attiene) ai fatti: *a account* un resoconto che si limita ai fatti.

facultative ['fækəlteitiv] *a.* **1** facoltativo (*anche Biol.*). (*optional*) facoltativo, opzionale (*anche Scol.,Univ.*). (*probable*) eventuale, possibile. **4** (*pertaining to a faculty*) di una facoltà.

faculty ['fækəlti] *s.* **1** facoltà *f*, capacità *f*, abilità *f: the of understanding* la facoltà d'intendere. **2** ⟨*Univ*⟩ facoltà *the* ~ *of Law* la facoltà di giurisprudenza. **3** ⟨*am.Univ*⟩ (*teaching body*) corpo *m* insegnante; (*teaching* *dministrative force*) senato *m* accademico. **4** (*members of profession*) classe *f*, corpo *m: the* (*medical*) ~ la classe medica. **5** ⟨*Rel*⟩ dispensa *f.* □ ⟨*Dir*⟩ *full possession of ne's faculties* facoltà *f* d'intendere e di volere.

l [fæd] *s.* **1** moda *f* (passeggéra), voga *f*, capriccio *m* (della moda). **2** (*whim*) capriccio *m*, ghiribizzo *m*, grillo a; (*fixed notion*) fisima *f*, fissazione *f*, ⟨*pop*⟩ pallino *m.*
addiness [–inis] *s.* l'avere capricci (*o* ghiribizzi).
addish [–iʃ] *a.* **1** bizzarro, capriccioso. **2** (*fussy*) fissato.
addist [–ist] *s.* persona *f* bizzarra (*o* capricciosa). **'faddy** -i] *a.* → **faddish.**

le[1] [feid] **I** *v.i.* **1** scolorarsi, sbiadirsi, scolorire. **2** (*to ecome dim*) affievolirsi, attenuarsi: *the light* –d la luce si *ffievoliva.* **3** (*to lose strength, etc.*) deperire, indebolirsi, *of flowers*) avvizzire, appassire; (*to die gradually;* spesso on *away, out*) spegnersi. **4** (*to disappear gradually;* spesso on *away, out*) scomparire, svanire: *memories* ~ i ricordi vaniscono; (*of sound*) affievolirsi, attutirsi, svanire. **5** (*to hange gradually*) trasformarsi gradualmente (*into* in). **II** *t.* **1** scolorare, sbiadire, stingere. **2** (*to cause to lose reshness*) far perdere freschezza (*o* vitalità) a. □ *to* ~ *in:* ⟨*Cin,TV*⟩ aprire in dissolvenza; 2 ⟨*Rad,TV*⟩ aumentare gradualmente l'intensità di (*o* d'intensità); ⟨*fig*⟩ *to* ~ *ito the background* passare in secondo piano; *to* ~ *out:* 1 ⟨*Cin,TV*⟩ chiudere in dissolvenza; 2 ⟨*Rad,TV*⟩ diminuire gradualmente l'intensità di (*o* d'intensità).
de[2] *s.* ⟨*Cin,TV*⟩ dissolvenza *f.*
de-in *s.* **1** ⟨*Cin,TV*⟩ dissolvenza *f* in apertura. **2** ⟨*Rad,TV*⟩ aumento *m* graduale del suono.
deless ['feidlis] *a.* **1** durevole, resistente. **2** ⟨*fig*⟩ che non vanisce.
de-out *s.* **1** ⟨*Cin,TV*⟩ dissolvenza *f* in chiusura. **2** ⟨*Rad,TV*⟩ diminuzione *f* graduale del suono.
ding ['feidiŋ] *s.* **1** ⟨*Rad,TV*⟩ evanescenza *f*, fading *m.* **2** ⟨*Cin,TV*⟩ dissolvenza *f.*
ding test *s.* (*of colours*) prova *f* di solidità alla luce.
ecal ['fi:kəl] *a.* fecale. **faeces** ['fi:si:z] *s.pl.* feci *fpl*, scrementi *mpl.*
erie, faery ['feiəri], **faërie, faëry** ['feəri] **I** *s.* **1** paese *m o* regno) delle fate. **2** (*fairy*) fata *f.* **II** *a.* → **fairy.**
g[1] [fæg] *v.* (*pret., p.p.* **fagged** [–d]) **I** *v.t.* (spesso con *out*) ffaticare, stancare. **II** *v.i.* **1** faticare, sgobbare, facchinare. **2** (*in a public school*) fare (piccoli) servizi *'or* a).
g[2] *s.* **1** lavoro *m* pesante (*o* ingrato), faticata *f*, sgobbata sfacchinata *f.* **2** (*junior in a public school*) studente *m* di orso inferiore che fa (piccoli) servizi a un anziano.
g[3] *s.* ⟨*fam*⟩ sigaretta *f*, ⟨*pop*⟩ cicca *f.*
g-end *s.* **1** (*of a rope*) estremità *f* sfilacciata. **2** ⟨*fam*⟩ *cigarette-end*) mozzicone *m*, cicca *f.* **3** ⟨*fam*⟩ (*last part*) ltimi residui *mpl*, ⟨*fam*⟩ sgoccioli *mpl.*
ggot ['fægət] **I** *s.* **1** fascina *f*, fastello *m.* **2** ⟨*Met*⟩ fascina pacchetto *m.* **3** ⟨*Gastr*⟩ involtino *m* di fegato. **4** ⟨*sl*⟩ mosessuale *m.* **II** *v.t.* legare in fascine, affastellare.
aggotting [–iŋ] *s.* ⟨*Lav.femm*⟩ ricamo *m* a giorno, à our *m.*
got *am. s./v.* → **faggot. fagoting** *am. s.* → aggotting.
hr. = *Fahrenheit* Fahrenheit (*abbr.* F).
hrenheit ['færənhait] **I** *s.* **1** (*scale*) scala *f* Fahrenheit. **2** *thermometer*) termometro *m* Fahrenheit. **II** *a.* (di) ahrenheit.
hrenheit scale *s.* scala *f* Fahrenheit.
ience [fa'jɑ̃:s] *s.* ⟨*Ceram*⟩ faenza *f.*
il [feil] **I** *v.i.* **1** fallire, andar male, non riuscire, ⟨*fam*⟩ are fiasco: *the attempt* –ed il tentativo fallì; (*in an xamination*) essere respinto (*o* bocciato). **2** (*to neglect, mit*) trascurare, tralasciare, non preoccuparsi (di): *he* –ed *o ask permission first* non si preoccupò di chiedere prima permesso. **3** (*not to succeed*) non riuscire (a), ⟨*fam*⟩ non arcela (a): *to* ~ *to remember s.th.* non riuscire a ricordare ic.; *the athlete* –ed *to finish the race* l'atleta non ce la fece portare a termine la corsa. **4** (*to run short*) venir meno, venire a) mancare: *our supplies* –ed ci vennero a mancare e provviste. **5** (*to be inadequate*) essere insufficiente (*o* nadeguato): *crops have* –ed i raccolti sono stati nsufficienti. **6** (*to lose strength, vitality*) deperire,

indebolirsi. **7** (*to stop functioning*) non funzionare più, smettere di funzionare: *the engine has* –ed il motore non funziona più. **8** (*to lack*) mancare, essere privo (*in* di): *to* ~ *in respect for one's elders* mancare di rispetto agli anziani. **9** (*to become bankrupt*) fallire, far bancarotta. **II** *v.t.* **1** esser bocciato in, non superare: *to* ~ *one's driving test* non superare l'esame di guida; (*to judge deficient*) giudicare insufficiente: *the examiner* –ed *him on his oral* l'esaminatore lo giudicò insufficiente all'orale; (*to give less than a passing mark to*) bocciare, respingere, riprovare. **2** (*to abandon*) abbandonare: *his usual good humour* –ed *him* il suo buon umore abituale lo abbandonò. **3** (*to prove inadequate for*) (venire a) mancare a, venir meno a: *words* ~ *me* mi mancano le parole; *her courage* –ed *her* il coraggio le venne meno. □ *if all else* –s se ogni altra cosa ci abbandona; *I* ~ *to see how* non riesco a vedere come; *without* ~ senza fallo, senz'altro.
failing ['feiliŋ] **I** *s.* debolezza *f*, difetto *m*, punto *m* debole. **II** *prep.* in mancanza di, venendo meno. □ ~ *contrary instructions* salvo istruzioni contrarie; ~ *payment* in caso di mancato pagamento.
faille [feil, *am.* fail] *s.* ⟨*Tess*⟩ faille *f*, faglia *f.*
fail-safe *a.* ⟨*tecn*⟩ a sicurezza intrinseca.
failure ['feiljə] *s.* **1** fallimento *m*, insuccesso *m*, ⟨*fam*⟩ fiasco *m: the plan was a* ~ il piano fu un fallimento; (*person that fails*) fallito *m* (*f* –a), fallimento *m: as a writer he is a* ~ come scrittore è un fallimento. **2** (*omission of performance*) omissione *f*, il ⌐non fare⌐ (*o* trascurare), il mancare a: ~ *to do one's. duty* il non fare il proprio dovere. **3** (*deficiency*) mancanza *f*, insufficienza *f*, scarsità *f: the* ~ *of crops* la scarsità dei raccolti. **4** (*deterioration*) deterioramento *m*, indebolimento *m*, deperimento *m.* **5** ⟨*Med*⟩ collasso *m.* **6** (*bankruptcy*) fallimento *m*, bancarotta *f.* **7** ⟨*Mecc*⟩ guasto *m*, avaria *f.* □ *to end in* ~ fallire; ⟨*Econ*⟩ ~ *to make a return* mancata denunzia fiscale.
fain[1] [fein] ⟨*rar*⟩ **I** *a.pred.* **1** pronto, disposto. **2** (*obliged*) costretto. **3** (*pleased*) felice, contento. **II** *avv.* (ben) volentieri, di buon grado.
fain[2] [fein] *intz.* → **fains.**
fainéant ['feiniənt] **I** *s.* fannullone *m* (*f* –a). **II** *a.* pigro, ozioso.
fains [feinz] *intz.* ⟨*infant*⟩ non voglio. □ ~ *I'll do it* no, non lo faccio, figurati se lo faccio.
faint [feint] **I** *a.* **1** fiacco, debole, languido, che sta per svenire: *to be* ~ *with hunger* stare per svenire per la fame. **2** (*dim*) fievole, debole, pallido: ~ *light* fievole luce; (*of sounds*) fievole, indistinto. **3** (*slight*) vago, incerto, lontano: *a* ~ *hope* una vaga speranza; (*hesitant*) timido, debole: *he made a* ~ *attempt* fece un timido tentativo. **II** *s.* svenimento *m*, deliquio *m.* **III** *v.i.* **1** svenire, perdere i sensi, venir meno. **2** (*to grow weak*) indebolirsi. **3** (*to lose heart*) perdersi d'animo. □ *to feel* ~ sentirsi svenire; *in a* ~ svenuto; *in a dead* ~ come morto; *I haven't the* –*est idea* non ne ho la più pallida idea; *to have a* ~ *recollection of s.th.* ricordarsi vagamente di qc.
faint| heart *s.* pusillanime *m/f*, vile *m/f.* □ *Prov.:* ~ *never won fair lady* non deve essere pusillanime chi vuol aver fortuna in amore. **'~-'hearted** *a.* pusillanime. **,~-'heartedness** *s.* vigliaccheria *f*, viltà *f.*
fainting (fit) ['feintiŋ] *s.* svenimento *m*, mancamento *m*, deliquio *m.* **faintish** [–tiʃ] **I** *a.* alquanto debole. **II** *avv.* **1** debolmente, fiaccamente: *she answered* ~ rispose debolmente. **2** (*hesitatingly*) timidamente. **3** (*slightly*) vagamente. **faintness** [–tnis] *s.* debolezza *f.*
fair[1] [fɛə] **I** *a.* **1** giusto, onesto, equo: *a* ~ *decision* una decisione giusta. **2** (*conforming to the rules*) leale, corretto: *a* ~ *fight* un combattimento leale. **3** (*reasonable*) giusto, ragionevole, equo: *a* ~ *price* un prezzo ragionevole. **4** (*beautiful*) bello. **5** (*quite good*) discreto, abbastanza buono: *a* ~ *knowledge of English* una discreta conoscenza dell'inglese. **6** (*moderately large*) discreto, sufficiente: *he has a* ~ *amount of money* ha un discreto capitale. **7** ⟨*Meteor*⟩ (*of the sky*) sereno, bello; (*of the weather*) buono, bello. **8** (*light in colour*) chiaro; (*of hair*) biondo, chiaro; (*of the complexion*) chiaro. **9** (*favourable*) che promette bene; (*likely*) probabile, possibile. **10** (*specious*)

bello, convincente: ~ *promises* belle promesse. **11** ⟨*fig*⟩ (*unsullied*) puro, senza macchia: *a* ~ *reputation* una reputazione senza macchia. **12** ⟨*Mar*⟩ (*of the wind, tide*) favorevole. **13** (*easy to read, clear*) chiaro, leggibile: ~ *handwriting* calligrafia chiara. **II** *s.* ⟨*rar*⟩ bella donna *f.* **III** *avv.* **1** lealmente, correttamente. **2** (*squarely, evenly*) proprio, esattamente: *the blow landed* ~ *on his chin* il colpo lo raggiunse proprio al mento. **3** (*favourably*) favorevolmente. **4** (*clearly*) chiaramente, in modo chiaro: *to write* ~ scrivere in modo chiaro. **5** ⟨*Mar*⟩ in senso favorevole: *the wind blew* ~ il vento soffiava in senso favorevole. **6** ⟨*fam*⟩ (*utterly*) completamente, del tutto: *the news* ~ *took my breath away* la notizia mi lasciò completamente senza fiato. **IV** *v.t.* **1** ⟨*Mar*⟩ (spesso con *up, off*) lisciare, spianare. **2** ⟨*Aer*⟩ carenare. **V** *v.i.* (*of the weather;* spesso con *up, off*) schiarirsi, rasserenarsi. □ *to bid* ~ avere buone probabilità; *by* ~ **means** *or foul* con mezzi leciti o illeciti; ⟨*fam*⟩ ~ *to* **middling** così così, appena discreto; *it's* **not** ~*!* non è giusto!, è sleale!; *it's* **only** ~ *to say that* bisogna riconoscere che; **set** ~ (*of a barometer*) al bello; ⟨*Mar*⟩ *the wind* **sits** ~ il vento è favorevole; *to* **speak** *s.o.* ~ parlare cortesemente a qd.; ~ *and* **square**: 1 retto, leale, onesto; 2 (*directly*) in pieno: *to hit s.o.* ~ *and square on the chin* colpire qd. in pieno mento; *to give s.o. a* ~ **warning** avvertire in tempo qd.; *to be in a* ~ **way** *to succeed* essere ben avviato verso il successo, avere buone probabilità di riuscire; *to* **write** *s.th. out* ~ copiare qc. in bella copia. **what**'*s* ~ *is* ~ quel che è giusto è giusto. *Prov.: all's* ~ *in love and war* in amore e in guerra tutto è lecito.

fair[2] *s.* **1** ⟨*Comm,Ind,Agr*⟩ fiera *f.* **2** (*for charity, etc.*) fiera *f* (*o* pesca) di beneficenza. □ ⟨*fig*⟩ (*a day*) *after the* ~ troppo tardi.

fair| comment *s.* critica *f* equanime (*o* oggettiva). ~ **copy** *s.* **1** bella copia *f.* **2** (*exact copy*) copia *f* fedele. **~-faced** *a.* **1** di carnagione chiara. **2** (*beautiful*) bello. ~ **game** *s.* ⟨*fig*⟩ facile bersaglio *m.* ~ **ground** *s.* (spesso al pl.) zona *f* fieristica. **~-haired** *a.* dai capelli biondi.

fairing ['fɛəriŋ] *s.* ⟨*Aer*⟩ carenatura *f.*

fairish ['fɛəriʃ] *a.* **1** passabile, discreto. **2** (*lightish in colour*) piuttosto chiaro; (*of hair*) biondiccio.

fairly ['fɛəli] *avv.* **1** in modo imparziale (*o* giusto), equamente, lealmente, onestamente. **2** (*tolerably*) abbastanza, discretamente: *it's raining* ~ *heavily* sta piovendo abbastanza forte. **3** (*utterly*) completamente, del tutto; (*as an intensifier: so to speak*) letteralmente, nel vero senso della parola. **4** (*justifiably*) legittimamente, giustamente, a ragion veduta. □ ~ *good* discreto, abbastanza buono.

'fair|-'minded *a.* equanime. **'~-'mindedness** *s.* equanimità *f.*

fairness ['fɛənis] *s.* **1** imparzialità *f*, equità *f.* **2** (*light colour*) tonalità *f* chiara; (*of hair*) color *m* biondo, biondo *m.* **3** (*beauty*) bellezza *f.*

fair| play *s.* **1** ⟨*Sport*⟩ gioco *m* leale, fair play *m.* **2** ⟨*fig*⟩ gioco *m* leale, correttezza *f*, lealtà *f.* ~ **sex** *s.* gentil sesso *m*, sesso debole. **'~-'spoken** *a.* gentile (*o* cortese) nel parlare. ~ **trade** *s.* ⟨*Comm*⟩ commercio *m* basato su condizioni di reciprocità. **~-way** *s.* **1** zona *f* (*o* tratto *m*) navigabile. **2** ⟨*Sport*⟩ (*in golf*) percorso *m* normale. **'~-'weather** *a.* ⟨*fig*⟩ (*of a friend*) delle ore liete, del tempo felice.

fairy ['fɛəri] **I** *s.* **1** fata *f.* **2** ⟨*sl*⟩ (*homosexual*) omosessuale *m*, invertito *m.* **II** *a.* **1** delle fate. **2** ⟨*fig*⟩ di (*o* da) fata, leggiadro, delicato.

fairy godmother *s.* ⟨*fig*⟩ buona fata *f.*

fairyhood ['fɛərihud] *s.* **1** l'essere fatato. **2** ⟨*collett*⟩ (*fairies*) fate *fpl.*

fairy| lamp *s.* lanternina *f* colorata. **~land** *s.* paese *m* delle fate (*anche fig.*). ~ **light** *s.* → **fairy lamp**. **~-like** *a.* **1** simile a fata. **2** ⟨*fig*⟩ delicato, leggiadro. ~ **ring** *s.* cerchio *m* ⸢delle fate⸣ (*o* fatato). ~ **story** *s.* **1** fiaba *f.* **2** ⟨*fig*⟩ storia *f*, frottola *f.*

fait accompli *fr.* [fɛtakɔ̃'pli] *s.* fatto *m* compiuto. □ *to present s.o. with the* ~ mettere qd. davanti al fatto compiuto.

faith [feiθ] *s.* **1** fede *f*, fiducia *f: I have no* ~ *in his*

promises* non ho fiducia nelle sue promesse. **2** (*religi belief*) fede *f*, credenza *f* religiosa: *to lose one's* ~ perd la fede; (*system of religious belief*) fede *f*, credo religioso. **3** ⟨*estens*⟩ (*beliefs, tenets*) fede *f*, credenza opinione *f.* □ *to act in* **bad** ~ agire in malafede; *to bre* ~ mancare alla parola; *to* **give** *one's* ~ dare la prop parola; *to act in* **good** ~ agire in buona fede; ⟨*rar*⟩ in per la verità; *to* **keep** ~ mantenere la parola (data); **pledge** *one's* ~ impegnare la propria parola; *to* **put** ~ riporre la propria fiducia in.

faith cure *s.* → **faith healing**.

faithful ['feiθful] **I** *a.* **1** fedele, leale: *a* ~ *friend* un am fedele. **2** (*true*) fedele, ligio: ~ *to one's duty* ligio dovere. **3** (*true to fact*) fedele, conforme a verità: *a account* un resoconto fedele; (*exact*) accurato, preci esatto. **II** *s.* **1** fedele *m/f.* **2** ⟨*collett*⟩ fedeli *mpl*, crede *mpl.* **faithfully** [-i] *avv.* **1** fedelmente, lealmente. ⟨*fam*⟩ (*accurately*) con precisione. □ *to* **promise** ~ promettere in modo assoluto; ⟨*epist*⟩ *yours* ~ disti saluti. **faithfulness** [-nis] *s.* **1** fedeltà *f*, lealtà *f.* (*accuracy*) accuratezza *f*, precisione *f.*

faith| healer *s.* chi guarisce i malati per mezzo preghiere. ~ **healing** *s.* guarigione *f* ottenuta con preghiere.

faithless ['feiθlis] *a.* **1** che non ha fede, senza fede. (*disloyal*) sleale; (*perfidious*) perfido, infido. **3** (*unreliab* che non dà affidamento. **faithlessness** [-nis] *s.* mancanza *f* di fede. **2** (*disloyalty*) slealtà *f.*

fake [feik] **I** *v.t.* **1** falsare, alterare: *to* ~ *accounts* altera i conti; (*to counterfeit*) falsificare, contraffare. **2** *simulate*; spesso con *up*) simulare, fingere: *to* ~ *illn* simulare una malattia. **II** *v.i.* simulare, fingere. **III** *s.* falsificazione *f*, falso *m*, contraffazione *f: your painting a* ~ il tuo quadro è un falso; (*spurious report, sto* falsità *f.* **2** (*trick*) imbroglio *m*, raggiro *m.* **3** (*impost* impostore *m* (*f* –a). **IV** *a.* falso, contraffatto: ~ *diamon* diamanti falsi.

faker ['feikə] *s.* **1** falsificatore *m* (*f* –trice). **2** (*swindl* truffatore *m* (*f* –trice). **3** (*impostor*) impostore *m* (*f* –a

fakir ['fɑːkiə, *am.* fə'kiə] *s.* fachiro *m.*

falbala ['fælbələ] *s.* ⟨*Sart*⟩ falpalà *m*, balza *f.*

falcate ['fælkeit], **falcated** [-id] *a.* falcato, a forma falce.

falchion ['fɔːltʃən] *s.* ⟨*Mil.ant*⟩ scimitarra *f.*

falciform ['fælsifɔːm] *a.* falciforme.

falcon ['fɔːlkən] *s.* **1** ⟨*Ornit*⟩ falco *m*, falcone *m.* **2** ⟨*Ven Mil.ant*⟩ falcone *m.* **falconer** [-ə] *s.* ⟨*Venat*⟩ **1** ca ciatore *m* (*f* –trice) col falcone. **2** (*trainer*) falconiere **falconet** [-it] *s.* ⟨*Mil.ant*⟩ falconetto *m.* **falcon** [-ri] *s.* ⟨*Venat*⟩ falconeria *f.*

falderal ['fældəræl], **falderol** [-rɔl] *s.* **1** ⟨*Mus*⟩ ritorne *m.* **2** ⟨*fig*⟩ (*trifle*) nonnulla *m*, inezia *f*; (*gimcrack*) gingi *m*, fronzolo *m.*

faldstool ['fɔːldstuːl] *s.* ⟨*Lit*⟩ **1** (*for a bishop*) faldistor(*i m.* **2** (*for praying*) inginocchiatoio *m.*

Falernian [fə'ləːnjən] *a.* ⟨*Enol*⟩ falerno. □ ~ *wine* faler *m.*

fall[1] [fɔːl] *v.i.* (*pret.* **fell** [fel], *p.p.* **'fallen** [-ən]) **1** cade cascare; (*to plunge*) cadere, precipitare: *to* ~ *from window* cadere da una finestra. **2** (*to become less, lowe* abbassarsi, diminuire, calare: *the temperature fell rapi* la temperatura si abbassò rapidamente; (*to abate*) cala diminuire, calmarsi: *the wind has* –*en* il vento è calato. (*to hang down*) cadere, ricadere, pendere: *her hair fell her shoulders* i capelli le cadevano sulle spalle. **4** (*f* cedere alla tentazione. **5** (*to lose office, power*) cadere: *t government has* **fallen** il governo è caduto. **6** (*to captured*) cadere, capitolare. **7** (*to die*) cadere, morire: ~ *fighting* cadere combattendo. **8** (*to occur*) cade ricorrere, capitare: *my birthday* –*s on a Sunday* il m compleanno cade di domenica. **9** ⟨*fig*⟩ (*to becom* cadere, diventare: *to* ~ *ill* cadere ammalato, ammalarsi; ~ *silent* diventare (*o* farsi) silenzioso. **10** (*of speech: to* uttered*) uscire, venire (*from* da). **11** (*to come by chanc lot*) cadere, capitare, toccare (costr. impers.): *our choi has* –*en on you* la nostra scelta è caduta su di te; *it fell me to break the news* è toccato a me dare la notizia. **1**

to come by right) toccare, andare, spettare (di diritto) (*to*): *the inheritance fell to the eldest son* l'eredità toccò al figlio maggiore. **13** (*to be divisible*) dividersi, suddividersi (*into* in): *the story –s into two parts* il racconto si divide in due parti. **14** (*of night, silence, etc.*) cadere, scendere. **15** (*of a structure*) cadere, crollare. **16** (*of ground*) inclinarsi, (di)scendere; (*of a river*) gettarsi, sfociare (*into* in). **17** ⟨*Zool*⟩ nascere. □ *to ~ apart* cadere a pezzi; *to ~ asleep* addormentarsi; ⟨*Mar*⟩ *to ~ astern* rimanere indietro (rispetto ad altra nave); *to ~ away:* 1 ritirarsi, tirarsi indietro, fare marcia indietro; 2 (*to become lean*) deperire, dimagrire; 3 (*to disappear*) scomparire, svanire; *o ~ back* indietreggiare, ripiegare; *to ~ back on* (o *to, upon*): 1 (*to retreat to*) ritirarsi in; 2 (*to have recourse to*) ricorrere (o far ricorso) a; *to ~ behind* rimanere indietro: *o ~ behind in one's work* rimanere indietro col lavoro; *to ~ behind with one's rent* essere in arretrato con l'affitto; *o ~ to one's death* fare una caduta mortale; *to ~ into debt* indebitarsi, fare dei debiti; *to ~ into disuse* cadere in disuso; *to ~ down:* 1 (*in worship*) prostrarsi; 2 (*to collapse*) cadere, crollare; 3 (*fam*) (*to fail*) cadere, non riuscire (*on* in); *to ~ due* maturare, scadere; *her eyes fell* abbassò lo sguardo; *his face fell* fece la faccia lunga; *fam*) *to ~ flat* far fiasco, non avere successo; *to ~ for:* 1 (*fam*) cascarci; 2 (*fam*) (*to fall in love with*) innamorarsi di; *to ~ foul of:* 1 ⟨*Mar*⟩ entrare in collisione con; 2 (*to quarrel*) litigare con; ⟨*Rel*⟩ *to ~ from grace* perdere la grazia di Dio; *to ~ headlong* cadere a testa in giù, precipitare; *to ~ in:* 1 sprofondare, crollare; 2 ⟨*Mil*⟩ allinearsi; (*of a single soldier*) mettersi in riga; 3 (*of a lease, annuity, etc.*) scadere; 4 (*to agree with*) trovarsi l'accordo (*with* con); 5 (*to meet by chance*) imbattersi in (*with* s.o. qd.); *to ~ in love* innamorarsi (*with* di); ⟨*Mus*⟩ *o ~ in pitch* calare di tono; *to ~ into* cadere in: *to ~ into disgrace* cadere in disgrazia; *to ~ into arrears* essere in ritardo coi pagamenti, accumulare arretrati; *to ~ into conversation with s.o.* mettersi a conversare con qd.; *to ~ into bad habits* prendere delle cattive abitudini; ⟨*Mil*⟩ *to ~ into line* mettersi in riga, allinearsi; *to let ~ a remark* lasciar cadere un'osservazione; *to ~ off:* 1 diminuire; 2 (*to deteriorate*) calare di tono, cadere; 3 ⟨*Mar*⟩ deviare la rotta sottovento; (*of a single soldier*) *to ~ on:* 1 attaccare, gettarsi su; 2 (*to be the duty of*) ricadere su, toccare a (costr. impers.); 3 (*experience*) passare, vedere, vivere: *to ~ on hard times* passare tempi duri; *his words fell on deaf ears* le sue parole caddero nel vuoto; *to ~ on one's knees* cadere in ginocchio; *to ~ out:* 1 litigare (*with* con); 2 (*to turn out*) andare a finire, risultare; 3 ⟨*Mil*⟩ rompere le righe; *to ~ out of favour* cadere in disgrazia; ⟨*fig*⟩ *to ~ over o.s.* (o *backwards*) *to do s.th.* fare l'impossibile per fare qc.; ⟨*Mar*⟩ *to ~ overboard* cadere in mare; *to ~ short:* 1 venir meno, mancare; 2 ⟨*fig*⟩ essere inferiore (*of* a): *to ~ short of expectations* essere inferiore alle aspettative; *to ~ through* fallire; *to ~ to:* 1 mettersi (*o* attaccare) a: *to ~ to laughing* mettersi a ridere; 2 ⟨*assol*⟩ (*to begin to eat*) mettersi a mangiare; 3 ⟨*assol*⟩ (*to begin to fight*) dare inizio al combattimento; *to ~ to pieces* cadere in pezzi; *to ~ under:* 1 essere sotto la responsabilità di; 2 (*to be classified as*) rientrare sotto la voce di, essere classificato come; *to ~ upon = to fall on; to ~ within = to fall under.*

ll² *s.* **1** caduta *f: a ~ from a horse* una caduta da cavallo; (*distance*) dislivello *m*, salto *m*. **2** (*dropping*) il cadere, caduta *f: the ~ of leaves* la caduta delle foglie. **3** *am*) (*autumn*) autunno *m*. **4** (*decrease*) ribasso *m*, diminuzione *f*, calo *m*, abbassamento *m: a ~ in prices* un ribasso dei prezzi. **5** (*downward slope*) discesa *f*, pendio *m*, declivio *m*. **6** *pl.* (*waterfalls*) cascate *fpl*. **7** ⟨*fig*⟩ caduta *f*, il cadere in tentazione; (*sin*) peccato *m*. **8** (*capitulation*) caduta *f*, capitolazione *f: the ~ of Troy* la caduta di Troia. **9** (*downfall*) caduta *f*, rovina *f*, crollo *m*, tracollo *m: the ~ of the Roman Empire* la caduta dell'impero romano. **10** *Sport*⟩ (*in wrestling*) caduta *f*; (*bout*) incontro *m*, partita *f*. **11** ⟨*Vest*⟩ (*for a hat*) veletta *f*. **12** ⟨*Zool*⟩ (*birth*) nascita *f*; (*number born*) figliata *f*. **13** ⟨*Mecc*⟩ cavo *m* di manovra (*o* comando). **14** ⟨*Mar*⟩ tirante *m*. **Fall** *s.* caduta *f* d'Adamo, peccato *m* originale. □ *to ⸢take a bad⸣*

(o *have a nasty*) ~ fare una brutta caduta; ⟨*Econ*⟩ *to buy on a* ~ comprare al ribasso; ⟨*Econ*⟩ **dealing** *for a* ~ operazione *f* al ribasso; ⟨*fig*⟩ *to be* **riding** *for a* ~ cercare la propria rovina, andare in cerca di guai; *a ~ of snow* una nevicata; ⟨*am.fam*⟩ *to* **take** *a* ~ *out of s.o.* ⸢avere la meglio⸣ (o spuntarla) su qd.; ⟨*fig*⟩ *to* **try** *a* ~ *with s.o.* scontrarsi con qd.

fallacious [fə'leiʃəs] *a.* **1** basato su un falso ragionamento. **2** (*misleading*) fallace, ingannevole: ~ *hope* speranza fallace. **fallaciousness** [–nis] *s.* **1** fallacia *f*, inganno *m*. **2** (*deception*) falsità *f*.

fallacy ['fæləsi] *s.* **1** credenza *f* errata. **2** (*unsound argument*) falso ragionamento *m*, ragionamento errato. **3** (*erroneous character*) fallacia *f*, inganno *m*, falsità *f*. **4** ⟨*Filos*⟩ sofisma *m*.

fal-lal [ˌfæ'læl] *s.* (*finery*; general. al pl.) fronzolo *m*.

fallen¹ ['fɔ:lən] → **fall¹**.

fallen² **I** *a.* **1** immorale; (*sinful*) colpevole. **2** (*of a woman*) caduta (nella colpa), perduta. **II** *s.* ⟨*collett*⟩ caduti *mpl: monument to the* ~ monumento ai caduti. □ ~ *woman* prostituta *f*, donna perduta.

fallibility [ˌfæli'biliti] *s.* facilità *f* a sbagliare, ⟨*lett*⟩ fallibilità *f*. **'fallible** [–bl] *a.* **1** (*of a person*) che è soggetto a errare, ⟨*lett*⟩ fallibile. **2** (*unreliable*) inattendibile.

falling ['fɔ:liŋ] *a.* cadente (*anche fig.*).

falling-off *s.* caduta *f*. **~-out** *s.* litigio *m*. **~ sickness** *s.* ⟨*Med*⟩ epilessia *f*, mal *m* caduco. **~ star** *s.* ⟨*Astr*⟩ stella *f* cadente.

Fallopian [fə'loupiən] *a.* ⟨*Anat*⟩: ~ *tube* salpinge uterina.

fall-out *s.* ⟨*Atom*⟩ pioggia *f* radioattiva, precipitazioni *fpl* radioattive.

fallow¹ ['fælou] **I** *a.* **1** ⟨*Agr*⟩ incolto, a maggese. **2** ⟨*Zootecn*⟩ non pregno. **3** ⟨*fig*⟩ incolto, rozzo. **II** *s.* ⟨*Agr*⟩ maggese *m*. **III** *v.t.* ⟨*Agr*⟩ tenere a maggese. □ *to lie* ~ essere a maggese.

fallow² *a.* fulvo, rossastro.

fallow deer *s.* ⟨*Zool*⟩ daino *m*.

false [fɔ:ls] **I** *a.* **1** falso: *a ~ statement* un'affermazione falsa; (*erroneous*) erroneo, falso, errato. **2** (*of a person: lying*) falso, mendace; (*treacherous*) infido, falso. **3** (*misleading*) ingannevole, falso. **4** (*double-dealing*) ipocrita; ~ *friends* amici falsi. **5** (*sham*) falso, finto, simulato: ~ *modesty* falsa modestia. **6** (*counterfeit*) falso, falsificato, contraffatto: *a ~ diamond* un diamante falso. **7** (*artificial*) falso, finto, posticcio: *a ~ tooth* un dente falso; ~ *hair* capelli finti. **8** ⟨*Edil*⟩ finto. **9** ⟨*Bot*⟩ pseudo. **10** ⟨*Mus*⟩ stonato, falso: *a ~ note* una nota falsa. **II** *avv.* falsamente. □ *to sail under ~ colours:* 1 ⟨*Mar*⟩ navigare sotto falsa bandiera; 2 ⟨*fig*⟩ agire sotto mentite spoglie; ⟨*fig*⟩ *to strike a ~ note* toccare un tasto falso; *to play ~ with s.o.* ingannare (o tradire) qd.; *to be in a ~ position* essere (o trovarsi) in una posizione falsa; ⟨*Bibl*⟩ *to bear ~ witness* portare falsa testimonianza; *to be ~ to one's word* mancare alla parola (data).

false| acacia *s.* ⟨*Bot*⟩ robinia *f*, falsa acacia *f*. **~ accounting** *s.* falsificazione *f* di scritture contabili, falso *m* contabile. **~ alarm** *s.* falso allarme *m* (*anche fig.*). **~ bottom** *s.* doppio fondo *m*. **~ ceiling** *s.* ⟨*Edil,Acu*⟩ controsoffitto *m*. **~ dawn** *s.* luce *f* zodiacale. **~ entry** *s.* ⟨*Comm*⟩ falso *m* in scritture contabili. **'~-'faced** *a.* ipocrita. **'~-'hearted** *a.* falso, perfido, infido.

falsehood ['fɔ:lshud] *s.* **1** menzogna *f*, bugia *f*, falsità *f*. **2** (*falsity*) falsità *f*, ipocrisia *f*. **3** (*untrue idea, belief*) idea *f* (*o* credenza) falsa.

false| imprisonment *s.* ⟨*Dir*⟩ arresto *m* abusivo (*o* illegale), detenzione *f* abusiva. **~ keel** *s.* ⟨*Mar*⟩ controchiglia *f*, falsachiglia *f*.

falseness ['fɔ:lsnis] *s.* **1** falsità *f*. **2** (*perfidy*) perfidia *f*.

false| pretences *s.pl.* ⟨*Dir*⟩ millantato credito *m*. **~ start** *s.* ⟨*Sport*⟩ falsa partenza *f* (*anche fig.*). **~ step** *s.* passo *m* falso. □ *to take* (o *make*) *a ~* inciampare, incespicare; ⟨*fig*⟩ fare un passo falso.

falsetto *it.* [fɔ:l'setou] **I** *s.* (*pl.* -s [z]) falsetto *m*. **II** *a.* di falsetto. **III** *avv.* in falsetto.

falsies ['fɔ:lsiz] *s.pl.* ⟨*fam*⟩ seno *m* finto.

falsifiable ['fɔ:lsifaiəbl] *a.* falsificabile. **ˌfalsification**

[-fi'keiʃən] s. **1** falsificazione f. **2** (distortion) distorsione f, alterazione f. ☐ ~ of accounts → **false accounting.**
falsifier [-faiə] s. falsario m (f –a), falsificatore m (f –trice).
falsify ['fɔːlsifai] v.t. **1** falsificare: to ~ a balance sheet falsificare un bilancio. **2** (to distort) alterare, falsare. **3** (to prove false) dimostrare la falsità (o l'infondatezza) di. **4** (to disappoint) deludere, sconcertare. **falsity** [-siti] s. **1** falsità f, doppiezza f. **2** (lie) falsità f, menzogna f. **3** (deceitfulness) disonestà f, slealtà f.
falter ['fɔːltə] **I** v.i. **1** esitare, vacillare, tentennare, titubare: he scaled the cliff without –ing scalò la rupe senza esitare. **2** (to move unsteadily) incespicare, inciampare. **3** (to stammer) balbettare, parlare (o esprimersi) con difficoltà. **II** v.t. (spesso con out) balbettare, borbottare. **faltering** [-riŋ] **I** a. incerto, vacillante, esitante. **II** s. esitazione f, incertezza f, vacillamento m.
fame [feim] **I** s. **1** fama f, celebrità f, gloria f, rinomanza f. **2** (reputation) reputazione f. **3** (rar) (rumour) notizia f, voce f. **II** v.t. (general. al pass.) rendere famoso. ☐ house of ill ~ casa f di malaffare. **famed** [-d] a. famoso, celebre, rinomato.
familiar [fə'miljə] **I** a. **1** consueto, familiare, ben noto. **2** (conversant) che ha familiarità (o dimestichezza) (with con): I am not ~ with scientific terms non ho dimestichezza con i termini scientifici. **3** (confidential) confidenziale; (intimate) intimo: a ~ friend un amico intimo. **4** (unduly intimate) che si prende ʾtroppa confidenzaʾ (o eccessiva familiarità), indiscreto. **5** (of an animal) domestico. **II** s. **1** amico m intimo. **2** (servant of a bishop, etc.) cameriere m, famiglio m. **3** → **familiar spirit.** ☐ to be ~ with s.o. essere in intimità con qd.; to make o.s. ~ with a subject acquistare dimestichezza (o familiarità) con una materia; to make o.s. ~ with s.o. familiarizzare (o prendere confidenza) con qd.; to be on ~ terms with s.o. essere in confidenza con qd.
familiarity [fə,mili'æriti] s. **1** familiarità f, intimità f (di rapporti), dimestichezza f. **2** (undue intimacy) eccessiva confidenza f (o familiarità). **3** pl. (gestures of affection) confidenze fpl. **4** (thorough knowledge) familiarità f, esperienza f, pratica f. ☐ to be on terms of ~ with s.o. avere familiarità (o confidenza) con qd. Prov.: ~ breeds contempt l'eccessiva familiarità fa perdere il rispetto.
familiarization [fə,miljərai'zeiʃən] s. il familiarizzare, l'entrare in rapporti familiari. **fa'miliarize** [-raiz] v.t. **1** (of a person) far prendere dimestichezza con. **2** (of a thing) render noto, far conoscere. ☐ to ~ o.s. with a subject familiarizzare con una materia.
familiar spirit s. demone m al servizio di una strega (o un mago).
family ['fæmili] **I** s. **1** famiglia f, nucleo m familiare; (children) figli mpl; (kindred) famiglia f, parentado m. **2** (group of common ancestry) discendenza f: the Stuart ~ la discendenza degli Stuart. **3** (lineage) famiglia f, stirpe f, casato m. **4** (Biol,Chim,Ling) famiglia f. **II** a. **1** di famiglia: the ~ jewels i gioielli di famiglia. **2** (suitable for a family) (di tipo) familiare: a ~ hotel un albergo di tipo familiare. ☐ (fam) to be in the ~ way essere incinta.
family| allowance s. assegno m familiare. **~ business** s. azienda f a conduzione familiare. **~ car** s. automobile f familiare, familiare f. **~ Compact** s. (Stor) patto m di famiglia. **~ doctor** s. medico m di fiducia, (o di famiglia). **~ hotel** s. pensione f familiare. **~ income** s. reddito m familiare. **~ law** s. diritto m di famiglia. **~ likeness** s. aria f di famiglia. **~ man** [mən] s.irr. **1** padre m di famiglia. **2** (man fond of domestic life) uomo m tutto casa e famiglia. **~ name** s. cognome m. **~ party** s. festa f in famiglia. **~ planning** s. limitazione f (o pianificazione) demografica. **~-run** a. (Econ) a conduzione familiare. **~-size** s. formato m famiglia. **~ skeleton** s. (fam) segreto m di famiglia. **~ therapy** s. (Med) terapia f familiare. **~ tree** s. albero m genealogico.
famine ['fæmin] s. **1** carestia f, fame f. **2** (fig) grande scarsità f. **3** (starvation) fame f: to die of ~ morire di fame. **famish** [-miʃ] **I** v.t. affamare, far patire la fame a.

II v.i. patire la fame. ☐ (fam) to be –ing (o –ed) ave una fame da lupo.
famous ['feiməs] a. **1** famoso, celebre, rinomato. **2** (fa (excellent) ottimo, eccellente. **3** (rar) (notorio famigerato. **famously** [-li] avv. **1** famosamente. **2** (fa (very well) molto bene, ottimamente.
famulus ['fæmjuləs] s. (pl. -li [lai]) famulus m, fam m.
fan[1] [fæn] s. **1** ventaglio m. **2** (Mecc) ventola f. **3** (ᴵ ventilatore m. **4** (Ornit) coda f a ventaglio. **5** (Zool) a whale) pinna f (caudale). **6** (Agr) vaglio m. **7** (M (propeller) pala f dell'elica. **8** (Aut) ventilatore m, vent f. **9** (of a windmill) pala f.
fan[2] v. (pret., p.p. fanned [-d]) **I** v.t. **1** far vento sventolare: to ~ one's face farsi vento al viso. **2** (to bl upon) soffiare. **3** (to stir to activity) attizzare, soffiare (anche fig.): to ~ the fire attizzare il fuoco. **4** (to spre like a fan; general. con out) aprire (o distendere) ventaglio: to ~ cards aprire le carte a ventaglio. **5** (A vagliare. **II** v.i. (general. con out) aprirsi a ventaglio. (fig) to ~ the flames soffiare sul fuoco; to ~ o.s. fa vento, sventagliarsi, sventolarsi.
fan[3] s. **1** fan m/f, ammiratore m (f –trice). **2** (Spc tifoso m (f –a).
fanatic [fə'nætik] **I** s. fanatico m (f –a), entusiasta m/f a. → **fanatical. fanatical** [-əl] a. fanatico. **fanaticis** [-tisizəm] s. fanatismo m. **fanaticize** [-tisaiz] **I** fanatizzare, rendere fanatico. **II** v.i. comportarsi (o agi da fanatico.
fan blower s. termoventilatore m.
fancied ['fænsid] a. **1** immaginario, fantastico. **2** (Spc (of a horse) favorito. **fancier** [-siə] s. amatore m –trice), appassionato m (f –a).
fanciful ['fænsiful] a. **1** fantasioso, dalla fantasia fervi **2** (of fancy design, etc.) (di) fantasia. **3** (unre fantastico, immaginario, di fantasia. **fancifulness** [-n s. fantasia f, immaginazione f.
fancy ['fænsi] **I** s. **1** immaginazione f, fantasia f: a proc of ~ il frutto dell'immaginazione. **2** (fondness, liki fantasia f, voglia f: he has no ~ for work non ha voglia lavorare. **3** (amorous liking) simpatia f, (fam) cotta f (whim) capriccio m, ghiribizzo m: a passing ~ capriccio passeggero. **5** (unfounded idea) fantasia fantasticheria f; (illusion) illusione f. **6** (Art) opera d'immaginazione. **7** (vague intuition) impressione f: I h a ~ that ho l'impressione che. **II** a. **1** (di) fantas decorato, elaborato: a ~ sweater un maglione fantasia. (capricious) capriccioso, estroso. **3** (extravagant, fantas stravagante, fantastico, bizzarro. **4** (of an animal) di ra scelta (o selezionata). **5** (of a shop, etc.) di lusso. **6** prices, etc.) eccessivo, esorbitante. **7** (Sport) appassion 8 (am) (of canned goods) extra, di qualità superiore. ᴵ v.t. **1** immaginare, immaginarsi, figurarsi, vedere: I ca ~ her as an actress non so immaginarla come attrice. (to be inclined to think) (propendere a) credere, sembr (costr. impers.): I rather ~ you are wrong credo prop che tu abbia torto; (to suppose) supporre, immaginar: he will object immagino che si opporrà. **3** (to like) grad piacere (costr. impers.), andare (costr. impers.): do you chicken for dinner? gradisci del pollo a pranzo?; (of peo trovare simpatico. **4** (of animals) selezionare. **IV** i figurati, immaginati. ☐ to ~ o.s. (o take) s.o.'s ~ colp la fantasia di qd., piacere a qd.; ~ meeting you! combinazione incontrarti!; (fam) to ~ o.s. avere un'a stima (o opinione) di sé; how does my idea strike your ti va (o piace) la mia idea?; to take a ~ to (of thin incapricciarsi di; (of people) provare simpatia p affezionarsi a; (just) ~ that! pensa un po'!
fancy| dive s. (Sport) tuffo m acrobatico. **~ dog** s. c m di razza scelta (o selezionata). **~ dress** s. costume maschera f. **~-dress ball** s. ballo m in costume maschera). **~-free** a. non innamorato. **~ goods** s articoli mpl di fantasia. **~ man** [mən] s.irr. **1** amante 2 (pimp) sfruttatore m, (eufem) protettore m. **~ wom s.** (fam) **1** amante f. **2** (prostitute) prostituta f. **~ wc s.** (Lav.femm) ricamo m.
fandangle [fæn'dæŋgl] s. (fam) ornamento m fantasios

fare ['fænfeə] s. **1** ⟨Mus⟩ fanfara f. **2** ⟨fig⟩ ostentazione f.

faronade [,fænfærə'nɑ:d] s. fanfaronata f, spacconata f, illanteria f.

g [fæŋ] **I** s. **1** ⟨Zool⟩ (of a wolf, dog, etc.) zanna f; (of snake) dente m (velenoso). **2** ⟨Dent,fam⟩ dente m. **3** Mecc⟩ (of a tool) · dente m. **II** v.t. **1** addentare, zannare. **2** ⟨tecn⟩ (of a pump) adescare. **fanged** [–d] a. Zool⟩ fornito di zanne.

| **heater** s. → fan blower. **~light** s. ⟨Arch⟩ lunetta f ventaglio). **~ mail** s. posta f degli ammiratori.

ny am. ['fæni] s. ⟨sl⟩ sedere m.

nny Adams ['ædəmz]: he knows sweet ~ non sa un bel ulla.

on ['fænən] s. ⟨Lit⟩ **1** (maniple) manipolo m. **2** (orale) none m.

| **palm** s. ⟨Bot⟩ palma f flabelliforme (o a ventaglio). **~shaped** a. a (forma di) ventaglio. **~ tail** s. **1** ⟨Ornit⟩ oda f a ventaglio, ruota f. **2** ⟨Ornit⟩ (pigeon) piccione m n la coda a ventaglio. **3** ⟨Ornit⟩ ripidura f. **4** (gas urner) becco m a gas con fiamma a ventaglio.

tasia [fæn'teizjə, fæntə'ziə] s. **1** ⟨Mus⟩ fantasia f. **2** Lett⟩ opera f di fantasia. **3** (s.th. strange) fantasticheria f, ntasia f.

tast ['fæntæst] s. sognatore m (f –trice), visionario m (f a).

tastic [fæn'tæstik], **fantastical** [–əl] a. **1** fantastico, zzarro, stravagante: ~ shapes forme fantastiche. **2** eccentric, capricious) bizzarro, eccentrico, strano, ravagante. **3** (fanciful, strange) fantasioso, estroso, zzarro. **4** (great, exorbitant) fantastico, favoloso: a ~ um of money una fantastica somma di denaro. **5** nrealistic, impractical) non realistico, non pratico. **n,tasti'cality** [–æliti], **fantasticalness** [–əlnis] s. ntasticheria f, bizzarria f, stravaganza f.

tasy ['fæntəsi] s. **1** fantasia f, immaginazione f. **2** rotesque mental image) fantasticheria f, fantasia f, idea f ntastica. **3** (dream) visione f, sogno m, fantasia f. **4** ²sic⟩ fantasia f, fantasma m. **5** (whim, fancy) capriccio , fantasia f. **6** ⟨Mus⟩ fantasia f.

AO = Food and Agriculture Organization (of the United ations) Organizzazione delle nazioni unite per alimentazione e l'agricoltura (abbr. FAO).

.q. = ⟨Comm⟩ free alongside quay franco lungo anchina.

quir s. → fakir.

' [fɑ:] a./avv. (compar. **farther** ['fɑ:ðə]/**further** ['fə:ðə], sup. rthest ['fɑ:ðist]/**furthest** ['fə:ðist]) **I** avv. **1** lontano, istante: they didn't go ~ non andarono lontano; is it ~ e station? è lontana la stazione? **2** (of time) lontano, distanza di tempo. **3** (to a great degree, extent; spesso eguito da compar., sup.) di gran lunga, (di) molto, assai: e is ~ the cleverest è di gran lunga il più bravo. **4** (to an dvanced point) a fondo, fino in fondo: he drove the stake into the ground piantò il palo a fondo nel terreno. **II** a. lontano, remoto: a ~ away country un paese ntano. **2** (of time) lontano, remoto. **3** (more distant of e two) più lontano (o distante), opposto: the ~ side of e lake la parte più distante del lago. □ ~ above molto l di) sopra, a una grande altezza sopra; as ~ as: 1 fino we went as ~ as the river andammo fino al fiume; 2 (to e extent) per quello che, per quanto: as ~ as I know per uello che ne so, per quel che mi consta; ~ and away di ran lunga; as ~ back as I can remember per quanto osso ricordare, per quello che mi ricordo; ~ be it from e to criticize lungi da me l'intenzione di criticare; ~ eyond molto al di là di, molto oltre; by ~ di gran lunga, molto: it is by ~ the largest è di gran lunga il più osso; ⟨fig⟩ to carry s.th. too ~ andare troppo oltre in c., esagerare; to be a ~ cry esserci una bella differenza; from: 1 lontano da; 2 (not at all) per niente, affatto: I m ~ from pleased non sono per niente contento; 3 nstead of) lungi da, invece di; ~ from it! tutt'al' (o roprio il) contrario!; from ~ da lontano, ⟨fig⟩ to go ~ ndare lontano, far molta strada; ⟨fig⟩ to go too ~ sagerare, oltrepassare (o varcare) i limiti; to go ~ towards th. 'essere di grande aiuto' (o contribuire grandemente) a

qc.; how ~: 1 fin dove: how ~ did you go? fin dove sei andato?; 2 (to what extent) fino a che punto; how ~ is it from here to the station? quanto c'è da qui alla stazione?; in so ~ as per quello che, per quanto; ~ and near = far and wide; so ~: 1 (up to now) finora; 2 (up to this point, extent) a questo punto, fin qui: now we've come so ~ we might as well continue arrivati a questo punto tanto varrebbe continuare; so ~ so good fin qui niente da dire; ~ and wide in lungo e in largo.

farad ['færəd] s. ⟨El⟩ farad m. **faradic** [fə'rædik] a. ⟨El,Med⟩ faradico: ~ current corrente faradica.

far|-away a. **1** lontano, distante, remoto. **2** ⟨fig⟩ assente, sognante: a ~ look uno sguardo assente. **'~-'between** a. distanziato.

farce [fɑ:s] **I** s. **1** ⟨Teat⟩ farsa f. **2** ⟨fig⟩ farsa f, buffonata f, burla f. **II** v.t. ⟨Gastr⟩ farcire. **'farce-meat** [–mi:t] s. ⟨Gastr⟩ farcia f.

farcical ['fɑ:sikəl] a. farsesco, burlesco, ridicolo. **,farcicality** [–'kæliti] s. carattere m farsesco. **farcically** [–i] avv. in modo farsesco.

fare [feə] **I** s. **1** prezzo m 'del biglietto' (o della corsa), tariffa f. **2** (paying passenger) passeggero m (f –a). **3** (food) cibo m, vitto m. **II** v.i. **1** mangiare, nutrirsi. **2** (to get on) passarsela, andare: we –d well on our journey ce la passammo bene durante il viaggio. **3** (to turn out; costr. impers.) andare a finire, andare (costr. impers.): it –d ill with us ci andò male. □ any more –s please? altri biglietti, prego?; bill of ~ lista f delle vivande, menù m.

Far East s. ⟨Geog⟩ Estremo Oriente m.

farewell ['feə'wel] **I** intz. addio. **II** s. addio m, congedo m, commiato m: to bid s.o. ~ dare l'addio a qd., salutare qd. **III** a. d'addio: a ~ performance una rappresentazione d'addio. □ to make one's ~ congedarsi, fare gli addii.

'far|'-famed a. rinomato, famoso. **~-'fetched** a. (of an example, comparison, etc.) forzato, stiracchiato, tirato per i capelli; (improbable) inverosimile. **'~-'flung** a. **1** esteso, vasto: a ~ empire un impero esteso. **2** (widely distributed) assai diffuso. **'~-'gone** a. **1** con (o che ha) un piede nella fossa, più di là che di qua. **2** (very drunk) ubriaco fradicio.

farina [fə'rainə] s. **1** farina f. **2** (starch) amido m. **3** ⟨Bot⟩ polline m. **farinaceous** [,færi'neiʃəs] a. **1** farinaceo. **2** (starchy) amidaceo. **farinose** ['færinous] a. farinoso.

farl [fɑ:l] s. focaccia f di farina 'd'avena' (o di grano).

farm [fɑ:m] **I** s. **1** podere m, tenuta f; (building) fattoria f, casa f colonica (o poderale); (business) impresa f agricola. **2** (land used for raising domestic animals) allevamento m; (for fish, oysters, etc.) vivaio m. **3** ⟨fam⟩ (baby farm) nido m d'infanzia. **II** v.t. **1** (of land) coltivare. **2** (of taxes, revenues, etc.; general. con out) dare in appalto, appaltare. **III** v.i. fare l'agricoltore. **'farmable** [–əbl] a. coltivabile.

Farm| **Belt** am. s. zona f in cui viene praticata l'agricoltura su scala commerciale. **~ bloc** am. s. ⟨Pol⟩ congressino mpl che sostengono gli interessi dell'agricoltura. **~ effluent** s. scarichi mpl agricoli. **~ equipment** s. materiale m agricolo.

farmer ['fɑ:mə] s. **1** coltivatore m, agricoltore m. **2** (breeder) allevatore m. **3** (of taxes, etc.) appaltatore m. **4** (of children, etc.) chi si prende cura (dietro compenso) di bambini (o poveri, ecc.).

farm| **hand** s. bracciante m agricolo. **~ holiday** s. agriturismo m. **~ holidaymaker** s. agriturista m/f. **~-house** s. fattoria f, casa f colonica (o poderale). **~ implements** s.pl. attrezzi mpl agricoli.

farming ['fɑ:miŋ] s. **1** agricoltura f. **2** (of taxes, etc.) appalto m.

farming| **activity** s. attività f agricola. **~ credit** s. ⟨Econ⟩ credito m agrario. **~ method** s. metodo m colturale (o di coltivazione).

farm| **labourer** s. → farm hand. **~land** s. (under cultivation) terreno m coltivato; (that can be cultivated) terreno m coltivabile. **~ machinery** s. macchinario m agricolo. **~ price support** s. sostegno m dei prezzi agricoli. **~ spending** s. spesa f agricola. **~stead** s. fattoria f. **~ team** am. s. ⟨Sport⟩ (in baseball) squadra f junior. **~yard** s. aia f. **~yard animal** s. animale m da cortile.

faro ['fɛərou] s. (card game) faraone m.

'far-'off a. **1** lontano, remoto, distante. **2** (in time) lontano, remoto.

farraginous [fə'rædʒinəs] a. farraginoso. **farrago** [-'rɑgou] s. (pl. -s|-es [z]) farragine f, congerie f, miscuglio m.

'far-'reaching a. **1** di grande estensione. **2** ⟨fig⟩ di vasta (o larga) portata.

farrier ['færiə] s. **1** maniscalco m. **2** ⟨rar⟩ (horse doctor) veterinario m. **farriery** [-ri] s. **1** arte f del maniscalco, mascalcia f. **2** (smithy) mascalcia f, bottega f del maniscalco.

farrow ['færou] **I** s. ⟨Zootecn⟩ (of pigs) figliata f. **II** v.t./i. (of a sow) figliare, partorire.

'far-'seeing a. **1** che vede lontano. **2** ⟨fig⟩ lungimirante, previdente. **'~-'sighted** a. **1** → **far-seeing**. **2** ⟨estens⟩ sagace, perspicace. **3** ⟨Med⟩ presbite. **'~-'sightedness** s. **1** lungimiranza f. **2** ⟨Med⟩ presbiopia f.

fart [fɑ:t] **I** s. ⟨volg⟩ peto m, ⟨volg⟩ scoreggia f. **II** v.i. ⟨volg⟩ fare (o tirare) un peto, ⟨volg⟩ scoreggiare.

farther ['fɑ:ðə] (compar. di far) **I** avv. **1** più lontano, (più) oltre: I can go no ~ non posso andare oltre. **2** (to a greater degree) ancora; (moreover) inoltre. **II** a. **1** più lontano, più distante. **2** (longer) più lungo. **3** (further) ulteriore. **farthermost** [-moust] a. più lontano (o distante), più remoto. **farthest** [-ðist] (sup. di far) **I** a. **1** il più lontano. **2** (longest) il più lungo. **II** avv. **1** il più lontano possibile. **2** (to or at the greatest degree) al massimo (grado).

farthing ['fɑ:ðiŋ] s. ⟨Numism⟩ farthing m. · □ ⟨fam⟩ I don't care a (brass) ~ for your opinions non me ne importa un fico secco delle tue opinioni; he paid to the last ~ pagò fino all'ultimo centesimo.

farthingale ['fɑ:ðiŋgeil] s. ⟨Mod⟩ guardinfante m, crinolina f.

fas., **f.a.s.** = ⟨Comm⟩ free alongside ship franco banchina nave.

fasces ['fæsi:z] s.pl. (costr. sing. o pl.) ⟨Stor.rom,Fasc⟩ fascio m.

fascia ['fæʃiə] s. (pl. **fasciae** ['fæʃii:]) **1** fascia f (anche Arch., Anat.). **2** ⟨Aut⟩ cruscotto m. **,fasciate** [-ʃi'eit], **fasciated** [-tid] a. **1** (coalescing) fasciato; (fascicled) fascicolato, affastellato. **2** ⟨Zool⟩ striato.

fascicle ['fæsikl] s. **1** → **fascicule**. **2** ⟨Bot⟩ fascetto m, cespo m, ciuffo m. **3** ⟨Anat⟩ fascicolo m. **fasciculation** [fəsikju'leiʃn] s. **1** ⟨Bot⟩ l'essere riunito in fascetti. **2** ⟨Anat⟩ contrazione f fascicolare. **fascicule** [-kju:l] s. ⟨Edit⟩ fascicolo m, dispensa f.

fascinate ['fæsineit] v.t. **1** affascinare, ammaliare, incantare. **2** (to paralyse by ocular hypnosis) paralizzare con lo sguardo. **fascinating** [-iŋ] a. affascinante, incantevole, seducente. **,fascination** [-'neiʃən] s. fascino m, incanto m, malia f. **fascinator** [-ə] s. **1** affascinatore m (f -trice). **2** ⟨Vest⟩ scialle m leggero (di trina, ecc.).

fascine [fæ'si:n] s. fascina f (anche Mil., tecn.).

fascism, **Fascism** ['fæʃizəm] s. ⟨Pol⟩ fascismo m. **fascist**, **Fascist** [-ʃist] **I** s. fascista m/f. **II** a. fascista.

fashion ['fæʃən] **I** s. **1** moda f, voga f: the latest ~ in hairstyles l'ultima moda in fatto di acconciature. **2** ⟨Sart⟩ moda f. **3** (fashionable people) gente f alla moda. **4** (manner) modo m, maniera f: to behave in a strange ~ comportarsi in un modo strano. **5** (style) modo m, stile m, foggia f. **II** v.t. modellare, foggiare; (to make) fare, costruire. □ after a ~ in qualche modo, alla meglio: he can draw after a ~ sa disegnare alla meglio; after the ~ of secondo la moda di; to be all the ~ essere molto di moda, ⟨fam⟩ essere l'ultimo grido; to be the ~ andare (o essere) di moda; to come back into ~ tornare d'attualità; to follow the (dictates of) ~ = to keep in fashion; in ~ alla moda; chicken cooked in Spanish ~ pollo (cucinato) alla spagnola; to 'keep in' (o be in the) ~ seguire la moda; a man of ~ un uomo di mondo; out of ~ fuori moda; to go out of ~ passare di moda; to set a ~ lanciare una moda. Prov.: everyone after his ~ ciascuno a suo modo.

fashionable ['fæʃənəbl] **I** a. **1** alla moda, di moda. **2** (of a person) alla moda. □ the ~ world il bel mondo. **II** s. persona f alla moda. **fashionableness** [-nis] s. l'essere alla moda. **fashionably** [-i] avv. alla moda.

fashion| conscious a. alla moda, che segue la moda. **~ designer** s. ⟨Mod⟩ stilista m/f. **~ house** s. casa f moda. **~ magazine** s. rivista f di moda. **~ parade** s. fashion show. **~ plate** s. **1** modello m, figurino m ⟨fig⟩ (person) figurino m. **~ show** s. sfilata f di mo défilé m. **~ stylist** s. disegnatore m (f -trice) di mo stilista m/f.

fast[1] [fɑ:st] **I** a. **1** fermo, fisso, solido, sicuro, saldo: a knot un nodo sicuro. **2** (quick) rapido, veloce, celere: c trip un viaggio rapido. **3** (dissipated) dissoluto, liberti gaudente; (of a woman) dissoluta. **4** (loyal) fedele, le devoto. **5** (of dyes) solido, che non stinge, resistente. **7** (of a watch, clock) che è (o va) ava **8** ⟨Fot⟩ (of a film) rapido, ad alta sensibilità. **9** ⟨te resistente: acid-~ resistente agli acidi. **II** s. ⟨Mar⟩ tro f. **III** avv. **1** fermamente, solidamente, saldamente, be the rope held ~ la corda reggeva bene. **2** (quickly) fretta, velocemente, presto: to run ~ correre velocemen (in quick succession) rapidamente, in rapida successione (soundly) profondamente: to be ~ asleep ess profondamente addormentato. **4** (in a dissipated way) modo dissoluto. □ ⟨lett⟩ ~ by vicino (a), presso; a h and ~ rule un regolamento rigido (o severissimo); to h ~ on to s.th. tenersi stretto a qc.; to take ~ hold of s stringere (o afferrare) saldamente qc.; to **make** ~ assicurare, fermare, legare bene; ⟨to close secur chiudere (per) bene; ⟨fam⟩ to **play** ~ and loose v affections fare a tira e molla con i sentimenti; ⟨fam⟩ to p a ~ one on s.o. giocare un brutto tiro a qd.; ⟨fig⟩ **stand** ~ tener duro, persistere (o insistere) nel prop atteggiamento.

fast[2] **I** v.i. **1** digiunare. **2** ⟨Rel⟩ osservare il digiuno, f astinenza, digiunare. **II** s. **1** digiuno m. **2** → **fast day**. to break one's ~ rompere il digiuno.

fast|-acting a. ad azione rapida. **~ day** s. giorno m digiuno (o astinenza).

fasten ['fɑ:sn] **I** v.t. **1** attaccare, fissare: to ~ a button o coat attaccare un bottone a una giacca. **2** (to make sec chiudere, assicurare, fermare: to ~ the door with a l chiudere la porta con un catenaccio; (of an article dress) affibbiare, allacciare: to ~ one's shoes allacciars scarpe; (to button) abbottonare. **3** (to attribute) attribu imputare: to ~ the blame on s.o. attribuire la colpa a (to give) dare, affibbiare: to ~ a nickname on affibbiare un soprannome a qd. **4** (to focus) fissa concentrare: to ~ one's eyes on s.o. fissare gli occhi qd.; to ~ one's attention upon a subject concentr l'attenzione su un argomento. **II** v.i. **1** allacciarsi: dress -s down the back il vestito si allaccia 'di dietro' sulla schiena. **2** (to close, lock) chiudersi. **3** (to take f hold) attaccarsi, aggrapparsi (on, on to a) **4** (t concentrarsi (on, upon su).

fastener ['fɑ:snə] s. **1** chiusura f, serratura f. **2** (device joining together) fermaglio m, fibbia f. **fastening** [-r s. **1** legatura f, fissaggio m. **2** (lock) chiavistello m. (clasp) chiusura f, fermaglio m.

fast|-food am. a. che serve cibi pronti. **fast-food sh** am. s. locale m di ristorazione veloce, fast food **~-forward wind** s. (of tape recorder) avvolgiment veloce.

fastidious [fəs'tidiəs] a. **1** incontentabile, difficile, esige **2** (fussily particular) schizzinoso, schifiltoso. (meticulous) meticoloso, pignolo. **fastidiousness** [-n s. meticolosità f, pignoleria f.

fastigiate [fæs'tidʒiit] a. ⟨Arch,Biol⟩ fastigiato.

fasting ['fɑ:stiŋ] s. digiuno m.

fast| lane s. ⟨Strad⟩ corsia f di scorrimento. **~-moving 1** veloce, rapido. **2** (of a novel, etc.) avvincente, che ti desta l'attenzione.

fastness ['fɑ:stnis] s. **1** forte m, fortezza f. **2** (fixedne saldezza f, solidità f. **3** (swiftness) velocità f, rapidità f (of dyes) solidità f.

fast|paced am. a. rapido, veloce. **~ rewind** s. (o tape recorder) riavvolgimento m veloce. **~-talk** v.t. ⟨f convincere a furia di chiacchierare. **~ train** s. treno direttissimo, direttissimo m.

fat[1] [fæt] **I** a. (compar. **fatter** ['fætə], sup. **fattest** ['fætist] grasso, pingue, corpulento: *a* ~ *man* un uomo grasso; (*of issue*) adiposo. **2** (*of food*) grasso: *a* ~ *cheese* un ormaggio grasso; (*oily, greasy*) grasso, untuoso, oleoso. **3** (*well-filled*) ben fornito, pieno, ricco: *a* ~ *wallet* un portafoglio ben fornito. **4** (*profitable, rich*) lucroso, ben pagato, redditizio: *a* ~ *job* un lavoro redditizio. **5** (*prosperous*) ricco, abbondante, grasso: ~ *profits* guadagni rassi. **6** (*fig*) (*stupid*) lento, tardo, stupido. **7** (*Agr*) grasso, fertile: ~ *land* terreno fertile. **8** (*Minier*) grasso, icco di bitume. **II** *s.* **1** grasso *m*, adipe *m*. **2** (*fatness*) grassezza *f*, pinguedine *f*, corpulenza *f*: *to be inclined to* ~ endere alla pinguedine. **3** (*Chim*) grasso *m*. **4** (*fig*) arte *f* migliore, meglio *m*. **5** (*teat*) pezzo *m* forte (o di oravura). □ *a* ~ *bank account* un grosso conto in banca; *fam*) *to cut up* ~ morire lasciando un sacco di soldi; *fig*) *the* ~ *is in the fire* ci sono guai in vista; *to get* ~ ngrassare; (*fig*) *to live off the* ~ *of the land* avere ogni en di Dio, vivere nel lusso; (*fig*) *to live on one's* ~ ·ivere di rendita; (*iron*) *a* ~ *lot* assai, molto: *a* ~ *lot you are!* te ne importa assai!; (*fam*) *a* ~ *lot of use that is!* è n bell'aiuto!

fat[2] *v.* (*pret., p.p.* 'fatted [–id]) **I** *v.t.* (fare) ingrassare. **II** *.i.* ingrassare, ingrassarsi.

fatal ['feitl] *a.* **1** mortale, fatale: *a* ~ *accident* un incidente nortale; *a* ~ *disease* una malattia fatale. **2** (*disastrous, lestructive*) fatale, funesto, disastroso: *the journey was* ~ *o him* il viaggio gli fu fatale; *a* ~ *mistake* un errore atale. **3** (*fateful*) fatidico, decisivo, risolutivo. **fatalism** –izəm] *s.* fatalismo *m*. **fatalist** [–ist] *s.* fatalista *m/f*. **atalistic** [–tə'listik] *a.* fatalistico. **fatality** [fə'tæliti] *s.* **1** norte *f* violenta, incidente *m* mortale; (*victim*) morto *m*, ittima *f*. **2** (*quality of causing death*) carattere *m* (o esito) nortale, effetto *m* funesto: *the* ~ *of a disease* il carattere nortale di una malattia. **3** (*disaster*) disastro *m*, calamità *f*. **4** (*being fated*) fatalità *f*; (*s.th. fated*) fatalità *f*, vvenimento *m* fatale. **5** (*inevitable course*) fatalità *f*, estino *m*, corso *m* inevitabile (delle cose). **fatally** [–təli] vv. **1** mortalmente, a morte: ~ *wounded* ferito a morte. **2** nevitably) fatalmente, inevitabilmente.

fatal sisters *s.pl.* → **Fates**.

fata morgana *it.* ['fɑːtaːmɔːˈgaːnaː] *s.* fata morgana *f*.

fat| cat *am. s.* (*sl*) **1** persona *f* ricca (da cui si aspettano ondi per una campagna elettorale). **2** (*scherz*) (*important erson*) pesce *m* grosso. ~ **cell** *s.* (*Anat*) cellula *f* diposa.

fate [feit] **I** *s.* **1** fato *m*, destino *m:* ~ *has decided* therwise il fato ha deciso altrimenti. **2** (*lot, fortune*) fato *m*, sorte *f*, destino *m*, fortuna *f*; (*bad fortune*) fato *m*, ortuna *f*, fatalità *f*, triste sorte *f*: *it was her* ~ *to be idowed* toccò a lei la sfortuna di rimanere vedova due olte. **3** (*death, destruction*) morte *f*, distruzione *f*. **II** *v.t.* general. al pass.) destinare: *he was* –d *to die young* era estinato a morire giovane. □ *to decide s.o.'s* ~ decidere ella sorte di qd.; *to go to one's* ~ andare incontro al roprio destino; *to meet one's* ~ essere ucciso, trovare la norte; *as sure as* ~ sicurissimo, quanto è vero Iddio. **ated** [–id] *a.* **1** destinato. **2** (*doomed*) condannato. **3** ontrolled by destiny) voluto dal fato (o destino), fatale. **ateful** [–ful] *a.* **1** fatidico, decisivo, risolutivo: *a* ~ ecision una decisione fatidica. **2** (*fatal*) fatale, disastroso, ortale. **3** (*prophetic*) fatidico, profetico. **Fates** [feits] .pr.pl. (*Mitol*) Parche *fpl*.

fat| farm *am. s.* (*fam*) clinica *f* per dimagrire. ~ **free** *a.* ·ivo di grassi: *a* ~ *diet* una dieta senza grassi. ~**-head** *s.* am) stupido *m* (*f* –a), babbeo *m* (*f* –a). '~-'**headed** *a.* am) zuccone, dalla 'testa dura. ~ **hen** *s.* (*Bot*) enopodio *m*.

father ['fɑːðə] **I** *s.* **1** padre *m* (*anche fig.*): *he has been ·ke*) *a* ~ *to me* è stato un padre per me. **2** (*male ·ncestor*) padre *m*, progenitore *m*, antenato *m*. **3** (*fig*) riginator) padre *m*, inventore *m*, creatore *m: the* ~ *of e atom bomb* il padre della bomba atomica. **4** (*fig*) ·recursor) padre *m*, precursore *m: the* ~ *of English poetry* padre della poesia inglese. **5** (*Rel*) padre *m*. **6** (*fig*) *ldest of a group*) anziano *m*. **7** (*Bibl*) padre *m*, patriarca *m*. **Father** *s.* **1** (*Teol*) Padre *m: Our* ~ *which art in ·aven* Padre nostro che sei nei cieli. **2** *pl.* (*Fathers of the*

Church) padri *mpl* della chiesa. **II** *v.t.* **1** generare, mettere al mondo. **2** (*fig*) (*to originate*) creare, dare origine a. **3** (*to acknowledge paternity of*) riconoscere la paternità di. **4** (*fig*) (*to assume responsibility for*) assumere la responsabilità di; (*to place responsibility for*) dare (*o* attribuire) la responsabilità di: *to* ~ *s.th. on s.o.* dare la responsabilità di qc. a qd. □ (*fam*) *Our* ~ (*Lord's Prayer*) padrenostro *m*, paternostro *m*; (*fig*) *to sleep with one's* ~ riposare con i propri antenati. *Prov.*: *like* ~, *like son* tale padre, tale figlio.

Father| Christmas *s.* Babbo *m* Natale. '~ con'fessor *s.* (*Rel*) padre *m* spirituale. ~ **figure** *s.* (*Psic*) figura *f* (*o* immagine) paterna.

fatherhood ['fɑːðəhud] *s.* paternità *f*.

father|-in-law *s.* suocero *m*. ~**land** *s.* paese *m* d'origine, (madre) patria *f*.

fatherless ['fɑːðəlis] *a.* **1** orfano di padre, senza padre. **2** (*illegitimate*) illegittimo, di padre ignoto. **fatherlike** [–laik] *a.* paterno. **fatherliness** [–linis] *s.* affetto *m* paterno. **fatherly** [–li] *a.* paterno.

Father's Day *s.* festa *f* del papà.

Father| Thames *s.* (*vezz*) Tamigi *m*. ~ **Time** *s.* tempo *m*.

fathom ['fæðəm] **I** *s.* (*Mar*) braccio *m*, fathom *m* (pari a 1,8 m.): *four* –s *deep* a quattro braccia di profondità. **II** *v.t.* scandagliare, misurare la profondità di. **2** (*fig*) penetrare, capire bene: *I cannot* ~ *his intentions* non riesco a capire bene le sue intenzioni. **fathometer** [–'ðɔmitə] *s.* (*Mar*) scandaglio *m* acustico. **fathomless** [–lis] *a.* **1** incommensurabile. **2** (*fig*) impenetrabile, incomprensibile.

fatidic [fei'tidik], **fatidical** [–əl] *a.* fatidico, profetico.

fatigue [fə'tiːg] **I** *s.* **1** stanchezza *f*, fatica *f*. **2** (*tiring task*) fatica *f*, lavoro *m* faticoso (*o* pesante). **3** (*Met,Edil*) fatica *f*. **4** → **fatigue duty**. **5** *pl.* → **fatigue clothes**. **II** *v.t.* affaticare, stancare.

fatigue clothes *s.pl.* (*Mil*) tenuta *f* di corvé (*o* fatica).

fatigued [fə'tiːgd] *a.* affaticato, stanco.

fatigue| duty *s.* (*Mil*) corvè *f*: *to be on* ~ essere in corvè. ~ **party** *s.* (*Mil*) squadra *f* di corvè. ~ **strength** *s.* (*Mecc*) resistenza *f* alla fatica.

fatiguing [fə'tiːgiŋ] *a.* faticoso, che affatica.

fatling ['fætliŋ] *s.* (*Zootecn*) animale *m* giovane da ingrasso.

fat metabolism *s.* (*Fisiol*) metabolismo *m* lipidico.

fatness ['fætnis] *s.* **1** grassezza *f*, pinguedine *f*. **2** (*fig*) fertilità *f*.

fat-reducing *a.* (*of a diet*) dimagrante.

fatso ['fætsou] *s.* (*pl.* -es [z]) (*spreg*) ciccione *m* (*f* –a).

fat|-soluble *a.* (*Chim*) solubile in grassi, liposolubile. ~**stock** *s.* (*Zootecn*) bestiame *m* da ingrasso, animali *mpl* da ingrassamento.

fatten ['fætn] **I** *v.t.* **1** (spesso con *up*) (far) ingrassare. **2** (*Zootecn*) ingrassare. **3** (*Agr*) ingrassare, concimare. **II** *v.i.* ingrassarsi, ingrassare.

fattiness ['fætinis] *s.* **1** grassezza *f*, pinguedine *f*. **2** (*greasiness*) untuosità *f*, oleosità *f*. **fattish** [–tiʃ] *a.* grassoccio, grassottello.

fatty ['fæti] *a.* **1** grasso: ~ *meat* carne grassa. **2** (*greasy*) grasso, untuoso, oleoso. **3** (*Med*) grasso, adiposo. **4** (*Chim*) alifatico. **II** *s.* (*fam*) grassone *m* (*f* –a), ciccione *m* (*f* –a).

fatty| acid *s.* (*Chim*) acido *m* grasso. ~ **compounds** *s.pl.* (*Chim*) composti *mpl* alifatici. ~ **soil** *s.* (*Agr*) terreno *m* grasso.

fatuitous [fə'tjuitəs] *a.* → **fatuous**. **fatuity** [–ti] *s.* **1** fatuità *f*. **2** (*something foolish*) sciocchezza *f*.

fatuous ['fætjuəs] *a.* fatuo, sciocco. **fatuousness** [–nis] *s.* → **fatuity**.

fat-witted *a.* stupido, stolto.

faucal ['fɔːkəl] *a.* **1** (*Anat*) delle fauci. **2** (*Fon*) faucale, faringale. **fauces** ['fɔːsiːz] *s.pl.* (costr. sing.) (*Anat*) fauci *fpl.*

faucet ['fɔːsit] *am. s.* rubinetto *m*.

faugh [fɔː] *intz.* (*to express disgust*) puh.

fault [fɔːlt] **I** *s.* **1** difetto *m*, imperfezione *f*, fallo *m*; (*of character*) pecca *f*, difetto *m*. **2** (*mistake*) errore *m*, sbaglio *m,* fallo *m.* **3** (*sin, misdeed*) colpa *f,* mancanza *f.* **4** (*culpability*) responsabilità *f,* colpa *f: whose ~ is it?* di chi è la colpa? **5** ⟨*Geol*⟩ faglia *f,* paraclasi *f.* **6** ⟨*El*⟩ dispersione *f.* **7** ⟨*Sport*⟩ (*in tennis, etc.*) tiro *m* mancato, colpo *m* (*o* tiro) a vuoto; (*failure*) fallo *m.* **8** ⟨*Equit*⟩ fallo *m.* **II** *v.t.* **1** criticare, biasimare. **2** ⟨*Geol*⟩ (general. al pass.) provocare una faglia in. **III** *v.i.* **1** sbagliare, commettere un errore. **2** ⟨*Geol*⟩ fagliare. **3** ⟨*Sport*⟩ commettere un fallo. □ *to be* at ~: 1 essere colpevole; 2 (*to be puzzled*) essere titubante (*o* incerto, perplesso); 3 ⟨*Venat*⟩ aver perso la pista (*o* la traccia); *if my memory is not at ~* se la memoria non 'm'inganna' (*o* mi tradisce); *to* find *~ with s.o.* trovare da (*o* a) ridire sul conto di qd.; *to be* in *~* essere colpevole; *the ~ lies with you* sei tu il colpevole; *to a ~* eccessivamente, (fin) troppo: *he is generous to a ~* è troppo generoso.

fault|-finder *s.* criticone *m* (*f* –a). **~-finding** *s.* il trovare a ridire su tutto, critica *f* pedante.

faultily ['fɔːltili] *avv.* imperfettamente, in modo difettoso (*o* imperfetto), male. **faultiness** [–tinis] *s.* imperfezione *f,* difettosità *f.*

faultless ['fɔːltlis] *a.* senza difetti, inappuntabile, impeccabile. **faultlessness** [–nis] *s.* impeccabilità *f,* inappuntabilità *f.*

fault tolerance *s.* ⟨*tecn*⟩ tolleranza *f* ai guasti.

faulty ['fɔːlti] *a.* **1** difettoso, imperfetto: *~ workmanship* esecuzione difettosa. **2** (*unreliable*) di cui non ci si può fidare: *a ~ memory* una memoria di cui non ci si può fidare. **3** (*full of faults*) scorretto: *~ pronunciation* pronuncia scorretta; (*of reasoning, etc.*) erroneo.

faun [fɔːn] *s.* ⟨*Mitol*⟩ fauno *m.*

fauna ['fɔːnə] *s.* (*pl.* –s [z]/–nae [niː]) fauna *f.* **faunal** [–l] *a.* della fauna, faunistico. **faunist** [–nist] *s.* studioso *m* (*f* –a) della fauna. **faunistic** [–nistik] *a.* faunistico.

Fauvism ['fouvizm] *s.* ⟨*Art*⟩ fauvismo *m.* **Fauvist** [–ist] *s.* fauvista *m/f.*

faux pas *fr.* [fo'pɑː] *s.inv.* gaffe *f,* sproposito *m.*

faveolate [fə'viːəleit] *a.* ⟨*Biol*⟩ alveolato.

favor *am. e der.* → **favour** *e der.*

favour ['feivə] **I** *s.* **1** favore *m,* benevolenza *f: to win s.o.'s ~* guadagnarsi il favore di qd. **2** (*friendly act*) favore *m,* cortesia *f,* piacere *m: to do s.o. a ~* fare un piacere a qd. **3** (*approval*) favore *m,* approvazione *f: the new product has found ~ with the public* il nuovo prodotto ha incontrato il favore del pubblico. **4** (*partiality, bias*) parzialità *f,* favoritismo *m*; (*excessive kindness*) indulgenza *f.* **5** *pl.* (*of women*) favori *mpl,* grazie *fpl.* **6** (*gift as token of regard, love, etc.*) dono *m,* regalo *m*; (*gift at a party*) omaggio *m.* **7** (*emblem, badge for an organization, team, etc.*) distintivo *m,* emblema *m*; (*rosette*) coccarda *f.* **8** ⟨*Comm,ant*⟩ (*letter*) lettera *f: your ~ of the 15th inst.* la stimata Vostra del 15 corr. **II** *v.t.* **1** favorire, aiutare, agevolare. **2** (*to show partiality towards*) favorire, mostrarsi parziale verso. **3** (*to oblige, honour*) favorire, fare l'onore a: *she –ed me with a copy of her book* mi fece l'onore d'inviarmi una copia del suo libro. **4** (*to facilitate*) favorire, tornare a vantaggio di; (*to be propitious for*) essere propizio (*o* favorevole) a: *the wind –ed our voyage* il vento fu propizio al nostro viaggio. **5** (*to aid, support*) aiutare, sostenere; (*to foster*) favorire, incoraggiare, promuovere: *to ~ the arts* favorire le arti. **6** ⟨*fam*⟩ (*to resemble*) (r)assomigliare a. □ ⟨*Comm*⟩ **balance** *in your ~* saldo *m* a vostro favore (*o* credito); ⟨*epist*⟩ *by ~ of Mr. Jones* 'a mezzo' (*o* alla cortesia) del Signor Jones; ⟨*rar*⟩ *by your ~* col vostro permesso; *I would* **esteem** *it a ~ if* sarebbe molto gentile da parte vostra se; *without* **fear** *or ~* imparzialmente; *to find ~ 'with s.o.'* (*o* in s.o.'s eyes) entrare nelle buone grazie di qd.; *to stand* (*o* be) **high** *in s.o.'s ~* essere molto considerato (*o* stimato) da qd.; *to be* in *~* essere ben visto; *in ~ of:* 1 favorevole a; 2 (*to the advantage of*) a vantaggio di; 3 ⟨*Comm*⟩ (*payable to*) a favore di; *in one's ~* a proprio favore (*o* vantaggio), favorevole: *the wind is in our ~* il vento ci è favorevole; *to* **look** *with ~ on* favorire, approvare; *to be* **out** *of ~* essere in disgrazia.

favourable ['feivərəbl] *a.* **1** favorevole, in (*o* a) favore: *a ~ report* un rapporto favorevole. **2** (*advantageous*)

vantaggioso, favorevole, propizio: *~ circumstanc* circostanze favorevoli. **3** (*winning approval*) positiv favorevole: *my first impression was ~* la mia prir impressione fu favorevole (*o* buona). **favourablene** [–nis] *s.* disposizione *f* favorevole. **favourably** [–i] *a* favorevolmente, in modo favorevole. □ *to look upon* guardare con occhio favorevole.

favoured ['feivəd] *a.* **1** favorito, privilegiato. **2** (*treat with partiality*) favorito, prediletto, preferito. **3** specified appearance; general. nei composti) favorito da natura, dotato.

favourite ['feivərit] **I** *s.* **1** favorito *m* (*f* –a), beniamino (*f* –a), prediletto *m* (*f* –a), preferito *m* (*f* –a): *the king's* il favorito del re; *it is one of my –s* è tra i miei favoriti. ⟨*Sport*⟩ favorito *m* (*f* –a). **II** *a.* favorito, predilet preferito: *my ~ author* il mio autore preferi **favouritism** [–izəm] *s.* favoritismo *m.*

fawn[1] [fɔːn] **I** *s.* **1** ⟨*Zool*⟩ cerbiatto *m.* **2** (*colour*) color fulvo chiaro. **II** *a.* (di) color fulvo chiaro. **III** ⟨*Zootecn*⟩ (*of deer*) figliare.

fawn[2] *v.i.* **1** (*of dogs, etc.*) fare festa (*o* le feste) (*on, up over* a). **2** (*to treat with servility*) adulare (servilmen blandire, ⟨*spreg*⟩ leccare. '**fawner** [–ə] *s.* adulatore *m* –trice, ⟨*spreg*⟩ leccapiedi *m/f.* '**fawning** [–iŋ] *a.* servile, adulatore.

fay[1] [fei] *s.* ⟨*poet*⟩ fata *f.*

fay[2] *f.* *v.t.* ⟨*tecn*⟩ commettere, congiungere. **II** commettere, combaciare.

fay[3] *s.* ⟨*rar*⟩ fede *f: by my ~* in fede mia.

faze [feiz] *v.t.* ⟨*am.fam*⟩ sconcertare, turbare.

F.B. = *Fire Brigade* vigili del fuoco.

FBI = **1** ⟨*SU*⟩ *Federal Bureau of Investigation* Uffi federale investigativo. **2** *Federation of British Indust* Federazione delle industrie britanniche.

F.C. = *Football Club* associazione calcistica.

F.D. = ⟨*Rel*⟩ *Fidei Defensor* difensore della fede.

FDC = ⟨*Filat*⟩ *First Day Cover* busta primo giorno.

fealty ['fiːəlti] *s.* **1** ⟨*Mediev*⟩ fedeltà *f* (al proprio signo vassallaggio *m.* **2** (*faithfulness*) fedeltà *f,* lealtà *f.*

fear [fiə] **I** *s.* **1** paura *f,* timore *m* (*anxiety*) ansia paura *f;* (*worry*) timore *m,* paura *f,* preoccupazione *f* (*awe*) timore *m* (reverenziale): *the ~ of the Lord* il tim di Dio; (*reverence*) riverenza *f,* rispetto *m.* **4** (*ground fear*) pericolo *m,* rischio *m: ~ of infection* peric d'infezione. **5** (*likelihood*) probabilità *f,* ⟨*scherz*⟩ peric *m: there's no ~ of his being early* non c'è pericolo venga presto. **II** *v.t.* **1** temere, aver paura di: *to ~ de* temere la morte. **2** (*to be in awe of*) avere un tim reverenziale di. **3** (*to suspect*) temere, avere il dubbic sospetto) di: *I ~ I have made too many mistakes* te d'aver fatto troppi errori. **III** *v.i.* **1** aver paura, ess spaventato, provare timore. **2** (*to hesitate*) esit trattenersi (per timore): *to ~ doing* (*o* to do) *a* trattenersi dal fare qc., esitare a fare qc. **3** (*to be anxi* temere, stare in ansia (*for* per): *we ~ for his life* temia per la sua vita. □ **for** *~ that* (*o* lest) per timore (*o* pa che; *for ~ of* [*ger*] per non, per evitare di, per paura [*inf*]; ⟨*fam*⟩ *he put the ~ of God into me* mi terrorizzò; *to be* in *~ of one's life* temere per la pro vita; *never ~!* niente paura!; ⟨*fam*⟩ **no** *~!* non pericolo!, nemmeno per sogno!; *I ~* **not** temo di no; *i and* **trembling** tremante di paura.

fearful ['fiəful] *a.* **1** pauroso, spaventoso: *a ~ cry* un g spaventoso. **2** (*filled with fear*) impaurito, spavent spaurito. **3** (*feeling anxiety*) pauroso, trepidante. (*terrible*) terribile, terrificante, spaventoso: *a ~ disaste* disastro spaventoso. **5** ⟨*fam*⟩ (*extreme*) straordina incredibile; (*extremely bad*) spaventoso, tremendo. *be ~ lest s.th. should happen* aver paura che accada qc *be ~ for* 'essere in ansia' (*o* temere) per. **fearfully** *avv.* ⟨*fam*⟩ terribilmente, spaventosamente, da far pa **fearfulness** [–nis] *s.* **1** l'aver paura. **2** (*dreadfuln* l'essere spaventoso.

fearless ['fiəlis] *a.* senza paura, impavido, intrep **fearlessness** [–nis] *s.* intrepidezza *f.*

fearsome ['fiəsəm] *a.* **1** terribile, orrendo, tremendc (*afraid*) pauroso, timoroso. **fearsomeness** [–ni 'essere terribile.

asibility [ˌfiːzə'biliti] s. fattibilità f, attuabilità f.

'easible [–bl] a. **1** fattibile, attuabile, possibile, realizzabile: a ~ plan un piano realizzabile. **2** (likely) verosimile, probabile, credibile.

asibility study s. ⟨tecn⟩ studio m di fattibilità.

ast [fiːst] **I** s. **1** ⟨Rel⟩ festa f, festività f. **2** (banquet) banchetto m, convito m, festino m. **3** ⟨fig⟩ piacere m, diletto m, gioia f: a ~ for the eyes un piacere per gli occhi. **II** v.i. **1** banchettare, fare un banchetto. **2** ⟨fig⟩ pascersi, appagarsi, dilettarsi (on di). **III** v.t. **1** festeggiare, are un banchetto in onore di. **2** ⟨fig⟩ rallegrare, deliziare.

ast-day s. ⟨Rel⟩ festa f, festività f.

at[1] [fiːt] s. atto m (di coraggio, di valore), prodezza f, impresa f.

at[2] a. ⟨dial⟩ **1** abile, destro. **2** (suitable) adatto, atto. **3** (neat) lindo.

ather ['feðə] **I** s. **1** ⟨Ornit⟩ penna f, piuma f. **2** pl. ⟨Ornit⟩ piumaggio m. **3** (tuft of hair) ciocca f; (fringe) frangia f. **4** ⟨Zool⟩ (of horse's hair) fiocco m. **5** ⟨fig⟩ (kind) genere m, natura f, specie f. **6** ⟨fig⟩ (light or insignificant thing) piuma f, fuscello m, nonnulla m, inezia f. **7** ⟨Mod,Sport⟩ penna f. **8** ⟨Mecc⟩ risalto m, flangia f (o aletta) in aggetto; (rib) nervatura f. **9** ⟨Mar⟩ (of an oar) spalatura f; (of a periscope) scia f. **II** v.t. **1** mettere le penne a. **2** (to adorn with feathers) ornare di piume. **3** ⟨Mar⟩ (in rowing) spalare. **4** ⟨Aer⟩ (of a propeller) mettere in bandiera; (of a helicopter) variare periodicamente l'incidenza. **5** ⟨Venat⟩ colpire le piume di. **II** v.i. **1** mettere le penne. **2** (to be feathery) sembrare una piuma. **3** (to move like feathers) ondeggiare (o volare) come piume. □ ⟨fig⟩ **birds of a** ~ gente f della stessa risma; ⟨fig⟩ to deck o.s. in borrowed –s coprirsi delle penne del pavone; ⟨fig⟩ a ~ in one's cap un motivo d'orgoglio; ⟨fig⟩ to be in fine (o high) ~: **1** godere buona salute; **2** (in high spirits) essere su di morale (o di ottimo umore); fur and ~ animali mpl da pelliccia e animali pennuti; ⟨fig⟩ to ~ one's nest arricchirsi con mezzi poco onesti; ⟨fig⟩ to show the white ~ mostrarsi vigliacco.

ather| **bed** s. **1** (mattress) materasso m di piume; (bed) letto m (con materasso) di piume. **2** ⟨fig⟩ letto m di piume, lusso m. **~bed I** v.t. tenere nella bambagia. **II** v.i. ⟨Ind⟩ ridurre la produzione (per eccesso di manodopera). **~bedding** s. ⟨Ind⟩ riduzione f della produzione (per eccesso di manodopera). **~bed industry** s. industria f sovvenzionata dallo stato. **~brain** s. ⟨fam⟩ sciocco m (f -a), cervello m di gallina. **~brained** a. ⟨fam⟩ sciocco, stupido, sventato. **~ duster** s. piumino m (per spolverare).

athered ['feðəd] a. **1** ⟨Ornit⟩ piumato, pennuto. **2** (of an arrow) munito di penna. **3** (shaped like a feather) a forma di penna. **4** ⟨fig⟩ (swift) alato, veloce. □ ⟨scherz⟩ our ~ friends i nostri amici pennuti.

ather|**-edge** s. **1** (thin edge) spigolo m acuto. **2** ⟨Met⟩ bava f. **3** ⟨Mecc⟩ filo m tagliente frangiato. **4** ⟨Strad⟩ manto m stradale. **~-head** s. → **feather-brain**. **~-headed** a. → **feather-brained**.

atheriness ['feðrinis] s. **1** l'essere pennuto (o piumato). **2** ⟨fig⟩ (estrema) leggerezza f.

athering ['feðəriŋ] s. **1** ⟨Ornit⟩ piumaggio m. **2** (fringe of hair) frangia f. **3** ⟨Mus⟩ arcata f molto leggera. **4** ⟨Arch⟩ ornamento m a fogliami.

ather| **star** s. ⟨Zool⟩ comatula f. **~ stitch I** s. ⟨Lav.femm⟩ punto m spiga. **II** v.t. ricamare a punto spiga. **~weight I** s. **1** ⟨Sport⟩ piuma m, peso m piuma. **2** ⟨fig⟩ persona f insignificante (o scialba). **II** a. **1** ⟨Sport⟩ peso piuma. **2** ⟨fig⟩ insignificante, scialbo.

athery ['feðəri] a. **1** pennuto, piumato. **2** ⟨fig⟩ leggero, lieve, soffice.

ature ['fiːtʃə] **I** s. **1** lineamenti mpl, fattezze fpl. **2** pl. (face) faccia f, fisionomia f. **3** (distinctive part) caratteristica f, tipico aspetto m, tratto m distintivo: a ~ of English life un tipico aspetto della vita inglese. **4** ⟨Teat,Cin,TV⟩ numero m principale. **5** ⟨Giorn⟩ servizio m speciale. **6** → **feature film**. **II** v.t. **1** caratterizzare, distinguere. **2** ⟨Giorn⟩ mettere in evidenza, dare risalto (o

spicco) a. **3** ⟨Cin,Teat⟩ avere come protagonista, dare una parte di primo piano a, presentare. **4** (to portray) ritrarre, rappresentare. **featured** [–d] a. **1** messo in evidenza (o risalto). **2** (having facial features; nei composti) dai lineamenti, dalle fattezze: hard-~ dai lineamenti duri.

feature| **film** s. ⟨Cin⟩ lungometraggio m; (in a cinema program) film m principale. **~-length** a. ⟨Cin,Giorn⟩ di lunghezza standard.

featureless ['fiːtʃəlis] a. **1** privo di carattere (o tratti distintivi). **2** (dull) privo di interesse, monotono, noioso.

Feb. = February febbraio (abbr. feb.).

febrifugal [fiˈbrifjugəl] a. febbrifugo, antipiretico.

febrifuge ['febrifjuːdʒ] **I** s. ⟨Farm⟩ antipiretico. **II** s. febbrifugo m, antipiretico m. **febrile** ['fiːbril] a. febbrile (anche fig.).

February ['februəri] s. febbraio m.

fec. = fecit fece.

fecal, feces am. e der. → **faecal, faeces** e der.

feckless ['feklis] a. **1** irresponsabile, incosciente. **2** (inefficient) inefficiente, incapace. **3** (helpless) debole, indifeso. **fecklessness** [–nis] s. **1** irresponsabilità f. **2** (inefficiency) incapacità f.

fecula ['fekjulə] s. (pl. -lae [liː]) **1** ⟨Entom⟩ materia f fecale. **2** (dregs) feccia f, sedimento m. **feculence** [–ns] s. **1** sudiciume m, sporcizia f. **2** (faeces) feci fpl, escrementi mpl. **3** (dregs) sedimento m, feccia f. **feculent** [–nt] a. **1** che presenta sedimenti. **2** (foul) sudicio, sporco.

fecund ['fiːkənd] a. **1** fecondo, fertile, prolifico. **2** ⟨fig⟩ fecondo, fertile, produttivo. **fecundate** [–eit] v.t. fecondare. **fecun'dation** [–eiʃən] s. fecondazione f. **fecundity** [–'kʌnditi] s. fecondità f, fertilità f (anche fig.).

fed [fed] → **feed**[1].

Fed am. [fed] s. (fam) governo m federale.

Fed. = Federal federale.

FED = ⟨SU, fam⟩ Federal Reserve System sistema delle riserve federali.

fedayee [fiːdaˈjiː] s. ⟨Pol⟩ fedain m/f. **fedayin** [–'jin] s. → **fedayee**.

federal ['fedərəl] **I** a. **1** federale, confederale. **2** ⟨Pol⟩ federale. **3** ⟨am.Pol⟩ federalista. **II** s. ⟨am.Pol⟩ federalista m/f. **Federal. II** s. **1** sostenitore m (f -trice) del governo federale, nordista m/f. **2** (soldier) soldato m del governo federale, nordista m. □ ⟨SU⟩ ~ Bureau of Investigation ufficio federale investigativo.

federalism ['fedərəlizəm] s. federalismo m. **federalist** [–list] **I** s. federalista m/f. **II** a. federalista, federalistico. **Federalist** s. ⟨Stor.am⟩ sostenitore m (f -trice) del governo federale. **federalization** [–laiˈzeiʃən] s. l'unire in federazione. **federalize** [–laiz] v.t. ⟨Pol⟩ confederare.

federally [–li] avv. secondo il sistema federale.

federate I v.t. ['fedəreit] **1** unire in una confederazione (o lega). **2** (to organize on a federal basis) organizzare su basi federalistiche. **II** v.i. confederarsi. **III** a. ['fedərit] federato, confederato. **federation** [–'reiʃən] s. **1** federazione f, confederazione f; (federated body, state) stato m confederato (o federale), confederazione f. **2** (union of societies, etc.) federazione f, lega f, associazione f. □ ~ of Trade Unions confederazione f dei sindacati.

federative [–ritiv] a. federativo, confederativo.

fedora am. [fiˈdɔːrə] s. ⟨Mod⟩ cappello m floscio di feltro.

fed up a. ⟨fam⟩ stufo, che non ne può più. □ I am ~ with you sono stufo di te, di te ne ho fin sopra i capelli; to be thoroughly ~ with s.th. essere pieno fino agli occhi di qc.

fee [fiː] **I** s. **1** onorario m, emolumento m, parcella f; (of a public officer) diritti mpl. **2** ⟨Scol,Univ⟩ tassa f: tuition -s tasse scolastiche. **3** (money paid to a private school) retta f. **4** (entrance money) tassa f d'iscrizione. **5** ⟨Dir⟩ proprietà f ereditaria. **6** ⟨Mediev⟩ feudo m, territorio m in feudo. **7** ⟨am⟩ (tip) mancia f. **II** v.t. **1** pagare l'onorario a. **2** (to hire) assumere, assicurarsi le prestazioni di.

feeble ['fiːbl] a. **1** debole, fiacco. **2** (lacking in effectiveness) debole, fiacco, poco efficace: a ~ attempt un debole tentativo; ~ arguments argomenti poco efficaci.

3 (*of light, sound*) debole, fioco.

'feeble|-'minded *a.* **1** ⟨*Med*⟩ debole di mente, deficiente. **2** (*foolish*) stupido, sciocco. '**~-'mindedness** *s.* **1** ⟨*Med*⟩ debolezza *f* di mente, frenastenia *f.* **2** (*foolishness*) scemenza *f.*

feebleness ['fi:blnis] *s.* debolezza *f,* fiacchezza *f* (*anche fig.*).

feed[1] [fi:d] *v.* (*pret., p.p.* **fed** [fed]) **I** *v.t.* **1** alimentare, nutrire, dar da mangiare a, cibare; (*of a baby*) allattare; (*of birds*) imbeccare; (*to put food into the mouth of*) imboccare. **2** (*to provide with food*) fornire di cibo, nutrire. **3** ⟨*fig*⟩ (*to satisfy*) soddisfare, appagare. **4** ⟨*fig*⟩ (*to keep alive*) alimentare, tener vivo: *to* ~ *s.o.'s hopes* alimentare le speranze di qd. **5** ⟨*tecn*⟩ fornire, rifornire: *to* ~ *coal into a machine* fornire carbone a una macchina; (*to provide with material*) alimentare. **6** ⟨*Teat*⟩ (*of a comedian*) dare la battuta a; (*to prompt*) suggerire. **7** ⟨*Zootecn*⟩ (*of cattle*) pascolare. **8** ⟨*Geol*⟩ alimentare: *the lake is fed by a mountain stream* il lago è alimentato da un ruscello montano. **II** *v.i.* **1** mangiare; (*to be nourished, subsist*) nutrirsi, alimentarsi, cibarsi (*on, upon, off* di): *spiders* ~ *on flies* i ragni si nutrono di mosche. **2** ⟨*fig*⟩ essere alimentato (*on, upon* da), nutrirsi (di): *prejudice* –*s on ignorance* i pregiudizi sono alimentati dall'ignoranza. **3** ⟨*Mecc*⟩ alimentarsi (*on* di). □ *to* ~ **up** (*of people*) nutrire bene, sottoporre a superalimentazione; (*of animals*) ingrassare.

feed[2] *s.* **1** ⟨*Zootecn*⟩ foraggio *m,* mangime *m;* (*amount given*) razione *f;* (*meal*) pasto *m.* **2** ⟨*fam*⟩ (*sumptuous meal*) scorpacciata *f.* **3** ⟨*tecn*⟩ alimentazione *f;* (*feeding mechanism*) alimentatore *m;* (*operation of a tool*) avanzamento *m,* alimentazione *f.* **4** ⟨*Teat*⟩ (*line*) battuta *f;* (*actor*) spalla *f.* □ ⟨*fam*⟩ *to be off one's* ~ avere perso l'appetito.

feed-back *s.* ⟨*tecn*⟩ **1** feed–back *m,* retroreazione *f.* **2** (*in control systems*) ritorno *m* di segnale.

feeder ['fi:də] *s.* **1** chi alimenta, alimentatore *m* (*f* –trice) (*anche fig.*). **2** (*one that takes food*) chi si nutre. **3** ⟨*Mecc,El*⟩ alimentatore *m.* **4** ⟨*Geog*⟩ (*of a river*) affluente *m;* (*of a lake*) immissario *m.* **5** ⟨*Ferr*⟩ raccordo *m* ferroviario. **6** → feeder line. **7** → feeder road. **8** → feeding bottle. **9** (*baby's bib*) bavaglino *m.* **10** ⟨*Teat*⟩ spalla *f.*

feeder| line *s.* ⟨*Aer,Ferr*⟩ linea *f* secondaria (*o* sussidiaria). **~ road** *s.* ⟨*Strad*⟩ strada *f* secondaria (*o* sussidiaria).

feeding ['fi:diŋ] **I** *s.* **1** il nutrire; (*instance*) nutrimento *m,* alimento *m.* **2** ⟨*Mecc*⟩ alimentazione *f.* **II** *a.* **1** che alimenta, nutriente. **2** (*supplying material*) d'alimentazione. **3** (*of a storm*) che cresce (continuamente) d'intensità. **4** ⟨*fam*⟩ (*annoying*) irritante, fastidioso.

feeding| bottle *s.* poppatoio *m.* ~ **cup** *s.* bicchiere *m* con beccuccio (per ammalati). **~ ground** *s.* terreno *m* da pascolo.

feed| pipe *s.* tubo *m* ⸢di mandata⸣ (*o* d'alimentazione). ~ **pump** *s.* pompa *f* d'alimentazione. **~stuff** *s.* ⟨*Zootecn*⟩ foraggio *m,* mangime *m.*

fee-faw-fum ['fi:'fɔ:'fʌm] **I** *s.* ⟨*infant*⟩ babau *m,* spauracchio *m,* orco *m.* **II** *intz.* ahm.

feel[1] [fi:l] *v.* (*pret., p.p.* **felt** [felt]) **I** *v.t.* **1** (*by touch*) sentire, tastare, palpare. **2** (*to be physically aware of*) sentire, avvertire, percepire: *he felt her hand on his shoulder* sentì la mano di lei sulla sua spalla. **3** (*to experience*) sentire, provare: *to* ~ *pleasure and pain* provar piacere e dolore. **4** (*to be sensitive to*) sentire, avvertire, esser sensibile a: *I don't* ~ *the cold* non sento (*o* soffro) il freddo. **5** (*to be mentally aware of*) sentire, rendersi conto di, accorgersi di, avvertire: *he felt the presence of an intruder in the room* sentiva la presenza di un estraneo nella stanza. **6** (*to believe*) credere, pensare: *I* ~ *you are mistaken* penso che hai torto. **II** *v.i.* **1** sentire (con il tatto). **2** (*to search for by touch*) cercare a tastoni (*o* tentoni) (*for s.th.* qc.): *to* ~ *for s.th. in the dark* cercare a tastoni qc. al buio. **3** (*to perceive o.s. to be*) sentirsi: *to* ~ *happy* sentirsi felice. **4** (*to be capable of sensation*) essere sensibile. **5** (*to have compassion*) provare (*o* sentire) compassione (*for* per); (*to have sympathy*), essere partecipe (*with* di), condividere (qc.). **6** (*to seem*) dare l'impressione

di, sembrare: *the air* –*s cold* l'aria sembra fredda. □ *to* as *if* (*o though*) sembrare, dare l'impressione di essere; ~ **better** sentirsi meglio; *to* ~ *s.th. in one's* bo presagire qc., sentirselo nelle ossa; *to* ~ **bound** *to do s.* farsi un dovere di fare qc.; *to* ~ **cold** aver freddo; *to* ~ *one's* **duty** *to do s.th.* sentirsi in dovere di fare qc., cred proprio dovere fare qc.; *to* ~ **equal** *to* = *to feel* up ⟨*Mar*⟩ *to* ~ *the* **helm** ⸢sentire il⸣ (*o* rispondere al) timo *to* ~ **like**: **1** sembrare: *this material* –*s like silk* que stoffa sembra seta; *it* –*s like rain* sembra che vog piovere; **2** (*in questions: to have an effect*) sentirsi (co impers.): *what does it* ~ *like to be home again?* come c sente a essere di nuovo a casa?; **3** (*to be inclined*) av voglia di, sentirsi disposto a, sentirsela (di): *I don't* ~ *going out* non ho voglia di uscire; *if you* ~ *like it* se te senti, se ti va; **4** (*to want*) volere, andare (costr. imper desiderare: *do you* ~ *like a cup of tea?* desideri (*o* ti una tazza di tè?; *to* ~ **more** *like o.s.* sentirsi meglio; **not** ~ (**quite**) *o.s.* non sentirsi bene; *to* ~ **out** cercare conoscere l'opinione di; *to* ~ *in one's* **pockets** *for s* frugarsi le tasche per trovare qc.; *to* ~ *s.o.'s* **pulse** tast il polso a qd. (*anche fig.*); *velvet* –*s* **smooth** il velluto liscio al tatto; *to* ~ **strongly** *about s.th.* avere molto cuore qc.; *to* ~ **up** *to* sentirsi (in grado) di: *I don't* ~ *to going to work today* non mi sento di andare a lavor oggi; *to* ~ *one's* **way**: **1** camminare (*o* andare) a tastoni tentoni); **2** ⟨*fig*⟩ tastare il terreno.

feel[2] *s.* **1** tatto *m: soft to the* ~ soffice al tatto. (*sensation*) sensazione *f* (tattile): *the cold* ~ *of iron* fredda sensazione del ferro. **3** (*atmosphere*) aria atmosfera *f: the room had the* ~ *of an office* la sta aveva l'aria di un ufficio. **4** (*facility, ability*) facilità abilità *f: to have a* ~ *for s.th.* aver facilità per qc. (*feeling, touching*) tastata *f,* toccata *f.* □ *let me have a* fammi toccare (*o* sentire).

feeler ['fi:lə] *s.* **1** chi sente (*o* percepisce). **2** ⟨*Zo* (*antenna*) antenna *f;* (*tentacle*) tentacolo *m;* (*c whiskers*) baffi *mpl.* **3** ⟨*fig*⟩ tentativo *m,* sondaggio *m put out* –*s* fare (dei) sondaggi. **4** ⟨*Mecc*⟩ sonda *f.* **5** ⟨*M* esploratore *m.*

feeler gauge *s.* ⟨*tecn*⟩ calibro *m* a spessori, spessime *m.*

feeling ['fi:liŋ] **I** *s.* **1** sensibilità *f,* senso *m* del tatto: *lose* ~ *in one's fingers* perdere la sensibilità nelle dita (*sensation*) sensazione *f,* senso *m: a* ~ *of warmth* un sen di calore. **3** (*vague awareness*) senso *m: to have a* ~ *inferiority* provare un senso d'inferiorità. **4** (*emoti* emozione *f,* sentimento *m: to speak with* ~ parlare sentimento. **5** (*sympathy*) simpatia *f* umana, comprensi *f.* **6** (*opinion*) opinione *f: the general* ~ l'opini generale (*o* pubblica). **7** (*intuitive belief*) sensazione impressione *f,* presentimento *m: I have a* ~ *s.th. is wr* ho la sensazione che qc. non vada. **8** (*sensitiv* sensibilità *f: he has a* ~ *for music* ha sensibilità per musica. **II** *a.* sensibile, che si commuove facilmente: *heart* un animo sensibile. □ *to appeal to s.o.'s better* far appello al lato migliore di qd.; ⟨*fam*⟩ *no hard* senza rancore (*o* risentimento)!; *to hurt s.o.'s* –*s* urta sentimenti (*o* la sensibilità) di qd.; ~ *ran high over proposal* l'eccitazione per la proposta era gran

feelingly [–li] *avv.* con sentimento (*o* commozione), modo sentito.

fee-simple *s.* ⟨*Dir*⟩ possesso *m* assoluto di un bene. □ *hold in* ~ detenere in proprietà assoluta.

feet [fi:t] → **foot**[1].

fee-tail *s.* ⟨*Dir*⟩ possesso *m* condizionato di un bene. *to hold in* ~ detenere in proprietà limitata condizionata.

feign [fein] **I** *v.t.* **1** simulare, fingere, affettare, ostent *to* ~ *sickness* simulare una malattia; *to* ~ *surp* ostentare sorpresa. **2** (*to invent*) inventare; (*to fals* falsificare, contraffare. **II** *v.i.* fingere, mentire. **feign** [–d] *a.* **1** finto, simulato. **2** (*fictitious*) immagina inventato. **3** (*counterfeit*) falsificato, contraffatto.

feint [feint] **I** *s.* **1** finta *f* (*anche Sport.*). **2** ⟨*Mil*⟩ atta *m* simulato. **II** *v.i.* **1** ⟨*Sport*⟩ fare una finta. **2** ⟨*Mil*⟩ un finto attacco.

ldspar ['feldspɑ:] s. ⟨Min⟩ feldspato m. **feldspathic** [-'spæθik] a. feldspatico.

licitate [fi'lisiteit] v.t. ⟨lett⟩ congratularsi con, felicitarsi con. **fe,licitation** [-'teiʃən] s. felicitazioni fpl. **felicitous** [-təs] a. indovinato, felice. **felicitously** [-təsli] avv. felicemente, in modo appropriato. **felicity** [-ti] s. 1 felicità f. 2 (aptness) felicità f, opportunità f: ~ of expression felicità d'espressione; (apt expression) espressione f felice (o appropriata).

lid ['fi:lid] I a. ⟨Zool⟩ dei felidi. II s. 1 animale m dei felidi. 2 pl. felidi mpl.

line ['fi:lain] I a. 1 ⟨Zool⟩ felino. 2 ⟨fig⟩ (catlike) felino, da (o di) gatto. 3 ⟨fig⟩ (sly) astuto, ingannevole; (spiteful) malvagio, vendicativo. II s. felino m. **felinity** [-'liniti] s. l'essere felino.

elix ['fi:liks] N.pr. Felice m.

ll[1] [fel] → **fall[1]**.

ll[2] I v.t. 1 abbattere, atterrare, gettare a terra. 2 (of trees) abbattere, atterrare. 3 ⟨Lav.femm⟩ ribattere. II s. 1 egname m (relativo a un taglio stagionale. 2 ⟨Lav.femm⟩ ribattitura f.

ll[3] a. ⟨poet⟩ 1 fiero, crudele, feroce. 2 (deadly) mortale.

ll[4] s. 1 (animal skin) pelle f (con pelo). 2 (fleece) vello m.

ll[5] s. ⟨Geog⟩ 1 (in place names) monte m brullo. 2 moor) brughiera f.

ller[1] ['felə] s. 1 taglialegna m, tagliaboschi m. 2 ⟨Lav.femm⟩ (worker) chi fa una ribattitura; (machine) macchina f per ribattiture.

ller[2] s. ⟨dial⟩ (fellow) individuo m, tipo m.

llmonger ['felmʌŋgə] s. commerciante m/f di (o in) elli.

lloe ['felou] s. ⟨tecn⟩ (rim of a wheel) cerchione m.

llow ['felou] s. 1 ⟨fam⟩ uomo m, tipo m, individuo m, persona f. 2 (companion, comrade) compagno m, camerata m. 3 (contemporary) coetaneo m (f -a). 4 equal) pari m, uguale m. 5 (one of a pair) compagno m f -a): the ~ of a glove il compagno di un guanto. 6 Univ⟩ (incorporated member of a college) membro m interno) di un college; (member of the governing body) membro m del consiglio d'amministrazione. 7 (member of a learned society) membro m: a ~ of the British Academy un membro dell'accademia britannica. 8 ⟨Univ⟩ laureato m (f -a) borsista che compie un lavoro di ricerca. □ -s in rime complici mpl; my dear ~ caro mio; a gay ~ un buontempone; old ~ vecchio mio; poor ~! povero diavolo!

llow|-being s. simile m. ~ **candidate** s. ⟨Pol⟩ compagno m di lista. ~ **citizen** s. concittadino m (f -a). ~ **countryman** [mən] s.irr. compatriota m. ~ **creature** s. simile m: one's -s i propri simili. ~ **feeling** s. 1 cameratismo m. 2 (sympathy) simpatia f, comprensione f. ~ **passenger** s. compagno m (f -a) di viaggio.

llowship ['felouʃip] s. 1 comunanza f, fraternità f. 2 companionship) amicizia f, cameratismo m, fratellanza f. 3 (association) associazione f, società f. 4 ⟨Univ⟩ associazione f dei membri (interni) di un college; (position of a fellow) grado m (o titolo) di membro interno. 5 grant) borsa f di studio (per laureati).

llow| soldier s. commilitone m. ~ **traveller** s. 1 compagno m (f -a) di viaggio. 2 ⟨fam⟩ compagno m (f a) di strada, filocomunista m/f. ~ **worker** s. compagno m (f -a) di lavoro.

lly ['feli] s. → **felloe**.

lon[1] ['felən] I s. ⟨Dir⟩ criminale m/f. II a. ⟨poet⟩ perfido, malvagio.

lon[2] s. ⟨Med⟩ patereccio m.

lonious [fi'lounjəs] a. 1 ⟨Dir⟩ criminoso. 2 (wicked) rudele, malvagio. **feloniousness** [-nis] s. criminalità f.

lonry ['felənri] s. ⟨collett⟩ criminali mpl. **felony** [-ni] s. ⟨Dir⟩ crimine m. 2 ⟨Mediev⟩ fellonia f.

lspar ['felspɑ:] s. → **feldspar**.

lstone ['felstoun] s. felsite f.

lt[1] [felt] → **feel[1]**.

lt[2] I s. 1 ⟨Tess,Cart⟩ feltro m. 2 ⟨Acu⟩ materiale m fonoassorbente. II a. di feltro. III v.t. feltrare (anche

Tess.). IV v.i. (spesso con up) infeltrirsi. **'felter** [-ə] s. feltraio m.

felt hat s. ⟨Mod⟩ cappello m di feltro, feltro m.

felting ['feltiŋ] s. 1 tessuto m feltrato. 2 (making of felt) feltratura f.

felt pen s. penna f a feltro, pennarello m.

feluc(c)a [fe'lʌkə] s. ⟨Mar⟩ feluca f.

fem. = 1 female femmina. 2 feminine femminile (abbr. fem(m).).

female ['fi:meil] I s. 1 femmina f (anche Biol.). 2 ⟨spreg⟩ (woman) donna f, ⟨spreg⟩ femmina f. II a. 1 femmina: a ~ hare una lepre femmina. 2 (womanly, feminine) femminile, di donna: a ~ voice una voce femminile; (consisting of women) femminile. □ ⟨Mecc⟩ ~ friction cone controcono m.

female| child s. bambina f. ~ **fern** s. ⟨Bot⟩ 1 felce f femmina. 2 (brake) felce f aquilina (o imperiale). ~ **gauge** s. ⟨tecn⟩ calibro m femmina. ~ **impersonator** s. ⟨Teat⟩ attore m che interpreta un ruolo femminile. ~ **labour** s. manodopera f femminile. ~ **screw** s. ⟨Mecc⟩ madrevite f. ~ **sex** s. sesso m femminile. ~ **slave** s. schiava f. ~ **suffrage** s. ⟨Pol⟩ diritto m di voto esteso alle donne.

femalize ['fi:meilaiz] v.t. ⟨Gramm⟩ mettere al femminile.

femineity [,femi'ni:iti] s. 1 femminilità f. 2 (effeminacy) effeminatezza f.

feminine ['feminin] I a. 1 femminile, da (o di) donna: ~ wiles astuzie femminili. 2 (female) femminile, pieno di femminilità. 3 ⟨Gramm⟩ femminile. 4 (effeminate) effeminato. II s. ⟨Gramm⟩ femminile m. **feminineness** [-nis] s. femminilità f. **femininism** [-nizəm] s. 1. tendenza f all'effeminatezza. 2 ⟨Gramm⟩ forma f femminile. **,femininity** [-'niniti] s. → **femineity**. **feminism** [-nizəm] s. femminismo m. **feminist** [-nist] I s. femminista m/f. II a. femministico, femminista. **feminity** [fi'miniti] s. → **femineity**.

feminization [,feminai'zeiʃən] s. ⟨Biol⟩ femminilizzazione f. **'feminize** [-naiz] I v.t. ⟨Biol⟩ femminilizzare. II v.i. 1 acquisire caratteri femminili. 2 (to become effeminate) diventare effeminato.

Fem. lib, Fem Lib ['femlib] s. movimento m di liberazione della donna.

femme fatale fr. [famfa'ta:l] s. donna f fatale.

femoral ['femərəl] a. ⟨Anat⟩ femorale.

femur ['fi:mə] s. (pl. -s [z]/femora ['femərə]) ⟨Anat⟩ femore m.

fen [fen] s. ⟨Geog⟩ palude f, terreno m paludoso.

fence [fens] I s. 1 recinto m, palizzata f, staccionata f, steccato m. 2 ⟨Sport⟩ scherma f. 3 ⟨fig⟩ schermaglia f. 4 ⟨fam⟩ (receiver of stolen goods) ricettatore m (f -trice); (place of business) magazzino m di ricettatore. 5 ⟨Mecc⟩ guida f d'appoggio. II v.t. 1 (spesso con round) recingere, cintare: to ~ a garden recingere un giardino. 2 (to separate by a fence; spesso con in, off) recintare, circondare (o chiudere) con un recinto: to ~ off a corner of a field recintare un angolo di un campo. 3 ⟨fig⟩ eludere, evitare. III v.i. 1 ⟨Sport⟩ tirare di scherma. 2 ⟨fig⟩ (cercare di) eludere (with s.th. qc.), schermirsi (da): he -d with all my questions si schermiva da tutte le mie domande. 3 ⟨Equit⟩ saltare uno steccato. 4 (to receive stolen goods) fare il ricettatore. □ ⟨fam⟩ to sit on the ~ rimanere neutrale. **'fenceless** [-lis] a. aperto, non recintato.

fence month s. ⟨Venat⟩ stagione f di chiusura della caccia al cervo.

fencer ['fensə] s. ⟨Sport⟩ schermitore m (f -trice).

fence| season, ~ time s. → **fence month**.

fencible ['fensibl] s. ⟨Stor⟩ soldato m della milizia territoriale.

fencing ['fensiŋ] s. 1 ⟨Sport⟩ scherma f, arte f della scherma. 2 (material for fences) materiale m per (re)cintare. 3 pl. ⟨collett⟩ (fences) recinti mpl, palizzate fpl, staccionate fpl, steccati mpl.

fencing master s. maestro m di scherma.

fend [fend] I v.t. (spesso con off) 1 parare, schivare: to ~ off blows parare i colpi. 2 (to defend) difendere, proteggere. **II** *v.i.* provvedere, badare (*for* a): *to* ~ *for o.s.* provvedere a se stesso, arrangiarsi.

fender ['fendə] *s.* **1** ⟨*Mar*⟩ parabordo *m* (d'accosto). **2** (*for a fireplace*) paracenere *m.* **3** ⟨*Ferr*⟩ paraurti *m.* **4** ⟨*am.Aut*⟩ parafango *m.*

fenestra [fi'nestrə] *s.* (*pl.* **-strae** [stri:]) **1** ⟨*Anat*⟩ finestra *f.* **2** ⟨*Entom*⟩ (*in the wings*) area *f* trasparente. **fenestrate** [-streit], **fenestrated** [-streitid] *a.* ⟨*Biol*⟩ perforato. **fenestration** [,fenis'treiʃən] *s.* **1** ⟨*Arch*⟩ disposizione *f* delle finestre. **2** ⟨*Chir*⟩ (*fenestration operation*) fenestrazione *f.* **3** ⟨*Biol*⟩ l'essere perforato.

fen fire *s.* fuoco *m* fatuo.

Fenian *irl.* ['fi:niən] **I** *s.* ⟨*Stor*⟩ feniano *m.* **II** *a.* feniano. **Fenianism** [-izəm] *s.* fenianismo *m.*

fen|land *s.* (spesso al pl.) zona *f* bassa e paludosa. **~man** [mən] *s.irr.* abitante *m* delle paludi (del Cambridgeshire).

fennec [fenik] *s.* ⟨*Zool*⟩ fennec *m.*

fennel ['fenl] *s.* **1** ⟨*Bot*⟩ finocchio *m.* **2** (*seed*) seme *m* di finocchio.

fennel flower *s.* ⟨*Bot*⟩ cominella *f,* melantio *m.*

fenny ['feni] *a.* **1** paludoso, pantanoso. **2** (*found in fens*) palustre.

feoff [fef, fi:f] **I** *v.t.* ⟨*Dir*⟩ infeudare, concedere in feudo. **II** *s.* feudo *m.* '**feoffee** [-i:] *s.* feudatario *m* (*f* -a). '**feoffer** [-ə] *s.* → feoffor. '**feoffment** [-mənt] *s.* infeudamento *m.* '**feoffor** [-ə] *s.* chi concede terre in feudo.

feracious [fə'reiʃəs] *a.* ⟨*lett*⟩ fertile, ⟨*lett*⟩ ferace. **feracity** [-'ræsiti] *s.* ⟨*lett*⟩ fertilità *f,* ⟨*lett*⟩ feracità *f.*

feral[1] ['fiərəl] *a.* **1** ⟨*Zool*⟩ selvaggio, selvatico. **2** ⟨*Bot*⟩ selvatico, non coltivato. **3** ⟨*fig*⟩ brutale, crudele, spietato.

feral[2] *a.* **1** funereo, tetro. **2** ⟨*rar*⟩ (*deadly*) mortale.

Ferdinand ['fə:dinənd] *N.pr.* Ferdinando *m.*

feretory ['feritəri] *s.* ⟨*Rel*⟩ **1** reliquiario *m.* **2** (*chapel for keeping such a shrine*) cappella *f* con reliquario. **3** (*bier*) bara *f.*

ferial ['fiəriəl] *a.* ⟨*Rel*⟩ feriale.

ferine ['fiərain] *a.* → feral[1].

ferment I *s.* ['fə:mənt] **1** ⟨*Biol*⟩ (*organized*) fermento *m;* (*unorganized*) enzima *m.* **2** (*fermentation*) fermentazione *f.* **3** ⟨*fig*⟩ fermento *m,* agitazione *f,* eccitazione *f,* tumulto *m: to be in a* ~ essere in fermento. **II** *v.t.* [fə'ment] **1** ⟨*Biol*⟩ far fermentare. **2** ⟨*fig*⟩ eccitare, fomentare. **III** *v.i.* **1** ⟨*Biol*⟩ fermentare. **2** ⟨*fig*⟩ essere in fermento. **fermentable** [fə'mentəbl] *a.* fermentabile. ,**fermentation** [-'teiʃən] *s.* **1** ⟨*Biol,Chim*⟩ fermentazione *f.* **2** ⟨*fig*⟩ fermento *m,* agitazione *f.* **fermentative** [fə'mentətiv] *a.* fermentativo.

fern [fə:n] *s.* **1** ⟨*Bot*⟩ felce *f.* **2** *pl.* ⟨*Bot*⟩ felci *fpl,* filicine *fpl.* '**fernery** [-əri] *s.* **1** ⟨*collett*⟩ felci *fpl.* **2** (*place where ferns grow*) felceto *m.*

fern owl *s.* ⟨*Ornit*⟩ succiacapre *m.*

ferny ['fə:ni] *a.* **1** ricco di felci. **2** (*fernlike*) simile a felce.

ferocious [fə'rouʃəs] *a.* **1** (*of a wild beast*) feroce. **2** (*cruel*) feroce, crudele. **3** ⟨*fam*⟩ (*extreme*) enorme, spaventoso. **ferociousness** [-nis], **ferocity** [-'rɔsiti] *s.* **1** ferocia *f,* crudeltà *f.* **2** (*instance*) ferocia *f,* atto *m* di crudeltà.

ferrate ['fereit] *s.* ⟨*Chim*⟩ ferrato *m.*

ferreous ['feriəs] *a.* ⟨*Chim,Met*⟩ ferroso: *a* ~ *alloy* una lega ferrosa.

ferret[1] ['ferit] **I** *s.* **1** ⟨*Zool*⟩ furetto *m.* **2** ⟨*fig*⟩ (*spy*) spia *f;* (*detective*) investigatore *m.* **II** *v.t.* **1** ⟨*Venat*⟩ cacciare (*o stanare*) con il furetto. **2** (*to drive out; general.* con *out*) snidare, stanare: *to* ~ *out a criminal* stanare un delinquente. **3** ⟨*fig*⟩ (general. con *out*) scoprire: *to* ~ *out a secret* scoprire un segreto. **III** *v.i.* **1** ⟨*Venat*⟩ cacciare con il furetto. **2** ⟨*fig*⟩ rovistare, frugare (*among, into* fra, in).

ferret[2] *s.* nastro *m,* fettuccia *f.*

ferrety ['feriti] *a.* **1** del furetto. **2** (*like a ferret*) da furetto, sfuggente.

ferriage ['feriidʒ] *s.* **1** trasporto *m* mediante traghetto. **2** (*fare, price*) prezzo *m* del trasporto mediante traghetto.

ferric ['ferik] *a.* ⟨*Chim*⟩ ferrico.

ferriferous [fe'rifərəs] *a.* ferrifero.

ferris wheel ['feris] *s.* ruota *f* panoramica.

ferrite ['ferait] *s.* ⟨*Met,Min*⟩ ferrite *f.*

ferritin(e) ['ferit(a)in] *s.* ⟨*Biol*⟩ ferritina *f.*

ferro|alloy *s.* ⟨*Met*⟩ ferrolega *f.* **~concrete** *s.* ⟨*Edil,an* cemento *m* armato. **~magnetic** *a.* ⟨*Fis*⟩ ferromagnetic **~magnetism** *s.* ferromagnetismo *m.* '**~type** *s.* ⟨*Fot*⟩ (*process*) ferrotipia *f.* **2** (*copy*) ferrotipo *m.* □ ~ *plate* **(** *tin*) lastra *f* per ferrotipia.

ferrous ['ferəs] *a.* ⟨*Chim,Met*⟩ ferroso.

ferrugin(e)ous [fe'ru:dʒinəs] *a.* **1** ⟨*Chim,Min*⟩ ferruginos ferrifero. **2** (*colour*) ferrigno.

ferrule ['feru:l] *s.* **1** puntale *m.* **2** ⟨*Mecc*⟩ (*bushing* bussola *f;* (*metal ring*) ghiera *f,* boccola *f,* virola *f.*

ferry ['feri] **I** *s.* **1** ⟨*Mar*⟩ traghetto *m;* (*boat*) nave traghetto, traghetto *m.* **2** ⟨*Aer*⟩ trasporto *m* per via aere **3** ⟨*Dir*⟩ diritto *m* di traghetto. **II** *v.t.* **1** traghettare: *to passengers over a river* traghettare gente di là da un fium **2** (*to transport*) trasportare. **3** ⟨*Aer*⟩ trasportare per v aerea.

ferry|boat *s.* nave *f* traghetto, traghetto *m.* ~ **bridge** trasbordatore *m.* **~man** [mən] *s.irr.* traghettatore *m.* **pilot** *s.* pilota *m* di traghetto.

fertile ['fə:tail] *a.* **1** fertile, fecondo (*anche fig.*): ~ *lar* terra fertile. **2** ⟨*fig*⟩ fertile, fecondo, ricco: *a* ~ *imaginatio* un'immaginazione fertile. **3** (*fertilizing*) fertilizzante. ⟨*Biol*⟩ (*fertilized*) fecondato: ~ *eggs* uova fecondat **fertility** [-'tiliti] *s.* fertilità *f,* fecondità *f.*

fertilization [,fə:tilai'zeiʃən] *s.* **1** fertilizzazione *f* (*anc* *Agr.,Bot.*). **2** ⟨*Biol*⟩ fecondazione *f.* '**fertilize** [-laiz] *v* **1** ⟨*Biol*⟩ fecondare. **2** ⟨*Agr*⟩ fertilizzare, concimare. ⟨*Bot*⟩ fertilizzare, fecondare.

fertilizer ['fə:tilaizə] *s.* **1** fertilizzatore *m* (*f* -trice). ⟨*Agr*⟩ fertilizzante *m,* concime *m.*

fertilizer distributor *s.* ⟨*Agr*⟩ spandiconcime *m.*

ferula ['ferjulə] *s.* (*pl.* **-s** [z]/**-lae** [li:]) **1** ⟨*Bot*⟩ ferula *f.* → **ferule.**

ferule ['feru:l] *s.* canna *f,* bacchetta *f,* ⟨*lett*⟩ ferula *f.*

fervency ['fə:vənsi] *s.* fervore *m,* ardore *m,* calore **/** **fervent** [-nt] *a.* **1** infocato, ardente, cocente. **2** ⟨*fi* (*passionate*) fervido, ardente, fervente; (*eager*) fervent pieno di zelo: *a* ~ *Catholic* un cattolico fervent **fervently** [-ntli] *avv.* ferventemente, con fervore.

fervid ['fə:vid] *a.* **1** infocato, cocente. **2** ⟨*fig*⟩ fervid appassionato, ardente. **fervidness** [-nis] *s.* → fervou

fervor *am.,* **fervour** [-və] *s.* **1** fervore *m,* calore **/** ardore *m;* (*zeal*) fervore *m,* zelo *m.* **2** (*intense heat*) calo *m* intenso.

fescue ['feskju:] *s.* **1** → fescue grass. **2** ⟨*Scol*⟩ bacchetta canna *f* (per indicare le lettere, ecc.).

fescue grass *s.* ⟨*Bot*⟩ festuca *f.*

fess(e) [fes] *s.* ⟨*Arald*⟩ fascia *f.*

fess point *s.* ⟨*Arald*⟩ cuore *m.*

fesswise ['feswaiz] *avv.* ⟨*Arald*⟩ orizzontalmente, a fascia

festal ['festl] *a.* **1** festivo. **2** (*festive*) di festa.

fester ['festə] **I** *v.i.* **1** ⟨*Med*⟩ suppurare, venire a andare in) suppurazione. **2** (*to putrefy*) putrefar imputridire. **3** ⟨*fig*⟩ farsi più aspro. **II** *v.t.* **1** suppurare. **2** ⟨*fig*⟩ avvelenare, amareggiare. **III** *s* ulcera *f,* piaga *f.* **2** (*suppurating sore*) suppurazione *f.*

festival ['festivəl] **I** *s.* **1** festa *f,* festività *f.* **2** (*anniversar* anniversario *m,* commemorazione *f.* **3** ⟨*Teat,Cin,A* festival *m: the* ~ *of Spoleto* il festival di Spoleto. (*gaiety*) gaiezza *f,* festosità *f.* **II** *a.* di festa, festi **festive** [-tiv] *a.* **1** festivo, di festa. **2** (*merry*) festos gioioso, allegro: *to be in a* ~ *mood* essere di umo allegro. **festiveness** [-vnis] *s.* festosità *f,* giocondità **festivity** [-'tiviti] *s.* **1** *pl.* celebrazioni *fpl* (festiv festeggiamenti *mpl.* **2** (*gaiety*) gaiezza *f,* festosità *f.*

festoon [fes'tu:n] **I** *s.* festone *m.* **II** *v.t.* **1** ornare festoni. **2** (*to form into festoons*) dare forma di festone **festoonery** [-əri] *s.* **1** ornamento *m* di festoni. ⟨*collett*⟩ festoni *mpl.*

FET = ⟨*Fis,Inform*⟩ *Field Effect Transistor* transistore effetto di campo.

fetal ['fi:tl] *a.* ⟨*Biol*⟩ fetale.

fetch[1] [fetʃ] *v.t.* **1** andare a prendere: *will you* ~ *glasses?* mi vai a prendere gli occhiali?; (*to cause to com* far venire, portare: *I'll* (*go and*) ~ *the doctor immediately* farò venire subito il dottore. **2** (*to sell for*) rendere, fruttare, valere, essere venduto per: *the painting will* ~ *a good price* il quadro renderà un buon prezzo. **3** (*to draw forth*) strappare, far venire: *the scene –ed tears to her eyes* la scena le fece venire le lacrime; (*to utter*) emettere, gettare: *to* ~ *a groan* emettere un lamento; (*to heave*) mandare, fare: *to* ~ *a sigh* mandare un sospiro. **4** (*to convince; to* round) spesso con round) convincere, persuadere. **5** (*fam*) (*to attract*) affascinare, attrarre. **6** (*Venat*) (stanare e) riportare. **7** (*fam*) (*of a blow: to deal, give*) assestare, appioppare, dare, mollare. □ *to* ~ *and* **carry** fare da servitore (*for* a); *to* ~ **up:** 1 arrestarsi, fermarsi; 2 (*Mar*) giungere (*o* arrivare) in porto; 3 (*fam*) (*to vomit*) vomitare.

•tch² *s.* **1** l'andare a prendere. **2** (*Mar*) distanza *f* dalla riva; (*of a gulf*) apertura *f*, ampiezza *f.* **3** (*fam*) (*trick*) trucco *m*, stratagemma *m.*

•tch³ *s.* (*double*) apparizione *f;* (*ghost*) fantasma *m*, spettro *m.*

•tching ['fetʃiŋ] *a.* (*fam*) attraente, seducente.

te [fɛːt] **I** *s.* **1** festa *f.* **2** → **fête day. 3** (*outdoor sale for charity*) festa *f* di beneficenza. **II** *v.t.* **1** festeggiare, fare festa a, accogliere festosamente. **2** (*to celebrate*) festeggiare, celebrare.

te day *s.* onomastico *m*, (*fam*) festa *f.*

ticidal [ˌfiːtiˈsaidl] *a.* di feticidio. **'feticide** [–said] *s.* feticidio *m.*

tid ['fetid] *a.* fetido. **fe'tidity** [–iti], **fetidness** [–nis] *s.* fetidume *m*, fetore *m.*

tish ['fiːtiʃ] *s.* **1** (*Rel,Psic*) feticcio *m.* **2** (*fig*) feticcio *m*, idolo *m.* **3** (*fig*) (*fixation*) fissazione *f*, mania *f.* **fetishism** [–izəm] *s.* **1** (*Rel,Psic*) feticismo *m.* **2** (*fig*) feticismo *m*, fanatismo *m.* **fetishist** [–ist] *s.* feticista *m/f.* **fetishistic** [–'istik] *a.* feticista (*anche fig.*), feticistico.

tlock ['fetlɔk] *s.* (*Zool*) **1** nocca *f*, modello *m.* **2** (*tuft of hair*) barbetta *f*, fiocchetto *m.*

tologist [fiˈtɔlədʒist] *s.* (*Med*) fetologo *m.* **fetology** [–dʒi] *s.* fetologia *f.* **fetoscopy** [–skəpi] *s.* fetoscopia *f.*

tor ['fiːtə] *s.* fetore *m*, puzzo *m.*

tter ['fetə] **I** *s.* **1** (general. al pl.) ferri *mpl*, ceppi *fpl.* **2** (*Zool*) pastoia *f.* **3** *pl.* (*fig*) pastoia *f*, impedimento *m.* **II** *v.t.* **1** mettere in ceppi (*o* catene), mettere ai ferri, incatenare. **2** (*Zool*) impastoiare. **3** (*fig*) impastoiare, impacciare, inceppare, ostacolare. **fetterless** [–lis] *a.* **1** libero, senza catene. **2** (*fig*) libero, senza legami (*o* vincoli). **fetterlock** [–lɔk] *s.* (*Zool*) **1** pastoia *f.* **2** → **fetlock.**

ttle ['fetl] **I** *s.* condizione *f* fisica (*o* mentale). **II** *v.t.* **1** (*dial*) sistemare, mettere in ordine. **2** (*Met*) (*to clean*) sbavare; (*of the heart of a furnace*) rivestire con materiale sciolto) di protezione. □ *to be in fine* (o *good*) ~ essere in gran forma.

tus ['fiːtəs] *s.* (*Biol*) feto *m.*

ud¹ [fjuːd] **I** *s.* **1** antagonismo *m*, ostilità *f.* **2** (*contention*) contesa *f*, lite *f.* **II** *v.i.* essere in lotta (*o* contrasto) (*with* con).

ud² *s.* (*Mediev*) feudo *m.*

udal ['fjuːdl] *a.* (*Mediev*) feudale. **feudalism** [–dəlizəm] *s.* → **feudal system. feudalist** [–dəlist] *s.* sostenitore *m* (*f* –trice) del feudalismo. **feudalistic** [–dəˈlistik] *a.* feudale. **feudality** [fjuˈdæliti] *s.* **1** feudalità *f.* **2** (*feudalism*) feudalesimo *m*, feudalismo *m.* **feudalization** [–dəlaiˈzeiʃən] *s.* il ridurre al regime feudale. **feudalize** [–dəlaiz] *v.t.* ridurre al regime feudale.

udal system *s.* (*Mediev*) sistema *m* (*o* ordinamento) feudale, feudalesimo *m*, feudalismo *m.*

udatory ['fjuːdətəri] **I** *s.* feudatario *m* (*f* –a). **II** *a.* feudatario, feudale.

ver ['fiːvə] **I** *s.* **1** febbre *f: typhoid* ~ febbre tifoidea; *to have a high* ~ avere la febbre alta. **2** (*fig*) sovreccitazione *f.* **3** (*fig*) (*craze*) frenesia *f*, smania *f.* **II** *v.t.* dare la febbre a. □ *a* ~ *of anticipation* un'attesa febbrile; *to be burning with* ~ bruciare di febbre; (*fig*) *to be in a* ~ essere agitato, avere la febbre addosso; *to work at* ~ *pitch* lavorare febbrilmente.

ver blister *s.* (*Med*) erpete *m* febbrile.

fevered ['fiːvəd] *a.* **1** febbricitante. **2** (*fig*) febbrile, agitato.

fever|few ['fiːvəfju] *s.* (*Bot*) matricale *m*, partenio *m.* ~ **heat** *s.* **1** calore *m* febbrile. **2** (*fig*) eccitazione *f* febbrile, sovreccitazione *f.*

feverish ['fiːvəriʃ] *a.* **1** (*having fever*) febbricitante. **2** (*marked by fever*) febbrile, di febbre: ~ *state* stato febbrile. **3** (*caused by fever*) dovuto alla febbre, causato dalla febbre. **4** (*fig*) (*excited*) febbrile, agitato: ~ *wait* attesa febbrile; (*hectic*) febbrile, intenso, frenetico: ~ *activity* intensa attività. **5** (*causing fever*) piretico. **feverishness** [–nis] *s.* stato *m* febbrile.

few [fjuː] **I** *a.* **1** pochi: *he has* ~ *friends* ha pochi amici. **2** (*not many but some;* preceduto dall'art.) alcuni, qualche: *he caught a* ~ *fish* prese alcuni pesci; *in a* ~ *days* fra qualche giorno. **II** *pron.* (costr. pl.) **1** pochi: ~ *heard him* pochi l'hanno sentito. **2** (*small number;* preceduto dall'art. a) alcuni: *a* ~ *of them came* alcuni di loro vennero. **III** *s.* (*collett*) minoranza *f*, pochi *mpl.* □ *every* ~ *days* a intervalli di pochi giorni; *the* **faithful** ~ i pochi fedeli, la minoranza fedele; ~ *and* **far** *between:* 1 raro: *good jobs are* ~ *and far between* i buoni lavori sono rari; 2 (*at wide intervals*) ben distanziato; *a* **good** ~ = **quite** *a* **few;** *the* **happy** ~ gli eletti, i privilegiati; *in the* **last** ~ *days* negli ultimi giorni; *a* ~ **more** qualche altro, un altro po' di, ancora qualche; **not** *a* ~ non pochi, parecchi; **only** *a* ~ *people were present* solo pochi erano presenti; **quite** *a* ~ parecchi, molti; **some** ~ alcuni, taluni.

fewer ['fjuːə] (*compar. di few*) **I** *a.* (*of a smaller number;* seguito da sost. pl.) meno: *there are* ~ *advantages than disadvantages* ci sono meno vantaggi che svantaggi. **II** *pron.* (*smaller number;* costr. pl.) meno: *I have* ~ *than you* ne ho meno di te. □ *no* ~ *than* non meno di. **fewness** [–nis] *s.* scarsità *f*, numero *m* ristretto.

fey [fei] *a.* **1** condannato a morire; (*dying*) morente. **2** (*fam*) (*slightly mad*) stravagante, strambo. **3** (*elfin*) di (*o* da) elfo (*o* fata).

fez [fez] *s.* (*pl.* **fezzes** ['feziz]) fez *m.*

ff. = **1** *folios* volumi in–folio. **2** *following pages* pagine seguenti. **3** (*Mus*) *fortissimo* fortissimo (*abbr.* ff., FF.).

f.g.a. = (*Comm*) *free of general average* franco avaria generale.

F.H. = *fire hydrant* idrante antincendio.

f-hole *s.* (*Mus*) (*in a violin, etc.*) effe *f*, foro *m* di risonanza.

fiancé *fr.* [fiˈɑːsei, ˌfiɑːnˈsei] *s.* fidanzato *m.* **fiancée** *fr.* [fiˈɑːsei, ˌfiɑːnˈsei] *s.* fidanzata *f.*

fiasco [fiˈæskou] *s.* (*pl.* **-s** [z]) fiasco *m*, fallimento *m.*

fiat ['faiæt] *s.* **1** decreto *m*, ordinanza *f.* **2** (*authorization, sanction*) autorizzazione *f*, sanzione *f.*

fiat money *am.s.* (*Econ*) moneta *f* inconvertibile (*o* a corso forzoso).

fib¹ [fib] **I** *s.* bugia *f* (innocente), piccola bugia. **II** *v.i.* (*pret., p.p.* **fibbed** [–d]) dire una bugia.

fib² [fib] *am. v.t.* assestare (*o* dare) un pugno a.

fibber ['fibə] *s.* bugiardello *m* (*f* –a).

fiber, fiber board *am., e der.* → **fibre, fibreboard,** *e der.*

fiberoptic cable *am.* ~ *s.* cavo *m* a fibre ottiche.

fibre optics *s.pl.* (costr. sing.) tecnica *f* delle fibre ottiche; (*bundle of fibres*) fascio *m* di fibre ottiche.

fibre ['faibə] *s.* **1** (*Biol*) fibra *f: muscle* ~ fibra muscolare. **2** (*Ind*) (*vulcanized fibre*) fibra *f* (vulcanizzata), cartone *m* fibra. **3** (*Bot*) radice *f* fibrosa. **4** (*fig*) fibra *f*, tempra *f*, costituzione *f.*

fibre|board *s.* (*Ind*) cartone *m* di fibra. **~glass** *s.* lana *f* di vetro.

fibreless ['faibəlis] *a.* senza (*o* privo di) fibre.

fibriform ['faibrifɔːm] *a.* fibriforme.

fibril ['faibril] *s.* (*Biol*) fibrilla *f.* **fibrillar** [–ə], **fibrillary** [–əri] *a.* (*Biol,Med*) fibrillare. **fibrillation** [–eiʃən] *s.* (*Med*) fibrillazione *f.* **fibrillose** [–ous] *a.* fibroso, filamentoso.

fibrin ['faibrin] *s.* (*Biol*) fibrina *f.* **fi'brinogen** [–ədʒən] *s.* fibrinogeno *m.* **fibrinous** [–əs] *a.* fibrinoso.

fibroid ['faibrɔid] **I** *a.* **1** (*resembling fibre*) fibroide. **2** (*composed of fibres*) fibroso. **II** *s.* (*Med*) fibromioma *m* benigno.

fibroma [fai'broumə] *s.* (*pl.* **-ta** [tə]/**-s** [z]) ⟨*Med*⟩ fibroma *m.*

fibrous ['faibrəs] *a.* fibroso. **fibrousness** [–nis] *s.* fibrosità *f.*

fibula ['fibjulə] *s.* (*pl.* **-lae** [li:]/**-s** [z]) 1 ⟨*Anat*⟩ fibula *f,* perone *m.* 2 ⟨*Archeol*⟩ fibula *f,* fibbia *f.* **fibular** [–lə] *a.* ⟨*Anat*⟩ peroneo.

fichu ['fiʃu:] *s.* ⟨*Mod*⟩ fisciù *m.*

fickle ['fikl] *a.* incostante, instabile, volubile, mutevole: *a* ~ *woman* una donna volubile; ~ *weather* tempo instabile. **fickleness** [–nis] *s.* volubilità *f,* incostanza *f,* instabilità *f.*

fictile ['fiktail] *a.* 1 plasmabile; (*moulded*) plasmato. 2 ⟨*Ceram*⟩ fittile, di terracotta (*o* argilla); (*relating to pottery*) dell'arte della ceramica.

fiction ['fikʃən] *s.* 1 ⟨*Lett*⟩ narrativa *f;* (*work of fiction*) romanzo *m,* novella *f.* 2 (*invented story, statement*) romanzo *m,* storia *f* inventata, fantasticheria *f: is this fact or* ~*?* questa è storia o romanzo? 3 ⟨*Dir*⟩ finzione *f* giuridica (*o* legale). **fictional** [–l] *a.* 1 (*not restricted to fact*) romanzato. 2 ⟨*Lett*⟩ romanzesco. **fictionalize** [–laiz] *v.t.* romanzare. **fictioneer** [–iə] *s.* ⟨*spreg*⟩ scrittorucolo *m.* **fictionist** [–ist] *s.* romanziere *m* (*f* –a), novellista *m/f.*

fictitious [fik'tiʃəs] *a.* 1 fittizio, immaginario, fantastico: ~ *character* personaggio immaginario; (*of a name*) falso, fittizio. 2 (*feigned, imaginary*) fittizio, immaginario, apparente: ~ *needs* bisogni fittizi. 3 ⟨*Dir*⟩ fittizio.: ~ *sale* vendita fittizia (*o* simulata). **fictitiousness** [–nis] *s.* l'essere fittizio.

fictive ['fiktiv] *a.* 1 dotato d'inventiva (*o* d'immaginazione). 2 (*imaginary*) immaginario, fittizio.

fid [fid] *s.* ⟨*Mar*⟩ 1 chiave *f* (d'albero). 2 (*splicing wood pin*) caviglia *f* (per impiombare). 3 (*thick wedge*) grosso cuneo *m.*

fiddle ['fidl] I *s.* 1 ⟨*Mus*⟩ strumento *m* ad arco. 2 ⟨*fam*⟩ (*violin*) violino *m.* 3 ⟨*Mar*⟩ tavola *f* di rollio. 4 ⟨*fam*⟩ (*swindle*) imbroglio *m,* raggiro *m,* truffa *f.* II *v.i.* ⟨*fam*⟩ 1 sonare il violino. 2 (*to play aimlessly*) giocherellare, gingillarsi (*with* con): *to* ~ *with a pen* giocherellare con una penna. 3 (*to waste time;* general. con *around*) bighellonare, perder tempo, baloccarsi. 4 (*to meddle, tamper*) manomettere (*with s.th.* qc.). III *v.t.* ⟨*fam*⟩ 1 (*of a tune*) sonare sul violino. 2 (*to swindle*) truffare, imbrogliare, raggirare; (*to falsify*) falsificare, alterare, contraffare. □ ⟨*fam*⟩ *to have a face as long as a* ~ avere una faccia da funerale; *to be as fit as a* ~ essere sano come un pesce; ⟨*fig*⟩ *to play second* ~ avere una parte di secondaria importanza; *to* ~ *time away* perdere tempo in sciocchezze.

fiddle|-back *a.* a forma di violino. ~ **bow** *s.* ⟨*Mus*⟩ archetto *m* (di violino). **,~-de-dee** [di'di:] *intz.* sciocchezze. **~-faddle** [fædl] ⟨*fam*⟩ I *s.* sciocchezze *fpl,* banalità *fpl,* stupidaggini *fpl.* II *v.i.* gingillarsi, perder tempo. III *intz.* sciocchezze.

fiddler ['fidlə] *s.* 1 ⟨*fam*⟩ violinista *m/f,* ⟨*fam*⟩ strimpellatore *m* (*f* –trice) di violino. 2 ⟨*fam*⟩ (*swindler*) imbroglione *m* (*f* –a). 3 ⟨*Zool*⟩ (*fiddler crab*) uca *f.* 4 ⟨*Itt*⟩ (*fiddler fish*) pesce *m* violino (*o* chitarra).

Fiddler's Green *s.* paradiso *m* dei marinai.

fiddle|stick *s.* 1 ⟨*Mus*⟩ → fiddle bow. 2 (*mere nothing*) (bel) niente *m,* ⟨*fam*⟩ fico *m* secco: *I don't care a* ~ non m'importa un bel niente. **~sticks** *intz.* ⟨*fam*⟩ sciocchezze, stupidaggini.

fiddling ['fidliŋ] *a.* piccolo, insignificante, da nulla.

fidelity [fi'deliti, fai'deliti] *s.* 1 fedeltà *f* (*anche Acu.*). 2 (*exactness*) esattezza *f,* fedeltà *f,* conformità *f* all'originale: *the* ~ *of a translation* la fedeltà di una traduzione; (*accuracy*) accuratezza *f,* precisione *f.*

fidelity bond *s.* ⟨*Assic*⟩ polizza *f* cauzionale.

fidget ['fidʒit] I *v.i.* 1 muoversi con irrequietezza, dimenarsi. 2 (*to worry*) preoccuparsi, stare in ansia. 3 (*to play nervously*) giocherellare nervosamente (*with* con). II *v.t.* recare fastidio (*o* molestia) a, infastidire. III *s.* 1 persona *f* irrequieta. 2 *pl.* (*restlessness*) agitazione *f,* irrequietezza *f,* inquietudine *f.* □ *he has the –s* è agitato

(*o* irrequieto). **fidgetiness** [–inis] *s.* irrequietezza agitazione *f,* nervosismo *m.* **fidgety** [–i] *a.* nervos irrequieto, agitato.

fiducial [fi'dju:ʃiəl] *a.* 1 fiduciario. 2 ⟨*Astr,Geom*⟩ riferimento: ~ *marks* indici di riferimento. **fiducia** [–ʃiəri] I *s.* ⟨*Dir*⟩ fiduciario *m* (*f* –a). II *a.* ⟨*Dir,Eco*⟩ fiduciario: ~ *currency* moneta fiduciaria.

fiduciary assets *s.pl.* ⟨*Econ*⟩ massa *f* fiduciaria.

fie [fai] *intz.* vergogna. □ ~ *upon you!* vergognati!

fief [fi:f] *s.* ⟨*Dir*⟩ feudo *m.*

field [fi:ld] I *s.* 1 campo *m: a* ~ *of wheat* un campo frumento. 2 *pl.* (*countryside*) campi *mpl,* campagna *f.* ⟨*Minier*⟩ campo *m,* giacimento *m: an oil* ~ un giacimen petrolifero. 4 ⟨*Sport*⟩ campo *m* (da gioco): *a soccer* ~ campo di calcio; (*in hockey*) prato *m;* (*player* concorrenti *mpl* in campo. 5 ⟨*Sport*⟩ (*competing horse* cavalli *mpl* iscritti a una corsa. 6 ⟨*Mil*⟩ campo *m* (*battlefield*) campo *m* di battaglia; (*battle*) battaglia *f.* ⟨*fig*⟩ campo *m,* settore *m: this problem is not in my* questo problema non rientra nel mio campo (*o* cam dei miei studi). 8 (*wide expanse*) campo *m,* distesa *f: a of snow* un campo di neve; (*of ice*) banco *m.* 9 (*of a fla canvas, etc.*) campo *m: a red cross on a* ~ *of blue* u croce rossa in campo azzurro. 10 ⟨*Venat*⟩ (*in f hunting*) gruppo *m* (*o* comitiva *f*) dei cacciatori. ⟨*Arald,Fis,TV,Fot*⟩ campo *m.* II *v.t.* ⟨*Sport*⟩ (*of the ba* prendere e rilanciare; (*of a player, team*) fare scendere campo. III *v.i.* ⟨*Sport*⟩ prendere e rilanciare la palla. ~ *of* **battle** campo *m* di battaglia; ⟨*Mil*⟩ *a* **fair** ~ *and* favour ad armi pari (*anche fig.*); ⟨*Mil,Venat*⟩ ~ *of* fi campo *m* di tiro; *to* **hold** *the* ~: 1 ⟨*Mil*⟩ mantenere proprie posizioni; 2 ⟨*fig*⟩ (*of theory, etc.*) resistere, resta valido; ⟨*Fis*⟩ ~ *of* **force** campo *m* di forza; ⟨*Mil*⟩ ~ **honour:** 1 (*of a battle*) campo *m;* 2 (*of a duel*) terreno ⟨*Mil*⟩ **in** *the* ~ in servizio (attivo); *to* **keep** *the* ~: ⟨*Mil*⟩ continuare a combattere; 2 ⟨*fig*⟩ resistere, ten duro; ⟨*Mil*⟩ *to* **lose** *the* ~ abbandonare il campo, ritira (*anche fig.*); ⟨*Dir*⟩ ~ *of* **operations** sfera *f* d'influenza; *t* ~ *is* **ours:** 1 ⟨*Mil*⟩ il campo è nostro, abbiamo vinto; ⟨*fig*⟩ abbiamo avuto la meglio (*o* vinto); ⟨*fig*⟩ *to be* I *in* **possession** *of the* ~ restare padrone del campo.

field| allowance *s.* ⟨*Mil*⟩ soprassoldo *m,* indennità *f* campo (*o* campagna). ~ **ambulance** *s.* ⟨*Mil*⟩ ambulan *f* da campo. ~ **artillery** *s.* ⟨*Mil*⟩ artiglieria *f* da camp ~ **battery** *s.* ⟨*Mil*⟩ batteria *f* da campo (*o* campale). **book** *s.* taccuino *m* da agrimensore. ~ **day** *s.* 1 ⟨*M* giornata *f* campale (*anche fig.*). 2 ⟨*Sport*⟩ riunione *f* atletica. 3 ⟨*fig*⟩ divertimento *m,* spasso *m.*

fielder ['fi:ldə] *s.* ⟨*Sport*⟩ giocatore *m* che rincorre rilancia la palla.

field| events *s.pl.* ⟨*Sport*⟩ atletica *f* leggera. ~ **exercise** ⟨*Mil*⟩ campo *m: to take part in a* ~ fare il campo. **~fa** *s.* ⟨*Ornit*⟩ cesena *f.* ~ **glasses** *s.pl.* binocolo *m* (campo). **~-grey** *a.* grigio *m* scuro. ~ **gun** *s.* ⟨*Arti* cannone *m* (*o* pezzo) da campo. ~ **hand** *s.* ⟨*A* bracciante *m/f* agricolo. **~-hockey** *s.* ⟨*Sport*⟩ hockey su prato. ~ **hospital** *s.* ⟨*Mil*⟩ ospedale *m* da campo. **house** *s.* ⟨*Sport*⟩ spogliatoio *m.* ~ **ice** *s.* banchisa *f.* **intensity** *s.* ⟨*Fis*⟩ intensità *f* di campo. ~ **kitch** *s.* ⟨*Mil*⟩ cucina *f* da campo.~ **magnet** *s.* ⟨*El*⟩ indutt *m,* magnete *m* di campo. ~ **marshal** *s.* ⟨*M* feldmaresciallo *m* di campo. ~ **master** *s.* ⟨*venat*⟩ (*in foxhunti* maestro *m* di caccia. ~ **mouse** *s.irr.* ⟨*Zool*⟩ 1 apode *m.* 2 (*vole*) topo *m* di campagna, microto *m.* ~ **officer** ⟨*Mil*⟩ ufficiale *m* superiore (*o* di stato maggiore). **organization** *s.* ⟨*Comm*⟩ organizzazione *f* periferica. **overhaul** *s.* ⟨*Mecc*⟩ riparazione *f* di fortuna. **personnel** *s.* ⟨*Aer*⟩ personale *m* a terra. ~ **research** ricerca *f* sul campo.

fieldsman ['fi:ldzmən] *s.irr.* → fielder.

field| sports *s.pl.* 1 sport *mpl* all'aria aperta. 2 (*hunti and fishing*) caccia *f* e pesca *f.* ~ **supervisor** *s.* ispett *m* di zona. ~ **test** *s.* prova *f* sul campo. ~ **trip** *s.* ⟨*Sc* gita *f* istruttiva. ~ **work** *s.* 1 osservazione *f* diretta de natura. 2 ⟨*Sociol*⟩ lavoro *m* sul campo. 3 ⟨*M* fortificazione *f* provvisoria (*o* campale). 4 (*research wo* lavoro *m* sul campo.

nd [fi:nd] s. **1** diavolo m, demonio m. **2** (evil spirit) spirito m maligno. **3** ⟨fig⟩ persona f cattiva (o malvagia), diavolo m, demonio m. **4** ⟨fam⟩ (addict) maniaco m (f a). **5** ⟨fam⟩ (fan, enthusiast) entusiasta m/f, ⟨fam⟩ fanatico m (f –a): a chess ~ un fanatico degli scacchi; expert) esperto m (f –a), ⟨fam⟩ diavolo m (at in).

ndish ['fi:ndiʃ] a. **1** diabolico, demoniaco. **2** (wicked, ruel) diabolico, malvagio. **3** ⟨fam⟩ (very bad) pessimo, rrible, ⟨fam⟩ da cani. **fiendishly** [–li] avv. **1** iabolicamente, malvagiamente. **2** ⟨fam⟩ moltissimo, remendamente. **fiendishness** [–nis] s. malvagità f iabolica.

rce [fiəs] a. **1** feroce, selvaggio: a ~ animal un animale eroce. **2** (merciless) feroce, crudele, spietato. **3** ⟨fig⟩ intense) feroce, ardente, violento: ~ wish desiderio rdente; (sharp) feroce, aspro. □ a ~ wind un vento urioso. **'fierceness** [–nis] s. ferocia f, crudeltà f.

riness ['faiərinis] s. calore m, ardore m (anche fig.). **iery** [–ri] a. **1** infocato, di fuoco. **2** (very hot) ardente, nfocato. **3** (blazing red) fiammeggiante, di fiamma: a ~ unset un tramonto fiammeggiante. **4** ⟨fig⟩ (impassioned) nfocato, ardente, appassionato: a ~ speech un discorso nfocato. **5** ⟨fig⟩ (easily angered) irascibile, infiammabile; passionate) focoso: a ~ temper un carattere focoso. □ ~ ross croce f di fuoco.

e [faif] I s. ⟨Mus⟩ piffero m. II v.t. sonare sul piffero. II v.i. sonare il piffero. **'fifer** [–ə] s. piffero m, pifferaio .

teen ['fifti:n] I a. quindici. II s. (pl.inv./-s [z]; il pl. in si usa con valore collett.) **1** quindici m. **2** ⟨Sport⟩ quadra f (di rugby). **fitteenth** [–θ] I a. quindicesimo. II **1** quindicesimo m, quindicesima parte f. **2** (fifteenth ember) quindicesimo m (f –a). **3** ⟨Mus⟩ intervallo m di ue ottave.

th [fifθ] I a. quinto. II s. **1** quinto m. **2** ⟨Mus⟩ quinta **3** ⟨Aut⟩ quinta f: to change into ~ ingranare la uinta.

th| column s. ⟨Pol,Stor⟩ quinta colonna f. ~ olumnist s. ⟨Stor⟩ quinta colonna f, spia f. **chly** ['fifθli] avv. in quinto luogo, quinto.

th| monarchy s. ⟨Bibl⟩ quinto impero m. ~ **wheel** s. tecn) ruota f ausiliaria, ralla f. **2** (spare wheel) ruota f scorta. **3** ⟨fig⟩ ultima ruota f (del carro).

tieth ['fiftiəθ] I a. cinquantesimo. II s. **1** cinquantesimo , cinquantesima parte f. **2** (fiftieth member) cinuantesimo m (f –a).

y ['fifti] I a. cinquanta. II s. (pl.inv./-ties [tiz]; il pl. in ies si usa con valore collett.) **1** cinquanta m. **2** pl. (of ze) cinquant'anni mpl, cinquantina f: to be in one's fifties er passato la cinquantina; (of time) anni mpl cinquanta. to be in one's late fifties essere sulla sessantina.

y-'fifty I a. diviso in parti uguali. II avv. a metà, al nquanta per cento. □ to go ~ with s.o. fare a metà con d.; to go ~ in s.th. fare a metà di qc.; on a ~ basis su a base di parità.

[fig] s. **1** fico m. **2** → **fig tree**. **3** ⟨fam⟩ (bel)niente m, op) fico m (secco): he doesn't give (o care) a ~ non importa niente.

⟨fam⟩ I v.t. (pret., p.p. **figged** [–d]) **1** (general. con t) vestire, abbigliare. **2** ⟨sl⟩ (of a horse) stimolare con oghe. II s. **1** vestito m, abito m. **2** (condition, form) ondizione f, forma f: to be in fine ~ essere in gran rma. □ ⟨fam⟩ in full ~ in pompa magna, in ghingheri; poor ~ male in arnese.

, = **1** figurative figurato. **2** figure figura.

eater ['figi:tə] s. ⟨Ornit⟩ beccafico m.

ht[1] [fait] s. **1** ⟨Mil⟩ combattimento m. **2** ⟨fig⟩ lotta f, mbattimento m: the ~ for life la lotta per l'esistenza. **3** uarrel) scontro m, disputa f, lite f, litigio m. **4** (fighting irit) spirito m combattivo, combattività f: he had no ~ t in him aveva perduto tutta la sua combattività. **5** port⟩ (in boxing) incontro m. □ to put up a good ~ ttersi bene; to show ~ mostrare spirito combattivo.

ht[2] v. (pret., p.p. **fought** [fo:t]) I v.i. **1** combattere. **2** (to rive) lottare, combattere, battersi. **3** (to quarrel) litigare, zuffarsi, fare a pugni, venire alle mani, battersi: the boys e –ing again i ragazzi si azzuffano di nuovo. **4** ⟨Sport⟩

---

boxare. II v.t. **1** combattere: to ~ the enemy combattere il nemico. **2** (to oppose) combattere, contrastare: to ~ racism combattere il razzismo. **3** ⟨Sport⟩ combattere contro; (of a match) disputare. **4** (of animals) spingere (o aizzare) al combattimento. □ ⟨Dir⟩ to ~ an action opporsi a un'azione legale; to ~ s.o.'s battles sostenere le cause altrui; ⟨fam⟩ to ~ like cats and dogs litigare come cane e gatto; to ~ down one's fear vincere la paura; to ~ the good fight combattere una giusta battaglia; to ~ s.o. off scacciare qd.; to ~ off a cold stroncare un raffreddore; ⟨fig⟩ to ~ it out: 1 combattere fino in fondo; 2 (to settle by fighting) risolvere (o decidere) combattendo; to ~ shy of stare lontano da, evitare.

fighter ['faitə] s. **1** combattente m. **2** ⟨Sport⟩ fighter m, pugile m duro. **3** ⟨Aer.mil⟩ caccia m. **4** (indomitable person) combattente m, lottatore m.

'fighter 'bomber s. ⟨Aer.mil⟩ cacciabombardiere m.

fighting ['faitiŋ] I a. **1** combattivo, battagliero, aggressivo. **2** (designed to fight) da combattimento. II s. combattimento m, lotta f. □ to be on ~ terms with s.o. essere ai ferri corti con qd.

fighting| chance s. probabilità f: □ to have a ~ of success avere una certa probabilità di successo. ~ **cock** s. gallo m da combattimento. ~ **efficiency** s. ⟨Mil⟩ valore m tattico.

fig leaf s.irr.foglia f di fico (anche Scult.).

figment ['figmənt] s. finzione f, invenzione f. □ ~ of the imagination parto m della fantasia, fandonia f, frottola f.

fig| pecker s. → **figeater**. ~ **tree** s. ⟨Bot⟩ fico m (domestico).

figuline ['figjulin] I s. ⟨Ceram⟩ **1** oggetto m (o statuetta f) di terracotta. **2** (potter's clay) terracotta f. II a. di terracotta.

figurability [,figjurə'biliti] s. l'essere figurabile (o rappresentabile). **'figurable** [–bl] a. figurabile. **'figural** [–rəl] a. di figure.

figurant fr. ['figjuræent] s. ⟨Teat⟩ **1** ballerino m di fila. **2** (walker-on) figurante m, comparsa f. **,figurante** fr. [–'rænt] s. **1** ballerina f di fila. **2** (walker-on) figurante f, comparsa f.

figuration [,figju'reiʃən] s. **1** (shaping) figurazione f, rappresentazione f; (result) figura f. **2** (representing figuratively) raffigurazione f simbolica; (result) allegoria f. **3** (decorating with figures) ornamentazione f. **4** ⟨Mus⟩ contrappunto m fiorito. **'figurative** [–rətiv] a. **1** figurato, traslato, metaforico: ~ use of a word uso figurato di una parola; ~ poetry poesia metaforica. **2** ⟨Art,Scult⟩ figurativo. **3** (abounding in figures of speech) ornato, fiorito: ~ style stile fiorito. **'figurativeness** [–rətivnis] s. figuratività f

figure[1] ['figə] s. **1** figura f, forma f. **2** (person) figura f, sembianza f, sagoma f (umana). **3** (bodily form) figura f, personale m: she has a slender ~ ha una figura sottile. **4** (personage) personaggio m, personalità f; (literary or historical) figura f. **5** (emblem, symbol) figura f, simbolo m. **6** (appearance) figura f, apparenza f. **7** (illustration) illustrazione f, figura f. **8** (numerical symbol) cifra f, numero m. **9** (amount, sum) ammontare m, somma f: a large ~ una grossa somma. **10** pl. (arithmetic) aritmetica f. □ to cut a fine ~ fare bella (o buona) figura, far figura; to cut a poor (o sorry) ~ fare brutta (o cattiva) figura, ⟨fam⟩ fare una figura barbina; to cut quite a ~ fare un figurone; a fine ~ of a man un bel tipo d'uomo; what a ~ of fun! che caricatura!; to have a good ~ avere un bel corpo; at a high ~ a caro prezzo; a six ~ income un reddito con sei zeri (o da milionario); to keep (o lose) one's ~ mantenere (o perdere) la linea; at a low ~ a poco prezzo; in round –s in cifra tonda; she was a ~ of sadness era l'immagine della tristezza; ⟨Ret⟩ ~ of speech figura retorica; in words and –s in lettere e in cifre.

figure[2] I v.t. **1** raffigurare, figurare, rappresentare, ritrarre. **2** (to adorn with a pattern) adornare di disegni, ornare con figure. **3** ⟨am⟩ (to reckon; spesso con up) calcolare: to ~ up a total calcolare il totale. **4** ⟨am.fam⟩ (to decide) concludere, decidere: he –d it was time to act decise che era il tempo d'agire; (to think about) immaginare, pensare. II v.i. **1** figurare: his name –d twice il suo nome figurava due volte. **2** (*to compute*) calcolare. **3** 〈*am.fam*〉 (*to be rational*) essere logico: *it –s* è logico. ▢ *to ~ as* passare per, figurare come; *to ~ on:* 1 〈*fam*〉 contare su, fare assegnamento su; 2 (*to take into consideration*) considerare, prendere in considerazione; *to ~ out:* 1 ammontare (*at* a); 2 〈*am*〉 (*to calculate*) calcolare; 3 (*to understand*) capire, afferrare: *I can't ~ out what happened* non riesco a capire che cosa sia successo; *to ~ up* calcolare l'importo di.

figured ['figəd] *a.* **1** ornato con figure, decorato: *a ~ vase* un vaso decorato. **2** (*figurative*) figurato. **3** 〈*Tess*〉 stampato: *~ silk* seta stampata. **4** 〈*Mus*〉 figurato.

figured bass *s.* 〈*Mus*〉 basso *m* cifrato.

figure|-head *s.* **1** 〈*Mar*〉 polena *f.* **2** 〈*fig*〉 figura *f* rappresentativa; (*dummy*) prestanome *m*, uomo *m* di paglia. **~-of-eight** *s.* **1** otto *m.* **2** (*knot*) nodo *m* sabaudo. **3** 〈*Sport*〉 (*in skating*) paragrafo *m.* **~-skating** *s.* 〈*Sport*〉 pattinaggio *m* artistico (su ghiaccio).

figurine [,figju'ri:n] *s.* 〈*Scult*〉 figurina *f*, statuetta *f*, statuina *f.*

fig-wort *s.* 〈*Bot*〉 **1** scrofularia *f.* **2** (*pilewort*) favagello *m.*

Fiji ['fi:dʒi:] *N.pr.* 〈*Geog*〉 Figi *fpl*, isole *fpl* Figi. **Fi'jian** [-ən] **I** *a.* delle Figi. **II** *s.* abitante *m/f* delle Figi.

filament ['filəmənt] *s.* **1** (*thread*) filamento *m;* (*fibre*) fibra *f.* **2** 〈*El,Biol,Astr*〉 filamento *m.* **,filamentary** [-'mentəri], **,filamentous** [-'mentəs] *a.* filamentoso. ▢ 〈*El*〉 ~ *cathode* catodo *m* a riscaldamento diretto.

filature ['filətʃə] *s.* 〈*Tess*〉 **1** (*act of reeling silk*) filatura *f.* **2** (*reel*) filatoio *m.* **3** (*place*) filanda *f.*

filbert ['filbət] *s.* **1** 〈*Bot*〉 nocciolo *m*, avellano *m.* **2** (*nut*) nocciola *f.*

filch [filtʃ] *v.t.* rubacchiare. **'filcher** [-ə] *s.* ladruncolo *m.*

file[1] [fail] **I** *s.* **1** (*folder, box*) schedario *m;* (*cabinet*) casellario *m.* **2** (*collection of documents*) filza *f;* (*of newspapers, etc.*) raccolta *f*, collezione *f;* (*dossier*) incartamento *m*, pratica *f.* **3** → **file holder.** **4** 〈*Comm*〉 archivio *m.* **5** (*line of persons*) fila *f* (*anche Mil.*): *to stand in ~ for tickets* far la fila per i biglietti. **6** (*on a chessboard*) fila *f*, colonna *f.* **II** *v.t.* **1** archiviare, mettere in archivio. **2** (*to arrange for presentation*) archiviare, schedare: *to ~ newspaper clippings* schedare ritagli di giornali. **3** 〈*Giorn*〉 (*of copy*) trasmettere per telegrafo (*o* telefono). **4** 〈*Dir*〉 (*of a claim, petition, etc.*) presentare; (*of a document*) passare agli atti; (*of a signature*) depositare. **III** *v.i.* **1** sfilare, marciare (*o* camminare) in fila. **2** 〈*Mil*〉 sfilare. **3** 〈*am*〉 (*to apply*) fare domanda (*for* per). ▢ *your name has been* **entered** *on our –s* il vostro nome è stato registrato nei nostri schedari; 〈*Mil*〉 **in** ~ in fila; 〈*Mil*〉 *to ~* **off** far sfilare; **on** ~ in archivio; *to place on ~* schedare; *to ~* **out** = *to file* off; 〈*Mil*〉 **rank** *and ~* soldati semplici (e caporali); 〈*fig*〉 massa *f*, gente *f* qualunque; **in single** ~ in fila indiana, in fila per uno; 〈*Dir*〉 *to ~* **suit** sporgere querela.

file[2] **I** *s.* **1** 〈*tecn*〉 lima *f.* **2** (*nail file*) lima *f* per unghie, limetta *f.* **3** 〈*sl*〉 (*shrewd person*) persona *f* astuta; (*fam*) volpone *m.* **II** *v.t.* **1** 〈*tecn*〉 limare. **2** 〈*fig*〉 limare, rifinire. ▢ *to ~ over s.th.* ripassare qc. con la lima; *to ~ a saw* affilare una sega.

file| cabinet *s.* schedario *m.* ~ **card** *s.* scheda *f.* ~ **clerk** *am. s.* → **filing clerk.** ~ **copy** *s.* copia *f* d'archivio. ~ **dust** *s.* 〈*Mecc*〉 limatura *f.* ~ **holder** *s.* raccoglitore *m.* ~ **leader** *s.* capofila *m/f.* ~ **material** *s.* materiale *m* d'archivio.

filemot ['filimɔt] **I** *a.* color foglia morta. **II** *s.* color *m* foglia morta.

filer ['failə] *s.* limatore *m* (*f* -trice).

files computer matching *s.* 〈*Inform*〉 accoppiamento *m* degli archivi mediante computer.

file| security *s.* sicurezza *f* degli archivi. ~ **updating** *s.* 〈*Inform*〉 aggiornamento *m* degli archivi.

filial ['filiəl] *a.* filiale: ~ *obedience* obbedienza filiale.

filiation [,fili'eiʃən] *s.* filiazione *f* (*anche Dir.*).

filibuster ['filibʌstə] **I** *s.* **1** filibustiere *m.* **2** 〈*am.Parl*〉 ostruzionismo *m;* (*person*) ostruzionista *m.* **II** *v.i.* **1** agire (*o* comportarsi) da filibustieri. **2** 〈*Pol*〉 fare ostruzionismo.

,fili'busterer [-rə] *s.* 〈*am.Parl*〉 ostruzionista *m* **filibustering** [-riŋ] *s.* 〈*am.Parl*〉 ostruzionismo tecnico.

filiform ['filifɔ:m] *a.* **1** filiforme. **2** (*filamentous*) fil mentoso.

filigrain, filigrane ['filigrein] *s.* 〈*rar*〉 → **filigre filigree** [-gri:] **I** *s.* 〈*Oref*〉 filigrana *f* (*anche fig.*). **II** *a.* filigrana, filigranato.

filing[1] ['failiŋ] **I** *s.* **1** archiviazione *f*, schedatura *f.* **2** 〈*M* sfilata *f.* **II** *a.* da (*o* di) archivio.

filing[2] *s.* 〈*tecn*〉 **1** limatura *f.* **2** *pl.* 〈*concr*〉 (*particle* limatura *f.*

filing| cabinet *s.* casellario *m.* ~ **clerk** *s.* schedarista *m* ~ **room** *s.* archivio *m.* ~ **system** *s.* sistema *m* raccolta a schede.

Filipino [,fili'pi:nou] **I** *a.* 〈*Geog*〉 filippino. **II** *s.* filippi *m* (*f* -a).

fill[1] [fil] **I** *v.t.* **1** riempire, colmare: *to ~ a jug with m* riempire un boccale di latte. **2** (*to occupy fully*) riempi gremire, affollare: *the crowd –ed the hall* la folla gremi la sala. **3** (*to stop up;* spesso con *in*) chiudere, ottura turare: *to ~ a tooth* otturare un dente; *to ~ a hole w cement* chiudere un buco col cemento. **4** (*to pervac* riempire, invadere: *the odour –ed the room* l'odore rem la stanza. **5** (*of a post, etc.*) occupare, coprire: *we have – all vacancies* abbiamo coperto tutti i posti liberi. **6** 〈*Mc* (*of sails;* spesso con *out*) gonfiare. **7** 〈*Mar*〉 (*of a yar* bracciare. **8** 〈*Comm*〉 (*of an order*) evadere, eseguire. (*of a blank space: to complete;* spesso con *out, up, w* riempire, compilare: *please ~ in the form* si prega compilare il modulo. **10** (*of needs, requirements: to me* soddisfare, rispondere a. **11** 〈*Edil*〉 colmare. **12** (*to fc fully*) saziare, satollare. **II** *v.i.* **1** riempirsi, colmarsi: *eyes –ed with tears* i suoi occhi si riempirono di lacrin **2** (*to become blocked;* spesso con *up*) ostruirsi, intasarsi. (*of buildings, etc.*) riempirsi, gremirsi. **4** 〈*Mar*〉 (*of sa* gonfiarsi. ▢ *to ~ in:* 1 (*to enrich with detail*) completa rifinire; 2 (*fam*) (*of a person: to bring up–to–date*) mett al corrente (*on* di); 3 (*fam*) (*to substitute*) sostitu rimpiazzare; *to ~ in one's name* dare le proprie general (in un modulo); *to ~* **out:** 1 (*to expand*) ampliare; 2 become fatter) ingrassare, ingrassarsi; 〈*am*〉 *to ~ out blank* riempire un modulo; *to ~* **up:** 1 colmare, riemp (fino all'orlo); 2 (*to become completely full*) riempi colmarsi; 〈*Aut*〉 *to ~ up with petrol* fare il pieno benzina; *–ed* **with** *despair* in preda alla disperazione.

fill[2] *s.* **1** abbondanza *f;* (*as much as is needed*) sufficie *f*, sazietà *f.* **2** (*enough to fill s.th.*) quantità *f* sufficie (per riempire qc.); (*charge*) carica *f.* **3** 〈*Edil*〉 colmata *f.* 〈*Strad*〉 riporto *m*, rinterro *m.* ▢ *to cry one's ~* piang tutte le proprie lacrime; *to eat one's ~* mangiare sazietà.

filler ['filə] *s.* **1** chi riempie. **2** (*device for filli* dispositivo *m* di riempimento; (*of a fountain p* pompetta *f*, stantuffo *m.* **3** 〈*Giorn*〉 tappabuco *m.* 〈*tecn*〉 (*in painting*) fondo *m;* (*in wood painting*) turap *m*, stucco *m.* **5** 〈*Chim*〉 carica *f.* **6** 〈*tecn*〉 filler riempitivo *m.* **7** 〈*Aut*〉 bocchettone *m* (di riempimento

fillet ['filit] **I** *s.* **1** 〈*Gastr,Macell,Legat*〉 filetto *m:* ~ *beef* filetto di manzo. **2** (*narrow strip*) filetto *m.* (narrow band, ribbon) fascia *f.* **4** 〈*Arch*〉 pianetto *m.* 〈*Mecc*〉 raccordo *m* concavo. **6** 〈*Aer*〉 carenatura *f.* **II 1** 〈*Gastr*〉 filettare; (*to cut into fillets*) tagliare a fette filetti). **2** (*to bind with a fillet*) filettare, bordare. 〈*Legat*〉 filettare. **4** 〈*Mecc*〉 raccordare (con racco concavo).

fillet| mignon *s.* 〈*gastr*〉 filetto *m* mignon. ~ **steak** 〈*gastr*〉 bistecca *f* di filetto.

fill|-gap buying *s.* acquisti *mpl* di copertura. **~-in** (person) sostituto *m* (*f* -a). **2** (*informative summa* sommario *m*, riassunto *m.*

filling ['filiŋ] *s.* **1** riempimento *m*, riempitura *f.* **2** 〈*cor* materiale *m* da otturazione. **3** 〈*Gastr*〉 farcia *f*, ripieno **4** 〈*Dent*〉 otturazione *f.* **5** 〈*Edil*〉 materiale *m* di ripo **6** 〈*Tess*〉 trama *f.*

filling station *am. s.* 〈*Aut*〉 posto *m* (*o* stazione *f*) rifornimento. ▢ ~ *attendant* pompista *m.*

illip ['filip] **I** s. **1** (of the thumb and finger) schiocco m. **2** (slight blow) buffetto m. **3** ⟨fig⟩ stimolo m, incoraggiamento m, incentivo m. **4** ⟨fig⟩ (trifle) inezia f, bazzecola f. **II** v.t. **1** schioccare (le dita). **2** (to tap) dare un buffetto a. **3** ⟨fig⟩ stimolare, incoraggiare, incentivare. □ it isn't worth a ~ non vale un fico (secco).

illister ['filistə] s. ⟨Fal⟩ **1** (on a window sash) incassatura f, scanalatura f. **2** (fillister plane) incorsatoio m, pialletto m per scanalature.

illy ['fili] s. **1** puledra f. **2** ⟨fam⟩ ragazza f vivace, ⟨fam⟩ puledra f.

ilm [film] **I** s. **1** pellicola f, strato m sottile: a ~ of dust un sottile strato di polvere. **2** ⟨Fot⟩ pellicola f; (strip, roll) pellicola f, rullino m, rotolo m. **3** ⟨Cin⟩ film m, pellicola f. **4** pl. ⟨Cin⟩ (cinema) film m, cinematografia f, cinema m. **5** ⟨Mecc⟩ membrana f. **6** (filament) filamento m. **7** (haze, mist) velo m, patina f. **II** v.t. **1** coprire con una patina, velare. **2** ⟨Cin⟩ filmare, girare; (to make a film of) filmare, adattare per lo schermo, ridurre in edizione cinematografica: to ~ a novel filmare un romanzo. **III** v.i. **1** coprirsi di una patina, velarsi. **2** ⟨Cin⟩ girare (un film); (to be suitable for filming) essere filmabile, prestarsi a un adattamento cinematografico. □ to go to the ~s andare al cinema; to shoot a ~ girare un film; story made into a ~ racconto filmato. **'filmable** [–əbl] a. ⟨Cin⟩ filmabile.

ilm| actor s. attore m cinematografico. **~ actress** s. attrice f cinematografica. **~ clip** s. ⟨TV⟩ filmato m. **~ crew** s. troupe f cinematografica. **~ critic** s. critico m cinematografico. **~ fan** s. patito m (f –a) del cinema. **~ file** s. schedario m su microfilm. **~-goer** s. frequentatore m (f –trice) di cinematografi, spettatore m (f –trice).

ilmic ['filmik] a. filmico.

ilmily ['filmili] avv. in modo trasparente. **filminess** [–minis] s. trasparenza f, leggerezza f.

ilm| land s. mondo m del cinema. **~ library** s. cineteca f. **~ magazine** s. ⟨Fot⟩ pellicola f a cassetta. **~ maker** s. ⟨Cin⟩ produttore m (f –trice) cinematografico.

ilmography [,filmɒ'grɒfi] s. filmografia f.

ilm| pack s. ⟨Fot⟩ pellicola f a pacco. **~ première** s. prima f cinematografica. **~ production** s. produzione f filmistica. **~ rental** s. noleggio m cinematografico. **~ script** s. ⟨Cin⟩ copione m cinematografico. **~ show(ing)** s. proiezione f cinematografica, spettacolo m (cinematografico). **~ slide** am. s. diapositiva f. **~ star** s. ⟨Cin⟩ diva f (o stella) del cinema. **~strip** s. filmina f, filmino m. **~ test** s. ⟨Cin⟩ provino m. **~ track** s. corridoio m del film. **~ viewer** s. ⟨Cin,Tv⟩ moviola f, visionatrice f.

ilmy ['filmi] a. **1** trasparente, leggero. **2** (hazy) annebbiato, velato.

iloselle [,filə'sel] s. ⟨Tess⟩ (floss silk) filaticcio m, bavella f.

ilter ['filtə] **I** s. **1** filtro m; (for purifying water) depuratore m. **2** → **filter-tipped cigarette**. **3** ⟨Fot,Rad⟩ filtro m. **II** a. con filtro. **III** v.t. filtrare, passare al filtro. **IV** v.i. filtrare. **2** ⟨fig⟩ (to pass through) filtrare, infiltrarsi: sunlight –ed through the trees la luce del sole filtrava attraverso gli alberi. **3** ⟨fig⟩ (to become known; spesso con out, through) filtrare, trapelare: the news soon –ed out la notizia trapelò presto. **filterable** [–rəbl] a. filtrabile.

filter| bed s. ⟨Ind⟩ letto m filtrante, percolatore m. **~ paper** s. ⟨Chim⟩ carta f filtrante. **~ tip** s. sigaretta f (o sigaro m) con filtro. **~-tipped cigarette** s. sigaretta f con filtro.

filth [filθ] s. **1** sporcizia f, immondizia f, sudiciume m, lordura f. **2** ⟨fig⟩ (foulness) lordura f, sozzura f, sozza f. **3** ⟨fig⟩ (obscene language) linguaggio m osceno, turpiloquio m. **'filthiness** [–inis] s. sporcizia f, sozzura f, lordura f (anche fig.). **'filthy** [–i] a. **1** sporco, sudicio, sordido, sozzo (anche fig.). **2** (obscene) osceno, indecente. **3** ⟨fam⟩ (very unpleasant) molto sgradevole, ripugnante. □ ⟨spreg⟩ ~ lucre vile (o sporco) denaro; ⟨fam⟩ to be ~ rich essere ricchissimo.

filtrate ['filtreit] **I** v. → **filter**. **II** s. filtrato m. **filtration** [–'treiʃən] s. filtrazione f, filtraggio m.

fin [fin] **I** s. **1** ⟨Itt⟩ pinna f. **2** ⟨Mar⟩ chiglia f ⌐di deriva⌐

(o a pinna), pinna f di deriva. **3** ⟨Aer⟩ (of an aeroplane) piano m di deriva; (of an airship) piano m stabilizzatore. **4** ⟨Mecc⟩ aletta f. **5** ⟨Met⟩ bava f, bavatura f. **6** ⟨Aut⟩ pinna f, alettone m. **7** ⟨sl⟩ (hand) mano f, ⟨scherz⟩ zampa f. **II** v.t. (pret., p.p. **finned** [–d]) **1** (of a fish) tagliare le pinne a. **2** ⟨Mecc⟩ alettare.

fin. = financial finanziario.

Fin. = ⟨Geog⟩ **1** Finland Finlandia. **2** Finnish finlandese.

finable ['fainəbl] a. multabile.

finagle [fi'neigl] ⟨am.fam⟩ **I** v.t. brigare, darsi da fare (per avere). **II** v.i. brigare.

final ['fainl] **I** a. **1** ultimo, finale. **2** (conclusive) finale, conclusivo, decisivo, definitivo: the ~ decision la decisione finale. **3** ⟨Dir⟩ definitivo, inappellabile: the judge's decision is ~ la decisione del giudice è inappellabile. **4** ⟨Gramm,Fon⟩ finale. **II** s. **1** finale m. **2** pl. ⟨Sport⟩ finali fpl. **3** pl. ⟨Scol,Univ⟩ esame m finale. **4** ⟨Giorn⟩ ultima edizione f. **5** ⟨Mus⟩ finale m. □ to put the ~ touches to s.th. dare il tocco finale a qc.

final| balance s. ⟨Econ⟩ conto m consuntivo del bilancio. **~ cause** s. ⟨Filos⟩ fine m ultimo. **~ clause** s. ⟨Gramm⟩ proposizione f finale.

finale it. [fi'nɑːli] s. finale m (anche Mus.,Teat.).

finalism ['fainəlizəm] s. ⟨Filos⟩ finalismo m, teleologia f. **finalist** [–list] s. ⟨Sport,Filos⟩ finalista m/f. **finality** [–'næliti] s. **1** carattere m definitivo. **2** (decisiveness) risolutezza f, decisione f. **3** (final act, etc.) atto m conclusivo (o definitivo). **4** ⟨Filos⟩ finalità f. **finalize** [–laiz] v.t. completare, ultimare, finire: to ~ a plan ultimare un progetto. **finally** [–li] avv. **1** alla fine, infine, finalmente: he ~ agreed alla fine acconsentì. **2** (decisively) definitivamente.

final| product s. prodotto m finale. **~ sitting** s. seduta f di chiusura.

finance [fai'næns, fi–] **I** s. **1** finanza f, attività f finanziaria. **2** (science) finanza f, scienza f delle finanze. **3** pl. (means) finanze fpl, mezzi mpl, possibilità fpl economiche; (public revenue) finanze fpl. **II** v.t. **1** finanziare. **2** (to furnish credit for) far credito a.

finance| act s. legge finanziaria. **~ bill** s. ⟨Parl⟩ progetto m di legge fiscale. **~ committee** s. commissione f di finanza. **~ company** s. → **financial trust**. **~ manager** s. direttore m finanziario.

financial [fai'nænʃəl, fi–] a. **1** finanziario. **2** (pecuniary) finanziario, economico: to be in ~ difficulties trovarsi in difficoltà finanziarie.

financial| adviser s. consulente m finanziario. **~ aid** s. assistenza f finanziaria. **~ analysis** s. analisi f finanziaria. **~ analyst** s. analista m finanziario. **~ assistance** s. assistenza f finanziaria. **~ backer** s. finanziatore m (f –trice). **~ books** s.pl. libri mpl contabili. **~ center** am., **~ centre** s. centro m finanziario. **~ consultant** s. consulente m finanziario. **~ institution** s. → **financial trust**.

financially [fai'nænʃəli, fi–] avv. finanziariamente, economicamente: the company is ~ sound la società è finanziariamente solida.

financial| paper s. giornale m finanziario. **~ planning** s. pianificazione f finanziaria. **~ scheme** s. piano m finanziario. **~ set** s. mondo m della finanza. **~ trust** s. finanziaria f, società f finanziaria. **~ year** s. ⟨Econ⟩ anno m (o esercizio) finanziario.

financier [fai'nænsiə, am. finən'siə] **I** s. **1** finanziere m. **2** → **financial backer**. **II** v.t. ⟨am⟩ frodare, defraudare.

finch [fintʃ] s. ⟨Ornit⟩ fringillide m.

find[1] [faind] v. (pret., p.p. **found** [faund]) **I** v.t. **1** trovare, ritrovare, rinvenire: to ~ a wallet in the street trovare un portafoglio per strada. **2** (by experiment or study) trovare, scoprire: to ~ the answer to a problem trovare la risposta a un problema; (by enquiry, search) trovare: to ~ happiness trovare la felicità. **3** (to perceive) capire, scoprire, accorgersi, rendersi conto: I ~ I was mistaken capisco di aver sbagliato. **4** (to consider) trovare, giudicare, reputare. **5** (to come across) trovare, incontrare, avere in sorte, capitare. **6** ⟨Dir⟩ trovare, riconoscere: the jury found him *guilty* la giuria lo ha riconosciuto colpevole; (*of a verdict, etc.*) pronunziare, emettere. **7** (*to supply*) procurare, fornire, provvedere: *to ~ the money for a trip* fornire il denaro per una gita. **II** *v.i.* **1** ⟨*Dir*⟩ emettere un verdetto (*o* una sentenza) (*for favorevole a*): *the jury found for the defendant* la giuria emise un verdetto favorevole all'imputato. **2** ⟨*Venat*⟩ scoprire la traccia. □ *to ~ acceptance* trovare accoglienza; *all found* tutto compreso; *to ~ favour with s.o.* incontrare il favore di qd.; *to ~ one's feet*: **1** (*of a baby, etc.*) reggersi in piedi; **2** ⟨*fig*⟩ essere indipendente; *to ~ one's feet again* (*after a setback*) tornare a galla; ⟨*fig*⟩ *to ~ it in one's* **heart** *to do s.th.* sentirsi di fare qc.; *to ~ o.s.* **in** *clothes* provvedere al (proprio) vestiario; *I found it difficult to understand him* mi fu difficile capirlo; *to ~ o.s.* ritrovarsi, trovarsi: *to ~ o.s. in a dilemma* trovarsi di fronte a un dilemma; *to ~ out*: **1** scoprire, accorgersi; **2** (*to get information*) informarsi, venire a sapere; **3** (*to catch in a crime, etc.*) cogliere in flagrante; **4** (*of a person: to discover the true nature of*) scoprire la vera natura di; *to ~ s.o. out* (*not at home*) non trovare qd. a (*o* in) casa; *to ~ out how one stands* rendersi conto della propria situazione; *you must take us as you ~ us* dovete prenderci come siamo; ⟨*fig*⟩ *to ~ one's* **voice** (*o tongue*) ritrovare la voce (*o* lingua).

find² *s.* **1** scoperta *f*, ritrovamento *m*. **2** (*something found*) ritrovamento *m*, reperto *m*; (*valuable discovery*) scoperta *f*. **3** ⟨*Venat*⟩ scoperta *f* (della preda). **'findable** [–əbl] *a.* ritrovabile. **'finder** [–ə] *s.* **1** chi trova. **2** ⟨*Fot*⟩ mirino *m*, traguardo *m*. **3** ⟨*Astr*⟩ cannocchiale *m* cercatore. **'finding** [–iŋ] *s.* **1** scoperta *f*, reperto *m*, ritrovamento *m*. **2** *pl.* (*result of an investigation, etc.*) risultanze *fpl*, conclusioni *fpl*. **3** ⟨*Dir*⟩ sentenza *f*, verdetto *m*. **4** *am.pl.* (*of an artisan*) strumenti *mpl*, attrezzi *mpl*.

fine¹ [fain] **I** *a.* **1** (*molto*) buono, fine, eccellente, di qualità superiore: *a ~ performance* un'eccellente esecuzione. **2** (*pleasant, beautiful*) bello, piacevole: *a ~ view* una bella veduta. **3** (*of the weather*) bello: *is it ~ out?* fa bello?, è bello il tempo? **4** (*accomplished*) valente, abile, esperto: *a ~ artist* un abile artista. **5** (*consisting of small particles*) fine, minuto, impalpabile: *~ sand* sabbia fine. **6** (*thin*) fine, sottile, fino: *a ~ thread* un filo sottile. **7** (*sharp, keen*) tagliente, ben affilato: *a ~ edge* un filo tagliente. **8** (*delicately made*) fine, delicato: *~ lace* pizzo delicato. **9** (*refined*) raffinato, fine, squisito. **10** (*sensitive, discriminating*) fine, acuto: *a ~ sense of justice* un fine senso della giustizia. **11** (*subtle*) fine, acuto: *a ~ distinction* una sottile distinzione. **12** (*of gold, silver*) fino, purissimo. **13** ⟨*Sport*⟩ (*of an athlete*) allenato, in forma. **II** *avv.* **1** ⟨*fam*⟩ benissimo, ottimamente: *she's feeling ~* si sente benissimo. **2** ⟨*fam*⟩ (*elegantly*) elegantemente. **III** *v.t.* **1** (*to make fine; spesso con down*) raffinare; (*to make finer*) polverizzare. **2** (*to reduce the size of; spesso con down, away*) assottigliare, ridurre; (*to taper*) affusolare. **3** ⟨*Enol*⟩ schiarire, chiarificare. **IV** *v.i.* **1** ⟨*Enol*⟩ (*spesso con off*) schiarirsi, diventare limpido. **2** (*to dwindle; spesso con away, down*) assottigliarsi, ridursi. □ ⟨*fam*⟩ *to cut* (*o run*) *it ~* farcela per un pelo; ⟨*fam*⟩ *one ~* **day**: **1** = *one of these fine days*; **2** (*in story-telling*) un bel giorno; ⟨*fam*⟩ *one of these ~ days* uno di questi giorni, un giorno o l'altro; *a ~* **margin** *of profit* un buon margine di guadagno; ⟨*fam*⟩ *not to put too ~ a* **point** *on it* per dire le cose come stanno; *in* **rain** *or ~* con la pioggia o con il bel tempo.

fine² **I** *s.* ⟨*Dir*⟩ **1** multa *f*, ammenda *f*, contravvenzione *f*: *a parking ~* una multa per divieto di sosta. **2** ⟨*Dir*⟩ indennità *f*, tacitazione *f*. **II** *v.t.* multare, fare una contravvenzione a. □ *he was ~d ten pounds* ha avuto una multa di dieci sterline; *in ~* (*in brief*) in breve; (*in conclusion*) in conclusione, infine; *to issue a ~* emettere una contravvenzione.

fine| *arts* *s.pl.* belle arti *fpl*. **'~-'drawn** *a.* **1** ⟨*Lav.femm*⟩ rammendato con rammendo invisibile. **2** ⟨*tecn*⟩ (*of wire*) teso al massimo. **3** ⟨*fig*⟩ (*subtle*) sottile, ingegnoso: *~ arguments* sottili argomentazioni. **4** ⟨*fig*⟩ (*of the features*) minuto. **~** **gold** *s.* ⟨*Oref*⟩ oro *m* fino. **~-grain**, **'~-'grained** *a.* **1** a grana fine **2** ⟨*Fot*⟩ finegranulata. **~-looking** *a.* bello, di bell'aspetto.

finely ['fainli] *avv.* **1** bene, magnificamente, eccellentemente. **2** (*in small particles*) finemente. **fineness** [–nis] *s.* **1** eccellenza *f*, perfezione *f*. (*delicacy*) finezza *f*, raffinatezza *f*, distinzione *f*; (*elegance*) eleganza *f*. **3** (*thinness*) finezza *f*, sottigliezza *f*. **4** (*subtlet, sensitivity*) sensibilità *f*, delicatezza *f*. **5** ⟨*Met*⟩ (*in a alloy*) titolo *m*.

finery¹ ['fainəri] *s.* **1** abbigliamento *m* vistoso (*o* elegante. **2** *pl.* (*ornaments, etc.*) fronzoli *mpl*, ornamenti *mpl*. □ *to be dressed in all one's ~* essere tutto in ghingheri.

finery² *s.* ⟨*Met*⟩ forno *m* di affinazione.

'fine|-spoken *a.* che parla bene. **'~-spun** *a.* **1** ⟨*Tess*⟩ (*yarn*) sottile, fine. **2** ⟨*fig*⟩ sottile, raffinato.

finesse *fr.* [fi'nes] **I** *s.* **1** finezza *f*, acume *m*, sagacia *f*, astuzia *f*. **2** (*delicacy*) finezza *f*, squisitezza *f*, delicatezza *f*. **3** (*in bridge, etc.*) impasse *f*. **II** *v.i.* **1** (*in cards*) fa l'impasse a. **2** (*to bring about by manoeuvering*) manovrare, brigare.

fine|-tooth comb *s.* pettine *m* a denti fitti. □ ⟨*fig*⟩ *to g through s.th. with a ~* setacciare (*o* vagliare) qc. **~** **work** lavoro *m* di fino.

finger ['fiŋgə] **I** *s.* **1** dito *m* (della mano). **2** (*of a glov* dito *m*. **3** (*measure*) dito *m*: *three ~s of whisky* tre dita whisky. **4** ⟨*Mecc*⟩ (*pointer*) lancetta *f*; (*pawl*) dente *n* nottolino *m*. **5** ⟨*Met*⟩ maschio *m*, pistone *m*. **6** ⟨*Mu. (skill in fingering*) tocco *m*. **II** *v.t.* **1** toccare con le dit palpare, tastare: *to ~ a piece of cloth* tastare una pezza stoffa. **2** (*to toy with*) giocherellare con, gingillarsi con. ⟨*Mus*⟩ (*to mark with fingering*) diteggiare, indicare diteggiatura di. **4** ⟨*Mus*⟩ (*of an instrument*) toccare, fa vibrare col tocco. **5** ⟨*fam*⟩ (*to pilfer*) ⟨*fam*⟩ sgraffignar □ ⟨*fig*⟩ *to work one's ~s to the* **bone** ammazzarsi lavoro; ⟨*fig*⟩ *to keep one's ~s* **crossed** toccare ferro (p scongiuro); ⟨*fam*⟩ *to have itchy ~s* avere le mani lungh rubare; *to lay a ~ on* toccare; ⟨*fig*⟩ *he didn't* **lift** *a ~ help me* non mosse un dito per aiutarmi; ⟨*fam*⟩ *to lift th little ~* bere, ⟨*fam*⟩ alzare il gomito; ⟨*fam*⟩ *to have a ~ in the pie* avere le mani in pasta; ⟨*sl*⟩ *to* **put** *the ~ on* (*inform against*) denunciare; (*to designate as a victim* designare come vittima; ⟨*fig*⟩ *to put one's ~ on it* mette il dito sulla piaga; ⟨*fig*⟩ *to* **slip** *through one's ~s* sfuggir scappare; ⟨*fam*⟩ *his ~s are all* **thumbs** è 'molto goffo' (maldestro); ⟨*fig*⟩ *to* **twist** (*o turn*) *s.o. round one's* (*little ~* rigirare qd. come si vuole; *with a* **wet** *~* con facilità. *please do not ~ the articles on display* si prega di no toccare la merce esposta.

finger| **alphabet** *s.* linguaggio *m* dei sordomuti. **biscuits** *s.pl.* ⟨*Dolc*⟩ lingue *fpl* di gatto. **~-board** *s.* ⟨*Mus* **1** manico *m* (del violino). **2** (*keyboard*) tastiera *f*. **~-bow** *s.* sciacquadita *m*, coppetta *f* lavadita (*o* per lavarsi dita).

fingered ['fiŋgəd] *a.* **1** (*nei composti*) dalle dita, dall mani: *light-~* dalle mani leggere. **2** (*spoiled by handling* 'segnato da' (*o* pieno di) ditate. **3** ⟨*Biol*⟩ digitato. ⟨*Mus*⟩ diteggiato.

finger| **fern** *s.* ⟨*Bot*⟩ cedracca *f*. **~-glass** *s.* finger-bowl. **~** **hole** *s.* **1** ⟨*Tel*⟩ foro *m* del disc combinatore. **2** ⟨*Sport*⟩ (*on a bowling ball*) foro *m* per dita. **3** ⟨*Mus*⟩ foro *m* per modulare le note.

fingering¹ ['fiŋgəriŋ] *s.* ⟨*Mus*⟩ diteggiatura *f*.

fingering² *s.* ⟨*Tess*⟩ filato *m* grosso (per calze).

fingerling ['fiŋgəliŋ] *s.* **1** ⟨*Itt*⟩ pesciolino *m*; (*very sma salmon*) piccolo salmone *m*. **2** (*s.th. very small*) oggetto minuscolo.

finger|-mark *s.* ditata *f*, impronta *f* lasciata da un dito **~-nail** *s.* unghia *f* (della mano). **~-plate** *s.* (*on a door* placca *f* protettiva. **~-post** *s.* ⟨*Strad*⟩ indicatore stradale. **~-print** **I** *s.* impronta *f* digitale. **II** *v.t.* prender le impronte digitali a. □ *~ identification* dattiloscopia **~-stall** *s.* copridito *m* (di gomma). **~-tip** *s.* **1** punta delle dita' (*o* del dito). **2** (*covering*) ditale *m*. □ ⟨*fig*⟩ *to have s.th. at one's ~s*: **1** avere qc. sottomano; **2** (*to kno thoroughly*) sapere qc. sulla punta delle dita; ⟨*fig*⟩ *he is gentleman to his ~s* è un gentiluomo fino alla punta dei capelli.

finial ['finiəl] *s.* (*in Gothic architecture*) fiore *m* crociforme.

ical ['finikəl] *a.* **1** meticoloso, pignolo, pedante. **2** (*hard) please*) schizzinoso, schifiltoso, sofistico. **,finicality** -'kæliti], **finicalness** [-kəlnis] *s.* **1** meticolosità *f,* ignoleria *f.* **2** (*fastidiousness*) sofisticheria *f.* **finickin** -nikin], **finicking** [-kiŋ], **finicky** [-ki] *a.* → **finical.**

is ['fainis] *s.* fine *f,* finis *m,* conclusione *f.*

ish[1] ['finiʃ] **I** *v.t.* **1** finire, terminare, completare: *to ~)ing s.th.* finire di fare qc. **2** (*to come to the end of*) fini-, portare (*o* condurre) a termine, terminare. **3** (*to use)mpletely*) spesso con *up, off*) finire, dar fondo a, aurire, consumare. **4** (*to cause the death of;* spesso con *f*) finire, uccidere, dare il colpo di grazia a. **5** (*to put the st touches to;* spesso con *off*) rifinire, dare il tocco finale ` *to ~ a portrait* rifinire un ritratto; (*to put a finish on*) finire. **6** (*to complete the education of*) perfezionare. **7** *am*) (*to ruin*) finire, rovinare, distruggere: *the trial will ` him as a politician* il processo lo rovinerà come uomo olitico. **II** *v.i.* **1** finire, terminare: *I have not –ed yet* non o ancora finito. **2** (*to come to an end*) finire, terminare, oncludersi: *school –ed on Thursday* la scuola è finita ovedì. **3** (*in a race*) finire, arrivare: *I –ed last* arrivai ltimo. □ *she –ed by agreeing* finì con l'acconsentire; *to ` up with* concludere con: *let's have a glass of brandy to ` up with* concludiamo con un bicchiere di brandy; *to ~ ith:* **1** finire con, finire (di usare); **2** (*of a person*) non vere più rapporti con, (*fam*) chiudere con.

ish[2] *s.* **1** fine *f,* compimento *m,* termine *m,* conclusione *f.* **2** (*end of race, etc.*) finale *f.* **3** (*completeness, perfection*) nitezza *f,* compiutezza *f,* perfezione *f: ~ of style* finitezza ` stile. **4** (*social polish*) finezza *f,* raffinatezza *f.* **5** (*result f a finishing process*) rifinitura *f: a table with a glassy ~ n* tavolo con una rifinitura a lucido; (*product used*) rodotto *m* a finire. **6** (*final coat of paint*) finitura *f,* ano *f* di finitura. **7** (*Ind, Tess*) finissaggio *m,* rifinitura □ *to fight to a ~* combattere fino in fondo; (*Venat*) *e in at the ~* essere presente all'uccisione (della preda).

ished ['finiʃt] *a.* **1** finito, completato. **2** (*perfected*) i)finito, perfetto: *a ~ gentleman* un perfetto gentiluomo. (*done for*) finito: *I am not ~ yet* non sono ancora nito.

ished products *s.pl.* prodotti *mpl* finiti (*o* lavorati).

isher ['finiʃə] *s.* **1** (*Ind*) (worker) (ri)finitore *m* (*f* trice). **2** (*Mecc*) (*machine*) (ri)finitrice *f.* **3** (*fam*) *nock–out blow*) colpo *m* di grazia.

ishing ['finiʃiŋ] **I** *s.* **1** (ri)finitura *f.* **2** (*Tess*) nissaggio *m,* rifinitura *f.* **II** *a.* ultimo: *to put the ~ ouches to s.th.* dare gli ultimi ritocchi a qc.

ishing| material *s.* (*tecn*) elementi *mpl* di finitura. **~ chool** *s.* collegio *m* femminile.

ite ['fainait] **I** *a.* **1** limitato, circoscritto. **2** (*subject to mitations*) finito, limitato: *man is ~, God is infinite* uomo è finito, Dio è infinito. **3** (*Filos,Mat,Gramm*) nito. **finiteness** [–nis], **finitude** ['finitju:d] *s.* l'essere rcoscritto (*o* limitato).

k *am.* [fiŋk] **I** *s.* (*sl*) **1** informatore *m.* **2** *trike–breaker*) crumiro *m.* **II** *v.i.* fare la spia, (*gerg*) ffiare. **2** (*to act as a strike–breaker*) fare il crumiro.

-keel *s.* (*Mar*) deriva *f.*

nland ['finlənd] *N.pr.* (*Geog*) Finlandia *f.* **Finlander** -ə] *s.* finlandese *m/f.* **Finlandization** ['finləndai'zeiʃən] (*Pol*) finlandizzazione *f.* **Finn** [fin] *s.* **1** finlandese */f,* finnico *m.* **2** (*Stor*) Finno *m.*

nan| haddie ['finən'hædi], **~ haddock** *s.* eglefino *m* fumicato.

ned [find] *a.* fornito di pinne. **finner** ['finə] *s.* (*Itt*) alenottera *f.*

nic ['finik] **I** *a.* (*Stor*) finnico, dei Finni. **II** *s.* **1** *Finnic branch of Uralic*) finnico *m.* **2** (*language of nland*) finlandese *m.* **Finnish** [–niʃ] **I** *s.* finlandese */f.* **II** *a.* finlandese.

ny ['fini] *a.* **1** provvisto di pinne. **2** (*fin–like*) a forma pinna. **3** (*of fish*) ittico. **4** (*abounding in fish*) ricco di sci, pescoso.

rd [fjɔːd] *s.* (*Geog*) fiordo *m.*

rin ['faiərin] *s.* (*Bot*) agrostide *f.*

` [fəː] *s.* (*Bot*) abete *m.*

cone *s.* pigna *f.*

fire[1] [faiə] **I** *s.* **1** fuoco *m: a wood ~* un fuoco di legna. **2** (*destructive burning*) fuoco *m,* incendio *m: to insure one's house against ~* assicurare la casa contro gli incendi; (*instance*) incendio *m: a forest ~* l'incendio di una foresta. **3** (*Mil*) fuoco *m,* sparo *m: to open ~* aprire il fuoco. **4** (*fig*) (*passion*) fuoco *m,* ardore *m,* passione *f;* (*vivacity*) fuoco *m,* vivacità *f,* impeto *m,* estro *m.* **5** (*Med*) febbre *f.* **6** (*light*) splendore *m,* luminosità *f,* fulgore *m.* **II** *intz.* **1** al fuoco. **2** (*Mil*) fuoco. □ (*fig*) *to be* (*caught*) *between two –s* essere tra due fuochi; *to catch ~* prendere fuoco (*anche fig.*); (*fig*) *to go through ~ and water* affrontare qualsiasi cosa, buttarsi nel fuoco; *to hang* (*o* hold) *~:* **1** (*Mil*) sospendere (*o* cessare) il fuoco; **2** (*fig*) indugiare, tardare ad agire; *to lay a ~:* **1** preparare il fuoco; **2** (*fig*) (*of a joke, etc.*) non colpire nel segno; *to be on ~:* **1** andare a fuoco, incendiarsi: *the house is on ~* la casa va a fuoco; **2** (*to be eager*) essere impaziente (*o* ansioso); (*fig*) *to play with ~* scherzare col fuoco; *to set ~ to s.th.* (*o* *s.th. on fire*) dar (*o* appiccare il) fuoco a qc.; *to cook s.th. on a slow ~* cuocere qc. a fuoco lento; *to strike ~ from flint* accendere il fuoco con un acciarino; *to take by ~ and sword* mettere a ferro e fuoco; *to be under ~:* **1** (*Mil*) essere sotto il fuoco (*o* tiro) nemico; **2** (*fig*) essere attaccato. *Prov.: there is no smoke without ~* non c'è fuoco senza fumo, non c'è fumo senza arrosto; *~ is a good servant but a bad master* il fuoco è un buon servo ma un cattivo padrone.

fire[2] **I** *v.t.* **1** appiccare (*o* dar) fuoco a, incendiare. **2** (*to supply fuel to*) alimentare, rifornire: *to ~ a boiler* alimentare una caldaia. **3** (*tecn*) cuocere: *to ~ bricks* cuocere mattoni. **4** (*Mil*) (*of a gun*) sparare, scaricare; (*of a bullet, etc.*) sparare; (*of a rocket, missile, etc.*) lanciare. **5** (*fig*) accendere, infiammare, eccitare: *to ~ s.o.'s imagination* eccitare la fantasia di qd. **6** (*fam*) (*to dismiss*) licenziare. **7** (*fig*) (*to hurl*) lanciare, scagliare. **8** (*Veter*) cauterizzare. **II** *v.i.* **1** prender fuoco, incendiarsi. **2** (*fig*) infiammarsi, eccitarsi. **3** (*Mil*) far fuoco, sparare. **4** (*Ceram*) cuocere. **5** (*Mot*) accendersi. **6** (*Bot*) seccarsi. □ *to ~ away:* **1** continuare a ⸢fare fuoco⸣ (*o* sparare) (*at* su); **2** (*fig*) sottoporre a un fuoco di fila (*at s.o.* qd.); (*fam*) *~ away!* sputa l'osso!; *to ~ up* infiammarsi, adirarsi.

fire| alarm *s.* **1** allarme *m* antincendio. **2** (*apparatus*) sistema *m* di allarme antincendio, avvisatore *m* antincendio. **~ arm** *s.* (*Mil*) arma *f* da fuoco. □ *–s licence* porto *m* d'armi. **~ball** *s.* **1** (*Mil.ant*) palla *f* infuocata. **2** (*Astr*) bolide *m,* meteora *f.* **3** (*type of lightning*) fulmine *m* globulare. **4** (*Atom*) palla *f* di fuoco, fireball *m.* **5** (*fam*) lavoratore *m* (*f* –trice) instancabile. **~ balloon** *s.* (*Aer*) mongolfiera *f* (ad aria calda). **~ bird** *s.* (*Ornit*) uccello *m* di fuoco. **~ bomb** *s.* (*Mil*) bomba *f* incendiaria. **~ box** *s.* **1** (*tecn*) fornello *m,* focolare *m.* **2** (*Ferr*) forno *m.* **~brand** *s.* **1** tizzone *m.* **2** (*fig*) agitatore *m* (*f* –trice). **~ brick** *s.* mattone *m* refrattario. **~ brigade** *s.* **1** corpo *m* dei vigili del fuoco, vigili *mpl* del fuoco, pompieri *mpl.* **2** (*am*) vigili *mpl* del fuoco volontari. **~ bug** *s.* (*fam*) piromane *m/f,* incendiario *m* (*f* –a). **~ clay** *s.* ceramica *f* vetrificata. **~ control** *s.* **1** (*Mil*) controllo *m* del tiro. **2** (*fire fighting*) lotta *f* antincendio. **~cracker** *s.* bomba *f* di carta, petardo *m.* **~damp** *s.* (*Minier*) grisou *m,* grisù *m.* **~ department** *am. s.* corpo *m* dei vigili del fuoco, vigili *mpl* del fuoco, pompieri *mpl.* **~dog** *s.* alare *m.* **~ dragon, ~ drake** *s.* (*Mitol*) drago *m* che sputa fuoco. **~ drill** *s.* esercitazione *f* antincendio. **~eater** *s.* **1** mangiatore *m* di fuoco. **2** (*fig*) attaccabrighe *m/f.* **3** (*Stor.am*) sudista *m.* **~ -engine** *s.* autopompa *f* antincendio. **~ escape** *s.* **1** scala *f* di sicurezza. **2** (*ladder*) scala *f* antincendio. **~ extinguisher** *s.* estintore *m.* **~ fighter** *s.* → fireman. **~fighting** *a.* antincendio: *~ equipement* materiale antincendio. **~fly** *s.* (*Entom*) lucciola *f.* **~guard** *s.* parafuoco *m,* paracaminetto *m.* **~ hydrant** *s.* pompa *f* antincendio. **~ hose** *s.* (*tecn*) manichetta *f,* naspo *m.* **~house** *am. s.* → fire station. **~ insurance** *s.* assicurazione *f* contro gli incendi. **~ irons** *s.pl.* ferri *mpl* per il caminetto.

fireless ['faiəlis] *a.* senza fuoco, spento.

fire|light s. luce f del focolare. **~lock** s. ⟨Mil.ant⟩ fucile m con carica ad acciarino. **~man** [mən] s.irr. 1 vigile m del fuoco, pompiere m. 2 ⟨Ferr,Ind⟩ fuochista m. **~ office** s. ⟨Assic⟩ sezione f incendi. **~ pan** s. braciere m. **~place** s. focolare m, caminetto m. **~ plug** s. idrante m antincendio. **~ policy** s. ⟨Assic⟩ polizza f antincendio. **~proof I** a. resistente al fuoco, incombustibile. **II** v.t. ignifugare: to make ~ ignifugare. **~proofing** s. ignifugazione f. **~ protection** s. protezione f antincendio.

firer ['faiərə] s. 1 incendiario m. 2 ⟨Mil⟩ (nei composti) arma f (da fuoco): rapid-~ arma a tiro rapido.

fire| raising s. incendio m doloso. **~-resistant, ~-resisting** a. 1 ignifugo. 2 ⟨Ceram⟩ refrattario. **~ risk** s. ⟨Assic⟩ rischio m d'incendio. **~ room** s. ⟨Mar⟩ sala f (o locale m) macchine. **~ screen** s. → fireguard. **~ship** s. ⟨Mar.mil⟩ brulotto m. **~side I** s. 1 angolo m del focolare. 2 ⟨fig⟩ (home) focolare m, casa f; (home life) vita f domestica. **II** a. intimo, familiare. **~ station** s. caserma f dei pompieri. **~ step** s. ⟨Mil⟩ banchina f di tiro. **~ stick** s. legnetto m per accendere il fuoco. **~stone** s. pietra f refrattaria. **~ tongs** s.pl. molle fpl per il camino. **~ walking** s. ⟨Mediev⟩ prova f del fuoco. **~ wall** s. paratia f parafiamma. **~watcher** s. vigile m del servizio antincendi. **~water** s. ⟨fam⟩ liquore m forte, acquavite f. **~wood** s. legna f da ardere. **~work** s. 1 fuoco m d'artificio. 2 pl. (display) spettacolo m pirotecnico, fuochi mpl d'artificio. 3 pl. ⟨fig⟩ manifestazione f d'ira.

firing ['faiəriŋ] s. 1 l'incendiare. 2 (material) combustibile m. 3 (stoking) il rifornire di combustibile, alimentazione f. 4 ⟨Mil⟩ il far fuoco, lo sparare, sparatoria f, tiri mpl. 5 ⟨Ceram,Vetr⟩ cottura f. 6 ⟨Minier⟩ (of a mine) esplosione f, brillamento m. 7 ⟨fam⟩ licenziamento m.

firing| charge s. innesco m. **~ iron** s. ⟨Veter⟩ ferro m per cauterizzare. **~ line** s. 1 ⟨Mil⟩ linea f del fuoco. 2 ⟨fig⟩ prima linea f. **~ party** s. → firing squad. **~ pin** s. ⟨Artigl⟩ percussore m. **~ squad** s. ⟨Mil⟩ 1 plotone m d'esecuzione. 2 (at a funeral) picchetto m d'onore.

firkin ['fə:kin] s. 1 (measure of capacity) firkin m (pari a 45,91 litri). 2 (small barrel, tub) barilotto m.

firm[1] [fə:m] **I** a. 1 sodo, solido, compatto: ~ flesh carne soda; ~ ground terreno compatto. 2 (fixed in place) saldo, fermo, (ben) fisso, stabile. 3 (not trembling) fermo, saldo: a ~ voice una voce ferma. 4 (unalterable) saldo, incrollabile: a ~ belief una fede incrollabile. 5 (steadfast) fermo, saldo, perseverante, tenace. 6 (secure) stabile, fisso, sicuro: a ~ job un impiego fisso. 7 (resolute) fermo, risoluto, deciso. 8 ⟨Econ⟩ fermo, stabile: the market is ~ il mercato è fermo; (of prices) stabile. **II** avv. fermamente. □ ⟨fig⟩ to be on ~ ground camminare (o andare) sul sicuro; to rule with a ~ hand governare con mano ferma; to hold (o stand) ~ resistere, tener duro; to be ~ of mind essere fermo nelle proprie idee.

firm[2] v. (spesso con up) **I** v.t. 1 consolidare; (of the soil) rassodare. 2 (to set firmly) stabilizzare, fermare, fissare. **II** v.i. 1 consolidarsi; (of the soil) rassodarsi. 2 ⟨Econ⟩ stabilizzarsi.

firm[3] s. ⟨Comm⟩ 1 azienda f, società f, ditta f, impresa f. 2 (name, title) ditta f. □ a ~ of lawyers uno studio legale.

firmament ['fə:məmənt] s. firmamento m, cielo m. **,firmamental** [-'mentl] a. del firmamento, celeste.

firmly ['fə:mli] avv. 1 fermamente: I ~ believe it ci credo fermamente. 2 (solidly) fermamente, stabilmente. **firmness** [fə:mnis] s. 1 solidità f, compattezza f. 2 (steadfastness) fermezza f, saldezza f, costanza f, risolutezza f.

firmware ['fə:mweə] s. ⟨Inform⟩ firmware m.

firn [fiərn] s. ⟨Geol⟩ firn m, neve f granulosa dei ghiacciai.

fir-needle s. ago m d'abete.

firry ['fə:ri] a. 1 (made of fir) di abete. 2 (rich in firs) ricco di abeti.

first [fə:st] **I** a. 1 primo: for the ~ time per la prima volta. 2 (most important) primo, più importante, più in vista, principale: the ~ men in the country gli uomini più importanti del paese. 3 (earliest) primo, iniziale: the ~

light of dawn le prime luci dell'alba; (next) prossimo: I'm leaving on the ~ train partirò col pri treno. 4 (eldest) primo, più anziano, primogenito: my son il primo dei miei figli. 5 (basic) primo, elementa basilare. 6 ⟨Mus⟩ primo: ~ violin primo violino. **II** s primo m: he was the ~ to arrive fu il primo ad arriva the ~ of April, April the ~ il primo (di) aprile. (beginning) inizio m, principio m. 3 ⟨Aut⟩ → first ge 4 ⟨Univ⟩ massimo m dei voti. 5 pl. ⟨Comm⟩ merce f articoli mpl di prima qualità. **III** avv. 1 prima: he sp to me ~ parlò prima a me. 2 (firstly) in primo luo prima (di tutto), per prima cosa, innanzi tutto: ~, say innanzi tutto, voglio dire. 3 (for the first time) per prima volta: I ~ met him in 1950 l'ho incontrato pe prima volta nel 1950. 4 (sooner) piuttosto: I would die piuttosto morirei. 5 (in the first class) in prima classe: travel ~ viaggiare in prima classe. □ ~ of all prima tutto, innanzi tutto; at ~ dapprima, sulle prime, in primo tempo (o momento); ⟨Econ⟩ ~ of exchange pri f di cambio; ~ and foremost = first of all; from the (fin) dall'inizio, dal principio, dal primo momento; ~ vai avanti tu; ⟨Comm⟩ ~ in ~ out fifo m; ~ and tutto sommato; ~ or last prima o poi; from ~ to last principio alla fine; at ~ sight a prima vista; ⟨S George the ~ Giorgio primo; ~ thing per prima co subito: do it ~ thing after lunch fallo subito dopo pran Prov.: ~ come, ~ served chi prima arriva, ~ mac chi tardi arriva, ~ male alloggia.

first|-aid s. pronto soccorso m. □ ~ chest (o kit) casse f di pronto soccorso; ~ post (o station) posto m medicazione; ~ worker → first aider. **~ aider** infermiere m (f -a) del pronto soccorso. **~ base** ⟨Sport⟩ prima base f. □ ⟨am.fam⟩ not to get to ~ base fare un passo avanti. **~born I** a. primogenito. **II** primogenito m (f -a). **~ cause** s. ⟨Filos⟩ causa f pri '~-'chop a. ⟨fam⟩ di prim'ordine, eccellente.

'first|-'class I a. 1 di prima qualità (o classe), prim'ordine, eccellente: a ~ meal un pasto eccellente ⟨Ferr,Aer⟩ di (o in) prima classe. **II** avv. ⟨Ferr,Aer⟩ prima classe: to travel ~ viaggiare in prima classe. **class** s. 1 prima classe f (anche Ferr., Aer.). 2 ⟨S massimo m dei voti; (students) studenti mpl che ha ottenuto il massimo dei voti.

first| coat s. ⟨tecn⟩ (of paint) prima mano f. **~ cost** costo m di produzione. **~ cousin** s. cugino m primo di primo grado). **~ edition** s. prima edizione f, edizi principe. **~ finger** s. indice m. **~ floor I** s. 1 pri piano m. 2 ⟨am⟩ (ground floor) pianterreno m. **II** a. (o al) primo piano. **~ form** s. ⟨Scol⟩ (in secondary scho prima f, prima classe f. **~ fruits** s.pl. 1 primizie fp ⟨fig⟩ primi frutti mpl. **~ gear** s. ⟨Aut⟩ prima f, pri marcia f. **~ grade** am. s. ⟨Scol⟩ prima f, prima class **~ grader** am. allievo m (f -a) della prima cla '~-'hand I a. di prima mano, diretto: ~ knowle conoscenza diretta. **II** avv. di prima mano, da(lla) fo originale (o diretta): to learn s.th. at ~ apprendere qc. fonte diretta, avere notizie di prima mano su qc. ~ le am. s. prima signora f, consorte f del Presidente governatore di uno stato). **~ leg** s. ⟨Sport⟩ partita z andata.

firstling ['fə:stliŋ] s. 1 (of an animal) primo nato m ⟨fig⟩ primi frutti mpl, primo risultato m. 3 pl. (of fru primizie fpl.

firstly ['fə:stli] avv. per prima cosa, in primo luo innanzi tutto.

first| mate s. ⟨Mar⟩ primo ufficiale m. **~ mortgage** ipoteca f di primo grado. **~ name** s. nome m battesimo. □ to be on ~ terms with s.o. avere gra familiarità con qd. **~ night** s. ⟨Teat,Cin⟩ prima '~nighter** s. frequentatore m di prime teatrali cinematografiche). **~ offender** s. ⟨Dir⟩ reo m recidivo. **~ officer** s. ⟨Mar⟩ → first mate. 2 ⟨ primo ufficiale m di bordo. **~ principles** s.pl. prin mpl fondamentali. '~-'rate I a. 1 di prim'ordine, d migliore[1] (o di prima) qualità. 2 (excellent) eccelle ottimo. **II** avv. in maniera eccellente, molto bene **rater** s. ⟨fam⟩ asso m, campione m. **~-run** am. a. ⟨(

di prima visione. **~ sergeant** *am. s.* ⟨*Mil*⟩ sergente *m* maggiore. **~ stomach** *s.* ⟨*Zool*⟩ rumine *m.* **~-strike** *a.* ⟨*Mil*⟩ di primo colpo. **~-string** *a.* **1** ⟨*Sport*⟩ titolare. **2** ⟨*fam*⟩ di primo piano, importante. **~ string** *s.* ⟨*Sport*⟩ titolare *m.* **~ water** *s.* **1** (*of gems*) prima qualità *f.* **2** (*of a person*) gran classe *f.* □ *a diamond of the ~* un diamante di acqua purissima. **~ year** *am. s.* → **first form.**

rth [fɔ:θ] *s.* braccio *m* di mare; (*estuary*) estuario *m; fiord*) fiordo *m.*

r| **tree** *s.* ⟨*Bot*⟩ abete *m.* **~ wood** *s.* abetaia *f.*

sc [fisk] *s.* ⟨*rar*⟩ fisco *m,* erario *m.* **'fiscal** [–l] *a.* **1** fiscale, del fisco. **2** (*financial*) finanziario. **II** *s.* ⟨*Dir*⟩ avvocato *m* (*o* procuratore) fiscale. □ **~ year** anno fiscale (*o* finanziario).

scal| **adviser** *s.* fiscalista *m/f.* **~ drag** *s.* drenaggio *m* fiscale, draga *f* fiscale.

sh[1] [fiʃ] *s.* (*pl. inv./***fishes** [–iz]; il pl.inv. si usa general. con valore collett.) **1** pesce *m.* **2** (*as food*) pesce *m,* carne *f* di pesce. **3** ⟨*fam*⟩ (*person*) tipo *m,* persona *f: a queer ~* un tipo strano; (*sucker*) merlo *m,* pollo *m.* **4** ⟨*am.sl*⟩ (pl.inv.) dollaro *m.* **5** ⟨*Mar*⟩ lapazza *f.* **6** → **fishplate. 7** (*counter used in games*) gettone *m,* fisch *f.* □ ⟨*Gastr*⟩ **~ and chips** pesce *m* e patate fritte; ⟨*fam*⟩ *to* **drink** *like a ~* bere come una spugna; ⟨*fam*⟩ *to* **feed** *the –es:* **1** soffrire il (mal di) mare; **2** (*to drown*) finire in pasto ai pesci; ⟨*fig*⟩ *to be neither ~ nor* **fowl** (*nor good red herring*) non essere né carne né pesce; *to have other ~ to* **fry** avere altre gatte da pelare; ⟨*fam*⟩ *a pretty* (*o fine*) **kettle** *of ~* un bel guazzabuglio; *a poor ~* un povero diavolo, un poveraccio; ⟨*fig*⟩ *to* **cry** **stinking** *~* darsi la zappa sui piedi; ⟨*fam*⟩ *to* **feel** *like a ~ out of* **water** sentirsi come un pesce fuor d'acqua.

sh[2] **I** *v.t.* **1** pescare (*for* con). **2** (*to try to catch fish in*) pescare in: *to ~ in a river* pescare in un fiume. **3** (*to draw out of water*; spesso con *up, out*) pescare, 'tirar fuori (*o* ricuperare) dall'acqua. **4** ⟨*fig*⟩ (spesso con *out, up*) tirar fuori, cavare. **5** ⟨*Mar*⟩ (*of an anchor*) traversare; (*of a mast*) lapazzare. **II** *v.i.* **1** pescare, andare a pesca (di): *to ~ for sardines* pescare sardine. **2** ⟨*fam*⟩ cercare di ottenere indirettamente (qc.), andare in cerca (di): *to ~ for compliments* andare in cerca di complimenti. □ *to* **go** *–ing* andare a pesca (*o* pescare); *to ~ out a stream* esaurire le risorse ittiche di un torrente; ⟨*fig*⟩ *to ~ in* **troubled** *waters* pescare nel torbido. **'fishable** [–əbl] *a.* in cui si può pescare.

sh|**ball** *s.* ⟨*Gastr*⟩ polpetta *f* (*o* crocchetta) di pesce. **~ basket** *s.* cestino *m* da pesca. **~-bolt** *s.* ⟨*tecn*⟩ chiavarda *f.* **~-bone** *s.* lisca *f,* spina *f.* **~ bowl** *s.* vaschetta *f* sferica per pesci. **~-cake** *s.* → **fishball. ~ day** *s.* ⟨*Rel*⟩ giorno *m* di magro. **~-eating** *a.* ⟨*Ornit*⟩ piscivoro.

isher ['fiʃə] *s.* **1** pescatore *m* (*f* –trice). **2** (*animal*) animale *m* piscivoro. **3** → **fishing boat.**

isher|**folk** *s.* (costr. pl.) pescatori *mpl.* **~-man** [mən] *s.irr.* pescatore *m.*

isherman's| **bend** ['fiʃəmənz] *s.* ⟨*Mar*⟩ nodo *m* dell'ancora. **~ Ring** *s.* ⟨*Rel.catt*⟩ anello *m* piscatorio.

ishery ['fiʃəri] *s.* **1** pesca *f,* industria *f* della pesca. **2** (*place*) zona *f* di pesca. **3** → **fishing ground. 4** ⟨*Dir*⟩ diritto *m* di pesca.

ish| **eye lens** *s.* ⟨*Fot*⟩ obiettivo *m* a occhio di pesce. **~ farmer** *s.* piscicoltore *m/f.* **~ farming** *s.* piscicoltura *f.* **~ 'finger** *s.* ⟨*Gastr*⟩ bastoncino *m* di pesce. **~ flour** *s.* farina *f* di pesce. **~ fry** *am. s.* **1** picnic *m* (*o* cena *f*) in cui si frigge il pesce. **2** (*fried fish*) pesce *m* fritto. **~ glue** *s.* colla *f* di pesce, ittiocolla *f.* **~-hawk** *s.* ⟨*Ornit*⟩ falco *m* pescatore. **~-hook** *s.* ⟨*Pesc*⟩ amo *m.*

ishiness ['fiʃinis] *s.* **1** pescosità *f.* **2** ⟨*sl*⟩ (*ambiguity*) ambiguità *f.*

ishing ['fiʃiŋ] **I** *s.* pesca *f.* **II** *a.* da (*o* di) pesca, per la pesca.

ishing| **banks** *s.pl.* ⟨*Mar*⟩ secche *fpl* pescose. **~ boat** *s.* ⟨*Mar*⟩ peschereccio *m.* **~ gear** *s.* attrezzi *mpl* da pesca. **~ ground** *s.* peschiera *f,* vivaio *m.* **~ licence** *s.* licenza *f* di pesca. **~ line** *s.* ⟨*Pesc*⟩ lenza *f.* **~ net** *s.* rete *f* da pesca. **~ rights** *s.pl.* diritti *mpl* di pesca. **~ rod** *s.* canna *f* da pesca. **~ smack** *s.* → **fishing boat. ~ tackle** *s.*

arnesi *mpl* da pesca.

fish| **joint** *s.* ⟨*tecn*⟩ giunto *m* a ganasce. **~ kettle** *s.* pesciaiola *f,* pesciera *f.* **~ kill** *s.* moria *f* di pesci. **~ knife** *s.irr.* coltello *m* da pesce. **~line** *am. s.* → **fishing-line. ~ meal** *s.* → **fish flour. ~monger** *s.* pescivendolo *m* (*f* –a), pesciaiolo *m* (*f* –a). **~plate** *s.* ⟨*tecn*⟩ coprigiunto *m.* **~ pond, ~ pool** *s.* peschiera *f.* **~ pot** *s.* ⟨*Pesc*⟩ nassa *f.* **~ preserve** *s.* riserva *f* di pesca. **~ shop** *s.* pescheria *f.* **~ slice** *s.* **1** palettina *f* per il pesce. **2** (*at table*) posata *f* per servire il pesce. **~ tackle** *s.* ⟨*Mar*⟩ pescatore *m.* **~ tail** **I** *s.* ⟨*Aer*⟩ manovra *f* di rallentamento. **II** *a.* a coda di pesce. **III** *v.i.* ⟨*Aer*⟩ rallentare. □ ⟨*tecn*⟩ *~ burner* becco *m* a coda di pesce. **~toxicity** *s.* avvelenamento *m* del patrimonio ittico. **~wife** *s.irr.* pescivendola *f* (*anche fig.*).

fishy ['fiʃi] *a.* **1** di pesce. **2** (*full of fish*) pescoso, ricco di pesce. **3** ⟨*fam*⟩ (*suspicious*) equivoco, dubbio. **4** ⟨*fig*⟩ (*of eyes*) vitreo, fisso. □ *a ~ story* una storia inverosimile.

fissile ['fisail, *am.* fisl] *a.* **1** fissile. **2** ⟨*Atom*⟩ → **fissionable. fissility** [–'siliti] *s.* fissilità *f.*

fission ['fiʃən] **I** *s.* **1** scissione *f* (*anche Biol.*). **2** ⟨*Atom*⟩ fissione *f* (nucleare). **II** *v.t.* fissionare. **fissionable** [–əbl] *a.* ⟨*Atom*⟩ fissile.

fissure ['fiʃə] **I** *s.* **1** fessura *f,* fenditura *f,* spaccatura *f: a ~ in a rock* una fessura in una roccia. **2** (*crack*) fessura *f,* crepa *f.* **3** ⟨*Anat*⟩ fessura *f,* solco *m.* **II** *v.t.* fendere, spaccare. **III** *v.i.* fendersi.

fist [fist] **I** *s.* **1** pugno *m.* **2** ⟨*fam*⟩ (*hand*) mano *f.* **3** ⟨*fig*⟩ (*handwriting*) scrittura *f,* calligrafia *f.* **II** *v.t.* **1** afferrare stringendo. **2** (*to strike with one's fist*) tirare un pugno a. **'fistful** [–ful] *s.* pugno *m,* manciata *f.* **'fistic** [–ik] *a.* ⟨*Sport*⟩ pugilistico, del pugilato. **'fisticuffs** [–ikʌfs] *s.pl.* (costr. sing. o pl.) ⟨*pop*⟩ cazzottatura *f.*

fistula ['fistjulə] *s.* (*pl.* -lae [li:]/-s [z]) **1** ⟨*Med*⟩ fistola *f.* **2** ⟨*Veter*⟩ guidalesco *m.* **fistular** [–lə], **fistulous** [–s] *a.* ⟨*Med,Bot*⟩ fistoloso.

fit[1] [fit] *v.* (*pret., p.p.* **'fitted** [–id]/*rar.* fit) **I** *v.t.* **1** adattarsi a: *this key doesn't ~ the lock* questa chiave non si adatta alla serratura. **2** (*of clothes*) essere della giusta misura per, calzare a. **2** (*to be suitable for*) corrispondere a, adeguarsi. **3** (*to adapt*) adattare: *to ~ the music to the lines* adattare la musica ai versi. **4** (*to insert, introduce*) inserire, introdurre; (*to put in place*) mettere a posto: *to ~ a plank in the floor* mettere a posto un'asse nel pavimento. **5** (*to be in agreement with*) concordare, essere d'accordo con: *the theory does not ~ the facts* la teoria non concorda con i fatti. **6** (*to qualify*) rendere idoneo, qualificare; (*to prepare*) preparare: *to ~ o.s. for one's new duties* prepararsi ai nuovi compiti. **7** (*to provide, equip*) dotare, fornire, provvedere: *the car is –ted with safety belts* la vettura è dotata di cinture di sicurezza. **8** ⟨*Sart*⟩ mettere in prova. **9** ⟨*tecn*⟩ (*to install*) installare, montare; (*to embed*) incastrare. **II** *v.i.* **1** andare, stare: *these shoes ~ badly* queste scarpe mi vanno male (*o* strette). **2** (*to be suitable, conform*) adattarsi, essere adatto. □ *it –s you like a* **glove** ti va (*o* sta) a pennello, non fa una piega; *to ~* '**in** *with* (*o into*): **1** accordarsi con, andare d'accordo con: *my plans do not ~ in with yours* i miei progetti non si accordano con i tuoi; **2** (*to be concerned*) entrarci, averci a che fare; **3** (*to find time or room for*) trovare il tempo (*o* posto) per, far entrare; ⟨*fam*⟩ *he didn't ~ in with their friends* non è riuscito ad armonizzare con i loro amici; *to ~* **on**: **1** (*of a garment*) provare; **2** (*of a person*) (far) provare a; *to ~* **out**: **1** dotare, fornire, provvedere; **2** (*of a person*) fornire: *to ~ s.o. out with new clothes* fornire qd. di abiti nuovi; **3** ⟨*Mar*⟩ allestire, armare: *to ~ out a ship* armare una nave; *to ~* **up** attrezzare.

fit[2] **I** *a.* (*compar.* **fitter** ['fitə], *sup.* **fittest** ['fitist]) **1** adatto, appropriato: *~ for children* adatto ai bambini. **2** (*proper*) adatto, conveniente, opportuno: *a ~ time and place* il luogo adatto e il momento opportuno. **3** (*worthy*) atto, idoneo. **4** (*ready*) pronto: *~ for action* pronto all'azione. **5** (*in good physical condition*) in forma, in buone condizioni; (*healthy*) sano. **II** *s.* **1** misura *f: it is a tight ~* è una misura un po' stretta, mi sta stretto. **2** (*s.th. which fits*) cosa *f* che va (*o* si adatta). **3** ⟨*Mecc*⟩ accoppiamento *m.* **III** *avv.* ⟨*fam*⟩ fino a, sino a: *he laughed ~ to burst* rise fino a scoppiare. □ ~ *to* **drink** potabile, bevibile; *I worked till I was ~ to* **drop** ho lavorato fino a cadere dalla stanchezza; ~ *for* **duty** idoneo al servizio; ~ *to be* **eaten** buono da mangiare, commestibile; ~ *for the* **job** adatto allo scopo; *to be ~ for one's job* essere all'altezza del proprio compito; *to keep ~* mantenersi in forma; ⟨*scherz*⟩ *a dinner ~ for a* **king** un pranzo da re; *to* **look** ~ avere una bella cera, star bene: *you look* ~ hai una bella cera, ⟨*fam*⟩ ti vedo bene; **not** ~ *to be seen* impresentabile; ~ *for* **nothing** buono a nulla: ⟨*fam*⟩ *to be* ~ *for nothing* non essere buono a niente; *if you* **think** ~ se lo ritieni opportuno ̄ (*o* ti sembra il caso); *do as you think* ~ fai come credi meglio; ⟨*am.fam*⟩ ~ *to be* **tied** furibondo, fuori di sé; ~ *to* **travel** in grado di viaggiare; ~ *for* **work** idoneo al lavoro.

fit³ *s.* **1** ⟨*Med,Psic*⟩ accesso *m*, attacco *m: a ~ of madness* un accesso di pazzia; ~ *of coughing* attacco di tosse. **2** *pl.* ⟨*Med*⟩ (*convulsions*) convulsioni *fpl.* **3** (*short spell*) scoppio *m*, accesso *m: ~ of anger* accesso d'ira. **4** ⟨*fam*⟩ (*mood*) capriccio *m*, grillo *m*, ticchio *m: when the ~ takes him* quando gli salta il ticchio. □ *a ~ of the* **blues** un momento di malinconia; *a ~ of* **depression** una crisi depressiva; *a ~ of* **generosity** uno slancio di generosità; ⟨*fam*⟩ *to* **give** *s.o. a ~* far venire un colpo a qd.; ⟨*fig*⟩ *you send me* **into** *~s* mi fai venire il convulso; *to be in ~s of* **laughter** scoppiare dalle risa; *by ~s and* **starts** a sbalzi; ⟨*fam*⟩ *to* **throw** (*o* have) *a ~* andare su tutte le furie, uscire dai gangheri.

fitch [fitʃ] *s.* **1** → **fitchet**. **2** (*fur*) pelliccia *f* di puzzola, puzzola *f.* **3** (*fitch brush*) pennello *m* (di pelo) di puzzola. **'fitchet** [–it], **'fitchew** [–uː] *s.* ⟨*Zool*⟩ puzzola *f.*

fitful ['fitful] *a.* **1** intermittente, irregolare, discontinuo: ~ *sleep* sonno irregolare. **2** (*inconstant, erratic*) discontinuo, incostante.

fitly ['fitli] *avv.* opportunamente; (*at a fit time*) a tempo opportuno. **fitment** [–mənt] *s.* **1** equipaggiamento *m*, attrezzatura *f.* **2** ⟨*Arred*⟩ mobile *m*, articolo *m* d'arredamento. **3** *pl.* (*fittings*) apparecchiature *fpl*, impianti *mpl*, infissi *mpl*; (*accessories*) accessori *mpl.* **fitness** [–tnis] *s.* **1** sanità *f*, (buona) salute *f.* **2** (*suitability*) idoneità *f* (*for* a). **3** (*propriety*) convenienza *f*, opportunità *f.* □ ~ *to* **drive** abilità *f* alla guida.

fit-out *s.* ⟨*fam*⟩ attrezzatura *f.*

fitted ['fitid] *a.* ⟨*Vest,Sart*⟩ attillato, aderente: *a ~ jacket* una giacca attillata. **fitter** [–tə] *s.* **1** ⟨*Sart*⟩ sarto *m* (*f* –a) addetto alla prova. **2** ⟨*tecn*⟩ installatore *m*, operaio *m* montatore. **fitting** [–tiŋ] **I** *a.* adatto, appropriato; (*becoming*) conveniente, opportuno. **II** *s.* **1** ⟨*Sart*⟩ prova *f.* **2** *pl.* (*furnishing or equipment*) accessori *mpl*, apparecchiature *fpl.* **3** (*apparatus*) impianto *m*, installazione *f.* **4** ⟨*Mecc*⟩ (*accessory*) accessorio *m.* **5** ⟨*Vest*⟩ (*size*) taglia *f*, misura *f.* **6** *pl.* ⟨*Edil*⟩ arredi *mpl.*

fitting| room *s.* ⟨*Sart*⟩ sala *f* di prova. ~ **shop** *s.* ⟨*Mecc*⟩ officina *f* (*o* reparto *m*) di montaggio.

fit-up *s.* ⟨*Teat*⟩ **1** scenario *m* mobile. **2** (*touring company*) compagnia *f* di prosa ambulante.

five [faiv] **I** *s.* **1** cinque *m.* **2** (*five o'clock*) cinque *fpl.* **3** ⟨*Sport*⟩ squadra *f* di pallacanestro. **II** *a.* cinque.

five|-day week *s.* settimana *f* di cinque giorni lavorativi ̄ (*o* corta). **~-dollar bill** *am. s.* banconota *f* da cinque dollari. **~-finger** *s.* ⟨*Bot*⟩ cinquefoglie *m.*

fivefold ['faivfould] **I** *a.* **1** (*five times as much*) quintuplo. **2** (*comprising five parts*) quintuplice. **II** *avv.* cinque volte.

five|-lane highway *s.* autostrada *f* a cinque corsie. **~-party government** *s.* ⟨*Pol*⟩ pentapartito *m.* ~ **pence** *s.* (valore *m* di) cinque penny. **~-penny** *a.* da (*o* del costo di) cinque penny. **~-pound note** *s.* biglietto *m* da cinque sterline.

fiver ['faivə] *s.* ⟨*fam*⟩ **1** → **five-pound note**. **2** ⟨*am*⟩ → **five-dollar bill**.

fives [faivz] *s.pl.* (costr. sing.) ⟨*Sport*⟩ palla *f* a muro, pallamuro *f.*

five|score *s.* cento *m.* **~some** *s.* quintetto *m.* **~-speed gear** *s.* ⟨*Aut*⟩ cambio *m* a cinque marce. **~-year plan** *s.* ⟨*Econ,Pol*⟩ piano *m* quinquennale.

fix¹ [fiks] **I** *v.t.* **1** (*to fasten*) fissare, fermare. **2** (*to settle*) fissare, pattuire: *to ~ prices* fissare i prezzi. **3** (*of the eye attention, etc.*) fissare, fermare: *to ~ one's gaze on s.* fermare lo sguardo su qd.; (*to gaze at*) fissare, guarda fisso. **4** (*to commit to one's mind*) imprimersi nel mente. **5** (*to attract and hold*) tenere fisso: *to ~ s.o. attention* tenere fissa l'attenzione di qd. **6** (*to determin* spesso con *up*) fissare, stabilire, determinare: *to ~ a da* fissare una data. **7** (*of blame, guilt*) attribuire. **8** ⟨*fam* (*to repair;* spesso con *up*) accomodare, riparare; (*to arrange*) sistemare, mettere in ordine: *to ~ one's ha* mettersi in ordine i capelli. **9** ⟨*fam*⟩ (*of a meal, foo* preparare, approntare. **10** ⟨*fam*⟩ (*to get even with, do fo* sistemare, mettere a posto: *I'll ~ you* ora ti sistemo faccio vedere) io. **11** ⟨*fam*⟩ (*to arrange dishonest* truccare, alterare: *to ~ an election* truccare (i risultati c un'elezione; (*to bribe*) comprare, corrompere. **12** ⟨*Biol,Fot,Pitt*⟩ fissare. **II** *v.i.* **1** fissarsi. **2** (*to become s* *solid*) consolidarsi, diventare solido. **3** (*to settle dow* stabilirsi, fissarsi. **4** ⟨*am.fam*⟩ (*to prepare, pla* progettare, avere intenzione; (*to get ready*) prepararsi (a). □ ⟨*Mil*⟩ *to ~* **bayonets** inastare le baionette; ⟨*fam*⟩ ~ *one's* **face** rifarsi il trucco; *to ~* **on** scegliere, far cade la propria scelta su; ⟨*fam*⟩ *to ~* **up:** 1 fissare, stabili decidere; 2 (*to provide with*) fornire, procurare; 3 (*to sett* *smooth over*) comporre, appianare; *can you ~ me up wi a room for the night?* puoi sistemarmi per questa notte *to ~* **upon** decidere per, far cadere la propria scelta su

fix² *s.* **1** ⟨*fam*⟩ pasticcio *m*, imbroglio *m*, ginepraio *m: to be in a ~* essere nei pasticci. **2** ⟨*Mar,Aer*⟩ (*positio* posizione *f*, punto *m;* (*determining of positio* rilevamento *m.* **3** ⟨*sl*⟩ (*injection of a drug*) iniezione *f* stupefacente, ⟨*gerg*⟩ buco *m.* □ ⟨*fam*⟩ *to get s.o. into a* mettere qd. nei guai, ⟨*fam*⟩ *to get o.s. into a ~* caccia in un ginepraio.

fixate ['fikseit] **I** *v.t.* fissare. **II** *v.i.* **1** fissarsi, concentra (*on, upon* su). **2** ⟨*Psic*⟩ fermarsi a un certa fase de sviluppo psicosessuale. **fixation** [–'seiʃən] *s.* **1** fissazio *f* (*anche Psic.,Biol.*). **2** ⟨*pop*⟩ (*obsession*) fissazione ossessione *f*, idea *f* fissa.

fixative ['fiksətiv] **I** *a.* fissativo, che serve a fissare. **II** **1** ⟨*Chim, Pitt,Biol*⟩ fissativo *m.* **2** ⟨*Cosmet*⟩ fissato *m.*

fixed [fikst] *a.* **1** fissato, fisso, fermo. **2** (*settled*) fissat stabilito. **3** (*definite*) fisso, costante, stabile: *a ~ incon* un reddito fisso; ~ *prices* prezzi fissi. **4** ⟨*fam*⟩ (*arrang dishonestly*) truccato, alterato. **5** ⟨*Chim*⟩ non volatile; (*oil*) fisso. **6** ⟨*Fot*⟩ fissato. □ *to be ~ for* essere provvis di; *how are we ~ for money?* come stiamo a sold ⟨*Econ*⟩ ~ *interest securities* titoli *mpl* a reddito fisso.

fixed| assets *s.pl.* ⟨*Econ*⟩ immobilizzazioni *f* finanziarie. ~ **capital** *s.* ⟨*Econ*⟩ capitale *m* fisso. **charge** *s.* **1** spesa *f* fissa. **2** *pl.* (*depreciation, rent, et* spese *fpl* fisse (*o* generali). ~ **deposit** *s.* deposito *m* termine (*o* scadenza fissa). ~ **disk** *s.* ⟨*Inform*⟩ disco fisso. **~-focus** *a.* ⟨*Fot*⟩ a fuoco fisso. ~ **idea** *s.* idea fissa (*anche Psic.*).

fixedly ['fiksidli] *avv.* fissamente. **fixedness** [–dnis] fissità *f.*

fixed| point *s.* virgola *f* fissa, punto *m* decimale fisso. **property** *s.* immobili *mpl.* **~-rate loan** *s.* mutuo *m* tasso (d'interesse) fisso. **~-size** *a.* a misura fissa. **~-st** *s.* ⟨*Astr*⟩ stella *f* fissa.

fixer ['fiksə] *s.* **1** persona *f* (*o* cosa) che fissa. **2** ⟨*F* fissatore *m.* **3** ⟨*am.fam*⟩ intrallazzone *m.* **4** ⟨*s* spacciatore *m* di droga. **fixing** [–ksiŋ] *s.* **1** fissaggio *m* (*anche Fot.*). **2** *pl.* ⟨*am.fam*⟩ (*trimmings*) guarnizioni *f* (*of a meal*) contorno *m*, guarnizione *f.*

fixing| agent *s.* ⟨*Chim*⟩ fissatore *m.* ~ **bath** *s.* ⟨*F* bagno *m* di fissaggio ̄ (*o* fissatore). ~ **screw** *s.* ⟨*Mec* vite *f* di collegamento.

fixity ['fiksiti] *s.* **1** fissità *f*, stabilità *f.* **2** (*s.th. fixed*) cos fissa.

fixture ['fikstʃə] *s.* **1** apparecchiatura *f*, attrezzatura *bathroom* ~ attrezzatura completa (per stanza) da bagn **2** *pl.* ⟨*Dir*⟩ pertinenze *fpl.* **3** ⟨*fam*⟩ (*person*) chi ha mes radici in un posto. **4** ⟨*Sport*⟩ gara *f* (*o* incontro *m*) c data fissata in precedenza.

up s. ⟨sl⟩ iniezione f (di sostanza stupefacente), ⟨gerg⟩ ...o m.

...ig ['fizgig] s. 1 petardo m. 2 ⟨fam⟩ (flirting, gadding ...) farfallina f, ragazza f leggera (o volubile).

[fiz] I v.i. 1 sibilare. 2 (to effervesce) spumeggiare. II 1 sibilo m. 2 (effervescence) effervescenza f. 3 (drink) ...anda f frizzante. '**fizzle** [-l] I v.i. 1 sibilare. 2 ⟨fam⟩ ... end in failure; spesso con out) concludersi con un nulla ... fatto. II s. 1 sibilo m. 2 ⟨fam⟩ (fiasco) fallimento m, ...co m. '**fizzy** [-i] a. frizzante, effervescente, ⟨fam⟩ ...zichino: a ~ drink una bevanda frizzante.

...l s. → **fiord**.

... 1 florin fiorino. 2 fluid fluido.

...bergast ['flæbəgɑ:st] v.t. ⟨fam⟩ sbalordire, lasciare a ...cca aperta. **flabbergasted** [-id] a. a bocca aperta, ...lordito; to stare at s.o. ~ guardare qd. a bocca ...rta.

...biness ['flæbinis] s. 1 flaccidezza f, flaccidità f, ...llezza f. 2 ⟨fig⟩ fiacchezza f, mollezza f. **flabby** [-bi] 1 (of flesh, muscles, etc.) flaccido, cascante, floscio, ...scio; (of a person) flaccido. 2 ⟨fig⟩ molle, fiacco, ...ole, floscio.

...ellate [flə'belit] a. ⟨Biol⟩ flabellato. **flabelliform** [...fɔ:m] a. flabelliforme.

...cid ['flæksid] a. 1 flaccido, floscio. 2 ⟨fig⟩ debole, ...co, molle. **flac'cidity** [-iti], **flaccidness** [-nis] s. ...cidità f, flaccidezza f.

...k [flæk] s. ⟨sl⟩ (press agent) agente m pubblicitario. **...ckery** [-əri] s. attività f pubblicitaria (o ...mozionale).

...n fr. [fla'kɔ̃] s. flacone m.

... [flæg] I s. 1 bandiera f, stendardo m. 2 pl. ⟨Ornit⟩ ...ne fpl dell'ala. 3 ⟨Venat⟩ coda f di cane da caccia. 4 **flagship**. 5 (of a taxi) bandierina f. 6 ⟨Giorn⟩ testata ...⟨Inform⟩ segnalatore m, bandiera f. II v.t. (pret., p.p. **...ged** [-d]) 1 imbandierare, pavesare. 2 (to signal, ...n; spesso con down) fare un cenno a, richiamare ...tenzione di; (to signal to stop) far cenno di fermarsi a, ...nare. 3 (inform by flag signals) fare segnalazioni con ...dierine. □ ~ of convenience bandiera ombra (o di ...nodo); to dip the ~ fare il saluto con la bandiera; ship ...ng the Italian ~ nave f che batte bandiera italiana; ...) to follow the ~ derivare dalle conquiste militari; to ...st the ~ issare la bandiera; **law** of the ~ legge f del ...se di bandiera. to **lower** the ~ ammainare la bandiera; ...mm⟩ ~ of necessity bandiera f di necessità; ⟨fam⟩ to ...w the ~ farsi vedere; to **strike** the (o one's) ~: 1 ...ur⟩ ammainare la bandiera; 2 ⟨fig⟩ alzare bandiera ...nca; ~ of truce bandiera bianca.

v.i. (pret., p.p. **flagged** [-d]) 1 pendere, penzolare. 2 ...) (of interest, enthusiasm) affievolirsi, scemare, ...nuarsi, venir meno.

... I s. 1 → **flagstone**. 2 pl. (pavement) lastrico m, ...ricato m. II v.t. (pret., p.p. **flagged** [-d]) lastricare.

... s. 1 pianta f con foglie eusiformi. 2 (leaf) foglia f ...forme. 3 ⟨Bot⟩ iris m. 4 ⟨Bot⟩ (yellow iris) acoro m ...o. 5 ⟨Bot⟩ (cattail) stiancia f.

...captain s. ⟨Mar.mil⟩ capitano m di 'nave ...miraglia' (o bandiera). ~ **carrier** s. ⟨Aer,Mar⟩ ...pagnia f di bandiera. ~ **day** s. giornata f in cui si ...dono bandierine per le strade a scopo di beneficenza. ...**Day** s. ⟨SU⟩ anniversario m dell'adozione della ...diera nazionale (14 giugno). ~ **discrimination** s. ...riminazione f di bandiera. ~ **display** s. sbandierata f.

...llant ['flædʒilənt] I s. 1 flagellatore m (f -trice). 2 ...') flagellante m. II a. che flagella. **flagellate** [-leit] I ...flagellare. II s. ⟨Zool⟩ flagellato m. **flagellated** ...itid] a. ⟨Biol⟩ flagellato. ,**flagellation** [-'leiʃən] s. ...ellazione f. **flagellator** [-leitə] s. flagellatore m (f ...ce).

...lliform [flə'dʒelifɔ:m] a. ⟨Biol⟩ flagelliforme. **...gellum** [flə'dʒeləm] s. (pl. -lla [lə]/-s [z]) ⟨Biol⟩ ...ello m.

...olet [,flædʒo(u)'let] s. ⟨Mus⟩ fagioletto m, zufolo m. **...ging** ['flægiŋ] a. 1 debole, fiacco, cadente. 2 ⟨fig⟩ che ...tenua, che viene meno, in diminuzione.

flagitious [flə'dʒiʃəs] a. 1 infame, scellerato. 2 (of crimes) nefando, abominevole. **flagitiousness** [-nis] s. nefandezza f, scellerateza f.

flag| **lieutenant** s. ⟨Mil⟩ aiutante m di bandiera. ~**man** [mən] s.irr. 1 segnalatore m (con le bandierine). 2 ⟨Sport⟩ starter m. ~ **officer** s. ⟨Mar.mil⟩ ufficiale m ammiraglio, ammiraglio m in comando.

flagon ['flægən] s. 1 caraffa f, bricco m: a ~ of wine una caraffa di vino; (large bottle) boccione m, bottiglione m. 2 ⟨Lit⟩ calice m.

flag|**pole** s. pennone m. ~**-raising** s. alzabandiera m.

flagrance ['fleigrəns], **flagrancy** [-i] s. flagranza f, evidenza f. **flagrant** [-nt] a. 1 flagrante, evidente, manifesto. 2 (scandalous) scandaloso; (notorious) famigerato, malfamato.

flag|**ship** s. ⟨Mar.mil⟩ nave f ammiraglia. ~**staff** s. → flagpole. ~ **state** s. ⟨Dir⟩ stato m di bandiera. ~**stone** s. pietra f 'per lastricare' (o da lastrico). ~**-wagging** s. ⟨fam⟩ segnalazione f con bandiere a mano. 2 → flag-waving. ~**-waving** s. 1 sbandieramento m. 2 ⟨fig⟩ ostentazione f di patriottismo.

flail [fleil] I s. ⟨Agr⟩ correggiato m. II v.t. 1 ⟨Agr⟩ battere con il correggiato. 2 (to scourge) flagellare; (to beat) battere. □ to ~ one's arms agitare le braccia.

flair [fleə] s. 1 disposizione f, attitudine f: to have a ~ for languages avere attitudine per le lingue. 2 (intuitive discernment) intuito m, acume m, naso m, fiuto m. 3 (smartness) gusto m, sensibilità f. □ to have a ~ for business avere il senso degli affari.

flak [flæk] s. ⟨Mil⟩ 1 fuoco m contraereo. 2 (anti-aircraft guns) artiglieria f antiaerea. 3 ⟨fam⟩ fuoco m di fila.

flake [fleik] I s. 1 (of snow, etc.) fiocco m, falda f. 2 (thin layer, scale) lamella f, scaglia f. 3 (spark) favilla f. 4 ⟨Bot⟩ garofano m screziato. II v.i. 1 (spesso con off) sfaldarsi, squamarsi. 2 (to fall in flakes) cadere a fiocchi. 3 ⟨tecn⟩ sfaldarsi in lamine. III v.t. 1 cospargere di fiocchi. 2 (to break into flakes) sfaldare, squamare. 3 ⟨tecn⟩ rendere lamellare. □ ⟨fam⟩ to ~ out cadere dalla stanchezza, crollare.

flaky ['fleiki] a. 1 a falde, a fiocchi: ~ snow neve a fiocchi. 2 (of pastry) friabile. 3 ⟨Geol⟩ lamellare.

flam[1] [flæm] ⟨fam⟩ I s. 1 falsità f, frode f, inganno m. 2 (nonsense) sciocchezze fpl. II v.t. (pret., p.p. **flammed** [-d]) ingannare, imbrogliare.

flam[2] s. ⟨Mus⟩ rullo m di tamburo.

flambé ['flæmbei] I v.t. ⟨Gastr⟩ flambare. II a. flambato.

flambeau ['flæmbou] s. (pl. -x/-s [z]) fiaccola f.

flamboyance [flæm'bɔiəns] s. l'essere sgargiante. **flamboyant** [-nt] a. 1 sgargiante, vistoso; (colourful) colorito. 2 (ornate) elaborato, fiorito, ornato. 3 ⟨Arch⟩ flamboyant, fiammeggiante, fiorito.

flame [fleim] I s. 1 fiamma f. 2 pl. (burning) fiamme fpl, fuoco m: the house was in ~s la casa era in fiamme. 3 ⟨fig⟩ fuoco m, fiamma f, ardore m. 4 (brilliant light) splendore m. 5 (sweetheart) fiamma f: an old ~ una vecchia fiamma. II v.i. 1 ardere, fiammeggiare. 2 (to shine brilliantly) fiammeggiare, risplendere. 3 ⟨fig⟩ (con break out in passion; general. con up) avvampare, divampare, ardere; (to turn red with passion; spesso con out, up) avvampare, farsi di fiamma: he ~d up at the insult si fece di fiamma a quell'insulto. III v.t. spesso con up passare alla fiamma; (of poultry) fiammeggiare. □ to burst into ~s andare in fiamme, incendiarsi; to commit s.th. to the ~s dare qc. alle fiamme; ⟨fig⟩ to fan the ~s of hatred attizzare l'odio; ⟨fig⟩ to add fuel to the ~ 'versare olio' (o soffiare) sul fuoco.

flame| **arrester** s. → flame trap. ~**-coloured** a. (di) color fiamma, di fuoco, (di) color rosso acceso. ~**-out** s. ⟨Aer⟩ arresto m della combustione. ~ **projector** s. → flame thrower. ~ **proof** ~**-resistant** a. 1 non infiammabile. 2 ⟨Atom⟩ antideflagrante. ~ **thrower** s. ⟨Mil⟩ lanciafiamme m. ~ **trap** s. frangifiamma m. ~**ware** s. pentole fpl (o tegami mpl) per la cottura al forno. ~ **welding** s. saldatura f autogena.

flaming ['fleimiŋ] a. 1 fiammeggiante, ardente. 2 (bright) (di colore) acceso, sgargiante; (of the colour of flame) rosso acceso, di (color rosso) fiamma. 3 〈fig〉 ardente, appassionato, focoso. 4 〈fam,eufem〉 〈bloody〉 maledetto, dannato. 5 〈Gastr〉 alla fiamma.

flamingo [flə'miŋgou] s. (pl. -s/-es [z]) 〈Ornit〉 fenicóttero m.

flammable ['flæməbl] a. infiammabile, combustibile.

flamy ['fleimi] a. 1 di (o simile a) fiamma. 2 (flaming) fiammeggiante.

flan [flæn] s. 1 〈Gastr〉 sformato m. 2 〈Numism〉 metallo m da monete.

Flanders ['flɑːndəz] N.pr. 〈Geog〉 Fiandre fpl.

flânerie fr. [fla'nəri] s. ozio m, il bighellonare. **flâneur** [-'nœːr] s. bighellone m (f –a), perdigiorno m/f.

flange [flændʒ] I s. 1 〈Mecc〉 flangia f; (external rib) bordo m. 2 〈Ferr〉 base f, suola f. 3 〈Met〉 (of a girder) ala f, lato m; (tool) utensile m per formare flange. 4 〈Ferr〉 bordino m (di ruota). II v.t. 〈tecn〉 flangiare, munire di flangia.

flank [flæŋk] I s. 1 lato m, fianco m. 2 〈Mil,Anat〉 fianco m. 3 〈Macell〉 soccoscio m. II v.t. 1 fiancheggiare: a road –ed by trees una strada fiancheggiata da alberi. 2 〈Mil〉 proteggere il fianco di, fiancheggiare; (to attack the flank of) attaccare il fianco di; (to turn the flank of) aggirare il fianco di. III v.i. fiancheggiare (on qc.).

flank attack s. 〈Mil〉 attacco m laterale (o di fianco).

flanker ['flæŋkə] s. 1 〈Mil〉 fiancheggiatore m. 2 〈Mil.ant〉 fortificazione f dei fianchi.

flannel ['flænl] I s. 1 〈Tess〉 flanella f. 2 pl. 〈Vest〉 (trousers) pantaloni mpl di flanella; (undergarment) maglieria f intima. 3 (polishing cloth) flanella f, panno m di flanella. 4 (face cloth) pezzuola f per lavarsi. II a. di flanella. III v.t. (pret., p.p. **flannelled/am. flanneled** [–d]) 1 rivestire (o coprire) di flanella. 2 (to rub with flannel) strofinare con un panno di flanella. **,flannelette** [–nə'let] s. 〈Tess〉 flanella f di cotone. **flannelly** [–nəli] a. simile a flanella.

flap[1] [flæp] v. (pret., p.p. **flapped** [–t]) I v.i. 1 sbattere: the sails –ped in the wind le vele sbattevano al vento. 2 (of a bird) battere (o agitare) le ali. 3 (to give a quick blow) dare un colpetto (at a). 4 (to panic) farsi prendere dal panico, agitarsi. II v.t. 1 (of wings, arms) agitare, sbattere. 2 (to cause to flutter, swing loosely) far sbattere. 3 (to slap lightly) dare un colpetto a.

flap[2] s. 1 lo sbattere, battito m: the ~ of wings il battito delle ali. 2 (light, quick blow) colpo m leggero, colpetto m. 3 (something hanging loosely down) lembo m, falda f: the ~ of a tent il lembo di una tenda. 4 〈Sart〉 (of a pocket) pattina f, patta f; (of a hat) tesa f, falda f. 5 (of an envelope) lembo m, linguetta f. 6 (of a table) ribalta f. 7 〈Legat〉 (of a book jacket) ribaltina f. 8 〈Chir〉 lembo m di pelle (per trapianti). 9 〈Aer〉 flap m, ipersostentatore m posteriore. 10 〈fam〉 (panic) panico m, eccitazione f, agitazione f. 11 〈Mecc〉 piano m cernierato. □ 〈fam〉 to be in a ~ essere agitato (o colto dal panico).

flapdoodle ['flæpduːdl] s. 〈fam〉 sciocchezze fpl, stupidaggini fpl.

flapjack ['flæpdʒæk] s. 1 〈Gastr〉 frittella f. 2 〈Cosmet〉 portacipria m.

flapper ['flæpə] s. 1 lembo m, falda f. 2 (fly swatter) scacciamosche m. 3 (for scaring birds) raganella f. 4 〈Ornit〉 uccello m che non ha ancora imparato a volare; (young duck) anatroccolo m. 5 〈fam〉 (young girl) ragazza f, ragazzina f; (emancipated young woman) ragazza f emancipata. 6 〈sl〉 (hand) mano f. 7 〈Mecc〉 valvola f a cerniera.

flare[1] [flɛə] I v.i. 1 bruciare con fiamma irregolare. 2 (to blaze suddenly; general. con up) sfolgorare, brillare, scintillare. 3 (to spread outwards) allargarsi, svasarsi: her skirt –d at the bottom la sua gonna si allargava in fondo. II v.t. 1 far brillare (o sfolgorare). 2 〈Mil〉 segnalare con razzi. 3 (to cause to spread) svasare. □ to ~ up: 1 fare una fiammata, bruciare; 2 〈fig〉 adirarsi, prendere fuoco.

flare[2] s. 1 chiarore m (tremolante), baluginio m. 2 (sudden blaze) bagliore m, fiammata f improvvisa. 3 〈Mar,Aer〉 razzo m, segnale m luminoso. 4 (spreading outwards) svasatura f. 5 〈fig〉 scoppio m, esplosione f.

flare back s. 〈Artigl〉 ritorno m di vampa, fiamma f di culatta.

flared ['flɛəd] a. svasato (anche Vest.): ~ **skirt** go svasata.

flare|-path s. 〈Aer〉 pista f illuminata da segnali lumir **~-up** s. 1 vampa f, fiammata f. 2 〈fig〉 scoppio m, anger〉 scoppio m d'ira.

flaring ['flɛəriŋ] a. 1 brillante, scintillante. 2 〈fig〉 (ga glaring) sgargiante, vistoso. 3 (spreading outwa svasato.

flash [flæʃ] I s. 1 lampo m, baleno m, sprazzo m: a light uno sprazzo di luce; (of lightning) guizzo m. 2 lampo m, sprazzo m: a ~ of wit uno sprazzo di geni ~ of hope un lampo di speranza. 3 〈fig〉 (instant) la m, attimo m, istante m, baleno m: in a ~ in un balen 〈fam〉 (showiness) vistosità f, sfoggio m, ostentazione 〈Giorn〉 (news flash) flash m, notizia f urgente. 6 〈 flash m; (flashlight) lampo m di luce artificiale magnesio). 7 〈Mil〉 (of a bomb, etc.) fiammata f. 8 〈 (lock, sluice) chiusa f, cateratta f; (rapids) rapida 〈Met〉 bava f, bavatura f, sfrido m. 10 (on a unifo mostrina f. II a. 1 〈fam〉 vistoso, appariscente. 2 〈 (counterfeit) falso, contraffatto. 3 〈sl〉 (of thieves, tra etc.) della malavita, dei vagabondi. III v.i. 1 bril balenare, lampeggiare; (of lightning) guizzare, balenar (of the eyes: to sparkle) brillare, scintillare; (to b lampeggiare, mandare fiamme. 3 〈fig〉 balenare: an –ed through my mind mi è balenata un'idea. 4 (to r fast) sfrecciare, saettare, passare come un lampo. IV 1 proiettare, gettare, lanciare: to ~ a beam of ligh s.th. proiettare un fascio di luce su qc. 2 (to caus flash) far lampeggiare (o brillare): to ~ a sword lampeggiare una spada. 3 (to signal by flashes of l segnalare mediante lampeggiamenti. 4 〈Tel,F diffondere. 5 〈fig〉 (of a smile, glance, etc.) lanciare expose to view) mostrare, far vedere; (ostentation mostrare (o mettere in mostra) con ostentazione. 7 〈 inondare, aumentare il flusso dell'acqua in. □ to ~ passare come un lampo; 〈fig〉 his eyes –ed fire i occhi schizzavano fuoco; she –ed her jewels in my ostentava davanti a me i suoi gioielli; a ~ of **lightnin** lampo; ~ in the **pan**: 1 fuoco m di paglia; 2 (person deludere le aspettative (dopo un brillante inizio); to ~ passare sfrecciando.

flash|back s. 1 〈Cin〉 flashback m, scena f retrospet 2 〈Mot〉 ritorno m di fiamma. ~ **bulb** s. 〈Fot〉 lam f flash. ~ **card** am. s. 〈Ped〉 cartellone m dimostra ~ **check** am.s. 〈fam〉 assegno m a vuoto. ~ **cub** 〈Fot〉 cuboflash m.

flasher ['flæʃə] s. 1 〈Fot〉 lampo m di magnesio. 2 luce f intermittente.

flasher lamp s. lampeggiatore m.

flash| flood s. violenta inondazione f. ~ **gun** s. 〈 lampeggiatore m.

flashiness ['flæʃinis] s. vistosità f, appariscenza f.

flashing ['flæʃiŋ] I s. 1 luce f scintillante, splendor luccichio m. 2 (in brickmaking) cottura f di mattoni interruzioni periodiche d'aria). 3 〈Edil〉 scossalina 〈El〉 scintillio m. 5 〈am.Aut〉 lampeggiamento m. lampeggiante, sfavillante, risplendente.

flash| lamp s. 〈Fot〉 lampada f al flash. **~light** 〈Fot〉 lampo m di luce artificiale (o magnesio). 2 (el torch) torcia f elettrica, pila f tascabile. 3 (signa lamp) lampeggiatore m. 4 (flashing light) lu intermittente, lampeggiamento m. □ ~ **battery** batteri torcia. **~over** s. 〈El〉 scarica f (elettrica). ~ **poin** 〈Fis〉 punto m d'infiammabilità.

flashy ['flæʃi] a. sgargiante, vistoso, appariscente, 〈 pimpante: ~ clothes abiti sgargianti.

flask [flɑːsk] s. 1 (for the pocket) fiaschetta f, borracc 2 (narrow-necked bottle) fiasco m. 3 〈Chim〉 pallon beuta f. 4 〈Met〉 staffa f.

flasket ['flɑːskit] s. 1 fiaschetto m. 2 (basket) cesta f l e allungata.

flat[1] [flæt] I a. (compar. **flatter** ['flætə], sup. fla ['flætist]) 1 piatto, piano, pianeggiante: ~ region reg piana. 2 (with a smooth surface) liscio, piano. 3 (horizontally) disteso, sdraiato, allungato. 4 〈fig〉 (absc

tto, reciso, secco: *a ~ denial* un netto rifiuto. **5** ⟨*fig*⟩
⟨*t varying*⟩ fisso: *~ rate* importo fisso, forfait. **6** ⟨*fam*⟩
flat broke. 7 (*of a tyre*) a terra, sgonfio. **8** ⟨*fig*⟩ (*dull*)
atto, monotono, uniforme, scialbo. **9** (*of wine*) piatto;
⟨*a beverage*⟩ che ha perso l'effervescenza; (*of food: stale*)
antio, vecchio. **10** ⟨*fig*⟩ (*of sounds*) confuso, incerto. **11**
⟨*omm*⟩ (*of trade, etc.*) inattivo, in ristagno. **12** ⟨*Mus*⟩
⟨*a note*⟩ abbassato di tono; (*of a tone*) bemolle. **13**
⟨*tt*⟩ uniforme. **14** ⟨*Art*⟩ senza rilievo. **15** ⟨*tecn*⟩ (*of
int*⟩ opaco. **16** ⟨*Calz*⟩ basso, col tacco basso. **17**
rch⟩ ribassato, piatto. **II** *s.* **1** piatto *m*, parte *f* piatta: *the
of a sword* la parte piatta di una spada; (*of the hand*)
tmo *m.* **2** ⟨*Geol*⟩ piano *m*, pianura *f*, terreno *m* basso.
(*apartment*) appartamento *m.* **4** ⟨*Mus*⟩ (*in notation*)
molle *m;* (*tone*) mezzo tono *m* (più basso). **5** ⟨*Teat*⟩
adale *m.* **6** ⟨*am*⟩ gomma *f* a terra, pneumatico *m*
onfio. **7** ⟨*Mar*⟩ (*shoal, shallow water*) secca *f,*
ssofondo *m.* **8** ⟨*Mar*⟩ chiatta *f.* **9** ⟨*Edil*⟩ → **flat roof.**
pl. ⟨*Calz*⟩ scarpe *fpl* basse (*o* col tacco basso). **11**
iard,Agr⟩ cassetta *f* bassa (per piantine). **III** *avv.* **1**
isamente, nettamente, seccamente: *to deny s.th. ~*
entire seccamente qc. **2** ⟨*fam*⟩ (*completely*)
mpletamente, del tutto. **3** ⟨*fam*⟩ (*exactly*) esattamente,
maniera precisa (*o* esatta): *in ten seconds ~*
attamente in dieci secondi. **4** ⟨*Mus*⟩ mezzo tono più
sso. □ *to be ~ on one's back:* 1 stare supino; 2 (*to be
nfined to bed*) essere costretto a letto; ⟨*fig*⟩ *to fall ~* (*of
joke, speech, etc.*) non avere successo; *to fall ~ on one's
ce* finire faccia a terra; ⟨*fam*⟩ *to go ~ against orders*
sobbedire apertamente; *to knock s.o. ~* stendere (a
ra) qd., atterrare qd.; ⟨*scherz*⟩ *as ~ as a* **pancake**
lotto (come) una pizza; ⟨*fam*⟩ *I'm not coming, and
at's ~* non vengo e basta.
² v. (*pret., p.p.* **'flatted** [–id]) **I** *v.t.* **1** ⟨*Mus*⟩ diminuire
abbassare) di un semitono. **2** ⟨*Mecc*⟩ spianare,
piattire. **3** ⟨*tecn*⟩ (*of paint*) ricoprire con uno strato
iforme. **4** ⟨*Agr,Giard*⟩ piantare (*o* trapiantare) in piano.
v.i. ⟨*Mus*⟩ diminuire di un semitono.
arch *s.* ⟨*Arch*⟩ arco *m* (a sesto) ribassato, arco scemo.
-bottom) boat *s.* barca *f* a fondo piatto, chiatta *f.*
bottomed *a.* a fondo piatto. **~ broke** *a.* ⟨*fam*⟩ in
lletta, al verde, senza il becco di un quattrino. **~car**
. *s.* ⟨*Ferr*⟩ pianale *m*, carro *m* senza sponde. **~ cost** *s.*
omm⟩ prezzo *m* di costo, costo *m* di produzione. **~**
splay *s.* ⟨*Inform*⟩ video *m* a schermo piatto. **~fish** *s.*
) eterosomo *m.* **~foot** *s.irr.* **1** ⟨*Med*⟩ (*condition*) piedi
l piatti; (*foot*) piede *m* piatto. **2** ⟨*sl*⟩ (*policeman; pl.
foots*) poliziotto *m*, ⟨*gerg*⟩ piedi piatti *m*. '**~'footed** *a.*
⟨*Med*⟩ che ha i piedi piatti. **2** ⟨*fam*⟩ (*shambling*)
ll'andatura strascicata; (*clumsy*) goffo, sgraziato. **3**
m⟩ (*determined*) deciso, risoluto. **~ glass** *s.* vetro *m*
ano. **~head** *s.* **1** ⟨*Itt*⟩ ceratodo *m*, barramunda *f.* **2**
cn⟩ chiodo *m* a testa piana. **3** ⟨*fam*⟩ (*simpleton*)
occo *m* (*f* –a), semplicione *m* (*f* –a). **~-iron** *s.* ferro *m*
stiro.
let ['flætlit] *s.* appartamentino *m.*
ly ['flætli] *avv.* **1** recisamente, categoricamente,
ttamente: *he ~ refused* si rifiutò categoricamente. **2**
ully) in modo piatto (*o* scialbo). **flatness** [–tnis] *s.* **1**
ssere piano (*o* piatto). **2** (*banality*) mancanza *f*
originalità. **3** (*monotony*) monotonia *f.*
-'**out I** *a.* **1** (*of speed*) massima. **2** (*exhausted*) esausto,
emato. **II** *avv.* a tutta velocità, di gran carriera, a più
n posso. **~ race** *s.* ⟨*Sport*⟩ corsà *f* piana. **~-rate** *a.*
ffettario. **~-rate amount** *s.* ⟨*Econ*⟩ importo *m*
ffettario. **~ roller** *s.* ⟨*Agr*⟩ rullo *m* compressore. **~**
of *s.* ⟨*Edil*⟩ tetto *m* a terrazza. **~ silver** *s.* argenteria *f,*
sate *fpl* (*o* posateria *f*) d'argento. **~ spin** *s.* **1** ⟨*Aer*⟩
e *f* piatta. **2** ⟨*fig*⟩ confusione *f,* agitazione *f.*
ten ['flætn] **I** *v.t.* **1** appiattire, spianare, rendere piatto.
(*to knock down*) mettere a terra, ⟨*fam*⟩ mettere k.o. **3**
g⟩ (*to depress*) abbattere, prostrare, deprimere. **II** *v.i.* **1**
piattirsi, spianarsi, schiacciarsi. **2** (*to lack in spirit*)
battersi, deprimersi. **3** (*to become uniform; general.* con
t) livellarsi. **flattening** [–iŋ] *s.* appiattimento *m,*
niacciamento *m.*
tening-out *s.* ⟨*Aer*⟩ ripresa *f,* richiamata *f.*

flatter ['flætə] *v.t.* **1** adulare, lisciare, blandire, lusingare. **2**
(*to portray favourably*) far apparire più bello, abbellire: *the
photograph –s you* il ritratto ti abbellisce; (*to show to
advantage*) donare: *the soft light –ed her* la luce tenue le
donava. **3** (*to please, gratify*) lusingare, compiacere: *to feel
–ed* sentirsi lusingato. **4** ⟨*rifl*⟩ lusingarsi, sperare, osare
credere: *I ~ myself that I know my job* spero di conoscere
il mio mestiere. **flatterer** [–rə] *s.* adulatore *m* (*f* –trice),
lusingatore *m* (*f* –trice). **flattering** [–riŋ] *a.* adulatorio,
lusingatore. **flattery** [–ri] *s.* adulazione *f,* lusinga *f.*
flatting ['flætiŋ] *s.* **1** appiattimento *m,* spianamento *m.* **2**
⟨*Met*⟩ laminazione *f.* **3** ⟨*tecn*⟩ (*paint*) opacizzazione *f,*
verniciatura *f* opaca.
flattish ['flætiʃ] *a.* pianeggiante, piuttosto piano.
flat|top *am.s.* ⟨*Mar.mil*⟩ portaerei *f.* **~ trowel** *s.* (*tool*)
spatola *f.*
flatulence ['flætjuləns], **flatulency** [–i] *s.* **1** ⟨*Med*⟩
flatulenza *f,* flatuosità *f.* **2** ⟨*fig*⟩ l'essere tronfio,
presunzione *f,* boria *f.* **flatulent** [–lənt] *a.* **1** ⟨*Med*⟩
flatulento, flatuoso; (*causing flatulence*) flatulento. **2** ⟨*fig*⟩
tronfio, presuntuoso, borioso. **flatus** ['fleitəs] *s.* ⟨*Med*⟩
flato *m.*
flatware ['flætweə] *s.* **1** posate *fpl,* posateria *f.* **2** (*plates,
saucers, etc.*) piatti *mpl* da portata.
flat|work *s.* (*in laundering*) capi *mpl* che non richiedono la
stiratura a mano. **~worm** *s.* ⟨*Zool*⟩ platelminto *m.*
flaunt [flɔ:nt] **I** *v.t.* ostentare, sfoggiare, fare mostra (*o*
sfoggio) di: *to ~ one's knowledge* fare sfoggio di sapere. **2**
⟨*fam*⟩ (*to flout*) non curarsi di, ⟨*fam*⟩ infischiarsi di. **II**
v.i. **1** pavoneggiarsi, gloriarsi, compiacersi. **2** (*to wave,
flutter in the wind*) ondeggiare, sventolare. **III** *s.* sfoggio
m, ostentazione *f,* vanteria *f.* '**flaunting** [–iŋ] **I** *a.*
pomposo. **II** *s.* ostentazione *f,* sfoggio *m.*
flautist ['flɔ:tist] *s.* ⟨*Mus*⟩ flautista *m/f.*
flavescent [flə'vesnt] *a.* biondeggiante, tendente al giallo.
flavin(e) ['fleivin] *s.* ⟨*Biol*⟩ flavina *f.*
flavor, flavoring *am. e der.* → **flavour, flavouring** *e
der.*
flavour ['fleivə] **I** *s.* **1** sapore *m,* gusto *m* (*anche fig.*). **2**
(*substance, extract*) essenza *f,* aroma *m,* estratto *m.* **3**
⟨*fig*⟩ (*characteristic quality*) atmosfera *f,* aria *f.* **II** *v.t.* **1**
condire, insaporire: *to ~ meat with garlic* condire la carne
con l'aglio. **2** ⟨*fig*⟩ condire, rendere più gradevole.
flavouring [–riŋ] **I** *a.* aromatizzante. **II** *s.* aromatizzante
m. **flavourless** [–lis] *a.* **1** insipido, scipito, senza sapore.
2 senza aroma. **flavourous** [–rəs], **flavoursome** [–səm]
a. gustoso, saporito, sapido, saporoso (*anche fig.*).
flaw¹ [flɔ:] **I** *s.* **1** pecca *f,* difetto *m,* imperfezione *f.* **2**
⟨*Dir*⟩ vizio *m* (di forma). **3** (*concr*) (*crack, break*)
incrinatura *f,* crepa *f,* screpolatura *f.* **4** ⟨*Geol,Edil*⟩ crepa
f, fessura *f.* **II** *v.t.* **1** produrre una crepa in (*o* su),
incrinare. **2** ⟨*Dir*⟩ invalidare. **III** *v.i.* incrinarsi,
screpolarsi.
flaw² *s.* folata *f* di vento; (*spell of bad weather*) ondata *f* di
maltempo.
flawless ['flɔ:lis] *a.* perfetto, impeccabile, irreprensibile,
che non fa una piega. **flawlessness** [–nis] *s.*
impeccabilità *f,* perfezione *f.*
flax [flæks] *s.* **1** ⟨*Bot*⟩ lino *m.* **2** ⟨*Tess*⟩ lino *m,* fibra *f* di
lino. '**flaxen** [–ən] *a.* **1** di lino. **2** (*straw-coloured*) color
(della) stoppa, biondissimo: *~ hair* capelli biondissimi. **3**
(*resembling flax*) simile al lino.
flax| lily *s.* ⟨*Bot*⟩ lino *m* della Nuova Zelanda, formio *m*
(tenace). **~ mill** *s.* linificio *m.* **~-seed** *s.* seme *m* di lino.
~ tow *s.* stoppa *f* (di lino). **~yarn** *s.* filato *m* di lino.
flay [flei] *v.t.* **1** scoiare, scorticare. **2** (*to bark*) scortecciare.
3 ⟨*fig*⟩ (*to rebuke severely*) levare la pelle a. **4** ⟨*fig*⟩ (*to
strip of possessions*) spogliare, depredare. **5** ⟨*fig*⟩ (*to
criticize severely*) criticare aspramente, stroncare.
flea [fli:] *s.* ⟨*Entom*⟩ pulce *f.* □ ⟨*fig.fam*⟩ *~ in one's ear*
rimprovero *m,* rabbuffo *m;* ⟨*fig,fam*⟩ *to send s.o. away
with a ~ in his ear* mandar via qd. in malo modo.
flea|bag *s.* **1** ⟨*fam*⟩ sacco *m* a pelo. **2** ⟨*sl*⟩ alberghetto *m*
d'infimo ordine. **~ bite** *s.* **1** morso *m* di pulce. **2** ⟨*fig*⟩
(*petty annoyance*) piccola contrarietà *f.* **3** (*trifling pain*)
lieve dolore *m.* **4** ⟨*fig*⟩ (*minute amount*) importo *m*
minimo. **~ bitten** *a.* **1** morso dalle pulci. **2** (*infested by*

fleas) infestato dalle pulci. **3** ⟨*fig*⟩ (*of a grey horse*) chiazzato, macchiato.

fleam [fli:m] *s.* ⟨*Veter*⟩ lancetta *f* (per salassi).

flea| market *s.* mercato *m* delle pulci. **~ pit** *s.* ⟨*fam*⟩ pulciaio *m.* **~wort** *s.* ⟨*Bot*⟩ pulicaria *f,* psillio *m.*

flèche *fr.* [fleiʃ] *s.* **1** ⟨*Arch*⟩ guglia *f,* pinnacolo *m.* **2** ⟨*Sport*⟩ flèche *f.*

fleck [flek] **I** *s.* **1** granello *m,* corpuscolo *m,* particella *f: a ~ of dirt* un granello di sporco; (*flake*) fiocco *m.* **2** (*on the skin*) lentiggine *f,* efelide *f.* **3** (*spot of colour*) macchia *f,* chiazza *f.* **II** *v.t.* **1** screziare, chiazzare, variegare. **2** (*to dapple*) picchiettare.

flection [ˈflekʃən] *s.* → flexion. **flectional** [-l] *a.* → flexional.

fled [fled] → flee.

fledge [fledʒ] **I** *v.t.* **1** (*of a young bird*) allevare (finché sia in grado di volare), aver cura di. **2** (*of an arrow*) dotare d'impennaggio. **II** *v.i.* (*of a bird*) coprirsi di penne, impiumarsi. **'fledg(e)ling** [-liŋ] *s.* **1** uccellino *m* (che ha appena messo le penne). **2** ⟨*fig*⟩ novellino *m* (*f* –a), pivello *m* (*f* –a).

flee [fli:] *v.* (*pret., p.p.* fled [fled]) **I** *v.i.* **1** fuggire, darsi alla fuga: *to ~ before the enemy* fuggire davanti al nemico. **2** (*to move quickly, fly*) scappare, correre, volare. **3** ⟨*lett*⟩ (*to vanish swiftly*) svanire, dileguarsi, scomparire. **II** *v.t.* **1** abbandonare, fuggire da: *to ~ the country* abbandonare il paese. **2** ⟨*lett*⟩ (*to shun*) (s)fuggire, evitare.

fleece [fli:s] **I** *s.* **1** vello *m.* **2** (*amount of wool shorn*) lana *f* ricavata in una tosatura. **3** ⟨*fig*⟩ (*soft, woolly mass*) coltre *f,* massa *f* soffice: *a ~ of clouds* una coltre di nuvole. **4** ⟨*fig*⟩ (*woolly hair*) chioma *f* lanosa. **5** (*s.th. resembling wool*) fiocco *m,* bioccolo *m: a ~ of snow* un fiocco di neve. **II** *v.t.* **1** tosare. **2** ⟨*fam*⟩ (*to rob, swindle*) derubare, spogliare, ⟨*fam*⟩ tosare, ⟨*fam*⟩ pelare. **fleeced** [-t] *a.* **1** lanoso, villoso. **2** ⟨*Tess*⟩ soffice. **'fleeciness** [-inis] *s.* villosità *f,* lanosità *f.* **'fleecy** [-i] *a.* **1** villoso, lanoso. **2** (*resembling fleece*) fioccoso, soffice. **3** (*of hair*) lanoso. □ *~ clouds* cielo *m* a pecorelle.

fleer [fliə] **I** *v.i.* sogghignare, ghignare. **II** *v.t.* deridere, schernire. **III** *s.* **1** sogghigno *m,* ghigno *m.* **2** (*jeer*) scherno *m,* derisione *f.*

fleet[1] [fli:t] *s.* **1** ⟨*Mar.mil*⟩ flotta *f.* **2** ⟨*Mar,Aer*⟩ flottiglia *f: a ~ of fishing boats* una flottiglia di pescherecci. **3** ⟨*fig*⟩ (*group of vehicles*) parco *m: ~ of cars* parco automobilistico (*o* di vetture).

fleet[2] **I** *a.* lesto, svelto, agile. **II** *v.i.* **1** scorrere, muoversi rapidamente. **2** ⟨*Mar*⟩ spostarsi. **III** *v.t.* **1** (*of time*) far trascorrere (*o* passare). **2** ⟨*Mar*⟩ spostare; (*of a tackle*) sartiare; (*of a rope*) riprendere.

fleet[3] *s.* ⟨*dial*⟩ **1** (*inlet*) braccio *m* di mare, piccola insenatura *f.* **2** (*water course*) torrentello *m.*

fleet| admiral *am.* *s.* ⟨*Mar.mil*⟩ grande ammiraglio *m.* **'~-'footed** *a.* che corre velocemente, lesto di gambe.

fleeting [ˈfli:tiŋ] *a.* **1** fuggevole, rapido: *a ~ glimpse* uno sguardo fuggevole. **2** (*transient*) fugace, effimero, passeggero, transitorio.

Fleet Street *s.* **1** Fleet Street *f.* **2** ⟨*fig*⟩ stampa *f* londinese.

Fleming [ˈflemiŋ] *s.* fiammingo *m* (*f* –a). **Flemish** [-miʃ] **I** *a.* **1** fiammingo, delle Fiandre. **2** ⟨*Pitt*⟩ fiammingo. **II** *s.* (*language*) fiammingo *m.*

flench [flentʃ], **flense** [flens] *v.t.* **1** (*of a whale, seal*) scoiare, togliere la pelle a. **2** (*to strip the blubber from*) togliere il grasso a.

flesh [fleʃ] **I** *s.* **1** carne *f* (*anche Gastr.*). **2** (*of fruits, vegetables, etc.*) carne *f,* polpa *f.* **3** ⟨*fig*⟩ (*physical nature*) carne *f,* corpo *m;* (*sensual nature*) carne *f,* sensi *mpl: to mortify the ~* mortificare la carne. **4** ⟨*fig*⟩ (*mankind*) genere *m* umano, umanità *f.* **5** (*surface of the body*) carni *fpl: firm ~* carni sode. **6** → flesh colour. **7** (*fatness, weight*) carne *f,* ⟨*fam,scherz*⟩ ciccia *f.* **II** *v.t.* **1** (*of a weapon*) affondare nella carne. **2** ⟨*Venat*⟩ aizzare (dando da mangiare pezzi di carne di cacciagione). **3** ⟨*fig*⟩ incitare (*o* aizzare) allo spargimento di sangue. **4** ⟨*fig*⟩ (*to harden*) temprare, fortificare. **5** (*to remove the flesh from*) scarnire, scarnificare. □ ⟨*fig*⟩ *~ and blood* natura umana,

essere umano: *it's more than ~ and blood can stand* è di quanto un essere umano possa sopportare; ⟨*fig*⟩ *one's own ~ and blood* carne *f* della propria carne, sangue *m* del proprio sangue; ⟨*fig*⟩ *to make s.o.'s ~ creep* far ve... la pelle d'oca a qd., far accapponare la pelle a qd.; *neither fish, ~ nor fowl* né carne né pesce; **in** *the ~* carne e ossa, di persona; *to be in ~* essere in carne; *to lose ~* calare di peso, dimagrire; ⟨*Bibl*⟩ *to be one* essere una sola carne; ⟨*fig*⟩ *to claim* (*o demand*) *one's* **pound** *of ~* pretendere tutto quello che è dovuto, esi... fino all'ultimo centesimo; *to put on ~* ingrassare, me... su carne; *the sins of the ~* i peccati della carne; *~ b...* *the skin* carne viva; *to go the way of all ~* morire.

flesh| colour *s.* color *m* carne. **~-coloured** *a.* c... carne, carnicino.

flesher [ˈfleʃə] *s.* **1** scarnatore *m* (*f* –trice). **2** ⟨*sc*... macellaio *m.*

flesh|-fly *s.* ⟨*Entom*⟩ mosca *f* carnaria (*o* della ca... **~-hook** *s.* **1** forchettone *m* (per tirar su la carne da... pentola). **2** ⟨*Macell*⟩ gancio *m* (per appendere la carr... **fleshiness** [ˈfleʃinis] *s.* carnosità *f.* **fleshing** [-ʃiŋ] *s...* ⟨*Conc*⟩ carnicci *mpl.* **2** *pl.* ⟨*Vest*⟩ calzamaglia (*o* ... carne. **fleshliness** [-ʃlinis] *s.* carnalità *f,* sensualit... **fleshly** [-ʃli] *a.* **1** carnale, corporeo. **2** ⟨*fig*⟩ (*sens... carnale, della carne, dei sensi. **3** ⟨*fig*⟩ (*worldly*) terr... mortale.

'flesh|-'pink *s.* rosa *m* carne, color *m* rosa carne. **~p...** **1** marmitta *f.* **2** *pl.* ⟨*fig*⟩ lusso *m.* **~ wound** *s.* fer... leggera (*o* superficiale). **fleshy** [ˈfleʃi] *a.* **1** carnoso: *the ~ part of the leg* la ... carnosa della gamba. **2** (*plump*) carnoso, bene in carn... ⟨*Bot*⟩ polposo, carnoso.

fletch [fletʃ] *v.t.* (*of an arrow*) dotare d'impenna... **'fletcher** [-ə] *s.* chi fabbrica frecce.

fleur-de-lis *fr.* [ˌflœrdəˈli:] *s.* (*pl.* fleurs-de-lis) **1** ⟨*A...* giglio *m,* fiordaliso *m.* **2** ⟨*Stor*⟩ giglio *m.* **3** ⟨*Bot*⟩ iri... fiorentina.

fleurette [ˈfluərit] *s.* ⟨*Arch*⟩ ornamento *m* a forma... fiore.

fleuron *fr.* [flœrɔ̃] *s.* ⟨*Arch*⟩ fiorone *m,* rosone *m.*

flew [flu:] → fly[1].

flews [flu:z] *s.pl.* (*of bloodhounds*) labbro *m* super... pendente.

flex[1] [fleks] **I** *v.t.* flettere, piegare. **II** *v.i.* pieg... flettersi.

flex[2] *s.* **1** ⟨*El*⟩ cordoncino *m,* filo *m* (flessibile). **2** ⟨*f...* flesso *m.*

flexibility [ˌfleksiˈbiliti] *s.* **1** flessibilità *f,* pieghevolez... **2** ⟨*fig*⟩ (*adaptability*) flessibilità *f,* adattabilità *f.* **3** ... (*pliability*) docilità *f,* arrendevolezza *f.* **'flexible** [-bl] ... flessibile, pieghevole (*anche fig.*). **2** ⟨*fig*⟩ (*compl...* flessibile, docile, arrendevole.

flexible| hours *s.pl.* → flexible time. **~ respons...** ⟨*Pol*⟩ risposta *f* flessibile. **~ time** *s.* orario *m* di la... flessibile.

flexion [ˈflekʃən] *s.* **1** flessione *f,* piegamento *m.* **2** (... *part*) piega *f.* **3** ⟨*Gramm,Edil*⟩ flessione *f.* **flexional** ... *a.* ⟨*Gramm*⟩ flessivo.

flexor [ˈfleksə] *s.* ⟨*Anat*⟩ flessore *m,* muscolo *m* flesso...

flextime *am.* [ˈflekstaim] *s.* → flexible time.

flexuose [ˈfleksjuous] *a.* flessuoso. **,flexuosity** [-juˈos... flessuosità *f.* **flexuous** [-sjuəs] *a.* → flexuose.

flexure [ˈflekʃə] *s.* **1** flessione *f,* piegamento *m.* **2** (... *part*) piega *f.* **3** ⟨*Geol*⟩ flessura *f,* piega *f* monoclinal... ⟨*Mat*⟩ curvatura *f.*

flibbertigibbet [ˈflibətidʒibit] *s.* persona *f* frivola (*o* ... seria), pulcinella *m.*

flick[1] [flik] **I** *s.* **1** (*with a whip*) colpo *m* di frusta, fru... *f;* (*with a finger*) buffetto *m,* colpetto *m.* **2** (*sudden* ... scatto *m,* movimento *m* improvviso, strappo *m.* **3** (*s...* *sound*) schiocco *m,* rumore *m* secco. **4** (*something fle...* *slap*) schizzo *m,* spruzzo *m.* **II** *v.t.* **1** (*with a whip*) ... una frustatina a, colpire leggermente; (*with a finger*) ... un colpetto (*o* buffetto) a. **2** (*to throw with a sudden...* lanciare di scatto. **3** (*to remove with a flick*) scuo... mandar via (con un colpetto): *to ~ ashes from one's* ... scuotersi la cenere dalla giacca. **III** *v.i.* muover...

atti.
·k² s. ⟨fam⟩ **1** film m. **2** pl. cinema m: to go to the –s dare al cinema.
·ker ['flikə] **I** v.i. **1** tremolare, vacillare: a light –ed in e distance una luce tremolava in lontananza. **2** (to quiver) uizzare. **3** (to flutter) svolazzare, sventolare. **II** s. **1** emolio m, il tremolare: the ~ of a candle il tremolio di a candela. **2** (unsteady flame, light) guizzo m. **3** ⟨fig⟩ arlume m, parvenza f: a ~ of hope un barlume di eranza. **4** ⟨Ott⟩ sfarfallamento m. **flickering** [–riŋ] **I 1** tremolante, tremulo. **2** (quivering) guizzante. **II** s. in⟩ tremolio m, sfarfallio m.
·k-knife s.irr. coltello m a serramanico.
·r s. → flyer.
·ht¹ [flait] **I** s. **1** volo m: the ~ of a bee il volo di 'ape. **2** (ability to fly) volo m, il volare. **3** (distance wn) volo m, tragitto m (in linea d'aria). **4** (trajectory) aiettoria f, volo m: the ~ of an arrow la traiettoria di a freccia. **5** (of birds: migration) migrazione f. **6** urney in an aeroplane) volo m, viaggio m (in aereo); heduled journey) volo m: a night ~ un volo notturno. **7** g⟩ volo m, lo spaziare: –s of fancy voli di fantasia. **8** f steps, stairs) rampa f. **9** (flock of birds) stormo m, volo ; (of insects) sciame m. **10** (volley of missiles) scarica f. **1** ⟨Aer.mil⟩ (unit) stormo m. **II** v.t. ⟨Venat⟩ (of wild wls) sparare in (o al) volo. **III** v.i. (of migrating birds) igrare; (of wild fowl) alzarsi a stormo. □ first ~ ttesimo m dell'aria; ⟨fig⟩ in the highest (o first) ~ di imo piano (o ordine); in ~ in volo; the ~ of time lo orrere veloce del tempo.
·ht² s. **1** fuga f. **2** (sudden hastening away) esodo m. □ from the cities esodo m dalle città; ~ from the land odo m dalle campagne.
·ht| attendant s. ⟨Aer⟩ assistente m/f di volo. ~ ard s. ⟨Aer⟩ tabellone m degli arrivi e delle partenze. **clearance** s. autorizzazione f al decollo. ~ **control** s. er⟩ **1** controllo m di volo. **2** (office) base f di controllo. (system) strumenti mpl di controllo. ~ **crew** s. rsonale m di bordo. ~ **deck** s. ⟨Mar.mil⟩ ponte m di olo (o decollo). '~-**deck lieutenant** s. ⟨Aer.mil⟩ nente m pilota; ~ **engineer** s. ⟨Aer⟩ motorista m di rdo. ~ **feather** s. ⟨Ornit⟩ penna f maestra. ~ rmation s. ⟨Aer.mil⟩ formazione f di volo.
·htiness ['flaitinis] s. leggerezza f, volubilità f.
·ht leader s. ⟨Aer.mil⟩ comandante m di squadriglia.
·htless ['flaitlis] a. incapace di volare.
·ht|-lieutenant s. ⟨Aer.mil⟩ capitano m. **~-path** s. er⟩ traiettoria f di volo. **~-recorder** s. ⟨Aer⟩ gistratore m di volo, ⟨pop⟩ scatola f nera. ~ **schedule** orario m dei voli. **~-sergeant** s. ⟨Aer.mil⟩ sergente m lota. ~ **simulator** s. simulatore m di volo.
·hty ['flaiti] a. **1** capriccioso, mutevole, volubile, costante. **2** (irresponsible) irresponsabile, leggero.
nflam ['flimflæm] s. ⟨fam⟩ **1** sciocchezze fpl, iacchiere fpl, stupidaggini fpl. **2** (trick) imbroglio m, ganno m, truffa f.
nsiness ['flimzinis] s. **1** mancanza f di consistenza. **2** g⟩ fragilità f, inconsistenza f. **flimsy** [–zi] **I** a. **1** fragile, consistente, senza consistenza: a ~ structure una ruttura fragile. **2** ⟨fig⟩ fragile, inconsistente, tenue, bole: ~ hopes fragili speranze; a ~ excuse una scusa bole (o che non regge). **II** s. **1** ⟨Cart⟩ carta f velina. **2** am⟩ (copy) velina f, copia f. **3** (giorn) velina f. **4** ⟨fam⟩ elegram) telegramma m. **5** pl. ⟨fam⟩ biancheria f mminile (o da donna). **6** ⟨fam⟩ (banknote) banconota f, glietto m di banca.
·ch [flintʃ] v.i. **1** indietreggiare, tirarsi indietro, arretrare nche fig.). **2** (to start, wince) trasalire, sussultare.
ders ['flindəz] s.pl. frantumi mpl, schegge fpl.
g¹ [fliŋ] v. (pret., p.p. flung [flʌŋ]) **I** v.t. **1** scagliare, ttare, lanciare (con forza): to ~ a stone at s.o. scagliare a pietra a qd. **2** (to put suddenly or violently) gettare, raventare: to ~ s.o. into prison scaraventare qd. in igione. **3** (of troops, etc.) mandare all'attacco. **4** (of a der) gettare a terra, sbalzare di sella. **5** (in wrestling) ttare (o mettere) a terra. **6** ⟨fig⟩ (to utter) gettare, nciare: to ~ a curse lanciare una bestemmia. **II** v.i. **1**

precipitarsi, lanciarsi: she flung out of the room si precipitò fuori dalla stanza. **2** ⟨fig⟩ (to speak harshly; general. con out) inveire, prorompere in invettive, scagliarsi. **3** (of an animal; general. con out) scalciare, sgroppare. □ to ~ one's **arms** round s.o.'s neck gettarsi al collo di qd., abbracciare con trasporto qd.; ⟨fig⟩ he flung **away** in a rage se ne andò infuriato; ⟨fig⟩ to ~ **caution** to the winds abbandonare (o buttare all'aria) ogni cautela; to ~ one's **clothes** on vestirsi in fretta e furia; to ~ o.s. into an armchair ⌈lasciarsi cadere⌉ (o buttarsi) su una poltrona; to ~ o.s. into an enterprise gettarsi a capofitto in un'impresa; to ~ s.o. a **look** of contempt lanciare un'occhiata di disprezzo a qd.; to ~ **off**: 1 togliersi in fretta e furia, strapparsi di dosso; 2 (to discard) abbandonare, lasciar da parte; 3 (to utter casually) buttare lì, lasciar cadere; 4 (to depart hastily) andarsene infuriato (o precipitosamente); to ~ **open** a door spalancare una porta; to ~ **out** one's arms spalancare (o allargare) le braccia; ⟨fig⟩ to ~ s.th. in s.o.'s **teeth** rinfacciare qc. a qd.
fling² s. **1** lancio m, getto m, tiro m. **2** (sudden violent movement) balzo m, scatto m, slancio m; (of a horse) impennata f. **3** ⟨fig⟩ frecciata f, scoccata f. □ in full ~ a pieno ritmo, ⟨fam⟩ a tutto vapore; to have a ~ at: 1 fare un tentativo di, tentare; 2 (to jeer at) lanciare una frecciata contro (o a); to have one's ~ fare la bella vita, godersela, darsi al bel tempo.
flint [flint] **I** s. **1** ⟨Min⟩ silice f. **2** (piece of flint) pietra f focaia, flint m. **3** (for a cigarette lighter) pietrina f. **4** ⟨fig⟩ pietra f, sasso m: heart of ~ cuore di pietra. **5** ⟨fam⟩ (miser) taccagno m, tirchio m, spilorcio m. **6** → flint **glass**. **7** ⟨Archeol⟩ utensile m (o arma f) di pietra. **II** a. di silice. □ ⟨fig⟩ to set one's face like a ~ fare il muso duro; ⟨fam⟩ to skin a ~ essere esoso (o avido); ~ and steel pietra focaia ed acciarino; ⟨fig⟩ to wring water from a ~ fare miracoli.
flint| corn s. ⟨Bot⟩ mais m (ad albume vitreo). ~ **glass** s. ⟨Ott,Atom⟩ flint m. '~-'**hearted** a. dal cuore di pietra.
flintiness ['flintinis] s. **1** durezza f. **2** ⟨fig⟩ durezza f di cuore.
flintlock ['flintlɔk] s. ⟨Mil.ant⟩ **1** otturatore m di fucile a pietra focaia. **2** (gun) fucile m a pietra focaia.
flinty ['flinti] a. **1** siliceo, di silice, di pietra. **2** (very hard) duro come una pietra. **3** ⟨fig⟩ rigido, duro, severo, inflessibile.
flip¹ [flip] v. (pret., p.p. flipped [–t]) **I** v.t. **1** lanciare (con un rapido movimento delle dita). **2** (to touch with a flip) dare un buffetto a. **3** (to remove with a flick) mandar via con un colpetto, scuotere. **II** v.i. **1** dare un buffetto, colpire leggermente. **2** (to move with jerks) procedere (o muoversi) a scatti. □ ⟨fam⟩ to ~ **through** sfogliare, dare una scorsa a; to ~ **up** fare a testa e croce.
flip² s. **1** buffetto m, colpetto m. **2** (sudden jerk) scatto m, movimento m brusco (o improvviso). **3** ⟨Sport⟩ (somersault) capriola f, salto m mortale. **4** ⟨tecn⟩ (of a gun barrel) vibrazione f (dovuta all'accensione della polvere). **5** (kind of drink) bevanda f calda alcolica. **6** ⟨fam⟩ (short aeroplane trip) breve volo m in aereo.
flip³ a. (compar. flipper ['flipə], sup. flippest ['flipəst]) ⟨am.sl⟩ → flippant.
flip-flap ['flipflæp] s. → flip-flop².
flip-flop¹ ['flipflɔp] s. **1** lo sbattere, lo sbatacchiare. **2** (backward somersault) capriola f all'indietro. **II** avv. avanti e indietro rumorosamente.
flip-flop² s. ⟨El⟩ flip-flop m.
flippancy ['flipənsi] s. impertinenza f, insolenza f. **flippant** [–pənt] a. impertinente, insolente, sfacciato.
flipper ['flipə] s. **1** ⟨Zool⟩ natatoia f, pinna f. **2** ⟨Sport⟩ pinna f. **3** ⟨sl⟩ (hand) mano f, ⟨scherz⟩ zampa f.
flipperty-flopperty ['flipəti'flɔpəti] a. ciondolante, dondolante.
flipping ['flipiŋ] a. ⟨fam⟩ dannato, maledetto.
flip side s. ⟨sl⟩ (of a record) retro m di un disco.
flirt [fləːt] **I** v.i. **1** amoreggiare, civettare, flirtare. **2** (to toy) trastullarsi (with con): he ~ed with the idea si trastullava con l'idea. **3** (to move jerkily) muoversi a

scatti, procedere a sbalzi. **II** *v.t.* **1** lanciare, gettare. **2** (*of a fan*) agitare rapidamente. **III** *s.* **1** flirt *m,* amore *m* superficiale, amoretto *m.* **2** (*woman*) civetta *f;* (*man*) vagheggino *m.* **3** (*quick movement*) scatto *m,* mossa *f* improvvisa. **flirtation** [–'teiʃən] *s.* **1** amoreggiamento *m.* **2** (*love affair*) flirt *m,* amore *m* superficiale, amoretto *m.* **flirtatious** [–'teiʃəs] *a.* civettuolo, incline al flirt, poco serio. **flirtatiously** [–'teiʃəsli] *avv.* con civetteria. **flirtatiousness** [–'teiʃəsnis] *s.* civetteria *f.* **'flirty** [–ti] *a.* → flirtatious.

flit [flit] **I** *v.i.* (*pret., p.p.* **'flitted** [–id]) **1** volteggiare, svolazzare: *butterflies –ted from flower to flower* le farfalle svolazzavano di fiore in fiore. **2** (*to move quickly*) passare veloce(mente): *clouds –ted across the sky* le nuvole passavano veloci nel cielo. **3** ⟨*fam*⟩ (*to change house secretely*) traslocare alla chetichella. **II** *s.* **1** movimento *m* rapido e leggero, battito *m.* **2** ⟨*fam*⟩ trasloco *m* fatto alla chetichella.

flitch [flitʃ] **I** *s.* **1** ⟨*Macell*⟩ striscia *f* di lardo. **2** (*piece of fish for smoking*) fetta *f* (*o* trancia) di pesce da affumicare. **3** ⟨*Fal*⟩ elemento *m* di trave composta; (*veneer*) foglio *m* da impiallacciatura. **II** *v.t.* **1** tagliare 'a fette¯ (*o* in trance). **2** ⟨*Fal*⟩ (*of logs*) ricavare pezzi di legno da.

flitter ['flitə] *v.* ⟨*rar*⟩ → flutter.
flitter-mouse ['flitəmaus] *s.irr.* pipistrello *m.*
flitting ['flitiŋ] *a.* breve, transitorio, fugace.
flivver ['flivə] *s.* ⟨*am.sl*⟩ utilitaria *f,* ⟨*fam*⟩ macinino *m.*
float [flout] **I** *v.i.* **1** galleggiare, stare a galla; (*in swimming*) fare il morto. **2** (*to move on the surface of a liquid*) lasciarsi portare (*o* trascinare) dalla corrente, fluitare. **3** (*to be suspended in air*) librarsi in aria. **4** ⟨*fig*⟩ (*to wander aimlessly*) vagare, errare. **5** ⟨*Econ*⟩ essere in circolazione. **II** *v.t.* **1** far galleggiare, far stare a galla. **2** (*of timber*) flottare, far scendere lungo la corrente. **3** (*of a surface: to cover with liquid*) coprire d'acqua, inondare. **4** ⟨*Econ*⟩ (*of rates*) fluttuare; (*of a business*) istituire, creare; (*of a loan*) lanciare. **5** ⟨*Mur*⟩ (*of plaster*) spianare, lisciare. **6** ⟨*Agr*⟩ irrigare. **III** *s.* **1** galleggiante *m* (anche Idr.,Aer.). **2** (*life preserver*) salvagente *m.* **3** ⟨*Pesc*⟩ galleggiante *m,* sughero *m.* **4** ⟨*Mar*⟩ piattaforma *f* galleggiante; (*flat-bottomed boat*) pontone *m,* chiatta *f;* (*raft*) zattera *f.* **5** ⟨*Mecc*⟩ (*in a carburettor*) galleggiante *m.* **6** ⟨*Zool*⟩ vescica *f* natatoria. **7** → float board. **8** (*cart*) carro *m* basso senza sponde; (*in a pageant*) carro *m* da corteo. **9** *pl.* ⟨*teat*⟩ (*footlights*) luci *fpl* della ribalta. **10** *pl.* (costr. sing. o pl.) ⟨*Geol*⟩ frammenti *mpl* portati a valle 'dalle acque¯ (*o* dal vento).

floatable ['floutəbl] *a.* **1** che può galleggiare, che sta a galla. **2** (*of a waterway*) navigabile. **floatage** [–tidʒ] *s.* **1** galleggiamento *m.* **2** (*buoyancy*) galleggiabilità *f.* **3** ⟨*Dir*⟩ relitti *mpl* galleggianti; (*right*) diritto *m* di appropriarsi di un relitto. **4** ⟨*Mar*⟩ opera *f* morta. **5** (*ships*) imbarcazioni *fpl,* natanti *mpl.* **6** (*floating masses*) masse *fpl* galleggianti. **floatation** [–'teiʃən] *s.* **1** galleggiamento *m.* **2** ⟨*Econ*⟩ (*of a company*) costituzione *f;* (*of a loan*) lancio *m.* **3** ⟨*Minier*⟩ flottazione *f.*

floatation gear *s.* ⟨*Aer*⟩ dispositivo *m* di galleggiamento.
float board *s.* pala *f.*
floater ['floutə] *s.* **1** persona *f* che galleggia, (*thing*) galleggiante *m.* **2** ⟨*fam*⟩ (*drifter*) vagabondo *m* (*f* –a); (*boomer*) lavoratore *m* (*f* –trice) stagionale. **3** ⟨*Pol*⟩ elettore *m* indeciso. **4** ⟨*fam,Econ*⟩ (*bearer security*) titolo *m* al portatore. **5** ⟨*sl*⟩ (*blunder*) gaffe *f,* sproposito *m.*
floating ['floutiŋ] **I** *a.* **1** galleggiante. **2** ⟨*Med*⟩ mobile. **3** ⟨*Econ*⟩ (*of rates*) fluttuazione *f;* (*of a business*) istituzione *f,* creazione *f;* (*of a loan*) lancio *m,* emissione *f.* **4** ⟨*fig*⟩ fluttuante, variabile: *a ~ population* una popolazione fluttuante. **5** ⟨*Mecc*⟩ flottante, oscillante. **II** *s.* **1** galleggiamento *m.* **2** (*of timber*) fluitazione *f.*
floating| assets *s.pl.* ⟨*Econ*⟩ capitale *m* circolante. **~ bridge** *s.* ponte *m* galleggiante (*o* di barche). **~ capital** *s.* capitale *m* circolante. **~ craft** *s.* ⟨*Mar*⟩ galleggiante *m.* **~ crane** *s.* gru *f* galleggiante. **~ debt** *s.* ⟨*Econ*⟩ debito *m* fluttuante (a breve termine). **~ dock** *s.* ⟨*Mar*⟩ bacino *m* galleggiante. **'~ 'kidney** *s.* ⟨*Med*⟩ rene *m* mobile. **~ light** *s.* ⟨*Mar*⟩ **1** boa *f* luminosa. **2** (*lightship*) battello *m*

faro. **~ point** *s.* ⟨*Inform*⟩ virgola *f* mobile (*o* fluttuant **~ rate** *s.* tariffa *f* per i trasporti marittimi. **~ rate lo** *s.* mutuo *m* a tasso (d'interesse) variabile. **~ rib** *s.* ⟨*An* costola *f* fluttuante. **~ vote** *s.* ⟨*Pol*⟩ voto *m* oscillante
float| plane, ~ seaplane *s.* ⟨*Aer*⟩ idrovolante *m* galleggiante. **~ stone** *s.* ⟨*tecn*⟩ pietra *f* pomice.
flocculant ['flɔkjulənt] *s.* ⟨*Chim*⟩ flocculante
flocculate [–leit] *v.i.* flocculare.
floccule ['flɔkju:l] *s.* fiocco *m,* flocculo *m.* **flocculen** [–juləns] *s.* l'essere fioccoso. **flocculent** [–julent] fioccoso, flocculoso.
flock[1] [flɔk] **I** *s.* **1** (*of sheep, goats*) gregge *m.* **2** (*of bir* stormo *m.* **3** ⟨*fig*⟩ folla *f,* turba *f,* stuolo *m.* **4** ⟨*R* gregge *m.* **II** *v.i.* affollarsi, ammassarsi, accalcarsi. □ *–s* in gran numero.
flock[2] **I** *s.* **1** (*tuft of wool, cotton, etc.*) fiocco *m,* biocc *m;* (*of hair*) ciuffo *m,* ciocca *f.* **2** *pl.* (*waste fibres*) casca *m.* **3** (*powdered wool*) polvere *f* di lana. **4** (*floc*) flocc *m.* **II** *v.t.* **1** (*of a mattress, etc.*) riempire di cascame. (*of wallpaper*) rendere ruvido.
flock|-bed *s.* letto *m* con materasso di cascan **~-master** *s.* pastore *m.* **~-paper** *s.* carta *f* da par ruvida.
flocky ['flɔki] *a.* fioccoso, fatto (*o* simile) a fiocchi.
floe [flou] *s.* ⟨*Geol*⟩ **1** (*ice floe*) banchisa *f.* **2** (*detach portion*) banco *m* di ghiaccio galleggiante.
flog [flɔg] *v.t.* (*pret., p.p.* **flogged** [–d]) **1** frustare, sferza fustigare. **2** ⟨*fig*⟩ (*to drive*) sforzare. **3** ⟨*fam*⟩ (*to s* vendere. **4** ⟨*sl*⟩ (*to defeat*) battere, vincere. □ ⟨*fam*⟩ to *o.s. to death* ammazzarsi di fatica; ⟨*fig*⟩ *to ~ a dead ho* fare sforzi inutili. **'flogging** [–iŋ] *s.* fustigazione *f.*
flong [flɔŋ] *s.* ⟨*Tip*⟩ flano *m.*
flood[1] [flʌd] *s.* **1** inondazione *f,* alluvione *f,* allagamen *m;* (*of a river*) piena *f: to be in ~* essere in piena. **2 **(*the tide*) flusso *m,* alta marea *f.* **3** ⟨*fig*⟩ diluvio *m,* fi me *m,* profluvio *m: a ~ of tears* un fiume di lacrim Flood *s.* ⟨*Bibl*⟩ diluvio *m* universale. □ ⟨*fig*⟩ *at the ~* momento giusto; *the tide is at the ~* la marea è alta.
flood[2] **I** *v.t.* **1** inondare, allagare, sommergere: *the riv –ed the valley* il fiume inondò la valle; (*of water*) **** straripare: *rain –ed the river* la pioggia ha fatto st(ra)ripa il fiume. **2** ⟨*fig*⟩ (*to overwhelm*) sommergere, inonda *–ed with requests* sommersi dalle richieste. **3** **floodlight. 4** ⟨*Mar*⟩ (*of a submarine*) allagare. **5** ⟨*M* ingolfare: *to ~ the engine* ingolfare il motore. **6** ⟨*A* irrigare. **II** *v.i.* **1** irrompere allagando (*o* inondand water *–ed into the room* l'acqua irruppe nella stan allagandola; (*to overflow*) traboccare; (*of a river*) stra(ri)pa **2** (*to become flooded*) allagarsi. **3** (*of the tide*) monta salire, crescere. **4** ⟨*Med*⟩ avere un'emorragia uterina. **** ⟨*fig*⟩ *to ~* in affluire copiosamente, ⟨*scherz*⟩ fioccare; *~ a room with light* inondare una stanza di luce; *to ~ t* market inondare il mercato; *to ~ out* sfollare (a causa un'alluvione).
flood|gate *s.* porta *f* della chiusa. □ ⟨*fig*⟩ *to open the* *to s.th.* dare libero sfogo a qc. **~light I** *s.* **1** luce *f* largo fascio luminoso¯ (*o* da proiettore). **2** → floodlig projector. **II** *v.t.irr.* illuminare 'con proiettori¯ (*o* giorno). **~lighting** *s.* illuminazione *f* mediante rifletto **~light projector** *s.* proiettore *m,* riflettore *m.* **~lit** illuminato 'con proiettori¯ (*o* a giorno). □ *a ~ footbc match* un incontro di calcio alla luce dei proiettori.
plain *s.* ⟨*Geog*⟩ pianura *f* alluvionale. **~ tide** *s.* **1** mar *f* crescente (*o* montante). **2** ⟨*fig*⟩ ondata *f.*
floor [flɔ:] **I** *s.* **1** pavimento *m;* (*of a bridge*) base *f.* (*storey*) piano *m: a top-~ flat* un appartamento all'ultim piano. **3** ⟨*Parl*⟩ spazio *m* riservato ai memb dell'assemblea. **4** ⟨*Econ*⟩ (*of a Stock Exchange*) sala delle negoziazioni. **5** ⟨*Mar*⟩ (*of a dock*) platea *f;* (*of hold*) pagliolo *m;* (*of a keel*) madiere *m.* **6** (*flat bottom* fondo *m: the ~ of a valley* il fondo di una valle. ⟨*Comm*⟩ livello *m* minimo. **8** ⟨*Minier*⟩ suola *f,* pela *m* (*stratum*) strato *m* (di minerale). **9** (*on the Stock Exchang* recinto *m* delle grida. **II** *v.t.* **1** pavimentare. **2** (*to knoc down*) gettare a terra, atterrare, abbattere. **3** ⟨*fig*⟩ (*defeat*) battere, sconfiggere. **4** ⟨*fam*⟩ (*to confound* confondere, imbarazzare, mettere in imbarazzo: *th*

uestion *-ed* *me* la domanda mi ha imbarazzato; (*tb* *lence*) far tacere, ridurre al silenzio. **5** ⟨*fam*⟩ (*to answer* *rrectly*) rispondere correttamente. □ ⟨*fig*⟩ *to* **ask** *for the* chiedere la parola; ⟨*fig*⟩ *to* **hold** *the* ~ attirare su di sé **attenzione** generale; *to* **sit** *on the* ~ sedere 'per terra' (*o* *l* pavimento); ⟨*Scol*⟩ *to* ~ *the* **paper** rispondere a tutte domande di un questionario; ⟨*fig*⟩ *to* **take** *the* ~: **1** *minciare* a ballare; **2** ⟨*Parl*⟩ prendere la parola; ⟨*tecn*⟩ *to* ~ **time** tempo *m* ciclo (*o* di lavorazione pezzo); *am*⟩ *to* **wipe** *the* ~ *with s.o.* annientare (*o* battere in *eno*) qd.

orage ['flɔːridʒ] *s.* area *f* pavimentata.

or|-board *s.* **1** tavola *f* di pavimento. **2** ⟨*Mar*⟩ madiere *.* ~ **broker** *s.* ⟨*Econ*⟩ intermediario *m* di borsa. **-cloth** *s.* straccio *m* per pulire i pavimenti.

orer ['flɔːrə] *s.* **1** colpo *m* che atterra. **2** ⟨*fam*⟩ *nanswerable question*) domanda *f* impossibile. **flooring** *-riŋ*] *s.* **1** pavimento *m.* **2** ⟨*Edil*⟩ pavimentazione *f.* **3** *naterial*) materiale *m* per pavimentazione.

or| *joist* *s.* ⟨*Edil*⟩ travetto *m,* travicello *m.* ~ **lamp** *s.* *mpada* *f* a stelo. ~ **layer** *s.* pavimentatore *m,* *avimentista* *m.* ~ **leader** *am. s.* ⟨*Parl*⟩ capogruppo *m* *arlamentare.* ~ **manager** *s.* **1** ⟨*TV*⟩ direttore *m* di *ena.* **2** → **floor-walker.** ~ **plan** *s.* ⟨*Edil*⟩ pianta *f* (di *sa* o appartamento). ~ **polisher** *s.* lucidatrice *f* lettrica) per pavimenti. ~ **price** *s.* ⟨*Comm*⟩ prezzo *m* *se.* ~ **show** *s.* (*in a night-club, cabaret*) spettacolo *m* *l* varietà sulla pista. ~ **space** *s.* superficie *f* d'ingombro. **waiter** *s.* cameriere *m* del piano. ~**-walker** *s.* (*in a* *ore*) ispettore *m* (*f* –trice).

ozie, floozy ['fluːzi] *s.* ⟨*sl*⟩ **1** donna *f* di facili costumi. (*prostitute*) prostituta *f.*

p¹ [flɔp] *v.* (*pret., p.p.* flopped [–t]) **I** *v.i.* **1** buttarsi, *sciarsi* cadere: *he –ped into a chair* si lasciò cadere su *na* sedia. **2** (*to move clumsily, heavily*) muoversi *ffamente* (*o* pesantemente, in modo spraziato). **3** ⟨*fam*⟩ *o* *fail dismally*) fallire, ⟨*fam*⟩ fare fiasco. **4** ⟨*am.sl*⟩ (*to* *o* *to bed*) andare a dormire. **5** (*to flap*) sbattere. **6** ⟨*fam*⟩ *o* *lose self-control*) perdere il controllo, ⟨*fam*⟩ andare in *tt.* **II** *v.t.* **1** lasciar cadere, gettare, buttare. **2** (*to flap*) *battere.*

p² **I** *s.* **1** il piombare giù. **2** (*sound*) tonfo *m.* **3** ⟨*fam*⟩ *tter failure*) insuccesso *m,* fallimento *m,* ⟨*fam*⟩ fiasco *m.* ⟨*am.sl*⟩ (*place to sleep*) posto *m* per dormire. **II** *avv.* *n* un tonfo.

phouse *am.* ['flɔphaus] *s.* ⟨*sl*⟩ albergo *m* d'infimo *rdine.*

ppy ['flɔpi] *a.* floscio, moscio, cascante: *a* ~ *hat* un *appello* floscio.

ppy disk *s.* ⟨*Inform*⟩ dischetto *m,* disco *m* flessibile.

ra ['flɔːrə] *s.* (*pl.* -**s** [z]/-**rae** [riː]) flora *f.*

ral ['flɔːrəl] *a.* **1** floreale: *a* ~ *tribute* un omaggio *oreale.* **2** (*of floras*) della flora. **3** (*of a flower*) fiorale, *oreale.* **florally** [–i] *avv.* a fiori, con fiori.

orence ['flɔrəns] *N.pr.* **1** ⟨*Geog*⟩ Firenze *f.* **2** (*girl's* *ame*) Fiorenza *f.*

orentine ['flɔrəntain] **I** *a.* **1** fiorentino (*anche Art.*). **2** *Gastr*⟩ (usato predicativamente) con spinaci: *eggs* ~ uova *on* spinaci. **II** *s.* fiorentino *m* (*f* –a).

orentine iris *s.* ⟨*Bot*⟩ giglio *m* fiorentino.

rescence [flɔːˈresns] *s.* ⟨*Bot*⟩ florescenza *f,* fioritura *f.* **orescent** [-ˈresnt] *a.* in fiore.

ret ['flɔːrit] *s.* **1** fiorellino *m.* **2** ⟨*Bot*⟩ flosculo *m.*

riated ['flɔːrieitid] *a.* decorato con motivi floreali.

ricultural [ˌflɔːriˈkʌltʃərəl] *a.* della floricoltura. **oriculturalist** [–ist] *s.* → floriculturist. **'floriculture** *-tʃə*] *s.* floricultura *f.* **floriculturist** [–tʃərist] *s.* *oricoltore* *m* (*f* –trice).

rid '[ˈflɔrid] *a.* **1** florido, vivo. **2** (*showy*) vistoso, *gargiante.* **3** (*elaborate*) fiorito, ornato: ~ *language* *nguaggio* fiorito. **4** ⟨*Mus*⟩ fiorito, figurato: ~ *ounterpoint* contrappunto fiorito. **floridity** [flɔːˈriditi], **loridness** [–dnis] *s.* **1** floridezza *f.* **2** (*showiness*) *istosità* *f.* **3** ⟨*fig*⟩ fioritura *f,* ornamento *m:* ~ *of style* *ioritura* di stile.

riferous [flɔːˈrifərəs] *a.* ⟨*Bot*⟩ fiorifero.

rilegium *lat.* [ˌflɔːriˈliːdʒiəm] *s.* (*pl.* -**gia** [dʒiə]/-**s** [–z])

---

florilegio *m.*

florin ['flɔrin] *s.* **1** fiorino *m.* **2** (*in Holland*) fiorino *m* olandese.

florist ['flɔrist] *s.* **1** fiorista *m/f,* floricoltore *m* (*f* –trice). **2** (*retailer*) fioraio *m* (*f* –a), fiorista *m/f.*

floss [flɔs] *s.* **1** bava *f* (serica). **2** (*silk filaments*) seta *f* da ricamo; (*waste silk fibres*) cascame *m* di seta. **3** ⟨*Bot*⟩ lanugine *f.* **4** (*dental floss*) filo *m* interdentale.

floss silk *s.* filaticcio *m,* bavella *f.*

flossy ['flɔsi] *a.* **1** fatto di cascami di seta. **2** (*light and* *soft*) serico, leggero. **3** ⟨*fam*⟩ (*showy*) vistoso.

flotage *s.* → floatage. **flotation.** *s.* → floatation.

flotilla [flou'tilə] *s.* ⟨*Mar.mil,Aer*⟩ flottiglia *f.*

flotsam ['flɔtsəm] *s.* ⟨*Dir*⟩ relitti *mpl* (*o* rottami) galleggianti. □ ~ *and jetsam:* **1** relitti *mpl* galleggianti (*o* portati a riva); **2** ⟨*fig*⟩ (*useless trifles*) cianfrusaglie *fpl;* **3** ⟨*fam*⟩ (*drifters*) vagabondi *mpl.*

flounce¹ [flauns] **I** *v.i.* **1** muoversi a scatti. **2** (*to struggle*) dimenarsi, dibattersi, agitarsi. **II** *s.* scatto *m,* balzo *m,* gesto *m* improvviso. □ *she –d out of the room* si precipitò fuori della stanza; *to* ~ *up and down* andare su e giù con impazienza' (*o* nervosamente).

flounce² **I** *s.* ⟨*Sart*⟩ balza *f,* gala *f,* falpalà *m.* **II** *v.t.* guarnire con balze.

flounder¹ ['flaundə] **I** *v.i.* **1** (*in water, snow, etc.*) dibattersi, agitarsi: *he –ed about in the mud* si · dibatteva nel fango. **2** ⟨*fig*⟩ esitare e sbagliare; (*in speaking*) impappinarsi. **II** *s.* **1** il dibattersi, dimenamento *m.*

flounder² *s.* (*pl. inv./-s* [z]; il pl.inv. si usa con valore collett.) ⟨*Itt*⟩ **1** passera *f.* **2** ⟨*am*⟩ specie di sogliola.

flour ['flauə] **I** *s.* **1** (*of wheat*) farina *f;* (*of potatoes, etc.*) fecola *f.* **2** (*fine powder*) farina *f,* polvere *f* (finissima). **II** *v.t.* **1** (*of grain*) macinare. **2** (*to sprinkle with flour*) infarinare.

flour bin *s.* madia *f.*

flourish ['flʌriʃ] **I** *v.i.* **1** essere fiorente, fiorire, prosperare. **2** (*to be healthy*) star bene, godere buona salute. **3** ⟨*Agr*⟩ crescere rigogliosamente (*o* bene), prosperare. **4** (*to make* *sweeping gestures*) fare larghi gesti. **5** ⟨*fig*⟩ usare un linguaggio fiorito. **6** (*in handwriting*) fare svolazzi scrivendo. **7** ⟨*Mus*⟩ eseguire una fioritura; (*to play a* *fanfare*) sonare una fanfara. **II** *v.t.* **1** brandire, agitare: *to* ~ *a sword* brandire una spada. **2** (*to flaunt*) ostentare: *to* ~ *one's wealth* ostentare le proprie ricchezze. **3** (*to* *decorate with flowers, etc.*) adornare, decorare. **III** *s.* **1** il brandire, l'agitare; (*of a sword, etc.*) mulinello *m.* **2** ⟨*fig*⟩ ostentazione *f.* **3** (*in handwriting*) svolazzo *m,* ghirigoro *m.* **4** ⟨*Ret*⟩ fiorettatura *f,* fioretto *m.* **5** ⟨*Mus*⟩ fioritura *f,* fiorettatura *f;* (*fanfare*) fanfara *f.* **6** (*prosperity*) prosperità *f,* rigoglio *m: in full* ~ in pieno rigoglio. **flourishing** [–iŋ] *a.* **1** fiorente, prosperoso, rigoglioso: *a* ~ *economy* un'economia fiorente. **2** (*in good health*) fiorente, florido.

flour mill *s,* mulino *m* da grano.

floury ['flauəri] *a.* **1** infarinato, coperto di farina: ~ *hands* mani infarinate. **2** (*resembling flour*) farinoso. **3** (*of* *potatoes*) farinoso.

flout [flaut] **I** *v.t.* dileggiare, beffare, deridere, schernire: *to* ~ *conventions* dileggiare le convenzioni. **II** *v.i.* beffarsi, farsi scherno (*at* di). **III** *s.* dileggio *m,* derisione *f,* scherno *m.*

flow [flou] **I** *v.i.* **1** fluire, scorrere (*anche fig.*): *the waters* *-ed slowly along* le acque fluivano lentamente; (*of rivers,* *etc.: to flow together*) confluire, versarsi (*into* in). **2** (*of* *blood*) circolare, scorrere. **3** (*to gush*) sgorgare, fluire, scorrere: *blood -ed from the wound* il sangue sgorgava dalla ferita. **4** ⟨*fig*⟩ (*of words, thoughts*) fluire, scorrere; (*of* *literary style*) essere scorrevole (*o* fluido). **5** (*of the tide*) salire, montare. **6** ⟨*fig*⟩ (*to issue*) provenire, derivare, procedere: *his authority -s from his office* l'autorità gli deriva dalla sua carica. **7** ⟨*fig*⟩ (*to hang loosely*) scendere, ricadere (morbidamente): *her hair -ed down her back* i capelli le scendevano lungo la schiena. **8** (*to abound*) abbondare (*with* di). **II** *v.t.* inondare, allagare. **III** *s.* **1** lo scorrere, il fluire. **2** (*that which flows*) flusso *m: the* ~ *of* *the waters* il flusso delle acque; (*stream*) fiume *m.* **3** ⟨*fig*⟩ flusso *m,* corrente *f: a* ~ *of traffic* una corrente di traffico;

(*of speech*) fiume *m*, flusso *m*. **4** ⟨*Idr*⟩ portata *f*, getto *m*. **5** (*of the tide*) flusso *m*. **6** ⟨*Fis,Met*⟩ flusso *m*. □ *the tide is on the* ~ la marea sta salendo.

flowchart ['flout∫a:t] **I** *s*. **1** ⟨*Inform*⟩ organigramma *m*. **2** ⟨*Ind*⟩ diagramma *m* 'di flusso' (*o* del ciclo di lavorazione). **II** *v.t.* ⟨*Inform*⟩ fare un organigramma di. **flowcharting** *s*. diagrammazione *f*.

flow diagram *s*. diagramma *m* a blocchi.

flower ['flauə] **I** *s*. **1** fiore *m*: *a bunch of* –*s* un mazzo di fiori. **2** (*bloom*) fiore *m*, fioritura *f*: *our roses are in* ~ le nostre rose sono in fiore. **3** ⟨*fig*⟩ (fior) fiore *m*, parte *f* migliore, crema *f*: *the* ~ *of the country's youth* il fior fiore della gioventù del paese; (*prime*) fiore *m*, pieno rigoglio *m* (*o* vigore), massimo fulgore *m*: *the* ~ *of life* il fiore della vita; (*cause of pride*) fiore *m* all'occhiello: *the* ~ *of our generation* il fiore all'occhiello della nostra generazione. **4** ⟨*Tip*⟩ (*fleuron*) ornamento *m* (*o* fregio) floreale. **5** ⟨*fig*⟩ (*literary ornament*) fioretto *m*, fiorettatura *f*: (*figure of speech*) figura *f* retorica. **6** *pl*. ⟨*Chim,Enol*⟩ fiori *mpl*. **II** *v.i.* **1** fiorire. **2** ⟨*fig*⟩ fiorire, sbocciare. **III** *v.t.* **1** far fiorire. **2** (*to decorate: with flowers*) ornare di fiori, infiorare; (*with floral designs*) ornare di disegni floreali. □ *no* –*s, by request* si prega di non inviare fiori; –*s of speech* fiori retorici; *to burst into* ~ sbocciare, schiudersi; ⟨*Chim*⟩ –*s of zinc* ossido *m* di zinco.

flowerage ['flauərid3] *s*. **1** ⟨*collett*⟩ fiori *mpl*. **2** (*flowering*) fioritura *f*.

flower|bed *s*. aiola *f*. ~ **box** *s*. fioriera *f*. ~ **bud** *s*. ⟨*Agr*⟩ gemma *f* florale. ~ **Children** *s.pl*. ⟨*fam*⟩ figli *mpl* dei fiori.

flowered ['flauəd] *a*. **1** fiorito, in fiore. **2** (*decorated with flowers*) fiorato, ornato di fiori; (*covered with floral patterns*) a fiori, fiorato, a fiorami: *a* ~ *dress* un vestito a fiori. **flowerer** [–ərə] *s*. pianta *f* che fiorisce. □ *an abundant* ~ una pianta che dà molti fiori; *a late* ~ una pianta tardiva (*o* che fiorisce tardi). **floweret** [–ərit] *s*. fiorellino *m*.

flower| girl *s*. fioraia *f*. ~ **grower** *s*. floricoltore *m* (*f* –trice). ~ **growing** *s*. floricoltura *f*. ~ **head** *s*. ⟨*Bot*⟩ capolino *m*.

floweriness ['flauərinis] *s*. l'essere fiorito (*o* ornato) (*anche fig*.). **flowering** [–riŋ] *a*. in fiore, fiorito. **flowerless** ['flauəlis] *a*. senza fiori.

flower| piece *s*. ⟨*Pitt*⟩ quadro *m* di (*o* con) fiori. ~**pot** *s*. vaso *m* portafiori, fioriera *f*. ~ **show** *s*. mostra *f* di fiori. ~ **stalk** *s*. ⟨*Bot*⟩ peduncolo *m* (florale). ~ **stand** *s*. giardiniera *f*.

flowery ['flauəri] *a*. **1** fiorito, in fiore. **2** ⟨*fig*⟩ (*of language, style*) fiorito, ornato, infiorato.

flowing ['flouiŋ] *a*. **1** fluente, che scorre: ~ *waters* acque fluenti. **2** ⟨*fig*⟩ (*fluent*) scorrevole, fluente: *a* ~ *speech* un discorso fluente. **3** ⟨*fig*⟩ (*smooth, easy*) scorrevole, fluido: ~ *style* stile scorrevole; (*graceful*) aggraziato, armonioso. **4** ⟨*fig*⟩ (*falling or hanging loosely*) di linea morbida, non aderente: *a* ~ *robe* un abito di linea morbida; (*of hair*) fluente. **5** ⟨*fig*⟩ (*abounding*) che abbonda (*with* di).

flowing tide *s*. marea *f* crescente, alta marea.

flow line *s*. linea *f* di flusso.

flown[1] [floun] → **fly**[1].

flown[2] *a*. **1** ⟨*tecn*⟩ dai colori sfumati (*o* fusi). **2** ⟨*rar*⟩ gonfio (*with* di).

fl. oz. = *fluid ounce* oncia fluida.

Flt-Lt = ⟨*Aer.mil*⟩ *Flight–Lieutenant* capitano.

Flt-Sgt = ⟨*Aer.mil*⟩ *Flight–Sergeant* sergente pilota.

flu [flu:] *s*. ⟨*pop*⟩ (*influenza*) influenza *f*.

flub *an*. [flʌb] **I** *v.i.* fare una gaffe. **II** *s*. gaffe *f*.

fluctuant ['flʌkt∫uənt] *a*. fluttuante, oscillante. **fluctuate** [–t∫ueit] *v.i.* **1** essere incerto, ondeggiare, tentennare; (*to vary*) oscillare, fluttuare, variare. **2** (*to move like a wave*) ondeggiare, fluttuare. **,fluctuation** [–t∫u'ei∫ən] *s*. fluttuazione *f*, oscillazione *f*.

flue[1] [flu:] *s*. **1** (*in a chimney*) canna *f* fumaria. **2** (*passage, duct*) condotto *m*, tubo *m*. **3** ⟨*tecn*⟩ (*in a steam boiler*) condotto *m* del fumo. **4** ⟨*Mus*⟩ (*windway*) fessura *f* della canna.

flue[2] *s*. (*fluff*) laniccio *m*; (*down*) peluria *f*, lanugine *f*.

flue[3] *s*. ⟨*Pesc*⟩ **1** rete *f* da pesca. **2** (*drag net*) rete *f* a strascico.

flue[4] **I** *v.t.* ⟨*Edil*⟩ svasare, allargare. **II** *v.i.* svasa allargarsi.

fluency ['flu:ənsi] *s*. fluidità *f*, scorrevolezza *f*: ~ *of st* fluidità di stile. **fluent** [–nt] *a*. **1** (*of langua* scorrevole, fluente, fluido; (*of a person*) facondo, d. parola facile. **2** (*easy, graceful*) aggraziato, armonioso. *to speak* ~ *English* parlare l'inglese correntemente.

flue pipe *s*. ⟨*Mus*⟩ canna *f* labiale.

fluff [flʌf] **I** *s*. **1** (*soft down*) peluria *f*. **2** (*fluffy ma* massa *f* soffice (*o* vaporosa), batuffolo *m*. **3** ⟨*fig*⟩ (*f growth of beard*) peluria *f*, lanugine *f*. **4** ⟨*fam*⟩ (*bluna* gaffe *f*, cantonata *f*, granchio *m*. **5** ⟨*teat*⟩ papera *f*. **II** **1** rendere soffice (*o* vaporoso); (*of pillows, mattress* sprimacciare; (*of feathers*) arruffare. **2** ⟨*fam*⟩ (*to bun,* abborracciare, pasticciare. **3** ⟨*teat*⟩ recitare prender (delle) papere. **III** *v.i.* **1** diventare soffice (*o* vaporos gonfiarsi; (*of feathers*) arruffarsi. **2** ⟨*fam*⟩ (*to bluna* prendere una cantonata (*o* un granchio). **3** ⟨*te* impaperarsi, prendere una papera. □ ⟨*sl*⟩ *a bit of* ~ ι ragazza. **'fluffiness** [–finis] *s*. l'essere soffice. **'fluffy** [– *a*. **1** coperto di peluria, lanuginoso. **2** (*light, airy*) legge soffice: *a* ~ *cake* una torta soffice; (*of clothing*) vaporo leggero.

fluid ['flu:id] **I** *s*. fluido *m* (*anche Occult.*). **II** *a*. **1** flui 2 ⟨*fig*⟩ fluido, instabile; (*variable*) mutevole, incostante

fluid| dram *s*. dracma *f* fluida (pari a 3,55 cm³). ~ **dr** *s*. ⟨*Mot*⟩ trasmissione *f* idrodinamica. ~ **gear** *s*. ⟨*M* cambio *m* idraulico.

fluidics [flu:'idiks] *s.pl*. (costr. sing.) fluidica *f*.

fluidify [flu:'idifai] **I** *v.t.* fluidificare. **II** *v.i.* fluidifica **fluidity** [–'iditi] *s*. **1** fluidità *f*. **2** ⟨*fig*⟩ fluidità instabilità *f*.

fluke[1] [flu:k] **I** *s*. **1** colpo *m* di fortuna. **2** (*accidentε successful stroke*) tiro *m* (*o* colpo) fortunato. **II** ottenere con un colpo di fortuna. **III** *v.i.* avere un co di fortuna. □ *to win by a* ~ vincere per (puro) caso.

fluke[2] *s*. **1** ⟨*Mar*⟩ (*of an anchor*) patta *f*, palma *f*. **2** (*o harpoon arrow, etc.*) punta *f*. **3** *pl*. ⟨*Zool*⟩ (*of a wha* coda *f*.

fluk(e)y [flu:ki] *a*. ⟨*fam*⟩ **1** fortunato; (*chance*) fortu casuale. **2** (*of the wind*) incostante, variabile.

flume [flu:m] **I** *s*. **1** canale *m* artificiale. **2** ⟨*am*⟩ (*ravi* burrone *m* (*o* gola *f*) scavato da un torrente. **II** trasportare per mezzo di un canale artificiale.

flummery ['flʌməri] *s*. **1** ⟨*Gastr*⟩ farinata *f*. **2** ⟨*Dd* (*kind of blancmange*) tipo di biancomangiare. **3** ⟨*fa* (*humbug*) frottole *fpl*, fandonie *fpl*; (*empty complimer.* complimenti *mpl* sciocchi.

flummox ['flʌməks] *v.t.* ⟨*fam*⟩ sconcertare, confonde imbarazzare.

flump [flʌmp] ⟨*fam*⟩ **I** *v.i.* cadere con un tonfo; (*to m heavily*) muoversi pesantemente. **II** *v.t.* far cadere con tonfo. **III** *s*. tonfo *m*.

flung [flʌŋ] → **fling**[1].

flunk [flʌŋk] ⟨*am.fam*⟩ **I** *v.t.* **1** essere bocciato (*o* respin in, ⟨*fam*⟩ cadere in; (*of a student*) bocciare, respingere. (*to shirk*) sottrarsi a. **II** *v.i.* **1** essere bocciato (*o* respin **2** (*to back out*) ritirarsi, tirarsi indietro. **III** *s*. **1** fia *m*. **2** (*in an exam*) bocciatura *f*.

flunk(e)y ['flʌŋki] *s*. ⟨*spreg*⟩ **1** lacchè *m*, servo *m* in livr **2** (*toady*) persona *f* servile, ⟨*spreg*⟩ lacchè *m*, ⟨*spre* leccapiedi *m/f*. **3** (*menial assistant*) tirapiedi **flunk(e)yism** [–izəm] *s*. servilismo *m*.

fluoresce [,flu:ə'res] *v.i.* essere fluorescente. **fluorescen** [–əns] *s*. ⟨*Fis,Chim*⟩ fluorescenza *f*. **fluorescent** [–ənt] fluorescente.

fluorescent| lamp *s*. lampada *f* fluorescente. ~ **lighti** *s*. illuminazione *f* fluorescente. ~ **screen** *s*. schermo fluorescente.

fluoridate ['flu:ərideit] *v.* → **fluorinate**. **fluoride** [–raid] ⟨*Chim*⟩ fluoruro *m*. **fluorinate** [–rineit] *v.t.* fluorura sottoporre a fluorurazione. **fluorine** [–ri:n] *s*. fluoro **fluorite** [–rait] *s*. ⟨*Min*⟩ fluorite *f*, fluorina *f*.

fluoroscope ['fluərəskoup] *s*. ⟨*Fis*⟩ fluoroscopio *m*.

fluorosis [,flu:ə'rousis] *s*. ⟨*Med*⟩ fluorosi *f*.

fluorspar ['flu:əspɑ:] *s*. → **fluorite**.

rry ['flʌri] **I** s. **1** turbine m (o tempesta f improvvisa) di eve. **2** (gust of wind) folata f, raffica f, ventata f mprovvisa. **3** ⟨fig⟩ agitazione f, nervosismo m, ccitazione f. **4** (of a dying whale) ultimi sussulti mpl. **II** v.t. mettere in agitazione, innervosire. □ in a ~ agitato.

sh[1] [flʌʃ] **I** s. **1** flusso m (o getto) d'acqua. **2** (cleaning y flushing) sciacquata f. **3** (rush of blood) afflusso m di angue al viso, caldana f; (blush) rossore m, vampa f. **4** fig⟩ (rush of emotion) accesso m, scoppio m, impeto m: e felt a ~ of rage ebbe uno scoppio d'ira; (elation) saltazione f, ebbrezza f. **5** ⟨fig⟩ (vigour) rigoglio m, pieno igore m: in the ~ of youth nel rigoglio della giovinezza. **5** ⟨fig⟩ (sudden increase) boom m, aumento m mprovviso. **II** v.t. **1** (of water) far scorrere. **2** (of a meadow) irrigare. **3** (to cleanse with water; spesso con ut) pulire con un getto d'acqua, lavare abbondantemente. **4** (to cause to blush) far arrossire. **5** ⟨fig⟩ (to excite, inflame; general. al pass.) eccitare, infiammare, nfervorare: to be ~ed with success essere eccitato per il successo. **III** v.i. **1** (to blush) arrossire, diventare rosso. **2** to flow suddenly) scorrere impetuosamente; (of blood) affluire al viso. **3** ⟨fig⟩ (to glow red) accendersi, diventare nfocato. **4** ⟨Bot⟩ germogliare, gemmare.

sh[2] **I** a. **1** a livello (with di): windows ~ with the walls inestre a livello delle pareti. **2** (directly abutting, contiguous) rasente, (with a). **3** (fam) (well supplied with money) ben fornito di denaro, ⟨fam⟩ pieno di quattrini; prodigal) generoso, prodigo. **4** (flushed) colorito, arrossato. **5** ⟨fig⟩ (full of vigour) vigoroso; (full of life) pieno di vita. **6** (filled to overflowing) traboccante, rigurgitante, pieno fino all'orlo; (of a river) in piena. **7** Tip⟩ senza capoverso (o alinea). **II** avv. **1** a livello, in piano. **2** (in direct contact) a diretto contatto. **3** (straight) direttamente, in pieno. **III** v.t. **1** livellare, pareggiare. **2** Edil⟩ livellare, spianare. □ ⟨Legat⟩ to cut ~ tagliare a filo.

sh[3] **I** v.t. ⟨Venat⟩ far alzare in volo, far volare via. **II** v.i. levarsi (o alzarsi) in volo. **III** s. **1** (act) il far alzare in volo. **2** (flock of birds) stormo m di uccelli (levatisi) in volo.

sh[4] **I** s. (in poker) colore m: to get a ~ far colore. **II** a. di colore, (di carte) dello stesso seme: a ~ hand una mano di colore.

ushing[1] ['flʌʃiŋ] **I** s. rossore m, vampa f. **II** a. che arrossisce.

ushing[2] s. sciacquata f. **2** ⟨Idr⟩ flusso m. **3** (in a water closet) cacciata f.

ush| **tank** s. cassetta f per (o di) cacciata. ~ **valve** s. flussometro m.

uster ['flʌstə] **I** v.t. innervosire, mettere in agitazione, agitare; (to upset) turbare. **II** v.i. agitarsi, turbarsi. **III** s. agitazione f, nervosismo m, eccitazione f, turbamento m. □ to get ~ed agitarsi; to be all in a ~ essere tutto agitato.

ute [flu:t] **I** s. **1** ⟨Mus⟩ flauto m. **2** → **flutist. 3** ⟨Arch,Mecc,Met⟩ scanalatura f. **II** v.t. **1** ⟨Mus⟩ sonare sul flauto. **2** (to sing in flutelike tones) cantare con voce flautata. **3** (to make flutes in) scanalare, fare scanalature in. **III** v.i. ⟨Mus⟩ sonare nel flauto. '**fluted** [-id] a. **1** (of sounds) flautato, melodioso. **2** (grooved) scanalato (anche Arch.). '**fluting** [-iŋ] s. **1** il sonare il flauto. **2** (flute, groove) scanalatura f, solco m; (series) scanalature fpl. **3** ⟨Geol⟩ pieghettatura f. '**flutist** [-ist] s. ⟨Mus⟩ flauto m, flautista m/f.

utter ['flʌtə] **I** v.i. **1** (of birds) (s)battere le ali, svolazzare. **2** (to wave) fluttuare, ondeggiare: a flag ~ed in the wind una bandiera fluttuava al vento. **3** ⟨fig⟩ (to be agitated) agitarsi, eccitarsi; (to be tremulous) tremare, tremolare, palpitare. **4** ⟨Med⟩ battere irregolarmente. **5** (to move about aimlessly) andare su e giù nervosamente. **II** v.t. **1** battere, sbattere: to ~ one's eyelids battere le palpebre. **2** (of flags, etc.) sventolare. **3** ⟨fig⟩ turbare, agitare, sconvolgere. **III** s. **1** tremito m, vibrazione f; (of wings) battito m, frullio m; (of a flame) tremolio m; (of flags) sventolio m. **2** ⟨fig⟩ agitazione f, eccitazione f. **3** (fam) (bet) scommessa f: to have a ~ fare una scommessa. □ ⟨fam⟩ to be all in a ~ essere in uno stato

di grande agitazione; to make a ~ far colpo.

fluty ['flu:ti] a. flautato.

fluvial ['flu:viəl] a. fluviale. **fluviatile** [-viətil] a. ⟨Biol⟩ fluviatile.

flux [flʌks] **I** s. **1** flusso m (anche Med., Fis.). **2** ⟨fig⟩ cambiamento m continuo, mutamento m frequente: the situation is in a state of ~ la situazione è soggetta a frequenti mutamenti; (state of uncertainty) instabilità f, stato m d'incertezza. **3** ⟨Chim,Vetr⟩ fondente m. **4** ⟨Met⟩ fondente m, calcare m fondente. **5** ⟨tecn⟩ (in soldering) fondente m per saldare. **6** (of the tide) flusso m. **II** v.t. ⟨tecn⟩ **1** flussare, fondere. **2** (to fuse with flux) trattare con fondente. **III** v.i. **1** fluire, scorrere. **2** (to melt) fondersi; (to become fluid) liquefarsi.

fluxion ['flʌkʃən] s. **1** il fluire, flusso m. **2** ⟨fig⟩ mutamento m (o cambiamento) continuo. **3** ⟨Med, Mat⟩ flussione f. **fluxional** [-əl], **fluxionary** [-əri] a. **1** di flussione. **2** (variable) variabile, incostante.

fly[1] [flai] v. (pret. **flew** [flu:], p.p. **flown** [floun]) **I** v.i. **1** volare. **2** (to travel in an aircraft) andare (o viaggiare) in aereo, volare: we flew to Greece siamo andati in Grecia in aereo. **3** (to be carried through the air) volare, librarsi in aria. **4** (to pilot an aeroplane) pilotare un aereo, fare il pilota. **5** ⟨fig⟩ (to rush) volare, precipitarsi: to ~ to s.o.'s aid volare in aiuto di qd. **6** ⟨fig⟩ (of time) volare, passare rapidamente: time flies il tempo vola. **7** (to flee) fuggire, scappare. **8** (to float in the air) sventolare, svolazzare: to ~ in the wind svolazzare al vento; (to wave) ondeggiare. **9** (fam) (of money) volare (via), andarsene in fretta. **II** v.t. **1** pilotare: to ~ an aeroplane pilotare un aeroplano. **2** (to cause to fly) far volare: to ~ a kite far volare un aquilone. **3** (to transport in an aircraft) portare (o trasportare) in aereo (o volo). **4** (to cross in an aircraft) trasvolare, sorvolare: to ~ the Atlantic sorvolare l'Atlantico. **5** (of a flag) battere, issare. **6** (to escape from) fuggire da, scappare da, abbandonare: to ~ the country fuggire dal paese; (to avoid) sfuggire, sottrarsi a. □ to ~ **about** volare qua e là, svolazzare; ⟨fig⟩ to ~ **apart** andare (o volare) in pezzi; ⟨fig⟩ to ~ to **arms** correre alle armi; ⟨fig⟩ to ~ **at** s.o. avventarsi (o lanciarsi) su qd.; to ~ **away** (of birds) volar via; (of persons) involarsi; (fam) the **bird has flown** il tipo se l'è squagliata, si è reso uccel di bosco; (fam) to make the **dust** (o feathers) ~ seminare zizzania; ⟨fig⟩ to ~ in the **face** of (to flout) disprezzare, disdegnare; (fam) to ~ **off** the **handle** perdere le staffe; to ~ to the **head** (of wine) dare alla testa; (of blood) montare alla testa; ⟨fig⟩ to ~ **high** mirare in alto; ⟨fig⟩ to ~ a **kite** vedere da che parte tira il vento; to let ~: **1** (of a missile, etc.) lanciare; **2** ⟨fig⟩ (to attack) coprire d'insulti, aggredire con male parole (at s.o. qd.); **3** ⟨fig⟩ (to give rein to an emotion) lasciarsi andare, sfogarsi; to ~ **for one's life** cercare la salvezza nella fuga; I must ~ devo scappare; the door flew **open** la porta si spalancò; to ~ **out** at s.o. coprire qd. d'insulti; ⟨Aer⟩ to ~ **past** (o over) sorvolare; ⟨fig⟩ to ~ **into** a **rage** (o temper) incollerirsi, infuriarsi; to ~ in the **teeth** of = to fly in the **face** of.

fly[2] s. **1** volo m. **2** ⟨Sart⟩ pattina f, finta f. **3** (of a tent) lembo m per chiudere l'entrata di una tenda. **4** (of a flag: width) lunghezza f; (edge furthest from the pole) lembo m estremo. **5** (hackney carriage) carrozza f da nolo. □ on the ~ (hurriedly) di volata, di corsa.

fly[3] s. **1** ⟨Entom,Agr⟩ mosca f. **2** ⟨Pesc⟩ mosca f artificiale. **3** ⟨Tip⟩ stampatore m. □ (fam) there are no flies on him è un tipo in gamba; ⟨fig⟩ a ~ in the ointment una piccola pecca che sciupa tutto.

fly[4] a. ⟨sl⟩ sveglio, furbo, astuto, che tiene gli occhi aperti.

fly| **agaric** s. ⟨Bot⟩ amanita f muscarinica, ovolaccio m. **~-away** a. **1** (of garment) svolazzante. **2** ⟨fig⟩ (of person) scervellato; (of ideas) fantastico, bizzarro. **~-bill** s. volantino m. ~ **blow I** s. uovo m (o larva f) di mosca. **II** v.t. **1** depositare uova (o larve) su. **2** ⟨fig⟩ (of a reputation) macchiare, offuscare. ~ **blown** a. **1** infestato di uova di mosca. **2** ⟨fig⟩ macchiato, offuscato. **~-by-night I** a. **1** ⟨Comm⟩ che non merita credito. **2** (unreliable) incerto, non saldo. **II** s. **1** chi va in giro di notte. **2** (s.o. who flees his creditors) chi sfugge i (propri) creditori. 3 (*one regarded as a poor credit risk*) persona *f* che non merita credito.

fly-drive programme ['flaidraiv] *s.* programma *m* (turistico) aereo più auto.

flyer ['flaiə] *s.* 1 (*bird, insect*) volatore *m: a high* ~ un buon volatore. 2 (*Aer*) (*airman*) aviatore *m; (aeroplane*) aeroplano *m.* 3 (*fast coach, train*) treno *m* rapido, rapido *m.* 4 (*fam*) → flying jump. 5 (*Mecc*) aletta *f.* 6 (*Arch*) gradino *m*, scalino *m.* 7 (*am*) (*handbill*) volantino *m.*

fly|-fish *v.i.* (*Pesc*) pescare con mosche artificiali. ~ **flap** *s.* scacciamosche *m*, acchiappamosche *m.*

flying ['flaiiŋ] I *a.* 1 volante, che vola. 2 (*moving in the air*) sventolante, al vento, ondeggiante. 3 (*brief*) breve; (*hasty*) affrettato, frettoloso: *a* ~ *visit* una visita frettolosa; (*fleeting*) fugace, passeggero. 4 (*Aer*) d'aviazione, di volo. 5 (*Arch*) (*of stairs*) a rampa unica. 6 (*Mar*) (*of a sail*) volante, libero. II *s.* volo *m*, il volare.

flying| boat *s.* (*Aer*) idrovolante *m* a scafo (centrale). ~ **bomb** *s.* (*Aer.mil*) missile *m* balistico giroguidato. ~ **bridge** *s.* ponte *m* provvisorio. '~ 'buttress *s.* (*Arch*) arco *m* rampante. ~ **club** *s.* club *m* aeronautico, aeroclub *m.* ~colours *s.pl.* 1 grande successo *m*, trionfo *m.* 2 (*Scol*) pieni voti *mpl: to pass with* ~ superare un esame a pieni voti¯ (*o* brillantemente). ~ **column** *s.* (*Mil*) colonna *f* volante. ~ **dragon** *s.* (*Zool*) drago *m* volante. ~ **Dutchman** *s.* 1 (*Mar*) olandese *m* volante, Flying Dutchman *m.* 2 (*Mus*) Il Vascello Fantasma. ~ **field** *s.* (*Aer*) campo *m* d'aviazione. ~ **fish** *s.* (*Itt*) esoceto *m.* '~ 'fortress *am. s.* (*Aer.mil*) fortezza *f* volante. ~ **fox** *s.* (*Zool*) pteropo *m.* ~ **instructor** *s.* (*Aer*) pilota *m* istruttore. ~ 'jib *s.* (*Mar*) controfiocco *m.* ~ **jump** *s.* balzo *m.* ~ **junior** *s.* (*Mar*) imbarcazione *f* da regata per due persone, flying junior *m.* ~ **machine** *s.* macchina *f* volante. ~ **officer** *s.* (*Aer.mil*) capitano *m* pilota. '~'saucer *s.* (*Aer*) disco *m* volante. ~ **school** *s.* scuola *f* di pilotaggio. ~ **squad** *s.* squadra *f* volante, volante *f.* '~ 'start *s.* 1 (*Sport*) partenza *f* lanciata. 2 (*fig*) inizio *m* entusiastico. □ *to be* (*o get*) *off to a* ~ (*fam*) partire in quarta. ~ **visit** *s.* visita *f* frettolosa.

fly|leaf *s.irr.* (*Tip*) risguardo *m.* ~ **loft** *s.* (*Teat*) paiolo *m*, ballatoio *m.* ~ **net** *s.* paramosche *m.* ~-**over** *s.* 1 → fly past. 2 (*Strad*) cavalcavia *m.* ~ **paper** *s.* carta *f* moschicida. ~ **past** *s.* (*Aer*) parata *f* aerea. ~-**rod** *s.* canna *f* da mosca. ~-**sheet** *s.* volantino *m.* ~ **speed** *s.* velocità *f* di crociera. ~ **staff** *s.* personale *m* di volo. ~-**swatter** *s.* acchiappamosche *m*, pigliamosche *m.* ~**tipping** *s.* discarica *f* illegale (di rifiuti). ~ **trap** *s.* (*Bot*) pigliamosche *m.* ~**weight** *s.* (*Sport*) peso *m* mosca. ~ **wheel** *s.* (*Mecc*) volano *m.* ~ **whisk** *s.* scacciamosche *m.*

fm. = *fathom* braccio.

FM = 1 (*Mil*) *field manual* manuale da campo. 2 (*Rad*) *frequency modulation* modulazione di frequenza (*abbr.* M.F.).

F.N.B. = (*SU*) *Federal Narcotics Bureau* Ufficio federale per i narcotici.

fo = *folio* foglio.

F.O. = (*GB*) *Foreign Office* ministero degli esteri.

foal [foul] I *s.* (*Zool*) puledro *m.* II *v.t.* (*Zootecn*) partorire, figliare. III *v.i.* (*Zootecn*) figliare. □ *to be in* (*o with*) ~ (*of a mare*) essere pregna.

foam [foum] I *s.* 1 schiuma *f*, spuma *f.* 2 (*on an animal*) bava *f*, schiuma *f.* 3 (*Chim*) schiuma *f.* 4 (*poet*) (*sea*) mare *m.* II *v.i.* spumare, schiumare. III *v.t.* far fare la schiuma a, far schiumare. □ (*fig*) *to* ~ *at the mouth* spumare dalla rabbia.

foam| bath *s.* bagno *m* di schiuma, bagnoschiuma *m.* ~ **glass** *s.* vetro *m* multicellulare.

foaminess ['fouminis] *s.* spumosità *f.*

foam| polystyrene *s.* (*Chim*) polistirolo *m* espanso. ~ **rubber** *s.* gommapiuma *f*, gomma *f* spugnosa. ~ **sprayer** *s.* estintore *m* schiumogeno.

foamy ['foumi] *a.* spumoso, schiumoso.

fob[1] [fɔb] *s.* 1 → fob pocket. 2 → fob chain.

fob[2] *v.t.* (*pret., p.p.* fobbed [-d]) (*rar*) imbrogliare, ingannare. □ *to* ~ **off:** 1 tenere a bada, tener buono; 2 (*to pass off as genuine*) appioppare, rifilare.

f.o.b. = (*Comm*) *free on board* franco bordo (*abbr.* fc F.O.B.).

fob| chain *s.* catena *f* dell'orologio. ~ **pocket** *s.* taschi *m* per l'orologio.

f.o.c. = (*Comm*) *free of charge* franco spese.

focal ['foukəl] *a.* (*Fis,Geom,Med*) focale. **,focalizati** [-lai'zeiʃən] *s.* (*Fot*) focalizzazione *f*, messa *f* a fuoc **focalize** [-laiz] *v.t.* 1 (*Fot*) mettere a fuoco, focalizza 2 (*Med*) localizzare, circoscrivere.

focal| length *s.* (*Ott*) focale *f*, distanza *f* focale. ~ **pla** *s.* (*Ott*) piano *m* focale. ~**-plane shutter** *s.* (*F* otturatore *m* a tendina. ~ **point** *s.* 1 (*Fot,Ott*) punto focale. 2 (*fig*) punto *m* centrale, centro *m.*

fo'c'sle ['fouksl] *s.* (*fam*) → forecastle.

focus[1] ['foukəs] *s.* (*pl.* -es [iz] /-ci [sai]) 1 (*Fi* Fot,Geom*) fuoco *m.* 2 → focal length. 3 (*fig*) pt to *m* centrale, centro *m*, fulcro *m.* 4 (*of an earthqua* epicentro *m.* 5 (*Med*) focolaio *m*, focus *m.* □ *to br into* ~ mettere a fuoco (*anche fig.*); (*Ott*) *in* ~ a fuo (*Ott*) *out of* ~ sfocato.

focus[2] *v.* (*pret., p.p.* focused/focussed [-t]) I *v.t.* 1 metter a fuoco (*o punto*), puntare. 2 (*fig*) concentrare, convergere: *to* ~ *attention on s.th.* concentrare l'attenzi su qc. II *v.i.* essere a fuoco, convergere.

focus(s)ing ['foukəsiŋ] *s.* 1 (*Ott*) messa *f* a fuoco. 2 (*T* focalizzazione *f.*

focus(s)ing| point *s.* (*Ott*) punto *m* focale. ~ **screen** *(Fot)* vetro *m.*

fodder ['fɔdə] I *s.* (*Zootecn*) foraggio *m* (secco), biada II *v.t.* foraggiare, fornire di foraggio.

fodder| stock *s.* (*Zootecn*) riserve *fpl* alimentari. **trough** *s.* (*Zootecn*) mangiatoia *f.*

foe [fou] *s.* 1 nemico *m* (*f* –a), avversario *m* (*f* –a) (*an fig.*). 2 (*fig*) (*something harmful*) nemico *m*, cosa dannosa. 'foeman ['foumən] *s.irr.* (*poet*) nemico *m* avversario) in guerra.

foetal ['fi:tl] *a.* (*Biol*) fetale, del feto. **foeticide** [-tisaɪ *s.* (*Dir*) feticidio *m.*

foetid ['fi:tid] *a.* fetido,' puzzolente. **foetor** [-tə] *s.* fetɔ *m.*

foetus ['fi:təs] *s.* (*Biol*) feto *m.*

fog[1] [fɔg] *s.* 1 nebbia *f.* 2 (*fig*) nebbia *f*, confusione (*bewilderment*) perplessità *f.* 3 (*Fot*) velo *m*, velatura *f* (*fig*) *to be in a* ~ avere la mente annebbiata; (*puzzled*) essere perplesso.

fog[2] *v.* (*pret., p.p.* fogged [-d]) I *v.t.* 1 coprire (*o vela* di nebbia, annebbiare. 2 (*to make blurred*) appanna annebbiare, offuscare. 3 (*fig*) confondere, rendere confu (*o oscuro*); (*to bewilder*) rendere perplesso, sconcertare. (*Fot*) velare. II *v.i.* 1 (*spesso con up*) coprirsi di nebbi annebbiarsi. 2 (*to become blurred*; spesso con + annebbiarsi, appannarsi, offuscarsi. 3 (*Fot*) velarsi.

fog[3] *s.* (*Agr*) 1 guaime *m.* 2 (*grass left for the winter*) er *f* invernale.

fog|-bank *s.* banco *m* di nebbia. ~**-bound** *a.* 1 avvo nella nebbia, coperto di nebbia. 2 (*of a ship, an aircr* fermo a causa della nebbia. ~**-bow** *s.* (*Mete* arcobaleno *m* nella nebbia.

fogey ['fougi] *s.* persona *f* all'antica. □ *an old* ~ parruccone, (*gerg*) un matusa. **fogeyish** [-iʃ] all'antica, antiquato.

fogginess ['fɔginis] *s.* 1 nebbiosità *f.* 2 (*fig*) nebbiosità nebulosità *f*, confusione *f.* **foggy** [-gi] *a.* 1 nebbioso. (*blurred*) annebbiato, appannato. 3 (*fig*) nebbio confuso, nebuloso. 4 (*Fot*) velato. □ (*fam*) *I haven't* foggiest (*idea*) non ne ho la più pallida idea.

fog|-horn *s.* 1 (*Mar*) sirena *f* (*o corno m*) da nebbia. (*fam*) vocione *m.* ~**-lamp,** ~**-light** *s.* (*Aut*) faro *m* proiettore) antinebbia, fendinebbia *m.*

fogle ['fougl] *s.* (*sl*) fazzoletto *m* di seta.

fog-signal *s.* (*Ferr*) segnale *m* da nebbia.

fogy *s.* → fogey. **fogyish** *a.* → fogeyish.

foh [fɔ:] *intz.* puh, puah.

foible ['fɔibl] *s.* 1 debolezza *f*, debole *m*, lato *m* (*o pun* debole. 2 (*fad*) fissazione *f*, mania *f.* 3 (*of a sword*) cen *m* della lama, debole *m.*

foil[1] [fɔil] I *v.t.* 1 sventare, frustrare, far fallire, rend ano: *to* ~ *an attempt* far fallire un tentativo. **2** (*of a* *·rson: to baffle*) ostacolare, impedire; (*to defeat*) battere, onfiggere. **3** ⟨*Venat*⟩ (*of a trail, scent*) confondere, sperdere. **II** *s.* ⟨*Venat*⟩ pista *f*, traccia *f*.

·l² **I** *s.* **1** (*thin sheet of metal*) lamina *f*, foglio *m*, foglia (*of a mirror*) amalgama *m* di mercurio e stagno, foglia *f*. ⟨*Cart*⟩ carta *f* metallizzata. **3** ⟨*fig*⟩ cosa *f* che fa da ontrasto, cosa che mette in rilievo (*o risalto*). **4** ⟨*Arch*⟩ glia *f* (fra cuspidi). **II** *v.t.* **1** rivestire con una foglia (*o* mina). **2** ⟨*fig*⟩ far da contrasto a, far risaltare. **3** ⟨*Arch*⟩ ·corare con foglie.

·l³ *s.* ⟨*Sport*⟩ **1** fioretto *m*. **2** *pl.* (*art, practice*) fioretto schermá *f* (con fioretto). **'foilsman** [–zmən] *s.irr.* orettista *m*.

·st [fɔist] *v.t.* **1** appioppare, rifilare: *to* ~ *s.th. on s.o.* ·filare qc. a qd. **2** (*to attribute wrongly*) attribuire roneamente. **3** (*to introduce surreptitiously*) introdurre on l'inganno.

. = **1** *folio* foglio. **2** *following* seguente (*abbr.* seg.).

·d¹ [fould] **I** *v.t.* **1** piegare. **2** (*to bend, double up;* neral. con *up*) (ri)piegare: *to* ~ *one's legs under o.s.* piegare le gambe. **3** (*of the arms*) incrociare; (*of the* ınds) (con)giungere; (*of the fingers*) intrecciare; (*of wings*) ·iudere, (ri)piegare. **4** (*to embrace*) abbracciare, stringere: ~ *–ed her to his breast* la strinse al cuore. **5** (*to wrap*) ·volgere, avviluppare; (*in paper*) incartare. **6** ⟨*Gastr*⟩ ·nire (amalgamando, senza rimescolare): ~ *the eggs into* ·e *mixture* unite le uova all'impasto. **II** *v.i.* (general. con ·ŋ) piegarsi, essere pieghevole: *does this bed* ~ *up?* questo ·tto è pieghevole? □ *with –ed arms* a braccia conserte; *to* ~ **up:** 1 ⟨*fam*⟩ (*to collapse*) piegarsi, crollare; 2 ⟨*fam*⟩ (*to* · *out of business, end*) fallire, chiudere.

·d² *s.* **1** piega *f*, (*crease*) piega *f*, ruga *f*. **3** (*act of* ·lding) piegatura *f*, il piegare. **4** (*hollow between hills,* ·c.) cavità *f*. **5** ⟨*Geol*⟩ piega *f*. **6** ⟨*Anat*⟩ piega *f*, plica *f*. (*of a snake*) spira *f*.

·d³ **I** *s.* **1** ⟨*Zootecn*⟩ ovile *m*; (*flock of sheep*) gregge *m*. ·⟨*fig*⟩ fedeli *mpl*, gregge *m*; (*church*) chiesa *f*. **II** *v.t.* **1** ·iudere nell'ovile. **2** ⟨*Agr*⟩ stabbiare. □ ⟨*fig*⟩ *to return* · *the* ~ ritornare all'ovile.

·der [foulda] *s.* **1** piegatore *m* (*f* –trice). **2** (*container*) ·artella *f* (di cartone). **3** (*printed sheet*) pieghevole *m*, ·épliant *m*. **4** (*eyeglasses*) pince–nez *m*. **5** → **folding** ·achine. **folding** [–diŋ] **I** *a.* pieghevole, a soffietto. **II** *s.* ·Geol⟩ piega *f*, piegatura *f*, corrugamento *m*.

·ding| **bed** *s.* letto *m* (*o* branda *f*) pieghevole. ~ ·amera *s.* ⟨*Fot*⟩ macchina *f* fotografica a soffietto. ~ ·hair *s.* sedia *f* pieghevole. ~ **door** *s.* porta *f* a libro (*o* ·sarmonica). ~ **machine** *s.* ⟨*tecn*⟩ piegatrice *f* ·neccanica), piegafogli *f*. ~ **rule** *s.* metro *m* snodato. ~ ·creen *s.* paravento *m*. ~ **seat** *s.* ⟨*Aut*⟩ sedile *m* (*o* ·edia *f*) ribaltabile. ~ **table** *s.* tavolo *m* pieghevole.

·iaceous [fouli'eiʃəs] *a.* fogliaceo.

·iage ['fouliidʒ] *s.* **1** ⟨*collett*⟩ foglie *fpl*, fogliame *m*. **2** ·Arch,Art⟩ fogliame *m*. **foliaged** [–d] *a.* **1** fornito di ·glie. **2** (*decorated with foliage*) ornato di foglie.

·iage plant *s.* ⟨*Giard*⟩ pianta *f* da fogliame.

·iar ['foulia] *a.* ⟨*Bot*⟩ fogliare, di foglia.

·iate ['foulieit] **I** *a.* **1** ⟨*Bot*⟩ fogliato, foglioso. **2** ·eaf-shaped) a forma di foglia. **II** *v.t.* **1** ridurre in ·mine. **2** (*to cover with foil*) rivestire con una lamina (*o* ·glia). **3** ⟨*Tip*⟩ (*of a book*) numerare le pagine (*o* i fogli) ·i. **4** ⟨*Arch*⟩ ornare di⁻ (*o* decorare con) foglie. **III** *v.i.* **1** ·nettere le foglie. **2** (*to divide into laminae*) dividersi in ·mine, sfaldarsi. **foliated** [–id] *a.* **1** a forma di foglia. **2** ·Min⟩ fogliettato, stratificato. **3** ⟨*Arch*⟩ ornato di foglie.

·oliation [–'eiʃən] *s.* **1** ⟨*Bot,Geol*⟩ fogliazione *f*. **2** ⟨*Bot*⟩ ·rrangement *of leaves*) disposizione *f* delle foglie. **3** ⟨*Tip*⟩ ·umerazione *f* delle pagine. **4** ⟨*Arch*⟩ decorazione *f* con (*o* ·) foglie. **5** ⟨*Met*⟩ laminazione *f*.

·io ['fouliou] **I** *s.* (*pl.* **-s** [z]) **1** ⟨*Tip*⟩ foglio *m*, pagina *f* · folio. **2** (*sheet of paper*) foglio *m*. **3** (*folio volume*) ·olume *m* in foglio. **4** → **folio post**. **5** ⟨*Tip*⟩ (*page* ·umber*) numero *m* di pagina. **6** ⟨*Comm*⟩ foglio *m* intero ·di registro contabile). **7** ⟨*Dir*⟩ numero *m* di parole preso ·ome unità di misura per stabilire la lunghezza di un ·ocumento (pari a 72 in Gran Bretagna e 100 negli Stati

Uniti). **II** *a.* in foglio, in folio: *a* ~ *edition* un'edizione in foglio.

foliole ['foulioul] *s.* ⟨*Bot*⟩ fogliolina *f*.

folio post *s.* ⟨*Cart*⟩ formato di carta (17 x 22 pollici).

folk [fouk] **I** *s.* **1** *pl.* (*people in general*) gente *f*, *often not* *translated:* –*s say that* dicono che. **2** (spesso al pl.: *people* *of a specified class; pl.* **-s** [s]/*inv.*) gente *f*: *town* ~ gente di città. **3** (*people as the carriers of culture, etc.; pl. inv.*) popolo *m*. **4** *pl.* ⟨*fam*⟩ (*family, relatives*) parenti *mpl*, familiari *mpl*, famiglia *f*, ⟨*fam*⟩ gente *f*: *my* –*s* la mia famiglia; (*parents*) genitori *mpl*. **II** *a.* popolare, folcloristico. □ *to help* –*s in trouble* aiutare chi è nei guai; *the old* ~ (*o folks*) i vecchi; *the old* –*s* (*at home*) i genitori, ⟨*fam*⟩ i vecchi; *young* ~ i giovani.

folk| **dance** *s.* danza *f* folcloristica. ~ **etymology** *s.* etimologia *f* popolare.

folklore ['fouklɔ:] *s.* **1** folclore *m*. **2** (*science*) folclore *m*, demologia *f*. **folklorist** [–rist] *s.* folclorista *m/f*.

folk| **music** *s.* musica *f* popolare (*o* folcloristica), musica *f* folk. ~ **psychology** *s.* demopsicologia *f*, psicologia *f* etnica (*o* etnografica). ~ **singer** *s.* cantante *m/f* di canti popolari, cantante *m* folk. ~ **song** *s.* canto *m* popolare (*o* folcloristico), folksong *m*.

folksy ['fouksi] *a.* **1** ⟨*fam*⟩ socievole, affabile, cordiale. **2** ⟨*spreg*⟩ rozzo. **3** (*of, like the common people*) popolaresco, del popolo.

folk|**tale** *s.* leggenda *f* popolare. **~weave** *s.* stoffa *f* a tessitura larga.

foll. = *following* seguente (*abbr.* seg.).

follicle ['fɔlikl] *s.* ⟨*Bot,Anat*⟩ follicolo *m*.

follicular [fə'likjulə], **folliculate** [–leit], **folliculated** [–leitid] *a.* ⟨*Anat,Med*⟩ follicolare. **folliculin** [–lin] *s.* ⟨*Biol*⟩ estrone *m*, follicolina *f*.

follow¹ ['folou] **I** *v.t.* **1** seguire, andare dietro a; (*to pursue*) inseguire. **2** (*to come after*) seguire, venir dopo: *thunder –s* *lightning* il tuono segue il lampo. **3** (*to succeed in a* *position*) succedere a, subentrare a: *he will* ~ *his father as* *chairman* succederà a suo padre nella presidenza. **4** (*to* *conform to*) seguire, attenersi (*o* conformarsi) a: *to* ~ *instructions* seguire le istruzioni; (*to obey*) obbedire a: *to* ~ *orders* obbedire agli ordini. **5** (*of a road*) seguire, andare lungo. **6** (*to result from*) essere la conseguenza di, derivare (*o* procedere) da: *famine often –s war* la carestia è spesso una conseguenza della guerra. **7** (*to watch the* *movement of*) seguire (con lo sguardo), accompagnare (con gli occhi). **8** (*to keep abreast of*) seguire, tenersi informato (*o* al corrente) su. **9** (*to understand*) seguire, capire, comprendere: *do you* ~ *me?* mi segui? **10** (*to seek to* *attain*) inseguire, perseguire. **II** *v.i.* **1** seguire, venir dopo: *go on ahead and I'll* ~ andate avanti, io seguirò; *listen to* *what –s* ascolta quanto segue. **2** (*to occur as a* *consequence*) conseguire, derivare, risultare: *it therefore –s* *that* ne consegue perciò che. □ *to* ~ *after* (*o behind*) *s.o.* seguire qd.; as –s come segue; ⟨*Mar*⟩ *to* ~ *the* **coast** costeggiare; ⟨*Venat*⟩ *to* ~ *the* **hounds** andare a caccia (con i cani); *to* ~ *the* **law** fare l'avvocato; ⟨*Comm*⟩ **letter** ⌐*to*⌐ (*o following*) segue lettera; ⟨*scherz*⟩ *to* ~ *one's* **nose:** 1 andare dritto, 2 (*to obey one's instinct*) fidarsi del proprio intuito, andare a lume di naso; *to* ~ **on:** 1 susseguirsi, succedersi; 2 (*to continue*) continuare, proseguire; *to* ~ **out:** 1 (*to execute*) eseguire; 2 (*to follow to a conclusion*) portare a termine (*o* compimento); ⟨*fam*⟩ *to* ~ *the* **plough** coltivare la terra; ⟨*fam*⟩ *to* ~ *the* **sea** fare il marinaio; *to* ~ **suit** (*in cards*) rispondere a colore; ⟨*fig*⟩ fare lo stesso, comportarsi allo stesso modo; *to* ~ **through:** 1 ⟨*Sport*⟩ (*to* *continue a stroke to the end*) accompagnare; 2 (*to see* *through*) portare a termine (*with s.th.* qc.); *to* ~ **up:** 1 portare a termine (*o* compimento); 2 (*to investigate to the* *end*) andare al fondo di, esaminare a fondo; 3 (*to exploit*) sfruttare, utilizzare, approfittare di: *to* ~ *up the smallest* *clue* sfruttare anche il minimo indizio; 4 (*to increase the* *effect of*) rafforzare; *to* ~ *in s.o.'s* **wake** seguire (*o* calcare) le orme di qd.

follow² *s.* **1** il seguire. **2** ⟨*Giorn*⟩ → **follow-up**.

follower ['folouə] *s.* **1** seguace *m/f*. **2** (*disciple*) seguace *m/f*, discepolo *m* (*f* –a). **3** (*attendant*) servitore *m* (*f* –trice). **4** ⟨*Mecc*⟩ organo *m* cedente; (*of a stuffing box*) anello *m* premistoppa. **5** ⟨*Mil*⟩ (*of a fire–arm*) elevatore *m.* **6** ⟨*fam*⟩ (*suitor*) spasimante *m*, innamorato *m.*

following ['fɔlouiŋ] **I** *s.* **1** seguito *m: to have a large ~* avere un grande seguito. **2** (*patrons, fans*) sostenitori *mpl*, tifosi *mpl*; (*regular readers*) lettori *mpl*, pubblico *m.* **II** *a.* **1** seguente, successivo: *the ~ week* la settimana successiva. **2** (*that follows now*) seguente, questo: *at the ~ times* nei seguenti orari. **3** ⟨*Mar*⟩ (*of wind*) in poppa; (*of the sea*) di poppa.

'**follow|-on** *s.* continuazione *f*, seguito *m.* **~-the-'leader** *s.* ⟨*infant*⟩ gioco in cui si imita tutto quello che fa il capofila. **~-through** *s.* **1** ⟨*Sport*⟩ accompagnamento *m* (del colpo). **2** (*carrying out*) esecuzione *f*, ⟨*burocr*⟩ evasione *f.* **~-up I** *s.* **1** azione *f* supplementare. **2** (*letter*) lettera *f* di sollecitazione, sollecito *m.* **3** ⟨*Giorn*⟩ articolo *m* che dà ulteriori informazioni, seguito *m.* **II** *a.* **1** ulteriore. **2** (*of a letter*) di sollecitazione.

folly ['fɔli] *s.* **1** follia *f*, pazzia *f.* **2** (*foolish idea*) idea *f* pazza (*o* folle); (*absurdity*) assurdità *f.* **3** (*costly, foolish undertaking*) impresa *f* pazza (*o* folle). **4** *pl.* ⟨*Teat*⟩ rivista *f.*

foment [fou'ment] *v.t.* **1** fomentare, incitare, istigare. **2** ⟨*Med*⟩ applicare fomenti (*o* impacchi caldi). **,fomen'tation** [–eiʃən] *s.* **1** fomentazione *f*, istigazione *f*, incitazione *f.* **2** ⟨*Med*⟩ fomentazione *f;* (*poultice, lotion*) fomento *m*, impacco *m* caldo.

fond [fɔnd] *a.* **1** amorevole, affettuoso, tenero: *a ~ glance* uno sguardo affettuoso. **2** (*doting*) che stravede, che ama ciecamente; (*over–indulgent*) troppo indulgente. **3** (*cherished unreasonably*) ardente, grande, vivo: *my –est wish* il mio più vivo desiderio. **4** (*credulous*) credulo, ingenuo. **5** ⟨*dial*⟩ (*foolish*) sciocco, stolto. □ *to be ~ of:* 1 (*of things*) piacere: *I am ~ of chocolates* mi piacciono i cioccolatini; (*to take pleasure in*) essere appassionato di; 2 (*of people*) amare, voler bene a, essere affezionato a; *to be ~ of doing s.th.* fare volentieri qc.

fondant ['fɔndənt] *s.* ⟨*Dolc*⟩ fondente *m.*

fondle ['fɔndl] *v.t.* vezzeggiare, coccolare; (*to caress*) accarezzare.

fondness ['fɔndnis] *s.* **1** amorevolezza *f*, affettuosità *f*, tenerezza *f.* **2** (*inclination*) propensione *f*, inclinazione *f*, disposizione *f;* (*weakness*) debole *m: she has a ~ for sweets* ha un debole per i dolci.

fondue [fɔn'du:] *s.* ⟨*Gastr*⟩ fonduta *f.*

font¹ [fɔnt] *s.* **1** ⟨*Lit*⟩ fonte *m* battesimale; (*vessel*) acquasantiera *f.* **2** (*of a lamp*) serbatoio *m* dell'olio. **3** ⟨*fig*⟩ fonte *f*, origine *f.*

font² *s.* **1** ⟨*Tip*⟩ caratteri *mpl*, scrittura *f.* **2** ⟨*Met*⟩ colata *f.*

fontal ['fɔntl] *a.* **1** ⟨*Lit*⟩ battesimale. **2** ⟨*fig*⟩ che dà origine.

fontanel(le) [ˌfɔntə'nel] *s.* ⟨*Anat*⟩ fontanella *f.*

food [fu:d] *s.* **1** cibo *m*, alimento *m;* (*provisions*) provviste *fpl*, viveri *mpl.* **2** (*solid nourishment*) mangiare *m*, cibo *m*, vivande *fpl;* (*meal*) pasto *m;* (*for animals*) mangime *m.* **3** ⟨*fig*⟩ cibo *m*, nutrimento *m*, alimento *m.* □ *~ and Agriculture Organization* organizzazione *f* per l'alimentazione e l'agricoltura; *~ and drink* il mangiare e il bere; *good ~* buona cucina; ⟨*fam*⟩ *to be off one's ~* non avere appetito; ⟨*mil.fig*⟩ *~ for powder* carne *f* da cannone, soldati; ⟨*fig*⟩ *~ for thought* argomento *m* (*o* soggetto) di meditazione.

food| additive *s.* additivo *m* alimentare. **~ aid** *s.* ⟨*Pol*⟩ aiuti *mpl* alimentari. **~ allergy** *s.* ⟨*Med*⟩ allergia *f* alimentare. **~ chain** *s.* catena *f* alimentare. **~ chemistry** *s.* chimica *f* alimentare. **~ colouring** *s.* colorante *m* alimentare. □ *without ~* senza coloranti. **~ conscious** *a.* che cura molto l'alimentazione. **~ department** *s.* reparto *m* alimentari. **~ hygiene** *s.* igiene *f* alimentare. **~ industry** *s.* industria *f* alimentare. **~ poisoning** *s.* intossicazione *f* alimentare. **~ preservation** *s.* conservazione *f* (di generi alimentari). **~ processing** *s.* lavorazione *f* alimentare. **~ products** *s.pl.* prodotti *mpl* alimentari. **~ rationing** *s.* razionamento *m* dei viveri. **~ shortage** *s.* crisi *f* alimentare. **~ stamp** *s.* buono *m* alimentare. **~stuff** *s.* derrata *f* alimentare. **~ technology** *s.* tecnologia *f* alimentare.

fool¹ [fu:l] **I** *s.* **1** sciocco *m* (*f* –a), stolto *m* (*f* –a), stup*m* (*f* –a), allocco *m.* **2** (*dupe, gull*) zimbello *m.* **3** (*idi person*) idiota *m/f*, imbecille *m/f.* **4** (*jester*) buffone giullare *m.* **II** *a.* ⟨*am.fam*⟩ → **foolish.** □ *All* (*o Ap Fools' Day* il primo (di) aprile; *she's a ~ for chocolates* matta per i cioccolatini; *to make a ~ of s.o.:* 1 prend in giro qd., farsi gioco di qd.; 2 (*to deceive*) imbrogl qd.; ⟨*fam*⟩ *to make a ~ of o.s.* rendersi ridicolo; ⟨*fam be nobody's ~* non essere stupido; *to play (o act) th fare lo stupido. Prov.: -s rush in where angels fear to tr* gli sciocchi sono imprudenti; *there is no ~ like an ol* a testa bianca spesso cervello manca.

fool² **I** *v.t.* imbrogliare, ingannare, raggirare; (*to make of*) prendere in giro, 'farsi gioco di. **II** *v.i.* **1** fare stupido. **2** (*to joke*) scherzare, fare per finta: *I'm only -* sto scherzando. □ *to ~ around (o about):* 1 maneggi incautamente (*with s.th.* qc.); 2 (*to trifle*) scherzare (qc. prendere alla leggera (qc.); *to ~ around with s. affections* scherzare con i sentimenti di qd.; *to ~ away time, money*) sprecare, sciupare; *to ~ s.o. out of a s* frodare una somma a qd.

foolery ['fu:ləri] *s.* **1** stupidità *f*, idiozia *f*, stoltezza *f* (*foolish action*) sciocchezza *f*, scempiaggine *f.*

foolhardiness ['fu:lha:dinis] *s.* temerarietà *f*, sc sideratezza *f.* **foolhardy** [–di] *a.* temerario, sconsi rato.

foolish ['fu:liʃ] *a.* **1** sciocco, stolto; (*senseless*) insensat *~ answer* una risposta insensata. **2** (*trifling*) scioc banale. **3** (*feeble–minded*) idiota, stupido, scemo. (*ridiculous*) ridicolo, assurdo. **foolishness** [–nis] stupidità *f*, stoltezza *f;* (*senselessness*) insensatezza *f.*

foolproof ['fu:lpru:f] *a.* ⟨*fam*⟩ **1** di uso semplicissi (*that cannot be misunderstood*) chiarissimo, compr sibilissimo: *~ instructions* istruzioni chiarissime. **2** *fallible*) infallibile, sicuro: *a ~ method* un metodo in libile.

foolscap ['fu:lzkæp] *s.* ⟨*Cart*⟩ carta *f* protocollo.

fool's| cap *s.* **1** berretto *m* da giullare (*o* buffone). ⟨*scol*⟩ berretto *m* 'd'asino' (*o* conico). **~ errand** impresa *f* inutile. **~ gold** *s.* ⟨*Min*⟩ pirite *f.* **~ parad** *s.* felicità *f* immaginaria. □ *to live in a ~* vivere sciocche illusioni.

foot¹ [fut] *s.* (*pl.* **feet** [fi:t]) **1** piede *m;* (*of an anim* piede *m*, zampa *f.* **2** (*unit of length*) piede *m: he is si* (*o feet*) *tall* è alto sei piedi. **3** (*bottom*) piedi *mpl*, for *m: at the ~ of the mountain* ai piedi della montagna; *~ of the page* il fondo del foglio. **4** (*of a sock*) piede *m* ⟨*Arch*⟩ zoccolo *m*, base *f.* **6** ⟨*Arred*⟩ piede *m*, base sostegno *m.* **7** (*step, tread*) passo *m*, andatura *f: heavy passo pesante.* **8** ⟨*Mil*⟩ (*infantry; pl.inv.*) fanteria *f.* ⟨*Metr,Tip*⟩ piede *m.* **10** *pl.* (*sediment, dregs; pl.* fo [futs] *costr. sing. o pl.*) residuo *m*, sedimento *m.* □ *(at one's feet* ai propri piedi; ⟨*fig*⟩ *to put one's best forward:* 1 affrettare il passo; 2 (*to do one's best*) fare proprio meglio; ⟨*fig*⟩ *to carry (o sweep) s.o. off his* entusiasmare qd.; ⟨*fig*⟩ *feet of clay* piedi *mpl* di arg ⟨*fam*⟩ *to get cold feet* aver fifa; *to fall on one's feet* cad in piedi (*anche fig.*); ⟨*fig*⟩ *to find one's feet* sbroglia cavarsela; *feet first:* 1 a piedi in avanti; 2 ⟨*fam*⟩ mo ⟨*fig*⟩ *to have one ~ in the grave* avere un piede in fossa; ⟨*fig*⟩ *to keep one's feet* tenersi in equilibrio, regg in piedi; *to be light of ~* avere il passo leggero; ⟨*Mar* *of a mast* piede *m* d'albero; ⟨*fam,iron*⟩ *my ~!* un cor on ~:* 1 a piedi; 2 ⟨*fig*⟩ (*in progress*) in corso, in azio *person on ~* pedone *m; to be on one's feet:* 1 stare piedi; 2 ⟨*fig*⟩ (*to be well again*) essere in piedi, ess rimesso; 3 ⟨*fig*⟩ (*financially*) essere economicame indipendente; ⟨*fig*⟩ *to put one's ~ down* insistere, f valere; ⟨*Aut*⟩ *put your ~ down!* dai con l'accelerato ⟨*fam*⟩ *to put one's ~ in it* fare una gaffe; ⟨*fam*⟩ *to one's feet up* sedersi; ⟨*fig*⟩ *to get (o start) off on the ri ~* incominciare bene, partire con il piede giusto; *to rise one's feet* alzarsi in piedi; *to set ~ on (o in)* metter pi in; ⟨*fig*⟩ *to set ~ on ~* promuovere, dare inizio a, avvia *to set s.o. on his feet* rendere indipendente qd.; *to be sw of ~* avere il passo veloce; *he's always under ~* è semp fra i piedi; *to trample (o tread) s.th. under ~* mettersi otto i piedi (*anche fig.*); *to get the* **weight** *off one's feet* = put *one's feet up;* ⟨*fig*⟩ *to get* (*o start*) *off on the* **wrong** partire con il piede sbagliato, incominciare male; *to put* ~ *wrong* mettere un piede in fallo.

•t² *v.t.* **1** camminare su. **2** (*to dance on*) ballare su; (*of a dance*) ballare, danzare. **3** (*of a stocking*) rifare il piede a. ⌐ (*fam*) *to* ~ *the* bill pagare il conto; *to* ~ *it* camminare, andare a piedi; *to* ~ **up**: 1 sommare, addizionare; 2 (*amount to*) ammontare (*to* a).

•tage ['futidȝ] *s.* **1** lunghezza *f* (espressa) in piedi. **2** ⟨*Cin*⟩ metraggio *m.*

•tage indicator *s.* ⟨*Fot*⟩ contatore *m* di esposizione.

•t|-and-'mouth disease *s.* ⟨*Veter*⟩ afta *f* epizootica.

•ball *s.* **1** ⟨*Sport*⟩ (*association football*) gioco *m* del calcio (*o* pallone), calcio *m;* (*rugby football*) pallovale *f,* rugby *m;* (*ball*) pallone *m* (da calcio). **2** ⟨*am.Sport*⟩ football *m* (americano). **~baller** *s.* giocatore *m* (*f* –trice) di calcio, calciatore *m* (*f* –trice); (*rugby player*) giocatore di rugby, rugbista *m.* **~ bath** *s.* pediluvio *m.* **~ indings** *s.pl.* ⟨*Sport*⟩ attacchi *mpl* per sci. **~board** *s.pl.* pedana *f.* **2** (*of vehicles*) predellino *m.* **~boy** *s.* paggio 1, valletto *m.* **~ bridge** *s.* passerella *f.* '**~ 'candle** *s.* ⟨*Fis*⟩ candela *f* inglese.

•ted ['futid] *a.* (nei composti) a (*o* con i) piedi ..., dai piedi ...: *bare-*~ a piedi nudi. **footer** [–tə] *s.* ⟨*sl*⟩ (*soccer*) gioco *m* del calcio (*o* pallone). □ *he is a six-*~ è alto sei piedi.

•t|fall *s.* passo *m,* rumore *m* di un passo. **~ gear** *s.* calzatura *f.* **~ Guards** *s.pl.* ⟨*GB*⟩ guardie *fpl* a piedi. **•hill** *s.* collina *f* pedemontana. **~hold** *s.* **1** appiglio *m* (*o* punto d'appoggio) per il piede. **2** ⟨*Alp*⟩ gradino *m.* **3** ⟨*fig*⟩ posizione *f* solida (*o* sicura).

•tie ['futi:] ⟨*fam*⟩ *to play* (~) ~ *with s.o.* fare piedino a d.

•ting ['futiŋ] *s.* **1** equilibrio *m,* stabilità *f: to lose one's* ~ perdere l'equilibrio. **2** (*foothold*) appiglio *m* (*o* punto d'appoggio) per il piede. **3** ⟨*fig*⟩ (*status*) posizione *f: a good* ~ *in society* una buona posizione sociale. **4** ⟨*fig*⟩ (*basis*) base *f: to put a business on a firm* ~ porre un'azienda su basi solide. **5** ⟨*fig*⟩ (*relationship*) rapporto m, relazione *f: on a friendly* ~ in rapporti amichevoli. **6** ⟨*Edil*⟩ basamento *m.* **7** ⟨*Sport*⟩ footing *m.* □ *to treat s.o. on an equal* ~ trattare qd. su un piano di parità; *to gain* ~ prender piede, rafforzarsi; *to miss one's* ~ mettere il piede in fallo.

•tle ['fu:tl] ⟨*sl*⟩ **I** *v.t.* **1** fare lo sciocco (*o* stupido); (*to talk foolishly*) dire sciocchezze. **2** (*to potter about*) perdere tempo, gingillarsi. **II** *s.* sciocchezza *f,* stupidaggine *f.*

•tless ['futlis] *a.* **1** senza (*o* privo di) piedi. **2** ⟨*fig*⟩ infondato, privo di fondamento. **3** ⟨*fam*⟩ (*inept*) inetto, incapace.

•tlights ['futlaits] *s.pl.* **1** ⟨*Teat*⟩ luci *fpl* della ribalta. **2** ⟨*fig*⟩ professione *f* dell'attore.

•tling ['fu:tliŋ] *a.* ⟨*sl*⟩ **1** sciocco, stupido. **2** (*trivial, insignificant*) di poca importanza, insignificante.

•t|-loose *a.* **1** nomade, errante. **2** ⟨*fig*⟩ libero, indipendente. **~man** [mən] *s.irr.* lacchè *m,* servo *m* in livrea. **~ massage** *s.* ⟨*Med*⟩ massaggio *m* podalico. **•mark** *s.* → footprint. **~note I** *s.* nota *f* ¯in calce¯ (*o* a piè di pagina). **II** *v.i.* annotare, corredare di note. **~ pace** *s.* **1** passo *m* d'uomo. **2** (*raised platform*) predella *f,* palco *m.* **~pad** *s.* grassatore *m.* **~path** *s.* **1** sentiero *m* (per pedoni). **2** (*pavement*) marciapiede *m.* **~plate** *s.* ⟨*Ferr*⟩ piattaforma *f* del macchinista. '**~-'pound** *s.* ⟨*Fis*⟩ piede *m* libbra. **~print** *s.* orma *f,* pedata *f.* **~ race** *s.* corsa *f* podistica (*o* a piedi). **~ reflexology** *s.* riflessologia *f* plantare. **~ specialist** *s.* podologo *m.* **~rest** *s.* poggiapiedi *m.* **~ rot** *s.* ⟨*Veter*⟩ zoppina *f.* **~ rule** *s.* regolo *m* della lunghezza di un piede.

•tsie ['fu:tsi] *s.* ⟨*fam*⟩ amoreggiamento *m.* □ ⟨*fam*⟩ *to play* ~ *far* piedino; *to play* ~ *with* amoreggiare (*o* flirtare) i nascosto con.

•t|slog *v.i.* ⟨*fam*⟩ marciare faticosamente. **~ slogger,** ~ **soldier** *s.* fante *m,* soldato *m* di fanteria, fantaccino *m.* **•sore** *a.* con i piedi doloranti. **~stalk** *s.* ⟨*Bot,Zool*⟩ peduncolo *m.* **~step** *s.* **1** → footfall. **2** → footprint. **3** (*step*) predellino *m.* □ *to dog s.o.'s. -s* stare alle calcagna

di qc. **~stool** *s.* poggiapiedi *m.* **~sure** *a.* dal passo sicuro. '**~-'ton** *s.* ⟨*Fis*⟩ tonnellata *f* inglese. **~warmer** *s.* scaldapiedi *m.* **~way** *s.* → footpath. **~wear** *s.* → footgear. **~work** *s.* ⟨*Sport*⟩ lavoro *m* di gambe.

foozle ['fu:zl] **I** *v.t.* ⟨*sport*⟩ mancare, fallire. **II** *s.* colpo *m* mancato.

fop [fɔp] *s.* damerino *m,* zerbinotto *m,* gagà *m,* dandy *m.* '**foppery** [–əri] *s.* **1** affettazione *f,* posa *f.* **2** (*foolish character*) fatuità *f,* frivolezza *f.* '**foppish** [–iʃ] *a.* da damerino. '**foppishness** [–iʃnis] *s.* fatuità *f.*

for [fɔ:,fə] **I** *prep.* **1** per: *this is* ~ *you* questo è per te. **2** (*to indicate preparation*) per, a, in vista di: *to get ready* ~ *work* prepararsi al lavoro; *to dress* ~ *dinner* vestirsi per la cena. **3** (*to indicate purpose*) per: *to hunt* ~ *exercise* andare a caccia per fare del moto. **4** (*in order that*) in modo che, affinché, perché: *he shouted* ~ *all to hear* gridò in modo che tutti (lo) sentissero; *I have brought it* ~ *you to see* l'ho portato perché tu lo veda. **5** (*as a reward, penalty for*) per: *to be jailed* ~ *stealing* essere imprigionato per furto. **6** (*to indicate direction*) per, alla volta di: *to leave* ~ *Paris* partire alla volta di Parigi; (*after nouns*) per: *the train* ~ *London* il treno per Londra. **7** (*to indicate extent in space*) per: ~ *ten miles* per dieci miglia. **8** (*because of*) per, da, di: *to shout* ~ *joy* gridare dalla gioia; ~ *this reason* per questo motivo; (*after comparatives*) dopo, in seguito a: *to feel better* ~ *a rest* sentirsi meglio dopo aver riposato. **9** (*to indicate extent in time*) per, durante, *often not translated: we shall be away* ~ *two weeks* staremo via due settimane; (*in past–present time*) da: *I've been waiting* ~ *ten minutes* aspetto da dieci minuti. **10** (*to indicate suitability*) per, a, adatto a (*o* per): *the man* ~ *.the job* l'uomo adatto a quel lavoro. **11** (*to the amount of*) per, di: *a bill* ~ *ten pounds* un conto di dieci sterline; (*at the price of*) per, al prezzo di, *often not translated: I bought it* ~ *ten shillings* l'ho comprato per dieci scellini. **12** (*in the place of*) per, con: *to exchange s.th.* ~ *s.th. else* scambiare qc. con qc. altro. **13** (*in favour of*) per, a favore di: *I'm* ~ *freedom of speech* sono per la libertà di parola. **14** (*on behalf of*) per, nell'interesse di, per conto di: *to act* ~ *s.o.* agire per conto di qd.; *he died* ~ *us* è morto per noi. **15** (*as being*) per, come (se fosse): *to take s.o.* ~ *a fool* prendere qd. per (uno) scemo. **16** (*as regards*) per, in quanto a, riguardo a: ~ *all I know* per quello che so. **17** (*considering*) per, tenuto (*o* tenendo) conto che: *he is tall* ~ *his age* è alto per la sua età. **18** (*notwithstanding*) nonostante, malgrado: *he's unhappy* ~ *all his money* nonostante tutto il suo denaro è (un) infelice. **19** (*to introduce an infinitive clause*) *translated with a subjunctive: it's time* ~ *me to go* è ora che me ne vada. **20** ⟨*Tel*⟩ come: *A* ~ *Andrew* a come Ancona. **II** *congz.* dato che, dal momento che, visto che: *he will go far,* ~ *he has talent* andrà lontano dato che ha talento; (*because*) perché, poiché. □ ~ *ages*: 1 per secoli; 2 da secoli, da un secolo: *I haven't seen him* ~ *ages* non lo vedo da un secolo; ~ *all that* malgrado ciò, ciononostante; *to be* ~ servire: *what is this tool* ~? a cosa serve questo arnese?; *I have coffee* ~ *breakfast* prendo il caffè a colazione; *it is* ~ *you to* **decide** sta a te decidere; ⟨*fam*⟩ ~ **good** (*and all*) una buona volta, una volta per tutte; ~ *all the good it does* per quello che serve; *had it not been* ~ se non fosse stato per; *he couldn't speak* ~ **laughing** non riusciva a parlare dal (*o* per il) gran ridere; ⟨*Pol*⟩ *the* **member** ~ *Huyton* il deputato di Huyton; ⟨*fam*⟩ *it is getting on* ~ **midnight** ci si avvicina alla mezzanotte; *the first rain* ~ *a* **month** la prima pioggia da un mese; (*am*) *the town is* **named** ~ *its founder* la città ha preso il nome dal suo fondatore; *there is* **nothing** ~ *it but to go back* non c'è altro da fare che tornare indietro; *oh,* ~ *a nice hot bath!* potessi fare un bel bagno caldo!; *I* ~ **one** *do not believe it* per me non ci credo; ~ **oneself** per conto proprio, da sé, da solo; ~ *my* **part** per parte mia, per quel che mi riguarda; ~ *my* **sake** per me, per amor mio; *to* **speak** ~ *o.s.* parlare per sé; **useless** ~ *you to try* inutile che tenti; **were** *it not* ~ se non fosse (stato) per; ~ *beautiful* ~ **words** di una bellezza indicibile.

for. = **1** *foreign* straniero. **2** *forestry* silvicoltura.

f.o.r., F.O.R. = ⟨*Comm*⟩ *free on rail* franco vagone.

forage ['fɔridʒ] **I** s. ⟨Zootecn⟩ foraggio m. **II** v.i. **1** andare in cerca di foraggio. **2** (to secure forage) provvedere al foraggiamento, fare provviste di foraggio. **3** ⟨fig⟩ frugare, rovistare (for in cerca di). **III** v.t. **1** foraggiare, fornire di foraggio. **2** (to plunder) predare, saccheggiare.

forage| cap s. ⟨Mil⟩ bustina f, berretto m a busta. **~ harvester** s. ⟨Agr⟩ raccoglitrice–trinciatrice f.

forager ['fɔridʒə] s. ⟨Stor⟩ foraggiere m.

forage silo s. silo m da foraggio.

foraging ant ['fɔridʒiŋ] s. ⟨Entom⟩ dorilino m.

foramen [fə'reimən] s. (pl. **-ramina** ['ræminə]/**-s** [z]) ⟨Anat,Biol⟩ forame m, foro m, orifizio m.

forasmuch as [,fɔrəs'mʌtʃ] congz. ⟨lett⟩ giacché, visto che, poiché.

foray ['fɔrei] **I** s. **1** ⟨Mil⟩ scorreria f, incursione f. **2** ⟨fig⟩ attacco m, assalto m. **II** v.i. ⟨Mil⟩ fare una scorreria (o un'incursione).

forbad(e) [fə'bæd] → forbid.

forbear[1] [fɔ:'bɛə] v. (pret. **forbore** [-'bɔ:], p.p. **forborne** [-'bɔ:n]) **I** v.t. trattenersi da, astenersi da, evitare di: to ~ 'to do' (o doing) s.th. trattenersi dal fare qc. **II** v.i. **1** astenersi (from da), fare a meno (di). **2** (to be patient) pazientare, mantenersi calmo.

forbear[2] ['fɔ:bɛə] s. (general. al pl.) progenitore m, antenato m, avo m.

forbearance [fɔ:'bɛərəns] s. **1** il trattenersi. **2** (long–suffering) pazienza f, sopportazione f, tolleranza f.

forbearing [-riŋ] a. paziente, tollerante, indulgente.

forbid [fə'bid] v.t. (pret. **forbade/forbad** [-'bæd], p.p. **forbidden** [-'bidn]) **1** proibire a, impedire a, vietare a: to ~ s.o. to do s.th. impedire a qd. di fare qc., proibire qc. a qd.; to ~ smoking proibire 'il fumo' (o di fumare). **2** (to prevent, hinder) impedire, trattenere: my health –s my coming la mia salute mi impedisce di venire. **3** (to refuse entry to) interdire (o vietare) l'accesso a. □ entry –den vietato l'ingresso; God (o Heaven) ~! Dio non voglia!

forbiddance [-əns] s. divieto m, proibizione f.

forbidden[1] [fə'bidn] → forbid.

forbidden[2] a. proibito, vietato: ~ fruit frutto proibito.

forbidding [fə'bidiŋ] a. **1** ostile, (sinister) bieco, torvo: a ~ look uno sguardo bieco. **2** (of weather) minaccioso. **3** (inaccessible) inaccessibile, impervio. **4** (disagreeable) sgradevole, spiacevole.

forbore [fɔ:'bɔ:], **forborne** [-n] → forbear[1].

force[1] [fɔ:s] s. **1** forza f, potenza f; (physical) forza f, vigore m; (moral) forza f: ~ of character forza di carattere. **2** (persuasive power) forza f, efficacia f (persuasiva), validità f: your argument has great ~ il tuo argomento è 'di grande efficacia' (o assai valido). **3** (violence) forza f, violenza f, furia f, impeto m: the ~ of a storm la furia di un temporale. **4** (coercion) forza f, costrizione f, violenza f: to resort to ~ ricorrere alla forza. **5** (person, thing) forza f: a political ~ una forza politica; (agent, factor) forza f, causa f, fattore m. **6** (meaning, significance) forza f, valore m, significato m. **7** ⟨fig⟩ (organized body) gruppo m, associazione f, organizzazione f. **8** ⟨Dir⟩ forza f, vigore m: the decree has legal ~ il decreto ha forza di legge. **9** ⟨Mil⟩ reparto m. **10** pl. ⟨Mil⟩ forze fpl. **11** ⟨Fis⟩ forza f. **Force** s. (police) forza f (pubblica). □ ⟨Fis⟩ ~ of attraction forza f d'attrazione; by ~ a (viva) forza; by ~ of in virtù di, in forza di, mediante; by ~ of circumstances per forza di cose; ⟨Dir⟩ to come into ~ entrare (o andare) in vigore; ⟨Fis⟩ ~ of gravity forza f di gravità; the ~ of habit la forza dell'abitudine; in ~: 1 in vigore, valido: the law is still in ~ la legge è ancora in vigore; 2 (in large numbers) in forze, in gran numero, in massa; ⟨Dir⟩ to bring (o put) into ~ far entrare in vigore; to join –s unire le forze; ⟨Mil⟩ to join the Forces arruolarsi, andare sotto le armi; by main ~ a viva forza; the –s of nature le forze della natura.

force[2] v.t. **1** costringere, forzare, obbligare: to ~ s.o. to do s.th. costringere qd. a fare qc. **2** ⟨rifl⟩ sforzarsi. **3** (to press) forzare, sforzare, premere con forza; (to drive against resistance) far entrare (o passare) a forza: to ~ clothes into a suitcase far entrare a forza gli abiti in una valigia. **4** (to bring about by force, effort) forzare, provocare (con la

forza): to ~ a decision provocare una decisione; (to extort) strappare, estorcere: to ~ a confession strappare u confessione. **5** (to impose) imporre, costringere accettare: they –d the gifts on him lo costrinsero accettare i regali. **6** (of a door, lock) forzare, scassinare. (to rape) usare violenza a, violentare. **8** ⟨M⟩ conquistare, prendere con la forza. **9** ⟨Agr⟩ forzare: to a plant forzare una pianta. □ to ~ **back** respingere; to back one's tears respingere le lacrime; to ~ **down**: 1 prices) far scendere, far calare; 2 ⟨Aer⟩ costring all'atterraggio; to ~ an **entry** entrare con la forza; ⟨fig⟩ ~ s.o.'s **hand** forzare la mano a qd.; to ~ the **pace** forza il passo, accelerare l'andatura; to ~ a **smile** fare u sorriso forzato; to ~ **prices** up far salire i prezzi; to ~ **upon** s.o. imporsi su qd.; to ~ a **way** in aprirsi un var he –d his way into the room penetrò a forza nella stan to ~ one's way through a crowd farsi strada (o largo) mezzo alla folla.

force[3] s. ⟨dial⟩ (waterfall) cascata f.

forced [fɔ:st] a. **1** forzato, obbligato. **2** (strain unnatural) forzato, innaturale, artificioso: a ~ smile sorriso forzato; a ~ style uno stile artificioso. **3** ⟨A forzato. **4** ⟨Econ⟩ forzoso.

forced| exchange s. ⟨Econ⟩ cambio m forzoso. **~ feeding** s. alimentazione f forzata. **~ landing** s. ⟨A atterraggio m forzato. **~ loan** s. ⟨Econ⟩ prestito forzoso.

forcedly ['fɔ:sidli] avv. forzatamente, con sforzo, a fatic

forced| march s. ⟨Mil⟩ marcia f forzata. **~ sale** vendita f coatta. **~ saving** s. risparmio m forzato.

force|-feed v.t.irr. (of an animal) sottoporre alimentazione forzata. **~ feed** s. ⟨Mecc⟩ lubrificazion forzata.

forceful ['fɔ:sfəl] a. forte, valido, vigoroso: a ~ persona una forte personalità. **forcefulness** [-nis] s. energia polso m.

force majeure fr. [fɔrsma'ʒœ:r] s. ⟨Dir⟩ forza maggiore.

forcemeat ['fɔ:smi:t] s. ⟨Gastr⟩ ripieno m, farcia f.

forceps ['fɔ:seps] s. (pl.inv./**-es** [iz]) **1** ⟨Chir⟩ forcipe **2** ⟨Med⟩ pinza f. **3** ⟨Entom⟩ forbici fpl.

force pump s. ⟨tecn⟩ pompa f premente (o a pressione

forcible ['fɔ:səbl] a. **1** fatto con la forza. **2** (forceful) fo vigoroso, energico. **3** (convincing) convincente, efficace. by ~ means con la forza.

forcible| detainer s. ⟨Dir⟩ detenzione f illegale. **~ en** s. presa f di possesso illegale.

forcibleness ['fɔ:səblnis] s. **1** forza f, violenza f. **2** (vigo vigore m. **forcibly** [-i] avv. con forza.

forcing ['fɔ:siŋ] s. **1** forzatura f. **2** ⟨Dir⟩ effrazione scasso m.

forcing| bed s. ⟨Agr⟩ letto m caldo. **~ house** s. se f.

ford [fɔ:d] **I** s. guado m. **II** v.t. guadare, passare a gua to ~ a river guadare un fiume. **'fordable** [-əbl] guadabile.

fore[1] [fɔ:] **I** a. **1** anteriore, davanti. **2** ⟨Mar⟩ anteriore, prua, prodiero. **II** s. **1** davanti m, parte f anteriore. ⟨Mar⟩ prua f. **III** avv. ⟨Mar⟩ a prua, verso prua. ⟨Mar⟩ ~ and aft: 1 da poppa a prua, per chiglia; longitudinale; ⟨Mar⟩ at the ~ sull'albero di trinchei ⟨fig⟩ to come to the ~ mettersi in luce, venire alla riba to the ~: 1 in rilievo, in prima linea; 2 (at ha disponibile, a portata di mano.

fore[2] intz. ⟨Sport⟩ (in golf) attenzione davanti.

'fore-and-'aft' rig s. ⟨Mar⟩ attrezzatura f di taglio. **~ s** s. vela f di taglio.

forearm[1] ['fɔ:rɑ:m] s. ⟨Anat⟩ avambraccio m.

forearm[2] [fɔ:'rɑ:m] v.t. **1** premunire, provvedere alla dif di. **2** ⟨fig⟩ premunire.

forebear s. → forbear[2].

forebode [fɔ:'boud] v.t. **1** preannunciare, far preved essere presagio (o indizio) di. **2** (to have a presentim of) presagire, presentire. **foreboding** [-iŋ] s. **1** presagire. **2** (presentiment) presentimento m, presagio **forebodingly** [-iŋli] avv. in modo presago.

fore|bridge s. → foredeck. **~cabin** s. ⟨Mar⟩ cabina f

rua (o seconda classe).

recast I v.i. [fɔː'kɑːst] (pret., p.p. **forecast/forecasted** –id]) **1** prevedere. **2** (to serve as a forecast of) predire, pronosticare. **II** s. ['fɔːkɑːst] previsione f, pronostico; (of the weather) previsioni fpl. **forecaster** [–ə] s. specialista m in previsioni (economiche, politiche).

recastle s. ⟨Mar⟩ **1** castello m di prua. **2** (seamen's quarters) alloggi mpl dei marinai. **~cited** a. summenzionato, anzidetto, succitato. **~close** v.t. **1** ⟨Dir⟩ (of a mortgager) precludere il diritto di riscatto a; (of a mortgage) precludere il riscatto di. **2** ⟨assol⟩ precludere il diritto ipotecario. **3** (to shut out) precludere, escludere. **4** (to deal with beforehand) concludere (o definire) in anticipo. **~closure** s. ⟨Dir⟩ preclusione f del diritto ipotecario. **~court** s. **1** cortile m esterno (o anteriore). **2** ⟨Sport⟩ (in tennis) zona f di battuta (o servizio). **~deck** s. ⟨Mar⟩ ponte m di prua. **~doom** v.t. (pre)destinare. **~father** s. progenitore m, padre m. **~finger** s. ⟨Anat⟩ indice m. **~foot** s.irr. **1** ⟨Zool⟩ zampa f (o piede m) anteriore. **2** ⟨Mar⟩ piè m di ruota (di prua). **~front** s. **1** ⟨Mil⟩ prima linea f. **2** ⟨fig⟩ (vanguard) avanguardia f.

regather v. → forgather.

regift ['fɔːgift] s. ⟨Dir⟩ buonuscita f.

rego[1] [fɔː'gou] v.t.irr. precedere, venir prima di.

rego[2] v.irr. → forgo.

regoer [fɔː'gouə] s. **1** predecessore m. **2** (forerunner) precursore m. **foregoing** [–'gouiŋ] a. precedente, antecedente: in the ~ paragraph nel paragrafo precedente. **foregone** [–gɔn] a. **1** precedente, anteriore. **2** (past) passato.

regone conclusion s. **1** esito m previsto, risultato m scontato. **2** ⟨fig⟩ fatto m scontato, cosa f certa, certezza f: his success is a ~ il suo successo è un fatto scontato.

reground s. **1** (in perspective) primo piano m. **2** ⟨fig⟩ posizione f di primo piano (o preminente). **~hand I** a. ⟨Sport⟩ (in tennis, etc.) diritto, di diritto: a ~ volley una volata (o volée) di diritto. **II** s. **1** ⟨Sport⟩ diritto m. **2** (of a horse) treno m anteriore. **III** avv. ⟨Sport⟩ con un diritto. **~hand drive** s. ⟨Sport⟩ colpo m con diritto. **~'handed** am.a. **1** ⟨Sport⟩ diritto, di diritto. **2** (mindful of the future) previdente, provvido, lungimirante. **3** (thrifty) risparmiatore, parsimonioso. **'~'handedness** am. s. previdenza f, lungimiranza f. **~head** ['fɔːhed] s. ⟨Anat⟩ fronte f.

reign ['fɔrin] a. **1** straniero: ~ languages lingue straniere; a ~ country un paese straniero. **2** (alien) forestiero. **3** ⟨Pol,Comm⟩ estero. **4** (unrelated) estraneo (to a), che non ha relazione (con): digression ~ to the topic digressione estranea all'argomento.

reign| affairs s.pl. ⟨Pol⟩ affari mpl esteri. **~ agency** s. rappresentanza f all'estero. **~ aid** s. ⟨Pol⟩ aiuti mpl all'estero. **~ assets** s.pl. attività fpl sull'estero. **~ bank** s. banca f estera. **~ bill** s. ⟨Econ⟩ cambiale f estera (o sull'estero). **~ body** s. corpo m estraneo. **~ bond** s. obbligazione f estera. **~-built** a. di fabbricazione estera. **~ capital** s. capitale m estero. **~ correspondent** s. **1** corrispondente m/f in lingue estere. **2** ⟨Giorn⟩ corrispondente m dall'estero. **~ currency** s. valuta f estera. **~ debt** s. ⟨Econ⟩ debito m estero. **~ draft** s. tratta f sull'estero.

reigner ['fɔrinə] s. **1** straniero m (f –a). **2** (alien) forestiero m (f –a). **3** ⟨Dir⟩ straniero m. **4** ⟨Mar⟩ nave f straniera.

reign exchange s. ⟨Econ⟩ **1** cambio m sull'estero. **2** (currency) divisa f (o valuta) estera. □ ~ broker cambiavalute m; ~ market mercato m valutario.

reign exchange| allocation s. assegnazione f di valuta. **~ broker** s. intermediario m di cambio. **~ business** s. operazioni fpl di cambio. **~ market** s. mercato m valutario. **~ transaction** s. operazione f di cambio.

reign| investment s. investimento m estero. **~ language** s. lingua f straniera (o estera). **~ legion** s. ⟨Mil⟩ legione f straniera. **~ manpower** s. manodopera f straniera. **~ office** s. ⟨Parl⟩ ministero m degli esteri. **~ operations** s.pl. ⟨Econ⟩ operazioni fpl con l'estero. **~ policy** s. politica f estera. **~ relations** s.pl. ⟨Pol⟩

relazioni fpl con l'estero. **~ secretary** s. ⟨Parl⟩ ministro m degli (affari) esteri. **~ service** s. corpo m diplomatico. **~ trade** s. commercio m estero. **~ trade zone** s. zona f franca. **~ transactions** s.pl. → foreign operations.

fore|judge v.t. giudicare anzitempo. **~'know** v.t.irr. conoscere in anticipo, prevedere. **'~'knowledge** s. preveggenza f.

forel ['fɔrəl] s. ⟨Legat⟩ finta pergamena f.

fore|land s. **1** ⟨Geog⟩ promontorio m, capo m. **2** (in front of an embankment, etc.) terreno m antistante. **~leg** s. ⟨Zool⟩ zampa f anteriore.

forell s. → forel.

forelock[1] ['fɔːlɔk] s. ciocca f di capelli sulla fronte, ciuffo m. □ ⟨fig⟩ to take time by the ~ cogliere la prima occasione.

forelock[2] **I** s. ⟨tecn⟩ coppiglia f. **II** v.t. assicurare (o fermare) con una coppiglia.

fore|man [mən] s.irr. (f. -woman) **1** ⟨Ind⟩ caposquadra m, capo m; (in charge of a department) caporeparto m. **2** ⟨Dir⟩ capo m dei giurati (o della giuria), primo giurato m. **~mast** s. ⟨Mar⟩ albero m prodiero (o di trinchetto). **~'mentioned** a. summenzionato, suddetto.

foremost ['fɔːmoust] **I** a. primo, più importante, principale: the ~ families in the country le prime famiglie del paese. **II** avv. primariamente, in primo luogo. □ first and ~ anzitutto, prima di tutto.

fore|name s. prenome m, nome m di battesimo. **~named** a. sunnominato, summenzionato. **~noon** s. mattina f, mattinata f.

forensic [fɔ'rensik] **I** a. forense, legale, giudiziario. **II** s. ⟨am⟩ dibattito m.

forensic| chemistry s. chimica f legale. **~ medicine** s. medicina f legale.

fore|-or'dain v.t. **1** preordinare. **2** (to predestine) predestinare. **~ordi'nation** s. **1** preordinazione f. **2** (predestination) predestinazione f. **~ part** s. **1** parte f anteriore. **2** ⟨Aut⟩ avancorpo m, parte f anteriore. **~paw** s. ⟨Zool⟩ zampa f anteriore. **~ peak** s. ⟨Mar⟩ gavone m di prua. **~quarter** s. ⟨Macell⟩ quarto m anteriore. **~'reach I** v.i. ⟨Mar⟩ guadagnare il sopravvento. **II** v.t. oltrepassare, superare. **~run** v.t.irr. **1** precedere. **2** (to foretell) predire, pronosticare. **'~runner** s. **1** precursore m, antesignano m. **2** (predecessor) predecessore m, antenato m. **3** (omen, sign) presagio m, indizio m. **4** ⟨Sport⟩ apripista m. Forerunner N.pr. ⟨Bibl⟩ Precursore m, san Giovanni Battista. **~sail** s. ⟨Mar⟩ **1** (on a foremast) vela f di trinchetto. **2** (staysail) trinchettina f, vela f di straglio.

fore|see v.t.irr. prevedere, aspettarsi. **'~'seeable** a. **1** prevedibile. **2** (immediate) immediato, prossimo: in the ~ future nell'immediato futuro. **~ shadow** v.t. presagire, prevedere. **~shore** s. riviera f, litorale m. **~shorten** v.t. ⟨Art⟩ rappresentare di scorcio, ritrarre in prospettiva. **~'shortening** s. scorcio m. **~'show** v.t.irr. preannunziare, predire.

fore|sight s. **1** prudenza f, previdenza f. **2** (prophetic capacity) preveggenza f, prescienza f. **3** (prevision) previsione f. **4** ⟨Topogr⟩ lettura f altimetrica. **5** ⟨Artigl⟩ mirino m anteriore. **~'sighted** a. previdente, prudente. **~skin** s. ⟨Anat⟩ prepuzio m.

forest ['fɔrist] **I** s. **1** foresta f, selva f. **2** ⟨fig⟩ selva f, bosco m, foresta f. **II** v.t. imboschire. **forestal** [–əl] a. forestale.

forestall [fɔː'stɔːl] v.t. prevenire, anticipare.

forestay ['fɔːstei] s. ⟨Mar⟩ straglio m di trinchetto.

forest| death, **~ die-off** s. moria f dei boschi.

forested ['fɔristid] a. boscoso, coperto di boschi. **forester** [–stə] s. **1** (expert in forestry) silvicoltore m (f –trice). **2** (officer in charge of a forest) guardia f forestale, guardaboschi m. **3** (inhabitant) abitante m/f della foresta. **4** ⟨Zool⟩ animale m della foresta.

forest| fire s. incendio m di una foresta. **~ fly** s. ⟨Entom⟩ mosca f cavallina. **~ ranger** am. s. guardaboschi m, guardia f forestale.

forestry ['fɔristri] s. ⟨Silv⟩ **1** silvicoltura f. **2** (forestation) imboschimento m.

forest school s. istituto m forestale.

fore|taste I *s.* **1** pregustazione *f.* **2** ⟨*fig*⟩ anticipazione *f,* assaggio *m.* **II** *v.t.* **1** pregustare. **2** (*to sample beforehand*) sperimentare in anticipo, fare un'esperienza preliminare. **~'tell** *v.t.irr.* predire, pronosticare. **~thought** *s.* **1** previdenza *f.* **2** (*previous consideration*) premeditazione *f.* ☐ *to act with* ~ essere previdente. **~ time** *s.* passato *m,* tempi *mpl* andati. **~'token** I *s.* presagio *m,* premonizione *f.* **II** *v.t.* presagire, preannunciare. **~top** *s.* ⟨*Mar*⟩ coffa *f* di trinchetto.

for ever, *am.* **forever** ['fərevə] *avv.* **1** per sempre, eternamente: *to love s.o.* ~ amare qd. per sempre. **2** (*continually*) sempre, di continuo. ☐ ⟨*lett*⟩ ~ *and aye* (o *a day*) eternamente, per sempre; ⟨*Lit*⟩ ~ *and ever, amen* per tutti i secoli dei secoli, amen. **for,evermore** [–'mɔ:] *avv.* ⟨*lett*⟩ per sempre, eternamente.

fore|'warn *v.t.* preavvertire, preavvisare, prevenire. ☐ *Prov.: –ed is* forearmed uomo avvisato è mezzo salvato. **~woman** *s.irr.* **1** ⟨*Ind*⟩ caposquadra *f;* (*in charge of a department*) caporeparto *f.* **2** ⟨*Dir*⟩ prima giurata *f,* capo *m* di una giuria femminile. **~word** *s.* prefazione *f,* proemio *m,* introduzione *f.* **~yard** *s.* ⟨*Mar*⟩ pennone *m* di trinchetto.

forfeit ['fɔ:fit] I *s.* **1** penalità *f;* (*fine*) multa *f.* **2** ⟨*Dir*⟩ confisca *f* (dei beni); (*thing forfeited*) cosa *f* confiscata. **3** *pl.* (*game;* costr. sing.) gioco *m* dei pegni. **II** *a.* confiscato. **III** *v.t.* **1** perdere, essere privato di: *to* ~ *one's life* perdere la vita. **2** ⟨*Dir*⟩ perdere per confisca. **forfeitable** [–əbl] *a.* confiscabile. **forfeiter** [–ə] *s.* chi perde per confisca. **forfeiting** [–iŋ] *s.* ⟨*Econ*⟩ forfetizzazione *f.* **forfeiture** [–ʃə] *s.* **1** ⟨*Dir*⟩ confisca *f* (dei beni); (*thing forfeited*) cosa *f* confiscata. **2** (*penalty*) penalità *f;* (*fine*) multa *f.*

forfend [fɔ:'fend] *v.t.* **1** difendere, proteggere. **2** (*to prevent, avert*) impedire, stornare, allontanare. ☐ *God* ~*!* Dio ne scampi e liberi!

forgather [fɔ:'gæθə] *v.i.* **1** adunarsi, riunirsi. **2** (*to associate socially*) associarsi (*with* a). **3** (*to meet accidentally*) incontrare per caso (qd.).

forgave [fɔ:'geiv] → **forgive.**

forge[1] [fɔ:dʒ] I *s.* **1** (*furnace*) fornace *f.* **2** (*smithy*) fucina *f,* forgia *f.* **3** (*wrought iron workshop*) ferriera *f.* **II** *v.t.* **1** ⟨*Met*⟩ (*of metal*) fucinare; (*to produce by forging*) forgiare. **2** ⟨*fig*⟩ fare, formare, creare: *to* ~ *an agreement* creare un accordo. **3** (*to imitate fraudulently*) falsificare, falsare, contraffare: *to* ~ *a signature* falsificare una firma; (*of a story, lie*) fucinare, foggiare, preparare. **III** *v.i.* **1** lavorare in una fucina. **2** (*to commit a forgery*) fare un falso.

forge[2] *v.i.* **1** avanzare gradatamente (*o* per gradi). **2** (*to move with a sudden increase of speed*) scattare: *the runner –d into the lead* il corridore scattò al comando. ☐ *to* ~ *ahead* avanzare (*o* procedere) a tutta velocità; ⟨*fig*⟩ andare avanti (*o* a gonfie vele).

forged ['fɔ:dʒd] *a.* **1** ⟨*Met*⟩ fucinato, forgiato. **2** (*counterfeited, false*) contraffatto, falsificato, falso: *a* ~ *signature* una firma falsa.

forger ['fɔ:dʒə] *s.* **1** ⟨*Met*⟩ fucinatore *m,* forgiatore *m.* **2** (*counterfeiter*) falsario *m* (*f* –a), contraffattore *m* (*f* –trice), falsificatore *m* (*f* –trice). **forgery** [–ri] *s.* **1** ⟨*Dir*⟩ falso *m;* (*document*) documento *m* contraffatto (*o* falso); (*signature*) firma *f* falsa. **2** (*counterfeiting*) falsificazione *f.* ☐ ⟨*Dir*⟩ *a will* falsificazione *f* del testamento.

forget [fə'get] *v.* (*pret.* **forgot** [–'gɔt], *p.p.* **forgotten** [–'gɔtn]/*poet.* **forgot**) I *v.t.* **1** dimenticare, dimenticarsi, scordare, scordarsi: *I forgot you were coming* avevo (*o* mi ero) dimenticato che venivi. **2** (*to leave out*) dimenticare, dimenticarsi, omettere; (*to leave behind*) dimenticare: *I have forgotten my umbrella* ho dimenticato l'ombrello. **3** (*to neglect*) trascurare, dimenticare. **II** *v.i.* dimenticare, dimenticarsi. ☐ *I forgot* **all** *about it* me ne sono completamente scordato; ⟨*fam*⟩ ~ *it!* lasciamo perdere!, non parliamone più!; **never-to-be-forgotten** indimenticabile, memorabile; *to* ~ *o.s.*: 1 comportarsi indecorosamente; 2 (*to act unselfishly*) comportarsi (*o* agire) con altruismo. ‖ *I forgot myself!* mi è sfuggito!

forgetful [fə'getfəl] *a.* **1** smemorato, di poca memoria. **2** (*neglectful*) dimentico, immemore, noncurante (*of* di): ~ *of one's duties* dimentico dei propri doveri. **3** (*poet*) che

dà l'oblio, oblioso: ~ *sleep* sonno che dà l'ob **forgetfulness** [–nis] *s.* **1** smemoratezza *f.* (*neglectfulness*) negligenza *f,* noncuranza *f,* dimentica *f.*

forget-me-not *s.* ⟨*Bot*⟩ miosotide *f,* nontiscordardime **forgettable** [fə'getəbl] *a.* che si può dimenticare. **forging** ['fɔ:dʒiŋ] *s.* ⟨*Mecc*⟩ forgiatura *f,* fucinatura *f.* ☐ *machine* forgiatrice *f.*

forgivable [fə'givəbl] *a.* perdonabile. **forgive** [–giv] (*pret.* **forgave** [–'geiv], *p.p.* **forgiven** [–'givn]) I *v.t.* perdonare, scusare: *I* ~ *you* ti perdono; *to* ~ *s.o. for dc s.th.* perdonare qc. a qd., perdonare qd. di (*o* per) qc (*of an offence, etc.*) perdonare a, rimettere a: *to* ~ *s.o. sins* perdonare a qd. i suoi peccati. **3** (*of a debt, e* condonare, rimettere. **II** *v.i.* concedere il perdono. ☐ ~ *and forget* metterci una pietra sopra; ⟨*Lit*⟩ ~ *us trespasses* rimetti a noi i nostri debiti. **forgiveable** *a.* forgivable.

forgiven [fə'givn] → **forgive.**

forgiveness [fə'givnis] *s.* **1** perdono *m: to ask s.o.'s* chiedere perdono a qd. **2** (*remission*) remissione condono *m: the* ~ *of sins* la remissione dei peccati. (*willingness to forgive*) clemenza *f,* indulgenza *f.* **forgivi** [–viŋ] *a.* indulgente, clemente, disposto al perdo **forgivingly** [–viŋli] *avv.* indulgentemente, con clemen **forgivingness** [–viŋnis] *s.* indulgenza *f,* clemenza *f.*

forgo [fɔ:'gou] *v.t.irr.* astenersi da, rinunciare a, fare meno di.

forgot [fə'gɔt], **forgotten** [–n] → **forget.**

fork [fɔ:k] I *s.* **1** forchetta *f.* **2** ⟨*Agr*⟩ (*for digging*) bide *m;* (*for lifting*) forca *f,* forcale *m;* (*hay–fork*) forcone *m* (*of a road*) biforcazione *f,* bivio *m;* (*of a ri* biforcazione *f.* **4** ⟨*Anat*⟩ inforcatura *f,* biforcazione *f.* ⟨*Mus*⟩ (*tuning fork*) diapason *m.* **6** (*of a bicycle*) forc *f.* **II** *v.t.* **1** inforcare: *to* ~ *hay* inforcare il fieno. **2** *raise with a fork*) rimuovere con la forca. **3** (*to dig wit fork*) piantare (*o* interrare) con il bidente. **4** (*to divide i two*) biforcare. **III** *v.i.* **1** (*of a road, river, etc.*) biforca (*of people, cars, etc.*) deviare, svoltare. **2** (*of lightni* serpeggiare. ☐ ⟨*Agr*⟩ *to* ~ *in manure* interrare conci (con il bidente); ⟨*fam*⟩ *to* ~ **out** (o *up*) (*of money*) ti fuori, sborsare.

forked [fɔ:kt] *a.* **1** forcuto, biforcuto, che si biforca. **2** *lightning*) a zigzag. **3** ⟨*Mecc*⟩ a forcella. **'forkful** [–k *s.* **1** forchettata *f.* **2** ⟨*Agr*⟩ forcata *f.*

fork|lift (truck) *s.* ⟨*Mecc*⟩ carrello elevatore *m* a forca. **luncheon** *s.* colazione *f* alla forchetta. **~ spanner, wrench** *s.* ⟨*Mecc*⟩ chiave *f* fissa.

forky ['fɔ:ki] *a.* → **forked.**

forlorn [fə'lɔ:n] *a.* **1** abbandonato, derelitto, sperduto. (*wretched*) misero, sconsolato. **3** (*bereft*) privo, priva destituito (*of* di). **4** (*hopeless*) disperato: *a* ~ *attempt* tentativo disperato.

forlorn hope *s.* **1** speranza *f* vana. **2** (*danger enterprise*) impresa *f* disperata. **3** ⟨*Mil*⟩ pattuglia *f* invia in missione pericolosa.

form [fɔ:m] I *s.* **1** (*shape*) forma *f,* foggia *f;* (*appearan* forma *f,* aspetto *m,* apparenza *f.* **2** (*body*) forma *f,* figur umana, sagoma *f.* **3** (*type*) forma *f,* tipo *m:* ~ *government* forma di governo. **4** (*style*) forma *f,* stile *in a clear* ~ in forma chiara. **5** (*long bench*) banco sedile *m,* panca *f.* **6** (*document*) modulo *m,* formulario *an income tax* ~ un modulo per la denuncia delle tas *to fill in a* ~ riempire un formulario. **7** (*set order words*) formula *f:* ~ *of oath* formula di giuramento. (*conventional method of behaviour*) forma *f,* convenzi *fpl* (sociali), formalità *fpl: to respect the* ~ rispettare forma; (*of a person: manners*) contegno *m,* forma *f: have bad* ~ mancare di contegno. **9** (*mould*) forma stampo *m.* **10** → **form letter.** **11** ⟨*Scol*⟩ classe *f.* (*fitness*) forma *f,* condizioni *fpl* fisiche e psichiche. ⟨*Sport*⟩ forma *f: to be in* ~ essere in forma. ⟨*Gramm,Ling,Filos*⟩ forma *f.* **15** ⟨*Biol*⟩ forma *f,* specie individuo *m.* **16** (*of a hare*) covo *m,* tana *f.* **17 formwork.** **18** → **forme.** **II** *v.t.* **1** foggiare, forma plasmare; (*to put together*) formare, comporre: *to* ~ *sentence* formare un periodo. **2** (*to constitute*) forma costituire, comporre: *to ~ a committee* formare un comitato. **3** (*to become arranged as*) disporsi in, formare: *the children ~ed a ring* i bambini si disposero in cerchio. **4** (*to fashion*) foggiare, formare; (*to mould by influence*) plasmare, formare: *to ~ a child's character* formare il carattere di un bambino. **5** (*of ideas, etc.*) formarsi, farsi: *to ~ an opinion* formarsi un'opinione; (*of a habit, friendship, etc.*) contrarre. **6** (*to make up, compose*) formare, costituire, essere. **7** ⟨*Mil*⟩ mettere in riga. **III** *v.i.* **1** formarsi: *ice has ~ed on the roads* sulle strade si è formato il ghiaccio. **2** (*to take form*) formarsi, prendere forma: *an idea ~ed in his mind* un'idea prese forma nella sua mente. **3** ⟨*Mil*⟩ disporsi, ordinarsi: *to ~ into ranks* disporsi in fila; *to ~ fours* disporsi per quattro. □ *to be in bad ~* essere giù di forma; *it is bad ~ to speak with your mouth full* è maleducazione parlare con la bocca piena; *a block of ~s* un modulario; *to be in good ~* essere in forma; *in the ~ of* in forma di, sotto forma di; ⟨*Mil*⟩ *to ~ into columns* incolonnarsi; *in like ~* in maniera analoga; ⟨*Sport*⟩ *to lose ~* andar giù di forma; *a mere matter of ~* una pura questione di forma; *as a matter of ~* pro forma; ⟨*Sport*⟩ *to be out of ~* non essere in forma, essere fuori forma; *to do s.th. for the sake of ~* salvare la forma; *without shape or ~* senza alcuna forma, informe; *a ~ of speech* un modo di dire; *stickler for ~* persona tutta forma (o esteriorità).

rmal ['fɔ:məl] *a.* **1** formale, convenzionale. **2** (*marked by form, ceremony*) formale, protocollare: *a ~ reception* un ricevimento formale; (*ceremonious*) cerimonioso, formale; (*of persons*) formalista. **3** (*perfunctory*) formale, esteriore, apparente. **4** (*of or pertaining to form*) formale, di forma: *a ~ problem* un problema formale. **5** (*explicit*) formale, esplicito. **6** (*regular*) regolare, uniforme; (*symmetrical*) simmetrico. **7** ⟨*Art,Filos*⟩ formale: *~ cause* causa formale. □ *to pay a ~ call on s.o.* fare una visita di convenienza a qd; *a ~ question* una questione di procedura.

rmaldehyde [fɔ:'mældihaid] *s.* ⟨*Chim*⟩ formaldeide *f.*
rmal dress *s.* abito *m* da cerimonia. **~ education** *s.* educazione *f* formale. **~ garden** *s.* giardino *m* classico (o all'italiana).

rmalin ['fɔ:məlin] *s.* ⟨*Chim*⟩ formalina *f*, formolo *m.*
rmalism ['fɔ:məlizəm] *s.* formalismo *m.* **formalist** [–list] *s.* formalista *m/f.* ,**formalistic** [–'listik] *a.* formalistico. **formality** [–'mæliti] *s.* **1** formalità *f*, convenzionalità *f.* **2** *pl.* (*ceremony*) formalità *fpl*, cerimonie *fpl.* **3** (*formal act*) formalità *f*, questione *f* di forma: *a mere ~* una pura formalità. **4** (*ceremoniousness*) cerimoniosità *f.* **5** ⟨*Dir*⟩ formalità *f*, modalità *f: legal formalities* formalità di legge. □ *to comply with all the necessary formalities* assolvere a tutte le formalità necessarie.

rmalization [,fɔ:məlai'zeiʃən] *s.* ⟨*Filos*⟩ formalizzazione *f.*
rmalize [–laiz] *I v.t.* **1** rendere formale. **2** (*to give form to*) formare, foggiare, dare forma a. **II** *v.i.* essere cerimonioso, comportarsi in maniera formale. '**formally** [–li] *avv.* **1** in maniera formale, formalmente. **2** (*explicitly*) formalmente, esplicitamente.
rmat[1] ['fɔ:mæt] *s.* **1** ⟨*Edit*⟩ formato *m.* **2** ⟨*Giorn*⟩ presentazione *f*, confezione *f*, veste *f* tipografica.
rmat[2] *v.t.* ⟨*Inform*⟩ formattare: *to ~ a disk* formattare un dischetto.
rmate[1] ['fɔ:meit] *s.* ⟨*Chim*⟩ formiato *m.*
rmate[2] *v.i.* ⟨*Aer*⟩ volare in formazione.
rmation [fɔ:'meiʃən] *s.* **1** formazione *f* (*anche Geol.*). **2** (*manner in which a thing is formed*) composizione *f*, formazione *f.* **3** (*setting up*) costituzione *f*, formazione *f.* **4** ⟨*Mil,Aer*⟩ formazione *f*, disposizione *f*; (*unit*) unità *f*, formazione *f.* □ ⟨*Aer*⟩ *to fly in ~* volare in formazione; *in process of ~* in (o processo di) formazione.
rmative ['fɔ:mətiv] *I a.* **1** formativo, che forma. **2** (*relating to formation*) della formazione: *a child at a ~ age* un bambino all'età della formazione. **3** ⟨*Ling*⟩ formativo. **II** *s.* ⟨*Ling*⟩ (*formative element*) elemento *m* formativo, affisso *m.* □ *~ art* arte *f* plastica.
rmatting ['fɔ:mætiŋ] *s.* formattazione *f.*
rme [fɔ:m] *s.* ⟨*Tip*⟩ forma *f.*

former[1] ['fɔ:mə] **I** *a.* **1** precedente: *on a ~ occasion* in un'occasione precedente; (*previous*) di prima, primitivo: *it went back to its ~ shape* ha ripreso la forma primitiva. **2** (*long past*) passato, andato: *in ~ times* nei tempi andati. **3** (*first mentioned of two*) primo (di due): *the ~ candidate was preferred to the latter* il primo candidato venne preferito al secondo. **4** (*sometime*) ex, già, un tempo: *the ~ Prime Minister* l'ex Primo Ministro. **II** *pron.* il primo, quello là. □ *the ~ ... the latter* (*used only in reference to persons*) l'uno ... l'altro, quello ... questo, il primo ... il secondo (*o* l'ultimo), quegli ... questi; *he is a mere shadow of his ~ self* non è che l'ombra di se stesso.
former[2] *s.* **1** chi forma, formatore *m* (*f* –trice). **2** ⟨*Ind*⟩ operaio *m* formatore, formatore *m.* **3** ⟨*tecn*⟩ (*mould*) stampo *m*, forma *f.* □ ⟨*Scol*⟩ *a fourth ~* un alunno della quarta classe (o di quarta).
formerly ['fɔ:məli] *avv.* **1** in passato, tempo addietro. **2** (*previously*) un tempo, già, precedentemente.
formic ['fɔ:mik] *a.* ⟨*Chim*⟩ formico.
formica [fɔ:'maikə] *s.* ⟨*Ind*⟩ formica *f.*
formication [,fɔ:mi'keiʃən] *s.* ⟨*Med*⟩ formicolio *m*, informicolamento *m.*
formidability [,fɔ:midə'biliti] *s.* l'essere formidabile (*o* spaventoso). '**formidable** [–bl] *a.* **1** temibile, formidabile, spaventoso, terribile: *a ~ opponent* un avversario formidabile. **2** (*of intimidating size*) arduo, duro: *a ~ task* un compito arduo. **3** (*exceptional*) formidabile, straordinario, eccezionale: *~ knowledge* una conoscenza formidabile. '**formidableness** [–blnis] *s.* → **formidability**.
forming ['fɔ:miŋ] *s.* ⟨*Mecc*⟩ foggiatura *f*, formatura *f.* □ *~ machine* profilatrice *f.*
formless ['fɔ:mlis] *a.* informe, senza forma. **formlessly** [–li] *avv.* in modo informe. **formlessness** [–nis] *s.* assenza *f* di forma.
form letter *am.s.* lettera *f* ciclostilata.
Formosa [fɔ:'mousə] *N.pr.* ⟨*Geog*⟩ Formosa *f.* **Formosan** [–n] **I** *a.* (dell'isola) di Formosa. **II** *s.* abitante *m/f* di Formosa.
formula ['fɔ:mjulə] *s.* (*pl.* -s [z]/-lae [li:]) **1** formula *f* (*anche fig.,Chim.,Mat.*). **2** (*conventional phrase*) formula *f*, frase *f* rituale (*o* consuetudinaria). **3** (*prescription*) formula *f*, ricetta *f.* □ *collection of ~s* formulario *m.* **4** ⟨*Sport*⟩ formula *f: ~-1 race* gara *f* automobilistica di formula 1.
,**formularization** [–rai'zeiʃən] *s.* formulazione *f.*
formularize [–raiz] *v.t.* esprimere in (*o* mediante) formule. **formulary** [–ri] **I** *s.* **1** formulario *m*, modulo *m.* **2** ⟨*Farm*⟩ farmacopea *f.* **3** ⟨*Lit*⟩ rituale *m.* **II** *a.* **1** di formule. **2** (*consisting of a formula*) (espresso) in formula. **3** ⟨*Lit*⟩ rituale. **formulate** [–leit] *v.t.* **1** esprimere in (*o* ridurre a) formula. **2** (*to express precisely*) formulare: *to ~ a theory* formulare una teoria. **3** (*to devise*) ideare, formulare, concepire. ,**formulation** [–'leiʃən] *s.* formulazione *f.*
formwork ['fɔ:mwə:k] *s.* ⟨*Edil*⟩ cassaforma *f.*
formyl ['fɔ:mil] *s.* ⟨*Chim*⟩ formile *m.*
fornicate ['fɔ:nikeit] *v.i.* fornicare. ,**fornication** [–'keiʃən] *s.* fornicazione *f.* **fornicator** [–keitə] *s.* fornicatore *m.* ,**fornicatress** [–'keitris], ,**fornicatrix** [–'keitriks] *s.* (*pl.* -catrices [kə'traisi:z]) fornicatrice *f.*
fornix ['fɔ:niks] *s.* (*pl.* -nices [nis:z]) ⟨*Anat*⟩ fornice *m.*
forsake [fə'seik] *v.t.* (*pret.* **forsook** [–'suk], *p.p.* **forsaken** [–ən]) **1** abbandonare, rinunciare a: *to ~ one's faith* abbandonare la fede. **2** (*to leave*) abbandonare, lasciare: *to ~ one's wife* abbandonare la moglie.
forsaken[1] [fə'seikən] → **forsake**.
forsaken[2] *a.* abbandonato, deserto, desolato.
forsook [fə'suk] → **forsake**.
forsooth [fə'su:θ] *a./avv.* ⟨*rar*⟩ invero, in verità.
forswear [fɔ:'swe:] *v.t.irr.* **1** giurare di rinunciare a. **2** (*to deny upon oath*) rinnegare. **3** ⟨*rifl*⟩ spergiurare, giurare il falso. **forsworn** [–'swɔ:n] *a.* spergiuro.
forsythia [fə'saiθiə, *am.* –'siθiə] *s.* ⟨*Bot*⟩ forsythia *f.*
fort [fɔ:t] *s.* **1** ⟨*Mil*⟩ forte *m*, fortezza *f*; (*fortification*) fortificazione *f*, luogo *m* fortificato. **2** ⟨*Stor*⟩ stazione *f* commerciale fortificata.
fortalice ['fɔ:təlis] *s.* **1** ⟨*Mil*⟩ fortilizio *m.* **2** ⟨*ant*⟩ (*fortress*) fortezza *f.*

forte[1] ['fɔːt] *s*. **1** forte *m*, punto *m* forte, specialità *f*: *spelling is not his* ~ l'ortografia non è il suo forte. **2** (*of a sword*) forte *m* (della lama).

forte[2] *it*. [ˈfɔːti] **I** *a./avv*. ⟨*Mus*⟩ forte. **II** *s*. forte *m*.

forth [fɔːθ] **I** *avv*. ⟨*lett,poet*⟩ **1** avanti, innanzi: *to run back and* ~ correre avanti e indietro. **2** (*forward in time*) in avanti, innanzi: *from this day* ~ da oggi in avanti. **3** (*out*) fuori. **II** *prep*. ⟨*rar*⟩ fuori di (*o* da). □ *and so* ~ e così via, eccetera, e via dicendo.

forthcoming [fɔːˈθkʌmiŋ] *a*. **1** prossimo, che sta per uscire, imminente. **2** (*approaching*) vicino, prossimo: *in the* ~ *weeks* nelle prossime settimane. **3** (*available*) disponibile, pronto. **4** ⟨*fig*⟩ (*of people*) cordiale, affabile, socievole. □ *a* ~ *attraction* un'attrazione in programma; *a* ~ *edition* un'edizione di prossima pubblicazione.

forthright I *a*. ['fɔːθrait] **1** franco, schietto, sincero. **2** (*straightforward*) diretto, immediato. **II** *avv*. [ˌfɔːˈθrait] **1** francamente. **2** (*directly*) direttamente. **3** ⟨*rar*⟩ (*immediately*) immediatamente, subito.

forthwith [ˌfɔːθˈwiθ,-ˈwið] *avv*. **1** immediatamente, subito. **2** (*thereupon*) al che, e allora.

fortieth ['fɔːtiiθ] **I** *a*. quarantesimo. **II** *s*. quarantesimo *m*.

fortifiable ['fɔːtifaiəbl] *a*. fortificabile. **fortification** [-fiˈkeiʃən] *s*. **1** fortificazione *f*, rafforzamento *m*. **2** *pl*. ⟨*Mil*⟩ fortificazioni *fpl*, difese *fpl*, opere *fpl* di fortificazione. **3** ⟨*Enol*⟩ alcolizzazione *f*. **fortify** [-fai] **I** *v.t*. **1** ⟨*Mil*⟩ fortificare. **2** (*to strengthen*) rafforzare, rinforzare. **3** (*to invigorate*) fortificare, rendere forte (*o* robusto), irrobustire: *sport fortifies the body* lo sport fortifica il corpo. **4** (*to encourage*) fortificare, rafforzare, rendere più forte (*o* saldo). **5** (*of food*) arricchire. **6** ⟨*Enol*⟩ rendere alcolico, alcolizzare. **II** *v.i*. ⟨*Mil*⟩ fortificarsi, ripararsi con opere di fortificazione.

fortitude ['fɔːtitjuːd] *s*. **1** fortezza *f*, fermezza *f*, forza *f* morale (*o* spirituale). **2** (*firmness of mind*) forza d'animo.

fortnight ['fɔːtnait] *s*. quindici giorni *mpl*, quindicina *f*, due settimane *fpl*. □ *today* ~ (*a fortnight today*) oggi a quindici. **fortnightly** [-li] **I** *a*. quindicinale, bimensile. **II** *s*. ⟨*Giorn*⟩ quindicinale *m*. **III** *avv*. ogni quindici giorni, ogni due settimane.

FORTRAN = ⟨*Inform*⟩ *Formula Translation* fortran, traduttore di formule.

fortress ['fɔːtris] **I** *s*. **1** ⟨*Mil*⟩ fortezza *f*, piazzaforte *f*. **2** ⟨*fig*⟩ roccaforte *f*, baluardo *m*. **II** *v.t*. ⟨*Mil*⟩ fortificare. ·

fortuitism [fɔːˈtjuːitizəm] *s*. ⟨*Filos*⟩ casualismo *m*. **fortuitist** [-tist] *s*. sostenitore *m* (*f* –trice) del casualismo. **fortuitous** [-təs] *a*. fortuito, casuale, accidentale. **fortuitously** [-təsli] *avv*. fortuitamente, per caso. **fortuitousness** [-təsnis], **fortuity** [-ti] *s*. **1** casualità *f*, accidentalità *f*. **2** (*fortuitous event*) avvenimento *m* fortuito.

fortunate ['fɔːtʃənit] *a*. **1** fortunato, che ha fortuna. **2** (*bringing good fortune*) fortunato, felice, fausto: *a* ~ *coincidence* una fortunata coincidenza. □ *to be* ~ *in having a good job* avere la fortuna di avere un buon posto. **fortunately** [-li] *avv*. fortunatamente, per fortuna.

fortune ['fɔːtʃən] **I** *s*. **1** fortuna *f*. **2** (*good luck*) fortuna *f*, ventura *f*, buona sorte *f*. **3** (*destiny*) sorte *f*, caso *m*, ·· destino *m*, fato *m*. **4** *pl*. casi *mpl*, vicende *fpl*, eventi *mpl*: *the* –*s of war* le vicende della guerra. **5** (*wealth*) fortuna *f*, ricchezze *fpl*, patrimonio *m*: *to make a* ~ *in oil* farsi una fortuna con il petrolio; *the family* ~ il patrimonio di famiglia. **6** (*wealthy, successful position*) beni *mpl* di fortuna, mezzi *mpl* (di fortuna), ricchezze *fpl*. **Fortune** *N.pr*. ⟨*Mitol*⟩ Fortuna *f*. **II** *v.i*. ⟨*rar*⟩ capitare, accadere. □ ⟨*fam*⟩ **born** *to* ~ nato con la camicia; *by good* ~ per fortuna, per buona sorte; ~ *is* **capricious** la fortuna è donna; *to* **come** *into a* ~ ereditare una fortuna; ⟨*fam*⟩ *it will* **cost** *you a* ~ ti costerà una fortuna (*o* un capitale); *has not* **favoured** *him* la fortuna non gli è stata amica (*o* lo ha assistito); *to have the* **good** ~ *to do s.th.* avere la fortuna di fare qc.; *to* **make** *one's* ~ fare fortuna; *to make a* ~ accumulare una fortuna (*o* un capitale); ⟨*fam*⟩ *to* **spend** *a* **small** ~ *on cigarettes* spendere una (piccola)

fortuna in sigarette; ~ **smiled** *on him* la fortuna gli arris (*o* fu favorevole); *a* **stroke** *of* ~ un colpo di fortuna; tell *s.o.'s* ~ leggere (*o* predire) la fortuna a qd.; *to tr one's* ~ tentare la sorte (*o* fortuna). *Prov*.: ~ *knocks on at everyone's door* la fortuna bussa una volta sola; *favours the brave* la fortuna aiuta gli audaci.

fortune| hunter *s*. cacciatore *m* di dote. ~ **teller** indovino *m* (*f* –a). ~ **telling** *s*. predizione *f*.

forty ['fɔːti] **I** *a*. quaranta. **II** *s*. (*pl.inv./*-ties [tiz]; il pl. -ties si usa general. con valore collett.) **1** quaranta *m*. *pl*. (*of age*) quarantina *f*: *in one's forties* sulla quarantin (*of time*) anni *mpl* quaranta. □ *to be in the late forti* essere sulla cinquantina; *the temperature was in the forti* la temperatura era fra i quaranta e i cinquanta grad **fortyish** [-iʃ] *a*. **1** circa quaranta. **2** (*of a person*) sul quarantina.

forty|niner *s*. ⟨*Stor.am*⟩ cercatore *m* d'oro. ~ **winks** *s.* ⟨*fam*⟩ sonnellino *m*, pisolino *m*: *to have* ~ schiacciare u pisolino.

forum ['fɔːrəm] *s*. (*pl*. -s [z]/**fora** ['fɔːrə]) **1** ⟨*Stor.rom*⟩ fo m. **2** ⟨*fig*⟩ (*court*) foro *m*, tribunale *m*. **3** ⟨*fig*⟩ (*place debate*) tribuna *f*.

forward ['fɔːwəd] **I** *avv*. **1** (in) avanti: *to step* ~ fare passo avanti. **2** (*of time*) avanti, innanzi: *from that day* da quel giorno innanzi. **3** (*into prominence*) in evidenz in rilievo: *to push o.s.* ~ mettersi in evidenza. **4** ⟨*Ma verso prua, a proravia. **II** *a*. **1** in avanti, avanzato: *motion* movimento in avanti. **2** (*situated in front*) s davanti, davanti. **3** ⟨*fig*⟩ (*eager*) sollecito, premuros pronto. **4** ⟨*fig*⟩ (*impertinent*) impertinente, insolen sfacciato. **5** (*of plants, etc.*) precoce, primaticcio; (*seasons*) precoce, in anticipo; (*of children*) precoce. ⟨*fig*⟩ (*progressive*) avanzato, progressista, d'avanguardia. ⟨*Comm*⟩ futuro, a termine. **8** ⟨*Mar*⟩ ['fɔrəd] prodiero, prua: ~ **deck** ponte prodiero. **III** *s*. ⟨*Sport*⟩ attaccante attacco *m*. **IV** *v.t*. **1** spedire, inviare; (*to send to a furth address*) inoltrare, far proseguire: *to* ~ *a letter* inoltra una lettera. **2** (*to promote*) favorire, promuove appoggiare, agevolare. □ *to* ~ *date* ~ postdatare; ⟨*Po please* ~ si prega di inoltrare.

forward| buying *s*. ⟨*Comm*⟩ acquisto *m* a termine. ~ **contract** *s*. ⟨*Comm*⟩ contratto *m* a termine. ~ **delive** *s*. ⟨*Comm*⟩ consegna *f* a termine.

forwarder ['fɔːwədə] *s*. ⟨*Comm*⟩ (*freight* *forwarde* spedizioniere *m*.

forward exchange *s*. ⟨*Econ*⟩ valute *fpl* a termine.

forwarding ['fɔːwədiŋ] *s*. ⟨*Post,Comm*⟩ invio spedizione *f*.

forwarding| agent *s*. → **forwarder**. ~ **charges** *s. spese *fpl* di spedizione.

forward| line *s*. ⟨*Sport*⟩ linea *f* d'attacco. ~**-looking** lungimirante, previdente; (*progressive*) d'avanguard progressista.. ~ **market** *s*. ⟨*Econ*⟩ mercato *m* a termin

forwardness ['fɔːwədnis] *s*. **1** premura *f*, sollecitudine *f*. (*precocity*) precocità *f*. **3** (*boldness*) impertinenza insolenza *f*, sfacciataggine *f*.

forward| pass *s*. ⟨*Sport*⟩ passaggio *m* in avanti. ~ **pri** *s*. prezzo *m* per futura consegna. ~ **purchase** *s*. ⟨*Eco acquisto *m* a termine. ~ **rate** *s*. cambio *m* a termine.

forwards ['fɔːwədz] *avv*. → **forward**.

fossa ['fɔsə] *s*. (*pl*. **fossae** ['fɔsiː]) ⟨*Anat*⟩ fossa *f*.

fosse [fɔs] *s*. **1** ⟨*Mil.ant*⟩ fossato *m*, fosso *m*, trincea *f* → **fossa**.

fossick ['fɔsik] *v.i*. **1** ⟨*fam*⟩ cercare qua e là, rovistare. ⟨*austral*⟩ (*to search for gold*) cercare l'oro.

fossil ['fɔsl] **I** *s*. **1** ⟨*Geol*⟩ fossile *m*. **2** ⟨*fa (old–fashioned person*) fossile *m*, persona *f* antiquata. **II 1** fossile: ~ *remains* resti fossili. **2** ⟨*fig*⟩ fossilizza fossile, antiquato.

fossil fuel *s*. combustibile *m* fossile.

fossiliferous [ˌfɔsiˈlifərəs] *a*. ⟨*Geol*⟩ fossilifer **fossilization** [-laiˈzeiʃən] *s*. fossilizzazione *f* (*anche fi* **'fossilize** [-laiz] **I** *v.t*. fossilizzare (*anche fig*.). **II** fossilizzarsi (*anche fig*.).

fossil oil *s*. petrolio *m* grezzo.

fossorial [fɔˈsɔːriəl] *a*. ⟨*Zool*⟩ scavatore *m*.

foster ['fɔstə] *v.t*. **1** allevare, tirar su. **2** (*to nurse, cheri* utrire, accarezzare: *he –ed hopes of becoming a famous writer* accarezzava la speranza di diventare uno scrittore amoso. **3** (*to encourage*) incoraggiare, favorire, promuovere, incrementare. **fosterage** [–ridʒ] *s.* **1** allevamento *m.* **2** (*state of being a foster child*) l'essere figlio dottivo. **3** (*fig*) (*encouraging*) il promuovere, il favorire.

ster| brother *s.* fratello *m* di latte. **~ child** *s.irr.* figlio *n* (*f* –a) adottivo. **~ daughter** *s.* figlia *f* adottiva. **sterer** ['fɔstərə] *s.* promotore *m* (*f* –trice), fautore *m* (*f* -trice).

ster father *s.* padre *m* adottivo.

sterling ['fɔstəliŋ] *s.* → **foster child**.

ster| mother *s.* **1** madre *f* adottiva. **2** → **fostress**. **~ parent** *s.* genitore *m* adottivo. **~ sister** *s.* sorella *f* di atte. **~ son** *s.* figlio *m* adottivo.

stress ['fɔstris] *s.* balia *f*, nutrice *f*.

O.T. = (*Comm*) *free on truck* franco vagone partenza. **todisc** ['foutoudisk] *s.* (*Fot*) fotodisco *m*.

ught [fɔːt] → **fight**.

ul [faul] **I** *a.* **1** ripugnante, schifoso, nauseante, nauseabondo. **2** (*filthy*) sporco, sudicio, lurido; (*polluted*) inquinato: **~** *water* acqua inquinata; (*of air: stale*) viziato. **3** (*clogged with dirt*) otturato, ostruito, intasato. **4** (*fig*) (*wicked*) odioso, infame, esecrabile: *a ~ murder* un delitto nfame. **5** (*fig*) (*obscene*) osceno, indecente, sconcio: **~** *language* linguaggio osceno. **6** (*of the weather*) brutto, cattivo; (*of wind*) contrario, sfavorevole. **7** (*fam*) (*ugly*) prutto. **8** (*unfair, treacherous*) disonesto, losco, sleale. **9** (*jammed, entangled*) impigliato, inceppato: *a ~ anchor* un'ancora impigliata. **10** (*Sport*) falloso; (*unfair*) scorretto, sleale: *a ~ shot* un tiro scorretto. **11** (*Mar*) (*of a hull*) incrostato, sporco. **12** (*Tip*) (*of a proof*) con molte correzioni. **II** *s.* **1** (*Mar*) collisione *f.* **2** (*entanglement*) groviglio *m.* **3** (*Sport*) fallo *m*, infrazione *f.* **III** *avv.* → **foully.** □ *to fall* (o *run*) ~: 1 (*Mar*) 'entrare in' (o venire a) collisione (*of* con); 2 (*fig*) essere (o venire) in conflitto (con); (*fam*) *to fall ~ of s.o.* scontrarsi con qd.; *by fair means or ~* con mezzi leciti o illeciti, (*fam*) di riffa o di raffa; *through fair and ~* nel bene e nel male.

ul **I** *v.t.* **1** sporcare, insudiciare, imbrattare, insozzare; (*to pollute*) inquinare; (*of air*) viziare. **2** (*to clog*) ostruire, otturare, intasare. **3** (*Mar*) (*to collide with*) 'entrare in' (o venire a) collisione con. **4** (*of a rope: to entangle*) impigliare. **5** (*fig*) *to defile, dishonour*) macchiare, infamare. **6** (*Mar*) (*of a hull*) incrostare, sporcare. **II** *v.i.* **1** imbrattarsi, insudiciarsi, sporcarsi. **2** (*Mar*) (*to collide*) 'entrare in collisione. **3** (*to become entangled*) impigliarsi. **4** (*Mar*) (*of a hull*) incrostarsi, sporcarsi. **5** (*Sport*) battere in fallo; (*to commit a foul*) commettere un fallo. □ *to ~ up:* 1 inquinare, contaminare; 2 (*to block*) otturare, ostruire; 3 (*fam*) (*to bungle*) rovinare, sciupare; 4 (*fam*) (*to make mistakes*) far confusione.

ully ['faulli] *avv.* **1** vilmente, spregevolmente: **~** *betrayed* tradito vilmente. **2** (*obscenely*) oscenamente, sconciamente.

oul-'mouthed *a.* (*of persons*) sboccato, triviale, scurrile. **oulness** ['faulnis] *s.* **1** infamità *f*, scellerataggine *f.* **2** (*filth*) sporcizia *f*, sudiciume *m.* **3** (*obscenity*) oscenità *f*, sconcezza *f.*

oul| play *s.* **1** disonestà *f*, slealtà *f*; (*violence*) violenza *f*; (*murder*) assassinio *m.* **2** (*Sport*) gioco *m* falloso (o sleale). **~ shot** *am.s.* (*Sport*) tiro *m* libero (di punizione). **'~-'spoken** *a.* → **foul-mouthed. ~-up** *s.* inquinamento *m*, contaminazione *f.* **~ water** *s.* acqua *f* di rifiuto.

oumart ['fuːmɑːt] *s.* (*Zool*) puzzola *f.*

ound [faund] → **find.**

ound **I** *a.* (*provided*) incluso, compreso (nel prezzo): *food and lodging ~* vitto e alloggio compresi. **II** *s.* vitto e alloggio *m* gratuiti.

ound *v.t.* **1** fondare, istituire: *to ~ a colony* fondare una colonia. **2** (*to build*) erigere, fondare: *to ~ a city* fondare una città. **3** (*fig*) fondare, basare: *to ~ the charge on evidence* basare l'accusa su prove.

ound *v.t.* (*Met*) **1** (*of metal*) fondere, colare. **2** (*of an object*) fondere, gettare nella forma.

oundation [faun'deiʃən] *s.* **1** fondazione *f*, istituzione *f.* **2**

(*endowment*) dotazione *f.* **3** (*Dir*) (*endowed institution or charity*) fondazione *f*; (*legacy*) legato *m*, lascito *m.* **4** (*Univ,Scol*) (*scholarship*) borsa *f* di studio. **5** (*Edil*) fondamenta *fpl: to mark out the –s* tracciare le fondamenta; (*groundwork*) fondazioni *fpl.* **6** (*fig*) (*basis*) fondamento *m*, base *f: the –s of social order* le basi dell'ordine sociale; (*bed rock*) fondamento *m*, principio *m* fondamentale. **7** → **foundation cream.** **8** → **foundation garment.** □ *to lay the –s:* 1 (*Edil*) gettare (o porre) le fondamenta; 2 (*fig*) gettare (o porre) le basi, creare i presupposti, preparare il terreno; (*fig*) *to 'have no'* (o *be without*) ~ essere infondato, essere senza (o privo di) fondamento.

foundation cream *s.* (*Cosmet*) crema *f* base, fondo tinta *m.*

foundationer [faun'deiʃənə] *s.* (*Univ,Scol*) borsista *m/f.*

foundation| garment *s.* (*Vest*) busto *m*, guaina *f.* **~ member** *s.* socio *m* fondatore. **~ stone** *s.* **1** (*Edil*) prima pietra *f: to lay the ~* posare la prima pietra. **2** (*fig*) fondamento *m*, base *f.*

founder ['faundə] *s.* fondatore *m* (*f* –trice), istitutore *m* (*f* –trice).

founder **I** *v.i.* **1** (*Mar*) affondare, colare (o andare) a picco. **2** (*of buildings, etc.: to collapse*) crollare; (*to sink down*) sprofondare. **3** (*of a horse: to fall lame*) azzopparsi; (*to suffer from laminitis*) arrembare, arrembarsi. **4** (*fig*) fallire, naufragare. **II** *v.t.* **1** (*Mar*) affondare, colare (o mandare) a picco. **2** (*of a horse*) azzoppare. **III** *s.* (*Veter*) arrembatura *f.*

founder *s.* (*Met*) fonditore *m.*

founding member ['faundiŋ] *s.* (*Comm*) socio *m* fondatore.

foundling ['faundliŋ] *s.* trovatello *m* (*f* –a).

foundling hospital *s.* brefotrofio *m.*

foundress ['faundris] *s.* fondatrice *f.*

foundry ['faundri] *s.* (*Met*) **1** fusione *f.* **2** (*establishment*) fonderia *f.*

fount [faunt] *s.* **1** (*poet*) fontana *f*, fonte *f*; (*spring*) sorgente *f.* **2** (*fig*) fonte *f*, sorgente *f*, origine *f: ~ of wealth* fonte di ricchezza.

fount *s.* (*Tip*) caratteri *mpl*, scrittura *f.*

fountain ['fauntin] *s.* **1** (*spring*) sorgente *f*, fonte *f.* **2** (*fig*) fonte *f*, sorgente *f*, origine *f.* **3** (*artificial structure*) fontana *f*; (*jet of water*) zampillo *m* d'acqua. **4** (*drinking fountain*) fontanella *f* a spillo. **5** (*of a pen, etc.*) serbatoio *m.*

fountain| head *s.* **1** sorgente *f.* **2** (*fig*) fonte *f*, origine *f*, sorgente *f.* **~ pen** *s.* penna *f* stilografica.

four [fɔː] **I** *a.* quattro. **II** *s.* (*pl. inv./-s* [s]; il pl. in *-s* si usa general. con valore collett.) **1** quattro *m.* **2** (*playing card*) quattro *m.* **3** (*four o' clock*) quattro *fpl.* **4** (*four years*) quattro anni *mpl: a child of ~* un bimbo di quattro anni. **5** (*Sport*) (*boat*) quattro *m*; (*crew*) armo *m* a quattro (rematori). **6** *pl.* (*Sport*) (*races*) regate *fpl* di quattro. □ *on all –s* a quattro piedi, carponi; (*fig*) *to be on all –s* quadrare (*with* con), corrispondere (a); *~ of a kind* (*in cards*) quartetto *m*; (*fig*) *to scatter s.th. to the ~ winds* spargere qc. ai quattro venti.

four| block *s.* (*Filat*) quartina *f* di francobolli. **~-colour process** *s.* (*Tip*) quadricromia *f.* **'~-'cornered** *a.* quadrangolare. **~-course** *a.* (*Agr*) a rotazione quadriennale. **~-cycle** *a.* (*Mot*) a quattro tempi. **~-dimensional** *a.* (*Mat,Fis*) quadridimensionale. **~-door car** *s.* (*Aut*) quattroporte *f.* '**~-'engined** *a.* (*Aer*) quadrimotore. '**~-'engined jet** *s.* (*Aer*) quadrireattore *m*, quadrigetto *m.* '**~-'flush** *v.i.* (*fam*) bluffare.

fourfold ['fɔːfould] **I** *a.* **1** (*comprising four parts*) quadruplice. **2** (*quadruple*) quadruplo. **II** *avv.* quattro volte tanto (o tanti).

'**four|-'footed** *a.* quadrupede. **~-generation computer** *s.* (*Inform*) elaboratore *m* (o computer) di quarta generazione. '**~-'handed** *a.* **1** (*of certain games*) che si gioca in quattro. **2** (*Mus*) a quattro mani. **3** (*Zool*) quadrumane. **~-in-hand** *s.* **1** tiro *m* a quattro. **2** (*am.Vest*) tipo di cravatta. **~-leaf clover** *s.* quadrifoglio *m.* **~-letter word** *s.* (*scherz*) parolaccia *f*, parola *f* sconcia. **~-light window** *s.* (*Arch*) quadrifora *f.*

~-master s. ⟨Mar⟩ quattro alberi m. **~-party agreement** s. ⟨Pol⟩ accordo m quadripartito. **~pence** s. quattro penny mpl. **~penny** a. di (o da) quattro penny. **'~-'poster** s. letto m a (quattro) colonne. **'~-'pounder** s. ⟨Artigl⟩ cannone m con proiettili da quattro libbre. **'~'score** a. ⟨ant,lett⟩ ottanta. **~-seater car** s. ⟨Aut⟩ automobile f (o vettura) a quattro posti. **~some** s. **1** ⟨Sport⟩ (in golf) partita f giocata in quattro. **2** (group of four persons) gruppo m di quattro persone, quartetto m. **'~-'square I** a. **1** quadrato. **2** ⟨fig⟩ fermo, solido. **II** avv. **1** solidamente. **2** (forthrightly) chiaramente, ⟨fam⟩ chiaro e tondo. **~-stroke** a. ⟨Mot⟩ a quattro tempi.

fourteen ['fɔː'tiːn] **I** a. quattordici. **II** s. (pl. inv./-s [s]; il pl. in -s si usa general. con valore collett.) quattordici m. **fourteenth** [-θ] **I** a. quattordicesimo. **II** s. quattordicesimo m.

fourth [fɔːθ] **I** a. quarto. **II** s. **1** quarto m, quarta parte f. **2** (fourth member) quarto m (f –a). **3** ⟨Mus⟩ quarta f, intervallo m di quarta. **4** → **fourth speed.** □ ⟨Stor.am⟩ the ~ of July il quattro luglio (festa dell'indipendenza); to make a ~ (in card games) fare il quarto.

fourth| dimension s. ⟨Mat⟩ quarta dimensione f. **~ estate** s. **1** quarto potere m, stampa f. **2** ⟨Stor⟩ quarto stato m.

fourthly ['fɔːθli] avv. in quarto luogo.

fourth| speed s. ⟨Aut⟩ quarta f (velocità). **~ stomach** s. ⟨Zool⟩ abomaso m. **~ World** s. quarto mondo m.

four|-way a. **1** a quattro vie (anche El.). **2** (having four participants) quadrangolare. **~-wheel** a. a quattro ruote. **~-wheel drive** s. ⟨Aut⟩ trazione f a quattro ruote motrici. **'~-'wheeler** s. carrozza f a quattro ruote.

fowl [faul] **I** s. (pl. inv./-s [z]; il pl. inv. si usa general. con valore collett.) **1** (domestic hen, chicken) pollo m; (meat) carne f di pollo, pollo m. **2** (any bird) volatile m, uccello m. **II** v.i. ⟨Venat⟩ andare a caccia di uccelli, uccellare. **'fowler** [-ə] s. ⟨Venat⟩ cacciatore m (f –trice) di uccelli, uccellatore m (f –trice). **'fowling** [-iŋ] s. ⟨Venat⟩ uccellagione f.

fowling piece s. fucile m da caccia.

fowl run s. pollaio m.

fox [fɔks] **I** s. (pl. inv./'foxes [-iz]; il pl. inv. si usa general. con valore collett.) **1** ⟨Zool⟩ volpe f. **2** (fur) volpe f, pelliccia f di volpe. **3** ⟨fig⟩ volpe f, volpone m, furbacchione m (f –a). **4** ⟨Mar⟩ treccia f (di cavi) incatramata. **II** v.t. **1** ingannare, imbrogliare. **2** ⟨Calz⟩ accomodare (o riparare) rifacendo la tomaia. **3** (of book leaves, etc.) scolorire (formando macchie giallastre). **III** v.i. **1** agire con astuzia, volpeggiare. **2** (of papers, book leaves, etc.) scolorire.

fox| brush s. coda f di volpe. **~ cub** s. volpacchiotto m. **~ earth** s. tana f di volpe. **~glove** s. ⟨Bot⟩ digitale f. **~hole** s. ⟨Mil⟩ buca f, ricovero m. **~hound** s. ⟨Zool⟩ foxhound m. **~-hunt** s. caccia f alla volpe. **~-hunter** s. cacciatore m di volpi.

foxiness ['fɔksinis] s. astuzia f volpina.

fox|tail s. **1** coda f di volpe. **2** ⟨Bot⟩ alopecuro m. **~ terrier** s. ⟨Zool⟩ fox-terrier m. **~trot I** s. fox-trot m. **II** v.i. ballare il fox-trot.

foxy ['fɔksi] a. **1** astuto, scaltro, volpino. **2** (of papers, etc.) scolorito (con macchie giallastre). **3** (colour) (giallo) rossiccio. **4** ⟨Enol⟩ acido.

foyer ['fɔiei] s. (of a theatre, cinema, etc.) ridotto m, foyer m.

f.p. = **1** foot–pound piede-libbra. **2** ⟨Mus⟩ forte–piano forte-piano.

fpm = feet per minute piedi al minuto.

fps = **1** feet per second piedi al secondo. **2** foot–pound–second piede-libbra-secondo. **3** ⟨TV⟩ frames per second fotogrammi al secondo.

FR = **1** ⟨Aer⟩ fighter reconnaissance ricognizione di caccia. **2** ⟨Comm⟩ freight release consegna contro pagamento nolo.

fr. = **1** franc franco. **2** from da.

Fr. = **1** ⟨Rel⟩ Father Padre. **2** France Francia. **3** French francese.

fracas ['fræka:, am. 'freikəs] s.inv. rissa f, alterco m, lite f.

fraction ['frækʃən] **I** s. **1** ⟨Mat⟩ frazione f. **2** (pa portion) frazione f, (piccola) parte f. **3** (piece broken o frammento m, pezzetto m. **4** (little bit) pochino tantino m: he moved a ~ to the left si spostò un tantino sinistra. **II** v.t. frazionare. □ for every fifty pounds or per ogni cinquanta sterline e rotti. **fractional** [-l] a. ⟨Mat⟩ frazionario. **2** (very small) esiguo, picco insignificante. **3** ⟨Chim⟩ frazionato. □ ⟨Econ⟩ currency moneta f divisionale. **fractionary** [-nəri] fractional. **fractionate** [-neit] v.t. **1** frazionare. ⟨Chim⟩ sottoporre a distillazione frazionata. **,fra tionation** [-'neiʃən] s. ⟨Chim⟩ frazionamento m. **fra tionize** [-naiz] v.t. ⟨Mat⟩ frazionare.

fractious ['frækʃəs] a. **1** indocile, ribelle. **2** (irritab irritabile, stizzoso. **fractiousness** [-nis] s. **1** indocilità **2** (irritableness) irritabilità f.

fracture ['fræktʃə] **I** s. **1** ⟨Med,Geol⟩ frattura f. (breaking) frattura f, rottura f; (break) frattura f, spac m. **II** v.t. **1** ⟨Med⟩ fratturare: to ~ one's arm frattura un braccio. **2** (to break) rompere, spezzare. **III** v.i. fratturarsi. **2** (to break) rompersi, spezzarsi.

fraenum ['friːnəm] s. (pl. -na [nə]) → frenum.

fragile ['frædʒail, am. –dʒil] a. **1** fragile. **2** ⟨fig⟩ health) delicato, fragile, debole, gracile. **3** (fi (unsubstantial) debole, fragile, tenue, caduco. **fragili** [frə'dʒiliti] s. **1** fragilità f. **2** ⟨fig⟩ fragilità f, delicatezza gracilità f.

fragment ['frægmənt] s. **1** frammento m, pezzo pezzetto m: a ~ of a vase un frammento di (un) vaso. (incomplete part) frammento m, brano m. **fragmentar ness** [-ərinis] s. frammentarietà f. **fragmenta** [-əri] a. **1** frammentario, in frammenti. **2** (incomple frammentario, incompleto. **,fragmen'tation** [-eiʃən] frammentazione f.

fragmentation bomb s. bomba f dirompente.

fragrance ['freigrəns] s. fragranza f, profumo m, aroma **fragrant** [-nt] a. **1** fragrante, profumato. **2** ⟨fig⟩ gradi piacevole. **fragrantly** [-ntli] avv. con fragranza.

frail[1] [freil] a. **1** delicato, fragile, debole, gracile. **2** (eas broken) fragile. **3** (unsubstantial) debole, inconsisten fragile, tenue: a ~ excuse una debole scusa. **4** (moral weak) fragile.

frail[2] s. **1** cesto m di giunco. **2** (quantity) cesto m.

frailty ['freilti] s. **1** fragilità f, delicatezza f, gracilità f. (moral weakness) fragilità f, debolezza f. **3** (fau debolezza f.

fraise fr. [freiz] s. **1** ⟨Mil.ant⟩ palizzata f inclinata. ⟨Mod⟩ gorgiera f. **3** ⟨Mecc⟩ fresa f.

framb(o)esia [fræm'biːʒiə] s. ⟨Med⟩ framboesia f.

frame [freim] **I** s. **1** cornice f. **2** (structure, skeleto struttura f, ossatura f, intelaiatura f: the ~ of a building struttura di un edificio; (of furniture) telaio m, fusto m. (human body) corporatura f, ossatura f, struttura costituzione f: a man with a large ~ un uomo corporatura robusta; (body) corpo m. **4** pl. (of a pair spectacles) montatura f. **5** ⟨fig⟩ (disposition) stato d'animo, umore m. **6** ⟨fig⟩ (system, order) struttura forma f, composizione f: the ~ of society la struttura de società. **7** ⟨Tess⟩ macchina f tessile. **8** ⟨Giorn⟩ cornice **9** ⟨Lav.femm⟩ telaio m. **10** ⟨Cin,Fot⟩ fotogramma m. **1** ⟨TV⟩ quadro m. **12** ⟨Mar⟩ ordinata f, costa f. **1** ⟨Giard⟩ specie di serra. **II** v.t. **1** incorniciare, mettere cornice: to ~ a painting incorniciare un dipinto. **2** (to p together) costruire; (to shape) modellare, dar forma a. (to devise) escogitare, ideare, formare, creare: to ~ a pla escogitare un piano; (to work out) elaborare. **4** (to formulate) formulare, esprimere: to ~ a reply formula una risposta. **5** (to serve as a frame for) incorniciar circondare: the window –d a view of the lake la finest incorniciava una veduta del lago. **6** (fam) (to fabrica evidence against) calunniare. **7** ⟨sl⟩ (to incriminate falsel spesso con up) accusare ingiustamente. **8** ⟨sl⟩ (of contest, etc.; general. con up) truccare. **9** ⟨Cin⟩ mettere i quadro. □ in a happy ~ of mind di buon umore; to be the ~ of mind to do s.th. essere nella disposizione adatta fare qc.; ~ of reference: 1 ⟨tecn⟩ sistema m di riferimento 2 (estens) (viewpoint) punto m di vista; to ~ we romettere bene.

ame| aerial s. ⟨Rad⟩ antenna f a quadro. ~ **house** s. ⟨Edil⟩ casa f con strutture in legno.

amer ['freimə] s. **1** chi incornicia. **2** (frame maker) orniciaio m, fabbricante m di cornici. **3** ⟨fig⟩ ideatore m f –trice), artefice m/f.

ame| saw s. **1** ⟨Mecc⟩ sega f alternativa (o multipla). **2** Fal⟩ sega f a telaio. **~-up** s. ⟨fam⟩ complotto m (ai anni di un innocente).

amework ['freimwə:k] s. **1** struttura f, armatura f, ssatura f: the ~ of a play la struttura di una commedia. , ⟨fig⟩ struttura f, ordinamento m, impalcatura f: the ~ f society la struttura della società. **3** ⟨Aer⟩ ossatura f. **4** Edil⟩ struttura f (portante), impalcatura f. **5** ⟨Mar⟩ ssatura f, intelaiatura f. **6** (of a tree) rami mpl rincipali.

amework directive s. ⟨Pol⟩ direttiva f quadro.

aming ['freimiŋ] s. **1** incorniciatura f; (frame) cornice f. ⟨Edil⟩ struttura f (portante), intelaiatura f.

anc [fræŋk] s. (monetary unit) franco m.

ance [frɑ:ns] N.pr. ⟨Geog⟩ Francia f.

ances ['frɑ:nsis] N.pr. Francesca f.

anchise ['fræntʃaiz] s. **1** diritto m di voto. **2** (privilege onferred by a government) franchigia f, privilegio m, senzione f, immunità f. **3** ⟨Comm⟩ (permission to sell) oncessione f, rappresentanza f; (territory) zona f di appresentanza. **4** ⟨Dir,Assic⟩ franchigia f.

ancis ['frɑ:nsis] N.pr. Francesco m.

anciscan [fræn'siskən] **I** a. ⟨Rel⟩ francescano. **II** s. ancescano m (f –a).

anco|-'Canadian ['fræŋkou] a. franco-canadese. -'German** a. franco-tedesco.

ancoism ['fræŋkouizəm] s. ⟨Pol⟩ franchismo m.

rancoist [-kouist] s. franchista m/f.

ancolin ['fræŋkəlin] s. ⟨Ornit⟩ francolino m.

ancophile ['fræŋko(u)fail] **I** a. francofilo. **II** s. ancofilo m (f –a).

ancophobe ['fræŋko(u)foub] **I** a. francofobo. **II** s. ancofobo m (f –a).

ancophone ['fræŋkəfoun] s. **I** a. francofono, di lingua ancese. **II** s. francofono m (f –a).

anco-'Prussian ['fræŋkou] a. franco-prussiano.

anc-tireur fr. [frɑ̃ti'rœ:r] s. franco tiratore m; (sniper) ecchino m.

angibility [,frændʒi'biliti] s. **1** l'essere frangibile. **2** ragility) fragilità f. **'frangible** [-bl] a. **1** frangibile. **2** ragile) fragile.

angipane ['frændʒipein] s. **1** ⟨Dolc⟩ dolce m di andorle e crema. **2** → frangipani. **,frangipani** [-'pæni] (pl. inv./-s [z]) **1** ⟨Cosmet⟩ profumo m di gelsomino. **2** Bot⟩ frangipani m, gelsomino m rosso.

anglais [frɑ̃'glei] s. ⟨Ling⟩ anglicismi mpl di uso rrente nella lingua francese.

nk [fræŋk] **I** a. **1** franco, sincero, schietto: a ~ reply na risposta schietta. **2** (undisguised) aperto, chiaro, plicito. **II** s. ⟨Post⟩ **1** firma f di franchigia; (mark) llo m (o timbro) di franchigia. **2** (right of franking ail) franchigia f (postale). **3** (franked letter) lettera f che de di franchigia. **III** v.t. ⟨Post⟩ spedire in franchigia. (to exempt) esentare (o affrancare) da un pagamento: stamp) affrancare.

ank¹ s. **1** ⟨Stor⟩ franco m. **2** (in the Levant) europeo m –a) d'occidente.

ank² N.pr. Franco m.

ankfort ['fræŋkfɔ:t] N.pr. ⟨Geog⟩ Francoforte f.

nkfurt(er) ['fræŋkfɔ:t(e)] s. ⟨Gastr⟩ frankfurter m.

nkincense ['fræŋkinsens] s. incenso m.

nking machine s. ⟨Post⟩ affrancatrice f, macchina f francatrice.

ankish ['fræŋkiʃ] **I** a. ⟨Stor⟩ franco, dei franchi. **II** s. igua f franca.

anklin ['fræŋklin] s. ⟨Stor.brit⟩ piccolo proprietario m rriero.

nkness ['fræŋknis] s. franchezza f, sincerità f, hiettezza f.

ntic ['fræntik] a. **1** frenetico, delirante, pazzo: ~ with ief pazzo di dolore. **2** ⟨fam⟩ (hurried, desperate)

---

frenetico, affannoso, convulso: ~ search affannosa ricerca. □ to drive s.o. ~ far impazzire qd.

frap [fræp] v.t. (pret., p.p. **frapped** [-t]) ⟨Mar⟩ legare strettamente, imbrigliare.

frater ['freitə] s. ⟨ant⟩ refettorio m di monastero.

fraternal [frə'tə:nl] a. **1** fraterno. **2** (relating to a fraternity) di confraternita. **3** ⟨Biol⟩ (of twins) dizigotico.

fraternity [-niti] s. **1** fraternità f, affetto m fraterno. **2** ⟨am.Univ⟩ associazione f studentesca maschile. **3** ⟨Rel⟩ confraternita f. **4** (group of persons of the same profession) ordine m, classe f, categoria f: the medical ~ l'ordine dei medici.

fraternization [,frætə:nai'zeiʃən] s. fraternizzazione f. **'fraternize** [-naiz] v.i. **1** fraternizzare, fare amicizia (with con). **2** ⟨fam⟩ (with enemy troops, etc.) fraternizzare (con); (sexually) avere rapporti sessuali (con).

fratricidal [,freitri'saidl] a. fratricida (anche estens.). **'fratricide** [-said] s. **1** (person) fratricida m/f. **2** (act) fratricidio m.

fraud [frɔ:d] s. **1** frode f, inganno m. **2** (instance) truffa f, raggiro m, impostura f. **3** ⟨fam⟩ (person) imbroglione m (f –a), impostore m (f –a). **4** ⟨Dir⟩ frode f, dolo m.

'fraudulence [-juləns], **'fraudulency** [-julənsi] s. fraudolenza f. **'fraudulent** [-julənt] a. **1** (of people) disonesto. **2** (of things) fraudolento, doloso. □ ~ gains guadagni illeciti. **'fraudulently** [-juləntli] avv. fraudolentemente, con la frode.

fraught [frɔ:t] a. **1** pieno, denso, carico (with di): a journey ~ with danger un viaggio pieno di pericoli. **2** (rar) (laden) carico (di).

fraxinella [,fræksi'nelə] s. ⟨Bot⟩ frassinella f.

fray¹ [frei] s. lite f; (brawl) rissa f, zuffa f; (fight) lotta f, mischia f.

fray² **I** v.t. **1** consumare (per sfregamento), logorare: to ~ the cuffs of a shirt logorare i polsini di una camicia; (to cause to become unravelled) sfilacciare. **2** ⟨fig⟩ logorare: to ~ s.o.'s nerves logorare i nervi di qd. **II** v.i. **1** consumarsi, logorarsi; (to ravel out) sfilacciarsi. □ to ~ heads (of deer) sfregarsi le corna (per toglierne la peluria).

frazzle ['fræzl] **I** v.t. **1** logorare, consumare. **2** ⟨fam⟩ (to exhaust) sfinire, spossare. **II** v.i. **1** logorarsi, consumarsi. **2** (to become tired out) sfinirsi, spossarsi. **III** s. **1** spossatezza f. **2** (shred) brandello m; (rag) cencio m, straccio m. □ ⟨fam⟩ worn to a ~ ridotto un cencio.

freak¹ [fri:k] **I** s. **1** capriccio m, ghiribizzo m, grillo m: a ~ of fortune un capriccio della sorte. **2** (oddity) stramberia f, capriccio m, bizzarria f: the ~s of fashion le stramberie della moda. **3** (living curiosity) persona f (o animale m) ripugnante, ⟨iperb⟩ scherzo m di natura; (in a circus, etc.) fenomeno m. **4** ⟨fam⟩ (eccentric person) eccentrico m (f –a); (hippie) hippie m/f; (drug addict) drogato m (f –a). **5** ⟨fam⟩ (enthusiast) fanatico m (f –a): a bike ~ un fanatico della bicicletta. **II** a. strano, singolare, curioso.

freak² **I** v.t. screziare, variegare. **II** s. screziatura f, variegatura f.

freakish ['fri:kiʃ] a. **1** capriccioso, bizzarro. **2** (odd) strano, singolare, bizzarro, curioso. **freakishness** [-nis] s. bizzarria f.

freak-out s. ⟨sl⟩ **1** (drug-takers' party) riunione f durante la quale si prende la droga, ⟨gerg⟩ seduta f. **2** (bad trip) cattivo viaggio m. **3** ⟨sl⟩ drogato m (f –a), tossicodipendente m/f.

freaky ['fri:ki] a. → freakish.

freckle ['frekl] **I** s. lentiggine f, efelide f. **II** v.t. coprire di lentiggini. **III** v.i. coprirsi di lentiggini. **freckled** [-d] a. lentigginoso.

Fred(dy) ['fred(i)] dim. di Frederick. **Frederick** [-rik] N.pr. Federico m.

free [fri:] **I** a. **1** libero: we are ~ men siamo uomini liberi; (not in prison) libero, in libertà. **2** ⟨Pol⟩ libero, indipendente: this is a ~ country questo è un paese libero. **3** (not under compulsion or restraint) libero: a ~ choice una libera scelta. **4** (costing nothing) gratuito, gratis: ~ tickets biglietti gratuiti. **5** (clear of obstructions) libero, sgombro (of da): the pass is ~ of snow il valico è sgombro dalla neve. **6** (*of entrance*) libero, non vietato. **7** (*not occupied*) libero, non occupato: *is there a room* ~*?* c'è una stanza libera?; (*of time, persons*) libero, non impegnato. **8** (*released, relieved*) libero (*from, of* da), privo (di), esente (da): ~ *from prejudices* libero da pregiudizi. **9** (*uninhibited*) disinvolto, spigliato; (*familiar*) confidenziale, familiare. **10** (*lavish*) prodigo, liberale (*with* di): *to be* ~ *with one's advice* essere prodigo di consigli; (*abundant*) abbondante, copioso. **11** (*unrestrained*) libero, ardito, impudente: *you are too* ~ *in your talk* sei troppo ardito nel parlare; (*licentious*) libero, licenzioso. **12** (*loose, not tied*) libero, sciolto: *the* ~ *end of a rope* il capo libero di una fune. **13** (*of style, etc.*) sciolto, disinvolto. **14** (*lacking*) senza, privo di. **15** ⟨*Dir*⟩ (*exempt*) esente, libero (*from, of* da): ~ *of taxes* esente da tasse; ~ *from mortgage* libero da ipoteche. **16** ⟨*Chim*⟩ libero, allo stato libero. **17** ⟨*Mar*⟩ (*of the wind*) favorevole. **18** ⟨*Ginn,Econ*⟩ libero: *a* ~ *market* un mercato libero. **19** ⟨*Mecc*⟩ folle, libero. **20** ⟨*Comm*⟩ franco. **II** *avv.* **1** → **freely**. **2** (*without expense*) gratis, gratuitamente. **3** ⟨*Mar*⟩ con vento favorevole. **III** *v.t.* **1** liberare, mettere in libertà; (*to emancipate*) affrancare, emancipare, liberare. **2** (*to rid of*) liberare: *to* ~ *the country of the invaders* liberare il paese dagli invasori. **3** (*to relieve*) liberare, esimere. **4** (*to disentangle*) sbrogliare, districare, liberare. **5** (*to release*) sciogliere, lasciare libero: *to* ~ *s.o. from a promise* sciogliere qd. da una promessa. **6** (*to exempt*) esentare, esonerare. ☐ ⟨*Comm*⟩ ~ *on* **application** gratis a richiesta; ⟨*Comm*⟩ ~ *of all* **average** franco avaria; ⟨*Comm*⟩ ~ *on* **board** franco bordo; ⟨*am*⟩ franco vagone partenza; ⟨*Comm*⟩ ~ *and* **bonded** *warehouse* magazzino generale; ⟨*Dir*⟩ ~ *and* **clear** senza carichi ipotecari; ⟨*Comm*⟩ ~ *of* **commission** franco provvigione; ~ **delivery** franco consegna; ⟨*Comm*⟩ ~ *of* (*customs*) **duty** franco dogana, in franchigia; ⟨*am.fam*⟩ **for** ~ gratis; ~ *from* **blame** esente da biasimo; *to get* ~ liberarsi; (*to get disentangled*) sbrogliarsi, districarsi; ⟨*fig*⟩ *to have one's* **hands** ~ avere le mani libere; *the ship was soon* ~ *of the harbour* la nave fu presto fuori dal porto; ⟨*Comm*⟩ ~ *in and out* da bordo a bordo; *to make s.o.* ~ *of s.th.* mettere qc. a disposizione di qd.; *to make* ~ *with* far libero uso di; (*to treat too familiarly*) prendersi delle libertà con; *to be* ~ *with one's* **money** essere spendaccione; *to be* ~ **of** *s.o.* liberarsi di qd.; *to* ~ *a* **property** *from debt* sgravare una proprietà dai debiti; ⟨*Comm*⟩ ~ *on* **quay** franco banchina; ⟨*Comm*⟩ ~ *on* **rail** franco vagone; *to set* ~ rilasciare, liberare; ~ *from sin* senza peccato; *to work* ~ sciogliersi, slegarsi; (*to become loose*) allentarsi.

free|-and-easy *a.* **1** senza cerimonie (*o* formalità), alla buona. **2** (*of style*) disinvolto, sciolto. **~board** *s.* ⟨*Mar*⟩ bordo *m* libero. **~booter** *s.* pirata *m*, filibustiere *m*, corsaro *m*. **~-born** *a.* nato libero. **~ Church** *s.* ⟨*Rel*⟩ chiesa *f* non conformista. ~ **city** *s.* ⟨*Dir*⟩ città *f* libera.

freedman ['fri:dmən] *s.irr.* ⟨*Stor*⟩ liberto *m*.

freedom ['fri:dəm] *s.* **1** libertà *f:* ~ *of the press* libertà di stampa. **2** ⟨*Pol*⟩ libertà *f*, indipendenza *f*. **3** (*exemption*) esenzione *f*, dispensa *f*, esonero *m:* ~ *from taxes* esenzione dalle tasse. **4** (*release*) liberazione *f*, libertà *f:* ~ *from want* liberazione dal bisogno. **5** (*ease*) libertà *f*, facilità *f:* ~ *of movement* libertà di movimento; (*fluency*) scioltezza *f*, spigliatezza *f*. **6** (*frankness*) franchezza *f*, schiettezza *f*. **7** (*familiarity*) confidenza *f*, familiarità *f:* (*excessive familiarity*) libertà *f*, licenza *f*. **8** (*of a city, corporation*) privilegio *m*. ☐ ⟨*fig*⟩ *to have* ~ *of* **action** avere campo libero; ~ *of* **assembly** libertà *f* di riunione; ~ *of* **association** libertà *f* d'associazione; ~ *of* **choice** libertà *f* di scelta; ~ *of a* **city** cittadinanza onoraria; ~ *of* **contract** autonomia contrattuale; ~ *of* **enterprise** libertà *f* d'iniziativa economica; *to give s.o. his* ~ dare la libertà a qd.; *to give s.o. the* ~ *of one's house* mettere la propria casa a disposizione di qd.; ~ *from* **hunger** *campaign* campagna *f* contro la fame; ~ *of* **information** libertà *f* d'informazione; ~ *of* **manoeuvre** libertà *f* di manovra (*anche fig.*); ~ *of* **opinion** libertà *f* d'opinione; ⟨*Dir*⟩ ~ *of the seas* libertà *f* dei mari; ~ *of* **speech** libertà *f* di parola; ~ *of speech and the press* libertà *f* d'informazione; ~ *to* **strike** diritto *m* di sciopero; ~ *of* **trade** libertà *f* di

commercio (*o* scambio); *the* ~ *from* **want** la libertà bisogno; ~ *of* **worship** libertà *f* di culto.

freedom fighter *s.* combattente *m* per la libertà.

freedwoman ['fri:dwumən] *s.irr.* ⟨*Stor*⟩ liberta *f*.

free| enterprise *s.* ⟨*Econ,Pol*⟩ liberalismo *m* economi ~ **fall** *s.* ⟨*Fis,Aer*⟩ caduta *f* libera. ~ **fight** *s.* mischi generale. **~-for-all I** *a.* libero, aperto a tutti. **II** *s.* **1** **free fight**. **2** (*unrestricted discussion*) dibattito *m* aper **~-hand** *a.* ⟨*Art*⟩ a mano libera. ~ **hand** *s.* pieni pot *mpl*, carta *f* bianca: *to have* (*o get*) *a* ~ avere ca bianca. '**~-'handed** *a.* generoso, prodigo, munifico.

freehold ['fri:hould] **I** *s.* ⟨*Dir*⟩ **1** proprietà *f* allodia allodio *m*. **2** (*estate*) beni *mpl* allodiali. **II** *a.* ⟨*L* allodiale. **freeholder** [-ə] *s.* chi detiene beni allodiali

free| house *s.* birreria *f* che vende diverse marche birra. ~ **kick** *s.* ⟨*Sport*⟩ calcio *m* (*o* tiro) di punizio punizione *f*. ~ **labour** *s.* ⟨*Ind*⟩ manodopera *f* r sindacalizzata.

free lance ['fri:lɑ:ns] **I** *s.* **1** collaboratore *m* esterno. (*politician*) uomo *m* politico indipendente. **3** ⟨*Gio* giornalista *m* indipendente. **II** *v.i.* essere un collaborat esterno⌐ (*o* giornalista indipendente).

free| list *s.* ⟨*Comm*⟩ lista *f* degli articoli esenti da da doganale. **~-liver** *s.* gaudente *m/f*, viveur *m*. '**~-'livin** *a.* gaudente. **II** *s.* vita *f* da gaudente. ~ **load** (*am.fam*) scroccare. ~ **loader** *s.* scroccone *m* (*f* **~-love** *s.* libero amore *m*. ~ **luggage** *s.* bagaglio *m* franchigia.

freely ['fri:li] *avv.* **1** liberamente, spontaneamente. (*plentifully*) generosamente, senza riserve: *to give* ~ d generosamente. **3** (*frankly*) apertamente, francame liberamente. **4** (*without payment*) gratis, gratuitamente (*unceremoniously*) senza cerimonie, alla buona.

freeman [mən] *s.irr.* **1** uomo *m* libero. **2** (*of a c* cittadino *m* onorario.

Freemason ['fri:meisən] *s.* massone *m*, frammassone **Freemasonry** [-ri] *s.* massoneria *f*, frammassoneria *f*.

'**free|-'minded** *a.* di larghe vedute, di mentalità aperta **pass** *s.* **1** lasciapassare *m*. **2** ⟨*Ferr*⟩ biglietto *m* di lib circolazione. ~ **port** *s.* ⟨*Comm*⟩ porto *m* franco. **~p** *s.* ⟨*Post*⟩ affrancatura *f* a carico del destinatario. ~ **ri** *s.* lavoratore *m* non sindacalizzato (*che trae vantag* dall'azione del sindacato).

freesia ['fri:ʒiə] *s.* ⟨*Bot*⟩ fresia *f*.

free| speech *s.* libertà *f* di parola. '**~-'spoken** *a.* fran schietto, sincero. ~ **State** *s.* ⟨*Stor.am*⟩ stato *m* in cui proibita la schiavitù. ~ **stone** **I** *s.* **1** ⟨*tecn*⟩ pietra *f* taglio. **2** ⟨*Bot*⟩ frutto *m* spiccace. **II** *a.* ⟨*Bot*⟩ spicc spiccagnolo. ~ **style** *s.* ⟨*Sport*⟩ (*in swimming*) stile libero. ~ **surface** *s.* ⟨*Mar*⟩ specchio *m* libero. **thinker** *s.* libero pensatore *m*. ~ **thinking** *s.* lib pensiero *m*. ~ **thought** *s.* libero pensiero *m*. ~ **trad** ⟨*Econ*⟩ liberoscambismo *m*. **~trade area** *s.* zona *f* libero scambio. **~-'trader** *s.* ⟨*Econ*⟩ liberoscambista *f* ~ **verse** *s.* ⟨*Metr*⟩ verso *m* libero. **~way** *am.s.* superstrada *f*. **2** (*highway without tolls*) autostrada *f* se pedaggio. **~-wheel** *v.i.* **1** andare a ruota libera. **2** (*f* guidare in folle. **3** ⟨*fig*⟩ agire sconsideratamente. **wheel** *s.* ⟨*Mecc*⟩ ruota *f* libera. **~-wheeling** *a* ⟨*Mecc*⟩ dotato di ruota libera. **2** (*free of restra* indipendente, libero. **3** (*careless*) sconsiderato, svent '**~-'will** *a.* volontario, spontaneo. ~ **will** *s.* **1** sponta volontà *f*. **2** ⟨*Filos*⟩ libero arbitrio *m*. ☐ *to act of o own* ~ operare di proprio arbitrio.

freeze[1] [fri:z] *v.* (*pret.* **froze** [frouz], *p.p.* **frozen** ['frouzn *v.i.* **1** ghiacciare: *the fountains have frozen* le fontane s ghiacciate. **2** (*to become blocked with ice*) congelarsi: *car radiator froze* l'acqua del radiatore si è congelat (*to become attached to by frost*) attaccarsi (*o* rima attaccato) per il gelo: *the tyres froze to the grou* pneumatici si attaccarono al terreno per il gelo. **4** (*t cold enough for water to freeze*) gelare (*costr.* impers.): *freezing outside* fuori gela. **5** (*of persons*) congel gelare, morire dal (*o* di) freddo: *I am freezing* mi congelando. **6** ⟨*fig*⟩ (*with fear, etc.*) agghiacci raggelarsi: *my blood froze at that sight* a quella vista m agghiacciò il sangue. **7** ⟨*fig*⟩ (*to become motion* are immobile. **8** ⟨*Mecc*⟩ (*to seize*) grippare. **II** *v.t.* **1** gelare, (far) gelare, ghiacciare. **2** ⟨*Alim*⟩ congelare. **3** (*become fixed by freezing*) attaccarsi per il gelo: *the es were frozen together* le corde si erano attaccate per il *.* **4** ⟨*fig*⟩ (*to chill with fear, etc.*) agghiacciare, gelare. **5** ⟨*Pol*⟩ bloccare: *to ~ wages* bloccare i salari. *Econ*⟩ congelare: *to ~ a credit* congelare un credito. **7** *ir*⟩ anestetizzare. □ *to ~ to death* morire assiderato di assideramento); ⟨*fam*⟩ *to ~ on to* aggrapparsi a, *rrare* strettamente; ⟨*fam*⟩ *to ~ out* escludere, *cottare*, eliminare; *to ~ over* (*of a pond, etc.*) coprirsi ghiaccio, gelare, ghiacciare; *to ~ up*: **1** = *to freeze* **r**; **2** ⟨*fig*⟩ (*through fear, etc.*) restare paralizzato; *to ~* *es* bloccare i salari.

ze² *s.* **1** ⟨*Meteor*⟩ gelata *f,* gelo *m.* **2** (*congealment*) gelamento *m.* **3** ⟨*Pol*⟩ blocco *m.* **4** ⟨*Econ*⟩ gelamento *m.*

ze|-dried *a.* liofilizzato. □ *~ food* liofilizzati *mpl.* **ry** *v.t.* liofilizzare. **~-drying** *s.* liofilizzazione *f.* **zer** ['fri:zə] *s.* **1** (*for food*) cella *f* frigorifera. **2** (*for ice* *im*) congelatore *m.* **3** (*of a home refrigerator*) freezer congelatore *m.*

ze-'up *s.* **1** gelata *f,* gelo *m.* **2** ⟨*Aut*⟩ congelamento

zing ['fri:ziŋ] **I** *a.* **1** (*of temperature*) intorno allo zero; *'ow freezing point*) sotto zero. **2** (*very cold*) gelido, *to,* freddo come gelo. **3** (*of manners*) gelido, glaciale. *s.* **1** congelamento *m* (*anche Alim.,Pol.*). **2** ⟨*Econ*⟩ *cco m.*

zing| compartment *s.* congelatore *m.* **~ mixture** *s.* *im*⟩ miscela *f* frigorifera. **~ point** *s.* ⟨*Fis*⟩ punto *m* *solidificazione.* **~ temperature** *s.* temperatura *f* di gelamento.

zone *s.* ⟨*Comm*⟩ zona *f* franca.

ght [freit] **I** *s.* **1** trasporto *m* (per via mare). **2** (*hire of* *essel*) nolo *m; (freightage*) noleggio *m,* nolo *m.* **3** *p's cargo*) carico *m.* **4** (*transportation*) trasporto *m* di *rci;* (*merchandise transported*) merce *f* trasportata. **5** *~*⟩ (*charges, fees*) porto *m,* prezzo *m* del trasporto. **6** *.Ferr*⟩ → **freight train. II** *v.t.* **1** (*of a vessel: to load*) care; (*to hire out*) noleggiare. **2** (*to ship by freight*) *dire* via mare. **3** ⟨*am*⟩ (*to transport*) trasportare. **ightage** [−idʒ] *s.* **1** trasporto *m* (per) via mare. **2** *ight*) nolo *m,* noleggio *m.* **3** (*charge*) porto *m,* prezzo *l* trasporto. **4** (*cargo*) carico *m.*

ght| car *am.* ⟨*Ferr*⟩ carro *m* merci. **~ charges** *s.pl.* *se fpl* di trasporto. **~ charter** *s.* noleggio *m.* **~ lect** *s.* → **freight forward. ~ elevator** *s.* *ntacarichi m.*

hter ['freitə] *s.* **1** (*vessel*) piroscafo *m* da carico; *oplane*) apparecchio *m* per trasporto merci. **2** (*person* *se business is freighting*) noleggiatore *m* marittimo. **3** *pper*) spedizioniere *m.*

ght forward *s.* ⟨*Comm*⟩ nolo *m* assegnato.

hting ['freitiŋ] *s.* noleggio *m.*

ght| insurance *s.* assicurazione *f* del nolo. **~ train** *s.* ⟨*Ferr*⟩ treno *m* merci. **~ transport** *s.* trasporto *m* *nerci.*

sing ['fri:ziŋ] *N.pr.* ⟨*Geog*⟩ Frisinga *f.*

itus ['fremitəs] *s.* ⟨*Med*⟩ fremito *m.*

ch [frentʃ] **I** *a.* francese. **II** *s.* **1** (*language*) francese *2* (*collett*) (*French people;* costr. pl.) francesi *mpl,* *olo m* francese.

ch| bean *s.* **1** (*runner bean*) fagiolino *m.* **2** (*kidney* *n*) fagiolo *m* comune. **~ bread** *s.* ⟨*Alim*⟩ filone *m.* **~ nadian** *s.* **1** franco-canadese *m/f.* **2** (*language*) *cese m* parlato nel Canada. **~ chalk** *s.* ⟨*Min*⟩ steatite *ietra f* da sarto. **~ cuff** *s.* ⟨*Sart*⟩ polsino *m* doppio. **~** *ssing* *s.* ⟨*Gastr*⟩ condimento *m* per insalata. **~ fries** *s.pl.* ⟨*Gastr*⟩ patate *fpl* fritte. **~ grey** *s.* tonalità *f* di *io-verde.* **~ horn** *s.* ⟨*Mus*⟩ corno *m* da caccia. **ichify** ['frentʃifai] **I** *v.t.* ⟨*fam*⟩ francesizzare. **II** *v.i.* *cesizzarsi.*

ch| leave: *to take ~* andarsene all'inglese. **~ letter** *fam*⟩ (*condom*) preservativo *m.* **~man** [mən] *s.irr.* **1** *cese m.* **2** ⟨*Mar*⟩ nave *f* francese.

chness ['frentʃnis] *s.* l'essere francese.

French|-polish *v.t.* (*of woodwork*) verniciare con gommalacca. **~ polish** *s.* gommalacca *f.* **~ roll** *s.* panino *m* francese. **~ roof** *s.* ⟨*Arch*⟩ tetto *m* a mansarda. **~ seam** *s.* ⟨*Sart*⟩ cucitura *f* inglese. **~-speaking** *a.* → **Francophone. ~ toast** *s.* ⟨*Gastr*⟩ fetta *f* di pane fritto. **~ twist** *s.* (*coiffure*) banana *f.* **~ window** *s.* ⟨*Edil*⟩ portafinestra *f.* **~woman** *s.irr.* francese *f.*

Frenchy ['frentʃi] **I** *a.* **1** ⟨*spreg*⟩ franceseggiante. **2** (*characteristic of the French*) (caratteristico) dei francesi. **II** *s.* ⟨*spreg*⟩ francese *m/f.*

frenetic [fri'netik] *a.* **1** forsennato, pazzo. **2** (*hectic*) frenetico.

frenum ['fri:nəm] *s.* (*pl.* **-na** [nə]) ⟨*Anat*⟩ frenulo *m,* filetto *m.*

frenzied ['frenzid] *a.* **1** frenetico, convulso, delirante. **2** (*frantic*) frenetico, pazzo. **frenzy** [−zi] *s.* **1** frenesia *f,* pazzia *f,* esaltazione *f.* **2** (*emotional agitation*) smania *f,* frenesia *f.* □ *to be seized with a ~* avere la smania addosso; *~ of joy* trasporto *m* di gioia.

frequency ['fri:kwənsi] *s.* frequenza *f* (*anche Fis.*).

frequency| curve *s.* curva *f* di frequenza. **~ divider** *s.* demoltiplicatore *m* di frequenza. **~ meter** *s.* ⟨*El*⟩ frequenzimetro *m.* **~ modulation** *s.* ⟨*Rad*⟩ modulazione *f* di frequenza. □ *~ set* apparecchio *m* a modulazione di frequenza. **~ range** *s.* ⟨*Acu*⟩ gamma *f* di frequenza. **~ response** *s.* risposta *f* in frequenza.

frequent I *a.* ['fri:kwənt] **1** frequente: *~ calls* visite frequenti. **2** (*habitual*) abituale, regolare: *a ~ visitor* un visitatore abituale; (*common*) comune. **3** (*in close proximity*) frequente; (*numerous*) numeroso. **II** *v.t.* [fri'kwent] frequentare. □ *~ pulse* polso celere. **frequentation** [−ən'teiʃən] *s.* il frequentare. **frequentative** [−'kwentətiv] **I** *a.* ⟨*Gramm*⟩ frequentativo. **II** *s.* frequentativo *m,* verbo *m* frequentativo. **fre'quenter** [−entə] *s.* frequentatore *m* (*f* −trice).

fresco ['freskou] **I** *s.* (*pl.* **-es/-s** [z]) ⟨*Pitt*⟩ affresco *m.* **II** *v.t.* affrescare, dipingere a fresco.

fresco painter *s.* affreschista *m/f.*

fresh [freʃ] **I** *a.* **1** fresco: *~ flowers* fiori freschi. **2** (*newly arrived*) fresco (*from* di). **3** (*recent*) fresco, recente: *~ news* notizia fresca. **4** (*not previously known*) nuovo: *~ facts* fatti nuovi. **5** (*of food*) fresco. **6** (*of clothes, linen*) fresco, pulito. **7** (*additional*) altro, ulteriore: *to make a ~ attempt* fare un altro tentativo. **8** (*of water: not salt*) dolce. **9** (*not tired*) fresco, ristorato, riposato: *~ troops* truppe fresche. **10** (*of air*) fresco, puro. **11** ⟨*Meteor*⟩ (*of wind*) forte. **12** (*inexperienced*) inesperto: *a ~ recruit* una recluta inesperta. **13** ⟨*fam*⟩ (*impertinent*) impertinente, impudente, sfacciato. **14** ⟨*fam*⟩ (*slightly drunk*) alticcio, ⟨*fam*⟩ brillo. **15** (*of colours*) brillante, vivace. **II** *s.* → **freshet. III** *avv.* (*newly, recently;* spesso nei composti) di fresco, di recente, da poco, appena: *~-killed game* selvaggina appena uccisa; *~-baked bread* pane appena sfornato. □ *~ from college* laureato; *~ as a daisy* = *fresh as a rose;* ⟨*fam*⟩ *to get ~ with s.o.* prendersi delle libertà con qd.; ⟨*fig*⟩ *to break ~ ground* fare qc. di nuovo (o originale); ⟨*fig*⟩ *to throw ~ light on s.th.* gettare nuova luce su qc.; *~ as a rose* fresco come una rosa; *to make a ~ start* cominciare da capo (o di nuovo); *~ from wash* appena lavato.

fresh|-air *a.* all'aria aperta. **~ breeze** *s.* ⟨*Meteor*⟩ vento *m* teso.

freshen ['freʃn] **I** *v.t.* **1** rinfrescare. **2** (*to make brighter*) ravvivare. **3** ⟨*am*⟩ (*of water, salted fish, etc.*) dissalare. **II** *v.i.* **1** rinfrescare: *the air is -ing* l'aria rinfresca. **2** (*to become brighter*) ravvivarsi. **3** (*to wash, take a shower, etc.;* general. con *up*) rinfrescarsi, darsi una rinfrescata. **4** (*of wind*) rinforzare. **freshener** [−ə] *s.* **1** bevanda *f* rinfrescante. **2** ⟨*Cosmet*⟩ tonico *m.*

fresher ['freʃə] *s.* ⟨*univ*⟩ (*freshman*) matricola *f.*

freshet ['freʃit] *s.* **1** piena *f;* (*flood*) inondazione *f.* **2** (*fresh water stream*) corso *m* d'acqua dolce che si getta in mare.

fresh gale *s.* ⟨*Meteor*⟩ burrasca *f* moderata.

freshly ['freʃli] *avv.* di fresco, di recente, appena: *a ~ minted coin* una moneta appena coniata.

fresh|man ['freʃmən] *s.irr.* **1** ⟨*univ*⟩ studente *m* del primo anno, matricola *f.* **2** (*novice*) novellino *m,* principiante *m,* pivello *m.* **~man year** *s.* ⟨*univ*⟩ primo anno *m* di università.

freshness ['freʃnis] *s.* **1** freschezza *f.* **2** (*bloom*) freschezza *f,* vigore *m.* **3** (*brightness*) freschezza *f,* vivacità *f.*

fresh|-run *a.* (*of a salmon*) che ha appena risalito il fiume. **~-water** *a.* **1** d'acqua dolce. **2** ⟨*am*⟩ (*inland and provincial*) provinciale. **~-water college** *am. s.* ⟨*spreg*⟩ università *f* di provincia.

fret[1] [fret] *v.* (*pret., p.p.* 'fretted [–id]) **I** *v.i.* **1** corrodere, intaccare (*at s.th.* qc.). **2** (*to become eaten, corroded;* spesso con *away*) corrodersi, consumarsi; (*to chafe*) logorarsi. **3** ⟨*fig*⟩ (*to become worried*) preoccuparsi, affliggersi, crucciarsi (*over, about* di, per). **4** ⟨*fig*⟩ (*to feel impatience*) impazientirsi, innervosirsi, inquietarsi (*over* per). **II** *v.t.* **1** corrodere, intaccare; (*to form, make by wearing away*) scavare. **2** (*to rub, chafe*) logorare. **3** ⟨*fig*⟩ (*to worry*) preoccupare, affliggere, crucciare. **4** (*to cause to ripple*) increspare. **5** (*of life, health, etc.;* general. con *away, out*) logorare, consumare. □ *to* ~ *and fume* mangiarsi il fegato, struggersi per la rabbia.

fret[2] *s.* **1** corrosione *f.* **2** ⟨*fig*⟩ inquietudine *f,* preoccupazione *f;* (*vexation*) irritazione *f,* nervosismo *m.* □ *to be in a* ~ essere irritato.

fret[3] **I** *s.* **1** (*decorative pattern*) greca *f* (*anche Arch.*). **2** (*fretwork*) lavoro *m* di traforo. **II** *v.t.* (*pret., p.p.* **fretted** [–id]) **1** ornare con una greca. **2** (*of a ceiling*) lavorare di traforo, traforare.

fret[4] *s.* ⟨*Mus*⟩ (*of a string instrument*) stanghetta *f* trasversale.

fretful ['fretful] *a.* irritabile, nervoso, stizzoso. **fretfulness** [–nis] *s.* irritabilità *f,* nervosismo *m.*

fretsaw ⟨*Fal*⟩ sega *f* da traforo.

fretted ['fretid] *a.* ornato a greca.

fretwork ['fretwɔːk] *s.* **1** ⟨*Fal*⟩ lavoro *m* di traforo. **2** (*pattern of dark and light*) traforo *m.* **3** ⟨*Arch*⟩ ornamento *m* a greca.

Freudian ['frɔidiən] **I** *a.* ⟨*Psic*⟩ freudiano. **II** *s.* seguace *m/f* di Freud. **Freudianism** [–izəm] *s.* freudismo *m.*

Freudian slip *s.* lapsus *m* freudiano.

Fri. = *Friday* venerdì (*abbr.* v., Ven.).

friability [ˌfraiəˈbiliti] *s.* friabilità *f.* **friable** [–bl] *a.* friabile.

friar ['fraiə] *s.* ⟨*Rel,Tip*⟩ frate *m.*

Friar Minor *s.* (*pl.* **Friars Minor**) frate *m* minore. **~ Preacher** *s.* (*pl.* **Friars Preacher/Friar Preachers**) frate *m* domenicano.

friar's balsam *s.* ⟨*Farm*⟩ tintura *f* di benzoino.

friary ['fraiəri] *s.* **1** convento *m* di frati. **2** (*brotherhood*) frateria *f.*

fribble ['fribl] **I** *v.i.* comportarsi in modo frivolo, frivoleggiare. **II** *s.* (*trifler*) persona *f* frivola; (*idler*) perditempo *m/f.*

fricandeau [ˌfrikənˈdəu] *s.* (*pl.* **-x** [z]) ⟨*Gastr*⟩ fricandò *m.*

fricassee [ˌfrikəˈsiː] **I** *s.* ⟨*Gastr*⟩ fricassea *f.* **II** *v.t.* cucinare in fricassea.

fricative ['frikətiv] **I** *a.* ⟨*Fon*⟩ fricativo. **II** *s.* fricativa *f.*

friction ['frikʃən] *s.* **1** frizione *f,* massaggio *m.* **2** ⟨*Mecc,Fis,fig*⟩ attrito *m,* frizione *f.* **frictional** [–l] *a.* **1** frizionale. **2** ⟨*Mecc*⟩ d'attrito.

friction| bearing *s.* ⟨*Mecc*⟩ cuscinetto *m* liscio. **~ clutch, ~ coupling** *s.* ⟨*Mecc*⟩ innesto *m* a frizione. **~ feed** *s.* ⟨*Inform*⟩ alimentazione *f* a frizione. **~ force** *s.* ⟨*Fis*⟩ forza *f* d'attrito. **~ gearing** *s.* ⟨*Mecc*⟩ trasmissione *f* a ruote di frizione.

frictionless ['frikʃənlis] *a.* privo d'attrito.

friction loss *s.* ⟨*Fis*⟩ perdita *f* per attrito.

Friday ['fraidi, –dei] *s.* venerdì *m: on* ~*s* di (*o* il) venerdì.

fridge [fridʒ] *s.* ⟨*fam*⟩ (*refrigerator*) frigorifero *m,* ⟨*fam*⟩ frigo *m.*

fried [fraid] *a.* **1** fritto. **2** ⟨*sl*⟩ ubriaco, ⟨*fam*⟩ sbronzo.

friend [frend] *s.* **1** amico *m* (*f* –a): *a* ~ *of the family* un amico di famiglia. **2** (*supporter*) sostenitore *m* (*f* –trice), amico *m* (*f* –a); (*ally*) alleato *m* (*f* –a). **3** (*acquaintance*) conoscenza *f,* conoscente *m/f.* **Friend** *s.* ⟨*Rel*⟩ quacchero

m (*f* –a). □ *to be* ~*s with s.o.* essere amico di qd.; ⟨*Ⱥ*⟩ ~ *at* **court** un protettore influente; *we are* **great** ~*s* s grandi (*o* buoni) amici; (*Parl*) *my right* **honoura** (*mio*) onorevole collega; ⟨*Dir*⟩ *my* **learned** ~ (*mio*) collega; *to* **make** ~*s* **again** riallacciare l'amicizia, rito amici; *to* **make** ~*s* **with s.o.** fare amicizia con qd.; *a a* ~*of* **mine** un mio amico medico; ⟨*Rel*⟩ *the* **Societ Friends** i quaccheri. *Prov.: a* ~ *in need is a* ~ *indee* amici si conoscono nelle avversità; *a* ~ *to all is a* ~ *none* amico di tutti, amico di nessuno.

friendless ['frendlis] *a.* senza amici. **friendli** [–dlinis] *s.* amichevolezza *f.* **friendly** [–dli] *a.* amichevole, da amico, amico; (*showing kindness*) cor affabile, cortese: *a* ~ *reception* un'accoglienza cordia (*helpful, favourably disposed*) bendisposto, favorevo (*not hostile*) amico: *a* ~ *nation* una nazione amic ⟨*Sport*⟩ amichevole: *a* ~ *match* una partita amiche **II** *avv.* amichevolmente. □ *to be* ~ *with s.o.* essere a di qd.; *to be on* ~ *terms with s.o.* essere in rap amichevoli con qd.; *to settle a matter in a* ~ *way de* una questione amichevolmente (*o* in via amichevole)

Friendly Society *s.* società *f* di mutuo soccorso.

friendship ['frendʃip] *s.* **1** amicizia *f.* **2** (*friendli* amichevolezza *f.*

frieze[1] [friːz] *s.* ⟨*Arch*⟩ fregio *m;* (*decorative band*) fa (*ornamentale*).

frieze[2] *s.* ⟨*Tess*⟩ bigello *m.*

frigate ['frigit] *s.* ⟨*Mar*⟩ fregata *f.*

frigate bird *s.* ⟨*Ornit*⟩ fregata *f.*

fright [frait] **I** *s.* **1** spavento *m,* paura *f* (*improvvis* ⟨*fam*⟩ (*thing*) cosa *f* spaventosa (*o* orrenda), spavent *your hair is a* ~ i tuoi capelli sono una cosa spave (*person*) spavento *m,* spauracchio *m.* **II** *v.t.* spaventa *to get a* ~ spaventarsi, prendere uno spavento; *to ta at s.th.* spaventarsi di (*o* per) qc.

frighten ['fraitn] *v.t.* spaventare, impaurire, intimidir paura a. □ *to* ~ *s.o. away* spaventare qd. fino a fuggire; *to* ~ *s.o. to death* far morire qd. dallo spav *to* ~ *s.o. into doing s.th.* indurre qd. a fare qc. per p *to* ~ *s.o. out of doing s.th.* distogliere qd. dal far intimorendolo. **frightened** [–d] *a.* spaventato, impa □ *to be* ~ *of* (*o at*) aver paura di. **frightening** [–i spaventoso.

frightful ['fraitful] *a.* **1** spaventoso, spaventevol (*shocking*) spaventoso, terribile: *a* ~ *waste of mone* terribile spreco di denaro. **3** ⟨*fam*⟩ (*very unplea* orribile, orrendo, pessimo, bruttissimo, ⟨*fam*⟩ tremen ⟨*fam*⟩ (*very great*) tremendo, spaventoso. **frightfully** *avv.* **1** spaventosamente. **2** ⟨*fam*⟩ (*exceedi* terribilmente, spaventosamente, tremendamente, a spavento. **frightfulness** [–nis] *s.* l'essere spaventos

frigid ['fridʒid] *a.* **1** freddissimo, glaciale. **2** ⟨*fig*⟩ ap frigido; (*stiff and formal*) freddo, formale. **3** ⟨*Psic, F* frigido. □ ⟨*Geog*⟩ ~ *zone* zona glaciale. **frig'idity** **frigidness** [–nis] *s.* **1** freddezza *f.* **2** ⟨*Psic,F* frigidità *f.*

frill [fril] *s.* **1** ⟨*Sart*⟩ gala *f* (increspata). **2** ⟨ collare *m.* **3** *pl.* ⟨*fig*⟩ (*airs*) arie *fpl: to put on* ~*s* delle arie. **4** *pl.* (*s.th. unnecessary*) frangia *f,* fronzol *without* ~*s* senza fronzoli. **5** ⟨*Fot*⟩ (*of an emu* distacco *m;* (*wrinkling*) arricciamento *m.* **II** *v.t.* **1** ⟨ ornare (*o* guarnire) di gale. **2** (*to form into* increspare, arricciare. **III** *v.i.* ⟨*Fot*⟩ (*of an emu* distaccarsi.

frillies ['friliz] *s.pl.* ⟨*fam*⟩ biancheria *f* intima da d ⌐con trine⌐ (*o* frivola). **frilling** [–liŋ] *s.* ⟨*Sart*⟩ increspate. **frilly** [–li] *a.* con gale, ornato di gale.

fringe [frindʒ] **I** *s.* **1** frangia *f.* **2** ⟨*Tess*⟩ penero *m. hair* frangia *f,* frangetta *f.* **4** (*border, edge*) orlo *m, m,* margine *m: on the* ~ *of the forest* al margine foresta. **5** ⟨*fig*⟩ aspetto *m* marginale (*o* second (*marginal group*) frangia *f,* settore *m* (*o* gruppo) perif *the anarchist* ~ la frangia anarchica. **6** ⟨*Ott*⟩ frangia ⟨*Fot*⟩ iridescenza *f.* **II** *v.t.* **1** guarnire (*o* ornare) di fr **2** (*to form a border for*) orlare, bordare, contornare: ~*d the lake* degli alberi contornavano il lago. □ *on* ~ *of society* ai margini della società.

ge| benefits *s.pl.* ⟨*Econ*⟩ indennità *f* accessoria. **~ oups** *pl.* ⟨*Sociol*⟩ gruppi *mpl* marginali. **~ market** *s.* ⟨*con*⟩ mercato *m* marginale.

gy ['frindʒi] *a.* frangiato, ornato di frange.

pery ['fripəri] *s.* **1** (*finery in dress*) fronzoli *mpl.* **2** ⟨*g*⟩ (*affected elegance*) ostentazione *f*, affettazione *f*; (*of le*) paludamenti *mpl.* **3** ⟨*fig*⟩ fronzoli *mpl*, cianfrusaglie

bee, frisby ['frisbi] *s.* gioco *m* del piattello.

sian ['friʒən] **I** *a.* frisone. **II** *s.* **1** (*person*) frisone *m* (*f*). **2** (*language*) frisone *m*.

sian Islands *N.pr.pl.* ⟨*Geog*⟩ Isole *fpl* Frisone.

k [frisk] **I** *v.i.* saltellare, sgambettare, ruzzare. **II** *v.t.* **1** tare, scuotere: *the dog –ed its tail* il cane agitò la coda. ⟨*sl*⟩ (*to search for weapon, etc.*) perquisire; (*to rob by king*) borseggiare. **III** *s.* **1** salto *m*, saltello *m*, capriola *f* ⟨*sl*⟩ perquisizione *f*.

ket ['friskit] *s.* ⟨*Tip*⟩ fraschetta *f.*

kily ['friskili] *avv.* **1** a saltelli. **2** (*gaily*) vivacemente, ocosamente. **friskiness** [-kinis] *s.* gaiezza *f*, vivacità *f*, egria *f.* **frisky** [-ki] *a.* **1** saltellante, sgambettante. **2** *y*) gaio, vivace, giocoso.

[frit] **I** *s.* **1** ⟨*Ceram*⟩ fritta *f.* **2** ⟨*Vetr*⟩ vetro *m* poroso. *v.t.* (*pret., p.p.* '**fritted** [-id]) ⟨*Vetr*⟩ **1** calcinare. **2** (*to glomerate*) agglomerare.

fly *s.* ⟨*Entom*⟩ mosca *f* frit.

h[1] [friθ] *s.* ⟨*Geog*⟩ (*firth*) estuario *m.*

h[2] *s.* ⟨*rar*⟩ **1** terreno *m* boscoso. **2** (*brushwood*) acchia *f.*

llary [,fri'tiləri] *s.* ⟨*Bot*⟩ fritillaria *f.*

ter[1] ['fritə] *v.t.* **1** frantumare, spezzettare, sminuzzare. **2** *waste;* general. con *away*) sprecare, sciupare: *to ~ ay an afternoon* sciupare un pomeriggio; (*of money*) alacquare, sperperare.

ter[2] *s.* ⟨*Gastr*⟩ frittella *f* ripiena.

ol ['frivəl] *v.* (*pret., p.p.* **frivolled**/*am.* **frivoled** [-d]) **I** frivoleggiare, essere frivolo. **II** *v.t.* (general. con *away*) recare, sciupare.

olity [fri'vɔliti] *s.* **1** frivolezza *f*, leggerezza *f.* **2** *volous act or thing*) frivolezza *f*, futilità *f.* **frivolous** *vələs*] *a.* **1** frivolo, futile, superficiale, vacuo: *~ words* role frivole. **2** (*of a person*) frivolo, leggero.

volousness [-vələsnis] *s.* frivolezza *f.*

z[1] [friz] **I** *v.t.* **1** (*of hair: to curl;* spesso con *up*) respare. **2** ⟨*Conc*⟩ pulire con pomice. **II** *v.i.* (*of hair*) resparsi. **III** *s.* **1** (*curl*) riccio *m*, ricciolo *m.* **2** (*frizzed r*) capelli *mpl* crespi (*o* ricci).

z[2] [friz] *v.i.* sfrigolare, sfriggere.

zle[1] ['frizl] **I** *v.t.* **1** friggere (fino a far diventare occante). **2** (*to scorch*) bruciare, scottare. **II** *v.i.* → **zz.**

zle[2] **I** *v.t.* (spesso con *up*) increspare. **II** *v.i.* resparsi. **III** *s.* capelli *mpl* crespi (*o* ricci). **frizzly li], **frizzy** [-zi] *a.* (*of hair*) crespo.

[frəu]: *to and ~* avanti e indietro.

k [frɔk] **I** *s.* ⟨*Vest*⟩ **1** (*for a woman*) abito *m*, vestito (*for a little girl*) vestitino *m.* **2** (*overall*) grembiule *m*, ravveste *f;* (*smock*) blusa *f*, camiciotto *m* da lavoro. **3** *ilor's jersey*) maglia *f* (da marinaio). **4** (*monk's habit*) ito *m.* **5** ⟨*fig*⟩ (*priesthood*) ufficio *m* sacerdotale. **6** → **ck coat. II** *v.t.* **1** vestire. **2** ⟨*Rel*⟩ rivestire dell'abito are.

k coat *s.* ⟨*Mod*⟩ finanziera *f*, redingote *f.*

ebelian [frɔ'beliən] *a.* ⟨*Ped*⟩ froebeliano, fröbeliano.

[1] [frɔg] *s.* **1** ⟨*Zool*⟩ rana *f.* **2** ⟨*Mil*⟩ (*loop of a bbard*) pendaglio *m*, cinghia *f.* **Frog** *s.* ⟨*spreg*⟩ *enchman*) francese *m.* □ ⟨*fam*⟩ *to have a ~ in one's oat* avere la voce rauca, essere rauco.

[2] *s.* **1** ⟨*Sart*⟩ alamaro *m.* **2** ⟨*Ferr*⟩ cuore *m.* **3** ⟨*El*⟩ rocio *m* aereo.

[3] *s.* ⟨*Zool*⟩ (*of a horse's hoof*) fettone *m*, forchetta *f.*

gy ['frɔgi] *a.* **1** simile a una rana, da rana. **2** (*full of gs*) pieno di rane.

man [mən] *s.irr.* uomo *m* rana, sommozzatore *m.*

march I *v.t.* trascinare via in quattro a faccia in giù nendo la persona per le gambe e le braccia). **II** *s.* il scinare via a faccia in giù.

---

frolic ['frɔlik] **I** *s.* **1** scherzo *m*, burla *f;* (*of children*) monelleria *f*, birichinata *f.* **2** (*merry making*) divertimento *m*, svago *m*, spasso *m.* **3** (*gaiety*) allegria *f*, gaiezza *f.* **II** *v.i.* (*pret., p.p.* **frolicked** [-t]) **1** divertirsi, scherzare, stare in allegria. **2** (*to gambol, caper*) saltellare, sgambettare, ruzzare. **frolicsome** [-səm] *a.* giocoso, allegro, gaio. **frolicsomeness** [-səmnis] *s.* allegria *f*, gaiezza *f*, giocosità *f.*

from [frɔm, frəm] *prep.* **1** da: *to go ~ London to Brighton* andare da Londra a Brighton; *read ~ page ten* leggete da pagina dieci. **2** (*of time*) (fin) da, a partire (*o* datare) da: *as ~ next month* (a partire) dal mese prossimo. **3** (*to indicate a lower limit*) da: *~ ten pounds upwards* da dieci sterline in su. **4** (*to express distance, absence*) da: *two miles ~ the town* a due miglia dalla città; *away ~ home* lontano da casa. **5** (*to express removal, separation*) a: *to take s.th. away ~ s.o.* portare via qc. a qd.; *to conceal the truth ~ s.o.* nascondere la verità a qd. **6** (*to express distinction, difference*) da: *to know one thing ~ another* distinguere una cosa dall'altra. **7** (*to indicate reason, cause*) da, per, a causa (*o* motivo) di: *~ what I heard* da quanto ho sentito. **8** (*to express agency*) di, da, per: *to suffer ~ the cold* soffrire per il freddo. **9** (*to indicate source, origin*) di, da, proveniente da, da parte di: *water ~ a well* acqua di un pozzo; *to receive a parcel ~ a friend* ricevere un pacco da parte di un amico. **10** (*made from a material*) con, di: *wine is made ~ grapes* il vino si fa con l'uva. **11** (*in imitation of*) da: *to paint ~ life* dipingere dal vero. □ **above:** **1** dall'alto, dal di sopra, da sopra; **2** (*from heaven*) dall'alto, dal cielo; *to go ~* **bad** *to worse* andare di male in peggio; *~* **below** dal di sotto, da sotto; *~* **day** *to day* di giorno in giorno; *to speak ~* **experience** parlare per esperienza; *~* **on high** dall'alto; *to carve a statue ~* **marble** scolpire una statua nel marmo; *~* **outside** dal di fuori, dall'esterno; *~* **time** *to time* di quando in quando; *~* **under** da (*o* di) sotto.

frond [frɔnd] *s.* ⟨*Bot*⟩ (*of lichen, etc.*) fronda *f;* (*of a palm, etc.*) foglia *f.* '**frondage** [-idʒ] *s.* fronde *fpl.*

Fronde *fr.* [frɔ̃:d] *s.* ⟨*Stor*⟩ Fronda *f.* **fronde** *s.* ribellione *f*, ⟨*fam*⟩ aria *f* (*o* vento *m*) di fronda. **Frondeur** *fr.* [-œ:r] *s.* frondista *m.* **frondeur** *s.* ribelle *m*, oppositore *m.*

frondose ['frɔndous] *a.* frondoso.

front [frʌnt] **I** *s.* **1** facciata *f*, davanti *m*, fronte *f: the ~ of a cupboard* il davanti di una credenza. **2** (*most advanced part or position*) parte *f* anteriore, davanti *m: to sit in the ~ of a bus* sedere nella parte anteriore di un autobus. **3** ⟨*Arch*⟩ facciata *f*, fronte *f.* **4** (*land facing a road, etc.*) fronte *f* stradale; (*sea front, promenade*) lungomare *m;* (*lake front*) lungolago *m.* **5** ⟨*Mil*⟩ fronte *m: to be sent to the ~* essere mandato al fronte. **6** ⟨*Pol*⟩ fronte *m*, coalizione *f: the popular ~* il fronte popolare. **7** ⟨*fam*⟩ (*figurehead*) prestanome *m*, uomo *m* di paglia. **8** ⟨*fam*⟩ (*cover-up*) copertura *f*, paravento *m: the shop was a ~ for a gambling saloon* il negozio serviva da copertura a una sala da gioco. **9** ⟨*fig*⟩ (*outward demeanour*) atteggiamento *m*, comportamento *m.* **10** ⟨*fam*⟩ (*impudence*) sfrontatezza *f*, impudenza *f*, ⟨*fam*⟩ faccia *f* tosta. **11** ⟨*poet*⟩ (*forehead*) fronte *f;* (*face*) faccia *f.* **12** (*fringe of false hair*) frontino *m.* **13** ⟨*Sart*⟩ (*shirt front*) sparato *m;* (*dickey*) pettino *m.* **14** ⟨*Meteor*⟩ fronte *m: a warm ~* un fronte caldo. **15** ⟨*Teat*⟩ sala *f* (per gli spettatori). **II** *a.* **1** anteriore, frontale, davanti. **2** (*situated at a front*) anteriore, sul davanti. **3** ⟨*Fon*⟩ frontale, anteriore. **III** *avv.* davanti, di fronte. **IV** *v.t.* **1** guardare verso, frontegiare: *the house –s the lake* la casa fronteggia il lago. **2** ⟨*fig*⟩ (*to confront*) affrontare; (*to oppose*) tener testa a, fronteggiare. **3** (*to be in front of*) essere 'di fronte' (*o* dirimpetto, prospiciente) a. **V** *v.i.* essere esposto (*o* volto) (*towards, upon* a). □ ⟨*Mil*⟩ *~ of* **attack** settore *m* d'attacco; ⟨*fig*⟩ *to put a* **bold** *~ on s.th.* affrontare risolutamente qc.; ⟨*fig*⟩ *to* **come** *to the ~* diventare famoso (*o* importante); ⟨*fig*⟩ *to make a* **common** *~ against s.o.* fare fronte comune contro qd.; **in ~** davanti, di fronte: *to sit in ~* sedere davanti; *in ~ of:* **1** davanti a, di fronte a: *in ~ of the fire* davanti al fuoco; **2** (*in the presence of*) davanti a, alla (*o* in) presenza di; ⟨*Teat*⟩ **out** *~* in sala; *they're very noisy out ~ tonight* stasera il pubblico è molto rumoroso; ⟨*fig*⟩ **to** *the ~* in

evidenza, in risalto; ⟨Mil⟩ **up** ~ in prima linea.
frontage ['frʌntidʒ] s. **1** (of a building) prospetto m, facciata f; (space between a building and the road) spazio m compreso tra la facciata e la strada. **2** (direction faced) esposizione f, orientamento m: the building has a western ~ l'edificio 'ha l'esposizione⌐ (o è esposto) a ponente. □ a garden with a lake ~ un giardino prospiciente il lago.
frontal ['frʌntl] I a. **1** frontale, di fronte. **2** ⟨Mil,Art,Anat⟩ frontale: a ~ attack un attacco frontale. II s. **1** ⟨Rel⟩ paliotto m. **2** ⟨Stor⟩ (band for the forehead) frontale m. **3** ⟨Arch⟩ facciata f. **4** ⟨Anat⟩ (frontal bone) osso m frontale, frontale m.
front| bencher s. ⟨Parl⟩ ministro m; (leader of the opposition) capo m dell'opposizione. ~ **benches** s.pl. ⟨Parl⟩ banchi mpl dei ministri (o capi dell'opposizione). ~ **cover** s. ⟨Giorn⟩ prima pagina f di copertina. ~ **door** s. ingresso m principale. ~**-drive car** s. vettura f a trazione anteriore. ~ **garden** s. giardino m davanti alla casa.
frontier ['frʌntiə, am. frʌn'tiə] I s. **1** frontiera f, linea f di confine. **2** (land forming limit of settled regions) zona f di frontiera. **3** ⟨fig⟩ (spesso al pl.) confine m, frontiera f: the ~s of science i confini della scienza. **4** ⟨Stor.am⟩ frontiera f dell'Ovest. II a. di frontiera, di confine, confinario: a ~ town una città di frontiera.
frontier crossing s. valico m di frontiera.
frontiersman ['frʌntiəzmən] s.irr. **1** abitante m di una zona di frontiera. **2** (pioneer) pioniere m.
frontispiece ['frʌntispi:s] s. **1** ⟨Edit⟩ frontespizio m. **2** ⟨Arch⟩ (façade) facciata f; (pediment) frontone m. **3** ⟨Teat⟩ proscenio m.
frontlet ['frʌntlit] s. **1** ⟨Zool⟩ fronte f. **2** ⟨Stor⟩ (band for the forehead) frontale m. **3** ⟨Rel.ebr⟩ filatterio m, filatteria f.
front| line s. ⟨Mil⟩ prima linea f. ~**-line states** s.pl. ⟨Pol⟩ stati mpl della linea del fronte ~**-loading washing machine** s. lavabiancheria f a caricamento frontale. ~ **matter** am.s. ⟨Edit⟩ preliminari mpl.
fronton fr. [frɔ̃'tɔ̃] s. ⟨Arch⟩ frontone m.
'front|-page I a. **1** ⟨Giorn⟩ di prima pagina. **2** ⟨fig⟩ sensazionale. II v.t. riportare in prima pagina: to ~ a news item riportare una notizia in prima pagina. '~**-'rank** a. di prim'ordine, di primaria importanza. □ ⟨fig⟩ to be in the ~ essere molto importante. ~ **room** s. salotto m. ~ **row** s. prima fila f. ~ **view** s. **1** vista f frontale. **2** ⟨Arch⟩ alzata f.
frontward(s) ['frʌntwəd(z)] avv. in avanti, verso la parte anteriore.
front| wheel s. ⟨Aut⟩ ruota f anteriore. □ ~ **drive** trasmissione f anteriore. ~**yard** am. s. cortile m anteriore.
frore [frɔ:] a. ⟨non com⟩ gelato, ghiacciato.
frost [frɔst] I s. **1** gelo m, freddo m intenso, gelata f; (white frost) brina f, brinata f; (ice) ghiaccio m. **2** (act of freezing) congelamento m. **3** ⟨fig⟩ freddezza f. **4** ⟨fam⟩ (failure) insuccesso m, fallimento m, ⟨fam⟩ fiasco m. II v.t. **1** (ri)coprire di ghiaccio (o gelo). **2** ⟨Met,Vetr⟩ smerigliare. **3** (to damage by frost) danneggiare (o distruggere) col gelo. **4** ⟨Dolc⟩ glassare. **5** (of foods: to quick-freeze) congelare. III v.i. (spesso con over, up) coprirsi di ghiaccio, ghiacciarsi, gelarsi. □ ten degrees of ~ dieci (gradi) sotto zero.
frost|-bite I s. ⟨Med⟩ congelamento m. II v.t.irr. danneggiare col gelo, bruciare. ~**-bitten** a. **1** ⟨Med⟩ congelato. **2** (injured by frost) danneggiato (o bruciato) dal gelo. ~**-bound** a. indurito dal gelo.
frosted ['frɔstid] a. **1** coperto di ghiaccio (o gelo), ghiacciato, gelato; (covered with hoar-frost) brinato. **2** ⟨Gastr⟩ glassato. **3** → frost-bitten. **4** (of. glass, etc.) smerigliato. **5** (quick-frozen) congelato.
frost hardiness s. ⟨Agr⟩ resistenza f al gelo.
frostily ['frɔstili] avv. freddamente, gelidamente.
frostiness [-tinis] s. **1** gelo m, freddo m gelido. **2** ⟨fig⟩ freddezza f, gelo m. **frosting** [-tiŋ] s. **1** ⟨Vetr,Met⟩ smerigliatura f. **2** ⟨Gastr⟩ glassa f.
frost|proof a. resistente al gelo. ~ **smoke** s. ⟨Geog⟩ nebbia f gelata. ~ **weed** s. ⟨Bot⟩ eliantemo m. ~**work** s. arabeschi mpl di ghiaccio.

frosty ['frɔsti] a. **1** freddissimo, gelido. **2** (covered frost) gelato, ghiacciato, coperto di ghiaccio; (covered hoar-frost) brinato, coperto di brina. **3** (of hair) bianc ⟨fig⟩ gelido, glaciale, freddo: a ~ reception un'accogli glaciale.
froth [frɔθ] I s. **1** schiuma f, spuma f. **2** ⟨Med,Zool⟩ f. **3** ⟨fig⟩ frivolezze fpl; (idle talk) ciance fpl, insulsa fpl. II v.t. **1** far spumare (o spumeggiare). **2** (to cover froth) (ri)coprire di schiuma. III v.i. **1** schiun spumare. **2** ⟨fam⟩ parlare di cose futili, cianciare. □ at the mouth avere la schiuma alla bocca (anche fig.)
froth blower s. ⟨scherz⟩ bevitore m (f –trice) di birr
frothiness ['frɔθinis] s. **1** spumosità f, schiumosità ⟨fig⟩ frivolezza f, futilità f. **frothy** [-θi] a. **1** schiun spumoso. **2** ⟨fig⟩ frivolo, superficiale, vuoto. **3** (of clo vaporoso, spumeggiante.
frou-frou ['fru:fru:] s. **1** fruscio m, fru–fru m. **2** ⟨ fru-fru m, frou-frou m.
froward ['frouəd] a. ⟨ant⟩ ostinato, capa **frowardness** [-nis] s. ostinatezza f.
frown [fraun] I v.i. **1** aggrottare le sopracciglia, accigl aggrondarsi. **2** (to disapprove) non vedere di buon oc (on, upon, at s.th. qc.), essere contrario (a), disappro (qc.). II v.t. esprimere (aggrottando le sopracciglia). **1** cipiglio m, espressione f corrucciata. **2** disapprovazione f. □ to ~ at s.o. guardare qd. cipiglio; to ~ s.o. down (o into silence) far tacere qd. un'occhiataccia. '**frowning** [-iŋ] a. **1** aggrottato, c accigliato. **2** (threatening) minaccioso, incombente.
frowst [fraust] I s. aria f rinchiusa; (unwholesome s puzzo m (o odore) di rinchiuso, tanfo m. II v.i. sta un ambiente che sa di rinchiuso. '**frowsty** [-i rinchiuso, viziato.
frowziness ['frauzinis] s. ⟨fam⟩ **1** (slovenliness) sciat f, trasandatezza f; (dirtiness) sporcizia f. **2** (musti puzzo m (o odore) di rinchiuso, tanfo m. **frowzy** [-z **1** (slovenly) sciatto, trasandato; (dirty) sporco, sudici (musty) rinchiuso, viziato.
froze [frouz] → freeze[1].
frozen[1] ['frouzn] → freeze[1].
frozen[2] a. **1** ghiacciato, coperto di ghiaccio. **2** (very freddissimo, gelido: the ~ north il gelido nord. **3** (inj killed by cold) bruciato dal gelo. **4** ⟨fig⟩ (cold in mar gelido, glaciale. **5** ⟨fig⟩ (rigid, immobile) irrigi pietrificato. **6** ⟨Gastr⟩ ghiacciato. **7** ⟨Alim⟩ (c –frozen) congelato, surgelato: ~ fish pesce congelat ⟨Econ⟩ congelato: ~ credit credito congelato. □ ~ fear gelato dalla paura; ⟨Med⟩ ~ sleep ibernazio artificiale.
fructiferous [frʌk'tifərəs] a. fruttifero. **fructifica** [-fi'keiʃən] s. ⟨Bot⟩ **1** fruttificazione f. **2** (fruit) frutt **3** (organs) organi mpl riproduttivi. '**fructify** [-fai] fruttificare, dare frutti (anche fig.). II v.t. ren fruttifero; (to fertilize) fertilizzare.
fructose ['frʌktous] s. ⟨Chim⟩ fruttosio m.
fructuous ['frʌktʃuəs] a. **1** fruttuoso. **2** ⟨fig⟩ frutt redditizio.
frugal ['fru:gəl] a. **1** parsimonioso, parco, econ frugale. **2** (scanty) frugale, parco, sobrio: a ~ mea pasto frugale. **frugality** [-'gæliti] s. **1** parsimon economia f, frugalità f. **2** (scantiness) frugalità f, sob f.
frugivorous [fru:'dʒivərəs] a. fruttivoro, frugivoro.
fruit [fru:t] I s. (pl. inv./-s [s]; il pl.inv. si usa general. valore collett.) **1** frutta f: we had ~ for de terminammo il pranzo con la frutta. **2** (any produ plant growth) frutto m, prodotto m (della terra). **3** (frutto m; (reproductive body) frutto m, ovario m. **4** (offspring) frutto m, figlio m, prole f. **5** ⟨fig⟩ (re frutto m, risultato m, prodotto m: the ~ of one's labo frutti del (proprio) lavoro. **6** pl. ⟨fig⟩ (earnings) guadagno m. II v.i. fruttificare, fruttare. III v.t. fruttificare (o fruttare), rendere fruttifero. □ to bring dar frutto, fruttare; ⟨fig⟩ dare buoni frutti; ⟨Bibl⟩ by ~s you shall know them li riconoscerete dai loro fr
fruitarian [-'tɛəriən] s. chi si nutre di frutta.
fruit| bat s. ⟨Zool⟩ megachirottero m. ~ **bowl** s. fru

'. ~ bud s. ⟨Bot⟩ gemma f fruttifera. **~ cake** s. torta f
o dolce m) di frutta. **~ cocktail** s. ⟨Gastr⟩ macedonia f
di frutta). **~-dish** s. piattino m da frutta.
uiter ['fru:tə] s. 1 ⟨Mar⟩ nave f per il trasporto di frutta.
2 ⟨Bot⟩ pianta f da frutto. 3 → **fruit grower. fruiterer**
[-rə] s. fruttivendolo m (f -a), fruttaiolo m (f -a).
uit| farmer s. frutticoltore m. **~ farming** s.
'rutticoltura f. **~ fly** s. ⟨Entom⟩ drosofila f.
uitful ['fru:tful] a. 1 fruttuoso, fruttifero. 2 (producing
growth) fruttuoso, fecondo, fertile. 3 ⟨fig⟩ fecondo,
fruttuoso, vantaggioso, proficuo. **fruitfulness** [-nis] s.
'ertilità f, fecondità f (anche fig.).
uit| grove s. frutteto m. **~ grower** s. frutticoltore m (f
-trice).
uitiness ['fru:tinis] s. sapidità f, saporosità f.
uition [fru:'iʃən] s. 1 godimento m, uso m. 2
'accomplishment) risultato m (ottenuto), realizzazione f. 3
⟨Bot⟩ fruttificazione f. □ to bring (o carry) s.th. to ~
portare a compimento (o frutto) qc.; to come to ~
giungere a buon fine.
uit| juice s. succo m di frutta. **~ knife** s.irr. coltello m
da frutta.
uitless ['fru:tlis] a. 1 infruttifero. 2 ⟨fig⟩ infruttuoso,
vano: a ~ attempt un tentativo inutile. **fruitlessness**
[-nis] s. infruttuosità f.
uit| machine s. tipo di slot–machine. **~ salad** s. →
fruit cocktail. ~ stoner s. levanoccioli m, snocciolatore
m. **~ sugar** s. → fructose. **~ tree** s. albero m da
frutto.
uity ['fru:ti] a. 1 che ha il sapore della frutta, che sa di
frutta. 2 (resembling fruit) simile a frutta. 3 (rich in
flavour) gustoso, saporito. 4 ⟨Enol⟩ dal gusto d'uva. 5
⟨fam⟩ (salacious) spinto, salace, piccante: ~ jokes
barzellette spinte. 6 ⟨fam⟩ (of a voice) morbido,
pastoso.
umentaceous [,fru:mən'teiʃəs] a. frumentaceo.
umenty ['fru:mənti] s. ⟨Gastr⟩ frumento m bollito nel
latte (con zucchero e spezie).
ump [frʌmp] s. sciattona f. **'frumpish** [-iʃ] a. sciatto,
trasandato. **'frumpishness** [-iʃnis] s. sciatteria f.
'frumpy [-i] a. → frumpish.
ustrate [frʌs'treit] v.t. frustrare, rendere vano, deludere:
to ~ s.o.'s hopes frustrare le speranze di qd. **frustrated**
[-id] a. 1 deluso, frustrato, insoddisfatto. 2 (useless)
inutile, vano: a ~ plan un piano inutile. **frus'tratingly**
[-iŋli] avv. in maniera deludente. **frustration** [-'treiʃən]
s. frustrazione f, delusione f.
ustum ['frʌstəm] s. (pl. -s [z]/-sta [stə]) ⟨Geom⟩ tronco
m (di solido).
utescent [fru:'tesnt] a. ⟨Bot⟩ frutescente. **'frutex** [-teks]
s. ⟨Bot⟩ arbusto m, frutice m. **'fruticose** [-tikous] a.
fruticoso.
-y¹ [frai] I v.t. (far) friggere. II v.i. friggere. III s. 1 (fried
dish) fritto m, frittura f. 2 pl. ⟨Gastr⟩ interiora fpl
fritte.
-y² s.inv. 1 ⟨Itt⟩ avannotti mpl. 2 (small adult fishes)
pesci mpl minuti. 3 (young of other animals) piccoli
mpl.
ryer ['fraiə] s. 1 friggitore m (f -tora). 2 → frying pan. 3
(young chicken) pollo m novello.
rying pan ['fraiiŋ] s. padella f (per friggere). □ ⟨fig⟩ to
jump out of the ~ into the fire cadere dalla padella nella
brace.
t. = 1 foot piede. 2 feet piedi. 3 ⟨Mil⟩ fort forte.
ubsy ['fʌbzi] a. rotondetto, grassottello.
uchsia ['fju:ʃə] s. 1 ⟨Bot⟩ fucsia f. 2 (colour) color m
fucsia.
uchsine ['fuksin] s. ⟨Chim⟩ fucsina f.
uck [fʌk] I v.t. ⟨triv⟩ avere rapporti sessuali con, ⟨triv⟩
fottere. II s. rapporti mpl sessuali, ⟨volg⟩ scopata f. □ ~
off! va' a farti fottere! **'fucking** [-iŋ] a. ⟨triv⟩ maledetto,
⟨triv⟩ fottuto.
ucus ['fju:kəs] s. (pl. -cuses [kəsiz]/-ci [sai]) ⟨Bot⟩ fuco
m.
uddle ['fʌdl] I v.t. 1 ubriacare, stordire (con l'alcool). 2
(to muddle, confuse) annebbiare, confondere. II v.i.
ubriacarsi. III s. 1 ubriacatura f, sbornia f. 2 ⟨fig⟩

annebbiamento m, stordimento m.
fuddy-duddy ['fʌdidʌdi] I s. ⟨fam⟩ 1 pallone m gonfiato.
2 (old fogey) parruccone m (f -a), ⟨fam⟩ matusa m/f. 3
(fussy person) pignolo m (f -a). II a. 1 retrogrado,
codino. 2 (fussy) pignolo.
fudge [fʌdʒ] I s. 1 ⟨Dolc⟩ caramella f fondente. 2
⟨Giorn⟩ ultime notizie fpl. II v.t. 1 falsificare. 2 (to
contrive clumsily) abborracciare, raffazzonare. III v.i. 1
truffare. 2 (to evade) sottrarsi, venir meno (on a). IV
intz. ⟨fam⟩ frottole, sciocchezze, ⟨fam⟩ balle.
fuel¹ ['fju:əl] s. 1 combustibile m. 2 ⟨Mot⟩ carburante m,
benzina f. 3 ⟨Atom⟩ materiale m fissile. 4 ⟨fig⟩
incitamento m, esca f: to add ~ to the flames aggiungere
esca al fuoco.
fuel² v. (pret., p.p. fuelled/am. fueled [-d]) I v.t.
alimentare, rifornire di carburante. II v.i. (spesso con up)
fare rifornimento, rifornirsi di combustibile (o
carburante).
fuel| cell s. ⟨Atom⟩ pila f a combustibile. **~ con-
sumption** s. consumo m di combustibile. **~ element** s. ⟨Atom⟩ elemento m combustibile.
fuelling ['fju:əliŋ] s. 1 (act) rifornimento m. 2 (fuel)
carburante m.
fuel| oil s. olio m combustibile. □ ~ boiler caldaia f a
nafta. **~ tank** s. serbatoio m del carburante.
fug [fʌg] I s. ⟨fam⟩ 1 aria f rinchiusa (o viziata). 2 (fluff)
laniccio m. II v.i. stare in un ambiente dall'aria viziata.
fugacious [fju:'geiʃəs] a. 1 fugace, transitorio, caduco. 2
⟨Bot⟩ caduco. **fugacity** [-'gæsiti] s. 1 fugacità f,
fuggevolezza f. 2 ⟨Fis⟩ fugacità f.
fuggy ['fʌgi] a. ⟨fam⟩ (stuffy) rinchiuso, viziato.
fugitive ['fju:dʒitiv] I s. 1 fuggiasco m (f -a), fuggitivo m
(f -a). 2 (refugee) fuggiasco m (f -a), profugo m (f -a). II
a. 1 fuggiasco, fuggitivo. 2 ⟨fig⟩ (transitory) fugace,
fuggevole, passeggero; (elusive) sfuggente. 3 (of transient
interest) d'interesse passeggero; (ephemeral) effimero,
caduco. □ ~ from justice contumace m/f; a ~ prisoner
un evaso.
fugleman ['fju:glmən] s.irr. 1 ⟨Mil.ant⟩ capofila m. 2
⟨fig⟩ capo m, guida f.
fugue [fju:g] I s. 1 ⟨Mus⟩ fuga f. 2 ⟨Med⟩ fuga f:
epileptic ~ fuga epilettica. II v.i. comporre (o eseguire)
una fuga. **'fuguist** [-ist] s. ⟨Mus⟩ compositore m (f
-trice) di fughe.
fulcrum ['fʌlkrəm] s. (pl. -cra [krə]/-s [z]) 1 ⟨Fis⟩
fulcro m, punto m d'appoggio. 2 ⟨Bot⟩ fulcro m. 3 ⟨fig⟩
appoggio m.
fulfil [ful'fil] v.t. 1 adempiere, compiere, eseguire: to ~
one's duty compiere il proprio dovere. 2 (to meet, satisfy)
soddisfare, esaudire, appagare: to ~ a need soddisfare una
necessità; to ~ s.o.'s hopes appagare le speranze di qd.; (to
answer) rispondere a: to ~ a purpose rispondere a uno
scopo. 3 (to comply with) attenersi a: to ~ the conditions
of a contract attenersi alle condizioni di un contratto. 4
⟨rifl⟩ sfruttare le proprie capacità. 5 (to bring to an end)
portare a termine, completare, compiere. □ to ~ a promise mantenere una promessa. **fulfill** am. v. → fulfil.
fulfillment am., **fulfilment** [-mənt] s. 1 adempimento
m, esecuzione f, compimento m. 2 (accomplishment)
realizzazione f.
fulgent ['fʌldʒənt] a. ⟨poet⟩ fulgente, splendente.
fulgurant ['fʌlgjurənt] a. folgorante. **fulgurate** [-reit] v.t.
1 mandare lampi di. 2 ⟨Med⟩ elettrocoagulare.
fulgurating [-reitiŋ] a. ⟨Med⟩ (of pains) folgorante,
trafittivo. **fulguration** [-reiʃən] s. lampeggiamento m.
fulgurite ['filgjurait] s. ⟨Min⟩ folgorite f.
fuliginous [,fju:'lidʒinəs] a. 1 (sooty) fuligginoso. 2
(soot-coloured) scuro, nero, caliginoso.
full¹ [ful] I a. 1 pieno, colmo, ripieno (of di): ~ of
mistakes pieno di errori. 2 (maximum, complete)
completo, pieno, massimo, intero: a ~ month's pay lo
stipendio di un mese intero; a ~ agreement un accordo
completo; ~ speed massima velocità. 3 (of clothes,
drapery, etc.: wide) ampio, abbondante, largo; (having
folds) a pieghe. 4 (rounded, plump) pienotto, tondo,
paffuto: to have a ~ figure avere una figura pienotta; ~
hips fianchi pieni. 5 ⟨fig⟩ (ample, complete) ampio,

completo: *to give* ~ *details* dare ampi ragguagli, fornire tutti i particolari. **6** ⟨*fig*⟩ (*preoccupied*) preso (da); (*engrossed*) assorbito, impiegato (da). **7** (*of sounds*) sonoro; (*of colours*) puro. **8** ⟨*fam*⟩ (*replete*) pieno, sazio, rimpinzato. **9** ⟨*fam*⟩ (*expert in*) esperto, competente (in). **10** (*of brothers, sisters*) germano. **11** (*of wines*) corposo. **12** ⟨*Mar*⟩ (*of sails*) gonfio; (*of ships*) a gonfie (*o* piene) vele. **II** *s.* pieno *m*, colmo *m*, pienezza *f*. **III** *avv.* **1** direttamente, esattamente, in pieno: ~ *in the face* in pieno viso. **2** ⟨*non com*⟩ (*very*) molto: *you know* ~ *well* sai molto bene. **3** ⟨*rar*⟩ (*quite*) ben, proprio: ~ *ten miles* ben dieci miglia. **IV** *v.i.* ⟨*am*⟩ (*of the moon*) diventare piena. **V** *v.t.* ⟨*Sart*⟩ drappeggiare, raccogliere in ampie pieghe. □ *to be* **at** *the* ~ (*of the moon*) essere piena; ⟨*fam*⟩ *to go* ~ **blast** andare a tutto vapore, andare a tutta forza (*o* velocità); ~ *to the* **brim** colmo, raso, pieno fino all'orlo; ~ *to* **bursting** = *full to* **overflowing**; *in* ~ **career** in gran carriera; *in* ~ **force** = *in full* **strength**; ⟨*fig*⟩ *to have a* ~ **heart** avere il cuore gonfio; ⟨*Teat*⟩ *there was a* ~ **house** il teatro era al completo; **in** ~: **1** per intero, per esteso: *please write your name in* ~ si prega di scrivere il nome per esteso; **2** (*unabridged*) in edizione integrale; *to pay s.o. in* ~ pagare qd. a saldo; *to live a* ~ **life** vivere una vita intensa, avere una vita piena; *don't speak with your* **mouth** ~ non parlare a bocca piena; ⟨*fam*⟩ *to be* ~ *of* **o.s.** essere pieno di sé; *to drive* ~ **out** (*at full speed*) guidare a tutta velocità; ~ *to* **overflowing** pieno zeppo (*o* da scoppiare); *to be* **past** *the* ~ (*of the moon*) essere calante; *to be in* ~ **retreat** essere in rotta; *in* ~ **strength** al gran completo; **to** *the* ~ fino in fondo, al massimo; ⟨*fam*⟩ *to be* ~ **up**: **1** (*of people*) essere sazio, ⟨*pop*⟩ esser pieno come un otre; **2** (*of things*) essere pieno (*o* al completo).

full² *v.t.* ⟨*Tess*⟩ follare.

full‖ address *s.* ⟨*epist*⟩ indirizzo *m* completo. ~ **age** *s.* maggiore età *f*. **~-aged** *a.* ⟨*Dir*⟩ maggiorenne. **~-back** *s.* ⟨*Sport*⟩ **1** (*in football*) terzino *m*. **2** (*in rugby*) estremo *m*. ~ **binding** *s.* ⟨*Legat*⟩ rilegatura *f* in tutta pelle. **'~-'blooded** *a.* **1** purosangue, di razza pura. **2** ⟨*fig*⟩ (*vigorous*) virile, energico; *a* ~ *style* uno stile virile. **3** ⟨*fig*⟩ (*complete, genuine*) vero, autentico, genuino. **'~-'blown** *a.* **1** (*of a flower*) completamente sbocciato. **2** ⟨*fig*⟩ completo, pieno. **'~-'bodied** *a.* **1** (*of wine*) corposo. **2** (*of people*) corpulento. **3** ⟨*fig*⟩ sostanzioso, robusto. **'~-'bottomed** *a.* **1** (*of a wig*) con capelli lunghi. **2** ⟨*Mar*⟩ (*of a ship*) panciuto. **'~-'bound** *a.* ⟨*Legat*⟩ rilegato in tutta pelle. ~ **cousin** *s.* cugino *m* (*f* –a) carnale. **~cream milk** *s.* latte *m* intero. ~ **cry** *s.* ⟨*Venat*⟩ (*of hounds*) inseguimento *m*: *to be in* ~ essere all'inseguimento (*anche fig.*). **'~-'dress** *a.* **1** ⟨*Teat*⟩ (*of a rehearsal*) prova generale. **2** (*complete, exhaustive*) completo, esauriente. ~ **dress** *s.* abito *m* da cerimonia. **~-employment policy** *s.* ⟨*Econ*⟩ politica *f* del pieno impiego.

fuller¹ ['fulə] *s.* ⟨*Tess*⟩ follatore *m*.

fuller² *s.* **1** scanalatura *f*. **2** ⟨*Mecc*⟩ (*tool*) presella *f* (*per fucinatura*).

'full‖ 'face *s.* ⟨*Tip*⟩ neretto *m*. **'~-'faced** *a.* paffuto, rotondo. **'~-'fashioned** *a.* → **fully-fashioned**. **'~-'fledged** *a.* **1** (*of a bird*) che ha messo tutte le penne. **2** ⟨*fig*⟩ (*mature*) maturo, fatto. **3** ⟨*fig*⟩ (*fully qualified, etc.*) esperto, qualificato, competente: *a* ~ *lawyer* un esperto avvocato. **~-fledged member** *s.* membro *m* di pieno diritto. **'~-'grown** *a.* maturo, fatto.

'full‖-'length I *a.* **1** di lunghezza normale (*o* standard). **2** (*of a portrait*) intero, in piedi. **3** (*unabridged*) in edizione integrale. **4** (*of a mirror*) che specchia tutta la persona. **II** *avv.* lungo disteso: *to fall* ~ cadere lungo disteso. **'~-'length film** *s.* ⟨*Cin*⟩ lungometraggio *m*. ~ **marks** *s.pl.* **1** ⟨*Scol*⟩ pieni voti *mpl.* **2** ⟨*fig*⟩ dovuto elogio *m*. ~ **moon** *s.* luna *f* piena. **'~-'mouthed** *a.* **1** (*of animals*) che ha messo tutti i denti. **2** (*of persons*) dalla voce risonante. **3** (*loud, noisy*) sonoro, risonante. ~ **name** *s.* nome e cognome *m*.

fullness ['fulnis] *s.* **1** pienezza *f*, pieno *m* (*anche fig.*). **2** (*abundance*) abbondanza *f*. **3** (*roundness, plumpness*) rotondità *f*, carnosità *f*. **4** (*of sounds*) ampiezza *f*, volume *m*. □ *in the* ~ *of time*: **1** a tempo debito; **2** ⟨*Teol*⟩ nella

---

pienezza dei tempi.

full‖ orchestra *s.* orchestra *f* al completo. **'~-'page** *a.* (*illustrations*) fuori testo. ~ **pay** *s.* paga *f* intera. **payment** *s.* pagamento *m* a saldo, saldo *m*. ~ **point** → **full stop**. ~ **professor** *am. s.* ⟨*Univ*⟩ ordinario **'~-'rigged** *a.* ⟨*Mar*⟩ a tre (*o* più) alberi con vele quad **~-scale** *a.* **1** in scala al naturale: *a* ~ *model* un mode in scala al naturale. **2** ⟨*fig*⟩ completo. ~ **settleme** *s.* ⟨*Econ*⟩ pagamento *m* a saldo. **~-size** *a.* al naturale, grandezza naturale. ~ **speed** *s.* velocità *f* massim □ ⟨*Mar*⟩ ~ **ahead** avanti a tutta forza, avanti tutta. **stop** *s.* ⟨*Gramm*⟩ punto *m* (fermo). **'~-'swing I** *a.* pie d'attività, attivissimo. **II** *avv.* in piena attività. **'~-'ter** *a.* ⟨*Med*⟩ (*of pregnancy*) a termine. **'~-'throated** *a.* (*of shout, etc.*) a piena gola. ~ **tilt** *avv.* ⟨*fam*⟩ al massim **'~-'time** *a./avv.* a tempo pieno: *to work* ~ lavora a tempo pieno. **~-time employment** *s.* occupazi ne *f* a tempo pieno. **~-time job** *s.* lavoro *m* a tem pieno. **~-timer** *s.* **1** chi lavora a tempo pieno. **2** ⟨*sc* studente *m* (*f* –essa) a tempo pieno. **~-track vehic** *s.* veicolo *m* cingolato.

fully ['fuli] *avv.* **1** pienamente, completamente, del tutt interamente: ~ *satisfied* pienamente soddisfatto. **2** (*abundantly*) abbondantemente. **3** ⟨*fam*⟩ (*quite*) n meno di, almeno: ~ *two hours* almeno due ore.

fully‖-automatic *a.* interamente automatico. **~-equipp** *a.* in pieno assetto. **'~-'fashioned** *a.* che aderis perfettamente. **~-priced invoice** *s.* ⟨*Comm*⟩ fattura dettagliata.

fulmar (petrel) ['fulmə] *s.* ⟨*Ornit*⟩ procellaria *f* artica.

fulminant ['fʌlminənt] *a.* fulminante (*anche Med.*).

fulminate ['fʌlmineit] **I** *v.t.* **1** far esplodere (*o* detonar **2** ⟨*fig*⟩ scagliare: *to* ~ *an accusation at s.o.* scaglia un'accusa contro qd. **II** *v.i.* **1** esplodere. **2** ⟨*fig*⟩ inveir scagliar fulmini, tonare (*against* contro). **III** *s.* ⟨*Chim* fulminato *m*. **fulminating** [–iŋ] *a.* **1** fulminante (*anc Med.*). **2** ⟨*fig*⟩ tonante.

fulminating‖ mercury *s.* fulminato *m* di mercurio. ~ **o** *s.* nitroglicerina *f*. ~ **powder** *s.* polvere *f* detonant esplosiva.

fulmination [ˌfʌlmi'neiʃən] *s.* **1** esplosione *f*. **2** ⟨*fi* denuncia *f* violenta.

fulminic [fʌl'minik] *a.* ⟨*Chim*⟩ fulminico: ~ *acid* aci fulminico.

fulminous ['fʌlminəs] *a.* fulmineo.

fulness *s.* → **fullness**.

fulsome ['fulsəm] *a.* **1** smaccato, esagerato, eccessivo: *praise* lodi smaccate. **2** (*nauseating*) disgustoso, nausean **fulsomeness** [–nis] *s.* l'essere disgustoso (*o* nauseante)

fulvescent [fʌl'vesnt] *a.* tendente al fulvo. **'fulvous** [–v *a.* fulvo.

fumade [fju:'meid] *s.* ⟨*Gastr*⟩ aringa *f* affumicata.

fumarole ['fju:məroul] *s.* ⟨*Geol*⟩ fumarola *f*.

fumble ['fʌmbl] **I** *v.i.* **1** brancolare, annaspare, andare tentoni (*o* alla cieca): *to* ~ *in the dark* brancolare **n** buio. **2** (*to make attempts to do or find s.th.*) cercare tentoni (*o* tastoni) (*for s.th.* qc.). **3** (*to handle s.t clumsily*) maneggiare in modo maldestro (*with s.th.* qc.). ⟨*Sport*⟩ (*to fail to catch a ball*) mancare la palla; (*to l hold of a ball*) perdere la palla. **II** *v.t.* **1** maneggiare modo maldestro. **2** (*to bungle*) sciupare: *to* ~ *opportunity* sciupare un'occasione. **3** ⟨*Sport*⟩ (*to mispla* mancare; (*to lose hold of*) perdere. **4** (*to utter mumbling* spesso con *out*) balbettare: *to* ~ *out an apology* balbetta una scusa. **III** *s.* **1** l'andare a tastoni, il brancolare. (*instance*) tentativo *m* maldestro. □ ⟨*fig*⟩ *to* ~ *for wor* cercare le parole. **fumbler** [–ə] *s.* persona *f* maldestra goffa). **fumbling** [–iŋ] *a.* goffo, maldestro.

fume [fju:m] **I** *s.* (general. al pl.) *s.* **1** (*smoke*) fumo *r* (*vapour*) vapore *m*. **2** *pl.* (*noxious vapour, etc.*) esalazio *f*, vapori *mpl.* **3** ⟨*fig*⟩ (*excitement*) eccitazione *f*; (*ange* collera *f*, ira *f*. **4** ⟨*fig*⟩ (*wine fumes*) fumi *m* annebbiamento *m*. **II** *v.t.* **1** (*of vapour, fumes, etc* emettere, esalare. **2** (*to cause to give off fumes*) f fumare. **3** (*to expose to fumes*) esporre ai vapori. **III** *v* **1** fumare, emettere fumo (*o* vapore); (*to rise as fume* fumare, far fumo. **2** ⟨*fig*⟩ adirarsi, arrabbiarsi, andare

ssere) in collera. **fumed** [-d] *a.* (*of wood*) dall'aspetto
tagionato.

migate ['fju:migeit] *v.t.* **1** sottoporre a fumigazione. **2**
to treat with smoke, etc.) trattare con fumo (*o* vapore).

fumigation [-'geiʃən] *s.* fumigazione *f.* **fumigator** [-ə]
. **1** (*person*) disinfestatore *m.* **2** (*device*) fumigatore *m.*

ming ['fju:miŋ] *a.* ⟨*fam*⟩ arrabbiatissimo, ⟨*fam*⟩ fumante
di rabbia.

mitory ['fju:mitəri] *s.* ⟨*Bot*⟩ fumaria *f.*

mous ['fju:məs] *a.* fumoso. **fumy** [-mi] *a.* fumante.

n [fʌn] **I** *s.* **1** divertimento *m,* spasso *m.* **2** (*playfulness*)
allegria *f,* gaiezza *f;* (*joke*) scherzo *m,* celia *f: to say s.th. in*
~ dire qc. per scherzo. **3** ⟨*fam*⟩ (*person*) persona *f*
divertente (*o* spassosa), spasso *m.* **II** *a.* ⟨*am.fam*⟩ **1**
divertente. **2** (*whimsical*) stravagante, eccentrico, bizzarro.
III *v.i.* (*pret., p.p.* **funned** [-d]) ⟨*am.fam*⟩ scherzare,
divertirsi. □ *to* **be** (*great*) ~ essere (molto) divertente;
now the ~ *is* **beginning**! adesso viene il bello!; *a* **figure** *of*
~ un personaggio ridicolo; *for* ~ per divertirsi, per
passatempo, per gioco; *to do s.th. just for the* ~ *of it* fare
qc. per il solo gusto di farla; ⟨*fam*⟩ ~ *and* **games:** 1
baldoria *f,* festa *f;* 2 (*dishonest behaviour*) comportamento
m disonesto; *to get no* ~ *out of s.th.* non trovare affatto
divertente qc.; *to* **have** ~ divertirsi; *have* ~! buon
divertimento!; ⟨*sl*⟩ **like** ~: 1 (*esclam*) niente affatto,
⟨*fam*⟩ scherzi?; 2 (*very quickly*) rapidamente; *to* ˹**make** ~
of˺ (*o* **poke fun at**) *s.o.* beffarsi di qd., prendersi gioco di
qd., prendere in giro qd.; ⟨*fig*⟩ *to* **spoil** *the* ~ guastare la
festa; *she is* ~ *to* **talk** *to* è divertente parlare con lei; *what*
~ *!* che spasso!, che divertimento!

namblulism [fju:'næmbjulizəm] *s.* funambolismo *m.*
funambulist [-list] *s.* funambolo *m* (*f* –a), funambulo *m*
(*f* –a).

nction ['fʌŋkʃən] **I** *s.* **1** funzione *f,* scopo *m: it performs*
its ~ *adequately* serve bene allo scopo (per cui è stato
fatto). **2** (*occupation*) funzione *f,* incombenza *f,* compito
m. **3** (*duty*) mansione *f,* dovere *m.* **4** (*public ceremony*)
funzione *f,* cerimonia *f.* **5** ⟨*fam*⟩ (*large social gathering*)
ricevimento *m,* riunione *f.* **6** ⟨*Biol,Gramm,Mat*⟩ funzione
f. **II** *v.i.* **1** funzionare; (*to be in operation*) funzionare,
essere in funzione. **2** (*to serve*) fungere, funzionare (*as*
da). **functional** [-l] *a.* **1** funzionale, di uso: ~ *difficulties*
difficoltà funzionali. **2** (*utilitarian*) funzionale, pratico: *a*
~ *room* una stanza funzionale. **3** ⟨*Med,Mat,Ind*⟩
funzionale.

nctional| **analysis** *s.* ⟨*Mat*⟩ analisi *f* funzionale. ~
diagram *s.* diagramma *m* funzionale.

nctionalism ['fʌŋkʃənəlizəm] *s.* funzionalismo *m.*
functionalist [-əlist] **I** *s.* seguace *m/f* del funzionalismo.
II *a.* → **functionalistic.** **functionalistic** [-ə'listik] *a.*
funzionale. **functionally** [-əli] *avv.* dal punto di vista
funzionale.

nctionary ['fʌŋkʃənəri] **I** *s.* funzionario *m.* **II** *a.*
funzionale.

nction key *s.* ⟨*Inform*⟩ tasto *m* ˹di funzione˺ (*o*
funzionale).

nd [fʌnd] **I** *s.* **1** fondo *m.* **2** *pl.* (*money*) fondi *mpl,*
denaro *m,* capitali *mpl.* **3** ⟨*fig*⟩ (*store*) riserva *f,* provvista
f: a ~ *of funny stories* una riserva di storielle. **4** *pl.*
⟨*Econ*⟩ fondi *mpl,* titoli *mpl;* (*public funds*) titoli *mpl* di
stato, fondi *mpl* pubblici; (*national debt*) debito *m*
pubblico. **II** *v.t.* **1** costituire un fondo per. **2** ⟨*fig*⟩
accumulare. **3** ⟨*Econ*⟩ (*of debt*) consolidare; (*of money*)
investire in titoli di stato. □ *to be in* –*s* create (ben)
provvisto di denaro; *to raise* –*s* raccogliere fondi; ⟨*fig*⟩ ~
of knowledge bagaglio *m* di cognizioni.

ndament ['fʌndəmənt] *s.* ⟨*Anat*⟩ (*buttocks*) natiche *f.*

ndamental [ˌfʌndə'mentl] **I** *a.* **1** fondamentale, basilare,
basale, essenziale; ~ *principles* principi fondamentali;
(*vital*) vitale. **2** (*principal*) principale, fondamentale, di
grande importanza. **3** ⟨*Mus*⟩ fondamentale. **II** *s.* **1**
(spesso al pl.) fondamento *m,* principio *m* (*o* nozione *f)*
fondamentale. **2** → **fundamental note.** □ *of* ~
importance di capitale importanza.

ndamentalism [ˌfʌndə'mentəlizəm] *s.* ⟨*Pol,Rel*⟩ fon-

damentalismo *m.* **fundamentalist** [-təlist] **I** *s.* fondamentalista *m/f.* **II** *a.* fondamentalista. **fundamen-
tality** [-'tæliti] *s.* l'essere fondamentale (*o* basilare).

fundamental| **note** *s.* ⟨*Mus*⟩ nota *f* fondamentale,
fondamentale *f.* ~ **particle** *s.* ⟨*Fis*⟩ particella *f*
elementare. ~ **unit** *s.* ⟨*Fis*⟩ unità *f* fondamentale.

funded ['fʌndid] *a.* ⟨*Econ*⟩ **1** consolidato. **2** (*invested in*
state securities) investito in titoli di stato.

funded| **debt** *s.* ⟨*Econ*⟩ debito *m* consolidato. ~ **income**
s. reddito *m* del capitale. ~ **property** *s.* proprietà *f* in
titoli di stato.

fund holder ['fʌndhouldə] *s.* possessore *m* di titoli di
stato.

funeral ['fju:nərəl] **I** *s.* **1** funerale *m,* esequie *fpl.* **2**
(*procession*) funerale *m,* corteo *m* funebre. **II** *a.* **1**
funebre, funerario. **2** → **funereal.** □ ⟨*fam*⟩ *that's your* ~
è affar tuo.

funeral| **director** *am. s.* impresario *m* di pompe funebri.
~ **home,** ~ **parlor** *am. s.* impresa *f* di pompe funebri.
~ **pile** *s.* rogo *m* funebre.

funerary ['fju:nərəri] *a.* funerario: *a* ~ *urn* un'urna
funeraria. **funereal** [-'niəriəl] *a.* **1** funereo, funebre. **2**
⟨*fig*⟩ (*gloomy*) funereo, tetro, triste, lugubre; (*of voice*)
sepolcrale; (*black*) nero, cupo. **3** ⟨*fig*⟩ (*suggesting a*
funeral) da funerale.

fun fair *s.* parco *m* dei divertimenti, luna-park *m,* giostre
fpl.

fungible ['fʌndʒibl] **I** *a.* ⟨*Dir*⟩ fungibile. **II** *s.* bene *m*
fungibile.

fungicide ['fʌndʒisaid] *s.* fungicida *m,* sostanza *f* fungicida.
fungiform [-dʒifɔ:m] *a.* che ha forma di fungo, a
fungo.

fungo ['fʌŋgou] *s.* (*pl.* -es [z]) ⟨*Sport*⟩ palla *f* d'allenamento.

fungoid ['fʌŋgɔid] *a.* **1** fungoso (*anche Med.*). **2** ⟨*fig*⟩ che
cresce (*o* si sviluppa) rapidamente. **fungous** [-gəs] *a.*
fungoso (*anche Med.*). **fungus** [-gəs] *s.* (*pl.* -gi [dʒai]/-es
[is]) ⟨*Bot,Med*⟩ fungo *m.*

funicle ['fju:nikl] *s.* ⟨*Bot,Anat*⟩ funicolo *m.*

funicular [fju:'nikjulə] **I** *a.* **1** funiforme. **2** ⟨*Ferr*⟩
funicolare. **II** *s.* (*funicular railway*) ferrovia *f* funicolare,
funicolare *f.*

funiculus [fju:'nikjuləs] *s.* (*pl.* -li [lai]) ⟨*Anat,Bot*⟩ funicolo
m.

funk [fʌŋk] **I** *s.* ⟨*fam*⟩ **1** paura *f,* ⟨*fam*⟩ fifa *f.* **2** (*person*)
vigliacco *m* (*f* –a), ⟨*fam*⟩ fifone *m* (*f* –a). **II** *v.i.* avere
paura (*o* fifa). **III** *v.t.* **1** aver paura di, temere. **2** (*to*
shirk) evitare, sottrarsi a. □ *to be in a* (*blue*) ~ avere
una gran paura, ⟨*fam*⟩ avere una fifa blu.

funk hole *s.* ⟨*mil*⟩ trincea *f* coperta, ricovero *m*
sotterraneo.

funky ['fʌŋki] *a.* impaurito, spaventato.

funnel[1] ['fʌnl] *s.* **1** imbuto *m.* **2** ⟨*Mar,Ferr*⟩ fumaiolo *m,*
ciminiera *f.* **3** ⟨*tecn*⟩ tubo *m* d'aerazione; (*of a chimney*)
canna *f,* gola *f.*

funnel[2] *v.* (*pret., p.p.* **funnelled**/*am.* **funneled** [-d]) **I** *v.t.*
1 versare (*o* introdurre) con l'imbuto. **2** ⟨*fig*⟩ incanalare.
II *v.i.* incanalarsi.

funnily ['fʌnili] *avv.* **1** in modo buffo (*o* divertente). **2**
(*oddly*) stranamente. □ ~ *enough:* 1 strano a dirsi; 2 (*by*
a strange coincidence) per una strana coincidenza.
funniness [-ninis] *s.* comicità *f.*

funny[1] ['fʌni] *a.* **1** divertente, comico, buffo: *a* ~ *story*
una storia buffa. **2** (*facetious*) faceto, scherzoso. **3** (*odd*)
strano, bizzarro, singolare. **4** ⟨*fam*⟩ (*underhanded*)
subdolo, falso. **II** *s.* (*comic strips*) fumetti *mpl;* (*comic*
section) pagina *f* dei fumetti. □ *to feel* ~ non sentirsi
bene, sentirsi strano; *are you being* ~? stai scherzando?;
the ~ *thing is* la cosa buffa è che.

funny[2] *s.* ⟨*Sport*⟩ barchetta *f* da regata.

funny| **bone** *s.* ⟨*Anat*⟩ osso *m* cubitale. ~ **business** *s.* **1**
(*fooling*) presa *f* in giro. **2** (*shady transaction*) affare *m*
˹poco pulito˺ (*o* dubbio). ~**man** *am.* [mən] *s.irr.* comico
m, attore *m* comico.

funster ['fʌnstə] *s.* **1** umorista *m/f.* **2** (*comedian*) comico
m.

fur[1] [fə:] **I** *s.* **1** ⟨*Zool*⟩ (*of a mammal*) pelo *m,* pelame *m;*

(*of certain animals*) pelliccia *f.* **2** ⟨*collett*⟩ animali *mpl* da pelliccia. **3** *pl.* (*peltry*) pellicceria *f,* pellicciame *m.* **4** ⟨*Mod*⟩ pelliccia *f.* **5** (*on the tongue*) patina *f* (linguale). **6** (*in pipes*) gromma *f,* incrostazione *f;* (*in wine bottles*) gromma *f,* gruma *f,* tartaro *m.* **II** *a.* di pelliccia.

fur² *v.* (*pret., p.p.* **furred** [–d]) **I** *v.t.* **1** foderare (*o* guarnire, bordare) di pelliccia. **2** (*to dress in fur*) impellicciare. **3** (*to coat with a deposit*) incrostare, ingrommare. **4** ⟨*Edil*⟩ (spesso con *down, out, up*) rivestire (in legno). **II** *v.i.* (spesso con *up*) grommare, incrostarsi di gromma.

fur. = *furlong* furlong.

furbearer ['fəːbɛərə] *s.* animale *m* da pelliccia.

furbelow ['fəːbilou] **I** *s.* **1** falpalà *m,* balza *f,* gala *f.* **2** (*trimmings*) gale *fpl,* ornamenti *mpl,* orpelli *mpl.* **II** *v.t.* ornare con falpalà.

furbish ['fəːbiʃ] *v.t.* **1** forbire, lucidare, lustrare. **2** ⟨*fig*⟩ (*to renovate;* spesso con *up*) rinfrescare, ravvivare.

fur breeder *s.* allevatore *m* (*f* –trice) di animali da pelliccia.

furcate ['fəːkeit] **I** *a.* forcuto, biforcuto. **II** *v.i.* biforcarsi. **furcation** [–'keiʃən] *s.* biforcazione *f,* biforcamento *m,* bivio *m.*

fur| coat *s.* ⟨*Mod*⟩ pelliccia *f.* **~ dresser** *s.* pellicciaio *m* (*f* –a). **~ farming** *s.* allevamento *m* di animali da pelliccia.

furfur ['fəːfə] *s.* (*pl.* **-es** [–ːz]) **1** forfora *f.* **2** *pl.* (*particles*) squame *fpl,* squamette *fpl.* **furfuraceous** [–fjuˈreiʃəs] *a.* forforoso.

furious ['fjuriəs] *a.* **1** furioso, infuriato, furibondo. **2** (*of wind, storm*) furioso. **3** (*violent*) furioso, violento: *a ~ quarrel* un litigio violento; (*unrestrained*) sfrenato. □ *to be ~ at* (*o about*) *s.th.* essere infuriato per qc.; *to become ~* infuriarsi, ⟨*fam*⟩ diventare una bestia; *fast and ~* smodato, sfrenato; *to get ~* adirarsi, infuriarsi; *to make s.o. ~* mandare in bestia qd.; *at a ~ pace* a tutta velocità, a rotta di collo; (*of a horseman*) a briglia sciolta.

furl [fəːl] **I** *v.t.* **1** ⟨*Mar*⟩ (*of a sail*) serrare, raccogliere, ammainare. **2** (*to roll up*) arrotolare. **3** (*to close*) chiudere, (ri)piegare: *to ~ an umbrella* chiudere un ombrello. **II** *v.i.* chiudersi, ripiegarsi.

furlong ['fəːlɔŋ] *s.* furlong *m* (pari a metri 201).

furlough ['fəːlou] **I** *s.* **1** licenza *f,* permesso *m,* congedo *m* (*anche Mil.*). **2** ⟨*Mar*⟩ franchigia *f.* **II** *v.t.* accordare una licenza a, mandare in licenza. **III** *v.i.* andare in licenza.

furme(n)ty ['fəːmə(n)ti] *s.* → **frumenty.**

furnace ['fəːnis] **I** *s.* **1** fornace *f,* forno *m.* **2** (*of a heating system*) caldaia *f.* **3** (*of a boiler*) focolare *m,* camera *f* di combustione. **4** ⟨*fig*⟩ fornace *f,* forno *m.* **II** *v.t.* ⟨*Met*⟩ scaldare in fornace (*o* forno).

furnish ['fəːniʃ] *v.t.* **1** arredare, ammobiliare. **2** (*to provide*) fornire, rifornire: *to ~ s.o. with goods* rifornire qd. di merci. **3** (*to yield*) dare, produrre. **furnished** [–t] *a.* **1** arredato, ammobiliato: *~ flat* appartamento ammobiliato. **2** (*equipped*) fornito. **furnisher** [–ə] *s.* fornitore *m* (*f* –trice). **furnishings** [–iŋs] *s.pl.* **1** (*furniture*) mobilia *f,* mobili *mpl,* arredamento *m.* **2** ⟨*am*⟩ (*haberdashery*) articoli *mpl* di moda maschile. **furniture** [–nitʃə] *s.inv.* **1** mobilia *f,* mobili *mpl,* arredo *m.* **2** (*equipment*) attrezzatura *f,* attrezzi *mpl.* **3** ⟨*fig*⟩ (*contents*) contenuto *m.* **4** ⟨*Tip*⟩ marginatura *f.* **5** ⟨*Mar*⟩ attrezzatura *f.* □ *~ and fittings* mobili e arredamenti *mpl; a piece of ~* un mobile.

furniture| factory *s.* mobilificio *m.* **~ manufacturer** *s.* mobiliere *m.* **~ seller** *s.* mobiliere *m,* venditore *m* di mobili.

furor ['fjuɔː], **furore** [–'rɔːri] *s.* **1** scalpore *m,* chiasso *m.* **2** (*fashionable craze*) entusiasmo *m.* **3** (*fit of rage*) furore *m,* ira *f.*

furred [fəːd] *a.* **1** ⟨*Zool*⟩ coperto di pelo. **2** (*wearing fur*) impellicciato. **3** (*lined with fur*) bordato di pelliccia. **4** (*of pipes*) incrostato, grommato. **5** (*of the tongue*) impastato, ⟨*fam*⟩ sporco.

furrier ['fʌriə, *am.* 'fəːriə] *s.* **1** pellicciaio *m* (*f* –a). **2** (*dresser of furs*) conciatore *m.* **3** (*dealer in furs*) commerciante *m* di (*o* in) pellicce. **furriery** [–ri] *s.* pellicceria *f,* arte *f* del pellicciaio.

furriness ['fəːrinis] *s.* pelosità *f.* **furring** [–riŋ] *s.* ⟨*Sart*⟩

guarnizione *f* di pelliccia; (*fur used*) pelliccia *f* guarnizione. **2** (*fouling*) incrostazione *f.* **3** (*of the tong* patina *f.* **4** ⟨*Edil*⟩ rivestimento *m.*

furrow ['fʌrou] **I** *s.* **1** ⟨*Agr*⟩ solco *m.* **2** (*groo* scanalatura *f,* solco *m.* **3** ⟨*fig*⟩ ruga *f* profonda, solco *m* ⟨*Mar*⟩ scia *f,* solco *m.* **5** ⟨*Anat*⟩ solco *m,* piega *f.* **II** **1** ⟨*Agr*⟩ arare, solcare. **2** (*to make a groove in*) scanala solcare. **3** (*to make wrinkles in*) segnare di rughe. **III** corrugarsi. □ ⟨*fig*⟩ *to plough a lonely ~* perseguire solo un'idea.

furrow drilling *s.* ⟨*Agr*⟩ semina *f* in solco.

furrowed ['fʌroud] *a.* corrugato.

furrow-slice *s.* ⟨*Agr*⟩ solco *m.*

furry ['fəːri] *a.* **1** simile a pelliccia. **2** (*of fur*) (fatto) pelliccia. **3** (*of the tongue*) impastato, ⟨*fam*⟩ sporco. **4** *pipes*) incrostato, grommoso.

fur seal *s.* ⟨*Zool*⟩ artocefalo *m.*

further ['fəːðə] ⟨*compar. di far*⟩ **I** *avv.* **1** oltre, più (avanti: *I can go no ~* non posso andare oltre. **2** (*at or a greater extent*) di più: *I can't help you any ~* non po aiutarti di più. **3** (*moreover*) inoltre, per di più; (*al* anche. **II** *a.* **1** (*more distant*) più lontano; (*other*) alt *on the ~ side of the river* sull'altra sponda del fiume. (*additional*) ulteriore, supplementare, nuovo: *~ ne* ulteriori notizie; *till ~ notice* fino a nuovo avviso. **III** appoggiare, favorire, secondare: *to ~ a cause* appoggi una causa. □ *on ~ consideration* dopo un più atte esame; *to go ~ into s.th.* approfondire qc., andare addentro in qc.; *to ~ one's own interests* fare i pro interessi; ⟨*epist*⟩ *~ to your letter* con riferimento facendo seguito) alla vostra lettera.

furtherance ['fəːðərəns] *s.* **1** progresso *m,* avanzamento **2** (*help*) appoggio *m,* aiuto *m,* favore *m,* protezione *f. for the ~ of* allo scopo di favorire; *in ~ of* a favore d **furthermore** ['fəːðə'mɔː] *avv.* inoltre, in aggiunta, per di p **furthermost** [–moust] *a.* il più lontano.

furthest ['fəːðist] (*sup. di far*) **I** *a.* il più lontano distante), estremo. **II** *avv.* alla più grande distanza.

furtive ['fəːtiv] *a.* **1** furtivo, circospetto: *a ~ gla* un'occhiata furtiva; (*secret*) clandestino, segreto. **2** (* shifty*) sfuggente. **3** (*stolen*) rubato, furtivo. **furtiven** [–nis] *s.* clandestinità *f.*

furuncle ['fjurʌŋkl] *s.* ⟨*Med*⟩ foruncolo *m.* **fu'runcul** [–kjulə], **fu'runculous** [–kjuləs] *a.* foruncoloso.

fury ['fjuəri] *s.* **1** furia *f,* collera *f,* furore *m;* (*fit of ang* accesso *m* d'ira. **2** (*violence*) furia *f,* violenza *f: the ~ o storm* la furia d'una tempesta. **3** ⟨*fig*⟩ persona furibonda, furia *f.* **Fury** *N.pr.* ⟨*Mitol*⟩ Furia *f.* □ *in the ~ of the battle* nell'infuriare della battaglia; *to fly into a* andare su tutte le furie, andare (*o* montare) in furia; *to in a ~* essere infuriato; ⟨*fam*⟩ *like ~* come una fu furiosamente; *to work like ~* lavorare con accanimento

furze [fəːz] *s.* ⟨*Bot*⟩ ginestrone *m.* **'furzy** [–i] *a.* coperto ginestroni.

fuscous ['fʌskəs] *a.* fosco, scuro.

fuse [fjuːz] **I** *s.* **1** ⟨*El*⟩ valvola *f* fusibile, fusibile *m.* ⟨*Artigl*⟩ spoletta *f.* **3** (*for mining*) miccia *f.* **II** *v.i.* ⟨*Met*⟩ fondere, fondersi. **2** ⟨*El*⟩ fondersi. **3** ⟨*f* fondersi, amalgamarsi, unirsi. **III** *v.t.* **1** fondere. **2** ⟨*f* fondere, unire. **3** (*to equip with a fuse*) munire di spole (*o* miccia). □ ⟨*fam*⟩ *the light has –d* sono saltate valvole.

fuse| box *s.* ⟨*El*⟩ scatola *f* delle valvole. **~ carrier** portafusibili *m.*

fusee [fjuˈziː] *s.* **1** fiammifero *m* antivento. **2** ⟨*Or* piramide *f.* **3** ⟨*Veter*⟩ tumefazione *f* callosa ossea. ⟨*Artigl*⟩ spoletta *f.*

fuselage ['fjuːzilɑːʒ] *s.* ⟨*Aer*⟩ fusoliera *f.*

fusel oil ['fjuːzl] *s.* ⟨*Chim*⟩ fuselol *m,* olio *m* di flemm

fusibility [ˌfjuːziˈbiliti] *s.* ⟨*Fis*⟩ fusibilità *f.* **'fusible** [– *a.* fusibile.

fusible| alloy, ~ metal *s.* ⟨*Met*⟩ lega *f* fusibile.

fusiform ['fjuːzifɔːm] *a.* fusiforme.

fusil¹ ['fjuːzil] *s.* ⟨*Stor*⟩ schioppo *m.*

fusil² *s.* ⟨*Arald*⟩ fuso *m.*

fusileer, fusilier [ˌfjuːziˈliə] *s.* ⟨*Mil*⟩ fuciliere *m.* **fusillade** [–'leid] **I** *s.* **1** ⟨*Mil*⟩ fuoco *m* (*o* scarica *f*) fucileria, fuoco di fila. **2** ⟨*fig*⟩ fuoco *m* di fila, serie *f* incalzante. **II** *v.t.* **1** ⟨*Mil*⟩ attaccare con fuoco di fucileria. **2** (*to shoot down*) fucilare.

ısion ['fju:ʒən] *s.* **1** fusione *f.* **2** ⟨*Met*⟩ massa *f* fusa. **3** ⟨*fig*⟩ sintesi *f.* **4** ⟨*Atom*⟩ fusione *f* nucleare. **5** ⟨*Pol*⟩ fusione *f*, unione *f*; (*coalition*) coalizione *f.*

ısion bomb *s.* ⟨*Atom*⟩ bomba *f* all'idrogeno.

ısionism ['fju:ʒənizəm] *s.* ⟨*Pol*⟩ fusionismo *m*. **fusionist** [–nist] *s.* fusionista *m/f.*

ısion point *s.* ⟨*Fis*⟩ punto *m* di fusione.

ıss [fʌs] **I** *s.* **1** trambusto *m*, confusione *f.* **2** (*arguments, dispute*) lite *f*, litigio *m*. **3** (*protest, complaint*) clamore *m*, chiasso *m*, protesta *f*, ⟨*fam*⟩ storie *fpl*. **4** (*effusive praise*) cerimonie *fpl*, smancerie *fpl*, complimenti *mpl*. **5** → **fuss-pot**. **II** *v.i.* **1** agitarsi, affannarsi, preoccuparsi. **2** (*to pay excessive attention to*) affaccendarsi (*over* attorno), avere (*o* dimostrare) eccessive attenzioni (per): *to ~ over a visitor* affaccendarsi attorno a un ospite. **3** (*to complain, protest*) protestare, far storie. **III** *v.t.* infastidire, innervosire, irritare, ⟨*fam*⟩ scocciare. □ *to get in a ~ over* (*o about*) *s.th.* litigare (*o* bisticciare) per qc.; *to make a ~ of* (*o over*) *s.o.* avere eccessive attenzioni (*o* premure) per qd.; *to make* (*o to kick up*) *a ~* fare storie; *to make a great ~ about nothing* fare (un) gran chiasso per nulla; *to do s.th. without ~* fare qc. senza (tanto) chiasso.

ıss-budget *s.* → **fuss-pot**.

ıssiness ['fʌsinis] *s.* **1** meticolosità *f*, puntiglio *m*, pignoleria *f.* **2** (*nervousness*) nervosismo *m*, irritabilità *f.*

ıss-pot ['fʌspɔt] *s.* ⟨*fam*⟩ pignolo *m* (*f* –a).

ıssy ['fʌsi] *a.* **1** meticoloso, esigente, pignolo. **2** (*nervous*) nervoso, irritabile. **3** (*bustling*) pieno di trambusto (*o* confusione). **4** (*of clothes*) carico di fronzoli. **5** ⟨*am*⟩ (*about food*) schizzinoso.

ıstian ['fʌstiən] **I** *s.* **1** ⟨*Tess*⟩ fustagno *m*. **2** ⟨*fig*⟩ ampollosità *f*, magniloquenza *f.* **II** *a.* **1** ⟨*Tess*⟩ di fustagno. **2** ⟨*fig*⟩ (*of language*) ampolloso, tronfio. **3** ⟨*fig*⟩ (*worthless*) scadente, inferiore.

ıstigate ['fʌstigeit] *v.t.* **1** ⟨*rar,scherz*⟩ battere, picchiare. **2** ⟨*fig*⟩ fustigare, criticare. **,fustigation** [–'geiʃən] *s.* fustigazione *f.*

ıstiness ['fʌstinis] *s.* **1** odore *m* di muffa, tanfo *m*. **2** ⟨*fig*⟩ l'essere antiquato. **fusty** [–ti] *a.* **1** stantio, ammuffito, che sa di muffa. **2** ⟨*fig*⟩ antiquato, sorpassato. □ *to smell ~* sapere di rinchiuso.

ʹut. = *future* futuro.

ʹuthark ['fu:θɑ:k], **futhorc, futhork** [–ɔ:k] *s.* alfabeto *m* runico.

futile ['fju:tail] *a.* **1** futile, vano, inutile, frivolo, inconsistente: *a ~ attempt* un tentativo inutile. **2** (*trifling*) futile, frivolo, superficiale, vacuo. **futility** [–'tiliti] *s.* futilità *f*, inutilità *f*, vanità *f*, frivolezza *f.*

futtock ['fʌtək] *s.* ⟨*Mar*⟩ scalmo *m*.

futtock| plate *s.* ⟨*Mar*⟩ piastra *f* della coffa. **~ shroud** *s.* riggia *f.*

future ['fju:tʃə] **I** *s.* **1** futuro *m*, avvenire *m*. **2** (*later prospects*) prospettive *fpl*. **3** *pl.* ⟨*Econ*⟩ operazioni *fpl* a termine. **4** ⟨*Gramm*⟩ futuro *m*. **II** *a.* **1** venturo, futuro, a venire: *~ years* anni venturi; *the ~ King* il futuro re. **2** ⟨*Gramm*⟩ futuro. □ *to have a brilliant ~ before one* avere un brillante avvenire davanti a sé; *for the ~*, *in* (*the*) *~* in (*o* per il) futuro, in (*o* per l') avvenire; *in the near ~* in un prossimo futuro; *there is no ~ in his scheme* il suo è un piano senza possibilità di sviluppi; *to tell the ~* predire il futuro.

futureless ['fju:tʃəlis] *a.* senza futuro (*o* avvenire).

future perfect *s.* ⟨*Gramm*⟩ futuro *m* anteriore.

futurism ['fju:tʃərizəm] *s.* ⟨*Art,Lett*⟩ futurismo *m*. **futurist** [–rist] **I** *s.* ⟨*Art,Lett*⟩ futurista *m/f.* **II** *a.* → **futuristic**. **,futuristic** [–'ristik] *a.* **1** ⟨*Art,Lett*⟩ futurista, futuristico. **2** ⟨*pop*⟩ ultramoderno. **futuristics** [–'ristiks] *s.pl.* (costr. sing.) futuribile *m.*

futurity [fju:'tjuriti] *s.* **1** futuro *m*, avvenire *m*. **2** ⟨*Teol*⟩ vita *f* futura. **3** (*future state*) stato *m* futuro.

futurity race *am. s.* ⟨*Sport*⟩ corsa *f* (di cavalli) in cui i concorrenti vengono selezionati molto tempo prima.

futurologic [,fju:tʃərɔ'lɔdʒik] *a.* futurologico. **futurologist** [–'rɔlədʒist] *s.* futurologo *m* (*f* –a). **·futurology** [–lədʒi] *s.* futurologia *f.*

fuze [fju:z] **I** *s.* **1** ⟨*Artigl*⟩ spoletta *f.* **2** (*for mining*) miccia *f.* **II** *v.t.* munire di miccia (*o* spoletta). **fu'zee** [–zi:] *s.* → **fusee**.

fuzz [fʌz] **I** *s.* **1** lanugine *f*, peluria *f.* **2** (*frizzy hair*) capelli *mpl* crespi (*o* ricci). **3** ⟨*am.sl*⟩ (*policeman*) poliziotto *m*, ⟨*gerg*⟩ piedi piatti *m*; (*police*) polizia *f*, ⟨*gerg*⟩ madama *f.* **II** *v.i.* (spesso con *out*) coprirsi di lanugine (*o* peluria). **III** *v.t.* coprire di lanugine (*o* peluria). **'fuzziness** [–inis] *s.* **1** (*of hair*) l'essere crespo. **2** ⟨*fig*⟩ confusione *f.* **3** ⟨*Fot*⟩ sfocatura *f.* **'fuzzy** [–i] *a.* **1** coperto di peluria (*o* lanugine). **2** (*of hair*) crespo, riccio, ricciuto. **3** ⟨*fig*⟩ confuso, incoerente. **4** ⟨*Fot*⟩ sfocato, flou.

fuzzy-headed *a.* **1** dalle idee confuse. **2** (*having fuzzy hair*) dai capelli crespi (*o* ricci).

fylfot ['filfɔt] *s.* svastica *f*, croce *f* uncinata.

G

g, G [dʒi:] *s.* (*pl.* **g's/gs, G's/Gs** [dʒi:z]) (*letter of the alphabet*) g, G *f/m:* ⟨*Tel*⟩ G for George g come Genova.
G I *a.* G, settimo. **II** *s.* **1** ⟨*Mus*⟩ sol *m.* **2** ⟨*am.sl*⟩ mille dollari *mpl.*
g = **1** *good* buono. **2** *gravity* gravità.
g. = **1** ⟨*Gramm*⟩ *gender* genere (*abbr.* gen.). **2** *gold* oro. **3** *gramme* grammo (*abbr.* g). **4** *guinea* ghinea. **5** ⟨*Geog*⟩ *gulf* golfo.
G.A. = **1** *General Assembly* assemblea generale. **2** ⟨*Assic*⟩ *general average* avaria generale.
gab [gæb] **I** *s.* **1** chiacchiera *f,* parlantina *f.* **2** (*idle talk*) chiacchiera *f,* ciancia *f,* ciarla *f.* **3** ⟨*sl*⟩ (*mouth*) bocca *f.* **II** *v.i.* (*pret., p.p.* **gabbed** [–d]) ⟨*fam*⟩ chiacchierare, ciarlare, cianciare. □ ⟨*fam*⟩ *to have the gift of the* ~ avere una buona parlantina, avere la lingua sciolta; ⟨*fam*⟩ *cut the* ~ chiudi il becco.
gabardine [gæb'din] *s.* ⟨*Tess*⟩ gabardine *f/m.*
gabble ['gæbl] **I** *v.i.* **1** farfugliare, borbottare, balbettare, ⟨*fam*⟩ barbugliare. **2** (*of geese, etc.*) schiamazzare, starnazzare. **II** *v.t.* farfugliare, borbottare. **III** *s.* borbottio *m,* balbettio *m,* barbugliamento *m.* **gabbler** [–ə] *s.* chi farfuglia.
gabbro ['gæbrou] *s.* (*pl.* **-s** [z]) ⟨*Min*⟩ gabbro *m,* eufotide *f.*
gabby ['gæbi] *a.* ⟨*fam*⟩ loquace, chiacchierone, ciarliero.
gabelle [gə'bel] *s.* **1** gabella *f,* dazio *m.* **2** ⟨*Stor*⟩ imposta *f* sul sale.
gaberdine ['gæbədi:n] *s.* **1** ⟨*Tess*⟩ gabardine *f/m.* **2** ⟨*Vest*⟩ palandrana *f,* gabbana *f.*
gabion ['geibiən] *s.* ⟨*Mil,Idr*⟩ gabbione *m.* ˌgabio'nade [–eid] *s.* gabbionata *f.*
gable ['geibl] *s.* ⟨*Arch*⟩ **1** timpano *m.* **2** → **gable end**. **3** → **gable wall**. **gabled** [–d] *a.* **1** a timpano. **2** (*of a roof*) a due spioventi (*o* falde).
gable| end *s.* ⟨*Arch*⟩ fastigio *m.* ~ **roof** *s.* tetto *m* a ⌐due spioventi⌐ (*o* falde). ~ **wall** *s.* muro *m* sormontato da un timpano.
Gabon [ga'bɔ̃] *N.pr.* ⟨*Geog*⟩ Gabon *m.* **Gabonese** [ˌgabə'ni:z] **I** *a.* gabonese, del Gabon. **II** *s.* gabonese *m/f,* abitante *m/f* del Gabon.
Gabriel ['geibriəl] *N.pr.* Gabriele *m.*
gaby ['geibi] *s.* ⟨*dial*⟩ sempliciotto *m* (*f* –a), sciocco *m* (*f* –a).
gad¹ [gæd] *v.i.* (*pret., p.p.* 'gadded [–id]; general. con *about*) vagare, vagabondare, bighellonare. □ *to be on the* ~ essere sempre in giro.
gad² **I** *s.* **1** bastone *m* (*o* verga *f*) da pastore. **2** ⟨*Minier*⟩ barra *f* a cuneo, scalpello *m.* **II** *v.t.* ⟨*Minier*⟩ rompere con una barra a cuneo.
gad³ *intz.* ⟨*eufem*⟩ perbacco, perdiana. □ *by* ~ perdio.
gadabout ['gædəbaut] **I** *s.* vagabondo *m* (*f* –a), girandolone *m* (*f* –a), bighellone *m* (*f* –a). **II** *a.* vagabondo.
gadfly *s.* **1** ⟨*Entom*⟩ tafano *m.* **2** ⟨*fig*⟩ persona *f* fastidiosa (*o* assillante).
gadget ['gædʒit] *s.* ⟨*fam*⟩ **1** congegno *m,* dispositivo *m.* **2** (*trivial device*) congegno *m,* aggeggio *m,* arnese *m.*

gadgetry [–ri] *s.* ⟨*fam*⟩ (*gadgets*) congegni *mpl,* dispositivi *mpl.*
gadid ['geidid], **gadoid** [–dɔid] **I** *a.* ⟨*Itt*⟩ dei gadidi. **II** *s.* **1** gado *m.* **2** *pl.* gadidi *mpl.*
gadolinite ['gædo(u)linait] *s.* ⟨*Min*⟩ gadolinite *f,* ˌgadolinium [–'liniəm] *s.* ⟨*Chim*⟩ gadolinio *m.*
gadroon [gə'dru:n] *s.* **1** ⟨*Arch*⟩ ovolo *m.* **2** ⟨*Arred,Ceram,Vetr*⟩ orlatura *f.*
Gael [geil] *s.* **1** (*Scottish Celt*) gaelo *m,* celta *m* scozzese. **2** (*Irish Celt*) celta *m* irlandese. **'Gaelic** [–ik] **I** *s.* (*language*) gaelico *m.* **II** *a.* gaelico.
Gaelic coffee *s.* caffè *m* con whisky irlandese.
gaff¹ [gæf] **I** *s.* **1** ⟨*Pesc*⟩ raffio *m,* uncino *m,* rampino *m* (*spear*) fiocina *f,* arp(i)one *m.* **2** ⟨*Mar*⟩ picco *m* (di randa). **II** *v.t.* ⟨*Pesc*⟩ tirare su col raffio; (*to harpoon*) arpionare, fiocinare. □ ⟨*am.sl*⟩ *to stand the* ~ fronteggiare le avversità.
gaff² *s.:* ⟨*sl*⟩ *to blow the* ~ svelare (*o* spifferare) un segreto.
gaff³ *s.* ⟨*sl*⟩ (*low–class music hall*) teatro *m* di varietà d'infimo ordine.
gaffer ['gæfə] *s.* ⟨*fam*⟩ **1** vecchio contadino *m.* **2** ⟨*fam*⟩ (*foreman*) caposquadra *m.* **3** ⟨*am.sl*⟩ (*father*) padre *m.*
gag¹ [gæg] *v.* (*pret., p.p.* **gagged** [–d]) **I** *v.t.* **1** imbavagliare. **2** ⟨*fig*⟩ imbavagliare, mettere il bavaglio a: *to* ~ *the press* imbavagliare la stampa; (*to silence*) zittire. **3** ⟨*Chir*⟩ tenere aperto mediante un apribocca. **4** (*to apply a gagbit*) mettere il morso a. **5** (*to obstruct*) ostruire, intasare. **6** ⟨*sl*⟩ (*to deceive*) imbrogliare, raggirare. **II** *v.i.* **1** avere conati di vomito. **2** ⟨*teat*⟩ improvvisare battute.
gag² *s.* **1** bavaglio *m* (*anche fig.*). **2** ⟨*Chir*⟩ apribocca *m.* **3** ⟨*teat*⟩ gag *f,* trovata *f* comica, battuta *f* di spirito. **4** ⟨*fam*⟩ (*joke*) facezia *f,* frizzo *m.* **5** ⟨*sl*⟩ (*hoax*) imbroglio *m,* inganno *m,* raggiro *m.*
gaga ['gæga:, *am.* 'ga:ga:] *a.* ⟨*fam*⟩ tocco, rimbambito. □ ⟨*fig*⟩ *to go* ~ *over s.th.* impazzire per qc.
gagbit ['gægbit] *s.* morso *m* (per domare i cavalli).
gage¹ [geidʒ] *s.* **1** pegno *m,* garanzia *f.* **2** (*challenge to fight*) sfida *f;* (*glove*) guanto *m* (di sfida). □ ⟨*fig*⟩ *to throw down the* ~ lanciare una sfida, gettare il guanto.
gage² *s./v.* → **gauge**.
gage³ *s.* ⟨*Bot*⟩ susino *m.*
gaggle ['gægl] **I** *v.i.* (*of geese: to cackle*) schiamazzare. **II** *s.* **1** branco *m* di oche. **2** ⟨*fig*⟩ gruppo *m,* ⟨*spreg*⟩ branco *m.*
gag| law *s.* **1** ⟨*Pol*⟩ legge *f* che limita la libertà di stampa e di parola. **2** ⟨*Parl*⟩ → **gag rule**. ➝**man** [mən] *s.irr.* ⟨*teat*⟩ **1** scrittore *m* di battute comiche. **2** (*comedian*) attore *m* che improvvisa gag. ~ **rule** *s.* ⟨*Parl*⟩ norma *f* che limita la discussione (*o* il dibattito).
gaiety ['geiəti] *s.* **1** gaiezza *f,* allegria *f.* **2** *pl.* (*merry–making*) divertimenti *mpl,* feste *fpl.* **3** (*finery, elegance*) eleganza *f.*
gaily ['geili] *avv.* **1** gaiamente. **2** (*showily*) elegantemente.
gain¹ [gein] **I** *v.t.* **1** ottenere, guadagnare. **2** (*to win in*

mpetition) vincere, aggiudicarsi. **3** (*to get more of*) quistare, guadagnare: *to ~ speed* acquistare velocità; (*of ight*) aumentare, acquistare. **4** (*to obtain as profit*) uadagnare. **5** (*to reach*) raggiungere, guadagnare: *to ~ the mmit of a mountain* raggiungere la vetta di un monte. **6** *f a clock, watch*) andare avanti. **II** *v.i.* **1** progredire, igliorare, fare progressi. **2** (*to increase*) aumentare, escere (*in* di): *to ~ in weight* aumentare di peso. **3** (*of a tch, clock*) andare avanti. **4** (*to acquire gain*) adagnarci. **5** (*to show profit*) aumentare, salire: *these ares will ~* queste azioni saliranno. □ *to ~ an dvantage over s.o.* avvantaggiarsi su qd.; *he has nothing ~ by it* non ha niente da guadagnarci; *to ~ one's end* ggiungere il proprio scopo; *to ~ one's living* guadagnarsi vivere; *to ~ on*: 1 (*to get close to*) raggiungere, adagnar terreno su; 2 (*to leave further behind*) stanziare, lasciare dietro di sé; 3 (*of the sea*) erodere; *to a point* segnare un punto; *to ~ strength* riacquistare le rze; *to ~ time* guadagnare tempo; *to ~ upon = to gain* ; (*fig*) *to ~ the upper hand* avere la meglio.

n² *s.* **1** guadagno *m*, lucro *m*, profitto *m*, vantaggio *m*. *pl.* (*profits*) guadagni *mpl*, profitti *mpl*: *ill-gotten -s* adagni illeciti; (*winnings*) vincite *fpl*. **3** (*increase*) mento *m*: *a ~ in weight* un aumento di peso; *nprovement*) miglioramento *m*, progresso *m*. **4** (*act of taining*) acquisizione *f*, conquista *f*. **5** (*El,Rad*) adagno *m*.

n³ *s.* **1** (*Fal*) intaccatura *f*, tacca *f*. **2** (*Edil*) incavo

nful ['geinful] *a.* lucroso, rimunerativo: *~ employment* piego rimunerativo; (*profitable*) vantaggioso.

nings ['geiniŋz] *s.pl.* **1** guadagni *mpl*. **2** (*profits*) profitti l.

nsay [,gein'sei] *v.t.irr.* **1** negare, rifiutare. **2** (*to ntradict*) contraddire. **3** (*to oppose*) contrastare, opporsi

nst, 'gainst [geinst, genst] *prep.* (*poet*) (*against*) ntro.

t [geit] *s.* passo *m*, andatura *f* (*anche Equit.*).

er ['geitə] *s.* **1** ghetta *f*, uosa *f*. **2** (*am.Calz*) stivaletto (con elastico ai lati).

[gæl] *s.* (*fam,scherz*) (*girl*) ragazza *f*.

a *it.* ['ga:lə] **I** *s.* gala *f/m.* **II** *a.* di gala: *~ dress* abito di a.

ctagogue [gæ'læktougɔg] **I** *a.* (*Farm*) galattagogo. **II** *z.* galattagogo *m*.

ctic [gə'læktik] *a.* (*Astr*) galattico.

ctin [gə'læktin] *s.* (*Biol*) galattina *f*.

ctometer [gælæk'tɔmitə] *s.* galattometro *m*.

ctose [gə'læktous] *s.* (*Chim*) galattosio *m*.

lith ['gæləliθ] *s.* (*Ind*) galalite *f*, osso *m* artificiale.

ntine ['gælənti:n] *s.* (*Gastr*) galantina *f*.

tea [,gæli'ti:ə] *s.* (*Tess*) stoffa *f* di cotone a righe nche e blu.

xy ['gæləksi] *s.* (*Astr,fig*) galassia *f*. **Galaxy** *s.* galassia via *f* lattea.

anum ['gælbənəm] *s.* (*Ind*) galbano *m*.

¹ [geil] *s.* **1** (*Meteor*) vento *m* fortissimo. **2** (*Mar*) rrasca *f*. **3** (*fig*) scoppio *m*, scroscio *m*: *a ~ of laughter* scoppio di risa. **4** (*poet*) (*gentle breeze*) brezza *f*, iro *m*.

² *s.* (*Bot*) mortella *f*.

³ *s.* pigione *f*, affitto *m*.

a ['geiliə] *s.* (*pl.* **galeae** [-lii:]) (*Biol,Anat*) galea *f*.

eny [gə'li:ni] *s.* (*Ornit*) gallina *f* faraona.

en [gə'liən] **I** *N.pr.* (*Stor*) Galeno *m*. **II** *s.* (*physician*) dico *m*.

na [gə'li:nə] *s.* (*Min*) galena *f*.

enic [gə'lenik] *a.* **1** galenico, di Galeno. **2** (*Farm*) nico. **galenical** [-əl] **I** *s.* (*Farm*) preparato *m* nico. **II** *a.* **1** che contiene galena. **2** → Galenic.

icia [gə'liʃiə] *N.pr.* (*Geog*) Galizia *f*. **Galician** [-n] **I** allego. **II** *s.* **1** abitante *m/f* della Galizia. **2** (*language*) lego *m*.

ilean¹ [,gæli'li:ən] **I** *a.* galileo, della Galilea. **II** *s.* ileo *m* (*f* -a).

ilean² *a.* galileiano, di Galileo: *~ telescope* telescopio

galileiano.

Galilee *N.pr.* (*Stor,Bibl*) Galilea *f*.

galipot ['gælipɔt] *s.* resina *f* (di pino).

gall¹ [gɔ:l] *s.* **1** bile *f*, fiele *m*. **2** (*fig*) fiele *m*, malanimo *m*, livore *m*. **3** (*am*) (*effrontery*) sfrontatezza *f*, sfacciataggine *f*. **4** (*Vetr*) fiele *m*. □ (*fig*) *to dip one's pen in ~* intingere la penna nel fiele; (*Bibl*) *~ and wormwood* fiele e assenzio *m*; (*fig*) amarezze e afflizioni *fpl*.

gall² **I** *v.t.* **1** (*to chafe by rubbing*) scorticare; (*to make sore*) irritare. **2** (*fig*) irritare, infastidire. **II** *v.i.* scorticarsi; (*to become sore*) irritarsi. **III** *s.* **1** scorticatura *f*, escoriazione *f*. **2** (*Veter*) galla *f*, molletta *f*. **3** (*fig*) molestia *f*, irritazione *f*.

gall³ *s.* (*Bot*) galla *f*, cecidio *m*.

gallant **I** *a.* ['gælənt] **1** prode, coraggioso, valoroso: *a ~ knight* un prode cavaliere. **2** (*attentive to women*; [gə'lænt]) galante, cortese; (*amorous*) galante, amoroso. **II** *s.* **1** vagheggino *m*. **2** (*suitor*) corteggiatore *m*; (*lover*) innamorato *m*. **3** (*man of fashion*) uomo *m* di mondo. **III** *v.t.* [gə'lænt] **1** fare il galante con. **2** (*to escort*) fare da cavaliere a, scortare. **IV** *v.i.* fare il galante (*with* con). **'gallantly** [-li] *avv.* **1** da prode. **2** (*courteously*) galantemente. **'gallantry** [-ri] *s.* **1** coraggio *m*, valore *m*, prodezza *f*. **2** (*to women*) galanteria *f*.

gall|-berry *s.* (*Bot*) specie di elce. **~-bladder** *s.* (*Anat*) cistifellea *f*.

galleass ['gæliæs] *s.* (*Mar.ant*) galeazza *f*. **galleon** [-liən] *s.* galeone *m*.

gallery ['gæləri] *s.* **1** (*Arch*) galleria *f*; (*long porch*) portico *m*; (*long balcony*) ballatoio *m*. **2** (*long, narrow room*) galleria *f*. **3** (*raised platform*) galleria *f*, balconata *f*. **4** (*Teat*) loggione *m*, (*scherz*) piccionaia *f*; (*occupants*) pubblico *m* del loggione. **5** (*exhibition room*) galleria *f*, sala *f* (*o* salone *m*) d'esposizione: *an art ~* una galleria d'arte, una pinacoteca; (*exhibition building*) palazzo *m* dell'esposizione. **6** (*Minier*) galleria *f*. **7** (*fig*) spettatori *mpl*, pubblico *m*. **8** (*shooting-gallery*) poligono *m*. □ (*Parl*) *distinguished strangers' ~* tribuna *f* delle rappresentanze diplomatiche; (*fig*) *to play to the ~* recitare per il ˈgrosso pubblicoˈ (*o* loggione).

gallery director *s.* gallerista *m/f*.

galleryite ['gæləriait] *s.* spettatore *m* (*f* –trice) di loggione, loggionista *m/f*.

gallet ['gælit] **I** *s.* (*of stone*) scheggia *f*. **II** *v.t.* (*Mur*) → garret².

galley ['gæli] *s.* **1** (*Mar.ant*) galera *f*, galea *f*. **2** (*Mar*) (*large rowing-boat*) lancia *f*. **3** (*Mar*) (*ship's kitchen*) cambusa *f*. **4** (*Tip*) vantaggio *m*, balestra *f*. **5** → galley-proof. **6** (*fig*) galera *f*.

galley|-proof *s.* (*Tip*) bozza *f* in colonna. **~-slave** *s.* **1** (*Mar.ant*) galeotto *m*. **2** (*fig*) (*drudge*) chi fa un lavoro duro (*o* pesante).

gall|-fly *s.* (*Entom*) cinipe *f*. **~-gnat** *s.* → gall-midge.

gallic ['gælik] *a.* (*Chim*) gallico: *~ acid* acido gallico.

Gallic *a.* **1** gallico. **2** (*poet*) (*French*) francese, (*poet*) gallico.

Gallican ['gælikən] *a.* (*Stor*) gallicano. **Gallicanism** [-izəm] *s.* (*Stor*) gallicanesimo *m*, gallicanismo *m*.

Gallicism ['gælisizəm] *s.* (*Ling*) gallicismo *m*, francesismo *m*. **Gallicize** [-saiz] **I** *v.t.* gallicizzare, francesizzare. **II** *v.i.* gallicizzare, usare gallicismi.

galligaskins [,gæli'gæskinz] *s.pl.* (*Stor*) brache *fpl*, calzoni *mpl*.

gallimaufry [,gæli'mɔ:fri] *s.* guazzabuglio *m*, miscuglio *m* confuso.

gallinacean [,gæli'neiʃən] *s.* (*Ornit*) **1** gallinaceo *m*. **2** *pl.* gallinacei *mpl*, galliformi *mpl*. **gallinaceous** [-'neiʃəs] *a.* dei gallinacei.

galling ['gɔ:liŋ] *a.* irritante, seccante; (*chafing*) cocente, bruciante, scottante: *a ~ defeat* una bruciante sconfitta; (*bitter*) amaro.

galliot ['gæliət] *s.* (*Mar.ant*) galeotta *f*.

gallipot ['gælipɔt] *s.* **1** vaso *m* unguentario. **2** (*scherz*) farmacista *m/f*.

gallium ['gæliəm] *s.* (*Chim*) gallio *m*.

gallium arsenide *s.* (*Chim*) arseniuro *m* di gallio.

gallivant ['gælivænt] *v.i.* **1** gironzolare, bighellonare. **2** (*to act as a gallant*) fare il galante (*with* con).

gall‖-midge *s.* ⟨*Entom*⟩ cecidomiide *m.* **~-nut** *s.* ⟨*Bot*⟩ noce *f* di galla.

Gallomania [ˌgælo(u)'meiniə] *s.* gallomania *f.* **Gallomaniac** [-niæk] *s.* gallomane *m/f.*

gallon ['gælən] *s.* **1** (*imperial gallon*) gallone *m* imperiale (pari a litri 4,54). **2** ⟨*am*⟩ (*wine gallon*) gallone *m* di vino (*o* Winchester) (pari a litri 3,78). **3** (*dry measure*) gallone *m* (pari a litri 4 1/2). **4** *pl.* ⟨*fig*⟩ abbondanza *f,* fiume *m.*

galloon [gə'lu:n] *s.* ⟨*Sart*⟩ gallone *m.* **gallooned** [-d] *a.* gallonato.

gallop[1] ['gæləp] **I** *v.i.* **1** (*of a horse*) galoppare, andare al (*o* di) galoppo; (*of a rider*) galoppare. **2** ⟨*fig*⟩ galoppare. **II** *v.t.* far galoppare, mettere al galoppo. □ *to* **~ off** partire al galoppo; ⟨*fig*⟩ *to* **~ over** (*o through*) *one's* work fare il proprio lavoro in gran fretta.

gallop[2] *s.* **1** galoppo *m: at a* **~** al (*o* di) galoppo. **2** (*ride*) galoppata *f: to go for a* **~** fare una galoppata. **3** ⟨*fig*⟩ andatura *f* veloce, galoppo *m.* □ *to* **break into a ~** prendere il galoppo. **galloper** [-ə] *s.* **1** (*horse*) galoppatore *m;* (*rider*) galoppatore *m* (*f* –trice). **2** ⟨*Mil.ant*⟩ cannone *m* leggero da campo. **3** ⟨*Mil*⟩ aiutante *m* di campo.

Gallophil ['gæləfil], **Gallophile** [–fail] *s.* gallofilo *m* (*f* –a), francofilo *m* (*f* –a). **Gallophobe** [–lo(u)foub] *s.* gallofobo *m* (*f* –a), francofobo *m* (*f* –a). ‚**Gallophobia** [–lo(u)'foubiə] *s.* gallofobia *f,* francofobia *f.*

galloping ['gæləpiŋ] *a.* **1** galoppante, al galoppo. **2** ⟨*fig,Econ*⟩ galoppante.

gallowglass ['gælo(u)glɑ:s] *s.* ⟨*Stor*⟩ soldato *m* irlandese.

gallows ['gælouz] *s.* (*pl.inv./*-lowses [louziz]) **1** forca *f,* patibolo *m.* **2** (*execution by hanging*) impiccagione *f.* □ ⟨*fig*⟩ *fit for the* **~** patibolare.

gallows bird *s.* ⟨*fam*⟩ pendaglio *m* da forca, avanzo *m* di forca.

gallowses ['gælouziz] *s.pl.* ⟨*fam*⟩ (*braces*) bretelle *fpl.*

gallows‖-ripe *a.* ⟨*fam*⟩ buono per la forca. **~ tree** *s.* forca *f.*

gall-stone *s.* ⟨*Med*⟩ calcolo *m* biliare.

Gallup-poll ['gæləp] *s.* sondaggio *m* dell'opinione pubblica.

gall-wasp *s.* ⟨*Entom*⟩ cinipide *m.*

gally ['gɔ:li] *a.* amaro come il fiele.

galoot [gə'lu:t] *s.* ⟨*sl*⟩ persona *f* goffa.

galop ['gæləp] **I** *s.* galoppo *m,* galop *m.* **II** *v.i.* ballare un galop.

galore [gə'lɔ:] *avv.* a fiumi, in abbondanza, a profusione, in gran copia, a bizzeffe: *whisky* **~** whisky a fiumi.

galosh(e) [gə'lɔʃ] *s.* ⟨*Calz*⟩ caloscia *f,* galoscia *f,* galoche *f.*

galumph [gə'lʌmf] *v.i.* camminare impettito (*o* tutto tronfio).

galvanic [gæl'vænik] *a.* **1** ⟨*El*⟩ galvanico. **2** ⟨*fig*⟩ galvanizzante, elettrizzante.

galvanism ['gælvənizəm] *s.* ⟨*El,Med*⟩ galvanismo *m.* ‚**galvanization** [–nai'zeiʃən] *s.* ⟨*Med,Met*⟩ galvanizzazione *f.* **galvanize** [–naiz] *v.t.* **1** ⟨*El*⟩ sottoporre a corrente, elettrizzare. **2** ⟨*Med,Met*⟩ galvanizzare. **3** ⟨*fig*⟩ galvanizzare, elettrizzare, eccitare. □ *to* **~** *s.o. into action* spronare qd. all'azione.

galvanography [ˌgælvə'nɔgrəfi] *s.* ⟨*Tip*⟩ galvanotipia *f.* **galvanometer** [–'nɔmitə] *s.* ⟨*Fis*⟩ galvanometro *m.* **galvanometry** [–'nɔmitri] *s.* galvanometria *f.*

galvanoplastic [ˌgælvəno(u)'plæstik] *a.* galvanoplastico. **galvanoplastics** [–s] *s.pl.* (costr. sing.), ‚**galvanoplasty** [–sti] *s.* galvanoplastica *f.*

galvanoscope ['gælvəno(u)skoup] *s.* ⟨*Fis*⟩ galvanoscopio *m.*

gam [gæm] **I** *s.* **1** ⟨*mar*⟩ scambio *m* di visite (da nave a nave). **2** (*school of whales*) branco *m* di balene. **II** *v.i.* (*pret., p.p.* **gammed** [–d]) **1** ⟨*mar*⟩ scambiarsi visite. **2** (*of whales*) raggrupparsi in branco.

gamba ['gæmbə] *s.* ⟨*Mus*⟩ (*organ stop*) gamba *f.*

gambade [gæm'beid], **gambado** [–ou] *s.* (*pl.* -s/-es [z]) **1** (*of a horse*) salto *m,* balzo *m.* **2** (*caper*) capriola *f;* (*sudden*

move) movimento *m* bizzarro.

gambit ['gæmbit] *s.* **1** (*in chess*) gambetto *m,* gambitto *m.* **2** ⟨*fig*⟩ mossa *f* iniziale, prima mossa; (*manœu*) stratagemma *m.*

gamble ['gæmbl] **I** *v.i.* **1** ⟨*assol*⟩ giocare d'azzardo. **2** (*stake money*) puntare, scommettere (*on* su): *to* **~** *o‹ horse* puntare su un cavallo. **3** ⟨*fig*⟩ mettere a repentag rischiare (*with s.th.* qc.). **II** *v.t.* **1** (general. con av perdere al gioco. **2** (*to wager*) scommettere. **III** *s.* **1** gi *m* d'azzardo. **2** (*risk*) rischio *m,* azzardo *m: we took* corremmo il rischio. □ *to* **~** *on the Stock Excha* giocare in borsa. **gambler** [–ə] *s.* **1** giocatore *m* (*f* –tr d'azzardo. **2** (*speculator*) speculatore *m* (*f* –tri **gambling** [–iŋ] *s.* gioco *m* d'azzardo. □ *to be addi.* *to* **~** avere il vizio del gioco.

gambling‖ debt *s.* debito *m* di gioco. **~ den,** **~ ho** *s.* bisca *f,* casa *f* da gioco. **~ joint** *am. s.* bisc clandestina.

gamboge [gæm'boudʒ] *s.* gommagutta *f.*

gambol ['gæmbəl] **I** *v.i.* **1** (*pret., p.p.* **gambolled/** **gamboled** [–d]) saltellare, sgambettare. **II** *s.* salto capriola *f.*

gambrel ['gæmbrəl] *s.* **1** (*of a horse*) garretto *m.* **2** ⟨*Macell*⟩ gancio *m.*

game[1] [geim] **I** *s.* **1** gioco *m* (*anche fig.*): *children's* giochi dei bambini. **2** ⟨*Sport*⟩ gioco *m;* (*manner of play* gioco *m,* modo *m* di giocare: *his* **~** *is improving* il gioco sta migliorando. **3** ⟨*Sport*⟩ (*in tennis*) partita gioco *m.* **4** ⟨*Sport*⟩ (*single round*) partita *f,* round *m,* *m: who won the* **~**? chi ha vinto la partita?; (*numbe points required to win*) punteggio *m* per vincere: *points is* **~** il punteggio per vincere è di nove; (*sc* punteggio *m.* **5** ⟨*fig*⟩ (*strategy*) piano *m,* disegno progetto *m,* schema *m: what is his* **~**? qual è il piano?; (*trick*) gioco *m,* tiro *m,* inganno *m,* tranello *r* ⟨*fig*⟩ (*object of ridicule*) gioco *m,* zimbello *m.* **7** (*.* *prank*) gioco *m,* scherzo *m,* burla *f,* celia *f.* **8** *pl.* ⟨*S* giochi *mpl,* gare *fpl,* attività *fpl* agonistiche. **9** ⟨*Ve* cacciagione *f,* selvaggina *f.* **10** ⟨*Gastr*⟩ cacciagione *f.* **1** **1** ⟨*Venat*⟩ della caccia, venatorio. **2** ⟨*fig*⟩ combat ardimentoso, coraggioso; (*ready*) pronto, disposto (*fo* **~** *for anything* pronto a tutto. **III** *v.t.* **1** (general. *away*) sperperare al gioco. **2** ⟨*assol*⟩ (*to gamble*) gio d'azzardo. □ ⟨*fig*⟩ *to* **beat** *s.o. at his own* **~** battere con le sue stesse armi; **~** *of* **chance** gioco *m* 'di for‹ (*o* d'azzardo); ⟨*fig*⟩ *to* **fly** *at high* **~** mirare in alt‹ *have the* **~** *in one's* **hands** avere la vittoria in pu (*fam*) *to* **have** *a* **~** *with s.o.* tentare di farsi gioco di ⟨*fig*⟩ *to* **make** **~** *of s.o.* prendersi gioco di qd.; (*scl* **none** *of your little* **-s** (*with me*) niente giochetti (con ⟨*Sport*⟩ *to* **be off** *one's* **~** non essere in forma; ⟨*fig* **play** *a* **double** **~** fare il doppio gioco; *to play a goc* essere un buon giocatore; (*fam*) *to* **play the** **~** stare regole del gioco; *it's not playing the* **~** non è corret‹ leale); (*fam*) *to* **play** *s.o.'s* **~** fare il gioco di qd.; **skill** gioco *m* di destrezza (*o* prestigio); *a* **~** *of* swan branco di cigni; ⟨*fig*⟩ *to* **throw** *up the* **~** abbandona gioco; ⟨*fig*⟩ *the* **~** *is* up non c'è più nulla da fare. ‖ ⟨ *I'm* **~** (*I agree*) d'accordo; (*I'm ready*) sono pronto.

game[2] *a.* ⟨*fam*⟩ zoppo, storpio: *a* **~** *leg* una ga zoppa.

game‖ bag *s.* ⟨*Venat*⟩ carniere *m.* **~ ball** *s.* ⟨*Sport* *tennis*) palla *f* decisiva. **~ bird** *s.* ⟨*Venat*⟩ selvaggina penna. **~cock** *s.* gallo *m* da combattimento. **~keep** guardacaccia *m.* **~ laws** *s.pl.* leggi *fpl* venatorie (*o* caccia).

gameness ['geimnis] *s.* coraggio *m,* ardimento *m.*

game preserve *s.* riserva *f* di caccia.

games master *s.* ⟨*Scol*⟩ insegnante *m* di educaz fisica.

gamesome ['geimsəm] *a.* scherzoso, giocoso; (*gay*) gaio.

games room *s.* stanza *f* dei giochi.

gamester ['geimstə] *s.* giocatore *m* (*f* –trice) d'azzarc

gamete [gæ'mi:t] *s.* ⟨*Biol*⟩ gamete *m.*

game‖ theory *s.* ⟨*Econ*⟩ teoria *f* dei giochi. **~ ward** guardacaccia *m.*

ıming ['geimiŋ] *s.* il giocare d'azzardo.

ıming| **debt** *s.* debito *m* di gioco. **~-house** *s.* bisca *f.* **~ oom** *s.* sala *f* da gioco. **~ table** *s.* tavolo *m* ⌐da gioco⌐ (*o* ⌐erde).

ımma ['gæmə] **I** *s.* **1** gamma *m.* **2** ⟨*Mat,Biol*⟩ terzo *m.* **3** *unit of weight*) microgrammo *m.* **II** *a.* ⟨*Chim,Atom,Fis*⟩ ;amma. **gammadion** [gəˈmeidiən] *s.* (*pl.* **-dia** [diə]) croce gammata (*o* uncinata), svastica *f.*

ımmer ['gæmə] *s.* ⟨*fam*⟩ vecchia *f,* ⟨*fam*⟩ nonnetta *f.*

ımmon[1] ['gæmən] **I** *s.* vittoria *f* che conta per due partite ˈinte (al gioco della tavola reale). **II** *v.t.* vincere con un ˈgammon".

ımmon[2] *s.* **1** ⟨*Macell*⟩ parte *f* più bassa del lardo. **2** *smoked ham*) prosciutto *m* affumicato.

ımmon[3] **I** *s.* **1** sciocchezze *fpl,* chiacchiere *fpl.* **2** *humbug*) inganno *m,* imbroglio *m.* **II** *v.i.* dire ciocchezze. **III** *v.t.* imbrogliare.

ımmon[4] **I** *s.* ⟨*Mar*⟩ trinca *f.* **II** *v.t.* (*of a bowsprit*) rincare.

ımmy ['gæmi] *a.* ⟨*fam*⟩ zoppo, storpio.

ımp [gæmp] *s.* ⟨*scherz*⟩ ombrello *m* grande e mal-:oncio.

ımut ['gæmət] *s.* **1** ⟨*Mus*⟩ gamma *f,* scala *f* (musicale); *great scale*) scala *f* esacordale; (*lowest note*) nota *f* più ›assa (della scala esacordale). **2** ⟨*fig*⟩ gamma *f,* uccessione *f,* serie *f,* scala *f: the whole ~ of emotions* ˈintera gamma delle emozioni.

ımy ['geimi] *a.* **1** (*of food*) che sa di selvaggina frollata. **2** *abounding in game*) ricco di selvaggina. **3** ⟨*fam*⟩ (*plucky*) ˈoraggioso.

ınder ['gændə] *s.* **1** oca *f* maschio, papero *m.* **2** ⟨*fam*⟩ *fool*) sciocco *m,* sempliciotto *m.* □ (*am.sl*) *to take a ~ ıt s.th.* sbirciare (*o* dare un'occhiata) a qc.

ıng[1] [gæŋ] **I** *s.* **1** combriccola *f,* compagnia *f,* cricca *f.* **2** *of criminals, etc.*) gang(a) *f,* banda *f,* combriccola *f,* nasnada *f.* **3** ⟨*Ind*⟩ squadra *f: a ~ of workers* una .quadra di operai. **4** ⟨*tecn*⟩ (*of machines*) batteria *f,* serie *f;* (*of tools*) gruppo *m.* **II** *v.t.* **1** ⟨*tecn*⟩ mettere in serie, ıccoppiare, collegare. **2** ⟨*fam*⟩ (*to attack in a gang*) ıttaccare in gruppo. **III** *v.i.* (*to form a gang;* spesso con ıp) riunirsi in una combriccola; (*to act as a gang*) agire in ;ruppo. □ ⟨*Pol*⟩ *the ~ of* **Four** la banda dei quattro; *to ~* ıp: **1** (*to combine for a purpose*) coalizzarsi; **2** (*to band ogether*) far lega, unirsi (*on, against* contro); **3** (*to take ides*) allearsi (*with* a, con).

ıng[2] *scozz. v.i.* (*to go*) andare, camminare.

ıng[3] *s.* → **gangue.**

ıngboard *s.* → **gangplank.**

ınger ['gæŋə] *s.* ⟨*Ind*⟩ caposquadra *m.*

ınges ['gændʒi:z] *N.pr.* ⟨*Geog*⟩ Gange *m.*

ıngliform ['gæŋglifɔ:m] *a.* gangliforme.

ıngling ['gæŋgliŋ] *a.* (*lanky*) allampanato.

ınglion ['gæŋgliən] *s.* (*pl.* **-glia** [gliə] */-s* [z]) **1** ⟨*Anat,Med*⟩ ;anglio *m.* **2** ⟨*fig*⟩ ganglio *m,* centro *m* d'importanza ⁄itale. ˌ**ganglionic** [–gliˈɔnik] *a.* ⟨*Anat*⟩ gangliare, gan-:lionare.

ıngplank ['gæŋplæŋk] *s.* ⟨*Mar*⟩ plancia *f,* passerella *f* (di egno).

ıngrene ['gæŋgri:n] **I** *s.* **1** ⟨*Med,fig*⟩ cancrena *f.* **2** ⟨*Bot*⟩ ;angrena *f.* **II** *v.t.* ⟨*Med*⟩ ridurre in cancrena, gangrenare. **III** *v.i.* incancrenire, gangrenare. **gangrenous** [–rinəs] *a.* ˈancrenoso.

ıngster ['gæŋstə] *s.* gangster *m,* bandito *m,* malfattore *m.* ˌ**gangsterism** [–rizəm] *s.* gangsterismo *m,* banditismo *m.*

ıngue [gæŋ] *s.* ⟨*Minier*⟩ ganga *f.*

ıngway ['gæŋwei] **I** *s.* **1** (*passage between rows of seats*) :orridoio *m,* corsia *f.* **2** ⟨*Mar*⟩ barcarizzo *m.* **3** ⟨*Mar*⟩ → ;angplank. **4** ⟨*Parl*⟩ (*in the House of Commons*) :orridoio *m* trasversale. **5** ⟨*Ferr*⟩ (*between coaches*) ›assaggio *m* intercomunicante. **6** ⟨*Aer*⟩ passerella *f,* ›onticello *m* di servizio. **II** *intz.* (fate) largo.

ınnet ['gænit] *s.* ⟨*Ornit*⟩ sula *f.*

ınoid ['gænɔid] **I** *a.* ⟨*Itt*⟩ dei ganoidi. **II** *s.* ganoide *m.*

ıntlet *am. s.* → **gauntlet[1], gauntlet[2].**

ıntry ['gæntri] *s.* **1** ⟨*Ferr,Mecc*⟩ incastellatura *f* a :avalletto. **2** (*for barrels*) cavalletto *m.* **3** ⟨*Astron*⟩ ncastellatura *f* di lancio.

gantry crane *s.* gru *f* a cavalletto.

Ganymede ['gænimi:d] **I** *N.pr.* ⟨*Mitol,Astr*⟩ Ganimede *m.* **II** *s.* ⟨*scherz*⟩ cameriere *m* che versa da bere.

gaol [dʒeil] **I** *s.* (*jail*) prigione *f,* carcere *m.* **II** *v.t.* imprigionare, mettere in prigione, incarcerare.

gaol|-bird *s.* ⟨*fam*⟩ avanzo *m* di galera. **~ break** *s.* evasione *f.*

gaoler ['dʒeilə] *s.* (*jailer*) carceriere *m,* secondino *m.*

gaol fever *s.* ⟨*Med*⟩ tifo *m.*

gap [gæp] *s.* **1** apertura *f,* spacco *m,* spazio *m* aperto: *a ~ in a hedge* un'apertura in una siepe. **2** ⟨*Mil*⟩ (*breach*) breccia *f,* varco *m.* **3** (*pause*) pausa *f,* intervallo *m,* interruzione *f.* **4** (*disparity, divergence*) gap *m,* divario *m,* scarto *m: the technological ~* il gap tecnologico. **5** (*wide difference in views, etc.*) abisso *m.* **6** ⟨*fig*⟩ (*blank*) lacuna *f,* vuoto *m,* mancanza *f,* carenza *f: a ~ in one's knowledge* una lacuna culturale. **7** ⟨*Geog*⟩ (*ravine*) burrone *m;* (*deep cleft*) gola *f;* (*mountain pass*) passo *m,* valico *m.* □ ⟨*fig*⟩ *to fill* (*o bridge, supply*) *a ~* colmare una lacuna; *his death has left a ~* la sua morte ha lasciato un (gran) vuoto.

gape [geip] **I** *v.i.* **1** guardare a bocca aperta (*at s.o.* qd.). **2** (*assol*) restare a bocca aperta. **3** (*to open the mouth wide*) spalancare la bocca; (*to yawn*) sbadigliare. **4** (*to be wide open*) aprirsi, spalancarsi: *a deep crevasse –d before them* un profondo crepaccio si apriva davanti a loro. **5** (*to show a gap*) avere un'apertura (*o uno spacco*). **II** *s.* **1** il restare a bocca aperta. **2** (*yawn*) sbadiglio *m.* **3** (*stare*) sguardo *m* stupito. **4** (*opening*) apertura *f,* spacco *m.* **5** ⟨*Zool*⟩ apertura *f* della bocca. **6** *pl.* ⟨*Veter*⟩ singamosi *f.* **7** *pl.* ⟨*scherz*⟩ attacco *m* di sbadigli.

gape|seed *s.* ⟨*scherz*⟩ **1** utopia *f.* **2** (*person*) chi guarda a bocca aperta. **3** (*object of wonder*) cosa *f* che suscita stupore. □ *to seek* (*o sow*) *~* fantasticare, sognare a occhi aperti. **~worm** *s.* ⟨*Zool*⟩ singamo *m.*

'**gap-'toothed** *a.* dai denti radi.

garage ['gæra:ʒ, *am.* gəˈra:ʒ] **I** *s.* **1** (*auto*)rimessa *f,* garage *m.* **2** (*for repairing vehicles*) officina *f.* **3** (*petrol station*) stazione *f* di rifornimento. **II** *v.t.* mettere in rimessa.

garageman ['gæra:ʒmæn] *s.irr.* garagista *m.*

garaging ['gæra:ʒiŋ] *s.* rimessaggio *m.*

garb [ga:b] **I** *s.* **1** abito *m,* modo *m* di vestire, foggia *f.* **2** (*clothes*) abito *m,* costume *m.* **3** ⟨*fig*⟩ aspetto *m,* abito *m.* **II** *v.t.* abbigliare, (r)vestire.

garbage ['ga:bidʒ] *s.* **1** immondizie *fpl,* rifiuti *mpl,* spazzatura *f.* **2** ⟨*fam*⟩ (*anything worthless*) ciarpame *m.*

garbage| can *am. s.* bidone *m* della spazzatura, pattumiera *f.* **~ collector** *s.* → **garbageman.** **~ disposal unit** *s.* tritarifiuti *m.* **~man** [mən] *s.irr.* netturbino *m.*

garble ['ga:bl] *v.t.* **1** distorcere, alterare, travisare. **2** (*to confuse*) confondere, imbrogliare, ingarbugliare.

garconnière *fr.* [ga:soˈnjər] *s.* garconnière *f,* piccolo appartamento *m* da scapolo.

garden ['ga:dn] **I** *s.* **1** giardino *m* (*anche estens.*). **2** (*vegetable garden*) orto *m.* **3** (*public park*) giardino *m* (pubblico), parco *m.* **II** *a.* di (*o* da) giardino. **III** *v.i.* fare (*o* praticare) il giardinaggio. □ ⟨*fam*⟩ *to lead s.o. up the ~ path* illudere (*o* ingannare) qd.

garden| city *s.* città *f* giardino. **~ cress** *s.* ⟨*Bot*⟩ agretto *m,* crescione *m* inglese (*o* d'orto).

gardener ['ga:dnə] *s.* **1** giardiniere *m* (*f* –a). **2** (*estens*⟩ chi pratica il giardinaggio.

garden|frame *s.* ⟨*Agr*⟩ serra *f.* **~ furniture** *s.* mobili *mpl* da giardino.

gardenia [ga:ˈdi:niə] *s.* ⟨*Bot*⟩ gardenia *f.*

gardening ['ga:dniŋ] *s.* lavori *mpl* di giardinaggio, giardinaggio *m.*

garden| party *s.* garden party *m,* ricevimento *m* (*o* festa *f*) all'aperto. **~ pea** *s.* ⟨*Bot*⟩ pisello *m.* **~ spider** *s.* ⟨*Zool*⟩ ragno *m* comune. **~ State** *am. N.pr.* ⟨*vezz*⟩ New Jersey *m.* **~ stuff** *s.* verdura *f,* ortaggi *mpl.* **~-variety** *am. a.* comune, ordinario.

garfish ['ga:fiʃ] *s.* ⟨*Itt*⟩ aguglia *f.*

gargantuan [ga:ˈgæntjuən] *a.* gargantuesco, enorme, gigantesco.

gargle ['ga:gl] **I** *v.i.* fare i gargarismi, gargarizzare. **II** *v.t.* fare gargarismi con. **III** *s.* collutorio *m,* gargarismo *m.*

gargoyle ['gɑ:gɔil] *s.* ⟨*Arch*⟩ gargouille *f*, gargolla *f*, doccione *m*.

garibaldi [‚gæri'bɔ:ldi] *s.* ⟨*Vest*⟩ blusa *f* rossa.

garish ['gəriʃ, *am.* 'gæriʃ] *a.* **1** abbagliante, acceso, brillante: ~ *colours* colori accesi. **2** (*showy*) vistoso, appariscente, sgargiante. **garishness** [–nis] *s.* appariscenza *f*, vistosità *f*.

garland ['gɑ:lənd] **I** *s.* **1** ghirlanda *f*, serto *m*, corona *f*. **2** (*of gold, jewels, etc.*) cerchietto *m*. **3** ⟨*fig*⟩ serto *m*, corona *f*, palma *f*. **4** ⟨*Lett*⟩ antologia *f*, florilegio *m*. **5** ⟨*Mar*⟩ (*of a rope*) canestrello *m*. **II** *v.t.* inghirlandare.

garlic ['gɑ:lik] *s.* ⟨*Bot,Gastr*⟩ aglio *m*: *clove of* ~ spicchio d'aglio. **garlicky** [–i] *a.* che sa di aglio, agliaceo.

garment ['gɑ:mənt] *s.* **1** capo *m* di vestiario, indumento *m*. **2** *pl.* (*clothes*) abiti *mpl*, vestiti *mpl*. **3** ⟨*fig*⟩ copertura *f*, rivestimento *m*.

garn [gɑ:n] *intz.* ⟨*fam*⟩ ma va', ma va' là.

garner ['gɑ:nə] **I** *v.t.* **1** ⟨*Agr*⟩ ammassare (*o* mettere) nel granaio. **2** ⟨*fig*⟩ (*to acquire*) acquistare, guadagnare. **3** ⟨*fig*⟩ (*to gather*) raccogliere, riunire, radunare. **II** *s.* **1** ⟨*Agr*⟩ granaio *m*. **2** ⟨*fig*⟩ raccolta *f*.

garnet ['gɑ:nit] *s.* **1** ⟨*Min*⟩ granato *m*. **2** (*colour*) rosso *m* granato.

garnett ['gɑ:nit] **I** *s.* ⟨*Tess*⟩ garnettatrice *f*. **II** *v.t.* garnettare. **garnetting** [–iŋ] *s.* garnettatura *f*.

garnish ['gɑ:niʃ] **I** *v.t.* **1** ⟨*Gastr*⟩ ornare, guarnire. **2** (*to decorate*) decorare, ornare, guarnire. **3** ⟨*Dir*⟩ citare (come teste). **4** ⟨*Dir*⟩ → **garnishee**. **II** *s.* **1** ⟨*Gastr*⟩ guarnizione *f*, contorno *m*. **2** (*decoration*) decorazione *f*, ornamento *m*. **garni'shee** [–i:] **I** *v.t.* ⟨*Dir*⟩ **1** (*of money, property*) sequestrare (presso un terzo). **2** (*of a person*) diffidare dal disporre dei beni d'un terzo in attesa di giudizio. **II** *s.* terzo *m* sequestrato. **garnishment** [–mənt] *s.* **1** → **garnish**. **2** ⟨*Dir*⟩ citazione *f* (come teste). **3** ⟨*Dir*⟩ sequestro *m* presso terzi.

garniture ['gɑ:nitʃə] *s.* guarnizione *f*, ornamento *m*, decorazione *f*.

garotte *s./v.* → **garrot(t)e**.

garret[1] ['gærit] *s.* **1** ⟨*Arch*⟩ soffitta *f*. **2** ⟨*sl*⟩ (*head*) testa *f*.

garret[2] *v.t.* ⟨*Mur*⟩ inserire schegge di sasso nelle fessure di.

garrison ['gærisn] **I** *s.* ⟨*Mil*⟩ **1** (*troops*) guarnigione *f*. **2** (*place*) guarnigione *f*, presidio *m*. **II** *v.t.* **1** presidiare, munire di guarnigione. **2** (*of troops*) porre di guarnigione.

garrison town *s.* città *f* sede di presidio.

garrot(t)e [gə'rɔt] **I** *s.* **1** (*method of execution*) garrottamento *m;* (*instrument*) garrotta *f*. **2** ⟨*estens*⟩ strangolamento *m;* (*wire, cord*) laccio *m* per strangolare. **II** *v.t.* **1** garrottare. **2** (*to strangle*) strangolare.

garrulity [gə'ru:liti] *s.* **1** garrulità *f*, loquacità *f*. **2** (*of speech, etc.*) verbosità *f*. **garrulous** ['gærʊləs] *a.* **1** garrulo, loquace, ciarliero. **2** (*wordy*) verboso: *a* ~ *speech* un discorso verboso.

garter ['gɑ:tə] **I** *s.* giarrettiera *f*. **Garter** *s.* ⟨*GB*⟩ **1** (*Order of the Garter*) ordine *m* della Giarrettiera. **2** (*membership*) appartenenza *f* all'ordine della Giarrettiera; (*badge*) insegne *fpl* dell'ordine della Giarrettiera. **II** *v.t.* reggere (*o* fermare) con una giarrettiera. □ ⟨*GB*⟩ ~ *King of Arms* re *m* d'armi, araldo *m*.

garter| **belt** *s.* reggicalze *m*. ~ **stitch** *s.* ⟨*Lav.femm*⟩ punto *m* legaccio.

garth [gɑ:θ] *s.* **1** ⟨*Arch*⟩ (*cloister garth*) chiostro *m*. **2** ⟨*rar*⟩ (*yard, enclosure*) recinto *m*, cortile *m*.

gas[1] [gæs] *s.* **1** ⟨*Fis*⟩ gas *m*. **2** (*laughing gas*) gas *m* esilarante. **3** ⟨*Aut*⟩ gas *m*, miscela *f*. **4** ⟨*am.fam*⟩ (*petrol*) benzina *f*. **5** ⟨*Minier*⟩ metano *m*. **6** ⟨*Mil*⟩ (*war gas*) gas *m* di guerra; (*tear gas*) gas *m* lacrimogeno. **7** ⟨*fam*⟩ (*stupid talk*) ciance *fpl*, chiacchiere *fpl*, ciarle *fpl*. □ *to light the* ~ accendere il gas; ⟨*Aut*⟩ *to shut off the* ~ chiudere (*o* togliere) il gas; ⟨*fig*⟩ *to step on the* ~: **1** dare gas, premere l'acceleratore; **2** affrettarsi; ⟨*fam*⟩ **stop your** ~ chiudi il becco.

gas[2] *v.* (*pret., p.p.* **gassed** [–t]) **I** *v.t.* **1** fornire di gas. **2** (*to poison with gas*) asfissiare (*o* avvelenare) col gas. **3** ⟨*Chim*⟩ sottoporre all'azione di gas. **4** ⟨*Tess*⟩ gassare,

gazare. **5** ⟨*Mil*⟩ gassare. **II** *v.i.* **1** ⟨*tecn*⟩ emettere gas. ⟨*fam*⟩ (*to talk idly*) cianciare, blaterare. □ ⟨*am.fam.*⟩ ~ *up* far benzina.

gas| **bag** *s.* **1** (*of a rigid airship*) pallonetto *m*. **2** ⟨*far*⟩ (*talkative person*) chiacchierone *m* (*f* –a). ~ **bottle** bombola *f* di (*o* del) gas. ~ **bracket** *s.* braccio *m* p● lampada a gas. ~ **burner** *s.* ⟨*tecn*⟩ becco *m* bruciatore) a gas. ~ **chamber** *s.* camera *f* a gas. **chromatography** *s.* ⟨*Fis*⟩ gascromatografia *f*. ~ **coal** carbone *m* ‘da gas’ (*o* di storta). ~ **coke** *s.* ⟨*Min*⟩ coke di storta (*o* gas).

Gascon ['gæskən] **I** *s.* guascone *m* (*f* –a) (*anche fig.*). **II 1** guascone, della Guascogna. **2** ⟨*fig*⟩ millantato● ‚**gasco'nade** [–eid] **I** *s.* guasconata *f*, spacconata *f*. **II** ● fare lo spaccone. **Gascony** [–i] *N.pr.* ⟨*Geog*⟩ Guascog● *f*.

gas| **cooker** *s.* stufa *f* a gas per cucinare. **~-cool●** **reactor** *s.* ⟨*Atom*⟩ reattore *m* raffreddato a gas. **cylinder** *s.* → **gas-bottle**.

gaseity [gæ'si:əti] *s.* stato *m* gassoso.

gaselier *s.* → **gasolier**.

gaseous ['gæsiəs] *a.* gassoso.

gas| **exchange** *s.* ⟨*Fisiol*⟩ scambio *m* gassoso. ~ **fire** stufa *f* a gas. **~-fired** *a.* ⟨*tecn*⟩ a gas. ~ **fitter** ga(s)sista *m*. ~ **fittings** *s.pl.* apparecchi *mpl* p● illuminazione (*o* riscaldamento) a gas. ~ **fixture** impianto *m* per il gas. ~ **gangrene** *s.* ⟨*Med*⟩ cancrena gassosa. ~ **guzzler** *s.* ⟨*fam*⟩ automobile *f* che consu● molta benzina.

gash [gæʃ] **I** *s.* sfregio *m*, taglio *m*. **II** *v.t.* sfregiare, fa● tagli su.

gas| **helmet** *s.* elmetto *m* (da muratore, ecc.). ~ **hold** *am. s.* → **gasometer**. **~-house** *am.s.* → **gas works**.

gasifiable ['gæsifaiəbl] *a.* volatile. ‚**gasificatio●** [–sifi'keiʃən] *s.* gassificazione *f*. **gasiform** [–fɔ:m] gassoso, aeriforme. **gasify** [–fai] **I** *v.t.* gassificare. **II** ● passare allo stato gassoso.

gas jet *s.* **1** ⟨*tecn*⟩ → **gas burner**. **2** (*flame*) fiamma *f* gas.

gasket ['gæskit] *s.* **1** ⟨*Mecc*⟩ guarnizione *f* di tenuta. ⟨*Mar*⟩ gerlo *m*.

gas| **lamp** *s.* lampada *f* a gas. ~ **leak** *s.* fuga *f* di g● **~light** *s.* luce *f* a gas. ~ **lighter** *s.* **1** (*for g●* accendigas *m*. **2** (*for cigarettes*) accendino *m* accendisigari) a gas. **~lit** *a.* illuminato a gas. ~ **main** conduttura *f* (*o* tubo *m*) del gas. **~man** [mən] *s.irr.* letturista *m* del gas. **2** → **gas fitter**. ~ **mantle** *s.* retice● *f* per gas. ~ **mask** *s.* maschera *f* antigas. ~ **meter** contatore *m* del gas.

gasogene *s.* → **gazogene**.

gasohol ['gæsəhɔl] *s.* miscela *f* di benzina ed etanolo.

gas oil *s.* ⟨*Chim*⟩ gasolio *m*, nafta *f*.

gasolene *s.* → **gasoline**.

gasolier [gæsə'liə] *s.* lampadario *m* con lampade a gas.

gasoline ['gæsəli:n] *s.* **1** ⟨*Chim*⟩ gasolina *f*. **2** ⟨*a●* (*petrol*) benzina *f*.

gasoline| **engine** *s.* motore *m* a benzina. ~ **pump** *am.* ⟨*Aut*⟩ colonnina *f*, distributore *m* di carburante, ⟨*fa●* pompa *f*.

gasometer [gæ'sɔmitə] *s.* ⟨*tecn*⟩ gassometro *m*.

gas oven *s.* **1** forno *m* a gas. **2** → **gas chamber**.

gasp [gɑ:sp] **I** *s.* respiro *m* affannoso e ansante; (*convuls● effort to breathe*) rantolo *m*. **II** *v.i.* **1** restare (*o* rimane● senza fiato: *to* ~ *with surprise* restare senza fiato p● la sorpresa. **2** (*to breathe laboriously*) respira● affannosamente, ansare, ansimare; (*to struggle for brea●* boccheggiare; (*to breathe convulsively*) rantolare. **3** ⟨*f●* (*to long for;* general. con *for, after*) desidera● ardentemente, morire dal desiderio di. **III** *v.t.* (*gener●* con *out*) dire (*o* raccontare) affannosamente, dire a fati● *to* ~ *out a few words* dire a fatica poche parole. □ *to* ● *for breath* fare sforzi per respirare; *at one's last* ~: **1** (● *the point of death*) boccheggiante, agonizzante, moribon● **2** (*exhausted*) sfinito, esausto; *the last* ~ l'ultimo fiato, rantolo dell'agonia; *to* ~ *for life* boccheggiare.

gasper ['gɑ:spə] *s.* ⟨*sl*⟩ sigaretta *f* scadente, ⟨*sche●* zampirone *m*.

s| pipe s. conduttura f per il gas. **~ pipeline** s. asdotto m. **~ producer** s. ⟨tecn⟩ gassogeno m. **~ range** m. s. cucina f a gas. **~ ring** s. fornello m a gas ortatile.

ssiness ['gæsinis] s. stato m gassoso. **gassing** [-siŋ] s. intossicazione f da gas. **2** ⟨El⟩ ebollizione f. **3** ⟨Tess⟩ assatura f, gazatura f.

s| station am. s. ⟨Aut⟩ stazione f (o posto m) di fornimento. **~ station attendant** am. s. pompista m. **, stove** s. **1** (cooker) cucina f a gas. **2** (heater) stufa f a as.

ssy ['gæsi] a. **1** che contiene gas; (effervescent) ga(s)sato, ffervescente. **2** (resembling gas) gassoso. **3** ⟨fam⟩ 'alkative) chiacchierone.

s| tank s. **1** serbatoio m del gas. **2** ⟨am.Aut⟩ serbatoio ı della benzina. **~ tar** s. ⟨tecn⟩ catrame m di gas.

steropod ['gæstərɔpɔd] **I** a. ⟨Zool⟩ dei gasteropodi. **II** gasteropodo m.

stight ['gæs'tait] a. impermeabile ai gas, a tenuta di as.

stralgia [gæs'trældʒiə] s. ⟨Med⟩ gastralgia f. 'gastric -trik] a. gastrico.

stric| juice s. succo m gastrico. **~ ulcer** s. ⟨Med⟩ lcera f gastrica.

stritis [gæs'traitis] s. (pl. -tides [tidi:z]) ⟨Med⟩ gastrite f.

stroenteric [ˌgæstrɔ(u)'entərik] a. gastroenterico, astrointestinale. **gastroenteritis** [-ˌentə'raitis] s. ⟨Med⟩ astroenterite f.

stroenterologist [ˌgæstro(u)entəˈrɔlɔdʒist] s. gastroen-ːrologo m. **gastroenterology** [-dʒi] s. gastroente-ɔlogia f.

strohepatic [ˌgæstro(u)he'pətik] a. gastroepatico. **astrohepatitis** [-'taitis] s. gastroepatite f.

strointestinal [ˌgæstrou'intestinl] a. gastrointestinale.

strology [gæs'trɔlədʒi] s. gastrologia f.

stronome ['gæstrənoum], **gastronomer** [-'trɔnəmə] s. astronomo m. **,gastronomic** [-'nɔmik], **,gastronomical** -'nɔmikəl] a. gastronomico. **gastronomist** [-'trɔnəmist] **→ gastronome. gastronomy** [-'trɔnəmi] s. ga-ronomia f.

stropod ['gæstrəpɔd] a./s. **→ gasteropod.**

s| turbine s. turbina f a gas. **~ welding** s. ⟨tecn⟩ ıldatura f autogena. **~ well** s. ⟨Minier⟩ pozzo m di gas aturale. **~works** s.pl. (costr. sing.) officina f (di roduzione) del gas.

t am. [gæt] s. ⟨sl⟩ (revolver) rivoltella f.

te [geit] **I** s. **1** cancello m: the garden ~ il cancello del ardino. **2** (of a city, etc.) porta f. **3** (means of access) ıtrata f, passaggio m, accesso m (anche fig.). **4** (movable ırrier) barriera f, sbarra f. **5** ⟨Geog⟩ passo m, porta f, ırco m. **6** ⟨Idr⟩ porta f (della chiusa). **7** (number of ːople attending a contest, exhibition) affluenza f di ɪbblico. **8 → gate money. 9** ⟨Aer⟩ cancello m. **10** ⟨Mecc⟩ tacca f. **II** v.t. **1** ⟨Univ⟩ (at Oxford, Cambridge) gliere la libera uscita a. **2** ⟨El⟩ selezionare. □ ⟨am.sl⟩) give s.o. the ~ mettere qd. alla porta.

te|crash ⟨fam⟩ **I** v.t. partecipare senza essere invitato a. **. v.i.** intrufolarsi, imbucarsi. **~crasher** s. ⟨fam⟩ ospite /f non invitato, intruso m (f -a). **~house** s. **1** ortineria f (di parco, tenuta, ecc.). **2** (room over an old ɪy gate) stanza f sovrastante una porta di città; ıardroom) corpo m di guardia. **3** ⟨Idr⟩ posto m di ɪmando delle chiuse. **~keeper** s. **1** portiere m. **2** ′err⟩ custode m di passaggio a livello. **~-leg(ged) table** tavolo m a ribalta (con le gambe pieghevoli). **~man** ɪən] s.irr. **→ gatekeeper. ~ money** s. (at a contest, ′rformance, etc.) incasso m. **~post** s. pilastro m (o ɔntante) del cancello. □ ⟨scherz⟩ between you, me and e ~ detto ˈin confidenza (o fra noi), a quattr'occhi.

way s. **1** entrata f, ingresso m. **2** (structure) passaggio . **3** ⟨fig⟩ porta f, strada f, via f: the ~ to success la via l successo.

her ['gæðə] **I** v.t. **1** raccogliere: to ~ wood raccogliere gna; (of people) radunare, riunire, raccogliere. **2** gr,Giard⟩ raccogliere, cogliere: to ~ flowers cogliere ɔri. **3** ⟨fig⟩ (to infer) arguire, dedurre, desumere; (to

hear, learn) venire a sapere, apprendere. **4** ⟨fig⟩ (to summon up) raccogliere, concentrare: to ~ one's strength raccogliere le forze. **5** (to accumulate) raccogliere, mettere insieme, accumulare: to ~ information raccogliere informazioni. **6** (to gain gradually) acquistare (o assumere) gradualmente: to ~ speed acquistare gradualmente velocità. **7** (to collect; spesso con up) mettere insieme, raccogliere. **8** (to wrap or draw around) avvolgere: to ~ a cloak around o.s. avvolgersi in un mantello. **9** (to wrinkle) corrugare, increspare, aggrondare: to ~ one's brows corrugare la fronte. **10** ⟨Sart⟩ increspare. **11** ⟨Legat⟩ (of printed sheets) raccogliere. **II** v.i. **1** radunarsi, raccogliersi, assembrarsi: to ~ round the fire radunarsi attorno al fuoco. **2** (to mass) addensarsi, raccogliersi, ammassarsi. **3** ⟨fig⟩ (to increase) crescere, aumentare. **4** ⟨Med⟩ (of a sore) suppurare; (of an abscess) maturare. **III** s.pl. ⟨Sart⟩ increspature fpl, crespe fpl. □ to ~ one's breath prendere fiato; to ~ itself (of an animal) raccogliersi per balzare; to be ~ed to one's fathers morire, andare al Creatore; ⟨fig⟩ to ~ o.s. together raccogliersi, comporsi; ⟨Mar⟩ to ~ way aumentare la velocità.

gatherer ['gæðərə] s. raccoglitore m (f -trice). **gathering** [-riŋ] s. **1** raccolta f. **2** (collection of people) assembramento m; (crowd) folla f. **3** (assembly, meeting) riunione f, assemblea f, raduno m. **4** ⟨Med⟩ ascesso m. **5** ⟨Legat⟩ fascicolo m. **6** (collection of money) colletta f.

GATT = General Agreement on Tariffs and Trade accordo generale sulle tariffe doganali e il commercio (abbr. GATT).

gauche fr. [gouʃ] a. **1** goffo, maldestro. **2** (tactless) privo di tatto. **'gaucherie** fr. [-əri:, am. ˌgouʃəˈri] s. **1** goffaggine f. **2** (tactlessness) mancanza f di tatto.

gaud [gɔ:d] s. fronzolo m. **'gaudily** [-ili] avv. in modo vistoso. **'gaudiness** [-inis] s. sfarzo m, ostentazione f, sfoggio m.

gaudy[1] ['gɔ:di] a. **1** sgargiante, vistoso, ⟨fam⟩ pimpante. **2** (flashy) vistoso e volgare, privo di (buon) gusto, pacchiano.

gaudy[2] s. ⟨Univ⟩ festa f (annuale).

gauffer ['gɔ:fə] s./v. **→ goffer.**

gauge [geidʒ] **I** s. **1** (standard of measure) misura f ˈcampione (o normale). **2** ⟨Ferr⟩ scartamento m. **3** ⟨Aut⟩ (distance between wheels) carreggiata f. **4** ⟨tecn⟩ (device for measuring) misuratore m; (tool for checking dimensions) calibro m. **5** ⟨Artigl⟩ calibro m. **6** ⟨tecn⟩ (indicator) indicatore m: fuel level ~ indicatore di livello del carburante. **7** ⟨fig⟩ (criterion) misura f, criterio m di valutazione. **8** ⟨fig⟩ (extent, scope) portata f, calibro m, capacità f, potenza f. **9** ⟨tecn⟩ (thickness of sheet metal) spessore m; (of a screw, wire) calibro m, diametro m. **10** ⟨Mar⟩ sopravvento m. **II** v.t. **1** misurare (con esattezza), calibrare. **2** ⟨fig⟩ valutare, misurare, giudicare. **3** ⟨tecn⟩ calibrare. **4** ⟨Mur⟩ (of plasters) mescolare (per ottenere una rapida presa). **5** ⟨Edil⟩ (of bricks, stones) ridurre a dimensioni uniformi. **'gaugeable** [-əbl] a. misurabile. **'gauger** [-ə] s. **1** misuratore m (f -trice). **2** (exciseman) daziere m, guardia f daziaria. **'gauging** [-iŋ] s. **1** ⟨tecn⟩ calibratura f, calibrazione f. **2** ⟨Mur⟩ **→ gauging plaster.**

gauging| plaster s. intonaco m di gesso e calce. **~ rod** s. ⟨Mar⟩ stazza f.

Gaul [gɔ:l] **I** N.pr. ⟨Geog.stor⟩ Gallia f. **II** s. **1** ⟨Stor⟩ gallo m. **2** ⟨scherz⟩ (Frenchman) francese m. **'Gaulish** [-iʃ] **I** s. gallico m. **II** a. **1** ⟨Stor⟩ gallico, gallo. **2** ⟨scherz⟩ (French) francese.

gaunt [gɔ:nt] a. **1** (of a person) magro, scarno, macilento, sparuto. **2** (desolate, bleak) arido, brullo, desolato, squallido.

gauntlet[1] ['gɔ:ntlit] s. **1** ⟨Mil.ant⟩ manopola f, guanto m di ferro. **2** ⟨Mod⟩ guanto m lungo. □ ⟨fig⟩ to pick (o take) up the ~ raccogliere il guanto, accettare la sfida; ⟨fig⟩ to fling (o throw) down the ~ gettare il guanto, sfidare.

gauntlet[2] s. **1** ⟨Stor⟩ pena f delle bacchette. **2** ⟨fig⟩ fuoco m incrociato. □ to run the ~: **1** ⟨Stor⟩ passare per le bacchette; **2** ⟨fig⟩ essere sottoposto a dure prove.

gauntness ['gɔ:ntnis] s. **1** estrema magrezza f. **2**

(*bleakness*) desolazione *f.*

gauss [gaus] *s.* ⟨*Fis*⟩ gauss *m.*

Gaussian ['gausiən] *a.* ⟨*Mat*⟩ gaussiano: ~ *curve* curva gaussiana.

gauze [gɔ:z] *s.* **1** ⟨*Tess,Med*⟩ garza *f.* **2** (*wire gauze*) reticella *f* metallica. **3** ⟨*Cin*⟩ velatino *m.* **4** (*haze, mist*) foschia *f.* '**gauzy** [-i] *a.* **1** simile a garza. **2** (*thin and light*) diafano, trasparente.

gave [geiv] → **give**[1].

gavel ['gævil] *s.* (*mallet of a presiding officer*) martelletto *m.*

gavelkind ['gævlkaind] *s.* ⟨*Stor*⟩ (*system of land tenure*) proprietà *f* terriera di cui sono eredi i figli in parti uguali.

gavial ['geiviəl] *s.* ⟨*Zool*⟩ gaviale *m* del Gange.

gavot(te) [gə'vɔt] *s.* ⟨*Mus*⟩ gavotta *f.*

gawk [gɔ:k] ⟨*fam*⟩ **I** *v.i.* guardare con aria sciocca (*at s.o.* qd.). **II** *s.* allocco *m* (*f* –a). '**gawkiness** [-inis] *s.* balordaggine *f,* stupidità *f.* '**gawky** [-i] *a.* goffo, sgraziato.

gay [gei] *a.* **1** allegro, vivace, brioso: *a* ~ *tune* un motivo allegro; (*light-hearted*) allegro, lieto, giocondo. **2** (*bright*) luminoso, vivace, brillante: ~ *colours* colori vivaci. **3** (*pleasure-loving*) godereccio, gaudente; (*licentious*) dissoluto; (*immoral*) di facili costumi. **4** ⟨*am.sl*⟩ (*homosexual*) omosessuale. □ *to lead a* ~ *life* darsi alla bella vita.

gayety *s.* → **gaiety. gayly** *avv.* → **gaily.**

gayness ['geinis] *s.* gaiezza *f.*

gaz. = **1** *gazette* gazzetta. **2** *gazetteer* dizionario *m* geografico.

Gaza ['gɑ:zə] *N.pr.* ⟨*Geog*⟩ Gaza *f.*

Gaza Strip *s.* ⟨*Geog*⟩ striscia *f* di Gaza.

gaze [geiz] **I** *v.i.* guardare fisso (*o* insistentemente), fissare (*at, on, upon s.o.* qd.). **II** *s.* sguardo *m* fisso (*o* insistente). □ *to stand at* ~ restare in contemplazione.

gazebo [gə'zi:bou] *s.* (*pl.* -s/-es [z]) ⟨*Arch*⟩ belvedere *m.*

gazelle [gə'zel] *s.* (*pl. inv./*-s [z]; il pl. inv. si usa general. con valore collett.) ⟨*Zool*⟩ gazzella *f.*

gazer ['geizə] *s.* contemplatore *m* (*f* –trice).

gazette [gə'zet] **I** *s.* **1** ⟨*Giorn*⟩ gazzetta *f,* giornale *m.* **2** ⟨*Parl*⟩ gazzetta *f* ufficiale. **II** *v.t.* ⟨*Parl*⟩ pubblicare sulla gazzetta ufficiale. **gazetteer** [,gæzə'tiə] *s.* dizionario *m* geografico.

gazogene ['gæzo(u)dʒi:n] *s.* ⟨*tecn*⟩ ga(s)sogeno *m.*

G.B. = ⟨*Geog*⟩ *Great Britain* Gran Bretagna.

G.C.B. = ⟨*GB*⟩ *Knight Grand Cross of the Bath.*

g.c.d., G.C.D. = ⟨*Mat*⟩ *greatest common divisor* massimo comune divisore (*abbr.* M.C.D.).

g.c.f., G.C.F. = ⟨*Mat*⟩ *greatest common factor* massimo fattore comune.

G clef *s.* ⟨*Mus*⟩ chiave *f* di sol.

GCM = ⟨*am.Mil*⟩ *general court-martial* suprema corte marziale.

g.c.m., G.C.M. = ⟨*Mat*⟩ *greatest common measure* massimo comune divisore (*abbr.* M.C.D.).

GCT = *Greenwich Civil Time* ora legale di Greenwich.

GDP = *Gross Domestic Product* prodotto interno lordo (*abbr.* PIL).

gean [gi:n] *s.* **1** ⟨*Bot*⟩ ciliegio *m.* **2** (*fruit*) ciliegia *f.*

gear[1] [giə] *s.* **1** ⟨*Mecc*⟩ (*mechanism*) dispositivo *m,* congegno *m,* meccanismo *m;* (*toothed wheel*) ingranaggio *m.* **2** ⟨*Aut*⟩ marcia *f: to change* ~ cambiare marcia. **3** (*implements, tools*) arnesi *mpl,* attrezzi *mpl: fishing* ~ attrezzi per la pesca. **4** (*harness*) bardatura *f.* **5** ⟨*Mar*⟩ (*rigging*) attrezzatura *f.* **6** (*personal belongings*) effetti *mpl* (personali), ⟨*fam*⟩ cose *fpl;* (*household stuff*) masserizie *fpl.* **7** ⟨*fam*⟩ (*clothes*) abiti *mpl.* □ *to be in* ~: 1 ⟨*Aut*⟩ avere la marcia ingranata; 2 ⟨*fig*⟩ funzionare; *to be out of* ~: 1 ⟨*Aut*⟩ essere in folle; 2 ⟨*fig*⟩ non funzionare, essere guasto; ⟨*Aut*⟩ *to put into* ~ ingranare la marcia; ⟨*Mecc*⟩ *to throw into* ~ far ingranare, innestare; *to throw out of* ~: 1 ⟨*Mecc*⟩ disingranare, disinnestare; 2 ⟨*fig*⟩ sconvolgere.

gear[2] **I** *v.t.* **1** ⟨*Mecc*⟩ ingranare, innestare. **2** (*to provide with gearing*) provvedere ·d'ingranaggi. **3** (*to equip, fit*) attrezzare, fornire di attrezzi. **4** (*to harness;* spesso con *up*) bardare. **5** ⟨*fig*⟩ adeguare, adattare: *to* ~ *production*

to exports adeguare la produzione alle esportazioni. **II** ⟨*Mecc*⟩ ingranare. **2** ⟨*fig*⟩ adeguarsi, adattarsi (*to, w* a). □ ⟨*Mecc*⟩ *to* ~ **down** rallentare, ridurre i giri; *to* up: 1 ⟨*Mecc*⟩ accelerare, moltiplicare i giri; 2 ⟨*fi* accelerare.

gear|box *s.* **1** ⟨*Aut*⟩ cambio *m* di velocità. **2** → **gearcas** ~**case** *s.* ⟨*Mecc*⟩ scatola *f* degli ingranaggi. ~ **change** ⟨*Aut*⟩ cambio *m.* ~ **cutter** *s.* ⟨*Mecc*⟩ dentatrice *f.*

gearing ['giəriŋ] *s.* ⟨*Mecc*⟩ sistema *m* d'ingranaggi.

gearing|-**down** *s.* ⟨*Mecc*⟩ riduzione *f* di giri. ~-**up** moltiplicazione *f* di giri.

gear| **lever** *s.* ⟨*Aut*⟩ leva *f* del cambio. ~ **ratio** *s.* ⟨*Me* rapporto *m* di trasmissione. ~**shift** *s.* → **gear change.** **wheel** *s.* ⟨*Mecc*⟩ ruota *f* dentata.

gecko ['gekou] *s.* (*pl.* -s/-es [z]) ⟨*Zool*⟩ geco *m.*

gee[1] [dʒi:] **I** *intz.* (*to a horse, draught animal*) arri, hop. *v.i.* **1** incitare un cavallo con grida. **2** (*of a horse*) volt a destra.

gee[2] *s.* → **gee-gee.**

gee[3] *am. intz.* ⟨*fam*⟩ diamine, accidenti, perbac perdiana.

gee[4] *am. s.* ⟨*sl*⟩ mille dollari *mpl.*

gee-gee *s.* ⟨*infant*⟩ cavalluccio *m,* cavallino *m.*

geese [gi:s] → **goose.**

'**gee-'up** *intz.* (*to a horse*) arri, hop.

gee-whiz [dʒi:'(h)wiz] *a.* ⟨*sl*⟩ straordinario, sensazionale

geezer ['gi:zə] *s.* ⟨*sl*⟩ vecchio *m* bislacco.

Gehenna [gi'henə] *N.pr.* ⟨*Bibl*⟩ Geenna *f,* Gehenna **gehenna** *s.* (*hell*) inferno *m,* geenna *f* (*anche fig.*).

Geiger counter ['gaigə] *s.* ⟨*Fis*⟩ contatore *m* (Geiger.

gel [dʒel] **I** *s.* ⟨*Chim,Fis*⟩ gel *m.* **II** *v.i.* (*pret., p.p.* **gell** [-d]) **1** gelificarsi. **2** ⟨*fig*⟩ (*to take definite sha,* prendere forma.

gelatin ['dʒelətin], **gelatine** [,dʒelə'tin, *am.* 'dʒelətin] ⟨*Chim,Gastr,Teat*⟩ gelatina *f.*

gelatinization [,dʒilætinai'zeiʃən] *s.* ⟨*Chim,Fis*⟩ gela nizzazione *f.* **ge'latinize** [-naiz] **I** *v.t.* **1** gelatin zare, ridurre allo stato gelatinoso. **2** ⟨*Fot*⟩ ricopr con uno strato di gelatina. **II** *v.i.* gelatinizzarsi. **ge'la noid** [-nɔid] **I** *a.* gelatinoso, simile alla gelatina. **II** sostanza *f* gelatinosa. **ge'latinous** [-nəs] *a.* gelatinoso.

gelation[1] [dʒi'leiʃən] *s.* congelamento *m.*

gelation[2] *s.* ⟨*Chim*⟩ gelificazione *f,* gelatinizzazione *f.*

geld[1] [geld] *v.t.* (*pret., p.p.* **gelded** [-id]/**gelt** [gelt]) ⟨*Zootecn*⟩ (*of a horse*) castrare. **2** ⟨*fig*⟩ castrare, togli vitalità a.

geld[2] *s.* ⟨*Stor.brit*⟩ tributo *m* (dovuto) alla corona.

gelding ['geldiŋ] *s.* ⟨*Zootecn*⟩ cavallo *m* castrato.

gelid ['dʒelid] *a.* gelido. **gelidity** [dʒi'liditi] *s.* l'ess gelido. **gelidness** [-nis] *s.* → **gelidity.**

gelignite ['dʒelignait] *s.* ⟨*Chim*⟩ gelatina *f* esplosiva.

gem [dʒem] **I** *s.* **1** gemma *f,* pietra *f* preziosa. **2** (* gioiello *m,* gemma *f;* (*person*) perla *f,* gioiello *m.* **II** (*pret., p.p.* **gemmed** [-d]) ingemmare.

geminate ['dʒemineit] **I** *v.t.* **1** raddoppiare, duplicare ⟨*Ling*⟩ geminare. **II** *v.i.* raddoppiare. **III** *a.* **1** dopp duplice. **2** ⟨*Bot*⟩ (*binate*) geminato, appaiato. ⟨*Min,Ling*⟩ geminato. **IV** *s.* ⟨*Ling*⟩ geminata consonante *f* (*o* vocale) geminata. ,**gemination** [-'neiʃ *s.* **1** duplicazione *f,* raddoppiamento *m.* **2** ⟨*Ling,M* geminazione *f.*

Gemini ['dʒeminai] *N.pr.pl.* **1** ⟨*Astr*⟩ Gemelli *mpl,* Gem *mpl.* **2** (*person*) Gemelli *m,* persona *f* nata sotto il se dei Gemelli.

gemma ['dʒemə] *s.* (*pl.* **gemmae** ['dʒemi:]) ⟨*Biol*⟩ gemm **gemmaceous** [-'meiʃəs] *a.* gemmario. **gemmate** [-m **I** *a.* **1** che porta gemme. **2** ⟨*Biol*⟩ che si riproduce gemmazione. **II** *v.i.* gemmare, mettere le gemme **gemmation** [-'meiʃən] *s.* gemmazione *f.* **gemmifer** [-'miʃərəs] *a.* **1** che produce pietre preziose. **2** ⟨*Biol*⟩ produce (*o* porta) gemme. **gemmiparous** [-'mipərəs] gemmiparo. **gemmule** [-mju:l] *s.* ⟨*Biol*⟩ gemmula **gemmy** [-mi] *a.* **1** ingemmato. **2** (*like a gem*) simi una gemma. **3** (*glittering*) splendente, scintillante.

gemologist [dʒe'mɔlədʒist] *s.* stimatore *m* di pi preziose. **gemology** [-dʒi] *s.* gemmologia *f.*

emsbok ['gemzbɔk], **gemsbuck** [-bʌk] s. (pl. inv./-s [s]; il pl. inv. si usa general. con valore collett.) ⟨Zool⟩ antilope f camoscio.

en [dʒen] ⟨sl⟩ **I** s. informazioni fpl. **II** v.i. (general. con up) informarsi, assumere informazioni (on, about su, circa).

en. = **1** ⟨Gramm⟩ gender genere (abbr. gen.). **2** ⟨Gramm⟩ genitive genitivo (abbr. gen.). **3** ⟨Biol⟩ genus genere (abbr. gen.).

;en. = ⟨Mil⟩ General generale (abbr. Gen.).

endarme fr. [ʒã'darm] s. **1** gendarme m (anche Stor.). **2** (policeman) poliziotto m. **gendarmerie** fr. [-ə'ri] s. gendarmeria f.

ender ['dʒendə] s. **1** ⟨Gramm⟩ genere m. **2** ⟨fam⟩ (sex) sesso m.

ene [dʒi:n] s. ⟨Biol⟩ gene m.

ene bank s. banca f dei geni.

enealogic [,dʒi:niə'lɔdʒik], **genealogical** [-əl] a. genealogico: ~ tree albero genealogico. **genealogist** [-ni'æləodʒist] s. genealogista m/f. **genealogy** [-ni'ælədʒi] s. genealogia f.

enerable ['dʒenərəbl] a. generabile.

;eneral ['dʒenərəl] **I** a. **1** generale: a matter of ~ interest un argomento d'interesse generale. **2** (prevalent) generale, comune: the ~ opinion l'opinione generale; (usual) abituale, consueto. **3** (universal) generale, universale. **4** (not specific) generico, generale: ~ remarks discorsi generici; (vague) vago, impreciso, indeterminato: only a ~ idea soltanto una vaga idea. **II** s. **1** ⟨Mil⟩ generale m. **2** ⟨Rel⟩ generale m, superiore m generale. **3** ⟨fig,collett⟩ generale m. **4** ⟨fam⟩ (servant) domestico m (f –a) tuttofare. □ ⟨Comm⟩ ~ bill of loading polizza f di carico collettiva; in ~ (usually) in genere, generalmente, di solito; (as a whole) in generale, nell'insieme; in ~ terms per sommi capi, in generale; as a ~ rule come regola generale, in genere, di regola.

;eneral| anaesthesia s. anestesia f totale. **~ business** s. (in an order of the day) varie ed eventuali fpl. **~ court-martial** s. ⟨Mil⟩ suprema corte f marziale. **~ dealer** s. negoziante m/f di articoli vari. **~ delivery** am. s. ⟨Post⟩ fermoposta m. **~ education** s. istruzione f di carattere generale. **~ election** s. ⟨Pol⟩ elezioni fpl generali. **~ endorsement** s. ⟨Comm⟩ girata f in bianco. **~ headquarters** am. s. ⟨Mil⟩ quartiere m generale. **~ hospital** s. policlinico m.

;eneralissimo [,dʒenərə'lisimou] s. (pl. -s [z]) ⟨Mil⟩ generalissimo m.

;enerality [,dʒenə'ræliti] s. **1** generalità f. **2** (general point) genericità m. **3** (vague statement) generalità f, concetto m generico. **4** (greater part) generalità f, maggioranza f. □ to keep (o stick) to generalities stare (o mantenersi) sulle generali, restare nel generico.

generalization [,dʒenərəlai'zeiʃən] s. generalizzazione f. **'generalize** [-laiz] **I** v.t. **1** generalizzare, diffondere, rendere generale (o comune). **2** (to infer from particulars) dedurre da casi particolari. **II** v.i. **1** generalizzare. **2** (to use generalities) stare (o mantenersi) sulle generali.

general ledger s. ⟨Comm⟩ libro m mastro generale.

generally ['dʒenərəli] avv. **1** generalmente, in genere, di solito. **2** (widely) generalmente, universalmente. □ **3** (without particulars) genericamente, in modo generico. □ it is ~ agreed tutti sono d'accordo; ~ speaking genericamente parlando.

general| management s. ⟨Econ⟩ direzione generale. **~ manager** s. direttore m generale. **~ medicine** s. medicina f generale. **~ meeting** s. ⟨Comm⟩ assemblea f generale. **~ partner** s. ⟨Comm⟩ socio m accomandatario. **~ partnership** s. società f in nome collettivo. **~ post office** s. posta f centrale. **~ power** s. ⟨Dir⟩ procura f generale. **~ practice** s. ⟨Med⟩ medicina f generica. □ he is in ~ è un medico generico. **~ practitioner** s. ⟨Med⟩ medico m generico. **'~-'purpose** a. per tutti gli usi, polivalente.

generalship ['dʒenərəlʃip] s. **1** generalato m. **2** (military skill) capacità f (o abilità) militare, strategia f. **3** ⟨fig⟩ direzione f, guida f.

general| staff s. ⟨Mil⟩ stato m maggiore. **~ store** s.

negozio m di generi diversi. **~ strike** s. sciopero m generale.

generate ['dʒenəreit] v.t. **1** generare, produrre (anche Chim.,El.). **2** (to procreate) generare, procreare. **3** ⟨fig⟩ generare, cagionare, provocare.

generating| plant ['dʒenəreitiŋ] → generating station. **~ set** s. ⟨El⟩ gruppo m generatore (o elettrogeno). **~ station** s. ⟨El⟩ centrale f elettrica.

generation [,dʒenə'reiʃən] s. **1** generazione f: the prewar ~ la generazione d'anteguerra. **2** ⟨fig⟩ tipo m, genere m. **3** (procreating) generazione f, procreazione f. **4** ⟨Chim,El⟩ generazione f, produzione f. □ for ~s per intere generazioni. **generational** [-əl] a. generazionale.

generation gap s. gap m generazionale.

generative ['dʒenəreitiv] a. generativo, produttivo, generatore.

generative grammar s. ⟨Ling⟩ grammatica f generativa.

generator ['dʒenəreitə] s. **1** generatore m (f –trice). **2** ⟨El⟩ generatore m; (dynamo) dinamo f. **3** ⟨Chim⟩ generatore m. **generatrix** [-'reitriks] s. (pl. -trices [trisi:z]) ⟨Mat⟩ generatrice f.

generic [dʒi'nerik], **generical** [-əl] a. **1** ⟨Biol⟩ generico, del genere. **2** (general) generico, generale. **generically** [-əli] avv. genericamente.

generosity [,dʒenə'rɔsiti] s. **1** generosità f, liberalità f. **2** (generous act) generosità f, atto m generoso. **'generous** [-rəs] a. **1** generoso, liberale, munifico. **2** (magnanimous) generoso, magnanimo. **3** (large, plentiful) generoso, abbondante: a ~ salary un generoso stipendio. **4** ⟨Enol⟩ generoso, gagliardo. **5** (of land) generoso, fertile.

genesis ['dʒenisis] s. (pl. -ses [si:z]) genesi f, origine f (anche Lett.,Art.). **Genesis** N.pr. ⟨Bibl⟩ Genesi f.

genet ['dʒenit] s. **1** ⟨Zool⟩ genetta f. **2** (fur) pelliccia f di genetta.

genetic [dʒi'netik], **genetical** [-əl] a. genetico. **genetically** [-əli] avv. in modo genetico.

genetic| code s. codice m genetico. **~ engineer** s. ingegnere m genetico. **~ engineering** s. ingegneria f genetica.

geneticist [dzi'netəsist] s. genetista m/f. **genetics** [-tiks] s.pl. (costr. sing.) ⟨Biol⟩ genetica f.

geneva [dʒi'ni:və] s. acquavite f di ginepro, gin m.

Geneva N.pr. ⟨Geog⟩ Ginevra f.

Geneva| bands s.pl. ⟨Rel⟩ collare m (d'abito talare). **~ Convention** s. ⟨Mil,Pol⟩ convenzione f di Ginevra. **~ cross** s. croce f rossa (internazionale). **~ gown** s. ⟨Rel⟩ veste f nera (dei predicatori calvinisti).

Genevan [dzi'ni:vən], **Genevese** [,dʒeni'vi:z] **I** a. **1** ginevrino. **2** ⟨Rel⟩ calvinista. **II** s. **1** ginevrino m (f –a). **2** ⟨Rel⟩ calvinista m/f.

Genevieve ['dʒenəvi:v] N.pr. Genoveffa f.

genial ['dʒi:niəl] a. **1** gioviale, allegro, giocondo; (cheerful) cordiale, socievole, affabile. **2** (of the climate, etc.) mite, clemente. **,geniality** [-'æliti] s. **1** giovialità f, allegria f, cordialità f, socievolezza f, affabilità f. **2** (of climate, etc.) mitezza f, clemenza f.

genic ['dʒenik] a. ⟨Biol⟩ genico.

geniculate(d) [dʒe'nikjuleit(id)] a. ⟨Bot,Anat⟩ genicolato.

genie ['dʒi:ni:] s. genio m, spiritello m, folletto m.

genista [dʒi'nistə] s. ⟨Bot⟩ genista f.

genital ['dʒenitl] a. ⟨Anat⟩ genitale. **,genitalia** [-'teiljə], **genitals** [-z] s.pl. genitali mpl, organi mpl genitali.

genitival [,dʒeni'taivl] a. ⟨Gramm⟩ (del) genitivo. **'genitive** [-tiv] **I** a. genitivo. **II** s. genitivo m.

genitive| absolute s. genitivo m assoluto. **~ case** s. caso m genitivo.

genius ['dʒi:njəs] s. **1** genio m, ricchezza f d'ingegno, ingegno m, talento m; (person) genio m, persona f di genio (o geniale), persona d'ingegno. **2** (natural ability) attitudine f, genio m, talento m, disposizione f (naturale). **3** (distinctive character) genio m, carattere m distintivo: the ~ of a nation il genio di una nazione. **4** ⟨Mitol⟩ (pl. genii ['dʒi:niai]) genio m, divinità f tutelare. □ to have a ~ for s.th. avere talento per qc., essere tagliato per qc.; a man of ~ un uomo di genio; ⟨fam⟩ he is no ~ non è un'aquila.

genius loci lat. ['lousai] s. **1** ⟨Mitol⟩ nume m tutelare, genio *m* tutelare. **2** ⟨*fig*⟩ atmosfera *f* (*o* spirito *m*) di un luogo.

Genoa ['dʒeno(u)ə] *N.pr.* ⟨*Geog*⟩ Genova *f*.

genocide ['dʒeno(u)said] *s.* genocidio *m*.

Genoese [ˌdʒeno(u)'i:z] **I** *a.* genovese. **II** *s.* genovese *m/f*.

genome ['dʒi:noum] *s.* ⟨*Biol*⟩ genoma *m*.

genre *fr.* [ʒã:ŋr] *s.* **1** genere *m*, specie *f*, tipo *m*. **2** ⟨*Lett,Mus*⟩ genere *m*. **3** ⟨*Art*⟩ (*genre painting*) pittura *f* di genere.

gent [dʒent] (*accorc. di gentleman*) *s.* **1** ⟨*pop*⟩ signore *m*. **2** *pl.* ⟨*sl*⟩ (*men's toilet*) toletta *f* per signori.

gent. = **1** *gentleman* signore. **2** *gentlemen* signori.

genteel [dʒen'ti:l] *a.* **1** manieroso, affettato. **2** ⟨*iron*⟩ snob. **3** (*refined*) distinto, signorile; (*elegant*) elegante, raffinato. **4** (*high born*) nobile. **genteelism** [-izəm] *s.* eufemismo *m* (di maniera). **genteelly** [-li] *avv.* **1** in modo manieroso (*o* affettato). **2** (*snobbishly*) da snob.

gentian ['dʒenʃən] *s.* **1** ⟨*Bot*⟩ genziana *f*. **2** ⟨*Farm*⟩ → **gentian root**.

gentian bitter *s.* ⟨*Farm*⟩ amaro *m* di genziana.

gentianella [ˌdʒenʃə'nelə] *s.* ⟨*Bot*⟩ genzianella *f*.

gentian| root *s.* ⟨*Farm*⟩ radice *f* di genziana. **~ violet** *s.* ⟨*Chim*⟩ violetto *m* di genziana.

gentile ['dʒentail] **I** *a.* **1** non israelita. **2** (*Christian*) cristiano. **3** (*heathen*) pagano. **4** ⟨*Ling*⟩ di nazionalità. **II** *s.* **1** (*non–Jew*) gentile *m/f*. **2** (*Christian*) cristiano *m* (*f* –a). **3** (*pagan*) pagano *m* (*f* –a). **4** (*in Mormonism*) non mormone *m/f*. **gentilism** [-izəm] *s.* paganesimo *m*.

gentility [dʒen'tiliti] *s.* **1** affettazione *f*. **2** (*refinement*) raffinatezza *f*, finezza *f*, signorilità *f*. **3** (*gentle birth*) nobiltà *f* d'origine.

gentle ['dʒentl] **I** *a.* **1** cortese, gentile, garbato. **2** (*mild*) delicato, lieve, leggero, mite, gentile: *a ~ touch* un tocco delicato. **3** (*of a sound, voice*) delicato. **4** (*of a slope, hill*) lieve, dolce. **5** (*moderate*) moderato. **6** (*of an animal*) docile. **7** (*refined, polite*) gentile, ben educato. **8** ⟨*Arald*⟩ gentilizio. **9** (*lett*) (*noble*) nobile: *of ~ birth* di nobile origine. **II** *s.* ⟨*Pesc*⟩ larva *f* (usata come esca). **III** *v.t.* **1** domare, addomesticare. **2** (*to make gentle*) ingentilire, affinare.

gentle| breeze *s.* ⟨*Meteor*⟩ brezza *f*. tesa. **~ craft** *s.* ⟨*Pesc*⟩ pesca *f* con la lenza. **~folk** *s.* (costr. pl.) persone *fpl* perbene.

gentlehood ['dʒentlhud] *s.* nobiltà di nascita.

gentleman ['dʒentlmən] *s.irr.* **1** (*man of noble birth*) gentiluomo *m*. **2** (*well–mannered man*) gentiluomo *m*, gentleman *m*. **3** (*man*) signore *m*, uomo *m*: *that ~ there* quel signore là. **4** *pl.* (*as a form of address*) signori *mpl*: *ladies and gentlemen* signore e signori. **5** (*valet*) valletto *m*. **6** (*royal attendant*) gentiluomo *m* di corte. **7** ⟨*Dir*⟩ uomo *m* che vive di rendita. **8** ⟨*am.Parl*⟩ deputato *m*. ☐ **~ of fortune** avventuriero *m*; **~ of the road** grassatore *m*, bandito *m*.

'gentleman|-at-'arms *s.* gentiluomo *m* della guardia del corpo del re. **'~-'commoner** *s.* ⟨*Stor.brit*⟩ (*at Oxford and Cambridge*) studente *m* che godeva speciali privilegi. **~ driver** *s.* corridore *m* automobilistico non professionista.

gentlemanlike ['dʒentlmənlaik] *a.* → **gentlemanly**. **gentlemanliness** [-linis] *s.* signorilità *f*. **gentlemanly** [-li] *a.* signorile, distinto.

gentleman's| agreement *s.* gentlemen's agreement *m*, accordo *m* verbale (*o* sulla parola). **~ gentleman** *s.* valletto *m*.

gentleness ['dʒentlnis] *s.* **1** cortesia *f*, gentilezza *f*. **2** (*mildness*) dolcezza *f*, mitezza *f*. **3** (*softness*) lievità *f*. **4** (*tameness*) docilità *f*.

gentle| sex *s.* gentil sesso *m*. **~woman** *s.irr.* **1** gentildonna *f*. **2** (*lady*) signora *f*. **3** (*attendant*) dama *f* del seguito. **4** ⟨*am.Parl*⟩ deputata *f*.

gently ['dʒentli] *avv.* **1** con delicatezza. **2** (*mildly*) dolcemente. **3** (*courteously*) gentilmente, cortesemente. **4** (*slowly, gradually*) lievemente, dolcemente. **5** (*softly*) a bassa voce.

gently-born *a.* di nobili origini.

gentry ['dʒentri] *s.* **1** persone *fpl* di buona famiglia. **2** ⟨*GB*⟩ (*class below the nobility*) gentry *f*, piccola nobiltà *f*,

---

nobiltà minore. **3** ⟨*fam*⟩ (*people of a specific kind;* cost⟩ pl.) gente *f*, individui *mpl*.

genuflect ['dʒenjuflekt] *v.i.* inginocchiarsi. **,genuflection** **,genuflexion** [–'flekʃən] *s.* genuflessione *f*.

genuine ['dʒenjuin] *a.* **1** genuino, autentico: *~ signatur* firma autentica. **2** (*sincere*) sincero, genuino, schietto. (*unadulterated*) genuino, naturale. **genuineness** [–nis] *s.* genuinità *f*, autenticità *f*.

genus ['dʒi:nəs] *s.* (*pl.* **genera** ['dʒenərə]/**-nuses** [–iz]) ⟨*Biol,Filos*⟩ genere *m*. **2** (*kind, class*) genere *m*, specie *f*.

geobotany [ˌdʒi:o(u)'bɔtəni] *s.* geobotanica *f*.

geocentric [ˌdʒi:o(u)'sentrik], **geocentrical** [–əl] *a.* ⟨*Astr*⟩ geocentrico. **geochemistry** [–'kemistri] *s.* geochimica *f*.

geode ['dʒi:oud] *s.* ⟨*Min*⟩ geode *m*.

geodesic [ˌdʒi:o(u)'desik] **I** *a.* geodetico. **II** *s.* → **geodesi** **line**.

geodesic| dome *s.* ⟨*Arch*⟩ volta *f* geodeticà. **~ line** *s.* ⟨*Geom*⟩ geodetica *f*.

geodesist [dʒi:'ɔdisist] *s.* geodeta *m/f*. **geodesy** [–si] *s.* geodesia *f*.

geodetic [ˌdʒi:o(u)'detik], **geodetical** [–əl] *a.* geodetico.

geo-ecology *s.* geoecologia *f*, ecologia *f* del paesaggio.

Geoffrey ['dʒefri] *N.pr.* Goffredo *m*.

geographer [dʒi'ɔgrəfə] *s.* geografo *m* (*f* –a).

geographic [ˌdʒiə'græfik], **geographical** [–əl] *a.* geografico. ☐ **~ mile** miglio *m* geografico (*o* marino nautico). **geography** [–fi] *s.* **1** (*science*) geografia *f*. **2** (*geographic features*) struttura *f* geografica. **3** (*treatise* trattato *m* (*o* testo) di geografia. **4** ⟨*fig*⟩ configurazione *f*.

geoid ['dʒi:ɔid] *s.* ⟨*Geol*⟩ geoide *m*. **geoidal** [–əl] *a.* geoidico.

geologic [ˌdʒi:ə'lɔdzik], **geological** [–əl] *a.* geologico.

geologist [dʒi'ɔlədzist] *s.* geologo *m* (*f* –a). **geologize** [–dʒaiz] **I** *v.i.* **1** studiare geologia. **2** (*to make geologica investigations*) fare ricerche geologiche. **II** *v.t.* studiare da punto di vista geologico. **geology** [–dʒi] *s.* **1** (*science* geologia *f*. **2** (*geological features*) struttura *f* geologica. **3** (*treatise*) trattato *m* (*o* testo) di geologia.

geomagnetic [ˌdʒi:o(u)mæg'netik] *a.* geomagnetico. **geo'magnetism** [–nətizəm] *s.* (geo)magnetismo *m*.

geomancer ['dʒi:o(u)mænsə] *s.* ⟨*Occult*⟩ geomante *m/f*. **geomancy** [–mænsi] *s.* geomanzia *f*.

geometer [dʒi'ɔmitə] *s.* **1** → **geometrician**. **2** ⟨*Entom*⟩ geometride *m*. **geometric** [ˌdʒi:ə'metrik], **geometrica** [dʒi:ə'metrikəl] *a.* geometrico.

geometrician [ˌdʒi:o(u)me'triʃən] *s.* esperto *m* (*f* –a) di geometria.

geometrize [dʒi'ɔmətraiz] **I** *v.i.* seguire un metodo geometrico. **II** *v.t.* dare forma geometrica a. **geometry** [–mitri] *s.* **1** geometria *f*. **2** (*treatise*) trattato *m* (*o* testo) di geometria. **3** ⟨*fig*⟩ forma *f*.

geophysical [ˌdʒi:o(u)'fizikəl] *a.* geofisico. **geophysicist** [–'fizisist] *s.* geofisico *m* (*f* –a). **geophysics** [–'fiziks] *s.pl.* (costr. sing.) geofisica *f*.

geopolitical [ˌdʒi:o(u)pə'litikəl] *a.* geopolitico. **geopolitics** [–'pɔlitiks] *s.pl.* (costr. sing.) geopolitica *f*.

George [dʒɔ:dʒ] **I** *N.pr.* Giorgio *m*. **II** *s.* ⟨*sl,Aer*⟩ pilota *m* automatico. **2** ⟨*fam*⟩ *by ~!* perbacco!

George| Cross *s.* ⟨*GB*⟩ croce *f* di san Giorgio. **~ Medal** *s.* ⟨*GB*⟩ medaglia *f* di san Giorgio.

georgette (crepe) [dʒɔ:'dʒet] *s.* ⟨*Tess*⟩ georgette *m/f*.

Georgia ['dʒɔ:dʒə] *N.pr.* **1** ⟨*Geog*⟩ Georgia *f*. **Georgian** [–n] *a.* **1** ⟨*Stor.brit,Art,Arch*⟩ georgiano, giorgiano. **2** ⟨*Geog*⟩ georgiano, della Georgia. **II** *s.* **1** (*inhabitant of Georgia*) georgiano *m* (*f* –a). **2** (*language*) georgiano *m*.

georgic ['dʒɔ:dʒik] **I** *a.* georgico. **II** *s.* ⟨*Lett*⟩ poema *m* georgico.

geoscience ['dʒi:o(u)'saiəns] *s.* scienza *f* geologica.

geostatics [ˌdʒi:o(u)'stætiks] *s.pl.* (costr. sing.) geostatica *f*.

geostationary [ˌdʒi:o(u)'steiʃnəri] *a.* ⟨*Astron*⟩ geosta-zionario.

geosynchronous [ˌdʒi:o(u)'sinkrənəs] *a.* ⟨*Astron*⟩ geosin-crono.

geosystem [ˌdʒi:o(u)'sistəm] *s.* geosistema *m*.

geothermal [ˌdʒi:o(u)'θə:ml] *a.* geotermico: **~ energy**

energia geotermica. **geothermic** [ˌdʒi:o(u)'θə:mik] *a.* → **geothermal**.

eotropism [dʒi'ɔtrəpizəm] *s.* ⟨*Biol*⟩ geotropismo *m*.

er. = ⟨*Gramm*⟩ *gerund* gerundio (*abbr.* ger.).

;er. = **1** *German* tedesco. **2** ⟨*Geog*⟩ *Germany* Germania.

;erald ['dʒerəld] *N.pr.* Gerardo *m*. **Geraldine** [-i:n] *N.pr.* Geraldina *f*.

eranium [dʒi'reiniəm] *s.* **1** ⟨*Bot*⟩ geranio *m*. **2** (*colour*) color *m* geranio, rosso *m* vivo.

;erard ['dʒerɑ:d] *N.pr.* Gerardo *m*.

erfalcon ['dʒə:fɔ:lkən] *s.* ⟨*Ornit*⟩ girifalco *m* (d'Islanda).

eriatric [ˌdʒeri'ætrik] *a.* geriatrico.

eriatric| disease *s.* malattia *f* senile. **~ home** *s.* istituto *m* geriatrico. **~ hospital** *s.* ospedale *m* geriatrico.

eriatrician [ˌdʒeriə'triʃən] *s.* geriatra *m/f*. **geriatrics** [-s] *s.pl.* (costr. sing.) geriatria *f*, gerontoiatria *f*. **geriatrist** [-trist] *s.* → **geriatrician**.

erm [dʒə:m] **I** *s.* **1** germe *m* (*anche Biol*.). **2** → **germ cell**. **3** ⟨*fig*⟩ germe *m*, principio *m*, origine *f*. **II** *v.* → **germinate**.

erman ['dʒə:mən] *a.* **1** germano. **2** ⟨*rar*⟩ → **germane**.

;erman I *s.* **1** (*native*) tedesco *m* (*f* –a). **2** (*language*) tedesco *m*. **II** *a.* tedesco, germanico. □ ⟨*Geog*⟩ ~ *Democratic Republic* Repubblica democratica tedesca.

ermander [dʒə'mændə] *s.* ⟨*Bot*⟩ **1** teucrio *m*. **2** (*wall germander*) erba *f* querciola. **3** (*germander speedwell*) veronica *f* maggiore.

ermane [dʒə:'mein] *a.* pertinente, attinente (*to* a), riguardante (qc.).

;ermanic [dʒə:'mænik] **I** *a.* **1** ⟨*Stor*⟩ (*Teutonic*) germanico, teutonico, dei germani. **2** ⟨*Ling*⟩ germanico. **II** *s.* ⟨*Ling*⟩ lingua *f* germanica.

;ermanism ['dʒə:mənizəm] *s.* germanismo *m*, germanesimo *m* (*anche Ling*.). **Germanist** [–nist] *s.* germanista *m/f*.

ermanium [dʒə:'meiniəm] *s.* ⟨*Chim*⟩ germanio *m*.

;ermanization [ˌdʒə:mənai'zeiʃən] *s.* germanizzazione *f*. **Germanize** [–naiz] *v.t./i.* germanizzare.

;erman measles *s.pl.* (costr. sing.) ⟨*Med*⟩ rosolia *f*, rubeola *f*.

;ermanophil [dʒə:'mæno(u)fil], **Germanophile** [–fail] **I** *a.* germanofilo, tedescofilo. **II** *s.* germanofilo *m* (*f* –a), tedescofilo *m* (*f* –a). **Germanophobe** [–foub] *s.* germanofobo *m* (*f* –a), tedescofobo *m* (*f* –a). **,Germanophobia** [–mæno(u)'foubiə] *s.* germanofobia *f*, tedescofobia *f*.

;erman| police dog, ~ shepherd (dog) *s.* ⟨*Zool*⟩ pastore *m* tedesco (*o* alsaziano). **~ silver** *s.* ⟨*Met*⟩ alpacca *f*, argentone *m*. **~ speaking** *a.* germanofono, di lingua tedesca. **~ studies** *s.pl.* ⟨*Univ*⟩ germanistica *f*.

;ermany ['dʒə:məni] *N.pr.* ⟨*Geog*⟩ Germania *f*.

erm| carrier *s.* ⟨*Med*⟩ portatore *m* di germi. **~ cell** *s.* ⟨*Biol*⟩ cellula *f* germinale, gamete *m*. **~ disk** *s.* ⟨*Biol*⟩ disco *m* embrionale.

ermen ['dʒə:min] *s.* (*pl.* -s [z]/-mina [minə]) ⟨*Bot*⟩ ovario *m*.

erm|-free *a.* ⟨*Med*⟩ asettico, sterilizzato. **~ gland** *s.* ⟨*Biol*⟩ gonade *f*.

ermicidal [ˌdʒə:mi'saidl] *a.* germicida, antisettico, sterilizzante. **'germicide** [–said] *s.* germicida *m*, battericida *m*, antisettico *m*.

erminal ['dʒə:minl] *a.* **1** ⟨*Biol*⟩ germinale. **2** ⟨*fig*⟩ embrionale, in germe. **germinant** [–nənt] *a.* germogliante, che germoglia.

erminate ['dʒə:mineit] **I** *v.i.* **1** ⟨*Bot*⟩ germinare, germogliare. **2** ⟨*fig*⟩ nascere, svilupparsi. **II** *v.t.* **1** ⟨*Bot*⟩ fare germinare (*o* germogliare). **2** ⟨*fig*⟩ produrre, far nascere, generare.

erminating power ['dʒə:minetiŋ] *s.* ⟨*Bot*⟩ germinabilità *f*.

ermination [ˌdʒə:mi'neiʃən] *s.* **1** ⟨*Bot*⟩ germinazione *f*. **2** ⟨*fig*⟩ sviluppo *m*, evoluzione *f*. **germinative** [–iv] *a.* ⟨*Bot*⟩ germinativo. **germinator** [–ə] *s.* ⟨*Agr*⟩ germinatoio *m*.

erm| layer *s.* ⟨*Biol*⟩ strato *m* germinativo. **~ plasm** *s.* ⟨*Biol*⟩ plasma *m* germinale. **~ warfare** *s.* guerra *f* batteriologica.

gerontocracy [ˌdʒerɔn'tɔkrəsi] *s.* ⟨*Pol*⟩ gerontocrazia *f*.

gerontologist [ˌdʒerɔn'tɔlədʒist] *s.* gerontologo *m*. **gerontology** [–dʒi] *s.* gerontologia *f*. **gerontophilia** [–'filiə] *s.* ⟨*Psic*⟩ gerontofilia *f*.

gerrymander *am.* ['gerimændə, 'dʒeri–] **I** *v.t.* **1** ⟨*Pol*⟩ dividere in distretti elettorali (per avvantaggiare un partito). **2** ⟨*fig*⟩ manipolare. **II** *s.* **1** ⟨*Pol*⟩ manipolazione *f* dei distretti elettorali. **2** ⟨*fig*⟩ broglio *m*.

Gertrude ['gə:tru:d] *N.pr.* Geltrude *f*, Gertrude *f*.

gerund ['dʒerənd] *s.* ⟨*Gramm*⟩ gerundio *m*. **gerundial** [dʒi'rʌndiəl] *a.* del gerundio. **,gerun'dival** [–aivl] *a.* gerundivo. **gerundive** [dʒi'rʌndiv] *s.* gerundivo *m*.

gesso ['dʒesou] *s.* (*pl.* -es [z]) ⟨*Art*⟩ **1** gesso *m* (per calchi). **2** (*prepared surface*) calco *m* in gesso.

gestalt psychology [gə'ʃtalt] *s.* ⟨*Psic*⟩ gestaltismo *m*.

gestation [dʒes'teiʃən] *s.* **1** ⟨*Fisiol*⟩ gestazione *f*, gravidanza *f*. **2** ⟨*fig*⟩ gestazione *f*, preparazione *f*.

gesticulate [dʒes'tikjuleit] **I** *v.i.* gesticolare, fare gesti, gestire. **II** *v.t.* esprimere a gesti. **ges,ticulation** [–'leiʃən] *s.* **1** gesticolamento *m*, gesticolazione *f*. **2** (*gesture*) gesto *m*. **gesticulatory** [–əri] *a.* caratterizzato da gesti.

gesture ['dʒestʃə] **I** *s.* **1** gesto *m*: *a ~ of impatience* un gesto d'impazienza. **2** (*action indicative of s.th.*) gesto *m*, segno *m*, atto *m*: *as a ~ of friendship* in segno d'amicizia. **3** (*use of expressive movements*) il gestire, mimica *f*: *the art of ~* l'arte del gestire. **II** *v.* → **gesticulate**.

get[1] [get] *v.* (*pret.* **got** [gɔt], *p.p.* **got**/*am.* **gotten** ['gɔtən]) **I** *v.t.* **1** ricevere: *I got two letters this morning* ho ricevuto due lettere stamane. **2** (*to obtain, acquire*) ottenere: *to ~ a good job* ottenere un buon impiego; (*to buy*) acquistare, comprare; (*to earn*) guadagnare, prendere. **3** (*to fetch*) andare a prendere, prendere: *will you ~ me my glasses please?* mi vai a prendere gli occhiali, per favore? **4** (*to procure*) procurare, avere, ottenere: *I couldn't ~ tickets for the show* non sono riuscito a procurarmi i biglietti per lo spettacolo. **5** (*to be in possession of*) avere, possedere: *have you got a car?* avete un'automobile?; *he's got three children* ha tre bambini; *he has got a lot of money* possiede molto denaro. **6** (*fam*) (*to eat*) mangiare. **7** (*to cause to do*) fare, far fare: *I'll ~ the mechanic to repair the car* farò riparare l'automobile dal meccanico. **8** (*to have done*) farsi: *to ~ one's hair cut* farsi tagliare i capelli. **9** (*to persuade*) convincere, indurre, persuadere: *we'll ~ him to come* lo convinceremo a venire; *I got him to admit he was wrong* l'ho indotto ad ammettere il suo torto. **10** (*of blows, etc.*) prendere, buscare, ⟨*fam*⟩ beccare. **11** (*of an illness: to catch*) prendere, prendersi, buscarsi: *to ~ a cold* prendersi un raffreddore. **12** (*to seize, take hold of*) afferrare, trattenere: *he got me by an arm* mi afferrò per un braccio. **13** (*to hit, strike*) colpire, cogliere: *the bullet got him in the leg* il proiettile lo colpì alla gamba. **14** (*to cause to arrive, to carry*) portare, fare arrivare: *we've got to ~ this piano upstairs* dobbiamo portare questo pianoforte disopra; *we'll ~ you there in time* ti (ci) faremo arrivare in tempo. **15** ⟨*am*⟩ (*to prepare*) preparare, approntare: *I'll ~ dinner* preparerò la cena. **16** (*fam*) (*to understand*) (riuscire a) capire, afferrare: *I don't ~ you* non ti capisco; *didn't you ~ the joke?* non hai afferrato la barzelletta? **17** (*to hear*) udire, sentire: *I didn't ~ your last remark* non ho sentito la tua ultima osservazione. **18** ⟨*am*⟩ (*to learn*) imparare. **19** (*fam*) (*to affect emotionally*) colpire, commuovere; (*to irritate*) irritare, dare ai nervi a; (*to puzzle*) rendere perplesso. **20** (*fam*) (*to punish*) castigare, punire; (*to take vengeance on*) vendicarsi di. **21** (*fam*) (*to catch, outwit*) cogliere in fallo, sorprendere: *I've got you there* ti ho colto in fallo. **22** (*to receive as punishment*) essere condannato a, avere: *to ~ twenty years* (*in jail*) essere condannato a vent'anni di carcere. **23** ⟨*sl*⟩ (*to kill*) uccidere, ammazzare, ⟨*gerg*⟩ fare fuori. **24** ⟨*Zootecn*⟩ generare. **II** *v.i.* **1** arrivare, giungere: *we got home late* siamo arrivati a casa tardi. **2** (*to become*) diventare, farsi, *often not translated: to ~ rich* diventare ricco, arricchirsi; *it's –ting dark* si sta facendo buio; *to ~ married* sposarsi. **3** (*to be*) usato come aus.) essere, venire: *to ~ promoted* essere promosso; *his arm got broken* si è rotto un braccio. **4** ⟨*fam*⟩ (*to contrive*, *manage;* seguito dall'inf.) fare in modo di, riuscire a: *did you ~ to see the film?* sei riuscito a vedere il film? **5** (*to come to be;* seguito dal p.pr.) cominciare, mettersi a, iniziare a: *once he ~s talking there's no stopping him* quando comincia a parlare, non c'è modo di fermarlo. **6** (*to reach the stage of;* seguito dall'inf.) finire per, arrivare a: *you will soon ~ to like it* finirà per piacerti. **7** ⟨fam⟩ (*to leave at once*) andarsene, togliersi dai piedi. □ *to ~* **about:** 1 andare in giro, muoversi; 2 (*to become known*) diffondersi, circolare, propagarsi; 3 (*to lead a social life*) fare vita di società; 4 (*to travel*) spostarsi, viaggiare; *to ~* **above** *o.s.* montarsi la testa, insuperbirsi; *to ~* **abroad** (*of rumours, etc.*) diffondersi; *to ~* **across:** 1 attraversare, passare dall'altra parte di; 2 (*to annoy, vex*) infastidire, irritare, seccare; 3 ⟨fam⟩ (*to make understandable*) far capire; 4 ⟨fam⟩ (*to become clear*) diventare chiaro (*o* comprensibile) (*to* a); ⟨Mar⟩ *to ~* **afloat** disincagliare, disincagliarsi; *to ~* **ahead:** 1 ⟨assol⟩ (*to be successful*) andare lontano, fare carriera; 2 (*to overtake*) superare, sorpassare (*of s.o.* qd.); *to ~* **along:** 1 andarsene; 2 (*to manage*) tirare avanti, farcela; 3 (*to progress*) fare progressi, progredire (*with* in): *he is ~ting along nicely with his studies* sta facendo buoni progressi nei suoi studi; 4 (*to be on good terms*) andare d'accordo; *to ~* **along badly with s.o.** essere in cattivi rapporti con qd.; ⟨fam⟩ *~ along with you!:* 1 (*keep away*) vattene!, fila via!, alla larga!; 2 (*nonsense*) ma va'!; *to ~* **the answer** **right** trovare la risposta giusta; *to ~* **around:** 1 = *to get* **about;** 2 (*to find time*) trovare il tempo (*to* di, per): *he never got around to thanking them* non ha mai trovato il tempo di ringraziarli; 3 = *to get* **round;** *to ~* **at:** 1 (*to reach*) raggiungere; 2 (*to discover*) scoprire: *to ~ at the truth* scoprire la verità; 3 ⟨fam⟩ (*to bribe*) corrompere, comprare; 4 (*to attack*) attaccare, colpire; 5 ⟨fam⟩ (*to imply, hint at*) insinuare, far credere: *what are you ~ting at?* che cosa vuoi insinuare?; 6 ⟨fam⟩ (*to make fun of*) punzecchiare, prendersi gioco di; *to ~* **away:** 1 fuggire, scappare, darsi alla fuga, ⟨fam⟩ filare; 2 (*to go away*) andar fuori, andar via: *to ~ away the week-end* andar fuori per il fine-settimana; 3 (*to send, take away*) allontanare, mandar via, portar via; *to ~ away with it* farla franca, passarla liscia, cavarsela; *~ away with you! = get* **along** *with you!;* ⟨fam⟩ *there's no ~ting away from the fact that* non si può negare che, non c'è dubbio che; *to ~* **back:** 1 (*to return*) (ri)tornare, rientrare: *to ~ back into bed* tornare a letto; 2 ⟨fam⟩ (*to revenge o.s. on*) vendicarsi (*at* di); 3 (*to recover*) riottenere, riavere, recuperare: *he got his money back* riottenne il suo denaro; 4 (*to cause to return*) riportare indietro: *the train will ~ you back by nine o'clock* il treno ti riporterà indietro (*o* a casa) per le nove; ⟨fam⟩ *to ~ one's own back on s.o.* rendere la pariglia a qd.; *to ~* **behind** rimanere indietro (*anche fig.*); *to ~* **the best** *of it* avere la meglio, spuntarla; *to ~* **the better** *of s.o.* prevalere (*o* spuntarla) su qd.; *to ~* **one's breath** **back** riprendere fiato; ⟨fam⟩ *~* **busy!** al lavoro!, datti da fare!; *to ~* **by:** 1 (*to pass*) passare: *let me ~ by* fammi passare; 2 (*to succeed in going past*) riuscire a passare; 3 (*to evade the notice of*) sfuggire a: *nothing ~s by him* non gli sfugge nulla; 4 (*to pass unnoticed*) passare inosservato; 5 (*to manage*) tirare avanti, farcela: *it's difficult to ~ by on ten pounds a week* è difficile tirare avanti con dieci sterline la settimana; *to ~* **a woman with child** mettere una donna incinta; ⟨fam⟩ *he got what was coming to him* se l'è meritato, gli sta bene; ⟨fam⟩ *to ~* **done** *with s.th.* farla finita con qc.; *to ~* **down:** 1 scendere; 2 (*to attend*) applicarsi (*to* a), occuparsi (di): *let's ~ down to the matter* occupiamoci della questione; 3 (*to pull down*) tirare giù: *~ my suitcase down* tirami giù la valigia; 4 (*to swallow*) inghiottire, mandar giù; 5 ⟨fam⟩ (*to depress*) deprimere, abbattere; 6 (*to put down in writing*) scrivere, appuntare, prendere nota di; 7 (*to settle down*) mettersi, cominciare (*to* a): *to ~ down to work* mettersi a lavorare; *to ~* **going** muoversi, mettersi in moto; *to have got to* dovere, avere da: *have I got to ask permission?* devo chiedere il permesso?; *we've got to go now* dobbiamo andare, ora; *to ~* **in:** 1 entrare: *to ~ in through the window* entrare dalla finestra; 2 (*to arrive*) arrivare: *the*

train ~s in at nine il treno arriva alle nove; 3 (*of vehicles: to enter, board*) salire in (*o* su), entrare in; 4 (*to become associated*) unirsi (*with* a), mescolarsi (con): *to ~ in with a bad crowd* unirsi a una cattiva compagnia; 5 (*to become involved*) essere coinvolto (*o* implicato); 6 (*to be elected*) essere eletto; 7 (*to insert*) introdurre, inserire; 8 (*to collect*) raccogliere; 9 (*to bring in*) portare dentro, fare entrare; 1 (*to call in*) far venire, chiamare; *to ~* **into:** 1 (*to enter*) entrare; 2 (*of a vehicle*) entrare in, salire in (*o* su): *to ~ into a car* salire su un'automobile; 3 (*of clothes*) indossare, mettersi; 4 (*to be involved in*) impegolarsi, impelagarsi; *~* (*o.s.*) *into trouble* mettersi nei guai; *I can't ~ into la year's jacket* la giacca dell'anno scorso non mi entra più ⟨fam⟩ *what's got into you this morning?* che cosa hai (*o* prende, ti è saltato in mente) stamattina?; ⟨fam⟩ *to ~ i* 1 venire (*o* essere) punito; 2 (*to understand*) capire: *~ i* capito?; *to ~ on s.o.'s* **nerves** dare ai nervi a qd.; *to ~* **off:** 1 (*from a vehicle*) scendere; 2 (*to start*) partire; 3 (*t escape punishment*) cavarsela, farla franca, passarla lisci *he got off with a fine* se la cavò con una multa; 4 ⟨fam⟩ (*to start a flirtation*) iniziare un flirt (*with* con); 5 (*to sto work*) finire di lavorare; 6 (*to remove*) togliere, levare: *can't ~ the lid off* non riesco a togliere il coperchio; (*from a vehicle, a horse*) scendere da, smontare da; 8 (*t procure the acquittal of*) fare assolvere: *the lawyer got hir off* l'avvocato lo fece assolvere; 9 (*of mail: to send* mandare, spedire; ⟨fam⟩ *to tell s.o. where 'he ~s'* (*o to ge off* rispondere per le rime a qd.; *to ~* **on:** 1 (*to mount* montare su, salire su; 2 (*to proceed*) procedere, prosegui andare avanti; 3 (*to make progress*) far progress progredire: *he's ~ting on quite fast* sta facendo buon progressi; 4 (*to succeed*) aver successo, riuscire: *to ~ on i life* 'aver successo' (*o* riuscire) nella vita; 5 (*to be o friendly terms*) andare d'accordo, essere in buoni rappor (*with* con); 6 (*to get in touch with*) mettersi in contatt prendere contatto (*to* con); 7 (*to manage*) andare (*o* tirar avanti, farcela; 8 (*to catch on*) capire, comprender afferrare (*to s.th.* qc.); 9 (*of clothes*) indossare, mettersi; 1 (*to cause to make progress*) far progredire, far fa progressi a; *he's ~ting on* è abbastanza avanti con gli ann *it's ~ting on for midnight* si avvicina la mezzanotte; *to ~* **out:** 1 (*to leave a vehicle*) scendere, smontare; 2 (*to g come out*) uscire (*of* da); 3 (*to escape*) salvarsi da, sfuggir a; 4 (*to become known*) diventar noto, esser conosciut *the news soon got out* la notizia fu ben presto nota; 5 (*t move about socially*) far vita di società; 6 (*to retire, leav an enterprise*) ritirarsi; 7 (*to avoid*) sottrarsi (*of* a), evitar (qc.), esimersi (da): *to ~ out of an unpleasant job* sottrars a un lavoro spiacevole; 8 (*to abandon*) liberarsi (*of* di abbandonare (qc.), perdere (qc.): *to ~ out of a habi* perdere un'abitudine; 9 (*of a book: to borrow*) prendere i prestito; 10 (*to utter*) pronunciare, dire; 11 (*to publish* pubblicare, far uscire; 12 (*to withdraw*) finire, dar fondo a *he got all his savings out* diede fondo a tutti i suo risparmi; *~ out of here* (*o the way*)*!* levati 'di mezzo' (*o* dai piedi)!; *there is nothing to be got out of it* non se ne ricava nulla; *to ~* **over:** 1 (*to climb over*) scavalcare superare; 2 (*to recover from*) riprendersi (*o* riaversi) da: *to ~ over an illness* riprendersi da una malattia; 3 ⟨fam⟩ (*t believe*) credere a, prestar fede a: *I can't ~ over the new.* non riesco a credere alla notizia; 4 (*to overcome*) superare vincere; 5 (*to make clear*) spiegare, chiarire, far capire; (*to get to the end of*) togliersi il pensiero di, liberarsi (c non pensare più a: *let's do it and ~ it over* (*with* facciamolo subito e non pensiamoci più; *to ~* **first prize** vincere il primo premio; *to ~* **round:** 1 (*to outwit* raggirare, rigirare, circuire, ingannare; 2 (*to elude*) elude sottrarsi a; 3 (*to coax*) persuadere con (le) lusinghe (c blandizie); *to ~* **up speed** acquistare velocità; *to ~ u steam:** 1 ⟨Ferr⟩ mettere sotto pressione; 2 ⟨fam⟩ (*to become angry*) adirarsi, arrabbiarsi; ⟨fam⟩ *to ~* **there** (*t succeed*) riuscire; 2 (*to understand*) capire, comprendere; *to ~* **through:** 1 (*to pass or go through*) attraversare, passar attraverso; 2 (*to cause to go through*) far attraversare, fa passare attraverso; 3 (*to reach the end of*) finire, esaurire dar fondo a; 4 (*to consume, drink*) consumare, bere, ⟨fam⟩ scolarsi; 5 (*to complete, finish*) terminare, finire; 6 (

o communicate) comunicare; 7 (*to reach a destination*) ungere a destinazione; 8 (*to make o.s. understood*) farsi apire (*to* da); 9 (*to pass an examination*) superare un ame; 10 ⟨*Parl*⟩ ottenere l'approvazione di, essere pprovato da: *the bill got through Parliament* il disegno di gge ottenne l'approvazione del parlamento; 11 ⟨*Tel*⟩ ettersi in contatto telefonico, ottenere la comunicazione con); *to ~ through with s.th.* finire qc., portare a rmine qc.; *to ~ time* avere (*o* trovare) il tempo; *to ~ to*: giungere, arrivare: *what time do you ~ to London?* a che a arriverai a Londra?; 2 (*to cause to reach, take*) far rivare, portare, condurre; ⟨*fam*⟩ *where's my hat got to?* ove si è cacciato il mio cappello?; *to ~ together*: 1 (*to eet*) riunirsi, radunarsi; 2 (*to agree*) accordarsi, mettersi 'accordo (*on* su); 3 (*to assemble*) radunare, riunire; *to ~* **nder**: 1 (*to go under*) infilarsi sotto; 2 (*to subdue*) omare, dominare; *to ~* **up**: 1 (*from bed*) alzarsi (dal letto); ~ *up early* alzarsi presto; 2 (*to stand up*) alzarsi (in iedi); 3 (*to mount*) salire, arrampicarsi (*on* su); 4 (*of the ea*) ingrossarsi; 5 (*of the wind*) alzarsi; 6 (*to draw near*) vvicinarsi, accostarsi (*to* a); 7 (*to reach*) giungere, rivare (*to* a): *we got up to page twenty* siamo arrivati a agina venti; 8 (*to cause to rise*) far alzare; 9 (*to lift*) llevare; 10 (*to organize*) organizzare, preparare; 11 *am*) (*to study*) studiare; 12 (*fam*) (*to dress elaborately*) ghindarsi; 13 (*to disguise o.s. as*) vestirsi, mascherarsi: *e is got up as a clown* è vestito da pagliaccio; 14 (*to use*) suscitare, stimolare; *~ up!* (*to a horse*) forza! ‖ *at's what you ~ for not looking where you're going* uesto è quel che capita a chi non guarda dove mette i iedi.

t² *s.* 1 ⟨*Zootecn*⟩ piccolo *m*, cucciolo *m*. 2 ⟨*Sport*⟩ (*in nnis*) rinvio *m* difficile.

t-at-able [get'ætəbl] *a.* accessibile, raggiungibile.

taway ['getəwei] *s.* 1 (*escape*) fuga *f: to make one's ~* arsi alla fuga. 2 ⟨*Sport*⟩ (*start*) partenza *f.* 3 ⟨*Aut*⟩ vviamento *m.*

thsemane [geθ'semәni] *N.pr.* ⟨*Bibl*⟩ Getsemani m.

t-out *s.* ⟨*fam*⟩ scappatoia *f*, espediente *m.*

ttable ['getәbl] *a.* ottenibile, conseguibile. **getter** ['getə] 1 chi ottiene. 2 ⟨*El*⟩ getter *m*, assorbente *m* etallico.

t|-together *s.* ⟨*fam*⟩ riunione *f* (di carattere familiare, a amici). **~-tough** *a.* fermo, deciso. **~-up** *s.* ⟨*fam*⟩ 1 bbigliamento *m*, tenuta *f.* 2 (*of a book*) veste *f.* **~-up-and-'go** *s.* ⟨*fam*⟩ energia *f*, decisione *f.* **~-well** ard *s.* cartoncino *m* con auguri di pronta guarigione.

V = ⟨*Fis*⟩ Giga-electronvolt gigaelettronvolt (*abbr.* eV).

wgaw ['gju:gɔ:] *s.* fronzolo *m*, gingillo *m*, ninnolo *m.*

yser ['gaizə] *s.* 1 ⟨*Geog*⟩ geyser *m.* 2 (*tecn*) (*water eater;* ['gi:zə]) scaldacqua *m*, scaldabagno *m*, boiler *m.*

aana ['gɑ:nə] *N.pr.* ⟨*Geog*⟩ Ghana *m.* **Ghanaian** -neiən], **Ghanian** [-niən] I *a.* del Ghana. II *s.* abitante */f* del Ghana.

astliness ['gɑ:stlinis] *s.* 1 aspetto *m* spaventoso (*o* nistro). 2 (*extreme pallor*) pallore *m* spettrale. **ghastly** -li] I *a.* 1 orrendo, spaventoso, terrificante, ghiacciante. 2 (*very pale*) spettrale, pallidissimo. 3 ⟨*fam*⟩ *ery bad*) pessimo, ⟨*fam*⟩ spaventoso: *~ weather* tempo essimo. II *avv.* 1 orrendamente, spaventosamente. 2 *deathly*) mortalmente, come uno spettro: *~ pale* ortalmente pallido.

ee [gi:] *s.* ⟨*Alim*⟩ (*in India*) burro *m* bollito, ghi *m.*

ent [gent] *N.pr.* ⟨*Geog*⟩ Gand *f.*

erkin ['gə:kin] *s.* cetriolino *m.*

etto ['getou] *s.* (*pl.* **-s/-es** [z]) ghetto *m.* **ghettoization** -ai'zeiʃən] *s.* ghettizzazione *f.* **'ghettoize** [-aiz] *v.t.* hettizzare.

ibelline ['gibilain] I *s.* ⟨*Stor*⟩ ghibellino *m* (*f* -a). II *a.* hibellino.

ost [goust] I *s.* 1 fantasma *m*, spettro *m*, spirito *m: to elieve in* -*s* credere ai fantasmi. 2 ⟨*fig*⟩ ombra *f*, traccia 3 (*soul, spirit*) anima *f*, spirito *m.* 4 ~ **ghost writer.** 5 *Ott*) filatura *f*, falsa immagine *f.* 6 ⟨*Tel*⟩ circuito *m* upercombinato (*o* supervirtuale). II *v.t./i.* scrivere per nto d'altri. □ ⟨*fam*⟩ *not to have a ~ of a chance* non

avere ⌐un briciolo di⌐ (*o* la minima) probabilità; ⟨*fig*⟩ *to give up the ~* esalare l'anima, morire; *to raise a ~* evocare uno spirito.

ghostlike ['goustlaik] *a.* spettrale.

ghostliness ['goustlinis] *s.* 1 l'essere spettrale. 2 (*faintness*) evanescenza *f.* **ghostly** [-li] *a.* 1 spettrale. 2 (*insubstantial, faint*) evanescente. 3 (*spiritual*) spirituale.

ghostly| comfort *s.* conforto *m* religioso. **~ father** *s.* padre *m* spirituale.

ghost| story *s.* storia *f* di spettri. **~ town** *s.* città *f* fantasma (*o* abbandonata), città morta. **~ word** *s.* ⟨*Ling*⟩ parola *f* fantasma. **~ writer** *s.* scrittore *m* (*f* -trice) fantasma.

ghoul [gu:l] *s.* 1 essere *m* demoniaco che divora i cadaveri. 2 (*graverobber*) predatore *m* di tombe, sciacallo *m.* 3 ⟨*fig*⟩ persona *f* amante dell'orrido. **'ghoulish** [-iʃ] *a.* orrido, mostruoso.

G.H.Q. = ⟨*Mil*⟩ General Headquarters quartiere generale (*abbr.* Q.G.).

ghyll *s.* → **gill¹**.

Ghz = ⟨*Fis*⟩ Gigahertz gigahertz (*abbr.* Ghz).

GI *am.* ['dʒi:'ai] I *s.* (*pl.* **GI's/GIs** ['dʒi:'aiz]) ⟨*Mil*⟩ appartenente *m* alle forze armate americane; (*enlisted man*) soldato *m* semplice. II *a.* delle (*o* relativo alle) forze armate americane.

giant ['dʒaiənt] I *s.* gigante *m* (*anche fig.*). II *a.* 1 gigantesco, gigante. 2 ⟨*Biol*⟩ gigante. **giantess** [-is] *s.* gigantessa *f* (*anche fig.*). **giantism** [-izəm] *s.* gigantismo *m* (*anche Med.*).

gib¹ [gib] *s.* ⟨*Mecc*⟩ lardone *m.*

gib² *s.* 1 (*male cat*) gatto *m.* 2 (*castrated cat*) gatto *m* castrato.

gibber ['dʒibə] I *v.i.* borbottare, parlare in modo inintelligibile, farfugliare. II *s.* borbottio *m*, farfuglio *m*, parole *fpl* confuse. **gibberish** [-riʃ] *s.* discorso *m* senza senso, linguaggio *m* incomprensibile.

gibbet ['dʒibit] I *s.* forca *f*, patibolo *m.* II *v.t.* 1 esporre sulla forca. 2 (*to hang*) impiccare. 3 ⟨*fig*⟩ mettere alla berlina.

gibbon ['gibən] *s.* ⟨*Zool*⟩ gibbone *m.*

gibbose [gi'bous] *a.* → **gibbous. gibbosity** [-'bɔsiti] *s.* gibbosità *f.* **'gibbous** [-bəs] *a.* 1 gobbo. 2 ⟨*Astr*⟩ biconvesso.

gibe [dʒaib] I *v.i.* lanciare frecciate (*at* a), punzecchiare (qd.). II *v.t.* punzecchiare, pizzicare. III *s.* frecciata *f*, allusione *f* maligna.

giblets ['dʒiblits] *s.pl.* ⟨*Macell*⟩ rigaglie *fpl*, interiora *fpl.*

Gibraltar [dʒi'brɔ:ltə] *N.pr.* ⟨*Geog*⟩ Gibilterra *f.*

gibus (hat) ['dʒaibəs] *s.* ⟨*Mod*⟩ gibus *m.*

giddiness ['gidinis] *s.* 1 vertigini *fpl*, capogiro *m.* 2 ⟨*fig*⟩ leggerezza *f*, frivolezza *f*, volubilità *f.* **giddy** [-di] I *a.* 1 in preda ⌐alle vertigini⌐ (*o* al capogiro), stordito. 2 (*causing giddiness*) vertiginoso, che dà le vertigini: *~ heights* altezze vertiginose. 3 (*whirling*) vorticoso. 4 ⟨*fig*⟩ leggero, frivolo, volubile. □ *to feel ~* avere il capogiro (*o* le vertigini); ⟨*sl*⟩ *to play the ~ goat* fare lo stupido; *it makes me (feel) ~* mi fa venire il capogiro; ⟨*scherz*⟩ *a ~ young thing* una scervellata.

gie *scozz.* [gi:] *v.* → **give¹**.

gift [gift] I *s.* 1 dono *m*, regalo *m.* 2 (*natural ability*) dono *m*, dote *f* naturale, disposizione *f*, talento *m: to have a ~ for languages* avere disposizione per le lingue. 3 (*power, right of giving*) facoltà *f* (*o* diritto *m*) di dare (*o* concedere). 4 ⟨*Dir*⟩ donazione *f.* II *v.t.* 1 donare, regalare: *to ~ s.o. with s.th.* regalare qc. a qd. 2 (*to make a gift of*) fare dono di. 3 (*to endow*) dotare, provvedere, fornire. □ *the job is not in his ~* non rientra nei suoi poteri dare quell'impiego; *to make s.o. a ~ of s.th.* fare dono di qc. a qd.

gift|book *s.* libro *m* (da) strenna. **~ certificate** *am.*, **~ coupon** *s.* → **gift voucher. ~ duty** *s.* → **gift tax.**

gifted ['giftid] *a.* 1 di gran talento. 2 (*endowed by nature*) dotato, provvisto, fornito (*with* di). 3 (*very intelligent*) (molto) intelligente.

gift| shop *s.* negozio *m* di articoli da regalo. **~ stamp** *s.* bollino *m* premio. **~tax** *s.* imposta *f* sulle donazioni. **~ voucher** *s.* buono *m* premio. **~ wrapping** *s.* carta *f* per confezione regalo.

gig[1] [gig] *s.* **1** calesse *m.* **2** ⟨*Sport*⟩ iole *f.* **3** ⟨*Mar*⟩ lancia *f.*

gig[2] *s.* ⟨*Pesc*⟩ arpione *m; (spear-like device)* fiocina *f,* rampone *m.*

gig[3] *v. (pret., p.p.* **gigged** [-d]) **I** *v.t.* **1** ⟨*Pesc*⟩ arpionare, fiocinare. **2** ⟨*Tess*⟩ garzare. **II** *v.i.* ⟨*Pesc*⟩ pescare con la fiocina.

gigahertz ['dʒigəhə:ts] *s.* gigahertz *m.*

gigantean [,dʒaigæn'ti:ən], **gigantesque** [-'tesk], **gi'gantic** [-tik] *a.* gigantesco. **gi'gantically** [-tikli] *avv.* in maniera gigantesca, enormemente. **'gigantism** [-tizəm] *s.* ⟨*Med,Bot*⟩ gigantismo *m.*

giggle ['gigl] **I** *v.i.* ridere scioccamente. **II** *s.* risatina *f* (sciocca). □ *to have the ~s* avere la ridarella. **giggler** [-ə] *s.* chi fa risatine (sciocche). **giggly** [-i] *a.* incline a ridere scioccamente.

gig lamp *s.* **1** fanale *m* di calesse. **2** *pl.* ⟨*fam*⟩ *(spectacles)* occhiali *mpl.*

giglet, giglot ['giglit] *s.* ragazza *f* leggera, farfalla *f.*

gigolo ['dʒigəlou] *s. (pl.* -s [z]) ⟨*sl*⟩ **1** gigolo *m,* mantenuto *m.* **2** *(professional escort)* accompagnatore *m* di professione; *(hired dancing partner)* ballerino *m* a pagamento.

gigot ['dʒigət] *s.* **1** ⟨*Sart*⟩ *(gigot sleeve)* manica *f* a gigot. **2** ⟨*Macell*⟩ *(of lamb, mutton)* gigot *m,* cosciotto *m.*

gigue [ʒi:g] *s.* ⟨*Mus*⟩ giga *f.*

Gilbert ['gilbət] *N.pr.* Gilberto *m.*

gild[1] [gild] *v.t. (pret., p.p.* **'gilded** [-id]/**gilt** [gilt]) **1** dorare, indorare. **2** *(to paint with gold paint)* dorare. **3** ⟨*fig*⟩ *(to make golden)* indorare, tingere d'oro, ⟨*poet*⟩ dorare. **4** ⟨*fig*⟩ *(to embellish)* abbellire, fiorire, ornare, arricchire. □ ⟨*fig*⟩ *to ~ the lily* sciupare la perfezione con ornamenti inutili; ⟨*fig*⟩ *to ~ the pill* indorare la pillola.

gild[2] *s.* ⟨*Mediev*⟩ *(guild)* gilda *f,* corporazione *f.*

gilded ['gildid] *a.* **1** indorato. **2** *(of a golden colour)* dorato.

Gilded| Chamber *s.* ⟨*GB*⟩ Camera *f* dei Lord. **~ spurs** *s.pl. (symbol of knighthood)* speroni *mpl* d'oro. **~ youth** *s.* gioventù *f* dorata.

gilder ['gildə] *s.* (in)doratore *m (f* -trice). **gilding** [-diŋ] *s.* **1** (in)doratura *f.* **2** *(gilded surface)* superficie *f* dorata. **3** *(material used)* doratura *f.* **4** ⟨*fig*⟩ abbellimento *m.*

Giles [dʒailz] *N.pr.* Egidio *m.*

gill[1] [gil] *s.* **1** ⟨*Itt*⟩ branchia *f.* **2** ⟨*Ornit*⟩ *(of a fowl)* bargiglio *m.* **3** ⟨*Bot*⟩ lamella *f.* **4** *pl.* ⟨*scherz*⟩ pappagorgia *f.* **5** ⟨*Mecc*⟩ alettatura *f.*

gill[2] [dʒil] *s. (unit of measure)* gill *m* (pari a 0,142 l).

gill[3] [gil] *s.* ⟨*dial*⟩ **1** burrone *m,* gola *f.* **2** *(brook)* torrente *m,* ruscello *m.*

Gillian ['dʒiliən] *N.pr.* Giuliana *f.*

gillie *scozz.* ['gili] *s.* **1** persona *f* che accompagna *(o* aiuta) un cacciatore *(o* pescatore). **2** *(male attendant)* servitore *m* (d'un capo scozzese).

gillyflower ['dʒiliflauə] *s.* ⟨*Bot*⟩ **1** *(wallflower)* violacciocca *f* gialla. **2** *(stock)* violacciocca *f.* **3** *(clove pink)* garofano *m.*

gilt[1] [gilt] **I** *s.* **1** *(gilding)* doratura *f.* **2** ⟨*fig*⟩ *(attractiveness)* attrattiva *f,* fascino *m.* **3** ⟨*sl*⟩ *(money)* denaro *m.* **II** *a.* → **gilded**.

gilt[2] *s.* ⟨*Zootecn*⟩ scrofa *f* giovane.

'gilt-'edge(d) *a.* **1** *(of paper, etc.)* dal taglio dorato. **2** ⟨*fig*⟩ di prim'ordine, di prima qualità.

'gilt-'edged securities *s.pl.* ⟨*Econ*⟩ titoli *mpl* sicurissimi *(o* di tutto riposo, di piena fiducia).

gilthead ['gilthed] *s.* ⟨*Itt*⟩ aurata *f,* dorata *f.*

gimbals ['dʒimbəlz] *s.pl.* (costr. sing.) ⟨*tecn*⟩ sospensione *f* cardanica.

gimcrack ['dʒimkræk] **I** *s.* oggetto *m* vistoso e di nessun valore. **II** *a.* dozzinale. **gimcrackery** [-əri] *s.* ciarpame *m,* paccottiglia *f.*

gimlet ['gimlit] **I** *s.* ⟨*Fal*⟩ succhiello *m.* **II** *a.* ⟨*fig*⟩ penetrante. **III** *v.t.* ⟨*Fal*⟩ succhiellare, forare col succhiello.

gimlet| eye *s.* occhio *m* acuto. **~-eyed** *a.* dallo sguardo penetrante.

gimme ['gimi] *intz.* ⟨*fam*⟩ *(give me)* dammi.

gimmick ['gimik] *s.* ⟨*fam*⟩ **1** trovata *f* (ingegno espediente *m.* **2** *(trick)* trucco *m,* inganno *m.* **3** *(gad* arnese *m,* aggeggio *m.*

gimp [gimp] *s.* **1** *(trimming)* spighetta *f,* passamano *(thread)* cordoncino *m.* **2** ⟨*Pesc*⟩ lenza *f* di seta (rinfor con filo metallico).

gin[1] [dʒin] *s. (drink)* gin *m.*

gin[2] **I** *s.* **1** ⟨*Tess*⟩ ginnatrice *f.* **2** ⟨*Venat*⟩ trappola ⟨*Mecc*⟩ argano *m,* paranco *m; (tripod)* capra *f.* **II** *(pret., p.p.* **ginned** [-d]) **1** ⟨*Tess*⟩ ginnare. **2** ⟨*Ver* prendere in trappola, intrappolare.

ginger ['dʒindʒə] **I** *s.* **1** ⟨*Bot,Gastr,Farm*⟩ zenzero *m* ⟨*fam*⟩ *(spirit, liveliness)* animazione *f,* vivacità *f,* brio **3** *(colour)* color *m* fulvo, rossiccio *m.* **II** *a.* ful rossiccio: ~ *hair* capelli rossicci. **III** *v.t.* **1** aromatizz con zenzero. **2** ⟨*fig*⟩ *(spesso con up)* ravvivare, anima *(to stir up)* spronare, incitare. □ ⟨*fam*⟩ *by ~!* perbacc

ginger| ale, ~ beer *s.* bibita *f* allo zenzero. **~bread 1** ⟨*Dolc*⟩ pan *m* di zenzero⌐ *(o* pepato). **2** ⟨ ornamento *m* vistoso. **II** *a.* vistoso, appariscente. □ ⟨ *to take the gilt off the ~* spogliare qc. di ogni attrattiva **group** *s.* ⟨*Pol*⟩ gruppo *m* di punta.

gingerly ['dʒindʒəli] **I** *a.* cauto, circospetto, guardingo. *avv.* cautamente, con circospezione.

ginger| nut *s.* ⟨*Dolc*⟩ biscotto *m* allo zenzero. **~ po** → **ginger ale. ~ snap** *s.* → **ginger nut. ~ wine** bevanda *f* fermentata allo zenzero.

gingery ['dʒindʒəri] *a.* **1** aromatizzato con zenzero *(spicy)* pungente, pepato. **3** *(in colour)* fulvo, rossicci ⟨*fig*⟩ vivace, energico.

gingham ['giŋəm] *s.* ⟨*Tess*⟩ percalle *m.*

gingili ['dʒindʒili] *s.* **1** ⟨*Bot*⟩ sesamo *m.* **2** *(oil)* olio *n* sesamo.

gingival [dʒin'dʒaivəl] *a.* **1** ⟨*Anat*⟩ gengivale. **2** ⟨*F* alveolare.

gingival pocket *s.* ⟨*Dent*⟩ tasca *f* gengivale.

gingivitis [,dʒindʒi'vaitis] *s.* ⟨*Med*⟩ gengivite **gingivoectomy** [-'vo'ektəmi] *s.* ⟨*Dent*⟩ gengivectomi **gingivoplasty** [-'plæsti] *s.* gengivoplastica *f.*

gink *am.* [giŋk] *s.* ⟨*sl*⟩ individuo *m,* tipo *m.*

ginkgo ['giŋkgou] *s. (pl.* -s/-es [z]) ⟨*Bot*⟩ ginco *m.*

gin mill *s.* ⟨*sl*⟩ bar *m.*

ginnery ['dʒinəri] *s.* ⟨*Tess*⟩ ginnatoio *m.*

gin palace *s.* bar *m* arredato in modo vistoso.

ginseng ['dʒinseŋ] *s.* ⟨*Bot*⟩ ginseng *m.*

gip [dʒip] *v.t. (pret., p.p.* **gipped** [-t]) *(of fish)* sventra sbuzzare.

gippo ['dʒipou] *s. (pl.* -es [z]) ⟨*sl*⟩ **1** ⟨*mil*⟩ *(gravy)* sugo *(stew)* stufato *m; (soup)* zuppa *f,* minestra *f.* **2** ⟨*sl*⟩ sold *m* egiziano.

gipsy ['dʒipsi] **I** *s.* **1** zingaro *m (f* -a). **2** *(langua* zingaresco *m.* **3** ⟨*fig*⟩ vagabondo *m (f* -a). **4** ⟨*fam*⟩ ⟨ ragazza *f* dal colorito bruno. **II** *a.* zingaresco, di *(o* zingaro, gitano: *a ~ caravan* una carovana di zing **gipsydom** [-dəm] *s.* **1** ambiente *m (o* mondo) d zingari. **2** ⟨*collett*⟩ zingari *mpl.* **gipsyhood** [-hud] natura *f* zingaresca. **gipsyish** [-iʃ] *a.* simile a ⟨ zingaro. **gipsyism** [-izəm] *s.* vita *f* degli zingari.

giraffe [dʒi'rɑ:f] *s.* ⟨*Zool*⟩ giraffa *f.* **Giraffe** *N.pr.* ⟨*A* Giraffa *f.*

girandola [dʒi'rændələ], **'girandole** [-rəndoul] *s.* *(firework, chandelier)* girandola *f.* **2** *(pendant)* orecchin a pendaglio *(con* pietre incastonate).

girasol ['dʒirəsɔl], **girasole** [-soul] *s.* ⟨*Min,Bot*⟩ giras *m.*

gird[1] [gə:d] *v.t. (pret., p.p.* **'girded** [-id]/**girt** [gə:t]) **1** ⟨ *a belt)* cingere, fasciare. **2** *(to surround)* cinge circondare. **3** ⟨*fig*⟩ investire di un potere. □ ⟨*fig*⟩ *to ~ up one's loins* mettersi all'opera con energia, rimbocc le maniche; ⟨*fig*⟩ *to ~ o.s. for s.th.* prepararsi a fare c

gird[2] *v.i.* beffarsi *(at* di), schernire (qd.). **II** *s.* frecc *f.*

girder ['gə:də] *s.* **1** ⟨*Edil,Aer*⟩ trave *f.* **2** ⟨*M* paramezzale *m.*

girder| bridge *s.* ponte *m* a travata. **~ rail** *s.* ⟨*M* rotaia *f* a canale.

girdle[1] ['gə:dl] **I** *s.* **1** ⟨*Vest*⟩ guaina *f,* busto *m.* **2** *(l* *ord around the waist*) cintura *f*, cintola *f*. **3** ⟨*fig*⟩ cintura fascia *f*. **4** (*of a gem*) orlo *m* esterno. **5** ⟨*Anat*⟩ cintura cingolo *m*, cinto *m*. **6** ⟨*Arch*⟩ listello *m*. **II** *v.t.* **1** ingere, avvolgere. **2** (*to surround*) cingere, circondare, ttorniare. **3** ⟨*fig*⟩ girare (*o* rotare) attorno a: *the satellite d the earth* il satellite rotava attorno alla terra. **4** ⟨*Silv*⟩ ercinare.

rdle[2] *scozz. s.* (*griddle*) piastra *f* per cuocere focacce.

·l [gɔ:l] *s.* **1** ragazza *f*, fanciulla *f*, giovanetta *f*. **2** (*young nmarried woman*) donna *f* nubile, signorina *f*. **3** (*female ervant*) donna *f* di servizio, domestica *f*, ⟨*fam*⟩ ragazza *f*. ⟨*fam*⟩ (*sweetheart*) fidanzata *f*, ⟨*fam*⟩ ragazza *f*. **5** *laughter*) figlia *f*. **6** ⟨*sl*⟩ (*cocaine*) cocaina *f*.

·l| Friday *am. s.* segretaria *f* efficiente (con incarichi ari). ~ **friend** *s.* **1** amica *f*. **2** (*sweetheart*) amichetta *f*, morosa *f*, ⟨*fam*⟩ ragazza *f*. ~ **guide** *s.* (giovane) sploratrice *f*, guida *f*. ~ **Guides** *s.pl.* (costr. sing.) ssociazione *f* scoutistica femminile.

·lhood [ˈgɔ:lhud] *s.* adolescenza *f*, giovinezza *f*.

·lie [ˈgɔ:li] ⟨*fam*⟩ **I** *s.* ragazzina *f*. **II** *a.* che presenta agazze nude (*o* poco vestite), ⟨*fam*⟩ con (*o* di) donnine ude: *a ~ magazine* una rivista con donnine nude. **girlish** −ʃ] *a.* di (*o* da) ragazza. **girlishly** [−ʃli] *avv.* da ragazza. **irlishness** [−ʃnis] *s.* maniere *fpl* da ragazza.

·l| scout *am. s.* → **girl guide.** ~ **Scouts** *am. s.pl.* costr. sing.) → **Girl Guides.**

·o [ˈdʒairou] *s.* ⟨*Post*⟩ postagiro *m*.

rondist [dʒiˈrɔndist] **I** *a.* ⟨*Stor*⟩ girondino. **II** *s.* irondino *m*.

·t[1] [gɔ:t] *v.* → **gird**[1].

·t[2] *a.* pronto, preparato (*for a*): ~ *for action* pronto ll'azione.

·t[3] **I** *v.t.* **1** cingere, circondare. **2** (*to measure the girth)* misurare la circonferenza di. **II** *s.* circonferenza *f*, giro *.*

·th [gɔ:θ] **I** *s.* **1** circonferenza *f*, giro *m*. **2** (*of a horse*) ottopancia *m*. **3** ⟨*fam*⟩ (*corpulence*) corpulenza *f*. **II** *v.t.* mettere il sottopancia a; (*of a saddle*) assicurare. **2** (*to easure the girth of*) misurare la circonferenza di. **3** (*to ncircle*) cingere, circondare.

·t [dʒist] *s.* **1** sostanza *f*, essenza *f*, succo *m*, nocciolo *m*. ⟨*Dir*⟩ (*of a legal action*) fondamento *m*, base *f*. [git] *v.* ⟨*dial*⟩ → **get**[1].

tern [ˈgitən] *s.* ⟨*Mus*⟩ specie di liuto.

·e[1] [giv] *v.* (*pret.* **gave** [geiv], *p.p.* **given** [ˈgivn]) **I** *v.t.* **1** are: ~ *it to me* dammelo; (*as a present*) regalare, donare, are. **2** (*to pay*) dare, pagare: *how much will you ~ me r this ring?* quanto mi dai per questo anello? **3** (*to nate*) dare, donare: *to ~ money to charity* dare del naro in elemosina, fare l'elemosina. **4** (*to award, assign*) are, assegnare; (*to attribute, attach*) dare, attribuire: *to ~ importance to s.th.* non dare importanza a qc. **5** (*to roffer*) dare, porgere, offrire: *to ~ one's hand to s.o.* dare mano a qd. **6** (*to imbue with*) dare, infondere, ispirare: ~ *s.o. courage* infondere coraggio in qd. **7** (*to utter*) are, emettere: *to ~ a cry* emettere un grido. **8** (*to xpress*) dare, esprimere, pronunciare: *to ~ an opinion* are un giudizio; (*to state*) enunciare, dare. **9** (*to convey*) ortare, trasmettere, porgere: ~ *him my regards* portagli i iei saluti. **10** (*to impart*) dare, impartire: *to ~ an order* are un ordine. **11** (*to make known*) dare, partecipare, omunicare: *to ~ the news* partecipare la notizia. **12** (*to trust*) dare, affidare: *I'll ~ you the job* ti affiderò ncarico. **13** (*to make, come to*) dare, avere (*o* dare) me risultato: *four times four −s sixteen* quattro per uattro dà sedici. **14** (*to bring in, yield*) dare, fruttare, ndere; (*to produce, afford;* spesso con *off*) dare, produrre: *is tree −s good fruit* questo albero dà buoni frutti. **15** (*to lot, assign*) destinare, assegnare. **16** (*to perform*) dare, eguire: *to ~ a concert* dare un concerto. **17** (*to dicate*) dare, consacrare, dedicare: *to ~ one's life to a use* dedicare la propria vita a una causa. **18** (*to crifice*) dare, sacrificare, immolare, offrire: *to ~ one's e for the good of mankind* sacrificare la vita per il bene ll'umanità. **19** (*to concede*) dare, concedere, accordare: ~ *permission* dare il permesso. **20** (*to impose as nishment*) dare, infliggere, condannare: *he has been −n*

six months gli hanno dato sei mesi. **21** (*to administer*) dare, somministrare; (*to prescribe*) prescrivere, dare. **22** (*to make involuntarily*) dare, fare: *the car gave a lurch* la macchina fece uno scarto improvviso. **23** (*of a party, dinner, etc.*) dare, organizzare. **24** (*of an illness*) attaccare, trasmettere: *don't ~ me your cold* non mi attaccare il raffreddore. **25** (*to present to an audience*) presentare. **26** (*in toasts*) proporre ⌜di brindare⌝ (*o* un brindisi) a: *gentlemen, I ~ you the Queen* signori, propongo di brindare alla regina. **27** ⟨*Tel*⟩ mettere in comunicazione con, ⟨*fam*⟩ dare: ~ *me the police* datemi la polizia. **II** *v.i.* **1** donare, dare (*o* fare) doni. **2** (*to yield to pressure*) cedere: *the door gave as he leant against it* la porta cedette quando vi si appoggiò; (*to collapse*) cedere, sprofondare, piegarsi. **3** (*to face*) dare, affacciarsi, guardare (*on, onto* su): *the window −s onto the garden* la finestra dà sul giardino; (*of a door, etc.: to lead*) dare, aprirsi (*on, onto* su). **4** ⟨*fam*⟩ (*to recount*) parlare, dire, raccontare. □ *to ~* **away:** **1** dare (via), regalare; **2** (*to distribute*) dare, assegnare, distribuire; **3** (*to reveal*) rivelare, svelare: *to ~ away a secret* rivelare un segreto, **4** (*to betray*) tradire, smascherare: *his accent gave him away* l'accento lo tradì; **5** (*of a bride*) portare (*o* accompagnare) all'altare; **6** (*to sacrifice, lose*) perdere, lasciarsi sfuggire; *to ~ o.s. away* tradirsi, farsi scoprire; *to ~* **back:** **1** restituire, rendere, ridare, ritornare; **2** (*of an echo*) rimandare, mandare indietro; **3** (*of an image*) riflettere; **4** (*to retreat*) ritirarsi, arretrare; ⟨*Dir*⟩ *to ~ and* **bequeath** legare, lasciare in eredità (per testamento); *to ~* **best** to riconoscere la superiorità di; *to ~* **forth:** **1** annunciare pubblicamente, rendere pubblico; **2** = *to give* **off;** *to ~* **in:** **1** consegnare, dare; **2** (*to surrender*) arrendersi, cedere (*to a*); *I ~ in!* mi arrendo!; ⟨*fam*⟩ *to ~* **it** *to s.o.* fare una paternale (*o* lavata di capo) a qd.; ~ *her my* **love** salutala da parte mia; *to ~ o.s. to a* **man** (*of a woman*) darsi (*o* concedersi) a un uomo; *to ~ of one's best* dare il meglio di sé; *to ~* **off** mandare, emanare: *the roses gave off a beautiful scent* le rose mandavano un delizioso profumo; ⟨*fam*⟩ *to ~ s.o.* **one** *on the head* dare una botta in testa a qd.; *to ~* **out:** **1** distribuire; **2** (*to make known*) annunciare, divulgare; **3** (*to emit*) mandare (fuori), emettere; **4** (*to come to an end*) esaurirsi, finire, venire a mancare: *supplies soon gave out* le provviste finirono presto; **5** (*to collapse physically*) cedere, soccombere, essere esausto; **6** ⟨*Sport*⟩ mettere fuori gioco; *to ~ o.s. out to be a doctor* spacciarsi per medico; *to ~* **over:** **1** consegnare, affidare; **2** (*to cease from*) smettere di, rinunciare a; **3** (*to devote;* general. al pass.) dedicare: *the evening was −n over to celebration* la serata fu dedicata ai festeggiamenti; **4** (*rifl*) darsi, abbandonarsi; **5** (*to stop*) smettere, cessare: *the rain has −n over* la pioggia è cessata; *to be −n over to s.th.* (*of a person*) indulgere a qc.; ~ *us a* **song** cantaci una canzone; *to ~ and* **take** dare reciproche concessioni, giungere a un compromesso; (*to exchange ideas*) avere uno scambio di idee; *they gave me* **to** *understand that you would be there* mi hanno fatto capire che saresti stato là; *to ~* **up:** **1** cedere, arrendersi, capitolare; **2** (*to abandon*) abbandonare, lasciare: *to ~ up one's job* abbandonare l'impiego; **3** (*to stop*) smettere di, rinunciare a, cessare di: *you must ~ up smoking* devi smettere di fumare; **4** (*to hand over*) consegnare; **5** (*rifl*) dedicarsi, darsi; **6** (*to declare hopeless*) dare per spacciato: *the doctors have −n him up* i medici lo hanno dato per spacciato; *to ~ o.s.* **up** costituirsi; ⟨*am.fam*⟩ *what −s?* che succede?; ⟨*fam*⟩ *to ~ s.o. what for* darle a qd.; (*to scold*) rimproverare qd.

give[2] *s.* (*resilience, elasticity*) elasticità *f*, cedevolezza *f*.

'give-and-'take **I** *s.* **1** concessioni *fpl* reciproche, compromesso *m*. **2** (*exchange of ideas*) scambio *m* d'idee. **II** *a.* di compromesso.

giveaway [ˈgivəwei] *s.* **1** rivelazione *f* involontaria; (*betrayal*) tradimento *m*. **2** ⟨*Comm*⟩ premio *m* spettante all'acquirente di determinati articoli. **3** (*gift*) dono *m*, omaggio *m*. **4** ⟨*am.TV,Rad*⟩ trasmissione *f* a premi. **5** (*examination question*) domanda *f* facilissima.

given[1] [ˈgivn] *s.* → **give**[1].

given[2] *a.* **1** dato, determinato, convenuto, stabilito: *at a ~ time* a un dato momento. **2** (*in reasoning*) dato, ammesso, supposto: ~ *A and B, C follows* dati A e B ne consegue C. **3** (*presented as a gift*) dato, regalato. **4** (*prone*) incline, propenso (*to* a); (*addicted*) dedito, dato (a): ~ *to drink* dedito al bere. **5** ⟨*burocr*⟩ (*of a document*) reso esecutivo.

given name *am., scozz. s.* nome *m* (di battesimo).

giver ['givǝ] *s.* datore *m* (*f* –trice), donatore *m* (*f* –trice).

gizzard ['gizǝd] *s.* **1** ⟨*Ornit*⟩ ventriglio *m.* **2** ⟨*fam*⟩ (*stomach*) stomaco *m;* (*throat*) gola *f.* ☐ ⟨*fam*⟩ *to stick in one's* ~ non andar giù.

gl. = **1** *gill* gill. **2** *glass* vetro. **3** *gloss* glossa.

glabrous ['gleibrǝs] *a.* ⟨*Biol*⟩ glabro, senza peluria, liscio.

glacé ['glæsei, *am.* glæ'sei] **I** *a.* **1** ⟨*Dolc*⟩ (*of cakes*) glassato; (*of fruit*) candito, glassato, glacé. **2** ⟨*Tess,Conc*⟩ glacé, lucido. **3** (*frozen*) ghiacciato, gelato. **II** *v.t.* (*of cakes*) glassare; (*of fruit*) candire.

glacial ['gleisjǝl, *am.* 'gleiʃǝl] *a.* **1** glaciale (*anche* Geol.,Chim.). **2** (*icy*) glaciale, gelido (*anche fig.*).

glacial threshold *s.* ⟨*Geol*⟩ soglia *f* glaciale.

glaciate ['glæsjeit] **I** *v.i.* **1** ghiacciare, congelarsi. **2** (*to become covered with glaciers*) coprirsi di ghiacciai. **II** *v.t.* **1** coprire di ghiaccio (*o* ghiacciai). **2** ⟨*Geol*⟩ corrodere per azione del ghiaccio. **glaciation** [-'eiʃǝn] *s.* ⟨*Geol*⟩ glaciazione *f,* glacialismo *m.* **glacier** ['glæsjǝ, *am.* 'gleiʃǝ] *s.* ⟨*Geol*⟩ ghiacciaio *m.*

glaciological [ˌgleisiou'lɔdʒikl, ˌglæs–] *a.* glaciologico. **glaciologist** [-ɔ'lɔdʒist] *s.* glaciologo. **glaciology** [-'ɔlǝdʒi] *s.* glaciologia *f.*

glacis ['gleisis] *s.* (*pl. inv./*-**cises** [sisi:z]) **1** terreno *m* in pendio, pendenza *f,* scarpata *f.* **2** ⟨*Mil*⟩ glacis *m,* spalto *m,* terrapieno *m.*

glad [glæd] **I** *a.* (*compar.* **gladder** ['glædǝ], *sup.* **gladdest** ['glædist]) **1** felice, contento, lieto: *I'm* ~ *to see you again* sono lieto di rivederti; *to be* ~ *about s.th.* essere contento di qc. **2** (*causing joy*) lieto, gioioso: *a* ~ *occasion* una lieta occasione; (*marked by joy*) gioioso, di gioia: *a* ~ *shout* un grido di gioia. **II** *v.t.* (*pret., p.p.* **'gladded** [-id]) ⟨*rar*⟩ → **gladden.** **'gladden** [-n] *v.t.* allietare, rallegrare.

glade [gleid] *s.* **1** radura *f.* **2** ⟨*am*⟩ (*everglade*) terreno *m* paludoso.

glad| *eye:* ⟨*sl*⟩ *to give s.o. the* ~ fare gli occhi dolci a qd. ~ **hand** *am. s.* ⟨*fam*⟩ **1** stretta *f* di mano calorosa. **2** (*effusive welcome*) accoglienza *f* calorosa. ☐ *to give s.o. the* ~ accogliere calorosamente qd.

gladiator ['glædieitǝ] *s.* **1** ⟨*Stor*⟩ gladiatore *m.* **2** ⟨*fig*⟩ contendente *m.* **,gladiatorial** [-diǝ'tɔ:riǝl] *a.* **1** dei gladiatori. **2** ⟨*fig*⟩ litigioso.

gladiolus [ˌglædi'oulǝs] *s.* (*pl. inv./*-**luses** [lǝsis]/-**li** [lai]) ⟨*Bot*⟩ gladiolo *m.*

gladly ['glædli] *avv.* **1** lietamente. **2** (*willingly*) volentieri, di buon grado. **gladness** [-dnis] *s.* contentezza *f,* gioia *f,* allegria *f.*

glad rags *s.pl.* ⟨*fam*⟩ vestito *m* della festa, abiti *mpl* da festa.

gladsome ['glædsǝm] *a.* ⟨*ant*⟩ contento, lieto.

Gladstone ['glædstǝn], **Gladstone bag** *s.* valigetta *f* da viaggio.

glair [glɛǝ] **I** *s.* **1** albume *m,* bianco *m* (*o* chiara *f*) d'uovo. **2** (*glaze, size*) colla *f* albuminoide. **3** (*any viscous liquid*) liquido *m* vischioso. **II** *v.t.* ricoprire (*o* spalmare) d'albume. **'glairy** [-ri] *a.* **1** viscido, vischioso. **2** (*covered with glair*) coperto (*o* spalmato) d'albume.

glamor *am. s.* → **glamour. glamorization** [ˌglæmǝrai'zeiʃǝn] *s.* esaltazione *f,* glorificazione *f.* **'glamorize** [-raiz] *v.t.* **1** rendere affascinante (*o* attraente). **2** ⟨*fig*⟩ far vedere il lato affascinante di. **'glamorous** [-rǝs] *a.* incantevole, affascinante, attraente, seducente. **'glamour** [-mǝ] *s.* **1** (*beauty, sex–appeal*) fascino *m,* seduzione *f,* attrattiva *f.* **2** (*romantic attractiveness*) fascino *m,* incanto *m.*

glamour girl *s.* ⟨*fam*⟩ ragazza *f* seducente (*o* affascinante).

glance¹ [glɑ:ns] **I** *v.i.* **1** dare uno sguardo, lanciare (*o* dare) un'occhiata: *to* ~ *at the clock* dare un'occhiata all'orologio. **2** (*to be deflected obliquely*) essere deviato (*off* da); (*to ricochet*) rimbalzare (su): *the bullet* –*d off the wall* il proiettile rimbalzò sul muro. **3** (*to refer to briefly*)

accennare di sfuggita (*at* a). **4** (*to flash, gleam*) balena: brillare, luccicare. **II** *s.* **1** scorsa *f,* rapido sguardo occhiata *f: he took a* ~ *at a newspaper* diede una scorsa giornale. **2** (*flash, gleam*) lampo *m,* bagliore *m,* balenio **3** (*oblique blow*) colpo *m* deviato; (*rebound*) rimbalzo **4** (*brief reference*) accenno *m,* cenno *m.* ☐ *to see s.th. a* ~ vedere qc. al primo sguardo.

glance² *s.* ⟨*Min*⟩ minerale *m* luccicante.

glancing ['glɑ:nsiŋ] *a.* **1** casuale, incidentale. **2** (*unstudie* spontaneo, naturale. **glancingly** [-li] *avv.* di sfuggita.

gland¹ [glænd] *s.* ⟨*Biol*⟩ ghiandola *f.*

gland² *s.* ⟨*Mecc*⟩ premistoppa *m,* pressatrecce *m.*

glandered ['glændǝd] *a.* ⟨*Veter*⟩ (*of horses*) affetto morva (*o* cimurro). **glanders** [-dǝz] *s.pl.* (*costr.* sin morva *f,* cimurro *m.*

glandular ['glændjulǝ, *am.* –dʒǝlǝ] *a.* ⟨*Biol*⟩ ghiandolar delle ghiandole. **glandule** [-ju:l] *s.* ⟨*Anat*⟩ ghiandolett **glandulose, glandulous** [-julǝs] *a.* → **glandular.**

glare [glɛǝ] **I** *s.* **1** luce *f* vivida, bagliore *m,* baleno *m.* (*fierce look*) sguardo *m* furioso. **3** ⟨*fig*⟩ vistosità appariscenza *f.* **II** *v.i.* **1** mandare bagliori, abbagliare. (*to look fiercely*) guardare con occhio furioso (*at s.o.* q **III** *v.t.* esprimere con lo sguardo. ☐ *to* ~ *defiance at* guardare qd. con aria di sfida. **'glaring** [-riŋ] *a.* abbagliante, accecante. **2** (*garish*) sgargiante, visto apparíscente. **3** ⟨*fig*⟩ evidente, chiaro, flagran manifesto: *a* ~ *error* un errore evidente. **4** (*star angrily*) furioso, irato. **'glaringly** [-riŋli] *avv.* c evidenza, chiaramente. **glary** [-ri] *a.* ⟨*non com*⟩ → **glaring.**

glass [glɑ:s] **I** *s.* **1** vetro *m: a piece of* ~ un pezzo vetro. **2** (*drinking vessel*) bicchiere *m: a wine*–~ bicchiere da vino; (*contents*) bicchiere *m,* bicchierata *f.* (*looking glass*) specchio *m.* **4** *pl.* (*spectacles*) occhiali *m* lenti *fpl: a pair of* –*es* un paio di occhiali. **5** (*binoculars*) binocolo *m.* **6** (*glass articles*) cristalleria cristalli *mpl.* **7** (*optical lens*) lente *f;* (*telesco* cannocchiale *m.* **8** (*barometer*) barometro *m: the* ~ *falling* il barometro scende; (*thermometer*) termometro **9** (*plate glass*) cristallo *m,* lastra *f* di vetro; (*window pa* vetro *m* (di finestra). **10** ⟨*Orol*⟩ clessidra *f.* **II** *a.* **1** vetro, di cristallo: *a* ~ *bowl* una coppa di cristallo. (*having walls, etc. of glass*) a vetri, a vetrate: *a* ~ *po* una loggia a vetrate. **III** *v.t.* **1** dotare di vetri, invetria chiudere con vetri. **2** ⟨*lett*⟩ (*to reflect*) riflette rispecchiare. **3** ⟨*Conc*⟩ lucidare. **4** ⟨*Alim*⟩ confezionare vasi (*o* recipienti) di vetro. ☐ ⟨*Agr*⟩ **grown** *under* cresciuto (*o* coltivato) in serre di vetro; *to* ~ *in* chiud con vetri, invetriare; ~ *of a* **mirror** luce *f* di u specchio.

glass|**blower** *s.* ⟨*Vetr*⟩ soffiatore *m* di vetro. ~ **booth** cabina *f* di vetro. ~**cutter** *s.* **1** (*tool*) diamante *m* rotella *f*) tagliavetro. **2** (*person*) tagliatore *m* di lastre vetro. ~ **dust** *s.* polvere *f* di vetro. ~ **fiber** *am.,* **fibre** *s.* fibra *f* di vetro.

glassful ['glɑ:sful] *s.* bicchierata *f,* bicchiere *m.*

glass house *s.* **1** ⟨*Agr*⟩ serra *f* di vetro. **2** ⟨*mil*⟩ prigic *f* militare. **3** → **glassworks.**

glassiness ['glɑ:sinis] *s.* **1** trasparenza *f.* **2** (*vitreousne* l'essere vitreo.

glass|**maker** *s.* vetraio *m.* ~**making** *s.* arte *f* vetra ialurgia *f.* ~**man** [mǝn] *s.irr.* vetraio *m.* ~ **painting** pittura *f* vetraria (*o* su vetro), vetrocromia *f.* ~ **paper** ⟨*tecn*⟩ carta *f* vetrata. ~**-reinforced plastic** *s.* plastic rinforzata con fibre di vetro. ~ **soap** *s.* ⟨*Min.,*⟩ pirolusite *f.* ~**ware** *s.* **1** articoli *mpl* di vetro, vetrerie **2** (*table ware*) cristalleria *f,* cristalli *mpl.* ~ **wool** *s.* lar di vetro. ~**work** *s.* **1** fabbricazione *f* del vetro. **2** → **glassware.** ~**works** *s.pl.* (*costr. sing.*) vetreria *f,* fabbri di vetri.

glassy ['glɑ:si] *a.* **1** cristallino, trasparente, limpido, te: *a* ~ *lake* un lago dalle acque cristalline. **2** (*dull*) vit inespressivo: ~ *eyes* occhi vitrei; *a* ~ *stare* uno sgua inespressivo. **3** (*vitreous*) simile al vetro, vetroso, vitr **'glassy-'eyed** *a.* dallo sguardo inespressivo.

Glaswegian [glæs'wi:dʒǝn] **I** *s.* abitante *m/f* di Glasg **II** *a.* di Glasgow.

coma [glɔ:'koumə] s. ⟨Med⟩ glaucoma m.
ucomatous [-təs] a. affetto da glaucoma.
cous ['glɔ:kəs] a. 1 glauco, verde azzurro. 2 ⟨Bot⟩ uco.

ze [gleiz] I v.t. 1 invetriare, dotare di vetri, chiudere i vetri: to ~ a window invetriare una finestra. 2 ⟨eram⟩ invetriare, smaltare a vetro. 3 ⟨Dolc⟩ glassare. 4 ⟨painting⟩ velare. 5 ⟨tecn⟩ (to coat) patinare; (to ʹish) lustrare, lucidare. II v.i. appannarsi, diventare reo. III s. 1 (smooth surface) superficie f vetrosa; bstance used) vernice f vetrosa. 2 ⟨Ceram⟩ vetrina f, trino m. 3 (in painting) mano f di vernice trasparente. ⟨Dolc⟩ glassa f. 5 ⟨Gastr⟩ (stock cooked down) gelatina 6 ⟨am.Meteor⟩ gelicidio m, vetrone m. glazed [-d] a. invetriato. 2 (glossy) lucido. 3 ⟨Ceram⟩ smaltato a tro, (in)vetriato. 'glazer [-ə] s. 1 ⟨Ceram⟩ smaltatore 2 ⟨Conc⟩ lucidatore m.

zier ['gleiziə] s. vetraio m. glaziery [-ri] s. messa f in era dei vetri. glaziness [-zinis] s. l'essere vitreo (o troso).

zing ['gleizin] s. 1 lavoro m del vetraio. 2 (sheets of ass) lastre fpl di vetro, vetrate fpl, vetri mpl. 3 (applying glaze) verniciatura f a smalto, smaltatura f. 4 ⟨Fot⟩ cidatura f, smaltatura f. 5 ⟨Edil⟩ vetrata f; (fitting glass o frames) messa f in opera dei vetri. 6 ⟨Ceram⟩ rinatura f, invetriatura f. 7 (in painting) velatura f. zy ['gleizi] a. vetroso, vitreo.

CM = Ground Launched Cruise Missile missile da ociera lanciato da terra.

am [gli:m] I s. 1 barbaglio m, bagliore m, baleno m. 2 int light) barlume m, luccichio m. 3 ⟨fig⟩ barlume m, rvenza f: a ~ of hope un barlume di speranza. II v.i. 1 lenare, brillare, luccicare. 2 (to shine dimly) brillare di ce debole (o incerta). 3 ⟨fig⟩ balenare, lampeggiare. eamy [-i] a. luccicante, brillante.

an [gli:n] I v.t. 1 ⟨Agr⟩ spigolare. 2 ⟨fig⟩ racimolare, granellare, spigolare: to ~ information racimolare formazioni. II v.i. ⟨Agr⟩ spigolare (anche fig.). 'gleaner ə] s. ⟨Agr⟩ spigolatore m (f –trice). 'gleaning [-in] s. 1 igolatura f. 2 pl. (corn, etc., gleaned) spigolatura f. 3 pl. g) spigolature fpl, notizie fpl, curiosità fpl.

be [gli:b] s. 1 ⟨poet⟩ terra f, terreno m. 2 ⟨Rel⟩ ⟨glebe nd⟩ terreno m che fa parte di un beneficio clesiastico.

e [gli:] s. 1 allegria f, gioia f, gaiezza f. 2 ⟨Mus⟩ canone a più voci. □ to be in high ~ essere al colmo della oia.

e club s. ⟨Mus⟩ società f corale.
eful ['gli:ful] a. allegro, gaio, gioioso.
eman ['gli:mən] s.irr. ⟨Mediev⟩ menestrello m.
esome ['gli:səm] a. ~ gleeful.
n [glen] s. ⟨Geog⟩ valle f stretta e lunga.
noid ['gli:nɔid], glenoidal [-əl] a. ⟨Anat⟩ glenoideo.
b [glib] a. 1 loquace, dalla parola pronta (o facile). 2 ʹree and easy) disinvolto, spigliato. □ to be a ~ talker ʹere una buona parlantina; to have a ~ tongue avere la ngua sciolta. 'glibness [-nis] s. 1 facondia f, loquacità 2 (easiness) disinvoltura f, spigliatezza f.

de [glaid] I v.i. 1 scivolare, scorrere: the boat –d over e waves la barca scivolava sulle onde. 2 (to pass nperceptibly) fluire, scorrere. 3 (to move stealthily) uoversi furtivamente; (to move silently) muoversi lenziosamente. 4 ⟨Aer⟩ planare, librarsi. 5 ⟨Mus⟩ eguire note scivolate. 6 ⟨Fon⟩ passare da un suono ocalico a un altro. II v.t. 1 far scivolare, far scorrere. 2 ler⟩ far planare. III s. 1 scivolata f, scivolamento m. 2 n dancing) passo m strisciato. 3 ⟨Aer⟩ planata f. 4 Mus⟩ legamento m, legatura f. 5 ⟨Fon⟩ suono m atermedio (o transitorio).

de bomb s. bomba f planante.
der [glaidə] s. ⟨Aer⟩ aliante m. 'gliding [-in] s. ⟨Aer⟩ olo m librato (o planato), planamento m.
m [glim] s. ⟨sl⟩ luce f, lampada f, lanterna f.
mmer ['glimə] I s. 1 luce f debole (o incerta), barlume , baluginio m. 2 ⟨fig⟩ barlume m, parvenza f: ~ of hope arlume di speranza. II v.i. 1 luccicare debolmente. 2 (to ppear faintly) baluginare. glimmering [-rin] I s. 1 luce

f debole (o incerta), barlume m, baluginio m. 2 ⟨fig⟩ barlume m, idea f confusa (o vaga). II a. luccicante.
glimpse [glimps] I s. 1 rapido sguardo m, occhiata f. 2 ⟨fig⟩ idea f confusa (o vaga), barlume m. II v.t. vedere di sfuggita, intravedere. III v.i. guardare di sfuggita (at s.o. qd.). □ to catch (o get) a ~ of s.th. intravedere (o vedere di sfuggita) qc.
glint [glint] I s. 1 baleno m, barbaglio m, bagliore m; (sparkle) scintillio m, luccichio m. 2 ⟨fig⟩ scintilla f, sprazzo m. II v.i. 1 scintillare, brillare, rifulgere. 2 (to appear briefly) baluginare, balenare. III v.t. far scintillare (o brillare).
glissade [gli'sa:d] I s. 1 ⟨Sport⟩ scivolata f. 2 (in dancing) passo m strisciato, glissade f. II v.i. 1 ⟨Sport⟩ scivolare. 2 (in dancing) fare una glissade.
glisten ['glisn] I v.i. brillare, luccicare, scintillare. II s. brillio m, luccichio m, scintillio m.
glich am. [glitʃ] s. ⟨tecn⟩ guasto m; (malfunction) difetto m di funzionamento; (technical problem) problema m tecnico.
glitter ['glitə] I s. 1 brillio m, scintillio m, luccichio m, sfolgorio m. 2 ⟨fig⟩ splendore m, sfarzo m. 3 (glittering objects) ornamenti mpl luccicanti; (on dresses) lustrini mpl. II v.i. 1 brillare, luccicare, scintillare. 2 ⟨fig⟩ splendere, risplendere, rilucere. □ Prov.: all that –s is not gold non è tutt'oro quel che riluce. glittering [-rin] a. brillante, scintillante, splendente.
gloaming scozz. ['gloumin] s. crepuscolo m, imbrunire m.
gloat [glout] v.i. provare un gusto maligno, gongolare (malignamente) (over, at per, su): to ~ over s.o.'s failure gongolare per l'insuccesso di qd. 2 (to gaze at with greedy pleasure) covare con gli occhi, guardare con avidità (over, on, upon s.th. qc.). 'gloatingly [-inli] avv. 1 con gioia maligna. 2 (greedily) avidamente.
global ['gloubl] a. 1 mondiale, universale: ~ war guerra mondiale. 2 ⟨fig⟩ globale, complessivo, totale. 3 (spherical) sferico. ,globalization [-bəlai'zeiʃən] s. globalizzazione f. globate [-beit], globated [-beitid] a. globulare, a forma di globo.
globe [gloub] s. 1 globo m, mappamondo m. 2 (sphere) globo m, sfera f, orbe m. 3 (celestial body) globo m celeste; (planet) pianeta m. 4 ⟨Anat⟩ (eyeball) globo m (oculare). □ the (o this) ~ il globo, la terra, il mondo; all over the ~ in ogni parte del globo.
globe|fish s. ⟨Itt⟩ 1 (puffer) pesce m palla. 2 (ocean sunfish) pesce m luna. ~ flower s. ⟨Bot⟩ luparia f. ~ lightning s. ⟨Meteor⟩ fulmine m (o lampo) globulare. ~trotter s. giramondo m. ~trotting s. il viaggiare per il mondo a piedi (o con mezzi di fortuna).
globoid ['glouboid] I a. sferico, a sfera. II s. ⟨Bot⟩ globoide m.
globose ['gloubous] a. globoso, sferico. globosity [-'bositi] s. globosità f, sfericità f.
globular ['glɔbjulə] a. 1 globulare, a forma di globo, sferico. 2 ⟨Biol⟩ che contiene globuli. □ ⟨Astr⟩ ~ cluster ammasso m globulare.
globule ['glɔbju:l] s. 1 goccia f, gocciolina f. 2 ⟨Biol⟩ globulo m. globulin [-julin] s. ⟨Biol⟩ globulina f.
glomerate ['glɔmərit] a. agglomerato.
glomerule ['glɔməru:l] s. 1 ⟨Biol⟩ glomerulo m. 2 ⟨Med⟩ → glomerulus. glomerulus [glo'meruləs] s. ⟨Med⟩ glomerulo m.
gloom [glu:m] I s. 1 buio m, tenebre fpl, oscurità f. 2 ⟨fig⟩ tristezza f, malinconia f, tetraggine f, depressione f: the news cast a ~ over the company la notizia gettò nella tristezza la compagnia. II v.i. 1 avere l'aria triste (o malinconica); (to look dejected) avere l'aria depressa. 2 (to become dark) oscurarsi, offuscarsi, rabbuiarsi. III v.t. 1 oscurare, offuscare. 2 ⟨rar⟩ (to sadden) rattristare, immalinconire. 'gloominess [-inis] s. 1 oscurità f, buio m, tenebre fpl. 2 ⟨fig⟩ tristezza f, malinconia f, depressione f. 'gloomy [-i] a. 1 oscuro, buio, tenebroso. 2 (causing despondency) deprimente; (filled with despondency) depresso, abbattuto. 3 (melancholy) cupo, malinconico, triste, tetro. 4 (pessimistic) pessimista, sfiduciato. 5 (sombre) fosco, lugubre.
glorification [glɔ:rifi'keiʃən] s. 1 glorificazione f. 2 ⟨fam⟩

(*spree*) festeggiamenti *mpl*, festa *f*. **'glorifier** [–faiə] *s*. glorificatore *m* (*f* –trice). **'glorify** [–fai] *v.t*. **1** glorificare, rendere lode a: *to* ~ *God* glorificare Dio. **2** (*to make glorious*) glorificare, celebrare. **3** (*to extol*) esaltare, magnificare. **4** ⟨*fig*⟩ fare apparire più importante.

gloriole ['glɔ:rioul] *s*. aureola *f*, alone *m*.

glorious ['glɔ:riəs] *a*. **1** glorioso: *a* ~ *victory* una gloriosa vittoria. **2** (*splendid*) splendido, meraviglioso, magnifico. **3** ⟨*fam*⟩ (*delightful*) piacevolissimo, delizioso. **gloriousness** [–nis] *s*. l'essere glorioso.

glory ['glɔ:ri] **I** *s*. **1** splendore *m*, magnificenza *f*; (*resplendent beauty*) bellezza *f* risplendente. **2** (*particular distinction*) gloria *f*, orgoglio *m*, vanto *m*: *to be the* ~ *of the family* essere l'orgoglio della famiglia. **3** (*worshipful praise*) gloria *f*, lode *f*. **4** (*renown*) gloria *f*, fama *f*, onore *m*: *to be covered with* ~ coprirsi di gloria. **5** (*heavenly bliss*) gloria *f* (celeste), beatitudine *f* (eterna). **6** (*halo*) aureola *f* (di gloria). **II** *v.i*. **1** gloriarsi, compiacersi (*in* di). **2** (*to boast*) vantarsi, gloriarsi (di). □ ⟨*fam*⟩ ~ *be!* Dio buono!; *to go to* ~ salire alla gloria di Dio, morire; ⟨*fam*⟩ *to be in one's* ~ essere al settimo cielo; ⟨*Rel*⟩ the saints in ~ i santi nella gloria del paradiso; ⟨*fam*⟩ *to send s.o. to* ~ mandare qd. al creatore, uccidere qd.

gloryhole ['glɔ:rihoul] *s*. **1** ⟨*fam*⟩ ripostiglio *m* (per cianfrusaglie). **2** ⟨*Mar*⟩ cambusa *f*. **3** ⟨*Vetr*⟩ apertura *f* di riscaldo; (*furnace*) forno *m* di riscaldo.

gloss¹ [glɔs] **I** *s*. **1** lucentezza *f*, lucidezza *f*. **2** ⟨*fig*⟩ vernice *f*, apparenza *f* (esteriore). **II** *v.t*. **1** lucidare, lustrare. **2** (*to give a deceptive appearance to;* spesso con *over*) mascherare, coprire, dissimulare.

gloss² **I** *s*. **1** glossa *f*, chiosa *f*, postilla *f*. **2** (*glossary*) glossario *m*. **3** (*explanatory insertion*) glossa *f*, spiegazione *f*; (*interlinear gloss*) glossa *f* interlineare. **II** *v.t*. **1** glossare, chiosare, postillare. **2** (*to interpret falsely;* spesso con *over*) interpretare male (*o* erroneamente).

glossarial [glɔ'sɛəriəl] *a*. di un glossario. **'glossarist** [–sərist] *s*. **1** glossatore *m* (*f* –trice), chiosatore *m* (*f* –trice). **2** (*compiler of a glossary*) glossografo *m*. **'glossary** [–ri] *s*. glossario *m*.

glosseme ['glɔsi:m] *s*. ⟨*Ling*⟩ glossema *m*.

glossiness ['glɔsinis] *s*. lucidezza *f*, lucentezza *f*.

glossographer [glɔ'sɔgrəfə] *s*. → **glossarist**. **glossography** [–fi] *s*. glossografia *f*. **glossology** [–'sɔlədʒi] *s*. ⟨*ant*⟩ glottologia *f*.

glossy ['glɔsi] **I** *a*. **1** lucido, lucente. **2** ⟨*fig*⟩ specioso. **II** *s*. **1** → **glossy magazine**. **2** ⟨*Fot*⟩ fotografia *f* (su carta) lucida.

glossy magazine *s*. ⟨*giorn*⟩ rivista *f* riccamente illustrata (stampata su carta patinata).

glottal ['glɔtl] *a*. **1** ⟨*Anat*⟩ della glottide. **2** ⟨*Fon*⟩ glottale.

glottal| catch, ~ stop *s*. ⟨*Ling*⟩ occlusiva *f* glottale.

glottic ['glɔtik] *a*. **1** ⟨*Anat*⟩ della glottide. **2** ⟨*ant*⟩ (*linguistic*) linguistico. **glottis** [–tis] *s*. (*pl*. **tises** [–iz]/**tides** [tidi:z]) ⟨*Anat*⟩ glottide *f*.

glottochronology [ˌglɔtokrə'nɔlədʒi] *s*. ⟨*Ling*⟩ glottocronologia *f*.

glottology [glɔ'tɔlədʒi] *s*. glottologia *f*.

glove [glʌv] **I** *s*. **1** guanto *m*: *a pair of* ~*s* un paio di guanti. **2** ⟨*Sport*⟩ (*boxing glove*) guantone *m*. **II** *v.t*. inguantare, mettere i guanti a. □ ⟨*fig*⟩ *to* fit *like a* ~ calzare come un guanto; ⟨*fig*⟩ *to be* **hand** *in* ~ *with s.o*. essere in combutta con qd.; ⟨*fig*⟩ *to* handle *s.o. with kid* (*o velvet*) ~*s* trattare qd. coi guanti (*o* con molto riguardo); ⟨*fig*⟩ *with* (*the*) ~*s* off senza mezze misure, con risolutezza; *to* take *off the* ~*s to s.o*. litigare aspramente con qd.; ⟨*fig*⟩ *to take up the* ~ raccogliere il guanto, accettare la sfida; ⟨*fig*⟩ *to* **throw** *down the* ~ gettare il guanto, sfidare.

glove| box *s*. **1** scatola *f* per i guanti, guantiera *f*. **2** → **glove compartment**. **~ compartment** *s*. ⟨*Aut*⟩ cassetto *m* (*o* vano) portaoggetti.

glover ['glʌvə] *s*. guantaio *m* (*f* –a).

glove seller *s*. guantaio *m*.

glow [glou] **I** *v.i*. **1** ardere: *his cigarette* –*ed in the dark* la sua sigaretta ardeva nel buio. **2** (*to be incandescent*) essere incandescente (*o* infocato). **3** (*of the cheeks, skin*)

avvampare, farsi di fuoco. **4** (*to shine inten*) risplendere, rifulgere. **5** (*to flame, be red*) fiammegg rosseggiare. **6** ⟨*fig*⟩ ardere, essere infiammato. **II** incandescenza *f*. **2** (*brightness of colour*) luminosit splendore *m*. **3** (*of the cheeks, etc.*) colorito *m* vivo. **4** (*feeling of elation*) fervore *m*, ardore *m*. **5** ⟨*fig*⟩ (*b warmth*) calore *m* (del corpo).

glower ['glauə] **I** *v.i*. guardare torvo (*o in* cagnesco) (*ar* qd.). **II** *s*. sguardo *m* torvo. **glowering** [–riŋ] *a*. tc bieco.

glowing ['glouiŋ] *a*. **1** incandescente. **2** (*burning flame*) acceso. **3** (*of colours*) brillante, caldo, acces ⟨*fig*⟩ (*enthusiastic*) caloroso, ardente, appassionatc ⟨*fig*⟩ (*showing good health*) colorito, rubicondo. □ *t* ~ *with good health* avere una splendida cera, spriz salute (da tutti i pori); ⟨*fig*⟩ *to paint s.th. in* ~ *co* descrivere con entusiasmo qc.; *to speak in* ~ *terms of* meraviglie di.

glow| lamp *s*. lampada *f* incandescente (*o a luminesce* ~ **worm** *s*. ⟨*Entom*⟩ lampiride *f* nottiluca, lucciola *f*

gloxinia [glɔk'siniə] *s*. ⟨*Bot*⟩ gloxinia *f*.

gloze [glouz] *v.t*. (general. con *over*) attenuare, sminu

glucide ['glu:said] *s*. ⟨*Chim*⟩ glucide *m*.

glucinium [glu:'siniəm], **glucinum** [–'sainəm] *s*. bе *m*, glucinio *m*.

glucose ['glu:kous] *s*. ⟨*Chim*⟩ glucosio *m*, glicosio **'glucoside** [–kəsaid] *s*. ⟨*Chim*⟩ glicoside *m*.

glue [glu:] **I** *s*. **1** colla *f*. **2** (*any adhesive substa* sostanza *f* adesiva. **II** *v.t*. incollare, unire (*o* attaccare) la colla. □ ⟨*fig*⟩ *his eyes were* –*d to his book* non stac gli occhi dal libro; *she* –*d herself to her mother* s appiccicata alla madre.

glue| cell *s*. ⟨*Biol*⟩ colloblasto *m*. ~ **pot** *s*. pentolin della colla.

gluer ['glu:ə] *s*. incollatore *m*.

gluey ['glu:i] *a*. **1** colloso. **2** (*viscid*) vischi appiccicoso.

glum [glʌm] *a*. malinconico, triste, tetro, cupo.

glume [glu:m] *s*. ⟨*Bot*⟩ gluma *f*.

glumness ['glʌmnis] *s*. tetraggine *f*, tristezza *f*, malinc *f*.

glut¹ [glʌt] **I** *v.t*. (*pret., p.p*. **'glutted** [–id]) **1** saziare (*a fig*.): *to* ~ *o.s. on s.th*. saziarsi di qc. **2** ⟨*Comm*⟩ satu *to* ~ *the market* saturare il mercato. **II** *s* sovrabbondanza *f*, eccesso *m*, quantità *f* eccessiva. **2** *of glutting*) scorpacciata *f*.

gluteal [glu:'ti:əl] *a*. ⟨*Anat*⟩ gluteo.

gluten ['glu:tən] *s*. ⟨*Biol*⟩ glutine *m*.

gluten bread *s*. pane *m* glutinato.

glutenous ['glu:tənəs] *a*. **1** glutinato. **2** (*like glt* glutinoso.

gluteus [glu:'ti:əs] *s*. (*pl*. **-tei** ['ti:ai]) ⟨*Anat*⟩ gluteo *m*.

glutinous ['glu:tinəs] *a*. glutinoso (*anche Bot*.).

glutton ['glʌtn] *s*. **1** ghiottone *m* (*f* –a), goloso *m* (*f* – ⟨*fig*⟩ persona *f* insaziabile, divoratore *m* (*f* –trice): ~ *of books* essere un 'divoratore di libri' (*o* le insaziabile). **3** ⟨*Zool*⟩ ghiottone *m*, volverina *f*. ⟨*scherz*⟩ *to be a* ~ *for work* non temere la fa **gluttonous** [–əs] *a*. goloso, ghiotto, ingordo, vo **gluttony** [–ni] *s*. ghiottoneria *f*, golosità *f*, voraci ingordigia *f*.

glyc(a)emia [glai'si:miə] *s*. ⟨*Med*⟩ glicemia *f*.

glycerate ['glisəreit] *s*. ⟨*Chim*⟩ glicerato *m*. **glyc** [–'serik] *a*. glicerico. **glyceride** [–raid] *s*. gliceride **glycerin(e)** [–'rin] *s*. glicerina *f*. **glycerol** [–roul] *s* **glycerin(e)e. glyceryl** [–ril] *s*. glicerile *m*.

glycosuria [ˌglaiko(u)'sjuəriə] *s*. ⟨*Med*⟩ glicosuria *f*.

glyph [glif] *s*. **1** ⟨*Arch*⟩ glifo *m*. **2** ⟨*Archeol*⟩ geroglific **3** (*symbol*) glifo *m*. **'glyphic** [–ik] *a*. inciso.

glyptic ['gliptik] **I** *a*. glittico. **II** *s*. (spesso al pl.) glitti glittografia *f*. **glyptograph** [–to(u)grɑ:f] *s*. pietra gemma) incisa. **glyptography** [–'tɔgrəfi] *s*. glittogra glittica *f*.

gm = *gramme* grammo (*abbr*. g).

GM = *Greenwich meridian* meridiano di Greenwich.

G.M. = **1** *General Manager* direttore generale. **2** *G Master* gran maestro. **3** ⟨*GB*⟩ *George Medal* medagli an Giorgio.

·man *am.* ['dʒimən] *s.irr.* ⟨*sl*⟩ (*Government man*) agente ı investigativo federale.

MT, G.M.T. = *Greenwich Mean Time* ora media di Greenwich.

. = **1** *general* generale. **2** *guinea* ghinea.

ar [nɑ:] *v.i.* (*to snarl*) ringhiare.

arl [nɑ:l] **I** *s.* ⟨*Bot*⟩ nodo *m*, nocchio *m*. **II** *v.t.* ontorcere, storcere, torcere. **gnarled** [–d], **'gnarly** [–i] **1** ⟨*Bot*⟩ nodoso, pieno di nodi. **2** ⟨*fig*⟩ dall'aspetto uvido (*o* rozzo). □ ~ *fingers* dita nodose.

ash [næʃ] **I** *v.t.* digrignare, arrotare. **II** *v.i.* digrignare i enti.

at [næt] *s.* ⟨*Entom*⟩ **1** culice *m*, zanzara *f*. **2** ⟨*am*⟩ ımulide *m*. □ ⟨*fig*⟩ *to strain at a* ~ (*and swallow a amel*) fare il difficile per cose da nulla.

aw [nɔ:] *v.* (*pret.* **gnawed** [–d], *p.p.* **gnawed/gnawn** [–n]) *v.t.* **1** rosicchiare, rodere, rosicare. **2** (*to form by nawing*) fare rosicchiando. **3** (*to corrode*) rodere, orrodere. **4** ⟨*fig*⟩ torturare, tormentare, rodere. **II** *v.i.* **1** osicchiare, rodere, rosicare (*at, on s.th.* qc.): *the dog –ed t a bone* il cane rosicchiava un osso. **2** (*to corrode*) orrodere, rodere (*at s.th.* qc.). **3** ⟨*fig*⟩ tormentare, rodere, orturare (*at s.th.* qc.): *anxiety –ed at his heart* l'ansia gli odeva il cuore. **'gnawer** [–ə] *s.* roditore *m*. **'gnawing** –iŋ] **I** *s.* **1** rodimento *m*, rodio *m* (*anche fig.*). **2** *pl.* oangs) morsi *mpl*: *the –s of hunger* i morsi della fame. **II** . che rode, roditore.

awn [nɔ:n] → **gnaw.**

eiss [nais] *s.* ⟨*Geol*⟩ gneis(s) *m*.

ome[1] [noum] *s.* (*pl.* **-s** [z]/**gnomae** ['noumi:]) sentenza *f*, notto *m*, proverbio *m*, gnome *f*.

ome[2] *s.* ⟨*Folcl*⟩ gnomo *m*.

omic ['noumik] *a.* gnomico, sentenzioso.

omish ['noumiʃ] *a.* ⟨*Folcl*⟩ simile a uno gnomo.

omon ['noumən] *s.* gnomone *m* (*anche Geom.*).

no'monic [–ik] *a.* **1** di uno gnomone. **2** → **gnomic.**

no'monics [–iks] *s.pl.* (costr. sing.) gnomonica *f*.

osis ['nousis] *s.* (*pl.* **-ses** [si:z]) **1** ⟨*Teol*⟩ gnosi *f*. **2** ⟨*Rel*⟩ gnosticismo *m*, gnosi *f*.

ostic ['nɔstik] *a.* della conoscenza. **Gnostic I** *a.* ⟨*Rel*⟩ nostico. **II** *s.* gnostico *m* (*f* –a). **Gnosticism** [–tisizəm] ⟨*Rel*⟩ gnosticismo *m*.

s. = *guineas* ghinee.

u [nju:] *s.* ⟨*Zool*⟩ gnu *m*.

¹ [gou] *v.* (*pret.* **went** [went], *p.p.* **gone** [gɔn]) **I** *v.i.* **1** ndare, recarsi (*to* a): *let's* ~ *to the cinema* andiamo al inema. **2** (*to leave*) andarsene, partire: *I must be –ing* evo andarmene. **3** (*to function, work*) funzionare, andare: ny watch won't ~ il mio orologio non funziona. **4** (*to urn out*) andare, riuscire: *how did the party* ~? com'è ndato il ricevimento? **5** (*to proceed*) andare, procedere: ow is the work –ing? - it isn't –ing very well come rocede il lavoro? - non va molto bene. **6** (*to reach, xtend*) andare (*to* fino a), arrivare (a): *this road –es to :dinburgh* questa strada va fino a Edimburgo; *her hair es right down to her waist* i capelli le arrivano alla vita; *o lead*) condurre, portare (a). **7** (*of time*) andare, assare, (tra)scorrere. **8** (*to stop*) passare, finire: *the pain as –ne* il dolore è passato. **9** (*to move with a specified urpose*) andare: *to* ~ *hunting* andare a caccia; *to* ~ *for a ʋalk* andare a fare una passeggiata; *to* ~ *shopping* andare fare compere. **10** (*in continuous tenses, followed by an nfinitive: to intend to*) intendere: *I'm not –ing to wait any onger* non intendo aspettare ancora; *we're –ing to spend ur holidays in Capri* passeremo le vacanze a Capri; (*to be bout to*) stare per: *he's –ing to have a nasty surprise* 'sta er avere (*o* avrà) una brutta sorpresa; (*to express a ertain forecast*) stare per, essere 'lì lì per' (*o* sul punto di): 's –ing to rain sta per piovere, tra poco pioverà. **11** (*to ct*) agire, comportarsi, procedere. **12** (*to do, make an ction*) fare, muovere: ~ *like this with your hand* fai così on la mano, muovi così la mano. **13** (*to belong*) andare, 1esso (*o* riposto) (*on* su): *these books* ~ *here* questi libri anno messi qui. **14** (*to fit, be contained*) entrare, stare, ssere contenuto (*in* in): *it won't* ~ *in* non entra. **15** (*to ass by inheritance*) andare, toccare in eredità (*to* a). **16** (*to*

ring) sonare: *has the bell –ne yet?* è già sonata la campana?; (*to make a certain sound*) fare: *the song –es like this* la canzone fa così. **17** (*to give way, break*) cedere, crollare. **18** (*to become*) diventare: *to* ~ *mad* diventare matto, impazzire; *to* ~ *bald* diventare calvo; (*to become worn–out*) logorarsi, consumarsi: *the jacket has –ne àt the elbows* la giacca si è logorata ai gomiti. **19** ⟨*eufem*⟩ (*to die*) andarsene, morire. **20** ⟨*fam*⟩ (*to be acceptable*) andare, essere ammesso: *in a permissive society anything –es* in una società permissiva tutto è ammesso. **21** (*of money*) essere speso (*on, for, in* per, in), andarsene (in): *all her salary –es on clothes* tutto il suo stipendio se ne va in vestiti. **22** (*to be awarded*) andare, essere conferito (*o* assegnato) (*to* a). **23** (*to be sold*) costare (*for, at s.th.* qc.), essere in vendita (a): *it was –ing cheap* costava poco. **24** (*to amount to*) equivalere, corrispondere (*to* a): *three feet* ~ *to a yard* tre piedi equivalgono a una iarda. **25** (*to contribute to*) concorrere, contribuire (*to* a): *the qualities that* ~ *to make a leader* le qualità che concorrono a fare di qd. un capo; (*to serve*) servire (*to* a): *your question simply –es to show your ignorance* la domanda che hai fatto serve solo a dimostrare la tua ignoranza. **26** (*to give access to*) dare, portare (*to* in), dare accesso (a). **27** (*to have recourse to*) ricorrere, far ricorso (*to* a), adire (qc.): *to* ~ *to law* (*o court*) far ricorso alle vie legali. **28** ⟨*fam*⟩ (*to be authoritative*) avere importanza (*o* valore). **29** ⟨*fam*⟩ (*to clear one's bowels*) andare (di corpo). **II** *v.t.* **1** puntare, scommettere. **2** (*in cards*) dichiarare. □ ~ **about: 1** andare 'in giro' (*o* qua e là); **2** (*of rumours, etc.*) correre, essere in giro, circolare: *there is a story –ing about that* corre voce che; **3** (*to set to work at*) intraprendere, affrontare; **4** (*to occupy o.s. with*) occuparsi di, fare: ~ *about one's work* fare il proprio lavoro; **5** ⟨*Mar*⟩ virare di bordo (in prua); ~ *about your business!* bada ai fatti tuoi!; *to* ~ **across** (at)traversare; *to* ~ **after: 1** cercare di ottenere (*o* avere); **2** (*to pursue amorously*) corteggiare, fare la corte a; *to* ~ **against: 1** andare contro, essere contrario a: *it –es against my principles* va contro i miei principi; **2** (*to be unfavourable for*) volgere a sfavore di, essere sfavorevole a; *to* ~ **ahead: 1** andare avanti; **2** (*to proceed without hesitation*) tirare diritto, non avere esitazioni; **3** ⟨*Sport*⟩ passare in testa; ~ **ahead!** avanti!, forza!, coraggio!; *to* ~ **it alone** far da solo; *to* ~ **along: 1** andare (*with* con), accompagnare (qd.); **2** ⟨*fig*⟩ concordare, essere d'accordo (con); **3** (*to proceed*) procedere, andare avanti: *to learn as one –es along* imparare man mano che si va avanti; ⟨*fam*⟩ ~ **along with you!: 1** va' via!, togliti dai piedi!; **2** (*in disbelief*) ma va!, fammi il piacere!; ⟨*Mar*⟩ *to* ~ **alongside** attraccare, accostare; *shall we* ~ **and** *see John?* andiamo a trovare Giovanni?; *you've –ne and burnt the toast* ecco che hai bruciato il toast; *to* ~ **around** = *to go* **round; as ...** ~ relativamente, per quanto riguarda; *as things* ~ stando così le cose; ⟨*Mar*⟩ *to* ~ **ashore** scendere a terra, sbarcare; *to* ~ **astray: 1** smarrirsi, perdere la strada; **2** ⟨*fig*⟩ deviare dalla retta via; *to* ~ **at: 1** scagliarsi (*o* avventarsi) contro, attaccare; **2** ⟨*fig*⟩ mettersi 'di lena' (*o* d'impegno) a; ⟨*fam*⟩ *to* ~ **at it** mettercela tutta; *to* ~ **away** andar via, andarsene, partire: ~ *away!* va' via!, vattene!; *to* ~ **back: 1** (ri)tornare; **2** (*to extend back*) risalire (*to* a): *his family –es back to the Tudors* la sua famiglia risale ai Tudor; **3** (*to betray*) abbandonare, tradire (*on s.o.* qd.); **4** (*of an undertaking*) ritirarsi (*on* da), abbandonare (qc.): *to* ~ **back on one's word** ritirare la parola data; *to* ~ **bad** andare a male, guastarsi; *to* ~ **badly** andare male; ⟨*lett*⟩ *be –ne!* vattene!; *to* ~ **before** precedere, venire prima (di); *to* ~ **behind** rivedere, tornare su; *to* ~ **behind s.o.'s words** voler vedere dei sottintesi (*o* secondi fini) nelle parole di qd.; *to* ~ **beyond** oltrepassare (*anche fig.*); *to* ~ **by: 1** passare, trascorrere: *as the years* ~ *by* col passar degli anni; **2** (*to form an opinion from*) basarsi su, giudicare da: *to* ~ *by appearances* giudicare dalle apparenze; **3** (*to be guided by*) dar retta a, seguire, lasciarsi guidare da: *a good rule to* ~ *by* una buona regola da seguire; **4** (*to pass by*) passare (vicino a); *to* **come** *and* ~ andare e venire; **dead** *and –ne* morto e seppellito; *our differences* ~ **deep** tra noi ci sono differenze profonde; *to* ~ **down:** 1 scendere, andare giù; 2 (*of the sun, moon*) calare, tramontare; 3 (*of the sea, wind*) diminuire, calare; 4 (*to sink*) affondare, andare a fondo, colare a picco; 5 (*of food and drink*) andar giù; 6 (*to be accepted, approved of*) essere accolto, trovare accoglienza: *his first novel went down very well with the public* il suo primo romanzo fu accolto molto bene dal pubblico; 7 (*of an excuse, explanation*) essere creduto, ⟨*fam*⟩ essere preso per buono; 8 (*to extend in time*) andar (*o* giungere) sino, arrivare (*to* a); 9 (*to fall, be defeated*) crollare, soccombere; 10 (*of prices, temperature*) scendere, calare, diminuire, abbassarsi; 11 (*to be remembered in posterity*) passare alla storia; 12 (*to fall ill*) ammalarsi (*with* di): *to* ~ *down with mumps* ammalarsi di orecchioni; 13 ⟨*Univ*⟩ lasciare l'università (per le vacanze o dopo la laurea); *to* ~ *down in history* passare alla storia; ⟨*esclam*⟩ ~ *easy* adagio, calma, piano; *as* **far** *as it –es* fin qui, fino a questo punto: *that's all very well as far as it –es* fin qui va tutto bene; *as far as that –es* quanto a questo; *that's –ing too far* questo è troppo, qui si esagera; *the case went in his* **favour** *la causa si risolse in suo favore; to* ~ *in* **fear** *of one's life* temere per la propria vita; *to* ~ **for:** 1 andare a cercare (*o* prendere); 2 ⟨*fam*⟩ (*to attack*) scagliarsi (*o* avventarsi) contro, attaccare; 3 ⟨*fam*⟩ (*to try to secure*) puntare su, mirare a; 4 ⟨*fam*⟩ (*to like, favour*) essere per, essere favorevole a, approvare; 5 ⟨*fam*⟩ (*to be applicable*) valere: *what he says –es for me too* quello che dice vale anche per me; *our work went for nothing* il nostro lavoro non è servito a nulla; *to* ~ **forth:** 1 uscire, essere pubblicato; 2 (*to go out*) uscire; *to* ~ **forward:** 1 avanzare, procedere; 2 ⟨*fig*⟩ progredire, procedere; *here –es!* ci siamo!, si comincia!; *to* ~ **in:** 1 entrare; 2 (*of the sun, moon*) nascondersi; 3 (*to engage in*) partecipare (*for* a), sostenere (qc.): *to* ~ *in for a competition* partecipare a un concorso; *to* ~ *in for an examination* sostenere un esame; 4 (*to occupy o.s. with*) interessarsi (di), occuparsi (di); *I can't get the key to* ~ *in* non riesco a infilare la chiave (nella serratura); *to* ~ **into:** 1 entrare in, introdursi in; 2 (*to fit*) entrare in, stare in: *these clothes won't all* ~ *into that suitcase* questi vestiti non possono stare tutti in quella valigia; 3 (*of a profession*) entrare in, intraprendere: *to* ~ *into business* entrare negli affari; *to* ~ *into diplomacy* intraprendere la carriera diplomatica; 4 (*to join*) entrare in (*o* a far parte di), associarsi a, arruolarsi in; 5 (*to deal with*) trattare, occuparsi di; 6 (*to study carefully*) esaminare (con cura), analizzare a fondo, studiare attentamente, approfondire; 7 (*to wear*) vestirsi: *to* ~ *into mourning* vestirsi a lutto, prendere il lutto; 8 ⟨*Mat*⟩ stare in: *six –es into twelve twice* il sei sta due volte nel dodici; *to* ~ *into a lengthy explanation* addentrarsi in una lunga spiegazione; ⟨*fam*⟩ *to* ~ *it* = *to go at it;* ⟨*esclam*⟩ ~ *it* forza, dai; *to* **let** ~: 1 lasciare andare, mollare (*of s.th.* qc.); 2 (*to free*) lasciare andare (*o* libero), rimettere in libertà, rilasciare; 3 ⟨*assol*⟩ (*to behave unrestrainedly*) lasciarsi andare; *to let it* ~ *at that* lasciare le cose come stanno, lasciar stare; *to* ~ *by* **name** *of* andare sotto il nome di, essere noto col nome di; *to* ~ **off:** 1 esplodere, scoppiare; 2 (*to depart*) uscire, andarsene; 3 (*to abscond*) scappare; 4 (*to go bad*) andare a male; 5 (*to go to sleep*) prendere sonno; 6 (*to lose consciousness*) svenire, perdere conoscenza; 7 (*to develop*) svolgersi, accadere, andare; 8 ⟨*fam*⟩ (*to die*) morire; 9 (*to sound, ring*) sonare: *the alarm went off* è sonato l'allarme; 10 ⟨*Teat*⟩ lasciare la scena, uscire (di scena); 11 ⟨*Comm*⟩ (*of goods*) essere venduto, trovare acquirenti; *to* ~ *off into a faint* svenire; *to* ~ **on:** 1 proseguire, andare avanti: ~ *on until you reach the station* prosegui finché arrivi alla stazione; 2 (*to continue with an action*) proseguire, continuare: *he went on reading* continuò a leggere; 3 (*to proceed*) procedere, seguitare, proseguire: *the speaker went on to deal with questions* l'oratore proseguì rispondendo alle domande; 4 (*of time*) passare, trascorrere; 5 (*to behave*) comportarsi, agire; 6 (*to scold*) rimproverare (*at s.o.* qd.): *don't* ~ *on at me like that* non mi rimproverare così; 7 (*to happen*) avvenire, accadere, succedere: *what is –ing on here?* che succede qui?; 8 (*to talk effusively*) dilungarsi; 9 (*of clothes*) entrare: *these shoes won't* ~ *on* queste scarpe non mi entrano; 10

(*to become financially dependent on*) essere a carico di; ⟨*Teat*⟩ entrare in scena; 12 (*to base one's reasoning*) basarsi su, giudicare da; 13 (*of a light, a gas, e* accendersi; ~ *on!:* 1 forza!, su!, avanti!; 2 ⟨*fam*⟩ *disbelief*) ma va!, ma via!; ⟨*fam*⟩ ~ *on with you!* ma faccia il piacere!; *to be –ing on for* avvicinarsi a; *it's –* *on for ten* sono quasi le dieci; *I can't* ~ *on* non ce faccio più, non posso andare avanti; *the lesson went and on* la lezione non finiva mai; *to* ~ **out:** 1 uscire; 2 be socially active) uscire, far vita di società; 3 (*of a f* light, etc.*) spegnersi, smorzarsi; 4 (*to cease to fashionable*) passare di moda; 5 (*to resign*) dare dimissioni, dimettersi; 6 (*to go abroad*) andare all'este espatriare; 7 (*to emigrate*) emigrare (*to* in); 8 (*to str* scioperare, scendere in sciopero; 9 (*of the year, etc.:* *end*) finire, passare; 10 (*of the tide*) rifluire; 11 (*of heart, feelings*) andare, rivolgersi con simpatia (*to* ⟨*fam*⟩ *to* ~ *all out for s.th.* mettercela tutta a fare qc.; ~ **over:** 1 passare (*to* a): *to* ~ *over to the enemy* pass al nemico, disertare; 2 ⟨*fam*⟩ (*to make an impression*) f impressione (*with* a), essere accolto (da): *the proposal w over well with the committee* la proposta ha fatto bu impressione al comitato; 3 (*to make one's way*) dirig (*to* verso); 4 (*to examine*) esaminare, rivedere; 5 ⟨*T* (*to rehearse*) provare; 6 (*to revise*) rivedere, ripassare: t *over a lesson* ripassare la lezione; ⟨*Tip*⟩ *to* ~ *to* **p** andare in macchina; *to* ~ **red** *in the face* farsi rosso viso, arrossire; *to* ~ **round:** 1 frequentare; 2 (*of rumo* etc.*) girare, correre, diffondersi; 3 (*to be suffic* bastare, essere sufficiente; 4 (*to pay a visit*) andar trovare (*to s.o.* qd.), (recarsi a) far visita (a); 5 (*to sightseeing in*) visitare, girare; 6 ⟨*Strad*⟩ fare un g intorno a; (*to make a diversion*) deviare, fare deviazione; *there isn't enough food to* ~ *round* non abbastanza da mangiare per tutti; *to* ~ *to* **sl** addormentarsi, prendere sonno; *so the* **story** *–es* cos dice; ⟨*iron*⟩ **there** *you* ~ *again* ci risiamo, ecco ricominci; *to* ~ **through:** 1 passare per, attraversare: *went through York* passammo per York; 2 (*of a b* trapassare, passare da parte a parte; 3 (*to examine detail*) esaminare minuziosamente; 4 (*to undergo*) sub sopportare; 5 (*to spend completely*) scialacqua sperperare, dissipare; 6 (*to perform*) eseguire, compiere. ~ *through a ceremony* compiere una cerimonia; 7 (*to approved*) essere approvato: *the bill went through disegno di legge venne approvato; 8 (*to be conclu* essere concluso: *the deal has –ne through* l'affare è st concluso; *this cold –es right through me* questo freddo penetra nelle ossa; *to* ~ *through with s.th.* andare fino fondo a qc.; *the book went through five editions* del li si sono vendute cinque edizioni; **to** ~: 1 (*to rema restare, avanzare: *there's still ten minutes to* ~ rest ancora dieci minuti; 2 ⟨*am.fam*⟩ (*of food*) da portar * *to* ~ **together** armonizzare, intonarsi, andare b insieme; *to* ~ *to great* **trouble** *to do s.th.* darsi gran p per fare qc.; *to* ~ **under:** 1 affondare, andare a fondo ⟨*fig*⟩ fallire: *the company went under* la società fallì; *crime went* **unpunished** il delitto restò impunito; *to* ~ 1 salire, andar su, montare; 2 (*to rise, increase*) sa aumentare; (*in cost, etc.*) rincarare, diventare più car (*to be erected*) sorgere, essere costruito (*o* eretto); 4 (*to blown up*) saltare in aria; 5 (*of sounds*) sollevarsi, leva *a roar went up* un urlo si levò; 6 ⟨*Univ*⟩ iscriv all'università; *the curtain –es up at nine* il sipario si a alle nove; *to* ~ *up in smoke* andare in fumo; *to* ~ *up the world* farsi strada; *to* ~ *up to s.o.* avvicinare abbordare qd.; *to* ~ *to* **war** entrare in guerra; *are* ~ *–ing my* **way?** fai la mia stessa strada?; ⟨*fig*⟩ *to* ~ *ou one's way to do s.th.* farsi in quattro per fare qc.; *to* ~ *way of all flesh* morire; ⟨*Mil*⟩ **who** *–es there?* chi va là? ~ **with:** 1 accompagnare, andare con; 2 ⟨*fam*⟩ (*to d amoreggiare con, ⟨*scherz*⟩ filare con; 3 (*to agree*) ess d'accordo con, convenire; 4 (*to match*) accordarsi intonarsi con; 5 (*to be found with*) accompagnarsi: po *–es with wealth* al potere si accompagna alla ricchezza ~ **without** fare a meno di, privarsi di, rinunciare rimanere privo di; *it –es without saying* va da sé, è ov

Prov.: ~ while the going is good chi ha tempo non aspetti tempo.

² I s. 1 l'andare. 2 ⟨fam⟩ (energy) vigore m, energia f, animazione f: a man with plenty of ~ un uomo pieno d'energia. 3 ⟨fam⟩ (try) tentativo m, prova f, ⟨fam⟩ colpo m: he did it at the first (o one) ~ ce l'ha fatta al primo colpo. 4 ⟨fam⟩ (success) successo m: to make a ~ of s.th. fare di qc. un successo, riuscire in qc. 5 ⟨fam⟩ (bargain) affare m. 6 ⟨fam⟩ (embarrassing situation) pasticcio m, imbroglio m. II intz. via: one, two, three, ~! uno, due, tre, via! □ ⟨fam⟩ all the ~ di gran moda; ⟨fam⟩ to have ~ fare un tentativo, provare: let me have a ~ fammi provare; it's a ~! affare fatto!; ⟨fam⟩ it was a near ~ ce la siamo cavata per un pelo, l'abbiamo scampata bella; ⟨fam⟩ no ~ non c'è niente da fare, è inutile: tell him it's no ~ digli che non c'è niente da fare; ⟨fam⟩ to be always on the ~ essere sempre in moto (o attività); to keep on the ~ far lavorare, dare da fare; ⟨am.Mil⟩ all systems are ~ tutte le apparecchiature funzionano a dovere; ⟨fam⟩ what a rum ~! che situazione strana!; ⟨fam⟩ from the word ~ sin dal principio.

ad [goud] I s. 1 pungolo m. 2 ⟨fig⟩ incitamento m, stimolo m, pungolo m. II v.t. 1 pungolare. 2 ⟨fig⟩ incitare, stimolare, spronare, pungolare: to ~ s.o. into doing s.th. incitare qd. a fare qc. □ to ~ s.o. into a fury far infuriare qd., mandare qd. su tutte le furie.

-ahead ['gouəhed] ⟨fam⟩ I s. approvazione f, ⟨fam⟩ benestare m. II a. intraprendente, pieno d'iniziativa.

al I s. 1 scopo m, fine m, meta f, oggetto m: one's ~ in life lo scopo della (propria) vita. 2 ⟨Sport⟩ rete f, porta f; (point) rete f, goal m: to score a ~ segnare un goal. 3 ⟨Sport⟩ (in a race) traguardo m. 4 ⟨Stor.rom⟩ colonna f. □ ⟨Sport⟩ to keep ~ giocare in porta; ⟨Sport⟩ to shoot for ~ tirare in porta.

alie ['gouli] s. ⟨fam⟩ → goalkeeper.

al|keeper s. ⟨Sport⟩ portiere m. ~ **kick** s. calcio m di rinvio. ~ **line** s. linea f della porta (o di fondo). ~**-oriented** a. finalizzato. ~ **post** s. palo m (della porta).

-as-you-'please a. libero, non vincolato da convenzioni.

at [gout] s. 1 ⟨Zool⟩ capra f. 2 ⟨fam⟩ (scapegoat) capro m espiatorio. 3 ⟨fig⟩ libertino m, uomo m dissoluto (o licenzioso). Goat N.pr. ⟨Astr⟩ Capricorno m. □ ⟨fam⟩ to play the (giddy) ~ fare lo stupido; ⟨fam⟩ to get s.o.'s ~ irritare (o far uscire dai gangheri) qd.; ⟨fig⟩ to separate the sheep from the -s distinguere il grano dal loglio.

atee [gou'ti:] s. ⟨Mod⟩ barba f appuntita, pizzo m.

at| god s. ⟨Mitol⟩ dio m Pan. ~**herd** s. capraio m (f -a).

atish ['goutiʃ] a. 1 caprino, caprigno. 2 ⟨fig⟩ lascivo, licenzioso. **goatishness** [-nis] s. 1 caprino m, puzzo m di capra. 2 ⟨fig⟩ lascivia f.

atsbeard ['goutsbiəd] s. ⟨Bot⟩ barba f di becco.

at|skin ['goutskin] s. 1 pelle f di capra. 2 ⟨Conc⟩ capretto m, marocchino m. ~**sucker** s. ⟨Ornit⟩ caprimulgo m, succiacapre m.

b¹ [gɔb] s. 1 ⟨volg⟩ (of spit) sputo m. 2 (lump) grumo m. 3 pl. ⟨am.fam⟩ (large amount) mucchio m, gran quantità f.

b² s. ⟨sl⟩ (mouth) bocca f.

b³ am. s. ⟨mil⟩ marinaio m.

bet ['gɔbit] s. 1 boccone m, morso m. 2 ⟨scol⟩ brano m da tradurre (o commentare).

bble¹ ['gɔbl] I v.t. 1 tranguggiare, inghiottire ingordamente, ingurgitare, ingollare. 2 ⟨fig⟩ afferrare (con violenza), arraffare, ghermire. II v.i. mangiare in fretta e in avidità.

bble² I v.i. (of a turkey) gloglottare, fare glo glo. II s. glo glo m.

bbledegook, gobbledygook ['gɔbldiguːk] s. ⟨fam⟩ linguaggio m verboso (burocratico).

bbler¹ ['gɔblə] s. tranguggiatore m (f -trice).

bbler² s. ⟨Zootecn⟩ tacchino m.

belin ['gɔbəlin] I s. gobelin m, arazzo m. II a. di (o simile a) gobelin.

between ['goubitwin] s. 1 intermediario m (f -a), mediatore m (f -trice). 2 (in a love affair) mezzano m (f -a), paraninfo m (f -a).

goblet ['gɔblit] s. 1 bicchiere m a calice, calice m. 2 ⟨Archeol⟩ coppa f.

goblin ['gɔblin] s. ⟨Folcl⟩ folletto m, spirito m maligno.

gobo ['goubou] s. (pl. -s/-es [z]) ⟨TV,Cin⟩ 1 (for a microphone) pannello m antisonoro. 2 (for a camera) schermo m paraluce.

goby ['goubi] s. ⟨Itt⟩ ghiozzo m.

go-by ['goubai]: ⟨fam⟩ to get the ~ essere (o venire) ignorato; to give s.o. the ~ ignorare qd., fingere di non vedere (o conoscere) qd.

go-cart s. 1 (children's walker) girello m. 2 (stroller) passeggino m. 3 (handcart) carretto m a mano. 4 (Aut) → go-kart.

god [gɔd] I s. 1 dio m, divinità f. 2 (image, idol) idolo m, dio m. 3 ⟨fig⟩ dio m: money is his ~ il denaro è il suo dio. 4 ⟨fig⟩ (one who has great power) padreterno m: a (little) tin ~ piccolo padreterno; (physically attractive person) dio m. 5 pl. ⟨teat⟩ loggione m, ⟨scherz⟩ piccionaia f. God N.pr. ⟨Rel⟩ Dio m, Iddio m. II intz. (mio) Dio. □ ⟨Assic⟩ act of ~ calamità f naturale, forza f maggiore; ~ **almighty** Dio m onnipotente; ~ **bless** you!: 1 Dio ti benedica!; 2 ⟨fam⟩ (to s.o. sneezing) salute!; by ~! per Dio!, perdio!; ~ the **Father** Dio m Padre; a feast (fit) for the -s un banchetto da re; ~ **forbid**! Dio non voglia!; **good** ~! buon Dio!, Dio buono!; so **help** me ~ che Dio mi aiuti; ~ **knows**: 1 Dio (solo lo) sa, lo sa Iddio; 2 (assuredly) certo, certamente; my ~! mio Dio!; for ~'s sake! per amor di Dio!; a sight for the -s uno spettacolo sublime; ⟨fam⟩ ~ bless my **soul**! Dio mio!; **thank** ~ grazie a Dio; ~ **willing** se piace a Dio, se Dio vuole; to be with ~ essere in paradiso; ⟨fam⟩ ye -s (and little fishes)! Gran Dio!

godchild ['gɔdtʃaild] s.irr. figlioccio m (f -a).

goddam(n) ['gɔ'dæm], **goddamned** [-d] ⟨fam⟩ I a. dannato, maledetto: a ~ nuisance una dannata seccatura. II avv. maledettamente.

goddaughter ['gɔddɔːtə] s. figlioccia f.

goddess ['gɔdis] s. dea f (anche fig.).

god|father s. padrino m. ~**fearing** a. timorato di Dio. ~**forsaken** a. 1 abbandonato da Dio, desolato. 2 (of people) malvagio, cattivo.

Godfrey ['gɔdfri] N.pr. Goffredo m.

godhead ['gɔdhed] s. divinità f, natura f divina. **godless** [-lis] a. 1 ateo, senza Dio. 2 (wicked) empio, malvagio. **godlessness** [-lisnis] s. empietà f, malvagità f. **godlike** [-laik] a. 1 simile a Dio (o un dio). 2 (fit for a god) divino. **godliness** [-linis] s. devozione f, pietà f. **godling** [-liŋ] s. divinità f minore. **godly** [-li] a. pio, devoto, religioso.

god|-man [mən] s.irr. semidio m. ~**-man** N.pr. Cristo m. ~**mother** s. madrina f.

godown [ˌgou'daun] s. (in India) deposito m, magazzino m.

godparent ['gɔdpɛərənt] s. padrino m, madrina f.

God's| acre s. cimitero m. ~ **book** s. → God's Word.

godsend ['gɔdsend] s. dono m di Dio, fortuna f inaspettata, manna f.

godship ['gɔdʃip] s. deità f, divinità f, natura f divina.

god|son s. figlioccio m. ~**speed** s. (as a wish: success) buona fortuna f; (prosperous journey) buon viaggio m.

God's Word s. Sacra Scrittura f, Bibbia f.

Godward(s) ['gɔdwəd(z)] I avv. verso Dio. II a. rivolto a Dio.

godwit ['gɔdwit] s. ⟨Ornit⟩ pittima f.

goer ['gouə] s. 1 persona f che va: comers and -s persone che vanno e vengono. 2 (nei composti) frequentatore m (f -trice): a cinema ~ un frequentatore di cinema. □ a good ~ un buon camminatore.

gofer ['goufə] s. ⟨Gastr⟩ cialda f.

goffer ['gɔfə] I s. 1 ⟨Sart⟩ arricciatura f; (plaiting) pieghettatura f. 2 ⟨tecn⟩ (iron) ferro m per arricciare (o pieghettare). II v.t. 1 ⟨Sart⟩ increspare, arricciare. 2 ⟨Legat⟩ decorare.

'go-'getter s. ⟨fam⟩ arrivista m/f.

goggle ['gɔgl] I s. 1 pl. occhiali mpl di protezione,

occhialoni *mpl.* **2** *pl.* ⟨*fam*⟩ (*spectacles*) occhialoni *mpl* rotondi. **3** (*wide–eyed stare*) sguardo *m* stralunato. **II** *a.* (*rolling, staring*) stralunato, strabuzzato; (*bulging*) sporgente. **III** *v.t.* stralunare, strabuzzare; (*to roll*) roteare. **IV** *v.i.* **1** guardare stralunato (*o* attonito). **2** (*of the eyes: to roll*) roteare gli occhi; (*to bulge*) sporgere, essere sporgente.

Goidelic [gɔi'delik] **I** *s.* ⟨*Ling*⟩ gaelico *m.* **II** *a.* gaelico.

going ['gouiŋ] **I** *s.* **1** partenza *f.* **2** (*manner, speed of going*) andatura *f.* **3** (*condition of the ground*) condizione *f* del terreno, terreno *m: the ~ was soft* il terreno era molle; (*racecourse*) percorso *m.* **4** (*progress*) progresso *m*, passo *m* avanti. **II** *a.* **1** funzionante, efficiente. **2** ⟨*Comm*⟩ avviato, fiorente: *a ~ concern* un'azienda avviata. **3** (*available*) disponibile: *the best ~* il migliore disponibile; (*existing*) che esiste, vivente. **4** (*current, prevailing*) corrente, prevalente: *the ~ price* il prezzo corrente. □ **comings** *and* –s viavai *m*, andirivieni *m;* ⟨*Comm*⟩ ~, **gone!** (*at an auction*) e uno, e due, e tre... aggiudicato!; *he found the work hard ~* trovò il lavoro difficile (*o* duro); *in ~ order* in attività; *to set ~* mettere in moto.

going|-away *a.* per il viaggio di nozze. **~-over** *s.* ⟨*fam*⟩ **1** ispezione *f*, visita *f* accurata. **2** (*scolding*) lavata *f* di capo. **3** (*beating*) pestaggio *m.*

goings-on *s.pl.* ⟨*fam*⟩ **1** comportamento *m*, condotta *f.* **2** (*events*) vicende *fpl*, avvenimenti *mpl*, fatti *mpl.*

goiter *am.*, **goitre** ['gɔitə] *s.* ⟨*Med*⟩ gozzo *m.* **goitrous** [-trəs] *a.* gozzuto, affetto da gozzo.

go-kart ['goukɑ:t] *s.* → go–kart *m.*

Golan ['goulən] *N.pr.* ⟨*Geog*⟩ golan *m.* **Golan Heights** *s.pl.* alture *fpl* del Golan

gold [gould] **I** *s.* **1** oro *m* (*anche Econ.*). **2** ⟨*fig*⟩ denaro *m*, ricchezza *f*, oro *m.* **3** (*colour*) oro *m.* **II** *a.* **1** aureo, d'oro: *a ~ ring* un anello d'oro. **2** ⟨*Econ*⟩ aureo. **3** (*golden, deep yellow*) dorato, color oro. □ *the baby is as good as ~* il bambino è buono come un angelo, è un bambino d'oro; *it is worth its weight in ~* vale tant'oro quanto pesa.

gold|beater *s.* battiloro *m.* **~beating** *s.* laminatura *f* dell'oro. **~ bond** *s.* ⟨*Econ*⟩ obbligazione *f* pagabile in oro. **~-bound** *a.* rilegato in oro. **~brick** *am. s.* **1** ⟨*fam*⟩ lingotto *m* di metallo dorato. **2** ⟨*fam*⟩ (*anything worthless*) cosa *f* priva di valore, cianfrusaglia *f*, patacca *f;* (*swindle*) frode *f.* **3** ⟨*mil*⟩ lavativo *m.* **4** ⟨*sl*⟩ (*shirker*) scansafatiche *m*, fannullone *m.* **~ bullion** *s.* oro *m* monetabile in verghe. **~ clause** *s.* ⟨*Econ*⟩ clausola *f* per pagamento in oro. **~ Coast** *N.pr.* ⟨*Geog*⟩ Costa *f* d'oro. **~ cover** *s.* ⟨*Econ*⟩ copertura *f* aurea. **~ coverage** *s.* ⟨*Econ*⟩ copertura *f* aurea. **~cup** *s.* ⟨*Bot*⟩ ranuncolo *m.* **~ digger** *s.* **1** cercatore *m* d'oro. **2** ⟨*fig*⟩ donna *f* avida (*o* interessata). **~ dust** *s.* oro *m* in polvere.

golden ['gouldən] *a.* **1** d'oro, aureo. **2** (*of the colour gold*) dorato, d'oro, color oro: *~ hair* capelli d'oro. **3** ⟨*fig*⟩ (*advantageous*) d'oro, prezioso: *a ~ opportunity* un'occasione d'oro. **4** ⟨*fig*⟩ (*flourishing*) fiorente, prospero, rigoglioso. □ *~ youth* gioventù dorata.

golden| age *s.* **1** ⟨*Mitol*⟩ età *f* dell'oro. **2** ⟨*fig*⟩ periodo *m* aureo (*anche Lett.*). **~ anniversary** *s.* cinquantesimo anniversario *m.* **~ balls** *s.pl.* tre palle *fpl* dorate (come insegna del banco dei pegni). **~ boy** *s.* ⟨*fam*⟩ giovane *m* di belle speranze. **~ calf** *s.* **1** ⟨*Bibl*⟩ vitello *m* d'oro. **2** ⟨*fig*⟩ ricchezza *f*, denaro *m.* **~ eagle** *s.* ⟨*Ornit*⟩ aquila *f* reale (*o* rapace). **~eye** *s.* ⟨*Ornit*⟩ quattrocchi *m.* **~ Fleece** *s.* ⟨*Mitol*⟩ vello *m* d'oro. **~ hamster** *s.* ⟨*Zool*⟩ mesocriceto *m.* **~ handshake** *s.* liquidazione *f* (di un dirigente aziendale). **~ Horn** *N.pr.* ⟨*Geog*⟩ Corno *m* d'Oro. **~ mean** *s.* aurea mediocrità *f.* **~ number** *s.* ⟨*Astr*⟩ numero *m* aureo (*o* d'oro). **~ rod** *s.* **1** ⟨*Bot*⟩ verga *f* aurea. **2** (*colour*) giallo *m* carico. **~ rule** *s.* principio *m* informatore. **~ section** *s.* ⟨*Mat*⟩ sezione *f* aurea. **~ syrup** *s.* melassa *f.* **~ wedding** *s.* nozze *fpl* d'oro.

gold| exchange standard *s.* ⟨*Econ*⟩ sistema *m* monetario basato sul cambio aureo. **~ fever** *s.* febbre *f* dell'oro. **~field** *s.* ⟨*Minier*⟩ zona *f* aurifera. **~finch** *s.* ⟨*Ornit*⟩ **1** cardellino *m.* **2** (*yellow hammer*) zigolo *m* giallo. **3** ⟨*am*⟩ lucarino *m.* **~fish** *s.* ⟨*Itt*⟩ ciprino *m* (*o* carassio) dorato, ⟨*fam*⟩ pesce *m* rosso. **~ foil** *s.* ⟨*tecn*⟩

foglia *f* (*o* lamina) d'oro.

goldilocks ['gouldilɔks] *s.inv.* **1** ⟨*Bot*⟩ specie di ranuncolo **2** (*golden–haired person*) biondo *m* (*f* –a).

gold| lace *s.* ⟨*Sart*⟩ cordone *m* dorato intrecciato, treccia dorata. **~ leaf** *s.irr.* → gold foil. **~ mine** *s.* ⟨*Minie* miniera *f* d'oro (*anche fig.*). **~ mining** *s.* ⟨*Minie* estrazione *f* dell'oro. **~ note** *am. s.* ⟨*Econ*⟩ banconota con copertura aurea. '**~ 'plate I** *s.* vasellame *m* d'oro. *v.t.* placcare in oro. **~ point** *s.* ⟨*Econ*⟩ punto *m* dell'or **~ premium** *s.* aggio *m* dell'oro. **~ reserve** *s.* ⟨*Eco* riserva *f* aurea. **~ rush** *s.* corsa *f* all'oro. **~smith** *s.* orafo *m*, orefice *m.* **2** (*dealer*) orefice *m.* **~ sovereign** ⟨*Econ*⟩ sterlina *f* d'oro, sovrana *f.* **~ standard** *s.* ⟨*Eco* parità *f* aurea.

golf [gɔlf] **I** *s.* ⟨*Sport*⟩ golf *m.* **II** *v.i.* giocare a golf.

golf| bag *s.* sacca *f* (per bastoni) da golf. **~ club** ⟨*Sport*⟩ **1** bastone *m* (*o* mazza *f*) da golf. **2** (*associatio* associazione *f* golfistica; (*premises*) circolo *m* del golf. **~ course** *s.* campo *m* di golf.

golfer ['gɔlfə] *s.* ⟨*Sport*⟩ giocatore *m* (*f* –trice) di go golfista *m/f.* **golfing** [-fiŋ] *a.* da golf, per giocare a go **~ shoes** scarpe da golf.

golf links *s.pl.* → golf course.

Golgotha ['gɔlgəθə] *N.pr.* ⟨*Bibl*⟩ Golgota *m.*

goliard ['gouljɑ:d] *s.* ⟨*Mediev*⟩ goliardo *m.* **goliard** [-'jɑ:dik] *a.* goliardico.

Goliath [gə'laiəθ] **I** *N.pr.* ⟨*Bibl*⟩ Golia *m.* **II** *s.* ⟨*fig*⟩ go *m*, gigante *m.*

golliwog(g) ['gɔliwɔg] *s.* **1** bambola *f* negra grottesca. ⟨*fig*⟩ persona *f* grottesca.

golly ['gɔli] *intz.* ⟨*fam*⟩ perdio, perbacco.

golosh [gə'lɔʃ] *s.* ⟨*Calz*⟩ (*galosh*) soprascarpa *f*, caloscia

Gomorrah, Gomorrha [gə'mɔrə] *N.pr.* ⟨*Bibl*⟩ Gomor *f.*

gonad ['gɔnæd] *s.* ⟨*Biol*⟩ gonade *f.*

gondola ['gɔndələ] *s.* **1** gondola *f.* **2** → gondola car. ⟨*Aer*⟩ (*of a dirigible*) gondola *f*, navicella *f;* (*of a balloo* navicella *f.*

gondola car *am. s.* ⟨*Ferr*⟩ carro *m* scoperto (c sponde).

gondolier [ˌgɔndə'liə] *s.* gondoliere *m.*

gone[1] [gɔn] → go[1].

gone[2] *a.* **1** andato, passato. **2** (*lost*) perduto, finito. (*exhausted*) sfinito, esausto. **4** ⟨*fam*⟩ (*infatuate* innamorato, ⟨*scherz*⟩ cotto (*on* di). **5** (*pregnant*) incint *five months ~* incinta di cinque mesi. **6** (*dead*) morto. *to be far ~:* 1 essere ormai coinvolto (*o* implicato) (*in ir* 2 (*doomed, dying*) essere condannato, essere più di là c di qua; ⟨*fam*⟩ *it is ~ four years* sono più di quatt anni.

goner ['gɔnə] *s.* ⟨*fam*⟩ (*person*) persona *f* spacciata; (*thin*, caso *m* disperato.

gonfalon ['gɔnfələn] *s.* gonfalone *m*, vessillo *n* **gonfalonier** [-'iə] *s.* gonfaloniere *m* (*anche Stor.*).

gong [gɔŋ] **I** *s.* **1** gong *m.* **2** ⟨*El,Orol*⟩ soneria *f.* **II** *v* sonare il gong.

Gongorism ['gɔŋgərizəm] *s.* ⟨*Lett*⟩ gongorismo *m.*

goniometer [ˌgouni'ɔmitə] *s.* ⟨*Topogr*⟩ goniometro *r* **goniometric** [-nio(u)'metrik], **goniometric** [-nio(u)'metrikəl] *a.* goniometrico. **goniometry** [-tri] goniometria *f.*

gonorrh(o)ea [ˌgɔnə'riə] *s.* ⟨*Med*⟩ gonorrea *f*, blenorragia **gonorrh(o)eal** [-l], **gonorrh(o)eic** [-'ri:ik] *a.* gonorroico.

good [gud] **I** *a.* (*compar.* **better** ['betə], *sup.* **best** [best]) buono, retto: *a ~ man* un uomo buono; (*well–behave* buono, beneducato, bravo, dabbene: *be a ~ boy!* fa bravo (ragazzo)! **2** (*well done*) buono, bello, ben fatto: *film* un buon (*o* bel) film. **3** (*beneficial*) buono, che bene: *milk is ~ for children* il latte fa bene ai bambini. (*clever, competent*) buono, bravo, abile, capace: *a teacher* un buon insegnante; *he is ~ at physics* è bravo fisica. **5** (*pleasing*) buono, piacevole, bello: *~ news* buor notizie. **6** (*kind*) gentile, amabile, cortese: *it was ~ of y to come* è stato gentile da parte tua venire. **7** (*righ* giusto: *it is not ~ to act like that* non è giusto (*o* bene) fare così. **8** (*edible, not spoiled*) buono, non guast mangiabile. **9** (*not impaired*) buono, in buono stato: ~ yesight vista buona. **10** (*suitable*) buono, opportuno, onveniente: *a ~ idea* una buona idea; (*right*) buono, datto: *it's a ~ day for a picnic* è una giornata adatta per are un picnic. **11** (*of weather*) buono, sereno; (*of the limate*) buono, salubre, salutare. **12** (*sufficient*) ufficiente, buono. **13** (*prosperous*) buono, favorevole, ropizio: *it has been a ~ year* è stato un anno buono. **14** fertile) buono, fertile. **15** (*attractive*) attraente, bello, iacevole, piacente: *she has a ~ figure* ha una figura ttraente. **16** (*sound, well-founded*) valido, saldo, (ben) ondato, buono: *it isn't a ~ reason* non è una ragione alida. **17** (*genuine*) buono, vero, genuino, autentico: *hese coins are* ~ queste monete sono buone. **18** (*fam*) able, willing to pay*) disposto a sborsare (*for s.th.* qc.): *my ncle is ~ for a fiver* mio zio è disposto a sborsare cinque terline. **19** (*considerable*) abbondante, considerevole, otevole: *there was a ~ crowd* c'era una notevole folla. **20** of quantities: full*) buono, ben, abbondante: *there were a ~ twenty of us* eravamo una buona ventina; *a ~ ten ounds* ben dieci sterline. **21** (*valid*) valido: *the rule holds ~* la regola resta valida. **22** (*of clothes*) migliore, delle este, (*fam*) buono: *his ~ suit* l'abito buono. **23** (*of ame, family, etc.*) buono. **24** ⟨*Comm,Assic*⟩ (*safe*) certo, icuro: *a ~ risk* un rischio sicuro; (*reliable*) esigibile: *a ~ ebt* un credito esigibile. **II** *s.* **1** bene *m: to distinguish ~ rom evil* distinguere il bene dal male. **2** (*welfare, benefit*) ene *m*, beneficio *m*, vantaggio *m*, profitto *m: the ~ of he community* il bene della comunità. **3** ⟨*collett*⟩ (*good eople;* costr. pl.) buoni *mpl.* **4** (*s.th. beneficial*) bene *m*, zione *f* buona: *to do ~* fare del bene. **5** *pl.* (*movable ffects, possessions*) beni *mpl*, averi *mpl.* **6** *pl.* ⟨*sl*⟩ (*stolen oods*) refurtiva *f*, ⟨*gerg*⟩ malloppo *m.* **7** *pl.* ⟨*Comm*⟩ nerce *f: the ~s will be delivered tomorrow* la merce sarà onsegnata domani. **III** *avv.* ⟨*fam*⟩ bene: *I feel ~ today* ni sento bene oggi. **IV** *intz.* bene. □ *that's all to the ~* e) tanto di guadagnato; ⟨*am.fam*⟩ ~ *and* (as an intensive: uite) del tutto, completamente, perfettamente; **as ~ as:** 1 almost) quasi, praticamente; 2 (*the same as*) lo stesso he; *to give as ~ as one gets* rendere pan per focaccia; *to avè* (o *know*) *s.th. on ~* **authority** sapere qc. da buona onte; ⟨*Dir*⟩ ~*s and* **chattels** beni *mpl* personali, masserizie ol; ⟨*fam*⟩ *to* **come** *to no ~* andare a finir male; *a ~ ay's work* il lavoro di un'intera giornata; *a ~* **deal** una rande quantità (di), molto; ⟨*fam*⟩ *to* **deliver** *the ~s* fare uel che si deve, mantenere una promessa; *this medicine ill do you ~* questa medicina ti farà bene; *his promise is ~* **enough** *for me* mi basta la sua promessa; *to be ~ nough to do s.th.* essere tanto cortese da fare qc., avere la ontà di fare qc.: *be ~ enough to listen to me* abbia la ontà di ascoltarmi; ~ **evening** buona sera; *to put a ~ ace on s.th.* far buon viso a qc.; *a ~* **few** parecchi; **for ~** ind all*) per sempre, definitivamente; *to be ~ for* valere; re you ~ for another game?* sei disposto a fare un'altra artita?; *this suit is ~ for another two years* quest'abito ndrà bene per altri due anni; ~ *for you* buon per te; *how uch are you ~ for?* di quanto disponi?; *for ~ or for evil* el bene o nel male; *to do more* **harm** *than ~* fare più el che bene; *it's a ~* **job** (*that*) ~ *it's a good thing hat*); ⟨*scherz*⟩ *my ~* **lady** mia moglie, ⟨*scherz*⟩ la mia gnora; *to have a ~* **look** *at s.th.* osservare bene qc.; *am,iron*⟩ *a* (*fat*) *lot of ~ that will do you* non servirà a iente; *to* **make** ~: 1 avere fortuna, raggiungere il uccesso, riuscire; 2 (*to recompense*) compensare, risarcire: make ~ the damage* risarcire il danno; 3 (*to fulfill*) sservare, ottemperare a, adempiere; 4 (*to substantiate*) omprovare, convalidare; 5 (*to effect, execute*) eseguire, ffettuare, portare a compimento; *a ~* **many** parecchi, un el po' (di); ⟨*fam*⟩ *I have a ~* **mind** *to tell him* quasi uasi glielo direi; ⟨*fam*⟩ *to* **earn** ~ **money** guadagnare arecchio denaro; ~ **morning** buon giorno; ⟨*iron*⟩ *much may it do you!* buon pro ti faccia!; ~ **night** buona otte; *it's no ~ complaining* non serve (a nulla) mentarsi, è inutile lamentarsi; ⟨*fam*⟩ *that's a ~* **one** uesta sì che è bella; *a power for* ~ un influsso benefico; *am*⟩ ~ *and* **proper** completamente, del tutto, a fondo; be so ~ as to do s.th.* = *to be good* **enough** *to do s.th.;*

it's a ~ **thing** (*that*) è una buona cosa che, è un bene che; *it's a ~ thing you came* meno male che sei venuto; *in ~* **time** per tempo; *all in ~ time* a suo tempo; *to have a ~ time* divertirsi; **to the ~:** 1 vantaggioso, (molto) utile: *all this is to the ~* tutto ciò è molto utile; 2 (*in a position of profit or gain*) di guadagno: *he was one thousand dollars to the ~* guadagnò mille dollari; **too ~** *to be true* troppo bello per essere vero; ⟨*fam*⟩ *to be up to no ~* combinare qualche guaio; ⟨*esclam*⟩ **very ~** benissimo; *a ~* **way** un buon tratto (di strada), una discreta distanza; *what ~ will that do?* a che serve?, a che pro?

good| behaviour *s.* buona condotta *f.* **~ Book** *s.* Bibbia *f.* **~ breeding** *s.* buona educazione *f.* **~-'by(e) I** *intz.* arrivederci, addio. **II** *s.* addio *m*, arrivederci *m.* □ *to say* ~ *to s.o.* salutare qd. **~ cheer** *s.* **1** buonumore *m.* **2** (*merrymaking*) allegria *f*, festa *f.* **3** (*good food*) buona tavola *f.* **~ egg** *s.* ⟨*fam*⟩ → **good fellow. ~ faith** *s.* buona fede *f.* **~ fellow** *s.* persona *f* socievole. **~-'fellowship** *s.* cordialità *f*, giovialità *f*, socievolezza *f.* **'~-for-'nothing I** *s.* buono *m* (*f* –a) a nulla, incapace *m/f*, inetto *m* (*f* –a). **II** *a.* buono a nulla. **~ Friday** *s.* ⟨*Lit*⟩ venerdì *m* santo. **'~-'hearted** *a.* di buon cuore. **'~-'heartedness** *s.* bontà *f* (di cuore). **'~-'humoured** *a.* di buon umore, allegro. **,~ -'humouredness** *s.* buonumore *m.*

goodish ['gudiʃ] *a.* **1** abbastanza buono, discreto, passabile. **2** (*considerable*) considerevole, notevole.

good life *s.* **1** vita *f* virtuosa. **2** (*life of comfort, etc.*) vita *f* comoda.

goodliness ['gudlinis] *s.* bellezza *f*, avvenenza *f*, bell'aspetto *m.*

'good|-'looker *s.* ⟨*fam*⟩ bell'uomo *m*, bella donna *f.* **'~-'looking** *a.* bello, attraente, di bell'aspetto. **~ looks** *s.pl.* bellezza *f*, avvenenza *f*, bell'aspetto *m.* **~ luck I** *s.* (buona) fortuna *f*, buona sorte *f.* **II** *intz.* buona fortuna, in bocca al lupo.

goodly ['gudli] *a.* **1** avvenente, attraente. **2** (*sizable*) grande, grosso, notevole.

good| nature *s.* bontà *f* d'animo. **'~-'natured** *a.* buono, d'indole gentile. **'~-'naturedly** *avv.* amabilmente. **'~-'naturedness** *s.* bonarietà *f*, bonomia *f.* **~-neighbor** *am. a.* ⟨*Pol*⟩ caratterizzato da rapporti amichevoli. **~-neighborliness** *am. s.* ⟨*Pol*⟩ buon vicinato *m.* **~-neighbor policy** *s.* ⟨*Pol*⟩ politica *f* di buon vicinato.

goodness ['gudnis] **I** *s.* **1** bontà *f.* **2** (*kindness*) gentilezza *f*, bontà *f*, benevolenza *f*, cortesia *f.* **3** (*best or most nourishing part*) meglio *m*, buono *m*, parte *f* migliore. **II** *intz.* santo cielo. □ ⟨*esclam*⟩ ~ *gracious* santo cielo; ~ *knows* lo sa il cielo, chissà; ⟨*esclam*⟩ *for ~' sake* per l'amor del cielo; ⟨*esclam*⟩ *thank* ~ grazie al cielo, meno male.

good| offices *s.pl.* buoni uffici *mpl.* **~-oh** *intz.* ⟨*fam*⟩ bene. **~people** *s.pl.* ⟨*Folcl*⟩ fate *fpl.* **~ Samaritan** *s.* (buon) samaritano *m.* **~ sense** *s.* buon senso *m.* **~ Shepherd** *s.* ⟨*Bibl*⟩ Buon Pastore *m.* **~ speed** *s.* successo *m.*

goods| traffic [gudz] *s.* ⟨*Ferr*⟩ movimento *m* merci. **~ train** *s.* treno *m* merci. **~ wagon** *s.* vagone *m* (o carro) merci. **~ yard** *s.* scalo *m* merci.

,good| 'tempered *a.* di buon carattere, amabile. **'~-'time Charlie** *am. s.* ⟨*sl*⟩ tipo *m* ameno, buffone *m.* **~ turn** *s.* favore *m*, piacere *m*, cortesia *f: to do s.o. a ~* fare un favore a qd. □ *Prov.: one ~ deserves another* chi semina, raccoglie. **'~-'will s. 1** benevolenza *f*, amicizia *f*, simpatia *f.* **2** (*cheerful consent*) zelo *m*, buona volontà *f.* **3** ⟨*Comm*⟩ avviamento *m.* □ ⟨*Pol*⟩ ~ *tour* visita *f* amichevole.

goody[1] ['gudi] **I** *s.* ⟨*Dolc*⟩ dolce *m*, caramella *f*, chicca *f.* **II** *intz.* ⟨*infant*⟩ bene, (che) bello.

goody[2] *s.* ⟨*rar*⟩ vecchia *f.*

'goody-'goody I *s.* santerellino *m*, santerella *f.* **II** *a.* chi fa il santerello.

gooey ['gu:i] *a.* ⟨*sl*⟩ **1** appiccicoso. **2** (*sentimental*) sdolcinato, melenso.

goof [gu:f] ⟨*sl*⟩ **I** *s.* **1** cantonata *f*, gaffe *f*, ⟨*fam*⟩ granchio *m.* **2** (*stupid person*) sciocco *m* (*f* –a). **II** *v.t.* (spesso con *up*) abborracciare, pasticciare. **III** *v.i.* **1** (spesso con *off*, *around*) gingillarsi, ciondolare. **2** (*to blunder*) prendere un granchio. '**goofiness** [–inis] *s.* ⟨*sl*⟩ dabbenaggine *f,* balordaggine *f.* '**goofy** [–i] *a.* ⟨*sl*⟩ sciocco, stupido.

goo-goo ['gu:gu] ⟨*fam*⟩ *to make ~* fare l'occhiolino.

gook *am* [gu:k] *s.* ⟨*spreg*⟩ **1** asiatico *m* (*f* –a). **2** (*North Vietnamese soldier*) soldato *m* nordvietnamita.

goon [gu:n] *s.* **1** ⟨*fam*⟩ babbeo *m,* sciocco *m,* semplicione *m.* **2** ⟨*sl*⟩ (*hired hoodlum*) sicario *m.*

goosander [gu:'sændə] *s.* ⟨*Ornit*⟩ smergo *m* maggiore.

goose [gu:s] *s.* (*pl.* **geese** [gi:s]) **1** ⟨*Ornit*⟩ oca *f.* **2** ⟨*fig*⟩ stupido *m* (*f* –a), sciocco *m* (*f* –a); (*foolish girl*) oca *f,* ochetta *f.* **3** ⟨*Sart*⟩ (*pl.* **gooses** ['gu:siz]) ferro *m* da stiro. □ ⟨*fam*⟩ *he cannot say boo to a ~* è timidissimo; ⟨*fam*⟩ *to cook s.o.'s ~* rompere le uova nel paniere a qd.; ⟨*fig*⟩ *to kill the ~ that lays the golden eggs* sacrificare la fonte di un guadagno futuro; ⟨*fig*⟩ *all his geese are swans* tutte le sue oche sono cigni.

gooseberry ['gu:zbəri] *s.* **1** uvaspina *f.* **2** ⟨*mil*⟩ filo *m* spinato. □ ⟨*fam*⟩ *to play ~ to s.o.* reggere il moccolo a qd.

goose| egg *s.* ⟨*am.sport*⟩ zero *m,* punteggio *m* nullo. **~ flesh** *s.* pelle *f* d'oca. **~foot** *s.* ⟨*Bot*⟩ chenopodio *m.* **~gog** *s.* ⟨*fam*⟩ uvaspina *f.* **~ grass** *s.* ⟨*Bot*⟩ **1** galio *m.* **2** (*cleavers*) attaccavesti *m.* **~herd** *s.* guardiano *m* d'oche. **~ neck** *s.* ⟨*tecn,Mar*⟩ collo *m* d'oca. **~ pimples** *s.pl.* ⟨*fam*⟩ → **goose-flesh.** **~ quill** *s.* penna *f* d'oca. **~ step** **I** *s.* ⟨*mil*⟩ passo *m* dell'oca. **II** *v.i.* marciare col passo dell'oca.

goos(e)y ['gu:si] ⟨*fam*⟩ **I** *a.* sciocco, stupido. **II** *s.* sciocco *m* (*f* –a).

G.O.P. = ⟨*SU*⟩ *Grand Old Party* partito repubblicano.

gopher ['goufə] *s.* ⟨*Zool*⟩ **1** citello *m.* **2** (*pocket gopher*) geomio *m* borsario. **3** → **gopher tortoise. 4** → **gopher snake.**

gopher| snake *s.* ⟨*Zool*⟩ serpente *m* dei gophers. **~ State** *am. N.pr.* ⟨*vezz*⟩ Minnesota *m.* **~ tortoise** *s.* ⟨*Zool*⟩ gofero *m.* **~ wood** *s.* ⟨*Bibl*⟩ legno *m* dell'arca di Noè.

Gordian ['gɔ:diən] *a.* ⟨*Stor*⟩ gordiano.

Gordian knot *s.* nodo *m* gordiano (*anche fig.*): *to cut the ~* tagliare (*o* troncare) un nodo gordiano.

gore[1] [gɔ:] *s.* sangue *m; (clotted blood*) sangue *m* rappreso (*o* coagulato).

gore[2] **I** *s.* **1** ⟨*Sart,Mar*⟩ gherone *m.* **2** (*triangular piece of land*) pezzo *m* di terreno triangolare, spicchio *m* di terra. **3** ⟨*Aer*⟩ (*of a parachute*) spicchio *m.* **II** *v.t.* **1** tagliare in forma triangolare. **2** (*to furnish with gores*) inserire un gherone (*o* uno spicchio) in.

gore[3] *v.t.* (*with a pointed instrument*) trafiggere; (*with the horns*) incornare.

gorge [gɔ:dʒ] **I** *s.* **1** ⟨*Geog*⟩ gola *f,* forra *f.* **2** ⟨*Mil.ant*⟩ gola *f.* **3** ⟨*Pesc*⟩ specie di amo primitivo. **4** ⟨*Mecc*⟩ gola *f,* scanalatura *f.* **5** (*gluttonous meal*) scorpacciata *f,* mangiata *f.* **6** ⟨*Geog*⟩ massa *f,* blocco *m.* **II** *v.t.* **1** rimpinzare, satollare: *to ~ o.s. on oysters* rimpinzarsi di ostriche. **2** (*to devour greedily*) mangiare ingordamente, divorare. **3** (*to fill, choke;* general. al pass.) ostruire, intasare. **III** *v.i.* satollarsi, rimpinzarsi. □ ⟨*fig*⟩ *to make s.o.'s ~ rise* nauseare qd., dare il voltastomaco a qd.; ⟨*fig*⟩ *my ~ rises at the thought of it* mi si rivolta lo stomaco al solo pensiero.

gorgeous ['gɔ:dʒəs] *a.* **1** sontuoso, splendido, sfarzoso, magnifico, fastoso. **2** ⟨*fam*⟩ (*wonderful*) splendido, magnifico, eccellente; (*beautiful*) bellissimo. **gorgeousness** [–nis] *s.* magnificenza *f,* fasto *m,* splendore *m.*

gorgerin ['gɔ:dʒərin] *s.* ⟨*Arch*⟩ collarino *m.*

gorget ['gɔ:dʒit] *s.* **1** ⟨*Mil.ant*⟩ gorgiera *f,* goletta *f.* **2** (*necklace*) collare *m,* collana *f.* **3** ⟨*Ornit*⟩ chiazza *f* colorata sulla gola.

Gorgon ['gɔ:gən] *N.pr.* ⟨*Mitol*⟩ Gorgone *f.* **gorgon** *s.* gorgone *f.*

Gorgonia [gɔ:'gouniə] *s.* ⟨*Zool*⟩ gorgonia *f.* **gorgonian** [–n] **I** *a.* ⟨*Zool*⟩ dei gorgonacei. **II** *s.* gorgonaceo *m.*

Gorgonian [gɔ:'gouniən] *a.* gorgoneo, delle Gorgoni.

Gorgonzola (cheese) [ˌgɔ:gən'zoulə] *s.* ⟨*Gastr*⟩ gorgonzola *m.*

gorilla [gə'rilə] *s.* **1** ⟨*Zool*⟩ gorilla *m.* **2** ⟨*sl*⟩ (*thu* malvivente *m.*

gorily ['gɔ:rili] *avv.* sanguinosamente. **goriness** [–rinis] *s.* l'essere imbrattato di sangue.

gormand ['gɔ:mənd] *s.* → **gourmand. gormandize** [–a **I** *v.i.* rimpinzarsi, ingozzarsi. **II** *v.t.* mangia ingordamente, divorare. **gormandizer** [–aizə] *s.* goloso (*f* –a), ghiottone *m* (*f* –a).

gormless ['gɔ:mlis] *a.* ⟨*fam*⟩ stupido, sciocco, ⟨*fa* tonto.

gorse [gɔ:s] *s.* ⟨*Bot*⟩ ginestra *f* spinosa, ginestrone *m.*

gory ['gɔ:ri] *a.* **1** insanguinato, macchiato di sangue. (*involving bloodshed*) sanguinoso, cruento. **3** ⟨*f* agghiacciante.

gosh [gɔʃ] *intz.* ⟨*fam*⟩ perdiana, perdinci.

goshawk ['gɔshɔ:k] *s.* ⟨*Ornit*⟩ astore *m.*

gosling ['gɔzliŋ] *s.* ⟨*Ornit*⟩ papero *m,* papera *f.*

'**go-'slow I** *a.* ⟨*Ind*⟩ rallentato. **II** *s.* rallentamento *m* lavoro.

go-slow strike *s.* non collaborazione *f.*

gospel ['gɔspəl] **I** *s.* **1** ⟨*Rel*⟩ vangelo *m.* **2** ⟨*Rel*⟩ ⟨*g tidings*) buona novella *f.* **3** → **gospel truth. 4** ⟨*f* (*doctrine, faith*) dottrina *f,* fede *f,* principio *m.* Gospel ⟨*Bibl,Lit*⟩ vangelo *m: the Gospel according to St. Mark* vangelo secondo san Marco. **II** *a.* evangelico. □ ⟨*fig*⟩ *take s.th. as ~* prendere qc. per vangelo. **gospel(l)er** [– *s.* ⟨*Lit*⟩ lettore *m* (*f* –trice) del vangelo (*durante* servizio religioso).

gospel| oath *s.* giuramento *m* fatto sulla Bibbia. **~** *s. (of a church*) lato *m* del vangelo. **~ truth** *s.* verit sacrosanta (*o* indiscutibile), vangelo *m,* bibbia *f.*

gossamer ['gɔsəmə] **I** *s.* **1** sottile ragnatela *f,* ⟨*pop*⟩ refe della Madonna; (*thread*) filo *m* di ragnatela. **2** (*gau* garza *f* sottilissima. **3** (*any thin fabric*) tessuto finissimo. **4** ⟨*fig*⟩ cosa *f* tenue, velo *m.* **II** *a.* **gossamery. gossamery** [–ri] *a.* leggero, sottilissimo.

gossip ['gɔsip] **I** *s.* **1** pettegolezzo *m,* chiacchiera *f,* dice *f; (informal chat*) chiacchierata *f: to have a good ~* f una bella chiacchierata. **2** (*person*) pettegolo *m* (*f* – linguaccia *f.* **II** *v.i.* chiacchierare; (*to retell rumours, e* fare pettegolezzi, (s)pettegolare (*about* su).

gossip| column *s.* ⟨*giorn*⟩ colonna *f* degli avvenime mondani, rubrica *f* mondana. **~columnist** *s.* ⟨*gio* colonnista *m/f* mondano.

gossiper ['gɔsipə] *s.* chiacchierone *m* (*f* –a), pettegolo *m* –a). **gossipmonger** [–pmʌŋgə] *s.* pettegolo *m* (*f* – malalingua *f.* **gossipry** [–pri] *s.* **1** chiacchiera pettegolezzo *m,* diceria *f.* **2** ⟨*collett*⟩ persone maldicenti. **gossipy** [–pi] *a.* linguacciuto, pettegc maldicente.

gossoon *irl.* [gɔ'su:n] *s.* **1** ragazzo *m.* **2** (*servant b* garzone *m.*

got [gɔt] → **get**[1].

Goth [gɔθ] *s.* **1** ⟨*Stor*⟩ goto *m.* **2** ⟨*fig*⟩ barbaro vandalo *m,* persona *f* rozza (*o* non civilizzata).

Gotham ['gɔtəm] *s.* **1** ⟨*scherz*⟩ città *f* degli sciocchi. ⟨*am.fam*⟩ città di New York. **Gothamite** [–ait] *s.* ⟨*scherz*⟩ credulone *m* (*f* –a), semplicotto *m* (*f* –a). ⟨*am.fam*⟩ nuovaiorchese *m/f.*

Gothic ['gɔθik] **I** *a.* **1** ⟨*Stor*⟩ gotico, dei goti, goto. ⟨*Art,Tip,Lett*⟩ gotico: *~ arch* arco gotico (*o* ogivale). ⟨*fig*⟩ barbaro, incivile. **II** *s.* **1** ⟨*Arch,Art*⟩ gotico *m,* s *m* gotico, arte *f* gotica. **2** ⟨*Ling*⟩ gotico *m,* lingua *f* goti **3** ⟨*Tip*⟩ gotico *m,* carattere *m* gotico.

Gothicism ['gɔθisizəm] *s.* **1** ⟨*Arch,Art*⟩ goticismo *m.* ⟨*fig*⟩ rozzezza *f.* **Gothicize** [–saiz] *v.t.* rendere goti goticizzare.

'**go-to-'meeting** *a.* ⟨*fam*⟩ (*of clothes*) della festa, ⟨*fa* buono.

gotten *am.* ['gɔtn] → **get**[1].

gouache [gwaʃ] *s.* ⟨*Art*⟩ guazzo *m,* pittura *f* a guazzo.

gouge [gaudʒ] **I** *s.* **1** ⟨*Fal*⟩ sgorbia *f.* **2** (*groo* scanalatura *f,* incavo *m.* **3** ⟨*fam*⟩ (*fraud*) frode imbroglio *m,* truffa *f.* **II** *v.t.* **1** scanalare, incava scavare. **2** (*to force out with;* spesso con *out*) cavare: *to out s.o.'s eye* cavare un occhio a qd. **3** ⟨*fam*⟩ (*to swin* frodare, truffare, imbrogliare.

•ulash ['gu:læʃ] s. ⟨Gastr⟩ gulasch m.

•urd [gu:əd] s. 1 ⟨Bot⟩ zucca f, zucchetta f. 2 ⟨Bot⟩ calabash⟩ lagenaria f. 3 (vessel) zucca f vuota (usata come recipiente).

•urmand ['guəmənd] I s. 1 goloso m (f –a), ghiottone m f –a). 2 (gourmet) buongustaio m (f –a). II a. goloso, ngordo. gourmandism [–izəm] s. ghiottoneria f, golosità f. gourmandize [–aiz] v. → gormandize.

•urmet ['guəmei] s. (of food) buongustaio m (f –a), mante m/f della buona tavola; (of wine) intenditore m (f -trice) di vini.

•urmet food s. specialità fpl gastronomiche.

•ut [gaut] s. 1 ⟨Med⟩ gotta f. 2 (drop) goccia f; (splash) chizzo m. 'goutiness [–inis] s. l'essere gottoso. 'gouty –i] a. 1 gottoso, affetto da gotta. 2 (causing gout) che dà a gotta. 3 (of gout) della gotta.

•v [gʌv] (accorc. di governor) s. ⟨sl⟩ capo m, ⟨fam⟩ principale m.

•v. = 1 governor governatore. 2 government governo.

•vern ['gʌvən] I v.t. 1 governare, reggere, amministrare: o ~ a country governare un paese. 2 (to determine) determinare: factors –ing a decision fattori che determinano una decisione; (to guide) guidare. 3 (to heck, control) controllare, dominare, tenere a freno: to ~ ne's anger dominare la collera. 4 ⟨Gramm⟩ reggere. 5 Mot⟩ regolare, registrare. II v.i. governare.

•overnability [–ə'biliti] s. ⟨Pol⟩ governabilità f. •overnable [–əbl] a. ⟨Pol⟩ governabile. governance –əns] s. 1 governo m; (control) autorità f. 2 (state of eing governed) dominio m. governess [–is] s. ⟨Ped⟩ overnante f, istitutrice f.

•verning body ['gʌvəniŋ] s. organo m di gestione.

•vernment ['gʌvənmənt] s. 1 ⟨Pol⟩ (act) governo m; system) regime m, forma f di governo, governo m: onstitutional ~ governo costituzionale; (body of persons) ninistero m, governo m: to form a ~ formare un governo, ostituire un ministero. 2 (control) governo m, direzione f, omando m, guida f. 3 ⟨Gramm⟩ reggenza f. •overnmental [–'mentl] a. governativo, del governo.

•vernment| bank s. banca f di stato. ~ bill s. disegno n (o progetto) di legge governativo. ~ bond s. titolo m ubblico (o di stato). ~ House s. palazzo m del governo. • loan s. ⟨Econ⟩ prestito m ⟨dello stato⟩ (o governativo). • securities s.pl. ⟨Econ⟩ titoli mpl di stato.

•vernor ['gʌvənə] s. 1 governatore m; (of a bank, prison, c.) governatore m, sovraintendente m. 2 ⟨sl⟩ (boss) adrone m, capo m, ⟨fam⟩ principale m. 3 ⟨sl⟩ (father) adre m. 4 ⟨Mecc⟩ regolatore m. □ board of –s consiglio ı d'amministrazione.

•vernorship ['gʌvənəʃip] s. governatorato m.

•wan scozz. ['gauən] s. ⟨Bot⟩ margherita f di prato.

•wk [gauk] s. ⟨dial⟩ 1 semplicione m (f –a), ⟨fam⟩ merlo ı (f –a). 2 (cuckoo) cuculo m.

•wn [gaun] I s. 1 ⟨Vest⟩ (woman's dress) veste f, abito ı; (evening gown) abito m da sera; (nightgown) camicia f a notte; (dressing gown) veste f da camera. 2 (academic obe) toga f. 3 ⟨fig⟩ (students of a university) universitari pl; (lawyers) avvocati mpl. II v.t. mettere (o far dossare) la toga a. □ ⟨Univ⟩ town and ~ i cittadini e i embri dell'Università. 'gownsman [–zmən] s.irr. chi este la toga.

•P. = ⟨Med⟩ General Practitioner medico generico.

•O = ⟨SU⟩ Government Printing Office istituto oligrafico dello stato.

•P.O. = General Post Office posta centrale.

• = 1 grade grado (abbr. gr). 2 grain grano (abbr. gr). 3 amme grammo (abbr. g). 4 grammar grammatica. 5 oss grossa.

•ab[1] [græb] v. (pret., p.p. grabbed [–d]) I v.t. 1 afferrare, chiappare: he –bed his hat afferrò il cappello. 2 (to take egal possession of) arraffare. 3 (fam) (to capture) chiappare, acciuffare, agguantare. II v.i. 1 fare l'atto di ferrare (at s.o. qd.). 2 ⟨Aut⟩ (of brakes) bloccarsi. □ to hold of s.o. (o s.th.) afferrare saldamente qd. (o qc.).

•ab[2] s. 1 atto m (o tentativo) di afferrare; (grasp) presa f, retta f. 2 (illegal seizure) l'arraffare. 3 (s.th. grabbed) reda f. 4 → grab bucket. 5 (card game) rubamazzo m.

□ to make a ~ for (o at) s.th. tentare di afferrare qc.

grab bag am. s. (at a bazaar, fair, etc.) pesca f miracolosa.

grabber ['græbə] s. persona f avida e rapace.

grabble ['græbl] v.i. 1 cercare a tastoni (o tentoni) (for s.th. qc.). 2 (to sprawl) sdraiarsi, mettersi lungo disteso.

grab| bucket s. ⟨Mecc⟩ benna f. ~ crane s. ⟨Mecc⟩ gru f a benna.

grace [greis] I s. 1 grazia f: the ~ of youth la grazia della gioventù. 2 (pleasing quality) piacere m, piacevolezza f: one of the –s of country life uno dei piaceri della vita di campagna. 3 (good manners) cortesia f, gentilezza f, garbo m: he might have the ~ to thank you potrebbe avere la cortesia di ringraziarti. 4 (elegance in movement) garbo m, grazia f, compostezza f: to move with ~ muoversi con grazia. 5 (clemency) clemenza f, pietà f. 6 (goodwill) grazia f, benevolenza f; (favour) favore m. 7 ⟨Comm,Dir⟩ (respite) dilazione f: he was given ten days of ~ to pay gli furono concessi dieci giorni di dilazione per il pagamento. 8 ⟨Teol,Dir⟩ grazia f. 9 ⟨Rel⟩ (prayer at mealtimes) preghiera f di ringraziamento. 10 → grace note. Grace s. Grazia f: Your ~ Vostra Grazia. II v.t. 1 abbellire, (ad)ornare, ingentilire. 2 (to do honour to) onorare, fare onore a. 3 ⟨Mus⟩ ornare. □ an act of ~ un atto di clemenza; airs and –s modi affettati, vezzi mpl; with (a) bad ~ di mala grazia, sgarbatamente, malvolentieri; to be in s.o.'s bad –s essere in disgrazia di (o presso) qd.; by the ~ of God per grazia di Dio; with (a) good ~ di buona grazia, garbatamente, di buon grado; to be in s.o.'s good –s essere nelle (buone) grazie di qd.; in the year of ~ 1970 nell'anno di grazia 1970.

Grace N.pr. Grazia f.

graceful ['greisful] a. 1 grazioso, aggraziato, garbato: ~ movements movimenti aggraziati. 2 (of people) gentile, grazioso, leggiadro. gracefulness [–nis] s. grazia f, gentilezza f, leggiadria f.

graceless ['greislis] a. 1 inelegante, rozzo: a ~ style uno stile inelegante. 2 (of people: rude, clumsy) sgraziato, sgarbato, senza grazia. 3 (lacking God's grace) in disgrazia (di Dio). gracelessness [–nis] s. 1 mancanza f di grazia (o garbo). 2 (clumsiness) sgraziataggine f.

grace| note s. ⟨Mus⟩ fioritura f, abbellimento m. ~ period s. ⟨Assic⟩ moratoria f, mora f.

Graces ['greisiz] N.pr.pl. ⟨Mitol⟩ Grazie fpl.

gracile ['græsil] a. 1 gracile, esile. 2 (thin) sottile, magro. gracility [–'siliti] s. gracilità f, esilità f.

gracious ['greiʃəs] I a. 1 gentile, cortese, grazioso, benigno; (well-mannered) cortese, gentile, educato: a ~ refusal un cortese rifiuto. 2 (condescending) indulgente, condiscendente. 3 (comfortable) comodo, lussuoso: ~ living vita comoda. 4 (merciful) misericordioso, pietoso: good ~ misericordia f; (good gracious) buon Dio. II intz. ⟨fam⟩ (good gracious) buon Dio. graciousness [–nis] s. 1 gentilezza f, cortesia f. 2 (indulgence) indulgenza f, condiscendenza f. 3 (clemency) clemenza f, misericordia f.

grad. am. [græd] (accorc. di graduate) s. ⟨Univ⟩ laureato m (f –a).

grad. = 1 gradient gradiente. 2 graduate laureato.

gradate [grə'deit, am. 'greideit] I v.i. (of colours) sfumare. II v.t. 1 (of colours) sfumare. 2 (to arrange in grades) graduare.

gradation [gre'deiʃən] s. 1 graduazione f. 2 (transition) gradazione f, passaggio m graduale; (stage, grade) gradazione f. 3 (of colours) sfumatura f. 4 ⟨Ling⟩ apofonia f. gradational [–l] a. graduale.

grade[1] [greid] s. 1 grado m, livello m, stadio m; (of food) qualità f, categoria f: ~ A eggs uova di prima qualità. 2 (degree of rank, etc.) grado m, rango m; (rank) grado m: the ~ of major il grado di maggiore. 3 (class, category) gruppo m, categoria f, classe f. 4 ⟨am.Scol⟩ (class) classe f; (year) anno m (di corso); (pupils) classe f; (mark) voto m, punto m. 5 pl. ⟨am.Scol⟩ scuola f elementare. 6 ⟨Strad,Ferr⟩ (gradient) pendio m, pendenza f, inclinazione f. 7 ⟨Zootecn⟩ animale m con un progenitore di razza pura. 8 ⟨Geom⟩ grado m. 9 ⟨Ling⟩ grado m dell'apofonia. 10 ⟨tecn⟩ (of fuel) indice m (o numero) di ottano. □ ⟨am⟩ to get high –s ottenere voti alti; ⟨fam⟩ to *make the* ~ raggiungere la meta, farcela.

grade² *v.t.* **1** classificare; (*to sort*) selezionare: *to* ~ *eggs* selezionare le uova. **2** (*to arrange in a proportional order*) graduare, ordinare per gradi. **3** ⟨*am.Scol*⟩ (*to mark*) classificare. **4** (*of colours*) sfumare. **5** ⟨*Strad,Ferr*⟩ livellare. **6** ⟨*Zootecn*⟩ incrociare (con altro animale di razza pura). □ ⟨*Zootecn*⟩ *to* ~ **up** selezionare con incroci.

grade| card *am. s.* ⟨*Scol*⟩ scheda *f.* ~ **crossing** *am. s.* ⟨*Ferr*⟩ passaggio *m* a livello.

graded tax ['greidid] *s.* imposta *f* progressiva.

gradely ['greidli] ⟨*dial*⟩ **I** *a.* piacevole, bello. **II** *avv.* esattamente.

grader ['greidə] *s.* **1** selezionatore *m* (*f* –trice). **2** ⟨*Mecc*⟩ livellatrice *f,* terrazzatrice *f.* **3** ⟨*am.Scol*⟩ alunno *m,* scolaro *m: a fifth*-~ un alunno di quinta.

grade| report *s.* pagella *f.* ~ **school** *am. s.* scuola *f* elementare.

gradient ['greidiənt] **I** *s.* **1** ⟨*Strad,Ferr*⟩ dislivello *m,* pendenza *f.* **2** (*inclined surface*) superficie *f* inclinata. **3** ⟨*Fis,Mat,Meteor*⟩ gradiente *m.* **II** *a.* che sale (*o* scende) gradatamente.

gradin ['greidin], **gradine** [grə'di:n] *s.* **1** gradino *m* d'anfiteatro. **2** (*at the back of an altar*) gradino *m.*

grading ['greidiŋ] *s.* classificazione *f,* selezione *f.*

gradual ['grædʒuəl] **I** *a.* **1** graduale. **2** (*of a slope*) non erto (*o* ripido). **II** *s.* ⟨*Lit*⟩ graduale *m.* **gradualism** [–izm] *s.* gradualismo *m.* **gradualist** [–ist] *s.* gradualista *m/f.* **gradualistic** [–istik] *a.* gradualistico. **gradually** [–i] *avv.* gradualmente, gradatamente, per gradi. **gradualness** [–nis] *s.* gradualità *f.*

graduate I *s.* ['grædjuit] **1** ⟨*Univ*⟩ laureato *m* (*f* –a). **2** ⟨*am.Scol*⟩ diplomato *m:* (*f* –a) *a high school* ~ un diplomato di scuola secondaria. **3** ⟨*Chim,tecn*⟩ recipiente *m* graduato. **II** *a.* **1** laureato. **2** ⟨*am.Scol*⟩ diplomato. **III** *v.i.* ['grædjueit] **1** ⟨*Univ*⟩ laurearsi. **2** ⟨*am.Scol*⟩ diplomarsi. **3** (*to change gradually*) cambiarsi gradualmente. **IV** *v.t.* **1** ⟨*Univ*⟩ laureare. **2** ⟨*am.Scol*⟩ diplomare. **3** (*to mark with degrees*) graduare, dividere in gradi. **graduated** [–jueitid] *a.* **1** graduato: *a* ~ *thermometer* un termometro graduato. **2** ⟨*Econ*⟩ (*of a tax*) progressivo.

graduate| nurse *s.* infermiera *f* diplomata. ~ **school** *am.s.* scuola *f* di perfezionamento dopo la laurea.

graduation [grædju'eiʃən] *s.* **1** ⟨*Univ*⟩ laurea *f.* **2** ⟨*am.Scol*⟩ diploma *m,* licenza *f.* **3** (*marking in divisions*) graduazione *f;* (*mark*) grado *m.*

graduation ceremony *s.* cerimonia *f* di consegna dei diplomi.

gradus ['greidəs] *s.* ⟨*Scol*⟩ dizionario *m* di metrica classica.

Graecism ['gri:sizəm] *s.* **1** (*spirit*) grecità *f,* ellenismo *m.* **2** (*idiom, etc.*) grecismo *m.* **Graecize** [–saiz] **I** *v.t.* **1** grecizzare. **2** (*to translate into Greek*) tradurre in greco. **II** *v.i.* grecizzare.

Graeco-'Roman ['gri:ko(u)] *a.* greco–romano (*anche Sport.*).

graffito [grə'fi:tou] *s.* (*pl.* -**ti** [ti:]) **1** ⟨*Archeol*⟩ graffito *m.* **2** *pl.* parole *fpl* (*o* frasi) incise su mura di edifici, ecc., graffito *m.*

graft [gra:ft] **I** *s.* **1** ⟨*Agr*⟩ (*shoot, scion*) innesto *m;* (*plant*) pianta *f* innestata. **2** ⟨*Chir*⟩ innesto *m.* **3** ⟨*fam*⟩ (*illegal acquisition of money, etc.*) appropriazione *f* indebita, illecito *m;* (*money, etc., acquired*) profitti *mpl* illeciti. **4** ⟨*sl*⟩ (*work*) lavoro *m.* **II** *v.t.* **1** ⟨*Agr*⟩ innestare (a marza). **2** ⟨*Chir*⟩ innestare. **3** ⟨*fig*⟩ innestare, congiungere, unire. **4** ⟨*fam*⟩ (*to obtain by dishonest means*) guadagnare (*o* ottenere) illecitamente. **III** *v.i.* **1** ⟨*Agr*⟩ essere innestato. **2** (*to make a graft*) fare un innesto. **3** ⟨*fam*⟩ fare guadagni illeciti. '**grafter** [–ə] *s.* **1** ⟨*Agr*⟩ innestatore *m* (*f* –trice). **2** ⟨*fam*⟩ chi fa guadagni illeciti; (*corrupt official*) funzionario *m* corrotto. '**grafting** [–iŋ] *s.* innesto *m* (*anche fig.*).

grail, Grail [greil] *s.* (*Holy Grail*) Graal *m,* Gral *m.*

grain [grein] **I** *s.* **1** ⟨*Agr,Alim*⟩ (*seed*) grano *m,* chicco *m;* (*corn*) cereali *mpl,* granaglie *fpl,* grani *mpl.* **2** (*small particle*) grano *m,* granello *m,* chicco *m: a* ~ *of sand* un

granello di sabbia. **3** (*arrangement of particles*) grana *f: coarse* ~ di grana grossa. **4** ⟨*fig*⟩ (*very small amoun* granello *m,* grano *m,* pizzico *m,* briciolo *m: he hasn't a* of sense non ha un granello di buonsenso. **5** ⟨*fig*⟩ (*tempe disposition*) tempra *f,* carattere *m.* **6** (*unit of weigl* grano *m.* **7** ⟨*Fal*⟩ venatura *f,* andamento *m* delle fibre. ⟨*Tess*⟩ grana *f,* consistenza *f.* **9** ⟨*Met,Cart,Fot*⟩ grana **10** ⟨*Min, Met*⟩ grano *m.* **11** ⟨*Chim*⟩ cristallizzazione **II** *v.t.* **1** granire, ridurre in grani. **2** (*to paint in imitati* *of a grain*) macchiare a finto legno. **3** (*to give a granu* *surface to*) granire. **4** ⟨*Conc*⟩ rimuovere il pelo. **III** ridursi in grani. □ ⟨*fig*⟩ *against the* ~ controvogl malvolentieri; *in* ~: **1** (*of a dye*) carminio, rosso vivo; (*ingrained*) inveterato, incallito.

grain alcohol *s.* ⟨*Chim*⟩ alcol *m* etilico.

grained [greind] *a.* **1** (nei composti) a grana: *fine*-~ *sa* sabbia a grana fine. **2** ⟨*Fal*⟩ (nei composti) a venatura. (*painted so as to bring out the grain*) macchiato a (fint legno. **4** (*granular*) granulato, a struttura granulare.

grain elevator *s.* ⟨*Agr*⟩ silos *m* per cereali.

grainer ['greinə] *s.* **1** (*worker*) granitore *m.* **2** (*machir* granitrice *f.*

grain| farmer *s.* cerealicoltore *m* (*f* –trice). ~ **farming** cerealicoltura *f.*

graininess ['greininis] *s.* granulosità *f.* **graining** [–niŋ] **1** ⟨*Fal*⟩ venatura *f.* **2** (*imitation of wood*) macchiatura (finto) legno.

grain leather *s.* ⟨*Conc*⟩ cuoio *m* conciato (voltato da parte del pelo).

grains [greinz] *s.pl.* (costr. sing.) ⟨*Pesc*⟩ arp(i)one *m.*

grainy ['greini] *a.* **1** granulare, granuloso. **2** (*of wood*) (ha una vena ben definita. **3** ⟨*Fot*⟩ a (*o* di) grana gross

gralloch ['grælək] **I** *s.* ⟨*Venat*⟩ viscere *fpl,* interiora *fpl.* *v.t.* togliere (*o* estrarre) le viscere a.

gram¹ [græm] *s.* ⟨*Bot*⟩ (*chickpea*) cece *m.*

gram² *s.* → **gramme.**

gram. = **1** *gramme* grammo (*abbr.* g). **2** *gramm* grammatica.

gram| atom, ~-atomic weight *s.* ⟨*Fis*⟩ grammo-ato *m.* ~ **calorie** *s.* ⟨*Fis*⟩ grammo–caloria *f.*

graminaceous [ˌgræmi'neiʃəs], **gramineous** [grə'mini *a.* ⟨*Bot*⟩ graminaceo. **graminivorous** [–mi'nivərəs] ⟨*Zool*⟩ erbivoro.

grammalogue ['græməlɔg] *s.* segno *m* stenografico.

grammar ['græmə] *s.* grammatica *f: Italian* ~ grammat italiana; *your* ~ *is terrible* la tua grammatica è pessir **grammarian** [grə'meəriən] *s.* grammatico *m.*

grammar school *s.* **1** scuola *f* secondaria (classica). ⟨*am*⟩ scuola *f* media.

grammatic [grə'mætik], **grammatical** [–əl] *a.* grammaticale. **2** (*conforming to grammar rul* grammaticalmente corretto: *this sentence is not* ~ que frase non è grammaticalmente corretta.

gramme [græm] *s.* grammo *m.*

gram-negative [græm–] *a.* ⟨*Biol*⟩ gram–negativo.

gramophone ['græməfoun] *s.* grammofono *m,* fonogr *m.*

gramophone record *s.* disco *m* (grammofonico).

Grampians ['græmpjənz] *N.pr.pl.* ⟨*Geog*⟩ Grampi *mpl.*

gram-positive *a.* gram–positivo.

grampus ['græmpəs] *s.* **1** ⟨*Itt*⟩ grampo *m.* **2** ⟨*Itt*⟩ (*ki* *whale*) orca *f.* **3** ⟨*fam*⟩ (*person*) persona *f* dal resp rumoroso.

granary ['grænəri] *s.* ⟨*Agr*⟩ granaio *m* (*anche fig.*).

grand [grænd] **I** *a.* **1** grandioso, imponente, superbo: *a* *spectacle* uno spettacolo grandioso. **2** (*sumptuo* splendido, sontuoso, grande, solenne: *a* ~ *ball* un g ballo. **3** (*large, great*) grande, ampio. **4** (*illustrio* celebre, illustre, importante; (*in titles*) gran, grande: *Prior* gran priore. **5** (*supercilious*) borioso, altezz pretenzioso. **6** (*lofty*) elevato, aulico, ampolloso: *to w* *in a* ~ *style* scrivere in uno stile aulico; (*ambitio* grandioso, ambizioso: *to have* ~ *ideas* avere i grandiose. **7** (*main*) principale: *the* ~ *entrance* l'ingre principale. **8** ⟨*fam*⟩ (*very good*) ottimo, magnif splendido: *it's a* ~ *idea* è un'ottima idea.

(*comprehensive*) totale, complessivo, globale: *the ~ total* l'importo totale. **II** *s.* **1** → **grand piano. 2** ⟨*am.sl*⟩ mille dollari *mpl.* □ *to put on ~* **airs** darsi delle arie, grandeggiare; ⟨*fam*⟩ *I feel ~* mi sento benissimo (*o* magnificamente); *in the ~* **manner** grandiosamente; *to live in ~* style vivere da gran signore; ⟨*fam*⟩ *we had a ~* **time** ci siamo divertiti moltissimo.

randam ['grændæm] *s.* **1** vecchia *f.* **2** (*grandmother*) nonna *f.*

rand|-aunt *s.* prozia *f.* **~ Canyon** *N.pr.* ⟨*Geog*⟩ gran cañon *m.* **~child** *s.irr.* (*child of one's son or daughter*) nipote *m/f.* **~-dad(dy)** *s.* nonnino *m.* **~daughter** *s.* (*daughter of one's child*) nipote *f.* **~ duchess** *s.* granduchessa *f.* **~ duchy** *s.* granducato *m.* **~ duke** *s.* granduca *m.*

randee [græn'di:] *s.* grande *m* di Spagna.

randeur ['grændʒə] *s.* **1** grandiosità *f,* imponenza *f.* **2** (*sublimity*) magnificenza *f,* splendore *m.* **3** (*majesty*) nobiltà *f,* maestà *f.* **4** (*dignity of character, etc.*) grandezza *f,* elevatezza *f.*

randfather ['græn(d)fɑːðə] *s.* **1** nonno *m.* **2** (*forefather*) antenato *m.* **3** ⟨*fig*⟩ precursore *m.*

randfather clock *s.* tipo di pendola.

randfatherly ['græn(d)fɑːðəli] *a.* **1** da (*o* di) nonno. **2** ⟨*fig*⟩ benevolo, indulgente.

randiloquence [græn'diləkwəns] *s.* magniloquenza *f,* ampollosità *f.* **grandiloquent** [-kwənt] *a.* magniloquente, ampolloso.

randiose ['grændious] *a.* **1** grandioso, imponente. **2** (*pretentious*) pomposo, fastoso. **grandiosity** [-di'ɔsiti] *s.* grandiosità *f,* fastosità *f.*

rand| jury *s.* ⟨*Dir*⟩ giuria *f* d'accusa (per reati gravi). **~ larceny** *s.* ⟨*Dir*⟩ furto *m* di grossa entità. **~ lodge** *s.* gran(de) loggia *f* (massonica).

randly ['grændli] *avv.* grandiosamente, con magnificenza, splendidamente.

rand|ma ['græn(d)mɑː], **~mamma** ['grænməmə:] *s.* ⟨*fam*⟩ → **grandmother. ~ Master** *s.* Gran Maestro *m.* **~mother** ['græn(d)mʌðə] *s.* **1** nonna *f.* **2** (*ancestress*) ava *f,* antenata *f.* □ ⟨*fig*⟩ *to teach one's ~* (*how*) *to suck eggs* pretendere d'insegnare a chi ne sa di più. **~motherly** ['græn(d)mʌðəli] *avv.* **1** da (*o* di) nonna. **2** ⟨*fig*⟩ (*fussy*) meticoloso, pignolo. **~ National** *s.* corsa *f* ippica a ostacoli di Liverpool. **~ nephew** *s.* pronipote *m.*

randness ['grændnis] *s.* grandezza *f,* grandiosità *f.*

rand|niece *s.* pronipote *f.* **~ Old Party** *am. s.* partito *m* repubblicano. **~ opera** *s.* ⟨*Mus*⟩ opera *f* lirica. **~pa** ['grænpɑː], **~papa** ['grænpəpɑ:] *s.* ⟨*fam*⟩ → **grandfather. ~parent** *s.* nonno *m,* nonna *f.* **~ piano** *s.* ⟨*Mus*⟩ pianoforte *m* a coda. **~ Prix** *s.* ⟨*Aut*⟩ gran premio *m.* **~sir(e)** *s.* **1** ⟨*rar*⟩ nonno *m.* **2** ⟨*ant*⟩ (*ancestor*) antenato *m,* avo *m;* (*old man*) vecchio *m.* **~son** *s.* (*son of one's child*) nipote *m.* **~stand** *s.* tribuna *f* coperta. □ ⟨*fig*⟩ *a ~ view* una visione completa. **~stand finish** *s.* ⟨*Sport*⟩ serrata *f* finale. **~ tour** *s.* viaggio *m* (nel continente europeo). **~-uncle** *s.* prozio *m.* **~ vizier** *s.* ⟨*Stor*⟩ gran visir *m.*

range [greindʒ] *s.* **1** residenza *f* di campagna. **2** (*farm*) fattoria *f,* casa *f* colonica. **3** ⟨*Stor*⟩ grangia *f.* **Grange** *am. s.* Grangia *f,* associazione *f* agricoltori. **'granger** [-ə] *s.* agricoltore *m,* colono *m.* **Granger** *am. s.* membro *m* di una Grangia.

rangerization [ˌgreindʒərai'zeiʃən] *s.* illustrazione *f* di un libro (mediante disegni, vignette, ecc., ritagliati da altri libri). **'grangerize** [-raiz] *v.t.* illustrare (mediante disegni ritagliati da altri libri).

raniferous [grə'nifərəs] *a.* ⟨*Bot*⟩ granifero.

ranite ['grænit] **I** *s.* ⟨*Min*⟩ granito *m* (*anche fig.*). **II** *a.* → **granitic.**

raniteware ['grænitweə] *s.* **1** ⟨*Ceram*⟩ terraglie *fpl* screziate; (*white pottery*) ceramica *f* porcellanata. **2** (*ironware*) ferro *m* smaltato.

ranitic [græ'nitik] *a.* **1** granitico, di granito. **2** ⟨*fig*⟩ (*hard*) duro, di pietra; (*inflexible*) incrollabile, forte, saldo.

ranitoid ['grænitɔid] *a.* ⟨*Min*⟩ granitico, simile al granito.

granivorous [grə'nivərəs] *a.* ⟨*Zool*⟩ granivoro.

grannie, granny ['græni] *s.* **1** ⟨*vezz*⟩ nonnina *f.* **2** (*fussy old woman*) vecchia *f* pettegola.

granny knot *s.* nodo *m* incrociato.

granolithic [ˌgræno(u)'liθik] *a.* ⟨*Edil*⟩ di granito e cemento.

grant [grɑːnt] **I** *v.t.* **1** concedere, accordare: *to ~ permission* concedere il permesso; *to ~ easy terms* accordare facilitazioni. **2** (*to accede to*) accettare, accogliere, ammettere: *to ~ a request* accogliere una richiesta. **3** (*to bestow formally*) conferire, assegnare. **4** (*to admit*) riconoscere, ammettere, concedere: *I ~ I am wrong* ammetto di aver torto. **5** ⟨*Dir*⟩ cedere, trasferire, trasmettere. **II** *s.* **1** concessione *f,* assegnazione *f.* **2** ⟨*Univ*⟩ borsa *f* di studio. **3** (*act of granting*) rilascio *m,* concessione *f: ~ of a patent* concessione di un brevetto. **4** ⟨*Dir*⟩ (*transfer*) trasferimento *m,* cessione *f;* (*franchise*) concessione *f.* □ *God ~ that* Dio voglia che; *by royal ~* per concessione reale; *to take for –ed* ritenere per certo, dare per scontato; *I ~ you* te lo concedo, lo ammetto.

grantable [grɑ:ntəbl] *a.* accordabile, concedibile. **granted** [-tid] *intz.* ⟨*scherz*⟩ concesso. **grantee** [-'ti:] *s.* ⟨*Dir*⟩ concessionario *m* (*f* –a), assegnatario *m* (*f* –a), beneficiario *m* (*f* –a). **granter** [-tə] *s.* → **grantor.**

'grant-in-'aid *s.* sovvenzione *f,* sussidio *m.*

grantor [grɑ:n'tɔ:, *am.* 'græntə] *s.* ⟨*Dir*⟩ concessore *m,* concedente *m/f.*

granular ['grænjulə] *a.* **1** granuloso. **2** (*having a grainy surface*) granulare, granulato. **granularity** [-'læriti] *s.* granulosità *f.*

granulate ['grænjuleit] **I** *v.t.* **1** granulare, ridurre in granuli. **2** (*of a surface*) granire. **3** (*to crystallize*) cristallizzare. **II** *v.i.* ⟨*Med*⟩ granuleggiare, granulare, granularsi. **granulated** [-id] *a.* → **granular.** **granulation** [-'leiʃən] *s.* **1** granulazione *f.* **2** ⟨*Med*⟩ (*granulation tissue*) tessuto *m* di granulazione.

granule ['grænju:l] *s.* **1** grano *m,* granello *m.* **2** ⟨*Biol,Astr*⟩ granulo *m.*

granulite ['grænjulait] *s.* ⟨*Min*⟩ granulite *f.*

granulometry [grænju'lɔmitri] *s.* granulometria *f.*

granulose ['grænjulous] *a.* → **granular. granulous** [-ləs] *a.* granuloso, granulare.

grape [greip] *s.* **1** acino *m,* chicco *m* d'uva. **2** *pl.* uva *f: a bunch of –s* un grappolo d'uva. **3** ⟨*poet*⟩ (*grapevine*) vite *f;* (*wine*) vino *m.* **4** *pl.* (costr. sing.) ⟨*Veter*⟩ tubercolosi *f* bovina. **5** → **grapeshot.**

grape|fruit *s.* pompelmo *m.* **~ gathering** *s.* vendemmia *f.* **~ growing** *s.* viticoltura *f.* **~ hyacinth** *s.* ⟨*Bot*⟩ giacinto *m* del pennacchio (*o* delle vigne). **~ juice** *s.* succo *m* d'uva.

grapery ['greipəri] *s.* **1** serra *f* per viti. **2** (*vineyard*) vigneto *m.*

grape| scissors *s.pl.* forbici *fpl* per uva. **~shot** *s.* ⟨*Mil.ant*⟩ mitraglia *f.* **~ stone** *s.* vinacciolo *m.* **~ sugar** *s.* destrosio *m.* **~vine** *s.* **1** vite *f.* **2** (*fam*) (*rumour*) diceria *f,* voce *f.*

graph [græf] **I** *s.* **1** grafico *m,* diagramma *m.* **2** ⟨*Mat*⟩ grafico *m.* **3** ⟨*Ling*⟩ grafia *f.* **II** *v.t.* rappresentare graficamente.

grapheme ['græfi:m] *s.* ⟨*Ling*⟩ grafema *m.* **graphemics** [-iks] *s.pl.* (costr. sing.) grafematica *f.*

graphic ['græfik] *a.* **1** grafico. **2** ⟨*fig*⟩ vivace, pittoresco: *a ~ description* una descrizione vivace. □ *~ arts* arti *fpl* grafiche. **graphic paper** *s.* carta *f* diagrammata.

graphically ['græfikəli] *avv.* **1** graficamente. **2** ⟨*fig*⟩ pittorescamente, vivacemente. **graphics** [-s] *s.pl.* (costr.sing.) uso *m* di grafici nel calcolo.

graphics| artist, ~ designer *s.* grafico *m.*

graphite ['græfait] *s.* ⟨*Min*⟩ grafite *f,* piombaggine *f.* **graphitic** [grə'fitik] *a.* grafitico.

graphitization [ˌgræfitai'zeiʃən] *s.* ⟨*Ind*⟩ grafitazione *f.* **'graphitize** [-taiz] *v.t.* grafitare.

graphology [ˌgræ'fɔlədʒi] *s.* grafologia *f.*

graph paper *s.* carta *f* millimetrata.

grapnel ['græpnəl] *s.* ⟨*Mar*⟩ **1** (*grapple*) rampino *m,* raffio *m.* **2** (*small anchor*) grappino *m,* rampino *m.*

grapple ['græpl] **I** *s.* **1** ⟨*Mar*⟩ rampino *m,* raffio *m.* **2**

(*grip, seizing*) presa *f*, stretta *f*. **3** (*close struggle*) lotta *f* corpo a corpo, corpo *m* a corpo. **II** *v.t.* **1** ⟨*Mar*⟩ afferrare con un rampino. **2** (*to grasp*) afferrare, abbrancare, agguantare. **III** *v.i.* **1** ⟨*Mar*⟩ aggrapparsi col rampino (*with* a). **2** (*to come to grips*) venire alle prese (con); (*to struggle in a close fight*) lottare corpo a corpo. **3** ⟨*fig*⟩ essere alle prese, cimentarsi (con): *to* ~ *with a problem* essere alle prese con un problema.

grap(e)y ['greipi] *a.* di (*o* simile all') uva; (*composed of grapes*) a grappoli.

grasp [grɑ:sp] **I** *v.t.* **1** afferrare, abbrancare, agguantare: *to* ~ *s.o. by the arm* agguantare qd. per il braccio; (*to hold firmly*) serrare, stringere. **2** ⟨*fig*⟩ (*to understand*) afferrare, capire, comprendere: *to* ~ *the importance of s.th.* capire l'importanza di qc.; (*to seize*) afferrare, cogliere: *to* ~ *an opportunity* cogliere un'occasione. **II** *v.i.* **1** cercare di aggrapparsi (*at, for* a), cercare di afferrare (qc.). **2** ⟨*fig*⟩ prendere (*o* cogliere) al volo, afferrare (*at s.th.* qc.). **III** *s.* **1** presa *f*, stretta *f*. **2** (*embrace*) stretta *f*, abbraccio *m*. **3** ⟨*fig*⟩ (*thorough comprehension*) padronanza *f*, conoscenza *f* profonda: *to have a good* ~ *of a subject* avere una buona padronanza di un argomento. **4** (*power to understand*) comprensione *f*. **5** ⟨*fig*⟩ (*control*) potere *m*, padronanza *f*, controllo *m*. **6** ⟨*fig*⟩ (*reach*) portata *f* di mano: *within one's* ~ a portata di mano. **7** (*handclasp*) stretta *f* di mano. □ ⟨*fig*⟩ *beyond one's* ~ al di là della propria comprensione. *Prov.*: ~ *all, lose all* chi troppo vuole nulla stringe. **'graspable** [-əbl] *a.* che si può capire (*o* afferrare). **'grasper** [-ə] *s.* **1** chi afferra, chi stringe. **2** ⟨*fig*⟩ persona *f* avida. **'grasping** [-iŋ] *a.* **1** tenace. **2** ⟨*fig*⟩ avido, cupido.

grass [grɑ:s] **I** *s.* **1** erba *f*. **2** *pl.* ⟨*Bot*⟩ graminacee *fpl*. **3** (*grass-covered ground*) prato *m*, erba *f*: *to play on the* ~ giocare sul prato; *keep off the* ~ è vietato calpestare l'erba. **4** (*pasture*) pascolo *m*. **5** *pl.* (*stalks, plants of grass*) fili *mpl* d'erba. **6** ⟨*sl*⟩ (*informer*) informatore *m*, delatore *m*; (*policeman*) poliziotto *m*, ⟨*gerg*⟩ piedi piatti *m.* **7** ⟨*sl*⟩ (*marijuana*) marijuana *f*, ⟨*gerg*⟩ erba *f*. **8** ⟨*tecn*⟩ (*on a radarscope*) ondulazione *f*. **II** *v.t.* **1** coprire d'erba. **2** (*to graze*) pascolare. **3** (*in bleaching*) stendere sull'erba per il candeggio. **4** ⟨*fam*⟩ (*to knock down*) abbattere, atterrare. **5** ⟨*sl*⟩ (*to inform against*) denunziare. **6** ⟨*Venat*⟩ abbattere. **7** ⟨*Pesc*⟩ tirare a riva. □ *a blade of* ~ un filo d'erba; ⟨*fig*⟩ *to* **go** *to* ~ ritirarsi, andare in pensione; (*to be knocked down*) andare al tappeto; ⟨*fig*⟩ *he can* **hear** *the* ~ *grow* ha l'udito finissimo; ⟨*fam*⟩ *to* **let** *the* ~ *grow under one's feet* perder tempo; *to be* **out** *at* ~ essere al pascolo; ⟨*fig*⟩ essere 'a riposo' (*o* in pensione); *to* **put** (*o* *turn*) *out to* ~ mettere (*o* tenere) a erba, far pascolare; ⟨*fig*⟩ mettere 'a riposo' (*o* in pensione); *to* **send** *to* ~ atterrare, mettere (*o* mandare) al tappeto.

grass| **cloth** *s.* ⟨*Tess*⟩ tela *f* di ramia. ~ **court** *s.* ⟨*Sport*⟩ (*in lawn tennis*) campo *m* (erboso). ~ **cutter** *s.* ⟨*Agr,Giard*⟩ falciatrice *f*. **'~-'green I** *a.* verde prato. **II** *s.* color *m* verde prato. **~-grown** *a.* erboso, coperto d'erba. ~ **hockey** *s.* ⟨*Sport*⟩ hockey *m* su prato. **~hopper** *s.* **1** ⟨*Entom*⟩ cavalletta *f*. **2** ⟨*Aer*⟩ cicogna *f*.

grassiness ['grɑ:sinis] *s.* l'essere erboso (*o* ricco d'erba).

grass|land *s.* **1** terreno *m* coltivato a prato, prato *m*. **2** (*meadowlands*; spesso al pl.) prateria *f*, terreno *m* erboso. **~land farming** *s.* ⟨*Agr*⟩ praticoltura *f*. **~land region** *s.* regione *f* prativa. ~ **plot** *s.* campo *m* erboso. **~-roots** *a.* **1** rurale. **2** ⟨*fig*⟩ di base: ~ *community* comunità di base. ~ **roots** *s.pl.* (costr. sing. o pl.) **1** ⟨*fig*⟩ base *f*. **2** ⟨*fig*⟩ (*rural districts*) zone *fpl* rurali; (*people*) popolazione *f* rurale (*o* agricola). ~ **roots action** *s.* azione *f* civica. ~ **snake** *s.* ⟨*Zool*⟩ biscia *f* (*o* natrice) dal collare. ~ **widow** *s.* donna *f* il cui marito è temporaneamente assente. ~ **widower** *s.* uomo *m* la cui moglie è temporaneamente assente.

grassy ['grɑ:si] *a.* **1** coperto (*o* ricco) d'erba, erboso. **2** (*resembling grass*) erbaceo. **3** (*in colour*) del colore dell'erba, verde erba.

grate[1] [greit] **I** *s.* **1** griglia *f*, grata *f* (del focolare); (*fireplace*) focolare *m*. **2** (*of a window, etc.*) grata *f*, inferriata *f*, griglia *f*. **3** (*for cooking*) gratella *f*, graticola *f*. **4** ⟨*Met*⟩ griglia *f*. **II** *v.t.* munire di grata.

grate[2] **I** *v.i.* **1** stridere, cigolare. **2** (*to irritate*) dare nervi (*on* a), irritare, urtare (qd.). **II** *v.t.* **1** far stridere: ~ *the* **gears** far stridere gli ingranaggi; (*of teeth*) digrignare. **2** (*to scrape into fragments*) grattugiar grattare: *to* ~ *cheese* grattugiare il formaggio.

grateful ['greitful] *a.* **1** grato, riconoscente. **2** ⟨*an*⟩ (*pleasing*) gradevole, piacevole. **gratefully** [-i] *avv.* cc gratitudine, con riconoscenza. **gratefulness** [-nis] *s.* gratitudine *f*, riconoscenza *f*.

grater ['greitə] *s.* grattugia *f*.

graticule ['grætikju:l] *s.* **1** (*on a map or chart*) reticolato (geografico). **2** ⟨*Ott*⟩ reticolo *m*, croce *f* di collimazione

gratification [ˌgrætifi'keiʃən] *s.* **1** (*act*) il soddisfare. (*state*) compiacimento *m*, soddisfazione *f*. **3** (*source pleasure*) piacere *m*, soddisfazione *f*. **'gratify** [-fai] *v.t.* compiacere a, fare piacere a. **2** (*to indulge*) compiacer appagare. **'gratifying** [-faiiŋ] *a.* piacevole, gradito.

gratin [gra'tɛ̃] *s.* ⟨*Gastr*⟩ gratin *m*.

grating[1] ['greitiŋ] *a.* **1** (*of sound*) stridente, stridulo. (*irritating*) sgradevole, irritante.

grating[2] *s.* **1** grata *f*, griglia *f*, inferriata *f*. **2** ⟨*Ott*⟩ reticol *m*.

gratingly ['greitiŋli] *avv.* in modo stridulo.

gratis ['greitis] **I** *a.* gratuito. **II** *avv.* gratis, gra tuitamente.

gratitude ['grætitju:d] *s.* gratitudine *f*, riconoscenza *f*.

gratuitous [grə'tju:itəs] *a.* **1** gratuito. **2** (*without cause* gratuito, infondato: *a* ~ *insult* un'offesa gratuita. **3** ⟨*Dir* (a titolo) gratuito. **gratuitousness** [-nis] *s.* gratuità (*anche fig.*).

gratuity [grə'tju:iti] *s.* **1** (*tip*) mancia *f*, regalia *f*. **2** ⟨*Mi* indennità *f* di congedo. □ *no gratuities* non si accettan mance.

gravamen [grə'veimən] *s.* (*pl.* **-s** [z]/**-mina** [minə]) ⟨*Dir*⟩ gravame *m*. **2** (*grievance*) torto *m*, offesa *f*.

grave[1] [greiv] *s.* **1** tomba *f*, sepolcro *m*, fossa *f*: (*tomb* tumulo *m*, tomba *f*. **2** ⟨*fig*⟩ (*end*) tomba *f*, fine *f*. **3** ⟨*fig* (*death*) fossa *f*, tomba *f*, morte *f*. □ *from* **beyond** *the* dall'oltretomba; *to be brought to an* **early** ~ trovare un morte prematura; ⟨*fam*⟩ *to have one* **foot** *in the* ~ aver un piede nella fossa; *as* **silent** *as a* ~ muto come un tomba; ⟨*fam*⟩ *to make s.o.* **turn** *in his* ~ far rivoltare qe nella tomba; ⟨*fam*⟩ *s.o.* **walked** *on my* ~ mi è passata l morte vicino.

grave[2] **I** *a.* **1** importante, grave, serio: ~ *responsibilitie* gravi responsabilità. **2** (*solemn*) austero, solenne: *a* ~ *voice* una voce solenne. **3** (*serious*) grave, serio: *a* ~ *mistake* un grave errore. **4** ⟨*Gramm,Fon*⟩ [grɑ:v] grave **II** *s.* ⟨*Gramm*⟩ → **grave accent**.

grave[3] *v.t.* (*pret.* **graved** [-d], *p.p.* **graved**/'**graven** [-ən]) (*to engrave*) incidere, intagliare. **2** (*to sculpt*) scolpire. (*fig*⟩ scolpire, fissare, incidere: *to* ~ *s.th. in one's min* scolpirsi qc. nella mente.

grave[4] [greiv] *v.t.* ⟨*Mar*⟩ (*of the bottom of a wooden ship* bruscare.

grave| **accent** *s.* [grɑ:v, greiv] ⟨*Gramm*⟩ accento *m* grave **~clothes** [greiv] *s.pl.* lenzuolo *m* funebre. **~digger** [greiv] *s.* becchino *m*. ~ **goods** [greiv] *s.pl.* ⟨*Archeol* reperti *mpl* tombali.

gravel ['grævəl] **I** *s.* **1** ghiaia *f*. **2** ⟨*Med*⟩ (*calculi*) renella *f* (*disease*) calcolosi *f*. **II** *a.* di ghiaia. **2** (*of a voice*) stridula. **III** *v.t.* (*pret., p.p.* **gravelled**/*am.* **graveled** [-d] **1** inghiaiare. **2** ⟨*fig*⟩ (*to perplex*) imbarazzare, confondere; (*to irritate*) irritare. □ *fine* ~ ghiaietto *m*.

gravel-blind *a.* quasi cieco.

graveless ['greivlis] *a.* **1** insepolto. **2** (*having no grave* senza tomba.

gravelly ['grævəli] *a.* **1** ghiaioso. **2** (*like gravel*) simile a ghiaia. **3** (*of a voice*) stridula. **4** ⟨*Med*⟩ calcoloso.

gravel|pit *s.* cava *f* di ghiaia. **~-voiced** *a.* dalla voce stridula.

graven ['greivən] *a.* **1** intagliato, inciso. **2** ⟨*fig*⟩ impresso, scolpito, inciso (profondamente). □ ~ *image* idolo *m*. **graver** [-və] *s.* **1** ⟨*tecn*⟩ bulino *m*. **2** (*engraver*) incisore *m.*

grave| **robber** *s.* predatore *m* di tombe, ⟨*spreg*⟩ sciacallo *m.* **~stone** *s.* lastra *f* tombale, lapide *f*. **~yard**

mposanto *m*, cimitero *m*.

vid ['grævid] *a.* gravido, pregno. **gravidity** [grə'viditi] gravidanza *f.*

vimeter [grə'vimitə] *s.* ⟨*tecn*⟩ gravimetro *m.*

ravimetric [.grævi'metrik], **gravimetrical** .grævi'metrikəl] *a.* gravimetrico: ~ *analysis* analisi ravimetrica.

ving dock ['greivin] *s.* ⟨*Mar*⟩ bacino *m* di raddobbo.

vitate ['græviteit] *v.i.* **1** gravitare. **2** ⟨*fig*⟩ gravitare (*to, wards* intorno a, verso), tendere (verso), essere attratto la). **.gravitation** [-'teiʃən] *s.* **1** ⟨*Fis*⟩ gravitazione *f* niversale). **2** ⟨*fig*⟩ attrazione *f.* **.gravitational** -'teiʃənəl] *a.* gravitazionale.

vitational| **collapse** *s.* ⟨*Astron*⟩ collasso *m* ravitazionale. **~ field** *s.* ⟨*Fis*⟩ campo *m* gravitazionale. **intensity** *s.* intensità *f* di gravità. **~ pull** *s.* ⟨*Astron*⟩ trazione *f* gravitazionale.

vity ['græviti] *s.* **1** ⟨*Fis*⟩ gravità *f.* **2** (*solemnity*) gravità solennità *f*, austerità *f.* **3** (*seriousness*) gravità *f*, serietà □ *centre of* ~ centro *m* di gravità; *to lose one's* ~ erdere il contegno.

vity feed *s.* ⟨*Mot*⟩ alimentazione *f* a caduta (*o* avità).

vure [grə'vjuə] *s.* ⟨*Tip*⟩ (*process, print*) fotoincisione *f.*

vy ['greivi] *s.* **1** sugo *m* di carne; (*sauce*) salsa *f*, tingolo *m.* **2** (*fam*) (*easy money*) guadagno *m* facile; raft) profitti *mpl* illeciti. **3** ⟨*fam*⟩ (*s.th. advantageous, ece of luck*) cuccagna *f.*

vy| **boat** *s.* salsiera *f.* **~ train** *s.* ⟨*fam*⟩ posto *m* che ffre guadagni rilevanti e facili, ⟨*scherz*⟩ mangiatoia *f.*

ay, grayish *e der.* → **grey, greyish** *e der.*

ayling ['greilin] *s.* ⟨*Itt*⟩ temolo *m.*

aze[1] [greiz] **I** *v.i.* pascolare, pascere. **II** *v.t.* **1** pascere. o put cattle to graze su) mettere bestiame a pascolo su. (*to put out to pasture*) far pascolare, condurre al ascolo, pascere.

aze[2] **I** *v.t.* **1** scorticare, escoriare: *to* ~ *one's knee* orticarsi il ginocchio. **2** (*to touch in passing*) sfiorare, risciarsi: *the bullet –d his arm* il proiettile gli sfiorò il raccio. **II** *v.i.* sfiorarsi. **III** *s.* **1** abrasione *f*, escoriazione *f.* **2** (*passing contact*) sfioramento *m*, strisciamento *m.*

azier ['greizjə] *s.* ⟨*Zootecn*⟩ allevatore *m* di bestiame.

raziery [–ri] *s.* allevamento *m* di bestiame. **grazing** -zin] **I** *s.* **1** (*act*) pascolo *m*, pastura *f.* **2** (*land for azing*) pascolo *m*, terreno *m* pascolativo. **II** *a.* **1** (*of nimals*) da pascolo. **2** (*of land*) pascolativo.

.Br., Gr.Brit. = ⟨*Geog*⟩ *Great Britain* Gran retagna.

ase [gri:s] **I** *s.* **1** (*animal fat*) grasso *m* (animale), gna *f.* **2** (*any fatty substance*) grasso *m*, unto *m*, untume *I.* **3** (*lubricant*) grasso *m*, lubrificante *m.* **4** ⟨*Tess*⟩ lana *f* cida. **5** → **grease-heel. II** *v.t.* **1** ungere. **2** ⟨*tecn*⟩ grassare, lubrificare, ungere. **3** ⟨*fam*⟩ (*to bribe*) orrompere, comprare; (*to flatter*) adulare, lisciare. □ *in he*) ~: 1 (*of game animal*) ben grasso; 2 (*of wool, fur*) cido; ⟨*fam*⟩ *like –d lightning* in un baleno; ⟨*fig*⟩ *to* ~ o.'s palm corrompere qd.; ⟨*fig*⟩ *to* ~ *the wheels* ungere le ote.

ease|**ball** *am. s.* ⟨*spreg*⟩ (*Latin American*) sudamericano *; (Mexican)* messicano *m.* **~ cup** *s.* ⟨*tecn*⟩ oliatore *m* a zza. **~gun** *s.* ⟨*tecn*⟩ ingrassatore *m* a pressione, pistola *f* r grasso (*o* ingrassaggio). **~ heel** *s.* ⟨*Veter*⟩ malandra *f.* **monkey** *am. s.* ⟨*sl*⟩ meccanico *m.* **~ paint** *s.* ⟨*Teat*⟩ rone *m.* **~proof:** ~ *paper* carta oleata.

aser ['gri:sə] *s.* **1** ingrassatore *m.* **2** ⟨*am.spreg*⟩ → reaseball. **greasiness** [–sinis] *s.* **1** untuosità *f*, untume *I*, grassume *m*, oleosità *f*; (*of fibre, wool, etc.*) grassezza *f*, fig) untuosità *f.* **greasy** [–si] *a.* **1** unto, macchiato (*o* dicio) d'unto: ~ *clothes* abiti unti; (*dirty looking*) dicio, sporco. **2** (*oily*) grasso, oleoso: ~ *food* cibo rasso. **3** (*slippery*) viscido, scivoloso. **4** (*fam*) (*unctuous*) ntuoso.

asy| **pole** *s.* albero *m* della cuccagna. **~spoon** *am. s.* am) trattoria *f* di infimo grado.

eat [greit] **I** *a.* **1** (*large in size*) grande, grosso, vasto; (*in umber*) grande, numeroso: *a* ~ *crowd* una folla umerosa; (*in degree, etc.*) grande, intenso: *a* ~ *pleasure*

un gran piacere; ~ *friends* grandi amici. **2** (*distinguished*) grande, famoso, eminente, insigne: *a* ~ *man* un uomo famoso; (*of high ability*) grande, bravo, valente; (*powerful*) potente, influente. **3** (*excellent*) pregevole, eccellente, grande. **4** (*considerable*) grande, grave, serio, grosso: *with* ~ *difficulty* con grande difficoltà. **5** (*important*) grande, importante: *a* ~ *occasion* un'occasione importante; (*magnificent*) grande, sontuoso, solenne. **6** (*of high rank*) grande, alto, importante. **7** (*lofty, noble in character*) grande, nobile, elevato. **8** (*of time*) grande, lungo. **9** (*main*) principale: *the* ~ *staircase* la scala principale. **10** ⟨*fam*⟩ (*favourite*) favorito, prediletto, preferito: *a* ~ *trick of his* uno dei suoi scherzi preferiti. **11** ⟨*fam*⟩ (*good, skilful*) bravo, abile (*at* a, in); (*unusually good at*) bravissimo, eccezionale (*on* in); (*keenly interested in*) appassionato (*on, at, for* di). **12** ⟨*fam*⟩ (*wonderful*) meraviglioso, magnifico, splendido: *it would be* ~ *if you agreed* sarebbe magnifico se accettaste. **13** ⟨*lett*⟩ (*pregnant*) incinta. **Great** *a.* (*in titles*) grande: *Alexander the* ~ Alessandro il grande. **II** *s.* **1** (*distinguished person*) grande *m.* **2** (*collett*) grandi *mpl.* **3** *pl.* ⟨*univ*⟩ esame *m* finale per il baccalaureato. **III** *avv.* ⟨*fam*⟩ benissimo: *I feel* ~ mi sento benissimo. □ *to live to a* ~ *age* vivere fino a tarda età; *a* ~ **big** *house* una casa grandissima; *a* ~ *big man* un uomo grande e grosso, un omone; *a* ~ **deal** molto, moltissimo, un bel po'; *in* ~ **detail** nei minimi particolari; *a* ~ **eater** un mangione; *to a* ~ **extent** considerevolmente; *the* ~ **majority** la grande maggioranza; *a* ~ **many** una gran quantità, moltissimi; *it's no* ~ **matter** non ha importanza; ~ *and small* grandi e piccoli; *to have a* ~ **time** divertirsi molto; *a* ~ **while** *ago* molto tempo fa.

great| **assize** *s.* ⟨*Bibl*⟩ giudizio *m* universale. **'~-'aunt** *s.* prozia *f.* **~ Barrier Reef** *s.* ⟨*Geog*⟩ grande barriera *f* corallina. **~ Bear** *N.pr.* ⟨*Astr*⟩ Orsa *f* maggiore. **~ beyond** *s.* ⟨*eufem*⟩ aldilà *m.* **~ Britain** *N.pr.* ⟨*Geog*⟩ Gran Bretagna *f.* **~ Charter** *s.* ⟨*Stor.brit*⟩ Magna Charta *f.* **~coat** *s.* ⟨*Vest*⟩ cappotto *m* pesante. **~ Dane** *s.* ⟨*Zool*⟩ danese *m*, cane *m* danese. **~ Divide I** *N.pr.* ⟨*Geog*⟩ Montagne *fpl* Rocciose. **II** *s.* **1** ⟨*Geog*⟩ spartiacque *m* continentale. **2** ⟨*fig*⟩ divisione *f*, scissione *f*; (*crisis*) crisi *f.* □ ⟨*fig*⟩ *to cross the* ~ varcare la grande soglia, morire.

Greater ['greitə]: ~ *London* Londra e sobborghi.

great|**-'grandchild** *s.irr.* pronipote *m/f.* **.~-'grand-daughter** *s.* pronipote *f.* **.~-'grandfather** *s.* bisnonno *m.* **.~-'grandmother** *s.* bisnonna *f.* **.~-'grand-parent** *s.* bisnonno *m* (*f* –a). **.~-'grandson** *s.* pronipote *m.* **~ gross** *s.* dodici grosse *fpl.* **~ guns** *am.* **I** *avv.* **1** vigorosamente, energicamente. **2** (*successfully*) a gonfie vele. **II** *intz.* ⟨*fam*⟩ diamine, accidenti. **'~-'hearted** *a.* **1** generoso, magnanimo, dal cuore grande. **2** (*coura-geous*) coraggioso. **~ Lakes** *N.pr.pl.* ⟨*Geog*⟩ grandi laghi *mpl.*

greatly ['greitli] *avv.* **1** grandemente, molto, assai, fortemente: ~ *surprised* molto sorpreso. **2** (*nobly*) nobilmente, generosamente.

'great-'nephew *s.* pronipote *m.*

greatness ['greitnis] *s.* **1** grandezza *f.* **2** (*loftiness*) generosità *f*, nobiltà *f*, magnanimità *f.* **3** (*grandeur*) potere *m*, grandezza *f*, fasto *m.*

'great|**-'niece** *s.* pronipote *f.* **~ organ** *s.* ⟨*Mus*⟩ grand'organo *m.* **~ primer** *s.* ⟨*Tip*⟩ corpo *m* 18. **~ Russian** *s.* **1** grande russo *m* (*f* –a). **2** (*language*) lingua *f* russa, russo *m.* **~ scale** *s.* ⟨*Mus*⟩ scala *f* esacordale. **'~ 'Scott** *intz.* ⟨*fam*⟩ perbacco. **~ Seal** *s.* ⟨*GB*⟩ **1** guardasigilli *m.* **2** (*office*) carica *f* di guardasigilli. **~ toe** *s.* ⟨*Anat*⟩ alluce *m* (*f* –a). **'~-'uncle** *s.* prozio *m.* **~ unwashed** *s.* ⟨*scherz*⟩ plebaglia *f.* **~ War** *s.* ⟨*Stor*⟩ grande guerra *f.*

greaves[1] [gri:vz] *s.pl.* ⟨*Mil.ant*⟩ gambiera *f*, schiniere *m.*

greaves[2] *s.pl.* (costr. sing. o pl.) ⟨*Alim*⟩ ciccioli *mpl.*

grebe [gri:b] *s.* ⟨*Ornit*⟩ svasso *m*, tuffetto *m.*

Grecian ['gri:ʃən] **I** *a.* greco. **II** *s.* **1** greco *m* (*f* –a). **2** (*expert in Greek*) grecista *m/f*, ellenista *m/f.*

Grecian| **gift** *s.* → *Greek gift.* **~ horse** *s.* ⟨*Stor.gr*⟩ cavallo *m* di Troia. **~ knot** *s.* pettinatura *f* alla greca. **~ nose** *s.* naso *m* greco.

Grecism, Grecize → Graecism, Graecize.
Greece [griːs] *N.pr.* ⟨*Geog*⟩ Grecia *f*.
greed [griːd], **'greediness** [-inis] *s*. **1** ingordigia *f*, bramosia *f*, avidità *f*. **2** (*gluttony*) golosità *f*, ingordigia *f*, ghiottoneria *f*. **3** (*eagerness*) brama *f*, desiderio *m*.
'greedy [-i] *a*. **1** ingordo, avido, bramoso (*of, for* di): ~ *for glory* avido di gloria. **2** (*gluttonous*) ghiottone, ingordo, goloso: *a* ~ *child* un bambino ingordo.
Greek [griːk] **I** *s*. **1** greco *m* (*f* –a). **2** (*language*) greco *m*. **3** ⟨*Rel*⟩ appartenente *m/f* alla Chiesa greco–ortodossa. **II** *a*. **1** greco. **2** ⟨*Rel*⟩ greco-ortodosso. □ ⟨*fam*⟩ *it's* (*all*) ~ *to me* questo è arabo per me.
Greek| cross *s*. croce *f* greca. ~ **fret** *s*. ⟨*Arch*⟩ greca *f*. ~ **gift** *s*. ⟨*fig*⟩ dono *m* che cela un'insidia. ~ **key** *s*. → Greek fret.
green [griːn] **I** *a*. **1** verde: ~ *fields* campi verdi. **2** (*made of green vegetables*) verde: ~ *salad* insalata verde. **3** ⟨*fig*⟩ (*youthful*) verde, giovane, giovanile; (*vigorous*) vigoroso, verde, vegeto; (*undying*) imperituro. **4** (*of fruit*) verde, immaturo, acerbo. **5** (*of lumber*) verde, non stagionato. **6** (*of a wound*) recente, fresco. **7** ⟨*fig*⟩ (*inexperienced*) principiante, inesperto, novellino, ⟨*fam*⟩ di primo pelo; (*gullible*) ingenuo, semplicione. **8** (*of a season*) mite, temperato. **9** (*of meat: freshly killed*) fresco. **10** ⟨*Edil*⟩ (*of cement, mortar*) fresco, umido. **II** *s*. **1** colore *m* verde, verde *m*. **2** (*green vegetation*) verde *m* (della natura). **3** (*plot of grass*) prato *m*, spiazzo *m* erboso; (*common*) verde *m* (pubblico). **4** ⟨*Sport*⟩ (*golf course*) campo *m* da golf; (*putting green*) green *m*, piazzuola *f*; (*bowling green*) campo *m* da bocce. **5** *pl*. ⟨*Gastr*⟩ verdura *f*, ortaggi *mpl*, erbe *fpl*. **6** *pl*. (*for decoration*) fronde *fpl*, ramoscelli *mpl*. **III** *v.t*. **1** rendere verde. **2** ⟨*sl*⟩ (*to make fun of*) prendere in giro, canzonare. **IV** *v.i*. diventare verde, inverdirsi. □ ⟨*fig*⟩ *to be* ~ avere ancora il latte alla bocca; ~ *with envy* verde d'invidia; ⟨*fig*⟩ *to be in the* ~ essere giovane e vigoroso; *to keep s.o.'s* **memory** ~ tener vivo il ricordo di qd.; *to live to a* ~ *old age* vivere sano e robusto fino a tarda età; ⟨*fam*⟩ *he's not so* ~ (*as he's cabbage looking*) non è nato ieri.
green| back *am. s*. ⟨*fam*⟩ banconota *f*. ~ **belt** *s*. zona *f* verde, verde *m*. ~ **Book** *s*. ⟨*Parl*⟩ libro *m* verde. ~ **card** *s*. ⟨*Assic*⟩ carta *f* verde. ~ **cheese** *s*. ⟨*Alim*⟩ **1** formaggio *m* fresco. **2** (*sapsago*) formaggio *m* alle erbe. ~ **currency** *s*. ⟨*Econ*⟩ valuta *f* verde.
greener ['griːnə] *s*. ⟨*fam*⟩ (*unskilled workman*) lavoratore *m* inesperto; (*recently arrived alien*) nuovo immigrato *m*.
greenery [-ri] *s*. **1** fogliame *m*, fronde *fpl*. **2** (*greenhouse*) serra *f*.
'green|-'eyed *a*. **1** dagli occhi verdi. **2** ⟨*fig*⟩ geloso, invidioso. **'~-'eyed monster** *s*. ⟨*fam*⟩ gelosia *f*, invidia *f*. **~finch** *s*. ⟨*Ornit*⟩ verdone *m*. ~ **fingers** *s.pl*. ⟨*fam*⟩ abilità *f* nel giardinaggio. □ *to have* ~ avere il pollice verde, essere un bravo giardiniere. **~fly** *s*. ⟨*Entom*⟩ afide *m*. **~gage** *s*. varietà di susina. ~ **goose** *s*. oca *f* giovane. **~grocer** *s*. fruttivendolo *m* (*f* –a), erbivendolo *m* (*f* –a). **~grocery** *s*. **1** negozio *m* di frutta e verdura. **2** (*goods*) frutta e verdura *f*. **~horn** *s*. ⟨*fam*⟩ **1** novellino *m* (*f* –a), principiante *m/f*, ⟨*fam*⟩ pivello *m* (*f* –a). **2** (*dupe*) sempliciotto *m* (*f* –a). **3** (*recent immigrant*) nuovo immigrato *m*. **~house** *s*. ⟨*Agr,Giard*⟩ serra *f*. **2** ⟨*Aer*⟩ calotta *f* trasparente. □ ~ *worker* serricoltore *m* (*f* –trice). ~ **house effect** *s*. ⟨*Fis*⟩ effetto *m* serra. **~keeper** *s*. addetto *m* alla manutenzione di un campo da golf, green keeper *m*.
greening ['griːniŋ] *s*. mela *f* dalla buccia verde.
greenish ['griːniʃ] *a*. verdastro, verdognolo.
green labour *s*. manodopera *f* non specializzata.
Greenland ['griːnlænd] *N.pr.* ⟨*Geog*⟩ Groenlandia *f*. **Greenlander** [-ə] *s*. groenlandese *m/f*.
green| light *s*. **1** ⟨*Strad*⟩ verde *m*, luce *f* verde. **2** ⟨*fam*⟩ (*authorization*) autorizzazione *f*, permesso *m*, via *f* libera: *to give s.o. the* ~ dare via libera a qd. ~ **lung** *s*. ⟨*fig*⟩ polmone *m* verde. ~ **manure** *s*. ⟨*Agr*⟩ sovescio *m*. ~ **peack** *s*. ⟨*Ornit*⟩ picchio *m* verde.
greenness ['griːnnis] *s*. **1** l'essere verde. **2** (*green vegetation, etc.*) verde *m*. **3** ⟨*fig*⟩ (*immaturity*) immaturità *f*, inesperienza *f*; (*youthfulness*) giovinezza *f*, verde età *f*. **4**

⟨*fig*⟩ (*gullibility*) credulità *f*.
green| revolution *s*. ⟨*Agr*⟩ rivoluzione *f* verde. **~room** *s*. ⟨*Teat*⟩ camerino *m*. **~sand** *s*. ⟨*Geol*⟩ sabbia *f* verd **~shank** *s*. ⟨*Ornit*⟩ pantana *f*. **~sickness** *s*. ⟨*Me* clorosi *f*. **~stick (fracture)** *s*. ⟨*Med*⟩ frattura *f* mis **~stone** *s*. **1** ⟨*Geol*⟩ roccia *f* basaltica (verde scuro). **2** ⟨*Min*⟩ (*nephrite*) nefrite *f*, giada *f* di anfibolo. **~stuff** verdura *f*, ortaggi *mpl*, erbe *fpl*. **~sward** *s*. ⟨*poet*⟩ tappe *m* verde, prato *m*. ~ **thumb** *am. s*. → green fingers. **vegetables** *s.pl*. ortaggi *mpl*, verdura *f*. ~ **weed** *s*. ⟨*B* baccellina *f*, ginestrella *f*.
Greenwich ['grinidʒ] *N.pr.* ⟨*Geog*⟩ Greenwich *m*.
Greenwich (Mean) Time *s*. ora *f* (*o* tempo *m* medio) Greenwich.
greenwood ['griːnwud] *s*. bosco *m* verde e frondoso.
greeny ['griːni] *a*. ⟨*rar*⟩ → greenish.
greet [griːt] *v.t*. **1** accogliere, salutare, ricevere: *to* ~ *s. with a smile* accogliere qd. con un sorriso. **2** ⟨*fig*⟩ (*manifest itself to*) offrirsi, presentarsi: *a nasty surprise –* me mi si presentò una brutta sorpresa. **3** (*to salute, ha* salutare. □ ⟨*fam*⟩ *to* ~ *the ear* accarezzare l'orecchi ⟨*fam*⟩ *to* ~ *the eyes* rallegrare la vista.
greeting ['griːtiŋ] *s*. **1** saluto *m*, cenno *m* di saluto. **2** *p* (*expression of regard*) ossequi *mpl*, saluti *mpl*.
greeting card *s*. cartolina *f* d'auguri.
greffier ['grefiə] *s*. ⟨*Dir*⟩ archivista *m*.
gregarious [gri'gɛəriəs] *a*. **1** ⟨*Biol*⟩ gregario. **2** (*sociabl* socievole. **gregariousness** [-nis] *s*. **1** ⟨*Biol*⟩ gregarism *m*. **2'** (*sociability*) socievolezza *f*.
grège [greiʒ] *a*. (*beige*) (*grigio*) beige.
Gregorian [gri'gɔːriən] **I** *a*. gregoriano. **II** *s*. → Gregoria chant.
Gregorian| calendar *s*. calendario *m* gregoriano. ~ **cha** *s*. ⟨*Mus*⟩ gregoriano *m*, canto *m* gregoriano.
Gregory ['gregəri] *N.pr.* Gregorio *m*.
gremlin ['gremlin] *s*. ⟨*fam*⟩ folletto *m*, spiritello *a* maligno.
grenade [gri'neid] *s*. **1** ⟨*Mil*⟩ (*hand grenade*) granata bomba *f* a mano; (*rifle grenade*) granata *f*. **2** (*tear g grenade*) bomba *f* lacrimogena. **3** (*for extinguishing a fir* bomba *f* a mano antincendio.
grenadier [ˌgrenə'diə] *s*. **1** ⟨*Mil*⟩ granatiere *m*. **2** (*in th British army*) granatiere *m*, guardia *f* reale. **3** ⟨*Itt*⟩ pesc dei macruridi.
grenadin ['grenədin] *s*. ⟨*Gastr*⟩ filetto *m* di carne (*o pesce* in gelatina.
grenadine¹ [grenə'diːn] *s*. ⟨*Tess*⟩ granatina *f*.
grenadine² *s*. (*syrup*) granatina *f*, sciroppo *m* c melagrane.
gressorial [gre'sɔːriəl] *a*. ⟨*Zool*⟩ ambulatorio.
Gretna Green ['gretnə] *N.pr.* ⟨*Geog*⟩ Gretna Green *f*. □ ⟨*fam*⟩ ~ *marriage* matrimonio *m* clandestino (*o* senza consenso dei genitori).
grew [gruː] → grow.
grey [grei] **I** *a*. **1** grigio: ~ *eyes* occhi grigi. **2** (*dull o colour*) grigio, bigio, cupo: ~ *sky* cielo bigio. **3** (*grey–haired*) grigio, brizzolato, dai capelli grigi. **4** ⟨*fig* (*dreary*) grigio, monotono, scialbo, incolore. **5** ⟨*fig* (*dismal*) triste, tetro, grigio, malinconico. **6** (*old*) anziano maturo. **7** (*of a horse*) bigio, grigio. **8** ⟨*Tess*⟩ grezzo. **II** *s* **1** grigio *m*, colore *m* grigio. **2** (*grey horse*) cavallo *n* bigio; (*white horse*) cavallo *m* bianco. **3** ⟨*Tess*⟩ l'esser grezzo. **III** *v.t*. rendere grigio. **IV** *v.i*. diventare grigio. □ ⟨*Stor.am*⟩ *the Blues and the Greys* i Nordisti e i Sudisti *dressed in* ~ vestito di (*o* in) grigio; *hair touched with* ~ capelli brizzolati; *to turn* ~ (*of hair*) incanutire.
grey|beard *s*. vecchio *m*, anziano *m*; (*sage*) saggio *m*. ~ **eminence** *s*. eminenza *f* grigia. ~ **Friar** *s*. ⟨*Rel* francescano *m*. **'~-'haired, '~-'headed** *a*. dai capelli grigi brizzolato. **~hen** *s*. ⟨*Ornit*⟩ femmina *f*. di fagiano d monte. **~hound** *s*. **1** ⟨*Zool*⟩ levriero *m*. **2** ⟨*Mar* transatlantico *m*. **~hound racing** *s*. ⟨*Sport*⟩ corse *fpl* d levrieri.
greyish ['greiiʃ] *a*. grigiastro.
grey| market *s*. ⟨*Econ*⟩ mercato *m* non perfettamente regolare. ~ **matter** *s*. **1** ⟨*Anat*⟩ materia *f* grigia. **2** ⟨*fam* (*brains, intellect*) intelligenza *f*, cervello *m*, materia

grigia.

eyness ['greinis] *s.* **1** grigiore *m*, grigio *m*. **2** ⟨*fig*⟩ grigiore *m*, monotonia *f*.

id [grid] *s.* **1** (*grating*) grata *f*, inferriata *f*. **2** (*gridiron*) graticola *f*, gratella *f*, griglia *f*. **3** ⟨*El*⟩ (*network*) rete *f*. **4** ⟨*Rad,Mot*⟩ griglia *f*. **5** ⟨*Topogr*⟩ reticolo *m*, reticolato *m*.

iddle ['gridl] **I** *s.* **1** graticola *f*, gratella *f*, griglia *f*. **2** (*flat plate*) piastra *f*. **II** *v.t.* cuocere sulla piastra.

iddle-cake *s.* ⟨*Dolc*⟩ frittella *f*.

ide [graid] **I** *s.* stridore *m*, stridio *m*. **II** *v.i.* stridere, schiare.

idiron ['gridaiən] *s.* **1** (*cooking utensil*) graticola *f*, gratella *f*, griglia *f*. **2** ⟨*Ferr*⟩ rete *f*. **3** (*in a theatre*) impalcatura *f* sovrastante il palcoscenico. **4** ⟨*am.Sport*⟩ campo *m* di football.

ief [gri:f] *s.* **1** afflizione *f*, patema *m*, accoramento *m*, dolore *m*. **2** (*cause*) causa *f* (*o* motivo *m*) di dolore. □ ⟨*fig*⟩ *to bring s.o. to* ~ mandare in rovina qd.; ⟨*fig*⟩ *to come to* ~: 1 andare ⌐a rotoli⌐ (*o* in malora); 2 (*to hurt o.s.*) farsi male; 3 (*to fail*) far fiasco, fallire; *to die of* ~ morire di crepacuore.

ief-stricken *a.* afflitto, addolorato.

ievance ['gri:vəns] *s.* **1** torto *m*, offesa *f*, ingiustizia *f*; (*complaint*) rimostranza *f*, lagnanza *f*, reclamo *m*: *to air one's* –*s* fare le proprie rimostranze. **2** (*resentment*) risentimento *m*, rancore *m*: *to have a* ~ *against s.o.* serbare rancore verso qd.

ieve [gri:v] *v.i.* addolorarsi, affliggersi, rattristarsi, accorarsi (*at*, *about*, *over* per). **II** *v.t.* addolorare, rattristare, affliggere, accorare.

ievous ['gri:vəs] *a.* **1** doloroso, penoso, triste. **2** (*severe*) intenso, forte, atroce: ~ *pain* dolore intenso. **3** (*deplorable*) biasimevole, deplorevole. **4** (*expressing grief*) di dolore. □ ⟨*Dir*⟩ ~ *bodily harm* grave danno fisico.

ievousness [–nis] *s.* dolore *m*, pena *f*.

iffin¹ ['grifin] *s.* ⟨*Mitol,Arald*⟩ grifo *m*, grifone *m*.

iffin² *s.* (*in India*) europeo *m* (*f* –a) arrivato di fresco.

iffon ['grifən] *s.* **1** ⟨*Mitol,Arald*⟩ → **griffin**¹. **2** ⟨*Ornit*⟩ grifone *m*.

riffon *s.* ⟨*Zool*⟩ griffone *m*.

ift *am.* [grift] ⟨*sl*⟩ **I** *s.* truffa *f*, imbroglio *m*. **II** *v.i.* fare imbrogli. **III** *v.t.* truffare. **'grifter** *am.* [–ə] *s.* ⟨*sl*⟩ truffatore *m* (*f* –trice).

ig [grig] *s.* **1** piccola anguilla *f*. **2** (*cricket*) grillo *m*; (*grasshopper*) cavalletta *f*. **3** (*lively person*) persona *f* vivace, grillo *m*. □ *as merry as a* ~ (*lively*) vispo come un uccello.

ill¹ [gril] **I** *s.* **1** (*for cooking*) griglia *f*, graticola *f*, gratella *f*; (*dish*) piatto *m* (*o* vivanda *f*) alla griglia. **2** (*grating*) griglia *f*, grata *f*, inferriata *f*. **3** → **grill room**. **II** *v.t.* **1** ⟨*Gastr*⟩ cuocere sulla griglia, fare ai ferri. **2** ⟨*fig*⟩ arrostire, bruciare. **3** ⟨*fam*⟩ (*to cross-examine*) sottoporre a un severo interrogatorio. **III** *v.i.* **1** ⟨*Gastr*⟩ essere cotto sulla griglia. **2** ⟨*fig*⟩ esporsi a forte calore, farsi arrostire.

ill² *s.* → **grille**.

illage ['grilidʒ] *s.* ⟨*Edil*⟩ piattaforma *f* di fondazione.

rille [gril] *s.* **1** (*grating*) grata *f*, griglia *f*, inferriata *f*. **2** ⟨*Aut*⟩ griglia *f* del radiatore. **3** ⟨*Rad*⟩ griglia *f*. **4** (*ticket window*) sportello *m*.

illed [grild] *a.* ⟨*Gastr*⟩ ai ferri, alla (*o* sulla) griglia.

ill‖ room *s.* grill–room *m*. **~work** *s.* ⟨*Edil*⟩ struttura *f* a graticcio.

rilse [grils] *s.* (*pl. inv.*/**'grilses** [–is]; il pl.inv. si usa general. con valore collett.) ⟨*Itt*⟩ salmone *m* giovane.

rim [grim] *a.* **1** torvo, bieco; (*severe, of forbidding aspect*) arcigno, severo. **2** (*unyielding*) deciso, risoluto, fermo, saldo: ~ *determination* salda determinazione. **3** (*sinister*) sinistro, macabro: ~ *humour* umorismo macabro. **4** (*fierce*) feroce, selvaggio, spietato. **5** ⟨*fam*⟩ (*unpleasant*) sgradevole. □ *to look* ~ essere scuro in volto; *to hold on like* ~ *death* stare attaccato con le unghie e con i denti.

rimace [gri'meis, 'griməs] **I** *s.* smorfia *f*, boccaccia *f*: *a* ~ *of disgust* una smorfia di disgusto. **II** *v.i.* fare smorfie (*o* boccacce).

rimalkin [gri'mælkin] *s.* **1** vecchia gatta *f*. **2** ⟨*fig*⟩ vecchia strega *f*.

grime [graim] **I** *s.* sporcizia *f*, sudiciume *m*. **II** *v.t.* sporcare, insudiciare, imbrattare. **'griminess** [–inis] *s.* sporcizia *f*, sudiciume *m*.

grimly ['grimli] *avv.* arcignamente, con severità. **grimness** [–mnis] *s.* **1** aspetto *m* arcigno. **2** (*resoluteness*) risolutezza *f*, fermezza *f*.

grimy ['graimi] *a.* sporco, sudicio, incrostato di sudiciume.

grin¹ [grin] *s.* **1** largo sorriso *m*. **2** (*grimace*) smorfia *f*, ghigno *m*.

grin² *v.* (*pret., p.p.* **grinned** [–d]) **I** *v.i.* **1** fare un largo sorriso (*at* a). **2** (*to draw back the lips*) ghignare. **3** (*to gape open*) aprirsi, spalancarsi. **II** *v.t.* esprimere con un largo sorriso. □ *to* ~ *and bear it* fare buon viso a cattivo gioco.

grind¹ [graind] *v.* (*pret., p.p.* **ground** [graund]) **I** *v.t.* **1** (*to sharpen*) affilare, arrotare: *to* ~ *a knife* arrotare un coltello; (*to polish*) levigare, molare: *to* ~ *a lens* molare una lente. **2** (*to pulverize*; spesso con *down*) macinare, frantumare, stritolare, polverizzare. **3** (*to press*) schiacciare: *he ground his cigarette stub in the ashtray* schiacciò il mozzicone della sigaretta nel portacenere. **4** (*of flour*) produrre (*o* fare) macinando. **5** (*of the teeth*) arrotare, digrignare. **6** (*to teach intensively*) insegnare con grande impegno. **7** ⟨*fig*⟩ (spesso con *down*) opprimere, vessare. **8** (*of a barrel organ: to operate*) azionare, girare la manovella di; (*to play by turning a crank;* spesso con *out*) sonare: *to* ~ *out a tune* sonare una melodia. **9** ⟨*Mecc*⟩ rettificare, molare. **10** ⟨*Mecc*⟩ (*to lap in;* general. con *in*) smerigliare. **II** *v.i.* **1** far girare macine. **2** (*to become pulverized*) frantumarsi, polverizzarsi; (*to become sharp*) affilarsi. **3** ⟨*fam*⟩ (*to study hard;* spesso con *away*) lavorare sodo, sgobbare. **4** (*to grate*) grattare, stridere. □ *to* ~ *s.th. to pieces* frantumare qc., fare a pezzi qc.

grind² *s.* **1** macinazione *f*, frantumazione *f*. **2** (*sound*) stridore *m*, cigolio *m*. **3** ⟨*fam*⟩ (*long, laborious task*) sgobbata *f*. **4** ⟨*scol*⟩ (*hard-working student*) sgobbone *m* (*f* –a). **5** ⟨*sport*⟩ (*steeplechase*) corsa *f* a ostacoli.

grinder ['graində] *s.* **1** ⟨*Mecc*⟩ rettificatrice *f*; (*sharpening machine*) affilatrice *f*; (*smoothing machine*) molatrice *f*; (*pulverizing machine*) macina *f*, macinatoio *m*. **2** (*miller*) macinatore *m*. **3** (*knife grinder*) arrotino *m*. **4** (*molar tooth*) molare *f*. **5** *pl.* ⟨*fam*⟩ (*teeth*) denti *mpl.* **grindery** [–ri] *s.* **1** bottega *f* d'arrotino. **2** ⟨*Calz*⟩ materiale *m* usato dai calzolai.

grinding ['graindiŋ] *s.* ⟨*Mecc*⟩ rettifica *f*; (*sharpening*) affilatura *f*; (*smoothing*) molatura *f*. **II** *a.* **1** (*of teeth*) molare. **2** ⟨*fig*⟩ opprimente, pesante; (*of pain*) lancinante. **3** (*of a sound*) stridulo, stridente.

grindstone ['graindstoun] *s.* ⟨*Mecc*⟩ mola *f*. □ ⟨*fam*⟩ *to keep one's nose to the* ~ lavorare sodo, sgobbare.

grip¹ [grip] *v.* (*pret., p.p.* **gripped** [–t]/*non com.* **gript** [–t]) **I** *v.t.* **1** afferrare, stringere. **2** ⟨*fig*⟩ avvincere, colpire, impressionare: *the film* –*ped the audience* il film avvinse gli spettatori. **3** ⟨*Mecc*⟩ chiudere, stringere. **II** *v.i.* **1** far presa. **2** ⟨*fig*⟩ avvincere.

grip² *s.* **1** presa *f*, stretta *f*: *to have a strong* ~ avere una forte presa. **2** (*way of gripping*) impugnatura *f*. **3** ⟨*fig*⟩ (*mental grasp, understanding*) conoscenza *f*, padronanza *f*. **4** ⟨*fig*⟩ (*control*) controllo *m*, dominio *m*, padronanza *f*. **5** ⟨*am*⟩ (*traveller's hand bag*) borsa *f* da viaggio. **6** (*handle*) impugnatura *f*, manico *m*. **7** (*sudden pain*) dolore *m* improvviso, fitta *f*; (*spasm of pain*) colica *f*. **8** → **grippe**. **9** ⟨*tecn*⟩ (*of a tyre*) tenuta *f* di strada. □ ⟨*fig*⟩ *to be at* –*s with* essere alle prese con; *to come to* –*s with s.o.* venire alle prese con qd.; *to come to* –*s with a problem* ⌐essere alle prese⌐ (*o* cimentarsi) con un problema; ⟨*fam*⟩ *to get a* ~ *on o.s.* controllarsi, essere padrone di sé; *to keep a* ~ *tight* ~ mantenere una salda presa; *to lose one's* ~ perdere la presa; ⟨*fig*⟩ perdere il controllo; *to take a* ~ *on s.th.* afferrare (*o* stringere) qc.

gripe [graip] **I** *v.t.* **1** provocare coliche a. **2** ⟨*fig*⟩ opprimere, vessare, angariare. **3** ⟨*Mar*⟩ assicurare con rizze, rizzare. **II** *v.i.* **1** ⟨*Med*⟩ avere coliche. **2** ⟨*fam*⟩ (*to complain*) brontolare (*at, about* per), lamentarsi (di). **3** ⟨*Mar*⟩ orzare sopravvento. **III** *s.* **1** colica *f*. **2** ⟨*fam*⟩

(*complaint*) brontolio *m*, lamentela *f.* **3** ⟨*fig*⟩ (*oppression*) oppressione *f.* **4** (*grip*) presa *f*, stretta *f.* **5** ⟨*fig*⟩ (*control*) controllo *m*, padronanza *f*, dominio *m.* **6** (*handle*) impugnatura *f*, manico *m.* **7** *pl.* ⟨*Mar*⟩ rizze *fpl*, rizzatura *f.* '**griper** [–ə] *s.* ⟨*fam*⟩ brontolone *m* (*f* –a). '**griping** [–iŋ] *a.* **1** che provoca coliche. **2** ⟨*fig*⟩ avido, rapace.

grippe *fr.* [grip] *s.* ⟨*Med*⟩ influenza *f.*

gripper ['gripə] *s.* **1** chi afferra, chi stringe. **2** ⟨*Tip*⟩ pinza *f.* **gripping** [–piŋ] *a.* avvincente, affascinante: *a ∼ story* una storia avvincente.

grip|sack *am.s.* borsa *f* da viaggio. *∼* **safety** *s.* ⟨*Mil*⟩ tipo di sicura.

griseous ['grisiəs] *a.* grigio perla.

griskin ['griskin] *s.* ⟨*Gastr*⟩ braciola *f* di maiale.

grisliness ['grizlinis] *s.* l'essere spaventoso. **grisly** [–li] *a.* **1** spaventoso, orribile, orrendo. **2** (*ghastly*) sinistro, macabro.

grist [grist] *s.* **1** ⟨*Agr*⟩ cereale *m* macinabile; (*batch of grain*) macina *f.* **2** (*crushed malt*) malto *m* frantumato. **3** ⟨*am.dial*⟩ (*lot*) notevole quantità *f*, ⟨*fam*⟩ mucchio *m.* □ ⟨*fig*⟩ *it's all ∼ to the mill* tutto fa brodo; ⟨*fig*⟩ *to bring ∼ to one's mill* tirare l'acqua al proprio mulino.

gristle ['grisl] *s.* ⟨*Anat*⟩ cartilagine *f.* **gristly** [–i] *a.* cartilaginoso.

grit[1] [grit] *s.* **1** sabbia *f* (grossa o media). **2** (*sharp-grained sandstone*) tritume *m* di pietra. **3** (*structure of a stone*) grana *f.* **4** → **gritstone.** **5** ⟨*fig*⟩ fermezza *f*, risolutezza *f*; (*pluck*) coraggio *m*, ⟨*fam*⟩ fegato *m.* **6** ⟨*Mecc*⟩ graniglia *f.*

grit[2] *v.* (*pret., p.p.* '**gritted** [–id]) **I** *v.t.* (*of the teeth*) digrignare. **II** *v.i.* stridere.

grits [grits] *s.pl.* (costr. sing. o pl.) **1** (*hulled oats*) fiocchi *mpl* d'avena. **2** (*coarse oatmeal*) farina *f* d'avena macinata grossa.

gritstone ['gritstoun] *s.* ⟨*Geol*⟩ arenaria *f.*

grittiness ['gritinis] *s.* l'essere sabbioso. **gritty** [–ti] *a.* **1** sabbioso, arenoso. **2** ⟨*fam*⟩ (*resolute*) risoluto; (*plucky*) coraggioso, audace.

grizzle[1] ['grizl] **I** *s.* **1** grigio *m.* **2** (*grey horse*) cavallo *m* bigio. **II** *a.* grigio, brizzolato. **III** *v.t.* rendere grigio. **IV** *v.i.* diventare grigio.

grizzle[2] *v.i.* ⟨*fam*⟩ **1** brontolare, borbottare. **2** (*to whimper, whine*) piagnucolare, lamentarsi, pigolare.

grizzled ['grizld] *a.* grigio, brizzolato. **grizzly** [–li] **I** *a.* **1** grigiastro. **2** (*grey-haired*) brizzolato. **II** *s.* → **grizzly bear.**

grizzly bear *s.* ⟨*Zool*⟩ orso *m* grigio.

grm. = *gramme* grammo (*abbr.* g).

groan [groun] **I** *s.* **1** gemito *m*, lamento *m.* **2** (*deep sound of disapproval, etc.*) mormorio *m* (di disapprovazione). **3** (*creaking sound*) cigolio *m*, scricchiolio *m.* **II** *v.i.* **1** lamentarsi, gemere. **2** (*in disapproval*) emettere mormorii (di disapprovazione). **3** (*to creak*) scricchiolare, cigolare, gemere: *the armchair –ed under his weight* la poltrona scricchiolò sotto il suo peso. **4** ⟨*fig*⟩ (*to be overburdened*) essere stracarico. **5** ⟨*fig*⟩ (*to be oppressed*) gemere, soffrire. **III** *v.t.* dire (o esprimere) tra (i) gemiti (o lamenti).

groat [grout] *s.* ⟨*Numism*⟩ groat *m.*

groats [grouts] *s.pl.* (costr. sing. o pl.) **1** chicchi *mpl* di cereali frantumati. **2** (*grits*) chicchi *mpl* d'avena. **3** (*oatmeal*) farina *f* d'avena.

grocer ['grousə] *s.* droghiere *m* (*f* –a). **grocery** [–ri] *s.* **1** *pl.* (*goods*) generi *mpl* di drogheria, coloniali *mpl.* **2** (*grocer's trade*) mestiere *m* del droghiere. **3** ⟨*am*⟩ (*shop*) drogheria *f.*

grog [grɔg] *s.* grog *m.*

grogginess ['grɔginis] *s.* l'essere barcollante, il vacillare. **groggy** [–gi] *a.* **1** ⟨*fam*⟩ barcollante, vacillante, traballante, malfermo. **2** ⟨*fam*⟩ (*dazed*) intontito, stordito. **3** ⟨*sport*⟩ (*of a boxer*) groggy, ⟨*gerg*⟩ sonato. **4** (*of a horse*) debole di garretti, insicuro. **5** (*drunk*) ubriaco, ebbro. □ *to feel ∼* non reggersi sulle gambe.

grogshop ['grɔgʃop] *s.* bettola *f.*

groin [grɔin] **I** *s.* **1** ⟨*Anat*⟩ inguine *m.* **2** ⟨*Arch*⟩ unghia *f*; (*rib*) costola *f*, costolone *m.* **3** ⟨*am.Idr*⟩ → **groyne. II** *v.t.* ⟨*Arch*⟩ costruire con nervature (o costoloni).

grommet ['grɔmit] *s.* → **grummet.**

groom [gru:m] **I** *s.* **1** stalliere *m.* **2** (*officer of the roy household*) gentiluomo *m* di corte. **3** (*bridegroom*) spos *m.* **II** *v.t.* **1** (*of a horse*) governare, aver cura di; (*to clec and brush*) strigliare. **2** (*of a person*) azzimare, ornar agghindare. **3** ⟨*fig*⟩ preparare, avviare, istruir '**groomsman** [–zmən] *s.irr.* testimone *m* dello sposo.

groove [gru:v] **I** *s.* **1** solco *m*, piega *f.* **2** (*channel, ru* scanalatura *f*, incavo *m*, solco *m.* **3** (*of a gramophor record*) solco *m.* **4** ⟨*fig*⟩ routine *f*, ⟨*fam*⟩ tran tran *m.* ⟨*Mil*⟩ (*of a gun*) solco *m.* **6** ⟨*Minier*⟩ galleria *f*, pozzo *n* **7** ⟨*Tip*⟩ canale *m.* **8** ⟨*Mecc*⟩ gola *f.* **II** *v.t.* **1** scanalar incavare. **2** ⟨*fam*⟩ (*to record*) incidere. □ ⟨*fam*⟩ *in the in* ottima forma; (*in fashion*) alla moda; ⟨*fam*⟩ *to get in a ∼* diventare abitudinario; ⟨*Fal*⟩ *∼ and tongue joi* incastro *m* a maschio e femmina. **grooved** [–d] *a.* scanalato, incavato. '**grooving** [–iŋ] *s.* ⟨*tecn*⟩ scanalatu *f.* '**groovy** [–i] *a.* **1** scanalato, incavato. **2** (*following a s routine*) abitudinario, consuetudinario. **3** ⟨*sl*⟩ (*up-to-dat* all'ultima moda; (*highly attractive*) affascinante. □ ⟨*s it's ∼* è la fine del mondo, è splendido.

grope [group] **I** *v.i.* **1** brancolare, procedere (a) tentoni (tastoni), annaspare. **2** (*to search about blindly*) cercare a tastoni (o tentoni) (*for, after s.th.* qc.): *she –d for my har* cercò a tentoni la mia mano. **3** ⟨*fig*⟩ brancolare (in cerc di). **II** *v.t.* cercare (a) tentoni: *to ∼ one's way* cercare l strada a tentoni. '**groping** [–iŋ] *a.* **1** che cerca (a) tasto (o tentoni). **2** ⟨*fig*⟩ esitante, incerto, dubbioso. '**gropingl** [–iŋli] *avv.* **1** a tentoni, a tastoni. **2** ⟨*fig*⟩ co esitazione.

grosbeak ['grousbi:k] *s.* ⟨*Ornit*⟩ frosone *m.*

grosgrain ['grougrein] *s.* ⟨*Tess*⟩ gros-grain *m*, grogré *m.*

gross[1] [grous] *s.inv.* grossa *f*, dodici dozzine *fpl.*

gross[2] **I** *a.* **1** grossolano, evidente, madornale: *a ∼ err* un errore grossolano. **2** (*indecent*) triviale, volgar scurrile, sguaiato. **3** (*vulgar*) grossolano, volgare, grezzo. (*unmitigated*) bell'e buono, vero e proprio: *a ∼ injustic* una vera e propria ingiustizia. **5** (*extremely fat*) grass pingue. **6** (*without deductions*) lordo, senza deduzioni: *profits* utili lordi. **7** (*of the senses*) ottuso. **8** (*c vegetation*) lussureggiante, fittissimo. **II** *s.* totalità quantità *f* totale. **III** *v.t.* avere un introito lordo di: *th company –ed ten million* la società ebbe un introito lord di dieci milioni. □ ⟨*Comm*⟩ *by the ∼* all'ingrosso; (*the*) *∼* nell'insieme, nel complesso.

gross| cost *s.* prezzo *m* di costo lordo. *∼* **income** reddito *m* lordo. *∼* **national product** *s.* ⟨*Econ* prodotto *m* nazionale lordo. *∼* **negligence** *s.* ⟨*Dir* negligenza *f* grave.

grossness ['grousnis] *s.* grossolanità *f*, rozzezza *f*, volgarit *f.*

gross| profit *s.* utile *m* lordo. *∼* **ton** *s.* **1** tonnellata (pari a 1016 kg). **2** → **gross tonnage.** *∼* **tonnage** *s* ⟨*Mar*⟩ stazza *f* lorda.

grotesque [gro(u)'tesk] **I** *a.* **1** fantastico, stravagante bizzarro. **2** (*comically incongruous*) grottesco (*anche Art.*) **II** *s.* **1** grottesco *m*, genere *m* grottesco. **2** ⟨*Art*⟩ grottesc *f.* **grotesqueness** [–nis] *s.* grottesco *m.*

grotto ['grɔtou] *s.* (*pl.* -es/-s [z]) grotta *f*, caverna *f.*

grouch [grautʃ] **I** *s.* ⟨*fam*⟩ **1** malumore *m.* **2** (*grumble* brontolio *m*, borbottio *m.* **3** ⟨*am*⟩ (*grumbler*) brontolon *m* (*f* –a). **II** *v.i.* essere di malumore, brontolare '**grouchiness** [–inis] *s.* ⟨*fam*⟩ malumore *m*, irritabilità *f* '**grouchy** [–i] *a.* ⟨*fam*⟩ **1** di cattivo umore. **2** (*grumpy* brontolone.

ground[1] [graund] **I** *s.* **1** terra *f*, terreno *m*: *to sit on the ∼* sedere per terra. **2** (*soil, earth*) terra *f*, suolo *m*, terrenc *m*: *hard ∼* terreno duro. **3** (*tract of land*) terreno *m*, campc *m* (*anche Sport.*): *a football ∼* un campo di football. **4** *pl* (*estate surrounding a building*) terreno *m*, parco *m.* **5** ⟨*fig*⟩ (*reasons; general. al pl.*) ragione *f*, motivo *m*, causa *f on religious –s* per motivi religiosi; *–s of suspicion* cause di sospetto; (*basis far action*) ragione *f*, motivo *m*: *you have no ∼ for complaint* non hai (davvero) ragione di lamentarti. **6** ⟨*fig*⟩ (*topic*) terreno *m*, argomento *m* soggetto *m*: *this is forbidden ∼* questo è un terreno proibito; *to go over the ∼ again* tornare sull'argomento. **7**

background) fondo *m*, sfondo *m*, campo *m*. **8** ⟨*Pitt*⟩ nprimitura *f*. **9** *pl*. (*dregs*) deposito *m*, fondo *m*, osatura *f*, sedimento *m: coffee –s* fondi di caffè. **10** *Mar*⟩ (*sea bottom, etc.*) fondo *m*. **11** ⟨*El*⟩ terra *f*, massa **II** *a*. **1** ⟨*El*⟩ a terra, a massa. **2** ⟨*Mil*⟩ terrestre, erra: ~ *forces* forze di terra. **III** *v.t*. **1** mettere (*o* porre) terra, mettere giù. **2** ⟨*fig*⟩ (*to base*) fondare, basare: *to - a charge on evidence* fondare un'accusa su prove. **3** *fig*⟩ (*to instruct in basic principles*) dare le basi a, nsegnare i primi elementi a: *to ~ students in linguistics* nsegnare agli studenti i primi elementi di linguistica. **4** *to furnish with a background*) preparare lo sfondo (*o* il ondo) di. **5** ⟨*Pitt*⟩ stendere un'imprimitura su. **6** ⟨*Aer*⟩ npedire di volare a, tenere a terra: *fog has –ed all ircraft* la nebbia ha impedito a tutti gli aerei di volare; *e was –ed for a breach of discipline* fu tenuto a terra per n'infrazione disciplinare. **7** ⟨*Mar*⟩ fare arenare (*o* ncagliare). **8** ⟨*El*⟩ mettere a massa (*o* terra). **IV** *v.i*. **1** *Mar*⟩ arenarsi, incagliarsi (*on, upon* su). **2** ⟨*assol*⟩ cadere terra. □ ⟨*Dir*⟩ –*s of appeal* motivi *mpl* di ricorso (*o* ppello); *to break* ~: 1 ⟨*Agr*⟩ dissodare; 2 ⟨*Edil*⟩ iniziare lavori di scavo; 3 ⟨*fig*⟩ preparare il terreno; ⟨*fig*⟩ *to reak new* (*o fresh*) ~ essere un pioniere, aprire nuovi rizzonti; *to cover* ~: 1 fare strada; 2 ⟨*fig*⟩ trattare molti rgomenti, fare progressi; ⟨*fig*⟩ *to gain* ~ *from under* o. (*o s.o.'s feet*) togliere a qd. il terreno sotto i piedi; *fam*⟩ *it suits me* **down** *to the* ~ mi soddisfa pienamente, ni sta proprio bene; *to* **gain** ~ guadagnare terreno (*anche* g.); *to* **give** ~: 1 ⟨*Mil*⟩ ritirarsi; 2 ⟨*fig*⟩ cedere; *to* **hold** *keep*) *one's* ~ = *to* **stand** *one's ground;* ⟨*Dir*⟩ –*s for* **tigation** materia *f* processuale; *to* **lose** ~ perdere terreno *anche fig.*); ⟨*fig*⟩ *on the –s of* a causa di, per motivi di; *fig*⟩ *on the –s that* col pretesto di; ⟨*fig*⟩ *to be on firm* (*o ure*) ~ conoscere il terreno; ⟨*fig*⟩ *to* **shift** *one's* ~ ambiare idea, mutare la propria posizione; ⟨*fig*⟩ *to* **stand** *ne's* ~ mantenere 'il proprio punto di vista' (*o* la propria osizione); ⟨*Mar*⟩ *to* **take** (*o touch*) ~ arenarsi; *Venat,fig*⟩ *to go* **to** ~ rintanarsi.
ound² → **grind¹**.
ound³ *a*. **1** macinato. **2** ⟨*Mecc*⟩ arrotato, affilato. **3** *ecn*⟩ molato, levigato.
ound| angling *s*. ⟨*Pesc*⟩ pesca *f* di fondo. ~ **bait** *s*. *Pesc*⟩ esca *f* per la pesca di fondo. **~-based** *a*. *Astron,Mil*⟩ basato a terra, di terra. ~ **bass** *s*. ⟨*Mus*⟩ asso *m* ostinato. ~ **check** *s*. ⟨*Aer*⟩ controllo *m* al suolo. **cherry** *s*. ⟨*Bot*⟩ **1** ciliegio *m* nano. **2** (*husk tomato*) salide *f*. ~ **colour** *s*. **1** colore *m* di fondo, fondo *m*. **2** *riming*) imprimitura *f*. ~ **connection** *s*. ⟨*El*⟩ presa *f* di rra. **~crew** *am*. *s*. ⟨*Aer*⟩ personale *m* di terra.
ounded ['graundid] *a*. **1** ⟨*El*⟩ messo a terra, collegato a assa. **2** ⟨*Aer*⟩ tenuto a terra.
ound| fish *s*. ⟨*Itt*⟩ pesce *m* che vive sul fondo. ~ **floor** pianterreno *m*, piano *m* terra. □ ⟨*fig*⟩ *to get in on the* essere tra i primi a trarre profitto da qc. ~ **fog** *s*. *Meteor*⟩ nebbia *f* bassa. ~ **frost** *s*. ⟨*Meteor*⟩ gelo *m*. ~ **ame** *s*. ⟨*Venat*⟩ selvaggina *f* minuta. **~-guided** *a*. ⟨*Mil*⟩ uidato da terra: ~ *missile* missile guidato da terra. ~ **og** *am*. *s*. ⟨*Zool*⟩ marmotta *f* americana. ~ **hostess** *s*. *Aer*⟩ hostess *f* di terra. ~ **ice** *s*. ghiaccio *m* di fondo.
ounding ['graundiŋ] *s*. **1** ⟨*Mar*⟩ arenamento *m*. **2** ⟨*fig*⟩ asi *fpl*, nozioni *fpl* elementari: *to have a good* ~ *in a ubject* avere buone basi in una materia. **3** ⟨*El*⟩ messa *f* a rra, collegamento *m* a massa.
ound| ivy *s*. ⟨*Bot*⟩ edera *f* terrestre. **~keeper** *am*. *s*. ustode *m* di un terreno (*o* campo). ~ **landlord** *s*. ⟨*Dir*⟩ catore *m* di un terreno.
oundless ['graundlis] *a*. infondato, senza ragione: *ars* timori infondati. **groundlessness** [–nis] *s*. fondatezza *f*, inconsistenza *f*.
oundling ['graundliŋ] *s*. **1** ⟨*Itt*⟩ pesce *m* che vive sul ndo. **2** ⟨*Bot*⟩ (*creeping plant*) pianta *f* rampicante; (*low ant*) pianta *f* bassa. **3** ⟨*Teat*⟩ spettatore *m* (*f* –trice) di latea (nel teatro elisabettiano). **4** (*unsophisticated person*) rsona *f* incolta (*o* ignorante).
ound| man [mən] *s.irr*. → **groundsman**. ~ **noise** *s*. mmore *m* di fondo. ~ **note** *s*. ⟨*Mus*⟩ nota *f* base. **~nut** *Bot*⟩ **1** ghianda *f* (*o* pera) di terra. **2** (*peanut*) arachide

f. ~ **pine** *s*. ⟨*Bot*⟩ canapicchio *m*. ~ **plan** *s*. **1** ⟨*Edil*⟩ pianta *f* del pianterreno. **2** ⟨*fig*⟩ modello *m* base. ~ **rent** *s*. canone *m* di locazione di un terreno.
groundsel¹ ['graundsl] *s*. ⟨*Bot*⟩ senecio *m*.
groundsel² *s*. → **groundsill**.
ground| sheet *s*. telone *m* impermeabile (usato dai campeggiatori). **~sill** *s*. ⟨*Edil*⟩ soglia *f*, soletta *f*.
groundsman ['graundzmən] *s.irr*. ⟨*Sport*⟩ addetto *m* al campo.
ground| speed *s*. ⟨*Aer*⟩ velocità *f* effettiva (*o* rispetto al suolo). **~staff** *s*. ⟨*Aer*⟩ personale *m* di terra. ~ **station** *s*. ⟨*Astron*⟩ stazione *f* a terra. ~ **swell** *s*. ⟨*Mar*⟩ risacca *f*. ~ **target** *s*. ⟨*Mil*⟩ obiettivo *m* terrestre. **'~-to-'air** *a./avv*. ⟨*Aer*⟩ terra–aria. **'~-to-'ground** *a./avv*. ⟨*Aer*⟩ terra–terra. **~water** *s*. ⟨*Geol*⟩ acqua *f* freatica (*o* del sottosuolo). ~ **wave** *s*. ⟨*Rad*⟩ onda *f* di superficie. **~wire** *s*. ⟨*El*⟩ filo *m* di massa (*o* terra). **~work** *s*. fondamenti *mpl*, basi *fpl*.
group [gru:p] **I** *s*. **1** gruppo *m*. **2** (*category*) gruppo *m*, categoria *f*. **3** ⟨*Mil*⟩ gruppo *m*, squadra *f*. **4** ⟨*am.Aer*⟩ gruppo *m*. **5** ⟨*Econ*⟩ trust *m*. **6** ⟨*Chim*⟩ radicale *m*. **II** *a*. di gruppo, collettivo. **III** *v.t*. **1** raggruppare, disporre a (*o* in) gruppi. **2** (*to classify*) classificare. **3** ⟨*Art*⟩ disporre in modo artistico. **IV** *v.i*. radunarsi, raggrupparsi. **'groupage** [–idʒ] *s*. raggruppamento *m*.
group| balance sheet *s*. ⟨*Econ*⟩ bilancio *m* consolidato. ~ **captain** *s*. ⟨*GB*⟩ comandante *m* di gruppo. ~ **incentive** *s*. ⟨*Comm*⟩ premio *m* collettivo di rendimento.
grouping ['gru:piŋ] *s*. raggruppamento *m*, gruppo *m*.
group| insurance *s*. ⟨*Assic*⟩ assicurazione *f* collettiva. ~ **leader** *s*. **1** responsabile *m* di gruppo. **2** ⟨*Ind*⟩ caposquadra *m/f*. ~ **psychology** *s*. psicologia *f* di gruppo. ~ **sex** *s*. amore *m* di gruppo. ~ **therapy** *s*. ⟨*Psic*⟩ terapia *f* (*o* psicoterapia) di gruppo.
grouse¹ [graus] *s*. (*pl. inv./***grouses** ['grausiz]; il pl. inv. si usa general. con valore collett.) ⟨*Ornit*⟩ gallo *m* cedrone, urogallo *m*.
grouse² ⟨*fam*⟩ **I** *s*. brontolio *m*, borbottio *m*. **II** *v.i*. brontolare, borbottare, lamentarsi. **'grouser** [–ə] *s*. ⟨*fam*⟩ brontolone *m* (*f* –a).
grout¹ [graut] **I** *s*. **1** ⟨*Edil*⟩ malta *f* liquida. **2** ⟨*Mur*⟩ intonaco *m*. **3** *pl*. (*dregs*) sedimento *m*, feccia *f*. **II** *v.t*. ⟨*Edil*⟩ riempire di malta.
grout² *v.i*. (*to root, grub*) grufolare.
grouty *am*. ['grauti] *a*. ⟨*fam*⟩ scontroso, bisbetico, ingrugnato.
grove [grouv] *s*. **1** ⟨*lett*⟩ boschetto *m*. **2** ⟨*Agr*⟩ (*orchard*) frutteto *m*.
grovel ['grɔvl] *v.i*. (*pret., p.p.* **grovelled**/*am*. **groveled** [–d]) **1** giacere prono (*o* bocconi); (*to crawl*) strisciare a terra. **2** ⟨*fig*⟩ (*to abase o.s.*) abbassarsi, umiliarsi; (*to cringe*) essere servile, strisciare. **3** ⟨*fig*⟩ (*to delight in base things*) grufolarsi. **groveller** [–ə] *s*. persona *f* strisciante. **grovelling** [–iŋ] *a*. **1** spregevole, servile. **2** (*prone*) prono.
grow [grou] *v*. (*pret*. **grew** [gru:], *p.p*. **grown** [groun]) **I** *v.i*. **1** crescere: *this plant –s best in the shade* questa pianta cresce meglio all'ombra. **2** (*to thrive*) allignare, prosperare, venir su: *vines ~ in countries with a temperate climate* la vite alligna nei paesi a clima temperato. **3** (*of children, etc.*) crescere, diventare grande. **4** (*to increase*) crescere, aumentare, espandersi; (*to mount, rise*) crescere, progredire. **5** ⟨*fig*⟩ spuntare, sorgere. **6** (*to become*) farsi, diventare, divenire: *it is –ing dark* si sta facendo buio; *to ~ old* farsi (*o* diventare) vecchio, invecchiare. **II** *v.t*. **1** coltivare: *to ~ flowers* coltivare i fiori. **2** (*to cover with a growth;* general. al pass.) essere coltivato a: *a field –n with wheat* un campo coltivato a grano. **3** (*to allow to grow*) farsi crescere: *to ~ a beard* farsi crescere la barba. □ *to ~ angry* inquietarsi, adirarsi; *to ~ cold* raffreddarsi; *to let one's hair ~* farsi crescere i capelli; *to ~* **in** (*of nails*) incarnarsi; *to ~* **into:** 1 (*of clothes*) diventare abbastanza grande per; 2 (*to become*) diventare; *to ~ less* diminuire, calare, scemare; *to ~* **on:** 1 piacere sempre più; 2 (*to obtain increasing influence*) esercitare (*o* avere) sempre più influenza su; *to ~* **out** *of* sorgere (*o* nascere) da, avere origine da, scaturire da; *to ~* **tired** stancarsi; *to ~* **up:** 1

crescere, diventare adulto; 2 (*to become prevalent*) prendere piede, diffondersi; 3 (*to arise*) sorgere, nascere; 〈*fam*〉 ~ up! non fare il bambino!; *to* ~ **upon** = *to grow on*; *to* ~ **wild** crescere allo stato selvaggio; *to* ~ **young** *again* ritornare giovane, ringiovanire.

growable ['grouǝbl] *a.* 〈*Agr*〉 coltivabile. **grower** ['grouǝ] *s.* 〈*Agr*〉 **1** coltivatore *m* (*f* –trice). **2** (*plant*) pianta *f* che cresce in un certo modo. □ *a quick* ~ una pianta che cresce rapidamente.

growing ['grouiŋ] **I** *a.* crescente, sempre maggiore. **II** *s.* 〈*Agr*〉 coltivazione *f*, coltura *f*.

growing pains *s.pl.* **1** 〈*Med*〉 (*in children*) dolori *mpl* agli arti attribuiti alla crescita. **2** 〈*fig*〉 difficoltà *fpl* iniziali.

growl [graul] **I** *v.i* **1** ringhiare: *the dog –ed* il cane ringhiava. **2** (*to rumble*) brontolare, borbottare. **3** 〈*fig*〉 borbottare, brontolare, grugnire. **II** *v.t.* (spesso con *out*) brontolare, borbottare. **III** *s.* **1** ringhio *m*. **2** (*rumbling sound*) brontolio *m*, borbottio *m*: *the* ~ *of thunder* il brontolio del tuono. **3** 〈*fig*〉 brontolio *m*, borbottio *m*. **'growler** [–ǝ] *s.* **1** animale *m* ringhioso. **2** 〈*fig*〉 brontolone *m* (*f* –a). **3** 〈*fam*〉 (*cab*) carrozza *f* di piazza. **4** 〈*Geol*〉 piccolo iceberg *m*.

grown[1] [groun] → **grow**.

grown[2] *a.* **1** adulto, maturo; (*advanced in growth*) cresciuto. **2** (nei composti: *overgrown with*) ricoperto, rivestito: *moss–*~ ricoperto di muschio.

grown-up I *s.* adulto *m* (*f* –a), grande *m/f*. **II** *a.* adulto.

growth [grouθ] *s.* **1** crescita *f*, sviluppo *m*: *to reach one's full* ~ raggiungere il pieno sviluppo. **2** 〈*fig*〉 sviluppo *m*, evoluzione *f*: *the* ~ *of democracy* lo sviluppo della democrazia. **3** (*expansion, increase*) aumento *m*, crescita *f*, espansione *f*: *population* ~ aumento della popolazione. **4** (*rise, emergence*) nascita *f*, apparizione *f*, comparsa *f*. **5** (*vegetation*) vegetazione *f*: *a* ~ *of nettles* una vegetazione di ortiche; (*plant*) pianta *f*. **6** 〈*Med*〉 escrescenza *f*. **7** 〈*Agr*〉 produzione *f*. □ *a two days'* ~ *of beard* una barba di due giorni.

growth| area *s.* settore *m* di crescita. ~ **industry** *s.* industria *f* in rapida crescita. ~ **potential** *s.* 〈*Econ*〉 potenziale *m* di crescita. ~ **product** *s.* prodotto *m* ad alto contenuto tecnologico. ~ **rate** *s.* tasso *m* di crescita.

groyne [grɔin] *s.* 〈*Idr*〉 argine *m*, pennello *m*.

grub[1] [grʌb] *s.* **1** 〈*Entom*〉 larva *f*, bruco *m*. **2** 〈*fig*〉 (*drudge*) sgobbone *m* (*f* –a). **3** 〈*sl*〉 (*food*) cibo *m*, 〈*fam*〉 roba *f* da mangiare.

grub[2] *v.* (*pret., p.p.* **grubbed** [–d]) **I** *v.t.* **1** ripulire; (*to dig up;* spesso con *up, out*) scavare, dissotterrare. **2** (*to uproot;* spesso con *up, out*) sradicare, estirpare. **II** *v.i.* **1** cercare (scavando) (*for s.th.* qc.); (*to dig*) vangare, zappare. **2** 〈*fig*〉 lavorare sodo, sgobbare.

grubber ['grʌbǝ] *s.* **1** scavatore *m* (*f* –trice). **2** 〈*Agr*〉 estirpatore *m*. **3** 〈*fig*〉 sgobbone *m* (*f* –a).

grubbiness ['grʌbinis] *s.* sporcizia *f*, sudiciume *m*. **grubby** [–bi] *a.* **1** sporco, sudicio. **2** (*infested with grubs*) infestato da larve. **3** (*base*) spregevole, abietto.

grub| stake *am.* **I** *s.* denaro *m* fornito a un cercatore d'oro in cambio di parte dei profitti. **II** *v.t.* fornire denaro (in cambio di parte dei profitti) a. ~ **street I** *s.* 〈*collett*〉 scrittori *mpl* da strapazzo, 〈*spreg*〉 imbrattacarte *mpl*. **II** *a.* relativo a scrittori da strapazzo.

grudge [grʌdʒ] **I** *s.* rancore *m*, risentimento *m*, astio *m*, malanimo *m*: *to have* (o *hold*) *a* ~ *against s.o.* nutrire rancore verso qd. **II** *v.t.* **1** dare ⌐di malavoglia⌐ (o malvolentieri). **2** (*to resent the good fortune of*) invidiare, avere invidia di: *to* ~ *s.o. his success* invidiare qd. per il suo successo. □ *to owe s.o. a* ~ aver motivo di risentimento verso qd. **'grudging** [–iŋ] *a.* **1** forzato, a denti stretti: ~ *praise* un elogio a denti stretti. **2** (*displaying reluctance*) riluttante. **'grudgingly** [–iŋli] *avv.* a malincuore, malvolentieri.

gruel ['gruǝl] *s.* **1** 〈*Gastr*〉 farina *f* ⌐d'orzo⌐ (o d'avena) cotta in acqua (o latte), pappa *f*. **2** 〈*fam*〉 (*punishment*) punizione *f*. □ 〈*fam*〉 *to have* (o *get*) *one's* ~ avere quello che (ci) si merita. **gruelling** [–iŋ] **I** *a.* faticoso, estenuante. **II** *s.* 〈*fam*〉 **1** fatica *f*, faticata *f*. **2** (*beating*)

severa punizione *f*.

gruesome ['gru:sǝm] *a.* raccapricciante, orribile, orrend macabro. **gruesomeness** [–nis] *s.* raccapriccio *m*, orrc *m*.

gruff [grʌf] *a.* **1** (*of a voice: hoarse*) rauco, roco; (*hars* aspro, stridente. **2** (*rough, surly*) burbero, scortese, asp sgarbato: *a* ~ *reply* una risposta burbera. **'gruffne** [–nis] *s.* **1** (*of the voice*) raucedine *f*. **2** (*roughne surliness*) sgarbatezza *f*, rudezza *f*.

grumble ['grʌmbl] **I** *v.i.* **1** lagnarsi, lamentarsi (*about,* over* di, per); *to* ~ *at s.o.* lagnarsi di qd.; (*to mutter w discontent*) borbottare, brontolare, bofonchiare. **2** rumble*) brontolare, borbottare. **II** *v.t.* brontola borbottare. **III** *s.* **1** lagnanza *f*, lamentela *f*. **2** (*growli sound*) brontolio *m*, borbottio *m*. □ 〈*fam*〉 *how are yc* ~ *mustn't* (o *can't*) ~ come stai? – non ⌐posso lamentarn (o mi lamento). **grumbler** [–ǝ] *s.* brontolone *m* (*f* – **grumbling** [–iŋ] **I** *a.* che si lamenta. **II** *s.* **1** lament *fpl.* **2** (*rumbling noise*) brontolio *m*, borbottio **grumblingly** [–iŋli] *avv.* in modo lagnoso, brontolone.

grume [gru:m] *s.* 〈*Med*〉 grumo *m*, coagulo *m*.

grummet ['grʌmit] *s.* **1** 〈*Mecc*〉 anello *m* di tenuta. 〈*Mar*〉 (*ring of rope*) canestrello *m*, anello *m* di fune. (*metal eyelet*) occhiello *m* metallico.

grumose ['gru:mous], **grumous** [–mǝs] *a.* 〈*B* grumoso.

grumpiness ['grʌmpinis] *s.* scontrosità *f*, irritabilità **grumpish** [–piʃ], **grumpy** [–pi] *a.* scontroso, irritabi

Grundyism ['grʌndiizǝm] *s.* gretto convenzionalismo ristrettezza *f* d'idee.

grunt [grʌnt] **I** *v.i.* grugnire. **II** *v.t.* grugnire, esprime con un grugnito, brontolare. **III** *s.* **1** grugnito *m*. **2** 〈*l* pomadaside *m*. **'grunter** [–ǝ] *s.* **1** maiale *m*. **2** (*pers* brontolone *m* (*f* –a), borbottone *m* (*f* –a).

Gruyère (cheese) [gru:'jeǝ] *s.* 〈*Alim*〉 groviera *m/f*.

gryphon ['grifǝn] *s.* → **griffin[1]**.

gs. = *guineas* ghinee.

G.S. = **1** *General Secretary* segretario generale. **2** 〈*M General Staff* stato maggiore generale (*abbr.* S.M.G.).

g-string *s.* **1** (*loin cloth*) perizoma *m*. **2** (*of strip tee performers*) puntino *m*. **3** 〈*Mus*〉 corda *f* del sol.

Gt.Brit. = 〈*Geog*〉 *Great Britain* Gran Bretagna (*ab* G.B.).

guacharo *sp.* ['gwa:tʃǝrou] *s.* 〈*Ornit*〉 guaciaro *m*, ghacha *m*.

Guadeloupe [,gwa:dǝ'lu:p] *N.pr.* 〈*Geog*〉 Guadalupa *f*.

guaiac ['gwaiæk] *s.* **1** (*wood*) legno *m* di guaiaco. **2** (*res* resina *f* di guaiaco. **guaiacol** ['gwaiǝkɔl] *s.* 〈*Far* guaiacolo *m*. **guaiacum** ['gwaiǝkǝm] *s.* **1** 〈*Bot*〉 guaia *m*. **2** 〈*Bot*〉 legno *m* santo. **3** → **guaiac**.

guana ['gwa:nǝ] *s.* 〈*Zool*〉 (*large lizard*) lucertolone *m*.

guanaco [gwa:'na:kou] *s.* (*pl.* -s [z]) 〈*Zool*〉 guanaco *m*.

guano ['gwa:nou] *s.* (*pl.* -s [z]) **1** guano *m*. **2** (*artific manure*) guano *m* artificiale.

guarantee [,gærǝn'ti:] **I** *s.* **1** garanzia *f*: *under* ~ so garanzia. **2** 〈*Dir*〉 (*pledge for another's debt, etc.*) garanzia *m*, malleveria *f*; (*any security, surety, given*) cauzione caparra *f*. **3** (*person who guarantees*) garante *m* (*guarantor*) avallante *m/f*, mallevadore *m* (*f* –drice). (*person who accepts a guarantee*) avallato *m*, chi acce una malleveria. **5** 〈*fig*〉 garanzia *f*, promessa *f* certa. *v.t.* **1** garantire. **2** 〈*Dir*〉 garantire, avallare. **3** 〈*f* garantire, promettere, assicurare: *to* ~ *success* garantire successo. **4** (*to vouch for*) garantire, rendersi garante di *can* ~ *his honesty* posso garantire la sua onestà. **5** (*to secure*) assicurare: *to* ~ *s.o. against loss* assicurare c contro ogni perdita. □ *to* ~ *for s.o.* rendersi garante qd.

guarantee| card *s.* cartolina *f* di garanzia. ~ **certifica** *s.* certificato *m* di garanzia. ~ **credit** *s.* 〈*Comm*〉 cred *m* contro fideiussione.

guarantor [,gærǝn'tɔ:] *s.* **1** garante *m/f*. **2** 〈*Dir*〉 avalla *m/f*, mallevadore *m* (*f* –drice). **'guaranty** [–ti] **I** *s.* 〈*Dir*〉 avallo *m*, malleveria *f*. **2** (*guarantor*) avallante *m* mallevadore *m* (*f* –drice). **II** *v.t.* 〈*Dir*〉 garanti avallare.

ard [gɑ:d] **I** *v.t.* **1** fare la guardia a, guardare, custodire, ifendere, proteggere: *two platoons –ed the bridge* due lotoni facevano la guardia al ponte. **2** (*to watch over*) orvegliare, fare la guardia a: *to ~ prisoners* sorvegliare i rigionieri. **3** (*to keep under control*) tenere ⸢a freno⸣ (o otto controllo), controllare: *to ~ one's tongue* tenere a reno la lingua. **II** *v.i.* **1** stare in guardia, premunirsi, ifendersi. **2** (*to take precautions*) guardarsi (*against* da): *e must ~ against over-optimism* dobbiamo guardarci all'ottimismo eccessivo. **III** *s.* **1** ⟨*Mil*⟩ guardia *f*, entinella *f*. **2** (*ceremonial escort*) guardia *f*, scorta *f*: *~ of onour* guardia d'onore. **3** (*one who keeps watch*) custode */f*, guardiano *m* (*f* –a), sorvegliante *m/f*. **4** (*close watch*) uardia *f*, custodia *f*, vigilanza *f*. **5** (*protective fixture*) ʼparo *m*, protezione *f*; (*fireguard*) parafuoco *m*; (*on a word*) guardia *f*. **6** ⟨*Ferr*⟩ capotreno *m*. **7** ⟨*Sport*⟩ uardia *f*: *to lower* (*o drop*) *one's ~* abbassare ⸢a guardia; *ɔ keep one's ~ up* tenere la guardia alta. **8** *pl.* ⟨*Mil*⟩ uardia *f* del corpo. **9** ⟨*am.Sport*⟩ difesa *f*. **10** ⟨*Edil*⟩ arapetto *m*. **Guard** *s.* guardia *f.* ☐ ⟨*Mil*⟩ *to* **come off** *~* montare la guardia; ⟨*Mil*⟩ *to* ⸢**go on**⸣ (*o mount*) *~* ʼontare la guardia; *to be* **off** (*one's*) *~* non stare in uardia; *to catch s.o. off his ~* cogliere qd. alla sprovvista; ʼMil⟩ **old** *~* guardia *f* smontante; ⟨*fig*⟩ vecchia guardia; ʼMil⟩ *to be* **on** *~* essere di guardia; *to be on* (*one's*) *~ against s.th.* stare in guardia contro qc.; *to put s.o. on* (*his*) *~* mettere ⸢in guardia⸣ (*o sull'avviso*) qd.; ⟨*Sport*⟩ **on** *~!* in uardia!; ⟨*Mil*⟩ *to* **relieve** *~* dare il cambio alla guardia; ʼMil⟩ *to* **stand** *~* essere di guardia.

ard boat *s.* ⟨*Mar*⟩ battello *m* (*o* lancia *f*) di ronda. **arded** [ˈgɑːdid] *a.* **1** protetto, difeso. **2** (*cautious*) cauto, ʼudente, guardingo, circospetto. ☐ *to be ~ in one's ʼeech* misurare le parole. **guardedness** [–nis] *s.* ʼudenza *f*, cautela *f*, circospezione *f*.

ardhouse *s.* ⟨*Mil*⟩ **1** corpo *m* di guardia. **2** (*for ʼisoners*) sala *f* di disciplina.

ardian [ˈgɑːdiən] **I** *s.* **1** guardiano *m* (*f* –a). **2** ⟨*Dir*⟩ ʼtore *m* (*f* –trice). **3** ⟨*Rel*⟩ guardiano *m*, superiore *m.* **II** custode, tutelare. ☐ ⟨*GB*⟩ *~ of the poor* assistente *m/f* ʼciale (per i poveri).

ardian angel *s.* angelo *m* custode (*anche fig.*). **ardianship** [ˈgɑːdiənʃip] *s.* **1** ⟨*Dir*⟩ tutela *f*: *a child ʼnder ~* un minore sotto tutela. **2** (*protection*) protezione *f*, tutela *f*.

ardǀrail *s.* **1** ⟨*Strad*⟩ guardrail *m*, guardavia *m*. **2** ʼFerr⟩ controrotaia *f*. **3** ⟨*Mar*⟩ battagliola *f.* **~ ring** *s.* **1** ʼmanello *m*. **2** ⟨*El*⟩ anello *m* di guardia. **~room** *s.* → uardhouse. **~ship** *s.* ⟨*Mar.mil*⟩ guardaporto *m*.

ardsman [ˈgɑːdzmən] *s.irr.* **1** guardia *f.* **2** ⟨*GB*⟩ ʼembro *m* della guardia del corpo. **3** ⟨*am.Mil*⟩ membro ʼ della guardia nazionale.

ʼatemala [ˌgwɑːtiˈmɑːlə] *N.pr.* ⟨*Geog*⟩ Guatemala *m.* **ʼuatemalan** [–n] **I** *a.* guatemalteco. **II** *s.* guatemalteco (*f* –a).

ʼava [ˈgwɑːvə] *s.* guaiava *f*.

ʼbernatorial [ˌgjuːbənəˈtɔːriəl] *a.* **1** (*of a governor*) ʼvernatoriale. **2** (*of a government*) governativo.

ʼdgeon[1] [ˈgʌdʒən] *s.* **1** ⟨*Itt*⟩ gobione *m.* **2** ⟨*fig*⟩ (*dupe*) ʼedulone *m* (*f* –a), sempliciotto *m* (*f* –a). **3** ⟨*fig*⟩ (*bait*) ʼca *f*, allettamento *m*.

ʼdgeon[2] *s.* **1** ⟨*tecn*⟩ perno *m.* **2** ⟨*Mot*⟩ spinotto *m.* **3** ʼdil⟩ chiavarda *f.* **4** ⟨*Mar*⟩ (*of a rudder*) femminella *f* ʼel timone).

ʼdgeon pin *s.* ⟨*Mecc*⟩ perno *m* dello stantuffo.

ʼelder rose [ˈgeldə] *s.* ⟨*Bot*⟩ palla *f* di neve.

ʼelf *s.* → **Guelph. Guelfic** *a.* → **Guelph.**

ʼelph [gwelf] *s.* ⟨*Stor*⟩ guelfo *m.* ʼ**Guelphic** [–ik] *a.* ʼelfo.

ʼerdon [ˈgəːdən] ⟨*lett*⟩ **I** *s.* ricompensa *f.* **II** *v.t.* ʼcompensare.

ʼerilla *s./a.* → **guerrilla.**

ʼernsey [ˈgəːnzi] **I** *N.pr.* ⟨*Geog*⟩ Guernsey *f.* **II** *s.* **1** ʼZootecn⟩ razza *f* Guernsey. **2** ⟨*Vest*⟩ maglione *m* di ʼ (*f* –a).

ʼerrilla [gəˈrilə] **I** *s.* **1** guerrigliero *m*, partigiano *m* (*f* ʼ). **2** (*guerrilla warfare*) guerriglia *f.* **II** *a.* partigiano, di ʼ da) guerrigliero.

---

guess [ges] **I** *v.t.* **1** indovinare, azzeccare: *to ~ s.o.'s age* indovinare l'età di qd. **2** ⟨*am*⟩ (*to suppose*) ritenere, credere, supporre, immaginare: *I ~ so* credo di sì. **II** *v.i.* **1** indovinare: *~ who I met today* indovina chi ho incontrato oggi. **2** (*to attempt a conjecture*) cercare d'indovinare (*at, about s.th.* qc.). **III** *s.* **1** congettura *f,* supposizione *f.* **2** (*act of guessing*) ipotesi *f: a bad ~* un'ipotesi sbagliata. ☐ *it's* **anybody's** *~* Dio solo lo sa; *at a ~* a occhio e croce, a lume di naso; **by** *~* per ipotesi; *to be right at the* **first** *~* = *to guess* **right** *away*; ⟨*fam*⟩ *to get s.o. –ing* mettere una pulce nell'orecchio a qd.; ⟨*fam*⟩ *your ~ is as* **good** *as mine* ne so quanto te; *it was a good ~!* l'hai azzeccata!; *to* **make** (*o give*) *a ~* avanzare un'ipotesi; *to ~* **right** indovinare, cogliere nel segno; *to ~* **right** *away* indovinare alla prima; *to ~* **wrong** non indovinare.

guessable [ˈgesəbl] *a.* indovinabile. **guesser** [–sə] *s.* chi indovina.

guessing game [ˈgesiŋ] *s.* gioco *m* degli indovinelli.

guesstimate [ˈgestimeit] *s.* ⟨*fam*⟩ **I** stima *f* (approssimativa). **II** *v.t.* stimare (approssimativamente), ⟨*fam*⟩ stimare a lume di naso.

guesswork [ˈgeswəːk] *s.* congettura *f*, supposizione *f*, ipotesi *f.* ☐ *it's mere ~* è come indovinare i numeri al lotto.

guest [gest] *s.* **1** ospite *m/f: we had –s for dinner* abbiamo avuto ospiti a pranzo. **2** (*at a hotel, etc.*) ospite *m/f*, cliente *m/f.* **3** ⟨*Biol*⟩ inquilino *m.* ☐ *~ of honour* ospite *m* d'onore.

guestǀ artist *s.* ⟨*TV,Rad*⟩ ospite *m/f.* **~ conductor** *s.* ⟨*Mus*⟩ direttore *m* d'orchestra invitato (*o* ospite). **~house** *s.* **1** foresteria *f.* **2** (*boarding house*) pensione *f*, albergo *m* familiare. **~ list** *s.* lista *f* (*o* elenco *m*) degli invitati. **~ night** *s.* serata *f* in onore degli ospiti. **~ room** *s.* stanza *f* degli ospiti. **~ rope** *s.* ⟨*Mar*⟩ cavo *m* di tonneggio.

guffaw [gʌˈfɔ:] **I** *s.* riso *m* sguaiato (*o* sgangherato). **II** *v.i.* scoppiare in una risata sguaiata, ridere sguaiatamente.

guggle [ˈgʌgl] *s./v.* → **gurgle.**

Guiana [giˈɑːnə] *N.pr.* ⟨*Geog*⟩ Guiana *f.* **Guianan** [–n], **Guianese** [ˌgaiəˈniːz] **I** *s.* abitante *m/f* della Guiana. **II** *a.* della Guiana.

guidable [ˈgaidəbl] *a.* trattabile, docile. **guidance** [–dəns] *s.* **1** guida *f*, il guidare, comando *m.* **2** (*direction*) guida *f*, direzione *f: to do s.th. under s.o.'s ~* fare qc. sotto la guida di qd. **3** (*advice*) consiglio *m.* **4** ⟨*Ped,Psic*⟩ consulenza *f.* **5** ⟨*Aer,Astron*⟩ guida *f.* ☐ *for your ~* per vostra norma; *vocational ~* orientamento *m* professionale.

guide [gaid] **I** *v.t.* **1** essere di guida a, fare da guida a, guidare; (*to act as guide to a sightseer*) guidare, fare da guida (*o* cicerone) a. **2** (*to steer*) guidare: *to ~ a boat* guidare una barca. **3** (*to direct*) guidare, dirigere. **4** (*to advise*) consigliare. **II** *s.* **1** guida *f* (*anche fig.,Mecc.*): *an Alpine ~* una guida alpina; (*for sightseers*) guida *f*, cicerone *m.* **2** → **guidebook. 3** (*manual*) guida *f*, manuale *m*, trattato *m.* **4** (*adviser*) consigliere *m* (*f* –a). **5** (*girl guide*) giovane *f* esploratrice, guida *f.* **6** → **guidepost. 7** *pl.* ⟨*Mil*⟩ esploratori *mpl.* ☐ *let your conscience be your ~* lasciati guidare dalla coscienza; *to ~ the way for s.o.* guidare qd., fare strada a qd.

guideǀboard *s.* cartello *m* segnaletico. **~book** *s.* guida *f* (turistica).

guided [ˈgaidid] *a.* guidato (*anche Mil.*): *a ~ tour* una visita guidata; *~ missile* missile guidato.

guideǀ dog *s.* cane *m* guida. **~line** *s.* **1** ⟨*Tip*⟩ segno *m* di correzione. **2** (*rope, etc.*) fune *f* di sicurezza. **3** ⟨*fig*⟩ linea *f* direttiva, direttiva *f* di condotta. **~post** *s.* ⟨*Strad*⟩ indicatore *m* stradale. **~ rail** *s.* ⟨*Ferr*⟩ controrotaia *f.* **~rope** *s.* ⟨*Aer*⟩ cavo *m* pilota. **~ word** *s.* esponente *m*, testatina *f.*

guidingǀ light [ˈgaidiŋ] *s.* ⟨*scherz*⟩ guida *f.* **~ principle** *s.* principio *m* informatore. **~ slit** *s.* ⟨*Tess*⟩ passafili *m.*

guidon [ˈgaidən] *s.* **1** ⟨*Mil*⟩ guidone *m.* **2** (*bearer*) portastendardo *m.*

guild [gild] *s.* **1** ⟨*Mediev*⟩ gilda *f*, corporazione *f.* **2** (*society*) compagnia *f*, società *f*; (*association*) associazione *f.*

guilder [ˈgildə] *s.* ⟨*Econ*⟩ fiorino *m* olandese.

guildhall ['gild'hɔːl] s. 1 ⟨Mediev⟩ palazzo m delle corporazioni. 2 (townhall) municipio m, palazzo m municipale. **Guildhall** s. ⟨GB⟩ palazzo m delle corporazioni della City (di Londra).

guile [gail] s. astuzia f, furberia f, scaltrezza f. **'guileful** [-ful] a. furbo, astuto, scaltro. **'guilefulness** [-fulnis] s. astuzia f, scaltrezza f.

guileless ['gaillis] a. 1 schietto, franco. 2 (naïve) ingenuo. **guilelessness** [-nis] s. schiettezza f, franchezza f.

guillemot ['gilimɔt] s. ⟨Ornit⟩ 1 ceffo m. 2 (foolish guillemot) uria f.

guillotine I s. ['giləti:n] 1 ghigliottina f. 2 ⟨Chir⟩ tonsillotomo m. 3 ⟨Legat⟩ taglierina f. 4 ⟨Cart⟩ tagliacarte m a ghigliottina. 5 ⟨Parl⟩ il fissare un tempo limite per un dibattito. II v.t. [giləti:n] 1 ghigliottinare. 2 (to cut with guillotine shears) tagliare con cesoia a ghigliottina.

guillotine shears s.pl. ⟨Mecc⟩ cesoia f a ghigliottina.

guilt [gilt] s. 1 colpevolezza f (anche Dir.). 2 (feeling of culpability) colpa f, senso m di colpa: to be tormented by ~ essere tormentato dalla colpa. **'guiltiness** [-inis] s. colpevolezza f.

guiltless ['giltlis] a. 1 senza colpa, innocente. 2 (lacking knowledge) ignaro, inconsapevole (of di), che non conosce (qc.). 3 (devoid) privo (di). □ ~ of Latin digiuno di latino. **guiltlessly** [-li] avv. senza colpa, innocentemente. **guiltlessness** [-nis] s. innocenza f.

guilty ['gilti] a. 1 colpevole, reo: to be ~ of murder essere reo di omicidio. 2 (showing guilt) (da) colpevole: a ~ expression un'espressione colpevole. 3 (pertaining to guilt) di colpa. □ to have a ~ conscience avere la coscienza sporca; ~ in fact and in law reo confesso; to be found not ~ essere riconosciuto innocente; to plead ~ dichiararsi colpevole; a verdict of (not) ~ un verdetto di (non) colpevolezza.

guinea ['gini] s. ghinea f.

Guinea N.pr. ⟨Geog⟩ Guinea f.

guinea| corn s. ⟨Bot⟩ durra f. ~ **fowl**, ~ **hen** s. ⟨Ornit⟩ faraona f, gallina f faraona. ~ **pig** s. 1 ⟨Zool⟩ cavia f domestica, porcellino m d'India. 2 (fig) cavia f. ~ **worm** s. ⟨Zool⟩ dragoncello m.

Guinevere ['gwiniviə] N.pr. Ginevra f.

guise [gaiz] s. 1 abito m, costume m. 2 (fig) (aspect) veste f, apparenza f, sembianza f. 3 (fig) (pretence) sembianza f, maschera f: under the ~ of friendship sotto la maschera dell'amicizia. 4 (ant) (manner) maniera f, modo m.

guitar [gi'tɑː] s. ⟨Mus⟩ chitarra f. **guitarist** [-rist] s. chitarrista m/f.

gulch am. [gʌltʃ] s. ⟨Geog⟩ burrone m.

gulden ['guldən] s. (pl. inv./-s [z]) ⟨Econ⟩ 1 → **guilder**. 2 (Austrian florin) fiorino m austriaco.

gules [gju:lz] I s. ⟨Arald⟩ rosso m. II a. rosso.

gulf [gʌlf] I s. 1 ⟨Geog⟩ golfo m, insenatura f. 2 (abyss) abisso m (anche fig.). 3 (whirlpool) gorgo m, vortice m. II v.t. inghiottire, ingoiare.

Gulf Stream s. ⟨Geog⟩ corrente f del Golfo.

gull[1] [gʌl] s. ⟨Ornit⟩ gabbiano m.

gull[2] I s. credulone m (f -a), sempliciotto m (f -a), sciocco m (f -a), babbeo m (f -a). II v.t. imbrogliare, gabbare.

gullet ['gʌlit] s. 1 ⟨Anat⟩ (oesophagus) esofago m; (throat) gola f. 2 (water channel) canale m, condotto m. 3 (gully) gola f, burrone m.

gullibility [gʌli'biliti] s. credulità f, dabbenaggine f, ingenuità f. **'gullible** [-bl] a. credulo(ne), ingenuo.

gully[1] ['gʌli] I s. 1 ⟨Geog⟩ burrone m, gola f. 2 (gutter) canale m (o fosso) di scolo. II v.t. scavare canali (di scolo) in.

gully[2] scozz. s. coltellaccio m.

gulp [gʌlp] I v.t. 1 (spesso con down) ingoiare, ingozzare, bere con avidità, tracannare. 2 (to suppress; general. con down, back) inghiottire, reprimere, frenare, trattenere: to ~ down one's tears inghiottire le lacrime. II v.i. soffocare, restare senza fiato: to ~ with emotion restare senza fiato per l'emozione. III s. 1 inghiottimento m (anche fig.). 2 (amount swallowed) boccata f, boccone m: to swallow s.th. in one ~ inghiottire qc. in un solo boccone; (of a drink)

sorso m: at one ~ in un sorso.

gum[1] [gʌm] s. 1 gomma f, colla f. 2 (chewing gum) gomma f americana (o da masticare). 3 → **gum tree**. 4 ⟨Me⟩ cispa f. 5 (rubber) gomma f. 6 → **gumdrop**. 7 pl. ⟨a⟩ → **gumboots**.

gum[2] v. (pret., p.p. **gummed** [-d]) I v.t. gomma spalmare di colla; (to stick with gum) incollare, ingomma to ~ an envelope incollare una busta. II v.i. 1 secerne gomma. 2 (to become gummy) diventare gommoso. □ ~ **up**: 1 ⟨fam⟩ (to clog) ostruire; 2 (to ruin) rovina mandare a monte.

gum[3] s. ⟨Anat⟩ gengiva f.

gum[4]: ⟨fam⟩ by (o my) ~! per Giove!, perbacco!

gum| arabic s. gomma f arabica (o di acacia). ~**boil** ⟨Med⟩ ascesso m alle gengive. ~**boots** s.pl. ⟨Calz⟩ stiv mpl di gomma. ~**drop** s. ⟨Dolc⟩ caramella f gommosa. **elastic** s. gomma f elastica.

gumma ['gʌmə] s. (pl. -s [z]/mata [mətə]) ⟨Med⟩ gomma **gummatous** [-təs] a. affetto da gomma.

gummed [gʌmd] a. gommato. **gummiferous** [-'mifər a. ⟨Bot⟩ gommifero. **'gumminess** [-minis] s. gommos f. **'gummy** [-mi] a. 1 gommoso; (viscid) viscido. (covered with gum) appiccicaticcio, appiccicoso.

gumption ['gʌmpʃən] s. ⟨fam⟩ 1 iniziativa intraprendenza f; ⟨guts⟩ coraggio m. 2 (common sen buon senso m, senso pratico.

gum| resection s. ⟨Dent⟩ gengivectomia f. ~ **resin** ⟨Bot⟩ gommoresina f. ~**shoe** am. I s. 1 caloscia f, soprascarpa f di gomma; (tennis shoe) scarpa f da tenr 2 ⟨sl⟩ agente m investigativo. II v.i. ⟨sl⟩ spiare, ⟨fa ficcare il naso. ~-**tree** s. ⟨Bot⟩ 1 tupelo m nero. (sapodilla) sapodilla f. 3 ⟨austral⟩ (eucalyptus) eucali m. □ ⟨fam⟩ to be up a ~ essere nei pasticci (o guai).

gun[1] [gʌn] s. 1 ⟨Artigl⟩ cannone m, bocca f da fuo pezzo m (d'artiglieria). 2 (any portable firearm) arma f fuoco; (rifle) fucile m; (musket) moschetto m; (carbi carabina f; (pistol) pistola f, rivoltella f. 3 ⟨te spruzzatore m, pistola f (a spruzzo). 4 ⟨Venat⟩ cacciat m (f -trice) (che partecipa a una partita di caccia). □ ~ **blow** great -s (of the wind) soffiare fortissimo; ⟨fam⟩ go great -s funzionare perfettamente; to **jump** the ~ ⟨sport⟩ fare una falsa partenza; 2 ⟨fam⟩ ag frettolosamente; a twenty-one ~ **salute** una salva ventun colpi; ⟨fig⟩ to **spike** s.o.'s ~ frustrare (o mand all'aria) i piani di qd.; ⟨fig⟩ to **stand** (o stick) to one's mantenere le proprie posizioni, tener duro; ⟨fam⟩ as sv as a ~ com'è vero Iddio.

gun[2] v. (pret., p.p. **gunned** [-d]) I v.t. 1 (to shoot; spe con down) sparare a; (to kill) uccidere. 2 ⟨Mot⟩ dare a. II v.i. 1 ⟨Venat⟩ andare a caccia (con il fucile). ⟨am.fam⟩ (to go at high speed) andare ad alta velocità. to ~ **for**: 1 ⟨fam⟩ cercare per uccidere; 2 ⟨fam⟩ (to try get) mirare a, tendere a.

gun|boat s. ⟨Mar⟩ cannoniera f. ~ **camera** fotomitragliatrice f. ~ **carriage** s. ⟨Artigl⟩ affusto m cannone). ~ **cotton** s. fulmicotone m. ~ **crew** ⟨Mar.mil⟩ serventi mpl al pezzo. ~ **dog** s. cane m caccia. ~ **drill** s. ⟨Mil⟩ esercitazione f ai pezzi. ~**figh** sparatoria f, scontro m a fuoco (fra due persone). ~**fire** 1 sparo m, colpo m d'arma da fuoco. 2 ⟨M cannoneggiamento m.

gung ho ['gʌŋ'hou] a. ⟨sl⟩ 1 devoto, fedele. (enthusiastic) entusiasta (about di).

gun| layer s. ⟨Artigl⟩ puntatore m. ~ **license** s. porto d'armi. ~**lock** s. ⟨Artigl⟩ meccanismo m di scatto percussione. ~**maker** s. fabbricante m di armi. ~**m** [mən] s.irr. 1 pistolero m. 2 (armed gangster) bandito (o gangster) armato di pistola. ~**metal** s. 1 ⟨Met⟩ bro m duro (o per cannoni). 2 (gun-metal grey) grigio scuro.

gunnage ['gʌnidʒ] s. ⟨Mar⟩ dotazione f di cannoni.

gunnel[1] ['gʌnl] s. ⟨Itt⟩ gunnello m, farfalla f di mare.

gunnel[2] s. → **gunwale**.

gunner ['gʌnə] s. 1 ⟨Artigl⟩ artigliere m. 2 ⟨M cannoniere m. 3 ⟨Aer⟩ mitragliere m di bordo. 4 (hun cacciatore m (f -trice). **gunnery** [-ri] s. ⟨Artigl⟩ 1 ar di maneggiare i cannoni. 2 (act of firing guns) fuoco

rtiglieria, cannoneggiamento *m.* **3** ⟨*collett*⟩ artiglieria *f.*
nning [-niŋ] *s.* **1** lo sparare. **2** (*hunting*) caccia *f* (con ̃ucile).
ny ['gʌni] *s.* ⟨*Tess*⟩ tela *f* iuta (per sacchi).
play *s.* conflitto *m* a fuoco. **~point** *s.* mira *f.* □ *at* ~ ̃to tiro. **~powder** *s.* polvere *f* nera (*o* pirica). **owder Plot** *s.* ⟨*Stor.brit*⟩ congiura *f* delle polveri. **oom** *s.* **1** sala *f* delle armi. **2** ⟨*Mar*⟩ quadratino *m.* **unner** *s.* traffico *m* d'armi. **~running** *s.* trafficante *m* ̃rmi. **~shot I** *s.* **1** sparo *m,* colpo *m* d'arma da fuoco. ⟨*range*⟩ portata *f* (d'arma da fuoco). **II** *a.* d'arma da ̃̃co: *a* ~ *wound* una ferita d'arma da fuoco. □ *out of* ~ ̃ri tiro; *within* ~ a tiro. **~ shot wedding** *s.* nozze *fpl* ̃aratrici, matrimonio *m* riparatore. **~-shy** *a.* (*of a* ̃ting *dog*) che ha paura degli spari. **~sight** *s.* ⟨*Artigl*⟩ ̃gegno *m* di mira. **~slinger** *am. s.* ⟨*fam*⟩ → **gunman.** ̃mith *s.* armaiolo *m.* **~stock** *s.* fusto *m* (*o* calcio) del ̃ile.
wale ['gʌnl] *s.* ⟨*Mar*⟩ capo *m* di banda.
[gʌp] *s.* ⟨*fam*⟩ ciancia *f,* ciarla *f,* chiacchiera *f.*
gitation [gə:dʒi'teiʃən] *s.* ribollimento *m.*
gle ['gɔ:gl] **I** *s.* gorgoglio *m.* **II** *v.i.* **1** gorgogliare. **2** (*of* ̃er) scorrere rumoreggiando, gorgogliare. **III** *v.t.* rimere gorgogliando.
ard ['gɔ:nəd] *s.* (*pl.inv.* /-s [z]; il pl. inv. si usa ̃eral. con valore collett.) ⟨*Itt*⟩ **1** pesce *m* cappone. **2** *pl.* ̃lidi *mpl.*
̃ ['guru:] *s.* **1** guru *m.* **2** (*spiritual teacher*) padre *m* ̃rituale, guru *m.* **3** (*leader*) capo *m,* guida *f.*
̃ [gʌʃ] **I** *v.i.* **1** (spesso con *forth, out: to flow copiously*) ̃rgare, uscire a fiotti; (*to spurt*) zampillare; (*to burst* ̃th) prorompere. **2** ⟨*fig*⟩ essere eccessivamente ̃ansivo, entusiasmarsi esageratamente. **II** *v.t.* emettere a ̃ti, versare (in gran quantità). **III** *s.* **1** (*gushing forth*) ̃pillo *m: a* ~ *of water* uno zampillo d'acqua. **2** (*liquid* ̃itted*) sgorgo *m,* getto *m,* fiotto *m: a* ~ *of oil* un getto ̃ petrolio. **3** ⟨*fig*⟩ effusione *f,* trasporto *m,* eccessiva ̃ansività *f;* (*of anger, etc.*) scoppio *m.* □ *to* ~ (*with*) ̃rs prorompere in lacrime, scoppiare in pianto. **'gusher** ̃ *s.* **1** ⟨*Minier*⟩ pozzo *m* di petrolio a eruzione ̃ntanea. **2** ⟨*fig*⟩ persona *f* troppo espansiva. **'gushing** ̃] *a.* **1** sgorgante, zampillante. **2** ⟨*fig*⟩ espansivo, ̃imentale. **'gushy** [-i] *a.* ⟨*fig*⟩ troppo espansivo.
̃et ['gʌsit] *s.* **1** ⟨*Sart*⟩ gherone *m.* **2** (*in gloves*) ̃drello *m.* **3** ⟨*Edil*⟩ fazzoletto *m.* **4** ⟨*Ferr*⟩ raccordo *m* ̃omito.
̃ [gʌst] *s.* **1** (*of wind*) folata *f,* refolo *m,* raffica *f.* **2** ̃h, *burst of water*) scroscio *m;* (*of smoke*) effusione *f;* ̃ *fire*) fiammata *f* improvvisa. **3** ⟨*fig*⟩ scoppio *m,* ̃eto *m,* accesso *m: a* ~ *of laughter* uno scoppio di risa; ̃ *of anger* un impeto di collera.
̃ation [gʌs'teiʃən] *s.* degustazione *f.* **'gustative** [-tətiv], ̃statory [-tətəri] *a.* gustativo, gustatorio.
̃ily[1] ['gʌstili] *avv.* a raffiche.
̃ily[2] *avv.* con gusto, gustosamente.
̃o ['gʌstou] *s.* (*pl.* -es [z]) **1** (*in eating and drinking*) ̃to *m.* **2** (*zest, keen enjoyment*) entusiasmo *m,* fervore ̃ godimento *m.*
̃y ['gʌsti] *a.* **1** ventoso, burrascoso, tempestoso: *a* ~ ̃ una giornata ventosa; (*of the wind*) (che soffia) a ̃iche. **2** ⟨*zestful*⟩ pieno di fervore, entusiasta.
̃[gʌt] **I** *s.* **1** ⟨*Anat*⟩ intestino *m.* **2** *pl.* (*bowels*) budella ̃ visceri *mpl.* **3** *pl.* ⟨*fam*⟩ (*belly, stomach*) pancia *f,* ̃) buzzo *m.* **4** *pl.* ⟨*fam*⟩ (*courage*) coraggio *m,* fegato *m* ̃ **5** (*intestinal tissue, fibre*) budello *m;* (*thread*) minugia ̃ (*narrow passage*) budello *m,* strettoia *f.* **7** *pl.* ⟨*fam*⟩ ̃ence) sostanza *f,* succo *m,* essenza *f;* (*inner parts*) ̃ere *fpl.* **8** ⟨*Geog*⟩ (*channel*) canale *m,* stretto *m;* (*defile* ̃ween hills*) gola *f.* **II** *v.t.* (*pret., p.p.* **'gutted** [-id]) **1** ̃dellare, sventrare. **2** (*to destroy the contents of*) ̃otare; (*by fire*) distruggere (lasciando le strutture): *fire* ̃ *the buildings* il fuoco ha distrutto l'edificio. **3** (*of a* ̃, *etc.*) prendere l'essenziale da. □ ⟨*fam*⟩ *to hate s.o.'s* ̃odiare a morte qd.
̃scraper *s.* ⟨*scherz*⟩ strimpellatore *m* (*f* –trice) di ̃ino.
̃-percha ['gʌtə'pə:tʃə] *s.* guttaperca *f.*

gutter ['gʌtə] **I** *s.* **1** ⟨*Strad*⟩ cunetta *f,* controfosso *m,* fossetto *m.* **2** ⟨*Edil*⟩ grondaia *f,* doccia *f.* **3** (*narrow ditch*) canale *m* (di scolo); (*watercourse*) condotto *m.* **4** ⟨*fig*⟩ bassifondi *mpl,* strada *f,* marciapiede *m: to be raised in the* ~ essere cresciuto nei bassifondi. **5** ⟨*Tip*⟩ margine *m* interno. **6** ⟨*Met*⟩ scanalatura *f.* **II** *a.* **1** di (*o* da) strada, da marciapiede, da bassifondi. **2** (*vulgar*) sconcio, triviale. **III** *v.i.* **1** scanalare. **2** ⟨*Edil*⟩ munire di grondaia. **IV** *v.i.* **1** scorrere a rivoli. **2** (*of a candle*) sgocciolare, colare. **3** (*of a lamp, flame;* spesso con *out*) languire. □ ⟨*fig*⟩ *to take a child out of the* ~ raccogliere un ragazzo dal fango; *language of the* ~ linguaggio *m* da trivio.
gutter child *s.* ragazzo *m* di strada, monello *m.*
guttering ['gʌtəriŋ] *s.* ⟨*Edil*⟩ (*gutters*) grondaie *fpl.*
gutter| press *s.* ⟨*Giorn*⟩ stampa *f* pornografica. **~snipe** *s.* → **gutter child.**
guttle ['gʌtl] **I** *v.t.* mangiare avidamente (*o* voracemente), trangugiare. **II** *v.i.* ingozzarsi. **guttler** [-ə] *s.* mangione *m* (*f* –a).
guttural ['gʌtərəl] **I** *a.* ⟨*Fon,Anat*⟩ gutturale. **II** *s.* ⟨*Fon*⟩ suono *m* gutturale. **gutturalism** [-izəm] *s.* gutturalismo *m.* **gutturalization** [-'laizeiʃən] *s.* gutturalizzazione *f.* **gutturalize** [-aiz] *v.t.* **1** pronunciare con suono gutturale. **2** ⟨*Fon*⟩ rendere gutturale.
guy[1] [gai] **I** *s.* **1** fantoccio *m* che rappresenta Guy Fawkes. 2 ⟨*fam*⟩ persona *f* dall'aspetto buffo (*o* grottesco); (*bugbear*) spauracchio *m.* **3** ⟨*am.fam*⟩ tipo *m,* individuo *m,* persona *f: a nice* ~ un tipo simpatico. **II** *v.t.* **1** canzonare, prendere in giro. **2** (*to exhibit in effigy*) caricaturare. □ ⟨*GB*⟩ ~ *Fawkes Day* giorno *m* di Guy Fawkes (5 novembre).
guy[2] **I** *s.* **1** tirante *m* (di fissaggio), cavo *m: a tent* ~ un tirante di tenda. **2** ⟨*Mar*⟩ bozza *f.* **II** *v.t.* fissare con un tirante.
Guy *N.pr.* Guido *m.*
Guyana [gi:'ɑnə] *N.pr.* ⟨*Geog*⟩ Guyana *f.*
guzzle ['gʌzl] **I** *v.t.* **1** (*to drink greedily*) tracannare, trincare. **2** (*to eat greedily*) ingozzare, trangugiare. **3** (*to use up in guzzling;* general. con *away*) sperperare in gozzoviglie. **II** *v.i.* gozzovigliare, darsi ̃ai bagordĩ (*o* agli stravizi). **guzzler** [-ə] *s.* crapulone *m* (*f* –a).
Gwendolen, Gwendolyn ['gwendəlin] *N.pr.* Guendalina *f.*
gybe [dʒaib] **I** *v.i.* **1** (*of a sail, boom*) orientarsi. **2** (*to change course*) virare. **II** *v.t.* **1** orientare. **2** (*to alter the course of*) far virare.
gym [dʒim] *s.* ⟨*fam*⟩ **1** (*gymnasium*) palestra *f.* **2** (*gymnastics*) ginnastica *f,* educazione *f* fisica.
gymkhana [dʒim'kɑ:nə] *s.* ⟨*Equit,Sport*⟩ gimkana *f.*
gymnasial [dʒim'neiziəl] *a.* **1** ginnastico, ginnico. **2** ⟨*Scol*⟩ ginnasiale.
gymnasium [dʒim'neiziəm] *s.* (*pl.* **-s** [z]/-**sia** [ziə]) **1** palestra *f.* **2** ⟨*Scol*⟩ (*in Germany, etc.*) ginnasio *m.* **3** ⟨*Stor.gr*⟩ ginnasio *m.*
gymnast ['dʒimnæst] *s.* ginnasta *m/f.* **gym'nastic** [-ik], **gym'nastical** [-ikəl] *a.* ginnastico, ginnico. **gym'nastics** [-iks] *s.pl.* **1** esercizi *mpl* ginnici, ginnastica *f.* **2** (*art, practice;* costr. sing.) ginnastica *f* (anche *fig.*).
gymnosperm ['dʒimno(u)spə:m] *s.* ⟨*Bot*⟩ gimnosperma *f.* ̧**gymno'spermous** [-əs] *a.* delle gimnosperme.
gymnotid [dʒim'noutid] *s.* ⟨*Itt*⟩ gimnoto *m.*
gym shoe *s.* scarpa *f* da ginnastica.
gynaecologic [̧gainiko'lɔdʒik] **gynaecological** [-əl] *a.* ginecologico. **gynaecologist** [-'kɔlədʒist] *s.* ginecologo *m* (*f* –a). **gynaecology** [-'kɔlədʒi] *s.* ginecologia *f.*
gyp[1] *am.* [dʒip] ⟨*fam*⟩ **I** *v.t.* (*pret., p.p.* **gypped** [-t]) ingannare, imbrogliare, truffare, ⟨*pop*⟩ fregare. **II** *s.* **1** inganno *m,* imbroglio *m.* **2** → **gypper.**
gyp[2]: ⟨*fam*⟩ *to give s.o.* ~ far soffrire qd., far vedere le stelle a qd.
gyp[3] *s.* ⟨*Univ*⟩ (*at Cambridge, Durham*) domestico *m* (in un college).
gypper ['dʒipə] *s.* ⟨*fam*⟩ truffatore *m* (*f* –trice), imbroglione *m* (*f* –a).
gypseous ['dʒipsiəs] *a.* ⟨*Min*⟩ gessoso. **gypsiferous** [-'sifərəs] *a.* ⟨*Min*⟩ gessifero. **gypsum** [-səm] *s.* ⟨*Min*⟩ gesso *m,* pietra *f* di gesso.

gypsy *s./a.* → **gipsy**.
gypsy| cab *am. s.* tassì *m* abusivo. ~ **cabdriver** *s.* tassista *m* abusivo.
gyrate [dʒai'reit] **I** *v.i.* turbinare, roteare, girare. **II** *a.* ⟨Biol⟩ che ha circonvoluzioni. **gyration** [-'reiʃən] *s.* rotazione *f*, movimento *m* ⸢a spirale⸣ (*o* in tondo). **gyratory** [-rətəri] *a.* circolare, rotatorio.
gyre [dʒaiə] **I** *s.* **1** giro *m*, cerchio *m*. **2** (*circular motion*) rotazione *f*. **II** *v.* ⟨poet⟩ → **gyrate**.
gyrfalcon ['dʒɔːfɔːlkən] *s.* ⟨Ornit⟩ gir(i)falco *m*.

gyrocompass ['dʒaiəro(u)kʌmpəs] *s.* ⟨Fis,Mar⟩ busso girostatica (*o* giroscopica), girobussola *f*.
gyroscope ['dʒaiəro(u)skoup] *s.* ⟨tecn⟩ giroscopio ,**gyroscopic** [-'skɔpik] *a.* giroscopico.
gyrose ['dʒaiərous] *a.* ⟨Bot⟩ ondulato, pieghettato.
gyrostabilizer [,dʒaiəro(u)'steibilaizə] *s.* ⟨Mar,Aer⟩ stabilizzatore *m*, girostato *m*. '**gyrostat** [-stæt] *s.* **gyrostabilizer**. **gyrostatic** [-'stætik] *a.* girostatico.
gyve [dʒaiv] **I** *v.t.* mettere in ceppi. **II** *s.* catena *f*, c *m*. **gyves** [-z] *s.pl.* ceppi *mpl*, catene *fpl*.

H

H [eitʃ] s. (pl. **h's/hs, H's/Hs** ['eitʃiz]) (letter of the ɔhabet) h, H f/m: ⟨Tel⟩ H for Harry, ⟨am⟩ H for Hour come hotel. ☐ to drop one's h's non pronunciare la h. a. **1** ottavo. **2** (H-shaped) a forma di H.

= **1** (of pencils) hard duro. **2** ⟨El⟩ Henry henry (abbr.

. = **1** harbour porto. **2** height altezza (abbr. h). **3** hour a (abbr. h). **4** hours ore. **5** hundred cento. **6** husband arito.

[hɑː] intz. (of surprise, etc.) ah.

= hectare ettaro (abbr. ha).

f [hɑːf] s. ⟨Geog⟩ zona f di pesca in acque profonde (al rgo delle Shetland e delle Orkney).

eas corpus lat. ['heibiəs'kɔːpəs] s. ⟨Dir⟩ habeas corpus

erdasher ['hæbədæʃə] s. **1** merciaio m (f –a). **2** ⟨am⟩ ɛen's clothing dealer) venditore m di articoli abbigliamento maschile. **haberdashery** [–ri] s. **1** ɔods) mercerie fpl; (shop) merceria f. **2** ⟨am⟩ (goods) ticoli mpl di moda maschile; (shop) negozio m abbigliamento maschile.

ergeon ['hæbədʒən] s. ⟨Mil.ant⟩ usbergo m.

iliments [hə'bilimənts] s.pl. abito m, vestito m; 'othes) abiti mpl.

ilitate [hə'biliteit] **I** v.t. vestire, abbigliare. **II** v.i. ʔniv⟩ abilitarsi. **ha,bilitation** [–li'teiʃən] s. ⟨Univ⟩ ilitazione f.

it ['hæbit] **I** s. **1** abitudine f, costume m, consuetudine it was his ~ to take a walk before breakfast aveva bitudine di fare una passeggiata prima di colazione; sage) usanza f, costumanza f. **2** (automatic action) zzo m, abitudine f, vizio m. **3** (disposition) carattere m, nperamento m. **4** (garb) abito m, vestito m; (riding bit) costume m da amazzone. **5** ⟨Biol,Med⟩ abito m. **II** . (general. al pass.) vestire, abbigliare. ☐ to break o.s. a ~ togliersi (o liberarsi da) un vizio; to form a ~ ɛndere un'abitudine; to get into bad –s prendere brutte itudini; to be in the ~ of doing s.th. avere l'abitudine di ɛ qc., essere abituato a fare qc.; to fall (o get) into the of doing s.th. prendere l'abitudine di fare qc.; I don't ake a ~ of it non ne faccio un'abitudine (o un vizio); ~ **mind** abito m mentale; out of (sheer) ~ per abitudine, ualmente; to get out of a ~ perdere un'abitudine. Prov.: is second nature l'abitudine è una seconda natura.

itability [,hæbitə'biliti] s. abitabilità f. **'habitable** bl] a. abitabile. **'habitableness** [–blnis] s. → **bitability**.

itant[1] ['hæbitənt] s. abitante m/f.

itant[2] canad. [abi'tɑ̃] s. contadino m (f –a) canadese di ɛgine francese.

itat ['hæbitæt] s. **1** ⟨Biol⟩ habitat m. **2** ⟨fig⟩ residenza dimora f. **habitation** [–'teiʃən] s. **1** abitazione f: unfit ~ inadatto all'abitazione, inabitabile. **2** ⟨lett⟩ velling) abitazione f, dimora f. ☐ fit for ~ abitabile.

it-forming a. (of drug) che dà assuefazione: a ~ drug a droga che dà assuefazione.

habitual [hə'bitʃjəl] a. **1** abituale, consueto, solito. **2** (inveterate) inveterato, incallito, impenitente: a ~ smoker un fumatore incallito. ☐ ~ criminal delinquente m abituale. **habitually** [–i] avv. abitualmente, per abitudine. **habitualness** [–nis] s. abitualità f.

habituate [hə'bitʃjeit] v.t. abituare, assuefare, avvezzare: to ~ o.s. to noise abituarsi al rumore. **ha,bituation** [–tʃj'eiʃən] s. assuefazione f.

habitude ['hæbitjuːd] s. abitudine f, costume m, consuetudine f.

habitué fr. [hə'bitʃuei] s. habitué m, frequentatore m abituale.

hack[1] [hæk] **I** v.t. **1** (to cut) spaccare, tagliare; (to chop) tagliare a pezzi; (to notch) intaccare, incidere. **2** (of the ground: to break up) fendere. **3** ⟨fig⟩ (to mutilate) tagliare, mutilare. **4** ⟨fig⟩ (of sums of money) dimezzare, ridurre notevolmente. **5** ⟨Sport⟩ (in rugby) dare un calcio negli stinchi a. **II** v.i. **1** colpire ripetutamente (con un arnese tagliente) (at s.th. qc.). **2** (to cough harshly) avere dei colpi di tosse secca e insistente. **3** ⟨Sport⟩ dare un calcio negli stinchi (at a). **III** s. **1** spaccatura f, taglio m. **2** (notch) tacca f, intaccatura f. **3** (hacking tool) arnese m da taglio; (axe) ascia f, accetta f; (pick) piccone m; (hoe) zappa f. **4** (harsh, dry cough) tosse f secca. **5** ⟨Sport⟩ (in rugby) ferita f allo stinco prodotta da un calcio. ☐ to ~ a path through undergrowth aprirsi un sentiero nella macchia a colpi d'ascia; to ~ s.th. to pieces fare qc. a pezzi.

hack[2] **I** s. **1** (old worn-out horse) ronzinante m, rozza f; (horse let out for hire) cavallo m da nolo; (saddle horse) cavallo m da sella. **2** ⟨fig⟩ (literary drudge) scrittore m scadente, scribacchino m, ⟨spreg⟩ imbrattacarte m/f. **3** ⟨fig⟩ (hireling) individuo m mercenario (o prezzolato). **4** ⟨am⟩ (carriage) carrozza f da nolo. **5** ⟨am.fam⟩ (taxi) tassì m. **II** a. **1** ⟨spreg⟩ mercenario, prezzolato, assoldato. **2** (mediocre) mediocre; (trite) trito, banale. **III** v.t. (of a horse) dare a nolo, noleggiare. **IV** v.i. **1** ⟨Equit⟩ andare a cavallo ⸢al passo⸣ (o lentamente). **2** (to ride on a hired horse) cavalcare un cavallo da nolo. **3** (to work as a hack) scrivere cose ⸢da poco⸣ (o senza valore). **4** ⟨am.fam⟩ (to drive a taxi) guidare un tassì.

hack[3] s. **1** (frame for drying fish, etc.) rastrelliera f. **2** (for drying bricks) struttura f per essiccare mattoni. **3** (for a hawk) tavoletta f sulla quale è posta la carne del falcone.

hackberry ['hækbəri] s. **1** ⟨Bot⟩ olmo m bianco, bagolaro m. **2** (fruit) frutto m del bagolaro. **3** (wood) legno m di bagolaro.

hacker ['hækə] s. scassinatore m di codici computerizzati.

hacking ['hækiŋ] a. (of a cough) secca.

hackle[1] ['hækl] **I** s. **1** ⟨Ornit⟩ penna f del collo. **2** ⟨Pesc⟩ (hackle fly) mosca f artificiale munita di penne. **3** ⟨Tess⟩ pettine m. **4** pl. (of a dog) pelo m intorno al collo. **II** v.t. **1** ⟨Tess⟩ (of flax, hemp) pettinare. **2** ⟨Pesc⟩ (of a hackle fly) munire di penne. ☐ with one's –s up tutto arrabbiato, ⟨fam⟩ con le penne arruffate.

hackle[2] v.t. spaccare, tagliare a pezzi.

hacklet ['hæklit] *s.* ⟨*Ornit*⟩ (*kittiwake*) gabbiano *m* tridattilo.

hackmatack ['hækmətæk] *s.* ⟨*Bot*⟩ larice *m* americano.

hackney ['hækni] **I** *s.* (*riding horse*) cavallo *m* da sella; (*horse let out for hire*) cavallo *m* da nolo. **II** *a.* da nolo, da noleggio. **III** *v.t.* **1** rendere trito (*o* comune). **2** (*of a horse*) dare a nolo.

hackney|-carriage, ~ coach *s.* carrozza *f* da nolo.

hackneyed ['hæknid] *a.* trito (*e* ritrito), detto *e* ridetto, frusto, stereotipato: *a ~ expression* un'espressione trita.

hack|saw *s.* ⟨*tecn*⟩ seghetto *m* a mano (per metalli). **~work** *s.* ⟨*spreg*⟩ lavoro *m* monotono (senza soddisfazione). **~ writer** *s.* ⟨*spreg*⟩ scribacchino *m*, ⟨*spreg*⟩ imbrattacarte *m/f.*

had [hæd] → **have**[1].

haddock ['hædək] *s.* (*pl. inv./*-s [s]; il pl. inv. si usa general. con valore collett.) ⟨*Itt*⟩ eglefino *m*.

Hades ['heidi:z] **I** *N.pr.* ⟨*Mitol*⟩ Ade *m*, Averno *m*, Inferi *mpl.* **II** *s.* ⟨*fam*⟩ inferno *m*.

hadn't ['hædnt] *contraz. di* **had not**.

Hadrian ['heidriən] *N.pr.* ⟨*Stor.rom*⟩ Adriano *m*.

Hadrian's Wall *s.* ⟨*Stor.brit*⟩ vallo *m* di Adriano.

hadst [hædst] → **have**[1].

hae *scozz.* [hei, hɑ] *v.* → **have**[1].

haecceity [hek'si:iti] *s.* ⟨*Filos*⟩ ecceità *f.*

haemal ['hi:məl] *a.* ⟨*Anat*⟩ emale. **haematic** [hi:'mætik] **I** *a.* **1** ⟨*Anat*⟩ ematico. **2** ⟨*Farm*⟩ antianemico. **II** *s.* ⟨*Farm*⟩ farmaco *m* antianemico. **haematin** ['hemətin, 'hi:-] *s.* ⟨*Chim*⟩ ematina *f.*

haematite ['hemətait] *s.* ⟨*Min*⟩ ematite *f.*

haematologic(al) [,hi:mætələdʒik(l)] *a.* ⟨*Med*⟩ ematologico. **haematologist** [-'tɔlədʒist] *s.* ematologo *m* (*f* –a). **haematology** [-'tɔlədʒi] *s.* ematologia *f.*

haematoma [,hemə'toumə] *s.* (*pl.* -s [z]/-ta [tə]) ⟨*Med*⟩ ematoma *m.*

haematozoon [,hemətoˈzouɔn] *s.* (*pl.* -zoa ['zouə]) ⟨*Zool*⟩ ematozoo *m.*

haematuria [,hemə'tjuəriə] *s.* ⟨*Med*⟩ ematuria *f.*

haemodialysis [,hi:mədai'ælisis] *s.* ⟨*Med*⟩ emodialisi *f.*

haemoglobin [,hi:mə'gloubin] *s.* ⟨*Chim,Biol*⟩ emoglobina *f.*

haemophile ['hi:mo(u)fail] **I** *s.* ⟨*Med*⟩ → **haemophiliac**. **II** *a.* → **haemophilic**. **haemophilia** [-'filiə] *s.* emofilia *f.* **haemophiliac** [-'filiæk] *s.* emofiliaco *m* (*f* –a). **haemophilic** [-'filik] *a.* emofiliaco.

haemoptysis [,hi:'mɔp'taisis] *s.* ⟨*Med*⟩ emottisi *f.*

haemorrhage ['heməridʒ] *s.* ⟨*Med*⟩ emorragia *f.* **haemorrhagic** [-'rædʒik] *a.* emorragico.

haemorrhoidal ['hemərɔidl] *a.* ⟨*Med*⟩ emorroidale. **haemorrhoids** [-dz] *s.pl.* ⟨*Med*⟩ emorroidi *fpl.*

haemostasia [,hi:mə'steiʒə], **haemostasis** [-'mɔstəsis] *s.* ⟨*Med*⟩ emostasia *f*, emostasi *f.* **'haemostat** [-mo(u)stæt, 'hem-] *s.* ⟨*Farm*⟩ emostatico *m.* **haemostatic** [-mo(u)'stætik] **I** *a.* ⟨*Farm*⟩ emostatico. **II** *s.* → **haemostat**.

hafnium ['hæfniəm] *s.* ⟨*Chim*⟩ afnio *m.*

haft [hɑ:ft] **I** *s.* **1** manico *m.* **2** (*of a dagger*) impugnatura *f*; (*of a sword*) elsa *f*, impugnatura *f.* **II** *v.t.* mettere il manico a; (*of a sword, dagger*) fornire di impugnatura (*o* elsa).

hag[1] [hæg] *s.* **1** (*ugly old woman*) vecchiaccia *f*, strega *f*, megera *f.* **2** (*witch*) strega *f.* **3** → **hagfish**.

hag[2] **I** *s.* **1** palude *f*, acquitrino *m;* (*firm spot in a bog*) terreno *m* solido in una palude. **2** (*in a peat bog*) affioramento *m* di torba. **3** (*felling*) abbattimento *m.* **4** (*felled timber*) legname *m.* **II** *v.t.* (*pret., p.p.* **hagged** [-d]) **1** abbattere. **2** (*to hack*) spaccare, tagliare.

hag|berry *s.* → **hackberry**. **~born** *a.* nato da una strega. **~fish** *s.* ⟨*Itt*⟩ specie di missine.

Haggada(h) [hə'gɑ:də] *s.* (*pl.* -doth [douθ]) ⟨*Rel.ebr*⟩ Haggadà *f.*

haggard ['hægəd] **I** *a.* **1** (*worn*) macilento, smunto, sparuto; (*looking exhausted*) dall'aspetto stanco, disfatto. **2** (*wild-eyed*) dallo sguardo stravolto. **3** (*of a hawk*) non addomesticato, selvatico, selvaggio. **II** *s.* falco *m* ˹non addomesticato˺ (*o* selvatico). **haggardness** [-nis] *s.* **1** aspetto *m* smunto. **2** (*wildness*) selvatichezza *f.*

haggis ['hægis] *s.* ⟨*Gastr*⟩ piatto scozzese a base frattaglie.

haggish ['hægiʃ] *a.* da (*o* simile a) strega.

haggle ['hægl] **I** *v.i.* **1** mercanteggiare, contrattare (*o* su). **2** (*to wrangle*) discutere (di), disputare (di, s cavillare (su). **II** *v.t.* tagliare lacerando. **III** *s.* contrattazione *f*, mercanteggiamento *m.* **2** (*dispu* disputa *f*, discussione *f.* **haggler** [-ə] *s.* « mercanteggia.

hagiarchy ['hægiɑ:ki], **hagiocracy** [,hægi'ɔkrəsi] *s.* (*sacred government*) governo *m* di santi (*o* sacerdoti). (*hierarchy of saints*) gerarchia *f* dei santi.

Hagiographa [,hægi'ɔgrəfə] *s.pl.* (costr. sing.) ⟨*B* Agiografi *mpl.* **hagiographer** [-fə] *s.* **1** scrittore *m* d Agiografi. **2** → **hagiographist**. **hagiograph** [-gio(u)'græfik], **hagiographical** [-gio(u)'græfikl] *a.* agiografico. **hagiographist** [-fist] *s.* agiografo **hagiography** [-fi] *s.* agiografia *f.*

hagiolatry [,hægi'ɔlətri] *s.* adorazione *f* dei santi.

hagiologist [,hægi'ɔlədʒist] *s.* agiologo *m.* **hagiolo** [-dʒi] *s.* **1** agiologia *f.* **2** (*book*) biografia *f* di santi. **3** *of saints*) martirologio *m.*

hag|ridden *a.* **1** tormentato, ossessionato, assillato. (*suffering from nightmares*) tormentato da incubi. **~ se** *s.* progenie *f* di strega. **~ taper** *s.* ⟨*Bot*⟩ tassobarba *m.*

Hague [heig]: *the ~ N.pr.* ⟨*Geog*⟩ l'Aia *f.*

Hague Tribunal *s.* ⟨*Pol*⟩ tribunale *m* arbitrale dell'A

hah [hɑ:] *intz.* → **ha**.

ha-ha[1] [hɑ'hɑ:] **I** *intz.* ah ah. **II** *s.* ah ah *m.*

ha-ha[2] ['hɑ:hɑ:] *s.* steccato *m* nascosto in un fossato cinta.

Haifa ['haifə] *N.pr.* ⟨*Geog*⟩ Caifa *f.*

hail[1] [heil] **I** *v.t.* **1** (*to greet*) salutare. **2** (*to accla* acclamare, applaudire, inneggiare; (*to procla*, proclamare, acclamare: *he was –ed as a national hero* proclamato eroe nazionale. **3** (*to summon by calli* chiamare (ad alta voce): *to ~ a taxi* chiamare un tassì. *v.i.* salutare ad alta voce. □ *to ~ from*: 1 ⟨*Mar*⟩ ver da; 2 ⟨*fam*⟩ (*of persons*) venire da, essere (originario)

hail[2] **I** *intz.* **1** (*lett,poet*) (*as an acclamation*) salve, sal **2** ⟨*rar*⟩ (*as a greeting*) ave, salve. **II** *s.* **1** grido *m* saluto. **2** (*salutation*) saluto *m.* **3** (*shout of acclamat* acclamazione *f.* □ *within ~* abbastanza vicino da p sentire, a portata (*o* tiro) di voce; *to be within ~ distance of* essere a portata di voce di; ⟨*fig*⟩ essere a passo da.

hail[3] **I** *s.* **1** ⟨*Meteor*⟩ grandine *f;* (*hailstorm*) grandina **2** ⟨*fig*⟩ grandine *f*, rovescio *m: a ~ of bullets* grandine di pallottole. **II** *v.i.* **1** grandinare (*c* impers.). **2** ⟨*fig*⟩ (spesso con *down*) grandinare, venir come grandine. **III** *v.t.* ⟨*fig*⟩ rovesciare: *to ~ insults on* rovesciare insulti su qd.

'hail| defence *s.* ⟨*Agr*⟩ difesa *f* antigrand **~-'fellow(-'well-'met)** **I** *a.* cameratesco, cordiale. **II** persona *f* allegra *e* cordiale. □ *to be ~ with every* essere amico di tutti. **~ insurance** *s.* assicurazior contro la grandine. **~ Mary** *s.* ⟨*Rel.catt*⟩ Ave Mari **~stone** *s.* chicco *m* di grandine. **~storm** *s.* ⟨*Met* grandinata *f.*

hair [hɛə] *s.* **1** pelo *m;* (*of the head*) capello *m;* (*of animal*) pelo *m*, pelame *m.* **2** ⟨*collett*⟩ capelli *m* capigliatura *f*, chioma *f: she has fair ~* i suoi capelli * biondi. **3** ⟨*Bot*⟩ pelo *m*, tricoma *m.* **4** ⟨*Tess*⟩ pelo *m* ⟨*fig*⟩ → **hairbreadth**. □ *to do one's ~* pettina acconciarsi i capelli; *to let one's ~ down*: 1 scioglier capelli; 2 ⟨*fam*⟩ (*to be carefree*) rilassarsi, lasciarsi and 3 ⟨*fam*⟩ (*to be frank*) parlare liberamente (*o* se riserve); ⟨*fam*⟩ *to get in s.o.'s ~* ˹dare ai nervi˺ (*o* venire il nervoso) a qd.; *in the ~ (of furs)* col pelo v l'esterno; (*of hides*) con pelo; ⟨*fam*⟩ *keep your ~ on!* calmo!; *to lose one's ~*: 1 perdere i capelli; 2 « inquietarsi, perdere le staffe; *to put up one's ~* pettir all'insù, tirarsi su i capelli; *to set one's ~* farsi la mess piega; ⟨*fam*⟩ *to have* (*o* get) *s.o. by the short ~* tener avere) in pugno qd.; ⟨*fig*⟩ *to split –s* spaccare un cap in quattro; ⟨*fig*⟩ *to make s.o.'s ~* **stand** *on end* far riz

capelli a qd.; ⟨*fig*⟩ *to* tear *one's* ~ *out* strapparsi i
pelli; **to** *a* ~ alla perfezione; ⟨*fam*⟩ *not to* turn *a* ~ non
tter ciglio, restare impassibile; *without turning a* ~
aza batter ciglio.

rball *s.* ⟨*Zool*⟩ bezoar *m*, tricobezoario *m*. ~**breadth**
a. (ri)strettissimo. **II** *s.* strettissimo margine *m*, pelo *m*,
pello *m: to win by a* ~ vincere per un pelo; *a* ~ *from*
eat *a* un pelo dalla sconfitta. □ *to have a* ~ *escape*
varsi per il rotto della cuffia. ~**brush** *s.* spazzola *f* per
pelli. ~ **clip** *s.* molletta *f.* ~ **clipper** *s.* macchinetta *f,*
atrice *f.* ~**cloth** *s.* ⟨*Tess*⟩ tessuto *m* di crine. ~
rlers *s.pl.* bigodini *mpl.* ~**cut** *s.* taglio *m* dei capelli.
. *to give s.o. a* ~ tagliare i capelli a qd.; *to have a* ~
si (tagliare) i capelli. ~**do** *s.* (*pl.* -**s** [z]) ⟨*fam*⟩
ttinatura *f,* acconciatura *f.* ~**dresser** *s.* **1** (*for women*)
rrucchiere *m* (*f* –a). **2** (*barber*) barbiere *m.* ~**dressing**
1 acconciatura *f.* **2** (*occupation*) mestiere *m* di
rrucchiere. **3** (*lotion, etc.*) preparato *m* per capelli.
lryer *s.* asciugacapelli *m,* fon *m.*
red ['hɛəd] *a.* (nei composti) dai capelli ...: *long*-~ dai
pelli lunghi.
riness ['hɛərinis] *s.* pelosità *f,* villosità *f.*
rless ['hɛəlis] *a.* senza peli, glabro; (*bald*) senza capelli,
vo.
rline I *s.* **1** linea *f* finissima (*anche Tip.*). **2** (*upper
ehead*) attaccatura *f* dei capelli: *a receding* ~
'attaccatura di capelli che diventa sempre più alta. **3**
handwriting) filetto *m.* **4** (*rope of hair*) corda *f* di
ne. **5** (*fishing line*) lenza *f* di crine. **II** *a.* **1** sottile,
o. **2** ⟨*fig*⟩ preciso, esatto. ~ **net** *s.* reticella *f,* retina *f*
· capelli. ~ **oil** *s.* brillantina *f.* ~**piece** *s.* ⟨*Mod*⟩ toupet
~pin *s.* forcina *f,* forcella *f.* ~**pin bend** *s.* ⟨*Strad*⟩
nante *m.* ~**raiser** *s.* storia *f* (*o* racconto *m*)
hiacciante. ~**raising** *a.* **1** da far rizzare i capelli,
rificante, agghiacciante. **2** (*thrilling*) emozionante, pieno
suspense. ~ **remover** *s.* depilatore *m.* ~ **restorer** *s.*
eneratore *m* per capelli.
rsbreadth ['hɛəsbredθ] *a./s.* → **hairbreadth**.
r| shirt *s.* cilicio *m.* ~ **slide** *s.* fermaglio *m* per
pelli, fermacapelli *m.* ~**splitter** *s.* cavillatore *m* (*f*
ice). ~**splitting** *s.* pedanteria *f,* cavillosità *f.* **II** *a.*
nte, cavilloso, pignolo. □ ~ *discussion* questione *f* di
a caprina. ~ **spray** *s.* fissatore *m* (*o* lacca *f*) per
pelli. ~**spring** *s.* ⟨*Orol*⟩ molla *f* del bilanciere.
troke *s.* **1** (*in handwriting*) filetto *m.* **2** ⟨*Tip*⟩ (*serif*)
minazione *f.* ~ **style** *s.* pettinatura *f,* acconciatura *f.* ~
rlist *s.* acconciatore *m* (*f* –trice), parrucchiere *m* (*f* –a).
trigger *s.* ⟨*tecn*⟩ grilletto *m* molto sensibile.
ry ['hɛəri] *a.* **1** peloso, villoso, coperto di peli; (*hirsute*)
uto: *a* ~ *chin* un mento irsuto. **2** (*resembling hair*) di
simile a) pelo.
ti ['heiti] *N.pr.* ⟨*Geog*⟩ Haiti *f.* **Haitian** ['heiʃən] **I** *a.*
tiano, di Haiti. **II** *s.* haitiano *m* (*f* –a).
e [heik] *s.* (*pl. inv./*-**s** [s]; il pl.inv. si usa general. con
ore collett.) ⟨*Itt*⟩ merluzzo *m.*
[hæl] *N.pr.* dim. di **Harold, Henry.**
tion [hæ'leiʃən] *s.* ⟨*Fot*⟩ alone *m.*
erd ['hælbəd] *s.* ⟨*Mil.ant*⟩ alabarda *f.* ,**halberdier**
ə] *s.* alabardiere *m.* **halbert** [–bət] *s.* → **halberd**.
yon ['hælsiən] **I** *s.* ⟨*Mitol,poet*⟩ alcione *m.* **II** *a.*
mo, sereno, ⟨*poet*⟩ alcionico; (*happy*) felice, lieto.
yon days *s.pl.* **1** ⟨*Mitol*⟩ giorni *mpl* alcioni (*o*
ionici). **2** ⟨*fig*⟩ giorni *mpl* felici (*o* alcionici).
¹ [heil] *a.* sano, vegeto, vigoroso, gagliardo. □ *to be* ~
' hearty essere vivo e vegeto; *a* ~ *old man* un
chietto rubizzo.
² ** *v.t.* **1 tirare. **2** (*to compel to go*) trascinare, condurre
orza.
[hɑ:f] *s.* (*pl.* **halves** [hɑ:vz]) **1** metà *f,* mezzo *m: ~*
four is two la metà di quattro è due; *a kilo and a* ~ un
lo e mezzo; *two halves make a whole* due metà fanno
intero. **2** (*of time*) mezzo *m: it is* ~ *past four* sono le
ttro e mezzo. **3** (*one of a pair*) metà *f;* (*partner*)
mpagno *m* (*f* –a). **4** (*semester*) semestre *m.* **5** ⟨*Sport*⟩
apo *m: first* ~ primo tempo. **6** ⟨*Sport*⟩ → **half-back. 7**
n.fam⟩ mezzo dollaro *m.* **8** ⟨*fam*⟩ (*half-pint*) mezza
ta *f.* **II** *a.* **1** mezzo: *a* ~ *pound* mezza libbra. **2**

(*partial*) parziale, incompleto; (*imperfect*) imperfetto, a
metà. **3** (*nearly all*) quasi tutto, ⟨*fam*⟩ mezzo: ~ *the town
knows* lo sa mezza città. **III** *avv.* **1** (a) mezzo, a metà: *the
bottle is* ~ *full* la bottiglia è piena a metà. **2** (*partly*) in
parte, per metà: *only* ~ *convinced* convinto soltanto per
metà. **3** (*almost*) quasi, ⟨*fam*⟩ mezzo. **4** ⟨*am.fam*⟩ (*half
past*) mezzo: *it's* ~ *eleven* sono le undici e mezzo. □
⟨*fam*⟩ **and** *a* ~: **1** molto importante; **2** (*of great difficulty*)
molto difficile; ~ *as big again* più grande di una volta e
mezzo; **by** ~: **1** di gran lunga: *the best by* ~ di gran lunga
il migliore; **2** (*incompletely*) a metà: *to do s.th. by halves*
fare qc. a metà; ⟨*fam*⟩ *he is too clever by* ~ è fin troppo
furbo; *to cry halves* reclamare la metà; ~ *a* **dozen** mezza
dozzina, sei; *it is six of one and* ~ *a dozen of the other*
l'uno vale l'altro; *to go halves* dividere ⌐in parti uguali⌐ (*o*
a metà), fare a metà; *a* **good** ~ una buona metà; ~ *an*
hour, ⟨*am*⟩ *a* ~ *hour* mezz'ora; **in** ~ a metà, in due: *to
cut s.th. in* ~ tagliare qc. a metà; *to divide in* ~ dividere
in due (parti uguali); ~ **laughing**, ~ *crying* ridendo e
piangendo; ~ *as* **many** la metà; ~ *as many again* una
volta e mezzo quelli di prima; ⟨*fam*⟩ *I have* ~ *a* **mind** *to
do it* ho una mezza idea di farlo; *I earn* ~ *as* **much** *as
you* guadagno la metà di quello che guadagni tu; ~ *as
much again* una volta e mezzo la quantità di prima;
⟨*fam*⟩ **not** ~ niente, niente affatto, per niente: *this is not*
~ *bad* questo non è niente male; ⟨*fam*⟩ *he didn't* ~ *shout
at me* mi sgridò, e come!, accidenti se mi sgridò!; *do you
want to come with me? – not* ~! vuoi venire con me? –
eccome!; *a* ~ **share** una metà; *I* ~ **wish** *I hadn't come*
quasi mi dispiace di essere venuto.
'half|-adder *s.* ⟨*Inform*⟩ semiaddizionatore *m.*
~**adjusting** *s.* arrotondamento *m.* ~**-and-'half I** *a.*
mezzo e mezzo, metà e metà. **II** *s.* miscela *f* di birra
chiara e scura. **III** *avv.* a metà, in due parti uguali.
~**back** *s.* ⟨*Sport*⟩ mediano *m.* '~-'**baked** *a.* **1** mezzo
cotto, semicotto. **2** ⟨*fig*⟩ (*poorly conceived*) mal preparato
(*o* elaborato). **3** ⟨*fig*⟩ (*dull-witted*) sciocco, ⟨*fam*⟩ tonto. **4**
(*lacking experience*) immaturo, inesperto. ~ **binding** *s.*
⟨*Legat*⟩ rilegatura *f* in mezza pelle. ~**blood** *s.* **1**
consanguineità *f* (di diverso letto); (*person*) consanguineo
m (*f* –a) (di diverso letto). **2** → **half-breed. 3** (*animal*)
mezzosangue *m.* ~**blooded** *a.* consanguineo (di diverso
letto). ~ **boot** *s.* ⟨*Calz*⟩ stivaletto *m.* ~**bound** *a.*
⟨*Legat*⟩ rilegato in mezza pelle. ~**bred** *a.* **1** di sangue
misto. **2** ⟨*fig*⟩ (*half educated*) poco istruito. **3** ⟨*fig*⟩
(*ill-mannered*) maleducato, rozzo. ~**breed** *s.* **1**
meticcio *m* (*f* –a), mezzosangue *m/f.* **2** ⟨*am*⟩ meticcio *m*
(*f* –a). **II** *a.* meticcio. ~ **brother** *s.* fratellastro *m.*
~**caste I** *s.* meticcio *m* (*f* –a), mezzosangue *m/f.* **II** *a.*
meticcio. ~ **cloth** *s.* ⟨*Legat*⟩ mezza tela *f.* ~ **cock** *s.*
⟨*Mil*⟩ (*of a firearm*) posizione *f* di sicura. □ *to go off at*
~: **1** ⟨*Mil*⟩ far fuoco prima del tempo; **2** ⟨*fig*⟩ agire prima
del tempo (stabilito); **3** (*to fail*) far cilecca. ~**crown** *s.*
mezza corona *f.* ~ **dollar** *s.* **1** ⟨*fam*⟩ mezza corona *f.* **2**
⟨*am*⟩ mezzo dollaro *m.* ~ **dozen** *s.* mezza dozzina *f.*
~**duplex** *s.* semiduplex *m.* '~-'**finished** *a.* finito per
metà. '~-'**finished product** *s.* semilavorato *m.* '~-'**hardy**
a. ⟨*Bot*⟩ che resiste al freddo. ~ **'hearted** *a.* **1** poco
entusiasta, tiepido. **2** (*divided in feelings*) esitante, incerto.
□ *a* ~ *attempt* un timido tentativo. ~ '**heartedly** *avv.*
con scarso entusiasmo. ~ '**heartedness** *s.* mancanza *f*
d'entusiasmo, tiepidezza *f.* ~ **hitch** *s.* ⟨*Mar*⟩ nodo *m* a
mezzo collo. ~ **holiday** *s.* giorno *m* semifestivo (*o* di
mezza festa). ~**hour** *s.* mezzora *f.* '~-'**hourly I** *a.* di
mezz'ora; (*occurring every half-hour*) che avviene ogni
mezz'ora. **II** *avv.* ogni mezz'ora. '~-'**length I** *s.* **1** ⟨*Art*⟩
mezza figura *f.* **2** (*portrait*) ritratto *m* a mezzo busto. **II**
a. a mezzo busto. ~**life** *s.* **1** ⟨*Atom*⟩ periodo *m*
radioattivo. **2** ⟨*Biol*⟩ emivita *f.* ~**light** *s.* penombra *f,*
semioscurità *f.* ,~-'**mast** *s.* centro *m* dell'asta. □ *to fly a
flag at* ~ alzare una bandiera a mezz'asta. ~**measures**
s.pl. mezze misure *fpl.* ~**monthly I** *avv.* ogni quindici
giorni. **II** *a.* ⟨*Giorn*⟩ quindicinale. '~-'**moon** *s.* **1**
⟨*Astr,Arald*⟩ mezzaluna *f.* **2** (*fam*) (*lunule*) lunula *f*
dell'unghia, ⟨*fam*⟩ lunetta *f.* ~ **mourning** *s.* mezzo lutto
m. ~ **nelson** *s.* ⟨*Sport*⟩ elson *f.* ~ **note** *am. s.* ⟨*Mus*⟩
minima *f.* ~**pay** *s.* ⟨*Ind,Mil*⟩ mezza paga *f.*

halfpenny ['heipəni] **I** *s.* **1** (*bronze coin; pl.* **-pennies** [pniz]) mezzo penny *m*, moneta *f* da mezzo penny. **2** (*sum; pl.* **-pence** [pəns]) mezzo penny *m*. **II** *a.* da mezzo penny. **halfpennyworth** [-wəθ, -pəθ] *s.* valore *m* di mezzo penny, mezzo penny *m*.

half| pint *s.* **1** mezza pinta *f.* **2** (*fam*) (*short person*) (*scherz*) mezza porzione *f.* **~'seas-over** *a.* (*sl*) brillo, alticcio. **~ sister** *s.* sorellastra *f.* **~-slip** *s.* (*Vest*) sottoveste *f* a vita. **~ sole** *s.* (*Calz*) mezza suola *f.* **~ sovereign** *s.* (*British gold coin*) mezza sovrana *f.* **~ step** *s.* (*am.Mus*) semitono *m.* **~-timbered** *a.* (*Arch*) in legno e muratura. **'~-'time I** *a.* a mezza giornata. **II** *s.* **1** (*Ind*) mezza giornata *f.* **2** (*Sport*) intertempo *m; (intermission)* intervallo *m.* **'~-'timer** *s.* (*Ind*) chi lavora a mezza giornata. **~ title** *s.* (*Tip*) occhiello *m*, occhietto *m.* **~tone I** *s.* **1** mezzatinta *f* (*anche Pitt., Fot., Tip.*). **2** (*am.Mus*) semitono *m.* **II** *a.* (*Fot,Tip*) retinato, a retino, a mezzatinta. **~-track** *s.* (*Aut*) mezzo *m* cingolato. **~-tracked** *a.* semicingolato. **~-truth** *s.* mezza verità *f.*

halfway ['hɑːfwei] **I** *avv.* **1** a metà (*o* mezza) strada, a metà: *we went* ~ arrivammo a mezza strada. **2** (*fig*) quasi, mezzo. **II** *a.* di mezzo, posto a metà (*o* mezza) strada, mediano, centrale. □ ~ **down** *the road* a metà strada; ~ *down the stairs* a metà delle scale (scendendo); (*fig*) ~ **measures** vie *f* di mezzo, compromesso *m; to* **meet** *s.o.* ~ venire incontro a qd., venire a un compromesso con qd.; *to be* ~ **there** essere a mezza strada; ~ **through** *August* a metà di agosto.

half|-wit *s.* **1** (*Med*) frenastenico *m.* **2** (*stupid person*) sciocco *m* (*f* –a), stupido *m* (*f* –a), imbecille *m/f.* **'~-'witted** *a.* **1** (*Med*) frenastenico. **2** (*stupid*) sciocco, stupido, (*fam*) scemo. **,~-'yearly I** *a.* semestrale. **II** *avv.* semestralmente, ogni sei mesi, due volte l'anno.

halibut ['hælibət] *s.* (*pl. inv./*-s [s]; il pl.inv. si usa general. con valore collett.) (*Itt*) ippoglosso *m*, halibut *m.*

Halicarnassus [,hælikɑ:'næsəs] *N.pr.* (*Geog.stor*) Alicarnasso *f.*

halid(e) ['hælid, -aid] *s.* (*Chim*) alogenuro *m.*

halieutic [,hæli'ju:tik], **halieutical** [-əl] *a.* (*Pesc*) alieutico, dell'(*o* relativo all') alieutica. **halieutics** [-s] *s.pl.* (costr. sing.) alieutica *f.*

halitosis [,hæli'tousis] *s.* (*pl.* **-ses** [si:z]) (*Med*) alitosi *f.*

hall [hɔ:l] *s.* **1** sala *f*, salone *m: a banquet* ~ una sala per banchetti. **2** (*concert hall*) auditorio *m.* **3** (*country residence*) villa *f.* **4** (*vestibule*) atrio *m*, hall *f*, vestibolo *m; (corridor, passage)* corridoio *m.* **5** (*large building*) palazzo *m.* **6** (*Univ*) (*building*) college *m; (hall of residence)* casa *f* dello studente; (*dining–hall*) refettorio *m.* **7** *pl.* (*Teat*) (*music–halls*) teatri *mpl* di varietà. **8** (*Stor*) (*house of a chieftain, etc.*) castello *m*, maniero *m.*

halleluiah, hallelujah [,hæli'lu:jə] **I** *intz.* alleluia. **II** *s.* alleluia *m.*

Halley's comet ['hæli:z] *s.* (*Astr*) cometa *f* di Halley.

halliard *s.* → **halyard.**

hallmark ['hɔ:lmɑ:k] **I** *s.* **1** punzonatura *f* di controllo, marchio *m.* **2** (*fig*) marchio *m* d'autenticità. **3** (*fig*) segno *m* (*o* elemento) caratteristico. **II** *v.t.* **1** punzonare. **2** (*fig*) caratterizzare, distinguere.

hallo [həˈlou] **I** *intz.* **1** (*of greeting*) ciao. **2** (*of surprise*) ah. **3** (*to attract attention*) ohe, ehi. **4** (*Tel*) pronto. **II** *v.i.* gridare hallo. **halloa** *intz.* → **hallo.**

halloo ['hɔ'lu:] **I** *intz.* (*Venat*) hallalì; (*to attract attention*) ohe, ehi. **II** *s.* grido *m* d'incitamento. **III** *v.i.* gridare hallalì.

hallow¹ ['hælou] *v.t.* **1** santificare, rendere santo; (*to consecrate*) consacrare. **2** (*to honour as holy, sacred*) santificare, venerare, glorificare: *–ed* be Thy name sia santificato il Tuo nome.

hallow² *intz./v.* → **hallo.**

hallowed ['hæloud] *a.* **1** santificato; (*consecrated*) consacrato. (*sacrosanct*) sacrosanto.

Halloween, Hallowe'en [,hælou'i:n] *s.* vigilia *f* d'Ognissanti. **'Hallowmas** [-loumæs] *s.* (*rar*) Ognissanti *m*, festa *f* d'Ognissanti.

hallstand *s.* (*Arred*) attaccapanni *m* (a mobile). ~ **tree** *am. s.* attaccapanni *m* a stelo, uomo *m* morto.

hallucinate [hə'lu:sineit] *v.t.* provocare allucinazioni a.

hal|lucination [-'neiʃən] *s.* **1** (*Psic*) allucinazione (*fig*) illusione *f.* **hal,luci'natory** [-əri] *a.* allucinat

hallucinogen [-nədʒən] *s.* (*Farm*) allucinogeno sostanza *f* allucinogena. **hal,lucinogenic** [-nədʒənik allucinogeno. **hal,lucinosis** [-'nousis] *s.* (*pl* -ses [s (*Psic*) allucinosi *f.*

hallux ['hæləks] *s.* (*pl.* **halluces** ['hæljusi:z]) (*Anat*) al *m.*

hallway *am.* ['hɔ:lwei] *s.* corridoio *m; (entrance ingresso *m.*

halm *s.* → **haulm.**

halma ['hælmə] *s.inv.* (*game*) alma *m.*

halo ['heilou] **I** *s.* (*pl.* -s/-es [z]) **1** (*Fis,Astr,TV*) alone **2** (*Rel,Pitt*) aureola *f.* **3** (*glow, radiance*) alone *m*, aur *f* di luce. **4** (*fig*) alone *m* (*o* aureola *f*) di gloria. **II** circondare d'un alone.

halogen ['hælədʒən] *s.* (*Chim*) alogeno *m.* □ (*Aut lights* fari alogeni. **halogenation** [-'neiʃən] *s.* (*Cl* alogenazione *f.* **halogenate** [-'neit] *v.t.* alogenare.

haloid ['hæloid] **I** *a.* (*Chim*) aloide, saliforme. **II** alogenuro *m.*

halophile [,hælou'fail] *s.* alofita *m.* **halophilic** [-ik alofita.

halophilic| fauna *s.* alofauna. ~ **flora** *s.* aloflora *f.*

halt¹ [hɔ:lt] **I** *v.i.* **1** fermarsi, arrestarsi. **2** (*Mil*) arrest fare alt. **II** *v.t.* **1** fermare, arrestare. **2** (*Mil*) dar ordinare) l'alt a, far arrestare. **III** *s.* **1** sosta *f*, ferma arresto *m.* **2** (*Mil*) alt *m*, ordine *m* d'arresto. **3** (*I piccola stazione *f* isolata. **IV** *intz.* alt (*anche Mil.*). □ *call a* ~: **1** (*Mil*) dare l'alt; **2** (*fig*) fare una paus sosta); *it is time to call a* ~ *to this useless strugg* tempo di finirla con questa lotta inutile; *to come to* ~ fermarsi, arrestarsi.

halt² **I** *v.t.* **1** parlare esitando. **2** (*to waver*) esitare, es 'in dubbio' (*o* incerto). **3** (*of an argument, etc.*) zoppi non reggere. **4** (*Metr*) zoppicare. **II** *a.* (*rar*) zo zoppicante.

halter ['hɔ:ltə] **I** *s.* **1** (*for horses, cattle*) cavezza *f*, cape *m.* **2** (*hangman's rope*) capestro *m.* **3** (*fig*) morte *f* impiccagione. **4** (*Vest*) corpetto *m* (a) prendisole *v.t.* **1** mettere la cavezza a. **2** (*to hang*) impiccare. **3** imbrigliare, tenere a freno. □ (*fig*) *to put a* ~ *re one's own neck* darsi la zappa sui piedi.

halting ['hɔ:ltiŋ] *a.* **1** zoppicante (*anche Metr.*) (*hesitant*) esitante, incerto. **3** (*illogical*) zoppo, debol *argument* ragionamento zoppo.

halve [hɑ:v] *v.t.* **1** (*to cut into halves*) tagliare a m dimezzare smezzare. **2** (*to share equally*) dividere (in parti uguali), fare a metà di. **3** (*to reduce by* dimezzare, ridurre della metà: *plague –d the populati* peste dimezzò la popolazione. **4** (*Sport*) pareggiar (*Fal*) unire (*o* congiungere) a mezzo legno.

halyard ['hæljəd] *s.* (*Mar*) drizza *f.*

ham¹ [hæm] *s.* **1** (*Zool*) (*of a hog*) coscia *f.* **2** (*A prosciutto *m.* **3** (*Anat*) parte *f* posteriore della cosc *pl.* (*Anat*) coscia e natica *f.* **5** (*teat*) (*strutter*) istrion (*inept actor*) attore *m* (*f* –trice) da strapazzo, (*s* guitto *m.* **6** (*fam*) (*radio ham*) radioamatore *r* –trice).

ham² *v.* (*pret., p.p.* **hammed** [-d]) **I** *v.i.* gigioneggiare, recitare da gigione. **II** *v.t.* recitar gigione.

Ham *N.pr.* (*Bibl*) Cam *m.*

hamadryad [,hæmə'draiəd] *s.* (*pl.* -s [z]/**-ades** [ədi:z (*Mitol*) amadriade *f.* **2** (*Zool*) (*king cobra*) vipera *f* occhiali. **3** (*Zool*) (*hamadryas baboon*) amadriade *f.*

Hamburg ['hæmbə:g] *N.pr.* (*Geog*) Amburgo **hamburger** [-ə] *s.* (*Gastr*) **1** → Hamburg stea (*am*) (*minced beef*) manzo *m* tritato.

hamburger shop *s.* (*fam*) hamburgheria *f.*

Hamburg steak *s.* (*Gastr*) hamburger *m.*

hame [heim] *s.* (*in a harness*) anello *m* del collare.

ham|-fisted, ~-handed *a.* (*fam*) goffo, maldestro.

Hamite ['hæmait] *s.* (*Etnol*) camita *m/f.* **Har** [-'mitik] **I** *a.* camitico. **II** *s.* camitico *m*, ling camitica.

hamlet ['hæmlit] *s.* **1** piccolo villaggio *m.* **2** (*v*

thout *a church*) casale *m,* agglomerato *m* rurale.

mlet *N.pr.* ⟨*Lett*⟩ Amleto *m.*

nmer[1] ['hæmə] *s.* **1** martello *m.* **2** ⟨*Mus,Anat*⟩ artelletto *m.* **3** (*of a firearm*) cane *m.* **4** (*of a bell, an* ctioneer) martello *m.* **5** ⟨*Sport*⟩ martello *m:* throwing ε ~ lancio del martello. **6** ⟨*Mecc*⟩ maglio *m;* (*steam* mmer) maglio *m* a vapore; (*drop hammer*) maglio *m* a duta libera. **7** ⟨*fig*⟩ oppressore *m.* ☐ ⟨*scherz*⟩ knight of ε ~ fabbro *m;* ⟨*Pol*⟩ ~ and sickle falce *f* e martello; (o go) under the ~ essere messo all'asta; ⟨*fig*⟩ ~ d tongs: 1 (*in a rough-and-tumble manner*) lentemente, con violenza; 2 (*of style, words, etc.*) con ga.

nmer[2] **I** *v.t.* **1** piantare (*o* battere) con il martello: to ~ nail into a wall piantare un chiodo nel muro col artello. **2** (*to nail;* spesso con *down, up*) inchiodare: he d down the lid inchiodò il coperchio. **3** ⟨*Met*⟩ artellare, lavorare a martello. **4** ⟨*fig*⟩ (*to hit*) colpire petutamente), martellare, battere. **5** ⟨*Art*⟩ martellinare. ⟨*Econ*⟩ (*on the London Stock Exchange*) dichiarare bitore moroso. **7** ⟨*fig*⟩ (*to attack*) attaccare, osteggiare; ° criticize heavily) criticare duramente. **8** ⟨*fam*⟩ (*to feat heavily*) sconfiggere clamorosamente. **II** *v.i.* artellare, battere (*o* picchiare) con insistenza (*o* forza) *t,* on *s.th.* qc.). ☐ ⟨*fig*⟩ to ~ away at s.th.: 1 lavorare n grande impegno a qc.; 2 (*to reiterate*) (ri)battere (o sistere) su qc.; ⟨*fig*⟩ to ~ an argument home battere (*o* sistere) su un argomento; ⟨*fig*⟩ to ~ s.th. into s.o.'s head r entrare qc. in testa a qd.; to ~ s.th. into shape foggiare . a colpi di martello; to ~ out: 1 spianare col martello; ⟨*fig*⟩ (*to work out*) elaborare: to ~ out a scheme aborare un piano; 3 ⟨*fig*⟩ (*to settle*) appianare, solvere.

nmer| **beam** *s.* ⟨*Arch*⟩ trave *f* sporgente. ~ **blow** *s.* **1** lpo *m* di martello, martellata *f.* **2** ⟨*fig*⟩ mazzata *f,* artellata *f.* **3** ⟨*Ferr*⟩ martellamento *m.* ~ **head** *s.* **1** sta *f* del martello; (*of a drop hammer*) mazza *f* battente. ⟨*Itt*⟩ pesce *m* martello. **3** ⟨*fam*⟩ (*blockhead*) stupido *m* –a), ⟨*fam*⟩ testa *f* di legno.

nmering ['hæmərin] *s.* **1** martellamento *m* (anche *fig.*). ⟨*fam*⟩ (*heavy defeat*) sconfitta *f* clamorosa. **3** ⟨*Met*⟩ vorazione *f* al maglio.

nmerless ['hæməlis] *a.* ⟨*Mil*⟩ (*of a firearm*) a cani terni.

nmer| **lock** *s.* ⟨*Sport*⟩ (*in wrestling*) leva *f* articolare al mito (dietro la schiena). **~smith** *s.* fabbro *m* ferraio. **~** rower *s.* ⟨*Sport*⟩ martellista *m/f.* ~ **toe** *s.* ⟨*Med*⟩ dito a martello.

nmock ['hæmək] *s.* **1** amaca *f.* **2** ⟨*Mar*⟩ branda *f,* letto pensile.

nmock chair *s.* sedia *f* (di tela) pieghevole.

nmy ['hæmi] *a.* **1** simile al prosciutto. **2** (*exaggerated*) agerato. **3** ⟨*teat*⟩ gigionesco.

nper[1] ['hæmpə] **I** *v.t.* **1** impacciare, impedire, tralciare. **2** (*to hinder*) ostacolare, intralciare: to ~ a oject ostacolare un progetto. **II** *s.* ⟨*Mar*⟩ attrezzatura *f* gombrante.

nper[2] *s.* paniere *m,* cesta *f,* canestro *m: a picnic* ~ un niere da picnic; a Christmas ~ un cesto natalizio.

nster ['hæmstə] *s.* ⟨*Zool*⟩ criceto *m.*

nstring ['hæmstrin] **I** *s.* **1** ⟨*Anat*⟩ tendine *m* del nocchio. **2** ⟨*Zool*⟩ tendine *m* del garretto. **II** *v.t.irr.* **1** zoppare (tagliando i garretti). **2** ⟨*fig*⟩ rendere vano (*o* utile); (*to hinder*) ostacolare.

nd[1] [hænd] **I** *s.* **1** mano *f: to wash one's* ~s lavarsi le ani. **2** ⟨*fig*⟩ (*skill*) abilità *f,* destrezza *f;* (*style of* ecution) stile *m,* impronta *f,* mano *f: the painting shows* ε ~ of a master nel quadro si riconosce la mano di un aestro; (*characteristic touch*) impronta *f* caratteristica, cco *m;* (*touch*) mano *f: with* (a) heavy ~ con mano sante. **3** ⟨*fig*⟩ (*control*) mano *f,* potere *m: in enemy* ' in mano al nemico. **4** (*of a clock, watch*) lancetta *f: the* inute ~ la lancetta dei minuti, (*of a dial*) indice *m.* **5** orker) operaio *m.* **6** ⟨*Mar*⟩ marinaio *m,* membro *m* ll'equipaggio. **7** *pl.* ⟨*collett*⟩ (*workers*) manodopera *f,* aestranze *fpl;* (*crew*) equipaggio *m,* ciurma *f: all* ~s on ard tutto l'equipaggio (a bordo). **8** ⟨*fig*⟩ (*one skilled at*

s.th.) persona *f* molto abile, maestro *m* (*f* –a). **9** (*side, direction*) lato *m,* parte *f,* direzione *f: on every* ~ da ogni parte, da tutti i lati. **10** ⟨*fig*⟩ (*help, aid*) mano *f,* aiuto *m.* **11** (*handwriting*) scrittura *f.* **12** (*signature*) firma *f: to set one's* ~ to a deed apporre la propria firma a un documento. **13** ⟨*fig*⟩ (*pledge, promise*) consenso *m,* approvazione *f;* (*pledge of betrothal*) mano *f: to ask for s.o.'s* ~ chiedere la mano di qd. **14** ⟨*fam*⟩ (*applause*) applauso *m,* battimano *m: let's give him a big* ~ facciamogli un bell'applauso. **15** (*in cards: player*) giocatore *m* (*f* –trice); (*cards*) carte *fpl;* (*part of a game*) mano *f,* giro *m.* **16** (*in measuring a horse's height*) palmo *m,* spanna *f.* **17** (*of bananas*) grappolo *m,* casco *m;* (*of tobacco*) mazzo *m.* **18** *pl.* ⟨*Sport*⟩ (*handling*) fallo *m* di mano. **II** *a.* **1** (*azionato*) a mano. **2** (*made by hand*) fatto a mano, manuale. ☐ all ~s (*everybody*) tutti; at ~: 1 a portata di mano, sottomano; 2 (*imminent*) (molto) vicino, imminente, prossimo: the exam is at ~ l'esame è molto vicino; at the ~s of per mano (*o* opera) di; close (o near) at ~ vicinissimo; she is a great ~ at crosswords è abilissima nelle parole crociate; to sit at s.o.'s right ~ sedere alla destra di qd.; ⟨*Mat*⟩ all ~s below! tutti (gli uomini) sotto coperta!; ⟨*sl*⟩ to give s.o. a big ~ applaudire qd. calorosamente; ⟨*fig*⟩ he took the chance with both ~s prese l'occasione al volo, colse la palla al balzo; by ~ a mano: made by ~ fatto a mano; the letter was sent by ~ la lettera fu inviata a mano; to bring up a baby by ~ allevare un bambino con l'allattamento artificiale; to die by one's own ~ suicidarsi, uccidersi; to lead s.o. by the ~ condurre qd. per mano; poems by the same ~ poesie *fpl* della stessa mano; to change ~s cambiare proprietario (*o* mano); ⟨*fig*⟩ with clean ~s con le mani nette; to come to ~: 1 arrivare (*o* giungere) a destinazione; 2 (*to come to light*) venire alla luce; to fight ~ to ~ combattere corpo a corpo; to make money ~ over fist far soldi in fretta e a palate; to bind s.o. ~ and foot legare le mani e i piedi a qd. (anche *fig.*); for one's own ~ nel proprio interesse; from ~ to ~ di mano in mano; ⟨*fam*⟩ to have one's ~ full essere occupatissimo; ⟨*fam*⟩ to get one's ~ in a job fare la mano a un lavoro; to give s.o. a ~ dare una mano a qd., aiutare qd.; ⟨*Dir*⟩ given under my ~ and seal da me sottoscritto e sigillato; ⟨*fig*⟩ to have a ~ in s.th. avere parte (*o* lo zampino) in qc.; with a heavy ~: 1 duramente, con mano pesante, severamente; 2 (*clumsily*) goffamente; with a high ~ con arroganza; to hold ~s with s.o. tenersi per mano (*o* mano nella mano); in ~: 1 sotto controllo; 2 (*under consideration*) in questione, in oggetto: the matter in ~ il caso in questione; 3 (*at one's disposal*) a (propria) disposizione; (*to spare*) disponibile, libero: to have five minutes in ~ avere cinque minuti liberi; in good ~s in buone mani; ~ in ~: 1 mano nella mano, tenendosi per mano: to walk ~ in ~ camminare tenendosi per mano; 2 ⟨*fig*⟩ in stretta collaborazione; ⟨*Comm*⟩ stock in ~ merce *f* disponibile; to have a situation well in ~ essere perfettamente padrone della situazione; written in one's own ~ scritto di propria mano (*o* proprio pugno); to join ~s giungere le mani; to join ~s with s.o. stringersi (*o* darsi) la mano; ⟨*fig*⟩ unirsi (*o* associarsi) in un'impresa; to keep one's ~ in mantenersi (*o* stare) in esercizio, non perdere la mano; on one's ~s and knees a quattro zampe, carponi; ⟨*fig*⟩ to lay one's ~s on: 1 ottenere, mettere le mani su, impadronirsi di; 2 (*to seize*) mettere le mani su, prendere, acchiappare; ⟨*Lit*⟩ laying on of ~s imposizione *f* delle mani; to lend s.o. a (helping) ~ = to give s.o. a hand; ⟨*fam*⟩ not to lift a ~ to help s.o. non alzare (*o* muovere) un dito per aiutare qd.; ⟨*fig*⟩ to see the ~ of the master riconoscere la mano del maestro; to live from ~ to mouth vivere alla giornata; ⟨*fig*⟩ off one's ~s fuori della propria responsabilità; ⟨*esclam*⟩ ~s off giù le mani; to get s.th. off one's ~s liberarsi di qc.; on ~: 1 a disposizione; 2 (*pending, imminent*) imminente, vicino, prossimo; 3 (*present*) presente; 4 ⟨*Comm*⟩ in magazzino; on all ~s da tutte le parti; ⟨*fam*⟩ here's my ~ on it! d'accordo!, va bene!; on the left ~ a sinistra; ⟨*fig*⟩ on (the) one ~ ... on the other ⟨*hand*⟩ da un lato ... dall'altro (lato), da un punto di vista ... dall'altro; ⟨*fig*⟩ on the other ~ d'altra parte, d'altro canto; on the right ~ a destra; out of ~: 1

incontrollabile: *to get out of* ~ diventare incontrollabile, sfuggire al controllo; 2 (*summarily*) sommariamente; 3 (*at once*) subito, senza indugio; 4 (*finished, done with*) concluso, finito; *the matter is out of our* ~*s now* ora la faccenda non è più in mano nostra; ⟨*Sport,Alp*⟩ ~ **over** ~ una mano sopra l'altra; *to* **pass** *through many* ~*s* cambiare proprietario più volte; ⟨*fig*⟩ *to* **play** *into s.o.'s* ~*s* fare il gioco (*o* l'interesse) di qd.; ⟨*fig*⟩ *to play one's own* ~ agire per il proprio tornaconto; *to play a good* ~ (*in cards*) giocare bene; *to* **put** *one's* ~ *to s.th.:* 1 = *to* **set** *one's hand to s.th.;* 2 = *to* **turn** *one's hand to s.th.; to* **raise** (*o* *lift*) *one's* ~ *against s.o.* alzare le mani su qd.; *to* **set** *one's* ~ *to s.th.* mettere (*o* porre) mano a qc.; *to* **shake** *s.o.'s* ~ stringere la mano a qd.; *to* **show** *one's* ~: 1 (*in cards*) mostrare le proprie carte; 2 ⟨*fig*⟩ mettere le carte in tavola, scoprire il proprio gioco; *to* **vote** *by show of* ~*s* votare per alzata di mano; *to* **sit** *on one's* ~*s:* 1 ⟨*fig*⟩ stare con le mani in mano; 2 ⟨*teat*⟩ applaudire poco (*o* senza convinzione); *to* **take** *in* ~ prendersi cura di; (*to deal with*) trattare con; ⟨*fig*⟩ *my* ~*s are* **tied** ho le mani legate; ⟨*fig*⟩ **time** *lies heavy on his* ~*s* il tempo non gli passa mai; (*ready*) **to** *one's* ~ a portata di mano; *to* **turn** *one's* ~ *to s.th.* dedicarsi a qc., intraprendere qc.; ⟨*fig*⟩ *to turn back the* ~*s of the clock* spostare indietro l'orologio; ⟨*esclam*⟩ ~*s* **up** mani in alto; ⟨*fig*⟩ *to* **wait** *on* ~ *and foot* servire qd. di tutto punto; ⟨*fig*⟩ *to* **wash** *one's* ~*s of s.th.* lavarsi le mani di qc.; ⟨*fam*⟩ *to* **win** ~*s down* vincere con facilità; ⟨*Dir*⟩ *as* **witness** *the* ~*s of the parties* come attestano (*o* fanno fede) le firme dei contraenti. *to* **write** *a good* ~ scrivere chiaramente, avere una bella calligrafia. *Prov.: many* ~*s* **make light work** molte mani fanno l'opera leggera.

hand[2] *v.t.* **1** porgere, passare, dare; (*to transmit by hand*) consegnare. **2** (*to help*) aiutare (dando la mano): *he* ~*ed the ladies into the carriage* aiutò le signore a salire in carrozza. **3** ⟨*Mar*⟩ (*to furl*) ammainare, serrare. □ *to* ~ **down:** 1 essere tramandato, tramandarsi, passare: ~*ed down from father to son* tramandato di padre in figlio; 2 (*to bequeath*) lasciare in eredità; 3 ⟨*Dir*⟩ annunciare, dare; *to* ~ **in** presentare, consegnare; *to* ~ *in one's resignation* rassegnare (*o* dare) le dimissioni; ⟨*fam*⟩ *to* ~ **it** *to s.o.* riconoscere i meriti di qd.; *to* ~ **on** passare; *to* ~ **out** distribuire; *to* ~ **over:** 1 consegnare; 2 (*to surrender control of*) cedere; 3 (*to a successor*) dare le consegne; *to* ~ **round** far passare di mano in mano.

hand|bag *s.* borsa *f* (da signora), borsetta *f.* ~**ball** *s.* ⟨*Sport*⟩ **1** (*game*) palla *f* a muro, pallamuro *f.* **2** (*ball*) palla *f* per la palla a muro. ~**barrow** *s.* **1** barella *f.* **2** → **handcart.** ~ **bell** *s.* campanello *m.* ~**bill** *s.* volantino *m,* foglietto *m* pubblicitario. ~**book** *s.* **1** libretto *m* d'istruzioni. **2** (*small reference book*) manuale *m,* prontuario *m.* **3** (*tourist guide book*) guida *f.* ~**brake** *s.* ⟨*Mot*⟩ freno *m* a mano. ~**breadth** *s.* (*unit of measure*) palmo *m,* spanna *f.*
h. and c. = *hot and cold* (*water*) (acqua) calda e fredda.
hand|-carried luggage *s.* bagaglio *m* a mano. ~**cart** *s.* carretto *m* (a mano). ~**clap** *s.* battimano *m,* applauso *m.* ~**clasp** *s.* stretta *f* di mano. ~**craft** *s.* → **handicraft.** ~**cuff I** *v.t.* ammanettare, mettere le manette a. **II** *s.* (general. al pl.) manetta *f.* ~ **deliver** *v.t.* consegnare a mano. ~-**driven** *a.* comandato (*o* azionato) a mano.
handed ['hændid] *a.* (nei composti) a mani ...: *empty-*~ a mani vuote; (*in cards*) (giocato) in ...: *three-*~ *bridge* bridge in tre.
handful ['hændful] *s.* **1** manciata *f,* manata *f,* pugno *m.* **2** (*small number*) pugno *m: a* ~ *of men* un pugno di uomini. **3** ⟨*fam*⟩ (*s.th. or s.o. difficult to manage*) cosa *f* (*o* persona) difficile da trattare. □ *the baby is quite a* ~ il bambino dà un gran daffare.
hand| glass *s.* **1** specchio *m* (*o* specchietto) con manico. **2** (*magnifying glass*) lente *f* d'ingrandimento con manico. ~ **grenade** *s.* ⟨*Artigl*⟩ bomba *f* a mano. ~**grip** *s.* **1** stretta *f* di mano. **2** (*of a bicycle*) manopola *f;* (*of a golf club*) impugnatura *f.* **3** *pl.* (*hand-to-hand combat*) corpo *m* a corpo. ~**gun** *s.* pistola *f.* ~-**held** *a.* che può essere tenuto in mano, tascabile; ~ *computer* calcolatore tascabile. ~**hold** *s.* **1** presa *f,* stretta *f.* **2** ⟨*Alp*⟩ appiglio *m.*

handicap ['hændikæp] **I** *s.* **1** ⟨*Sport*⟩ handicap *m.* **2** ⟨ (*hindrance*) handicap *m,* condizione *f* ⌐di svantaggio d'inferiorità). **3** ⟨*fig*⟩ (*physical disability*) minorazion handicap *m.* **II** *v.t.* **1** andicappare, mettere in posiz di svantaggio. **2** ⟨*Sport*⟩ assegnare un handicap **handicapped** [-t] *a.* **1** ⟨*Sport*⟩ che ha un handicap (*hindered*) andicappato, svantaggiato. **3** ⟨*fig*⟩ (*disal* minorato, handicappato: *visually* ~ minorato della v **handicapper** [-ə] *s.* ⟨*Equit*⟩ handicapper *m,* perizia *m.*
handicraft ['hændikrɑːft] *s.* **1** (*manual skill*) maestri abilità *f,* destrezza *f.* **2** (*trade, art*) artigianato *m* (*articles*) oggetti *mpl* d'artigianato, artigianato
handicraftsman [-smən] *s.irr.* artigiano *m.*
handily ['hændili] *avv.* **1** abilmente, con destrezza (*easily*) con facilità. **3** (*conveniently*) comodame
handiness [-dinis] *s.* **1** abilità *f,* destrezza *f.* **2** (*eas handling*) maneggevolezza *f.* **3** (*ease*) comodità *f.*
handiwork ['hændiwəːk] *s.* **1** lavoro *m* manuale (*o* fat mano). **2** ⟨*fig*⟩ opera *f,* operato *m: this is your* ~ ques opera tua.
handkerchief ['hæŋkətʃif] *s.* **1** fazzoletto *m.* (*neckerchief*) fazzoletto *m* da collo.
'hand-'knit(ted) *a.* ⟨*Lav.femm*⟩ lavorato (*o* fatto mano.
handle ['hændl] **I** *s.* **1** manico *m,* impugnatura *f: the* ~ *a broom* il manico della scopa; (*of a door, etc.*) manigl manopola *f,* impugnatura *f;* (*of an oar*) girone *m.* **2** ((*aid*) punto *m* d'appoggio, appiglio *m;* (*pretext*) app *m,* occasione *f,* pretesto *m: to give a* ~ *to* (*o for*) g dare appiglio alle maldicenze. **3** ⟨*fam*⟩ (*name*) nome (*title*) titolo *m* (nobiliare): *to have a* ~ *to one's n* avere un titolo (nobiliare). **II** *v.t.* **1** toccare, maneggi *please do not* ~ *the goods* si prega di non toccar merce. **2** (*of things: to manage, deal with*) tratt occuparsi di; (*of persons: to manage, control*) guid governare, maneggiare. **3** (*to treat*) trattare, comport verso: *to* ~ *s.o. with tact* comportarsi con tatto verso **4** (*to employ*) adoperare, maneggiare: *to* ~ *a tool* adoperare abilmente un arnese. **5** (*to treat of, disc* trattare, discutere. **6** ⟨*Comm*⟩ trattare. **7** ⟨*M* manovrare. **III** *v.i.* (*of a vehicle*) rispondere (ai contro □ *to* ~ *a lot of business* avere un vasto giro di af ⟨*fig*⟩ *to* **fly off** *one's* ~ perdere la bussola; *glass,* ~ *care!* vetro, posa piano!, vetro, fragile!; *easy to* maneggevole; *to know how to* ~ *s.o.* saper fare con q
handlebar ['hændlbɑː] *s.* manubrio *m.*
handlebar moustache *s.* ⟨*fam*⟩ baffi *mpl* a manubri
handled ['hændld] *a.* (nei composti) con (*o* dal) manico *ivory-*~ col manico d'avorio. **handler** [-lə] *s.* maneggiatore *m* (*f* -trice). **2** (*trainer*) addestrator
handless [-lis] *a.* **1** senza mani. **2** (*awkward*) maldes goffo.
handling ['hændliŋ] *s.* **1** maneggio *m,* direzione *f,* gove *m: the* ~ *of the state* il maneggio dello stato (*treatment*) trattamento *m.* □ *chemicals need careful* ~ sostanze chimiche devono essere maneggiate attenzione; *he needs firm* ~ deve essere trattato fermezza.
handling charges *s.pl.* ⟨*Comm*⟩ spese *fpl* di trasport
hand|loom *s.* telaio *m* a mano. ~ **luggage** *s.* bagagli a mano. '~'**made** *a.* fatto (*o* lavorato) a m ~**maid(en)** *s.* ⟨*ant*⟩ serva *f,* ancella *f.*
hand-me-down *am.* **I** *a.* ⟨*fam*⟩ (*of clothing: ready-me* già confezionato; (*second-hand*) di seconda mano; *-off*) smesso. **II** *s.* **1** indumento *m* confezionato (*second-hand garment*) indumento *m* di seconda man (*cast-off garment*) indumento *m* smesso.
hand| mill *s.* macinino *m.* ~**organ** *s.* organetto organino *m.* ~**out** *s.* **1** ⟨*Giorn*⟩ comunicato *m* stampa (*in advertising: folder*) pieghevole *m;* (*leaflet*) volantino pubblicitario. **3** ⟨*am*⟩ (*free food, etc.*) elemosina *f,* cari ~**over** *s.* trapasso *m* delle consegne. '~-'**picked** *a.* (rac)colto a mano. **2** (*carefully selected*) scelto con c selezionato (accuratamente): ~ *personnel* perso selezionato. ~**press** *s.* ⟨*Tip*⟩ tirabozze *m.* ~**rai** corrimano *m.* ~**saw** *s.* sega *f* a mano.

ndsel ['hænsəl] **I** *s.* ⟨*rar*⟩ **1** (*good-luck gift*) dono *m* ıgurale; (*New Year's gift*) strenna *f.* **2** ⟨*Comm*⟩ caparra **3** ⟨*fig*⟩ anticipazione *f.* **II** *v.t.* (*pret., p.p.* **andselled**/*am.* **handseled** [-d]) **1** fare un dono augurale **2** ⟨*Comm*⟩ dare una caparra **a. 3** ⟨*fig*⟩ inaugurare; (*to se for the first time*) usare per la prima volta, ⟨*scherz*⟩ ıaugurare.

nd|set I *s.* ⟨*Tel*⟩ microtelefono *m.* **II** *a.* ⟨*Tip*⟩ mposto a mano. **~sewn** *a.* cucito a mano. **~shake** *s.* retta *f* di mano.

nds-off *a.* di non intervento, di neutralità: *a ~ policy* na politica di non intervento.

nds-on *a.* pratico: *~ training* corso pratico.

ndsome ['hænsəm] *a.* **1** (*of a person*) bello, di ıll'aspetto, benfatto; (*attractive*) attraente. **2** (*of things: eautiful*) bello; (*well-made*) ben fatto, di buona fattura; *xhibiting taste*) di gusto, fine. **3** (*considerable*) notevole, nsiderevole, bello. **4** (*generous*) generoso, liberale; *gracious*) gentile, cortese: *a ~ compliment* un mplimento gentile. □ ⟨*sl*⟩ *to come down* ~ essere eneroso; *a ~ profit* un grosso guadagno. *Prov.: ~ is as ~ es* la bontà val più che la bellezza. **handsomeness** -nis] *s.* **1** bellezza *f.* **2** (*abundance*) abbondanza *f.* **3** *generosity*) generosità *f.*

nd|spike *s.* ⟨*Mar*⟩ leva *f,* palanchino *m.* **~spring** *s.* *Ginn*⟩ salto *m* sulle mani. **~ stamp** *s.* timbro *m* a ıano. **~stand** *s.* ⟨*Ginn*⟩ posata *f* verticale sulle mani, erticale *f.*

nd's turn *s.* ⟨*fam*⟩ (*stroke of work*) minimo sforzo *m.* ɔ *he's never done a ~* non ha mai mosso un dito.

nd|-to-'hand *a.* corpo a corpo: *~ fighting* mbattimento corpo a corpo. **'~-to-'mouth** *a.* alla ornata: *to live ~* vivere (*o* campare) alla giornata. **~ ote** *s.* ⟨*Parl*⟩ voto *m* per alzata di mano. **~work** *s.* voro *m* fatto a mano. **~writing** *s.* scrittura *f,* calligrafia □ ⟨*fig*⟩ *the ~ on the wall* il presagio funesto. **~ riting analysis** *s.* perizia *f* calligrafica. **~writing xpert** *s.* esperto *m* (*f* –a) calligrafico, perito *m* calligrafo. **written** *a.* scritto a mano.

ndy ['hændi] *a.* **1** (*nearby*) vicino: *a ~ restaurant* un storante vicino; (*within easy reach*) a portata di mano, ttomano, vicino: *keep your dictionary ~* tieni il zionario a portata di mano. **2** (*convenient*) pratico, nzionale: *a ~ gadget* un aggeggio funzionale; (*useful*) tile. **3** (*dexterous*) abile, destro: *a ~ man with a paint rush* un uomo abile nell'usare il pennello. **4** (*easily ındled*) maneggevole, maneggiabile. □ *to come in ~* rnare (*o* rivelarsi) utile.

ndyman ['hændimæn] *s.irr.* **1** uomo *m* tuttofare (*o* che a fare un po' di tutto). **2** (*skilful workman*) operaio *m* bile.

ng[1] [hæŋ] *v.* (*pret., p.p.* **hung** [hʌŋ]/**hanged** [-d]; la rma *hanged* si usa general. nel significato di impiccare e aledire) **I** *v.t.* **1** appendere, sospendere, attaccare: *to ~ a ımp from the ceiling* sospendere un lume al soffitto; *to ~ urtains* attaccare le tendine; (*of wallpaper*) attaccare. **2** (*to ill by hanging*) impiccare. **3** (*to decorate by hanging s.th.*) ecorare, ornare: *to ~ a room with tapestries* decorare una anza con arazzi. **4** ⟨*Art*⟩ (*of paintings: to exhibit*) sporre. **5** (*of meat: to suspend to dry*) appendere a ssiccare; (*of game*) appendere a frollare. **6** (*of a ickname, etc.*) appioppare, affibbiare, attribuire. **7** ⟨*fig*⟩ *f an idea, etc.: to make dependent*) far dipendere, erivare. **8** ⟨*fam,eufem*⟩ (*to damn*) maledire, ⟨*fam*⟩ ıandare al diavolo. **9** ⟨*Sart*⟩ pareggiare l'orlo di. **10** (*of jury*) impedire di emettere un verdetto. **II** *v.i.* **1** endere: *several lights were –ing from the ceiling* diverse ımpade pendevano dal soffitto; (*to dangle*) penzolare, ondolare. **2** (*to be attached*) essere attaccato (*o* appeso) ɔn a): *there was a picture –ing on the wall* c'era un ıuadro attaccato al muro. **3** (*to die by hanging*) essere (*o* ıorire) impiccato. **4** (*to remain poised*) librarsi, essere (*o* are) sospeso; (*to hover*) galleggiare, fluttuare. **5** (*to lean, ıcline*) pendere, essere inclinato. **6** ⟨*fig*⟩ (*to be ependent*) dipendere (da): *his future –s on this decision* il ıo futuro dipende da questa decisione. **7** (*of time*) assare lentamente. **8** (*to hold on to for support*)

appoggiarsi (a): *she hung on his arm* si appoggiò al suo braccio; (*to cling*) aggrapparsi (a). **9** ⟨*fig*⟩ (*to be in doubt*) essere indeciso, tentennare, titubare. **10** ⟨*fig*⟩ (*to await a decision*) pendere, essere in sospeso: *the matter was left –ing* la questione fu lasciata in sospeso. **11** ⟨*fig*⟩ (*to linger*) indugiare, trattenersi; (*to persist*) persistere, permanere: *a trace of perfume hung in the air* una traccia di profumo persisteva nell'aria. **12** (*of a door on its hinges*) girare (su). **13** ⟨*Sart*⟩ cadere: *this coat –s badly* questo cappotto cade male. **14** ⟨*Art*⟩ essere esposto. □ *to ~ about s.o.* ronzare (*o* girare) intorno a qd.; *to ~ around* (*o about*): **1** ciondolare, bighellonare, oziare; **2** (*to frequent*) bazzicare, frequentare abitualmente: *to ~ around bars* bazzicare i bar; *to ~ back*: **1** rimanere indietro; **2** (*to hesitate to act*) esitare; *his fate hung by a hair* (*o single thread*) la sua sorte era sospesa a un filo; *to ~ a door* montare una porta sui cardini; *her hair hung down on her shoulders* le chiome le ricadevano (*o* scendevano) sulle spalle; *–ed*, **drawn** *and* **quartered** impiccato, trascinato e squartato; ⟨*fam*⟩ *to let things go* ~ lasciare andare le cose per il loro verso; *to ~ one's head* (*in shame*) abbassare il capo; ⟨*fam*⟩ *~ it* (*all*)! accidenti!, diavolo!; *to ~ on*: **1** (*to hold fast*) tenersi stretto, aggrapparsi saldamente: *~ on tight* tieni ben stretto; **2** (*to persevere*) tener duro, perseverare, persistere; **3** ⟨*fam*⟩ (*to wait*) aspettare, attendere; **4** (*to continue*) protrarsi, prolungarsi, trascinarsi; ⟨*fam*⟩ *to be hung on s.th.* avere il pallino di qc., avere una fissazione per qc.; *to ~ on s.o.'s words* pendere ⌐dalle labbra⌐ (*o* dalla bocca) di qd.; *to ~ on to* stare attaccato a, aggrapparsi a; ⟨*sl*⟩ *to ~ one on* prendersi una terribile sbornia; ⟨*sl*⟩ *to ~ one on s.o.* dare una botta a qd.; *his mouth hung open* stava a bocca aperta; *to ~ out*: **1** esporre, mettere fuori (*o* in mostra): *to ~ out a flag* esporre una bandiera; **2** (*of washing*) stendere ad asciugare; **3** (*to lean out*) sporgersi (*of* da): *don't ~ out of the window* non sporgerti dalla finestra; **4** ⟨*sl*⟩ (*to frequent*) frequentare abitualmente, bazzicare; **5** ⟨*sl*⟩ (*to live*) stare, abitare, vivere; *to ~ over*: **1** (*to be left unfinished*) restare in sospeso, rimanere indefinito; **2** (*to persist, survive*) sopravvivere, perdurare, mantenersi; **3** (*to threaten*) pesare, incombere: *a terrible charge –s over him* (*o his head*) pesa su di lui una terribile accusa; ⟨*fam*⟩ *to be hung over* avere (*o* sentire) i postumi di una sbornia; *to ~ together*: **1** rimanere uniti; **2** (*to cohere*) aderire, restare attaccato; **3** ⟨*fig*⟩ avere coerenza (*o* logica), filare, scorrere; *your theory does not ~ together* la tua teoria manca di coerenza; ⟨*fam*⟩ *to ~ tough* non transigere, ⟨*am*⟩ non mollare; *to ~ up*: **1** attaccare, appendere: *~ up your coat* appendi il cappotto; **2** (*to delay*) ritardare: *I got hung up by the traffic* ho ritardato per il traffico; **3** (*to slow the progress of*) rallentare; **4** ⟨*Tel*⟩ attaccare, riagganciare. *Prov.: give a fool enough rope and he will ~ himself* non mettere il rasoio in mano a un pazzo. ‖ (*I'll be*) *–ed if I'll do it* che sia dannato (*o* impiccato) se lo faccio; ⟨*fig*⟩ (*I'll be*) *–ed if I know* che mi venga un accidente se lo so; ⟨*fam*⟩ *~ you!* impiccati!, va' al diavolo!

hang[2] *s.* **1** modo *m* in cui una cosa cade (*o* pende): *the ~ of a jacket* il modo in cui cade una giacca. **2** ⟨*fam*⟩ (*knack*) destrezza *f,* abilità *f.* **3** ⟨*fam*⟩ (*meaning*) senso *m,* significato *m: I couldn't get the ~ of his speech* non sono riuscito a capire il senso del suo discorso. □ ⟨*fam,eufem*⟩ *I don't give* (*o care*) *a ~ about it* non me ne importa un fico secco.

hangar ['hæŋə] *s.* ⟨*Aer*⟩ aviorimessa *f,* hangar *m.*

hangdog ['hæŋdɔg] *a.* **1** avvilito, ⟨*fam*⟩ da cane bastonato: *a ~ look* un'aria avvilita. **2** (*ashamed*) vergognoso. **3** (*abject*) abietto, spregevole.

hanger ['hæŋə] *s.* **1** chi appende (*o* attacca). **2** (*clothes hook*) attaccapanni *m,* gruccia *f.* **3** (*hook*) gancio *m,* uncino *m.* **4** (*in a bus, etc.*) maniglia *f.* **5** ⟨*Mecc*⟩ staffa *f.* **6** ⟨*El,Tel,Ferr*⟩ pendino *m.* **7** (*in handwriting*) segno *m* a forma di S. **8** (*wooded declivity*) pendice *f* boscosa. **9** ⟨*Mil.ant*⟩ (*light sabre*) daga *f.*

'hanger-'on (*pl.* **'hangers-'on**) **1** tirapiedi *m/f,* leccapiedi *m/f.* **2** (*unwanted individual*) seccatore *m* (*f* –trice). **3** ⟨*fig*⟩ (*parasite*) parassita *m.*

hang|glider *s.* ⟨*Sport*⟩ aquilone *m,* deltaplano *m.* **~glider**

flyer *s.* aquilonista *m/f,* deltaplanista *m/f.* **~gliding** *s.* volo *m* con il deltaplano.

hanging ['hæŋiŋ] **I** *s.* **1** impiccagione *f.* **2** *pl.* (*curtains, etc.*) tende *fpl,* tendaggi *mpl;* (*tapestry*) arazzi *mpl;* (*wallpaper*) carta *f* da parati. **3** (*act of hanging*) l'attaccare, l'appendere. **II** *a.* **1** (*of an offence, etc.*) punibile con l'impiccagione. **2** ⟨*fam*⟩ (*of a judge, jury*) favorevole all'impiccagione; ⟨*estens*⟩ favorevole alla pena di morte. **3** (*pendent*) pendente. **4** (*overhanging*) sporgente: *a ~ cliff* una scogliera sporgente. **5** (*on a slope*) inclinato, pendente; (*suspended*) pensile: *~ Gardens of Babylon* i giardini pensili di Babilonia.

hanging| buttress *s.* ⟨*Edil*⟩ contrafforte *m* sospeso. **~ committee** *s.* ⟨*Art*⟩ commissione *f* incaricata della sistemazione dei quadri (in una mostra). **~ garden** *s.* giardino *m* pensile. **~ gutter** *s.* ⟨*Edil*⟩ grondaia *f.*

hang|man [mən] *s.irr.* boia *m,* carnefice *m.* **~nail** *s.* ⟨*Med*⟩ pipita *f.* **'~-'on** *s.* ⟨*tecn*⟩ apparecchiatura *f* aggiuntiva. **~out** *s.* ⟨*fam*⟩ ritrovo *m* (abituale). **~over** *s.* **1** ⟨*fam*⟩ postumi *mpl* di una sbornia. **2** (*s.th. left over from a former period, etc.*) strascico *m.*

hungup ['hæŋʌp] *s.* **1** ⟨*fam*⟩ inibizione *f,* freno *m:* (*psychological difficulty*) blocco *m* psicologico. **2** (*obstacle*) ostacolo *m,* impedimento *m.* **3** ⟨*Inform*⟩ arresto *m* improvviso (del calcolatore).

hank [hæŋk] *s.* **1** (*skein*) matassa *f.* **2** (*specific length: of cotton yarn*) matassa *f* (pari a circa 768 m); (*of worsted yarn*) matassa *f* (pari a circa 512 m). **3** ⟨*Mar*⟩ canestrello *m* (della randa).

hanker ['hæŋkə] *v.i.* desiderare ardentemente, bramare, agognare (*for, after s.th.* qc.). **hankering** [-riŋ] *s.* desiderio *m* ardente, brama *f,* ⟨*fam*⟩ voglia *f* matta (*for, after* di).

hankie, hanky ['hæŋki] *s.* ⟨*fam*⟩ → **handkerchief.**

hanky-panky ['hæŋki'pæŋki] *s.* ⟨*fam*⟩ **1** imbroglio *m,* inganno *m,* cosa *f* poco chiara. **2** (*jugglery*) gioco *m* di prestigio (*o* destrezza).

Hannibal ['hænibəl] *N.pr.* ⟨*Stor*⟩ Annibale *m.*

Hanover ['hænouvə] **I** *N.pr.* ⟨*Geog*⟩ Hannover *f.* **II** *s.* ⟨*Stor*⟩ membro *m* della casa di Hannover. ,**Hanoverian** [-'viəriən] **I** *a.* **1** di Hannover, annoverano. **2** ⟨*Stor*⟩ della casa di Hannover. **II** *s.* ⟨*Stor*⟩ sostenitore *m* (*f* –trice) della casa di Hannover.

Hansard ['hænsɑːd] *s.* ⟨*GB*⟩ raccolta *f* ufficiale degli atti parlamentari.

Hanse [hæns] *s.* ⟨*Stor*⟩ Ansa *f.* ,**Hanseatic** [-i'ætik] **I** *a.* ⟨*Stor*⟩ anseatico: *~ League* lega anseatica. **II** *s.* città *f* anseatica.

hansel ['hænsəl] *s./v.* → **handsel.**

hansom (cab) ['hænsəm] *s.* carrozza *f* a due ruote con serpa posteriore.

Hanukkah ['hɑːnukɑː] *s.* ⟨*Rel.ebr*⟩ hanukkà *f,* festa *f* delle luci.

hap [hæp] **I** *s.* ⟨*rar*⟩ **1** destino *m,* sorte *f.* **2** (*occurrence*) accidente *m,* caso *m* (fortuito). **II** *v.i.* (*pret., p.p.* happed [-t]) accadere (*o* succedere) per caso, capitare.

ha'penny ['heipni] *s./a.* → **halfpenny.**

haphazard [hæp'hæzəd] **I** *s.* caso *m,* accidente *m.* **II** *a.* **1** casuale, accidentale, fortuito. **2** (*random*) (fatto) a casaccio. **haphazardly** [-li] *avv.* **1** per caso, casualmente. **2** (*at random*) a casaccio.

hapless ['hæplis] *a.* sfortunato, sventurato, disgraziato.

haply ['hæpli] *avv.* ⟨*rar*⟩ **1** forse. **2** (*by chance*) per caso.

ha'p'orth ['heipəθ] *s.* ⟨*fam*⟩ → **halfpennyworth.**

happen ['hæpən] *v.i.* **1** succedere, accadere, avvenire: *nothing ever –s here* non succede mai nulla qui. **2** (*to take place by chance*) succedere (per caso), capitare, darsi il caso: *it just –ed* è successo per caso; *if you should ~ to see him* se dovesse capitarti di vederlo. **3** (*to have the luck to*) avere la fortuna di: *she –s to be a very rich woman* ha la fortuna di essere una donna molto ricca. **4** (*to befall*) accadere, capitare, sopravvenire (*to* a): *s.th. has –ed to my radio* è accaduto qc. alla mia radio; *I'll see that nothing –s to you* farò in modo che non ti accada nulla. **5** (*to meet by chance*) incontrare per caso (*on, upon s.o.* qd.), imbattersi (in), incontrarsi (con); (*to find by chance*) scoprire (*o* trovare) per caso (qc.). **6** (*to come casually,*

appear) capitare, giungere (*o* arrivare) per caso: *if you to be in London* se capiti a Londra. □ *to ~ alo* giungere per caso, capitare; *as it –s:* 1 (*by chance*) caso, per combinazione; 2 (*as it is*) così com'è; *to ~ in* (*o to see*) *s.o.* passare (*o* fare un salto) da qd.; *it so that* accadde che; *~ what may* sia quel che sia, acc. quel che accada; *whatever –ed to that friend of yours?* fine ha fatto quel tuo amico? || *to ~ to do s.th.* fare per caso; *I just –ed to be passing* mi trovavo a passar

happening ['hæpəniŋ] *s.* **1** avvenimento *m.* **2** ⟨*Te* happening *m.*

happily ['hæpili] *avv.* **1** lietamente. **2** (*fortunate* fortunatamente, per fortuna. **3** (*felicitously*) felicemente, modo felice. **happiness** [-pinis] *s.* **1** felicità contentezza *f.* **2** (*enjoyable experience*) gioia *f,* felicità **happy** [-pi] *a.* **1** (*of persons*) felice, contento, lieto: *I ~ to meet you* sono felice di fare la Sua conoscenza; *things*) felice, lieto: *~ days* giorni lieti. **2** (*fortuno* felice, opportuno: *by a ~ chance* per un caso fortunato (*apt*) felice, indovinato: *a ~ choice* una scelta felice. ⟨*fam*⟩ (*slightly drunk*) brillo, alticcio. **5** (nei compo *obsessed*) che ha la mania di: *a scandal-~ journalist* giornalista che ha la mania degli scandali; (*quick to u* svelto nell'usare: *gun-~* svelto nell'usare la pistola. □ *~ as 'the day is long'* (*o a King, a sandboy*) conte come una Pasqua; *many ~ returns* (*of the day*) cento questi giorni; *~ thought* alzata *f* d'ingegno; *~ New Y* Buon Anno, Felice Anno Nuovo.

'**happy|-go-'lucky** *a.* spensierato. **~ hunting-ground** (*American Indian paradise*) paradiso *m* degli indiani.

Hapsburg ['hæpsbɑːg] *N.pr.* ⟨*Stor*⟩ Asburgo *m.*

hara-kiri ['hɑːrə'kiri] *s.* harakiri *m: to commit ~ f* harakiri.

harangue [hə'ræŋ] **I** *s.* **1** arringa *f,* discorso *m* solenne (*long, pompous speech*) sproloquio *m.* **II** *v.t.* arringare. *v.i.* pronunciare un'arringa. **haranguer** [-ə] *s.* arringa *m* (*f* –trice).

harass ['hærəs] *v.t.* **1** ⟨*Mil*⟩ attaccare ripetutame impegnare con ripetuti attacchi. **2** (*to pester*) torment molestare, affliggere, perseguitare. **harassing** [-iŋ] fastidioso, molesto, seccante. **harassment** [-mənt] fastidio *m,* molestia *f,* tormento *m.*

harbinger ['hɑːbindʒə] *s.* ⟨*lett*⟩ **1** foriero *m* (*f* messaggero *m* (*f* –a), annunziatore *m* (*f* –trice): *swallow, ~ of spring* la rondine, messaggera d primavera; (*herald*) araldo *m.* **2** (*precursor*) precursore (*sign*) segno *m* precursore. **3** ⟨*Mil*⟩ furiere d'alloggiamento.

harbor, harborage *am.* → **harbour, harbourage.**

harbour ['hɑːbə] **I** *s.* **1** porto *m: a natural ~* un po naturale. **2** ⟨*fig*⟩ porto *m,* rifugio *m,* asilo *m.* **II** *v.t* dare asilo (*o* rifugio) a, accogliere. **2** (*to conc* nascondere; (*to protect*) proteggere. **3** ⟨*fig*⟩ covare, nutr *to ~ doubts* covare (dei) dubbi; *to ~ a grudge against* nutrire rancore contro qd. **III** *v.i.* ⟨*Mar*⟩ gettare l'anc in un porto. **harbourage** [-ridʒ] *s.* **1** ⟨*Mar*⟩ ancorag *m.* **2** (*harbour*) porto *m.* **3** ⟨*fig*⟩ porto *m,* rifugio *m.*

harbour| dues *s.pl.* diritti *mpl* portuali (*o* di porto). **~ master** *s.* capitano *m* di porto. **~ office** *s.* capitaner di porto.

hard [hɑːd] **I** *a.* **1** duro: *a ~ chair* una sedia dura; *soil*) sodo, duro. **2** (*tight*) stretto: *a ~ knot* un n stretto. **3** (*difficult to do*) difficile, arduo: *a ~ problem* problema difficile; (*difficult to understand*) osti incomprensibile, duro. **4** (*involving great effort*) du faticoso, gravoso: *a ~ job* un lavoro faticoso. **5** (*o person: persistent*) accanito, ostinato, tenace: *a ~ wor* un accanito lavoratore. **6** (*vigorous*) energico, vigor forte; (*violent*) violento, forte: *a ~ blow* un forte colpo (*severe*) severo, duro, rigido: *a ~ father* un padre seve **8** (*of weather*) duro, inclemente, rigido. **9** (*unfrien* duro, brusco, aspro, sgarbato: *~ words* parole dure. (*sharp*) duro, privo di grazia, rigido: *~ features* lineame duri. **11** (*of colours*) forte, vivace. **12** (*definite*) fer deciso: *a ~ decision* una ferma decisione; (*fact* effettivo, reale. **13** (*tough*) duro, intrattabile. ⟨*Fon,Chim,Met,Acu*⟩ duro: *a ~ g* una g dura; *~*

:qua dura. **15** ⟨*Econ*⟩ duro: ~ *currency* valuta dura (*o* ⟩rte); (*of cash*) in contanti, liquido. **16** ⟨*Tess*⟩ rasato, scio. **17** ⟨*El*⟩ (*of an electron tube*) a vuoto spinto; (*of* ⟨-rays*) duro, ad alto potere penetrativo. **18** ⟨*Fot*⟩ a forte ontrasto. **19** ⟨*Comm*⟩ (*of prices*) sostenuto. **II** *s.* **1** *Mar*⟩ approdo *m* dal fondo solido. **2** (*causeway*) strada *f* 1alzata; (*path across marshy land*) sentiero *m* attraverso la 1alude. **3** ⟨*fam*⟩ (*hard labour*) lavori *mpl* forzati. **III** *avv.* accanitamente, con tenacia: *to work* ~ lavorare ccanitamente (*o* sodo). **2** (*violently*) forte, con energia, iolentemente: *the wind blew* ~ il vento soffiava forte; *he it me* ~ mi ha colpito violentemente. **3** (*intently*) con ttenzione, attentamente: *to listen* ~ ascoltare 1ttentamente; (*of the eyes*) intensamente, fissamente, in 1odo penetrante. **4** (*seriously*) duramente, gravemente; *harshly*) con severità. **5** (*with difficulty*) con difficoltà, a 1tica: *to breathe* ~ respirare a fatica. **6** (*of time*) vicino, 1rossimo, imminente. **7** (*excessively*) smodatamente, 1roppo. □ ⟨*Mar*⟩ ~ **aport!** tutto a sinistra!; ~ **by** icinissimo a; *to drink* ~ bere forte (*o* troppo); *a* ~ **rinker** un accanito bevitore; *no* ~ **feelings** nessun 1isentimento, amici come prima; *to find it* ~ *to do s.th.* 1re qc. con difficoltà, trovare difficoltà a fare qc.; *to*)llow ~ *behind s.o.* seguire qd. da vicino; *to get* ~ 1ndurirsi, solidificarsi; ⟨*fam*⟩ *it will go* ~ *with you* sarà un 1uro colpo per te; *the time is* ~ *at* **hand** l'ora è vicina; *fam*⟩ *to have a* ~ **head** avere la testa dura, essere 1stinato; ~ *of* **hearing** duro d'orecchio; *to be* ~ **hit** ricevere 1n duro colpo, essere duramente colpito; *as* ~ *as* **iron** 1uro come il ferro; *to give s.o. a* ~ **look** guardare con 1cchi indagatori qd.; *as* ~ *as* **nails:** 1 forte e muscoloso; 2 *fig*⟩ duro di cuore, insensibile; *to be* ~ **on:** 1 (*of persons*) 1ssere severo (*o* duro) con; 2 (*of things*) essere dannoso (*o* 1ocivo) a; ~ *to* **please** difficile da accontentare, esigente; *o be* ~ **put** (*to it*) *to do s.th.* trovarsi in difficoltà (*o* 1mbarazzo) nel fare qc.; *it is* **raining** ~ piove a dirotto; *t's* ~ *to* **say** *who is right* è difficile dire chi ha ragione; *Mar*⟩ ~ **starboard!** tutto a dritta!; *to* **take** ~ *s.th.* ~ 1rendere male qc.; *to* **think** ~ *about s.th.* considerare (*o* 1udiare) con attenzione qc., riflettere su qc.; *to have a* ~ ime passarsela male; ~ *times* tempi duri; *to* **try** ~ fare 1gni sforzo; *to try one's -est* mettercela tutta; ⟨*fam*⟩ *to be* ~ **up:** 1 essere in ristrettezze economiche, essere 'al verde' 1o senza un soldo); 2 (*to lack*) essere sprovvisto (*o* a corto *for* di): ~ *up for ideas* a corto di idee; ⟨*fam*⟩ *to do s.th.* he ~ **way** fare qc. nel modo più difficile; *to learn the* ~ 1ay imparare per esperienza; *to be* ~ *at* **work** lavorare 1odo.

1rd|-and-fast *a.* rigido, categorico, assoluto: ~ *rules* 1egole categoriche. **~back** *s.* libro *m* con copertina rigida. **~-'baked** *a.* **1** cotto fino a diventare duro. **2** ⟨*sl*⟩ *callous*) duro, indurito, insensibile. **'~-'bitten** *a.* **1**)stinato, testardo. **2** (*rough*) agguerrito, temprato. **3** *callous*) duro, indurito. **~board** *s.* lastra *f* di truciolato. **~-'boiled** *a.* **1** sodo: *a* ~ *egg* un uovo sodo. **2** ⟨*fam*⟩ *tough*) duro, indurito, incallito. **3** ⟨*fam*⟩ (*practical*) 1ratico, concreto. **'~-'bought** *a.* acquistato a duro prezzo. ~ **cash** *s.* denaro *m* in contanti, ⟨*fam*⟩ moneta *f* sonante. ~ **cheese** *s.* → **hard luck.** ~ **coal** *s.* ⟨*Min*⟩ antracite *f.* ~ **contact lenses,** ~ **contacts** *s.pl.* ⟨*Ott*⟩ lenti *fpl* a contatto rigide. ~ **copy** *s.* ⟨*Inform*⟩ copia *f* a stampa, documento *m* stampato. **~-core** *a.* **1** intransigente. **2** (*of films, etc.*) pornografico, hard core. ~ **core** *s.* **1** ⟨*Edil,Strad*⟩ massicciata *f.* **2** ⟨*fig*⟩ gruppo *m* intransigente, 1ucleo *m* duro. ~ **court** *s.* ⟨*Sport*⟩ campo *m* da tennis in terra battuta. **~-cover** *s.* → **hardback.** ~ **currency** *s.* *Econ*⟩ valuta *f* forte. ~ **disk** *s.* ⟨*Inform*⟩ disco *m* rigido. **'~-'earned** *a.* → **hard-bought.**

1arden** ['hɑ:dn] **I** *v.t.* **1** indurire; (*to make compact*) 1assodare. **2** ⟨*Met*⟩ temprare: *to* ~ *steel* temprare l'acciaio. **3** ⟨*fig*⟩ (*to make unfeeling*) indurire, rendere insensibile. **4** ⟨*fig*⟩ (*of character, feelings: to strengthen*) temprare, fortificare, rafforzare. **5** (*to toughen*) irrobustire, temprare. **II** *v.i.* **1** indurirsi; (*to become compact*) 1assodarsi. **2** ⟨*fig*⟩ (*to become unfeeling*) indurirsi, diventare insensibile. **3** ⟨*fig*⟩ (*to become strengthened*) farsi più forte, rafforzarsi, consolidarsi: *opposition has -ed*

l'opposizione si è fatta più forte. **4** (*to become tough*) irrobustirsi, temprarsi. **5** ⟨*Comm*⟩ (*of prices, the market*) stabilizzarsi; (*to rise*) salire. **hardened** [-d] *a.* **1** indurito (*anche fig.*). **2** ⟨*Met*⟩ temprato. **3** ⟨*fig*⟩ (*inveterate*) incorreggibile, inveterato, incallito; (*of a criminal*) recidivo. **4** (*toughened*) temprato, agguerrito; (*inured*) rotto, assuefatto. **hardening** [-dniŋ] *s.* **1** indurimento *m.* **2** ⟨*Met*⟩ temp(e)ra *f.*

'hard|-'favoured, '~-'featured *a.* dai lineamenti duri. **'~-'fisted** *a.* avaro, spilorcio, ⟨*fam*⟩ tirchio. ~ **goods** *s.pl.* ⟨*Econ*⟩ beni *mpl* durevoli. **'~-'handed** *a.* **1** dalle mani callose (per il lavoro). **2** ⟨*fig*⟩ severo, duro, rigido. **~hat** *a.* **1** (*pertaining to construction work*) edile. **2** ⟨*fam*⟩ (*ultraconservative*) ultraconservatore. **3** ⟨*sl*⟩ (*extremely patriotic*) ultranazionalista. ~ **hat** *s.* **1** casco *m* di protezione, elmetto *m.* **2** (*costruction worker*) operaio *m* di cantiere edile. **3** ⟨*fam*⟩ (*ultraconservative*) ultraconservatore. **4** (*extremely patriotic person*) ultranazionalista *m.* **~head** *s.* persona *f* avveduta (*o* accorta); (*practical person*) pratico *m* (*f* -a). **'~-'headed** *a.* **1** avveduto, accorto: *a* ~ *businessman* un accorto uomo d'affari; (*practical*) pratico. **2** (*obstinate*) testardo, ostinato. **'~-'hearted** *a.* duro (di cuore), crudele, spietato; (*unfeeling*) insensibile. **,~-'heartedness** *s.* crudeltà *f,* spietatezza *f;* (*unfeelingness*) insensibilità *f.* **'~-'hitting** *a.* vigoroso, energico.

hardihood ['hɑ:dihud] *s.* baldanza *f,* arditezza *f,* coraggio *m,* spavalderia *f.* **hardiness** [-dinis] *s.* **1** robustezza *f,* forza *f,* resistenza *f.* **2** ⟨*Giard*⟩ resistenza *f.* **3** (*boldness*) baldanza *f,* arditezza *f,* coraggio *m.*

hard| labour *s.* ⟨*Dir*⟩ lavoro *m* forzato. ~ **landing** *s.* ⟨*Astron*⟩ allunaggio *m* duro. **~-line** *a.* ⟨*Pol*⟩ intransigente. ~ **line** *s.* ⟨*Pol*⟩ linea *f* dura (*o* intransigente). ~ **liner** *s.* ⟨*Pol*⟩ fautore *m* (*f* -trice) della linea dura. ~ **liquor** *s.* bevande *fpl* alcoliche. ~ **luck I** *s.* malasorte *f,* sfortuna *f,* ⟨*fam*⟩ scalogna *f.* **II** *intz.* che sfortuna.

hardly ['hɑ:dli] *avv.* **1** appena, a mala pena, a stento, sì e no: *I* ~ *know him* lo conosco appena. **2** (*not quite*) non (proprio), per nulla, niente affatto: *this is* ~ *the time* non è (certo) questo il momento. **3** (*probably not*) difficilmente: *they will* ~ *come in all this rain* difficilmente verranno con questa pioggia. **4** (*with trouble, effort*) con fatica, con difficoltà, con sforzo. **5** (*harshly*) duramente, severamente. □ ~ *any* quasi niente; ~ *anyone was there* non c'era quasi nessuno; *you've* ~ *eaten anything* non hai mangiato quasi nulla; *you'll* ~ *believe it* quasi non ci crederai; *I* ~ *ever go out* non esco quasi mai.

'hard-'mouthed *a.* **1** (*of horses*) ribelle al morso. **2** ⟨*fig*⟩ ostinato.

hardness ['hɑ:dnis] *s.* **1** durezza *f.* **2** (*harshness*) durezza *f,* severità *f.* **3** (*difficulty*) difficoltà *f.* **4** ⟨*Fis*⟩ (*of X-rays*) durezza *f,* penetrazione *f;* (*degree of vacuum*) grado *m* di vuoto.

'hard| palate *s.* ⟨*Anat*⟩ palato *m* duro. **~pan** *s.* ⟨*Geol*⟩ crostone *m.* **~-'pressed** *a.* **1** oberato, sovraccarico. **2** (*faced with difficulty*) in imbarazzo, in difficoltà. **3** (*short of*) a corto (*for* di): *to be* ~ *for money* essere a corto di denaro. ~ **rubber** *s.* ⟨*Ind*⟩ ebanite *f.*

hards [hɑ:dz] *s.pl.* ⟨*Tess*⟩ lisca *f.*

hard| science *s.* scienze *fpl* naturali e fisiche. **~-sectored** *a.* ⟨*Inform*⟩ a settori fissi. **~-set** *a.* **1** fisso, fermo, saldo. **2** ⟨*fig*⟩ in difficoltà; (*obstinate*) ostinato, caparbio. **~-shell** *a.* **1** ⟨*Zool*⟩ dalla conchiglia dura, dal guscio duro. **2** ⟨*am.fig*⟩ rigido, inflessibile, intransigente.

hardship ['hɑ:dʃip] *s.* **1** stento *m,* patimento *m,* sofferenza *f: a life of -s* una vita di stenti. **2** (*instance*) privazione *f.*

hard| solder *s.* ⟨*tecn*⟩ lega *f* per saldatura a forte. **~tack** *s.* ⟨*Alim*⟩ galletta *f.* **~top** *s.* ⟨*Aut*⟩ automobile *f* a capote rigida. **~ware** *s.* **1** articoli *mpl* in metallo, ferramenta *fpl.* **2** ⟨*Inform*⟩ (*in computers*) hardware *m,* apparecchiature *fpl* dei dati, struttura *f* fisica dell'elaboratore. **3** ⟨*fam*⟩ (*military weapons*) armi *mpl* militari. ~ **wheat** *s.* ⟨*Agr*⟩ grano *m* duro. **~wire** *v.t.* ⟨*Inform*⟩ cablare. **~wired** *a.* cablato. **~-won** *a.* combattuto, vinto dopo duro combattimento: *a ~ victory* una vittoria combattuta. **~wood** I *s.* legno *m* duro. II *a.* di legno duro. **~-working** *a.* laborioso, operoso, industrioso; *(studious)* studioso.

hardy[1] ['hɑːdi] *a.* **1** forte, robusto. **2** ⟨*Giard*⟩ *(of a plant)* rustico. **3** *(bold)* coraggioso, intrepido; *(audacious)* ardito, audace.

hardy[2] *s.* ⟨*tecn*⟩ tagliolo *m* da incudine.

hare [heə] *s.* (*pl. inv./-s* [z]; il pl.inv. si usa general. con valore collett.) **1** ⟨*Zool*⟩ lepre *f/m.* **2** ⟨*fam*⟩ *(impracticable scheme)* progetto *m* campato in aria. □ *~ and hounds (outdoor game)* caccia *f* alla lepre; *as mad as a (March) ~* matto da legare; ⟨*fig*⟩ *to run with the ~ and hunt with the hounds* tenere i piedi in due staffe; ⟨*fig*⟩ *to start a ~* sollevare una questione irrilevante. *Prov.: first catch your ~ (then cook him)* non dire quattro se non l'hai nel sacco.

hare|bell *s.* ⟨*Bot*⟩ campanula *f.* **~brain** *s.* ⟨*fam*⟩ tipo *m* strambo, stravagante *m/f.* **~brained** *a.* ⟨*fam*⟩ balzano, strambo, stravagante. **~'lip** *s.* ⟨*Med*⟩ labbro *m* leporino.

harem ['heərəm] *s.* harem *m.*

hare's foot *s.* ⟨*Bot*⟩ trifoglio *m* dei campi, zampino *m* di lepre.

haricot[1] ['hærikou] *s.* *(haricot bean)* fagiolo *m.*

haricot[2] *s.* ⟨*Gastr*⟩ stufato *m* di montone (*o* agnello).

hark [hɑːk] *v.i.* ascoltare. □ *to ~ back:* 1 ⟨*Venat*⟩ ritrovare la traccia; 2 ⟨*fig*⟩ ritornare (*to* su), riprendere: *he kept -ing back to the subject* continuava a ritornare sull'argomento.

harl [hɑːl] *s.* ⟨*Tess*⟩ filaccia *f.*

Harlequin ['hɑːlikwin] *s.* ⟨*Teat*⟩ arlecchino *m.* **harlequin** I *s.* **1** arlecchino *m.* **2** → **harlequin duck.** II *a.* arlecchino, variopinto. **,harlequin'ade** [–eid] *s.* ⟨*Teat,fig*⟩ arlecchinata *f.*

harlequin duck *s.* ⟨*Ornit*⟩ moretta *f* arlecchino.

harlot ['hɑːlət] *s.* ⟨*lett*⟩ prostituta *f,* meretrice *f.* **harlotry** [–ri] *s.* prostituzione *f,* meretricio *m.*

harm [hɑːm] I *s.* **1** danno *m: the hail caused serious ~* la grandine ha causato gravi danni. **2** *(wrong)* male *m: I see no ~ in it* non ci vedo nulla di male. II *v.t.* danneggiare, recare danno a, nuocere. □ *to come to ~* riportare un danno; *I meant no ~* non intendevo offendere (*o* fare del male); *to do more ~ than good* fare più male che bene; *(there's) no ~ in trying* tentar non nuoce; *to be out of ~'s way* essere al sicuro.

harmful ['hɑːmful] *a.* dannoso, nocivo. **harmfulness** [–nis] *s.* l'essere dannoso, dannosità *f.*

harmless ['hɑːmlis] *a.* **1** innocuo: *a ~ joke* uno scherzo innocuo. **2** *(of people: inoffensive)* innocuo, inoffensivo. **harmlessly** [–li] *avv.* in modo innocuo. **harmlessness** [–nis] *s.* innocuità *f.*

harmonic [hɑː'mɔnik] I *a.* **1** ⟨*Mus,Mat,Fis*⟩ armonico: *~ series* serie armonica. **2** ⟨*fig*⟩ armonico, armonioso, ben proporzionato. II *s.* **1** ⟨*Mus*⟩ armonico *m,* suono *m* armonico. **2** ⟨*Acu,El*⟩ armonica *f.* □ ⟨*Mus*⟩ *~ minor scale* scala *f* minore. **harmonica** [–ə] *s.* ⟨*Mus*⟩ **1** armonica *f.* **2** *(mouth organ)* armonica *f* a bocca. **harmonicon** [–ən] *s.* (*pl.* **-ca** [kə]) **1** → **harmonica. 2** ⟨*Acu*⟩ *(orchestrion)* orchestrion *m.* **harmonics** [–s] *s.pl.* ⟨*Mus*⟩ (costr. sing.) armonia *f.*

harmonious [hɑː'mounjəs] *a.* **1** armonioso, affiatato: *a ~ group* un gruppo affiatato. **2** *(consonant)* armonico, armonioso, ben proporzionato: *a ~ arrangement of colours* un'armoniosa combinazione di colori. **3** *(sweet-sounding)* armonioso, melodioso, musicale.

harmonist ['hɑːmənist] *s.* ⟨*Mus*⟩ **1** armonista *m/f.* **2** → **harmonizer.**

harmonium [hɑː'mouniəm] *s.* ⟨*Mus*⟩ armonio *m,* armonium *m.*

harmonium keyboard *s.* ⟨*Mus*⟩ manuale *m* dell'armonio.

harmonization [,hɑːmənai'zeiʃən] *s.* ⟨*Mus*⟩ armonizzazione *f* (anche *fig.*). **'harmonize** [–naiz] I *v.t.* **1** armonizzare (anche *Mus.*). **2** *(to make agree)* armonizzare, mettere in accordo: *to ~ a theory with facts* armonizzare una teoria con i fatti. II *v.i.* **1** armonizzare, essere in armonia (*with* con), (cor)rispondere (a). **2** ⟨*Mus*⟩

sonare armoniosamente. **'harmonizer** [–zə] armonizzatore *m* (*f* –trice).

harmony ['hɑːməni] *s.* **1** armonia *f,* accordo *m,* concor● *f.* **2** *(agreement)* armonia *f,* (cor)rispondenza *f,* conform● *f: his words are not in ~ with his ideas* le sue parole n sono in armonia con le sue idee. **3** ⟨*Mus*⟩ *(combination● tones)* armonia *f; (science)* scienza *f* dell'armonia, armo● *f.* □ ⟨*Bibl*⟩ *~ of the Gospels* armonia evangelica; ⟨*Fi*● *~ of the spheres* l'armonia delle sfere.

harness ['hɑːnis] I *s.* **1** finimenti *mpl,* bardatura *f.* **2** ⟨ *a baby)* briglie *fpl.* **3** *(of a bell, parachute, e● imbracatura *f.* II *v.t.* **1** bardare, mettere i finimenti a; *attach by means of a harness)* attaccare: *to ~ a pony t● cart* attaccare un pony a un carro. **2** ⟨*fig*⟩ *(to u● utilizzare, sfruttare: *to ~ the energy of the sun* sfrutt● l'energia solare; *(to gain control over)* imbrigliare: *to ~ waterfall for power* imbrigliare una cascata per otten● energia elettrica. □ ⟨*fig*⟩ *to die in ~* morire sulla brec● ⟨*fig*⟩ *to work (o run) in double ~ with s.o.* lavorare tandem (*o* collaborazione) con qd.; ⟨*fig*⟩ *to get back in● tornare al consueto lavoro.

harness| horse *s.* **1** cavallo *m* da tiro. **2** ⟨*Spo* trottatore *m.* **~ maker** *s.* sellaio *m.* **~ racing** *s.* ⟨*Spo* corsa *f* al trotto.

Harold ['hærəld] *N.pr.* Aroldo *m.*

harp [hɑːp] I *s.* ⟨*Mus*⟩ arpa *f.* II *v.i.* **1** ⟨*Mus*⟩ son● l'arpa, arpeggiare. **2** ⟨*fig*⟩ battere, insistere (*on, upon* ● ripetere (in modo noioso), ⟨*fam*⟩ ricantare (qc.): *he always -ing on his illness* batte sempre sulla sua malat● □ ⟨*fig*⟩ *to ~ (up) the same string* battere sullo ste● tasto. **'harper** [–ə], **'harpist** [–ist] *s.* ⟨*Mus*⟩ arpi● *m/f.*

harpoon [hɑː'puːn] I *s.* ⟨*Pesc*⟩ arp(i)one *m,* rampone● II *v.t.* arpionare. **harpooner** [–ə] *s.* ramponiere *m.*

harpoon gun *s.* ⟨*Pesc*⟩ lanciarpione *m.*

harpsichord ['hɑːpsikɔːd] *s.* ⟨*Mus*⟩ arpicordo *m.*

Harpy ['hɑːpi] *s.* ⟨*Mitol*⟩ arpia *f.* **harpy** *s.* **1** ⟨*fig*⟩ arpia● **2** ⟨*Ornit*⟩ *(harpy eagle)* arpia *f.*

harquebus(e) ['hɑːkwibəs] *s.* ⟨*Mil.ant*⟩ archibugio● **,harquebus'ier** [–iə] *s.* archibugiere *m.*

harridan ['hæridən] *s.* vecchiaccia *f,* strega *f.*

harrier[1] ['hæriə] *s.* **1** predatore *m,* saccheggiatore *m.* ⟨*Ornit*⟩ albanella *f.*

harrier[2] *s.* **1** ⟨*Venat*⟩ cane *m* per la caccia alla lepre. ⟨*Sport*⟩ *(cross-country runner)* podista *m/f* di cor● campestre.

Harriet ['hæriət] *N.pr.* Enrichetta *f.*

Harrovian [hə'rouviən] I *s.* studente *m* di Harrow. II di Harrow.

harrow ['hærou] I *s.* ⟨*Agr*⟩ erpice *m.* II *v.t.* **1** ⟨*A●* erpicare. **2** ⟨*fig*⟩ straziare, tormentare. **harrowing** [–● *a.* tormentoso, straziante.

Harrowing: ⟨*Rel.catt*⟩ *the ~ of Hell* la discesa (di Crist● all'inferno.

harry ['hæri] *v.t.* **1** ⟨*Mil*⟩ *(to harass)* attacca● ripetutamente, impegnare con ripetuti attacchi; *(to ravag● saccheggiare, devastare. **2** ⟨*fig*⟩ *(to worry)* disturba● infastidire, molestare.

Harry *N.pr. dim. di* **Harold, Henry.**

harsh [hɑːʃ] *a.* **1** duro, severo, rigoroso: *~ words* par● severe. **2** *(physically uncomfortable)* rigido, freddissim● crudo: *a ~ climate* un clima rigido. **3** *(disagreeable: to t● ear)* aspro, sgradevole, stridulo: *a ~ voice* una voce aspr● *(to the eye)* sgradevole, stridente. **4** *(rough to the touc●* ruvido, aspro, scabro. **5** *(unpleasant: to taste)* aspro, ag● e irritante; *(to smell)* acre, aspro, pungente. **'harshnes● [–nis] *s.* **1** severità *f,* durezza *f.* **2** *(disagreeableness: to t● senses)* asprezza *f.* **3** *(roughness)* ruvidezza *f.* **4** ● *weather)* asprezza *f,* rigore *m.*

hart [hɑːt] *s.* (*pl.inv./-s* [s]; il pl.inv. si usa general. co● valore collett.) ⟨*Zool*⟩ **1** cervo *m* maschio. **2** *(red dee●* cervo *m* nobile.

hartshorn ['hɑːtshɔːn] *s.* ⟨*Zool*⟩ corno *m* di cervo.

hart's tongue *s.* ⟨*Bot*⟩ lingua *f* cervina.

harum-scarum ['heərəm'skeərəm] I *a.* ⟨*fam*⟩ avventat● sventato, sconsiderato; *(wild)* sfrenato. II *s.* *(reckle● person)* sventato *m* (*f* –a), sconsiderato *m* (*f* –a); *(reckle●*

action) azione *f* sconsiderata.

aruspex [həˈrʌspeks] *s.* (*pl.* **-ruspices** [ˈrʌspisiːz]) (*Stor.rom*) aruspice *m.*

arvest [ˈhɑːvist] **I** *s.* **1** (*act*) mietitura *f,* messe *f.* **2** (*season*) stagione *f* della raccolta, mietitura *f.* **3** (*crop, yield*) messe *f,* raccolto *m.* **4** 〈*fig*〉 frutto *m,* risultato *m,* messe *f.* **II** *v.t.* **1** raccogliere, mietere: *to* ~ *wheat* mietere il grano. **2** (*to gather from*) mietere: *to* ~ *a field* mietere un campo. **3** 〈*assol*〉 (*to gather in a crop*) mietere un raccolto. **4** 〈*fig*〉 raccogliere, mietere, ricavare. □ 〈*Agr*〉 *to get in⌐* (o *win*) *the* ~ fare il raccolto; 〈*fig*〉 *to reap the* ~ *of one's work* (rac)cogliere il frutto del proprio lavoro.

arvest bug *s.* 〈*Entom*〉 trombidide *m.*

arvester [ˈhɑːvistə] *s.* **1** 〈*Agr*〉 mietitore *m* (*f* –trice); (*machine*) mietitrice *f.* **2** → **harvest bug.**

arvester-thresher *s.* 〈*Agr*〉 mietitrebbia *f.*

arvest| festival *s.* → **harvest thanksgiving.** ~ **home** *s.* **1** fine *f* della mietitura. **2** (*time*) tempo *m* della raccolta, mietitura *f.* **3** (*festival*) festa *f* della mietitura. **4** (*harvest song*) canto *m* della mietitura. ~ **moon** *s.* plenilunio *m* più vicino all'equinozio d'autunno. ~ **mouse** *s.irr.* 〈*Zool*〉 topolino *m* delle risaie. ~ **thanksgiving** *s.* cerimonia *f* religiosa di ringraziamento per il raccolto.

as [hæz] → **have¹.**

as-been *s.* 〈*fam*〉 **1** (*of a man*) uomo *m* superato (o finito); (*of a woman*) bellezza *f* sfiorita. **2** (*of a thing*) cosa *f* superata.

ash¹ [hæʃ] *s.* **1** 〈*Gastr*〉 carne *f* tritata e patate. **2** 〈*fig*〉 (*mixture*) miscuglio *m,* accozzaglia *f;* (*muddle*) pasticcio *m,* guazzabuglio *m.* **3** 〈*fig*〉 rifrittume *m,* rifrittura *f: a* ~ *of old ideas* un rifrittume di vecchie idee. □ 〈*fig*〉 *to make a* ~ *of s.th.* impasticciare (o abborracciare) qc.; 〈*fam*〉 *to settle s.o.'s* ~ sistemare qd. (a dovere).

ash² *v.t.* **1** (spesso con *up: to mince*) tritare, triturare; (*to chop small*) tagliare a pezzetti. **2** 〈*fig*〉 pasticciare, abborracciare.

ash³ 〈*sl*〉 → **hashish.**

ashish [ˈhæʃiʃ] *s.* hashish *m,* ascisc *m.*

aslet [ˈheizlit, ˈhæs–] *s.* 〈*Alim*〉 frattaglie *fpl,* interiora *fpl.*

asn't [ˈhæznt] *contraz.* di **has not.**

asp [hɑːsp] **I** *s.* **1** (*metal clasp*) fermaglio *m.* **2** (*for a door, lid*) cerniera *f,* serratura *f.* **3** 〈*Tess*〉 (*skein*) matassa *f.* **II** *v.t.* assicurare (o fermare) con una cerniera.

assle *am.* [ˈhæsl] *s.* 〈*fam*〉 **1** battibecco *m,* alterco *m.* **2** (*controversy*) contrasto *m,* controversia *f.*

assock [ˈhæsək] *s.* **1** (*footstool*) poggiapiedi *m;* (*kneeling cushion*) inginocchiatoio *m.* **2** (*tussock*) zolla *f* erbosa.

astate [ˈhæsteit] *a.* 〈*Bot*〉 (*of a leaf*) astato.

aste [heist] **I** *s.* **1** fretta *f,* premura *f,* urgenza *f: to do s.th. in* ~ fare qc. in fretta; (*speed*) celerità *f,* rapidità *f.* **2** (*precipitateness*) fretta *f* eccessiva, precipitazione *f,* furia *f.* **II** *v.i./t.* 〈*lett*〉 → **hasten.** □ *to be in* ~ avere fretta, andare di fretta; *to make* ~ affrettarsi. *Prov.:* ~ *makes waste* la fretta è cattiva consigliera; *more* ~ *less speed* la gatta frettolosa fece i gattini ciechi. **'hasten** [–sn] **I** *v.t.* **1** (*of a person*) sollecitare, fare fretta (o premura) a. **2** (*to accelerate*) accelerare, affrettare. **II** *v.i.* affrettarsi: *he –ed home* si affrettò verso casa. □ *to* ~ *away* andarsene in fretta, affrettarsi ad andar via.

astiness [ˈheistinis] *s.* **1** fretta *f.* **2** (*rashness*) precipitazione *f,* fretta *f* eccessiva, furia *f.* **hasty** [–ti] *a.* **1** frettoloso, affrettato: *a* ~ *visit* una visita frettolosa. **2** (*precipitate*) precipitoso, avventato: *a* ~ *decision* una decisione precipitosa. **3** (*quick–tempered*) focoso, impetuoso; (*irascible*) irascibile, iracondo. **4** (*thoughtless*) avventato, sconsiderato: ~ *words* parole avventate. **5** (*speedy*) veloce, rapido.

asty pudding *s.* 〈*Gastr*〉 **1** budino *m* di farina di grano. **2** 〈*am*〉 (*cornmeal mush*) polenta *f.*

at [hæt] **I** *s.* cappello *m.* **II** *v.t.* (*pret., p.p.* **'hatted** [–id]) mettere il cappello a. □ 〈*fam*〉 *a bad* ~ un tipaccio; 〈*fig*〉 *at the* **drop** *of a* ~ al minimo pretesto; ~ *in* **hand** col cappello in mano; 〈*fig*〉 servilmente; 〈*fam*〉 **my** ~*!* davvero?, ma va'!; *–s off!* giù il cappello!; *with a* ~ **on** a capo coperto, col cappello in testa; 〈*fig*〉 *to* **pass** (o *send*) *round the* ~ fare una colletta; 〈*Pol*〉 *to throw one's* ~ *into*

the **ring** presentare la propria candidatura; 〈*fig*〉 *to* **take** *one's* ~ *off to s.o.* fare tanto di cappello a qd.; 〈*fam*〉 *to* **talk** *through one's* ~ ragionare con i piedi, dire sciocchezze; 〈*fam*〉 *to keep s.th.* **under** *one's* ~ mantenere il segreto su qc.; *keep it under your* ~*!* acqua in bocca!

hatable *am. a.* → **hateable.**

hat|band *s.* nastro *m* del cappello. ~ **block** *s.* forma *f* per cappelli. **~box** *s.* cappelliera *f.* ~ **brush** *s.* spazzola *f* per cappelli.

hatch¹ [hætʃ] **I** *v.t.* **1** far nascere (covando); (*of eggs*) covare. **2** 〈*fig*〉 tramare, ordire: *to* ~ *a plot* ordire una congiura. **II** *v.i.* **1** nascere, uscire dall'uovo; (*of eggs*) schiudersi. **2** (*of a hen: to brood*) covare. **III** *s.* **1** (*act*) cova *f,* covatura *f.* **2** (Frood hatched) covata *f.*

hatch² *s.* **1** 〈*Mar*〉 portello *m* di boccaporto, portellone *m.* **2** → **hatchway.** **3** (*trap door*) botola *f.* **4** (*of a divided door*) mezza porta *f* (apribile). **5** (*serving hatch*) sportello *m.* **6** 〈*Aer*〉 portello *m.* **7** 〈*Idr*〉 porta *f* della chiusa. □ *under –es:* 1 〈*Mar*〉 sotto coperta; 2 〈*fig*〉 (*in bondage*) in schiavitù; 3 〈*fig*〉 (*dead and buried*) morto e sepolto.

hatch³ *s.* 〈*Art*〉 tratteggio *m,* ombreggiatura *f.* **II** *v.t.* tratteggiare, ombreggiare.

hatch cover *s.* 〈*Mar*〉 botola *f* di boccaporto.

hatchery [ˈhætʃəri] *s.* **1** (*for eggs*) stazione *f* di covatura artificiale. **2** (*for fish*) vivaio *m.*

hatchet [ˈhætʃit] *s.* **1** accetta *f,* ascia *f.* **2** (*tomahawk*) tomahawk *m,* ascia *f* di guerra. □ *to bury the* ~ fare la pace; *to take* (o *dig*) *up the* ~ iniziare le ostilità, dissotterrare l'ascia di guerra.

hatchet| face *s.* volto *m* dai lineamenti affilati. ~ **man** *s.* 〈*sl*〉 sicario *m.*

hatching¹ [ˈhætʃiŋ] *s.* **1** cova *f,* covatura *f.* **2** (*brood*) covata *f.*

hatching² *s.* 〈*Art*〉 (*in drawing*) tratteggio *m,* ombreggiatura *f.*

hatchway [ˈhætʃwei] *s.* 〈*Mar*〉 boccaporto *m.*

hate [heit] **I** *v.t.* **1** odiare, nutrire odio verso, avere in odio. **2** (*to detest*) detestare, non gradire, (*pop*) odiare: *I* ~ *getting up early* detesto alzarmi presto; (*to dislike*) dispiacere (costr. impers.): *I would* ~ *to disappoint him* mi dispiacerebbe deluderlo. **II** *s.* odio *m;* (*dislike*) avversione *f,* odio *m.* □ 〈*fam*〉 *to* ~ *s.o.'s guts* odiare a morte qd. **'hateable** [–əbl] *a.* odioso, odiabile, detestabile. **'hateful** [–ful] *a.* **1** odioso, detestabile, antipatico. **2** (*expressing hate*) che esprime odio. **'hatefulness** [–fulnis] *s.* odiosità *f.* **'hater** [–ə] *s.* chi odia.

hatful [ˈhætful] *s.* **1** (*contents*) cappellata *f.* **2** 〈*fam*〉 (*lot*) mucchio *m.*

hath [hæθ] → **have¹.**

hatless [ˈhætlis] *a.* senza cappello.

hat|pin *s.* spillone *m* per cappelli. **~rack** *s.* rastrelliera *f* per cappelli.

hatred [ˈheitrid] *s.* **1** odio *m.* **2** (*hostility*) ostilità *f,* avversione *f.*

hat| shop *s.* cappelleria *f.* **~stand** *s.* attaccapanni *m* a stelo, uomo *m* morto.

hatter [ˈhætə] *s.* cappellaio *m.*

hat trick *s.* 〈*Sport*〉 **1** (*in cricket*) tre punti *mpl* consecutivi. **2** (*in baseball, etc.*) tre punti *mpl* segnati da uno stesso giocatore.

hauberk [ˈhɔːbəːk] *s.* 〈*Mediev*〉 cotta *f* d'arme.

haughtiness [ˈhɔːtinis] *s.* altezzosità *f,* arroganza *f,* boria *f.* **haughty** [–ti] *a.* **1** altezzoso, arrogante, borioso. **2** (*scornful*) sdegnoso, sprezzante.

haul¹ [hɔːl] **I** *v.t.* **1** tirare, trainare, trascinare: *to* ~ *a boat on to the beach* tirare a riva una barca. **2** (*to transport*) trasportare. **3** (*to bring before an authority*) portare, condurre, tradurre. **4** 〈*Mar*〉 deviare la rotta di. **5** 〈*Mar*〉 (*of a hawser, etc.*) alare. **II** *v.i.* **1** tirare (*on s.th.* qc.): *to* ~ *on a rope* tirare una fune. **2** (*to do transport*) fare trasporti. **3** 〈*Mar*〉 (*to change course*) cambiare rotta; (*to sail on a course*) navigare a vela, veleggiare. **4** (*of the wind;* spesso con *around*) cambiare (direzione). □ 〈*Mar*〉 *to* ~ **around** (*to brace*) bracciare; *to* ~ **down** *one's flag* (o *colours*) ammainare la bandiera; 〈*fig*〉 arrendersi; 〈*Mar*〉 *to* ~ **in:** 1 (*to pull in*) tesare; 2 (*to head for land*) dirigersi a terra; 〈*Pesc*〉 *to* ~ *in the nets* raccogliere le reti; 〈*Mar*〉 *to*

~ **off** accostare; ⟨*Mar*⟩ *to* ~ *to* **port** accostare a sinistra; *to* ~ **up:** 1 ⟨*Mus*⟩ far accostare; 2 ⟨*Mar*⟩ (*to drag ashore*) tirare a secco; 3 ⟨*Mar,am.fam*⟩ (*to stop*) fermarsi; ⟨*Mar*⟩ *to* ~ *to* the **windward** orzare.

haul[2] *s.* **1** tiro *m,* trazione *f;* (*strong pull*) stratta *f.* **2** (*transporting*) trasporto *m;* (*quantity transported*) carico *m* trasportato; (*distance*) distanza *f* di trasporto. **3** ⟨*Pesc*⟩ retata *f.* **4** ⟨*fam*⟩ (*s.th. taken or acquired*) retata *f,* guadagno *m,* profitto *m;* (*s.th. stolen*) bottino *m: the thieves had a large* ~ i ladri fecero un grosso bottino. □ ⟨*Pesc*⟩ *to have a good* ~ fare buona pesca.

haulage ['hɔːlidʒ] *s.* **1** trasporto *m.* **2** ⟨*Comm*⟩ (*charge*) costo *m* (*o* prezzo) del trasporto, trasporto *m.* **3** ⟨*Mar*⟩ alaggio *m.* **4** ⟨*Minier*⟩ carreggio *m.*

haulage contractor *s.* imprenditore *m* di trasporti.

haulaway ['hɔːlewei] *s.* ⟨*Aut*⟩ cicogna *f,* coccodrillo *m.*

haulier ['hɔːl(i)ə] *s.* **1** ⟨*Comm*⟩ trasportatore *m.* **2** ⟨*Minier*⟩ chi spinge i vagoncini.

haulm [hɔːm] *s.* **1** stoppia *f,* paglia *f.* **2** (*stalk*) gambo *m,* stelo *m.*

haunch [hɔːntʃ] *s.* **1** ⟨*Anat*⟩ anca *f.* **2** ⟨*Zool*⟩ coscia *f.* **3** ⟨*Macell*⟩ quarto *m.* **4** ⟨*Arch*⟩ fianco *m.*

haunch bone *s.* ⟨*Anat*⟩ osso *m* iliaco.

haunt [hɔːnt] **I** *v.t.* **1** (*of ghosts, spirits, etc.*) frequentare, abitare. **2** ⟨*fig*⟩ (*to visit frequently*) frequentare, bazzicare, praticare in: *to* ~ *a bar* frequentare un bar. **3** ⟨*fig*⟩ (*to recur to the mind of*) (ri)tornare in mente a; (*to trouble*) perseguitare, tormentare, ossessionare. **II** *s.* **1** ritrovo *m.* **2** ⟨*Zool*⟩ covo *m,* tana *f.* **3** ⟨*dial*⟩ (*ghost*) fantasma *m,* spettro *m.* □ *a* ~ *of thieves* un covo di ladri; *old –s* i luoghi frequentati nel passato. '**haunted** [–id] *a.* **1** abitato (*o* frequentato) dai fantasmi: *a* ~ *house* una casa abitata dai fantasmi. **2** ⟨*fig*⟩ perseguitato, tormentato, ossessionato. '**haunting** [–iŋ] *a.* ossessionante, che perseguita: *a* ~ *tune* un motivo ossessionante.

hautboy ['houbɔi] *s.* ⟨*rar*⟩ (*oboe*) oboe *m.*

Havana [həˈvænə] **I** *N.pr.* ⟨*Geog*⟩ Avana *f.* **II** *s.* (*cigar*) avana *m.*

have[1] [hæv] *v.* (*pr.ind. 1ᵃ pers.* **have,** *2ᵃ pers.* **have,** *3ᵃ pers.* **has** [hæz], *pl.* **have;** *pret. 1ᵃ pers.* **had** [hæd], *2ᵃ pers.* **had,** *3ᵃ pers.* **had,** *pl.* **had;** *p.p.* **had**) **I** *v.t.* **1** avere, possedere: *he has a large house* ha una casa grande; ~ *you* (*got*) *a car?* possiedi un'automobile?; *she has* (*got*) *blue eyes* ha gli occhi azzurri; *he has many enemies* ha molti nemici. **2** (*to hold, keep in the mind*) avere: *to* ~ *a dream* avere un sogno; *he had nothing to say* non aveva nulla da dire. **3** (*to experience, feel*) avere, sentire, provare: *I* ~ (*got*) *a terrible pain* sento un tremendo dolore; (*to undergo*) subire: *he had an operation on his knee* subì un'operazione al ginocchio. **4** (*to receive*) avere, ricevere: ~ *you had any news?* hai avuto qualche notizia?; (*to hear*) apprendere, (venire a) sapere: *I* ~ *it on good authority* lo so da fonte autorevole. **5** (*to take*) avere, prendere: *may I* ~ *this one?* posso prendere questo? **6** (*to be compelled;* seguito dall'inf.) dovere, avere da: *I* ~ (*got*) *to go now* ora devo andare; *you will* ~ *to try your best* dovrai mettercela tutta. **7** (*to be required*) avere, dovere: *I* ~ (*got*) *a lot to do* ho molte cose da fare. **8** (*to cause to;* seguito dall'inf.) fare: ~ *him cut the grass* fagli tagliare l'erba. **9** (*to cause to be;* seguito dal p.p.) fare: *I must* ~ *my watch mended* devo far riparare il mio orologio. **10** (*to eat*) mangiare, prendere: *I've only had a sandwich today* oggi ho mangiato soltanto un tramezzino; (*to drink*) prendere, bere: *I never* ~ *tea for breakfast* non prendo mai tè a colazione; (*to smoke*) fumare: *let's* ~ *a cigarette* fumiamoci una sigaretta; (*of a meal*) fare, prendere: *to* ~ *lunch* fare colazione, pranzare. **11** (*to engage in, perform;* seguito da un sost.) fare, farsi, *often translated with a verb: to* ~ *a walk* fare una passeggiata, passeggiare; *to* ~ *a fight with s.o.* litigare con qd.; *to* ~ *a game of cards* fare una partita a carte. **12** (*to give birth to*) avere, dare alla luce, fare, partorire: *to* ~ *a baby* avere (*o* fare) un bambino. **13** (*to show*) avere, mostrare: *she had the nerve to refuse* ebbe il coraggio di rifiutare; *to* ~ *mercy on s.o.* mostrare pietà per qd. **14** (*to allow*) permettere, tollerare: *I won't* ~ *you saying such things* non permetto che tu dica cose simili. **15** (*to obtain*) guadagnare, prendere. **16** (*to entertain,*

invite) avere, invitare: *to* ~ *s.o. to dinner* avere qd. ... cena. **17** (*to maintain, say;* seguito da *it*) dire, sostener... affermare: *the newspapers* ~ *it that there will be anoth...* *slump* i giornali sostengono che ci sarà una nuo... depressione; *as Shakespeare has it* come dice Shakespear... **18** (*to be, take on*) rivestire, assumere, avere: *the matt...* *has great importance* la questione riveste una gran... importanza. **19** (*to know, understand*) conoscere, sapere:... ~ *it by heart* lo so a memoria. **20** (*to want*) volere: *wh...* *would you* ~ *me do?* che cosa vuoi che faccia? **21** ⟨*far...* (*to outwit, dupe*) imbrogliare, ingannare, truffare, ⟨*po...* fregare: *I'm afraid you've been had* temo che ti abbian... fregato. **22** ⟨*fam*⟩ (*to defeat*) vincere, battere. **23** ⟨*far...* (*to bribe*) corrompere, comprare. **II** *v.aus.* (*to form perf... tenses*) avere, essere: *she has gone out* è uscita; ~ *y...* *finished?* hai finito? □ *to* ~ *s.th.* **against** *s.o.* avere c... contro qd.; *to* ~ **at:** 1 (*to attack*) assalire, saltare addos... a; 2 (*to go at vigorously*) impegnarsi a fondo in; *to* ~... **back:** 1 avere indietro, riavere; 2 (*of a person*) far tornar... *to* ~ **done** *with:* 1 (*to stop*) smettere, cessare: *I* ~ *do...* *with lending him money* ho smesso di prestargli denaro; ... (*to be tired of*) non volerne più sapere di; *to* ~ *done w...* *it* farla finita, finirla; *to* ~ **down** fare venire (dalla città... provincia), invitare: *they had guests down for t...* *week–end* fecero venire degli ospiti per il fine settiman... ⟨*Dir*⟩ *to* ~ *and to* **hold** possedere (*o* occupare) in pie... diritto; *I* ~ *no* **idea** non ne ho l'idea; *to* ~ **in:** 1 avere (... casa): *we* ~ *the painters in* abbiamo i pittori (in casa); ... (*of guests*) invitare; ⟨*fam*⟩ *to* ~ *it in for s.o.* avercela c... qd.; *to* ~ *it in one* potere, essere capace di; ⟨*fam*⟩ *I* ~ *i...* 1 (*I have the answer*) io lo so!; 2 (*I understand*) ... capito!; ⟨*fam*⟩ *to* ~ **had** *it:* 1 aver perso l'ultim... possibilità; 2 (*to be exhausted*) essere sfinito (*o* stremato... 3 (*to be ruined*) essere rovinato (*o* spacciato); 4 (*to p...* *from popularity*) fare il proprio tempo: *he's had it as* ... *singer* come cantante ha fatto il suo tempo; 5 (*to di...* lasciarci la pelle; *to* **let** ~ dare, fare avere: *let me* ~ *yo...* *pen* dammi la tua penna; *let me* ~ *your answer soo...* fatemi avere la vostra risposta presto; ⟨*fam*⟩ *to* **let** *s.o.* ... *it* dire a qd. il fatto suo; *to* ~ **on:** 1 indossare, ave... indosso, portare: *she had a new dress on* indossava u... vestito nuovo; 2 (*to have planned*) avere in programma: ... *haven't* (*got*) *anything on tonight* non ho nulla ... programma per stasera; 3 ⟨*fam*⟩ (*to tease*) prendere ... giro; ⟨*fam*⟩ *to* ~ *s.th. on s.o.* avere prove contro qd.; ... *had nothing on* era nudo; *to* ~ *nothing on s.o.:* 1 n... essere superiore a qd.; 2 (*to possess no evidence abou...* non avere prove su qd.; *I* ~ *no money on me* non h... denaro con me; ⟨*fam*⟩ ~ *you got the time on you?* sai ch... ora è?; ⟨*fam*⟩ *to* ~ (**o.s.**) *a good time* divertir... spassarsela; *to* ~ *a tooth* **out** farsi togliere un dente; *to* ... *it out with s.o.* avere una spiegazione con qd.; ⟨*fam*⟩ *to* ... *it* **over** essere superiore a; *to* ~ **up:** 1 convocare, mandare... chiamare; 2 (*to invite*) invitare, far venire (dalla provinc... in città); 3 ⟨*fam*⟩ (*to summon before a court*) citare ... giudizio. *Prov.: he that hath, to him shall be given* a chi h... sarà dato. ‖ *had they accepted, all would* ~ *been well* ... avessero accettato, tutto sarebbe andato bene; *it is to ...* *had at the chemist's* ce l'hanno in farmacia.

have[2] *s.* **1** *pl.* (*the wealthy*) abbienti *mpl,* benestanti *mp...* *the –s and the have–nots* gli abbienti e i non abbienti. ... ⟨*fam*⟩ (*swindle*) inganno *m,* imbroglio *m,* truffa *f.*

haven ['heivn] *s.* **1** porto *m.* **2** ⟨*fig*⟩ rifugio *m,* ricover... *m,* asilo *m.*

have-not *s.* ⟨*fam*⟩ non abbiente *m/f.*

haven't ['hævnt] *contraz. di* **have not.**

haversack ['hævəsæk] *s.* sacca *f,* bisaccia *f.*

havings ['hæviŋz] *s.pl.* proprietà *f,* averi *mpl.*

havoc ['hævək] *s.* **1** distruzione *f,* devastazione *f,* rovina ... **2** (*great disorder*) caos *m.* □ ⟨*fig*⟩ *to cry* ~ da... l'allarme; *to make* ~ *of* distruggere, devastare; *to play* (... *raise*) ~ *with:* 1 = *to make havoc of;* 2 ⟨*fig*⟩ mandare ... monte, rovinare.

haw[1] [hɔː] *s.* **1** bacca *f* di biancospino. **2** ⟨*Bot*⟩ – ... **hawthorn.**

haw[2] **I** *s.* esitazione *f.* **II** *v.i.* **1** parlare esitando. **2** (... *utter haw*) dire ehm. **III** *intz.* ehm. □ *to hum and* ...

itare nel parlare.

w³ s. ⟨Zool⟩ membrana f nittitante.

awaii [hə'waii] N.pr. pl. ⟨Geog⟩ Hawai fpl. **Hawaiian** -'waijən] **I** s. **1** hawaiano m. **2** (language) lingua f awaiana. **II** a. hawaiano.

wfinch ['hɔ:fintʃ] s. ⟨Ornit⟩ frosone m.

w-haw ['hɔ:hɔ:] **I** intz. ah, ah. **II** s. sghignazzata f.

wk¹ [hɔ:k] **I** s. **1** ⟨Ornit⟩ (sparrow hawk) sparviero m. ⟨Ornit⟩ (falcon) falco m. **3** ⟨Venat⟩ falcone m, falco m. ⟨Pol⟩ falco m. **II** v.i. ⟨Venat⟩ andare a caccia col lcone. **III** v.t. assalire (o cacciare) dall'alto. □ to have ves like a ~ avere occhi di falco; ⟨fig⟩ to know a ~ from handsaw avere discernimento.

wk² **I** v.t. vendere per la strada (o di casa in casa), fare venditore ambulante di. **II** v.i. fare il venditore mbulante.

wk³ **I** v.i. raschiarsi la gola. **II** v.t. (to raise by hawking; esso con up) espettorare. **III** s. raschio m.

wk⁴ s. ⟨Edil⟩ sparviero m.

wker¹ ['hɔ:kə] s. ⟨Venat⟩ falconiere m.

wker² s. venditore m ambulante.

wk|-eyed a. dagli occhi di falco. **~eye State** am. N.pr. ezz) Iowa m.

wking ['hɔ:kiŋ] s. ⟨Venat⟩ falconeria f.

wk|moth s. ⟨Entom⟩ sfinge f. **~nose** s. naso m quilino.

wksbill (**turtle**) ['hɔ:ksbil] s. ⟨Zool⟩ tartaruga f nbricata.

wse [hɔ:z] s. ⟨Mar⟩ **1** cubia f. **2** → hawsehole. **3** → awsepipe.

wse|hole s. ⟨Mar⟩ occhio m di cubia. **~pipe** s. biotto m.

wser ['hɔ:zə] s. ⟨Mar⟩ gomena f, gherlino m.

wthorn ['hɔ:θɔ:n] s. ⟨Bot⟩ biancospino m.

y¹ [hei] **I** s. ⟨Agr⟩ fieno m. **II** v.t. **1** ⟨Agr⟩ coltivare (o ettere) a fieno. **2** ⟨Zootecn⟩ (to supply with hay) dare il eno a. □ ⟨fam⟩ to hit the ~ andare a letto; ⟨Agr⟩ to ake ~ falciare ed esporre al sole il fieno; ⟨fig⟩ to make of sconvolgere, mettere in disordine: the weather made of our plans il tempo sconvolse i nostri programmi; ig) to make ~ while the sun shines battere il ferro entre è caldo.

y² s. danza f campestre.

y| barn s. ⟨Agr⟩ fienile m. **~ box** s. cassa f di cottura. **cock** s. ⟨Agr⟩ mucchio m di fieno. **~ cutter** s. gliafieno m. **~ fever** s. ⟨Med⟩ febbre f da fieno, ffreddore m da fieno. **~ field** s. ⟨Agr⟩ campo m di eno, prato m da taglio. **~fork** s. ⟨Agr⟩ forcone m da eno, forca f fienaia. **~loft** s. ⟨Agr⟩ fienile m. **~maker 1** ⟨Agr⟩ (person) falciatore m (f –trice) d'erba; nachine) voltafieno m. **2** ⟨Sport⟩ forte pugno m (che esso mette fuori combattimento). **~making** s. ⟨Agr⟩ enagione f. **~rack** s. **1** ⟨Zootecn⟩ rastrelliera f per il eno. **2** (wagon) carro da fieno. **~rick** s. → haystack. **seed** s. **1** ⟨Agr⟩ semente f del fieno. **2** ⟨am.fam⟩ umpkin) villano m (f –a), zotico m (f –a). **~stack** s. Agr⟩ mucchio m di fieno. **~ turner** s. voltafieno m.

ward s. ⟨Stor⟩ sorvegliante m dei recinti pubblici.

ywire ['heiwaiə] **I** s. filo m di ferro per legare balle di eno (o paglia). **II** a. ⟨am.fam⟩ **1** disordinato, confuso. **2** razy, wildly excited) folle, matto, pazzo. □ ⟨am.fam⟩ to ɔ ~ impazzire.

zard ['hæzəd] **I** s. **1** rischio m, azzardo m. **2** (chance) rte f, caso m, fatalità f. **3** ⟨Sport⟩ (in golf) ostacolo m aturale; (in billiards) colpo m che manda la palla in uca. **4** (dice game) gioco m d'azzardo con i dadi. **II** v.t. azzardare, arrischiare, avventurare: to ~ a guess zzardare un'ipotesi. **2** (to expose to risk) rischiare, ettere a repentaglio. □ at ~ per caso; at all –s a ualunque costo. **hazardous** [–əs] a. **1** rischioso, zzardato, pericoloso. **2** (chance) casuale, fortuito.

azardousness [–əsnis] s. **1** l'essere rischioso, ericolosità f. **2** (casualness) casualità f.

zard rating s. indice m di pericolosità.

ze¹ [heiz] **I** s. **1** ⟨Meteor⟩ caligine f, foschia f, nebbia f eggera). **2** ⟨fig⟩ annebbiamento m, confusione f mentale. ⟨Fot⟩ velo m. **II** v.i. diventare caliginoso. **III** v.t.

offuscare con caligine.

haze² v.t. **1** ⟨Mar⟩ caricare di lavoro. **2** (to ridicule) prendersi gioco di, farsi beffe di. **3** ⟨am.univ⟩ fare la matricola a.

hazel ['heizl] **I** s. **1** → hazelnut tree. **2** → hazelnut. **3** (wood) legno m di nocciolo, nocciolo m. **4** (colour) nocciola m, avana m (o marrone) chiaro. **II** a. **1** (light brown) (color) nocciola, bruno chiaro: ~ eyes occhi nocciola. **2** (made of hazel wood) di nocciolo. **hazelly** [–i] a. **1** pieno di noccioli. **2** (light brown) (color) nocciola.

hazel|nut s. nocciola f. **~nut tree** s. ⟨Bot⟩ nocciolo m, avellano m.

hazily ['heizili] avv. **1** confusamente, indistintamente. **2** ⟨fig⟩ in maniera incerta, vagamente. **haziness** [–zinis] s. **1** nebbiosità f. **2** ⟨fig⟩ nebulosità f, incertezza f. **hazy** [–zi] a. **1** caliginoso, nebbioso: ~ weather tempo caliginoso. **2** ⟨fig⟩ vago, indistinto, confuso: ~ ideas idee vaghe; (of persons) confuso, disorientato. **3** (clouded) appannato.

H.B.M. = His (o Her) Britannic Majesty sua maestà Britannica.

H-bomb s. ⟨Atom⟩ bomba f H.

H.C. = **1** ⟨Rel⟩ Holy Communion santa comunione. **2** ⟨GB⟩ House of Commons camera dei comuni.

h.c.f., H.C.F. = ⟨Mat⟩ highest common factor massimo comun divisore (abbr. M.C.D.).

HDTV = High Definition Television televisione ad alta definizione.

he [hi:, hi] **I** pron. **1** egli, lui, often not translated: ~ is a good man è un brav'uomo; ~ said it l'ha detto lui. **2** ⟨lett⟩ (the one) colui, quello: ~ who is without sin colui che è senza peccato. **II** s. **1** (man) uomo m. **2** (male) maschio m. **III** a. (nei composti) **1** (male) maschio, often translated by the masculine noun: a ~ goat un caprone. **2** (masculine) virile, maschio. □ a real ~ man un uomo forte e virile, un vero uomo, ⟨fam⟩ un fusto.

H.E. = **1** high explosive alto esplosivo. **2** His Eminence Sua Eminenza (abbr. S.E.). **3** His (o Her) Excellency Sua Eccellenza (abbr. S.E.)

head¹ [hed] **I** s. **1** testa f, capo m: to hit s.o. on the ~ colpire qd. alla testa. **2** (as a measurement) testa f: to win the race by a ~ vincere la corsa per una testa; he is a ~ taller than me è più alto di me di tutta la testa. **3** (foremost part) testa f, capo m: to march at the ~ of a column marciare alla testa di una colonna; (highest part) cima f, testa f: the ~ of the staircase la cima della scala; (of a bed) testata f, testa f. **4** (of a hammer, axe, etc.) testa f; (of a pin, nail, etc.) testa f, capo m, capocchia f. **5** ⟨fig⟩ (mind, brain) testa f, mente f, cervello m; (aptitude) disposizione f, attitudine f, talento m: to have a good ~ for drawing avere una spiccata disposizione per il disegno. **6** ⟨fig⟩ (position of leadership) comando m: he was put at the ~ of the expedition fu posto al comando della spedizione; (leader, chief) capo m: the ~ of the sales department il capo dell'ufficio vendite; ~ of State capo dello stato. **7** (person) testa f: the crowned –s of Europe le teste coronate d'Europa. **8** (one of a number or group) testa f, persona f: a pound a ~ una sterlina a testa; (of cattle; pl. inv.) capo m. **9** (division of a theme, etc.) capo m, capitolo m. **10** (of a coin or medal) dritto m. **11** ⟨fam⟩ (headache) mal m di testa. **12** (froth on a liquid) schiuma f; (of milk) panna f. **13** ⟨Univ⟩ preside m: ~ of a department preside di facoltà. **14** ⟨Scol⟩ → head– master. **15** ⟨Geog⟩ capo m, promontorio m. **16** (source of a river) sorgente f. **17** ⟨Med⟩ (of a boil, etc.) punta f, testa f. **18** ⟨Bot⟩ (inflorescence) capolino m; (of cabbage, lettuce, etc.) cespo m, cesto m. **19** ⟨Mar⟩ (bow) prora f, prua f; (of a mast) cima f. **20** ⟨Minier⟩ galleria f. **21** ⟨Mecc⟩ (of a machine tool) testa f; (of a valve) fungo m. **22** ⟨Mot⟩ testata f, testa f. **23** ⟨Ind⟩ bacino m (idroelettrico). **24** (of a tape recorder) testina f. **25** ⟨Ferr⟩ fungo m (di rotaia). **26** ⟨Fis⟩ pressione f: a full ~ of steam vapore a piena pressione. **27** ⟨Arch⟩ capitello m. **II** a. **1** capo: ~ chorister capo corista. **2** (nei composti: of or for the head) da (o per la) testa: a ~scarf un fazzoletto da testa. **3** (situated at the head) di testa. **4** ⟨Mar⟩ di prua, contrario: ~ *sea* mare di prua; ~ *tide* corrente contraria. □ ⟨*fig*⟩ *to have a* big ~ essere presuntuoso; ⟨*fig*⟩ *to* bow *the* ~ abbassare la testa; ⟨*Mar*⟩ ⟨*down*⟩ *the* ~ inclinato a prua, appruato; ⟨*Dir*⟩ ~ *of a* charge capo *m* d'accusa; *to* come *to a* ~: 1 (*of a boil*) maturare; 2 ⟨*fig*⟩ giungere a un punto critico; ⟨*fig*⟩ *it* cost *him his* ~ gli costò la vita, ci rimise la testa; *to* count –*s* contare i presenti; *to* cry *one's* ~ off piangere a dirotto; ~ *of a* delegation capodelegazione *m/f;* ⟨*Comm*⟩ ~ *of a* department capoufficio *m;* ~ down a testa bassa; *the* ~ *of the* family il capofamiglia; ~ *of a* firm titolare *m* di una ditta; *from* ~ *to* foot dalla testa ai piedi; ⟨*fig*⟩ *to* give *s.o. his* ~ allentare la briglia a qd., lasciar libero qd.; *to give a horse his* ~ allentare le redini a un cavallo; *to* go *to s.o.'s* ~ ubriacare, dare alla testa: *success has gone to his* ~ il successo gli ha dato alla testa; ⟨*fig*⟩ *to have a* good ~ *for business* essere abile negli affari; *a fine* ~ *of* hair una bella capigliatura; ~ *over* heels: 1 a testa in giù, a capofitto; 2 ⟨*fig*⟩ fino al collo: ~ *over heels in debt* indebitato fino al collo; *to be* ~ *over heels in love with s.o.* essere innamorato cotto (*o* alla follia) di qd.; *to walk with one's* ~ high camminare a testa alta; *to take it* into *one's* ~ *to do s.th.* mettersi in testa di fare qc.; ⟨*fig*⟩ *to put s.th. into s.o.'s* ~ mettere qc. in testa a qd.; ⟨*fig*⟩ *to* keep ⌐*one's* ~⌐ (*o a cool head*) mantenere il sangue freddo; *to* laugh *one's* ~ off ridere a crepapelle; *to* make ~ dirigersi verso; *to be* off *one's* ~: 1 essere pazzo da legare; 2 (*to be wildly excited*) essere fuori di sé; ⟨*fig*⟩ on *one's* ~ sulla (propria) testa (*o* coscienza); *on your* ~ *be it* la responsabilità ricada ⌐su di te⌐ (*o* sul tuo capo); ⟨*fam*⟩ *I could do it* (*standing*) *on my* ~ potrei farlo a occhi chiusi; *on this* ~ su questo punto; ⟨*am.fam*⟩ *to be* out *of one's* ~ essere fuori di sé; ⟨*fig*⟩ *to* get *s.th. out of one's* ~ levarsi qc. dalla testa; *to* act (*o* go) over *s.o.'s* ~ scavalcare qd., agire ⌐all'insaputa⌐ (*o* senza il consenso) di qd.; ⟨*fig*⟩ *to be promoted over another's* ~ ricevere una promozione scavalcando un'altra persona; ⟨*fig*⟩ *to* talk *over s.o.'s* ~ parlare (in maniera) troppo difficile per qd.; ⟨*fig*⟩ *to have a* poor ~ *for figures* essere poco abile nei calcoli; ⟨*fam*⟩ *he is not quite* right *in the* ~ non ha la testa perfettamente a posto, gli manca qualche rotella; ⟨*fam*⟩ *to have one's* ~ screwed *on the right way* avere la testa ⌐sulle spalle⌐ (*o* a posto); *to* shake *one's* ~ scuotere la testa; ⟨*Sport*⟩ *to* win *by a* short ~ vincere di stretta misura; ⟨*fig*⟩ *an old* ~ *on young* shoulders un giovane pieno di saggezza; ⟨*fig*⟩ *to have a good* ~ *on one's shoulders* avere la testa ⌐sulle spalle⌐ (*o* sul collo); ⟨*fig*⟩ *to be* ~ *and shoulders over s.o.* essere di gran lunga superiore a qd.; –*s of* State *and* Government capi *mpl* di stato e di governo; *to* sit *at the* ~ *of the* table sedere a capotavola; –*s or* tails? testa o croce?; ⟨*fam*⟩ *to be unable to make* ~ *or tail of s.th.* non capirci un'acca; ⟨*fam*⟩ *to* talk *s.o.'s* ~ off fare una testa come un pallone a qd., stordire qd.; *from* ~ *to* toe = *from head to foot;* ⟨*fam*⟩ *to* put (*o* lay) –*s* together consultarsi; ⟨*fig*⟩ *to* turn *s.o.'s* ~ far girare la testa a qd.; ⟨*fam*⟩ –*s* up! attenzione!; ⟨*fam*⟩ *to* keep *one's* ~ *above* water rimanere a galla; ⟨*fam*⟩ *he is* weak *in the* ~ è un po' duro di comprendonio. *Prov.: two* –*s are better than one* due teste valgono più di una.

head² I *v.t.* 1 aprire, essere in testa a: *to* ~ *a parade* aprire una sfilata. 2 (*to be chief of*) guidare, dirigere, capeggiare, essere a capo di: *to* ~ *a delegation* guidare una delegazione; *to* ~ *a revolt* capeggiare una rivolta. 3 (*to direct the course of*) dirigere, volgere, indirizzare: *to* ~ *a boat for shore* dirigere una barca verso la riva. 4 (*to fit a head to*) mettere la punta (*o* testa) a, fornire di punta. 5 (*to behead*) decapitare. 6 (*to entitle*) intestare, intitolare. 7 ⟨*Sport*⟩ (*of a ball*) colpire di testa. 8 ⟨*Agr*⟩ (*of a tree*) spesso con *down*) potare, cimare. 9 ⟨*Geol*⟩ (*of a stream*) aggirare la sorgente di. II *v.i.* 1 dirigersi, puntare. 2 ⟨*Bot*⟩ (spesso con *up*) accestire. 3 ⟨*Med*⟩ (*of a boil*) maturare. 4 ⟨*Geog*⟩ (*of a stream*) scaturire, originarsi. □ ⟨*Sport*⟩ *to* ~ *the* ball *into goal* segnare un gol con un colpo di testa; *to* ~ *for* home volgere il passo verso casa; *to* ~ off: 1 intercettare, bloccare; 2 (*to divert*) deviare, stornare; 3 ⟨*fig*⟩ (*to prevent*) prevenire, impedire; *to* ~ up dirigere, essere a capo di.

head|ache *s.* 1 emicrania *f*, cefalea *f*, mal *m* di testa ⟨*fam*⟩ (*problem*) preoccupazione *f*, grattacapo *m*, fasti *m.* ~achy *a.* che ha mal di testa. ~band *s.* 1 fasci ⌐per i capelli⌐ (*o* fermacapelli). 2 ⟨*Legat*⟩ capitello ~board *s.* (*of a bed, etc.*) testata *f.* ~ clearance ⟨*Strad*⟩ altezza *f* libera. ~ clerk *s.* capoufficio ~cloth *s.* copricapo *m.* ~ dress *s.* 1 ornamento *m* capo. 2 (*hairstyle*) acconciatura *f*, pettinatura *f*.

headed ['hedid] *a.* 1 (nei composti) della (*o* con la) te ...: *a curly-*~ *baby* un bambino dalla testa ricciuta ⟨*Bot*⟩ accestito. 3 (*of notepaper, etc.*) intestato. 4 ⟨*Me* con testa.

header ['hedə] *s.* 1 (*fall*) caduta *f* di testa; (*dive*) tuffo tuffo di testa: *to take a* ~ *into a lake* fare un tuffo in lago. 2 ⟨*Edil*⟩ mattone *m* posto di punta. 3 ⟨*Sport*⟩ co *m* di testa. 4 ⟨*tecn*⟩ (*of a boiler, pipes*) collettore *m* ⟨*Fal*⟩ testata *f*, pezzo *m* di testata.

head|fast *s.* ⟨*Mar*⟩ cavo *m* di prua. ~first *avv.* 1 a te in giù (*o* avanti), a capofitto. 2 ⟨*fig*⟩ impetuosamer precipitosamente. ~ foremost *avv.* → headlong. ~g *s.* 1 copricapo *m.* 2 ⟨*Sport*⟩ casco *m.* 3 (*of a harne* testiera *f.* 4 ⟨*Minier*⟩ incastellatura *f* di estrazione. hunter *s.* 1 ⟨*Etnol*⟩ cacciatore *m* di teste. 2 ⟨*l* (*personal agent*) persona *f* incaricata della ricerca personale dirigente.

headiness ['hedinis] *s.* 1 (*rashness*) impetuosità avventatezza *f*, precipitazione *f.* 2 (*intoxicated elati* l'essere inebriante.

heading ['hediŋ] *s.* 1 titolo *m*, intestazione *f*, dicitura *f* (*subdivision, section*) rubrica *f*, sezione *f.* 3 ⟨*cou* *compass direction*) rotta *f*, angolo *m* di rotta: *our* ~ *due south* la nostra rotta era in direzione sud. 4 ⟨*Min* estremità *f* di galleria di livello.

head|-injured *a.* ⟨*Med*⟩ cranioleso. ~lamp *s.* ⟨*Aut*⟩ l *m* (anteriore), proiettore *m.* ~land *s.* 1 ⟨*Geog*⟩ capo promontorio *m.* 2 ⟨*Agr*⟩ striscia *f* di terreno non arat

headless ['hedlis] *a.* 1 senza testa, acefalo. 2 ⟨ (*leaderless*) senza capo, senza guida. 3 ⟨*scherz*⟩ (*brainle* sventato, senza testa.

head|light *s.* 1 → headlamp. 2 ⟨*Mar*⟩ luce *f* di posizi anteriore. □ ~ washer impianto *m* lavafari, lavafari ~line *s.* 1 ⟨*Giorn*⟩ titolo *m*, testata *f.* 2 ⟨*Tip*⟩ titolo 3 ⟨*Rad,TV*⟩ sommario *m.* 4 → headrope. □ ⟨*fam*⟩ hit (*o make*) *the* –*s* alimentare la cronaca; ⟨*este* diventare famoso. ~liner *s.* ⟨*teat*⟩ vedette *f*, divo *m* –*a*).

headlong ['hedlɔŋ] I *avv.* 1 a testa in giù (*o* avanti) capofitto. 2 (*with speed*) a precipizio, precipitosamente, fretta: *to* flee ~ fuggire precipitosamente. 3 ⟨ avventatamente, precipitosamente. II *a.* 1 di testa, cor testa avanti: *a* ~ *dive* un tuffo di testa. 2 (*spee* precipitoso. 3 ⟨*fig*⟩ precipitoso, avventato.

head|man [mæːn] *s.irr.* 1 capo *m;* (*of a clan, tribe*) ca *m*, capotribù *m.* 2 ⟨*am*⟩ (*foreman*) caposquadra '~'master *s.* ⟨*Scol*⟩ preside *m*, direttore '~'mastership *s.* ⟨*Scol*⟩ presidenza *f*, direzione '~'mistress *s.* ⟨*Scol*⟩ preside *f*, direttrice *f.* ~ money 1 → head tax. 2 (*bounty*) taglia *f.* ~most *a.* prir ~note *s.* ⟨*Tip*⟩ nota *f* d'apertura. ~ nurse capoinfermiera *f.* ~ office *s.* sede *f* (centrale). ~off manager *s.* direttore *m* di sede. '~'on I *a.* 1 frontale ~ collision una collisione frontale. 2 (*directly opposi* diretto, fronte a fronte, faccia a faccia. II *avv.* frontalmente. 2 (*in direct opposition*) direttamer ~phone cushion *s.* padiglione *m* (di cuffia). ~phor *s.pl.* ⟨*Tel,Rad*⟩ cuffia *f.* ~piece *s.* 1 copricapo *m*. ⟨*Mil.ant*⟩ elmo *m.* 3 → headphones. 4 ⟨*fam*⟩ (*he brain*) testa *f*, cervello *m*, mente *f.* 5 ⟨*Tip*⟩ testat capopagina *m*, frontone *m*.

headquarters ['hed'kwɔːtəz] *s.pl.* (costr. sing. *o* pl.) ⟨*Mil*⟩ quartier *m* generale. 2 (*of the police*) centrale *f* polizia. 3 ⟨*Comm*⟩ sede *f* centrale. 4 ⟨*fig*⟩ (*mee* *place*) sede *f*.

head|rest *s.* poggiacapo *m.* ~room *s.* ⟨*Edil*⟩ altezz libera di passaggio. ~rope *s.* ⟨*Mar*⟩ gratile *m.* ~sc *s.irr.* foulard *m*, fazzoletto *m* da testa. ~ sea *s.* ⟨*M* mare *m* di prua. ~set *s.* → headphones.

eadship ['hedʃip] s. **1** guida f, comando m. **2** (supremacy) supremazia f, primato m. **3** (Scol) direzione f, presidenza f.

eadshrinker ['hedʃriŋkə] s. (scherz) (psychiatrist) psichiatra m/f.

eadsman ['hedzmən] s.irr. carnefice m, boia m.

ead|spring s. **1** fonte f, sorgente f (anche fig.). **2** (Ginn) capriola f (in appoggio) sul capo. **~stall** s. (of a harness) testiera f. **~stand** s. (Ginn) verticale f (in appoggio) sul capo. **~ start** s. (Sport,fig) vantaggio m: to give s.o. a ~ over s.o. dare a qd. un vantaggio su qd. **~stock** s. (Mecc) testa f. **~stone** s. **1** lapide f, lastra f (o pietra) tombale. **2** (Arch) (cornerstone) pietra f angolare; (keystone) chiave f di volta. **~strong** a. testardo, caparbio. **~ tape cleaner** s. cassetta f puliscitestine. **~ tax** s. tassa f pro capite. **~ voice** s. (Mus) registro m di testa. **~waiter** s. capocameriere m. **~ warder** s. capocarceriere m. **~waters** s.pl. (Geog) (of a river) sorgenti fpl.

eadway ['hedwei] s. **1** marcia f avanti, movimento m in avanti. **2** (fig) progresso m, progressi mpl, avanzamento m. **3** (Mar) abbrivio m in avanti. **4** → **headroom**. **5** (Ferr) intervallo m di tempo (tra due treni). □ (fig) to make ~ farsi largo nella vita.

ead|wear s. copricapo m. **~wind** s. (Aer,Mar) vento m di prua. **~ word** s. (Tip) lemma m, esponente m. **~work** s. lavoro m (o attività f) intellettuale. **~worker** s. intellettuale m/f.

eady ['hedi] a. **1** inebriante, che dà alla testa: ~ wine vino che dà alla testa. **2** (exciting) esaltante, entusiasmante. **3** (rash) sconsiderato, avventato. **4** (impetuous) violento, impetuoso.

eal [hi:l] **I** v.t. **1** sanare, guarire (anche fig.): to ~ a wound guarire una ferita; to ~ a grief sanare un dolore. **2** (fig) comporre, (ri)conciliare: to ~ a quarrel comporre una lite. **II** v.i. (spesso con up, over) guarire, risanare: the wound ~ed quickly la ferita guarì rapidamente.

eal-all s. panacea f, rimedio m universale.

ealer ['hi:lə] s. **1** guaritore m (f ~trice). **2** (fig) rimedio m, medicina f. **healing** [~liŋ] **I** a. **1** curativo, medicamentoso, salutare. **2** (fig) (of speech, etc.) confortante, confortevole. **II** s. guarigione f.

ealth [helθ] s. **1** salute f; (good health) (buona) salute f, sanità f: he is the picture of ~ è il ritratto della salute. **2** (toast) brindisi m. **3** (fig) prosperità f, benessere m. □ to be broken in ~ essere di salute malferma; to drink (to) the ~ of s.o. bere (o brindare) alla salute di qd.; to restore s.o. to ~ ridare la salute a qd.; to your ~! prosit! Prov.: ~ is better than wealth val più la salute che la ricchezza.

ealth| assistance s. assistenza f sanitaria. **~ authorities** s.pl. autorità fpl sanitarie. **~ card** s. tessera f sanitaria. **~ care personnel** s. personale m sanitario. **~ centre** s. centro m sanitario. **~ certificate** s. certificato m medico. **~ club** s. club m ginnico. **~ damage** s. danno m alla salute. **~ economics** s.pl. (costr. sing.) economia f sanitaria. **~ education** s. educazione f sanitaria. **~ food** s. alimenti mpl naturali.

ealthful ['helθful] a. **1** salubre, salutare, igienico. **2** (rar) (healthy) sano. **healthfulness** [~nis] s. → **healthiness**.

ealthiness ['helθinis] s. **1** (buona) salute f. **2** (quality of being wealthy) salubrità f.

ealth| inspection s. controllo m sanitario. **~ insurance** s. assicurazione f sanitaria (o contro le malattie). □ ~ fund cassa malattia f. **~ officer** s. ufficiale m sanitario. **~ policy** s. politica f sanitaria. **~ professional** s. operatore m sanitario. **~ professions** s.pl. professioni fpl sanitarie. **~ reform** s. riforma f sanitaria. **~ regulations** s.pl. norme fpl sanitarie. **~ resort** s. luogo m di cura, stazione f climatica. **~ statistics** s.pl. (costr. sing.) statistica f sanitaria.

ealthy ['helθi] a. **1** sano, in buona salute: a ~ baby un bambino sano. **2** (fam) (showing good health) sano: ~ complexion colorito sano; (of appetite) robusto, vigoroso. **3** (healthful) salutare, salubre, sano, igienico: ~ sports sport salutari. **4** (fig) (prosperous) prospero, fiorente, florido: a ~ economy un'economia fiorente. **5** (fig) (beneficial) salutare, benefico. **6** (fig) (honest) sano, onesto.

heap [hi:p] **I** s. **1** mucchio m, cumulo m, pila f, catasta f: a ~ of stones un mucchio di pietre. **2** (fam) (lot) gran(de) quantità f, (fam) mucchio m, (fam) sacco m. **II** v.t. **1** ammucchiare, accumulare, accatastare. **2** (to fill generously) riempire, colmare: she ~ed my plate with food mi riempì il piatto di cibo; a ~ed spoonful un cucchiaio colmo. **3** (to accumulate) spesso con up) accumulare, ammassare: to ~ up riches accumulare ricchezze. **4** (fig) colmare, coprire, riempire: to ~ praise on s.o. coprire qd. di lodi. □ (fam) all of a ~ all'improvviso; (fam) to be struck (o knocked) all of a ~ rimanere stordito (o stupefatto); in ~s in gran quantità, (fam) a palate; ~s of a gran(de) quantità di, molto, (fam) un mucchio di, (fam) un sacco di: ~s of money molto denaro; ~s of times molte volte, spessissimo. **heaps** [~s] avv. (sl) moltissimo, infinitamente.

hear [hiə] v. (pret., p.p. **heard** [hə:d]) **I** v.t. **1** udire, sentire: to ~ voices sentire delle voci. **2** (to listen to) sentire, ascoltare. **3** (to learn by hearing) sentire, venire a conoscenza (o sapere), apprendere: I ~d you had been ill ho saputo che sei stato male; have you ~d the latest? hai sentito l'ultima? **4** (Dir) (of a case) giudicare, esaminare; (of witnesses) escutere, ascoltare. **5** (to listen with favour to) dare ascolto a, esaudire: our prayers have been ~d le nostre preghiere sono state esaudite. **II** v.i. **1** sentirci, sentire: I can't ~ non riesco a sentire. **2** (to learn by hearing) (venire a) sapere, avere notizia di, apprendere, sentir parlare di. □ to ~ from s.o. ricevere (o avere) notizie da qd.; you will ~ from me later mi sentirai!, faremo i conti dopo!; (Comm) hoping to ~ from you nell'attesa di vostre notizie; to make o.s. ~d farsi sentire; they were never ~d of again non si seppe più nulla di loro; he will not ~ of it non vuole saperne (o sentirne parlare); I won't ~ of such a thing! neanche a parlarne!; to ~ out ascoltare fino in fondo; to ~ tell of s.th. sentire dire (o parlare di) qc. ‖~!~! bene!, bravo! (anche iron.).

hearable ['hiərəbl] a. udibile, che si può sentire.

heard [hə:d] → **hear**.

hearer ['hiərə] s. uditore m (f ~trice), ascoltatore m (f ~trice).

hearing ['hiəriŋ] s. **1** udito m. **2** (act) l'udire, l'ascoltare, il sentire, l'apprendere. **3** (Dir) udienza f. **4** (audience) udienza f, ascolto m: to give s.o. a ~ accordare un'udienza (o dare ascolto) a qd. **5** (earshot) portata f acustica. □ to give s.o. a fair ~ ascoltare imparzialmente qd.; to gain a ~ (riuscire a) farsi ascoltare; to be hard of ~ essere duro d'udito; it was said in my ~ l'ho sentito con le mie orecchie; out of ~ troppo lontano per essere udito; to have poor ~ essere debole d'udito; within ~ a portata ⌐d'orecchio⌐ (o acustica).

hearing aid s. apparecchio m acustico, protesi f acustica.

hearken ['ha:kən] v.i. (lett) **1** ascoltare attentamente (to s.o. qd.). **2** (to give attention) prestare attenzione (a).

hearsay ['hiəsei] s. diceria f, voce f, pettegolezzo m: it's just ~ è solo un pettegolezzo. □ to know s.th. by ~ sapere qc. per sentito dire.

hearsay evidence s. (Dir) testimonianza f fondata su dicerie.

hearse [hə:s] s. **1** carro m funebre. **2** (framework over a coffin) specie di baldacchino.

heart [ha:t] **I** s. **1** (Anat) cuore m. **2** (breast, bosom) petto m̀, cuore m: to clasp s.o. to one's ~ stringere qd. al petto. **3** (fig) (soul, mind) animo m, cuore m: she has a kind ~ è d'animo gentile; to say what is in one's ~ dire quel che si ha nel cuore. **4** (fig) (affection) cuore m, affetto m, amore m: he gave her his ~ le donò il suo cuore; (feelings) cuore m, sentimento m; (kindness) cuore m, sensibilità f: have you no ~? non hai cuore? **5** (central part) cuore m, centro m, parte f centrale: the ~ of the forest il centro della foresta. **6** (fig) (vital part) nocciolo m, cuore m, essenza f: the ~ of the matter il nocciolo della questione. **7** (fig) (courage) animo m, coraggio m, cuore m: to lose ~ perdersi d'animo; he didn't have the ~ to punish him gli mancò il coraggio di punirlo; (enthusiasm) cuore m, entusiasmo m, slancio m: the team put its whole ~ into the game la squadra ha giocato con grande entusiasmo. **8** ⟨*fig*⟩ (*person*) cuore *m*, persona *f*, individuo *m*: *stout* ~*s* cuori intrepidi. **9** *pl*. (*suit*) cuori *mpl*: *ace of* ~*s* asso di cuori. **10** ⟨*Agr*⟩ fertilità *f*, produttività *f*. **11** ⟨*Mar*⟩ bigotta *f* di fune. **II** *v.i.* ⟨*Bot*⟩ (*of cabbage, lettuce;* spesso con *up*) cestire, accestire. □ *to have an* **aching** ~ avere una spina nel cuore; *an* **affair** *of the* ~ un affare di cuore, una questione amorosa; *he is a man* **after** *my own* ~ è un uomo che mi piace, è il mio tipo (d'uomo); *at* ~ in fondo (all'animo), nel profondo del cuore; *to have s.th. at* ~ avere a cuore qc.; ⟨*fig*⟩ *his* ~ *missed a* **beat** sentì un tuffo al cuore; ⟨*fig*⟩ *to* **break** *s.o.'s* ~ spezzare il cuore a qd.; *he died of a* **broken** ~ è morto di crepacuore; *to learn s.th. by* ~ imparare qc. a memoria; *to have a* **change** *of* ~ mutare di sentimenti; *to one's* ~*'s* **content** a proprio piacimento; *to* **find** *it in one's* ~ *to do s.th.* trovare il coraggio di fare qc.; *I can't find it in my* ~ non mi regge il cuore; *a* ~ *of* **flint** = *a heart of stone*; *that comes* **from** *the* ~ che viene dal cuore, cordiale; *to speak from the bottom of one's* ~ parlare dal profondo del cuore; *to go to s.o.'s* ~ andare (*o* scendere) al cuore di qd., commuovere qd.; ⟨*fig*⟩ *a* ~ *of* **gold** un cuore d'oro; *to be in* **good** ~ (*of persons*) essere di buon umore; (*of soil*) essere fertile; ⟨*fam*⟩ *to do s.o.'s* ~ **good** rallegrare (*o* far contento) qd.; ⟨*fig*⟩ *with only* **half** *a* ~*!* sii buono!; ⟨*iron*⟩ ma fammi il piacere; ⟨*fig*⟩ *with a* **heavy** ~ malvolentieri, a malincuore; *his* ~ *was not* **in** *his work* lavorava 'di malavoglia' (*o* svogliatamente); *in one's* ~ *of* ~*s* in cuor proprio; *to* **lay** *to* ~: 1 prendere a cuore; 2 (*to grieve over*) addolorarsi per, crucciarsi per; *to* **lift** *one's* ~ prendere coraggio; ⟨*fig*⟩ *with a* **light** ~ serenamente, a cuor leggero; ⟨*fig*⟩ *to* **lose** ~ avvilirsi; ⟨*fig*⟩ *to lose one's* ~ *to s.o.* innamorarsi perdutamente di qd.; ⟨*fam*⟩ *to have one's* ~ *in one's* **mouth** tremare di paura, avere la tremarella; ⟨*lett*⟩ **my** (*dear*) ~ cuor mio; **near** *one's* ~ a cuore; ⟨*fig*⟩ ~ *of* **oak** cuore (molto) coraggioso, cuor *m* di leone; *to* **open** *one's* ~ *to s.o.* aprire il proprio animo (*o* cuore) a qd., confidarsi con qd.; **out** *of* ~ scoraggiato; (*of soil*) sterile, improduttivo; *to* **pluck** *up* ~ farsi coraggio; *to* **put** (*fresh*) ~ *into s.o.* far cuore a qd., incoraggiare (*o* rincorare) qd.; *to set one's* ~ *at* **rest** mettersi il cuore in pace, rassegnarsi; ⟨*fig*⟩ *to have one's* ~ *in the* **right** *place* avere buon cuore; *my* ~ **sank** mi sentii mancare il cuore; *to* 'set *one's* ~' (*o have one's heart set*) *on s.th.* desiderare ardentemente qc., tenere molto a qc.; ⟨*fig*⟩ *to be* **sick** *at* ~ avere la morte nel cuore; ⟨*fig*⟩ *to* **wear** *one's* ~ *on one's* **sleeve** avere il cuore sulle labbra; *to do s.th.* ~ *and* **soul** fare qc. col massimo impegno, dedicarsi a qc. anima e corpo; ⟨*fig*⟩ *a* ~ *of* **stone** un cuore di pietra; *to* **take** ~ prendere cuore, farsi animo (*o* coraggio); *to take to* ~ = *to* **lay** *to heart*; *to have a* **weak** ~ essere debole di cuore; *to* **win** *s.o.'s* ~ conquistare il cuore (*o* le simpatie) di qd.; **with** 'all *one's*' (*o one's whole*) ~ con tutto il cuore, di tutto cuore. *Prov.*: *kind* ~*s are more than coronets* un cuore gentile vale più dei titoli.

heart|ache *s.* angoscia *f*, patema *m*, accoramento *m*. ~ **attack** *s.* **1** ⟨*Med*⟩ attacco *m* 'di cuore' (*o* cardiaco). **2** → **heart failure**. ~**beat** *s.* **1** ⟨*Fisiol*⟩ battito *m* cardiaco (*o* del cuore). **2** ⟨*fig*⟩ centro *m* vitale. ~ **block** *s.* blocco *m* cardiaco. ~ **blood** *s.* ⟨*fig*⟩ sangue *m*, vita *f*. ~**break** *s.* crepacuore *m*. ~**breaking** *a.* straziante, che spezza il cuore. ~**broken** *a.* straziato, affranto. ~**burn** *s.* ⟨*Med*⟩ pirosi *f*. ~**burning** *s.* ⟨*fig*⟩ rancore *m*, astio *m*, malanimo *m*. ~ **cam** *s.* ⟨*Mecc*⟩ eccentrico *m* a cuore. ~ **complaint** *s.* ⟨*Med*⟩ vizio *m* (*o* difetto) cardiaco. ~ **disease** *s.* ⟨*Med*⟩ cardiopatia *f*, malattia *f* di cuore, affezione *f* cardiaca.

hearted ['hɑ:tid] *a.* (nei composti) dal (*o* col) cuore ..., di cuore: *evil*~ dal cuore malvagio; *hard*~ duro di cuore.

hearten ['hɑ:tn] *v.t.* (spesso con *up*) rincorare, incoraggiare; (*to cheer*) rianimare. **heartening** [-iŋ] *a.* incoraggiante, rincorante.

heart| failure *s.* ⟨*Med*⟩ infarto *m;* (*congestive heart failure*) colpo *m* apoplettico, sincope *f* cardiaca. ~**felt** *a.* sincero, sentito, di cuore: ~ *words* parole sentite. ~**-free** *a.* che ha il cuore libero.

hearth [hɑ:θ] *s.* **1** focolare *m*. **2** ⟨*fig*⟩ focolare *m*

(*domestico*), casa *f*. **3** ⟨*Met*⟩ (*of a blast furnace*) letto di fusione; (*of a reverberatory furnace*) crogiolo *m;* (*of open-hearth furnace*) suola *f*.

hearth| rug *s.* tappeto *m* davanti al focolare. ~**stone** *s.* piastra *f* del focolare. **2** ⟨*fig*⟩ casa *f*, focolare (*domestico*). **3** ⟨*tecn*⟩ pomice *f*.

heartily ['hɑ:tili] *avv.* **1** cordialmente, di cuor calorosamente. **2** (*enthusiastically*) con grande entusiasm **3** (*without restraint*) di cuore, di gusto: *to laugh* ~ ride di cuore. **4** (*thoroughly*) completamente. **heartines** [-tinis] *s.* **1** cordialità *f*, calore *m*. **2** (*joviality*) gioviali *f*, allegria *f*. **3** (*enthusiasm*) entusiasmo *m*. **4** (*vigou* vigoria *f*.

heartless ['hɑ:tlis] *a.* senza cuore, insensibile; (*of thing* spietato, crudele: *a* ~ *deed* un'azione crudel **heartlessly** [-li] *avv.* crudelmente, senza cuor **heartlessness** [-nis] *s.* crudeltà *f*, mancanza *f* cuore.

'**heart|-'lung machine** *s.* ⟨*Med*⟩ macchina cuore-polmoni. ~ **murmur** *s.* ⟨*Med*⟩ soffio *m* cardiac ~ **quake** *s.* batticuore *m*, agitazione *f*. ~ **rate** frequenza *f* cardiaca. ~**-rending** *a.* straziante, che strapp il cuore, lacrimevole.

heart's blood *s.* → **heart blood**.

heartsease ['hɑ:tsi:z] *s.* **1** serenità *f*. **2** ⟨*Bot*⟩ viola *f* d pensiero.

heart|-shaped *a.* a forma di cuore, cuoriforme. ~**sick** scoraggiato, depresso, affranto. ~**-sore** *a.* addolorat rattristato. ~**stricken**, ~**struck** *a.* affranto, addolorat ~**strings** *s.pl.* sentimenti *mpl* (più profondi), corde *f*, del cuore: *to pull at s.o.'s* ~ fare appello ai sentimenti qd. ~ **surgeon** *s.* cardiochirurgo *m*. ~ **surgery** cardiochirurgia *f*. ~**throb** *s.* **1** ⟨*Fisiol*⟩ battito *m* cardiac pulsazione *f* cardiaca. **2** ⟨*fig*⟩ amore *m*, passione *f*. ⟨*fam*⟩ (*sweetheart*) innamorato *m* (*f* ~a). ~**-to-heart** franco, sincero, (fatto) col cuore in mano. '~'-**whole** *a.* che ha il cuore libero. **2** (*having courage*) coraggios impavido. **3** (*sincere*) genuino, sincero, schietto. ~**woo** *s.* cuore *m* del legno, durame *m*.

hearty ['hɑ:ti] *a.* **1** cordiale, caloroso: *a* ~ *welcome* u cordiale benvenuto. **2** (*sincere*) schietto, sincero, genuin **3** (*vigorous*) robusto, vigoroso, forte. **4** (*unrestraine* spontaneo; (*exuberant*) esuberante. **5** (*abundan* abbondante: *a* ~ *meal* un pasto abbondante. **6** (*of lanc* fertile, produttivo. **7** ⟨*fam*⟩ (*sport-loving*) sportivo. □ ~ *appetite* un robusto appetito; *a* ~ *eater* un for mangiatore, ⟨*fam*⟩ una buona forchetta; *a* ~ *laugh* ur risata di cuore.

heat [hi:t] **I** *s.* **1** calore *m*, caldo *m*: *the* ~ *of the sun* calore del sole. **2** ⟨*Fis,Met*⟩ calore *m*: *red* ~ calore ross **3** (*hot weather or season*) caldo *m*: *the summer* ~ il cald estivo. **4** ⟨*fig*⟩ (*intensity of feeling*) calore *m*, entusiasm *m*, fervore *m*, ardore *m*, foga *f*; (*vehemence*) impetuosità focosità *f*, irruenza *f*. **5** ⟨*fig*⟩ (*height of an action, etc* fervore *m*: *in the* ~ *of the battle* nel fervore del battaglia. **6** (*pungency of flavour*) sapore *m* piccante. ⟨*sl*⟩ (*pressure, coercion*) imposizione *f*, coercizione *f*. ⟨*Zool*⟩ calore *m*, estro *m* venereo: *to go on* (*o in, into*) andare in calore. **9** ⟨*Sport*⟩ (*qualifying race*) prova eliminatoria, eliminatoria *f;* (*single course in race*) batter *f*. **10** ⟨*Met*⟩ infornata *f;* (*product*) colata *f*. **II** *v.t.* (spesso con *up*) scaldare, riscaldare: *to* ~ *up the sou* riscaldare la minestra. **2** ⟨*fig*⟩ eccitare, riscaldar infiammare. **III** *v.i.* (spesso con *up*) riscaldarsi, scaldars □ ⟨*Sport*⟩ *to* ~ *a dead* ~ una gara alla pari; *in the* ~ *of th* **debate** nella foga della discussione; *to* **feel** *the* ~ soffrir il caldo; *to* **generate** ~: 1 produrre calore; 2 ⟨*fig* provocare animazione; *in the* ~ *of the momen* nell'eccitazione del momento; *to get* ~*ed with* **win** eccitarsi col vino, andar su di giri per aver bevuto tropp ⟨*fig*⟩ *the* ~ *of* **youth** il fuoco della giovinezza.

heat| balance *s.* ⟨*Fis*⟩ bilancio *m* termico. ~ **barrier** *s.* ⟨*Astron*⟩ barriera *f* termica. ~ **capacity** *s.* ⟨*Fis*⟩ capacit *f* termica. ~ **content** *s.* contenuto *m* termico, entalpia *~* **cure** *s.* ⟨*Med*⟩ termoterapia *f*.

heated ['hi:tid] *a.* **1** riscaldato. **2** ⟨*fig*⟩ animat accalorato, acceso: *a* ~ *argument* un'animata discussione *angry*) adirato, irato.

eat engine s. ⟨Fis⟩ macchina f termica.

eater ['hi:tə] s. **1** stufa f, radiatore m, calorifero m: an electric ~ una stufa elettrica. **2** (bath heater) scaldabagno m.

eat| exchanger s. ⟨tecn⟩ scambiatore m di calore. **~ exhaustion** s. ⟨Med⟩ colpo m di calore. **~ flux** s. ⟨Atom⟩ flusso m di calore.

eath [hi:θ] s. **1** brughiera f, landa f. **2** ⟨Bot⟩ (heather, *ling*) crecchia f, brentolo m, brugo m. **3** ⟨Bot⟩ (erica) erica f.

eathen ['hi:ðən] **I** s. (pl. inv./-s [z]) **1** pagano m (f –a), gentile m/f; (non–Christian) infedele m/f; (idolater) dolatra m/f. **2** ⟨fig⟩ barbaro m (f –a), selvaggio m (f –a). **II** a. **1** pagano. **2** (barbarous) barbaro. **heathendom** [–dəm] s. **1** paganesimo m. **2** (heathen areas) mondo m pagano. **3** ⟨collett⟩ (heathen people) pagani mpl, gentili mpl. **heathenish** [–iʃ] a. **1** paganeggiante. **2** (barbarous) barbaro. **heathenism** [–izəm] s. **1** paganesimo m. **2** (barbarism) barbarie f. **heathenize** [–aiz] **I** v.t. rendere pagano, paganizzare. **II** v.i. diventare pagano. **heathenry** [–ri] s. **1** paganesimo m. **2** ⟨collett⟩ (heathen people) pagani mpl, gentili mpl.

eather ['heðə] s. **1** ⟨Bot⟩ (ling) crecchia f, brentolo m, brugo m. **2** ⟨Bot⟩ (erica) erica f. □ ⟨scozz⟩ to take to the ~ darsi alla macchia.

eather| mixture s. ⟨Tess⟩ tipo di tessuto picchiettato. **~ purple** s. colore m rosa–violaceo. **eathery** ['heðəri] a. **1** (ri)coperto di erica. **2** (resembling *heather*) simile all'erica.

eath land s. brughiera f, landa f.

eating ['hi:tiŋ] **I** s. riscaldamento m. **II** a. riscaldante, che (ri)scalda.

eating| apparatus s. calorifero m. **~ pad** s. termoforo m. **~ power** s. ⟨Fis⟩ potere m calorifico.

eat| insulating a. termocoibente. **~ insulator** s. isolante m termico. **~ lightning** am. s. ⟨Meteor⟩ lampeggi mpl estivi. **~-proof** a. antitermico, a prova di calore. **~ rash** s. ⟨Med⟩ infiammazione f cutanea, ⟨pop⟩ calore m. **~ recovery** s. recupero m di calore. **~-resistant** a. termoresistente. **~ setting** s. regolazione della temperatura. **~ shield** s. ⟨Astron⟩ scudo m termico. **~stroke** s. ⟨Med⟩ colpo m di calore. **~ treatment** s. **1** trattamento m termico. **2** ⟨Med⟩ termoterapia f. **~ wave** s. ondata f di caldo.

eave[1] [hi:v] v. (pret., p.p. **heaved** [–d]/**hove** [houv]; la forma hove si usa general. nel linguaggio marinaro) **I** v.t. **1** sollevare, alzare (con sforzo), levare di peso. **2** (to *throw*) gettare, lanciare, tirare: to ~ s.th. overboard gettare qc. a mare. **3** (to haul, drag) tirare, trascinare. **4** ⟨fig⟩ emettere, ⟨fam⟩ tirare: to ~ a sigh of relief tirare un sospiro di sollievo; to ~ a groan emettere un gemito. **5** (to *swell*) gonfiare, dilatare: to ~ one's chest gonfiare il petto. **6** ⟨Mar⟩ (of a rope, cable) alare; (of a vessel) virare. **II** v.i. **1** alzarsi e abbassarsi con moto ritmico; (of the *sea*) gonfiarsi, sollevarsi. **2** (to pant for breath) ansare, ansimare. **3** (to vomit) avere conati di vomito. **4** (to swell, *bulge*) gonfiarsi, sollevarsi. **5** ⟨Mar⟩ (to haul) alare. **6** ⟨Mar⟩ (to cause a ship to move) virare; (of a vessel) ondeggiare. **7** ⟨Mar⟩ (to weigh anchor; spesso con up) salpare, levare l'ancora. □ ⟨Mar⟩ to ~ alongside accostare; to ~ down mettere a (o in) secco; to ~ in ssare a bordo; to ~ in sight essere in vista, comparire all'orizzonte; to ~ to mettersi 'in panna⌐ (o alla cappa).

eave[2] s. **1** sollevamento m; (effort) sforzo m per sollevare. **2** (throw, toss) lancio m, tiro m. **3** (of the sea) l gonfiarsi, il sollevarsi. **4** (retching) conato m di vomito. **5** ⟨Geol⟩ rigetto m orizzontale. **6** pl. (costr. sing. o pl.) ⟨Veter⟩ bolsaggine f.

eave-ho **I** intz. ⟨mar⟩ issa, oh. **II** s. ⟨am.fam⟩ icenziamento m.

eaven ['hevn] s. **1** ⟨Rel⟩ paradiso m, cielo m. **2** ⟨fig⟩ paradiso m. **3** pl. (sky, firmament) cielo m, volta f celeste, firmamento m. **Heaven** s. Dio m, cielo m: Heaven forbid Dio non voglia. □ a blessing from ~ una benedizione di Dio; by ~! in nome del cielo!; to go to ~ salire al cielo; good –s! santo cielo!; in ~ mai; ⟨fig⟩ to be in ~ toccare il cielo con un dito; ⟨fam⟩ ~ (only) knows Dio solo lo sa; ⟨fig⟩ to move ~ and earth muovere cielo e terra; for ~'s sake! per amor di Dio!; ⟨fig⟩ in (one's) seventh ~ al settimo cielo; it was the will of ~ è stata la volontà di Dio.

heaven-born a. celestiale, divino.

heavenliness ['hevnlinis] s. l'essere celeste (o celestiale).

heavenly [–li] a. **1** celeste, del cielo. **2** (celestial) divino, celestiale, paradisiaco. **3** ⟨fam⟩ (blissful) delizioso, eccellente: a ~ spot un luogo delizioso.

heavenly| body s. ⟨Astr⟩ corpo m celeste. **~ City** s. città f (o regno m) celeste. **'~-'minded** a. devoto, pio. **~ Twins** N.pr.pl. ⟨Astr⟩ Gemelli mpl.

heaven-sent a. provvidenziale, inviato (o mandato) dal cielo.

heavenward ['hevnwɔ:d] **I** a. rivolto al cielo. **II** avv. → heavenwards. **heavenwards** [–z] avv. verso il cielo.

heaver ['hi:və] s. **1** sollevatore m (f –trice). **2** ⟨Mar⟩ (longshoreman) scaricatore m. **3** ⟨Mar⟩ (bar, staff) barra f (usata come leva).

heavily ['hevili] avv. **1** pesantemente, gravosamente. **2** (in large amounts) molto forte, eccessivamente: it rained ~ è piovuto molto. **3** (severely) gravemente, severamente: the building was ~ damaged l'edificio fu gravemente danneggiato. □ to breathe ~ respirare con difficoltà; a ~ loaded cart un carro molto carico; to lose ~ subire grosse perdite; to sleep ~ dormire profondamente.

heaviness ['hevinis] s. **1** pesantezza f, gravezza f (anche fig.). **2** (dullness) tediosità f, monotonia f.

Heaviside layer ['hevisaidleiə] s. ⟨Fis⟩ strato m di Heaviside.

heavy ['hevi] **I** a. **1** pesante (anche Chim.,Ind.): a ~ load un carico pesante; ~ metals metalli pesanti; ~ industry industria pesante. **2** (of great amount, quantity) abbondante, forte, grosso: ~ buying on the Stock–Exchange forti acquisti in borsa. **3** (violent) forte, violento, grave, intenso: ~ rain forte pioggia; ~ anti–aircraft fire violento fuoco antiaereo. **4** (difficult) gravoso, pesante, faticoso, oneroso: a ~ task un compito gravoso. **5** (burdensome) pesante, gravoso: ~ taxes imposte gravose. **6** (gloomy) triste, tetro: ~ thoughts pensieri tetri. **7** (dull) pesante, noioso, tedioso, monotono: a ~ style uno stile noioso. **8** (weighty, laden) gravido, pieno, denso (with di): the atmosphere was ~ with foreboding l'atmosfera era gravida di presagi; words ~ with meaning parole piene di significato. **9** (thick, coarse) grossolano, privo di delicatezza: ~ features lineamenti grossolani. **10** (of roads, etc.) fangoso, pesante, di difficile transito. **11** (of the sky) coperto, nuvoloso; (of the air) pesante, afoso; (of the sea) grosso. **12** (of a sound) grave, profondo. **13** (clumsy) pesante, goffo, sgraziato: a ~ gait un'andatura goffa; (massive) massiccio, tozzo, pesante. **14** (of food) pesante, difficile da digerire. **15** ⟨am⟩ (steep) erto, ripido. **16** ⟨Agr⟩ (of soil) pesante, fangoso. **17** ⟨Mil⟩ pesante: ~ infantry fanteria pesante; (of guns) pesante, di grosso calibro, grosso. **18** ⟨Teat⟩ (of a role; pompous) solenne, pomposo; (villainous) cattivo, malvagio. **II** avv. → heavily. **III** s. ⟨sl⟩ (influential person) persona f molto influente, ⟨pop⟩ pezzo m grosso, alto papavero m. □ to become ~ ingrassare, appesantirsi; a ~ buyer un buon acquirente; a ~ cold un forte raffreddore; a ~ drinker un forte bevitore; a ~ eater un gran mangiatore, ⟨fam⟩ una buona forchetta; his eyes were ~ with sleep i suoi occhi erano assonnati (o pieni di sonno); a ~ fall una brutta caduta; ⟨fam⟩ the job was ~ going il lavoro andò avanti con difficoltà; ~ in hand (of horses) difficile da guidare, duro di morso; the crime lies ~ on his conscience il delitto gli pesa (o grava) sulla coscienza; ~ losses forti perdite; a ~ shower uno scroscio violento di pioggia, un rovescio; a ~ sleeper una persona dal sonno pesante (o duro); a ~ smoker un fumatore accanito; ~ with young (of animals) pregna.

'heavy|-'armed a. ⟨Mil⟩ munito di armamento pesante. **~ artillery** s. ⟨Mil⟩ artiglieria f pesante. **~ chemical** s. ⟨Chim⟩ prodotto m industriale. **~ cream** s. ⟨Gastr⟩ panna f grassa. **~ drug** s. droga f pesante. **'~-'duty** a. ⟨tecn⟩ pesante, per servizio (o lavoro) pesante.

'~-'**handed** a. **1** autoritario, dispotico, imperioso. **2** (clumsy) maldestro, goffo. '~-'**hearted** a. triste, malinconico. **~ hydrogen** s. ⟨Chim⟩ idrogeno m pesante, deuterio m. '~-'**laden** a. **1** che porta un carico pesante. **2** ⟨fig⟩ carico (with di), oppresso (da). **~ metal** s. metallo m pesante. **~ oil** s. ⟨Chim⟩ olio m (combustibile) pesante. **~-set** a. tarchiato, massiccio. **~ water** s. ⟨Chim⟩ acqua f pesante. **~-water reactor** s. ⟨Atom⟩ reattore m ad acqua pesante. **~weight I** s. **1** ⟨Sport⟩ peso m massimo. **2** (heavy person) persona f pesante. **3** ⟨fam⟩ (influential person) pezzo m grosso, grosso calibro m. **II** a. **1** pesante. **2** ⟨Sport⟩ dei pesi massimi.

Heb. = Hebrew ebreo.
hebdomad ['hebdo(u)mæd] s. settimana f, ⟨lett⟩ ebdomada f. **hebdomadal** [-'dɔmədl] a. settimanale, ⟨lett⟩ ebdomadario.
Hebe ['hi:bi] **I** N.pr. ⟨Mitol⟩ Ebe f. **II** s. ⟨fam⟩ cameriera f (di caffè, bar).
hebetate ['hebiteit] **I** v.t. ottundere. **II** v.i. diventare ottuso.
hebetude ['hebetju:d] s. ⟨Med⟩ ebetismo m.
Hebraic [hi'breiik] a. ebraico. **Hebraism** ['hi:breiizəm] s. ebraismo m (anche Ling.). **Hebraist** ['hi:breiist] s. ebraista m/f. **Hebraistic** [,hi:brei'istik], **Hebraistical** [,hi:brei'stikəl] a. → Hebraic. **Hebraize** ['hi:breiaiz] **I** v.t. ebraizzare, rendere ebreo. **II** v.i. **1** diventare ebreo. **2** (to use Hebraisms) usare ebraismi. **Hebrew** ['hi:bru:] **I** s. **1** (person) ebreo m (f –a), israelita m/f, giudeo m (f –a). **2** (language) ebraico m, lingua f ebraica. **II** a. ebraico, israelitico, giudeo.
Hebrides ['hebridi:z] N.pr.pl. ⟨Geog⟩ Ebridi fpl.
Hecate ['hekəti] N.pr. ⟨Mitol⟩ Ecate f.
hecatomb ['hekətoum] s. ⟨Stor,fig⟩ ecatombe f.
heck [hek] **I** s. ⟨eufem⟩ diavolo m: how the ~ do you know? come diavolo lo sai? **II** intz. diamine.
heckle ['hekl] v.t. **1** (of a public speaker, etc.) interrompere continuamente con critiche, frecciate, ecc. **2** (to molest) molestare, infastidire, importunare. **3** ⟨Tess⟩ pettinare, scapecchiare. **heckler** [-ə] s. interlocutore m importante.
hectare ['hektɛə] s. ettaro m.
hectic ['hektik] **I** a. **1** febbrile, sfrenato, tumultuoso, agitato. **2** ⟨Med⟩ (of a fever) etica; (consumptive) tisico, etico. **3** (flushed) acceso, infocato, infiammato. **II** s. ⟨Med⟩ **1** febbre f etica. **2** (consumptive person) tisico m (f –a), etico m (f –a).
hectogram(me) ['hektogræm] s. ettogrammo m.
hectograph ['hekto(u)grɑ:f] **I** s. poligrafo m. **II** v.t. poligrafare.
hectoliter am., **hectolitre** ['hekto(u)li:tə] s. ettolitro m.
hectometer am., **hectometre** ['hekto(u)mi:tə] s. ettometro m.
Hector ['hektə] N.pr. ⟨Mitol⟩ Ettore m. **hector I** s. prepotente m, bravaccio m. **II** v.t. **1** tormentare, perseguitare. **2** (to bully) opprimere, tiranneggiare. **III** v.i. fare il prepotente.
hectowatt ['hektowɔt] s. ⟨El⟩ ettowatt m. **hectowatt-hour** s. ettowattora m.
Hecuba ['hekjubə] N.pr. ⟨Mitol⟩ Ecuba f.
he'd [hi:d] contraz. di he had, he would, he should.
heddle ['hedl] **I** s. ⟨Tess⟩ (general. al pl.) liccio m. **II** v.t. allicciare.
hedge [hedʒ] **I** s. **1** siepe f, siepe viva (o naturale). **2** ⟨fig⟩ (barrier) barriera f, siepe f. **3** ⟨fig⟩ (protection) riparo m, protezione f, difesa f: to buy gold as a ~ against inflation comprare oro per mettersi al riparo dall'inflazione. **4** (of a bet, investment, etc.) copertura f. **5** ⟨Econ⟩ garanzia f di cambio. **II** v.t. **1** (spesso con in, off, about) circondare (o chiudere) con una siepe, assiepare: to ~ a field circondare un campo con una siepe. **2** ⟨fig⟩ (to encircle) circondare, delimitare, circoscrivere. **3** ⟨fig⟩ (of a bet, investment, etc.) coprire dai rischi. **4** ⟨fig⟩ (to restrict) spesso con in, about) vincolare, impacciare: he felt –d in by regulations si sentiva vincolato dai regolamenti. **III** v.i. **1** nicchiare, tergiversare, titubare. **2** (in betting, investing, etc.) coprirsi dai rischi, salvaguardarsi. **3** (to make hedges)

fare siepi; (to trim hedges) potare (o cimare) siepi. [⟨fig⟩ to ~ one's bets scommettere pro e contro; to ~ against inflation premunirsi contro l'inflazione; to ~ risk neutralizzare un rischio.
hedgehog ['hedʒhɔg] s. **1** ⟨Zool⟩ riccio m, porcospino r. **2** ⟨am.Zool⟩ (urson) ursone m. **3** ⟨Mil⟩ (defensi obstacle) istrice m; (defensive position) posizione fortificata. **4** ⟨Mar.mil⟩ lanciabombe m multiplo, istri‹ m, ⟨scherz⟩ porcospino m. **5** ⟨fam⟩ (irritable perso‹ persona f scontrosa (o intrattabile), istrice m.
hedge|-hop v.i. ⟨Aer⟩ volare a volo radente. **~-hoppin** s. volo m radente. **~-hyssop** s. ⟨Bot⟩ graziola ~-**priest** s. ⟨spreg⟩ prete m poco colto.
hedger ['hedʒə] s. **1** chi pianta siepi. **2** (in betting, financ etc.) chi si copre da rischi eccessivi.
hedge|row s. siepe f d'arbusti (o di cespugli). **~ sparro** s. ⟨Ornit⟩ passera f scopaiola, magnanina f.
hedging ['hedʒiŋ] s. **1** siepe f di cinta. **2** (in betting, etc copertura f.
hedging operation ['hedʒiŋ] s. ⟨Econ⟩ operazione f ‹ copertura.
hedonic [hi:'dɔnik], **hedonical** [-əl] a. **1** che dà piacer **2** ⟨Filos⟩ edonistico. **hedonics** [-s] s.pl. (costr. sing edonismo m. '**hedonism** [-dənizəm] s. **1** ⟨Filo edonismo m. **2** ⟨pop⟩ (pursuit of pleasure) ricerca f d piacere. '**hedonist** [-dənist] s. edonista m/f. ,**hedonist** [-də'nistik] a. edonistico.
heebie-jeebies am. ['hi:bi'dʒi:biz] s.pl. ⟨sl⟩ (jitter nervosismo m, agitazione f; (panic) paura f, ⟨fam⟩ fifa ‹
heed [hi:d] **I** v.t. tener conto di, fare attenzione a, bada a, dare importanza: to ~ a warning tener conto di ‹ avvertimento. **II** v.i. fare (o prestare) attenzione. **III** attenzione f, cura f: to take ~ of what s.o. says presta attenzione a ciò che qd. dice. □ to pay (o give) ~ to s. ascoltare qd., dare retta a qd.
heedful ['hi:dful] a. attento, vigile. **heedfully** [-i] a‹ attentamente. **heedfulness** [-nis] s. attenzione f, cura vigilanza f.
heedless ['hi:dlis] a. **1** sbadato, sventato, disattent (unmindful) incurante: ~ of danger incurante del pericol **2** (reckless) incauto, avventato. **heedlessness** [-nis] incuria f, sbadataggine f.
hee-haw ['hi:hɔ:] **I** s. **1** (of a donkey) raglio m. **2** ⟨fi (guffaw) risata f sguaiata. **II** v.i. **1** ragliare. **2** ⟨fig⟩ ride sguaiatamente.
heel[1] [hi:l] **I** s. **1** ⟨Anat⟩ calcagno m, tallone m. **2** ⟨Zo‹ (of a horse) parte f posteriore dello zoccolo; (hoc garretto m. **3** ⟨Ornit⟩ (spur of a cock) sperone m. **4** (p‹ of a stocking, shoe) calcagno m, tallone m. **5** ⟨Calz⟩ tac‹ m. **6** (of bread) cantuccio m. **7** ⟨fig⟩ parte f fina termine m. **8** ⟨fig⟩ (foot) piede m: to be hung by one's ‹ essere appeso per i piedi. **9** ⟨am.fam⟩ (cad) persona ‹ spregevole, mascalzone m. **10** ⟨Mar⟩ (of a ke‹ calcagnolo m; (of a bowsprit, etc.) maschio m, piede (d'albero); (of a mast) rabazza f. **II** v.t. **1** ⟨Calz⟩ (ri)fare i tacchi a (o di): to have one's shoes –ed far rifare i tacc alle scarpe. **2** ⟨Sport⟩ (in rugby) tallonare; (in golf) colpi col tallone. **3** (to follow closely) stare alle calcagna ‹ tallonare. **4** (of a gamecock) armare di sperone. **5** ⟨am.‹ (to provide with money) rifornire di denaro. **III** v.i. **1** (‹ a dog) stare alle calcagna del padrone. **2** (in dancin ballare di tacco. □ at ~ alle calcagna, subito dietro; (f‹ to be at s.o.'s –s essere alle calcagna di qd.; (fam) by the (in a tight grip) alle strette; to come to ~ (of a dog) sta‹ alle calcagna del padrone; ⟨fig⟩ obbedire, sottostar ⟨fam⟩ to cool one's –s essere lasciato lì ad aspettare, fa anticamera; to be down at (the) ~ essere male in arnes ⟨fam⟩ essere scalcagnato; ⟨Geog⟩ the ~ of Italy il tallo‹ d'Italia; to kick one's –s = to cool one's heels; to kick ‹ one's –s: **1** (of a horse) scalciare; **2** ⟨fig⟩ fare salti di gio‹ to lay s.o. by the –s catturare qd., prendere qd.; (f‹ mettere qd. nell'impossibilità di agire; ⟨fig⟩ on the –s ‹ subito dopo, a ruota; to be out at (the) ~ = to be dow at (the) heel; ⟨fig⟩ to show a clean pair of –s = to take one's heels; to sit on one's –s sedersi sui calcag‹ accoccolarsi; to take to one's –s fuggire, darsela a gamb ⟨fam⟩ alzare (o battere) i tacchi; to turn on one's ~ gira‹

ui talloni; ⟨fig⟩ **under** the ~ of sotto l'oppressione (o il
ᵢiogo) di.

•el² v. (spesso con over) **I** v.i. ⟨Mar⟩ sbandare,
ngavonarsi, inclinarsi. **II** v.t. far sbandare.

•el³ s. ⟨Mar⟩ sbandamento m, ingavonamento m,
nclinazione f.

•el|-and-'toe walk s. ⟨Sport⟩ tipo di marcia. ~ **ball** s.
⟨Calz⟩ cera f per lucidare.

•eled [hi:ld] a. ⟨am.sl⟩ **1** fornito di quattrini. **2** (armed
ᵥith a gun) armato di pistola. **'heeler** [-lə] s. ⟨Calz⟩
ᵢabattino m, calzolaio m. **heelless** [hi:llis] a. senza
ᵢallone.

•el| piece s. ⟨Calz⟩ tacco m. ~ **tap** s. **1** ⟨Calz⟩
ᵢoprattacco m. **2** (small amount of liquor) residuo m (di
ᵢiquore), fondo m.

•ft [heft] **I** s. ⟨am.fam⟩ peso m, pesantezza f. **II** v.t. **1**
ᵢoppesare. **2** (to lift) sollevare, alzare. **'hefty** [-i] a. ⟨fam⟩
1 pesante. **2** (big and strong) forte, robusto, vigoroso. **3**
ᵢgood-sized) notevole, imponente.

egelian [hi'geilian] **I** s. ⟨Filos⟩ hegeliano m (f –a). **II** a.
ᵢegeliano. **Hegelianism** [-izəm] s. hegeli(ani)smo m.

•gemonic [ˌhedʒi'mɔnik], **hegemonical** [-əl] a.
ᵢgemonico. **hegemony** [hi'geməni] s. egemonia f.

egira ['hedʒirə, hi'dʒairə] s. ⟨Rel⟩ egira f. **hegira** s. ⟨fig⟩
ᵢsodo m, fuga f.

•ifer ['hefə] s. ⟨Zool⟩ giovenca f.

•igh [hei, hai] intz. **1** (of encouragement) suvvia. **2** (of
ᵢnquiry) eh.

•igh-ho ['hei'hou] intz. **1** (of weariness, boredom) ahimè,
ᵢhimè. **2** (of surprise) ohibò.

•ight [hait] s. **1** altezza f. **2** (of a person) statura f,
ᵢltezza f. **3** (altitude) altitudine f, quota f. **4** pl. (high
ᵢlace) altura f; (hill) collina f; (mountain) montagna f. **5**
ᵢfig) culmine m, colmo m, apice m: at the ~ of one's
ᵢower al culmine del potere; the ~ of happiness il colmo
ᵢella felicità. **6** (summit) cima f, sommità f. □ the storm
ᵥas at its ~ la tempesta era al colmo; ⟨Aer⟩ to gain ~
ᵢrendere quota; in the ~ of summer in piena estate; in the
~ of fashion all'ultima moda; he is six feet in ~ è alto sei
ᵢiedi; ~ above sea level altezza assoluta (o sul livello del
ᵢnare); what is your ~? quanto sei alto?

•ighten ['haitn] **I** v.t. **1** innalzare, elevare. **2** (to
ᵢncrease) accrescere, aumentare; (to intensify) intensificare,
ᵢafforzare; (to sharpen) inasprire, peggiorare. **3** (to
ᵢighlight) lumeggiare, dare rilievo a; (to point up) mettere
ᵢn rilievo (o evidenza). **II** v.i. **1** innalzarsi, elevarsi. **2** (to
ᵢncrease) aumentare, crescere: tension –ed la tensione
ᵢumentò. **3** (of colours) ravvivarsi, diventare più
ᵢuminoso.

•inous ['heinəs] a. atroce, nefando, scellerato: a ~ crime
ᵢn atroce delitto. **heinousness** [-nis] s. nefandezza f,
ᵢatrocità f.

•ir [ɛə] s. erede m (anche Dir., fig.): the ~ to the throne
ᵢ'erede al trono; spiritual ~ erede spirituale. □ ~ **entitled**
ᵢunder a will erede testamentario; to be ~ to an **estate**
ᵢssere l'erede di un patrimonio; ~ in **expectancy** erede
ᵢpresunto; to fall ~ to s.th. ereditare qc.; ~ of **inventory**
ᵢrede beneficiato; ~ at law erede legittimo, riservatario
ᵢn; to make s.o. one's ~ costituire qd. proprio erede.

•ir apparent s. erede m legittimo (o in linea diretta).

•irdom ['ɛədəm] s. condizione f di erede.

•iress ['ɛəris] s. erede f, ereditiera f.

•irloom ['ɛəlu:m] s. **1** ricordo m (o cimelio) di famiglia.
2 ⟨Dir⟩ bene m (mobile) spettante all'erede legittimo. □
ᵢhis watch is a family ~ quest'orologio è un ricordo di
ᵢamiglia.

•ir presumptive s. ⟨Dir⟩ erede m presunto (o
ᵢpparente).

•irship ['ɛəʃip] s. **1** → **heirdom**. **2** ⟨Dir⟩ diritti mpl
ᵢreditari.

•ist am. [haist] ⟨sl⟩ **I** s. **1** rapina f a mano armata. **2**
ᵢrobber) rapinatore m. **II** v.t. **1** commettere una rapina a
ᵢnano armata. **2** (to steal) rubare.

•ejira s. → **Hegira**.

•ld [held] → **hold¹**.

•elen ['helin] N.pr. Elena f (anche Mitol.). **Helena** [-ə]
ᵢN.pr. Elena f.

---

heliac ['hi:liæk], **heliacal** [hi'laiəkəl] a. ⟨Astr⟩ eliaco,
solare.

helianthemum [ˌhi:li'ɔnθiməm] s. ⟨Bot⟩ eliantemo m.

helianthus [ˌhi:li'ænθəs] s. ⟨Bot⟩ elianto m.

helibus ['helibʌs] s. elibus m.

helical ['helikəl] a. elicoidale: ~ **gear** ingranaggio
elicoidale.

helicoid ['helikɔid] **I** s. ⟨Geom⟩ elicoide m. **II** a. →
helicoidal. **,heli'coidal** [-əl] a. elicoide, elicoidale.

Helicon ['helikɔn] N.pr. ⟨Geog.stor⟩ Elicona m.
,Heliconian [-'kouniən] a. eliconio, dell'Elicona.

helicopter ['helikɔptə] **I** s. ⟨Aer⟩ elicottero m. **II** v.t.
trasportare in elicottero, elitrasportare. □ to carry by ~
elitrasportare.

helicopter-borne a. ⟨Aer⟩ elitrasportato.

helio ['hi:liou] s. ⟨fam⟩ **1** → **heliogram**. **2** →
heliograph.

heliocentric [ˌhi:lio'sentrik], **heliocentrical** [-əl] a.
⟨Astr⟩ eliocentrico.

heliochrome ['hi:lio(u)kroum] s. ⟨Fot⟩ fotografia f a
colori. **heliochromy** [-i] s. eliocromia f.

heliogram ['hi:lio(u)græm] s. ⟨tecn⟩ messaggio m
trasmesso mediante un eliografo. **heliograph** [-gra:f] **I**
s. eliografo m. **II** v.t./i. comunicare mediante eliografo.
,heliographer [-li'ɔgrəfə] s. ⟨Tip⟩ eliografista m.
,heliographic [-'græfik], **heliographical** [-'græfikəl] a.
eliografico (anche Astr.). **,heliography** [-li'ɔgrəfi] s.
⟨Astr,Tip⟩ eliografia f.

heliogravure [ˌhi:liogrə'vjuə] s. ⟨Fot⟩ eliografia f.

heliometer [ˌhi:li'ɔmitə] s. ⟨Astr⟩ eliometro m.

Helios ['hi:liɔs] N.pr. ⟨Mitol⟩ Elio m.

helioscope ['hi:lioskoup] s. ⟨Astr⟩ elioscopio m.
heliotherapy [ˌhi:lio'θerəpi] s. ⟨Med⟩ elioterapia f.

heliotrope ['hi:ljətroup] s. **1** ⟨Bot⟩ eliotropio m. **2** ⟨Bot⟩
(garden heliotrope) valeriana f. **3** (colour) rosso m violetto,
eliotropio m. **4** ⟨Min⟩ eliotrop(i)o m, eliotropia f.
,heliotropic [-'trɔpik] a. ⟨Bot⟩ eliotropico.
,heliotropism [-li'ɔtrəpizəm] s. ⟨Bot⟩ eliotropismo m.

heliotype ['hi:liətaip] s. ⟨Fot⟩ eliotipia f.

heliozoan [ˌhi:liə'zouən] **I** s. ⟨Zool⟩ eliozoo m. **II** a. degli
eliozoi.

helipad ['helipæd] s. eliscalo m.

heliport ['helipɔ:t] s. ⟨Aer⟩ eliporto m.

helistop ['helistɔp] s. → **helipad**.

helium ['hi:liəm] s. ⟨Chim⟩ elio m.

helix ['hi:liks] s. (pl. **helices** ['helisi:z]/-**lixes** [-iz]) **1**
spirale f. **2** ⟨Arch,Anat⟩ elice f. **3** ⟨Geom⟩ elica f.

hell [hel] **I** s. **1** ⟨Rel⟩ inferno m. **2** ⟨Mitol⟩ inferi mpl,
inferno m. **3** ⟨fig⟩ inferno m: this office is ~ questo
ufficio è un inferno. **4** ⟨fam⟩ (gambling den) bisca f. **5**
⟨fam⟩ (pandemonium) pandemonio m, inferno m,
putiferio m: all ~ broke loose si scatenò un pandemonio.
II intz. ⟨fam⟩ diavolo, maledizione, accidenti. □ ⟨fam⟩
as ~ molto, enorme, ⟨fam⟩ del diavolo: it's as cold as ~
fa un freddo del diavolo; ⟨fam⟩ to **catch** ~ ricevere una
lavata di capo; ⟨fam⟩ to do s.th. **for** the ~ of it fare qc.
tanto per farla; ⟨fam⟩ let's **get** the ~ out of here! tagliamo
la corda!; ⟨fam⟩ to **give** s.o. ~ far passare a qd. un brutto
quarto d'ora; ⟨fam⟩ **go** to ~! va' all'inferno!, va' al
diavolo!; ⟨am.fam⟩ to ~ **and gone** lontanissimo, a casa
del diavolo; ⟨fam⟩ I'll do it come ~ or (o and) **high** water
lo farò, costi quel che costi; ⟨fam⟩ to **ride** ~ for **leather**
correre a spron battuto; ⟨fam⟩ **like** ~: 1 moltissimo, assai;
2 (esclam) (not on your life) neanche per sogno, ⟨volg⟩ un
corno; to **laugh** like ~ ridere a crepapelle; to **run** like ~
correre come un disperato; to **work** like ~ lavorare
moltissimo (o come un dannato); to **make** s.o.'s life ~
rendere a qd. la vita un inferno; ⟨fam⟩ a ~ **of** a: 1
pessimo, terribile, infernale: it's a ~ of a day è una
giornata infernale; 2 (very much) moltissimo, infernale,
d'inferno, del diavolo: a ~ of a **noise** un fracasso
infernale; ⟨fam⟩ the ~ of it was that il peggio era che;
⟨fam⟩ to **be** ~ **on**: 1 essere un tormento per; 2 (to be
harmful to) essere una rovina (o un inferno) per: walking
is ~ on my corns il camminare è un inferno per i miei
calli; ⟨fam⟩ there'll **be** ~ to **pay** when your father finds out
la pagherai cara quando tuo padre lo verrà a sapere; to

raise ~ fare il diavolo a quattro; *to* **suffer** ~ *on earth* soffrire (*o* patire) le pene dell'inferno; ⟨*fam*⟩ **to** ~ *with your scruples* al diavolo i tuoi scrupoli; ⟨*fam*⟩ **what** *the* ~ *do you want?* che diavolo vuoi? *Prov.: the road to* ~ *is paved with good intentions* la via dell'inferno è lastricata di buone intenzioni.

he'll [hi:l] *contraz. di* **he will, he shall**.

Hellas ['helæs] *N.pr.* ⟨*Geog.stor*⟩ Ellade *f.*

hell|bender *am. s.* **1** ⟨*Zool*⟩ criptobranco *m.* **2** ⟨*fam*⟩ (*reckless person*) temerario *m* (*f* –a). ~ **bent** *am.* **I** *a.* caparbio, ostinato, accanito. **II** *avv.* accanitamente. ~ **box** *s.* ⟨*Tip*⟩ cassetta *f* per i caratteri di scarto. ~**cat** *s.* **1** strega *f.* **2** ⟨*fig*⟩ bisbetica *f,* furia *f.*

hellebore ['helibɔ:] *s.* **1** ⟨*Bot*⟩ elleboro *m.* **2** ⟨*Bot*⟩ (*Christmas rose*) elleboro *m* nero. **3** (*powdered root*) polvere *f* d'elleboro. **4** ⟨*Bot*⟩ veratro *m.* **5** ⟨*Bot*⟩ (*white hellebore*) veratro *m* bianco.

Hellene ['heli:n] *s.* elleno *m* (*f* –a), greco *m* (*f* –a). **Hel'lenic** [–ik] **I** *a.* ellenico, elleno, greco. **II** *s.* lingua *f* greca. **Hellenism** [–izəm] *s.* ⟨*Stor*⟩ ellenismo *m.* **Hellenist** [–linist] *s.* ellenista *m/f,* grecista *m/f.* ,**Hellenistic** [–li'nistik] *a.* ellenistico. **Hellenize** [–linaiz] *v.t./i.* ellenizzare, grecizzare.

hell|fire *s.* **1** fuoco *m* infernale, fiamme *fpl* dell'inferno. **2** (*punishment in hell*) pena *f* (*o* castigo *m*) dell'inferno. ~ **hound** *s.* **1** ⟨*Mitol*⟩ cerbero *m.* **2** ⟨*fig*⟩ persona *f* malvagia, anima *f* dannata.

hellish ['heliʃ] *a.* **1** infernale, diabolico (*anche fig.*). **2** ⟨*fam*⟩ (*abominable*) odioso, terribile. **hellishness** [–nis] *s.* l'essere diabolico.

hello [he'lou, 'hʌlou] **I** *intz.* **1** salve, salute, ciao. **2** (*to attract attention*) ehi. **3** ⟨*Tel*⟩ pronto. **4** (*to express surprise*) ohibò. **II** *s.* saluto *m.* □ *to say* ~ *to s.o.* salutare qd.

hello girl *am. s.* telefonista *f.*

hell's bells *intz.* ⟨*fam*⟩ diavolo, ⟨*pop*⟩ sangue di Bacco.

helm[1] [helm] **I** *s.* **1** ⟨*Mar*⟩ timone *m;* (*tiller*) barra *f;* (*wheel*) ruota *f.* **2** ⟨*fig*⟩ timone *m,* guida *f,* comando *m,* governo *m: the* ~ *of State* il timone dello Stato. **II** *v.t.* **1** fare rotta per. **2** ⟨*fig*⟩ guidare, dirigere.

helm[2] **I** *s.* **1** ⟨*Mil.ant*⟩ elmo *m.* **2** ⟨*Meteor*⟩ nuvole *fpl* che coprono la cima di una montagna. **II** *v.t.* munire di elmo.

helmet ['helmit] *s.* **1** ⟨*Mil*⟩ elmetto *m.* **2** ⟨*Mil.ant*⟩ elmo *m.* **3** ⟨*Sport*⟩ (*in fencing*) maschera *f.* **4** (*sun helmet*) casco *m* coloniale. **5** ⟨*Aer*⟩ casco *m.* **6** ⟨*Bot*⟩ galea *f.* **helmeted** [–id] *a.* munito di elmo, con l'elmo.

helminth ['helminθ] *s.* ⟨*Zool*⟩ elminto *m.* ,**helmin'thiasis** [–aiəsis] *s.* (*pl.* **-ses** [si:z]) ⟨*Med*⟩ elmintiasi *f,* elmintosi *f.* **hel'minthic** [–ik] *a.* ⟨*Zool,Med*⟩ elmintico. ,**helmin'thology** [–ɔlədʒi] *s.* elmintologia *f.*

helmsman ['helmzmən] *s.irr.* ⟨*Mar*⟩ timoniere *m.*

Helot ['helət] *s.* ⟨*Stor.gr*⟩ ilota *m/f.* **helot** *s.* ilota *m,* schiavo *m.* **helotism** [–izəm] *s.* **1** ⟨*Stor.gr*⟩ condizione *f* di ilota. **2** ⟨*fig*⟩ schiavitù *f.* **helotry** [–ri] *s.* **1** → **helotism. 2** ⟨*collett*⟩ iloti *mpl,* schiavi *mpl.*

help[1] [help] **I** *s.* **1** aiuto *m,* soccorso *m,* assistenza *f.* **2** (*s.th. which helps*) aiuto *m,* rimedio *m;* (*person*) aiuto *m: she was a great* ~ *to me* mi fu di grande aiuto. **3** (*domestic servant*) domestico *m* (*f* –a), cameriere *m* (*f* –a). **4** (*escape*) scampo *m,* rimedio *m,* via *f* d'uscita: *there is no* ~ *for it* non c'è scampo. **5** ⟨*am*⟩ (*employee*) impiegato *m;* (*body of employees*) impiegati *mpl.* **6** ⟨*am*⟩ (*farm labourer*) contadino *m.* **II** *intz.* aiuto, soccorso. □ *to cry for* ~ gridare aiuto; ⟨*Giorn*⟩ ~ *wanted* offerte *fpl* di lavoro.

help[2] *v.* (*pret., p.p.* **helped** [–t]) **I** *v.t.* **1** aiutare, dare una mano a: *to* ~ *s.o. with his work* aiutare qd. nel suo lavoro. **2** (*to succour*) aiutare, assistere, soccorrere: *to* ~ *the poor* aiutare i poveri. **3** (*to be of use to*) aiutare, essere ''d'aiuto (*o* utile) a, servire, giovare. **4** (*to facilitate*) contribuire a, favorire: *to* ~ *the cause of peace* contribuire alla causa della pace. **5** (*to remedy, cure*) alleviare: *this medicine will* ~ *his cough* questa medicina gli allevierà la tosse. **6** (*to serve food to*) servire: *please* ~ *yourself to the sugar* servitevi di zucchero, prego. **7** (*to avoid;* preceduto da *can, could*) fare a meno di, evitare: *he could not* ~

laughing non poté fare a meno di ridere. **8** ⟨*rifl*⟩ (*refrain from;* preceduto da *can, could*) trattenersi, frenar I'm *sorry I laughed, I couldn't* ~ *myself* mi dispiace aver riso, non sono riuscito a trattenermi. **II** *v.i.* **1** da aiuto, aiutare. **2** (*to be of use*) servire, essere utile. ~ *s.o.* across *the street* aiutare qd. ad attraversare strada; *it* can't *be* –*ed* non ci si può fare nulla, non c niente da fare; *I can't* ~ *that* non posso farci nulla; *to* each *other* aiutarsi a vicenda; *to* ~ *s.o.* into *a car* aiuta qd. a salire in automobile; *that doesn't* ~ much ciò non di grande utilità (*o* giovamento); *to* ~ *s.o.* on *with his co* aiutare qd. a indossare il soprabito; *to* ~ *s.o.* out *of difficulty* aiutare qd. a trarsi d'impaccio; ⟨*fam*⟩ *so* ~ *n* lo giuro; *so* ~ *me God!* che Dio mi assista!; *to* ~ *o.s. s.th.:* 1 (*of food*) servirsi di qc.; 2 (*to appropria* appropriarsi (*o* impadronirsi) di qc. *Prov.: every little (b* –*s* tutto fa brodo; *God –s those who* ~ *themselves* aiuta che Dio (*o* il ciel) t'aiuta, chi s'aiuta Dio l'aiuta. ‖ *do* *be away longer than you can* ~ non stare via più a lun dello stretto necessario.

helper ['helpə] *s.* aiutante *m/f,* aiuto *m,* assistente *m/f.*

helpful ['helpful] *a.* **1** utile, vantaggioso, provvido: *yc suggestion was very* ~ il tuo suggerimento è sta utilissimo. **2** (*willing to help*) servizievole. □ *he was ve* ~ mi è stato di grande aiuto. **helpfulness** [–nis] utilità *f,* giovamento *m.*

helping ['helpiŋ] *s.* **1** (*portion of food*) porzione *f.* **2** (*of helping*) aiuto *m,* assistenza *f.* □ *to lend* (*o* give) *s.o.* ~ *hand* dare una mano a qd.

helpless ['helplis] *a.* **1** indifeso, debole, inerme: *a* ~ *chi* un bambino indifeso; (*not receiving help*) senza aiuto. (*powerless*) debole, impotente. **3** (*bewildered*) disorienta confuso, smarrito. **4** ⟨*spreg*⟩ inetto, incapac incompetente. **helplessness** [–nis] *s.* **1** l'essere indifes **2** (*impotence*) impotenza *f.* **3** ⟨*spreg*⟩ incompetenza inettitudine *f*

help line *s.* telefono *m* amico.

helpmate ['helpmeit], **helpmeet** [–mi:t] *s.* **1** compag *m* (*f* –a), collaboratore (*f* –trice). **2** (*wife*) moglie metà *f.*

Helsinki Final Act *s.* ⟨*Pol*⟩ atto *m* finale (de conferenza) di Helsinki.

helter-skelter ['heltə'skeltə] **I** *avv.* **1** precipitosamente. (*in disorder*) disordinatamente, alla rinfusa. **II** *a.* precipitoso. **2** (*disorderly*) confusionario, disordinato. **I** *s.* confusione *f,* scompiglio *m.*

helve [helv] *s.* **1** (*of a tool*) manico *m.* **2** (*of a weapo* impugnatura *f.*

Helvetia [hel'vi:ʃə] *N.pr.* ⟨*Geog.stor*⟩ Elvezia *f.* **Helvetia** [–n] **I** *a.* **1** ⟨*Stor*⟩ elvetico. **2** (*Swiss*) svizzero, elvetic **II** *s.* **1** ⟨*Stor*⟩ elvetico *m* (*f* –a). **2** (*Swiss*) svizzero *m* –a), elvetico *m* (*f* –a). **Helvetic** [–'vetik] **I** *a.* elvetico. *s.* ⟨*Rel*⟩ protestante *m/f* svizzero.

hem[1] [hem] **I** *s.* (*of a garment*) orlo *m;* (*border*) bordo orlo *m,* bordura *f: the* ~ *of a handkerchief* il bordo di fazzoletto. **II** *v.t.* (*pret., p.p.* **hemmed** [–d]) **1** orla bordare. **2** ⟨*fig*⟩ (general. con *in, around, abou circondare, attorniare, rinchiudere: our troops were –m in by the enemy* le nostre truppe furono circondate d nemico.

hem[2] [hem, hm] **I** *intz.* ehm. **II** *s.* il dire ehm. **III** (*pret., p.p.* **hemmed** [–d]) **1** fare ehm (ehm). **2** (*to hesita in speaking*) esitare (*o* fare una pausa) nel parlare. □ *to and haw* tergiversare.

hemal, hematic *e der.* → '**haemal, haematic** *e der.*

he-man ['hi:mæn] *s.irr.* ⟨*fam*⟩ uomo *m* maschio (*o* ver ⟨*fam*⟩ fusto *m.*

hematologic *e der.* → **haematologic** *e der.*

hemicellulose [,hemi'seljulouz] *s.* ⟨*Chim*⟩ emicellulc *f.*

hemicycle ['hemisaikl] *s.* emiciclo *m.*

hemidemisemiquaver [,hemi,demi'semikweivə] *s.* ⟨*Mu* semibiscroma *f.*

hemihedral [,hemi'hi:drəl], **hemihedric** [–drik] *a.* ⟨*Mi* emiedrico.

hemiplegia [,hemi'pli:dʒə] *s.* ⟨*Med*⟩ emiplegia *f.*

hemisphere ['hemisfiə] *s.* **1** ⟨*Geom*⟩ semisfera *f.*

eog,Anat⟩ emisfero *m.* **,hemispheric** [–'sferik],
emispherical [–'sferikəl] *a.* emisferico.
nistich ['hemistik] *s.* ⟨*Metr*⟩ emistichio *m.*
n line *s.* (*of a dress, skirt, etc.*) orlo *m.* □ *–s are up
is year* quest'anno le gonne corte sono di moda.
nlock ['hemlɔk] *s.* **1** ⟨*Bot*⟩ cicuta *f.* **2** (*poisonous drink*)
:cuta *f.* **3** ⟨*Bot*⟩ (*poison hemlock*) cicuta *f* maggiore (*o
acchiata). **4** → **hemlock spruce**.
nlock spruce *s.* ⟨*Bot*⟩ tsuga *f.*
nmer ['hemə] *s.* ⟨*Sart*⟩ **1** orlatore *m* (*f –trice*). **2**
evice) orlatrice *f.*
noglobin, hemophile *e der.* → **haemoglobin,
hemophile** *e der.*
np [hemp] *s.* **1** ⟨*Bot,Tess*⟩ canapa *f.* **2** (*narcotic*) ascisc
, hashish *m.* **3** ⟨*fig*⟩ corda *f* per impiccare. **'hempen**
ən] *a.* di canapa.
np seed *s.* seme *m* di canapa, canapuccia *f.*
nstitch ['hemstitʃ] **I** *s.* ⟨*Lav.femm*⟩ orlo *m* (*o* punto) a
ɔrno, punto *m* orlo, à jour. **II** *v.t.* orlare a giorno.
ↄ [hen] *s.* **1** ⟨*Ornit*⟩ gallina *f;* (*female bird*) femmina *f*
volatile. **2** ⟨*fam*⟩ (*fussy person*) persona *f* pignola. **3**
') (*woman*) donna *f.*
ↄce [hens] **I** *avv.* **1** perciò, quindi. **2** (*from now*) da ora,
, oggi: *ten days* ~ dieci giorni da oggi. **3** (*from this
igin, source*) di qui, da qui, da ciò. **4** ⟨*rar*⟩ (*from here*)
qui, lontano da qui. **5** ⟨*rar*⟩ (*henceforth*) d'ora innanzi.
intz. ⟨*rar*⟩ via.
ↄceforth [,hens'fɔ:θ], **henceforward** [–'fɔ:wəd] *avv.*
ɔra in avanti, per l'avvenire.
ↄchman ['hentʃmən] *s.irr.* **1** tirapiedi *m,* ⟨*spreg*⟩
agnozzo *m.* **2** ⟨*am.Pol*⟩ (*supporter*) seguace *m,*
stenitore *m.*
ↄ coop *s.* ⟨*Zootecn*⟩ stia *f.*
ↄdecagon [hen'dekəgɔn] *s.* ⟨*Geog*⟩ endecagono *m.*
ↄdecasyllabic [hen,dekəsi'læbik] *a.* ⟨*Metr*⟩
decasillabo. **hendecasyllable** [–ləbl] *s.* endecasillabo
m.
ↄdiadys [hen'daiədis] *s.* ⟨*Ret*⟩ endiadi *f.*
ↄↄ harrier *s.* ⟨*Ornit*⟩ albanella *f* reale. ~ **house** *s.*
llaio *m.*
ↄna ['henə] *s.* **1** ⟨*Bot*⟩ alcanna *f* (vera), henna *f,* henné *f.*
(*dye, colour*) henné *m.* **3** (*Cosmet*) henné *m*
ↄↄ party *s.* ⟨*fam*⟩ festa *f* di sole donne. **~peck** *v.t.*
:m) (*of a husband*) sgridare e dominare, mettersi sotto i
:di. **~pecked** *a.* tormentato dalla moglie.
ↄnrietta [,henri'etə] *N.pr.* Enrichetta *f.*
ↄↄ roost *s.* pollaio *m.*
ↄↄry ['henri] *s.* (*pl.* **-s** [z]/**-ries** [riz]) ⟨*El*⟩ henry *m.*
ↄry *N.pr.* Enrico *m.*
[hep] *a.* ⟨*sl*⟩ **1** appassionato di jazz. **2** (*lively*) vivace,
vo. **3** (*up–to–date*) aggiornato, moderno.
ↄarin ['hepərin] *s.* ⟨*Biol*⟩ eparina *f.*
ↄatic [hi'pætik] **I** *a.* ⟨*Anat,Farm*⟩ epatico. **II** *s.* ⟨*Farm*⟩
maco *m* epatico. **hepatica** [–ə] *s.* ⟨*Bot*⟩ erba *f* epatica,
atica *f.*
ↄatite ['hepətait] *s.* ⟨*Min*⟩ epatite *f.* **,hepatitis** [–is] *s.*
ed⟩ epatite *f.* □ ~ *A* (*viral hepatitis type A*) epatite *f*
~ *B* (*viral hepatitis type B*) epatite *f* B. **,hepatization**
ai'zeiʃən] *s.* ⟨*Med*⟩ epatizzazione *f.*
ↄatologist [,hepə'tɔlədʒist] *s.* epatologo *m.* **hepatology**
l3i] *s.* epatologia *f.* **hepatopathic** [–'pæθik] *a.*
atopatico. **hepatopathy** [–pæθi] *s.* epatopatia *f.*
ↄpatotomy [–'toumi] *s.* epatotomia *f.*
ↄatotoxic [,hepətɔ'tɔksik] *a.* epatotossico.
patotoxicity [–'sisiti] *s.* epatotossicità *f.*
ↄcat ['hepkæt] *s.* ⟨*sl*⟩ **1** (*performer*) jazzista *m;* (*devotee*)
assionato *m* (*f –a*) di jazz. **2** (*one who is hep*) persona
noderna.
ↄtachord ['heptəkɔ:d] *s.* ⟨*Mus*⟩ eptacordo *m.*
ↄtad ['heptæd] *s.* **1** (*seven*) sette *m/f.* **2** (*group of seven*)
ippo *m* di sette. **3** ⟨*Chim*⟩ elemento *m* eptavalente.
ↄtagon ['heptəgɔn] *s.* ⟨*Geom*⟩ eptagono *m,* ettagono *m.*
ↄptagonal [–'tægənl] *a.* eptagonale, ettagonale.
ↄtahedral [,heptə'hi:drəl] *a.* ⟨*Geom*⟩ eptaedrico.
eptahedron [–drən] *s.* (*pl.* **-s** [z]/**-dra** [drə]) eptaedro
ettaedro *m.*
ↄtameter [hep'tæmitə] *s.* ⟨*Metr*⟩ ettametro *m.*

heptasyllabic [,heptəsi'læbik] *a.* settenario, ettasillabo.
heptasyllable [–'siləbl] **I** *s.* ⟨*Metr*⟩ eptasillabo *m,*
settenario *m.* **II** *a.* → **heptasyllabic**.
her [hə:] **I** *a.* suo, di lei: ~ *son* suo figlio; ~ *mother* sua
madre; ~ *books* i suoi libri. **II** *pron.* **1** (*direct object*) la,
lei: *I saw* ~ *yesterday* la vidi ieri; *I prefer* ~ preferisco lei.
2 (*indirect object*) le, a lei: *I gave* ~ *my book* le diedi il
mio libro. **3** (*with prepositions*) le, lei: *I am thinking of* ~
sto pensando a lei. **4** (*reflexive*) sé, se stessa, si: *she
looked about* ~ guardò intorno a sé. **5** (*as a predicate*) lei:
was it ~? era lei? □ *she has hurt* ~ *hand* si è fatta male
alla mano; ⟨*fam*⟩ *it's* ~ è lei; ⟨*fam*⟩ *that's* ~*!* eccola
qua!
Hera ['hi:rə] *N.pr.* ⟨*Mitol*⟩ Era *f.*
Heracles ['herəkli:z] *N.pr.* → **Hercules**.
Heraclitus [,herə'klaitəs] *N.pr.* ⟨*Stor*⟩ Eraclito *m.*
herald ['herəld] **I** *s.* **1** ⟨*Mediev*⟩ araldo *m.* **2** ⟨*fig*⟩
(*messenger*) araldo *m,* messaggero *m,* nunzio *m.* **3** ⟨*fig*⟩
(*harbinger*) chi precede e annunzia, foriero *m.* **II** *v.t.* **1**
annunziare, proclamare. **2** (*to usher in*) (pre)annunziare,
essere foriero di: *to* ~ *a new era* annunziare una nuova era.
3 (*to publicize*) diffondere, annunziare. **heraldic** [–'rældik] *a.*
araldico. **heraldist** [–ist] *s.* araldista *m/f.* **heraldry** [–ri]
s. **1** araldica *f.* **2** (*heraldic devices*) stemmi *mpl* nobiliari.
3 ⟨*fig*⟩ (*pomp, pageantry*) pompa *f,* sfarzo *m.* **4** ⟨*Stor*⟩
(*herald's office*) ufficio *m* di araldo.
Heralds' College *s.* ⟨*GB*⟩ (*College of Arms*) consulta *f*
araldica.
herb [hə:b, *am.* ə:b] *s.* **1** ⟨*Bot*⟩ erba *f,* pianta *f* erbacea. **2**
⟨*Farm*⟩ erba *f* (medicinale). **3** ⟨*Gastr*⟩ erbette *fpl,* erbe
fpl, odori *mpl.* □ ⟨*Bot*⟩ ~ *of the cross* verbena *f;* ⟨*Bot*⟩ ~
of grace ruta *f.* **her'baceous** [–eiʃəs] *a.* **1** che si riferisce
alle erbe; (*herblike*) simile all'erba. **2** (*of plants: not
woody*) erbaceo. **'herbage** [–idʒ] *s.* **1** vegetazione *f*
erbacea, erbe *fpl.* **2** ⟨*Zootecn*⟩ (*pasture*) pascolo *m.* **3**
⟨*Dir*⟩ diritto *m* di pascolo, erbatico *m.* **'herbal** [–əl] **I** *a.*
erbaceo, erboso. **II** *s.* erbario *m.*
herbalist ['hə:bəlist] *s.* **1** erborista *m/f,* erbaiolo *m* (*f –a*).
2 → **herb doctor**.
herbal| medicine *s.* erboristeria *f.* ~ **tea** *s.* infuso *m* (*o
tisana f*) di erbe.
herbarium [–hə.b'e:riəm] *s.* (*pl.* **-s** [z]/**-ria** [ria]) erbario
m.
herb| bennet *s.* ⟨*Bot*⟩ garofanaia *f,* cariofillata *f.* ~
Christopher *s.* ⟨*Bot*⟩ actea *f.* ~ **doctor** *s.* ⟨*fam*⟩ chi
cura con le erbe.
herbicidal ['hə:bisaidl] *a.* ⟨*Agr*⟩ diserbante. **herbicide**
[–said] *s.* erbicida *m,* diserbante *m.*
herbivore ['hə:bivɔ:] *s.* ⟨*Zool*⟩ erbivoro *m.* **her'bivorous**
[–vərəs] *a.* erbivoro.
herborist ['hə:bərist] *s.* → **herbalist**. **,herborization**
[–rai'zeiʃən] *s.* l'erborare. **herborize** [–raiz] *v.i.* erborare.
herb| patience *s.* ⟨*Bot*⟩ pazienza *f.* ~ **tea** *s.* infuso *m* di
erbe. **~woman** *s.irr.* erbaiola *f.*
herby ['hə:bi] *a.* **1** erboso. **2** (*resembling a herb*) simile
all'erba.
Herculaneum [,hə:kju'leiniəm] *N.pr.* ⟨*Geog.stor*⟩ Ercolano
m.
herculean [,hə:kju'li:ən] *a.* **1** faticosissimo, difficilissimo: *a
~ task* un compito difficilissimo. **2** (*of enormous strength*)
fortissimo, erculeo. **Herculean** *a.* ⟨*Mitol*⟩ erculeo, di
Ercole. **'Hercules** [–li:z] **I** *N.pr.* ⟨*Mitol,Astr*⟩ Ercole *m.*
II *s.* ⟨*fig*⟩ ercole *m.* □ *the Labours of* ~ le fatiche di
Ercole; *the Pillars of* ~ le colonne di Ercole.
herd [hə:d] **I** *s.* **1** mandria *f,* branco *m,* gregge *m,* armento
m: a ~ *of cattle* una mandria di buoi. **2** ⟨*spreg*⟩ (*group*)
massa *f,* moltitudine *f,* ⟨*spreg*⟩ branco *m,* ⟨*spreg*⟩ gregge
m: a ~ *of tourists* un branco di turisti; (*mob,rabble*) plebe
f, plebaglia *f.* **II** *v.i.* **1** (*of animals*) imbrancarsi, mettersi
in branco. **2** ⟨*fig*⟩ (*of people*) formare un gruppo,
raggrupparsi. **III** *v.t.* **1** (*of animals: to form a herd*)
imbrancare; (*to drive in a herd*) condurre (*o* spingere) in
branco. **2** ⟨*fig*⟩ (*of people*) radunare, riunire; (*to drive,
conduct*) condurre in gruppo, spingere. □ ⟨*fig*⟩ *the
common* (*o vulgar*) *herd* il volgo; *in –s* in gran numero.
herd| book *s.* ⟨*Zootecn*⟩ registro *m* genealogico (*del
bestiame*). **~boy** *s.* pastorello *m.*

herding dog *s.* cane *m* da pastore.
herd instinct *s.* istinto *m* gregale, gregarismo *m.*
herdsman ['hə:dzmən] *s.irr.* mandriano *m*, pastore *m.*
here [hiə] **I** *avv.* **1** qui, qua: *I live* ∼ abito qui; *come* ∼ vieni qua. **2** (*at this point*) da qui, (di) qui, a questo punto: *let's begin* ∼ cominciamo da qui. **3** (*in giving, offering s.th.*) ecco (qui): ∼ *is your book* ecco il tuo libro. **4** (*in indicating presence*) ecco (qui), ecco che: ∼ *I am* sono qui, eccomi; ∼ *comes the bus* ecco (che arriva) l'autobus. **5** (*after a noun for emphasis*) qui presente: *Mr. Brown* ∼ il qui presente signor Brown. **II** *a.* ⟨*dial*⟩ (*after a demonstrative adjective*) qui, *often not translated: this* ∼ *radio doesn't work* questa radio (qui) non funziona. **III** *s.* questo luogo *m* (*o* posto). **IV** *intz.* **1** (*in answering a rollcall*) presente. **2** (*to an animal*) qui, qua. **3** (*as an encouragement, etc.*) suvvia, su, ovvia; (*as an admonitory rebuke*) su, ecco: ∼, *that's enough!* su, ora basta! □ ∼ **below** qui appresso, qui sotto; (*in the present life*) quaggiù, su questa terra; **from** ∼ da qui, di qui; *from* ∼ *to there* di qui a lì; ⟨*fam*⟩ ∼ **goes!** ecco, si comincia!; ⟨*fam*⟩ *that's* **neither** ∼ *nor there* non c'entra niente; ⟨*fam*⟩ *let's* **get out** *of* ∼ andiamocene di qui; ∼ *and* **there** qui e lì, qua e là; ∼, *there and everywhere* dappertutto; ∼*'s* **to** *you* (*in toasts*) alla (vostra) salute; **up** ∼ qui su, quassù, qui sopra. *Prov.:* ∼ *today* (*and*) *gone tomorrow* oggi in figura, domani in sepoltura.
hereabout(s) ['hiərə'baut(s)] *avv.* nei dintorni, qui intorno, qui vicino, da queste parti.
hereafter [hiər'ɑ:ftə] **I** *avv.* **1** d'ora in poi, ⌐di qui⌐ (*o* d'ora) in avanti, in seguito, in futuro. **2** (*in life after death*) nell'aldilà. **II** *s.* **1** avvenire *m.* **2** (*life after death*) aldilà *m*, il mondo di là.
hereat [hiər'æt] *avv.* ⟨*ant*⟩ **1** a questo (punto), a ciò. **2** (*because of this*) a causa di ciò, per questo.
hereby [hiə'bai] *avv.* **1** con ciò, con questo mezzo: *we* ∼ *certify that* con ciò (*o* la presente) certifichiamo che. **2** ⟨*lett*⟩ (*in this way*) così, in tal modo.
hereditability [hi,reditə'biliti] *s.* → **heritability.**
he'reditable [-bl] *a.* → **heritable. hereditament** [,heri'ditəmənt] *s.* ⟨*Dir*⟩ asse *m* ereditario.
he'reditariness [-tərinis] *s.* ereditarietà *f.* **he'reditary** [-təri] *a.* **1** ereditario (*anche Biol.*): ∼ *monarchy* monarchia ereditaria. **2** (*passing from generation to generation*) secolare, di sempre: ∼ *beliefs* credenze secolari. **3** ⟨*Dir*⟩ ereditario, spettante in eredità, trasmesso (*o* trasmissibile) per eredità. □ *by* ∼ **right** per diritto ereditario (*o* di successione); ⟨*GB*⟩ ∼ **peer** pari *m* per diritto ereditario. **he'redity** [-ti] *s.* ⟨*Biol*⟩ **1** ereditarietà *f.* **2** (*genetic characters*) patrimonio *m* ereditario, eredità *f.* **3** (*study*) genetica *f.*
herein [hiər'in] *avv.* ⟨*burocr*⟩ qui: *enclosed* ∼ qui accluso.
hereinafter [hiər,in'ɑ:ftə] *avv.* ⟨*burocr*⟩ in seguito, sotto, più avanti.
hereinbefore [hiər,inbi'fɔ:] *avv.* ⟨*burocr*⟩ in precedenza, sopra.
hereof [hiər'ɔv] *avv.* ⟨*burocr*⟩ **1** (*of this*) di ciò, di questo; (*of this writing, etc.*) del presente scritto: *on the last page* ∼ all'ultima pagina del presente scritto. **2** (*concerning this*) che si riferisce a questo.
hereon [hiər'ɔn] *avv.* ⟨*burocr*⟩ in conseguenza di ciò.
here's [hiəz] *contraz. di* **here is.**
heresiarch [he'ri:ziɑ:k] *s.* ⟨*Rel*⟩ eresiarca *m.*
heresy ['herəsi] *s.* eresia *f* (*anche Rel.*). **heretic** [-rətik] **I** *s.* eretico *m* (*f* –a). **II** *a.* → **heretical.**
heretical [hi'retikəl] *a.* eretico.
hereto ['hiə'tu] *avv.* **1** ⟨*burocr*⟩ qui, a questo: *attached* ∼ qui allegato. **2** (*hitherto*) fino ⌐a ora⌐ (*o* adesso).
heretofore [,hiətu'fɔ:] *avv.* ⟨*burocr*⟩ precedentemente, prima (d'ora).
hereunder [hiər'ʌndə] *avv.* ⟨*burocr*⟩ **1** (*below*) qui sotto, in seguito. **2** (*under this agreement*) in virtù del presente atto.
hereupon [,hiərə'pɔn] *avv.* **1** per cui, in conseguenza di ciò. **2** (*immediately after this*) subito dopo questo (*o* ciò).
herewith [hiə'wið] *avv.* ⟨*burocr*⟩ **1** qui accluso, qui unito: *you will find* ∼ (*enclosed*) *our cheque* qui accluso troverete il nostro assegno. **2** (*by means of this*) con questo, con la

presente.
heritability [,heritə'biliti] *s.* ereditabilità *f.* '**herita◄** [-bl] *a.* **1** ereditabile, trasmissibile per eredità. **2** (*cap◄ of inheriting*) capace di ereditare. **3** ⟨*Dir*⟩ successibile ◄
heritage ['heritidʒ] *s.* **1** eredità *f*, patrimonio *m: national* ∼ il nostro patrimonio nazionale. **2** ⟨ (*succession*) eredità *f*, retaggio *m.* **3** ⟨*Dir*⟩ eredità *f*, ◄ *m* ereditario. **heritor** [-tə] *s.* erede *m.*
herm [hə:m], '**herma** [-ə] *s.* (*pl.* '**hermae** [-mi:]/– [mai]) erma *f.*
hermaphrodism [hə:'mæfrədizəm] *s.* → **hermaphroditi◄ hermaphrodite** [-dait] **I** *s.* ⟨*Biol,Med*⟩ ermafrodit◄ androgino *m.* **II** *a.* ermafrodito, androgino, ginandro◄ □ ⟨*Mar*⟩ ∼ *brig* brigantino *m* goletta. **her,maphrod◄** [-'ditik], **her,maphroditical** [-'ditikəl] *a.* **hermaphrodite. hermaphroditism** [-daitizəm] *s.* ⟨*Biol,Med*⟩ ermafrod(it)ismo *m.*
hermeneutic [,hə:mə'nju:tik], **hermeneutical** [-əl] *a.* ermeneutico, interpretativo. **hermeneutics** [-s] (*costr. sing.*) ermeneutica *f.*
Hermes ['hə:mi:z] *N.pr.* ⟨*Mitol*⟩ Ermete *m.*
hermetic [hə:'metik] *a.* **1** ermetio, a perfetta tenuta *seal* sigillo ermetico. **2** ⟨*Occult*⟩ ermetico, occulto. **3** ⟨*L* ermetico.
Hermione [hə:'maiəni] *N.pr.* Ermione *f.*
hermit ['həmit] *s.* **1** eremita *m*, anacoreta *m.* **2** ⟨ eremita *m.* **3** → **hermit crab. hermitage** [-idʒ eremitaggio *m*, eremo *m.* (*anche fig.*).
hermit crab *s.* ⟨*Zool*⟩ paguro *m.*
hermitic [hə:'mitik], **hermitical** [-əl] *a.* eremitico, d◄ di) eremita.
hern [hə:n] *s.* ⟨*ant*⟩ → **heron.**
hernia ['hə:niə] *s.* (*pl.* –s [z]/-niae [nii:]) ⟨*Med*⟩ erni◄ **hernial** [-l] *a.* erniario.
hero ['hiərou] *s.* (*pl.* –es [z]) **1** eroe *m.* **2** ⟨*Teat,Lett*⟩ *m*, protagonista *m: the* ∼ *of a novel* il protagonista di romanzo.
Herod ['herəd] *N.pr.* ⟨*Stor*⟩ Erode *m.*
Herodias [he'roudiæs] *N.pr.* ⟨*Stor*⟩ Erodiade *f.*
Herodotus [he'rɔdətəs] *N.pr.* ⟨*Stor*⟩ Erodoto *m.*
heroic [hi'rouik] *a.* **1** eroico, di (*o* da) eroe: ∼ *a◄* imprese eroiche. **2** ⟨*Lett*⟩ eroico, epico: *a* ∼ *poem* poema eroico. **3** ⟨*fig*⟩ (*larger than life*) grandi◄ imponente; (*remarkable*) straordinario, eroico: ∼ *pati◄* pazienza straordinaria. **4** ⟨*fig*⟩ (*of language*) reto◄ ampolloso, magniloquente.
heroic age *s.* età *f* eroica (*anche fig.*).
heroical [hi'rouikəl] *a.* → **heroic. heroically** [-i] eroicamente.
heroic couplet *s.* ⟨*Metr*⟩ distico *m* eroico.
heroicness [hi'rouiknis] *s.* eroicità *f.*
heroicomic [hi,roui'kɔmik], **heroicomical** [-əl] eroicomico (*anche Lett.*).
heroics [hi'ro(u)iks] *s.pl.* **1** → **heroic verse. 2** ◄ (*pompous language*) linguaggio *m* retorico (*o* ampollo◄ magniloquenza *f.* **3** ⟨*fig*⟩ (*extravagant behavi◄* atteggiamenti *mpl* melodrammatici.
heroic verse *s.* ⟨*Metr*⟩ verso *m* eroico.
heroin ['hero(u)in] *s.* ⟨*Chim*⟩ eroina *f.*
heroin◄ addict *s.* eroinomane *m/f.* ∼ **addiction** eroinomania *f.*
heroine ['herouin] *s.* **1** eroina *f.* **2** ⟨*Lett,Teat*⟩ eroin◄ protagonista *f.*
heroin trade *s.* traffico *m* di eroina.
heroism ['herouizəm] *s.* eroismo *m.*
heron ['herən] *s.* (*pl. inv./*–s [z]; il pl.inv. si usa gen◄ con valore collett.) ⟨*Ornit*⟩ airone *m.* **heronry** [-r◄ luogo *m* dove vivono gli aironi.
hero|-worship *v.t.* venerare come un eroe. ∼ **worshi◄ 1** culto *m* degli eroi. **2** (*exaggerated admirat◄* ammirazione *f* esagerata.
herpes ['hə:pi:z] *s.* ⟨*Med*⟩ erpete *m.*
herpes| labialis *s.* ⟨*Med*⟩ (*cold sore*) herpes *m* labiale◄ **zoster** *s.* herpes *m* zoster, fuoco *m* di Sant'Antonio.
herpetic [-'petik] *a.* erpetico.
herpetologist [,hə:pi'tɔlədʒist] *s.* erpetologo◄ **herpetology** [-dʒi] *s.* erpetologia *f.*

erring ['heriŋ] s. (pl. inv./-s [z]; il pl.inv. si usa general. con valore collett.) ⟨Itt⟩ aringa f. □ to be packed as close as -s essere pigiati come le sardine, stare come aringhe in barile.

erring bone ['heriŋboun] I s. spina f di pesce (anche Tess.). II a. a spina di pesce. □ ⟨Lav.femm⟩ ~ stitch punto m spina (o strega).

erring| gull s. ⟨Ornit⟩ gabbiano m reale. ~ **pond** s. ⟨scherz⟩ oceano m atlantico.

ers [hə:z] pron.poss. suo, sua, di lei: this house is ~ questa casa è sua; an old friend of ~ un suo vecchio amico; is this book his or ~? questo libro è di lui o di lei?

erself [hə'self] pron.pers. 1 (used reflexively) si, sé, se stessa: she hurt ~ si fece male; she often talks about ~ parla spesso di sé. 2 (as an emphatic appositive) lei stessa, proprio lei, lei in persona: she ~ told me me l'ha detto proprio lei (o lei stessa). 3 (alone) da sola: she went by ~ andò da sola; (without help) da sé, da sola: she did it ~ l'ha fatto da sola. 4 (her usual self) lei, se stessa, sé: she is not ~ today oggi non sembra nemmeno lei. 5 (in comparisons) se stessa: she loved her son more than ~ amava suo figlio più di se stessa

ertz [hə:ts] s. (pl. inv./'hertzes [-iz]) ⟨Fis⟩ hertz m. **'Hertzian** [-iən] a. hertziano: ~ wave onda hertziana.

e's [hi:z] contraz. di he is, he has.

Hesiod ['hi:siod] N.pr. ⟨Stor⟩ Esiodo m.

esitance ['hezitəns], **hesitancy** [-i] s. 1 esitazione f, titubanza f; (uncertainty) indecisione f, incertezza f. 2 (reluctance) riluttanza f, ritrosia f. 3 (stammering) lieve balbuzie f. **hesitant** [-tənt] a. 1 esitante, titubante; (uncertain) indeciso, dubbioso, perplesso. 2 (reluctant) riluttante, restio, ritroso. 3 (faltering in speech) lievemente balbuziente. **hesitantly** [-təntli] avv. con esitazione.

esitate ['heziteit] v.i. 1 esitare, titubare; (to be in doubt) essere indeciso (o incerto), essere perplesso (o in dubbio). 2 (to be unwilling) essere riluttante (o restio). 3 (to pause) fare una pausa: she -d, then carried on fece una pausa, quindi proseguì. 4 (to stutter) incespicare nel parlare, balbettare. □ to ~ at nothing non esitare di fronte a nulla. Prov.: he who -s is lost chi si ferma è perduto. **hesitatingly** [-iŋli] avv. → **hesitantly**. **,hesitation** [-'teifən] s. 1 esitazione f, titubanza f; (uncertainty) indecisione f, incertezza f, perplessità f. 2 (reluctance) riluttanza f. 3 (stammering) lieve balbuzie f. **esitative** ['heziteitiv] a. esitante, incerto. **hesitator** [-tə] s. chi esita.

Hesperian [hes'piriən] I a. 1 ⟨poet⟩ occidentale, ⟨poet⟩ esperio. 2 → **Hesperidian**. 3 ⟨Geog.stor⟩ esperio, dell'Esperia. II s. ⟨poet⟩ occidentale m/f.

Hesperides [hes'peridi:z] s.pl. ⟨Mitol⟩ Esperidi fpl. **,Hesperidian** [-pə'ridiən] a. delle Esperidi.

Hesperus ['hespərəs] N.pr. ⟨Astr⟩ Espero m.

Hesse ['hesi] N.pr. ⟨Geog⟩ Assia f. **Hessian** [-ən, am. 'hefən] I a. assiano. II s. 1 assiano m (f -a) 2 ⟨Stor.am⟩ mercenario m (dell'Assia). 3 ⟨fig⟩ mercenario m. **hessian** s. 1 ⟨Tess⟩ tessuto m di iuta. 2 → **Hessian boot**.

Hessian| boot s. ⟨Calz⟩ tipo di stivale. ~ **fly** s. ⟨Entom⟩ mosca f tedesca, cecidomia f del grano.

Hester ['hestə] N.pr. Ester f.

hetaera [hi'tiərə] s. (pl. -rae [ri:]) 1 ⟨Stor.gr⟩ etera f. 2 ⟨fig⟩ meretrice f, cortigiana f. **hetaerism** [-rizəm] s. concubinato m.

hetaira [hi'tairə] s. (pl. -rai [rai]) → **hetaera. hetairism** [-rizəm] s. → **hetaerism**.

heterochromatic [,hetəro(u)kro(u)'mætik] a. ⟨Biol⟩ eterocromo. **heterochromatism** [-'mətizəm] s. eterocromatismo m.

heteroclite ['hetəro(u)klait] I a. 1 anormale, inusitato. 2 ⟨Gramm⟩ eteroclito. II s. ⟨Gramm⟩ sostantivo m eteroclito.

heterocyclic [,hetəro(u)'saiklik] a. ⟨Chim⟩ eterociclico.

heterodox ['hetəro(u)doks] a. eterodosso. **heterodoxy** [-i] s. eterodossia f.

heterodyne ['hetərodain] I s. ⟨Rad⟩ eterodina f. II v.t. eterodinare.

heterogamous [,hetе'rogəməs] a. eterogamo. **heterogamy**

[-mi] s. eterogamia f.

heterogeneity [,hetəro(u)dʒə'ni:iti] s. eterogeneità f. **heterogeneous** [-'dʒi:niəs] a. 1 eterogeneo (anche Chim.,Gramm.). 2 (motley, varied) eterogeneo, disparato: a ~ crowd una folla eterogenea. **heterogeneousness** [-'dʒi:niəsnis] s. → **heterogeneity. heterogenesis** [-'dʒenisis] s. ⟨Biol⟩ eterogenesi f, eterogenia f. **heterogenetic** [-dʒi'netik] a. relativo a (o caratterizzato da) eterogenesi.

heteromorphic [,hetəro(u)'mo:fik] a. ⟨Min,Bot⟩ eteromorfo. **heteromorphism** [-fizəm], **heteromorphy** [-fi] s. eteromorfismo m.

heteronomous [,hetə'ronəməs] a. ⟨Filos,Zool⟩ eteronomo. **heteronomy** [-'ronəmi] s. ⟨Filos⟩ eteronomia f. **heteronym** ['hetəronim] s. ⟨Ling⟩ eteronimo m.

heterosex [,hetəro(u)'seks] s. → **heterosexuality. heterosexual** [-kfuəl] I a. ⟨Biol⟩ eterosessuale. II s. individuo m eterosessuale. **heterosexuality** [-fu'æliti] s. eterosessualità f.

heterozygosis [,hetəro(u)zai'gosis] s. ⟨Biol⟩ eterozigosi f. **,heterozygotic** [-zai'gotik], **hetero'zygous** [-gəs] a. ⟨Biol⟩ eterozigote, eterozigoto.

Hetty ['heti] (dim. di Hester) N.pr. Esterina f.

,het-'up a. ⟨fam⟩ 1 (excited) teso, nervoso, sovraeccitato; (worried) preoccupato. 2 (angry) in collera, arrabbiato: to get ~ about s.th. montare (o andare) in collera per qc., agitarsi per qc.

heuristic [hju'ristik] a. euristico (anche Inform.).

hew [hju:] v. (pret. hewed [-d], p.p. hewed/hewn [-n]) I v.t. 1 tagliare (con l'ascia), spaccare, fendere: to ~ wood spaccare legna. 2 (to sever by cutting; general. con away, off, out) tagliare, staccare tagliando: to ~ a branch off a tree tagliare un ramo da un albero. 3 (to make by cutting) aprirsi, aprire: they -ed a passage through the jungle si aprirono un varco nella giungla. 4 (to shape or smooth by cutting; general. con out) sbozzare, sgrossare: to ~ out a statue sbozzare una statua. II v.i. dare colpi d'ascia. □ to ~ **down** a tree abbattere un albero; ⟨fig⟩ to ~ **out** a career for o.s. farsi faticosamente strada nella vita; to ~ to pieces fare a pezzi.

HEW = ⟨SU⟩ Department of Health, Education and Welfare Ministero della sanità, istruzione e previdenza sociale.

hewer ['hju:ə] s. 1 taglialegna m, spaccalegna m. 2 ⟨Minier⟩ minatore m che taglia il carbone (dal filone).

hewn [hju:n] a. 1 (roughly squared) sgrossato, squadrato rozzamente: ~ timber legname sgrossato. 2 (of stone: dressed) sgrossato, squadrato.

hexachord ['heksəko:d] s. ⟨Mus⟩ esacordo m.

hexadecimal [,heksə'desiməl] a. ⟨Inform⟩ esadecimale.

hexagon ['heksəgən] s. ⟨Geom⟩ esagono m. **hexagonal** [-'sægənl] a. esagonale.

hexagram ['heksəgræm] s. 1 stella f di David (o a sei punte). 2 ⟨Geom⟩ figura f con sei linee.

hexahedral [,heksə'hi:drəl] a. ⟨Geom⟩ esaedrico. **hexahedron** [-'hi:drən] s. (pl. -s [z]/-dra [drə]) esaedro m.

hexameter [heks'æmitə] I s. ⟨Metr⟩ esametro m. II a. → **hexametric(al). ,hexametric** [-sə'metrik], **,hexametrical** [-sə'metrikəl] a. in esametri.

hexane ['heksein] s. ⟨Chim⟩ esano m.

hexangular [hek'sæŋgjulə] a. ⟨Geom⟩ di sei angoli.

hexapod ['heksəpod] I a. ⟨Entom⟩ degli (o relativo agli) insetti. II s. 1 insetto m. 2 pl. esapodi mpl, insetti mpl.

hexastyle ['heksəstail] I s. ⟨Arch⟩ portico m esastilo. II a. esastilo.

hexasyllabic [,heksəsi'læbik] a. esasillabico.

hey [hei] intz. 1 (to call attention) ehi, ehilà. 2 (to express surprise, etc.) ma va (là).

heyday ['heidei] s. fulgore m, splendore m, pieno rigoglio m (o vigore); (prime) fiore m, primavera f: in the ~ of youth nel fiore degli anni.

'hey presto ['prestou] intz. (of a conjurer) op là.

Hezekiah [,hezi'kaiə] N.pr. ⟨Bibl⟩ Ezechiele m.

HF = 1 high frequency alta frequenza. 2 high fidelity alta fedeltà.

hf. = *half* metà.

hg. = *hectogramme* ettogrammo (*abbr.* hg).

H.G. = **1** *High German* alto tedesco. **2** *His* (o *Her*) *Grace* Sua Grazia. **3** *Home Guard* guardia nazionale.

H.H. = **1** *His* (o *Her*) *Highness* Sua Altezza (*abbr.* S.A.). **2** ⟨*Rel.catt*⟩ *His Holiness* Sua Santità (*abbr.* S.S.).

H-hour *s.* ⟨*Mil*⟩ ora *f* x.

hi [hai] *intz.* **1** (*to attract attention*) ehi, ehilà. **2** ⟨*am.fam*⟩ ciao, salve.

hiatus [hai'eitəs] *s.* (*pl. inv.*/-**tuses** [təsiz]) **1** iato *m*, lacuna *f*, vuoto *m*. **2** (*break in continuity*) intervallo *m*, interruzione *f*. **3** ⟨*Metr,Gramm*⟩ iato *m*.

hibernal [hai'bə:nl] *a.* invernale.

hibernate ['haibəneit] *v.i.* **1** ⟨*Biol*⟩ cadere (*o* andare) in letargo, ibernare. **2** ⟨*fig*⟩ svernare, trascorrere l'inverno. **,hibernation** [-'neiʃən] *s.* letargo *m* (invernale), ibernazione *f: to go into* ∼ cadere (*o* andare) in letargo.

Hibernia [hai'bə:niə] *N.pr.* ⟨*Geog,lett*⟩ Irlanda *f*. **Hibernian** [-n] **I** *a.* ⟨*lett*⟩ irlandese. **II** *s.* ⟨*lett*⟩ irlandese *m/f*.

hibiscus [hai'biskəs] *s.* ⟨*Bot*⟩ ibisco *m*.

hic [hik] *onom.* hic.

hiccough ['hikəf], **hiccup** ['hikʌp] **I** *s.* **1** singhiozzo *m*. **2** *pl.* (*fit of hiccoughing;* costr. sing. o pl.) singhiozzo *m*, singulto *m: to have the* −*s* avere il singhiozzo. **II** *v.i.* **1** singhiozzare, avere il singhiozzo. **2** ⟨*fig*⟩ singhiozzare. **III** *v.t.* (general. con *out*) dire singhiozzando.

hick *am.* [hik] **I** *s.* ⟨*fam*⟩ villano *m*, campagnolo *m*. **II** *a.* zotico, rozzo.

hickory ['hikəri] **I** *s.* **1** ⟨*Bot*⟩ hickory *m*. **2** (*wood*) hickory *m*. **3** (*switch, cane*) bastone *m* di hickory. **II** *a.* di hickory.

hid [hid] → **hide¹**.

hidden ['hidn] *a.* **1** occulto, segreto, celato, nascosto, recondito: ∼ *thoughts* pensieri nascosti. **2** (*mysterious*) misterioso, occulto, oscuro: ∼ *meaning* significato oscuro. □ ⟨*Econ*⟩ ∼ *unemployment* disoccupazione *f* nascosta.

hide¹ [haid] *v.* (*pret.* **hid** [hid], *p.p.* **hidden** ['hidn]/**hid**) **I** *v.t.* **1** nascondere, celare, occultare: *to* ∼ *s.th. from s.o.* nascondere qc. a qd. **2** (*to cover up*) nascondere, coprire: *the clouds hid the sun* le nuvole coprirono il sole; *to* ∼ *one's face in shame* nascondersi il volto per la vergogna. **3** (*to keep secret*) dissimulare, nascondere, tenere celato (*o* segreto); (*to cloak*) coprire, mascherare. **II** *v.i.* **1** nascondersi. **2** (*to take refuge*) nascondersi, cercare rifugio (*o* protezione). **3** (*to go into hiding;* general. con *out, on*) darsi alla macchia.

hide² *s.* **1** nascondiglio *m*. **2** ⟨*Venat*⟩ posta *f*, posizione *f* nascosta.

hide³ **I** *s.* **1** (*raw skin of an animal*) pelle *f*. **2** ⟨*Conc*⟩ pellame *m*, cuoio *m*, pelle *f*. **3** ⟨*fam*⟩ (*person's skin*) pelle *f*; (*person's safety*) pelle *f*, vita *f: to save one's* ∼ salvare la pelle. **II** *v.t.* **1** spellare, scoiare, scorticare. **2** ⟨*fam*⟩ (*to thrash*) bastonare, lisciare il pelo a. □ *to dress* −*s* = *to tan hides;* ⟨*am.fam*⟩ ∼ *nor* (o *or*) *hair* nessuna traccia; ⟨*Conc*⟩ *to tan* −*s* conciare pelli; ⟨*fam*⟩ *to tan s.o.'s* ∼ picchiare qd., lisciare il pelo a qd.; ⟨*fam*⟩ *to have a thick* ∼ avere la pelle dura.

hide⁴ *s.* ⟨*Stor*⟩ unità di misura agraria (da 60 a 120 acri).

'hide-and-'seek *s.* nascondino *m*, rimpiattino *m: to play* ∼ giocare a nascondino.

hideaway ['haidəwei] *s.* nascondiglio *m*, rifugio *m*.

hidebound ['haidbaund] *a.* **1** gretto, di mentalità ristretta. **2** ⟨*Zool*⟩ dalla pelle secca e retratta.

hideous ['hidiəs] *a.* **1** spaventoso, orrendo, orribile: *a* ∼ *monster* un mostro spaventoso; (*repulsive*) ripugnante, ripulsivo. **2** (*abominable*) abominevole, esecrabile, odioso: *a* ∼ *crime* un delitto abominevole. **hideousness** [-nis] *s.* odiosità *f*, orrore *m*.

hideout ['haidaut] *s.* nascondiglio *m*, rifugio *m*, covo *m*, tana *f*.

hiding¹ ['haidiŋ] *s.* **1** occultamento *m*, il nascondere. **2** (*place to hide*) nascondiglio *m*. □ *to be in* ∼ essere (*o* tenersi) nascosto, essere uccel di bosco; *to come out of* ∼ uscire dal nascondiglio; *to go into* ∼ nascondersi, rendersi uccel di bosco, darsi alla macchia.

hiding² *s.* ⟨*fam*⟩ bastonatura *f*. □ *to get a* ∼ prenderle buscarle; *to give s.o. a* (*good*) ∼ bastonare ben bene qd.

hie [hai] *v.i.* (*p.pr.* **'hieing**/**'hying** [-iŋ]) ⟨*lett*⟩ affrettarsi.

hiemal ['haiəməl] *a.* invernale, ⟨*lett*⟩ iemale.

hierarch ['haiərɑ:k] *s.* **1** ⟨*Rel*⟩ alto prelato *m*, gerarca *m*. **2** (*person having authority*) gerarca *m*. **,hier'archal** [-əl], **,hier'archic** [-ik], **,hier'archical** [-ikəl] *a.* gerarchico: ∼ *structure* struttura gerarchica. **hierarchism** [-izəm] *s.* principi *mpl* gerarchici. **hierarchization** [-ai'zeiʃən] *s.* gerarchizzazione *f*. **'hierarchize** [-kaiz] *v.t.* gerarchizzare. **hierarchy** [-i] *s.* **1** gerarchia *f* (*anche Rel.*). **2** ⟨*Teol*⟩ (*celestial hierarchy*) gerarchia *f* celeste. **3** → **hierocracy**.

hieratic [,haiə'rætik] **I** *a.* **1** → **hieratical**. **2** ⟨*Paleogr*⟩ ieratico. **II** *s.* scrittura *f* ieratica. **hieratical** [-əl] *a.* sacerdotale, sacro.

hierocracy [,haiə'rokrəsi] *s.* ⟨*Pol*⟩ gerocrazia *f*, ierocrazia *f*.

hieroglyph ['haiərəglif] *s.* **1** ⟨*Paleogr*⟩ geroglifico *m*. **2** ⟨*fig*⟩ (*symbolic figure*) simbolo *m*, figura *f* simbolica. **,hiero'glyphic** [-ik] **I** *s.* **1** ⟨*Paleogr*⟩ geroglifico *m*. **2** *pl.* (*hieroglyphic writing;* costr. sing. o pl.) geroglifici *mpl*, scrittura *f* geroglifica. **3** ⟨*fig*⟩ segno *m* indecifrabile, geroglifico *m*. **4** *pl.* ⟨*scherz*⟩ (*writing difficult to decipher*) geroglifici *mpl*. **II** *a.* → **hieroglyphical**. **,hiero'glyphical** [-ikəl] *a.* **1** ⟨*Paleogr*⟩ geroglifico. **2** ⟨*fig*⟩ indecifrabile, illeggibile.

hierogram ['haiərəgræm], **hierograph** [-grɑ:f] *s.* simbolo *m* sacro.

hierolatry [,haiə'rolətri] *s.* culto *m* dei santi. **hierology** [-'rolədʒi] *s.* **1** ierologia *f*. **2** (*hagiology*) agiologia *f*.

hierophant ['haiərəfænt] *s.* **1** ⟨*Stor.gr*⟩ gerofante *m*, ierofante *m*. **2** ⟨*fig*⟩ interprete *m/f*. **,hiero'phantic** [-ik] *a.* gerofantico.

hi-fi ['hai'fai] **I** *a.* → **high-fidelity**. **II** *s.* → **hig** fidelity.

hi-fi rack *s.* ⟨*Acu*⟩ contenitore *m* hi-fi.

higgle ['higl] *v.i.* mercanteggiare, tirare sul prezzo.

higgledy-piggledy ['higldi'pigldi] **I** *avv.* alla rinfusa, disordinatamente. **II** *a.* disordinato, confuso, mescolato.

high [hai] **I** *a.* **1** alto: *the tower is three hundred feet* ∼ la torre è alta trecento piedi; *how* ∼ *is it?* quanto è alto? (*elevated*) alto, elevato: *a* ∼ *platform* una piattaforma elevata. **2** (*great in quantity, degree, etc.*) alto, elevato: ∼ *temperature* una temperatura elevata; ∼ *speed* alta velocità; ∼ *society* alta società. **3** (*principal*) principale, maggiore. **4** (*important*) alto, importante: ∼ *politics* alta politica; (*serious*) grave, serio. **5** (*lofty, noble*) alto, nobile, sublime: ∼ *ideals* nobili ideali. **6** (*considerable*) alto, grande, rilevante: *the price is very* ∼ il prezzo è molto alto. **7** (*expensive*) caro, costoso, salato: *the bill was* ∼ il conto era salato. **8** (*haughty*) altezzoso, arrogante, superbo: *to use a* ∼ *tone of voice* usare un tono di voce arrogante. **9** (*excellent*) ottimo, eccellente: *of* ∼ *quality* di ottima qualità. **10** (*of sounds: loud*) alto, forte, sonoro: *to speak in a* ∼ *voice* parlare a voce alta; (*shrill*) acuto, alto: ∼ *screams* grida acute. **11** ⟨*fam*⟩ (*drunk*) alticcio, allegro, brillo; (*intoxicated with narcotics*) drogato. **12** (*exciting*) emozionante, avvincente. **13** (*of time*) inoltrato, avanzato, pieno, alto: ∼ *summer* estate inoltrata; (*ancient*) remoto, antico, alto: ∼ *Middle Ages* alto medioevo. **14** (*of meat*) andato a male, guasto, passato; (*of game*) frollo. **15** (*of complexion*) florido, colorito. **16** ⟨*Biol*⟩ (general. al compar.) superiore: *the* −*er apes* le scimmie superiori. **17** ⟨*Mar*⟩ (*of wind*) forte. **18** ⟨*Mus*⟩ (*acute in pitch*) acuto, alto. **II** *s.* **1** altura *f*, posto *m* elevato. **2** ⟨*am*⟩ (*high point*) livello *m* (alto), culmine *m: prices have reached an all-time* ∼ i prezzi hanno toccato un livello mai raggiunto prima. **3** ⟨*Meteor*⟩ zona *f* d'alta pressione, anticiclone *m*. **4** ⟨*Mot*⟩ velocità *f* (più) elevata, presa *f* diretta. **III** *avv.* **1** in alto, alto: *to climb* ∼ arrampicarsi in alto. **2** (*at o to a high level, degree*) in alto, su: *prices went* ∼ i prezzi sono andati su. **3** (*luxuriously*) lussuosamente. □ *to aim* ∼: 1 ⟨*Artigl*⟩ mirare alto; 2 ⟨*fig*⟩ mirare in alto; *the* −*est bidder* il migliore offerente; *to be of* ∼ **birth** essere di ˹alto˺ lignaggio˺ (*o* nobili natali); *in the* −*est* **degree** al massimo grado; ∼ *and* **dry:** 1 ⟨*Mar*⟩ in secca; 2 ⟨*fig*⟩ (*stranded*) nei guai, in difficoltà; 3 ⟨*fig*⟩ (*deserted*) solo abbandonato; *her husband left her* ~ *and dry* suo marito la piantò in asso; ⟨*fig*⟩ *to fly* ~ mirare in alto, essere ambizioso; *to get* ~ (*of game*) puzzare; ⟨*fam*⟩ *to get* ~ *on whisky* ubriacarsi di whisky; *my hopes are* ~ ho buone speranze; *Glory* (*be*) *to God in the* –*est* gloria a Dio nel più alto dei cieli; *to search* ~ *and low for s.th.* cercare qc. per mari e per monti⌐ (*o* dappertutto); *the* ~ *and the low* il ceto alto e il ceto basso; *a man of* ~ merit un uomo di grandi meriti; ⟨*Bibl*⟩ *the* Most ~ l'Altissimo; *on* ~: 1 in alto; 2 (*in heaven*) in cielo, nei cieli, in alto; *the powers on* ~ le potenze celesti; *he has a* ~ opinion *of himself* ha un alto concetto di sé; ⟨*Art,Arch*⟩ ~ period periodo d'oro; *to play* ~ (*in cards*) giocare forte; *the* ~ point (*o spot*) *of a party* il momento culminante di una festa; ~ rate *of interest* tasso elevato d'interesse; *to rise* ~ *in one's profession* far carriera; *to stand* ~ *in s.o.'s esteem* essere molto stimato da qd.; *a* ~ standard *of living* un alto tenore di vita; *a firm of* ~ standing una ditta solida (*o* che gode ottima reputazione); ~ thinking pensiero elevato; *it is* ~ time *you started working* è proprio ora che tu ti metta a lavorare; ⟨*fam*⟩ *to have a* ~ *old time* divertirsi moltissimo (*o* un mondo); *to set a* ~ value *on s.th.* attribuire un grande valore a qc.; ~ words parole grosse.

igh| altar *s.* ⟨*Rel.catt*⟩ altare *m* maggiore. **~-and-'mighty** *a.* arrogante, prepotente. **~ball** *am. s.* 1 liquore *m* con soda. 2 ⟨*Ferr*⟩ (*signal*) segnale *m* di procedere a tutta velocità; (*fast train*) direttissimo *m*. **~born** *a.* di nobili natali, nobile di nascita. **~boy** *am. s.* ⟨*Arred*⟩ cassettoncino *m* con le gambe lunghe. **~bred** *a.* 1 di nobile stirpe. 2 (*refined*) bene educato, raffinato. **~brow I** *s.* intelligente *m/f*. **II** *a.* → highbrowed. **~browed** *a.* intellettuale, cerebrale. **~chair** *s.* seggiolone *m.* ~ **Church** *s.* ⟨*Rel*⟩ Chiesa *f* alta. **~-Churchman** [mən] *s.irr.* seguace *m/f* della Chiesa alta. **~class** *a.* d'alta classe, di prim'ordine. **'~-'coloured** *a.* 1 dal colore vivace (*o* intenso), di colore acceso (*o* carico). 2 (*florid*) colorito, florido. ~ **comedy** *s.* ⟨*Teat*⟩ commedia *f* brillante. ~ **command** *s.* ⟨*Mil*⟩ comando *m* supremo. ~ **Commissioner** *s.* alto commissario *m.* ~ **Court** *s.* ⟨*Dir*⟩ alta corte *f*: ~ *of Justice* alta corte di giustizia. ~ **day** *s.* ⟨*Rel*⟩ festività *f*, festa *f*. **~-definition television** *s.* televisione *f* ad alta definizione. ~ **delinquency** *s.* grande criminalità *f*. **~-duty** *a.* ⟨*Econ*⟩ soggetto a forte tassazione. **~-energy** *a.* 1 ad alta energia. 2 (*dynamic*) dinamico, energico.

igher| criticism ['haiə] *s.* esegesi *f* biblica. ~ **education** *s.* istruzione *f* superiore. ~ **learning** *s.* cultura *f* universitaria. ~ **mathematics** *s.pl.* (costr. sing.) matematica *f* superiore. **'~-'up** *s.* ⟨*fam*⟩ persona *f* importante, pezzo *m* grosso.

igh| explosive *s.* alto esplosivo *m.* **'~-falutin** [fə'lu:tin], **~-fa'luting** [–tiŋ] *a.* ⟨*fam*⟩ ampolloso, pretenzioso, gonfio. ~ **fashion** *s.* haute couture *f*, alta moda *f*. **~-fibre diet** *s.* dieta *f* ricca di fibre. **'~-'fidelity** *a.* ⟨*Rad,Acu*⟩ ad alta fedeltà. ~ **fidelity** *s.* alta fedeltà *f*. **~-flier** *s.* 1 chi vola alto. 2 (*fig*) (*person of ambition*) ambizioso *m* (*f* –a); (*one who goes to extremes*) estremista *m/f*. **'~-'flown** *a.* 1 stravagante. 2 (*bombastic*) pretenzioso, reboante, altisonante: ~ *language* linguaggio reboante. **'~-'flying** *a.* 1 che vola in alto. 2 ⟨*fig*⟩ (*ambitious*) che mira in alto. **'~-'frequency** *a.* ⟨*Rad*⟩ ad alta frequenza. ~ **gear** *s.* ⟨*Aut*⟩ velocità *f* più elevata, presa *f* diretta. ~ **German** *s.* ⟨*Ling*⟩ alto tedesco *m*. **'~-'grade** *a.* 1 di qualità superiore, di prima scelta. 2 ⟨*Minier*⟩ ricco. **'~-'handed** *a.* prepotente, arrogante. **'~-'handedly** *avv.* con prepotenza. **'~-'hat** *am.* **I** *s.* ⟨*fam*⟩ persona *f* altezzosa. **II** *a.* altezzoso, snobistico. **III** *v.t.* trattare con aria di superiorità. ~ **hat** *am. s.* ⟨*Vest*⟩ cappello *m* a cilindro. **'~-'heeled** *a.* ⟨*Calz*⟩ con i tacchi alti. ~ **horse** *s.* arroganza *f*, prepotenza *f*. □ *to ride the* ~ alzare la cresta. **~-income** *a.* ad alto reddito. ~ **jinks** *s.pl.* ⟨*fam*⟩ baldoria *f*, allegria *f* sfrenata. ~ **jump** *s.* ⟨*Sport*⟩ salto *m* in alto. **'~-'keyed** *a.* 1 nervoso, eccitabile, teso. 2 ⟨*Pitt*⟩ luminoso. ~ **kick** *s.* ⟨*Sport*⟩ alzata *f*.

ighland ['hailənd] **I** *s.* ⟨*Geog*⟩ altopiano *m*, regione *f* montuosa. **II** *a.* dell'altopiano. **Highland** *a.* degli altipiani

scozzesi. **highlander** [–ə] *s.* montanaro *m* (*f* –a). **Highlander** *s.* abitante *m/f* degli altipiani scozzesi.
Highland fling *s.* danza *f* scozzese.
high|-'level *a.* 1 ad alto livello, di alto grado, di grado elevato: ~ *talks* colloqui ad alto livello; ~ *official* funzionario di grado elevato. 2 ⟨*Aer.mil*⟩ ad alta quota. **~-level language** *s.* ⟨*Inform*⟩ linguaggio *m* ad alto livello. ~ **life** *s.* alta società *f*, bel mondo *m*.
highlight ['hailait] **I** *s.* 1 ⟨*Pitt,Fot*⟩ zona *f* di massima luce. 2 ⟨*fig*⟩ parte *f* migliore, piatto *m* forte: *the* ~ *of the evening* il piatto forte della serata. **II** *v.t.* 1 ⟨*Pitt*⟩ lumeggiare. 2 ⟨*fig*⟩ dare risalto a, mettere in rilievo.
highly ['haili] *avv.* 1 molto, altamente, assai: ~ *amusing* molto divertente. 2 (*favourably*) bene, favorevolmente: *to speak* ~ *of s.o.* parlare bene di qd. 3 (*at a high rate*) a caro prezzo. □ *to think* ~ *of s.o.* avere una buona opinione di qd., tenere qd. in grande considerazione; *to think too* ~ *of o.s.* avere un'opinione troppo alta di sé.
highly industrialized *a.* altamente industrializzato: ~ *countries* paesi altamente industrializzati.
High| Mass *s.* ⟨*Rel.catt*⟩ messa *f* alta (*o* solenne). **'~-mettled** *a.* coraggioso, intrepido. **'~-'minded** *a.* magnanimo, di nobili sentimenti. **'~-'mindedness** *s.* magnanimità *f*, nobiltà *f* d'animo. **'~-'necked** *a.* ⟨*Vest*⟩ con il collo alto, accollato.
highness ['hainis] *s.* 1 altezza *f*, elevatezza *f*. 2 ⟨*fig*⟩ elevatezza *f*, nobiltà *f*. **Highness** *s.* Altezza *f*: *His* (*o Her*) *Royal Highness* Sua Altezza Reale.
high| noon *s.* 1 mezzogiorno *m* in punto. 2 ⟨*fig*⟩ (*peak*) vertice *m*, apice *m*, culmine *m*. **'~-'octane** *a.* ad alto numero di ottano. **~-paying** *a.* ben retribuito: ~ *job* lavoro ben retribuito. **'~-'pitched** *a.* 1 ⟨*Mus*⟩ acuto. 2 ⟨*fig*⟩ (*lofty*) che mira in alto. 3 (*of a roof*) aguzzo, a punta. ~ **place** *s.* ⟨*Stor*⟩ tempio *m* (*o* altare) costruito su un'altura. **'~-'power(ed)** *a.* 1 potente. 2 ⟨*fam*⟩ (*dynamic*) dinamico, energico. **'~-'pre'cision** *a.* ⟨*tecn*⟩ di grande precisione. **'~-'pressure** *a.* 1 ad alta pressione. 2 ⟨*fam*⟩ (*forceful*) aggressivo, energico: *a* ~ *advertising campaign* una campagna pubblicitaria aggressiva. 3 ⟨*Meteor*⟩ d'alta pressione. **'~-'priced** *a.* costoso, caro, ⟨*fam*⟩ profumato. ~ **priest** *s.* 1 ⟨*Rel*⟩ alto prelato *m*. 2 ⟨*Rel.ebr*⟩ sommo sacerdote *m*. 3 ⟨*fig*⟩ maestro *m*, capo *m* riconosciuto. ~ **priesthood** *s.* ⟨*Rel*⟩ alto clero *m*. **'~-'principled** *a.* di elevati principi. **~-proof** *a.* ad alta gradazione alcolica. **~-ranking** *a.* di grado elevato, di alto grado: ~ *officer* funzionario di grado elevato. ~ **relief** *s.* ⟨*Art*⟩ altorilievo *m*. ~ **Renaissance** *s.* ⟨*Art*⟩ alto Rinascimento *m*. ~ **resolution** *s.* ⟨*Inform*⟩ alta risoluzione *f*. **~-rise** *a.* (*of buildings*) alto. ~ **riser** *s.* edificio *m* alto. **~-risk** *a.* alto rischio (*anche Med.*): ~ *pregnancy* gravidanza ad alto rischio. **~-road** *s.* 1 strada *f* maestra (*o* principale). 2 ⟨*fig*⟩ strada *f* maestra, via *f* più facile.
high school¹ *am. s.* scuola *f* secondaria (*o* superiore). □ ~ *graduate* maturato *m* (*f* –a); ~ *teacher* insegnante *m/f* di scuola superiore.
high school² *s.* ⟨*Equit*⟩ alta scuola *f*.
high| sea *s.* 1 mare *m* aperto, alto mare. 2 *pl.* ⟨*Dir*⟩ mare *m* libero, acque *fpl.* internazionali. □ ~ *navigation* navigazione alturiera; ~ *robbery* pirateria *f* (*anche fig.*). ~ **shot** *s.* ⟨*Sport*⟩ alzata *f*. ~ **society** *s.* alta società *f*, high society *f*. **'~-'sounding** *a.* altisonante, reboante. **'~-'speed** *a.* ⟨*tecn*⟩ ad alta velocità.
'high-'speed| film *s.* ⟨*Fot*⟩ pellicola *f* ultrarapida. ~ **line** *s.* ⟨*Ferr*⟩ direttissima *f*. ~ **steel** *s.* ⟨*Met*⟩ acciaio *m* rapido.
'high|-'spirited *a.* 1 coraggioso, intrepido. 2 (*lively*) vivace, allegro, brioso. 3 (*of a horse*) focoso. **'~-'spiritedness** *s.* 1 coraggio *m*. 2 (*vivacity*) vivacità *f*, brio *m*. ~ **spirits** *s.pl.* buonumore *m*, euforia *f*. ~ **spot** *s.* ⟨*fig*⟩ punto *m* saliente. **'~-'stepper** *s.* 1 cavallo *m* che alza molto le gambe trottando. 2 ⟨*fig*⟩ persona *f* brillante. ~ **street** *s.* corso *m*. **'~-'strung** *a.* nervoso, eccitabile.
hight [hait] *a.* ⟨*ant*⟩ chiamato, di nome.
high| table *s.* ⟨*Univ*⟩ (*in the dining room*) tavola *f* dei professori. ~ **tea** *s.* tè *m* servito con pietanze di carne. **~-tech** *s.* 1 ⟨*Arred*⟩ stile *m* high-tech. 2 (*high*

technology) alta tecnologia *f.* **'~-'tension** *a.* ⟨*El*⟩ ad alta tensione. **~-tension network** *s.* ⟨*El*⟩ rete *f* ad alta tensione. **~ tide** *s.* **1** ⟨*Geog*⟩ alta marea *f.* **2** ⟨*fig*⟩ culmine *m*, apice *m*. **~-toned** *a.* **1** ad alto livello: *a ~ lecture* una conferenza ad alto livello. **2** (*pretentious*) pretenzioso. **~ treason** *s.* alto tradimento *m*. **'~-'up I** *s.* ⟨*fam*⟩ persona *f* d'alto rango (*o* importante), alto papavero *m*. **II** *a.* di rango elevato, altolocato. **~-voltage** *a.* **1** ⟨*El*⟩ ad alto voltaggio. **2** ⟨*fig*⟩ dinamico. **~-water** *s.* **1** piena *f.* **2** (*high tide*) alta marea *f.* **'~-'water mark** *s.* **1** livello *m* di piena. **2** ⟨*fig*⟩ culmine *m*, apice *m*.

highway ['haiwei] *s.* **1** (*main road*) strada *f* di grande comunicazione; (*motorway*) autostrada *f.* **2** (*public road*) strada *f* pubblica. **3** ⟨*fig*⟩ strada *f* maestra, via *f* più facile.

highway| code *s.* ⟨*Strad*⟩ codice *m* della strada. **~man** [mən] *s.irr.* bandito *m*, rapinatore *m*, grassatore *m*. **~ network** *s.* rete *f* autostradale. **~ patrol, ~ police** *s.* polizia *f* stradale (*o* della strada).

H.I.H. = *His* (o *Her*) *Imperial Highness* Sua Altezza Imperiale (S.A.I.).

hijack ['haidʒæk] *v.t.* ⟨*fam*⟩ **1** rubare (*o* depredare) durante il trasporto. **2** (*of an aeroplane*) dirottare. **hijacker** [-ə] *s.* ⟨*fam*⟩ **1** truffatore *m*. **2** (*of an aeroplane*) pirata *m* dell'aria, dirottatore *m*. **hijacking** [-iŋ] *s.* dirottamento *m* aereo.

hike [haik] **I** *s.* **1** escursione *f* (*o* gita) a piedi. **2** ⟨*am.fam*⟩ (*increase*) aumento *m: ~ in wages* aumento dei salari. **II** *v.i.* fare un'escursione (*o* una gita) a piedi. **III** *v.t.* **1** (general. con *up*) tirare su: *to ~ up one's socks* tirarsi su i calzini. **2** ⟨*am.fam*⟩ (*to increase*) aumentare, alzare. **'hiker** [-ə] *s.* chi fa escursioni (*o* gite) a piedi.

hilar ['hailə] *a.* ⟨*Bot,Anat*⟩ ilare.

hilarious [hi'leəriəs] *a.* **1** allegro, chiassoso. **2** (*very funny*) allegro, spassosissimo, divertente: *a ~ joke* una barzelletta divertente. **hilariousness** [-nis], **hilarity** [-'læriti] *s.* **1** l'essere allegro (*o* chiassoso). **2** (*cheerfulness*) ilarità *f*, allegria *f*.

Hilary ['hiləri] *N.pr.* **1** Ilario *m*. **2** Ilaria *f.*

Hilary Term *s.* ⟨*Univ*⟩ secondo trimestre *m* (che inizia in gennaio).

hill [hil] **I** *s.* **1** colle *m*, collina *f: the seven ~s of Rome* i sette colli di Roma. **2** (*incline, slope*) salita *f*, pendio *m*. **3** (*heap of earth*) montagnola *f* (*o* mucchio *m*) di terra. **4** *pl.* (*range of hills*) catena *f* di colli, colline *fpl*; (*hilly district*) zona *f* collinosa, collina *f: they live in the ~s* vivono in collina. **II** *v.t.* **1** ⟨*Agr*⟩ (*to heap earth around*; spesso con *up*) rincalzare. **2** (*to form into a heap*) ammucchiare, ammonticchiare. □ *as old as the ~s* vecchio come il mondo; ⟨*fig*⟩ *to be over the ~*: **1** (*past the crisis*) superare la crisi; **2** (*past one's peak*) essere in declino, essere sul viale del tramonto; ⟨*fig*⟩ *up ~ and down* dale per monti e per valli.

hillbilly *am.* ['hilbili] **I** *s.* ⟨*fam*⟩ montanaro *m* (*f* -a). **II** *a.* **1** ⟨*fam*⟩ montanaro. **2** (*of a song, music*) popolare, folcloristico.

hill country *s.* regione *f* collinosa, collina *f.*

hilliness ['hilinis] *s.* natura *f* collinosa, montuosità *f.*

hillman [mən] *s.irr.* montanaro *m.*

hillo(a) [hi'lou] *intz./s.* → **hello.**

hillock ['hilək] *s.* collinetta *f*, monticello *m*, poggio *m.*

hill|side *s.* pendio *m* (*o* fianco *o* di una collina. **~site** *s.* località *f* in (*o* di) collina. **~ station** *s.* (*in India*) stazione *f* climatica collinare. **~top** *s.* sommità *f* (*o* cima) della collina.

hilly ['hili] *a.* collinoso, collinare: *~ region* zona collinare.

hilt [hilt] **I** *s.* **1** (*of a sword, dagger*) elsa *f.* **2** (*of a tool*) manico *m*, impugnatura *f.* **II** *v.t.* mettere il manico a. □ (*up*) *to the ~* fino in fondo, completamente; *to prove s.th. to the ~* provare ampiamente qc.

hilum ['hailəm] *s.* (*pl.* -la [lə]) ⟨*Bot,Anat*⟩ ilo *m.*

him [him] *pron.* **1** (*direct object*) lui, lo: *take ~ home* conducilo a casa; *I saw ~, not her* ho visto lui, non lei. **2** (*indirect object*) a lui, gli: *give ~ a drink* dagli qualcosa da bere. **3** (*after prepositions*) lui: *come with ~* vieni con lui; (*in comparatives*) lui: *you are taller than ~* sei più alto di

lui. **4** (*reflexive*) sé, se stesso: *he took me with ~* r condusse con sé. □ ⟨*fam*⟩ *he's got ~ a new wife* si preso una nuova moglie; *it's ~* è lui; *it was very kind of* è stato molto gentile da parte sua; *that's ~* è lui.

H.I.M. = *His* (o *Her*) *Imperial Majesty* Sua Maes Imperiale (*abbr.* S.M.I.).

Himalaya [,himə'leiə] *N.pr.* ⟨*Geog*⟩ Himalaya *m*, Imala *m*. **Himalayan** [-n] *a.* imalaiano, dell'himalay **Himalayas** [-z] *N.pr.pl.* → **Himalaya.**

himself [him'self] *pron.pers.* **1** (*used reflexively*) si, sé, stesso: *he cut ~* si tagliò. **2** (*as an emphatic appositive*) l stesso, proprio lui, lui in persona: *he ~ told me* me lo l detto proprio lui. **3** (*alone*) da solo: *he went by ~* and da solo; (*without help*) da sé, da solo. **4** (*his usual se* lui, se stesso, sé. **5** (*in comparisons*) se stesso: *he loves h country more than ~* ama il suo paese più di se stesso.

hind[1] [haind] *a.* (*compar.* '**hinder** [-ə], *sup.* 'hindmo [-moust]/**hindermost** [-əmoust]) posteriore: *~ legs* zampe posteriori.

hind[2] *s.* (*pl.inv./*-s [z]; il *pl.inv.* si usa general. con valo collett.) ⟨*Zool*⟩ (*female red deer*) cerva *f.*

hind[3] *s.* ⟨*rar*⟩ **1** fattore *m*. **2** (*farm worker*) bracciante *r* contadino *m.*

hindbrain ['haindbrein] *s.* ⟨*Anat*⟩ rombencefalo *m.*

hinder[1] ['hində] **I** *v.t.* **1** impacciare, intralciare, ostacolar inceppare. **2** (*to prevent*) impedire: *the noise -ed him fro. working* il rumore gli impediva di lavorare. **3** (*to dela hamper*) ritardare, ostacolare: *to ~ progress* ostacolare progresso. **II** *v.i.* essere d'ostacolo (*o* ingombro).

hinder[2] ['haində] *a.* posteriore: *~ part* parte posteriore.

hindermost ['haindəmoust] *a.* → **hindmost.**

Hindi ['hindi:] *s.* **1** (*vernacular*) dialetto *m* hindi. (*literary language*) hindi *m*, lingua *f* hindi.

hindmost ['haindmoust] *a.* (*sup. di* hind) il più indietr ultimo.

Hindoo, Hindooism *e der.* → **Hindu, Hinduism** *der.*

Hindo(o)stani *a./s.* → **Hindustani.**

hindquarter ['haind'kwɔ:tə] *s.* **1** ⟨*Macell*⟩ quarto posteriore. **2** *pl.* ⟨*Zool*⟩ posteriore *m*. **3** *pl.* ⟨*fam*⟩ (*rum* posteriore *m*, deretano *m.*

hindrance ['hindrəns] *s.* ostacolo *m*, impedimento *r* intralcio *m*, impaccio *m.*

hind| shank *s.* ⟨*Macell*⟩ coscia *f.* **~sight** *s.* giudizio retrospettivo. □ *~ is easier than foresight* del senno d poi son piene le fosse.

Hindu ['hindu:] **I** *s.* **1** ⟨*Rel*⟩ induista *m/f.* **2** (*native* * *Hindustan, India*) indù *m/f*, indiano *m* (*f* -a), indostan *m* (*f* -a). **II** *a.* indù. **Hinduism** [-izəm] *s.* ⟨*Re* induismo *m*. **Hinduize** [-aiz] *v.t.* ⟨*Rel*⟩ converti all'induismo. ,**Hindustan** [-du'sta:n] *N.pr.* ⟨*Geoɡ* Indostan *m*. ,**Hindustani** [-du'sta:ni] **I** *a.* industan indostano. **II** *s.* (*language*) hindustani *m*, indostano *m.*

hinge [hindʒ] **I** *s.* **1** cardine *m: the ~s of a door* i cardi di una porta. **2** ⟨*Fal*⟩ cerniera *f*, perno *m*. **3** ⟨*Ana* (*joint*) giuntura *f.* **4** ⟨*Zool*⟩ cardine *m*. **5** ⟨*fig*⟩ perno *n* cardine *m*. **6** ⟨*Filat*⟩ linguella *f*. **II** *v.t.* munire di cardin **III** *v.i.* dipendere (*on, upon* da), imperniarsi, basarsi (su *everything -s on his reply* tutto dipende dalla sua rispost **hinged** [-d] *a.* provvisto (*o* munito) di cardini.

hinny[1] ['hini] *s.* ⟨*Zool*⟩ bardotto *m.*

hinny[2] *v.i.* ⟨*rar*⟩ (*of a horse: to whinny*) nitrire.

hint [hint] **I** *s.* **1** allusione *f*, cenno *m*, accenno *m: broad ~* un'allusione evidente. **2** (*sign, clue*) suggerimen *m*, traccia *f*, indizio *m: don't give me any -s, I want* guess non darmi suggerimenti, voglio indovinare. **3** (*slig amount*) pizzico *m*, ombra *f*, traccia *f: a ~ of malice* u pizzico di malizia. **4** (*useful and brief advice*) suggerimen *mpl*, consigli *mpl: a book of -s on good cooking* un libr di consigli culinari. **II** *v.t.* **1** far capire, lasciare intender **2** (*to presage*) far prevedere, far intravedere, far presagir **III** *v.i.* accennare, alludere, fare allusione (*at* a). □ *drop* (*o let fall, throw out*) *a ~ that* far capire che; *to tak a ~* capire al volo.

hinterland ['hintəlænd] *s.* **1** hinterland *m* (*anche Pol.* (*remote part of a country*) retroterra *m*, entroterra *m.*

hip[1] [hip] *s.* **1** ⟨*Anat*⟩ anca *f.* fianco *m*. **2** ⟨*Arcʰ*

displuvio *m*. □ *to catch s.o. on the* ~ prendere qd. alla
sprovvista; ⟨*fig*⟩ *to smite* ~ *and thigh* sbaragliare,
annientare; *to sway one's* –*s* ancheggiare.

ip² *intz*. evviva. □ ~, ~, *hurrah* (o *hooray*) hip, hip,
hip, hurrà.

ip³ *s*. ⟨*Bot*⟩ cinorrodo *m*, cinorrodonte *m*.

ip⁴ *am*. *a*. ⟨*fam*⟩ **1** aggiornato, moderno. **2** (*of style*)
d'avanguardia.

ip⁵ I *s*. ⟨*fam*⟩ malinconia *f*, depressione *f*. **II** *v.t*. (*pret*.,
p.p. hipped [–t]) immalinconire, rattristare. □ *to have the*
~ essere d'umore nero.

ip| bath *s*. semicupio *m*. ~ **bone** *s*. ⟨*Anat*⟩ osso *m*
iliaco, ileo *m*, ilio *m*. ~ **flask** *s*. fiaschetta *f* tascabile (per
cognac, ecc.). ~ **joint** *s*. ⟨*Anat*⟩ articolazione *f* ⸢dell'anca⸣
(o coxofemorale).

ipped¹ [hipt] *a*. **1** (*nei composti*) dai fianchi ..., dal
bacino ...: *broad*–~ dai fianchi larghi. **2** ⟨*Arch*⟩ (*of a roof*)
a quattro spioventi.

ipped² *am*. *a*. ⟨*fam*⟩ (*obsessed*) fissato (*on* di).

ipped³ *a*. ⟨*fam*⟩ **1** malinconico, depresso. **2** (*annoyed*)
infastidito, seccato.

ippo ['hipou] (*accorc. di hippopotamus*) *s*. ⟨*fam*⟩
ippopotamo *m*.

ippocampus [,hipo(u)'kæmpəs] *s*. (*pl*. -**pi** [pai])
Anat,Mitol⟩ ippocampo *m*.

ippocentaur [,hipo(u)'sentɔː] *s*. ⟨*Mitol*⟩ ippocentauro *m*.

ip pocket *s*. tasca *f* posteriore (dei calzoni).

ippocras ['hipo(u)kræs] *s*. ⟨*Enol*⟩ tipo *m* di vino con
spezie.

ippocrates [hi'pɔkrəti:z] *N.pr*. ⟨*Stor.gr*⟩ Ippocrate *m*.
Hippocratic [–po(u)'krætik] *a*. ippocratico: ~ *oath*
giuramento ippocratico.

ippodrome ['hipo(u)droum] *s*. **1** ippodromo *m* (*anche
Archeol.*). **2** (*variety theatre*) teatro *m* di varietà (o
rivista).

ippogriff, hippogryff ['hipo(u)grif] *s*. ⟨*Mitol*⟩ ippogrifo
m.

ippology [hi'pɔlədʒi] *s*. ippologia *f*.

ippolyta [hi'pɔlitə], **Hippolyte** [–ti:] *N.pr*. ⟨*Mitol*⟩
ppolita *f*.

ippopotamus [,hipə'pɔtəməs] *s*. (*pl*. -**muses** [–iz]/-**ami**
əmai]) ⟨*Zool*⟩ ippopotamo *m*.

ippuric acid [hi'pjurik] *s*. ⟨*Chim*⟩ acido *m* ippurico.

ippy ['hipi] **I** *s*. hippy *m/f*. **II** *a*. hippy, degli (o relativo
gli) hippy.

ip| roof *s*. ⟨*Arch*⟩ tetto *m* a padiglione. **~shot** *a*.
dall'anca slogata.

ipster¹ *am*. ['hipstə] *s*. ⟨*fam*⟩ **1** (*hip person*) persona *f*
moderna. **2** (*jazz fan*) fanatico *m* (*f* –a) di jazz.

ipster² **I** *a*. ⟨*Mod*⟩ a vita bassa, con la cintura sui
fianchi. **II** *s.pl*. calzoni *mpl* a vita bassa.

irable ['haiərəbl] *a*. da noleggio.

ircine ['həːsain] *a*. caprino, ⟨*lett*⟩ ircino.

ircocervus [,həːko(u)'səːvəs] *s*. ircocervo *m*.

ire [haiə] **I** *v.t*. **1** noleggiare, prendere a nolo, prendere in
affitto: *to* ~ *a car* noleggiare un'automobile. **2** (*of a
person*) assumere, impiegare, salariare: *to* ~ *a labourer*
assumere un operaio. **3** (*to grant for a compensation;
general.* con *out*) dare a nolo (o noleggio), noleggiare,
offrire dietro (o per un) compenso: *to* ~ *out a car* dare a
nolo un'automobile; *to* ~ *out one's services* offrire i propri
servizi dietro compenso. **II** *s*. **1** prezzo *m* del noleggio,
noleggio *m*, nolo *m*. **2** (*payment for services*) paga *f*,
salario *m*, stipendio *m*. **3** (*act of hiring*) noleggio *m*. □
for ~ da nolo, da noleggio; (*of a taxi*) libero; *to be in the
* ~ *of s.o.* essere alle dipendenze di qd.; *on* ~ = *for
hire*.

ired| assassin *s*. sicario *m*. ~ **girl** *am*. *s*. domestica *f*.
~ **hand**, ~ **man** *s*. bracciante *m* agricolo. ~ **troops**
s.pl. truppe *fpl* mercenarie. ~ **workers** *s.pl*. manodopera
⸢ salariata.

ire letter *s*. lettera *f* d'assunzione.

ireling ['haiəliŋ] **I** *s*. **1** chi lavora solo per denaro,
persona *f* venale. **2** (*mercenary person*) persona *f*
prezzolata, mercenario *m*. **II** *a*. **1** da nolo, da noleggio. **2**
(*mercenary*) mercenario, prezzolato.

ire purchase I *s*. sistema *m* di vendita rateale. **II** *a*. a

rate: *to buy a television on* ~ comprare un televisore a
rate. □ ~ *credit* credito *m* per acquisto a rate.

hirsute ['həːsjuːt] *a*. irsuto, ispido, peloso, villoso.
hirsuteness [–nis] *s*. pelosità *f*, villosità *f*.

hirundine [hi'rʌndin] *a*. ⟨*Ornit*⟩ di (o simile a) rondine.

his [hiz] **I** *a*. suo, di lui: ~ *book* il suo libro; ~ *wife* sua
moglie; ~ *sons* i suoi figli. **II** *pron*. suo, di lui: *a friend of*
~ un suo amico; ~ *is brown* quello di lui è marrone.

Hispanic [his'pænik] *a*. ⟨*poet*⟩ **1** (*Spanish*) ispanico,
spagnolo. **2** (*Latin American*) ispano–americano.
Hispanicism [–nisizəm] *s*. ⟨*Ling*⟩ ispanismo *m*,
spagnolismo *m*.

hispid ['hispid] *a*. ⟨*Biol*⟩ ispido, setoloso. **his'pidity** [–iti]
s. l'essere ispido.

hiss [his] **I** *s*. **1** fischio *m*, sibilo *m*: *the* ~ *of a snake* il
sibilo di un serpente. **2** (*expression of disapproval*) fischio
m (di disapprovazione). **II** *v.i*. **1** sibilare, fischiare. **2** (*to
express disapproval*) fischiare. **III** *v.t*. **1** fischiare, zittire.
2 (*to utter with a hissing sound*) pronunciare fischiando.
□ *to* ~ *s.o.* **down** zittire qd., far tacere a (suon di) fischi
qd.; *to* ~ *an actor* **off** *the stage* costringere un attore a
lasciare il palcoscenico fischiandolo (o a forza di fischi).

hissing ['hisiŋ] *s*. **1** il fischiare, il sibilare. **2** (*sound*) sibilo
m.

hist [hist] *intz*. ⟨*rar*⟩ st, sss, silenzio.

histamin(e) ['histəmiːn] *s*. ⟨*Biol*⟩ istamina *f*.

histocompatibility [,histoukəmpæti'biliti] *s*. ⟨*Med*⟩ isto-
compatibilità *f*.

histogen ['histədʒən] *s*. ⟨*Bot*⟩ istogeno *m*. ,**histogenesis**
[–to(u)'dʒenisis], **histogeny** [–'tɔdʒəni] *s*. ⟨*Biol*⟩
istogenesi *f*.

histogram ['histougræm] *s*. istogramma *m*.

histologic [,histə'lɔdʒik], **histological** [–əl] *a*. istologico.
histologist [–'tɔlədʒist] *s*. istologo *m* (*f* –a). **histology**
[–'tɔlədʒi] *s*. istologia *f*.

historian [his'tɔːriən] *s*. **1** (*scholar*) storico *m*, studioso *m*
di storia. **2** (*writer*) storico *m*, storiografo *m* (*f* –a).

historiated [his'tɔːrieitid] *a*. istoriato.

historic [his'tɔrik] *a*. **1** storico, memorabile: *a* ~ *battle*
una battaglia storica. **2** → **historical**. **historical** [–əl] *a*.
1 storico, della storia: ~ *studies* studi storici. **2** (*based on
history*) storico: *a* ~ *novel* un romanzo storico. **3** (*real,
true in history*) storico, reale, realmente accaduto (o
esistito): *a* ~ *fact* un fatto storico; ~ *characters* personaggi
storici. **4** ⟨*Ling*⟩

historical| materialism *s*. ⟨*Filos*⟩ materialismo *m*
storico. ~ **method** *s*. metodo *m* storico. ~ **present** *s*.
⟨*Gramm*⟩ presente *m* storico. ~ **sociology** *s*. sociologia *f*
storica.

historicism [his'tɔrisizəm] *s*. ⟨*Filos*⟩ storicismo *m*.
,**historicity** [–tə'risiti] *s*. storicità *f*, veridicità *f* storica.

historiographer [his,tɔri'ɔgrəfə] *s*. storiografo *m* (*f* –a).
historiographic [–rio(u)'græfik], **historiographical**
[–rio(u)'græfikəl] *a*. storiografico. **historiography** [–fi] *s*.
storiografia *f*.

history ['histəri] *s*. **1** storia *f*: *ancient* ~ storia antica. **2**
(*account*) storia *f*, opera *f* storiografica: *a* ~ *of France*
storia della Francia. **3** ⟨*fig*⟩ storia *f*, passato *m*. **4** ⟨*Med*⟩
(*case history*) anamnesi *f*. **5** ⟨*Teat*⟩ dramma *m* storico. □
to make ~ passare alla storia.

histrion ['histriən] *s*. attore *m*, istrione *m*. ,**histri'onic**
[–ik] **I** *a*. **1** teatrale, istrionico. **2** ⟨*fig*⟩ istrionico,
artificioso, teatrale. **II** *s.pl*. (costr. sing. o pl.) **1** ⟨*Teat*⟩
arte *f* drammatica. **2** ⟨*fig*⟩ istrionismo *m*. **histrionism**
[–triənizəm] *s*. istrionismo *m*.

hit¹ [hit] *v*. (*pret*., *p.p*. hit) **I** *v.t*. **1** colpire, battere,
picchiare: *to* ~ *s.o. on the chin* colpire qd. al mento; *to* ~
a nail with a hammer battere un chiodo col martello. **2**
(*of a target*) raggiungere, colpire, cogliere. **3** (*to collide
with*) urtare contro, scontrarsi con: *the wheel* ~ *the
pavement* la ruota urtò contro il marciapiede; (*to strike*)
(s)battere, urtare: *he* ~ *his knee against the table* ha
battuto il ginocchio contro il tavolo. **4** ⟨*Sport*⟩ (*of a ball*)
colpire, tirare. **5** ⟨*fig*⟩ (*to affect strongly*) colpire,
danneggiare; (*to affect*) colpire, prendere di mira: *the new
tax* –*s us particularly hard* la nuova tassa ci colpisce in
modo particolarmente duro. **6** ⟨*fig*⟩ (*to hurt emotionally*)

ferire, colpire, urtare. **7** 〈*fam*〉 (*to come upon*) trovare, scoprire: *to ~ gold* trovare l'oro; (*to experience*) incontrare, imbattersi in: *we ~ trouble* incontrammo delle difficoltà. **8** 〈*fam*〉 (*of a level, etc.: to reach*) toccare, raggiungere: *the car ~ one hundred miles per hour* la macchina toccò le cento miglia orarie. **9** 〈*fam*〉 (*to arrive in*) arrivare in, giungere in, raggiungere: *we ~ town at midnight* arrivammo in città a mezzanotte. **10** 〈*fig*〉 (*to guess*) indovinare, azzeccare. **11** 〈*Mot*〉 mettere in moto, avviare. **12** 〈*am.fam*〉 (*to ask*) chiedere a: *to ~ s.o. for a loan* chiedere un prestito a qd. **13** 〈*giorn*〉 (*to be reported in*) apparire in, essere riportato in: *the news ~ the front page* la notizia apparve in prima pagina. **II** *v.i.* **1** colpire, battere, picchiare. **2** (*to collide*) (s)battere, urtare (*against* contro). **3** (*to attack*) attaccare. **4** 〈*fam*〉 (*to arrive, start*) incominciare, arrivare, avere inizio. **5** 〈*am.Mot*〉 funzionare, andare. □ *to ~* **back**: 1 ribattere, battere di rimando; 2 〈*fig*〉 contrattaccare; *to ~ s.o. a blow* appioppare (*o* mollare) un pugno a qd.; *to ~ a man when he's* **down** colpire l'avversario quando è a terra; 〈*fig*〉 uccidere un uomo morto; *to ~* **hard** picchiare duramente, colpire con forza; 〈*fam*〉 *you've ~* **it** hai indovinato (giusto); *to ~ a* **key** premere un tasto; *to ~* **off**: 1 caratterizzare, descrivere alla perfezione; 2 (*to imitate*) imitare, rifare il verso a, scimmiottare; 〈*fam*〉 *to ~ it off with s.o.* andare (d'amore e) d'accordo con qd.; *to ~* **on** trovare (per caso), scoprire; *to ~* **out**: 1 sferrare un colpo (*at* a); 2 〈*fig*〉 attaccare, criticare aspramente (*at s.o.* qd.); 〈*Sport*〉 *to ~* **up** segnare; 〈*sl*〉 *to ~ it up* comportarsi in modo sfrenato; *to ~* **upon** → *to hit* on.

hit² **I** *s.* **1** colpo *m*, botta *f*, urto *m*: *a ~ on the head* un colpo in testa. **2** (*collision*) collisione *f*, scontro *m*, urto *m*. **3** 〈*fam*〉 (*success*) successo *m*: *the show was a big ~* lo spettacolo ebbe molto successo. **4** 〈*fig*〉 stoccata *f*, frecciata *f*, allusione *f* pungente: *that's a ~ at you* la stoccata è per te. **5** 〈*Sport*〉 centro *m*, colpo *m* andato a segno. **II** *a.* 〈*fam*〉 di successo: *a ~ record* un disco di successo. □ *a lucky ~* un colpo di fortuna; 〈*fam*〉 *to make* (*o be*) *a ~ with s.o.* fare colpo su qd. || 〈*Sport*〉 *a ~!* centrato!, colpito!

'hit-and-'run *a.* **1** (*of a driver*) colpevole di omissione di soccorso. **2** 〈*Mil*〉 (*of an attack*) di disturbo. □ *~ driver* pirata *m* della strada.

hitch¹ [hitʃ] **I** *v.t.* **1** legare, attaccare: *to ~ a horse to a post* legare un cavallo a un palo. **2** (*to harness;* spesso con *up*) attaccare, aggiogare: *to ~ up the oxen to the plough* attaccare i buoi all'aratro. **3** (*to move with a jerk*) muovere a strattoni. **4** (*of a ride, lift*) ottenere (*o* avere) facendo l'autostop. **5** (*to pull up;* general. con *up*) tirare su: *to ~ up one's trousers* tirarsi su i pantaloni. **II** *v.i.* **1** impigliarsi, rimanere impigliato (*on* a, in): *his pullover ~ed on a nail* gli s'impigliò il pullover in un chiodo. **2** (*to move jerkily*) sobbalzare, muoversi a sbalzi (*o* strattoni); (*to hobble*) incespicare. **3** (*to hitchhike*) viaggiare in autostop, fare l'autostop. □ *to ~* **up**: 1 〈*assol*〉 bardare e attaccare i cavalli; 2 〈*fam*〉 (*to get married*) sposarsi.

hitch² *s.* **1** 〈*Mar*〉 (*knot*) nodo *m*, collo *m;* (*half hitch*) mezzo nodo *m.* **2** 〈*fam*〉 (*unexpected obstacle*) intoppo *m*, difficoltà *f* (improvvisa), ostacolo *m* (imprevisto): *there has been a ~ in our plans* c'è stato un intoppo nei nostri piani. **3** (*jerk, pull*) strappo *m*, strattone *m.* **4** (*hobble, limp*) andatura *f* zoppicante. **5** 〈*Mecc,Agr*〉 attacco *m.* **6** 〈*am.mil*〉 ferma *f.* □ *to give one's trousers a ~* tirarsi su i pantaloni; *everything went off without ~* tutto andò liscio.

hitch|hike *v.i.* viaggiare in autostop, fare l'autostop (*to* fino a). **~ hiker** *s.* autostoppista *m/f.* **~hiking** *s.* autostop *m.*

hither ['hiðə] 〈*lett*〉 **I** *avv.* qui, qua, costì, quaggiù. **II** *a.* più vicino, dalla parte di qua. □ *~ and thither* (*o yon*) qua e là. **hithermost** [-məst] *a.* il più vicino. **'hitherto** [-'tu:] *avv.* fino `a` ora⌐ (*o* adesso). **hitherward(s)** [-wəd(z)] *avv.* in questa direzione, da questa parte.

Hitlerism [hit'li:riən] *a.* 〈*Stor*〉 hitleriano. **'Hitlerism** [-lərizəm] *s.* hitlerismo *m.* **'Hitlerite** [-lərait] **I** *a.* → **Hitlerian. II** *s.* hitleriano *m* (*f* –a).

hit|-off *s.* abile imitazione *f.* □ *to do a ~ of s.o.*

scimmiottare qd. **'~-or-'miss** *a.* fatto a casaccio. **parade** *s.* rassegna *f* di successi (musicali).

hitter ['hitə] *s.* **1** chi colpisce. **2** (*in baseball*) battitore *m.*

Hittite ['hitait] **I** *s.* **1** ittita *m/f.* **2** (*language*) lingua ittita. **II** *a.* ittita.

hive [haiv] **I** *s.* **1** 〈*Zootecn*〉 (*beehive*) alveare *m*, arnia (*colony of bees*) sciame *m* d'api. **2** 〈*fig*〉 (*busy place* alveare *m.* **3** 〈*fig*〉 (*throng*) formicolio *m*, brulichio *m* (persone). **II** *v.t.* **1** (*of bees*) mettere nell'arnia. **2** (*honey*) immagazzinare nell'arnia. **III** *v.i.* **1** (*of bee* entrare nell'arnia. **2** 〈*fig*〉 vivere come in un alveare. 〈*fig*〉 (general. con *off*) appartarsi, isolarsi.

hive bee *s.* 〈*Entom*〉 ape *f* domestica.

hiver ['haivə] *s.* apicoltore *m* (*f* –trice).

hives [haivz] *s.pl.* (costr. sing. o pl.) 〈*Med*〉 orticaria *f.*

hl = *hectolitre* ettolitro (*abbr.* hl).

H.L. = 〈*GB*〉 *House of Lords* Camera dei Lord.

HLL = 〈*Inform*〉 *High Level Language* linguaggio *m* alto livello.

hm = *hectometre* ettometro (*abbr.* hm).

h'm [hm] *intz.* (*to express hesitation, perplexity, etc.*) ehr uhm.

H.M. = *His* (*o Her*) *Majesty* Sua Maestà.

H.M.C. = *His* (*o Her*) *Majesty's Customs* dogana di S Maestà.

H.M.S.O. = 〈*GB*〉 *His* (*o Her*) *Majesty's Statione Office* Poligrafico dello Stato.

ho¹ [hou] *intz.* **1** (*to express surprise, delight, etc.*) ohè. (*to attract attention*) ohé, ehi, olà. □ 〈*Mar*〉 *land ~!* ter in vista!; 〈*Mar*〉 *westward ~!* avanti verso ponente!

ho² *intz.* (*to stop a movement, action*) fermo, stop, alt.

H.O. = **1** 〈*GB*〉 *Home Office* ministero dell'interno. *Head Office* sede principale.

hoar [hɔ:] *s.* **1** strato *m* biancastro. **2** → **hoarfrost.**

hoard [hɔ:d] **I** *s.* **1** mucchio *m*, cumulo *m: a ~ of gold* mucchio d'oro. **2** (*stock*) scorta *f*, riserva *f*, provvista *f.* (*treasure*) tesoro *m.* **II** *v.t.* **1** (spesso con *up*) fa provvista di; (*to stock*) incettare, accaparrare: *to ~ go* incettare l'oro. **2** 〈*fig*〉 serbare in cuore. **III** *v.i.* essere incettatore. **'hoarder** [-ə] *s.* incettatore *m* (*f* –trice).

hoarding¹ ['hɔ:diŋ] *s.* incetta *f*, accaparramento *m.*

hoarding² *s.* **1** (*high wooden fence*) palizzata provvisoria. **2** (*billboard*) tabellone *m* (*o* riquadro) per affissioni.

hoarfrost ['hɔ:'frɔst] *s.* 〈*Meteor*〉 brina *f*, calaverna *f.*

hoarhound *s.* → **horehound.**

hoariness ['hɔ:rinis] *s.* **1** canizie *f.* **2** (*whiteness*) bianchez *f*, biancore *m.* **3** (*ancientness*) vetustà *f.*

hoarse [hɔ:s] *a.* **1** rauco, aspro, basso: *a ~ voice* una vo rauca. **2** (*having a hoarse voice*) rauco. □ *to shout o.s.* gridare fino a diventare rauco. **'hoarsen** [-ən] **I** *v.t.* diventare rauco. **II** *v.i.* diventare rauco, arrochi **'hoarseness** [-nis] *s.* raucedine *f.*

hoarstone ['hɔ:stoun] *s.* cippo *m* (*o* pietra *f*) di confine

hoary ['hɔ:ri] *a.* **1** (*grey with age*) canuto, bianco. (*grey-haired*) brizzolato. **3** (*white*) bianco; (*grey*) grigio. (*ancient*) antico; (*venerable*) venerabile, venerando. **'hoary-'headed** *a.* dal capo bianco (*o* canuto).

hoax [houks] **I** *s.* **1** scherzo *m*, beffa *f*, burla *f: to play ~ on s.o.* fare uno scherzo a qd. **2** (*deceptio* mistificazione *f*, imbroglio *m: a literary ~* u mistificazione letteraria. **II** *v.t.* **1** burlare, beffare, fa beffe di. **2** (*to dupe*) ingannare, imbrogliare, abbindola

hob¹ [hɔb] *s.* **1** mensola *f* del camino (per tenere in cal le vivande). **2** (*peg in quoits, etc.*) paletto *m;* (*game*) gio *m* dei cerchietti (*o* degli anelli). **3** 〈*Mecc*〉 (*gear cutte* fresa *f* creatrice (*o* a vite).

hob² *s.* **1** folletto *m*, elfo *m.* **2** 〈*Zool*〉 (*male ferret*) fure *m.* □ *to raise ~* gettare il disordine (*with* in scombussolare (qc.).

hobble ['hɔbl] **I** *v.i.* **1** zoppicare, camminare zoppo, anda zoppicando. **2** (*to move unsteadily*) camminare b collando, traballare; (*to move haltingly*) incespicare. **3** (*verses, etc.*) zoppicare. **II** *v.t.* **1** (*of a horse*) impa stoiare, mettere le pastoie. **2** 〈*fig*〉 ostacolare, impe re. **III** *s.* **1** andatura *f* zoppicante. **2** (*fetter*) past

3 ⟨*fig*⟩ ostacolo *m*, impedimento *m*, intralcio *m*.

bbledehoy ['hɔbldihɔi] *s.* ⟨*fam*⟩ adolescente *m* goffo.

bble skirt *s.* ⟨*Vest*⟩ gonna *f* stretta che impedisce i movimenti.

bby[1] ['hɔbi] *s.* **1** hobby *m*, passatempo *m* (*o* svago) preferito, passione *f.* **2** (*hobbyhorse*) cavalluccio *m* di egno (con un bastone); (*rocking horse*) cavallo *m* a dondolo. **3** ⟨*rar*⟩ (*small horse*) cavallino *m*, cavalluccio *m*. □ *to paint as a* ~ avere l'hobby della pittura, dipingere per passatempo; *to make a* ~ *of s.th.* fare qc. per hobby; *o ride one's* ~ coltivare il proprio hobby.

bby[2] *s.* ⟨*Ornit*⟩ lodolaio *m*.

bbyhorse ['hɔbihɔːs] *s.* **1** cavalluccio *m* di legno (con un bastone). **2** (*rocking horse*) cavallo *m* a dondolo. **3** ⟨*Folcl*⟩ figura *f* di cavallo da legarsi in vita (in balli rurali). **4** ⟨*fig*⟩ argomento *m* preferito; (*fixed idea*) mania *f*, pallino *m*.

bbyist ['hɔbiist] *s.* hobbista *m/f.*

bgoblin ['hɔbgɔblin] *s.* **1** folletto *m*, elfo *m*. **2** (*bogey*) pauracchio *m*, babau *m*.

b|nail ['hɔbneil] *s.* ⟨*Calz*⟩ chiodo *m* da scarponi, bulletta *f.* ~**nailed** [–d] *a.* ⟨*Calz*⟩ chiodato.

bnail liver *s.* ⟨*Med*⟩ fegato *m* granuloso.

bnob ['hɔbnɔb] *v.i.* (*pret., p.p.* **hobnobbed** [–d]) **1** essere in confidenza, essere in rapporti d'amicizia (*with con*). **2** *to chat familiarly*) chiacchierare, conversare amichevolmente (con). **3** (*to drink together*) bere in compagnia.

bo *am.* ['houbou] *s.* (*pl.* -**s**/-**es** [z]) **1** (*tramp*) vagabondo *n.* **2** (*migratory worker*) lavoratore *m* stagionale.

obson's choice ['hɔbsnz] *s.* scelta *f* forzata. □ *it's* ~ prendere o lasciare.

ck[1] [hɔk] **I** *s.* **1** (*of horses, etc.*) garretto *m*. **2** ⟨*Macell*⟩ *of pork, etc.*) zampa *f.* **II** *v.t.* azzoppare (tagliando i garretti).

ck[2] *am.* **I** *v.t.* ⟨*fam*⟩ impegnare, dare in pegno. **II** *s. fam*⟩ pegno *m*. □ *in* ~: **1** ⟨*fam*⟩ (*pawned*) impegnato; **2** *sl*⟩ (*in prison*) in galera.

ckey ['hɔki] *s.* ⟨*Sport*⟩ **1** hockey *m*. **2** (*field hockey*) hockey *m* su prato (*o* terreno). **3** (*ice hockey*) hockey *m* u ghiaccio.

ckey| player *s.* ⟨*Sport*⟩ giocatore *m* (*f* –trice) di hockey, hockeista *m/f.* ~ **stick** *s.* bastone *m* (*o* stecca *f*) la hockey.

cus ['houkəs] *v.t.* (*pret., p.p.* **hocussed**/*am.* **hocused** [–t]) **1** abbindolare, imbrogliare, ingannare. **2** (*to stupefy with rugs*) stordire (con droghe). **3** (*of a drink*) drogare.

cus-'pocus ['poukəs] *s.* **1** gherminella *f*, raggiro *m*, inganno *m*. **2** (*conjurer's formula*) abracadabra *m*. **3** *sleight of hand*) gioco *m* di prestigio.

d [hɔd] *s.* ⟨*Edil*⟩ vassoio *m*, sparviero *m*. **2** (*coal cuttle*) secchio *m* per il carbone.

d carrier *s.* → **hodman.**

dge-podge ['hɔdʒpɔdʒ] *s.* → **hotchpotch.**

dman ['hɔdmən] *s.irr.* ⟨*Edil*⟩ manovale *m* (muratore).

dograph ['hɔdəɡraːf] *s.* ⟨*Mat,Fis*⟩ odografo *m*, odocrono *n.* **hodometer** [–'dɔmitə] *s.* ⟨*Fis*⟩ odometro *m*.

e [hou] **I** *s.* ⟨*Agr*⟩ marra *f*, zappa *f.* **II** *v.t.* ⟨*Agr*⟩ zappare (anche assol.). **2** (*of weeds: to remove*) sarchiare. □ ⟨*fig*⟩ *to have a hard* (*o long*) *row to* ~ avere un 'duro 'ompito' (*o* lavoro ingrato).

ecake *am.* ['houkeik] *s.* ⟨*Gastr*⟩ focaccia *f* di ranoturco.

g[1] [hɔg] *s.* **1** ⟨*Zool*⟩ porco *m*, maiale *m*. **2** ⟨*Zootecn*⟩ naiale *m* (*o* porco) d'allevamento. **3** ⟨*fam*⟩ (*glutton*) nangione *m* (*f* –a), ingordo *m* (*f* –a), porco *m* (*f* –a), naiale *m*; (*boor*) maleducato *m* (*f* –a), screanzato *m* (*f* -a); (*filthy person*) sudicione *m* (*f* –a), porco *m* (*f* –a). **4** → **hogg. 5** ⟨*Mar*⟩ frettazzo *m*. □ ⟨*fam*⟩ ~ *in armour* persona goffa (*o* impacciata); ⟨*fam*⟩ *to go the whole* ~ andare fino in fondo.

g[2] *v.* (*pret., p.p.* **hogged** [–d]) **I** *v.t.* **1** ⟨*fam*⟩ prendere egoisticamente), impossessarsi di: *don't* ~ *it all* non renderlo tutto; (*to eat greedily; spesso con down*) rangugiare, ingozzare, pappare, divorare. **2** (*of the back*) narcare, incurvare. **3** (*of a horse's mane*) tagliare a pazzola' (*o* corto). **II** *v.i.* ⟨*fam*⟩ essere ingordo (*o* vido). □ ⟨*fig,sl*⟩ *to* ~ *it* vivere in un porcile.

hog|back *s.* **1** ⟨*Geol*⟩ dorsale *m*. **2** ⟨*Strad*⟩ strada *f* a schiena d'asino. **3** (*arched back*) schiena *f* inarcata. ~**-backed** *a.* a schiena d'asino.

hogg [hɔg] *s.* ⟨*Zootecn*⟩ pecora *f* di un anno (non ancora tosata).

hogget ['hɔgit] *s.* → **hogg.**

hoggish ['hɔgiʃ] *a.* ⟨*fam*⟩ **1** maialesco, porcino. **2** (*gluttonous*) ghiotto, ingordo, avido. **3** (*filthy*) sporco, lurido, lercio. **hoggishness** [–nis] *s.* **1** ingordigia *f*, avidità *f.* **2** (*filthiness*) sporcizia *f*, luridume *m*.

Hogmanay *scozz.* ['hɔgmənei] *s.* ultimo *m* dell'anno, notte *f* di san Silvestro; (*festivities*) festeggiamenti *mpl* dell'ultimo dell'anno; (*gift*) dolce *m* (*o* strenna *f*) che si dà ai bambini la notte di san Silvestro.

hog mane *s.* criniera *f* (di cavallo) tagliata corta.

hogs|back *s.* → **hogback.** ~**head** *s.* **1** (*large cask*) botte *f.* **2** (*liquid measure of capacity*) misura per i liquidi (pari a circa 286 l).

hog|skin *s.* ⟨*Conc*⟩ (*pigskin*) pelle *f* di cinghiale, cinghiale *m*. ~**tie** *am. v.t.* **1** (*of an animal*) legare insieme le quattro zampe di. **2** ⟨*fam*⟩ (*to thwart*) ostacolare, intralciare. ~**wash** *s.* **1** ⟨*Zootecn*⟩ broda *f* per maiali. **2** ⟨*fam*⟩ (*nonsense*) insulsaggini *fpl*, sciocchezze *fpl.* **3** ⟨*sl*⟩ (*bad quality drink*) liquore *m* di cattiva qualità.

hoick[1] [hɔik] **I** *v.t.* **1** ⟨*fam*⟩ strappare, tirare di colpo. **2** ⟨*Aer*⟩ fare cabrare. **II** *v.i.* **1** ⟨*fam*⟩ dare uno strattone. **2** ⟨*Aer*⟩ cabrare.

hoick[2], **hoicks** [hɔiks] *intz.* ⟨*venat*⟩ dai, vai, via.

hoi polloi ['hɔipə'lɔi] *s.* massa *f*, volgo *m*.

hoist [hɔist] **I** *v.t.* **1** ⟨*Mar*⟩ issare, alzare, inalberare, ghindare. **2** (*to raise*) alzare, sollevare, tirar su. **3** ⟨*Mar*⟩ alare. **II** *s.* **1** sollevamento *m;* (*push up*) spinta *f.* **2** ⟨*Mecc*⟩ (*tackle*) paranco *m;* (*goods lift*) montacarichi *m*. **3** ⟨*Mar*⟩ (*of a sail*) ghinda *f.*

hoity-toity ['hɔiti'tɔiti] **I** *a.* **1** altezzoso, borioso, pieno di sé. **2** (*flighty*) frivolo, volubile. **II** *intz.* ohibò.

'hokey-'pokey ['pouki] *s.* **1** (*hocus–pocus*) raggiro *m*, inganno *m*. **2** (*cheap ice-cream*) gelato *m* venduto da venditori ambulanti.

hokum *am.* ['houkəm] *s.* ⟨*fam*⟩ **1** sentimentalismi *mpl*, romanticherie *fpl*, sdolcinature *fpl.* **2** (*nonsense*) sciocchezze *fpl*, insulsaggini *fpl.*

hold[1] [hould] *v.* (*pret., p.p.* **held** [held]) **I** *v.t.* **1** avere in mano, impugnare, tenere: *he was –ing a gun* aveva in mano una pistola; ~ *your knife with your right hand* tieni il coltello con la destra. **2** (*to support*) reggere, tenere, sorreggere, sostenere: *to* ~ *a baby in one's arms* tenere un bambino in braccio. **3** (*to retain*) trattenere: *to* ~ *one's breath* trattenere il fiato. **4** (*to detain*) fermare, trattenere: *to be held for questioning by the police* essere fermato dalla polizia per un interrogatorio. **5** (*to keep in a particular state, etc.*) tenere, mantenere: *to* ~ *s.o. in suspense* tenere qd. in ansia. **6** (*to have, possess*) avere, possedere, detenere: *to* ~ *the key to a problem* avere la chiave di un problema. **7** (*to contain*) contenere: *how much does this bottle* ~? quanto contiene questa bottiglia?; (*to accommodate*) contenere, accogliere, ricevere: *the hall –s two hundred people* il salone contiene duecento persone. **8** (*to have in mind*) avere: *to* ~ *strong opinions* avere salde convinzioni. **9** (*to consider*) ritenere, considerare, reputare: *I shall* ~ *you responsible* ti riterrò responsabile; (*to believe*) ritenere, credere. **10** (*to keep the attention of*) tenere avvinto, tenere desta l'attenzione di: *to* ~ *an audience* tenere avvinto l'uditorio. **11** (*to bind, constrain*) vincolare, obbligare. **12** (*to convoke, conduct*) tenere: *to* ~ *an assembly* tenere un'assemblea. **13** (*to occupy*) rivestire, assumere: *he –s the office of mayor* riveste la carica di sindaco. **14** (*to point, aim*) puntare, spianare, dirigere: *to* ~ *a gun on s.o.* puntare una pistola contro qd. **15** ⟨*Mil*⟩ tenere, presidiare, difendere. **16** ⟨*Dir*⟩ giudicare: *the court –s that the defendant is guilty* la corte giudica l'imputato colpevole. **17** ⟨*Mus*⟩ (*to sustain*) filare, prolungare: *to* ~ *a note* filare una nota. **II** *v.i.* **1** rimanere, restare: *to* ~ *still* restare fermo. **2** (*to last*) durare, persistere, mantenersi: *I hope the weather –s* spero che il bel tempo duri. **3** (*to maintain one's position*) rimanere saldo, reggere, resistere: *to* ~ *under pressure* reggere alla pressione. **4** (*to remain fastened*) tenere, far presa, reggere: *the rope held* la fune tenne; *the anchor held* l'ancora fece presa. **5** (*to remain valid*) valere, essere valido: *the rule –s for everyone* la regola vale per tutti. **6** 〈*Dir*〉 derivare un diritto (*o* titolo) (*of, from* da). □ *to ~* **back:** 1 (*to restrain*) fermare, trattenere, frenare, contenere; 2 (*of emotions*) trattenere, frenare, reprimere; 3 (*to refrain from giving*) trattenere: *part of his salary was held back* gli fu trattenuta una parte dello stipendio; 4 (*to withhold*) rifiutarsi (di dare), negare: *to ~ back information* rifiutarsi di dare informazioni; 5 (*to refrain from participation*) ritirarsi indietro; *to ~* **by** mantenere, tener fede a, attenersi a, rispettare: *to ~ by a decision* attenersi a una decisione; *to ~ by a conviction* tener fede a una convinzione; *to ~* **class** tenere (*o* fare) lezione; *to ~ a* **conversation** *with s.o.* intrattenersi a conversare con qd.; *to ~ s.o.* **dear** avere caro qd.; *to ~* **down:** 1 tenere giù (*o* basso): *~ your head down* tieni giù la testa; 2 (*to restrain*) contenere, frenare: *to ~ prices down* contenere i prezzi; 3 (*of a job*) mantenere; 〈*esclam,fam*〉 ~ **everything** fermo tutto; *to ~* **forth:** 1 dare, offrire, porgere: *I ~ forth little hope* posso offrire poca speranza; 2 〈*spreg*〉 (*to talk at length*) fare un lungo sproloquio, dissertare; *to ~ forth to the crowd* arringare la folla; *who knows what the* **future** *–s for us* chissà che cosa ci riserva il futuro; *to ~* **good:** 1 essere valido, valere: *the theory –s good* la teoria è valida; 2 (*to last*) durare, resistere; 〈*esclam*〉 ~ **hard** aspetta, va' piano; *to ~* **in:** 1 contenere, controllare, trattenere; 2 (*to restrain o.s.*) controllarsi, trattenersi; 〈*esclam,fam*〉 ~ **it** fermo, non muoverti; 〈*fam*〉 *there's* **no** *–ing that child* non c'è modo di tenere fermo quel bambino; *to ~* **off:** 1 tenere ˹a distanza˺ (*o* lontano); 2 (*to keep aloof*) tenersi lontano (*o* in disparte) (*from* da); 3 (*to defer*) rimandare, rinviare, differire; 4 (*to abstain*) astenersi (*from* da), smettere di; *the rain held off till evening* non piovve fino a sera; *to ~* **on:** 1 andare avanti per, continuare per: *to ~ on one's course* andare avanti per la propria strada; 2 (*to cling*) tenersi (stretto), reggersi (*to* a); 3 (*to keep*) conservare, mantenere (*to s.th.* qc.): *he held on to part of his property* conservò una parte del suo patrimonio; 4 (*to keep in position*) tenere fermo (*o* a posto), bloccare; 5 〈*Tel*〉 restare in linea; 6 (*to endure, persist*) tenere duro, resistere, non cedere; 〈*esclam*〉 ~ **on** ferma, aspetta; *to ~* **out:** 1 tendere, stendere, allungare: *she held out her arms to me* tese le braccia verso di me; 2 (*to offer*) offrire, dare: *to ~ out hope of peace* offrire speranze di pace; 3 (*to last*) durare: *supplies held out* le scorte durarono; 4 (*to endure, not yield*) resistere, tenere duro, non cedere: *to ~ out under torture* resistere alle torture; *to ~ out for a higher price* tenere duro per ottenere un prezzo più alto; 5 〈*fam*〉 (*to withhold information from*) rifiutarsi di dare informazioni (*on* a); *to ~* **over:** 1 rimandare, rinviare, differire; 2 (*to use as a threat*) minacciare; 3 〈*teat*〉 tenere il cartellone; *to ~ one's* **own** essere all'altezza, difendersi bene; *to ~* **to:** 1 = *to hold* **by;** 2 (*to believe*) prestar fede a, credere a; 3 〈*Mar*〉 (*of a course*) tenere, seguire; *to ~ s.o. to a promise* far rispettare a qd. la sua promessa; *to ~* **together:** 1 (*to keep united*) tenere uniti; 2 (*to remain united*) restare uniti; 3 (*of things*) tenere insieme; 〈*fam*〉 *your story doesn't ~ together* la tua storia non si regge in piedi; *to ~* **true** = *to hold* **good;** *to ~* **up:** 1 sollevare, alzare, tenere alto: *~ up your hand* alza la mano; 2 (*to support*) sostenere, reggere, sorreggere; 3 (*to delay*) (far) ritardare, trattenere: *we were held up by heavy traffic* il traffico intenso ci ha fatto ritardare; 4 (*to rob at gun point*) rapinare a mano armata; 5 (*to display, expose*) esporre, mettere: *to ~ s.o. up to ridicule* mettere qd. in ridicolo; 6 (*to remain firm*) resistere, rimanere saldo; 7 (*to prove valid*) reggere, mostrarsi valido; *to ~ s.o. up as an example* portare qd. a esempio; 〈*fam*〉 ~ *them up!* mani in alto!; *to ~* **with** approvare, essere d'accordo con.

hold² *s.* **1** presa *f,* stretta *f.* **2** (*support*) appoggio *m,* sostegno *m,* appiglio *m.* **3** 〈*fig*〉 (*influence*) influenza *f,* ascendente *m,* autorità *f: to have a strong ~ over s.o.* avere molta influenza su qd. **4** 〈*fig*〉 (*understanding*) comprensione *f.* **5** (*confinement*) detenzione *f,* prigionia *f;* (*place of confinement*) prigione *f,* cella *f,* guardina *f.* **6**

〈*Sport*〉 (*in wrestling*) presa *f.* **7** 〈*Mus*〉 (*pause sig* corona *f.* **8** 〈*Mil*〉 (*stronghold*) fortezza *f,* roccaforte *f. no –s* **barred:** 1 〈*Sport*〉 è permessa qualsiasi presa; 〈*fam*〉 tutti i mezzi sono buoni (*o* leciti); *to* **catch** (*o l* seize) ~ *of s.th.* afferrare qc.; *to* **get** ~ *of:* 1 afferra acchiappare; 2 〈*fig*〉 controllare; 3 〈*fig*〉 (*to find*) trova rintracciare, 〈*fam*〉 pescare: *where can I get ~ of him this hour?* dove posso pescarlo a quest'ora?; 〈*fam*〉 *to ge* ~ *on o.s.* dominarsi, controllarsi; *to* **have** ~ *of s.* afferrare (*o* tenere stretto) qc.; *to* **keep** *a tight* ~ regge saldamente; *to* ˹**let go**˺ (*o lose*) *one's* ~ *of s.th.* lascia sfuggire qc. di mano; *to* **lose** *one's* ~ *on reality* perd ogni contatto con la realtà; 〈*fig*〉 *to lose one's* ~ *over on*) *s.o.* non fare più presa su qd.; *to* **take** ~ *of s.* appigliarsi a qc.

hold³ *s.* 〈*Mar,Aer*〉 stiva *f.*

hold|all *s.* sacca *f* (*o* borsa) da viaggio. **~back** *s.* intop m, ostacolo *m.*

holder¹ ['houldə] *s.* **1** (*device for supporting*) sostegno supporto *m;* (*for holding*) contenitore *m.* **2** (*own* possessore *m* (*f* posseditrice), proprietario *m* (*f* (*tenant*) affittuario *m* (*f* –a). **3** 〈*Univ*〉 borsista *m/f.* 〈*Sport*〉 (*of a title, etc.*) detentore *m* (*f* –trice). **5** 〈*Ec* detentore *m* (*f* –trice); (*of a bill, cheque*) portatore *m* –trice); (*of shares*) titolare *m/f,* intestatario *m* (*f* –a). (*protective cloth pad*) presina *f,* presa *f.* **7** 〈*Mecc*〉 staff di supporto. **8** 〈*El*〉 portalampada *m.* □ 〈*Econ*〉 ~ *of account* correntista *m/f.*

holder² *s.* 〈*Mar*〉 lavoratore *m* portuale, portuale *m.*

holdfast ['houldfæst] *s.* **1** morsetto *m,* fermo *m.* **2** (*s.th. hold on to*) gancio *m,* uncino *m;* (*support*) sostegno supporto *m.*

holding ['houldiŋ] *s.* **1** presa *f,* stretta *f.* **2** (*tenure of lar* godimento *m* di terreno; (*piece of land*) tenuta *f,* pod m, appezzamento *m* (di terreno). **3** *pl.* (*property possess* proprietà *fpl,* beni *mpl.* **4** *pl.* 〈*Econ*〉 pacchetto (azionario). **5** 〈*Sport*〉 presa *f* fallosa.

holding company *s.* 〈*Econ*〉 società *f* finanziaria controllo, holding *f.*

holdover ['houlduvə] *s.* **1** avanzo *m,* resto *m.* **2** (*a* (*person remaining in a job, etc.*) chi mantiene un posto una carica) dopo la fine del mandato. **3** 〈*am.Sc* ripetente *m/f.*

hold-up *s.* 〈*fam*〉 **1** rapina *f* a mano armata. **2** (*delay traffic*) ritardo *m* nel traffico. **3** (*stoppage*) arresto interruzione *f* (*anche Ind.*).

hole¹ [houl] *s.* **1** buco *m,* foro *m,* apertura *f: there is a in my stocking* ho un buco nella calza. **2** (*pit, excavatio* buca *f,* cavità *f,* fossa *f.* **3** (*gap, opening*) buco *m,* apert *f,* spacco *m: a ~ in a hedge* un buco in una siepe. 〈*Zool*〉 (*burrow*) cunicolo *m,* buco *m,* tana *f.* **5** 〈*fa* (*fix*) pasticcio *m,* imbroglio *m: to be in a ~* essere pasticci (*o* guai). **6** 〈*fam*〉 (*flaw*) imperfezione *f,* pecca difetto *m.* **7** (*prison cell*) cella *f* (d'isolamento). **8** 〈*fa* (*shabby room, house*) catapecchia *f,* stamberga *f,* tana (*dark place*) buco *m.* **9** 〈*Sport*〉 (*in golf*) buca *f.* □ ˹ *of* ˺ (*o in*) *–s* pieno di buchi, tutto buchi, tutto un bu 〈*fam*〉 *to* **make** *a ~ in* fare un grosso buco in, consuma 〈*fam*〉 *to* **pick** *–s in s.th.* trovare da ridire su qc.; 〈*fa* (*to be caught*) *like a* **rat** *in a ~* (essere) come un topo trappola; 〈*fam*〉 ~ *in the* **wall** buco *m,* bugigattolo *m.*

hole² **I** *v.t.* **1** fare un buco (*o* foro) in, bucare, forare. *an animal* ricacciare nella tana, far rintanare. **3** 〈*Spo* mandare (*o* mettere) in buca. **II** *v.i.* **1** scavare buche. 〈*Minier*〉 fare perforazioni. □ 〈*Sport*〉 *to ~ the ball* **one** fare buca in uno; 〈*Sport*〉 *to ~* **out** mandare mettere) in buca; *to ~* **up:** 1 〈*Zool*〉 cadere in letargo. 〈*fam*〉 (*to go into hiding*) nascondersi, rintanarsi.

'hole-and-'corner *a.* segreto, nascosto, clandestino.

holey ['houli] *a.* 〈*fam*〉 pieno di buchi, tutto un buco.

holiday ['hɔlidi, *am.* 'hɔlidei] **I** *s.* **1** festa *f,* giorno festivo: *tomorrow will be a ~* domani è festa. **2** (*vacatie* vacanza *f,* ferie *fpl: to be on a ~* essere in vacanza; *month's ~* un mese di ferie. **3** *pl.* 〈*Scol*〉 vacanze *fpl.* 〈*Rel*〉 festività *f,* festa *f.* **II** *a.* **1** festoso, gioioso, giocond *a ~ look* un aspetto festoso. **2** (*befitting a holida* festivo, di festa, della festa: ~ *clothes* abiti della festa.

i. villeggiare, essere in villeggiatura, passare (*o* ascorrere) le vacanze (*in, at* a, in): *to ~ in the* mountains villeggiare in montagna. □ *to be* away *on ~* ssere via ⌐per (le) ferie⌐ (*o* in vacanza); *to go on ~* andare a vacanza (*o* ferie); ⟨*Rel*⟩ *~ of* Obligation festa *f* di recetto; *—s with* pay ferie pagate (*o* retribuite); *to* take *a ~* prendersi una vacanza; *to take a ~ from work* rendersi un periodo di riposo.

liday| entitlement *s.* diritto *m* alle ferie. **~maker** *s.* illeggiante *m/f.* **~ resort** *s.* luogo *m* di villeggiatura. *~* **illage** *s.* villaggio *m* vacanze.

liness ['houlinis] *s.* santità *f.* □ *His ~* Sua Santità.

lism ['houlizm] *s.* ⟨*Biol*⟩ olismo *m.* **holistic** [–istik] *a.* listico.

lla ['hɔlə] *intz.* ⟨*rar*⟩ **1** olà, ohilà, ehi. **2** (*to express* urprise) oh.

olland ['hɔlənd] *N.pr.* ⟨*Geog*⟩ Olanda *f.* **holland** *s.* (*Tess*) tela *f* d'Olanda, olanda *f.*

ollandaise (sauce) [,hɔlən'deiz] *s.* ⟨*Gastr*⟩ salsa *f* landese.

ollander ['hɔləndə] *s.* **1** olandese *m/f.* **2** ⟨*Mar*⟩ nave *f* landese. **3** ⟨*Cart*⟩ olandese *f.*

olland gin *s.* → Hollands.

ollands ['hɔləndz] *s.pl.* (costr. sing.) olandese *m*, gin *m* landese.

ller ['hɔlə] **I** *v.t./i.* ⟨*fam*⟩ gridare, urlare. **II** *s.* grido *m*, rlo *m.*

llo, holloa, holloo ['hɔlou, hə'lou] *intz.* ⟨*rar*⟩ → olla.

llow ['hɔlou] **I** *a.* **1** vuoto, cavo: *a ~ tube* un tubo uoto; *a ~ tree* un albero cavo. **2** (*having a depression,* oncave*) concavo, incavato; (*sunken*) incavato, scavato, nfossato: *~ cheeks* guance incavate. **3** ⟨*fig*⟩ (*meaningless*) ano, vuoto, vacuo: *~ promises* vane promesse; (*insincere*) also, insincero: *~ words* parole false. **4** (*of sound*) cupo, asso, sordo. **5** ⟨*fam*⟩ (*hungry*) affamato, ⟨*fam*⟩ vuoto. **II** . **1** avvallamento *m*, depressione *f.* **2** (*small valley*) alletta *f.* **3** (*empty place*) cavità *f*, buca *f*, vuoto *m;* concavity*) cavo *m*, concavità *f: the ~ of one's hand* il avo della mano. **III** *v.t.* (general. con *out*) scavare, ncavare, rendere cavo (*o* concavo). □ ⟨*fam*⟩ *to beat s.o. ~* infliggere una dura sconfitta a qd.; *a ~ dish* un piatto ondo.

ollow|-'cheeked *a.* dalle guance incavate. **'~-'eyed** *a.* lagli occhi incavati (*o* infossati). **'~-'hearted** *a.* insincero, also.

ollowly ['hɔlouli] *avv.* sordamente, cupamente.

hollowness [–lounis] *s.* **1** l'essere cavo (*o* vuoto). **2** fig*⟩ falsità *f*, insincerità *f.*

ollow| tile *s.* ⟨*Edil*⟩ mattone *m* forato, forato *m.* **~ware** s.* pentole *fpl*, casseruole *fpl*, tegami *mpl.*

olly ['hɔli] *s.* ⟨*Bot*⟩ agrifoglio *m*, alloro *m* spinoso.

ollyhock ['hɔlihɔk] *s.* ⟨*Bot*⟩ malvone *m.*

olm¹ [houm] *s.* **1** terreno *m* basso, bassa *f.* **2** (*island in a* river*) isoletta *f* fluviale.

olm² *s.* → holm oak.

olm oak *s.* ⟨*Bot*⟩ leccio *m.*

olocaust ['hɔlɔkɔ:st] *s.* **1** distruzione *f* massiccia (*o* in massa). **2** ⟨*Stor*⟩ (*burnt offering*) olocausto *m.*

lolocene ['hɔlo(u)si:n] **I** *s.* ⟨*Geol*⟩ olocene *m.* **II** *a.* olocenico.

lolofernes [,hɔlə'fə:ni:z] *N.pr.* ⟨*Bibl*⟩ Oloferne *m.*

ologram ['hɔləɡræm] *s.* ⟨*Ott*⟩ ologramma *m.*

olograph ['hɔlo(u)ɡra:f] **I** *a.* → holographic. **II** *s.* scritto *m* olografo. **,holo'graphic,** [–ik], **,holo'graphical** [–ikəl] *a.* ⟨*Dir*⟩ olografo. **holography** [–ɡræfi] *s.* olografia *f.*

olophrase ['hɔlo(u)freiz] *s.* ⟨*Ling*⟩ elemento *m* olofrastico. **,holophrastic** [–'fræstik] *a.* olofrastico, incorporante.

olothurian [,hɔlo(u)'θjuəriən] **I** *a.* ⟨*Zool*⟩ degli oloturoidi. **II** *s.* oloturia *f*, cetriolino *m* di mare.

ols [hɔlz] *s.pl.* ⟨*scol*⟩ vacanze *fpl* (scolastiche).

olster ['houlstə] *s.* fondina *f.*

olt¹ [hoult] *s.* ⟨*rar*⟩ **1** bosco *m.* **2** (*wooded hill*) collina *f* boscosa.

olt² *s.* ⟨*dial*⟩ tana *f* di lontra.

oly ['houli] **I** *a.* **1** (*sacred*) santo, sacro: *~ place* luogo sacro; (*consecrated*) consacrato. **2** (*saintly*) santo, pio: *a ~*

---

man un santo uomo. **3** (*venerated*) santo, venerato: *~ relics* sante reliquie. **4** (*connected with religion*) sacro, religioso, sacrale: *~ rites* riti religiosi. **II** *s.* santuario *m*, luogo *m* sacro. □ ⟨*fam*⟩ *to have a ~ fear of s.th.* avere un sacro terrore di qc.; ⟨*Rel.ebr*⟩ *the ~ of* Holies sancta sanctorum *m* (*anche fig.*); *to live a ~ life* condurre una santa esistenza, vivere santamente; ⟨*Stor*⟩ *~* Roman *Empire* sacro romano impero; *to* swear *by all that is ~* giurare e spergiurare.

Holy| Alliance *s.* ⟨*Stor*⟩ Santa alleanza *f.* **~ Ark** *s.* ⟨*Rel.ebr*⟩ arca *f* ⌐dell'alleanza⌐ (*o* santa). **~ Bible** *s.* Sacra Bibbia *f.* **~ bread** *s.* ⟨*Rel*⟩ ostia *f* consacrata. **~ City** *s.* ⟨*Rel*⟩ Gerusalemme *f*, città *f* santa. **2** (*heaven*) cielo *m.* **~ Communion** *s.* ⟨*Rel*⟩ santa eucaristia *f.* **~ day** *s.* ⟨*Rel*⟩ festa *f* religiosa. **~ Family** *s.* ⟨*Rel,Art*⟩ Sacra Famiglia *f.* **~ Father** *s.* ⟨*Rel.catt*⟩ Santo Padre *m.* **~ Ghost** *s.* ⟨*Rel*⟩ Spirito *m* Santo. **~ Grail** *s.* sacro Gral *m.* **~ Joe** *am.* *s.* **1** ⟨*mil*⟩ cappellano *m* militare. **2** ⟨*fam*⟩ (*priest*) prete *m.* **3** ⟨*fam*⟩ (*sanctimonious person*) bacchettone *m*, bigotto *m.* **~ Land** *s.* Terra *f* Santa, Terrasanta *f.* **~ mackerel,** **~ Moses** *intz.* ⟨*fam*⟩ santo cielo, ⟨*pop*⟩ santissimo Dio. **~ Office** *s.* ⟨*Rel. Catt*⟩ Sant'Uffizio *m.* **~ oil** *s.* olio *m* santo, crisma *m.* **~ orders** *s.pl.* ⟨*Rel*⟩ **1** ordinazione *f* sacerdotale. **2** (*status, rank of a priest*) ordini *mpl* (sacri). □ *to be in ~* avere preso gli ordini (sacri), essere stato ordinato sacerdote; *to take ~* prendere gli ordini (sacri). **~ rood** *s.* crocifisso *m.* **~ Rood** *s.* Santa Croce *f.* **~ Scriptures** *s.pl.* Sacre Scritture *fpl.* **~ See** *s.* Santa Sede *f.* **~ Sepulchre** *s.* Santo Sepolcro *m.* **~ smokes** *intz.* → holy mackerel. **~ Spirit** *s.* → Holy Ghost. **~stone I** *s.* ⟨*Mar*⟩ pomice *f.* **II** *v.t.* pulire strofinando con la pomice. **~ Synod** *s.* ⟨*Rel*⟩ Santo Sinodo *m.* **~ terror** *s.* ⟨*fam*⟩ persona *f* molesta (*o* insopportabile), ⟨*fam*⟩ peste *f.* **~ Thursday** *s.* ⟨*Rel*⟩ **1** giorno *m* dell'ascensione, Ascensione *f.* **2** (*Maundy Thursday*) giovedì *m* santo. **~ Trinity** *s.* ⟨*Rel*⟩ Santissima Trinità *f.* **~ war** *s.* guerra *f* santa. **~ water** *s.* acqua *f* benedetta. **~ Week** *s.* settimana *f* santa. **~ Writ** *s.* Bibbia *f* (*anche fig.*). **~ Year** *s.* ⟨*Rel.catt*⟩ anno *m* santo.

homage ['hɔmidʒ] *s.* **1** omaggio *m*, ossequio *m: to pay* (*o do, render*) *~ to s.o.* prestare (*o* rendere) omaggio a qd., fare atto d'omaggio a qd. **2** ⟨*Mediev*⟩ (*ceremony*) omaggio *m*, atto *m* di vassallaggio (*o* fedeltà); (*relationship*) vassallaggio *m.*

home [houm] **I** *s.* **1** (*house, etc. where one lives*) casa *f*, dimora *f*, abitazione *f*, (*family environment*) casa *f*, focolare *m* (domestico). **2** (*institution*) ricovero *m*, ospizio *m: a ~ for the blind* un ricovero per ciechi. **3** (*native country*) terra *f* natia, patria *f*, madrepatria *f.* **4** ⟨*fig*⟩ (*place of origin*) patria *f.* **5** (*any place of refuge*) casa *f*, rifugio *m*, asilo *m.* **6** ⟨*Biol*⟩ habitat *m.* **7** ⟨*Sport*⟩ (*goal*) meta *f*, traguardo *m.* **II** *a.* **1** casalingo, domestico, familiare: *~ cooking* cucina casalinga; *~ life* vita familiare. **2** (*domestic, native*) natale, d'origine: *one's ~ city* la (propria) città natale. **3** ⟨*fig*⟩ pertinente, che va a segno: *a ~ question* una domanda pertinente. **4** ⟨*Comm,Pol*⟩ interno, nazionale, locale: *~ affairs* affari interni; *~ production* produzione nazionale. **5** ⟨*Sport*⟩ in casa: *a ~ match* un incontro in casa. **III** *avv.* **1** (*towards home*) a casa, verso casa: *let's go ~* andiamo a casa. **2** (*am*) (*at home*) a casa, in casa: *to stay ~* rimanere in casa. **3** (*as far as it will go*) a fondo, in profondità: *to drive a nail ~* piantare a fondo un chiodo. **4** ⟨*fig*⟩ nel (*o* a) segno: *his criticism hit ~* le sue critiche colsero nel segno. **IV** *v.i.* **1** rincasare, rientrare a casa. **2** (*of pigeons, etc.*) trovare la via di casa, tornare alla base. **3** (*to reside*) abitare. **4** ⟨*Aer*⟩ dirigersi (automaticamente) (*in, on* verso): *the missile –d in on its target* il missile si diresse verso il bersaglio. **V** *v.t.* **1** mandare (*o* portare) a casa. **2** (*of pigeons, etc.*) rinviare alla base. **3** (*to provide with a home*) dare una casa a. **4** ⟨*Aer*⟩ dirigere, guidare: *to ~ a missile on to a target* dirigere un missile verso il bersaglio. □ *at ~ and abroad* in patria e all'estero; *~ address* indirizzo *m* di casa; *~ for the* aged ospizio *m* per vecchi; *at ~:* 1 in (*o* a) casa: *to stay at ~* rimanere in casa; 2 (*in invitations*) in casa: *Mr. and Mrs. Brown will be at ~ on*

Friday i signori Brown ⌈saranno in casa⌉ (*o* riceveranno) venerdì; 3 (*in one's own country*) in patria; 4 ⟨*fig*⟩ (*at ease*) a proprio agio: *to make o.s. at* ~ mettersi a proprio agio, fare come se si fosse a casa propria; *to be at* ~ *in high society* essere (*o* trovarsi) a proprio agio nell'alta società; 5 ⟨*fig*⟩ (*knowledgeable*) ferrato, competente (*in, with* in); 6 ⟨*Sport*⟩ in casa; *away from* ~ lontano da casa; *to bring s.th.* ~ *to s.o.* far capire qc. a qd.; *a* ~ *for children* un istituto per l'infanzia; *to come* ~: 1 tornare (*o* arrivare) a casa, tornare in patria; 2 ⟨*fig*⟩ toccare nel vivo (*to s.o.* qd.); ~ *comforts* comodità domestiche; *to have a* ~ *of one's own* avere una casa propria; ⟨*fig*⟩ *one's last* ~ l'ultima dimora, la tomba; *to leave* ~ andarsene da casa; *to make one's* ~ *in the country* abitare in campagna; ⟨*fig*⟩ *nearer* ~ senza andare tanto lontano; *when the question comes nearer* ~ quando la questione li toccherà (più) da vicino; *to see s.o.* ~ accompagnare qd. a casa; *to send s.o.* ~ (*from abroad*) rimpatriare qd.; ⟨*fig*⟩ *to strike* (o *hit*) ~ colpire (o cogliere) nel segno; ~, **sweet** ~! casa, dolce casa!; *on my* **way** ~ tornando a casa, sulla strada di casa; ⟨*fam*⟩ *nothing to* **write** ~ *about* niente di speciale. *Prov.: East, West* ~*'s best* nessun posto è bello come casa propria; *an Englishman's* ~ *is his castle* in casa sua ciascuno è re; *be it ever so humble, there's no place like* ~ casa mia, casa mia, per piccina che tu sia, tu mi sembri una badia. **home| base** *s.* 1 ⟨*Sport*⟩ (*in baseball*) casa *f* base, home base *f*. 2 (*base of operations*) base *f* operativa. 3 (*headquarters*) sede *f* centrale. **~-bird** *s.* persona *f* casalinga. □ *to be a* ~ essere tutto casa. **~body** *s.* persona *f* casalinga. **'~'born** *a.* del posto, nativo, indigeno, locale. **~bound** *a.* (*homeward bound*) che va (*o* torna) a casa, diretto a casa. **~bred** *a.* 1 nostrano, del posto, indigeno. 2 ⟨*fig*⟩ rozzo, non raffinato. **'~'brew** *s.* bevanda *f* alcolica fatta in casa. **~brewed** *a.* fatto in casa (*anche fig.*). ~ **care** *s.* ⟨*Med*⟩ assistenza *f* domiciliare. **~coming** *s.* 1 ritorno *m* ⌈in patria⌉ (*o* a casa), rientro *m*. 2 ⟨*am.Univ*⟩ raduno *m* (di ex–studenti). ~ **computer** *s.* elaboratore *m* domestico. **~ Counties** *s.pl.* contee *fpl* intorno a Londra. **~craft** *s.* artigianato *m* domestico. ~ **defence** *s.* difesa *f* nazionale. ~ **economics** *am. s.pl.* (*costr. sing.*) economia *f* domestica. ~ **farm** *s.* fattoria *f* che fa parte della casa padronale. ~ **Fleet** *s.* ⟨*GB*⟩ flotta *f* a difesa delle isole britanniche. **~folks** *s.pl.* ⟨*fam*⟩ 1 familiari *mpl*, parenti *mpl*, famiglia *f.* 2 (*people of one's home locality*) compaesani *mpl*. ~ **freight** *s.* ⟨*Comm*⟩ nolo *m* di ritorno. ~ **front** *s.* ⟨*Mil*⟩ fronte *m* interno. **~'grown** *a.* nazionale, nostrano, interno: ~ *produce* prodotti agricoli nazionali. ~ **Guard** *s.* ⟨*Mil*⟩ guardia *f* nazionale. **~-keeping** *a.* d'abitudini casalinghe. **~land** *s.* patria *f,* terra *f* natia, casa *f.* **homeless** ['houmlis] *a.* senza casa (*o* tetto). **homelike** ['houmlaik] *a.* 1 familiare, semplice, alla buona. 2 (*comfortable*) comodo, accogliente. **homeliness** ['houmlinis] *s.* 1 semplicità *f.* 2 ⟨*am*⟩ (*ugliness*) bruttezza *f.* **homely** [–li] *a.* 1 semplice, alla buona, senza pretese: ~ *pleasures* piaceri semplici; ~ *food* cibo senza pretese. 2 (*familiar*) familiare, corrente: ~ *language* lingua familiare. 3 ⟨*am*⟩ (*of a person: ugly*) brutto. **home|made** *a.* 1 fatto in casa, casalingo, casereccio: ~ *bread* pane fatto in casa. 2 ⟨*fig*⟩ locale, nostrano. ~ **market** *s.* ⟨*Econ*⟩ mercato *m* nazionale (*o* interno). ~ **Office** *s.* ⟨*GB*⟩ ministero *m* dell'interno. **homeopath, homeopathic** *e der.* → **homoeopath, homoeopathic** *e der.* **homer** ['houmə] *s.* 1 → **homing pigeon**. 2 ⟨*Sport*⟩ → **home run**. **Homer** *N.pr.* ⟨*Stor.gr*⟩ Omero *m.* **Homeric** [ho(u)'merik] *a.* 1 omerico. 2 ⟨*fig*⟩ (*epic, heroic*) epico, eroico. 3 ⟨*fig*⟩ (*of epic proportions*) omerico, grandioso, eccezionale: ~ *laughter* risata omerica. **home| rule** *s.* ⟨*Pol*⟩ autogoverno *m,* autonomia *f.* ~ **run** *s.* ⟨*Sport*⟩ corsa *f* alla casa base. ~ **Secretary** *s.* ⟨*GB*⟩ ministro *m* dell'interno. **~sick** *a.* che ha nostalgia ⌈della propria casa⌉ (*o* del proprio paese). **~sickness** *s.* nostalgia *f* (della propria casa). **~spun** I *a.* 1 (*of cloth*)

tessuto in casa, fatto con telaio a mano. 2 ⟨*fig*⟩ sempl senza pretese. II *s.* ⟨*Tess*⟩ stoffa *f* tessuta in casa. **homestead** ['houmsted] *s.* 1 casa *f* con terreno circostai 2 (*home*) casa *f,* abitazione *f.* 3 ⟨*am.Dir*⟩ appezzame *m* concesso dallo stato. **homesteader** [–ə] *s.* 1 colc *m,* agricoltore *m.* 2 ⟨*am.Dir*⟩ assegnatario *m* di terre demaniale. **home'sters** ['houmstəz] *s.pl.* ⟨*Sport*⟩ squadra *f* che gioca casa. **'home|stretch** *s.* ⟨*Sport*⟩ dirittura *f* (*o* rettilineo d'arrivo. ~ **teaching** *s.* studio *m* individuale. ~ **tean** → **homesters**. **'~-'thrust** *s.* 1 (*with a weapon*) colpo che va a segno. 2 ⟨*fig*⟩ frecciata *f,* stoccata *f,* allusior maligna. **~town** *s.* città *f* natale (*o* d'origine, residenza), paese *m* natio. ~ **trade** *s.* commercio nazionale (*o* interno). ~ **truth** *s.* verità *f* lampante. **visit** *s.* ⟨*Med*⟩ visita *f* domiciliare. **homeward** ['houmwəd] I *a.* di ritorno, che si dirige ve casa: *on a* ~ *course* sulla via del ritorno; (*from abro* che ritorna in patria. II *avv.* → **homewards**. □ ⟨*Mar* *bound vessel* nave in viaggio di ritorno; ⟨*Comm*⟩ ~ *fre* nolo *m* di ritorno. **homewards** [–z] *avv.* verso casa (c patria), in patria. **homework** ['houmwə:k] *s.* ⟨*Scol*⟩ compito *m* (a casa). **homey** *a.* → **homy**. **homicidal** [,hɔmi'saidl] *a.* 1 omicida. 2 (*liable to com* *homicide*) che ha tendenze omicide. **'homicide** [–said 1 omicidio *m.* 2 (*murderer*) omicida *m/f.* **homicide squad** *s.* squadra *f* omicidi. **homiletic** [,hɔmi'letik], **homiletical** [–əl] *a.* di (*o* sin a) un'omelia. **homiletics** [–s] *s.pl.* (*costr. sing.*) omile *f.* **'homilist** [–list] *s.* omileta *m,* autore *m* di ome **'homily** [–li] *s.* 1 omelia *f,* predica *f,* sermone *m.* 2 ⟨ predica *f,* sermone *m.* **homing** ['houmiŋ] I *a.* 1 che ritorna ⌈a casa⌉ (*o* in pati 2 ⟨*Aer.mil*⟩ che ritorna alla base. II *s.* 1 ⟨*Zool*⟩ rito *m* abituale in un luogo noto. 2 ⟨*Aer.mil*⟩ ritorno *m* base. **homing| device** *s.* ⟨*Aer*⟩ radiobussola *f,* radioguida *f* **pigeon** *s.* piccione *m* (*o* colombo) viaggiatore. **hominid** ['hɔminid] *s.* ⟨*Zool*⟩ ominide *m.* **homin** [–nɔid] *s.* ominoideo *m.* **hominy** *am.* ['hɔmini] *s.* mais *m* macinato e cotto. **homo**[1] ['houmo(u)] *s.* ⟨*Zool*⟩ uomo *m.* **homo**[2] (*accorc. di homosexual*) *s.* ⟨*sl*⟩ omosessuale invertito *m.* **homocentric** [,houmo(u)'sentrik, ,hɔmo–], **homocentri** [–əl] *a.* omocentrico. **homochromatic** [,houmo(u)kro(u)'mætik, ,hɔmo(u)–] ⟨*Ott*⟩ omocromatico. **homoeopath** ['houmo(u)pæθ, 'hɔm–] *s.* ⟨*Med*⟩ omeopa *m.* ,**homoeo'pathic** [–ik] *a.* omeopatico. ,**homoeo thist** [–mi'ɔpəθist] *s.* → **homoeopath**. ,**homoeopa** [–mi'ɔpəθi] *s.* omeopatia *f.* **homogamous** [ho(u)'mɔgəməs] *a.* ⟨*Biol*⟩ omogamo. **homogeneity** [,houmo(u)dʒi'ni:iti, ,hɔmo(u)–] omogeneità *f.* **homogeneous** [–'dʒi:niəs] *a.* 1 omoger uniforme. 2 ⟨*Mat*⟩ omogeneo. **homogeneou** [–'dʒi:niəsli] *avv.* in modo omogeneo. **homogeneousn** [–'dʒi:niəsnis] *s.* → **homogeneity**. **homogene** [–'dʒenisis] *s.* ⟨*Biol*⟩ omogenesi *f.* **homogene** [–dʒə'netik], **homogenetical** [–dʒə'netikəl] *a.* **homogeneous**. **homogenization** [,houmɔdʒenai'zeiʃən] *s.* omogeneizzazi *f.* **homogenize** [ho(u)'mɔdʒənaiz] *v.t.* omogeneizz **homogeny** [ho(u)'mɔdʒəni] *s.* ⟨*Biol*⟩ omologia *f.* **homograft** ['hɔmougra:ft] *s.* ⟨*Chir*⟩ omotrapianto *m.* **homograph** ['hɔməgræf, 'houmə–] *s.* ⟨*Ling*⟩ omografo **homographic** [–'græfik] *a.* omografo. **ho'mograp** [–græfi] *s.* omografia *f.* **homologate** [ho(u)'mɔləgeit] *v.t.* omologare (*anche Spo* **ho,mologation** [–'geiʃən] *s.* omologazione *f* (*an Sport.*). **homologic** [,houmo(u)'lɔdʒik], **homological** [–əl] *a.* **homologous**. **homologize** [ho(u)'mɔlədʒaiz] I *v.t.* riconoscere omole omologare. II *v.i.* essere omologo, corrispondere

omologous [–ləgəs] *a.* **1** corrispondente, omologo. **2** ⟨*Biol*⟩ omologo. **3** ⟨*Mat*⟩ omologico.

mologue ['hɔmələg] *s.* omologo *m.* **homology** 'mɔlədʒi] *s.* ⟨*Biol,Mat,Filos*⟩ omologia *f.*

momorphic [,houmo(u)'mɔ:fik] *a.* ⟨*Biol,Mat*⟩ nomorfo.

monym ['hɔmənim] *s.* omonimo *m.* **homonymous** ıoumo'nimik] *a.* omonimico. **homonymous** o(u)'mɔniməs] *a.* omonimo (*anche Ling.*). **homonymy** o(u)'mɔnimi] *s.* omonimia *f.*

mophile [hɔmou'fail] *a.* **1** omosessuale. **2** (*concerned ith the rights of homosexuals*) fautore dei diritti degli nosessuali.

mophone ['hɔmo(u)foun, 'hou–] *s.* ⟨*Ling*⟩ omofono *m.* **omo'phonic** [–ik] *a.* **1** omofono. **2** ⟨*Mus*⟩ omofonico. **omophonous** [ho(u)'mɔfənəs] *a.* **1** → **homophonic.** **2** .ing⟩ omofono, unisono. **homophony** [ho(u)'mɔfəni] *s.* .ing,Mus⟩ omofonia *f.*

mosexual [,houmo(u)'sekʃuəl] **I** *a.* omosessuale. **II** *s.* nosessuale *m/f.* **,homo,sexuality** [–ʃu'æliti] *s.* nosessualità *f.*

mozygote [,houmo(u)'zaigout] *s.* ⟨*Biol*⟩ omozigote *m.* **omozygous** [–gəs] *a.* omozigote, omozigotico.

muncule [ho(u)'mʌŋkju:l] *s.* omuncolo *m,* nanerottolo . **ho'munculus** [–əs] *s.* (*pl.* -li [lai]) **1** → **homuncule.** ⟨*Alchim*⟩ homunculus *m,* omuncolo *m.*

my ['houmi] *a.* **1** confortevole, comodo, accogliente. **2** npretentious⟩ semplice, alla buona; (*friendly*) cordiale, nichevole.

n. = 1 *honorary* onorario. **2** *honourable* onorevole.

ncho *am.* ['hɔntʃo] **I** *s.* ⟨*sl*⟩ capo *m,* guida *f.* **II** *v.t.* (*to anage*) dirigere.

nduras [hɔn'djuərəs] *N.pr.* ⟨*Geog*⟩ **1** Honduras *m.* **2** ritish Honduras) Honduras *m* britannico.

ne [houn] **I** *s.* **1** ⟨*tecn*⟩ pietra *f* per affilare, cote *f.* **2** Mecc⟩ levigatrice *f,* smerigliatrice *f.* **II** *v.t.* **1** affilare. **2** Mecc⟩ levigare.

nest ['ɔnist] **I** *a.* **1** onesto, retto, buono, sano: *an ~ an* un uomo onesto; (*sincere*) sincero, franco, schietto. **2** air) imparziale, equo, giusto. **3** (*legitimate*) onesto, cito, legittimo: *~ profits* onesti guadagni. **4** (*genuine*) ıro, vero, genuino: *~ wool* pura lana. **5** (*plain, npretentious*) semplice, schietto, genuino: *~ food* cibo mplice. **6** (*of a woman: chaste*) casta, onesta, virtuosa. intz. ⟨*fam*⟩ davvero, sul serio, parola (mia). □ *to be iite ~ about it* per dire il vero, per essere sincero; *the ~ uth* la pura verità; *to make an ~ woman* (of) sposare ıa donna dopo averla compromessa. **honestly** [–li] **I** v. **1** onestamente. **2** (*frankly*) lealmente, sinceramente: *I n ~ say* posso sinceramente dire. **II** *intz.* **1** davvero, ıl serio, parola. **2** (*to express exasperation*) (ma) somma.

nest| injun *intz.* parola (d'onore). **'~-to-'goodness** *a.* am⟩ genuino.

nesty ['ɔnisti] *s.* **1** onestà *f,* probità *f,* rettitudine *f,* tegrità *f;* (*frankness*) sincerità *f,* schiettezza *f,* lealtà *f.* **2** ot) medaglia *f,* argentina *f.* **3** ⟨*ant*⟩ (*chastity*) onestà *f,* ıstità *f,* virtù *f.* □ *in all ~* in tutta sincerità, nestamente. *Prov.: ~ pays* a essere onesti ci si guadagna; *is the best policy* la miglior politica è l'onestà.

ney ['hʌni] **I** *s.* **1** miele *m.* **2** ⟨*fig*⟩ (*sweetness*) miele *m,* ılcezza *f,* soavità *f.* **3** ⟨*am.vezz*⟩ (*darling*) tesoro *m,* nore *m,* caro *m* (*f* –a), dolcezza *f* (mia). **4** ⟨*am.fam*⟩ .th. superlative⟩ cosa *f* superlativa, gioiello *m.* **II** *a.* **1** ılce, che ha sapore di miele. **2** (*containing honey*) elato, addolcito con miele.

ney| bag *s.* → **honey sac. ~ bear** *s.* ⟨*Zool*⟩ cercoletto giallo, kinkajou *m.* **~ bee** *s.* ⟨*Entom*⟩ ape *f.* **~bun(ch)** fam⟩ dolcezza *f,* tesoro *m,* caro *m* (*f* –a). **~buzzard** *s.* Jrnit⟩ falco *m* pecchiaiolo.

neycomb ['hʌnikoum] **I** *s.* **1** nido *m* di api, favo *m.* **2** g⟩ struttura *f* a nido d'ape. **II** *a.* nido d'ape. **III** *v.t.* **1** rforare, crivellare. **2** ⟨*fig*⟩ (*to permeate*) permeare, rvadere. **3** ⟨*fig*⟩ (*to undermine*) minare, sovvertire.

neydew ['hʌnidju:] *s.* **1** ⟨*Bot*⟩ melata *f.* **2** (*kind of bacco*) tabacco *m* conciato con melassa.

neydew melon *s.* tipo di melone.

---

honeyed ['hʌnid] *a.* **1** melato, addolcito con miele: *~ drinks* bevande melate. **2** ⟨*fig*⟩ (*sweet–sounding*) dolce (come miele), melato; (*mellifluous*) mellifluo, melato: *~ tone* tono mellifuo.

honeymoon ['hʌnimu:n] **I** *s.* viaggio *m* di nozze, luna *f* di miele. **II** *v.i.* andare in luna di miele, passare la luna di miele (*in* a, in).

honey| sac, ~ stomach *s.* ⟨*Entom*⟩ borsa *f* melaria.

honeysuckle ['hʌnisʌkl] *s.* ⟨*Bot*⟩ caprifoglio *m,* abbracciaboschi *m.*

honey|-sweet *a.* melato, dolce come il miele. **~ yellow** *s.* color *m* miele.

Hong Kong [hɔŋ'kɔŋ] *N.pr.* ⟨*Geog*⟩ Hong Kong *f.* **Hong Kong flu** *s.* asiatica *f.*

honied *a.* → **honeyed.**

honk [hɔŋk] **I** *s.* **1** grido *m* (*o* richiamo) dell'anitra selvatica. **2** ⟨*fig*⟩ suono *m* (*o* colpo) di clacson. **II** *v.i.* **1** (*of a goose*) lanciare il grido (*o* richiamo). **2** ⟨*fig*⟩ sonare il clacson, dare un colpo di clacson. **III** *v.t.* (*of a car horn*) sonare.

honkie, honky *am.* ['hɔŋki:] *s.* ⟨*spreg*⟩ bianco *m* (*f* –a).

honor, honorable *am. e der.* → **honour, honourable** *e der.*

honorable discharge *am.* ['ɔnərəbl] *s.* ⟨*Mil*⟩ congedo *m* (con onore).

honorarium [ɔnə'reəriəm] *s.* (*pl.* -s [z]/-ria [riə]) onorario *m,* emolumento *m,* compenso *m.*

honorary ['ɔnərəri] *a.* **1** onorifico: *~ title* titolo onorifico. **2** (*holding a title or office without payment*) onorario: *~ president* presidente onorario; (*of a post*) onorifico, senza retribuzione. **3** (*of an obligation*) d'onore.

honorary| degree *s.* ⟨*Univ*⟩ laurea *f* ad honorem. **~ office** *s.* carica *f* onoraria.

honorific [ɔnə'rifik] **I** *a.* **1** onorifico. **2** ⟨*Gramm*⟩ di cortesia. **II** *s.* **1** titolo *m* onorifico. **2** ⟨*Gramm*⟩ forma *f* di cortesia.

honor| roll *am.* *s.* **1** ⟨*Scol*⟩ albo *m* d'onore. **2** ⟨*Mil*⟩ lapide *f* in memoria dei caduti. **~ society** *am.* *s.* ⟨*Univ,Scol*⟩ associazione *f* dei migliori studenti.

honour ['ɔnə] ·**I** *s.* **1** onore *m,* (buona) reputazione *f,* onorabilità *f: to win ~ in war* farsi onore in guerra; (*of a woman*) onore *m.* **2** (*integrity*) onore *m,* onestà *f,* integrità *f: a man of ~* un uomo d'onore. **3** (*glory, credit*) onore *m,* gloria *f,* fama *f,* vanto *m: he is an ~ to his country* fa onore al suo paese. **4** (*respect*) rispetto *m,* stima *f,* deferenza *f,* ossequio *m.* **5** (*privilege*) onore *m,* privilegio *m: I have the ~ to inform you* ho l'onore d'informarla. **6** (*decoration*) onorificenza *f,* decorazione *f.* **7** *pl.* ⟨*Univ*⟩ (*academic distinction*) lode *f: to pass an examination with –s* superare un esame con la lode. **8** *pl.* ⟨*Univ*⟩ → **honours degree. 9** *pl.* ⟨*am.Univ*⟩ (*course*) corsi *mpl* che preparano a una laurea con lode. **10** *pl.* (*social courtesies*) onori *mpl* di casa: *to do the –s* fare gli onori di casa. **11** (*honour card: in whist*) atout *m.* **12** *pl.* (*in bridge*) onori *mpl.* **13** *pl.* ⟨*Mil*⟩ onori *mpl.* **Honour** *s.* (*as a title*) Onore *m: your ~* Vostro Onore. **II** *v.t.* **1** onorare, rispettare, stimare. **2** (*to confer a distinction on*) conferire un'onorificenza a. **3** (*to confer honour on*) onorare, fare onore a: *to ~ s.o. with a visit* onorare qd. della propria visita. **4** (*to be a credit to*) fare onore a, onorare, essere un vanto per. **5** (*to fulfil*) rispettare, onorare, adempiere: *to ~ a contract* rispettare un contratto. **6** ⟨*Comm*⟩ onorare, pagare, fare onore a: *to ~ a bill* onorare una cambiale. □ *an affair of ~* una questione d'onore; *to be awarded an ~ for valour* essere decorato al valore; *~ bound* moralmente obbligato; ⟨*fam*⟩ *~ bright = on my honour; ~ to whom ~ is due* onore al merito; *to feel –ed by s.th.* sentirsi onorato di (*o* per) qc.; *in ~* in coscienza, moralmente; *the last –s* gli estremi onori; *on my ~* sul mio onore, parola d'onore; *to be on one's ~ to do s.th.* avere dato la propria parola (d'onore) di fare qc.; *to ~ s.o. with a peerage* conferire un titolo nobiliare a qd.; *point of ~* punto *m* d'onore, questione *f* d'onore; *to ~ one's promise* fare onore alla propria parola; *to put s.o. on his ~* contare sulla parola di qd.; *~ is satisfied* l'onore è salvo; *peace with ~* pace *f* onorevole; *to give one's word of ~* dare la propria parola d'onore. *Prov.: there is ~ among thieves* in casa di ladri non ci si ruba.

honourable ['ɔnərəbl] *a.* **1** giusto, d'onore, onesto, retto, onorato: *an ~ man* un uomo giusto (*o* d'onore). **2** (*conferring honour*) onorevole, che fa onore: *an ~ peace* una pace onorevole. **3** (*worthy of honour*) onorabile, degno d'onore. **Honourable** *a.* (*as a title*) onorevole. □ ⟨*Parl*⟩ *my ~ friend* il mio onorevole collega; ⟨*Parl*⟩ *the Right ~ member for Huyton* il mio onorevole deputato della circoscrizione di Huyton. **honourableness** [–nis] *s.* **1** onorabilità *f.* **2** (*uprightness*) probità *f.*, rettitudine *f.* **honourably** [–i] *avv.* onorabilmente, con onore, onorevolmente.

honours| degree *s.* ⟨*Univ*⟩ laurea *f* con lode. **~ list** *s.* **1** ⟨*GB*⟩ lista *f* delle onorificenze conferite dal sovrano. **2** ⟨*Scol*⟩ albo *m* d'onore.

Hons. = ⟨*Univ*⟩ *Honours* lode.

Hon. Sec. = *Honorary Secretary* segretario onorario.

hooch *am.* [hu:tʃ] *s.* ⟨*sl*⟩ **1** liquore *m.* **2** (*illicit liquor*) liquore *m* distillato clandestinamente. **3** ⟨*sl*⟩ (*marijuana*) marijuana *f.*

hood¹ [hud] **I** *s.* **1** ⟨*Vest*⟩ cappuccio *m.* **2** ⟨*Univ*⟩ cappuccio *m* della toga. **3** ⟨*Aut,Aer*⟩ capote *f*, cappotta *f.* **4** (*of a perambulator*) soffietto *m;* (*of a carriage*) telone *m.* **5** (*of a stove, etc.*) cappa *f.* **6** ⟨*Fot*⟩ paraluce *m.* **7** ⟨*am.Aut*⟩ (*bonnet*) cofano *m.* **II** *v.t.* **1** incappucciare. **2** ⟨*fig*⟩ (*of the eyes*) socchiudere. **3** ⟨*fig*⟩ (*to hide*) nascondere, celare.

hood² *am.* [hud, hu:d] (*accorc. di hoodlum*) *s.* ⟨*sl*⟩ teppista *m.*

hooded ['hudid] *a.* **1** incappucciato, col cappuccio: *a ~ monk* un monaco incappucciato. **2** (*hood-shaped*) a (forma di) cappuccio. **3** ⟨*Zool*⟩ cappelluto, crestato. **4** ⟨*fig*⟩ (*of the eyes*) socchiusi.

hooded| crow *s.* ⟨*Ornit*⟩ cornacchia *f* bigia. **~ seal** *s.* ⟨*Zool*⟩ cistofora *f* crestata. **~ snake** *s.* ⟨*Zool*⟩ cobra *m* ⸢dal cappello⸣ (*o* dagli occhiali).

hoodlum *am.* ['hu:dləm] *s.* ⟨*sl*⟩ **1** (*hooligan*) teppista *m.* **2** (*gangster*) bandito *m*, malvivente *m.*

hoodoo ['hu:du:] **I** *s.* **1** menagramo *m*, iettatore *m* (*f* –trice). **2** (*bad luck*) sfortuna *f*, scalogna *f*, iettatura *f.* **3** (*voodoo*) voodoo *m.* **II** *v.t.* **1** portare sfortuna (*o* scalogna) a. **2** (*to cast a spell on*) gettare un maleficio (*o* il malocchio) su.

hoodwink ['hudwiŋk] *v.t.* **1** (*of a horse*) mettere il paraocchi a. **2** ⟨*fam*⟩ (*to trick, deceive*) imbrogliare, raggirare, ⟨*fam*⟩ infinocchiare.

hooey *am.* ['hu:i] ⟨*fam*⟩ **I** *intz.* sciocchezze, ⟨*fam*⟩ balle. **II** *s.* frottola *f*, fandonia *f*, sciocchezza *f*, ⟨*fam*⟩ balla *f.*

hoof [hu:f] **I** *s.* (*pl.* **-s** [s]/**hooves** [hu:vz]) **1** ⟨*Zool*⟩ zoccolo *m*, ungula *f.* **2** ⟨*scherz*⟩ (*human foot*) piede *m*, ⟨*scherz*⟩ zampa *f.* **II** *v.i.* ⟨*fam*⟩ **1** camminare, andare a piedi. **2** (*to dance*) ballare. **III** *v.t.* **1** percorrere (a piedi). **2** (*to trample*) pestare, calpestare. **3** ⟨*fam*⟩ (general. con *out*) prendere a calci. □ ⟨*fam*⟩ *to ~ it* andare a piedi; *on the ~* (*of cattle*) vivo, non macellato. **hoofed** [–t] *a.* ⟨*Zool*⟩ con unghia a zoccolo.

hoof print *s.* impronta *f* (*o* pesta) di zoccolo.

hoo-ha ['hu:ha:] *s.* ⟨*fam*⟩ **1** chiasso *m*, baccano *m.* **2** (*quarrel*) lite *f*, alterco *m.* **3** (*fuss*) baraonda *f*, trambusto *m*, confusione *f.*

hook¹ [huk] *s.* **1** gancio *m*, uncino *m.* **2** ⟨*Pesc*⟩ (*fish hook*) amo *m.* **3** ⟨*Vest*⟩ gancio *m*, uncinetto *m*, gancetto *m*, uncinello *m.* **4** (*cutting instrument*) roncola *f*, pennato *m*, falcetto *m.* **5** ⟨*fig*⟩ (*trap*) tranello *m*, trappola *f.* **6** ⟨*Geog*⟩ (*curvy spot*) lingua *f* di terra arcuata; (*sharp bend of a river*) gomito *m*, ansa *f.* **7** ⟨*Sport*⟩ (*in golf, etc.*) tiro *m* a gancio; (*in boxing*) gancio *m*, uncino *m*, hook *m.* **8** ⟨*Mus*⟩ uncino *m* della nota. **9** ⟨*Lav.femm*⟩ uncinetto *m*, crochet *m.* **10** ⟨*Mar*⟩ (*breast hook*) gola *f*, ghirlanda *f.* □ *by ~ or (by)* **crook** a ogni costo, di riffa o di raffa; ⟨*Vest*⟩ *~ and* **eye** allacciatura *f* a gancio; ⟨*fam*⟩ *to get the ~* essere licenziato; ⟨*fam*⟩ *~,* **line** *and* **sinker** completamente, (del) tutto: *he swallowed the story ~, line and sinker* l'ha bevuta tutta; ⟨*fam*⟩ *off the ~* fuori dai guai; ⟨*fam*⟩ *to drop* (*o slip*) *off the –s* morire, ⟨*volg*⟩ tirare le cuoia; ⟨*fam*⟩ *to go off the –s* diventare matto; ⟨*fam*⟩ *on one's* **own** *~* di propria iniziativa; (*independently*) per proprio conto;

⟨*sl*⟩ *to* **sling** *one's ~* andarsene, battere (*o* alzare) tacco.

hook² **I** *v.t.* **1** agganciare. **2** ⟨*Pesc*⟩ prendere all'amo. **3** *catch as if with a hook*) pescare, accalappiare: *to ~ husband* accalappiare un marito. **4** ⟨*fam*⟩ (*to entr◌* imbrogliare, gabbare, ⟨*fam*⟩ infinocchiare. **5** (*to catch h of with a hook*) agganciare, uncinare. **6** (*to crook*) curv◌ (*o* piegare) a uncino, uncinare. **7** ⟨*Sport*⟩ (*in rug* tallonare; (*in soccer*) uncinare; (*in boxing*) sferrare gancio a, colpire con un gancio. **8** ⟨*am.fam*⟩ (*to ste* rubare. **II** *v.i.* **1** agganciarsi: *the dress –s at the back* vestito si aggancia di dietro. **2** (*to curve or bend lik◌ hook*) assumere la forma di un uncino. **3** ⟨*Sport*⟩ (*o◌ player*) uncinare il pallone. **4** ⟨*Sport*⟩ (*in boxing*) sferr◌ un gancio. □ ⟨*fam*⟩ *to ~ it* tagliare la corda, darsel◌ gambe; *to ~ on to:* 1 essere agganciato a; 2 ⟨*fam*⟩ *attach o.s. to*) attaccarsi alle calcagna di; *to ~ up:* 1 (*◌ wireless, etc.*) allacciare, collegare; 2 (*to fasten with hook*) agganciare.

hooka(h) ['hukə] *s.* pipa *f* ad acqua, narghilè *m.*

hook|-beaked, ~-billed *a.* ⟨*Ornit*⟩ dal becco adunco.

hooked [hukt] *a.* **1** ricurvo, a uncino, a gancio; (*of a no* adunco, aquilino; (*of a beak*) adunco. **2** (*having hoo* con (*o* provvisto di) ganci. **3** (*made with a hook*) lavor◌ (*o* fatto) all'uncinetto. **4** ⟨*sl*⟩ (*addicted to narcotics*) affe◌ da tossicomania. **5** (*obsessed*) fanatico, che ha il pall◌ (*on di*). **6** ⟨*fam*⟩ (*married*) sposato.

hooker¹ ['hukə] *s.* **1** ⟨*sl*⟩ (*thief, pickpocket*) ladro borsaiolo *m.* **2** ⟨*sl*⟩ (*prostitute*) prostituta *f*, ⟨*volg*⟩ zocc◌ *f.* **3** ⟨*Sport*⟩ (*in rugby*) tallonatore *m.* **4** ⟨*Minier*⟩ oper◌ *m* che aggancia i vagoni. **5** ⟨*Mecc*⟩ agganciatore *m.*

hooker² *s.* ⟨*Mar*⟩ **1** (*two-masted Dutch boat*) nav◌ (olandese) a due alberi. **2** (*one-masted fishing b◌* peschereccio *m* a un albero.

hookey → hooky.

hook|-nosed *a.* dal naso adunco (*o* aquilino). **~ span◌** *s.* ⟨*Mecc*⟩ chiave *f* a gancio (*o* falce). **~up** *s.* ⟨*Rad,T* gruppo *m* degli allacciamenti e dei circuiti; (*diagra* schema *m* di montaggio. **~worm** *s.* ⟨*Zo* anchilostomatide *m.*

hooky *am.* ['huki] ⟨*fam*⟩ *to play ~:* 1 marinare la scu◌ 2 (*to shirk responsibility*) tirarsi indietro di fronte ◌ responsabilità.

hooligan ['hu:ligən] **I** *s.* teppista *m.* **II** *a.* teppist◌ **hooliganism** [–izəm] *s.* teppismo *m.*

hoop¹ [hu:p] **I** *s.* **1** cerchio *m*, cerchione *m;* (*for a bar etc.*) cerchio *m.* **2** (*child's toy*) cerchio *m.* **3** ⟨*fig*⟩ cerc◌ *m.* **4** ⟨*Mod*⟩ → **hoop skirt. 5** ⟨*Sport*⟩ (*in croqu◌* archetto *m.* **6** ⟨*Lav.femm*⟩ (*in embroidery*) cerchio *m* telaio. **II** *v.t.* **1** (*of a barrel*) cerchiare. **2** ⟨*◌* accerchiare, circondare. □ ⟨*fam*⟩ *to go* (*o be put*) *thro◌ the ~* (*o –s*) passarsela male; *to trundle a ~* giocare cerchio.

hoop² **I** *s.* urlo *m*, grido *m.* **II** *v.i.* urlare, gridare.

hooping cough ['hu:piŋ] *s.* ⟨*Med*⟩ pertosse *f*, toss◌ convulsa.

hoop iron *s.* ⟨*Met*⟩ moietta *f*, reggetta *f.*

hoopla ['hu:pla:] *s.* **1** (*game*) tiro *m* a segno coi cerchi◌ **2** ⟨*fam*⟩ (*bustling excitement*) confusione *f*, andirivieni trambusto *m.*

hoopoe ['hu:pu:] *s.* ⟨*Ornit*⟩ upupa *f*, galletto *m* di marz◌ bosco).

hoop skirt *s.* ⟨*Mod*⟩ **1** gonna *f* a crinolina. **2** (*undersk* crinolina *f.*

hoorah, hooray [hu'rei] **I** *intz.* hurrà, evviva. **II** gridare urrà (*o* evviva), acclamare. **III** *s.* urrà *m*, evviva acclamazione *f.*

hoot¹ [hu:t] *s.* **1** (*of an owl*) grido *m.* **2** (*disapprov◌ sound*) fischiata *f;* (*shout*) urlo *m*, grido *m.* **3** (*of a ho* colpo *m* di clacson; (*of a whistle*) fischio *m.* **4** ⟨*fam*⟩ (*◌ very amusing*) cosa *f* divertentissima, spasso *m.* □ ⟨*fam I don't care* (*o give*) ⸢*a ~*⸣ (*o two hoots*) non me importa niente (*o* un fico); *it's not worth two –s* non ◌ un soldo; ⟨*fam*⟩ *it's a ~* è da scoppiare dalle risa.

hoot² **I** *v.i.* **1** (*of an owl*) gridare. **2** (*of a horn*) sonare◌ *a whistle*) fischiare. **3** (*to shout in disapproval, etc.*) url◌ gridare. **4** ⟨*fam*⟩ (*to laugh loudly*) ridere sguaiatame◌

‖ *v.t.* subissare di urli (e fischi), fischiare. □ *to ~ at a* *peaker* fischiare un oratore; *to ~ s.o.* **down** zittire qd.; *to* *an actor* **off** *the stage* far uscire un attore dalla scena on urli e fischi.

oter ['hu:tə] *s.* **1** ⟨*Aut*⟩ clacson *m,* tromba *f.* **2** ⟨*Ind*⟩ *iren*⟩ sirena *f.*

ot owl *s.* ⟨*pop*⟩ civetta *f,* gufo *m.*

ots *scozz.* [hu:ts] *intz.* **1** (*in impatience*) uffa. **2** (*in* *isapproval*) uh.

ove [hu:v] *s.* ⟨*Veter*⟩ meteorismo *m.*

oved [hu:vd] *a.* → **hoofed.**

·over ['hu:və] **I** *s.* aspirapolvere *m.* **II** *v.t.* pulire con aspirapolvere.

p[1] [hɔp] *v.* (*pret., p.p.* **hopped** [–t]) **I** *v.i.* **1** saltellare su na gamba. **2** (*to leap, jump*) saltare, saltellare, alterellare; (*of birds, animals*) saltellare. **3** (*to move uickly*) balzare: *she –ped out of bed* balzò fuori dal letto. (*to make a short flight*) fare un breve volo. **5** ⟨*fam*⟩ (*of n aeroplane;* spesso con *off*) decollare, partire. **6** ⟨*fam*⟩ *o dance*) ballare, fare quattro salti. **II** *v.t.* **1** (*to jump ver*) saltare. **2** ⟨*am.fam*⟩ (*of a vehicle: to jump into*) altare su, salire su. **3** (*to cross by air*) attraversare in olo. □ ⟨*fam*⟩ *to ~* **it** (o *off*) andarsene, togliersi dai iedi; ⟨*fam*⟩ *~ it!* vattene!, ⟨*fam*⟩ fila!; *to ~ over to Paris or the day* fare un volo a Parigi per un giorno; *he –ped ver to the butcher's* fece un salto (o una scappata) dal acellaio; ⟨*fam*⟩ *to ~ a* **ride** ottenere un passaggio (in acchina); ⟨*sl*⟩ *to ~ the* **twig:** 1 sfuggire ai creditori; 2 (*to ie*) morire.

p[2] *s.* **1** salto *m,* balzo *m.* **2** (*jump, leap*) salto *m,* saltello *,* salterello *m.* **3** ⟨*fam*⟩ (*informal dance*) quattro salti *pl.* **4** ⟨*Aer*⟩ tappa *f* (di un volo). **5** ⟨*fam*⟩ (*short trip*) cappata *f,* salto *m.* □ *on the ~:* 1 (*in the act*) in agrante; 2 ⟨*fam*⟩ (*unprepared*) alla sprovvista, npreparato; *to be on the ~* essere attivo (o infaticabile), ssere sempre in moto; ⟨*Sport*⟩ *~, step* (o *skip*) *and jump* alto triplo.

p[3] *s.* **1** ⟨*Bot*⟩ luppolo *m.* **2** *pl.* (*in brewing*) coni *mpl* di ppolo. **3** ⟨*sl*⟩ (*opium*) oppio *m.*

p[4] *v.* (*pret., p.p.* **hopped** [–t]) **I** *v.t.* aromatizzare con ppolo. **II** *v.i.* **1** raccogliere luppolo. **2** (*to grow hops*) oltivare il luppolo. □ *to ~* **up:** 1 ⟨*Aut*⟩ aumentare la otenza di, truccare; 2 ⟨*fam*⟩ (*to excite*) eccitare, agitare; ⟨*sl*⟩ (*to drug*) drogare, oppiare.

p‖ bind, ~ bine *s.* stelo *m* del luppolo.

pe [houp] **I** *s.* speranza *f: to give up ~* perdere la peranza; (*trust*) speranza *f* (fiduciosa), fede *f.* **II** *v.t.* perare: *I ~ to see you again soon* spero di rivederti resto. **III** *v.i.* aspettare (*for s.th.* qc.), sperare (in). □ *to* **against ~** sperare fino all'ultimo; **beyond** *all ~* oltre gni speranza; *to* **have** *–s of doing s.th.* sperare di poter are qc.; ⟨*epist*⟩ *hoping to* **hear** *from you soon* nella peranza di una sollecita risposta; *to live in ~ of better mes* vivere sperando in tempi migliori, accarezzare la peranza di tempi migliori; *there is* **little** *~ that he will ecover* c'è ben poca speranza che guarisca; *I ~* **not** spero o mi auguro) di no; *past all ~* **beyond** *all hope; to* **aise** *s.o.'s –s* suscitare le speranze di qd.; *to* **set** *one's ~* n riporre le proprie speranze in; *I ~* **so** spero (o mi uguro) di sì; **strong** *–s* buone speranze; ⟨*iron*⟩ *what a ~* ella speranza! *Prov.: while there's life, there's ~* finché c'è ita c'è speranza, la speranza è l'ultima a morire.

pe chest *am. s.* cassa *f* del corredo.

peful ['houpfəl] **I** *a.* **1** speranzoso, fiducioso, pieno di peranza. **2** (*giving rise to hope*) promettente, che dà peranza. **3** (*promising*) promettente, che promette bene: *writer* uno scrittore promettente. **II** *s.* speranza *f,* romessa *f.* □ *to be very ~* avere fondate speranze; *to be* *of s.th.* confidare (o sperare) in qc.; *a young ~* un ovane di belle speranze. **hopefully** [–i] *avv.* con peranza, fiduciosamente. **hopefulness** [–nis] *s.* buona peranza *f,* fiducia *f.*

peless ['houplis] *a.* **1** disperato, senza (o privo di) peranza: *a ~ situation* una situazione disperata. **2** *impossible*) impossibile, irrealizzabile, insolubile: *a ~ task* n compito impossibile. **3** ⟨*fam*⟩ (*incapable*) incapace, npossibile: *a ~ singer* un cantante incapace. **hopelessly**

[–li] *avv.* disperatamente. **hopelessness** [–nis] *s.* disperazione *f.*

hoplite ['hɔplait] *s.* ⟨*Stor.gr*⟩ oplita *m,* oplite *m.*

'hop-o'-my-thumb *s.* persona *f* piccolissima, nano *m* (*f* –a), pigmeo *m* (*f* –a).

hopper[1] ['hɔpə] *s.* **1** saltatore *m* (*f* –trice). **2** ⟨*Agr,Minier*⟩ tramoggia *f.* **3** (*of a water closet*) cassetta *f* di cacciata; (*tank*) serbatoio *m.* **4** ⟨*Mar*⟩ tipo di chiatta. **5** ⟨*Fot*⟩ pennello *m* per inchiostro litografico.

hopper[2] *s.* → **hop picker.**

hopper‖ car *am. s.* ⟨*Ferr*⟩ carro *m* tramoggia. **~** **casement, ~ light, ~ window** *s.* vasistas *m.*

hop-picker *s.* ⟨*Agr*⟩ raccoglitore *m* (*f* –trice) di luppolo.

hopping ['hɔpiŋ] *a.* che lavora sodo. □ ⟨*fam*⟩ *~ mad* furioso, fuori di sé.

hopple ['hɔpl] **I** *v.t.* ⟨*Zootecn*⟩ impastoiare. **II** *s.* pastoia *f.*

hopscotch ['hɔpskɔtʃ] *s.* (*child's game*) gioco *m* della campana, campana *f.*

Horace ['hɔrəs] *N.pr.* Orazio *m.*

horary ['hɔ:rəri] *a.* ⟨*rar*⟩ **1** orario. **2** (*hourly*) (di) ogni ora.

Horatian [hɔ'reiʃən] *a.* ⟨*Lett*⟩ oraziano, di (o del poeta) Orazio.

horde [hɔ:d] *s.* **1** (*of insects, animals*) sciame *m,* stormo *m,* torma *f.* **2** (*of people*) torma *f,* orda *f.* **3** *pl.* (*multitude*) frotta *f,* stuolo *m,* schiera *f,* massa *f.* **4** ⟨*Etnol*⟩ orda *f.*

horehound ['hɔ:haund] *s.* ⟨*Bot*⟩ marrubio *m.*

horizon [hə'raizən] *s.* orizzonte *m* (*anche Astr.,fig.*): *the –s of science* gli orizzonti della scienza. □ *on the ~* all'orizzonte (*anche fig.*). **horizon line** *s.* ⟨*Geom*⟩ linea *f* d'orizzonte.

horizontal [,hɔri'zɔntl] **I** *a.* **1** ⟨*Geom*⟩ orizzontale. **2** (*flat, level*) (in posizione) orizzontale. **3** ⟨*fig*⟩ generale, globale. **4** (*relating to the horizon*) dell'orizzonte. **II** *s.* → **horizontal line.**

horizontal‖ bar *s.* ⟨*Ginn*⟩ sbarra *f* orizzontale. **~ circle** *s.* ⟨*Ott*⟩ cerchio *m* azimutale. **~ integration** *s.* ⟨*Econ*⟩ integrazione *f* orizzontale.

horizontality [,hɔrizən'tæliti] *s.* orizzontalità *f,* posizione *f* orizzontale.

horizontal‖ line *s.* linea *f* orizzontale, orizzontale *f.* **~** **rudder** *s.* ⟨*Aer*⟩ timone *m* di profondità (o quota). **~** **scrolling** *s.* ⟨*Inform*⟩ scorrimento *m* orizzontale. **~** **union** *am. s.* sindacato *m* orizzontale.

hormonal [hɔ:'mounl] *a.* ormonale, ormonico. **'hormone** [–moun] *s.* ⟨*Fisiol*⟩ ormone *m.* □ ⟨*Med*⟩ *~ unbalance* squilibrio *m* ormonale. **hormonic** [–nik] *a.* → **hormonal.**

Hormuz [hɔ'mu:z] *N.pr.* ⟨*Geog*⟩ Hormuz *m: Strait of ~* Stretto di Hormuz.

horn[1] [hɔ:n] **I** *s.* **1** corno *m* (*anche Zool.,Astr.*): *an ox's –s* le corna del bue. **2** ⟨*Entom*⟩ antenna *f.* **3** ⟨*Mus*⟩ corno *m;* (*hunting horn*) corno *m* da caccia. **4** ⟨*fam*⟩ (*trumpet*) tromba *f.* **5** (*hooter, klaxon, etc.*) tromba *f,* clacson *m.* **6** ⟨*Geog*⟩ capo *m,* promontorio *m;* (*sharp peak*) corno *m,* vetta *f* appuntita. **7** ⟨*sl*⟩ telefono *m.* **Horn** *N.pr.* ⟨*Geog*⟩ Capo *m* Horn. **II** *a.* corneo, di corno. □ ⟨*Geog*⟩ *the ~ of* **Africa** il corno d'Africa; *to be* **on** (o **between**) *the –s of a* **dilemma** essere costretto a scegliere tra due alternative spiacevoli; ⟨*fam*⟩ *to* **make** *–s at s.o.* fare (o mostrare) le corna a qd.; *~ of* **plenty** corno *m* dell'abbondanza, cornucopia *f;* ⟨*Aut*⟩ *to* **sound** *one's ~* sonare il clacson; ⟨*rar*⟩ *to* **wear** *the –s* essere (un) cornuto.

horn[2] *v.t.* **1** incornare, colpire (o ferire) con le corna, dare cornate a. **2** ⟨*Mar*⟩ sistemare perpendicolarmente alla chiglia. □ ⟨*fam*⟩ *to ~* **in** interferire, intromettersi, ⟨*fam*⟩ ficcare il naso (*on* in).

horn‖beam *s.* ⟨*Bot*⟩ carpine *m,* carpino *m.* **~bill** *s.* ⟨*Ornit*⟩ bucerotide *m.*

hornblende ['hɔ:nblend] *s.* ⟨*Min*⟩ orneblenda *f.*

hornbook ['hɔ:nbuk] *s.* ⟨*Stor*⟩ antico abbecedario *m.*

horned [hɔ:nd] *a.* **1** cornuto, provvisto di corna. **2** (*horn-shaped*) (che termina) a forma di corno, cornuto. **3** (*crescent-shaped*) a mezzaluna.

horned‖ adder *s.* → **horned viper. ~ owl** *s.* ⟨*Ornit*⟩ chiù *m,* chiò *m.* **~ toad** *s.* ⟨*Zool*⟩ frinosoma *m.* **~ viper** *s.*

⟨*Zool*⟩ aspide *m* cornuto.
hornet ['hɔːnit] *s.* ⟨*Entom*⟩ calabrone *m.* ☐ ⟨*fig*⟩ *to stir up a –s' nest* suscitare (*o* stuzzicare) un vespaio.
horn| pipe *s.* 1 ⟨*Mus*⟩ piva *f* di corno, hornpipe *f.* 2 (*dance*) piva *f.* ~ **plate** *s.* ⟨*Ferr*⟩ parasale *m.* ~ **player** *s.* cornista *m*, sonatore *m* di corno. **~rims** *s.pl.* ⟨*fam*⟩ (*horn-rimmed spectacles*) occhiali *mpl* con montatura in corno.
horny ['hɔːni] *a.* 1 corneo, di corno. 2 (*of skin*) calloso, indurito, incallito. 3 (*having horns*) cornuto. 4 ⟨*volg*⟩ (*lascivious*) lascivo. 5 ⟨*Anat*⟩ corneo.
'horny-'handed *a.* dalle mani callose.
horologe ['hɔrələdʒ] *s.* 1 orologio *m.* 2 (*sundial*) meridiana *f.* **horologer** [hɔ'rɔlədʒə] *s.* → **horologist.** **,horo'logic** [–ik], **,horo'logical** [–ikəl] *a.* dell'orologeria. **horologist** [–'rɔlədʒist] *s.* orologiaio *m* (*f* –a). **horology** [hɔ'rɔlədʒi] *s.* orologeria *f.*
horoscope ['hɔrəskoup] *s.* oroscopo *m: to cast a* ~ trarre l'oroscopo. **horoscopic** [–'skɔpik] *a.* dell'oroscopo. **horoscopy** [–'rɔskəpi] *s.* oroscopia *f.*
horrendous [hɔ'rendəs] *a.* ⟨*fam*⟩ orrendo, orribile, spaventoso.
horrent ['hɔrənt] *a.* ⟨*rar*⟩ irto.
horrible ['hɔrəbl] *a.* 1 orribile, orrendo, spaventoso; (*monstrous*) efferato, orribile, mostruoso. 2 ⟨*fam*⟩ (*unpleasant*) bruttissimo, orribile, orrendo. **horribleness** [–nis] *s.* l'essere orribile (*o* spaventoso). **horrid** ['hɔrid] *a.* 1 orrido, orribile, orrendo. 2 ⟨*fam*⟩ (*disagreeable*) sgradevole, antipatico; (*very bad*) pessimo, orribile, bruttissimo, cattivo. **horridness** [–nis] *s.* orridità *f,* orridezza *f.*
horrific [hɔ'rifik] *a.* orribile, raccapricciante, orripilante.
horrified ['hɔrifaid] *a.* inorridito, raccapricciato. **horrify** [–fai] *v.t.* 1 destare orrore a, atterrire, far inorridire (*o* raccapricciare). 2 (*to shock*) sconvolgere, turbare profondamente: *we were horrified by the news* fummo sconvolti dalla notizia.
horripilation [hɔ,ripi'leiʃən] *s.* ⟨*Med*⟩ orripilazione *f.*
horror ['hɔrə] *s.* 1 orrore *m*, raccapriccio *m.* 2 (*strong dislike, disgust*) orrore *m*, ribrezzo *m: to have a* ~ *of snakes* provare ribrezzo per i serpenti. 3 ⟨*fam*⟩ (*s.th. ugly, in bad taste*) orrore *m*, cosa *f* orribile: *her furniture is a* ~ i suoi mobili sono un orrore. 4 ⟨*fam*⟩ (*very unpleasant person*) persona *f* antipatica; (*of a child*) diavoletto *m*, peste *f.* 5 *pl.* depressione *f* con allucinazioni; (*delirium tremens*) delirium tremens *m*
horror| comic *s.* fumetto *m* dell'orrore. ~ **film** *s.* film *m* dell'orrore. **~-stricken, ~-struck** *a.* inorridito.
hors d'oeuvre *fr.* [ɔr'dœːvr] *s.* ⟨*Gastr*⟩ antipasto *m.*
horse [hɔːs] **I** *s.* 1 ⟨*Zool*⟩ cavallo *m.* 2 ⟨*Mil*⟩ (*cavalrymen; pl.inv.*) soldati *mpl* a cavallo, cavalieri *mpl*, cavalli *mpl: a thousand* ~ mille soldati a cavallo. 3 ⟨*Mil*⟩ (*cavalry; pl.inv.*) cavalleria *f.* 4 ⟨*Ginn*⟩ cavallo *m.* 5 (*frame supporting s.th., trestle*) cavalletto *m*, sostegno *m*, trespolo *m.* 6 ⟨*Fal*⟩ cavalletto *m.* 7 ⟨*Minier,Geol*⟩ ammasso *m* sterile. 8 ⟨*am.scol*⟩ traduttore *m*, bigino *m.* 9 ⟨*sl*⟩ (*heroin*) eroina *f.* **II** *a.* 1 equino, cavallino. 2 ⟨*Mil*⟩ (*hauled by a horse*) ippotrainato: ~ *artillery* artiglieria ippotrainata. 3 (*mounted on horse*) a cavallo. **III** *v.t.* 1 provvedere di cavallo; (*of a vehicle*) attaccare i cavalli a. 2 (*to put on horseback*) far salire in groppa, mettere a cavallo. 3 (*to carry on one's back*) portare ˈin groppaˈ (*o* a cavalluccio). **IV** *v.i.* 1 cavalcare, andare a cavallo. 2 ⟨*fam*⟩ (*to behave playfully;* general. con *around*) scherzare. ☐ ⟨*fig*⟩ *to back the wrong* ~ puntare sul cavallo perdente; ⟨*fig*⟩ *that's a* ~ *of another* (*o* a *different*) **colour** è un altro paio di maniche; ⟨*fam*⟩ *to eat like a* ~ mangiare come un lupo; ⟨*fig*⟩ *to* ˈride theˈ (*o get on one's*) **high** ~ darsi grandi arie; ⟨*fam*⟩ *to come off one's high* ~ sgonfiarsi, perdere la boria; ⟨*fam*⟩ **hold** *your –s!* calma!, non aver fretta!; *to* **mount** *a* ~ montare a cavallo; ⟨*fam*⟩ *to have s.th. straight from the* ~*'s* **mouth** sapere qc. da fonte sicura; *to* **ride** *a* ~ cavalcare; ⟨*Mil*⟩ **to** ~*!* a cavallo!; *to* **work** *like a* ~ lavorare come un mulo (*o* negro). *Prov.: never look a gift* ~ *in the* **mouth** a caval donato non si guarda in bocca; *you may lead a* ~ *to* **water** *but you cannot make him* **drink** si può condurre il cavallo a fiume, ma non lo si può costringere a bere.

horseback ['hɔːsbæk] **I** *s.* groppa *f,* dorso *m* del caval **II** *avv.* a cavallo. ☐ *on* ~ a cavallo; *to ride on* cavalcare.
horse| blanket *s.* → **horsecloth.** ~ **block** *s.* montat *m.* **~box** *s.* carro *m* per il trasporto di cavalli. ~ **bra** *s.* ornamento *m* d'ottone per finimenti. ~ **breaker** scozzonatore *m* (*f* –trice). **~breeding** *s.* allevamento *m* cavalli. **~chestnut** *s.* 1 ⟨*Bot*⟩ castagno *m* d'Inc ippocastano *m.* 2 (*nut*) castagna *f* d'India. **~cloth** coperta *f* da cavallo. ~ **collar** *s.* collare *m.* ~ **dealer** commerciante *m* di cavalli, cavallaio *m.* ~ **doctor** ⟨*fam*⟩ veterinario *m.* **~-drawn** *a.* a cavalli. **~flesh** *s.* ⟨*Macell*⟩ carne *f* equina (*o* di cavallo). 2 ⟨*collett*⟩ ⟨*hors* cavalli *mpl.* **~fly** *s.* ⟨*Entom*⟩ 1 tafano *m.* 2 (*horse ti* mosca *f* cavallina. ~ **Guards** *s.pl.* 1 ⟨*Mil*⟩ guardie *fp* cavallo. 2 ⟨*GB*⟩ brigata *f* a cavallo. **~hair I** *s.* 1 crine di cavallo. 2 ⟨*Tess*⟩ crine *m.* **II** *a.* di crine: *a ~ mattr* un materasso di crine. **~hide** *s.* ⟨*Conc*⟩ pelle *f* (*o* cu *m*) di cavallo. ~ **latitudes** *s.pl.* ⟨*Geog*⟩ zona *f* d calme. ~ **laugh** *s.* sghignazzata *f.* ~ **leech** *s.* 1 ⟨*Zc* sanguisuga *f.* 2 ⟨*fig*⟩ persona *f* avida.
horseless carriage ['hɔːslis] *s.* ⟨*rar*⟩ automobile *f.*
horse| mackerel *s.* ⟨*Itt*⟩ 1 tonno *m.* 2 (*carangoid fi* pesce *m* cavallo. **~man** ['hɔːsmən] *s.irr.* cavallerizzo **~manship** *s.* 1 equitazione *f.* 2 (*manege*) maneggio **~-marine** *s.* ⟨*fig*⟩ pesce *m* fuor d'acqua. ☐ ⟨*fam*⟩ *that to the –s va'* a raccontarlo altrove, ⟨*fam*⟩ raccontal tua nonna. **~meat** *s.* ⟨*Gastr*⟩ carne *f* equina (*o* cavallo). ~ **opera** *s.* ⟨*fam*⟩ 1 ⟨*Cin,TV*⟩ western *m.* ⟨*Rad,Teat*⟩ commedia *f* western. **~play** *s.* scherzi *r* grossolani. **~-power** *s.* ⟨*Fis*⟩ cavallo–vapore *m.* ~ **ra** *s.* corsa *f* ippica (*o* di cavalli). ~ **racing** *s.* ippica **~radish** *s.* ⟨*Bot,Gastr*⟩ barbaforte *m.* ~ **sense** *s.* ⟨*fa* buon senso *m*, senso comune *m.*
horseshoe ['hɔːsʃuː] **I** *s.* ferro *m* di cavallo. **II** *a.* a fe di cavallo, a semicerchio. **horseshoer** [–ə] *s.* manisca *m.*
horse| show *s.* concorso *m* ippico. **~tail** *s.* 1 coda *f* cavallo. 2 ⟨*Bot*⟩ equiseto *m*, coda *f* ˈdi cavalloˈ cavallina). ~ **thief** *s.irr.* ladro *m* di cavalli. ~ **tick** ⟨*Entom*⟩ mosca *f* cavallina. ~ **trader** *s.* 1 commercia *m* di cavalli. 2 ⟨*fig*⟩ intrigante *m.* ~ **trading** *s.* commercio *m* di cavalli. 2 ⟨*fig*⟩ intrighi *mpl*, mane *mpl.* ~ **trough** *s.* mangiatoia *f.* **~whip I** *s.* frustino **II** *v.t.* frustare, sferzare. **~woman** *s.irr.* cavallerizza amazzone *f.*
horsiness ['hɔːsinis] *s.* passione *f* per i cavalli. **horsy** [– *a.* 1 cavallino, di (*o* da) cavallo. 2 (*interested in hors* ippofilo. 3 ⟨*fam*⟩ (*resembling a horse*) cavallino, cavallo.
hortative ['hɔːtətiv], **hortatory** [–tətəri] *a.* esortativo.
horticultural [,hɔːti'kʌltʃərəl] *a.* orticolo. **'horticult** [–ʃə] *s.* orticoltura *f.* **horticulturist** [–tʃərist] *s.* orticultore *m.*
hosanna [ho(u)'zænə] **I** *intz.* ⟨*Rel*⟩ osanna. **II** *s.* osar *m.*
hose [houz] **I** *s.inv.* 1 (*flexible tube; pl. inv./*'hoses [– tubo *m* (flessibile), budello *m* (di gomma), manichetta *f* ⟨*collett*⟩ calze *fpl*, calzini *mpl.* 3 ⟨*Stor*⟩ (*knee breecl* costr. pl.) calzoni *mpl* alla zuava; (*tights;* costr. calzamaglia *f.* **II** *v.t.* (spesso con *down*) annaffiare bagnare) con un tubo flessibile. ☐ *to* ~ *a fire* spegnere incendio con getti d'acqua.
hosier ['houʒə] *s.* commerciante *m* in maglieria. **hosic** [–ri] *s.* 1 maglieria *f,* indumenti *mpl* a maglia. 2 (*sh business*) maglieria *f.*
hospice ['hɔspis] *s.* ospizio *m*, ricovero *m.*
hospitable ['hɔspitəbl] *a.* 1 ospitale: ~ *family* famig ospitale. 2 (*receptive*) aperto, disponibile (*to* a): ~ *to r ideas* aperto a nuove idee.
hospital ['hɔspitl] *s.* 1 ospedale *m*, ⟨*lett*⟩ nosocomio *m* (*home for the aged, etc.*) ospizio *m*, ricovero *m.* ⟨*scherz*⟩ doll ~ ospedale *m* delle bambole; *to be admii to* ~ essere ricoverato in ospedale; *to walk the –s* f pratica ospedaliera.
hospital| bed *s.* letto *m* ospedaliero (*o* di degenza). **doctor** *s.* medico *m* ospedaliero. ~ **fee** *s.* retta *f*

egenza (in ospedale).
spitalism ['hɔspitlizəm] s. ⟨Med⟩ sindrome f osocomiale.
spitality [,hɔspi'tæliti] s. ospitalità f.
spitalization am. [,hɔspitəlai'zeiʃən] s. ⟨Med⟩ **1** spedalizzazione f, ricovero m in ospedale. **2** (period) egenza f ospedaliera. '**hospitalize** am. [–laiz] v.t. (far) coverare in ospedale, ospedalizzare.
spitaller ['hɔspitlə] s. frate m ospedaliero. **Hospitaller** s. ˹tor⟩ cavaliere m ospedaliero.
spital| nurse s. infermiera f (d'ospedale). **~ pavilion** padiglione m d'ospedale. **~ practitioner** s. → hospital ˹octor. **~ ship** s. ⟨Mil⟩ nave f ospedale. **~ staff** s. ˹ersonale m ospedaliero, ospedalieri mpl. **~ tariff** s. → ˹ospital fee. **~ train** s. ⟨Mil⟩ treno m ospedale (o ˹anitario). **~ ward** s. corsia f. **~ worker** s. ospedaliero ˹.
˹st[1] [houst] s. **1** ospite m, anfitrione m. **2** (innkeeper) ˹ste m, locandiere m. **3** ⟨Biol⟩ ospite m. □ ⟨fig⟩ to ˹eckon without one's ~ fare i conti senza l'oste.
˹st[2] s. **1** moltitudine f, miriade f, schiera f. **2** ⟨Bibl⟩ ˹ngeli e arcangeli mpl, legioni fpl celesti; (sun, moon and ˹tars) corpi mpl celesti. **3** ⟨poet⟩ (army) esercito m, ˹poet⟩ oste m/f. □ ⟨Bibl⟩ the Lord God of Hosts il Dio ˹egli eserciti; in –s a schiere, in gran quantità.
˹st[3], **Host** s. ⟨Lit⟩ ostia f, particola f.
˹stage ['hɔstidʒ] s. **1** ostaggio m. **2** ⟨rar⟩ (pledge) pegno ˹, garanzia f. □ –s to fortune persone care il cui ˹enessere è nelle mani della sorte.
˹st computer s. ⟨Inform⟩ distributore m.
˹stel ['hɔstəl] s. **1** (for students, young people) ostello m, ˹ensionato m. **2** ⟨Univ⟩ casa f dello studente. **3** (youth ˹ostel) ostello m, albergo m della gioventù. **4** ⟨ant⟩ (inn) ˹ocanda f, albergo m. **hosteller** [–ə] s. **1** ospite m/f di un ˹stello. **2** (youth hosteller) frequentatore m (f –trice) di ˹stelli. **hostelry** [–ri] s. ⟨poet⟩ locanda f, albergo m.
˹stess ['houstis] s. **1** ospite f, padrona f di casa. **2** ˹female innkeeper) locandiera f, ostessa f. **3** ⟨Aer⟩ (air ˹ostess) hostess f, assistente f di volo. **4** (in a restaurant) ˹irettrice f di sala. **5** (in a dance hall, night club) ˹ntraineuse f.
˹stess gown s. ⟨Vest⟩ abito m lungo.
˹stile ['hɔstail] a. **1** ostile, nemico: ~ territory territorio ˹emico. **2** (marked by antagonism) ostile, avverso: ~ ˹riticism critica ostile. **3** (not hospitable) inospitale.
˹stility [–'tiliti] s. **1** ostilità f, antagonismo m. **2** ˹enmity) ostilità f, inimicizia f. **3** pl. ⟨Mil⟩ ostilità fpl.
˹stler ['ɔslə] s. **1** stalliere m. **2** ⟨am.Ferr⟩ addetto m alle ˹ocomotive.
˹t[1] [hɔt] a./avv. (compar. **hotter** ['hɔtə], sup. **hottest** ['hotist]) **I** a. **1** (molto) caldo, caldissimo, rovente, ˹nfocato, cocente: a ~ stove una stufa rovente. **2** (of food) ˹iccante. **3** ⟨fig⟩ (fiery) ardente, focoso, caldo: a ~ ˹emper un temperamento focoso; (zealous) fervente, pieno ˹i zelo. **4** ⟨fig⟩ (violent) violento, impetuoso, veemente: ~ ˹words parole violente. **5** ⟨fig⟩ (lustful) lussurioso, ˹ibidinoso. **6** (of an animal) in calore. **7** ⟨fam⟩ (of news) ˹resco: news ~ from the press notizia fresca di stampa; ˹sensational) sensazionale; (scandalous) scandaloso. **8** ˹fam⟩ (of merchandise) di amercio. **9** ⟨fam⟩ (clever, ˹xpert) abile, esperto: to be ~ at doing s.th. essere abile ˹el fare qc. **10** ⟨fam⟩ (indecent) indecente, sconveniente. ˹1 (of a trail, scent) fresco, recente. **12** (of colours) ˹arico, intenso. **13** ⟨sl⟩ (stolen) rubato, che scotta. **14** ˹wanted by the police) ricercato. **15** ⟨sl⟩ (unsafe) insicuro, ˹ericoloso: the town was too ~ for him la città era troppo ˹ericolosa per lui. **16** ⟨Econ⟩ (of money) vagante: ~ ˹money capitali vaganti. **17** ⟨Atom⟩ radioattivo. **18** ⟨El⟩ ˹ttivo, sotto tensione. **II** avv. **1** caldo. **2** ⟨Met⟩ a caldo. ˹ to be ~: **1** (of persons) aver caldo, sentire caldo; **2** (of ˹things) essere (molto) caldo; **3** (of the weather) fare ˹molto) caldo; **4** ⟨Gastr⟩ pizzicare, essere piccante; ⟨fam⟩ ˹o get all ~ and **bothered** agitarsi; a ~ **chase** una caccia ˹pietata; ⟨Sport⟩ ~ **favourite** gran favorito; ⟨fam⟩ to be ~ ˹from somewhere essere appena arrivato da qualche posto; ˹o **get** ~: **1** (ri)scaldarsi; **2** ⟨fig⟩ scaldarsi, infervorarsi; ˹fam⟩ to **give** it to s.o. ~ rimproverare aspramente qd.; to

go ~ all over avere (delle) vampate di calore; in ~ **haste** in fretta e furia; ⟨am.fam⟩ ~ and **heavy** di gran lena; to be ~ on s.o.'s **heels** (o track) essere alle calcagna di qd., seguire qd. dappresso; ⟨sl⟩ tʊ **make** it too ~ for s.o. rendere la vita impossibile a qd.; ⟨sl⟩ to make a place too ~ for s.o. far scottare il terreno sotto i piedi a qd.; ⟨fam⟩ the film is not so ~ il film non è ˹molto buono˺ (o un gran che); ~ from the **oven** appena sfornato; to be in ~ **pursuit** of s.o. = to be hot on s.o.'s **heels**; to be ~ on the scent essere sulle tracce, essere sulla buona pista; ~ and strong = hot and heavy.
hot[2] v.t. (pret., p.p. 'hotted [–id]; general. con up) ⟨fam⟩ riscaldare: to ~ up s.th. for dinner riscaldare qc. per la cena.
'**hot|-'air** a. ad aria calda. **~ air** s. discorso m˹ sciocco e noioso, ⟨spreg⟩ pappolata f. **~bed** s. **1** ⟨Giard⟩ letto m caldo. **2** ⟨fig⟩ focolaio m: a ~ of corruption un focolaio di corruzione. '**~-'blooded** a. **1** focoso, dal sangue caldo. **2** (passionate) appassionato, tutto fuoco. □ to be ~ avere il sangue caldo. '**~-'bloodedness** s. focosità f. **~ cake** s. focaccina f. □ ⟨fam⟩ to sell like –s andare a ruba.
hotchpot ['hɔtʃpɔt] s. ⟨Dir⟩ collazione f: to bring into ~ fare una collazione di beni (a scopo ereditario).
hotchpotch ['hɔtʃpɔtʃ] s. **1** ⟨Gastr⟩ pot–pourri m. **2** ⟨fig⟩ (jumble) miscuglio m, guazzabuglio m. **3** ⟨Dir⟩ → hotchpot.
hot|-dog am. v.i. fare acrobazie (nello sci, nel surf). **~ dog** am. s. panino m imbottito con würstel, hot dog m.
hotel [hou'tel] s. albergo m, hotel m.
hotel| chain s. catena f alberghiera. **~ clerk** s. impiegato m (o segretario) d'albergo. **~ guide** s. ⟨Edit⟩ guida f degli alberghi.
hotelier [,hou'teliə, am. ,houtel'jei] s. albergatore m (f –trice).
hotel| industry s. industria f alberghiera. **~ keeper** s. → hotelier.
hot| flash s. ⟨Med⟩ vampata f di calore. **~foot I** avv. a precipizio, di gran carriera, in fretta e furia. **II** v.i. (general. con it) andare ˹in gran fretta˺ (o di gran carriera), precipitarsi. **~ gospeller** s. ⟨fam⟩ revivalista m/f. **~ head** s. testa f calda. '**~-'headed** a. **1** impulsivo, impetuoso, dalla testa calda. **2** (easily angered) infiammabile. **~house I** s. **1** ⟨Agr⟩ serra f calda. **2** ⟨am⟩ (sauna) sauna f. **II** a. **1** ⟨Agr⟩ di (o da) serra: ~ plant pianta da serra. **2** ⟨fig⟩ delicato. **~house effect** s. ⟨Fis⟩ effetto m serra. **~ jazz** s. hot jazz m. **~ line** s. ⟨Pol⟩ linea f calda.
hotly ['hɔtli] avv. **1** caldamente, calorosamente, con ardore. **2** (angrily) rabbiosamente. **3** (violently) violentemente, impetuosamente.
hotness ['hɔtnis] s. **1** calore m. **2** ⟨fig⟩ ardore m, foga f, veemenza f.
hot| pants am. s.pl. ⟨Vest⟩ pantaloncini mpl corti, hot pants mpl. **~ pepper** s. ⟨Bot⟩ capsico m, peperoncino m. **~-plate** s. **1** piastra f (o lastra) riscaldante. **2** (portable heater) fornelletto m; (for keeping food warm) scaldavivande m. **~pot** s. ⟨Gastr⟩ stufato m.
hotpress ['hɔtpres] **I** s. **1** ⟨Met⟩ pressa f a riscaldamento interno. **2** ⟨Cart,Tess⟩ calandra f a cilindri riscaldati. **II** v.t. **1** ⟨Met⟩ stampare (o fucinare) a caldo. **2** ⟨Cart,Tess⟩ satinare.
hot| rod s. ⟨sl⟩ macchina f truccata. **~ seat** s. **1** ⟨fam⟩ situazione f imbarazzante. **2** ⟨am.sl⟩ (electric chair) sedia f elettrica. **3** ⟨Aer⟩ seggiolino m eiettabile. **~ spring** s. sorgente f calda. **~spur** s. persona f impetuosa, testa f calda. **~ stuff** s. ⟨sl⟩ persona f eccezionale, tipo m ˹in gamba˺ (o formidabile); (of things) cosa f eccezionale, ⟨fam⟩ cannonata f. '**~-'tempered** a. irascibile, collerico.
Hottentot ['hɔtəntɔt] **I** s. **1** ottentotto m (f –a) (anche fig.). **2** (language) ottentotto m. **II** a. ottentotto.
hot| war s. ⟨Pol⟩ guerra f calda, conflitto m armato. **~ water** s. **1** acqua f calda. **2** ⟨fam⟩ (trouble) guai mpl, pasticci mpl: to get into ~ mettersi (o cacciarsi) nei pasticci. □ ~ bottle borsa f per l'acqua calda, boule f. **~ well** s. **1** → **hot spring**. **2** ⟨tecn⟩ pozzo m caldo.
hough [hɔk] **I** s. ⟨Zool⟩ (of a horse) garretto m. **II** v.t. azzoppare, tagliare i garretti a.

hound[1] [haund] *s.* **1** ⟨*Venat*⟩ cane *m* da caccia, segugio *m;* (*foxhound*) cane *m* per la caccia alla volpe. **2** (*dog*) cane *m.* **3** ⟨*fam*⟩ (*cad*) persona *f* spregevole, ⟨*spreg*⟩ cane *m.* **4** ⟨*fig*⟩ appassionato *m* (*f* –a), patito *m* (*f* –a). □ ⟨*Venat*⟩ *to* ⌈*follow the*⌉ (*o ride to*) –*s* cacciare a cavallo con una muta di cani; ⟨*Venat*⟩ *a pack of* –*s* una muta di cani.

hound[2] *v.t.* **1** ⟨*Venat*⟩ cacciare con i cani; (*to incite to pursuit*) aizzare, incitare: *to* ~ *a dog on* (o *at*) *a hare* aizzare un cane contro una lepre. **2** ⟨*fig*⟩ perseguitare: –*ed by creditors* perseguitato dai creditori. □ ⟨*fam*⟩ *to* ~ *s.o. on* spronare qd., incitare qd.; *to be* –*ed out of a country* essere cacciato (*o* bandito) da un paese.

hour ['auə] *s.* **1** ora *f: it lasted an* ~ è durato un'ora; *an* ~ *and a half* un'ora e mezzo; *we live an* ~ *from here* abitiamo a un'ora (di distanza) da qui. **2** (*period of time*) ora *f,* periodo *m: the happiest* –*s of my life* il periodo più felice della mia vita; (*moment*) ora *f,* momento *m: the* ~ *of need* il momento del bisogno. **3** *pl.* (*time spent at work*) orario *m: office* –*s* orario d'ufficio. **4** ⟨*fig*⟩ (*destined moment*) ora *f: my* ~ *is at hand* la mia ora è vicina. **5** ⟨*fig*⟩ (*present moment*) giorno *m,* momento *m: he is the man of the* ~ è l'uomo del giorno. **6** ⟨*Scol*⟩ ora *f* (di lezione). **7** ⟨*am.Scol*⟩ (*credit hour*) ora *f* di frequenza, frequenza *f.* **8** ⟨*Rad,TV*⟩ rubrica *f.* **9** *pl.* ⟨*Rel.catt*⟩ ore *fpl;* (*book*) libro *m* d'ore. □ *after* –*s:* 1 dopo l'orario di lavoro; 2 (*of a public house*) dopo l'orario di chiusura; *at any* ~ *of the day* ⌈a ogni ora⌉ (*o* in qualunque momento) del giorno; ~ *by* ~:1 di ora in ora, a ogni ora, ora per ora; 2 = *for hours on end; an* ⌈~ *by* car⌉ (o ~*'s drive*) un'ora di macchina; *at an early* ~ di mattino presto, di buon'ora; ⟨*Ind*⟩ *an* **eight** ~ *day* una giornata di otto ore (lavorative); *for* –*s on* **end** per ore e ore; ⟨*fig*⟩ *one's* ~ *of* **glory** il proprio momento di gloria; ⟨*fig*⟩ *in a* **good** ~ in un momento buono; *to keep good* (o *early*) –*s* andare a letto e alzarsi presto; *to keep* **late** –*s* fare le ore piccole; *to* **work long** –*s* fare lunghe giornate di lavoro; ⟨*fig*⟩ *his* –*s are* **numbered** ha le ore contate; *buses leave every* ~ **on** *the* ~ gli autobus partono ogni ora esatta; *sixty miles* **per** ~ sessanta miglia l'ora; *three* **quarters** *of an* ~ tre quarti d'ora; *to keep* **regular** –*s* condurre una vita regolata; ⟨*fam*⟩ *to improve each* **shining** ~ approfittare del momento favorevole, aiutare la fortuna; *the* (*wee*) **small** –*s* le ore piccole; ⟨*fam*⟩ *to* **take** –*s over s.th.* mettere un tempo interminabile a fare qc.

hour| circle *s.* ⟨*Astr*⟩ circolo *m* orario. **~glass I** *s.* clessidra *f.* **II** *a.* a clessidra. **~hand** *s.* lancetta *f* delle ore.

houri ['huəri] *s.* **1** ⟨*Rel*⟩ uri *f.* **2** ⟨*fig*⟩ giovane *f* bellissima.

hourly ['auəli] **I** *a.* **1** ogni ora, a ogni ora: *an* ~ *bus service* un servizio di autobus ogni ora. **2** (*lasting an hour*) ⌈che dura⌉ (*o* lungo) un'ora. **3** ⟨*Ind*⟩ orario, a ore: ~ *wage* salario orario. **4** ⟨*fig*⟩ frequente, continuo. **II** *avv.* **1** ogni ora: *buses run* ~ gli autobus passano ogni ora. **2** ⟨*fig*⟩ continuamente.

house I *s.* [haus] **1** casa *f,* abitazione *f,* dimora *f,* domicilio *m.* **2** (*hotel, boarding house*) albergo *m,* pensione *f.* **3** (*household*) casa *f,* famiglia *f.* **4** (*family, lineage*) casa *f,* dinastia *f,* casato *m: the* ~ *of Bourbon* la dinastia dei Borboni. **5** ⟨*Univ*⟩ casa *f* dello studente, pensionato *m.* **6** ⟨*Scol*⟩ (*residential hall*) collegio *m,* convitto *m;* (*members*) convittori *mpl* (*f* –trici). **7** ⟨*Comm*⟩ casa *f,* ditta *f,* impresa *f,* azienda *f: a publishing* ~ una casa editrice. **8** (*theatre, concert hall, etc.*) teatro *m,* auditorio *m;* (*audience*) pubblico *m,* uditorio *m: a responsive* ~ un pubblico sensibile. **9** ⟨*Parl*⟩ camera *f.* **10** (*debating society in session*) seduta *f.* **11** (*casino*) casa *f* da gioco, casinò *m.* **12** ⟨*Rel,Astr*⟩ casa *f. the* **House S. 1** ⟨*GB*⟩ (*House of Commons*) Camera *f* dei comuni, parlamento *m;* (*House of Lords*) Camera *f* dei lord (*o* pari). **2** ⟨*Econ*⟩ (*Stock Exchange*) borsa *f* valori. **3** ⟨*SU*⟩ (*House of Representatives*) Camera *f* dei rappresentanti (*o* deputati). **II** *a.* **1** di (*o* relativo alla) casa, casalingo. **2** (*suitable for a house*) adatto per la casa, da casa: ~ *jacket* giacca da casa. **3** (*of an animal*) domestico. **III** *v.t.* [hauz] **1** alloggiare, trovare alloggio (*o* ricovero) a (*o* per). **2** (*to provide with a house*) alloggiare, dare alloggio a. **3**

(*to store*) riporre, sistemare, collocare. **4** ⟨*Mar*⟩ (*to sto* stivare; (*of a mast*) calare. **5** ⟨*Mecc*⟩ alloggiare. **6** ⟨*F* incastrare. **IV** *v.i.* [hauz] abitare, alloggiare. □ *at my* casa mia; ⟨*teat*⟩ *to* **bring** *down the* ~ far crollare il tea ⌈dagli applausi⌉ (*o* dalle risate), suscitare appla scroscianti; ~ *of* **cards** castello *m* di carte (da gioco); ⟨ progetto *m* campato in aria; *to* **clean** ~ pulire rassettare) la casa; ⟨*fig*⟩ fare una ripulita; ~ *of* **correct** casa *f* di correzione; ~ *of* **detention** carcere giudizian ⟨*teat*⟩ *to play to an* **empty** ~ recitare di fronte a u platea deserta; ⟨*Parl*⟩ *to* **enter** *the* ~ entrare alla Came essere eletto deputato; ~ *of ill* **fame** casa d'appuntamenti⌉ (*o* di tolleranza), casa chiusa; ⟨*fam*⟩ *l a* ~ *on* **fire** come un razzo (*o* fulmine); (*very we* benissimo, ottimamente; *to get on like a* ~ *on fire* and a gonfie vele; (*of persons*) andare d'amore e d'accord *from* ~ *to* ~ di casa in casa, di porta in porta; ⟨*teat*⟩ **full** ~ un teatro pieno, un pienone, ⟨*fam*⟩ un tu esaurito; ~ *of* **God** casa *f* di Dio, chiesa *f,* tempio ⟨*enfat*⟩ ~ *and* **home** focolare domestico; *to* **keep** badare alla casa; *to keep a good* ~ trattarsi bene; *to ke to the* ~ starsene in casa; ⟨*GB*⟩ ~ *of* **Keys** Camera bas dell'Isola di Man; ⟨*Parl*⟩ *the* **lower** ~ la Camera bas ⟨*Parl*⟩ *to* **make** *a* ~ raggiungere un quorum; *to* **move** cambiare casa, traslocare; *on the* ~ offerto dalla dit omaggio della casa; *to have a drink on the* ~ bere a spe della casa; ⟨*fig*⟩ *to keep* **open** ~ avere casa aper ricevere ospiti molto spesso; ⟨*fig*⟩ *to* **set** (o *put*) *one's* ~ **order** sistemare i propri affari; ⟨*GB*⟩ *the Houses Parliament* il parlamento; ⟨*Parl*⟩ *the* ~ **rose** *at midnig* la seduta fu tolta a mezzanotte; ⟨*fam*⟩ *as* **safe** *as* –*s* sicu come una fortezza; ⟨*am*⟩ ~ *on* **wheels** roulotte *f;* ~ **worship** = *house of God.*

house| agency *s.* agenzia *f* pubblicitaria (che lavora esclusiva per un'azienda). **~agent** *s.* agente immobiliare. ~ **arrest** *s.* ⟨*Dir*⟩ arresti *mpl* domiciliari: *be under* ~ essere agli arresti domiciliari. ~ **boat** *s.* cas galleggiante, casa–battello *f.* ~**bound** *a.* chiuso costretto) a (*o* in) casa. ~**boy** *s.* cameriere *m.* ~**break** *s.* **1** scassinatore *m.* **2** ⟨*Edil*⟩ demolitore *m.* ~**breakin** *s.* **1** ⟨*Dir*⟩ furto *m* con scasso. **2** (*unlawful enti* violazione *f* di domicilio. ⟨*Edil*⟩ demolizione *f.* ~**brok** *am. a.* → **house-trained.** ~**-cat** *s.* gatto *m* domestic ~**cleaning** *s.* pulizie *fpl* (domestiche). ~**coat** *s.* ⟨*Ve* vestaglia *f,* veste *f* da camera. ~**craft** *s.* economia domestica. ~ **dog** *s.* cane *m* da guardia. ~ **flag** *s.* ⟨*Ma* bandiera *f* della casa. ~**fly** *s.* ⟨*Entom*⟩ mosca *f* domesti (*o* comune).

houseful ['hausful] *s.* casa *f* piena (di gente, ecc.). □ *a of children* una nidiata di bambini.

house| furnishings *am. s.pl.* suppellettili *fpl* di cas ~**guest** *s.* ospite *m/f* della casa.

household ['haushould] **I** *s.* famiglia *f,* casa *f,* focolare domestico. **II** *a.* **1** domestico, familiare, casalingo, casa. **2** (*common*) (d'uso) comune, familiare: *a* ~ *wo* una parola d'uso comune.

household| arts *s.pl.* economia *f* domestica. **~ Caval** *s.* ⟨*GB*⟩ guardie *fpl* reali a cavallo.

householder ['haushouldə] *s.* **1** padrone *m* (*f* –a) di cas **2** (*head of the family*) capofamiglia *m.*

household| franchise *s.* ⟨*Stor.brit*⟩ diritto *m* di vo limitato ai soli proprietari fondiari. ~ **gods** *s.pl.* ⟨*Mitol*⟩ penati *mpl.* **2** ⟨*fig*⟩ dei *mpl.* ~ **goods** *s.p* articoli *mpl* per la casa, casalinghi *mpl.* ~ **saving** risparmio *m* familiare.

Household| Troops *s.pl.* ⟨*GB*⟩ guardie *fpl* reali. ~ **waste** *s.* rifiuti *mpl* domestici.

househunting ['haushʌntiŋ] *s.* ⟨*fam*⟩ ricerca *f* di una cas □ *to go* ~ cercare casa.

housekeep ['hauski:p] *v.i.irr.* badare alla cas **housekeeper** [–ə] *s.* governante *f,* massaia **housekeeping** [–iŋ] *s.* governo *m* (*o* amministrazio della casa. □ *to start* (o *set up*) ~ metter su casa.

housekeeping money *s.* denaro *m* per le spese di cas **houseless** ['hauslis] *a.* **1** senza (*o* privo di) case. (*homeless*) senza casa (*o* tetto).

house|lights *s.pl.* ⟨*Teat*⟩ luci *fpl* di platea (*o* sala

maid s. domestica f, cameriera f. **~maid's knee** s. ⟨Med⟩ ginocchio m della lavandaia. **~man** [mən] s.irr. ⟨Univ⟩ interno m. **~master** s. ⟨Scol⟩ direttore m di convitto. **~mistress** s. ⟨Scol⟩ direttrice f di convitto. **~ painter** s. pittore m, imbianchino m. **~-party** s. 1 unione f di ospiti (in una residenza di campagna). 2 ⟨uests⟩ ospiti mpl della casa. **~phone** s. ⟨Tel⟩ telefono interno. **~physician** s. ⟨Med⟩ medico m interno. **proud** a. orgoglioso della propria casa. **~raising** am. s. struzione f di una casa da parte di una comunità. **room** s. alloggio m. □ ⟨fam⟩ I wouldn't give a sofa like at ~ non terrei in casa un divano come quello neanche me lo regalassero. **~sit** am. v.i. sorvegliare una casa in senza (for di). ~ **sparrow** s. ⟨Ornit⟩ passera f tremontana. ~ **surgeon** s. ⟨Med⟩ chirurgo m interno. **tax** s. ⟨Econ⟩ imposta f sui fabbricati. **'~-to-'house** a. domicilio, di casa in casa, di porta in porta: ~ selling ndita a domicilio. **~top** s. tetto m. □ ⟨fig⟩ to proclaim shout) s.th. from the ~s proclamare (o gridare) qc. ai attro venti. **~ trailer** am. s. roulotte f. **~-trained** a. f a pet) pulito. ~ **warming (party)** s. festa f per naugurazione di una casa.

sewife ['hauswaif] s.irr. 1 casalinga f, massaia f, donna di casa. 2 (sewing box; ['hʌzif]) astuccio m da lavoro. **ousewifely** [-li] a. da (buona) massaia (o donna di sa). **housewifery** [-wifri, am. -waifəri] s. governo m amministrazione f) della casa.

se|work ['hauswə:k] s. lavori mpl domestici, faccende f domestiche (o di casa). **~wrecker** am. s. demolitore di case vecchie.

sey-housey ['hauzi'hauzi] s. ⟨fam⟩ specie di tombola.

ısing¹ ['hauziŋ] s. 1 alloggio m, casa f: ~ problem il oblema della casa. 2 (dwelling place) abitazione f, loggio m, dimora f. 3 ⟨collett⟩ (houses) alloggi mpl. 4 *1ecc*) alloggiamento m, sede f, custodia f; (of a machine) castellatura f, gabbia f. 5 ⟨Mar⟩ (of a mast) parte f tto coperta. 6 ⟨Fal⟩ incastro m.

ising² s. 1 gualdrappa f. 2 pl. (trappings) bardatura f, ıimenti mpl.

ising| boom s. boom m edilizio. **~development** am., **estate** s. quartiere m residenziale. ~ **loan** s. prestito casa. ~ **project** s. progetto m di edilizia popolare. ~ **ıortage** s. crisi f (o scarsità) di alloggi.

'e [houv] → **heave¹**.

el ['həvəl] s. casupola f, tuguro m, stamberga f, topaia

er ['həvə] I v.i. 1 librarsi: the hawk ~ed above its prey falco si librò sulla preda. 2 (to move about keeping near) gironzolare, muoversi (about intorno a). 3 ⟨Aer⟩ rarsi; (of a helicopter) volare a punto fisso. 4 ⟨fig⟩ (to *ger, wait*) attardarsi, indugiare. 5 ⟨fig⟩ (to waver) essere speso, ondeggiare: to ~ between life and death essere speso tra la vita e la morte; (to hesitate) esitare, ntennare, titubare, essere incerto. II s. librazione f.

vercraft ['həvəkra:ft] s. hovercraft m, veicolo m a scino d'aria.

ering ['həvəriŋ] a. aeroscivolante.

w [hau] I avv. 1 come, in che (o qual) modo: ~ did it *ppen*? com'è accaduto?; tell me ~ to do it dimmi come fa; be careful ~ you walk sta' attento a come cammini. (to what degree) quanto, often not translated: ~ long is *is room*? quanto è lunga questa stanza?; ~ hot is it? è olto caldo? 3 (in what condition) come: ~ are you? me stai? 4 (why) come mai, perchè: ~ is it that you are *rly*? come mai sei in anticipo? 5 (in whatever manner) me, in qualsiasi modo: you may do it ~ you please puoi rlo come ti piace. 6 (emphatic) quanto, che, come: ~ *vely*! com'è bello!; ~ he talks! quanto parla!; ~ cold it is *lay*! che freddo fa oggi! 7 (in direct statements: that) e. 8 (at what price) a quanto, a che prezzo. 9 (to *roduce a question: what*) che (cosa): ~ do you mean? e vuoi dire? II s. 1 come m: a child's whys and ~s i me e i perché di un bambino. 2 (manner) modo m, etto m. □ ~ **about**: 1 che ne dici di..., ti va...: ~ out a cup of tea? che ne dici di una tazza di tè?; 2 (to *dress another person*) e: I'm tired, ~ about you? io sono nco, e tu?; ⟨am.fam⟩ **and ~!** eccome!; ⟨am.fam⟩ ~

come? come mai?; ⟨fam⟩ ~ **ever** come, in che modo; ~ **far** is it from here? quanto dista da qui?; ~ do you **find** this wine? come ti sembra questo vino?; ⟨fam⟩ **here's ~!** alla salute!; ~ **long**: 1 quanto lungo; 2 (of time) (per) quanto tempo, quanto; ~ **much** quanto: ~ much does it cost? quanto costa?; ~ **now?** che vuoi dire?, e con ciò?; ~ **often** (quanto) spesso, quante volte; ~ often do you go dancing? ogni quanto vai a ballare?; ~ **old** are you? quanti anni hai?; ⟨fam⟩ ~ **so?** come può essere?, come mai?; ~**'s that?**: 1 come hai detto?, prego?; 2 (how do you explain that?) come mai?; 3 (what do you think of that?) che te ne pare?, che ne pensi?; ~ **well** you look! come stai bene!, che bell'aspetto hai!

howbeit [hau'bi:it] avv. ⟨rar⟩ tuttavia, ciononostante, malgrado ciò.

howdah ['haudə] s. palanchino m sul dorso di un elefante.

how-de-do ['haudi'du:] intz./s. ⟨fam⟩ → how-do-you-do.

how-do-you-do ['hauduju'du:] I intz. (in introductions) piacere. II s. 1 saluto m. 2 ⟨fam⟩ (awkward situation) pasticcio m, imbroglio m.

howdy ['haudi] intz. ⟨fam⟩ come va?, salve.

however [hau'evə] I avv. 1 comunque, in qualunque (o qualsiasi) modo: ~ things go I shan't be sorry comunque vada, non mi pentirò. 2 (to whatever extent) per quanto: he'll come, ~ busy he may be verrà, per quanto occupato possa essere. 3 ⟨fam⟩ (in questions: in what way) in che modo, come: ~ did you get so dirty? come ti sei sporcato così? II congz. (pur) tuttavia, ma, nondimeno, con tutto ciò: it is mine, ~ you can use it è mio, tuttavia lo puoi usare. □ ~ that may be comunque sia, comunque stiano le cose.

howitzer ['hauitsə] s. ⟨Artigl⟩ obice m.

howl [haul] I v.i. 1 (of animals) ululare, latrare. 2 (of people: to cry out) urlare, gridare, ruggire; (to wail) mugolare, gemere: he ~ed with pain gemeva per il dolore. 3 (of things) ululare, rombare: the wind ~ed through the trees il vento ululava tra gli alberi. 4 (to laugh loudly) ridere fragorosamente. II v.t. 1 urlare, gridare. 2 (to affect by howls; general. con down) far tacere a forza di urla (o urlare). III s. 1 (of animals) ululato m, urlo m. 2 (of people: cry) urlo m, grido m, ruggito m; (wail) mugolio m, gemito m. 3 (of the wind, etc.) ululato m. 4 (loud laugh) risata f fragorosa. 5 ⟨fam⟩ (s.th. very funny) spasso m: you're a ~ in that hat sei uno spasso con quel cappello. 6 ⟨El⟩ urlio m. **'howler** [-ə] s. 1 urlatore m (f –trice). 2 ⟨Zool⟩ (howling monkey) aluatta f. 3 ⟨fam⟩ (bad mistake) sproposito m, svarione m. 4 ⟨fam⟩ (flagrant lie) menzogna f sfacciata. **'howling** [-iŋ] a. 1 urlante. 2 ⟨fig⟩ desolato, abbandonato: a ~ wilderness una landa desolata. 3 ⟨fam⟩ (very great) enorme, immenso. □ a ~ success un successo strepitoso.

howsoever [,hauso'evə] avv. ⟨non com⟩ comunque, in qualunque modo.

hoy¹ [hɔi] s. 1 ⟨Mar⟩ barcone m, chiatta f. 2 ⟨Mar.ant⟩ maona f.

hoy² I intz. (to attract attention) ehi, ehilà, ohé. II s. grido m.

hoyden ['hɔidn] s. ragazza f dai modi sfrenati e rumorosi, ⟨scherz⟩ maschiaccio m. **hoydenish** [-iʃ] a. sfrenato, scatenato.

h.p. = 1 ⟨Ind⟩ half pay mezza paga. 2 ⟨Comm⟩ hire purchase sistema di vendita rateale. 3 ⟨Fis⟩ horse power cavallo–vapore (abbr. hp).

H.P. = 1 ⟨Meteor⟩ high pressure alta pressione. 2 ⟨GB⟩ Houses of Parliament parlamento.

HP hr. = horse–power–hour cavallo–ora.

h.q., H.Q. = ⟨Mil⟩ headquarters quartier generale (abbr. Q.G.).

hr. = hour ora (abbr. h).

H.R. = 1 ⟨Pol⟩ Home Rule autogoverno. 2 ⟨SU⟩ House of Representatives Camera dei rappresentanti. 3 human relations relazioni umane (abbr. RU).

H.R.H. = Her (o His) Royal Highness Sua Altezza Reale (abbr. S.A.R.).

hrs. = hours ore.

HS = 1 ⟨am.Scol⟩ high school scuola superiore. 2 ⟨GB⟩

Home Secretary ministro degli interni.

H.S.H. = *Her* (o *His*) *Serene Highness* Sua Altezza Serenissima.

HST = *High Speed Train* treno superveloce.

ht. = **1** *heat* calore. **2** *height* altezza (*abbr.* h).

HT = ⟨*El*⟩ *high tension* alta tensione (*abbr.* AT).

hub [hʌb] *s.* **1** mozzo *m.* **2** ⟨*fig*⟩ centro *m*, cuore *m*, fulcro *m*.

hubble-bubble ['hʌblbʌbl] *s.* **1** specie di narghilè. **2** ⟨*fig*⟩ (*bubbling sound*) gorgoglio *m.* **3** ⟨*fig*⟩ (*turmoil*) chiasso *m*, baccano *m*.

hubbub ['hʌbʌb] *s.* **1** chiasso *m*, baccano *m*, frastuono *m*, strepito *m.* **2** (*turmoil*) baraonda *f*, confusione *f*, parapiglia *m*.

hubby ['hʌbi] *s.* ⟨*fam*⟩ (*husband*) marito *m*, maritino *m*.

Hubert ['hju:bət] *N.pr.* Uberto *m*.

hubris ['hju:bris] *s.* alterigia *f*, tracotanza *f.* **hubristic** [-'stik] *a.* altero, tracotante.

huck(aback) ['hʌk(əbæk)] *s.* ⟨*Tess*⟩ grossa tela *f* (per asciugamani).

huckleberry ['hʌklberi] *s.* ⟨*Bot*⟩ **1** bacca *f* di gaylussacia. **2** (*blueberry*) mirtillo *m*.

huckster ['hʌkstə] **I** *s.* **1** venditore *m* ambulante; (*dealer in small articles*) rivendugliolo *m* (*f* –a). **2** ⟨*estens*⟩ propagandista *m/f: a political* ~ un propagandista politico. **3** ⟨*fam*⟩ (*mercenary person*) persona *f* venale. **4** ⟨*am.Rad,TV*⟩ organizzatore *m* (*f* –trice) di programmi pubblicitari; (*adman*) pubblicitario *m* (*f* –a), reclamista *m/f.* **II** *v.i.* tirare sul prezzo, mercanteggiare. **III** *v.t.* commerciare in.

huddle ['hʌdl] **I** *v.i.* **1** accalcarsi, affollarsi, stringersi insieme. **2** ⟨*am.Sport*⟩ (*in football*) consultarsi sulla tattica da seguire (*anche estens.*). **II** *v.t.* **1** ammucchiare, ammassare, stipare. **2** ⟨*rifl*⟩ (*to coil up;* spesso con *up*) raggomitolarsi, rannicchiarsi. **III** *s.* **1** folla *f*, calca *f.* **2** ⟨*fig*⟩ confusione *f*, disordine *m.* **3** ⟨*fam*⟩ (*private meeting*) incontro *m* segreto. **4** ⟨*am.Sport*⟩ consultazione *f* sulla tattica da seguire. □ ⟨*fam*⟩ *to go into a* ~ *with s.o.* avere un abboccamento segreto con qd.; ⟨*fig*⟩ *to* ~ *together* (o *over, through*) raffazzonare, abborracciare.

hue[1] [hju:] *s.* **1** tinta *f*, colore *m;* (*variety of a colour*) tonalità *f*, sfumatura *f.* **2** (*complexion*) colorito *m.* **3** ⟨*fig*⟩ colore *m*, apparenza *f*.

hue[2] *s.: ~ and cry:* **1** (*angry pursuit*) caccia *f* (spietata), inseguimento *m;* **2** (*clamorous disapproval*) protesta *f* clamorosa; **3** ⟨*Stor*⟩ grido *m* d'allarme (nell'inseguimento di criminali).

hued [hju:d] *a.* (nei composti) colorato ..., tinto ...: *green–*~ (colorato di) verde. □ *a many–*~ *blanket* una coperta multicolore.

huff [hʌf] **I** *s.* **1** irritazione *f*, risentimento *m.* **2** (*in draughts*) il soffiare (una pedina). **II** *v.t.* **1** offendere, far risentire. **2** (*to bully*) angariare, tormentare. **3** (*in draughts*) soffiare. **III** *v.i.* **1** offendersi, risentirsi, aversela a male. **2** (*to breathe heavily*) ansimare. □ *to be –ed with s.o.* essere risentito (o offeso) con qd.; *to be in a* ~ essere stizzito (o adirato); *to get into a* ~ offendersi. **'huffiness** [-inis] *s.* permalosità *f*, scontrosità *f.* **'huffish** [-iʃ] *a.* stizzito, incollerito, arrabbiato. **'huffy** [-i] *a.* **1** → **huffish. 2** (*touchy*) permaloso, scontroso.

hug [hʌg] **I** *v.t.* (*pret., p.p.* **hugged** [-d]) **1** abbracciare, stringere fra le braccia. **2** (*to clutch*) abbrancare, afferrare (o stringere) con forza. **3** (*to keep close alongside*) costeggiare, procedere lungo: *the road –s the river* la strada costeggia il fiume. **4** ⟨*fig*⟩ rimanere fedele (o attaccato) a: *to* ~ *one's beliefs* rimanere fedele alle proprie convinzioni. **5** ⟨*rifl*⟩ felicitarsi (o congratularsi) con se stesso. **II** *s.* **1** abbraccio *m.* **2** (*restraining grasp*) stretta *f.* **3** ⟨*Sport*⟩ (*in wrestling*) tipo di presa. □ ⟨*Mar*⟩ *the ship –ged the coast* la nave costeggiava; ⟨*Aut*⟩ *to* ~ *the curve* stringere la curva, prendere la curva stretta; *to give s.o. a* ~ abbracciare qd.; ⟨*Mar*⟩ *to* ~ *the wind* stringere il vento.

huge [hju:dʒ] *a.* enorme, immenso, smisurato. **'hugeness** [-nis] *s.* enormità *f*, immensità *f*.

hugger-mugger ['hʌgəmʌgə] **I** *s.* **1** confusione *f*, disordine *m.* **2** (*secrecy*) segretezza *f.* **II** *a.* **1** confuso, disordinato. **2** (*secret*) segreto, **III** *avv.* **1** confusamente. **2** (*in secrecy*)

segretamente. **IV** *v.t.* tacere, passare sotto il silenzi *v.i.* agire ⸢in segreto⸣ (o di nascosto).

Huggies diaper *am.* ['hʌgiz] *s.* pannolino *m* mutandina.

Hugh [hju:] *N.pr.* Ugo *m*.

Huguenot ['hju:gənɔt] *s.* ⟨*Stor*⟩ ugonotto *m*.

huh [hə] *intz.* **1** (*in surprise, disbelief, etc.*) uhm, uh. **2** (*disgust*) uh.

hula ['hu:lə] *s.* (*dance*) (hula) hula *f*.

hula| **hoop** *s.* hula–hoop *m.* '~–'**hula** *s.* **1** → hula ⟨*Vest*⟩ → hula skirt. ~ **skirt** *s.* ⟨*Vest*⟩ gonnellino hawaiano.

hulk [hʌlk] *s.* **1** (*hull of an old ship*) carcassa *f* di nave disarmo. **2** (*unwieldy ship*) nave *f* poco maneggevole ⟨*fig*⟩ (*big, clumsy man*) uomo *m* grande e goffo. **4** ⟨ (*shell of an abandoned vehicle, etc.*) carcassa *f.* **5** ⟨*M* pontone *m*. '**hulking** [-iŋ] *a.* **1** (*of people*) grand goffo. **2** (*of things*) poco maneggevole.

hull[1] [hʌl] **I** *s.* **1** ⟨*Mar*⟩ scafo *m.* **2** ⟨*Aer*⟩ (*of a fl* *boat*) scafo *m;* (*of a rigid dirigible*) carena *f*, scafo ossatura *f.* **II** *v.t.* ⟨*Mar*⟩ aprire una falla nello scafo d

hull[2] **I** *s.* **1** ⟨*Agr*⟩ guscio *m*, buccia *f;* (*of nuts*) mallo (*of peas*) baccello *m.* **2** ⟨*Bot*⟩ calice *m.* **3** ⟨*fig*⟩ copert *f.* **II** *v.t.* sgusciare, sgranare.

hullaba(l)loo [,hʌləbə'lu:] *s.* clamore *m*, frastuono chiasso *m*.

hullo, hulloa, hulloo ['hʌlou, hə'lou] *intz./v.* → hallo **hum**[1] [hʌm] **I** *s.* **1** ronzio *m: the* ~ *of bees* il ronzio d api. **2** (*indistinct sound of voices*) bisbiglio *m*, brusio mormorio *m*, ronzio *m.* **3** ⟨*fam*⟩ puzzo *m.* **II** *intz.* u ehm.

hum[2] *v.* (*pret. p.p.* **hummed** [-d]) **I** *v.i.* **1** ronzare. **2** *voices*) mormorare. **3** (*to sing through closed l* canticchiare (o canterellare) a bocca chiusa. **4** ⟨*fam*⟩ *smell badly*) puzzare. **5** ⟨*fam*⟩ (*to be very active*) ferv **II** *v.t.* **1** canticchiare (o canterellare) a bocca chiusa. **2** *express by humming*) borbottare, mugolare. □ *to* ~ *haw:* **1** esitare nel parlare; **2** (*to hesitate*) titubare, nicchi tergiversare; ⟨*fam*⟩ *to make things* ~ far procedere le c alacremente.

human ['hju:mən] **I** *a.* **1** umano: ~ *nature* natura uma **2** (*of the social aspect of mankind*) umano, dell'uomo *affairs* vicende umane. **3** ⟨*fig*⟩ (*humane*) uma comprensivo, benevolo. **II** *s.* essere *m* umano. □ *capital* capitale *m* umano.

humane [hju:'mein] *a.* **1** umano, comprensivo, benev **2** (*humanistic*) umanistico: ~ *studies* studi umanist **humaneness** [-nis] *s.* umanità *f*, benevolenza comprensione *f*.

human| **engineering** *s.* ingegneria *f* umana, ergonomi ~ **error** *s.* errore *m* umano. ~ **genetics** *s.pl.* (co sing.) genetica *f* umana.

humanism ['hju:mənizəm] *s.* **1** umanità *f*, benevolenz comprensione *f.* **2** (*devotion to the humaniti* umanesimo *m.* **3** ⟨*Filos*⟩ umanitarismo *m.* **Humanism** ⟨*Filos*⟩ umanesimo *m.* **humanist** [-nist] **I** *s.* **1** unitario *m* (*f* –a). **2** filantropo *m* (*f* –a). **3** (*student the humanities*) umanista *m/f*, classicista *m/f.* **II** *a.* **humanistic. Humanist** **I** *s.* ⟨*Filos*⟩ umanista *m/f.* **II** umanistico. ,**humanistic** [-'nistik] *a.* **1** umanita filantropico. **2** (*relating to Renaissance humanis* umanistico, relativo all'umanesimo.

humanitarian [,hju:mæni'teəriən] **I** *s.* umanitario *m* (*f* – filantropo *m* (*f* –a). **II** *a.* umanitario, filantropi **humanitarianism** [-izəm] *s.* umanitarismo filantropia *f*.

humanity [hju:'mæniti] *s.* **1** (*being humane*) umanità benevolenza *f*, comprensione *f.* **2** (*being human*) uman *f*, natura *f* umana. **3** (*mankind*) umanità *f*, genere umano. **4** *pl.* ⟨*Ped*⟩ studi *mpl* umanistici (o classici), be lettere *fpl*.

humanization [,hju:mənai'zeiʃən] *s.* umanizzazione '**humanize** [-naiz] **I** *v.t.* **1** umanizzare, rendere uma (o civile). **2** (*to make human*) dare un aspetto umano **II** *v.i.* umanizzarsi, divenire umano (o civile).

humanized milk ['hju:mənaizd] *s.* latte *m* umanizzato **humankind** ['hju:mən'kaind] *s.* umanità *f*, genere mano.

manoid ['hju:mənɔid] **I** *a.* umanoide. **II** *s.* umanoide ·.

man| relationist *s.* esperto *m* *(f* –a) di relazioni mane. ~ **resources** *s.pl.* risorse *fpl* umane. ~ **rights** *pl.* ⟨*Pol*⟩ diritti *mpl* dell'uomo. □ ⟨*Pol*⟩ ~ Convention 'onvenzione *f* dei diritti dell'uomo.

umbert ['hʌmbət] *N.pr.* Umberto *m.*

mble ['hʌmbl] **I** *a.* **1** umile, modesto; *(submissive)* :missivo, sottomesso. **2** *(of low rank)* umile, modesto: *of origin* di umili origini. **3** *(deferential)* modesto, umile, overo: *in my ~ opinion* secondo il mio modesto parere. (*mean, base*) umile, meschino, vile, misero: *~ tasks* mili mansioni. **II** *v.t.* **1** umiliare, mortificare, avvilire. **2** *·ifl*) umiliarsi, fare atto di sottomissione. **3** *(to destroy 'ie might of)* umiliare, sottomettere: *to ~ one's enemies* ottomettere i (propri) nemici. □ *my ~ self* la mia odesta persona; ⟨*ant,epist*⟩ *your ~ servant* vostro servo milissimo.

mble|bee *s.* ⟨*Entom*⟩ bombo *m.* **~-pie** *s.* umiliazione *f,* iortificazione *f.* □ ⟨*fig*⟩ *to eat ~* umiliarsi, andare a anossa.

mbling ['hʌmbliŋ] *a.* umiliante. **humbly** [–bli] *avv.* milmente, con umiltà, modestamente. □ *to be ~ born* ssere di umili natali.

mbug ['hʌmbʌg] **I** *s.* **1** insincerità *f,* ipocrisia *f.* **2** *deception*) inganno *m,* raggiro *m,* imbroglio *m;* *(trick)* uffa *f,* inganno *m.* **3** *(impostor)* impostore *m* *(f* –a), nbroglione *m* *(f* –a). **4** *(nonsense)* frottola *f,* fandonia *f.* ⟨*Dolc*⟩ caramella *f* alla menta. **II** *intz.* storie, :iocchezze. **III** *v.t.* *(pret., p.p.* **humbugged** [–d]) 1ggannare, raggirare, imbrogliare. □ *to ~ s.o. into doing th.* indurre con l'inganno qd. a fare qc. **humbuggery** ·ari] *s.* inganno *m,* imbroglio *m.*

mdinger *am.* [,hʌm'diŋə] *s.* ⟨*fam*⟩ *(person)* persona *f* :cezionale, tipo *m* in gamba; *(thing)* cosa *f* eccezionale, *am*⟩ cannonata *f.*

mdrum ['hʌmdrʌm] **I** *a.* monotono, noioso, trito, anale. **II** *s.* **1** prosaicità *f,* banalità *f,* prosa *f: the ~ of aily life* la prosaicità della vita quotidiana; *(monotony)* 1onotonia *f,* solito tran tran *m.* **2** *(dull person)* persona *f* 1onotona *(o* noiosa*).*

meral ['hju:mərəl] *a.* omerale. **humerus** [–rəs] *s. (pl.* 1eri [–rai]) ⟨*Anat*⟩ omero *m.*

mic ['hju:mik] *a.* ⟨*Agr*⟩ umico.

mid ['hju:mid] *a.* umido. **hu'midifier** [–ifaiə] *s.* midificatore *m.* **hu'midify** [–ifai] *v.t.* umidificare.

u'midity [–iti] *s.* umidità *f.*

miliate [hju:'milieit] *v.t.* umiliare, mortificare, avvilire.

umiliating [–iŋ] *a.* umiliante, mortificante.

u,mili'ation [–li'eiʃən] *s.* umiliazione *f,* mortificazione *f.*

umility [–liti] *s.* umiltà *f.*

mming ['hʌmiŋ] **I** *s.* ronzio *m.* **II** *a.* **1** ronzante. **2** *am*⟩ *(brisk)* attivo, intenso, animato: *business is ~* gli Tari sono attivi.

mming| bird *s.* ⟨*Ornit*⟩ colibrì *m,* uccello *m* mosca. ~ •p *s.* trottola *f* armonica.

mmock ['hʌmək] *s.* **1** collinetta *f,* poggio *m.* **2** *(in an e field)* cresta *f.* **3** *(sandhill)* duna *f.* **hummocky** [–i] *a.* collinoso. **2** *(resembling a hummock)* a forma di collina • poggio).

mor *am. s./v.* → **humour.**

moral ['hju:mərəl] *a.* ⟨*Biol*⟩ umorale.

morist ['hju:mərist] *s.* **1** *(comic writer, etc.)* umorista ·/f. **2** *(joker, wag)* persona *f* spiritosa. **,humor'istic** -ik], **,humor'istical** [–ikəl] *a.* faceto, scherzoso, noristico, arguto. **humorous** [–rəs] *a.* **1** divertente, ·mico, spassoso; *(witty)* umoristico, spiritoso. **2** *(having a ·nse of humour)* che ha humour, che ha il senso ·ll'umorismo. **humorousness** [–rəsnis] *s.* **1** l'aver 1mour, l'essere dotato di senso dell'umorismo. **2** *unniness)* comicità *f,* umorismo *m.*

mour ['hju:mə] **I** *s.* **1** comicità *f,* umorismo *m: the ~ of situation* la comicità di una situazione. **2** *(sense of 1mour)* humour *m,* senso *m* dell'umorismo. **3** *(s.th. ·signed to be humorous)* umorismo *m,* arguzia *f,* spirito ·: *the ~ of a novel* l'umorismo di un romanzo;

(witticism) motto *m* spiritoso; *(humorous writings)* scritti *mpl* umoristici. **4** *(mood)* umore *m,* vena *f,* disposizione *f* d'animo. **5** *(temperament, disposition)* umore *m,* indole *f,* carattere *m.* **6** *(whim)* capriccio *m,* ghiribizzo *m,* ticchio *m.* **7** *pl.* *(whimsical or odd features)* bizzarrie *fpl,* stranezze *fpl,* stravaganze *fpl.* **8** *(in medieval physiology)* umore *m: the four ~s* i quattro umori (fondamentali). **9** ⟨*Anat*⟩ umore *m;* *(aqueous humour)* umore *m* acqueo. **II** *v.t.* **1** (ac)contentare, compiacere, assecondare: *to ~ a child* contentare un bambino. **2** *(to manage tactfully)* trattare con tatto. **3** *(to adapt o.s. to)* adattarsi a. □ *to be in the ~ for work* essere in vena di lavorare; *to be out of ~* essere di cattivo umore; *I see no ~ in his remark* non trovo niente di spiritoso nella sua osservazione; *to have a (good) sense of ~* avere uno spiccato senso dell'umorismo; *to have no sense of ~* non avere il senso dell'umorismo; *as the ~ takes me* quando me ne viene voglia, quando mi salta il ticchio. **humoured** [–d] *a.* (nei composti) di... umore: *bad-~* di cattivo umore.

humourless ['hju:məlis] *a.* che manca d'umorismo, privo di senso dell'umorismo. **humoursome** [–məsəm] *a.* capriccioso, bizzarro.

hump [hʌmp] **I** *s.* **1** gobba *f,* gobbo *m,* protuberanza *f,* gibbosità *f;* *(of a camel, person)* gobba *f.* **2** *(hummock)* collinetta *f,* poggio *m.* **3** *(fam)* *(bad temper)* malumore *m;* *(depression)* malinconia *f,* depressione *f.* **4** ⟨*Aer*⟩ catena *f* montuosa. **II** *v.t.* **1** *(of the back)* inarcare, curvare. **2** *(fam)* *(to carry on one's back)* portare sulle spalle. □ *(fam)* *to get the ~* lasciarsi prendere dal malumore; *(fam)* *to give the ~* mettere di malumore. **'humpback** [–bæk] *s.* ⟨*Med*⟩ gobba *f,* gibbo *m,* gibbosità *f.* □ *to have a ~* essere gobbo. **'humpbacked** [–bækt] *a.* gibboso, gobbo. □ ⟨*Strad*⟩ ~ *bridge* ponte *m* a schiena d'asino. **humped** [–t] *a.* **1** → **humpbacked.** **2** *(fam)* *(depressed)* malinconico, depresso.

humph [mm, hʌmf] *intz.* **1** *(to express doubt, disbelief)* mah, boh. **2** *(to express disgust)* puh, uh.

humpty-dumpty ['hʌmpti'dʌmpti] *s.* persona *f* piccola e grassoccia, ⟨*scherz*⟩ tappo *m.*

humpy ['hʌmpi] *a.* **1** pieno di gobbe. **2** *(resembling a hump)* gobbo, curvo. **3** *(fam)* *(bad-tempered)* di cattivo umore.

humus ['hju:məs] *s.* ⟨*Agr*⟩ humus *m,* umo *m.*

humus earth *s.* terra *f* umica.

Hun [hʌn] *s.* **1** ⟨*Stor*⟩ unno *m.* **2** ⟨*fig*⟩ vandalo *m.* **3** ⟨*spreg*⟩ tedesco *m.*

hunch[1] [hʌntʃ] *v.t. (of the back)* curvare, inarcare, arcuare; *(of the shoulders)* alzare. □ *to ~ up:* 1 rannicchiarsi; 2 *(to rise up)* alzarsi.

hunch[2] *s.* **1** gobba *f.* **2** ⟨*fam*⟩ *(vague suspicion)* idea *f,* impressione *f,* vago sospetto *m;* *(premonition)* presentimento *m,* presagio *m,* sensazione *f.* **3** *(lump, hunk)* pezzo *m,* tocco *m.*

hunchback ['hʌntʃbæk] *s.* **1** ⟨*Med*⟩ gibbo *m,* gobba *f,* gibbosità *f.* **2** *(person)* gobbo *m* *(f* –a). **hunchbacked** [–t] *a.* gibboso, gobbo.

hundred ['hʌndrəd] **I** *a.* **1** cento: *a ~ people* cento persone. **2** *(very many)* cento, molti, parecchi. **II** *s. (pl. inv./-s* [z]; il pl. in -s si usa general. con valore collett.) **1** cento *m: a (o one) ~ and one* centouno; *four ~* quattrocento. **2** *pl. (large number)* centinaia *fpl: –s of people* centinaia di persone. **3** ⟨*Stor*⟩ *(division of a county)* centena *f.* □ *by the ~* a cento a cento, a centinaia; *a ~ per cent* (al) cento per cento; *a few ~ people* poche centinaia di persone; *a ~ and one ideas* mille idee; *not one in a ~* neanche uno su cento; *a ~ to one* cento contro uno; *ninety–nine times out of a ~* novantanove volte su cento; *some ~ books* circa cento libri, un centinaio di libri; ⟨*Dolc*⟩ *–s and thousands* confetti *mpl,* peperini *mpl* di zucchero (per decorazioni).

hundredfold ['hʌndrədfould] **I** *a.* **1** centuplice. **2** *(hundred times as much)* centuplo. **II** *s.* centuplo *m.* **III** *avv.* cento volte. □ *to increase a ~* centuplicare.

'hundred-per'center *s.* ⟨*am.Pol*⟩ nazionalista *m/f* intransigente.

hundredth ['hʌndrədθ] **I** *a.* centesimo. **II** *s.* centesimo *m.*

hundredweight ['hʌndrədweit] *s.* **1** (*long hundredweight*) hundred–weight *m* (inglese) (pari a 50,80 kg). **2** ⟨*am*⟩ (*short hundredweight*) hundredweight *m* (americano) (pari a 45,35 kg).

hung [hʌŋ] → **hang**[1].

Hungarian [hʌŋ'gɛəriən] **I** *a.* ungherese. **II** *s.* **1** ungherese *m/f.* **2** (*language*) ungherese *m.* 'Hungary [–gəri] *N.pr.* ⟨*Geog*⟩ Ungheria *f.*

hunger ['hʌŋgə] **I** *s.* **1** fame *f: the pangs of* ~ i morsi della fame; *to be faint with* ~ non reggersi in piedi dalla fame. **2** (*appetite*) appetito *m.* **3** ⟨*fig*⟩ fame *f,* sete *f,* brama *f,* smania *f* (*for* di): ~ *for glory* sete di gloria. **4** (*famine*) carestia *f,* ⟨*estens*⟩ fame *f: the years of* ~ gli anni della carestia. **II** *v.i.* **1** avere fame, essere affamato. **2** ⟨*fig*⟩ agognare, bramare, desiderare ardentemente (*for, after s.th.* qc.). **III** *v.t.* affamare, ridurre alla fame. □ *to satisfy one's* ~ levarsi (*o* togliere) la fame; *to suffer* ~ soffrire (*o* patire) la fame. *Prov.:* ~ *is the best sauce* il miglior condimento è l'appetito.

hunger| march *s.* marcia *f* della fame. ~ **strike** *s.* sciopero *m* della fame. ~ **striker** *s.* chi fa lo sciopero della fame.

hungrily ['hʌŋgrili] *avv.* **1** con appetito, con fame. **2** ⟨*fig*⟩ avidamente, con bramosia. **hungriness** [–grinis] *s.* fame *f.* **hungry** [–gri] *a.* **1** affamato, che ha fame: *ravenously* ~ affamato come un lupo. **2** (*showing hunger*) affamato: *a* ~ *look* un aspetto affamato. **3** ⟨*fig*⟩ (*eager*) affamato, desideroso, bramoso, assetato, avido (*for* di): ~ *for affection* desideroso d'affetto. **4** ⟨*fig*⟩ (*of land*) sterile. **5** (*marked by famine*) della fame, della carestia: *the* ~ *years* gli anni della fame. **6** (*causing hunger*) che mette fame, che fa venire fame (*o* appetito): ~ *work* un lavoro che fa venire fame. □ *to be* (*o feel*) ~ avere fame; *to go* ~ fare (*o* soffrire) la fame.

hung-up *a.* **1** ⟨*fam*⟩ bloccato: *I got* ~ *in the traffic* sono stato bloccato dal traffico. **2** (*distressed*) afflitto, angosciato. **3** (*much involved*) eccessivamente preoccupato: ~ *on one's appearance* eccessivamente preoccupato del proprio aspetto. **4** ⟨*sl*⟩ complessato, pieno di complessi.

hunk [hʌŋk] *s.* ⟨*fam*⟩ **1** (*grosso*) pezzo *m,* tocco *m.* **2** ⟨*am*⟩ (*muscle man*) giovane *m* atletico, ⟨*fam*⟩ fusto *m.*

hunkers ['hʌŋkəz] *s.pl.* sedere *m.* □ *to be on one's* ~ stare accoccolato.

hunks [hʌŋks] *s.pl.* (costr. sing. o pl.) **1** vecchio *m* burbero. **2** (*miser*) avaro *m,* taccagno *m,* spilorcio *m.*

hunky *am.* ['hʌŋki] *s.* ⟨*spreg*⟩ **1** (*Hungarian*) ungherese *m.* **2** (*unskilled workman*) operaio *m* non specializzato (di origine ungherese).

'hunky-'dory *am.* ['dɔːri] *a.* ⟨*fam*⟩ eccellente, ottimo, magnifico.

Hunnish ['hʌniʃ] *a.* **1** ⟨*Stor*⟩ unnico. **2** ⟨*fig*⟩ barbaro, vandalico.

hunt[1] [hʌnt] **I** *v.t.* **1** cacciare, dare la caccia a. **2** ⟨*Venat*⟩ cacciare, andare a caccia di: *to* ~ *deer* cacciare il cervo; (*of a pack of hounds*) guidare nella caccia; (*of a horse*) usare nella caccia; (*of an area*) battere (cacciando). **3** (*of people: to pursue;* spesso con *down*) inseguire, dare la caccia a. **4** ⟨*fig*⟩ (ri)cercare, andare in cerca di: *to* ~ *for a house* andare in cerca di una casa. **5** (*of a place: to search thoroughly*) perlustrare, esplorare. **6** (*to drive, chase*) (s)cacciare. **II** *v.i.* **1** cacciare, andare a caccia (*anche Venat.*): *do you* ~? vai a caccia? **2** (*to search*) dare la caccia (*for, after* a). □ *to* ~ *high and low for s.th.* cercare qc. col lumicino; *to* ~ *out* (*o up*): 1 cercare attentamente; 2 (*to find after much searching*) scovare, trovare.

hunt[2] *s.* **1** caccia *f.* **2** ⟨*Venat*⟩ (*group of hunters*) comitiva *f* di cacciatori; (*hunting area*) zona *f* (*o* terreno *m*) di caccia. **3** ⟨*fig*⟩ (*pursuit*) caccia *f,* inseguimento *m;* (*search*) ricerca *f,* caccia *f.*

hunter ['hʌntə] *s.* **1** cacciatore *m.* **2** ⟨*fig*⟩ chi cerca, cercatore *m* (*f* –trice), cacciatore *m* (*f* –trice): *a fortune-~* un cacciatore di dote. **3** (*hunting horse*) cavallo *m* addestrato per la caccia. **4** ⟨*am*⟩ (*hunting dog*) cane *m* da caccia. **5** ⟨*Orol*⟩ (*hunting watch*) orologio *m* a doppia cassa. **Hunter** *N.pr.* ⟨*Astr*⟩ Orione *m.*

hunter's moon *s.* prima luna *f* piena dopo la mietitura.

hunting ['hʌntiŋ] **I** *s.* caccia *f,* il cacciare. **II** *a.* cacciatora, da caccia. □ *to go* ~ andare a caccia.

hunting| box *s.* capanno *m* da caccia. ~ **ground** *s.* z *f* di caccia, terreno *m* di caccia. ~ **horn** *s.* corno *m* caccia. ~ **lodge** *s.* → **hunting box.**

huntress ['hʌntris] *s.* cacciatrice *f.*

huntsman ['hʌntsmən] *s.irr.* **1** cacciatore *m.* **2** (*per who manages a hunt*) capocaccia *m.* **huntsmans**[[–ʃip] *s.* arte *f* venatoria.

hunt's-up [,hʌnts'ʌp] *s.* segnale *m* d'apertura della cacc

hurdle ['həːdl] **I** *s.* **1** graticcio *m;* (*barrier*) barriera steccato *m.* **2** ⟨*Sport*⟩ ostacolo *m.* **3** *pl.* (costr. sing.) **hurdle race. 4** ⟨*fig*⟩ ostacolo *m,* difficoltà *f.* **5** ⟨*S* carretta *f* su cui i condannati erano portati al patibolo. *v.t.* **1** ⟨*Sport*⟩ saltare. **2** (*to fence in with hurd* recingere, circondare con graticci. **3** ⟨*fig*⟩ (*of a difficu* superare, sormontare. **III** *v.i.* ⟨*Sport*⟩ partecipare a corsa a ostacoli. **hurdler** [–ə] *s.* ⟨*Sport,Equit*⟩ ostacoli *m/f.*

hurdle race *s.* **1** ⟨*Sport*⟩ corsa *f* a ostacoli. **2** ⟨*Eq* corsa *f* a siepi.

hurdy-gurdy ['həːdi,gəːdi] *s.* ⟨*Mus*⟩ **1** (*barrel org* organetto *m* di Barberia. **2** (*stringed instrume* hurdy–gurdy *m,* organistro *m.*

hurl [həːl] **I** *v.t.* **1** lanciare, scagliare, gettare: *to* ~ *a s* scagliare una pietra. **2** ⟨*fig*⟩ lanciare, scagliare: *to insults at s.o.* scagliare ingiurie contro qd. **3** (*r* scagliarsi, lanciarsi, avventarsi. **II** *s.* lancio *m.* □ *to defiance at s.o.* sfidare qd. 'hurler [–ə] *s.* **1** chi lan lanciatore *m* (*f* –trice). **2** ⟨*Sport*⟩ giocatore *m* di hoc irlandese.

hurley *irl.* ['həːli] *s.* ⟨*Sport*⟩ **1** hockey *m* irlandese. (*stick*) mazza *f* da hockey. **hurling** [–ŋ] *s.* **1** lancio *m* ⟨*Sport*⟩ hockey *m* irlandese.

hurly ['həːli] *s.* confusione *f,* scompiglio *m,* trambusto 'hurly-'burly ['bəːli] **I** *a.* → **hurly.** **II** *a.* confu scompigliato.

hurrah [hu'rɑː, hə'rɑː,] **hurray** [hu'rei] **I** *intz.* urrà, hu hurrah. **II** *s.* urrà *m,* evviva *m.* **III** *v.i.* gridare urrà evviva), acclamare. □ (*esclam*⟩ ~ *for* urrà per, evvi viva.

hurricane ['hʌrikən] *s.* **1** ⟨*Meteor*⟩ uragano *m,* ciclone tropicale; (*strong wind*) tifone *m.* **2** ⟨*fig*⟩ uragano *m.*

hurricane| bird *s.* ⟨*Ornit*⟩ fregata *f.* ~ **deck** *s.* ⟨*M* (*on liners*) ponte *m* di passeggiata; (*on destroyers*) pont di manovra. ~ **lamp** *s.* lanterna *f* controvento.

hurried ['hʌrid] *a.* frettoloso, affrettato, precipitoso: *a meal* un pasto affrettato. **hurriedly** [–li] *c* frettolosamente, in (*o* con) fretta. **hurriedness** [–nis fretta *f,* precipitazione *f.*

hurry[1] ['hʌri] **I** *v.i.* (spesso con *up*) affrettarsi, spiccia sbrigarsi, fare presto (*o* in fretta). **II** *v.t.* **1** (spesso con *along*) sollecitare, fare (*o* mettere) fretta (*o* premura) *don't* ~ *him* non fargli fretta. **2** (*to transport quic* portare (*o* condurre) in fretta; (*to send quickly*) man (*o* spedire) in tutta fretta. **3** (*to quicken*) affrett accelerare, sollecitare: *to* ~ *one's pace* affrettare il pass (*to perform with haste*) fare (*o* eseguire) in fretta: *a that cannot be hurried* un lavoro che non si può fare fretta. □ *to* ~ *along* camminare (*o* andare) in fre affrettarsi; *to* ~ *away* = *to hurry* off; *to* ~ *by* pass (vicino) frettolosamente; *to* ~ *home* affrettarsi a rincas *to* ~ *s.o.* **into** *doing s.th.* incalzare qd. a fare qc.; *to* ~ andarsene in fretta' (*o* precipitosamente); *to* ~ *out of house* uscire di casa in fretta; ⟨*assol*⟩ ~ **up!** spicci sbrigati!, muoviti!

hurry[2] *s.* **1** fretta *f,* furia *f,* precipitazione *f.* **2** (*urger* fretta *f,* premura *f,* urgenza *f: there is no* ~ *for your art* non c'è nessuna fretta per il tuo articolo. □ *in a* ~: fretta, di corsa, di gran carriera; 2 ⟨*fam*⟩ (*impatie* impaziente, ansioso: *he is in a* ~ *to leave* è impaziente partire; 3 ⟨*fam*⟩ (*easily*) facilmente: *you won't do that* ~ non lo farai facilmente; *I shall not invite him agai a* ~ ci vorrà del tempo prima che l'inviti di nuovo; *t in a* ~ *to do s.th.* avere fretta di fare qc.; *to be in n* non avere (alcuna) fretta; *in a great* ~ in gran fre precipitosamente, in fretta e furia; ⟨*fam*⟩ **what's your**

1e fretta hai?

rry|-'scurry, '~-'skurry ['skʌri] **I** *s.* precipitazione *f.* **II** *vv.* precipitosamente, in fretta e furia. **III** *v.i.* recipitarsi, andare in fretta e furia.

rst [hə:st] *s.* **1** poggio *m* boscoso. **2** (*grove*) boschetto *n.* **3** (*sandbank*) banco *m* di sabbia.

rt[1] [hə:t] *v.* (*pret., p.p.* **hurt**) **I** *v.t.* **1** ferire (leggermente): *e has ~ his leg* si è ferito (a) una gamba. **2** (*to cause odily pain to*) fare male a: *the blow did not ~ him* il •lpo non gli fece male. **3** (*rifl*) farsi male, ferirsi: *have ou ~ yourself?* ti sei fatto male? **4** (*of things: to damage*) anneggiare, nuocere a, fare male a. **5** (*fig*) (*to offend*) rire, offendere, addolorare: *to ~ s.o.'s feelings* offendere sentimenti di qd. **6** (*fig*) (*to strike*) ferire, colpire: *the ight light ~ my eyes* la luce intensa mi ferì gli occhi. **II** *i.* **1** dolere, dar dolore, fare male: *my back –s* mi duole schiena. **2** (*to do harm, damage*) danneggiare, recare anno, nuocere. □ *it won't ~ to wait a few days* si può •enissimo) aspettare qualche giorno.

rt[2] **I** *s.* **1** ferita *f*, lesione *f.* **2** (*pain*) dolore *m*, male *m*. (*harm*) danno *m*, male *m*. **4** (*offence*) offesa *f*, ingiuria **II** *a.* **1** ferito: *the ~ child* il bambino ferito. **2** (*fig*) *ffended*) offeso, ferito, risentito: *his pride was ~* rimase rito nel suo orgoglio. **3** (*damaged*) danneggiato. **4** *uggesting pain, distress*) addolorato, dolente: *a ~ look* no sguardo addolorato. □ *to get ~* farsi male; *I was very by his attitude* sono rimasto molto male per il suo teggiamento.

rtful ['hə:tful] *a.* **1** dannoso, nocivo. **2** (*causing offence*) ffensivo, ingiurioso, che fa (rimanere) male, che ferisce. **urtfulness** [–nis] *s.* dannosità *f*, nocività *f.*

rtle ['hə:tl] **I** *v.i.* **1** precipitarsi (come un bolide) con acasso. **2** (*to clatter*) muoversi rumorosamente. **II** *v.t.* nciare, scagliare. □ (*Aut*) *to ~ along the road* divorare strada.

rtless ['hə:tlis] *a.* **1** innocuo, inoffensivo. **2** (*unhurt*) ιcolume, illeso.

sband ['hʌzbənd] **I** *s.* **1** marito *m.* **2** (*Dir*) (*ship's usband*) raccomandatario *m.* **3** (*non com*) (*frugal rson*) persona *f* economa. **4** (*rar*) (*manager of an tate, etc.*) amministratore *m.* **II** *v.t.* **1** risparmiare, usare *n* economia (*o* parsimonia): *to ~ one's strength* sparmiare le proprie forze. **2** (*to manage with economy*) aper) amministrare. **3** (*rar*) (*to marry*) sposare; (*to find husband for*) maritare. **4** (*Agr,ant*) coltivare. **usbandless** [–lis] *a.* senza marito.

sbandman ['hʌzbəndmən] *s.irr.* **1** (*farmer*) agricoltore *,* colono *m.* **2** (*farm hand*) bracciante *m* agricolo.

sbandry ['hʌzbəndri] *s.* **1** (*Agr*) (*farming*) agricoltura *f; cience*) agraria *f.* **2** (*management*) amministrazione *f; conomy*) parsimonia *f*, economia *f.* **3** (*domestic anagement*) amministrazione *f* della casa.

sh[1] [hʌʃ] **I** *v.t.* **1** far tacere, far stare zitto. **2** (*to soothe*) ·lmare, acquietare, placare: *to ~ s.o.'s fears* calmare i mori di qd. **II** *v.i.* tacere, ammutolire, far silenzio. □ *to* up: 1 nascondere, dissimulare; 2 (*fam*) (*to suppress*) ·ffocare, mettere a tacere: *to ~ up a scandal* soffocare no scandalo.

sh[2] **I** *intz.* zitto, silenzio. **II** *s.* silenzio *m*, calma *f*, ιiete *f.*

shaby ['hʌʃəbai] *intz.* fa' la nanna.

sh|-hush *a.* (*fam*) segretissimo. **~ money** *s.* **1** prezzo del silenzio. **2** (*blackmail*) denaro *m* ottenuto mediante ratto.

sk [hʌsk] **I** *s.* **1** (*Agr*) buccia *f*, guscio *m;* (*chaff of ain*) pula *f*, lolla *f*, loppa *f;* (*of maize*) cartoccio *m.* **2** (*Veter*) tosse *f.* **II** *v.t.* gr) sbucciare, sgusciare, mondare; (*of grain*) pilare; (*of aize*) scartocciare.

skiness ['hʌskinis] *s.* raucedine *f.*

sky[1] ['hʌski] **I** *a.* **1** pieno di bucce (*o* gusci). **2** (*like a* ask) secco, rugoso. **3** (*hoarse*) rauco, roco: *a ~ voice* una ·ce rauca. **4** (*am*) (*big and muscular*) robusto, tarchiato. *s.* (*am.fam*) persona *f* robusta, (*scherz*) marcantonio

sky[2] **I** *s.* **1** cane *m* eschimese (*o* da slitta). **2** (*Eskimo*) chimese *m/f.* **3** (*Eskimo language*) eschimese *m.* **II** *a.*

eschimese.

hussar [hu'za:] *s.* (*Mil.ant*) ussaro *m*, ussero *m.*

hussif ['husif] *s.* (*Lav.femm*) astuccio *m* da lavoro.

Hussite ['hʌsait] **I** *s.* (*Rel*) (h)ussita *m/f.* **II** *a.* (h)ussita.

hussy ['hʌsi] *s.* (*spreg*) **1** (*slut*) donnaccia *f*, sgualdrina *f.* **2** (*impertinent girl*) ragazza *f* sfacciata (*o* impertinente).

hustings ['hʌstiŋz] *s.pl.* (costr. pl. o sing.) **1** (*Stor.brit*) piattaforma *f* dalla quale venivano nominati i candidati al parlamento. **2** (*electioneering*) campagna *f* elettorale; (*electioneering platform*) tribuna *f* degli oratori politici. **3** (*GB*) (*court*) antico tribunale *m* di Londra.

hustle[1] ['hʌsl] **I** *v.i.* **1** affrettarsi, sbrigarsi, spicciarsi. **2** (*to shove, jostle*) spingere, fare a gomitate, dare spintoni. **3** (*am.fam*) (*to be aggressive in business*) essere energico (*o* attivo). **4** (*am.sl*) (*to solicit*) esercitare la prostituzione, battere il marciapiede. **5** (*am.sl*) (*to obtain money by fraud*) truffare, frodare. **II** *v.t.* **1** spingere. **2** (*to shove, jostle rudely*) dare spintoni a, urtare. **3** (*to force to act quickly*) incalzare, sollecitare, far fretta a. **4** (*am.sl*) (*to cheat, swindle*) imbrogliare, truffare. **5** (*am.fam*) (*to put pressure on*) fare pressione su; (*to obtain by energetic activity*) acquistare, conquistare. □ *to ~ s.o.* into *a decision* fare pressioni su qd. perché prenda una decisione; (*fam*) *to ~ s.o.* out *of his money* spillare soldi a qd.

hustle[2] *s.* **1** attività *f* febbrile (*o* incessante); (*bustle*) andirivieni *m*, trambusto *m.* **2** (*rude jostling*) spinta *f*, spintone *m*, urto *m.* **3** (*am.sl*) (*swindle*) truffa *f*, imbroglio *m.* **hustler** [–ə] *s.* **1** (*fam*) persona *f* energica (*o* attiva). **2** (*am.sl*) (*swindler*) truffatore *m*, imbroglione *m.* **3** (*am.sl*) (*prostitute*) prostituta *f.*

hut[1] [hʌt] *s.* **1** capanna *f*, baracca *f.* **2** (*overnight cabin*) rifugio *m.* **3** (*Mil*) baracca *f.*

hut[2] *v.* (*pret., p.p.* 'hutted [–id]) **I** *v.t.* **1** (fare) alloggiare in una capanna (*o* baracca). **2** (*Mil*) alloggiare in baracche. **II** *v.i.* **1** vivere in una capanna. **2** (*Mil*) alloggiare in baracche.

hutch [hʌtʃ] *s.* **1** (*for small animals*) gabbia *f;* (*rabbit hutch*) conigliera *f.* **2** (*hut*) capanna *f*, baracca *f.* **3** (*chest, bin, etc. for storage*) cassa *f*, cesta *f.* **4** (*am*) (*kitchen cupboard*) credenza *f.* **5** (*trough*) madia *f.* **6** (*Minier*) carrello *m* per montacarichi.

hutment ['hʌtmənt] *s.* baraccamento *m* (anche *Mil.*).

huzza(h) [hə'za:] *v.* (*rar*) **I** *intz.* urrà, evviva. **II** *s.* urrà *m*, evviva *m.* **III** *v.i.* gridare urrà (*o* evviva), acclamare. **IV** *v.t.* acclamare.

h.v., H.V. = (*El*) *high voltage* alta tensione (*abbr.* A.T.).

Hy. = (*El*) *henry* henry.

hyacinth ['haiəsinθ] *s.* **1** (*Bot*) giacinto *m.* **2** (*Min*) (*zircon, jacinth*) zirconio *m*, giacinto *m.* ,**hya'cinthian** [–iən], ,**hya'cinthine** [–ain] *a.* **1** color giacinto. **2** (*resembling the hyacinth*) simile al giacinto.

Hyades ['haiədi:z], **Hyads** ['haiædz] *N.pr.pl.* (*Mitol,Astr*) Iadi *fpl.*

hyaena *s.* → **hyena.**

hyalin ['haiəlin] *s.* (*Biol*) sostanza *f* ialina. **hyaline** [–lain] **I** *s.* → **hyalin.** **II** *a.* **1** simile a vetro, diafano e trasparente. **2** (*pertaining to glass*) vitreo. **3** (*Biol,Min*) ialino. **hyalite** [–lait] *s.* (*Min*) ialite *f.*

hyaloid ['haiələid] **I** *a.* ialoideo, vitreo. **II** *s.* (*Anat*) (*hyaloid membrane*) membrana *f* ialoidea.

hybrid ['haibrid] **I** *s.* **1** (*Biol,Ling,Inform*) ibrido *m.* **2** (*fig*) ibrido *m*, incrocio *m.* **II** *a.* **1** (*Biol,Ling*) ibrido. **2** (*composite*) eterogeneo, ibrido. **hybridism** [–izəm], **hy'bridity** [–iti] *s.* ibridismo *m.* **hybridizable** [–aizəbl] *a.* che produce ibridi. ,**hybridization** [–ai'zeiʃən] *s.* ibridazione *f.* **hybridize** [–aiz] **I** *v.t.* (*Biol*) ibridare. **II** *v.i.* produrre ibridi.

Hydra ['haidrə] *N.pr.* (*Mitol,Astr*) Idra *f.* **hydra** *s.* (*pl.* -s [z]/-drae [dri:]) (*Zool,fig*) idra *f.*

hydrangea [hai'dreindʒə] *s.* (*Bot*) ortensia *f.*

hydrant ['haidrənt] *s.* idrante *m*, bocca *f* ⌐d'acqua⌐ (*o* antincendio).

hydrargyrum [,hai'dra:dʒirəm] *s.* (*Chim*) mercurio *m.*

hydrate ['haidreit] **I** *s.* (*Chim*) idrato *m*, idrossido *m.* **II** *v.t.* idratare. **III** *v.i.* idratarsi. **hydrated** [–id] *a.* idratato, idrato. **hydrating** [–iŋ] *a.* (*Cosmet*) idratante.

hydration [-'dreiʃən] s. idratazione f.

hydraulic [hai'drɔ:lik] a. idraulico. **hydraulically** [-əli] avv. per mezzo di energia idraulica, idraulicamente.

hydraulic| brake s. ⟨tecn⟩ freno m idraulico. ~ **cement** s. ⟨Edil⟩ cemento m idraulico. ~ **engineering** s. ingegneria f idraulica. ~ **lift** s. ⟨tecn⟩ sollevatore m idraulico. ~ **press** s. ⟨Mecc⟩ pressa f idraulica.

hydraulics [hai'drɔ:liks] s.pl. (costr. sing.) ⟨Fis⟩ idraulica f.

hydric ['haidrik] a. ⟨Chim⟩ che contiene idrogeno, idrogenato.

hydrid ['haidrid], **hydride** [-draid] s. ⟨Chim⟩ idruro m.

hydro ['haidro(u)] s. ⟨fam⟩ **1** albergo m delle terme. **2** (spa) terme fpl, stabilimento m termale.

hydroairplane [ˌhaidro(u)'ɛ:plein] s. idrovolante m.

hydrobiologist [ˌhaidro(u)bai'ɔlədʒist] s. idrobiologo m (f –a). **hydrobiology** [-dʒi] s. idrobiologia f.

hydrocarbon [ˌhaidro(u)'ka:bən] s. idrocarburo m.

hydrocephalic [ˌhaidro(u)se'fælik], **hydrocephalous** [-'sefələs] a. ⟨Med⟩ idrocefalo, idrocefalico. **hydrocephalus** [-'sefələs], **hydrocephaly** [-'sefəli] s. idrocefalia f, idrocefalo m.

hydrochloric [ˌhaidro(u)'klɔ:rik] a. ⟨Chim⟩ cloridrico: ~ acid acido cloridrico. **hydrochloride** [-raid] s. cloridrato m.

hydrodynamic [ˌhaidro(u)dai'næmik] a. ⟨Fis⟩ idrodinamico. **hydrodynamics** [-s] s.pl. (costr. sing.) idrodinamica f.

hydroelectric [ˌhaidro(u)i'lektrik] a. idroelettrico. ⬜ ~ powerplant (o station) centrale idroelettrica. **hydro-electricity** [-ˌlek'trisiti] s. idroelettricità f.

hydroextractor [ˌhaidro(u)ek'stræktə] s. ⟨tecn⟩ idroestrattore m.

hydrofoil ['haidro(u)fɔil] s. ⟨Mar⟩ **1** (plate, fin) aletta f idrodinamica. **2** (vessel) aliscafo m.

hydrogen ['haidrədʒən] s. ⟨Chim⟩ idrogeno m.

hydrogen| bomb s. bomba f all'idrogeno. ~ **chloride** s. acido m cloridrico. ~ **dioxide** s. → **hydrogen peroxide**. ~ **electrode** s. ⟨El⟩ elettrodo m all'idrogeno. ~ **ion** s. idrogenione m.

hydrogenize [hai'drɔdʒənaiz] v.t. idrogenare. **hydrogenous** [-'drɔdʒənəs] a. **1** dell'idrogeno. **2** (containing hydrogen) contenente idrogeno.

hydrogen| peroxide s. ⟨Chim⟩ perossido m d'idrogeno, acqua f ossigenata. ~ **sulfide** am., ~ **sulphide** s. idrogeno m solforato.

hydrogeology [ˌhaidro(u)dʒi:'ɔlədʒi] s. idrogeologia f.

hydrographer [hai'drɔgrəfə] s. idrografo m (f –a). **hydro'graphic** [-dro(u)'græfik], **hydro'graphical** [-dro(u)'græfikəl] a. idrografico. **hydrography** [-fi] s. idrografia f.

hydrokinetic [ˌhaidro(u)ki'netik], **hydrokinetical** [-əl] a. idrocinetico. **hydrokinetics** [-s] s.pl. (costr. sing.) ⟨Fis⟩ cinetica f dei liquidi.

hydrolize [haidro(u)laiz] v.t. idrolizzare.

hydrologic [ˌhaidro(u)'lɔdʒik], **hydrological** [-əl] a. idrologico. **hydrologist** [-'drɔlədʒist] s. idrologo m (f –a). **hydrology** [-'drɔlədʒi] s. idrologia f.

hydrolysis [hai'drɔlisis] s. (pl. -ses [si:z]) ⟨Chim⟩ idrolisi f. **hydrolytic** [-drə'litik] a. idrolitico.

hydromassage [ˌhaidro(u)'mæsa:ʒ] s. idromassaggio m.

hydromechanics [ˌhaidro(u)mi'kæniks] s.pl. (costr. sing.) idromeccanica f.

hydromel ['haidro(u)mel] s. idromele m.

hydrometer [hai'drɔmitə] s. ⟨Fis⟩ idrometro m. **hydrometric** [-dro(u)'metrik] a. idrometrico. **hydrometry** [-tri] s. idrometria f.

hydropathic [ˌhaidrə'pæθik] **I** a. ⟨Med⟩ idroterapico. **II** s. stabilimento m idroterapico. **hydropathist** [-'drɔpəθist] s. **1** medico m idroterapico. **2** sostenitore m (f –trice) dell'idroterapia. **hydropathy** [-'drɔpəθi] s. idroterapia f, cure fpl termali.

hydrophily [hai'drɔfili] s. ⟨Bot⟩ idrofilia f.

hydrophobia [ˌhaidrə'foubiə] s. **1** ⟨Med⟩ idrofobia f. **2** ⟨Psic⟩ paura f dell'acqua. **hydrophobic** [-bik] a. **1** ⟨Med⟩ idrofobo. **2** ⟨Chim⟩ liofobo.

hydrophone ['haidrəfoun] s. ⟨Fis⟩ idrofono m.

hydroplane ['haidrəplein] s. **1** ⟨Mar⟩ idroplano m. ⟨Aer⟩ (seaplane) idrovolante m. **3** ⟨Mar⟩ (diving rudd timone m di profondità.

hydropneumatic [ˌhaidro(u)nju:'mætik] a. ⟨tecn⟩ idropn matico.

hydroponics [ˌhaidro(u)'pɔniks] s.pl. (costr. sing.) ⟨A idroponica f.

hydropsy ['haidrɔpsi] s.pl. (costr. sing.) ⟨Med⟩ idrop f.

hydroquinone [ˌhaidro(u)kwi'noun] s. ⟨Chim⟩ idrochin m.

hydroscope ['haidrəskoup] s. ⟨Ott⟩ idroscopico m.

hydrosphere ['haidrəsfiə] s. ⟨Geog⟩ idrosfera f.

hydrostat ['haidrəstæt] s. ⟨tecn⟩ **1** regolatore m di live **2** (for a boiler) segnalatore m di livello. **,hydro'sta** [-ik], **,hydro'statical** [-ikl] a. idrostatico. **,hydro'stat** [-iks] s.pl. (costr. sing.) ⟨Fis⟩ idrostatica f.

hydrotherapeutic [ˌhaidro(u),θerə'pju:tik] a. ⟨M idroterapeutico, idroterapico. **hydrotherapeutics** [s.pl. (costr. sing.), **hydro'therapy** [-pi] s. idroterapia

hydrothermal [ˌhaidro'θə:məl] a. idrotermale.

hydrothorax [ˌhaidro(u)'θɔ:ræks] s. ⟨Med⟩ idrotorace m

hydrotropism [ˌhai'drɔtrəpizəm] s. ⟨Bot⟩ idrotropismo

hydrous ['haidrəs] a. che contiene acqua, idrato.

hydroxide [hai'drɔksaid] s. ⟨Chim⟩ idrossido m, idɾ m.

hydrozoan [ˌhaidrə'zouən] **I** a. ⟨Zool⟩ degli idrozoi. **I** idrozoo m.

hyena [hai'i:nə] s. **1** ⟨Zool⟩ iena f. **2** ⟨fig⟩ iena f, sciac m.

hygiene ['haidʒi:n] s. igiene f. **hy'gienic** [- **hy'gienical** [-ikəl] a. igienico. **hy'gienics** [-iks] s (costr. sing.) igiene f. **hy'gienist** [-ist] s. igienista m/

hygrograph ['haigrəgræf] s. ⟨Meteor⟩ igrografo m.

hygrophilous [hai'grɔfiləs] a. ⟨Bot⟩ igrofilo.

hygrometer [hai'grɔmitə] s. ⟨Meteor⟩ igrometro **,hygrometric** [-grə'metrik], **,hygrometri** [-grə'metrikəl] a. igrometrico. **hygrometry** [-tri] igrometria f.

hygroscope ['haigrəskoup] s. ⟨Fis⟩ igroscopio **,hygroscopic** [-'skɔpik] a. igroscopico. **hygros** [-stæt] s. igrostato m.

hymen¹ ['haimən] s. ⟨Anat⟩ imene m.

hymen² s. ⟨ant⟩ nozze fpl, ⟨poet⟩ imene m. **Hymen** ⟨Mitol⟩ Imeneo m.

hymenal ['haimənl] a. ⟨Anat⟩ imeneale.

hymeneal [ˌhaimə'ni:əl] a. delle nozze, nuziale.

hymenopteran [ˌhaimə'nɔptərən], **hymenopteron** [-ɾ s. (pl. -tera [tərə]) ⟨Entom⟩ imenottero **,hyme'nopterous** [-rəs] a. degli imenotteri.

hymn [him] **I** v.t. inncan m (anche fig.). **II** v.t. **1** innegg a. **2** ⟨fig⟩ inneggiare a, esaltare. **III** v.i. inneggi cantare inni. **'hymnal** [-nəl] **I** s. innario m. **II** a. di inno. **hymn book** s. → **hymnal**.

hymnist ['himnist], **hymnodist** [-nədist] s. innografo scrittore m di inni. **hymnody** [-nədi] s. **1** innodia (hymn composing) innologia f, innografia f. **,hymnolo** [-nə'lɔdʒik], **,hymnological** [-nə'lɔdʒikəl] a. innolog **hymnologist** [-'nɔlədʒist] s. → **hymnist**. **hymnole** [-'nɔlədʒi] s. **1** innologia f. **2** (hymns) innodia f.

hyoid ['haiɔid] **I** a. ⟨Anat⟩ ioide, ioideo. **II** s. ioide osso m ioide.

hypacusis [ˌhaipə'kjusis] s. ⟨Med⟩ (hypoacusis) ipoac f.

hypallage [hai'pælədʒi] s. ⟨Ret⟩ ipallage f.

hype am. ['haip] **I** s. ⟨sl⟩ **1** (deception) raggiro m, inga m. **2** (exaggerated advertising) montatura f pubblicità battage m pubblicitario. **II** v.t. strombazzare, montare

hyperacidity [ˌhaipərə'siditi] s. iperacidità f.

hyperactive [ˌhaipər'æktiv] a. iperattivo. **hyperactiv** [-æk'tiviti] s. iperattività f.

hyperaemia [ˌhaipə'ri:miə] s. ⟨Med⟩ iperemia f.

hyperaesthesia [ˌhaipərəs'θi:ziə] s. ⟨Med⟩ iperestesia f.

hyperalimentation [ˌhaipərælimen'teiʃən] s. ⟨M iperalimentazione f.

hyperbaric [ˌhaipə'bærik] a. ⟨Fis⟩ iperbarico: ~ cham camera iperbarica.

perbola [hai'pə:bələ] *s.* (*pl.* **-s** [z]/**-lae** [li:]) ⟨*Mat*⟩ perbole *f.* **hyperbole** [-li] *s.* ⟨*Ret*⟩ iperbole *f.*
yperbolic [-'bɔlik], **hyperbolical** [-'bɔlikəl] *a.* ⟨*Ret,Mat*⟩ iperbolico. **hyperbolism** [-lizəm] *s.* ⟨*Ret*⟩ uso d'iperboli. **hyperbolist** [-list] *s.* chi usa iperboli.
yperbolize [-laiz] **I** *v.t.* esprimere con un'iperbole. **II** .i. iperboleggiare. **hyperboloid** [-bɔlɔid] *s.* ⟨*Mat*⟩ perboloide *m.*
perborean [ˌhaipə'bɔ:riən] **I** *s.* **1** ⟨*Etnol*⟩ iperboreo *m.* (*inhabitant of the extreme north*) abitante *m/f* ell'estremo nord. **II** *a.* **1** settentrionale, nordico. **2** *frigid, arctic*) gelido.
percatalectic [ˌhaipəˌkætə'lektik] *a.* ⟨*Metr*⟩ ipercatatttico.
percritic [ˌhaipə'kritik] **I** *s.* ipercritico *m* (*f* –a). **II** *a.* percritico. **hypercritical** [-əl] *a.* → **hypercritic.**
ypercritically [-əli] *avv.* in modo ipercritico.
ypercriticism [-tisizəm] *s.* ipercriticismo *m.*
perdulia [ˌhaipədju'laiə] *s.* ⟨*Teol*⟩ iperdulia *f.*
peremia *am. s.* → **hyperaemia.**
perfocal [ˌhaipə'foukəl] *a.* ⟨*Ott*⟩ iperfocale.
perinflation [ˌhaipərin'fleiʃən] *s.* ⟨*Econ*⟩ inflazione *f* aloppante, iperinflazione *f.*
yperion [hai'pi:riən] *N.pr.* ⟨*Mitol,Astr*⟩ Iperione *m.*
permarket ['haipəma:kit] *s.* ipermercato *m.*
permeter [hai'pə:mitə] *s.* ⟨*Metr*⟩ verso *m* ipermetro.
ypermetric [-'metrik], **hypermetrical** [-'metrikəl] *a.* permetro.
permetropia [ˌhaipəmi:'troupiə] *s.* ⟨*Med*⟩ ipermetropia *f.* presbiopia *f.* **hypermetropic** [-'trɔpik] *a.* ipermetrope, resbite.
perphysical [ˌhaipə'fizikəl] *a.* soprannaturale.
perplasia [ˌhaipə'pleiʒiə] *s.* ⟨*Biol*⟩ iperplasia *f.*
persensitive [ˌhaipə'sensitiv] *a.* ipersensibile.
ypersensitiveness [-nis], **hyperˌsensiˈtivity** [-iti] *s.* persensibilità *f.*
personic [ˌhaipə'sɔnik] *a.* ⟨*Fis*⟩ ipersonico.
perspace ['haipəspeis] *s.* ⟨*Mat*⟩ iperspazio *m.*
pertension [ˌhaipə'tenʃən] *s.* ⟨*Med*⟩ ipertensione *f.*
ypertensive [-'tensiv] **I** *a.* iperteso. **II** *s.* iperteso *m* (*f* -a).
perthyroidism [ˌhaipə'θairɔidizəm] *s.* ⟨*Med*⟩ ipertiroidismo *m.*
pertrophic [ˌhaipə'trɔfik], **hypertrophied** [-'pə:trəfid] *l.* ⟨*Biol*⟩ ipertrofico. **hypertrophy** [-'pə:trəfi] **I** *s.* pertrofia *f.* **II** *v.i.* ipertrofizzarsi.
perurbanism [ˌhaipə'ə:bənizəm] *s.* ⟨*Ling*⟩ iperurbaneimo *m.*
pervitaminic [ˌhaipəvitə'minik] *a.* ipervitaminico.
ypervitaminosis [-'nousis] *s.* ipervitaminosi *f.*
phen ['haifən] **I** *s.* **1** trattino *m* (d'unione), lineetta *f.* **2** *Tip*) segno *m* di divisione. **II** *v.* → **hyphenate.**
yphenate [-eit] *v.t.* **1** (*to join with a hyphen*) unire con n trattino. **2** (*to divide by a hyphen*) dividere con un rattino. **3** (*to write or print with a hyphen*) scrivere (*o* tampare) con un trattino. **hyphenated** [-eitid] *a.* **1** che i scrive con un trattino. **2** ⟨*am*⟩ naturalizzato mericano.
pnology ['hip'nɔlədʒi] *s.* ipnologia *f.*
ypnosis [hip'nousis] *s.* (*pl.* **-ses** [si:z]) ipnosi *f.*
pnotic [hip'nɔtik] **I** *a.* ipnotico. **II** *s.* **1** (*soporific*) pnotico *m,* sostanza *f* soporifera. **2** (*person sensitive to* ypnotism) soggetto *m* facilmente ipnotizzabile. **3** hypnotized *person*) persona *f* ipnotizzata.
pnotism ['hipnətizəm] *s.* **1** ipnotismo *m.* **2** ⟨*fig*⟩ uggestione *f.* **hypnotist** [-tist] *s.* ipnotizzatore *m* (*f* -trice). **hypnotize** [-taiz] *v.t.* ipnotizzare (*anche fig.*).
ypo[1] ['haipou] (*accorc. di hyposulphite*) *s.* iposolfito *m* di odio.
ypo[2] *s.* ⟨*fam*⟩ **1** → **hypodermic syringe. 2** → ypodermic injection.
ypoblast ['haipəblæst] *s.* ⟨*Biol*⟩ ipoblasto *m.*
ypocaust ['haipəkɔ:st] *s.* ⟨*Archeol*⟩ ipocausto *m.*
ypochlorite [ˌhaipə'klɔ:rait] *s.* ⟨*Chim*⟩ ipoclorito *m.*
ypochondria [ˌhaipə'kɔndriə] *s.* ⟨*Psic*⟩ ipocondria *f.*
hypochondriac [-driæk] **1** *s.* ipocondriaco *m* (*f* –a). **II** *l.* → **hypochondriacal. hypochondriacal** [-'draiəkəl] *a.*

ipocondriaco. **hypochondriasis** [-'draiəsis] *s.* (*pl.* **-ses** [si:z]) ipocondria *f.* **hypochondrium** [-m] *s.* (*pl.* **-dria** [driə]) ⟨*Anat*⟩ ipocondrio *m.*
hypochorism [ˌhai'pɔkərizm] *s.* ⟨*Ling*⟩ ipocoristico *m.* **hypocoristic** [-poukə'ristik] *a.* ipocoristico.
hypocrisy [hi'pɔkrisi] *s.* ipocrisia *f.* **'hypocrite** [-pəkrit] *s.* ipocrita *m/f,* fariseo *m* (*f* –a). **ˌhypoˈcritic** [-pə'kritik], **ˌhypoˈcritical** [-pə'kritikəl] *a.* ipocrita, falso.
hypoderm ['haipədə:m] *s.* ⟨*Biol*⟩ ipoderma *m.* **ˌhypoˈderma** [-ə] *s.* → **hypodermis. ˌhypoˈdermal** [-əl] *a.* **1** ⟨*Biol*⟩ ipodermico. **2** ⟨*Anat*⟩ del derma.
hypodermic [ˌhaipə'də:mik] **I** *a.* **1** ⟨*Med*⟩ ipodermico, sottocutaneo; (*of a drug, etc.*) (per uso) ipodermico (*o* sottocutaneo). **2** ⟨*Anat*⟩ del derma. **II** *s.* → **hypodermic injection. 2** → **hypodermic syringe.**
hypodermic| injection *s.* iniezione *f* ipodermica. ~ **needle** *s.* ago *m* ipodermico. ~ **syringe** *s.* siringa *f* ipodermica.
hypodermis [ˌhaipə'də:mis] *s.* ⟨*Anat*⟩ ipoderma *m,* derma *m.* **hypodermoclysis** [-mə'kli:sis] *s.* (*pl.* **-ses** [si:z]) ⟨*Med*⟩ ipodermoclisi *f.*
hypogastric [ˌhaipə'gæstrik, hip–] *a.* ⟨*Anat*⟩ ipogastrico. **hypogastrium** [-riəm] *s.* (*pl.* **-tria** [triə]) ipogastrio *m.*
hypogeal [ˌhaipə'dʒi:əl] *a.* ipogeo, sotterraneo. **hypogenous** [-'pɔdʒənəs] *a.* ⟨*Bot*⟩ ipogeo. **hypogeum** [-'dʒi:əm] *s.* (*pl.* **-gea** [dʒiə]) ⟨*Arch*⟩ ipogeo *m.*
hypoglossal [ˌhaipo(u)'glɔsl, hip–] **I** *a.* ⟨*Anat*⟩ ipoglosso. **II** *s.* (*hypoglossal nerve*) ipoglosso *m,* nervo *m* ipoglosso.
hyponutrition [ˌhaipənju:'triʃən] *s.* iponutrizione *f.*
hypophosphate [ˌhaipə'fɔsfeit] *s.* ⟨*Chim*⟩ ipofosfato *m.*
hypophysis [ˌhai'pɔfisis] *s.* (*pl.* **-ses** [si:z]) **1** ⟨*Anat*⟩ ipofisi *f,* ghiandola *f* pituitaria. **2** ⟨*Bot*⟩ ipofisi *f.*
hypostasis [hai'pɔstəsis, hi–] *s.* (*pl.* **-ses** [si:z]) ⟨*Filos, Teol, Ret, Med*⟩ ipostasi *f.* **ˌhypostatic** [-pə'stætik], **hypostatical** [-pə'stætikəl] *a.* ⟨*Filos,Teol,Med*⟩ ipostatico. **hypostatization** [-ˌpɔstətai'zeiʃən] *s.* ipostatizzazione *f.*
hyposulfite, hyposulfurous *am.* → **hyposulphite, hyposulphurous.**
hyposulphite [ˌhaipə'sʌlfait] *s.* ⟨*Chim*⟩ **1** idrosolfito *m,* iposolfito *m.* **2** (*sodium thiosulphate*) iposolfito *m* di sodio. **hyposulphurous** [-sʌl'fjurəs, -'sʌlfərəs] *a.* iposolforoso.
hypotension [ˌhaipə'tenʃən] *s.* ⟨*Med*⟩ ipotensione *f.* **hypotensive** [-pou'tensiv] **I** *a.* ipoteso. **II** *s.* ipoteso *m* (*f* –a).
hypotenuse [hai'pɔtinju:z] *s.* ⟨*Geom*⟩ ipotenusa *f.*
hypothalamus [ˌhaipə'θæləməs] *s.* (*pl.* **-mi** [mai:]) ⟨*Anat*⟩ ipotalamo *m.*
hypothec [hai'pɔθik] *s.* ⟨*Dir*⟩ ipoteca *f.* **hypothecary** [-əri] *a.* ipotecario. **hypothecate** [-eit] *v.t.* ipotecare. **hyˌpotheˈcation** [-eiʃən] *s.* iscrizione *f* d'ipoteca.
hypothenuse *s.* → **hypotenuse.**
hypothesis [hai'pɔθisis, hi–] *s.* (*pl.* **-ses** [si:z]) ipotesi *f.* **hypothesize** [-saiz] **I** *v.i.* fare un'ipotesi. **II** *v.t.* porre come ipotesi, supporre.
hypothetic [ˌhaipə'θetik], **hypothetical** [-əl] *a.* ipotetico (*anche Filos.*).
hypotyposis [ˌhaipətai'pousis] *s.* (*pl.* **-ses** [si:z]) ipotiposi *f.*
hypsometer [hip'sɔmitə] *s.* ⟨*Fis*⟩ ipsometro *m,* ipsotermometro *m.* **hypsometry** [-tri] *s.* ⟨*Geog*⟩ ipsometria *f.*
hyson ['haisn] *s.* tè *m* verde cinese.
hyssop ['hisəp] *s.* ⟨*Bot*⟩ issopo *m.*
hysteresis [ˌhistə'ri:sis] *s.* (*pl.* **-ses** [si:z]) ⟨*Fis*⟩ isteresi *f.* **hysteretic** [-'retik], **hysteretical** [-'retikəl] *a.* dell'isteresi.
hysteria [his'tiəriə] *s.* **1** isterismo *m.* **2** ⟨*Psic*⟩ isteria *f,* isterismo *m.* **hysteric** [-'terik] **I** *s.* ⟨*Psic*⟩ isterico *m* (*f* –a). **II** *a.* → **hysterical. hysterical** [-'terikəl] *a.* ⟨*Psic*⟩ isterico. **hysterics** [-'teriks] *s.pl.* (costr. sing.) isterismo *m,* attacco *m* isterico. ☐ ⟨*fam*⟩ *to go* (*off*) *into* ~ avere un attacco d'isterismo, avere una crisi di nervi.
hysteroscope [ˌhistərou'skoup] *s.* ⟨*Med*⟩ isteroscopio *m.* **hysteroscopy** [-'rɔskəpi] *s.* isteroscopia *f.* **hysterotomy** [-'rɔtəmi] *s.* ⟨*Chir*⟩ isterotomia *f.*
Hz. = ⟨*El*⟩ *hertz* hertz (*abbr.* Hz).

I

i, I [ai] *s.* (*pl.* **i's/is, I's/Is** [aiz]) (*letter of the alphabet*) i, I *f/m;* ⟨*Tel*⟩ I for Isaac, ⟨*am*⟩ I for Item i come Imola.

I¹ I *a.* **1** I, nono. **2** (*I-shaped*) a (forma di) I. **II** *s.* **1** (*Roman numeral*) I, primo *m.* **2** ⟨*Mat*⟩ i *f*, unità *f* immaginaria.

I² I *pron. pers. sogg.* **1** io *m/f, usually omitted when it precedes the verb: you and* ~ tu e io; ~ *should like to go* vorrei andare; ~ *the undersigned* io sottoscritto. **2** (*in a compound object: me*) me *m/f: he saw my brother and* ~ vide mio fratello e me. **II** *s.* ⟨*Filos*⟩ io *m.*

I. = **1** *Independent* indipendente. **2** ⟨*Geog*⟩ *Island* isola (*abbr.* i.).

i' [i] *apoc. di* **in.**

I.A. = *Incorporated Accountant* ragioniere iscritto all'albo.

IADB = **1** *Inter-American Defense Board* Giunta americana di difesa. **2** *Inter-American Development Bank* Banca interamericana di sviluppo.

IAEA = *International Atomic Energy Agency* Agenzia internazionale per l'energia atomica.

I.A.F. = *International Astronautical Federation* Federazione internazionale astronautica.

iamb ['aiæmb] *s.* ⟨*Metr*⟩ giambo *m.* **i'ambic** [–ik] **I** *a.* giambico. **II** *s.* **1** → **iamb. 2** (*verse; spesso al pl.*) verso *m* giambico. **i'ambus** [–əs] *s.* (*pl.* **-bi** [bai]/ **-buses** [bəsiz]) → **iamb.**

Ian *scozz.* ['iən] *N.pr.* Giovanni *m.*

I A T A = *International Air Transport Association* Associazione internazionale dei trasporti aerei.

iatrogenic [ai̯ætro'dʒenik] *a.* ⟨*Med*⟩ iatrogeno. **iatrogenicity** [–'nisiti] *s.* iatrogenicità *f.*

ib. = *ibidem* ibidem (*abbr.* ib., ibid.).

I-bar, I-beam *s.* ⟨*Edil*⟩ trave *f* a doppia T.

Iberia [ai'biəriə] *N.pr.* **1** ⟨*Geog*⟩ penisola *f* iberica. **2** ⟨*Geog.stor*⟩ Iberia *f.* **Iberian** [–n] **I** *a.* iberico. **II** *s.* **1** abitante *m/f* della penisola iberica. **2** (*language*) iberico *m*, lingua *f* iberica. **3** ⟨*Stor*⟩ ibero *m.*

ibex ['aibeks] *s.* (*pl.inv./*ibexes [–iz]/**ibices** ['ibisi:z]; il pl. inv. si usa general. con valore collett.) ⟨*Zool*⟩ stambecco *m.*

ibid. = *ibidem* ibidem (*abbr.* ib., ibid.).

ibidem *lat.* [i'baidem] *avv.* ibidem, nello stesso luogo.

ibis ['aibis] *s.* (*pl. inv./*ibises ['aibisiz]; il pl. inv. si usa general. con valore collett.) ⟨*Ornit*⟩ ibis *m.*

IBRD = *International Bank for Reconstruction and Development* Banca internazionale per la ricostruzione e lo sviluppo (*abbr.* B.I.R.D.).

Ibsenian [ib'si:niən] *a.* ibseniano, di Ibsen.

I C = ⟨*El*⟩ *Integrated Circuit* circuito integrato.

ICAO = *International Civil Aviation Organization* Organizzazione internazionale dell'aviazione civile.

Icarian [ai'kɛ:riən] *a.* di Icaro, ⟨*lett*⟩ icario. **'Icarus** [–kərəs] *N.pr.* ⟨*Mitol*⟩ Icaro *m.*

ICBM = ⟨*Mil*⟩ *intercontinental ballistic missile* missile balistico intercontinentale.

I.C.D.P. = *International Confederation for Disarmament and Peace* Confederazione internazionale per il disarmo e

la pace.

ice [ais] **I** *s.* **1** ghiaccio *m* (*anche fig.*). **2** ⟨*Dolc*⟩ → **cream. 3** ⟨*Dolc*⟩ glassa *f.* **4** ⟨*am.Dolc*⟩ (*frozen dessert*) dessert *m* gelato (fatto con succo di frutta). **II** *a.* ghiacc **III** *v.t.* **1** coprire di ghiaccio. **2** (*to freeze*) ghiaccia congelare. **3** (*to cool by refrigerating*) mettere in ghiacc ghiacciare, gelare: *to* ~ *beer* mettere la birra in ghiaccio ⟨*Dolc*⟩ glassare: *to* ~ *a cake* glassare una torta. **IV** *v.i.* ghiacciarsi, congelarsi, gelare. **2** (*to become coated w ice;* general. con *up, over*) ghiacciarsi, ricoprirsi incrostarsi) di ghiaccio: *the windscreen has* –*d up* parabrezza si è ricoperto di ghiaccio. ☐ ⟨*fig*⟩ *to* **break** ~ rompere il ghiaccio; (*to make a start*) prend l'iniziativa; ⟨*fam*⟩ *to* **cut** *no* ~: **1** (*to fail to impre* lasciare indifferente (*with s.o.* qd.), non far presa (su) (*to have no success*) non aver successo; ⟨*fam*⟩ *my feet* like ~ ho i piedi di ghiaccio (*o freddissimi*); ⟨*fam*⟩ ~: **1** da parte: *let's put that topic on* ~ *for the mom* lasciamo da parte quell'argomento per ora; **2** safekeeping) al sicuro; **3** (*in jail*) in carcere, al fresco; keep champagne on ~ tenere lo champagne in ghiacc ⟨*fig*⟩ *to be* (*skating*) *on* **thin** ~ essere (*o trovarsi*) in u situazione rischiosa, camminare (*o essere*) sul filo rasoio.

I.C.E. = ⟨*GB*⟩ *Institute of Civil Engineers* Istituto d ingegneri civili.

ice| age *s.* ⟨*Geol*⟩ era *f* glaciale. ~ **ax(e)** *s.* ⟨*Alp*⟩ picco: *f* (per ghiaccio). ~ **bag** *s.* borsa *f* per ghiaccio. ~**berg** **1** ⟨*Geol*⟩ iceberg *m.* **2** ⟨*fig*⟩ persona *f* fredda (o gelid ⟨*fam*⟩ pezzo di ghiaccio. ☐ ⟨*fig*⟩ *the tip of the* ~ punta dell'iceberg. ~ **boat** *s.* **1** slitta *f* a vela. **2** ⟨*M* (*icebreaker*) rompighiaccio *m*, nave *f* rompighiacc ~**bound** *a.* **1** imprigionato dal ghiaccio. **2** (*shut up ice*) ostruito dal ghiaccio. ~**box** *s.* **1** → **ice chest.** ⟨*am*⟩ (*refrigerator*) frigorifero *m.* ~**breaker** *s.* ⟨*M* rompighiaccio *m*, nave *f* rompighiaccio. ~ **bucket** secchiello *m* per il ghiaccio (*o portaghiaccio*). ~ **cap** ⟨*Geol*⟩ calotta *f* di ghiaccio. ~ **car** *am. s.* ⟨*Ferr*⟩ vago *m* frigorifero. ~ **chest** *s.* ghiacciaia *f.* '~ **'cold** *a.* ghiacciato, freddissimo. **2** ⟨*fig*⟩ gelido, freddo, glaciale. **cream** *s.* ⟨*Dolc*⟩ gelato *m* (di crema).

'ice-'cream| cake *s.* ⟨*Dolc*⟩ torta *f* gelata. ~ **cone** ⟨*Dolc*⟩ cono *m* (gelato). ~ **freezer** *s.* gelatiera *f.* **maker** *s.* gelatiere *f.* ~ **parlor** *am.,* ~ **parlour** gelateria *f.* ~ **pie** *am. s.* torta *f* gelata.

ice| crusher *s.* tritaghiaccio *m.* ~ **cube** *s.* cubetto *m* ghiaccio.

iced [aist] *a.* **1** ghiacciato, freddo, gelato: ~ *coffee* freddo. **2** (*covered with icing*) glassato. **3** (*covered with* ghiacciato.

ice| fall *s.* cascata *f* ghiacciata. ~ **field** *s.* ⟨*Geog*⟩ ice *m*, campo *m* di ghiaccio. ~ **floe** *s.* ghiaccio galleggiante. ~~**fog** *s.* ⟨*Meteor*⟩ nebbia *f* ghiacciata. **foot** *s.* ice-foot *m.* '~-'**free** *a.* libero da ghiacc **hockey** *s.* ⟨*Sport*⟩ hockey *m* su ghiaccio. ~ **hook** ⟨*Alp*⟩ rampone *m.* ~ **house** *s.* ghiacciaia *f.* ☐ ⟨*fig*⟩ ti *om is like an* ~ questa stanza è una ghiacciaia, in questa stanza si gela.

-land ['aislənd] *N.pr.* ⟨*Geog*⟩ Islanda *f.* **Icelander** [-ə] islandese *m/f.* **Icelandic** [-'lændik] **I** *a.* islandese. **II** lingua *f* islandese.

-land| lichen, ~ **moss** *s.* ⟨*Bot*⟩ lichene *m* ˹d'Islanda˺ (ə catartico). ~ **spar** *s.* ⟨*Min*⟩ spato *m* d'Islanda.

| lolly *s.* ghiacciolo *m.* ~**(-making) machine** *s.* ˹latiera *f.* ~**man** *am.* [mən] *s.irr.* 1 commerciante *m* di ˹hiaccio. 2 ⟨*Alp*⟩ chi pratica alpinismo su ghiaccio. ~ **eedle** *s.* ⟨*Meteor*⟩ ago *m* di ghiaccio. ~ **pack** *s.* 1 ˹*Geog*⟩ pack *m.* 2 ⟨*Med*⟩ impacco *m* di ghiaccio. 3 → **e bag.** ~ **pick** *s.* rompighiaccio *m.* ~ **plant** *s.* ⟨*Bot*⟩ ˹rba *f* cristallina, diacciola *f.* ~ **point** *s.* ⟨*Fis*⟩ punto *m* di ˹ongelamento. ~ **rink** *s.* pista *f* di pattinaggio (su ˹niaccio), pattinatoio *m.* ~ **run** *s.* ⟨*Geog*⟩ disgelo *m.* ~**sheet** *s.* ⟨*Geol*⟩ strato *m* di ghiaccio. ~ **show** *s.* rivista (di pattinaggio artistico) su ghiaccio. ~**skate** *s.* pattino ˹ da ghiaccio. ~ **storm** *s.* ⟨*Meteor*⟩ tempesta *f* di neve, ˹ormenta *f.* ~ **stream** *s.* ⟨*Geol*⟩ ice-stream *m*, lingua *f* ˹aciale. ~ **tongs** *s.pl.* mollette *fpl* per il ghiaccio. ~ **wall** ˹ ⟨*Alp*⟩ parete *f* di ghiaccio. ~ **water** *s.* acqua *f* ˹niacciata.

ineumon [ik'nju:mən] *s.* ⟨*Zool*⟩ mangusta *f* icneu-˹one.

or ['aikɔ:] *s.* ⟨*Mitol,Med*⟩ icore *m.* **ichorous** [-kərəs] *a.* ˹oroso.

thyologic [,ikθiə'lɔdʒik], **ichthyological** [-əl] *a.* ˹tiologico. **ichthyologist** [-θi'ɔlədʒist] *s.* ittiologo *m* (*f* ˹a). **ichthyology** [-θi'ɔlədʒi] *s.* ittiologia *f.*

thyophagist [ikθi'ɔfədʒist] *s.* ⟨*Etnol*⟩ ittiofago *m* (*f* ˹a), mangiatore *m* (*f* –trice) di pesce. **ichthyophagous** ˹-fəgəs] *a.* che si nutre di pesce.

thyosaur ['ikθiəsɔ:], **ichthyo'saurus** [-rəs] *s.* ˹*aleont*⟩ ittiosauro *m.*

cle ['aisikl] *s.* ghiacciolo *m.* **icicled** [-d] *a.* coperto di ˹niaccioli.

ly ['aisili] *avv.* ⟨*fig*⟩ freddamente, gelidamente. **iciness** ˹-sinis] *s.* 1 gelo *m*, freddo *m* gelido. 2 ⟨*fig*⟩ gelidezza *f*, ˹eddezza *f.*

ng ['aisin] *s.* 1 ⟨*Dolc*⟩ glassa *f.* 2 ⟨*Meteor*⟩ formazione *f* ˹ ghiaccio. 3 ⟨*Aer*⟩ incrostazione *f* di ghiaccio.

ng| layer *s.* 1 strato *m* ghiacciato. 2 ⟨*Dolc*⟩ strato *m* di ˹assa. ~ **sugar** *s.* ⟨*Dolc*⟩ zucchero *m* a velo.

.J. = *International Court of Justice* Corte inter-˹azionale di giustizia.

n ['aikɔn] *s.* ⟨*Art*⟩ icona *f.* **i'conic** [-ik], **i'conical** [-ikəl] ˹ 1 iconico. 2 ⟨*Art*⟩ convenzionale, stereotipato.

noclasm [ai'kɔnoklæzəm] *s.* ⟨*Stor*⟩ iconoclastia *f* (*anche* ˹.). **iconoclast** [-klæst] *s.* ⟨*Stor*⟩ iconoclasta *m/f* (*anche* ˹.). **i,conoclastic** [-'klæstik] *a.* ⟨*Stor*⟩ iconoclastico ˹nche *fig.*).

nographer [,aikə'nɔgrəfə] *s.* iconografo *m* (*f* –a). ˹onographic [-nə'græfik], **i,conographical** ˹nə'græfikəl] *a.* iconografico. **iconography** [-grəfi] *s.* ˹onografia *f.*

nolater [,aikə'nɔlətə] *s.* iconolatra *m/f.* **iconolatry** ˹tri] *s.* iconolatria *f.*

nology [,aikə'nɔlədʒi] *s.* iconologia *f.*

nometer [,aikə'nɔmitə] *s.* ⟨*Fot*⟩ mirino *m.*

noscope [ai'kɔnəskoup] *s.* ⟨*TV*⟩ iconoscopio *m.*

nostasis [aikə'nɔstəsis] *s.* (*pl.* -ses [si:z]) ⟨*Archeol*⟩ ˹onostasi *f.*

sahedral [,aiko(u)sə'hi:drəl] *a.* ⟨*Geom*⟩ icosaedrico. ˹osahedron [-rən] *s.* (*pl.* -dra [drə]/-s [z]) icosaedro ˹tus *m.*

eric [ik'terik], **icterical** [-əl] *a.* ⟨*Med*⟩ itterico. ˹erus ['iktərəs] *s.* ⟨*Med*⟩ ittero *m*, itterizia *f.*

is *lat.* ['iktəs] *s.* (*pl. inv.*/-tuses [təsiz]) 1 ⟨*Mus,Metr*⟩ ˹me. 2 ⟨*Fisiol*⟩ ictus *m*, itto *m*, pulsazione *f.* 3 ⟨*Med*⟩ ˹tus *m*, attacco *m.*

['aisi] *a.* 1 ghiacciato, gelato: ~ *roads* strade ghiacciate. (*very cold*) gelido, gelato: ~ *wind* vento gelido. 3 ⟨*fig*⟩ ˹eddo, gelido, di ghiaccio. □ *this room is* ~ *cold* in ˹esta stanza si gela.

[aid] *contraz. di* **I had, I would, I should.**

= *idem* idem (*abbr.* id.).

I.D. = *Intelligence Department* servizio informazioni.

IDA = *International Development Association* Associazione internazionale di sviluppo (*abbr.* AIS).

ID card *s.* tessera *f* di riconoscimento.

idea [ai'di:ə] *s.* 1 idea *f: to get an* ~ *of s.th.* farsi un'idea di qc. 2 (*concept*) idea *f*, concetto *m*; (*opinion*) opinione *f*, convincimento *m*, idea *f.* 3 (*impression*) idea *f*, impressione *f: you've got the wrong* ~ ti sei fatto un'idea sbagliata. 4 (*project*) progetto *m*, idea *f*, piano *m*; (*inspiration*) trovata *f*, idea *f: a brilliant* ~ un'idea luminosa. 5 (*knowledge*) nozione *f: the* ~ *of fear* la nozione della paura. 6 (*feeling*) idea *f*, presentimento *m: I have an* ~ *that he will accept* ho idea che accetterà. □ *to have a clear* ~ *of s.th.* avere le idee chiare su qc.; *to force one's* -*s on s.o.* imporre le proprie opinioni a qd.; *I don't get the* ~ non riesco a capire; ⟨*fam*⟩ *don't get any* -*s* non farti idee sbagliate; *that's a good* ~ è una buona idea; ⟨*fam*⟩ *to get* -*s into one's head* mettersi (delle) idee in testa; *who put that* ~ *into your head?* chi ti ha messo quell'idea in testa?; *to hit upon the* ~ *of doing s.th.* avere l'idea di fare qc.; ⟨*esclam*⟩ *the* (*very*) ~ *of* it neanche per idea (*o* sogno); *a man of* -*s* un uomo d'ingegno; *you have no* ~ *how hard I work* non hai idea di come io lavori sodo; *to have a poor* ~ *of s.o.* non avere una buona opinione di qd.; *to toy with an* ~ accarezzare un'idea; ⟨*iron*⟩ *what an* ~! che bella idea!, che trovata geniale!; ⟨*fam*⟩ *what's the big* ~? che sciocchezze sono queste?, che credi di fare?

ideal [ai'di:əl] **I** *s.* ideale *m.* **II** *a.* 1 ideale: ~ *weather for sailing* tempo ideale per la vela. 2 (*existing only in the mind*) immaginario, ideale, astratto: ~ *characters* personaggi immaginari. 3 ⟨*Filos*⟩ dell'idealismo. □ ⟨*Filos*⟩ ~ *of pure reason* idea *f* della ragion pura.

ideal gas *s.* ⟨*Fis*⟩ gas *m* perfetto (*o* ideale): ~ *law* legge dei gas ideali.

idealism [ai'di:əlizəm] *s.* idealismo *m* (*anche Art., Filos.*). **idealist** [-list] *s.* idealista *m/f* (*anche Filos.*). **i,dealistic** [-'listik], **i,dealistical** [-'listikəl] *a.* 1 idealistico, idealista (*anche Filos.*). 2 (*guided by ideals*) idealistico.

ideality [,aidi'æliti] *s.* idealità *f* (*anche Filos.*).

idealization [ai,di:əlai'zeiʃən] *s.* idealizzazione *f.* **i'dealize** [-laiz] **I** *v.t.* idealizzare. **II** *v.i.* farsi degli ideali. **i'deally** [-li] *avv.* idealmente.

idealness [ai'di:əlnis] *s.* idealità *f.*

idea| man [mæn], ~**monger** *s.* ⟨*fam*⟩ uomo *m* pieno ˹d'idee˺ (*o* di trovate).

ideate [ai'di:eit] **I** *v.t.* immaginare, concepire. **II** *v.i.* formarsi (*o* farsi) un'idea. **,ideation** [-di'eiʃən] *s.* ideazione *f* (*anche Psic.*).

idem *lat.* ['aidem] **I** *pron.* idem, lo stesso, la stessa (*o* medesima) cosa. **II** *a.* stesso, medesimo.

identic [ai'dentik] *a.* ⟨*Dipl*⟩ identico: ~ *note* nota identica. **identical** [-əl] *a.* 1 identico, stesso (identico): *the* ~ *person* la stessa identica persona. 2 (*exactly alike*) identico, perfettamente uguale: *we have* ~ *taste* abbiamo gusti identici. 3 ⟨*Mat*⟩ identico. 4 ⟨*Biol*⟩ monozigotico: ~ *twins* gemelli monozigotici.

identifiable [ai'dentifaiəbl] *a.* identificabile.

identification [ai,dentifi'keiʃən] *s.* 1 identificazione *f*, accertamento *m* d'identità. 2 (*s.th. which identifies*) documento *m* ˹d'identificazione˺ (*o* di riconoscimento). 3 ⟨*Psic*⟩ immedesimazione *f*, identificazione *f.*

identification| badge *s.* cartellino *m* d'identificazione. ~ **bracelet** *s.* braccialetto *m* con piastrina (di riconoscimento). ~ **card** *s.* → **ID card.** ~ **certificate** *s.* ⟨*Dir*⟩ atto *m* notorio. ~ **disk** *s.* ⟨*Mil*⟩ piastrina *f* di riconoscimento. ~ **mark** *s.* contrassegno *m.* ~ **papers** *s.pl.* documenti *mpl* d'identità. ~ **parade** *s.* ⟨*Dir*⟩ confronto *m* all'americana. ~ **plate** *s.* ⟨*Aut*⟩ targa *f* d'immatricolazione.

identifier [ai'dentifaiə] *s.* chi identifica. **identify** [-fai] *v.t.* 1 identificare, riconoscere, accertare l'identità di. 2 (*to discover*) scoprire, identificare. 3 (*to regard as identical*) identificare, giudicare identico: *to* ~ *progress with education* identificare il progresso con l'istruzione. 4 ⟨*Biol*⟩ classificare. □ *to* ~ *o.s. with:* 1 identificarsi con, immedesimarsi in (*anche Psic.*): *he identifies himself with his father* s'identifica col padre; 2 (*to associate closely*

with) identificarsi con, dare appoggio (incondizionato) a.
identifying mark [ai'dentifaiŋ] *s.* segno *m* d'identificazione.
identity [ai'dentiti] *s.* identità *f (anche Mat.)*: *to establish a person's* ~ stabilire l'identità di una persona; *the* ~ *of two signatures* l'identità di due firme. □ *to detain for verification of* ~ fermare per accertamenti; *to maintain one's* ~ conservare la propria identità.
identity| card *s.* carta *f* d'identità. ~ **crisis** *s.* ⟨*Psic*⟩ crisi *f* d'identità. ~ **disk** *s.* → **identification disk.** ~ **principle** *s.* ⟨*Filos*⟩ principio *m* d'identità.
idioglossia [,idiou'glɔsiə] *s.* ⟨*Med*⟩ idioglossia *f*.
ideogram ['idiəgræm], **ideograph** [–grɑ:f] *s.* ideogramma *m.* **,ideographic** [–'græfik], **,ideographical** [–'græfikəl] *a.* ideografico. **,ideography** [–i'ɔgrəfi] *s.* ideografia *f*, scrittura *f* ideografica.
ideologic [,aidiə'lɔdʒik], **ideological** [–əl] *a.* ideologico: ~ *conflict* conflitto ideologico. **ideologist** [–di'ɔlədʒist] *s.* ideologo *m (f* –a). **ideologization** [–dʒai'zeiʃən] *s.* ideologizzazione *f.* **ide'ologize** [–dʒiz] *v.t.* ideologizzare. **'ideologue** [–lɔg] *s.* ideologo *m (f* –a), teorico *m (f* –a). **ideology** [–di'ɔlədʒi] *s.* **1** ⟨*Pol,Filos*⟩ ideologia *f: the Marxist* ~ l'ideologia marxista. **2** (*ideological system*) sistema *m* ideologico, ideologismo *m.*
ides [aidz] *s.pl.* (costr. sing. o pl.) ⟨*Stor.rom*⟩ idi *f/mpl.*
id est *lat.* [id'est] cioè, id est.
idiocy ['idiəsi] *s.* **1** ⟨*Med*⟩ idiozia *f.* **2** (*foolishness*) idiozia *f*, stupidità *f*, imbecillità *f*; (*s.th. foolish*) idiozia *f*, stupidaggine *f*.
idiolect ['idiəlekt] *s.* ⟨*Ling*⟩ idioletto *m.*
idiom [i'diəm] *s.* **1** idioma *m*, lingua *f*; (*dialect*) dialetto *m*, idioma *m.* **2** (*mode of expression peculiar to a language*) frase *f* (*o* espressione) idiomatica, modo *m* di dire. **3** (*character of a language*) idiomatismo *m.* **4** (*form of artistic expression*) stile *m: the* ~ *of Bach* lo stile di Bach. **5** ⟨*Ling*⟩ idiotismo *m.* **,idio'matic** [–ætik], **,idio'matical** [–ætikəl] *a.* **1** idiomatico: ~ *expression* frase idiomatica. **2** (*full of idioms*) ricco d'idiotismi.
idiopathic [,idiə'pæθik] *a.* ⟨*Med*⟩ idiopatico. **idiopathy** [–di'ɔpəθi] *s.* idiopatia *f.*
idioplasm ['idiəplæzəm] *s.* ⟨*Biol*⟩ idioplasma *m.*
idiosyncrasy [,idiə'siŋkrəsi] *s.* **1** tratto *m* caratteristico, peculiarità *f.* **2** ⟨*estens*⟩ (*eccentricity*) eccentricità *f*, stravaganza *f.* **3** ⟨*Med*⟩ idiosincrasia *f.* **idiosyncratic** [–sin'krætik] *a.* **1** caratteristico, peculiare. **2** ⟨*estens*⟩ eccentrico, stravagante. **3** ⟨*Med*⟩ da (*o*) idiosincrasia.
idiot ['idiət] *s.* **1** cretino *m (f* –a), stupido *m (f* –a), idiota *m/f: he is an utter* ~ è un perfetto cretino. **2** ⟨*Med*⟩ idiota *m/f.*
idiot board *am. s.* ⟨*TV*⟩ (*teleprompter*) gobbo *m.*
idiotic [,idi'ɔtik], **idiotical** [–əl] *a.* **1** idiota, cretino, stupido. **2** ⟨*Med*⟩ idiota. **idiotically** [–əli] *avv.* stupidamente, da idiota.
idiotism ['idiətizəm] *s.* **1** idiozia *f.* **2** ⟨*Med*⟩ idiotismo *m*, idiozia *f.*
idiotype [,idiə'taip] *s.* ⟨*Biol*⟩ idiotipo *m.*
IDL = *International Driver's Licence* patente di guida internazionale.
idle ['aidl] **I** *a.* **1** (*inactive*) inattivo, inoperoso; (*unemployed*) disoccupato. **2** (*unwilling to work*) ozioso, bighellone, fannullone, poltrone. **3** (*lazy*) pigro, indolente, neghittoso. **4** (*not in use*) inattivo: *an* ~ *factory* una fabbrica inattiva. **5** (*of time: wasted*) sprecato, sciupato. **6** (*vain, frivolous*) futile, frivolo, vano: ~ *chatter* chiacchiere futili; (*pointless*) ozioso, vano, inutile: *an* ~ *question* una domanda oziosa. **7** (*groundless*) infondato: ~ *fears* timori infondati. **8** ⟨*Econ*⟩ morto, infruttifero, ozioso: ~ *capital* capitale morto. **9** ⟨*Mecc*⟩ folle. **II** *v.i.* **1** oziare, bighellonare, poltrire. **2** ⟨*Mecc*⟩ girare a vuoto. **III** *v.t.* **1** ⟨*Mecc*⟩ far girare a vuoto. **2** (*to waste; general.* con *away*) sprecare, sciupare: *to* ~ *away the morning* sprecare la mattinata. □ ⟨*Econ*⟩ *to lie* ~ restare infruttifero; ⟨*Mecc*⟩ *to run* ~ girare in folle; *to stand* ~: **1** (*of people*) rimanere inattivo, stare con le mani in mano; **2** (*of machines, etc.*) restare inattivo; ⟨*fig*⟩ *an* ~ *wish* un pio desiderio.
idleness [–nis] *s.* **1** ozio *m*, inattività *f.* **2** (*laziness*) pigrizia *f*, poltroneria *f.* **3** (*pointlessness*) inutilità *f*,

oziosità *f.* **idler** [–ə] *s.* **1** ozioso *m (f* –a), fannullone *m* –a), sfaccendato *m (f* –a). **2** (*indolent person*) pigro *m* –a), indolente *m/f.* **3** ⟨*Mecc*⟩ (*idle gear*) ingranaggio folle; (*idle pulley*) puleggia *f* folle (*o* di rinvio).
idler wheel *am. s.* → **idle wheel.**
idle| time *s.* ⟨*Ind*⟩ tempo *m* d'inattività. ~ **wheel** ⟨*Mecc*⟩ ingranaggio *m* di rinvio.
idling ['aidliŋ] *s.* **1** ⟨*Mecc*⟩ funzionamento *m* a vuoto. ⟨*Mot*⟩ funzionamento *m* ⸢in folle⸣ (*o* al minimo).
idly ['aidli] *avv.* **1** pigramente, oziosamente. **2** (*vain* inutilmente, vanamente, in modo futile. □ *to talk* parlare a vuoto.
idol ['aidl] *s.* idolo *m (anche fig.*). □ *to make an* ~ *of s* farsi un idolo di qd.; *worship of* –s culto idolatrico (*o* de idoli).
idolater [ai'dɔlətə] *s.* idolatra *m (anche fig.*). **idolatre** [–tris] *s.* idolatra *f (anche fig.*). **idolatrize** [–traiz] *v.* **idolize. idolatrous** [–trəs] *a.* **1** idolatrico. **2** (*practis* *idolatry*) idolatra. **3** (*resembling idolatry*) idolatra, di da) idolatra. **idolatry** [–tri] *s.* **1** idolatria *f.* **2** (*f* idolatria *f*, ammirazione *f* sconfinata.
idolism ['aidəlizəm] *s.* → **idolatry. idolist** [–list] idolatra *m/f.* **,idolization** [–lai'zeiʃən] *s.* l'idoleggia **idolize** [–laiz] **I** *v.t.* **1** idoleggiare. **2** ⟨*fig*⟩ idolatrare: *mother* –s *him* sua madre lo idolatra. **II** *v.i.* pratica l'idolatria, adorare gli idoli. **idolizer** [–laizə] ammiratore *m* sfrenato. **idolizing** [–ziŋ] **I** *s.* idolatria **II** *a.* pieno d'ammirazione.
idyll ['aidil, 'idl] *s.* idillio *m (anche Lett.,Mus.*). **idyl** [ai'dilik] *a.* ⟨*lett,fig*⟩ idilliaco, idillico. **idyllica** [ai'dilikəli] *avv.* in modo idilliaco. **idyllist** [–ist] *s.* ⟨*L* scrittore *m (f* –trice) di idilli.
i.e. = *id est* cioè.
IEA = *International Energy Agency* Agenzia Internazion dell'Energia (*abbr.* AIE).
if [if] **I** *congz.* **1** se, posto che, nel caso che, qualo nell'eventualità che: ~ *I were you* se fossi in te; ~ *it ra* nel caso che piova; ~ *you had come earlier* se fo arrivati prima. **2** (*even though*) anche se, quand'anche: *do it* ~ *it kills me* lo farò anche se dovessi morire, *beautiful,* ~ *expensive, present* un bel regalo anche costoso. **3** (*granting that*) se, ammesso che: ~ *you right* se hai ragione tu. **4** (*in indirect statements, etc.*) se *don't know* ~ *I can come* non so se posso venire. **II** *s* se *m: your* –s *and buts* i tuoi se e ma. **2** (*conditi* condizione *f*, se *m.* □ ~ **any** se ce ne sono, se ce eventuale: *transgressors,* ~ *any, will be punished* eventuali trasgressori saranno puniti; ~ **anything** se m tutt'al più, piuttosto, semmai: ~ *anything, the patient worse* se mai, il paziente sta peggio; **as** ~ come se, qua *he behaves as* ~ *he were Prime Minister* si comporta co se fosse il primo ministro; *he made as* ~ *to go* fece l'a di andarsene; ~ (*it is*) **necessary** se (è) necessario, qual fosse necessario, in caso di bisogno; ~ **not** altrimenti, no, in caso contrario; ~ *and* **only** ~ se e soltanto se: *only* se solo, magari: ~ *only he were here!* se fosse qui! *only to please me* non fosse altro che per farmi piacere; ~ (*it is*) **possible** se (è) possibile; ~ **so** in caso, se è così; *it only costs a shilling,* ~ **that** cc soltanto uno scellino, se pure lo costa.
I.F.S. = *Irish Free State* stato libero d'Irlanda.
I.F.T.U. = *International Federation of Trade Uni* Federazione internazionale dei sindacati.
igloo ['iglu:] *s.* igloo *m*, iglù *m.*
Ignatius [ig'neiʃəs] *N.pr.* Ignazio *m.*
igneous ['igniəs] *a.* **1** di fuoco. **2** ⟨*Geol*⟩ eruttivo, igne **igniferous** [ig'nifərəs] *a.* che porta fuoco, ⟨*lett*⟩ ignifero **ignis fatuus** *lat.* ['ignis 'fætjuəs] *s.* fuoco *m* fatuo (*anc* *fig.*).
ignitable [ig'naitəbl] *a.* infiammabile. **ignite** [–'nait] **I** *v.t.* **1** dar fuoco a, incendiare; (*to subject to intense he* arroventare. **2** (*to kindle*) accendere (*anche fig.*). ⟨*Chim*⟩ calcinare. **II** *v.i.* accendersi, prendere fuo **ignitible** [–tibl] *a.* → **ignitable. ignition** [–'niʃən] *s.* accensione *f (anche Mot.*). **2** ⟨*Chim*⟩ ignizione *f.*
ignition| delay *s.* ⟨*El*⟩ ritardo *m* d'accensione. ~ **diagram** *s.* schema *m* d'accensione. ~ **key** *s.* ⟨*A*

iave *f* (*o* chiavetta) dell'accensione. ~ **lag** *s.* → **ignition** elay. ~ **plug** *am. s.* ⟨*Mot*⟩ candela *f* d'accensione. ~ **witch** *s.* interruttore *m* dell'accensione. ~ **temperature** ⟨*Fis*⟩ temperatura *f* di combustione.

oble [ig'noubl] *a.* ignobile, spregevole, turpe. □ ~ **etal** metallo *m* vile. **ignobleness** [–nis] *s.* ignobiltà *f*, ssezza *f*.

ominious [,ignə'miniəs] *a.* **1** ignominioso, vergognoso, sonorevole. **2** (*humiliating*) degradante, umiliante. □ ~ **s.th.** ~ commettere un'ignominia. **'ignominy** [–mini] ignominia *f*, infamia *f*.

orable [ig'nɔːrəbl] *a.* ignorabile, che si può ignorare.

oramus [,ignə'reiməs] *s.* ignorante *m/f*.

orance ['ignərəns] *s.* ignoranza *f: I must confess my ~ this subject* confesso la mia ignoranza in questo campo *to be in ~ of s.th.* ignorare qc., essere all'oscuro di qc.; *do s.th. out of ~* fare qc. per ignoranza; *~ of the law is excuse* la legge non ammette ignoranza. *Prov.: where ~ bliss, 'tis folly to be wise* dove impera l'ignoranza sono i atti ad avere ragione. **ignorant** [–nt] *a.* **1** ignorante. **2** *nlearned*) ignorante, incolto, illetterato: *an ~ peasant* un ntadino ignorante. **3** (*uninformed*) ignaro, consapevole.

ore [ig'nɔː] *v.t.* **1** ignorare, non dare importanza a, non ner conto di, trascurare: *certain matters cannot be –d* n si possono ignorare certi fatti. **2** (*to take no notice of*) norare, fingere di non vedere (*o* conoscere, sapere): *if the ild starts to cry, ~ him* se il bambino comincia a angere, ignoralo. **3** ⟨*Dir*⟩ (*of an indictment*) lasciare dere (per mancanza di prove).

ana [i'gwɑːnə] *s.* ⟨*Zool*⟩ iguana *f.* **iguanodon(t)** dɔn(t)] *s.* ⟨*Paleont*⟩ iguanodonte *m.*

n *s.* → **icon.**

ac ['iliæk], **ileal** [iləl] *a.* ⟨*Anat*⟩ ileale.

am ['iliəm] *s.* (*pl.* ilea ['iliə]) ⟨*Anat,Entom*⟩ ileo *m.*

x ['aileks] *s.* ⟨*Bot*⟩ **1** elce *f.* **2** (*holmoak*) leccio *m.*

ac ['iliæk] *a.* ⟨*Anat*⟩ iliaco.

ad ['iliəd] *s.* ⟨*Lett*⟩ Iliade *f.* **iliad** *s.* ⟨*fig*⟩ lunga serie *f* di ripeizie.

um ['iliəm] *s.* (*pl.* ilia ['iliə]) ⟨*Anat*⟩ ilio *m*, ileo *m*, osso iliaco.

[ilk] **I** *s.* **1** famiglia *f*, stirpe *f.* **2** ⟨*spreg*⟩ (*sort*) genere razza *f*, stampo *m.* **II** *a.* ⟨*scozz*⟩ stesso, medesimo. □ *and all his ~* lui e tutti quelli del suo stampo; *of that* **1** ⟨*scozz*⟩ (*of the same family name*) dello stesso nome; ⟨*fig*⟩ (*of the same kind*) della stessa specie.

[il] **I** *a.* (*compar.* worse [wəːs], *sup.* worst [wəːst]) **1** *red*⟩ malato, ammalato: *to be ~ with pneumonia* essere nmalato di polmonite; (*unwell*) indisposto. **2** (*bad*) ttivo: *~ health* cattiva salute. **3** (*evil, wicked*) cattivo, alvagio, perfido: *~ deeds* azioni malvage. **4** (*hostile*) tile, avverso, malevolo: *~ feeling* sentimento ostile. **5** *nfavourable*) avverso, sfavorevole, contrario: *~ luck* rtuna avversa. **6** (*harmful*) dannoso, nocivo. **II** *s.* **1** ale *m*, danno *m: to do ~ to s.o.* fare del male a qd. **2** *arm, misfortune*) male *m*, disgrazia *f*, avversità *f.* **3** *ilment*) malattia *f*, male *m*, malanno *m.* **III** *avv. ompar.* worse, *sup.* worst) **1** male, malamente: *things nt ~ for them* le cose andarono male per loro. **2** (*in an friendly way*) ostilmente, in modo malevolo; *nfavourably*) sfavorevolmente. **3** (*hardly, not*) non pena, a malapena: *we can ~ afford further expense* non ssiamo permetterci ulteriori spese. □ *to be ~* stare ale, essere ammalato; *it ~ becomes you to criticize him* n sta bene che tu lo critichi; *to fall ~* ammalarsi, dere ammalato; *to fare ~* passarsela male; *to feel ~* ntirsi male; *~ feeling* rancore *m*, malumore *m; for good ~, we have done it* bene o male che sia, lo abbiamo tto; *~ fortune* sorte avversa, malasorte *f; ~* **grace** arbatezza *f*, malagrazia *f; to look ~* avere una cattiva ra; *as ~ luck would have it* per disgrazia, per sfortuna; **manners** cattive maniere, maleducazione *f; a place of ~* pute un locale malfamato; *to speak ~ of s.o.* parlare ale di qd.; *to take s.th. ~* prendere male (*o* in alaparte) qc.; *to be taken ~* = *to fall ill; to do s.o. an ~* rn giocare un brutto scherzo a qd.

[ail] *contraz. di* **I will, I shall.**

ill. = **1** *illustrated* illustrato. **2** *illustration* illustrazione.

,ill|-ad'vised *a.* **1** imprudente, sconsiderato, incauto. **2** (*of a person*) malconsigliato, malaccorto. **,~-affected** *a.* maldisposto. **,~-as'sorted** *a.* mal assortito.

illation [i'leiʃən] *s.* illazione *f*, deduzione *f.* **illative** ['ilətiv] **I** *a.* **1** fatto per illazione, ⟨*lett*⟩ illativo. **2** ⟨*Gramm*⟩ illativo. **II** *s.* ⟨*Gramm*⟩ particella *f* illativa.

'ill|-be'haved *a.* maleducato, screanzato. **~-'being** *s.* malessere *m*, lo star male. **'~-'blood** *s.* malanimo *m*, rancore *m*, astio *m.* **'~-'boding** *a.* infausto, funesto. **'~-'bred** *a.* maleducato, incivile, screanzato. **'~-'breeding** *s.* maleducazione *f.* **~-con'cealed** *a.* malcelato, mal dissimulato. **'~-con'ditioned** *a.* **1** → **ill-tempered.** **2** (*of a mean disposition*) malevolo. **3** (*in bad health*) malandato (in salute). **,~-con'sidered** *a.* sconsiderato, avventato, sventato. **'~-dis'posed** *a.* maldisposto (*to* verso). **'~-'doer** *s.* malfattore *m* (*f* –trice). **'~-'doing** *s.* malfatto *m*, malafatta *f.*

illegal [i'liːgəl] *a.* illegale, antigiuridico. □ *to do s.th. ~* commettere un'illegalità. **illegality** [,ili'gæliti] *s.* **1** illegalità *f.* **2** (*illegal act*) illegalità *f*, atto *m* illegale.

illegibility [i,ledʒi'biliti] *s.* l'essere illeggibile. **il'legible** [–bl] *a.* illeggibile, indecifrabile. **il'legibly** [–bli] *avv.* in modo illeggibile.

illegitimacy [,ili'dʒitiməsi] *s.* illegittimità *f.* **illegitimate I** *a.* [–timit] **1** (*of a child*) illegittimo. **2** (*unlawful*) illegittimo, illegale. **3** (*not rightly deduced*) arbitrario, illegittimo: *~ supposition* supposizione arbitraria. **4** (*irregular*) irregolare, abnorme. **II** *s.* illegittimo *m* (*f* –a). **III** *v.* [–timeit] → **illegitimatize. ,ille,gitimation** [–ti'meiʃən] *s.* il rendere illegittimo. **illegitimatize** [–timətaiz] *v.t.* dichiarare illegittimo.

ill| fame *s.* cattiva reputazione *f* (*o* fama). □ *house of ~* casa *f* di malaffare. **'~-'famed** *a.* malfamato, famigerato. **'~-'fated** *a.* **1** sfortunato, disgraziato. **2** (*bringing misfortune*) malaugurato, infausto, nefasto. **'~-'favoured** *a.* **1** (*ugly*) brutto, sgraziato. **2** (*unpleasant*) sgradevole, sgradito. **~-'feeling** *s.* risentimento *m*, rancore *m.* **'~-'fitted** *a.* inadatto (*for* a). **'~-'gotten** *a.* mal acquistato, guadagnato disonestamente. □ *~ gains* guadagni disonesti. **'~-'humour** *s.* malumore *m: to be in an ~* essere di malumore, avere la luna. **'~-'humoured** *a.* di cattivo umore, di malumore.

illiberal [i'libərəl] *a.* **1** illiberale. **2** (*narrow–minded*) gretto, ristretto, meschino. **3** (*uncultured*) incolto, ignorante. **4** (*not generous*) illiberale, privo di generosità. **il,liberality** [–'ræliti] *s.* **1** illiberalità *f.* **2** (*narrow–mindedness*) grettezza *f*, meschinità *f.*

illicit [i'lisit] *a.* illecito, illegale (*anche Dir.*): *~ gain* guadagno illecito.

illimitable [i'limitəbl] *a.* illimitato, sconfinato. **illimitableness** [–bəlnis] *s.* sconfinatezza *f*, carattere *m* illimitato.

'ill-in'formed *a.* male informato. **~-in'tentioned** *a.* malintenzionato.

illiteracy [i'litərəsi] *s.* **1** analfabetismo *m.* **2** (*lack of education*) mancanza *f* d'istruzione, ignoranza *f.* **3** (*mistake*) errore *m* 'nel parlare' (*o* nello scrivere) dovuto a ignoranza. **illiterate** [–tərit] *a.* **1** illetterato, analfabeta. **2** (*uneducated*) illetterato (*uncultured*) incolto, ignorante. **II** *s.* illetterato *m* (*f* –a), analfabeta *m/f.* **illiterately** [–tərtli] *avv.* da illetterato, da analfabeta.

'ill|-'judged *a.* sconsigliato, sconsiderato, malaccorto. **~-'management** *s.* cattiva amministrazione *f.* **'~-'mannered** *a.* rozzo, volgare, grossolano. **'~-'matched** *a.* mal assortito. **'~-'meaning** *a.* → **ill-intentioned.** **'~-'natured** *a.* **1** sgarbato, bisbetico, acido. **2** (*malicious*) maligno.

illness ['ilnis] *s.* **1** malattia *f*, malessere *m*, infermità *f.* **2** (*disease*) male *m*, malattia *f*, malanno *m.*

illogical [i'lɔdʒikəl] *a.* illogico, assurdo. **il,logicality** [–'kæliti], **illogicalness** [–nis] *s.* illogicità *f.*

'ill|-'omened *a.* malaugurato, infausto, nefasto. **'~-'spent** *a.* mal speso, sprecato, sciupato. **'~-'starred** *a.* sfortunato, nato sotto una cattiva stella. **'~-'suited** *a.* non adatto, inappropriato. **'~-'tempered** *a.* irritabile, irascibile, stizzoso. **'~-'timed** *a.* intempestivo, inopportuno. **,~-'treat**

v.t. maltrattare. ,~-'**treatment** *s.* maltrattamento *m.*

illume [i'lju:m] *v.t.* ⟨*rar*⟩ illuminare, lumeggiare (*anche fig.*). **illuminable** [–inəbl] *a.* illuminabile, rischiarabile. **illuminant** [–inənt] **I** *s.* sostanza *f* (*o* mezzo *m*) illuminante. **II** *a.* illuminante.

illuminate [i'lju:mineit] *v.t.* **1** illuminare, rischiarare. **2** (*to adorn with lights*) illuminare (a festa), (ad)ornare di luci. **3** ⟨*fig*⟩ (*to make clear*) chiarire, spiegare, delucidare: *to* ~ *a mystery* chiarire un mistero. **4** ⟨*fig*⟩ (*to enlighten*) illuminare. **5** ⟨*Paleogr*⟩ miniare. **illuminating** [–iŋ] *a.* **1** illuminante, rischiarante. **2** ⟨*fig*⟩ chiarificatore, esplicativo: *an* ~ *remark* un'osservazione chiarificatrice.

illumination [i,lju:mi'neiʃən] *s.* **1** illuminazione *f.* **2** *pl.* (*display of ornamental lights, etc.*) illuminazione *f,* luminaria *f.* **3** ⟨*fig*⟩ (*intellectual enlightenment*) illuminazione *f,* intuizione *f.* **4** ⟨*Paleogr*⟩ miniatura *f.* **il'luminative** [–neitiv] *a.* → **illuminating. il'luminator** [–neitə] *s.* **1** chi illumina. **2** ⟨*Fis*⟩ illuminatore *m.* **3** ⟨*Paleogr*⟩ miniaturista *m/f,* miniatore *m* (*f* –trice). **il'lumine** [–min] *v.* → **illuminate. illuminometer** [–'nomitə] *s.* ⟨*tecn*⟩ illuminometro *m.*

'**ill**|–'**usage** *s.* maltrattamento *m.* '~-'**use** *v.t.* maltrattare, bistrattare. ,~-'**used** *a.* maltrattato, bistrattato.

illusion [i'lu:ʒən] *s.* **1** illusione *f,* (falsa) impressione *f: optical* ~ illusione ottica. **2** (*delusion*) illusione *f,* inganno *m* (della mente). **3** (*s.th. that deceives*) illusione *f,* chimera *f,* falsa speranza *f.* **4** ⟨*Psic*⟩ illusione *f.* **5** ⟨*Tess*⟩ tulle *m* finissimo. □ *to cherish* –*s* pascersi di (*o* farsi delle) illusioni; *to have no* –*s about s.th.* non farsi illusioni su qc.; *to be under an* ~ = *to cherish illusions.* **illusionism** [–izəm] *s.* ⟨*Filos,Art*⟩ illusionismo *m.* **illusionist** [–ist] *s.* **1** illusionista *m/f,* prestigiatore *m* (*f* –trice). **2** ⟨*Filos,Art*⟩ seguace *m/f* dell'illusionismo.

illusive [i'lu:siv] *a.* → **illusory. illusoriness** [–sərinis] *s.* illusorietà *f.* **illusory** [–səri] *a.* **1** illusorio, ingannevole. **2** (*unreal*) illusorio, frutto d'illusione: ~ *happiness* felicità illusoria.

illustrate ['iləstreit] *v.t.* **1** illustrare, spiegare, chiarire. **2** (*of a book, etc.*) illustrare. **illustrated** [–id] **I** *a.* illustrato, corredato d'illustrazioni: *an* ~ *magazine* una rivista illustrata. **II** *s.* ⟨*Giorn*⟩ periodico *m* illustrato. □ *an* ~ *lecture* una conferenza con proiezioni (grafici, ecc.). **illustration** [–'treiʃən] *s.* **1** (*picture in a book, etc.*) illustrazione *f.* **2** (*example*) esempio *m,* dimostrazione *f.* **3** (*act of explaining*) illustrazione *f,* spiegazione *f,* chiarimento *m.* **illustrative** [i'lʌstrətiv] *a.* illustrativo, chiarificatore. **illustrator** [–ə] *s.* **1** chi chiarisce (*o* spiega). **2** (*of books, etc.*) illustratore *m* (*f* –trice).

illustrious [i'lʌstriəs] *a.* **1** (*of people*) illustre, chiaro, insigne; (*famous*) famoso, celebre. **2** (*of deeds, etc.*) illustre, celebre, famoso. **illustriousness** [–nis] *s.* celebrità *f,* fama *f.*

ill|–'**will** *s.* **1** cattiva volontà *f.* **2** (*malevolence*) malevolenza *f.* □ *to bear s.o.* ~ voler male a qd.; *to harbour* ~ *against s.o.* nutrire malanimo verso qd. ,~-'**wisher** *s.* chi augura del male.

Illyria [i'liriə] *N.pr.* ⟨*Geog.stor*⟩ Illiria *f.* **Illyrian** [–n] **I** *a.* illirico. **II** *s.* **1** abitante *m/f* dell'Illiria. **2** (*language*) lingua *f* illirica.

I.L.O. = *International Labour Organization* Organizzazione internazionale del lavoro (*abbr.* OIL).

I.L.P. = ⟨*GB*⟩ *Independent Labour Party* partito laburista indipendente.

I'm [aim] *contraz. di* **I am.**

image ['imidʒ] **I** *s.* **1** immagine *f,* figura *f: an* ~ *of Christ* un'immagine di Cristo; (*effigy*) immagine *f,* effigie *f.* **2** (*mental conception*) immagine *f,* raffigurazione *f* (*o* rappresentazione) mentale. **3** (*form, appearance*) immagine *f,* modello *m: man was created in God's* ~ l'uomo è stato creato a immagine di Dio. **4** (*person or thing resembling another*) immagine *f,* ritratto *m,* copia *f: he is the* ~ *of his father* è il ritratto del padre; (*incarnation, epitomy*) personificazione *f,* incarnazione *f: she is the* ~ *of efficiency* è la personificazione dell'efficienza. **5** (*metaphor, figure, etc.*) immagine *f: a bold* ~ un'immagine ardita. **6** (*emblem, symbol*) immagine *f,* simbolo *m.* **7** ⟨*Ret*⟩ (*figure of speech*) figura *f* retorica. **8** ⟨*Ott,*

Fot,Psic,Mat⟩ immagine *f.* **II** *v.t.* **1** (*to imagine*) immaginare. **2** (*to reflect, mirror*) riflettere, rispecchiare. (*to symbolize*) rappresentare, simboleggiare. **4** ⟨*A*⟩ dipingere, ritrarre. **5** ⟨*Fot*⟩ proiettare.

image| **converter** *s.* ⟨*TV*⟩ convertitore *m* d'immagine. ~ **distortion** *s.* distorsione *f* d'immagine. ~ **frequency** frequenza *f* d'immagine. ~ **processing** *s.* ⟨*Infor*⟩ elaborazione *f* elettronica dell'immagine.

imagery ['imidʒri] *s.* **1** ⟨*Lett*⟩ immagini *fpl,* espressioni di un concetto; (*figurative description*) linguaggio figurato. **2** (*effigies*) immagini *fpl,* raffigurazioni *fpl.* ⟨*Lett*⟩ *use of* ~ immaginismo *m.*

image worship *s.* culto *m* delle immagini, iconolatria *f.*

imaginable [i'mædʒinəbl] *a.* immaginabile, concepibile, pensabile. **imaginably** [–i] *avv.* in modo immaginabi*le.*

imaginal ['imædʒinəl] *a.* ⟨*Entom*⟩ imaginale.

imaginary [i'mædʒinəri] *a.* **1** immaginario (*anche M*) *an* ~ *illness* una malattia immaginaria. **2** (*fictitio*) immaginario, fantastico.

imagination [i,mædʒi'neiʃən] *s.* **1** immaginazione *f* (*an Psic.,Lett.,Filos.*). **2** (*faculty of imagining*) immaginativa *f,* fantasia *f,* inventiva *f: to have a vivid* ~ avere *f* fantasia fervida, avere molta inventiva. **3** (*prod*) immaginazione *f,* invenzione *f,* parto *m* della fantasia (*resourcefulness*) ingegnosità *f,* genialità *f.* □ *to have n* non avere fantasia; *it is only your* ~ è soltanto una fantasia.

imaginative [i'mædʒinətiv] *a.* **1** (*of persons*) immagin*e* ricco di immaginazione, immaginativo: *an* ~ *writer* scrittore immaginoso; (*of things*) immaginati*vo* dell'immaginazione: ~ *faculty* facoltà immaginativa. (*resourceful*) ingegnoso, geniale: *an* ~ *solution to* problem una soluzione geniale del problema. **ima** **nativeness** [–nis] *s.* immaginativa *f,* inventiva *f,* fa*ntasia f.*

imagine [i'mædʒin] **I** *v.t.* **1** immaginare. **2** (*to th* immaginare, pensare, supporre; (*to presume*) presum*ere,* ritenere. **3** ⟨*rifl*⟩ immaginare, immaginarsi, figurarsi: *t* *o.s.* (*to be*) *in a place* immaginarsi (d'essere) in un po*sto.* **II** *v.i.* fantasticare. □ *I* ~ *him as a fat man* lo immag*ino* grasso; *you can't* ~ *how sorry I am* non puoi cre*dere* quanto mi dispiaccia; *just* ~ *my surprise* immagina figurati un po' la mia sorpresa; *do you really* ~ *that* *will succeed?* t'illudi forse di riuscire?, credi davvero farcela?; *to* ~ *things* immaginare cose inesistenti.

imagism ['imidʒizəm] *s.* ⟨*Lett*⟩ imagismo *m.* **ima** [–dʒist] **I** *s.* imagista *m.* **II** *a.* dell'imagismo.

imago [i'meigou] *s.* (*pl.* -es [z]/-gines [dʒini:z]) ⟨*Entom*⟩ immagine *f,* imago *f.* **2** ⟨*Psic*⟩ imago *f.*

imam [i'mɑ:m] *s.* ⟨*Rel*⟩ imano *m.* **imamate** [–eit] imanato *m.* **imaum** *s.* → **imam.**

imbalance [im'bæləns] *s.* **1** squilibrio *m: economic* squilibrio economico. **2** ⟨*Med*⟩ squilibrio *m,* sbila*ncio m.*

imbecile ['imbisi:l] *s.* **1** ⟨*Med*⟩ imbecille *m/f.* **2** (*f* imbecille *m/f,* scemo *m* (*f* –a). **II** *a.* **1** ⟨*Med*⟩ imbecill*e;* ⟨*pop*⟩ imbecille, stupido, scemo. ,**imbe'cilic** [–ik] *a.* ⟨*Med*⟩ (*o* da) imbecille. **2** (*stupid*) idiota, stup*ido,* balordo. ,**imbe'cility** [–iti] *s.* **1** ⟨*Med*⟩ imbecillità *f;* ⟨*pop*⟩ imbecillità *f,* scemenza *f.*

imbed [im'bed] *v.t.* (*to embed*) incastrare.

imbibe [im'baib] *v.t.* **1** assorbire: *the sponge* –*s wate* spugna assorbe acqua. **2** ⟨*fig*⟩ imbeversi di, assorb*ire,* assimilare: *to* ~ *liberal principles* imbeversi di *principi* liberali. **3** (*to drink*) bere, mandare giù. **imbiber** [–ə] (*fam*) bevitore *m* (*f* –trice). ,**imbibition** [–bi'biʃən] *s.* assorbimento *m.* **2** ⟨*Fis*⟩ imbizione *f,* assorbimento *m.*

imbricate I *a.* ['imbrikit] **1** embricato, imbricato ⟨*Biol*⟩ imbricato. **II** *v.t.* ['imbrikeit] embricare, dispor*re a* guisa di embrici. **III** *v.i.* embricarsi. ,**imbricat** [–'keiʃən] *s.* embricatura *f;* (*pattern, decoration*) d*eco-*razione *f* a embricature.

imbroglio *it.* [im'brouljou] *s.* (*pl.* -s [z]) imbroglio *m,* pasticcio *m.*

imbrue [im'bru:] *v.t.* **1** bagnare, inzuppare. **2** (*to sta*) macchiare, tingere. **3** ⟨*fig*⟩ imbevere, impregn*are,* permeare. □ –*d in* (*o* with) *blood* insanguinato, macch*iato* sangue.

ue [im'bju:] *v.t.* **1** (*to steep*) imbevere, impregnare; (*to urate*) saturare. **2** (*to dye*) tingere, colorare, macchiare. ⟨*fig*⟩ permeare, impregnare: *-d with nationalism* rmeato di nazionalismo.

F, I.M.F. = *International Monetary Fund* Fondo onetario internazionale (*abbr.* I.M.F.).

tability [ˌimitə'biliti] *s.* l'essere imitabile (*o* riprocibile). '**imitable** [-bl] *a.* imitabile, riproducibile.

tate ['imiteit] *v.t.* **1** imitare. **2** (*to mimic*) imitare, immiottare, contraffare: *to ~ s.o.'s accent* scimmiottare ccento di qd. **3** (*to reproduce*) imitare, riprodurre, piare: *to ~ a painting* imitare un quadro; (*to unterfeit*) contraffare, imitare. **4** (*to resemble*) imitare, ere l'apparenza di, assomigliare a. **5** ⟨*Zool*⟩ prendere .spetto di.

tation [ˌimi'teiʃən] **I** *s.* **1** imitazione *f,* riproduzione *f,* pia *f: an ~ of an antique jewel* un'imitazione di un oiello antico; *a perfect ~ of Gothic architecture* una erfetta riproduzione di architettura gotica; (*counterfeit*) ntraffazione *f.* **2** ⟨*Biol*⟩ mimetismo *m.* **3** ⟨*Lett,Mus*⟩ nitazione *f.* **II** *a.* finto, falso, imitato: *~ leather* finta elle; (*of a gem*) falso. □ ⟨*Comm*⟩ *beware of –s* diffidate elle imitazioni.

tation| gold *s.* ⟨*Met*⟩ similoro *m.* **~ leather** *s.* milpelle *f.*

itative ['imitətiv, *am.* –teitiv] *a.* **1** imitativo: *the ~ arts* arti imitative. **2** (*of a person*) che imita. **3** (*counterfeit*) lso, finto, contraffatto. **4** ⟨*Ling*⟩ onomatopeico, nitativo. **5** ⟨*Biol*⟩ mimetico. **imitatively** [-li] *avv.* in odo imitativo. **imitativeness** [-nis] *s.* spirito *m* 'imitazione. **imitator** [-tə] *s.* imitatore *m* (*f* –trice).

maculate [i'mækjulit] *a.* **1** immacolato, perfettamente ulito: *an ~ suit* un abito immacolato. **2** (*free from sin or oral blemish*) immacolato, incontaminato, puro. **3** (*of a xt, etc.*) senza errori. **4** ⟨*Biol*⟩ non chiazzato, non acchiato, di un colore uniforme.

maculate Conception *s.* ⟨*Rel*⟩ Immacolata Concezione *f.*

maculateness [i'mækjulitnis] *s.* l'essere immacolato.

manence ['imənəns], **immanency** [-i] *s.* ⟨*Filos*⟩ mmanenza *f.* **immanent** [-nənt] *a.* **1** insito. **2** ⟨*Filos*⟩ mmanente.

manuel [i'mænjuəl] *N.pr.* Emanuele *m.*

material [ˌimə'tiə:riəl] *a.* **1** irrilevante, che non ha nportanza. **2** (*incorporeal*) immateriale, incorporeo; spiritual) spirituale. □ *it is ~ to me whether he leaves or ot* che parta o no mi è indifferente. **immaterialism** –izəm] *s.* ⟨*Filos*⟩ immaterialismo *m.* **immaterialist** -ist] *s.* immaterialista *m/f.* **imma,teriality** [-ri'æliti] *s.* irrilevanza *f.* **2** (*incorporeality*) immaterialità *f,* ncorporeità *f.* **immaterialize** [-aiz] *v.t.* rendere mmateriale (*o* incorporeo).

mature [ˌimə'tjuə] *a.* **1** immaturo (*anche Med.*). **2** Agr) (*of soil*) non pronto; (*of fruit*) immaturo, acerbo. **3** *premature*) prematuro, immaturo, precoce. **imma- ureness** [-'tjuənis], **immaturity** [-riti] *s.* immatu- ità *f.*

measurability [iˌmeʒərə'biliti] *s.* incommensurabilità *f,* llimitatezza *f.* **im'measurable** [-bl] *a.* incommensura- ile, illimitato, infinito. **im'measurableness** [-blnis] *s.* → immeasurability.

mediacy [i'mi:diəsi] *s.* immediatezza *f,* prontezza *f.* **mediate** [i'mi:djət] *a.* **1** immediato, pronto, subitaneo: *~ payment* pagamento immediato; *to receive ~ attention* icevere una pronta assistenza. **2** (*direct*) diretto, mmediato: *one's ~ superiors* i diretti superiori. **3** (*of ime*) prossimo, immediato: *the ~ future* l'immediato uturo; (*of place*) immediato: *the ~ vicinity* le immediate icinanze. **4** (*concerning the present*) attuale, presente: *what are your ~ plans?* quali sono i tuoi progetti attuali? **5** (*next in relation or line*) diretto: *the ~ heir to the hrone* l'erede diretto al trono. **6** ⟨*Filos*⟩ diretto, mmediato. □ *to take ~ action* prendere provvedimenti mmediati; *one's ~ family* i parenti stretti (*o* prossimi); *~ nformation* informazione diretta (*o* di prima mano); *~ needs* necessità immediate, prime necessità; *one's ~*

neighbour il vicino di casa.

immediately [i'mi:djətli] **I** *avv.* **1** immediatamente, senza indugi(o). **2** (*without intermediary*) immediatamente, direttamente. **3** (*of time*) subito: *~ after lunch* subito dopo pranzo; (*of space*) immediatamente, subito. **II** *congz.* (non) appena: *we'll leave ~ he comes* appena viene ce ne andiamo. **immediateness** [-tnis] *s.* → immediacy.

immedicable [i'medikəbl] *a.* incurabile, senza rimedio.

immemorial [ˌimi'mɔ:riəl] *a.* immemorabile, remotissimo, remoto: *from time ~* da tempo immemorabile, a memoria d'uomo. **immemorially** [-i] *avv.* sin dai tempi più remoti.

immense [i'mens] *a.* **1** sconfinato, immenso, illimitato, smisurato: *an ~ country* un paese sconfinato; (*very large*) grandissimo, enorme: *an ~ hall* un salone grandissimo; (*great, vast*) immenso, grandissimo: *an ~ crowd* una folla immensa. **2** ⟨*sl*⟩ (*very good*) splendido, eccellente. **immensely** [-li] *avv.* **1** immensamente. **2** ⟨*fam*⟩ (*very*) immensamente, enormemente, molto, ⟨*fam*⟩ tremenda- mente. **immensity** [-iti] *s.* immensità *f,* smisuratezza *f.*

immensurability [iˌmenʃurə'biliti] *s.* incommensurabilità *f.* **im'mensurable** [-bl] *a.* incommensurabile.

immerse [i'mə:s] *v.t.* **1** immergere, tuffare. **2** ⟨*rifl*⟩ immergersi (*in* in), dedicarsi a: *to ~ o.s. in one's work* immergersi nel lavoro. **3** (*to embed, sink;* general. al pass.) affondare, conficcare, immergere. **4** ⟨*Rel*⟩ battezzare per immersione. **5** ⟨*fig*⟩ (*to involve;* general. al pass.) coinvolgere. **immersed** [-t] *a.* **1** immerso, tuffato. **2** ⟨*fig*⟩ immerso, assorto (*in* in), intento (a): *~ in one's thoughts* immerso nei propri pensieri. □ *~ in debt* immerso nei debiti, indebitato fino al collo. **immersion** [-ə:ʃən] *s.* **1** immersione *f* (*anche Astr.*). **2** ⟨*fig*⟩ l'essere immerso (*o* assorto). **3** ⟨*Rel*⟩ battesimo *m* per immersione.

immersion| heater *s.* scaldaliquidi *m* (*o* riscaldatore) a immersione. **~ lens** *s.* ⟨*Ott*⟩ obiettivo *m* a immersione.

immigrant ['imigrənt] **I** *s.* immigrante *m/f.* **II** *a.* immigrante. □ *~ restrictions* limitazioni all'immigrazione. **immigrate** [-greit] **I** *v.i.* immigrare. **II** *v.t.* far immigrare. **,immigration** [-'greiʃən] *s.* immigrazione *f.*

immigration country *s.* paese *m* d'immigrazione.

imminence ['iminəns] *s.* **1** imminenza *f.* **2** (*impending evil or danger*) minaccia *f,* pericolo *m* (imminente). **imminent** [-nənt] *a.* **1** imminente, vicino, prossimo: *war is ~* la guerra è imminente. **2** (*overhanging*) imminente, minaccioso: *~ danger* pericolo imminente.

immiscibility [iˌmisi'biliti] *s.* ⟨*Chim*⟩ immiscibilità *f.* **im'miscible** [-bl] *a.* immiscibile.

immitigable [i'mitigəbl] *a.* implacabile.

immobile [i'moubail] *a.* **1** immobile, fisso. **2** (*motionless*) immobile, fermo, inerte. **immobility** [ˌimo(u)'biliti] *s.* immobilità *f.*

immobilization [iˌmoubilai'zeiʃən] *s.* **1** immobilizzazione *f* (*anche Chir.*). **2** ⟨*Econ*⟩ ritiro *m* dalla circolazione. **im'mobilize** [-laiz] *v.t.* **1** immobilizzare, rendere immobile. **2** (*to render incapable of action*) immobilizzare, mettere nell'impossibilità d'agire: *to ~ enemy troops* immobilizzare le truppe nemiche. **3** ⟨*Econ*⟩ (*of specie*) ritirare dalla circolazione; (*of floating capital*) investire in capitale fisso.

immoderate [i'mɔdərit] *a.* **1** (*of persons*) smodato, immoderato, smoderato. **2** (*of things*) eccessivo, immoderato: *~ speed* velocità eccessiva. **im,moderation** [-'reiʃən] *s.* **1** (*of persons*) immoderatezza *f,* smoderatezza *f.* **2** (*of things*) eccessività *f.*

immodest [i'mɔdist] *a.* **1** immodesto; (*presumptuous*) presuntuoso. **2** (*indecent*) indecente, indecoroso: *~ dress* vestito indecente; (*of a woman*) immodesta, spudorata, priva di pudore. **immodesty** [-i] *s.* **1** immodestia *f.* **2** (*lack of decency*) indecenza *f,* spudoratezza *f.*

immolate ['iməleit] *v.t.* **1** immolare, sacrificare (*anche fig.*). **2** ⟨*fig*⟩ (*to kill*) uccidere. **3** ⟨*rifl*⟩ immolarsi, sacrificarsi. **,immolation** [-'leiʃən] *s.* immolazione *f,* sacrificio *m.* **immolator** [-ə] *s.* chi immola.

immoral [i'mɔrəl] *a.* immorale. **,immorality** [-mə'ræliti] *s.* immoralità *f.*

immortal [i'mɔ:tl] **I** *a.* **1** immortale, eterno. **2**

(*imperishable*) immortale, imperituro: ~ *fame* fama immortale. **II** *s.* **1** essere *m* immortale. **2** (*person of enduring fame*) persona *f* di fama imperitura. **Immortals** [–z] *s.pl.* ⟨*Mitol*⟩ immortali *mpl.* **,immortality** [–'tæliti] *s.* immortalità *f,* eternità *f;* (*lasting fame*) fama *f* imperitura.
im,mortalization [–tɔlai'zeiʃən] *s.* l'immortalare.
immortalize [–laiz] *v.t.* **1** immortalare, rendere immortale. **2** (*to make enduringly famous*) immortalare, perpetuare. **immortally** [–i] *avv.* in modo immortale.
immortelle [,imɔ:'tel] *s.* ⟨*Bot*⟩ semprevivo *m.*
immovability [i,mu:və'biliti] *s.* **1** immobilità *f,* fissità *f.* **2** (*steadfastness*) irremovibilità *f.* **3** (*impassiveness*) impassibilità *f.* **im'movable** [–bl] *a.* **1** che non si può muovere, immobile, fermo, ~ fisso. **2** (*steadfast*) irremovibile, fermo, saldo: *an ~ decision* una decisione irremovibile. **3** (*impassive*) impassibile, imperturbabile. **4** ⟨*Dir*⟩ immobiliare. □ ⟨*Rel*⟩ ~ *feast* festività (*o festa*) fissa. **im'movables** [–blz] *s.pl.* ⟨*Dir*⟩ immobili *mpl,* beni *mpl* immobili.
immune [i'mju:n] **I** *a.* **1** ⟨*Med*⟩ immune (*from, to* da): ~ *to smallpox* immune dal vaiolo. **2** (*exempt*) immune, esente (*from* da); (*free*) immune (*from* da), privo (di): ~ *from fault* privo di difetti. **3** (*protected*) protetto, salvaguardato (*from, against* da). **II** *s.* persona *f* immune.
immune body *s.* ⟨*Biol*⟩ anticorpo *m,* immuncorpo *m.*
immune complex| disease, ~ disorder *s.* ⟨*Med*⟩ malattia *f* immunitaria.
immune| defenses *s.pl.* difese *fpl* immunitarie. **~ deficiency** *s.* ⟨*Med*⟩ immunodeficienza *f.* **~ reaction** *s.* immunoreazione *f.* **~ response** *s.* ⟨*Biol*⟩ risposta *f* immunitaria. **~ serum** *s.* ⟨*Med*⟩ siero *m* immunizzante, immunsiero *m.* **~ system** *s.* ⟨*Med*⟩ sistema *m* immunitario.
immunity [i'mju:niti] *s.* **1** ⟨*Med,Dir*⟩ immunità *f.* **2** (*exemption*) immunità *f,* esenzione *f.* **3** (*protection, security*) protezione *f,* difesa *f.* □ ~ *from taxation* esenzione *f* (*o* esonero *m*) dalle tasse.
immunization [,imjunai'zeiʃən] *s.* ⟨*Med*⟩ immunizzazione *f.* **'immunize** [–naiz] *v.t.* **1** ⟨*Med*⟩ immunizzare. **2** ⟨*fig*⟩ (*to make harmless*) neutralizzare, rendere inefficace. **immunizer** [–naizə] *s.* ⟨*Med*⟩ immunizzante *m.*
immunofluorescence [,imju:nofluə'resəns] *s.* ⟨*Med*⟩ immunofluorescenza *f.* **immunofluorescent** [–'resənt] *a.* immunofluorescente.
immunogenetics [,imju:noudʒə'netiks] *s.pl.* (costr. sing.) immunogenetica *f.*
immunoglobulin [,imju:nou'glɔbjulin] *s.* ⟨*Biol*⟩ immunoglobulina *f.*
immunologic(al) [i,mju:nə'lɔdʒik(l)] *a.* immunologico. **immunology** [–'nɔlədʒi] *s.* ⟨*Med*⟩ immunologia *f.*
immunopathology [,imju:nopə'θɔlədʒi] *s.* ⟨*Med*⟩ immunopatologia *f.*
immunoreaction [i,mju:no(u)ri'ækʃən] *s.* ⟨*Med*⟩ immunoreazione *f.*
immunosuppression [,imju:nosə'preʃən] *s.* immunosoppressione *f.* **immunosuppressive** [–sə'presiv] *a.* ⟨*Farm*⟩ immunosoppressivo.
immunotherapy [,imju:no(u)'θerəpi] *s.* ⟨*Med*⟩ immunoterapia *f.*
immure [i'mjuə] *v.t.* **1** imprigionare, carcerare. **2** (*to punish by entombing in a wall*) murare, immurare. **3** ⟨*rifl*⟩ rinchiudersi, isolarsi, segregarsi. **immurement** [–mənt] *s.* **1** imprigionamento *m.* **2** (*punishment*) immurazione *f.* **3** ⟨*fig*⟩ isolamento *m,* segregazione *f.*
immutability [i,mju:tə'biliti] *s.* immutabilità *f,* invariabilità *f.* **im'mutable** [–bl] *a.* immutabile, costante, stabile, invariabile.
imp [imp] *s.* **1** ⟨*Folcl*⟩ folletto *m,* diavoletto *m.* **2** (*mischievous child*) monello *m* (*f* –a), birichino *m* (*f* –a), birba *f,* bricconcello *m* (*f* –a).
imp. = **1** ⟨*Gramm*⟩ *imperative* imperativo. **2** ⟨*Gramm*⟩ *imperfect* imperfetto. **3** *import* importazione.
Imp. = **1** *Emperor* imperatore. **2** *Empress* imperatrice.
impact I *s.* ['impækt] **1** impatto *m,* urto *m,* cozzo *m;* (*force of a collision*) forza *f* d'urto, pressione *f.* **2** (*act of striking*) impatto *m* (*anche Artigl.*): ~ *angle* angolo

d'impatto. **3** ⟨*fig*⟩ influenza *f,* impatto *m: the economi of a measure* l'impatto economico di un provvedime *the ~ of television on society* l'influenza della televisi sulla società. **II** *v.t.* [im'pækt] **1** comprimere; (*to d closely*) incastrare, incuneare. **2** (*to impinge up* scontrarsi con, urtare contro. **im'paction** [–kʃən] *s* (*act*) compressione *f.* **2** ⟨*Dent*⟩ incastramento *m.*
impact| printer *s.* ⟨*Inform*⟩ stampante *f* a impatto. **strength** *s.* forza *f* d'impatto. ~ **test** *s.* prova *f* resistenza agli urti.
impair [im'peə] *v.t.* **1** danneggiare, guastare, deterior menomare: *his health was –ed by the climate* il clima ha rovinato la salute. **2** (*to weaken*) indebol **impairment** [–mənt] *s.* **1** danneggiamento deterioramento *m,* menomazione *f.* **2** (*weaken* indebolimento *m.*
impale [im'peil] *v.t.* **1** trafiggere, infilzare. **2** ⟨*S* impalare. **3** ⟨*fig*⟩ inchiodare. **4** ⟨*Arald*⟩ bipart **impalement** [–mənt] *s.* **1** trafittura *f,* infilzamento *m* ⟨*Stor*⟩ impalamento *m,* supplizio *m* del palo. **3** ⟨*Arc* bipartizione *f.*
impalpability [im,pælpə'biliti] *s.* impalpabilità **im'palpable** [–bl] *a.* **1** impalpabile. **2** ⟨*fig*⟩ inafferrat impercettibile. **3** (*of powder*) impalpabile, finissimo.
impanel [im'pænl] *v.t.* (*pret., p.p.* **impanelled/**e **impaneled** [–d]) **1** iscrivere nelle liste dei giu popolari. **2** (*of a jury*) scegliere. **impanelment** [–m *s.* iscrizione *f* nelle liste dei giudici popolari.
imparadise [im'pærədais] *v.t.* **1** colmare di felicità, andare al settimo cielo. **2** (*to turn into a paradise*) rend un paradiso.
imparidigitate [,impæri'didʒiteit] *a.* ⟨*Zool*⟩ imparidigitato
imparisyllabic [im,pærisi'læbik] *a.* ⟨*Metr,Gramm*⟩ im risillabo.
imparity [im'pæriti] *s.* disparità *f,* disuguaglianza diversità *f.*
impart [im'pa:t] *v.i.* **1** rivelare, comunicare, far conosc *to ~ a secret* rivelare un segreto. **2** (*to bestow*) da conferire: *the air of secrecy –ed a certain importance to meeting* l'aria di mistero conferiva una certa importa alla riunione. **3** (*to grant a part of*) dare (*o* assegnare) parte di. **4** ⟨*Fis*⟩ comunicare, trasmettere. **,impar'tati** [–eiʃən] *s.* (*act*) il comunicare; (*state*) comunicazione *f*
impartial [im'pa:ʃəl] *a.* imparziale, equanime, giu equo: *an ~ critic* un critico imparziale; ~ *judgem* giudizio equo. **impartiality** [–ʃi'æliti] *s.* imparzialità equanimità *f,* equità *f.*
impartible [im'pa:tibl] *a.* indivisibile, inscindibile, inc solubile.
impartment [im'pa:tmənt] *s.* comunicazione *f,* trasm sione *f.*
impassability [im,pa:sə'biliti] *s.* **1** intransitabilità impraticabilità *f.* **2** (*insuperability*) l'essere insormont invalicabilità *f.* **im'passable** [–bl] *a.* **1** intransitab impraticabile: *an ~ road* una strada intransitabile. (*insurmountable*) insuperabile, insormontabile, invalicab **3** (*of a bill, cheque*) non circolabile.
impasse [æm'pa:s, *am.* im'pæs] *s.* impasse *f,* via *f* ser uscita, vicolo *m* cieco.
impassibility [im,pæsi'biliti] *s.* impassibilità imperturbabilità *f.* **im'passible** [–bl] *a.* **1** che insensibile al dolore. **2** (*impassive*) impassibile, i perturbabile. **3** (*incapable of being harmed*) invul rabile.
impassion [im'pæʃən] *v.t.* appassionare, infiamma entusiasmare. **impassioned** [–d] *a.* appassiona caloroso, infiammato.
impassive [im'pæsiv] *a.* **1** impassibile, insensibile. (*expressionless*) impassibile, imperturbabile: *an ~ face* volto impassibile. **3** (*not susceptible to pain*) insensibile dolore fisico. **impassiveness** [–nis], **,impas'sivity** [– *s.* impassibilità *f,* imperturbabilità *f.*
impaste [im'peist] *v.t.* **1** coprire con una sostanza pasto **2** ⟨*Pitt*⟩ (ri)coprire con un denso strato di colore.
impasto *it.* [im'pæstou] *s.* (*pl.* **-s** [z]) ⟨*Pitt*⟩ impasto *m.*
impatience [im'peiʃəns] *s.* **1** impazienza *f.* **2** (*intoleran* intolleranza *f,* insofferenza *f.* **3** (*restlessness*) inquietudi

irrequietezza f.

atient [im'peiʃənt] a. **1** impaziente. **2** (intolerant) tollerante, insofferente (of di). **3** (anxious) impaziente, sioso, desideroso: he was ~ to leave era impaziente di darsene. □ to grow (o become, get) ~ spazientirsi, spazientirsi; an ~ gesture un gesto d'impazienza; to be of stupidity non sopportare la stupidità. **impatiently** [li] avv. senza pazienza, impazientemente.

each [im'piːtʃ] v.t. **1** (of public officials) mettere sotto cusa. **2** (estens) (to accuse) incriminare, accusare. **3** (to estion the honesty or sincerity of) mettere in dubbio (o scussione) l'onestà (o la sincerità) di. **4** (to inform ainst) denunciare. **5** (Dir) impugnare. □ to ~ a ntract infirmare un contratto; (Dir) to ~ s.o. for high ason accusare qd. di alto tradimento; to ~ a witness nsurare la deposizione di un teste. **impeachable** [–əbl] **1** incriminabile. **2** (of an offence) denunziabile. **apeachment** [–mənt] s. **1** incriminazione f. **2** (calling to question) il mettere in dubbio. **3** (SU) impeachment incriminazione f di ufficiale civile.

earl [im'pəːl] v.t. imperlare (anche fig.).

eccability [im,pekə'biliti] s. impeccabilità f, eprensibilità f. **im'peccable** [–bl] a. irreprensibile, peccabile, inappuntabile: ~ behaviour contegno eprensibile; (of dress) impeccabile.

ecuniosity [,impi,kjuːni'ɔsiti] s. povertà f, bisogno m. **npe'cunious** [–niəs] a. povero, bisognoso; (chronically or) squattrinato.

edance [im'piːdəns] s. (El) impedenza f.

ede [im'piːd] v.t. ostacolare, intralciare, impedire, pacciare.

ediment [im'pedimənt] s. **1** impedimento m, ostacolo difficoltà f. **2** (Med,Dir.can) impedimento m: speech impedimento alla lingua. **3** pl. (rar) → impedimenta. **,pedimenta** [–'mentə] s.pl. bagagli mpl. **im,ped- ental** [–'mentəl] a. di impedimento.

el [im'pel] v.t. (pret., p.p. impelled [–d]) **1** incitare, ngere, stimolare. **2** (to drive forward) spingere innanzi. **apellent** [–ənt] **I** a. impellente. **II** s. impulso m, molo m. **impeller** [–ə] s. **1** persona f (o cosa) che mola. **2** (tecn) ventola f, girante m.

end [im'pend] v.i. **1** essere imminente (o vicino), combere, sovrastare. **2** (to threaten) minacciare, combere. **impendence** [–əns], **impendency** [–ənsi] s. ssere imminente, l'incombere. **impendent** [–ənt], **pending** [–iŋ] a. **1** imminente, prossimo: an ~ ction un'elezione imminente. **2** (threatening) combente, imminente: an ~ crisis una crisi combente.

enetrability [im,penitrə'biliti] s. (Fis) impenetrabilità (anche fig.). **im'penetrable** [–bl] a. **1** impenetrabile nche Fis.). **2** (impossible to understand) impenetrabile, comprensibile, indecifrabile, oscuro: an ~ mystery un stero impenetrabile; an ~ smile un sorriso indecifrabile. (dull) ottuso, tardo, lento. **im'penetrableness** [–blnis] → impenetrability. **im'penetrably** [–bli] avv. in niera impenetrabile. **im'penetrate** [–treit] v.t. rmeare.

enitence [im'penitəns], **impenitency** [–i] s. l'essere penitente. **impenitent** [–nt] **I** a. impenitente. **II** s. rsona f impenitente.

er., imperat. = (Gramm) imperative imperativo bbr. imp.).

erative [im'perətiv] **I** a. **1** impellente, imperioso, gente: an ~ need un bisogno impellente. **2** (imperious) toritario, imperativo, di comando: ~ ways modi toritari. **3** (enfat) (necessary) necessario, indispensabile, senziale: it is ~ that he be there è necessario che stia là. (Gramm) imperativo. **II** s. **1** (Gramm,Filos) perativo m. **2** (command) comando m. **3** (obligatory t, requirement) imperativo m, obbligo m, co- andamento m: the –s of polite society gli obblighi della ona società; (necessity) necessità f, bisogno m. **peratively** [–li] avv. imperativamente, in modo toritario. **imperativeness** [–nis] s. impellenza f, genza f.

erator [,impə'reitə] s. imperatore m (anche Stor.rom.).

imperatorial [–,perə'tɔːriəl] a. imperatorio.

imperceptibility [,impə,septə'biliti] s. impercettibilità f. **,imper'ceptible** [–bl] a. impercettibile. **impercipient** [–'sipiənt] a. che manca (o privo) di percezione.

imperf. = (Gramm) imperfect imperfetto (abbr. imperf., impf.).

imperfect [im'pəːfikt] **I** a. **1** imperfetto, difettoso: ~ hearing udito difettoso. **2** (incomplete) incompleto, imperfetto. **3** (Gramm) imperfetto. **II** s. (Gramm) (imperfect tense) imperfetto m.

imperfection [,impə'fekʃən] s. **1** imperfezione f. **2** (flaw) imperfezione f, fallo m, difetto m.

imperfective [impə'fektiv] a. (Gramm) imperfettivo.

imperforate [im'pəːfərit] a. **1** imperforato, non perforato. **2** (Med) imperforato. **3** (Filat) non dentellato.

imperial [im'piəriəl] **I** a. **1** imperiale. **2** (fam) (majestic) maestoso, regale, grandioso. **3** (of weights and measures) legale. **4** (relating to the British Empire) dell'impero britannico. **II** s. **1** (Cart,Numism) imperiale m. **2** (top of a carriage, luggage case) imperiale m. **3** (Mod) (type of beard) imperiale m, pizzo m, pizzetto m. □ His (o Her) ~ Majesty Sua Maestà Imperiale.

imperiall bushel s. bushel m (inglese) (pari a 36,37 litri). ~ **dome** s. (Arch) tetto m a bulbo. ~ **eagle** s. (Ornit) aquila f imperiale. ~ **gallon** s. gallone m imperiale (pari a 4,54 litri).

imperialism [im'piəriəlizəm] s. **1** (Pol) imperialismo m, politica f imperialistica. **2** (spreg) imperialismo m. **imperialist** [–list] s. imperialista m/f. **im,perialistic** [–'listik] a. imperialista, imperialistico. **imperialize** [–laiz] v.t. **1** investire d'autorità imperiale. **2** (to subject to imperial rule) assoggettare al dominio imperiale. **imperially** [–riəli] avv. in modo imperiale. **Imperial Preference** s. (Econ) trattamento m tariffario di favore.

imperil [im'peril] v.t. (pret., p.p. imperilled/am. imperiled [–d]) mettere in pericolo, arrischiare, porre a repentaglio.

imperious [im'piəriəs] a. **1** imperioso, autoritario; (haughty) arrogante. **2** (imperative, urgent) imperioso, urgente, impellente. **imperiousness** [–nis] s. **1** imperiosità f, modi mpl autoritari; (haughtiness) arroganza f. **2** (urgency) imperiosità f, urgenza f.

imperishability [im,periʃə'biliti] s. indistruttibilità f. **im'perishable** [–bl] a. imperituro, perenne, immortale, indistruttibile.

imperium [im'piəriəm] s. **1** potere m (o dominio) assoluto, impero m; (area, territory) impero m. **2** (Dir) potere m giurisdizionale.

impermanence [im'pəːmənəns], **impermanency** [–i] s. transitorietà f, provvisorietà f, temporaneità f. **impermanent** [–nt] a. transitorio, provvisorio, temporaneo.

impermeability [im,pəːmiə'biliti] s. impermeabilità f. **im'permeable** [–bl] a. impermeabile: ~ to water impermeabile all'acqua.

impermissible [,impə'misəbl] a. che non si può permettere, inammissibile, illecito.

impers. = (Gramm) impersonal impersonale (abbr. impers.).

impersonal [im'pəːsənəl] **I** a. impersonale (anche Gramm.). **II** s. (Gramm) verbo m impersonale. **im,personality** [–'næliti] s. impersonalità f. **imper- sonalize** [–aiz] v.t. rendere impersonale, spersona- lizzare. **impersonally** [–i] avv. impersonalmente.

impersonate **I** v.t. [im'pəːsəneit] **1** impersonare, rappresentare; (to pretend to be) spacciarsi per. **2** (Teat) impersonare, incarnare. **II** a. [im'pəːsənit, –neit] impersonato, personificato. **im,personation** [–'neiʃən] s. **1** personificazione f, incarnazione f. **2** (Teat) interpretazione f. **impersonator** [–neitə] s. **1** chi impersona, chi personifica. **2** (Teat) interprete m/f.

impertinence [im'pəːtinəns], **impertinency** [–i] s. **1** impertinenza f, insolenza f, mancanza f di riguardo. **2** (lack of pertinence) non pertinenza f. **impertinent** [–nt] a. **1** impertinente, insolente, irriguardoso. **2** (irrelevant) non pertinente.

imperturbability [ˌimpəˌtəːbəˈbiliti] s. imperturbabilità f, impassibilità f. **imperˈturbable** [–bl] a. imperturbabile, impassibile.
impervious [imˈpəːviəs] a. **1** impenetrabile, resistente. **2** (not permitting passage) impervio, impraticabile; (impermeable) impermeabile. **3** ⟨fig⟩ indifferente, impassibile: ~ to criticism indifferente alle critiche. □ ~ to bullets a prova di pallottola; to be ~ to a joke non capire una barzelletta. **imperviousness** [–viəsnis] s. impenetrabilità f (anche fig.).
impetiginous [ˌimpiˈtidʒinəs] a. ⟨Med⟩ impetiginoso.
impetigo [–ˈtaigou] s. (pl. -s [z]) impetigine f.
impetrate [ˈimpitreit] v.t. ⟨non com⟩ ottenere supplicando, impetrare. **ˌimpetration** [–ˈtreiʃən] s. **1** l'impetrare. **2** (petition) supplica f, preghiera f. **impetrative** [–iv] a. che serve a impetrare.
impetuosity [imˌpetjuˈɒsiti] s. **1** impetuosità f, irruenza f. **2** (impetuous action) azione f impetuosa. **imˈpetuous** [–tjuəs] a. **1** impulsivo, impetuoso, irruente: an ~ person una persona impulsiva. **2** (forceful, violent) impetuoso, furioso, violento: ~ winds venti impetuosi. **imˈpetuously** [–tjuəsli] avv. impetuosamente, con impeto. **imˈpetuousness** [–tjuəsnis] s. impetuosità f, irruenza f.
impetus [ˈimpitəs] s. **1** ⟨Fis⟩ spinta f. **2** ⟨fig⟩ (incentive) impulso m, stimolo m, spinta f. **3** ⟨fig⟩ (impulse) impeto m, slancio m, foga f.
impiety [imˈpaiəti] s. **1** empietà f, irreligiosità f. **2** (impious act) empietà f. **3** (lack of respect) irriverenza f, mancanza f di rispetto.
impinge [imˈpindʒ] v.i. **1** (s)battere, urtare (on, upon, against contro, su), colpire (qc.). **2** (to encroach) ledere, violare (on, upon s.th. qc.); to ~ on s.o.'s rights ledere i diritti di qd. **impingement** [–mənt] s. **1** urto m, colpo m. **2** (encroachment) violazione f, lesione f.
impious [ˈimpiəs] a. **1** empio, sacrilego. **2** (lacking respect) irrispettoso, irriverente. **impiousness** [–nis] s. → impiety.
impish [ˈimpiʃ] a. **1** sbarazzino, birichino. **2** (mischievous) malizioso: ~ humour spirito malizioso. **impishness** [–nis] s. l'essere sbarazzino (o malizioso).
implacability [imˌplækəˈbiliti] s. implacabilità f, inesorabilità f. **imˈplacable** [–bl] a. implacabile, inesorabile.
implacental [ˌimpləˈsentl] a. ⟨Zool⟩ aplacentato, privo di placenta.
implant [imˈplɑːnt] **I** v.t. **1** inculcare, istillare, infondere. **2** (to fix firmly) piantare, fissare. **3** ⟨Med⟩ innestare. **II** s. ⟨Med⟩ innesto m. **ˌimplanˈtation** [–eiʃən] s. **1** l'istillare, l'imprimere. **2** ⟨Med⟩ innesto m.
implantological [imˌplɑːntəˈlɒdʒikəl] a. ⟨Med⟩ implantologico. **implantologist** [–ˈtɒlədʒist] s. implantologo m. **implantology** [–ˈtɒlədʒi] s. implantologia f.
implausibility [imˌplɔːziˈbiliti] s. mancanza f di plausibilità. **imˈplausible** [–bl] a. non plausibile. **imˈplausibly** [–bli] avv. in modo non plausibile.
implement [ˈimpliment] **I** s. **1** attrezzo m, utensile m, arnese m: garden –s attrezzi da giardino. **2** (article of clothing) articolo m di vestiario; (furniture) mobilio m. **3** ⟨fig⟩ mezzo m, strumento m. **II** v.t. attuare, mettere in pratica (o atto): to ~ a decision mettere in atto una decisione. **2** (to fulfil) adempiere, compiere: to ~ an agreement adempiere un accordo. **3** ⟨scozz.Dir⟩ (of a contract) perfezionare. **4** ⟨Inform⟩ implementare. **ˌimplemenˈtation** [–eiʃən] s. **1** (act) adempimento m, compimento m. **2** (state) attuazione f, esecuzione f. **3** ⟨Inform⟩ implementazione f.
impletion [imˈpliːʃən] s. **1** (filling) riempimento m. **2** (fullness) pienezza f.
implicate [ˈimplikeit] v.t. **1** implicare, coinvolgere, compromettere. **2** (to entail) implicare, comportare, richiedere: my studies ~ great sacrifice i miei studi implicano grandi sacrifici. **3** (to imply) implicare, sottintendere. **ˌimplication** [–ˈkeiʃən] s. **1** implicazione f. **2** (s.th. implied) implicazione f, sottinteso m. **3** (act of implicating) implicazione f, coinvolgimento m; (state of being implicated) partecipazione f. **4** (connection, relationship; general. al pl.) connessione f, relazione f. □

by ~ implicitamente; the full ~ of his words la por delle sue parole; to be accused of ~ in a robbery es accusato di aver preso parte a una rapina. **implica** [–iv], **implicatory** [–əri] a. che implica, implicante.
implicit [imˈplisit] a. **1** implicito, tacito, sottintese consent consenso implicito. **2** (unquestioning) asso completo, incondizionato, senza riserve: ~ obedi obbedienza assoluta. **3** (involved) implicito, compreso risks ~ in space research i rischi impliciti nella ric spaziale. **4** ⟨Mat⟩ implicito. **implicitness** [–nis] l'essere implicito. **2** (completeness) mancanza f riserve.
implied [imˈplaid] a. implicito, tacito, sottinteso.
implode [imˈploud] v.i. ⟨Fis⟩ implodere.
implore [imˈplɔː] **I** v.t. **1** implorare, impetrare: t forgiveness implorare il perdono. **2** (to entreat) implo supplicare. **II** v.i. implorare, impetrare (for s.th. **imploring** [–riŋ] a. implorante, supplichevole.
implosion [imˈplouʒən] s. ⟨Fis,Ling⟩ implosion **implosive** [–siv] **I** a. implosivo. **II** s. ⟨Ling⟩ implc f, consonante f implosiva.
impluvium [imˈpluːviəm] s. ⟨Archeol⟩ impluvio m.
imply [imˈplai] v.t. **1** implicare, comportare, portare sé: every right implies a duty ogni diritto implica dovere. **2** (to indicate) significare, far crec sottintendere, voler dire. **3** (to hint, suggest) insin suggerire: I don't wish to ~ you are wrong non v insinuare che hai torto.
impolicy [imˈpɒlisi] s. **1** l'essere impolitico. **2** imprudenza f.
impolite [ˌimpəˈlait] a. scortese, sgarbato, villano, mal cato. **impoliteness** [–nis] s. scortesia f, sgarbatezz viliania f.
impolitic [imˈpɒlitik] a. impolitico, imprude inopportuno, incauto.
imponderability [imˌpɒndərəˈbiliti] s. imponderabili **imˈponderable** [–bl] **I** a. imponderabile. **II** s. (ge al pl.) imponderabile m. **imˈponderableness** [–bln imponderabilità f. **imˈponderably** [–bli] avv. s peso.
import **I** v.t. [imˈpɔːt] **1** ⟨Comm⟩ importare. **2** introduce) introdurre, importare: to ~ a new fas introdurre una nuova moda. **3** (to mean, signify) (sta significare, voler dire. **4** (to imply, involve) compor implicare. **5** (to concern) interessare a, riguardare: question –s us closely il problema ci interessa da vi **II** v.i. avere importanza. **III** s. [ˈimpɔːt] **1** ⟨Co (goods imported; general. al pl.) importazioni fpl, beni importati; (act of importing) importazione f. **2** (mear significato m, portata f, senso m: the ~ of his wor significato delle sue parole. **3** (consequence, importa importanza f, peso m, rilievo m, portata f: a law of ~ una legge di grande importanza. **imˈportable** [–əb importabile.
importance [imˈpɔːtəns] s. **1** importanza f, valore rilievo m. **2** (pretentiousness) aria f d'importanza. □ attach ~ to s.th. dare importanza a qc.; to be of ~ e importante; it is of little ~ to me è di scarsa import per me; people of ~ persone fpl importanti.
important [imˈpɔːtənt] a. **1** importante: an ~ decision decisione importante. **2** (of people) importante, influ autorevole. **3** (pompous, officious) pomposo, solenn voice tono solenne; (self-satisfied) tronfio, borioso, p di sé. **4** (significant, large) importante, significante rilievo: he played an ~ part ebbe un ruolo import **importantly** [–li] avv. in modo importante, importanza.
importation [ˌimpɔːˈteiʃən] s. ⟨Comm⟩ **1** importazio **2** (s.th. imported) articolo m importato.
import| certificate s. ⟨Comm⟩ certificato m portazione. **~ credit** s. ⟨Comm⟩ credito m all'im tazione. **~ duty** s. ⟨Econ⟩ dazio m d'import ne⁻ (o d'entrata).
imported [imˈpɔːtid] a. importato. **importer** [–tə importatore m (f –trice).
ˈimport-ˈexport a. (of a firm) d'importazion d'esportazione.

port goods *s.pl.* merci *fpl* d'importazione.
porting [im'pɔ:tiŋ] *a.* importatore: *an ~ firm* una ditta nportatrice.
port| licence, ~ permit *s.* permesso *m* (*o* licenza *f*) 'importazione. **~ restrictions** *s.pl.* restrizioni *fpl* ll'importazione. **~ trade** *s.* commercio *m* d'impor- azione.
portunate [im'pɔ:tjunit] *a.* **1** importuno, insistente: *an ~ beggar* un mendicante importuno. **2** (*troublesome*) nportuno, fastidioso, molesto. **importunateness** [-nis] insistenza *f*, molestia *f*.
portune [ˌimpɔ:'tju:n] *v.t.* **1** importunare, chiedere con nsistenza a, insistere con: *to ~ s.o. to do s.th.* insistere on qd. perché faccia qc. **2** (*to worry, annoy*) nportunare, infastidire, molestare, seccare. **importuner** –ə] *s.* importuno *m* (*f* –a), seccatore *m* (*f* –trice).
mportunity [-iti] *s.* comportamento *m* importuno, nportunità *f*.
pose [im'pouz] **I** *v.t.* **1** imporre, fare osservare (*o* ispettare): *to ~ an obligation on s.o.* imporre un obbligo qd.; (*of taxes, etc.*) imporre. **2** (*to inflict*) imporre, nfliggere: *to ~ a punishment* imporre un castigo. **3** (*to *stablish forcibly*) imporre, far valere: *to ~ law and order* mporre l'ordine. **4** (*rifl*) imporsi. **5** (*Tip*) mettere in nacchina. **II** *v.i.* imporre la propria presenza. □ *to ~ on* o *upon*: 1 imporre la propria presenza a; 2 (*to take idvantage of*) approfittare di, abusare di: *to ~ on a friendship* abusare dell'amicizia di qd.; 3 (*to cheat, deceive*) ingannare, imbrogliare, raggirare.
posing [im'pouziŋ] *a.* imponente, solenne, grandioso.
position [ˌimpə'ziʃən] *s.* **1** imposizione *f*. **2** (*taxation*) mposizione *f*, tassazione *f*; (*tax*) imposta *f*, tassa *f*, tributo *m*. **3** (*unreasonable demand*) soverchieria *f*, prepotenza *f*. **4** (*imposture, deceit*) imbroglio *m*, impostura *f*. **5** (*Scol*) compito *m* assegnato per punizione. **6** (*Tip*) impostazione *f*, imposizione *f*, messa *f* in macchina. □ (*Lit*) *~ of hands* imposizione *f* delle mani.
possibility [imˌpɔsə'biliti] *s.* **1** impossibilità *f*. **2** (*s.th. impossible*) cosa *f* impossibile.
possible [im'pɔsəbl] **I** *a.* **1** impossibile: *it is quite ~ for me to come* mi è proprio impossibile venire. **2** (*unreal, idealistic*) irrealizzabile, inattuabile: *an ~ wish* un desiderio irrealizzabile. **3** (*intolerable*) impossibile, insopportabile. **4** (*fam*) (*absurd*) impossibile, assurdo. **II** *s.* impossibile *m*. □ *to make it ~ for s.o. to do s.th.* mettere qd. nell'impossibilità di fare qc. **impossibly** [-i] *avv.* **1** in modo impossibile. **2** (*to an extreme degree*) estremamente, oltremodo.
post[1] [im'poust] *s.* **1** (*Econ*) imposta *f*, tassa *f*; (*import duty*) dazio *m* d'importazione. **2** (*Equit*) handicap *m*.
post[2] *s.* (*Arch*) imposta *f*.
postor [im'pɔstə] *s.* **1** impostore *m* (*f* –a), imbroglione *m* (*f* –a). **2** (*fraud, cheat*) frodatore *m* (*f* –trice), ingannatore *m* (*f* –trice).
posture [im'pɔstʃə] *s.* impostura *f*, inganno *m*, frode *f*.
pot ['impɔt] (*accorc. di imposition*) *s.* (*scol*) compito *m* assegnato per punizione.
potence ['impətəns], **impotency** [-i] *s.* **1** impotenza *f*, incapacità *f*. **2** (*Med*) impotenza *f* (sessuale). **impotent** [-nt] *a.* **1** impotente, incapace di agire; (*weak*) impotente, debole. **2** (*without effectiveness*) impotente, inefficace: *~ laws* leggi impotenti. **3** (*Med*) impotente.
mpound [im'paund] *v.t.* **1** (*of stray animals*) (rin)chiudere in un recinto. **2** (*Dir*) sequestrare, confiscare: *to ~ contraband goods* sequestrare merce di contrabbando. **3** (*Idr*) raccogliere (in un bacino). **impoundable** [-əbl] *a.* (*Dir*) sequestrabile, confiscabile.
mpoverish [im'pɔvəriʃ] *v.t.* **1** impoverire. **2** (*to exhaust the quality, resources, etc., of*) privare di vigore, indebolire, svigorire. **3** (*Agr*) impoverire, depauperare. **impoverishment** [-mənt] *s.* impoverimento *m* (*anche Agr.*).
mpracticability [imˌpræktikə'biliti] *s.* inattuabilità *f*, impossibilità *f*, irrealizzabilità *f*. **im'practicable** [-bl] *a.* **1** irrealizzabile, inattuabile, impossibile: *an ~ plan* un progetto irrealizzabile. **2** (*impractical*) non pratico, poco pratico; (*of a person*) privo di senso pratico. **3** (*of roads, etc.*) impraticabile. **im'practicableness** [-blnis] *s.* →

impracticability. im'practicably [-bli] *avv.* in modo irrealizzabile (*o* inattuabile). **im'practical** [-əl] *a.* **1** irrealizzabile. **2** (*of persons*) privo di senso pratico.
imprecate ['imprikeit] **I** *v.t.* augurare del male a. **II** *v.i.* imprecare, bestemmiare. **imprecation** [-'keiʃən] *s.* imprecazione *f*, maledizione *f*. **imprecatory** [-əri] *a.* imprecativo.
imprecise [ˌimpri'sais] *a.* impreciso. **imprecision** [-'siʒən] *s.* imprecisione *f*.
impregnability [imˌpregnə'biliti] *s.* inespugnabilità *f*, inattaccabilità *f*.
impregnable[1] [im'pregnəbl] *a.* **1** inespugnabile, inattaccabile, imprendibile: *~ fortress* fortezza inespugnabile. **2** (*fig*) (*invincible*) inespugnabile, invincibile. **3** (*fig*) (*beyond criticism*) inoppugnabile.
impregnable[2] *a.* (*Biol*) (*of an egg*) impregnabile, fecondabile.
impregnate **I** *v.t.* [im'pregneit] **1** impregnare, rendere pregna (*o* gravida), ingravidare. **2** (*Biol*) (*to fecundate*) fecondare. **3** (*to saturate*) impregnare, imbevere, intridere. **4** (*fig*) (*to imbue*) impregnare, permeare, pervadere. **II** *a.* [im'pregnit, -neit] **1** pregno, gravido. **2** (*Biol*) fertilizzato, fecondato. **3** (*saturated*) impregnato, intriso. **impregnation** [-'neiʃən] *s.* **1** impregnazione *f*. **2** (*Biol*) fecondazione *f*. **3** (*saturation*) impregnazione *f*, saturazione *f*.
impresario *it.* [ˌimpre'sa:riou] *s.* (*pl.* **-s** [z]/**-ri** [ri]) (*Teat*) impresario *m*.
imprescriptibility [ˌimpriˌskriptə'biliti] *s.* (*Dir*) imprescrittibilità *f*, **impre'scriptible** [-tibl] *a.* imprescrittibile.
impress[1] **I** *v.t.* [im'pres] **1** impressionare, colpire (favorevolmente), fare impressione a (*o* su): *his words –ed me* le sue parole mi colpirono. **2** (*to imprint on the mind*) imprimere, inculcare: *to ~ a sense of duty on s.o.* inculcare a qd. il senso del dovere. **3** (*to stamp, imprint*) imprimere: *to ~ one's seal on a letter* imprimere il proprio sigillo su una lettera. **4** (*to press, mark*) imprimere, improntare: *to ~ the wax with the seal* improntare la ceralacca col sigillo. **II** *s.* ['impres] **1** impronta *f*, marchio *m*, impressione *f*. **2** (*fig*) impronta *f*, contrassegno *m*, segno *m* caratteristico. □ *to ~ s.o.* (*favourably*) fare buona impressione a qd.; *how did he ~ you?* che impressione ti ha fatto?; *he –ed on them the need for action* insistette con loro sulla necessità di agire.
impress[2] [im'pres] *v.t.* **1** arruolare forzatamente. **2** (*to seize for public use*) confiscare, sequestrare, requisire.
impressibility [imˌpresə'biliti] *s.* impressionabilità *f*. **im'pressible** [-bl] *a.* impressionabile.
impression [im'preʃən] *s.* **1** impressione *f*: *one's first –s of a place* la prima impressione che si ha di un posto; *it made a deep ~ on us* ci fece una profonda impressione; (*effect*) effetto *m*, risultato *m*. **2** (*feeling*) impressione *f*, sensazione *f*: *I had the ~ I was being followed* avevo l'impressione di essere seguito. **3** (*impressing*) impressione *f*; (*result*) impronta *f*, segno *m*, marchio *m*. **4** (*Tip*) (*degree of pressure*) impressione *f*; (*printed copy*) stampa *f*; (*number of copies*) tiratura *f*; (*reprint*) ristampa *f*. **5** (*Dent,Met,Numism*) impronta *f*.
impressionability [imˌpreʃənə'biliti] *s.* impressionabilità *f*, sensibilità *f*, emotività *f*. **im'pressionable** [-bl] *a.* impressionabile, emotivo, sensibile.
impressionism [im'preʃənizəm] *s.* (*Lett,Art,Mus*) impressionismo *m*. **impressionist** [-nist] **I** *s.* impressionista *m/f*. **II** *a.* impressionista. **im,pressionistic** [-'nistik] *a.* impressionistico, impressionista.
impressive [im'presiv] *a.* **1** impressionante, che impressiona, che colpisce: *an ~ scene* una scena impressionante. **2** (*solemn*) solenne. **impressively** [-li] *avv.* in maniera impressionante. **impressiveness** [-nis] *s.* imponenza *f*. **2** (*solemnity*) solennità *f*.
impressment [im'presmənt] *s.* **1** arruolamento *m* forzato. **2** (*seizure for public use*) requisizione *f*, confisca *f*.
imprest [im'prest] *s.* (*Econ*) anticipo *m* di fondi da parte dello stato.
imprimatur *lat.* [ˌimpri'meitə] *s.* **1** (*Tip*) si stampi *m*, permesso *m* di stampa. **2** (*Dir.can*) imprimatur *m*. **3** (*fig*) approvazione *f*, sanzione *f*.

imprint I *s.* ['imprint] **1** impronta *f*, segno *m*, traccia *f*, orma *f*: *the ~ of a foot on the sand* l'impronta di un piede sulla sabbia. **2** ⟨*fig*⟩ impronta *f*, contrassegno *m*, segno *m* caratteristico: *the work bore the ~ of his personality* l'opera recava l'impronta della sua personalità. **3** ⟨*Edit*⟩ sigla *f* editoriale. II *v.t.* [im'print] **1** imprimere, improntare. **2** ⟨*fig*⟩ imprimere, fissare (in modo indelebile). **3** ⟨*Tip*⟩ stampare.

imprison [im'prizn] *v.t.* **1** imprigionare, mettere in prigione. **2** ⟨*fig*⟩ confinare, relegare, rinchiudere, imprigionare. **imprisonable** [–əbl] *a.* **1** che può essere imprigionato. **2** (*of an offence*) punibile col carcere. **imprisonment** [–mənt] *s.* **1** imprigionamento *m*, incarcerazione *f*. **2** (*state*) prigione *f*, reclusione *f*.

improbability [im,prɔbə'biliti] *s.* improbabilità *f*. **im'probable** [–bl] *a.* **1** improbabile, dubbio, incerto. **2** (*unlikely to be true*) inverosimile: *an ~ story* un racconto inverosimile.

improbity [im'proubiti] *s.* disonestà *f*, malvagità *f*.

impromptu [im'prɔmptju:] I *a.* **1** improvvisato, estemporaneo: *an ~ speech* un discorso improvvisato. **2** (*improvised, makeshift*) improvvisato, preparato sul momento. II *s.* **1** improvvisazione *f*. **2** ⟨*Mus*⟩ impromptu *m*, improvviso *m*. III *avv.* estemporaneamente, improvvisando, all'impronta: *to speak ~* parlare improvvisando.

improper [im'prɔpə] *a.* **1** sbagliato, errato. **2** (*indecorous, indecent*) scorretto, disdicevole, sconveniente: *o ~ behaviour* comportamento scorretto. **3** (*unsuitable*) inadatto, non appropriato: *~ dress* abbigliamento inadatto. **4** (*inappropriate*) improprio, non proprio, non appropriato: *~ expression* modo di dire improprio. **5** (*irregular*) anormale, irregolare.

improper fraction *s.* ⟨*Mat*⟩ frazione *f* impropria.

impropriate [im'prouprieit] *v.t.* ⟨*Dir.can*⟩ secolarizzare, laicizzare. **impropriation** [–ri'eiʃən] *s.* **1** secolarizzazione *f*, laicizzazione *f*. **2** (*s.th. impropriated*) bene *m* secolarizzato (*o* laicizzato). **impropriator** [–ə] *s.* laico *m* investito di benefici ecclesiastici.

impropriety [,impro(u)'praiəti] *s.* **1** scorrettezza *f*, sconvenienza *f*. **2** (*unsuitableness*) l'essere inadatto (*o* non appropriato).

improvability [im,pru:və'biliti] *s.* l'essere migliorabile. **im'provable** [–bl] *a.* migliorabile, perfezionabile, suscettibile di miglioramento.

improve [im'pru:v] I *v.t.* **1** migliorare: *to ~ one's position* migliorare la propria posizione; (*to better*) perfezionare, migliorare: *to ~ a method* perfezionare un metodo. **2** (*of land*) bonificare; (*of property*) valorizzare, apportare delle migliorie a. **3** (*to turn to account*) approfittare di, avvantaggiarsi di. II *v.i.* **1** migliorare, fare progressi; (*to gain in health*) migliorare, stare meglio. **2** (*to increase*) aumentare, crescere: *exports have –d* le esportazioni sono aumentate. □ *he –s on* acquaintance a conoscerlo ci guadagna; *to ~ with* age migliorare con gli anni; business *is improving* gli affari vanno meglio; *exercise –s the* health il moto fa bene alla salute; *to ~ in* health stare meglio (di salute); *to ~ the* occasion (o *opportunity*) approfittare dell'occasione; *to ~ on s.th.* perfezionare qc., apportare dei miglioramenti a qc.; *to ~ on s.o.* far meglio di qd.; ⟨*Comm*⟩ *to ~ on s.o.'s offer* aumentare (*o* migliorare) l'offerta di qd.

improvement [im'pru:vmənt] *s.* **1** miglioramento *m*; (*betterment*) perfezionamento *m*, miglioramento *m*. **2** (*of property*) valorizzazione *f*, miglioria *f*; (*of land*) bonifica *f*. **3** (*profitable use*) buon uso *m*. **4** (*increase*) ampliamento *m*. □ *~ in health* miglioramento *m* (dello stato) di salute; *to be an ~ over* (o *on*) *s.th.* essere un miglioramento (*o* passo avanti) rispetto a qc., essere migliore di qc.

improvement| area *s.* (*of a town*) zona *f* di risanamento. **~ factor** *s.* ⟨*Ind*⟩ salario *m* progressivo (*o* a incentivo).

improver [im'pru:və] *s.* **1** miglioratore *m* (*f* –trice), perfezionatore *m* (*f* –trice). **2** (*apprentice*) apprendista *m/f*.

improvidence [im'prɔvidəns] *s.* improvidenza *f*. **improvident** [–nt] *a.* **1** improvidente, sconsiderato. **2** (*thriftless*) prodigo.

improving [im'pru:viŋ] *a.* edificante.

improvisation [,imprəvai'zeiʃən] *s.* improvvisazione *f*.

improvisator [im'prɔvizeitə] *s.* improvvisatore *m* (–trice). **im,provisatorial** [–zə'tɔ:riəl], **,improvisato** [–prə'vaizətəri] *a.* estemporaneo. **improvise** ['imprəvaiz] *v.t.* improvvisare (*anche assol.*).

imprudence [im'pru:dəns] *s.* imprudenza *f*, leggerezza *f*, sconsideratezza *f*. **imprudent** [–nt] *a.* imprudente, incauto, avventato.

impudence ['impjudəns], **impudency** [–i] *s.* **1** impudenza *f*, sfacciataggine *f*, sfrontatezza *f*. **2** (*impudent remark or act*) sfrontatezza *f*. **impudent** [–nt] *a.* impertinente, sfacciato, sfrontato.

impudicity [,impju'disiti] *s.* impudicizia *f*, mancanza *f* di pudore.

impugn [im'pju:n] *v.t.* **1** contestare, mettere in dubbio (o in discussione). **2** ⟨*Dir*⟩ impugnare: *to ~ a sentence* impugnare una sentenza. **impugnable** [–əbl] *a.* contestabile. **2** ⟨*Dir*⟩ impugnabile. **impugnment** [–mən] *s.* ⟨*Dir*⟩ impugnazione *f*, impugnativa *f*.

impuissance [im'pju:isəns] *s.* impotenza *f*, debolezza *f*. **impuissant** [–sənt] *a.* impotente, debole.

impulse ['impʌls] *s.* **1** impulso *m*, spinta *f*: *to act under a generous ~* agire in un impulso di generosità; *to be guided by ~* lasciarsi guidare dall'impulso. **2** (*propensity*) stimolo *m*: *the sexual ~* lo stimolo sessuale. **3** (*incentive*) spinta *f*, impulso *m*, incentivo *m*: *tax relief gave an ~ to exports* la riduzione delle tasse diede impulso alle esportazioni. **4** (*impetus*) impeto *m*, slancio *m*. **5** ⟨*Fis,Psic*⟩ impulso *m*. □ *a man of ~* un (uomo) impulsivo; *to act on a blind ~* seguire un impulso cieco.

impulse| buying *s.* ⟨*Comm*⟩ acquisto *m* d'impulso. **charge** *s.* ⟨*Mil*⟩ carica *f* di lancio.

impulsion [im'pʌlʃən] *s.* **1** urto *m*, spinta *f*. **2** (*impelling force*) forza *f* impulsiva. **3** (*impetus*) impeto *m*, slancio *m*.

impulsive [im'pʌlsiv] *a.* **1** impulsivo. **2** ⟨*Mecc*⟩ che comunica movimento. **impulsively** [–li] *a* impulsivamente, per impulso. **impulsiveness** [–nis] *s.* impulsività *f*.

impunity [im'pju:niti] *s.* impunità *f*. □ *with ~* impunemente.

impure [im'pjuə] *a.* **1** impuro (*anche Rel.,Ling.*). **2** (*unchaste*) impudico, inverecondo. **3** (*adulterate*) adulterato. **impurity** [–riti] *s.* **1** impurità *f*. **2** (*unchasteness*) impudicizia *f*, inverecondia *f*; (*unchaste conduct*) comportamento *m* impudico.

imputability [im,pju:tə'biliti] *s.* imputabilità *f*. **im'putab** [–bl] *a.* imputabile, attribuibile. **,imputation** [–pju'teiʃən] *s.* **1** imputazione *f*, attribuzione *f*. **2** (*accusation*) imputazione *f*, accusa *f*. **3** (*slur*) insinuazione *f*. **im'putative** [–tətiv] *a.* attribuito, imputato.

impute [im'pju:t] *v.t.* **1** attribuire, addebitare, ascriver. **2** ⟨*Dir*⟩ imputare.

imputed value [im'pju:tid] *s.* valore *m* d'uso.

in [in] I *prep.* **1** (*of place*) in, a: *~ England* in Inghilter *~ the country* in campagna; *~ bed* a letto; (*of towns*) a: *was born ~ Edinburgh* è nato a Edimburgo; (*inside*) i dentro: *it's ~ the box* è nella scatola; (*possessed by, four, in*) di, in: *the biggest country ~ the world* la nazione p grande del mondo; *the only shop ~ the village* il sol negozio del villaggio; *an island ~ the Mediterranea* un'isola del Mediterraneo; (*in the area contained by*) in: *walk ~ the park* una passeggiata nel parco; *children ~ th street* i bambini nella strada; (*of written matter*) su, in: *read it ~ the newspaper* l'ho letto sul giornale; *it says the Bible that* nella Bibbia si dice che. **2** (*of time*), in, d *~ 1942* nel 1942; *~ winter* d'inverno; (*within the spac of*) in: *he wrote the book ~ six weeks* scrisse il libro in se settimane; (*at the end of*) in, tra, entro: *~ a moment* tr un momento; (*during*) durante, di, in: *~ the reign o Henry the Eighth* durante il regno di Enrico ottavo; *~ th morning* di mattina; *~ the daytime* durante il giorno. **3** (*into*) in, dentro: *he put his pen ~ his pocket* mise l penna in tasca. **4** (*to indicate membership*) in, a: *to be ~ the army* essere nell'esercito; *he is ~ the government* è a governo, fa parte del governo. **5** (*to indicate ratio*) su: *on*

~ *twenty* uno su venti. **6** (*of dress*) in, di: *dressed ~ green* vestito di verde; *soldiers ~ uniform* soldati in uniforme. **7** (*made of*) di: *a statue ~ bronze* una statua di bronzo. **8** (*of the weather*) con: *to go out ~ the rain* uscire con la pioggia; *I can't work ~ this heat* non posso lavorare con questo caldo. **9** (*to indicate condition, state*) in: *to live ~ poverty* vivere in miseria; *to be ~ trouble* essere nei guai. **10** (*to indicate cause*) per, da, di: *to kill o.s. ~ despair* uccidersi per (la) disperazione. **11** (*to indicate manner*) in, a: *to speak ~ a loud voice* parlare a voce alta; *to do sth. ~ haste* fare qc. in fretta. **12** (*with*) di: *covered ~ mud* coperto di fango. **13** (*to indicate form, arrangement*) in: ~ *alphabetical order* in ordine alfabetico; (*with collective nouns*) a, in: ~ *groups* a scaglioni; *the natives live ~ tribes* gli indigeni vivono in tribù. **14** (*to indicate means, method*) a, con, per: *to write ~ pencil* scrivere a matita; *to speak ~ riddles* parlare per enigmi; (*with languages*) in, *often not translated: to speak ~ English* parlare (in) inglese. **15** (*to indicate reference*) in, di: *to get a degree ~ languages* laurearsi in lingue; (*with regard to*) di, in: *to be deficient ~ courage* mancare di coraggio; *six feet ~ height* un metro e ottanta di altezza. **16** (*followed by a gerund*) a, in, *often not translated: you are wrong ~ supposing such things* sbagli 'a pensare' (*o* se pensi) cose simili. **17** (*to indicate object, purpose*) in: ~ *the hope that* nella speranza che; ~ *answer to your letter* in risposta alla vostra lettera. **18** ⟨*am*⟩ (*for*) da: *I haven't seen him ~ months* non lo vedo da mesi. **II** *avv.* **1** dentro: *come ~ out of the rain* vieni dentro al riparo dalla pioggia. **2** (*at home*) in casa, dentro: *is anyone ~?* c'è qualcuno in casa?; *in the office*) in ufficio. **3** (*arrived*) arrivato: *the train is not ~ yet* il treno non è ancora arrivato. **4** (*in prison*) dentro, in carcere. **5** (*in fashion*) di moda, in voga, in: *boots are ~* gli stivali sono di moda. **6** (*on good terms*) in buoni rapporti (*with* con), nelle grazie (di). **7** ⟨*alight, burning*⟩ acceso. **8** ⟨*Pol*⟩ al potere, in carica: *the Tories are ~ again* i conservatori sono di nuovo al potere. **III** *a.* **1** interno, interiore. **2** (*incoming*) in arrivo: *an ~ train* un treno in arrivo. **3** ⟨*Pol*⟩ (*in power*) in carica, al potere. **4** ⟨*fam*⟩ (*fashionable*) alla (*o* di) moda: *the ~ skiing resort* la località sciistica alla moda; (*cliquish*) scelto, esclusivo. **5** ⟨*fam*⟩ (*comprehensible to only a few*) da iniziati, da élite, non alla portata di tutti. **6** ⟨*Sport*⟩ che batte, che è alla battuta: *the ~ team* la squadra che batte. **IV** *s.* **1** ⟨*Pol*⟩ membro *m* del partito al potere. **2** *pl.* (*persons in office*) persone *fpl* in carica; (*party in power*) partito *m* al potere. **3** ⟨*fam*⟩ (*influence, pull*) appoggio *m*, spinta *f*, aiuto *m*. **4** ⟨*Sport*⟩ chi 'ha la' (*o* è alla) battuta. □ ~ *all* in tutto; *all ~* tutto compreso: *it will cost you fifty pound all ~* ti costerà cinquanta sterline tutto compreso; ⟨*fam*⟩ *to be all ~* essere esausto (*o* sfinito); ~ *between* tra, in mezzo; *to break ~ two* rompere in due; *to be ~ business* essere negli affari; *the ~ crowd* il bel (*o* gran) mondo; ~ *the dark* al buio, nel buio; ~ *the distance* in lontananza; ⟨*fam*⟩ *to be ~ for:* 1 doversi aspettare, dovere affrontare: *we'll be ~ for trouble* 'dovremo aspettarci' (*o* ci capiterà) qualche guaio; 2 (*to be committed to*) essere impegnato; ⟨*sl*⟩ *to be ~ for it* aspettarsi una punizione; ⟨*Sport*⟩ *to be ~ for a race* essere iscritto a una corsa; *we are ~ for a storm* avremo sicuramente una tempesta; ~ (*the*) **future** in avvenire; ⟨*fam*⟩ ~ *you go!* su, entra!; ⟨*fam*⟩ *from here on* ~ d'ora in poi (*o* avanti); ⟨*fam*⟩ *to have it ~ for s.o.* avercela con qd.; ⟨*fam*⟩ *to have it ~ one* essere in grado, essere capace; ~ *itself* di per sé, in sé e per sé: ~ *itself it is not important* di per sé non è importante; *the latest thing ~ tape recorders* l'ultima novità in fatto di magnetofoni; *to let ~* fare (*o* lasciare) entrare; ~ *love* innamorato; *my luck is ~* mi sento in vena, sono in un giorno fortunato; ⟨*fam*⟩ *to be ~ the money* stare bene a quattrini; *to be ~ mourning* essere in lutto; *there is nothing ~ the rumour* non c'è niente di vero in quello che si dice; *six ~ number* sei di numero; ⟨*fam*⟩ *to be ~ on s.th.* (*to have a share of*) avere parte in qc.; (*to have knowledge of*) essere 'a conoscenza' (*o* al corrente) di qc.; ~ *the open* all'aperto; ~ *my opinion* secondo me, a parer mio; ~ *and out:* 1 un po' dentro (e) un po' fuori; 2 (*thoroughly*) profondamente,

a fondo; ~ *s and outs:* 1 (*of a road*) tortuosità *fpl*, curve *fpl*; 2 (*intricacies*) retroscena *mpl*, maneggi nascosti; 3 (*details*) particolari *mpl*, dettagli *mpl*: *the ~s and outs of a question* tutti i particolari di una questione; ~ *the past* in passato, un tempo; ~ *the shade* all'ombra; ⟨*fig*⟩ *to be ~ s.o. else's shoes* essere 'al posto' (*o* nei panni) di qd.; ~ *that* poiché, giacché, visto che; ~ *the thirties* tra i trenta e i quarant'anni; *to arrive ~ time* arrivare in (*o* a) tempo; ⟨*fam*⟩ *not ~ it* with di gran lunga inferiore a, surclassato. ‖ *my uncle's ~ oil* mio zio si occupa di petrolio; *to be ~ politics* 'occuparsi di' (*o* essere in) politica; *there is nothing of the diplomat ~ him* non ha niente del diplomatico.

in. = *inch* pollice.

inability [ˌinəˈbiliti] *s.* inabilità *f*, incapacità *f* (*anche Dir.*).

in absentia *lat.* [ˌinæbˈsenʃiə] *avv.* **1** in assenza. **2** ⟨*Dir*⟩ in contumacia.

inaccessibility [ˌinækˌsesəˈbiliti] *s.* inaccessibilità *f* (*anche fig.*). **,inac'cessible** [-bl] *a.* **1** inaccessibile, irraggiungibile. **2** (*of people*) inaccessibile, inavvicinabile.

inaccuracy [inˈækjurəsi] *s.* **1** inesattezza *f*, imprecisione *f*. **2** (*instance*) inesattezza *f*, errore *m*. **inaccurate** [-rit] *a.* impreciso, inesatto.

inaction [inˈækʃən] *s.* **1** inazione *f*, inattività *f*, inoperosità *f*. **2** (*idleness*) inazione *f*, inerzia *f*, ozio *m*.

inactivate [inˈæktiveit] *v.t.* ⟨*Chim,Med*⟩ inattivare.

inactive [inˈæktiv] *a.* **1** inattivo, inoperoso, inerte. **2** (*indolent*) indolente, pigro. **3** (*sluggish*) fiacco, inattivo: *an ~ market* un mercato fiacco. **4** ⟨*Chim*⟩ inattivo, inerte. **,inac'tivity** [-iti] *s.* **1** inattività *f*, inoperosità *f*, inerzia *f*. **2** (*idleness*) inattività *f*, ozio *m*. **3** (*sluggishness*) fiacchezza *f*. **4** (*stoppage*) inattività *f*, interruzione *f* dell'attività.

inadaptability [ˌinəˌdæptəˈbiliti] *s.* inadattabilità *f*. **,inad'aptable** [-bl] *a.* inadattabile.

inadequacy [inˈædikwəsi] *s.* **1** inadeguatezza *f*, insufficienza *f*. **2** (*of a person*) inadeguatezza *f*, inidoneità *f*. **inadequate** [-kwit] *a.* **1** inadeguato, insufficiente, inadatto: ~ *means* mezzi inadeguati. **2** (*of a person*) inadeguato, inadatto, inidoneo.

inadmissibility [ˌinədmisəˈbiliti] *s.* inammissibilità *f*. **,inad'missible** [-bl] *a.* **1** inammissibile. **2** ⟨*Dir*⟩ inammissibile, improponibile.

inadvertence [ˌinədˈvəːtəns], **inadvertency** [-i] *s.* **1** inavvertenza *f*, disattenzione *f*. **2** (*result*) inavvertenza *f*, distrazione *f*; (*oversight*) svista *f*. **inadvertent** [-tənt] *a.* **1** involontario: ~ *mistake* errore involontario. **2** (*inattentive*) disattento, distratto, sbadato.

inadvisability [ˌinədvaizəˈbiliti] *s.* l'essere sconsigliabile. **,inad'visable** [-bl] *a.* sconsigliabile.

inalienability [inˌeiljənəˈbiliti] *s.* ⟨*Dir*⟩ inalienabilità *f*. **in'alienable** [-bl] *a.* inalienabile. **in'alienably** [-bli] *avv.* in modo inalienabile.

inalterability [inˌɔːltərəˈbiliti] *s.* inalterabilità *f*, immutabilità *f*. **in'alterable** [-bl] *a.* inalterabile, immutabile.

'in-and-'in *avv./a.* ⟨*Zootecn*⟩ tra consanguinei, in consanguineità.

inane [iˈnein] **I** *a.* **1** sciocco, stupido, insensato: *an ~ remark* un'osservazione sciocca. **2** (*empty, void*) vuoto, vacuo. **II** *s.* vuoto *m*.

inanimate [inˈænimit] *a.* **1** inanimato, privo di vita. **2** ⟨*fig*⟩ senza vita, spento. **inanimateness** [-nis] *s.* l'essere inanimato.

inanition [ˌinəˈniʃən] *s.* **1** ⟨*Med*⟩ inanizione *f*. **2** ⟨*fig*⟩ letargo *m*.

inanity [iˈnæniti] *s.* **1** insensatezza *f*, stoltezza *f*. **2** (*s.th. inane*) sciocchezza *f*. **3** (*emptiness*) vacuità *f*.

inappeasable [ˌinəˈpiːzəbl] *a.* implacabile.

inappellability [ˌinəpeləˈbiliti] *s.* ⟨*Dir*⟩ inappellabilità *f*. **inap'pellable** [-bl] *a.* ⟨*Dir*⟩ inappellabile.

inappetence [inˈæpitəns], **inappetency** [-i] *s.* inappetenza *f*. **inappetent** [-nt] *a.* inappetente.

inapplicability [inˌæplikəˈbiliti] *s.* inapplicabilità *f*. **in'applicable** [-bl] *a.* inapplicabile. **,inapplication** [-ˈkeiʃən] *s.* **1** mancanza *f* d'applicazione, indolenza *f*. **2**

→ inapplicability.
inapposite [in'æpəzit] *a.* improprio, non appropriato, fuori luogo.
inappreciable [ˌinə'priːʃəbl] *a.* trascurabile, inapprezzabile, minimo: *an ~ distinction* una distinzione trascurabile. **ˌinapˌpreciation** [-ʃi'eiʃən] *s.* scarso apprezzamento *m.* **inappreciative** [-ʃiətiv] *a.* che non apprezza.
inapprehensible [ˌinæpri'hensibl] *a.* incomprensibile.
inapprehension [-'henʃən] *s.* incomprensione *f.*
inapprehensive [-siv] *a.* **1** che non capisce. **2** (*without apprehension*) senza timore (*o* apprensione).
inapproachable [ˌinə'prəutʃəbl] *a.* **1** irraggiungibile, inaccessibile. **2** (*of a person*) inavvicinabile, inaccessibile.
inappropriate [ˌinə'prəupriit] *a.* improprio, non appropriato, inadatto. □ *~ comment* commento fuori luogo. **inappropriateness** [-nis] *s.* improprietà *f.*
inapt [in'æpt] *a.* **1** inadatto, disadatto, non appropriato. **2** (*not skilful*) inetto, incapace. **inaptitude** [-itjuːd] *s.* **1** → **inaptness. 2** (*lack of skill*) incapacità *f,* inettitudine *f.* **inaptness** [-nis] *s.* l'essere disadatto, il non essere appropriato.
inarch [in'ɑːtʃ] *v.t.* ⟨*Agr*⟩ innestare per approssimazione.
inarticulate [ˌinɑː'tikjulit] *a.* **1** (*of sounds*) inarticolato, indistinto. **2** (*unable to express o.s.*) incapace d'esprimersi; (*dumb*) muto. **3** (*unable to speak clearly*) incapace di esprimersi chiaramente, che balbetta. **4** (*not expressed*) inespresso, tacito: *~ feelings* sentimenti inespressi. **5** ⟨*Zool*⟩ degli inarticolati; (*not segmented*) privo di segmenti. □ *to be ~ with anger* balbettare dalla rabbia. **inarticulateness** [-nis] *s.* **1** l'essere inarticolato (*o* indistinto). **2** (*inability to express o.s.*) incapacità *f* d'espressione. **3** ⟨*Zool*⟩ l'essere privo di segmenti.
inartificial [inˌɑːti'fiʃəl] *a.* **1** naturale, spontaneo, non artificiale, non artificioso. **2** ⟨*rar*⟩ (*inartistic*) senz'arte, grossolano, rozzo.
inartistic [ˌinɑː'tistik], **inartistical** [-əl] *a.* **1** non artistico. **2** (*of a person*) privo di senso (*o* gusto) artistico.
inasmuch as [ˌinəz'mʌtʃəz] *congz.* **1** (*since*) visto che, dato che, poiché, giacché. **2** (*insofar as*) in quanto che.
inattention [ˌinə'tenʃən] *s.* **1** mancanza *f* d'attenzione, noncuranza *f,* disattenzione *f.* **2** (*negligence*) disattenzione *f,* negligenza *f,* trascuratezza *f.* **inattentive** [-'tentiv] *a.* disattento, negligente. **inattentiveness** [-'tentivnis] *s.* disattenzione *f,* distrazione *f,* negligenza *f.*
inaudibility [inˌɔːdə'biliti] *s.* impercettibilità *f.* **in'audible** [-bl] *a.* impercettibile, non udibile.
inaugural [in'ɔːgjurəl] **I** *a.* **1** inaugurale: *~ speech* un discorso inaugurale. **2** (*marking the beginning*) primo, d'apertura, iniziale: *the ~ performance of a play* la prima (rappresentazione) di un lavoro teatrale. **II** *s.* **1** discorso *m* inaugurale. **2** ⟨*am.Pol*⟩ discorso *m* programmatico.
inaugurate [-reit] *v.t.* **1** insediare: *to ~ a president* insediare un presidente. **2** (*to declare open*) inaugurare, dichiarare aperto (ufficialmente): *to ~ an exhibition* inaugurare una mostra. **3** (*to begin officially*) inaugurare, aprire al pubblico. □ *the second World War –d the era of nuclear power* la seconda guerra mondiale segnò l'inizio dell'era nucleare. **inˌauguration** [-'reiʃən] *s.* **1** inaugurazione *f.* **2** (*formal opening*) inaugurazione *f,* cerimonia *f* inaugurale (*o* d'inaugurazione).
Inauguration Day *am.* [inˌɔː'gju'reiʃən] *s.* ⟨*Pol*⟩ giorno *m* dell'insediamento in carica del presidente.
inaugurator [in'ɔːgjureitə] *s.* inauguratore *m* (*f* –trice). **inauguratory** [-ri] *a.* → **inaugural.**
inauspicious [ˌinɔː'spiʃəs] *a.* infausto, nefasto, malaugurato: *an ~ beginning* un inizio sfortunato. **inauspiciously** [-li] *avv.* in modo infausto. **inauspiciousness** [-nis] *s.* cattivi auspici *mpl,* malaugurio *m.*
ˌin-be'tween *a.* intermedio, di mezzo. □ *~ weather* la mezza stagione.
inboard ['inbɔːd] **I** *a.* **1** ⟨*Mar*⟩ entrobordo. **2** ⟨*Aer*⟩ interno. **II** *avv.* ⟨*Mar,Aer*⟩ all'interno, verso il centro.
inborn ['inbɔːn] *a.* innato, congenito, connaturato.
inbound ['inbaund] *a.* diretto verso l'interno.
inbreathe [in'briːð] *v.t.* inspirare.

inbred ['in'bred] *a.* **1** innato, congenito, connaturato. ⟨*Zootecn*⟩ ottenuto mediante accoppiamento consanguinei. **inbreed** [-'briːd] *v.t.* ⟨*Zootecn*⟩ accoppia tra consanguinei. **inbreeding** [-briːdiŋ] *s.* accoppiamen *m* tra consanguinei.
inc. = **1** *included* compreso. **2** *inclusive* comprensivo. *income* reddito. **4** ⟨*Comm*⟩ *incorporated* incorporato. *increase* aumento.
Inca ['iŋkə] **I** *s.* ⟨*Stor*⟩ inca *m/f.* **II** *a.* inca, incaico.
incalculability [inˌkælkjulə'biliti] *s.* l'essere incalcolab **in'calculable** [-bl] *a.* **1** incalcolabile, inestimabile: *damage* danno incalcolabile. **2** (*unpredictab* imprevedibile. **3** (*uncertain*) incerto, dubbio. **in'cʒ culably** [-bli] *avv.* in modo incalcolabile, incal labilmente.
incandesce [ˌinkæn'des] **I** *v.i.* diventare incandescente. *v.t.* rendere incandescente. **incandescence** [-əns] incandescenza *f.* **incandescent** [-nt] *a.* **1** incandescen **2** ⟨*fig*⟩ (*of wit, language, etc.*) brillante, scintillante. ⟨*fig*⟩ (*fiery*) incandescente, ardente, infocato.
incandescent lamp *s.* ⟨*El*⟩ lampada *f* a incandescenz
incantation [ˌinkæn'teiʃən] *s.* incantesimo *m;* (*mag* magia *f.*
incapability [inˌkeipə'biliti] *s.* incapacità *f,* inabilità **in'capable** [-bl] **I** *a.* **1** incapace (*of* di), inabile, inadat disadatto (a): *to be ~ of doing s.th.* essere incapace di fʒ qc. **2** (*incompetent*) incapace, inetto: *an ~ organizer* organizzatore inetto. **3** ⟨*Dir*⟩ incapace (*of* a). **II** *s.* ⟨*D* incapace *m/f.* □ *~ of work* inabile al lavoro. **in'capab** [-bli] *avv.* da incapace.
incapacitate [ˌinkə'pæsiteit] *v.t.* **1** rendere incapace. **2** *disable*) rendere inabile (*o* invalido). **3** ⟨*Dir*⟩ inabilita **ˌinca,pacitation** [-'teiʃən] *s.* **1** incapacità *f.* (*disablement through injury*) il rendere inabile. **3** ⟨*D* inabilitazione *f.* **incapacity** [-ti] *s.* **1** incapacità inettitudine *f.* **2** ⟨*Dir*⟩ incapacità *f,* inabilità *f.*
incarcerate [in'kɑːsəreit] *v.t.* **1** (in)carcerare, imprigiona **2** ⟨*fig*⟩ rinchiudere, relegare, confinare. **inˌcarceratic** [-'reiʃən] *s.* **1** carcerazione *f,* imprigionamento *m.* ⟨*Med*⟩ incarcerazione *f.* **incarcerator** [-ə] *s.* c incarcera (*o* imprigiona).
incarnadine [in'kɑːnədain] **I** *a.* **1** incarnato, (di colo rosa carne. **2** (*blood–red*) rosso sangue (*o* vivo), cremisir **II** *v.t.* dipingere del colore della carne, tingere di rosso
incarnate **I** *a.* [in'kɑːnit] **1** ⟨*Teol*⟩ incarnato, fatto carr *the Word ~* il Verbo incarnato. **2** ⟨*fig*⟩ (*personified*) persona, incarnato, personificato: *she is kindness ~* a gentilezza in persona. **3** ⟨*fig*⟩ (*embodied*) incarnaʋ rappresentato, impersonato. **4** (*incarnadine*) incarnato. *v.t.* [in'kɑːneit] **1** incarnare. **2** ⟨*fig*⟩ (*to embody*) incarnaʋ impersonare. **3** ⟨*fig*⟩ (*to give a concrete form* ʋ incarnare, personificare, dare forma concreta **ˌincarnation** [-'neiʃən] *s.* **1** incarnazione *f.* **2** ⟨*fi* (*embodiment*) incarnazione *f,* personificazione **Incarnation** *s.* ⟨*Teol*⟩ incarnazione *f.*
incautious [in'kɔːʃəs] *a.* incauto, malaccorto, impruden **incautiousness** [-nis] *s.* imprudenza *f,* sconsideratez *f.*
incendiarism [in'sendiərizəm] *s.* **1** l'incendiare volo tariamente (*o* dolosamente). **2** ⟨*fig*⟩ sovversivismo *ʋ* comportamento *m* sedizioso.
incendiary [in'sendiəri] **I** *a.* **1** ⟨*Dir*⟩ di incendio dolos **2** ⟨*Mil,Chim*⟩ incendiario: *~ bomb* bomba incendiaria. ⟨*fig*⟩ (*inflammatory*) incendiario: *~ pamphlets* opuscc incendiari; (*seditious*) sedizioso, ribelle, sovversivo. **II** *s.* ⟨*Dir*⟩ incendiario *m* (*f* –a). **2** ⟨*Mil*⟩ bomba *f* incendiari **3** ⟨*fig*⟩ agitatore *m* (*f* –trice), sovversivo *m* (*f* –a).
incensation [ˌinsen'seiʃən] *s.* ⟨*Lit*⟩ incensamento *f,* incensata *f.*
incense[1] ['insens] **I** *s.* **1** incenso *m;* (*smoke*) fumo *f* d'incenso; (*perfume*) odore *m* d'incenso. **2** ⟨*ester* (*fragrance*) profumo *m,* aroma *m.* **3** ⟨*fig*⟩ adulazione incenso *m.* **II** *v.t.* **1** profumare con incenso. **2** (*to bu* *incense before*) incensare.
incense[2] [in'sens] *v.t.* rendere furibondo, infiamma d'ira.
incense| boat ['insens] *s.* ⟨*Lit*⟩ navicella *f,* portaincens

n. ~ burner s. → incensory.
censed [in'senst] a. furibondo, furioso, furente, adirato, nfuriato. **incensement** [-smənt] s. furia f, furore m.
censory ['insensəri] s. incensiere m, turibolo m.
centive [in'sentiv] I s. incentivo m, stimolo m, ncitamento m, spinta f. II a. 1 d'incitamento (to a), timolante (per). 2 ⟨Ind⟩ a incentivo: ~ wage salario a ncentivo. □ ~ bonus gratifica f di bilancio.
centive| pay s. premi mpl di rendimento. **~ scheme** s. ›rogramma m d'incentivazione salariale. **~ tour** s. ›iaggio m incentivo.
ception [in'sepʃən] s. inizio m, principio m. **inceptive** –ptiv] I a. 1 iniziale. 2 ⟨Gramm⟩ incoativo. II s. ⟨Gramm⟩ verbo m incoativo.
certitude [in'sɔ:titju:d] s. 1 incertezza f, insicurezza f. 2 ⟨indecision⟩ incertezza f, indecisione f, dubbio m, ›sitazione f.
cessancy ['insesənsi] s. l'essere incessante (o ninterrotto), continuità f. **incessant** [-sənt] a. incessante, ›ontinuo: ~ complaints continue lagnanze. **incessant-ness** [-ntnis] s. → incessancy.
cest ['insest] s. incesto m. **in'cestuous** [-juəs] a. ›ncestuoso.
ch[1] [intʃ] I s. 1 pollice m (pari a 2,54 cm). 2 ⟨fig⟩ ⟨small distance⟩ millimetro m, pollice m: he missed the ›arget by an ~ mancò il bersaglio per un millimetro; ⟨narrow margin⟩ pelo m, soffio m: to escape death by an ~ sfuggire alla morte per un pelo. 3 pl. ⟨fig⟩ ⟨height⟩ ›ltezza f, statura f: a man of my -es un uomo della mia ›tatura. II v.i. spostarsi lentamente (o gradualmente). III ›.t. spostare (o muovere) lentamente (o gradualmente). □ ›y -es: 1 = inch by inch; 2 ⟨narrowly⟩ per poco, di stretta ›isura, a malapena, a stento; to die by -es morire ›ntamente, spegnersi a poco a poco; ~ by ~ a poco a ›oco, lentamente, gradualmente; ⟨fig⟩ an ~ of cold steel ›n colpo di spada, una pugnalata; ⟨fig⟩ every ~ in tutto › per tutto, dalla testa ai piedi; every ~ a lady una vera ›ignora; I know every ~ of the neighbourhood conosco i ›intorni come le mie tasche; to lack -es non essere ›molto) alto; to ~ one's way forward farsi strada a poco a ›oco; ⟨fig⟩ within an ~ of a un passo (o pelo) da, quasi: ›o come within an ~ of losing one's life arrivare quasi a ›imetterci la vita, sfiorare la morte; he was within an ~ of ›alling per un pelo non cadde; ⟨fig⟩ not to yield an ~ ›on cedere d'un palmo (o millimetro). Prov.: give him an ~ and he will take a mile (o yard) dagli un dito e si ›renderà un braccio.
ch[2] scozz. s. isoletta f, isolotto m.
cher ['intʃə] a. ⟨Artigl⟩ (nei composti) del diametro di ... ›ollici.
chmeal ['intʃmi:l] avv. (spesso preceduto da by) a poco a ›oco, passo passo, poco per volta.
choate ['inko(u)eit, am. in'kouit] I a. 1 incipiente, che ›omincia, (che è) agli inizi. 2 ⟨unorganized⟩ disordinato, ›onfuso. 3 ⟨imperfect⟩ imperfetto, incompleto; ⟨rudimentary⟩ rudimentale. II v.t. ⟨rar⟩ cominciare, ›niziare. ,**inchoation** [-ko(u)'eiʃən] s. inizio m, principio ›m. **inchoative** [-'kouətiv] I a. 1 incipiente, che ›omincia, agli inizi. 2 ⟨Gramm⟩ incoativo. II s. ⟨Gramm⟩ verbo m incoativo.
ch| 'pound s. ⟨Fis⟩ pollice m libbra. **~worm** s. ⟨Entom⟩ geometride m.
cidence ['insidəns] s. 1 incidenza f. 2 ⟨rate of ›occurrence⟩ incidenza f, frequenza f. 3 ⟨Ott⟩ incidenza f: ⟨angle incidence⟩ angolo m d'incidenza. □ ⟨Econ⟩ ~ of ›axation pressione f fiscale.
cident ['insidənt] I s. 1 caso m, evento m, avvenimento ›m, episodio m, incidente m: an unpleasant ~ un caso ›piacevole. 2 ⟨unexpected event⟩ incidente m, ›ontrattempo m. 3 ⟨Mil,Pol⟩ incidente m: a border ~ un ›incidente di frontiera. 4 ⟨Lett⟩ episodio m. 5 ⟨Dir⟩ ›diritto m accessorio. II a. 1 probabile, che può accadere. 2 ⟨arising in the course of⟩ inerente (to a), connesso (con): ›expenses ~ to moving spese inerenti al trasloco. 3 ⟨Ott⟩ ›incidente. 4 ⟨Dir⟩ accessorio.
cidental [,insi'dentl] I a. 1 incidentale, casuale, fortuito; ⟨depending upon s.th. else⟩ accessorio, incidentale,

secondario. 2 ⟨occurring in connection with⟩ connesso (to con), inerente (a): the dangers ~ to mountainclimbing i pericoli connessi con le scalate; ⟨likely to arise from⟩ che può derivare (o essere causato) (da). II s. 1 cosa f accessoria (o secondaria). 2 ⟨incidental circumstance⟩ caso m fortuito. 3 pl. ⟨Econ⟩ spese fpl accessorie.
incidentally [-i] avv. 1 incidentalmente. 2 ⟨by the way⟩ incidentalmente, per inciso, a proposito.
incidental music s. ⟨Teat,Cin⟩ accompagnamento m musicale, musica f di fondo.
incinerate [in'sinəreit] v.t. incenerire, ridurre in cenere. **in,cineration** [-'reiʃən] s. incenerimento m. **incinerator** [-ə] s. 1 inceneritore m, forno m per ridurre in cenere i rifiuti. 2 ⟨am⟩ ⟨crematorium⟩ forno m crematorio.
incipience [in'sipiəns], **incipiency** [-i] s. inizio m, principio m. **incipient** [-nt] a. incipiente ⟨anche Med.⟩.
incise [in'saiz] v.t. 1 incidere. 2 ⟨to engrave⟩ incidere, intagliare, scolpire. **incised** [-d] a. 1 inciso ⟨anche Med.,Bot.⟩. 2 ⟨engraved⟩ inciso, scolpito.
incision [in'siʒən] s. 1 incisione f, taglio m (netto). 2 ⟨act of cutting into⟩ incisione f, intaglio m. 3 ⟨fig⟩ ⟨trenchancy⟩ incisività f, efficacia f. 4 ⟨Chir,Biol⟩ incisione f.
incisive [in'saisiv] a. 1 incisivo, tagliente. 2 ⟨fig⟩ ⟨sharp, telling⟩ incisivo, efficace: ~ style stile incisivo. 3 ⟨fig⟩ ⟨penetrating⟩ penetrante, acuto. 4 ⟨fig⟩ ⟨keen⟩ acuto, perspicace, sottile: an ~ mind una mente acuta. **incisiveness** [-nis] s. incisività f, efficacia f.
incisor [in'saizə] s. 1 ⟨Dent⟩ incisivo m, dente m incisivo. 2 ⟨Zool⟩ picozzo m. **incisory** [-'saisəri] a. incisivo, affilato, tagliente.
incite [in'sait] v.t. incitare, esortare, spingere, stimolare. 2 ⟨to instigate, stir up⟩ incitare, istigare, stimolare. **incitement** [-mənt] s. 1 incitamento m. 2 ⟨Dir⟩ istigazione f, incitazione f: ~ to crime istigazione a delinquere.
incivility [,insi'viliti] s. 1 inciviltà f, villania f, maleducazione f. 2 ⟨uncivil act⟩ inciviltà f, azione f incivile.
incivism ['insivizəm] s. mancanza f di civismo.
incl. = 1 including che include. 2 inclusive comprensivo.
in clearing s. ⟨Econ⟩ compensazione f in entrata.
inclemency [in'klemənsi] s. inclemenza f. **inclement** [-nt] a. 1 inclemente. 2 ⟨of the weather, etc.⟩ inclemente, aspro, rigido.
inclinable [in'klainəbl] a. 1 incline, disposto, propenso (to a). 2 ⟨favourable⟩ favorevole (a). 3 ⟨capable of being inclined⟩ inclinabile.
inclination [,inkli'neiʃən] s. 1 inclinazione f, tendenza f, disposizione f, propensione f: he has an ~ to drive too fast ha la tendenza a correre quando guida. 2 ⟨liking⟩ inclinazione f, preferenza f. 3 ⟨inclining, bending⟩ flessione f, piegamento m; ⟨bow or nod⟩ cenno m. 4 ⟨direction out of the vertical or horizontal⟩ inclinazione f, pendenza f: the ~ of the tower l'inclinazione della torre. 5 ⟨inclined surface, slope⟩ china f, pendio m. 6 ⟨Geom,Astr⟩ inclinazione f. □ to do s.th. against one's ~ fare qc. controvoglia; to show no ~ to do s.th. non mostrarsi disposto (o incline) a fare qc.; to have the time and the ~ to do s.th. avere il tempo e la voglia di fare qc.
incline I v.i. [in'klain] 1 essere incline (o disposto) (to, towards a), propendere (per): to ~ to optimism essere incline all'ottimismo. 2 ⟨to tend⟩ tendere, avere tendenza (a): to ~ to fatness tendere alla pinguedine. 3 ⟨to deviate, slant⟩ inclinare, deviare. II v.t. inclinare, (in)chinare, piegare: to ~ one's head inclinare la testa. 2 ⟨to dispose⟩ rendere incline, disporre, indurre: your attitude does not ~ me to forgive you il tuo atteggiamento non mi rende incline al perdono. 3 ⟨to cause to slope⟩ fare inclinare. III s. [in'klain, 'inklain] inclinazione f, pendenza f. □ ⟨lett⟩ to ~ one's ear to s.o. prestare ascolto (o orecchio) a qd.
inclined [-d] a. 1 incline, propenso, portato, disposto (to a): to be ~ to do s.th. essere incline a fare qc.; to be ~ to leniency essere propenso all'indulgenza. 2 ⟨sloping⟩ inclinato, in pendenza (o pendio). □ to be favourably ~ to s.o. essere ben disposto verso qd.; to feel ~ to do s.th. avere voglia di fare qc., sentirsi propenso a fare qc.; if you

feel ~ se ti va, se (ne) hai voglia; *I am* ~ *to think that* propendo a credere che.

inclined plane *s.* ⟨*Fis,Geom*⟩ piano *m* inclinato.

inclinometer [ˌinkliˈnɔmitə] *s.* ⟨*tecn*⟩ inclinometro *m,* inclinametro *m.*

inclose *v.* → **enclose. inclosure** *s.* → **enclosure.**

include [inˈkluːd] *v.t.* **1** includere, comprendere, contenere, racchiudere. **2** (*to comprise as a part*) includere, comprendere: *to* ~ *a name on a list* includere un nome in una lista; *the bill* –*s the tip* nel conto è compresa la mancia; (*to reckon as a part*) annoverare, includere: *to* ~ *s.o. among one's friends* annoverare qd. tra i propri amici. **included** [–id] *a.* **1** incluso, compreso: *postage* ~ compresa l'affrancatura. **2** ⟨*Biol*⟩ incluso. **including** [–iŋ] **I** *a.* comprensivo di, che comprende, che include, comprendente. **II** *prep.* compreso, incluso: *up to and* ~ *December 10th* fino al 10 dicembre incluso. □ *there are four of us not* ~ *the children* siamo in quattro esclusi (*o* senza contare) i bambini.

inclusion [inˈkluːʒən] *s.* **1** inclusione *f* (*anche Biol.*). **2** (*s.th. included*) inclusione *f,* cosa *f* inclusa. **3** ⟨*Geol*⟩ inclusione *f,* intercluso *m.*

inclusive [inˈkluːsiv] *a.* **1** compreso, incluso: *one to twenty* ~ da uno a venti compreso. **2** (*comprehensive*) inclusivo, comprensivo (*of* di): *price* ~ *of packaging* prezzo inclusivo d'imballaggio; (*covering everything*) globale, complessivo, totale: ~ *sum* somma globale. □ ⟨*Comm*⟩ ~ *terms* tutto compreso. **inclusiveness** [–nis] *s.* l'essere incluso (*o* compreso).

inclusive tour *s.* viaggio *m* tutto compreso.

incoercibility [inˌkoəːsiˈbiliti] *s.* incoercibilità *f* (*anche Fis*). **incoercible** [–ˈɔːsəbl] *a.* incoercibile (*anche Fis.,Chim.*).

incog [inˈkɔg] *a./avv./s.* ⟨*fam*⟩ → **incognito.**

incogitable [inˈkɔdʒitəbl] *a.* impensabile, inimmaginabile, inconcepibile.

incognito [inˈkɔgnitou] **I** *a.* in incognito: *a prince* ~ un principe in incognito. **II** *s.* (*pl.* -*s* [z]/-*ti* [tiː]) **1** persona *f* in incognito. **2** (*disguise*) incognito *m: to preserve one's* ~ mantenere l'incognito. **III** *avv.* in incognito: *to travel* ~ viaggiare in incognito.

incognizable [inˈkɔgnizəbl] *a.* inconoscibile. **incognizance** [–zəns] *s.* inconsapevolezza *f.* **incognizant** [–zənt] *a.* inconsapevole, inconscio (*of* di).

incoherence [ˌinko(u)ˈhiərəns], **incoherency** [–i] *s.* **1** incoerenza *f.* **2** (*something that is incoherent*) incoerenza *f,* illogicità *f,* incongruenza *f.* **incoherent** [–nt] *a.* incoerente, illogico, incongruente; (*disjointed*) slegato, incoerente, sconnesso: *an* ~ *sentence* una frase slegata; ~ *style* uno stile incoerente. □ *to be* ~ *with anger* non connettere dalla rabbia. **incohesive** [–ˈhiːsiv] *a.* privo di coesione, incoerente.

incombustibility [ˌinkəmˌbʌstəˈbiliti] *s.* incombustibilità *f.* **incom'bustible** [–bl] *a.* incombustibile. **incom'bustibly** [–bli] *avv.* in modo incombustibile.

income [ˈinkʌm] *s.* ⟨*Econ*⟩ reddito *m,* entrata *f,* entrate *fpl,* rendita *f.* □ *to 'live above¹* (*o exceed*) *one's* ~ vivere al di sopra del proprio reddito; ~ *from self* employment reddito *m* da lavoro indipendente; ~ *on* land reddito fondiario; *to live* off *one's* ~ vivere del proprio reddito; *to live* on *an* ~ vivere di rendita; ~ *from* shares redditi azionari; ~ *before* taxation reddito *m* al lordo delle imposte; *to live* within *one's* ~ vivere secondo le proprie possibilità; ⟨*Comm*⟩ ~ *for the* year utile *m* d'esercizio.

income| basis *s.* base *f* di rendimento. ~ **bond** *s.* ⟨*Econ*⟩ obbligazione *f* non garantita. ~ **bracket** *s.* scaglione *m* (*o* fascia *f*) di reddito. ~ **class** *s.* classe *f* di reddito. ~ **determination** *s.* determinazione *f* del reddito.

incomer [ˈinkʌmə] *s.* **1** immigrante *m/f.* **2** (*one who comes in*) chi entra (*o* subentra); (*successor*) successore *m.* **3** (*intruder*) intruso *m* (*f* -a).

incomes policy [ˈinkʌmz] *s.* ⟨*Econ*⟩ politica *f* dei redditi.

income| statement *s.* ⟨*Comm*⟩ conto *m* profitti e perdite. ~ **tax** *s.* ⟨*Econ*⟩ imposta *f* sul reddito. □ ~ *return* dichiarazione *f* (annuale) dei redditi.

incoming [inˈkʌmiŋ] **I** *a.* **1** che entra. **2** (*succeeding*) subentrante, che succede. **3** ⟨*Econ*⟩ (*of profit*) che matura.

4 (*starting*) che inizia, che comincia: *the* ~ *year* l'an che inizia. **II** *s.* **1** entrata *f,* ingresso *m;* (*arrival*) arri *m;* (*beginning*) inizio *m.* **2** *pl.* (*income, funds*) entrate *f* rendite *fpl.* □ ⟨*Comm*⟩ ~ *letters* corrispondenza *f* posta) in arrivo; *the* ~ *and outgoing of the tide* il flusso riflusso della marea; *the* ~ *tenant* il nuovo affittuar l'affittuario subentrante.

incommensurability [ˌinkəˌmenʃərəˈbiliti] *s.* incomme surabilità *f.* ˌincom'mensurable [–bl] *a.* incomme surabile (*anche Mat.*).

incommensurate [ˌinkəˈmenʃərit] *a.* **1** incommensurabi **2** (*inadequate*) inadeguato, insufficiente (*to, with* (*disproportionate*) sproporzionato. **incommensurate** [–li] *avv.* in modo inadeguato (*o* insufficiente). i **commensurateness** [–nis] *s.* **1** ~ **incommensurabili 2** (*inadequateness*) inadeguatezza *f,* insufficienza *f.*

incommode [ˌinkəˈmoud] *v.t.* **1** incomodare, disturba infastidire. **2** (*to bother*) scomodare, recare disturbo **incommodious** [–iəs] *a.* **1** scomodo, disagevole. **2** (*t small*) troppo piccolo. **incommodiousness** [–iəsnis] incomodità *f.* **incommodity** [–ˈmɔditi] *s.* incomodità disagio *m.*

incommunicability [ˌinkəˌmjuːnikəˈbiliti] *s.* incomunic bilità *f.* **incom'municable** [–bl] *a.* incomunicabi **incommunicado** [–niˈkɑːdou] **I** *a.* (*of a prisoner*) seg gato. **II** *avv.* in segregazione: *to be held in* ~ essere nuto in segregazione. **incom'municative** [–kətiv] non comunicativo; (*reserved*) riservato, reticente. i **com'municativeness** [–kətivnis] *s.* mancanza *f* comunicatività.

incommutability [ˌinkəˌmjuːtəˈbiliti] *s.* **1** immutabilità *f.* (*unexchangeableness*) incommutabilità *f.* **incom'mutab** [–bl] *a.* **1** immutabile. **2** (*unexchangeable*) n commutabile, incommutabile.

incompact [ˌinkəmˈpækt] *a.* privo di compattezza.

incomparability [ˌinkɔmpərəˈbiliti] *s.* → **incompar bleness. in'comparable** [–bl] *a.* **1** incomparabi impareggiabile: ~ *beauty* bellezza incomparabile. (*not suitable for comparison*) non paragonabile (*wi to* a). **in'comparableness** [–blnis] *s.* incomparabili *f.* **in'comparably** [–bli] *avv.* incomparabilmente.

incompatibility [ˌinkəmˌpætəˈbiliti] *s.* incompatibilità **incompatible** [–ˈpætibl] **I** *a.* **1** incompatibi inconciliabile (*with* con); (*of characters*) incompatibile. ⟨*Chim,Med,Bot*⟩ incompatibile. **II** *s.* **1** *pl.* persone *fpl* cose) incompatibili. **2** ⟨*Farm*⟩ farmaco *m* incompatibile

incompetence [inˈkɔmpitəns], **incompetency** [–i] incompetenza *f,* incapacità *f,* inettitudine *f.* **incompete** [–nt] **I** *a.* **1** incapace, incompetente. **2** ⟨*D* incompetente; (*of evidence*) inammissibile. **II** *s.* incompetente *m/f,* incapace *m/f.* **2** ⟨*Dir*⟩ incompeten *m/f.*

incomplete [ˌinkəmˈpliːt] *a.* incompleto; (*unfinishe* incompiuto. **incompletely** [–li] *avv.* in mo incompleto. **incompleteness** [–nis], **incompletic** [–ˈpliːʃən] *s.* incompletezza *f.*

incomprehensibility [ˌinkɔmpriˌhensəˈbiliti] *s.* inco prensibilità *f.* ˌincompre'hensible [–bl] *a.* incon prensibile, oscuro: ~ *words* parole oscure; (*of perso* incomprensibile, strano. ˌincompre'hensiblenes [–blnis] *s.* → **incomprehensibility. incomprehensic** [–ˈhenʃən] *s.* incomprensione *f.*

incompressibility [ˌinkəmˌpresəˈbiliti] *s.* ⟨*Fis*⟩ incor pressibilità *f.* ˌincom'pressible [–bl] *a.* incompressibile

incomputable [ˌinkəmˈpjuːtəbl] *a.* incomputabile, incalc labile.

inconceivability [ˌinkənsiːvəˈbiliti] *s.* inconcepibilità ˌincon'ceivable [–bl] *a.* **1** inconcepibile. **2** (*incredib* inconcepibile, incredibile.

inconclusive [ˌinkənˈkluːsiv] *a.* **1** inconcluden sconclusionato: *an* ~ *speech* un discorso inconcludente. (*not decisive*) non decisivo, non conclusivo; (*vain*) inuti vano, inconcludente: ~ *efforts* sforzi inuti **inconclusively** [–li] *avv.* in modo inconcludent **inconclusiveness** [–nis] *s.* inconcludenza *f;* (*uselessnes* inutilità *f.*

incondensability [ˌinkənˌdensəˈbiliti] *s.* non condensabil

incon'densable [–bl] *a.* che non può essere condensato, non condensabile.

condite [in'kɔndit] *a.* **1** (*of style, etc.*) sciatto, rozzo, non curato. **2** (*ill-mannered, unpolished*) rozzo, grossolano.

conformable [,inkən'fɔ:məbl] *a.* non conformabile (*to* a).

inconformity [–miti] *s.* non conformità *f.*

congruence [in'kɔŋgruəns] *s.* → **incongruity.**

congruity [,inkɔŋ'gru:iti] *s.* **1** disaccordo *m*, mancanza *f* d'armonia (*with* con). **2** (*inconsistency*) incongruenza *f*, incoerenza *f*. **3** (*inappropriateness*) inopportunità *f*, l'essere improprio. **in'congruous** [–gruəs] *a.* **1** non adatto, improprio, inopportuno. **2** (*lacking agreement*) in disaccordo (*with* con). **3** (*inconsistent*) incoerente, incongruente. **in'congruousness** [–gruəsnis] *s.* → incongruity.

consecutive [,inkən'sekjutiv] *a.* non consecutivo. **inconsecutiveness** [–nis] *s.* mancanza *f* di consecutività.

consequence [in'kɔnsikwens] *s.* **1** inconseguenza *f*. **2** (*inconsistency*) incongruenza *f*, incoerenza *f*; (*illogicality*) illogicità *f*. **inconsequent** [–nt] *a.* **1** inconseguente, sconclusionato. **2** (*inconsistent*) incongruente, incoerente; (*illogical*) illogico, inconseguente: *an ~ conclusion* una conclusione illogica. **in,conse'quential** [–nʃəl] *a.* **1** inconseguente, illogico. **2** (*of no consequence*) irrilevante, insignificante. **in,conse,quentiality** [–nʃi'æliti] *s.* **1** inconseguenza *f*, illogicità *f*. **2** (*irrelevance*) irrilevanza *f*. **considerable** [,inkən'sidərəbl] *a.* **1** irrilevante, insignificante: *an ~ sum* una somma irrilevante. **2** trivial) insignificante, futile. **considerate** [,inkən'sidərit] *a.* **1** irriverente, irriguardoso: *it was ~ of you to disturb him* è stato irriguardoso da parte tua disturbarlo. **2** (*rash*) avventato, sconsiderato; thoughtless) inconsiderato. **inconsiderateness** [–nis], **incon,sideration** [–'reiʃən] *s.* **1** sconsideratezza *f*, avventatezza *f*. **2** (*tactlessness*) mancanza *f* di riguardo. **consistence** [,inkən'sistəns], **inconsistency** [–i] *s.* **1** inconseguenza *f*. **2** (*incompatibility*) incompatibilità *f*; (*contradiction*) contraddizione *f*, incoerenza *f*, incongruenza *f*. **3** (*s.th. inconsistent*) controsenso *m*, assurdità *f*. **inconsistent** [–nt] *a.* **1** (*self-contradictory*) inconseguente, illogico: *an ~ statement* un'affermazione inconseguente; (*of a person*) incoerente, inconseguente. **2** not agreeing) in contrasto (*o* disaccordo), contrastante (*with* con): *his actions are ~ with his principles* le sue azioni sono in contrasto con i suoi principi; (*incompatible*) incompatibile (con); (*contradictory*) incoerente. **consolable** [,inkən'souləbl] *a.* inconsolabile. **consonance** [in'kɔnsənəns] *s.* dissonanza *f*, discordanza *f*. **inconsonant** [–nt] *a.* dissonante, discordante. **conspicuous** [,inkən'spikjuəs] *a.* poco appariscente, che non attira l'attenzione (*o* gli sguardi), che non dà nell'occhio. □ *to make o.s. ~* non farsi notare, passare inosservato. **inconspicuously** [–li] *avv.* senza dare nell'occhio. **inconspicuousness** [–nis] *s.* l'essere poco appariscente.

constancy [in'kɔnstənsi] *s.* incostanza *f*, instabilità *f*, volubilità *f*, variabilità *f*. **inconstant** [–nt] *a.* **1** (*of people*) incostante, volubile: *~ mood* umore incostante; (*of things*) incostante, instabile, mutevole. **consumable** [,inkən'sju:məbl] *a.* **1** inconsumabile. **2** (*Econ*) non di consumo, strumentale. **contestability** [,inkən,testə'biliti] *s.* incontestabilità *f*. **incon'testable** [–bl] *a.* incontestabile. **continence** [in'kɔntinəns] *s.* incontinenza *f* (*anche Fisiol.*). **incontinent** [–nt] *a.* **1** incontinente, intemperante, smodato. **2** (*Fisiol*) incontinente. □ *to be ~ of a secret* non saper tenere un segreto. **controllable** [,inkən'trouləbl] *a.* incontrollabile. **incontrollably** [–i] *avv.* in modo incontrollabile. **controvertibility** [in,kɔntrə,və:tə'biliti] *s.* incontrovertibilità *f*. **incontro'vertible** [–bl] *a.* incontrovertibile, innegabile, irrefutabile. **convenience** [,inkən'vi:njəns] **I** *s.* **1** inconveniente *m*. **2** trouble, nuisance) disturbo *m*, incomodo *m*, scomodo *m*, fastidio *m*. **3** (*cause of discomfort*) disagio *m*; (*discomfort*) incomodità *f*. **II** *v.t.* scomodare, incomodare, disturbare,

recare fastidio (*o* disturbo) a. □ *~s of age* gli acciacchi della vecchiaia; *to be* (*o* *cause*) *an ~ to s.o.* essere d'incomodo a qd.; *to put s.o. to ~* recare disturbo a qd. **inconvenient** [–nt] *a.* **1** scomodo, fastidioso; (*inopportune*) inopportuno, incomodo: *an ~ time* un'ora inopportuna. **2** (*uncomfortable*) scomodo. □ *if it is not ~ for you* se non ti è d'incomodo.

inconvertibility [,inkən,və:tə'biliti] *s.* inconvertibilità *f*. **incon'vertible** [–bl] *a.* **1** 〈Econ〉 inconvertibile. **2** (*unchangeable*) immutabile.

inconvincible [,inkən'vinsəbl] *a.* che non può essere convinto.

incoordinate [,inkou'ɔ:dənit] *a.* **1** privo (*o* che manca) di coordinazione. **2** 〈Fisiol〉 atassico. **inco,ordination** [–di'neiʃən] *s.* **1** incoordinazione *f*. **2** 〈Fisiol〉 atassia *f*, incoordinazione *f*.

incorporable [in'kɔ:pərəbl] *a.* incorporabile.

incorporate I *v.t.* [in'kɔ:pəreit] **1** incorporare: *the clauses were –d into the contract* le clausole furono incorporate nel contratto. **2** (*to include*) includere, comprendere: *the book –s his first essays* il libro comprende i suoi primi saggi. **3** (*to introduce*) inserire, incorporare: *to ~ photographs into a book* inserire delle fotografie in un volume. **4** (*to annex*) incorporare, annettere: *to ~ new territories* incorporare nuovi territori. **5** 〈Dir,Comm〉 (*to form into a corporation*) costituire in società commerciale; (*to admit into a corporation*) incorporare, assorbire, (*of persons*) associare (*o* iscrivere) come membro. **II** *v.i.* **1** incorporarsi. **2** 〈Dir,Comm〉 (*to form a corporation*) associarsi, collegarsi, fondersi. **III** *a.* [in'kɔ:pərit] **1** incorporato. **2** 〈Dir,Comm〉 costituito in società commerciale; (*admitted*) incorporato, assorbito, fuso. **incorporated** [–reitid] *a.* **1** incorporato (*anche Dir.,Comm.*). **2** 〈am〉 (*of territories*) incorporato, annesso. **in,corporation** [–'reiʃən] *s.* **1** incorporazione *f*, annessione *f*, incorporamento *m*. **2** 〈Dir,Comm〉 costituzione *f* in società commerciale; (*of a company*) fusione *f*, incorporazione *f*. **3** 〈Ling〉 polisintesi *f*. **incorporative** [–pərətiv] *a.* incorporante. **incorporator** [–reitə] *a.* **1** incorporatore *m* (*f* –trice). **2** 〈Dir,Comm〉 chi costituisce in società commerciale.

incorporeal [,inkɔ:'pɔ:riəl] *a.* incorporeo, immateriale. **incorporeity** [–pəri:iti] *s.* incorporeità *f*.

incorrect [,inkə'rekt] *a.* **1** scorretto, sbagliato, errato. **2** (*inaccurate*) impreciso, inesatto. **3** (*improper*) scorretto, sconveniente. **incorrectness** [–nis] *s.* scorrettezza *f*.

incorrigibility [in,kɔridʒə'biliti] *s.* incorreggibilità *f*. **in'corrigible** [–bl] *a.* **1** incorreggibile. **2** (*of persons*) incorreggibile, irriducibile, incallito: *an ~ smoker* un fumatore incorreggibile.

incorrodible [,inkə'roudibl] *a.* non corrodibile: *~ by acids* non corrodibile dagli acidi.

incorrupt(ed) [,inkə'rʌpt(id)] *a.* incorrotto, incontaminato. **incorruptibility** [–,rʌptə'biliti] *s.* incorruttibilità *f*. **incorruptible** [–'rʌptəbl] *a.* incorruttibile. **incorruption** [–'rʌpʃən] *s.* incorruttibilità *f*.

incrassate [in'kræseit] **I** *v.t.* **1** 〈Farm〉 (*of a liquid*) rendere (più) denso, raddensare. **2** 〈ant〉 (*to thicken*) ispessire, infittire. **II** *a.* 〈Biol〉 (*thickened*) ispessito; (*swollen*) gonfio. **in,crassation** [–'seiʃən] *s.* l'infittire, ispessimento *m*.

increasable [in'kri:səbl] *a.* aumentabile.

increase I *v.t.* [in'kri:s] **1** aumentare, accrescere; (*of prices*) aumentare, alzare. **2** (*to make more numerous*) incrementare, moltiplicare, aumentare: *to ~ one's income* incrementare le proprie entrate. **3** 〈Lav.femm〉 (*of a stitch*) aumentare, crescere. **II** *v.i.* **1** aumentare, (ac)crescere, accrescersi, salire: *sales have –d* le vendite sono aumentate. **2** (*to grow, mount*) crescere, progredire, prosperare: *to ~ in power* crescere in potenza. **3** 〈Lav.femm〉 aumentare. **III** *s.* ['inkri:s] **1** accrescimento *m*, aumento *m*, incremento *m*: *the ~ in population* l'accrescimento della popolazione; (*in price*) rialzo *m*. **2** (*that by which s.th. increases*) aumento *m*, rincaro *m*: *a 50% ~* un aumento del 50%. □ *on the ~* in aumento; (*of prices*) in rialzo (*o* aumento); 〈Comm〉 *without any ~* senza maggiorazione. **in'creasing** [–iŋ] *a.* **1** crescente, in aumento. 2 ⟨Mat⟩ crescente: ~ function funzione crescente. in'creasingly [-iŋli] avv. sempre più, in modo crescente.

incredibility [inˌkredi'biliti] s. incredibilità f. in'credible [-bl] a. 1 incredibile, straordinario, sbalorditivo. 2 (unbelievable) incredibile, inverosimile: an ~ story una storia incredibile. in'credibly [-bli] avv. incredibilmente, straordinariamente.

incredulity [ˌinkri'dju:liti] s. incredulità f.

incredulous [in'kredjuləs] a. incredulo: ~ smile sorriso incredulo.

increment ['inkrimənt] s. 1 incremento m, aumento m; (increase) crescita f. 2 ⟨Mat⟩ incremento m. ,incremental [-'mentl] a. 1 di (o relativo ad) aumento. 2 ⟨Mat⟩ incrementale.

increment value duty s. ⟨Econ⟩ tassa f sul plusvalore immobiliare.

incriminate [in'krimineit] v.t. incriminare, accusare (d'un reato). incriminating [-tiŋ] I a. incriminante: ~ documents documenti incriminanti. II s. incriminazione f. in,crimination [-'neiʃən] s. incriminazione f. incriminatory [-əri] a. incriminante.

incrust, incrustation → encrust, encrustation.

incubate ['inkjubeit] I v.t. 1 ⟨Zootecn⟩ covare. 2 ⟨Ind⟩ sottoporre a incubazione artificiale. 3 ⟨fig⟩ progettare, macchinare, tramare. II v.i. 1 ⟨Zootecn⟩ covare. 2 ⟨Ind⟩ essere sottoposto a incubazione artificiale. 3 ⟨fig⟩ prendere forma, svilupparsi. ,incubation [-'beiʃən] s. incubazione f (anche Med.,fig.).

incubation period s. ⟨Med,Zootecn⟩ incubazione f, periodo m d'incubazione.

incubative ['inkjubeitiv] a. dell'incubazione. incubator [-tə] s. 1 ⟨Zootecn,Med⟩ incubatrice f. 2 (for cultivating microorganisms) stufa f termostatica. incubatory [-təri] a. dell'incubazione.

incubus ['inkjubəs] s. (pl. -bi [bai]/-buses [bəsiz]) incubo m (anche Occult., fig.).

inculcate ['inkʌlkeit, am. in'kʌ-] v.t. inculcare, i(n)stillare, imprimere: to ~ a sense of duty in (o upon) s.o. inculcare a qd. il senso del dovere. ,inculcation [-'keiʃən] s. inculcazione f.

inculpable [in'kʌlpəbl] a. privo di colpa.

inculpate ['inkʌlpeit, am. in'kʌ-] v.t. 1 incolpare, accusare. 2 (to incriminate) implicare (o coinvolgere) in un reato. ,inculpation [-'peiʃən] s. imputazione f di colpa. in'culpatory [-pətəri] a. incriminante, accusatorio, d'accusa: ~ witness testimone d'accusa.

incult [in'kʌlt] a. ⟨rar⟩ incolto.

incumbency [in'kʌmbənsi] s. 1 l'incombere, lo spettare. 2 (duty, obligation) incombenza f, obbligo m. 3 ⟨Rel⟩ beneficio m ecclesiastico; (holding) possesso m d'un beneficio. 4 ⟨am⟩ (state of occupying s.th.) l'essere in carica; (period of office) permanenza f in carica. incumbent [-nt] I a. 1 incombente, spettante (on, upon a); (obligatory) obbligatorio. 2 ⟨am⟩ (holding an office) in carica. 3 ⟨Geol⟩ sovrapposto. II s. 1 ⟨Rel⟩ beneficiario m. 2 ⟨am⟩ (holder of an office) titolare m/f; (occupant) occupante m/f. □ to feel it ~ on one to do s.th. sentirsi in obbligo di fare qc.; it is ~ on you to help him è tuo dovere aiutarlo.

incumber [in'kʌmbə] v.t. (to encumber) ostacolare, impacciare. incumbrance [-brəns] s. (encumbrance) ingombro m.

incunabulum lat. [ˌinkju'næbjuləm] s. (pl. -la [lə]) 1 ⟨Filol⟩ incunabolo m. 2 pl. ⟨fig⟩ fase f iniziale, inizi mpl.

incur [in:'kə:] v.t. (pret., p.p. incurred [-d]) 1 incorrere in, andare incontro a: to ~ heavy expenses andare incontro a forti spese; (of a debt) contrarre; (of a risk) esporsi a. 2 (to bring upon o.s.) attirarsi, tirarsi addosso: to ~ hatred attirarsi l'odio; (to become liable) incorrere in, subire: to ~ a penalty incorrere in una pena.

incurability [inˌkjuerə'biliti] s. incurabilità f (anche fig.). in'curable [-bl] I a. 1 incurabile, insanabile, inguaribile: an ~ disease un male incurabile; (of a person) incurabile, inguaribile. 2 ⟨fig⟩ incorreggibile, incurabile. II s. ⟨Med⟩ incurabile m/f.

incuriosity [inˌkjuəri'ɔsiti] s. mancanza f di curiosit in'curious [-riəs] a. privo di curiosità.

incursion [in'kə:ʃən, am. -kə:ʒn] s. 1 incursione scorreria f. 2 (running, entering in) incursione f, irruzio f, invasione f. incursive [-'kə:siv] a. incursore.

incurvate [in'kə:veit] I v.t. incurvare, curvare. II incurvato, curvo. incurvation [-'veiʃən], incurvatu [-vətʃə] s. incurvatura f, incurvamento m. incur [-'kə:v] I v.t. piegare (o curvare) in dentro. II v.i. piegar (o curvarsi) in dentro.

incus lat. ['iŋkəs] s. (pl. incudes ['inkju:di:z]) ⟨Ana incudine f.

ind. = 1 index indice. 2 indication indicazione.

indebted [in'detid] a. 1 indebitato. 2 ⟨fig⟩ obbligato: I a ~ to you for your kindness ti sono obbligato per la t cortesia. □ to be ~ to s.o. for a large sum essere debito di una grossa somma a (o verso) qd. indebtednes [-idnis] s. 1 l'essere indebitato. 2 (amount owed) deb m (anche fig.).

indecency [in'di:sənsi] s. 1 indecenza f, immodestia f. (indecent act, word, etc.) indecenza f, oscenità f. indece [-nt] a. 1 indecente, osceno, impudico: ~ langua linguaggio osceno. 2 (lacking modesty) immodesto. (unseemly) sconveniente, indecoroso.

indeciduous [ˌindi'sidjuəs] a. ⟨Bot⟩ (of trees) semprevered (of leaves) non deciduo, non caduco.

indecipherable [ˌindi'saifərəbl] a. indecifrabile.

indecision [ˌindi'siʒən] s. indecisione f, incertezza titubanza f. indecisive [-'saisiv] a. 1 non decisivo: an battle una battaglia non decisiva. 2 (irresolute) indecis irresoluto, titubante.

indeclinable [ˌindi'klainəbl] a. ⟨Gramm⟩ indeclinabile.

indecomposable [ˌindi:kəm'pouzəbl] a. indecomponibile

indecorous [in'dekərəs] a. indecoroso, sconvenien disdicevole: ~ behaviour condotta indecoro indecorousness [-nis] s. sconvenienza f, indecenza ,indecorum [-di'kɔ:rəm] s. 1 → indecorousness. 2 (s. indecorous) condotta f (o azione) indecorosa.

indeed [in'di:d] I avv. 1 (really) veramente, effettivamen in realtà, davvero, in realtà: you are very kind ~ davvero gentile. 2 (used to intensify) proprio, davve often not translated: are you pleased with my report? – ~ sei contento della mia pagella? – no, davvero; tha you very much ~ grazie infinite. 3 (in reality, in fact dire il vero, veramente: there are ~ some difficulties dire il vero vi sono delle difficoltà. II intz. davve proprio: it's time to go – ~? è ora d'andare – davvero

indef. = ⟨Gramm⟩ indefinite indefinito.

indefatigability [ˌindiˌfæti'gə'biliti] s. infaticabilità ,inde'fatigable [-bl] a. indefesso, infaticabile, inst cabile.

indefeasibility [ˌindiˌfi:zə'biliti] s. ⟨Dir⟩ imprescrittibi f. ,inde'feasible [-bl] a. imprescrittibile: an ~ right diritto imprescrittibile.

indefectible [ˌindi'fektəbl] a. 1 che non può venir me ⟨lett⟩ indefettibile. 2 (flawless) impeccabile, senza dife perfetto.

indefensibility [ˌindiˌfensə'biliti] s. l'essere indifendib ,inde'fensible [-bl] a. 1 ⟨Mil⟩ indifendibile, che non può difendere. 2 ⟨fig⟩ (inexcusable) imperdonabile. 3 ⟨ (untenable) indifendibile, insostenibile: ~ opini opinioni insostenibili.

indefinable [ˌindi'fainəbl] a. 1 indefinibile. 2 (in scribable) indescrivibile, indefinibile. indefinably [avv. in modo indefinibile.

indefinite [in'definit] a. 1 indefinito, indeterminato: ar number un numero indefinito. 2 (not clearly defin vago, impreciso, indefinito.

indefinite| article s. ⟨Gramm⟩ articolo m indefinito. ~ integral s. ⟨Mat⟩ integrale m indefinito. ~ leave ⟨Mil⟩ congedo m illimitato.

indefinitely [in'definitli] avv. 1 in modo indefinito vago). 2 (for an indefinite time) indefinitamente, a (o un) tempo indeterminato: to postpone ~ rinviare a tem indeterminato. indefiniteness [-tnis] s. indeter natezza f.

indefinite pronoun s. ⟨Gramm⟩ pronome m indefinit

ndehiscence [,indi'hisns] *s.* ⟨*Bot*⟩ indeiscenza *f.* **indehiscent** [-snt] *a.* indeiscente: ~ *fruit* frutto indeiscente.

ndelibility [in,deli'biliti] *s.* l'essere indelebile. **in'delible** [-bl] *a.* **1** indelebile, incancellabile. **2** ⟨*fig*⟩ indelebile, perenne, indimenticabile. **3** (*of ink, pencil, etc.*) indelebile.

ndelicacy [in'delikǝsi] *s.* **1** indelicatezza *f,* mancanza *f* di tatto, indiscrezione *f.* **2** (*indelicate expression, etc.*) indelicatezza *f.* **indelicate** [-kit] *a.* **1** indecoroso, sconveniente; (*coarse*) volgare, grossolano. **2** (*tactless*) indelicato, privo di tatto, indiscreto.

ndemnifiable [in,demni'faiǝbl] *a.* risarcibile. **indemnification** [-fi'keiʃǝn] *s.* indennizzo *m,* indennità *f,* risarcimento *m.* **in'demnify** [-fai] *v.t.* **1** indennizzare, risarcire, compensare: *to* ~ *s.o. for war damages* indennizzare qd. dei danni di guerra. **2** (*to secure, protect*) assicurare, garantire: *to* ~ *s.o. against* (*o from*) *s.th.* assicurare qd. contro qc.

ndemnity [in'demniti] *s.* **1** (*security against loss, etc.*) garanzia *f,* assicurazione *f.* **2** (*compensation*) indennità *f,* indennizzo *m,* risarcimento *m:* ~ *for expropriation* indennità di espropriazione. **3** (*exemption from liabilities, etc.*) esenzione *f,* dispensa *f,* esonero *m.*

ndemonstrability [,indi,mɔnstrǝ'biliti] *s.* l'essere indimostrabile. **inde'monstrable** [-bl] *a.* indimostrabile, che non si può dimostrare.

ndent¹ **I** *v.t.* [in'dent] **1** formare insenature in, frastagliare. **2** (*to cut notches in*) intaccare, intagliare, dentellare. **3** ⟨*Tip*⟩ (*of a line*) far rientrare. **4** (*of a document drawn up in duplicate*) dividere secondo una linea irregolare (per stabilirne in seguito l'identità); (*to draw up in duplicate*) compilare in duplice copia. **5** ⟨*Comm*⟩ ordinare, fare un'ordinazione di. **6** ⟨*Mil*⟩ requisire merci a. **7** (*of an apprentice*) legare (*o* vincolare) con contratto. **II** *v.i.* **1** essere frastagliato. **2** ⟨*Tip*⟩ (far) rientrare un testo dal margine. **3** (*to draw up in duplicate*) compilare (*o* redigere) documenti in duplice copia. **4** (*to break or cut into*) intaccare, ridurre (*on, upon s.th.* qc.), sottrarre una parte (a): *to* ~ *on reserves* intaccare le riserve. **5** ⟨*Comm*⟩ ordinare (*for s.th.* qc.). **6** ⟨*Mil*⟩ spiccare un ordine di requisizione (*on, upon* su). **III** *s.* ['indent] **1** frastagliatura *f;* (*recess*) rientranza *f.* **2** (*notch*) tacca *f,* intaccatura *f,* dentellatura *f.* **3** ⟨*Mil*⟩ requisizione *f* ufficiale. **4** ⟨*Comm*⟩ ordine *m,* ordinazione *f.* **5** ⟨*Tip*⟩ rientranza *f.*

ndent² **I** *v.t.* [in'dent] **1** (*to dent*) imprimere, stampare. **2** (*to make a dent in*) ammaccare. **II** *s.* ['indent] ammaccatura *f,* incavo *m.*

ndentation [,inden'teiʃǝn] *s.* **1** frastagliatura *f,* insenatura *f;* (*recess*) rientranza *f.* **2** (*notch*) tacca *f,* intaccatura *f,* dentellatura *f.* **3** → **indention. 4** ⟨*Filat*⟩ dentellatura *f.*

in'dented [-tid] *a.* **1** frastagliato, ricco d'insenature; (*receding*) rientrante. **2** (*notched*) intaccato, intagliato, dentellato. **3** ⟨*Tip*⟩ rientrato: *an* ~ *paragraph* un paragrafo rientrato. **in'dention** [-nʃǝn] *s.* ⟨*Tip*⟩ (*act*) rientranza *f;* (*space produced*) capoverso *m.*

ndenture [in'dentʃǝ] **I** *s.* **1** documento *m* in duplicato diviso secondo una linea irregolare. **2** ⟨*estens*⟩ (*any document*) documento *m.* **3** (*contract*) contratto *m;* ⟨*agreement*⟩ documento *m.* **4** *pl.* (*of an apprentice*) contratto *m* d'apprendista. **5** (*official certificate*) certificato *m* ufficiale; (*inventory*) inventario *m.* **6** (*notch*) tacca *f,* intaglio *m,* dentellatura *f.* **II** *v.t.* (*of an apprentice*) impegnare (*o* vincolare) con contratto. □ *to take up one's* ~*s* finire l'apprendistato.

ndependence [,indi'pendǝns] *s.* **1** indipendenza *f* (*anche Pol.*). **2** (*freedom*) libertà *f,* autonomia *f,* indipendenza *f.* □ ⟨*Pol*⟩ *declaration of* ~ dichiarazione *f* d'indipendenza; *to live a life of* ~ essere indipendente, bastare a se stesso.

ndependence Day *s.* ⟨*SU*⟩ anniversario *m* dell'indipendenza.

ndependency [,indi'pendǝnsi] *s.* ⟨*Pol*⟩ territorio *m* indipendente.

ndependent [,indi'pendǝnt] **I** *a.* **1** indipendente: *an* ~ *girl* una ragazza indipendente. **2** (*self-governing*) indipendente, autonomo: *an* ~ *nation* una nazione indipendente. **3** (*not influenced*) imparziale, obiettivo: *an* ~ *opinion* un'opinione imparziale. **4** (*thinking or acting for o.s.*) libero, indipendente: *an* ~ *mind* uno spirito libero; *an* ~ *newspaper* un giornale indipendente. **5** (*having a competence*) economicamente indipendente; (*of an income, etc.*) sufficiente per vivere di rendita. **II** *s.* **1** persona *f* indipendente. **2** ⟨*Pol*⟩ indipendente *m/f.* □ *a man of* ~ *means* uomo che vive 'di rendita' (*o* del suo); ~ *of* indipendentemente da, senza tener conto di; *to be* ~ *of:* 1 (*of things*) non dipendere da; 2 (*of people*) non dipendere da, non essere a carico di.

Independent **I** *a.* ⟨*Rel*⟩ indipendente, congregazionalista. **II** *s.* ⟨*Rel*⟩ indipendente *m/f,* congregazionalista *m/f.*

in-depth *a.* profondo, approfondito.

indescribability [,indi,skraibǝ'biliti] *s.* l'essere indescrivibile (*o* indicibile). **,inde'scribable** [-bl] *a.* indescrivibile, indicibile.

indestructibility [,indi,strʌktǝ'biliti] *s.* indistruttibilità *f.* **inde'structible** [-bl] *a.* indistruttibile. **inde'structibly** [-bli] *avv.* in modo indistruttibile, indistruttibilmente.

indeterminable [,indi'tǝ:minǝbl] *a.* **1** indeterminabile, imprecisabile. **2** (*impossible to decide*) che non può essere deciso. **indeterminableness** [-nis] *s.* indeterminabilità *f.*

indeterminacy [,indi'tǝ:minǝsi] *s.* indeterminazione *f.* □ ⟨*Filos*⟩ ~ *principle* principio *m* d'indeterminazione. **indeterminate** [-nit] *a.* **1** indeterminato, indefinito, imprecisato: *an* ~ *number* un numero indeterminato. **2** (*vague*) vago, indeterminato, impreciso: *an* ~ *reply* una risposta vaga. **3** ⟨*Mat,Bot,Filos*⟩ indeterminato. **4** ⟨*Fon*⟩ (*neutral*) indistinto. **indeterminateness** [-nis] *s.* indeterminatezza *f,* imprecisione *f.* **,inde,termination** [-'neiʃǝn] *s.* **1** indeterminatezza *f,* imprecisione *f.* **2** (*irresoluteness*) irresolutezza *f,* indecisione *f,* indeterminazione *f.*

indeterminism [,indi'tǝ:minizǝm] *s.* ⟨*Filos*⟩ indeterminismo *m.* **indeterminist** [-nist] *s.* seguace *m/f* dell'indeterminismo.

index ['indeks] **I** *s.* **1** indice *m.* **2** ⟨*fig*⟩ indice *m,* indizio *m,* segno *m.* **3** ⟨*Orol*⟩ (*of a timepiece*) lancetta *f,* sfera *f;* (*of a sundial*) gnomone *m,* indice *m.* **4** → **index finger. 5** (*card index*) schedario *m.* **6** ⟨*Statist*⟩ (*ratio*) indice *m,* rapporto *m.* **7** → **index number. 8** ⟨*Mat*⟩ (*pl.* **indices** ['indisi:z]) indice *m;* (*exponent*) esponente *m.* **9** → **indexmark. Index** *s.* ⟨*Rel.catt*⟩ Indice *m* (dei libri proibiti). **II** *v.t.* **1** (*of a book*) fornire d'indice. **2** (*to list in an index*) elencare nell' (*o* in un) indice. **3** ⟨*Rel.catt*⟩ mettere all'Indice. **4** ⟨*Econ*⟩ indicizzare. □ ~ *of well-being* indice *m* di prosperità (*o* benessere). **indexation** [-'seiʃǝn] *s.* ⟨*Econ*⟩ indicizzazione *f.*

index| book *s.* repertorio *m.* ~ **card** *s.* scheda *f.* ~ **cards** *s.pl.* schedario *m* alfabetico. ~ **finger** *s.* ⟨*Anat*⟩ indice *m,* dito *m* indice. ~ **hole** *s.* ⟨*Inform*⟩ foro *m* indice. ~**-linked** *a.* ⟨*Econ*⟩ indicizzato: ~ *wage* salario indicizzato. ~**-linking** *s.* indicizzazione *f.* ~**mark** *s.* ⟨*Tip*⟩ manina *f.* ~ **number,** ~ **numeral** *s.* ⟨*Statist,Econ*⟩ indice *m* (statistico): *the* ~ *of industrial production* l'indice della produzione industriale.

India ['indiǝ] *N.pr.* ⟨*Geog*⟩ India *f.*

India| ink *s.* → **Indian ink.** ~**man** [mǝn] *s.irr.* ⟨*Mar*⟩ nave *f* per il commercio con l'India.

Indian ['indiǝn] **I** *s.* **1** indiano *m* (*f* –a). **2** (*American Indian*) amerindio *m* (*f* –a), indiano *m* (*f* –a). **II** *a.* **1** indiano. **2** (*relating to American Indians*) degli amerindi.

Indianapolis [,indiǝ'næpǝlis] *N.pr.* ⟨*Geog*⟩ Indianapoli *f.*

Indian| club *s.* ⟨*Ginn*⟩ clava *f.* ~ **corn** *s.* **1** ⟨*Bot*⟩ mais *m,* granoturco *m.* **2** ⟨*Gastr*⟩ (*corn on the cob*) pannocchia *f.* ~ **fig** *s.* ⟨*Bot*⟩ ficodindia *m,* fico *m* d'India. ~ **file** *s.* fila *f* indiana: *to walk in* ~ camminare in fila indiana. ~ **giver** *am.* ~ (*fam*) chi richiede indietro un regalo che ha fatto. ~ **hemp** *s.* ⟨*Bot*⟩ **1** apocino *m.* **2** (*hemp*) canapa *f* indiana. ~ **ink** *s.* inchiostro *m* di china. ~ **meal** *s.* farina *f* di granoturco. ~ **millet** *s.* ⟨*Bot*⟩ durra *f,* saggina *f.* ~ **summer** *s.* **1** estate *f* 'di san Martino' (*o* indiana). **2** ⟨*fig*⟩ anni *mpl* sereni.

India| paper *s.* **1** carta *f* d'India. **2** (*Bible paper*) carta *f* bibbia. ,~'**rubber** s. 1 caucciù m. 2 (eraser) gomma f per cancellare.

indic. = ⟨Gramm⟩ indicative indicativo.

indicate ['indikeit] v.t. 1 indicare, mostrare, additare: the policeman –d the way il poliziotto indicò la strada. 2 (to be a sign of) essere indice (o segno) di, indicare, denotare. 3 (to show) mostrare, rivelare, manifestare. 4 (to show the necessity of; general. al pass.) occorrere, essere necessario: further restrictions are –d occorrono ulteriori restrizioni. 5 (to state in brief) indicare, fare conoscere (per sommi capi). 6 ⟨Med⟩ (stare a) indicare: fever that –s severe illness febbre che indica una grave malattia.

indicated horsepower ['indikeitid] s. ⟨Mot⟩ potenza f indicata in cavalli.

indication [,indi'keiʃən] s. 1 indicazione f (anche Med.). 2 (s.th. that indicates) indizio m, segno m, sintomo m: he gave no ~ that he heard me non diede alcun segno d'avermi sentito; (trace) traccia f. □ there is every ~ that tutto sta a indicare che.

indicative [in'dikətiv] I a. 1 indicativo (of di), che denota (qc.). 2 ⟨Gramm⟩ indicativo. II s. ⟨Gramm⟩ (indicative mood) modo m indicativo, indicativo m; (verb) verbo m all'indicativo. □ his behaviour is ~ of guilt il suo comportamento denota colpevolezza.

indicator ['indikeitə] s. 1 chi indica, indicatore m (f –trice). 2 (on an instrument, dial, etc.) indicatore m; (pointer) indice m, lancetta f. 3 ⟨Strad⟩ indicatore m (stradale). 4 ⟨Chim⟩ indicatore m. 5 ⟨Econ⟩ indicatore m (economico).

indicator| card, ~ diagram s. ⟨tecn⟩ diagramma m del ciclo indicato. ~ **dial** s. ⟨tecn⟩ quadrante m indicatore. ~**paper** s. ⟨Cart⟩ carta f da prova⁻ (o reagente). ~ **plant** s. ⟨Agr⟩ pianta f indicatrice.

indicatory [in'dikətəri] a. 1 indicatore. 2 → indicative.

indict [in'dait] v.t. ⟨Dir⟩ incriminare, accusare: to ~ s.o. for murder incriminare qd. per omicidio. **indictable** [–əbl] a. ⟨Dir⟩ 1 (of a person) incriminabile, accusabile. 2 (of an offence) perseguibile, passibile di pena. ,**indic'tee** [–i:] s. imputato m (f –a), accusato m (f –a). **indicter** [–ə] s. accusatore m (f –trice).

indiction [in'dikʃən] s. ⟨Stor⟩ indizione f.

indictment [in'daitmənt] s. 1 accusa f; (state of being indicted) stato m d'accusa. 2 ⟨Dir⟩ (formale) atto m d'accusa, indictment m. 3 ⟨fig⟩ accusa f, atto m d'accusa. □ to 'bring in⁻ (o lay, find) an ~ against s.o. for s.th. muovere un'accusa contro (o a) qd. per qc.

Indies ['indiz] N.pr.pl. ⟨Geog⟩ 1 (West Indies) Indie fpl occidentali. 2 (East Indies) Indie fpl orientali.

indifference [in'difərəns] s. 1 indifferenza f, disinteresse m, apatia f: to feel ~ towards s.th. mostrare indifferenza verso qc. 2 (unimportance) scarsa (o nessuna) importanza f, irrilevanza f. □ ⟨Econ⟩ ~ curve curva f d'indifferenza. to feign ~ fare l'indifferente; it is a matter of perfect ~ to me è una questione che mi lascia perfettamente indifferente. **indifferent** [–nt] I a. 1 (not caring) indifferente, noncurante: to be ~ to the suffering of others essere indifferente alle sofferenze degli altri; (not interested) indifferente, insensibile, apatico. 2 (not mattering) indifferente: it is ~ to me whether you go or stay che tu vada o resti, mi è indifferente; (unimportant) irrilevante, di scarsa (o nessuna) importanza. 3 (mediocre) mediocre: ~ workmanship mediocre fattura; (rather bad) scadente. 4 (impartial) imparziale; (morally neutral) neutrale. 5 ⟨Fis,Chim⟩ indifferente. 6 ⟨Biol⟩ indifferente, indifferenziato. II s. indifferente m/f. **indifferentism** [–ntizəm] s. indifferentismo m. **indifferentist** [–ntist] s. chi mostra indifferentismo. **indifferently** [–ntli] avv. 1 con indifferenza, senza interesse. 2 (rather badly) mediocremente. 3 (impartially) senza (far) differenze, imparzialmente.

indigence ['indidʒəns] s. indigenza f, estrema povertà f.

indigene ['indidʒi:n] s. 1 indigeno m (f –a), nativo m (f –a), aborigeno m. 2 ⟨Bot⟩ pianta f indigena. 3 ⟨Zool⟩ animale m indigeno.

indigenous [in'didʒinəs] a. 1 indigeno, nativo, autoctono: ~ population popolazione indigena; (aboriginal) originario

---

(to di). 2 (relating to the natives) degli indigeni. (innate) innato, insito (to in).

indigent ['indidʒənt] a. indigente, bisognoso, povero.

indigested [,indi'dʒestid] a. ⟨rar⟩ 1 confuso, disordinat[e] 2 (undigested) non digerito, indigesto. ,**indi,gestibilit** [–tə'biliti] s. indigeribilità f. **indigestible** [–təbl] a. indigeribile. 2 ⟨fig⟩ (unendurable) indigeribile, inso[p]portabile, indigesto. 3 ⟨fig⟩ (incomprehensible) incom[-]prensibile. **indigestion** [–stʃən] s. ⟨Med⟩ cattiv[a] digestione f; (dyspepsia) dispepsia f. 2 (attack of ind[i]gestion) indigestione f. **indigestive** [–stiv] a. ⟨Med⟩ dispeptico.

indignant [in'dignənt] a. 1 indignato, sdegnato, risentit[o] to be ~ at s.th. essere indignato per qc. 2 (expressin[g] indignation) sdegnato: an ~ letter una lettera sdegnat[a] **indignantly** [–li] avv. con indignazione, con sdegn[o] ,**indignation** [–'neiʃən] s. indignazione f, sdegno m [e] risentimento m.

indignation meeting s. comizio m di protesta.

indignity [in'digniti] s. trattamento m indegno; (affron[t]) oltraggio m, affronto m, offesa f.

indigo ['indigou] I s. (pl. -s/-es [z]) 1 (dye) indaco m. → **indigo blue**. 3 ⟨Bot⟩ → **indigo plant**. II a. [~] indigo-blue.

'**indigo|-'blue** a. color blu indaco. ~ **blue** s. blu indaco m ~ **plant** s. ⟨Bot⟩ indigofera f, anile m.

indigotic [,indi'gɔtik] a. d'indaco, color indaco.

indirect [,indi'rekt] a. 1 indiretto, traverso, obliquo: route percorso indiretto. 2 (roundabout) indiretto: reference riferimento indiretto. 3 ⟨fig⟩ disonesto, tortuos[o] subdolo. 4 (secondary) mediato, indiretto: ~ effect effet[to] mediato; ~ advantage vantaggio indiretto.

indirection [,indi'rekʃən] s. 1 azione f indiretta. 2 ⟨fi[g]⟩ (roundabout course) vie fpl traverse; (dishonesty) modi m subdoli, ambiguità f.

indirect lighting s. illuminazione f indiretta.

indirectly [,indi'rektli] avv. indirettamente, per v[ie] traverse. **indirectness** [–tnis] s. 1 l'essere indiretto. [2] ⟨fig⟩ disonestà f.

indirect| object s. ⟨Gramm⟩ oggetto m indiretto. ~ **speech** s. ⟨Gramm⟩ discorso m indiretto. ~ **taxation** s ⟨Econ⟩ imposte fpl indirette.

indiscernible [,indi'sə:nəbl] a. 1 che non si può vede[re] distintamente, indiscernibile. 2 ⟨fig⟩ impercettibil[e] inafferrabile.

indiscerptible [,indi'sə:ptəbl] a. indivisibile, che non può separare.

indiscipline [in'disciplin] s. indisciplina f.

indiscoverable [,indis'kʌvərəbl] a. che non si p[uò] scoprire.

indiscreet [,indis'kri:t] a. 1 (inconsiderate: of a perso[n]) sconsiderato, sconsigliato, sventato; (of a remark, et[c]) imprudente, avventato, incauto. 2 (tactless) indiscre[to] privo di tatto, indelicato.

indiscrete [,indis'kri:t] a. non diviso (in parti), compatt[o]

indiscretion [,indis'kreʃən] s. 1 imprudenza f, sco[n]sideratezza f. 2 (tactlessness) indiscrezione f, ma[n]canza f di tatto, indelicatezza f. 3 (indiscreet act) azio[-] ne f avventata, imprudenza f.

indiscriminate [,indis'kriminit] a. 1 che non [fa] distinzioni (o differenze). 2 (random, haphazar[d]) indiscriminato, senza discernimento, a casaccio. (confused, jumbled) confuso, caotico; (heterogeneou[s]) eterogeneo. □ to be ~ in one's friendships non andare p[er] il sottile nel fare amicizie; an ~ reader chi legge un po' [di] tutto. **indiscriminately** [–li] avv. 1 indiscriminata[-]mente. 2 (haphazardly) a casaccio. **indiscriminat[e]ness** [–nis] s. → indiscrimination. **indiscriminati[ng]** [–neitiŋ] a. che non fa distinzioni (o differenze). ,**indis,crimination** [–'neiʃən] s. mancanza f di discer[ni-]mento (o discriminazione). **indiscriminative** [–iv] a. indiscriminating.

indispensability [,indis,pensə'biliti] s. l'esse[re] indispensabile. ,**indis'pensable** [–bl] a. 1 indispensabi[le] (assolutamente) necessario. 2 (of law, etc.: that cannot disregarded) inderogabile, che deve essere rispetta[to] ,**indis'pensableness** [–blnis] s. → indispensabilit[y]

indis'pensably [–bli] *avv.* necessariamente, in modo indispensabile.

dispose [ˌindis'pouz] *v.t.* **1** rendere inabile, inabilitare. **2** (*to make unwilling*) rendere alieno (*o contrario*). **3** (*to make slightly ill*) causare un'indisposizione a. **indisposed** [–d] *a.* **1** non disposto, contrario, alieno: *to be ~ to do s.th.* non essere disposto a fare qc. **2** (*slightly ill*) indisposto. **indisposition** [–pə'ziʃən] *s.* **1** indisponibilità *f.* **2** (*slight illness*) indisposizione *f,* malessere *m.*

disputability [ˌindisˌpjuːtə'biliti] *s.* incontestabilità *f.* **indis'putable** [–bl] *a.* indiscutibile, incontestabile, inconfutabile.

dissociable [ˌindi'souʃiəbl] *a.* indissociabile.

dissolubility [ˌindiˌsɔlju'biliti] *s.* indissolubilità *f: the ~ of marriage* l'indissolubilità del matrimonio. **indis'soluble** [–bl] *a.* **1** indissolubile. **2** ⟨Chim⟩ insolubile, indissolubile.

distinct [ˌindis'tiŋkt] *a.* **1** indistinto, indefinito: *an ~ outline* un contorno indistinto; (*of sounds*) indistinto, confuso. **2** (*vague*) indistinto, vago, confuso: *~ memories* ricordi indistinti. **indistinctive** [–iv] *a.* **1** che non si distingue. **2** (*incapable of distinguishing*) incapace di distinguere. **indistinctness** [–nis] *s.* l'essere indistinto.

distinguishability [ˌindisˌtiŋgwiʃə'biliti] *s.* l'essere indistinguibile. **indis'tinguishable** [–bl] *a.* **1** indistinguibile, che non si può distinguere: *he is ~ from his twin* non lo si può distinguere dal gemello. **2** (*not discernible*) impercettibile: *~ difference* differenza impercettibile. **3** (*indistinct*) indistinto, indistinguibile.

dite [in'dait] *v.t.* comporre, scrivere; (*to write*) scrivere.

dium ['indiəm] *s.* ⟨Chim⟩ indio *m.*

divertible [ˌindi'vəːtibl] *a.* non deviabile.

dividual [ˌindi'vidjuəl, *am.* ˌində'vidʒəl] **I** *a.* **1** individuale: *~ qualities* qualità individuali. **2** (*single*) singolo: *~ copies of a document* le singole copie di un documento. **3** ⟨fig⟩ (*having individuality*) personale, particolare, individuale: *a very ~ style* uno stile molto personale. **4** (*of different design, etc.*) differente, diverso: *five ~ cups* cinque tazze differenti (l'una dall'altra). **II** *s.* **1** individuo *m,* singolo *m: the rights of the ~* i diritti dell'individuo. **2** (*person*) individuo *m,* tipo *m.*

dividualism [ˌindi'vidjuəlizəm, *am.* ˌində'vidʒəl–] *s.* **1** individualismo *m* (*anche Filos.,Econ.*). **2** (*egoism*) individualismo *m,* egoismo *m.* **individualist** [–ist] *s.* individualista *m/f* (*anche Filos.*). **indi,vidualistic** [–'istik] *a.* individualistico.

dividuality [ˌindiˌvidju'æliti, *am.* ˌində'vidʒu–] *s.* **1** individualità *f,* personalità *f.* **2** (*individual characteristics*) individualità *f,* caratteristiche *fpl* personali.

dividualization [ˌindiˌvidjuəlai'zeiʃən, *am.* ˌində,vidʒə–] *s.* individuazione *f,* individualizzazione *f.* **,indi'vidualize** [–laiz] *v.t.* **1** individualizzare, individuare, caratterizzare. **2** (*to specify*) particolareggiare, specificare. **indi'vidually** [–li] *avv.* **1** individualmente, separatamente; (*one by one*) a uno a uno, singolarmente. **2** (*in an individual manner*) in modo individuale (*o personale*). **3** (*personally*) personalmente, di persona.

dividuate [ˌindi'vidjueit, *am.* ˌində,vidʒueit] *v.t.* individuare. **individuation** [–dju'eiʃən] *s.* individuazione *f* (*anche Filos.*).

divisibility [ˌindiˌvizə'biliti] *s.* indivisibilità *f.* **indi'visible** [–bl] **I** *a.* indivisibile. **II** *s.* ciò che è indivisibile.

do-'Aryan [ˌindo(u)] **I** *a.* indo–ariano. **II** *s.* indo–ariano *n.*

dochina [ˌindo(u)'tʃainə] *N.pr.* ⟨Geog⟩ Indocina *f.* **Indo,chinese** [–'niːz] **I** *a.* indocinese. **II** *s.* **1** indocinese *n/f.* **2** (*language*) indocinese *m.*

docile [in'dousail, *am.* in'dɔsil] *a.* indocile, ribelle, indisciplinato. **,indocility** [–do(u)'siliti] *s.* indisciplina *f,* indocilità *f.*

doctrinate [in'dɔktrineit] *v.t.* **1** addottrinare, indottrinare. **2** (*to teach*) insegnare a, istruire. **in,doctri-nation** [–'neiʃən] *s.* indottrinamento *m,* indottrina-zione *f.*

do|-,Euro'pean ['indo(u)] **I** *a.* indoeuropeo, indo-germanico. **II** *s.* **1** (*family of languages*) indoeuropeo *m,* indogermanico *m.* **2** (*parent language*) lingua *f* indoeuropea, indoeuropeo *m.* **3** (*person*) indoeuropeo *m* (*f* –a). **~-'Ger'manic** *a./s.* → **Indo-European**. **~-I'ranian** **I** *a.* ario, indoiranico. **II** *s.* ario *m,* indoiranico *m.*

indolence ['indələns] *s.* indolenza *f,* neghittosità *f,* pigrizia *f.* **indolent** [–nt] *a.* **1** indolente, pigro, neghittoso. **2** ⟨Med⟩ (*causing no pain*) indolente; (*slow to heal*) che ha una lenta guarigione.

indomitable [in'dɔmitəbl] *a.* indomabile, che non si può vincere (*o piegare*).

Indonesia [ˌindo(u)'niːʒjə] *N.pr.* ⟨Geog⟩ Indonesia *f.* **Indonesian** [–n] **I** *a.* indonesiano. **II** *s.* **1** indonesiano *m* (*f* –a). **2** (*language*) indonesiano *m.*

indoor ['indɔː] *a.* **1** interno, dentro casa, al chiuso: *~ swimming pool* piscina interna. **2** ⟨Sport⟩ indoor. **3** (*of people: inclined to stay at home*) casalingo. **4** (*for use indoors*) da (*o* per) casa.

indoor| paupers *s.pl.* ricoverati *mpl* poveri (in ospedale, ospizio, ecc.). **~ relief** *s.* assistenza *f* prestata ai ricoverati.

indoors ['in'dɔːz] *avv.* all'interno, in casa, dentro (casa), al chiuso. □ *to go ~* entrare, andare dentro; *to keep ~* restare in casa.

indorsable [in'dɔːsəbl] *a.* ⟨Econ⟩ (*endorsable*) girabile. **,indorsation** [–'seiʃən] *s.* girata *f.* **indorse** [–'dɔːs] *v.t.* (*to endorse*) girare, trasferire. **,indorsee** [–'siː] *s.* giratario *m.* **indorsement** [–smənt] *s.* → **indorsation**. **indorser, indorsor** [–sə] *s.* girante *m/f.*

indraft *am.,* **indraught** ['indrɑːft] *s.* **1** corrente *f* verso l'interno. **2** (*inward attraction*) attrazione *f* verso l'interno.

indrawn ['in'drɔːn] *a.* **1** (*of breath, etc.*) inspirato. **2** ⟨fig⟩ introspettivo.

indubitable [in'djuːbitəbl] *a.* indubitabile, certo.

induce [in'djuːs] *v.t.* **1** indurre, persuadere, spingere: *to ~ s.o. to do s.th.* indurre qd. a fare qc. **2** (*to bring about*) provocare, produrre, causare. **3** ⟨El⟩ indurre. □ ⟨El⟩ *–d current* corrente indotta; *to ~ the hope that* far sperare che; *to ~ sleep in s.o.* far venir sonno a qd. **inducement** [–mənt] *s.* **1** incitamento *m,* persuasione *f.* **2** (*s.th. that induces*) stimolo *m,* incentivo *m,* spinta *f,* incitamento *m.* **3** ⟨Dir⟩ (*in allegations*) parte *f* introduttiva.

induct [in'dʌkt] *v.t.* **1** insediare, installare. **2** ⟨Rel⟩ investire: *to ~ a clergyman to a living* investire un ecclesiastico al suo beneficio. **3** (*to initiate*) introdurre, iniziare. **4** ⟨am.Mil⟩ reclutare. **inductance** [–əns] *s.* ⟨El⟩ induttanza *f.* **,induc'tee** [–tiː] *s.* ⟨Mil⟩ recluta *f.*

inductile [in'dʌktail] *a.* non duttile, non flessibile. **,inductility** [–'tiliti] *s.* mancanza *f* di duttilità (*o* flessibilità).

induction [in'dʌkʃən] *s.* **1** insediamento *m.* **2** ⟨Rel⟩ investitura *f.* **3** (*initiation*) iniziazione *f.* **4** ⟨am.Mil⟩ reclutamento *m.* **5** ⟨Filos,El,Biol,Mat⟩ induzione *f: to argue by ~* argomentare per induzione.

induction| coil *s.* ⟨El⟩ rocchetto *m* d'induzione. **~ manifold** *s.* ⟨Mot⟩ collettore *m* d'immissione. **~ motor** *s.* motore *m* a induzione.

inductive [in'dʌktiv] *a.* ⟨El,Biol,Filos⟩ induttivo. **inductively** [–li] *avv.* in modo induttivo, per induzione. **inductiveness** [–nis], **,induc'tivity** [–iti] *s.* ⟨El⟩ induttività *f.* **inductor** [–tə] *s.* ⟨El,Biol⟩ induttore *m.*

indue [in'djuː] *v.t.* (*to endue*) dotare, fornire, provvedere.

indulge [in'dʌldʒ] **I** *v.t.* **1** soddisfare, appagare: *to ~ one's appetite* soddisfare il proprio appetito. **2** (*to yield to the wishes of*) (as)secondare i desideri di, mostrarsi accondiscendente verso, essere indulgente verso; (*to spoil*) viziare. **3** ⟨rifl⟩ abbandonarsi, darsi senza ritegno a. **II** *v.i.* **1** indulgere, darsi senza ritegno, abbandonarsi (*in* a): *to ~ in smoking* indulgere al vizio del fumo. **2** ⟨fam⟩ (*to drink excessively*) indulgere al vizio del bere, essere dedito al bere. □ *to ~ a vain* (*o fond*) *hope* carezzare una vana speranza; *to ~ in a cigar* permettersi (*o* concedersi) un sigaro; *to ~ too freely in s.th.* fare abuso di qc.; *to ~ o.s.* trattarsi bene, non rinunciare a nulla; ⟨fam⟩ *will you ~?* vuoi bere qualcosa?

indulgence [in'dʌldʒəns] **I** *s.* **1** appagamento *m,* soddisfazione *f: the ~ of a desire* l'appagamento di un desiderio. **2** (*leniency, humouring*) indulgenza *f,* condiscendenza *f: to treat a child with* ~ usare indulgenza con un bambino. **3** (*self–indulgence*) indulgenza *f* verso se stessi. **4** (*s.th. indulged in*) cosa *f* a cui s'indulge. **5** (*Comm*) dilazione *f: to grant an* ~ *on a bill* concedere una dilazione al pagamento di una cambiale. **6** (*Rel.catt*) indulgenza *f.* **7** (*Stor.brit*) concessione *f* della libertà religiosa. **II** *v.t.* (*Rel.catt*) dotare d'indulgenza. □ *to allow o.s. the* ~ *of a glass of wine* concedersi il piacere di un bicchiere di vino; (*Stor.brit*) *Declaration of* ~ proclamazione *f* della libertà religiosa; *smoking is his only* ~ il suo unico vizio è il fumo. **indulgenced** [–t] *a.* (*Rel.catt*) che conferisce un'indulgenza. **indulgent** [–nt] *a.* indulgente, benevolo, condiscendente: ~ *parents* genitori indulgenti.

indult [in'dʌlt] *s.* (*Rel.catt*) indulto *m.*

indurate ['indjureit] **I** *v.t.* **1** indurire, rendere duro (*o* sodo). **2** (*Med*) (*of tissue*) indurire. **3** (*fig*) (*to inure*) rendere resistente, indurire. **4** (*fig*) (*to make callous*) indurire, rendere insensibile. **II** *v.i.* indurirsi, diventare duro (*anche fig.*). **,induration** [–'reiʃən] *s.* **1** indurimento *m.* **2** (*fig*) (*becoming inured*) l'essere indurito (*o* resistente); (*callousness*) durezza *f,* insensibilità *f.* **indurative** [–iv] *a.* che indurisce.

Indus ['indəs] *N.pr.* **1** (*Geog*) Indo *m.* **2** (*Astr*) Indiano *m.*

indusium [in'dju:ziəm] *s.* (*pl.* **-sia** [ziə]) (*Biol*) indusio *m.*

industrial [in'dʌstriəl] **I** *a.* **1** industriale, dell'industria: ~ *processes* processi industriali; ~ *workers* lavoratori dell'industria. **2** (*for use in industry*) per uso industriale: ~ *diamonds* diamanti per uso industriale. **3** (*having many industries*) industrializzato, industriale: *an* ~ *country* un paese industrializzato. **II** *s.* **1** lavoratore *m* (*f* –trice) dell'industria. **2** *pl.* (*Econ*) azioni *fpl* (*o* titoli *mpl*) industriali.

industrial‖ accident *s.* incidente *m* sul lavoro. ~ **agreement** *s.* accordo *m* sindacale. ~ **alcohol** *s.* alcol *m* per uso industriale. ~ **area** *s.* area *f* industriale. ~ **building** *s.* edificio *m* industriale. ~ **center** *am.,* ~ **centre** *s.* centro *m* industriale. ~ **complex** *s.* complesso *m* industriale. ~ **design** *s.* industrial design *m.* ~ **disease** *s.* malattia *f* professionale. ~ **dispute** *s.* conflitto *m* del lavoro. ~ **electronics** *s.pl.* (costr. sing.) elettronica *f* industriale. ~ **espionage** *s.* spionaggio *m* industriale. ~ **hygiene** *s.* igiene *f* del lavoro.

industrialism [in'dʌstriəlizəm] *s.* (*Econ*) industrialismo *m.* **industrialist** [–list] *s.* industriale *m.* **in,dustrialization** [–lai'zeiʃən] *s.* industrializzazione *f.* **industrialize** [–laiz] **I** *v.t.* industrializzare. **II** *v.i.* industrializzarsi. **industrially** [–li] *avv.* su scala industriale.

industrial‖ medicine *s.* medicina *f* del lavoro. ~ **metropolis** *s.* metropoli *f* industriale. ~ **park** *am. s.* zona *f* industriale. ~ **peace** *s.* pace *f* sindacale. ~ **pollution** *s.* inquinamento *m* industriale. ~ **psychology** *s.* psicologia *f* del lavoro. ~ **relations** *s.pl.* relazioni *fpl* industriali. ~ **Revolution** *s.* (*Stor*) rivoluzione *f* industriale. ~ **robot** *s.* robot *m* industriale. ~ **safety** *s.* sicurezza *f* sul lavoro. ~ **school** *s.* scuola *f* industriale. ~ **security** *s.* controspionaggio *m* industriale. ~**settlement** *s.* insediamento *m* industriale. ~ **site** *s.* zona *f* industriale. ~ **society** *s.* società *f* industriale. ~ **sociology** *s.* sociologia *f* industriale. ~ **unrest** *s.* agitazioni *fpl* operaie. ~ **waste** *s.* rifiuti *mpl* industriali.

industrious [in'dʌstriəs] *a.* industrioso, laborioso, operoso, attivo; (*diligent*) diligente.

industry ['indəstri] *s.* **1** industria *f: the tourist* ~ l'industria turistica; *car* ~ industria automobilistica. **2** (*assiduous activity*) operosità *f,* laboriosità *f;* (*diligence*) diligenza *f.* □ *labour and* ~ manodopera e industria.

indwell [,in'dwel] *v.irr.* **I** *v.i.* **1** dimorare, risiedere. **2** (*fig*) essere insito (*in* in), essere proprio (di). **II** *v.t.* **1** abitare. **2** (*fig*) essere insito in, essere proprio di. **'indwelling** [–iŋ] *a.* insito (*in* in), proprio (di).

inebriant [i'ni:briənt] **I** *a.* inebriante. **II** *s.* bevanda *f* inebriante.

inebriate I *v.t.* [i'ni:brieit] **1** rendere ebbro, inebriare. (*fig*) inebriare, eccitare, esaltare. **II** *s.* [i'ni:briit] **1** beo *m,* ubriacone *m.* **2** (*habitual drunkard*) alcolizzato *m* –a). **III** *a.* → **inebriated. inebriated** [–brieitid] *a.* ebbr ubriaco. **i,nebriation** [–bri'eiʃən] *s.* ubriachezza **inebriety** [,ini'braiəti] *s.* **1** inebriamento *m.* **2** (*habitu drunkenness*) alcolismo *m,* ubriachezza *f* abituale.

inedibility [in,edi'biliti] *s.* il non essere commestibil **in'edible** [–bl] *a.* non commestibile.

inedited [in'editid] *a.* **1** inedito, non pubblicato. (*published without alterations*) pubblicato integralmente, edizione integrale.

ineffability [in,efə'biliti] *s.* ineffabilità *f.* **in'effable** [–t *a.* ineffabile, indicibile, inesprimibile: ~ *joy* gio ineffabile.

ineffaceability [,inifeisə'biliti] *s.* l'essere indelebile incancellabile). **,ineffaceable** [–bl] *a.* incancellabil indelebile.

ineffective [,ini'fektiv] *a.* **1** inefficace, inutile, vano: *remedies* rimedi inefficaci. **2** (*of people: incompeten* incapace, incompetente; (*inefficient*) inefficiente, incapac **3** (*lacking aesthetic merit*) privo di effetto, inefficac **ineffectively** [–li] *avv.* in modo inefficac inefficacemente. **ineffectiveness** [–nis] *s.* inefficacia *f.*

ineffectual [,ini'fektʃuəl] *a.* vano, inefficace, inuti **,inef,fectuality** [–tʃu'æliti], **ineffectualness** [–nis] *l'essere vano.*

inefficacious [,inefi'keiʃəs] *a.* inefficace, inutile, van **in'efficacy** [–kəsi] *s.* inefficacia *f,* inutilità *f.*

inefficiency [,ini'fiʃənsi] *s.* inefficienza *f,* incapacità **inefficient** [–nt] *a.* **1** inefficiente, inetto, incapace. (*inefficacious*) inefficace.

inelastic [,ini'læstik] *a.* **1** rigido, anelastico (*anche Econ* **2** (*fig*) inflessibile, rigido. **inelasticity** [–'tisiti] *s.* anelasticità *f,* rigidezza *f* (*anche Econ.*). **2** (*fi* inflessibilità *f.*

inelegance [in'eligəns], **inelegancy** [–i] *s.* ineleganza (*lack of refinement*) rozzezza *f.* **inelegant** [–nt] *a.* inelegante, privo d'eleganza. **2** (*lacking in refineme* inelegante, rozzo.

ineligibility [in,elidʒə'biliti] *s.* **1** (*Dir*) ineleggibilità *f.* (*unacceptableness*) inaccettabilità *f.* **in'eligible** [–bl] *a.* (*Dir*) ineleggibile, che non può essere eletto. **2** (*r worthy of choice*) che non può essere scelto (*o* accettat □ ~ *for military service* inabile al servizio militare.

ineloquent [in'eləkwənt] *a.* che manca d'eloquenza.

ineluctability [,ini,lʌktə'biliti] *s.* ineluttabilità inevitabilità *f.* **ine'luctable** [–bl] *a.* ineluttabi inevitabile.

inept [i'nept] *a.* **1** inadatto, inopportuno, fuori luogo: *an remark* un'osservazione inopportuna. **2** (*foolish*) scioc insensato. **3** (*unskilful*) inetto, incapace, inabi **ineptitude** [–itju:d] *s.* **1** → **ineptness. 2** (*foolish acti etc.*) stupidaggine *f,* sciocchezza *f.* **ineptness** [–nis] *s.* inopportunità *f.* **2** (*unfitness*) incapacità *f,* inettitudine

inequable [in'i:kwəbl] *a.* non uniforme.

inequality [,ini'kwɔliti] *s.* **1** ineguaglianza *f,* diversità (*instance*) ineguaglianza *f,* sperequazione *f,* disparità *inequalities in wealth* sperequazioni economiche. **2** (*soc disparity*) ineguaglianza *f* (*o* disuguaglianza) sociale. (*unevenness*) ineguaglianza *f,* irregolarità *f.* **4** (*A deviazione *f.* **5** (*Mat*) ineguaglianza *f,* disuguaglianza

inequitable [in'ekwitəbl] *a.* iniquo, ingiusto. **inequi** [–ti] *s.* iniquità *f,* ingiustizia *f.*

ineradicable [,ini'rædikəbl] *a.* inestirpabile (*anche fig.*).

inerrability [in,erə'biliti] *s.* infallibilità *f.* **in'errable** [– *a.* infallibile. **in'errancy** [–rənsi] *s.* → **inerrabi in'errant** [–rənt] *a.* infallibile.

inert [i'nə:t] *a.* **1** inerte (*anche Chim.*): ~ *matter* mate inerte; ~ *gas* gas inerte. **2** (*fig*) inerte, inattivo, ozio inoperoso.

inertia [i'nə:ʃə] *s.* **1** inerzia *f,* inoperosità *f.* (*Fis,Chim,Med*) inerzia *f.* □ (*Fis*) *force of* ~ forza d'inerzia. **inertial** [–l] *a.* (*Fis*) inerziale. **inertne** [–:tnis] *s.* **1** inerzia *f,* inoperosità *f.* **2** (*passivity*) passivit inerzia *f,* apatia *f.*

inescapable [,inis'keipəbl] *a.* inevitabile, a cui non si p sfuggire.

nessential [,ini'senʃəl] **I** *a.* non essenziale, secondario. **II** *s.* cosa *f* secondaria (*o* di minore importanza). ☐ *to omit the* –*s* lasciar da parte ciò che non è essenziale.

inestimable [in'estiməbl] *a.* **1** incalcolabile, inestimabile. **2** ⟨*fig*⟩ inestimabile, grandissimo: *of* ~ *value* di valore inestimabile.

inevitability [in,evitə'biliti] *s.* inevitabilità *f,* ineluttabilità *f.* **in'evitable** [–bl] *a.* **1** inevitabile, ineluttabile. **2** (*certain*) sicuro, certo, immancabile. **in'evitableness** [–blnis] *s.* → **inevitability.**

nexact [,inig'zækt] *a.* **1** (*of things: inaccurate*) inesatto, impreciso; (*not correct*) erroneo. **2** (*of persons*) impreciso. **inexactitude** [–itju:d] *s.* **1** inesattezza *f,* imprecisione *f.* **2** (*instance*) inesattezza *f,* errore *m.* **inexactness** [–nis] *s.* → **inexactitude.**

nexcusability [,iniks,kju:zə'biliti] *s.* l'essere ingiustificabile. **,inex'cusable** [–bl] *a.* ingiustificabile, inescusabile.

nexecutable [in'eksikju:təbl] *a.* ineseguibile, irrealizzabile.

nexhaustibility [,inig,zɔ:stə'biliti] *s.* **1** inesauribilità *f.* **2** (*tirelessness*) instancabilità *f.* **,inex'haustible** [–bl] *a.* **1** inesauribile: ~ *patience* pazienza inesauribile. **2** (*unwearying*) instancabile.

nexistent [,inig'zistənt] *a.* inesistente, insussistente.

nexorability [in,eksərə'biliti] *s.* inesorabilità *f.* **in'exorable** [–bl] *a.* inesorabile, crudele. **in'exorableness** [–blnis] *s.* → **inexorability.**

nexpedience [,iniks'pi:diəns], **inexpediency** [–i] *s.* inopportunità *f.* **inexpedient** [–nt] *a.* **1** inopportuno. **2** (*unprofitable*) svantaggioso.

nexpensive [,iniks'pensiv] *a.* poco costoso, di poco prezzo, economico. **inexpensively** [–li] *avv.* a buon prezzo, a buon mercato. **inexpensiveness** [–nis] *s.* basso costo *m* (*o* prezzo).

nexperience [,iniks'piəriəns] *s.* inesperienza *f,* mancanza *f* d'esperienza. **inexperienced** [–t] *a.* inesperto, senza esperienza.

nexpert [,ineks'pə:t] *a.* inesperto, poco pratico. **inexpertly** [–li] *avv.* da inesperto.

nexpiable [in'ekspiəbl] *a.* **1** inespiabile. **2** (*implacable*) implacabile. **inexpiableness** [–nis] *s.* l'essere inespiabile.

nexplicability [in,eksplikə'biliti] *s.* inesplicabilità *f.* **in'explicable** [–bl] *a.* inesplicabile, inspiegabile.

nexplicit [,iniks'plisit] *a.* non esplicito. **inexplicitness** [–nis] *s.* mancanza *f* di chiarezza.

nexplosive [,iniks'plousiv] *a.* che non può esplodere.

nexpressible [,iniks'presəbl] *a.* inesprimibile, indescrivibile, indicibile: ~ *beauty* bellezza indescrivibile. **inexpressibles** [–z] *s.pl.* ⟨*ant,scherz*⟩ calzoni *mpl.* **inexpressibly** [–i] *avv.* in modo inesprimibile.

nexpressive [,iniks'presiv] *a.* **1** inespressivo, privo d'espressione: *an* ~ *face* un viso inespressivo. **2** (*lacking meaning*) privo di significato, senza senso. **inexpressiveness** [–nis] *s.* l'essere inespressivo.

nexpugnable [,iniks'pʌgnəbl] *a.* **1** inespugnabile. **2** ⟨*fig*⟩ inespugnabile, invincibile, incrollabile.

nextensible [,iniks'tensəbl] *a.* inestensibile.

nextinguishable [,iniks'tiŋgwiʃəbl] *a.* inestinguibile (*anche fig.*).

nextirpable [,iniks'tə:pəbl] *a.* inestirpabile.

nextricability [in,ekstrikə'biliti] *s.* l'essere inestricabile. **in'extricable** [–bl] *a.* **1** da cui non ci si può districare. **2** (*unsolvable*) insolubile, inestricabile: ~ *dilemma* dilemma insolubile. **3** (*that cannot be undone*) inestricabile, che non si può sciogliere.

nf. = **1** ⟨*Mil*⟩ *infantry* fanteria. **2** ⟨*Gramm*⟩ *infinitive* infinito.

nfallibilism [in'fæləbəlizəm] *s.* ⟨*Rel.catt*⟩ dogma *m* dell'infallibilità del Papa. **infallibilist** [–list] *s.* infallibilista *m/f.* **in,fallibility** [–'biliti] *s.* infallibilità *f.* **infallible** [–bl] *a.* **1** infallibile (*anche Teol.*). **2** (*sure*) infallibile, sicuro, certo.

nfamous ['infəməs] *a.* **1** malfamato. **2** (*detestable*) infame, turpe, ignobile, scellerato: ~ *crimes* turpi delitti. **3** ⟨*Dir*⟩ (*of persons*) privato dei diritti civili; (*of a crime,*

offence) che comporta la perdita dei diritti civili. **4** ⟨*Mediev*⟩ infamante: ~ *punishment* pena infamante.

infamously [–li] *avv.* in modo infame (*o* scellerato).

infamy [–mi] *s.* **1** infamia *f,* disonore *m,* ignominia *f.* **2** (*act*) infamia *f,* scelleratezza *f,* nefandezza *f.* **3** ⟨*Dir*⟩ perdita *f* dei diritti civili.

infancy ['infənsi] *s.* **1** infanzia *f.* **2** ⟨*fig*⟩ infanzia *f,* primordi *mpl.* **3** ⟨*Dir*⟩ età *f* minore, minorità *f.*

infant ['infənt] **I** *s.* **1** bambino *m* (*f* –a) (molto piccolo), ⟨*lett*⟩ infante *m/f.* **2** ⟨*Dir*⟩ minorenne *m/f,* minore *m/f.* **3** ⟨*Scol*⟩ bambino *m* (*f* –a) che frequenta l'asilo infantile. **II** *a.* **1** bambino: *an* ~ *king* un re bambino. **2** (*of infancy, infants*) infantile, dell'infanzia: ~ *mortality* mortalità infantile. **3** ⟨*fig*⟩ agli inizi, fanciullo. **4** ⟨*Dir*⟩ minorenne.

infanta [in'fæntə] *s.* ⟨*Stor*⟩ infanta *f.* **infante** [–ti] *s.* infante *m.*

infanticidal [in,fænti'saidl] *a.* infanticida. **in'fanticide** [–said] *s.* **1** (*act*) infanticidio *m.* **2** (*person*) infanticida *m/f.*

infantile ['infəntail] *a.* **1** dell'infanzia, infantile. **2** ⟨*fig*⟩ infantile, bambinesco, puerile. **3** ⟨*Med,Psic*⟩ affetto da infantilismo.

infantile paralysis *s.* ⟨*Med*⟩ poliomielite *f,* paralisi *f* infantile.

infantilism [in'fæntilizəm] *s.* ⟨*Med,Psic*⟩ infantilismo *m.*

infant industry *s.* industria *f* nascente.

infantine ['infəntain] *a.* → **infantile.**

infant mortality *s.* ⟨*Med*⟩ mortalità *f* infantile.

infantry ['infəntri] *s.* ⟨*Mil*⟩ fanteria *f.* **infantryman** [–mən] *s.irr.* soldato *m* di fanteria, fante *m.*

infant(s') school *s.* ⟨*Scol*⟩ asilo *m* infantile.

infarct [in'fɑ:kt], **infarction** [–kʃən] *s.* ⟨*Med*⟩ infarto *m.*

infatuate [in'fætjueit] *v.t.* infatuare, fare innamorare follemente. **infatuated** [–id] *a.* infatuato, invaghito. ☐ *to be* ~ *with s.o.* avere un'infatuazione per qd. **in,fatuation** [–tju'eiʃən] *s.* infatuazione *f.*

infeasible [in'fi:zəbl] *a.* inattuabile, irrealizzabile.

infect [in'fekt] *v.t.* **1** ⟨*Med*⟩ infettare, contagiare. **2** ⟨*fig*⟩ (*to taint*) infettare, contaminare, corrompere. **3** ⟨*fig*⟩ (*to affect with a feeling, etc.*) trasmettere a, comunicare a, ⟨*fam*⟩ attaccare a: *he* –*s everyone with his enthusiasm* trasmette a tutti il suo entusiasmo. **4** ⟨*Fon*⟩ alterare. **infected** [–id] *a.* infetto. ☐ *to become* ~ infettarsi.

infection [in'fekʃən] *s.* **1** ⟨*Med*⟩ infezione *f;* (*disease*) malattia *f* infettiva. **2** ⟨*fig*⟩ (*of air, water: pollution*) contaminazione *f,* inquinamento *m.* **3** ⟨*fig*⟩ (*corruption*) corruzione *f,* contaminazione *f,* infezione *f,* contagio *m.* **4** ⟨*fig*⟩ (*transmission of a feeling, etc.*) trasmissione *f,* contagio *m.* **5** ⟨*Fon*⟩ alterazione *f.* **infectious** [–ʃəs] *a.* **1** contagioso, infettivo: *an* ~ *disease* una malattia contagiosa. **2** ⟨*fig*⟩ contagioso: *her high spirits are* ~ il suo buonumore è contagioso.

infectious hepatitis *s.* ⟨*Med*⟩ epatite *f* virale.

infectiously [in'fekʃəsli] *avv.* in modo contagioso (*o* infettivo). **infectiousness** [–snis] *s.* contagiosità *f.* **infective** [–ktiv] *a.* **1** (*producing infection*) infettivo. **2** (*infectious*) contagioso, infettivo. **infectiveness** [–ktivnis], **,infectivity** [–k'tiviti] *s.* l'essere infettivo (*o* contagioso). **infector** [–ktə] *s.* chi infetta, infettatore *m* (*f* –trice).

infecund [in'fekənd, –'fi:kənd] *a.* infecondo, sterile. **,infecundity** [–fi'kʌnditi] *s.* infecondità *f,* sterilità *f.*

infelicitous [,infi'lisitəs] *a.* **1** infelice. **2** (*inappropriate*) infelice, inopportuno, fuori luogo. **infelicity** [–ti] *s.* **1** infelicità *f.* **2** (*inappropriateness*) inopportunità *f.*

infer [in'fə:] *v.t.* (*pret., p.p.* inferred [–d]) **1** arguire, dedurre, inferire, desumare. **2** (*to suggest, hint*) accennare, far capire. **3** (*to imply*) presupporre, implicare, comportare (come premessa necessaria). **inferable** [–rəbl] *a.* deducibile, arguibile, desumibile. **inference** ['infərəns] *s.* illazione *f,* deduzione *f: to reason by* ~ ragionare per deduzione; (*consequence*) conseguenza *f,* conclusione *f* (logica). **,inferential** [–'renʃəl] *a.* fatto per illazione, deduttivo.

inferior [in'fiəriə] **I** *a.* **1** inferiore (*to* a): ~ *officer* ufficiale

inferiore. **2** (*in space*) inferiore, sottostante. **3** (*of less merit, value*) inferiore (a), meno pregevole (di); (*of poor quality*) scadente: ~ *goods* merce scadente. **4** (*Anat*) inferiore. **5** (*Tip*) stampato (un po') sotto la riga. **II** *s.* inferiore *m; (in rank)* inferiore *m/f,* subalterno *m* (*f* –a), subordinato *m* (*f* –a). □ *to be* ~ *in s.th.* essere inferiore a qd. in qc.; *to be* ~ *to s.o. in learning* essere inferiore a qd. per cultura.
inferior court *s.* (*Dir*) tribunale *m* di prima istanza.
inferiority [inˌfiəriˈɔriti] *s.* inferiorità *f.*
inferiority complex *s.* (*Psic*) complesso *m* d'inferiorità.
infernal [inˈfəːnl] *a.* **1** dell'inferno, infernale. **2** (*fig*) diabolico, infernale. **3** (*fam*) (*very unpleasant*) terribile, spaventoso, infernale, d'inferno: *an* ~ *noise* un chiasso infernale. ,**infernality** [–fəˈnæliti] *s.* l'essere infernale.
infernal machine *s.* (*Mil*) macchina *f* infernale.
inferno *it.* [inˈfəːnou] *s.* (*pl.* **-s** [z]) inferno *m* (*anche fig.*).
infertile [inˈfəːtail] *a.* improduttivo, infecondo, sterile: ~ *land* terreno improduttivo. ,**infertility** [–ˈtiliti] *s.* sterilità *f,* infecondità *f.*
infest [inˈfest] *v.t.* **1** infestare (*anche Med.*). **2** (*to harass*) molestare. ,**infes'tation** [–eiʃən] *s.* infestazione *f,* infestamento *m.*
infeudation [ˌinfjuːˈdeiʃən] *s.* (*Stor*) infeudazione *f,* infeudamento *m.*
infibulation [inˌfibjuˈleiʃən] *s.* (*Etnol*) infibulazione *f.*
infidel [ˈinfidəl] **I** *s.* **1** (*unbeliever*) miscredente *m/f;* (*atheist*) ateo *m* (*f* –a). **2** (*Stor*) infedele *m/f.* **3** (*fam*) (*sceptic*) incredulo *m* (*f* –a), scettico *m* (*f* –a). **II** *a.* **1** miscredente. **2** (*Stor*) infedele. ,**infidelity** [–ˈdeliti] *s.* **1** infedeltà *f.* **2** (*adultery*) infedeltà *f* (coniugale). **3** (*lack of religious faith*) incredulità *f,* miscredenza *f.*
infield [ˈinfiːld] *s.* **1** (*Sport*) (*in cricket*) parte *f* del campo vicina alla porta; (*in baseball*) diamante *m.* **2** (*Agr*) (*land near the farm house*) terreno *m* vicino alla casa colonica; (*land under tillage*) terreno *m* arato. **infielder** [–ə] *s.* (*Sport*) giocatore *m* vicino alla porta.
infighting [ˈinfaitiŋ] *s.* (*Sport*) (*in boxing*) corpo *m* a corpo.
infiltrate [inˈfiltreit] **I** *v.t.* **1** filtrare dentro (*o* attraverso). **2** (*fig*) infiltrarsi in, insinuarsi (*o* penetrare) furtivamente in. **3** (*Mil*) infiltrarsi in: *to* ~ *the enemy lines* infiltrarsi nelle linee nemiche. **II** *v.i.* **1** infiltrarsi (*anche Mil.*). **2** (*fig*) infiltrarsi, insinuarsi (*into* in). ,**infiltration** [–ˈtreiʃən] *s.* infiltrazione *f,* infiltramento *m.*
infin. = (*Gramm*) *infinitive* infinito.
infinite [ˈinfinit, ˈinfə–] **I** *a.* **1** infinito, senza fine. **2** (*unlimited*) infinito, illimitato, sconfinato: *God's* ~ *mercy* l'infinita misericordia di Dio. **3** (*very great*) enorme, grandissimo, immenso. **4** (*Mat,Gramm*) infinito. **II** *s.* **1** infinito *m* (*anche Mat.*). **2** (*infinite space*) infinito *m,* spazio *m* infinito. **Infinite** *s.* (*Teol*) Infinito *m,* Dio *m.*
infinitely [–li] *avv.* **1** infinitamente, all'infinito. **2** (*extremely*) infinitamente, estremamente.
infinitesimal [ˌinfiniˈtesiməl] **I** *a.* **1** (*infinitely small*) infinitesimale, minimo; (*extremely small*) infinitesimo. **2** (*Mat*) infinitesimale: ~ *calculus* calcolo infinitesimale. **II** *s.* **1** quantità *f* infinitesimale. **2** (*Mat*) infinitesimo *m.*
infinitival [inˌfiniˈtaivl] *a.* (*Gramm*) infinitivale.
infinitive [–ˈfinitiv] **I** *s.* modo *m* infinitivo, infinito *m.* **II** *a.* infinitivo. **infinitively** [–ˈfinitivli] *avv.* all'infinito.
infinitude [inˈfinitjuːd] *s.* infinità *f.*
infinity [inˈfiniti] *s.* **1** infinità *f.* **2** (*s.th. infinite*) infinito *m* (*anche Mat.*). **3** (*infinite space, time*) infinito *m,* infinità *f.*
infirm [inˈfəːm] *a.* **1** malfermo, debole, fiacco. **2** (*not stable*) malfermo, instabile, malsicuro (*anche fig.*). **3** (*fig*) (*irresolute*) irresoluto, indeciso. **4** (*fig*) (*of an argument, etc.: unsound*) non valido, debole, fiacco. □ *to be* ~ *of purpose* essere irresoluto, mancare di fermezza. **infirmary** [–əri] *s.* **1** infermeria *f.* **2** (*hospital*) ospedale *m.*
infirmity [–iti] *s.* **1** debolezza *f,* fiacchezza *f.* **2** (*disease, disablement*) infermità *f,* acciacco *m,* malanno *m.* **3** (*fig*) irresolutezza *f.*

infix I *v.t.* [inˈfiks] **1** infiggere, conficcare. **2** (*fig*) imprimere. **3** (*Ling*) (*of an infix*) inserire. **II** *s.* [ˈinfiks] (*Ling*) infisso *m.*
inflame [inˈfleim] **I** *v.t.* **1** infiammare, incendiare. **2** (*t* *redden as with flames*) infiammare, tingere (*o* colorare) d rosso: *the setting sun –d the sky* il sole tramontand tingeva di rosso il cielo. **3** (*fig*) (*to excite*) infiammar accendere, eccitare; (*of feelings*) infiammare: *to* ~ *s.o. wit love* infiammare d'amore qd.; (*to arouse, stir up*) suscitar provocare, destare. **4** (*fig*) (*to enrage*) fare andare i collera, rendere furioso. **5** (*Med*) infiammare. **II** *v.i.* infiammarsi, accendersi (*anche fig.*). **2** (*Med* infiammarsi.
inflammability [inˌflæməˈbiliti] *s.* infiammabilità *f.*
inflammable [inˈflæməbl] *a.* infiammabile (*anche fig.*).
inflammableness [inˈflæməblnis] *s.* → **inflammability**.
inflammation [ˌinfləˈmeiʃən] *s.* **1** infiammare, l'esser infiammato. **2** (*fig*) l'infiammare, eccitazione *f.* **3** (*Med* infiammazione *f,* flogosi *f.* **inflammatory** [–ˈflæmətəri] **1** incendiario (*anche fig.*): *an* ~ *speech* un discors incendiario. **2** (*Med*) infiammatorio, flogistico.
inflatable [inˈfleitəbl] **I** *a.* gonfiabile, pneumatico: *an boat* un battello pneumatico. **II** *s.* gommone *m.*
inflate [inˈfleit] **I** *v.t.* **1** gonfiare: *to* ~ *a balloon* gonfi re un pallone. **2** (*fig*) gonfiare (*o* riempire) d'orgogli (*to elate*) esaltare, inebriare. **3** (*Econ*) inflazionare; (* *prices*) alzare esageratamente. **II** *v.i.* **1** gonfiarsi. (*Econ*) ricorrere all'inflazione. **inflated** [–id] *a.* gonfiato, gonfio. **2** (*fig*) (*puffed up with pride*) gonfi borioso, tronfio. **3** (*fig*) (*of language, style*) ampollos ridondante. **4** (*Econ*) inflazionato: ~ *currency* mone inflazionata; (*of prices*) esagerato. **inflater** [–ə] gonfiatoio *m.* **inflating** [–iŋ] *s.* gonfiamento *m,* gonfi tura *f.*
inflation [inˈfleiʃən] *s.* **1** gonfiamento *m,* gonfiatura *f.* (*fig*) (*of language, etc.*) ampollosità *f.* **3** (*Econ*) inflazio *f.* □ (*Econ*) *to bring* ~ *under control* frenare l'inflazion **inflationary** [–ri] *a.* (*Econ*) inflazionistico: ~ *spir* spirale inflazionistica.
inflation control *s.* lotta *f* contro l'inflazione.
inflationism [inˈfleiʃənizəm] *s.* (*Econ*) inflazionismo *r* **inflationist** [–ist] **I** *s.* inflazionista *m/f.* **II** *a.* → inflationary.
inflation| policy *s.* politica *f* inflazionistica. ~ **rate** tasso *m* inflazionistico (*o* d'inflazione).
inflator [inˈfleitə] *s.* **1** chi gonfia. **2** (*hand air-pum* pompa *f* a mano ad aria (*o* pneumatica).
inflect [inˈflekt] *v.t.* **1** curvare, piegare, flettere. **2** (*the voice*) modulare, inflettere. **3** (*Gramm*) fletter (*to decline*) declinare, flettere. **4** (*Mus*) (*of a note*) terare (mediante semitoni). **inflected** [–id] *a.* (*Lin* flessivo.
inflection, inflectional *am.* → inflexion, inflexional.
inflective [inˈflektiv] *a.* **1** che tende a flettersi. **2** (*Lin* flessivo.
inflexibility [inˌfleksəˈbiliti] *s.* inflessibilità *f.* **in'flexib** [–bl] *a.* **1** inflessibile, rigido. **2** (*fig*) inflessibi irremovibile, rigido.
inflexion [inˈflekʃən] *s.* **1** (*bending*) flessione *f,* piegamen *m.* **2** (*of the voice*) inflessione *f,* cadenza *f.* **3** (*Mus*) (*of note*) alterazione *f.* **4** (*Gramm*) flessione *f;* (*word endin* desinenza *f;* (*suffix*) suffisso *m.* **5** (*Acu,Mat*) inflessione **inflexional** [–l] *a.* (*Ling*) **1** flessionale. **2** (*of language*) flessivo.
inflict [inˈflikt] *v.t.* **1** infliggere: *to* ~ *punishment on s.* infliggere una punizione a qd.; (*of a blow*) assestare, dar **2** (*fig*) imporre, infliggere: *to* ~ *one's company on s.* imporre la propria compagnia a qd. **infliction** [–kʃən] **1** l'infliggere. **2** (*punishment inflicted*) punizione *f,* casti *m;* (*nuisance*) fastidio *m,* seccatura *f.*
in-flight *a.* in volo: ~ *movie* film proiettato in volo.
inflorescence [ˌinfləˈresns] *s.* **1** (*Bot*) (*arrangement flowers*) inflorescenza *f;* (*flowering*) fioritura *f.* **2** (*fi* fioritura *f,* rigoglio *m.*
inflow [ˈinflou] *s.* afflusso *m,* affluenza *f.*
inflowing [ˈinflouiŋ] *a.* **1** in afflusso, che affluisce: ~ aria in afflusso; (*of water*) affluente.

nfluence ['influəns] **I** s. **1** (of persons) influenza f, influsso m, ascendente m: to exert great ~ on s.o. esercitare una grande influenza su qd.; to have an ~ over s.o. avere ascendente su qd.; (of things) influenza f, influsso m. **2** (person having influence) persona f influente (o autorevole), autorità f: to be an ~ in business circles essere un'autorità nel mondo degli affari; (thing having influence) cosa f che esercita un influsso. **3** ⟨Astr,Fis⟩ influsso m. **4** ⟨El⟩ induzione f. **II** v.t. **1** influenzare: to be ~d by propaganda essere influenzato dalla propaganda. **2** (to have an effect on) influire su, esercitare un influsso su: his attitude ~d my decision il suo atteggiamento ha influito sulla mia decisione; (to determine) determinare, influenzare: the choice was ~d by several factors la scelta fu determinata da diversi fattori. □ to have a bad ~ on s.o. avere un influsso malefico su qd.; to be an ~ for good in the community avere un benefico influsso sulla comunità; ⟨assol⟩ to have ~ avere influenza (o autorità), essere influente; a man of ~ un uomo influente; he got this job through ~ ha ottenuto questo posto a forza di raccomandazioni; to be under the ~ of drink essere sotto l'influsso dell'alcol; ⟨Dir⟩ undue ~ intimidazione f.

nfluent ['influənt] **I** a. affluente. **II** s. ⟨Geog⟩ affluente m.

nfluential [,influ'enʃəl] a. **1** influente, autorevole: ~ persons persone influenti; an ~ newspaper un giornale autorevole. ,2 (exerting great influence) di grande influenza, determinante (in per), che influisce (su); (important) importante. □ several factors were ~ in our decision diversi fattori influirono sulla nostra decisione. **influentially** [-i] avv. autorevolmente, in modo influente.

nfluenza [,influ'enzə] s. ⟨Med⟩ influenza f.

nflux ['inflʌks] s. **1** affluenza f, afflusso m: an ~ of tourists un'affluenza di turisti; ~ of foreign capital afflusso di capitale straniero. **2** ⟨Geog⟩ (of a river: confluence) confluenza f; (mouth) foce f.

nfo ['infou] (accorc. di information) s. ⟨fam⟩ informazione f.

nform [in'fɔ:m] **I** v.t. **1** informare, ragguagliare: to ~ s.o. of s.th. informare qd. di qc. **2** (to pervade) pervadere, permeare; (to inspire) ispirare a: to ~ s.o. with a feeling ispirare un sentimento a qd. **II** v.i. **1** dare informazioni (o ragguagli). **2** (to denounce) denunziare (against s.o. qd.).

nformal [in'fɔ:məl] a. **1** irregolare. **2** (unofficial) ufficioso, non ufficiale: ~ talks colloqui non ufficiali. **3** ⟨unceremonious⟩ senza formalità (o cerimonie), alla buona: an ~ visit una visita senza formalità; (of persons) semplice, alla buona. **4** (of clothes) sportivo; (designed for everyday use) per tutti i giorni. ,**informality** [-'mæliti] s. **1** tono m familiare, mancanza f di formalità, familiarità f. **2** (informal act) irregolarità f. **informally** [-i] avv. **1** senza formalità (o cerimonie). **2** (unofficially) ufficiosamente. **3** (casually) semplicemente, alla buona.

nformant [in'fɔ:mənt] s. **1** informatore m (f –trice). **2** ⟨informer⟩ delatore m (f –trice), denunziatore m (f –trice).

nformatics [infɔ'mætiks] s.pl. (costr.sing.) informatica f.

nformation [,infə'meiʃən] s. **1** ⟨collett⟩ informazioni fpl, ragguagli mpl: to seek ~ domandare (delle) informazioni; (news) notizie fpl: up-to-date ~ notizie fresche. **2** ⟨collett⟩ (knowledge) conoscenza f, sapere m: desire for ~ desiderio di sapere. **3** (act of informing against) delazione f, ⟨gerg⟩ soffiata f. **4** ⟨Dir⟩ denunzia f: to lodge ~ against s.o. presentare (o sporgere) denunzia contro qd. □ ⟨Comm⟩ for the ~ of per conoscenza (a); for (your) ~ a titolo d'informazione; a piece of ~ un'informazione. **informational** [-l] a. informativo. **nformation| bureau** s. ufficio m informazioni. ~ **campaign** s. campagna f d'informazione. ~ **desk** am. s. → **information bureau**. ~ **engineer** s. ingegnere m informatico. ~ **flow** s. flusso m d'informazioni. ~ **multiplier** s. ⟨fig⟩ moltiplicatore m d'informazioni. ~ **processing** s. elaborazione f dell'informazione.

□ ~ **system** sistema m di elaborazione delle informazioni. ~ **retrieval** s. recupero m dell'informazione. ~ **science** s. scienza f dell'informazione, informatica f. ~ **specialist** s. informatico m. ~ **system** s. sistema m informativo.

informative [in'fɔ:mətiv] a. informativo, istruttivo. **informatory** [-təri] a. che informa, che ragguaglia, informativo.

informed [in'fɔ:md] a. **1** informato, al corrente: to keep s.o. ~ of s.th. tenere qd. al corrente di qc. **2** (nei composti) informato: well-~ ben informato. □ ~ opinion l'opinione delle persone colte; ~ people use our products chi se n'intende usa i nostri prodotti. **informer** [-mə] s. **1** informatore m (f –trice). **2** (common informer) delatore m (f –trice), spia f, denunziatore m (f –trice). **informing** [-miŋ] a. ⟨fig⟩ (animating) informatore: ~ spirit spirito informatore.

infracostal [,infrə'kɔstəl] a. ⟨Anat⟩ situato sotto le costole.

infraction [in'frækʃən] s. infrazione f, violazione f, trasgressione f: ~ of discipline infrazione disciplinare.

infra-'dig ['infrə] a. ⟨fam⟩ indecoroso, disdicevole, sconveniente.

infrangibility [in,frændʒi'biliti] s. l'essere infrangibile (anche fig.). **in'frangible** [-dʒəbl] a. infrangibile (anche fig.).

infra'red [,infrəred] **I** a. ⟨Fis⟩ infrarosso: ~ rays raggi infrarossi. **II** s. infrarosso m.

,**infra'red| lamp** s. lampada f a raggi infrarossi. ~ **sensor** s. ⟨tecn⟩ sensore m a raggi infrarossi.

infrasonic [,infrə'sɔnik] a. ⟨Acu⟩ infrasonoro, d'infrasuono.

infrastructure [,infrə'strʌktʃə] s. infrastruttura f (anche Mil.).

infrequency [in'fri:kwənsi] s. infrequenza f, rarità f. **infrequent** [-nt] a. raro, infrequente, scarso; (of a person) non assiduo: an ~ visitor un visitatore non assiduo. **infrequently** [-ntli] avv. raramente.

infringe [in'frindʒ] **I** v.t. infrangere, violare, trasgredire, contravvenire a: to ~ a rule infrangere una regola. **II** v.i. usurpare (on, upon s.th. qc.): to ~ upon s.o.'s rights usurpare i diritti di qd. **infringement** [-mənt] s. violazione f, trasgressione f, infrazione f, contravvenzione f: ~ of copyright violazione delle leggi sui diritti d'autore.

infructuous [in'frʌktjuəs] a. infruttuoso, sterile.

infuriate [in'fju:reiet] v.t. rendere furioso. **infuriated** [-id] a. infuriato, furioso, furibondo. **infuriating** [-iŋ] a. che rende furibondo, esasperante.

infuse [in'fju:z] **I** v.t. **1** mettere in infusione, fare un infuso di. **2** (to pour into) versare, immettere. **3** ⟨fig⟩ infondere, istillare, ispirare: to ~ courage into s.o. infondere coraggio a qd. **II** v.i. essere (o stare) in infusione.

infusibility [in,fju:zə'biliti] s. infusibilità f. **in'fusible** [-bl] a. infusibile, non fusibile.

infusion [in'fju:ʒən] s. **1** ⟨fig⟩ l'infondere, l'istillare. **2** (s.th. infused) infuso m. **3** ⟨Farm⟩ (act) infusione f; (liquid prepared) infuso m.

infusorial [,infju'sɔ:riəl] a. ⟨Zool⟩ degli infusori. □ ⟨Geol⟩ ~ earth tripoli m. **infusorian** [-riən] **I** s. ⟨Zool⟩ infusore m. **II** a. → **infusorial**.

ingate ['ingeit] s. ⟨Met⟩ attacco m di colata.

ingather [in'gæðə] v.t. raccogliere. **ingathering** [-riŋ] s. **1** raccolta f, messe f. **2** (assembly) adunanza f.

ingeminate [in'dʒemineit] v.t. ripetere, replicare.

ingenerate [in'dʒenəreit] v.t. ingenerare, generare, produrre.

ingenious [in'dʒi:njəs] a. **1** ingegnoso: an ~ invention un'invenzione ingegnosa. **2** (of a person) ingegnoso, ricco d'ingegno (o inventiva).

ingénue, am. **ingenue** fr. [ɛ̃ʒe'ny] s. **1** ragazza f ingenua. **2** ⟨Teat⟩ ingenua f.

ingenuity [,indʒə'nju:iti] s. ingegnosità f, abilità f, inventiva f.

ingenuous [in'dʒenjuəs] a. **1** ingenuo, innocente; (unsuspecting) ingenuo, semplicione. **2** (candid) candido, ingenuo, senza malizia. **ingenuousness** [-nis] s.

ingenuità *f*.

ingest [in'dʒest] *v.t.* **1** (*of food*) ingerire. **2** ⟨*fig*⟩ assorbire. **ingestion** [–tʃən] *s.* ingestione *f*. **ingestive** [–iv] *a.* dell'ingestione.

ingle ['iŋgl] *s.* **1** fuoco *m* che arde nel camino. **2** (*fireplace*) focolare *m*.

ingle nook *s.* cantuccio *m* del focolare.

inglorious [in'glɔ:riəs] *a.* **1** inglorioso, ignominioso. **2** (*not famous*) oscuro, inglorioso.

ingluvies [in'glu:vii:z] *s.inv.* ⟨*Ornit*⟩ ingluvie *f*.

in-goal *s.* ⟨*Sport*⟩ meta *f*.

ingoing ['ingouiŋ] **I** *s.* **1** entrata *f*, ingresso *m*. **2** (*of a tenant*) buonuscita *f*. **II** *a.* che entra, entrante.

ingot ['ingət] *s.* ⟨*Met*⟩ lingotto *m*, pane *m* (metallico).

ingot iron *s.* ferro *m* fuso. **~ mould** *s.* lingottiera *f*. **~ steel** *s.* acciaio *m* in lingotti.

ingraft [in'grɑ:ft] *v.t.* ⟨*Bot, non com*⟩ (*to engraft*) innestare.

ingrain [in'grein] *a.* **1** → **ingrained**. **2** ⟨*Tess*⟩ tinto in filato. **ingrained** [–d] *a.* **1** radicato, fissato: *an ~ habit* un'abitudine radicata. **2** (*inveterate*) incallito, inveterato: *~ gambler* giocatore incallito.

ingratiate [in'greiʃieit] *v.t.* ingraziare, ingraziarsi, propiziarsi: *to ~ o.s. with s.o.* ingraziarsi qd. **ingratiating** [–iŋ] *a.* **1** suadente, carezzevole: *an ~ manner* maniere suadenti. **2** (*pleasing, charming*) seducente, attraente. **ingratiatingly** [–iŋli] *avv.* in modo suadente.

ingratitude [in'grætitju:d] *s.* ingratitudine *f*.

ingravescence [,ingrə'vesns] *s.* ⟨*Med*⟩ aggravamento *m*. **ingravescent** [–nt] *a.* che si aggrava, che diviene più grave.

ingredient [in'gri:diənt] *s.* **1** ingrediente *m*: *the –s for a cake* gli ingredienti di una torta. **2** ⟨*fig*⟩ elemento *m*, componente *f*, ingrediente *m*.

ingress ['ingres] *s.* **1** ingresso *m*, entrata *f*. **2** (*right to enter*) ingresso *m*, facoltà *f* d'accesso. **3** ⟨*Astr*⟩ immersione *f*.

in-group *s.* ⟨*Sociol*⟩ gruppo *m* chiuso (*o* esclusivo).

ingrowing ['ingrouiŋ] *a.* **1** che cresce verso l'interno. **2** ⟨*Med*⟩ che tende a incarnirsi. **ingrown** [–groun] *a.* **1** cresciuto verso l'interno. **2** ⟨*Med*⟩ incarnito: *an ~ nail* un'unghia incarnita. **3** ⟨*fig*⟩ (*innate*) innato, congenito. **ingrowth** [–grouθ] *s.* **1** crescita *f* all'interno. **2** (*s.th. that grows inward*) parte *f* cresciuta all'interno.

inguinal ['ingwinl] *a.* ⟨*Anat*⟩ inguinale.

ingurgitate [in'gə:dʒiteit] *v.t.* **1** ingurgitare, ingollare, ingozzare. **2** ⟨*fig*⟩ inghiottire, ingoiare. **in,gurgitation** [–'teiʃən] *s.* l'ingurgitare.

inhabit [in'hæbit] *v.t.* **1** abitare in, vivere in. **2** ⟨*fig*⟩ appartenere a, fare parte di. **in,habitability** [–ə'biliti] *s.* abitabilità *f*. **inhabitable** [–əbl] *a.* abitabile. **inhabitancy** [–ənsi] *s.* abitazione *f*, domicilio *m*. **inhabitant** [–ənt] *s.* **1** abitante *m/f*. **2** ⟨*Zool*⟩ animale *m* stanziale. **in,habi'tation** [–teiʃən] *s.* l'abitare, abitazione *f*. **inhabited** [–id] *a.* abitato.

inhalant [in'heilənt] **I** *s.* ⟨*Med*⟩ farmaco *m* per inalazioni. **II** *a.* inalante.

inhalation [,inhə'leiʃən] *s.* **1** inspirazione *f*. **2** ⟨*Med*⟩ inalazione *f*. **3** ⟨*Farm*⟩ farmaco *m* per inalazioni.

inhalation therapy *s.* ⟨*Med*⟩ terapia *f* inalatoria.

inhale [in'heil] **I** *v.t.* **1** inspirare, aspirare. **2** ⟨*Med*⟩ inalare. **II** *v.i.* aspirare: *do you ~ when you smoke?* aspiri il fumo? **inhaler** [–ə] *s.* **1** ⟨*Med*⟩ apparecchio *m* inalatorio, inalatore *m*. **2** (*sniffer*) chi aspira.

inharmonic [,inhɑ:'mɔnik] *a.* disarmonico, discordante. **inharmonious** [–'mouniəs] *a.* **1** non armonioso. **2** ⟨*fig*⟩ discorde.

inhere [in'hiə] *v.i.* essere inerente (*in* a). **inherence** [–rəns] *s.* inerenza *f* (*anche Filos.*). **inherent** [–rənt] *a.* **1** inerente, intrinseco: *factors ~ in the situation* fattori inerenti alla situazione. **2** (*innate*) innato, insito.

inherit [in'herit] **I** *v.t.* **1** ereditare: *to ~ a fortune* ereditare un patrimonio. **2** ⟨*fam*⟩ ereditare, avere in eredità. **II** *v.i.* ereditare, ricevere un'eredità. **in,heritability** [–ə'biliti] *s.* ereditarietà *f*. **inheritable** [–əbl] *a.* **1** che può ereditare. **2** (*capable of being inherited*) trasmissibile per eredità. **3**

⟨*Biol*⟩ ereditario. **inheritance** [–əns] *s.* **1** l'ereditare. **2** (*s.th. inherited*) eredità *f* (*anche Biol.*). **3** ⟨*fig*⟩ patrimonio *m* (spirituale), eredità *f*, retaggio *m*. □ *to come into an ~* ereditare.

inheritance tax *s.* ⟨*Dir*⟩ tassa *f* di successione.

inheritor [in'heritə] *s.* erede *m*. **inheritress** [–tris] *s.* ered *f*. **inheritrix** [–triks] *s.* (*pl.* **inheritrices** [–'traisi:z]) → inheritress.

inhesion [in'hi:ʒən] *s.* inerenza *f*, l'essere inerente.

inhibit [in'hibit] *v.t.* **1** inibire, impedire, ostacolare. **2** ⟨*Psic,Biol*⟩ inibire. **3** ⟨*Dir.can*⟩ sospendere a divinis. **inhibited** [–id] *a.* ⟨*Psic*⟩ inibito [–'biʃən]. **1** inibizione *f* (*anche Psic., Biol.*). **2** (*prohibition*) inibizione *f*, proibizione *f*. **3** ⟨*Rel*⟩ sospensione *f* divinis. **inhibitory** [–əri] *a.* inibitorio, inibitore (*anche Psic.*).

inhospitable [in'hɔspitəbl] *a.* inospitale. **in'hospita bleness** [–nis] *s.* inospitalità *f*.

in-house *a.* interno (a un'azienda, una fabbrica).

inhuman [in'hju:mən] *a.* **1** inumano. **2** (*cruel, bruta* inumano, crudele, disumano: *an ~ despot* un despot crudele. **3** (*lacking warmth*) freddo, distaccato. **4** (*n human*) disumano, che non sembra umano: *an ~ howl* u urlo disumano. **,inhumane** [–'mein] *a.* inumano, crudel disumano. **,inhumanity** [–'mæniti] *s.* **1** disumanità crudeltà *f*, inumanità *f*: *man's ~ to man* la crudel dell'uomo verso i suoi simili. **2** (*inhumane act*) crudeltà azione *f* inumana, barbarie *f*.

inhumation [,inhju:'meiʃən] *s.* inumazione *f*, seppell mento *m*. **inhume** [–'hju:m] *v.t.* inumare, seppellire, so terrare.

inimical [i'nimikəl] *a.* **1** ostile, nemico, avverso. (*harmful*) nocivo, dannoso (*to* a).

inimitability [i,nimitə'biliti] *s.* l'essere inimitabil **in'imitable** [–bl] *a.* inimitabile, impareggiabile, in guagliabile.

iniquitous [i'nikwitəs] *a.* **1** ingiusto. **2** (*wicked*) iniqu malvagio. **iniquitousness** [–nis], **iniquity** [–ti] *s.* ingiustizia *f*. **2** (*iniquitous act*) iniquità *f*. **3** (*wickednes* iniquità *f*, malvagità *f*.

initial [i'niʃəl] **I** *a.* iniziale, dell'inizio: *our ~ mistake* nostro errore iniziale. **II** *s.* **1** iniziale *f*, lettera *f* inizial **2** *pl.* (*of a name*) sigla *f*, iniziali *fpl.* **3** ⟨*Tip*⟩ iniziale *decorative ~* iniziale arabescata. **III** *v.t.* (*pret., p.* **initialled/am. initialed** [–d]) **1** siglare: *to ~ a lett* siglare una lettera. **2** (*to monogram*) mettere le propr iniziali su. **initialization** [i,niʃəlai'zeiʃən] *s.* ⟨*Inform* inizializzazione *f*. **i'nitialize** [–laiz] *v.t.* inizializzare: *~ a floppy disk* inizializzare un dischetto. **initially** [– *avv.* inizialmente, da principio, dapprima.

initial salary *s.* stipendio *m* iniziale.

initiate **I** *v.t.* [i'niʃieit] **1** avviare, iniziare, promuovere: *~ negotiations* avviare le trattative; *to mark t* *beginning of*) segnare l'inizio di. **2** (*to instruct in t* *rudiments of*) iniziare, introdurre, avviare: *to ~ s.o. in science* iniziare qd. a una scienza. **3** (*to admit into secret society, etc.*) iniziare (*into* a). **II** *a.* [i'niʃiit] inizia (*anche fig.*). **III** *s.* iniziato *m* (*f –a*) (*anche fig.* **i,nitiation** [–ʃi'eiʃən] *s.* **1** iniziazione *f* (*anche Re Etnol.*). **2** (*knowledgeableness*) l'essere iniziato addentro. **3** (*beginning*) inizio *m*, avvio *m*.

initiation rite *s.* rito *m* d'iniziazione.

initiative [i'niʃiətiv] **I** *s.* **1** iniziativa *f*: *to take the ~ doing s.th.* prendere l'iniziativa di fare qc. **2** (*readine* *ability to act*) iniziativa *f*, intraprendenza *f*: *to have* avere iniziativa. **3** ⟨*Parl*⟩ diritto *m* d'iniziativa, iniziat *f* legislativa. **II** *a.* iniziale, introduttivo. □ *a man of* un uomo intraprendente; *on the ~ of s.o.* per iniziativa interessamento di qd.; *on one's own ~* di propr iniziativa.

initiator [i'niʃieitə] *s.* iniziatore *m* (*f –trice*). **initiato** [–ʃiətəri] *a.* **1** iniziale, introduttivo, preliminare. (*serving to initiate*) d'iniziazione. **initiatress** [–tris] iniziatrice *f*. **initi'atrix** [–triks] *s.* (*pl.* **-trices** [trisi:z]) initiatress.

inject [in'dʒekt] *v.t.* **1** ⟨*Med*⟩ iniettare: *to ~ a vacci* *intramuscularly* iniettare un vaccino per via tramuscolare; (*to give an injection to*) fare un'iniezione a. **2** ⟨*fig*⟩ introdurre, immettere: *to* ~ *some humour into a situation* introdurre una nota comica in una situazione. **3** ⟨*tecn*⟩ iniettare. **injection** [–kʃən] *s.* **1** ⟨*Med,tecn*⟩ iniezione *f.* **2** ⟨*fig*⟩ introduzione *f,* immissione *f.* **3** ⟨*Mot*⟩ iniezione *f.*

** injection| engine** *s.* ⟨*Mot*⟩ motore *m* a iniezione. ~ **nozzle** *s.* iniettore *m.* ~ **pump** *s.* pompa *f* d'iniezione.

injector [in'dʒektə] *s.* ⟨*tecn*⟩ iniettore *m.*

-joke *s.* ⟨*fam*⟩ battuta *f* comprensibile solo a un gruppo ristretto.

judicial [,indʒu:'diʃəl] *a.* non in forma legale.

judicious [,indʒu:'diʃəs] *a.* sconsiderato, sventato, imprudente. **injudiciousness** [–ʃəsnis] *s.* sconsideratezza *f,* imprudenza *f,* sventatezza *f.*

jun *am.* ['indʒən] *s.* ⟨*dial*⟩ indiano *m* (*f* –a) d'America. □ ⟨*esclam,fam*⟩ honest ~ parola (d'onore).

junct [in'dʒʌnkt] *v.t.* ⟨*fam*⟩ ingiungere. **injunction** [–kʃən] *s.* **1** ⟨*Dir*⟩ ingiunzione *f.* **2** (*admonition*) ingiunzione *f,* comando *m,* intimazione *f.* □ *to lay an* ~ *of silence on s.o.* ingiungere a qd. di tacere.

jure ['indʒə] *v.t.* **1** fare male a, ferire: *to be* -*d in a car crash* restare ferito in uno scontro automobilistico; *to* ~ *one's leg* farsi male a una gamba. **2** (*to be bad for*) danneggiare, pregiudicare, fare male a, nuocere a. **3** ⟨*fig*⟩ (*to damage: of things*) danneggiare, nuocere, ledere; (*of feelings, etc.*) ferire, offendere. **4** ⟨*fig*⟩ (*to do injustice to*) fare un torto a, offendere. **injured** [–d] *a.* **1** ferito, leso. **2** (*wronged*) offeso, leso (*anche fig.*). **3** (*expressing injury*) offeso, ferito: *in an* ~ *voice* in tono offeso. □ ⟨*Dir*⟩ ~ *party* parte lesa.

jurious [in'dʒuəriəs] *a.* **1** nocivo, dannoso (*to* a), pregiudizievole (per): ~ *to health* nocivo alla salute. **2** (*offensive*) ingiurioso, offensivo, oltraggioso. **injuriousness** [–nis] *s.* **1** l'essere dannoso (*o* nocivo). **2** (*offensiveness*) l'essere ingiurioso (*o* oltraggioso).

jury ['indʒəri] *s.* **1** ferita *f,* lesione *f.* **2** (*damage*) danno *m,* pregiudizio *m.* **3** ⟨*fig*⟩ offesa *f,* lesione *f,* oltraggio *m: an* ~ *to one's pride* un'offesa al proprio orgoglio. **4** ⟨*Dir*⟩ violazione *f* di diritto. □ *to do s.o. an* ~ fare un torto a qd.; *to do o.s. an* ~: **1** prodursi una ferita; **2** ⟨*fig*⟩ danneggiarsi, fare del male a se stesso; *to escape without* ~ uscirne illeso.

justice [in'dʒʌstis] *s.* **1** ingiustizia *f,* iniquità *f.* **2** (*unjust act*) ingiustizia *f,* torto *m,* offesa *f.* □ *to do s.o. an* ~ commettere un'ingiustizia contro qd., fare un torto a qd.

nk [iŋk] **I** *s.* **1** inchiostro *m: to write in* ~ scrivere con l'inchiostro. **2** ⟨*Zool*⟩ inchiostro *m,* nero *m* di seppia. **II** *v.t.* **1** scrivere (*o* disegnare) con l'inchiostro. **2** (*to stain with ink*) macchiare d'inchiostro, inchiostrare. **3** ⟨*Tip*⟩ inchiostrare. □ *to* ~ **in** (*o over*) *a drawing* ripassare a penna un disegno; *to* ~ **out** cancellare a penna.

nk-blot test *s.* klecsografia *f.*

nker ['iŋkə] *s.* **1** ⟨*Tip*⟩ inchiostratore *m* (*f* –trice). **2** → **inking roller.**

nk| eraser *s.* gomma *f* da inchiostro. ~**horn I** *s.* calamaio *m* di corno. **II** *a.* (*pedantic*) pedante.

nkiness ['iŋkinis] *s.* l'essere nero come l'inchiostro.

nking roller ['iŋkiŋ] *s.* ⟨*Tip*⟩ inchiostratore *m,* rullo *m* inchiostratore.

nk-jet printer *s.* ⟨*Inform*⟩ stampante *f* a getto d'inchiostro.

nkling ['iŋkliŋ] *s.* **1** vaga idea *f,* sentore *m: to have no* ~ *of s.th.* non avere la più vaga idea di qc. **2** (*hint, intimation*) accenno *m,* indizio *m.*

nk| pad *s.* tampone *m* (*o* cuscinetto) per timbri. ~ **pencil** *s.* matita *f* copiativa. ~ **pot** *s.* calamaio *m.* ~**slinger** *am. s.* ⟨*sl,spreg*⟩ scribacchino *m.* ~**stand** *s.* calamaio *m* (da scrittoio). ~**well** *s.* calamaio *m* (general. infisso in un banco).

nky ['iŋki] *a.* **1** dell'inchiostro. **2** (*resembling ink*) simile all'inchiostro; (*black as ink*) nero come l'inchiostro. **3** (*stained with ink*) sporco *o* imbrattato d'inchiostro: ~ *fingers* dita sporche d'inchiostro. **4** (*written with ink*) scritto con l'inchiostro, a inchiostro.

inlaid [in'leid] *a.* **1** inserito (per decorazione). **2** (*having inlaid work*) intarsiato.

inland I *a.* ['inlənd] **1** dell'interno, interno, dell'entroterra, del retroterra: *an* ~ *town* una città dell'interno. **2** (*domestic*) interno: ~ *trade* commercio interno. **II** *s.* interno *m* (del paese), entroterra *m,* retroterra *m.* **III** *avv.* [in'lænd] nell'entroterra, all'interno, verso l'interno. **'inlander** [–ə] *s.* abitante *m/f* dell'entroterra.

inland| navigation *s.* navigazione *f* fluviale. ~ **revenue** *s.* ⟨*GB*⟩ fisco *m.* ~ **transport** *s.* trasporto *m* interno. ~ **waters** *s.pl.* ⟨*Dir*⟩ acque *fpl* interne. ~ **waterway** *s.* idrovia *f* (*o* via di navigazione) interna.

in-law *s.* (general. al pl.) ⟨*fam*⟩ parente *m* acquisito.

inlay I *v.t.irr.* [in'lei] (*of materials*) inserire (per ottenere effetti decorativi); (*of an object*) intarsiare, lavorare a intarsio: *to* ~ *a table with ivory* intarsiare un tavolo di avorio. **II** *s.* ['inlei] intarsio *m.* **'inlayer** [–ə] *s.* intarsiatore *m* (*f* –trice). **inlaying** ['inleiiŋ, in'leiiŋ] *s.* intarsio *m.*

inlet ['inlet] *s.* **1** ⟨*Geog*⟩ insenatura *f,* seno *m,* cala *f.* **2** (*entrance*) apertura *f,* punto *m* d'entrata. **3** ⟨*Mecc*⟩ entrata *f,* ammissione *f.*

inlet| stroke *s.* ⟨*Mot*⟩ fase *f* d'aspirazione. ~ **valve** *s.* valvola *f* d'aspirazione.

inly ['inli] *avv.* **1** all'interno, verso l'interno. **2** ⟨*fig*⟩ intimamente.

inmate ['inmeit] *s.* (*of a hospital*) paziente *m/f,* ricoverato *m* (*f* –a); (*of a prison*) carcerato *m* (*f* –a), recluso *m* (*f* –a); (*of an asylum, etc.*) ricoverato *m* (*f* –a).

inmost ['inmoust] *a.* **1** il più interno, il più profondo. **2** ⟨*fig*⟩ il più intimo (*o* recondito, segreto): ~ *thoughts* pensieri più intimi.

inn [in] *s.* **1** locanda *f,* alberghetto *m.* **2** (*tavern*) taverna *f.* **3** ⟨*Stor*⟩ residenza *f* (*o* pensionato *m*) per studenti. □ ⟨*GB*⟩ *Inns of Court* le quattro associazioni legali di Londra (che abilitano alla professione forense).

innards ['inədz] *s.pl.* ⟨*fam*⟩ **1** interiora *fpl,* intestini *mpl.* **2** (*stomach*) stomaco *m.* **3** (*internal part*) interno *m,* parte *f* interna.

innate [i'neit] *a.* **1** innato, naturale: ~ *talent* talento innato. **2** (*inherent*) innato, congenito, insito. **innateness** [–nis] *s.* l'essere innato.

innavigable [i'nævigəbl] *a.* non navigabile.

inner ['inə] **I** *a.* **1** interno, interiore: *an* ~ *room* una stanza interna. **2** ⟨*fig*⟩ (*relating to the mind, soul*) interiore, spirituale: *our* ~ *lives* la nostra vita interiore. **3** ⟨*fig*⟩ (*intimate*) intimo, ristretto: *an* ~ *circle of friends* una cerchia ristretta d'amici. **4** ⟨*fig*⟩ (*hidden, obscure*) recondito, riposto: ~ *meaning* significato recondito. **II** *s.* ⟨*Sport*⟩ cerchio *m* del bersaglio più vicino al centro.

inner| city *s.* centro *m* della città. ~ **man** [mæn] *s.* **1** anima *f,* spirito *m.* **2** ⟨*scherz*⟩ (*stomach*) stomaco *m;* (*appetite*) appetito *m.* ~ **Mongolia** *N.pr.* ⟨*Geog*⟩ Mongolia *f* interna.

innermost ['inəmoust] *a.* il più interno, il più riposto, il più intimo.

inner| part *s.* ⟨*Mus*⟩ voce *f* media. ~ **tube** *s.* camera *f* d'aria.

innervate [i'nə:veit] *v.t.* **1** ⟨*Fisiol*⟩ innervare. **2** (*to stimulate*) stimolare, eccitare. **innervation** [–'veiʃən] *s.* ⟨*Anat*⟩ innervazione *f.*

inning ['iniŋ] *s.* **1** *pl.* ⟨*Sport*⟩ (costr. sing.: *in baseball*) inning *m;* (*in cricket*) turno *m* di battuta. **2** *pl.* ⟨*fig*⟩ (costr. sing.) (*turn*) turno *m;* (*period of power, etc.*) periodo *m* di permanenza al potere (*o* preminenza). □ ⟨*scherz*⟩ *to have a good* (*o long*) ~: **1** (*to live long*) vivere a lungo; **2** (*to be lucky*) avere fortuna.

innkeeper ['inki:pə] *s.* locandiere *m* (*f* –a).

innocence ['inəsns] *s.* **1** innocenza *f.* **2** (*chastity*) purezza *f.* **3** (*ingenuousness*) innocenza *f,* ingenuità *f.* □ *to pretend* (*o feign*) ~ fare l'innocente. **innocent** [–nt] **I** *a.* **1** innocente, non colpevole. **2** (*free from sin*) innocente, puro (di peccato). **3** (*not ill-intentioned*) innocente, senza malizia: *an* ~ *joke* uno scherzo innocente. **4** (*expressing innocence*) innocente, candido, ingenuo: *an* ~ *gaze* uno sguardo innocente. **5** (*ingenuous*) innocente, semplice, ingenuo; (*naïve*) ingenuo, semplicione, sciocco. **6** (*ignorant*) all'oscuro, non al corrente (*of* di). **7** ⟨*fam*⟩ (*lacking*) privo, mancante (di): *a window ~ of glass* una finestra priva di vetri. **II** *s*. **1** innocente *m/f*. **2** (*naïve person*) ingenuo *m* (*f* –a); (*simpleton*) semplicione *m* (*f* –a), sciocco *m* (*f* –a). □ *to act* (o *play*) *the ~* fare l'innocente; ⟨*Rel*⟩ (*Holy*) *Innocents' Day* festa *f* dei santi Innocenti.

innocuity [ˌinɔˈkjuːiti] *s*. innocuità *f*. **in'nocuous** [–kjuəs] *a*. innocuo, inoffensivo. **in'nocuousness** [–kjuəsnis] *s*. → **innocuity**.

innominate [iˈnɔminit] *a*. innominato.

innominate| artery *s*. ⟨*Anat*⟩ arteria *f* anonima (*o* innominata). **~ bone** *s*. osso *m* innominato (*o* iliaco). **~ vein** *s*. vena *f* innominata (*o* cardiaca anteriore).

innovate [ˈinɔveit] *v.i*. fare innovazioni (*on*, *in* in). **,innovation** [–ˈveiʃən] *s*. innovazione *f*. **innovative** [–vəitiv] *a*. innovatore, innovativo. **innovator** [–ə] *s*. innovatore *m* (*f* –trice).

innoxious [iˈnɔkʃəs] *a*. innocuo, inoffensivo. **innoxiousness** [–nis] *s*. l'essere innocuo (*o* inoffensivo).

innuendo [ˌinjuˈendou] *s*. (*pl*. -s/-es [z]) **1** accenno *m*, allusione *f*. **2** (*insinuation*) insinuazione *f*, malignità *f*.

innumerability [iˌnjuːmərəˈbiliti] *s*. l'essere innumerevole. **in'numerable** [–bl] *a*. innumerevole. **in'numerably** [–bli] *avv*. senza numero.

innutrition [ˌinjuˈtriʃən] *s*. mancanza *f* di nutrizione. **innutritious** [–ʃəs] *a*. non nutriente.

inobservance [ˌinəbˈzəːvəns] *s*. **1** mancanza *f* d'attenzione, disattenzione *f*. **2** (*non-observance*) inosservanza *f*. **inobservant** [–nt] *a*. **1** disattento, distratto. **2** (*non-observant*) inosservante.

inoccupation [ˌinɔkjuˈpeiʃən] *s*. disoccupazione *f*.

inoculable [iˈnɔkjuləbl] *a*. inoculabile. **inoculate** [–leit] *v.t*. **1** ⟨*Med*⟩ (*of a person, animal*) vaccinare; (*of a disease, microorganism*) inoculare. **2** ⟨*fig*⟩ inoculare, insinuare. **in,oculation** [–ˈleiʃən] *s*. ⟨*Med,Met*⟩ inoculazione *f* (*anche fig*.). **inoculator** [–leitə] *s*. ⟨*Med*⟩ chi inocula.

inodorous [iˈnoudərəs] *a*. inodoro, inodore.

inoffensive [ˌinəˈfensiv] *a*. inoffensivo, innocuo. **inoffensiveness** [–nis] *s*. l'essere inoffensivo (*o* innocuo).

inofficious [ˌinəˈfiʃəs] *a*. ⟨*Dir*⟩ inofficioso; *~ will* testamento inofficioso.

inoperable [inˈɔpərəbl] *a*. ⟨*Chir*⟩ inoperabile.

inoperative [inˈɔpərətiv] *a*. non operante, inoperante.

inopportune [inˈɔpətjuːn] *a*. inopportuno, indebito, intempestivo. **inopportuneness** [–nis] *s*. inopportunità *f*, intempestività *f*.

inordinate [inˈɔːdinit] *a*. **1** eccessivo, smodato, smoderato: *~ demands* richieste eccessive. **2** (*disorderly*) disordinato, sregolato. □ *of ~ length* eccessivamente lungo. **inordinateness** [–nis] *s*. smoderatezza *f*.

inorganic [ˌinɔːˈgænik] *a*. **1** inorganico (*anche Chim*.). **2** ⟨*fig*⟩ inorganico, disorganico.

inorganic chemistry *s*. chimica *f* inorganica.

inorganization [inˌɔːgənaiˈzeiʃən] *s*. disorganizzazione *f*.

inornate [ˌinɔːˈneit] *a*. (*simple*, *plain*) modesto, umile, dimesso.

inosculate [inˈɔskjuleit] **I** *v.t*. **1** ⟨*Med*⟩ anastomizzare. **2** (*to join*) unire, fondere (*anche fig*.). **II** *v.i*. **1** ⟨*Med*⟩ anastomizzarsi. **2** (*to blend*) unirsi, fondersi (*anche fig*.). **in,osculation** [–ˈleiʃən] *s*. **1** ⟨*Med*⟩ anastomosi *f*. **2** (*uniting*) unione *f*, fusione *f* (*anche fig*.).

inoxidizable [inˈɔksidaizəbl] *a*. ⟨*Chim*⟩ inossidabile.

in-patient [ˈinpeiʃənt] *s*. degente *m/f*, paziente *m/f* interno.

in-plant *a*. interno (a un impianto, un'azienda): *~ training* addestramento interno.

inpour **I** *v.t*. [ˌinˈpɔː] fare affluire. **II** *v.i*. affluire. **III** *s*. [ˈinpɔː] afflusso *m*.

input [ˈinput] *s*. **1** immissione *f*, introduzione *f*. **2** ⟨*El*⟩ alimentazione *f*. **3** ⟨*Inform*⟩ entrata *f*, ingresso *m*.

input| area *s*. ⟨*Inform*⟩ area *f* d'introduzione. **~ device** *s*. unità *f* d'entrata. **~output** *s*. ⟨*Inform*⟩ ingresso/uscita *m*. **~ power** *s*. ⟨*El*⟩ potenza *f* assorbita.

inquest [ˈinkwest] *s*. **1** ⟨*Dir*⟩ inchiesta *f*; (*body of men*) commissione *f* d'inchiesta; (*jury*) giuria *f*. **2** ⟨*fig*⟩ indagine

f, investigazione *f*.

inquietude [inˈkwaiətjuːd] *s*. inquietudine *f*, irrequietez *f*.

inquire [inˈkwaiə] **I** *v.t*. chiedere, domandare: *to ~ s.o. address* domandare l'indirizzo di qd.; *I –d what he want* (gli) chiesi che cosa volesse. **II** *v.i*. **1** informarsi (*abou after* di, su): *to ~ about s.o.'s health* informarsi de salute di qd. **2** (*to investigate*) indagare, fare indagir investigare (*into* su): *to ~ into a crime* indagare su u delitto. **3** (*to ask to see*) domandare (*for* di), chiedere vedere (qd.). □ *to ~ s.th. of s.o.* chiedere qc. a qd.; *within* (*on a door*) rivolgersi qui. **inquirer** [–rə] investigatore *m* (*f* –trice), indagatore *m* (*f* –trice **inquiring** [–riŋ] *a*. **1** avido di sapere: *he has an ~ mir* ha una mente avida di sapere; (*curious*) curioso. **2** (*expressing inquiry*) indagatore, inquisitore.

inquiry [inˈkwaiəri] *s*. **1** domanda *f*, richiesta *f*. **2** (*seard for information, etc.*) indagine *f*, ricerca *f*, investigazione *f* *to make inquiries about s.o.* fare delle indagini su qd. (*question*) domanda *f*, richiesta *f* d'informazioni. (*official investigation*) inchiesta *f*. □ *board of* commissione *f* inquirente (*o* d'inchiesta); *to hold an into s.th*. fare (*o* svolgere) un'inchiesta su qc.; *on ~ s* richiesta.

inquiry| agent *s*. detective *m* privato. **~ office** *s*. uffic *m* informazioni.

inquisition [ˌinkwiˈziʃən] *s*. **1** ⟨*Dir*⟩ inchiesta (giudiziaria). **2** (*investigation*) indagine *f*, ricerca *f*. (*severe questioning*) interrogatorio *m*. **4** ⟨*Dir,Sto* inquisizione *f*. **inquisitional** [–əl] *a*. inquisitorio.

inquisitive [inˈkwizitiv] *a*. **1** curioso, avido di sapere. (*prying*) indiscreto, curioso, inquisitore. **inquisitivenes** [–nis] *s*. **1** curiosità *f*. **2** (*excessive curiosity*) indiscrezion *f*.

inquisitor [inˈkwizitə] *s*. **1** inquisitore *m*, investigatore *r* **2** (*official*) magistrato *m* inquirente. **3** ⟨*Stor*⟩ inquisito *m*. **in,quisitorial** [–ˈtɔːriəl] *a*. **1** inquisitorio, di (*o* da inquisitore. **2** (*prying*) indiscreto, curioso. **3** (*of th inquisition*) inquisitorio, dell'inquisizione. **4** ⟨*Dir* inquisitorio.

inroad [ˈinroud] *s*. incursione *f*, scorreria *f*. □ *the expenses make –s on my pocket* queste spese sono de salassi per le mie tasche; *this work makes –s upon m time* questo lavoro mi porta via molto tempo.

inrush [ˈinrʌʃ] *s*. **1** irruzione *f*. **2** (*influx*) afflusso *m*.

ins. = **1** *inches* pollici. **2** *insurance* assicurazione.

I.N.S. = *International News Service* agenzia internazional d'informazioni.

insalivate [inˈsæliveit] *v.t*. ⟨*Fisiol*⟩ insalivare. **in,sal ivation** [–ˈveiʃən] *s*. insalivazione *f*.

insalubrious [ˌinsəˈluːbriəs] *a*. insalubre, malsano **insalubrity** [–briti] *s*. insalubrità *f*.

insane [inˈsein] *a*. **1** pazzo, folle, alienato, demente. **2** (*o insane people*) dei (*o* per i) pazzi. **3** (*senseless*) insano folle, insensato.

insane asylum *s*. manicomio *m*, ospedale *m* psichia trico.

insanely [inˈseinli] *avv*. **1** all'impazzata. **2** (*absurdly* follemente, pazzamente: *~ jealous* follemente geloso.

insanitary [inˈsænitri] *a*. antigienico, insalubre.

insanity [inˈsæniti] *s*. **1** demenza *f*, pazzia *f*, follia *f* insania *f*. **2** ⟨*Dir*⟩ infermità *f* mentale. **3** (*extrem unreasonableness*) insensatezza *f*; (*s.th. unreasonable*) follia *f*, pazzia *f*.

insatiability [inˌseiʃiəˈbiliti] *s*. insaziabilità *f*. **in'satiabl** [–bl] *a*. insaziabile. **in'satiate** [–ʃieit] *a*. → **insatiable**.

insaturable [inˈsætʃərəbl] *a*. ⟨*Chim*⟩ insaturabile. **insaturated** [–reitid] *a*. insaturo.

inscribable [inˈskraibəbl] *a*. ⟨*Geom*⟩ inscrittibile.

inscribe [inˈskraib] *v.t*. **1** (*of words, etc.*) scrivere, incidere (*of a surface*) incidere (a caratteri) su. **2** (*of a book, etc.* dedicare: *to ~ a book to* (o *for*) *an old friend* dedicare ur libro a un vecchio amico. **3** ⟨*fig*⟩ incidere, imprimere (in modo indelebile). **4** ⟨*Geom*⟩ inscrivere. **5** ⟨*Econ*⟩ (*of a stock*) iscrivere, registrare. **inscribed** [–d] *a*. **1** inciso scritto. **2** (*of a copy of a book*) firmato dall'autore. **3** ⟨*Geom*⟩ inscritto. **4** ⟨*Econ*⟩ iscritto, registrato: *~ stock* azioni iscritte.

scription [in'skripʃən] *s.* **1** iscrizione *f.* **2** (*in a book*) dedica *f.* **3** (*historical record*) epigrafe *f,* iscrizione *f* **4** ⟨*Numism*⟩ leg(g)enda *f.* **5** (*act of inscribing*) iscrizione *f* ⟨*anche Econ.*⟩. **6** *pl.* ⟨*Econ*⟩ (*inscribed securities*) titoli *mpl* iscritti. **inscriptional** [–əl], **inscriptive** [–ptiv] *a.* di (*o* appartenente a) un'iscrizione.

scrutability [in,skru:tə'biliti] *s.* imperscrutabilità *f,* impenetrabilità *f.* **in'scrutable** [–bl] *a.* **1** imperscrutabile, impenetrabile. **2** (*mysterious*) enigmatico, misterioso. **in'scrutableness** [–blnis] *s.* → **inscrutability**.

sect ['insekt] **I** *s.* **1** ⟨*Zool*⟩ insetto *m.* **2** ⟨*fam*⟩ ⟨*contemptible person*⟩ (vile) insetto *m.* **II** *a.* **1** degli insetti. **2** (*used against insects*) insetticida: ~ *powder* polvere insetticida. **in,secticidal** [–'saidəl] *a.* insetticida. **in'secticide** [–isaid] *s.* insetticida *m.*

sectivore [in'sektivɔ:] *s.* ⟨*Zool*⟩ insettivoro *f.* **insectivorous** [–'tivərəs] *a.* insettivoro: ~ *plant* pianta insettivora.

sect| killer *s.* insetticida *m.* **~ repellent** *s.* insettifugo *m,* repellente *m.*

secure [,insi'kjuə] *a.* **1** rischioso, pericoloso. **2** (*of a person*) insicuro, malsicuro, incerto. **3** (*unstable*) instabile, precario, incerto: ~ *financial state* precarie condizioni economiche; (*shaky*) instabile, malfermo, malsicuro: *an* ~ *construction* una costruzione instabile. **insecurity** [–'kjuriti] *s.* **1** pericolo *m,* rischio *m.* **2** (*lack of assurance*) incertezza *f,* insicurezza *f.* **3** (*instability*) instabilità *f,* precarietà *f.*

seminate [in'semineit] *v.t.* **1** ⟨*Biol*⟩ inseminare, fecondare. **2** ⟨*fig*⟩ inculcare, imprimere. **3** ⟨*Agr*⟩ (*to sow*) seminare. **in,semination** [–'neiʃən] *s.* ⟨*Biol*⟩ inseminazione *f.*

sensate [in'senseit] *a.* **1** inanimato, privo di vita. **2** ⟨*insensitive*⟩ insensibile. **3** (*lacking sense or understanding*) insensato, scriteriato, irragionevole; (*foolish*) stolto, sciocco. **4** ⟨*estens*⟩ (*inhumane*) inumano, spietato, crudele, feroce: ~ *cruelty* crudeltà inumana.

sensibility [in,sensə'biliti] *s.* **1** insensibilità *f.* **2** (*lack of feeling*) insensibilità *f,* indifferenza *f.* **in'sensible** [–bl] *a.* **1** privo di sensi (*o* conoscenza). **2** (*lacking physical feeling*) insensibile: ~ *to cold* insensibile al freddo. **3** (*lacking emotional feeling*) insensibile, indifferente, impassibile; (*unaware*) ignaro, inconsapevole: ~ *of danger* ignaro del pericolo. **4** (*imperceptible*) impercettibile, insensibile: ~ *improvement* miglioramento impercettibile. □ *by* ~ *degrees* impercettibilmente.

sensitive [in'sensitiv] *a.* **1** insensibile (*anche Fis.,Chim.*): ~ *skin* pelle insensibile. **2** (*lacking emotional feeling*) insensibile, indifferente. **insensitiveness** [–nis] *s.* mancanza *f* di sensibilità, insensibilità *f.*

sentient [in'senʃiənt] *a.* **1** senza (*o* privo di) sensibilità, insensibile. **2** (*inanimate*) inanimato, inerte, senza vita.

separability [in,sepərə'biliti] *s.* inseparabilità *f.* **in'separable** [–bl] *a.* inseparabile: ~ *friends* amici inseparabili. **in'separables** [–blz] *s.pl.* (*objects*) cose *fpl* inseparabili; (*people*) persone *fpl* inseparabili.

sert I *v.t.* [in'sə:t] **1** inserire, introdurre: *to* ~ *paper into a typewriter* inserire la carta nella macchina per scrivere. **2** (*to include*) inserire, includere: *to* ~ *a name in a list* inserire un nome in un elenco. **3** ⟨*Giorn*⟩ inserire, (far) pubblicare: *to* ~ *an advertisement in a newspaper* inserire un annuncio su un giornale. **II** *s.* ['insə:t] **1** inserzione *f* ⟨*anche Giorn.*⟩. **2** ⟨*Tip,Cin*⟩ inserto *m.* **in'serted** [–id] *a.* **1** ⟨*Anat*⟩ inserito. **2** ⟨*Bot*⟩ innestato. **3** ⟨*Mecc*⟩ riportato.

sertion [in'sə:ʃən] *s.* **1** inserimento *m,* inserzione *f,* introduzione *f.* **2** (*s.th. inserted*) inserzione *f* (*anche Giorn.*). **3** ⟨*Bot*⟩ innesto *m.* **4** ⟨*Sart*⟩ tramezzo *m,* entredeux *m.* **5** ⟨*Mecc*⟩ riporto *m,* inserzione *f.*

set I *s.* ['inset] **1** ⟨*Edit*⟩ pagina *f* supplementare, foglio *m* aggiunto; (*supplement*) supplemento *m.* **2** (*in a map, drawing*) ingrandimento *m* parziale. **3** ⟨*Sart*⟩ guarnizione *f* (inserita). **II** *v.t.* [in'set] (*pret., p.p.* **inset/insetted** [–id]) **1** inserire, introdurre. **2** ⟨*Sart*⟩ inserire un tramezzo in. **3** ⟨*Tip*⟩ accavallare.

severable [in'sevərəbl] *a.* indivisibile, inscindibile.

inshore ['in'ʃɔ:] **I** *a.* **1** costiero, rivierasco, litoraneo. **2** (*moving towards the shore*) diretto a riva. **II** *avv.* a (*o* verso la) riva.

inside I *s.* [in'said] **1** interno *m: the* ~ *of a house* l'interno di una casa. **2** (*inner side*) interno *m,* parte *f* interna. **3** *pl.* ⟨*fam*⟩ (*stomach*) ventre *m,* ⟨*fam*⟩ pancia *f: a pain in one's* ~*s* mal di pancia. **II** *a.* **1** interno. **2** ⟨*fam*⟩ (*of information, etc.*) riservato, confidenziale, segreto. **3** (*of a job*) che si fa al chiuso (*o* coperto). **III** *avv.* [,in'said] **1** dentro; (*indoors*) dentro, al coperto, in casa. **2** ⟨*fam*⟩ (*in, into prison*) in prigione, ⟨*fam*⟩ dentro. **IV** *prep.* [,in'said] **1** dentro. **2** (*on the inner side of*) dentro, all'interno di: *just* ~ *the gate* proprio all'interno del cancello. **3** (*of time*) entro, dentro, nel giro di: ~ *an hour* entro un'ora. □ *to* **go** ~ *the house* entrare in casa; *let's go* ~ entriamo; ~ *of* entro, in meno di, prima della fine di: ~ *of a week* entro una settimana; **on** *the* ~ all'interno, internamente; ~ *and* **out** dentro e fuori, all'interno e all'esterno; *the* ~ *of the* **week** i giorni lavorativi.

'in'side| forward *s.* ⟨*Sport*⟩ mezzala *f,* interno *m.* **~ left** *s.* ⟨*Sport*⟩ mezzala *f* sinistra. **~ out** *avv.* **1** alla rovescia, rovesciato, rivoltato: *to have one's socks on* ~ avere i calzini alla rovescia. **2** (*thoroughly*) a fondo: *to know a subject* ~ conoscere a fondo un argomento. □ *to turn a drawer* ~ mettere sottosopra un cassetto.

insider [,in'saidə] *s.* **1** membro *m,* affiliato *m* (*f* –a). **2** ⟨*fam*⟩ (*one with inside information*) chi è in possesso d'informazioni riservate.

'in'side| right *s.* ⟨*Sport*⟩ mezzala *f* destra. **~ track** *s.* **1** corsia *f* interna. **2** ⟨*am.fam*⟩ posizione *f* di vantaggio.

insidious [in'sidiəs] *a.* insidioso: ~ *design* piano insidioso; (*captious*) insidioso, ingannevole. **insidiousness** [–nis] *s.* l'essere insidioso.

insight ['insait] *s.* **1** discernimento *m,* senno *m.* **2** (*instance of apprehending*) comprensione *f.* **3** (*intuitive understanding*) intuito *m,* perspicacia *f: a man of great* ~ un uomo dotato di grande intuito. □ *to gain* (*o get*) *an* ~ *into s.th.* riuscire a vedere a fondo in qc.

insignia [in'signiə] *s.pl.* **1** insegne *fpl: the* ~ *of royalty* le insegne della regalità. **2** (*decorations*) insegne *fpl* (onorifiche), decorazioni *fpl.* **3** ⟨*Mil*⟩ mostrine *fpl.*

insignificance [,insig'nifikəns] *s.* irrilevanza *f.* **insignificant** [–kənt] *a.* **1** insignificante, irrilevante, senza importanza, trascurabile; (*of a person*) insignificante, banale. **2** (*meaningless*) insignificante, senza significato.

insincere [,insin'siə] *a.* insincero, falso, ipocrita. **insincerity** [–'seriti] *s.* insincerità *f,* falsità *f.*

insinuate [in'sinjueit] *v.t.* **1** insinuare, suggerire (indirettamente): *he* ~*d that she was lying* insinuò che stava mentendo. **2** (*to introduce slyly*) insinuare, instillare: *to* ~ *doubts into s.o.'s mind* insinuare dubbi nella mente di qd. **3** ⟨*rifl*⟩ insinuarsi, penetrare subdolamente: *to* ~ *o.s. into s.o.'s affections* insinuarsi nel cuore di qd. **4** (*to push, propel slowly*) insinuare, far penetrare, introdurre a poco a poco. **insinuating** [–iŋ] *a.* **1** che insinua. **2** (*gaining favour*) insinuante, subdolo. **insinuatingly** [–iŋli] *avv.* in modo insinuante.

insinuation [in,sinju'eiʃən] *s.* **1** l'insinuare, l'insinuarsi, insinuazione *f.* **2** (*hint, innuendo*) insinuazione *f,* malignità *f.* **in'sinuative** [–jueitiv] *a.* insinuante, subdolo. **in'sinuator** [–jueitə] *s.* chi insinua.

insipid [in'sipid] *a.* **1** (*of food, drink*) insipido, scipito: *to taste* ~ essere insipido. **2** ⟨*fig*⟩ insipido, insulso, scialbo. **,insi'pidity** [–iti], **insipidness** [–nis] *s.* insipidezza *f* (*anche fig.*).

insipience [in'sipiəns] *s.* ⟨*rar*⟩ stoltezza *f,* ⟨*lett*⟩ insipienza *f.* **insipient** [–nt] *a.* ⟨*rar*⟩ stolto, sciocco, ⟨*lett*⟩ insipiente.

insist [in'sist] **I** *v.i.* **1** insistere (*on, upon* su, per): *to* ~ *on punctuality* insistere sulla puntualità; *I* ~ *on being received* insisto per essere ricevuto. **2** (*to assert strongly*) sostenere fermamente (qc.). **3** (*to stress*) insistere, tornare (su): *he* ~*ed on this point* ha insistito su questo punto. **4** (*to persist*) perseverare (in), persistere, insistere, ostinarsi (in, a): *if you* ~ *on being late* se persisti a fare tardi. **II** *v.t.* sostenere, asserire. □ *to* ~ *on s.o.'s doing s.th.* insistere perché qd. faccia qc.; *very well, if you* ~ va bene, se (proprio) insisti. **insistence** [-əns], **insistency** [-ənsi] *s.* 1 insistenza *f,* l'insistere. 2 (*quality*) insistenza *f,* ostinatezza *f.* **insistent** [-ənt] *a.* 1 insistente, pertinace, ostinato. 2 (*pressing*) pressante, incalzante. 3 (*persistent*) insistente, persistente. **insistently** [-əntli] *avv.* insistentemente, con insistenza.

insobriety [,insə'braiəti] *s.* intemperanza *f;* (*drunkenness*) ubriachezza *f.*

insociability [in,souʃə'biliti] *s.* insocievolezza *f.* **in'sociable** [-bl] *a.* insocievole.

insofar [,inso(u)'fɑ:] *avv.* a tal punto che, al punto che. □ ~ *as* per quanto: ~ *as I am able* per quanto è nelle mie possibilità.

insolate ['inso(u)leit] *v.t.* esporre al sole. **,insolation** [-'leiʃən] *s.* 1 insolazione *f* (*anche Meteor.*). 2 (*Med*) insolazione *f,* colpo *m* di sole.

insole ['insoul] *s.* (*Calz*) (*inside sole*) tramezza *f;* (*loose sole*) soletta *f.*

insolence ['insələns] *s.* insolenza *f,* arroganza *f.* **insolent** [-nt] *a.* insolente, impertinente, arrogante.

insolubility [in,sɔlju'biliti] *s.* 1 (*Chim*) insolubilità *f.* 2 (*fig*) irresolubilità *f,* insolubilità *f.* **in'soluble** [-bl] *a.* 1 (*Chim*) insolubile. 2 (*fig*) insolubile, irresolubile: *an* ~ *mystery* un mistero insolubile.

insolvable [in'sɔlvəbl] *a.* insolubile, irresolubile.

insolvency [in'sɔlvənsi] *s.* 1 (*Dir,Comm*) insolvenza *f,* insolvibilità *f;* (*bankruptcy*) fallimento *m,* bancarotta *f.* 2 (*of an estate*) passività *f.* **insolvent** [-nt] I *a.* 1 insolvente, insolvibile; (*bankrupt*) fallito. 2 (*of an estate*) passivo. 3 (*relating to insolvency or insolvents*) dell'insolvenza, dei debitori insolventi. II *s.* (*Dir*) debitore *m* (*f* –trice) insolvente.

insomnia [in'sɔmniə] *s.* (*Med*) insonnia *f.* **insomniac** [-niæk] *s.* sofferente *m/f* d'insonnia. **insomnious** [-s] *a.* che soffre d'insonnia.

insomuch [,inso(u)'mʌtʃ] *avv.* a tal punto, talmente, tanto. □ ~ *as* inquanto(ché), perché, per il fatto che; ~ *that* a tal punto che, tanto che.

insouciance *fr.* [in'su:sjəns] *s.* indifferenza *f,* noncuranza *f.* **insouciant** [-nt] *a.* indifferente, noncurante.

inspect [in'spekt] *v.t.* 1 esaminare, ispezionare; (*to check*) controllare. 2 (*to examine formally*) ispezionare, fare un'ispezione in (*o* a): *to* ~ *a school* ispezionare una scuola. 3 (*Mil*) (*to review*) passare in rassegna. 4 (*Mecc*) collaudare, ispezionare.

inspection [in'spekʃən] *s.* 1 ispezione *f,* esame *m* (minuzioso); (*check*) controllo *m.* 2 (*Mil*) rassegna *f,* rivista *f.*

inspective [in'spektiv] *a.* ispettivo.

inspector [in'spektə] *s.* 1 ispettore *m,* controllore *m: police* ~ ispettore di polizia. 2 (*Mecc*) collaudatore *m.* 3 (*on a bus, train*) controllore *m.* **inspectoral** [-rəl] *a.* ispettivo. **inspectorate** [-rit] *s.* ispettorato *m.*

inspector general *s.* (*pl.* **inspectors general**) 1 ispettore *m* generale. 2 (*am.Mil*) generale *m* ispettore.

inspectorial [,inspek'tɔ:riəl] *a.* → **inspectoral**.

inspectorship [in'spektəʃip] *s.* ispettorato *m.*

inspectress [in'spektris] *s.* ispettrice *f.*

inspirable [in'spaiərəbl] *a.* 1 che può essere ispirato. 2 (*that can be breathed*) respirabile.

inspiration [,inspə'reiʃən] *s.* 1 ispirazione *f: to draw* ~ *from nature* trarre (*o* attingere) ispirazione dalla natura. 2 (*person who inspires*) ispiratore *m* (*f* –trice); (*thing that inspires*) motivo *m* ispiratore, ispirazione *f.* 3 (*sudden brilliant thought, idea*) ispirazione *f,* idea *f* brillante (*o* luminosa). 4 (*Teol,Fisiol*) ispirazione *f.* **inspirational** [-l] *a.* 1 ispiratore, che ispira. 2 (*of inspiration*) dell'ispirazione (*anche Teol.*). **inspiratory** [-'spaiərətəri] *a.* (*Fisiol*) ispiratore, inspiratorio.

inspire [in'spaiə] *v.t.* 1 ispirare: *poets are –d by the muses* i poeti sono ispirati dalle muse. 2 (*to incite, impel*) indurre, stimolare, spingere. 3 (*of a feeling, etc.: to stimulate*) ispirare, suscitare: *to* ~ *confidence in s.o.* ispirare fiducia a qd.; (*to infuse*) infondere: *to* ~ *s.o. with courage* infondere coraggio in qd. 4 (*to cause, motivate*) ispirare, suggerire, dettare. 5 (*Fisiol*) inspirare, inalare.

inspired [-d] *a.* 1 ispirato (*anche Teol.*): *an* ~ *po* un poeta ispirato. 2 (*Giorn*) (*of an article, etc.*) sugge to da persona autorevole. 3 (*fig*) luminoso, brillante: ~ *idea* un'idea luminosa. 4 (*Fisiol*) inspirato, inalat □ *in an* ~ *moment* in un momento d'ispirazione. i **spirer** [-rə] *s.* ispiratore *m* (*f* –trice). **inspiring** [-ri *a.* ispiratore.

inspirit [in'spirit] *v.t.* animare, infondere coraggio a in).

inspissate [in'spiseit] I *v.t.* ispessire, addensare. II *v* ispessirsi, diventare (più) denso. **,inspissation** [-'seiʃə *s.* ispessimento *m.*

inst. = *instant* corrente (mese) (*abbr.* corr., c.m.).

Inst. = 1 *Institute* istituto. 2 *Institution* istituzione.

instability [,instə'biliti] *s.* 1 instabilità *f,* mutevolezza *f.* (*inconstancy*) instabilità *f,* volubilità *f,* variabilità *f.* (*Fis*) instabilità *f.* 4 (*Meteor*) instabilità *f,* variabilità *f.* □ ~ *region* zona *f* instabile. **instable** [-'steibl] *a.* instabile, mutevole. 2 (*inconstant*) instabile, variabi (*anche Meteor.*).

install [in'stɔ:l] *v.t.* 1 installare, collocare (e montare): *to central heating* installare il riscaldamento centrale. 2 (*place in office*) installare, insediare; (*to induct*) insedia *to* ~ *a new president* insediare un nuovo presidente. (*rifl*) installarsi, sistemarsi, insediarsi.

installation [,instə'leiʃən] *s.* 1 installazione *f,* collocazio *f* (e montaggio), posa *f* (*o* messa) in opera. 2 (*apparat installed*) installazione *f,* impianto *m,* macchinari *m* installati. 3 (*placing in office*) installazione insediamento *m.* 4 (*Mil*) installazioni *fpl* militari. (*Tel*) impianto *m.*

installation cost *s.* costo *m* di messa in opera.

installer [in'stɔ:lə] *s.* impiantista *m.*

installment *am.,* **instalment** [in'stɔ:lmənt] *s.* 1 (*Eco* rata *f: to pay in* (*o by*) –*s* pagare 'a rate' (*o* ratealmente). (*part payment*) acconto *m,* anticipo *m.* 3 (*of a publicatio* dispensa *f,* fascicolo *m;* (*of a serial story*) puntata *f.*

instalment| credit *s.* (*Econ*) credito *m* per acqui rateali. ~ **mortgage** *s.* ipoteca *f* su credito riscuotib ratealmente. ~ **plan** *s.* (*hire purchase*) sistema *m* vendita rateale. ~ **selling** *s.* vendita *f* rateale (*o* rate).

instance ['instəns] I *s.* 1 (*example*) esempio *m: this is* ~ *of what I mean* questo è un esempio di ciò che inten dire; (*case*) caso *m: an* ~ *of heroism* un caso d'eroismo. (*request*) richiesta *f,* domanda *f: at the* ~ *of s.o.* a richies di qd. 3 (*Dir*) istanza *f: court of first* ~ tribunale prima istanza. II *v.t.* 1 citare ad esempio. 2 (*to illustra by an example*) illustrare con un esempio, esemplifica □ *in the first* ~ in un primo luogo; *for* ~ ad (*o* pe esempio; *in this* ~ in questo caso.

instancy ['instənsi] *s.* insistenza *f,* pressione *f,* so lecitazione *f.*

instant ['instənt] I *s.* 1 istante *m,* attimo *m: it lasted an* durò un istante. 2 (*point of time*) momento *m,* istante *at the* ~ *of death* al momento della morte. II *a.* 1 immediato, istantaneo: ~ *relief* immediato sollievo. (*urgent*) urgente: *to be in* ~ *need of help* avere urgen bisogno d'aiuto. 3 (*of food, etc.*) espresso, fatto s momento, istantaneo. 4 (*Comm*) (del mese) corren corrente mese: *in reply to your letter of the 20th* ~ risposta alla vostra (lettera) del 20 corrente. □ *in an* ~ un istante; *that* (*o on the*) ~ immediatamente, all'istan *the* ~ (*that*) (non) appena; *this* ~ immediatamen subito.

instantaneous [,instən'teiniəs] *a.* istantaneo: ~ *dea* morte istantanea; (*done immediately*) immediato. □ (*Fo* ~ *photo* istantanea *f.* **instantaneously** [-li] *av* istantaneamente, in un istante. **instantaneousne** [-nis] *s.* istantaneità *f*

instant| camera *s.* (*Fot*) macchina *f* fotografica sviluppo istantaneo (*o* immediato). ~ **coffee** *s.* caffè solubile.

instanter [in'stæntə] *avv.* (*non com*) all'istante, imm diatamente.

instant film *s.* (*Fot*) film *m* a sviluppo istantaneo immediato).

stantly ['instəntli] **I** *avv.* **1** all'istante, immediatamente. **2** (*urgently*) urgentemente. **II** *congz.* (non) appena.

stant| picture *s.* ⟨*Fot*⟩ fotografia *f* immediata. **~ print film** *s.* → **instant film. ~ tea** *s.* tè *m* solubile.

state [in'steit] *v.t.* installare, insediare.

stauration [ˌinstɔː'reiʃən] *s.* ⟨*rar*⟩ restauro *m*, innovamento *m*.

stead [in'sted] *avv.* **1** (*in lieu*) invece, al ... posto: *we asked for the father, but the son came* ~ chiedemmo del padre ma al suo posto venne il figlio. **2** (*in preference*) invece, piuttosto: *I advise you to drink tea* ~ ti consiglio, invece, di bere (del) tè. □ ~ *of* invece di, in vece di, al posto di, in luogo di: *he changed to a pipe* ~ *of cigarettes* i mise a fumare la pipa al posto delle sigarette.

step ['instep] *s.* **1** ⟨*Anat*⟩ collo *m* del piede. **2** ⟨*Calz*⟩ collo *m* (della scarpa). **3** ⟨*Zool*⟩ (*cannon*) stinco *m*, cannone *m*.

stigate ['instigeit] *v.t.* **1** istigare, incitare: *to* ~ *the people o revolt* istigare il popolo alla rivolta. **2** (*of a thing*) fomentare, istigare: *to* ~ *a rebellion* fomentare una ribellione. **ˌinstigation** [–'geiʃən] *s.* istigazione *f*, incitamento *m: at* (o *by*) *s.o.'s* ~ per istigazione di qd. **nstigator** [–ə] *s.* istigatore *m* (*f* –trice), fomentatore *m f* –trice).

stil [in'stil] *v.t.* (*pret., p.p.* **instilled** [–d]) **1** i(n)stillare, infondere: *to* ~ *honesty into a child's mind* instillare l'onestà nella mente di un bambino. **2** (*to introduce drop by drop*) i(n)stillare, immettere (*o* versare) goccia a goccia (*anche Med.*). **instill** *am. v.* → **instil. ˌin-stil'lation** [–eiʃən], **instilment** [–mənt] *s.* **1** l'i(n)-stillare, l'infondere. **2** (*introducing drop by drop*) instillazione *f*.

stinct[1] ['instiŋkt] *s.* **1** istinto *m: the* ~ *for survival* l'istinto di sopravvivenza; (*pattern of action*) istinto *m*, impulso *m* (irrazionale): *to do s.th. by* ~ fare qc. per istinto. **2** ⟨*fig*⟩ istinto *m*, attitudine *f*, disposizione *f* naturale: *an* ~ *for music* un istinto musicale. **3** ⟨*fam*⟩ *sense*) istinto *m*, (sesto) senso *m: business* ~ istinto degli affari. □ *to act on* ~ agire istintivamente (*o* per istinto).

stinct[2] [in'stiŋkt] *a.* imbevuto, pervaso (*with di*).

stinctive [in'stiŋktiv] *a.* istintivo, innato, spontaneo: *an* ~ *fear* un istintivo timore; ~ *good taste* gusto innato.

stitute ['institjuːt] **I** *v.t.* **1** formare, costituire, istituire. **2** *to found*) istituire, fondare. **3** (*to bring into use*) introdurre, istituire: *to* ~ *a custom* introdurre un'usanza. **4** ⟨*Dir*⟩ intraprendere, intentare, istituire: *to* ~ *an inquiry* intraprendere un'inchiesta; *to* ~ *a lawsuit* intentare una causa. **5** (*to establish in an office*) installare, insediare. **6** *Rel*) (*of a clergyman*) insediare. **II** *s.* **1** istituto *m*, ente *m*, istituzione *f: an* ~ *for the blind* un istituto per ciechi. **2** ⟨*Univ*⟩ istituto *m* (superiore): *agricultural* ~ istituto agrario. **3** ⟨*am.Univ*⟩ (*brief course*) seminario *m*. **4** *pl.* collection of principles*) istituzioni *fpl*.

stitution [ˌinsti'tjuːʃən] *s.* **1** istituzione *f*, costituzione *f*, fondazione *f*. **2** (*society, organization, etc.*) istituzione *f*, ente *m*, istituto *m;* (*home*) ospizio *m*. **3** ⟨*Rel*⟩ insediamento *m*. **institutional** [–l] *a.* **1** istituzionale. **2** *having organized institutions*) che ha fondazioni (*o* istituti).

stitutional| advertising *am. s.* pubblicità *f* istituzionale. **~ economics** *s.pl.* (costr. sing. o pl.) istituzionalismo *m.* **~ investor** *s.* ⟨*Econ*⟩ investitore *m* istituzionale.

stitutionalism [ˌinsti'tjuːʃənəlizəm] *s.* ⟨*Econ*⟩ → **institutional economics. institutionalist** [–list] *s.* ⟨*Econ*⟩ istituzionalista *m/f.* **institutionalization** [–ai'zeiʃən] *s.* istituzionalizzazione *f.* **institutionalize** [–laiz] *v.t.* **1** istituzionalizzare. **2** ⟨*fam*⟩ (*to place in an institution*) affidare a un istituto.

stitutive ['institjuːtiv] *a.* istitutivo. **institutor** [–tə] *s.* **1** istitutore *m*, fondatore *m*. **2** ⟨*Rel*⟩ chi insedia in un beneficio.

struct [in'strʌkt] *v.t.* **1** insegnare a, istruire: *to* ~ *s.o. in grammar* insegnare a qd. la grammatica. **2** (*to inform*) informare, avvisare: *I have been –ed that* sono stato informato che; (*to give instructions to*) istruire,

dare istruzioni (*o* informazioni) a: *to* ~ *s.o. on how to behave* istruire qd. sul modo di comportarsi. **3** (*to order*) ordinare, dare ordini a. □ *as –ed* secondo le istruzioni.

instruction [in'strʌkʃən] *s.* **1** istruzione *f*, insegnamento *m*. **2** (*knowledge imparted*) cultura *f*, istruzione *f*. **3** *pl.* (*orders*) istruzioni *fpl*, disposizioni *fpl*, direttive *fpl*. **4** *pl.* (*directions*) istruzioni *fpl*, indicazioni *fpl*, norme *fpl* (per l'uso). **5** ⟨*Inform*⟩ istruzione *f*, comando *m*. □ ⟨*Comm*⟩ ⌐*as per*⌐ (*o according to*) *your –s* secondo le vostre disposizioni. **instructional** [–l] *a.* **1** educativo, d'istruzione. **2** (*serving to instruct*) istruttivo: ~ *film* film istruttivo.

instruction| code *s.* ⟨*Inform*⟩ codice *m* istruzioni. **~ counter** *s.* contatore *m* delle istruzioni. **~ sequence** *s.* sequenza *f* di istruzioni.

instructive [in'strʌktiv] *a.* **1** istruttivo: *an* ~ *experience* un'esperienza istruttiva. **2** (*serving to instruct*) istruttivo, educativo. **instructiveness** [–nis] *s.* l'essere istruttivo. **instructor** [–tə] *s.* **1** istruttore *m*, educatore *m*. **2** ⟨*am.Univ*⟩ docente *m*. **instructress** [–tris] *s.* istruttrice *f*, educatrice *f*.

instrument ['instrumənt] **I** *s.* **1** strumento *m*, arnese *m: –s of torture* strumenti di tortura. **2** ⟨*Mus*⟩ strumento *m*. **3** ⟨*fig*⟩ strumento *m*, mezzo *m;* (*person*) strumento *m*. **4** ⟨*Dir*⟩ strumento *m*, atto *m*, documento *m*. **II** *v.t.* **1** ⟨*Mus*⟩ strumentare; (*to orchestrate*) orchestrare. **2** ⟨*Dir*⟩ indirizzare un atto a. □ *–s of* **credit** titoli *mpl* di credito; ~ *of* **ratification** strumento *m* di ratifica; ~ *under* **seal** atto pubblico; ~ *of* **title** titolo *m* di proprietà; ~ *of* **transfer** atto *m* di cessione.

instrumental [ˌinstru'mentl] **I** *a.* **1** strumentale (*anche Mus., Gramm.*): ~ *music* musica strumentale. **2** (*serving as a means*) utile, giovevole, di valido aiuto. **II** *s.* ⟨*Gramm*⟩ strumentale *m*, caso *m* strumentale.

instrumental goods *s.pl.* ⟨*Econ*⟩ beni *mpl* strumentali. **instrumentalism** [ˌinstru'mentəlizəm] *s.* ⟨*Filos*⟩ strumentalismo *m.* **instrumentalist** [–list] *s.* ⟨*Mus*⟩ strumentalista *m/f.* **instrumentality** [–'tæliti] *s.* mezzo *m*, strumento *m*.

instrumental navigation *s.* ⟨*Aer,Mar*⟩ radioassistenza *f.*

instrumentation [ˌinstrumen'teiʃən] *s.* **1** ⟨*Mus*⟩ (*arrangement of music*) strumentatura *f;* (*distribution of instruments*) strumentazione *f.* **2** (*use of instruments*) uso *m* di strumenti; (*work done by instruments*) lavoro *m* eseguito con strumenti. **3** (*means, agency*) mezzo *m*, strumento *m.* **4** ⟨*collett*⟩ (*instruments*) strumentazione *f.*

instrument| board *s.* → **instrument panel. ~ flight, ~ flying** *s.* ⟨*Aer*⟩ volo *m* strumentale (*o* cieco). **~ landing** *s.* ⟨*Aer*⟩ atterraggio *m* strumentale (*o* radioguidato). **~ panel** *s.* **1** ⟨*El*⟩ quadro *m* strumenti, pannello *m* portastrumenti. **2** ⟨*Aut,Aer*⟩ cruscotto *m*.

insubordinate [ˌinsə'bɔːdənit] *a.* insubordinato, indisciplinato, ribelle. **ˌinsubˌordination** [–di'neiʃən] *s.* insubordinazione *f* (*anche Mil.*).

insubstantial [ˌinsəb'stænʃəl] *a.* **1** inconsistente, infondato: ~ *arguments* ragionamenti inconsistenti. **2** (*lacking firmness*) inconsistente, privo di solidità. **ˌinsubˌstantiality** [–ʃi'æliti] *s.* inconsistenza *f.*

insufferable [in'sʌfərəbl] *a.* insopportabile, intollerabile.

insufficiency [ˌinsə'fiʃənsi] *s.* **1** insufficienza *f*, scarsità *f.* **2** (*inadequacy*) insufficienza *f*, inadeguatezza *f.* **3** (*moral, etc., lacking*) manchevolezza *f*, insufficienza *f: to be aware of one's own insufficiencies* essere consapevole delle proprie manchevolezze. **4** ⟨*Med*⟩ insufficienza *f: cardiac* ~ insufficienza cardiaca. **insufficient** [–nt] *a.* **1** insufficiente, scarso. **2** (*inadequate*) insufficiente, inadeguato.

insufflate [in'sʌfleit] *v.t.* **1** soffiare sopra (*o* dentro). **2** ⟨*Med, Lit*⟩ insufflare. **insufflation** [ˌinsə'fleiʃən] *s.* insufflazione *f.* **insufflator** [–ə] *s.* **1** ⟨*tecn*⟩ soffiatore *m*. **2** ⟨*Med*⟩ insufflatore *m*.

insular ['insjulə] *a.* **1** insulare (*anche Biol.,Anat.*). **2** (*of the inhabitants of an island*) insulare, isolano. **3** ⟨*fig*⟩ gretto, meschino, di mentalità ristretta: ~ *attitude* atteggiamento gretto. **insularism** [–rizəm], **,insularity** [–'læriti] s. grettezza f, meschinità f.

insulate ['insjuleit] v.t. **1** ⟨Fis,tecn⟩ isolare. **2** ⟨fig⟩ segregare, isolare. **insulating** [–iŋ] a. ⟨Fis,tecn⟩ isolante: ~ **board** pannello isolante.

insulating| lagging s. ⟨tecn⟩ rivestimento m isolante. ~ **varnish** s. vernice f isolante.

insulation [,insju'leiʃən] s. **1** isolamento m; (material) isolante m, materiale m isolante. **2** ⟨fig⟩ segregazione f, isolamento m.

insulator ['insjuleitə] s. **1** ⟨El⟩ isolatore m. **2** ⟨Fis⟩ isolante m.

insulin ['insjulin] s. ⟨Biol⟩ insulina f. **insulinize** [–aiz] v.t. trattare con insulina.

insulin| shock s. ⟨Med⟩ shock m insulinico. ~ **therapy** s. terapia f insulinica. ~ **treatment** s. ⟨Med⟩ terapia f insulinica.

insult I v.t. [in'sʌlt] **1** insultare, ingiuriare, insolentire. **2** (to treat with contempt, etc.) insultare, offendere, oltraggiare: to ~ s.o.'s memory offendere la memoria di qd. **II** s. ['insʌlt] insulto m, ingiuria f, offesa f, oltraggio m, affronto m. □ to add ~ to injury avere il danno e le beffe; to pocket (o swallow) an ~ patire un insulto. **in'sulting** [–iŋ] a. insolente, offensivo, insultante, ingiurioso.

insuperability [in,sju:pərə'biliti] s. **1** l'essere insuperabile (o invalicabile). **2** ⟨fig⟩ insormontabilità f. **3** ⟨fig⟩ (invincibility) invincibilità f. **in'superable** [–bl] a. insuperabile, insormontabile (anche fig.).

insupportable [,insə'pɔ:təbl] a. insopportabile, intollerabile, insostenibile. **insupportableness** [–nis] s. insopportabilità f.

insuppressible [,insə'presəbl] a. insopprimibile.

insurable [in'ʃuərəbl] a. assicurabile: ~ **risk** rischio assicurabile.

insurance [in'ʃuərəns] s. **1** assicurazione f. **2** → **insurance premium**. **3** (amount for which s.th. is insured) massimale m assicurativo. □ to take out (an) ~ assicurarsi, stipulare un'assicurazione.

insurance| adjuster s. perito m. ~ **agent** s. agente m d'assicurazione. ~ **broker** s. agente m di assicurazioni. ~ **company** s. società f (o compagnia) d'assicurazioni. ~ **coverage** s. copertura f assicurativa. ~ **policy** s. polizza f d'assicurazione (o assicurativa). ~ **premium** s. premio m d'assicurazione. ~ **rate** s. tariffa f d'assicurazione.

insurant [in'ʃuərənt] s. assicurato m (f –a).

insure [in'ʃuə] v.t. **1** ⟨Assic⟩ assicurarsi su, assicurare: to ~ a house against fire assicurare una casa contro gli incendi. **2** (to issue an insurance policy for) assicurare. **3** ⟨am⟩ (to make sure) assicurarsi, accertarsi; (to guarantee) assicurare, garantire. **insured** [–d] **I** a. assicurato. **II** s. assicurato m (f –a). **insurer** [–rə] s. assicuratore m (f –trice).

insurgence [in'sə:dʒəns], **insurgency** [–i] s. sollevazione f, insurrezione f, rivolta f. **insurgent** [–nt] **I** s. **1** insorto m (f –a), ribelle m/f. **2** ⟨am.Pol⟩ ribelle m/f. **II** a. insorto, ribelle, in rivolta.

insurmountability [,insə,mauntə'biliti] s. l'essere insormontabile. **insur'mountable** [–bl] a. insormontabile, insuperabile. **insur'mountably** [–bli] avv. in modo insormontabile.

insurrection [,insə'rekʃən] s. insurrezione f, rivolta f, ribellione f, sollevazione f. **insurrectional** [–l] a. insurrezionale. **insurrectionary** [–əri] **I** a. → **insurrectional**. **II** s. insorto m (f –a). **insurrectionist** [–ist] s. insorto m (f –a).

insusceptibility [,insə,septə'biliti] s. insensibilità f. **insus'ceptible** [–bl] a. insensibile, refrattario (of, to a): ~ of pity insensibile alla pietà.

int. = **1** interest interesse. **2** interim interim. **3** interior interiore.

intact [in'tækt] a. intatto, intero, integro.

intagliated [in'tæljeitid] a. ⟨Art⟩ intagliato.

intaglio it. [in'tɑ:ljiou] **I** s. (pl. -s [z]/-tagli [–lji:]) **1** intaglio m. **2** (carved figure) figura f intagliata, intaglio m. **3** (gem) gemma f intagliata. **II** v.t. intagliare.

intake ['inteik] s. **1** ⟨tecn⟩ (opening) presa f (o colletto m) d'aspirazione¹ (o d'immissione). **2** (act of taking i aspirazione f, immissione f. **3** (quantity taken in) quanti f immessa: ~ of fuel quantità di carburante immessa. (employment) assunzione f. **5** ⟨Mil⟩ gruppo m di reclut **6** ⟨Minier⟩ pozzo m d'areazione. **7** ⟨tecn⟩ (of a pum etc.) aspirazione f. **8** ⟨tecn⟩ (point where a tube narrow restringimento m. **9** (land reclaimed) terreno bonificato. **10** ⟨Mecc⟩ (energy taken in) energia assorbita; (rate of energy intake) capacità f d'asse bimento.

intake| manifold s. ⟨tecn⟩ condotto m d'immissione. **valve** s. ⟨Mecc⟩ valvola f d'aspirazione.

intangibility [in,tændʒə'biliti] s. **1** intangibilità f. **2** ⟨fi indefinibilità f, vaghezza f. **in'tangible** [–bl] a. indefinibile, vago. **2** ⟨Econ⟩ immateriale: ~ **assets** be immateriali. **in'tangibles** [–bls] s.pl. beni m immateriali. **in'tangibly** [–bli] avv. in modo intangibil

intarsia [in'tɑ:siə] s. ⟨Art⟩ intarsio m.

integer ['intidʒə] s. **1** ⟨Mat⟩ intero m, numero m intero. ⟨fig⟩ entità f completa in se stessa.

integrable [in'təgrəbl] a. ⟨Mat⟩ integrabile.

integral ['intigrəl] **I** a. **1** integrante: ~ **part** par integrante. **2** (whole, complete) integrale, intero, totale. ⟨Mat⟩ integrale: ~ **calculus** calcolo integrale. **II** s. intero m, totalità f. **2** ⟨Mat⟩ integrale m. **integralis** [–izəm] s. ⟨Pol⟩ integralismo m. **integralist** [–ist] integralista m/f. **,integrality** [–'græliti] s. integrità totalità f. **integrant** [–grənt] **I** a. integrante. **II** s. parte integrante.

integrate I v.t. ['intigreit] **1** integrare (anche Sociol.); (combine into a whole) coordinare. **2** (to incorpora incorporare, fondere, associare. **3** ⟨Mat⟩ integrare. **4** desegregate) abolire la segregazione razziale di (o in). v.i. integrarsi. **III** a. ['intigrit, –greit] → **integrate**

integrated [–greitid] a. **1** integrato (anche Psic.): an economic system un sistema economico integrato. (complete) integro, intero, completo. **3** (not segregate senza segregazione razziale.

integrated circuit s. ⟨El⟩ circuito m integrato.

integrating factor ['intigreitiŋ] s. ⟨Mat⟩ fattore d'integrazione.

integration [,inti'greiʃən] s. **1** integrazione f (anc Mat.,Psic.). **2** (in racial matters) integrazione f razzia **integrationism** [–izəm] s. integrazionismo **integrationist** [–ist] s. integrazionista m/f. **'integrati** [–greitiv] a. integrativo, integrante. **'integrator** [–grei s. **1** integratore m (f –trice). **2** ⟨tecn⟩ integratore m.

integrity [in'tegriti] s. **1** onestà f, integrità f, probità f. (completeness) totalità f, integrità f, interezza f: in its nella sua totalità. □ a man of ~ un uomo integro.

integument [in'tegjumənt] s. **1** rivestimento m. **2** ⟨Bi (in)tegumento m.

intellect ['intilekt] s. **1** intelletto m, mente f. (intelligence) intelletto m, intelligenza f. **3** (perso intelletto m, intelligenza f, mente f. **,intel'lection** [–kʃə s. **1** attività f dell'intelletto, conoscenza f. **2** (notic thought) idea f, pensiero m. **3** ⟨Filos⟩ intellezione **,intel'lective** [–iv] a. intellettivo.

intellectual [,inti'lektʃuəl] **I** a. **1** intellettiv dell'intelletto: ~ **powers** facoltà intellettive. **2** (intelliger intelligente. **II** s. **1** intellettuale m/f. **2** (egghead) i telletualoide m/f. **intellectualism** [–izəm] s. intell tualismo m. **intellectualist** [–ist] a. intellettua stico. **II** s. intellettualista m/f. **intel,lectuali** [–tʃu'æliti] s. intellettualità f. **,intel,lectualizatic** [–ai'zeiʃən] s. l'intellettualizzare. **intellectualize** [–ai **I** v.t. **1** trattare in modo cerebrale. **2** (to make intell tual) intellettualizzare, rendere intellettuale. **3** ⟨Ps razionalizzare. **II** v.i. ragionare.

intelligence [in'telidʒəns] s. **1** intelligenza f, capacità intellettiva, intelletto m; (sagacity) sagacia f, perspicacia **2** (understanding) comprensione f. **3** (informatic informazioni fpl, notizie fpl. **4** ⟨Mil,Pol⟩ il raccoglie informazioni segrete; (branch) servizio m informazioni. to give (o receive) ~ about s.th. dare (o ricevere) notizia qc.

elligence| agent *s.* agente *m* del servizio informazioni
segreto). ~ **bureau,** ~ **department** *s.* ⟨*Mil,Pol*⟩
rvizio *m* segreto. ~ **office** *s.* 1 → **intelligence bureau.**
⟨*am*⟩ (*for domestic help*) agenzia *f* di collocamento. ~
fficer *s.* funzionario *m* del servizio segreto. ~ **quotient**
⟨*Psic*⟩ quoziente *m* d'intelligenza.

elligencer [in'telidʒənsə] *s.* 1 informatore *m* (*f* –trice).
(*spy, informer*) informatore *m* (*f* –trice), spia *f,* agente
segreto.

elligence| service *s.* ⟨*Mil*⟩ servizio *m* informazioni. ~
st *s.* ⟨*Psic*⟩ test *m* d'intelligenza.

elligent [in'telidʒənt] *a.* intelligente: *an* ~ *student* uno
udente intelligente. **in,telligential** [–'dʒenʃəl] *a.* 1
tellettuale. 2 (*having intelligence*) intelligente.

,telligentsia [–'dʒensiə, –'gentsiə] *s.pl.* intellighenzia *f,*
asse *f* intellettuale, intellettuali *mpl.*

elligent terminal *s.* ⟨*Inform*⟩ terminale *m*
telligente.

elligibility [in,telidʒə'biliti] *s.* intelligibilità *f,* chiarezza *f.*
'telligible [–bl] *a.* 1 intelligibile, chiaro, comprensibile.
⟨*Filos*⟩ intelligibile.

TELSAT = *International Telecommunications Satellite*
onsortium Consorzio internazionale per le telecomu-
cazioni via satellite.

emperance [in'tempərəns] *s.* 1 intemperanza *f,*
noderatezza *f,* sregolatezza *f.* 2 (*excessive drinking*)
temperanza *f* (*o* eccesso *m*) nel bere. **intemperate**
rit] *a.* 1 smoderato, incontinente. 2 (*in drinking*)
temperante (*o* smodato) nel bere. 3 (*unrestrained*)
olento, aggressivo. 4 (*of the weather, climate*) incle-
ente.

end [in'tend] **I** *v.t.* 1 avere intenzione, intendere,
romettersi, proporsi: *to* ~ *to do s.th.* avere intenzione
fare qc. (*to destine for a particular use, etc.*)
stinare: *products –ed for the export market* prodotti
stinati al mercato d'esportazione. 3 (*to mean*)
tendere, voler dire: *what do you* ~ *by this remark?* che
sa vuoi dire con questa osservazione? 4 (*to design for,*
er to) rivolgere, dirigere: *his criticism was –ed for you* le
e critiche erano rivolte a te. 5 ⟨*Dir*⟩ presumere. **II** *v.i.*
lere, intendere: *exactly as we –ed* esattamente come
levamo. □ *I –ed it as a compliment* la mia intenzione
a di farti un complimento; *I –ed no harm* non intendevo
re del male.

ndancy [in'tendənsi] *s.* 1 intendenza *f.* 2 (*office of an*
endant) ufficio *m* d'intendente. **intendant** [–nt] *s.*
endente *m.*

nded [in'tendid] **I** *a.* 1 progettato. 2 (*aiming*) inteso,
lto a un fine: *policy* ~ *to improve the standard of living*
litica intesa a migliorare il tenore di vita. 3
tentional) voluto, intenzionale, di proposito: *an* ~
ult un insulto voluto. 4 (*prospective*) futuro: *her* ~
sband il suo futuro marito. **II** *s.* ⟨*fam*⟩ fidanzato *m* (*f*
). **intendment** [–dmənt] *s.* ⟨*Dir*⟩ spirito *m* della legge.
in the ~ *of law* ai sensi di legge.

nse [in'tens] *a.* 1 intenso, forte: ~ *cold* freddo intenso.
(*violent*) violento, intenso, veemente: ~ *anger* ira
olenta. 3 (*showing deep feelings*) che mostra sentimenti
ofondi; (*emotional*) emotivo, (iper)sensibile. 4 (*deeply*
) profondo, intenso, forte, vivo: *an* ~ *emotion* una
ofonda emozione; (*ardent*) ardente, intenso. 5 (*of*
ours) intenso, (molto) carico, cupo. **intenseness**
is] *s.* 1 intensità *f,* forza *f.* 2 (*emotionalness*) emotività
iper)sensibilità *f.*

nsification [in,tensifi'keiʃən] *s.* 1 intensificazione *f.* 2
ot) rinforzo *m.* **in'tensify** [–fai] **I** *v.t.* 1 intensificare,
dere più intenso. 2 ⟨*Fot*⟩ rinforzare. **II** *v.i.*
ensificarsi.

nsimeter [in'tensimi:tə] *s.* ⟨*Radiol*⟩ intensimetro *m,*
ensitometro *m.*

nsion [in'tenʃən] *s.* 1 intensificazione *f.* 2 (*intensity*)
ensità *f.* 3 (*exertion of the mind*) tensione *f,* sforzo *m.*
⟨*Filos*⟩ connotazione *f.*

nsitometer [,intensi'tɔmitə] *s.* → **intensimeter.**

nsity [in'tensiti] *s.* 1 intensità *f* (*anche Fis.*). 2
ength) intensità *f,* forza *f,* veemenza *f.* 3 (*depth of*
lings) profondità *f* (*o* intensità) di sentimenti. 4 (*of a*

colour) intensità *f.* 5 ⟨*Fot*⟩ intensità *f,* forza *f.*

intensive [in'tensiv] **I** *a.* 1 intenso: ~ *work* lavoro
intenso. 2 (*intensifying*) intensivo (*anche Agr., Ling.*): ~
farming coltivazione intensiva. 3 ⟨*Med*⟩ intensivo: ~ *care*
cure intensive, terapia intensiva. **II** *s.* ⟨*Ling*⟩ elemento *m*
intensivo.

intensive course *s.* ⟨*Ped*⟩ corso *m* intensivo.

intent[1] [in'tent] *s.* 1 intento *m,* intenzione *f: to do s.th.*
with ~ fare qc. 'con intenzione' (*o* intenzionalmente); *with*
~ *to kill* con l'intento d'uccidere; (*end, aim*) scopo *m,*
fine *m.* 2 ⟨*Dir*⟩ intenzione *f.* □ *to all –s* (*and purposes*) a
tutti gli effetti; *with evil* ~ con intenzioni cattive; ⟨*Dir*⟩ ~
to kill intenzione *f* omicida.

intent[2] *a.* 1 intenso, penetrante: *an* ~ *gaze* uno sguardo
penetrante. 2 (*engrossed*) intento (*on, upon a*), assorto (in):
he was ~ *on studying* era intento allo studio. 3
(*determined, bent*) deciso (a).

intention [in'tenʃən] *s.* 1 intenzione *f,* intendimento *m,*
proposito *m: it is my* ~ *to help you* ho intenzione di
aiutarti. 2 *pl.* ⟨*fam*⟩ (*attitude regarding marriage*)
intenzione *f: are your –s serious?* hai intenzioni serie? □
with the best of –s con le migliori intenzioni; *to have the*
least ~ *of doing s.th.* non avere la minima intenzione di
fare qc.; *without* ~ senza intenzione, involontariamente.
Prov.: the road to hell is paved with good –s la via
dell'inferno è lastricata di buone intenzioni.

intentional [in'tenʃənl] *a.* intenzionale, deliberato,
premeditato. □ *it wasn't* ~ non l'ho fatto apposta.
intentionally [–i] *avv.* intenzionalmente, di proposito,
apposta. **intentioned** [–nd] *a.* (nei composti) con (*o*
dalle) ... intenzioni. □ *ill-*~ malintenzionato; *well-*~
benintenzionato.

intently [in'tentli] *avv.* attentamente, con attenzione.

intentness [–tnis] *s.* attenzione *f.*

inter [in'tə:] *v.t.* (*pret., p.p.* **interred** [–d]) sotterrare,
seppellire.

interabang *s.* → **interrobang.**

interact [,inter'ækt] *v.i.* interagire, agire reciprocamente.
interaction [–kʃən] *s.* 1 interazione *f,* azione *f* (*o*
influenza) reciproca. 2 ⟨*Sociol*⟩ interazione *f.* **interactive**
[–iv] *a.* 1 interagente. 2 ⟨*Inform*⟩ interattivo: ~ *terminal*
terminale interattivo. **interactively** [–ivli] *avv.*
interattivamente.

inter-A'merican *a.* interamericano.

inter-'Arab *a.* interarabo.

interatomic [,intərə'tɔmik] *a.* interatomico.

interbank ['intəbæŋk] *a.* interbancario: ~ *loans* prestiti
interbancari; ~ *rate* tasso interbancario.

interblend [,intə'blend] *v.irr.* **I** *v.t.* mescolare, mischiare.
II *v.i.* mescolarsi.

interblock ['intəblɔk] *a.* ⟨*tecn*⟩ interblocco.

interborough *am.* ['intəbɔrou] *a.* intercomunale.

interbreed [,intə'bri:d] **I** *v.t.* incrociare, ibridare. **II** *v.i.*
incrociarsi, produrre ibridi. **interbreeding** [–iŋ] *s.*
ibridazione *f.*

intercalary [in'tə:kələri] *a.* 1 intercalato, interposto,
inserito, frapposto. 2 (*of a day, month*) intercalare; (*of a*
year) bisestile. **intercalate** [–leit] *v.t.* intercalare,
infra(m)mettere, interporre, frapporre; (*of a day, month*)
intercalare. **intercalation** [–'leiʃən] *s.* intercalazione *f.*

intercede [,intə'si:d] *v.i.* 1 intercedere (*for* per), intervenire
(in favore di): *to* ~ *with s.o. for* (*o on behalf of*) *a person*
intercedere presso qd. per una persona. 2 (*to mediate*)
intervenire, fare da mediatore. **interceder** [–ə] *s.*
intercessore *m* (*f* interceditrice).

intercellular [,intə'seljulə] *a.* ⟨*Biol*⟩ intercellulare.

intercept [,intə'sept] **I** *v.t.* 1 intercettare, sequestrare (al
passaggio): *to* ~ *a letter* intercettare una lettera; (*of*
persons) intercettare. 2 ⟨*Mil,Sport,Geom*⟩ intercettare: *to*
~ *a missile* intercettare un missile. **II** *s.* ⟨*Tel*⟩ messaggio
m intercettato. **interception** [–pʃən] *s.* 1 intercettazione
f (*anche Mil.,Tel.,Sport.*). 2 ⟨*Geom*⟩ intersezione *f.*
interceptive [–ptiv] *a.* che intercetta, intercettatore.
interceptor [–ptə] *s.* 1 intercettatore *m* (*f* –trice). 2
⟨*Aer.mil*⟩ intercettore *m,* caccia *m* intercettatore.

intercession [,intə'seʃən] *s.* intercessione *f.* **intercessor**
[–'sesə] *s.* intercessore *m* (*f* interceditrice). **intercessory**

[-'sesəri] *a.* ⟨*Rel*⟩ che intercede.

interchange I *v.t.* [ˌintəˈtʃeindʒ] **1** scambiare, mettere al posto di. **2** (*to transpose*) scambiare i posti di. **3** (*to give and take mutually*) scambiarsi, scambiare: *to ~ opinions* scambiare opinioni. **4** (*to alternate*) alternare, avvicendare. **5** ⟨*Econ*⟩ scambiare, fare uno scambio di, barattare. **II** *v.i.* **1** scambiarsi. **2** (*to alternate*) alternarsi, avvicendarsi. **III** *s.* ['intətʃeindʒ] **1** scambio *m* (*anche* Econ.). **2** ⟨*alternation*⟩ avvicendamento *m.*

interchangeability [ˌintəˌtʃeindʒəˈbiliti] *s.* intercambiabilità *f.* **interˈchangeable** [-bl] *a.* **1** intercambiabile. **2** ⟨*Econ*⟩ che si può scambiare (*o* barattare).

interchangeable lens *s.* ⟨*Fot*⟩ obiettivo *m* intercambiabile.

intercity *am.* [ˌintəˈsiti] *a.* interurbano: *~ bus* autobus interurbano. **intercollegiate** [ˌintəkəˈliːdʒiit] *a.* **1** che si svolge tra più college (*o* università). **2** (*of two or more colleges*) di due o più college.

interclub ['intəklʌb] *a.* tra più circoli (*o* club).

intercolonial [ˌintəkəˈlouniəl] *a.* (che avviene) tra colonie.

intercolumn [ˌintəˈkɔləm] *s.* ⟨*Arch*⟩ intercolunnio *m.*

intercom ['intəkəm] *s.* **1** citofono *m.* **2** ⟨*Aer*⟩ aviofono *m.*

intercommunicate [ˌintəkəˈmjuːnikeit] *v.i.* **1** comunicare. **2** (*of rooms, etc.*) comunicare, essere (inter)comunicante. **ˌintercomˌmunication** [-ˈkeiʃən] *s.* (diretta) comunicazione *f.*

intercommunication system *s.* → **intercom.**

intercommunion [ˌintəkəˈmjuːniən] *s.* **1** comunione *f* reciproca. **2** ⟨*Rel*⟩ comunione *f* ecumenica. **intercommunity** [-niti] *s.* comunanza *f.*

interconnect [ˌintəkəˈnekt] **I** *v.t.* interconnettere. **II** *v.i.* collegarsi (*with* con).

intercontinental [ˌintəˌkɔntiˈnentl] *a.* intercontinentale: *~ ballistic missile* missile balistico intercontinentale.

intercostal [ˌintəˈkɔstl] *a.* ⟨*Anat,Mar,Bot*⟩ intercostale.

intercourse ['intəkɔːs] *s.* **1** rapporti *mpl,* relazioni *fpl: trade ~* rapporti commerciali; *to have* (*o hold*) *~ with s.o.* avere (*o* mantenere) rapporti con qd. **2** (*sexual intercourse*) rapporti *mpl* sessuali.

intercross [ˌintəˈkrɔs] **I** *v.t.* incrociare (*anche* Zootecn.). **II** *v.i.* incrociarsi. **III** *s.* ⟨*Zootecn*⟩ incrocio *m.*

intercurrence [ˌintəˈkʌrəns] *s.* **1** frapposizione *f.* **2** ⟨*Med*⟩ l'intercorrere. **intercurrent** [-nt] *a.* intercorrente.

interdenominational ['intədiˌnomiˈneiʃənl] *a.* ⟨*Rel*⟩ interconfessionale. **interdenominationalism** [-nəlizm] *s.* interconfessionalismo *m.*

interdepartmental [ˌintəˌdipɑːˈtmentl] *a.* interdipartimentale.

interdepend [ˌintədiˈpend] *v.i.* dipendere l'uno dall'altro, essere interdipendenti. **interdependence** [-əns], **interdependency** [-ənsi] *s.* interdipendenza *f.* **interdependent** [-ənt] *a.* interdipendente.

interdict I *s.* ['intədikt] **1** decreto *m* interdittorio. **2** ⟨*Dir.can*⟩ interdetto *m.* **3** ⟨*Dir*⟩ interdizione *f:* (*interdicted person*) interdetto *m* (*f* -a). **II** *v.t.* [ˌintəˈdikt] **1** interdire, proibire. **2** ⟨*Rel,Mil*⟩ interdire. **ˌinterˈdiction** [-kʃən] *s.* **1** interdizione *f,* proibizione *f,* divieto *m.* **2** ⟨*Dir.can*⟩ interdetto *m.* **3** ⟨*Dir*⟩ interdizione *f.* **ˌinterˈdictive** [-iv], **ˌinterˈdictory** [-əri] *a.* interdittorio (*anche* Dir.).

interdigital [ˌintəˈdidʒitl] *a.* ⟨*Anat*⟩ interdigitale.

interdigitate [ˌintəˈdidʒiteit] **I** *v.i.* intrecciarsi. **II** *v.t.* intrecciare insieme. **interˌdigitation** [-ˈteiʃən] *s.* intreccio *m.*

interdisciplinarity [ˌintədisipliˈnɛriti] *s.* interdisciplinarietà *f.* **interdisciplinary** [-ˈdisəplinəri] *a.* interdisciplinare.

interest ['intrist, 'intrest] **I** *s.* **1** interesse *m,* interessamento *m: to have an ~ in poetry* avere interesse per la poesia. **2** (*that which interests*) interesse *m: what are your -s?* quali sono i tuoi interessi?; *it is of little ~ to me* ha poco interesse per me. **3** (*concern*) interesse *m,* sollecitudine *f,* premura *f: he takes a great ~ in children* dimostra molto interesse per i bambini. **4** (*advantage*) interesse *m,* utilità *f,* vantaggio *m: to act in one's own ~* agire nel proprio interesse. **5** *pl.* (*business*) interessi *mpl,* affari *mpl.* **6** (*self-interest*) interesse *m,* tornaconto *m,*

guadagno *m.* **7** ⟨*Comm*⟩ (*share, stake*) interessi *m* partecipazione *f* agli utili: *he has an ~ in various conce* ha interessi in varie aziende. **8** (*business, etc. in wh one has a share*) cointeressenza *f.* **9** (*power of influenci* autorità *f,* influenza *f: to use one's ~ with s.o.* esercitare propria autorità su qd. **10** ⟨*Econ*⟩ interesse *m: ~ or loan* interesse su un prestito. **II** *v.t.* **1** interessare: *a b which greatly -ed me* un libro che mi ha interess molto. **2** (*to concern*) riguardare, interessare. **3** *(* interessarsi, adoperarsi. □ *to act against one's own* agire contro i propri interessi; *to arouse great ~* susci grande interesse; ⟨*Econ*⟩ *to* **bear** *~* fruttare intere ⟨*Comm*⟩ *to* bear (*o* carry) *an ~ of 10 percent* dare il 1 di interessi; *the* **business** *~s* i commercianti; *to* **feel** *~ s.th.* provare interesse per qc.; *to take no* **further** *~ s.th.* disinteressarsi di qc.; *to* **have** *an ~ in s.th.* ess interessato a qc.; **in** *the ~* (*o -s*) *of* a favore di, nell'interesse di: *to work in the -s of peace* operare pe pace; *the* **landed** *-s* i proprietari terrieri; *to be* **of** *~* essere d'interesse per; (*to concern*) riguardare, concern *of general ~* d'interesse generale; *to* **lend on** (*o at* prestare a interesse; ⟨*Econ*⟩ *~* **paid** interesse pass ⟨*Econ*⟩ *~* **received** interesse attivo; *to* **take** *an ~ in* interessarsi (molto) a qc.; *it is* **to** (*o in*) *your ~* è nel interesse; *to* **return** an insult **with** *~* restituire a us un'offesa ricevuta; *to* **work** out *the ~* calcolare interessi.

interest-bearing *a.* ⟨*Comm*⟩ fruttifero.

interested ['intristid, 'intrestid] *a.* **1** interessato, atte *an ~* **listener** un ascoltatore attento. **2** (*concern* interessato: *the ~* **parties** le parti interessate. **3** (*havin share, part*) interessato, cointeressato. **4** (*ha self-interest*) interessato: *~* **motives** motivi interessati *to be ~ in* avere interesse per, interessarsi **interestedly** [-li] *avv.* con interesse, attentamente.

interest group *s.* ⟨*Pol*⟩ gruppo *m* d'interessi.

interesting ['intristiŋ, 'intərestiŋ] *a.* interessante: *an ~* un film interessante. □ ⟨*rar,fam*⟩ *to be in an ~ condi* essere in stato interessante. **interestingly** [-li] *avv* maniera interessante.

interest rate *s.* ⟨*Econ*⟩ tasso *m* d'interesse.

interface ['intəfeis] *s.* ⟨*Chim,Fis*⟩ **1** interfacie *f.* ⟨*Inform*⟩ interfaccia *f.*

interfere [ˌintəˈfiə] *v.i.* **1** immischiarsi, impicciarsi, (*f* ficcare il naso (*in, with* in). **2** (*to hamper*) intralci ostacolare (*with s.th.* qc.): *you're interfering with my* intralci il mio lavoro. **3** (*to intervene*) interve intromettersi. **4** ⟨*El*⟩ interferire. **5** ⟨*Sport*⟩ effett un intervento. **interference** ʾ[-rəns] *s.* **1** interferen intromissione *f,* ingerenza *f.* **2** ⟨*El*⟩ interferenza *f* ⟨*Sport*⟩ intervento *m.*

interference field *s.* ⟨*Fis*⟩ campo *m* d'interferenza.

interferential [ˌintəfəˈrenʃəl] *a.* ⟨*Fis*⟩ interferenz **interfering** [-ˈfiəriŋ] *a.* che s'intromette, che interfer □ *an ~* **busybody** un ficcanaso.

interferometer [ˌintəfiˈrɔmitə] *s.* ⟨*Fis*⟩ interferometro **interferometry** [-tri] *s.* ⟨*Fis*⟩ interferometria *f.*

interferon [intəˈfiərən] *s.* ⟨*Biol*⟩ interferone *m.*

interfluent [intəˈfluənt], **interfluous** [-fluəs] *a.* ch mescola.

interfoliaceous [ˌintəˌfouliˈeifəs] *a.* ⟨*Bot*⟩ interfogliare.

interfuse [ˌintəˈfjuːz] **I** *v.t.* **1** pervadere, invadere. **2** *blend*) mescolare, fondere. **II** *v.i.* mescolarsi, fond **interfusion** [-ˈfjuːʒən] *s.* fusione *f,* mescolanza *f.*

intergalactic [ˌintəgəˈlæktik] *a.* ⟨*Astr*⟩ intergalattico.

inter-German [ˌintə] *a.* intertedesco.

interglacial [ˌintəˈgleifəl] *a.* ⟨*Geol*⟩ interglaciale.

intergovernmental [ˈintəgʌvənˈmentl] *a.* intergoverna

intergradation [ˌintəgrəˈdeifən] *s.* trasformazion graduale. **intergrade** [-ˈgreid] *v.i.* trasformarsi gra mente.

intergrowth ['intəgrouθ] *s.* crescita *f* interna.

interim ['intərim] **I** *s.* **1** intervallo *m.* **2** (*provis arrangement*) interim *m.* **II** *a.* provvisorio, tempora interinale, ad interim: *~* **minister** ministro ad interim *in the ~* nel frattempo, intanto.

interim| account *s.* ⟨*Econ*⟩ conto *m* d'ordine

ertificate s. ⟨Econ⟩ interinale m. ~ **dividend** s. ˈconto m di dividendo, dividendo m provvisorio. **erior** [inˈtəːriə] **I** a. **1** interno: ~ wall muro interno. **2** ʌnland) interno, dell'interno, dell'entroterra. **3** (domestic) ˈterno, nazionale. **4** (relating to the inner life) interiore, ˈtimo. **II** s. **1** interno m, parte f interna: the ~ of a ɔuse l'interno di una casa. **2** (inland part) interno m, ˈtroterra m. **3** ⟨Pol⟩ (domestic affairs) interno m, affari ˈpl interni. **4** ⟨Pitt,Cin,Teat⟩ interno m: to shoot the –s ˈrare gli interni.

erior| angle s. ⟨Geom⟩ angolo m interno. ~ **ecoration** s. arredamento m. ~ **decorator** s. arredato- m (f –trice), architetto m arredatore. ~ **design** s. ˈchitettura f d'interni. ~ **designer** s. architetto m ˈinterni.

eriorize [inˈtiəriəraiz] v.t. ⟨Psic⟩ interiorizzare.

erior Minister s. ministro m degli interni.

erj. = ⟨Gramm⟩ interjection interiezione.

erjacent [ˌintəˈdʒeisənt] a. intermedio, di mezzo.

erject [ˌintəˈdʒekt] v.t. inserire, interporre, intercalare. □ ~ a remark interrompere con un'osservazione. **terjection** [–kʃən] s. **1** intromissione f, interposizione **2** (exclamation) interiezione f, esclamazione f (anche ˈramm.). **interjectional** [–kʃənl] a. ⟨Gramm⟩ ˈteriezionale. **interjectionary** [–kʃənəri] a. **1** → ˈterjectional. **2** → **interjectory. interjectory** [–əri] a. ˈserito, interposto, intercalato.

erknit [ˌintəˈnit] v.t. intrecciare.

erlace I v.t. [ˌintəˈleis] **1** intrecciare, allacciare: to ~ ˈe's fingers intrecciare le dita. **2** (to mingle) mischiare, ˈʌire, mescolare. **3** (fig) infram(m)ezzare, alternare. **II** ˈ. intrecciarsi, allacciarsi. **III** s. [ˈintəleis] intreccio m. **ter'lacement** [–mənt] s. intreccio m.

erlard [ˌintəˈlɑːd] v.t. infiorare, riempire, infarcire: to ~ ˈspeech with quotations infiorare un discorso di ˈazioni.

erleaf [ˈintəliːf] s.irr. ⟨Legat⟩ interfoglio m. ˌ**interleave** ˈliːv] v.t. (of a book) interfogliare.

erline¹ **I** v.t. [ˌintəˈlain] **1** (of words) scrivere tra riga e ˈa. **2** (of a page, book) scrivere tra le righe di. **II** s. ˈʌtəlain] riga f intermedia.

erline² [ˌintəˈlain] v.t. ⟨Sart⟩ mettere una controfodera ˈ.

erlinear [ˌintəˈliniə] a. interlineare, che sta tra riga e ˈʌa (di uno scritto): ~ corrections correzioni interlineari. **ter,lineation** [–niˈeiʃən] s. **1** (act) interlineatura f. **2** ˈth. interlined) interlinea f.

erlinguistic [ˌintəliŋˈgwistik] a. interlinguistico.

erlining [ˈintəlainiŋ] s. ⟨Sart⟩ **1** controfodera f. **2** ˈaterial, fabric) stoffa f per controfodere.

erlink [ˌintəˈliŋk] v.t. collegare, connettere, concatenare. **terlinking** [–iŋ] s. collegamento m, connessione f.

erlock I v.i. [ˌintəˈlɔk] **1** intrecciarsi, allacciarsi. **2** ˈʌecc) essere collegato (o connesso). **3** ⟨Ferr⟩ essere ˈterdipendente. **II** v.t. **1** collegare, connettere, ˈncatenare. **2** ⟨Ferr⟩ rendere interdipendente. **III** s. ˈʌtəlɔk] ⟨Cin⟩ sincronizzazione f; (mechanism) ˈspositivo m di sincronizzazione. ˈ**interlocking** [–iŋ] s. ˈ,Mecc) collegamento m con azione combinata, ˈervimento m.

erlocution [ˌintəlouˈkjuːʃən] s. colloquio m. **terlocutor** [–ˈlɔkjutə] s. interlocutore m (anche Teat.). **terlocutory** [–ˈlɔkjutəri] a. **1** interlocutorio: ~ decree ˈtenza interlocutoria. **2** (interjectory) inserito, alternato, ˈercalato. **interlocutress** [–ˈlɔkjutris], **interlocutrix** ˈɔkjutriks] s. (pl. -trices [traisiːz]) interlocutrice f.

rlope [ˌintəˈloup] v.i. intromettersi, interferire, ingerirsi. **terloper** [–ə] s. **1** ⟨Comm⟩ commerciante m/f non ˈtorizzato. **2** (intruder) intruso m (f –a), importuno m (f ˈ); (meddler) intrigante m/f.

rlude [ˈintəluːd, –ljuːd] s. **1** intervallo m, parentesi f, ˈermezzo m: an ~ of good weather una parentesi di bel ˈnpo. **2** ⟨Teat⟩ (between acts) intervallo m; (farce, ˈnedy) intermezzo m. **3** ⟨Mus⟩ interludio m, intermezzo

rmarriage [ˌintəˈmæridʒ] s. **1** matrimonio m tra due ˈmbri di differenti gruppi sociali. **2** (between relations)

matrimonio m tra consanguinei. **intermarry** [–ri] v.i. (of families, etc.) imparentarsi per matrimonio; (of closely related people) sposarsi tra consanguinei.

intermeddle [ˌintəˈmedl] v.i. immischiarsi, ingerirsi, intromettersi.

intermediary [ˌintəˈmiːdiəri] **I** a. **1** (intermediate) intermedio. **2** (acting as a mediating agent) intermediario. **II** s. **1** mediatore m (f –trice), intermediario m (f –a). **2** (means) intermediario m, tramite m, mezzo m.

intermediate I a. [ˌintəˈmiːdiət] **1** intermedio: ~ stage periodo di tempo intermedio; (middle) medio, intermedio. **2** (lying between) intermedio, di unione, di passaggio: ~ colour colore intermedio. **3** ⟨Scol⟩ medio (inferiore). **II** s. **1** cosa f intermedia. **2** (mediator) mediatore m (f –trice). **III** v.i. [ˌintəˈmiːdieit] fare da mediatore (o intermediario).

intermediate| examination s. ⟨Univ⟩ esame m catenaccio (o intermedio). ~ **gear** s. ⟨Mecc⟩ ingranaggio m di rinvio.

intermediately [ˌintəˈmiːdiətli] avv. **1** in posizione intermedia, in mezzo. **2** (to an intermediate degree) a (o per) metà. **3** (indirectly) per via indiretta, per mezzo d'intermediari.

intermediate|-range missile s. ⟨Mil⟩ missile m a medio raggio. ~ **school** s. ⟨Scol⟩ scuola f media (inferiore).

intermediation [ˌintəmiːdiˈeiʃən] s. mediazione f. **inter'mediator** [–dieitə] s. mediatore m (f –trice), intermediario m (f –a).

intermedium [ˌintəˈmiːdiəm] s. (pl. -dia [diə]/-s [z]) **1** mezzo m, strumento m. **2** ⟨Anat⟩ osso m intermedio (nel capo o nel tarso).

interment [inˈtəːmənt] s. inumazione f, seppellimento m.

intermezzo it. [ˌintəˈmetsou] s. (pl. -s [z]/-zzi [tsiː]) ⟨Teat,Mus⟩ intermezzo m.

intermigration [ˌintəmaiˈgreiʃən] s. migrazione f scambievole.

interminable [inˈtəːminəbl] a. interminabile: an ~ speech un discorso interminabile. **interminableness** [–nis] s. l'essere interminabile.

intermingle [ˌintəˈmiŋgl] **I** v.t. mescolare, mischiare. **II** v.i. mescolarsi, mischiarsi, frammescolarsi.

intermission [ˌintəˈmiʃən] s. **1** interruzione f, pausa f, intervallo m. **2** ⟨am.Teat,Cin⟩ intervallo m.

intermit [ˌintəˈmit] v. (pret., p.p. intermitted [–id]) **I** v.t. **1** interrompere, sospendere. **2** (to cause to come and go at intervals) rendere intermittente. **II** v.i. **1** essere intermittente. **2** (to stop for a time) interrompersi momentaneamente. **intermittence** [–əns], **intermittency** [–ənsi] s. intermittenza f. **intermittent** [–ənt] a. intermittente.

intermittent| current s. ⟨El⟩ corrente f intermittente. ~ **fever** s. ⟨Med⟩ febbre f intermittente.

intermittently [ˌintəˈmitəntli] avv. con intermittenza.

intermix [ˌintəˈmiks] **I** v.t. mescolare, mischiare. **II** v.i. mescolarsi, mischiarsi. **intermixture** [–tʃə] s. mescolanza f, miscuglio m.

intermolecular [ˌintəməˈlekjuələ] a. ⟨Chim,Fis⟩ intermolecolare.

intern¹ [inˈtəːn] v.t. **1** ⟨Dir⟩ internare; (of a ship, aircraft) confiscare, sequestrare. **2** (to confine in a hospital) internare.

intern² am. [ˈintəːn] **I** s. **1** ⟨Med⟩ interno m (f –a), medico m interno. **2** ⟨Univ⟩ laureato m (f –a) (o studente) che compie il proprio internato, interno m (f –a). **II** v.i. ⟨Med,Univ⟩ compiere l'internato.

internal [inˈtəːnl] a. **1** interno: ~ injuries lesioni interne. **2** ⟨Farm⟩ (per uso) orale. **3** (intrinsic) intrinseco. **4** (relating to the inner being) intimo, interiore.

internal| angle s. → **interior angle.** ~ **combustion** s. ⟨Mot⟩ combustione f interna: ~ engine motore a combustione interna. ~ **ear** s. ⟨Anat⟩ orecchio m interno. ~ **evidence** s. prova f intrinseca.

internality [ˌintəˈnæliti] s. interiorità f.

internally [inˈtəːnəli] avv. **1** internamente, all'interno, dentro. **2** (mentally) internamente, nel proprio intimo, dentro di sé.

internal| medicine s. medicina f interna. ~ **memory** s. ⟨Inform⟩ memoria f interna. ~ **navigation** s. navigazione f interna. ~ **revenue** s. ⟨Econ⟩ gettito m fiscale. ~ **specialist** s. → internist.

international [ˌintəˈnæʃənl] **I** a. internazionale: ~ relations relazioni internazionali. **II** s. ⟨Sport⟩ (match) incontro m internazionale; (player) partecipante m/f a una competizione internazionale. **International** s. ⟨Pol⟩ internazionale f. □ ~ **Atomic** Energy Agency Agenzia f internazionale dell'energia atomica; ~ **Bank** for Reconstruction and Development Banca f internazionale per la ricostruzione e lo sviluppo; ~ **Court** of Justice Corte f di giustizia internazionale; ~ **Criminal** Police Commission Commissione f internazionale di polizia criminale; ⟨Geog⟩ ~ **dateline** linea f di data; ~ **Labour** Organization Organizzazione f internazionale del lavoro; ⟨Econ⟩ ~ **Monetary** Fund Fondo monetario internazionale; ~ **money** order vaglia m postale internazionale; ~ **Red** Cross Croce rossa internazionale; ~ **Refugee** Organization Organizzazione f internazionale per i rifugiati; ~ **Telecommunications** Satellite Consortium consorzio m internazionale per le telecomunicazioni via satellite; ~ **Telecommunications** Union unione f internazionale delle telecomunicazioni.

international| candle s. ⟨Fis⟩ candela f internazionale. ~ **copyright** s. ⟨Dir⟩ diritti mpl d'autore tutelati internazionalmente.

Internationale [ˌintəˈnæʃɑnɑːl, am. ēternasjəˈnal] s. internazionale f.

internationalism [ˌintəˈnæʃənəlizəm] s. **1** ⟨Pol,Econ⟩ internazionalismo m. **2** (international character) internazionalità f. **internationalist** [–list] s. ⟨Pol,Econ,Dir⟩ internazionalista m/f. **inter,nationality** [–ˈnæliti] s. internazionalità f. **inter,nationalization** [–laiˈzeiʃən] s. internazionalizzazione f. **internationalize** [–laiz] v.t. internazionalizzare. **internationally** [–nəli] avv. internazionalmente.

interne am. s. → intern².

internecine [ˌintəˈniːsain] a. **1** micidiale: ~ war guerra micidiale. **2** (mutually destructive) di reciproca distruzione.

internee [ˌintəːˈniː] s. ⟨Dir⟩ internato m (f –a).

internist [inˈtəːnist] s. ⟨Med⟩ internista m/f.

internment [inˈtəːnmənt] s. ⟨Dir⟩ internamento m.

internment camp s. ⟨Mil⟩ campo m d'internamento

internodal [ˌintəˈnoudl] a. ⟨Bot⟩ compreso tra due nodi. '**internode** [–noud] s. internodio m.

internship am. [ˈintəːnʃip] s. ⟨Med⟩ internato m.

internuncio [ˌintəˈnʌnʃiou] s. (pl. -s [z]) ⟨Rel.catt⟩ internunzio m.

interoceanic [ˌintəˌrouʃiˈænik] a. interoceanico.

interparliamentary [ˌintəˌpɑːləˈmentəri] a. interparlamentare: ~ union unione f interparlamentare.

interpellant [inˈtəpelənt] s. interpellante m/f. **in,terpellate** [–ˈleit] v.t. ⟨Parl⟩ rivolgere un'interpellanza a, interpellare. **in,terpellation** [–peˈleiʃən] s. interpellanza f. **in,terpellator** [–pəˈleitə] s. → interpellant.

interpenetrate [ˌintəˈpenitreit] **I** v.t. compenetrare, pervadere. **II** v.i. compenetrarsi, penetrarsi a vicenda. **,inter,penetration** [–ˈtreiʃən] s. compenetrazione f. **interpenetrative** [–trətiv] a. che compenetra.

interpersonal [ˌintəˈpəːsənəl] a. interpersonale: ~ communication comunicazione interpersonale.

interphase [ˈintəfeiz] s. ⟨Biol⟩ interfase f.

interphone am. [ˈintəfoun] s. → intercom.

interplanetary [ˌintəˈplænitri] a. interplanetario.

interplay [ˈintəplei] **I** s. azione f (o influenza) reciproca, interazione f. **II** v.i. esercitare un'azione (o influenza) reciproca.

interplead [ˌintəˈpliːd] v.i.irr. ⟨Dir⟩ adire il tribunale per una questione pregiudiziale.

INTERPOL = International Police polizia internazionale, INTERPOL.

interpolar [ˌintəˈpoulə] a. **1** che si estende da un polo all'altro. **2** ⟨El⟩ situato tra due poli.

interpolate [inˈtəːpəleit] v.t. **1** (of a text) interpolare; (of words) inserire. **2** (to insert, intercalate) inserire, in-

terporre, intercalare. **3** ⟨Mat⟩ interpolare. **in,terpo**tion [–ˈleiʃən] s. interpolazione f (anche Mat.). **inter**lator [–ə] s. interpolatore m (f –trice).

interposal [ˌintəˈpouzl] s. l'interporre, interposizione f.

interpose [ˌintəˈpouz] **I** v.t. **1** interporre, frappo inframmezzare. **2** ⟨rifl⟩ interporsi, porsi in mezzo. **3** put as an obstacle) porre, opporre: to ~ one's veto por proprio veto. **4** (of a remark, etc.) intervenire con. **5** insert) inserire: to ~ an additional clause inserire clausola addizionale. **II** v.i. **1** interporsi, frappe intervenire. **2** (to interrupt) fare un'interruzi interrompere. **interposer** [–ə] s. chi s'interpe mediatore m (f –trice). **interposition** [–pəˈziʃən] s interposizione f, frapposizione f. **2** (interventi intervento m; (mediation) mediazione f. **3** (interrupt interruzione f.

interpret [inˈtəːprit] **I** v.t. **1** interpretare: to ~ a dr interpretare un sogno. **2** (to represent artistic interpretare, eseguire; (of a role) interpretare, sostenere a song) interpretare, cantare. **II** v.i. **1** fare da interp **2** (to give an explanation) spiegare. **interpretable** [– a. interpretabile, spiegabile.

interpretation [inˌtəːpriˈteiʃən] s. **1** interpretazio spiegazione f. **2** (artistic representation) interpretazio esecuzione f; (of a role, song) interpretazione f.

interpretative [inˈtəːpriteitiv] a. interpretativo. **terpreter** [–tə] s. **1** interprete m/f. **2** ⟨Mus⟩ interp m/f, esecutore m (f –trice). **interpretership** [–təʃip interpretariato m.

interprovincial [ˌintəprəˈvinʃəl] a. interprovinciale.

interracial [ˌintəˈreiʃəl] a. **1** interraz(z)iale, tra razze (for more than one race) interraz(z)iale: ~ school sc interraziale.

inter-regional a. interregionale.

interregnum [ˌintəˈregnəm] s. (pl. -s [z]/-gna [gnə]) interregno m. **2** ⟨fig⟩ intervallo m, (lunga) pausa f.

interrelated [ˌintəriˈleitid] a. in rapporto (reciproco) correlazione, connesso. **interrelation** [–ˈleiʃən interrelazione f, relazione f reciproca.

interrobang [inˈterəbæŋ] s. segno m d'interpunzione fonde punto esclamativo e interrogativo.

interrogate [inˈterəgeit] **I** v.t. interrogare, rivol domande a: to ~ a prisoner interrogare un prigionier v.i. rivolgere (o fare) delle domande. **in,terroga** [–ˈgeiʃən] s. **1** (interrogating) interrogazione f; (insta interrogatorio m. **2** (question) interrogazione f, dom f. □ ⟨Gramm⟩ note (o mark, point) of ~ interrogation mark.

interrogation| mark, ~ point s. ⟨Gramm⟩ punte interrogativo.

interrogative [ˌintəˈrogətiv] **I** a. interrogativo (a Gramm.). **II** s. ⟨Gramm⟩ pronome m interroga particella f interrogativa.

interrogator [inˈterəgeitə] s. interrogante m/f. **in rogatory** [ˌintəˈrogətəri] **I** a. interrogatorio, int gativo. **II** s. ⟨Dir⟩ interrogatorio m.

interrupt [ˌintəˈrʌpt] v.t. **1** interrompere, sospendere: has been –ed il traffico è stato interrotto; (to ma break in) rompere, spezzare. **2** (of a person) interrom (anche assol.): don't ~ me non interrompermi. **3** obstruct) impedire, ostacolare: to ~ the view impedi vista. **interrupted** [–id] a. interrotto. **interrupter** s. **1** chi interrompe. **2** ⟨El⟩ interruttore m. **interrup** [–pʃən] s. **1** interruzione f. **2** (temporary cessa interruzione f, sospensione f.

interscholastic am. [ˌintəskəˈlæstik] a. tra sc (diverse).

intersect [ˌintəˈsekt] **I** v.t. **1** intersecare, tagl incrociare: the two roads ~ each other le due stra intersecano. **2** ⟨Geom⟩ intersecare. **II** v.i. **1** interse incrociarsi. **2** ⟨Geom⟩ intersecarsi. **intersec** [–ˈsekʃən] s. **1** intersezione f (anche Geom.). **2** ⟨S intersezione f, incrocio m. **intersectional** [–ˈsekʃən di un'intersezione.

interservice [ˌintəˈsəːvis] a. ⟨Mil⟩ tra (o relativo armi.

intersexual [ˈintəseksjuəl] a. intersessuale. **intersexu**

[–liti] *s.* intersessualità *f.*

nterspace I *s.* ['intəspeis] spazio *m* (intermedio), intervallo *m.* II *v.t.* [,intə'speis] intervallare.

ntersperse [,intə'spə:s] *v.t.* 1 sparpagliare, spargere (qua e là), cospargere. 2 (*to make varied*) rendere vario, variare; (*to mingle*) frammezzare. **interspersion** [–'spə:ʃən] *s.* sparpagliamento *m.*

nterstate ['intəsteit] *a.* tra stati (federati).

nterstate| commerce, ~ trade *s.* commercio *m* interstatale.

nterstellar [,intə'stelə] *a.* interstellare, interastrale.

nterstice [in'tə:stis] *s.* interstizio *m.* **,interstitial** [–'stiʃəl] *a.* interstiziale.

ntertangle [,intə'tæŋgl] *v.t.* intricare, aggrovigliare.

ntertexture [,intə'tekstʃə] *s.* tessitura *f.*

ntertribal [,intə'traibl] *a.* relativo (*o* comune) a tribù diverse.

ntertropical [,intə'trɔpikəl] *a.* ⟨Geog⟩ intertropicale.

ntertwine [,intə'twain] I *v.t.* intrecciare. II *v.i.* intrecciarsi, avvolgersi, avvilupparsi. **intertwinement** [–mənt] *s.* intreccio *m.*

ntertwist [,intə'twist] I *v.t.* attorcigliare (insieme), intrecciare. II *v.i.* attorcigliarsi (insieme), intrecciarsi.

nter-'union *a.* interconfederale: *~ agreement* accordo interconfederale.

nterurban [,intər'ə:bən] I *a.* interurbano. II *s.* ⟨am⟩ sistema *m* di trasporti interurbani.

nterval ['intəvəl] *s.* intervallo *m* (*anche Teat.,Mus.*). □ *at –s* a tratti. **,intervalic** [–'vælik] *a.* ⟨Mus⟩ di un intervallo.

ntervene [,intə'vi:n] *v.i.* 1 intervenire, intromettersi, frapporsi: *to ~ in a dispute* intervenire in una disputa. 2 (*of things: to occur incidentally*) sopraggiungere, accadere, succedere. 3 (*to occur between points of time*) intercorrere, trascorrere: *during the years that –d* durante gli anni che intercorsero. 4 ⟨Pol,Dir⟩ intervenire. **intervener** [–ə] *s.* ⟨Dir⟩ interveniente *m/f.* **intervenient** [–jənt] *a.* intermedio, che intercorre. **intervening** [–iŋ] *a.* intermedio, che intercorre. □ *in the ~ time* nel frattempo.

ntervention [,intə'venʃən] *s.* 1 intervento *m,* mediazione *f,* interposizione *f.* 2 ⟨Pol⟩ intervento *m.*

ntervention buying *s.* ⟨Comm⟩ acquisto *m* d'intervento.

nterventionist [,intə'venʃənist] I *s.* ⟨Pol⟩ interventista *m/f.* II *a.* interventistico.

ntervention price *s.* ⟨Econ⟩ prezzo *m* d'intervento.

nterview ['intəvju:] I *s.* 1 colloquio *m,* abboccamento *m: to have an ~ for a job* avere un colloquio per (ottenere) un impiego. 2 ⟨Giorn⟩ intervista *f.* II *v.t.* 1 avere un colloquio con. 2 ⟨Giorn⟩ intervistare. **interviewer** [–ə] *s.* intervistatore *m* (*f* –trice).

ntervocal [,intə'voukl], **intervocalic** [–'kælik] *a.* ⟨Ling⟩ intervocalico.

ntervolve [,intə'vɔlv] I *v.t.* avvolgere (*o* arrotolare) uno dentro l'altro. II *v.i.* avvolgersi (*o* arrotolarsi) uno dentro l'altro.

nter-war *a.* tra due guerre.

nterweave [,intə'wi:v] *v.irr.* I *v.t.* 1 intessere, intrecciare. 2 (*fig*) mescolare, fondere. II *v.i.* 1 intrecciarsi. 2 (*fig*) nescolarsi, fondersi.

nterwind [,intə'waind] *v.irr.* I *v.t.* attorcigliare insieme, ntrecciare. II *v.i.* attorcigliare insieme, intrecciarsi.

nterwoven [,intə'wouvən] *a.* intessuto, intrecciato.

nterzonal [,intə'zounl] *a.* interzonale.

ntestable [in'testəbl] *a.* ⟨Dir⟩ incapace di disporre per estamento.

ntestacy [in'testəsi] *s.* ⟨Dir⟩ il morire intestato. **intestate** –teit] I *a.* ⟨Dir⟩ 1 intestato: *to die ~* morire intestato. 2 *–of an estate, etc.*) ab intestato: *~ succession* successione ab intestato. II *s.* intestato *m* (*f* –a).

ntestinal [in'testinl, ,intes'tainl] *a.* 1 ⟨Anat⟩ intestinale. 2 *fig*) interno, intestino.

ntestinal| flora *s.* flora *f* (batterica) intestinale. **~ ortitude** *am.* [,intes'tainl] *s.* ⟨fam⟩ 1 coraggio *m,* fegato *m.* 2 (*endurance*) resistenza *f,* tenacia *f.*

ntestine [in'testin] I *s.* ⟨Anat⟩ (general. al pl.) intestino

m. II *a.* 1 ⟨Anat⟩ intestinale. 2 (*internal*) intestino, interno, civile: *~ war* guerra intestina.

inthral(l) [in'θrɔːl], **inthral(l)ment** [–mənt] → **enthral, enthralment.**

intimacy ['intiməsi] *s.* 1 intimità *f: to be on terms of ~ with s.o.* avere intimità con qd. 2 (*deep knowledge*) familiarità *f,* dimestichezza *f.* 3 ⟨eufem⟩ rapporti *mpl* sessuali, ⟨eufem⟩ rapporti *mpl* intimi.

intimate¹ ['intimit] I *a.* 1 intimo: *an ~ friend* un amico intimo; (*suggesting cosiness, privacy*) intimo, raccolto. 2 (*private, personal*) intimo, personale, privato. 3 (*deep*) profondo: *to have an ~ knowledge of s.th.* avere una profonda conoscenza di qc. 4 (*sexual*) intimo: *~ relations* rapporti intimi; *to be ~ with s.o.* avere rapporti intimi con qd. 5 (*innermost*) intimo: *~ feelings* sentimenti intimi; (*intrinsic*) intrinseco. II *s.* amico *m* stretto. □ *to be on ~ terms with s.o.* avere (*o* essere in) intimità con qd., essere intimo di qd.

intimate² ['intimeit] *v.t.* 1 far capire, lasciare intendere (*o* sottintendere): *to ~ one's disapproval* far capire la propria disapprovazione. 2 (*to give formal notice of*) annunziare, dichiarare.

intimately ['intimitli] *avv.* 1 intimamente, strettamente. 2 (*deeply*) a fondo.

intimation [,inti'meiʃən] *s.* 1 il far capire, il lasciare intendere. 2 (*s.th. intimated*) accenno *m,* indizio *m,* segno *m.* 3 (*formal announcement*) annuncio *m* formale, dichiarazione *f.*

intimidate [in'timideit] *v.t.* 1 intimidire, intimorire: *to ~ a witness* intimidire un teste. 2 (*to force by threats*) costringere con le minacce. **in,timidation** [–'deiʃən] *s.* intimidazione *f.* **intimidator** [–ə] *s.* chi intimidisce. **intimidatory** [–əri] *a.* intimidatorio.

intimity [in'timiti] *s.* ⟨rar⟩ intimità *f.*

into ['intu, –tə] *prep.* 1 in, dentro a: *to go ~ a room* entrare in una stanza; *to put s.th. ~ a box* mettere qc. in una scatola; (*in the direction of*) di direzione di, verso: *to turn ~ the wind* volgersi in direzione del vento. 2 (*against*) contro: *to run ~ s.th.* andare a sbattere contro qc. 3 (*to indicate change of condition*) in: *to change ~ gold* convertire in oro; *to translate ~ French* tradurre in francese. 4 (*to indicate an action, etc., entered upon*) in, a: *to get ~ trouble* mettersi (*o* cacciarsi) nei guai; *to force s.o. ~ submission* costringere qd. alla resa. 5 (*to indicate continuing extent*) fino a: *far ~ the night* fino a notte inoltrata. 6 ⟨Mat⟩ in: *3 ~ 6 gives 2* il 3 nel 6 sta 2 volte.

intolerability [in,tɔlərə'biliti] *s.* l'essere intollerabile. **in'tolerable** [–bl] *a.* intollerabile, insopportabile.

intolerance [in'tɔlərəns] *s.* intolleranza *f* (*anche Med.*): *racial ~* intolleranza razziale; *~ to antibiotics* intolleranza agli antibiotici. **intolerant** [–nt] I *a.* 1 intollerante. 2 (*unable, unwilling to bear*) intollerante, insofferente (*of* di): *to be ~ of reproach* essere intollerante di ogni rimprovero. II *s.* persona *f* intollerante.

intomb [in'tu:m] *v.t.* ⟨ant⟩ (*to entomb*) seppellire, deporre nella tomba.

intonate ['into(u)neit] *v.t.* intonare. **,intonation** [–'neiʃən] *s.* 1 intonazione *f* (*anche Ling.,Mus.*). 2 (*manner of speaking, etc.*) inflessione *f,* intonazione *f: to speak with a foreign ~* parlare con inflessione straniera.

intone [in'toun] I *v.t.* 1 (*to chant*) intonare, cantare. 2 ⟨Rel,Mus⟩ intonare. II *v.i.* 1 salmodiare. 2 ⟨Mus⟩ intonare.

intoxicant [in'tɔksikənt] I *s.* 1 sostanza *f* intossicante. 2 (*alcoholic drink*) bevanda *f* alcolica. II *a.* inebriante (*anche fig.*).

intoxicate [in'tɔksikeit] *v.t.* 1 inebriare, ubriacare. 2 ⟨fig⟩ inebriare, esaltare, eccitare: *to be –d by success* essere inebriato dal successo. 3 ⟨Med⟩ intossicare. **intoxicated** [–id] *a.* 1 inebriato, ebbro. 2 ⟨fig⟩ inebriato, esaltato, eccitato. **intoxicating** [–iŋ] *a.* 1 inebriante, che ubriaca. 2 ⟨fig⟩ inebriante, eccitante, esaltante. **in,toxication** [–'keiʃən] *s.* 1 inebriamento *m,* ebbrezza *f,* ubriachezza *f.* 2 ⟨fig⟩ ebbrezza *f,* esaltazione *f,* eccitazione *f.* 3 ⟨Med⟩ intossicazione *f.*

intr. = 1 ⟨Gramm⟩ intransitive intransitivo (*abbr.* intr.). 2

introduction introduzione.

intracellular [ˌintrə'seljulə] *a.* ⟨*Biol*⟩ intracellulare, endocellulare.

intra-Community *a.* intracomunitario: ~ *trade* commercio intracomunitario.

intracranial [ˌintrə'kreiniəl] *a.* ⟨*Anat*⟩ intracranico.

intractability [in,træktə'biliti] *s.* intrattabilità *f.* **in'tractable** [-bl] *a.* **1** intrattabile, indocile. **2** (*of things: hard to work*) intrattabile, difficile da lavorare: ~ *metal* metallo intrattabile.

intradermal [ˌintrə'də:məl], **intradermic** [-mik] *a.* intradermico.

intrados [in'treidəs] *s.* (*pl.inv.*/-doses [-iz]) ⟨*Archeol*⟩ intradosso *m.*

intramolecular [ˌintremə'lekjuələ] *a.* intramolecolare.

intramural [ˌintrə'mjuərəl] *a.* **1** (*of a city*) entro le mura; (*of a building*) tra le pareti. **2** ⟨*Scol*⟩ che si svolge nell'ambito di un college. **3** ⟨*Anat,Med*⟩ intramurale.

intramuscular [ˌintrə'mʌskjulə] *a.* ⟨*Anat,Med*⟩ intramuscolare.

intrans. = ⟨*Gramm*⟩ *intransitive* intransitivo (*abbr.* intr.).

intransigence [in'trænsidʒəns], **intransigency** [-i] *s.* intransigenza *f.* **intransigent** [-nt] **I** *a.* intransigente. **II** *s.* persona *f* intransigente.

intransitive [in'trænsitiv] **I** *a.* ⟨*Gramm*⟩ intransitivo. **II** *s.* intransitivo *m,* verbo *m* intransitivo. **intransitively** [-li] *avv.* intransitivamente.

intransmutable [ˌintrænz'mju:təbl] *a.* non trasformabile.

intrant ['intrənt] *s.* ⟨*rar*⟩ nuovo studente *m* (*o* allievo).

intranuclear [ˌintrə'nju:kliə] *a.* ⟨*Fis*⟩ intranucleare.

intrastate [ˌintrə'steit] *a.* all'interno di uno stato.

intrauterine [ˌintrə'ju:tərain] *a.* ⟨*Anat*⟩ intrauterino.

intrauterine device *s.* ⟨*Med*⟩ dispositivo *m* intrauterino, spirale *f.*

intravenous [ˌintrə'vi:nəs] *a.* ⟨*Med*⟩ endovenoso, intravenoso: *an* ~ *injection* un'iniezione endovenosa. **intravenously** [-li] *avv.* per via endovenosa.

intrazonal [ˌintrə'zounl] *a.* intrazonale.

intrench [in'trentʃ] **I** *v.t.* ⟨*Mil*⟩ trincerare. **II** *v.i.* trincerarsi.

intrepid [in'trepid] *a.* intrepido, audace, coraggioso. **,intrepidity** [-tri'piditi] *s.* intrepidezza *f.*

intricacy ['intrikəsi] *s.* **1** complessità *f,* complicazione *f.* **2** (*intricate part*) parte *f* complessa (*o* complicata); (*intricate aspect, etc.*) meandro *m,* tortuosità *f,* raggiro *m: the intricacies of bureaucracy* le tortuosità della burocrazia. **intricate** [-kit] *a.* **1** intricato, aggrovigliato, ingarbugliato. **2** (*complex*) complicato, complesso: *an* ~ *machine* una macchina complicata. **3** (*confused*) intricato, complicato.

intrigant ['intrigənt] *s.* intrigante *m.* **intrigante** [-'gɑ:nt] *s.* intrigante *f.* **intriguant** [-'gɑ:nt] *s.* → **intrigant**. **intriguante** *s.* → **intrigante**.

intrigue I *v.t.* [in'tri:g] **1** incuriosire, destare la curiosità di; (*to arouse the interest of*) destare l'interesse di; (*to appeal to*) attrarre, affascinare. **2** (*to puzzle, mystify*) confondere, disorientare. **II** *v.i.* intrigare, ordire intrighi. **III** *s.* [in'tri:g, 'intri:g] **1** intrighi *mpl,* maneggi *mpl;* (*plot*) macchinazione *f,* intrigo *m.* **2** (*secret, illicit love affair*) relazione *f* amorosa illecita, tresca *f.* **3** ⟨*Lett,Teat*⟩ intrigo *m,* intreccio *m.* □ *to* ~ *one's way into power* brigare per raggiungere il potere. **intriguer** [-ə] *s.* → **intrigant**. **intriguing** [-iŋ] *a.* **1** intrigante. **2** (*fascinating*) interessante, affascinante.

intrinsic [in'trinsik] *a.* **1** intrinseco (*anche Anat.*): ~ *value* valore intrinseco. **2** (*real, actual*) intrinseco, reale.

intro ['intro(u)] (*accorc. di introduction*) *s.* (*pl.* -s [z]) ⟨*fam*⟩ introduzione *f* (*anche Mus.*).

introduce [ˌintrə'dju:s] *v.t.* **1** far entrare, introdurre, immettere: *to* ~ *s.o. into a room* far entrare qd. in una stanza. **2** (*to insert*) introdurre, inserire. **3** (*to bring into practice*) introdurre, mettere in uso, diffondere: *to* ~ *a new fashion* introdurre una nuova moda; (*to establish*) istituire, introdurre. **4** (*to cause to be acquainted*) presentare: *to* ~ *one's wife to s.o.* presentare la (propria) moglie a qd. **5** ⟨*rifl*⟩ presentarsi: *allow me to* ~ *myself*

permetta che mi presenti. **6** (*to give knowledge o*) introdurre, iniziare: *to* ~ *schoolchildren to algebr* introdurre gli scolari all'algebra. **7** (*to preface, begin*) iniziare, cominciare. **8** ⟨*Parl*⟩ presentare, proporre: *to a bill* presentare un progetto di legge. **introducer** [-ə] introduttore *m* (*f* –trice).

introduction [ˌintrə'dʌkʃən] *s.* **1** introduzione *f* (*anch Mus.*). **2** (*presentation of two people*) presentazione *f.* (*new element, etc.*) innovazione *f,* novità *f.* **4** (*preface to book*) introduzione *f;* (*before a speech, etc.*) esordio *n* preambolo *m.* **5** (*elementary treatise*) introduzione avviamento *m,* guida *f: an* ~ *to physics* un'introduzion allo studio della fisica. **6** ⟨*Parl*⟩ presentazione *f,* propos *f.* □ *letter of* ~ lettera *f* di presentazione. **introductiv** [-ktiv], **introductory** [-ktəri] *a.* introduttivo, preliminar ~ *chapter* capitolo introduttivo; ~ *remarks* osservazio preliminari.

introit [in'trouit, 'intrɔit] *s.* ⟨*Lit*⟩ introito *m.*

intromission [ˌintrə'miʃən] *s.* **1** introduzione *f* (*anch Fisiol.*). **2** ⟨*Dir*⟩ intromissione *f,* ingerenza *f.* **introm** [-'mit] *v.t.* (*pret., p.p.* intromitted [-'mitid]) **1** inserire. (*to allow to enter*) introdurre, lasciare entrare.

introrse [in'trɔ:s] *a.* ⟨*Bot*⟩ introrso.

introspect [ˌintrə'spekt] *v.i.* analizzare i propri sentiment **introspection** [-kʃən] *s.* ⟨*Filos,Psic*⟩ introspezione **introspectionist** [-kʃənist] *s.* ⟨*Psic*⟩ **1** chi adotta metodo introspettivo. **2** (*one given to introspection*) chi dedito (*o* incline) all'introspezione. **introspective** [-iv] introspettivo.

introversion [ˌintrə'və:ʃən] *s.* introversione *f* (*anche Psic* **introversive** [-'və:siv] *a.* introverso (*anche Psic.*).

introvert I *v.t.* [ˌintrə'və:t] **1** ⟨*Psic*⟩ introverti introvertire. **2** ⟨*Zool*⟩ (*of an organ*) far rientrare, ritrar **II** *s.* ['intrəvə:t] ⟨*Psic*⟩ introvertito *m* (*f* –a). **III** *a.* ⟨*Psi* introvertito. **'introverted** [-id] *a.* ⟨*Psic*⟩ introvers introvertito. **intro'vertive** [-iv] *a.* → **introversive**.

intrude [in'tru:d] **I** *v.i.* introdursi indebitament intromettersi (*upon, on* in), invadere, violare (qc.): *to upon s.o.'s privacy* intromettersi nell'intimità di qd. **II** **1** introdurre indebitamente. **2** (*to force*) imporre. *I hope I am not intruding* spero di non disturbare; *to o.s. upon s.o.* imporre la propria presenza a qd.; *to upon s.o.'s time* abusare del tempo di qd. **intrud** [-ə] *s.* **1** intruso *m* (*f* –a). **2** ⟨*Aer.mil*⟩ apparecchio di disturbo.

intrusion [in'tru:ʒən] *s.* **1** intrusione *f,* intromissione ingerenza *f.* **2** ⟨*Dir*⟩ violazione *f* dei diritti di proprie altrui. **3** ⟨*Geol*⟩ intrusione *f.* **intrusive** [-'tru:siv] *a.* importuno, invadente. **2** ⟨*Geol*⟩ intrusivo. **3** ⟨*Fo* epentetico: *the* ~ *r* l'r epentetica. **intrusivene** [-'tru:sivnis] *s.* invadenza *f.*

intrust [in'trʌst] *v.t.* (*to entrust*) affidare, dare consegna.

intuit ['intjuit, in'tju:it] **I** *v.t.* intuire. **II** *v.i.* av intuito.

intuition [ˌintju'iʃən] *s.* **1** intuizione *f* (*anche Filos.*). (*intuitive knowledge*) intuito *m,* intuizione *f: to trust one's* –*s* fidarsi del proprio intuito; (*quick insight*) intu *m: a woman's* ~ intuito femminile. □ *to have gr powers of* ~ avere un grande intuito. **intuitional** [-əl] intuitivo (*anche Filos.*). **intuitionalism** [-əlizəm] ⟨*Filos*⟩ intuizionismo *m.*

intuitive [in'tju:itiv] *a.* **1** intuitivo: ~ *knowled* conoscenza intuitiva. **2** (*having intuition*) dotato d'intui intuitivo. **intuitivism** [-izəm] *s.* ⟨*Filos*⟩ intuitivismo intuizionismo *m.*

intumesce [ˌintju'mes] *v.i.* tumefarsi, gonfiarsi. **intume cence** [-əns] *s.* **1** rigonfiamento *m,* gonfiezza *f.* **2** ⟨*M* intumescenza *f,* gonfiore *m,* rigonfiamento *m.* **in mescent** [-ənt] *a.* gonfio, tumido.

inunction [in'ʌŋkʃən] *s.* **1** unzione *f.* **2** ⟨*Med*⟩ frizione *f* massaggio *m*) con un unguento. **3** ⟨*Farm*⟩ unguento pomata *f.*

inundate ['inʌndeit] *v.t.* **1** inondare, allagare. **2** ⟨ sommergere, inondare: *we have been* –*d with requests* sia stati sommersi di richieste. **,inundation** [-'deiʃən] inondazione *f* (*anche fig.*).

urbane [,inə:'bein] *a.* inurbano, scortese, incivile. **nurbanity** [-'bæniti] *s.* inurbanità *f,* scortesia *f,* inciviltà

ure [in'juə] **I** *v.t.* abituare, avvezzare: *to ~ s.o. to hard /ork* abituare qd. alle fatiche. **II** *v.i.* entrare in vigore, vere effetto (*anche Dir.*). **inurement** [-mənt] *s.* bitudine *f,* assuefazione *f.*

arn [in'ə:n] *v.t.* **1** deporre in un'urna funeraria. **2** (*to ury*) seppellire.

utile [in'ju:til] *a.* inutile, inservibile. **,inu'tility** [-iti] *s.* nutilità *f.*

vade [in'veid] *v.t.* **1** invadere, occupare: *to ~ a country* nvadere un paese; (*to crowd into*) invadere, riversarsi su ɔ a, in): *tourists ~ Paris during the summer* i turisti nvadono Parigi durante l'estate. **2** (*to infringe*) calpestare, iolare, infrangere: *to ~ s.o.'s rights* calpestare i diritti di d. **invader** [-ə] *s.* invasore *m.* **invading** [-iŋ] *a.* nvasore.

valid[1] **I** *s.* ['invəl(i:)d] invalido *m* (*f* -a). **II** *a.* **1** nvalido, malato, infermo. **2** (*of or for invalids*) per nvalidi, per malati: *~ chair* poltrona per invalidi. **III** *t.* ['invəli:d, ,invə'li:d] **1** (*Mil*) congedare per invalidità: *ɔ be -ed out of the army* essere congedato dall'eser- ito per invalidità. **2** (*to make an invalid*) rendere inva- do.

valid[2] [in'vælid] *a.* **1** non valido; (*lacking in ffectiveness*) inefficace, fiacco. **2** (*Dir*) invalido, privo di alore, nullo. **invalidate** [-eit] *v.t.* **1** invalidare. **2** (*Dir*) nfirmare, invalidare. **in,vali'dation** [-eiʃən] *s.* nvalidazione *f.*

validism ['invəlidizəm] *s.* (*Med*) invalidità *f* (cronica). **validity** [,invə'liditi] *s.* invalidità *f* (*anche Med.,Dir.*). **valuable** [in'væljuəbl] *a.* prezioso, inestimabile. **variability** [in,veə:riə'biliti] *s.* invariabilità *f,* costanza *f.* **n'variable** [-bl] **I** *a.* invariabile, costante, fisso: *~ laws* ggi invariabili. **II** *s.* **1** ciò che è invariabile. **2** (*Mat*) ostante *f.* **in'variably** [-bli] *avv.* invariabilmente, nmancabilmente.

variance [in'veəriəns] *s.* (*Mat*) invarianza *f.* **invariant** [-nt] *a.* invariante.

vasion [in'veiʒən] *s.* **1** invasione *f: an enemy ~* n'invasione nemica. **2** (*inroad, penetration*) incursione *f,* ruzione *f.* **3** (*infringement*) violazione *f: ~ of s.o.'s rights* iolazione dei diritti di qd. **4** (*Med*) invasione *f,* contagio ɔ dilagante. **invasive** [-'veisiv] *a.* **1** in espansione, ilagante. **2** (*invading*) invasore, invadente. **3** (*Med*) nvasivo.

vective [in'vektiv] **I** *s.* **1** (*abusive language*) invettiva *f.* (*abusive word, expression*) vituperio *m,* invettiva *f,* ngiuria *f.* **II** *a.* insultante, ingiurioso.

veigh [in'vei] *v.i.* inveire, scagliarsi (*against* contro). **veigle** [in'vi:gl, *am.* in'veigl] *v.t.* **1** persuadere (con sunghe), allettare: *to ~ s.o. into marriage* persuadere qd. sposarsi. **2** (*to acquire by coaxing*) ottenere con sunghe. **inveiglement** [-mənt] *s.* allettamento *m,* singa *f.*

vent [in'vent] *v.t.* inventare, scoprire.

vention [in'venʃən] *s.* **1** invenzione *f,* scoperta *f: the ~ f the wireless* l'invenzione del telegrafo senza fili. **2** *nventiveness*) inventiva *f,* capacità *f* d'invenzione; *roduct*) trovata *f,* invenzione *f,* idea *f: a film full of appy -s* un film pieno di trovate felici. **3** (*fictitious atement*) invenzione *f,* bugia *f;* (*fictitious idea*) fantasia *f,* oria *f* inventata.

ventive [in'ventiv] *a.* **1** inventivo, ricco d'inventiva, ntasioso: *an ~ mind* un ingegno inventivo. **2** (*of vention*) inventivo, d'invenzione: *~ powers* facoltà nventive. **inventively** [-li] *avv.* in modo inventivo. **nventiveness** [-nis] *s.* inventiva *f,* capacità *f* 'invenzione. **inventor** [-tə] *s.* inventore *m,* ideatore *m,* copritore *m.*

ventorize [in'ventəraiz] **I** *v.t.* inventariare, fare inventario di. **II** *v.i.* fare l'inventario, inventariare. **ventory** [in'ventri, *am.* -tɔ:ri] **I** *s.* **1** inventario *m* (*anche Dir.*). **2** (*Comm*) (*list of merchandise, etc.*) inventario *m; tock f goods*) beni *mpl* inventariati; (*reserve*) scorte *fpl* ɔ giacenze) in magazzino. **II** *v.t.* **1** inventariare. **2** (*Dir*) fare l'inventario di.

inventory| book *s.* (*Comm*) libro *m* degli inventari. **~ control** *s.* controllo *m* delle giacenze in magazzino. **~ input** *s.* carico *m* di magazzino. **~ turnover** *s.* rotazione *f* del magazzino.

inventress [in'ventris] *s.* inventrice *f,* ideatrice *f,* scopritrice *f.*

inveracity [,invə'ræsiti] *s.* **1** insincerità *f,* falsità *f.* **2** (*lie*) bugia *f.*

inverse I *a.* ['invə:s, in'və:s] **1** inverso, contrario, opposto: *in ~ order* in ordine inverso. **2** (*Mat*) inverso. **II** *s.* **1** inverso *m,* opposto *m,* contrario *m.* **2** (*Mat*) inverso *m.* **III** *v.t.* [in'və:s] invertire, rovesciare.

inverse| proportion, ~ ratio *s.* (*Mat*) proporzione *f* inversa.

inversion [in'və:ʃən] *s.* **1** inversione *f,* capovolgimento *m,* rovesciamento *m.* **2** (*Mus*) inversione *f.* **3** (*Fon*) retroflessione *f.* **inversive** [-'və:siv] *a.* che serve a invertire.

invert I *v.t.* [in'və:t] **1** rovesciare, invertire, capovolgere. **2** (*to reverse in position*) invertire, volgere in senso contrario. **3** (*Mus*) rivoltare. **II** *s.* ['invə:t] **1** (*Med*) invertito *m* (*f* -a), omosessuale *m/f.* **2** → **inverted arch.** **III** *a.* (*Chim*) invertito.

invertebrate [in'və:tibrit] **I** *a.* **1** (*Zool*) invertebrato. **2** (*fig*) smidollato, invertebrato; (*weak*) debole, fiacco. **II** *s.* **1** (*Zool*) invertebrato *m.* **2** (*fig*) invertebrato *m,* smidollato *m* (*f* -a).

inverted [in'və:tid] *a.* **1** (*upside-down*) capovolto, rovesciato, invertito. **2** (*reversed in position, etc.*) invertito, scambiato. **3** (*Mus,Chim,Med*) invertito. **4** (*Fon*) retroflesso, invertito.

inverted| arch *s.* (*Arch*) arco *m* rovescio. **~ commas** *s.pl.* virgolette *fpl.* **~ flight** *s.* (*Aer*) volo *m* rovescio. **inverter** [in'və:tə] *s.* (*El*) invertitore *m.*

invert sugar *s.* (*Chim*) zucchero *m* invertito.

invest [in'vest] **I** *v.t.* **1** (*Econ*) investire: *to ~ capital in property* investire capitali in proprietà. **2** (*assol*) effettuare (*o* fare) un investimento (di capitali). **3** (*to spend*) spendere, investire, impiegare. **4** (*to endue with authority, power*) conferire a, investire: *to ~ s.o. with full powers* conferire pieni poteri a qd. **5** (*to install in office*) investire; (*of a medal, honour, etc.*) conferire, assegnare. **6** (*fig*) (*to envelop, surround*) circondare, avvolgere: *-ed with an air of mystery* circondato da un'aria di mistero; (*to endow*) dare a, attribuire a. **7** (*Mil*) investire, assediare. **II** *v.i.* **1** (*Econ*) investire capitali (*in* in). **2** (*fam*) (*to buy, spend on*) spendere denaro (in).

investigable [in'vestigəbl] *a.* che si può investigare, (*lett*) investigabile.

investigate [in'vestigeit] *v.t.* **1** investigare su, indagare su (*o* intorno a): *to ~ a crime* investigare su un delitto. **2** (*to examine closely*) esaminare con cura, investigare. **in,vesti'gation** [-geiʃən] *s.* indagine *f,* investigazione *f,* ricerca *f.* □ *the matter is under ~* la questione è allo studio; *upon* (*further*) *~* in base a (ulteriori) indagini. **investigative** [-iv] *a.* investigativo. **investigator** [-ə] *s.* **1** investigatore *m* (*f* -trice), ricercatore *m* (*f* -trice). **2** (*detective*) agente *m* investigativo. **investigatory** [-əri, *am.* -təgətɔ:ri] *a.* → **investigative.**

investiture [in'vestitʃə] *s.* **1** investitura *f.* **2** (*clothing, adorning*) il vestire, l'adornare; (*that which covers, adorns*) rivestimento *m.*

investment [in'vestmənt] *s.* **1** (*Econ*) investimento *m* (di capitale). **2** (*expenditure*) impiego *m.* **3** (*investiture*) investitura *f.* **4** (*Biol*) rivestimento *m* esterno, tegumento *m.* **5** (*Mil*) assedio *m,* investimento *m.*

investment| adviser *s.* consulente *m* per gli investimenti. **~ allowance** *s.* ammortamento *m* fiscale. **~ analysis** *s.* analisi *f* degli investimenti. **~ bank** *s.* (*Econ*) banca *f* d'investimento (*o* d'affari). **~ capital** *s.* (*Econ*) capitale *m* d'impianto. **~ company** *s.* (*Econ*) società *f* d'investimento. **~ counselling** *s.* consulenza *f* per gli investimenti. **~ firm** *s.* società *f* d'investimento. **~ fund** *s.* fondo *m* d'investimento. **~ goods** *s.pl.* beni *mpl* d'investimento. **~ policy** *s.* politica *f* degli investimenti. **~ portfolio** *s.* portafoglio *m* d'investimento. **~**

profitability s. redditività f di un investimento. **~ programme** s. piano m d'investimento. **~ securities** s.pl. titoli mpl da investimento. **~ trust** am. s. → investment company.

investor [in'vestə] s. ⟨Econ⟩ investitore m (f –trice).

inveteracy [in'vetərəsi] s. 1 l'essere inveterato (o radicato). 2 ⟨Med⟩ cronicità f. **inveterate** [–rit] a. 1 incorreggibile, impenitente, inveterato, incallito: an ~ liar un bugiardo incorreggibile; (of a habit, etc.) inveterato, radicato. 2 ⟨Med⟩ cronico.

invidious [in'vidiəs] a. 1 antipatico, odioso, detestabile: ~ comparisons paragoni odiosi. 2 (causing resentment, injurious) offensivo, ingiurioso, oltraggioso. **invidiousness** [–nis] s. odiosità f.

invigilate [in'vidʒileit] v.i. ˉsorvegliareˉ gliˉ (o fare la vigilanza agli) studenti durante gli esami scritti. **invigilator** [–ə] s. chi sorveglia (durante gli esami scritti), assistente m/f.

invigorate [in'vigəreit] v.t. corroborare, invigorire, tonificare, rinforzare, irrobustire. **invigorating** [–iŋ] a. corroborante, tonificante: ~ climate clima corroborante. **in,vigoration** [–'reiʃən] s. (r)invigorimento m, rafforzamento m. **invigorative** [–rətiv] a. che rinvigorisce, che rinforza. **invigorator** [–ə] s. chi rinvigorisce, chi rinforza.

invincibility [in,vinsi'biliti] s. invincibilità f. **in'vincible** [–bl] a. 1 invincibile. 2 (insuperable) insormontabile, invincibile: ~ difficulties difficoltà insormontabili. □ the ~ Armada l'Invincibile Armata.

inviolability [in,vaiələ'biliti] s. inviolabilità f. **in'violable** [–bl] a. 1 inviolabile, sacrosanto, sacro: an ~ right un diritto inviolabile. 2 (of places) inviolabile. **in'violacy** [–ləsi] s. l'essere inviolato. **in'violate** [–lit] a. 1 inviolato: an ~ oath un giuramento inviolato. 2 (untouched) inviolato, intatto, integro.

invisibility [in,vizə'biliti] s. invisibilità f. **in'visible** [–bl] a. invisibile.

invisible| exports s.pl. ⟨Econ⟩ esportazioni fpl invisibili. **~ ink** s. inchiostro m invisibile (o simpatico). **~ items** s.pl. ⟨Econ⟩ partite fpl invisibili. **~ mending** s. rammendo m invisibile.

invisibles s.pl. → invisible items.

invisibly [in'vizəbli] avv. in modo invisibile.

invitation [,invi'teiʃən] **I** s. 1 invito m: an ~ to dinner un invito a pranzo; (message) invito m, biglietto m (o cartoncino) d'invito; (written, verbal request to do s.th.) invito m, richiesta f. 2 ⟨fig⟩ (attraction, incentive) invito m, allettamento m, richiamo m allettante: his words were an ~ to fight le sue parole furono un invito alla lotta. **II** a. 1 di invito. 2 ⟨Sport⟩ a inviti: an ~ tournament un torneo a inviti. □ to do s.th. at s.o.'s ~ fare qc. dietro (o su) invito di qd.

invitatory [in'vaitətəri] a. 1 che serve da invito. 2 ⟨Lit⟩ invitatorio.

invite **I** v.t. [in'vait] 1 invitare: to ~ s.o. to a party invitare qd. a un ricevimento. 2 (to urge politely) invitare, esortare; (to request formally) invitare, (ri)chiedere formalmente a. 3 (to encourage) incoraggiare a, favorire. 4 (to call forth) provocare, far nascere: talk –s scandal le chiacchiere provocano gli scandali. 5 (to entice, attract) invitare, invogliare, allettare. **II** s. ['invait] ⟨fam⟩ invito m. □ he –d him in lo invitò a entrare. **in'viting** [–iŋ] a. allettante, invitante, attraente. **in'vitingly** [–iŋli] avv. in modo invitante.

in vitro lat. [in'vaitrou] a./avv. in vitro: ~ culture coltura in vitro; ~ fertilization fecondazione in vitro.

in vivo lat. [in'vaivou] a./avv. in vivo.

invocation [,invə'keiʃən] s. 1 invocazione f. 2 (petition, supplication) preghiera f, supplica f, invocazione f. **invocative** [–'vokətiv], **invocatory** [–'vokətəri] a. invocativo.

invoice ['invɔis] **I** s. ⟨Comm⟩ 1 fattura f. 2 (billhead) fattura f, modulo m di fattura: to make out an ~ redigere una fattura. **II** v.t. 1 (of goods) fatturare. 2 (of a person) intestare una fattura a. □ as –d come da fattura; to enter an ~ registrare una fattura; ~ inwards libro m acquisti; ~ outwards libro m vendite.

invoice| book s. ⟨Comm⟩ copiafatture m. **~ clerk** fatturista m. **~ cost** s. prezzo m d'acquisto. **~ price** prezzo m di fattura. **~ register** s. copiafatture m. **value** s. valore m fatturato.

invoicing ['invɔisiŋ] s. fatturazione f.

invoicing machine s. fatturatrice f.

invoke [in'vouk] v.t. 1 invocare. 2 (to appeal to f confirmation) invocare, appellarsi a: to ~ the law invoca la legge. 3 (to call forth, conjure) evocare.

involucre ['invəlu:krə] s. ⟨Bot⟩ involucro m (fioral perianzio m.

involuntarily [in'vɔləntərili] avv. involontariamente, sen volere. **involuntariness** [–rinis] s. mancanza d'intenzionalità. **involuntary** [–tri] a. involontario.

involute ['invəlu:t] **I** a. 1 involto, avvolto su se stesso. ⟨Biol⟩ involuto. **II** s. ⟨Geom⟩ evolvente f. **involute** [–id] a. 1 avvolto ˉsu se stessoˉ (o a spirale). 2 ⟨fi intricato, involuto, complicato.

involution [,invə'lu:ʃən] s. 1 l'involgersi, avvolgimento su se stesso. 2 ⟨fig⟩ involuzione f, complessità complicatezza f. 3 ⟨Biol⟩ involuzione f.

involutive [,invɔ'lu:tive] a. involutivo.

involve [in'vɔlv] v.t. 1 (to concern) riguardare, concerner 2 ⟨rifl⟩ (to commit o.s.) impegnarsi, compromettersi. (to embroil) coinvolgere, trascinare; (to cause to ~ associated) immischiare, coinvolgere: I don't want to my family in this matter non voglio immischiare la m famiglia in questa faccenda. 4 (to entail) richieder comportare: my studies ~ great sacrifice i miei stu richiedono grandi sacrifici. 5 (to complicate) complicar rendere intricato. 6 ⟨Mat⟩ elevare a potenza. **involve** [–d] a. 1 involuto, complesso, complicato, contorto: an style uno stile involuto. 2 (confused, tangled) confus intricato, ingarbugliato. 3 (concerned) coinvolt implicato; (in question) in questione: the sum ~ la somm in questione; (required) necessario, richiesto, occorrente. (mixed up) immischiato, coinvolto, implicato: to be ~ scandal essere coinvolto in uno scandalo. 5 (involut avvolto ˉsu se stessoˉ (o a spirale). □ to get (o become immischiarsi, impicciarsi. **involvement** [–mənt] s. (involving) il coinvolgere, implicazione f. 2 (bei involved) coinvolgimento m. 3 (complexity) complessità difficoltà f.

invulnerability [in,vʌlnərə'biliti] s. invulnerabilità **in'vulnerable** [–bl] a. 1 invulnerabile. 2 (immune attack) inattaccabile (anche fig.).

inward ['inwəd] **I** a. 1 interno. 2 (of the mind or sou interiore, spirituale: ~ peace pace interiore. 3 (directe towards the interior) (diretto) verso l'interno: an ~ curv una curva verso l'interno. **II** s. 1 interno m. 2 (inwar being, nature) essenza f, spirito m. 3 pl. ⟨pop⟩ (entrail interiora fpl, intestini mpl, viscere fpl. **III** avv. 1 vers l'interno. 2 (in the mind or soul) nell'intime interiormente. 3 ⟨Mar⟩ diretto in patria, di ritorno.

inwardly ['inwədli] avv. 1 internamente, all'interno dentro. 2 (in mind or spirit) internamente, interiorment nel proprio intimo, dentro di sé; (inaudibly) tra sé e se dentro di sé. 3 (towards the interior) verso l'interno **inwardness** [–dnis] s. 1 interiorità f. 2 (fundament character) essenza f, natura f intima. **inwards** [–dz] av → inward.

inweave [in'wi:v] v.t.irr. intessere, intrecciare (anche fig.)

inwrought [in'rɔ:t] a. 1 intessuto, intrecciato (anche fig. 2 (ornamented) adorno (o ornato) di figure (o ricami).

I/O = ⟨Inform⟩ Input/Output ingresso/uscita.

iodate ['aiədeit] **I** s. ⟨Chim⟩ iodato m. **II** v. → iodize.

iodhydrate [,aiəd'haidreit] s. ⟨Chim⟩ iodidrato m **iodhydric** [–drik] a. iodidrico.

iodic [ai'ɔdik] a. ⟨Chim⟩ iodico: ~ acid acido iodico.

iodide ['aiədaid] s. ⟨Chim⟩ ioduro m.

iodine ['aiədin, am. –dain] s. ⟨Chim⟩ iodio m. □ ⟨Aut⟩ lights fari mpl allo iodio. **iodism** [–dizəm] s. ⟨Med iodismo m. **,iodization** [–dai'zeiʃən] s. iodurazione **iodize** [–daiz] v.t. ⟨Chim⟩ trattare con iodio. **iodize** [–daizd] a. iodato: ~ salt sale iodato.

iodoform [ai'oudəfɔ:m] s. ⟨Chim⟩ iodoformio m.

ion ['aiən] s. ⟨Fis⟩ ione m.

n bombardment s. ⟨Fis⟩ bombardamento m ionico.
nian [ai'ouniən] I a. ionico, della Ionia. II s. abitante m/f della Ionia.
nic [ai'ɔnik] a. ⟨Chim,Fis⟩ ionico: ~ bond legame ionico.
nic I a. 1 ⟨Arch,Metr⟩ ionico: ~ order ordine ionico. 2 ⟨Ionian⟩ ionico, della Ionia. II s. ionico m (anche Metr.).
nium [ai'ouniəm] s. ⟨Fis⟩ ionio m.
nization [‚aiənai'zeiʃən] s. ⟨Fis⟩ ionizzazione f.
nization chamber s. ⟨Fis⟩ camera f di ionizzazione.
nize ['aiənaiz] I v.t. ⟨Fis⟩ ionizzare. II v.i. trasformarsi in ioni.
nizing ['aiənaiziŋ] I a. ionizzante: ~ radiations radiazioni ionizzanti. II s. ionizzazione f.
nophoresis [‚aiənoufɔ'ri:sis] s. (pl. -eses [i:siz]) ⟨Fis⟩ elettroforesi f.
nosphere [ai'ɔnəsfiə] s. ⟨Fis⟩ ionosfera f.
n therapy s. ⟨Med⟩ ionoterapia f.
ntophoresis [‚aiɔntoufə'ri:sis] s. (pl. -eses) ⟨Med⟩ ionoforesi f.
ta [ai'outə] s. 1 (letter of the Greek alphabet) iota m/f. 2 ⟨fig⟩ minima quantità f, briciolo m. **iotacism** [-sizəm] s. ⟨Ling⟩ iotacismo m.
U, I.O.U. ['ai'ou'ju:] s. ⟨Comm⟩ pagherò m.
▸ = ⟨Inform⟩ Image Processing elaborazione elettronica dell'immagine.
P.A. = International Phonetic Association Associazione fonetica internazionale.
ecac ['ipikæk], **,ipe,cacuanha** [-ju'ænə] s. ⟨Bot,Farm⟩ ipecacuana f.
higenia [i‚fidʒi'naiə] N.pr. ⟨Mitol⟩ Ifigenia f.
s, i.p.s. = inch per second pollice al secondo.
so facto lat. ['ipsou'fæktou] avv. subito, immediatamente.
Q. = intelligence quotient quoziente d'intelligenza.
R.A. = Irish Republican Army esercito repubblicano irlandese.
acund ['aiərəkʌnd] a. iracondo, irascibile, iroso.
ak [i'rɑ:k] N.pr. → Iraq. **Iraki** [-i] s./a. → Iraqi.
an [i'rɑ:n] N.pr. ⟨Geog⟩ Iran m. **Iranian** [i'reinjən] I a. iraniano, persiano. II s. 1 (language) iranico m. 2 (inhabitant) iraniano m (f -a), iranico m (f -a), persiano m (f -a).
aq [i'rɑ:k] N.pr. ⟨Geog⟩ Iraq m. **Iraqi** [-i], **Iraqian** [-iən] I s. 1 iracheno m (f -a). 2 (language) lingua f irachena. II a. iracheno.
ascibility [i‚ræsi'biliti] s. irascibilità f, iracondia f.
rascible [-bl] a. irascibile, collerico, iracondo, iroso.
ate [ai'reit] a. irato, adirato.
RC = International Red Cross Croce rossa internazionale.
e [aiə] s. ⟨lett⟩ ira f, collera f. **ireful** [-ful] a. ⟨lett⟩ irato.
eland ['aiələnd] N.pr. ⟨Geog⟩ Irlanda f.
idaceous [‚airi'deiʃəs] a. ⟨Bot⟩ delle iridacee.
idescence [‚iri'desns] s. iridescenza f. **iridescent** [-nt] a. iridescente.
idium [ai'ridiəm] s. ⟨Chim⟩ iridio m.
idize¹ ['iridaiz] v.t. iridare, conferire iridescenza a.
idize² v.t. ⟨Chim⟩ coprire con iridio.
idodiagnosis [‚airidou‚daiəg'nousis] s. ⟨Med⟩ iridodiagnosi f. **iridology** [-'lɔdʒi] s. iridologia f.
is [ai'airis] s. (pl. **irises** [-iz]/**irides** ['iridi:z]) 1 ⟨Anat⟩ iride f. 2 ⟨Bot⟩ iride f, giaggiolo m. 3 ⟨fig⟩ (rainbow) iride f, arcobaleno m. **Iris** N.pr. ⟨Mitol⟩ Iride f.
is diaphragm s. ⟨Fot⟩ diaframma m a iride (o diametro variabile).
ised ['aiərist] a. iridato, con i colori dell'arcobaleno.
ish ['aiəriʃ] I a. 1 irlandese. 2 ⟨fig⟩ assurdo, illogico. II s. 1 (people; costr. pl.) irlandesi mpl. 2 (language) irlandese m. □ (Stor) ~ Free State stato libero d'Irlanda. (fam) to get one's ~ up perdere le staffe.
ish Gaelic s. gaelico m parlato in Irlanda. **~ harp** s. ⟨Mus⟩ arpa f irlandese.
ishism ['aiəriʃizəm] s. locuzione f (o costume m) tipicamente irlandese.

Irish linen s. lino m irlandese. **~man** [mən] s.irr. irlandese m.
Irishry ['aiəriʃri] s. 1 (Irish people) irlandesi mpl. 2 (Irish peculiarity) caratteristica f (o tratto m caratteristico) irlandese.
Irish stew s. ⟨Gastr⟩ stufato m di montone (con patate, cipolle, ecc.). **~ whiskey** s. whisky m irlandese. **~woman** s.irr. irlandese f.
iritis [ai'raitis] s. ⟨Med⟩ irite f.
irk [ə:k] v.t. seccare, infastidire, irritare, urtare. **'irksome** [-səm] a. fastidioso, seccante. **'irksomeness** [-səmnis] s. l'essere fastidioso (o seccante).
I.R.O. = International Refugee Organization Organizzazione internazionale per i rifugiati (abbr. O.I.R.).
iron¹ ['aiən] I s. 1 ⟨Chim⟩ ferro m. 2 ⟨fig⟩ ferro m, acciaio m: muscles of ~ muscoli d'acciaio. 3 (implement) ferro m, oggetto m (o utensile) di ferro; (weapon) arma f di ferro. 4 (for pressing clothes) ferro m (da stiro). 5 ⟨Sport⟩ (in golf) ferro m, mazza f (con la spatola in ferro). 6 (branding iron) marchio m. 7 (am.sl) (pistol) pistola f, rivoltella f. 8 pl. (fetters) ferri mpl, ceppi mpl, catene fpl: to put s.o. in -s mettere ai ferri qd. 9 ⟨Farm⟩ preparato m ferruginoso, ferro m. 10 ⟨Equit⟩ staffa f. II a. 1 di ferro, ferreo: an ~ bar una sbarra di ferro. 2 ⟨fig⟩ di ferro, ferreo, irremovibile: to have an ~ will avere una volontà di ferro; an ~ grip una presa di ferro; (strong) di ferro, ferreo, robusto, forte: an ~ constitution una salute di ferro. 3 ⟨fig⟩ (iron-coloured) ferrigno, color ferro. 4 ⟨fig⟩ (of sounds) metallico. □ as hard as ~ duro come il ferro; to have (too) many -s in the fire avere troppa carne al fuoco; the ~ and steel industry l'industria metallurgica.
iron² v.t. 1 stirare: to ~ a shirt stirare una camicia. 2 (to cover with iron) rivestire di ferro. 3 (to shackle with irons) mettere ai ferri. □ to ~ out: 1 stirare; 2 ⟨fig⟩ (of difficulties, etc.) eliminare, appianare, rimuovere.
Iron Age s. ⟨Paleont⟩ età f del ferro.
ironbound ['aiənbaund] a. 1 cerchiato di ferro. 2 ⟨fig⟩ (of a coast, etc.) chiuso da scogli. 3 ⟨fig⟩ (rigorous) rigido, rigoroso, severo; (inflexible) inflessibile.
ironclad ['aiənklæd] I a. 1 ⟨Mar.mil⟩ corazzato. 2 (of agreements, etc.) inviolabile. II s. ⟨Mar.mil,ant⟩ nave f corazzata, corazzata f.
Iron Cross s. croce f di ferro. **~ curtain** s. ⟨Pol⟩ cortina f di ferro. **~ founder** s. fonditore m. **~ foundry** s. fonderia f. **~-gray** am., **'~-'grey** I s. grigio m ferro. II a. (color) grigio ferro. **~ hand** s. ⟨fig⟩ mano f di ferro. □ ⟨fig⟩ the ~ in the velvet glove mano di ferro in guanto di velluto. **'~-'hearted** a. crudele, spietato.
ironic [ai'rɔnik], **ironical** [-əl] a. ironico.
ironing ['aiəniŋ] s. 1 stiratura f. 2 (clothes ironed) panni mpl stirati; (clothes to be ironed) panni mpl da stirare. □ to do the ~ stirare.
ironing board, ~ table s. asse f (o tavolo m) da stiro.
ironist ['aiərənist] s. ironista m/f.
iron lung s. ⟨Med⟩ polmone m d'acciaio. **~ man** am. [mæn] s.irr. ⟨sl⟩ 1 persona f instancabile. 2 (robot) robot m, automa m. 3 (dollar) dollaro m; (silver dollar) dollaro m d'argento. **~master** s. 1 padrone m di una ferriera. 2 → iron-founder. **~ mike** s. ⟨fam⟩ pilota m automatico.
ironmonger ['aiənmʌŋgə] s. commerciante m/f di ferramenta. **ironmongery** [-ri] s. 1 ferramenta fpl. 2 (hardware business) commercio m di ferramenta; (shop) negozio m di ferramenta, ferramenta fpl.
iron mould s. macchia f di ruggine. **~ ore** s. ⟨Min⟩ minerale m di ferro. **~ oxide** s. ossido m di ferro. □ ~ cassette cassetta f all'ossido di ferro. **~ rations** s.pl. viveri mpl di riserva. **~ rest** s. → iron stand. **~side** s. 1 uomo m forte e risoluto. 2 pl. (costr. sing. o pl.) ⟨Mar⟩ corazzata f. **~sides** s.pl. ⟨Stor⟩ cavalleria f di Cromwell. **~smith** s. fabbro m ferraio. **~ stand** s. appoggiaferro m. **~stone** s. ⟨Min⟩ minerale m di ferro. **~ware** s. ferramenta fpl. **~work** s. 1 lavoro m in ferro. 2 (objects made of iron) oggetti mpl di ferro, ferrame m. 3 pl. (factory; costr. sing. o pl.) ferriera f, stabilimento m siderurgico. **~worker** s. operaio m siderurgico

~working *s.* siderurgia *f.*
irony[1] ['airəni] *s.* ironia *f: Socratic* ~ ironia socratica.
irony[2] ['aiəni] *a.* **1** di ferro, ferreo. **2** (*resembling iron*) ferrigno.
Iroquois ['irɔkwɔi] **I** *s.inv.* ⟨*Etnol*⟩ irochese *m/f.* **II** *a.* irochese.
irradiance [i'reidiəns] *s.* ⟨*Fis*⟩ irraggiamento *m,* irradiazione *f.* **irradiant** [–nt] *a.* raggiante, splendente. **irradiate** [–ieit] **I** *v.t.* **1** irradiare, illuminare (*anche fig.*): *happiness –d her face* la felicità le illuminava il volto. **2** (*to radiate*) diffondere, sprigionare (*anche fig.*). **3** (*to expose to radiation*) irradiare, sottoporre a radiazioni (*anche Med.*). **II** *a.* raggiante, splendente (*with* di).
irradiation [i,reidi'eiʃən] *s.* **1** irradiamento *m.* **2** ⟨*fig*⟩ illuminazione *f.* **3** ⟨*Med,Ott*⟩ irradiazione *f.* **4** → irradiance. **ir'radiative** [–dieitiv] *a.* irradiante.
irrational [i'ræʃənl] **I** *a.* **1** privo di ragione, irrazionale: *animals are* ~ gli animali sono privi di ragione. **2** (*not according to reason*) irragionevole, irrazionale: *an* ~ *fear* una paura irragionevole. **II** *s.* ⟨*Mat*⟩ numero *m* irrazionale. **irrationalism** [–izəm] *s.* ⟨*Filos*⟩ irrazionalismo *m.* **irrationalist** [–ist] *a.* ⟨*Filos*⟩ irrazionalistico. **ir,rationality** [–'næliti] *s.* irrazionalità *f,* irragionevolezza *f.*
irrealizable [i'ri:əlaizəbl] *a.* **1** irrealizzabile, inattuabile. **2** (*not convertible into money*) non realizzabile, non convertibile (in moneta).
irrebuttable [,iri'bʌtəbl] *a.* irrefutabile, inconfutabile, inoppugnabile.
irreclaimable [,iri'kleiməbl] *a.* **1** (*of land*) non bonificabile. **2** (*of criminals, etc.*) irrecuperabile.
irrecognizable [i'rekəgnaizəbl] *a.* irriconoscibile.
irreconcilability [i,rekənsailə'biliti] *s.* inconciliabilità *f;* (*incompatibility*) inconciliabilità *f,* incompatibilità *f.* **ir'reconcilable** [–bl] **I** *a.* **1** irreconciliabile, inconciliabile: ~ *enemies* nemici irreconciliabili. **2** (*impossible to make consistent*) inconciliabile, incompatibile: ~ *arguments* argomenti inconciliabili. **II** *s.* persona *f* intransigente.
irrecoverable [,iri'kʌvərəbl] *a.* **1** ⟨*Comm*⟩ irrecuperabile, inesigibile: ~ *debt* debito irrecuperabile. **2** (*irreparable*) irrimediabile, irreparabile.
irrecusable [,iri'kju:zəbl] *a.* irrecusabile: ~ *evidence* testimonianza irrecusabile.
irredeemable [,iri'di:məbl] **I** *a.* **1** ⟨*Econ*⟩ (*of a debt, loan, etc.*) irredimibile; (*of paper money, securities*) irredimibile, non convertibile. **2** ⟨*fig*⟩ irredimibile; (*irreclaimable*) incorreggibile, irrimediabile, irreparabile: *an* ~ *loss* una perdita irreparabile. **II** *s.* ⟨*Econ*⟩ titolo *m* irredimibile.
irredentism [,iri'dentizəm] *s.* ⟨*Pol,Stor*⟩ irredentismo *m.* **irredentist** [–tist] **I** *s.* irredentista *m/f.* **II** *a.* irredentista, irredentistico.
irreducibility [,iri,dju:sə'biliti] *s.* irriducibilità *f* (*anche Mat.*). **irre'ducible** [–bl] *a.* irriducibile.
irrefragability [i,refrəgə'biliti] *s.* irrefutabilità *f.* **ir'refragable** [–bl] *a.* irrefutabile, inconfutabile, inoppugnabile.
irrefrangible [,iri'frændʒəbl] *a.* **1** infrangibile, inviolabile. **2** ⟨*Fis*⟩ non rifrangibile.
irrefutability [i,refjutə'biliti] *s.* irrefutabilità *f.* **ir'refutable** [–bl] *a.* irrefutabile, inoppugnabile, indiscutibile.
irreg. = *irregular* irregolare.
irregardless [,iri'ga:dlis] *avv.* ⟨*fam*⟩ senza curarsi (*o* tener conto) (*of* di), senza badare (a).
irregular [i'regjulə] **I** *a.* **1** irregolare, asimmetrico: *an* ~ *coastline* una costa irregolare. **2** (*lacking continuity*) irregolare, saltuario, discontinuo: ~ *intervals* intervalli irregolari; ~ *attendance* frequenza saltuaria. **3** (*not according to the rule, etc.*) irregolare: ~ *proceeding* procedura irregolare. **4** (*not according to law*) irregolare, illecito; (*of a marriage*) clandestino. **5** (*disorderly*) irregolare, disordinato. **6** (*Gramm,Mil*) irregolare: ~ *verb* verbo irregolare. **7** (*am.Comm*) di qualità inferiore. **II** *s.* ⟨*Mil*⟩ soldato *m* irregolare, irregolare *m.* **ir,regularity** [–'læriti] *s.* **1** irregolarità *f* (*anche Gramm.*). **2** (*s.th. not*

symmetrical) irregolarità *f,* asimmetria *f.* **irregularly** [– *avv.* **1** irregolarmente, in modo irregolare. **2** (*at irregu intervals*) a intervalli irregolari, saltuariamente.
irrelative [i'relətiv] *a.* **1** non connesso, non collegato ⟨ a), senza relazione (con). **2** (*not relative*) non relativ assoluto.
irrelevance [i'relivəns], **irrelevancy** [–i] *s.* **1** n pertinenza *f,* estraneità *f.* **2** (*s.th. irrelevant*) cosa *f* ⌐n pertinente⌐ (*o* estranea). **irrelevant** [–nt] *a.* **1** n pertinente, non attinente, estraneo: *the remark is* ~ *to* ⌐ *subject* l'osservazione non è pertinente all'argomen **irrelevantly** [–ntli] *avv.* in maniera non pertinente.
irreligion [,iri'lidʒən] *s.* **1** irreligione *f,* mancanza *f* religione. **2** (*opposition to religion*) irreligiosità **irreligionist** [–ist] *s.* persona *f* irreligiosa. **irreligio** [–dʒəs] *a.* irreligioso. **irreligiousness** [–dʒəsnis] *s. irreligion.*
irremediable [,iri'mi:diəbl] *a.* irrimediabile, irreparabi **irremediableness** [–nis] *s.* irrimediabilità *f,* ir parabilità *f.* **irremediably** [–i] *avv.* irrimediabilmente, ser rimedio.
irremissible [,iri'misəbl] *a.* **1** imperdonabile, ⟨*le* irremissibile. **2** (*obligatory*) inderogabile. **irremissib** [–i] *avv.* irremissibilmente, senza remissione.
irremovability [,iri,mu:və'biliti] *s.* irremovibilità **irre'movable** [–bl] *a.* **1** impossibile (*o* difficile) rimuovere, che non si può rimuovere. **2** (*impossible dismiss*) inamovibile.
irreparability [i,repərə'biliti] *s.* irreparabilità **ir'reparable** [–bl] *a.* irreparabile, irrimediabile: *an* ~ *l* una perdita irreparabile.
irrepealable [,iri'pi:ləbl] *a.* irrevocabile.
irreplaceable [,iri'pleisəbl] *a.* insostituibile.
irrepressibility [,iri,presə'biliti] *s.* irrefrenabilità **irre'pressible** [–bl] *a.* irrefrenabile, irreprimibile: ~ *laughter* risata irrefrenabile.
irreproachability [,iriprout ʃə'biliti] *s.* irreprensibilità incensurabilità *f.* **irreproachable** [bl] *a.* irreprensib incensurabile.
irresistibility [,iri,zistə'biliti] *s.* irresistibilità **irre'sistible** [–bl] *a.* irresistibile: *an* ~ *temptation* v tentazione irresistibile.
irresoluble [i'rezəljubl] *a.* irresolubile, insolubile.
irresolute [i'rezəlu:t] *a.* irresoluto, incerto, indeci **irresoluteness** [–nis], **ir,resolution** [–'lu:ʃən] irresoluzione *f,* indecisione *f.*
irresolvable [,iri'zɔlvəbl] *a.* **1** che non si può scindere separare). **2** (*of a problem*) insolubile, irresolubile.
irrespective(ly) [,iri'spektiv(li)]: ~ *of* senza tener conto senza badare a, senza riguardo a, indipendentemente ~ *of expense* senza badare a spese.
irrespirable [iri'spaiərəbl] *a.* irrespirabile.
irresponsibility [,iri,spɔnsə'biliti] *s.* irresponsabilità **irre'sponsible** [–bl] *a.* **1** irresponsabile (*anche Dir.*). (*not capable of responsibility*) irresponsabile, incoscier poco serio.
irresponsive [,iri'spɔnsiv] *a.* **1** che non risponde, che n reagisce (*to* a). **2** (*insensitive*) insensibile, indifferente ⟨ **irresponsiveness** [–nis] *s.* **1** mancanza *f* di reazione. (*insensitiveness*) insensibilità *f.*
irretention [,iri'tenʃən] *s.* mancanza *f* di ritenzio **irretentive** [–'tentiv] *a.* che non ritiene (*o* trattiene).
irretrievable [,iri'tri:vəbl] *a.* **1** irrecuperabile. (*irreparable*) irreparabile.
irreverence [i'revərəns] *s.* **1** irriverenza *f,* insolenza *f.* (*act*) atto *m* irriverente, irriverenza *f;* (*utterance*) parole irriverenti, irriverenza *f.* **irreverent** [–nt] *a.* irriverer irriguardoso, insolente.
irreversibility [,iri,və:sə'biliti] *s.* irreversibilità **irre'versible** [–bl] *a.* **1** ⟨*tecn,Chim,Biol*⟩ irreversibile. (*irrevocable*) irrevocabile.
irrevocability [i,revəkə'biliti] *s.* irrevocabilità **ir'revocable** [–bl] *a.* irrevocabile: *an* ~ *decision* decisione irrevocabile.
irrigable ['irigəbl] *a.* irrigabile, irriguo.
irrigate ['irigeit] *v.t.* **1** ⟨*Agr,Med*⟩ irrigare. **2** (*to w* bagnare, inumidire. **irrigated** [–id] *a.* irrigato, irriguo

land terreni irrigui. **,irrigation** [-'geiʃən] *s.* irrigazione *f* (*anche Med.*).

rrigation water *s.* acqua *f* irrigua.

rrigative ['irigeitiv] *a.* irrigatore, irrigatorio. **irrigator** [-ə] *s.* **1** (*person*) chi irriga. **2** (*device*) irrigatore *m* (*anche Med.*). **irriguous** [i'rigjuəs] *a.* irriguo.

rritability [,iritə'biliti] *s.* irritabilità *f* (*anche Med.*). **'irritable** [-bl] *a.* **1** irritabile, eccitabile. **2** ⟨*Med*⟩ irritabile, sensibile.

rritancy[1] ['iritənsi] *s.* irritazione *f*.

rritancy[2] *s.* ⟨*Dir*⟩ annullamento *m*.

rritant[1] ['iritənt] **I** *a.* irritante. **II** *s.* ⟨*Med*⟩ irritante *m*.

rritant[2] *a.* ⟨*Dir*⟩ privo di valore legale, nullo.

rritate[1] ['iriteit] *v.t.* **1** irritare, far perdere la pazienza (*o* calma) a. **2** ⟨*Med*⟩ irritare.

rritate[2] *v.t.* ⟨*Dir*⟩ annullare.

rritated ['iriteitid] *a.* **1** irritato. **2** ⟨*Med*⟩ irritato, infiammato. **irritating** [-tiŋ] *a.* irritante. **,irritation** [-'teiʃən] *s.* **1** irritazione *f.* **2** (*s.th. irritating*) cosa *f* ʿche irrita' (*o* irritante). **irritative** [-tiv] *a.* **1** irritante. **2** ⟨*Med*⟩ irritativo.

rrupt [i'rʌpt] *v.i.* irrompere, fare irruzione (*into* in). **irruption** [-pʃən] *s.* irruzione *f;* (*invasion*) invasione *f.* **irruptive** [-iv] *a.* irrompente.

.s [iz] → be.

Is. = **1** ⟨*Bibl*⟩ *Isaiah* Isaia. **2** *island* isola.

Isaac ['aizək] *N.pr.* ⟨*Bibl*⟩ Isacco *m.*

Isabel ['izəbel], **,Isa'bella** [-ə] **I** *N.pr.* Isabella *f.* **II** *a.* → isabelline.

isabelline [,izə'belin] *a.* isabella, color isabella.

isagoge [,aisə'goudʒi] *s.* introduzione *f,* ⟨*lett*⟩ isagoge *f.* **isagogic** [-'gɔdʒik] *a.* introduttivo, ⟨*lett*⟩ isagogico. **isagogics** [-'gɔdʒiks] *s.pl.* (costr. sing.) studi *mpl* introduttivi.

Isaiah [ai'zaiə] *N.pr.* ⟨*Bibl*⟩ Isaia *m.*

isatin ['aisətin], **isatine** [-ti:n] *s.* ⟨*Chim*⟩ isatina *f.*

Iscariot [is'kæriət] **I** *N.pr.* ⟨*Bibl*⟩ Iscariota *m.* **II** *s.* traditore *m.*

isch(a)emia [is'ki:miə] *s.* ⟨*Med*⟩ ischemia *f.* **isch(a)emic** [-mik] *a.* ischemico.

ischiadic [,iski'ædik], **ischiatic** [-ki'ætik] *a.* ⟨*Anat*⟩ ischiatico.

ischium ['iskiəm] *s.* (*pl.* ischia ['iskiə]) ⟨*Anat*⟩ ischio *m.*

Ishmael ['iʃmiəl] **I** *N.pr.* ⟨*Bibl*⟩ Ismaele *m.* **II** *s.* reietto *m,* paria *m.* **Ishmaelite** [-ait] *s.* ismaeliano *m/f,* ismaelita *m/f.*

Isidor ['izidɔ:] *N.pr.* Isidoro *m.*

isinglass ['aiziŋglɑ:s] *s.* **1** colla *f* (*o* gelatina) di pesce. **2** ⟨*Min*⟩ mica *f* in fogli trasparenti.

Isis ['aisis] *N.pr.* ⟨*Mitol*⟩ Iside *f.*

Islam ['izlɑ:m] *s.* ⟨*Rel*⟩ **1** islam *m,* islamismo *m.* **2** (*collett*) islam, musulmani *mpl.* **Islamic** [-'læmik] *a.* islamico. **Islamism** [-ləmizəm] *s.* islam *m,* islamismo *m.* **Islamist** [-ist] *s.* **1** islamista *m/f.* **2** ⟨*Rel*⟩ islamita *m/f.* **Islamite** [-ləmait] *s.* islamita *m/f.*

Islamization [,izləmai'zeiʃən] *s.* islamizzazione *f.* **'Islamize** [-maiz] *v.t.* islamizzare.

island ['ailənd] **I** *s.* **1** isola *f.* **2** ⟨*Strad*⟩ isola *f* (pedonale), salvagente *m.* **3** ⟨*Anat*⟩ isola *f,* isolotto *m.* **II** *a.* (*o* simile a) un'isola. **III** *v.t.* **1** trasformare in un'isola. **2** (*to dot with islands*) punteggiare di isole. **3** ⟨*fig*⟩ (*to dot*) punteggiare. **4** ⟨*fig*⟩ (*to isolate*) isolare. **islander** [-ə] *s.* isolano *m* (*f* -a).

island universe *s.* ⟨*Astr*⟩ galassia *f* esterna.

isle [ail] *s.* ⟨*lett,poet*⟩ isola *f.* ▢ ⟨*Geol*⟩ ~ *of Man* isola *f* di Man; ~ *of Wight* isola *f* di Wight. **'islesman** [-zmən] *s.irr.* abitante *m/f* di un arcipelago. **'islet** [-it] *s.* **1** isoletta *f.* **2** ⟨*Anat*⟩ isolotto *m,* isola *f.*

ism ['izəm] *s.* ⟨*spreg*⟩ ismo *m,* dottrina *f,* tendenza *f.*

Ismaili [iz'meili], **Ismailian** [-ən] *s.* ⟨*Rel*⟩ Ismailita *m/f.*

isn't ['iznt] *contraz. di* is not.

ISO = *International Standard Organization* Organizzazione internazionale per la standardizzazione.

isobar ['aiso(u)bɑ:] *s.* **1** ⟨*Meteor*⟩ isobara *f,* linea *f* isobara. **2** ⟨*Fis,Chim*⟩ isobaro *m.* **,isobaric** [-'bærik] *a.* **1** ⟨*Meteor*⟩ isobarico. **2** ⟨*Fis,Chim*⟩ isobarico, isobaro.

isobath ['aiso(u)bæθ] *s.* ⟨*Geog,Mar*⟩ isobata *f.*

isochore ['aiso(u)kɔ:] *s.* ⟨*Fis*⟩ isocora *f.*

isochromatic [,aiso(u)kro(u)'mætik] *a.* **1** ⟨*Ott*⟩ isocromatico. **2** ⟨*Fot*⟩ ortocromatico.

isochronism [ai'sɔkrənizəm] *s.* ⟨*Fis*⟩ isocronismo *m.* **isochronous** [-nəs] *a.* isocrono.

isoclinal [,aiso(u)'klainl] **I** *a.* **1** isoclino. **2** ⟨*Geol*⟩ isoclinale. **II** *s.* ⟨*Geog*⟩ isoclina *f,* linea *f* isoclina. **isoclinic** [-'klinik] *a.* isoclinale.

isocracy [ai'sɔkrəsi] *s.* ⟨*Pol*⟩ uguaglianza *f* di poteri.

isodynamic ['aiso(u)dai'næmik], **isodynamical** [-əl] *a.* ⟨*Geog*⟩ isodinamico.

isogamy [ai'sɔgəmi] *s.* ⟨*Biol*⟩ isogamia *f.*

isogeotherm [,aiso(u)'dʒi:əθə:m] *s.* ⟨*Geol*⟩ isogeoterma *f.*

isogon ['aiso(u)gɔn] *s.* ⟨*Geom*⟩ poligono *m* regolare. **isogonal** [-'sɔgənl] **I** *a.* ⟨*Geom*⟩ isogonale. **II** ⟨*Geog*⟩ *s.* linea *f* isogona, isogona *f.* **,iso'gonic** [-gɔnik] *a./s.* → isogonal.

isolable ['aisələbl] *a.* isolabile.

isolate ['aisəleit] *v.t.* **1** isolare; (*to cut off*) isolare, tagliare fuori. **2** ⟨*Chim,Biol,El,Mat*⟩ isolare. **isolated** [-id] *a.* isolato: *an ~ village* un villaggio isolato; *an ~ incident* un incidente isolato; (*stranded*) tagliato fuori, isolato. **isolating** [-iŋ] *a.* ⟨*Ling*⟩ isolante.

isolating| circuit *s.* ⟨*El*⟩ circuito *m* ʿd'isolamento' (*o* isolante). **~ switch** *s.* sezionatore *m.*

isolation [,aisə'leiʃən] *s.* **1** isolamento *m* (*anche Med.,Pol.,Biol.*). **2** (*loneliness*) isolamento *m,* solitudine *f.*

isolation| booth *s.* ⟨*TV*⟩ cabina *f* d'isolamento. **~ hospital** *s.* ⟨*Med*⟩ ospedale *m* contumaciale (*o* d'isolamento).

isolationism [,aisə'leiʃənizəm] *s.* ⟨*Pol*⟩ isolazionismo *m.* **isolationist** [-nist] **I** *s.* isolazionista *m/f.* **II** *a.* isolazionista, isolazionistico.

isolator ['aisəleitə] *s.* **1** chi isola. **2** ⟨*El*⟩ isolatore *m.* **3** ⟨*Fis*⟩ isolante *m.*

isomer ['aiso(u)mə] *s.* ⟨*Chim*⟩ isomero *m.* **,isomeric** [-'merik] *a.* isomero.

isomerism [ai'sɔmərizəm] *s.* isomeria *f.* **i,somerization** [-rai'zeiʃən] *s.* isomerizzazione *f.* **isomerize** [-raiz] *v.t.* trasformare in isomero.

isometric [,aiso(u)'metrik], **isometrical** [-əl] *a.* **1** isometrico. **2** ⟨*Metr*⟩ di uguale metro.

isometric line *s.* ⟨*Fis*⟩ linea *f* isometrica, isometrica *f.*

isometry [,aiso(u)'metri] *s.* isometria *f.*

isomorphic ['aiso(u)mɔ:fik] *a.* ⟨*Biol,Min,Chim*⟩ isomorfico. **isomorphism** [-izəm] *s.* isomorfismo *m* (*anche Mat.*). **isomorphous** [-əs] *a.* isomorfo.

isopod ['aiso(u)pɔd] **I** *a.* ⟨*Zool*⟩ degli isopodi. **II** *s.* isopode *m.*

isosceles [ai'sɔsili:z] *a.* ⟨*Geom*⟩ isoscele: ~ *triangle* triangolo isoscele.

isoseismal [,aiso(u)'saizməl] **I** *a.* → **isoseismic. II** *s.* ⟨*Geol*⟩ isosista *f,* isosismica *f,* linea *f* isosista (*o* isosismica). **isoseismic** [-mik] *a.* isosismico, isosisto.

isotherm ['aiso(u)θə:m] *s.* ⟨*Meteor*⟩ isoterma *f,* linea *f* isoterma. **,iso'thermal** [-əl] **I** *a.* ⟨*Biol,Meteor*⟩ isotermico. **II** *s.* → **isotherm.**

isotope ['aiso(u)toup] *s.* ⟨*Chim*⟩ isotopo *m.* **,isotopic** [-'tɔpik] *a.* isotopico. **isotopy** [ai'sɔtəpi] *s.* ⟨*Chim,Atom*⟩ isotopia *f,* isotopismo *m.*

isotropic [,aiso(u)'trɔpik] *a.* ⟨*Fis,Biol*⟩ isotropo. **isotropy** [-'sɔtrəpi] *s.* isotropia *f.*

Israel ['izreiəl] **I** *N.pr.* ⟨*Geog*⟩ Israele *m.* **II** *s.* **1** ⟨*Bibl*⟩ popolo *m* ebraico, Israele *m.* **2** ⟨*fig*⟩ popolo *m* eletto. **3** ⟨*collett*⟩ (*Jews*) israeliti *mpl,* ebrei *mpl.* **Israeli** [-'reili] **I** *s.* (*pl. inv./-s* [z]) israeliano *m* (*f* -a). **II** *a.* israeliano.

Israelite ['izriəlait] **I** *s.* **1** ⟨*Bibl*⟩ israelita *m/f.* **2** (*Jew*) israeliano *m* (*f* -a), ebreo *m* (*f* -a). **II** *a.* → **Israelitic. Israelitic** [-'litik], **Israelitish** [-iʃ] *a.* ⟨*Bibl*⟩ israelita, israelitico.

Issei *am.* ['i:s'sei] *s.inv.* immigrato *m* (*f* -a) giapponese.

issuable ['isjuəbl] *a.* **1** ⟨*Econ*⟩ che può essere emesso (*o* messo in circolazione); (*of profits*) maturabile. **2** ⟨*Dir*⟩ che può essere oggetto di contesa legale.

issuance ['isjuəns] *s.* **1** emissione *f.* **2** (*outflow*) fuor(i)uscita *f.*

issue ['isju:, 'iʃu:] **I** *s.* **1** distribuzione *f: a new ~ of supplies* una nuova distribuzione di rifornimenti. **2** (*promulgation*) emanazione *f*, emissione *f*. **3** ⟨*Econ*⟩ emissione *f: the ~ of stock* l'emissione di azioni. **4** ⟨*Filat*⟩ (*act*) emissione *f*, (*stamps issued*) tiratura *f*. **5** ⟨*Edit*⟩ (*publishing*) pubblicazione *f*; (*s.th. published*) edizione *f: the latest ~* l'ultimissima edizione; (*number*) numero *m*, fascicolo *m*. **6** (*matter, question*) questione *f*, problema *m: an ~ of the first importance* una questione di primaria importanza; (*point in debate*) punto *m* in discussione. **7** (*point of settlement*) conclusione *f*, termine *m: to bring a matter to an ~* portare a termine un affare; (*final outcome*) esito *m*, risultato *m: the final ~* il risultato finale. **8** ⟨*Dir*⟩ questione *f*, controversia *f*, disputa *f*. **9** (*discharge*) fuor(i)uscita *f*, emissione *f*. **10** ⟨*Fisiol,Med*⟩ perdita *f: an ~ of blood* una perdita di sangue. **11** ⟨*Dir*⟩ (*children*) prole *f*, discendenza *f: to die without ~* morire senza prole. **12** (*outgoing, outflowing*) l'uscire, uscita *f*; (*outlet*) uscita *f*, apertura *f*, sbocco *m*; (*of a river*) foce *f*. **13** *pl.* ⟨*Dir*⟩ (*proceeds*) rendita *f*. **14** ⟨*Mil*⟩ fornitura *f: government ~* fornitura governativa. **II** *v.t.* **1** distribuire. **2** (*to promulgate*) emanare, emettere: *to ~ a law* emanare una legge. **3** ⟨*Econ,Filat*⟩ emettere, mettere in circolazione. **4** ⟨*Dir,Comm*⟩ emettere, spiccare: *to ~ a cheque* emettere un assegno. **5** (*to publish*) pubblicare. **6** (*to discharge*) emettere, mandare fuori. **III** *v.i.* **1** uscire, scaturire, sgorgare, venir fuori: *smoke ~d from the exhaust pipe* dal tubo di scappamento usciva fumo. **2** ⟨*Edit*⟩ essere pubblicato, uscire. **3** (*to originate*) derivare, avere origine, provenire, discendere (*from* da). **4** (*to result*) avere come risultato (*in s.th.* qc.), concludersi, finire (in). **5** ⟨*Dir*⟩ (*to be an offspring of*) discendere (*from* da). **6** (*of profits: to accrue*) maturare. □ **at ~:** **1** in questione: *the point at ~* il punto in questione; **2** (*of people*) in disaccordo; ⟨*fig*⟩ *to confuse the ~* imbrogliare le carte; *to dodge the ~* eludere la questione; ⟨*Dir*⟩ ~ *of fact* questione *f* di fatto; *in the ~* in conclusione, in fin dei conti; *to join ~* attaccare briga (*o* lite) (*with* con); ⟨*Dir*⟩ ~ *of law* questione *f* di diritto; ⟨*Econ*⟩ ~ *of a letter of credit* rilascio *m* di una lettera di credito; *to bring s.th. to a successful ~* portare a buon fine qc.; *to take ~ with* essere in disaccordo con.

issueless ['isju:lis] *a.* (*childless*) senza figli, senza prole.

issuing| bank ['isju:iŋ] *s.* ⟨*Econ*⟩ banca *f* d'emissione. ~ **house** *s.* istituto *m* d'investimenti.

isthmian ['isθmiən] **I** *a.* istmico. **II** *s.* abitante *m/f* di un istmo.

Isthmian Games *s.pl.* ⟨*Stor.gr*⟩ giochi *mpl* istmici.

isthmus ['ismɔs] *s.* (*pl.* **-muses** [məsiz]/**-mi** [mai]) istmo *m*.

istle ['istle] *s.* ⟨*Tess*⟩ istle *m*, ixtle *m*.

it[1] [it] **I** *pron.* **1** (*in the nominative case*) esso, essa, *often not translated:* ~ *will be her third child* sarà il suo terzo figlio; ~ *is mine* è mio. **2** (*in the objective case*) lo, la, *often not translated: I don't like* ~ non mi piace; *give* ~ *to me* dammelo. **3** (*as an impersonal subject*) si, *often not translated:* ~ *is believed that he has escaped* si crede che sia fuggito; ~*'s raining* piove; ~*'s ten o'clock* sono le dieci. **4** (*anticipatory*) *not translated: who is* ~*? – ~'s me* chi è? – sono io. **II** *s.* **1** ⟨*fam*⟩ persona *f* (*o* cosa) insuperabile, non plus ultra *m*. **2** ⟨*fam*⟩ (*person of importance*) qualcuno *m: he really thinks he's* ~ si crede davvero qualcuno. **3** ⟨*fam*⟩ (*sex appeal*) sex appeal *m*, fascino *m*. **4** (*in children's games*) chi sta sotto. □ *in* ~ in esso, ci, vi: *he put his papers in* ~ ci mise dentro le sue carte; *of* ~ lo, la, ne: *do you want all of* ~*?* lo vuoi tutto?; *how much of* ~ *do you want?* quanto ne vuoi?; *that's* ~*!* ci siamo!, ecco!

it[2] *s.* ⟨*fam*⟩ vermouth *m* dolce: *gin and* ~ gin e vermouth dolce.

It. = **1** *Italian* italiano. **2** ⟨*Geog*⟩ *Italy* Italia.

itacism ['i:təsizəm] *s.* ⟨*Fisiol*⟩ itacismo *m*.

ital. = ⟨*Tip*⟩ *italics* corsivo.

Italian [i'tæljən] **I** *a.* italiano. **II** *s.* **1** italiano *m* (*f* –a). **2** (*language*) italiano *m*. **Italianate** [–it] *a.* italianizzato.

Italianism [–izəm] *s.* **1** italianità *f*. **2** (*Italian idiom etc.*) italianismo *m*. **I,talianization** [–ai'zeiʃən] italianizzazione *f* (*anche Ling.*). **Italianize** [–aiz] **I** *v.t.* italianizzare (*anche Ling.*). **II** *v.i.* italianeggiare.

italic [i'tælik] *a.* **1** ⟨*Tip*⟩ corsivo, italico. **2** ⟨*Ling*⟩ italico. **Italic I** *a.* ⟨*Stor*⟩ italico. **II** *s.* ⟨*Ling*⟩ lingua *f* italica. **italicism** [–lisizəm] *s.* italianismo *m*. **italicize** [–lisai] **I** *v.t.* **1** ⟨*Tip*⟩ stampare in corsivo. **2** (*to underlin*) sottolineare. **II** *v.i.* usare il corsivo. **italics** [–s] *s.pl.* (*cost* sing. *o* pl.) ⟨*Tip*⟩ corsivo *m*, carattere *m* italico.

Italiot(e) [i'tæliout] **I** *a.* ⟨*Stor*⟩ italiota. **II** *s.* italiot *m/f.*

Italy ['itəli] *N.pr.* ⟨*Geog*⟩ Italia *f.*

itch [itʃ] **I** *v.i.* **1** prudere, pizzicare: *my back is –ing* m prude la schiena. **2** ⟨*fig*⟩ (*to long*) desidera ardentemente, non vedere l'ora di, avere una gran vogl di: *I am –ing to get away* non vedo l'ora di andarmen (*to be in a ferment*) fremere, ardere: *to ~ with impatienc* fremere d'impazienza. **II** *s.* **1** prurito *m*, pizzicore *m: have an ~* avere il prurito. **2** ⟨*Med*⟩ rogna *f*, scabbia *f*. ⟨*fig*⟩ (*craving*) voglia *f*, desiderio *m* (intenso); (*fermen* fermento *m*, agitazione *f*. □ *he is –ing to leave* gli scott la terra sotto i piedi. **'itchiness** [–inis] *s.* **1** prurito *m* pizzicore *m*. **2** ⟨*fig*⟩ nervosismo *m*. **'itching** [–iŋ] prurito *m*, pizzicore *m*. □ ⟨*fig*⟩ *to have an ~ palm* esser avido di denaro.

itch mite *s.* ⟨*Zool,Med*⟩ acaro *m* della scabbia.

itchy ['itʃi] *a.* **1** che prude, che pizzica. **2** (*causing an itch* pruriginoso, che provoca (*o* dà) prurito. **3** ⟨*fig* desideroso, avido (*for* di).

item[1] ['aitəm] *s.* **1** voce *f*, articolo *m: a list of twenty –s* u elenco di venti voci. **2** ⟨*Giorn*⟩ notizia *f*. **3** (*of an agend* etc.) argomento *m*, questione *f*. **4** ⟨*Teat*⟩ numero *m: th last ~ on the programme* l'ultimo numero in programm **5** ⟨*Mus*⟩ pezzo *m*.

item[2] *lat. avv.* (*likewise*) item, parimenti, ugualmente.

itemize ['aitəmaiz] *v.t.* particolareggiare, dettagliare specificare: *to ~ an account* dettagliare un conto.

item veto *am. s.* ⟨*Pol*⟩ diritto *m* di veto parziale.

iterance ['itərəns] *s.* → **iteration**. **iterant** [–nt] *a.* che s ripete. **iterate** [–reit] *v.t.* reiterare, ripetere. **,iteratio** [–'reiʃən] *s.* ripetizione *f*. **iterative** [–rətiv] *a.* **1** iterativc **2** ⟨*Gramm*⟩ iterativo, frequentativo.

ithyphallic [,iθi'fælik] **I** *a.* **1** ⟨*Stor.gr,Metr*⟩ itifallico. ⟨*fig*⟩ osceno, itifallico. **II** *s.* **1** ⟨*Metr*⟩ itifallico *m*. (*obscene poem*) poesia *f* oscena.

itineracy [i'tinərəsi, ai'ti–], **itinerancy** [–rənsi] *s.* l'essere itinerante. **2** (*act of itinerating*) spostamento *m* d un luogo all'altro. **itinerant** [–rənt] **I** *a.* itinerante girovago, che viaggia: *an ~ preacher* un predicator itinerante. **II** *s.* **1** itinerante *m/f*. **2** (*tramp*) girovago *m* (–a).

itinerary [ai'tinərəri, i'ti–] **I** *s.* **1** itinerario *m*, percorso *m* **2** (*travel diary*) diario *m* di viaggio; (*guide book*) guida itinerario *m*. **II** *a.* itinerario. **itinerate** [i'tinəreit, ai'ti– *v.i.* spostarsi da un luogo all'altro. **itineratio** [i,tinə'reiʃən, ai'ti–] *s.* spostamento *m* da un luog all'altro.

it'll ['itl] *contraz. di* it will, it shall.

ITO = *International Trade Organization* Organizzazion internazionale per il commercio.

its [its] *a.poss.* suo, *often not translated: the cat wa cleaning ~ fur* il gatto si puliva il pelo; *the world and ~ problems* il mondo e i suoi problemi.

it's [its] *contraz. di* it is, it has.

itself [it'self] *pron. pers.* **1** (*used reflexively*) si, sé, se stesso *the cat was cleaning ~* il gatto si puliva. **2** (*as a emphatic appositive*) stesso: *the horse ~ knows the way* cavallo stesso conosce la strada. **3** (*after prepositions*) sé se stesso: *the problem will take care of ~* il problema s risolverà da sé. **4** (*personified*) in persona, personificato *she is kindness ~* è la gentilezza in persona. □ *by ~:* (*alone*) isolato: *the house stands by ~* la casa è isolata; (*automatically*) automaticamente, da solo: *the machin works by ~* la macchina funziona automaticamente; (*without help*) da sé, da solo, senza aiuto: *the baby ca walk by ~* il bambino cammina da sé; *in ~* in sé (e pe

), in se stesso, di per sé, di per se stesso: *this in* ~ *is a good enough reason* questa è di per sé una buona ragione.

U = *International Telecommunications Union* Unione internazionale delle telecomunicazioni.

V = *Independent Television* televisione indipendente.

= 1 *immunizing unit* unità d'immunizzazione. **2** *international unit* unità internazionale.

e [aiv] *contraz. di* **I have.**

ed ['aivid] *a.* coperto d'edera.

ory ['aivəri] **I** *s.* **1** avorio *m.* **2** (*colour*) avorio *m,* color di avorio. **3** *pl.* ⟨*fam*⟩ (*piano keys*) tasti *mpl* (del pianoforte). **4** *pl.* ⟨*fam*⟩ (*teeth*) denti *mpl.* **5** *pl.* ⟨*sl*⟩ (*dice*) dadi *mpl.* **6** ⟨*fam*⟩ (*billiard ball*) bilia *f.* **II** *a.* **1** d'avorio: *an* ~ *statue* una statua d'avorio. **2** (*ivory-coloured*) (color) avorio.

ivory|black *s.* nero *m* d'avorio. ~ **nut** *s.* corozo *m,* avorio *m* vegetale, noce *f* d'America. ~ **tower** *s.* ⟨*fig*⟩ torre *f* d'avorio.

ivy ['aivi] *s.* ⟨*Bot*⟩ edera *f.*

ivy| geranium *s.* ⟨*Bot*⟩ geranio *m* edera. '~-'**mantled** *a.* ⟨*poet*⟩ → **ivied.**

ixia ['iksiə] *s.* ⟨*Bot*⟩ issia *f,* ixia *f.*

Ixion [ik'saiən] *N.pr.* ⟨*Mitol*⟩ Issione *m.*

izard ['izəd] *s.* ⟨*Zool*⟩ camoscio *m.*

J

j, J [dʒei] *s.* (*pl.* **j's/js, J's/Js** [dʒeiz]) (*letter of the alphabet*) j, J *f/m;* ⟨*Tel*⟩ J *for Jack,* ⟨*am*⟩ J *for Juliet* j come jolly.

J *a.* **1** J, decimo. **2** (*J-shaped*) a (forma di) J.

J = ⟨*Fis*⟩ *joule* joule (*abbr.* J).

J.A. = **1** ⟨*Mil*⟩ *Judge Advocate* pubblico ministero. **2** ⟨*GB*⟩ *Justice of Appeal* giudice d'appello.

jab¹ [dʒæb] *v.* (*pret., p.p.* **jabbed** [–d]) **I** *v.t.* **1** conficcare, piantare, infiggere. **2** ⟨*Sport*⟩ colpire (con un jab); (*of a punch, blow*) sferrare. **3** (*to stab*) pugnalare. **4** ⟨*Med,fam*⟩ fare un'iniezione a. **II** *v.i.* sferrare (*o* vibrare) colpi (*at* a).

jab² *s.* **1** colpo *m* (di punta), puntata *f.* **2** ⟨*Sport*⟩ jab *m,* diretto *m* sinistro. **3** (*stab*) pugnalata *f.* **4** ⟨*Med,fam*⟩ iniezione *f,* ⟨*fam*⟩ puntura *f.*

jabber ['dʒæbə] **I** *v.i.* **1** farfugliare, balbettare, barbugliare. **2** (*to chatter*) cicalare, ciarlare, cianciare. **II** *v.t.* pronunciare in modo confuso, barbugliare, balbettare, borbottare. **III** *s.* **1** borbottamento *m,* borbottio *m.* **2** (*babbling*) chiacchiericcio *m,* chiacchierio *m,* cicaleccio *m.* **jabbering** [–riŋ] *a.* barbugliante, balbettante.

jabot ['dʒæbou] *s.* ⟨*Mod*⟩ jabot *m.*

jacinth ['dʒæsinθ] *s.* ⟨*Min*⟩ giacinto *m.*

jack¹ [dʒæk] **I** *s.* **1** ⟨*Mecc,Aut*⟩ martinetto *m,* cricco *m,* binda *f.* **2** (*in cards*) fante *m,* jack *m.* **3** ⟨*Sport*⟩ (*in bowling*) boccino *m,* pallino *m.* **4** → **jackstone. 5** (*for turning a spit*) girarrosto *m.* **6** ⟨*Mar*⟩ jack *m,* bandiera *f* di bompresso. **7** ⟨*El,Tel*⟩ jack *m,* presa *f* a jack. **8** ⟨*Zool*⟩ (*male animal*) animale *m* maschio, maschio *m;* (*jackass*) asino *m.* **9** (*lumber jack*) boscaiolo *m,* taglialegna *m.* **10** ⟨*fam*⟩ (*sailor*) marinaio *m.* **II** *a.* ⟨*Zool*⟩ (*male*) maschio. □ ⟨*fam*⟩ *every man* ~ tutti (quanti), ognuno; ~ *of all trades* factotum *m; to be a* ~ *of all trades* fare tutti i mestieri, fare un po' di tutto.

jack² *v.t.* **1** (general. con *up*) sollevare (*o* alzare) con il cricco: *he –ed up the car* sollevò l'automobile con il cricco. **2** ⟨*fam*⟩ (*to increase;* general. con *up*) aumentare, alzare, elevare: *to ~ up prices* aumentare i prezzi. □ ⟨*fam*⟩ *to ~* **off** desistere; *to ~* **up: 1** ⟨*fam*⟩ (*to encourage*) tirar su, sollevare, rialzare; **2** ⟨*fam*⟩ (*to give up*) desistere.

jack³ *s.* **1** ⟨*Bot*⟩ → **jack tree. 2** → **jack fruit.**

Jack *N.pr.* (*dim. di John*) Gianni *m.*

'jack-a-'dandy *s.* damerino *m,* zerbinotto *m,* gagà *m.*

jackal ['dʒækɔ:l] *s.* **1** ⟨*Zool*⟩ sciacallo *m.* **2** (*fig*) individuo *m* servile, ⟨*spreg*⟩ tirapiedi *m,* ⟨*spreg*⟩ scagnozzo *m.*

jackanapes ['dʒækəneips] *s.* **1** impudente *m/f,* sfacciato *m* (*f* –a), sfrontato *m* (*f* –a). **2** (*fop*) damerino *m,* zerbinotto *m,* gagà *m.*

jackass ['dʒækæs] *s.* **1** ⟨*Zool*⟩ asino *m,* ciuco *m,* somaro *m.* **2** (*fig*) ignorante *m/f,* stupido *m* (*f* –a), asino *m* (*f* –a).

jackboot *s.* stivale *m* da marinaio.

jackdaw ['dʒækdɔ:] *s.* ⟨*Ornit*⟩ taccola *f,* pola *f.*

jacket ['dʒækit] **I** *s.* **1** ⟨*Vest*⟩ giacca *f,* giacchetta *f.* **2** ⟨*Legat*⟩ sopraccoperta *f,* copertina *f,* foderina *f.* **3** ⟨*Mot*⟩

camicia *f.* **4** ⟨*Mil*⟩ (*of a gun*) camicia *f,* fodero *m;* (*o bullet*) rivestimento *m.* **5** (*of a potato*) buccia *f: potat boiled in their –s* patate lessate con la buccia. **6** (*o record*) copertina *f.* **II** *v.t.* **1** mettere una giacca a ⟨*tecn*⟩ incamiciare. **3** ⟨*fam*⟩ (*to thrash*) batt percuotere. □ ⟨*fam*⟩ *to dust s.o.'s* ~ bastonare accarezzare le spalle a qd.

jacket dress *s.* ⟨*Mod*⟩ abito *m* a giacca.

jacketed ['dʒækitid] *a.* **1** che indossa una giacca, in gia **2** ⟨*tecn*⟩ rivestito, incamiciato.

jack| fish *s.* ⟨*Itt*⟩ luccio *m.* ~ **Frost** *s.* gelo *m.* ~ **fr** *s.* frutto *m* dell'albero del pane. **~hammer** *s.* ⟨*M* martello *m* pneumatico.

Jackie ['dʒæki] *N.pr.* **1** *dim. di* **Jacqueline. 2** (*dim. John*) Giovannino *m.*

'jack|-in-'office *s.* ⟨*fam*⟩ funzionario *m* boric **'~-in-the-'box** *s.* scatola *f* a sorpresa. **'~-in-the-'gre** *s.* **1** (*in the May Day games*) persona *f* chiusa in gabbia coperta di fronde. **2** ⟨*Bot*⟩ specie di primula. **Ketch** *s.* boia *m.* **~knife** *s.irr.* **1** coltello *m* serramanico. **2** ⟨*Sport*⟩ tuffo *m* in avanti carpi **'~-o'-'lantern** *s.* **1** lanterna *f* fatta con una zucca vuo **2** (*will-o'-the-wisp*) fuoco *m* fatuo. ~ **plane** *s.* ⟨*I* pialla *f* per sgrossare, pialletta *f.* **~pot** *s.* **1** (*in po* piatto *m* con apertura ai fanti. **2** (*cumulative chief pr* monte *m* premi. **3** ⟨*fam*⟩ (*impressive success*) success clamoroso. □ ⟨*fam*⟩ *to hit the* ~: **1** avere un colpo fortuna; **2** (*to be successful*) avere successo, sfondare. **rabbit** *s.* ⟨*Zool*⟩ jack rabbit *m* dalla coda bian **~snipe** *s.* (*pl. inv./-s* [z]; il pl.inv. si usa general. valore collett.) ⟨*Ornit*⟩ frullino *m.* **~stone** *s.* **1** sasso *m.* **2** *pl.* (*game;* costr. sing.) gioco *m* dei sasso **'~'straw** *s.* **1** spaventapasseri *m.* **2** ⟨*fig*⟩ nullità *f.* **3** (*game;* costr. sing.) sciangai *m.* **4** (*spillikin*) bastoncino da sciangai. **~tar, Tar** *s.* ⟨*fam*⟩ marinaio *m.* ~ **tow** *s.* bandinella *f.* ~ **tree** *s.* ⟨*Bot*⟩ albero *m* del pane.

Jacky *N.pr.* → **Jackie.**

Jacob ['dʒeikəb] *N.pr.* **1** Giacomo *m.* **2** ⟨*Bibl*⟩ Giaco *m.*

Jacobean [,dʒækə'biən] **I** *a.* **1** ⟨*Stor.brit*⟩ del regno Giacomo I. **2** ⟨*Arch,Arred*⟩ del rinascimento inglese. **II** statista *m* (*o* scrittore) dell'epoca di Giacomo I.

Jacobin ['dʒækəbin] *s.* **1** ⟨*Stor*⟩ giacobino *m.* **2** ⟨*fi* giacobino *m,* estremista *m,* radicale *m.* **jacobin** *s.* ⟨*Orr* cappuccino *m.* **,Jaco'binic** [–ik], **,Jaco'binical** [–ikəl] giacobino. **Jacobinism** [–izəm] *s.* ⟨*Stor,Pol*⟩ giaco nismo *m.* **Jacobinize** [–aiz] *v.t.* rendere giacobino.

Jacobite ['dʒækəbait] *s.* ⟨*Stor,Rel*⟩ giacobita *m.* **,Jacobi** [–'bitik], **,Jacobitical** [–'bitikəl] *a.* dei giacob **Jacobitism** [–izəm] *s.* principi *mpl* dei giacobiti.

Jacob's| ladder *s.* **1** ⟨*Bibl*⟩ scala *f* di Giacobbe. **2** ⟨*M* biscaglina *f.* **3** ⟨*Bot*⟩ polemonio *m.* ~ **staff** *s.* ⟨*Mar.a* balestriglia *f.*

jaconet ['dʒækənit] *s.* ⟨*Tess*⟩ giaconetta *f.*

jacquard, Jacquard ['dʒækəd, dʒɔ'ka:d] *s.* ⟨*Tess*⟩ jacquard *m,* tessuto *m* jacquard. **2** (*Jacquard loom*) tel *n* jacquard.

acqueline ['dʒækli:n] *N.pr.* Giacomina *f.*

ctation [dʒæk'teiʃən] *s.* millanteria *f,* vanteria *f.*

ctitation [ˌdʒækti'teiʃən] *s.* **1** ⟨*Dir*⟩ falsa dichiarazione *f:* ~ *of marriage* falsa dichiarazione di (aver contratto) matrimonio. **2** ⟨*Med*⟩ agitazione *f* motoria; (*of a muscle, etc.*) contrazione *f* involontaria.

de¹ [dʒeid] *s.* **1** ⟨*Min*⟩ giada *f.* **2** → **jade green.**

de² **I** *s.* **1** rozza *f.* **2** (*fig*) donna *f* di facili costumi. **3** *spreg*) (*woman*) donna *f.* **II** *v.t.* **1** (*of a horse*) sfiancare. **2** (*fig*) (*to tire*) affaticare, spossare. **III** *v.i.* sfiancarsi, affaticarsi. **jaded.** **jaded** [dʒeidid] *a.* **1** spossato, sfiancato. **2** *satiated*) sazio, stucco.

de|-'**green** *a.* (color) verde giada. ~ **green** *s.* verde *m* giada.

ffa ['dʒæfə] *s.* ⟨*Bot*⟩ arancio *m* ⌐d'Israele⌐ (*o* palestinese).

g¹ [dʒæg] **I** *s.* **1** sporgenza *f,* protuberanza *f;* (*of rock, etc.*) dente *m,* cima *f* aguzza. **2** (*rough tear in cloth*) strappo *m.* **II** *v.t.* (*pret., p.p.* **jagged** [-d]) **1** dentellare, seghettare. **2** (*to make jagged*) frastagliare; (*to cut unevenly*) lacerare, strappare.

g² *s.* **1** ⟨*sl*⟩ ubriacatura *f,* ⟨*fam*⟩ sbronza *f,* ⟨*pop*⟩ sbornia *f: to go on a* ~ prendere una sbornia. **2** ⟨*sl*⟩ (*spree*) bagordi *mpl,* stravizi *mpl.*

gged ['dʒægid] *a.* **1** seghettato, dentellato: *a* ~ *edge* un bordo seghettato. **2** (*of rocks, etc.*) frastagliato: ~ *coastline* costa frastagliata. **jaggedness** [-nis] *s.* **1** l'essere dentellato (*o* seghettato). **2** (*jagged effect*) frastagliamento *m,* frastagliatura *f.*

ggery ['dʒægəri] *s.* zucchero *m* scuro grezzo.

ggy ['dʒægi] *a.* → **jagged.**

guar ['dʒægjuə] *s.* ⟨*Zool*⟩ giaguaro *m.*

ah [dʒɑ:], '**Jahve(h)** [-vei] *N.pr.* ⟨*Bibl*⟩ Jahvè *m,* Geova *m.*

ai alai *sp.* ['hailai] *s.* ⟨*Sport*⟩ pelota *f.*

ail [dʒeil] **I** *s.* prigione *f,* carcere *m.* **II** *v.t.* imprigionare, mettere in galera, incarcerare.

ail| **bird** *s.* ⟨*fam*⟩ **1** carcerato *m,* galeotto *m.* **2** (*s.o. often in jail*) avanzo *m* di galera. ~**break** *s.* evasione *f.* □ *attempted* ~ tentativo *m* di evasione. ~ **delivery** *s.* **1** liberazione *f* di carcerati (con la forza). **2** ⟨*Dir*⟩ traduzione *f* (dei carcerati) in tribunale.

ailer ['dʒeilə] *s.* carceriere *m,* secondino *m.*

ail| **fever** *s.* ⟨*Med*⟩ tifo *m* esantematico. ~**house** *s.* prigione *f,* carcere *m.*

ailor *s.* → **jailer.**

akarta [dʒə'kɑːtə] *N.pr.* ⟨*Geog*⟩ Giacarta *f.*

ake¹ *am.* [dʒeik] *a.pred.* ⟨*sl*⟩ soddisfacente.

ake² *am.* *s.* ⟨*sl*⟩ villano *m,* zotico *m.*

alap ['dʒæləp] *s.* **1** ⟨*Farm*⟩ gialappa *f.* **2** ⟨*Bot*⟩ gialappa *f,* ipomea *f.*

alopy [dʒə'lɔpi] *s.* ⟨*fam*⟩ vecchia automobile *f,* ⟨*scherz*⟩ macinino *m,* ⟨*pop*⟩ bagnarola *f.*

alousie *fr.* ['ʒæluzi:] *s.* ⟨*Edil*⟩ **1** persiana *f,* gelosia *f.* **2** → **jalousie window.**

alousie window *s.* finestra *f* a vetri orientabili.

am¹ [dʒæm] *v.* (*pret., p.p.* **jammed** [-d]) **I** *v.t.* **1** incastrare, imprigionare. **2** (*to squeeze*) pigiare, comprimere, premere, schiacciare: *to* ~ *clothes into a suitcase* pigiare gli abiti in una valigia. **3** (*to block*) bloccare, ostruire, ingorgare: *crowds –med the exits* la folla bloccava le uscite; (*of traffic*) intasare. **4** (*of a machine, etc.*) bloccare, inceppare; (*of brakes; general. con on*) bloccare. **5** (*to thrust violently*) infilare (*o* introdurre) a forza, cacciare. **6** (*to bruise by jamming*) schiacciare: *he –med his hand in the door* si schiacciò la mano nella porta. **7** ⟨*Rad*⟩ disturbare, creare interferenza in. **II** *v.i.* **1** incastrarsi; (*to become blocked*) incantarsi, bloccarsi, arrestarsi: *the brakes have –med* i freni si sono bloccati; (*of firearms*) incepparsi, bloccarsi, fare cilecca. **2** (*to crowd together*) affollarsi, accalcarsi. **3** ⟨*Mus*⟩ (*in jazz*) improvvisare. **4** ⟨*Cin*⟩ (*of a film*) aggrovigliarsi.

am² *s.* **1** compressione *f,* pressione *f.* **2** (*dense crowd*) folla *f,* calca *f.* **3** (*stoppage*) ingorgo *m,* intasamento *m: traffic* ~ ingorgo di traffico; (*congestion*) congestione *f.* **4** ⟨*Mecc*⟩ inceppamento *m.* **5** ⟨*fam*⟩ (*difficult situation*)

pasticcio *m,* imbroglio *m.* □ ⟨*fam*⟩ *to be in a* ~ essere nei pasticci; ⟨*fam*⟩ *to get* (*o.s.*) *into a* ~ mettersi nei pasticci; ⟨*fam*⟩ *to get o.s. out of a* ~ trarsi d'impaccio.

jam³ *s.* **1** ⟨*Alim*⟩ marmellata *f,* confettura *f,* conserva *f* di frutta. **2** ⟨*fam*⟩ (*s.th. easy*) scherzo *m,* scherzetto *m,* gioco *m* (da ragazzi).

Jamaica [dʒə'meikə] *N.pr.* ⟨*Geog*⟩ Giamaica *f.* **Jamaican** [-n] **I** *a.* giamaicano. **II** *s.* giamaicano *m* (*f* –a).

Jamaica| **pepper** *s.* ⟨*Bot*⟩ pepe *m* ⌐della Giamaica⌐ (*o* garofanato), pimento *m.* ~ **rum** *s.* rum *m* della Giamaica.

jamb [dʒæm] *s.* ⟨*Edil*⟩ (*of a door frame*) montante *m;* (*of a doorway*) stipite *m;* (*of an opening*) fianco *m* verticale, spalla *f.*

jamboree [ˌdʒæmbə'ri:] *s.* **1** (*of boy scouts*) raduno *m* di giovani esploratori, jamboree *m.* **2** ⟨*fam*⟩ (*spree*) festa *f,* baldoria *f.*

James [dʒeimz] *N.pr.* Giacomo *m* (*anche Bibl.*).

jam jar *s.* vaso *m* da marmellata.

jammer ['dʒæmə] *s.* ⟨*Rad*⟩ emittente *f* di disturbo. **jamming** [-miŋ] *s.* jamming *m,* disturbo *m* intenzionale.

jammy ['dʒæmi] *a.* **1** appiccicoso, attaccaticcio. **2** (*covered with jam*) ricoperto di marmellata. **3** ⟨*fam*⟩ (*first–rate*) eccellente, formidabile.

jam| '**pack** *v.t.* stipare, ammassare. '~-'**packed** *a.* zeppo, colmo. ~ **pot** *s.* → **jam jar.** ~ **session** *s.* ⟨*Mus*⟩ jam session *f.*

Jan. = *January* gennaio (*abbr.* genn.).

Jane [dʒein] *N.pr.* Giovanna *f.* **jane** *s.* ⟨*am.sl*⟩ ragazza *f,* donna *f.*

Janet ['dʒænit] *N.pr.* Gianna *f.*

jangle ['dʒæŋgl] **I** *v.i.* **1** stridere, mandare un suono stridulo (*o* aspro). **2** (*to wrangle*) bisticciare, litigare. **II** *v.t.* far stridere. **III** *s.* **1** suono *m* stridulo (*o* aspro). **2** (*din*) strepito *m,* frastuono *m.* **3** (*quarrel*) disputa *f,* litigio *m.* □ *to* ~ *s.o.'s nerves* dare ai nervi a qd.

Janiculum [dʒæ'nikjuləm] *N.pr.* ⟨*Geog*⟩ Gianicolo *m.*

Janissary ['dʒænisəri] *s.* → **Janizary.**

janitor ['dʒænitə] *s.* **1** portiere *m,* portinaio *m.* **2** ⟨*am,scozz*⟩ (*caretaker*) custode *m,* guardiano *m;* (*of a school*) bidello *m.* **janitress** [-tris] *s.* **1** portinaia *f,* portiera *f.* **2** ⟨*am,scozz*⟩ custode *f;* (*of a school*) bidella *f.*

Janizary ['dʒænizəri] *s.* ⟨*Stor*⟩ giannizzero *m.*

jannock ['dʒænək] *a.* ⟨*dial*⟩ **1** onesto, retto, leale. **2** (*genuine*) genuino.

Jansen ['dʒænsən] *N.pr.* ⟨*Stor*⟩ Giansenio *m.* **Jansenism** [-izəm] *s.* ⟨*Rel*⟩ giansenismo *m.* **Jansenist** [-ist] *s.* giansenista *m/f.*

January ['dʒænjuəri] *s.* gennaio *m.*

Janus ['dʒeinəs] *N.pr.* ⟨*Mitol*⟩ Giano *m.*

Jap [dʒæp] (*accorc. di Japanese*) **I** *s.* ⟨*spreg*⟩ giapponese *m/f.* **II** *a.* giapponese.

japan [dʒə'pæn] **I** *s.* **1** lacca *f* ⌐del Giappone⌐ (*o* giapponese). **2** (*varnished work*) oggetto *m* laccato, lacca *f.* **II** *v.t.* (*pret., p.p.* **japanned** [-d]) laccare.

Japan I *N.pr.* ⟨*Geog*⟩ Giappone *m.* **II** *a.* giapponese, del Giappone.

Japanese [ˌdʒæpə'ni:z] **I** *s.inv.* **1** (*native*) giapponese *m/f.* **2** ⟨*collett*⟩ (*people;* costr. pl.) giapponesi *mpl,* popolo *m* giapponese. **3** (*language*) giapponese *m.* **II** *a.* giapponese, del Giappone.

Japanese| **paper** *s.* ⟨*Cart*⟩ carta *f* di riso. ~ **persimmon** *s.* ⟨*Bot*⟩ cachi *m.*

Japanesque [ˌdʒæpə'nesk] *a.* alla giapponese.

jape [dʒeip] **I** *s.* scherzo *m,* burla *f.* **II** *v.i.* scherzare.

Japheth ['dʒeifiθ] *N.pr.* ⟨*Bibl*⟩ Iafet *m.*

Japonic [dʒə'pɔnik] *a.* → **Japanese.**

japonica [dʒə'pɔnikə] *s.* ⟨*Bot*⟩ **1** camelia *f.* **2** (*Japanese quince*) specie di chenomele.

jar¹ [dʒɑ:] *s.* **1** vaso *m,* vasetto *m,* barattolo *m* (di vetro). **2** ⌐jarful. **3** ⟨*El*⟩ (*in a battery*) vaschetta *f.*

jar² *v.* (*pret., p.p.* **jarred** [-d]) **I** *v.i.* **1** stridere, cigolare: *the gears –red* gli ingranaggi stridevano. **2** (*to vibrate as from a blow*) vibrare. **3** (*fig*) (*to be out of harmony*) stonare, non accordarsi, stridere (*with* con); (*to disagree*) discordare: *our opinions* ~ le nostre opinioni discordano. **4** 〈*fig*〉 (*to have a harsh effect on*) urtare, irritare, innervosire (*on, upon s.o.* qd.): *his tone of voice –red on her* il suo tono di voce la irritava. **5** 〈*Mus*〉 dissonare. **II** *v.t.* **1** far vibrare. **2** (*to cause to grate*) far stridere (*o* cigolare). **3** 〈*fig*〉 urtare, irritare, innervosire.

jar³ *s.* **1** stridore *m*, cigolio *m*. **2** (*jolt, shake*) scossa *f*, scossone *m*. **3** 〈*fig*〉 (*disagreement, clash*) divergenza *f*, contrasto *m; (petty quarrel)* baruffa *f*, lite *f*. **4** 〈*fig*〉 (*shock*) colpo *m*, scossa *f*. **5** 〈*Mus*〉 dissonanza *f*.

jar⁴: *the door was on the* ~ la porta era socchiusa.

jardinière *fr.* [,ʒɑ:di'njɛə] *s.* **1** (*flower stand*) giardiniera *f*, fioriera *f; (flowerpot holder)* portavasi *m*. **2** 〈*Gastr*〉 giardiniera *f*.

jarful ['dʒɑːful] *s.* contenuto *m* di un vaso (*o* barattolo), barattolo *m*.

jargon¹ ['dʒɑːgən] *s.* **1** gergo *m*, linguaggio *m: hunter's* ~ linguaggio dei cacciatori. **2** (*gibberish, esoteric terminology*) gergo *m*, linguaggio *m* incomprensibile. **3** 〈*Ling*〉 dialetto *m*. **4** (*of a bird*) cinguettio *m*.

jargon² *s.* 〈*Min*〉 zirconite *f*, giargone *m*.

jargonelle [,dʒɑ:gə'nel] *s.* pera *f* primaticcia.

jargonize ['dʒɑ:gənaiz] **I** *v.i.* parlare (*o* esprimersi) in gergo. **II** *v.t.* esprimere in gergo.

jarring ['dʒɑːriŋ] *a.* **1** (*of a noise*) stridulo, stridente. **2** (*vibrating*) vibrante. **3** 〈*fig*〉 (*discordant*) stonato, che stona, discordante: *a* ~ *note* una nota stonata. **jarringly** [–li] *avv.* in modo stridente.

jarv(e)y ['dʒɑ:vi] *s.* 〈*Stor*〉 vetturino *m*.

jasmine ['dʒæsmin] *s.* 〈*Bot*〉 gelsomino *m*.

Jasmine *N.pr.* Gelsomina *f*.

Jason ['dʒeisn] *N.pr.* 〈*Mitol*〉 Giasone *m*.

jasper ['dʒæspə] *s.* **1** 〈*Min*〉 diaspro *m*. **2** 〈*Ceram*〉 terraglia *f* diaspro.

Jasper *N.pr.* Gaspare *m*.

jaundice ['dʒɔːndis] **I** *s.* **1** 〈*Med*〉 ittero *m*, itterizia *f*. **2** 〈*fig*〉 (*jealousy*) gelosia *f*, invidia *f; (hostility)* antipatia *f*, ostilità *f*. **II** *v.t.* invelenire, rendere astioso. **jaundiced** [–t] *a.* **1** 〈*Med*〉 itterico. **2** 〈*fig*〉 (*jealous*) geloso, invidioso; (*hostile*) astioso, ostile; (*embittered*) invelenito.

jaunt [dʒɔːnt] **I** *s.* gita *f*. **II** *v.i.* fare una gita.

jauntiness ['dʒɔːntinis] *s.* allegria *f*, spensieratezza *f*.

jaunting car *irl.* ['dʒɔːntiŋ] *s.* specie di calesse.

jaunty ['dʒɔːnti] *a.* **1** disinvolto, spigliato; (*swaggering*) spavaldo, sicuro di sé. **2** (*gay*) allegro, gaio, vivace. **3** (*of clothes*) elegante, di classe. □ *to wear one's hat at a ~ angle* portare il cappello alla sbarazzina.

Java ['dʒɑːvə] *N.pr.* 〈*Geog*〉 Giava *f*.

Java man [mæn] *s.irr.* 〈*Paleont*〉 giavantropo *m*, javantropo *m*.

Javanese [,dʒɑːvə'niːz] **I** *a.* giavanese, di Giava. **II** *s.inv.* **1** giavanese *m/f*. **2** (*people;* costr. pl.) giavanesi *mpl*. **3** (*language*) giavanese *m*.

javelin ['dʒævlin] *s.* giavellotto *m* (*anche Sport.*).

jaw [dʒɔː] **I** *s.* **1** 〈*Anat*〉 mascella *f; (lower jaw)* mandibola *f*. **2** (*part of the face*) mascella *f*, ganascia *f*. **3** *pl.* (*mouth*) bocca *f*. **4** *pl.* 〈*fig*〉 fauci *fpl: the –s of death* le fauci della morte. **5** *pl.* 〈*Mecc*〉 (*of a vice*) ganascia *f; (of a chuck)* griffa *f; (of a brake)* ganascia *f*, ceppo *m*. **6** *pl.* 〈*Geog*〉 gola *f* (tra monti). **7** 〈*sl*〉 (*talk*) chiacchiere *fpl*, ciance *fpl; (friendly chat)* chiacchierata *f; (offensive talk)* parole *fpl* offensive; (*scolding*) lavata *f* di capo, tirata *f* d'orecchi. **II** *v.t.* 〈*sl*〉 **1** rimproverare, dare una lavata di capo a. **2** (*to talk at tiresomely*) stancare con le chiacchiere. **III** *v.i.* 〈*sl*〉 **1** chiacchierare, ciarlare, cianciare. **2** (*to scold*) muovere rimproveri, dare una lavata di capo (*at* a). □ 〈*sl*〉 *hold you* ~ sta' zitto, chiudi il becco.

jaw|bone *I s.* 〈*Anat*〉 mascella *f*, osso *m* mascellare; (*mandible*) mandibola *f*. **II** *v.t.* 〈*fam*〉 fare opera di persuasione su. **~ breaker** *s.* **1** 〈*fam*〉 parola *f* difficile da pronunziare. **2** 〈*am.Dolc*〉 caramella *f* dura.

jay [dʒei] *s.* **1** 〈*Ornit*〉 ghiandaia *f*. **2** 〈*fam*〉 (*talkative person*) chiacchierone *m* (*f* –a). **3** 〈*fam*〉 (*dupe*) sciocco *m* (*f* –a), semplicione *m* (*f* –a).

jay|walk *am. v.i.* attraversare la strada senza fare attenzione. **~walker** *am. s.* pedone *m* disattento.

jazz [dʒæz] **I** *s.* **1** 〈*Mus*〉 jazz *m*, musica *f* jazz. **2** (*dance*) ballo *m* jazz. **3** 〈*sl*〉 (*insincere talk*) fandonie *fpl*, frott[...] *fpl*. **4** 〈*am.sl*〉 (*liveliness*) vivacità *f*, brio *m*, animazione[...] **II** *a.* **1** 〈*Mus*〉 (di) jazz, jazzistico: *a* ~ *band* una bar[...] jazz. **2** (*of a pattern*) vistoso, chiassoso. **III** *v.t.* **1** 〈*M*[...] (spesso con *up*) sonare a ritmo di jazz. **2** 〈*sl*〉 (*to enliv*[...] general. con *up*) animare, dare vivacità a: *to* ~ *up [...] party* animare la festa. **IV** *v.i.* **1** sonare musica jazz. **2** [...] *dance jazz*) ballare il jazz. **'jazzily** [–ili] *avv.* 〈*sl*〉 [...] 〈*Mus*〉 a tempo di jazz. **2** (*in a lively mann*[...] vivacemente.

jazz|man [mæn] *s.irr.* jazzista *m*, sonatore *m* di jazz. **~ singer** *s.* cantante *m/f* jazz.

jazzy ['dʒæzi] *a.* **1** 〈*sl*〉 jazzistico. **2** (*lively*) viva[...] animato, brioso. **3** (*glaringly patterned*) visto[...] chiassoso.

J.C. = **1** *Jesus Christ* Gesù Cristo. **2** *juvenile co*[...] tribunale minorile.

jealous ['dʒeləs] *a.* **1** invidioso, geloso (*of* di): *to be* ~ *s.o.'s success* essere invidioso del successo di qd.; *a [...] husband* un marito geloso; (*suspicious*) sospettoso. (*caused by jealousy*) dovuto a gelosia. □ *to keep a* ~ *e [...] on s.o.* guardare con sospetto qd. **jealously** [–li] *avv.* [...] gelosamente. **2** (*vigilantly*) gelosamente, con cu[...] scrupolosa: *a* ~ *guarded secret* un segreto gelosame[...] custodito. **jealousy** [–i] *s.* **1** gelosia *f*, invidia *f*. [...] (*vigilance*) gelosia *f*, cura *f* (scrupolosa).

jean [dʒiːn, dʒein] *s.* 〈*Tess*〉 tela *f* ruvida.

Jean [dʒiːn] *N.pr.* Giovanna *f*.

jeans [dʒiːnz] *s.pl.* (*trousers*) jeans *mpl*, pantaloni *mpl* [...] tela ruvida; (*overalls*) tuta *f* di tela ruvida.

jeep [dʒiːp] *s.* jeep *f*.

jeepers (creepers) *am.* ['dʒiːpəz ('kriːpəz)] *intz.* 〈*fa*[...] cribbio, 〈*pop*〉 osteria.

jeer¹ [dʒiːə] **I** *v.i.* beffarsi, prendersi gioco (*at* di). **II** *[...]* beffare, deridere, schernire, dileggiare. □ *to* ~ *an ac*[...] **off** *the stage* far uscire di scena un attore deridendolo.

jeer² *s.* beffa *f*, derisione *f*, dileggio *m*, scherno *m*.

jeering ['dʒiːəriŋ] *a.* beffardo, canzonatorio, derisorio, scherno.

Jeff [dʒef] *N.pr. dim. di* **Jeffrey**. **Jeffrey** ['dʒefri] *N.p[...]* Goffredo *m*.

Jehoshaphat [dʒi'hɔʃəfæt] *N.pr.* 〈*Bibl*〉 Giosafat *m*.

Jehovah [dʒi'houvə] *N.pr.* 〈*Bibl*〉 Geova *m*, Jehovah [...] Ieova *m*.

Jehovah's Witnesses *s.pl.* 〈*Rel*〉 testimoni *mpl* [...] Geova.

jehu ['dʒiːhjuː] *am. s.* 〈*sl*〉 guidatore *m* spericolato.

jejune [dʒiː'dʒuːn] *a.* **1** (*of a diet, etc.*) scarso, insufficien[...] **2** 〈*fig*〉 (*dull*) insipido, scialbo. **3** 〈*fig*〉 (*inexperience*) inesperto; (*puerile*) bambinesco. **jejuneness** [–nis] *s.* **1** scarsezza *f*. **2** 〈*fig*〉 (*insipidness*) insipidezza *f*. **3** (*inexperience*) inesperienza *f*.

jejunum [dʒi'dʒuːnəm] *s.* 〈*Anat*〉 digiuno *m*.

Jekyll and Hyde [dʒekiländ'haid] *s.* individuo *m* dal[...] doppia personalità, persona *f* ⌈che conduce una⌉ (*o* dall[...] doppia vita.

jell [dʒel] **I** *v.i.* **1** (*of jam, etc.: to set*) diventare gelatinos[...] gelatinizzarsi. **2** 〈*fam*〉 (*to take shape*) prendere forma. **[...]** *v.t.* **1** gelatinizzare. **2** 〈*fam*〉 (*to cause to take shape*) da[...] forma a. **'jellied** [–id] *a.* **1** gelatinoso. **2** (*prepared [...]* *jelly*) in gelatina: ~ *eels* anguille in gelatina.

jelly ['dʒeli] **I** *s.* **1** 〈*Gastr*〉 gelatina *f*. **2** 〈*fig*〉 sostanza [...] gelatinosa. **3** 〈*sl*〉 (*gelatine dynamite*) gelatina *f* esplosiv[...] **II** *v.i.* diventare gelatinoso, gelatinizzarsi. **III** *v.t.* render[...] gelatinoso, gelatinizzare.

jelly| bag *s.* sacchetto *m* filtro per gelatina. **~fish** *s.* 〈*Zool*〉 medusa *f*. **2** 〈*fam*〉 (*spineless person*) mollusc[...] *m*.

jemmy ['dʒemi] *s.* **1** palanchino *m*, piè *m* di porco. 〈*Gastr,dial*〉 testa *f* di pecora al forno.

je ne sais quoi *fr.* [dʒənəsei'kwai] *s.* non so che *m*.

jennet ['dʒenit] *s.* **1** ginnetto *m*. **2** (*female donkey*) asin[...] *f*.

jenneting ['dʒenitiŋ] *s.* mela *f* primaticcia.

Jennifer ['dʒenifə] *N.pr.* Gianna *f*.

jenny ['dʒeni] *s.* **1** (*spinning jenny*) filatoio *m* meccanico[...] giannetta *f*. **2** (*travelling crane*) gru *f* mobile; (*locomoti*[...]

crane) gru *f* per locomotiva. **3** (*female animal*) femmina *f* di animale; (*female donkey*) asina *f*.

enny (*dim. di Jennifer*) N.pr. Giannetta *f*, Giannina *f*.

opard(ize) ['dʒepəd(aiz)] *v.t.* esporre al rischio, mettere a repentaglio, arrischiare, azzardare. **jeopardy** [–i] *s.* **1** pericolo *m*, rischio *m*, repentaglio *m*. **2** ⟨*Dir*⟩ rischio *m* di condanna (per reato).

rboa [dʒə:'bouə] *s.* ⟨*Zool*⟩ topo *m* delle piramidi.

remiad [,dʒeri'maiəd] *s.* geremiade *f*, lamenti *mpl.*

eremiah [,dʒeri'maiə] N.pr. ⟨*Bibl*⟩ Geremia *m*.

ericho ['dʒerikou] N.pr. ⟨*Geog*⟩ Gerico *f.* □ ⟨*fig*⟩ go to ~! va' a farti benedire!

rk[1] [dʒə:k] *s.* **1** sobbalzo *m*, (s)balzo *m*, scossone *m*, cossa *f: the car started with a* ~ l'automobile partì con un sobbalzo; (*sudden start*) scatto *m;* (*sharp pull*) strappo *m*, strattone *m*. **2** (*sudden movement of the body*) scatto *m*, balzo *m*. **3** ⟨*Fisiol*⟩ (*twitch of a muscle*) contrazione *f*, pasmo *m*. **4** *pl.* ⟨*Fisiol*⟩ (*muscular twitching*) spasmi *mpl* muscolari. **5** *pl.* ⟨*fam*⟩ (*physical jerks*) esercizi *mpl* fisici, innastica *f.* **6** ⟨*am.sl*⟩ (*stupid person*) babbeo *m* (*f* –a), onto *m* (*f* –a). ⟨*fam*⟩ *he is just a* ~ è una nullità; ⟨*sl*⟩ *ut a* ~ *in it!* muoviti!, sbrigati!

rk[2] I *v.t.* dare uno strappo (*o* strattone) a, strappare; (*to throw*) tirare, lanciare. II *v.i.* avanzare a balzi (*o* scatti), procedere a sbalzi, singhiozzare: *the cart –ed along the road* il carro avanzava a balzi lungo la strada; (*to make a sudden movement*) sbalzare, fare un balzo improvviso. □ *e –ed himself free* si liberò con uno strattone; *to* ~ *out ne's words* parlare a scatti; *to* ~ *to a stop* fermarsi con un sobbalzo.

rk[3] I *v.t.* ⟨*Alim*⟩ (*of meat*) conservare (tagliando a strisce d) essiccando al sole. II *s.* carne *f* essiccata al sole.

kin ['dʒə:kin] *s.* **1** ⟨*Vest*⟩ giacchetta *f* corta senza maniche. **2** ⟨*Stor*⟩ farsetto *m*.

kiness ['dʒə:kinis] *s.* il muoversi a scatti. **jerky** [–ki] *a.* che si muove a scatti (*o* sobbalzi); (*spasmodic*) onvulso, spasmodico: *a* ~ *movement* un movimento onvulso. **2** (*of speech*) a scatti.

kwater *am.* ['dʒə:kwɔːtə] *a.* insignificante, senza alcuna mportanza: *a* ~ *town* una città insignificante.

roboam [,dʒerə'bouəm] N.pr. ⟨*Bibl*⟩ Geroboamo *m*.

roboam *s.* bottiglione *m* per vino (da 4/5 di gallone).

rome [dʒə'roum] N.pr. Gerolamo *m*.

ry[1] ['dʒeri] *s.* ⟨*fam*⟩ vaso *m* da notte.

ry[2] *s.* ⟨*mil*⟩ **1** tedesco *m* (*f* –a). **2** ⟨*collett*⟩ tedeschi *pl.*

rry N.pr. dim. di **Gerard, Geraldine**.

ry|builder *s.* chi costruisce (per speculazione) con materiale scadente, costruttore *m* disonesto. **~building** *s.* ostruzione *f* di edifici scadenti. **~built** *a.* costruito con materiale scadente.

sey ['dʒə:zi] *s.* **1** ⟨*Vest*⟩ maglietta *f*, maglia *f*. **2** *m.Vest*⟩ (*undershirt*) canottiera *f*. **3** ⟨*Tess*⟩ jersey *m*. **rsey** *s.* **1** ⟨*Zootecn*⟩ mucca *f* di razza Jersey. **2** ⟨*Geog*⟩ ola *f* di Jersey.

rusalem [dʒə'ru:sələm] N.pr. ⟨*Geog*⟩ Gerusalemme *f*. **rusalem| artichoke** *s.* ⟨*Bot*⟩ topinambur *m*. ~ **pony** ⟨*fam*⟩ asino *m*, ciuco *m*, somaro *m*.

s [dʒes] *s.* ⟨*Venat*⟩ (*in falconry*) geto *m*. II *v.t.* ettere un geto a.

samine ['dʒesəmin] *s.* → **jasmine**.

sse ['dʒesi] N.pr. ⟨*Bibl*⟩ Jesse *m*.

ssica [dʒesikə] N.pr. Jessica *f.* **Jessie** [–si] N.pr. dim. Jessica.

t [dʒest] I *s.* **1** celia *f*, scherzo *m;* (*prank, trick*) burla *f*, herzo *m*, beffa *f.* **2** (*witty remark*) facezia *f*, amenità *f*, guzia *f.* **3** (*gibe*) presa *f* in giro, canzonatura *f.* **4** (*object f fun*) zimbello *m: he is a standing* ~ è lo zimbello di tti. II *v.i.* **1** scherzare, celiare; (*to trifle*) scherzare (*with n*): *he's not a man you can* ~ *with* con lui c'è poco da herzare. **2** (*to speak wittily*) celiare, motteggiare, dire cezie. **3** (*to jeer, gibe*) burlare, canzonare (*at s.o.* qd.). endersi gioco (di). □ *spoken in* ~ detto per scherzo; *to y s.th. half in* ~, *half in earnest* dire qc. tra il serio e il ceto; *to make a* ~ *of s.th.* prendere qc. in scherzo. Prov.: *ere is many a true word spoken in* ~ spesso celiando si ce il vero.

jestbook *s.* raccolta *f* di facezie.

jester ['dʒestə] *s.* **1** burlone *m* (*f* –a). **2** ⟨*Stor*⟩ giullare *m*, buffone *m: the court* ~ il giullare di corte. **jesting** [–tiŋ] *a.* (*given to making jests*) scherzoso, burlone; (*playful*) detto (*o* fatto) per scherzo, scherzoso.

Jesu ['dʒi:zju:] N.pr. ⟨*lett*⟩ → **Jesus**.

Jesuit ['dʒezjuit] *s.* **1** ⟨*Rel*⟩ gesuita *m*. **2** ⟨*fig,spreg*⟩ persona *f* ipocrita e astuta, ⟨*spreg*⟩ gesuita *m/f.* **jesu'itic** [–ik], **jesu'itical** [–ikəl] *a.* **1** ⟨*Rel*⟩ gesuitico. **2** ⟨*fig,spreg*⟩ di (*o* da) persona ipocrita e astuta, ⟨*spreg*⟩ gesuitico. **jesuitism** [–izəm] *s.* **1** ⟨*Rel*⟩ gesuitismo *m*. **2** ⟨*fig,spreg*⟩ → **jesuitry. jesuitize** [–aiz] I *v.t.* i(n)stillare principi gesuitici in. II *v.i.* fare il gesuita. **jesuitry** [–ri] *s.* ⟨*spreg*⟩ astuta ipocrisia *f*, ⟨*spreg*⟩ gesuitismo *m*.

Jesus ['dʒi:zəs] I N.pr. ⟨*Bibl*⟩ Gesù *m*. II *intz.* ⟨*fam*⟩ Gesù, gesummio. **Jesus Christ** N.pr. ⟨*Bibl*⟩ Gesù Cristo *m*.

jet[1] *s.* **1** (*of vapour, gas*) getto *m;* (*of liquid*) zampillo *m*, getto *m*, spruzzo *m*. **2** (*spout, nozzle*) becco *m*, beccuccio *m*, ugello *m: a gas* ~ un becco a gas. **3** → **jet engine. 4** → **jet plane. 5** ⟨*Mot*⟩ getto *m*, spruzzatore *m*, ugello *m*. II *a.* ⟨*fam*⟩ →

jet[2] *v.* (*pret., p.p.* 'jetted [–id]) I *v.t.* far zampillare, emettere un getto di. II *v.i.* **1** sgorgare, zampillare. **2** ⟨*Aer*⟩ viaggiare in jet.

jet[3] I *s.* **1** ⟨*Min*⟩ giaietto *m*, giavazzo *m*, jais *m*. **2** → **jet black**. II *a.* **1** (*made of jet*) di giaietto. **2** → **jet-black**.

jet| age *s.* era *f* dei motori a reazione. '~-'**black** *a.* nero come l'ebano. ~ **black** *s.* nero *m* ebano. **~-borne** *a.* trasportato in jet. ~ **engine** *s.* ⟨*Aer*⟩ motore *m* a reazione. ~ **fighter** *s.* ⟨*Aer.mil*⟩ caccia *m* a reazione. **lag** *s.* ⟨*Med*⟩ intervallo *m* jet **~like** *a.* supersonico: *at* ~ *speed* a velocità supersonica. ~ **liner** *s.* ⟨*Aer*⟩ aereo *m* a reazione per voli di linea. ~ **pilot** *s.* pilota *m* di aereo a reazione. ~ **plane** *s.* ⟨*Aer*⟩ jet *m*, aereo *m* a reazione, aviogetto *m*. **~port** *s.* aeroporto *m* per jet. ~ **printer** *s.* ⟨*Inform*⟩ stampante *f* a getto. '~-pro'**pelled** *a.* ⟨*Aer*⟩ (con motore) a reazione. ~ '**propulsion** *s.* ⟨*Aer*⟩ propulsione *f* a reazione (*o* getto).

jetsam ['dʒetsəm] *s.* **1** ⟨*Mar*⟩ gettito *m*. **2** ⟨*pop*⟩ (*flotsam*) relitti *mpl* (*o* rottami) galleggianti.

jet| set *s.* alta società *f* internazionale. ~ **setter** *s.* membro *m* dell'alta società internazionale. ~ '**syndrome** *s.* → **jet lag**.

jettison ['dʒetisn] I *s.* **1** ⟨*Mar*⟩ scarico *m* in mare. **2** ⟨*Mar*⟩ (*jetsam*) carico *m* gettato in mare. **3** ⟨*Aer*⟩ (*of fuel*) scarico *m* rapido. II *v.t.* **1** ⟨*Mar*⟩ gettare in mare. **2** ⟨*Aer*⟩ (*of cargo, fuel, etc.*) alleggerirsi di, sganciare. **3** ⟨*fig*⟩ liberarsi di, disfarsi di, gettare via.

jetton ['dʒetən] *s.* gettone *m*.

jetty[1] ['dʒeti] *s.* gettata *f;* (*landing wharf*) molo *m*, banchina *f*.

jetty[2] *a.* → **jet-black**.

Jew [dʒu:] *s.* ebreo *m* (*f* –a), israelita *m/f*, giudeo *m* (*f* –a). **jew** I *s.* ⟨*fig,spreg*⟩ (*astute trader*) abile mercante *m;* (*money lender*) usuraio *m*, giudeo *m;* (*miser*) ebreo *m*, avaro *m*. II *v.t.* ⟨*sl,spreg*⟩ truffare.

Jew|baiter *s.* persecutore *m* degli ebrei. **~baiting** *s.* persecuzione *f* degli ebrei.

jewel ['dʒu:əl] I *s.* **1** gioia *f*, pietra *f* preziosa. **2** (*ornament set with gems*) gioiello *m*, gioia *f*, prezioso *m*. **3** ⟨*fig*⟩ gioiello *m*, perla *f*, tesoro *m*. **4** ⟨*Orol*⟩ rubino *m*. II *v.t.* (*pret., p.p.* **jewelled**/*am.* **jeweled** [–d]) **1** ingioiellare; (*to set with jewels*) ingemmare. **2** ⟨*Orol*⟩ fornire di rubini.

jewel| box, ~ case *s.* astuccio *m* delle gioie, portagioie *m*.

jeweler *am.*, **jeweller** ['dʒu:ələ] *s.* gioielliere *m* (*f* –a), orefice *m/f.* **jewellery, jewelry** *am.* [–lri] *s.* ⟨*collett*⟩ gioielli *mpl*, gioie *fpl*.

Jewess ['dʒu:is] *s.* ebrea *f.* **Jewish** ['dʒu:iʃ] *a.* ebreo, ebraico, giudaico, giudeo. □ ~ *calendar* calendario ebraico.

Jewry ['dʒuəri] *s.* **1** ⟨*collett*⟩ popolo *m* ebreo. **2** (*Jewish quarter*) ghetto *m*.

Jew's| ear *s.* ⟨*Bot*⟩ orecchio *m* di Giuda. **~ harp** *s.* ⟨*Mus*⟩ scacciapensieri *m*.

Jezebel ['dʒezəbl] I N.pr. ⟨*Bibl*⟩ Jezabel *f.* II *s.* donna *f* dissoluta.

jib¹ [dʒib] *s.* ⟨*Mar*⟩ fiocco *m.* ◻ ⟨*fam*⟩ *the cut of one's ~* l'aspetto esteriore; (*one's manner of dressing*) il modo di vestire.

jib² *v.i.* (*pret., p.p.* **jibbed** [–d]) **1** (*of a horse, animal*) ricalcitrare, impennarsi, impuntarsi. **2** ⟨*fig*⟩ esitare, essere restio (*at* a).

jib³ *s.* ⟨*Mecc*⟩ braccio *m* di gru.

jibber ['dʒibə] *s.* cavallo *m* ricalcitrante.

jib| boom *s.* ⟨*Mar*⟩ asta *f* del fiocco. **~ door** *s.* ⟨*Arch*⟩ porta *f* segreta (*o* nascosta dalla tappezzeria).

jibe¹ [dʒaib] **I** *v.i.* ⟨*Mar*⟩ **1** (*of a sail, boom*) orientarsi. **2** (*to change course*) virare. **II** *v.t.* **1** orientare. **2** (*to alter the course of*) virare.

jibe² **I** *v.i.* lanciare frecciate (*at* a), punzecchiare (qd.). **II** *v.t.* punzecchiare, pizzicare. **III** *s.* frecciata *f,* allusione *f* maligna.

jibe³ *am. v.i.* concordare, essere d'accordo (*with* con).

jiff [dʒif], **jiffy** [–i] *s.* ⟨*fam*⟩ attimo *m,* istante *m,* baleno *m: it'll only take me a ~* farò in un attimo. ◻ *in a ~* in un batter d'occhio.

jig¹ [dʒig] *s.* **1** ⟨*Mecc*⟩ maschera *f;* (*framework*) maschera *f* (*o* attrezzatura) di montaggio. **2** ⟨*Minier*⟩ crivello *m* oscillante.

jig² *v.* (*pret., p.p.* **jigged** [–d]) *v.t.* **1** ⟨*Mecc*⟩ lavorare con maschere. **2** ⟨*Minier*⟩ (*of ore*) setacciare, vagliare; (*of a well*) perforare, trivellare.

jig³ *s.* **1** (*dance, music*) giga *f.* **2** ⟨*fig*⟩ l'andare su e giù, movimento *m* alterno verticale. ◻ ⟨*sl*⟩ *the ~ is up* la festa è finita.

jig⁴ *v.* (*pret., p.p.* **jigged** [–d]) **I** *v.t.* **1** (*of a jig*) ballare. **2** ⟨*fig*⟩ far saltellare. **II** *v.i.* **1** ballare una giga. **2** ⟨*fig*⟩ saltellare, saltare su e giù.

jig⁵ *am. s.* ⟨*sl,preg*⟩ (*Negro*) negro *m.*

jigger¹ ['dʒigə] *s.* **1** danzatore *m* (*f* –trice) di giga. **2** ⟨*Minier*⟩ crivello *m* oscillante. **3** (*in billiards*) ponte *m.* **4** ⟨*Mar*⟩ (*kind of tackle*) paranco *m* a coda; (*lug–sail*) vela *f* al quarto (*o* terzo); (*jiggermast*) albero *m* di mezzana; (*sail set on a jiggermast*) vela *f* di mezzana. **5** ⟨*Pesc*⟩ barca *f* con vela di mezzana. **6** ⟨*fam*⟩ (*gadget*) arnese *m,* aggeggio *m.* **7** ⟨*fam*⟩ (*measure*) misurino *m* da un'oncia e mezzo. **8** ⟨*Ceram*⟩ tornio *m.*

jigger² *s.* ⟨*Entom*⟩ (*chigoe*) pulce *f* penetrante.

jiggered ['dʒigəd] *a.* ⟨*fam*⟩ dannato, maledetto: *I'll be ~!* ch'io sia dannato!

jiggermast ['dʒigɑːst] *s.* ⟨*Mar*⟩ albero *m* di mezzana.

jiggery-pokery ['dʒigəri'poukəri] *s.* ⟨*fam*⟩ inganno *m,* raggiro *m.*

jiggle ['dʒigl] **I** *v.t.* scuotere lievemente, dondolare. **II** *v.i.* scuotersi.

jigsaw ['dʒigsɔː] *s.* **1** ⟨*Mecc*⟩ sega *f* da traforo. **2** (*jigsaw puzzle*) puzzle *m,* gioco *m* di pazienza.

Jill [dʒil] *N.pr.* Jill *f.* **jill** *s.* ⟨*fam*⟩ **1** (*girl*) ragazza *f.* **2** (*sweetheart*) innamorata *f,* ragazza *f.* ⟨*fam*⟩ morosa *f.*

jilt [dʒilt] **I** *v.t.* (*of a lover*) abbandonare, piantare. **II** *s.* fraschetta *f,* civetta *f.*

Jim [dʒim] (*dim. di James*) *N.pr.* Giacomino *m.*

'Jim|-'Crow *am.* **I** *a.* segregazionista. **II** *s.* ⟨*Ferr*⟩ piegarotaie *m.* **~ Crow** *am. s.* **1** segregazione *f* (*o* discriminazione) razziale. **2** ⟨*spreg*⟩ negro *m.*

jim-jams [dʒæmz] *s.pl.* **1** ⟨*fam*⟩ nervosismo *m,* agitazione *f.* **2** ⟨*pop*⟩ (*delirium tremens*) ballo *m* di san Vito.

jimmy ['dʒimi] *s.* → **jemmy.**

Jimmy *N.pr.* → **Jim.**

jingle ['dʒiŋgl] **I** *v.i.* **1** tintinnare. **2** (*of a verse*) avere un ritmo cantilenante. **II** *v.t.* far tintinnare: *he –d the coins in his pocket* faceva tintinnare le monete in tasca. **III** *s.* **1** tin tin *m,* tintinnio *m.* **2** (*in verses, music*) cantilena *f,* ripetizione *f* monotona.

jingle bell *s.* (*sleigh bell*) bubbolo *m,* sonaglio *m.*

jingling ['dʒiŋgliŋ], **jingly** [–li] *a.* tintinnante.

jingo ['dʒiŋgou] **I** *s.* (*pl.* **-es** [z]) sciovinista *m/f;* (*warmonger*) guerrafondaio *m.* **II** *a.* sciovinistico. ◻ ⟨*esclam,fam*⟩ *by ~* perbacco. **jingoism** [–izəm] *s.* sciovinismo *m.* **jingoist** [–ist] **I** *s.* sciovinista *m/f.* **II** *a.* → **jingoistic. jingoistic** [–'istik] *a.* sciovinista.

jink [dʒiŋk] **I** *s.* **1** scatto *m.* **2** *pl.* ⟨*fam*⟩ (*high jinks*)

allegria *f* sfrenata, baldoria *f.* **II** *v.i.* **1** sposta rapidamente, scansarsi. **2** ⟨*Aer.mil*⟩ fare evoluzioni (*i* eludere il fuoco nemico). **III** *v.t.* scansare, schivare.

jinn [dʒin] (*pl. inv./-s* [z]) genio *m.* **jin'nee, jin'ni** [–iː] → **jinn.**

jinricksha, jinrik(i)sha [dʒin'rikʃə, –ʃɔː] *s.* risciò jinrikisha *f.*

jinx *am.* [dʒiŋks] **I** *s.* ⟨*fam*⟩ **1** (*person*) iettatore *m* –trice), ⟨*fam*⟩ menagramo *m/f;* (*thing*) cosa *f* che po sfortuna. **2** (*evil spell*) iettatura *f,* malocchio *m.* **II** *v.t* portare sfortuna a. **2** (*to put a jinx on*) gettare malocchio su. ◻ *to be a ~* portare scalogna.

jitney *am.* ['dʒitni] **I** *s.* **1** autobus *m* a bassa tariffa. ⟨*sl*⟩ (*coin*) moneta *f* da cinque centesimi (di dollaro). *a.* ⟨*sl*⟩ a buon mercato.

jitter ['dʒitə] *v.i.* ⟨*fam*⟩ essere nervoso. **jitterbug** [–bʌg *s.* **1** ballo *m* frenetico (a ritmo di jazz). **2** (*pers* ballerino *m* (*f* –a) sfrenato di jazz; (*devotee of jazz*) fana *m* (*f* –a) del jazz. **3** (*highly nervous person*) person nervosissima. **II** *v.i.* (*pret., p.p.* **jitterbugged** [–d]) ball in maniera sfrenata (a ritmo di jazz). **jitters** [–z] *s* ⟨*fam*⟩ (*costr. sing. o pl.*) nervosismo *m,* agitazione (*panic*) paura *f,* ⟨*fam*⟩ fifa *f: to have the ~* avere *i* **jittery** [–ri] *a.* nervoso, agitato.

jiu-jitsu, jiu-jutsu [dʒuː'dʒitsu:] *s.* → **ju-jutsu.**

jive [dʒaiv] **I** *s.* **1** (*jazz music*) musica *f* jazz; (*sw music*) musica *f* swing. **2** (*dance*) ballo *m* molto ritm **3** ⟨*am.sl*⟩ (*jazz jargon*) gergo *m* dei fanatici del jazz. *v.i.* **1** ballare a ritmo di jazz. **2** (*to play jive*) sor musica jazz. **3** ⟨*am.sl*⟩ usare il gergo dei jazzisti.

jnr. = *junior* junior (*abbr.* jr.).

Jo [dʒou] *N.pr. dim. di* Joseph, Josephine.

Joan [dʒoun], **Joann(e)** [dʒo(u)'æn] *N.pr.* Giovanna *f.*

job¹ [dʒɔb] **I** *s.* **1** lavoro *m,* occupazione *f,* impiego mestiere *m: what's your ~?* qual è il tuo lavoro?; (*p* posto *m* (di lavoro), impiego *m,* lavoro *m: to have a ~ a textile company* avere un impiego in un'azienda tes *to look for a ~* cercare lavoro. **2** (*piece of work*) lavoro *I have a few –s to do* devo fare alcuni lavori; (*spe task*) compito *m,* mansione *f,* incombenza *f: it is not ~ to answer the post* non è compito mio sbrigar corrispondenza. **3** (*result of work*) lavoro *m,* opera (*matter*) impresa *f,* faccenda *f,* affare *m: to make the of a difficult ~* cavarsela bene in un'impresa difficil ⟨*fam*⟩ (*difficult task*) compito *m* difficile, impresa *f: quite a ~ to make him talk* è una vera impresa cav quattro parole di bocca. **6** (*collusive piece of busin* intrallazzo *m,* traffico *m* illecito. **7** ⟨*sl*⟩ (*robbery*) rapi **II** *a.* (*hired by the job*) a cottimo. **2** (*of employm* d'impiego: **~** *security* sicurezza d'impiego. **3** ⟨ commerciale. ◻ *to* **apply** *for a ~* fare dom d'assunzione; *to give s.th. up as a* **bad** *~* rinunci (fare) qc.; *to be paid* **by** *the ~* essere pagato a cottim *do its ~* (*of a thing*) funzionare: *the pill has done its* pillola ha fatto effetto; ⟨*fam*⟩ *it's a* **good** *~ (that)* n male (che), è bene (che): *it's a good ~ you brough umbrella* meno male che hai portato l'ombrello; (*a* (*it's*) *a good ~ too* meno male; *he is good at his ~* fatto suo, è in gamba; *to make a good ~ of s.th.* fare qc., fare un buon lavoro; ⟨*fam*⟩ *just the ~* (*pro* quello che ci vuole; *to* **know** *one's ~* conoscere il prc mestiere; *to lose one's ~* perdere il posto; *every ma his ~* a ciascuno il suo mestiere; **on** *the ~:* **1** sul pos lavoro; **2** ⟨*fam*⟩ (*busy*) al (*o* sul) lavoro, all'opera; **3** (*alert*) all'erta; *don't disturb me while I'm on the ~* disturbatemi mentre lavoro; *to be* **out** *of a ~* essere 's lavoro' (*o* disoccupato). || ⟨*fam*⟩ *I had a ~ getting get*) *there in time* ho faticato per arrivare là in temp

job² *v.* (*pret., p.p.* **jobbed** [–d]) **I** *v.i.* **1** (*to do odd* fare lavori saltuari; (*to work by the piece*) lavora cottimo. **2** ⟨*Comm*⟩ comprare (*o* vendere) all'ingross ⟨*Econ*⟩ speculare in borsa. **4** (*to do public busines private gain*) prevaricare. **II** *v.t.* **1** ⟨*Comm*⟩ com all'ingrosso. **2** ⟨*Econ*⟩ (*of stocks*) speculare in. **3** ⟨ *contract, work;* spesso con *out*) appaltare, dare in app **4** (*of public business*) approfittare illecitamente di. *~ s.o.* **into** *a job* procurare un posto a qd. con r illeciti; ⟨*Comm*⟩ *to* ~ **off** vendere in blocco a basso prezzo.

ob³ *s./v.* → **jab¹, jab².**

ob [dʒoub] *N.pr.* ⟨*Bibl*⟩ Giobbe *m.* □ *to try the patience of* ~ mettere alla prova la pazienza di Giobbe.

ob| analysis *s.* analisi *f* del lavoro. ~ **applicant** *s.* aspirante *m/f* a un impiego. ~ **assignment** *s.* assegnazione *f* dei compiti.

obation [dʒou'beiʃən] *s.* ⟨*fam*⟩ ramanzina *f*, paternale *f*, predica *f.*

obber ['dʒɔbə] *s.* **1** ⟨*Econ*⟩ speculatore *m* di borsa. **2** ⟨*Comm*⟩ grossista *m/f.* **3** (*one who works by the job*) cottimista *m/f*, cottimante *m/f.* **4** (*one who practises jobbery*) prevaricatore *m* (*f* –trice).

obbery ['dʒɔbəri] *s.* prevaricazione *f.*

obbing ['dʒɔbiŋ] *s.* **1** lavorazione *f* su commessa. **2** ⟨*Econ*⟩ speculazione *f.* **3** → **jobbery.**

obbing| gardener *s.* giardiniere *m* a cottimo. ~ **printer** *s.* ⟨*Tip*⟩ stampatore *m* (o tipografo) commerciante. ~ **printing** *s.* ⟨*Tip*⟩ stampa *f* commerciale.

ob| candidate [dʒɔb] *s.* candidato *m* a un posto. ~ **card** *s.* ⟨*Comm*⟩ foglio *m* dei costi. ~ **creation** *s.* creazione *f* dei posti di lavoro. ~ **enrichment** *s.* arricchimento *m* del lavoro. ~ **evaluation** *s.* valutazione *f* del lavoro. ~ **expectations** *s.pl.* prospettive *fpl* di carriera. ~**holder** *s.* **1** impiegato *m* (*f* –a) fisso. **2** ⟨*am*⟩ (*government employee*) impiegato *m* (*f* –a) statale. ~-**hop** *v.i.* cambiare continuamente lavoro. ~-**hopper** *s.* persona *f* che cambia continuamente lavoro.

obless ['dʒɔblis] **I** *a.* disoccupato, senza lavoro. **II** *s.* ⟨*collett*⟩ (costr. pl.) disoccupati *mpl.* **joblessness** [–nis] *s.* disoccupazione *f.*

ob| lot [dʒɔb] *s.* ⟨*Comm*⟩ rimanenze *fpl* acquistate d'occasione (a scopo speculativo). ~**master** *s.* noleggiatore *m* di cavalli (o carrozze). ~ **opening** *s.* possibilità *f* di lavoro. ~ **press** *s.* ⟨*Tip*⟩ pedalina *f.* ~ **printer** *am. s.* → jobbing printer. ~ **requirements** *s.pl.* requisiti *mpl* professionali.

ob's comforter [dʒoubz] *s.* cattivo consolatore *m*, chi accresce le pene invece di consolare.

ob| sequencing *s.* ⟨*Inform*⟩ sequenza *f* delle istruzioni. ~ **stability** *s.* stabilità *f* del posto di lavoro.

ob's tears [dʒoubz] *s.pl.* **1** (*pearly white seeds*) lacrime *fpl* di Giobbe. **2** ⟨*Bot*⟩ (costr. sing.) lacrima *f* di Giobbe.

ob work [dʒɔb] *s.* **1** lavoro *m* a cottimo. **2** ⟨*Tip*⟩ lavoro *m* tipografico commerciale.

ock [dʒɔk] **I** *N.pr.* ⟨*vezz*⟩ Giovannino *m.* **II** *s.* ⟨*scozz*⟩ ⟨*fam*⟩ scozzese *m* tipico.

ockey¹ ['dʒɔki] *s.* **1** fantino *m*, jockey *m.* **2** ⟨*am.fam*⟩ (*driver*) conducente *m*, autista *m.*

ockey² **I** *v.t.* **1** (*of a horse*) montare in una corsa. **2** (*to manoeuvre*) manovrare. **3** ⟨*fam*⟩ (*to trick, cheat*) abbindolare, raggirare, imbrogliare. **4** ⟨*am.fam*⟩ (*to drive, pilot*) guidare, pilotare. **II** *v.i.* **1** fare il fantino. **2** ⟨*fam*⟩ (*to manoeuvre for advantage*) destreggiare, destreggiarsi. **3** (*in riding: to jostle against each other*) urtarsi, spingersi. □ ⟨*fam*⟩ *to* ~ *s.o.* **into** *doing s.th.* indurre (con l'inganno) qd. a fare qc.; *to* ~ *s.o. into a good job* riuscire con maneggi a procurarsi un buon posto; *to* ~ *s.o.* **out** *of s.th.* defraudare qd. di qc.

ockey Club *s.* associazione *f* per le corse ippiche.

ocko ['dʒɔkou] *s.* (pl. -s [z]) ⟨*Zool*⟩ scimpanzè *m.*

ockstrap ['dʒɔkstræp] *s.* sospensorio *m.*

ocose [dʒə'kous] *a.* **1** giocoso, scherzoso. **2** (*witty*) faceto, arguto. **jocoseness** [–nis] *s.* **jocosity** [dʒo(u)'kɔsiti] *s.* **1** giocondità *f*, allegria *f*, festosità *f.* **2** (*act, remark*) facezia *f*, arguzia *f.*

ocular ['dʒɔkjulə] *a.* **1** scherzoso, faceto: *a* ~ *remark* un'osservazione scherzosa. **2** (*of people*) allegro. **jocularity** [–'læriti] *s.* **1** allegria *f*, gaiezza *f.* **2** (*instance*) piacevolezza *f*, facezia *f*, scherzo *m.*

ocund ['dʒɔkənd, dʒou–] *a.* ⟨*lett*⟩ giocondo, gioioso, lieto. **jocundity** [dʒo(u)'kʌnditi] *s.* ⟨*lett*⟩ **1** giocosità *f*, allegria *f.* **2** (*jocund action or speech*) amenità *f*, piacevolezza *f.*

odhpurs ['dʒɔdpəːz] *s.pl.* ⟨*Vest*⟩ calzoni *mpl* alla cavallerizza.

Joe [dʒou] (*dim. di Joseph*) *N.pr.* Peppe *m.* □ ⟨*fam*⟩ *not for* ~! nient'affatto!, neanche per sogno!

Joe Miller *s.* barzelletta *f* vecchia (o risaputa).

joey¹ *austral.* ['dʒoui] *s.* piccolo *m* di canguro.

joey² *s.* ⟨*sl*⟩ (*threepenny piece*) moneta *f* da tre penny; (*fourpenny piece*) moneta *f* da quattro penny.

jog¹ [dʒɔg] *v.* (*pret., p.p.* jogged [–d]) **I** *v.t.* **1** urtare (o spingere) leggermente; (*to nudge*) dare di gomito a. **2** (*to shake slightly*) scuotere lievemente. **3** ⟨*fig*⟩ (*to remind*) rammentare, ricordare; (*of the memory*) risvegliare. **II** *v.i.* **1** sobbalzare, ballonzolare. **2** (*to run at a slow trot*) trotterellare. **3** (*to move slowly*) muoversi (o procedere) lentamente. □ *to* ~ **along** (o *on*): **1** procedere lentamente; **2** ⟨*fig*⟩ seguire il solito tran tran.

jog² *s.* **1** (*slight push*) colpetto *m*, leggera spinta *f;* (*nudge*) leggera gomitata *f.* **2** (*jogging movement*) lieve sobbalzo *m;* (*of a horse*) piccolo trotto *m.* **3** (*slow pace*) andatura *f* lenta.

jogging ['dʒɔgiŋ] *s.* ⟨*Sport*⟩ jogging *m.*

joggle¹ ['dʒɔgl] *v.t.* **1** scuotere lievemente. **2** (*to cause to shake*) far sobbalzare. **II** *v.i.* **1** sobbalzare. **2** (*to move with a jerking motion*) muoversi a scatti. **III** *s.* **1** lieve scossa *f.* **2** (*joggling motion*) sobbalzo *m.*

joggle² **I** *s.* ⟨*Edil*⟩ **1** gorgia *f.* **2** (*dowel*) caviglia *f.* **II** *v.t.* sfalsare.

jog trot *s.* **1** piccolo trotto *m.* **2** ⟨*fig*⟩ tran tran *m.*

John [dʒɔn] *N.pr.* Giovanni *m* (*anche Bibl.*): ~ *the Baptist* Giovanni (il) Battista. **john** *s.* ⟨*fam*⟩ gabinetto *m*, ⟨*fam*⟩ posticino *m.*

John| Bull *s.* **1** John Bull *m*, inglese *m* tipico. **2** (*England*) John Bull *m*, Inghilterra *f.* ~ **Chinaman** *s.irr.* **1** cinese *m* tipico. **2** (*China*) Cina *f.* ~ **Collins** *s.* (*drink*) John Collins *m.* ~ **Doe** *s.* ⟨*Dir*⟩ il signor Rossi, persona *f* fittizia. ~ **Dory** ['dɔːri] *s.* ⟨*Itt*⟩ pesce *m* san Pietro. ~ **Lackland** ['læklənd] *N.pr.* ⟨*Stor*⟩ Giovanni *m* senza terra.

Johnnie, Johnny ['dʒɔni] *N.pr.* (*dim. di John*) Giovannino *m.* **johnny** *s.* **1** ⟨*fam*⟩ individuo *m*, tipo *m.* **2** ⟨*fam*⟩ (*dandy*) zerbinotto *m*, damerino *m.* **3** ⟨*fam*⟩ (*lavatory*) gabinetto *m*, ⟨*fam*⟩ posticino *m.*

johnny|cake *s.* ⟨*Gastr*⟩ **1** ⟨*am*⟩ focaccia *f* di granturco. **2** ⟨*austral*⟩ focaccia *f* di grano. '~-**come-lately** *s.* ritardatario *m.* ~ **Raw** *am. s.* ⟨*mil*⟩ recluta *f.*

John o' Groats ['dʒɔnə'grouts] *N.pr.* ⟨*Geog*⟩ estremo nord *m* della Scozia. □ *from Land's End to* ~ in tutta la Gran Bretagna.

Johnsonese [,dʒɔnsə'niːz] *s.* ⟨*Lett*⟩ stile *m* erudito e pomposo.

Johnsonian [dʒɔn'souniən] *a.* gionsoniano, dello stile di Johnson.

join¹ [dʒɔin] **I** *v.t.* **1** unire, congiungere: *to* ~ *two pieces of wood* (*together*) congiungere due pezzi di legno; (*to connect*) collegare, mettere in comunicazione, unire: *a bridge* –*s the island to the mainland* un ponte collega l'isola alla terraferma. **2** (*to become a member of*) associarsi a, entrare a far parte di: *to* ~ *a club* associarsi a un circolo; (*to enlist in*) arruolarsi in; (*to participate in*) partecipare a: *to* ~ *a business enterprise* partecipare a un'impresa commerciale. **3** (*to come into the company of*) raggiungere, (ri)unirsi a: *I'll* ~ *you in the garden* vi raggiungerò in giardino; *to* ~ *one's regiment* raggiungere il (proprio) reggimento. **4** (*to associate o.s. with*) unirsi a, associarsi a: *my wife* –*s me in thanking you* mia moglie si unisce a me nel ringraziarvi; (*to act in concert with*) collaborare con. **5** (*to combine with*) confluire in, gettarsi in. **6** (*to adjoin*) essere contiguo a. **7** ⟨*Mar.mil*⟩ imbarcarsi su. **8** ⟨*Geom,Mat*⟩ unire, congiungere. **II** *v.i.* **1** confluire, incontrarsi: *the two rivers* ~ *at the mouth* i due fiumi confluiscono alla foce. **2** (*to come into association*) unirsi (*with* a), associarsi (con). **3** (*to participate*) partecipare, prendere parte (*in* a). **4** (*to be contiguous*) essere contiguo. □ *to* ~ **battle** attaccare battaglia; *to* ~ **forces**: **1** associarsi, mettersi (*with* con); **2** ⟨*assol*⟩ allearsi, collegarsi; *to* ~ **in**: **1** unirsi a, partecipare a, associarsi a: *everyone* –*ed in the singing* tutti si unirono al canto; **2** ⟨*assol*⟩ partecipare: *we all* –*ed in* partecipammo tutti; *to* ~ *in* **marriage** unire in matrimonio, sposare; *to* ~ **up** ⟨*fam*⟩

arruolarsi.

join² s. **1** giunzione f, unione f, congiunzione f. **2** (*place where two things join*) punto m di giunzione, giuntura f, giunzione f.

joinder ['dʒɔində] s. ⟨*Dir*⟩ (*of parties*) unione f; (*of causes of action*) riunione f.

joiner ['dʒɔinə] s. **1** chi unisce, chi congiunge. **2** (*worker*) giuntatore m (f –trice). **3** (*carpenter*) falegname m.

joinery [–ri] s. **1** falegnameria f. **2** (*work done by a joiner*) lavori mpl di falegnameria.

joint [dʒɔint] I s. **1** giuntura f, punto m di giunzione, giunzione f, commettitura f. **2** ⟨*Anat*⟩ articolazione f, giuntura f. **3** ⟨*Macell,Gastr*⟩ pezzo m, taglio m: a ~ of beef un pezzo di manzo. **4** ⟨*Mecc,Edil*⟩ giunto m, giunzione f, connessione f. **5** ⟨*Mecc*⟩ giunto m (a snodo), snodo m. **6** ⟨*Bot*⟩ nodo m. **7** ⟨*Geol*⟩ giunto m di stratificazione. **8** ⟨*Legat*⟩ morso m, spigolo m. **9** ⟨*sl*⟩ (*marijuana cigarette*) sigaretta f alla marijuana. **10** ⟨*am.sl*⟩ (*disreputable bar*) bettola f, taverna f. **11** ⟨*am.sl*⟩ (*place open to the public*) locale m. II a. **1** congiunto, unito, combinato: to issue a ~ statement emettere un comunicato congiunto; ~ efforts sforzi congiunti. **2** (*shared by two or more*) comune, indiviso: ~ property proprietà comune. **3** (*collective*) collegiale, indiviso: ~ responsibility responsabilità collegiale. **4** ⟨*Pol*⟩ comune: ~ intervention intervento comune. **5** ⟨*Parl*⟩ comune, riunito, congiunto, delle due Camere. **6** ⟨*Dir*⟩ insieme ad altri, co...: ~ heirs coeredi. III v.t. **1** congiungere, connettere, collegare. **2** ⟨*Mecc,Edil*⟩ connettere, commettere. **3** ⟨*Mecc*⟩ rendere snodato, provvedere di snodo. **4** ⟨*Macell*⟩ tagliare, fare a pezzi. **5** ⟨*Fal*⟩ (*of a board*) piallare. □ out of ~: **1** ⟨*Med*⟩ slogato: his ankle was out of ~ aveva una caviglia slogata; **2** ⟨*fig*⟩ sfavorevole, poco propizio: the time is out of ~ il momento è sfavorevole; to put s.o.'s arm out of ~ slogare il braccio a qd.; ⟨*Dir,Econ*⟩ ~ and several in solido, solidale.

joint| account s. ⟨*Econ*⟩ conto m collettivo (o a più firme). ~ **committee** s. ⟨*Parl*⟩ commissione f paritetica. ~ **consultation** s. ⟨*Parl*⟩ consultazione f mista. ~ **creditor** s. concreditore m. ~ **debtor** s. condebitore m (f –trice).

jointed ['dʒɔintid] a. **1** snodato, articolato. **2** (nei composti: of people) dalle (o colle) giunture ...; (of things) ... articolato, ... snodato.

jointer ['dʒɔintə] s. **1** chi unisce, chi collega. **2** (*worker*) giuntatore m (f –trice); (*machine*) giuntatrice f. **3** ⟨*Fal*⟩ pialla f a filo.

joint| guarantee s. cogaranzia f. ~ **guarantor** s. cogarante m/f.

jointly ['dʒɔintli] avv. **1** in comune, congiuntamente, insieme. **2** ⟨*Dir,Econ*⟩ solidalmente, in solido. □ ⟨*Dir,Econ*⟩ ~ and severally (congiuntamente e) solidalmente, in solido.

joint| management s. condirezione f. ~ **manager** s. cogerente m. ~ **owner** s. comproprietario m (f –a). ~ **ownership** s. comproprietà f, proprietà f indivisa (o collettiva). ~ **partnership** s. ⟨*Econ*⟩ associazione f in partecipazione. ~ **resolution** s. ⟨*Parl*⟩ provvedimento m legislativo approvato dai due rami del parlamento. ~ **responsibility** s. ⟨*Dir*⟩ responsabilità f solidale.

jointress ['dʒɔintris] s. ⟨*Dir*⟩ vedova f che gode di un appannaggio.

joint| sharer s. ⟨*Econ*⟩ compartecipe m. ~ **signatures** s.pl. firme fpl congiunte (o abbinate). ~ **stock** s. ⟨*Econ*⟩ capitale m azionario. '~-'**stock bank** s. banca f di credito ordinario. '~-'**stock company** s. **1** società f per azioni. **2** ⟨*am*⟩ società f a responsabilità limitata. ~ **tenancy** s. ⟨*Dir*⟩ comproprietà f, proprietà f (in) comune, condominio m. ~ **tenant** s. comproprietario m (f –a), condomino m (f –a).

jointure ['dʒɔintʃə] s. ⟨*Dir*⟩ appannaggio m vedovile.

joint| use s. couso m. ~ **venture** s. ⟨*Econ*⟩ società f a capitale misto, associazione f in partecipazione, joint venture f.

joist [dʒɔist] I s. ⟨*Edil*⟩ travetto m, travicello m. II v.t. munire di travetti. □ –s and beams passinata f.

joke [dʒouk] I s. **1** celia f, scherzo m, beffa f, burla f: to

play a nasty ~ on s.o. giocare un brutto scherzo a qd.; i was only a ~ era soltanto uno scherzo. **2** (*funny story*) barzelletta f, freddura f, spiritosaggine f: to tell a ~ raccontare una barzelletta. **3** (*person laughed at*) zimbello m, oggetto m di scherno (o risa): he is the ~ of the villag è lo zimbello del paese. II v.i. **1** scherzare, celiare: I wa only joking stavo solo scherzando. **2** (*to talk jestingly* parlare scherzosamente. III v.t. beffarsi di, prendere ii giro, canzonare. □ joking apart (o aside) a parte g scherzi, bando agli scherzi; the best of the ~ la cosa pi divertente; to crack a ~ lanciare una battuta; to do s.th for a ~ fare qc. per scherzo; to say s.th. in ~ dire qc. pe scherzo; to make a ~ about s.th. prendere qc. in scherzo no ~ senza scherzi, sul serio; (to be able) to take a ~ (saper) stare allo scherzo.

joker ['dʒoukə] s. **1** burlone m (f –a), buontempone m (–a), tipo m ameno. **2** (*in cards*) matta f, jolly m. **3** ⟨*fam* (*fellow*) individuo m, tipo m. **4** (*in a documen* agreement, etc.) frase f (o parola) che annulla (o modifica le condizioni stabilite. **5** ⟨*am.Parl*⟩ clausola f inserita ii una legge per renderla inoperante (o ambigua).

joking ['dʒoukiŋ] I a. scherzoso, faceto, spiritoso. II s scherzo m, burla f, beffa f. **jokingly** [–li] avv scherzosamente, burlescamente.

jollification [ˌdʒɔlifiˈkeiʃən] s. festa f, baldoria f. '**jollif** [–fai] I v.i. fare festa, fare baldoria, stare allegro. II v.t rendere allegro. '**jolliness** [–linis] s. allegria f, gaiezza '**jollity** [–liti] s. **1** → jolliness. **2** (*festive gathering*) fest f, baldoria f. **3** pl. (*festivities*) festeggiamenti mpl.

jolly ['dʒɔli] I a. **1** allegro, gaio, giocondo; (of things allegro, vivace, festoso. **2** (*convivial, hearty*) cordiale gioviale. **3** ⟨*fam*⟩ (*pleasant*) piacevole, gradevole. **4** ⟨*fam* (*slightly drunk*) brillo. II s. ⟨*mar*⟩ (Royal Marine) soldat m di fanteria di marina. III avv. ⟨*fam*⟩ (*very*) molto: a good dinner un'ottima cena; (as an intensive) propric veramente: ~ good proprio buono. IV v.t. **1** adulare blandire, lusingare. **2** (to persuade by coaxing) persuader (con moine).

jolly|boat s. ⟨*Mar*⟩ iole f. ~ **Roger** s. bandiera f de pirati.

jolt [dʒoult] I v.t. **1** far sobbalzare, scuotere, sballottare. **2** ⟨*fig*⟩ sconvolgere, scuotere, turbare. II v.i. **1** avanzare balzi (o scatti). **2** ⟨*sl*⟩ (to take drugs) drogarsi. III s. **1** (s)balzo m, sobbalzo m, scossone m. **2** ⟨*fig*⟩ colpo m shock m. □ to ~ to a stop fermarsi con un sobbalzo.

Jonah ['dʒounə], **Jonas** [–s] I N.pr. ⟨*Bibl*⟩ Giona m. I s. ⟨*fig*⟩ iettatore m (f –trice), menagramo m/f.

Jonathan ['dʒɔnəθən] I N.pr. Gionata m (anche Bibl.). I s. **1** varietà di mela rossa. **2** (American) americano m.

Joneses ['dʒounziz] ⟨*fam*⟩ to keep up with the ~ mantenersi all'altezza dei (propri) vicini.

jongleur fr. [zɔ̃:(ŋ)ˈglə:, am. ˈdʒɔŋglə] s. ⟨*Stor*⟩ giullare m menestrello m.

jonquil ['dʒɔŋkwil] s. ⟨*Bot*⟩ giunchiglia f.

jordan ['dʒɔ:dn] s. ⟨*sl*⟩ vaso m da notte, orinale m.

Jordan N.pr. ⟨*Geog*⟩ Giordania f. **Jordania** [dʒɔ:ˈdeiniən] I a. giordano. II s. giordano m (f –a).

jorum ['dʒɔ:rəm] s. grande coppa f (o tazza); (contents coppa f.

Joseph ['dʒouzif] N.pr. Giuseppe m (anche Bibl.).

Josephine ['dʒouzəfi:n] N.pr. Giuseppina f.

josh am. [dʒɔʃ] ⟨*fam*⟩ I v.t. burlare, prendere in giro bonariamente. II v.i. scherzare. III s. presa f i giro bonaria.

Joshua ['dʒɔʃjuə] N.pr. Giosuè m (anche Bibl.).

joss [dʒɔs] s. idolo m cinese.

josser ['dʒɔsə] s. ⟨*fam*⟩ tipo m, individuo m.

joss| house s. tempio m cinese. ~ **stick** s. bastoncino m d'incenso.

jostle ['dʒɔsl] I v.t. **1** spingere, dare spinte (o gomitate). **2** (to drive by pushing) spingere: they –d him into the vai lo spinsero dentro al cellulare. II v.i. **1** dare uno spinton (against, with a), urtare (qd.). **2** (to make one's way b shoving) aprirsi la strada a spintoni (o gomitate), fars largo a spintoni; (to crowd) affollarsi, pigiarsi. **3** ⟨*fig*⟩ (to exist in proximity) stare gomito a gomito (with con). **4** ⟨*fig*⟩ (to vie) competere, contendere (with con). III s. urt

, spinta *f*, spintone *m*.

[dʒɔt] **I** *s*. briciolo *m*, minimo *m: there's not a ~ of*
uth in your story non c'è un briciolo di verità nel tuo
cconto. **II** *v.t.* (*pret., p.p.* 'jotted [-id]) (general. con
wn) annotare, appuntare. □ *I don't care a* ~ non me
· importa un'acca; *not one* ~ *or tittle* un bel niente.
tter [-ə] *s*. taccuino *m*. '**jotting.** [-iŋ] *s*. annotazione *f*,
punto *m*.

le [dʒuːl] *s*. ⟨*Fis*⟩ joule *m*.

nce [dʒauns] **I** *v.t.* sballottare, scuotere. **II** *v.i.*
balzare.

rnal ['dʒəːnl] *s*. **1** diario *m*, giornale *m: he kept a ~*
ring his trip tenne un diario durante il viaggio. **2**
Comm⟩ (*daybook*) giornale *m*, registro *m;* (*in*
uble-entry bookkeeping) libro *m* giornale (*o* cassa). **3**
cord of proceedings of a body) resoconto *m*, relazione *f*,
·ti *mpl*. **4** ⟨*Giorn*⟩ (*daily newspaper*) giornale *m*,
·otidiano *m;* (*periodical*) periodico *m*, rivista *f*. **5** ⟨*Mar*⟩
·rnale *m* di navigazione (*o* bordo). **6** ⟨*Mecc*⟩ perno *m*
· rotazione. **7** ⟨*Ferr*⟩ fusello *m*.

rnal box *s*. ⟨*Mecc*⟩ boccola *f*, supporto *m*.

rnalese [ˌdʒəːnəˈliːz] *s*. **1** stile *m* giornalistico;
xpression) espressione *f* giornalistica. **2** ⟨*spreg*⟩ (*loose*
le) stile *m* da giornale. '**journalism** [-lizəm] *s*.
·ornalismo *m*. '**journalist** [-list] *s*. giornalista *m/f*.
urnalistic [-ˈlistik] *a*. giornalistico. '**journalize** [-laiz]
·v.t. **1** registrare in un diario. **2** ⟨*Comm*⟩ registrare a
·ornale. **II** *v.i.* **1** tenere un diario. **2** ⟨*Comm*⟩ fare
·gistrazioni nel giornale.

rney ['dʒəːni] **I** *s*. **1** viaggio *m: to make* (*o* take, go on)
~ fare un viaggio. **2** (*distance that can be travelled*)
·aggio *m*, cammino *m*, percorso *m*, tragitto *m: it is a*
·y's ~ *from here* è a un giorno di viaggio da qui. **II** *v.i.*
· fare un viaggio, viaggiare. **2** (*to travel, go*) viaggiare,
·dare. **III** *v.t.* attraversare, viaggiare attraverso. □ ~
·*t* viaggio *m* di andata; *to set out on a* ~ mettersi in
·aggio; ~ *there and back* viaggio *m* di andata e
·orno.

rney|man [mən] *s.irr.* **1** operaio *m* qualificato. **2** (*day*
bourer) lavoratore *m* a giornata. **3** ⟨*fig*⟩ scribacchino
·· travet *m*. **~work** *s*. **1** lavoro *m* di (*o* da) operaio. **2**
·g⟩ lavoro *m* monotono.

st [dʒaust, dʒuːst] **I** *s*. ⟨*Mediev*⟩ **1** giostra *f*. **2** *pl*.
·*urnament*) giostra *f*, torneo *m*. **II** *v.i.* correre la giostra,
·ostrare.

e [dʒouv] *N.pr.* ⟨*Mitol*⟩ Giove *m*. □ (*esclam*) *by* ~!
·r Giove!

ial ['dʒouviəl] *a*. gioviale, gaio, allegro. ˌ**joviality**
·vi'æliti] *s*. giovialità *f*, gaiezza *f*.

ian ['dʒouviən] *a*. **1** ⟨*Mitol*⟩ del dio Giove. **2** ⟨*Astr*⟩
·l pianeta Giove, gioviano.

l¹ [dʒaul] *s*. **1** (*jaw*) mascella *f;* (*lower jaw*) mandibola
2 (*cheek*) guancia *f*, gota *f*.

l² *s*. **1** pappagorgia *f*. **2** (*dewlap of cattle*) giogaia *f*. **3**
·*attle of fowls*) bargiglio *m*.

[dʒɔi] **I *s*. **1** gioia *f*, felicità *f*, letizia *f*. **2** (*cause of joy*)
·oia *f*, soddisfazioni *fpl*. **II** *v.i.* ⟨*poet*⟩ gioire, rallegrarsi
·a di, per). **III** *v.t.* ⟨*poet*⟩ allietare, rallegrare. □ *to jump*
·*dance*) *for* ~ fare salti di gioia; *to my great* ~ con mia
·· grande gioia; *to wish s.o.* ~ rallegrarsi con qd. (*anche*
·n.); ⟨*iron*⟩ *I wish you* ~ *of it!* buon pro ti faccia!
·· *N.pr.* Gioia *f*.

ful ['dʒɔiful] *a*. **1** gioioso, lieto, festoso. **2** (*causing joy*)
·to, piacevole, gioioso: *a ~ sight* una vista piacevole.
yfulness [-nis] *s*. gioia *f*, allegria *f*, letizia *f*, felicità

less ['dʒɔilis] *a*. **1** triste, mesto. **2** (*not causing joy*)
·loroso, triste: *a ~ occasion* una dolorosa circostanza.
ylessness [-nis] *s*. tristezza *f*, mestizia *f*.

ous ['dʒɔiəs] *a*. → **joyful**. **joyousness** [-nis] *s*. →
yfulness.

-ride *s*. **1** gita *f* di piacere in automobile; (*in a stolen*
borrowed car) giro *m* con un'automobile rubata (*o* presa
· prestito). **2** (*ride at great speed*) giro *m* in macchina a
·rte velocità. **~stick** *s*. **1** ⟨*Aer*⟩ cloche *f*, barra *f* di
· mando. **2** ⟨*Inform*⟩ joystick *m*.
= *jet propulsion* propulsione a reazione.

jr., Jr. *junior* junior (*abbr.* jr.).
jubilance ['dʒuːbiləns] *s*. giubilo *m*, esultanza *f*. **jubilant**
[-nt] *a*. **1** giubilante, esultante. **2** (*of things*) festoso.
jubilantly [-ntli] *avv.* con giubilo. **jubilate** [-leit] *v.i.*
giubilare, esultare. ˌ**Jubilate** [-ˈleiti, -ˈlɑːti] *s*. ⟨*Lit*⟩
jubilate *m*. **jubilation** [-ˈleiʃən] *s*. **1** giubilo *m*, esultanza
f. **2** (*festive celebration*) celebrazione *f* solenne.
jubilee ['dʒuːbiliː] *s*. **1** anniversario *m;* (*fiftieth*
anniversary) cinquantenario *m*, giubileo *m*. **2** ⟨*fig*⟩
festività *f*, festa *f*. **3** ⟨*Rel*⟩ giubileo *m*. **4** ⟨*Rel.catt*⟩
indulgenza *f* giubilare. **5** (*jubilation*) esultanza *f*, giubileo
m.
Judaea [dʒuːˈdiə] *N.pr.* ⟨*Geog*⟩ Giudea *f*. **Judaean** [-n] **I**
a. giudeo, della Giudea. **II** *s*. giudeo *m* (*f* -a).
Judah ['dʒuːdə] *N.pr.* ⟨*Bibl*⟩ Giuda *m*.
Judaic [dʒuːˈdeiik], **Judaical** [-əl] *a*. giudaico, ebreo.
Judaism ['dʒuːdəiizəm] *s*. **1** ⟨*Rel*⟩ giudaismo *m*, ebraismo
m. **2** (*people*) popolo *m* ebraico. **Judaist** [-dəiist] *s*.
seguace *m/f* del giudaismo. **Judaize** [-dəiaiz] **I** *v.i.*
giudaizzare. **II** *v.t.* ebraizzare.
Judas ['dʒuːdəs] **I** *N.pr.* ⟨*Bibl*⟩ Giuda *m*. **II** *s*. giuda *m*,
traditore *m*. **judas** *s*. → **judas hole**.
judas| hole *s*. (*in a door*) spioncino *m*, spia *f*. **~ kiss** *s*.
bacio *m* di Giuda. **~ thorn, ~ tree** *s*. ⟨*Bot*⟩ albero *m* di
Giuda.
Jude [dʒuːd] *N.pr.* ⟨*Bibl*⟩ Giuda *m*.
Judea *N.pr.* → **Judaea. Judean** *a./s.* → **Judaean.**
judge [dʒʌdʒ] **I** *s*. **1** giudice *m*, magistrato *m*. **2** (*referee,*
umpire) arbitro *m*, giudice *m* (*anche Sport.*). **3**
(*connoisseur, expert*) giudice *m*, intenditore *m*, conoscitore
m, esperto *m: he is a good ~ of wines* è un buon
intenditore di vini. **II** *v.t.* **1** ⟨*Dir*⟩ giudicare, esaminare:
to ~ a case giudicare una causa; (*of a person*) giudicare. **2**
(*of a dispute, etc.*) arbitrare, fare da arbitro in. **3** (*to form*
an opinion of) giudicare, farsi un giudizio (*o* un'opinione)
di. **4** (*to consider*) giudicare, reputare, ritenere: *to ~ s.th.*
necessary giudicare necessario qc. **5** (*to estimate*) valutare,
stimare. **III** *v.i.* **1** ⟨*Dir*⟩ pronunziare una sentenza,
sentenziare. **2** (*to form an opinion*) giudicare, farsi
un'opinione (*of* di). **3** (*to act as a judge*) fare da arbitro.
□ ~ *of an appeal court* giudice *m* d'appello; *judging by* (*o*
from) *a* giudicare da; *don't ~ by appearances* non
giudicare dalle apparenze; ⟨*esclam,lett*⟩ *as God is my ~*
Dio mi è giudice; *to be no ~ of* non essere un intenditore
di.
Judge| Advocate *s*. (*pl.* **Judge Advocates**) ⟨*Mil*⟩
pubblico ministero *m*. **~-Advocate General** *s*.
presidente *m* del tribunale supremo militare. **~ delegate**
s. giudice *m* delegato. **~-made** *a*. giurisprudenziale.
judgement ['dʒʌdʒmənt] *s*. **1** ⟨*Dir*⟩ giudizio *m*, sentenza *f*,
decisione *f: to pass ~ on s.o.* pronunciare un giudizio (*o*
una sentenza) su qd. **2** (*act of judging*) giudizio *m;*
(*opinion*) giudizio *m*, opinione *f*, parere *m: a hasty ~* un
giudizio affrettato. **3** (*capacity for judging*) giudizio *m: to*
lack ~ mancare di giudizio; (*exercise of capacity for*
judging) giudizio *m*, senno *m*, discernimento *m: to show*
~ dare prova di senno. **4** (*misfortune sent by God*) castigo
m di Dio, punizione *f* divina. **Judgement** *s*. ⟨*Bibl*⟩
giudizio *m* (universale): *the Day of Judgement* il giorno
del giudizio. □ ⟨*Dir*⟩ ~ **absolute** sentenza *f* irrevocabile;
an error of ~: **1** ⟨*Dir*⟩ un errore giudiziario; **2** ⟨*fig*⟩ un
errore di valutazione; **in** *my* ~ a mio giudizio (*o* parere);
⟨*Dir*⟩ *to* **quash** *a* ~ annullare una sentenza; ⟨*Dir*⟩ *to*
reverse *a* ~ riformare una sentenza; *to* **sit in** ~ *on* (*o*
over): **1** ⟨*Dir*⟩ giudicare; **2** ⟨*fig*⟩ criticare, atteggiarsi a
giudice di; ⟨*Bibl*⟩ ~ **of Solomon** giudizio *m* di Salomone;
to have **sound** ~ giudicare con discernimento.
'**judgement|-at-law** *s*. ⟨*Dir*⟩ sentenza *f* esecutoria (*o*
passata in giudicato). **~ creditor** *s*. ⟨*Dir*⟩ creditore *m*
riconosciuto (*o* autorizzato). **~ day** *s*. giorno *m* del
giudizio. **~ debt** *s*. ⟨*Dir*⟩ credito *m* confermato
giudizialmente. **~ seat** *s*. **1** scranno *m* del giudice. **2**
(*tribunal*) tribunale *m*.
Judges ['dʒʌdʒiz] *s.pl.* (costr. sing.) ⟨*Bibl*⟩ libro *m* dei
giudici.
judgeship ['dʒʌdʒʃip] *s*. carica *f* (*o* ufficio *m*) di giudice.
judgment *s*. → **judgement.**

judicable ['dʒu:dikəbl] *a.* ⟨*Dir*⟩ giudicabile. **judicatory** [-kətəri] **I** *a.* giudiziario, giudiziale, legale. **II** *s.* corte *f* di giustizia.

judicature ['dʒu:dikətʃə] *s.* **1** amministrazione *f* della giustizia. **2** (*office of a judge*) ufficio *m* (*o* carica *f*) di giudice, magistratura *f.* **3** ⟨*collett*⟩ (*judges*) giudici *mpl.* magistratura *f.* **4** (*court of justice*) corte *f* di giustizia. **5** (*system of courts of law*) ordinamento *m* giudiziario.

judicial [dʒu:'diʃəl] *a.* **1** giudiziario, giudiziale: ~ *proceedings* procedimento giudiziario; ~ *power* poteri giudiziari; (*enforced by a court*) giudiziario, legale: ~ *sale* vendita giudiziaria. **2** (*of judges*) dei giudici: *the* ~ *bench* il banco dei giudici. **3** ⟨*fig*⟩ critico, imparziale.

judicial| **circuit**, ~ **court** *am. s.* circoscrizione *f* giudiziaria, circondario *m* (*o* distretto) giudiziario. ~ **murder** *s.* assassinio *m* legale (*o* giudiziario). ~ **separation** *s.* ⟨*Dir*⟩ separazione *f* legale. ~ **system** *s.* sistema *m* giudiziario, giudiziario *m*

judiciary [dʒu:'diʃiəri] **I** *a.* giudiziario, giudiziale. **II** *s.* **1** ordinamento *m* giudiziario. **2** ⟨*collett*⟩ (*judges*) magistratura *f,* giudici *mpl.* **3** (*judicial branch of government*) potere *m* giudiziario.

judicious [dʒu:'diʃəs] *a.* giudizioso, assennato, prudente, saggio. **judiciousness** [-nis] *s.* giudizio *m,* prudenza *f,* senno *m.*

Judith ['dʒu:diθ] *N.pr.* Giuditta *f* (*anche Bibl.*).

judo ['dʒu:dou] *s.* (*pl.* **-s** [z]) ⟨*Sport*⟩ judo *m,* giudò *m.* **judoist** [-ist] *s.* judoista *m/f,* giudoista *m/f.*

Judy ['dʒu:di] *N.pr. dim. di* **Judith.** **judy** *s.* ⟨*sl*⟩ donna *f,* ragazza *f.*

jug¹ [dʒʌg] **I** *s.* **1** (*for table use*) brocca *f,* boccale *m,* bricco *m,* caraffa *f;* (*large earthenware container*) orcio *m.* **2** → **jugful.** **3** ⟨*sl*⟩ (*prison*) carcere *m,* galera *f,* ⟨*pop*⟩ gattabuia *f.* **II** *v.t.* (*pret., p.p.* **jugged** [-d]) **1** ⟨*Gastr*⟩ stufare in un recipiente di terraglia; (*of hare*) cuocere in salmì. **2** (*to put into a jug*) mettere in una brocca. **3** ⟨*sl*⟩ (*to put in prison*) imprigionare, ⟨*pop*⟩ mettere dentro.

jug² *s.* (*nightingale's note*) gorgheggio *m* (dell'usignolo).

jugate ['dʒu:geit] *a.* ⟨*Bot*⟩ che ha foglioline paripennate.

jugful ['dʒʌgful] *s.* brocca *f,* bricco *m,* caraffa *f,* boccale *m.*

juggernaut ['dʒʌgənɔ:t] *s.* **1** (*overwhelming force*) forza *f* travolgente. **2** ⟨*am.fam*⟩ dinosauro *m* (*o* mastodonte) della strada.

juggins ['dʒʌginz] *s.* ⟨*fam*⟩ sempliciotto *m,* sciocco *m.*

juggle¹ ['dʒʌgl] **I** *v.t.* **1** fare giochi di destrezza con: *to* ~ *plates* fare giochi di destrezza con i piatti. **2** ⟨*fig*⟩ manipolare: *to* ~ *the figures* manipolare le cifre. **II** *v.i.* **1** fare giochi di destrezza. **2** ⟨*fig*⟩ (*to tamper*) manipolare (*with s.th.* qc.); (*to deceive*) ingannare, imbrogliare (qd.). □ ⟨*fig*⟩ *to* ~ *money out of s.o.* truffare denaro a qd.; *to* ~ **with** *the facts* travisare i fatti; *to* ~ *with words* equivocare, giocare sulle parole.

juggle² *s.* **1** gioco *m* di destrezza. **2** ⟨*fig*⟩ inganno *m,* truffa *f,* imbroglio *m.*

juggler ['dʒʌglə] *s.* **1** giocoliere *m* (*f* –a). **2** (*conjurer*) prestigiatore *m* (*f* –trice). **3** ⟨*fig*⟩ imbroglione *m* (*f* –a), truffatore *m* (*f* –trice). **jugglery** [-ri], **juggling** [-liŋ] *s.* **1** gioco *m* di destrezza. **2** (*sleight of hand*) prestidigitazione *f.* **3** ⟨*fig*⟩ inganno *m,* imbroglio *m.*

Jugoslav [ju:gou'slɑ:v] **I** *a.* iugoslavo. **II** *s.* iugoslavo *m* (*f* –a). **Jugoslavia** [-iə] *N.pr.* ⟨*Geog*⟩ Jugoslavia *f.* **Jugoslavian** [-iən] *a./s.* → **Jugoslav.**

jugular ['dʒʌgjulə] **I** *a.* ⟨*Anat*⟩ giugulare. **II** *s.* → **jugular vein.**

jugular vein *s.* ⟨*Anat*⟩ vena *f* giugulare.

jugulate ['dʒu:gjuleit] *v.t.* scannare, sgozzare.

juice [dʒu:s] *s.* **1** succo *m,* sugo *m: the* ~ *of an orange* il succo di un'arancia. **2** (*natural fluids of a body*) succo *m: gastric* –*s* succhi gastrici. **3** ⟨*fig*⟩ succo *m,* essenza *f,* spirito *m,* sostanza *f.* **4** ⟨*fam*⟩ (*electric power*) energia *f* elettrica, elettricità *f;* (*petrol, fuel*) benzina *f,* carburante *m.* □ ⟨*sl*⟩ *to step on the* ~ premere l'acceleratore, accelerare; ⟨*fam*⟩ *to stew in one's own* ~ cuocere nel proprio brodo.

juice extractor *s.* centrifuga *f* (per succhi di frutta).

juiceless ['dʒu:slis] *a.* senza sugo (*o* succo).

juiciness ['dʒu:sinis] *s.* succosità *f,* succulenza *f.* **ju** [-si] *a.* **1** succoso, sugoso: ~ *peaches* pesche succose ⟨*fam*⟩ (*full of interest*) interessante; (*spicy*) picca pepato: *a* ~ *story* una storia piccante. **3** ⟨*f* (*financially rewarding*) redditizio, remunerativo.

ju-jitsu *s.* → **ju-jutsu.**

jujube ['dʒu:dʒu:b] *s.* **1** → **jujube tree.** **2** (*fruit*) giugg *f.* **3** ⟨*Dolc*⟩ giuggiola *f.*

jujube-tree *s.* ⟨*Bot*⟩ giuggiolo *m.*

ju-jutsu [dʒu:'dʒitsu:] *s.* ⟨*Sport*⟩ jujitsu *m.*

juke(box) [dʒu(:)k] *s.* juke–box *m.*

juke joint *am. s.* ⟨*sl*⟩ locale *m* fornito di juke–box.

Jul. = *July* luglio (*abbr.* lug.).

julep ['dʒu:lip] *s.* **1** giulebbe *m.* **2** ⟨*am*⟩ (*mint ju* bevanda *f* alcolica alla menta.

Julia ['dʒu:liə] *N.pr.* Giulia *f.*

Julian¹ ['dʒu:liən] *N.pr.* Giuliano *m.*

Julian² *a.* giuliano, di Giulio Cesare: ~ *calen* calendario giuliano.

Julie ['dʒu:li] (*dim. di Julia, Juliet*) *N.pr.* Giulietta *f.*

Juliet ['dʒu:ljət] *N.pr.* Giulietta *f.*

juliet cap *s.* ⟨*Mod*⟩ calottina *f.*

Julius ['dʒu:ljəs] *N.pr.* Giulio *m.*

July [dʒu:'lai] *s.* luglio *m.*

jumbal *s.* → **jumble².**

jumble¹ ['dʒʌmbl] **I** *v.t.* (*general. con up*) mettere (*o* gett alla rinfusa. **II** *v.i.* mischiarsi, mescolarsi. **III** *s* miscuglio *m,* accozzaglia *f,* guazzabuglio *m.* **2** (*confu state*) confusione *f,* disordine *m,* caos *m.* □ *his pa were in a* ~ le sue carte erano tutte sottosopra; *to everything up* (*o together*) mettere tutto nello st calderone.

jumble² *s.* ⟨*Dolc*⟩ piccola ciambella *f.*

jumble sale *s.* vendita *f* di beneficenza.

jumbo ['dʒʌmbou] **I** *s.* (*pl.* **-s** [z]) **1** ⟨*pop*⟩ elefante *m* ⟨*fam*⟩ (*very large person or thing*) gigante *m,* colosso *m* pachiderma *m.* **3** → **jumbo jet. II** *a.* ⟨*fam*⟩ enor gigantesco.

jumbo jet *s.* ⟨*Aer*⟩ jumbo *m.*

jump¹ [dʒʌmp] **I** *v.i.* **1** saltare: *to* ~ *out of a wind* saltare da una finestra; *to* ~ *over a wall* saltare un m *to* ~ *for joy* saltare di gioia. **2** (*to move sudde* scattare, saltare: *to* ~ *to one's feet* scattare in piedi; *start abruptly*) sobbalzare, trasalire, sussultare. **3** ⟨*fig*⟩ *shift abruptly*) saltare: *he* –*s from one subject to ano* salta di palo in frasca. **4** (*to rise abruptly in rank*) pass (rapidamente), fare un salto. **5** ⟨*fig*⟩ (*of prices, ε* rincarare, fare un salto, aumentare di colpo. **6** *draughts*) mangiare un pezzo (*o* una pedina). **7** (*∧* lanciarsi (*o* saltare) col paracadute. **8** (*in bridge*) fare salto (nella dichiarazione). **9** ⟨*Equit*⟩ saltare un ostac **II** *v.t.* **1** saltare, superare con lo slancio: *to* ~ *a fe* saltare uno steccato. **2** (*to cause to jump*) far saltare: –*ed the horse over the brook* fece saltare il cavallo oltr ruscello. **3** ⟨*fig*⟩ (*of prices, etc.*) aumentare di colpo, fare un salto a, rincarare. **4** (*to board by jumping*) sal su: *to* ~ *a plane for London* saltare su un aereo Londra. **5** (*to pass over*) saltare, omettere, tralasciare: *ν* ~ *the next chapter* salteremo il capitolo seguente. **6** *draughts*) mangiare. **7** ⟨*fam*⟩ (*to attack suddenly*) sal addosso a. **8** ⟨*sl*⟩ (*to flee from*) fuggire da, scappare (*of a job*) lasciare, abbandonare. □ *to* ~ **about** saltell fare salti; *to* ~ **across** oltrepassare, saltare oltre; *to* ~ affrettarsi ad accettare: *to* ~ *at an invitation* affrettarsi accettare un invito; *to* ~ *at an opportunity* cogliere al ν un'occasione; *to* ~ **to conclusions** giungere a conclusione affrettata; *to* ~ **down** saltare giù; ⟨*fig*⟩ **heart** –*ed* provai un tuffo al cuore; *to* ~ **in:** 1 sa dentro; 2 ⟨*fam*⟩ iniziare con entusiasmo; *to* ~ **off:** 1 av inizio, cominciare, 2 ⟨*Mil*⟩ attaccare; *to* ~ **off** *a ν* saltare giù da un muro; *to* ~ **on:** 1 saltare, balzare: *on a horse* saltare a cavallo; 2 (*to reprima* rimproverare, sgridare; ⟨*fam*⟩ *his eyes were* –*ing out* head aveva gli occhi fuori dalle orbite; ⟨*fam*⟩ *to* ~ *ου* *one's skin* (*with surprise*) sussultare, trasalire; ⟨*Ferr*⟩ *the* **rails** (*o track*) deragliare; *to* ~ **to** mettersi di bu voglia, ⟨*esclam,fam*⟩ ~ *to it* dagli sotto; *to* ~ **up**

saltare: to ~ up in the air saltare in aria; 2 (to jump to
 one's feet) saltare in piedi; 3 ⟨fig⟩ (of prices, etc.)
aumentare di colpo.

mp² s. **1** salto m, balzo m: to take a ~ spiccare un salto.
2 (height, distance covered) salto m (anche Sport.,Equit.).
3 (obstacle to be jumped over) ostacolo m da saltare. **4**
(nervous movement) sobbalzo m, balzo m, salto m. **5**
⟨fam⟩ (nervousness) nervosismo m, ⟨fam⟩ nervi mpl. **6**
⟨fig⟩ (sudden increase) salto m, rincaro m improvviso: a
~ in prices un salto nei prezzi. **7** ⟨fig⟩ (sudden change)
sbalzo m, salto m, mutamento m rapido (e improvviso): a
~ in temperature uno sbalzo di temperatura. **8** (in
draughts) il mangiare un pezzo (o una pedina). **9** ⟨Aer⟩
ancio m (col paracadute). **10** ⟨Inform⟩ salto m, rinvio m.
□ ⟨fam⟩ to get (o have) the ~ on avere un vantaggio
(iniziale) su; to give a ~ sobbalzare; ⟨fam⟩ to be all of a
~ essere tutto nervi, avere i nervi a fior di pelle.

mped-up ['dʒʌmpt'ʌp] a. **1** arricchito da poco. **2**
⟨estens⟩ (conceited) presuntuoso, vanitoso; (impudent)
sfacciato.

mper¹ ['dʒʌmpə] s. **1** chi salta, saltatore m (f –trice). **2**
⟨Sport,Equit⟩ saltatore m · (f –trice). **3** (animal, insect)
animale m (o insetto) saltatore. **4** ⟨Minier⟩ sonda f a
percussione (a mano). **5** ⟨El,Tel⟩ ponte m, ponticello m.
6 ⟨fam⟩ (ticket collector) controllore m.

mper² s. ⟨Vest⟩ **1** (sweater for women) pullover m,
maglietta f. **2** (for workmen, sailors) blusa f di maglia. **3** pl.
(for babies) tutina f, pagliaccetto m. **4** ⟨am⟩ (sleeveless
dress) scamiciato m.

mpiness ['dʒʌmpinis] s. ⟨fam⟩ nervosismo m, ⟨fam⟩
nervi mpl.

mping ['dʒʌmpiŋ] a. che salta, saltatore.

mping| deer s. ⟨Zool⟩ cervo m mulo (o dalle grandi
orecchie). **~ hare** s. ⟨Zool⟩ lepre f saltatrice. **~ jack** s.
marionetta f. **~ mouse** s. ⟨Zool⟩ zapo m. **'~-'off place**
s. **1** punto m di partenza. **2** ⟨scherz⟩ (end of the world)
estremo confine m del mondo; (remote place) luogo m
remoto.

mp| instruction ⟨Inform⟩ istruzione f di salto. **~ jet**
s. ⟨Aer⟩ aereo m a decollo verticale. **~-off** s. **1** inizio m,
partenza f. **2** ⟨Sport⟩ partenza f. **3** ⟨Equit⟩ spareggio m.
~ rope s. corda f per saltare. **~ seat** s. ⟨Aut⟩
trapuntino m. **~ suit** s. **1** tuta f da paracadutista. **2**
⟨Vest⟩ specie di tuta.

mpy ['dʒʌmpi] a. ⟨fam⟩ nervoso, irritabile.

n. = **1** June giugno (abbr. giu.). **2** Junior junior (abbr.
jr.).

nction ['dʒʌŋkʃən] s. **1** congiungimento m, connessione
f. **2** (state of being joined) giunzione f, unione f,
congiunzione f. **3** (point of joining) punto m di
(con)giunzione, (con)giuntura f. **4** (place of meeting)
confluenza f. **5** ⟨Ferr,Strad⟩ raccordo m, nodo m.

nction box s. ⟨El⟩ scatola f di raccordo (o giunzione).

ncture ['dʒʌŋktʃə] s. **1** congiungimento m, giunzione f,
congiunzione f. **2** (point of joining) punto m di
(con)giunzione, (con)giuntura f. **3** ⟨fig⟩ (point of time)
congiuntura f, occasione f, circostanza f; (difficult
situation) frangente m: at this ~ in questo frangente.

ne [dʒuːn] s. giugno m.

ngle ['dʒʌŋgl] s. **1** giungla f (anche fig.): a concrete ~
una giungla d'asfalto. **2** ⟨fig⟩ (confused mass) groviglio m,
massa f confusa; (maze) labirinto m, dedalo m. □ the law
of the ~ la legge della giungla; ⟨fig⟩ ~ warfare guerra
selvaggia (o spietata). **jungled** [–d] a. coperto di
vegetazione, lussureggiante.

ngle| fever s. ⟨Med⟩ febbre f tropicale. **~ fowl** s.
⟨Ornit⟩ gallo m dorato dalla giungla.

ngly ['dʒʌŋgli] a. simile a una giungla.

nior ['dʒuːnjə] I a. **1** (younger) junior, più giovane (tra
due), il giovane: Mr. James Jones jr. il sig. James Jones
junior. **2** ⟨Scol⟩ (of brothers) minore, junior: Smith ~
Smith junior. **3** ⟨fig⟩ (lower in rank, etc.) inferiore,
subalterno: a ~ clerk un impiegato subalterno; (of more
recent appointment) meno anziano, di data più recente: ~
partner il socio meno anziano. **4** (for young people,
children) per ragazzi. II s. **1** persona f più giovane (tra
due). **2** ⟨fig⟩ subalterno m (f –a), subordinato m (f –a). **3**

⟨am.fam⟩ (son) figlio m, ⟨scherz⟩ rampollo m. **4**
⟨am.Scol⟩ studente m (f –essa) del terzo anno.

junior| college am. s. scuola f superiore. **~ high school**
am. s. scuola f media.

juniority [dʒuːn'jɔriti] s. l'essere ⌐più giovane⌐ (o inferiore
in grado).

Junior| miss s. giovanetta f. **~ school** s. scuola f
elementare.

juniper ['dʒuːnipə] s. ⟨Bot⟩ ginepro m comune.

juniper| berry s. bacca f di ginepro. **~ oil** s. ⟨Farm⟩ olio
m di ginepro.

junk¹ [dʒʌŋk] I s. **1** ciarpame m, robaccia f. **2** (cheap,
shoddy product) cianfrusaglie fpl, chincaglierie fpl,
paccottiglia f. **3** (hunk) tozzo m, pezzo m. **4** (nonsense)
sciocchezze fpl. **5** ⟨sl⟩ (drugs) droghe fpl; (heroin) eroina f.
6 ⟨Mar⟩ (old cable) cavo m vecchio. **7** ⟨mar⟩ (salted
meat) carne f salata (o sotto sale). II v.t. ⟨fam⟩ buttare via,
scartare.

junk² s. ⟨Mar⟩ giunca f.

junk dealer s. rigattiere m, robivecchi m.

junked ['dʒʌŋkd] a. ⟨fam⟩ smantellato: a ~ car una
macchina smantellata.

junket ['dʒʌŋkit] I s. **1** ⟨Alim⟩ giuncata f. **2** ⟨fig⟩
(pleasure trip) gita f, scampagnata f; (party) festa f. II v.i.
1 fare una gita (o scampagnata). **2** (to make merry) fare
festa. **junketing** [–iŋ] s. festa f.

junk food am. cibi mpl preconfezionati (e di scarso valore
nutritivo).

junkie ['dʒʌŋki] s. ⟨sl⟩ drogato m (f –a).

junk| mail am. s. stampe fpl pubblicitarie. **~ ring** s.
⟨Mot⟩ anello m di tenuta. **~ shop** s. bottega f di
rigattiere.

Juno ['dʒuːnou] I N.pr. ⟨Mitol,Astr⟩ Giunone f. II s.
giunone f, matrona f. **Junoesque** [–'esk] a. giunonico.

junta ['dʒʌntə, am. 'huntə] s. **1** ⟨Pol⟩ giunta f. **2** →
junto.

junto ['dʒʌntou] s. (pl. -s [z]) **1** ⟨Pol⟩ fazione f. **2** (clique)
cricca f, combriccola f.

Jupiter ['dʒuːpitə] N.pr. ⟨Mitol,Astr⟩ Giove m.

jural ['dʒuərəl] a. legale, giuridico.

Jurassic [dʒu'ræsik] I a. ⟨Geol⟩ giurassico. II s.
giurassico m, giurese m, periodo m giurassico.

jurat ['dʒuræt] s. ⟨Dir⟩ **1** (sworn public official) giurato m.
2 (in the Cinque Ports) funzionario m. **3** (in the Channel
Islands) magistrato m a vita.

juridic [dʒu'ridik], **juridical** [–əl] a. **1** giuridico,
giurisprudenziale. **2** (legal) legale. □ ⟨Dir⟩ ~ days
giorni mpl di udienza.

jurisconsult [,dʒuəriskən'sʌlt] s. giureconsulto m, giurista
m.

jurisdiction [,dʒuəris'dikʃən] s. **1** giurisdizione f,
competenza f giurisdizionale. **2** ⟨fig⟩ autorità f, potere m;
(territory) sfera f d'autorità. □ ⟨Dir⟩ the court entertains
~ il tribunale è competente; place of ~ foro m
competente. **jurisdictional** [–l] a. giurisdizionale.

jurisprudence [,dʒuəris'pruːdəns] s. giurisprudenza f.
jurisprudent [–dənt] I s. giurisperito m, giureconsulto
m. II a. esperto in diritto. **jurisprudential** [–'denʃel] a.
giurisprudenziale.

jurist ['dʒuərist] s. **1** giurista m/f. **2** (writer on law) chi
scrive su argomenti giuridici. **3** (law graduate) laureato m
(f –a) in legge; (law student) studente m (f –essa) di legge.
4 ⟨am⟩ (lawyer) avvocato m (f –essa); (judge) giudice m,
magistrato m. **ju'ristic(al)** [–ik(əl)] a. giuridico, legale.

juror ['dʒuərə] s. **1** (member of a jury) giurato m (f –a). **2**
(person who takes an oath) chi giura, chi pronuncia
giuramento.

jury¹ ['dʒuəri] s. **1** giuria f (anche Dir.). **2** ⟨Stor.gr⟩ eliea f.
□ to sit (o serve) on a ~ fare parte di una giuria.

jury² a. ⟨Mar⟩ di fortuna.

jury| box s. banco m della giuria. **~ list** s. albo m dei
giurati. **~man** [mən] s.irr. giurato m. **~ mast** s. ⟨Mar⟩
albero m di fortuna. **'~-'rigged** a. ⟨Mar⟩ con attrezzatura
di fortuna. **~woman** s.irr. giurata f.

just¹ [dʒʌst] I a. **1** giusto, equo, imparziale: a ~ sentence
una sentenza equa; (upright) retto, onesto, probo. **2**
(accurate) accurato, preciso; (true) giusto, vero. **3** (proper,

fitting) giusto, proporzionato, equo: ~ *reward* giusto compenso; (*deserved*) giusto, meritato; (*reasonable*) ragionevole, giusto, equo. **4** (*legally right*) legittimo: ~ *title* titolo legittimo. **5** (*well–founded*) fondato, giustificato, legittimo: ~ *suspicion* fondato sospetto. **6** ⟨*Bibl*⟩ (*righteous*) giusto. **II** *s.* ⟨*collett*⟩ (*just people;* costr. pl.) giusti *mpl.* **III** *avv.* **1** appena, or ora, poco fa: *he has* ~ *left* se n'è appena andato. **2** (*at the very moment*) giusto: *we were* ~ *leaving* stavamo giusto uscendo. **3** (*exactly*) esattamente, proprio, (per l')appunto, giusto: *that is* ~ *what I mean* questo è proprio quello che intendo (dire). **4** (*by a bare margin*) per un pelo, appena, per poco, giusto: *the bullet* ~ *missed me* il proiettile mi ha mancato per un pelo; *it is* ~ *enough* è appena sufficiente. **5** (*only, merely*) soltanto, semplicemente. **6** (*for the exact purpose*) proprio, appunto, giusto: ~ *to please you* proprio per farti piacere. **7** (*as an intensive: won't you*) vuoi, *often not translated:* ~ *give me the hammer* dammi il martello (un momento); ~ *be a bit careful!* vuoi stare attento!, sta' un po' attento! **8** ⟨*fam*⟩ (*absolutely, really*) proprio, veramente: *it's* ~ *beautiful* è proprio bello. □ ~ **about** quasi: *I've* ~ *about finished* ho quasi finito; ~ **after** subito dopo; ~ **another** non altro che, soltanto un altro: *the book is* ~ *another spy story* il libro non è altro che un'ennesima storia di spionaggio; ~ **as:** 1 esattamente, (così) come: *come* ~ *as you are* vieni così come sei; 2 (*of time*) proprio quando, nel preciso istante in cui; *as was only* ~ come era giusto; ~ **before** appena (*o* giusto) prima; ~ *in* **case** caso mai, nel caso che; ~ *for a* **change** tanto per cambiare; *to receive one's* ~ **deserts** ricevere ciò che si merita; ~ **inside** appena dentro; *it's* ~ **like** *him to behave like that* è proprio da lui comportarsi così; ⟨*esclam*⟩ ~ **listen** *to him* ma statelo a sentire, sentitelo un po'; ~ *a* **little** appena un po'; ~ *a* **moment**, *please* un momento (solo), per piacere; ~ *at that moment* = *just* **then;** ~ **now:** 1 in questo momento, attualmente, ora come ora; 2 (*a short time ago*) poco (tempo) fa; ~ **once** soltanto una volta; **only** ~ (proprio) per un pelo, appena appena, giusto giusto: *we only* ~ *caught the train* abbiamo preso il treno per un pelo; ~ **outside** appena fuori; ~ **over** *ten years ago* poco più di dieci anni fa; *do* ~ *as you* **please** fa' come vuoi; ~ *the* **same** lo stesso, ugualmente, ciononondimeno: *I will go* ~ *the same* andrò lo stesso; ~ **so:** 1 proprio così; 2 ⟨*esclam*⟩ (*precisely*) giusto, esatto, proprio così; ~ **then** proprio (*o* giusto) allora.

just² *s./v.* → **joust.**

justice ['dʒʌstis] *s.* **1** giustizia *f,* equità *f,* imparzialità *f.* **2** (*rightfulness*) legittimità *f,* buon diritto *m: the* ~ *of his cause* la legittimità della sua causa. **3** ⟨*Dir*⟩ giustizia *f: court of* ~ corte di giustizia. **4** (*judge*) giudice *m,* magistrato *m.* **Justice** *s.* (*as a title*) giudice *m: Justice Smith* il giudice Smith. □ *to* **bring** *s.o. to* ~ consegnare (*o* assicurare) qd. alla giustizia; *to* **dispense** ~ amministrare la giustizia; *to* **do** ~**:** 1 ⟨*assol*⟩ operare con la giustizia; 2 (*of persons*) rendere giustizia (*to* a); 3 ⟨*scherz*⟩ (*of things*) fare onore a: *he did* (*ample*) ~ *to the dinner* ha fatto onore al pranzo; 4 ⟨*rifl*⟩ farsi onore, fare bella figura; *to do him* ~, *we must admit he's honest* a essere giusti, dobbiamo riconoscere la sua onestà; *in* ~ onestamente, per giustizia; *in all* ~ in tutta onestà; ~ *of*

the **Peace** giudice *m* di pace; **with** ~ giustamente ragione, a buon diritto; *with equal* ~ giustamente.

justiceship ['dʒʌstisʃip] *s.* ufficio *m* (*o* dignità *f*) giudice.

justiciable [dʒʌs'tiʃiəbl] *a.* ⟨*Dir*⟩ giudicabile, passibile giudizio.

justiciar [dʒʌs'tiʃiə], **justiciary** [–ri] *s.* ⟨*Stor.* b giudice *m* supremo.

justifiability [ˌdʒʌstiˌfaiə'biliti] *s.* l'essere giustificab **justi'fiable** [–bl] *a.* giustificabile, legittimo.

justifiable| defence *s.* ⟨*Dir*⟩ legittima difesa *f.* **homicide** *s.* ⟨*Dir*⟩ omicidio *m* non punibile.

justifiably ['dʒʌstifaiəbli] *avv.* legittimamente.

justification [ˌdʒʌstifi'keiʃən] *s.* **1** giustificazione *f.* ⟨*Tip*⟩ giustezza *f.* **3** ⟨*Tip,Inform*⟩ allineamento *m* margine. **'justificative** [–keitiv], **'justificatory** [–keit *a.* giustificativo.

justifier ['dʒʌstifaiə] *s.* giustificatore *m* (*f* –trice).

justify ['dʒʌstifai] **I** *v.t.* **1** giustificare, rendere giusto: *end justifies the means* il fine giustifica i mezzi. **2** *defend*) giustificare, scusare, discolpare. **3** ⟨*r* giustificarsi, discolparsi. **4** (*to support, confi* comprovare, confermare: *to* ~ *a* statement comprov un'asserzione. **5** ⟨*Dir*⟩ assolvere. **6** ⟨*Tip*⟩ giustificare. *v.i.* ⟨*Tip*⟩ (*of a line*) riempire esattamente la giustezza

Justin ['dʒʌstin] *N.pr.* Giustino *m.*

Justina [dʒʌs'ti:nə], **Justine** [–'ti:n] *N.pr.* Giustina *f.*

Justinianian [dʒʌsˌtini'einiən] *a.* giustinianeo: ~ *c* codice giustinianeo.

justle ['dʒʌsl] *v.* → **jostle.**

justly ['dʒʌstli] *avv.* **1** secondo giustizia, giustame equamente. **2** (*properly*) giustamente, meritatame **justness** [–stnis] *s.* **1** rettitudine *f.* **2** (*validity*) validit **3** (*rightness*) esattezza *f,* giustezza *f.*

jut [dʒʌt] **I** *v.i.* (*pret., p.p.* 'jutted [–id]) **1** (spesso con ⟨ risaltare, sporgere. **2** ⟨*Edil*⟩ aggettare. **II** *s.* **1** sporgenz **2** ⟨*Arch,Mecc*⟩ aggetto *m.*

jute [dʒu:t] *s.* **1** ⟨*Tess*⟩ juta *f,* iuta *f.* **2** ⟨*Bot*⟩ iuta *f.*

Jute *s.* ⟨*Stor*⟩ membro *m* della tribù degli Juti. **'Jut** [–iʃ] *a.* degli Juti.

Jutland ['dʒʌtlənd] *N.pr.* ⟨*Geog*⟩ Jutland *m.*

Juvenal ['dʒu:vənl] *N.pr.* ⟨*Stor.rom*⟩ Giovenale *m.*

juvenescence [ˌdʒu:vi'nesns] *s.* adolescenza *f.* **juven cent** [–nt] *a.* **1** adolescente. **2** (*young in appearar* giovanile.

juvenile ['dʒu:vinail] **I** *a.* **1** giovanile; (*young*) giovane ⟨*Dir*⟩ minorile. **3** ⟨*fig*⟩ infantile, puerile, bambinesco (*of or suitable for children*) per ragazzi, per (i) giovani *books* libri per ragazzi. **II** *s.* **1** giovane *m/f.* **2** ⟨*I* minore *m/f.* **3** ⟨*Teat*⟩ attore *m* (*f* –trice) giovane. **4** (*b for children*) libro *m* per ragazzi.

juvenile| court *s.* ⟨*Dir*⟩ tribunale *m* minorile. **delinquency** *s.* delinquenza *f* minorile. ~ **delinquen** delinquente *m/f* minorenne.

juvenilia lat. [ˌdʒu:vi'niliə] *s.pl.* ⟨*Lett*⟩ opere *fpl* giovan **juvenility** [ˌdʒu:vi'niliti] *s.* **1** l'essere giovanile. (*childishness*) fanciullezza *f.* **3** *pl.* (*childish acts,* ε fanciullaggini *fpl,* puerilità *fpl.*

juxtapose [ˌdʒʌkstə'pouz] *v.t.* giustapporre, porre acca **juxtaposition** [–pə'ziʃən] *s.* giustapposizione *f.*

K

K [kei] *s.* (*pl.* **k's/ks, K's/Ks** [keiz]) (*letter of the* *phabet*) k, K *f/m;* ⟨*Tel*⟩ k *for King* k come Kursaal.
a. **1** K, undicesimo. **2** (*k–shaped*) a (forma di) k.
= **1** ⟨*El*⟩ *capacity* capacità. **2** *karat* carato. **3** *constant* ostante. **4** *kilogram* chilogrammo (*abbr.* kg). **5** (*in chess*) *ing* re.

.aba ['kɑːbə, 'kɑːəbə] *N.pr.* ⟨*Rel*⟩ Kaaba *f,* al–Ka'ba *f.*
.b(b)ala [kə'bɑːlə] *s.* cabala *f.*
.byl(e) [kə'bail] *s.* **1** ⟨*Etnol*⟩ cabila *m/f,* kabila *m/f.* **2** *anguage*) lingua *f* cabila.
.di ['kɑːdi, 'keidi] *s.* (*cadi*) cadì *m.*
.f(f)ir ['kæfə] *s.* (*pl. inv./*-s [z]) **1** cafro *m.* **2** (*language*) .aletto *m* cafro. **3** *pl.* ⟨*Econ.fam*⟩ azioni *fpl* minerarie del udafrica.
.il *s.* → kale.
.ilyard *scozz. s.* → kaleyard.
.ki ['kɑːkiː] *s.* cachi *m,* kaki *m.*
.le [keil] *s.* **1** ⟨*Bot*⟩ cavolo *m* comune (*o* riccio). **2** *cozz.*) (*cabbage*) cavolo *m;* (*cabbage soup*) zuppa *f* di .voli.
.leidoscope [kə'leidəskoup] *s.* caleidoscopio *m* (*anche* g.). **ka,leidoscopic** [-'skɔpik], **ka,leidoscopical** -'skɔpikəl] *a.* caleidoscopico (*anche fig.*).
.lends ['kæləndz] *s.pl.* ⟨*Stor.rom*⟩ (*calends*) calende *fpl.*
.leyard *scozz.* ['keiljɑːd] *s.* orto *m.*
.leyard school *s.* ⟨*Lett*⟩ scuola *f* letteraria dialettale ozzese.
.li ['kæli, 'keili] *s.* ⟨*Bot*⟩ erba *f* cali, bacicci *m,* riscolo *m,* oda *f.*
.lmu(c)k ['kælmʌk] *s.* **1** calmucco *m.* **2** (*language*) ngua *f* dei calmucchi.
.mikaze [,kɑːmi'kɑːzi] **I** *s.* kamikaze *m.* **II** *a.* suicida: ~ *ommando* commando suicida.
.naka ['kænəkə, kə'nækə] *s.* **1** indigeno *m* delle isole dei .ari del Sud. **2** (*native of Hawaii*) hawaiano *m* (*f* –a).
.ngaroo [,kæŋgə'ruː] *s.* (*pl. inv./*-s [z]; il pl.inv. si usa .eneral. con valore collett.) **1** ⟨*Zool*⟩ canguro *m.* **2** (*fam*) *lustralian*) australiano *m* (*f* –a). **3** *pl.* ⟨*Econ*⟩ azioni *fpl* .inerarie australiane.
.ngaroo| closure *s.* ⟨*Parl*⟩ limitazione *f* della .iscussione ad alcuni emendamenti. **~ court** *am. s.* .ibunale *m* illegale. **~ rat** ⟨*Zool*⟩ dipodomio *m.*
.ntian ['kæntiən] **I** *a.* kantiano. **II** *s.* kantiano *m* (*f* –a), .guace *m/f* di Kant. **Kantianism** [-izəm] *s.* ⟨*Filos*⟩ .antismo *m,* criticismo *m* (kantiano), filosofia *f* kantiana.
.olin(e) ['keiəlin] *s.* ⟨*Min*⟩ caolino *m.* **kaolinize** [-aiz] .i. caolinizzare.
.on [kəiən] *s.* ⟨*Fis*⟩ caone *m.*
.pok ['keipɔk] *s.* ⟨*Bot*⟩ capoc *m,* kapok *m.*
.ppa ['kæpə] *s.* (*letter of the Greek alphabet*) cappa *m/f.*
.put *ted.* [kɑː'put] *a.* ⟨*fam*⟩ kaput, finito, rovinato; (*dead*) .orto.
.rate [kə'rɑːti] *s.* ⟨*Sport*⟩ karatè *m:* ~ *chop* colpo di .aratè. **karateist** ['kɑːrɑːtiist], **karateka** [kə'rɑːtiːkə] *s.* ⟨*Sport*⟩ karateka *m/f,* chi pratica il karatè.
.ren[1] [kə'rein] **I** *s.* (*pl. inv./*-s [z]) **1** (*people;* costr. pl.)

Caren *mpl.* **2** (*language*) lingua *f* dei Caren. **II** *a.* dei Caren.
Karen[2] ['kɑːrən] *N.pr.* Caterina *f.*
karma ['kɑːmə] *s.* **1** karma *m.* **2** (*fig*) (*destiny*) destino *m* fato *m.* **3** ⟨*fam*⟩ (*distinctive atmosphere*) aria *f,* atmosfera *f: there's bad* ~ *around here* qui tira aria cattiva.
Kar(r)oo [kə'ruː] *s.* ⟨*Geog*⟩ altopiano *m* arido del Sudafrica.
karst [kɑːst] **I** *s.* ⟨*Geol*⟩ carso *m.* **II** *a.* carsico. **'karstic** [-ik] *a.* carsico.
karting ['kɑːtiŋ] *s.* ⟨*Sport*⟩ kartismo *m.*
kart| racer *s.* kartista *m/f.* **~ racing** *s.* → karting.
Kashmir ['kæʃmiə, kæʃ'miə] *N.pr.* ⟨*Geog*⟩ Kashmir *m.*
Kashmiri [kæʃ'miəri] *s.* (*pl. inv./*-s [z]) **1** abitante *m/f* del Kashmir. **2** (*language*) lingua *f* del Kashmir.
katabatic [,kætə'bætik] *a.* ⟨*Meteor*⟩ (*of wind*) catabatico.
katabolism [kə'tæbəlizəm] *s.* ⟨*Biol*⟩ catabolismo *m.*
Kate [keit] *N.pr. dim. di* **Katharine.**
Katharine, Katherine ['kæθərin], **Kathleen** ['kæθliːn] *N.pr.* Caterina *f.*
kathode ['kæθoud] *s.* ⟨*El*⟩ (*cathode*) catodo *m.*
Kathy ['kæθi], **Katie** ['keiti] *N.pr. dim. di* **Katharine.**
katydid ['keitidid] *s.* ⟨*Entom*⟩ **1** cavalletta *f* verde. **2** *pl.* tettigonidi *mpl.*
katzenjammer *ted.* [,kætsan'dʒæmə] *s.* ⟨*am*⟩ **1** rumore *m,* chiasso *m.* **2** (*hangover*) residui *mpl* di una sbornia. **3** (*depression*) depressione *f,* avvilimento *m.*
kayak ['kaiæk] *s.* kayak *m,* caiaco *m.* **kayaker** [-ə] *s.* kayakista *m/f.*
KB = ⟨*Inform*⟩ *Kilo-Byte* chilobyte.
K.B. = **1** *King's Bench* corte della Corona. **2** *Knight Bachelor.* **3** *Knight of the Bath* cavaliere dell'ordine del Bagno.
K.B.E. = *Knight Commander of the British Empire.*
kc. = ⟨*Fis*⟩ *kilocycle* chilociclo (*abbr.* kc).
K.C. = **1** *King's Counsel* consiglio della Corona. **2** *Knight Commander.*
kebab ['kebæb], **kebob** [ke'bɔb] *s.* spiedino *m* di carne.
keck [kek] *v.i.* avere conati di vomito.
keckle[1] ['kekl] *v.i.* ridere in tono chioccio (*o* roco), ridacchiare.
keckle[2] *v.t.* ⟨*Mar*⟩ avvolgere con un cavo (per evitare l'attrito).
kedge [kedʒ] **I** *v.t.* ⟨*Mar*⟩ tonneggiare. **II** *v.i.* tonneggiarsi. **III** *s.* → **kedge anchor.**
kedge anchor *s.* ⟨*Mar*⟩ ancorotto *m*
kedgeree [,kedʒə'riː, 'kedʒəriː] *s.* ⟨*Gastr*⟩ **1** (*Indian dish*) piatto *m* a base di riso, lenticchie e spezie. **2** (*European dish*) piatto *m* a base di riso, pesce e uova.
kedge rope *s.* ⟨*Mar*⟩ cavo *m* da tonneggio.
keek *scozz.* [kiːk] **I** *v.i.* sbirciare. **II** *s.* sbirciata *f.*
keel[1] [kiːl] **I** *s.* **1** ⟨*Mar*⟩ chiglia *f.* **2** ⟨*poet*⟩ (*ship*) nave *f,* ⟨*poet*⟩ legno *m.* **3** ⟨*Aer*⟩ chiglia *f,* trave *f* di chiglia. **4** ⟨*Biol*⟩ carena *f.* **II** *v.t.* ⟨*Mar*⟩ (*general.* con *over, up*) capovolgere, rovesciare. **III** *v.i.* ⟨*Mar*⟩ (*general.* con *over, up*) capovolgersi, rovesciarsi. □ *on an even* ~: **1** ⟨*Mar*⟩ di

pescaggio uniforme; 2 ⟨fig⟩ in stato d'equilibrio; ⟨Mar⟩ to lay down a ~ mettere in cantiere una nuova nave; ⟨fig⟩ to ~ over crollare: she -ed over when she heard the news quando ha saputo la notizia è crollata.

keel² s. ⟨Mar⟩ **1** chiatta f, barcone m (a fondo piatto). **2** (load) carico m di carbone (trasportato da una chiatta), chiatta f di carbone.

keelhaul ['ki:lhɔ:l] v.t. rimproverare aspramente, dare una strigliata a.

keelson ['ki:lsən] s. → kelson.

keen¹ [ki:n] a. **1** (sharp) affilato, tagliente: a ~ blade una lama affilata; (pointed) acuminato, aguzzo, appuntito. **2** (piercing) tagliente, pungente: a ~ wind un vento tagliente. **3** (incisive) acuto, perspicace: a ~ mind una mente acuta. **4** (of the senses) fine, acuto: to have a ~ ear avere l'orecchio fine; (of a sensual stimulus) acuto, penetrante, pungente: ~ scent odore penetrante. **5** (enthusiastic) appassionato, entusiasta: to be ~ on skiing essere appassionato di sci; (eager) desideroso; (intense) intenso, acuto, vivo, forte: ~ desire desiderio intenso. **6** (shrewd) scaltro, astuto. **7** ⟨Comm⟩ (of prices) basso. □ a ~ appetite un buon appetito; ~ competition concorrenza spietata; ⟨scherz⟩ he is as ~ as mustard arde di zelo; ~ satire satira pungente.

keen² irl. **I** s. lamento m funebre. **II** v.i. fare un lamento funebre. **III** v.t. piangere levando un lamento funebre.

keener ['ki:nə] s. prefica f.

keenly ['ki:nli] avv. **1** in modo pungente (o tagliente). **2** (acutely, sensitively) accuratamente, con perspicacia (o acume). **3** (eagerly) avidamente: to listen ~ ascoltare avidamente; (intensely) intensamente, ardentemente.

keenness [-nnis] s. **1** l'essere penetrante. **2** (acumen) acume m, perspicacia f. **3** (acuteness) acutezza f, finezza f: ~ of eyesight acutezza visiva. **4** (eagerness) desiderio m, brama f; (intenseness) intensità f, acutezza f.

keep¹ [ki:p] v. (pret., p.p. kept [kept]) **I** v.t. **1** tenere, mantenere: this sweater will ~ you warm questo maglione ti terrà caldo; to ~ a fire burning mantenere acceso un fuoco. **2** (to retain in one's possession) tenere, trattenere: ~ the change tenga il resto. **3** (to preserve, set by) tenere 'in serbo' (o da parte), conservare, serbare. **4** (to restrain, prevent) impedire, trattenere: bad weather kept them from going out il cattivo tempo impedì loro di uscire; (to stop, forbid) impedire, trattenere, vietare: who is -ing you from leaving? chi ti impedisce di andartene? **5** (to refrain from disclosing) tenere, custodire: to ~ a secret tenere un segreto; (to abide by) mantenere, tener fede a: to ~ one's word mantenere la parola data. **6** (to protect) proteggere, salvare, salvaguardare: God ~ us from war Dio ci salvi dalla guerra. **7** (to preserve) conservare, serbare, tenere: it should be kept in the refrigerator deve essere conservato in frigorifero. **8** (to hold in custody) detenere, tenere in arresto; (to delay) trattenere: I won't ~ you long non ti tratterrò a lungo. **9** (to provide for) mantenere, sostentare, provvedere a: he has a wife and three children to ~ ha una moglie e tre figli da mantenere; (of a mistress) mantenere. **10** (to have the care of) badare a, curarsi di, custodire: to ~ a chauffeur tenere un autista. **12** ⟨Comm⟩ (to have in stock) tenere, avere: we don't ~ this product non abbiamo questo prodotto. **13** (of a business, etc.: to manage, run) dirigere, condurre, mandare avanti. **14** (to record) tenere: to ~ a diary tenere un diario; to ~ a firm's books tenere la contabilità di un'azienda. **15** (to fulfil, conform to) osservare, adempiere: to ~ the law osservare la legge. **16** (to celebrate) celebrare: to ~ Christmas celebrare il Natale; (to observe) osservare: to ~ the Sabbath osservare la domenica. **17** (of livestock) allevare: to ~ pigs allevare maiali. **18** (of a track, course, etc.) tenere, mantenere: to ~ to the centre of the road tenere il centro della strada. **II** v.i. **1** continuare o: to ~ trying continuare a provare. **2** (to continue in a certain condition) mantenersi, conservarsi, rimanere: he -s young si mantiene giovane; (to be of health) stare, sentirsi: how are you -ing? come stai?; to ~ well stare bene. **3** (to persist) continuare, seguitare, insistere: don't ~ asking me silly questions non continuare a farmi domande sciocche.

4 (to refrain) trattenersi, frenarsi (from da): he couldn't ~ from laughing non riuscì a trattenersi dal ridere. **5** (to stay) restare, rimanere, stare: to ~ indoors restare a ca **6** (to maintain a course) continuare, proseguire: ~ straight on continua dritto. **7** (of food) conserva mantenersi: it will ~ for three days in the refrigerator conserva nel frigorifero per tre giorni. **8** ⟨fig⟩ pot aspettare: the matter will ~ la questione può aspettare. to ~ at s.th. perseverare in qc., insistere in qc., te duro; to ~ away: **1** tenere lontano, allontanare; **2** (to prevent from coming) impedire di andare, tenere lonta a cold kept him away from the office un raffreddore impedì di andare in ufficio; ~ away from draug (ri)guardarsi dalle correnti d'aria; ~ away from the wa sta' lontano dall'acqua!; to ~ back: **1** tenere indiet trattenere; **2** (to hold in check) ritenere, tenere a fre frenare: to ~ back one's tears trattenere le lacrime; **3** (to refrain from revealing) nascondere, tenere segreto; (to withhold) ritenere, trattenere: to ~ back a part of s.c wages trattenere a qd. una parte della paga; ~ be please! indietro, prego!; to ~ down: **1** stare giù: ~ do or they'll see you sta' giù o ti vedranno; **2** (to lim ridurre, limitare: to ~ expenses down ridurre le spese; (to suppress) reprimere, soffocare; **4** (of food) ritene trattenere; to ~ going: **1** ⟨fam⟩ tirare 'a campare' avanti; **2** ⟨fam⟩ (to enable to live) tenere in vita; to ~ **1** tenere dentro, trattenere a (o in) casa; **2** (to rem indoors) restare dentro, rimanere a casa; **3** ⟨Sc trattenere a scuola per punizione; **4** ⟨fig⟩ frena trattenere; **5** (of a fire) mantenere acceso; ⟨fam⟩ to ~ with s.o. rimanere in buoni rapporti con qd.; ⟨Strad⟩ left tenere la sinistra; to ~ off tenere lontano, allontana the umbrella kept the rain off him l'ombrello lo prote dalla pioggia; danger, ~ off pericolo, tenersi lontano; off the flowerbeds non calpestare le aiole; ~ your han off! giù le mani!, non toccare!; if the rain -s off se n piove; to ~ on: **1** tenere a posto, fissare; **2** (of on clothes, hat, etc.) tenere (addosso); **3** (to continue employ) continuare a tenere (al lavoro, a servizio, ecc.): (to continue) continuare a, seguitare a: he kept on talki continuò a parlare; **5** (to persist) insistere in, persistere continuare: you ~ on making the same mistakes persi nel fare gli stessi errori; ⟨fam⟩ to ~ on at s.o. star sopra qd., non dare pace a qd.; by -ing on a furia d'insiste picchia e ripicchia; ~ your hat on non toglierti il cappel to ~ out: **1** tenere fuori, non far (o lasciar) entrare; **2** ⟨fig⟩ tenersi fuori, tenersi alla larga (of da), n immischiarsi (in): to ~ out of a quarrel tenersi fuori una disputa; danger, ~ out pericolo, non entrare; to ~ o of the way tenersi al largo; these shoes don't ~ out the v queste scarpe 'lasciano passare' (o non tengono) l'acqua; ~ to: **1** mantenere, osservare, attenersi a: to ~ to promise mantenere una promessa; to ~ to the ru attenersi alle regole; to ~ to a strict diet osservare u dieta rigorosa; **2** (to confine o.s. to) rimanere, restare: ~ to one's bed rimanere a letto; to ~ (o.s.) to o.s. tenersi stare) in disparte; to ~ s.th. to o.s. tenere qc. per sé; to to the subject non deviare da un argomento, tenere un tema; to ~ together: **1** tenere insieme (o unito); **2** (to st together) stare insieme (o uniti); to ~ under: **1** tene sottomesso, dominare; **2** (of fire) domare; to ~ up: tenere su: ~ your head up tieni su la testa; **2** (to contin with) proseguire in: ~ up one's studies proseguire ne studi; **3** (to continue) mantenersi, continuare, durare: hope the good weather -s up spero che il bel tem continui; **4** (to maintain) mantenere, conservare: to ~ relations with s.o. mantenere i rapporti con qd.; to ~ up custom mantenere un'usanza; **5** (to maintain at a hi level) tenere alto (o su): to ~ up prices tenere i prezzi a **6** (to prevent from going to bed) tenere 'in piedi' sveglio), tenere su; **7** (to remain vigorous, etc.) n vacillare, restare saldo, non cedere: their courage kept u loro coraggio non vacillò; to ~ up appearances salvare apparenze; to ~ up connections coltivare relazioni; y must ~ up your English devi esercitarti in inglese; to ~ up perseverare, insistere; ~ it up! continua!, forza!, n mollare!; to ~ up one's spirits non perdersi d'animo; to

» with andare di pari passo con, essere all'altezza di, non ·nanere indietro a: *to ~ up with the times* essere l'altezza dei tempi; *to ~ s.o.* waiting fare aspettare qd.

·p² *s.* **1** (*subsistence*) mantenimento *m*, sostentamento ; (*board and lodging*) vitto e alloggio *m*. **2** (*fam* ·rison*) prigione *f*, galera *f*, (*pop*) gattabuia *f*. **3** (*Mecc*) ·ppello *m*. **4** (*Mil.ant*) (*of a castle*) maschio *m*. □ *am*) *for ~s* per sempre.

·per ['ki:pə] *s.* **1** custode *m/f*, guardiano *m* (*f* –a), ·rvegliante *m/f*; (*of a prison, etc.*) carceriere *m*, secondino . **2** (*one in charge of s.th.*) addetto *m* (*f* –a); (*curator*) ·ratore *m* (*f* –trice). **3** (*gamekeeper*) guardacaccia *m*. **4** *uard ring*) fermanello *m*. **5** (*Mecc*) (*latch*) chiavistello , saliscendi *m*. **6** (*El*) ancora *f*, armatura *f*. **7** (*fruit*) ·utto *m* che si mantiene (*o* conserva). □ (*GB*) ~ *of the* ·reat Seal Lord *m* cancelliere; *a ~ of the law* una persona ·servante della legge.

·ping ['ki:piŋ] **I** *s.* **1** custodia *f*, vigilanza *f*, guardia *f*: *to* ·ve *s.th. in ~* avere qc. in custodia. **2** (*state of being* ·pt*) conservazione *f*, mantenimento *m*. **3** (*observance*) ·spetto *m*, osservanza *f*. **4** (*Zootecn*) allevamento *m*. **II** (*of fruit, vegetables*) adatto alla conservazione, da ·nservare. □ *~ in with* in armonia con, rispondente a, ·nforme a; *his words are not in ~ with his actions* le sue ·arole non si accordano con le sue azioni; *out of ~ with* · disaccordo con.

·p net *s.* cestino *m* da pesca.
·psake ['ki:pseik] *s.* ·ricordo *m*, oggetto *m* ricordo.

·g [keg] *s.* **1** barilotto *m*, fusto *m* di legno. **2** (*beer*) ·alità di birra.

·pie *scozz.* ['kelpi] *s.* (*Folcl*) spirito *m* maligno delle ·cque.
·lson ['kelsn] *s.* (*Mar*) paramezzale *m*, controchiglia *f*.
·lt *scozz.* [kelt] *s.* (*Itt*) salmone *m* (*o* trota *f*) che ha ·eposto le uova.
·lt *s.* (*Stor*) (*Celt*) celta *m*. **'Keltic** [–ik] **I** *a.* celtico. **II** celtico *m*.
·mp [kemp] *s.* (*Tess*) (*of wool, mohair*) fibra *f* ruvida.
·n¹ [ken] *s.* **1** visuale *f*, vista *f*. **2** (*range of* ·nderstanding*) comprensione *f: beyond one's ~* al di là ·ella propria comprensione.
·n² *scozz. v.* (*pret., p.p.* **kenned/kend** [–d]/**kent** [–t]) **I** *t.* **1** conoscere. **2** (*to recognize*) riconoscere. **II** *v.i.* ·noscere, sapere.
·ndo [ken'do] *s.* (*Sport*) kendo *m*.
·nnel¹ ['kenl] *s.* **1** canile *m*. **2** *pl.* (*establishment for* ·aring dogs*) canile *m*. **3** (*lair*) tana *f*, covo *m*. **4** (*fig*) ·vretched abode*) tugurio *m*, stamberga *f*. **5** (*pack of* ·ounds*) muta *f*.
·nnel² *v.* (*pret., p.p.* **kennelled/**am.* **kenneled** [–d]) **I** *v.t.* ·nere (*o* mettere) in un canile. **II** *v.i.* stare in un ·anile.
·nnel³ *s.* **1** (*gutter*) cunetta *f*. **2** (*open drain*) fossetta *f* di ·colo.
·nnel club *s.* circolo cinofilo.
·nning ['keniŋ] *s.* (*lett*) perifrasi *f*, circonlocuzione *f*.
·nt [kent] → **ken²**.
·nt *N.pr.* (*Geog*) Kent *m*. **'Kentish** [–iʃ] *a.* del Kent.
·ntish ·fire *s.* il battere le mani in segno di ·isapprovazione (*o* dissenso). ~ **rag** *s.* (*Geol*) calcare *m* ·uro del Kent.
·ntuckian [ken'tʌkiən] **I** *a.* del Kentucky. **II** *s.* abitante ·/f* del Kentucky.
·ntucky bluegrass [ken'tʌki] *s.* (*Bot*) poa *f* pratense, ·enarola *f*.
·nya ['ki:njə, 'kenjə] *N.pr.* (*Geog*) Kenia *m*. **Kenyan** ·–n] **I** *a.* del Kenia, keniota. **II** *s.* abitante *m/f* del Kenia, ·eniota *f*.
·pi, képi *fr.* ['kepi] *s.* (*Mil*) képi *m*.
·plerian [kep'li:riən] *a.* (*Astr*) di Keplero, kepleriano.
·pt¹ [kept] → **keep¹**.
·pt² *a.* **1** (*of a woman*) mantenuta da un uomo. **2** (*fig*) ·vvenzionato, finanziato: ~ *press* stampa sovvenzionata.
·ramic [ki'ræmik] *a.* ceramico. **keramics** [–s] *s.pl.* ·eramica *f*.
·ratin ['keratin] *s.* (*Biol*) cheratina *f*. **keratinization** ·–rætinai'zeiʃən] *s.* cheratinizzazione *f*. **'keratinize**

[–rætinaiz] *v.t.* cheratinizzare. **keratinous** [–'rætinəs] *a.* cheratinoso, corneo.
keratoplasty [,kerətou'plæsti] *s.* (*Chir*) cheratoplastica *f*.
keratose ['kerətous] **I** *a.* (*Biol*) corneo. **II** *s.* cheratosi *f*.
kerb [kə:b] *s.* (*Strad*) (*curb*) bordo *m*, orlo *m*, cordone *m*, cordolo *m*. □ (*Econ*) *on the ~* non quotato.
kerb| market *s.* (*Econ*) mercato *m* di valori (non quotati in borsa). **~stone** *s.* (*Strad*) (*curbstone*) paracarro *m*. **~stone broker** *s.* agente *m* di cambio che non è membro della borsa.
kerchief ['kə:tʃif] *s.* (*Vest*) **1** fazzoletto *m* da testa. **2** (*handkerchief*) fazzoletto *m*.
kerf [kə:f] *s.* (*Fal*) intaccatura *f*, intaglio *m*, tacca *f*; (*cut*) taglio *m*.
kerfuffle [kə'fʌfl] *s.* (*sl*) **1** chiasso *m*, scalpore *m*. **2** (*panic*) panico *m*.
kermes ['kə:mi:z] *s.inv.* **1** (*dye*) chermes *m*, kermes *m*. **2** (*Entom*) cocciniglia *f* del chermes.
kermess ['kə:mes], **kermis** [–mis] *s.* kermesse *f*.
kern¹ [kə:n] *s.* **1** (*Mil.ant*) fanteria *f* leggera; (*foot soldier*) fante *m* (con armatura leggera). **2** (*Irish yokel*) contadino *m* irlandese.
kern² *s.* (*Tip*) asta *f* (di una lettera).
kernel ['kə:nl] *s.* **1** (*Bot*) nocciolo *m*, seme *m*; (*of nuts*) gheriglio *m*; (*of peaches, etc.*) mandorla *f*, seme *m*; (*whole grain, seed*) chicco *m*, seme *m*, granello *m*. **2** (*fig*) nocciolo *m*, essenza *f: the ~ of the question* il nocciolo della questione. **3** (*Atom*) nucleo *m* (atomico). **4** (*Met*) anima *f*.
kerosene ['kerəsi:n] *s.* (*Chim*) cherosene *m*, petrolio *m* illuminante.
kerosene| lamp *s.* lampada *f* a cherosene. ~ **stove** *s.* stufa *f* a cherosene.
kersey ['kə:zi] *s.* (*Tess*) tessuto *m* di lana a coste.
kerseymere ['kə:zimiə] *s.* (*Tess*) specie di cachemir.
kestrel ['kestrəl] *s.* (*Ornit*) gheppio *m*.
ketch [ketʃ] *s.* (*Mar*) ketch *m*.
ketchup ['ketʃəp] *s.* (*Gastr*) ketchup *m*.
ketone ['ki:toun] *s.* (*Chim*) chetone *m*.
ketone body *s.* corpo *m* chetonico.
kettle ['ketl] *s.* **1** bollitore *m*. **2** (*pot*) marmitta *f*, caldaio *m*; (*cauldron*) paiolo *m*. **3** (*Geol*) → **kettle hole**. **4** (*Mus*) timpano *m*. □ (*fam*) *a nice* (*o pretty*) ~ *of fish* un bel pasticcio; (*fam*) *that is a different ~ of fish* questo è un altro paio di maniche.
kettle|drum *s.* (*Mus*) timpano *m*. **~drummer** *s.* timpanista *m/f*. ~ **holder** *s.* presina *f*. ~ **hole** *s.* (*Geol*) marmitta *f*.
kev, KEV = (*Fis*) *kilo electron volt* chilovolt elettrone.
kevel ['kevl] *s.* (*Mar*) **1** galloccia *f* di murata. **2** (*bollard*) bitta *f*.
key¹ [ki:] **I** *s.* **1** chiave *f* (*anche fig.*): *the ~ to success* la chiave del successo; *the Suez Canal is the ~ to trade with the East* il canale di Suez è la chiave del commercio con l'Oriente. **2** (*cipher key*) chiave *f*, cifrario *m*; (*in a dictionary, map, etc.*) leggenda *f*. **3** (*solution to problems, translations, etc.*) chiave *f*, soluzione *f*. **4** (*Mecc*) chiavetta *f*, bietta *f*. **5** (*Mus*) (*of a piano, etc.*) tasto *m*; (*of a woodwind instrument*) chiave *f*. **6** (*of a typewriter, etc.*) tasto *m*. **7** (*Tel*) tasto *m*. **8** (*Mus*) (*tonality*) tonalità *f*, tono *m: major ~* tonalità maggiore. **9** (*Mus*) → **keynote**. **10** (*of the voice: pitch*) tono *m: to speak in a low ~* parlare in tono basso. **11** (*fig*) (*mood, style*) chiave *f*, tono *m: in a humorous ~* in chiave umoristica. **12** (*Arch*) chiave *f* (dell'arco); (*keystone*) chiave *f* di volta, pietra *f* di chiave (*o* volta). **13** (*El*) chiavetta *f*, interruttore *m*. **14** (*Orol*) chiave *f*, chiavetta *f*. **II** *a.* chiave, fondamentale: *a ~ industry* un'industria chiave. □ *the golden ~* la chiave che apre tutte le porte, il denaro; *the House of Keys* il parlamento dell'isola di Man; *the Keys of St. Peter* le chiavi 'di san Pietro' (*o* apostoliche); (*Rel.catt*) *the power of the ~* l'autorità pontificia; *all in the same ~* in tono monotono; (*fig*) *to touch the right ~* toccare il tasto giusto; ~ **witness** supertestimone *m/f*.
key² *v.t.* **1** (*fig*) intonare, accordare, armonizzare: *to ~ the speech to the occasion* intonare il discorso all'occasione. **2** (*to provide with a key*) fornire di chiave (*o* cifrario). **3**

⟨*Mecc*⟩ inchiavare. **4** ⟨*Mus*⟩ accordare: *to ~ the strings of a guitar* accordare (le corde di) una chitarra.

key³ *s.* ⟨*Geog*⟩ **1** (*reef*) banco *m* corallino. **2** (*low island*) isolotto *m.*

key|board **I** *s.* tastiera *f* (*anche Mus.*). **II** *v.t.* ⟨*Tip*⟩ comporre con la tastiera. **~board operator** *s.* ⟨*Inform*⟩ tastierista *m/f.* ~ **case** *s.* portachiavi *m* (ad astuccio). ~ **chain** *s.* catena *f* portachiavi.

keyed [ki:d] *a.* **1** ⟨*Mus*⟩ a tasti: *a ~ instrument* uno strumento a tasti. **2** (*fig*) adatto, intonato (*to* a). **'keyed-up** *a.* teso, agitato, eccitato.

key|hole *s.* **1** buco *m* della serratura. **2** ⟨*Mecc*⟩ incavo *m* per chiavetta. **~in** *v.t.* ⟨*Tip,Inform*⟩ immettere (*o* introdurre) per mezzo della tastiera. **~man** [mən] *s.irr.* uomo *m* chiave. ~ **money** *s.* buonuscita *f.*

keynote ['ki:nout] *s.* **1** ⟨*Mus*⟩ tonica *f,* nota *f* di chiave. **2** ⟨*fig*⟩ (*main idea*) concetto *m* (*o* idea *f*) fondamentale, concetto dominante (*o* informatore); (*prevailing tone*) nota *f* dominante. **3** ⟨*am.Pol*⟩ linea *f* di condotta (politica).

keynote address *am.* *s.* ⟨*Pol*⟩ discorso *m* programmatico.

key| punch *s.* ⟨*Inform*⟩ perforatrice *f.* ~ **punch operator** *s.* perforatore *m* (*f* –trice). ~ **rack** *s.* pannello *m* portachiavi. ~ **ring** *s.* anello *m* portachiavi. ~ **signature** *s.* ⟨*Mus*⟩ segnatura *f* in chiave. **~stone** *s.* **1** ⟨*Arch*⟩ chiave *f* (*o* spigolo *m*) di volta, pietra *f* di chiave. **2** ⟨*fig*⟩ chiave *f* di volta, perno *m.* ~ **word** *s.* parola *f* chiave (*anche Inform.*).

kg = **1** *keg* barile. **2** *kilogram* chilogrammo (*abbr.* kg).

K.G. = *Knight of the Garter* cavaliere della Giarrettiera.

kg-cal. = ⟨*Fis*⟩ *kilogram-calorie* chilocaloria (*abbr.* kcal).

kg-m. = *kilogram–metre* chilogrammetro (*abbr.* kgm).

khaki ['kɑːki] **I** *s.* **1** cachi *m,* kaki *m,* color *m* cachi. **2** ⟨*Tess*⟩ tela *f* cachi. **3** *pl.* (*garment*) vestito *m* color cachi; (*military uniform*) divisa *f* cachi. **II** *a.* **1** (*color*) cachi. **2** (*made of khaki*) di tela cachi.

khalif ['keilif, 'kælif] *s.* califfo *m.* **khalifat** ['kælifæt] *s.* califfato *m.*

khan¹ [kɑːn] *s.* **1** (*in Central Asia*) can *m.* **2** ⟨*Stor*⟩ can *m,* khan *m.*

khan² *s.* caravanserraglio *m.*

khanate ['kɑːneit] *s.* (*dominion of khan*) canato *m.*

khedival [ki'diːvəl] *a.* ⟨*Stor*⟩ di un kedivè. **khedive** [-'diːv] *s.* kedivè *m.*

khi [kai] *s.* (*letter of the Greek alphabet*) chi *m/f.*

kibble¹ ['kibl] *s.* ⟨*Minier*⟩ gabbia *f* d'estrazione.

kibble² *v.t.* macinare grosso. **II** *s.* grani *mpl* grossi.

kibe [kaib] *s.* ⟨*Med*⟩ gelone *m* ulcerato (sul tallone).

kibitz *am.* ['kibits] *v.i.* ⟨*fam*⟩ importunare con consigli non richiesti. **kibitzer** *am.* [-ə] *s.* ⟨*fam*⟩ **1** (*at a card game*) osservatore *m* importuno, curioso *m* che assiste a una partita di carte. **2** (*one who gives unwanted advice*) chi dà consigli non richiesti.

kibosh ['kaibɔʃ] *s.* ⟨*fam*⟩ sciocchezze *fpl,* stupidaggini *fpl.* □ ⟨*sl*⟩ *to put the ~ on s.th.* porre fine a qc.

kick¹ [kik] **I** *v.t.* **1** dare un calcio a, prendere a calci (*o* pedate): *to ~ a ball* dare un calcio a una palla; *to ~ s.o. in the shins* dare un calcio negli stinchi a qd. **2** (*to move by kicking*) spingere ['a calci' (*o* col piede), calciare. **3** ⟨*Sport*⟩ calciare; (*to score*) segnare (con un calcio): *to ~ a goal* segnare una rete. **4** (*fig,rifl*) prendersi a calci: *I could have –ed myself* mi sarei preso a calci. **II** *v.i.* **1** calciare, dare (*o* tirare) calci (*at* a). **2** (*to have the habit of kicking*) scalciare, tirare calci. **3** (*of a firearm;* spesso con *back*) rinculare. **4** ⟨*fam*⟩ (*to resist, rebel*) ricalcitrare, opporsi, fare resistenza; (*to complain*) lamentarsi, protestare. □ ⟨*fam*⟩ *to ~ about* vagare, gironzolare; *they're only –ing the ball about* stanno solo facendo dei passaggi; ⟨*fam*⟩ *to be alive and –ing* essere vivo e vegeto; *to ~ around:* **1** ⟨*fam*⟩ considerare, esaminare; **2** ⟨*sl*⟩ (*of a person: to treat roughly*) trattare male, maltrattare; **3** = *to kick about*; ⟨*fam*⟩ *to ~ the bucket* morire, ⟨*fam*⟩ tirare le cuoia; *to ~ s.o.* **downstairs** cacciare via qd. a pedate; *to ~ one's heels* aspettare a lungo; *to ~ in:* **1** ⟨*sl*⟩ contribuire (con), pagare la propria parte; **2** ⟨*sl*⟩ (*to die*) morire, ⟨*fam*⟩ tirare le cuoia; *to ~ off:* **1** ⟨*Sport*⟩ dare (*o* tirare) il calcio iniziale; **2** ⟨*sl*⟩ (*to die*) morire, ⟨*fam*⟩ tirare le cuoia; *to ~* (*to*

begin) (in)cominciare, attaccare: *they –ed off at thre*... partita ebbe inizio alle tre; *to ~ off one's shoes* libe... delle scarpe con un calcio; *to ~ the door* **open** aprir... porta con una pedata; *to ~* **out:** **1** ⟨*fam*⟩ cacciare v... calci (*o* pedate), scacciare in malo modo, buttare fuo... ⟨*fam*⟩ (*to dismiss*) licenziare; ⟨*Mot*⟩ *to ~* **over** avvi... *to ~* **up** *clouds of dust* sollevare nuvole di polvere; *~ up a row* piantare una grana, fare chiasso (*o* un putife... ⟨*fam*⟩ *to ~ s.o.* **upstairs** promuovere qd. per... razzarsene.

kick² *s.* **1** calcio *m,* pedata *f.* **2** (*of a firearm: re*... contraccolpo *m,* rinculo *m.* **3** ⟨*Sport*⟩ calcio *m,* tiro *n*... *free ~* un tiro libero; (*kicker*) calciatore *m.* **4** (*f*... (*feeling of pleasure*) gusto *m,* piacere *m: he gets a b*... *out of watching others work* prova un gusto matt... guardare gli altri che lavorano; (*thrill*) eccitazione... ⟨*fam*⟩ (*vigour*) vigore *m,* energia *f,* forza *f;* (*of a dr*... effetto *m* stimolante (*o* eccitante). □ ⟨*sl*⟩ *to get th*... essere licenziato; *to get more –s than halfpence* rice... più calci che carezze; *a drink with a ~ in it* una beva... che tira su; ⟨*fam*⟩ *to have no ~ in one* essere a terra, avere più energie.

kickback *am.* ['kikbæk] *s.* **1** ⟨*fam*⟩ percentuale *f* s... utili. **2** ⟨*sl*⟩ (*percentage paid to influential person*)... gente *f.*

kicker ['kikə] *s.* **1** animale *m* che (s)calcia. **2** ⟨*Sp*... calciatore *m.*

kick|-off *s.* **1** ⟨*Sport*⟩ calcio *m* d'inizio. **2** ⟨*fam*⟩ (*in*... *stage*) inizio *m,* principio *m.* □ *at what time is the ~*... che ora comincia la partita? **~-out** *s.* ⟨*Sport*⟩ il manc... fuori campo. ~ **plate** *s.* ⟨*Aut*⟩ batticalcagno *m.*

kickshaw ['kikʃɔ:] *s.* **1** ghiottoneria *f,* leccornia *f.* **2** ⟨... ninnolo *m,* gingillo *m.*

kick|stand *s.* (*for a bicycle, motorcycle*) cavalletto *m.*... **start(er)** *s.* ⟨*Mot*⟩ pedale *m* d'avviamento. **~-up** *s.* ⟨*fa*... chiasso *m,* ⟨*fam*⟩ cagnara *f.*

kid¹ [kid] **I** *s.* **1** capretto *m* (*anche Conc.*). **2** ⟨*fa*... (*child*) bambino *m,* ragazzino *m.* **II** *a.* **1** di capretto... ⟨*fam*⟩ (*younger*) più giovane, minore: *~ brother* frat... minore. **III** *v.i.* (*pret., p.p.* '**kidded** [–id]) (*of go*... figliare.

kid² *s.* ⟨*fam*⟩ **1** inganno *m,* imbroglio *m.* **2** (*joke*) beff... scherzo *m,* burla *f.*

kid³ *v.* (*pret., p.p.* '**kidded** [–id]) ⟨*fam*⟩ **I** *v.t.* **1** ingann... imbrogliare. **2** (*to make fun of*) prendere in giro, burla... di. **II** *v.i.* scherzare: *I was only –ding* stavo s... scherzando. □ *no kidding?* davvero?, dici sul serio?; *don'*... *yourself* non farti illusioni.

kid⁴ *s.* ⟨*Mar*⟩ gamella *f,* gavetta *f.*

kiddie ['kidi] *s.* ⟨*fam*⟩ bambino *m,* bimbo *m,* ⟨*fa*... piccino *m.*

kiddie car *s.* **1** automobilina *f* a pedali. **2** (*small tricyc*... triciclo *m* (*per bambini*).

kiddle ['kidl] *s.* ⟨*Pesc*⟩ pescaia *f.*

kiddy *s.* → **kiddie.**

'kid|-glove *a.* delicato, che ha tatto. ~ **gloves** *s.pl.*... *mpl* di (pelle di) capretto. □ ⟨*fig*⟩ *to handle s.o. with*... trattare qd. coi guanti.

kidnap ['kidnæp] *v.t.* (*pret., p.p.* **kidnapped**/*am.* **kidnap**... [–t]) rapire (a scopo di estorsione). **kidnapper** [-ə]... rapitore *m* (*f* –trice) (spec. di bambini), kidnapper... **kidnapping** [–iŋ] *s.* ratto *m* (spec. di bambini) a sco... di estorsione, kidnapping *m.*

kidney ['kidni] *s.* **1** ⟨*Anat*⟩ rene *m.* **2** ⟨*Macell*⟩ rogno... *m.* **3** ⟨*fig*⟩ (*kind, class*) specie *f,* razza *f,* tipo *m,* sorta... *people of his own ~* gente della sua specie... (*temperament*) indole *f,* temperamento *m.*

kidney| bean *s.* **1** ⟨*Bot*⟩ fagiolo *m* comune. **2** ⟨*Bo*... (*scarlet runner*) fagiolone *m.* **3** (*bean*) fagiolo... **~-shaped** *a.* a forma di rene, reniforme. ~ **stone**... ⟨*Med*⟩ calcolo *m* renale. ~ **vetch** *s.* ⟨*Bot*⟩ vulneraria *f*... **kidskin** ['kidskin] **I** *s.* pelle *f* di capretto, capretto *m.*... *a.* di (pelle di) capretto.

kid stuff *s.* ⟨*fam*⟩ **1** cosa *f* puerile, roba *f* per bambini... (*s.th. easy*) cosa *f* facile, gioco *m* da ragazzi, scherze... *m.*

kier [kiə] *s.* ⟨*Tess*⟩ caldaia *f* d'imbianchimento.

ieselguhr ['ki:zəlgu:ə] *s.* ⟨*Min*⟩ diatomite *f*, farina *f* fossile.

il. = *kilometre* chilometro (*abbr.* km).

ilderkin ['kildəkin] *s.* barilotto *m* (pari a 82 litri).

ill[1] [kil] **I** *v.t.* **1** uccidere, ammazzare. **2** ⟨*rifl*⟩ uccidersi, ammazzarsi, suicidarsi. **3** (*of food animals*) macellare, ammazzare. **4** ⟨*fig*⟩ (*to destroy*) distruggere: *his response -ed our hopes* la sua risposta distrusse le nostre speranze. **5** ⟨*fig*⟩ (*to destroy the power of*) neutralizzare, rendere vano: *to ~ the effect of a poison* neutralizzare l'effetto di un veleno; (*to spoil, ruin*) rovinare, guastare. **6** (*of time*) (far) passare, ammazzare. **7** (*of colours, etc.: to spoil by contrast*) guastare l'effetto di. **8** (*to muffle, deaden*) attutire, smorzare, affievolire. **9** ⟨*fam*⟩ (*to exhaust*) ammazzare, uccidere, stancare: *the heat is -ing me* il caldo mi uccide. **10** ⟨*fam*⟩ (*to cause to laugh hilariously*) fare morire dalle risate. **11** ⟨*Giorn*⟩ sopprimere, togliere: *they -ed a good part of the article* soppressero una buona parte dell'articolo. **12** (*of a bill, etc.: to defeat*) respingere, bocciare; (*to veto*) porre il veto a. **13** ⟨*Sport*⟩ (*in tennis*) schiacciare. **14** (*of a motor, machine: to stop*) fermare, spegnere. **15** ⟨*Tip*⟩ scomporre. **16** ⟨*Met*⟩ (*of steel*) calmare. **II** *v.i.* uccidere, ammazzare: ⟨*Bibl*⟩ *thou shalt not ~* non ammazzare. □ ⟨*fam*⟩ *to be* **dressed** (o *got up*) *to ~* essere vestito in modo da far colpo; ⟨*fig*⟩ *to ~ s.o. with* **kindness** soppraffare qd. di gentilezze; *he was -ed in a car accident* morì in un incidente automobilistico; ⟨*Mil*⟩ *to be -ed in action* cadere in battaglia; *to ~* **off** sterminare, distruggere; *a ~ or cure* **remedy** un rimedio che guarisce o ammazza. *Prov.: to ~ two birds with one stone* prendere due piccioni con una fava.

ill[2] *s.* **1** uccisione *f*. **2** ⟨*Venat*⟩ (*act*) uccisione *f*; (*animals, birds killed*) caccia *f*, cacciagione *f*, preda *f*.

iller ['kilə] *s.* **1** uccisore *m* (*f* –a), chi ammazza, killer *m*; (*murderer*) assassino *m* (*f* –a). **2** ⟨*Macell*⟩ (*slaughterer*) macellatore *m* (*f* –trice); (*animal to be slaughtered*) bestia *f* da macello. **3** → **killer whale**. **4** ⟨*sl*⟩ (*s.th. formidable*) cosa *f* eccezionale, ⟨*fam*⟩ cannonata *f*, ⟨*fam*⟩ schianto *m*.

iller| satellite *s.* ⟨*Mil*⟩ satellite *m* killer. **~ whale** *s.* ⟨*Zool*⟩ orca *f*.

illick ['kilik] *s.* ⟨*Mar*⟩ ancorotto *m*.

illing ['kiliŋ] **I** *s.* **1** uccisione *f* (*anche Venat.*). **2** ⟨*fam*⟩ (*sudden financial success*) colpo *m*. **II** *a.* **1** mortale, letale, fatale. **2** ⟨*fam*⟩ (*exhausting*) faticosissimo, estenuante, pesante. **3** ⟨*fam*⟩ (*irresistibly funny*) divertentissimo, comico; (*amusing*) piacevole, divertente; (*fascinating*) seducente, ⟨*fam*⟩ assassino: *~ look* sguardo assassino.

illing frost *s.* gelata *f*.

illjoy ['kildʒɔi] *s.* guastafeste *m/f*.

illock ['kilək] *s.* → **killick**.

iln [kiln] **I** *s.* **1** forno *m*, fornace *f*. **2** (*drying chamber*) essiccatoio *m*, camera *f* d'essiccazione. **II** *v.t.* cuocere (o essiccare) in una fornace.

kiln-dry *v.t.* essiccare ˹al forno˺ (o nell'essiccatoio).

kilo ['ki:lou] *s.* (*pl.* **-s** [z]) **1** (*kilogram*) chilo *m*, chilogrammo *m*. **2** (*kilometre*) chilometro *m*.

kiloampere [,kilou'æmpɛə] *s.* ⟨*Fis*⟩ chiloampere *m*. **'kilobaud** [–bɔ:d] *s.* ⟨*Inform*⟩ chilobaud *m*. **'kilobit** [–bit] *s.* ⟨*Inform*⟩ kilobit *m*.

kilocalorie [,kilə'kæləri] *s.* ⟨*Fis*⟩ chilocaloria *f*, grande caloria *f*. **'kilocycle** [–ləsaikl] *s.* ⟨*Fis*⟩ chilociclo *m* (al secondo). **'kilogram(me)** [–ləgræm] *s.* chilogrammo *m*. **'kilogram-metre** [–ləgræmmi:tə] *s.* ⟨*Fis*⟩ chilogrammetro *m*. **'kiloherz** [–louhə:ts] *s.* ⟨*Fis*⟩ chilohertz *m*.

kiloliter *am.*, **kilolitre** *s.* ['kiləli:tə] *s.* ⟨*Fis*⟩ chilolitro *m*. **kilometer** *am.*, **kilometre** ['kiləmi:tə, *am.* ki'lɔmitə] *s.* chilometro *m*. **,kilometric** [–lə'metrik], **,kilometrical** [–'metrikəl] *a.* chilometrico. **'kilovolt** [–ləvoult] *s.* ⟨*Fis*⟩ chilovolt *m*. **'kilowatt** [–ləwɔt] *s.* ⟨*El*⟩ chilowatt *m*. **kilowatt-hour** [–ləwɔtauə] *s.* ⟨*El*⟩ chilowattora *m*.

kilt [kilt] **I** *s.* ⟨*Vest*⟩ kilt *m*. **II** *v.t.* (*of a skirt: to draw up*) alzare, rialzare, tirar su; (*to gather in pleats*) pieghettare. **'kilted** [–id] *a.* **1** che indossa il kilt. **2** (*pleated*) pieghettato.

kilter ['kiltə] *s.* ⟨*fam*⟩ buono stato *m*, (buon) ordine *m*. □ *out of ~* che non funziona a dovere.

kiltie ['kilti] *s.* **1** chi indossa il kilt. **2** ⟨*Mil*⟩ soldato *m* scozzese.

kimono [ki'mounou, *am.* –nə] *s.* (*pl.* **-s** [z]) ⟨*Vest*⟩ **1** chimono *m*. **2** (*loose dressing gown*) vestaglia *f* a chimono.

kimono sleeve *s.* ⟨*Sart*⟩ manica *f* a chimono.

kin [kin] **I** *s.* **1** ⟨*collett*⟩ parenti *mpl*, parentela *f*, parentado *m*; (*blood relations*) congiunti *mpl*, familiari *mpl*. **2** (*group with common ancestry*) ceppo *m*, stirpe *f*. **3** ⟨*fig*⟩ simile *m/f*: *gamblers and their ~* i giocatori e i loro simili. **II** *a.* **1** parente (*to* di), imparentato (*con*): *he is ~ to her* è imparentato con lei. **2** ⟨*fig*⟩ affine, simile. □ *next of ~* parenti (più) stretti; *they are not of ~* non sono parenti.

kinchin ['kintʃin] *s.* ⟨*sl*⟩ bambino *m* (*f* –a), piccolo *m* (*f* –a).

kind[1] [kaind] *a.* **1** gentile, affabile, cordiale, benevolo: *he is ~ to everyone* è gentile con tutti; (*showing kindness*) gentile, cortese: *~ words* parole gentili. **2** (*of weather*) mite, clemente. **3** ⟨*dial*⟩ ⟨*fond*⟩ tenero: *~ looks* sguardi teneri. □ *would you be ˹~ enough˺* (*o so kind as*) *to give me a hand?* saresti così cortese da darmi una mano?; *it is very ~ of you* è molto gentile da parte tua; ⟨*epist*⟩ *with ~ regards* con i migliori saluti; *~ regards to your wife* cordiali saluti a tua moglie.

kind[2] *s.* **1** specie *f*, razza *f*, sorta *f*, genere *m*: *this ~ of life is not for me* questo genere di vita non fa per me; (*type, brand*) qualità *f*, tipo *m*; (*person or thing of a particular character*) tipo *m*: *she is not the ~ to be late* non è il tipo da fare tardi. **2** (*doubtful example*) specie *f*: *a ~ of ironical laugh* una specie di risolino. **3** (*nature*) genere *m*, natura *f*, specie *f*. **4** ⟨*Rel*⟩ specie *f*. □ *of the best ~* della migliore specie (o qualità); **in** *~*: **1** in natura: *payment in ~* pagamento in natura; **2** ⟨*fig*⟩ nello stesso modo, con la stessa moneta: *to pay s.o. back in ~* ripagare qd. con la sua stessa moneta, rendere pan per focaccia; **nothing** *of the ~* nulla ˹del genere˺ (o di simile); ⟨*fam*⟩ *~ of* piuttosto, alquanto: *it's ~ of cold in here* fa piuttosto freddo qui dentro; *I ~ of expected this* quasi me l'aspettavo; *that's the ~ of thing I mean* è proprio (questo) quello che intendo dire; *of a ~*: **1** della stessa natura, uguali: *they are two of a ~* hanno la stessa natura, sono uguali; **2** ⟨*fam*⟩ (*of indifferent quality*) qualsiasi; *s.th. of the ~* qc. del genere; *of its ~* nel suo genere; *in a ~ of way* in un certo qual modo, in qualche modo.

kindergarten ['kindəga:tn] *s.* asilo *m* (infantile), giardino *m* d'infanzia.

kind|hearted *a.* d'animo gentile. **~heartedness** *s.* gentilezza *f* d'animo.

kindle ['kindl] **I** *v.t.* **1** accendere: *to ~ a fire* accendere un fuoco; (*of combustible material*) accendere, appiccare (o dare) fuoco a; (*of a flame*) attizzare. **2** ⟨*fig*⟩ (*to arouse*) destare, suscitare: *to ~ s.o.'s hopes* destare le speranze di qd.; (*to excite*) accendere, infiammare. **3** ⟨*fig*⟩ (*to light up*) illuminare, far brillare (o risplendere). **II** *v.i.* **1** accendersi, infiammarsi, avvampare, prendere fuoco. **2** ⟨*fig*⟩ (*to become roused*) infiammarsi. **3** ⟨*fig*⟩ (*to sparkle*) risplendere, brillare.

kindliness ['kaindlinis] *s.* gentilezza *f*, cortesia *f*, affabilità *f*, amabilità *f*, benevolenza *f*.

kindling ['kindliŋ] *s.* **1** accensione *f*. **2** (*combustible material*) materiale *m* combustibile; (*dry twigs*) sterpi *mpl*, frasche *fpl*.

kindly ['kaindli] **I** *a.* **1** gentile, cordiale, affabile, benevolo. **2** (*agreeable*) dolce, mite: *a ~ climate* un clima dolce. **II** *avv.* **1** gentilmente, affabilmente. **2** (*please*) per piacere, per favore, per cortesia: *would you ~ lend me a hand?* mi dai una mano, per piacere? **3** (*favourably*) con benevolenza, benevolmente. **4** (*heartily*) cordialmente, sentitamente: *we thank you ~* vi ringraziamo sentitamente. **5** (*readily*) prontamente, spontaneamente; (*naturally*) con naturalezza. □ *to be ~ disposed towards s.o.* essere ben disposto verso qd.; ⟨*epist*⟩ *~ reply by return mail* favorite rispondere a giro di posta; *to take s.th. ~* accettare qc. di buon grado; *to take ~ to s.th.*: **1** adattarsi a qc., accettare (come cosa naturale) qc.; **2** (*to view favourably*) vedere di buon occhio qc.; *to take ~ to* *s.o.* prendere in simpatia qd.

kindness ['kaindnis] *s.* **1** cortesia *f,* gentilezza *f,* garbo *m.* **2** (*instance, act*) gentilezza *f,* cortesia *f,* piacere *m,* favore *m: to do s.o. a* ~ fare un piacere a qd. **3** (*clemency*) benevolenza *f.*

kindred ['kindrid] **I** *s.* **1** familiari *mpl,* congiunti *mpl.* **2** (*one's relatives*) parentela *f,* parenti *mpl,* parentado *m.* **3** (*kinship*) parentela *f;* (*affinity*) affinità *f.* **II** *a.* **1** (*related by birth*) consanguineo; (*having kinship*) imparentato. **2** ⟨*fig*⟩ affine, simile, congenere: ~ *languages* lingue affini. □ *he claims* ~ *with me* sostiene che siamo parenti; ~ *souls* (o *spirits*) anime gemelle; *the ties of* ~ i vincoli del sangue.

kinema ['kinimə] *s.* ⟨*rar*⟩ (*cinema*) cinematografo *m,* cinema *m.*

kinematic [,kini'mætik], **kinematical** [-l] *a.* ⟨*Fis*⟩ cinematico. **kinematics** [-s] *s.pl.* (costr. sing.) cinematica *f.*

kinematograph [,kinə'mætəgrɑ:f] *s.* **1** macchina *f* da presa, cinecamera *f.* **2** (*cine-projector*) proiettore *m* cinematografico, macchina *f* da proiezione. **kinematography** [-mə'tɔgrəfi] *s.* cinematografia *f.*

kinescope ['kiniskoup] *s.* ⟨*TV*⟩ **1** cinescopio *m.* **2** (*recording*) registrazione *f.*

kinesics [ki:'ni:zik, kai-] *s.pl.* (costr. sing.) cinesica *f.*

kinesipathist [ki'ni:zipæθist, kai-] *s.* ⟨*Med*⟩ chinesiterapista *m/f.*

kinesitherapist [,kini:zi'θerəpist] *s.* c(h)inesiterapista *m/f.* **kinesitherapy** [-pi] *s.* c(h)inesiterapia *f.*

kinetic [ki'netik] *a.* **1** cinetico: ~ *energy* energia cinetica; ~ *theory* teoria cinetica. **2** (*of kinetics*) della cinetica. **3** ⟨*fig*⟩ dinamico, energico.

kinetic art *s.* arte *f* cinetica.

kinetics [ki'netiks] *s.pl.* (costr. sing.) ⟨*Fis*⟩ cinetica *f.*

kinetic theory *s.* teoria *f* cinetica.

king [kiŋ] **I** *s.* **1** re *m,* monarca *m,* sovrano *m,* regnante *m.* **2** ⟨*fig*⟩ re *m: the lion is the* ~ *of the beasts* il leone è il re degli animali; (*magnate*) re *m,* magnate *m: the steel* ~ il re dell'acciaio. **3** (*in cards, chess*) re *m.* **4** (*in draughts*) dama *f.* **II** *v.t.* fare re, incoronare. **III** *v.i.* **1** regnare. **2** (*to be bossy*) general. con *it*) spadroneggiare. □ ⟨*Arald*⟩ ~ *of* (o *at*) **Arms** re *m* d'arme; *the* ~ *of* **birds** l'aquila, il re degli uccelli; ⟨*Bibl*⟩ *the* **Book** *of* **Kings** il libro dei re; *a meal* fit *for a* ~ un pranzo da re; ⟨*Rel*⟩ ~ *of* **Heaven** re *m* del cielo; ⟨*Rel*⟩ ~ *of* **Kings** re *m* dei re; *the* ~ *of* **Terrors** la morte; ⟨*Bibl*⟩ *the* **Three** *Kings* i re Magi.

king|bolt *s.* **1** ⟨*Ferr*⟩ perno *m* ralla. **2** ⟨*Aut,Mecc*⟩ perno *m* di sterzaggio (o del fuso a snodo). **3** ⟨*Edil*⟩ tirante *m* verticale centrale. ~ **cobra** *s.* ⟨*Zool*⟩ cobra *m* reale. ~**craft** *s.* arte *f* del regnare. ~**cup** *s.* ⟨*Bot*⟩ **1** rapa *f* di sant'Antonio. **2** (*marsh marigold*) calta *f* palustre.

kingdom ['kiŋdəm] *s.* **1** regno *m* (*anche Biol.*): *the animal* ~ il regno animale. **2** ⟨*fig*⟩ regno *m,* mondo *m;* (*sphere*) sfera *f,* ambito *m,* campo *m.* **3** ⟨*Rel*⟩ regno *m: thy* ~ *come* venga il tuo regno; *the* ~ *of Heaven* il regno dei cieli. □ ⟨*Rel*⟩ *the keys of the* ~ le chiavi del paradiso.

kingdom come *s.* ⟨*fam*⟩ **1** aldilà *m,* altro mondo *m.* **2** (*end of the world*) fine *f* del mondo. **3** (*death*) morte *f.* □ ⟨*fam*⟩ *gone to* ~ andato all'altro mondo, morto.

kingfisher ['kiŋfiʃə] *s.* ⟨*Ornit*⟩ martin *m* pescatore.

kinghood ['kiŋhud] *s.* regalità *f.*

king-in-parliament *s.* ⟨*GB*⟩ potere *m* legislativo.

kingless ['kiŋlis] *a.* senza re.

kinglet ['kiŋlit] *s.* **1** reuccio *m.* **2** ⟨*Ornit*⟩ regolo *m.*

kingliness ['kiŋlinis] *s.* **1** l'essere regale, regalità *f.* **2** ⟨*fig*⟩ regalità *f,* maestosità *f.* **kingly** [-li] *a.* **1** reale, regale, augusto. **2** (*of a king*) regio, regale: ~ *power* potere regale. **3** ⟨*fig*⟩ maestoso, regale.

king| penguin *s.* ⟨*Ornit*⟩ pinguino *m* reale. ~**pin** *s.* **1** ⟨*Aut,Mecc*⟩ (*kingbolt*) perno *m* di sterzaggio (o del fuso a snodo). **2** ⟨*Sport*⟩ (*in bowling*) birillo *m* centrale, re *m.* **3** ⟨*fig*⟩ perno *m,* fulcro *m;* (*leader*) capo *m,* dirigente *m.* ~**post** *s.* ⟨*Edil*⟩ ometto *m,* monaco *m* (di capriata).

King's| Bench *s.* ⟨*Dir*⟩ corte *f* suprema. ~ **bishop** *s.* (*in chess*) alfiere *m* di re. ~ **Counsel** *s.* ⟨*Dir*⟩ **1** (*group of barristers*) consiglio *m* della Corona. **2** (*member*) patrocinante *m* per la corona. ~ **English** *s.* (*language*)

inglese *m* puro. ~ **evidence** *s.* ⟨*Dir*⟩ testimone *m* d'accusa contro un complice. □ *to turn* ~ denunziare complici. ~ **evil** *s.* ⟨*Med*⟩ scrofolosi *f.* ~ **highway** strada *f* statale.

kingship ['kiŋʃip] *s.* **1** autorità *f* (o dignità) di re. (*monarchy*) monarchia *f.* **3** (*quality of being a king*) regalità *f,* l'essere reale.

'king-'size(d) *a.* **1** (*of a cigarette*) lunga, king-size. ⟨*fam*⟩ (*unusually large*) più grande del normale.

King's| peace *s.* ⟨*Dir*⟩ quiete *f* pubblica. ~ **Proctor** ⟨*Dir*⟩ magistrato *m* con particolari funzioni di controll (in cause di divorzio, ecc.). ~ **ransom** *s.* somma *f* cifra) iperbolica. ~ **shilling** *s.* ⟨*Mil.ant*⟩ soldo d'arruolamento. ~ **spear** *s.* ⟨*Bot*⟩ asfodelo *m.*

kink [kiŋk] **I** *s.* **1** (*in a rope, thread, hair, etc* attorcigliamento *m;* (*loop*) cappio *m;* (*curl*) riccio *m.* ⟨*Mar*⟩ cocca *f.* **3** ⟨*fig*⟩ stravaganza *f,* eccentricità (*whim*) capriccio *m,* ghiribizzo *m,* grillo *m.* **II** *v.t.* (*of ropes, etc.*) attorcigliare. **III** *v.i.* (*of ropes, etc* attorcigliarsi.

kinkle ['kiŋkl] *s.* piccolo attorcigliamento *m.* **kinky** [-k *a.* **1** (*of ropes, etc.*) attorcigliato. **2** (*of hair*) cresp ricciuto. **3** ⟨*fam*⟩ (*eccentric*) eccentrico, stravagan bizzarro; (*sexually perverted*) pervertito.

kinless ['kinlis] *a.* senza parenti, solo.

kinsfolk ['kinzfouk] *s.pl.* parenti *mpl,* parentela parentado *m.*

kinship ['kinʃip] *s.* **1** parentela *f,* consanguineità *f.* **2** ⟨*fi* affinità *f.*

kinsman ['kinzmən] *s.irr.* (*blood relation*) parente *n* congiunto *m,* consanguineo *m;* (*relation by marriage* affine *m,* parente *m* acquisito. **kinswoman** [-zwumən *s.irr.* (*blood relation*) parente *f,* congiunta *f,* consanguine *f;* (*relation by marriage*) affine *f,* parente *f* acquisita.

kiosk [ki'ɔsk] *s.* **1** chiosco *m.* **2** (*bandstand*) palco *m* del banda. **3** (*newsstand*) edicola *f,* chiosco *m* (dei giornali). (*telephone booth*) cabina *f* telefonica.

kip[1] [kip] **I** *s.* ⟨*sl*⟩ **1** (*bed*) letto *m.* **2** (*sleep*) dormita *f.* (*lodging house*) locanda *f.* **II** *v.i.* (*pret., p.p.* **kipped** [-t]) (*to go to bed;* spesso seguito da *down*) andare a letto. (*to sleep*) dormire. □ ⟨*sl*⟩ *to get some* ~ fare u sonnellino, schiacciare un pisolino.

kip[2] *s.* pelle *f* non conciata (di animale giovane).

kip[3] *s.* (*unit of weight*) mille libbre *fpl.*

kipper ['kipə] **I** *s.* **1** aringa *f* affumicata. **2** (*male salmon* salmone *m* all'epoca della riproduzione. **3** ⟨*sl*⟩ (*your fellow*) giovane *m,* ragazzo *m.* **II** *v.t.* (*of herring, salmon* affumicare.

kirk *scozz.* [kə:k] *s.* (*church*) chiesa *f.* **Kirk** *s.* Chiesa *f* Scozia.

kirsch(wasser) *ted.* ['kə:ʃ(væsə)] *s.* kirsch *m,* acquavite di marasche.

kirtle ['kə:tl] *s.* **1** ⟨*Mediev*⟩ (*woman's gown*) abito *t* lungo. **2** ⟨*ant*⟩ (*man's tunic*) tunica *f.*

kismat, kismet ['kizmet] *s.* fato *m,* destino *m,* sorte *f.*

kiss[1] [kis] *s.* **1** bacio *m: to give s.o. a* ~ dare un bacio qd. **2** ⟨*fig*⟩ tocco *m* (leggero), sfioramento *m,* carezza *f.* (*in billiards*) rimpallo *m.* **4** ⟨*am.Dolc*⟩ meringa *f.* □ *t blow s.o. a* ~ mandare un bacio a qd. sulla punta del dita; ⟨*fig*⟩ ~ *of death* rovina *f,* fine *f.*

kiss[2] **I** *v.t.* **1** baciare: *to* ~ *s.o. on the cheek* baciare q sulla guancia, baciare la guancia di qd. **2** ⟨*fig*⟩ carezzar baciare, sfiorare, lambire: *the breeze –ed her hair* la brezz le carezzava i capelli. **3** (*in billiards*) toccare leggerment **II** *v.i.* **1** baciarsi. **2** (*in billiards*) rimpallare. □ *to* ~ *away s.o.'s tears* asciugare con i baci le lacrime a qd.; *t* ~ *the* **Book** baciare la Bibbia (per giuramento solenne ⟨*fig*⟩ *to* ~ *the* **dust** (o *ground*): **1** umiliarsi, sottometters **2** (*to be killed*) essere ucciso; *to* ~ *s.o.* **good-bye** saluta qd. con un bacio; ⟨*fam*⟩ *to* ~ *s.th.* **good–bye** dire addio qc.; *to* ~ *s.o.* **goodnight** dare il bacio della buonanott qd.; *to* ~ *one's* **hand** *to s.o.* buttare un bacio a qd.; *to* ~ *the* **hand(s)** fare il baciamano; ⟨*fam*⟩ *to* ~ *and* **make** u riconciliarsi.

kissable ['kisəbl] *a.* che attira i baci.

kiss-curl *s.* tirabaci *m.*

kisser ['kisə] *s.* **1** chi bacia. **2** ⟨*sl*⟩ (*mouth*) bocca

issing [-siŋ] *s.* il baciare.

ssing| cousin *s.* parente *m* stretto. **~ disease** *s.* ⟨*fam*⟩ nononucleosi *f.* **~ kin** *s.* → **kissing cousin**.

ss-'off *s.* ⟨*fam*⟩ licenziamento *m.*

ssproof ['kispru:f] *a.* ⟨*Cosmet*⟩ indelebile: ~ *lipstick* ossetto indelebile.

t[1] [kit] **I** *s.* **1** equipaggiamento *m*, corredo *m*, trezzatura *f: skiing* ~ equipaggiamento da sci; (*collection of tools*) arnesi *mpl* (da lavoro), attrezzi *mpl;* (*case*) assetta *f* (*o* borsa) degli attrezzi. **2** ⟨*Mil*⟩ tenuta *f,* divisa *battle* ~ tenuta da battaglia. **3** (*outfit of clothing*) tenuta costume *m: riding* ~ tenuta da equitazione. **4** (*set of arts for a model, etc.*) scatola *f* di montaggio, kit *m: a model aeroplane* ~ kit per aeromodellismo. **II** *v.t.* (*pret., .p.* '**kitted** [-id]) **1** (general. con *up*) attrezzare, corredare, quipaggiare. **2** ⟨*Mil*⟩ (spesso con *up, out*) equipaggiare. ⊐ ⟨*fam*⟩ *the whole* ~ *and caboodle* (*of persons*) tutti quanti, tutta la tribù; (*of things*) tutta la baracca.

t[2] *s.* (*kitten*) gattino *m* (*f* –a).

tbag ['kitbæg] *s.* **1** ⟨*Mil*⟩ zaino *m.* **2** (*travelling bag*) orsa *f* da viaggio.

tchen ['kitʃin, –tʃən] **I** *s.* cucina *f.* **II** *a.* per cucina, da o di) cucina: *a* ~ *table* un tavolo da cucina; (*of people*) ddetto alla cucina, che lavora in cucina.

tchen cabinet *s.* **1** armadio *m* a muro da cucina. **2** fig⟩ consulenti *mpl* del governo.

tchener ['kitʃinə] *s.* **1** cuciniere *m*, cuoco *m.* **2** (*cooking ange*) cucina *f.* **kitchenet(te)** [-'net] *s.* cucinino *m.*

tchen| garden *s.* orto *m.* **~ maid** *s.* sguattera *f.* **~ ink I** *s.* acquaio *m.* **II** *a.* ⟨*Teat*⟩ (*of plays*) che apprasenta gli aspetti sordidi della vita moderna. **~ unit** . arredamento *m* da cucina, cucina *f.* **~ware** *s.* utensili *npl* da cucina.

te [kait] **I** *s.* **1** aquilone *m*, cervo *m* volante. **2** ⟨*Ornit*⟩ ccipitride *m.* **3** ⟨*Ornit*⟩ nibbio *m* reale. **4** ⟨*fig*⟩ persona *f* vida e rapace, falco *m.* **5** ⟨*Comm*⟩ assegno *m* a vuoto; *accommodation bill*) cambiale *f* di comodo (*o* favore). **6** l. ⟨*Mar*⟩ divergenti *mpl* per dragaggio; (*sails*) vele *fpl* usiliarie. **7** ⟨*Aer*⟩ aliante *m.* **8** ⟨*sl*⟩ (*aeroplane*) aereo *m.* **I** *v.i.* ⟨*Comm*⟩ emettere una cambiale di comodo. **III** .t. **1** ⟨*Comm*⟩ (*of an accommodation bill*) emettere. **2** fig⟩ far salire vertiginosamente (*o* alle stelle). ⊐ ~ *to fly a* : **1** far volare un aquilone; **2** ⟨*fam*⟩ (*to test public pinion*) sondare l'opinione pubblica; **3** ⟨*Comm*⟩ rocurarsi denaro con cambiali di comodo; ⟨*fam*⟩ *go fly a* ~ *!* togliti dai piedi!

te balloon *s.* ⟨*Aer*⟩ pallone *m* drago, cervo *m* volante.

th [kiθ] *s.* ⟨*ant*⟩ amici *mpl*, conoscenti *mpl.* ⊐ ~ *and* in: **1** (*kindred*) parenti *mpl*, familiari *mpl;* **2** (*friends and elatives*) amici e parenti *mpl.*

tsch *ted.* [kitʃ] *s.* kitsch *m.* **kitschy** [-i] *a.* kitsch.

tten ['kitn] **I** *s.* gattino *m* (*f* –a), micino *m* (*f* –a). **II** *v.i.* of cats*) figliare, fare i gattini. **III** *v.t.* figliare. ⊐ ⟨*fam*⟩ o have* –s essere nervoso (*o* agitato). **kittenish** [-iʃ] *a.* **1** imile a un gattino. **2** ⟨*fig*⟩ (*of a girl*) scherzosa, iocosa.

ttle *scozz.* ['kitl] **I** *v.t.* sollecitare, titillare. **II** *a.* **1** omplicato, difficile, arduo. **2** (*touchy*) suscettibile, ermaloso.

tty[1] ['kiti] *s.* **1** gattino *m* (*f* –a), micino *m* (*f* –a). **2** vezz⟩ (*cat*) micio *m* (*f* –a).

tty[2] *s.* **1** (*in poker*) piatto *m*, posta *f.* **2** (*joint pool, fund*) ondo *m* (comune). **3** (*Sport*) (*in bowls*) boccino *m.*

itty *N.pr. dim.* di Katharine.

iwi ['ki:wi] *s.* **1** ⟨*Ornit*⟩ kivi *m*, kiwi *m.* **2** ⟨*Bot*⟩ kivi *m*, iwi *m.* **3** ⟨*sl*⟩ (*New Zealander*) neozelandese *m/f.* **4** *Aer.mil*⟩ soldato *m* addetto ai servizi a terra.

KK, K.K.K. = *Ku–Klux–Klan.*

l = *kilolitre* chilolitro (*abbr.* kl).

laxon ['klæksn] *s.* ⟨*Aut*⟩ clacson *m*, claxon *m.*

leenex ['kli:neks] *s.* kleenex *m*, fazzoletto *m* di carta.

lepht [kleft] *s.* ⟨*Stor*⟩ guerrigliero *m* greco (*o* albanese).

leptomania [ˌklepto(u)'meiniə] *s.* ⟨*Psic*⟩ cleptomania *f.*

kleptomaniac [–niæk] **I** *a.* cleptomane. **II** *s.* cleptomane *m/f.*

lipspringer ['klipspriŋə] *s.* ⟨*Zool*⟩ oreotrago *m*, saltarupe *m.*

---

km. = *kilometre* chilometro (*abbr.* km).

kmph = *kilometres per hour* chilometri all'ora (*abbr.* km/h).

km/sec = *kilometres per second* chilometri al secondo (*abbr.* km/sec).

knack [næk] *s.* **1** abilità *f*, arte *f*, capacità *f*, destrezza *f: he has the* ~ *of making everything seem easy* ha l'abilità di far apparire facile qualsiasi cosa. **2** (*clever trick*) trucco *m*, espediente *m.* **3** (*tendency*) tendenza *f*, inclinazione *f*, attitudine *f.* ⊐ *once you get the* ~ *of it* una volta che ci fai la mano.

knacker ['nækə] *s.* **1** ⟨*Macell*⟩ compratore e macellatore *m* di cavalli vecchi. **2** (*person who buys old houses, ships, etc.*) chi compra case, navi, ecc., vecchie per utilizzare il materiale.

knag [næg] *s.* (*in wood*) nodo *m*, nocchio *m.* '**knaggy** [-i] *a.* nodoso, nocchieruto.

knap[1] [næp] *s.* ⟨*dial*⟩ cima *f* (di un colle).

knap[2] *v.t.* (*pret., p.p.* **knapped** [-t]) **1** picchiare, battere. **2** (*to break with a sharp blow*) spaccare (con un colpo secco). **3** ⟨*sl*⟩ (*to steal*) rubare.

knapsack ['næpsæk] *s.* zaino *m.*

knapweed ['næpwi:d] *s.* ⟨*Bot*⟩ centaurea *f.*

knar [nɑ:] *s.* (*on a tree, in wood*) nodo *m*, nocchio *m.* **knarred** [-d], '**knarry** [-ri] *a.* nodoso, nocchieruto.

knave [neiv] *s.* **1** briccone *m*, furfante *m*, canaglia *f*, birbante *m*, mascalzone *m.* **2** (*in cards*) fante *m.* '**knavery** [-əri] *s.* **1** bricconeria *f*, furfanteria *f.* **2** (*knavish action*) bricconata *f*, canagliata *f*, furfanteria *f.* '**knavish** [-iʃ] *a.* **1** canagliesco, furfantesco. **2** (*dishonest*) disonesto, losco. '**knavishness** [-iʃnis] *s.* bricconeria *f*, furfanteria *f.*

knead [ni:d] *v.t.* **1** (*of dough, clay*) impastare; (*to make by kneading*) fare (impastando). **2** (*to massage*) massaggiare. **3** (*to mix*) impastare, lavorare. **4** ⟨*fig*⟩ dare forma a, modellare. '**kneader** [-ə] *s.* impastatore *m* (*f* –trice).

kneading| machine ['ni:diŋ] *s.* impastatrice *f.* **~ trough** *s.* madia *f.*

knee [ni:] **I** *s.* **1** ⟨*Anat, Vest*⟩ ginocchio *m.* **2** (*angular piece: of wood*) ginocchio *m;* (*of metal*) tubo *m* (*o* giunto) a gomito, ginocchio *m.* **3** ⟨*Mar*⟩ bracciolo *m.* **4** ⟨*Mecc*⟩ mensola *f.* **II** *v.t.* dare una ginocchiata a; (*to touch with the knee*) toccare col ginocchio. **III** *v.i.* (*of trousers*) fare i ginocchielli, fare le borse alle ginocchia. ⊐ ⟨*fig*⟩ *to* **bend** (*o* **bow**) *the* ~ piegare il ginocchio (*o* le ginocchia); ⟨*sl*⟩ *to* **give** *s.o. the* ~ dare una ginocchiata a qd.; ⟨*fig*⟩ *on the* ~*s of the* **gods** nelle mani del destino, sulle ginocchia degli dei; *on one's* –*s* in ginocchio (*anche fig.*); *on one's hands and* –*s* carponi, carpone; *on one's bended* –*s* in ginocchio; *to go on one's* –*s to* (*o* *before*) *s.o.* cadere alle ginocchia di qd., inginocchiarsi davanti a qd.; (*esclam*) (*down*) *on your* –*s!* in ginocchio!; *to be* **out** *at the* –*s* (*of trousers*) avere i ginocchi lisi; *to* **bring** *s.o.* **to** *his* –*s* mettere qd. in ginocchio (*anche fig.*).

knee| bend *s.* ⟨*Ginn*⟩ piegamento *m* (*o* flessione *f*) delle ginocchia, flessione *f.* **~ bone** *s.* ⟨*Anat*⟩ rotula *f*, patella *f.* **~breeches** *s.pl.* ⟨*Vest*⟩ calzoni *mpl* corti (*o* alla zuava). **~cap** *s.* **1** ⟨*Anat*⟩ → **knee bone**. **2** (*protective cover*) ginocchiera *f*, ginocchiello *m.* '**~-'deep** *a.* **1** fino al ginocchio: *to be* ~ *in mud* essere nel fango fino al ginocchio; (*rising to the knees*) 'che arriva' (*o* alto fino) al ginocchio. **2** ⟨*fam*⟩ (*involved*) immerso, impelagato, ingolfato, dentro fino al collo: *to be* ~ *in debt* essere immerso nei debiti. '**~-'high** *a.* **1** 'che arriva' (*o* alto fino) al ginocchio. **2** ⟨*Calz*⟩ (fino) al ginocchio: ~ *boots* stivali al ginocchio. **~ jerk** *s.* ⟨*Fisiol*⟩ riflesso *m* patellare. **~ joint** *s.* **1** ⟨*Anat*⟩ ginocchio *m.* **2** ⟨*Mecc*⟩ giunto *m* a gomito, ginocchio *m.*

kneel [ni:l] *v.i.* (*pret., p.p.* **kneeled** [-d]/**knelt** [nelt]) (*to bend the knee*; spesso con *down*) inginocchiarsi, genuflettersi; (*to rest on the knees*) stare ginocchioni. '**kneeler** [-ə] *s.* **1** chi si inginocchia. **2** (*cushion, pad, bench, etc.*) inginocchiatoio *m.* '**kneeling** [-iŋ] **I** *s.* genuflessione *f.* **II** *a.* **1** (*of people*) in ginocchio, inginocchiato, genuflesso. **2** (*suitable for kneeling*) per inginocchiarsi.

knee| pad *s.* ginocchiera *f.* **~ pan** *s.* → **knee bone**.

knell [nel] **I** s. **1** (sound of a bell) rintocco m; (death signal) rintocco m funebre, campana f a morto. **2** (fig) presagio m di rovina (o sventura). **II** v.t. **1** (of a bell) sonare a morto. **2** (to summon by a knell) chiamare con rintocchi funebri. **3** (to announce by a knell) annunciare con rintocchi funebri. **III** v.i. **1** (of a bell) sonare a morto. **2** (fig) essere presagio di rovina (o sventura).

knelt [nelt] → **kneel.**

knew [nju:] → **know**[1].

knickerbocker ['nikəbɔkə] s. **1** discendente m/f dei primi coloni olandesi di New York. **2** (estens) (New Yorker) abitante m/f di New York. **knickerbockers** [-z] s.pl. (Vest) knickerbockers mpl, calzoni mpl alla zuava.

knickers ['nikəz] s.pl. (Vest) **1** mutande fpl lunghe da donna, mutandoni mpl. **2** → **knickerbockers.**

knick-knack ['niknæk] s. **1** ninnolo m, gingillo m, fronzolo m. **2** (trifle, trinket) cianfrusaglia f, chincaglierie fpl. **knick-knackery** [-əri] s. (collett) ninnoli mpl, chincaglierie fpl.

knife [naif] **I** s. (pl. **knives** [naivz]) **1** coltello m. **2** (Chir) bisturi m. **II** v.t. **1** accoltellare, dare una coltellata a; (to stab) pugnalare. **2** (to cut, mark with a knife) tagliare (o incidere) con un coltello. **3** (fam,fig) colpire a tradimento, pugnalare alle spalle. □ (fam) **before you could say** ~ in un batter d'occhio; (fam) **to play a good** ~ **and fork** essere una buona forchetta; (fam) **to have** (o **get**) **one's** ~ **in**(to) s.o. avercela a morte con qd., criticare aspramente qd.; **the patient was under the** ~ **for three hours** il paziente è stato sotto i ferri tre ore; (fig) **war to the** ~ lotta f senza quartiere.

knife| box s. coltelliera f. ~ **edge** s. **1** filo m (o taglio) del coltello. **2** (Geog) cresta f. **3** (Mecc) (of a scale, pendulum, etc.) coltello m. **~-edged** a. tagliente. ~ **grinder** s. arrotino m. ~ **rest** s. reggiposata m. **~-sharpener** s. affilacoltelli m.

knight [nait] **I** s. **1** (Mediev,Stor.rom) cavaliere m: **to dub** s.o. ~ armare (o creare) qd. cavaliere; ~ **of the Garter** cavaliere (dell'ordine) della Giarrettiera. **2** (in chess, playing cards) cavallo m. **3** (fig) cavaliere m, campione m, difensore m. **II** v.t. fare cavaliere. □ (ant) ~ **of industry** truffatore m, avventuriero m; **Knights of Malta** cavalieri mpl di Malta; (rar) ~ **of the pestle** farmacista m; **Knights of Rhodes** cavalieri mpl di Rodi; ~ **of the road: 1** (scherz) commesso m viaggiatore; **2** (scherz) (tramp) vagabondo m, girovago m; **3** (Stor) (highwayman) bandito m, brigante m, predone m; (Lett) **Knights of the Round Table** cavalieri mpl della tavola rotonda; (Stor) ~ **of the shire** rappresentante m parlamentare di una contea.

knightage ['naitidʒ] s. (collett) cavalieri mpl.

knight| bachelor s. (pl. **knights bachelors/knights bachelor**) (Stor) cavaliere m (non appartenente a un ordine cavalleresco). ~ **commander** s. (pl. **knights commanders**) (Stor) commendatario m. '~ **'errant** s. (pl. **'knights 'errant**) (Stor) cavaliere m errante. '~'**errantry** s. **1** (Stor) cavalleria f errante. **2** (fig) donchisciottismo m.

knighthood ['naithud] s. **1** cavalierato m. **2** (Stor) cavalleria f. **3** (body of knights) cavalieri mpl.

knightliness ['naitlinis] s. cavalleria f, lealtà f. **knightly** [-tli] a. **1** da (o di) cavaliere, cavalleresco. **2** (chivalrous) cavalleresco, leale.

knight| service s. (Stor) godimento m di terre in cambio del servizio militare. ~ **Templar** s. (pl. **Knights Templars**) (Stor) templare m.

knit [nit] v. (pret., p.p. **knit/knitted** [-id]) **I** v.t. **1** lavorare ⌜ai ferri⌝ (o a maglia): **to** ~ **a sweater** lavorare un maglione ai ferri. **2** (of the eyebrows) aggrottare, corrugare. **3** (to join closely together) saldare, congiungere; (to bind by common interests) unire, legare. **II** v.i. **1** lavorare a maglia, fare la calza. **2** (fig) (spesso con up) unirsi, legarsi; (of bones) saldarsi. □ (Lav.femm) ~ **one, purl one** un diritto, un rovescio; **to** ~ **up: 1** (to repair by knitting) rammendare; **2** (to make by knitting) fare (o lavorare) a maglia; **3** (fig) (to tie up) legare, annodare; **4** (fig) (to conclude) concludere.

knitted ['nitid] a. (lavorato) a maglia, di maglia: a ~ **dress** un vestito a maglia.

knitted goods s.pl. maglieria f, maglie fpl.

knitter ['nitə] s. **1** magliaia f. **2** → **knitting machine**

knitting [-tiŋ] s. **1** (act) lavoro m ⌜a maglia⌝ (o ai ferri). **2** (result) maglia f.

knitting| machine s. macchina f per maglieria. ~ **needle** s. ferro m da calza.

knitwear ['nitweə] s. maglieria f, tessuti mpl (o indumenti di maglia.

knives [naivz] → **knife.**

knob [nɔb] s. **1** pomo m, pomello m. **2** (rounded handle) pomello m, impugnatura f (tondeggiante); (on a radio etc.) manopola f. **3** (of wood) nodo m, nocchio m. **4** (of sword) pomo m (della spada). **5** (stud, boss) borchia f. (small lump) noce f: a ~ **of butter** una noce di burro (small cube) zolletta f, cubetto m. □ (fam) **with** ~**-s on** altro che! **knobbed** [-d] a. nodoso, nocchieruto. **'knobbiness** [-inis] s. nodosità f. **'knobble** [-l] s. pomello m. **'knobbly** [-li], **'knobby** [-i] a. nodoso, pieno di nodi, nocchieruto. □ ~ **knees** ginocchia nodose.

knock[1] [nɔk] **I** v.t. **1** urtare (con violenza), investire; (to hit, rap) colpire, picchiare, battere, percuotere. **2** (to cause to fall; general con off) ⌜far cadere⌝ (o buttare giù) con un urto (o colpo): **he** ~**ed the vase off the table** con un urto fece cadere il vaso dal tavolo. **3** (to produce by knocking) fare (urtare con violenza): **the car** ~**ed a hole in the fence** l'automobile fece un buco nello steccato. **4** (to cause to collide) battere, sbattere: **he** ~**ed his head against the wall** batté la testa contro il muro. **5** (am.fam) (to criticize) criticare. **6** (sl) (to impress greatly) stupire, sbalordire, impressionare: **what** ~**s us is his impudence** quello che ci stupisce è la sua faccia tosta. **II** v.i. **1** bussare, battere; picchiare: **s.o. is** ~**ing on** (o **at**) **the door** qd. bussa alla porta. **2** (to collide) scontrarsi (into, against con), urtare (qd., contro), sbattere (contro): **she** ~**ed into me as she passed** mi urtò mentre passava. **3** (Mot) battere (in testa): **the engine is** ~**ing** il motore batte; (of fuel) detonare. □ ~ **about: 1** maltrattare, strapazzare, bistrattare; **2** (to jar, jolt) sballottare, sbattere qua e là; **3** (fam) (to lead a irregular life) condurre una vita sregolata; **4** (to wander, roam) vagare, girovagare, vagabondare; **5** (fam) (to loaf) bighellonare, oziare; **to** ~ (**up**) **against: 1** scontrarsi con, urtare, sbattere contro; **2** (to meet accidentally) imbattersi in, incontrare per caso; **to** ~ **around** = **to knock about**; (fam) **to** ~ **back** (of a drink) tracannare, scolare; **to** ~ **down: 1** atterrare, gettare (o stendere) a terra; **2** (of buildings) demolire, abbattere, buttar giù; **3** (at an auction) assegnare, aggiudicare: **the painting was** ~**ed down to the highest bidder** il quadro fu aggiudicato al miglior offerente; **4** (fam) (of a price) abbassare, ridurre; **5** (of a person: to compel to lower a price) ottenere (o farsi fare uno sconto (o una riduzione) da; **to** ~ **s.o. flat** stendere qd. a terra, atterrare qd.; **to** ~ **in** piantare, conficcare: ~ **in a nail** piantare un chiodo; (sl) **to** ~ **s.o. into the middle of next week** mandare qd. a gambe levate; **to** ~ **off: 1** (fam) smettere di lavorare, (fam) staccare, (fam) smontare; **2** (sl) (to die) morire, (fam) tirare le cuoia; (fam) (of work, occupation) smettere, cessare; **3** (fam) (to produce, compose rapidly) buttare giù, improvvisare: ~ ~**ed off an article** buttò giù un articolo; **5** (fam) (to deduct) dedurre, defalcare, detrarre; **6** (fam) (to steal) rubare, (pop) grattare; **7** (to rob) svaligiare; **8** (to kill) ammazzare, far fuori; **to** ~ **on the head: 1** stordire tramortire; **2** (fig) soffocare, far tacere; **to** ~ **out: 1** (Sport) mettere fuori combattimento, mettere knock-out; **2** (fam) (to produce, compose rapidly) buttare giù, improvvisare; **3** (fam) (to put out of action) mettere fuori uso, rendere inservibile; **4** (rifl) (to exhaust o.s.) esaurirsi, stancarsi, spossarsi; **5** (fam) (to impress greatly) sbalordire, stupire, impressionare (profondamente); (Sport) (to eliminate) eliminare; **to** ~ **out a pipe** vuotare una pipa (battendola contro qc.); **to** ~ **over: 1** far cadere, rovesciare: **she** ~**ed the glass over** fece cadere il bicchiere; **2** (to prostrate) atterrare, abbattere, gettare a terra; (fam) (to upset) sconvolgere, turbare; **to** ~ **together: 1** abborracciare, raffazzonare, mettere insieme alla svelta;

ay knees –ed together mi tremavano le ginocchia; to ~ nder arrendersi, cedere; to ~ up: 1 svegliare (bussando): ue maid –ed me up at dawn la cameriera mi svegliò l'alba; 2 (to prepare, put together rapidly) improvvisare, reparare in fretta: to ~ up a dinner improvvisare un ranzo; 3 ⟨fam⟩ (to exhaust) stremare, sfinire, spossare; 4 ⟨Sport⟩ (in cricket: to score) segnare; 5 ⟨Sport⟩ (in tennis) alleggiare.

ock² s. 1 colpo m, botta f, urto m, percossa f: to get a ~ on the head ricevere un colpo in testa; (rap) colpo m, ussata f, picchio m: a ~ at the door un colpo alla porta. : ⟨fig⟩ colpo m. 3 ⟨Mot⟩ battito m (in testa); detonation) detonazione f. 4 ⟨fam⟩ (criticism) critica f.

ockabout ['nɔkəbaut] I s. 1 ⟨Teat⟩ spettacolo m hiassoso (e grossolano). 2 ⟨Mar⟩ imbarcazione f tipo utter senza bompresso. II a. 1 ⟨Teat⟩ (slapstick) hiassoso (e grossolano). 2 (noisy) chiassoso, rumoroso. 3 of clothes) da strapazzo, da (o di) fatica.

ockdown ['nɔkdaun] I a. 1 (of a blow) che atterra. : ⟨fig⟩ (overwhelming) schiacciante, irrefutabile: a ~ ar- ument un argomento schiacciante. 3 (easy to disman- e) scomponibile, smontabile: ~ furniture mobili componibili. 4 (of prices: reduced) di liquidazione; (at an uction) minimo. II s. 1 colpo m che manda a terra (o tterra). 2 ⟨fig⟩ colpo m. 3 (of prices) riduzione f.

ockdown price s. 1 prezzo m di liquidazione. 2 (at an uction) prezzo m minimo.

ocker ['nɔkə] s. 1 chi batte, chi picchia, chi bussa. 2 (of door) battente m, batacchio m, picchiotto m. 3 am.fam⟩ (fault finder) criticone m (f –a). □ ⟨sl⟩ up to he ~ alla perfezione.

ock| knee s. ginocchio m valgo. '~-'kneed a. 1 dal inocchio valgo. 2 ⟨fig⟩ (inept) inetto, incapace; cowardly) codardo, vile, vigliacco; (clumsy) sgraziato, offo. ~-out I s. 1 il mettere fuori combattimento; blow) colpo m che mette fuori combattimento. 2 ⟨fam⟩ strikingly attractive person) ⟨fam⟩ schianto m; (thing) fam⟩ cannonata f, ⟨fam⟩ schianto m. 3 (rigged auction) sta f truccata. 4 ⟨Sport⟩ (in boxing) knock–out m; (in a ournament) eliminazione f. II a. 1 (of a blow) che mette uori combattimento. 2 ⟨Sport⟩ (of a match) a eliminazione. 3 ⟨fam⟩ (sensationally striking) che fa olpo. ~-up s. ⟨Sport⟩ (in tennis) palleggio m (prima della partita).

oll [noul] s. ⟨Geog⟩ poggio m, collina f.

op [nɔp] s. 1 pomello m. 2 ⟨Tess⟩ bottone m.

ot¹ [nɔt] s. 1 nodo m, annodatura f: to loosen (o undo) a ~ sciogliere (o disfare) un nodo; to tie a ~ in one's andkerchief farsi un nodo al fazzoletto. 2 (ornamental oop of ribbon) fiocco m, nodo m. 3 ⟨fig⟩ (small group) apannello m, crocchio m: a ~ of onlookers un capannello li curiosi. 4 ⟨fig⟩ (difficulty) difficoltà f, intoppo m, nodo n. 5 ⟨fig⟩ (bond) nodo m, vincolo m, legame m: the narriage ~ il nodo coniugale. 6 ⟨Anat⟩ nodulo m, nodo m. 7 ⟨Mar⟩ (unit of length) nodo m; (nautical mile) nodo n, miglio m marino 8 (of the hair) crocchia f, nodo m. 9 ornamental knot, boss) borchia f. 10 ⟨Bot⟩ nodo m, occhio m. □ to tie a rope in –s fare dei nodi a una corda; ⟨fam⟩ to tie o.s. (up) in –s confondersi; ⟨fig⟩ to tie he ~ (of a priest) sposare, unire in matrimonio.

ot² v. (pret., p.p. 'knotted [–id]) I v.t. 1 annodare, fare un nodo a: to ~ one's tie annodarsi la cravatta, farsi il nodo alla cravatta. 2 (to tie with a knot) annodare, legare con un nodo. 3 (of lace, net, etc.) intrecciare, tessere (a nodi). II v.i. annodarsi, imbrogliarsi.

ot³ s. ⟨Ornit⟩ piovanello m maggiore.

ot|grass s. ⟨Bot⟩ centinodia f, correggiola f. ~hole s. Fal⟩ buco m di un nocchio (o nodo).

otted ['nɔtid] a. 1 nodoso, pieno di nodi: a ~ rope una une piena di nodi. 2 ⟨Fal⟩ nodoso, nocchieruto.

ottiness ['nɔtinis] s. 1 nodosità f. 2 ⟨fig⟩ difficoltà f, complessità f.

otting ['nɔtiŋ] s. 1 annodamento m, annodatura f. 2 fancywork) decorazione f fatta con fili annodati. 3 ⟨tecn⟩ in painting) fissanodi m.

otty ['nɔti] a. 1 pieno di nodi, nodoso. 2 ⟨Fal⟩ nodoso, nocchieruto. 3 ⟨fig⟩ complesso, complicato, ingarbugliato.

knout [naut] I s. knut m, staffile m (di nervo di bue). II v.t. staffilare.

know¹ [nou] v. (pret. knew [nju:], p.p. known [noun]) I v.t. 1 conoscere, sapere: he –s English perfectly conosce l'inglese alla perfezione; everybody –s that lo sanno tutti; (of people) conoscere: I've –n her for years la conosco da anni. 2 ⟨rifl⟩ conoscersi, conoscere se stesso. 3 (to recognize) riconoscere, conoscere: I'd ~ him at once lo riconoscerei subito; the child doesn't ~ his father any more il bambino non riconosce più suo padre; I knew him by his gait lo conobbi dall'andatura. 4 (to distinguish) distinguere: to ~ right from wrong distinguere il bene dal male. 5 (to experience) conoscere, sperimentare, provare. 6 ⟨rar⟩ (to have sexual intercourse with) avere rapporti sessuali con, ⟨rar⟩ conoscere. II v.i. 1 sapere, essere informato: yes, I ~ sì lo so. 2 (to be certain) essere certo: do you ~, or are you just guessing? ne sei certo, o è una semplice congettura? □ to ~ about essere al corrente di, sapere, essere informato (o a conoscenza) di; ⟨fam⟩ to ~ s.th. about it saperne qc.; ⟨fam⟩ what do you ~ (about that)? ma guarda un po'; ⟨fam⟩ I don't ~ him from Adam non l'ho mai visto né conosciuto; you ~ best tu sei il miglior giudice; to come to ~ = to get to know; as far as I ~ per quanto io ne sappia, che io sappia; I ~ him for an honest man lo conosco per un uomo onesto; for all I ~ = as far as I know; to ~ from distinguere, discernere: it's difficult to ~ him from his brother è difficile distinguerlo dal fratello; to get to ~: 1 (of people) conoscere; 2 (of things) (venire a) sapere; to ~ how: 1 sapere: do you ~ how to ride a bike? sai andare in bicicletta?; 2 (to be able) sapere, essere in grado (o capace): he knew how to answer all our questions ha saputo rispondere a tutte le nostre domande; to let s.o. ~ fare sapere a qd.; you never ~ non si sa mai; not that I ~ of no, che io sappia; I don't ~ him personally, but I ~ of him non lo conosco personalmente, ma ne ho sentito parlare (o lo conosco di fama); I ~ of a nice hotel near here so di un bell'albergo qui vicino; to ~ what's what (o a thing or two) saperla lunga, essere scaltro; who –s chissà. Prov.: you never ~ till you have tried esperienza, madre di scienza. || ⟨esclam⟩ don't I ~ it a chi lo dici; there's no –ing when I shall see you again chissà quando ci rivedremo; to ~ what one is talking about parlare con cognizione di causa; it's not very difficult, you ~ non è molto difficile, sai.

know² s.: ⟨fam⟩ to be in the ~ essere al corrente (o informato).

knowable [,nouə'biliti] s. conoscibilità f. 'knowable [–bl] a. conoscibile. 'knowableness [–blnis] s. → knowability.

know|-all ⟨fam⟩ s. sapientone m (f –a), saccente m/f, saputo m (f –a). □ to be a ~ fare il saputo. ~-how s. know-how m, cognizioni fpl tecniche.

knowing ['nouiŋ] a. 1 accorto, astuto, scaltro, avveduto; (intelligent) intelligente, sagace, perspicace. 2 (knowledgeable) bene informato. 3 (revealing secret knowledge) d'intesa: he gave me a ~ look mi diede un'occhiata d'intesa. knowingly [–li] avv. 1 scaltramente, astutamente. 2 (with awareness) di proposito, deliberatamente, consapevolmente. knowingness [–nis] s. accortezza f, avvedutezza f.

know-'it-all s. ⟨spreg⟩ sputasentenze m/f.

knowledge ['nɔlidʒ] s. 1 conoscenza f, il conoscere, il sapere; (familiarity) conoscenza f, pratica f: I have some ~ of engines ho una certa conoscenza di motori. 2 (that which is known) conoscenza f, nozioni fpl, cognizioni fpl: my ~ of Latin is poor la mia conoscenza del latino è scarsa. 3 (learning) scienza f, sapere m, dottrina f. 4 (awareness) consapevolezza f, coscienza f: he has no ~ of what he is doing non ha coscienza di ciò che fa. 5 (range of information) notizia f: ~ of the disaster soon spread la notizia del disastro si diffuse rapidamente. 6 ⟨Dir⟩ conoscenza f. 7 ⟨Filos⟩ conoscibile m. □ the advance of ~ i progressi della scienza; to the best of my ~ che io sappia, per quanto io ne sappia; to one's certain ~ per certo, con certezza; to come to s.o.'s ~ giungere (o venire) a conoscenza di qd.; *it's a matter of* **common** ~ *that* è notorio (*o* risaputo) che; *to speak with* **full** ~ (*of the facts*) parlare con cognizione di causa; *I had no* ~ *of it* lo ignoravo; *to* **parade** *one's* ~ fare il saccente; **without** *the* ~ *of* all'insaputa di; *to have a* **working** ~ *of a language* avere una conoscenza pratica di un lingua. *Prov.:* ~ *is power* sapere è potere, l'uomo tanto può quanto sa.

knowledgeable ['nɔlidʒəbl] *a.* **1** bene informato. **2** (*intelligent*) intelligente, sagace, perspicace; (*skilful, able*) abile, sapiente.

known[1] [noun] → **know**[1].

known[2] *a.* **1** noto, conosciuto: *the* ~ *world* il mondo conosciuto; (*well-known*) noto, famoso: *she is* ~ *as an excellent actress* è nota come un'ottima attrice. **2** (*trusted*) conosciuto, provato, sperimentato: *person of* ~ *honesty* persona di provata onestà. **3** (*generally recognized*) riconosciuto: *a* ~ *authority* un'autorità riconosciuta. □ *the* ~ *facts* i fatti constatati; *to make* ~ far conoscere, rendere noto.

know-nothing *s.* **1** ignorante *m/f.* **2** (*agnostic*) agnostico *m* (*f* –a).

knt. = *knight* cavaliere.

knuckle[1] ['nʌkl] *s.* **1** ⟨*Anat*⟩ nocca *f*, articolazione *f* interfalangea. **2** ⟨*Zool*⟩ nocca *f*, nodello *m*. **3** ⟨*Macell*⟩ peduccio *m*, zampetto *m*. **4** ⟨*Mecc*⟩ articolazione *f*; (*of a hinge*) elemento *m* di cerniera. □ ⟨*fam*⟩ *near the* ~ (*of a joke, etc.*) spinto, scollacciato.

knuckle[2] *v.t.* toccare (*o* sfregare) con le nocche. □ *to* ~ **down** mettersi di buona lena; ⟨*fam*⟩ *to* ~ **under** cedere, arrendersi, sottomettersi.

knuckle|bone *s.* **1** ⟨*Anat*⟩ osso *m* della nocca. **2** ⟨*Zool*⟩ garretto *m*. **3** *pl.* (*game*; costr. sing.) gioco *m* degli astragali. **~duster** *s.* pugno *m* di ferro, tirapugni *m*. **~ joint** *s.* ⟨*Mecc*⟩ giunto *m* a cerniera.

knur [nə:] *s.* **1** nodo *m*, nocchio *m*. **2** (*wooden ball*) palla *f* di legno.

knurl [nə:l] **I** *s.* **1** pomo *m*, pomello *m*. **2** ⟨*Mecc*⟩ zigrinatura *f*, godronatura *f*. **II** *v.t.* ⟨*Mecc*⟩ zigrinare, godronare. **'knurly** [–i] *a.* nodoso, nocchieruto.

knurr *s.* → **knur**.

k.o., K.O. = ⟨*Sport*⟩ *knock out* fuori combattimento (*abbr.* k.o.).

koala (bear) [ko(u)'ɑ:lə] *s.* ⟨*Zool*⟩ koala *m*, orso *m* ⌐d'Australia⌐ (*o* marsupiale).

kobold ['koubɔld] *s.* ⟨*Folcl*⟩ coboldo *m*.

Kodak ['koudæk] *s.* macchina *f* fotografica Kodak, Kodak *f*. **kodak** *s.* macchina *f* fotografica portatile.

kohl [koul] *s.* ⟨*Cosmet*⟩ polvere *f* d'antimonio.

kohlrabi ['koul'rɑ:bi] *s.* ⟨*Bot*⟩ cavolo *m* rapa.

kola ['koulə] *s.* **1** → **kola nut**. **2** ⟨*Bot*⟩ cola *f*. **kola| nut**, ~ **seed** *s.* noce *f* di cola.

kolkhoz *russ.* [kɔl'xɔ:z] *s.* kolchoz *m*, colcos *m*.

Konrad ['kɔnræd] *N.pr.* Corrado *m*.

koodoo ['ku:du:] *s.* ⟨*Zool*⟩ cudù *m* grande (*o* maggiore).

kook *am.* [ku:k] *s.* ⟨*sl*⟩ **1** stravagante *m/f.* **2** (*insane person*) folle *m/f*, pazzo *m* (*f* –a). **'kookie, 'kooky** *am.*

[–i] *a.* ⟨*sl*⟩ **1** stravagante, originale. **2** (*insane*) fc pazzo.

kopec(k), kope(e)k ['koupek] *s.* ⟨*Econ*⟩ copeco *m.*

Koran [kɔ:'rɑ:n, *am.* kou'ræn] *s.* ⟨*Rel*⟩ corano *m.* **kora** [–'rænik] *a.* coranico, del corano.

Korea [kə'riə] *N.pr.* ⟨*Geog*⟩ Corea *f.* **Korean** [–n] **I** coreano. **II** *s.* **1** coreano *m* (*f* –a). **2** (*language*) core *m.*

kosher *ebr.* ['kɔʃə, 'kou–] *a.* **1** kosher, kasher. **2** ⟨*am.*fe (*genuine*) vero, autentico; (*honest*) onesto.

kotow [kou'tau] *s./v.* → **kowtow**.

koumiss *russ.* ['ku:mis] *s.* kumys *m.*

kowtow ['kau'tau] **I** *s.* inchino *m* alla maniera cinese. *v.i.* **1** inchinarsi alla maniera cinese. **2** ⟨*fig*⟩ most deferenza (*to* verso).

kph = *kilometres per hour* chilometri all'ora (a km/h).

kraal [krɑ:l] *s.* **1** ⟨*Etnol*⟩ kraal *m.* **2** (*for cattle*) rec *m.*

krater ['kreitə] *s.* ⟨*Archeol*⟩ cratere *m.*

kraut, Kraut [kraut] *s.* ⟨*spreg*⟩ (*German*) tedesco ⟨*spreg*⟩ crucco *m.*

Kremlin ['kremlin] *N.pr.* ⟨*Geog*⟩ Cremlino *m.*

Kremlinologist [,kremlin'ɔlədʒist] *s.* cremlinologo *m* –a). **Kremlinology** [–dʒi] *s.* cremlinologia *f.*

krill [kril] *s.* ⟨*Zool*⟩ krill *m.*

kris [kri(:)s] *s.* kris(s) *m*, pugnale *m* malese.

Krishna ['kriʃnə] *N.pr.* (*in Hinduism*) Crishna **Krishnaism** [–izəm] *s.* adorazione *f* di Crishna.

krone [krounə] *s.* (*pl.* **-r** [r]) ⟨*Econ*⟩ corona *f.*

Kronos ['krounɔs] *N.pr.* ⟨*Mitol*⟩ Crono *m.*

kt. = **1** *karat* carato. **2** ⟨*Mar*⟩ *knot* nodo.

Kt. = *knight* cavaliere.

kudos ['kju:dɔs] *s.inv.* ⟨*fam*⟩ gloria *f*, fama *f*, rinoma *f.*

kudu ['ku:du:] *s.* → **koodoo**.

Ku Klux Klan ['kju:,klʌks'klæn] *s.* Ku Klux Klan *m.* **Klux Klanner** [–ə] *s.* membro *m* del Ku Klux Klan

Kurd [kə:d] *s.* curdo *m* (*f* –a). **'Kurdish** [–iʃ] **I** *a.* cu **II** *s.* curdo *m.* **,Kurdistan** [–i'stɑ:n] *N.pr.* ⟨*Ge* Kurdistan *m.*

kv, kV = ⟨*El*⟩ *kilovolt* chilovolt (*abbr.* kV).

kva, kVa = ⟨*El*⟩ *kilovolt–ampere* chilovoltampere (a kVA).

kw. = ⟨*El*⟩ *kilowatt* chilowatt (*abbr.* kW).

K-way [kei'wei] *s.* K-way *f*, giacca *f* a vento leggera.

kwh, K.W.H., kwhr. = ⟨*El*⟩ *kilowatt–hour* chilowatt (*abbr.* kWh).

kyle *scozz.* [kail] *s.* ⟨*Geog*⟩ canale *m*, stretto *m.*

kyloe *scozz.* ['kailo(u)] *s.* ⟨*Zootecn*⟩ razza di bov scozzesi.

kymogram ['kaiməgræm] *s.* chimogramma **kymograph** [–grɑ:f] *s.* ⟨*Radiol,Aer*⟩ chimografo *m.*

Kymric ['kimrik] **I** *a.* ⟨*Etnol*⟩ (*Cymric*) cimrico. **II** cimrico *m.*

kyphoscoliosis [kai,fouskɔli'ousis] *s.* ⟨*Med*⟩ cifoscolios

L

L [el] *s.* (*pl.* **l's/ls, L's/Ls** [elz]) (*letter of the alphabet*) l, . *f/m;* ⟨*Tel*⟩ L for Lucy, ⟨*am*⟩ L for Love l come .ivorno.
. *a.* **1** L, dodicesimo. **2** (*L-shaped*) a (forma di) L.
. = **1** *libra* libbra. **2** ⟨*Geog*⟩ *longitude* longitudine (*abbr.* ong.).
. = **1** *large* grande. **2** *length* lunghezza (*abbr.* l). **3** ⟨*Econ*⟩ *ra* lira (*abbr.* Lit.). **4** *litre* litro (*abbr.* l).
. = **1** *lake* lago. **2** *Latin* latino (*abbr.* lat.). **3** ⟨*Geog*⟩ *atitude* latitudine (*abbr.* lat.). **4** *liberal* liberale.
. [lɑ:] *s.* ⟨*Mus*⟩ la *m.*
A = ⟨*Aer*⟩ *low altitude* bassa quota.
A. = **1** *local authority* autorità locale. **2** *Library* *ssociation* associazione delle biblioteche. **3** ⟨*Met*⟩ *light lloy* lega leggera.
ager ['lɑ:gə] I *s.* **1** (*in South Africa*) accampamento *m* elimitato da carri disposti a cerchio. **2** ⟨*Mil*⟩ ccampamento *m* delimitato da automezzi corazzati. II *i.* accamparsi. III *v.t.* accampare.
b [læb] (*accorc. di laboratory*) *s.* ⟨*fam*⟩ laboratorio *m.*
b. = **1** *laboratory* laboratorio. **2** *labour* lavoro.
b. = ⟨*Pol*⟩ *Labour* (*Party*) partito laburista.
barum ['læbərəm] *s.* (*pl.* -ra [rə]) ⟨*Stor.rom*⟩ labaro *m.*
befaction [,læbi'fækʃən] *s.* indebolimento *m,* infiacchi- ento *m.*
bel ['leibl] I *s.* **1** etichetta *f,* cartellino *m.* **2** (*fig*) tichetta *f.* **3** (*fam*) (*trademark for record companies*) tichetta *f.* **4** ⟨*Arch*⟩ (*dripstone*) gocciolatoio *m;* *rojecting moulding*) modanatura *f* sporgente, cornicione ı. **5** ⟨*Arald*⟩ lambello *m.* II *v.t.* (*pret., p.p.* labelled/*am.* ıbeled [-d]) **1** etichettare, munire di etichetta (*o* artellino), mettere un'etichetta a. **2** (*fig*) qualificare ommariamente, etichettare, classificare. **labeller** [-ə] *s.* tichettatore *m* (*f* –trice). **labelling** [-ıŋ] *s.* **1** tichettatura *f.* **2** ⟨*Atom*⟩ marcatura *f.*
bel marker *s.* etichettatrice *f.*
bial ['leibiəl] I *a.* ⟨*Fon,Anat*⟩ labiale. II *s.* ⟨*Fon*⟩ labiale consonante *f* labiale. **labialism** [-izəm], **,labialization** -ai'zeiʃən] *s.* ⟨*Fon*⟩ labializzazione *f.* **labialize** [-aiz] *v.t.* bializzare.
biate I *a.* ['leibiit] ⟨*Bot*⟩ labiato. II *s.* ['leibieit] labiata
bile ['leibil] *a.* ⟨*Fis,Chim,Mecc*⟩ labile.
biodental [,leibio(u)'dentl] I *a.* ⟨*Fon*⟩ labiodentale. II *s.* biodentale *f.*
biovelar [,leibio'vi:lə] I *a.* ⟨*Ling*⟩ labiovelare. II *s.* biovelare *f.*
bium ['leibiəm] *s.* (*pl.* -bia [biə]) ⟨*Anat,Bot*⟩ labbro *m.*
or *am. s./v.* → **labour.**
oratorial [lə,bɔrə'tɔ:riəl] *a.* di laboratorio. **laboratory** ə'bɔrətəri, *am.* 'læbrətɔ:ri] I *s.* laboratorio *m.* II *a.* di boratorio, laboratoristico.
oratory| assistant *s.* assistente *m/f* di laboratorio. ~ esearch *s.* ricerca *f* di laboratorio. ~ technician *s.* cnico *m* di laboratorio. ~ test *s.* prova *f* di boratorio.

laborious [lə'bɔ:riəs] *a.* **1** laborioso, faticoso, difficile: *a* ~ *job* un lavoro faticoso. **2** (*hard-working*) laborioso, operoso, attivo. **laboriousness** [-nis] *s.* **1** laboriosità *f,* difficoltà *f.* **2** (*industriousness*) operosità *f,* laboriosità *f.*
labor union *am. s.* sindacato *m* operaio, sindacato dei lavoratori.
labour ['leibə] I *s.* **1** ⟨*Econ*⟩ lavoro *m;* (*body of persons*) manodopera *f: shortage of* ~ scarsezza di manodopera. **2** (*hard work, toil*) fatica *f,* lavoro *m* (faticoso); (*product*) lavoro *m.* **3** (*task*) fatica *f: the twelve –s of Hercules* le dodici fatiche di Ercole. **4** ⟨*Fisiol*⟩ doglie *fpl,* travaglio *m* (di parto): *to be in* ~ avere le doglie. **5** ⟨*Pol*⟩ (*working class*) lavoro *m,* classe *f* 'dei lavoratori' (*o* operaia), lavoratori *mpl.* **6** ⟨*Pol*⟩ (*supporters of the Labour Party*) laburisti *mpl.* II *v.i.* **1** lavorare (con fatica), faticare. **2** (*to strive*) lottare, combattere, battersi (*for* per): *to* ~ *for peace* lottare per la pace. **3** (*to suffer from*) soffrire, patire (*under* per). **4** (*to move with great effort*) avanzare con (grande) difficoltà, procedere a fatica. **5** ⟨*Fisiol*⟩ avere le doglie. **6** ⟨*Mar*⟩ rollare, beccheggiare. III *v.t.* trattare in modo circostanziato. □ ⟨*Econ,Pol*⟩ ~ *and* capital lavoro e capitale *m; cost of* ~ costo *m* del lavoro; *division of* ~ divisione *f* del lavoro; ⟨*Fisiol*⟩ *to* go into ~ entrare in travaglio; *a* ~ *of* love un lavoro gradito (*o* fatto per diletto); *I will not* ~ *the* point non insisterò su questo punto; *to* ~ under *a delusion* essere vittima di un'illusione.
Labour I *s.* ⟨*Pol*⟩ → Labour Party. II *a.* laburista.
labour| camp *s.* **1** colonia *f* penale (per condannati ai lavori forzati). **2** (*for migratory workers*) campo *m* di raccolta. ~ conflict *s.* conflitto *m* del lavoro. ~ cost *s.* costo *m* del lavoro. ~-cost index *s.* indice *m* del lavoro. ~ Day *s.* **1** festa *f* del lavoro (1⁰ maggio). **2** (*in the U.S. and Canada*) festa *f* del lavoro (primo lunedì di settembre). ~ dispute *s.* controversia *f* sindacale.
laboured ['leibəd] *a.* **1** faticoso, penoso, pesante, duro, gravoso. **2** (*lacking spontaneity*) affettato, studiato; (*overelaborate*) laborioso, tormentoso. □ ~ *breathing* respiro affannoso.
labourer ['leibərə] *s.* **1** (*worker*) lavoratore *m* (*f* –trice). **2** (*unskilled worker*) manovale *m.* **3** (*farm worker*) lavoratore *m* agricolo; (*day labourer*) bracciante *m,* giornaliero *m,* lavoratore *m* a giornata.
Labour| Exchange *s.* ⟨*GB*⟩ ufficio *m* di collocamento. ~ force *s.* forze *fpl* del lavoro.
labouring ['leibəriŋ] *a.* **1** lavoratore: ~ *classes* classi lavoratrici. **2** (*fig*) penoso, faticoso. **3** ⟨*Mar*⟩ (*of a ship*) che rolla, che beccheggia.
labouring man [mæn] *s.* lavoratore *m* manuale.
labour-intensive *a.* ⟨*Econ*⟩ ad alta intensità di manodopera.
Labourism ['leibərizəm] *s.* **1** ⟨*Sociol*⟩ operaismo *m.* **2** ⟨*Pol*⟩ laburismo *m.* **Labourite** [-rait] *s.* ⟨*Pol*⟩ laburista *m/f.*
labour| law *s.* diritto *m* del lavoro. ~ leader *s.* dirigente *m* sindacale. ~ legislation *s.* legislazione *f* (*o* diritto *m*)

del lavoro. ~ **market** s. mercato m ⌐del lavoro⌐ (o della manodopera). ~ **mobility** s. mobilità f della manodopera. ~ **movement** s. ⟨Pol⟩ movimento m sindacale. ~ **negotiations** s.pl. trattative fpl sindacali. ~ **pains** s.pl. ⟨Fisiol⟩ travaglio m (di parto), doglie fpl. ~ **Party** s. ⟨Pol⟩ partito m laburista. ~ **productivity** s. produttività f del lavoro. ~ **relations** s.pl. relazioni fpl industriali. ~-**saving** a. che fa risparmiare lavoro. ~ **turnover** s. rotazione f (o avvicendamento m) del personale. ~ **union** s. sindacato m. ~ **unrest** s. agitazioni fpl operaie.

laburnum [lə'bə:nəm] s. ⟨Bot⟩ maggiociondolo m, laburno m.

labyrinth ['læbərinθ] s. **1** labirinto m (anche Anat., fig.). **2** ⟨fig⟩ dedalo m, labirinto m: a ~ of narrow streets un dedalo di viuzze. **,laby'rinthian** [-iən], **,laby'rinthine** [-ain, am. -i:n] a. **1** labirintico (anche Anat.). **2** ⟨fig⟩ labirintico, intricato, tortuoso.

lac [læk] s. lacca f.

lace [leis] **I** s. **1** ⟨Tess⟩ merletto m, pizzo m, trina f. **2** (string, cord) laccio m, stringa f. **3** ⟨Sart⟩ gallone m. **4** (alcohol added to a drink) schizzo m. **II** v.t. **1** (to tie; spesso con up) allacciare, legare (con lacci): to ~ (up) one's shoes allacciarsi le scarpe. **2** (to confine in a corset) stringere con (o in) un busto. **3** (to adorn with lace) merlettare, ornare di trine (o merletti); (to braid) gallonare. **4** (to interlace) intrecciare, intessere. **5** ⟨fig⟩ (to add alcohol to) correggere: to ~ one's coffee with cognac correggere il caffè con cognac. **6** ⟨fam⟩ (to thrash) battere, percuotere, bastonare. **III** v.i. **1** (spesso con up) allacciarsi: the dress -s up the back l'abito si allaccia dietro. **2** (to make lace) fare merletti (o trine). **3** ⟨fam⟩ (general. con into: to thrash) picchiare, bastonare; (to rebuke vehemently) dare una strigliata a; (to attack verbally) attaccare, criticare aspramente.

Lacedaemon [,læsi'di:mən] N.pr. ⟨Geog.stor⟩ Sparta f, ⟨lett⟩ Lacedemone f. **Lacedaemonian** [-di'mouniən] **I** a. ⟨Stor.gr⟩ spartano, ⟨lett⟩ lacedemone. **II** s. spartano m (f -a), ⟨lett⟩ lacedemone m/f.

lace| glass s. ⟨Vetr⟩ vetro m (o bicchiere) con disegno merlettato. ~**maker** s. merlettaia f. ~**making** s. arte f del merletto. ~ **paper** s. ⟨Cart⟩ carta f (uso) pizzo. ~ **pillow** s. ⟨Lav.femm⟩ tombolo m.

lacerable ['læsərəbl] a. lacerabile. **lacerate** [-reit] **I** v.t. **1** lacerare, stracciare, strappare. **2** ⟨fig⟩ straziare, lacerare, tormentare. **II** a. → **lacerated. lacerated** [-reitid] a. **1** lacerato, strappato. **2** ⟨fig⟩ straziato, lacerato. **3** ⟨Biol⟩ frastagliato, sfrangiato. **,lace'ration** [-'reiʃən] s. lacerazione f, strappo m.

lacertian [læ'sə:ʃiən] **I** a. ⟨Zool⟩ dei lacertidi. **II** s. **1** lucertola f. **2** pl. lacertidi fpl. **lacertine** [-tain] a. → **lacertian.**

lace|-ups s.pl. ⟨fam⟩ scarpe fpl allacciate. ~**wing** s. ⟨Entom⟩ crisopa f. ~**work** s. merletti mpl, pizzi mpl, merlettature fpl.

laches ['lætʃiz] s.inv. ⟨Dir⟩ negligenza f; (undue delay) mora f, ritardo m.

Lachesis ['lækisis] N.pr. ⟨Mitol⟩ Lachesi f.

lachrymal ['lækriməl] a. lacrimale (anche Anat.).

lachrymal| duct s. ⟨Anat⟩ condotto m lacrimale. ~ **gland** s. ghiandola f lacrimale. ~ **sac** s. sacco m lacrimale. ~ **vase** s. → **lachrymatory.**

lachrymatory ['lækrimətəri] **I** a. lacrimatorio. **II** s. ⟨Archeol⟩ lacrimatoio m, vaso m lacrimale. **lachrymose** [-mous] a. **1** lacrimoso, pieno di lacrime. **2** (pathetic) lacrimoso; (mournful) doloroso, triste.

lacing ['leisiŋ] s. **1** allacciamento m, allacciatura f. **2** (lace, cord) laccio m, stringa f. **3** ⟨Sart⟩ gallone m. **4** (dash of alcohol) schizzo m. **5** ⟨fam⟩ (rebuke) strigliata f. **6** ⟨fam⟩ (thrashing) bastonatura f.

laciniate [lə'sinieit], **laciniated** [-id] a. ⟨Bot⟩ laciniato, frastagliato, sfrangiato.

lack [læk] **I** s. **1** difetto m, scarsità f, penuria f, mancanza f, insufficienza f: there is a ~ of water c'è scarsità d'acqua. **2** (s.th. missing) mancanza f, vuoto m: when he left we felt the ~ quando se n'è andato abbiamo sentito la sua mancanza. **II** v.t. **1** mancare di, difettare di,

scarseggiare di: to ~ confidence in o.s. mancare di fiduc in se stesso; the town -s a swimming pool la città man di una piscina. **2** (to require, want) occorrere (cos impers.), avere bisogno (o necessità) di. **III** v.i. mancare, difettare, scarseggiare. **2** (to be deficien mancare, difettare, essere privo (in, for di): to be -ing courage mancare di coraggio. □ **for** ~ of per mancanz di; for ~ of anything better in mancanza di meglio; s that no one -s for s.th. to eat bada che tutti abbiano mangiare; what he -s in intelligence he makes up for perseverance supplisce con la perseveranza alla mancan d'intelligenza; ~ of **interest** mancanza f d'interess disinteresse m; no ~ of abbondanza di; to ~ nothin avere tutto, non ⌐avere bisogno⌐ (o mancare) di nul ⟨Med⟩ ~ of tone atonia f.

lackadaisical [,lækə'deizikəl] a. **1** languido, fiacc apatico, svogliato. **2** (lazy) indolente, pigro.

lackey ['læki] **I** s. lacchè m (anche fig.). **II** v.t. **1** servi come lacchè. **2** ⟨fig⟩ fare da lacchè a.

lacking ['lækiŋ] **I** a. **1** mancante, privo (in di), senza. ⟨fam⟩ (feeble-minded) deficiente. **II** prep. senza, mancanza di.

lackland ['læklənd] **I** a. senza terra. **II** s. chi non terre.

lackluster am., **lack-lustre** ['læklʌstə] a. **1** smor spento, opaco: ~ eyes occhi spenti. **2** ⟨fig⟩ (lacki vitality) debole, fiacco.

laconic [lə'kɔnik] a. laconico, conciso. **laconicis** [-nizəm], **laconism** ['lækənizəm] s. **1** laconicità conciosione f. **2** (laconic expression) laconismo m.

lacquer ['lækə] **I** s. **1** lacca f, vernice f. **2** (for the ha lacca f. **3** (nail varnish) smalto m (o lacca f) per (unghie, smalto m. **4** (Japanese lacquer) lacca f giappone (o del Giappone). **5** → **lacquer ware. II** v.t. lacca verniciare (con lacca). **lacquerer** [-rə] s. laccatore m -trice). **lacquering** [-riŋ] s. laccatura f, verniciatura f

lacquer ware s. **1** oggetto m laccato (o verniciato), lac f. **2** (collett) lacche fpl.

lacquey s./v. → **lackey.**

lacrimal a. → **lachrymal.**

lacrosse [lə'krɔs] s. ⟨Sport⟩ lacrosse m.

lactam ['læktæm] s. ⟨Chim⟩ lattame m.

lactate ['lækteit] s. ⟨Chim⟩ lattato m.

lactation [læk'teiʃən] s. **1** ⟨Fisiol⟩ lattazione f, montat (o portata) lattea. **2** (period of lactation) lattazione f.

lacteal ['læktiəl] **I** a. **1** latteo, lattiginoso. **2** ⟨An chilifero. **II** s. ⟨Anat⟩ vaso m chilifero.

lactescence [læk'tesns] s. lattescenza f (anche Bo **lactescent** [-nt] a. **1** lattescente (anche Bot.). (secreting milk) lattifero.

lactic ['læktik] a. ⟨Chim⟩ lattico: ~ acid acido lattico.

lactiferous [læk'tifərəs] a. **1** lattifero. **2** ⟨Bot⟩ laticife lattiginoso.

lactogenic [,læktou'dʒenik] a. lattogeno.

lactometer [,læk'tɔmitə] s. lattimetro m, lattodensime m.

lactoprotein [,lækto(u)'prouti:in] s. ⟨Biol⟩ proteina f latte.

lactoscope ['læktəskoup] s. lattoscopio m.

lactose ['læktous] s. ⟨Chim⟩ lattosio m.

lacuna [lə'kju:nə] s. (pl. -s [z]/-nae [ni:]) **1** lacuna f, vu m. **2** ⟨Anat⟩ lacuna f, cavità f. **3** ⟨Bot⟩ lacuna f, spazio intercellulare. **lacunal** [-l] a. → **lacunary. lacun** [lə'kju:nə] **I** s. (pl. -s [z]/ -naria [,lækju'nɛəriə]) ⟨Arch⟩ soffitto m a cassettoni. **2** (coffer) lacunare m, cassett m. **II** a. → **lacunary. lacunary** [-ri] a. lacunare. **lacunose** [-nous] a. lacunoso.

lacustrian [lə'kʌstriən] **I** a. → **lacustrine. II** s. ⟨Etr palafitticolo m (f -a). **lacustrine** [-strin] a. lacustre.

lacy ['leisi] a. **1** merlettato. **2** (lace-like) simile a merle (o pizzo).

lad [læd] s. **1** (boy) ragazzo m, giovinetto m. **2** (yo man) giovane m, giovanotto m. **3** (stableboy) garzone di stalla. □ a good ~ un bravo figliolo.

ladder ['lædə] s. **1** scala f (a pioli). **2** (in a stocki smagliatura f. **3** ⟨fig⟩ scala f: the social ~ la scala soci **4** ⟨Ginn⟩ scala f svedese. **II** v.t. (of a stocking) smagli ﬁlare. **III** *v.i.* (*of a stocking*) smagliarsi, sfilarsi.

addered [-d] *a.* (*of a stocking*) smagliato, sfilato.

der|man *am.* [mæn] *s.irr.* pompiere *m* addetto alla scala. **~proof** *a.* indemagliabile. **~ truck** *am. s.* utoscala *f.*

die, laddy *scozz.* ['lædi] (*dim. di lad*) *s.* ragazzino *m.*

le [leid] *v.t.* (*pret.* 'laded [-id], *p.p.* 'laded/laden [-n]) **1** *Mar*) (*to load*) caricare: *to ~ a vessel* caricare una nave; *o put as a load*) imbarcare, caricare. **2** (*to ladle*) versare travasare) con un mestolo.

en¹ ['leidn] → **lade.**

en² *a.* **1** (*loaded*) carico (*with* di). **2** (*covered, filled*) arico, sovraccarico (di): *a tree ~ with fruit* un albero carico di frutti. **3** ⟨*ﬁg*⟩ (*burdened*) gravato, carico (di), oppresso (da).

di-da(h) [,lɑ:di'dɑ:] *a.* ⟨*fam*⟩ **1** affettato, ricercato, zioso: *~ accent* accento affettato; (*pretentious*) retenzioso. **2** (*stylish*) elegante.

ies'| man ['leidizmæn] *s.* **1** → **ladykiller. 2** (*gallant*) amerino *m*, ganimede *m*, vagheggino *m.* **~ room** *s.* letta *f* per signore.

din [lə'di:n] *s.* **1** ladino *m.* **2** (*Ladin speaker*) ladino *m* (*-a*).

ing ['leidiŋ] *s.* **1** (*act*) carico *m*, caricamento *m.* **2** oad*) carico *m.*

dino [lɑ:'di'nou] *s.* (*pl.* **-s** [z]) **1** dialetto *m* pano-ebraico. **2** (*Ladino speaker*) chi parla il dialetto pano-ebraico. **3** (*mestizo*) meticcio *m* (*f -a*).

le ['leidl] **I** *s.* **1** mestolo *m*, ramaiolo *m*: *a soup ~* un estolo per la minestra. **2** ⟨*Met*⟩ (*cup-shaped spoon*) cchiaione *m.* **3** ⟨*Met*⟩ (*in casting*) siviera *f*, secchione **4** ⟨*Idr*⟩ paletta *f.* **II** *v.t.* versare (*o travasare*) con un estolo. □ *to ~* **out:** 1 scodellare; 2 ⟨*ﬁg*⟩ prodigare, dare n eccessiva larghezza.

y ['leidi] **I** *s.* **1** signora *f*, donna *f* di classe, gentildonna dama *f: a perfect ~* una vera signora. **2** ⟨*estens*⟩ (*any* *oman*) signora *f*, donna *f: there's a ~ on the phone* c'è a signora al telefono. **3** ⟨*fam*⟩ (*wife*) moglie *f*, signora *f. pl.* (*as a term of address*) signore *fpl: ladies and* *ntlemen* signore e signori. **5** *pl.* ⟨*fam*⟩ (*public lavatory;* str. sing.) toletta *f* per signore. **6** ⟨*Mediev*⟩ (*feudal* *perior*) signora *f*; (*in chivalry*) dama *f. Lady* **S.** **1** (*as a* *e*) lady *f*, donna *f.* **2** (*in personiﬁcations*) signora *f: dy Luck* signora Fortuna; (*for goddesses*) dea *f*, often *t translated: Lady Diana* (la dea) Diana. **II** *a.* **1** *male*) femmina (*anche Zool.*). **2** (*of a lady*) femminile, liebre. □ **~** *of the* **bedchamber** dama *f* di compagnia; **~ doctor** una dottoressa; *the ~ of the* **house** la padrona casa, la signora; ⟨*Mediev*⟩ *the ~ of the* **manor** la nora del castello, la castellana; *my ~* milady *f; a ~ velist* una romanziera; *our* **Sovereign** ~ la nostra gina; *a young ~:* 1 (*married*) una giovane signora; 2 *married*) una zitella.

ly| altar *s.* ⟨*Rel*⟩ altare *m* della Madonna. **~ beetle.** **ird** *s.* ⟨*Entom*⟩ coccinella *f.* **~ Bountiful** *s.* nefattrice *f*, fata *f* benefica. **~bug** *am. s.* → **lady etle.** **~ chapel** *s.* ⟨*Rel*⟩ cappella *f* della Madonna. **~** **ay** *s.* ⟨*Rel*⟩ Annunciazione *f.* **~ fern** *s.* ⟨*Bot*⟩ felce *f* nmina.

yﬁed ['leidifaid] *a.* ⟨*fam*⟩ che si dà arie da signora.

lyfy [-fai] *v.t.* **1** dare della signora a, chiamare nora. **2** (*to make ladylike*) rendere signorile.

y 'help *s.* governante *f.*

yhood ['leidihud] *s.* **1** l'essere una signora. **2** ⟨*collett*⟩ nore *fpl.*

y|-in-'waiting *s.* dama *f* di corte (*o* compagnia).

iller *s.* ⟨*fam*⟩ ladro *m* di cuori, rubacuori *m*, nquistatore *m.*

vlike ['leidilaik] *a.* **1** da signora. **2** (*well-bred, genteel*) norile, raffinato. **3** ⟨*spreg*⟩ (*unmanly*) donnesco, da nna.

v| love *s.* innamorata *f.* **~ mayoress** *s.* moglie *f* del daco.

yship ['leidiʃip] *s.* condizione *f* di signora. **Ladyship** *s.* noria *f: Her Ladyship* Sua Signoria; *Your Ladyship* stra Signoria.

y's| maid *s.* cameriera *f* (particolare). **~ slipper** *s.*

⟨*Bot*⟩ pianella *f* della Madonna. **~ smock** *s.* ⟨*Bot*⟩ billeri *mpl.*

Laertes [lei'ə:ti:z] *N.pr.* ⟨*Mitol*⟩ Laerte *m.*

Laetitia [li'tiʃiə] *N.pr.* Letizia *f.*

laevogyrate [,li:vo(u)'dʒaiəreit], **laevorotary** [-vo(u)-'routəri], **laevorotatory** [-vo(u)'routətəri] *a.* ⟨*Fis,Chim*⟩ levogiro.

laevulose ['li:vəlous] *s.* ⟨*Chim*⟩ levulosio *m.*

lag¹ [læg] **I** *v.i.* (*pret., p.p.* lagged [-d]) **1** restare (*o* rimanere) indietro (*behind* a, rispetto a). **2** (*to be slow,* *retarded*) avere un rallentamento, essere in ritardo (rispetto a): *production is -ging behind demand* la produzione è in ritardo rispetto alla domanda. **3** (*of time*) (tra)scorrere lentamente. **4** (*to linger*) attardarsi, indugiare. **5** ⟨*El*⟩ ritardare. **II** *s.* **1** ritardo *m*, rallentamento *m.* **2** (*lapse of time*) intervallo *m* (di tempo). **3** ⟨*El,Mecc*⟩ ritardo *m.*

lag² ⟨*sl*⟩ **I** *s.* galeotto *m*, carcerato *m.* **II** *v.t.* (*pret., p.p.* lagged [-d]) **1** mettere ⌐in carcere⌐ (*o* dentro). **2** (*to arrest*) arrestare. □ *an old ~* una vecchia conoscenza della polizia.

lag³ **I** *s.* rivestimento *m* (isolante), bordatura *f.* **II** *v.t.* (*pret., p.p.* lagged [-d]) ⟨*tecn*⟩ rivestire con materiale isolante.

lager ['lɑ:gə] *s.* tipo di birra chiara.

laggard ['lægəd] **I** *s.* **1** chi si attarda, chi indugia. **2** (*lingerer*) ritardatario *m* (*f -a*). **II** *a.* che indugia, che si attarda.

lagger ['lægə] *s.* (*laggard*) ritardatario *m* (*f -a*).

lagging¹ ['lægiŋ] *a.* lento, tardo.

lagging² *s.* rivestimento *m* (isolante), isolamento *m.*

lagniappe *am.* ['læniæp, ,laeni'aep] *s.* **1** regalo *m* offerto da un negoziante al cliente. **2** (*unexpected gift*) dono *m* inatteso.

lagoon [lə'gu:n] *s.* ⟨*Geog*⟩ laguna *f.* **lagune** *s.* → **lagoon.**

laic ['leiik] **I** *a.* → **laical. II** *s.* → **layman. laical** [-əl] *a.* laicale.

laicism ['leiisizəm] *s.* laicismo *m.* **,laicization** [-sai'zeiʃən] *s.* laicizzazione *f.* **laicize** [-saiz] *v.t.* laicizzare.

laid [leid] → **lay¹.**

laid| line ⟨*Cart*⟩ vergatura *f.* **~ paper** *s.* ⟨*Cart*⟩ carta *f* vergata. **~ up** *a.* costretto a letto. **~ work** *s.* ⟨*Lav.femm*⟩ punto *m* piatto.

lain [lein] → **lie².**

lair [lɛə] **I** *s.* **1** tana *f*, covo *m.* **2** ⟨*ﬁg*⟩ tana *f*, covo *m*, rifugio *m*, nascondiglio *m.* **3** ⟨*Zootecn*⟩ recinto *m.* **II** *v.i.* rintanarsi, intanarsi.

laird *scozz.* [lɛəd] *s.* laird *m*, proprietario *m* terriero. **'lairdship** *scozz.* [-ʃip] *s.* proprietà *f* (terriera).

laisser-faire, laissez-faire *fr.* ['leisei'fɛə, lɛse'fɛ:r] **I** *s.* **1** ⟨*Pol*⟩ laissez faire *m*, non interferenza *f*, politica *f* liberistica. **2** ⟨*Econ*⟩ liberismo *m.* **II** *a.* **1** ⟨*Pol*⟩ di non interferenza. **2** ⟨*Econ*⟩ liberistico.

laity ['leiiti] *s.* ⟨*collett*⟩ **1** laici *mpl*, laicato *m.* **2** ⟨*estens*⟩ profani *mpl.*

lake¹ [leik] *s.* ⟨*Geog*⟩ lago *m.* □ *the Great Lakes* i Grandi Laghi.

lake² *s.* **1** ⟨*Chim*⟩ pigmento *m* rosso. **2** ⟨*Pitt*⟩ lacca *f.*

Lake| Country, ~ District *s.* ⟨*Geog*⟩ regione *f* dei Laghi. **~ dweller** *s.* ⟨*Etnol*⟩ palaﬁtticolo *m* (*f -a*). **~ dwelling** *s.* ⟨*Etnol*⟩ abitazione *f* lacustre, palaﬁtta *f.* **~front** *s.* sponda *f* (*o* riva) del lago. **~land** *s.* **1** regione *f* lacustre. **2** → **Lake Country. ~ Poets** *s.pl.* ⟨*Lett*⟩ laghisti *mpl*, poeti *mpl* laghisti. **~shore, ~side** *s.* → **lakefront. ~ trout** *s.* ⟨*Itt*⟩ trota *f* di lago.

laky ['leiki] *a.* **1** lacustre, lacuale. **2** (*having many lakes*) che ha molti laghi.

Lallans *scozz.* ['lælənz] **I** *a.* del bassopiano scozzese. **II** *s.pl.* **1** (*costr. sing.*) dialetto *m* del bassopiano scozzese. **2** ⟨*Geog*⟩ bassopiano *m* scozzese.

lallation [læ'leiʃən], **'lalling** [-liŋ] *s.* ⟨*Med*⟩ lallazione *f.*

lam [læm] *v.* (*pret., p.p.* lammed [-d]) ⟨*sl*⟩ **I** *v.t.* battere, picchiare, percuotere. **II** *v.i.* (general. con *into, out*) battere, picchiare, percuotere.

lama ['lɑ:mə] *s.* ⟨*Rel*⟩ lama *m.* **Lamaism** [-izəm] *s.* lamaismo *m.* **Lamaist** [-ist] *s.* seguace *m/f* del

lamaismo. **,Lamaistic** [-'istik] *a.* lamaistico, lamaico.
lamasery [-səri] *s.* lamasseria *f.*
lamb [læm] **I** *s.* **1** agnello *m.* **2** ⟨*Gastr,Macell*⟩ agnello *m,*
carne *f* d'agnello. **3** → **lambskin. 4** ⟨*fig*⟩ (*meek person*)
agnello *m,* agnellino *m.* **5** ⟨*vezz*⟩ (*dear, pet*) tesoro *m.* **II**
v.i. ⟨*Zootecn*⟩ (*of a ewe*) figliare, partorire. **III** *v.t.*
⟨*Zootecn*⟩ assistere durante il parto. ☐ ⟨*Rel*⟩ *the* ~ *of*
God l'agnello di Dio; ⟨*Zootecn*⟩ *to be in* ~ (*of a ewe*)
essere pregna.
lambast(e) [læm'beist] *v.t.* ⟨*fam*⟩ **1** battere, picchiare,
percuotere. **2** (*to scold*) rimproverare (duramente), dare
una strigliata a.
lambda ['læmdə] *s.* (*letter of the Greek alphabet*) lambda
m.
lambdacism ['læmdəsizəm] *s.* ⟨*Med*⟩ lambdacismo *m.*
lambdoid [-dɔid], **lambdoidal** [-'dɔidl] *a.* **1** a forma di
lambda maiuscolo. **2** ⟨*Anat*⟩ lambdoideo: ~ *suture* sutura
lambdoidea.
lambency ['læmbənsi] *s.* **1** il lambire, sfioramento *m.* **2**
(*s.th. lambent*) cosa *f* che lambisce. **lambent** [-nt] *a.* **1**
(*of flames*) lambente, che lambisce. **2** (*of light*) vivace,
brillante, splendente. **3** ⟨*fig*⟩ brillante, arguto, vivace: *a* ~
style uno stile brillante.
lambing ['læmiŋ] *s.* ⟨*Zootecn*⟩ agnellatura *f.*
lambkin ['læmkin] *s.* **1** agnellino *m.* **2** ⟨*fig*⟩ bambino *m,*
passerotto *m.*
lamblike ['læmlaik] *a.* mansueto, mite, docile come un
agnellino.
lambrequin ['læmbəkin] *s.* **1** mantovana *f,* lambrecchini
mpl. **2** ⟨*Mil.ant*⟩ lembo *m* di tessuto attaccato all'elmo.
lambskin ['læmskin] *s.* **1** pelliccia *f* d'agnello, agnellino *m.*
2 (*leather*) pelle *f* d'agnello. **3** (*parchment*) pergamena *f,*
cartapecora *f.*
lamb's-wool *s.* **1** lamb's-wool *m,* lana *f* d'agnello. **2**
(*drink*) tipo di bevanda calda.
lame [leim] **I** *a.* **1** zoppo, storpio: ~ *in one leg* zoppo da
una gamba. **2** ⟨*fig*⟩ zoppo, che non regge, debole, difettoso:
a ~ *argument* un ragionamento zoppo. **3** ⟨*Metr*⟩
zoppicante: ~ *verses* versi zoppicanti. **4** ⟨*am*⟩ (*stiff and*
sore) rigido e dolorante. **II** *s.* ⟨*collett*⟩ (costr. pl.) zoppi
mpl. **III** *v.t.* azzoppare, storpiare. ☐ *to go* ~
azzopparsi.
lamè [lɑ:'mei] **I** *s.* ⟨*Tess*⟩ laminato *m,* lamé *m.* **II** *a.*
laminato, lamé.
lame duck *s.* **1** ⟨*fam*⟩ persona *f* inerme (*o* indifesa). **2**
⟨*Econ*⟩ insolvente *m.* **3** (*business*) impresa *f* pericolante. **4**
⟨*Mar*⟩ nave *f* inservibile. **5** ⟨*am.Pol*⟩ deputato *m* (non
rieletto) alla fine del mandato.
lamella [lə'melə] *s.* (pl. -s [z]) ⟨*Anat,Biol*⟩ lamella
f. **lamellar** [-lə], **lamellate** ['læməleit], **lamellated**
['læməleitid] *a.* ⟨*Biol*⟩ lamellato.
lamellibranch [lə'melibræŋk] **I** *a.* ⟨*Zool*⟩ dei lamellibranchi. **II** *s.pl.* lamellibranchi *mpl,* bivalvi *mpl.*
lamelliform [lə'melifɔ:m] *a.* ⟨*Min*⟩ lamelliforme.
lamellose [lə'melous] *a.* → **lamellar.**
lamely ['leimli] *avv.* **1** zoppiconi, zoppicando. **2** ⟨*fig*⟩ in
modo poco convincente, debolmente. **lameness** [-mnis]
s. **1** ⟨*Med,Veter*⟩ zoppia *f.* **2** ⟨*fig*⟩ debolezza *f.*
lament [lə'ment] **I** *v.t.* **1** (com)piangere, lamentare,
deplorare: *to* ~ *the loss of a friend* piangere la perdita di
un amico. **2** (*to regret*) rammaricarsi di, rimpiangere. **II**
v.i. lamentarsi, gemere. **III** *s.* **1** lamento *m;* (*wailing*)
pianto *m* (*o* lamento) funebre. **2** (*dirge, elegy*) lamento *m,*
pianto *m.* **3** ⟨*Lett,Mus*⟩ lamento *m.*
lamentable ['læməntəbl] *a.* **1** deplorevole: *a* ~ *mistake* un
errore deplorevole. **2** (*mournful*) doloroso, lamentevole,
lacrimevole. **3** ⟨*fam*⟩ (*very bad*) pessimo.
lamentation [,læmən'teiʃən] *s.* **1** lamento *m,* lamentazione
f. **2** ⟨*Lett,Mus*⟩ lamentazione *f.* **Lamentations** [-z] *s.pl.*
⟨*Bibl*⟩ (costr. sing.) lamentazioni *fpl:* ~ *of Jeremiah* le
lamentazioni di Geremia.
lamented [lə'mentid] *a.* compianto, rimpianto: *the* ~
ex–President il compianto ex–presidente.
lamia ['leimiə] *s.* (pl. **-s** [z]**-miae** [mii:]) ⟨*Mitol*⟩ lamia *f.*
lamina ['læminə] *s.* (pl. **-s** [z]**-nae** [ni:]) **1** lamina *f,* lastra *f,*
foglio *m.* **2** (*scale*) scaglia *f,* falda *f.* **3** ⟨*Bot*⟩ lamina *f,*
lembo *m* fogliare. **4** ⟨*Anat,Geol*⟩ lamina *f.* **laminable**

[-bl] *a.* laminabile. **laminar** [-nə] *a.* laminare, lamella
☐ ⟨*Fis*⟩ ~ *flow* moto *m* (*o* corrente *f*) laminare.
laminate ['læmineit] **I** *v.t.* **1** laminare, ridurre in lami
2 ⟨*Met*⟩ laminare. **3** (*to build up in layers*) stratificare
lamelle. **4** (*to cover with laminae*) laminare, rivestire
lamine. **II** *v.i.* ridursi in lamine. **III** *a.* → **laminate**
laminated [-id] *a.* laminato.
laminated| glass *s.* vetro *m* (di sicurezza) accoppiato
stratificato). **~ plastic** *s.* laminato *m* plastico. **~ wo**
s. laminato *m* di legno.
lamination [,læmi'neiʃən] *s.* **1** struttura *f* lamelliforme
laminare). **2** ⟨*Met,Geol*⟩ laminazione *f.* **3** (*lamina*) lami
f, strato *m.*
Lammas (Day) ['læməs] *s.* festa *f* del raccolto
agosto).
lammergeyer ['læməgaiə] *s.* ⟨*Ornit*⟩ avvoltoio *m* barb
(*o* degli agnelli).
lamming ['læmiŋ] *s.* ⟨*fam*⟩ bastonatura *f.*
lamp [læmp] *s.* **1** lampada *f,* lume *m,* luce *f;* (*oil lan*
lampada *f* (*o* lume *m*) a petrolio. **2** ⟨*El*⟩ (*bulb*) lampad
f, lampada *f;* (*device furnishing heat or rays*) lampada *f:*
infra–red ~ una lampada a raggi infrarossi. **3** ⟨*A*
(*headlight*) faro *m,* proiettore *m.* **4** ⟨*fig*⟩ lume *m.* **5**
⟨*sl*⟩ (*eyes*) occhi *mpl,* ⟨*scherz*⟩ lanterne *fpl.* **6** ~ *f*
(*celestial body*) stella *f.* ☐ ⟨*fig*⟩ *to smell of the* ~ saper
lucerna.
lampas[1] ['læmpəs] *s.* ⟨*Veter*⟩ lampasco *m.*
lampas[2] *s.* ⟨*Tess*⟩ lampasso *m.*
lampblack ['læmpblæk] *s.* nerofumo *m.*
lamper eel ['læmpə] *s.* → **lamprey (eel).**
lampern ['læmpən] *s.* ⟨*Itt*⟩ lampreda *f* di fiume.
lampers ['læmpəz] *s.pl.* (costr. sing.) → **lampas**[1].
lamp holder *s.* portalampada *m.*
lampion ['læmpiən] *s.* lanterna *f.*
lamp|light *s.* lume *m* di lampada. **~lighter** *s.* lampion
m. **~ oil** *s.* olio *m* lampante (*o* per lampade).
lampoon [læm'pu:n] **I** *s.* ⟨*Lett*⟩ libello *m,* pamphlet *m.*
v.t. satireggiare. **lampooner** [-ə], **lampoonist** [-ist]
libellista *m/f.*
lamppost *s.* lampione *m,* palo *m* della luce. ☐ *as tall a*
~ alto come un campanile; ⟨*fam*⟩ *between you, me a*
the ~ confidenzialmente, in segreto.
lamprey (eel) ['læmpri] *s.* ⟨*Itt*⟩ lampreda *f.*
lamp|shade *s.* paralume *m.* **~wick** *s.* stoppino
lucignolo *m.*
Lancastrian [læŋ'kæstriən] **I** *a.* **1** del Lancashire. **2** ⟨*S*
dei Lancaster. **II** *s.* **1** abitante *m/f* del Lancashire.
⟨*Stor*⟩ seguace *m/f* dei Lancaster.
lance [lɑ:ns] **I** *s.* **1** ⟨*Mil.ant*⟩ lancia *f,* asta *f;* (*lan*
lanciere *m,* lancia *f.* **2** ⟨*Pesc*⟩ lancia *f.* **3** ⟨*Chir*⟩ lancett
II *v.t.* **1** ⟨*Chir*⟩ incidere, tagliare con la lancetta: *to*
boil incidere un ascesso. **2** (*to pierce with a lan*
trafiggere con una lancia. **3** (*to hurl*) lanciare, scagliare
⟨*fig*⟩ *to break a* ~ *with s.o.* polemizzare con qd.
lance| corporal, ~ jack *s.* ⟨*Mil*⟩ appuntato *m.*
lancelet ['lɑ:nslit] *s.* ⟨*Itt*⟩ lancetta *f,* anfiosso *m.*
Lancelot ['lɑ:nslət] *N.pr.* Lancillotto *m.*
lanceolar ['lɑ:nsiələ], **lanceolate** [-lit] *a.* lanceo
(*anche Bot.*).
lancer ['lɑ:nsə] *s.* **1** ⟨*Mil*⟩ lanciere *m.* **2** *pl.* ⟨*Mus*⟩ (*da*
costr. sing.) lancieri *mpl.*
lance sergeant *s.* ⟨*Mil*⟩ caporale *m* facente funzion
sergente.
lancet ['lɑ:nsit] *s.* **1** ⟨*Chir*⟩ lancetta *f.* **2** → **lancet arc**
→ **lancet window.**
lancet arch *s.* ⟨*Arch*⟩ arco *m* ogivale (*o* gotico, a s
acuto).
lanceted ['lɑ:nsitid] *a.* ⟨*Arch*⟩ **1** (*having lancet windo*
con finestre ogivali. **2** (*having a lancet arch*) ad a
ogivali.
lancet window *s.* ⟨*Arch*⟩ finestra *f* ogivale (*o* ad a
acuto).
lancinating ['lɑ:nsineitiŋ] *a.* (*of pain*) lancinante.
land[1] [lænd] **I** *s.* **1** terra *f,* terraferma *f: to sigh*
avvistare la terraferma; *by* ~ *and by sea* per mare e
terra. **2** (*country*) paese *m,* terra *f,* regione *f: to journe*
distant –s viaggiare verso paesi lontani. **3** (*ground, s*

rreno *m*, suolo *m*, terra *f*: *arable* ~ terreno coltivabile; *uilding* ~ suolo edificabile. **4** (*landed property*) terra *f*, nuta *f*, possedimento *m* rurale, fondo *m*. **5** *pl*. (*estate*) roprietà *f* (terriera). **6** (*rural area, country*) campi *mpl*, rra *f*, campagna *f*: *to work the* ~ lavorare la terra; *back) the* ~ ritorno alla terra. **7** (*fig*) vita *f* rurale (o dei ampi). **8** (*realm*) paese *m*, regno *m*: *the* ~ *of dreams* il aese dei sogni. **II** *a.* terrestre, di terra: ~ *animals* nimali terrestri. □ ⟨*Mar*⟩ ~ **ho!** terra in vista!; ~ nprovement *scheme* programma *m* di miglioramento ndiario; ⟨*fig*⟩ *to see how the* ~ *lies* vedere come stanno cose, tastare (o sondare) il terreno; *the* ~ *of the* **living** terra dei vivi, questo mondo; ⟨*Mar*⟩ *to* **make** ~: 1 vistare la terra; 2 (*to land*) toccare terra, approdare; *the* ~ *of* **milk** *and* **honey**: 1 ⟨*Bibl*⟩ la terra promessa; 2 ⟨*fig*⟩ paese di Bengodi; *one's* **native** ~ terra natia, patria *f*; *nfant*⟩ *the* ~ *of* **Nod** il paese dei sogni; *to travel over* ~ *nd sea* viaggiare per terra e per mare; ⟨*Bibl*⟩ *the* romised ~ la terra promessa.

nd² **I** *v.t.* **1** ⟨*Mar*⟩ sbarcare, scaricare, far scendere. **2** *1er*⟩ far atterrare; (*on the sea*) far ammarare. **3** ⟨*Pesc*⟩ rare a riva: *to* ~ *a fish* tirare a riva un pesce. **4** (*to set wn from a vehicle*) far scendere, sbarcare. **5** ⟨*fig*⟩ far nire, condurre: *his behaviour* –*ed him in gaol* la sua ndotta lo fece finire in carcere. **6** (*of a blow*) assestare, errare, mollare. **7** ⟨*fam*⟩ (*to gain, win*) ottenere, nquistare: *to* ~ *a good job* ottenere un buon posto. **II** *i.* **1** ⟨*Mar*⟩ sbarcare, approdare, toccare terra; (*of a ship*) ccare terra, approdare. **2** ⟨*Aer*⟩ atterrare, toccare terra; *n the sea*) ammarare. **3** ⟨*Astron*⟩ allunare. **4** (*to arrive;* esso con *up*) andare a finire, capitare: *we* –*ed up in a ountain village* capitammo in un villaggio di montagna. (*to strike the ground*) cadere, toccare terra: *he* –*ed wkwardly* cadde malamente. □ ⟨*fig*⟩ *to* ~ ˈ*like a cat* (o *n one's feet*) cadere in piedi, cavarsi d'impaccio; ⟨*fig*⟩ *to o.s. in difficulties* cacciarsi nei guai.

d| agency *s.* agenzia *f* immobiliare. ~ **agent** *s.* **1** mministratore *m* (di una tenuta), fattore *m*. **2** (*dealer in nd*) agente *m* immobiliare. ~ **art** *s.* ⟨*Art*⟩ arte *f* del rritorio.

dau ['lændɔ:] *s.* **1** landò *m*, landau *m*. **2** ⟨*Aut*⟩ landò *f*.

d| bank *s.* ⟨*Econ*⟩ banca *f* (o istituto *m*) di credito ndiario (o agricolo). ~**based** *a.* ⟨*Mil*⟩ con postazione a rra. ~ **breeze** *s.* brezza *f* (o vento *m*) di terra. ~ *idge* *s.* ⟨*Geog*⟩ istmo *m*. ~ **carriage** *s.* ⟨*Comm*⟩ asporto *m* via terra. ~ **certificate** *s.* certificato *m* tastale. ~ **consolidation** *s.* ricomposizione *f* fondiaria. ~ **credit** *s.* credito *m* fondiario (o agrario).

ded ['lændid] *a.* **1** che ha proprietà terriere, che ssiede (delle) terre. **2** (*of real estate*) fondiario, rriero.

d|fall *s.* **1** ⟨*Mar*⟩ avvistamento *m* della terra; (*land ghted*) terra *f* in vista; (*approach to shore*) approdo *m*. **2** *eol*⟩ (*landslide*) frana *f*, franamento *m*, smottamento *m*. ~ **force** ⟨*Mil*⟩ forze *fpl* armate terrestri, esercito *m*. ~ *rl* *s.* lavoratrice *f* agricola. ~ **grabber** *s.* chi si propria di terreni altrui. ~**grant** *am. s.* concessione *f* ndiaria governativa. ~**grant college**, ~**grant iversity** *am. s.* college *m* sovvenzionato dal gover-) federale.

dgrave ['lændgreiv] *s.* ⟨*Mediev*⟩ langravio *m*. **nd'graviate** [–ieit, –iit] *s.* langraviato *m*. **landgravine** [grəvi:n] *s.* moglie *f* di un langravio.

d| holder *s.* proprietario *m* terriero (o fondiario). ~ **nger** *s.* desiderio *m* ardente di possedere terre. ~ **ydrology** *s.* idrologia *f* terrestre.

ding ['lændiŋ] *s.* **1** ⟨*Mar*⟩ approdo *m*, sbarco *m*. **2** *Mar.mil*⟩ sbarco *m*: *the Normandy* ~ lo sbarco in rmandia. **3** ⟨*Aer*⟩ atterraggio *m*; (*on water*) maraggio *m*. **4** ⟨*Astron*⟩ allunaggio *m*. **5** ⟨*Edil*⟩ anerottolo *m*.

ding| craft *s.* ⟨*Mar*⟩ mezzo *m* da sbarco, motozattera ~ **field** *s.* ⟨*Aer*⟩ campo *m* d'atterraggio. ~ **force** *s.* *Mar.mil*⟩ truppe *fpl* da sbarco. ~ **gear** *s.* ⟨*Aer*⟩ carrello d'atterraggio. ~ **net** *s.* ⟨*Pesc*⟩ guadino *m*. ~ **officer** *s.* nzionario *m* doganale. ~ **orders** *s.pl.* permesso *m* di

sbarco. ~ **place** *s.* **1** ⟨*Mar*⟩ approdo *m*; (*quay*) banchina *f* di carico e scarico, calata *f*. **2** ⟨*Aer*⟩ scalo *m*. ~ **run** *s.* ⟨*Aer*⟩ corsia *f* d'atterraggio. ~**stage** *s.* ⟨*Mar*⟩ pontile *m*, imbarcadero *m*, imbarcatoio *m*.

land|lady *s.* **1** padrona *f* di casa, proprietaria *f* di appartamenti dati in affitto. **2** (*of an inn, etc.*) albergatrice *f*, locandiera *f*, affittacamere *f*. **3** (*woman landlord*) proprietaria *f* di terre date in affitto. ~ **law** *s.* ⟨*Dir*⟩ legge *f* agraria (o terriera). ~**locked** *a.* circondato (o chiuso) da terre; (*of a country*) senza sbocco sul mare. ~**lord** *s.* **1** padrone *m* di casa, proprietario *m* di appartamenti dati in affitto. **2** (*of an inn, etc.*) albergatore *m*, locandiere *m*, affittacamere *m*. **3** (*one who leases property*) proprietario *m* di terre date in affitto. **4** → **landowner**. ~**lubber** *s.* **1** chi vive (o lavora) sulla terraferma. **2** ⟨*mar*⟩ terraiolo *m*, marinaio *m* d'acqua dolce.

land|man [mæn] *s.irr.* affittuario *m*, locatario *m*. ~**mark** *s.* **1** punto *m* di riferimento. **2** ⟨*fig*⟩ pietra *f* (o colonna) miliare. **3** (*boundary mark*) pietra *f* confinaria. ~**mine** *s.* **1** ⟨*Mil*⟩ mina *f* terrestre (o anti-uomo, anti-carro). **2** ⟨*Aer.mil*⟩ mina *f* aerea. ~ **office** *s.* amministrazione *f* demaniale. ~**owner** *s.* proprietario *m* (*f* –a) terriero, possidente *m/f*. ~ **patent** *am.* ~ titolo *m* di una concessione demaniale. ~**rail** *s.* ⟨*Ornit*⟩ re *m* di quaglie. ~ **reclamation** *s.* ⟨*Agr*⟩ bonifica *f*. ~ **reform** *s.* ⟨*Econ*⟩ riforma *f* agraria (o fondiaria). ~ **register** *s.* libro *m* fondiario, catasto *m*. ~ **registrar** *s.* conservatore *m* dei registri immobiliari. ~ **rent** *s.* rendita *f* fondiaria. ~**rover** *s.* ⟨*Aut*⟩ land-rover *f*.

landscape ['læn(d)skeip] **I** *s.* paesaggio *m*: *lunar* ~ paesaggio lunare. **II** *v.t.* decorare (il territorio) con giardini e parchi.

landscape| architect *s.* architetto *m* paesaggista. ~ **architecture** *s.* architettura *f* del paesaggio. ~ **conservation** *s.* conservazione *f* del paesaggio. ~ **gardener** *s.* architetto *m* di giardini. ~ **gardening** *s.* architettura *f* di giardini. ~ **painter** *s.* → **landscapist**. ~ **painting** *s.* ⟨*Art*⟩ paesaggistica *f.* ~ **planning** *s.* pianificazione *f* del paesaggio. ~ **protection** *s.* protezione *f* del paesaggio.

landscaping ['læn(d)skeipiŋ] *s.* paesaggistica *f.* **landscapist** [–pist] *s.* ⟨*Pitt*⟩ paesista *m/f*, pittore *m* (*f* –trice) di paesaggi.

Land's End *s.* ⟨*Geog*⟩ punta *f* estrema della Corno-vaglia.

land|slide *s.* **1** ⟨*Geol*⟩ frana *f*, franamento *m*, smottamento *m*; (*mass*) frana *f*. **2** ⟨*Pol*⟩ maggioranza *f* schiacciante. **3** (*fig*) vittoria *f* schiacciante. ~**slip** *s.* ⟨*Geol*⟩ frana *f*, franamento *m*, smottamento *m*.

landsman ['læn(d)zmən] *s.irr.* **1** chi vive (o lavora) sulla terraferma. **2** ⟨*mar*⟩ (*inexperienced sailor*) marinaio *m* inesperto.

land| surveying *s.* agrimensura *f.* ~ **surveyor** *s.* agrimensore *m*. ~ **tax** *s.* imposta *f* fondiaria. ~ **value** *s.* stima *f* dei terreni. ~**waiter** *s.* (*British Customs officer*) funzionario *m* di dogana.

landward ['lændwəd] **I** *avv.* → **landwards**. **II** *a.* **1** situato (o che guarda) verso terra (o l'interno). **2** (*in the direction of the land*) dal lato verso terra: ~ *wind* vento di terra. **landwards** [–z] *avv.* verso terra (o l'interno).

lane [lein] *s.* **1** (*narrow country road*) sentiero *m*, viottolo *m*; (*narrow street*) vicolo *m*, viuzza *f*. **2** (*narrow passage*) passaggio *m* stretto, strettoia *f*. **3** ⟨*Mar,Aer*⟩ rotta *f*. **4** ⟨*Strad,Sport*⟩ corsia *f*: *a three-*~ *motorway* un'autostrada a tre corsie; *the inside* ~ la corsia interna. **5** ⟨*am.Sport*⟩ (*bowling alley*) corsia *f.* □ *Prov.: it's a long* ~ *that has no turning* il tempo arriva per chi lo sa aspettare.

langsyne, lang syne *scozz.* ['læŋ'sain] **I** *avv.* (molto) tempo fa, un tempo. **II** *s.* tempi *mpl* antichi (o andati), tempo *m* passato.

language ['læŋgwidʒ] *s.* **1** lingua *f*, idioma *m*, linguaggio *m*: *a foreign* ~ una lingua straniera. **2** (*faculty of speech*) linguaggio *m*, favella *f*. **3** (*system of signs, symbols, etc.*) linguaggio *m*: *the* ~ *of flowers* il linguaggio dei fiori. **4** (*way of using words*) linguaggio *m*: *vulgar* ~ linguaggio volgare; (*style*) linguaggio *m*, stile *m*: *the* ~ *of Shakespeare* il linguaggio di Shakespeare. **5** (*vocabulary of a profession, etc.*) linguaggio *m* (tecnico), gergo *m: legal* ~ linguaggio forense.

language| barrier *s.* barriera *f* linguistica. **~ laboratory** *s.* ⟨*Scol*⟩ laboratorio *m* linguistico.

langue d'oc, languedoc [læŋ'dɔk] *s.* lingua *f* d'oc, provenzale *m.*

languid ['læŋgwid] *a.* **1** languido, fiacco. **2** (*uninterested*) apatico, indifferente. **languidness** [–nis] *s.* **1** languore *m,* fiacchezza *f,* languidezza *f.* **2** (*indifference*) apatia *f,* indifferenza *f.*

languish ['læŋgwiʃ] *v.i.* **1** languire, indebolirsi, illanguidirsi. **2** (*to lose strength, animation*) languire, illanguidire, affievolirsi: *the conversation –ed* la conversazione languiva. **3** (*to pine*) languire, struggersi, patire: *to* ~ *in prison* languire in carcere; *to* ~ *with love* struggersi d'amore. **4** (*to assume an expression of tenderness*) assumere (*o* prendere) un'aria languida. **languishing** [–iŋ] *a.* **1** languente. **2** (*expressing longing, etc.*) languido, sentimentale: ~ *eyes* occhi languidi. **languishment** [–mənt] *s.* ⟨*rar*⟩ illanguidimento *m.*

languor ['læŋgə] *s.* **1** (*physical*) languidezza *f,* languore *m,* fiacchezza *f;* (*mental*) languore *m,* fiacchezza *f,* debolezza *f.* **2** (*listlessness*) apatia *f,* indifferenza *f.* **3** (*stillness*) calma *f,* immobilità *f.* **4** (*sentimental melancholy*) languidezza *f,* svenevolezza *f.* **languorous** [–rəs] *a.* **1** languido, svenevole. **2** (*producing languor*) che dà languore.

laniary ['læniəri, *am.* 'leiniəri] **I** *a.* ⟨*Zool*⟩ laceratore, canino. **II** *s.* dente *m* canino (*o* laceratore), canino *m.*

laniferous [lei'nifərəs], **lanigerous** [–'nidʒərəs] *a.* lanoso, lanuto.

lank [læŋk] *a.* **1** (*of hair*) liscio e floscio. **2** (*thin*) magro, sottile, smilzo. **3** (*of grass, etc.*) alto e floscio. **'lankiness** [–inis] *s.* l'essere alto e dinoccolato. **'lankness** [–nis] *s.* magrezza *f.* **'lanky** [–i] *a.* alto e dinoccolato.

lanner ['lænə] *s.* ⟨*Ornit*⟩ lanario *m.*

lanolin ['lænəlin], **lanoline** [–li:n] *s.* ⟨*Chim*⟩ lanolina *f.*

lansquenet ['lænskənet] *s.* ⟨*Stor*⟩ lanzichenecco *m.*

lantern ['læntən] *s.* **1** lanterna *f,* fanale *m.* **2** ⟨*Mar*⟩ (*of a lighthouse*) lanterna *f.* **3** (*magic lantern*) lanterna *f* magica. **4** ⟨*Arch*⟩ lanterna *f.*

lantern| fish *s.* ⟨*Itt*⟩ mittofide *m.* **~ fly** *s.* ⟨*Entom*⟩ fulgora *f.* **~ jaw** *s.* **1** (*underhung jaw*) mascella *f* sporgente. **2** *pl.* (*thin jaws*) mascelle *fpl* affilate. **~-jawed** *a.* dalle mascelle affilate. **~ light** *s.* **1** vetro *m* di lanterna. **2** ⟨*Arch*⟩ lucernario *m.* **~ slide** *s.* diapositiva *f.*

lanthanum ['lænθənəm] *s.* ⟨*Chim*⟩ lantanio *m.*

lanuginose [lə'nju:dʒinous], **lanuginous** [–nəs] *a.* lanuginoso.

lanyard ['lænjəd] *s.* **1** ⟨*Mar*⟩ spezzone *m* di cima. **2** (*cord around the neck*) cordone *m* (per appendere qc.). **3** ⟨*Mil*⟩ cordellina *f.*

Laocoon [lei'ɔkouən] *N.pr.* ⟨*Mitol*⟩ Laocoonte *m.*

Laos [lauz] *N.pr.* ⟨*Geog*⟩ Laos *m.* **Laotian** ['lauʃiən] **I** *a.* laotiano. **II** *s.* laotiano *m* (*f* –a).

lap¹ [læp] *s.* **1** grembo *m: to hold a child on one's* ~ tenere un bambino in grembo. **2** ⟨*Sart*⟩ (*overlapping part of a coat, etc.*) risvolto *m;* (*lapel*) lembo *m,* falda *f.* □ *to be in fortune's* ~ essere il beniamino della fortuna; ⟨*fig*⟩ *the future is in the* ~ *of the gods* l'avvenire è ⸢nelle mani di Dio⸣ (*o* sulle ginocchia di Giove); ⟨*fig*⟩ *to live in the* ~ *of luxury* vivere nel lusso.

lap² *s.* **1** ⟨*Sport*⟩ giro *m: one* ~ *of the track* un giro di pista. **2** (*segment of a journey*) tappa *f.* **3** ⟨*fig*⟩ (*stage in progress*) stadio *m,* fase *f: we are on the last* ~ *now* siamo ormai giunti all'ultimo stadio. **4** (*that which overlaps*) parte *f* che si sovrappone. **5** (*complete turn of s.th. round s.th.*) giro *m,* avvolgimento *m.* **6** ⟨*Tess*⟩ falda *f* (d'ovatta), tela *f.*

lap³ *v.* (*pret., p.p.* **lapped** [–t]) **I** *v.t.* **1** avvolgere, volgere (*o* piegare) intorno; (*to wrap up*) avvolgere, (ri)coprire. **2** (*to overlap*) sovrapporre; (*to place so that it overlaps*) far coincidere, fare combaciare. **3** (*to hold protectively, cuddle*) vezzeggiare, ⟨*fam*⟩ coccolare. **4** ⟨*Sport*⟩ doppiare, superare di un giro; (*to complete one circuit of*) compiere

un giro di: *to* ~ *the course in record time* compiere giro di pista a tempo di record. **II** *v.i.* **1** (*to fe* ripiegarsi. **2** (*to project beyond*) sporgere. **3** (*to overl* sovrapporsi. **4** ⟨*Sport*⟩ fare un giro di pista. **5** ⟨*Fal*⟩ *f* un giunto a sovrapposizione.

lap⁴ *v.* (*pret., p.p.* **lapped** [–d]) **I** *v.t.* sciabordare con lambire: *the waves –ped the side of the boat* le on sciabordavano contro il fianco della barca. **II** *v.i.* sciabordare. **2** (*to lick up a liquid*) lappare. □ *to* ~ *up* (*of animals*) lappare; **2** ⟨*fam*⟩ (*to listen to, accept eage* ascoltare con ⸢grande interesse⸣ (*o* avidità), bere: *he –s everything you tell him* beve qualsiasi cosa gli ⸢racconti.

lap⁵ *s.* **1** il lappare. **2** (*splashing sound*) sciabordio *m* (*liquid food for dogs, etc.*) cibo *m* liquido (per ca ecc.).

lap⁶ **I** *s.* ⟨*tecn*⟩ mola *f* a smeriglio. **II** *v.t.* (*pret., p* **lapped** [–d]) (general. con *in*) lappare, smerigliare.

laparotomy [ˌlæpə'rɔtəmi] *s.* ⟨*Chir*⟩ laparotomia *f.*

lap| dissolve *s.* ⟨*Cin*⟩ dissolvenza *f* incrociata. **~dog** cane *m* da grembo.

lapel [lə'pel] *s.* ⟨*Sart*⟩ risvolto *m,* mostra *f.* □ *to grab by the –s* prendere qd. per il petto.

lapful ['læpful] *s.* quantità *f* di roba che può essere ten in grembo.

lapidary ['læpidəri] **I** *s.* **1** tagliatore *m* di gemme. **2** (*of cutting gems*) lapidaria *f.* **II** *a.* **1** lapidario. **2** (*of g cutting*) del taglio delle gemme. **3** ⟨*fig*⟩ lapidario, incis *a* ~ *style* uno stile lapidario. **lapidate** [–deit] *v.t.* ⟨*r* lapidare. **ˌlapidation** [–'deiʃən] *s.* lapidazione *f.*

lapidification [ləˌpidifi'keiʃən] *s.* ⟨*rar*⟩ pietrificazione **la'pidify** [–difai] ⟨*rar*⟩ **I** *v.t.* pietrificare. **II** pietrificarsi.

lapillus [lə'piləs] *s.* (*pl.* **-lli** [lai]) ⟨*Geol*⟩ lapillo *m.*

lapis lazuli ['læpis'læzjulai] *s.* **1** ⟨*Min*⟩ lapislaz(z)uli *m* (*colour*) azzurro *m* oltremare.

lap joint *s.* ⟨*Mecc*⟩ giunto *m* a sovrapposizione.

Lapland ['læplænd] *N.pr.* ⟨*Geog*⟩ Lapponia *f.* **Laplan** [–ə] *s.* lappone *m/f.*

Lapp [læp] **I** *s.* **1** lappone *m/f.* **2** (*language*) lappone **II** *a.* lappone.

lappet ['læpit] *s.* **1** falda *f,* lembo *m;* (*lapel*) risvolto *m* (*on women's hats*) nastro *m.* **2** ⟨*Ornit*⟩ (*wattle*) bargi *m.*

Lappish ['læpiʃ] **I** *s.* (*language*) lappone *m.* **II** lappone.

lapsable ['læpsəbl] *a.* ⟨*Dir*⟩ soggetto a decadenza.

lapse [læps] **I** *s.* **1** errore *m,* svista *f,* lapsus *m,* sbaglio (*oversight*) dimenticanza *f,* svista *f;* (*wrong step*) passo falso, sbaglio *m.* **2** (*temporary deviation*) trascuranza inosservanza *f:* ~ *of duty* trascuranza del proprio dov **3** (*passage, course*) il passare, decorso *m: the* ~ *of tim* passare del tempo; (*interval of time*) corso *m,* decorso periodo *m,* lasso *m* di tempo. **4** (*decline*) declino decadenza *f.* **5** (*yielding to temptation*) sbandamento deviazione *f: a moral* ~ uno sbandamento morale. ⟨*Dir*⟩ decadenza *f:* ~ *of a right* decadenza di un diri **II** *v.i.* **1** cadere (*into* in): *to* ~ *into sin* cadere in pecc **2** (*to sink*) immergersi (in), dedicarsi totalmen abbandonarsi (a). **3** (*of time: to pass*) trascorrere, passare (*to fall into disuse*) cadere in disuso. **5** ⟨*Dir*⟩ decad incorrere in decadenza. **6** ⟨*Assic*⟩ scadere, perd validità. □ *to* ~ *back into bad habits* ricadere nelle cattive abitudini; *to* ~ *into heresy* cadere in eresia; ~ *memory* lacuna *f* della memoria, lapsus memoriae *m;* ~ *the pen* errore (involontario) nello scrivere, lapsus cala *m;* ~ *of the tongue* errore (involontario) nel parl lapsus linguae *m.* **lapsed** [–t] *a.* **1** ⟨*Dir*⟩ decad caduto in prescrizione. **2** ⟨*Assic*⟩ scaduto. **3** ⟨*Teol*⟩ ⟨ *person*⟩ apostata. **4** (*no longer in use*) caduto in disus

lapse rate *s.* ⟨*Meteor*⟩ gradiente *m* termico atmosferic

lapstone ['læpstoun] *s.* (*for shoemakers*) sasso *m* battere.

laptop-computer *s.* ⟨*Inform*⟩ computer *m* portatile.

lap|weld *v.t.* ⟨*tecn*⟩ saldare a sovrapposizione. **~wing** ⟨*Ornit*⟩ pavoncella *f.*

larboard ['lɑ:bɔ:d] **I** *s.* ⟨*Mar*⟩ babordo *m,* sinistra ianca *f.* **II** *a.* di babordo, di sinistra, di manca.

rcener ['lɑ:sənə], **larcenist** [–nist] *s.* ⟨*Dir*⟩ colpevole *m* i furto. **larcenous** [–s] *a.* **1** che ha la natura del furto. : (*of a person*) colpevole di furto. **larceny** [–ni] *s.* ⟨*Dir*⟩ urto *m*, ruberia *f.*

rch [lɑ:tʃ] *s.* ⟨*Bot*⟩ larice *m.*

rd [lɑ:d] **I** *s.* ⟨*Gastr*⟩ lardo *m*, sugna *f*, strutto *m.* **II** *v.t.* ⟨*Gastr*⟩ (*to smear with lard*) lardare, ungere di lardo; *to prepare with lard*) lardellare, lardare. **2** (*fig*) infiorare, nfarcire, ⟨*scherz*⟩ lardellare: *a speech –ed with quotations* in discorso lardellato di citazioni.

rdaceous [lɑ:'deiʃəs], *a.* lardaceo (*anche Med.*).

rder ['lɑ:də] *s.* **1** dispensa *f.* **2** (*provisions*) provviste *il.*

rdon ['lɑ:dən], **lardoon** [–'du:n] *s.* ⟨*Gastr*⟩ lardello *m.*

rdy ['lɑ:di] *a.* **1** lardoso. **2** (*tending to become fat*) che ende a ingrassare; (*fat*) grasso, corpulento.

rdy-dardy ['lɑ:di'dɑ:di] *a.* ⟨*sl*⟩ affettato, lezioso.

res *lat.* ['lɛəri:z] *s.pl.* **1** ⟨*Stor.rom*⟩ lari *mpl.* **2** ⟨*fig*⟩ casa *,* lari *mpl.*

rge [lɑ:dʒ] **I** *a.* **1** grande, grosso: *a ~ building* un grande edificio. **2** (*roomy, spacious*) ampio, largo, grande, spazioso: *a ~ window* un'ampia finestra. **3** *comprehensive*) ampio, vasto, esteso: ~ *powers* ampi ooteri. **4** (*liberal, generous*) generoso, largo, liberale: *to have a ~ heart* avere un cuore generoso. **5** (*on a great scale*) grosso, in grande, su larga (*o* vasta) scala: *a ~ manufacturer of refrigerators* un grosso fabbricante di frigoriferi. **6** ⟨*Mar*⟩ (*of the wind*) favorevole, propizio. **II** *s.* ⟨*Mus*⟩ doppia lunga *f.* **III** *avv.* **1** pomposamente. **2** *Mar*) col vento in poppa. □ *at* ~: **1** in libertà, libero; **2** *at length*) ampiamente, diffusamente: *the matter was discussed at* ~ la questione venne discussa ampiamente; **3** *in general*) in generale, generico: *people at* ~ *are in avour* la gente in generale è favorevole; **4** (*at random*) a aso*,* a casaccio; **5** ⟨*am.Pol*⟩ che rappresenta un intero stato (*o* una città); **by** *and* ~ (*in general*) in senso lato; *a* ~ *family* una famiglia numerosa; *a man with* ~ **ideas** in uomo di ampie (*o* larghe) vedute; *to be* ~ *of limb* essere grande e grosso.

rge| calorie *s.* ⟨*Fis*⟩ grande caloria *f.* **'~-'hearted** *a.* dall'animo grande, generoso, magnanimo. **'~-'heart-edness** *s.* generosità *f*, magnanimità *f*, liberalità *f.* ~ **intestine** *s.* ⟨*Anat*⟩ intestino *m* crasso.

rgely ['lɑ:dʒli] *avv.* **1** in gran parte, in larga misura, largamente; (*chiefly*) principalmente, soprattutto. **2** *extensively*) largamente, ampiamente. **3** (*generously*) largamente, generosamente, con larghezza.

rge|-'minded *a.* di larghe (*o* ampie) vedute. **~-'mindedness** *s.* larghezza *f* (*o* ampiezza) di vedute, apertura *f* mentale.

rgen ['lɑ:dʒən] *v.t.* ⟨*ant*⟩ allargare.

rgeness ['lɑ:dʒnis] *s.* **1** grandezza *f*, grossezza *f.* **2** *comprehensiveness*) ampiezza *f*, vastità *f.* **3** (*generosity*) generosità *f*, larghezza *f.*

rge-scale *a.* **1** in grande, su grande (*o* vasta) scala: ~ *preparations* preparativi in grande. **2** (*of a map*) (disegnato) in grande scala.

rgess(e) ['lɑ:dʒis, –dʒes] *s.* ⟨*ant*⟩ **1** il concedere con generosa liberalità, ⟨*lett*⟩ largizione *f.* **2** (*s.th. given*) dono *m*, munificenza *f*; (*gratuity*) regalia *f.* **3** ⟨*rar*⟩ (*generosity*) generosità *f*, liberalità *f.*

rgish ['lɑ:dʒiʃ] *a.* piuttosto grande (*o* grosso).

rgo *it.* ['lɑ:gou] **I** *a./avv.* ⟨*Mus*⟩ largo. **II** *s.* (*pl.* -s [z]) largo *m.*

riat ['læriət] *s.* **1** laccio *m.* **2** (*to picket animals*) pastoia *f.*

rk[1] [lɑ:k] *s.* ⟨*Ornit*⟩ allodola *f.* □ *to rise with the* ~ alzarsi di buon'ora, levarsi al canto del gallo; *to sing like a* ~ cantare come un usignolo.

rk[2] **I** *s.* **1** (*frolic*) divertimento *m*, spasso *m.* **2** (*prank*) burla *f*, beffa *f*, scherzo *m.* **II** *v.i.* **1** (*to frolic;* spesso con *about*) divertirsi, spassarsela. **2** (*to play pranks*) scherzare, fare burle. □ *to do s.th. for a* ~ fare qc. per scherzo; (*esclam*) *what a* ~ che spasso, che divertimento.

rk| heel, **~spur** *s.* ⟨*Bot*⟩ delfinio *m.*

rky ['lɑ:ki] *a.* **1** allegro, gaio. **2** (*playful*) scherzoso,

burlone.

larrikin *austral.* ['lærikin] *s.* ⟨*sl*⟩ giovinastro *m*, teppista *m.*

larrup ['lærəp] *v.t.* ⟨*dial*⟩ **1** frustare. **2** (*to thrash*) battere, picchiare.

Larry ['læri] (*dim. di Lawrence*) *N.pr.* Renzo *m.*

larva ['lɑ:və] *s.* (*pl.* -**vae** [vi:]/-**s** [z]) ⟨*Zool*⟩ larva *f.* **larval** [–l] *a.* larvale. **larvate** [–veit], **larvated** [–veitid] *a.* ⟨*Med*⟩ (*of a disease*) larvato, nascosto.

laryngeal [lə'rindʒiəl] *a.* **1** ⟨*Anat*⟩ laringeo. **2** ⟨*Fon*⟩ laringale. **laryngitic** [,lærin'dʒitik] *a.* affetto da laringite. **laryngitis** [,lærin'dʒaitis] *s.* (*pl.* -**tides** [tidi:z]) ⟨*Med*⟩ laringite *f.*

laryngologist [,lærin'gɔlədʒist] *s.* ⟨*Med*⟩ laringologo *m*, laringoiatra *m.* **laryngology** [–dʒi] *s.* laringologia *f*, laringoiatria *f.*

laryngophone [lə'rinɡəfoun] *s.* ⟨*Acu*⟩ laringofono *m.*

laryngoscope [lə'rinɡəskoup] *s.* ⟨*Med*⟩ laringoscopio *m.* **laryngoscopy** [,lærin'gɔskəpi] *s.* laringoscopia *f.*

laryngotomy [,lærin'gɔtəmi] *s.* ⟨*Chir*⟩ laringotomia *f.*

larynx ['lærinks] *s.* (*pl.* **larynges** [lə'rindʒi:z]/-**ynxes** [–iz]) ⟨*Anat*⟩ laringe *f/m.*

lascivious [lə'siviəs] *a.* **1** (*of people*) lascivo, lussurioso, libidinoso. **2** (*expressive of lust*) osceno, impudico, indecente: *a ~ gesture* un gesto osceno. **lasciviousness** [–nis] *s.* **1** lascivia *f*, lussuria *f*, libidine *f.* **2** (*obscenity*) oscenità *f*, impudicizia *f.*

laser ['leizə] *s.* ⟨*Fis*⟩ laser *m.*

laser| photo *s.* laserfoto *f.* ~ **radiation** *s.* ⟨*Fis*⟩ raggi *mpl* laser. ~ **therapy** *s.* ⟨*Med*⟩ laserterapia *f.*

lash[1] [læʃ] **I** *v.t.* **1** frustare, sferzare, scudisciare, staffilare; (*to scourge*) sferzare. **2** (*to strike forcibly*) sferzare, flagellare, battere (*o* picchiare) violentemente su (*o* contro): *the waves –ed the rocks* le onde battevano violentemente contro gli scogli. **3** ⟨*fig*⟩ (*to attack verbally*) criticare aspramente (*o* acerbamente), sferzare, frustare. **4** (*to goad, provoke*) spronare, stimolare, incitare, sferzare. **5** (*to move violently to and fro*) sferzare l'aria con, agitare violentemente: *the lion –ed his tail* il leone sferzava l'aria con la coda. **II** *v.i.* **1** dare sferzate (*o* frustate), dare colpi di frusta; (*to strike*) colpire (*at s.o.* qd.). **2** (*to beat violently*) battere (*o* picchiare) violentemente (*at, against* su, contro), sferzare (qc.). □ ⟨*fig*⟩ *to ~ o.s.* **into** *a fury* montare su tutte le furie; *to ~* **out**: **1** colpire, percuotere, picchiare (*at s.o.* qd.); **2** ⟨*fig*⟩ criticare aspramente, sferzare, frustare, censurare (qd.); **3** (*of a horse: to kick*) scalciare (qd.), dare calci (a).

lash[2] *s.* **1** (*stroke of a whip*) frustata *f*, sferzata *f*, scudisciata *f*; (*whipping*) fustigazione *f*: *to be sentenced to the* ~ essere condannato alla fustigazione. **2** (*whip*) frusta *f*, sferza *f*, scudiscio *m*, staffile *m.* **3** (*whipcord*) sverzino *m.* **4** (*violent beating*) il battere violento: *the ~ of waves against the rocks* il battere violento delle onde contro gli scogli. **5** ⟨*fig*⟩ sferza *f*, censura *f*, sferzata *f*: *the ~ of criticism* la sferza della critica. **6** (*eyelash*) ciglio *m.* **7** ⟨*Mecc*⟩ gioco *m.*

lash[3] *v.t.* **1** legare, assicurare con una fune: *to ~ a sail to a spar* legare una vela a un pennone. **2** ⟨*Mar*⟩ rizzare.

lashed [læʃt] *a.* (nei composti) dalle ciglia ...: *long-~* dalle ciglia lunghe. **'lasher** [–ʃə] *s.* **1** chi frusta, chi sferza. **2** (*water rushing through a weir*) acqua *f* che irrompe attraverso una diga; (*weir*) diga *f*, chiusa *f*; (*pool*) pozza *f* che riceve l'acqua da una diga.

lashing[1] ['læʃin] *s.* **1** frustata *f*, sferzata *f.* **2** (*whipping*) fustigazione *f.* **3** ⟨*fig*⟩ strigliata *f.* **4** *pl.* ⟨*fam*⟩ (*large quantity*) quantità *f* enorme, mucchio *m*: *he has ~s of money* ha un mucchio di soldi.

lashing[2] *s.* **1** legatura *f.* **2** (*rope, etc.*) corda *f*, fune *f.* **3** ⟨*Mar*⟩ rizza *f.*

lass [læs] *s.* **1** ragazza *f.* **2** (*sweetheart*) innamorata *f*, amorosa *f.* **'lassie** [–i] (*dim. di lass*) *s.* ragazzina *f.*

lassitude ['læsitju:d] *s.* **1** stanchezza *f*, debolezza *f.* **2** (*listlessness*) languidezza *f*, fiacchezza *f.*

lasso ['læsou, læ'su:] **I** *s.* (*pl.* -**s**/-**es** [z]) laccio *m*, lasso *m.* **II** *v.t.* prendere con il laccio. **lassoer** [læ'su:ə] *s.* chi prende al laccio.

last[1] [lɑ:st] **I** *a.* (*sup. di late*) **1** ultimo: *the ~ letter of the* *alphabet* l'ultima lettera dell'alfabeto. **2** (*next before the present*) scorso, passato, ultimo: ~ *year* l'anno scorso. **3** (*only remaining*) ultimo: *it is his* ~ *hope* è la sua ultima speranza. **4** (*conclusive, final*) ultimo, conclusivo, finale, definitivo: *I have said my* ~ *word* ho detto la mia ultima parola. **5** (*least likely or desirable*) ultimo, il meno adatto (*o* aspettato): *it's the* ~ *thing I would do* è l'ultima cosa che farei. **6** (*lowest in importance, rank, etc.*) ultimo, il meno importante. **7** (*utmost*) ultimo, massimo, sommo, estremo: *in the* ~ *degree* al massimo grado. **8** (*single*) singolo: *every* ~ *person* ogni singolo individuo. **9** ⟨*Rel*⟩ (*of a sacrament*) estremo, ultimo. **II** *s.* **1** (*final person or thing*) ultimo *m* (*f* –a): *he was the* ~ *to speak* fu l'ultimo a parlare. **2** (*end*) fine *f,* termine *m,* conclusione *f.* **III** *avv.* (*sup. di late*) **1** (per) ultimo: *to arrive* ~ arrivare (per) ultimo. **2** (*on the most recent occasion*) ultimamente, l'ultima volta: *when did you* ~ *see him?* quando l'hai visto l'ultima volta? **3** (*finally*) infine, alla fine, in (*o* da) ultimo. ☐ ~ *of all* in ultimo luogo; *at* (*long*) ~ finalmente, infine, alla fine; *the night before* ~ l'altro ieri notte; *the time before* ~ la penultima volta; *to* **breathe** *one's* ~ esalare l'ultimo respiro, morire; ⟨*fam*⟩ *you haven't* **heard** *the* ~ *of this* ne sentirai ancora parlare; ~ *but not* **least** ultimo ma non ˹meno importante˺ (*o* da meno degli altri); *to* **look** *one's* ~ *on s.th.* dare l'ultimo sguardo a qc.; ⟨*Lit*⟩ *the* ~ **rites** i riti funebri; ⟨*fam*⟩ *I thought we would never* **see** *the* ~ *of her* pensavo che non ci saremmo mai liberati di lei; ⟨*fig*⟩ *the* ~ **straw** la goccia che fa traboccare il vaso, il colmo; *the* ~ **thing** l'ultima novità (*o* moda), l'ultimo ritrovato: *the* ~ **thing** *in televisions* l'ultima novità in fatto di televisori; **this** *day* ~ *week* otto giorni oggi; *to the* ~ **man** fino all'ultimo uomo; *to* (*o till*) *the* ~: **1** fino alla fine, fino in fondo, fino all'ultimo; **2** (*till death*) fino alla morte (*o* fine); ~ **word**: **1** ultima parola: *to have the* ~ *word* avere l'ultima parola; **2** (*most up-to-date thing*) ultimo grido: *the* ~ *word in fashion* l'ultimo grido in fatto di moda; **3** (*perfection*) *non plus ultra m,* perfezione *f.*

last² **I** *v.i.* **1** durare: *how long does the film* ~? quanto dura il film? **2** (*to continue, hold*) durare, perdurare: *the weather is lovely, let's hope it* ~ il tempo è bello, speriamo che duri; (*to continue in good condition*) durare, conservarsi, mantenersi: *it's made to* ~ è fatto per durare. **3** (*to continue to be available*) durare, bastare: *while stocks* ~ finché durano le scorte. **4** (*to resist*) resistere, durare: *the new clerk won't* ~ *long in this office* il nuovo impiegato non resisterà molto in quest'ufficio. **II** *v.t.* **1** durare: *these shoes will* ~ *me a lifetime* queste scarpe mi dureranno una vita. **2** (*of persons: to survive, endure; spesso con out*) sostenere, superare, sopportare.

last³ *s.* ⟨*Calz*⟩ forma *f* per calzature. ☐ ⟨*fig*⟩ *to stick to one's* ~: **1** fare il proprio mestiere; **2** (*to mind one's own business*) badare ai fatti propri.

last⁴ *s.* (*unit of weight or capacity*) lasta *f.*

Last| **Day** *s.* ⟨*Rel*⟩ giorno *m* del giudizio (universale). **~-ditch** *a.* **1** disperato, in extremis: *a* ~ *effort* uno sforzo disperato. **2** (*fought with desperation*) furioso, accanito: ~ *battle* battaglia furiosa.

lasting ['la:stiŋ] *a.* duraturo, durevole: *a* ~ *friendship* un'amicizia duratura. **lastingness** [–nis] *s.* l'essere durevole (*o* duraturo).

Last Judg(e)ment *s.* ⟨*Rel*⟩ giudizio *m* universale.

lastly ['la:stli] *avv.* **1** (*in the last place*) da ultimo, alla fine, infine. **2** (*in conclusion*) per concludere, in conclusione.

last|-minute *a.* dell'ultimo momento, in extremis: ~ *plans* piani in extremis. **~ Supper** *s.* ⟨*Rel,Art*⟩ ultima cena *f,* cenacolo *m.*

lat. = ⟨*Geog*⟩ *latitude* latitudine (*abbr.* lat.).
Lat. = *Latin* latino (*abbr.* lat.).

latch¹ [lætʃ] *s.* **1** chiavistello *m,* catenaccio *m,* saliscendi *m.* **2** (*spring lock*) serratura *f* con scatto a molla. ☐ *off the* ~ (*of a door*) socchiuso, accostato; *on the* ~ (*of a door*) chiuso col chiavistello.

latch² **I** *v.t.* mettere il chiavistello a, chiudere con il chiavistello. **II** *v.i.* (*of a door*) chiudersi facendo scattare la serratura.

latch key *s.* chiave *f* di serratura a scatto.

late [leit] **I** *a.* (*compar.* **'later** [–ə]/**latter** ['lætə], *sup.* **'late** [–əst]/**last** [la:st]) **1** (*pred*) tardi, in ritardo: *spring is* ~ primavera è in ritardo; *to be* ~ *for school* arrivare tardi scuola. **2** (*far on in a period of time*) tardo, avanza inoltrato: *a* ~ *hour* un'ora tarda; *in* ~ *summer* in est. inoltrata; *in the* ~ *sixteenth century* nel tardo cinquecen **3** (*most recent*) ultimo, (il più) recente: *the* ~ *cri* l'ultima crisi. **4** (*happening at an advanced stage*) tardivo *a* ~ *winter* un inverno tardivo. **5** (*recently decease* defunto, ⟨*fam*⟩ povero: *my* ~ *grandmother* la mia pove nonna. **6** (*former*) ex, già: *the* ~ *Prime Minister* l' primo ministro. **II** *avv.* **1** tardi, in ritardo: *to arrive* arrivare tardi. **2** (*until an advanced hour*) fino a tar fino a tarda ora: *to work* ~ lavorare fino a tardi; (*far in a period of time*) tardi: *to marry* ~ *in life* sposarsi tardi. (*lately*) ultimamente, recentemente, di recente. ☐ *ea* *and* ~ a ogni ora del giorno; *to keep* ~ **hours** fare le o piccole; ⟨*fam*⟩ ~ **in** *the day* tardi; ~ *in life* in e avanzata, avanti negli anni; *to be* ~ *in one's payme* essere in ritardo coi pagamenti; ~ *in the season* a stagio inoltrata; *to make s.o.* ~ far ritardare qd.; ⟨*Giorn*⟩ *the* *night* **news** le ultimissime della notte; **of** ~ di recente; ~ *years* in questi ultimi anni; ~*r on* più tardi, dopo; *a* **party** una festa che comincia (*o* finisce) tardi; *see you* a più tardi!; *a* ~ **sleeper** un dormiglione; **sooner** *or* presto o tardi, prima o poi; *to* **stay** *up* ~ rimanere alza fino a tardi, far tardi; *it is* **too** ~ *now* è troppo tar ormai; *I was too* ~ non sono arrivato in tempo. *Pro* **better** ~ *than never* meglio tardi che mai. ‖ *sorry I am* scusate il ritardo; *three years* ~*r* tre anni dopo.

late-comer *s.* ritardatario *m* (*f* –a).
lateen [lə'ti:n] *a.* ⟨*Mar*⟩ latino.
lateen|-rigged *a.* ⟨*Mar*⟩ a vela latina. ~ **sail** *s.* vela latina.
lately ['leitli] *avv.* ultimamente, recentemente, di recente
latency ['leitənsi] *s.* latenza *f* (*anche Med.*).
lateness ['leitnis] *s.* **1** l'essere in ritardo. **2** (*delay*) ritar *m.* ☐ *the* ~ *of the hour* l'ora avanzata (*o* tarda).
latent ['leitənt] *a.* **1** nascosto, latente, celato: ~ *intentio* intenzioni nascoste; (*potential*) potenziale. **2** ⟨*Med,Psi* latente.
latent| content *s.* ⟨*Psic*⟩ contenuto *m* latente. ~ **heat** ⟨*Fis*⟩ calore *m* latente. ~ **period** *s.* ⟨*Fisiol*⟩ tempo *m* latenza.
lateral ['lætərəl] **I** *a.* **1** laterale, di lato, di fianco. **2** ⟨*Anat,Fon,Bot*⟩ laterale. **II** *s.* **1** ⟨*Bot*⟩ (*branch*) ramo laterale; (*shoot*) germoglio *m* laterale. **2** ⟨*Fon*⟩ consonan *f* laterale. **3** (*lateral pass*) passaggio *m* laterale.
lateral| crater *s.* ⟨*Geol*⟩ cratere *m* avventizio. ~ **fin** ⟨*Itt*⟩ pinna *f* pari. ~ **line** *s.* ⟨*Zool,Itt*⟩ linea *f* laterale.
Lateran ['lætərən] *N.pr.* Laterano *m.*
Lateran| Council *s.* ⟨*Rel*⟩ concilio *m* lateranense. **~ Pact.** *o* **~ Treaty** *s.* patti *mpl* lateranensi.
laterite ['lætərait] *s.* ⟨*Geol*⟩ laterite *f.*
latest ['leitəst] **I** *a.* (*sup. di late*) ultimo, il più recent recentissimo: *his* ~ *novel* il suo ultimo romanzo. **II** ⟨*fam*⟩ **1** ⟨*Giorn*⟩ (*latest news*) ultime notizie *fp* ultimissime *fpl.* **2** (*latest fashion*) ultima moda *f,* ultim grido *m.* **3** (*latest joke*) ultima barzelletta *f* (*o* storiella ⟨*fam*⟩ ultima *f: have you heard the* ~? sapete l'ultima? ☐ *at the* ~ al più tardi; ~ **intelligence** informazioni *fpl* notizie dell'ultima ora.
latex ['leiteks] *s.* (*pl.* **latices** ['lætisi:z]/**-texes** [–iz ⟨*Bot,Ind*⟩ lat(t)ice *m.*
lath [la:θ] **I** *s.* **1** ⟨*Edil*⟩ assicella *f.* **2** ⟨*Edil,collet,* canniccio *m.* **3** ⟨*Edil*⟩ (*wire net*) rete *f* metallica; (*expande metal*) lamiera *f* stirata. **4** (*strip of wood*) assicella listello *m.* **5** (*of a Venetian blind*) stecca *f.* **II** *v.t.* ⟨*Edi* incannicciare.
lathe [leið] **I** *s.* ⟨*Mecc*⟩ tornio *m.* **II** *v.t.* tornire.
lathe| bed *s.* ⟨*Mecc*⟩ bancale *m* (*o* banco) del tornio. ~ **centre** *s.* ⟨*Mecc*⟩ punta *f* di tornio. **~man** [mæn] *s.ir* ⟨*Mecc*⟩ tornitore *m.*
lather ['læðə, la:–] **I** *s.* **1** schiuma *f* di sapone. **2** (*of* *horse*) schiuma *f.* **3** ⟨*fam*⟩ (*agitation*) eccitazione agitazione *f.* **II** *v.t.* **1** insaponare, coprire di schiuma: ~ *one's face* insaponarsi la faccia. **2** ⟨*fam*⟩ (*to thrash*)

°attere, picchiare, bastonare. **III** *v.i.* **1** (*of soap*) fare chiuma, schiumare. **2** (*of a horse*) schiumare. **lathery** **-ri**] *a.* **1** schiumoso, che fa schiuma. **2** (*covered with* *°ather*) coperto di schiuma.

°thing ['lɑ:θiŋ] *s.* ⟨*Edil*⟩ **1** (*act*) incannicciatura *f.* **2** *quantity of laths*) canniccio *m.* **3** (*material*) incannicciata

°thy ['lɑ:θi] *a.* magro come ⌐un chiodo⌐ (*o* uno stecco).

°ifundium [,læti'fʌndiəm] *s.* (*pl.* **-dia** [diə]) **1** ⟨*Stor.rom*⟩ °atifondo *m.* **2** (*estate*) grande proprietà terriera.

°tin ['lætin] **I** *s.* **1** (*language*) latino *m.* **2** (*native*) latino *ı* (*f* **-a**). **3** (*Latin American*) abitante *m/f* dell'America °atina. **4** ⟨*Rel*⟩ cattolico *m* romano. **II** *a.* **1** latino. **2** (*of* *.atin America*) neolatino, latino.

°tin| A'merica *s.* ⟨*Geog*⟩ America *f* latina. '**~** **A'merican I** *a.* dell'America latina. **II** *s.* abitante *m/f* °ell'America latina. **~ Church** *s.* Chiesa *f* cattolica °mana.

°tinism ['lætinizəm] *s.* ⟨*Ling*⟩ latinismo *m.* **Latinist** **-nist**] *s.* latinista *m/f.*

°tinity [lə'tiniti] *s.* **1** latinità *f.* **2** (*knowledge of Latin*) °noscenza *f* del latino.

°tinization [,lætinai'zeiʃən] *s.* latinizzazione *f.* '**Latinize** **-naiz**] **I** *v.t.* **1** latinizzare. **2** ⟨*Rel*⟩ conformare alla °hiesa cattolica romana. **II** *v.i.* latineggiare.

°tin| lover *s.* amante *m* latino, latin lover *m.* **~** **Quarter** *s.* (*in Paris*) quartiere *m* latino. **~ races** *s.pl.* °azze *fpl* latine.

°ish ['leitiʃ] **I** *a.* piuttosto tardi (*o* in ritardo). **II** *avv.* sul °ardi, piuttosto tardi (*o* in ritardo).

°itude ['lætitju:d] *s.* **1** ⟨*Geog,Astr*⟩ latitudine *f.* **2** *pl.* °region) regione *f,* paese *m,* latitudini *fpl.* **3** (*freedom of* °ction) libertà *f* (d'azione). **,lati'tudinal** [-inəl] *a.* ⟨*Geog*⟩ °titudinale, latitudinario.

°itudinarian [,læti,tju:di'neəriən] **I** *a.* **1** liberale, °llerante. **2** ⟨*Rel*⟩ latitudinario. **II** *s.* ⟨*Rel*⟩ latitudinario *ı* (*f* **-a**). **latitudinarianism** [-izəm] *s.* ⟨*Rel*⟩ lati °dinarismo *m.*

°tium ['leiʃjəm] *N.pr.* ⟨*Geog*⟩ Lazio *m.*

°rine [lə'tri:n] *s.* latrina *f.*

°ten ['lætn] *s.* ⟨*Met*⟩ lamierino *m* d'ottone.

°ter ['lætə] **I** *a.* (*compar. di late*) secondo (di due), °uest'ultimo: *the ~ half of the week* la seconda metà °ella settimana. **II** *pron.* il secondo, l'ultimo (di due): *°agedy and melodrama I prefer the ~* tra tragedia e °elodramma preferisco il secondo. □ ⟨*Rel*⟩ **~** *Day* il °orno del giudizio; *in these ~ days* in questi ultimi °orni; ⟨*Rel*⟩ **~** *Day Saints* mormoni *mpl;* **~** *end* morte *f,* °ne *f; the former ... the ~* (*used only in reference to* °rsons*) l'uno ... l'altro, quello ... questo, il primo ... il °condo (*o* l'ultimo), quegli ... questi.

°terday ['lætə'dei] *a.* recente, moderno.

°terly ['lætəli] *avv.* ultimamente, recentemente.

°termost ['lætəmoust] *a.* estremo, ultimo.

°tice ['lætis] **I** *s.* **1** traliccio *m,* graticcio *m; (grating*) °ata *f.* **2** (*window having a lattice*) finestra *f* con grata (*o* °ferriata); (*gate*) cancello *m.* **3** ⟨*Ott,Min*⟩ (*space lattice*) °ticolo *m.* **II** *v.t.* **1** (*of a window, etc.*) munire di grata. **2** °*o make into a lattice*) ingraticciare. **latticed** [-t] *a.* °ovvisto di grata (*o* traliccio).

°tice| frame, ~ girder *s.* ⟨*tecn*⟩ travatura *f* a traliccio. **°work** *s.* **1** ingraticciatura *f,* ingraticciata *f.* **2** ⟨*Edil*⟩ °nmandorlato *m.*

°ticing ['lætisiŋ] *s.* → **latticework**.

°tvia ['lætviə] *N.pr.* ⟨*Geog*⟩ Lettonia *f.* **Latvian** [-n] **I** *a.* lettone. **II** *s.* **1** lettone *m/f.* **2** (*language*) lettone *m.*

°d [lɔ:d] **I** *s.* **1** lode *f.* **2** *pl.* ⟨*Rel*⟩ (costr. sing. *o* pl.) °udi *fpl.* **II** *v.t.* lodare, celebrare. **,laudabil'ity** [-ə'biliti] °l'essere lodabile. '**laudable** [-əbl] *a.* lodabile, lodevole, °comiabile.

°danum ['lɔdnəm] *s.* ⟨*Farm*⟩ laudano *m.*

°dation [lɔ:'deiʃən] *s.* lode *f,* elogio *m,* encomio *m.* **°udative** [-dətiv], '**laudatory** [-dətəri] *a.* laudativo, °dativo, elogiativo.

°gh¹ [lɑ:f] **I** *v.i.* **1** ridere, fare (*o* farsi) una risata: *to ~* °*artily* ridere di cuore. **2** ⟨*fig*⟩ essere ridente, ridere. **II** °*.* esprimere (*o* dire) ridendo. □ *to ~ at:* **1** ridere per (*o*

di): *to ~ at a joke* ridere per una barzelletta; **2** (*in* *derision*) ridere di, burlarsi di, farsi beffe di; **3** (*to* *disregard*) non preoccuparsi di, ridersela di, infischiarsi di; **4** (*to ignore, defy*) non temere, ridersi di: *to ~ at danger* non temere il pericolo; *to ~ s.o.'s fears* **away** fugare i timori di qd. ridendoci su; *to ~ till one* **cries** ridere fino alle lacrime; *to ~ a speaker* **down** costringere un oratore al silenzio con le risate; *to ~ o.s.* **hoarse** diventare rauco a furia di ridere; *to ~* **off** *one's embarrassment* superare l'imbarazzo con una risata; *he –ed the matter* **off** volse la cosa in scherzo; ⟨*fam*⟩ *to ~* **on** *the other* (*o* *wrong*) *side of* *one's face* (*o* *mouth*) piangere; *to ~ to* **o.s.** fare una risatina fra sé; *to ~* **up** *one's sleeve* ridere fra sé e sé, ridere sotto ⌐i baffi⌐ (*o* sotto). *Prov.: he –s best who –s last* ride bene chi ride (l') ultimo.

laugh² *s.* **1** risata *f,* riso *m,* ridere *m: to break* (*o* burst) *into a ~* scoppiare in una risata. **2** (*cause for merriment*) divertimento *m,* spasso *m: the play was one big ~* la commedia fu un vero spasso. □ *we only did it* **for** *–s* l'abbiamo fatto soltanto per scherzo; *to* **force** *a ~* ridere a fior di labbra; *forced ~* riso forzato; *to give a* **loud** *~* scoppiare in una sonora risata; *to give s.o. the ~* deridere qd., prendere in giro qd.; *to have* (*o* get) *the ~* **on** (*o* *of*) *s.o.* ridere alle spalle di qd.; *to have a good ~* **over** *s.th.* farsi una bella risata su qc.; *to* **raise** *a ~* destare l'ilarità, suscitare il riso.

laughable ['lɑ:fəbl] *a.* **1** comico, ridicolo, risibile. **2** (*absurd*) ridicolo, sciocco: *the idea is ~* l'idea è ridicola. **laugher** [-fə] *s.* chi ride. **laughing** [-fiŋ] *a.* **1** ridente, allegro. **2** (*causing laughter*) che fa ridere, ridicolo, comico. □ *it is no ~ matter* c'è poco da ridere.

laughing| gas *s.* ⟨*Chim*⟩ gas *m* esilarante. **~ hyena** *s.* ⟨*Zool*⟩ jena *f* macchiata. **~ jackass** *s.* ⟨*Zool*⟩ kookaburra *m,* orologio *m* dei coloni. **~ stock** *s.* zimbello *m,* scherno *m: to be a general ~* essere lo zimbello di tutti. □ *to make a ~ of o.s.* far ridere i polli, rendersi ridicolo.

laugh:er ['lɑ:ftə] *s.* riso *m,* risata *f,* ridere *m; (sound*) ilarità *f,* riso *m.* □ *to burst into ~* scoppiare in una risata⌐ (*o* ⌐a ridere); *a fit of ~* un convulso di risa; *to roar* *with ~* ridere sgangheratamente (*o* come un matto); *to* *split one's sides with ~* sbellicarsi (*o* sganasciarsi) dalle risa, ridere a crepapelle.

Launcelot ['lɑ:nslət] *N.pr.* ⟨*Lett*⟩ Lancillotto *m.*

launch¹ [lɔ:ntʃ] *s.* **1** ⟨*Mar*⟩ lancia *f,* scialuppa *f.* **2** ⟨*Mar.mil*⟩ (moto)lancia *f.*

launch² **I** *v.t.* **1** ⟨*Mar*⟩ varare, mettere in acqua: *to ~ a* *ship* varare una nave. **2** ⟨*Mil,Astron*⟩ lanciare: *to ~ a* *rocket* lanciare un razzo; (*to catapult*) lanciare, catapultare. **3** (*to throw, hurl*) scagliare, lanciare, saettare: *to ~ a spear* scagliare una lancia; (*of a blow*) sferrare, vibrare. **4** (*of* *abuse, criticism, etc.*) lanciare, scagliare: *to ~ a threat* lanciare una minaccia. **5** ⟨*fig*⟩ lanciare: *to ~ an author* lanciare un autore; (*to introduce*) introdurre, lanciare; (*to* *set in motion*) varare. **6** ⟨*Mil*⟩ sferrare: *to ~ an attack* sferrare un attacco; (*of troops*) far entrare in combattimento. **II** *v.i.* lanciarši, gettarsi con impeto, impegnarsi (*into* in). □ *to ~* **forth** *on an enterprise* buttarsi a capofitto in un'impresa; *to ~* **out:** **1** intraprendere (*o* imbarcarsi in) una grossa attività; **2** (*to* *speak out critically*) criticare aspramente; *to ~* **out** *into* mettersi a, intraprendere, imbarcarsi in.

launch³ *s.* **1** ⟨*Mar*⟩ varo *m.* **2** ⟨*Mil,Astron*⟩ lancio *m.*

launching ['lɔ:ntʃiŋ] *s.* **1** ⟨*Mar*⟩ varo *m.* **2** ⟨*Aer,Astron,fig*⟩ lancio *m.*

launching| cradle *s.* ⟨*Mar*⟩ invasatura *f* di varo. **~ pad** *s.* ⟨*Aer,Astron*⟩ rampa *f* (*o* piattaforma) di lancio.

launder ['lɔ:ndə] **I** *v.t.* **1** lavare. **2** (*to wash and iron*) lavare e stirare. **II** *v.i.* **1** lavare, fare il bucato. **2** (*to* *undergo washing and ironing*) lavarsi e stirarsi: *this fabric* *–s well* questa stoffa si lava e si stira bene. **launderer** [-rə] *s.* lavandaio *m* (*f* **-a**).

launderette [,lɔ:ndə'ret] *s.* lavanderia *f* automatica (*o* a gettone).

laundress ['lɔ:ndris] *s.* lavandaia *f.*

laundromat *am.* ['lɔ:ndrəmæt] *s.* → **launderette**.

laundry ['lɔ:ndri] *s.* **1** lavanderia *f.* **2** (*clothes*) bucato *m.*

laundry|man [mən] *s.irr.* lavandaio *m.* **~woman** *s.irr.* → **laundress.**

Laura ['lɔːrə] *N.pr.* Laura *f.*

laureate ['lɔːriit, –rieit] **I** *a.* **1** laureato, (in)coronato d'alloro. **2** ⟨*fig*⟩ laureato: *poet* ~ poeta laureato. **II** *s.* poeta *m* laureato. **laureateship** [–ʃip] *s.* l'essere poeta laureato.

laurel ['lɔrəl] **I** *s.* **1** ⟨*Bot*⟩ lauro *m*, alloro *m.* **2** *pl.* ⟨*fig*⟩ alloro *m*, gloria *f*, fama *f: to win one's* ~*s* conquistare l'alloro. **II** *v.t.* (*pret., p.p.* **laurelled/am. laureled** [–d]) coronare d'alloro (*anche fig.*). □ *to look to one's* ~*s* cercare di mantenere i successi ottenuti; ⟨*fig*⟩ *to rest on one's* ~*s* riposare (*o* dormire) sugli allori. **laurelled** [–d] *a.* coronato d'alloro.

Laurence ['lɔrəns] *N.pr.* → **Lawrence.**

Laurentian [lɔ'renʃiən] *a.* **1** ⟨*Geog*⟩ laurenziano, del fiume san Lorenzo. **2** ⟨*Geol*⟩ laurenziano.

laurustine ['lɔrəstain], **,laurus'tinus** [–əs] *s.* ⟨*Bot*⟩ laurotino *m*, lentaggine *f.*

Lausanne [lou'zæn] *N.pr.* ⟨*Geog*⟩ Losanna *f.*

lav [læv] (*accorc. di lavatory*) *s.* latrina *f*, gabinetto *m.*

lava ['lɑːvə] *s.* ⟨*Geol*⟩ lava *f: stream of* ~ colata di lava.

lavabo [lə'veibou] *s.* (*pl.* **-es** [z]) ⟨*Lit*⟩ lavabo *m.*

lava flow *s.* ⟨*Geol*⟩ colata *f* lavica.

lavatory ['lævətəri] *s.* **1** lavabo *m.* **2** (*water closet*) gabinetto *m*, latrina *f*, ritirata *f*, ⟨*volg*⟩ cesso *m.*

lave [leiv] *v.t.* **1** ⟨*poet*⟩ lavare. **2** (*of a river, the sea*) bagnare.

lavender ['lævəndə] *s.* **1** ⟨*Bot*⟩ lavanda *f.* **2** → **lavender water. 3** (*colour*) color *m* lavanda. □ ⟨*fig*⟩ *to lay up in* ~ : 1 mettere da parte per il futuro; 2 (*to preserve carefully*) conservare gelosamente.

lavender water *s.* ⟨*Cosmet*⟩ acqua *f* di lavanda, lavanda *f.*

laver[1] ['leivə] *s.* **1** ⟨*Bibl*⟩ fonte *m.* **2** ⟨*poet*⟩ (*basin*) bacinella *f*, catino *m.*

laver[2] *s.* **1** ⟨*Bot*⟩ porfira *f.* **2** (*sea lettuce*) ulva *f.*

lavish ['læviʃ] **I** *a.* **1** prodigo, generoso, largo, liberale (*of, with* di): *to be* ~ *of one's praise* essere prodigo di lodi. **2** (*generous*) generoso; (*sumptuous*) fastoso, sontuoso. **II** *v.t.* colmare di, prodigare, profondere: *to* ~ *favours on s.o.* colmare qd. di favori. **lavishment** [–mənt] *s.* il profondere, il prodigare. **lavishness** [–nis] *s.* **1** prodigalità *f*, liberalità *f.* **2** (*abundance*) profusione *f*, abbondanza *f.*

law [lɔː] *s.* **1** legge *f: to break the* ~ infrangere la legge; *to keep the* ~ osservare la legge; (*rule*) legge *f*, norma *f: to promulgate a* ~ promulgare una legge. **2** (*branch of knowledge*) giurisprudenza *f*, legge *f*, diritto *m*, scienza *f* giuridica: *to study* ~ studiare giurisprudenza. **3** (*body of laws relating to a subject*) diritto *m: criminal* ~ diritto penale. **4** (*law enforcement agency*) autorità *f* giudiziaria, legge *f;* (*agent*) poliziotto *m.* **5** ⟨*Parl*⟩ legge *f: to pass a* ~ approvare una legge; *to repeal a* ~ abrogare una legge. **6** (*legal profession*) professione *f* legale, avvocatura *f: to practise* ~ esercitare la professione legale. **7** (*legal action*) azione *f* legale. **8** (*generalized formulation*) legge *f*, principio *m: the* ~ *of gravity* la legge di gravità. **9** (*rule*) legge *f*, regola *f: the* ~*s of grammar* le leggi della grammatica. **10** ⟨*fig*⟩ legge *f*, ordine *m: his word is* ~ la sua parola è legge. **11** ⟨*Sport*⟩ vantaggio *m.* □ ⟨*fig*⟩ *the long arm of the* ~ il braccio della legge; *action* at ~ azione *f* legale; *by* ~ a norma di legge; *to establish by* ~ stabilire per legge; ~ *of* **conflicts** diritto internazionale privato; ~ *of* **contract** diritto *m* delle obbligazioni; *to give three* **day's** ~ concedere una proroga di tre giorni; *as enacted by* ~ come prescritto dalla legge; *a measure with the* **force** *of* ~ un provvedimento avente forza di legge; *in force* legge *f* vigente; ⟨*fam*⟩ *to* **go** *to* ~ ricorrere alle vie legali; ~ *of* **inheritance** diritto ereditario; ~ *of the* **jungle** legge *f* della giungla; ⟨*fig*⟩ *to* **lay** *down the* ~ dettar legge; *to* **maintain** ~ *and order* fare osservare la legge e mantenere l'ordine; ⟨*lett*⟩ **man** *of* ~ uomo *m* di legge; ~ *of* **nations** diritto *m* internazionale; ~ *of* **nature** diritto *m* naturale; ⟨*Statist*⟩ ~ *of large* **numbers** legge *f* dei grandi numeri; *to* **resort** *to* ~ adire le vie legali; ~ *of* **retaliation** legge *f* del taglione; ~ *of the* **sea** diritto *m* del mare; *to*

keep on the right **side** *of the* ~ = *to keep* **within** *the l ~ of outer* **space** diritto *m* spaziale; ~ *of* **successi** diritto *m* di successione; ⟨*Econ*⟩ ~ *of* **supply** *and deme* legge *f* della domanda e dell'offerta; *to take the* ~ *i one's own hands* farsi giustizia da sé; *to keep* **within** *the* rimanere nella legge.

law|-abiding *a.* osservante (*o* rispettoso) della leg **~-abidingness** *s.* rispetto *m* (*o* osservanza *f*) della leg **~breaker** *s.* violatore *m* (*f* –trice) della legge. ~ **court** tribunale *m* (di prima istanza). ~ **day** *s.* ⟨*Dir*⟩ giorno di udienza. ~ **department** *s.* ufficio *m* legale.

lawful ['lɔːfəl] *a.* **1** legale, legittimo. **2** (*valid*) legittin (legalmente) valido: *a* ~ *marriage* un matrimon legittimo. **3** (*rightful*) legittimo: ~ *successor* successo legittimo. **4** (*law–abiding*) rispettoso (*o* osservante) de legge. □ ~ **age** maggiore età *f.* **lawfully** [–i] *a* legittimamente, di diritto. **lawfulness** [–nis] *s.* legalità liceità *f.*

law|giver *s.* legislatore *m.* **~giving I** *s.* legislazione *f.* *a.* legislativo.

lawks(-a-mercy) ['lɔːks(ə'mə:si)] *intz.* ⟨*fam*⟩ accider accipicchia.

law Latin *s.* latino *m* giuridico.

lawless ['lɔːlis] *a.* **1** senza leggi, in preda all'anarchia: *a country* un paese senza leggi. **2** (*not restrained by la* senza legge. **3** ⟨*fig*⟩ sfrenato, sregolato: ~ *passic* passioni sfrenate. **4** (*contrary to law*) illegale, illeci contrario alla legge. **lawlessness** [–nis] *s.* **1** illegalità illiceità *f.* **2** ⟨*fig*⟩ sfrenatezza *f*, sregolatezza *f.*

law| list *s.* ⟨*GB*⟩ albo *m* degli avvocati. ~ **Lord** *s.* ⟨*G* lord *m* (*o* pari) che presiede al lavoro legislativo. **~mak** *s.* → **lawgiver.** ~ **merchant** *s.* (*pl.* laws merchar diritto *m* commerciale.

lawn[1] [lɔːn] *s.* ⟨*Giard*⟩ prato *m* inglese (*o* a tappeto).

lawn[2] *s.* **1** ⟨*Tess*⟩ linon(e) *m*, batista *f.* **2** ⟨*fig*⟩ (*office o bishop*) episcopato *m.*

lawn| mower *s.* ⟨*Giard*⟩ falciatrice *f* da giardino. ~ **sprinkler** *s.* irroratore *m* da giardino. ~ **tennis** ⟨*Sport*⟩ tennis *m* su un prato.

lawny[1] ['lɔːni] *a.* simile a un prato.

lawny[2] *a.* ⟨*Tess*⟩ di (*o* simile al) linon(e).

Law Officer *s.* **1** magistrato *m.* **2** ⟨*GB*⟩ consulente legale della Corona.

Lawrence ['lɔrəns] *N.pr.* Lorenzo *m.*

lawsuit ['lɔːsjuːt] *s.* ⟨*Dir*⟩ **1** (*action*) causa *f: to bring* ~ *against s.o.* muovere (*o* fare) causa contro qd. (*proceedings*) processo *m.*

lawyer ['lɔːjə] *s.* ⟨*Dir*⟩ avvocato *m*, legale *m*, patrocinato *m* legale.

lax [læks] *a.* **1** rilassato, infiacchito, molle: ~ *mor* costumi rilassati. **2** (*careless, negligent*) trascura negligente (*in* in): ~ *in one's duties* trascurato r (compiere il) proprio dovere. **3** (*loose, slack*) lento, lasc molle, allentato: *a* ~ *cord* una corda lenta. **4** ⟨*Fisiol*⟩ (*the bowels*) sciolto. **5** ⟨*Fon*⟩ rilassato.

laxative ['læksətiv] **I** *a.* ⟨*Farm*⟩ lassativo, aperiente. **II** lassativo *m.*

laxist ['læksist] **I** *a.* lassista. **II** *s.* lassista *m/f.* **laxi** [–siti], **laxness** [–snis] *s.* **1** rilassamento *m*, rilassatezz *f.* **2** (*carelessness*) trascuratezza *f*, negligenza *f.*

lay[1] [lei] *v.* (*pret., p.p.* **laid** [leid]) **I** *v.t.* **1** porre, depor appoggiare, posare: *he laid his glasses on the table* posò occhiali sul tavolo. **2** (*to place so as to lie flat*) stender distendere: *to* ~ *a blanket on the grass* stendere u coperta sull'erba; (*to place carefully*) adagiare, posare deporre con cura: *she laid the baby on the bed* adagiò bambino sul letto; (*to lay to rest*) mettere a dormire. **3** (*cause to fall, beat down*) abbattere, buttare (*o* gettare) gi atterrare: *crops laid by rain* messi abbattute dalla piogg **4** (*to cause to be still*) calmare, placare: *to* ~ *the win* calmare i venti; (*to calm, abate*) placare, calmar moderare, mitigare: *to* ~ *s.o.'s fears* placare i timori qd.; (*to cause to disappear*) dissipare, dissolver disperdere: *to* ~ *s.o.'s doubts* dissipare i dubbi di qd.; (*a ghost*) placare. **5** (*of birds*) deporre, fare: *the hen laid egg* la gallina ha fatto un uovo. **6** (*to bet*) scommetter puntare, mettere: *to* ~ *ten pounds on a horse* scommette dieci sterline su un cavallo; (*to bet on*) scommettere su, puntare su. **7** (*to present, bring forward*) muovere, avanzare, presentare, esporre: *to ~ an accusation against s.o.* muovere un'accusa contro qd. **8** (*to ascribe, impute*) riversare, imputare, attribuire: *to ~ the blame on s.o.* riversare la colpa addosso a qd.; (*to place*) porre, riporre: *to ~ one's hopes on s.o.* porre le proprie speranze in qd. **9** (*to locate*) ambientare: *the story is laid in Paris* il racconto è ambientato a Parigi. **10** (*to place along a surface*) posare, gettare: *to ~ a submarine cable* posare un cavo sottomarino. **11** (*to impose*) imporre: *to ~ a tax on s.th.* imporre una tassa su qc. **12** (*of plans, plots, etc.*) preparare, predisporre. **13** (*of a table*) apparecchiare, preparare. **14** (*to make smooth*) lisciare, stendere, spianare. **15** (*to spread*) stendere, applicare, spalmare: *to ~ paint* stendere la vernice; (*to cover*) rivestire, (ri)coprire. **16** (*of a rope*) commettere. **17** ⟨*Mur*⟩ (*of bricks*) mettere l'uno sull'altro. **18** ⟨*Mil*⟩ (*of a mine*) posare. **19** ⟨*Mil,Aer*⟩ (*a bomb*) sganciare; (*of a smokescreen*) stendere. **20** ⟨*Artigl*⟩ puntare. **II** *v.i.* **1** deporre (*o* fare) le uova. **2** (*to bet*) scommettere. **3** (*to apply o.s. vigorously*) dedicarsi con tutte le proprie energie (*to* a). **4** ⟨*Mar*⟩ (*to come, go*) andare, dirigersi. □ ⟨*Mar*⟩ *to ~* **aboard** abbordare; *to ~* **about** accingersi a; *to ~ about one* menare botte da orbi; *to ~* **aside**: 1 mettere da parte; 2 (*to abandon, discard*) abbandonare, smettere, accantonare; 3 (*to save, store*) riporre, mettere da parte, conservare; *to ~* **away**: 1 riporre, mettere da parte, conservare; 2 ⟨*Comm*⟩ porre in giacenza; 3 (*to bury*) seppellire; *to ~* **back** *one's ears* (*of a horse*) abbassare le orecchie; (*lett*) *to ~* **bare** aprire, rivelare, mettere a nudo: *to ~ bare one's heart* aprire il proprio cuore; *to ~* **by**: 1 mettere da parte, riporre, conservare: *to ~ by money for one's old age* mettere da parte denaro per la vecchiaia; 2 (*to discard*) abbandonare, smettere; 3 ⟨*Mar*⟩ mettere alla cappa; *to ~* **claim** *to s.th.* avanzare pretese su qc.; ⟨*Mar*⟩ *to ~* **close** stringere il vento; *to ~ a* (*o one's*) **course**: 1 ⟨*Mar*⟩ seguire una rotta; 2 ⟨*fig*⟩ seguire una linea di condotta; *to ~* **down**: 1 posare, mettere giù, deporre; 2 (*to place so as to be flat*) distendere, coricare, sdraiare; 3 (*to surrender, relinquish*) deporre, abbandonare, lasciare: *to ~ down one's arms* deporre le armi; *to ~ down office* lasciare un incarico; *(to sacrifice*) sacrificare, rinunciare a: *to ~ down one's life for s.o.* sacrificare la vita per qd.; 5 (*to store in a cellar*) mettere in cantina; 6 (*to assert, command*) dettare, imporre, prescrivere: *to ~ down the law* dettar legge; *to ~ down conditions to s.o.* imporre delle condizioni a qd.; 7 ⟨*Agr*⟩ (*of a field*) coltivare a, mettere a: *to ~ land down in* (*o to, with, under*) *grass* mettere un terreno a foraggio; (*of a crop*) piantare, seminare; 8 ⟨*Mar*⟩ impostare; *to ~ down a bet* fare una scommessa; *to ~ the* **fire** preparare il fuoco; ⟨*fam*⟩ *to ~* **for** tendere ⌐un agguato⌐ (*o* un'imboscata) a; *to ~* **in** fare una scorta di, mettere ⌐in serbo⌐ (*o* da parte): *to ~ in supplies* fare una scorta di provviste; ⟨*Mar*⟩ *to ~ in oars* disarmare i remi; *to ~* **information** *against s.o.* mettere in stato d'accusa qd., incriminare qd.; *to ~* **into**: 1 attaccare, assalire, assaltare; 2 (*to attack verbally*) assalire, investire, attaccare; *to ~* **low**: 1 abbattere, atterrare; 2 (*of a disease*) buttar giù; *to ~* **off**: 1 (*to dismiss*) licenziare; 2 (*to dismiss temporarily*) sospendere temporaneamente; 3 (*to take a rest*) riposarsi; 4 ⟨*fam*⟩ (*to stop*) smettere, finire, cessare: *to ~ off work* smettere di lavorare; 5 ⟨*assol,fam*⟩ (*to cease*) smetterla, finirla, piantarla; 6 ⟨*Mar*⟩ far prendere il largo a; *to ~* **on**: 1 stendere, applicare, spalmare: *to ~ paint on thickly* stendere uno spesso strato di vernice; 2 (*of gas, water, electricity*) allacciare; 3 (*to provide, arrange*) preparare, organizzare: *they laid on a splendid meal for us* ci preparano un ottimo pranzo; *a trip to London with theatre visits laid on* una gita a Londra con serate teatrali organizzate; 4 ⟨*assol*⟩ (*to beat*) picchiare, menare botte; 5 ⟨*Tip*⟩ mettere in macchina; ⟨*fam*⟩ *to ~ it on* (*thick*): 1 esagerare, caricare le tinte; 2 (*to flatter grossly*) fare elogi sperticati; *bedroom with water laid on* camera con acqua corrente; *to ~ o.s.* **open** *to criticism* esporsi (*o* prestare il fianco) alle critiche; *to ~* **out**: 1 stendere, estendere, allungare; 2 (*to arrange in an orderly way*) sistemare,

disporre ordinatamente; 3 (*of a corpse*) preparare, comporre; 4 (*to display*) esporre, mettere in mostra; 5 (*to spend*) spendere; 6 ⟨*fam*⟩ (*to knock flat*) stendere, gettare a terra; 7 ⟨*Tip*⟩ preparare per la stampa; *to ~ o.s. out to please s.o.* darsi da fare per contentare qd.; ⟨*Mar*⟩ *to ~ out the anchor* distendere l'ancora; *to ~* **over**: 1 differire, rimandare, rinviare; 2 ⟨*Mar*⟩ fare ⌐uno scalo⌐ (*o* una tappa); ⟨*fig*⟩ *to ~ s.o. to* **rest** seppellire qd.; *to ~* **to**: 1 ⟨*Mar*⟩ mettere (*o* essere) alla cappa; 2 (*to strike blows*) menare colpi, picchiare; *to ~* **up**: 1 accumulare, ammucchiare, mettere da parte: *to ~ up treasures on earth* accumulare tesori sulla terra; 2 ⟨*Mar*⟩ mettere in disarmo; *to ~ a* **wager** fare una scommessa, scommettere.

lay² *s.* **1** posizione *f*, disposizione *f.* **2** (*act of laying eggs*) il deporre (*o* fare) le uova. **3** ⟨*tecn*⟩ (*in ropemaking*) commettitura *f.* **4** ⟨*Mar*⟩ (*on a whaling or fishing vessel*) partecipazione *f* agli utili, interessenza *f.* **5** (*price*) prezzo *m.* **6** ⟨*fam*⟩ (*course of action, plan*) piano *m*, progetto *m*, proposito *m.* **7** (*occupation*) lavoro *m*, attività *f.* **8** ⟨*fam*⟩ (*bet, wager*) scommessa *f.* □ *the ~ of the land* la configurazione del terreno; ⟨*fig*⟩ lo stato delle cose, la situazione attuale.

lay³ *a.* **1** (*not clerical*) laico. **2** (*non-professional*) profano, incompetente; (*common*) comune. **3** ⟨*Rel*⟩ laico, secolare.

lay⁴ *s.* **1** (*ballad*) ballata *f.* **2** (*melody*) melodia *f*; (*song*) canzone *f.*

lay⁵ → lie².

lay|about *s.* ⟨*fam*⟩ sfaccendato *m* (*f* –a), perdigiorno *m/f.* **~ brother** *s.* ⟨*Rel.catt*⟩ converso *m*, frate *m* laico. **~by** *s.* **1** ⟨*Strad*⟩ piazzola *f* (di sosta). **2** ⟨*Ferr*⟩ piazzola *f*, spiazzo *m.* **~ day** *s.* ⟨*Comm,Mar*⟩ stallia *f.*

layer ['leiə] **I** *s.* **1** strato *m: a ~ of leaves* ⌐uno strato⌐ (*o* un letto) di foglie. **2** ⟨*Geol*⟩ strato *m*, giacimento *m*, letto *m.* **3** ⟨*Zootecn*⟩ gallina *f* ovaiola. **4** ⟨*Agr*⟩ propaggine *f.* **5** ⟨*Artigl*⟩ puntatore *m.* **II** *v.t.* **1** ⟨*Agr*⟩ annoccare, propagginare. **2** (*of hair*) scalare. **III** *v.i.* **1** stratificarsi. **2** ⟨*Agr*⟩ riprodursi per propaggine. **layerage** [–ridʒ] *s.* ⟨*Agr,Giard*⟩ propagginazione *f.*

layer cake *s.* ⟨*Dolc*⟩ torta *f* a strati.

layered ['leiəd] *a.* stratificato, a strati. **layering** [–riŋ] *s.* ⟨*Agr*⟩ margottatura *f.*

layette [lei'et] *s.* corredino *m* per neonato.

layfigure ['leifigə] *s.* **1** ⟨*Art*⟩ manichino *m.* **2** ⟨*fig*⟩ (*puppet*) fantoccio *m*, burattino *m;* (*nonentity*) nullità *f.*

laying ['leiiŋ] *s.* **1** posa *f* (in opera), installazione *f: ~ of pipes* posa delle tubature. **2** ⟨*Zootecn*⟩ deposizione *f* delle uova. **3** ⟨*Mar*⟩ impostazione *f*, messa *f* in cantiere. **4** ⟨*Mil*⟩ punteria *f.*

laying hen *s.* ⟨*Zootecn*⟩ gallina *f* ovaiola.

lay| judge *s.* giudice *m* non togato. **~man** *s.irr.* **1** laico *m.* **2** (*non-professional*) profano *m.* **~off** *s.* **1** interruzione *f* (temporanea) del rapporto di lavoro. **2** (*rest from activity*) interruzione *f*, sosta *f.* **~out** *s.* **1** tracciato *m*, progetto *m: the ~ of a road* il tracciato di una strada; (*arrangement*) posizione *f*, disposizione *f;* (*organization*) organizzazione *f.* **2** ⟨*Tip,Fot*⟩ disposizione *f: ~ of a page* disposizione di una pagina. **3** ⟨*Ind*⟩ schema *m* di lavoro, layout *m.* **4** ⟨*Topogr*⟩ schema *m* planimetrico. **5** (*rough draft*) bozzetto *m*, schizzo *m.* **6** (*collection of tools, etc.*) corredo *m.* **~over** *s.* sosta *f.* **~ reader** *s.* ⟨*Rel*⟩ predicatore *m* laico. **~ sister** *s.* ⟨*Rel.catt*⟩ conversa *f.* **~woman** *s.irr.* laica *f.*

lazaret(te) [ˌlæzə'ret] *s.* → lazaretto. **lazaretto** [–ou] *s.* (*pl.* -s [z]) **1** lazzaretto *m.* **2** ⟨*Mar*⟩ interponte *m*, corridoio *m.*

Lazarus ['læzərəs] *N.pr.* ⟨*Bibl*⟩ Lazzaro *m.*

laze [leiz] **I** *v.i.* oziare, poltrire. **II** *v.t.* (*of time, life, etc.; general. con away*) passare ⌐nell'ozio⌐ (*o* oziando). **III** *s.* **1** pigrizia *f.* **2** (*time spent*) ozio *m.* **'laziness** [–inis] *s.* poltroneria *f*, pigrizia *f.*

lazuli ['læzjulai] *s.* → lapis lazuli. **lazulite** [–t] *s.* ⟨*Min*⟩ lazulite *f.*

lazy ['leizi] *a.* **1** pigro, poltrone. **2** (*causing laziness*) che invita all'ozio. **3** (*sluggish*) lento, pigro: *a ~ river* un fiume lento; *~ gestures* gesti pigri.

lazy|bones *s.pl.* (costr. sing.) ⟨*fam*⟩ poltrone *m* (*f* –a), pigrone *m* (*f* –a), scaldaseggiole *m/f.* ~ **tongs** *s.pl.* molle *fpl* (*o* pinze) estensibili.

lb, lb. = *pound* libbra (*abbr.* lb).

lb.av. = *pound avoirdupois* libbra avoirdupois.

lbs = *pounds* libbre.

lb.t. = *pound troy* libbra troy (*abbr.* lbt).

l.c. = 1 ⟨*Teat*⟩ *left centre* settore centrale sinistro. 2 *loco citato* luogo citato (*abbr.* l. cit., loc. cit., l.c.). 3 ⟨*Tip*⟩ *lower case* carattere minuscolo.

L.C. = 1 ⟨*GB*⟩ *Lord Chamberlain* Lord ciambellano. 2 ⟨*GB*⟩ *Lord Chancellor* Lord cancelliere.

L/C = ⟨*Comm*⟩ *letter of credit* lettera di credito (*abbr.* L/C).

L.C.C. = *London County Council* consiglio della contea di Londra.

LCD = ⟨*Inform*⟩ *Liquid Crystal Display* visualizzatore a cristalli liquidi.

L.C.D. = ⟨*Mat*⟩ *lowest common denominator* minimo comune denominatore.

L.C.M. = ⟨*Mat*⟩ *least* (o *lowest*) *common multiple* minimo comune multiplo (*abbr.* m.c.m.).

Ld. = 1 ⟨*Comm*⟩ *Limited* a responsabilità limitata (*abbr.* ltd., r.l.). 2 ⟨*GB*⟩ *Lord* lord.

Ldp. = 1 *Ladyship* Signoria. 2 *Lordship* Signoria.

lea [li:] I *s.* prato *m*, campo *m.* II *a.* ⟨*Agr*⟩ incolto, a maggese.

lea. = *league* lega.

leach [li:tʃ] I *v.t.* 1 percolare, filtrare. 2 (*to remove by leaching*) lisciviare: *to* ~ *ashes* lisciviare la cenere. 3 ⟨*Geol,Agr*⟩ dilavare. II *v.i.* filtrare. III *s.* 1 lisciviazione *f*; (*liquid*) lisciva *f.* 2 (*vessel*) lisciviatore *m.*

lead¹ [li:d] *v.* (*pret., p.p.* led [led]) I *v.t.* 1 condurre, guidare, portare, accompagnare; (*to guide with the hand, etc.*) condurre (a mano): *to* ~ *a horse to water* condurre un cavallo all'abbeverata. 2 (*of a road, etc.*) condurre, portare. 3 (*to walk at the head of*) aprire, guidare, essere in testa a: *to* ~ *a parade* aprire una sfilata; (*of an army, etc.*) guidare, condurre. 4 (*to have the direction of*) essere a capo di, dirigere, guidare: *he –s the minority party* è a capo del partito di minoranza; (*of an army, etc.*) guidare, comandare, capeggiare. 5 (*to bring by reasoning, etc.*) indurre, persuadere, condurre, portare: *your attitude –s me to conclude that* il tuo atteggiamento mi induce a concludere che. 6 (*to serve as a channel for*) immettere, portare, condurre: *the pipes* ~ *water into the garden* le condutture portano l'acqua in giardino. 7 (*to have first place in*) essere primo in, avere il primo posto in, primeggiare in: *our products* ~ *the world in quality* i nostri prodotti sono i primi nel mondo per (la) qualità; (*of people: to be superior to*) superare, essere superiore a. 8 (*of time, life: to pass*) condurre, fare, trascorrere: *to* ~ *a miserable existence* condurre un'esistenza miserabile; (*to cause to pass*) far passare, far trascorrere a: *to* ~ *s.o. a dog's life* far fare una vita da cani a qd. 9 (*in cards*) aprire il gioco con, giocare come prima carta. 10 ⟨*Mus*⟩ (*of a band, etc.*) dirigere. 11 ⟨*Artigl*⟩ mirare a, puntare su. 12 (*in dancing*) condurre, guidare. 13 ⟨*Sport*⟩ (*of a blow*) sferrare, tirare. II *v.i.* 1 andare avanti, fare strada: *you* ~, *I'll follow* va' avanti, io ti seguo. 2 (*of roads, etc.*) condurre, portare (*to* a): *all roads* ~ *to Rome* tutte le strade conducono a Roma; (*to give access to*) dare accesso (*to, into* a), condurre, sboccare (in): *the door –s into the kitchen* la porta dà accesso alla cucina. 3 (*to be foremost*) essere in testa, essere davanti a tutti: *Paris –s in fashion* Parigi è in testa nel campo della moda. 4 (*in cards*) aprire il gioco. 5 (*to result in*) condurre, portare (*to* a): *their policy led to inflation* la loro politica portò all'inflazione. 6 ⟨*Sport*⟩ condurre, essere in vantaggio; (*in boxing*) attaccare per primo. 7 ⟨*El*⟩ essere in anticipo. □ *to* ~ *s.o.* **astray** condurre qd. fuori strada; (*fig*) sviare qd., allontanare qd. dalla retta via; *to* ~ **away** portare via; (*fig*) distogliere, distrarre; *to* ~ **back** ricondurre, riportare; *to* ~ **in** introdurre, far entrare; ⟨*Bibl*⟩ ~ *us not into temptation* non ci indurre in tentazione; *to* ~ *a* **double** life avere una doppia vita; (*fig*) *to* ~ **nowhere** non portare ad alcun risultato, non approdare a nulla; *to* ~ **off** attaccare, cominciare; *he led off by saying that* esordì

dicendo che; *to* ~ **on**: 1 (*to mislead*) fuorviare, traviare; (*to entice*) sedurre, allettare, circuire; 3 (*to encourage continue*) stimolare, incoraggiare; *to* ~ **out**: 1 condur all'uscita, far uscire; 2 (*in dancing*) invitare (a ballare); ~ *out of* (*of rooms*) comunicare direttamente con; ⟨*Spor* *to* ~ *a* **race** essere in testa; *one thing –s* to *another* cosa nasce cosa; *to* ~ **up** *to*: 1 condurre a, portare a; 2 (*prepare the way for*) preparare la via a, condur gradatamente a.

lead² I *s.* 1 comando *m*, guida *f*: *to take the* ~ prendere comando; (*van*) testa *f*, primo posto *m*, avanguardia *f*: o *country has the* ~ *in space research* il nostro paese è testa nella ricerca spaziale. 2 (*guide*) guida *f*, direzione (*initiative*) iniziativa *f*: *to take the* ~ prendere l'iniziativ (*example*) esempio *m*, modello *m*: *we will follow your* seguiremo il tuo esempio. 3 ⟨*Sport*⟩ posizione *f* di tes testa *f*, comando *m*. 4 (*margin of advantage*) vantaggio *n* 5 ⟨*Teat*⟩ parte *f* principale; (*person*) protagonista *m/f.* ⟨*Giorn*⟩ testata *f* (di articolo). 7 ⟨*Giorn*⟩ (*leader*) artico *m* di fondo, editoriale *m.* 8 (*in cards*) mano *f*, diritto di giocare per primo: *whose* ~ *is it?* chi è di mano?, a c è la mano?; (*card played*) carta *f* d'apertura. 9 ⟨*E* conduttore *m* isolato; (*precedence*) anticipo *m* di fase. 1 ⟨*Sport*⟩ (*in boxing*) colpo *m* d'inizio. 11 (*leas* guinzaglio *m: dogs must be kept on a* ~ i cani devor essere tenuti al guinzaglio. 12 (*clue*) indizio *m*, traccia pista *f*; (*tip*) notizia *f* riservata. 13 (*artificial watercours* canale *m* artificiale. 14 ⟨*Geol*⟩ (*open channel through a ice field*) canale *m* sgombro. 15 ⟨*Artigl*⟩ puntamento *n* 16 ⟨*Mecc*⟩ (*of a screw*) passo *m* reale. 17 ⟨*Minier*⟩ filor *m*, vena *f*; (*auriferous deposit*) deposito *m* aurifero. II 1 di testa, primo: ~ *horse* cavallo di testa. 2 ⟨*Giorn* editoriale *m.* □ *your* ~ (*in cards*) tocca a te, la mano tua.

lead³ [led] I *s.* 1 ⟨*Chim*⟩ piombo *m.* 2 ⟨*Mar*⟩ scandagl *m: to cast* (o *heave*) *the* ~ gettare lo scandaglio. (*blacklead*) grafite *f*, piombaggine *f*; (*for pencils*) mina *f*. ⟨*Tip*⟩ interlinea *f.* 5 *pl.* ⟨*Edil*⟩ piombi *mpl.* 6 *pl.* (*i stained-glass windows*) liste *fpl* di piombo, piombi *mpl.* *a.* di piombo. III *v.t.* 1 piombare, impiombare, rivestire c piombo. 2 ⟨*Tip*⟩ (*spesso con* out) interlineare. 3 (*i window glass*) fissare con piombi.

leaden ['ledn̩] *a.* 1 di piombo. 2 (*of the colour lead* plumbeo, livido: *a* ~ *sky* un cielo plumbeo. 3 ⟨*fig*⟩ (*ver heavy*) pesante come il piombo, di piombo, greve. 4 ⟨*fig* (*oppressive*) opprimente, pesante, plumbeo. 5 ⟨*fig* (*sluggish*) inerte, lento, pigro.

leader ['li:də] *s.* 1 capo *m*, guida *f*; (*of a political part* *etc.*) leader *m*, capo *m*; (*of an army*) capo *m*, condottier *m.* 2 ⟨*Giorn*⟩ articolo *m* di fondo, editoriale *m.* 3 (*fron person in a column, etc.*) capofila *m/f.* 4 ⟨*Sport*⟩ (*leadin competitor*) chi è in testa, chi conduce; (*in horse-races* leader *m.* 5 ⟨*Mus*⟩ (*of a band, chorus, etc.*) direttore *m* (*principal soprano, etc.*) primo esecutore *m* (*f* –trice (*principal violin*) primo violino *m.* 6 (*front horse in harnessed team*) cavallo *m* di testa. 7 ⟨*Fot,Cin*⟩ linguett *f* iniziale. 8 ⟨*Dir*⟩ (*senior counsel*) patrocinante *n* anziano; (*counsel who leads in a case*) primo difensore *m* (*King's Counsel*) patrocinante *m* per la Corona. 9 ⟨*Bot* germoglio *m* terminale. 10 *pl.* ⟨*Tip*⟩ punti(ni) *mpl* c guida. 11 ⟨*Idr*⟩ (*pipe*) tubo *m* adduttore; (*rainwater pipe* pluviale *m.* 12 ⟨*Minier*⟩ vena *f* secondaria. 13 ⟨*Anat* tendine *m.*

leaderette [,li:dəˈret] *s.* ⟨*Giorn*⟩ breve articolo *m* di fondo breve editoriale *m.*

leader firm *s.* ⟨*Comm*⟩ azienda *f* leader.

leaderless ['li:dəlis] *a.* senza (o privo di) guida.

leadership ['li:dəʃip] *s.* 1 comando *m*, direzione *f*, guida *f* 2 (*ability to lead*) capacità *f* di comando, attitudine *f* a comando.

lead|-free [led] *a.* senza piombo: ~ *petrol* benzin senza piombo. ~ **glance** *s.* ⟨*Min*⟩ galena *f.* ~ **glas** *s.* vetro *m* al piombo.

lead-in ['li:din] *s.* ⟨*Rad,TV*⟩ 1 (*wire*) discesa *f* d'aereo d'antenna). 2 (*introductory remarks*) presentazione *f.*

leading¹ ['li:din] I *a.* 1 di testa, che è in testa, primo. 2 (*ranking first*) di primo piano, il più importante eminente, preminente: *a ~ figure* una figura di primo piano. **3** (*directing*) che dirige, che guida, che comanda. **II** *s.* **1** guida *f,* ·comando *m,* direzione *f.* **2** (*fig*) autorità *f,* guida *f.* □ *men of light and ~* luminari *mpl; a ~ man* un uomo di punta.

·ading² ['lediŋ] *s.* **1** articoli *mpl* di piombo. **2** (*Edil*) impiombatura *f.*

·ading| article ['li:diŋ] *s.* **1** (*Giorn*) articolo *m* di fondo, ·editoriale *m.* **2** (*Comm*) articolo *m* venduto sottocosto ·(per propaganda). **~ candidate** *s.* (*Pol*) candidato *m* di ·bandiera. **~ case** *s.* (*Dir*) caso *m* che ⌐fa testo⌐ (*o* crea un ·precedente). **~ edge** *s.* (*Aer*) bordo *m* ⌐d'attacco⌐ (*o* d'entrata). **~-edge technology** *s.* tecnologia *f* di punta. **~ lady** *s.* (*Teat,Cin*) prima donna *f.* **~ light** *s.* (*fig*) luminare *m.* **~ man** [mæn] *s.* (*Teat,Cin*) primo attore *m.* **~ motive** *s.* **1** (*Mus*) motivo *m* conduttore, leitmotiv *m.* **2** (*fig*) tema *m* (*o* motivo) ricorrente, leitmotiv *m.* **~ note** *s.* (*Mus*) nota *f* sensibile. **~ power** *s.* (*Pol*) potenza *f* guida. **~ question** *s.* domanda *f* formulata in modo da suggerire la risposta. **~ strings** *s.pl.* dande *fpl,* guinzaglio *m.* □ (*fig*) *to be in ~* essere sottoposto a stretto controllo. **~ tone** *am. s.* → **leading note**.

·ad line [led] *s.* (*Mar*) sagola *f* per scandaglio.

·ad-off ['li:dɔf] **I** *s.* **1** (*fam*) inizio *m,* principio *m.* **2** (*am.Sport*) giocatore *m* che dà inizio alla partita. **II** *a.* iniziale, d'apertura.

·ad| oxide [led] *s.* (*Chim*) litargirio *m,* litargite *f,* ossido *m* di piombo. **~ pencil** *s.* matita *f* (di grafite). **~ poisoning** *s.* (*Med*) saturnismo *m.*

·adsman ['ledzmən] *s.irr.* (*Mar*) scandagliatore *m.*

·ad work [led] *s.* lavoro *m* in piombo.

·ady ['ledi] *a.* di piombo, plumbeo.

·af [li:f] **I** *s.* (*pl.* **leaves** [li:vz]) **1** foglia *f;* (*petal*) petalo *m,* foglia *f.* **2** (*collett*) (*foliage*) fogliame *m,* foglie *fpl,* fronde *fpl.* **3** (*sheet of paper*) foglio *m.* **4** (*page*) pagina *f,* foglio *m.* **5** (*Met*) foglia *f,* lamina *f,* foglio *m: gold ~* foglia d'oro. **6** (*of a table top, etc.*) ribalta *f;* (*of a folding door o shutter*) battente *m.* **II** *v.i.* **1** (spesso con *out*) mettere le foglie. **2** (*to turn over the pages;* spesso con *through*) scartabellare. **III** *v.t.* sfogliare. □ *to come into ~* mettere le foglie; *in ~* con foglie, che ha foglie; (*fig*) *to take a ~ out of s.o.'s book* seguire l'esempio di qd., imitare qd.; (*fig*) *to turn over a new ~* voltare pagina, mutare sistema. **'leafage** [–idʒ] *s.* (*collett*) fogliame *m.*

·af| blade *s.* (*Bot*) lamina *f* della foglia. **~ bud** *s.* (*Bot*) gemma *f* fogliare. **~ curl** *s.* → **leaf roll**. **~ green** *s.* **1** clorofilla *f.* **2** (*yellow green*) verde *m* prato.

·afiness ['li:finis] *s.* ricchezza *f* di foglie, abbondanza *f* di fogliame.

·af insect *s.* (*Entom*) fillio *m.*

·afless ['li:flis] *a.* senza foglie (*o* fronde), sfrondato.

·aflet ['li:flit] *s.* **1** volantino *m,* manifestino *m,* foglio *m* volante. **2** (*Bot*) fogliolina *f.*

·af| lettuce *s.* (*Bot*) lattuga *f* crespa. **~ mould** *s.* pacciame *m,* pattume *m.* **~ roll** *s.* (*Bot*) accartocciamento *m.* **~ spring** *s.* (*Mecc*) molla *f* a balestra. **~stalk** *s.* (*Bot*) picciolo *m.* **~ tobacco** *s.* tabacco *m* in foglie.

·afy ['li:fi] *a.* **1** frondoso, ricco di foglie. **2** (*like a leaf*) simile a foglia.

·ague¹ [li:g] **I** *s.* **1** (*Pol*) lega *f.* **2** (*association*) lega *f,* associazione *f,* società *f.* **3** (*Sport*) lega *f,* federazione *f.* **II** *v.t.* unire in una lega, alleare, consociare. **III** *v.i.* unirsi in lega, formare una lega, allearsi, associarsi. □ *to be in ~ with s.o.* essere in combutta con qd.; *everyone is in ~ against me* hanno tutti fatto lega contro di me; (*Stor*) *~ of Nations* Lega *f* delle Nazioni.

·ague² *s.* (*unit of distance*) lega *f* (pari a 4.830 m).

·aguer ['li:gə] *s.* **1** membro *m* di una lega, leghista *m/f.* **2** (*am*) giocatore *m* di baseball.

·eah ['liə] *N.pr.* Lia *f.*

·ak [li:k] **I** *s.* **1** crepa *f,* fessura *f,* fenditura *f,* falla *f: a ~ in the roof* una crepa nel tetto. **2** (*liquid, etc. that leaks out*) fuga *f,* perdita *f,* fuor(i)uscita *f: a gas ~* una fuga di gas. **3** (*El*) dispersione *f.* **4** (*Mar*) falla *f,* via *f* d'acqua: *the hull has sprung a ~* si è aperta una falla nello scafo. **5** (*fig*) indiscrezione *f,* fuga *f* di notizie. **II** *v.i.* **1** perdere:

the barrel is ~ing la botte perde. **2** (*of liquids, etc.: to pass out;* general. con *out*) fuor(i)uscire, disperdersi, spandersi; (*to pass in;* general. con *in*) penetrare, infiltrarsi: *the rain ~s in through the roof* la pioggia penetra attraverso il tetto. **3** (*fig*) (*of news, etc.;* spesso con *out*) trapelare, venirsi a sapere, filtrare. **4** (*Mar*) fare (*o* imbarcare) acqua. **III** *v.t.* **1** perdere. **2** (*fig*) (*of news, etc.*) fare trapelare. □ (*volg*) *to take a ~* orinare, (*volg*) pisciare. **'leakage** [–idʒ] *s.* **1** perdita *f,* dispersione *f,* fuor(i)uscita *f.* **2** (*fig*) (*of information, etc.*) il trapelare, fuga *f.* **3** (*liquid, etc., lost*) perdita *f,* fuga *f.* **4** (*Comm*) colaggio *m;* (*allowance for loss*) abbuono *m* per colaggio. **5** (*Fis,El*) dispersione *f.*

leak detector *s.* (*tecn*) cercafughe *m.*

leakiness ['li:kinis] *s.* **1** il perdere da una fessura (*o* crepa, falla). **2** (*Mar*) l'imbarcare acqua. **leakproof** [–pru:f] *a.* a perfetta tenuta.

leakproof battery *s.* batteria *f* corazzata.

leaky ['li:ki] *a.* che non tiene, che perde, che fa (*o* imbarca) acqua.

lean¹ [li:n] *v.* (*pret., p.p.* **leant** [lent]/-ed [d]) **I** *v.i.* **1** inclinarsi, piegarsi. **2** (*to be in a slanting position*) pendere, essere inclinato: *the trees ~ towards the river* gli alberi sono inclinati verso il fiume. **3** (*to support o.s.*) addossarsi, appoggiarsi: *to ~ against the door* addossarsi alla porta; *to ~ on a stick* appoggiarsi su un bastone. **4** (*fig*) (*to rely*) contare, fare affidamento (*on, upon* su). **5** (*fig*) (*to incline*) propendere (*to, towards* per), essere incline, tendere (a). **II** *v.t.* **1** chinare, inclinare, piegare: *she ~ed her head upon her arm* chinò la testa sul braccio. **2** (*to rest*) appoggiare, addossare: *tò ~ a ladder against the wall* appoggiare una scala al muro. □ *to ~ back* appoggiarsi (indietro); *he ~ed* **forward** *to get a better look* si sporse in avanti per vedere meglio; *to ~* **out** sporgersi (in avanti), protendersi: *do not ~ out of the window* vietato sporgersi dal finestrino; (*fam*) *to ~* **over** *backward(s) to fare* ⌐di tutto⌐ (*o* l'impossibile) per, sforzarsi per (*o* di).

lean² *s.* inclinazione *f,* pendenza *f.* □ *on the ~* in pendio, inclinato.

lean³ **I** *a.* **1** (*of animals*) magro. **2** (*of persons*) magro, scarno, smilzo. **3** (*of meat*) magro. **4** (*of a diet*) povero. **5** (*fig*) magro, scarso, povero: *~ harvest* raccolto scarso. **6** (*of soil*) magro, povero. **7** (*Aut*) (*of fuel mixtures*) povero. **II** *s.* (*of meat*) magro *m,* polpa *f.*

lean-burn *a.* (*Mot*) a combustione povera.

leaning ['li:niŋ] **I** *a.* inclinato, pendente. **II** *s.* **1** inclinazione *f,* pendenza *f.* **2** (*fig*) inclinazione *f,* propensione *f,* attitudine *f,* predisposizione *f.* □ *the ~ Tower of Pisa* la torre (pendente) di Pisa.

leanness ['li:nnis] *s.* magrezza *f,* esilità *f.*

leant [lent] → **lean¹**.

lean-to ['li:ntu:] **I** *s.* (*pl.* **-s** [z]) **1** capannone *m.* **2** (*Arch*) tetto *m* a falda. **II** *a.* (*Arch*) a una falda.

leap¹ [li:p] *v.* (*pret., p.p.* **leaped** [li:pt]/**leapt** [lept]) **I** *v.i.* **1** saltare, fare un balzo: *to ~ over a wall* saltare un muro; *to ~ on to a horse* saltare ⌐a cavallo⌐ (*o* in sella). **2** (*to spring upwards*) balzare, schizzare; (*to jump*) balzare, guizzare: *to ~ to one's feet* balzare in piedi. **3** (*fig*) balzare, saltare, sussultare: *her heart ~t for joy* il cuore le balzò dalla gioia. **4** (*fig*) accorrere, precipitarsi, lanciarsi: *to ~ to s.o.'s defence* accorrere in difesa di qd.; (*to take quick advantage*) cogliere (*o* afferrare) al volo (*at s.th.* qc.): *to ~ at an opportunity* afferrare al volo un'occasione. **5** (*fig*) (*to pass abruptly*) saltare: *to ~ to conclusions* saltare alle conclusioni. **II** *v.t.* **1** saltare: *to ~ a ditch* saltare un fosso. **2** (*to cause to leap*) far saltare. **3** (*Zootecn*) montare, coprire, saltare. □ (*fig*) *to ~ to the eye* saltare agli occhi.

leap² *s.* **1** salto *m,* balzo *m: to make a ~* spiccare un salto. **2** (*distance covered*) salto *m.* **3** (*fig*) (*sudden transition*) salto *m,* sbalzo *m,* mutamento *m* improvviso; (*progress*) salto *m,* balzo *m,* progresso *m: research has taken a great ~ forward* la ricerca ha compiuto un grande balzo in avanti. **4** (*Geog*) (*of a river*) salto *m.* **5** (*Zootecn*) monta *f,* salto *m.* □ (*fig*) *by ~s and bounds* a passi da gigante; (*fig*) *~ in the dark* salto *m* nel buio; (*fig*) *his heart gave a ~* il cuore gli diede un balzo.

leap day s. ventinove m febbraio.

leaper ['li:pə] s. saltatore m (f -trice).

leapfrog I v.i. giocare alla cavallina. **II** v.t. saltare sopra (giocando alla cavallina). **III** s. (game) cavallina f.

leapt [lept] → **leap**[1].

leap year s. anno m bisestile.

learn [lə:n] v. (pret., p.p. -t [t]/-ed [d]) **I** v.t. **1** imparare, apprendere (anche assol.): to ~ a trade imparare un mestiere; (to study) imparare, studiare: to ~ English imparare (o studiare) l'inglese. **2** (to acquire skill in; general. con l'inf.) imparare: to ~ to swim imparare a nuotare. **3** (to get to know) venire a sapere, venire a conoscenza di, apprendere: I -ed the news from the papers ho appreso la notizia dai giornali. **4** (to acquire through experience, etc.) imparare ad avere: to ~ patience imparare ad avere pazienza. **5** (dial) (to teach) insegnare. **II** v.i. avere notizia, venire a conoscenza, sapere (of di). □ to ~ s.th. by heart imparare qc. a memoria; to ~ how to do s.th. imparare a fare qc.; I have yet to ~ why devo ancora capire il perché.

learned ['lə:nid] a. **1** (of people) colto, dotto, sapiente, istruito, erudito. **2** (of things) colto, erudito, dotto: a ~ society una società colta. □ (Dir) my ~ friend onorevole (o dotto) collega; a ~ man un erudito.

learned profession s. professione f liberale.

learner ['lə:nə] s. **1** chi impara, discente m/f, scolaro m (f -a). **2** (apprentice) apprendista m/f.

learning ['lə:niŋ] s. **1** apprendimento m. **2** (knowledge acquired) sapere m, cultura f, dottrina f, erudizione f, sapienza f. □ a man of ~ un uomo di cultura; (Lett) the New ~ l'umanesimo.

learning process s. processo m di apprendimento.

learnt [lə:nt] → **learn**.

lease[1] [li:s] **I** s. (Dir) **1** contratto m d'affitto (o di locazione), locazione f, affitto m. **2** (period of time) durata f dell'affitto (o della locazione). **II** v.t. **1** affittare, dare in affitto (o locazione), locare. **2** (to hold by lease) affittare, prendere in affitto (o locazione). □ (fig) a new ~ of (o on) life nuove prospettive (di vita).

lease[2] s. (Tess) incrocio m, invergatura f dei fili.

lease|hold I a. in locazione, in affitto, affittato, locato. **II** s. proprietà f in affitto. **~holder** s. locatario m (f -a), affittuario m (f -a). **'~-'lend** s. (Stor) materiale m e servizi forniti secondo la legge affitti e prestiti. □ ~ Act legge f affitti e prestiti. **~ rod, ~ stick** s. (Tess) verga f (o bacchetta) d'invergatura.

leash [li:ʃ] **I** s. **1** guinzaglio m. **2** (fig) freno m, controllo m. **3** (Venat) gruppo m di tre (animali). **II** v.t. mettere il guinzaglio a, tenere al guinzaglio. □ (fig) to hold s.o. in ~ tenere al guinzaglio (o a freno) qd.; on the ~ al guinzaglio; (fig) to strain at the ~ mordere il freno.

leasing ['li:siŋ] s. (Econ) leasing m, contratto m di affitto (di attrezzature o immobili).

least [li:st] **I** a. (sup. di little) minimo, il più piccolo: he takes offence at the ~ criticism si offende alla minima critica. **II** s. minimo m, il meno: this is the ~ you can do questo è il meno che possiate fare. **III** avv. (sup. di little) meno (di tutti): the ~ important il meno importante; he talks ~ parla meno di tutti. □ ~ of all tanto meno, meno di tutti; at (the) ~: 1 almeno, a dir poco; 2 (at any rate) almeno, per lo meno: you can at ~ try puoi almeno provare; (Mat) ~ common denominator minimo comune denominatore; (Mat) ~ common multiple minimo comune multiplo; not in the ~ per nulla, (niente) affatto; to say the ~ (of it) a dir poco. Prov.: ~ said soonest mended meno si parla meglio è.

least square method s. (Statist) metodo m dei minimi quadrati.

leastways ['li:stweiz] avv. (dial) almeno, per lo meno.

leastwise [-waiz] avv. (fam) = **leastways**.

leather ['leðə] **I** s. **1** pelle f, cuoio m. **2** (leather article) articolo m di cuoio (o in pelle); (for cleaning windows, etc.) pelle f di daino (o camoscio). **3** (Equit) (stirrup leather) cinghia f della staffa; pl. (breeches) calzoni mpl di pelle. **4** (Sport) (cricket ball) palla f da cricket; (football) pallone m. **II** a. di (o in) pelle, di (o in) cuoio: ~ gloves guanti di pelle; ~ binding legatura in pelle. **III** v.t. **1**

rivestire (o foderare) di pelle; (to bind in leather) in pell‹ **2** (fam) (to thrash) frustare, staffilare.

leatherette [‚leðə'ret] s. similpelle f, fintapelle f.

leather|-head s. (fam) zuccone m (f -a). **~-heads** s.p (Mil) teste fpl di cuoio. **~-jacket** s. (Entom) larva f ‹ tipula. **~-look** a. similpelle.

leathern ['leðən] a. **1** di (o in) cuoio, di (o in) pelle. (leathery) coriaceo.

leather|neck am. s. (mil,sl) fante m di marina. **~ware** pelletterie fpl, articoli mpl di cuoio (o pelle). **~worker** pellettiere m.

leathery ['leðəri] a. coriaceo, simile a cuoio: ~ meat carn‹ coriacea.

leave[1] [li:v] v. (pret., p.p. left [left]) **I** v.t. **1** partire d‹ lasciare: we left Paris at dawn partimmo da Parigi all'alb‹ **2** (to go away from permanently) lasciare, abbandonare: ‹ ~ school lasciare la scuola. **3** (to go away) andarsen‹ andar via (anche assol.): he left home at the age ‹ twenty-one se ne andò di casa a ventun anni; (to deser‹ lasciare, abbandonare: her husband left her for anoth‹ woman suo marito l'ha lasciata per un'altra donna; (t quit the service of) lasciare, dimettersi da: to ~ the arm‹ lasciare l'esercito. **4** (to fail or forget to take, etc.) lasciar‹ dimenticare: she left her gloves in the cinema h‹ dimenticato i guanti al cinema. **5** (to allow or cause ‹ remain) lasciare: to ~ the door open lasciare la port‹ aperta; ~ some cake for me lasciami un po' di torta. **6** (‹ let undisturbed) lasciare (in pace, tranquillo): we left hir to his work lo lasciammo al suo lavoro. **7** (to commi‹ lasciare (fare a): I ~ it to you to decide lo lascio decide‹ a te; ~ it to me! lascia fare a me!; (to give in charge‹ lasciare, affidare. **8** (Mat) fare, restare: ten from twelve ‹ two dodici meno dieci fa due, togliendo dieci da dodi‹ resta due. **9** (to bequeath) lasciare (in eredità), assegnar‹ per testamento. **10** (to have remaining after death‹ lasciare: the deceased ~s a wife and three children defunto lascia moglie e tre figli. **11** (to stop, give up‹ abbandonare, rinunciare a, lasciare; (to cease) smetter‹ cessare. **II** v.i. andarsene, andare, partire: it's time we le‹ è ora di andarcene. □ to ~ (lying) **about** lasciare in giro to ~ **alone**: 1 lasciar solo; 2 (to refrain from disturbing‹ lasciare in pace, lasciar stare: ~ me alone! lasciami i‹ pace!; to ~ **aside** tralasciare, lasciare da parte, omettere to ~ **behind**: 1 (to forget to bring) dimenticare; 2 (to pas‹ beyond) oltrepassare, superare, lasciare dietro di sé (‹ alle spalle); (Post) to be left until called for fermo post‹ to ~ **much to be desired** lasciare molto a desiderar‹ (fam) to ~ **go** (o **hold**) of s.th. lasciare andare (o cadere qc.; (fam) let's ~ **it** at that restiamo intesi così; to ~ **of‹** 1 (to stop) smettere, cessare: to ~ **off** doing s.th. smetter‹ di fare qc.; 2 (to stop wearing) non portare, smetter‹ (d'indossare), riporre; let's begin reading from where w‹ left off last time riprendiamo la lettura da dove siam‹ rimasti l'ultima volta; to ~ **out**: 1 (to omit) omettere tralasciare; 2 (to exclude) escludere, lasciar fuori: to fe‹ left out sentirsi escluso; 3 (to fail to take into account‹ trascurare, non tenere conto di; to ~ s.th. **over** rimandar‹ qc.

leave[2] s. **1** permesso m, autorizzazione f, licenza f: to as‹ ~ to do s.th. chiedere il permesso di fare qc. ‹ (authorized absence) permesso m, licenza f, congedo m: t‹ be on ~ essere in permesso; (vacation) ferie fpl, vacanza ‹ **3** (departure, farewell) congedo m, commiato m. □ ~ o‹ absence congedo m, permesso m, licenza f; (lett) I beg ‹ to inform you that mi permetto (d')informarvi che; (lett‹ by your ~ col vostro permesso; (fam) without so much a‹ a "by your ~" senza nemmeno chiedere il permesso‹ (lett) to take one's ~ of s.o. prendere congedo da qd.‹ accomiatarsi da qd.; to take French ~ andarsene (o filar‹ all'inglese; (fam) to take ~ of one's senses perdere il ben‹ dell'intelletto, impazzire.

leave[3] v.i. (to put out leaves) mettere le foglie.

leaved [li:vd] a. **1** frondoso, con foglie. **2** (nei composti) ‹ foglie ..., ...foglie: broad-~ a foglie larghe; a four-~ clove‹ un quadrifoglio. **3** (of a table, etc.) allungabile.

leaven ['levn] **I** s. **1** lievito m. **2** (fig) lievito m, fermente‹ m. **II** v.t. **1** far lievitare, far fermentare. **2** (of dough‹

ievitare. **3** ⟨*fig*⟩ permeare, pervadere.

aves [li:vz] → **leaf**.

ave taking *s.* commiato *m*, congedo *m*.

avings ['li:viŋz] *s.pl.* **1** resti *mpl*, residui *mpl*, avanzi *npl*. **2** (*of food*) avanzi *mpl*, resti *mpl*. **3** (*cast–off rubbish*) ifiuti *mpl*.

ebanese [,lebə'ni:z] I *a.* libanese. II *s.* libanese *m/f.*

Lebanon [–nən] *N.pr.* ⟨*Geog*⟩ Libano *m.*

cher ['letʃə] *s.* persona *f* lasciva, satiro *m.* **lecherous** –rəs] *a.* libidinoso, lussurioso, lascivo. **lechery** [–ri] *s.* ussuria *f*, lascivia *f.*

cithin ['lesiθin] *s.* ⟨*Chim*⟩ lecitina *f.*

ct. = 1 *lecture* conferenza. **2** *lecturer* conferenziere.

ctern ['lektən] *s.* leggio *m.*

ction ['lekʃən] *s.* **1** ⟨*Filol*⟩ lettura *f*, lezione *f.* **2** ⟨*Lit*⟩ ezione *f*, lectio *f.* **lectionary** [–əri] *s.* ⟨*Lit*⟩ lezionario *m.*

ctor ['lektə] *s.* **1** ⟨*Univ*⟩ lettore *m* (*f* –trice). **2** ⟨*Rel.catt*⟩ ettore *m.* **lectorate** [–reit], **lectorship** [–ʃip] *s.* ⟨*Univ,Rel.catt*⟩ lettorato *m.*

cture ['lektʃə] I *s.* **1** conferenza *f*, lezione *f: to give a* ∼ *on s.th.* tenere una conferenza su qc. **2** ⟨*fam*⟩ (*reprimand*) ɔaternale *f*, ramanzina *f*, predicozzo *m: to read s.o. a* ∼ ˋare una paternale a qd. II *v.i.* tenere una conferenza (*o* ezione). III *v.t.* **1** fare lezione a. **2** ⟨*fam*⟩ (*to rebuke*) ˋare una paternale (*o* ramanzina) a, rimproverare.

cture hall *s.* **1** sala *f* per conferenze. **2** ⟨*Univ*⟩ aula *f.*

cturer ['lektʃərə] *s.* **1** conferenziere *m*, oratore *m.* **2** ⟨*Univ*⟩ professore *m* incaricato. **3** ⟨*am.Univ*⟩ lettore *m.* **4** ⟨*Rel*⟩ predicatore *m.*

ctureship ['lektʃəʃip] *s.* ⟨*Univ*⟩ lettorato *m.*

d [led] → **lead**[1].

ED = *Light Emitting Diode* diodo luminescente.

ED display *s.* ⟨*Inform*⟩ indicatore *m* a LED.

dge [ledʒ] *s.* **1** prominenza *f*, sporgenza *f.* **2** ⟨*Alp*⟩ (*of a cliff*) cengia *f*, cornice *f.* **3** ⟨*Geog*⟩ scoglio *m.* **4** ⟨*Fal*⟩ istello *m;* (*raised ridge*) bordo *m*, sponda *f.* **5** ⟨*Minier*⟩ *vein*) vena *f*, filone *m;* (*layer*) strato *m.*

dger ['ledʒə] *s.* **1** ⟨*Comm*⟩ libro *m* mastro, mastro *m; register*) partitario *m*, registro *m.* **2** ⟨*Edil*⟩ traversa *f.* **3** *tombstone*) pietra *f* tombale, lapide *f.* **4** ⟨*Pesc*⟩ (*ledger ˊine*) lenza *f* fissa.

dger| bait *s.* ⟨*Pesc*⟩ esca *f* attaccata a una lenza fissa. ∼ **line** *s.* **1** ⟨*Pesc*⟩ lenza *f* fissa. **2** ⟨*Mus*⟩ lineetta *f* addizionale, taglio *m.* ∼ **paper** *s.* ⟨*Cart*⟩ carta *f* da ˊregistri. ∼ **tackle** *s.* ⟨*Pesc*⟩ lenza *f* di fondo.

dgy ['ledʒi] *a.* pieno di sporgenze.

ED indicator *s.* → **LED display**.

e [li:] I *s.* **1** rifugio *m*, riparo *m*, ridosso *m.* **2** (*side sheltered from the wind*) riparo *m.* **3** ⟨*Mar*⟩ sottovento *m*, ˊato *m* sottovento, poggia *f.* II *a.* ⟨*Mar*⟩ sottovento. □ *in ˊhe* ∼ *of the wind* ˋa ridosso del[1] (*o* riparato dal) vento.

ech[1] [li:tʃ] *s.* **1** ⟨*Zool*⟩ sanguisuga *f*, mignatta *f.* **2** ⟨*fig*⟩ sanguisuga *f*, piovra *f.* **3** ⟨*Med*⟩ flebotomo *m.* **4** ˊant,scherz⟩ (*physician*) medico *m.* □ *to stick to s.o. like ɔ* ∼ stare alle costole di qd. come una mignatta.

ech[2] *s.* ⟨*Mar*⟩ (*of a sail*) colonna *f*, caduta *f.*

ek [li:k] *s.* ⟨*Bot*⟩ porro *m.*

ek-'green *a.* (color) verde scuro.

er[1] [liə] I *s.* **1** (*sly look*) sbirciata *f*, sguardo *m* furtivo (di traverso). **2** (*lascivious look*) sguardo *m* lascivo. II *v.i.* **1** ˊto look slyly) sbirciare. **2** (*to look lasciviously*) guardare ɔon occhi cupidi.

er[2] *s.* ⟨*Vetr*⟩ forno *m* di ricottura.

ery ['liəri] *a.* **1** guardingo, diffidente. **2** (*cunning*) furbo, astuto.

es [li:z] *s.pl.* ⟨*Enol*⟩ sedimento *m*, feccia *f.* □ ⟨*fig*⟩ *the* ∼ *of society* la feccia della società.

e| shore *s.* **1** ⟨*Mar*⟩ costa *f* sottovento. **2** ⟨*fig*⟩ difficoltà ˊf, pericolo *m.* ∼ **tide** *s.* ⟨*Mar*⟩ marea *f* nella direzione del vento.

eward ['li:wəd, 'lu:əd] I *s.* ⟨*Mar*⟩ sottovento *m*, lato *m* sottovento, poggia *f.* II *a./avv.* sottovento.

eeward Islands ['li:wəd] *N.pr.pl.* ⟨*Geog*⟩ Isole *fpl* Sottovento.

eway ['li:wei] *s.* **1** ⟨*Mar,Aer*⟩ scarroccio *m.* **2** ⟨*Aer*⟩ angolo *m* di deriva. **3** ⟨*fig*⟩ (*loss of progress*) svantaggio

---

m: we must make up ∼ dobbiamo colmare lo svantaggio; (*loss of time*) ritardo *m.* **4** ⟨*fig*⟩ (*degree of freedom of action or thought*) margine *m: we have an hour's* ∼ abbiamo un'ora di margine. □ ⟨*Mar,Aer*⟩ *to make* ∼ scarrocciare.

left[1] [left] I *a.* **1** sinistro. **2** ⟨*Pol*⟩ di sinistra, della sinistra. II *s.* **1** sinistra *f*, parte *f* sinistra: *to sit on s.o.'s* ∼ sedere alla sinistra di qd. **2** (*left hand*) sinistra *f*, mano *f* sinistra; (*in dancing, marching: left foot*) piede *m* sinistro. **3** ⟨*Sport*⟩ sinistro *m.* **4** ⟨*Mil*⟩ ala *f* sinistra. III *avv.* a (*o* verso) sinistra: *turn* ∼ *at the lights* voltare a sinistra al semaforo. □ ⟨*Aut*⟩ *to drive on the* ∼ tenere la sinistra; ⟨*Mil*⟩ ∼ *turn!* fianco sinistro!; ⟨*Strad*⟩ *no* ∼ *turn* divieto di svolta a sinistra.

left[2] → **leave**[1].

left[3] *a.* rimasto: *to be* ∼ *outside* essere rimasto fuori. □ *to be* ∼ avanzare, restare, rimanere: *how much is* ∼*?* quanto ne avanza?; *we have only two pounds* ∼ ci restano soltanto due sterline.

Left I *s.* ⟨*Pol*⟩ sinistra *f.* II *a.* di sinistra.

Left| Bank *N.pr.* (*in Paris*) riva *f* sinistra. **'∼-'Centre** *s.* ⟨*Pol*⟩ centrosinistra *m.* ∼ **half** *s.* ⟨*Sport*⟩ mediano *m* (*o* laterale) sinistro.

'left-'hand *a.* **1** di (*o* a) sinistra. **2** (*done with the left hand*) con la (mano) sinistra, di sinistro. **3** ⟨*Mecc*⟩ sinistrorso, antiorario. **4** ⟨*fig*⟩ indiretto.

'left-'hand drive *s.* ⟨*Aut*⟩ guida *f* a sinistra.

'left-'handed I *a.* **1** mancino: *to be* ∼ essere mancino. **2** (*done with the left hand*) di sinistro: *a* ∼ *blow* un colpo (*o* tiro) di sinistro. **3** (*for the right hand*) adatto alla sinistra, per mancini. **4** ⟨*fig*⟩ (*ambiguous*) poco sincero, ambiguo. **5** ⟨*fig*⟩ (*clumsy*) maldestro, goffo. **6** (*of a marriage*) morganatico. **7** ⟨*Mecc*⟩ antiorario, sinistrorso. II *avv.* con la (mano) sinistra. **'left-'handedness** *s.* **1** mancinismo *m.* **2** ⟨*fig*⟩ (*ambiguousness*) ambiguità *f.* **3** ⟨*fig*⟩ (*clumsiness*) goffaggine *f.* **'left-'hander** *s.* **1** mancino *m* (*f* –a). **2** (*blow*) sinistro *m*, colpo *m* (*o* tiro) di sinistro.

leftism, Leftism ['leftizəm] *s.* ⟨*Pol*⟩ sinistrismo *m*, tendenza *f* a sinistra. **leftist, Leftist** [–tist] I *a.* sinistroide. II *s.* sinistroide *m/f.*

leftist-oriented *a.* ⟨*Pol*⟩ orientato a sinistra.

left|-leaning *a.* ⟨*Pol*⟩ orientato a sinistra. ∼ **luggage** ⟨*Ferr*⟩ bagaglio *m* depositato. **'∼-'luggage office** *s.* ⟨*Ferr*⟩ deposito *m* bagagli. **∼-off** *a.* (*of clothing*) smesso. **∼over** I *a.* avanzato, rimasto, rimanente. II *s.* rimanente *m*, rimanenza *f;* (*of food*) avanzo *m*, rimasuglio *m*, resto *m.*

leftward(s) ['leftwəd(z)] *a./avv.* a (*o* verso) sinistra.

'left|-'wing *a.* **1** ⟨*Pol*⟩ di sinistra. **2** ⟨*Pol*⟩ (*leftist*) sinistroide. **3** ⟨*Sport*⟩ sinistro. ∼ **wing** *s.* ⟨*Pol*⟩ sinistra *f.* **'∼-'winger** *s.* **1** ⟨*Pol*⟩ persona *f* di sinistra. **2** ⟨*Pol*⟩ (*leftist*) sinistroide *m/f.* **3** ⟨*Sport*⟩ ala *f* sinistra.

lefty ['lefti] *s.* ⟨*fam*⟩ **1** mancino *m* (*f* –a). **2** ⟨*Pol*⟩ sinistroide *m/f.*

leg[1] [leg] *s.* **1** gamba *f.* **2** (*of an animal*) zampa *f*, gamba *f.* **3** (*of a garment*) gamba *f.* **4** ⟨*Calz*⟩ gambale *m.* **5** (*of a chair, etc.*) gamba *f.* **6** ⟨*Geom*⟩ lato *m.* **7** ⟨*Gastr,Macell*⟩ cosciotto *m*, coscia *f: a* ∼ *of mutton* un cosciotto di montone. **8** ⟨*Sport*⟩ ripresa *f*, tempo *m;* (*in a relay race*) frazione *f.* **9** ⟨*Mar*⟩ bordata *f.* **10** ⟨*fig*⟩ (*portion of a journey*) tappa *f.* □ ⟨*fam*⟩ *to be all* ∼*s* essere tutto gambe; *to run as fast as one's* ∼*s will carry one* correre a più non posso; ⟨*fig*⟩ *to find* (*o feel*) *one's* ∼*s:* **1** (*of a baby*) cominciare a camminare, muovere i primi passi; **2** (*to become confident*) acquistare sicurezza; *to give s.o. a* ∼ *up:* **1** ⟨*fam*⟩ aiutare qd. ˋa salireˋ (*o* ad arrampicarsi); **2** ⟨*fig*⟩ dare una spinta (*o* un aiuto) a qd.; ⟨*fig*⟩ *to have good* ∼*s* essere un buon camminatore, avere buone gambe; ⟨*fig*⟩ *to have the* ∼*s of s.o.* essere più veloce di qd., staccare qd.; ⟨*fig*⟩ *to keep one's* ∼*s* rimanere in piedi, non cadere; ⟨*fam*⟩ *to be on one's last* ∼*s* essere allo stremo, essere ridotto a mal partito; ⟨*fam*⟩ *to be on its last* ∼*s* essere consumato (*o* logoro); ⟨*fam*⟩ *to walk s.o. off his* ∼*s* far venire il fiatone a qd. (a forza di camminare); *to be on one's* ∼*s* essere di nuovo in piedi, rimettersi in gamba; ⟨*fam*⟩ *to pull s.o.'s* ∼ (*to make fun of*) prendere in giro qd., canzonare qd.; (*to deceive*) ingannare qd., raggirare qd.; ⟨*sl*⟩ *to* **shake** *a* ~ (*to hurry up*) affrettarsi; (*to dance*) fare quattro salti, ballare; ⟨*fam*⟩ *not to have a* ~ *to* **stand** *on* non avere una ragione (*o* scusa) che tenga (*o* regga); *to stand on one* ~ stare ritto su un piede solo; ⟨*fig*⟩ *to stand on one's own* –*s* essere indipendente, reggersi sulle proprie gambe; *to* **stretch** *one's* –*s:* 1 allungare (*o* stendere) le gambe; 2 ⟨*fig*⟩ sgranchirsi le gambe, fare quattro passi; ⟨*fig*⟩ *to* **take** *to one's* –*s* darsela a gambe, fuggire.

leg² *v.i.* (*pret., p.p.* **legged** [–d]) (di solito con *it*) andare a piedi; (*to run*) correre; (*to walk quickly*) camminare in fretta.

leg. = 1 *legal* legale. 2 *legate* legato. 3 *legation* legazione.

legacy ['legəsi] *s.* 1 ⟨*Dir*⟩ lascito *m*, legato *m*, eredità *f*. 2 ⟨*fig*⟩ eredità *f*, retaggio *m*.

legacy| **duty** *s.* tassa *f* di successione. ~ **hunter** *s.* chi va a caccia di eredità.

legal ['li:gəl] *a.* 1 legale, legittimo. 2 (*relating to law*) giudiziario, giuridico, legale: ~ *proceedings* procedura legale. 3 (*established by law*) stabilito dalla legge. 4 (*required by law*) legale, richiesto dalla legge: *the* ~ *age for a driving licence* l'età legale per la patente di guida. □ *to take* ~ *advice* consultare un legale; *to institute* ~ *proceedings* adire le vie legali; *to acquire* ~ *status* (*of corporations*) acquistare personalità giuridica; ~ *system* sistema giuridico.

legal| **adviser** *s.* consulente *m/f* legale, legale *m*. ~ **age** *s.* ⟨*Dir*⟩ maggiore età *f*. ~ **aid** *s.* assistenza *f* legale. ~ **capacity** *s.* ⟨*Dir*⟩ capacità *f* d'agire. ~ **chemistry** *s.* chimica *f* forense. ~ **claim** *s.* titolo *m* giuridico. ~ **committee** *s.* comitato *m* giuridico. ~ **currency** *s.* ⟨*Econ*⟩ moneta *f* (a corso) legale. ~ **department** *s.* sezione *f* legale. ~ **dispute** *s.* controversia *f* giuridica. ~ **expenses** *s.pl.* spese *fpl* legali (*o* di giudizio). ~ **fiction** *s.* ⟨*Dir*⟩ finzione *f* giuridica. ~ **heir** *s.* ⟨*Dir*⟩ riservatario *m* (*f* –a), legittimario *m*. ~ **holiday** *s.* giorno *m* festivo ufficiale. ~ **interest** *s.* interesse *m* legale.

legalism ['li:gəlizəm] *s.* 1 legalismo *m*. 2 ⟨*Teol*⟩ moralità *f*. **legalist** [–list] *s.* 1 legalista *m/f*. 2 ⟨*Teol*⟩ moralista *m/f*. **legalistic** [–'listik] *a.* legalistico.

legality [li'gæliti] *s.* legalità *f*, legittimità *f*.

legalization [,li:gəlai'zeiʃən] *s.* legalizzazione *f*; (*of a document*) legalizzazione *f*, autenticazione *f*. **legalize** [–laiz] *v.t.* 1 legalizzare, rendere legale. 2 (*of a document*) legalizzare, autenticare.

legally ['li:gəli] *avv.* legalmente. □ *to represent* ~ rappresentare in giudizio.

legal| **medicine** *s.* medicina *f* legale. ~ **proceedings** *s.pl.* procedura *f* legale. ~ **procedure** *s.* procedimento *m* giudiziario. ~ **representative** *s.* mandatario *m* (*f* –a). ~ **reserve** *s.* ⟨*Econ*⟩ riserva *f* legale. ~ **separation** *s.* separazione *f* legale. ~ **tender** *s.* ⟨*Econ*⟩ moneta *f* a corso legale.

legasthenia [li:gæs'θi:niə] *s.* ⟨*Med*⟩ legastenia *f*. **legasthenic** [–nik] **I** *a.* legastenico. **II** *s.* legastenico *m* (*f* –a).

legate ['legit] *s.* 1 ⟨*Rel.catt*⟩ nunzio *m* apostolico. 2 ⟨*Stor.rom*⟩ legato *m*. 3 (*envoy*) emissario *m*, inviato *m*.

legatee [,legə'ti:] *s.* ⟨*Dir*⟩ legatario *m* (*f* –a).

legateship ['legitʃip] *s.* ufficio *m* di legato.

legatine ['legətin] *a.* legatizio.

legation [li'geiʃən] *s.* 1 ⟨*Pol,Stor*⟩ legazione *f*. 2 (*mission*) legazione *f*, ambasceria *f*, ambasciata *f*. 3 (*legateship*) ufficio *m* di legato.

legato *it.* [li'gɑ:tou] **I** *a.* ⟨*Mus*⟩ legato. **II** *s.* (*pl.* -s [z]) legato *m*. **III** *avv.* (in) legato.

legator [li'geitə] *s.* ⟨*Dir*⟩ 1 legante *m/f*. 2 (*testator*) testante *m/f*.

leg bail *s.* ⟨*sl*⟩ fuga *f*. □ ⟨*sl*⟩ *to give* (*o take*) ~ scappare.

legend ['ledʒənd] *s.* 1 leggenda *f*. 2 ⟨*collett*⟩ leggende *fpl*. 3 (*story of a saint's life*) leggenda *f*; (*collection*) leggendario *m*. 4 (*person*) mito *m*. 5 (*inscription, wording*) leggenda *f*, legenda *f*, iscrizione *f*, motto *m*; (*caption*) legenda *f*, didascalia *f*. 6 ⟨*Numism*⟩ legenda *f*. 7 (*of a map, chart*) legenda *f*. **legendary** [–əri] **I** *a.* 1 leggendario, mitico. 2 (*famous in legend*) leggendario, da

leggenda: *a* ~ *hero* un eroe leggendario. **II** *s.* leggendar▮ *m*. **legendry** [–ri] *s.* ⟨*collett*⟩ leggende *fpl*.

legerdemain [,ledʒədə'mein] *s.* 1 prestidigitazione (*conjuring trick*) gioco *m* di prestigio (*o* destrezza). 2 ⟨*fi▮* inganno *m*, imbroglio *m*.

legged [legd, legid] *a.* 1 (*of a table, desk, etc.*) con gamb 2 (nei composti) ...pede, dalle gambe ...: *two*-~ biped *long*-~ dalle gambe lunghe.

legginess ['leginis] *s.* l'avere le gambe lunghe, l'esse▮ gambuto.

leggings ['legiŋz], **leggins** [–ginz] *s.pl.* ⟨*Vest*⟩ 1 (*gaiter* ghette *fpl;* (*for children*) ghette *fpl*. 2 (*chaps*) gambali *m* di cuoio.

leg-guard *s.* ⟨*Sport*⟩ parastinchi *m*, paragambe *m*.

leggy ['legi] *a.* dalle gambe lunghe, gambuto.

Leghorn *I N.pr.* ['legho:n] ⟨*Geog*⟩ Livorno *f*. **II** *s.* [lə'go:▮ ⟨*Zootecn*⟩ razza *f* livornese (*o* Livorno). **leghorn** *s.* paglia *f* (per cappelli). 2 ⟨*Mod*⟩ cappello *m* di paglia Firenze.

legibility [,ledʒə'biliti] *s.* leggibilità *f*. **legible** [–bl] leggibile. **legibly** [–bli] *avv.* in maniera leggibi▮ leggibilmente.

legion ['li:dʒən] *s.* 1 ⟨*Stor.rom,Mil*⟩ legione *f*. 2 ⟨*fi* legione *f*, moltitudine *f*, schiera *f*. **Legion** *s.* ⟨*GB,S*▮ associazione *f* combattenti e reduci. □ *the Foreign* ~ Legione straniera; *the* ~ *of Honour* la Legione d'ono▮ ⟨*am.Mil*⟩ ~ *of Merit* medaglia *f* al merito militare.

legionary ['li:dʒənəri] **I** *a.* legionario. **II** *s.* 1 ⟨*G* membro *m* dell'associazione combattenti e reduci. ⟨*Stor.rom*⟩ legionario *m*.

legislate ['ledʒisleit] **I** *v.i.* legiferare, promulgare leggi. ▮ *v.t.* attuare con leggi. **legislation** [–'leiʃən] *s.* legislazio▮ *f*. **legislative** [–lətiv] *a.* legislativo: ~ *power* pote legislativo. **II** *s.* → **legislature**.

legislative| **assembly** *s.* assemblea *f* legislativa. ~ **council** *s.* camera *f* alta.

legislator ['ledʒisleitə] *s.* 1 legislatore *m*. 2 (*member of legislature*) membro *m* di una legislatura. **legislatre** [–tris] *s.* donna *f* membro d'una legislatura. **legislatu▮** [–tʃə] *s.* legislatura *f*, assemblea *f* legislativa.

legist ['li:dʒist] *s.* giurista *m/f*.

legitimacy [li'dʒitiməsi] *s.* legittimità *f*, legalità *f*.

legitimate **I** *a.* [li'dʒitimit] 1 legittimo, legale. 2 (*of child, king*) legittimo. 3 (*justified*) legittimo, giustificato: ~ *wish* un desiderio legittimo; (*proper, right*) giust▮ lecito, legittimo; (*justifiable*) legittimo, fondato: ~ *doub* dubbi legittimi. 4 ⟨*Teat*⟩ (*of stage plays*) regolare. **II** *v* [li'dʒitimeit] 1 (*of a child*) legittimare. 2 (*to justif* giustificare, legittimare. □ ⟨*Teat*⟩ ~ *drama* teatro *m* prosa. **le,gitimation** [–'meiʃən] *s.* ⟨*Dir*⟩ legittimazione **legitimatize** [–mətaiz] *v.t.* legittimare, rendere legale legittimo). **legitimism** [–mizəm] *s.* ⟨*Pol*⟩ legittimismo *r* **legitimist** [–mist] *s.* ⟨*Pol*⟩ legittimista *m/f*. **le,gitimist** [–'mistik] *a.* legittimista, legittimistico. **le,gitimizatio** [–mai'zeiʃən] *s.* → **legitimation**. **legitimize** [–maiz] *v.* legitimatize.

legless ['leglis] *a.* senza (*o* privo di) gambe.

,leg|-of-'mutton *a.* ⟨*Mod*⟩ a gigot: ~ *sleeves* maniche gigot. **,~-of-'mutton sail** *s.* ⟨*Mar*⟩ vela *f* triangolar **~-pull** *s.* ⟨*fam*⟩ presa *f* in giro, canzonatura *f*. **~room** ⟨*fam*⟩ spazio *m* per le gambe.

legume ['legju:m, li'gju:m] *s.* 1 legume *m*. 2 ⟨*Bo* leguminosa *f*. **legumen** [li'gju:mən] *s.* (*pl.* -**mina** [minə]*/* [z]) → **legume**. **leguminous** [li'gju:minəs] *a.* ⟨*Bot*⟩ delle leguminose. 2 (*consisting of peas*) a baccelli.

leg-warmer *s.* ⟨*Mod*⟩ scaldamuscoli *m*.

legwork ['legwə:k] *s.* ⟨*fam*⟩ lavoro *m* che richiede contin▮ spostamenti.

Leiden *N.pr.* → **Leyden**.

Leipzig ['laipzig] *N.pr.* ⟨*Geog*⟩ Lipsia *f*.

leister ['li:stə] **I** *s.* ⟨*Pesc*⟩ fiocina *f* per salmoni. **II** *v* fiocinare.

leisure ['leʒə, *am.* 'li:ʒə] **I** *s.* 1 agio *m*, comodo *m*. 2 (*fr▮ time*) agio *m*, tempo *m* (libero, disponibile). **II** *a.* libero, di cui si può disporre: ~ *time* tempo libero. ⟨*am*⟩ (*of clothing*) pratico, sportivo. □ *at* ~ (*n▮ occupied*) libero (dal lavoro); (*without haste*) con comod▮

:nza fretta; *at one's* ~ con comodo, a proprio (bell') agio, :nza fretta.

sure| activity *s.* attività *f* ricreativa (*o* del tempo bero). ~ **center** *am.*, ~ **centre** *s.* centro *m* ricreativo.

sured ['lezəd, *am.* 'li:ʒəd] *a.* **1** che ha tempo libero (dal .voro). **2** (*unhurried*) lento, tranquillo, senza fretta: *at a* · *pace* a passo lento. □ *the* ~ *classes* le classi agiate. **:isureliness** [–linis] *s.* tranquillità *f,* comodità *f.* **·isurely** [–li] **I** *a.* **1** fatto con comodo (*o* agio). **2** *vithout haste*) lento, tranquillo, senza fretta. **II** *avv.* senza 'etta, con comodo.

tmotif, leitmotiv ['laitmo(u)ti:f] *s.* **1** 〈*Mus*〉 leitmotiv ., tema *m* ricorrente. **2** 〈*fig*〉 leitmotiv *m,* argomento *m* corrente.

E.M. = 〈*Astron*〉 *Lunar Excursion Module* modulo per :scursione lunare.

nma ['lemə] *s.* (*pl.* **-s** [z]/**-mata** [mətə]) **1** 〈*Fisiol,Mat*〉 ·mma *m.* **2** (*of a glossary*) lemma *m,* esponente *m.*

non ['lemən] **I** *s.* **1** limone *m.* **2** (*colour*) color *m* mone, giallo *m* limone. **3** 〈*sl*〉 (*dishonest trick*) truffa *f,* nbroglio *m,* 〈*pop*〉 bidone *m.* **4** 〈*sl*〉 (*ugly girl*) ragazza *f* rutta, 〈*pop*〉 scorfana *f.* **II** *a.* **1** al (*o* di) limone: ~ *tea* tè l limone. **2** (*in colour*) limoncello, color (giallo) limone. **nonade** [ˌleməˈneid] *s.* limonata *f: fizzy* ~ limonata al :lz.

non| curd *s.* 〈*Dolc*〉 tipo di crema al limone. ~ **drop** *s.* *Dolc*〉 caramella *f* al limone. ~ **grass** *s.* 〈*Bot*〉 citronella ~ **juice** *s.* succo *m* di limone. ~ **sole** *s.* 〈*Itt*〉 sogliola *f* al porro. ~ **squash** *s.* spremuta *f* di limone. ~ **queezer** *s.* spremilimoni *m.* ~ **verbena** *s.* 〈*Bot*〉 erba *f* usa, limoncina *f,* cedrina *f.*

nur ['li:mə] *s.* 〈*Zool*〉 lemure *m,* machi *m.*

id [lend] *v.t.* (*pret., p.p.* **lent** [lent]) **1** prestare, dare in a) prestito, imprestare. **2** 〈*Econ*〉 fare un prestito a. **3** *ssol*〉 prestare (denaro), fare un prestito⌝ (*o* prestiti): *to* ~ *against* (*o at*) *interest* prestare denaro a interesse; *to* ~ *n security* prestare su garanzia. **4** 〈*fig*〉 dare, conferire: *he uniforms lent colour to the ceremony* le uniformi avano colore alla cerimonia. **5** 〈*rifl*〉 (*to be suitable*) restarsi, adattarsi, essere adatto: *our house does not* ~ *self to large parties* la nostra casa non si presta a grandi :cevimenti; (*to apply o.s.*) dedicarsi, darsi. □ 〈*fig*〉 *to* ~ *n ear to s.o.* prestare orecchio a qd., ascoltare qd.; 〈*fig*〉 ⌐ ~ *s.o. a* (*helping*) *hand* dare una mano a qd.

idable ['lendəbl] *a.* che si può prestare. **lender** [–də] *s.* hi presta, prestatore *m* (*f* –trice). **lending** [–diŋ] *s.* **1** il restare, prestito *m.* **2** (*s.th. lent*) prestito *m.*

iding| library *s.* biblioteca *f* circolante. ~ **rate** *s.* *Econ*〉 tasso *m* attivo.

id-'lease *s.* → lease-lend.

igth [leŋθ] *s.* **1** lunghezza *f.* **2** (*of time*) durata *f,* inghezza *f: the* ~ *of life* la durata della vita. **3** (*extent of istance*) distanza *f: he stood a car's* ~ *away from me* tra ai e me c'era la distanza di una macchina. **4** (*piece, ortion*) pezzo *m,* tratto *m: a* ~ *of rope* un pezzo di orda; *a* ~ *of piping* un tratto di tubatura; (*of cloth*) taglio *a.* **5** (*long expanse*) distesa *f,* estensione *f.* **6** *Sport,Geom*〉 lunghezza *f: the horse won by a* ~ il cavallo inse per una lunghezza. □ 〈*fig*〉 *to go to* all (*o any*) –*s* on fermarsi davanti a nessun ostacolo; *at* ~: 1 per steso, esaurientemente: *to explain s.th. at* ~ spiegare per steso qc.; 2 (*finally*) alla fine, finalmente; *to speak at* ›me ~ *on a subject* dilungarsi a parlare di un argomento; 'roughout the ~ *and* **breadth** *of the country* in lungo e in irgo per il paese; *to lie* (*at*) *full* ~ *on the ground* giacere terra lungo disteso; 〈*fig*〉 *to go to the* ~ *of doing s.th.* rivare al punto di fare qc.; *in* ~: 1 lungo, della inghezza di: *ten feet in* ~ lungo dieci piedi, dieci piedi i (*o* in) lunghezza; 2 (*of time*) che dura, della durata di; *knee-*~ *dress* un abito al ginocchio; ~ **service** anzianità di servizio.

igthen ['leŋθən] **I** *v.t.* **1** allungare: *to* ~ *a skirt* allungare na gonna. **2** (*of life, etc.*) prolungare, allungare. **II** *v.i.* **1** llungarsi, prolungarsi. **2** (*of time*) allungarsi. **lengthily** [–θili] *avv.* lungamente, a lungo. **lengthiness** [–θinis] *s.* ingaggine *f,* prolissità *f.*

lengthways ['leŋθweiz] *avv.* per (il) lungo, longitudinalmente. **lengthwise** [–waiz] **I** *avv.* per (il) lungo, longitudinalmente. **II** *a.* longitudinale, messo per (il) lungo.

lengthy ['leŋθi] *a.* **1** lungo: *a* ~ *journey* un lungo viaggio. **2** (*extended*) lungo, che dura a lungo, che va per le lunghe. **3** (*verbose*) lungo, prolisso.

lenience ['li:niəns], **leniency** [–i] *s.* indulgenza *f,* clemenza *f.* **lenient** [–nt] *a.* indulgente, clemente: *to be* ~ *towards s.o.* essere indulgente con (*o* verso) qd. □ *a* ~ *teacher* un insegnante di manica larga. **leniently** [–ntli] *avv.* con indulgenza, con clemenza.

Leninism ['leninizəm] *s.* 〈*Pol*〉 leninismo *m.* **Leninist** [–nist] **I** *a.* leninista. **II** *s.* leninista *m/f.*

lenitive ['lenitiv] **I** *a.* 〈*Farm*〉 sedativo, calmante, lenitivo. **II** *s.* **1** 〈*Farm*〉 calmante *m,* sedativo *m,* lenitivo *m.* **2** 〈*fig*〉 palliativo *m.*

lenity ['leniti] *s.* clemenza *f,* indulgenza *f.*

lens [lenz] *s.* **1** 〈*Fis,Ott*〉 lente *f;* (*combination of lenses*) obiettivo *m.* **2** 〈*Anat*〉 cristallino *m.* **lensed** [–d] *a.* fornito di lente.

lens shield *s.* 〈*Fot*〉 paraobiettivo *m.*

lent [lent] → **lend.**

Lent *s.* 〈*Rel*〉 quaresima *f,* quadragesima *f: to keep* ~ fare (*o* osservare la) quaresima. **Lenten** ['lentən] *a.* **1** quaresimale, quadragesimale. **2** 〈*fig*〉 austero, severo; (*meagre*) frugale. □ *to eat* ~ *fare* mangiare di magro.

lenticular [len'tikjulə] *a.* **1** lenticolare. **2** 〈*Anat*〉 del cristallino.

lentiginose, lentiginous [len'tidʒinəs] *a.* lentigginoso. **lentigo** [–'taigo(u)] *s.* (*pl.* **-tigines** ['tidʒini:z]) 〈*Med*〉 lentiggine *f.*

lentil ['lentil] *s.* **1** 〈*Bot*〉 lenticchia *f,* lente *f.* **2** (*seed*) lenticchia *f:* ~ *soup* minestra di lenticchie.

lentisk ['lentisk] *s.* 〈*Bot*〉 lentisc(hi)o *m.*

Lent lily *s.* 〈*Bot*〉 trombone *m.*

lentoid ['lentoid] *a.* lentiforme, lenticolare.

Lent term *s.* 〈*Scol*〉 trimestre *m* che termina a Pasqua.

Leo ['li:ou] *N.pr.* **1** Leo *m.* **2** 〈*Astr*〉 Leone *m.* **3** (*person*) Leone *m,* persona *f* nata sotto il segno del Leone.

Leonard ['lenəd] *N.pr.* Leonardo *m.* **Leonardesque** [ˌli:ənɑ:'desk] *a.* leonardesco, di Leonardo da Vinci.

Leonidas [li'ɔnidæs] *N.pr.* 〈*Stor*〉 Leonida *m.*

leonine ['li:ənain] *a.* leonino, di (*o* da) leone.

Leonine *a.* 〈*Stor*〉 leonino. □ *the* ~ *city* la città leonina.

leonine verse *s.* 〈*Metr*〉 verso *m* leonino.

Leonora [ˌliə'nɔ:rə] *N.pr.* Leonora *f.*

leopard ['lepəd] *s.* **1** 〈*Zool*〉 leopardo *m,* pantera *f,* pardo *m.* **2** (*fur*) leopardo *m.* **3** 〈*Arald*〉 leopardo *m* in maestà. □ *Prov.: a* ~ *cannot change its spots* il lupo perde il pelo ma non il vizio. **leopardess** [–is] *s.* 〈*Zool*〉 femmina *f* del leopardo.

Leopold ['liəpould] *N.pr.* Leopoldo *m.*

leotard ['li:ətɑ:d] *s.* (*Vest*) **1** pagliaccetto *m* (per ginnasti, acrobati, ecc.). **2** *pl.* 〈*am*〉 (*tights*) calzamaglia *f.*

leper ['lepə] *s.* lebbroso *m* (*f* –a).

leper house *s.* lebbrosario *m.*

lepidopter [ˌlepi'dɔptə] *s.* → lepidopteron. **lepidopteran** [–rən] *a.* → lepidopterous. **II** *s.* → lepidopteron. **lepidopterist** [–rist] *s.* entomologo *m* (*f* –a). **lepidopteron** [–rɔn] *s.* (*pl.* **-ra** [rə]) 〈*Entom*〉 **1** lepidottero *m.* **2** *pl.* lepidotteri *mpl.* **lepidopterous** [–rəs] *a.* dei lepidotteri.

leporine ['lepərain] *a.* 〈*Zool*〉 leporino, di lepre.

leprechaun ['leprəkɔ:n] *s.* 〈*Folcl*〉 (*in Ireland*) gnomo *m,* folletto *m.*

leprosy ['leprəsi] *s.* 〈*Med*〉 lebbra *f.* **leprous** [–rəs] *a.* **1** 〈*Med*〉 lebbroso. **2** (*suggesting leprosy*) squamoso, scaglioso. **3** 〈*Biol*〉 squamoso.

lepton ['leptən] *s.* 〈*Fis*〉 leptone *m.*

lesbian ['lezbiən] **I** *a.* 〈*Psic*〉 lesbico, saffico. **II** *s.* 〈*Psic*〉 lesbica *f,* saffica *f.* **Lesbian** *a.* lesbi(c)o, di Lesbo. **lesbianism** [–izəm] *s.* 〈*Psic*〉 saffismo *m,* amore *m* lesbico, lesbismo *m.*

Lesbos ['lezbɔs] *N.pr.* 〈*Geog*〉 Lesbo *f.*

lese-majesty ['li:z'mædʒisti] *s.* 〈*Dir*〉 lesa maestà *f.*

lesion ['li:ʒən] *s.* **1** lesione *f,* danno *m.* **2** 〈*Med*〉 lesione

f.

less [les] **I** *a.* (*compar. di little*) **1** minore, meno: ~ *time and* ~ *effort* minor tempo e minor fatica; (*fewer*) meno, in minor numero. **2** (*smaller*) minore, più piccolo. **3** ⟨*rar*⟩ (*younger*) minore, più giovane. **II** *s.* meno *m: he asked for* ~ *than I expected* chiese meno di quanto pensassi. **III** *avv.* (*compar. di little*) **1** meno, di meno: *you must talk* ~ devi parlare di meno. **2** (*not so*) meno: *he is* ~ *rich than his brother* è meno ricco del fratello. **IV** *prep.* **1** (*minus*) meno: *a year* ~ *two days* un anno meno due giorni. **2** (*excluding*) eccetto, meno. □ ~ **and** ~ sempre (di) meno; **even** ~ = **still** *less; to* **get** ~ diminuire, ridursi di numero; ⟨*fam*⟩ **in** ~ *than no time* in men che non si dica, in un batter d'occhio; **little** ~ quasi, poco meno; **more** *or* ~ più o meno, pressappoco, all'incirca; **much** ~ = **still** *less;* **no** ~ non meno; *it was no* ~ *a person than the Prime Minister* era niente di meno che il Primo Ministro, **none** *the* ~ ciò nonostante, tuttavia, nondimeno; *it is* **nothing** ~ *than monstrous* è assolutamente mostruoso; **still** ~ tanto meno, meno che meno (o mai): *I can hardly afford a bicycle, still* ~ *a car* non posso permettermi una bicicletta, tanto meno una macchina; ~ **than** niente affatto, non ... affatto: *I should be* ~ *than honest if I said I approved* non sarei affatto onesto se dicessi che approvo. ‖ *the* ~ meno: *the* ~ *you eat the weaker you will get* meno mangi più diventi debole.

lessee [le'si:] *s.* ⟨*Dir*⟩ affittuario *m* (*f* –a), locatario *m* (*f* –a).

lessen ['lesn] **I** *v.i.* diminuire. **II** *v.t.* diminuire, ridurre.

lesser ['lesə] *a.* (*compar. di little*) **1** minore, più piccolo: *the* ~ *evil* il male minore. **2** (nei composti) meno ...: ~*-known* meno noto.

Lesser Bear *N.pr.* ⟨*Astr*⟩ Orsa *f* minore.

lesson ['lesn] *s.* **1** lezione *f* (*anche Lit.*): *to have an English* ~ avere una lezione d'inglese. **2** (*homework*) lezione *f,* compito *m* (a casa). **3** *pl.* (*course of instruction*) corso *m: –s in Spanish* corso di spagnolo. **4** (*anything learnt*) lezione *f,* insegnamento *m,* ammaestramento *m: let this be a* ~ *to you* questo ti serva di lezione.

lessor [le'sɔ:] *s.* ⟨*Dir*⟩ chi dà in affitto, locatore *m* (*f* –trice).

lest [lest] *congz.* **1** (*so that not*) in modo da (o che) non, affinché non, per non: *do it now* ~ *you forget* fallo subito in modo da non dimenticartene; (*for fear that*) per timore (o paura) di (o che): *he went into hiding* ~ *he be arrested* si rese latitante per timore di venire arrestato. **2** (*after expressions denoting fear*) di, che: *he was afraid* ~ *he be discovered* temeva di venire scoperto.

let[1] [let] *v.* (*pret., p.p.* let) **I** *v.t.* **1** lasciare, permettere, fare, consentire: ~ *me tell you this* lascia ch'io ti dica questo; ~ *me see* fammi vedere. **2** (*to cause, make*) fare: *I will* ~ *you know the result* ti farò conoscere il risultato; *don't* ~ *the fire* (*go*) *out* non far spegnere il fuoco. **3** (*in imperatives*) *often not translated,* essere: ~*'s go to the cinema* andiamo al cinema; *don't* ~*'s quarrel* non litighiamo; ⟨*Geom*⟩ ~ *A equal B* sia A uguale a B. **4** (*in imperatives: to indicate a warning*) *not translated: just* ~ *him try* che ci provi (soltanto). **5** (*to hire out for rent;* spesso con *out*) affittare, dare in affitto, noleggiare: *to* ~ *a house to s.o.* affittare una casa a qd.; *to* ~ *out horses* noleggiare cavalli. **6** ⟨*assol*⟩ affittare: *flat to* ~ appartamento da affittare, affittasi appartamento. **7** (*of a contract;* spesso con *out*) assegnare; (*of work, a job;* spesso con *out*) appaltare, dare in appalto. **8** (*of liquids, etc.: to release;* general. con *off, out*) far uscire, scaricare: *to* ~ *water out of a bath* scaricare l'acqua del bagno; (*of blood*) versare, spargere. **II** *v.i.* affittarsi: *the flat does not* ~ *easily* l'appartamento non si affitta facilmente. □ *so* ~ *it be* così sia (*anche Lit.*); *to* ~ *by* lasciar passare; *to* ~ **down:** 1 calare; 2 (*to lengthen*) allungare: *to* ~ *down the hem of a skirt* allungare l'orlo di una gonna; 3 (*to disappoint*) deludere; 4 (*to fail*) abbandonare, piantare in asso; *to* ~ **in:** 1 fare entrare, introdurre; 2 (*of water, air, etc.*) far entrare, lasciar passare; 3 (*to insert*) inserire, incastrare; 4 ⟨*fig*⟩ coinvolgere, trascinare, tirare dentro: *to* ~ *s.o. in for heavy expenses* coinvolgere qd. in forti spese;

to ~ *o.s. in* entrare (aprendo la porta) con la chiave; *t s.o. in on s.th.* mettere qd. ⸢al corrente⸣ (*o* a parte) di ⟨*Mecc*⟩ *to* ~ *in the clutch* innestare la frizione; *to* ~ *in for trouble* cacciarsi nei guai; *to* ~ **into:** 1 introdu far entrare; 2 (*to insert*) inserire; 3 ⟨*fam*⟩ (*to att* attaccare, assalire; *to* ~ **off:** 1 ⟨*to explode*⟩ sparare; 2 *emit*) mandare, emettere; 3 ⟨*fam*⟩ (*to pardon, no punish*) perdonare, lasciare andare: *I won't* ~ *you off* ◆ *time* non ti perdonerò la prossima volta; 4 (*to exc* esimere, liberare: *to* ~ *s.o. off a duty* esimere qd. da dovere; *to* ~ *off a gun* lasciar partire un colpo di fu *he was* ~ *off with only a warning* se la cavò con semplice ammonizione; ⟨*fam*⟩ *to* ~ **on:** 1 (*to reveal*) rivelare, svelare, far sapere (*o* capire); 2 (*to pretend*) finta, fingere, simulare; *to* ~ **out:** 1 fare (o lasciare) us *don't* ~ *the cat out* non fare uscire il gatto; 2 (*to rele* liberare, rilasciare, mettere in libertà; 3 ⟨*fam*⟩ (*to rem suspicion from*) discolpare, scagionare; 4 (*to utter*) lasc sfuggire: *to* ~ *out a yell* lasciarsi sfuggire un grido; 5 *reveal accidentally*) lasciarsi sfuggire (*o* scappare), sve 6 (*of a garment*) allargare; 7 ⟨*fam*⟩ (*to lash out*) ◆ botte da orbi (*at* a); 8 ⟨*am*⟩ (*to finish*) finire, termin *to* ~ *it all out* non riuscire a contenersi, sbottare; ⟨*fam to* ~ *out the clutch* disinnestare (*o* staccare) la frizion *be* ~ *out of prison* essere dimesso dal carcere; ⟨*Mar*⟩ *out a rope* filare (*o* mollare) un cavo; ⟨*Lit*⟩ ~ *us* ◆ preghiamo; *let's* (*o let me*) *see* vediamo; *to* ~ **throughⓈ** attraversare, far passare; ⟨*fam*⟩ *to* ~ **up:** 1 dimin (d'intensità); 2 (*to become less severe*) diventare m rigido (*o* severo) (con per quanto riguarda); 3 ⟨*fam*⟩ *stop*) fermarsi, riposarsi.

let[2] *s.* **1** affitto *m,* nolo *m,* noleggio *m.* **2** (*leased hous flat*) casa *f* affittata, appartamento *m* in affitto.

let[3] **I** *s.* **1** ⟨*Sport*⟩ (*in tennis, etc.*) colpo *m* nullo. **2** ⟨ (*hindrance*) ostacolo *m,* impedimento *m.* **II** *v.t.* (*pret.,* let/letted ['letid]) ⟨*rar*⟩ impedire, ostacolare. □ ⟨ *without* ~ *or hindrance* senza (alcun) impedimento.

let-down *s.* ⟨*fam*⟩ **1** delusione *f,* disappunto *m.* (*relaxation*) rilassamento *m,* allentamento *m.* **3** (*decre* calo *m,* diminuzione *f.*

lethal ['li:θəl] *a.* mortale, letale, fatale: ~ *weapon* a mortale; ~ *dose* dose letale.

lethal chamber *s.* camera *f* ⸢della morte⸣ (*o* a gas).

lethargic [li'θɑ:dʒik], **lethargical** [–əl] *a.* **1** (*apath* pigro, indolente, apatico; (*sluggish*) intorpidito. **2** ⟨*M* letargico. **lethargically** [–əli] *avv.* con indole pigramente, con ⸢fiacca⸣. **lethargize** ['leθədʒaiz] *v.t.* intorpi **lethargy** ['leθədʒi] *s.* **1** indolenza *f,* apatia *f.* **2** ⟨*M* letargo *m,* letargia *f.*

Lethe ['li:θi] **I** *N.pr.* ⟨*Mitol*⟩ Lete *m.* **II** *s.* oblio *m,* ⟨*p* Lete *m.* **Lethean** [li'θi:ən] *a.* **1** leteo, del Lete. **2** (*cau forgetfulness*) leteo, che dà l'oblio.

Leto ['li:tou] *N.pr.* ⟨*Mitol*⟩ Latona *f.*

let-off *s.* **1** ⟨*fam*⟩ il cavarsela. **2** ⟨*Mecc*⟩ scatto *m.*

let's [lets] (contraz. di *let us*) → **let**[1].

Lett [let] *s.* **1** (*person*) lettone *m/f.* **2** (*language*) let *m.*

letter[1] ['letə] **I** *s.* **1** lettera *f: the last* ~ *of a word* l'ul lettera di una parola. **2** (*written communication*) letter scritto *m: to write s.o. a.* ~ scrivere una lettera a q ⟨*Tip*⟩ (*style of type*) carattere *m;* (*single piece of t* lettera *f.* **4** ⟨*fig*⟩ lettera *f,* senso *m* letterale: *to keep to* ~ *of the law* attenersi alla lettera della legge. **5** (*alphabet*) alfabeto *m,* lettere *fpl* dell'alfabeto: *the chi learning his –s* il bambino sta imparando l'alfabeto. **6** (*literature*) lettere *fpl,* letteratura *f;* (*learning*) cultu istruzione *f: a man of –s* un uomo di cultura. **7** *pl.* ⟨ lettera *f,* documento *m;* (*certificate*) certificato *m.* **II** *v* mettere una scritta su; (*to append letters*) segnare lettere. **2** (*to print*) scrivere in stampatello (*o* lettere) ~ *of* **advice** lettera *f* d'avviso; ⟨*Dir*⟩ ~ *of* **attorney** let *f* di procura; ⟨*Dipl*⟩ *–s of* **credence** credenziali *fpl;* ⟨*E* ~ *of* **credit** lettera *f* di credito; ⟨*Dir*⟩ ~ *of* **indem** fideiussione *f;* ~ *of* **inquiry** richiesta *f* d'informaz ⟨*Mil*⟩ ~ *of* **instruction** foglio *m* d'ordini; ~ *of* **inten** lettera *f* d'intenti; ~ *of* **introduction** lettera *f* presentazione; ⟨*Dir*⟩ *–s of* **ratification** strumento *m*

atifica; ⟨*fig*⟩ **to** *the* ~ alla lettera.
tter[2] *s.* locatore *m* (*f* –trice), noleggiatore *m* (*f* –trice).
tter| **balance** *s.* → **letter scales.** ~ **bomb** *s.* lettera *f* (*o* nissiva) esplosiva. ~ **book** *s.* ⟨*Comm*⟩ copialettere *m.* ~ **ox** *s.* ⟨*Post*⟩ cassetta *f* postale (*o* delle lettere). ~ **card** . ⟨*Post*⟩ biglietto *m* postale. ~ **carrier** *s.* portalettere *n/f,* postino *m* (*f* –a).
ttered ['letəd] *a.* **1** (*educated*) istruito; (*cultured*) lotto, letterato. **2** (*inscribed with letters*) marcato con ettere. **3** (*consisting of letters*) scritto in lettere.
ttergram ['letəgræm] *s.* telegramma *m* lettera.
tterhead ['letəhed] *s.* **1** intestazione *f.* **2** (*sheet of paper*) arta *f* intestata.
ttering ['letəriŋ] *s.* **1** (*act*) iscrizione *f.* **2** (*letters used*) aratteri *mpl.*
tter| **opener** *s.* tagliacarte *m.* ~ **paper** *s.* carta *f* da ettere. ~**-perfect** *a.* che conosce un testo (*o* una parte, na lezione) alla perfezione. ~**press I** *s.* ⟨*Tip*⟩ **1** ilievografia *f,* stampa *f* a rilievo. **2** (*reading matter*) testo *n* (scritto). **II** *a.* tipografico. ~**-quality** *s.* ⟨*Inform*⟩ ualità *f* lettera. ~ **rack** *s.* portaposta *m.* ~ **scales** *s.pl.* esalettere *m,* bilancia *f* per lettere.
tters| **credential** ['letəz] *s.pl.* ⟨*Dipl*⟩ credenziali *fpl,* ettere *fpl* credenziali. ~ **patent** *s.pl.* lettere *fpl* patenti. ~ **ogatory** *s.pl.* ⟨*Dir*⟩ commissione *f* rogatoria.
tter| **weight** *s.* fermacarte *m.* ~ **writer** *s.* chi scrive na lettera, corrispondente *m/f.*
ettic ['letik] *a.* → **Lettish.**
tting ['letiŋ] *s.* affitto *m,* noleggio *m.*
tting value *s.* valore *m* locativo.
ettish ['letiʃ] **I** *a.* lettone. **II** *s.* (*language*) lettone *m.*
ttuce ['letis] *s.* **1** ⟨*Bot*⟩ lattuga *f.* **2** ⟨*sl*⟩ (*paper money*) anconota *f.*
t-up *s.* ⟨*fam*⟩ **1** rallentamento *m.* **2** (*reduction*) riduzione
*

ucaemia [lju:'si:miə] *s.* → **leukaemia.**
ucocyte ['lju:kəsait, 'lu:–] *s.* ⟨*Anat*⟩ leucocita *m,* leucocito *n.*
ucorrh(o)ea [,lju:kə'ri:ə, ,lu:–] *s.* ⟨*Med*⟩ leucorrea *f.*
ukaemia [lju:'ki:miə] *s.* ⟨*Med*⟩ leucemia *f.* **leukaemic** –mik] *a.* leucemico.
ukocyte *s.* → **leucocyte.**
vant [li'vænt] *v.i.* squagliarsela per non pagare i debiti.
evant *N.pr.* ⟨*Geog*⟩ Levante *m.*
vanter [li'væntə] *s.* ⟨*Meteor*⟩ levante *m,* vento *m* di evante.
evantine [li'væntin] **I** *a.* levantino. **II** *s.* levantino *m* (*f* –a).
vator [li'veitə] *s.* (*pl.* **-s** [z]/**tores** [,levə'tɔ:ri:z]) **1** ⟨*Anat*⟩ nuscolo *m* elevatore. **2** ⟨*Chir*⟩ elevatore *m* (da osso).
vee[1] *s.* **1** ⟨*Geog*⟩ (*natural bank*) argine *m* naturale. **2** ⟨*am.Geog*⟩ (*artificial bank*) argine *m* artificiale. **3** ⟨*Agr*⟩ canaletto *m* d'irrigazione. **4** (*landing place*) molo *n,* attracco *m.*
vee[2] [le'vi:] *s.* **1** ricevimento *m* a corte per soli uomini. **2** ⟨*Stor*⟩ udienza *f* mattutina. **3** ⟨*fig*⟩ (*fashionable party*) icevimento *m.*
vel[1] ['levl] **I** *a.* **1** piano, livellato, pianeggiante, piatto: *a* ~ *surface* una superficie piana; (*horizontal*) orizzontale, piano; (*uniform*) uniforme, piano. **2** (*unvarying*) costante, nvariato. **3** (*on the same level*) a livello, allo stesso ivello, pari. **4** ⟨*fig*⟩ (*mentally well–balanced*) equilibrato, assennato. **5** ⟨*fig*⟩ (*calm*) pacato, calmo: *to speak in a* ~ *voice* parlare con un tono di voce pacato. **6** ⟨*Fis*⟩ equipotenziale. **II** *s.* **1** livello *m: the* ~ *of the water* il ivello dell'acqua. **2** (*horizontal line, surface, etc.*) livello *m,* altezza *f: she comes to the* ~ *of my shoulders* mi arriva all'altezza delle spalle. **3** (*level ground*) piana *f.* **4** ⟨*fig*⟩ ivello *m,* grado *m: conference at a technical* ~ conferenza a livello tecnico; *cultural* ~ livello culturale. **5** ⟨*tecn*⟩ ivella *f.* **6** ⟨*Topogr,El,Acu*⟩ livello *m.* **III** *avv.* a livello, allo stesso livello. □ ⟨*fam*⟩ *to do one's* ~ *best* fare del proprio meglio; ⟨*fig*⟩ *to come* **down** *to s.o.'s* ~ abbassarsi al livello di qd.; *to* **find** *one's own* ~: **1** (*of liquids*) ivellarsi; **2** ⟨*fig*⟩ raggiungere una posizione adeguata; *to keep a* ~ *head* mantenere la calma; *to be* **on** *a* ~ *with* essere al livello di (*anche fig.*); ⟨*sl*⟩ *on the* ~: **1** onesto,

leale; **2** (*honestly*) onestamente, lealmente; **3** (*really*) davvero, realmente; *s.o. of one's own* ~ un proprio pari; ~ *of* **sound** livello *m* del suono; *a* ~ **spoonful** un cucchiaio raso.
level[2] *v.* (*pret., p.p.* **levelled**/*am.* **leveled** [–d]) **I** *v.t.* **1** spianare, livellare, appianare: *to* ~ *a road* spianare una strada. **2** (*to make level with the ground*) abbattere, spianare: *to* ~ *trees* abbattere (gli) alberi; (*to raze*) radere al suolo, spianare, demolire: *to* ~ *a city* radere al suolo una città. **3** ⟨*fig*⟩ (*to make equal*) livellare, rendere uguale, pareggiare; (*to make uniform*) uniformare, rendere uniforme. **4** (*of a weapon*) spianare, puntare: *to* ~ *one's gun at s.o.* spianare il fucile contro qd. **5** ⟨*fig*⟩ (*of criticism, etc.*) lanciare, scagliare: *to* ~ *an accusation against s.o.* lanciare un'accusa contro qd. **6** ⟨*Topogr,Ling*⟩ livellare. **II** *v.i.* diventare pianeggiante (*o* piano). □ ⟨*fig*⟩ *to* ~ *a blow at s.o.* assestare un colpo a qd.; *to* ~ **down:** **1** (*to come to a level*) abbassarsi; **2** (*to bring down to a level*) livellare abbassando il piano; *to* ~ **off** (*o* **out**): **1** spianare, rendere piano; **2** ⟨*fig*⟩ stabilizzare, livellare; (*to become stabilized*) stabilizzarsi, livellarsi; **3** ⟨*Aer*⟩ mettersi in orizzontale (per l'atterraggio); *to* ~ **up:** **1** arrivare a un livello, **2** (*to bring up to a level*) livellare sopraelevando il piano; ⟨*sl*⟩ *to* ~ **with** *s.o. about s.th.* dire la verità a qd. su qc.
level| **crossing** *s.* ⟨*Ferr*⟩ passaggio *m* a livello. ~ **ground** *s.* piana *f.* **'~-'headed** *a.* assennato, equilibrato, giudizioso. **,~-'headedness** *s.* quadratura *f* mentale.
leveller ['levlə] *s.* **1** livellatore *m* (*f* –trice) (*anche fig.*). **2** ⟨*Pol*⟩ egualitario *m* (*f* –a). **Leveller** *s.* ⟨*Stor*⟩ livellatore *m.*
levelling [–liŋ] *s.* **1** livellamento *m,* spianamento *m.* **2** ⟨*Topogr*⟩ livellazione *f.* □ ~ *of income* livellamento *m* dei redditi.
levelling| **rod,** ~ **staff** *s.* ⟨*Topogr*⟩ stadia *f.*
levelly ['levli] *avv.* uniformemente. **levelness** [–lnis] *s.* **1** l'essere livellato (*o* pianeggiante). **2** (*uniformity*) uniformità *f.*
lever ['li:və, *am.* 'levə] **I** *s.* **1** leva *f* (*anche fig.*). **2** ⟨*Mecc*⟩ leva *f;* (*crowbar*) palanchino *m,* piede *m* di porco. **II** *v.t.* **1** rimuovere (*o* spostare) con una leva. **2** ⟨*fig*⟩ far leva su. **III** *v.i.* **1** usare una leva. **2** (*to act as a lever*) agire (*o* fare) da leva. □ ⟨*Fis*⟩ ~ *of the first* (*second*) *order* leva *f* di primo (secondo) genere; ⟨*fig*⟩ *the* –*s of political power* le leve del potere politico.
leverage ['li:vəridʒ, *am.* 'lev–] *s.* **1** ⟨*Mecc*⟩ azione *f* (*o* potenza) di una leva. **2** ⟨*Mecc*⟩ (*system of levers*) sistema *m* di leve. **3** ⟨*fig*⟩ potere *m,* influenza *f,* autorità *f.*
lever arm *s.* ⟨*Mecc*⟩ braccio *m* di leva.
leveret ['levərit] *s.* ⟨*Zool*⟩ leprotto *m.*
lever watch *s.* orologio *m* ad ancora.
leviable ['leviəbl] *a.* **1** (*of a tax*) che si può imporre, imponibile. **2** (*of goods*) soggetto a tassazione, tassabile.
leviathan [li'vaiəθən] *s.* **1** mostro *m* marino. **2** ⟨*fig*⟩ (*large ocean liner*) transatlantico *m.* **3** ⟨*fig*⟩ (*s.th. immense*) colosso *m.* **Leviathan** *N.pr.* ⟨*Bibl,Filos*⟩ Leviathan *m,* Leviatano *m.*
levigate ['levigeit] *v.t.* **1** polverizzare. **2** ⟨*Chim*⟩ levigare; (*of gels*) omogeneizzare. **,levigation** [–'geiʃən] *s.* **1** polverizzazione *f.* **2** ⟨*Chim*⟩ levigazione *f,* levigatura *f.*
levirate ['levərit] *s.* ⟨*Etnol*⟩ levirato *m.* **,leviratic** [–'rætik] *a.* del levirato.
levitate ['leviteit] **I** *v.i.* ⟨*Occult*⟩ levitare. **II** *v.t.* far levitare. **,levitation** [–'teiʃən] *s.* levitazione *f.*
Levite ['li:vait] *s.* ⟨*Bibl*⟩ levita *m.* **Levitic** [li'vitik], **Levitical** [li'vitikl] *a.* levitico.
Leviticus [li'vitikəs] *s.* ⟨*Bibl*⟩ Levitico *m.*
levity ['leviti] *s.* **1** leggerezza *f,* frivolezza *f.* **2** (*inconstancy*) leggerezza *f,* volubilità *f,* incostanza *f.* **3** (*lightness in weight*) lievità *f,* leggerezza *f.*
levogyrate *e der.* → **laevogyrate** *e der.*
levy ['levi] **I** *v.t.* **1** (*of a tax, tribute, etc.: to impose*) imporre; (*to collect*) riscuotere, esigere. **2** ⟨*Mil*⟩ arruolare, reclutare, chiamare alle armi. **3** (*of war*) muovere, fare. **4** ⟨*Dir*⟩ agire esecutivamente su. **II** *v.i.* ⟨*Dir*⟩ agire esecutivamente (*on* su). **III** *s.* **1** (*of taxes: raising*) imposizione *f;* (*collecting*) esazione *f,* riscossione *f;* (*tax raised*) imposta *f,* tributo *m.* **2** ⟨*Mil*⟩ (*enlistment*) leva *f,*

arruolamento *m*, reclutamento *m; (troops levied)* leva *f,* coscritti *mpl.* **3** ⟨*Dir*⟩ esecuzione *f* forzata.

lewd [luːd, ljuːd] *a.* **1** *(of persons)* lascivo, impudico, dissoluto. **2** *(of things)* lascivo, osceno. '**lewdness** [-nis] *s.* **1** lascivia *f,* impudicizia *f,* dissolutezza *f.* **2** *(obscenity)* salacità *f,* oscenità *f.*

lewis ['luːis] *s.* ⟨*Edil*⟩ ulivella *f.*

Lewis *N.pr.* Luigi *m.*

lexical ['leksikəl] *a.* lessicale.

lexicographer [,leksi'kɔgrəfə] *s.* lessicografo *m (f* –a).

lexicographic [-ko(u)'græfik], **lexicographical** [-ko(u)'græfikəl] *a.* lessicografico. **lexicography** [-fi] *s.* lessicografia *f.* **lexicology** [-'kɔlədʒi] *s.* lessicologia *f.*

lexicon ['leksikən] *s. (pl.* -**ca** [kə]/-**s** [z]) lessico *m*, dizionario *m.*

ley [lei, liː] *s.* → **lea.**

Leyden ['laidn] *N.pr.* ⟨*Geog*⟩ Leida *f.*

Leyden jar *s.* ⟨*Fis*⟩ bottiglia *f* di Leida.

LF = ⟨*El*⟩ *low frequency* bassa frequenza.

L.G. = **1** ⟨*Mil*⟩ *Life Guards* guardie del corpo. **2** ⟨*Aer*⟩ *landing ground* campo d'atterraggio. **3** ⟨*Ling*⟩ *Low German* basso tedesco.

liability [,laiə'biliti] *s.* **1** l'essere soggetto *(to* a). **2** *(tendency)* tendenza *f,* (pre)disposizione *f,* propensione *f.* **3** ⟨*Dir,Assic*⟩ responsabilità *f.* **4** ⟨*Comm*⟩ *(debts)* debiti *mpl*, passività *fpl*, passivo *m.* **5** ⟨*fam*⟩ *(disadvantage)* svantaggio *m*, inconveniente *m; (handicap)* condizione *f* di svantaggio (*o* inferiorità), handicap *m.* □ *limitation of* ∼ limitazione *f* di responsabilità.

liability insurance *s.* ⟨*Aut*⟩ assicurazione *f* contro i rischi di responsabilità civile (verso terzi).

liable ['laiəbl] *a.* **1** soggetto, obbligato, tenuto *(to* a): ∼ *to tax* soggetto a tasse; ∼ *to military service* soggetto agli obblighi militari; *(susceptible)* passibile, suscettibile (di). **2** *(inclined)* soggetto, portato, che ha tendenza *(to* a): *to be* ∼ *to catch cold* andare soggetto a raffreddori. **3** ⟨*Dir*⟩ responsabile *(for* di): *to be* ∼ *for one's son's debts* essere responsabile dei debiti del proprio figlio; *(being in a position to incur)* passibile *(to* di): ∼ *to punishment* passibile di pena. □ *to be* ∼ potere, essere possibile: *this car is* ∼ *to give out at any moment* questa macchina può guastarsi da un momento all'altro; *to become criminally* ∼ incorrere nella responsabilità penale; *there is* ∼ *to be some trouble* è possibile che sorgano delle difficoltà; *to be* ∼ *for damage* rispondere di un danno.

liaise [li'eiz] *v.i.* **1** ⟨*fam*⟩ fare da collegamento *(with* tra). **2** ⟨*Mil*⟩ mantenere il collegamento *(between* tra). **liaison** [-ɔ̃] *s.* **1** legame *m*, connessione *f*, relazione *f*, nesso *m.* **2** ⟨*Mil*⟩ collegamento *m.* **3** *(illicit sexual relationship)* relazione *f* (amorosa). **4** ⟨*Fon*⟩ legamento *m*, liaison *f.*

liaison| office *s.* ⟨*Pol,Mil*⟩ ufficio *m* di collegamento. **officer** *s.* ⟨*Mil*⟩ ufficiale *m* di collegamento.

liana [li'ɑːnə], **liane** [li'ɑːn] *s.* ⟨*Bot*⟩ liana *f.*

liar ['laiə] *s.* bugiardo *m (f* –a), mentitore *m (f* –trice). □ ⟨*iron*⟩ *to be a good* ∼ saperla raccontare.

lib. = **1** *book* libro. **2** *librarian* bibliotecario. **3** *library* biblioteca.

Lib. = **1** ⟨*Pol*⟩ *Liberal* liberale. **2** *Liberation* liberazione.

libation [lai'beiʃən] *s.* libagione *f (anche scherz.).*

libel ['laibl] **I** *s.* **1** ⟨*Dir*⟩ *(written defamation)* libello *m*, pubblicazione *f* diffamatoria; *(act or crime of publishing a libel)* diffamazione *f* (calunniosa). **2** ⟨*fig*⟩ offesa *f*, oltraggio *m*, torto *m: this book is a* ∼ *on our country* questo libro è un'offesa al nostro paese. **3** ⟨*fam*⟩ *(untrue remark)* calunnia *f,* diffamazione *f.* **II** *v.t.* *(pret., p.p.* **libelled**/*am.* **libeled** [-d]) **1** pubblicare un libello contro. **2** ⟨*Dir*⟩ intentare un giudizio contro. **3** ⟨*fig*⟩ non rendere giustizia a, fare torto a.

libellant ['laibələnt] *s.* ⟨*Dir*⟩ attore *m.* ,**libellee** [-'liː] *s.* ⟨*Dir*⟩ convenuto *m (f* –a). **libeller** [-lə] *s.* ⟨*Dir*⟩ libellista *m/f*, diffamatore *m (f* –trice). **libellous** [-ləs] *a.* diffamatorio, calunnioso.

liberal ['libərəl] *a.* **1** liberale *(anche Pol.).* **2** *(broad-minded)* di larghe vedute, di mentalità aperta, senza pregiudizi; *(tolerant)* tollerante, liberale. **3** *(not strict)* lato, ampio, esteso: *a* ∼ *interpretation*

un'interpretazione lata. **4** *(generous)* prodigo, libera▸ generoso: *to be* ∼ *with praise* essere prodigo di lo▸ *(bountiful)* generoso, liberale, munifico. **Liberal I** *a.* ⟨*P*▸ liberale, del partito liberale. **II** *s.* liberale *m/f.*

liberal| arts *s.pl.* belle lettere *fpl.* ∼-**Democratic I** liberaldemocratico. **II** *s.* liberaldemocratico *m (f* –a). **education** *s.* educazione *f* umanistica.

liberalism ['libərəlizəm] *s.* **1** larghezza *f* di vedu▸ *(tolerance)* tolleranza *f.* **2** ⟨*Pol,Econ*⟩ liberalismo **liberalist** [-list] *s.* liberista *m (f* –a). ,**liberalis**▸ [-'listik] *a.* liberale.

liberality [,libə'ræliti] *s.* **1** liberalità *f*, generosità munificenza *f.* **2** *(broad-mindedness)* larghezza *f* vedute, assenza *f* di pregiudizi.

liberalization [,libərəlai'zeiʃən] *s.* ⟨*Econ*⟩ liberalizzazio *f.* '**liberalize** [-laiz] **I** *v.t.* liberalizzare. **II** *v.i.* li▸ ralizzarsi.

Liberal| Party *s.* ⟨*Stor.brit*⟩ partito *m* liberale. **Republican** *s.* ⟨*Stor.am*⟩ repubblicano *m* liberale. **Unionist** *s.* ⟨*Stor.brit*⟩ unionista *m* liberale.

liberate ['libəreit] *v.t.* **1** liberare, rilasciare. **2** ⟨*Pol*⟩ ◂ *free)* liberare, riscattare. **3** ⟨*Chim*⟩ liberare. ,**liberati**◂ [-'reiʃən] *s.* **1** liberazione *f*, rilascio *m.* **2** ⟨*Pol*⟩ liberazione *f*, riscatto *m.* **3** ⟨*Chim*⟩ liberazione **liberator** [-ə] *s.* liberatore *m (f* –trice).

Liberia [lai'biəriə] *N.pr.* ⟨*Geog*⟩ Liberia *f.* **Liberian** [-◂ **I** *a.* liberiano. **II** *s.* liberiano *m (f* –a).

libertarian [,libə'tɛəriən] *s.* **1** fautore *m (f* –trice) de▸ libertà di pensiero e azione. **2** ⟨*Filos*⟩ fautore *m (f* –tri◂ della dottrina del libero arbitrio. **libertarianism** [-izən *s.* **1** ideologia *f* di chi propugna la libertà di pensiero azione. **2** ⟨*Filos*⟩ dottrina *f* del libero arbitrio.

liberticidal [li,bəːti'saidl] *a.* liberticida. **li'bertici**◂ [-said] **I** *s.* **1** liberticidio *m.* **2** *(person)* liberticida *m/f.* *a.* → **liberticidal.**

libertinage ['libətinidʒ] *s.* libertinaggio *m.*

libertine ['libətiːn] **I** *s.* **1** libertino *m.* **2** ⟨*Stor*⟩ liberti◂ *m*, libero pensatore *m.* **3** ⟨*Stor.rom*⟩ liberto *m.* **II** libertino. **libertinism** [-izəm] *s.* **1** libertinaggio *m.* ◂ ⟨*Rel*⟩ libertinismo *m.*

liberty ['libəti] *s.* **1** libertà *f:* ∼ *of the press* libertà stampa; *to set at* ∼ mettere in libertà. **2** *(leave)* permes◂ *m*, licenza *f.* **3** *(permission to frequent)* libero accesso ◂ **4** *pl. (rights, privileges)* privilegi *mpl*, diritti *mpl.* **5** ▸ *(improper familiarity)* libertà *fpl*, licenza *f: to take liberti◂ with s.o.* prendersi delle libertà con qd. □ *to be at* ∼◂ essere libero *(o* in libertà); **2** *(to be unoccupied)* esse▸ libero *(o* disponibile, non impegnato); *you are at* ∼◂ believe me or not sei libero di crederlo o no.

Liberty| bond *s.* ⟨*Stor.am*⟩ cartella *f* del prestito del▸ libertà. ∼ **cap** *s.* ⟨*Stor*⟩ berretto *m* frigio. ∼ **loan** ⟨*Stor.am*⟩ prestito *m* della libertà. ∼**man** [mæn] *s.i◂* ⟨*Mar*⟩ marinaio *m* in permesso.

libidinous [li'bidinəs] *a.* libidinoso, lussurioso.

libido [li'biːdou] *s. (pl.* -**s** [z]) ⟨*Psic*⟩ libido *f.*

libra ['laibrə] *s.* **1** *(pl.* -**brae** [briː]) ⟨*Econ,Stor*⟩ libbra *f.* *(person)* Bilancia *f*, persona *f* nata sotto il segno del Bilancia.

Libra *N.pr.* ⟨*Astr*⟩ Bilancia *f.*

librarian [lai'brɛəriən] *s.* bibliotecario *m (f* –a **librarianship** [-ʃip] *s.* **1** ufficio *m (o* carica *f)* ◂ bibliotecario. **2** *(science)* biblioteconomia *f.*

library ['laibrəri] *s.* **1** biblioteca *f.* **2** *(collection of book◂* biblioteca *f; (collection)* raccolta *f,* collezione *f.* **3** ⟨*Inforn* biblioteca *f.*

library| science *am. s.* biblioteconomia *f.* ∼ **van** *am.* bibliobus *m*, autolibro *m.*

librate ['laibreit] *v.i.* **1** oscillare, ondeggiare. **2** *(to rema◂ poised)* librarsi, stare sospeso *(o* in equilibrio). **libratio◂** [-'breiʃən] *s.* **1** ondeggiamento *m*, oscillazione *f.* **2** ⟨*Ast◂* librazione *f.* **libratory** ['laibrətəri] *a.* oscillatorio.

librettist [li'bretist] *s.* ⟨*Mus*⟩ librettista *m/f.* **libretto** [-tou] *s. (pl.* -**s** [z]/-**tti** [tiː]) libretto *m.*

Libya ['libiə] *N.pr.* ⟨*Geog*⟩ Libia *f.* **Libyan** [-n] **I** ◂ libico. **II** *s.* libico *m (f* –a). **2** *(language)* libico *m.*

lice [lais] *s.* → **louse.**

licence ['laisəns] *s.* **1** licenza *f*, permesso *m*, autorizzazion◂

: **2** (*permission from an authority*) patente *f*, concessione **:** (*document*) licenza *f*, patente *f*. **3** (*deviation from rule, orm*) licenza *f*, arbitrio *m*: *poetic* ~ licenza poetica. **4** *licentiousness*) licenziosità *f*, licenza *f*. □ *exclusive* ~ icenza esclusiva; *to grant a* ~ concedere una licenza; ~ *to practise medicine* abilitazione *f* all'esercizio della **·**rofessione medica. **,licen'cee** [–i:] *s*. → licensee.

:ence| **fee** *s*. canone *m* di licenza. ~ **plate**, ~ **tag** *s*. *Aut*) targa *f* (d'immatricolazione).

:ense ['laisəns] **I** *v.t.* **1** concedere (*o* accordare) una icenza a. **2** (*to allow by licence*) permettere, autorizzare. **I** *s.* ⟨*am*⟩ → **licence**. **licensed** [–t] *a.* **1** autorizzato, **·**atentato: ~ *dealer* commerciante autorizzato. **2** *authorized to sell alcohol*) autorizzato alla vendita di lcolici.

:ensed| **pilot** *s*. pilota *m* brevettato. ~ **premises** *s.pl.* costr. sing. o pl.) spaccio *m* autorizzato alla vendita di lcolici. ~ **victualler** *s*. rivenditore *m* che ha la licenza **·**er la vendita di alcolici.

:ensee [,laisən'si:] *s*. **1** concessionario *m* di licenza (*o* autorizzazione). **2** ⟨*Dir*⟩ licenziatario *m*. **'licenser** [–sə] *s*. oncessionario *m* di una licenza.

:ensing ['laisənsiŋ] *s*. concessione *f* di una licenza. **:**ensing| **contract** *s*. contratto *m* di licenza. ~ **hours** *.pl.* ore *fpl* in cui è permessa la vendita di alcolici.

:ensor *s*. → **licenser**.

:entiate [lai'senʃiit] *s*. **1** persona *f* abilitata all'esercizio li una professione. **2** ⟨*Univ*⟩ licenziato *m* (*f* –a).

:entious [lai'senʃəs] *a*. licenzioso, lussurioso, lascivo; *immoral*) scostumato. **licentiousness** [–nis] *s*. li-**:**enziosità *f*, lascivia *f*.

·hen ['laikən] *s*. ⟨*Bot*⟩ lichene *m*. **,lichen'ology** [–ɔlədʒi] **·**. lichenologia *f*. **lichenous** [–əs] *a*. lichenoso; (*covered with lichens*) lichenoso, coperto di licheni.

·h| **gate** *s*. portico *m* all'entrata di un cimitero. ~ **·**ouse *s*. camera *f* mortuaria.

:it ['lisit] *a*. lecito, legale.

·k[1] [lik] *v.t.* **1** leccare. **2** (*fig*) lambire, sfiorare, leccare: *he flames were –ing the house* le fiamme lambivano la asa. **3** (*fam*) (*to defeat heavily*) sconfiggere, battere; (*to ·utdo*) superare; (*to thrash*) percuotere, picchiare, **·**astonare. **4** (*fam*) (*to puzzle*) confondere, sconcertare. □ *o* ~ *one's fingers* **clean** pulirsi le dita leccandosele; ⟨*fig*⟩ *o* ~ *the* **ground** (*o dust*) mordere la polvere; ⟨*fig*⟩ *to* ~ **·**ne's **lips** leccarsi i baffi (*o* le dita); *to* ~ **off** togliere (*o* **·**ulire) leccando; ⟨*fam*⟩ *to* ~ *into* **shape** rifinire, dare la **·**ebita forma a; ⟨*fig*⟩ *to* ~ *one's* **wounds** leccarsi le ferite. *that –s me* non ci arrivo, non arrivo a capirlo.

·k[2] *s*. **1** leccatura *f*; (*as much as can be licked*) leccata *f*. **2** ⟨*Venat*⟩ luogo *m* ricco di sale dove la selvaggina va a **·**eccare il terreno. **3** ⟨*fam*⟩ (*light coating*) leggero strato *m*; *small quantity*) piccola quantità *f*, pizzico *m*. **4** ⟨*fam*⟩ *quick pace*) passo *m* veloce (*o* svelto). **5** ⟨*fam*⟩ (*sharp hit*) olpo *m* secco. **6** ⟨*fam*⟩ (*burst of energy*) sprazzo *m* ⟨**·**'energia. □ ⟨*fam*⟩ *at* ⌐*a great*⌐ (*o full*) ~ a tutta velocità; **:** ~ *in the* **face** un manrovescio; ⟨*scherz*⟩ *to give a room a* ~ *and a promise* pulire sommariamente una stanza.

:ker ['likə] *s*. chi lecca. **'lickerish** [–riʃ] *a*. **1** ghiotto, **·**oloso. **2** (*desirous*) avido, bramoso. **3** (*lustful*) lascivo, ussurioso.

:kety-'**split** *am*. ['likiti] *avv.* ⟨*fam*⟩ di gran carriera, a **·**rande velocità.

·king ['likiŋ] *s*. **1** leccatura *f*, leccata *f*. **2** ⟨*fam*⟩ *thrashing*) bastonatura *f*, botte *fpl*. **3** ⟨*fam*⟩ (*defeat*) confitta *f*, batosta *f*: *we took a* ~ subimmo una sconfitta. □ ⟨*fam*⟩ *to give s.o. a* ~ picchiare qd., accarezzare le palle a qd.

·kspit ['likspit], **lickspittle** [–tl] *s*. adulatore *m* (*f* -trice) servile, ⟨*spreg*⟩ leccapiedi *m/f*.

·orice *s*. → **liquorice**.

:tor ['liktə] *s*. ⟨*Stor.rom*⟩ littore *m*. **lictorian** [–'tɔ:riən] **·**. littorio.

·| [lid] *s*. **1** coperchio *m*: *to put the* ~ *on the jar* chiudere **·** barattolo col coperchio. **2** (*eyelid*) palpebra *f*. **3** ⟨*fam*⟩ *curb*) freno *m*, controllo *m*. **4** ⟨*sl*⟩ (*helmet*) casco *m*; *hat*) cappello *m*. **5** ⟨*Bot*⟩ opercolo *m*. □ ⟨*fam*⟩ *that puts* **·**he ~ *on it!* questo è il colmo!, non ci mancava che

questo! **'lidded** [–id] *a*. **1** munito (*o* provvisto) di coperchio. **2** (nei composti) dalle palpebre ...: *heavy-*~ dalle palpebre pesanti.

lido ['li:dou] *s*. (*pl.* **-s** [z]) **1** piscina *f* all'aperto. **2** (*beach resort*) lido *m*, stazione *f* balneare.

lie[1] [lai] **I** *s*. **1** bugia *f*, menzogna *f*, fandonia *f*, frottola *f*, panzana *f*: *to tell a* ~ dire una bugia; *his story was a tissue of –s* il suo racconto era intessuto di menzogne. **2** (*falsehood*) falsità *f*, menzogna *f*. **3** (*s.th. intended to mislead*) impostura *f*, menzogna *f*, frode *f*. **II** *v.i.* **1** mentire, dire bugie (*o* una bugia) (*to* a). **2** (*to give a false impression*) mentire, ingannare. □ *to* **act** *a* ~ agire slealmente; *to tell a* **deliberate** ~ mentire sapendo di mentire; *to give the* ~ *to*: 1 (*to accuse of lying*) accusare di menzogna; 2 (*to prove wrong*) smentire, dimostrare la falsità di; *to* ~ *o.s.* (*o one's way*) **out** *of* **trouble** cavarsi d'impiccio a forza di bugie; *it's a* **pack** (*o tissue*) *of –s* non sono altro che bugie; ⟨*scherz*⟩ *to* ~ *in one's* **teeth** (*o throat*) mentire spudoratamente, ⟨*scherz*⟩ mentire per la gola.

lie[2] *v.i.* (*pret.* **lay** [lei], *p.p.* **lain** [lein], *p.pr.* **lying** ['laiiŋ]) **1** giacere, stare disteso (*o* sdraiato): *he lay on his back on the ground* giaceva riverso (*o* supino) a terra. **2** (*to rest, be placed*) essere, stare, trovarsi: *leaves lay thick on the ground* per terra c'era uno spesso strato di foglie..**3** (*to be situated*) stare, trovarsi, essere situato, giacere: *the town –s north of the river* la città si trova a nord del fiume. **4** (*to stretch, extend*) stendersi: *a broad plain lay before us* davanti a noi si stendeva una vasta pianura. **5** (*to remain*) restare, rimanere: *many factories lay idle* molte fabbriche rimasero inattive; (*to remain unused*) rimanere (*o* restare) inutilizzato: *don't let all your money* ~ *in the bank* non lasciare tutto il tuo denaro inutilizzato in banca. **6** (*to be*) essere, rientrare: *the case –s outside my jurisdiction* il caso non è di mia competenza. **7** (*to exist, consist*) stare, consistere: *the fault –s in the construction* l'errore sta nella costruzione. **8** (*to be buried*) giacere, essere sepolto. **9** ⟨*Dir*⟩ (*of an action, appeal*) essere ammissibile. **10** ⟨*rar*⟩ (*to lodge*) alloggiare, soggiornare; (*to pass the night*) trascorrere la notte. □ *to* ~ **about** essere in disordine (*o* in giro), essere sparso qua e là; *to* ~ *in* **ambush** stare in agguato; ⟨*Mar*⟩ *to* ~ *at* **anchor** essere ⌐all'ancora⌐ (*o* alla fonda); *to* ~ **around** = *to lie about; as far as in me –s* per quanto sta in me; *to* ~ **back** sdraiarsi, adagiarsi; *to* ~ **by**: 1 fermarsi, riposare; 2 (*to lie unused*) restare inutilizzato; *to have s.th. lying by* avere qc. di riserva; ⟨*Mar*⟩ *to* ~ **close** *to the wind* stringere il vento; *to* ~ **down**: 1 sdraiarsi; 2 (*to lie on a bed for a rest*) coricarsi, sdraiarsi (*o* stendersi) per riposare; ⟨*fam*⟩ *to take an insult lying down* lasciar cadere un'offesa; ⟨*fam*⟩ *to* ~ *down under* (*of an insult, etc.*) accettare (*o* subire) senza protestare (*o* reagire); *here –s* (*on a tombstone*) qui giace; *to* ~ **in**: 1 stare a letto fino a tardi, poltrire a letto; 2 (*to be in labour*) mettersi a letto per partorire; ⟨*Mar*⟩ *to* ~ **off** restare al largo; *to* ~ **over** essere rinviato; ⟨*Mar*⟩ *to* ~ **to** essere alla cappa; *to* ~ **up**: 1 restare a letto (per malattia); 2 ⟨*Mar*⟩ essere in disarmo; *to* ~ **with**: 1 (*to be the duty, responsibility of*) stare a, spettare a: *the decision –s with you* la decisione spetta a te; 2 ⟨*rar*⟩ (*to have sexual intercourse with*) congiungersi carnalmente con; *the fault does not* ~ *with me* la colpa non è mia. ‖ *a brilliant future –s before him* ha dinanzi a sé un brillante avvenire.

lie[3] *s*. **1** posizione *f*, disposizione *f*. **2** (*of an animal*) tana *f*, covo *m*. □ *the* ~ *of the land*: 1 la configurazione del terreno; 2 (*fig*) lo stato delle cose, la situazione; *to study the* ~ *of the land* studiare il terreno (*anche fig.*).

lie-abed *s*. dormiglione *m* (*f* –a), poltrone *m* (*f* –a).

Liechtenstein ['liktənʃtain] *N.pr.* ⟨*Geog*⟩ Liechtenstein *m*.

lie| detector *s*. macchina *f* della verità. **~-down** *s*. pisolino *m*, dormitina *f*, sonnellino *m*: *to have a* ~ schiacciare un pisolino.

lief [li:f] *avv.* ⟨*rar*⟩ volentieri. □ ⟨*rar*⟩ *I had* (*o would*) *as* ~ *go as not* andare o restare mi è indifferente.

liege [li:dʒ] **I** *a*. **1** ⟨*Stor*⟩ (*of an overlord*) che ha diritto alla fedeltà dei vassalli; (*of a vassal*) che ha il dovere

d'essere fedele a un feudatario. 2 ⟨fig⟩ ligio, fedele, leale.
II s. ⟨Stor⟩ **1** signore m feudale, feudatario m. **2** →
liegeman. **'liegeman** [-mæn] s.irr. **1** ⟨Stor⟩ vassallo m.
2 ⟨fig⟩ seguace m fedele.
lien [li:n] s. ⟨Dir⟩ vincolo m, legame m.
lieu [lju:] s. ⟨rar⟩ luogo m, posto m, vece f. □ in ~ of
invece di, in luogo di, al posto di; in ~ invece.
Lieut. = ⟨Mil⟩ Lieutenant tenente.
Lieut.-Col. = Lieutenant Colonel tenente colonnello (abbr.
Ten. Col.).
lieutenancy [lef'tenənsi, am. lu:'t-] s. tenenza f.
lieutenant [-nənt] s. **1** ⟨Mil⟩ tenente m. **2** ⟨Mar.mil⟩
tenente m di vascello. **3** ⟨fig⟩ luogotenente m, vice m. □
⟨am.Mar.mil⟩ ~ junior grade sottotenente m, di vascello;
⟨am.Mar.mil⟩ ~ senior grade tenente m di vascello.
lieutenant| colonel s. ⟨Mil⟩ tenente m colonnello. ~
commander s. ⟨Mar.mil⟩ capitano m di corvetta.
~ **general** s. ⟨Mil⟩ tenente m generale. ~ **governor**
s. vicegovernatore m.
life [laif] **I** s. (pl. **lives** [laivz]) **1** vita f: to lose one's ~
perdere la vita. **2** ⟨collett⟩ (living things) vita f: is there ~
on the moon? c'è vita sulla luna?; animal ~ vita animale.
3 (of an individual) vita f, esistenza f: to lead a wretched
~ fare una vita grama; (of things) durata f, vita f: this
fashion will have a short ~ questa moda avrà breve vita.
4 (human experience) vita f, corso m delle cose umane:
~ is like that questa è la vita. **5** (particular aspect of
existence) vita f: sex ~ vita sessuale; (way of living) vita f,
modo m di vivere: country ~ la vita di campagna;
(career) carriera f. **6** (person) vita f, essere m vivente,
persona f: several –s were lost andarono perdute parecchie
vite; (blood) vita f, sangue m: to give one's ~ for one's
country dare la vita per la patria. **7** ⟨fig⟩ (liveliness) vita
f, vivacità f: children are full of ~ i bambini sono pieni di
vita; (animation) animazione f, vita f: the party lacked ~
il ricevimento mancava di animazione; (that which
enlivens) anima f, vita f: he was the ~ of the party era
l'anima della festa. **8** ⟨fig⟩ (animating force, principle)
forza f (vitale). **9** ⟨fig⟩ (property of resilience) elasticità f.
10 (biography) biografia f, vita f: a ~ of Napoleon una
biografia di Napoleone. **11** ⟨fam⟩ → life imprisonment.
12 ⟨Teol⟩ vita f (eterna). **13** ⟨Art⟩ vero m: to draw from
~ disegnare dal vero. **14** ⟨Sport⟩ (opportunity)
opportunità f, occasione f. **15** ⟨Mot⟩ durata f. **II** a. **1**
(lifelong) a vita: a ~ member un socio a vita. **2** ⟨Art⟩ al
naturale: ~ portrait ritratto al naturale. **3** (relating to
animate being) vitale: ~ forces forze vitali. **4** ⟨Assic⟩ sulla
vita: a ~ policy una polizza sulla vita. □ to **bring** to ~: 1
animare; 2 (to cause to recover consciousness) rianimare, far
tornare in vita; 3 ⟨fig⟩ dar vita, animare; to bring back to
~ far rivivere; to have as many lives as a cat avere sette
vite come i gatti, avere la pelle dura; to **come** to ~: 1
venire alla luce, nascere; 2 (to recover consciousness)
rinvenire, ricuperare i sensi, riaversi; 3 ⟨fig⟩ animarsi; to
come to ~ again rivivere, tornare in vita; ⟨Teol⟩ the ~ to
come la vita futura, l'aldilà; to be in **danger** of one's ~
essere in pericolo di vita; it is a matter of ~ and **death** è
una questione di vita o di morte; my **early** ~ la mia
gioventù; ~ on **earth** vita terrena; the **eternal** (o
everlasting) ~ l'altra vita, la vita eterna; **for** ~ a vita, per
tutta la vita, fino alla morte; ⟨fam⟩ to run for one's (dear)
~ cercare scampo nella fuga; run for your lives! ti salvi
chi può!; ⟨fam⟩ I can't understand it for the ~ of me non
riesco assolutamente a capirlo; ~ of **freedom** vita libera;
the **future** ~ = the **eternal** life; ⟨fam⟩ to **get** ~ essere
condannato a vita; to **give** ~ to: 1 animare, infondere
l'anima in; 2 ⟨fig⟩ animare, rendere più vivo, ravvivare;
to marry early in ~ sposarsi giovane; as **large** as ~: 1 in
grandezza naturale, al naturale; 2 ⟨fam⟩ (in person) in
persona, in carne e ossa; to **lead** a ~ of luxury vivere nel
lusso; to lead a ⌐~ of seclusion⌐ fare vita ritirata; to **live**
one's ~ trascorrere la vita; **married** ~ vita f coniugale; a
man in **middle** ~ un uomo di mezz'età; ⟨fig⟩ my ~! vita
mia!; to **put** new ~ into rinvigorire, ravvivare; ⟨fam⟩ **not**
on your ~! assolutamente no!, in nessun modo!, neppure
per scherzo!; **nothing** in ~ = nulla di nulla; the **other** ~
= the **eternal** life; ⟨Mar⟩ ~ and

property corpo e beni; ⟨fam⟩ **put** some ~ into it! metti
un po' d'impegno!; ⟨am.sl⟩ ~ of Riley cuccagna f, ⟨fam⟩
pacchia f; to **risk** one's ~ rischiare la vita, sfidare
morte; at great **sacrifice** of ~ col sacrificio di molte vi
to **save** s.o.'s ~ salvare la vita a qd.; ⟨fig⟩ to **see** ~
conoscere il mondo; to **struggle** through ~ stentare
vita, passare la vita fra gli stenti; ⟨esclam⟩ such is ~ cc
è la vita; to **take** ~ uccidere, ammazzare; to take s.o.'s
uccidere qd.; to **take** one's own ~ togliersi la vi
suicidarsi; **this** ~ questo mondo, questa vita: to depo
this ~ lasciare questo mondo, morire; at my **time** of
alla mia età; ⟨fam⟩ to have the **time** of one's ~ diverti
un mondo; the painting is her to the ~ il ritratto
somiglia perfettamente; **true** to ~ verissimo; **upon** my
parola mia!; to adopt a **way** of ~ adottare un sistema
vita. Prov.: where (o while) there's life there's hope finc
c'è vita c'è speranza.
'life|-and-'death a. disperato, accanito: a ~ struggle u
lotta disperata. ~ **annuity** s. ⟨Assic⟩ assegno m vitalizi
vitalizio m. ~ **assurance** s. → life insurance. ~**belt**
⟨Mar⟩ salvagente m (a cintura), cintura f di salvatagg
~blood s. **1** sangue m, linfa f vitale. **2** ⟨fig⟩ vita
anima f. **~boat** s. ⟨Mar⟩ **1** battello m di salvataggio.
(ship's boat) scialuppa f di salvataggio. **~buoy** s. ⟨Me
boa f di salvataggio, salvagente m. ~ **crisis** s. crisi
esistenziale. ~ **cycle** s. ciclo m vitale. ~ **estate** s.
life interest. ~ **everlasting** s. ⟨Teol⟩ vita f eterna.
expectancy s. ⟨Statist⟩ attesa f (o aspettativa) di vi
~-giving a. animatore, che rinvigorisce. **~-guard** s.
bagnino m. **2** (bodyguard) guardia f del corpo. ~ **Guar**
s.pl. ⟨GB⟩ guardia f del corpo. ~ **imprisonment**
ergastolo m, condanna f a vita. ~ **instinct** s. ⟨Ps
istinto m di vita. ~ **insurance** s. ⟨Assic⟩ assicurazion
sulla vita. ~ **interest** s. ⟨Dir⟩ usufrutto m, rendita
vitalizia. ~ **jacket** s. giubbotto m (o giacca f)
salvataggio.
lifeless ['laiflis] a. **1** senza vita: a ~ planet un pian
senza vita. **2** (inanimate) inanimato, privo di vita.
⟨fig⟩ (without animation) senz'anima, senza vita. **4** ⟨f
(unconscious) esanime, inanimato. **lifelessness** [–nis]
mancanza f di vita.
lifelike ['laiflaik] a. **1** naturale, realistico. **2** (looking li
the original) parlante, che sembra vivo: ~ portrait ritra
parlante.
life line s. **1** ⟨Mar⟩ sagola f di salvataggio: (for a div
cavo m di recupero. **2** ⟨fig⟩ (route) linea f
comunicazione vitale. **3** ⟨fig⟩ (anything on which l
depends) ancora f di salvezza. **4** ⟨Occult⟩ linea f de
vita.
lifelong ['laifloŋ] a. che dura tutta la vita, di tutta u
vita.
lifelong learning s. educazione f permanente.
life| peer s. ⟨GB⟩ pari m a vita. ~ **peerage** s. titolo
di pari a vita. ~ **preserver** s. **1** ⟨Mar⟩ salvagente m.
(knuckleduster) pugno m di ferro. **3** (blackjack) sfollage
m.
lifer ['laifə] s. ⟨sl⟩ ergastolano m (f –a).
life| saver s. **1** salvagente m. **2** (life guard) bagnino m.
⟨fig⟩ ancora f di salvezza. ~ **sentence** s. ergastolo
condanna f ⌐a vita⌐ (o all'ergastolo). **,~-'size(d)** a.
grandezza naturale, al naturale. ~ **span** s. durata f de
vita, vita f. **~-style** s. stile m (o modo) di vita. ~ **tab**
s. ⟨Assic⟩ tabella f di mortalità. ~ **tenant** s. usufruttua
m (f –a) a vita d'immobili. **~time I** s. **1** durata f di tu
una vita. **2** ⟨fam⟩ (very long time) eternità f, secolo m.
a. per (la durata di) tutta una vita. □ it's the chance o
~ è un'occasione unica; once in a ~ una volta nella m
~ **vest** am. s. → life jacket. '~**work** s. lavoro m
(tutta) una vita.
LIFO ['laifou] = ⟨Comm⟩ last-in, first-out lifo.
lift[1] [lift] **I** v.t. **1** alzare, sollevare: to ~ a weight alzare
peso; (to direct upward; spesso con up) alzare, solleva
innalzare, levare: to ~ up one's eyes to heaven levare
occhi al cielo. **2** (to project) innalzare, levare a
elevare: Everest –s its peak into the sky l'Everest innalza
sua vetta al cielo. **3** ⟨fig⟩ (to raise in condition, rank, ed
sollevare, innalzare. **4** (of a blockade, siege) leva

ogliere. **5** (*to revoke*) togliere, abolire: *to ~ a ban* togliere
un divieto. **6** (*of a mortgage, etc.*) estinguere. **7** (*fam*) (*to
teal*) rubare, (*pop*) grattare. **8** (*fam*) (*to plagiarize*)
plagiare, copiare; (*to take out of normal setting*) prendere
di 'sana pianta' (*o peso*). **9** (*Agr*) scavare, cavare. **10**
(*Chir*) (*of the face*) sottoporre a lifting. **11** (*Aer*)
trasportare. **II** *v.i.* **1** sollevarsi, alzarsi; (*to appear
elevated*) ergersi, elevarsi, innalzarsi. **2** (*of fog, clouds,
etc.*) diradarsi. **3** (*of a floor*) curvarsi, inarcarsi, sollevarsi.
□ *to ~ one's* hand alzare la mano per giurare; (*fig*) *to ~
one's hand to* (*o against*) *s.o.* alzare le mani su qd.; *to ~
off*: 1 (*Astron*) partire; 2 (*Aer*) decollare; *to ~ up*
sollevare, alzare, tirar su; (*fig*) alzare, innalzare: *to ~ up
one's heart to God* innalzare l'anima a Dio.

ft *s.* **1** sollevamento *m*, innalzamento *m*, alzata *f*. **2** (*ride
in a vehicle*) passaggio *m*, (*pop*) strappo *m*: *to give s.o. a
~* dare un passaggio a qd. **3** (*Aer*) (*airlift*) ponte *m* aereo.
4 (*Mecc*) ascensore *m*; (*dumb waiter*) montavivande *m*;
(*hoisting apparatus*) montacarichi *m*. **5** (*fig*) sostegno *m*,
sollievo *m*. **6** (*rise of ground*) rialzo *m*, elevamento *m*. **7**
(*Aer*) (*aerodynamic force*) portanza *f*, forza *f* ascensionale.
8 (*Calz*) (*of a heel*) soprattacco *m*. □ *~ of the head*
portamento eretto del capo; *to thumb a ~* fare
l'autostop.

ft|boy *s.* ascensorista *m*, lift *m*. **~ bridge** *s.* ponte *m*
sollevabile.

fter ['liftə] *s.* **1** sollevatore *m* (*f* –trice). **2** (*sl*) (*shoplifter*)
taccheggiatore *m* (*f* –trice). **3** (*Mecc*) eccentrico *m*,
camma *f*.

fting| equipment ['liftiŋ] *s.* (*Mecc*) apparecchio *m* di
sollevamento. **~ jack** *s.* (*tecn*) binda *f*.

ft|man [mæn] *s.irr.* → liftboy. **~-off** *s.* **1** (*Astron*)
partenza *f*. **2** (*Aer*) decollo *m*. **~ pump** *s.* (*tecn*) pompa
f a spostamento diretto. **~ shaft** *s.* pozzo *m*
dell'ascensore.

igament ['ligəmənt] *s.* **1** (*Anat*) legamento *m*. **2** (*fig*)
legame *m*, vincolo *m*. **ligamental** [-'mentl], **liga-
mentary** [-'mentəri], **ligamentous** [-'mentəs] *a.* lega-
mentoso.

igature ['ligətʃuə] *s.* **1** (*act of binding*) legatura *f*; (*s.th.
used to bind*) legaccio *m*, legamento *m*. **2** (*Chir*) legatura
f, allacciatura *f*; (*thread, wire*) filo *m* per legature. **3** (*fig*)
legame *m*, vincolo *m*. **4** (*Mus*) legatura *f* (di portamento).
5 (*Tip*) (*stroke, bar*) legatura *f*; (*letters printed together*)
logotipo *m*.

ight [lait] **I** *s.* **1** luce *f* (*anche Fis.*): *the ~ of the sun* la
luce del sole. **2** (*s.th. which emits light*) luce *f*, sorgente *f*
luminosa, lume *m*; (*lamp*) luce *f*, fanale *m*, lampada *f*;
(*electric lamp*) luce *f*, lampada *f*: *to turn off the ~*
spegnere la luce. **3** (*daylight*) luce *f* (diurna, del sole); (*day
time*) luce *f* (del giorno), giorno *m*: *while the ~ lasts*
finché c'è ancora luce; (*dawn*) alba *f*. **4** (*brightness*)
luminosità *f*, chiarore *m*, splendore *m*. **5** (*illumination*)
luce *f*, illuminazione *f*: *there's not much ~ in this room* c'è
poca luce in questa stanza. **6** (*fig*) (*aspect*) aspetto *m*,
luce *f*: *I see things in a different ~* vedo le cose sotto un
aspetto differente. **7** (*fig*) (*mental or spiritual
illumination*) lume *m*, luce *f*: *the ~ of reason* il lume della
ragione. **8** (*flame to light s.th.*) fuoco *m*, fiammifero *m*: *to
strike a ~* accendere un fiammifero. **9** (*fig*) (*of the eye:
gleam*) luce *f*: *he had a strange ~ in his eye* aveva una
strana luce negli occhi; (*liveliness*) vivacità *f*. **10** (*fig*)
(*luminary*) persona *f* illustre, luminare *m*. **11** (*Art*) luce *f*;
(*bright area of a picture*) chiaro *m*, luce *f*. **12** *pl.* (*Teat*)
(*footlights*) luci *fpl* della ribalta. **13** *pl.* (*Strad*) (*traffic
lights*) semaforo *m*. **14** (*Arch*) (*compartment of a window*)
luce *f*, apertura *f*; (*window*) finestra *f*, luce *f*. **15** *pl.* (*sl*)
(*eyes*) occhi *mpl*. **II** *a.* **1** luminoso, (ben) illuminato: *a ~
room* una stanza luminosa. **2** (*in colour*) chiaro: *~ blue*
azzurro chiaro; (*pale*) pallido, chiaro: *a ~ complexion* una
carnagione pallida. □ (*fig*) *to act according to one's ~s*
agire secondo i propri principi; (*fig*) *to bring ~ to ~*
mettere in luce, svelare, scoprire; *to read by the ~ of a
torch* leggere al lume di una torcia elettrica; (*Fot*) *to be
exposed to the ~* prendere luce; (*poet*) *~ of my eyes!*
luce degli occhi miei!; **first ~** le prime luci, l'alba; **in** *the
~ of* alla luce di, in base a; (*Bibl*) *let there be ~* sia la

luce; (*poet*) *you are the ~ of my* life sei la luce della mia
vita; (*Mil*) *–s out!* spegnere le luci!; *to put a ~ to a fire*
accendere un fuoco; *to see the ~*: 1 (*fig*) 'vedere la' (*o
venire alla*) luce; 2 (*fam*) (*to come to understand*)
afferrare, capire; (*Art*) *~ and* shadow luci e ombre; (*fig*)
to shed (*o throw*) *~ on s.th.* fare luce su qc., chiarire qc.;
(*fig*) *to* stand *in one's own ~* danneggiarsi, nuocere a se
stesso; *to stand in s.o.'s ~* fare ombra a qd., togliere la
luce a qd.; (*fig*) danneggiare qd., nuocere a qd.; (*Aut*) *to
drive* without *–s* guidare a luci spente. ‖ *it is not ~ yet*
non è ancora giorno; *will you give me a ~?* mi fai
accendere?

light² *v.* (*pret., p.p.* lighted ['laitid]/lit [lit]) **I** *v.t.* **1**
accendere: *to ~ a fire* accendere un fuoco; (*of an electric
lamp*) accendere. **2** (*to give light to*) illuminare. **3** (*to
guide or conduct with a light*) far luce a, illuminare la
strada a. **II** *v.i.* accendersi, prendere fuoco. □ *to ~ by
gas* illuminare a gas; *to ~ up:* 1 illuminare, rischiarare;
2 (*assol*) (*to become bright*) illuminarsi; 3 (*of a cigarette, etc.*) accendere (*anche assol.*); 4 (*fig*) illuminare,
rischiarare, ravvivare: *a smile lit up her face* un sorriso le
illuminava il volto; 5 (*assol*) (*to become filled with light*)
illuminarsi, rischiararsi, diventare radioso.

light³ **I** *a.* **1** leggero: *~ industry* industria leggera; *~
meal* un pasto leggero; *~ music* musica leggera; *~ infantry*
fanteria leggera. **2** (*not heavy*) leggero, lieve: *a ~ load* un
carico leggero; *~ clothing* abiti leggeri; (*of less than legal
weight*) scarso. **3** (*of small force, amount, etc.*) leggero,
poco intenso, debole, moderato: *~ rain* pioggia leggera; *~
traffic* traffico poco intenso. **4** (*gentle*) leggero, delicato: *to
have a ~ touch* avere un tocco leggero. **5** (*fig*) (*cheerful*)
allegro, gaio, spensierato. **6** (*fig*) (*fickle*) volubile, frivolo,
leggero, fatuo: *to be ~ in love* essere volubile in amore. **7**
(*nimble*) agile, leggero, svelto: *~ on one's feet* agile di
gambe. **8** (*of sleep*) leggero; (*of a sleeper*) che ha il sonno
leggero. **9** (*faint, indistinct*) indistinto, debole, leggero. **10**
(*of soil: crumbly*) friabile; (*sandy*) sabbioso. **11** (*of bread*)
soffice, morbido. **12** (*Tip*) (*of type*) magro. **II** *avv.* **1** con
poco bagaglio. **2** (*Mar*) con poco carico. □ *as ~ as* air
leggero come l'aria; (*Mar*) *~* draught pescaggio poco
profondo; *as ~ as a* feather leggero come una piuma; *to
be ~ of* foot essere svelto (*o* agile); *to have a ~* hand
avere la mano leggera (*anche fig.*); (*fig*) *to* make *~ of
s.th.* non dar peso a qc., non prendersela; (*fam*) *to get* off
~ cavarsela a buon mercato.

light⁴ *v.i.* (*pret., p.p.* lighted ['laitid]/lit [lit]) **1** scendere: *to
~ from a horse* scendere da cavallo. **2** (*to come to rest*)
posarsi (*on* su): *the bird –ed on the branch* l'uccello si
posò sul ramo. **3** (*to fall unexpectedly*) cadere (*on, upon*
su): *the choice –ed on me* la scelta cadde su di me. **4** (*to
find by chance*) imbattersi (*on, upon* in), trovare per caso
(qc.). □ (*sl*) *to ~* into attaccare, assalire; (*sl*) *to ~* out
scappare, svignarsela.

light| air *s.* (*Meteor*) bava *f* di vento. **'~-'armed** *a.* (*Mil*)
'dotato di' (*o con*) armamento leggero, leggero. **~
artillery** *s.* (*Mil*) artiglieria *f* leggera. **~ beacon** *s.*
(*Mar*) gavitello *m* luminoso. **~ beam** *s.* (*Ott*) raggio *m*
(*o fascio*) di luce. **~ bomber** *s.* (*Aer.mil*) bombardiere *m*
leggero. **~ bulb** *s.* (*El*) lampadina *f*.

lighten¹ ['laitn] **I** *v.i.* **1** illuminarsi, rischiararsi (*anche
fig.*). **2** (*Meteor*) (*costr. impers.*) lampeggiare. **II** *v.t.*
rischiarare, illuminare (*anche fig.*).

lighten² **I** *v.t.* **1** alleggerire: *to ~ a load* alleggerire un
carico. **2** (*fig*) alleviare, alleggerire, mitigare. **3** (*fig*) (*to
lessen*) diminuire, alleggerire: *to ~ taxes* diminuire le
tasse. **II** *v.i.* **1** alleggerirsi. **2** (*fig*) alleviarsi, mitigarsi. **3**
(*fig*) (*to become more cheerful*) rallegrarsi.

lighter¹ ['laitə] *s.* **1** chi accende, chi illumina. **2** (*device*)
accenditore *m*. **3** (*cigarette lighter*) accendisigari *m*, (*fam*)
accendino *m*.

lighter² **I** *s.* (*Mar*) chiatta *f*, barca *f* d'alleggio, alleggio *m*.
II *v.t.* alleggiare. **lighterage** ['laitəridʒ] *s.* (*Mar*) **1**
trasporto *m* su chiatte. **2** (*fee paid*) spese *fpl* d'alleggio.
lighterman ['laitəmən] *s.irr.* chiattaiolo *m*.

'lighter-than-'air *a.* (*Aer*) aerostatico.

'light|-'fingered *a.* **1** svelto (*o* destro) di mano. **2**
(*thievish*) lesto di mano. □ *to be ~* avere le mani lunghe.

'~-'footed a. agile, svelto, lesto. ,~-'footedness s. agilità f, sveltezza f. '~-'handed a. 1 dalla mano leggera, dal tocco delicato. 2 ⟨fig⟩ che ha tatto, che ha la mano leggera. ,~-'handedness s. l'avere la mano leggera (anche fig.). '~-'headed a. 1 stordito, in preda alle vertigini. 2 (thoughtless) sventato, sbadato. ,~-'headedness s. sventatezza f, sbadataggine f. '~-'hearted a. allegro, gaio, dal cuore leggero. ,~-'heartedly avv. allegramente, a cuor leggero. ,~-'heartedness s. allegria f, gaiezza f. ~ heavy-weight s. ⟨Sport⟩ peso m medio–massimo. ~ horse s. ⟨Mil⟩ cavalleria f leggera. ~house s. ⟨Mar⟩ faro m. ~house keeper s. guardiano m di faro.

lighting ['laitiŋ] s. 1 illuminazione f. 2 (system of lights) illuminazione f, impianto m (o rete f) d'illuminazione, luce f. 3 (setting on fire) l'accendere, accensione f. 4 ⟨Teat,Cin⟩ illuminazione f. 5 ⟨Art⟩ luce f.

lighting| engineer s. illuminotecnico m. '~-engi-neering s. illuminotecnica f. ~-'up time s. ora f in cui si accendono le luci.

lightish[1] ['laitiʃ] a. piuttosto chiaro.

lightish[2] a. piuttosto leggero.

lightless ['laitlis] a. senza luce (o luci), al buio, oscuro.

lightly ['laitli] avv. 1 leggermente, con dolcezza. 2 (nimbly) agilmente, con leggerezza. 3 (slightly) leggermente, appena. 4 (cheerfully) allegramente, spensieratamente. 5 (without consideration) alla leggera, con leggerezza: to take s.th. ~ prendere qc. alla leggera. □ to eat ~ mangiare poco, tenersi leggero; ⟨fam⟩ to get off ~ cavarsela a buon mercato. Prov.: ~ come, ~ go presto avuto, presto perduto.

light| meter s. ⟨Fot⟩ esposimetro m. '~-'minded a. frivolo, leggero.

lightness[1] ['laitnis] s. luminosità f (anche Fis.,Astr.).

lightness[2] s. 1 leggerezza f, lievità f. 2 (nimbleness) agilità f, leggerezza f. 3 (cheerfulness) allegria f, gaiezza f. 4 (delicacy) leggerezza f, delicatezza f: ~ of touch leggerezza di tocco.

lightning ['laitniŋ] I s. ⟨Meteor⟩ lampo m, fulmine m, baleno m, saetta f. II a. lampo, rapido, velocissimo: ~ raid incursione lampo. □ like ~ in un lampo, velocemente; to turn away with ~ speed scappare come un lampo (o fulmine); ⟨fam⟩ to be like a streak of ~ essere (o sembrare) una saetta, essere un fulmine; to be struck by ~ essere colpito da un fulmine.

lightning| conductor, ~ rod s. ⟨El⟩ parafulmine m. ~ strike s. ⟨Ind⟩ sciopero m lampo.

light|-o'-love s. 1 fraschetta f, civetta f. 2 (prostitute) prostituta f. ~ opera s. operetta f. ~ pen s. ⟨Inform⟩ penna f luminosa (o ottica). '~-'proof a. a tenuta di luce. ~ railway s. ⟨Ferr⟩ binari mpl a scartamento ridotto. ~ ray s. ⟨Mil⟩ raggio m della morte.

lights [laits] s.pl. ⟨Macell,Gastr⟩ polmone m.

lightship ['laitʃip] s. ⟨Mar⟩ battello m faro.

lightsome[1] ['laitsəm] a. 1 grazioso, aggraziato; (nimble) leggero, agile. 2 (cheerful, gay) allegro, gaio. 3 (frivolous) frivolo, leggero.

lightsome[2] a. 1 luminoso. 2 (bright) splendente, chiaro.

light soprano s. soprano m/f leggero.

lights-out s.inv. 1 ⟨Mil⟩ ordine m (o segnale) di spegnere le luci. 2 (in boarding schools, camps, etc.) ora f di spegnere le luci.

light| stylus s. → light pen. ~ valve s. ⟨El⟩ fotovalvola f.

lightweight ['laitweit] I a. 1 leggero: a ~ suit un abito leggero. 2 (fig) (not serious) poco serio, leggero; (trivial) banale, insignificante. 3 ⟨Sport⟩ leggero. II s. 1 persona f dal peso inferiore alla media. 2 ⟨Sport⟩ peso m leggero. 3 ⟨fig⟩ persona f poco seria. □ to be wearing ~ clothes essere vestito leggero.

light| welter-weight s. ⟨Sport⟩ peso m medio–leggero. ~wood am. s. 1 legna f da ardere. 2 (coniferous wood) legno m resinoso. ~-year s. ⟨Astr⟩ anno luce m.

lignaloes [lain'æləuz] s. 1 agalloco m, legno m di aloe. 2 ⟨Farm⟩ aloe m.

ligneous ['ligniəs] a. 1 ligneo, legnoso. 2 ⟨Med⟩ ligneo.

lignification [,lignifi'keiʃən] s. ⟨Bot⟩ lignificazione f.

'lignify [-fai] I v.t. lignificare. II v.i. lignificarsi.

lignite ['lignait] s. lignite f.

Liguria [li'gju(ə)riə] N.pr. ⟨Geog⟩ Liguria f. **Liguria** [-n] I a. ligure. II s. 1 ligure m/f. 2 (language) ligure dialetto m ligure.

likable e der. → **likeable** e der.

like[1] [laik] I a. 1 (same) uguale, simile, medesimo, stes, pari; (equal) uguale, stesso, medesimo. 2 (simil, analogous) affine, simile, similare: botany, zoology and subjects botanica, zoologia e materie affini. 3 (resemblir simile, somigliante: as ~ as two peas simili come d gocce d'acqua. 4 ⟨dial⟩ (likely) probabile. 5 (r composti: resembling) che sembra, simile a, come: a bo room una stanza che sembra una scatola; (characterisi of) da, caratteristico (o proprio) di: lady~ behaviour mc da (vera) signora. II s. 1 (person) simile m, uguale m: shall never see his ~ again non vedremo mai più ui simile a lui. 2 (thing) cosa f simile (o uguale): I ha never heard the ~ of it non ho mai sentito una co simile. III prep. 1 come, nello stesso modo di, al pari d to work ~ a slave lavorare come uno schiavo. 2 (in manner befitting) da, come: to act ~ a gentleme comportarsi da gentiluomo. 3 (resembling, similar a come, simile a: he is ~ his father è come suo padre, d the kind indicated) come: people ~ him la gente come lu 5 (typical of) da, tipico di: it is just ~ him è proprio d lui. 6 (as though) da, come, di: he treated me ~ a broth mi trattò da fratello; this wine tastes just ~ vinegar ques vino sa di aceto. 7 (comparable to; in frasi negativ paragonabile a, come: there is no place ~ home non esis luogo paragonabile alla propria casa. 8 ⟨fam⟩ (such a come, quale: he's interested in lots of things, ~ sports an literature s'interessa a molte cose, quali lo sport, letteratura. IV avv. 1 ⟨dial⟩ per modo di dire, per co dire: his head was all bumpy, ~ la sua testa era tutta u bernoccolo, per modo di dire. 2 ⟨dial⟩ (rather) piuttost alquanto. V congz. 1 ⟨fam⟩ come: do ~ I do fa' com faccio io. 2 ⟨fam⟩ (as if) come se. □ and the ~ e (cos simili, e via dicendo, e così via; (as) ~ as not = lik enough; to be ~ assomigliare; ~ enough probabilment con ogni probabilità; more ~ più vicino, più prossime the figure was more ~ fifty than forty la cifra era pi vicina a cinquanta che a quaranta; ⟨fam⟩ that's more ~ così va meglio (o bene); nothing ~ 1 non ... affatto, po niente: it is nothing ~ as difficult as you think non affatto difficile come credi; 2 (nothing to equal) niente e meglio di, nulla che valga, nulla di simile a; she is nothin ~ so pretty as you è lontana dall'essere carina com te; ⟨fam⟩ the -s of pari, simili: you and the -s of you tu i tuoi pari; nobody listens to the -s of us nessuno ascolt gente come noi; today we have seen an event the ~ o which we shall never see again oggi abbiamo assistito a u avvenimento di cui non vedremo mai più l'uguale; or th ~ o qualcosa di simile; s.th. ~ circa, qualcosa come: s.th ~ a thousand pounds circa mille sterline; and such ~ and the like; ~ that: 1 (in that way) in quel modo, cosi don't talk ~ that non parlare così; 2 (of that kind) simil siffatto, di quella specie: I never trust men ~ that non m fido mai di uomini simili; ~ this così, in questo modo: d it ~ this fallo così; ⟨rar⟩ ~ to (o unto) simile a; very ~ = like enough. || ~ attracts ~ chi somiglia si piglia, ogn simile ama il suo simile; to be ~ a father to s.o. esser come un padre per qd.; that is just ~ a woman! questo tipicamente femminile!; what is he ~ to look at? com'è a vedersi?; what wa the film ~? com'era il film?; what is he ~ as an actor com'è come attore?; who does the baby look ~? a ch assomiglia il bambino?

like[2] I v.t. 1 piacere (costr. impers.), amare, gradire: I ~ coffee il caffè mi piace; do you ~ travelling? ti piace viaggiare? 2 (to feel attraction toward) piacere (costr impers.), avere (o provare) simpatia per. 3 (to want spesso al condizionale) andare (costr. impers.), volere: would you ~ a cup of tea? ti va una tazza di tè?; I shouldn't ~ to live in America non m piacerebbe vivere in America; I don't ~ to disturb you bu non vorrei (o mi dispiace) disturbarti ma. 4 (to prefer choose) piacere (costr. impers.), preferire: how do you *your tea?* come ti piace il tè? **II** *v.i.* parere (costr. impers.), piacere (costr. impers.), volere: *you may do as you* ~ puoi fare come ti pare; *I will come if you* ~ verrò se vuoi. □ ⟨*scherz*⟩ *I* ~ *eggs but they don't* ~ *me* mi piacciono le uova ma mi fanno male; *I don't* ~ *him* mi è antipatico; *I* ~ *his impudence!* che (bella) faccia tosta!; *well, I* ~ *that!* questa sì che è bella!

keable ['laikəbl] *a.* che piace, simpatico, attraente. **likeableness** [-nis] *s.* simpatia *f.* **likeably** [-i] *avv.* con simpatia.

kelihood ['laiklihud], **likeliness** [-linis] *s.* probabilità *f,* verosimiglianza *f.* □ *in all* ~ con ogni (o molta) probabilità.

kely ['laikli] **I** *a.* **1** probabile: ⌐*rain is* ~⌐ (o *it is* ~ *to rain*) *this evening* è probabile che stasera piova. **2** (*credible*) verosimile, credibile: *a* ~ *story* un racconto verosimile. **3** (*suitable*) adatto, conveniente: *a* ~ *place for a picnic* un posto adatto per un picnic. **4** (*promising*) promettente: *a* ~ *young boxer* un giovane pugile promettente. **II** *avv.* probabilmente, verosimilmente. □ (*as*) ~ *as not* molto probabilmente; *you are quite* ~ *to be wrong* molto probabilmente hai torto; *most* ~ = *very likely;* ⟨*fam*⟩ *not* ~! ⟨*fam*⟩ non c'è pericolo!; *they are not* ~ *to be late* non dovrebbero fare tardi; *very* ~ molto probabilmente, con molta probabilità.

ke-'minded *a.* della stessa opinione (o idea).

ken ['laikən] *v.t.* paragonare, comparare.

keness ['laiknis] *s.* **1** somiglianza *f,* rassomiglianza *f.* **2** (*portrait*) ritratto *m;* (*photograph*) fotografia *f.* **3** (*appearance, form*) aspetto *m,* forma *f,* veste *f: Zeus assumed the* ~ *of a swan* Zeus prese l'aspetto di (un) cigno. □ *the portrait is a perfect* ~ il ritratto è del tutto somigliante.

kes [laiks] *s.pl.* gusti *mpl,* simpatie *fpl,* preferenze *fpl:* ~ *and dislikes* simpatie e antipatie.

kewise ['laikwaiz] *avv.* **1** nello (o allo) stesso modo, altrettanti, similmente, in modo analogo: *treat me well and I'll do* ~ trattami bene e io farò altrettanto. **2** (*also*) anche, inoltre, in aggiunta.

king ['laikiŋ] *s.* **1** preferenza *f,* inclinazione *f;* (*fondness, fancy*) simpatia *f,* predilezione *f,* attrazione *f.* **2** (*taste, pleasure*) gusto *m,* gradimento *m: this tea is not to my* ~ questo tè non è di mio gusto. □ *to have no* ~ *for s.th.* non gradire qc.; *to take a* ~ *to:* 1 (*of things*) prendere gusto a; 2 (*of people*) prendere in simpatia.

lac ['lailək] **I** *s.* **1** ⟨*Bot*⟩ lil(l)à *m,* serenella *f,* siringa *f.* **2** (*colour*) lilla *m.* **II** *a.* (color) lilla.

liaceous [ˌlili'eiʃəs] *a.* ⟨*Bot*⟩ gigliaceo.

lian ['liliən] *N.pr.* Liliana *f.*

lied ['lilid] *a.* pieno di gigli.

illiput ['lilipʌt] *N.pr.* ⟨*Lett*⟩ Lilliput *m.* **Lilliputian** [ˌlili'pju:ʃjən] **I** *s.* ⟨*Lett*⟩ lillipuziano *m* (*f* –a) (*anche fig.*). **II** *a.* **1** ⟨*Lett*⟩ lillipuziano. **2** ⟨*fig*⟩ lillipuziano, piccolissimo, minuscolo.

lt [lilt] **I** *s.* **1** ritmo *m,* cadenza *f* ritmica. **2** (*gay song*) canzone *f* allegra (o ben ritmata). **3** ⟨*fig*⟩ (*springy movement*) molleggiamento *m.* **II** *v.i.* **1** cantare con ritmo. **2** (*to speak rhythmically*) parlare con cadenza ritmata. **'lilting** [-iŋ] *a.* ritmato, ritmico, cadenzato.

ly ['lili] **I** *s.* ⟨*Bot*⟩ giglio *m* (*anche fig.*). **II** *a.* **1** bianco (come un giglio), candido. **2** ⟨*fig*⟩ puro, casto. □ ⟨*Bot*⟩ ~ *of the valley* giglio *m* delle convalli, mughetto *m.*

ly| iron *s.* ⟨*Mar*⟩ fiocina *f* dalla punta smontabile. **~-'livered** *a.* codardo, vile. **~-white** *a.* **1** candido, bianco come un giglio. **2** ⟨*fig*⟩ candido, puro, innocente. **3** ⟨*scherz*⟩ (*much loved*) preferito, favorito.

mb¹ [lim] **I** *s.* **1** ⟨*Anat*⟩ arto *m: the lower* –*s* gli arti inferiori; *artificial* ~ arto artificiale. **2** (*branch*) ramo *m.* **3** ⟨*fig*⟩ (*projecting part*) braccio *m,* ramo *m: a* ~ *of a cross* un braccio di una croce. **4** ⟨*fig*⟩ (*member*) componente *m,* membro *m.* **II** *v.t.* squartare. □ ⟨*fam*⟩ *a* ~ *of* ⌐*the devil*⌐ (o *Satan*) un ragazzaccio; *to tear an animal* ~ *from* ~ squartare un animale pezzo a pezzo; ⟨*fig*⟩ *a* ~ *of the law* un rappresentante della legge; *to escape with life and* ~ uscirne sano e salvo, salvare la pelle; ⟨*fam*⟩ *out on a* ~ in una posizione pericolosa (o rischiosa).

limb² *s.* **1** orlo *m,* bordo *m,* contorno *m.* **2** ⟨*Astr*⟩ limbo *m,* lembo *m.* **3** ⟨*Geom,Bot*⟩ lembo *m.*

limbed [limd] *a.* (nei composti) dalle membra ...: *strong-*~ dalle membra forti.

limber¹ ['limbə] *a.* **1** agile, sciolto. **2** (*flexible*) pieghevole, flessibile. **3** ⟨*fig*⟩ (*of the mind, etc.*) agile, svelto, pronto, sveglio.

limber² *v.* (general. con *up*) **I** *v.t.* rendere più agile, sciogliere. **II** *v.i.* acquistare scioltezza (o agilità).

limber³ **I** *s.* ⟨*Mil*⟩ avantreno *m.* **II** *v.t.* (spesso con *up*) attaccare all'avantreno. **III** *v.i.* (general. con *up*) attaccare il cannone all'avantreno.

limberness ['limbənis] *s.* scioltezza *f,* agilità *f.*

limbers ['limbəz] *s.pl.* ⟨*Mar*⟩ ombrinali *mpl.*

limbless ['limlis] *a.* senza membra.

Limbo ['limbou] *s.* (*pl.* -*s* [z]) ⟨*Teol*⟩ limbo *m.* **limbo** *s.* **1** dimenticatoio *m,* oblio *m.* **2** (*place of restraint*) prigione *f.*

lime¹ [laim] **I** *s.* **1** ⟨*Chim*⟩ calce *f.* **2** ⟨*Agr*⟩ concime *m* calcareo. **3** ⟨*Venat*⟩ pania *f,* vischio *m.* **II** *v.t.* **1** ⟨*Agr*⟩ (*of soil*) calcinare. **2** ⟨*Venat*⟩ catturare con la pania. **3** ⟨*fig*⟩ intrappolare, impaniare, invischiare. **4** ⟨*Conc*⟩ calcinare.

lime² *s.* **1** ⟨*Bot*⟩ limetta *f* acida, lumia *f.* **2** (*fruit*) limetta *f.*

lime³ *s.* ⟨*Bot*⟩ tiglio *m.*

limeade [lai'meid] *s.* spremuta *f* di limetta.

lime|burner *s.* operaio *m* addetto alla calcara. **~ juice** *s.* succo *m* (o sugo) di limetta. **~kiln** *s.* calcara *f,* fornace *f* da calce.

limelight ['laimlait] *s.* **1** ⟨*Teat*⟩ (*spotlight*) riflettore *m* lenticolare; (*part of the stage*) ribalta *f;* (*stage lighting*) luci *fpl* della ribalta. **2** ⟨*fig*⟩ ribalta *f.* □ ⟨*fig*⟩ *to be in the* ~ venire (o salire) alla ribalta.

limen ['laimən] *s.* (*pl.* -*s* [z]/**limina** ['liminə]) ⟨*Psic*⟩ limen *m,* soglia *f.*

lime pit *s.* cava *f* calcarea.

limerick ['limərik] *s.* poesiola *f* umoristica di cinque versi.

lime|stone *s.* ⟨*Min*⟩ calcare *m.* **~wash** *s.* ⟨*Mur*⟩ latte *m* di calce, calce *f.* **~water** *s.* ⟨*Chim,Farm*⟩ acqua *f* di calce.

limey am., austral. ['laimi] *s.* ⟨*sl*⟩ **1** (*British sailor*) marinaio *m* inglese; (*British ship*) nave *f* inglese. **2** (*Englishman*) inglese *m.*

limit ['limit] **I** *s.* **1** limite *m: there is a* ~ *to my patience* la mia pazienza ha un limite; *there is a* ~ *to everything* c'è un limite a tutto. **2** (*boundary, confine;* spesso al pl.) limite *m,* confine *m.* **3** (*utmost extent*) limite *m* (estremo), grado *m* (o punto) estremo. **4** (*limitation*) limite *m,* limitazione *f: to set* –*s* porre delle limitazioni. **5** ⟨*fam*⟩ (*last straw*) colmo *m,* limite *m: that's the* ~ ma è il colmo, ciò passa ogni limite; *the absolute* ~ il colmo dei colmi. **II** *v.t.* limitare; (*to reduce, curtail*) limitare, contenere, ridurre, restringere. □ *you're the* ~ sei insopportabile; *to know* (o *have*) *no* –*s* non conoscere (o avere) limiti; *there is no* ~ *to his greed* la sua avidità è senza limiti; ⟨*am.Mil*⟩ *off* –*s* vietato l'ingresso; *within* –*s* entro certi limiti; *within a three-mile* ~ in un raggio di tre miglia.

limitable ['limitəbl] *a.* limitabile. **limitary** [-təri] *a.* **1** (*limited*) limitato, ristretto. **2** (*limiting*) limitativo, che limita.

limitation [ˌlimi'teiʃən] *s.* **1** limitazione *f,* limite *m,* restrizione *f.* **2** (*limit of capability*) limite *m: to know one's* –*s* conoscere i propri limiti. **3** ⟨*Dir*⟩ termine *m* di prescrizione. **'limitative** [-tətiv] *a.* limitativo.

limited ['limitid] *a.* **1** limitato, ristretto, scarso, esiguo: ~ *means* mezzi scarsi. **2** ⟨*am*⟩ (*of buses, trains, etc.*) diretto.

limited| company *s.* ⟨*Econ*⟩ società *f* a responsabilità limitata. **~ divorce** *s.* ⟨*Dir*⟩ separazione *f* legale. **~ edition** *s.* edizione *f* numerata. **~ liability** *s.* ⟨*Econ*⟩ responsabilità *f* limitata. **~ liability company** *s.* → **limited company. ~ monarchy** *s.* monarchia *f* costituzionale. **~ owner** *s.* ⟨*Dir*⟩ usufruttuario *m* (*f* –a). **~ partner** *s.* ⟨*Econ*⟩ socio *m* (*f* –a) accomandante. **~ partnership** *s.* ⟨*Econ*⟩ società *f* in accomandita,

accomandita *f.*

limiter ['limitə] *s.* **1** chi limita, limitatore *m* (*f* –trice). **2** ⟨*El*⟩ limitatore *m.* **limiting** [–tiŋ] *a.* limitativo (*anche Gramm.*). **limitless** [–tlis] *a.* illimitato, senza limite, senza confine.

limn [lim] *v.t.* ⟨*non com*⟩ **1** dipingere, disegnare. **2** (*to describe*) descrivere.

limnologist [lim'nɔlədʒist] *s.* ⟨*Biol*⟩ limnologo *m* (*f* –a). **limnology** [–dʒi] *s.* limnologia *f.*

limonite ['laimənait] *s.* ⟨*Min*⟩ limonite *f.*

limousine ['liməzi:n] *s.* **1** ⟨*Aut*⟩ limousine *f,* berlina *f.* **2** ⟨*fig*⟩ automobile *f* di lusso (*o* rappresentanza).

limp[1] [limp] **I** *v.i.* **1** zoppicare, camminare (*o* andare) zoppo, claudicare. **2** ⟨*fig*⟩ avanzare (*o* procedere) con difficoltà. **3** ⟨*Metr*⟩ zoppicare. **II** *s.* zoppicatura *f.* □ *to have a bad* ~ zoppicare molto; *to walk with a* ~ camminare (*o* andare) zoppo.

limp[2] *a.* **1** floscio, molle. **2** ⟨*fig*⟩ (*exhausted*) esausto, stremato. **3** ⟨*fig*⟩ (*weak*) debole, fiacco. **4** ⟨*Legat*⟩ con legatura flessibile.

limper ['limpə] *s.* chi zoppica.

limpet ['limpit] *s.* **1** ⟨*Zool*⟩ patella *f.* **2** ⟨*fig*⟩ persona *f* che si attacca a qc. (*o* qd.) come un'ostrica. **3** ⟨*Mar.mil*⟩ → limpet bomb.

limpet| **bomb, ~ mine** *s.* ⟨*Mar.mil*⟩ mignatta *f.*

limpid ['limpid] *a.* **1** limpido, chiaro, trasparente. **2** ⟨*fig*⟩ (*of style, etc.*) limpido, chiaro. **lim'pidity** [–iti] *s.* limpidezza *f,* trasparenza *f* (*anche fig.*). **limpidness** [–nis] *s.* → **limpidity**.

limpness ['limpnis] *s.* mollezza *f,* l'essere floscio.

limy ['laimi] *a.* **1** viscoso, vischioso, appiccicoso. **2** (*resembling lime*) calcareo. **3** (*smeared with bird lime*) impaniato.

linage ['lainidʒ] *s.* **1** numero *m* di righe di composizione. **2** (*payment*) tariffa *f* per riga.

linchpin ['lintʃpin] *s.* **1** ⟨*Mecc*⟩ acciarino *m.* **2** ⟨*fig*⟩ cardine *m,* elemento *m* principale.

linden ['lindən] *s.* **1** ⟨*Bot*⟩ tiglio *m.* **2** (*wood*) legno *m* di tiglio, tiglio *m.*

line[1] [lain] *s.* **1** linea *f* (*anche Geom.*): *a straight* ~ *between two points* una linea retta fra due punti; (*written mark*) linea *f,* rigo *m,* tratto *m: to draw a* ~ tracciare una linea; (*stroke of pen*) frego *m.* **2** (*row of written words, etc.*) riga *f,* rigo *m.* **3** ⟨*Metr*⟩ verso *m: ten–syllable* ~ verso decasillabo. **4** *pl.* (*verses, poem*) poesia *f,* versi *mpl.* **5** ⟨*fam*⟩ (*short letter*) letterina *f,* ⟨*fam*⟩ due righe *fpl: to drop s.o. a* ~ scrivere due righe a qd. **6** (*cord, string, etc.*) filo *m,* corda *f,* cordicella *f,* fune *f;* (*washing line*) filo *m* (per stendere il bucato). **7** (*on the face, hands*) ruga *f,* solco *m,* grinza *f.* **8** (*limit, boundary*) linea *f,* limite *m:* ~ *of demarcation* linea di demarcazione; (*frontier*) confine *m,* frontiera *f.* **9** (*indication of demarcation*) linea *f* di separazione: *the thin* ~ *between neurosis and psychosis* la sottile linea di separazione tra neurosi e psicosi. **10** (*row*) fila *f,* filare *m;* (*of people: queue*) fila *f,* coda *f: to stand in a* ~ fare la fila. **11** (*course, direction*) linea *f,* direzione *f:* ~ *of flight* linea di volo; (*route*) linea *f,* percorso *m,* itinerario *m.* **12** ⟨*fig*⟩ (*course of action*) linea *f* ⌐d'azione⌐ (*o* di condotta): *what* ~ *shall we take?* quale linea d'azione dobbiamo assumere?; (*policy*) linea *f* (politica), direttrice *f: to follow the party* ~ seguire la linea del partito. **13** ⟨*fig*⟩ (*occupation, trade*) occupazione *f,* attività *f,* mestiere *m: what's your* ~? qual è la tua attività?; (*field of interest*) campo *m,* ramo *m.* **14** (*system of transport*) linea *f;* (*company*) compagnia *f,* società *f: a steamship* ~ una compagnia di navigazione. **15** *pl.* (*outline, contour*) linea *f,* sagoma *f,* profilo *m: the car has beatiful* –*s* l'automobile ha una bella linea. **16** (*lineage, family*) stirpe *f,* casata *f,* discendenza *f: he comes of a noble* ~ è di nobile stirpe; (*series of generations*) linea *f,* successione *f* (di parentela): *the male* ~ la linea maschile. **17** ⟨*Pesc*⟩ lenza *f.* **18** ⟨*Mar*⟩ (*towline*) gomena *f* da rimorchio; (*small line*) cima *f,* sagola *f.* **19** ⟨*Tel*⟩ linea *f: the* ~ *is engaged* la linea è occupata. **20** (*seam, furrow*) linea *f,* solco *m:* ~ *of fault* linea di faglia. **21** ⟨*Mil*⟩ (*formation in a row*) fila *f,* rango *m,* riga *f;* (*row of tents or huts*) campo *m: to inspect the* –*s* ispezionare il campo; (*fortified area*) linea *f* (difensiva):

the Siegfried ~ la linea Sigfrido; *the front* ~ la prim⟩ linea. **22** ⟨*Mil*⟩ (*regular infantry troops*) soldati *mpl* linea, fanteria *f: a soldier of the* ~ un soldato di fanter⟩ (*combatant forces*) forze *fpl* combattenti. **23** ⟨*Ferr*⟩ lin⟩ *f,* binario *m.* **24** ⟨*Geog*⟩ (*equator*) equatore *m.* ⟩ ⟨*Comm*⟩ linea *f,* serie *f: a new* ~ *of cosmetics* una nuo⟩ linea di cosmetici. **26** *pl.* ⟨*Teat*⟩ parte *f,* battute *fpl: forget one's* –*s* dimenticare la parte. **27** *pl.* ⟨*Scol*⟩ righe *f* (*o* versi *mpl*) da copiare (per punizione). **28** *pl.* (*marria⟩ certificate*) certificato *m* di matrimonio. **29** ⟨*Sart*⟩ linea taglio *m,* modello *m,* foggia *f.* **30** ⟨*Assic*⟩ ramo *casualty* ~ ramo infortuni. **31** ⟨*Art*⟩ linea *f,* contorno ⟩ **32** ⟨*Sport*⟩ linea *f: starting* ~ linea di partenza. ⟩ (*former unit of length*) dodicesimo *m* di pollice. ⟩ ⟨*Mus*⟩ rigo *m.* **35** ⟨*TV*⟩ riga *f,* linea *f.* □ ⟨*Mar*⟩ **abreast** (*of ships*) fianco a fianco, in linea; **along** *these* ~ seguendo (*o* secondo) questa falsariga; ⟨*Mil,fig*⟩ *all alo⟩ the* ~ su tutta la linea; ⟨*Mar*⟩ ~ **astern** (*of ships*) ur⟩ dietro l'altro, in fila; ⟨*Mil*⟩ ~ *of* **battle** ordine *m* ⟩ schieramento) di battaglia; ⟨*fig*⟩ *to read* **between** *the* ⟩ leggere tra le righe; ⟨*Comm*⟩ ~ *of* **business** settore d'attività, genere *m* d'affari; ~ *of* **conduct** linea *f* condotta; ⟨*Econ*⟩ ~ *of* **credit** castelletto *m;* ⟨*Mil*⟩ ~ **defence** linea *f*⌐di difesa⌐ (*o* difensiva); *in a* **direct** ~ (*of descendant*) diretto, in linea (di)retta; **down** *the* ~: ⟨*am.fam*⟩ al centro (della città); ⟨*fam*⟩ (*fully*) fino ⟩ fondo, completamente, in pieno; ~ *of* **fate** linea *f* d⟩ destino; ⟨*Mil*⟩ ~ *of* **fire** linea *f* di tiro; ⟨*sl*⟩ *to* **have** *a* ⟩ avere una buona parlantina; *to* **hold** *the* ~: **1** ⟨*Tel*⟩ resta⟩ in linea; **2** ⟨*Mil*⟩ mantenere la posizione; **3** ⟨*fig* mantenersi invariato; **in** ~: **1** allineato, in riga, in linea; ⟨*fig*⟩ (*in agreement*) in armonia, d'accordo (*with* con); ⟨*fig*⟩ (*in control*) a freno, sotto controllo; ⟨*fig*⟩ *to be* in *for s.th.* essere candidato a qc.; ⟨*fam*⟩ *tennis is not in h* ⟩ ~ il tennis non fa per lui; *to bring* **into** ~ mettere in rig⟩ allineare; ⟨*fig*⟩ fare conformare (*o* adeguare); *to come* (⟩ *get*) **into** ~ mettersi in linea (*o* riga), allinearsi; ⟨*fig* mettersi in linea, allinearsi (*with* con), conformarsi (a); ⟩ *fall into* ~ *with* adeguarsi (*o* conformarsi) ai desideri d⟩ *to* **lay** *down the* –*s to be followed* dare la falsariga; ~ ⟩ **life** (*in a hand*) linea *f* della vita; **next** ~ (*in dictating*) capo; **on** *the* ~: **1** (*of a painting*) all'altezza dello sguard⟩ **2** ⟨*fam*⟩ (*immediately*) immediatamente, senza indugio; ⟩ *the* –*s of* sul modello di; ⟨*fam*⟩ *to get a* ~ *on s.th.* ⟨*fam*⟩ (*o* ottenere) informazioni su qc.; ⟨*fam*⟩ *to* **have** *a* ~ *on s.th.:* **1** avere informazioni su qc.; **2** (*to form an idea*) far⟩ un'idea di qc.; ⟨*fig*⟩ *to be working on the right* –*s* esse⟩ sulla buona strada; ⟨*fig*⟩ *on the same* –*s* seguendo la stess⟩ linea di condotta; **out** *of* ~: **1** fuori linea (*o* riga), no⟩ allineato; **2** ⟨*sl*⟩ (*impertinent*) impertinente; **3** ⟨*sl*⟩ (⟩ *disagreement*) in disaccordo (*with* con); ⟨*fig*⟩ *to* **overste** *the* ~ *of good taste* oltrepassare i limiti del buon gusto; ~ ~ *of* **poetry** un verso; ⟨*Comm*⟩ ~ *of* **sample** campionario *m;* ⟨*Mar.mil*⟩ *ship of the* ~ nave *f*⌐di linea⟩ (*o* da battaglia); ⟨*Mil*⟩ ~ *of* **sight** linea *f* di mira; *in* ⟩ **straight** ~ in linea retta; ⟨*fig*⟩ *to* **take** *one's own* ⟩ seguire una linea di condotta personale, fare a mod⟩ proprio; *to* **toe** *the* ~: **1** ⟨*Sport*⟩ disporsi lungo la linea ⟩ partenza; **2** ⟨*fig*⟩ rigare dritto, non sgarrare; ⟨*Pol*⟩ *to* to⟩ *the party* ~ attenersi alle direttive del partito; ⟨*Ott*⟩ ~ *o* **vision** linea *f* di visuale.

line[2] *v.t.* **1** essere allineato lungo, allinearsi lungo⟩ *spectators* –*d the streets* gli spettatori erano allineati lungo⟩ la strada. **2** (*to arrange a line along*) bordare. **3** (*to form a line along*) fiancheggiare: *the avenue is* –*d with plan⟩ trees* il viale è fiancheggiato da platani. **4** (*to mark with⟩ wrinkles*) segnare (*o* solcare) di rughe, rendere rugoso. **5** (*to mark with a line or lines*) tracciare righe (*o* una riga⟩ su, rigare; *to* ~ *paper* tracciare righe sulla carta. **6** (*to place in a row*) spesso con *up*) mettere in fila (*o* riga⟩ allineare. □ *to* ~ **in** tracciare i contorni di, abbozzare; ~ **out**: **1** tracciare, delineare; **2** (*to arrange in a line*⟩ allineare, mettere in linea (*o* fila); *to* ~ **up**: **1** allineare⟩ mettere in linea (*o* riga); **2** (*to come into line*) allinearsi⟩ mettersi in linea (*o* riga); **3** (*to make a queue*) mettersi in⟩ fila (*o* coda); *what have you* –*d up for tonight?* cosa hai in⟩ programma per stasera?

e³ v.t. **1** foderare, rivestire (internamente): *to ~ a jacket ith fur* foderare una giacca di pelliccia. **2** (*to cover*) coprire, rivestire. **3** (*fig*) riempire: *to ~ one's belly* empirsi la pancia. □ (*fam*) *to ~ one's pockets* (o *purse*) r denaro (spec. in modo disonesto).

e⁴ v.t. (*Zool*) (*of a canine male*) montare, coprire.

e⁵ s. (*Tess*) (*linen*) filo m di lino.

eage ['liniidʒ] s. **1** lignaggio m, stirpe f, schiatta f. **2** (*descendants*) discendenza f, progenie f, stirpe f.

eal ['liniəl] a. **1** in linea (di)retta: ~ *heirs* eredi in linea retta. **2** (*linear*) lineare. **lineally** [–i] avv. direttamente, ı linea retta.

eament ['liniəmənt] s. **1** pl. (*of the face*) lineamenti pl, fattezze fpl, tratti mpl. **2** pl. (*fig*) lineamenti mpl, elementi mpl essenziali.

ear ['liniə] a. lineare.

ear| equation s. (*Mat*) equazione f lineare (o di primo rado). **~ induction motor** s. motore m lineare. **~ measure** s. **1** misura f lineare (o di lunghezza). **2** (*system*) sistema m lineare. **~ metre** s. metro m lineare. **~ motor** s. → **linear induction motor. ~ perspective** s. prospettiva f lineare (o geometrica).

eate ['liniit, 'linieit] a. lineato, striato (*anche Bot.*).

ineation [–ni'eiʃən] s. **1** rigatura f, lineatura f. **2** (*division in lines*) divisione f in linee. **3** (*Pitt*) linearismo ı. **4** (*Metr*) divisione f in versi.

ıe chart s. (*Inform*) grafico m cartesiano.

ıed¹ [laind] a. **1** rigato, a linee, lineato: ~ *paper* carta ıgata. **2** (*wrinkled*) rugoso, grinzoso: *a ~ face* un volto ugoso.

ıed² a. foderato, rivestito internamente: *a ~ suit* un ıbito foderato. □ (*fig*) *to have one's pockets well–~* avere e tasche ben fornite.

ıe| drawing s. disegno m lineare (o a tratteggio). **~ ngraving** s. (*Art*) incisione f al tratto. **~man** [mən] .irr. **1** (*Tel*) guardafili m. **2** (*Ferr*) guardalinee m. **3** (*Sport*) guardalinee m, segnalinee m.

ıen ['linin] **I** s. **1** (*Tess*) lino m; (*thread, yarn*) filo m di ıno. **2** (*article*) biancheria f (di lino). **3** (*garment*) ndumento m di lino. **4** (*bed linen*) lenzuola fpl, ıiancheria f da letto. **5** (*underclothes*) biancheria f intima. **6** (*table linen*) biancheria f da tavola. **7** (*Cart*) carta f ˈdi ıno˙ (o da stracci). **II** a. di (filo di) lino. □ (*fig*) *to wash one's dirty ~ in public* lavare i panni sporchi in ıubblico.

ıen| closet s. armadio m della biancheria. **~ draper** s. ıegoziante m/f di telerie. **~fold** s. (*Arch*) pannello m a ıiega.

ıe| number s. numero m della linea. **~–of-ˈbattle ship** s. (*Mar.mil*) (*ship of the line*) nave f ˈdi linea˙ (o da ıattaglia). **~ officer** s. (*Mil*) ufficiale m di reggimento di ınea. **~ printer** s. stampante f parallela.

ıer¹ ['lainə] s. **1** (*Mar*) nave f di linea. **2** (*Aer*) aereo m di linea. **3** (*Cosmet*) (*pencil*) matita f per gli occhi; (*eye liner*) eye liner m.

ıer² s. **1** foderatore m (f –trice). **2** (*Ind*) rivestitore m (f –trice). **3** (*Mecc*) camicia f (smontabile). **4** (*Artigl*) tubo m dell'anima.

ıesman ['lainzmən] s.irr. **1** (*Ferr*) guardalinee m. **2** (*Sport*) guardalinee m, segnalinee m. **3** (*Mil*) soldato m di reggimento di linea.

ıe| space s. (*on a typewriter*) interlinea f. **~ spacer** s. leva f d'interlinea. **~ traffic** s. traffico m di linea. **~–up** s. **1** allineamento m, schieramento m. **2** (*Mil*) (*of troops*) schieramento m prima della battaglia. **3** (*Sport*) formazione f (di gioco).

ıng¹ [liŋ] s. (*pl. inv./*-s [z]; il pl.inv. si usa general. con valore collett.) (*Itt*) **1** molva f. **2** (*turbot*) bottatrice f.

ıng² s. (*Bot*) brugo m, brentolo m, crecchia f.

ınger ['liŋə] v.i. **1** attardarsi, indugiare, soffermarsi: *to ~ to talk to s.o.* attardarsi a parlare con qd. **2** (*to continue to live;* spesso con *on*) trascinarsi (in vita), tirare (ancora) avanti. **3** (*fig*) essere lento a sparire, svanire (o scomparire) lentamente: *superstition still –s in these regions* in queste regioni la superstizione è lenta a sparire. **4** (*to dwell, enlarge*) dilungarsi, indugiare, soffermarsi (*over* su). **5** (*to dawdle*) bighellonare, ciondolare. □ *to ~*

away *one's time* sprecare inutilmente il proprio tempo; *to ~ out* *one's life* trascinare la vita a stento.

lingerer ['liŋərə] s. chi indugia, ritardatario m (f –a).

lingerie fr. ['lɛ̃:ʒəri:, 'lænʒərei] s. (*Vest*) biancheria f intima da donna.

lingering ['liŋəriŋ] a. **1** duraturo, persistente: *a ~ hope* una speranza duratura. **2** (*protracted*) lungo, prolungato: *a ~ illness* una lunga malattia; (*slow*) lento, tardo. **lingeringly** [–li] avv. lentamente.

lingo ['liŋgou] s. (*pl.* -es/-s [z]) (*fam*) **1** lingua f straniera (o esotica). **2** (*cant language*) gergo m, linguaggio m (convenzionale).

lingua franca ['liŋgwə 'fræŋkə] s. **1** lingua f franca. **2** (*estens*) lingua f mista (o ibrida).

lingual ['liŋgwəl] **I** a. **1** (*Anat,Fon*) linguale. **2** (*of languages*) linguistico. **II** s. (*Fon*) linguale f, suono m linguale.

linguist ['liŋgwist] s. **1** poliglotta m/f. **2** (*specialist in linguistics*) linguista m/f, glottologo m (f –a). **lin'guistic** [–ik], **lin'guistical** [–ikəl] a. **1** linguistico. **2** (*of linguistics*) linguistico, glottologico. □ ~ *geography* linguistica f spaziale. **lin'guistics** [–iks] s.pl. (costr. sing.) linguistica f.

lingulate ['liŋgjuleit], **lingulated** [–id] a. (*Biol*) linguiforme.

liniment ['linimənt] s. (*Farm*) linimento m.

lining¹ ['lainiŋ] s. **1** rigatura f, lineatura f. **2** (*Tip*) allineamento m.

lining² s. **1** (*Sart*) fodera f. **2** (*tecn*) rivestimento m interno. **3** (*Mecc*) incamiciatura f. **4** (*El*) rivestimento m isolante.

link¹ [liŋk] s. **1** (*of a chain*) anello m, maglia f. **2** (*fig*) legame m, vincolo m, collegamento m. **3** (*Mod*) (*cuff link*) gemello m per (o da) polsino. **4** (*TV,Rad,Tel*) collegamento m. **5** (*Topogr*) link m (pari a 20,12 m). **6** (*Chim*) legame m. **7** (*El*) elemento m fusibile. **8** (*Mecc*) connessione f, articolazione f.

link² v. (spesso con *up*) **I** v.t. **1** collegare, congiungere, mettere in comunicazione, unire. **2** (*fig*) (*to connect*) ricollegare; (*to associate*) (ri)collegare, mettere in relazione, legare, unire: *to ~ up two facts* collegare due fatti (fra loro). **II** v.i. **1** collegarsi (*to* con). **2** (*fig*) (*to form an association*) associarsi, allearsi, collegarsi (*with* con, a). **3** (*fig*) (*to join company*) unirsi (*with* a). □ *to ~ arms* tenersi sottobraccio.

link³ s. (*torch*) torcia f, fiaccola f.

linkage ['liŋkidʒ] s. **1** collegamento m, connessione f. **2** (*system of links*) sistema m di collegamento (o connessione). **3** (*Biol*) (*of genes*) linkage m. **4** (*Mecc*) collegamento m articolato, biellismo m. **5** (*Inform*) concatenamento m, collegamento m.

linkboy ['liŋkbɔi] s. (*Stor*) portatore m di fiaccola, tedoforo m.

linked [liŋkt] a. (*Biol*) (*of genes*) associato.

linking| stretch ['liŋkiŋ] s. (*Strad*) bretella f. **~ verb** s. (*Gramm*) verbo m copulativo.

links [liŋks] s.pl. **1** (*Sport*) (costr. sing. o pl.) campo m da golf. **2** (*scozz.Geog*) dune fpl vicino alla costa.

link-up s. **1** presa f di contatto. **2** (*Rad,TV*) collegamento m.

linn scozz. [lin] s. **1** pozza f d'acqua (ai piedi d'una cascata). **2** (*waterfall*) cascata f.

Linn(a)ean [li'ni:ən] a. (*Biol*) linneano.

linnet ['linit] s. (*Ornit*) fanello m.

lino ['lainou] s. (*pl.* -s [z]) **1** (*Ind*) linoleum m. **2** (*Tip*) linotype f.

linocut ['lainou)kʌt] s. **1** incisione f in linoleum. **2** (*print*) stampa f ottenuta con un'incisione in linoleum.

linoleum [li'nouliəm] s. (*Ind*) linoleum m.

linotype ['lainou)taip] **I** s. (*Tip*) linotype f. **II** v.t. comporre con linotype. **linotyper** [–ə], **linotypist** [–ist] s. linotipista m/f.

linseed ['linsi:d] s. seme m di lino, linseme m.

linseed| cake s. panello m di olio di lino. **~ meal** s. farina f di seme di lino. **~ oil** s. olio m (di semi) di lino. **~ poultice** s. cataplasma m (o impiastro) di semi di lino, polentina f.

linsey(-woolsey) ['linzi('wulzi)] *s.* **1** ⟨*Tess*⟩ mezzalana *f.* **2** ⟨*fig*⟩ miscuglio *m*, guazzabuglio *m*.

linstock ['linstɔk] *s.* ⟨*Mil.ant*⟩ miccia *f*.

lint [lint] *s.* ⟨*Med*⟩ filaccia *f*, garza *f*.

lintel ['lintl] *s.* ⟨*Edil*⟩ architrave *m*, piattabanda *f*.

liny ['laini] *a.* **1** segnato da linee. **2** (*wrinkled*) rugoso.

lion ['laiən] *s.* **1** ⟨*Zool*⟩ leone *m* (*anche fig.*). **2** ⟨*fig*⟩ (*celebrity*) celebrità *f*. **Lion** *N.pr.* ⟨*Astr*⟩ Leone *m*. □ *the* **British** ~ il leone britannico; ⟨*fig*⟩ *to put one's head into the* ~*'s* **mouth** mettersi in una situazione molto pericolosa; ⟨*fig*⟩ *a* ~ *in the* **path** (o *way*) un ostacolo difficile da superare (generalmente immaginario); ⟨*fig*⟩ *the* ~*'s* **share** la parte del leone; ⟨*fig*⟩ *to* **twist** *the* ~*'s* **tail** attaccare (*o* criticare) la Gran Bretagna, tirare la coda al leone britannico.

Lionel ['laiənl] *N.pr.* Lionello *m*.

lioness ['laiənis] *s.* leonessa *f*.

lionet ['laiənit] *s.* leoncino *m*.

lion|heart *s.* persona *f* audace. **~heart** *N.pr.* ⟨*Stor*⟩ Riccardo *m* cuor di leone. **~-hearted** *a.* coraggioso (come un leone), audace. **~ hunter** *s.* **1** cacciatore *m* (*f* –trice) di leoni. **2** ⟨*fig*⟩ chi va a caccia di celebrità (per i suoi ricevimenti, ecc.).

lionize ['laiənaiz] *v.t.* **1** trattare come una celebrità. **2** (*to show the sights of a place to*) mostrare le bellezze di un luogo a; (*to visit the sights of*) visitare (*o* vedere) le bellezze di.

lip[1] [lip] **I** *s.* **1** ⟨*Anat*⟩ labbro *m*. **2** *pl.* ⟨*fig*⟩ labbra *fpl*, bocca *f: the word died on his* –*s* la parola gli morì sulle labbra. **3** (*edge*) orlo *m*, bordo *m*, ciglio *m*, labbro *m: the* ~ *of a cup* l'orlo di una tazza; *the* ~ *of a crater* il bordo di un cratere; (*of a wound*) labbro *m*, margine *m*, bordo *m*; (*projecting edge*) becco *m*, beccuccio *m*; (*cutting edge*) filo *m*, taglio *m*. **4** ⟨*sl*⟩ (*impudent talk*) insolenza *f*, impertinenza *f*. **II** *a.* **1** labiale (*anche Fon.*). **2** ⟨*fig*⟩ insincero: ~ *homage* un omaggio insincero. □ ⟨*fig*⟩ *to* **bite** *one's* ~ mordersi le labbra; ⟨*sl*⟩ *to* **button** *one's* ~ tenere la bocca chiusa, cucirsi la bocca; *to* **curl** *one's* ~ increspare le labbra; ⟨*fig*⟩ *to* **hang** *on s.o.'s* –*s* pendere dalle labbra di qd.; *to* **lick** *one's* –*s* leccarsi le labbra; ⟨*fig*⟩ *to* leccarsi i baffi (*o* le dita); ⟨*fig*⟩ *to* **open** *one's* –*s* (*to speak*) aprire bocca; *to* **smack** *one's* –*s* far schioccare le labbra; ⟨*fig*⟩ leccarsi i baffi (*o* le dita); *to* **keep** *a* **stiff** *upper* ~ non scoraggiarsi, tener duro.

lip[2] *v.* (*pret., p.p.* **lipped** [–t]) **I** *v.t.* **1** toccare con le labbra. **2** (*to utter in a murmur*) mormorare, sussurrare. **3** (*to lap against*) lambire, sfiorare. **II** *v.i.* ⟨*Mus*⟩ imboccare uno strumento a fiato.

lipase ['laipeis] *s.* ⟨*Biol*⟩ lipasi *f*.

lipgloss ['lipglɔs] *s.* ⟨*Cosmet*⟩ lucidalabbra *m*.

lipid ['lipid], **lipide** [–paid], **lipin** [–pin] *s.* ⟨*Biol*⟩ lipide *m*.

lipoid ['lipɔid] **I** *a.* lipoideo. **II** *s.* ⟨*Biol*⟩ lipoide *m*.

lipoma [li'poumə] *s.* (*pl.* -s [z]/-**mata** [mətə]) ⟨*Med*⟩ lipoma *m*.

lipped [lipt] *a.* **1** (nei composti) dalle labbra ...: *thick*–~ dalle labbra grosse. **2** ⟨*Bot*⟩ labiato.

lip|-read *v.t./i.* capire dal movimento delle labbra. **~ reading** *s.* labiolettura *f*. **~salve** *s.* ⟨*Med*⟩ pomata *f* per labbra. **~service** *s.* rispetto *m* (*o* devozione *f*) puramente verbale. **~stick** *s.* ⟨*Cosmet*⟩ rossetto *m* (per labbra).

liquate ['laikweit] *v.* (spesso con *out*) **I** *v.t.* ⟨*Met*⟩ sottoporre a liquazione. **II** *v.i.* fondersi. **liquation** [–'kweiʃən] *s.* liquazione *f*.

liquefaction [,likwi'fækʃən] *s.* liquefazione *f*. **liquefactive** [–'fæktiv] *a.* che serve a liquefare.

liquefiable ['likwifaiəbl] *a.* liquefattibile. **liquefied** [–faid] *a.* liquefatto. □ ~ *petroleum gas* gas liquido (di petrolio). **liquefier** [–faiə] *s.* ⟨*Chim*⟩ apparecchio *m* per la liquefazione. **liquefy** [–fai] **I** *v.t.* liquefare. **II** *v.i.* liquefarsi.

liquescence [li'kwesns] *s.* liquescenza *f*. **liquescent** [–snt] *a.* **1** che diventa liquido, che si liquefà. **2** (*tending to liquefy*) liquescente.

liqueur [li'kjuə, *am.* li'kə:r] *s.* ⟨*Enol*⟩ liquore *m* (forte e aromatico).

liquid ['likwid] **I** *s.* **1** liquido *m*. **2** ⟨*Fon*⟩ liquida *f*,

consonante *f* liquida. **II** *a.* **1** liquido (*anche Fon.*). ⟨*fig*⟩ (*clear, transparent*) chiaro, trasparente, limpido. ⟨*fig*⟩ (*of sounds*) armonioso, dolce. **4** ⟨*fig*⟩ (*changeable*) instabile, fluttuante. **5** ⟨*Econ*⟩ (*of assets*) liquido, contanti.

liquidate ['likwideit] **I** *v.t.* **1** (*of a debt*) liquidare, pagare estinguere. **2** ⟨*Econ*⟩ (*of a company, etc.*) liquidare sciogliere. **3** ⟨*fig*⟩ liquidare, sbarazzarsi di, liberarsi di ⟨*eufem*⟩ (*to kill*) liquidare, uccidere, ⟨*gerg*⟩ far fuori. ⟨*Econ*⟩ (*of assets*) trasformare in contanti, rendere liqui **II** *v.i.* ⟨*Econ*⟩ andare in liquidazione. **,liquidati**[–'deiʃən] *s.* **1** ⟨*Econ*⟩ liquidazione *f*. **2** ⟨*fig*⟩ eliminazio *f*, liquidazione *f*. **3** ⟨*eufem*⟩ assassinio *m*, uccisione *f* **liquidator** [–ə] *s.* ⟨*Econ*⟩ liquidatore *m* (*f* –trice).

liquid| crystal *s.* cristallo *m* liquido. **~ fire** ⟨*Chim,Mil*⟩ miscela *f* infiammabile (per lanciafiamme).

liquidity [li'kwiditi] *s.* liquidità *f* (*anche Econ.*).

liquidity crisis *s.* ⟨*Econ*⟩ crisi *f* di liquidità.

liquidize ['likwidaiz] *v.t.* rendere liquido.

liquid| manure *s.* ⟨*Agr*⟩ deiezioni *fpl* liquide, liqua *mpl*. **~ manure spreader** *s.* spandiliquami *m*. **measure** *s.* **1** sistema *m* di misura per liquidi. (*measure*) misura *f* per liquidi.

liquidness ['likwidnis] *s.* liquidità *f*.

liquid| paraffin *s.* ⟨*Chim*⟩ olio *m* minerale. **~ waste** rifiuti *mpl* liquidi.

liquor[1] ['likə] *s.* **1** liquore *m*, bevanda *f* alcolica. **2** ⟨*Gas* (*juice*) succo *m*; (*broth*) brodo *m*. **3** (*any liquid substan* liquido *m*, sostanza *f* liquida. **4** ⟨*Farm*⟩ ['likə, 'laikw liquore *m*. **5** ⟨*Ind*⟩ soluzione *f*. □ ⟨*fam*⟩ *to be in* (o *h worse for*) ~ essere ubriaco.

liquor[2] *v.t.* ⟨*Ind*⟩ trattare con una soluzione. □ ⟨*fam*⟩ ~ **up** bere bevande alcoliche.

liquorice ['likəris] *s.* ⟨*Bot*⟩ liquirizia *f*.

liquorish *a.* → **lickerish**.

lira ['liərə] *s.* (*pl.* **-s** [z]/**lire** ['liəre]) ⟨*Econ*⟩ lira (italiana).

Lisbon ['lizbən] *N.pr.* ⟨*Geog*⟩ Lisbona *f*.

lisle (thread) [lail] *s.* ⟨*Tess*⟩ filo *m* di Scozia.

lisp [lisp] **I** *s.* **1** pronunzia *f* blesa, blesità *f*, ⟨*pop*⟩ lisca **2** ⟨*fig*⟩ fruscio *m*, mormorio *m*. **II** *v.i.* essere bleso, ave la lisca. **III** *v.t.* pronunziare in modo bleso. □ *to spe with a* ~ essere bleso.

lissom(e) ['lisəm] *a.* **1** flessuoso, flessibile. **2** (*nimb* agile, svelto. **lissomeness** [–nis] *s.* **1** flessuosità *f* (*nimbleness*) agilità *f*.

list[1] [list] **I** *s.* **1** elenco *m*, lista *f*, distinta *f: put me on* ~ mettimi in lista; (*catalogue*) catalogo *m*. **2** (*tab statement*) prospetto *m*, tabella *f* riassuntiva. ⟨*Comm,Econ*⟩ listino *m*. **II** *v.t.* **1** elencare, fare compilare una lista di. **2** (*to include in a list*) include in un elenco (*o* una lista), mettere in lista. **3** ⟨*Com* catalogare. **4** ⟨*Econ*⟩ ammettere alle quotazioni. □ ⟨*f to come high on the* ~ essere fra i primi.

list[2] **I** *s.* ⟨*Mar*⟩ sbandamento *m*, inclinazione *f*. **II** sbandare.

list[3] *s.* **1** listello *m*, bordo *m*, lista *f*. **2** (*selvage*) cimosa vivagno *m*. **3** (*stripe of colour*) striscia *f* (di colore).

list[4] *v.* (*pret., p.p.* **listed** ['listid]/**list**) ⟨*rar*⟩ **I** *v.t.* (*to plea* piacere (costr. impers.). **II** *v.i.* desiderare, preferire.

list[5] *v.i./t.* (*pret., p.p.* **listed** ['listid]/**list**) ascoltare.

listed ['listid] *a.* ⟨*Econ*⟩ ammesso alle quotazioni ufficia quotato.

listen ['lisn] **I** *v.i.* **1** ascoltare (*to s.th., s.o.* qc., qd prestar orecchio (a), dare ascolto (a), (stare a) sentire. (*to pay attention*) dare retta (a), ascoltare (qd.); (*to obe* ubbidire (a). **II** *intz.* ascolta. □ *to* ~ **for** *s.th.* aspettare sentire qc.; *to* ~ **in:** 1 ascoltare la radio; 2 (*to eavesdro* origliare; 3 (*to intercept telephone or radio message* intercettare una conversazione (*o* trasmissione).

listener ['lisnə] *s.* **1** ascoltatore *m* (*f* –trice). **2** (*listener–* radioascoltatore *m* (*f* –trice). □ *to be a good* ~ essere buon ascoltatore, saper ascoltare. **'listener-'in** *s.* radioascoltatore *m* (*f* –trice). **2** (*eavesdropper*) chi origl

listening ['lisniŋ] *a.* d'ascolto. □ ⟨*Mil,Rad*⟩ ~ **post** pos *m* d'ascolto.

lister ['listə] *s.* ⟨*Agr*⟩ **1** aratro *m* assolcatore. **2** → **list**

drill.

ter drill s. ⟨Agr⟩ macchina f per arare e seminare.

ting ['listiŋ] s. ⟨Inform⟩ listato m.

tless ['listlis] a. **1** disattento, incurante, indifferente: *a ~ audience* un uditorio disattento. **2** (*languid*) languido, acco. **listlessness** [–nis] s. **1** disattenzione f, ndifferenza f. **2** (*languidness*) languidezza f.

t price s. ⟨Comm⟩ prezzo m di listino.

ts [lists] s.pl. (costr. sing. o pl.) **1** ⟨Stor⟩ (*arena*) lizza f, rena f; (*barriers*) lizza f, palizzata f, steccato m. **2** ⟨fig⟩ otta f, disputa f, lizza f. □ ⟨fig⟩ *to enter the ~* entrare (o cendere) in lizza.

[lit] → light[2], light[4].

a. ⟨sl⟩ ubriaco, sbronzo. □ ⟨sl⟩ *to be well ~* essere briaco fradicio.

. = 1 *literal* letterale. **2** *literary* letterario (*abbr.* lett.). **3** *iterature* letteratura (*abbr.* lett.). **4** *litre* litro (*abbr.* l).

any ['litəni] s. ⟨Lit⟩ litania f.

er am. s. → litre.

eracy ['litərəsi] s. il saper leggere e scrivere.

eracy campaign s. campagna f di alfabetizzazione.

eral ['litərəl] a. **1** letterale: *~ interpretation* nterpretazione letterale; (*not exaggerated*) esatto, preciso, lla lettera, testuale; (*plain*) puro, schietto, semplice: *the ~ ruth* la pura verità. **2** (*word for word*) letterale, alla ettera: *a ~ translation* una traduzione alla lettera. **3** *matter-of-fact, prosaic*) pratico, concreto, prosaico. **4** Tip⟩ di una lettera dell'alfabeto. □ ⟨pop⟩ *a ~ lood-bath* un vero e proprio massacro. **literalism** –izəm] s. **1** tendenza f all'interpretazione puramente etterale. **2** ⟨Art,Lett⟩ realismo m. **literalist** [–ist] s. chi i attiene all'interpretazione (puramente) letteraria. **iteralize** [–aiz] v.t. interpretare alla lettera. **literally** –i] avv. **1** letteralmente, alla lettera. **2** (*actually, really*) etteralmente, nel vero senso della parola, proprio, eramente. □ *to take ~* prendere alla lettera.

erarily ['litərərili] avv. letterariamente. **literariness** –rinis] s. letterarietà f. **literary** [–ri] a. **1** letterario: *~ riticism* critica letteraria. **2** (*of style, etc.*) letterario, icercato. **3** (*of the profession of letters*) di lettere: *a ~ nan* un uomo di lettere, un letterato. □ *the ~ world* il nondo delle lettere.

erary| agent s. agente m letterario. **~ award** s. premio *n* letterario. **~ magazine** s. rivista f letteraria. **~ roperty** s. proprietà f letteraria, copyright m. **~ prose** prosa f d'arte.

erate ['litərit] I a. **1** che sa leggere e scrivere. **2** *educated*) istruito. **3** (*literary*) letterato, colto. II s. **1** etterato m (f –a). **2** (*educated person*) persona f colta (o struita).

erati [ˌlitəˈreitai, –ˈrɑːtiː] s.pl. classe f colta, letterati *pl.*

erature ['litərətʃə] s. **1** letteratura f: *English ~* etteratura inglese. **2** (*writings on a specific subject*) etteratura f, scritti mpl: *the ~ on Dante* letteratura antesca. **3** ⟨fam⟩ (*any book, pamphlet*) opuscoli mpl, ieghevoli mpl, stampati mpl: *tourist ~* opuscoli turistici.

harge ['liθɑːdʒ] s. ⟨Chim⟩ litargirio m, litargite f.

he [laið] a. flessuoso, flessibile. **'litheness** [–nis] s. lessuosità f. **'lithesome** [–səm] a. → lithe.

hia ['liθiə] s. ⟨Chim⟩ litina f.

hiasis [liˈθaiəsis] s. (pl. **-ses** [siːz]) ⟨Med⟩ litiasi f, alcolosi f.

hia water s. acqua f litiosa.

hic[1] ['liθik] a. litico, di pietra: *~ monuments* monumenti tici.

hic[2] a. ⟨Chim⟩ litico: *~ acid* acido litico.

hium ['liθiəm] s. ⟨Chim⟩ litio m.

hograph ['liθougrɑːf] I s. litografia f, riproduzione f tografica. II v.t. litografare. III v.i. fare litografie. **ithographer** [–ˈθɔgrəfə] s. litografo m. **ˌlithographic** [–ˈgræfik], **ˌlithographical** [–ˈgræfikəl] a. litografico. **ithography** [–ˈθɔgrəfi] s. litografia f, procedimento m tografico.

hoid ['liθɔid], **lithoidal** [–əl] a. ⟨Geol⟩ litoide.

hologic [ˌliθəˈlɔdʒik], **lithological** [–əl] a. ⟨Geol⟩ tologico. **lithologist** [–ˈθɔlədʒist] s. ⟨Geol⟩ litologo m.

lithology [–ˈθɔlədʒi] s. **1** ⟨Geol⟩ litologia f. **2** ⟨Med⟩ studio m della calcolosi.

lithophyte ['liθəfait] s. ⟨Bot⟩ litofita f.

lithosphere ['liθəsfiə] s. ⟨Geol⟩ litosfera f, crosta f terrestre.

lithotomic [ˌliθəˈtɔmik], **lithotomical** [–əl] a. ⟨Chir⟩ litotomico. **lithotomy** [–ˈθɔtəmi] s. litotomia f.

lithotrite ['liθətrait] s. litotritore m. **lithotrity** [–ˈθɔtriti] s. ⟨Chir⟩ litotripsia f, litotrissia f, litotritia f.

Lithuania [ˌliθjuˈeinjə] N.pr. ⟨Geog⟩ Lituania f. **Lithuanian** [–n] I a. lituano. II s. **1** lituano m (f –a). **2** (*language*) lituano m.

Lit.Hum. = *Litterae Humaniores* belle lettere.

litigable ['litigəbl] a. ⟨Dir⟩ oppugnabile. **litigant** [–gənt] I s. parte f in causa, litigante m/f, attore m (f –trice). II a. litigante.

litigate ['litigeit] I v.t. essere in lite (o causa) con. II v.i. litigare, essere parte di una lite (o causa). **ˌlitigation** [–ˈgeiʃən] s. causa f, processo m. □ ⟨Dir⟩ *to be in ~* (*of a case*) essere sotto giudizio.

litigious [liˈtidʒəs] a. **1** litigioso (*anche Dir.*). **2** (*contentious*) contenzioso. **litigiousness** [–nis] s. litigiosità f.

litmus ['litməs] s. ⟨Chim⟩ tornasole m, laccamuffa f.

litmus paper s. cartina f al tornasole.

litotes ['laito(u)tiːz] s.inv. ⟨Ret⟩ litote f.

litre ['liːtə] s. litro m.

Litt.D. = *Litterarum Doctor* dottore in lettere.

litter ['litə] I s. **1** rifiuti mpl, cartaccia f; (*state of disorder*) disordine m, confusione f. **2** (*straw for animals*) lettiera f, strame m, lettime m. **3** ⟨Zootecn⟩ figliata f. **4** (*portable couch*) lettiga f, portantina f; (*stretcher*) lettiga f, barella f. **5** ⟨Silv⟩ humus m. II v.t. **1** (co)spargere, disseminare; (*to lie scattered about;* spesso con *up*) essere sparso in disordine: *books –ed the table* i libri erano sparsi in disordine sul tavolo; (*to scatter about*) sparpagliare. **2** (*of an animal*) fare la lettiera a, fare un letto di strame a; (*of a floor*) cospargere di strame. **3** ⟨Zootecn⟩ figliare, partorire. III v.i. ⟨Zootecn⟩ figliare, partorire.

litter| bag am. s. sacchetto m delle immondizie. **~ basket, ~ bin** s. cestino m per i rifiuti. **~ bug, ~ lout** s. ⟨fam⟩ chi sparge cartacce (o rifiuti) in luoghi pubblici.

little ['litl] I a. (*compar.* **less** [les]/**lesser** ['lesə], *sup.* **least** [liːst]) **1** piccolo, piccino, *often translated with a diminutive: he has ~ feet* ha i piedi piccoli; *a ~ bird* un uccellino; (*young*) giovane. **2** (*brief: of distance*) breve, corto: *a ~ way* un breve tratto di strada; (*of duration*) piccolo, poco, breve, corto: *there is ~ time* c'è poco tempo. **3** (*small in number*) piccolo; (*small in amount or degree*) piccolo, poco: *~ hope* poca speranza. **4** (*some but not much;* preceduto da *a*) poco, alquanto: *he has a ~ money* ha un po' di denaro; *a ~ dull* alquanto noioso. **5** (*unimportant*) piccolo, di scarsa importanza, di poco conto. **6** (*petty, mean*) meschino, gretto, piccolo, ristretto: *a man of ~ mind* un uomo di mente gretta. **7** (*to express tenderness, etc.*) *translated with a diminutive: what a dear ~ child!* che caro bimbetto!; *come here, my ~ man!* vieni qui, ometto mio! II s. **1** (*small amount*) poco m, piccola quantità f: *the ~ I possess* il poco che possiedo; (*not much*) poco m: *your friends did ~ to help you* i tuoi amici hanno fatto poco per aiutarti. **2** (preceduto da *a: some but not much*) poco m: *if you want milk I have a ~* se vuoi latte ne ho un poco; (*something*) poco m, qualcosa f: *he knows a ~ about everything* sa un po' di tutto; (*short time*) poco m: *wait a ~ longer!* aspetta ancora un poco! III avv. (*compar.* **less** [ləs], *sup.* **least** [liːst]) **1** poco: *she eats very ~* mangia molto poco. **2** (*not at all*) non ... affatto, per niente, neanche lontanamente: *he ~ knew what I was thinking* non sapeva affatto che cosa io pensassi. **3** (*rarely*) poco, di rado. **4** (preceduto da *a: short distance*) poco: *let's walk a ~* camminiamo un poco; (*sometimes*) ogni tanto, qualche volta: *I play tennis a ~* gioco a tennis ogni tanto; (*slightly*) poco, leggermente, piuttosto, alquanto: *I feel a ~ better* mi sento un po' meglio; *the film was a ~ long* il film era piuttosto lungo. □ *as ~ as possible* il meno possibile; *but ~* ben poco; *~*

by ~ a poco a poco, gradualmente; **every** ~ *helps* tutto serve, ⟨*fam*⟩ tutto fa brodo; **for** ~ per poco, a buon mercato; *for a* ~ per un po'; *to* **get** ~ *out of s.th.* trarre poco vantaggio da qc., ricavare poco da qc.; **in** ~ in piccolo, in miniatura; *in a* ~ in breve tempo; *to* **make** ~ *of* tenere in poco conto, dare poca importanza a; ~ **more** poco più; **no** ~ non poco, molto: *he took no* ~ *pains* si è preso non poca pena; ~ *or no* quasi niente, poco o niente; **not** *a* ~ molto, non poco, considerevolmente: *I was not a* ~ *annoyed* ero molto seccato; ~ *or* **nothing** quasi niente, poco o niente; *the* ~ **of** il (*o* quel) poco di: *the* ~ *of the town I have seen seems very pretty* il poco della città che ho visto sembra assai grazioso; *the* ~ **ones** (*the children*) i piccoli, i bambini; *to* **see** *very* ~ *of s.o.* vedere (*o* frequentare) pochissimo qd.; *don't worry about* ~ **things** non ti preoccupare per ogni inezia; *to* **think** ~ *of:* 1 non pensarci due volte, metterci poco a, non esitare a; 2 (*to have a low opinion of*) tenere in poco conto; *wait a* ~ **while** aspetta un momento. *Prov.: a* ~ *is better than none* meglio poco che niente.

Little| **Bear,** ~ **liveable. livableness** *s.* → **liveableness.**

live[^1] [liv] **I** *v.i.* **1** vivere, essere in vita, esistere; (*to continue alive*) vivere: *to* ~ *to ninety* vivere fino a novant'anni. **2** (*to reside*) vivere, risiedere, abitare: *he –s in Paris* vive a Parigi. **3** (*to subsist, feed*) vivere, nutrirsi, cibarsi, alimentarsi (*on, upon* di): *to* ~ *on rice* vivere di riso. **4** (*to obtain the means of life*) campare, vivere (*by, on, upon* di), mantenersi (con): *he –s by his work* campa del suo lavoro; *to have enough to* ~ *on* avere di che vivere. **5** ⟨*fig*⟩ essere vivo, vivere, durare: *the incident still –s in my memory* l'incidente è ancora vivo nella mia memoria. **II** *v.t.* **1** (*of a life*) vivere, trascorrere: *to* ~ *a happy life* vivere una vita felice; (*to pass actively, vigorously*) vivere intensamente: *to* ~ *every minute of one's life* vivere intensamente ogni istante della propria vita. **2** ⟨*fig*⟩ mettere in pratica, vivere, praticare. □ *to* ~ **above** *one's means* vivere al di sopra del proprio reddito; *to* ~ **by** *one's wits* vivere di espedienti; *to* ~ **down** *a scandal* far dimenticare col tempo uno scandalo; *to* ~ **in** (*of a servant, etc.*) essere a tutto servizio; (*of a student, etc.*) essere interno; *to* ~ **off** *s.o.* vivere alle spalle di qd.; *to* ~ **on** rivivere, perpetuarsi: *the mother's beauty –s on in her daughter* nella figlia rivive la bellezza della madre; *to* ~ **out** (*of a servant, etc.*) essere a mezzo servizio; (*of a student, etc.*) essere esterno; *to* ~ **through** sopravvivere a, scampare a; *I hope I never* ~ **to** *see the day when* spero di non vivere tanto da vedere il giorno in cui; ⟨*fig*⟩ *to* ~ **up** *to:* 1 tener fede a, vivere secondo: *to* ~ *up to an ideal* tener fede a un ideale; 2 (*to attain expected standards in*) non venir meno a: *he –d up to his reputation* non venne meno alla sua fama; ⟨*fam*⟩ *to* ~ *it up* godersi la vita; *to* ~ **with:** 1 vivere con, convivere con, coabitare con: *to* ~ *with one's parents* vivere con i propri genitori; 2 (*to have an established sexual relationship with*) convivere con. *Prov.:* ~ *and let* ~ vivi e lascia vivere.

live[^2] [laiv] **I** *a.* **1** vivo: *a* ~ *animal* un animale vivo. **2** (*lively, energetic*) vivace, energico, attivo. **3** (*of coals, etc.*) acceso, ardente; (*of colour*) vivo, brillante, luminoso. **4** (*current interest*) d'attualità: ~ *problem* proble d'attualità. **5** ⟨*Rad,TV*⟩ in ripresa diretta, dal vivo: *a programme* un programma in ripresa diretta. **6** (*of audience*) attento. **7** ⟨*Sport*⟩ (*of a ball*) in gioco. **8** ⟨ sotto tensione: *this wire is* ~ questo filo è sotto tensio **9** ⟨*Artigl*⟩ (*charged*) carico: ~ *cartridge* cartuccia cari (*unexploded*) inesploso. **10** ⟨*Atom*⟩ attivo. **II** *a* ⟨*Rad,TV*⟩ in presa diretta, dal vivo.

liveable ['livəbl] *a.* **1** abitabile. **2** (*worth living*) degno essere vissuto; (*endurable*) sopportabile. **3** (*that can lived with*) con cui si può vivere; (*companionab* socievole. **liveableness** [–nis] *s.* **1** abitabilità *f.* (*endurableness*) sopportabilità *f.*

live| **axle** [laiv] *s.* ⟨*Mot*⟩ asse *m* motore, assale *m* moto motoassale *m.* ~ **bait** *s.* ⟨*Pesc*⟩ esca *f* viva. □ *to* ♪ *with* ~ pescare al vivo. ~ **births** *s.pl.* ⟨*Statist*⟩ nati v *mpl.*

lived [livd, laivd] *a.* (nei composti) dalla vita ...: *short* dalla vita breve.

'live|-'in *a.* (*of person*) che abita nel posto di lavoro. ~ **maid** *s.* cameriera *f* a tutto servizio.

livelihood ['laivlihud] *s.* vita *f,* sostentamento *m,* me *mpl* di sussistenza (*o* sostentamento).

liveliness ['laivlinis] *s.* vivacità *f,* animazione *f,* brio *n*

live load [laiv] *s.* **1** ⟨*Edil*⟩ carico *m* accidentale (*o* traffico). **2** (*of a vehicle*) carico *m* (utile).

livelong ['livlɔŋ] *a.* (*of time*) intero, lungo. □ *all the day* tutto il santo giorno.

lively ['laivli] *a.* **1** vivace, animato, brioso, brillante: *a discussion* un'animata discussione; (*of people*) viva attivo, pieno di vita, vivo. **2** (*gay*) allegro, brioso: *a tune* un motivo allegro. **3** (*vivid*) vivace, vivido, vi efficace: *a* ~ *description* una vivace descrizione; *colours*) vivace, smagliante, vivido. **4** (*brisk, sharp*) vi acuto: ~ *mind* ingegno vivo. **5** (*intense, active*) inten attivo, vivo: *a* ~ *trade in contraband cigarettes* un inten traffico di sigarette di contrabbando. □ ⟨*fam*⟩ *to look* darsi da fare, muoversi; ⟨*fam*⟩ *to make things* ~ *for* rendere la vita difficile a qd., dare del filo da torcere qd.; *to step* ~ affrettarsi; *to have a* ~ *time* avere un daffare.

liven ['laivn] *v.* (general. con *up*) **I** *v.t.* ravvivare, anima **II** *v.i.* ravvivarsi, animarsi.

live| **program** *am.,* ~ **programme** *s.* ⟨*Rad, T* programma *m* in ripresa diretta.

liver[^1] ['livə] **I** *s.* ⟨*Anat,Gastr*⟩ fegato *m.* **2** ⟨*pop*⟩ (*li complaint*) mal *m* di fegato. **II** *a.* color rosso scuro bruno).

liver[^2] *s.* persona *f* che vive in un certo modo, chi cond un particolare genere di vita. □ *a plain* ~ chi vive *a* buona; *a loose* ~ un libertino.

liver| **brown** *s.* rosso *m* scuro (*o* bruno). ~ **cell** *s.* ⟨*B* cellula *f* epatica. ~ **complaint** *s.* ⟨*Med*⟩ epatopatia *f.* **extract** *s.* ⟨*Farm*⟩ estratto *m* epatico. ~ **fluke** *s.* ⟨*Z* fasciola *f,* distoma *m* epatico.

liveried ['livərid] *a.* in livrea: ~ *coachman* cocchiere livrea.

liverish ['livəriʃ] *a.* **1** ⟨*Med*⟩ fegatoso, epatico. **2** (*i* fegatoso, irascibile, rabbioso. **3** (*liver-coloured*) ro scuro (*o* bruno).

Liverpool ['livəpuːl] *N.pr.* ⟨*Geog*⟩ Liverpool **,Liverpudlian** [–'pʌdliən] **I** *a.* di Liverpool. **II** abitante *m/f* di Liverpool.

liver| **sausage** *s.* ⟨*Gastr*⟩ salsiccia *f* di fegato. ~**wort** ⟨*Bot*⟩ epatica *f.* ~**wurst** *am.* [wəːst] *s.* → liver sausage.

livery[^1] ['livəri] *s.* **1** (*for servants*) livrea *f.* **2** (*for memb of a guild, etc.*) costume *m,* abito *m.* **3** ⟨*fig*⟩ aspetto aria *f,* apparenza *f.* **4** ⟨*Dir*⟩ consegna *f* di un bene (in c particolari). **5** (*feeding, stabling, etc., of horses*) stallag *m,* stallatico *m.* □ *at* ~ (*of horses*) tenuto nello stallag *out of* ~ senza livrea, in abito borghese.

livery[^2] *a.* **1** simile al fegato. **2** (*liverish*) fegatoso, irasci rabbioso.

livery| **company** *s.* ⟨*Stor*⟩ corporazione *f* di livrea. **man** [mən] *s.irr.* **1** padrone *m* di stallaggio; (*employ*

nozzo *m* di stallaggio. **2** ⟨*Stor*⟩ membro *m* di una
orporazione di livrea. **~ stable** *s.* scuderia *f* di cavalli
a nolo.

es [laivz] → **life.**

e|stock [laiv] *s.* (costr. sing. o pl.) ⟨*Zootecn*⟩ bestiame
i, scorte *fpl* vive. **~ weight** *s.* ⟨*Comm*⟩ peso *m* vivo.

vire *s.* **1** ⟨*El*⟩ filo *m* sotto tensione. **2** ⟨*fam*⟩ persona *f*
ivace (*o* piena di vita).

id ['livid] *a.* **1** livido, bluastro. **2** (*leaden in colour*)
vido, plumbeo: *a ~ sky* un cielo livido. **3** ⟨*fam*⟩ (*very
ngry*) livido di collera, furibondo. □ *a ~ bruise* un
vido. **li'vidity** [–iti] *s.* lividezza *f.*

ing ['livin] **I** *a.* **1** vivente, vivo: *~ beings* esseri viventi;
tissue tessuto vivo. **2** (*existing, active*) vivo, vivente, in
so: *a ~ language* una lingua viva; (*contemporary*)
ivente, contemporaneo: *the finest musician ~* il miglior
iusicista vivente. **3** (*lively, energetic*) vivace, attivo, vivo.
(*of life*) di vita, della vita: *~ conditions* condizioni di
ita. **5** (*of coals, etc.*) acceso, ardente. **6** (*of rock*) vivo. **7**
of water) vivo, corrente. **II** *s.* **1** vita *f,* vivere *m: ~ is
ery expensive today* la vita costa molto al giorno d'oggi;
o you call this ~? lo chiami vivere, questo? **2** (*livelihood*)
ita *f,* sostentamento *m,* mezzi *mpl* di sostentamento (*o
issistenza*): *to earn one's ~* guadagnarsi la vita. **3** (*living
eople;* costr. pl.) vivi *mpl,* viventi *mpl: he is still in the
ind of the ~* è ancora tra i vivi. **4** ⟨*Dir.can*⟩ beneficio
i. □ *to be the ~* **image** *of s.o.* essere l'immagine (*o* il
ritratto) vivente di qd.; *to make a ~* guadagnarsi la vita;
o **~ man** *could do better* nessuno al mondo potrebbe far
ieglio; (*with*)*in ~* **memory** a memoria d'uomo; *not a ~
iul could be seen* non si vedeva anima viva; **standard** *of*
tenore *m* di vita; *to* **work** *for one's ~* lavorare per
ivere.

ing| death *s.* vita *f* disgraziata. **~ picture** *s.* ⟨*Art*⟩
uadro *m* vivente. **~ room** *s.* soggiorno *m.* **~ space** *s.*
⟨*Arch*⟩ spazio *m* utile (*o* abitabile). **2** ⟨*fig*⟩ spazio *m*
itale (*anche Pol.*). **~ wage** *s.* ⟨*Econ*⟩ salario *m* minimo,
inimo *m* vitale.

vy ['livi] *N.pr.* ⟨*Stor.rom*⟩ Livio *m.*

iviate [lik'sivieit] *v.t.* ⟨*Chim*⟩ lisciviare. **lix,iviation**
-vi'eiʃən] *s.* lisciviazione *f.* **lixivium** [–viəm] *s.* (*pl.* -*s*
|/-**via** [viə]) lisciviа *f.*

z [liz], **Liza** ['li:zə, 'laizə] (*dim. di Elizabeth*) *N.pr.* Lisa

ard ['lizəd] *s.* ⟨*Zool,Conc*⟩ lucertola *f.*

zbeth ['lizbəθ], **Lizzie, Lizzy** [–zi] (*dim. di Elizabeth*)
.pr. Lisetta *f.*

J. = ⟨*Dir*⟩ *Lord Justice* (*of Appeal*) giudice di Corte
appello.

[l, əl] *contraz. di* **shall, will**[1].

.. = **1** *Lending Library* biblioteca circolante. **2** ⟨*Dir*⟩
imited Liability responsabilità limitata.

ma ['lɑ:mə] *s.* **1** ⟨*Zool*⟩ lama *m.* **2** (*fleece*) pelo *m* (*o
na f*) di lama.

.D. = *Legum Doctor* dottore in legge.

yd's [lɔidz] *s.* ⟨*Assic*⟩ Lloyd *m,* compagnia *f* del
loyd.

yd's| agent *s.* ⟨*Assic*⟩ agente *m* del Lloyd. **~ List** *s.*
ollettino *m* del Lloyd. **~ Register** *s.* registro *m* del
loyd.

1T = *local mean time* ora media locale.

Л.T. = ⟨*Fis*⟩ *length, mass, time* lunghezza, massa e
mpo.

[lou] *intz.* ⟨*rar,poet*⟩ guarda, ecco. □ *~ and behold!*
co!, tappete!

Ю = ⟨*Mil*⟩ *liaison officer* ufficiale di collegamento.

ch [loutʃ] *s.* ⟨*Itt*⟩ cobitide *m.*

d [loud] **I** *s.* **1** carico *m: a ship with a full ~* una nave
pieno carico. **2** ⟨*fig*⟩ peso *m,* carico *m,* fardello *m,*
ere *m: to take a ~ off s.o.'s mind* togliere un peso dal
iore a qd.; (*responsibility*) responsabilità *f,* carico *m.* **3**
⟨*fam*⟩ (*large quantity*) gran quantità *f,* ⟨*fam*⟩ sacco *m:*
has -s of money ha un sacco di soldi. **4** ⟨*Mil,Artigl*⟩
rica *f.* **5** ⟨*Mecc,Fis,El*⟩ carico *m.* **II** *v.t.* **1** caricare: *to ~
lorry with stones* caricare un camion di pietre. **2** (*to
ke on as a load*) caricare, fare un carico di. **3** (*to add
eight to*) aggiungere peso a, appesantire, zavorrare; (*of*

dice) truccare (*appesantendo*). **4** (*of a drink: to adulterate*)
adulterare, sofisticare. **5** ⟨*Mil,Artigl*⟩ caricare: *to ~ a gun*
caricare un cannone. **6** ⟨*fig*⟩ (*to burden, weigh down;*
spesso con *down*) gravare, caricare: *to ~ o.s. with
responsibilities* gravarsi di responsabilità; (*to oppress*)
caricare, opprimere. **7** ⟨*fig*⟩ (*to heap*) coprire, colmare,
ricoprire: *to ~ s.o. with presents* coprire qd. di regali. **8**
⟨*fig*⟩ (*to bias*) influenzare. **9** ⟨*Assic*⟩ aggiungere
un'addizionale a. **III** *v.i.* **1** (*spesso con up*) caricare, fare
il carico: *the ship hasn't -ed up yet* la nave non ha ancora
caricato. **2** ⟨*Mil,Artigl*⟩ caricare un'arma da fuoco. □ ⟨*sl*⟩
to ~ the dice against agire contro (*o* a sfavore di); *to ~
the dice in favour of* agire 'a favore' (*o* nell'interesse) di;
⟨*sl*⟩ *get a ~ of this* (*look at this*) guarda un po'; (*listen to
this*) senti un po'.

load|-bearing *a.* ⟨*Edil*⟩ portante: *~ wall* muro portante.
~ displacement *s.* ⟨*Mar*⟩ dislocamento *m* a pieno
carico normale.

loaded ['loudid] *a.* **1** carico: *a ~ lorry* un camion carico; *a
~ gun* un fucile carico. **2** ⟨*fig*⟩ (*of a word, statement*)
carico di significato; (*of a question*) capzioso. **3** (*weighted*)
appesantito, zavorrato; (*of dice*) truccato. **4** ⟨*fam*⟩ (*very
rich*) molto ricco, ⟨*fam*⟩ ricco sfondato. **5** ⟨*sl*⟩ (*drunk*)
ubriaco, ⟨*fam*⟩ sbronzo.

loader ['loudə] *s.* **1** (*person*) caricatore *m.* **2** ⟨*Artigl,Met*⟩
caricatore *m.* **3** ⟨*Venat*⟩ persona *f* addetta al caricamento
dei fucili.

load factor *s.* **1** ⟨*El*⟩ fattore di carico. **2** ⟨*Aer*⟩
coefficiente *m* di carico.

loading ['loudiŋ] *s.* **1** caricamento *m,* carico *m.* **2** ⟨*Assic*⟩
supplemento *m* di premio, addizionale *f.* **3** ⟨*Cart,
Tess,Conc*⟩ carica *f.*

loading coil *s.* ⟨*El*⟩ bobina *f* d'induzione.

load| line *s.* ⟨*Mar*⟩ **1** → **load waterline.** **2** (*Plimsoll
mark*) marca *f* (di bordo libero). **~star** *s.* → **lodestar.**
~stone *s.* **1** ⟨*Min*⟩ magnetite *f.* **2** (*magnet*) calamita *f.* **3**
⟨*fig*⟩ calamita' *f.* **~ waterline** *s.* ⟨*Mar*⟩ linea *f* 'di
galleggiamento' (*o* d'acqua) a pieno carico normale.

loaf[1] [louf] *s.* (*pl.* **loaves** [louvz]) **1** pane *m,* pagnotta *f.* **2**
⟨*Gastr*⟩ polpettone *m: meat ~* polpettone di carne. **3**
(*cone of sugar*) pan *m* di zucchero. **4** (*of a cabbage, etc.*)
cesto *m,* cespo *m.* **5** ⟨*sl*⟩ (*head, brains*) cervello *m,* testa *f:
use your ~!* usa il cervello! □ ⟨*Bibl*⟩ *the miracle of the
loaves* (*and fishes*) la moltiplicazione dei pani (e dei
pesci). *Prov.: half a ~ is better than no bread* meglio poco
che niente.

loaf[2] *v.i.* oziare, bighellonare, ciondolare, perdere tempo;
(*to saunter*) vagabondare, andare a zonzo. **II** *v.t.* (*of time;
general.* con *away*) sprecare, sciupare, perdere.

loafer ['loufə] *s.* bighellone *m* (*f* –a), fannullone *m* (*f* –a),
perdigiorno *m/f.*

loaf sugar *s.* zucchero *m* a quadretti.

loam [loum] **I** *s.* **1** ⟨*Agr*⟩ terriccio *m.* **2** ⟨*Edil*⟩ argilla *f.* **3**
⟨*Met*⟩ terra *f* (grassa), argilla *f* da formatore. **II** *v.t.* ⟨*Edil*⟩
ricoprire di argilla.

loam rock *s.* ⟨*Geol*⟩ marna *f.*

loamy ['loumi] *a.* argilloso.

loan [loun] **I** *s.* **1** prestito *m.* **2** ⟨*Econ*⟩ mutuo *m,* prestito
m; (*issue of Government stock*) prestito *m* (dello Stato): *to
float* (*o issue*) *a ~* emettere un prestito. **II** *v.t.* **1** prestare,
dare in prestito. **2** ⟨*Econ*⟩ (*of money*) prestare. □ *to
apply for a ~* chiedere un mutuo; *to ask for the ~ of
s.th.* chiedere in prestito qc.; *saving and ~* **bank** cassa
f di risparmio e di credito; *~ at* **interest** prestito fruttifero; *to be* **on** *~* essere in prestito; (*of a person*) essere distaccato (*o* comandato); ⟨*Bibliot*⟩ *to be* **out** *on ~* essere
in lettura (*o* prestito); ⟨*Econ*⟩ *~* **on pawn** credito *m* su
pegno.

loanable ['lounəbl] *a.* **1** che può essere dato in prestito. **2**
(*available for loan*) disponibile per prestiti.

loan| account *s.* ⟨*Econ*⟩ scoperto *m* di conto corrente.
~blend *s.* ⟨*Ling*⟩ ibrido *m.* **~ capital** *s.* ⟨*Econ*⟩ capitale
m di prestito. **~ collection** *s.* ⟨*Art*⟩ raccolta *f* di oggetti
prestati (per una mostra).

loaner ['lounə] *s.* chi presta, prestatore *m* (*f* –trice).

loan| holder *s.* ⟨*Econ*⟩ creditore *m* ipotecario. **~ office**
s. **1** ⟨*Econ*⟩ ufficio *m* prestiti. **2** ⟨*am*⟩ (*pawnbroker's*)

agenzia *f* di prestito su pegno. **~ shark** *s.* ⟨*fam*⟩ usuraio *m*, strozzino *m.* **~ society** *s.* ⟨*Econ*⟩ società *f* che concede prestiti. **~ word** *s.* ⟨*Ling*⟩ prestito *m.*

loath [louθ] *a.* restio, ritroso, riluttante: *to be ~ to do s.th.* essere restio a fare qc.

loathe [louð] *v.t.* **1** provare avversione (*o* schifo) per, disgustarsi di: *to ~ greasy food* provare avversione per i cibi grassi. **2** ⟨*fam*⟩ (*to dislike greatly*) aborrire, detestare, odiare, ⟨*fam*⟩ non poter soffrire. '**loathing** [-iŋ] *s.* ripugnanza *f*, ribrezzo *m*, schifo *m.* '**loathsome** [-səm] *a.* **1** disgustoso, nauseante, schifoso. **2** (*abhorrent*) odioso, abominevole. '**loathsomeness** [-səmnis] *s.* schifosità *f*, schifezza *f.*

loaves [louvz] → **loaf**[1].

lob [lɔb] **I** *s.* ⟨*Sport*⟩ **1** (*in tennis*) pallonetto *m*, lob *m.* **2** (*in cricket*) palla *f* lanciata dal basso in alto. **II** *v.t.* (*pret., p.p.* **lobbed** [-d]) **1** ⟨*Sport*⟩ (*in tennis*) respingere a pallonetto. **2** ⟨*Sport,assol*⟩ fare un pallonetto. **3** ⟨*Sport*⟩ (*in cricket*) lanciare dal basso in alto.

lobar ['loubə] *a.* ⟨*Anat*⟩ lobare: *~ pneumonia* polmonite lobare.

lobate ['loubeit], **lobated** [-id] *a.* **1** ⟨*Anat*⟩ lobare, costituito da lobi. **2** (*lobe-shaped*) a forma di lobo, lobare. **3** ⟨*Biol*⟩ lobato. **lobation** [-'beiʃən] *s.* **1** l'essere lobato. **2** (*formation of lobes*) formazione *f* lobare.

lobby ['lɔbi] **I** *s.* **1** (*entrance hall*) atrio *m*, vestibolo *m*, ingresso *m;* (*corridor*) corridoio *m*, passaggio *m;* (*waiting room*) sala *f* d'aspetto. **2** ⟨*Teat*⟩ (*foyer*) foyer *m*, ridotto *m.* **3** ⟨*Parl*⟩ corridoio *m* per il pubblico; (*division lobby*) corridoio *m* per votazioni a gruppi separati. **4** ⟨*Parl*⟩ (*pressure group*) lobby *f*, gruppo *m* di pressione. **II** *v.t.* ⟨*Parl*⟩ **1** (*of legislators*) fare pressioni su, influenzare con manovre di corridoio. **2** (*of a bill*) far approvare con pressioni (*o* manovre di corridoio). **III** *v.i.* ⟨*Parl*⟩ esercitare pressioni (politiche), fare manovre di corridoio.

lobby correspondent *s.* ⟨*Giorn,Parl*⟩ corrispondente *m* parlamentare.

lobbyism ['lɔbiizəm] *s.* ⟨*Parl*⟩ pressioni *fpl* politiche, lobbysmo *m.* **lobbyist** [-biist] *s.* lobbysta *m/f.*

lobe [loub] *s.* ⟨*Anat,Biol*⟩ lobo *m.* **lobed** [-d] *a.* **1** ⟨*Anat*⟩ lobare. **2** ⟨*Bot*⟩ lobato.

lobelia [lo(u)'bi:ljə] *s.* ⟨*Bot*⟩ lobelia *f.*

lobster ['lɔbstə] *s.* (*pl. inv./*-**s** [z]; il pl.inv. si usa general. con valore collett.) **1** ⟨*Zool*⟩ omaro *m.* **2** ⟨*Zool*⟩ (*spiny lobster*) aragosta *f.* □ *as red as a ~* rosso come un gambero.

lobster pot *s.* ⟨*Pesc*⟩ nassa *f* (per aragoste).

lobular ['lɔbjulə] *a.* ⟨*Anat*⟩ lobulare. □ ⟨*Med*⟩ *~ pneumonia* broncopolmonite *f.* **lobule** [-bju:l] *s.* **1** piccolo lobo *m.* **2** ⟨*Anat*⟩ lobulo *m.*

lobworm ['lɔbwəːm] *s.* ⟨*Zool*⟩ arenicola *f.*

local ['loukəl] **I** *a.* **1** locale: *~ customs* usanze locali; *a ~ bus service* un servizio locale di autobus. **2** (*near one's home, etc.*) rionale, del luogo, di quartiere: *the ~ cinema* il cinema rionale; *the ~ doctor* il medico del luogo. **3** (*narrow, restricted*) ristretto, limitato, gretto: *~ outlook* vedute ristrette. **II** *s.* **1** persona *f* del luogo, residente *m/f.* **2** (*train*) accelerato *m;* (*bus*) autobus *m* locale. **3** ⟨*Giorn*⟩ cronaca *f* locale (*o* cittadina). **4** (*public house*) osteria *f*, taverna *f.* **5** ⟨*am*⟩ (*of a union, etc.*) sezione *f* locale. **Local** *avv.* ⟨*Post*⟩ (*on addresses*) Città.

local anaesthetic *s.* ⟨*Med*⟩ anestetico *m* locale. **~ authority** *s.* **1** autorità *f* locale. **2** ⟨*Pol*⟩ potere *m* periferico. **~ bill** *s.* ⟨*Econ*⟩ cambiale *f* su piazza. **~ call** *s.* ⟨*Tel*⟩ telefonata *f* (*o* chiamata) urbana. **~ colour** *s.* **1** ⟨*Lett*⟩ colore *m* locale. **2** ⟨*Art*⟩ colore *m* puro.

locale [lo(u)'kɑ:l] *s.* **1** località *f*, luogo *m*, posto *m.* **2** (*scene or setting of a play, film, etc.*) ambiente *m*, luogo *m*, scena *f.* □ *Marseilles is the ~ of the novel* il romanzo è ambientato a Marsiglia.

local government *s.* **1** amministrazione *f* locale. **2** → **local authority.**

localism ['loukəlizəm] *s.* **1** campanilismo *m.* **2** ⟨*fig*⟩ provincialismo *m.* **3** (*custom*) costume *m* (*o* uso) locale, costume del luogo. **4** (*pronunciation*) pronuncia *f* locale; (*phrase, etc.*) modo *m* di dire locale.

locality [lo(u)'kæliti] *s.* **1** località *f*, luogo *m*, posto *m:*

mountain ~ località montana; (*district*) località *f*, zona *f.* **2** (*orientation*) orientamento *m.* □ ⟨*fam*⟩ *bump of* spiccato senso d'orientamento.

localization [,loukəlai'zeiʃən] *s.* localizzazione *f.* '**locali** [-laiz] *v.t.* **1** localizzare; (*to circumscribe*) localizza circoscrivere, limitare. **2** ⟨*Med*⟩ localizzare. **3** ⟨*Gio* rendere d'interesse locale.

locally ['loukəli] *avv.* **1** localmente. **2** (*nearby*) (q vicino. □ *this wine is produced ~* questo vino è produzione locale.

local option *s.* diritto *m* di voto concesso a un distre sulla vendita di alcolici nei propri confini. **~ time** *s.* *f* locale.

locate [lə'keit, *am.* 'loukeit] *v.t.* **1** localizzare, individua scoprire, trovare: *to ~ a leak in a pipe* localizzare u perdita in una tubazione. **2** (*to fix the place of*) stabili collocare, localizzare, situare. **3** ⟨*am*⟩ (*of land*) definir confini (mediante rilevamento). □ *the city is –d on a ri* la città è situata su un fiume. **location** [-'keiʃən] *s.* posizione *f*, collocazione *f,* ubicazione *f.* **2** (*place residence or settlement*) posto *m*, luogo *m: a suitable ~* a factory un posto adatto per una fabbrica. **3** (*tract land*) appezzamento *m* di terreno. **4** (*in South Afri* territorio *m* riservato ai negri. **5** ⟨*Cin*⟩ esterni *mpl: shoot on ~* girare in esterni.

locative ['lɔketiv] **I** *a.* ⟨*Gramm*⟩ locativo. **II** *s.* locativo *m*, caso *m* locativo.

loc. cit. = *loco citato* luogo citato (*abbr.* l.cit., loc. cit.

loch *scozz.* [lɔx, lɔk] *s.* **1** lago *m.* **2** (*arm of the s* braccio *m* di mare.

lock[1] [lɔk] *s.* **1** serratura *f.* **2** (*in fire arms*) otturatore **3** ⟨*Idr*⟩ chiusa *f.* **4** ⟨*Sport*⟩ (*in wrestling*) presa *f.* **5** ⟨*A* angolo *m* di sterzata. **6** (*traffic jam*) ingorgo *m* stradale ⟨*Mecc*⟩ fermo *m;* (*blockage*) bloccaggio *m*, blocco (*coupling*) accoppiamento *m.* □ ⟨*fig*⟩ *~, stock and ba* armi e bagagli *mpl*, tutto l'armamentario; *to place s under ~ and key* chiudere qc. sotto chiave; ⟨*fig*⟩ mett qc. al sicuro.

lock[2] **I** *v.t.* **1** chiudere a chiave, serrare (con la chiave) (*to block*) bloccare: *to ~ the steering wheel* bloccare sterzo. **3** (*to embrace*) stringere, serrare: *to ~ s.o. in or arms* stringere qd. tra le braccia. **4** (*to join tight*) allacciare, congiungere. **5** ⟨*Idr*⟩ (*of a canal*) fornire chiuse. **6** ⟨*fig*⟩ custodire, serbare con cura. **II** *v.i.* chiudersi (a chiave): *the door won't ~* la porta non vu chiudersi. **2** (*to become fixed, blocked*) bloccarsi. **3** *interlock*) congiungersi, allacciarsi. **4** ⟨*Aut*⟩ ess sterzabile. □ *to ~* **arms** tenersi sotto braccio (in m da formare una barriera); *to ~ s.th.* **away** riporre qc. sc chiave; *to ~* **in** chiudere dentro, rinchiudere; *to ~* **ou** chiudere fuori; **2** (*to prevent from working*) fare serrata; ⟨*fig*⟩ *to ~ the* **stable** **door** *after the horse bolted* chiudere la stalla quando i buoi sono scappati; *t* **up:** 1 chiudere a chiave; 2 (*to place under lock and k* mettere 'al sicuro' (*o* sottochiave); 3 (*to conf* rinchiudere, chiudere dentro; 4 (*Tip*) legare, serrare ⟨*Econ*⟩ immobilizzare, vincolare.

lock[3] *s.* **1** ricciolo *m*, riccio *m*, ciocca *f.* **2** *pl.* (*hair*) cap *mpl*, chioma *f.* **3** (*tuft of wool, etc.*) bioccolo *m*, fiocco □ *a ~ of hair* un ricciolo.

lockage ['lɔkidʒ] *s.* ⟨*Idr*⟩ **1** costruzione *f* di chi (*system*) sistema *m* di chiuse. **2** (*toll paid*) diritti *mp* passaggio *m* di una chiusa. **3** (*passage through a l* passaggio *m* di una chiusa.

locked file ['lɔkid] *s.* ⟨*Inform*⟩ file *m* protetto.

locker ['lɔkə] *s.* **1** chi chiude. **2** (*small cupbo* armadietto *m.* **3** ⟨*Mar*⟩ stipetto *m*, armadietto *m* ⟨*am*⟩ (*refrigerated compartment*) cella *f* frigorifera.

locker room *s.* spogliatoio *m.*

locket ['lɔkit] *s.* **1** ⟨*Oref*⟩ medaglione *m.* **2** (*of a scabb* puntale *m.*

lock gate *s.* ⟨*Idr*⟩ serranda *f* di una chiusa. **~ hospi** *s.* ⟨*pop*⟩ ospedale *m* per malattie veneree. **~-in** *am* dimostrazione *f* di protesta con occupazione di lo **~-jaw** *s.* ⟨*Med*⟩ trisma *m.* **~ keeper** *s.* sorvegliante *m* una chiusa. **~ nut** *s.* ⟨*Mecc*⟩ controdado *m.* **~-out** serrata *f.* **~smith** *s.* chiavaio *m*, fabbro *m*, magnano

~ stitch s. ⟨Lav.femm⟩ impuntura f. **~-up I** s. **1** (chiusura f; (time) ora f di chiusura. **2** ⟨fam⟩ (prison) origione f, carcere m. **II** a. che si chiude a chiave.

ck-up| garage s. garage m individuale. **~ shop** s. negozio m senza abitazione.

co¹ ['loukou] (accorc. di locomotive) s. locomotiva f.

co² **I** s. (pl. -s/-es [z]) **1** ⟨am⟩ → locoweed. **2** ⟨sl⟩ (mad person) matto m (f –a). **3** → loco disease. **II** a. ⟨sl⟩ matto, pazzo.

co³ lat. avv. ⟨Comm⟩ sul posto, in loco. □ **~ price** rezzo m su piazza.

co disease s. ⟨Veter⟩ avvelenamento m da astragalo.

comobile ['loukoumoubi:l] **I** a. semovente. **II** s. veicolo m (o motore) semovente.

comotion [,louka'moufən] s. locomozione f. **,locomotive** -'moutiv⟩ **I** a. locomotore, locomotorio, locomotivo. **II** s. Ferr⟩ locomotiva f, locomotore m, locomotrice f. **ocomotor** [-'moutə], **locomotory** [-'moutəri] a. ocomotorio, locomotore.

coweed am. ['loukouwi:d] s. ⟨Bot⟩ astragalo m.

cular ['lɔkjulə] a. ⟨Biol⟩ alveolare. **loculus** [-s] s. (pl. -li lai]) **1** ⟨Anat⟩ alveolo m. **2** ⟨Bot⟩ loculo m, loggia f. **3** Archeol⟩ loculo m.

cum ['loukəm] (accorc. di locum tenens) s. ⟨fam⟩ facente n funzione, sostituto m.

cum tenens lat. ['loukəm'ti:nənz] s. (pl. locum tenentes ti'nenti:z]) facente m funzione, sostituto m.

cus ['loukəs] s. (pl. -ci [sai]/-ca [kə]) **1** località f, luogo n, posto m. **2** ⟨Geom⟩ luogo m. **3** ⟨Biol⟩ locus m.

cust ['loukəst] s. **1** ⟨Entom⟩ locusta f, cavalletta f. **2** Entom⟩ (acridid) acridide m. **3** → locust tree. **4** am.Entom⟩ (cicada) cicala f.

cust| bean s. **1** ⟨Bot⟩ carrubo m. **2** (fruit) carruba f. **~ ree** s. ⟨Bot⟩ **1** robinia f. **2** (carob) carrubo m.

cution [lo(u)'kju:fən] s. **1** modo m di dire, locuzione f, rase f. **2** (style of expression) modo m di parlare, nguaggio m.

de [loud] s. **1** ⟨Geol,Minier⟩ filone m, vena f; (ore vein) ilone m metallico (a vene parallele). **2** ⟨fig⟩ filone m.

destar ['loudsta:] s. **1** ⟨Astr⟩ stella f polare. **2** ⟨fig⟩ guide) guida f; (guiding principle) principio m nformatore.

destone s. → loadstone.

dge [lɔdʒ] **I** s. **1** (at entrance to park) casetta f, casotto n. **2** ⟨Venat⟩ casino m di caccia. **3** ⟨Univ⟩ (for porters) ortineria f; (for the head of a college) residenza f. **4** (hut) apanno m, capanna f; (cabin) cabina f; (summer cottage) illetta f. **5** (in freemasonry) loggia f. **6** (of a beaver) ta-a f. **7** ⟨Etnol⟩ (wigwam) wigwam m, tenda f indiana o di pellirosse). **8** ⟨am⟩ (resort hotel) albergo m i villeggiatura. **II** v.t. **1** alloggiare, albergare, dare lloggio a, sistemare; (of troops) acquartierare. **2** (to serve s a habitation) ospitare, servire da alloggio a. **3** (to ake as a paying guest) prendere a pensione. **4** (to ontain) contenere. **5** (to deposit for keeping) depositare, nettere (in deposito): to ~ valuables in a bank depositare alori in (una) banca; (to put in a place for safety) mettere l sicuro. **6** (to place firmly) conficcare, piantare. **7** ⟨Dir⟩ resentare: to ~ a petition presentare un'istanza. **8** ⟨fig⟩ of power, authority) conferire. **III** v.i. **1** alloggiare, essere lloggiato, abitare: to ~ in an inn alloggiare in una ocanda. **2** (to live in rented rooms) stare a pensione (with resso). **3** (to become fixed, implanted) conficcarsi, ccarsi, piantarsi. □ to board and ~ s.o. tenere a ensione qd., dare vitto e alloggio a qd.

dger ['lɔdʒə] s. pensionante m/f. **lodging** [-dʒiŋ] s. **1** istemazione f, alloggio m. **2** (temporary quarters) alloggio , ospitalità f: to find ~ for a night trovare alloggio per na notte. **3** pl. (rooms rented) camere fpl d'affitto (ammobi-ate).

dging house s. casa f con camere d'affitto ammobiliate).

dgment ['lɔdʒmənt] s. **1** alloggiamento m, l'alloggiare; odgings) camere fpl d'affitto. **2** (of money) deposito m, ersamento m. **3** (accumulation of a deposit) accumulo m, eposito m. **4** ⟨Dir⟩ presentazione f. **5** ⟨Mil⟩ posizione f olida (o sicura).

loess ['louis, lœs] s. ⟨Geol⟩ löss m, loess m.

loft [lɔft] **I** s. **1** (attic) soffitta f, solaio m, sottotetto m; (garret) mansarda f. **2** ⟨Arch⟩ (in a church, hall) galleria f, balconata f. **3** (upper part of a barn) fienile m. **4** (pigeon house) piccionaia f. **II** v.t. **1** ⟨Sport⟩ (of a ball) far descrivere un'alta parabola a; (of a golf club) inclinare, tenere inclinato. **2** (to place in a loft) mettere in soffitta (o solaio). **3** (to house in a loft) mettere (o tenere) nella piccionaia.

loftiness ['lɔftinis] s. **1** altezza f. **2** (haughtiness) altezzosità f, superbia f. **3** (nobility) elevatezza f, nobiltà f: ~ of sentiment elevatezza di sentimenti. **lofty** [-i] **I** a. **1** elevato, alto: ~ mountains monti elevati. **2** ⟨fig⟩ (haughty) superbo, altezzoso, altero. **3** ⟨fig⟩ (noble) elevato, nobile: ~ principles nobili principi. **II** s. ⟨scherz⟩ persona f molto alta, ⟨scherz⟩ anima f lunga.

log¹ [lɔg] **I** s. **1** tronco m d'albero. **2** (wood cut for fuel) ceppo m, ciocco m. **3** (timber) tronco m squadrato. **4** ⟨Mar⟩ (for measuring speed) solcometro m, log m. **5** → logbook. **II** a. di tronchi d'albero: a ~ cabin una capanna di tronchi d'albero. □ ⟨scherz⟩ as easy as falling off a ~ facilissimo, semplicissimo; timber in the ~ legname non scortecciato; to fall like a ~ cadere pesantemente; to lie like a ~ sembrare senza vita; to sleep like a ~ dormire 'della grossa' (o sodo).

log² v. (pret., p.p. logged [-d]) **I** v.t. **1** (of trees) tagliare in ceppi; (of an area) di(s)boscare. **2** ⟨Mar,Aer⟩ (to enter in a logbook) registrare nel giornale di bordo. **3** ⟨Mar,Aer⟩ navigare (o andare) alla velocità di; (to travel) percorrere. **II** v.i. tagliare e trasportare tronchi.

log³ (accorc. di logarithm) s. ⟨Mat⟩ logaritmo m.

log. = **1** ⟨Mat⟩ logarithm logaritmo (abbr. log.). **2** logic logico.

loganberry ['lougənberi] s. **1** ⟨Bot⟩ specie di rovo. **2** (berry) bacca f.

loganstone ['lougənstoun] s. ⟨Geol⟩ roccia f in bilico.

logarithm ['lɔgəriθm] s. ⟨Mat⟩ logaritmo m. **,loga'rithmic** [-ik], **loga'rithmical** [-ikəl] a. logaritmico: ~ calculation calcolo logaritmico; ~ table tavola dei logaritmi.

logbook ['lɔgbuk] s. **1** ⟨Mar,Aer⟩ giornale m di bordo. **2** ⟨Aut⟩ libretto m d'immatricolazione.

logger ['lɔgə] s. taglialegna m, boscaiolo m.

loggerhead ['lɔgəhed] s. **1** ⟨tecn⟩ specie di mestolo per pece, ecc. **2** → loggerhead turtle. **3** ⟨rar⟩ (fool) stupido m (f –a), testa f di legno. □ to be at –s with s.o. essere ai ferri corti con qd.

loggerhead turtle s. ⟨Zool⟩ caretta f.

loggia it. ['lɔdʒə] s. (pl. -s [z]/-gie [dʒə]) ⟨Arch⟩ **1** loggia f. **2** (gallery) galleria f, balconata f.

logging ['lɔgiŋ] s. taglio e trasporto m dei tronchi.

logic ['lɔdʒik] s. **1** ⟨Filos⟩ logica f: formal ~ logica formale; his ideas lack ~ le sue idee mancano di logica. **2** (method of reasoning) logica f, modo m di pensare (o ragionare): your ~ is wrong il tuo modo di pensare è sbagliato. **3** (sequence of cause and effect) logica f, concatenazione f: the ~ of facts la logica dei fatti. **logical** [-əl] a. **1** logico, conforme a ragione, razionale: a ~ conclusion una conclusione logica. **2** (of people) coerente, logico. **3** (reasonably to be expected) logico, naturale, evidente: the ~ outcome il risultato evidente. **4** ⟨Inform⟩ logico: ~ circuit circuito logico; ~ operator operatore logico. **,logi'cality** [-əliti] s. logicità f. **logically** [-əli] avv. **1** logicamente. **2** (consequently) logicamente, a rigor (o fil) di logica.

logic gate s. ⟨Inform⟩ porta f logica.

logician [lou'dʒifən] s. logico m.

logicism ['lɔdʒisizm] s. ⟨Filos⟩ logicismo m. **logicist** [-ist] s. logicista m/f.

logie ['lougi] s. ⟨Teat⟩ gioiello m falso.

logistic [lə'dʒistik], **logistical** [-əl] a. ⟨Mil⟩ logistico. **logistics** [-s] s.pl. (costr. sing. o pl.) logistica f.

logo ['lougou] s. → logotype.

logogram [lɔ'gogræm], **logograph** [-græf] s. logogramma m. **logographer** [-grəfə] s. logografo m. **logography** [-grəfi] s. logografia f.

logogriph ['lɔgəgrif] s. logogrifo m.

logomachy [lə'gɔməki] s. logomachia f.

logos [ˈlɔgɔs] s. ⟨Filos,Teol⟩ logos m.
logotherapist [ˌlɔgouˈθerəpist] s. logoterapeuta m/f.
'logotherapy [-pi] s. logoterapia f.
logotype [ˈlougoutaip] s. 1 ⟨Tip⟩ logotipo m, politipo m. 2 ⟨Comm⟩ logotipo m.
log|-rolling s. 1 ⟨Silv⟩ rotolamento m di tronchi. 2 ⟨fig⟩ scambio m interessato di elogi (o aiuti). 3 ⟨am.Parl⟩ scambio m di favori (o appoggi). **~wood** s. 1 ⟨Bot⟩ campeggio m. 2 ⟨wood⟩ legno m di campeggio.
loin [lɔin] s. 1 ⟨Anat⟩ (general. al pl.) regione f lombare, lombi mpl. 2 ⟨Macell,Gastr⟩ lombata f, lombo m, lonza f.
loincloth [ˈlɔinkləθ] s. perizoma m.
loir [lɔiə, lwɑ:] s. ⟨Zool⟩ ghiro m.
loiter [ˈlɔitə] I v.i. 1 bighellonare, gironzolare, girellare. 2 (to dawdle) indugiarsi, attardarsi. II v.t. (of time; general. con away, out) passare oziando, perdere (o sciupare) nell'ozio. **loiterer** [-rə] s. bighellone m (f –a), perdigiorno m/f.
loll [lɔl] I v.i. 1 ciondolare, penzolare. 2 (to lounge) stendersi, sdraiarsi, allungarsi. II v.t. ciondolare, far penzolare: to ~ one's head ciondolare la testa. □ with –ing tongue con la lingua penzoloni.
Lollard [ˈlɔləd] s. ⟨Rel,Stor⟩ lollardo m (f –a). **Lollardism** [-izəm], **Lollardry** [-ri], **Lollardy** [-i] s. lollardismo m.
lollipop [ˈlɔlipɔp] s. ⟨Dolc⟩ leccalecca m.
lollop [ˈlɔləp] v.i. ⟨fam⟩ 1 saltare, balzare. 2 (to bob up and down) ballonzolare, andare su e giù.
lolly [ˈlɔli] s. 1 ⟨Dolc,fam⟩ → **lollipop.** 2 ⟨sl⟩ (money) denaro m, ⟨gerg⟩ grana f.
lollygag [ˈlɔligæg] v.i. (pret., p.p. –gagged [-d]) bighellonare, oziare.
Lombard [ˈlɔmbəd, –bɑ:d] I s. 1 lombardo m (f –a). 2 ⟨Stor⟩ longobardo m (f –a). II a. → **Lombardic.** **Lombardic** [-ˈbɑ:dik] a. lombardo (anche Stor.).
Lombard Street s. 1 (in London) Lombard Street f. 2 ⟨fig⟩ mondo m della finanza.
loment [ˈloument] s. 1 ⟨Bot⟩ lomento m. **ˌlomentaceous** [-mənˈteiʃəs] a. lomentaceo.
Lond. = ⟨Geog⟩ London Londra.
London [ˈlʌndən] N.pr. ⟨Geog⟩ Londra f. **Londoner** [-ə] s. londinese m/f.
London| pride s. ⟨Bot⟩ specie di sassifraga. **~ smoke** s. colore m fumo di Londra.
lone [loun] a. 1 solo, solitario: a ~ traveller un viaggiatore solitario; (preferring solitude) solitario. 2 (only, sole) unico, solo. 3 (isolated) isolato, solitario. 4 (of women: unmarried) sola, non sposata; (widowed) vedova.
lone hand s. 1 (in card games: person) persona f che gioca da sola contro due (o più) giocatori; (hand) mano f giocata contro due (o più) giocatori. 2 ⟨fig⟩ chi conduce un'azione da solo (o senz'appoggi). □ ⟨fig⟩ to play a ~ battersi da solo.
loneliness [ˈlounlinis] s. 1 malinconia f, tristezza f. 2 (condition of being alone) solitudine f, isolamento m. 3 (bleakness) desolazione f, squallore m. **lonely** [-li] a. 1 solo, malinconico, triste: to feel ~ sentirsi solo. 2 (without company) solitario, solo: a ~ fisherman un pescatore solitario. 3 (unfrequented) solitario, deserto: a ~ road una strada solitaria.
loner am. [ˈlounə] s. ⟨fam⟩ solitario m (f –a), tipo m solitario.
lonesome [ˈlounsəm] a. 1 (che si sente) solo. 2 (causing loneliness) malinconico, triste. 3 (unfrequented) deserto, solitario. □ (all) by (o on) one's ~ solo soletto. **lonesomeness** [-nis] s. solitudine f.
lone wolf s. persona f solitaria.
long[1] [lɔŋ] I a. 1 lungo: to have ~ hair portare i capelli lunghi; a ~ list un lungo elenco; the lake is six miles ~ il lago è lungo sei miglia. 2 (of time) lungo, che dura a lungo: a ~ conversation una lunga conversazione. 3 (lasting too long, tedious) interminabile, lungo, noioso; (passing slowly) lungo. 4 ⟨fam⟩ (tall) lungo, alto (di statura). 5 ⟨Metr,Fon⟩ lungo: a ~ vowel una vocale lunga. 6 (of betting odds) molto alto, forte. 7 ⟨Econ⟩ (long-term) a lunga scadenza; (depending on a price rise

for profits) che specula al rialzo. 8 (of a drink) servito in grande quantità. II s. 1 molto tempo m: it won't take ~ non ci vorrà molto tempo. 2 ⟨Mus,Fon⟩ lunga f. ⟨Metr⟩ sillaba f lunga, lunga f. 4 ⟨Econ⟩ (perso speculatore m al rialzo, rialzista m. III avv. 1 (per) mo tempo, a lungo, lungamente: a ~-awaited reply u risposta lungamente attesa. 2 (for the whole of a peri per tutto: all day ~ per tutto il giorno. □ to be ~ ab it prendersela comoda; ~ after molto (tempo) dopo; ago molto tempo fa, in tempi lontani; any –er più lungo), oltre: I shan't wait any –er non aspetterò più lungo; ⟨fig⟩ to have a ~ arm essere influente (o poten avere le braccia lunghe; as ~ as: 1 finché, per tutto tempo che: stay as ~ as you like resta finché vuoi (provided that) se, purché, a condizione che; at (the) al massimo, tutt'al più; ~ before molto (tempo) prin before ~ tra non molto, (ben) presto, tra poco: he'll here before ~ sarà qui tra poco; for ~ a lungo, per mo he wasn't away for ~ non stette via a lungo; to be ~ doing s.th. essere lungo (o lento) nel fare qc., mette molto (tempo) a fare qc.; at ~ last finalmente, dopo u lunga attesa; to take a ~ look at s.th. consider attentamente qc.; no –er non più (oltre); to be ~ on s avere abbondanti riserve (o provviste) di qc.; she is no on intelligence non ha una grande intelligenza; a ~ pr un prezzo elevato (o alto); so ~ arrivederci, ciao, a tardi; so ~ as se, purché, a condizione che. ‖ the film three hours ~ il film dura tre ore.
long[2] v.i. desiderare ardentemente (for s.th. qc.), mo dalla voglia (di), bramare (qc.): to ~ for peace desider ardentemente la pace.
long. = ⟨Geog⟩ longitude longitudine (abbr. long.).
'long-a'go a. del (tempo) passato, remoto.
longanimity [ˈlɔŋgəˈnimiti] s. indulgenza f, longanimità **longanimous** [-ˈgæniməs] a. indulgente, tollerai longanime.
long|-awaited a. atteso a lungo. **~ barrow** s. ⟨Arche tomba f a corridoio. **~ bill** s. ⟨Econ⟩ effetto m a lu scadenza. **~boat** s. ⟨Mar⟩ barcaccia f. **~bow** s. ⟨Mil.a arco m lungo. □ ⟨fig⟩ to draw the ~ dire pallon sballarle grosse. **~cloth** s. ⟨Tess⟩ mussolina f fi **'~-'dated** a. ⟨Econ⟩ a lunga scadenza.
'long-'distance I a. 1 ⟨Tel⟩ interurbano. 2 ⟨Meteor⟩ weather forecasts) a lungo termine. II avv. ⟨Tel⟩ interurbana.
'long-'distance| call s. ⟨Tel⟩ telefonata f (o chiama interurbana. **~ race** s. ⟨Sport⟩ corsa f di fondo. **~ tr** s. ⟨Sport⟩ prova f di durata.
long| division s. ⟨Mat⟩ divisione f fatta per esteso. **dozen** s. tredici al pl. **'~-'drawn, ~ ,drawn-'out** a. che per le lunghe, lungo. **~ drink** s. long drink m. **'~-'ea** a. 1 dalle orecchie lunghe, orecchiuto. 2 (stupid) stup ignorante.
longeron [ˈlɔndʒərɔn] s. ⟨Aer⟩ longherone m, longar m.
longeval [lɔnˈdʒiːvəl] a. ⟨rar⟩ longevo, che vive (molto lungo. **longevity** [-ˈdʒeviti] s. longevità f.
long| face s. ⟨fig⟩ viso m lungo. **~ green** am. s. banconote fpl. ⟨fam⟩ bigliettoni mpl. **~hair** s. 1 porta i capelli lunghi, capellone m. 2 ⟨spreg⟩ (intellect intellettuale m/f. **'~-'haired** a. 1 dai capelli lunghi ⟨spreg⟩ (intellectual) intellettuale. **~ hand** s. scrittura mano (per esteso). **~ haul** s. 1 grande distanza f, lu tratto m, ⟨fam⟩ bella tirata f. 2 ⟨fig⟩ (long time) lu tempo m. '~-'headed a. 1 ⟨Med⟩ dolicocefalo. 2 ⟨ accorto, avveduto, sagace. **~horn** s. 1 ⟨Zootecn⟩ razza bestiame dalle corna lunghe. 2 ⟨am.sl⟩ (Texan) texane (f –a). **~ hundredweight** s. hundredweight m (ingl (pari a 50,80 kg).
longing [ˈlɔŋiŋ] I s. desiderio m intenso, voglia f, bram II a. voglioso, desideroso, bramoso. **longingly** [-li] bramosamente, con grande desiderio.
longish [ˈlɔŋiʃ] a. alquanto (o piuttosto) lungo, lunghe
longitude [ˈlɔndʒitjuːd] s. ⟨Geog,Astr⟩ longitudine **ˌlongi'tudinal** [-inl] a. 1 longitudinale. 2 (lengthw longitudinale, messo per il lungo.
long| jump s. ⟨Sport⟩ salto m in lungo. '~-'legged

dalle (o che ha le) gambe lunghe, gambuto. **~-life battery** s. ⟨El⟩ batteria f a lunga durata. **'~-'lived** a. **1** longevo. **2** ⟨fig⟩ (of things) duraturo, durevole. **~measure** s. misura f 'di lunghezza' (o lineare).

ongobard ['lɔŋgo(u)bɑːd] s. (pl. **-s** [z]/-**bardi** [-ai]) ⟨Stor⟩ **Longo'bardic** (-ik) a. longobardo.
ongobardo m (f –a).

•ng-player s. → long-playing record. **'~-'playing** a. 'Mus⟩ long play, a trentatré giri. **'~-'playing record** s. ⟨Mus⟩ long play m, disco m long play. **~ primer** s. ⟨Tip⟩ corpo m 10. **~-range** a. **1** ⟨Mil⟩ a lungo raggio, a lunga portata. **2** ⟨fig⟩ a lungo termine. **~ robe** s. avvocatura f, professione f forense. □ gentlemen of the **~** avvocati mpl. **~shore** a. costiero, rivierasco, litoraneo. **~-shoreman** ['ʃɔːmən] s.irr. portuale m, scaricatore m di porto. **~ shot** s. **1** tiro m lungo. **2** (in horse-racing) cavallo m in gara con scarsissime probabilità di vincere. **3** 'bet⟩ scommessa f azzardata. **4** ⟨fig⟩ impresa f rischiosa. **5** ⟨Cin⟩ teleripresa f. □ ⟨fam⟩ not by a **~** (niente) affatto. **'~-'sighted** a. **1** dalla (o che ha la) vista lunga. **2** 'Med⟩ ipermetrope, presbite. **3** ⟨fig⟩ lungimirante, previdente. **~-'sightedness** s. **1** ⟨Med⟩ ipermetropia f, presbiopia f. **2** ⟨fig⟩ lungimiranza f. **'~-'standing** a. di vecchia (o lunga) data, antico. **~-staple** a. ⟨Tess⟩ a fibra lunga. **'~-'stemmed** a. ⟨Bot⟩ dal gambo lungo. **~-'suffering I** a. paziente, tollerante. **II** s. pazienza f, tolleranza f. **~ suit** s. **1** (in bridge) lunga f, palo m lungo. **2** ⟨fig⟩ forte m, cavallo m di battaglia. **~-term** a. a lungo termine, a lunga scadenza (anche Econ.). **~-term bond** s. ⟨Econ⟩ obbligazione f poliennale. **~-term memory** s. memoria f a lungo termine. **~-term patient** s. lungodegente m/f. **~ ton** s. tonnellata f (pari a 1016 kg). **'~-'tongued** a. linguacciuto, pettegolo.

ngueur fr. [lɔ̃'gœr] s. ⟨Lett⟩ prolissità f, lungaggine f.

ng| vacation s. vacanze fpl estive. **~-wave** a. ⟨Rad⟩ a onda lunga.

ngways ['lɔŋweiz] avv. → longwise.

ng-'winded a. **1** dal fiato lungo. **2** ⟨fam⟩ (tedious, protracted) prolisso, lungo. **,~-'windedness** s. ⟨fam⟩ prolissità f, lungaggine f.

ngwise ['lɔŋwaiz] avv. per il lungo, nel senso della unghezza.

o¹ [lu:] **I** s. (pl. **-s** [z]) **1** (ancient card game) tipo di gioco d'azzardo. **2** (forfeit) posta f. **II** v.t. (of a forfeit) far pagare.

o² s. ⟨fam⟩ gabinetto m, ⟨fam⟩ posticino m.

oby ['lu:bi] s. sempliciotto m, gonzo m, babbeo m.

ofa(h) ['lu:fɑː, –fə] s. **1** spugna f. **2** ⟨Bot⟩ specie di uffa.

ok¹ [luk] **I** v.i. **1** guardare; (in a specified manner) osservare, guardare: **~** carefully and you will see it osserva attentamente e lo vedrai. **2** (to search) guardare, cercare: I ave –ed everywhere ho guardato dappertutto. **3** (to appear to the eye) sembrare, parere, apparire, avere l'aria di: you **~** tired this morning sembri stanco stamattina; (of ge) dimostrare: he –s about thirty dimostra una trentina d'anni; (to appear to the mind) sembrare: things **~** romising le cose sembrano mettersi bene. **4** (to pay ttention) fare attenzione, badare: **~** where you are going ada a dove metti i piedi. **5** ⟨fig⟩ (to tend) tendere (to, owards a): everything –s to success tutto tende al successo. (to face, open on to) guardare, essere orientato (o sposto) (to a). **II** v.t. **1** (of a person) guardare: to **~** s.o. n the eye guardare qd. negli occhi. **2** (to show by one's xpression) sembrare. **3** (to appear to be) sembrare, avere aspetto di, dare l'impressione di: to **~** a fool sembrare no sciocco. **4** (to have an appearance befitting) imostrare: to **~** one's age dimostrare la propria età. □ to **~** about guardare in giro, guardarsi intorno; to **~** about or cercare; to **~** about one: **1** guardarsi intorno; **2** ⟨fig⟩ saminare la propria situazione; to **~** after: **1** badare a, urarsi di, assistere, accudire a: who will **~** after the baby? hi baderà al bambino?; **2** (to concern o.s. with) curare, ccuparsi di, badare a, salvaguardare; to **~** after one's nterests curare i propri interessi; **3** (to follow with the yes) seguire con 'lo sguardo' (o gli occhi), guardare; to **~** fter o.s. riguardarsi, avere cura della propria salute; to **~** head guardare avanti; ⟨fig⟩ guardare al futuro; to **~**

around for s.o. cercare qd. con lo sguardo; to **~** around one = to look about one; to **~** as if (o though) sembrare, avere l'aria di: it –s as if it's going to rain sembra che stia per piovere; to **~** at: **1** guardare, osservare, scrutare: what are you –ing at? che cosa stai guardando?; to **~** at a painting osservare un quadro; **2** ⟨fig⟩ (to examine) esaminare, considerare; just **~** at that! guarda che roba!; you wouldn't guess she was eighty to **~** at her a guardarla non le avresti mai dato ottant'anni; it's horrible to **~** at ha un aspetto proprio brutto; to **~** away distogliere 'lo sguardo' (o gli occhi) (from da); to **~** back: **1** volgersi (o guardare) indietro; **2** ⟨fig⟩ (to return in thought) riandare, ripensare (to, on, upon a), ricordare (con nostalgia) (qc.); **3** ⟨fig⟩ (to fail to make progress; general. in frasi negative) cessare di progredire: after the first success he never –ed back dopo il primo successo non ha mai cessato di progredire; ⟨fam⟩ to **~** blue avere l'aria triste (o malinconica); to **~** down: **1** abbassare lo sguardo; **2** ⟨fig⟩ guardare dall'alto in basso, guardare in modo sprezzante (on, upon s.o. qd.); to **~** for: **1** cercare, andare in cerca di: to **~** for trouble andare in cerca di guai; **2** ⟨fig⟩ aspettarsi, prevedere; to **~** forward guardare al futuro; to **~** forward to non vedere l'ora di, aspettare con ansia: I am –ing forward to meeting you non vedo l'ora d'incontrarti, ⟨epist⟩ –ing forward to hearing from you in attesa di vostre notizie; ⟨esclam⟩ **~** here senta, guardi; to **~** in: **1** guardare dentro (o in); **2** ⟨fig⟩ fare una scappata (o breve visita); **3** ⟨assol⟩ guardare la televisione; ⟨fig⟩ to **~** in on fare una breve visita a, fare un salto da; to **~** into: **1** guardare dentro; **2** ⟨fig⟩ studiare a fondo, approfondire; **3** ⟨fig⟩ (of a book, etc.) consultare rapidamente; to **~** like: **1** (as)somigliare a: he –s (just) like his father somiglia a suo padre, è tutto suo padre; **2** (to seem) sembrare, parere, avere 'l'aspetto' (o l'aria) di: it –s like he's winning sembra che stia vincendo; **3** (to seem likely) sembrare (probabile), essere probabile: it –s like rain sembra che voglia piovere; **4** (to have an appearance; general. in frasi interr.) sembrare, avere l'aria (o l'aspetto) di: what does it **~** like? che cosa sembra?, a che cosa somiglia?; does he **~** like he's joking? ha (forse) l'aria di scherzare?; to **~** on: **1** stare a guardare (anche fig.); **2** (to consider) considerare, giudicare, reputare: I **~** on him as a friend lo considero un amico; **3** (of a house, etc.) dare su, essere prospiciente a; **4** (to read the same book as) leggere un libro insieme (with a); I **~** on him as a father guardo a lui come a un padre; to **~** o.s. avere un bell'aspetto, avere una bella cera; to **~** out: **1** guardare fuori: to **~** out of the window guardare fuori dalla finestra; **2** (to be on one's guard) badare, fare attenzione (for a), guardarsi (da); **3** (to gaze about in search) cercare di vedere (o scoprire, trovare); **4** (to take care of) prendersi cura (for di), badare (a); **5** (to search out) trovare, scovare: to **~** out a reference trovare un riferimento; **6** (to give a view of) guardare, dare (over, on su): the house –s out over the lake la casa guarda sul lago; **~** out!: **1** attenzione!, bada!; **2** ⟨mar⟩ vita!; to **~** over: **1** rivedere, esaminare; **2** (to inspect briefly) dare una scorsa a; to **~** round: **1** voltarsi a guardare; **2** = to look about; **3** ⟨fig⟩ esaminare la situazione; to **~** round for s.o. cercare qd. con gli occhi; to **~** and see dare un'occhiata, guardare: **~** and see if anyone is coming da' un'occhiata se viene qd.; ⟨esclam⟩ **~** sharp animo, sbrigati; ⟨fam⟩ to **~** slippy affrettarsi, sbrigarsi; to **~** through: **1** guardare attraverso: to **~** through a telescope guardare attraverso un telescopio; **2** (to inspect carefully) esaminare (attentamente), considerare; **3** (to read cursorily) scorrere, sfogliare; **4** (to revise) rivedere; **5** ⟨fig⟩ (to ignore) ignorare, fingere di non vedere (o conoscere); to **~** s.o. through and through guardare (o squadrare) qd. da capo a piedi; to **~** to: **1** badare a, curarsi di; **2** (to be careful of) stare attento a, badare a, fare attenzione a: **~** to your manners sta' attento a come ti comporti; **3** (to rely on) contare su, fare affidamento su; to **~** to be sembrare; to **~** towards guardare verso; to **~** up: **1** guardare in alto, alzare lo sguardo (o gli occhi); **2** ⟨fam⟩ (to get better) andare meglio, migliorare: things are –ing up le cose vanno meglio; **3** (to search for) cercare: to **~** up a number in the telephone directory cercare un numero nell'elenco telefonico; *to ~ up a word in the dictionary* guardare una parola nel dizionario; **4** (*to visit briefly*) fare una visitina a, fare un salto da; **5** ⟨*assol*⟩ (*to take courage*) farsi animo; *to ~ s.o. up and down:* **1** = *to look s.o.* **through and through;** **2** (*to examine contemptuously*) guardare qd. dall'alto in basso; ⟨*fig*⟩ *to ~ up to s.o.* considerare qd. con ammirazione (o rispetto); *to ~* **upon:** **1** considerare, ritenere; **2** (*to observe*) osservare, guardare; ⟨*fig*⟩ *to ~ the other* **way** distogliere lo sguardo; *to ~* **well** avere una buona cera, avere un bell'aspetto; *that hat –s well on you* questo cappello ti sta bene; *you ~ well in red* ti rosso ti dona. *Prov.: ~ before you leap* prima d'agire pensaci.

look[2] *s.* **1** occhiata *f,* sguardo *m,* guardata *f: take* (o *have*) *a ~ at this* da' un'occhiata a questo. **2** (*visual examination*) occhiata *f,* controllo *m* (o esame) rapido. **3** (*appearance*) aria *f,* aspetto *m,* apparenza *f.* **4** *pl.* ⟨*fam*⟩ (*personal aspect*) bellezza *f,* bell'aspetto *m,* bella presenza *f: she has her mother's –s* ha la bellezza della madre; (*facial aspect*) aspetto *m,* cera *f.* **5** ⟨*esclam*⟩ senta, guardi (un po'). □ *he gave me a withering ~* mi fulminò con un'occhiata; ⟨*fam*⟩ *to have* (*good*) *–s* essere di bella presenza, avere un bell'aspetto; *to judge by –s* giudicare dalle apparenze; *to have a ~ round the town* dare un'occhiata alla città.

looker ['lukə] *s.* **1** chi guarda, chi sta a guardare. **2** ⟨*sl*⟩ (*good looker*) persona *f* ⌐di bell'aspetto⌐ (o avvenente).

,looker-'on *s.* (*pl.* lookers-on) spettatore *m* (*f* –trice), osservatore *m* (*f* –trice).

look-in *s.* ⟨*fam*⟩ **1** occhiata *f,* scorsa *f,* rapido sguardo *m,* guardata *f.* **2** (*chance of success*) probabilità *f* di successo. **3** (*brief visit*) visitina *f,* scappata *f,* ⟨*fam*⟩ salto *m.*

looking ['lukiŋ] *a.* (nei composti) dall'aspetto ..., dall'aria ...: *an odd-~ person* una persona dall'aspetto strano.

looking-glass *s.* specchio *m.*

look-out *s.* **1** vigilanza *f,* guardia *f;* (*place*) osservatorio *m;* (*person*) guardia *f,* sentinella *f,* vedetta *f.* **2** ⟨*Mar*⟩ coffa *f,* gabbia *f.* **3** (*view*) panorama *m,* veduta *f,* vista *f.* **4** ⟨*fig*⟩ prospettiva *f,* previsione *f,* possibilità *f.* □ *to be on the ~* stare ⌐in guardia⌐ (o all'erta), stare di vedetta; *to be on the ~ for s.o.* fare la posta a qd.; ⟨*fam*⟩ *that's his ~* è affar suo, sono fatti suoi. **~-over** *s.* riveduta *f,* riguardata *f.* **~-see** *s.* ⟨*sl*⟩ occhiata *f,* rapido sguardo *m,* scorsa *f.*

loom[1] [lu:m] **I** *s.* ⟨*Tess*⟩ telaio *m.* **II** *v.t.* tessere.

loom[2] *v.i.* **1** (spesso con *up*) delinearsi, profilarsi, apparire in lontananza. **2** (*to appear in enlarged form*) gigganteggiare, grandeggiare. **3** ⟨*fig*⟩ profilarsi, essere imminente, incombere. □ ⟨*fig*⟩ *the threat of dismissal –ed large in his mind* la minaccia di licenziamento si profilò grave alla sua mente.

loom[3] *s.* → loon[1].

loon[1] [lu:n] *s.* ⟨*Ornit*⟩ **1** gavia *f.* **2** (*grebe*) svasso *m,* tuffetto *m.*

loon[2] *s.* ⟨*dial*⟩ **1** sciocco *m,* bietolone *m.* **2** (*boor*) villano *m,* zoticone *m.*

loony ['lu:ni] ⟨*fam*⟩ **I** *a.* pazzo, matto, mentecatto. **II** *s.* pazzo *m* (*f* –a), matto *m* (*f* –a).

loony bin *s.* ⟨*sl*⟩ manicomio *m.*

loop [lu:p] **I** *s.* **1** cappio *m,* nodo *m* scorsoio. **2** (*noose*) laccio *m.* **3** (*s.th. loop-shaped*) curva *f,* sinuosità *f;* (*of a letter*) occhiello *m;* (*of a river*) ansa *f.* **4** (*as a handle*) occhiello *m* (o anello) metallico; (*for the insertion of s.th.*) passante *m;* (*eye*) maglietta *f,* asola *f* a cordoncino. **5** ⟨*Ferr*⟩ (*turning area*) area *f* di raccordo; (*loop line*) raccordo *m.* **6** ⟨*Aer*⟩ looping *m,* gran volta *f,* cerchio *m* (o giro) della morte. **7** (*in skating*) specie di otto. **8** ⟨*El*⟩ circuito *m* completo (o chiuso). **9** ⟨*Cin*⟩ (*endless strip of film*) riccio *m.* **10** ⟨*Inform*⟩ ciclo *m.* **II** *v.t.* **1** (*to make a loop in*) fare un cappio a; (*to encircle with a loop*) avvolgere: *to ~ a rope around a post* avvolgere una corda intorno a un palo. **2** (*to fasten with a loop;* spesso con *up*) legare (con un cappio). **3** ⟨*Aer*⟩ far eseguire la gran volta a. **4** ⟨*El*⟩ (general. con *in*) collegare in circuito. **III** *v.i.* **1** formare (o fare) una curva. **2** (*to trace a loop through the air*) descrivere un'ampia curva. **3** ⟨*Aer*⟩ eseguire la gran volta. □ ⟨*sl*⟩ *to knock* (o *throw*) *s.o. for a ~* (*to amaze*) stupire qd.; (*to confuse*) confondere qd.; ⟨*Mot*⟩ *on the ~* in parallelo; ⟨*Aer*⟩ *to ~ the ~* eseguire la gran volta, fare

il giro della morte.

looper ['lu:pə] *s.* **1** (*in a sewing machine*) spoletta *f* p asole. **2** ⟨*Entom*⟩ geometride *m.*

loop| hole *s.* **1** ⟨*Arch*⟩ feritoia *f.* **2** ⟨*fig*⟩ scappatoia *f,* v *f* d'uscita, scampo *m.* **~ knot** *s.* nodo *m* semplice. **line** *s.* ⟨*Ferr*⟩ raccordo *m.* **~ stitch** *s.* ⟨*Lav.femm*⟩ punto *m* occhiello; (*chain stitch*) punto *m* a catenella. **~-the-loc** *s.* **1** ⟨*Aer*⟩ looping *m,* gran volta *f,* cerchio *m* (o gir della morte. **2** (*in a fun fair*) cerchio *m* della morte.

loopy ['lu:pi] *a.* **1** che ha molte curve. **2** ⟨*fam*⟩ (*cra*z matto, pazzo.

loose [lu:s] **I** *a.* **1** (*not fastened*) slegato, sciolto: *to we one's hair ~* portare i capelli sciolti; (*not firmly fixe* lento, allentato: *a ~ knot* un nodo lento. **2** (*free*) liber sciolto: *a tiger was ~ in the streets* una tigre si aggira libera per le strade. **3** (*not bound together*) sciolto, n legato: *~ papers* fogli sciolti; (*not packed*) sciolto, sfuso: *coffee* caffè sfuso. **4** (*not compact*) rado, non fitto compatto): *a cloth ~ weave* una stoffa dalla trama ra (*not cohering*) sciolto, poco coerente: *~ soil* terre sciolto. **5** → **loose-fitting.** **6** (*available for dispos.* disponibile, a disposizione. **7** (*not taut, slack*) lento, n teso: *a ~ rein* una briglia lenta. **8** ⟨*fig*⟩ (*of a wom* unchaste) libera, di facili costumi, ⟨*spreg*⟩ leggera. (*lacking in moral restraints*) dissoluto, sregolato, dissipa *~ life* vita dissoluta; (*free, uninhibited*) libero, ardi impudente: *to be too ~ with one's tongue* essere trop libero nel parlare. **10** ⟨*fig*⟩ (*lacking in log* sconclusionato, inconcludente, senza capo né coda; (* exact) inesatto, impreciso, scorretto: *a ~ interpretat* un'interpretazione inesatta; (*of translations*) libera; *talk* irriflessivo, avventato, incauto. **11** (*of parts of* body) floscio, flaccido; (*of limbs*) rilassato, abbandona rilasciato. **12** (*of the bowels*) sciolto. **13** ⟨*El,Mecc*⟩ las **14** ⟨*Sport*⟩ (*of play*) slegato; (*of a ball, etc.*) mal lancia impreciso. **II** *s.* ⟨*Sport*⟩ (*in rugby*) gioco *m* aperto. **III** in modo sciolto (o allentato). **IV** *v.t.* **1** liberare, rilascia **2** (*to unfasten*) sciogliere, disfare, slegare: *to ~ a k.* sciogliere un nodo. **3** (*to cast loose*) sciogliere, allenta mollare: *to ~ a boat from its moorings* sciogliere u barca dagli ormeggi. **4** (*of an arrow*) scoccare, lanciare; *a missile* lanciare. **5** (*of a gun;* spesso con *off*) sparare ⟨*Rel*⟩ (*to absolve*) sciogliere, assolvere. **V** *v.i.* **1** ⟨*M* mollare gli ormeggi. **2** (spesso con *off:* *to fire*) far fuo sparare. □ *to become ~* rilassarsi, infiacchirsi; *to ~ allentarsi, sciogliersi, slegarsi; *a ~* **dye** una tinta n solida; ⟨*fig*⟩ *to give* (*a*) *~ to* dare sfogo a; *to live a ~ condurre una vita dissoluta; ⟨*fam*⟩ *on the ~:* **1** libe uccel di bosco; **2** (*lacking moral restraint*) dissolu scapestrato, senza freni; *a ~* **tooth** un dente tentenna.

loose| box *s.* (*box stall*) posta *f.* **~ change** *s.* spicc *mpl.* **~ cover** *s.* (*for a chair*) rivestimento *m* protetti fodera *f.* **~ end** *s.* **1** capo *m* libero. **2** ⟨*fig*⟩ particolare rimasto in sospeso, dettaglio *m* non ancora definito. □ *be at a ~:* **1** non avere un lavoro fisso; **2** (*to be uncer* what to do next) non sapere che fare, non sapere che pe pigliare. **'~-'fitting** *a.* (*of a garment*) sciolto, lei morbido, largo. **'~-'jointed** *a.* dinoccolato; (*limber*) ag svelto. **~-leaf** *a.* a fogli mobili. **2** (*of tobacco*) sciolto **~-leaf binder,** **~-leaf book** *s.* raccoglitore *m.* **~-l* **ledger** *s.* ⟨*Comm*⟩ mastro *m* a fogli mobili.

loosely ['lu:sli] *avv.* **1** in modo allentato (o sciolto). ⟨*fig*⟩ inesattamente, in modo impreciso. **3** (*dissolut* dissolutamente.

loosen ['lu:sn] **I** *v.t.* **1** sciogliere, slegare, slacciare. **2** make less tight) allentare (anche *fig*): *to ~ one's* allentarsi la cravatta; *to ~ discipline* allentare disciplina. **3** (*to make less cohesive*) staccare, distaccar (*of the bowels*) liberare, sgombrare. **5** ⟨*Farm*⟩ (*of a cou* alleviare. **6** ⟨*Mar*⟩ allascare, lascare. **II** *v.i.* allentarsi: *grip –ed* la sua presa si allentò. □ *to ~* **up:** **1** (*of muscles*) sciogliere, rendere più agile; **2** ⟨*fam*⟩ (*to beco* less tense or reserved) rilassarsi, lasciarsi andare.

looseness ['lu:snis] *s.* **1** sciooltezza *f.* **2** ⟨*fig*⟩ (*immora* dissolutezza *f,* sregolatezza *f;* (*laxity*) rilassatezza *f.* **3** (*inexactness*) imprecisione *f,* inesattezza *f.* □ ~ *

behaviour libertà f di costumi; ~ *of the bowels* diarrea f, *pop*⟩ sciolta f.

oosestrife ['luːsstraif] s. ⟨*Bot*⟩ **1** (*yellow loosestrife*) isimachia f, mazza f d'oro. **2** (*purple loosestrife*) litro m.

ose-'tongued a. che parla troppo, dalla lingua sciolta.

ot [luːt] **I** s. **1** ⟨*Mil*⟩ bottino m, preda f di guerra. **2** *sl*⟩ (*stolen goods*) bottino m, preda f; (*illicit gains*) profitti mpl illeciti. **3** ⟨*sl*⟩ (*money*) denaro m, ⟨*gerg*⟩ grana f. **II** v.t. ⟨*Mil*⟩ saccheggiare, mettere a sacco, lepredare; (*to carry off as loot*) portare via come bottino. **III** v.i. ⟨*Mil*⟩ darsi ai saccheggi. **'looter** [-ə] s. saccheggiatore m (anche Mil.).

op[1] [lɔp] **I** v.t. (pret., p.p. **lopped** [-t]) **1** potare, imondare: *to* ~ *a tree* potare un albero. **2** (*to cut from a ree;* spesso con *off*) svettare, cimare, spuntare. **3** (*of the ead, limbs;* spesso con *off*) mozzare, tagliare. **4** (*fig*) general. con *off*) tagliare, sfrondare. **II** s. rami mpl potati, potatura f.

op[2] **I** v.i. (pret., p.p. **lopped** [-t]) **1** pendere, penzolare, iondolare; (*of an animal's ears*) penzolare, pendere. **2** (*to move with short leaps*) saltellare. **II** s. ⟨*Zool*⟩ coniglio m dalle orecchie pendenti.

op[3] **I** s. ⟨*Mar*⟩ mare m corto. **II** v.i. (pret., p.p. **lopped** -t]) rompersi in piccole onde.

pe [loup] **I** v.i. **1** (*of animals*) muoversi a (lunghi) balzi. **2** (*of a person*) camminare a gran(di) passi. **3** (*of a horse*) indare al passo. **II** s. **1** andatura f a balzi. **2** (*of a horse*) passo m.

p-'eared a. ⟨*Zool*⟩ dalle orecchie pendenti.

pper ['lɔpə] s. potatore m, rimondatore m.

pping ['lɔpiŋ] s. potatura f, rimondatura f.

ppy ['lɔpi] a. pendente, penzolante, cadente.

p-'sided a. **1** sbilenco, che pende da una parte, inclinato u un fianco; (*unsymmetrical*) asimmetrico. **2** ⟨*fig*⟩ non *ene* equilibrato. **,lop-'sidedness** s. l'essere sbilenco.

quacious [lo(u)'kweiʃəs] a. loquace, chiacchierone, iarliero, garrulo. **loquaciousness** [-nis], **loquacity** -'kwæsiti] s. loquacità f, chiacchiera f.

r, lor' [lɔː] intz. ⟨*fam*⟩ (buon) Dio, Signore.

rd [lɔːd] **I** s. **1** signore m, padrone m; (*chief, ruler*) capo *n*, sovrano m. **2** (*nobleman, peer*) nobile m, pari m. **3** *fig*⟩ magnate m. **4** ⟨*Astr*⟩ pianeta m dominante. **II** v.i. general. con *it*) darsi delle arie, fare il (gran) signore; (*to omineer*) spadroneggiare, dominare, farla da padrone *over* su). □ *to act the* ~ darsi arie da gran signore; *as drunk as a* ~ ubriaco fradicio; *our sovereign* ~ *the king* il ostro signore e sovrano, il re; *to live like a* ~ fare vita la (gran) signore, fare il pascià; ⟨*scherz*⟩ *one's* ~ *and master* marito m, ⟨*scherz*⟩ signore e padrone m.

rd s. **1** (*as a title*) lord m. **2** ⟨*Rel*⟩ Signore m, Dio m: *ur* ~ nostro Signore. **3** pl. ⟨*Parl*⟩ (*House of Lords*) camera ⌐dei lord⌐ (o alta). **4** (*esclam*) mio Dio, (buon) Dio, ignore. □ ⟨*GB*⟩ *First* ~ *of the* **Admiralty** ministro m ella marina; ⟨*esclam*⟩ ~ **bless** *me* (o *my soul*) mio Dio, ignore; ⟨*GB*⟩ ~ *High* **Constable** gran conestabile m; *Rel*⟩ *the* ~ *of* **hosts** il Dio (o Signore) degli eserciti; *GB*⟩ ~ *Chief* **Justice** capo m della magistratura; ⟨*fam*⟩ ~ **knows** Dio solo lo sa, lo sa Iddio; ~ *have* **mercy!** il ignore abbia pietà!; ⟨*Stor*⟩ ~ *of* **misrule** chi presiedeva i esteggiamenti natalizi; ⟨*GB*⟩ ~ *Privy* **Seal** lord m del igillo privato; ⟨*GB*⟩ ~ *High* **Treasures** gran tesoriere m; *n the* **year** *of our* ~ nell'anno ⌐di grazia⌐ (o del ignore).

rd **Chamberlain** s. ⟨*GB*⟩ gran ciambellano m. ~ **Chancellor** s. ⟨*GB*⟩ lord m cancelliere, ministro m di razia e giustizia, presidente m della camera dei lord. ~ **God** s. Signore Iddio m. ~ **Justice** s. (pl. **Lords Justices**) giudice m di Corte d'appello. ~ **Lieutenant** s. *l.* **Lords Lieutenant/Lord Lieutenants**) (*viceroy*) iogotenente m.

rdliness ['lɔːdlinis] s. **1** condizione f signorile, dignità f i signore. **2** (*haughtiness*) alterigia f, altezzosità f.

rdling ['lɔːdliŋ] s. **1** giovane lord m. **2** (*petty lord*) ignorotto m.

rdly ['lɔːdli] a. **1** signorile, degno di un lord, di (o da) ran signore. **2** (*haughty*) altero, altezzoso, signoresco. **3** *relating to a lord*) di un lord.

Lord Mayor s. ⟨*GB*⟩ sindaco m di Londra (e altre grandi città).

lordosis [lɔː'dousis] s. (pl. **-ses** [siːz]) ⟨*Med*⟩ lordosi f.

Lord **Provost** s. ⟨*Dir*⟩ (*in Scotland*) magistrato m supremo. ~ **Rector** s. ⟨*Univ*⟩ (*in Scotland*) rettore m onorario.

'lords-and-'ladies s. ⟨*Bot*⟩ aro m, gigaro m.

Lord's Day s. giorno m del Signore, domenica f.

lordship ['lɔːdʃip] s. **1** (*as a title*) Signoria f, Eccellenza f. **2** (*rank, dignity*) condizione f signorile, dignità f di signore. **3** (*control, authority*) signoria f, dominio m. **4** ⟨*Stor*⟩ dominio m, proprietà f.

Lord Spiritual s. (arci)vescovo m membro della camera dei lord.

Lord's **Prayer** s. ⟨*Rel*⟩ padrenostro m. ~ **Supper** s. ⟨*Rel*⟩ eucaristia f. ~ **table** s. ⟨*Rel*⟩ altare m eucaristico.

Lord Temporal s. ⟨*GB*⟩ membro m laico della camera dei lord.

lore [lɔː] s. **1** cognizioni fpl (o nozioni) relative a un particolare argomento; (*learning, knowledge*) scienza f, erudizione f, dottrina f. **2** (*knowledge transmitted orally*) tradizione f orale.

lorgnette [lɔː'njet] s. **1** lorgnette f, occhialino m. **2** (*opera glasses*) lorgnette f, binocolo m da teatro.

lorica [lo(u)'raikə] s. (pl. **-cae** [siː]) ⟨*Stor.rom,Zool*⟩ lorica f. **loricate** ['lɔrikeit] a. ⟨*Zool*⟩ loricato m.

lorikeet ['lɔrikiːt] s. ⟨*Ornit*⟩ lorichetto m.

lorimer ['lɔrimə], **loriner** [-rinə] s. sellaio m.

loris ['lɔːris] s. ⟨*Zool*⟩ lori m gracile.

lorn [lɔːn] a. ⟨*poet*⟩ derelitto, abbandonato; (*lonely*) solitario.

Lorraine [lə'rein] N.pr. ⟨*Geog*⟩ Lorena f.

lorry ['lɔri] s. **1** autocarro m, camion m. **2** (*horse-drawn wagon*) carro m (senza sponde).

lorry **driver** s. camionista m. **~-hop** v.i. ⟨*fam*⟩ chiedere un passaggio (su camion, ecc.).

lory ['lɔːri] s. ⟨*Ornit*⟩ lori m.

losable ['luːzəbl] a. che si può perdere, che può andare perduto.

lose [luːz] v. (pret., p.p. **lost** [lɔst]) **I** v.t. **1** perdere: *to* ~ *a leg* perdere una gamba; *to* ~ *one's* **balance** perdere l'equilibrio; *to* ~ *a* **match** perdere un incontro; *to* ~ *one's father* perdere il padre. **2** (*to mislay*) perdere, smarrire: *I have lost my watch* ho perso l'orologio. **3** (*to be deprived of*) perdere, essere privato di: *to* ~ *one's life* perdere la vita; (*to cause the loss of*) far perdere; *his negligence lost him his job* la sua negligenza gli ha fatto perdere l'impiego. **4** (*to fail to use*) sciupare, perdere, sprecare: *to* ~ *time* perdere tempo. **5** (*rifl*) (*to miss one's way*) perdersi, smarrirsi. **6** ⟨*rifl*⟩ (*to be engrossed*) immergersi, essere tutto (o totalmente) preso: *to* ~ *o.s. in a book* immergersi nella lettura di un libro. **7** (*to outstrip*) distanziare, lasciarsi indietro, staccare (anche Sport.). **8** (*of a watch or clock*) ritardare di, andare indietro di. **II** v.i. **1** perdere, essere sconfitto (anche Sport.): *to* ~ *on points* perdere ai punti. **2** (*to be worse off*) rimetterci, perdere, scapitare: *to* ~ *on a deal* rimetterci in un affare. □ ⟨*fig*⟩ *to* ~ **face** perdere la faccia; *to* ~ *one's* **hair**: 1 perdere i capelli; 2 ⟨*fam*⟩ (*to lose one's temper*) perdere ⌐la pazienza⌐ (o le staffe); *to* ~ *one's* **head** rimetterci la testa; ⟨*fig*⟩ perdere la testa; *to* ~ **heavily**: 1 (*in gambling*) perdere forti somme; 2 ⟨*Mil*⟩ subire una grave sconfitta; *to* ~ *one's* **place** (*in a book*) perdere il segno; *to* ~ **sight** *of s.o.* perdere di vista qd.; *to* ~ *one's* **way** perdersi, smarrirsi.

loser ['luːzə] s. chi perde, perdente m/f (anche Sport.). □ *to be a bad* ~ non saper perdere; *he came out a* ~ è stato sconfitto; *to be a good* ~ saper perdere.

losing ['luːziŋ] **I** a. perdente, che perde. **II** s.pl. perdite fpl.

losing **business** s. affare m magro (o in perdita). ~ **game** s. partita f senza possibilità di vittoria (anche fig.).

loss [lɔs] s. **1** perdita f. **2** (*disadvantage*) perdita f, danno m, svantaggio m: *his death was a* ~ la sua morte rappresentò una perdita per tutti noi. **3** (*waste*) perdita f, spreco m, sciupio m: ~ *of time* perdita di tempo. **4** pl.

⟨*Mil*⟩ (*men killed, captured*) perdite *fpl.* **5** ⟨*Comm*⟩ perdita *f,* scapito *m: to sell at a* ~ vendere in perdita. **6** ⟨*Assic*⟩ perdita *f.* **7** ⟨*tecn*⟩ perdita *f,* dispersione *f.* □ ~ *of* **appetite** inappetenza *f;* **at** *a* ~: 1 (*making a deficit*) in perdita; 2 (*perplexed*) perplesso, incerto; *to be at a* ~ *for words* non riuscire a trovare le parole, non sapere cosa dire; *to be at a* ~ *to understand s.th.* non riuscire a capire qc.; ⟨*Comm*⟩ *a* **balance** *sheet showing a* ~ un bilancio deficitario; ⟨*El*⟩ ~ *in* **voltage** caduta *f* di tensione; ⟨*Comm*⟩ ~ *in* **weight** calo *m* di peso.

lost[1] [lɒst] → **lose.**

lost[2] *a.* **1** perduto, smarrito, disperso. **2** (*having lost one's way*) perso, smarrito: *we are* ~ ci siamo persi. **3** (*wasted*) sprecato, sciupato, perduto, perso; (*missed*) perduto, mancato: ~ *opportunities* occasioni perdute. **4** (*destroyed*) distrutto, perduto: ~ *aircraft* aeroplano distrutto; (*of ships*) naufragato. **5** ⟨*fig*⟩ (*disorientated*) disorientato, smarrito; (*helpless*) perduto, finito: *I am* ~ *without my glasses* sono perduto senza i miei occhiali. **6** ⟨*fig*⟩ (*damned*) dannato, perduto: *a* ~ *soul* un'anima dannata. **7** ⟨*fig*⟩ (*hopelessly immoral*) perduto: *a* ~ *woman* una donna perduta. □ *to be* ~ morire, perire: *all hands were* ~ tutto l'equipaggio morì; *to give s.o. up for* ~ dare qd. per disperso; ⟨*am*⟩ ~ *and* **found** ufficio oggetti smarriti; *to* **get** ~ smarrirsi, perdersi; ⟨*fam*⟩ *get* ~*!* levati dai piedi!; *to be* ~ **in** *thought* essere immerso nei propri pensieri; *to be* ~ **on** non avere (*o* sortire) effetto su, essere sprecato con: *sarcasm is* ~ *on her* il sarcasmo non ha (alcun) effetto su di lei; *to be* ~ **to:** 1 essere insensibile a; 2 (*to be beyond reach*) essere negato (*o* precluso) a; *to be* ~ *to* **shame** aver perso il senso del pudore.

lost| cause *s.* causa *f* persa. ~ **property** *s.* oggetto *m* smarrito. □ ~ *office* ufficio *m* oggetti smarriti.

lot[1] [lɒt] *s.* **1** oggetto *m* per tirare a sorte. **2** (*use of lots*) il tirare a sorte, sorteggio *m;* (*decision made*) sorte *f: the* ~ *fell on me* la sorte cadde su di me. **3** (*allotted share or part*) parte *f,* quota *f.* **4** (*fate, destiny*) destino *m,* sorte *f,* fato *m.* **5** (*large quantity*) (gran) quantità *f,* gran numero *m,* ⟨*fam*⟩ mucchio *m,* ⟨*fam*⟩ sacco *m: he knows a* ~ *of people* conosce ⸢una quantità di⸣ (*o* molte) persone; *she has* –*s of money* ha un sacco di soldi. **6** (*plot of land*) lotto *m,* appezzamento *m,* parcella *f: a building* ~ un lotto edificabile. **7** ⟨*fam*⟩ (*number of persons*) combriccola *f,* compagnia *f: a hard-drinking* ~ una combriccola di forti bevitori. **8** ⟨*fam*⟩ (*kind of person*) soggetto *m,* tipo *m,* individuo *m: a bad* ~ un cattivo soggetto. **9** ⟨*fam*⟩ (*whole amount*) tutto *m: I'll take the* ~ prenderò tutto; *when you've seen one you've seen the* ~ quando ne hai visto uno li hai visti tutti. **10** ⟨*Cin*⟩ studio *m* (e terreno circostante). **11** ⟨*Comm*⟩ partita *f,* lotto *m.* □ ⟨*fam*⟩ *a* ~ molto; *a* ~ *more* molto di più; ⟨*iron*⟩ *a* ~ *you care!* te ne importa assai!; ⟨*fam*⟩ *to see a* ~ *of s.o.* vedere spesso qd.; *thanks a* ~ grazie mille; –*s and* –*s of money* denaro *m* a palate; *to cast* (*o* *draw*) –*s* tirare (*o* estrarre) a sorte; *it falls to my* ~ *to* **decide** ⸢tocca a me⸣ (*o* è compito mio) decidere; ⟨*fam*⟩ *that's the* ~ questo è tutto, non c'è altro.

lot[2] *v.t.* (*pret., p.p.* **lotted** [ˈlɒtid]) **1** (spesso con *out*) dividere in lotti (*o* partite). **2** (*of land*) lottizzare, dividere in lotti.

loth *a.* → **loath.**

Lothario [lo(u)ˈθɛrio(u)] *s.* (*pl.* -**s** [z]) seduttore *m,* dongiovanni *m.*

lotion [ˈlouʃən] *s.* ⟨*Farm,Cosmet*⟩ lozione *f.*

lottery [ˈlɒtəri] *s.* **1** lotteria *f.* **2** ⟨*fig*⟩ questione *f* di fortuna.

lottery| bond *s.* ⟨*Econ*⟩ obbligazione *f* a premio. ~ **loan** *s.* ⟨*Econ*⟩ prestito *m* a premio. ~ **ticket** *s.* biglietto *m* di lotteria.

lotto [ˈlɒtou] *s.* (*pl.* -**s** [z]) tombola *f.*

lotus [ˈloutəs] *s.* **1** ⟨*Bot*⟩ loto *m.* **2** (*fruit*) frutto *m* del loto. **3** ⟨*Arch*⟩ ornamento *m* (*o* fregio) a foglie di loto.

lotus eater *s.* **1** ⟨*Mitol*⟩ lotofago *m.* **2** ⟨*fig*⟩ sognatore *m* (*f* –trice), chi vive nel mondo dei sogni.

Lou [lu:] (*dim. di Louis*) *N.pr.* Luigino *m,* Gigi *m.*

loud [laud] **I** *a.* **1** forte, alto: *a* ~ *noise* un forte rumore. **2** (*emitting loud sounds*) sonoro: *a* ~ *bell* una campana

sonora. **3** (*clamorous, noisy*) clamoroso, rumoros⸢ chiassoso, fragoroso: ~ *applause* applausi clamorosi; (*persons*) chiassoso, rumoroso. **4** ⟨*fig*⟩ (*gaudy, garis⸣ sgargiante, vistoso. **5** ⟨*fig*⟩ (*vulgar, unrefined*) volga⸣ grossolano: ~ *manners* modi volgari. **II** *avv.* forte, a vo alta.

louden [ˈlaudn] **I** *v.i.* (*of sounds*) diventare più alto forte); (*of the voice*) alzarsi, crescere di tono. **II** *v.t.* (*of t⸣ voice*) alzare.

loudhailer [ˈlaudheilə] *s.* megafono *m* (con amplificato⸣ incorporato).

loudish [ˈlaudiʃ] *a.* piuttosto forte (*o* alto). **loudly** [–d⸣ *avv.* forte, alto, a voce alta.

loud mouth *s.* ⟨*fam*⟩ **1** chi chiacchiera rumorosamente a vanvera. **2** (*braggart*) millantatore *m* (*f* –trice), spacco⸣ *m* (*f* –a).

loudness [ˈlaudnis] *s.* (*of a sound*) forza *f;* (*of the voic⸣ altezza *f.*

loudspeaker [ˈlaudspi:kər] *s.* altoparlante *m.*

loudspeaker box *s.* cassa *f* acustica.

lough *irl.* [lɔx, lɔk] *s.* **1** lago *m.* **2** (*inlet*) braccio *m* mare, insenatura *f.*

louis [ˈlu:i] *s.inv.* → **louis d'or.**

Louis [ˈlu:i(s)] *N.pr.* Luigi *m.*

Louisa [lu:ˈi:zə] *N.pr.* Luisa *f,* Luigia *f.*

louis d'or [ˌlu:iˈdɔ:] *s.inv.* ⟨*Numism*⟩ luigi *m* (d'oro).

Louise [lu:ˈi:z] *N.pr.* → **Louisa.**

Louisiana [lu:ˌi:ziˈænə] *N.pr.* ⟨*Geog*⟩ Luisiana *f.*

lounge [laundʒ] **I** *v.i.* **1** stare disteso (*o* sdraia⸣ adagiato): *to* ~ *in an armchair* stare disteso in poltrona. (*to saunter*) bighellonare, gironzolare. **3** (*to pass time id⸣ oziare, poltrire. **II** *v.t.* (*of time;* general. con *away, o⸣ passare nell'ozio, sciupare. **III** *s.* **1** salotto *m;* (*in a ho⸣ club*) sala *f,* salone *m;* (*waiting room*) sala *f* d'aspetto; (*a ship, train*) salone *m.* **2** (*act of lounging*) lo stare diste⸣ (*o* sdraiato). **3** ⟨*Arred*⟩ agrippina *f.*

lounge| chair *s.* poltrona *f.* ~ **lizard** *s.* ⟨*fam*⟩ dameri⸣ *m.*

lounger [ˈlaundʒə] *s.* fannullone *m* (*f* –a), perdigior⸣ *m/f.*

lounge suit *s.* abito *m* di tutti i giorni.

lounging [ˈlaundʒiŋ] *a.* **1** indolente, pigro. **2** ⟨*am.Vest*⟩ casa.

lour [lauə] **I** *v.i.* **1** (*of the weather or clouds*) ess⸣ minaccioso, minacciare tempesta; (*of the sky*) oscura⸣ rabbuiarsi. **2** ⟨*fig*⟩ (*of persons*) accigliarsi, aggrottare fronte. **II** *s.* **1** (*of weather*) l'essere minaccioso; (*of ⸣ sky*) l'oscurarsi, il rabbuiarsi. **2** ⟨*fig*⟩ cipiglio *m,* aspe⸣ *m* accigliato. **'louring** [–riŋ] *a.* **1** (*of the weather clouds*) minaccioso; (*of the sky*) scuro, coperto di nuv⸣ minacciose. **2** ⟨*fig*⟩ (*of a person*) accigliato, aggrottato.

louse **I** *s.* [laus] (*pl.* **lice** [lais]) **1** ⟨*Entom*⟩ (*sucking lou⸣ pidocchio *m.* **2** ⟨*Entom*⟩ (*body louse*) pidocchio *m* vestiti. **3** ⟨*Entom*⟩ (*crab louse*) piattola *f.* **4** ⟨*sl*⟩ (*despica⸣ person; pl.* **'louses** [–iz]) persona *f* spregevole, verme *m.* *v.t.* [laus, lauz] **1** spidocchiare. **2** ⟨*sl*⟩ (*to botch, make mess of;* general. con *up*) pasticciare, abborracciare.

lousiness [ˈlauzinis] *s.* **1** l'essere pidocchioso. **2** ⟨*sl*⟩ (*meanness*) abiezione *f,* bassezza *f.* **lousy** [–zi] *a.* pidocchioso. **2** ⟨*sl*⟩ (*mean, base*) abietto, spregevole, vi⸣ basso. **3** ⟨*sl*⟩ (*very bad*) pessimo, schifoso, disgustoso. ⟨*sl*⟩ *to be* ~ *with money* essere pieno di quattrini.

lout [laut] *s.* villano *m,* zoticone *m,* tanghero *m.* **'louti⸣ [–iʃ] *a.* zotico, villano, rozzo. **'loutishness** [–iʃnis] grossolanità *f,* rozzezza *f.*

louver [ˈlu:və] *s.* **1** (*in a medieval building*) lanterna lucernario *m.* **2** ⟨*Edil*⟩ persiana *f* di ventilazione. **3** **louver board. 4** (*of a car, etc.*) feritoia *f* di (*o* p⸣ ventilazione. **5** (*window or door with slats*) apertura gelosia.

louver board *s.* ⟨*Edil*⟩ stecca *f* di persiana.

lovability [ˌlʌvəˈbiliti] *s.* → **lovableness. 'lovable** [–bl] caro, amabile, simpatico. **'lovableness** [–blnis] amabilità *f,* simpatia *f.*

lovage [ˈlʌvidʒ] *s.* ⟨*Bot*⟩ sedano *m* di montagna.

love [lʌv] *s.* **1** amore *m,* affetto *m* profondo. **2** (*sex passion or desire*) amore *m.* **3** (*person loved*) amore persona f amata. **4** (*as a term of endearment*) amore m, tesoro m. **5** (*love affair*) amori mpl, vicende fpl (o avventure) amorose. **6** (*strong liking*) interesse m appassionato; (*object liked*) passione f, amore m: *painting is his only* ~ la pittura è la sua unica passione. **7** (*charity*) amore m, carità f: ~ *of one's fellow man* l'amore del prossimo. **8** ⟨Sport⟩ zero punti mpl, zero m: *the score is thirty* ~ il punteggio è trenta a zero. **Love** N.pr. ⟨Mitol⟩ Amore m, Cupido m. **II** v.t. **1** amare, sentire un profondo affetto per, voler bene a. **2** (*to be in love with*) amare, essere innamorato di: *I* ~ *you* ti amo. **3** (*to like very much*) amare, piacere (costr. impers.), provare piacere per: *I'd* ~ *to go out* mi piacerebbe molto uscire; *he* ~*s driving fast cars* gli piace guidare automobili veloci. **4** (*to make love to*) fare (al)l'amore con. □ *in* ~ *and accord* d'amore e d'accordo; ⟨Sport⟩ ~ *all* zero pari (o a zero); ~ *in a cottage* due cuori e una capanna; ~ *of* (*one's*) *country* patriottismo m, amor m di patria; *to fall in* ~ innamorarsi (*with* di); ~ *at first sight* amore m a prima vista; *for the* ~ *of* per amore di; ⟨fam⟩ *for the* ~ *of mercy* (o *Mike, God, etc.*) per l'amor di Dio; *to marry for* ~ sposarsi per amore; ⟨fam⟩ *we couldn't get a ticket for* ~ *or money* non riuscimmo ad avere un biglietto in nessun modo; *to play for* ~ giocare per passione (o amore del gioco); *give my* ~ *to your mother* saluta tua madre da parte mia; *to be in* ~ essere innamorato (*with* di); *there is no* ~ **lost** *between them* non si possono soffrire; *to make* ~ *to s.o.* fare (al)l'amore con qd.; *out of* ~ per amore; *to play "she* ~*s me, she* ~*s me not"* sfogliare la margherita, fare «m'ama, non m'ama»; *what a* ~ *she is!* che amore!, che tesoro!; ⟨epist⟩ *with* ~ *from* con affetto (o amore) da, affettuosamente. *Prov.: all's fair in* ~ *and war* tutto è lecito in amore e in guerra; ~ *me,* ~ *my dog* chi ama me, ama il mio cane.

oveability e der. → **lovability** e der.

ove| **affair** s. relazione f amorosa. **~bird** s. **1** ⟨Ornit⟩ inseparabile m. **2** ⟨Ornit⟩ (parakeet) parrocchetto m. **3** ⟨Ornit⟩ psittacula f. **~ child** s.irr. figlio m illegittimo (o dell'amore). **~ feast** s. ⟨Rel⟩ agape f. **~ game** s. ⟨Sport⟩ (*in tennis*) gioco m in cui uno dei giocatori non ha segnato. **~-in** s. ⟨sl⟩ raduno m di hippy. **'~-in-a-'mist** s. ⟨Bot⟩ fanciullaccia f. **~ knot** s. nodo m d'amore.

oveless ['lʌvlis] a. **1** senza amore: *a* ~ *marriage* un matrimonio senza amore. **2** (*not feeling love*) insensibile all'amore. **3** (*not loved*) che non è amato, non amato.

lovelessness [–nis] s. **1** insensibilità f all'amore. **2** (*lack of love*) mancanza f d'amore.

ove| **letter** s. lettera f d'amore. **'~-lies-'bleeding** s. ⟨Bot⟩ amaranto m.

oveliness ['lʌvlinis] s. bellezza f, avvenenza f, leggiadria f.

ove|**lock** s. tirabaci m. **~-lorn** a. ⟨lett⟩ **1** abbandonato dalla persona amata. **2** (*pining*) che si strugge per un amore infelice.

ovely ['lʌvli] **I** a. **1** (*of people*) bello, avvenente, leggiadro, attraente, grazioso; (*of things*) bello, incantevole: *a* ~ *view* una vista incantevole. **2** ⟨fam⟩ (*delightful, pleasing*) divertente, simpatico: *a* ~ *party* una festa divertente; *a* ~ *joke* una barzelletta divertente (o spassosa). **3** ⟨am⟩ (*meriting love*) amabile. **II** s. ⟨fam⟩ bellezza f, bella ragazza f. □ *to have a* ~ *time* divertirsi un mondo.

ove|**making** s. **1** il fare (al)l'amore. **2** (*courtship*) corteggiamento m. **~ match** s. matrimonio m d'amore. **~ potion** s. filtro m d'amore.

over ['lʌvə] s. **1** innamorato m (f –a). **2** (*paramour*) amante m. **3** pl. (*two people in love*) amanti mpl, innamorati mpl. **4** (*devotee*) appassionato m (f –a), amante m/f, amatore m (f –trice): *a* ~ *of truth* un amante della verità. **loverlike** [–laik] a. da innamorato, da amante.

over's| **knot** s. → **love knot**. **~ lane** s. sentiero m degli innamorati.

love| **seat** s. divano m a due posti. **~sick** a. malato (o languente) d'amore. **~ song** s. canzone f d'amore. **~ story** s. storia f d'amore.

lovey ['lʌvi] s. ⟨fam⟩ tesoro m, amore m.

loving ['lʌviŋ] a. **1** amoroso, affettuoso, amorevole: ~

mother madre amorosa. **2** (*expressing love*) amoroso, d'amore: ~ *glances* occhiate amorose. **3** (nei composti) amante di ..., che ama ...: *a peace-*~ *nation* una nazione amante della pace.

loving| **cup** s. **1** (*at a farewell gathering, etc.*) coppa f dell'amicizia (in cui si beve a turno). **2** ⟨Sport⟩ coppa f. **~ kindness** s. amorevolezza f, bontà f, tenera attenzione f, tenero riguardo m.

lovingly ['lʌviŋli] avv. amorevolmente, amorosamente, con amore.

low¹ [lou] **I** a. **1** basso: *a* ~ *wall* un muro basso; ~ *wages* salario basso. **2** (*of less than usual height*) basso, poco profondo: *a* ~ *forehead* una fronte bassa; *the river is* ~ *this time of year* il fiume è poco profondo in questo periodo dell'anno. **3** (*of a heavenly body*) basso (sull'orizzonte). **4** (*deep*) profondo: *a* ~ *bow* un profondo inchino. **5** ⟨fig⟩ (*humble*) umile, basso, modesto: *of* ~ *birth* di umili natali, di bassa estrazione. **6** ⟨fig⟩ (*mean*) spregevole, vile, basso, meschino; (*degraded*) abietto, depravato, basso. **7** ⟨fig⟩ (*coarse*) grossolano, volgare: ~ *humour* umorismo grossolano. **8** ⟨fig⟩ (*depressed*) depresso, giù di morale, triste, abbattuto; (*feeble*) debole, fiacco: *a* ~ *pulse* un polso debole. **9** (*nearly exhausted*) molto scarso, quasi esaurito: *supplies are* ~ le scorte sono quasi esaurite. **10** (*of sounds*) basso, sommesso: *to speak in a* ~ *voice* parlare a bassa voce. **11** ⟨Mus⟩ basso, grave. **12** ⟨Biol⟩ inferiore: ~ *life forms* forme inferiori di vita. **13** ⟨Sport⟩ (*of a blow in boxing*) basso, sotto la cintura. **Low** a. **14** ⟨Rel⟩ (*in England*) della Chiesa bassa. **II** s. **1** livello m basso: *morality was at an all-time* ~ la moralità aveva toccato il livello più basso. **2** ⟨Mot⟩ prima marcia f, prima f. **3** ⟨Meteor⟩ zona f di bassa pressione, ciclone m. **4** (*lowest price*) prezzo m minimo, ultimo prezzo. **III** avv. **1** basso, in basso: *to fly* ~ volare basso; *to aim* ~ mirare basso. **2** ⟨fig⟩ (*in disgrace*) in basso; (*meagrely*) modestamente. **3** (*cheaply*) a buon mercato, a basso prezzo. **4** (*not loudly*) a bassa voce, sommessamente, piano. **5** (*deeply*) profondamente. □ *at (the)* ~*est* almeno, come minimo, a dir poco; ⟨Met⟩ ~ **blood** *pressure* pressione bassa, ipotensione f; *to bow* ~ fare un profondo inchino; ⟨fig⟩ *to bring s.o.* ~: 1 indebolire (o infiacchire) qd.; 2 (*to bring near to death*) portare qd. quasi alla tomba; 3 (*to humble*) umiliare qd.; ⟨fig⟩ *to fall* ~ cadere in basso; *a diet* ~ *in calories* una dieta povera di calorie; ~ *income bracket* categoria f a basso reddito; *to be* ~ **on** *funds* essere a corto di quattrini; *to have a* ~ **opinion** *of s.o.* avere una cattiva (o scarsa) opinione di qd.; ⟨Comm⟩ ~ **quality** qualità f scadente, cattiva qualità; *a* ~ **trick** un tiro mancino.

low² **I** v.i. (*of cattle*) muggire, mugghiare. **II** s. muggito m, mugghio m.

low|**-back pain** s. lombaggine f. **~ born** a. di umili natali (o origini). **~ boy** am. s. ⟨Arred⟩ cassettoncino m. **~-bred** a. maleducato, volgare, grossolano. **~brow** ⟨fam⟩ **I** s. persona f che non ha pretese intellettuali. **II** a. **1** che non ha pretese intellettuali. **2** (*suitable for a lowbrow*) popolare. **~-budget** a. economico, a buon mercato. **~ Church** s. ⟨Rel⟩ Chiesa f bassa. **II** a. della Chiesa bassa. **,~-'Churchman** ['tʃɔ:tʃmən] s.irr. seguace m/f della Chiesa bassa. **~-circulation** *newspaper* s. giornale m a bassa tiratura. **~ comedy** s. ⟨Teat⟩ commedia f popolare. **~ Countries** N.pr.pl. ⟨Geog⟩ Paesi mpl Bassi. **'~-'down** ⟨fam⟩ **I** a. basso, vile. **II** s. **1** fatti mpl reali, verità f: *to give s.o. the* ~ *on s.th.* fare conoscere a qd. la verità su qc. **2** (*inside information*) notizie fpl confidenziali.

lower¹ ['louə] **I** v.t. **1** abbassare, calare. **2** (*to reduce in amount, etc.*) abbassare, ridurre: *to* ~ *prices* ridurre i prezzi. **3** (*to let down*) abbassare, calare, far scendere: *to* ~ *the blinds* abbassare le persiane; *to* ~ *a bucket into a well* calare un secchio in un pozzo; *to* ~ *the flag* abbassare (o ammainare) la bandiera. **4** (*of the voice*) abbassare. **5** ⟨fig⟩ (*to degrade, abase*) abbassare, umiliare, avvilire. **6** ⟨fig⟩ (*to weaken*) indebolire, debilitare: *to* ~ *s.o.'s resistance* indebolire la resistenza di qd. **7** ⟨Mar⟩ ammainare, calare, abbassare. **II** v.i. **1** abbassarsi, calare, diminuire, ridursi. **2** ⟨Mar⟩ (spesso con *away*: *to lower a* *boat*) calare (in mare) un'imbarcazione; (*to lower a sail*) ammainare una vela.

lower² ['lauə] *v./s.* → **lour**.

lower³ ['louə] (*compar. di low¹*) *a.* **1** inferiore, più (in) basso: *at a ~ level* a un livello inferiore. **2** (*smaller in amount, etc.*) più basso, inferiore: *~ prices* prezzi più bassi. **3** ⟨*Biol*⟩ inferiore: *the ~ animals* gli animali inferiori. **4** ⟨*Geog*⟩ (*of a river*) basso, inferiore: *the ~ Nile* il basso Nilo. **5** ⟨*am.Scol*⟩ del corso inferiore. Lower *a.* ⟨*Geol*⟩ inferiore. □ ⟨*Anat*⟩ *the ~ jaw* la mandibola; *the ~ lip* il labbro inferiore.

lower| case *I* *s.* ⟨*Tip*⟩ minuscole *fpl*, lettere *fpl* minuscole. **II** *a.* minuscolo. **~ chamber** *s.* → lower **house**. **~ class** *s.* **1** ceto *m* operaio, classe *f* operaia (*o* lavoratrice). **2** *pl.* ceti *mpl* bassi, popolino *m*. **~ deck** *s.* ⟨*Mar*⟩ **1** sottocoperta *f*. **2** (*sailors*) equipaggio *m*. **~ Egypt** *N.pr.* ⟨*Geog*⟩ basso Egitto *m*. **~ house** *s.* ⟨*GB*⟩ camera *f* bassa (*o* dei Comuni).

lowering¹ ['lauəriŋ] *a.* → **louring**.

lowering² ['louəriŋ] **1** che abbassa, che diminuisce. **2** ⟨*fig*⟩ umiliante, degradante, avvilente. **3** (*of a diet*) debilitante.

lowermost ['louəmoust] *a.* → **lowest**.

lower| regions ['louə] *s.pl.* **1** ⟨*Mitol*⟩ inferi *mpl*, Ade *m*. **2** ⟨*fam*⟩ (*basement*) piano *m* interrato, seminterrato *m*, scantinato *m*. **~ world** *s.* **1** ⟨*Mitol*⟩ inferi *mpl*, Ade *m*. **2** (*earth*) terra *f*.

lowest ['louəst] (*sup. di low¹*) *a.* il più basso, bassissimo, infimo. □ ⟨*Mat*⟩ *~ common denominator* minimo comune denominatore; ⟨*Mat*⟩ *~ common multiple* minimo comune multiplo.

low|-frequency *a.* ⟨*Rad*⟩ a bassa frequenza. **~ gear** *s.* ⟨*Aut*⟩ marcia *f* bassa. **~ German** *s.* ⟨*Ling*⟩ basso tedesco *m*. **~-grade** *a.* di qualità inferiore, di cattiva qualità. **~ heels** *s.pl.* ⟨*Calz*⟩ tacchi *mpl* bassi. **~-income** *a.* a basso reddito. **~-income country** *s.* paese *m* a basso reddito.

lowing ['louiŋ] *s.* muggito *m*, mugghio *m*.

low|-key *a.* **1** ⟨*Fot*⟩ scuro, senza contrasto. **2** → **low-keyed**. **~-keyed** *a.* sommesso, moderato, pacato, attenuato. **~land** [lənd] **I** *s.* ⟨*Geog*⟩ bassopiano *m*, pianura *f*. **II** *a.* del bassopiano. □ *the Lowlands* i bassopiani scozzesi. **~lander** [ləndə] *s.* abitante *m/f* di un bassopiano. **~lander** [ləndə] *s.* abitante *m/f* dei bassopiani scozzesi. **~ Latin** *s.* ⟨*Ling*⟩ basso latino *m*. **~ level** *a.* **1** di grado inferiore, di basso grado. **2** ⟨*Aer.mil*⟩ a bassa quota. **~-level language** *s.* ⟨*Inform*⟩ linguaggio *m* di livello inferiore.

lowliness ['loulinis] *s.* umiltà *f*, modestia *f*.

lowly ['louli] **I** *a.* **1** umile, modesto; (*unpretentious*) senza pretese, semplice. **2** (*of low rank, etc.*) umile, basso: *of ~ birth* di umili origini. **3** ⟨*fig*⟩ banale, comune, insignificante: *a ~ subject* un argomento banale. **II** *avv.* **1** umilmente, modestamente. **2** (*in a low position, etc.*) in basso.

'low|-'lying *a.* (*of land, etc.*) poco elevato, basso. **~ Mass** *s.* ⟨*Lit*⟩ messa *f* bassa (*o* piana). **'~-'minded** *a.* volgare. **~-neck** *s.* ⟨*Vest*⟩ abito *m* scollato. **'~-'necked** *a.* scollato.

lowness ['lounis] *s.* **1** bassezza *f*. **2** ⟨*fig*⟩ (*baseness*) bassezza *f*, viltà *f*. **3** ⟨*fig*⟩ (*coarseness*) grossolanità *f*, volgarità *f*. **4** ⟨*fig*⟩ (*depression*) depressione *f*, abbattimento *m*. **5** (*of prices*) modicità *f*.

'low|-'pitched *a.* **1** (*of sound*) basso, profondo. **2** ⟨*Edil*⟩ dal soffitto basso. **3** ⟨*Arch*⟩ (*of a roof*) a scarsa pendenza. **'~-'pressure** *a.* **1** a bassa pressione. **2** ⟨*fam*⟩ (*not aggressive*) privo di aggressività, non aggressivo. **3** ⟨*Meteor*⟩ di bassa pressione. **~ relief** *s.* ⟨*Art*⟩ bassorilievo *m*. **~-rent housing** *s.* edilizia *f* popolare. **~ resolution** *a.* ⟨*Inform*⟩ bassa risoluzione *f*. **~-slung** *a.* basso: *~ furniture* mobili bassi. **'~-'spirited** *a.* depresso, abbattuto, giù di morale. **~ spirits** *s.pl.* abbattimento *m*, depressione *f* (morale). □ *to be in ~* essere depresso (*o* giù di morale). **~ Sunday** *s.* ⟨*Lit*⟩ domenica *f* in albis. **'~-'tension** *a.* ⟨*El*⟩ a bassa tensione. **~ tide** *s.* ⟨*Geog*⟩ bassa marea *f*, riflusso *m*. **'~-'voltage** *a.* ⟨*El*⟩ a basso voltaggio. **~ water** *s.* **1** (*in a river, lake*) basso livello *m*.

2 → **low tide**. □ ⟨*fig*⟩ *to be in ~* essere a corto quattrini. **'~-'watermark** *s.* **1** indice *m* di bassa marea. ⟨*fig*⟩ punto *m* più basso. **'~-'wing** *a.* ⟨*Aer*⟩ ad ala bassa **~ yield** *s.* ⟨*Agr*⟩ rendimento *m* scarso. □ *~ year* anna scarsa.

loyal ['lɔiəl] *a.* **1** leale, fedele, devoto: *a ~ subject* suddito leale. **2** (*true*) fedele, fido: *a ~ friend* un fede amico. **loyalism** [-izəm] *s.* ⟨*Pol*⟩ lealismo *m*, lealtà **loyalist** [-ist] *s.* ⟨*Pol*⟩ lealista *m/f*. Loyalist *s.* ⟨*Sto* lealista *m/f*.

loyal toast *s.* brindisi *m* ⌐al re⌐ (*o* alla regina).

loyalty ['lɔiəlti] *s.* lealtà *f*, fedeltà *f*, devozione *f*.

loyalty oath *s.* ⟨*Pol*⟩ giuramento *m* di fedeltà.

lozenge ['lɔzindʒ] *s.* **1** ⟨*Farm,Dolc*⟩ pastiglia *f*, pasticca **2** ⟨*Geom*⟩ losanga *f*, rombo *m*. **3** ⟨*Arald*⟩ losanga *f*. ⟨*Arch*⟩ vetro *m* a losanga (*o* rombo). **lozenged** [-d] *a.* (forma di) losanga, rombico.

LP = *long-playing* (*record*) long play (*abbr.* LP).

L.P. = **1** ⟨*Pol*⟩ *Labour Party* partito laburista. **2** ⟨*Po* *Liberal Party* partito liberale. **3** *London Port* porto Londra.

lpi = ⟨*Inform*⟩ *lines per inch* linee per pollice.

L plate *s.* ⟨*Aut*⟩ (*in Great Britain*) targa *f* (obbligatori per principianti.

lpm = ⟨*Inform*⟩ *lines per minute* linee al minuto.

lps = ⟨*Inform*⟩ *lines per second* linee al secondo.

L.R. = ⟨*Mar*⟩ *Lloyd's Register* registro del Lloyd.

l.s.d., L.S.D. = *pounds, shillings and pence* sterlin e pence.

LSI = *Large Scale Integration* integrazione su larg scala.

LT = **1** ⟨*Post*⟩ *letter telegram* telegramma–lettera. **2** *loc* *time* ora locale. **3** ⟨*El*⟩ *low tension* bassa tensione.

Lt. = ⟨*Mil*⟩ *lieutenant* tenente (*abbr.* Ten.).

Lt.-Col. = ⟨*Mil*⟩ *Lieutenant Colonel* tenente colonnell (*abbr.* Ten. Col.).

Lt.-Comm. = ⟨*Mar*⟩ *Lieutenant Commander* comandan in seconda.

Ltd. = ⟨*Comm*⟩ *Limited* a responsabilità limitata.

Lt.-Gov. = *Lieutenant Governor* vicegovernatore.

lubber ['lʌbə] *s.* **1** persona *f* goffa e pesante; (*lout*) villan *m*, zoticone *m*. **2** ⟨*Mar*⟩ marinaio *m* inesperto (*o* d'acqu dolce). **lubberly** [-li] *a.* **1** goffo e pesante; (*loutis* zotico, villano. **2** ⟨*Mar*⟩ inesperto.

lube (oil) [l(j)u:b] *s.* ⟨*fam*⟩ → **lubricating oil**.

lubricant ['l(j)u:brikənt] **I** *s.* lubrificante *m*. **II** lubrificante, lubrificatore. **lubricate** [-keit] *v.t.* lubrificare, ingrassare: *to ~ an engine* lubrificare u motore. **2** (*to make slippery*) rendere sdrucciolevole. ⟨*fig*⟩ (*to make smooth*) facilitare, agevolare. **4** ⟨*sl*⟩ (*t* *bribe*) corrompere, comprare, ungere le ruote a. **5** ⟨*sl*⟩ (*ply with drink*) offrire continuamente da bere a.

lubricating oil ['l(j)u:brikeitiŋ] *s.* lubrificante *m*, olio *r* lubrificante.

lubrication [,l(j)u:bri'keiʃən] *s.* lubrificazione *f*, ingras saggio *m*. **'lubricative** [-keitiv] *a.* lubrificativo. **'lubri cator** [-keitə] *s.* **1** (*worker*) lubrificatore *m*, ingrassa tore *m*. **2** (*device*) oliatore *m*, ingrassatore *m*. **3** (*lubr cant*) lubrificante *m*.

lubricious [l(j)u:'briʃəs] *a.* **1** lascivo, libidinoso; (*salacious* osceno, lubrico. **2** (*smooth, slippery*) scivoloso, viscidc **lubricity** [-'brisiti] *s.* **1** scivolosità *f*, viscidità *f*. (*lasciviousness*) lascivia *f*, libidine *f*; (*salaciousness* oscenità *f*, lubricità *f*. **lubricous** [-brikəs] *a.* → lubricious.

lucarne [l(j)u:'ka:n] *s.* ⟨*Arch*⟩ abbaino *m*.

Lucas ['lu:kəs] *N.pr.* Luca *m*.

luce [lju:s] *s.* ⟨*Itt*⟩ luccio *m* adulto.

lucency ['lu:sənsi] *s.* **1** lucentezza *f*, luminosità *f*. **2** (*transparency*) limpidezza *f*, trasparenza *f*. **lucent** [-sənt *a.* **1** luminoso, lucente, splendente. **2** (*clear, transparent* limpido, trasparente, chiaro.

lucern(e) [lu:'sə:n, lju:-] *s.* ⟨*Bot*⟩ erba *f* medica, erbaspagna *f*.

Lucerne [lu:'sə:n] *N.pr.* ⟨*Geog*⟩ Lucerna *f*.

lucid ['lu:sid] *a.* **1** ⟨*fig*⟩ chiaro, lucido: *a ~ explanatio* una spiegazione chiara; *~ mind* mente lucida; (*of style*

limpido, terso. **2** ⟨*poet*⟩ (*bright*) luminoso, brillante, splendente; (*transparent*) limpido, trasparente, chiaro.
** acidity** [lu:'siditi] *s.* chiarezza *f*, lucidità *f* (*anche fig.*).
ucifer ['lu:sifə] *N.pr.* **1** ⟨*Bibl*⟩ Lucifero *m.* **2** ⟨*Astr*⟩ Venere *f*, ⟨*lett*⟩ Lucifero *m.*
acifugal [lu:'sifjugəl], **lucifugous** [–gəs] *a.* lucifugo (*anche Biol.*).
ucil(l)e [lu:'si:l] *N.pr.* Lucilla *f.*
ack [lʌk] *s.* **1** fortuna *f*, sorte *f*, caso *m*, ventura *f: it was a matter of* ~ fu (una) questione di fortuna. **2** (*good fortune*) fortuna *f*, buona sorte *f*. □ **bad** ~ *to you!* accidenti a te!; ⟨*esclam*⟩ *the* **best** *of* (*British*) ~ *to you* la fortuna ti assista; *to* **bring** *s.o.* bad ~ portare sfortuna a qd.; *to* bring *s.o.* (*good*) ~ portare fortuna a qd., essere la fortuna di qd.; ⟨*fam*⟩ *to have the* **devil's** *own* ~ avere una fortuna sfacciata; ⟨*fam*⟩ *to be* **down** *on one's* ~ avere un periodo di sfortuna, ⟨*fam*⟩ essere scalognato; *for* ~ come portafortuna; *as* ~ *would* have *it* fortuna volle (che); *to be* **in** ~ essere fortunato; *my* ~ *was in* ho avuto fortuna; ⟨*esclam*⟩ *just my* ~ la mia solita sfortuna; *to be* **out** *of* ~ essere sfortunato; *my* ~ *was out* non ho avuto fortuna; ⟨*fam*⟩ *to* **push** *one's* ~ forzare la sorte; *a* **stroke** *of* ~ un colpo di fortuna; *to* **trust** *to* ~ affidarsi alla sorte; ⟨*fam*⟩ **worse** ~ purtroppo, disgraziatamente.
uckily ['lʌkili] *avv.* fortunatamente, per fortuna.
luckiness [–kinis] *s.* fortuna *f.*
uckless ['lʌklis] *a.* sfortunato, disgraziato, sventurato. **lucklessness** [–nis] *s.* sfortuna *f*, sventura *f.*
ucky ['lʌki] *a.* **1** fortunato: *you are a* ~ *man* sei fortunato. **2** (*happening fortunately*) fortunato, fausto, felice: *a* ~ *accident* un caso fortunato. **3** (*bringing good luck*) portafortuna: *a* ~ *charm* un ciondolo portafortuna. □ *to be* **born** ~ essere nato con la camicia; ⟨*sl*⟩ *to* **cut** *one's* ~ fuggire, darsela a gambe; ⟨*fam*⟩ *you* ~ **dog** (*o thing*)! beato te!, fortunato te!; *to be* ~ **enough** *to do s.th.* avere la fortuna di fare qc.; *to have a* ~ **escape** cavarsela a buon mercato; *a* ~ **guess** una congettura azzeccata; *to be* ~ *in* **love** avere fortuna in amore.
ucky| **bag,** ~ **dip** *s.* (*at a bazaar, fair, etc.*) pesca *f* miracolosa.
ucrative ['lu:krətiv] *a.* lucroso, lucrativo, rimunerativo.
lucratively [–li] *avv.* con lucro. **lucrativeness** [–nis] *s.* l'essere lucroso.
ucre ['lu:kə] *s.* ⟨*spreg*⟩ lucro *m*, guadagno *m.*
ucrece [l(j)u:'kri:s], **Lucretia** [–'kri:ʃə] *N.pr.* ⟨*Stor.rom*⟩ Lucrezia *f.*
ucretius [l(j):'kri:ʃəs] *N.pr.* ⟨*Stor.rom*⟩ Lucrezio *m.*
ucubrate ['lu:ku:breit] *v.i.* **1** studiare di notte. **2** (*to write learnedly*) scrivere (dotte) elucubrazioni. **lucubration** [–'breiʃən] *s.* **1** elucubrazione *f.* **2** (*literary production; spesso al pl.*) lavoro *m* letterario, produzione *f* letteraria.
uculent ['lu:kjulənt] *a.* **1** (*of explanations, etc.*) chiaro, lucido. **2** ⟨*rar*⟩ (*shining*) splendente, luminoso.
ucullan [l(j)u:'kʌlən], **Lucullean** [–li:ən], **Lucullian** [–liən] *a.* ⟨*Stor.rom*⟩ luculliano, di Lucullo. **Lucullus** [–ləs] *N.pr.* Lucullo *m.*
ucy ['lu:si] *N.pr.* Lucia *f.*
uddism ['lʌdizəm] *s.* ⟨*Stor.brit*⟩ luddismo *m.* **Luddite** [–dait] *s.* luddista *m/f.* **Ludditism** [–daitizəm] *s.* → **Luddism.**
udicrous ['lu:dikrəs] *a.* ridicolo, comico, risibile, che fa ridere. **ludicrousness** [–nis] *s.* ridicolezza *f*, comicità *f*, risibilità *f.*
udwig ['lu:dvig] *N.pr.* Ludovico *m.*
ues ['lu:i:z] *s.inv.* ⟨*Med*⟩ lue *f*, sifilide *f.* **luetic** [lu'etik] *a.* luetico, sifilitico.
uff [lʌf] **I** *s.* **1** ⟨*Mar*⟩ (*of a sail*) caduta *f* prodiera. **2** ⟨*Mar*⟩ (*sailing closer to the wind*) orzata *f.* **II** *v.i.* ⟨*Mar*⟩ (*spesso con up*) orzare, andare all'orza. **III** *v.t.* **1** ⟨*Mar*⟩ orzare. **2** ⟨*Sport*⟩ (*in yacht racing*) sopravventare.
ug[1] [lʌg] *v.* (*pret., p.p.* **lugged** [–d]) **I** *v.t.* **1** (s)trascinare, tirare con fatica e sforzo: *to* ~ *a trunk upstairs* trascinare un baule su per le scale. **2** ⟨*fam*⟩ (*to introduce irrelevantly*) introdurre a sproposito. **II** *v.i.* tirare, dare una stratta (*o* uno strattone) a.
ug[2] *s.* tirata *f*, strattone *m*, strappata *f.*
ug[3] *s.* **1** prominenza *f* a forma d'orecchio, orecchio *m*,

orecchietta *f.* **2** (*handle on a pot, etc.*) ansa *f*, orecchia *f*, manico *m.* **3** ⟨*Mecc*⟩ (*of a forged piece*) aggetto *m;* (*fin*) aletta *f.* **4** ⟨*El*⟩ capocorda *m.* **5** (*earflap of a cap*) paraorecchie *m.* **6** ⟨*dial*⟩ (*ear*) orecchio *m.*
lug[4] *s.* → **lugsail.**
lug[5] *s.* → **lugworm.**
luggage ['lʌgidʒ] *s.* bagaglio *m.*
luggage| **allowance** *s.* ⟨*Aer*⟩ bagaglio *m* in franchigia. ~ **carrier** ʾ*s.* portabagagli *m.* ~ **claim** *s.* (*at the airport*) ritiro *m* bagagli. ~ **rack** *s.* ⟨*Ferr*⟩ rete *f* portabagagli. ~ **van** *s.* ⟨*Ferr*⟩ bagagliaio *m.*
lugger ['lʌgə] *s.* ⟨*Mar*⟩ trabaccolo *m.*
lugsail ['lʌgseil] *s.* ⟨*Mar*⟩ vela *f* al terzo (*o* quarto).
lugubrious [lu:'gju:briəs] *a.* lugubre, tetro. **lugubriousness** [–nis] *s.* l'essere lugubre.
lugworm ['lʌgwə:m] *s.* ⟨*Entom*⟩ arenicola *f.*
Luke [lu:k] **I** *N.pr.* Luca *m.* **II** *s.* ⟨*Bibl*⟩ vangelo *m* secondo san Luca.
lukewarm ['lu:kwɔ:m] *a.* **1** tiepido. **2** (*fig*) tiepido, poco caloroso. □ *to* **make** ~ intiepidire. **lukewarmness** [–nis] *s.* **1** tiepidezza *f.* **2** (*fig*) scarso fervore *m* (*o* entusiasmo).
lull [lʌl] **I** *s.* **1** momento *m* di calma (*o* quiete): *a* ~ *in a storm* un momento di calma in una tempesta. **2** (*fig*) stasi *f*, ristagno *m*, arresto *m* momentaneo: *a business* ~ una stasi negli affari. **II** *v.t.* **1** ninnare, cullare (cantando): *to* ~ *a baby* ninnare un bambino. **2** (*to calm, quiet*) placare, calmare, acquietare (*anche fig.*): *to* ~ *s.o.'s fears* placare i timori di qd. **III** *v.i.* calmarsi, placarsi, (ac)quietarsi.
lullaby ['lʌləbai] **I** *s.* ninnananna *f.* **II** *v.t.* cantare la ninnananna a, ninnare.
lumbago [lʌm'beigou] *s.* (*pl.* **-s** [z]) ⟨*Med*⟩ lombaggine *f.*
lumbar ['lʌmbə] *a.* ⟨*Anat*⟩ lombare.
lumbar| **puncture** *s.* ⟨*Med*⟩ puntura *f* lombare. ~ **region** *s.* ⟨*Anat*⟩ regione *f* lombare.
lumber[1] ['lʌmbə] **I** *s.* **1** legname *m* (segato). **2** (*fig*) roba *f* vecchia (*o* usata); (*disused furniture*) mobili *mpl* non più usati (*o* vecchi); (*rubbish*) cianfrusaglie *fpl*, ciarpame *m.* **II** *v.t.* **1** ⟨*Silv*⟩ (*of an area*) tagliare (per la vendita) il legname di. **2** (*fig*) (*to encumber; general.* con *up*) ingombrare. **3** (*fig*) (*to heap in disorder*) ammucchiare, ammonticchiare, accatastare. **III** *v.i.* ⟨*Silv*⟩ tagliare legname per la vendita.
lumber[2] *v.i.* muoversi pesantemente e goffamente.
lumberer ['lʌmbərə] *s.* → **lumberman.**
lumbering[1] ['lʌmbəriŋ] *s.* **1** ⟨*Silv*⟩ taglio *m* del legname. **2** (*trade*) commercio *m* del legname.
lumbering[2] *a.* **1** pesante, goffo, lento; (*cumbersome*) ingombrante, voluminoso. **2** (*graceless*) sgraziato, goffo.
lumber| **jack,** ~**man** [mæn] *s.irr.* tagliaboschi *m*, taglialegna *m*, boscaiolo *m*, legnaiolo *m.* ~ **mill** *s.* segheria *f.* ~ **room** *s.* ripostiglio *m*, sgabuzzino *m*, stanzino *m.* ~**yard** *s.* deposito *m* di legname.
lumbrical ['lʌmbrikəl] **I** *a.* ⟨*Anat*⟩ lombricale. **II** *s.* muscolo *m* lombricale.
lumen|-**hour** ['lu:min] *s.* ⟨*Fis*⟩ lumenora *f.* ~-**second** *s.* lumensecondo *m.*
luminary ['lu:minəri] *s.* **1** corpo *m* luminoso. **2** ⟨*Astr*⟩ astro *m*, stella *f*, corpo *m* celeste. **3** (*fig*) luminare *m*, lume *m.*
luminesce [,lu:mi'nes] *v.i.* essere luminescente. **luminescence** [–əns] *s.* ⟨*Fis*⟩ luminescenza *f.* **luminescent** [–ənt] *a.* luminescente.
luminiferous [,lu:mi'nifərəs] *a.* luminoso, che mette luce.
luminosity [,lu:mi'nɔsiti] *s.* luminosità *f* (*anche Astr.,Fis.*).
'luminous [–nəs] *a.* **1** luminoso. **2** (*fig*) luminoso, chiaro. **3** (*fig*) luminoso, di luce: ~ *ray* raggio luminoso. **'luminousness** [–nəsnis] *s.* ~ **luminosity.**
luminous paint *s.* vernice *f* fosforescente.
lumme ['lʌmi] *intz.* ⟨*sl*⟩ (*to express surprise*) perdio, perdiana.
lummy ['lʌmi] **I** *a.* ⟨*sl*⟩ formidabile, straordinario. **II** *intz.* → **lumme.**
lump[1] [lʌmp] **I** *s.* **1** pezzo *m*, (piccola) massa *f*, mucchietto *m.* **2** (*protuberance*) protuberanza *f*, sporgenza *f;* (*bump*) bernoccolo *m.* **3** (*of sugar*) zolletta *f* (di

zucchero). **4** ⟨*fam*⟩ (*clumsy person*) persona *f* goffa, salame *m;* (*stupid person*) babbeo *m* (*f* –a). **5** ⟨*Met*⟩ massello *m.* **II** *v.t.* **1** (*spesso con together*) ammassare, ammucchiare. **2** ⟨*fig*⟩ (*spesso con together*) trattare senza distinzione, considerare alla stessa stregua. **3** ⟨*fam*⟩ (*to carry*) trasportare. **III** *v.i.* **1** raggrumarsi, fare grumi. **2** ⟨*fam*⟩ (*to move heavily*): general. con *along*) muoversi pesantemente (*o* goffamente). ☐ *in a* (o *one*) ~ tutto in una (sola) volta; *in* (o *by*) *the* ~ nell'insieme, tutti insieme, in massa, in blocco; ⟨*Comm*⟩ *to sell in the* ~ vendere in blocco; *to have a* ~ *in one's throat* avere un nodo in gola; *to* ~ *things together* fare di ogni erba un fascio.

lump[2] *v.t.* ⟨*fam*⟩ rassegnarsi a, sopportare: *even if you don't like it,* ~ *it* anche se non ti piace ti ci devi rassegnare. ☐ ⟨*fam*⟩ *to like it or* ~ *it* o mangiar questa minestra o saltar questa finestra.

lump coal *s.* carbone *m* di pezzatura grossa.

lumpen ['lʌmpən] *a.* ⟨*spreg*⟩ di persone dei più bassi strati sociali. ☐ *the* ~ *proletariat* il sottoproletariato.

lumper ['lʌmpə] *s.* scaricatore *m* di porto.

lump|**fish** *s.* ⟨*Itt*⟩ ciclottero *m.* ~ **gold** *s.* oro *m* in pepite.

lumpiness ['lʌmpinis] *s.* l'essere pieno di grumi.

lumpish ['lʌmpiʃ] *a.* ⟨*fam*⟩ (*clumsy*) goffo, impacciato; (*stupid*) stupido, balordo, tonto. **lumpishness** [–nis] *s.* ⟨*fam*⟩ (*clumsiness*) goffaggine *f;* (*stupidity*) stupidità *f,* balordaggine *f.*

lump| **sugar** *s.* zucchero *m* in zolle(tte). ~ **sum** *s.* forfait *m.* ~**sum bonus** *s.* premio *m* forfettario.

lumpy ['lʌmpi] *a.* **1** grumoso, pieno di grumi: ~ *sauce* salsa grumosa. **2** (*covered with lumps*) bitorzoluto, bozzoloso; (*of a road*) accidentato. **3** ⟨*fam*⟩ (*clumsy*) pesante, goffo. **4** (*of water*) increspato, a piccole onde.

lunacy ['lu:nəsi] *s.* **1** follia *f,* pazzia *f,* alienazione *f* (mentale). **2** ⟨*fig*⟩ demenza *f,* follia *f;* (*instance*) follia *f,* pazzia *f.* **3** ⟨*Dir*⟩ infermità *f* mentale. ☐ *it's sheer* ~! è una follia!, roba da matti!

lunar ['lu:nə] *a.* **1** lunare, della luna: ~ *craters* crateri lunari. **2** (*resembling the moon*) lunare: ~ *landscape* paesaggio lunare. **3** (*crescent-shaped*) lunato, falcato. **4** (*relating to silver*) dell'argento.

lunar| **astronaut** *s.* lunauta *m/f.* ~ **caustic** *s.* ⟨*Farm,Chim*⟩ nitrato *m* d'argento (fuso in bacchette). ~ **distance** *s.* ⟨*Mar*⟩ distanza *f* lunare. ~ **eclipse** *s.* ⟨*Astr*⟩ eclisse *f* lunare. ~ **excursion module** *s.* modulo *m* di escursione lunare, lem *m.*

lunarian [lu:'nɛəriən] *s.* **1** selenita *m/f.* **2** (*selenographer*) selenografo *m* (*f* –a).

lunar| **module** *s.* ⟨*Astron*⟩ modulo *m* lunare. ~ **month** *s.* **1** mese *m* lunare. **2** ⟨*pop*⟩ (*four weeks*) quattro settimane *fpl.* ~ **probe** *s.* ⟨*Astron*⟩ sonda *f* lunare. ~ **year** *s.* anno *m* lunare.

lunate ['lu:neit] *a.* lunato, falcato.

lunatic ['lu:nətik] **I** *s.* **1** pazzo *m* (*f* –a), matto *m* (*f* –a), folle *m/f.* **2** ⟨*fig*⟩ lunatico *m* (*f* –a), stravagante *m/f,* matto *m* (*f* –a). **3** ⟨*Dir*⟩ persona *f* affetta da infermità mentale. **II** *a.* **1** matto, pazzo, folle. **2** (*relating to lunatics*) dei (o per i) pazzi. **3** ⟨*fig*⟩ (*recklessly foolish*) lunatico, stravagante, strambo; (*gaily mad*) matto, pazzo.

lunatic| **asylum** *s.* manicomio *m.* ~ **fringe** *s.* (*of a group, movement*) frangia *f* estremista.

lunation [lu:'neiʃən] *s.* ⟨*Astr*⟩ lunazione *f.*

lunch [lʌntʃ] **I** *s.* **1** (seconda) colazione *f,* pasto *m* (leggero) di mezzogiorno, pranzo *m.* **2** ⟨*am*⟩ (*light meal or snack*) spuntino *m,* merenda *f.* **II** *v.i.* fare (la seconda) colazione. **III** *v.t.* offrire la (seconda) colazione a, invitare a colazione. ☐ *to have* ~ fare colazione; *to* ~ *in* fare colazione a casa; *to* ~ *out* fare colazione fuori.

lunch counter *am. s.* tavola *f* calda, snack–bar *m.*

luncheon ['lʌntʃən] *s.* **1** (seconda) colazione *f,* pasto *m* (leggero) di mezzogiorno. **2** (*formal lunch*) colazione *f* ufficiale. **luncheonette** *am.* [–'et] *s.* → **lunchroom.**

luncheon meat *s.* ⟨*Gastr*⟩ tipo di carne (in scatola) che si taglia a fette.

lunch| **hour** **I** *a.* durante l'intervallo di colazione. **II** *s.* intervallo *m* (*o* pausa *f*) di mezzogiorno. **~room** *am. s.*

tavola *f* calda (dove si servono pasti leggeri). **~time** ora *f* di pranzo. ~ **voucher** *s.* buono *m* mensa.

lune [lu:n] *s.* **1** lunetta *f.* **2** ⟨*Geom*⟩ lunula *f.*

lunette [lu'net] *s.* **1** ⟨*Arch,Mil.ant*⟩ lunetta *f.* **2** (*spectacles*) occhiali *mpl.*

lung [lʌŋ] *s.* ⟨*Anat*⟩ polmone *m* (*anche fig.*). ☐ ⟨*fam*⟩ *have good* ~*s* (*of a singer, etc.*) avere una voce molt potente, avere buoni polmoni; ⟨*fig*⟩ *at the top of one's* ~ a pieni polmoni.

lunge[1] [lʌndʒ] **I** *s.* **1** ⟨*Sport*⟩ (*in fencing*) allungo *m* affondo *m;* (*in boxing*) allungo *m.* **2** (*plunge forwar* balzo *m* (in avanti): *he made a* ~ *for the gun* fece u balzo in avanti per afferrare la pistola. **II** *v.i.* **1** ⟨*Spor* fare un affondo. **2** (*to plunge*) balzare, fare un balzo: *th car –d forward* la macchina fece un balzo in avanti. **II** *v.t.* **1** lanciare, scagliare. **2** (*to cause to lunge*) far fare un balzo a.

lunge[2] **I** *s.* ⟨*Equit*⟩ lunga *f.* **II** *v.t.* far correre con **l** lunga.

lung|**fish** *s.* ⟨*Itt*⟩ dipnoo *m.* ~ **power** *s.* potenza *f* vocal **~worm** *s.* ⟨*Zool*⟩ strongilide *m.* **~wort** *s.* ⟨*Bo* polmonaria *f.*

lungy ['lʌŋi] *a.* ⟨*pop*⟩ (*consumptive*) tisico, ⟨*pop*⟩ malato **e** petto.

lunisolar [ˌlu:ni'soulə] *a.* ⟨*Astr*⟩ lunisolare.

lunitidal [ˌlu:ni'taidl] *a.* della marea lunare.

lunitidal interval *s.* intervallo *m* tra maree lunari.

lunula ['lu:njulə] *s.* (*pl.* -**lae** [li:]) → **lunule. lunulat** [–leit] *a.* ⟨*Biol*⟩ **1** lunato, falcato. **2** (*havin crescent–shaped markings*) con macchie a forma **c** mezzaluna. **lunule** [–nju:l] *s.* lunula *f.*

Lupercalia [ˌlu:pə'keiliə] *s.pl.* ⟨*Stor.rom*⟩ lupercali *m/fp* feste *fpl* lupercali. **Lupercalian** [–n] *a.* dei lupercal lupercale.

lupine[1] ['lu:pin] *s.* ⟨*Bot*⟩ lupino *m.*

lupine[2] *a.* **1** ⟨*Zool*⟩ lupino. **2** ⟨*fig*⟩ selvaggio, feroc lupesco.

lupoid ['lu:pɔid] *a.* ⟨*Med*⟩ lupoide. **lupous** [–pəs] **c** luposo. **lupus** [–pəs] *s.* lupus *m.*

lurch[1] [lɔːtʃ] **I** *v.i.* **1** ⟨*Mar*⟩ sbandare, rollar improvvisamente. **2** (*to jerk, lunge*) sobbalzare, fare u balzo. **3** (*to stagger, move unsteadily*) barcollar traballare, vacillare, ondeggiare. **II** *s.* **1** ⟨*Mar*⟩ sbandata rollata *f* improvvisa. **2** (*jerk*) sobbalzo *m,* balzo *m.*

lurch[2] *s.* (*in various games*) cappotto *m.* ☐ *to leave in th* ~ lasciare (*o* piantare) in asso.

lurcher ['lɔːtʃə] *s.* **1** ⟨*Zool*⟩ (*mongrel dog*) cane **r** bastardo, bastardo *m.* **2** ⟨*rar*⟩ (*petty thief*) ladruncol *m.*

lure [ljuə, lu:ə] **I** *s.* **1** ⟨*Venat*⟩ richiamo *m,* esca *f;* (*i falconry*) logoro *m.* **2** ⟨*Pesc*⟩ esca *f.* **3** ⟨*fig*⟩ (*enticemen* allettamento *m,* lusinga *f,* esca *f;* (*appeal*) richiamo *m* allettamento *m,* attrazione *f.* **II** *v.t.* **1** allettare, attirar attrarre, adescare; (*to lead*) trascinare, attirare con (l lusinghe: *to* ~ *s.o. into doing s.th.* trascinare qd. a fare q **2** ⟨*Venat*⟩ (*of a hawk*) richiamare con il logoro.

lurid ['ljuərid] *a.* **1** pallido, livido. **2** (*fiery red*) rosseggiar te, fiammeggiante. **3** ⟨*fig*⟩ (*ghastly*) orrendo, tremen do, spaventoso: ~ *crimes* spaventosi delitti. **4** ⟨*fig (sensational*) sensazionale. **luridness** [–nis] *s.* **1** pallor *m,* lividezza *f.* **2** (*redness*) rossore *m,* bagliore *m.* **3** ⟨*fig* orrore *m.*

lurk [lɔːk] *v.i.* **1** appostarsi, nascondersi, stare in agguato **2** (*to go furtively*) muoversi furtivamente, strisciare. **3** ⟨*fig*⟩ essere latente (*o* nascosto), celarsi. '**lurking** [–iŋ] *a.* **1** latente, nascosto. **2** (*lingering*) persistente, continuo costante.

luscious ['lʌʃəs] *a.* **1** gustoso, saporoso, saporito: ~ *fru* frutto gustoso; (*juicy*) succulento, succoso. **2** ⟨*fig* (*luxurious*) lussuoso, sfarzoso, sontuoso. **3** ⟨*fig*⟩ (*of style etc.*) ornato, fiorito, ridondante. **4** ⟨*fig*⟩ (*voluptuous* voluttuoso, sensuale. **lusciousness** [–nis] *s.* **1** saporosit *f,* gustosità *f.* **2** ⟨*fig*⟩ (*luxuriousness*) lusso *m,* sfarzo *m.* ⟨*fig*⟩ (*of style, etc.*) ornatezza *f,* fioritura *f.* **4** ⟨*fig (voluptuousness*) voluttuosità *f.*

lush[1] [lʌʃ] *a.* **1** (*of vegetation*) rigoglioso, lussureggiant (*of an area*) ricco di vegetazione; (*fertile*) fertile. **2** ⟨*fig* (*luscious*) saporito, gustoso. **3** 〈*fig*〉 (*of style, etc.*) ridondante, ornato, gonfio.

ʃsh[2] 〈*sl*〉 **I** *a.* ubriaco, 〈*fam*〉 sbronzo. **II** *s.* **1** bevanda *f* alcolica, liquore *m.* **2** (*drunkard*) ubriacone *m* (*f* –a). **3** (*drinking bout*) baldoria *f.* **III** *v.i.* (spesso con *up*) bere alcolici. **IV** *v.t.* (spesso con *up*) bere.

ʃshness ['lʌʃnis] *s.* rigogliosità *f*, rigoglio *m.*

ʃshy ['lʌʃi] *a.* 〈*sl*〉 ubriaco, 〈*fam*〉 sbronzo.

ʃst [lʌst] **I** *s.* **1** concupiscenza *f*, desiderio *m* (carnale). **2** (*lasciviousness*) libidine *f*, lascivia *f*, lussuria *f.* **3** 〈*fig*〉 brama *f*, avidità *f*, bramosia *f:* ~ *for power* brama di potere; (*eagerness*) voglia *f*, desiderio *m* (ardente), brama *f:* ~ *for living* voglia di vivere. **II** *v.i.* **1** desiderare (carnalmente) (*after, for s.o.* qd.). **2** 〈*fig*〉 bramare, desiderare ardentemente (qc.).

ʃstful ['lʌstful] *a.* **1** concupiscente. **2** (*lecherous*) lussurioso, libidinoso, lascivo. **3** (*coveting, craving*) avido, bramoso, cupido. **lustfulness** [–nis] *s.* **1** concupiscenza *f.* **2** (*lecherousness*) libidine *f*, lussuria *f.* **3** (*covetousness*) bramosia *f*, desiderio *m* ardente.

ʃstiness ['lʌstinis] *s.* **1** vigore *m*, vigoria *f.* **2** (*heartiness*) cordialità *f.*

ʃstral ['lʌstrəl] *a.* che purifica, 〈*lett*〉 lustrale. **lustrate** [–'treit] *v.t.* purificare, 〈*lett*〉 lustrare. **lustration** [–'treiʃən] *s.* 〈*Rel*〉 lustrazione *f.*

ʃstre[1] ['lʌstə] **I** *s.* **1** lucido *m*, lucentezza *f*, lucidezza *f*, lustro *m: the* ~ *of her hair* la lucentezza dei suoi capelli. **2** (*radiance*) luminosità *f*, splendore *m: the* ~ *of the stars* la luminosità delle stelle. **3** 〈*fig*〉 lustro *m*, gloria *f.* **4** (*of a chandelier*) pendaglio *m* di vetro, cristallo *m.* **5** 〈*estens*〉 (*chandelier*) lampadario *m* (a corona). **II** *v.t.* **1** 〈*tecn*〉 lustrare, dare il lustro a. **2** 〈*fig*〉 dare lustro (*o* gloria) a.

ʃstre[2] *s.* (*quinquennium*) lustro *m.*

ʃstreless ['lʌstəlis] *a.* opaco, senza lucentezza.

ʃstre ware *s.* 〈*Ceram*〉 ceramiche *fpl* con riflessi vitreo–metallici.

ʃstring ['lʌstriŋ] *s.* 〈*Vest*〉 lustrino *m.*

ʃstrous ['lʌstrəs] *a.* **1** lucido, lucente, lustro: ~ *silk* seta lucida. **2** (*shining*) splendente, luminoso, brillante. **3** 〈*fig*〉 luminoso, insigne.

ʃstrum ['lʌstrəm] *s.* (*pl.* -**tra** [trə]/-**s** [z]) lustro *m.*

ʃsty ['lʌsti] *a.* **1** vigoroso, robusto, gagliardo. **2** (*forceful*) forte, energico. **3** (*hearty*) caloroso, cordiale: ~ *cheering* applausi calorosi.

ʃutanist ['luːtənist] *s.* liutista *m/f.*

ʃute[1] [l(j)uːt] *s.* 〈*Mus*〉 liuto *m.*

ʃute[2] **I** *s.* 〈*tecn*〉 luto *m*, mastice *m*, stucco *m.* **II** *v.t.* lutare.

ʃutein ['l(j)uːtiin] *s.* 〈*Chim*〉 luteina *f.*

ʃuteolin ['l(j)uːtio(u)lin] *s.* 〈*Chim*〉 luteolina *f.*

ʃuteous ['l(j)uːtiəs] *a.* (di colore) giallo zafferano, 〈*lett*〉 luteo.

ʃutestring ['l(j)uːtstriŋ] *s.* 〈*Vest*〉 lustrino *m.*

ʃutetium [l(j)uː'tiːʃiəm] *s.* 〈*Chim*〉 lutezio *m.*

ʃuther ['ljuːθə] *N.pr.* 〈*Stor*〉 Lutero *m.* **Lutheran** [–rən] **I** *a.* 〈*Rel*〉 luterano. **II** *s.* luterano *m* (*f* –a). **Lutheranism** [–rənizəm] *s.* luteranesimo *m*, luteranismo *m.*

ʃuthern ['l(j)uː'θən] *s.* 〈*Arch*〉 finestra *f* di abbaino.

ʃutist ['luːtist] *s.* **1** liutista *m/f.* **2** (*maker of lutes*) liutaio *m.*

ʃuxate ['lʌkseit] *v.t.* 〈*Med*〉 lussare. **luxation** [–'seiʃən] *s.* lussazione *f.*

Luxemb(o)urg ['lʌksəmbəːg] *N.pr.* 〈*Geog*〉 Lussemburgo *m.*

ʃuxuriance [lʌg'ʒuəriəns, lʌk'ʒjuə–] *s.* **1** rigoglio *m*, rigogliosità *f.* **2** 〈*fig*〉 abbondanza *f*, profusione *f.* **luxuriant** [–nt] *a.* **1** (*of vegetation*) lussureggiante, rigoglioso. **2** 〈*fig*〉 (*of style, etc.*) lussureggiante. **3** 〈*fig*〉 (*prolific*) prolifico, fecondo. **luxuriate** [–rieit] *v.i.* **1** (*of plants, etc.*) lussureggiare. **2** 〈*fig*〉 (*to live luxuriously*) vivere nel lusso. **3** 〈*fig*〉 (*to revel*) trovare diletto, crogiolarsi (*in* in), deliziarsi (di).

ʃuxurious [lʌg'ʒuəriəs, lʌk'ʒju–] *a.* **1** lussuoso, di lusso, fastoso, sfarzoso: *a* ~ *hotel* un albergo di lusso; (*fond of luxury*) lussuoso: ~ *tastes* gusti lussuosi. **2** (*excessively*

ornate) ridondante, gonfio. **3** (*voluptuous*) voluttuoso; (*sensual*) sensuale. **luxuriousness** [–nis] *s.* lusso *m*, sfarzo *m*, sontuosità *f.*

luxury ['lʌkʃəri] **I** *s.* **1** lusso *m: to live in* ~ vivere nel lusso; ~ *goods* generi di lusso. **2** (*self-indulgence*) lusso *m: to allow o.s. the* ~ *of a cigar* concedersi il lusso di un sigaro. **3** (*luxuriousness*) lusso *m*, sfarzo *m*, sontuosità *f.* **II** *a.* 〈*fam*〉 di lusso, lussuoso.

luxury| article *s.* articolo *m* di lusso. ~ **goods** *s.pl.* articoli *mpl* ⌐di lusso⌐ (*o* voluttuari). ~ **shop** *s.* negozio *m* di lusso. ~ **tax** *s.* imposta *f* sui generi di lusso.

lv. = *leave* licenza.

L.V. = 〈*El*〉 *low voltage* basso voltaggio.

l.w.m. = *low water mark* indice di bassa marea.

lycanthrope ['laikənθroup, lai'kæn–] *s.* **1** 〈*Med*〉 licantropo *m.* **2** (*werewolf*) lupo *m* mannaro, licantropo *m.* **lycanthropy** [–'kænθrəpi] *s.* 〈*Med,Folcl*〉 licantropia *f.*

Lycaon [lai'keiən] *N.pr.* 〈*Mitol*〉 Licaone *m.*

lyceum [lai'siːəm] *s.* **1** associazione *f* culturale; (*hall*) sala *f* per conferenze. **2** 〈*Scol*〉 liceo *m.* **Lyceum** *N.pr.* 〈*Stor.gr*〉 liceo *m.*

lych [litʃ] *s.* 〈*ant*〉 cadavere *m.* **lychgate** *s.* → lichgate.

lychnis ['liknis] *s.* 〈*Bot*〉 licnide *f.*

lycopod ['laiko(u)pɔd], **lycopodium** [–'poudiəm] *s.* 〈*Bot*〉 licopodio *m.*

lyddite ['lidait] *s.* 〈*Chim*〉 liddite *f.*

Lydia ['lidiə] *N.pr.* **1** Lidia *f.* **2** 〈*Geog.stor*〉 Lidia *f.* **Lydian** ['lidiən] **I** *a.* lidio. **II** *s.* lidio *m* (*f* –a).

lye [lai] *s.* 〈*Chim,Tess*〉 lisciva *f.*

lying[1] ['laiiŋ] → lie[2].

lying[2] **I** *s.* il dire bugie. **II** *a.* **1** menzognero, falso. **2** (*of people: given to lying*) bugiardo, mentitore, menzognero.

lying-in *s.* l'essere partoriente.

lyke-wake ['laikweik] *s.* veglia *f* funebre.

lymph [limf] *s.* **1** 〈*Anat*〉 linfa *f.* **2** 〈*rar*〉 (*spring*) sorgente *f*, fonte *f.*

lymphatic [lim'fætik] *a.* 〈*Anat,Med*〉 linfatico: ~ *vessel* vaso linfatico.

lymph| cell, ~ **corpuscle** *s.* 〈*Anat*〉 linfocito *m.* ~ **gland** *s.* linfoghiandola *f.* ~ **node** *s.* linfonodo *m*, linfoganglio *m.*

lymphocyte ['linfo(u)sait] *s.* 〈*Anat*〉 linfocita *m*, linfocito *m.*

lymphography [lim'fɔgrəfi] *s.* 〈*Med*〉 linfografia *f.*

lymphoid ['limfɔid] *a.* 〈*Anat*〉 linfoide. □ ~ *cell* linfocita *m*, linfocito *m.*

lymphoma [lim'foumə] *s.* 〈*Med*〉 linfoma *m.*

lyncean [lin'siːən] *a.* **1** linceo, di lince. **2** 〈*fig*〉 dagli occhi di lince.

lynch [lintʃ] **I** *v.t.* linciare. **II** *a.* di Lynch. **'lynching** [–iŋ] *s.* linciaggio *m.*

lynch law *s.* legge *f* di Lynch, linciaggio *m.*

lynx [liŋks] *s.* (*pl. inv.*/**lynxes** [–iz]; il pl.inv. si usa general. con valore collett.) 〈*Zool*〉 lince *f.*

'lynx-'eyed *a.* dagli occhi di lince.

Lyons ['laiənz] *N.pr.* 〈*Geog*〉 Lione *f.*

Lyra ['laiərə] *N.pr.* 〈*Astr*〉 Lira *f.*

lyre ['laiə] *s.* 〈*Mus*〉 lira *f.* **Lyre** *N.pr.* → Lyra.

lyre| bird *s.* 〈*Ornit*〉 uccello *m* lira. ~ **snake** *s.* 〈*Zool*〉 serpente *m* lira.

lyric ['lirik] **I** *a.* lirico (*anche fig.*): ~ *poetry* poesia lirica. **II** *s.* **1** lirica *f.* **2** *pl.* (*words of a song*) versi *mpl.* **lyrical** [–əl] *a.* lirico.

lyricism ['lirisizəm] *s.* **1** lirismo *m.* **2** 〈*fig*〉 lirismo *m*, tono *m* ispirato (*o* esaltato). **lyricist** [–sist] *s.* **1** lirico *m.* **2** (*of a song*) paroliere *m.*

lyriform ['laiərifɔːm] *a.* liriforme.

lyrism ['laiərizəm] *s.* → lyricism. **lyrist** ['lirist] *s.* **1** → lyricist. **2** (*lyre player*) sonatore *m* (*f* –trice) di lira.

lysergic acid [lai'səːdʒik] *s.* 〈*Chim*〉 acido *m* lisergico.

lysin ['laisin] *s.* 〈*Med*〉 lisina *f.* **lysine** [–siːn] *s.* 〈*Chim*〉 lisina *f.*

Lysippus [lai'sipəs] *N.pr.* 〈*Stor*〉 Lisippo *m.*

lysis ['laisis] *s.* (*pl.* -**ses** [siːz]) 〈*Biol,Med*〉 lisi *f.*

lysol ['laisɔl] *s.* 〈*Chim*〉 lisolo *m.*

M

m, M [em] *s.* (*pl.* **m's/ms, M's/Ms** [emz]) (*letter of the alphabet*) m, M *f/m;* ⟨*Tel*⟩ *M for Mary,* ⟨*am*⟩ *M for Mike* m come Milano.

M *s.* (*Roman numeral*) M, mille *m.*

M = ⟨*Aer*⟩ *Mach number* numero di Mach.

m. = **1** *male* maschio. **2** ⟨*Econ*⟩ *mark* marco. **3** *married* coniugato (*abbr.* coniug.). **4** *masculine* maschile (*abbr.* m, masch.). **5** ⟨*Fis*⟩ *massa* (*abbr.* m). **6** ⟨*Geog*⟩ *meridian* meridiano. **7** *metre* metro (*abbr.* m). **8** *mile* miglio (*abbr.* m). **9** *million* milione. **10** *minute* minuto (*abbr.* m).

M. = **1** *Majesty* maestà. **2** *Monday* lunedì (*abbr.* lun.). **3** *Monsieur* monsieur. **4** ⟨*Geog*⟩ *Mount, Mountain* monte (*abbr.* m).

ma [mɑ:] (*accorc. di mama*) *s.* ⟨*fam*⟩ mamma *f,* ⟨*fam*⟩ mà *f.*

MA = ⟨*Comm*⟩ *my account* a me medesimo (*abbr.* M/M).

M.A. = **1** *Master of Arts* dottorato in lettere. **2** ⟨*Psic*⟩ *mental age* età psichica. **3** *Military Academy* accademia militare.

ma'am [mæm, məm, m] (*accorc. di madam*) *s.* **1** ⟨*fam*⟩ signora *f.* **2** (*to address royalty;* [mæm, mɑ:m]) Altezza *f.*

mac[1] [mæk] *s.* ⟨*fam*⟩ (*form of address*) amico *m.*

mac[2] (*accorc. di mackintosh*) *s.* ⟨*fam*⟩ impermeabile *m.*

MAC = *Maximum Allowable Concentration* concentrazione massima ammissibile.

macabre [mə'kɑ:br] *a.* **1** macabro, orrendo, orrido, raccapricciante. **2** (*of death*) di morte, macabro.

macaco [mə'keikou] *s.* ⟨*Zool*⟩ macaco *m.*

macadam [mə'kædəm] *s.* ⟨*Strad*⟩ **1** (*material*) macadam *m.* **2** (*road*) strada *f* in macadam. **mac,adamization** [-ai'zeiʃən] *s.* pavimentazione *f* in macadam. **macadamize** [-aiz] *v.t.* macadamizzare.

macaroni [,mækə'rouni] *s.* (*pl.* **-s/-es** [z]) **1** ⟨*Gastr*⟩ maccheroni *mpl.* **2** ⟨*sl*⟩ (*Italian*) italiano *m* (*f* –a). **3** ⟨*Stor*⟩ damerino *m* inglese che affetta modi continentali.

macaronic [,mækə'rɔnik] I *a.* ⟨*Lett*⟩ maccheronico. II *s.* **1** lingua *f* maccheronica. **2** (*writing*) maccheronea *f,* maccheronica *f.*

macaroon [,mækə'ru:n] *s.* ⟨*Dolc*⟩ amaretto *m.*

macaw [mə'kɔ:] *s.* ⟨*Ornit*⟩ ara *f.*

Maccabean [,mækə'bi:ən] *a.* ⟨*Stor*⟩ dei Maccabei. **'Maccabees** [-bi:z] *s.pl.* **1** ⟨*Stor*⟩ Maccabei *mpl.* **2** ⟨*Bibl*⟩ (costr. sing.) Maccabei *mpl.*

maccaboy ['mækəbɔi] *s.* (*kind of snuff*) macuba *m/f,* macubino *m.*

maccaroni *s.* (*pl.* **-s/-es**) → **macaroni.**

mace[1] [meis] *s.* **1** (*ceremonial staff*) mazza *f.* **2** → **macebearer. 3** (*in billiards*) tipo di stecca. **4** ⟨*Mil.ant*⟩ mazza *f* (ferrata).

mace[2] *s.* ⟨*Bot*⟩ (*spice*) macis *m/f.*

macebearer ['meisbɛərə] *s.* mazziere *m.*

macédoine [,mæsi'dwɑ:n] *s.* ⟨*Gastr*⟩ macedonia *f.*

Macedonia [,mæsi'dounjə] *N.pr.* ⟨*Geog*⟩ Macedonia *f.*

Macedonian [–n] I *s.* **1** macedone *m/f.* **2** (*language*) macedone *m.* II *a.* macedone, macedonico.

macerate ['mæsəreit] I *v.t.* **1** macerare. **2** (*of the body o its flesh*) macerare, consumare, infiacchire. II *v.* macerarsi. **,maceration** [–'reiʃən] *s.* macerazione *macerator* [–ə] *s.* ⟨*tecn*⟩ maceratore *m.*

Mach [mɑ:k] *s.* ⟨*Aer*⟩ numero *m* di Mach.

Machiavellian [,mækiə'veliən] I *a.* **1** machiavelliano machiavellico. **2** ⟨*spreg*⟩ machiavellico, senza scrupoli. I *s.* **1** machiavellista *m/f.* **2** ⟨*spreg*⟩ persona *f* astuta (scaltra. **Machiavellianism** [-izəm], **Machiavellism** [-lizəm] *s.* machiavellismo *m.*

machicolate [mə'tʃikəleit] *v.t.* ⟨*Mil.ant*⟩ fornire di caditoi (*o* piombatoi). **ma,chicolation** [-'leiʃən] *s.* caditoia piombatoio *m.*

machinable [mə'ʃi:nəbl] *a.* ⟨*Mecc*⟩ lavorabile alla mac china utensile.

machinate ['mækineit] *v.t.* **1** macchinare, ordire, tramare **2** ⟨*assol*⟩ macchinare. **,machination** [-'neiʃən] *s.* macchinazione *f.* **2** *pl.* (*schemes*) macchinazioni *fp* intrighi *mpl.* **machinator** [-ə] *s.* intrigante *m/f.*

machine [mə'ʃi:n] I *s.* **1** macchina *f.* **2** ⟨*Mecc*⟩ macchin *f* motrice. **3** ⟨*Pol*⟩ apparato *m,* macchina *f: the party* l'apparato del partito. **4** ⟨*fig*⟩ (*person*) macchina automa *m.* **5** (*vehicle*) veicolo *m.* **6** ⟨*Mil.ant*⟩ macchina bellica. II *v.t.* **1** ⟨*Mecc*⟩ lavorare alla macchina utensile **2** (*to sew on a machine*) cucire a macchina. **3** (*to mak on a machine*) fare (*o* eseguire) a macchina. **4** ⟨*Tip*⟩ fa andare in macchina, stampare.

machine| accounting *s.* contabilità *f* meccanizzata. **code** *s.* ⟨*Inform*⟩ codice *m* macchina. **~-driven** azionato (*o* comandato) meccanicamente. **~-gun 1** ⟨*Mil*⟩ mitragliatrice *f.* II *v.t.* mitragliare. III *v.i.* sparare con una mitragliatrice, mitragliare. **~-gunner** mitragliere *m.* **~ language** *s.* ⟨*Inform*⟩ linguaggio *m* macchina. **~ load card** *s.* scheda *f* di macchina **'~-'made** *a.* **1** fatto a macchina. **2** ⟨*fig*⟩ fatto (prodotto) in serie, standardizzato. **~-oriented language** *s.* linguaggio *m* orientato alla macchina.

machiner [mə'ʃi:nə] *s.* chi lavora a una macchina.

machine-resistant *a.* resistente in lavatrice.

machinery [mə'ʃi:nəri] *s.* **1** macchinario *m,* macchine *fpl* **2** (*parts of a machine*) meccanismo *m,* congegno *m.* ⟨*fig*⟩ apparato *m,* macchina *f,* struttura *f: the ~ o government* l'apparato dello stato. **4** ⟨*Lett*⟩ artificio *m* accorgimento *m.* **5** ⟨*Teat*⟩ macchinismo *m.*

machine| shop *s.* officina *f* meccanica. **~ tool** *s.* ⟨*tecn* macchina *f* utensile. **~ translation** *s.* ⟨*Inform*⟩ tradu zione *f* automatica. **~washable** *a.* lavabile in lavatrice.

machining [mə'ʃi:niŋ] *s.* **1** il lavorare a macchina. **2** (*machine work*) lavoro *m* meccanico. **machinist** [-nist *s.* macchinista *m;* (*one who repairs machines*) meccanic *m.*

machismo *sp.* [mɑ:'tʃizmou] *s.* maschilismo *m.*

Mach| meter *s.* ⟨*Aer*⟩ machmetro *m.* **~ number** *s.* ~ Mach.

macho *sp.* ['mætʃou] I *a.* macho. II *s.* macho *m.*

ack [mæk] (*accorc. di mackintosh*) *s.* ⟨*fam*⟩ impermeabile *m.*

ackerel ['mækərəl] *s.* (*pl. inv.*/-**s** [z]; il pl.inv. si usa general. con valore collett.) ⟨*Itt*⟩ scombro *m.*

ackerel shark *s.* ⟨*Itt*⟩ isuro *m.* ~ **sky** *s.* ⟨*Meteor*⟩ cielo *m* a pecorelle.

ackintosh ['mækintɔʃ] *s.* **1** ⟨*Vest*⟩ impermeabile *m,* mackintosh *m.* **2** ⟨*Tess*⟩ tessuto *m* impermeabile.

ackle ['mækl] **I** *s.* ⟨*Tip*⟩ stampa *f* annebbiata, doppieggiatura *f.* **II** *v.t.* macchiare. **III** *v.i.* sbavare.

acle ['mækl] *s.* ⟨*Min*⟩ **1** cristallo *m* geminato. **2** (*dark spot*) macchia *f* scura.

acramé [mɔ'kra:mi] *s.* ⟨*Tess*⟩ macramé *m.*

acroassembler [,mækrouə'semblə:] *s.* ⟨*Inform*⟩ macroassemblatore *m.*

acrobiosis [,mækroubai'ousis] *s.* macrobiosi *f.*

macrobiotic [–bai'ɔtik] **I** *a.* **1** macrobiotico: ~ *diet* dieta macrobiotica; ~ *restaurant* ristorante macrobiotico. **II** *s.* macrobiotico *m* (*f* –a). **macrobiotics** [–s] *s.pl.* (costr. sing.) macrobiotica *f.*

acrocephalic [,mækro(u)si'fælik], **macrocephalous** [–'sefələs] *a.* macrocefalo. **macrocephaly** [–'sefəli] *s.* macrocefalia *f.*

acroclimate [,mækrou'klaimit] *s.* macroclima *m.*

acrocosm ['mækro(u)kɔzəm] *s.* ⟨*Filos*⟩ macrocosmo *m.*

acroeconomic [,mækro(u),i:kə'nɔmik] *a.* macroeconomico. **macroeconomics** [–s] *s.pl.* (costr. sing.) macroeconomia *f.*

acroevolution [,mækro(u),i:və'lju:ʃən] *s.* ⟨*Biol*⟩ macroevoluzione *f.* **macroevolutionary** [–əri] *a.* macroevolutivo.

acrolinguistics [,mækro(u)'liŋwistiks] *s.pl.* (costr. sing.) macrolinguistica *f.*

acromolecule [,mækrou'mɔlikju:l] *s.* macromolecola *f.*

acron ['meikrɔn, 'mæk–] *s.* ⟨*Fon*⟩ segno *m* di (vocale) lunga.

acrophotography [,mækro(u)fə'tɔɡrəfi] *s.* macrofotografia *f.*

acroscopic [,mækro(u)'skɔpik], **macroscopical** [–əl] *a.* macroscopico.

acrostructure [,mækro(u)'strʌktʃuə] *s.* macrostruttura *f.*

acrosystem [,mækro(u)'sistəm] *s.* macrosistema *m.*

aacula ['mækjulə] *s.* (*pl.* -**lae** [li:]) **1** macchia *f.* **2** ⟨*Med*⟩ macchia *f* (della pelle). **3** ⟨*Anat*⟩ macchia *f,* macula *f.*

macular [–lə] *a.* maculare (*anche Anat.*). **maculate I** *v.t.* [–leit] (*rar*) macchiare. **II** *a.* [–lit] macchiato.

maculation [–'leiʃən] *s.* **1** macchia *f.* **2** ⟨*Biol*⟩ maculatura *f.*

aad[1] [mæd] *a.* **1** (*insane*) matto, pazzo, folle, impazzito; (*distraught, frantic*) pazzo, folle: *to be* ~ *with jealousy* essere pazzo di gelosia. **2** (*of animals*) furioso: *a* ~ *bull* un toro furioso; (*having rabies*) idrofobo, arrabbiato, rabbioso. **3** (*of persons: senseless*) pazzo, insensato; (*rash*) temerario, avventato; (*of things: foolish*) folle, sconsiderato, pazzesco: *a* ~ *idea* un progetto folle. **4** ⟨*fam*⟩ (*furious*) furioso, furibondo, arrabbiato: *to be* ~ *at* (*o with*) *s.o.* essere furioso contro qd. **5** (*enthusiastic*) pazzo, entusiasta, ⟨*fam*⟩ fanatico: *she's* ~ *about* (*o on*) *dancing* va pazza per il ballo; (*infatuated*) pazzo: *he's* ~ *about her* è pazzo di lei. **6** (*enjoyably hilarious*) allegro e divertente: *a* ~ *party* un ricevimento allegro e divertente. □ *to drive s.o.* ~ far impazzire qd.; *it's enough to drive you* ~! c'è da impazzire (*o diventare matti*)!; ⟨*fam*⟩ *to get* ~ arrabbiarsi, adirarsi, infuriarsi; *to go* ~ impazzire, ammattire; ⟨*fam*⟩ **gone** ~ portato agli estremi[1] (*o* all'eccesso); ⟨*fam*⟩ *as* ~ *as a hatter* (*o March hare*) matto da legare; ⟨*fam*⟩ **like** ~ come un matto, da pazzi, all'impazzata: *he ran like* ~ *to catch the bus* correva come un matto per prendere l'autobus; ⟨*fam*⟩ *to be* **raving** (*o stark*) ~ essere matto furioso (*o da legare*); *to have a* ~ *time* divertirsi pazzamente (*o un mondo*).

aad[2] *v.* (*pret., p.p.* **madded** ['mædid]) ⟨*rar*⟩ **I** *v.t.* **1** far impazzire, fare diventare matto. **2** (*to make angry*) far arrabbiare (*o* infuriare). **II** *v.i.* impazzire, ammattire.

1ad. = *Madam* signora.

1adagascan [,mædə'gæskən] **I** *s.* malgascio *m* (*f* –a). **II** *a.* malgascio, del Madagascar. **Madagascar** [–kə] *N.pr.* ⟨*Geog*⟩ Madagascar *m.*

madam ['mædəm] *s.* **1** (*as a term of address; pl.* **mesdames** [mei'dɑ:m]) signora *f.* **2** ⟨*fam*⟩ (*impudent child*) sfacciatella *f;* (*arrogant woman*) donna *f* superba. **3** ⟨*sl*⟩ (*in a brothel*) tenutaria *f,* ⟨*gerg*⟩ signora *f.*

madapol(l)am [,mædə'pɔləm] *s.* ⟨*Tess*⟩ madapolam *m.*

madcap ['mædkæp] **I** *a.* avventato, sconsiderato. **II** *s.* scervellato *m* (*f* –a), testa *f* matta.

madden ['mædn] *v.t.* **1** far impazzire, far ammattire, fare diventare pazzo (*o* matto). **2** (*to enrage*) far arrabbiare, rendere furibondo (*o* furioso). **maddening** [–iŋ] *a.* **1** che fa impazzire. **2** (*infuriating*) esasperante, che manda su tutte le furie. **maddeningly** [–iŋli] *avv.* **1** in modo da far impazzire. **2** (*exasperatingly*) in modo esasperante.

madder ['mædə] *s.* ⟨*Bot*⟩ robbia *f* (dei tintori).

madding ['mædiŋ] *a.* **1** frenetico, convulso, sfrenato: *far from the* ~ *crowd* lontano dalla folla frenetica. **2** (*making mad*) che fa impazzire. **maddish** [–diʃ] *a.* pazzerello, un po' matto.

mad doctor *s.* ⟨*fam*⟩ psichiatra *m,* ⟨*fam*⟩ medico *m* dei pazzi.

made[1] [meid] → **make**[1].

made[2] *a.* **1** (nei composti) fatto a ..., eseguito a ..., confezionato a ...: *hand-*~ *shoes* scarpe fatte a mano; (*of the body*) di costituzione ...: *a stoutly-*~ *man* un uomo di costituzione robusta. **2** (*artificially produced*) artificiale. **3** ⟨*fam*⟩ arrivato: *a* ~ *man* un uomo arrivato.

Madeira [mə'diərə] *N.pr.* ⟨*Geog*⟩ Madera *f.* **madeira** *s.* ⟨*Enol*⟩ madera *m.* **Madeira cake** *s.* ⟨*Dolc*⟩ tipo di torta soffice.

Madelaine, Madele(i)ne ['mædəlin, –lein] *N.pr.* Maddalena *f.*

'made-to-'measure *a.* **1** ⟨*Sart*⟩ (fatto) su misura. **2** ⟨*fig*⟩ su misura. **'~-to-'order** *a.* **1** su ordinazione. **2** ⟨*fig*⟩ su misura, adatto. **'~-'up** *a.* **1** inventato, fantastico: *a* ~ *story* una storia inventata. **2** ⟨*Cosmet*⟩ truccato, imbellettato. **3** (*manufactured*) confezionato.

madhouse ['mædhaus] *s.* **1** manicomio *m.* **2** ⟨*fam*⟩ (*place of confusion*) manicomio *m,* ⟨*fam*⟩ gabbia *f* di matti.

Madison Avenue ['mædisən] *s.* industria *f* della pubblicità americana.

madly ['mædli] *avv.* **1** (*insanely*) da pazzo, da folle. **2** (*foolishly*) insensatamente, in modo pazzesco. **3** (*intensely*) follemente, pazzamente: ~ *in love* follemente innamorato. **madman** [–dmən] *s.irr.* **1** pazzo *m,* folle *m,* demente *m.* **2** (*foolish, reckless person*) pazzo *m,* matto *m,* scriteriato *m.* **madness** [–dnis] *s.* **1** follia *f,* pazzia *f,* demenza *f.* **2** (*foolishness*) follia *f,* pazzia *f.* **3** (*rage*) ira *f,* furore *m.* **4** (*rabies*) rabbia *f.* □ *a fit of* ~ un attacco di follia.

Madonna [mə'dɔnə] *s.* ⟨*Rel,Art*⟩ Madonna *f.*

Madonna lily *s.* ⟨*Bot*⟩ giglio *m* bianco (*o* di sant'Antonio).

madras [mə'dræs] *s.* ⟨*Tess*⟩ madras *m.*

madrepore ['mædripɔ:] *s.* ⟨*Zool*⟩ madrepora *f.* **,madreporic** [–'pɔrik] *a.* madreporico.

madrigal ['mædriɡəl] *s.* ⟨*Mus,Lett*⟩ madrigale *m.* **madrigalist** [–ist] *s.* madrigalista *m.*

madwoman ['mædwumən] *s.irr.* folle *f,* pazza *f,* matta *f.*

Maecenas [mi:'si:næs] *N.pr.* ⟨*Stor.rom*⟩ Mecenate *m.* **maecenas** *s.* mecenate *m.*

maelstrom ['meilstrəm] *s.* **1** maelstrom *m,* gorgo *m,* mulinello *m.* **2** ⟨*fig*⟩ vortice *m,* turbine *m.*

maenad ['mi:næd] *s.* baccante *f,* menade *f* (*anche fig.*). **mae'nadic** [–ik] *a.* baccante.

Mae West ['mei'west] *s.* ⟨*Aer*⟩ giubbotto *m* salvagente.

maffick ['mæfik] *v.i.* darsi a dimostrazioni sfrenate di gioia.

mag[1] [mæɡ] (*accorc. di magazine*) *s.* ⟨*fam*⟩ rivista *f.*

mag[2] (*accorc. di magneto*) *s.* ⟨*fam*⟩ magnete *m.*

magazine [,mæɡə'zi:n, *am.* 'mæɡzin] *s.* **1** rivista *f,* periodico *m: a monthly* ~ una rivista mensile. **2** ⟨*Mil*⟩ deposito *m* di esplosivi; (*munition*) munizioni *fpl.* **3** ⟨*Mar.mil*⟩ santabarbara *f.* **4** ⟨*Artigl*⟩ caricatore *m.* **5** ⟨*Fot*⟩ cassetta *f* di caricamento, caricatore *m.*

Magdalen ['mæɡdəlin] *N.pr.* Maddalena *f.* **magdalen** *s.* maddalena *f* pentita (*o* penitente).

Magellan [mə'ɡelən] *N.pr.* ⟨*Stor*⟩ Magellano *m.*

magenta [mə'dʒentə] **I** s. **1** ⟨Chim⟩ fucsina f, rosanilina f. **2** (colour) magenta m, color m magenta. **II** a. (color) magenta.

Maggie ['mægi] N.pr. Rita f.

maggot ['mægət] s. **1** ⟨Entom⟩ verme m, bruco m, larva f, baco m. **2** ⟨fam⟩ (whim) fantasia f, capriccio m, grillo m, ghiribizzo m; (fixed idea) fissazione f. **maggoty** [–i] a. **1** bacato, col verme, verminoso; (of cheese) con (o che ha) i vermi. **2** ⟨fam⟩ (full of whims) capriccioso, bizzarro.

Maghreb [mə'greb] N.pr. ⟨Geog⟩ Magreb m. **Maghrebian** [–iən] **I** a. magrebino. **II** s. magrebino m (f –a). **Maghrib** N.pr. → **Maghreb**. **Maghribian** a/s. → **Maghrebian**.

Magi ['meidʒai] s.pl. ⟨Bibl⟩ Magi mpl, re mpl Magi.

magic ['mædʒik] **I** s. **1** magia f, incantesimo m; (sorcery) stregoneria f. **2** ⟨fig⟩ magia f, incanto m, fascino m. **3** (art or practice of producing illusions) prestidigitazione f; (conjuring tricks) giochi mpl di prestigio. **II** a. **1** magico, della magia: ~ spells formule magiche. **2** ⟨fig⟩ magico, prodigioso; (enchanting) magico, incantevole: the ~ atmosphere of Christmas la magica atmosfera del Natale. ▢ by ~ per magia, per incanto; like (o as if by) ~ come per incanto, come per magia. **magical** [–əl] a. magico (anche fig.). **magically** [–əli] avv. **1** in modo magico. **2** ⟨fig⟩ come per magia.

magic| carpet s. tappeto m magico (o volante). ~ **circle** s. cerchio m magico. ~ **eye** s. ⟨El⟩ occhio m magico.

magician [mə'dʒiʃən] s. mago m, stregone m, fattucchiere m.

magic| lantern s. lanterna f magica. ~ **square** s. quadrato m magico. ~ **wand** s. bacchetta f magica.

magilp s. → **megilp**.

magisterial [ˌmædʒis'tiəriəl] a. **1** autoritario, imperioso; (dignified) dignitoso, solenne. **2** (made with masterly skill) magistrale, da maestro. **3** (of a magistrate) di (o da) magistrato. **4** ⟨Univ⟩ cattedratico.

magistracy ['mædʒistrəsi] s. **1** magistratura f, ufficio m di giudice, funzione f del magistrato. **2** (body of magistrates) magistratura f.

magistral ['mædʒistrəl] a. **1** autoritario, imperioso. **2** ⟨Farm⟩ magistrale.

magistrate ['mædʒistreit, –trit] s. **1** magistrato m, giudice m. **2** (justice of the peace) giudice m di pace. **3** ⟨Pol⟩ magistrato m. **magistrateship** [–tritʃip], **magistrature** [–trətjuə, am. –treitʃə] s. magistratura f.

magma ['mægmə] s. (pl. –s [z]/–mata [mətə]) ⟨Geol,Chim⟩ magma m. **magmatic** [–'mætik] a. magmatico.

Magna C(h)arta ['mægnə'kɑːtə] s. ⟨Stor.brit⟩ Magna C(h)arta f.

magnanimity [ˌmægnə'nimiti] s. magnanimità f. **magnanimous** [–'næniməs] . magnanimo.

magnate ['mægneit] s. **1** magnate m, grande industriale m: an oil ~ un magnate dell'industria petrolifera. **2** (person of influence or eminence) magnate m, maggiorente m; (person of rank) notabile m.

magnesia [mæg'niːʃə, –'niːʒə] s. ⟨Chim⟩ magnesia f. **magnesian** [–n] a. **1** (of magnesia) di magnesia. **2** (of magnesium) magnesiaco.

magnesium [mæg'niːʃiəm, –'niːzjəm] s. ⟨Chim⟩ magnesio m.

magnesium sulphate s. ⟨Chim⟩ solfato di magnesio.

magnet ['mægnit] s. **1** magnete m, calamita f. **2** ⟨fig⟩ calamita f.

magnetic [mæg'netik] a. **1** magnetico. **2** (magnetized) magnetico, magnetizzato, calamitato. **3** ⟨fig⟩ magnetico, affascinante, attraente: ~ smile sorriso affascinante.

magnetic| bearing s. ⟨Mar,Aer⟩ rilevamento m magnetico. ~ **card** s. ⟨Inform⟩ scheda f magnetica. ~ **character reader** s. magnetolettore m. ~ **compass** s. bussola f magnetica. ~**core storage** s. ~ **disk drive** s. unità f a nastri magnetici. ~ **disk storage** s. memoria f a disco. ~ **equator** s. ⟨Geog⟩ equatore m magnetico. ~ **field** s. ⟨Fis⟩ campo m magnetico. ~ **flux** s. ⟨Fis⟩ flusso m magnetico (o d'induzione magnetica). ~ **mine** s. ⟨Mil⟩ mina f magnetica. ~ **needle** s. ago m magnetico (o calamitato). ~ **pick-up** s. testina f magnetica. ~ **pole** s. **1** (of a magnet) polo m della calamita. **2** ⟨Geog⟩ polo m

magnetico. ~**recorder** s. registratore m magnetico, magnetofono m.

magnetics [mæg'netiks] s.pl. (costr. sing.) magnetofisica f.

magnetic| storm s. ⟨Fis⟩ tempesta f magnetica. ~ **ta|** s. nastro m magnetico. ~**tape cartridge** s. cartuccia magnetica. ~**tape reader** s. lettore m di nast magnetico. ~ **tape storage** s. memoria f a nast magnetico. ~ **track** s. pista f magnetica.

magnetism ['mægnitizəm] s. **1** ⟨Fis⟩ magnetismo m. **2** magnetics. **3** ⟨fig⟩ fascino m, magnetismo m.

magnetite ['mægnitait] s. ⟨Min⟩ magnetite f.

magnetizable ['mægnitaizəbl] s. magnetizzabile. **ma** **netization** [–zeiʃən] s. ⟨Fis⟩ magnetizzazione f. 'ma **netize** [–taiz] v.t. **1** ⟨Fis⟩ magnetizzare, calamitare. ⟨fig⟩ magnetizzare, affascinare.

magneto [mæg'niːtou] s. (pl. –s [z]) ⟨El⟩ magnete m.

magnetochemistry [ˌmægnitou'kemistri] s. magnetoch mica f.

magnetodynamic [ˌmægni:toudai'næmik] a. magnetodin mico.

magnetoelectricity [ˌmægni:touˌilek'tisiti] s. magnetoele tricità f.

magnetometer [ˌmægni'tɔmitə] s. ⟨Fis⟩ magnetometro r **magnetometric** [–ˌni:tou'metrik] a. magnetometric **magnetometry** [–'tɔmitri] s. magnetometria f.

magnetopause [mæg'ni:toupɔ:z] s. ⟨Astr⟩ magnetopau f.

magnetophone [mæg'ni:toufoun] s. magnetofono m.

magnetosphere [mæg'nitousfi:ə] s. magnetosfera f. **magnetospheric** [–'sferik] a. magnetosferico.

magnetostatic [ˌmægnitou'stætik] a. magnetostatic **magnetostatics** [–iks] s.pl. (costr. sing.) magnetostatic f.

magnetron ['mægnitrɔn] s. ⟨Fis⟩ magnetrone m.

magnification [ˌmægnifi'keiʃən] s. **1** ⟨Fis⟩ ingrandimen **m. 2** ⟨fig⟩ (exaggeration) esagerazione f. **3** ⟨fi (exaltation) esaltazione f, magnificazione f.

magnificence [mæg'nifisns] s. **1** magnificenza sontuosità f, grandiosità f; (splendour) pompa f, sfarzo m magnificenza f. **2** (excellence) eccellenza f. **magnificen** [–nt] a. **1** magnifico, grandioso, sontuoso: a ~ palace u palazzo magnifico; a ~ view un panorama grandioso. (lavishly munificient) generoso, munifico, splendido: a ~ reward una generosa ricompensa. **3** (excellent) splendid magnifico, ottimo, eccellente: a ~ opportunity un splendida occasione. **Magnificent** a. (in titles) Magnific Lorenzo the ~ Lorenzo il Magnifico.

magnifier ['mægnifaiə] s. **1** esaltatore m (f –trice, magnificatore m (f –trice). **2** ⟨Ott⟩ lente d'ingrandimento. **3** ⟨El⟩ amplificatore m. **magnify** [–fai v.t. **1** ⟨Ott,Fot⟩ ingrandire. **2** ⟨fig⟩ (to exaggerate esagerare, ingrandire, gonfiare. **3** (to extol) magnificare esaltare. **4** ⟨El⟩ amplificare. **5** ⟨Bibl⟩ glorificare, lodare.

magnifying| glass ['mægnifaiŋ] s. ⟨Ott⟩ lente d'ingrandimento. ~ **mirror** s. specchio m ingrandente (o a ingrandimento).

magniloquence [mæg'nilo(u)kwəns] s. magniloquenza f ampollosità f, retorica f. **magniloquent** [–nt] a. magniloquente, ampolloso.

magnitude ['mægnitjuːd] s. **1** grandezza f, dimensioni fpl **2** (extent) ampiezza f, vastità f: the ~ of a problem la vastità di un problema. **3** (importance) importanza f rilievo m. **4** ⟨Astr,Mat⟩ grandezza f: a star of the first ~ una stella di prima grandezza. **5** ⟨Geol⟩ magnitudo f.

magnolia [mæg'noulia] s. ⟨Bot⟩ magnolia f.

magnum ['mægnəm] s. (for wine, spirits) bottiglione m da due quarti (pari a 2,8 l), magnum m.

magpie ['mægpai] s. **1** ⟨Ornit⟩ gazza f (ladra). **2** ⟨fig, ciarlone m (f –a), chiacchierone m (f –a), ⟨pop⟩ gazza f.

Magus ['meigəs] s. (pl. Magi ['meidʒai]) **1** ⟨Bibl⟩ uno dei Re Magi. **2** ⟨Stor⟩ mago m, sacerdote m. **magus** s. mago m, stregone m.

Magyar ['mægjɑː] **I** s. **1** magiaro m (f –a), ungherese m/f. **2** (language) magiaro m, ungherese m. **II** a. magiaro, ungherese.

maharaja(h) [ˌmɑːhəˈrɑːdʒə] s. maharaja m.

maharanee, maharani [ˌmɑːhəˈrɑːniː] s. maharani f.

ıhatma [məˈhætmə] *s.* mahatma *m.*

ıh-jong(g) [ˈmɑːˈdʒɔŋ] *s.* mah-jong *m.*

ıhlstick [ˈmɔːlstik] *s.* ⟨*Pitt*⟩ appoggiamano *m.*

ıhogany [məˈhɔgəni] **I** *s.* **1** ⟨*Bot*⟩ mogano *m,* acagiù *m.* (*wood*) mogano *m.* **3** (*colour*) color *m* mogano. **4** ⟨*am*⟩ (*table*) tavolo *m* (da pranzo). **II** *a.* **1** di mogano. **2** *ıahogany–coloured*) color mogano.

ahomet [məˈhɔmit] *N.pr.* ⟨*Stor*⟩ Maometto *m.*

Iahometan [-ən] **I** *s.* ⟨*Rel*⟩ maomettano *m* (*f* –a). **II** maomettano.

hout [məˈhaut] *s.* conduttore *m* di elefanti.

ıid [meid] *s.* **1** cameriera *f,* domestica *f,* donna *f* di rvizio. **2** ⟨*Lett*⟩ (*girl*) ragazza *f,* fanciulla *f,* ⟨*lett*⟩ ınzella *f;* (*unmarried woman*) zitella *f;* (*virgin*) vergine *f.* **1** *~ of Honour:* 1 (*of a bride*) damigella *f* d'onore; 2 (*of a ueen*) dama *f* di corte; ⟨*Stor*⟩ *the ~ of Orleans* la ılzella d'Orleans; *~ of all work:* 1 donna *f* tuttofare; 2 *ïg*⟩ factotum *f.*

iden [ˈmeidn] **I** *s.* **1** (*girl*) ragazza *f,* fanciulla *f; ınmarried woman*) zitella *f;* (*virgin*) vergine *f.* **2** ⟨*Sport*⟩ *~ maiden over.* **II** *a.* **1** (*unmarried*) nubile, non sposata. *(virgin)* vergine, illibata. **3** (*of a girl*) di (*o* da) ragazza; *f an unmarried woman*) di (*o* da) signorina, di (*o* da) ıbile. **4** (*befitting or like a maid*) verginale, casto. **5** *ïg*⟩ (*unused, untried*) intatto, vergine; (*done for the first me*) fatto per la prima volta.

iden|flight *s.* ⟨*Aer*⟩ volo *m* inaugurale. **~hair (fern)** *s.* *ʻot*⟩ adianto *m.*

idenhead [ˈmeidnhed], **maidenhood** [-hud] *s.* **1** rginità *f.* **2** (*hymen*) imene *m.*

idenliness [ˈmeidnlinis] *s.* pudore *m,* modestia *f.* **ıaidenly** [-lj] *a.* **1** verginale, casto. **2** (*modest*) ıodesto, pudico.

iden| name *s.* nome *m* da ragazza (*o* signorina, ıbile). **~ over** *s.* ⟨*Sport*⟩ (*in cricket*) over *m* senza ınti. **~ speech** *s.* ⟨*Parl*⟩ primo discorso *m* di un neo ʻetto. **~ voyage** *s.* viaggio *m* inaugurale.

id|-in-'waiting *s.* **1** ancella *f.* **2** (*lady–in–waiting*) ıma *f* di compagnia. **~ servant** *s.* cameriera *f,* ʼmestica *f.*

ieutic [meiˈjuːtik] *a.* ⟨*Filos*⟩ maieutico.

igre [ˈmeigə] *a.* ⟨*Rel.catt*⟩ **1** (*of food*) di magro. **2** (*of a y*) d'astinenza, di magro.

il[1] [meil] **I** *s.* **1** posta *f,* corrispondenza *f: is there any for me?* c'è posta per me? **2** (*postal system*) posta *f,* ʼste *fpl,* servizio *m* postale. **3** (*conveyance*) postale *m.* **4** mailbag. **II** *a.* postale, della posta. **III** *v.t.* **1** spedire, andare per posta. **2** (*to place in a postbox*) impostare, ʼbucare. □ *by return* (*of*) ~ a giro di posta.

il[2] *s.* **1** ⟨*Mil.ant,Tess*⟩ maglia *f.* **2** ⟨*Zool*⟩ corazza *f.*

il|bag *s.* **1** borsa *f* del postino. **2** (*pouch*) sacco *m* stale (*o* della posta). **~ boat** *s.* ⟨*Mar*⟩ postale *m,* nave *(o* battello *m*) postale. **~box** *am.* *s.* **1** cassetta *f* (*o* ca) delle lettere, cassetta postale. **2** (*private box*) ʼssetta *f* delle lettere. **~ car** *am.* *s.* ⟨*Ferr*⟩ carrozza *f* (*o* gone *m*) postale. **~ clerk** *am.* *s.* impiegato *m* postale. **~ coach** *s.* **1** ⟨*Ferr*⟩ carrozza *f* (*o* vagone *m*) postale. **2** *tor*⟩ diligenza *f* (postale), posta *f.* **~ drop** *s.* **1** buca *f* r la posta. **2** (*address*) recapito *m* postale. **iled** [meild] *a.* ⟨*Mil.ant*⟩ che indossa una maglia. **iled fist** *s.* ⟨*fig*⟩ (*physical violence*) violenza *f.*

iling [ˈmeiliŋ] *s.* spedizione *f,* invio *m* per posta. **iling list** *s.* indirizzario *m,* schedario *m* di clienti e ʼnitori.

il|man *am.* [mæn] *s.irr.* postino *m,* portalettere *m.* **-order I** *s.* ⟨*Comm*⟩ ordinazione *f* postale (*o* per rrispondenza). **II** *a.* per posta, per corrispondenza, su dinazione postale. **III** *v.t.* ordinare per posta (*o* rrispondenza). **~-order catalogue** *s.* catalogo *m* di ʼndita per corrispondenza. **~-order firm,** ~ **order ʼuse** *s.* ⟨*Comm*⟩ casa *f* di vendita per corrispondenza. **plane** *s.* aereo *m* postale, postale *m.* **~ room** *s.* ʻicio *m* spedizioni. **~ train** *s.* postale *m.* **~ transfer** *s.* ʼnifico *m* postale. **~ van** *s.* **1** furgone *m* postale. **2** ʻerr⟩ vagone *m* postale.

ım [meim] **I** *v.t.* **1** menomare, mutilare, storpiare. **2** *ʒ*⟩ mutilare. **II** *s.* ⟨*ant*⟩ menomazione *f,* mutilazione *f.*

maimed [-d] **I** *a.* mutilato, menomato, storpiato. **II** *s.* (*costr.* pl.) menomati *mpl,* mutilati *mpl.*

main[1] [mein] **I** *a.* **1** principale, primario, il più importante: *the ~ door* la porta principale. **2** ⟨*Gramm*⟩ principale. **3** ⟨*Mar*⟩ maestro, di maestra. **II** *s.* **1** (*pipe, duct, etc.*) conduttura *f* (*o* tubatura) principale; (*sewer*) collettore *m.* **2** ⟨*El*⟩ linea *f* principale. **3** *pl.* ⟨*El*⟩ rete *f:* *–s frequency* frequenza *f* di rete. **4** (*chief point or part*) punto *m* (*o* parte *f*) essenziale (*o* principale). **5** ⟨*lett*⟩ (*high sea*) alto mare *m.* **6** ⟨*rar*⟩ (*mainland*) terraferma *f.* □ *the ~ body of an army* il grosso di un esercito; *to have an eye to* (*o for*) *the ~ chance* guardare (*o* pensare) al proprio interesse; *the ~ features of a speech* i punti salienti di un discorso; *by ~ force* a viva forza; *in the ~:* 1 nel complesso, nell'insieme, in linea di massima; 2 (*for the most part*) per lo più, principalmente; *with might and ~* con tutte le forze, con tutta la propria energia; *the ~ thing is to keep trying* l'essenziale è continuare a provare.

main[2] *s.* **1** combattimento *m* di galli. **2** (*in dicing: stake*) posta *f;* (*throw*) lancio *m.*

main| brace *s.* ⟨*Mar*⟩ braccio *m* di maestra. □ ⟨*mar*⟩ *to splice the ~* distribuire doppia razione di rum. **~ chance** *s.* ⟨*fig*⟩ grande occasione *f.* **~ clause** *s.* ⟨*Gramm*⟩ proposizione *f* principale. **~ course** *s.* **1** (*of a meal*) portata *f* principale, piatto *m* forte. **2** ⟨*Mar*⟩ maestra *f.* **~ deck** *s.* **1** ⟨*Mar*⟩ ponte *m* principale. **2** ⟨*Mar.mil*⟩ ponte *m* di batteria, batteria *f.* **~ frame** *s.* ⟨*Inform*⟩ elaboratore *m* a prestazioni elevate. **~land** [lənd, lænd] *s.* terraferma *f,* continente *m.* □ *the ~ of Italy* l'Italia continentale. **~lander** [ləndə, lændə] *s.* continentale *m/f.* **~ line** *s.* ⟨*Ferr*⟩ linea *f* principale. **~liner** *am.* *s.* ⟨*sl*⟩ chi s'inietta droga in vena.

mainly [ˈmeinli] *avv.* **1** (*chiefly*) soprattutto, principalmente. **2** (*mostly*) nel complesso, per la maggior parte.

mainmast [ˈmeinmɑːst] *s.* ⟨*Mar*⟩ albero *m* maestro (*o* di maestra).

main office *s.* ⟨*Comm*⟩ sede *f* centrale.

mainprize [ˈmeinpraiz] *s.* ⟨*Dir*⟩ il rendersi garante per un imputato.

main| road *s.* strada *f* maestra. **~ sail** *s.* ⟨*Mar*⟩ vela *f* maestra, maestra *f.*

mains| lead *s.* ⟨*El*⟩ cordone *m* d'alimentazione. **~ operation** *s.* funzionamento *m* da rete.

main| spring *s.* **1** ⟨*tecn*⟩ molla *f* principale. **2** ⟨*fig*⟩ molla *f,* stimolo *m,* spinta *f.* **~stay** *s.* **1** ⟨*Mar*⟩ straglio *m* di maestra. **2** ⟨*fig*⟩ puntello *m,* appoggio *m,* sostegno *m: the ~ of the economy* il sostegno dell'economia. **~ store** *s.* ⟨*Inform*⟩ memoria *f* principale (*o* centrale). **~stream I** *s.* corrente *f* principale. **II** *a.* tradizionale. **III** *v.t.* integrare (handicappati) nelle classi normali. **~stream jazz** *s.* jazz *m* tradizionale. **~ Street** *am.* *s.* **1** corso *m,* via *f* principale. **2** ⟨*fig*⟩ borghesia *f* di provincia, provinciali *mpl.*

maintain [meinˈtein, mən-] *v.t.* **1** mantenere, conservare: *to ~ good relations with s.o.* mantenere buoni rapporti con qd. **2** (*to keep*) mantenere, tenere: *to ~ a machine in good working order* tenere in efficienza una macchina; *to keep in good condition*) curare la manutenzione di, mantenere in buono stato: *to ~ the roads* curare la manutenzione delle strade. **3** (*to assert*) sostenere, affermare, asserire: *to ~ one's innocence* sostenere la propria innocenza. **4** (*to support, provide for*) mantenere, provvedere al sostentamento di, sostenere. **maintainable** [-əbl] *a.* **1** mantenibile. **2** (*capable of being supported*) sostenibile, difendibile.

maintenance [ˈmeintənəns] *s.* **1** mantenimento *m,* conservazione *f: the ~ of peace* il mantenimento della pace. **2** (*state of being preserved*) mantenimento *m,* difesa *f: the ~ of law and order* il mantenimento dell'ordine. **3** (*supporting*) mantenimento *m,* sostentamento *m;* (*means of support*) mezzi *mpl* di sostentamento, alimenti *mpl.* **4** (*care, upkeep*) manutenzione *f: ~ costs* spese di manutenzione. **5** (*assertion*) affermazione *f,* asserzione *f.* **6** ⟨*Dir*⟩ intervento *m* illecito di un terzo in una causa.

maintenance| contract *s.* contratto *m* di manutenzione.

~ engineer s. tecnico m della manutenzione. **~ man** [mən] s. irr. addetto m alla manutenzione. **~ personnel, ~ staff** s. personale m addetto alla manutenzione. **~ work** s. lavoro m di manutenzione.

maison(n)ette [ˌmeizəˈnet] s. **1** appartamentino m. **2** (*small house*) villino m unifamiliare.

maize [meiz] s. **1** mais m, granturco m. **2** (*maize yellow*) giallo m oro.

Maj. = ⟨*Mil*⟩ *Major* maggiore (*abbr.* Magg.).

majestic [məˈdʒestik], **majestical** [-əl] a. maestoso, imponente, grandioso. **majesty** [ˈmædʒisti, -dʒəsti] s. **1** sovranità f. **2** ⟨*fig*⟩ maestà f, maestosità f, imponenza f, grandiosità f. **3** ⟨*Art*⟩ maestà f. **Majesty** s. (*as a title*) Maestà f: *your Majesty* Vostra Maestà. ☐ ⟨*GB*⟩ *Her ~'s government* il governo di Sua Maestà; *On Her ~'s Service* al servizio di Sua Maestà.

Maj.Gen. = ⟨*Mil*⟩ *Major General* maggior generale.

majolica [məˈdʒɔlikə, məˈjɔ-] s. ⟨*Ceram*⟩ maiolica f.

major [ˈmeidʒə] **I** a. **1** maggiore, più importante, principale: *the ~ industrialized countries* i maggiori paesi industrializzati. **2** (*great, important*) grande, importante, considerevole: *a ~ artist* un grande artista. **3** (*elder*) senior: *Jones ~* Jones senior. **4** (*larger*) maggiore, più grande: *the ~ part* la maggiore parte. **5** ⟨*Dir*⟩ maggiorenne. **6** ⟨*Mus*⟩ maggiore. **7** ⟨*Med.Chir*⟩ importante, grave: *a ~ illness* una grave malattia. **8** ⟨*am.Ped*⟩ (*of a subject*) di specializzazione. **II** s. **1** ⟨*Mil*⟩ maggiore m. **2** ⟨*Dir*⟩ maggiorenne m/f. **3** ⟨*am.Ped*⟩ (*field*) specializzazione f; (*subject*) materia f (o disciplina) di specializzazione. **III** v.i. ⟨*am.Ped*⟩ specializzarsi, perfezionarsi: *to ~ in history* specializzarsi in storia.

Majorca [məˈdʒɔːkə, məˈjɔː-] N.pr. ⟨*Geog*⟩ Maiorca f. **Majorcan** [-n] **I** a. maiorchino. **II** s. abitante m/f di Maiorca.

major| chord s. ⟨*Mus*⟩ accordo m maggiore. **~-domo** [ˈmeidʒəˈdoumou] s. (*pl.* -**s** [z]) maggiordomo m (*anche* Stor.).

majorette am. [ˌmeidʒəˈret] s. majorette f.

major| general s. ⟨*Mil*⟩ maggior m generale, generale m di divisione. **~ interval** s. ⟨*Mus*⟩ intervallo m maggiore.

majority [məˈdʒɔriti] **I** s. **1** maggioranza f, maggior parte f: *the ~ of men* la maggior parte degli uomini. **2** (*number or amount in excess of half*) maggioranza f: *to win by a ~ of ten votes* vincere con una maggioranza di dieci voti. **3** ⟨*Dir*⟩ maggiore età f. **4** ⟨*Mil*⟩ grado m di maggiore. **II** a. della maggioranza, maggioritario: *a ~ decision* una decisione maggioritaria. ☐ *to be in the* (o a) *~* essere in maggioranza; *to join the* (*great*) *~* passare nel numero dei più, morire.

majority| leader s. ⟨*Pol*⟩ leader m della maggioranza. **~ party** s. partito m di maggioranza. **~ report** s. relazione f di maggioranza. **~ rule** s. governo m di maggioranza. **~ shareholder** s. azionista m di maggioranza. **~ shareholding** s. azionariato m di maggioranza. **~ verdict** s. verdetto m dato a maggioranza. **~ vote** s. ⟨*Pol*⟩ voto m di maggioranza.

major| key s. ⟨*Mus*⟩ chiave f maggiore. **~-league** s. ⟨*fig*⟩ di primo piano. **~ league** am. s. ⟨*Sport*⟩ lega f maggiore. **~ order** s. ⟨*Rel.catt*⟩ ordine m maggiore. **~ piece** s. (*in chess*) regina f. **~ premise** s. ⟨*Filos*⟩ premessa f maggiore, maggiore f. **~ scale** s. ⟨*Mus*⟩ scala f maggiore.

majuscular [məˈdʒʌskjulə] a. delle maiuscole. **majuscule** [-kjuːl] **I** a. maiuscolo. **II** s. maiuscola f, lettera f maiuscola.

make[1] [meik] v. (*pret., p.p.* made [meid]) **I** v.t. **1** fare, costruire, fabbricare: *to ~ a table* costruire un tavolo; (*to sew*) fare, confezionare, cucire: *she is making a dress* sta facendo un abito; (*to prepare, cook*) fare, preparare: *to ~ a cup of coffee* fare un caffè; (*to manufacture*) produrre, fare, fabbricare. **2** (*to create*) creare, fare: *God made man* Dio creò l'uomo; *stop making difficulties!* smettila di creare difficoltà! **3** (*to build*) costruire, fare: *to ~ roads* costruire strade. **4** (*to form in the mind*) fare, concepire: *to ~ plans* fare piani. **5** (*to constitute, compose*) costituire, fare, comporre: *oxygen and hydrogen ~ water* l'acqua è

costituita di ossigeno e idrogeno. **6** (*to perform, carry o* fare, porre in atto, *often translated with the correspond verb: to ~ war* far guerra; *to ~ preparations* prepararsi; *~ a jump* saltare, fare un salto. **7** (*to appoint*) nomina fare, eleggere: *the King made him chancellor* il re nominò cancelliere; (*to promote*) promuovere, fare. **8** *cause to be*) rendere, fare: *to ~ life difficult for* rendere la vita difficile a qd.; *this news has made happy* questa notizia mi ha fatto felice. **9** (*rifl*) farsi: *to o.s. understood* farsi capire. **10** (*to compel*) obbliga costringere, fare: *he was made to confess* fu costrett confessare; *to ~ s.o. wait* far aspettare qd. **11** (*to cause appear*) far sembrare (o apparire), rendere: *this photogra -s you* (*look*) *old* questa fotografia ti fa sembrare vecch (o invecchia). **12** (*of a fire*; spesso con *up*) f accendere. **13** (*of beds*; spesso con *up*) (ri)fare, rassetta **14** (*to form, constitute*) fare, formare, costituire: *to ~ fourth at bridge* fare il quarto a bridge; (*to equal*) f essere uguale a: *two times three -s six* due per tre fa (*to count as*) essere: *this -s the third time* questa è la te volta. **15** (*to be, serve as*) essere, servire da. **16** *people: to prove to be*) essere, diventare, dimostrarsi: *should ~ a good doctor* dovrebbe diventare un bu medico; *she will ~ a good wife* sarà una buona moglie. *(fam)* (*to assure the success of*) rendere noto, lanciare: *exhibition made him as a painter* l'esposizione lo noto come pittore. **18** (*to earn*) guadagnare: *to ~ a liv as a writer* guadagnarsi da vivere facendo lo scrittore; *made a few dollars a week* guadagnava pochi dollari settimana. **19** (*to eat*) fare, mangiare, consumare. **20** *reach*) raggiungere, arrivare a: *we shall ~ Paris midnight* arriveremo a Parigi per (la) mezzanotte. **21** *distances, speed*) tenere, fare, viaggiare a. **22** (*fam*) (to *in time for*) arrivare (o fare, essere) in tempo per: *if hurry you'll ~ the last train* se ti sbrighi arriverai tempo per l'ultimo treno. **23** (*fam*) (*to gain a place* entrare in (o far parte di): *the book made the best-se list* il libro entrò nell'elenco dei best-seller; (*to gain rank of*) diventare: *he made sergeant in two years* dive sergente in due anni. **24** (*fam*) (*to estimate*) f valutare, stimare: *what time do you ~ it?* che ora fai? (*to enact*) emanare, emettere, promulgare: *to ~ l* emanare leggi. **26** (*fam*) (*to make perfect*) renc perfetto, completare: *good weather made our holiday* il tempo ha reso perfetta la nostra vacanza. **27** ⟨*El*⟩ (o *contact*) chiudere; (*of a circuit*) completare. **28** (*in cards shuffle*) mescolare, scozzare; (*of a trick: to take*) fare. ⟨*Sport*⟩ (*to score*) fare, segnare. **II** v.i. **1** fare per, s per: *he made to go away but thought better of it* fece andare ma ci ripensò. **2** (*to show o.s. to be*) essere: t *merry* essere allegro. **3** (*fam*) (*to go, head*) dirigersi (*towards* a, verso), muoversi, andare (verso): *to ~ for h* dirigersi a casa. ☐ *to ~ after s.o.* inseguire qd.; *to against* essere contrario, andare contro; *to ~ against* essere ostile (o sfavorevole) a qd.; *to ~ as if* (o tho fare per: *she made as if to protest but then sat down a* fece per protestare ma poi si risedette; *he made as if hadn't heard* finse di non avere sentito; *to ~ at* attacc scagliarsi contro; *to ~ away with:* 1 fare piazza pulita spazzare via; 2 (*to destroy*) distruggere; 3 (*to kill*) ucci liquidare ⟨*gerg*⟩ far fuori; *to ~ away with o.s.* suicida uccidersi; *to ~ back* to ritornare a; *to ~ or break* ro la fortuna di qd. o mandarlo in rovina; *to ~ o.s. c* spiegarsi (bene): *pheasant -s good eating* il fagiano è piatto prelibato; *to ~ for:* 1 dirigersi a (o verso), andar *the ship was making for Bombay* la nave era diret Bombay; 2 (*to go at, attack*) scagliarsi (o avventa contro, attaccare; 3 (*to promote*) contribuire promuovere, giovare a, favorire; *~ yourself at home* come se fossi a casa tua; ⟨*fam*⟩ *to ~ it:* 1 riuscire, far 2 (*to arrive in time*) arrivare in tempo, farcela; 3 *reach*) raggiungere (*to s.th.* qc.), arrivare (a): *the ship* it to port la nave riuscì a raggiungere il porto; ⟨*sl*⟩ *to like* far finta d'essere, imitare; *to ~ or mar s.o.* = *make or break s.o.; to ~ do and mend* rifare con altri attrezzi, ecc.) vecchi, fare e rifare; *to ~ of* pens dedurre, interpretare: *what do you ~ of it?* che ne pensi

⸗ off: 1 fuggire, scappare, darsela a gambe; 2 (*to depart ⸗astily*) scappare, ˹andare via˺ (*o allontanarsi*) in fretta; *to ⸗ off with* portare via; (*to steal*) rubare, portare via, ⸗ottrarre; *to ⸗ out:* 1 compilare, riempire: *to ⸗ out a list* ⸗ompilare un elenco; 2 (*to decipher*) decifrare, capire: *I ⸗annot ⸗ out what you have written* non riesco a decifrare ˹he cosa hai scritto; 3 (*to discern*) distinguere, discernere, ⸗corgere; 4 (*to understand*) capire, comprendere; 5 (*to ⸗ause to appear*) far fare la figura (*o* parte) di, fare passare ⸗er, fare apparire: *you ⸗ me out to be a fool* mi fai fare ⸗a figura dello stupido; 6 (*to convey the idea that*) dare a ⸗ntendere, simulare, fingere; 7 ⟨*fam*⟩ (*to get on*) ⸗assarsela, andare, trovarsi; *to ⸗ out a cheque* fare un ⸗ssegno; *how do you ⸗ that out?* cosa te lo fa pensare?; ⸗*am.sl*⟩ *to ⸗ out with* (*to seduce*) andare con, farsela con; ⸗⸗ *over:* 1 (*of property*) passare, trasferire; 2 (*to remake, ⸗emodel*) rimodernare, rifare; 3 ⟨*Tip*⟩ rifare; *to ⸗ port* ⸗pprodare; *this article ⸗s good* **reading** questo articolo ˹si ⸗gge ˹bene˺ (*o* è di piacevole lettura); *to ⸗ up:* 1 ⸗nventare: *the story was partly made up* la storia era in ⸗arte inventata; 2 (*to compile*) compilare, redigere; 3 ⟨*Cosmet,Teat*⟩ truccare, imbellettare: *to ⸗ up one's eyes* ⸗ruccarsi gli occhi; 4 ⟨*assol*⟩ truccarsi, imbellettarsi; 5 (*to ⸗ut together*) mettere insieme, riunire, raccogliere; 6 (*to ⸗ompound*) preparare, comporre: *to ⸗ up a medicine* ⸗reparare un farmaco; 7 (*to compose, constitute*) ⸗omporre, costituire, formare; 8 (*to compensate*) ⸗ompensare: *to ⸗ up the difference* compensare la ⸗ifferenza; 9 (*to recover*) ricuperare, riguadagnare: *to ⸗ up ⸗for*) *lost time* riguadagnare il tempo perduto; 10 (*of a ⸗uarrel, etc.*) comporre, conciliare; 11 ⟨*Tip*⟩ impaginare; 2 ⟨*am.Ped*⟩ ripetere, rifare: *to ⸗ up an examination* ⸗ipetere un esame; *to ⸗ up for:* 1 ricuperare, ⸗iguadagnare; 2 (*to compensate for*) compensare; *to ⸗ up ⸗o cercare d'ingraziarsi, fare la corte a, lisciare; *to ⸗ it up ⸗o s.o.* ricompensare qd.; *to ⸗ a will* fare testamento; ⸗*am.sl*⟩ *to ⸗ with* usare; ⸗ *with the feet, cowboy!* ⸗ammina, cowboy!

ake² *s.* 1 fattura *f: a machine of strong ⸗* una macchina ⸗i solida fattura. 2 (*manufacture*) fabbricazione *f,* ⸗roduzione *f: goods of Japanese ⸗* merci di fabbricazione ⸗iapponese; *of our own ⸗* di nostra produzione; (*brand*) ˹arca *f,* tipo *m: cars of all ⸗s* automobili di tutte le ˹arche. 3 (*of a person: constitution*) costituzione *f; ⸗haracter*) indole *f,* carattere *m.* 4 ⟨*El*⟩ (*of a circuit*) ⸗hiusura *f.* □ ⟨*sl*⟩ *on the ⸗:* 1 (*pursuing profits*) in cerca ⸗i guadagno; 2 (*pursuing success*) in cerca di successo; 3 ⸗*n search of sexual adventures*) in cerca di avventure; 4 ⸗*mproving, increasing*) in miglioramento, in aumento.

ake⸗-believe I *s.* finzione *f,* finta *f,* simulazione *f.* II *a.* ⸗nto, simulato III *v.i.* fare finta, fingere. **⸗-do** *a./s.* → ⸗akeshift. **⸗-fast** *s.* ⟨*Mar*⟩ ormeggio *m.* **⸗-peace** *s.* ⟨*rar*⟩ ⸗aciere *m* (*f* –a).

⸗aker ['meikə] *s.* 1 chi fa. 2 (*creator*) creatore *m* (*f* ⸗trice), artefice *m/f.* 3 (*manufacturer*) fabbricante *m/f.* 4 ⟨*Dir*⟩ emittente *m/f.* 5 (*in bridge*) dichiarante *m/f.* **Maker** (*God*) Creatore *m,* Dio *m.* □ *to* ˹go to˺ (*o meet*) *one's ⸗* ⸗ndare al Creatore, morire.

⸗aker-up *s.* 1 ⟨*Tip*⟩ impaginatore *m* (*f* –trice). 2 ⟨*packer*) impaccatore *m* (*f* –trice). 3 ⟨*Teat*⟩ truccatore *m* ⸗ –trice).

⸗akeshift ['meikʃift] I *a.* improvvisato, di fortuna, di ⸗piego. II *s.* espediente *m,* ripiego *m,* compromesso *m.*

⸗ake-up *s.* 1 ⟨*Cosmet*⟩ trucco *m,* belletto *m,* maquillage ⸗; (*act of applying cosmetics*) trucco *m,* truccatura *f.* 2 ⸗omposition*) costituzione *f,* composizione *f,* formazione *f: ˹e ⸗ of a committee* la costituzione di una commissione. ⸗ (*character, temperament*) carattere *m,* temperamento *m,* ⸗ersonalità *f.* 4 ⟨*Tip,Giorn*⟩ impaginazione *f.* 5 ⟨*am.Ped*⟩ petizione *f* (di un esame).

⸗ake-up⸗ box *s.* ⟨*Cosmet*⟩ cofanetto *m* del trucco. **⸗ ⸗an** [mæn] *s.irr.* 1 ⟨*Teat,Cin,TV*⟩ truccatore *m.* 2 ⟨*Tip,Giorn*⟩ impaginatore *m.*

⸗akeweight ['meikweit] *s.* 1 quantità *f* aggiunta per ⸗ompletare il peso. 2 ⟨*fig*⟩ (*stopgap*) riempitivo *m; ⸗ounterweight*) contrappeso *m.*

⸗aking ['meikiŋ] *s.* 1 fattura *f,* fabbricazione *f,*

---

produzione *f.* 2 (*cause of success*) causa ˹del successo˺ (*o* della fortuna): *that experience was the ⸗ of him* quell'esperienza fu la causa del suo successo. 3 *pl.* (*potentiality, capacity*) capacità *fpl,* doti *fpl* naturali, ⟨*fam*⟩ stoffa *f: she has the –s of a violinist* ha la stoffa del violinista. 4 *pl.* (*earnings*) guadagni *mpl;* (*profits*) profitti *mpl,* ricavo *m.* 5 (*make-up, constitution*) costituzione *f,* composizione *f,* formazione *f.* 6 *pl.* (*material for making cigarettes*) cartine *fpl* e tabacco. 7 (*of laws: enactment*) promulgazione *f,* emanazione *f.* □ *in the ⸗* in formazione; *history in the ⸗* la storia nel suo corso.

Malacca [mə'lækə] *N.pr.* ⟨*Geog*⟩ Malacca *f.*

malachite ['mæləkait] *s.* ⟨*Min*⟩ malachite *f.*

malacologist [,mælə'kɔlədʒist] *s.* malacologo *m.* **malacology** [-dʒi] *s.* malacologia *f.*

maladaptation [,mælædæp'teiʃən] *s.* disadattamento *m.* **maladapted** [-tid] *a.* disadattato.

maladjusted [,mælə'dʒʌstid] *a.* ⟨*Psic*⟩ maladattato, disadattato. **maladjustment** [-stmənt] *s.* 1 ⟨*Psic*⟩ disadattamento *m,* incapacità *f* d'adattamento. 2 ⟨*Mecc*⟩ regolazione *f* difettosa.

,maladministration [,mæləd,minis'treiʃən] *s.* 1 cattiva amministrazione *f* (*o* gestione). 2 ⟨*Pol*⟩ malgoverno *m.*

maladroit [,mælə'drɔit] *a.* 1 maldestro, impacciato, goffo. 2 (*lacking in tact*) privo di tatto. **maladroitness** [-nis] *s.* 1 l'essere maldestro. 2 (*tactlessness*) mancanza *f* di tatto.

malady ['mælədi] *s.* 1 malattia *f.* 2 ⟨*fig*⟩ male *m,* malattia *f.*

Malaga ['mæləgə] *s.* malaga *m,* vino *m* di Malaga.

Malagasy [,mælə'gæsi] I *s.* (*pl. inv./-sies* [si:z]) 1 (*person*) malgascio *m* (*f* –a). 2 (*Malagasy people;* costr. pl.) malgasci *mpl.* 3 (*language*) malgascio *m.* II *a.* malgascio, del Madagascar.

malaise [mæ'leiz] *s.* 1 malessere *m.* 2 ⟨*fig*⟩ malessere *m,* inquietudine *f,* turbamento *m.*

malapropism ['mæləprɔpizəm] *s.* ridicolo scambio *m* di parole aventi suono (*o* grafia) simile.

malapropos [,mæləprə'pou] I *a.* detto (*o* fatto) a sproposito. II *avv.* a sproposito, inopportunamente.

malar ['meilə] I *a.* ⟨*Anat*⟩ molare, zigomatico. II *s.* zigomo *m.*

malaria [mə'lɛəriə] *s.* ⟨*Med*⟩ malaria *f.* **malarial** [-l], **malarian** [-n], **malarious** [-s] *a.* malarico.

Malay [mə'lei] I *a.* malese. II *s.* 1 malese *m/f.* 2 (*language*) malese *m.* **Malaya** [-ə] *N.pr.* ⟨*Geog*⟩ Malesia *f.* **Malayan** [-ən] *I a.* → **Malay.** II *s.* 1 malese *m/f.* 2 (*language*) lingua *f* deutero–malese.

Malaysia [mə'leiʒə] *N.pr.* ⟨*Geog*⟩ Malaysia *f.* **Malaysian** [-n] I *a.* malaysiano. II *s.* 1 malaysiano *m* (*f* –a). 2 (*language*) lingua *f* malaysiana.

malconformation [mæl,kɔnfɔː'meiʃən] *s.* 1 sproporzione *f.* 2 ⟨*Fisiol*⟩ malformazione *f,* deformità *f.*

malcontent ['mælkəntənt] I *a.* malcontento, scontento, insoddisfatto. II *s.* 1 malcontento *m* (*f* –a), scontento *m* (*f* –a). 2 ⟨*Pol*⟩ scontento *m* (*f* –a).

Maldives ['mɔldivz] *N.pr.pl.* ⟨*Geog*⟩ Maldive *fpl,* isole *fpl* Maldive.

male [meil] I *a.* 1 maschio, maschile: *the ⸗ sex* il sesso maschile; *a ⸗ animal* un animale maschio. 2 (*virile*) virile, maschio, maschile, mascolino. 3 (*composed of or reserved for males*) maschile, di (*o* per) uomini: *a ⸗ choir* un coro maschile; *an all ⸗ club* un circolo per soli uomini. 4 ⟨*Mecc*⟩ maschio. II *s.* 1 (*person*) maschio *m,* uomo *m;* (*animal*) maschio *m.* 2 ⟨*Bot*⟩ pianta *f* staminifera.

male connector *s.* ⟨*Mecc*⟩ maschio *m.*

malediction [,mæli'dikʃən] *s.* maledizione *f.* **maledictory** [-ktəri] *a.* di maledizione.

malefaction [,mæli'fækʃən] *s.* 1 malfatto *m.* 2 (*crime*) misfatto *m,* delitto *m.* '**malefactor** [-ktə] *s.* 1 chi fa del male. 2 (*criminal*) malfattore *m,* criminale *m.* '**malefactress** [-ktris] *s.* donna *f* malvagia.

male fern *s.* ⟨*Bot*⟩ felce *f* maschio.

malefic [mə'lefik] *a.* malefico. **maleficence** [-fisns] *s.* 1 (*evil-doing*) il far male; (*instance*) malefatte *fpl.* 2 (*maleficent quality*) malvagità *f.* **maleficent** [-fisnt] *a.* 1

malefico. 2 (*injurious*) malefico, dannoso. 3 (*criminal*) criminale, delittuoso, criminoso.

maleness ['meilnis] *s.* **1** l'essere maschio, maschiezza *f.* **2** (*virility, masculinity*) mascolinità *f,* virilità *f.*

malevolence [mə'levələns] *s.* malevolenza *f,* malanimo *m.* **malevolent** [-nt] *a.* **1** malevolo. **2** (*harmful, evil*) maligno, cattivo, malevolo.

malfeasance [mæl'fi:zəns] *s.* ⟨*Dir*⟩ prevaricazione *f.* **malfeasant** [-nt] *s.* prevaricatore *m* (*f* –trice).

malformation [,mælfɔ:'meiʃən] *s.* malformazione *f,* deformità *f.* **mal'formed** [-md] *a.* malformato, deforme.

malfunction [mɔl'fʌnkʃən] *s.* ⟨*tecn*⟩ malfunzione *f.*

malic acid ['meilik, 'mae–] *s.* ⟨*Chim*⟩ acido *m* malico.

malice ['mælis] *s.* **1** cattiveria *f,* malizia *f,* malvagità *f,* malignità *f.* **2** (*ill–will*) animosità *f,* malanimo *m,* malevolenza *f: words full of* ~ parole piene di animosità. **3** ⟨*Dir*⟩ dolo *m,* intenzione *f* criminosa. □ *to bear* ~ *towards s.o.* nutrire malanimo verso qd.

malice aforethought *s.* ⟨*Dir*⟩ premeditazione *f.* □ *murder with* ~ omicidio premeditato.

malicious [mə'liʃəs] *a.* **1** maligno, malizioso, cattivo, malvagio. **2** ⟨*Dir*⟩ doloso. **maliciousness** [–nis] *s.* malignità *f,* cattiveria *f.*

malign [mə'lain] **I** *v.t.* malignare su, sparlare di, dire male di; (*to defame*) calunniare, diffamare. **II** *a.* **1** dannoso, nocivo, malefico. **2** (*malevolent*) malevolo, animoso. **3** ⟨*Med*⟩ (*of a tumour*) maligno. **malignance** [–'lignəns], **malignancy** [–'lignənsi] *s.* **1** malignità *f,* cattiveria *f.* **2** ⟨*Med*⟩ malignità *f;* (*malignant tumour*) tumore *m* maligno. **malignant** [–'lignənt] *a.* **1** maligno: ~ *spirits* spiriti maligni. **2** (*malevolent*) malevolo, animoso, ostile. **3** ⟨*Med*⟩ (*of a disease*) pernicioso; (*of a tumour*) maligno. **maligner** [–ə] *s.* chi maligna. **malignity** [–'ligniti] *s.* malignità *f,* malvagità *f.*

malinger [mə'lingə] *v.i.* fingersi malato, simulare una malattia; (*of soldiers*) darsi malato, marcare visita. **malingerer** [–rə] *s.* chi si finge malato; (*of soldiers*) chi si dà malato, chi marca visita.

mall[1] [mɔ:l] *s.* **1** viale *m.* **2** (*game of pall–mall*) pallamaglio *m/f;* (*mallet*) maglio *m,* mazzuolo *m;* (*alley*) campo *m* di pallamaglio.

mall[2] *s./v.* → **maul.**

mallard ['mæləd] *s.* (*pl. inv./*-s [z]; il pl.inv. si usa general. con valore collett.) ⟨*Ornit*⟩ **1** anatra *f* selvatica, germano *m* reale. **2** (*drake*) maschio *m* dell'anatra selvatica.

malleability [,mæliə'biliti] *s.* **1** ⟨*Met*⟩ malleabilità *f.* **2** ⟨*fig*⟩ malleabilità *f,* docilità *f,* arrendevolezza *f.* **'malleable** [–bl] *a.* **1** ⟨*Met*⟩ malleabile. **2** ⟨*fig*⟩ malleabile, docile, arrendevole, duttile.

malleate ['mælieit] *v.t.* ⟨*Met*⟩ martellare.

mallemuck ['mælimʌk] *s.* ⟨*Ornit*⟩ **1** (*fulmar*) procellaria *f* artica. **2** (*albatross*) albatro *m.*

malleolar [mə'li:ələ] *a.* ⟨*Anat*⟩ malleolare. **malleolus** [–s] *s.* (*pl.* **-li** [lai]) malleolo *m.*

mallet ['mælit] *s.* **1** maglio *m,* mazzuolo *m,* mazzuola *f.* **2** ⟨*Sport*⟩ mazza *f.*

malleus ['mæliəs] *s.* (*pl.* **-lei** [liai]) ⟨*Anat*⟩ martello *m.*

mallow ['mælou] *s.* ⟨*Bot*⟩ **1** malva *f.* **2** (*dwarf mallow*) malva *f* selvatica.

malm [mɑ:m] *s.* **1** ⟨*Geol*⟩ (*limestone*) calcare *m* biancastro; (*chalky soil*) malm *m.* **2** (*for making bricks*) impasto *m* di gesso e argilla. **3** → **malm brick.** **malm brick** *s.* mattone *m* di gesso e argilla.

malmsey ['mɑ:mzi] *s.* ⟨*Enol*⟩ malvasia *f.*

malnourished [,mæl'nʌriʃd] *a.* malnutrito; (*suffering from insufficient food*) denutrito.

malnutrition [,mælnju:'triʃən] *s.* malnutrizione *f.*

malodorous [mæ'loudərəs] *a.* maleodorante, puzzolente, fetido.

malpractice [,mæl'præktis] *s.* **1** (*in medical care*) negligenza *f* (colposa). **2** ⟨*fig*⟩ (*wrongdoing*) azione *f* disonesta (*o* illecita); (*abuse of an official position*) prevaricazione *f.* **3** ⟨*fig*⟩ (*misuse*) abuso *m.*

malt [mɔ:lt] **I** *s.* **1** malto *m.* **2** → **malt liquor.** → **malted milk. II** *v.t.* **1** trasformare in malto. **2** (*to make with malt*) preparare col malto; (*to treat with malt*) trattare col malto. **III** *v.i.* trasformarsi in malto. □ *to* ~

barley far germinare l'orzo.

Malta ['mɔ:ltə] *N.pr.* ⟨*Geog*⟩ Malta *f.*

malted milk ['mɔ:ltid] *s.* **1** (*powder*) latte e malto *m* polvere. **2** (*drink*) bevanda *f* di latte e malto.

Maltese [mɔ:l'ti:z] **I** *a.* maltese, di Malta. **II** *s.inv.* (*people;* costr. pl.) maltesi *mpl.* **2** (*person*) maltese *m/f.* (*language*) maltese *m.*

Maltese| cat *s.* gatto *m* maltese. **~ cross** ⟨*Arald,Cin,Bot*⟩ croce *f* di Malta. **~ dog** *s.* maltese, cane *m* maltese.

malt extract *s.* estratto *m* di malto.

maltha ['mælθə] *s.* ⟨*Min*⟩ sostanza *f* bituminosa, catra *m* minerale.

malt-house *s.* malteria *f.*

Malthusian [mæl'θju:zjən] **I** *a.* ⟨*Econ*⟩ maltusiano. **II** maltusiano *m* (*f* –a). **Malthusianism** [–izəm] maltusianismo *m.*

malt liquor *s.* (*beer*) birra *f.*

maltose ['mɔ:ltous] *s.* ⟨*Chim*⟩ maltosio *m.*

maltreat [mæl'tri:t] *v.t.* maltrattare, bistrattare. **m. treatment** [–mənt] *s.* maltrattamento *m.*

maltster ['mɔ:ltstə] *s.* maltatore *m.*

malt sugar *s.* → **maltose.**

malty ['mɔ:lti] *a.* del (*o* relativo al) malto.

malvaceous [mæl'veiʃəs] *a.* ⟨*Bot*⟩ delle malvacee.

malversation [,mælvə'seiʃən] *s.* ⟨*Dir*⟩ malversazione *f.*

mama [mə'mɑ:, am. 'mɑ:mə] *s.* → **mamma**[1].

mambo ['mɑ:mbou, 'mæm–] *s.* (*pl.* **-s** [z]) mambo *m.*

Mameluke ['mæməl(j)u:k] *s.* ⟨*Stor*⟩ mammalucco mamelucco *m.* **mameluke** *s.* (*in Moslem countries: sla* schiavo *m.*

mamilla [mæ'milə] *s.* (*pl.* **-llae** [li:]) ⟨*Anat*⟩ capezzolo **mamillary** [–ri] *a.* mammillare. **'mamillate** [–le **mamillated** [–id] *a.* mammellonato.

mamma[1] [mə'mɑ:, am. 'mɑ:mə] *s.* ⟨*fam*⟩ mamma mammina *f.*

mamma[2] ['mæmə] *s.* (*pl.* **mammae** ['mæmi:]) ⟨*Ar* mammella *f.*

mammal ['mæməl] *s.* ⟨*Zool*⟩ mammifero *m.* **mammal** [mə'meiliən] **I** *a.* dei mammiferi, mammaliano. **II** mammifero *m.*

mammalogical [,mæmə'lɔdʒikəl] *a.* mammalogi **mammalogist** [–'mælədʒist] *s.* mammalogo *m* (*f* –a). **mammalogy** [mæ'mælədʒi] *s.* mammalogia *f.*

mammaplasty ['mæməplæsti] *s.* → **mammoplasty.**

mammary ['mæməri] *a.* ⟨*Anat*⟩ mammario: ~ *gl* ghiandola mammaria.

mammectomy [mæ'mektəmi] *s.* ⟨*Chir*⟩ mastectomia *f.*

mammee ['mæmi:, 'mɑ:mei] *s.* ⟨*Bot*⟩ albicocco *m* di Domingo.

mammiferous [mæ'mifərəs] *a.* mammifero.

mammilla [mæ'milə] *s.* (*pl.* **-ae** [–i]) mamilla *f.*

mammogram ['mæməgræm] *s.* ⟨*Radiol*⟩ mammogram *m,* radiogramma *m* della mammella. **mammograp** [–'mɔgrəfi] *s.* ⟨*Med*⟩ mammografia *f,* mastografia *f.*

mammon ['mæmən] *s.* ⟨*Bibl*⟩ mammona *f.* **Mammon** mammona *f: to worship Mammon* adorare mammo **mammonish** [–iʃ] *a.* avido di ricchezze (*o* dena **mammonism** [–izəm] *s.* culto *m* del dena mammonismo *m.*

mammoplasty ['mæməplaesti] *s.* ⟨*Chir*⟩ mammoplast *f.*

mammoth ['mæməθ] **I** *s.* **1** ⟨*Paleont*⟩ mammut *m.* ⟨*fig*⟩ colosso *m,* gigante *m.* **II** *a.* gigantesco, colossale.

mammy ['mæmi] *s.* **1** ⟨*fam*⟩ mamma *f,* mammina *f* ⟨*am*⟩ (*Negro nurse or servant*) bambinaia *f* (*o* camerie negra.

man [mæn] **I** *s.* (*pl.* **men** [men]) **1** uomo *m.* **2** (*manki* uomo *m,* umanità *f,* genere *m* umano: *the rights of* diritti dell'uomo. **3** (*human being, person*) essere *m* umano, persona *f.* **4** (*husband*) marito *m: to live as* ~ *wife* vivere come marito e moglie. **5** ⟨*fam,dial*⟩ (*o* ~ *sweetheart*) innamorato *m,* amante *m,* ⟨*pop*⟩ uomo *m* *pl.* ⟨*Mil*⟩ soldati *mpl,* uomini *mpl* (armati); (*as oppose* *officers*) militari *mpl* (di truppa), soldati *mpl,* truppa *officers and men* ufficiali e soldati. **7** *pl.* ⟨*Ind*⟩ ⟨*work* lavoratori *mpl,* operai *mpl,* dipendenti *mpl.* **8** (*u*

efinitely: anyone) uno *m*, qualcuno *m*, *often translated*
h an impersonal construction: a ~ must live si deve pur
ere. **9** (*as a term of address*) amico *m*, caro *m* mio. **10**
(*draughts, etc.*) pedina *f*; (*in chess*) pezzo *m*. **11**
ort⟩ giocatore *m*, uomo *m*. **12** (*manservant*) servitore
(*valet*) valletto *m*. **13** ⟨*Mar*⟩ (nei composti: *ship*) nave
~ -of-war una nave da guerra. **14** ⟨*Mediev*⟩ (*vassal*)
sallo m. **II** *intz.* ⟨*sl*⟩ caspita, accidenti. **III** *v.t.* (*pret.*,
manned [–d]) **1** ⟨*Mil*⟩ fornire di uomini; (*of a ship*)
equipaggiare, armare; (*to take one's place at*) prendere
posto a (*o* su, in): ~ *the lifeboats!* prendere posto sulle
scialuppe! **2** ⟨*rifl*⟩ farsi animo, farsi forza (*o* coraggio). □
~ chiunque; **as** *one* ~: come un sol uomo,
unanimemente; ~ *and* **boy** dall'infanzia, fin da ragazzo;
~ *in* **charge** l'incaricato; *a* ~ *of the* **cloth** un
ecclesiastico; ⟨*Bibl*⟩ *the* **fall** *of* ~ la caduta dell'uomo; ~
God: 1 uomo *m* di Dio, santo *m*; 2 (*clergyman*)
sacerdote *m*, prete *m; my* **good** ~ mio caro, vecchio mio;
nd *old* ~ decano *m;* ⟨*fig*⟩ *to be only* **half** *a* ~ essere
a mezza cartuccia; *the* ~ *of the* **house** il padrone di
casa; *the* **inner** ~: 1 ⟨*Teol*⟩ l'io interiore, lo spirito; 2
⟨*scherz*⟩ lo stomaco, la pancia: *to satisfy the inner* ~
mangiare, riempirsi la pancia; *to the* **last** ~ = **to** *a man;*
little ~ (*to a child*) il mio ometto; *the* ~ *in the* **moon**
figura umana riconoscibile sulla faccia della luna; ⟨*fam*⟩ *a*
p of whisky will make a **new** ~ *of you* un sorso di
whisky ti rimetterà a nuovo; **no** ~ nessuno; *the* **odd** ~
il terzo incomodo; **old** ~: 1 (*as a term of address*)
amico *m*, vecchio mio; 2 ⟨*fam*⟩ (*father*) padre *m*; 3 ⟨*fam*⟩
⟨*s*⟩ padrone *m;* 4 ⟨*fam*⟩ (*husband*) marito *m; the* **outer**
~: 1 ⟨*Teol*⟩ l'io materiale, il corpo; 2 ⟨*scherz*⟩ l'aspetto
co (*o* esteriore); *to be one's* **own** ~: 1 essere
independente (*o* padrone di se stesso); 2 (*to be o.s. again*)
ritornare a essere se stesso; ⟨*fig*⟩ *a* ~ *of* **straw** un uomo
di paglia; *the* ~ *in the* **street** l'uomo della strada, l'uomo
qualunque; **to** *a* ~ completamente, fino all'ultimo uomo,
tutti quanti: *the crew was lost to a* ~ l'equipaggio andò
completamente perduto; *to speak to s.o.* ~ **to** ~ parlare a
da uomo a uomo; he is a ~ *of his* **word** è un uomo di
parola; *a* ~ *of the* **world** un uomo di mondo. ‖ *he is not*
to go back on his word non è il tipo da rimangiarsi la
parola data; *a* ~*'s* ~ un vero uomo.

-about-'town *s.* uomo *m* di mondo.

acle ['mænəkl] **I** *s.* **1** manetta *f.* **2** *pl.* ⟨*fig*⟩ remora *f*,
catoia *f.* **II** *v.t.* **1** ammanettare. **2** ⟨*fig*⟩ impastoiare,
ceppare, intralciare.

age ['mænidʒ] **I** *v.t.* **1** riuscire a, fare in modo di: *we*
to convince him riuscimmo a convincerlo. **2** ⟨*assol*⟩
cela, riuscire: *we shall ~ on twenty pounds a week* ce la
mo con venti sterline la settimana. **3** (*to run*,
administer) amministrare, dirigere, reggere, governare: *to*
~ a business amministrare un'azienda; *to* ~ *a hotel*
gere un albergo. **4** (*to handle, control*) manovrare,
maneggiare, guidare, governare: *he* ~*s a boat with skill*
manovra abilmente la barca; (*of a person*) manovrare. **5**
n) (*to be able to give or contribute, etc.*) poter dare: *I*
~ five pounds but no more posso dare cinque sterline
niente di più. **6** (*to deal with*) trattare: *he* ~*d the affair*
le-handed trattò l'affare da solo. **7** ⟨*Equit*⟩ addestrare.
v.i. destreggiare, destreggiarsi. □ *to* ~ *fairly well*
barsela; *to* ~ *with* farcela con, arrangiarsi con; *to* ~
without far senza, farne senza, farne a meno; *to* ~ *without*
farcela da solo⸀ (*o* senza aiuto).

ageability [,mænidʒə'biliti] *s.* **1** docilità *f*, arrendevolezza *f.* **2** (*handiness*) maneggevolezza *f.* **3** (*of a*
e) docilità *f.* **'manageable** [–bl] *a.* **1** maneggevole,
trattabile, docile, arrendevole. **2** (*handy*) maneggevole,
manovrabile. **3** (*of a horse*) docile.

agement ['mænidʒmənt] *s.* **1** amministrazione *f*,
gestione *f*, management *m: the* ~ *of a company*
amministrazione di una società. **2** (*skill in managing*)
capacità *f* amministrativa (*o* di direzione). **3** (*body of*
managers) direzione *f*; (*as opposed to labour*) dirigenti
m (*board of managers*) consiglio *m* d'amministrazione.
f a weapon, tool: handling) maneggio *m.* **5** (*devious*
manipulation) maneggio *m*, intrigo *m*, manipolazione *f*,
manovra *f*.

management| account *s.* ⟨*Comm*⟩ conto *m* di gestione.
~ **audit** *s.* controllo *m* direttivo. ~ **board** *s.* consiglio *m*
d'amministrazione. ~ **consultant** *s.* consulente *m* di
direzione. ~ **consulting** *s.* consulenza *f* direzionale. ~
engineer *s.* ingegnere *m* industriale. ~ **science** *s.*
scienza *f* della direzione. ~ **shares** *s.pl.* ⟨*Econ*⟩ azioni *fpl*
di godimento. ~ **skills** *s.pl.* capacità *fpl* manageriali. ~
team *s.* équipe *f* direzionale. ~ **techniques** *s.pl.*
tecniche *fpl* di direzione aziendale. ~ **training** *s.*
formazione *f* dei dirigenti.

manager ['mænidʒə] *s.* **1** dirigente *m*, direttore *m*,
amministratore *m*, manager *m.* **2** ⟨*Comm*⟩ direttore *m*,
gerente *m*, gestore *m: the* ~ *of a hotel* il gestore di un
albergo. **3** ⟨*Sport, Teat*⟩ manager *m.* **4** (*of a household*)
amministratore *m.* **5** (*of an estate*) fattore *m.* **6** ⟨*fam*⟩
(*person who manipulates*) maneggiatore *m* (*f* –trice). **7**
⟨*Dir*⟩ curatore *m* fallimentare. □ ⟨*Comm*⟩ ~*'s* **office**
direzione *f.* **manageress** [–ris] *s.* **1** direttrice *f*,
amministratrice *f.* **2** ⟨*Comm*⟩ gerente *f*. **,managerial**
[–'dʒiəriəl] *a.* **1** direttivo, dirigenziale, manageriale: *a* ~
post un posto direttivo. **2** ⟨*Comm*⟩ dirigente, direttoriale:
the ~ **staff** il personale dirigente. □ ~ *qualities* capacità
fpl manageriali; ⟨*Econ*⟩ ~ *revolution* rivoluzione organizzativa. **,manageriality** [–dʒiəri'æliti] *s.* managerialità
f. **managership** [–ʃip] *s.* direzione *f*, amministrazione *f*,
gerenza *f*.

managing ['mænidʒiŋ] *a.* **1** dirigente, che amministra. **2**
(*fond of managing*) autoritario.

managing| committee *s.* comitato *m* direttivo. ~
director *s.* ⟨*Comm*⟩ amministratore *m* delegato. ~
editor *s.* ⟨*Giorn*⟩ gerente *m* responsabile. ~ **partner** *s.*
⟨*Comm*⟩ socio *m* gerente.

'man-at-'arms *s.* ⟨*Mil.ant*⟩ uomo *m* d'arme, soldato *m*.

manatee, manati [,mænə'ti:] *s.* ⟨*Zool*⟩ **1** tricheco *m.* **2**
(*sea cow*) manato *m* comune, vacca *f* marina. **3**
(*lamantin*) lamantino *m*, manato *m*.

man-child *s.* (*pl.* **men-children**) figlio *m* (maschio),
maschio *m*.

manchineel [,mæntʃi'ni:l] *s.* ⟨*Bot*⟩ ippomane *f*.

Manchu [mæn'tʃu:] **I** *s.* (*pl. inv./*-*s* [z]) **1** manciù *m/f.* **2**
(*language*) manciù *m.* **II** *a.* manciù. **Manchuria** [–riə]
N.pr. ⟨*Geog*⟩ Manciuria *f.* **Manchurian** [–riən] **I** *a.*
mancese. **II** *s.* mancese *m/f.*

manciple ['mænsipl] *s.* (*of a monastery, college, etc.*)
economo *m*.

Mancunian [mæŋ'kju:niən] **I** *s.* abitante *m/f* di
Manchester. **II** *a.* di Manchester, manchesteriano.

mandamus *lat.* [mæn'deiməs] *s.* ⟨*Dir*⟩ mandato *m*,
ingiunzione *f*.

mandarin ['mændərin] **I** *s.* **1** ⟨*Stor*⟩ (*in China*)
mandarino *m.* **2** ⟨*fig*⟩ funzionario *m* pignolo, burocrate
m: the –*s of Whitehall* i burocrati di Whitehall. **3** ⟨*fig*⟩
(*influential literary figure*) letterato *m* influente; (*elder*
traditionalist) anziano tradizionalista *m.* **4** → **mandarin**
orange. Mandarin *s.* lingua *f* mandarina. **II** *a.* **1**
mandarinesco. **2** ⟨*fig*⟩ (*of literary style*) formale,
burocratico.

mandarin| collar *s.* ⟨*Mod*⟩ colletto *m* alla coreana. ~
duck *s.* ⟨*Ornit*⟩ anatra *f* mandarina. ~ **English** *s.*
(*formal style*) inglese *m* burocratico. ~ **orange** *s.* **1**
⟨*Bot*⟩ mandarino *m.* **2** (*colour*) giallo *m* mandarino.

mandatary ['mændətəri] *s.* **1** ⟨*Dir*⟩ mandatario *m* (*f* –a).
2 ⟨*Pol*⟩ stato *m* mandatario.

mandate I *s.* ['mændeit, –dit] **1** ⟨*Stor, Pol*⟩ mandato *m.* **2**
→ **mandated territory. 3** ⟨*Dir*⟩ (*order from a superior*
court) ingiunzione *f*, mandato *m;* (*in civil law*) mandato
m, contratto *m.* **4** (*authoritative command*) mandato *m*,
ingiunzione *f*, ordine *m.* **II** *v.t.* ['mændeit] (*of a territory*)
affidare in mandato.

mandated territory ['mændeitid] *s.* territorio *m* sotto
mandato.

mandator [mæn'deitə] *s.* ⟨*Dir*⟩ mandante *m/f*. **'mandatory** [–dətəri] **I** *a.* **1** ingiuntivo. **2** (*obligatory*) obbligatorio, vincolante: ~ *provision* disposizione obbligatoria. **3** ⟨*Dir*⟩ imperativo. **4** ⟨*Stor*⟩ mandatario: *a*
~ *nation* una nazione mandataria. **II** *s.* → **mandatary.**

mandatory *s.* ⟨*Dir*⟩ ordinanza *f* del tribunale.

man-day *s.* giorno–uomo *m.*

mandible ['mændibl] *s.* 1 ⟨*Anat*⟩ mandibola *f.* mascella *f.* inferiore. 2 ⟨*Ornit,Entom*⟩ mandibola *f.* **man'dibular** [–bjulə] *a.* mandibolare.

mandola [mæn'doulə] *s.* ⟨*Mus*⟩ mandola *f.*

mandolin(e) ['mændəlin] *s.* ⟨*Mus*⟩ mandolino *m.* **mandolinist** [–ist] *s.* mandolinista *m/f.*

mandragora [mæn'drægərə], '**mandrake** [–dreik] *s.* mandragola *f.*

mandrel ['mændrəl], **mandril** [–dril] *s.* 1 ⟨*Mecc*⟩ mandrino *m.* 2 ⟨*Met*⟩ anima *f.* metallica. 3 ⟨*Minier*⟩ piccone *m.* da minatore.

mandrill ['mændril] *s.* ⟨*Zool*⟩ mandrillo *m.*

manducate ['mændjukeit] *v.t.* ⟨*rar*⟩ masticare; (*to eat*) mangiare. **,manduca'tion** [–'keiʃən] *s.* ⟨*Zool*⟩ masticazione *f.* **manducatory** [–kətəri] *a.* ⟨*Zool*⟩ masticatorio.

mane [mein] *s.* ⟨*Zool*⟩ criniera *f.* giubba *f.*

man|–eater *s.* 1 cannibale *m/f.* antropofago *m.* 2 (*animal*) mangiatore *m* (*o* divoratore) di uomini. **~–eating** *a.* antropofago.

maned [meind] *a.* 1 ˈche haˈ (*o* con) la criniera. 2 (nei composti) dalla criniera ...: *long–~* dalla criniera lunga.

manège [mæ'neʒ] *s.* ⟨*Equit*⟩ 1 (*art*) equitazione *f.* 2 (*movements of a trained horse*) arie *fpl* di maneggio. 3 (*school*) maneggio *m.*

manes, Manes ['meini:z] *s.pl.* ⟨*Mitol*⟩ mani *mpl.*

maneuver *am. s./v.,* e *der.* → **manoeuvre**, e *der.*

man Friday *s.* ⟨*scherz*⟩ segretario *m* tuttofare.

manful ['mænful] *a.* 1 virile. 2 (*brave, bold*) coraggioso, audace. **manfulness** [–nis] *s.* 1 virilità *f.* 2 (*courage*) coraggio *m,* audacia *f.*

manganate ['mæŋgəneit] *s.* ⟨*Chim*⟩ manganato *m.*

manganese [,mæŋgə'ni:z, *am.* 'mɔŋgəniz] *s.* ⟨*Chim*⟩ manganese *m.*

manganic [mæn'gænik] *a.* ⟨*Chim*⟩ manganico.

manganiferous [,mæŋgə'nifərəs] *a.* ⟨*Min*⟩ manganesifero.

manganite ['mæŋgənait] *s.* 1 ⟨*Min*⟩ manganite *f.* 2 ⟨*Chim*⟩ ossido *m* manganico idrato.

manganous ['mæŋgənəs] *a.* manganoso.

mange [meindʒ] *s.* ⟨*Veter*⟩ rogna *f,* scabbia *f.*

mangel-wurzel ['mæŋgəlwə:tsəl] *s.* ⟨*Bot*⟩ barbabietola *f* (da foraggio).

manger ['meindʒə] *s.* ⟨*Zootecn*⟩ mangiatoia *f,* greppia *f.*

manginess ['meindʒinis] *s.* 1 ⟨*Veter*⟩ rogna *f.* 2 ⟨*fig*⟩ sordidezza *f,* squallore *m.*

mangle¹ ['mæŋgl] *v.t.* 1 maciullare, stritolare, straziare. 2 ⟨*fig*⟩ rovinare, fare scempio di, sciupare: *to ~ a text with corrections* rovinare un testo con correzioni; (*to misrepresent*) svisare, travisare: *his speech was –d by the press* il suo discorso fu svisato dalla stampa.

mangle² I *s.* ⟨*tecn*⟩ mangano *m.* II *v.t.* manganare, dare il mangano a.

mangler¹ ['mæŋglə] *s.* 1 mangiatore *m.* 2 ⟨*tecn*⟩ tritatutto *m.*

mangler² *s.* 1 manganatore *m* (*f* –trice). 2 (*machine*) mangano *m.*

mango ['mæŋgou] *s.* (*pl.* -s/-es [z]) ⟨*Bot*⟩ mango *m.*

mangold(-wurzel) ['mæŋgəld] *s.* → **mangel-wurzel.**

mangrove ['mæŋgrouv] *s.* ⟨*Bot*⟩ mangle *m.* **mangrove swamp** *s.* mangrova *f,* mangrovia *f.*

mangy ['meindʒi] *a.* 1 ⟨*Veter*⟩ rognoso: *a ~ dog* un cane rognoso. 2 ⟨*fig*⟩ conciato male, malconcio, malridotto; (*of places*) sordido, squallido.

man-handle *v.t.* 1 muovere (*o* manovrare, azionare) a mano. 2 (*to handle roughly*) trattare rudemente, maltrattare, bistrattare.

man-hater *s.* misantropo *m* (*f* –a).

manhole ['mænhoul] *s.* 1 (*of a sewer*) pozzetto *m,* botola *f.* 2 (*of a boiler, etc.*) passo *m* d'uomo. 3 ⟨*Mar*⟩ boccaportello *m.* **manhole cover** *s.* 1 (*of a sewer*) chiusino *m,* tombino *m.* 2 (*of a boiler*) portello *m.*

manhood ['mænhud] *s.* 1 età *f* virile, virilità *f.* 2 (*courage*) coraggio *m,* risolutezza *f.* 3 ⟨*collett*⟩ uomini *mpl.* □ *to grow to ~* diventare adulto.

'**man|–'hour** *s.* ora-uomo *f.* **~hunt** *s.* caccia *f* all'uomo.

mania ['meinjə] *s.* 1 mania *f.* 2 ⟨*pop*⟩ (*craze*) man smania *f,* fissazione *f.* **maniac** [–niæk] I *s.* 1 maniac (*f* –a), pazzo *m* (*f* –a). 2 (*enthusiast, fan*) maniaco –a), fanatico *m* (*f* –a), fissato *m* (*f* –a). II *a.* → **mani** □ *a sex ~* un maniaco sessuale. **maniacal** [mə'nai *a.* 1 pazzo, matto. 2 (*indicating insanity*) da folle: *laugh* una risata da folle. **manic** ['mænik] *a.* ⟨*M* maniaco.

manic-depressive *a.* ⟨*Psic*⟩ maniaco depressivo.

Manich(a)ean [,mæni'ki:ən] I *a.* ⟨*Filos*⟩ manicheo. **I** manicheo *m* (*f* –a). '**Manichee** [–ki:] *s.* 1 manicheo –a). '**Manich(a)eism** [–ki:izəm] *s.* manicheismo *m.*

manicure ['mænikjuə] I *v.t.* 1 (*of the hands, fingern* curare. 2 (*of a person*) fare la manicure a. II *s.* man *f.* **manicurist** [–rist] *s.* manicure *m/f,* manicurista *r*

manifest ['mænifest] I *a.* manifesto, evidente, palese. ⟨*Mar,Aer*⟩ manifesto *m* del carico. III *v.t.* 1 manifes palesare, rivelare, rendere manifesto: *to ~ a desire t s.th.* manifestare il desiderio di fare qc. 2 manifestarsi, rivelarsi, farsi palese. 3 (*to pr* dimostrare, mostrare, provare. 4 ⟨*Mar*⟩ registrare manifesto di carico. IV *v.i.* (*of a spirit, g* manifestarsi, apparire. **,manifes'tation** [–eiʃən] *s.* manifestazione *f,* rivelazione *f.* 2 (*outward expres* manifestazione *f,* sintomo *m,* indizio *m.* 3 (*p demonstration*) manifestazione *f,* dimostrazion (pubblica). **,mani'festo** [–ou] *s.* (*pl.* **-s** [z]) manifest programma *m* politico (*o* culturale).

manifold ['mænifould] I *a.* 1 molteplice, numeroso, v svariato: *the ~ ills of society* i numerosi mali della so 2 (*having many forms*) multiforme. II *s.* 1 ⟨*M* collettore *m.* 2 ⟨*Comm*⟩ copia *f,* facsimile *m.* 3 (*manifold paper*) carta *f* per copie multiple. III *v.t.* diverse copie di.

manikin ['mænikin] *s.* 1 ometto *m,* omino *m;* (*d* nano *m,* pigmeo *m.* 2 → **mannequin.** 3 (*model of h body*) manichino *m.*

manila *s.* → **manilla¹.**

Manila [mə'nilə] *N.pr.* ⟨*Geog*⟩ Manila *f.*

manilla¹ [mə'nilə] *s.* 1 → **manilla cigar.** 2 → ma hemp. 3 → **manilla paper.**

manilla² *s.* (*in Africa*) braccialetto *m,* bracciale *m.*

manilla| cigar *s.* manilla *m.* **~ hemp** *s.* ⟨*Tess*⟩ ma *f,* canapa *f* di Manila, abacà *f.* **~ paper** *s.* ⟨*Cart*⟩ c di Manila.

manioc(a) ['mæniɔk(ə)] *s.* ⟨*Bot*⟩ manioca *f,* cassa tapioca *f.*

maniple ['mænipl] *s.* ⟨*Lit,Stor.rom*⟩ manipolo *m.*

manipulate [mə'nipjuleit] *v.t.* 1 azionare, far mu manovrare: *to ~ the controls of a machine* azion comandi di una macchina; (*to handle skil* maneggiare. 2 (*to handle with the mind*) manov dirigere, guidare; (*of persons*) manovrare, maneggia (*to manage insidiously*) raggirare, abbindolare. 4 (*to* alterare, manipolare: *to ~ figures* alterare le **ma,nipu'lation** [–'leiʃən] *s.* 1 azionamento *m,* mano 2 (*management, handling*) amministrazione *f,* man *m.* 3 (*unfair management*) intrigo *m,* manipolazio maneggio *m: to win an election by ~* vincere un'ele con l'intrigo. 4 (*altering*) manipolazione *f,* alterazio **manipulative** [–iv] *s.* → **manipulatory. manipu** [–ə] *s.* 1 manipolatore *m* (*f* –trice) (*anche fig.*). 2 manipolatore *m.* **manipulatory** [–lətəri] *a.* manipolazione.

mankind [mæn'kaind] *s.* 1 umanità *f,* genere *m* uma (*men as distinguished from women*) uomini *mpl,* ses maschile.

manlike ['mænlaik] *a.* 1 antropomorfo, che ha • umana. 2 (*manly*) virile, maschio, mascolino, da uo **manliness** ['mænlinis] *s.* virilità *f,* mascolinità *f.* **M** [–li] *a.* 1 virile, maschio, da uomo: *~ voice* voce *~* (*bold, resolute*) coraggioso, virile, forte, risolut (*appropriate to a man*) maschile, da uomo; *~ sports* maschili.

'**man|–'made** *a.* 1 fatto dall'uomo. 2 (*synthetic*) artifi sintetico: *~ fibre* fibra artificiale. **~–made landsca** paesaggio *m* trasformato dall'intervento dell'u

~-minute s. minuto-uomo m.

anna ['mænə] s. ⟨Bibl,Bot,fig⟩ manna f.

anna| ash s. ⟨Bot⟩ orn(i)ello m, frassino m da manna. **~ sugar** s. → **mannitol.**

anned [mænd] a. **1** ⟨Aer,Astron⟩ còn equipaggio umano: **~ space capsule** capsula spaziale con equipaggio umano. **2** ⟨Mar⟩ (of a ship) armato, equipaggiato. □ ⟨Astron⟩ **~** *light* volo con equipaggio.

annequin ['mænik(w)in] s. **1** manichino m. **2** (model) ndossatore m (f –trice), modella f.

anner ['mænə] s. **1** modo m, maniera f. **2** pl. (behaviour) maniere fpl, modi mpl, comportamento m: *good –s* buone maniere; (good social conduct) educazione ˙ (buona) creanza f, buone maniere fpl: *learn some –s!* mpara l'educazione! **3** pl. (social conditions) costumi mpl, usanze fpl, consuetudini fpl. **4** (way of behaving) modo m li fare (o comportarsi), tratto m, modi mpl: *she has an awkward ~* ha un modo di fare sgraziato. **5** (habit, usage) abitudine f, usanza f, modo m: *as was his ~* com'era sua abitudine. **6** (style) maniera f, stile m: *a painting in the ~ of Constable* un dipinto nello stile di Constable. □ **after one's own ~** a modo proprio; *after the ~ of* alla maniera li, nello stile di; **all ~ of** ogni genere (o sorta) di; *it is bad –s to stare at people* non sta bene guardare fisso la ente; *to the ~* **born** nato per: *he was a diplomat to the ~ born* era nato per fare il diplomatico; ⟨Teat⟩ *a* **comedy** *of –s* una commedia di costume; *to behave in the* **grand ~** omportarsi da vecchio gentiluomo; **in** *a ~* in (un) certo qual modo, fino a un certo punto; *chicken cooked in the Spanish ~* pollo cucinato alla spagnola; *by all ~ of* **means** ertamente; *by* **no** (o any) **~ of means** affatto, ssolutamente, per niente; *he has* **no** *–s* è uno screanzato, un maleducato; *have you* **no** *–s?* chi ti ha insegnato l'educazione?; *in a ~ of* **speaking** per così dire, per modo li dire; *in* **such** *a ~ that* in modo (o maniera) tale da (o he); *to* **teach** *s.o.* (some) *–s* insegnare a qd. 'le buone maniere¹ (o l'educazione). Prov.: *–s make the man* i modi fanno l'uomo. ‖ *where are your –s?* è così che ci si omporta?, che modi sono questi?

annered ['mænəd] a. **1** (nei composti) ... educato: *well–~* beneducato; *ill–~* maleducato. **2** (having mannerisms) manierato, ricercato, affettato: *a ~ style* uno tile manierato. **3** ⟨Art⟩ di maniera.

annerism ['mænərizəm] s. **1** modo m (particolare, aratteristico), maniera f (personale): *–s of speech* modi di arlare. **2** ⟨Lett,Art,Psic⟩ manierismo m. **Mannerism** s. ⟨Art⟩ manierismo m. **mannerist** [–rist] s. ⟨Lett,Art⟩ nanierista m/f. **Mannerist** s. ⟨Art⟩. manierista m/f.

annerless ['mænəlis] a. maleducato, screanzato.

annerliness ['mænəlinis] s. educazione f, (buona) reanza f, cortesia f, civiltà f. **mannerly** [–li] a. educato, ortese, civile.

annikin ['mænikin] s. → **manikin.**

anning ['mæniŋ] s. **1** assegnazione f del personale (a un eparto, una mansione). **2** ⟨Mil⟩ equipaggiamento m, rmamento m.

annish ['mæniʃ] a. maschile, mascolino, maschio, da 'omo. **mannishness** [–nis] s. mascolinità f.

annite ['mænait] s. ⟨non com⟩ → **mannitol. mannitol** [–nitɔl] s. ⟨Chim⟩ mannite f, mannitolo m.

anoeuvrability [mə,nu:vrə'biliti] s. manovrabilità f, naneggevolezza f. **ma'noeuvrable** [–bl] a. **1** nanovrabile. **2** (of a vehicle, etc.) maneggevole, (fa-ilmente) manovrabile.

anoeuvre [mə'nu:və] **I** s. **1** ⟨Mil⟩ manovra f. **2** pl. Mil⟩ (series of exercises) manovre fpl, esercitazioni fpl: *to 'o on –s* andare alle manovre. **3** ⟨fig⟩ (adroit move) nanovra f, stratagemma m; (evasive move) maneggio m, aggiro m, manovra f. **4** ⟨Aer⟩ evoluzione f, manovra f. **I** v.t. **1** ⟨Mil⟩ manovrare. **2** (to move skilfully) nanovrare, far manovra con: *to ~ a car into a parking place* far manovra con un'automobile per entrare in un 'archeggio. **3** ⟨fig⟩ (to manipulate adroitly) manovrare; *o direct adroitly*) dirigere, guidare, manovrare. **4** ⟨rifl⟩ lestreggiarsi: *to ~ o.s. out of an embarrassing situation* lestreggiarsi in modo da togliersi d'impaccio. **5** ⟨Aer⟩ far are evoluzioni a. **III** v.i. **1** ⟨Mil⟩ manovrare. **2** (to move

skilfully) manovrare, far manovra. **3** ⟨fig⟩ brigare, manovrare, intrigare. □ *to ~ s.o. into a job* riuscire con maneggi a procurare un posto a qd.; *to ~ the enemy out of a position* cacciare il nemico da una posizione; *to ~ one's way into s.o.'s confidence* carpire la fiducia di qd.; *to ~ one's way to victory* ottenere la vittoria con uno stratagemma.

manoeuvring area [mə'nu:vriŋ] s. ⟨Mil⟩ zona f di manovra.

man|-of-'all-work s. domestico m tuttofare. **,~-of-'war** s. **1** ⟨Mar.mil⟩ nave f da guerra. **2** ⟨Ornit⟩ → **man-o'-war bird.**

manometer [mə'nɔmitə] s. ⟨Fis⟩ manometro m. **manometric** [,mænə'metrik], **manometrical** [,mænə'metrikəl] a. manometrico.

manor ['mænə] s. **1** ⟨Mediev⟩ feudo m. **2** (hall, mansion) villa f, casa f padronale, residenza f di campagna. □ ⟨Mediev⟩ *lord of the ~* signore m feudale, feudatario m.

manor house s. **1** casa f padronale. **2** ⟨Mediev⟩ maniero m.

manorial [mə'nɔ:riəl] a. **1** di un maniero. **2** (based on the manor) feudale.

,man-o'-'war bird s. ⟨Ornit⟩ fregata f, aquila f di mare.

manpower ['mænpauə] s. forza f (o forze fpl) di lavoro.

manqué fr. [mɑ̃'kei] a. mancato: *an artist ~* un artista mancato.

mansard ['mænsɑ:d] s. ⟨Arch⟩ **1** → **mansard roof. 2** (storey) mansarda f. **mansard roof** s. ⟨Arch⟩ tetto m a mansarda.

manse [mæns] s. casa f parrocchiale.

manservant ['mænsə:vənt] s. (pl. **menservants** ['mensə:vənts]) servitore m, domestico m; (valet) valletto m.

mansion ['mænʃən] s. **1** palazzo m, casa f signorile. **2** → **manor-house. 3** pl. (block of flats) palazzo m, casamento m. **4** ⟨rar⟩ (abode) dimora f.

mansion house s. villa f, casa f padronale, residenza f di campagna. **Mansion-House** s. residenza f ufficiale del sindaco (di Londra).

man|-size(d) a. ⟨fam⟩ adatto a un uomo. □ *a ~ meal* un pasto abbondante. **~slaughter** s. **1** omicidio m. **2** ⟨Dir⟩ omicidio m colposo (o preterintenzionale). **~slayer** s. omicida m/f.

mansuetude ['mænswitju:d] s. mansuetudine f, docilità f, mitezza f.

manta ray ['mæntə] s. ⟨Itt⟩ manta f.

mantel ['mæntl] s. ⟨Arch⟩ **1** → **mantelpiece. 2** → **mantelshelf. 3** → **mantel-tree.**

mantel|piece s. ⟨Arch⟩ cappa f del camino. **~shelf** s.irr. mensola f del camino, caminiera f. **~–tree** s. trave f (o arco m) di sostegno.

mantic ['mæntik] **I** s. mantica f. **II** a. profetico, divinatorio.

mantilla [mæn'tilə] s. ⟨Vest⟩ mantiglia f.

mantis ['mæntis] s. (pl. **-tises** [tisiz]/**-tes** [ti:z]) ⟨Entom⟩ mantide f.

mantissa [mæn'tisə] s. ⟨Mat⟩ mantissa f.

mantle [mæntl] **I** s. **1** ⟨Vest⟩ mantello m, mantella f, manto m. **2** ⟨fig⟩ manto m, coltre f, mantello m: *a green ~ covered the valley* un manto verde ricopriva la valle. **3** (for a gas jet, etc.) reticella f, calza f. **4** ⟨Ornit⟩ penne fpl dorsali. **5** ⟨Zool⟩ (in a mollusc) mantello m. **6** ⟨Mur⟩ manto m. **II** v.t. **1** ammantare, coprire (o avvolgere) con un manto. **2** ⟨fig⟩ ammantare, coprire, avvolgere. **III** v.i. **1** arrossire. **2** (of liquids) coprirsi di schiuma. **3** (of a hawk) spiegare le ali.

'man-to-'man a. da uomo a uomo, aperto, franco: *a ~ talk* un discorso da uomo a uomo.

man-trap s. **1** trappola f (o tagliola f) per uomo. **2** ⟨am.fam⟩ (seductive woman) accalappiatrice f di uomini, maliarda f, fatalona f.

mantua ['mæntjuə, –tʃuə] s. **1** ⟨Stor⟩ tunica f. **2** ⟨Vest⟩ (mantle) mantella f, mantello m.

Mantua ['mæntjuə] N.pr. ⟨Geog⟩ Mantova f. **Mantuan** [–n] **I** a. mantovano. **II** s. mantovano m (f –a).

manual ['mænjuəl] **I** a. **1** manuale: *~ skill* abilità manuale; *~ labour* lavoro manuale. **2** (worked by the *hands*) azionato a mano. **II** *s.* **1** manuale *m.* **2** ⟨*Mus*⟩ manuale *m,* tastiera *f* (dell'organo).

manual‖ alphabet *s.* alfabeto *m* dei sordomuti. **~ exercise** *s.* ⟨*Mil*⟩ maneggio *m* delle armi.

manually ['mænjuəli] *avv.* manualmente, a mano.

manual‖ skill *s.* capacità *f* manuale. **~ worker** *s.* manovale *m.*

Manuel ['mænjuəl] (*dim. di Emmanuel*) *N.pr.* Emanuele *m.*

manufactory [ˌmænju'fæktəri] *s.* ⟨*ant*⟩ manifattura *f,* fabbrica *f,* stabilimento *m.*

manufacture [ˌmænju'fæktʃə] **I** *s.* **1** produzione *f,* fabbricazione *f: the ~ of cars* la produzione di automobili. **2** (*method or style of manufacturing*) fattura *f.* **3** (*thing manufactured*) manufatto *m,* prodotto *m* (di manifattura). **4** ⟨*spreg*⟩ (*mechanical creation*) produzione *f* in serie. **II** *v.t.* **1** fabbricare, produrre, confezionare; (*of raw materials*) lavorare. **2** ⟨*estens*⟩ (*to make, create*) creare, produrre. **3** ⟨*spreg*⟩ (*to make mechanically*) fare (*o* produrre) in serie. **4** ⟨*fig*⟩ inventare, fabbricare: *to ~ an excuse* inventare una scusa. **manufacturer** [-rə] *s.* **1** fabbricante *m,* produttore *m.* **2** (*owner or operator of a factory*) industriale *m.* **manufacturing** [-riŋ] **I** *s.* fabbricazione *f,* produzione *f.* **II** *a.* **1** manifatturiero, di manifattura. **2** (*of a district, town*) industriale, manifatturiero: *a ~ centre* un centro industriale.

manufacturing‖ date *s.* data *f* di fabbricazione. **~ process** *s.* ⟨*Ind*⟩ processo *m* di fabbricazione.

manumission [ˌmænju'miʃən] *s.* ⟨*Dir.rom*⟩ manomissione *f.* **manumit** [-'mit] *v.t.* (*pret., p.p.* **manumitted** [-'mitid]) manomettere, affrancare.

manure [mə'njuə] **I** *s.* ⟨*Agr*⟩ concime *m; (animal excrement*) letame *m,* concime *m* organico. **II** *v.t.* concimare.

manure‖ heap *s.* ⟨*Agr*⟩ letamaio *m.* **~ peat** *s.* torba *f* fertilizzante. **~ pit** *s.* ⟨*Agr*⟩ letamaio *m,* concimaia *f.* **~ spreader** *s.* spandiletame *m.*

manurial [mə'njuəriəl] *a.* del letame.

manuring [mə'njuəriŋ] *s.* letamazione *f.*

manuscript ['mænjuskript] **I** *s.* manoscritto *m.* **II** *a.* manoscritto, scritto a mano. □ *a ~ will* un testamento olografo.

manward ['mænwəd] **I** *a.* rivolto all'uomo. **II** *avv.* verso l'uomo.

man-week *s.* settimana-uomo *f.*

Manx [mæŋks] **I** *a.* dell'isola di Man, mannese, manx. **II** *s.* mannese *m,* manx *m.*

Manx‖ cat *s.* ⟨*Zool*⟩ gatto *m* dell'isola di Man. **~man** [mən] *s.irr.* mannese *m.*

many ['meni] **I** *a.* (*compar.* **more** [mɔː], *sup.* **most** [moust]) **1** molti, numerosi, svariati, parecchi: *~ years* molti anni; *~ times* svariate volte. **2** (*with the indefinite article*) molti, parecchi, più di uno (*o* una): *~ a man has tried* molti uomini hanno tentato; *it happened ~ a time* accadde più di una volta. **II** *s.* (costr. pl.) **1** molti *mpl: ~ of us* molti di noi; *were there ~?* erano in molti? **2** (*majority of people*) i più, maggioranza *f,* maggior parte *f: the ~ and the few* i più e i meno, la maggioranza e la minoranza; (*masses*) massa *f.* □ *as ~ again* = **twice** *as many as;* **as** ~ altrettanti, lo stesso numero di: *he wrote three poems in as ~ days* scrisse tre poesie in altrettanti giorni; *as ~ as:* 1 (tanti) quanti: *you can have as ~ as you want* ne puoi prendere (tanti) quanti ne vuoi; 2 (*no less than*) non meno di, ben, almeno: *he smokes as ~ as twenty cigarettes a day* fuma non meno di venti sigarette al giorno; *a coat of ~ colours* una giacca multicolore; *a* good (*o* great) *~* moltissimi; **how** *~?* quanti?; *as ~* **more** = **twice** *as many as;* ⟨*poet*⟩ *a ~ time and oft* spesso, molte volte; **one** *too ~* (uno) di troppo; ⟨*fig*⟩ *he's had one too ~* ne ha bevuto uno di troppo; ⟨*fam*⟩ *to be one too ~ for* essere di gran lunga superiore a, essere troppo forte per; **so** *~* tanti: *they behaved like so ~ children* si comportavano come tanti bambini; *~ is the* **time** *I have heard that song* ho sentito molte volte quella canzone; **too** *~* troppi: *you eat too ~ sweets* mangi troppi dolciumi; *three too ~* tre di troppo; **twice** *as ~ as* il doppio, due volte tanto; *in so ~* **words** (così) chiaramente,

esplicitamente.

'many‖-'colored *am.,* **'~-'coloured** *a.* multicolo policromo, variegato. **~-'headed** *a.* **1** dalle molte teste ⟨*spreg*⟩ (*of the people*) popolare: *~ dictatorship* dittat popolare.

manyplies ['meniplaiz] *s.pl.* (costr. sing.) ⟨*Zool*⟩ oma *m.*

'many-'sided *a.* **1** che ha molti lati, di più l; multilaterale. **2** ⟨*fig*⟩ (*of things*) complesso, multiforme: *~ argument* un argomento complesso; (*of perso* multiforme, versatile, poliedrico.

Mao flu *s.* ⟨*Med.fam*⟩ asiatica *f.*

Maoism ['mauiz(ə)m] *s.* maoismo *m.* **Maoist** ['mauist** maoista *m/f.*

Maori ['mauri, 'mɑːri] **I** *s.* (*pl. inv./*-s [z]) **1** maori *m/f.* (*language*) maori *m,* lingua *f* maori. **II** *a.* dei mao maori.

map [mæp] **I** *s.* **1** carta *f* (geografica), mappa *f: a ~ Europe* una carta dell'Europa. **2** ⟨*Astr*⟩ carta *f* celeste. ⟨*am.sl*⟩ (*face*) faccia *f.* **II** *v.t.* (*pret., p.p.* **mapped** [-t] fare la carta (*o* mappa) di, rappresentare su una carta. ⟨*Topogr*⟩ (*to survey*) rilevare. **3** ⟨*fig*⟩ (general. con *o* abbozzare, tracciare, schizzare: *to ~ out a plan* abbozz; un piano; *to ~ out a programme* tracciare un programm **4** ⟨*Biol*⟩ mappare. □ *off the ~:* 1 inaccessib lontanissimo, ⟨*fam*⟩ a casa del diavolo: *their house is w off the ~* abitano a casa del diavolo; 2 (*unimporta* senza importanza; ⟨*fam*⟩ *to put on the ~* rendere fam (*o* noto, importante), far conoscere; ⟨*fam*⟩ *to wipe off ~* cancellare dalla faccia della terra, distrugge annientare; *~ of the world* planisfero *m.*

map‖ collection *s.* cartoteca *f.* **~ grid** *s.* ⟨*Topo* reticolo *m* della carta.

maple ['meipl] *s.* ⟨*Bot*⟩ acero *m.*

maple‖ sugar *s.* zucchero *m* d'acero. **~ syrup** *s.* scirop *m* d'acero.

map‖ maker *s.* cartografo *m.* **~ making** *s.* cartogra *f.*

maquis [mɑː'kiː] *s.inv.* **1** ⟨*Stor*⟩ maquis *m.* **2** *Mediterranean coasts*) macchia *f.*

mar [mɑː] *v.t.* (*pret., p.p.* **marred** [-d]) **1** sciupa guastare, rovinare, danneggiare. **2** (*to damage materia* sfigurare, deturpare.

mar. = **1** *marine* marino. **2** *maritime* marittimo. *married* coniugato (*abbr.* coniug.).

Mar. = *March* marzo (*abbr.* mar.).

marabou ['mærəbuː] *s.* ⟨*Ornit*⟩ marabù *m.*

marabout ['mærəbuːt] *s.* ⟨*Rel*⟩ **1** marabut(to) *m,* sant *m.* **2** (*tomb, shrine*) marabut *m,* mausoleo *m.*

marasca [mə'ræskə] *s.* **1** ⟨*Bot*⟩ marasco *m.* **2** maraschino cherry.

maraschino *it.* [ˌmærə'skiːnou] *s.* (*pl.* -s [z]) (*lique* maraschino *m.*

maraschino cherry *s.* (a)marasca *f,* ciliegia *f* maras visciola *f.*

marasmic [mə'ræzmik] *a.* ⟨*Med*⟩ marasmico. **marasm** [-məs] *s.* marasma *m.*

marathon ['mærəθɔn, -θən] **I** *s.* **1** ⟨*Sport*⟩ maratona *f* ⟨*estens*⟩ (*any long–distance race*) gara *f* di fondo. ⟨*estens*⟩ (*endurance contest*) gara *f* di resistenza, marat *f: a dance ~* una maratona di ballo. **4** ⟨*fig*⟩ maratona *j diplomatic ~* una maratona diplomatica. **II** lunghissimo, chilometrico, fiume.

Marathon *N.pr.* ⟨*Geog*⟩ Maratona *f.*

marathon runner *s.* ⟨*Sport*⟩ maratoneta *m/f.*

maraud [mə'rɔːd] **I** *v.i.* fare scorrerie. **II** *v.t.* preda saccheggiare. **marauder** [-ə] *s.* predone *m,* saccheggiat *m.* **marauding** [-iŋ] *a.* dedito al saccheggio: *~ ba* bande dedite al saccheggio.

marble ['mɑːbl] **I** *s.* **1** marmo *m.* **2** (*sculpture, e* marmo *m: the Elgin* -s i marmi di Elgin. **3** (*little l used in games*) bi(g)lia *f,* pallina *f.* **4** *pl.* (*game;* co sing.) gioco *m* delle bilie. **II** *a.* **1** di marmo, marmore **~ statue** una statua marmorea; *a ~-topped table* tavolo col piano di marmo. **2** (*marbled*) marezza marmorizzato, marbré. **3** ⟨*fig*⟩ (*callous*) di marmo, du *a ~ heart* un cuore di marmo; (*cold*) freddo, marmore

'g) (*white, pale*) marmoreo, bianco, pallidissimo. **III** *v.t.*
armorizzare, marezzare. **marbled** [–d] *a.* **1** marmo-
zzato, marezzato, marbré. **2** ⟨*Legat*⟩ marmoriz-
.to, a venature (di vario colore), marbré.

rbleization [‚mɑ:blai'zeiʃən] *am. s.* → **marbling.**
arbleize [–aiz] *am. v.* → **marble.**

rble quarry *s.* cava *f* di marmo.

rbling ['mɑ:bliŋ] *s.* **1** marmorizzazione *f*, marezzatura
2 (*marbled appearance*) marmorizzatura *f*, marezzatura
marbly [–li] *a.* **1** marmoreo. **2** ⟨*fig*⟩ (*callous*) di
armo, duro; (*cold*) freddo, marmoreo.

rc [mɑ:k] *s.* **1** ⟨*Enol*⟩ vinaccia *f*; (*type of brandy*) tipo
grappa. **2** (*olive residues*) sansa *f.* **3** ⟨*Farm*⟩ residuo *m*
solubile.

rcel [mɑ:'sel] **I** *v.t.* (*pret., p.p.* **marcelled** [–d]) (*of the
uir*) ondulare con i ferri. **II** *s.* (*marcel wave*) ondulazione
con i ferri.

rcescence [mɑ:'sesns] *s.* ⟨*Bot*⟩ marcescenza *f.*
arcescent [–nt] *a.* marcescente.

rch[1] ['mɑ:tʃ] **I** *v.i.* **1** marciare, avanzare a passo di
arcia; (*to set out marching*) mettersi in marcia. **2** (*to
dvance steadily*) avanzare con decisione, muoversi con
solutezza. **3** ⟨*fig*⟩ progredire, procedere, avanzare. **II** *v.t.*
⟨*Mil*⟩ far marciare. **2** (*to force to go*) condurre a forza,
▸stringere ad andare: *the policeman –ed him into the
ation* il poliziotto lo condusse a forza al commissariato.
(*of a distance*) percorrere marciando. □ *to* ~ **along**
ilare; ⟨*Mil*⟩ *to* ~ *at* (o *on*) *the* **double** andare a passo di
rica; *she –ed* **into** *the shop and demanded the manager*
atrò risolutamente nel negozio e chiese di vedere il
rettore; *to* ~ **off:** 1 mettersi in marcia; 2 (*to set off
eadily*) muoversi con decisione (o risolutezza); *to* ~ **out**
scire marciando; ⟨*Mil*⟩ *to* ~ **past** sfilare (davanti); *to* ~
ith (*to be in accord with*) concordare con, corrispondere
we must ~ *with the times* dobbiamo marciare con i
mpi.

rch[2] **I** *s.* marcia *f* (*anche Mus.*): *a day's* ~ un giorno
marcia. **2** (*marching step or stride*) passo *m* di marcia.
⟨*fig*⟩ (*advance*) il procedere, corso *m*: *the* ~ *of time* il
rocedere del tempo; (*progress*) progresso *m*: *the* ~ *of
chnology* il progresso della tecnologia. **II** *intz.* mar(s)c',
arsh: *forward* ~! avanti marc'! □ *on the* ~: 1 in marcia;
⟨*fig*⟩ in progresso; ⟨*fig*⟩ *to steal a* ~ *on s.o.*
vantaggiarsi su qd. a sua insaputa.

rch[3] *s.* **1** (*border region*) regione *f* (o zona) di confine;
rontier) frontiera *f*, confine *m.* **2** *pl.* ⟨*Stor.brit*⟩ regione *f*
confine tra Inghilterra e Scozia (o Galles). **3** ⟨*Stor*⟩
arca *f.*

arch *s.* marzo *m.* □ *Prov.:* ~ *comes in like a lion and
es out like a lamb* marzo entra da leone e se ne va da
gnello.

arch. = *Marchioness* marchesa.

rcher[1] ['mɑ:tʃə] *s.* marciatore *m* (*f* –trice).

rcher[2] *s.* ⟨*Stor*⟩ abitante *m/f* di un paese di confine.
(*officer, lord*) governatore *m* di una marca.

rching ['mɑ:tʃiŋ] *a.* **1** che marcia, in marcia. **2** (*for
arching*) da marcia: ~ *boots* stivali da marcia.

rching orders *s.pl.* ⟨*Mil*⟩ ordine *m* di partenza. □
am) *to give s.o. his* ~: 1 mandare via qd.; 2 (*to give
ders to*) dare ordini a qd.; 3 (*to dismiss*) licenziare qd.

rchioness ['mɑ:ʃənis] *s.* marchesa *f.*

rch land *s.* regione *f* (o territorio *m*) di confine.

rchpane ['mɑ:tʃpein] *s.* → **marzipan.**

rch-past *s.* ⟨*Mil*⟩ sfilata *f*, rivista *f.*

arcia ['mɑ:ʃə] *N.pr.* Marzia *f.*

rconi, Marconi [mɑ:'kouni] *v.t.* ⟨*Tel*⟩ radiotelegrafare.
arconigram [–græm] *s.* marconigramma *m*, radio-
amma *m.*

arcus ['mɑ:kəs] *N.pr.* Marco *m.*

re [mɛə] *s.* cavalla *f*, giumenta *f*, puledra *f.* □ *grey* ~
walla storna.

re's| **nest** *s.* grossa delusione *f*, scoperta *f* deludente. ~
il *s.* **1** ⟨*Bot*⟩ ippuride *f.* **2** *pl.* ⟨*Meteor*⟩ cirro *m* a coda
cavallo.

argaret ['mɑ:gərit] *N.pr.* Margherita *f.*

rgarin(e) [‚mɑ:dʒə'ri:n, *am.* 'mɑ:dʒərin] *s.* margarina *f.*

rge [mɑ:dʒ] (*accorc. di margarine*) *s.* ⟨*fam*⟩ margarina

f.

Margery ['mɑ:dʒəri] *N.pr.* Margherita *f.*

margin ['mɑ:dʒin] **I** *s.* **1** margine *m*, orlo *m*, bordo *m*: *the
~ of the forest* il margine della foresta. **2** (*on a page*)
margine *m*: *to make notes in the* ~ annotare a margine. **3**
(*amount above what is necessary*) margine *m*: *to allow a* ~
for error consentire un margine d'errore; (*amount below
which s.th. is impossible or undesirable*) limite *m*: *the* ~ *of
endurance* il limite della sopportazione. **4** ⟨*Comm,Econ*⟩
margine *m*. **5** ⟨*Econ*⟩ (*cover deposit*) scarto *m*, deposito *m*
a garanzia. **6** ⟨*Sport*⟩ vantaggio *m*. **7** ⟨*Psic*⟩ (*margin of
consciousness*) margine *m*. **II** *v.t.* **1** marginare, delimitare
con margini, bordare. **2** (*to annotate with marginal notes*)
annotare a margine, scrivere in margine a, ⟨*burocr*⟩
emarginare. **3** ⟨*Econ*⟩ coprire con un deposito a garanzia.
□ ⟨*Comm*⟩ *as per* ~ come indicato a margine; ⟨*fig*⟩ *by a
narrow* ~ per un pelo; ⟨*fig*⟩ ~ *of power* margine *m* di
potere; ~ *release key* tasto *m* liberamargine; ⟨*fig*⟩ *to win
by a wide* ~ vincere con un largo margine.

marginal ['mɑ:dʒinl] *a.* **1** marginale, del margine. **2**
(*written in the margin*) (posto) a margine, marginale: ~
notes note a margine. **3** (*relatively unimportant*)
marginale: ~ *difference* differenza marginale. **4** ⟨*Econ*⟩
marginale: ~ *analysis* analisi marginale. **5** ⟨*Agr,Econ*⟩ (*of
land*) che lascia scarso margine (economico). **6** ⟨*Parl*⟩ (*of
an electoral seat*) tenuto da una stretta maggioranza.

marginal| **case** *s.* caso *m* limite. ~ **clause** *s.* clausola *f*
marginale. ~ **cost** *s.* ⟨*Econ*⟩ costo *m* marginale. ~
efficiency *s.* efficienza *f* marginale.

marginalize ['mɑ:dʒinəlaiz] *v.t.* ⟨*fig*⟩ emarginare (*anche
Social.*).

marginally ['mɑ:dʒinəli] *avv.* **1** poco, leggermente: ~
better leggermente meglio. **2** (*in the margin*) marginalmente, a (o in) margine.

marginal| **productivity** *s.* ⟨*Econ*⟩ produttività *f*
marginale. ~ **sea** *s.* ⟨*Dir,Pol*⟩ acque *fpl* territoriali. ~
utility *s.* ⟨*Econ*⟩ utilità *f* marginale.

marginate ['mɑ:dʒineit] **I** *a.* → **marginated. II** *v.t.*
marginare (*anche Tip.*). **marginated** [–id] *a.* marginato
(*anche Tip.*).

margin| **call** *s.* ⟨*Econ*⟩ richiesta *f* di copertura. ~ **stop** *s.*
⟨*Tip*⟩ marginatore *m.*

margravate ['mɑ:grəvit] *s.* ⟨*Stor*⟩ margraviato *m.*
margrave [–greiv] *s.* margravio *m.* **margraviate**
[–'greivieit] *s.* → **margravate.**

marguerite [‚mɑ:gə'ri:t] *s.* ⟨*Bot*⟩ pratolina *f*, margheritina
f.

Marian ['mɛəriən] **I** *a.* **1** ⟨*Rel*⟩ mariano, di Maria
Vergine. **2** ⟨*Stor*⟩ (*of Mary Queen of Scots*) di Maria
Stuarda; (*of Mary Tudor*) di Maria Tudor. **II** *s.* ⟨*Stor*⟩
sostenitore *m* (*f* –trice) di Maria Stuarda.

Marie [mə'ri:] *N.pr.* Maria *f.*

marigold ['mærigould] *s.* ⟨*Bot*⟩ calendola *f*, fiorrancio *m.*

marihuana, marijuana [‚mɑ:ri'hwɑ:nə] *s.* **1** marijuana *f.*
2 ⟨*Bot*⟩ canapa *f.*

marimba [mə'rimbə] *s.* ⟨*Mus*⟩ marimba *f.*

marinade **I** *s.* [‚mæri'neid] ⟨*Gastr*⟩ **1** (*seasoned mixture*)
marinata *f.* **2** (*meat, fish*) marinato *m*, vivanda *f*
marinata. **II** *v.t.* ['mærineid] marinare. '**marinate** [–neit]
v. → **marinade.**

marine [mə'ri:n] **I** *a.* **1** marino, di (o del) mare: ~ *life*
vita marina. **2** (*nautical, naval*) marittimo, nautico,
navale: ~ *navigation* navigazione marittima. **3** (*am.Mil*)
(*of marines*) dei fanti di marina. **II** *s.* **1** marina *f.* **2**
⟨*Mar.mil*⟩ fante *m* di marina, marinaio *m.* **3** ⟨*am.Mar*⟩
fante *m* di marina, marine *m.* **4** ⟨*Pitt*⟩ marina *f* □ ⟨*fam*⟩
tell that (o *it*) *to the* –*s* va' a raccontarla altrove (o
a qualcun altro).

marine| **carrier** *s.* vettore *m* marittimo. ~ **Corps** *am. s.*
⟨*Mar.mil*⟩ fanteria *f* di marina. ~ **engine** *s.* ⟨*Mot*⟩
motore *m* marino. ~ **engineer** *s.* **1** ingegnere *m* navale.
2 ⟨*Mar*⟩ ufficiale *m* di macchina. ~ **engineering** *s.*
ingegneria *f* navale. ~ **environment** *s.* ambiente *m*
marino. ~ **insurance** *s.* assicurazione *f* marittima. ~ **oil
pollution** *s.* inquinamento *m* da petrolio, ⟨*fam*⟩ marea *f*
nera. ~ **policy** *s.* polizza *f* di assicurazione marittima. ~
pollution *s.* inquinamento *m* marino (o del mare).

mariner ['mærinə] *s.* ⟨*lett*⟩ marinaio *m.*
marine| resources *s.pl.* risorse *fpl* marine. ~ **science** *s.* scienza *f* marina.
mariner's compass *s.* bussola *f.*
Marinism [mə'ri:nizəm] *s.* ⟨*Lett*⟩ marinismo *m.*
 Marinist [-nist] *s.* marinista *m/f.*
Mariolatry [,mæri'ɔlətri] *s.* ⟨*Rel*⟩ mariolatria *f.*
marionette [,mæriə'net] *s.* marionetta *f.*
Marist ['mɛərist] *s.* ⟨*Rel*⟩ marista *m.*
marital ['mæritəl] *a.* coniugale, matrimoniale, maritale: ~ *rights* diritti coniugali. □ ~ *status* stato coniugale.
maritime ['mæritaim] *a.* **1** marinaio, marittimo: *a* ~ *power* una potenza marinara. **2** (*bordering the sea*) marittimo. **3** (*of the sea*) marino.
maritime| insurance *s.* → **marine insurance.** ~ **law** *s.* diritto *m* marittimo.
marjoram ['mɑːdʒərəm] *s.* ⟨*Bot*⟩ **1** (*wild marjoram*) origano *m.* **2** (*sweet marjoram*) maggiorana *f.*
Marjorie, Marjory ['mɑːdʒəri] *N.pr.* Margherita *f.*
mark[1] [mɑːk] *s.* **1** segno *m,* impronta *f,* traccia *f: to make a* ~ *on the paper* fare un segno sulla carta; *-s of dirty hands* impronte di mani sporche. **2** (*imprint*) marchio *m,* marca *f.* **3** (*sign*) segno *m,* indicazione *f,* indizio *m,* simbolo *m: -s of haste* i segni della fretta; (*characteristic trait*) tratto *m* caratteristico: *the* ~ *of a gentleman* il tratto caratteristico di un gentiluomo. **4** (*written symbol*) segno *m: punctuation -s* segni ⸢d'interpunzione⸣ (*o* ortografici); (*in place of a signature*) segno *m* di croce, croce *f.* **5** (*identifying sign*) contrassegno *m,* segno *m* caratteristico; (*sign of ownership*) sigla *f,* cifra *f;* (*trademark*) marchio *m,* marca *f* di fabbrica. **6** (*s.th. indicating position*) punto *m* di riferimento; (*landmark*) cippo *m,* pietra *f* confinaria. **7** (*target*) bersaglio *m,* obiettivo *m* (*anche fig.*): *to hit the* ~ colpire il bersaglio; *his criticism missed the* ~ le sue critiche non colpirono nel segno. **8** ⟨*fig*⟩ (*goal, object*) obiettivo *m,* meta *f,* scopo *m.* **9** ⟨*fig*⟩ (*object of derision*) oggetto *m* di scherno, zimbello *m,* bersaglio *m.* **10** (*attention, notice*) attenzione *f,* nota *f: worthy of* ~ degno di nota. **11** (*distinction, note*) valore *m,* pregio *m,* merito *m: a man of* ~ un uomo di valore. **12** (*required standard*) media *f: your work is below the* ~ il tuo lavoro è al di sotto della media. **13** (*fam*) (*limit*) limite *m* (massimo). **14** ⟨*Scol*⟩ voto *m,* punto *m: he got a good* ~ ottenne un buon voto; *full -s* pieni voti. **15** ⟨*Sport*⟩ (*starting line*) linea *f* di partenza. **16** *pl.* ⟨*Sport*⟩ (*starting position*) posizione *f* di partenza: *the competitors are now on their -s* i concorrenti sono ora in posizione di partenza. **17** ⟨*Sport*⟩ (*jack*) boccino *m.* **18** ⟨*Mil*⟩ (*model*) modello *m,* tipo *m: a* ~ *V tank* un carro armato modello V. **19** ⟨*Stor*⟩ marca *f.* □ *to be* **beside** *the* ~: 1 non essere pertinente; 2 = *to be* **wide** *of the mark;* ⟨*fig*⟩ *to go* **beyond** *the* ~ (*of good taste, etc.*) oltrepassare il segno; ⟨*fam*⟩ *he is an* **easy** ~ (*easily cheated*) è un sempliciotto; (*easily persuaded*) è un credulone; *a* ~ *of* **favour** un segno di favore; ~ *of* **honour** onorificenza *f;* ~ *of* **infamy** marchio *m* d'infamia; ⟨*fig*⟩ *to* **leave** *one's* ~ *on* lasciare la propria impronta su; *to* **make** *one's* ~: 1 diventare importante, avere successo; 2 = *to* **leave** *one's mark; to be* **near** *the* ~ (*of a guess, etc.*) colpire (*o* cogliere) quasi nel segno; ⟨*Sport*⟩ *to be* **quick** (*o* **slow**) **off** *the* ~ fare una bella (*o* brutta) partenza; ⟨*Sport*⟩ **on** *your* ~(*s*), *get, set, go!* al posto, pronti, via!; *to* **overshoot** *the* ~ = *to go* **beyond** *the mark;* ⟨*Tip*⟩ **reader's** ~ segno *m* di richiamo; ~ *of* **reference** indice *m* di riferimento; *to be* **up** *to the* ~: 1 essere all'altezza, essere soddisfacente; 2 (*in health*) essere in forma, stare (*o* sentirsi) bene; *these goods are hardly up to the* ~ queste merci lasciano a desiderare; *to be* **wide** *of the* ~ (*of a guess, etc.*) essere lontano dal colpire (*o* cogliere) nel segno.
mark[2] *v.t.* **1** fare segni (*o* un segno) su, segnare. **2** (*to put an identifying mark on*) contrassegnare, marcare, segnare: *to* ~ *goods* contrassegnare la merce. **3** (*to indicate*) segnare, indicare: *the stream -s the limits of the estate* il ruscello segna i confini della proprietà. **4** (*to make a written symbol on*) segnare, fare un segno su: *he -ed the right answers with a small cross* segnò le risposte giuste con una crocetta. **5** (*to write down*) annotare, prendere

nota di, segnare. **6** (*to make notes on*) annotare, corredⁱ di note, postillare. **7** (*to brand, stamp*) marchiare, boll⸢ *to* ~ *s.o. as a traitor* marchiare qd. come traditore. **8** ⸢ *represent*) rappresentare, segnare, costituire: *the decis -s a turning point* la decisione segna una svolta. (*to characterize, distinguish*) contrassegnare, c traddistinguere, caratterizzare: *the week has been -ed good weather* la settimana è stata caratterizzata da tempo. **10** (*to designate, destine*) destinare, designare: *talents* ~ *him for fame* le sue doti lo destinano alla fa⸢ **11** (*to show, manifest*) manifestare, esprimere. **12** ⸢ *commemorate*) commemorare, celebrare: *a new coin be minted to* ~ *the occasion* una nuova moneta ve coniata per commemorare l'avvenimento. **13** (*to regis record*) registrare, segnare: *the thermometer -ed thirty-* il termometro segnava trentacinque gradi. **14** (*to not notare, osservare, rilevare:* ~ *how pale she has grown* n com'è impallidita; (*to give attention to*) fare attenzion⸢ badare: ~ *my words* fa' attenzione alle mie parole. ⟨*Scol*⟩ (*to assign marks to*) dare il voto a, classificare⸢ ~ *examination papers* classificare i compiti d'esame; *correct*) correggere: *the papers have been -ed* i comp sono stati corretti. **16** ⟨*Sport*⟩ marcare. **17** ⟨*Econ*⟩ *the Stock Exchange*) quotare. □ *to* ~ **down:** 1 annot⸢ prendere nota di; 2 ⟨*Comm*⟩ ribassare (*o* ridurre) prezzo di; *to* ~ **off:** 1 tracciare, segnare: *to* ~ *off distar on a map* tracciare le distanze su una carta; 2 (*to di by boundary marks*) delimitare, circoscrivere, segnar⸢ limite (*o* confine) di; 3 (*to separate, distingu* distinguere, dividere, separare: *his talents –ed him off f his contemporaries* il suo ingegno lo distingueva dai s⸢ contemporanei; 4 ⟨*Mecc*⟩ tracciare; *to* ~ **out:** delimitare, tracciare, segnare; 2 (*to chart, plot*) tracci⸢ progettare; 3 (*to destine*) destinare, designare; 4 ⟨*E* tracciare: *to* ~ *out the foundations* tracciare fondamenta; ⟨*Mil,fig*⟩ *to* ~ **time** segnare il passo; *to* **up:** 1 ⟨*Comm*⟩ aumentare il prezzo di; 2 (*to keep co of*) tenere il conto di; 3 ⟨*fam*⟩ (*to give credit for*) dar⸢ merito di, attribuire.
mark[3] *s.* **1** ⟨*Econ,Stor*⟩ marco *m.* **2** ⟨*Numism*⟩ monet⸢ nominale scozzese.
Mark *N.pr.* Marco *m* (*anche Bibl.*).
markdown ['mɑːkdaun] *s.* ⟨*Comm*⟩ riduzione *f* di prez⸢ ribasso *m.*
marked [mɑːkt] *a.* **1** segnato, contrassegnato, marcato; *cards*) segnato. **2** (*noticeable*) marcato, notevole, fo spiccato: *a* ~ *American accent* un marcato acce⸢ americano; *a* ~ *improvement in sales* un forte aume delle vendite; (*considerable*) grande, considerevole. (*suspected, watched*) sospetto, tenuto d'occhio, sorvegli⸢
markedly ['mɑːkidli] *avv.* considerevolmer⸢ notevolmente.
marker ['mɑːkə] *s.* **1** ⟨*Ind*⟩ marcatore *m* (*f* –trice). (*scorekeeper*) segnapunti *m,* marcatore *m;* (*device f scores*) segnapunti *m.* **3** (*bookmark*) segnalibro *m.* (*tombstone*) lapide *f.* **5** ⟨*Ferr*⟩ segnale *m.*
marker beacon *s.* ⟨*Aer*⟩ radiofaro *m* di segnalaziⁱ radiosegnale *m.*
market ['mɑːkit] **I** *s.* **1** mercato *m: to go to* ~ andarⁱ mercato; *fish* ~ mercato del pesce. **2** ⟨*Comm*⟩ (*field trade or business*) mercato *m,* piazza *f: the best shoes the* ~ le migliori calzature che offre la piaz⸢ (*geographical area*) mercato *m,* sbocco *m* commerci⸢ *home* (*o domestic*) ~ mercato interno. **3** ⟨*Com* (*condition of commercial activity*) mercato *m: a brisk* un mercato vivace; (*demand*) richiesta *f,* domanda *f: th is no* ~ *for your products* non c'è richiesta dei vo prodotti. **4** ⟨*Econ*⟩ (*stock market*) mercato *m* azionari⸢ dei titoli finanziari. **5** ⟨*am*⟩ (*retail store*) rivendita negozio *m.* **II** *v.t.* **1** ⟨*Comm*⟩ immettere sul merc⸢ introdurre (*o* lanciare) sul mercato. **2** (*to send to mark* spedire al mercato; (*to take to market*) portare al merc⸢ **3** (*to sell*) vendere. **III** *v.i.* fare acquisti (*o* vendite) mercato. □ *to* **find** *a* ~ *for s.th.* riuscire a smerci⸢ (facilmente) qc.; ~ **fluctuations** oscillazioni *fpl* mercato; *to be* **in** *the* ~ *for s.th.* desiderare acquistare ⸢ ⟨*Comm*⟩ *to find* **new** *-s* trovare nuovi mercati (*o* sboc⸢

ommerciali); on *the* ~ sul mercato, in vendita; *to play* ~ ~ speculare in borsa; *to* **price** *o.s. out of the* ~ erdere clientela per i prezzi eccessivi praticati; *the* ~ *is* **eady** il mercato è sostenuto.

arketable ['mɑːkitəbl] *a.* **1** vendibile, smerciabile, egoziabile, commerciabile. **2** (*of selling and buying*) ommerciale: ~ *value* valore commerciale. **3** ⟨*Econ*⟩ egoziabile.

arket| analysis *s.* analisi *f* di mercato. ~ **analyst** *s.* nalista *m/f* di mercato. ~ **basket** *s.* ⟨*Statist*⟩ paniere *m.* **day** *s.* giorno *m* di mercato. ~ **economy** *s.* economia di mercato. ~ **forecast** *s.* previsione *f* di mercato. ~ **ap** *s.* lacuna *f* di mercato. ~ **garden** *s.* orto *m* (su rande scala). ~ **gardener** *s.* orticoltore *m* (*f* –trice). **arketing** ['mɑːkitiŋ] *s.* **1** vendita *f* (*o* acquisto *m*) in un ercato. **2** ⟨*Comm*⟩ marketing *m.* □ *to do one's* ~ fare spesa (al mercato).

arketing| board *s.* ⟨*Econ*⟩ comitato *m* di controllo dei rezzi. ~ **co-operative** *s.* ⟨*Agr*⟩ cooperativa *f* di vendita. **manager** *s.* direttore *m* del marketing. ~ **year** *s.* ampagna *f* di commercializzazione.

arket| intelligence *s.* informazioni *fpl* di mercato⌐ (*o* ommerciali). ~ **mechanism** *s.* meccanismo *m* di ercato. ~**-oriented** *a.* orientato al mercato. ~ **place** *s.* ercato *m.* ~ **price** *s.* prezzo *m* ⌐di mercato⌐ (*o* corrente). **regulations** *s.pl.* ordinamento *m* del mercato. ~ **port** *s.* relazione *f* di mercato. ~ **research** *s.* ricerca *f* indagine) di mercato. ~ **segmentation** *s.* egmentazione *f* del mercato. ~ **share** *s.* quota *f* di ercato. ~ **square** *s.* piazza *f* del mercato. ~ **strategy** strategia *f* di mercato. ~ **supply** *s.* offerta *f* di mercato. **survey** *s.* indagine *f* di mercato.⌐ ~ **town** *s.* città *f* ede di mercato. ~ **trend** *s.* tendenza *f* del mercato. ~ **alue** *s.* valore *m* ⌐di mercato⌐ (*o* commerciale).

arking ['mɑːkiŋ] *s.* **1** marcatura *f*, segnatura *f.* **2** (*mark ade*) segno *m*, contrassegno *m*, marchio *m.* **3** *rrangement of marks*) motivo *m*, disegno *m.* **4** ⟨*Econ*⟩ uotazione *f.*

arking ink *s.* inchiostro *m* indelebile.

arksman ['mɑːksmən] *s.irr.* **1** buon tiratore *m* (*anche* port.). **2** ⟨*am.Mil*⟩ tiratore *m* scelto. **marksmanship** -ʃip] *s.* abilità *f* nel tiro, precisione *f* di tiro.

arkup ['mɑːkʌp] *s.* **1** ⟨*Comm*⟩ rialzo *m*, aumento *m.* **2** *ross profit*) margine *m* di vendita.

arl [mɑːl] **I** *s.* ⟨*Min,Agr*⟩ marna *f.* **II** *v.t.* ⟨*Agr*⟩ narnare.

arm [mɑːm] *s.* ⟨*dial*⟩ (*madam*) signora *f.*

armalade ['mɑːməleid] *s.* marmellata *f* d'arance.

armite ['mɑːmait] *s.* **1** ⟨*Alim*⟩ estratto *m* di lievito. **2** *ooking pot*) marmitta *f.*

armora ['mɑːmərə]: ⟨*Geog*⟩ *Sea of* ~ mar di Marmara.

armoreal [mɑːˈmɔːriəl] *a.* **1** marmoreo. **2** ⟨*fig*⟩ narmoreo, freddo.

armot ['mɑːmət] *s.* ⟨*Zool*⟩ marmotta *f.*

arne [mɑːn] *N.pr.* ⟨*Geog*⟩ Marna *f.*

aronite ['mærənait] *s.* ⟨*Rel*⟩ maronita *m.*

aroon[1] [məˈruːn] *s.* **1** marrone *m* rossiccio. **2** (*firework*) astagnola *f.*

aroon[2] **I** *v.t.* **1** abbandonare su un'isola deserta. **2** ⟨*fig*⟩ olare dal mondo esterno. **II** *s.* **1** persona *f* abbandonata u un'isola deserta. **2** ⟨*Stor*⟩ schiavo *m* negro fuggiasco; *descendant*) discendente *m/f* da uno schiavo negro ıggiasco.

arq. = **1** *marquise* marchesa. **2** *marquis* marchese *abbr.* march.).

arque [mɑːk] *s.* ⟨*Stor*⟩ lettera *f* di corsa (*o* marca).

arquee [mɑːˈkiː] *s.* **1** (*large tent for receptions, etc.*) adiglione *m.* **2** ⟨*Edil*⟩ pensilina *f.*

arques, marquessate → **marquis, marquisate.**

arqueterie, marquetry ['mɑːkətri] *s.* **1** (*process*) ıtarsio *m.* **2** (*object*) intarsio *m*, oggetto *m* intarsiato, ıperficie *f* intarsiata.

arquis ['mɑːkwis] *s.* (*pl. inv./*-**quises** [–iz]) marchese *m.*

arquisate [–it] *s.* marchesato *m.*

arquise [mɑːˈkiːz] *s.* **1** marchesa *f.* **2** ⟨*Oref*⟩ marquise *f*, narchesa *f.*

marriage ['mæridʒ] *s.* **1** matrimonio *m.* **2** (*state of being married*) stato *m* coniugale; (*wedlock*) matrimonio *m*, vincolo *m* coniugale: *a happy* ~ un matrimonio felice. **3** (*act of marrying*) nozze *fpl*, matrimonio *m*, sposalizio *m;* (*ceremony*) nozze *fpl*, cerimonia *f* nuziale. **4** ⟨*fig*⟩ fusione *f*, unione *f*, connubio *m.* **5** (*in cards*) re *m* e regina dello stesso seme. □ **by** ~ acquisito, per matrimonio: *aunt by* ~ zia acquisita; *to be related by* ~ essere imparentati per matrimonio; ~ *of* **convenience** matrimonio *m* di convenienza; *to ask for s.o.'s hand* **in** ~ chiedere la mano di qd.; ~ *for* **money** matrimonio *m* d'interesse; *to* **propose** (*o offer*) ~ *to s.o.* fare domanda di matrimonio a qd.

marriageability [ˌmæridʒəˈbiliti] *s.* l'essere maritabile (*o* da marito). '**marriageable** [–bl] *a.* maritabile, da marito, ⟨*scherz*⟩ matrimoniabile: *to be of* ~ *age* essere in età da marito.

marriage| articles *s.pl.* ⟨*Dir*⟩ contratto *m* matrimoniale (*o* di matrimonio). ~ **bed** *s.* letto *m* matrimoniale. ~ **broker** *s.* sensale *m* di matrimoni, paraninfo *m* (*f* –a). ~ **contract** *s.* ⟨*Dir*⟩ contratto *m* ⌐di matrimonio⌐ (*o* nuziale). ~ **licence** *s.* licenza *f* matrimoniale. ~ **lines** *s.pl.* certificato *m* di matrimonio. ~ **portion** *s.* ⟨*Dir*⟩ dote *f*, bene *m* dotale. ~ **service** *s.* ⟨*Lit*⟩ servizio *m* (*o* liturgia *f*) nuziale. ~ **settlement** *s.* ⟨*Dir*⟩ contratto *m* ⌐di matrimonio⌐ (*o* nuziale).

married ['mærid] *a.* **1** sposato, coniugato: *a* ~ *man* un uomo sposato. **2** (*of marriage*) coniugale, matrimoniale: ~ *love* amore coniugale. □ *a* ~ *couple* una coppia di sposi; *to get* ~ sposarsi; ~ *life* vita matrimoniale, matrimonio; *the* ~ *state* lo stato coniugale.

marrow ['mærou] *s.* **1** ⟨*Anat,Bot*⟩ midollo *m.* **2** ⟨*Bot*⟩ zucca *f.* **3** ⟨*fig*⟩ (*essential part*) midollo *m*, parte *f* (più) interna, (intima) essenza *f*, sostanza *f.* **4** ⟨*fig*⟩ (*strength, vigour*) forza *f*, vigoria *f*, nerbo *m.* □ *to the* ~ (*of one's bones*) ⌐al midollo⌐ (*o* alle midolla): *he is English to the* ~ è inglese fino ⌐alle midolla⌐ (*o* in fondo all'animo).

marrow| bone *s.* ⟨*Gastr*⟩ ossobuco *m.* **2** *pl.* ⟨*scherz*⟩ (*knees*) ginocchia *fpl.* ~**fat** *s.* ⟨*Bot*⟩ pisello *m* rugoso. ~ **squash** *am. s.* ⟨*Bot*⟩ zucca *f.*

marrowy ['mæroui] *a.* **1** midolloso. **2** ⟨*fig*⟩ succoso, sostanzioso.

marry[1] ['mæri] **I** *v.t.* **1** sposare. **2** (*to join in marriage*) sposare, unire in matrimonio: *they were married by the mayor* li ha sposati il sindaco. **3** (*to give in marriage;* general, con *off*) dare in moglie, accasare, sposare, maritare. **4** ⟨*fig*⟩ unire, sposare, combinare, accoppiare: *his style marries poetry with prose* il suo stile unisce la poesia alla prosa. **II** *v.i.* sposarsi, unirsi in matrimonio. □ *to* ~ *again* risposarsi; *to* ~ *beneath one* sposarsi con una persona di condizione inferiore.

marry[2] *intz.* ⟨*rar,dial*⟩ accidenti, nespole.

Mars [mɑːz] **I** *N.pr.* ⟨*Mitol,Astr*⟩ Marte *m.* **II** *s.* ⟨*Alchim*⟩ ferro *m.*

Marseillaise [marsˈjɛːz,mɑːsəˈleiz] *s.* marsigliese *f.* **Marseille** [–ˈsɛːj] **I** *N.pr.* ⟨*Geog*⟩ Marsiglia *f.* **II** *a.* marsigliese, di Marsiglia.

marseilles [mɑːˈseilz] *s.* ⟨*Tess*⟩ tessuto *m* di cotone a righe.

marsh [mɑːʃ] *s.* palude *f*, pantano *m*, acquitrino *m.*

marshal ['mɑːʃəl] **I** *s.* **1** ⟨*Mil,Aer.mil,Stor*⟩ maresciallo *m.* **2** ⟨*Dir*⟩ ufficiale *m* giudiziario. **3** (*officer of a royal household*) ufficiale *m* di corte; (*officer in charge of ceremonies*) cerimoniere *m.* **4** ⟨*am*⟩ (*police officer*) sceriffo *m.* **5** ⟨*am*⟩ (*head of a police department*) capo *m* di un dipartimento di polizia; (*head of a fire department*) comandante *m* dei vigili del fuoco. **II** *v.t.* (*pret., p.p.* **marshalled**/*am.* **marshaled** [–d]) **1** ordinare, mettere in (buon) ordine, sistemare: *to* ~ *facts* ordinare i fatti. **2** (*of people, troops*) ordinare, schierare. **3** (*to guide ceremoniously*) introdurre, condurre cerimoniosamente.

marshalling yard ['mɑːʃəliŋ] *s.* ⟨*Ferr*⟩ scalo *m* di smistamento.

marshalship ['mɑːʃəlʃip] *s.* ⟨*Mil*⟩ maresciallato *m.*

marsh| fever *s.* ⟨*Med*⟩ malaria *f.* ~ **gas** *s.* ⟨*Chim*⟩ metano *m.*

marshiness ['mɑːʃinis] *s.* l'essere paludoso (*o* pantanoso).

marshland ['mɑ:ʃlænd] *s.* regione *f* paludosa, palude *f.*

marsh|mallow *s.* 1 ⟨*Bot*⟩ altea *f,* bismalva *f.* 2 ⟨*Dolc*⟩ caramella *f* gommosa e molle. ~ **marigold** *s.* ⟨*Bot*⟩ calta *f* palustre.

marshy ['mɑ:ʃi] *a.* 1 paludoso, acquitrinoso, pantanoso: ~ *meadow* prato paludoso. 2 (*occurring in marsh*) palustre.

marsupial [mɑ:'sju:piəl] I *a.* ⟨*Zool*⟩ 1 (*of a marsupian*) marsupiale. 2 (*of marsupials*) dei marsupiali. II *s.* marsupiale *m.* **marsupium** [–piəm] *s.* (*pl.* **-pia** [piə]) ⟨*Zool*⟩ marsupio *m.*

mart [mɑ:t] *s.* ⟨*non com*⟩ 1 sala *f* delle aste. 2 (*market*) mercato *m,* centro *m* commerciale. 3 ⟨*rar*⟩ (*fair*) fiera *f.*

martello [mɑ:'telou] *s.* (*pl.* **-s** [z]) ⟨*Mil.ant*⟩ forte *m* circolare.

marten ['mɑ:tin, –tən] *s.* (*pl. inv./*-s [z]; il pl. inv. si usa general. con valore collett.) 1 ⟨*Zool*⟩ martora *f.* 2 (*fur*) martora *f.*

Martha ['mɑ:θə] *N.pr.* Marta *f.*

martial ['mɑ:ʃəl] *a.* 1 (*warlike*) guerriero, bellicoso, marziale: *a* ~ *people* un popolo guerriero; (*suitable for war*) marziale, guerresco: ~ *music* musica marziale. 2 ⟨*Alchim*⟩ marziale, ferruginoso. **Martial** *a.* ⟨*Mitol,Astr*⟩ di Marte. **martialism** [–izəm] *s.* marzialità *f,* bellicosità *f.*

martial law *s.* ⟨*Dir*⟩ legge *f* marziale.

martially ['mɑ:ʃəli] *avv.* in modo marziale.

Martian ['mɑ:ʃiən] I *a.* ⟨*Astr*⟩ marziano. II *s.* marziano *m* (*f* –a).

martin ['mɑ:tin] *s.* ⟨*Ornit*⟩ balestruccio *m.*

Martin *N.pr.* Martino *m.*

martinet [,mɑ:ti'net] *s.* 1 uomo *m* rigido (*o* rigoroso). 2 ⟨*Mil*⟩ chi impone la disciplina in modo rigido.

martingale ['mɑ:tingeil] *s.* martingala *f* (*anche Equit., Mar.*).

martini [mɑ:'ti:ni] *s.* martini *m.*

Martinique [,mɑ:ti'ni:k] *s.* ⟨*Geog*⟩ Martinica *f.*

Martinmas ['mɑ:tinməs] *s.* festa *f* di san Martino.

martlet ['mɑ:tlit] *s.* 1 ⟨*Arald*⟩ merlotto *m.* 2 ⟨*Ornit*⟩ balestruccio *m.*

martyr ['mɑ:tə] I *s.* 1 martire *m/f.* 2 ⟨*fam*⟩ (*constant sufferer*) vittima *f: a* ~ *to rheumatism* una vittima dei reumatismi. 3 ⟨*fig,spreg*⟩ martire *m/f,* vittima *f: to make a* ~ *of o.s.* atteggiarsi a martire, fare la vittima. II *v.t.* 1 martirizzare, condannare al martirio. 2 ⟨*fig*⟩ martoriare, tormentare. ☐ *to be* –*ed for one's faith* subire il martirio per la propria fede. **martyrdom** [–dəm] *s.* martirio *m* (*anche fig.*). **martyrize** [–raiz] *v.t.* 1 martirizzare. 2 ⟨*fig*⟩ martirizzare, martoriare, tormentare.

martyrological [,mɑ:tərə'lɔdʒikəl] *a.* del martirologio.

martyrologist [–'rɔlədʒist] *s.* studioso *m* (*f* –a) del martirologio. **martyrology** [–'rɔlədʒi] *s.* martirologio *m.*

martyry ['mɑ:təri] *s.* cappella *f* dedicata a un martire.

marvel ['mɑ:vəl] I *s.* 1 meraviglia *f,* prodigio *m.* 2 ⟨*fam*⟩ (*of a person*) meraviglia *f,* prodigio *m,* portento *m,* perla *f: a* ~ *of learning* un prodigio d'erudizione. II *v.i.* (*pret., p.p.* **marvelled/***am.* **marveled** [–d]) 1 meravigliarsi, stupirsi (*at* di): *I* ~ *at his patience* mi meraviglio della sua pazienza. 2 (*to wonder*) meravigliarsi, stupirsi, domandarsi (come), chiedersi (come). ☐ *it is a* ~ *to me* that mi fa meraviglia che, mi stupisce che; ⟨*fam*⟩ *to work* –*s* fare meraviglie.

marvellous ['mɑ:vələs] I *a.* 1 straordinario, incredibile, meraviglioso. 2 (*supernatural*) prodigioso, soprannaturale; (*miraculous*) miracoloso. 3 ⟨*fam*⟩ (*very good*) splendido, ottimo, magnifico, meraviglioso. II *s.* meraviglioso *m.*

marvellousness [–nis] *s.* meraviglia *f.*

marvelous, marvelousness *am.* → **marvellous, marvellousness.**

Marxian ['mɑ:ksiən] *a.* marxiano. **Marxism** [–sizəm] *s.* marxismo *m.* **Marxism-'Leninism** *s.* marxismo –leninismo *m.* **Marxist** [–sist] I *a.* marxista, marxistico. II *s.* marxista *m/f.* **Marxist-Leninist** *s.* marxista-leninista *m/f.*

Mary ['mɛəri] *N.pr.* Maria *f* (*anche Bibl.*).

Mary| Magdalene *N.pr.* ⟨*Bibl*⟩ Maria *f* Maddalena (*o* di Magdala). ~ **Stuart** *N.pr.* ⟨*Stor*⟩ Maria *f* Stuarda.

marzipan ['mɑ:zipæn] *s.* ⟨*Dolc*⟩ marzapane *m.*

masc. = ⟨*Gramm*⟩ *masculine* maschile (*abbr.* m, masch.).

mascara [mæs'kɑ:rə] *s.* ⟨*Cosmet*⟩ mascara *m.*

mascot ['mæskət, –kɔt] *s.* 1 (*person or animal*) mascott *the team's* ~ la mascotte della squadra. 2 (*thi* portafortuna *m,* amuleto *m,* talismano *m.*

masculine ['mɑ:skjulin] I *a.* 1 virile, maschile, da uoı 2 (*male*) maschile. 3 (*virile, manly*) virile, maschio, uomo; (*unwomanly, mannish*) mascolino, da uomo, vir 4 ⟨*Gramm*⟩ maschile. II *s.* ⟨*Gramm*⟩ (*gender*) masch *m,* genere *m* maschile; (*word*) sostantivo *m* (*o* aggetti pronome) maschile.

masculine| ending *s.* 1 ⟨*Metr*⟩ il finire con una ri tronca. 2 ⟨*Gramm*⟩ desinenza *f* maschile. ~ **rhyme** ⟨*Metr*⟩ rima *f* tronca.

masculinity [,mæskju'liniti] *s.* mascolinità *f.*

masculinization [,mæskjulini'zeiʃən] *s.* mascolinizzazi *f.* **'masculinize** [–naiz] *v.t.* mascolinizzare.

mash[1] [mæʃ] I *s.* 1 poltiglia *f,* pappa *f.* 2 ⟨*Zoote* pastone *m.* 3 ⟨*Ind*⟩ infuso *m* di malto (in acqua calda) ⟨*fam*⟩ (*mashed potatoes*) patate *fpl* passate, purè *m* patate), purea *f.* II *v.t.* 1 passare, ridurre in poltiglia: ~ *potatoes* passare le patate. 2 (*to crush*) schiaccia pestare. 3 ⟨*Ind*⟩ (*of malt*) macerare (in acqua calda).

mash[2] *s.* ⟨*fam*⟩ innamorato *m* (*f* –a), ⟨*pop*⟩ moroso *m* –a). ☐ *to be* –*ed on s.o.* avere una cotta per qd.

masher[1] ['mæʃə] *s.* (*potato masher*) schiacciapatate *m.*

masher[2] *s.* ⟨*fam*⟩ (*philanderer*) donnaiolo *m,* ⟨*p* pappagallo *m.*

mashie ['mæʃi] *s.* ⟨*Sport*⟩ (*in golf*) tipo di mazza con spatola di ferro.

mask [mɑ:sk] I *s.* 1 maschera *f* (*anche Sport., Teat.*). (*death mask*) maschera *f* mortuaria. 3 (*gas ma.* maschera *f* antigas. 4 ⟨*fig*⟩ (*disguise, cover*) maschera finzione *f,* apparenza *f: under a* ~ *of friendship* sotto maschera dell'amicizia; (*pretence*) messinscena *f.* 5 ⟨*f* (*inexpressive face*) viso *m* inespressivo, maschera *f.* (*person wearing a mask*) maschera *f.* 7 ⟨*Zool*⟩ (*of a f dog, etc.*) muso *m.* 8 ⟨*Mil*⟩ mascheramento mimetizzazione *f.* 9 ⟨*Fot,Cin*⟩ mascherino *m.* ⟨*Cosmet*⟩ maschera *f* di bellezza. 11 ⟨*Arch*⟩ mascherc *m.* II *v.t.* 1 mascherare, coprire con una maschera. ⟨*fig*⟩ dissimulare, mascherare, camuffare, celare: *to* one's *intentions* mascherare le proprie intenzioni. ⟨*Fot,Mot*⟩ schermare, mascherare. 4 ⟨*Mil*⟩ maschera mimetizzare. III *v.i.* (*to put on a mask*) mascherar mettersi in maschera; (*to take part in a masquerad* partecipare a una festa mascherata. ☐ ⟨*fig*⟩ *to throw* one's (*o the*) ~ gettare (*o* togliersi) la maschera.

masked ['mɑ:skt] *a.* 1 mascherato, in maschera. 2 ⟨*f* nascosto, dissimulato, mascherato, celato. ☐ ~ *ball* ba in maschera. **'masker** [–ə] *s.* 1 chi porta una masche 2 (*one who takes part in a masquerade*) maschera persona *f* mascherata. **'masking** [–iŋ] *s.* 1 partecipazio *f* a una festa mascherata. 2 (*concealing*) mascheramen *m,* mascheratura *f.* 3 ⟨*Acu,Fot*⟩ mascheramento *m.*

masochism ['mæzəkizəm] *s.* ⟨*Psic*⟩ masochismo **masochist** [–kist] *s.* masochista *m/f.* **,masochist** [–'kistik] *a.* masochistico. **,masochistically** [–'kistikə *avv.* da masochista.

mason ['meisn] I *s.* 1 (*stoneworker*) muratore (*stone-dresser*) scalpellino *m.* 2 (*Freemason*) massone franco muratore *m.* II *v.t.* costruire in muratura.

Masonic [mə'sɔnik] *a.* massonico: *a* ~ *lodge* una logg massonica.

masonite ['meisnait] *s.* ⟨*Edil*⟩ masonite *f.*

masonry ['meisnri] *s.* 1 muratura *f,* lavoro *m* murario di muratura). 2 (*mason's craft*) arte *f* muraria. **Masonry** massoneria *f.*

masque [mɑ:sk] *s.* ⟨*Lett*⟩ masque *m;* (*compositio* intermezzo *m* drammatico. **'masquer** *s.* → **masker.**

masquerade [,mæskə'reid, *am.* 'mæsk–] I *s.* 1 festa mascherata (*o* in maschera), ballo *m* in mascher mascherata *f.* 2 ⟨*fig*⟩ mascherata *f,* finzione *f;* (*pretenc* messinscena *f.* II *v.i.* 1 (*to take part in a masquerad* partecipare a una festa mascherata; (*to wear a disguis* mascherarsi, camuffarsi, travestirsi. 2 ⟨*fig*⟩ spacciarsi (per); mascherarsi (da).

ass [mæs] **I** s. **1** massa f: a ~ of ice una massa di hiaccio. **2** (large collection, amount) massa f, grande quantità f, mucchio m, ammasso m; (of people) noltitudine f, massa f, folla f. **3** (principal part) naggioranza f, massa f, maggior parte f. **4** (bulk) limensione f, volume m: a mountain of great ~ una nontagna di grandi dimensioni. **5** (massiveness) l'essere nassiccio. **6** pl. ⟨Pol⟩ masse fpl, massa f, popolo m: to ppeal to the –es fare appello alle masse. **7** ⟨Fis⟩ massa f. **I** a. **1** di massa, popolare: ~ education cultura di massa. **:** (widespread, affecting many) totale, generale, di massa: ~ varfare guerra totale; ~ demonstrations dimostrazioni di nassa. **3** (large-scale) largo, vasto, ampio, su larga scala: ~ distribution of relief una larga distribuzione di sussidi. **II** v.i. **1** fare massa, ammassarsi, affollarsi; (of clouds) ddensarsi. **2** ⟨Mil⟩ ammassarsi, concentrarsi, radunarsi. **V** v.t. **1** ammassare, radunare, raggruppare; (of clouds) ddensare. **2** ⟨Mil⟩ (of troops) concentrare, ammassare; of fire) concentrare. □ (fam) he was a ~ of bruises era ieno di lividi, era tutto pesto; in the ~ nel complesso.

ass s. ⟨Lit,Mus⟩ messa f: to hear ~ ascoltare la messa; o attend (o go to) ~ andare a messa.

assacre ['mæsəkə] **I** s. massacro m, strage f, sterminio n, carneficina f, macello m. **II** v.t. **1** massacrare, terminare, fare strage di, macellare. **2** (of a single person) nassacrare, assassinare, trucidare. □ ⟨Stor⟩ the ~ of the nnocents la strage degli innocenti.

ass advertising s. pubblicità f di massa.

assage ['mæsɑ:ʒ, am. mə'sɑ:ʒ] **I** s. massaggio m. **II** v.t. nassaggiare. **massager** am. [mə'sɑ:ʒə] s. **1** massaggiatore n (f –trice). **2** (device) massaggiatore m.

assage| therapy s. ⟨Med⟩ massoterapia f. ~ **vibrator** s. ibromassaggiatore m.

ass| book s. messale m. ~ **culture** s. cultura f di nassa. ~ **deficiency** s. ⟨Fis⟩ difetto m di massa.

asseter [mæ'si:tə] s. ⟨Anat⟩ massetere m.

asseur fr. [mæ'sə:] s. massaggiatore m. **masseuse** fr. –z] s. massaggiatrice f.

ass hysteria s. isterismo m collettivo.

assif ['mæsif] s. ⟨Geog⟩ massiccio m (montuoso).

assive ['mæsiv] a. **1** massiccio, voluminoso, tozzo e esante. **2** (of parts of the body) massiccio, pesante. **3** ig) massiccio, ampio, grande: a ~ advertising campaign na massiccia campagna pubblicitaria. **4** ⟨fig⟩ (imposing) nponente, solenne, grave. **5** (solid) massiccio: ~ silver rgento massiccio. **6** ⟨Farm⟩ massivo, massiccio: a ~ ose una dose massiva. **7** ⟨Geol⟩ omogeneo, compatto.

assively [–li] avv. in maniera (o forma) massiccia.

assiveness [–nis] s. **1** l'essere massiccio. **2** ⟨fig⟩ nponenza f, solennità f.

ass| media s.pl. mass media mpl, mezzi mpl di omunicazione di massa. ~ **meeting** s. adunata f opolare. ~ **memory** s. ⟨Inform⟩ memoria f di massa. ~ **iovement** s. ⟨Sociol,Pol⟩ movimento m di massa. ~ **umber** s. ⟨Fis⟩ numero m di massa. ~ **observation** s. tudio m dei fenomeni di massa.

assotherapist [,mæsou'θerəpist] s. massoterapista m/f. **iassotherapy** [–pi] s. massoterapia f.

ass|-pro'duce v.t. produrre in serie. ~**-produced** a. rodotto in serie, standardizzato. ~ **production** s. roduzione f in serie. ~ **psychology** s. psicologia f di nassa. ~ **spectrometry** s. ⟨Fis⟩ spettrometria f di nassa. ~**-storage device** s. ⟨Inform⟩ memoria f di nassa. ~ **tourism** s. turismo m di massa.

assy ['mæsi] a. **1** massiccio, pesante. **2** (forming a mass, ense) solido, compatto, sodo.

ast[1] [mɑ:st] **I** s. **1** ⟨Mar⟩ albero m. **2** pl. ⟨Mar⟩ lberatura f. **3** (flagpole) pennone m. **4** ⟨Mecc⟩ (of a rane) montante m. **5** ⟨Rad,TV⟩ (for an aerial) supporto **.** **II** v.t. ⟨Mar⟩ alberare. □ ⟨Mar⟩ at (the) ~ in operta; to sail (o ship) before the ~ prestare servizio ome marinaio semplice.

ast[2] s. ⟨Zootecn⟩ ghiande fpl (o faggine) usate come angime.

astectomy [mæs'tektəmi] s. ⟨Chir⟩ mastectomia f.

asted ['mɑ:stid] a. ⟨Mar⟩ **1** alberato. **2** (nei composti) a alberi: a four-~ ship una nave a quattro alberi.

master ['mɑ:stə] **I** s. **1** padrone m: a dog and his ~ un cane e il suo padrone; (of an estate) proprietario m, padrone m. **2** (head of a household) padrone m (di casa). **3** (employer) datore m di lavoro, padrone m, principale m, ⟨fam⟩ capo m. **4** (person having control) padrone m, signore m: ~ of all Europe padrone di tutta l'Europa. **5** (person having mastery or a skill, etc.) maestro m: a ~ in the art of persuasion un maestro nell'arte della persuasione. **6** (spiritual guide or leader) maestro m, capo m, guida f. **7** ⟨Art,Lett⟩ (great figure of the past) maestro m. **8** (teacher) maestro m, insegnante m: a fencing ~ un maestro di scherma; (schoolmaster) maestro m di scuola. **9** ⟨Univ⟩ (head of a college) direttre m; (holder of a master's degree) laureato m, dottore m. **10** (type of craftsman) maestro m, mastro m. **11** ⟨Mar⟩ capitano m di nave mercantile; (skipper) padrone m (marittimo). **12** (as a title for a young man, boy) signorino m. **13** ⟨Dir⟩ giudice m. **Master** N.pr. ⟨Bibl⟩ Maestro m, Gesù Cristo m. **II** a. **1** dominante: the ~ race la razza dominante. **2** (of a craftsman) indipendente, che lavora in proprio. **3** ⟨fig⟩ (highly skilled, accomplished) espertissimo, provetto, maestro; (showing mastery) magistrale, (da) maestro. **4** ⟨fig⟩ (principal) principale, maestro; (of a bedroom) padronale, principale. **5** ⟨Mecc⟩ principale. **III** v.t. **1** dominare, padroneggiare: to ~ one's shyness dominare la propria timidezza; (to conquer) conquistare, sottomettere. **2** (rifl) dominarsi, controllarsi, essere padrone di sé. **3** (to become skilled in) imparare ⌐a fondo⌐ (o alla perfezione): to ~ a technique imparare a fondo una tecnica; (to know thoroughly) conoscere perfettamente, padroneggiare. □ ⟨Univ⟩ ~ of Arts: 1 (degree) dottorato m in lettere; 2 (person) dottore m in lettere; to be a ~ at s.th. essere un maestro in qc.; no one is **born** ~ nessuno nasce maestro, non si diventa maestro in un (solo) giorno; ~ of **ceremonies**: 1 maestro m delle cerimonie; 2 ⟨TV,Rad,Teat⟩ presentatore m; ⟨Dir⟩ ~ in **chambers** avvocato m consulente; ⟨Dir⟩ ~ of **chancery** assistente m di (un) giudice; ⟨Stor⟩ ~ of the **horse** maestro m di stalla; ⟨Venat⟩ ~ of **hounds** capocaccia m; to be ~ o.s. padroneggiarsi, essere padrone di sé; ⟨fig⟩ to be one's **own** ~ non avere padrone (o padroni), essere libero, non dipendere da nessuno; ⟨Stor⟩ ~ of the **Revels** maestro m degli spettacoli; ⟨Dir,GB⟩ ~ of the **Rolls** giudice m della corte d'appello; ⟨Univ⟩ ~ of **Science**: 1 (degree) dottorato m in scienze; 2 (person) dottore m in scienze. to be ~ of the **situation** essere padrone della situazione. Prov.: like ~ like man tal padrone, tal servitore.

'master|-at-'arms s. ⟨Mar.mil⟩ aiutante m di bordo. ~ **builder** s. capomastro m. ~ **card** s. ⟨Inform⟩ scheda f matrice (o principale); ~ **cylinder** s. ⟨Mecc⟩ cilindro m principale (o maestro). ~ **data** s. dati mpl fissi.

masterdom ['mɑ:stədəm] s. comando m, dominio m, padronanza f.

master file s. archivio m originale (o principale).

masterful ['mɑ:stəful] a. **1** (authoritative) autoritario, imperioso; (domineering) dispotico, prepotente. **2** ⟨fig⟩ forte, potente, energico. **3** ⟨am.fam⟩ (masterly) magistrale, da maestro. **masterfulness** [–nis] s. **1** (authoritative quality) imperiosità f, autoritarismo m; (domineering quality) dispotismo m. **2** ⟨am.fam⟩ (great skill) maestria f.

master-hand s. **1** mano f maestra. **2** (expert, master) esperto m, perito m, maestro m.

masterhood ['mɑ:stəhud] s. maestria f, magistero m.

master| key s. chiave f apritutto, passe-partout m. ~ **ledger** s. ⟨Comm⟩ libro m mastro.

masterless ['mɑ:stəlis] a. senza padrone.

masterliness ['mɑ:stəlinis] s. maestria f, abilità f.

masterly [–təli] a. magistrale, (da) maestro, fatto con maestria, (molto) abile.

master| mariner s. ⟨Mar⟩ capitano m di nave mercantile. ~ **mason** s. capomastro m, maestro m muratore. ~ **Mason** s. (in Freemasonry) maestro m. ~ **mechanic** s. capomeccanico m. ~**mind** **I** s. **1** cervello m, mente f (direttiva); (of a criminal gang) ⟨gerg⟩ basista m. **2** (great intellect, genius) genio m, mente f superiore. **II** v.t. dirigere, guidare. ~**piece** s. capolavoro m. ~ **plan**

s. piano *m* generale, progetto *m* di massima.
master's degree *s.* ⟨*Univ*⟩ laurea *f,* dottorato *m.*
master sergeant *am. s.* ⟨*Mil*⟩ sergente *m* maggiore.
mastership ['mɑ:stəʃip] *s.* **1** ufficio *m* (*o* condizione *f*) di maestro. **2** (*command*) padronanza *f,* dominio *m.* **3** ⟨*fig*⟩ (*mastery*) maestria *f.*
master|singer *s.* ⟨*Stor*⟩ maestro *m* cantore. **~stroke** *s.* colpo *m* maestro (*o* magistrale). **~ switch** *s.* ⟨*El*⟩ interruttore *m* principale (*o* di rete). **~ touch** *s.* tocco *m* da maestro. **~wort** *s.* ⟨*Bot*⟩ imperatoria *f.*
mastery ['mɑ:stəri] *s.* **1** padronanza *f,* dominio *m,* controllo *m.* **2** (*victory*) vittoria *f;* (*ascendancy*) predominio *m,* supremazia *f,* superiorità *f.* **3** (*of a subject*) padronanza *f,* conoscenza *f* perfetta; (*great skill*) maestria *f,* abilità *f,* perizia *f.*
masthead ['mɑ:sthed] **I** *s.* **1** ⟨*Mar*⟩ testa *f* d'albero, colombiere *m.* **2** ⟨*Giorn*⟩ testata *f.* **II** *v.t.* ⟨*Mar*⟩ **1** (*of a yard, flag*) alzare in testa d'albero. **2** (*to send to the masthead as a punishment*) mandare in testa d'albero.
mastic ['mæstik] *s.* **1** resina *f.* **2** ⟨*Bot*⟩ → **mastic tree.** **3** ⟨*Edil*⟩ mastice *m,* stucco *m;* (*asphalt mastic*) mastice *m* (d'asfalto).
masticability [,mæstikə'biliti] *s.* l'essere masticabile. **'masticable** [-bl] *a.* masticabile. **'masticate** [-keit] **I** *v.t.* **1** masticare. **2** ⟨*Ind*⟩ (*of rubber*) masticare, plastificare. **II** *v.i.* masticare. **mastication** [-'keiʃən] *s.* masticazione *f* (*anche Ind.*). **'masticator** [-keitə] *s.* **1** chi mastica, masticatore *m* (*f* –trice). **2** ⟨*Mecc*⟩ masticatore *m.* **'masticatory** [-kətəri] *a.* ⟨*Anat*⟩ masticatore, masticatorio.
mastic tree *s.* ⟨*Bot*⟩ lentisco *m,* mortella *f* selvatica.
mastiff ['mæstif] *s.* mastiff *m,* mastino *m* (inglese).
mastitis [mæs'taitis] *s.* (*pl.* **-tides** [tidi:z]) ⟨*Med*⟩ mastite *f.*
mastodon ['mæstədɔn] *s.* ⟨*Paleont*⟩ mastodonte *m,* mammut *m.* **,masto'dontic** [-tik] *a.* mastodontico.
mastoid ['mæstɔid] **I** *a.* ⟨*Anat*⟩ mastoideo, della mastoide. **II** *s.* **1** → **mastoid bone.** **2** → **mastoid process.** **3** → **mastoiditis.**
mastoid bone *s.* ⟨*Anat*⟩ mastoide *f.*
mastoidectomy [,mæstɔi'dektəmi] *s.* ⟨*Chir*⟩ mastoidectomia *f.*
mastoiditis [,mæstɔi'daitis] *s.* (*pl.* **-tides** [tidi:z]) ⟨*Med*⟩ mastoidite *f.*
mastoid process *s.* ⟨*Anat*⟩ processo *m* mastoideo.
masturbate ['mæstəbeit] **I** *v.i.* masturbarsi. **II** *v.t.* masturbare. **,masturbation** [-'beiʃən] *s.* masturbazione *f.*
mat[1] [mæt] *s.* **1** stuoia *f,* stoino *m.* **2** (*doormat*) zerbino *m,* nettapiedi *m,* tappetino *m.* **3** (*under a dish, vase, etc.*) sottopiatto *m,* sottovaso *m,* sottocoppa *m,* sottobicchiere *m.* **4** ⟨*Sport*⟩ (*in a gymnasium*) tappeto *m.* **5** ⟨*fig*⟩ (*thick, tangled mass*) viluppo *m,* intreccio *m,* groviglio *m.* **6** ⟨*Mar*⟩ paglietto *m.* □ ⟨*fam*⟩ *on the ~:* **1** (*in trouble*) nei guai, nei pasticci; **2** (*reprimanded*) rimproverato aspramente; ⟨*sport*⟩ *to put s.o. on the ~* mettere qd. al tappeto.
mat[2] *v.* (*pret., p.p.* **matted** ['mætid]) **I** *v.t.* **1** coprire con una stuoia. **2** ⟨*fig*⟩ arruffare, aggrovigliare, ingarbugliare. **3** (*to weave into a mat*) intrecciare, intessere. **II** *v.i.* arruffarsi, ingarbugliarsi, aggrovigliarsi.
mat[3] **I** *a.* opaco, matto, non lucido: *~ finish* finitura opaca; (*of glass*) opaco, non trasparente. **II** *s.* (*dull surface*) superficie *f* opaca; (*dull finish*) finitura *f* opaca. **III** *v.t.* (*pret., p.p.* **'matted** [-id]) opacizzare, rendere opaco; (*of glass*) rendere opaco (*o* non trasparente).
mat[4] **I** *s.* (*for a photograph, picture*) passe-partout *m.* **II** *v.t.* (*pret., p.p.* **'matted** [-id]) mettere un passe-partout a.
mat[5] *s.* ⟨*Tip*⟩ **1** flano *m.* **2** (*matrix*) matrice *f,* flano *m.*
matador ['mætədɔ:] *s.* matador *m.*
match[1] [mætʃ] **I** *s.* **1** simile *m/f,* uguale *m/f;* (*exact counterpart*) copia *f.* **2** (*similarity*) corrispondenza *f,* somiglianza *f.* **3** (*corresponding pair*) coppia *f,* paio *m.* **4** (*equal*) pari *m/f,* uguale *m/f: he has no ~ in his field* non ha pari nel suo campo. **5** ⟨*fig*⟩ (*marriage*) matrimonio *m,* unione *f: to make a good ~* fare un buon matrimonio; (*person eligible for marriage*) partito *m.* **6** ⟨*Sport*⟩ partita

f, match *m,* incontro *m: a football ~* una partita di calc
II *v.t.* **1** eguagliare, essere uguale (*o* pari) a, pareggia no one could ~ him in eloquence nessuno pote eguagliarlo in eloquenza. **2** (*to be in harmony wi* armonizzare con, intonarsi con, accordarsi con, star be con: *your tie does not ~ your suit* la tua cravatta n s'intona con il vestito. **3** (*to be the exact counterpart* corrispondere a, essere uguale a. **4** (*to combine in a pa* accoppiare, appaiare: *to ~ a jacket and trous* accoppiare giacca e pantaloni. **5** (*to set in competiti* *with*) opporre, contrapporre: *I –ed my intelligence agai his strength* opposi la mia intelligenza alla sua forza. **6** cause to be in harmony; spesso con *up*) intona armonizzare, accordare: *to ~ the carpet with some* curtains intonare il tappeto con delle tende rosse. **7** provide with a competitor) mettere a confronto. **8** compare) paragonare, raffrontare, comparare. **9** (*to give marriage*) (far) sposare. **10** ⟨*am.fam*⟩ (*of coins*) fare te o croce con. **III** *v.i.* **1** corrispondere, essere uguale: *two pieces do not ~* i due pezzi non corrispondono. **2** harmonize) intonarsi, accordarsi, armonizzare (*with* co accompagnarsi (a). **3** (*to be equal*) essere pari (*o* ugual uguagliarsi. □ *to be a bad ~* (*of things*) non intona essere male accoppiati; *to be badly –ed* (*of two peop teams*) essere male accoppiati; *to be a ~ for* tenere te a: *my son is a ~ for anyone at chess* mio figlio può ten testa a chiunque nel gioco degli scacchi; *to be a good ~* (*of things*) armonizzare, intonarsi; **2** (*of people*) essere u bella coppia, stare bene insieme; ⟨*fam*⟩ *to make a ~ o* sposarsi, accasarsi; *to meet one's ~* incontrare un 'prop pari‌⌐ (*o* degno avversario); *to be more than a ~* essere superiore a; *to be no ~ for* non essere all'altezza non poter competere con; *a dress with gloves to ~* vestito con guanti intonati; *to be well –ed* (*of two peop teams*) essere ben accoppiati (*o* assortiti).
match[2] *s.* **1** fiammifero *m,* zolfanello *m: to strike a* accendere un fiammifero. **2** (*kind of fuse*) miccia *f.*
matchable [-bl] *a.* **1** accoppiabile, accordabile, monizzabile. **2** (*that can be equalled*) uguagliabile. **3** clothes) abbinabile.
match|board *s.* ⟨*Fal*⟩ perlina *f.* **~book** *s.* bustina *f* libretto) di fiammiferi. **~box** *s.* scatola *f* per fiammife
matchet ['mætʃit] *s.* (*machete*) machete *m.*
matching ['mætʃiŋ] **I** *a.* assortito, (ben) intonato: *a c and a ~ hat* un cappotto e un cappello assortiti. **II** *s.* accoppiamento *m,* unione *f.* **2** ⟨*El*⟩ adattamento *m.* ⟨*Met*⟩ centratura *f.*
matchless ['mætʃlis] *a.* senza pari, ineguagliabile, comparabile, impareggiabile. **matchlessness** [-nis] incomparabilità *f.*
matchlock ['mætʃlɔk] *s.* ⟨*Mil.ant*⟩ **1** otturatore *m* miccia. **2** (*musket*) moschetto *m.*
'match|maker *s.* paraninfo *m* (*f* –a), mezzano *m* (*f* – sensale *m/f* di matrimoni. **2** ⟨*Sport*⟩ organizzatore d'incontri. **'~making** *s.* **1** il combinare matrimoni. ⟨*Sport*⟩ organizzazione *f* d'incontri. **~ play** *s.* ⟨*Sport*⟩ golf) gara *f* a buche. **~ point** *s.* ⟨*Sport*⟩ ultimo punto che aggiudica l'incontro. **~wood** *s.* **1** legno *m* fiammiferi. **2** (*splintered wood*) schegge *fpl* di legno. □ make ~ of: **1** fare a pezzi, sfasciare; **2** ⟨*fig*⟩ schiacci annientare.
mate[1] [meit] **I** *s.* **1** compagno *m* (*f* –a) di lavoro, coll *m/f,* camerata *m/f.* **2** (*craftsman's assistant*) aiutante *n* assistente *m/f,* aiuto *m: a plumber's ~* l'aiutante di u stagnino. **3** (*companion*) compagno *m* (*f* –a). **4** (*f friend*) amico *m,* compagno *m;* (*as a term of addre* amico *m.* **5** ⟨*Mar*⟩ (*officer*) secondo *m,* ufficiale *m* seconda; (*assistant*) aiutante *m/f.* **6** (*of animals*) compa *m* (*f* –a). **7** (*spouse*) consorte *m/f,* coniuge *m/f;* (*husba* marito *m;* (*wife*) moglie *f.* **8** (*one of a pair*) compagno (*f* –a). **II** *v.t.* **1** (*to pair for breeding*) accoppiare, appai **2** (*to marry*) unire in matrimonio, sposare. **III** *v.i.* **1** animals) accoppiarsi. **2** (*to marry*) sposarsi (*with* con)
mate[2] **I** *s.* (*checkmate*) scaccomatto *m.* **II** *v.t.* dare sca matto a.
mater ['meitə] *s.* **1** ⟨*Anat*⟩ madre *f.* **2** ⟨*sl*⟩ (*moth* madre *f,* mamma *f.*

aterial [mə'tiəriəl] **I** s. **1** materiale m, materia f. **2** cloth) tessuto m, stoffa f: curtain ~ tessuto per tende. **3** (as the basis for a book, etc.) materiale m, documentazione f, documenti mpl: to collect ~ for a iography raccogliere materiale per una biografia. **4** pl. articles, equipment needed) occorrente m, materiale m, ecessario m, attrezzatura f: writing –s l'occorrente per crivere. **II** a. **1** materiale, fisico, corporeo: the ~ world il nondo fisico; our ~ needs i nostri bisogni materiali; ~ progress progresso materiale. **2** (materialistic) materialista. **3** (important) sostanziale, importante, rilevante. **4** essential) vitale (to per); (pertinent) pertinente (a). **5** Dir) determinante, chiave, risolutivo, decisivo: ~ evidence rova determinante; a ~ witness un teste chiave.

aterialism [mə'tiəriəlizəm] s. materialismo m (anche ilos.). **materialist** [–list] s. materialista m/f (anche ilos.). **ma,terialistic** [–'listik] a. materialista, materialistico.

ateriality [mə,tiəri'æliti] s. **1** materialità f. **2** (matter) nateria f.

aterialization [mə,tiəriəlai'zeiʃən] s. materializzazione f. **na'terialize** [–laiz] **I** v.t. **1** materializzare, dare corpo a. **2** (Occult) materializzare, far apparire. **3** (to make naterialistic) rendere materialista. **II** v.i. **1** materializzarsi. **2** (Occult) materializzarsi, apparire, prendere orpo. **3** (to become actual fact) attuarsi, realizzarsi, oncretarsi: the plan never –d il progetto non si è mai ttuato. **4** (fam) (to show up) comparire improvisamente, (scherz) materializzarsi.

aterials science s. scienza f dei materiali.

aternal [mə'tə:nl] a. **1** materno, di (o da) madre: ~ nstincts istinti materni. **2** (related through a mother) naterno, da parte di madre: a ~ aunt una zia materna. **aternity** [mə'tə:niti] **I** s. **1** maternità f. **2** (motherliness) enso m (o istinto) materno. **II** a. (of clothes) pre–maman, er gestanti.

aternity| allowance s. assegno m di maternità. **~ ~enefit** s. sussidio m di maternità. **~ dress** (Vest) bito m pre–maman (o per gestanti), pre–maman m. **~ nome** s. maternità f, clinica f ostetrica. **~ hospital** s. naternità f. **~ leave** s. congedo m di maternità. **~ ward** reparto m maternità, maternità f.

atey ['meiti] (fam) **I** a. socievole, cordiale, affabile. **II** . amico m (f –a), compagno m (f –a). □ to be ~ with s.o. ssere in confidenza con qd.

ath am. [mæθ] (accorc. di mathematics) s. (fam) natematica f.

athematic [,mæθi'mætik], **mathematical** [–əl] a. **1** natematico. **2** (fig) (exact) matematico, esatto, preciso; definite) matematico, certo, evidente.

athematical statistics s.pl. statistica f matematica. **athematician** [,mæθimə'tiʃən] s. matematico m (f –a). **nathematics** [–'mætiks] s.pl. **1** (science; costr. sing.) natematica f. **2** (mathematical operations) operazioni fpl natematiche; (calculations) calcoli mpl: your ~ are vrong i tuoi calcoli sono sbagliati.

athilda N.pr. → **Matilda**.

aths [mæθs] (accorc. di mathematics) s.pl. (costr. sing.) fam) matematica f.

atilda [mə'tildə] N.pr. Matilde f.

atinée, matinee ['mætinei, am. mætə'nei] s. **1** (Teat) iurna f, matinée f. **2** (am.Vest) vestaglia f (corta), natinée f.

atinée| coat s. (Vest) cappotto m di lana per bambino. **~ idol** s. attore m idolatrato dalle donne.

ating ['meitiŋ] s. (Zool) **1** accoppiamento m. **2** (mating eason) stagione f degli amori.

atins ['mætinz] s.pl. (costr. sing.) (Rel) mattutino m.

atriarch ['meitriɑ:k] s. **1** (Sociol) matriarca f. **2** (fig) nadre f autoritaria. **,matri'archal** [–əl] a. matriarcale. **natriarchate** [–(e)it], **matriarchy** [–i] s. matriarcato n.

atric [mə'trik] (accorc. di matriculation) s. (univ) im-natricolazione f.

atricidal [,meitri'saidl, ,mæt–] a. di un matricida. **natricide** [–said] s. **1** matricidio m. **2** (person) natricida m/f.

matriculate [mə'trikjuleit] **I** v.t. (Univ) immatricolare, iscrivere all'università. **II** v.i. immatricolarsi, iscriversi all'università. **ma,triculation** [–'leiʃən] s. **1** iscrizione f, immatricolazione f. **2** (examination) esame m d'ammissione.

matrimonial [,mætri'mouniəl] a. matrimoniale. **'matrimony** [–məni] s. matrimonio m.

matrimony vine s. (Bot) **1** licio m. **2** (bothorn) licio m italico, agutoli mpl.

matrix ['meitriks, 'mæt–] s. (pl. **-trices** [trisi:z]/**-rixes** [–iz]) **1** (Anat) matrice f. **2** (Biol) (of a tissue) sostanza f intercellulare; (of a chromosome) matrice f. **3** (fig) fonte f, culla f, origine f. **4** (Minier) (gangue) ganga f. **5** (Met) (mould) stampo m, forma f; (recessed die) stampo m inferiore, matrice f. **6** (Tip) matrice f, flano m. **7** (Mat,Inform) matrice f.

matrix| algebra s. algebra f delle matrici. **~ printer** s. (Inform) stampante f a matrice.

matron ['meitrən] s. **1** matrona f. **2** (of a hospital) capoinfermiera f. **3** (of a prison, etc.) direttrice f; (female warder) guardiana f. **4** (Stor.rom) matrona f. **matronage** [–idʒ] s. **1** (matrons) matrone fpl. **2** → **matronhood**. **matronal** [–əl] a. → **matronly**. **matronhood** [–hud] s. condizione f (o stato m) di matrona. **matronly** [–li] a. matronale.

matt a./s./v. → **mat³**.

Matt [mæt] N.pr. dim. di **Matthew**.

matted ['mætid] a. **1** arruffato, ingarbugliato, intricato. **2** (covered with mats) (ri)coperto di stuoie. **3** (made of matting) a stuoia.

matter ['mætə] **I** s. **1** materia f (anche Dir., Filos.): the world is made of ~ il mondo è fatto di materia; (particular kind of substance) sostanza f, materia f: vegetable ~ sostanza vegetale. **2** (topic, subject) materia f, argomento m: we discussed the ~ thoroughly discutemmo a fondo l'argomento; (subject of contention) questione f, controversia f, disputa f: the ~ was soon settled la questione fu presto sistemata. **3** (subject matter, content) contenuto m, sostanza f: the book is short on ~ il libro è povero di contenuto. **4** (affair, business) faccenda f, affare m, questione f, caso m: this is a serious ~ è una faccenda seria; (thing) cosa f, faccenda f: I have several –s to deal with ho parecchie cose da fare. **5** pl. (situation, affair) situazione f, faccenda f: she talked –s over with her husband parlò con suo marito della situazione. **6** (cause, reason) motivo m, materia f, causa f, occasione f: a ~ for complaint un motivo di lagnanza. **7** (importance) importanza f, interesse m, rilievo m: an affair of little ~ una cosa di poca importanza. **8** (documents) materiale m, documenti mpl. **9** (Tip) (type set up) composizione f; (printed material) stampati mpl. **10** (Tip,Giorn) (text) testo m. **11** (Med) pus m, (fam) materia f. **II** v.i. **1** importare, avere importanza: it does not ~ non importa; will it ~ if I am late? avrà importanza se sarò in ritardo?; (to concern) stare a cuore, interessare, premere, importare: your future –s a great deal to me il tuo futuro mi sta molto a cuore. **2** (Med) (of a wound) suppurare. □ that's quite another ~ è tutt'altra cosa; is there anything the ~ c'è qualcosa che non va?; is there anything the ~ with him? ha qualcosa che non va?; it's a ~ of common knowledge è cosa risaputa; it is a ~ of no consequence è cosa di nessuna importanza; a ~ of course cosa f (o evento m) naturale; as a ~ of course naturalmente, come è logico (o naturale); ~ of fact: 1 materia f di fatto; 2 (Dir) questione f di fatto; as a ~ of fact: 1 veramente, effettivamente, in realtà: as a ~ of fact, I'm not sure you're right veramente non sono sicuro che tu abbia ragione; 2 (in fact) difatti, infatti; for that ~ se è per questo, (in) quanto a ciò (o questo); the ~ in hand l'argomento in questione; a hanging ~ un delitto da punirsi con l'impiccagione; it hardly –s poco importa; no ~ how comunque; in the ~ of riguardo a; it is no laughing ~ c'è poco da ridere, è una faccenda seria; (Dir) ~ of law questione f di diritto; a ~ of life and death una questione di vita o di morte; mind and ~ spirito m e materia; money –s questioni di soldi; no ~! non preoccuparti!, non importa!; it makes (o is) no ~ non importa, non ha importanza; *as if* **nothing** *was the* ~ come se niente fosse; *there is nothing the* ~ *with him* non ha nulla; ~ *of* **opinion** questione *f* d'opinione, cosa *f* discutibile; *a* ~ *for* **reflection** materia *f* di riflessione; *as* –*s* **stand** stando così le cose; *how do* –*s stand?* come stanno le cose?; *it is a* ~ *of* **time** è questione di tempo; **what** *does it* ~*?* che importa?; *what's the* ~*?* cosa c'è (che non va)?; *what's the* ~ *with you this morning?* cos'hai stamattina?, che (cosa) ti prende stamattina?; *no* ~ **when** non importa quando, in qualunque momento; *no* ~ **where** dovunque; *no* ~ **who** chiunque. ‖ *I shall be away only a* ~ *of days* starò via solo per qualche giorno; *it is a* ~ *of a few pounds* si tratta di poche sterline.

Matterhorn ['mætəhɔːn] *N.pr.* ⟨*Geog*⟩ monte *m* Cervino.

matter-of-|'course *a.* naturale, logico, che va da sé. '~**fact** *a.* **1** realistico, aderente alla realtà. **2** (*of a person*) pratico, realista. ~**factness** *s.* praticità *f,* realismo *m.*

mattery ['mætəri] *a.* ⟨*Med*⟩ purulento.

Matthew ['mæθjuː] *N.pr.* Matteo *m* (*anche Bibl.*).

matting[1] ['mætiŋ] *s.* **1** (*coarse fabrics*) stuoia *f.* **2** (*material for mats*) materiale *m* per stuoie. **3** (*mats*) stuoie *fpl.*

matting[2] *s.* (*dull surface*) superficie *f* opaca.

mattins *s.pl.* → **matins.**

mattock ['mætək] *s.* piccone *m* a zappa.

mattoid ['mætɔid] *s.* ⟨*Psic*⟩ mattoide *m/f.*

mattress ['mætris] *s.* **1** materasso *m.* **2** ⟨*Idr*⟩ fascinata *f.*

maturate ['mætjureit] **I** *v.t.* **1** ⟨*Med*⟩ far maturare. **2** (*to mature*) maturare. **II** *v.i.* **1** ⟨*Med*⟩ suppurare, venire a suppurazione. **2** (*to ripen*) maturare. ,**maturation** [–'reiʃən] *s.* **1** maturazione *f.* **2** ⟨*Med*⟩ maturazione *f,* suppurazione *f.* **maturative** [mə'tjuərətiv] *a.* ⟨*Med*⟩ suppurativo.

mature [mə'tjuə] **I** *a.* **1** (*of plants, animals*) adulto, maturo; (*of fruit*) maturo. **2** (*of people*) maturo, adulto. **3** ⟨*fig*⟩ maturo, giunto a maturazione: ~ *plans* piani maturi; (*showing careful consideration*) maturo, ponderato, (ben) meditato: *after* ~ *reflection* dopo matura riflessione. **4** ⟨*Econ*⟩ maturo. **5** (*fully aged*) maturo, stagionato: ~ *wines* vini maturi. **II** *v.t.* **1** (*to ripen*) maturare. **2** (*of people*) maturare, rendere maturo. **3** ⟨*fig*⟩ (*of plans, etc.*) maturare, portare a compimento. **III** *v.i.* **1** maturare, maturarsi. **2** ⟨*fig*⟩ (*of plans, etc.*) maturare, giungere a compimento (*o* maturazione). **3** ⟨*Econ*⟩ scadere, maturare, diventare esigibile. **maturely** [–li] *avv.* con maturità.

maturity [–riti] *s.* **1** maturità *f.* **2** ⟨*fig*⟩ maturità *f,* compimento *m.* **3** ⟨*Econ*⟩ (*state of being due*) maturazione *f;* (*time of becoming due*) scadenza *f: to pay on* ~ pagare alla scadenza. **4** ⟨*Enol*⟩ stagionatura *f.* □ *to bring to* ~: 1 (far) maturare, portare a maturazione; 2 ⟨*fig*⟩ (*of plans*) portare a compimento; *to come to* ~: 1 maturare, giungere a maturazione (*anche fig.*); 2 (*of people*) giungere alla maturità; *the years of* ~ gli anni della maturità, l'età matura.

matutinal [mə'tjuːtinl] *a.* mattutino.

Maud(e) [mɔːd] *N.pr. dim. di* Matilda.

maudlin ['mɔːdlin] *a.* **1** (*tearfully emotional*) lacrimoso, lacrimevole; (*mawkishly sentimental*) sdolcinato, languido, stucchevole, svenevole. **2** (*drunk and tearful*) che ha la sbornia lacrimosa (*o* triste).

maul [mɔːl] **I** *v.t.* **1** ridurre in cattivo stato, conciare male. **2** (*to handle roughly*) maltrattare, strapazzare. **3** ⟨*fig*⟩ bistrattare, maltrattare, strapazzare: *the play was –ed by the critics* la commedia è stata bistrattata dai critici. **4** ⟨*am*⟩ (*of wood*) spaccare con maglio e cuneo. **II** *s.* maglio *m.*

maulstick ['mɔːlstik] *s.* (*painter's hand rest*) appoggiamano *m.*

maunder ['mɔːndə] *v.i.* **1** vagare, girovagare, vagabondare. **2** (*to speak disconnectedly*) parlare a vanvera, vaneggiare, farneticare.

maundy ['mɔːndi] *s.* **1** ⟨*Lit*⟩ lavanda *f* (dei piedi). **2** (*royal almsgiving*) elemosina *f* in denaro distribuita il giovedì santo.

maundy| money *s.* denaro *m* distribuito in elemosina il giovedì santo. ~ **Thursday** *s.* ⟨*Lit*⟩ giovedì *m* santo.

Maureen *irl.* ['mɔːriːn] *N.pr.* Maria *f.*

Maurice ['mɔris] *N.pr.* Maurizio *m.*

Mauritania [,mɔri'teinjə] *N.pr.* ⟨*Geog*⟩ Mauritania *f.*

Mauritius [məˈriʃəs] *N.pr.* ⟨*Geog*⟩ isola *f* (di) Maurizio *f.*

mauser ['mauzə] *s.* (*gun*) mauser *m;* (*pistol*) mauser *f.*

mausoleum [,mɔːsəˈliːəm] *s.* (*pl.* -**s** [z]/-**lea** [liːə]) mausoleo *m.*

mauve [mouv] **I** *s.* mauve *m,* color *m* malva. **II** *a.* mauve, malva.

maverick *am.* ['mævərik] *s.* **1** dissidente *m/f* (*anche Pol*) **2** (*unbranded calf*) vitello *m* non marchiato.

mavis ['meivis] *s.* ⟨*Ornit*⟩ tordo *m* sassello.

mavourneen *irl.* [məˈvuəniːn] *s.* caro *m* (*f* –a), tesoro *m*

maw [mɔː] *s.* **1** ⟨*Zool*⟩ (*stomach*) stomaco *m;* (*fou stomach*) abomaso *m;* (*throat*) gola *f,* fauci *fpl.* **2** ⟨*Orn* (*crop*) gozzo *m.*

mawkish ['mɔːkiʃ] *a.* **1** sdolcinato, stucchevole, lezio svenevole. **2** (*of taste*) stucchevole, nauseante, disgusto **mawkishness** [–nis] *s.* stucchevolezza *f,* sdolcinatezza leziosità *f.*

Max [mæks] *N.pr. dim. di* **Maximilian.**

max. = *maximum* massimo.

maxi ['mæksi] **I** *a.* ⟨*Mod*⟩ maxi. **II** *s.* indumento maxi.

maxi|-coat *s.* ⟨*Mod*⟩ maxicappotto *m.* ~**-dress** *s.* m vestito *m.*

maxilla [mæk'silə] *s.* (*pl.* -**llae** [liː]) ⟨*Anat*⟩ mascella **maxillary** [–ri] **I** *a.* ⟨*Anat*⟩ mascellare. **II** *s.* osso mascellare, mascellare *m.*

maxim ['mæksim] *s.* massima *f,* sentenza *f,* detto *m.*

maximal ['mæksiməl] *a.* massimale, massimo. **maxima ism** [–izəm] *s.* ⟨*Pol*⟩ massimalismo *m.* **maximal** [–ist] *s.* massimalista *m/f.*

Maxim gun *s.* mitragliatrice *f* Maxim.

Maximilian [,mæksi'miljən] *N.pr.* Massimiliano *m.*

maximization [,mæksimai'zeiʃən] *s.* il rendere massi massimizzazione *f.* '**maximize** [–maiz] *v.t.* **1** aument (*o* portare) al massimo, rendere massimo, massimizzare (*to make the most of*) dare il massimo valore a.

maximum ['mæksiməm] **I** *s.* (*pl.* -**s** [z]/-**ma** [mə]) massimo *m.* **2** ⟨*Mat*⟩ massimo *m* (relativo). **3** ⟨*Ecc* maximum *m.* **II** *a.* massimo. □ ⟨*Meteor*⟩ ~ *temperat* temperatura massima, massima *f; to the* (*o a*) ~ massimo.

maximum|-security prison *s.* supercarcere *m.* **thermometer** *s.* termometro *m* a (*o* di) massima.

Maximus ['mæksiməs] *N.pr.* Massimo *m* (*anche Stor.*).

maxi-skirt *s.* ⟨*Mod*⟩ maxigonna *f.*

maxwell ['mækswel] *s.* ⟨*Fis*⟩ maxwell *m.*

may[1] [mei] *v.aus.* (*pr.* **may,** *negativo* **may not/may** [meint], *2ª pers.sing. ant.* **mayest** ['meiəst]/**mayst** [meis *pret.* **might** [mait], *negativo* **might not/mightn't** ['maitr manca dell'inf. e del p.p.) **1** (*to indicate possibility*) pos puoi, ecc., è possibile (*o* probabile), può darsi che, forse ~ *be true but I doubt it* può darsi che sia vero, ma dubito; *don't do that, you* ~ *hurt yourself* non farlo, p farti male; *he might have succeeded if he had been mo careful* forse ce l'avrebbe fatta se fosse stato più attento (*to indicate request for permission*) posso, puoi, ecc., permesso (*o* lecito), è consentito: ~ *I come in?* po entrare?; *if I* ~ *say so* se mi è consentito dirlo; *indicate permission*) posso, puoi, ecc., ho il permesso *you* ~ *smoke* puoi fumare; *you* ~ *well say so* puoi b dirlo. **3** (*to express uncertainty, wonder*) posso, puoi, ec *often not translated: who* ~ *you be?* chi sei? **4** (*to indic reproach*) posso, puoi, ecc.: *he might have asked me f* avrebbe potuto chiedermelo prima; *you might at least h me* potresti almeno aiutarmi. **5** (*to express wishes, hop* posso, puoi, ecc., *often translated with the subjunctive the verb:* ~ *you both be very happy* possiate ess entrambi molto felici; ~ *the best man win* vinca migliore; ~ *God help you* possa Dio aiutarti, Dio ti ai **6** (*to express purpose*) *translated with the subjunctive the verb: he died that we might live* morì affinché vivessimo. **7** ⟨*Dir,burocr*⟩ (*must*) posso, puoi, ecc., de devi, ecc.: *the company* ~ *not contract with third partie* cietà non può impegnarsi con terzi. □ *I did it as ·ickly as might be* lo feci il più speditamente possibile; ·*sh as he might he could no move the rock* per quanto ·ingesse non riuscì a spostare il masso; *come what ~ ·alunque cosa accada* (*o avvenga*); ~ *it please your ·ajesty* piaccia a vostra maestà; ~ (o *might*) *as* (o *just ·) well* tanto vale (o varrebbe) che: *we ~ as well give up ·nto vale che rinunciamo;* *you ~ as well stay* potresti ·che restare, tanto vale che (tu) resti.

·y² I *s.* **1** fiore *m* di biancospino. **2** ⟨*Bot*⟩ cratego *m.* **II** ·. cogliere fiori di biancospino.

·ay *s.* **1** maggio *m.* **2** (*fig*) fiore *m* degli anni, giovinezza ·primavera *f* della vita. **3** (*May Day festivities*) festa *f* di ·del primo) maggio.

·aya ['mɑːjə] *s.* (*pl. inv./-s* [z]) **1** maya *m/f.* **2** (*language*) ·aya *m.* **Mayan** [-n] I *a.* maya. II *s.* maya *m/f.*

·ybe ['meibi] *avv.* forse, probabilmente, può darsi.

·ay| beetle, ~bug *s.* ⟨*Entom*⟩ maggiolino *m.* **~ Day** *s.* ·festa *f* di maggio, maggio *m.* **2** (*Labour Day*) festa *f* del ·voro, primo *m* maggio.

·yest ['meiəst] → **may¹.**

·ay|flower *s.* fiore *m* di biancospino. **~fly** *s.* ⟨*Entom*⟩ ·mera *f.*

·yhap [mei'hæp] *avv.* ⟨*ant,dial*⟩ → **maybe.**

·yhem ['meihem, 'meiəm] *s.* ⟨*Dir*⟩ lesione *f* per·anente.

·aying ['meiiŋ] *s.* celebrazione *f* del primo maggio.

·y lily *s.* ⟨*Bot*⟩ giglio *m* delle convalli, mughetto *m.*

·yn't [meint] *contraz. di* **may not.**

·yo ['meiou] (*accorc. di mayonnaise*) *s.* maionese *f.*

·yonnaise [ˌmeiə'neiz, am. 'meiəneiz] *s.* ⟨*Gastr*⟩ maionese

·yor [mɛə, am. meiər] *s.* sindaco *m.* **'mayoral** [-rəl] *a.* ·dacale, del sindaco. **'mayoralty** [-rəlti] *s.* **1** ufficio *m* ·carica *f*) di sindaco. **2** (*term of office*) durata *f* ·ll'ufficio di sindaco. **'mayoress** [-ris] *s.* **1** moglie *f* del ·daco. **2** (*female mayor*) sindaca *f,* ⟨*scherz*⟩ sindachessa ·'mayorship** [-ʃip] *s.* condizione *f* di sindaco.

·y|pole *s.* ⟨*Folcl*⟩ alto palo *m* ornato di fiori (intorno al ·ale si balla durante la festa di maggio). **~ Queen** *s.* ·ginetta *f* di maggio.

·yst [meist] → **may¹.**

·y|thorn *s.* → **May tree. ~ tree** *s.* ⟨*Bot*⟩ biancospino ·**~ Week** *s.* (*at Cambridge University*) settimana *f* di ·teggiamenti e gare.

·zard ['mæzəd] *s.* ⟨*ant*⟩ (*head*) testa *f.*

·zarine [ˌmæzə'riːn] I *s.* blu *m* scuro. II *a.* (color) blu ·ıro.

·ze [meiz] *s.* **1** labirinto *m,* dedalo *m.* **2** (*fig*) labirinto ·dedalo *m,* intrico *m.* **3** (*fig*) (*bewilderment*) perplessità ·confusione *f.*

·zer ['meizə] *s.* boccale *m* di legno.

·zurka [məˈzəːkə] *s.* (*dance, music*) mazurca *f.*

·zy ['meizi] *a.* **1** intricato, aggrovigliato. **2** (*puzzled*) ·plesso, confuso.

·= ⟨*Fis*⟩ *millibar* millibar (*abbr.* mb).

·= ⟨*Inform*⟩ *megabyte* megabyte.

·.B.E. = ⟨*GB*⟩ *Member of (the Order of) the British ·mpire.*

·= *megacycle* megaciclo (*abbr.* Mc).

·. = 1 *Master of Ceremonies* maestro delle cerimonie. ·⟨*am.Mil*⟩ *Medical Corps* corpo della sanità. **3** ⟨*SU*⟩ ·mber of Congress* membro del congresso. **4** *Member of ·uncil* membro del consiglio.

·Carthyism *am.* [məˈkɑːθiizəm] *s.* ⟨*Pol*⟩ maccartismo ·**Mc.Carthyist** [-θiist] *s.* maccartista *m/f.*

·Ch. = *Magister Chirurgiae* dottore in chirurgia.

·Ch.D. = *Master of Dental Surgery* dottore in chirurgia ·ntaria.

·/s = *megacycle per second* megaciclo al secondo (*abbr.* ·/s).

·) = *Managing Director* amministratore delegato.

·). = *Medicinae Doctor* dottore in medicina.

·, M/D = ⟨*Comm*⟩ *months after date* mesi data.

[miː, mi] *pron.* **1** (*direct object*) me, mi: *they offended ·ı not ~* hanno offeso te non me; *take ~ with you* ·tami con te. **2** (*indirect object*) mi, a me: *give ~ the*

---

hammer dammi il martello; *he gave it to ~ not to you* lo ha dato a me non a te. **3** (*after prepositions*) me, mi: *don't stand in front of ~* non starmi davanti; *it's all right by ~* per me va bene; (*in comparisons*) me: *he respects her more than ~* la rispetta più di me. **4** (*nominative case*) io: *it's ~* sono io. **5** (*reflexive*) mi: ⟨*lett*⟩ *I laid ~ down* mi coricai. **6** ⟨*fam*⟩ (*with gerunds*) io: *do you mind ~ coming as well?* ti dispiace se vengo anch'io? **7** ⟨*fam*⟩ (*for me*) mi: *write ~ your name* scrivimi il tuo nome. **8** (*in exclamations*) me: *poor ~!* povero me!

ME = **1** ⟨*Ling*⟩ *Middle English* inglese medio. **2** ⟨*Geog*⟩ *Middle East* Medio Oriente (*abbr.* M.O.).

mead¹ [miːd] *s.* (*drink*) idromele *m.*

mead² *s.* ⟨*poet,rar*⟩ (*meadow*) prato *m.*

meadow ['medou] *s.* **1** (*of grassland*) prato *m;* (*pasture*) prato *m,* pascolo. **2** (*meadowland*) prateria *f.*

meadow|lark *s.* ⟨*Ornit*⟩ stornella *f.* **~ mushroom** *s.* ⟨*Bot*⟩ fungo *m* prataiolo. **~ pipit** *s.* ⟨*Ornit*⟩ **1** pispola *f.* **2** (*tawny pipit*) calandro *m,* lodolino *m.* **~ saffron** *s.* ⟨*Bot*⟩ colchico *m.* **~ sweet** *s.* ⟨*Bot*⟩ spirea *f.*

meadowy ['medo(u)i] *a.* **1** pratense, prativo. **2** (*consisting of meadow*) prativo, erboso.

meager, meagerness *am.* → **meagre, meagreness.**

meagre ['miːgə] *a.* **1** scarso, magro, insufficiente: *a ~ harvest* un raccolto scarso. **2** (*thin, lean*) magro, sottile, smilzo, scarno. **meagreness** [-nis] *s.* **1** magrezza *f,* scarsezza *f.* **2** (*thinness*) magrezza *f,* sottigliezza *f.*

meal¹ [miːl] *s.* **1** pasto *m: a four-course ~* un pasto di quattro portate. **2** (*dial*) (*milk yield*) quantità *f* di latte ottenuto da una mungitura. □ *to make a ~ of:* 1 cibarsi di; 2 ⟨*fam*⟩ esagerare.

meal² *s.* **1** (*ground grain*) farina *f* grossa; (*oatmeal*) farina *f* d'avena. **2** (*am*) (*cornmeal*) farina *f* gialla (o di granoturco), farina da polenta.

mealie ['miːli] *s.* **1** pannocchia *f.* **2** (*maize*) gran(o)turco *m,* mais *m.*

mealiness ['miːlinis] *s.* l'essere farinoso.

meal|man [mən] *s.irr.* negoziante *m* in farine. **~ ticket** *s.* **1** buono *m* pasto. **2** ⟨*fig*⟩ fonte *m* di sostentamento. **~ time** *s.* ora *f* dei pasti. **~ voucher** *s.* → **meal ticket.**

mealy ['miːli] *a.* **1** farinoso: *~ potatoes* patate farinose. **2** (*farinaceous*) farinaceo. **3** (*covered with meal*) infarinato. **4** (*of a horse*) pezzato. **5** (*of the complexion*) pallido, scialbo. **6** → **mealy-mouthed.**

mealy-bug *s.* ⟨*Entom*⟩ pseudococco *m.* **'~-mouthed** ['mauðd] *a.* **1** (*of a person*) che si esprime con mezzi termini; (*hypocritical*) ipocrita, insincero. **2** (*of an utterance*) velato. **,~-mouthedness** ['mauðidnis] *s.* linguaggio *m* insincero.

mean¹ [miːn] *v.* (*pret., p.p.* **meant** [ment]) I *v.t.* **1** intendere, avere (l')intenzione di, volere, pensare di: *I ~t to do it but I forgot* intendevo farlo ma me ne sono dimenticato; *I didn't ~ to offend you* non volevo offenderti; (*followed by an object and the infinitive: to want*) volere, intendere: *he did not ~ me to see the report* non voleva che io vedessi il rapporto. **2** (*to intend for a particular purpose*) fare, destinare: *it's an ornament, it's not ~ to be used* è un oggetto ornamentale, non è fatto per essere usato; (*in the passive*) destinare, designare: *he was ~t to be a priest* era destinato a diventare (un) sacerdote. **3** (*to intend to express*) intendere (dire), voler dir (o significare): *what do you ~ by this remark?* cosa intendi dire con questa osservazione?; *you don't understand what I ~* non capisci ciò che voglio dire. **4** (*to signify*) significare, voler dire: *what does this word ~?* che significa questa parola?; (*to hold meaning*) significare, dire: *his name ~s nothing to me* il suo nome non mi dice niente. **5** (*to refer to*) riferirsi a, intendere dire: *do you ~ me?* ti riferisci a me? **6** (*to intend for, direct to*) rivolgere, intendere, dare, destinare: *his rebuke was ~t for us all* il suo rimprovero era rivolto a tutti noi. **7** (*to have the importance of*) significare: *money ~s everything to him* il denaro significa tutto per lui. **II** *v.i.* **1** avere intenzioni: *he ~s ill* ha cattive intenzioni. **2** (*to be of importance*) contare, essere importante, significare (*to per*): *a happy home ~s much to anyone* una casa felice conta molto per chiunque. □ ⟨*fam*⟩ *to ~ business* fare sul serio; *to ~ no*

good avere cattive intenzioni; *to* ~ **mischief** meditare un brutto tiro, avere cattive intenzioni; *music –s* **nothing** *to me* la musica non mi dice niente; *no* **offence** *–t* senza offesa; *to* ~ *what one* **says** dire (*o* fare) sul serio; *to* ~ **well** *by s.o.* avere buone intenzioni nei riguardi di qd.; **without** *–ing it* senza volerlo. ‖ *I* ~ *it* dico sul serio (*o* davvero); *do you really* ~ *it?* dici davvero?

mean² **I** *s.* **1** *pl.* (costr. sing. o pl.) mezzo *m,* strumento *m,* modo *m: a –s of transport* un mezzo di trasporto. **2** *pl.* (*income*) mezzi *mpl,* possibilità *fpl* (economiche): *to live beyond one's –s* vivere al di sopra dei propri mezzi; (*wealth*) ricchezza *f,* denaro *m.* **3** (*middle point*) mezzo *m,* via *f* di mezzo. **4** ⟨*Mat,Statist*⟩ media *f.* **II** *a.* **1** medio, intermedio. **2** (*average*) medio: ~ *temperatures* temperature medie. **3** (*mediocre*) mediocre, modesto. □ *by all –s:* **1** con ogni mezzo; **2** (*at all costs*) a tutti i costi, in qualunque modo; **3** ⟨*esclam*⟩ (*certainly*) certamente, certo, sicuro; *by any –s:* **1** in un modo o nell'altro; **2** (*in negatives: at all*) affatto, per nulla; *by –s of* per mezzo di, tramite, con; *a –s to an* **end** un mezzo per un fine; *by* **fair** *–s* con mezzi onesti; *by fair –s or* **foul** con tutti i mezzi, con mezzi leciti o illeciti; *by* **foul** *–s* con mezzi illeciti (*o* disonesti); *a* **man** *of –s* un uomo facoltoso; *by* **no** (*matter of*) *–s* per niente, non ... affatto, in nessun modo: *it is by no –s certain* non è per niente sicuro; *to have private –s* vivere di rendita; *by* **some** *–s or other* in un modo o nell'altro, in qualche modo.

mean³ *a.* **1** mediocre, modesto, scarso: *of* ~ *intelligence* di modesta intelligenza. **2** (*shabby*) squallido, misero, miserabile: *a* ~ *dwelling* un'abitazione squallida. **3** (*miserly*) tirchio, avaro, taccagno. **4** (*ignoble*) ignobile, abietto, basso: ~ *motives* motivi ignobili; (*petty*) gretto, meschino, ⟨*spreg*⟩ piccino. **5** (*malicious*) maligno, cattivo, malvagio: *a* ~ *remark* un'osservazione maligna; *don't be* ~ *to animals* non essere cattivo con gli animali. **6** (*of low rank*) umile, basso: ~ *servants* umili servitori. **7** ⟨*am.fam*⟩ (*surly*) villano, sgarbato; (*bad-tempered*)) irascibile, irritabile. □ *to take a* ~ *advantage of s.o.* approfittare indegnamente di qd.; *to feel* ~: **1** (*to feel ashamed*) vergognarsi, avere vergogna; **2** ⟨*am.fam*⟩ (*to feel ill*) sentirsi male; *no* ~ di un certo valore, non di poco conto, non di scarso valore: *he is no* ~ *scholar* è uno studioso di un certo valore; *it was no* ~ *feat to persuade him* non fu un'impresa facile persuaderlo.

meander [mɪˈændə] **I** *v.i.* **1** serpeggiare, formare meandri. **2** (*to wander aimlessly*) girovagare, vagabondare, vagare senza meta. **II** *s.* **1** meandro *m,* labirinto *m,* dedalo *m.* **2** ⟨*Geog*⟩ (*turn of a stream*) meandro *m,* ansa *f.* **3** ⟨*Art,Arch*⟩ meandro *m.* **Meander** *N.pr.* ⟨*Geog.stor*⟩ Meandro *m.* **meandrous** [–drəs] *a.* sinuoso, tortuoso, serpeggiante.

meaning [ˈmiːnɪŋ] **I** *s.* **1** significato *m: a word with several –s* una parola che ha diversi significati; (*import*) senso *m: his speech has no* ~ il suo discorso non ha senso. **2** (*end, purpose*) fine *m,* scopo *m.* **3** (*significance*) eloquenza *f,* espressività *f.* **II** *a.* **1** (nei composti) ... intenzionato: *well-*~ ben intenzionato. **2** (*significant*) eloquente, espressivo, significativo: *a* ~ *look* uno sguardo eloquente. □ *do I make my* ~ *clear?* mi spiego?

meaningful [ˈmiːnɪŋful] *a.* **1** eloquente, significativo, espressivo: *a* ~ *smile* un sorriso eloquente. **2** (*having a meaning*) che ha un senso (*o* significato); (*having a purpose*) che ha uno scopo.

meaningless [ˈmiːnɪŋlɪs] *a.* **1** senza senso (*o* significato). **2** (*lacking a purpose*) senza (*o* privo di) scopo: *a* ~ *life* una vita senza scopo.

meanness [ˈmiːnnɪs] *s.* **1** (*shabbiness*) squallore *m,* miseria *f.* **2** (*baseness*) bassezza *f,* meschinità *f.* **3** (*malice*) cattiveria *f,* malvagità *f.* **4** (*miserliness*) avarizia *f,* tirchieria *f,* spilorceria *f.* **5** (*inferiority, poorness*) mediocrità *f,* scarsezza *f.* **6** (*lowlines*) umiltà *f,* modestia *f.*

meant [ment] → **mean¹.**

meantime [ˈmiːntaim] **I** *s.* intervallo *m* (fra due periodi di tempo). **II** *avv.* nel frattempo, intanto. □ *in the* ~ nel frattempo.

mean time *s.* ⟨*Astr*⟩ tempo *m* medio.

meanwhile [ˈmiːnwail] *s./avv.* → **meantime.**

meany [ˈmiːni] *s.* ⟨*fam*⟩ **1** tirchio *m* (*f* –a), spilorcio *m* (*f* –a). **2** (*surly person*) zoticone *m* (*f* –a). **3** (*malic* *person*) cattivo *m* (*f* –a).

measles [ˈmiːzlz] *s.* (costr. sing. o pl.) **1** ⟨*Med*⟩ mor *m.* **2** ⟨*Veter*⟩ cisticercosi *f.* **3** ⟨*Macell*⟩ panicatur *measly* [–zli] *a.* **1** ⟨*Med*⟩ affetto da morbillo. **2** ⟨*V* affetto da cisticercosi. **3** ⟨*Macell*⟩ panicato. **4** ⟨*f* (*stingy*) misero, meschino, da spilorcio: *a* ~ *present* misero regalo; (*wretched, poor*) miserabile.

measurability [ˌmeʒərəˈbiliti] *s.* misurabilità *f* **'measurable** [–bl] *a.* **1** misurabile. **2** ⟨*fig*⟩ mode ragionevole.

measure¹ [ˈmeʒə] *s.* **1** misura *f: weights and –s* pe misure. **2** (*act of measuring*) misura *f,* misurazione *f make a* ~ *of s.th.* prendere la misura di qc.; (*system measurement*) misura *f,* sistema *m* di mis (*measurements, size*) misure *fpl,* dimensioni *fpl.* (*measuring instrument or device*) misura *f,* metro *m* (*unit of measure*) misura *f,* unità *f* di misura. **5** (*def quantity*) misura *f,* dose *f: he poured me a* ~ *of whisky* versò una misura di whisky. **6** (*amount, quantity*) mi *f,* quantità *f: the press was given a greater* ~ *of free* alla stampa fu data libertà in maggior misura. **7** (*ac means*) misura *f,* provvedimento *m: safety –s* misur sicurezza. **8** ⟨*fig*⟩ (*treatment meted out*) proporzion misura *f,* rapporto *m: to reap in the* ~ *one has s* raccogliere in proporzione a quanto si è seminato. **9** (*basis of comparison*) termine *m* di paragone; (*stand* misura *f,* criterio *m* (di valutazione), metro *m.* **10** (*indication*) misura *f,* dimensione *f,* proporzione *f,* g *m: her actions are a* ~ *of her despair* le sue azioni da la misura della sua disperazione. **11** (*due portion*) gi misura *f* (*o* dose): *to receive one's* ~ *of praise* ricever giusta dose di elogi. **12** ⟨*fig*⟩ (*moderation*) moderazio misura *f,* discrezione *f,* temperanza *f: to show* ~ *i things* mostrare moderazione in tutto; (*bounds*) limite misura *f: his anger knew no* ~ la sua ira non conos limiti. **13** ⟨*Parl*⟩ disegno *m* di legge. **14** ⟨*Tip*⟩ giust *f.* **15** ⟨*Mus*⟩ (*bar*) misura *f,* battuta *f.* **16** (*slow da* danza *f* lenta. **17** ⟨*Metr*⟩ misura *f;* (*in poetry: rhy* ritmo *m.* **18** ⟨*Mat*⟩ divisore *m.* **19** *pl.* ⟨*Geol*⟩ strato □ **beyond** ~ oltre (ogni) misura; ⟨*Bibl*⟩ *the* ~ *of my* la durata della mia vita; ~ **for** ~ occhio per occhio; ~ buona misura: *to give full* ~ dare buona misura, la misura giusta; ⟨*fig*⟩ *to* **give** *the* ~ *of* dare la misura words cannot give the* ~ *of my gratitude* le parole possono esprimere tutta la mia gratitudine; *for* **good** ~ più, in aggiunta, extra; *in a* ~ fino a un certo punto una certa misura; *not ... in any* ~ non ... minimam in nessun modo; *in a* **large** ~ in larga misura, in gr quantità; *to take* **legal** *–s* ricorrere alle vie legali; **mad** ~: **1** ⟨*Sart*⟩ confezionato (*o* fatto) su misura (*fig,scherz*) su misura, tagliato apposta; *in the* **same** pari misura; ⟨*fig*⟩ *to* **set** *–s to* porre (dei) limiti a; *to* **short** ~ fare misura scarsa; *in* **some** ~ in parte qualche modo; *to take* **strong** *–s* prendere se provvedimenti; *to* **take** *s.o.'s* ~: **1** ⟨*Sart*⟩ prender misure a qd.; **2** ⟨*fig*⟩ misurare la capacità (*o* il valor qd. *Prov.:* man is the ~ *of all things* l'uomo misura di tutte le cose.

measure² **I** *v.t.* **1** misurare: *to* ~ *the depth of the w* misurare la profondità dell'acqua; (*to take measurements of*) prendere le misure (*o* la misura) di *s.o. for a suit* prendere le misure a qd. per un vesti (*to mark off by measurement*) tracciare, demar segnare. **3** (*to judge, estimate*) valutare, stimare, misu giudicare; (*of a person*) valutare, misurare: *to* ~ *opponent* valutare un avversario; (*to compare*) parago confrontare, misurare. **4** (*to set in competition*) misurar ~ *one's skill against an opponent's* misurare la pr abilità con quella di un avversario. **5** ⟨*fig*⟩ (*of* ~ *words, acts*) misurare, ponderare, pesare, dosare. **6** regulate, govern*) regolare, guidare. **II** *v.i.* **1** misurar *room* ~ *twenty by eleven* la stanza misura venti undici. **2** (*to admit of measurement*) essere misurabi ⟨*fig*⟩ essere paragonabile (*with* a). □ ⟨*fig*⟩ *to* ~ **length** cadere lungo disteso, ⟨*scherz*⟩ misurar avimento; *to* ~ **off**: 1 misurare, dosare: ~ *off three cups* *' flour* misurate tre tazze di farina; 2 (*to mark off by* *easuring*) segnare (*o* fissare) la misura di; *to* ~ **out**: 1 osare, misurare; 2 (*to mark out by measuring*) tracciare, elimitare, segnare: *to* ~ *out a race track* tracciare la pista . una corsa; 3 (*to mete out*) distribuire; ⟨*Mar*⟩ *to* ~ *a* ip stazzare una nave; *to* ~ *one's* **strength** *with s.o.* isurarsi (*o* competere) con qd.; *to* ~ **swords**: 1 acrociare le spade; 2 ⟨*fig*⟩ misurarsi, cimentarsi (*with* on); *to* ~ **up** essere all'altezza, non essere da meno (*to* .).

asured ['meʒəd] *a.* 1 misurato. 2 (*well-considered*) isurato, moderato, controllato: *to speak in* ~ *terms* usare arole misurate. 3 (*slow, deliberate*) cauto, misurato. 4 *hythmical*) ritmico, cadenzato: ~ *tread* passo cadenzato.

asured mile *s.* miglio *m* esatto.

asureless ['meʒəlis] *a.* enorme, smisurato, sterminato, nmenso.

asurement ['meʒəmənt] *s.* 1 misurazione *f.* 2 (*result*) aisura *f;* (*dimension*) misura *f,* dimensione *f: the* ~*s of a* om le misure di una stanza. 3 (*system of measures*) istema *m* di misura. 4 ⟨*Mar*⟩ stazzatura *f.* **measurer** -ʒərə] *s.* misuratore *m* (*f* –trice).

asuring| cup ['meʒəriŋ] *s.* tazza *f* graduata, misurino . ~ **glass** *s.* vetro *m* (*o* bicchiere) graduato. ~ uantity *s.* ⟨*Mat*⟩ grandezza *f* misurabile. ~ **worm** *s.* Entom⟩ geometride *m.*

eat [mi:t] *s.* 1 ⟨*Gastr*⟩ carne *f.* 2 (*of a fruit, nut*) polpa carne *f.* 3 ⟨*fig*⟩ succo *m,* polpa *f,* sostanza *f,* nocciolo . 4 (*rar*) (*food*) alimento *m,* cibo *m;* (*meal*) pasto *m.* ◻ Rel⟩ *to* abstain from ~ mangiare di magro, fare stinenza; *to say grace before* ~ dire la preghiera prima el pasto; ~ *and drink* cibo *m* e bevande; ⟨*fig*⟩ *it was* ~ nd *drink to him* fu per lui un invito a nozze. *Prov.: one* aan's ~ *is another man's poison* ciò che giova (*o* piace) uno nuoce a un altro.

eat| **axe** *s.* mannaia *f.* ~**ball** *s.* ⟨*Gastr*⟩ polpettina *f.* ~ roth *s.* brodo *m* di carne. ~ **chopper, ~ grinder** *s.* itacarne *m.*

eatiness ['mi:tinis] *s.* 1 carnosità *f.* 2 ⟨*fam*⟩ paffutezza

eat|man *am.* [mæn] *s.irr.* macellaio *m.* ~ **pie** *s.* ⟨*Gastr*⟩ asticcio *m* di carne. ~ **safe** *s.* moscaiola *f.* ~ **skewer** *s.* piedo *m.* ~ **tea** *s.* spuntino *m* a base di tè e carne.

eatus [mi'eitəs] *s.* (*pl. inv./*-**tuses** [təsiz]) ⟨*Anat*⟩ meato *i.*

aty ['mi:ti] *a.* 1 carnoso, polputo, polposo. 2 (*like* meat) di carne: *a* ~ *flavour* di sapore di carne. 3 (*fleshy*) affuto, carnoso. 4 ⟨*fam*⟩ (*full of substance*) sostanzioso, enso di contenuto: *a* ~ *article* un articolo sostanzioso.

ecca ['mekə] I *N.pr.* ⟨*Geog*⟩ Mecca *f.* II *s.* ⟨*fig*⟩ mecca *a* ~ *for tourists* la mecca del turismo. **Meccan** [–n] I . della Mecca. II *s.* abitante *m/f* della Mecca.

eccano [me'ka:nou] *s.* meccano *m.*

echanic [mi'kænik, mə–] *s.* 1 meccanico *m.* 2 artisan⟩ artigiano *m;* (*workman*) lavoratore *m* (manuale). I *a.* 1 (*of manual work*) meccanico, manuale. 2 mechanical) meccanico. **mechanical** [–əl] *a.* 1 neccanico; (*of machinery, tools*) meccanico: ~ *failure* uasto meccanico; (*powered, done by machinery*) neccanico, a macchina: *a* ~ *saw* una sega meccanica. 2 fig⟩ meccanico, automatico, macchinale. 3 (*of manual* vork) meccanico, manuale.

echanical| **drawing** *s.* disegno *m* geometrico (*o* tecnico, ndustriale). ~ **engineering** *s.* ingegneria *f* meccanica. ~ quipment *s.* complesso *m* di macchine, macchinario n.

echanicalness [mi'kænikəlnis, mə–] *s.* meccanicità *f,* utomaticità *f.*

echanician [,mekə'niʃən] *s.* meccanico *m.*

echanics [mi'kæniks] *s.pl.* (costr. sing. o pl.) 1 neccanica *f.* 2 (*mechanism*; costr. pl.) meccanismo *m,* neccanica *f;* (*structure*) struttura *f.* 3 ⟨*fig*⟩ meccanismo *m,* neccanica *f: the* ~ *of our parliamentary system* il neccanismo del nostro sistema parlamentare. 4 ⟨*fig*⟩ *technique*) tecnica *f.*

echanism ['mekənizəm] *s.* 1 meccanismo *m: the* ~ *of a*

---

clock il meccanismo di un orologio; (*gear, device*) congegno *m.* 2 (*machinery*) meccanica *f,* macchinario *m.* 3 ⟨*fig*⟩ meccanismo *m;* (*technique*) tecnica *f.* 4 ⟨*Art,Lett*⟩ tecnica *f.*

mechanist ['mekənist] *s.* ⟨*Filos*⟩ meccanicista *m/f.* ,**mecha'nistic** [–ik] *a.* 1 ⟨*Filos*⟩ meccanicistico, meccanicista. 2 ⟨*Psic*⟩ meccanico. 3 (*of mechanics*) meccanico, della meccanica.

mechanistic theory *s.* ⟨*Filos*⟩ teoria *f* meccanicistica.

mechanization [,mekənai'zeiʃən] *s.* meccanizzazione *f.* '**mechanize** [–naiz] *v.t.* 1 meccanizzare; (*to automate*) automatizzare. 2 ⟨*fig*⟩ meccanizzare, automatizzare, rendere meccanico. 3 ⟨*Mil*⟩ motorizzare, meccanizzare.

mechanized farming ['mekənaizd] *s.* motocoltura *f.*

meconic acid [mi'kɔnik] *s.* ⟨*Chim*⟩ acido *m* meconico.

meconium [mi'kouniəm] *s.* meconio *m* (*anche Fisiol.*).

Med [med] *N.pr.* ⟨*fam*⟩ (*Mediterranean Sea*) Mediterraneo *m.*

med. = 1 *medieval* medievale. 2 *medical* medico. 3 *medicine* medicina.

medal ['medl] I *s.* 1 medaglia *f,* decorazione *f.* 2 (*with a religious emblem*) medaglia *f.* II *v.t.* (*pret., p.p* **medalled**, *am.* **medaled** [–dəld]) decorare con una medaglia, insignire di una decorazione. **medalled** [–dəld] *a.* decorato con (una) medaglia. **medallic** [mi'dælik] *a.* di (*o* simile a) medaglia.

medallion [mi'dæljən] *s.* medaglione *m* (*anche Arch., Numism.*).

medallist ['medəlist] *s.* 1 persona *f* decorata di (una) medaglia, medaglia *f.* 2 ⟨*Sport*⟩ medaglia *f.* 3 (*designer or maker of medals*) medaglista *m/f.*

meddle ['medl] *v.i.* 1 immischiarsi, intromettersi, impicciarsi, ingerirsi: *don't* ~ *in other people's affairs* non immischiarti negli affari altrui. 2 (*to touch without permission*) mettere le mani in (*o* tra), toccare (senza permesso). **meddler** [–ə] *s.* intrigante *m/f,* ficcanaso *m/f,* impiccione *m* (*f* –a). **meddlesome** [–səm] *a.* intrigante, che s'intromette. **meddling** [–iŋ] I *s.* inframmettenza *f,* intromissione *f,* ingerenza *f.* II *a.* → **meddlesome**.

Mede [mi:d] *s.* medo *m,* abitante *m/f* della Media.

Medea [mi'diə] *N.pr.* ⟨*Mitol*⟩ Medea *f.*

media[1] ['mi:diə] *s.* (*pl.* **mediae** ['mi:dii, 'medii]) 1 ⟨*Anat*⟩ tonaca *f* (*o* tunica) media. 2 ⟨*Gramm*⟩ consonante *f* media.

media[2] → **medium**.

mediaeval *e der.* → **medieval** *e der.*

medial ['mi:diəl] *a.* 1 mediano, di mezzo, medio. 2 (*mean, average*) medio, mediano. 3 ⟨*Fon*⟩ mediano, medio. 4 ⟨*Gramm,Anat*⟩ mediale.

media man *s.irr.* esperto *m* pubblicitario.

median ['mi:diən] *a.* 1 medio, di mezzo, mediano. 2 ⟨*Fon*⟩ mediano, medio. 3 ⟨*Mat*⟩ medio. II *s.* 1 ⟨*Statist,Geom*⟩ mediana *f.* 2 ⟨*Anat*⟩ (*median vein*) vena *f* mediana; (*median nerve*) nervo *m* mediano.

Median I *a.* medo, della Media. II *s.* 1 → **Mede**. 2 (*language*) lingua *f* meda.

median strip *am. s.* aiuola *f* spartitraffico.

mediant ['mi:diənt] *s.* ⟨*Mus*⟩ mediante *f.*

mediastinal [,mi:diæs'tainl] *a.* ⟨*Anat*⟩ mediastinico. **mediastinum** [–nəm] *s.* (*pl.* -**na** [nə]) mediastino *m.*

mediate I *v.i.* ['mi:dieit] 1 fare da mediatore (*o* intermediario), interporsi; frapporsi: *to* ~ *between workers and management* fare da intermediario tra gli operai e la direzione. 2 ⟨*rar*⟩ (*to be in the middle*) occupare un posto intermedio (fra). II *v.t.* 1 (*of a settlement, etc.*) ottenere (*o* raggiungere) con una mediazione. 2 (*of a dispute, etc.*) pacificare, comporre. 3 (*to convey as an intermediary*) trasmettere, far pervenire, inoltrare. III *a.* ['mi:diit] 1 mediano, medio, di mezzo. 2 (*not direct*) mediato, indiretto. **mediation** [,mi:di'eiʃən] *s.* 1 mediazione *f,* buoni uffici *mpl.* 2 ⟨*Pol*⟩ mediazione *f.*

mediatization [,mi:diətai'zeiʃən] *s.* ⟨*Stor*⟩ il rendere mediato. '**mediatize** [–taiz] *v.t.* ⟨*Stor*⟩ (*of a principality*) annettere; (*of a prince, state*) ridurre in vassallaggio mediato.

mediator ['mi:dieitə] *s.* 1 mediatore *m* (*f* –trice). 2 (*peacemaker*) paciere *m* (*f* –a). 3 (*intercessor*) mediatore *m,* intercessore *m.* **,mediatorial** [–diə'tɔ:riəl], **mediatory** [–diətəri] *a.* di (*o* riferito a) mediazione. **mediatress** [–tris], **mediatrix** [–triks]· *s.* mediatrice *f,* interceditrice *f.*

medic[1] ['medik] *s.* **1** ⟨*sl*⟩ (*medical student*) studente *m* (*f* –essa) di medicina; (*doctor*) medico *m.* **2** ⟨*am.mil*⟩ soldato *m* di sanità.

medic[2] *s.* ⟨*Bot*⟩ erba *f* medica.

medicable ['medikəbl] *a.* medicabile, curabile, sanabile, guaribile.

Medicaid *am.* ['medikeid] *s.* assistenza *f* sanitaria (ai poveri).

medical ['medikəl] **I** *a.* **1** medico, medicale, di (*o* da) medico. **2** (*of medicine*) medico, medicale, di medicina. **II** *s.* ⟨*fam*⟩ **1** esame *m* medico, visita *f* medica. **2** → **medical student**. □ *to seek* ~ *advice* ricorrere al medico; *to have* ~ *attention* sottoporsi a cure mediche.

medical| adviser *s.* consulente *m* sanitario. ~ **bath** *s.* bagno *m* medicato. ~ **board** *s.* ⟨*Mil*⟩ commissione *f* sanitaria. ~ **care** *s.* assistenza *f* sanitaria. ~ **certificate** *s.* certificato *m* medico. ~ **chemistry** *s.* chimica *f* medica. ~ **corps** *s.* ⟨*Mil*⟩ corpo *m* sanitario, sanità *f.* ~ **department** *s.* ufficio *m* sanitario. ~ **electronics** *s.pl.* (costr. sing.) elettronica *f* medica. ~ **ethics** *s.pl.* (costr. sing.) etica *f* (*o* deontologia) medica. ~ **inspection** *s.* visita *f* medica. ~ **jurisprudence** *s.* medicina *f* legale. ~ **laboratory** *s.* laboratorio *m* medico.

medically ['medikəli] *avv.* da medico.

medical| man [mæn] *s.* ⟨*fam*⟩ dottore *m,* medico *m.* ~ **officer** *s.* **1** ufficiale *m* sanitario. **2** ⟨*Mil*⟩ medico *m* militare. ~ **practitioner** *s.* medico *m* che esercita la professione. ~ **press** *s.* stampa *f* medica. ~ **record** *s.* cartella *f* clinica. ~ **school** *s.* facoltà *f* di medicina. ~ **statistics** *s.pl.* statistica *f* medica. ~ **student** *s.* studente *m* (*f* –essa) di medicina. ~ **technique** *s.* tecnica *f* medica.

medicament [me'dikəmənt] *s.* medicamento *m,* medicina *f,* farmaco *m.*

medicare, Medicare *am.* ['medikɛə] *s.* assistenza *f* sanitaria agli anziani.

medicaster ['medikæstə] *s.* ⟨*spreg*⟩ medicone *m,* guaritore *m.*

medicate ['medikeit] *v.t.* medicare. **medicated** [–id] *a.* medicato: ~ *soap* sapone medicato. **,medication** [–'keiʃən] *s.* **1** medicazione *f.* **2** → **medicament**. **medicative** [–kətiv] *a.* → **medicinal**.

Medicean [,medi'si:ən] *a.* ⟨*Stor*⟩ mediceo.

medicinal [me'disinl] *a.* **1** medicinale, medicamentoso. **2** (*of medicine*) medico, di medicina. □ ~ *plant* pianta *f* medicinale. **medicinally** [–nəli] *avv.* con medicine e cure.

medicine ['medsin, *am.* 'medisin] *s.* **1** medicina *f,* medicamento *m,* farmaco *m,* medicinale *m.* **2** (*science*) medicina *f: to study* ~ studiare medicina. **3** (*medical profession*) medicina *f,* professione *f* medica. **4** (*fig*) medicina *f,* rimedio *m.* **5** ⟨*Folcl*⟩ oggetto *m* (*o* rito) che ha poteri magici; (*magical power*) potere *m* magico. □ *a doctor of* ~ un dottore in medicina; ⟨*fam*⟩ *to give s.o. a taste* (*o dose*) *of his own* ~ pagare qd. 'della stessa' (*o* di pari) moneta; *to practise* ~ esercitare la professione di medico; ⟨*fig*⟩ *to take one's* ~ inghiottire la pillola.

medicine| ball *s.* ⟨*Sport*⟩ palla *f* medica, medicine ball *m.* ~ **cabinet,** ~ **chest** *s.* armadietto *m* dei medicinali. ~**-man** [mæn] *s.irr.* stregone *m.*

medico ['medikou] *s.* (*pl.* -**s** [z]) ⟨*sl*⟩ **1** (*doctor*) medico *m,* dottore *m.* **2** (*medical student*) studente *m* di medicina.

medieval [,medi'i:vəl] *a.* medi(o)evale. **medievalism** [–izəm] *s.* **1** spirito *m* medievale. **2** (*devotion to medieval practices*) medievalismo *m.* **medievalist** [–ist] *s.* medievalista *m/f.*

mediocre ['mi:dioukə] *a.* mediocre. **,mediocrity** [–di'ɔkriti] *s.* mediocrità *f.*

meditate ['mediteit] **I** *v.t.* **1** riflettere su, meditare (su), considerare attentamente. **2** (*to plan*) meditare, tramare, progettare: *to* ~ *revenge* meditare la vendetta. **II** *v.i.* meditare, riflettere. **,meditation** [–'teiʃən] *s.* meditazione *f* (*anche Rel.*). **meditative** [–tətiv] *a.* meditativo, dedito

alla meditazione, contemplativo. **meditator** [–ə] *s.* medita.

mediterranean [,meditə'reinjən] **I** *a.* **1** mediterraneo ⟨*rar*⟩ (*inland*) interno, mediterraneo. **II** *s.* mare mediterraneo (*o* interno).

Mediterranean I *a.* **1** mediterraneo: ~ *peoples* po mediterranei. **2** ⟨*Etnol*⟩ mediterranide. **II** *N.pr.* ⟨*G* mar(e) *m* Mediterraneo.

medium ['mi:diəm] **I** *s.* (*pl.* -**s** [z]/-**dia** [diə]) **1** veicolo mezzo *m* (di propagazione): *air is a good* ~ *for so waves* l'aria è un buon veicolo per le onde sonore ⟨*Biol*⟩ (*environment*) mezzo *m,* ambiente *m*; (*hab* habitat *m.* **3** (*of communication, etc.*) mezzo *m* comunicazione (*o* divulgazione): *mass media* mezzi comunicazione di massa. **4** *pl.* (*in advertising;* costr. s o pl.) mezzi *mpl* pubblicitari. **5** (*means, method*) me *m,* metodo *m,* procedimento *m.* **6** (*middle v compromise*) compromesso *m,* via *f* di mezzo. **7** (*ave condition, mean*) media *f.* **8** (*intermediary*) intermedi *m* (*f* –a), mediatore *m* (*f* –trice). **9** ⟨*Occult*⟩ *spiritualism; pl.* **mediums** [–z]) medium *m/f.* ⟨*Lett,Art*⟩ mezzo *m* espressivo, forma *f* (espressiva): *has chosen the autobiographical novel as his* ~ c mezzo espressivo ha scelto il romanzo autobiografico. ⟨*Chim,Biol*⟩ (*pl.* **media** [–diə]: *for preserving specim* mezzo *m* colturale; (*culture medium*) terreno *m* di colt **12** ⟨*Econ*⟩ (*medium of exchange*) mezzo *m* di scam **13** ⟨*Pitt*⟩ veicolo *m*; (*liquid*) solvente *m,* liquido solvente. **II** *a.* **1** medio: *a man of* ~ *height* un uom statura media. **2** (*average*) medio, mediano. ⟨*Rad frequency* media frequenza; *the happy* ~ il giusto me l'aurea mediocrità; *to find the happy* ~ trovare la vi mezzo; *to stick to a happy* ~ mantenere una via di me ⟨*Cin*⟩ *in* ~ in campo medio; *through the* ~ *of* per me di, a mezzo (di), mediante, tramite.

mediumistic [,mi:diə'mistik] *a.* ⟨*Occult*⟩ medianico.

'medium|-priced *a.* di (*o* che ha un) prezzo medio **shot** *s.* ⟨*Cin*⟩ campo *m* medio. '**~-'sized** *a.* di grandezza, di misura media, medio. ~**-term** *a.* ⟨*Eco* medio termine. □ ~ *credit* credito a medio term mediocredito. ~ **waves** *s.pl.* ⟨*Rad*⟩ onde *fpl* medie.

medlar ['medlə] *s.* **1** ⟨*Bot*⟩ nespolo *m.* **2** (*fruit*) nes *f.*

medley ['medli] **I** *s.* **1** miscuglio *m,* accozzaglia guazzabuglio *m.* **2** ⟨*Mus*⟩ pot–pourri m. **3** ⟨*rar*⟩ (*lite miscellany*) miscellanea *f.* **II** *a.* **1** ⟨*rar*⟩ misto, eteroge **2** (*ant*) (*of a mixed colour*) variegato, screziato.

medulla *lat.* [mi'dʌlə] *s.* (*pl.* -**s** [z]/-**llae** [li:]) ⟨*Anat,* midollo *m.*

medulla oblongata *lat.* [,ɔblɔŋ'gɑ:tə] *s.* (*pl.* -**s** [z]/-**me lae oblongatae** [mi'dʌli:,ɔblɔŋ'gɑ:ti]) ⟨*Anat*⟩ midollo allungato.

medullary [mi'dʌləri] *a.* ⟨*Biol,Med*⟩ midollare.

medullary| ray *s.* ⟨*Bot*⟩ raggio *m* midollare. ~ **sheat** ⟨*Anat*⟩ guaina *f* midollare (*o* mielinica).

Medusa [mi'dju:sə] *N.pr.* ⟨*Mitol*⟩ Medusa *f.* **medus** ⟨*Zool*⟩ medusa *f.* **medusan** [–n] **I** *a.* ⟨*Zool*⟩ meduse, medusario. **II** *s.* medusa *f.*

meed [mi:d] *s.* ⟨*poet,rar*⟩ **1** (*reward*) compenso *m,* guiderdone *m;* (*recompense*) ricompensa *f,* premio *m* (*just desert*) ciò che si merita.

meek [mi:k] **I** *a.* mite, mansueto, docile; (*ov submissive*) remissivo, sottomesso, umile. **II** *s.* (costr. mansueti *mpl:* ⟨*Bibl*⟩ *blessed are the* ~ beati i mans **'meekness** [–nis] *s.* mansuetudine *f,* mitezza *f,* docili (*humility*) umiltà *f,* remissività *f.*

meerschaum ['miəʃəm, –ʃɔ:m] *s.* **1** ⟨*Min*⟩ sepiolit schiuma *f* di mare. **2** (*meerschaum pipe*) pipa schiuma di mare.

meet[1] [mit] *v.* (*pret., p.p.* **met** [met]) **I** *v.t.* **1** (*by ch* incontrare, imbattersi in: *I met your brother today* ogg incontrato tuo fratello; (*by appointment*) ved incontrare: *I'll* ~ *you on the corner after work* ci vedi all'angolo all'uscita dal lavoro. **2** (*to await the arr* andare incontro a, andare a incontrare (*o* prend aspettare l'arrivo di: *he will* ~ *his mother at the sta* andrà a prendere sua madre alla stazione; (of a veh ndare all'arrivo di: *to ~ a train* andare all'arrivo di un reno; (*to receive*) ricevere, accogliere. **3** (*to become cquainted with*) conoscere, incontrare, fare la conoscenza li; (*to be introduced to*) essere presentato a. **4** (*to have a meeting with*) incontrare, avere un incontro (*o* una iunione) con. **5** (*to encounter in competition, conflict*) ffrontare, incontrare, misurarsi con. **6** (*to experience*) ncontrare, trovare: *to ~ opposition* incontrare pposizione. **7** (*to touch, come into contact with*) toccare, enire in contatto con, incontrare: *my hand met hers* la nia mano toccò la sua; (*to join*) congiungersi con, unirsi , confluire in. **8** (*of the senses: to come to, impinge on*) resentarsi (davanti) a: *a strange sight met my eyes* uno trano spettacolo si presentò ai miei occhi. **9** (*to fulfil*) ispondere a, essere conforme a: *to ~ requirements* ispondere ai requisiti. **10** (*to accede to*) venire (*o* andare) ncontro a, (cercare di) soddisfare. **11** (*to cope with, deal with*) fare fronte a, fronteggiare: *to ~ a difficulty* far ronte a una difficoltà; (*to face*) affrontare. **12** (*to ischarge, pay*) pagare, far fronte (*o* onore) a: *to ~ one's ills at maturity* pagre le cambiali alla scadenza. **13** (*to ppose, reply to*) opporre a, rispondere a: *to ~ an insult ith indifference* opporre l'indifferenza a un insulto. **14** *o collide with*) urtare contro, scontrarsi con: *I met the ree head–on* urtai frontalmente contro l'albero. **II** *v.i.* **1** ncontrarsi; (*by appointment*) incontrarsi, vedersi: *let's ~ the restaurant* vediamoci al ristorante. **2** (*to become cquainted*) conoscersi, incontrarsi: *have you two met?* vi onoscete? **3** (*to assemble, hold a meeting*) tenere una unione, riunirsi, adunarsi. **4** (*to come together in conflict r opposition*) affrontarsi, scontrarsi: *the two armies met* i ue eserciti si affrontarono. **5** (*to touch, come into contact*) ccarsi, venire in contatto, incontrarsi. **6** ⟨*Sport*⟩ isputare un incontro. □ *to ~* **again** rincontrarsi, vedersi; *to ~ one's* **death** *in battle* trovare la morte in mbattimento; *to ~ s.o.'s* eye incontrare lo sguardo di i.; *to ~ the eye* saltare all'occhio, attirare l'attenzione; *cherz*⟩ *there is more here than –s the eye* qui c'è sotto z.; ⟨*fig*⟩ *to ~* **halfway:** 1 (*to make concession to*) arrivare a un compromesso con; 2 (*to anticipate nother's actions*) prevenire, anticipare; *to ~* **trouble** *alfway* andare incontro a seccature (*o* guai); *to ~ s.o.* **off** train andare a prendere qd. al treno; (*I am*) **pleased to** *you* lieto di fare la sua conoscenza, piacere; *to ~* **up** ith imbattersi in, incontrare, (per caso); ⟨*rar*⟩ well met nvenuto; *to ~* **with:** 1 incontrare, trovare, imbattersi in: ~ *with difficulties* trovare difficoltà; 2 (*to experience, ceive*) ricevere, incontrare, trovare: *to ~ with a good ception* ricevere una buona accoglienza; 3 (*to come ross by chance*) incontrare (per caso), imbattersi in; *to ~ ith an accident* avere un incidente; *to ~ with approval* tenere l'approvazione; *to ~ with success* avere successo. *good–bye till we ~ again* arrivederci; ⟨*am*⟩ *~ Mr. own* le presento il signor Brown.

et[2] *s.* **1** ⟨*Venat*⟩ meet *m*, raduno *m* dei partecipanti di a caccia a cavallo. **2** ⟨*Sport*⟩ raduno *m*, riunione *f.*

et[3] *a.* (*non com*) adatto, appropriato.

eting ['mi:tiŋ] *s.* **1** incontro *m: a chance ~* un incontro suale. **2** (*gathering, assembly*) riunione *f*, assemblea *f*, duta *f: a Cabinet ~* una riunione di gabinetto; *ndezvous*⟩ incontro *m*, convegno *m*; (*persons assembled*) ssemblea *f*, adunanza *f*, riunione *f: to address the ~* volgersi all'assemblea. **3** (*intersection, place of junction*) nfluenza *f*, congiunzione *f*, incontro *m: the ~ of two* vers la confluenza di due fiumi. **4** ⟨*Sport*⟩ raduno *m*, unione *f*, meeting *m.* □ *to adjourn the ~* aggiornare la duta; *to call a ~* convocare un'assemblea; *~ of minds* monia *f*, consonanza *f* di sentimenti.

ting | **house** *s.* ⟨*Rel*⟩ luogo *m* di riunione. **~ place** *s.* ogo *m* 'd'incontro' (*o* di raduno). **~ point** *s.* ⟨*Mat*⟩ nto *m* d'intersezione, incontro *m.*

etness ['mi:tnis] *s.* ⟨*rar*⟩ adeguatezza *f*, idoneità *f.*

g [meg] (*dim. di Margaret*) *N.pr.* Rita *f.*

gacephalic [ˌmegəsiˈfælik], **megacephalous** [–'sefələs] *a.* ⟨*Anat*⟩ megalocefalo. **megacephaly** [–'sefəli] *s.* egalocefalia *f.*

gacycle ['megəsaikl] *s.* ⟨*Rad*⟩ megaciclo *m.*

megadeath ['megədeθ] *s.* morte *f* di un milione di persone (in guerra).

megahertz ['megəhə:ts] *s.* ⟨*Rad*⟩ megahertz *m.*

megalith ['megəliθ] *s.* ⟨*Archeol*⟩ megalite *m.* **,mega'lithic** [–ik] *a.* megalitico.

megalomania [ˌmegəlo(u)'meiniə] *s.* ⟨*Psic*⟩ megalomania *f*, mania *f* di grandezza. **megalomaniac** [–niæk] *s.* megalomane *m/f.*

megalopolis [ˌmegə'lɔpəlis] *s.* megalopoli *f.*

megalosaur ['megəlo(u)sɔ:] *s.* ⟨*Paleont*⟩ megalosauro *m.*

megaphone ['megəfoun] **I** *s.* megafono *m.* **II** *v.t.* annunciare con il megafono.

megapod ['megəpɔd], **megapode** [–poud] *s.* ⟨*Ornit*⟩ megapode *m.*

megass(e) [mə'gæs] *s.* ⟨*Ind*⟩ bagassa *f.*

megastructure [ˌmegə'strʌktʃə] *s.* megastruttura *f.*

megathere ['megəθiə] *s.* ⟨*Paleont*⟩ megaterio *m.*

megaton ['megətʌn] *s.* **1** mille tonnellate *fpl.* **2** ⟨*Atom*⟩ megatone *m.*

megavolt ['megəvoult] *s.* ⟨*El*⟩ megavolt *m.*

megawatt ['megəwɔt] *s.* ⟨*El*⟩ megawatt *m.*

megilp [mi'gilp] *s.* ⟨*Pitt*⟩ solvente *m* di olio di semi di lino e mastice.

megohm ['megoum] *s.* ⟨*El*⟩ megaohm *m.*

megohmmeter ['megoummi:tə] *s.* ⟨*El*⟩ megaoh(m)metro *m.*

megrim ['mi:grim] *s.* **1** ⟨*Med*⟩ → **migraine.** **2** *pl.* (*low spirits*) depressione *f*, malinconia *f.* **3** *pl.* ⟨*Veter*⟩ capostorno *m*, capogatto *m.* **4** (*fancy, whim*) ghiribizzo *m*, capriccio *m.*

meiosis [mai'ousis] *s.* (*pl.* **-ses** [si:z]) **1** ⟨*Biol*⟩ meiosi *f.* **2** ⟨*Ret*⟩ litote *f.*

melancholia [ˌmelən'kouliə] *s.* ⟨*Med*⟩ malinconia *f.* **melancholiac** [–liæk] *a.* malinconico. **melancholic** [–'kɔlik] *a.* **1** → **melancholiac.** **2** (*of melancholia*) della malinconia. **3** (*causing depression*) malinconico, mesto.

melancholy ['melənkəli] **I** *s.* **1** malinconia *f.* **2** (*pensiveness*) pensosità *f*, mestizia *f.* **II** *a.* **1** malinconico. **2** (*causing melancholy*) malinconico, mesto, triste: *a ~ place* un posto malinconico; *a ~ occasion* un'occasione triste.

Melanesia [ˌmelə'ni:zjə] *N.pr.* ⟨*Geog*⟩ Melanesia *f.* **Melanesian** [–n] **I** *a.* melanesiano. **II** *s.* **1** melanesiano *m* (*f* –a). **2** (*language*) melanesiano *m.*

mélange *fr.* ['meilã:ʒ, *am.* mei'lã:ʒ] *s.* mescolanza *f*, miscuglio *m.*

melanin ['melənin] *s.* ⟨*Biol*⟩ melanina *f.* **melanism** [–nizəm] *s.* melanismo *m.*

melanoma [ˌmelə'noumə] *s.* ⟨*Med*⟩ melanoma *m.*

melanosis [ˌmelə'nousis] *s.* (*pl.* **-ses** [si:z]) ⟨*Med*⟩ melanosi *f.* **melanotic** [–'nɔtik] *a.* melanotico.

meld[1] [meld] **I** *v.t./i.* (*in cards*) dichiarare. **II** *s.* combinazione *f* dichiarata.

meld[2] *am.* **I** *v.i.* mescolarsi, unirsi, fondersi. **II** *v.t.* mescolare, unire.

melee, mêlée *fr.* ['melei, *am.* mei'lei] *s.* **1** mischia *f.* **2** ⟨*fig*⟩ confusione *f*, baraonda *f*, caos *m.*

melic ['melik] *a.* **1** melodioso, musicale, lirico. **2** ⟨*Lett*⟩ melico.

melilot ['melilɔt] *s.* ⟨*Bot*⟩ **1** meliloto *m.* **2** (*sweet clover*) meliloto *m* di Buchara.

melinite ['melinait] *s.* ⟨*Chim*⟩ melinite *f.*

meliorate ['mi:ljəreit] **I** *v.t.* migliorare, rendere migliore. **II** *v.i.* migliorare, diventare migliore. **,melioration** [–'reiʃən] *s.* miglioramento *m.*

meliorism ['mi:ljərizəm] *s.* ⟨*Filos*⟩ migliorismo *m*, meliorismo *m.* **meliorist** [–rist] *s.* migliorista *m/f*, meliorista *m/f.*

melliferous [me'lifərəs] *a.* ⟨*Zool*⟩ mellifero *m.*

mellifluence [me'lifluəns] *s.* → **mellifluousness. mellifluent** [–nt] *a.* ⟨*rar*⟩ → **mellifluous. mellifluous** [–fluəs] *a.* melato, soave, dolce: *~ words* parole melate. **mellifluousness** [–fluəsnis] *s.* dolcezza *f*, soavità *f.*

mellow ['melou] **I** *a.* **1** (*of fruit*) maturo, succoso, succulento; (*sweet*) dolce. **2** (*of wine*) maturo, pastoso. **3** ⟨*fig*⟩ ammorbidito (*o* addolcito) dall'età, maturato dall'esperienza; (*gentle*) gentile, dolce, mite. **4** (*of soil*) grasso, fertile. **5** (*of sound, colour, etc.*) caldo, pastoso, morbido: *the ~ colours of sunset* i colori caldi del tramonto. **6** ⟨*fam*⟩ (*slightly drunk*) alticcio, brillo; (*jovial, convivial*) socievole, gioviale. **II** *v.t.* **1** (far) maturare. **2** ⟨*fig*⟩ addolcire, ammorbidire, rendere più mite. **III** *v.i.* **1** maturarsi, diventare maturo. **2** ⟨*fig*⟩ addolcirsi, ammorbidirsi: *to ~ with age* addolcirsi con l'età. **mellowness** [–nis] *s.* **1** maturità *f*, succosità *f*. **2** ⟨*fig*⟩ dolcezza *f*. **3** (*of sounds, colours, etc.*) morbidezza *f*, pastosità *f*, calore *m*. **4** (*of soil*) fertilità *f*.

melodeon [mə'loudiən] *s.* ⟨*Mus*⟩ melodion *m*, armonium *m*.

melodic [mə'lɔdik] *a.* ⟨*Mus*⟩ melodico.

melodious [mə'loudiəs] *a.* melodioso. **melodiousness** [–nis] *s.* melodiosità *f*.

melodist ['melədist] *s.* **1** cantante *m/f* di musica melodica. **2** (*composer of melodies*) melodista *m/f*. **melodize** [–daiz] **I** *v.t.* rendere melodioso (*o* melodico). **II** *v.i.* comporre melodie.

melodrama ['melədrɑːmə] *s.* **1** melodramma *m* (*anche Stor.*). **2** ⟨*fig*⟩ melodramma *m*, dramma *m*. **,melodramatic** [–drə'mætik] *a.* **1** melodrammatico. **2** ⟨*fig*⟩ melodrammatico, da melodramma, tragico, teatrale: *don't be so ~* non essere così tragico. **,melodramatically** [–drə'mætikəli] *avv.* in modo melodrammatico. **,melodramatist** [–'dræmətist] *s.* autore *m* (*f* –trice) di melodrammi. **,melodramatize** [–'dræmətaiz] *v.t.* rendere melodrammatico.

melody ['melədi] *s.* **1** melodia *f*, musicalità *f*. **2** ⟨*Mus*⟩ (*succession of single notes*) melodia *f*; (*part of a harmonic composition*) canto *m*. **3** (*tune, air*) aria *f*, melodia *f*.

melon ['melən] *s.* **1** ⟨*Bot*⟩ (*musk–melon*) melone *m*. **2** (*fruit*) melone *m*, popone *m*. **3** ⟨*Bot*⟩ (*water–melon*) melone *m* d'acqua. **4** (*fruit*) cocomero *m*, anguria *f*. **5** ⟨*am.sl*⟩ (*large dividend*) grosso dividendo *m*. □ ⟨*am.sl*⟩ *to cut a ~* ritagliarsi una grossa fetta di dividendo.

melt[1] [melt] *v.* (*pret.* **'melted** [–id], *p.p.* **'melted**/*rar.* **molten** ['moultən]) **I** *v.i.* **1** sciogliersi, liquefarsi, fondersi: *the ice –ed in the sun* il ghiaccio si sciolse al sole; (*of metal*) fondersi; (*to dissolve*) sciogliersi, dissolversi: *sugar –s in hot coffee* lo zucchero si scioglie nel caffè caldo. **2** ⟨*fig*⟩ (*to disappear gradually;* spesso con *away*) disperdersi, dissiparsi, sfumare, dileguarsi: *the crowd –ed away* la folla si disperse. **3** ⟨*fig*⟩ (*to blend, blur*) confondersi, fondersi (*into* con). **4** ⟨*fig*⟩ (*to become softened*) intenerirsi, addolcirsi: *her heart –ed at the sight* il suo cuore s'intenerì a quella vista. **II** *v.t.* **1** sciogliere, liquefare, (far) fondere, squagliare, struggere. **2** (spesso con *down: to reduce by melting*) fondere: *to ~ down the family silver* fondere l'argenteria di famiglia; (*to dissolve*) dissolvere, sciogliere. **3** ⟨*fig*⟩ (*to cause to fade*) dissolvere, disperdere, dissipare, dileguare, far svanire. **4** ⟨*fig*⟩ (*to soften*) intenerire, addolcire, ammorbidire. **5** ⟨*fig*⟩ (*to cause to blend*) confondere, fondere. □ ⟨*fig*⟩ *to ~ into tears* sciogliersi (*o* struggersi) in lacrime.

melt[2] *s.* **1** fusione *f*, scioglimento *m*, liquefazione *f*. **2** ⟨*Met*⟩ (*cast*) colata *f*; (*melted metal*) metallo *m* fuso. **3** ⟨*Vetr*⟩ fusione *f*.

melt down [,meltdaun] *s.* ⟨*Atom*⟩ fusione *f* del nocciolo.

melter ['meltə] *s.* fonditore *m* (*f* –trice). **melting** [–tiŋ] **I** *s.* ⟨*Met*⟩ fusione *f*. **II** *a.* **1** che fonde, che si scioglie. **2** ⟨*fig*⟩ (*tender, gentle*) tenero, dolce, delicato. **3** ⟨*fig*⟩ (*softening*) che addolcisce, che intenerisce.

melting| point *s.* ⟨*Fis*⟩ punto *m* di fusione. **~ pot** *s.* **1** ⟨*Met*⟩ crogiolo *m*. **2** ⟨*fig*⟩ (*place of racial assimilation*) crogiolo *m* di razze. □ ⟨*fig*⟩ *to throw s.th. into the ~* rimettere qc. in discussione.

melton ['meltən] *s.* ⟨*Tess*⟩ melton *m*.

member ['membə] *s.* **1** membro *m*, componente *m: the –s of a family* i membri di una famiglia; (*of a club, etc.*) socio *m* (*f* –a), iscritto *m* (*f* –a), membro *m*. **2** ⟨*Parl*⟩ (*of legislative body*) membro *m*; (*of the House of Commons*) deputato *m*. **3** ⟨*am.Parl*⟩ membro *m* (del Congresso), deputato *m*. **4** ⟨*Zool,Anat,Gramm,Mat*⟩ membro *m*. **5** ⟨*Mecc,Fal*⟩ membro *m*, elemento *m*, parte *f*. □ *to become a ~ of* iscriversi a, farsi socio di; *~ country* paese *m* membro; ⟨*GB*⟩ *the Honourable ~ for Putney*

l'onorevole rappresentante di Putney; *–s only* ingres riservato ai soci; ⟨*Parl*⟩ *~ of Parliament* membro *m* c parlamento, deputato *m; the senior ~* il presidente titolo di anzianità; ⟨*ant*⟩ *the unruly ~* la lingua.

memberless ['membəlis] *a.* senza (*o* privo di) membri soci).

membership ['membəʃip] *s.* **1** l'essere membro (*o* soci appartenenza *f* (*o* iscrizione) a un'associazione (*o* circo ecc.). **2** (*body of members*) soci *mpl*, iscritti *mpl: the cl has a large ~* il circolo ha un gran numero d'iscritti. □ *apply for ~ to a club* far domanda d'iscrizione a circolo.

membership| card *s.* tessera *f* di socio. **~ fee** *s.* tass d'iscrizione. **~ group** *s.* gruppo *m* di appartenenza.

membranaceous [,membrə'neifəs] *a.* → **membraneous.**

membrane ['membrein] *s.* **1** membrana *f*. **2** (*piece parchment*) pergamena *f*, cartapecora *f*.

membraneous [mem'breiniəs], **membranous** [–nəs] *a.* membranoso, membraniforme. **2** (*of membrar* membranaceo.

memento [mi'mentou] *s.* (*pl.* **-s/-es** [z]) **1** ricordo souvenir *m*. **2** (*memorial of the past, relic*) cimelio reliquia *f*, memoria *f*; (*reminder*) promemoria (*warning*) ammonimento *m*.

Memnon ['memnɔn] *N.pr.* ⟨*Mitol*⟩ Memnone *m*.

memo ['memou] (*accorc. di memorandum*) *s.* ⟨*fo* appunto *m*, promemoria *m*.

memoir ['memwɑː; –wɔː] *s.* **1** *pl.* memorie *fpl*, ricordi *n the –s of a retired general* le memorie di un generale pensione. **2** (*biography*) memoriale *m*, biografia *f*. (*learned dissertation*) memoria *f*, dissertazione

memoirist [–rist] *s.* memorialista *m/f*.

memo pad *s.* blocco *m* notes.

memorability [,memərə'biliti] *s.* l'essere memorab 'memorable** [–bl] *a.* memorabile, degno di ricordo.

memorandum [,memə'rændəm] *s.* (*pl.* **-s** [z]/**-da** [də]) appunto *m*, promemoria *m*, nota *f*, memorandum *m* ⟨*Dir*⟩ memorandum *m*. **3** (*diplomatic communicati* nota *f* diplomatica, memorandum *m* (diplomatico). (*interoffice communication*) comunicazione *f* di servi (*o* interna), memorandum *m*. **5** ⟨*Mil*⟩ bollettino *m*. ⟨*Dir*⟩ *~ of association* atto costitutivo di società.

memorandum account *s.* ⟨*Econ*⟩ conto *m* d'ordine.

memorial [mi'mɔːriəl] **I** *s.* **1** commemorazione *f*, memc *f*; (*monument*) monumento *m* (commemorativo), lapid memoriale *m: a war ~* un monumento ai caduti guerra). **2** (*accompanying a petition*) memoriale (*petition*) supplica *f*, petizione *f*. **3** *pl.* (*historical reco* memoriale *m*. **4** ⟨*Dir*⟩ memoria *f*, memoriale *m*. **II** commemorativo, alla (*o* in) memoria: *a ~ tablet* lapide commemorativa.

Memorial Day *s.* ⟨*SU*⟩ giorno *m* di commemorazi dei caduti in guerra.

memorialist [mi'mɔːriəlist] *s.* ⟨*Lett,Stor*⟩ memoria *m/f*. **memorialize** [–laiz] *v.t.* **1** commemorare. **2** *address a memorial to*) inoltrare (*o* presentare) memoriale a.

memorial| park *s.* cimitero *m*. **~ service** *s.* ⟨ commemorazione *f* religiosa. **~ stone** *s.* cippo funerario (*o* sepolcrale).

memorizable ['meməraizəbl] *a.* memorizzab **memorize** [–raiz] *v.t.* imparare a memoria, fissare imprimere) nella memoria.

memory ['meməri] *s.* **1** memoria *f: to have a good ~ a* una buona memoria. **2** (*s.th. remembered*) ricordo memoria *f*, reminiscenza *f: to have a pleasant ~ of* serbare un buon ricordo di qd.; *a childhood ~* memoria d'infanzia. **3** (*commemoration*) memoria commemorazione *f: to dedicate a book to the ~ of c father* dedicare un libro alla memoria del padre ⟨*Inform*⟩ memoria *f*, magazzino *m*. □ *to have a ba* avere poca (*o* cattiva) memoria; **beyond** *the ~ of mar* tempo immemorabile; *of blessed ~* di santa memoria **commit** *to ~* imparare (*o* mandare) a memoria; ⟨*fam have a ~ of an elephant* avere la memoria lunga (*o* d elefante); *to have a ~ for faces* essere fisionomista; i *of* in memoria di, per ricordo di; ⟨*fig*⟩ *down ~ lane* lu

l sentiero dei ricordi; *within* **living** ~ a memoria
d'uomo: *the worst disaster within living* ~ il peggior
disastro 'a memoria d'uomo⌐ (*o che si ricordi*); *to* **lose**
one's ~ perdere la memoria; *he had* **no** ~ *of the accident*
non ricordava niente dell'incidente; ~ *for* **numbers**
memoria numerica; ~ *for* **persons** memoria *f* per le
persone; *to have a* **poor** ~ = *to have a* **bad** *memory; to*
recover *one's* ~ riacquistare la memoria; *if my* ~ **serves**
me (*right*) se ben ricordo, se la memoria non m'inganna;
to have a **short** ~ avere la memoria corta; ⟨*fam*⟩ *to have*
a ~ *like a* **sieve** essere smemorato; *to* **stick** *in one's* ~
imprimersi nella memoria.

emory| capacity *s.* ⟨*Inform*⟩ capacità *f* di memoria. ~
location *s.* ⟨*Inform*⟩ indirizzo *m* di memoria. ~
management *s.* gestione *f* memoria. ~ **phone** *s.*
telefono *m* con memoria.

emphis ['memfis] *N.pr.* ⟨*Geog*⟩ **1** Menfi *f.* **2** (*in*
Tennessee) Memphis *f.*

emsahib ['memsɑ:ib] *s.* (*in India: form of address*)
signora *f.*

en [men] → **man.**

enace ['menis] **I** *s.* **1** minaccia *f*, pericolo *m: he's a* ~
to society è un pericolo per la società. **2** ⟨*fam*⟩ (*annoying*
person) peste *f: that boy's a* ~ quel ragazzo è una peste.
II *v.t.* minacciare. **menacing** [-iŋ] *a.* minaccioso.

enage, ménage *fr.* [me'nɑ:ʒ] *s.* **1** ménage *m*, andamento
m (*o situazione f*) familiare. **2** (*housekeeping*) governo *m*
della casa.

enagerie [mi'nædʒəri] *s.* serraglio *m.*

enander [mi'nændə] *N.pr.* ⟨*Stor.gr*⟩ Menandro *m.*

end [mend] **I** *v.t.* **1** aggiustare, accomodare, riparare: *to*
~ *a broken toy* aggiustare un giocattolo rotto; (*of a hole,*
tear, etc.) rattoppare, rammendare. **2** (*to correct*)
correggere, emendare: *to* ~ *a text* correggere un testo. **3**
(*to rectify*) accomodare, porre rimedio a, appianare; (*to*
improve) migliorare. **II** *v.i.* **1** (*to improve in health*)
migliorare, rimettersi, ristabilirsi; (*to heal*) guarire. **2** (*to*
get better) migliorare. **3** (*to improve morally*) emendarsi,
correggersi, (cercare di) migliorare. **III** *s.* riparazione *f*,
aggiustatura *f*, accomodatura *f*; (*of a hole, tear, etc.*)
rammendo *m*, rattoppo *m.* □ *you had better* ~ *your*
manners faresti meglio a essere più garbato (*o educato*); *to*
matters migliorare le cose (*o la situazione*); *to be on*
the ~: **1** stare migliorando, migliorare, rimettersi: *his health*
is on the ~ la sua salute sta migliorando; *the patient is on*
the ~ il paziente si sta rimettendo. **2** (*to improve*)
migliorare, andar meglio; *to* ~ *a* **road** riattare una strada;
to ~ *one's* **ways** correggersi, ravvedersi. *Prov.: it's never*
too late to ~ non è mai troppo tardi per ravvedersi.

endable [mendəbl] *a.* **1** riparabile, aggiustabile; (*of a*
hole, etc.) rammendabile. **2** (*improvable*) migliorabile.

endacious [men'deifəs] *a.* **1** (*given to lying*) bugiardo,
menzognero, mendace. **2** (*untrue*) menzognero, falso.

endacity [-'dæsiti] *s.* **1** falsità *f*, mendacità *f*, mendacia
f. **2** (*instance*) falsità *f*, menzogna *f.*

endelian [men'di:liən] **I** *a.* ⟨*Biol*⟩ mendeliano, di
Mendel. **II** *s.* seguace *m/f* del mendelismo. **Mendelianism** [-izəm], **Mendelism** [-dəlizəm] *s.* mendelismo *m.*

endel's laws ['mendəlz] *s.pl.* leggi *fpl* di Mendel.

ender ['mendə] *s.* riparatore *m* (*f* -trice), accomodatore
m (*f* -trice); (*of a hole, tear, etc.*) rammendatore *m* (*f*
-trice).

endicancy ['mendikənsi] *s.* **1** mendicità *f*, accattonaggio
m. **2** ⟨*Rel*⟩ questua *f.* **mendicant** [-nt] **I** *a.* mendicante,
questuante, mendico; ~ *friars* frati mendicanti. **II** *s.* **1**
mendicante *m/f*, accattone *m* (*f* -a). **2** ⟨*Rel*⟩ frate *m*
questuante (*o mendicante*), mendicante *m*, questuante *m.*

endicity [-'disiti] *s.* → **mendicancy.**

ending ['mendiŋ] *s.* **1** riparazione *f*, accomodatura *f.* **2**
⟨*av.femm*⟩ rammendo *m*; (*articles to be mended*) cose *fpl*
a rammendare.

enelaus [,meni'leiəs] *N.pr.* ⟨*Stor.gr*⟩ Menelao *m.*

enfolk ['menfouk], **menfolks** [-s] *s.pl.* **1** uomini *mpl*
(*spec. di una famiglia, comunità, ecc.*). **2** (*male sex*) sesso
maschile.

enhir ['menhiə] *s.* ⟨*Archeol*⟩ menhir *m.*

menial ['mi:niəl] **I** *a.* **1** umile, vile, misero: ~ *tasks* umili
incombenze. **2** (*of or appropriate to a servant*) servile, da
servo. **3** ⟨*fig*⟩ basso, meschino. **II** *s.* domestico *m* (*f*
-a).

meningeal [mi'nindʒiəl] *a.* ⟨*Anat*⟩ meningeo. **meningitis**
[,menin'dʒaitis] *s.* (*pl.* -**tides** [tidi:z]) meningite *f.*

meninx ['mi:niŋks] *s.* (*pl.* **meninges** [mi'nindʒi:z]) ⟨*Anat*⟩
meninge *f.*

meniscus [mi'niskəs] *s.* (*pl.* -**cuses** [kəsiz]/-**sci** [sai]) **1**
luna *f* crescente, mezzaluna *f.* **2** ⟨*Anat, Geom,Fis*⟩
menisco *m.*

menopause ['menəpɔ:z] *s.* ⟨*Fisiol*⟩ menopausa *f.*

menorrhagia [,menə'reidʒiə] *s.* ⟨*Med*⟩ menorragia *f.*

mensal[1] ['mensl] *a.* **1** della mensa, conviviale. **2** ⟨*Rel.catt*⟩
(*of a benefice, etc.*) destinato alla mensa vescovile.

mensal[2] *a.* mensile.

menses ['mensi:z] *s.pl.* (*costr. sing. o pl.*) ⟨*Fisiol*⟩
mestruazione *f.*

Menshevik ['menfəvik] *s.* (*pl.* -**s** [s]/,**Mensheviki** [-'vi:ki])
⟨*Stor*⟩ menscevico *m.*

men's room *s.* gabinetto *m* (*o toilette f*) per uomini.

menstrual ['menstruəl] *a.* **1** ⟨*Fisiol*⟩ mestruale. **2**
(*monthly*) mensile.

menstruate ['menstrueit] *v.i.* ⟨*Fisiol*⟩ mestruare.
menstruation [-ru'eifən] *s.* **1** mestruazione *f.* **2** (*period*)
periodo *m* mestruale.

mensurability [,menfurə'biliti] *s.* misurabilità *f.*
mensurable [-bl] *a.* **1** misurabile. **2** ⟨*Mus*⟩ del (*o*
relativo al*) mensuralismo.

mensural ['menfurəl, 'mensjurəl] *a.* **1** di misurazione, di
misura. **2** ⟨*Mus*⟩ che ha un ritmo fisso. **mensuration**
[-fə'reifən] *s.* **1** ⟨*Geom*⟩ geometria *f* elementare. **2** (*act of*
measuring) misurazione *f.*

men's wear ['menzwɛə] *s.* abbigliamento *m* maschile.

mental[1] ['mentl] *a.* **1** mentale, della mente: ~ *state* stato
mentale; ~ *reservations* riserve mentali; (*of the intellect*)
intellettuale, mentale, dell'intelletto. **2** (*of insanity or*
insane people) di mente, mentale: *a* ~ *patient* un malato
di mente. **3** ⟨*fam*⟩ (*crazy*) un po' matto, tocco.

mental[2] *a.* ⟨*Anat*⟩ mentoniero, del mento, mentale.

mental| age *s.* ⟨*Psic*⟩ età *f* mentale. ~ **arithmetic** *s.*
calcolo *m* mentale. ~ **block** *s.* blocco *m* psichico. ~
capacity *s.* facoltà *fpl* mentali. ~ **cruelty** *s.* ⟨*Dir*⟩
crudeltà *f* mentale. ~ **defective.** → **mental**
defectiveness. ~ **defectiveness** *s.* **1** ⟨*Ped*⟩ menomazione
f psichica. **2** ⟨*Med*⟩ → **mental deficiency.** ~ **deficiency**
s. ⟨*Med*⟩ deficienza *f* mentale, oligofrenia *f.* ~ **disease,**
disorder *s.* ⟨*Med*⟩ psicopatia *f.* ~ **handicap** *s.* handicap
m mentale (*o psichico*). ~ **healer** *s.* psicoterapista *m/f.* ~
healing *s.* psicoterapia *f.* ~ **health** *s.* sanità *f* mentale. ~
home *s.* clinica *f* psichiatrica (*o per malattie mentali*).
~ **hospital** *s.* manicomio *m*, ospedale *m* psichiatrico. ~
hygiene *s.* igiene *f* mentale.

mentality [men'tæliti] *s.* **1** intelligenza *f*, capacità *fpl* (*o*
facoltà*) mentali: *a person of average* ~ una persona
d'intelligenza media. **2** ⟨*fig*⟩ (*way of thinking*) mentalità *f.*
mentally [-təli] *avv.* mentalmente, a mente: *to be* ~ *lazy*
essere mentalmente pigro.

mentally| defective *a.* **1** ⟨*Ped*⟩ minorato (*psichico*). **2**
⟨*Med*⟩ → **mentally deficient.** ~ **deficient** *a.* ⟨*Med*⟩
deficiente. ~ **handicapped I** *a.* handicappato mentale.
II *s.* handicappato *m* (*f* -a) mentale. ~ **ill I** *a.* malato di
mente. **II** *s.* malato *m* (*f* -a) di mente. ~ **retarded** *a.*
ritardato mentale.

mental| powers *s.pl.* → **mental capacity.** ~ **reservation**
s. riserva *f* mentale. ~ **specialist** *s.* alienista *m/f*,
psichiatra *m/f.* ~ **telepathy** *s.* lettura *f* del pensiero. ~
test *s.* test *m* mentale.

mentation [men'teifən] *s.* attività *f* mentale.

menthol ['menθɔl] *s.* ⟨*Chim*⟩ mentolo *m.*

mention ['menfən] **I** *v.t.* **1** accennare a, menzionare,
parlare di, nominare: *he didn't* ~ *the price* non accennò al
prezzo. **2** (*to cite formally*) citare, menzionare: *to be* -*ed*
in dispatches essere citato nei bollettini. **II** *s.* **1** menzione
f, cenno *m.* **2** (*formal citation*) menzione *f*, segnalazione *f*,
citazione *f: an honourable* ~ una menzione onorevole. □
to **make** ~ *of s.th.* parlare di qc., accennare a qc.; *to*

make no ~ of s.th. non fare cenno di qc.; *to ~ no* **names** non fare nomi; *did you hear my name –ed?* hai sentito fare il mio nome?; **not** *to ~* per non parlare di; *to ~ s.th.* to *s.o.* accennare qc. a qd., fare parola di qc. a qd.; *to ~ s.o. in one's* will nominare qd. nel testamento; **without** *–ing* = **not** *to* **mention;** *not* **with** *–ing* non degno di menzione. || *don't ~ it* prego, figurati, non c'è di che.

mentionable ['menʃənəbl] *a.* citabile, che si può nominare (*o* menzionare). **mentioned** [–nd] *a.* (nei composti) menzionato, citato, nominato: *above–~* soprammenzionato, sopraccitato.

mentor ['mentɔ:] *s.* **1** mentore *m*, guida *f.* **2** (*teacher*) mentore *m.*

menu ['menju:] *s.* **1** menu *m*, lista *f* (delle vivande). **2** (*meal*) menu *m.* **3** ⟨*Inform*⟩ lista *f* delle opzioni.

Mephistophelean *a.* → **Mephistophelian.**

Mephistopheles [‚mefis'tɔfili:z] *N.pr.* ⟨*Lett*⟩ Mefistofele *m.* **Mephistophelian** [–tə'fi:liən] *a.* mefistofelico (*anche* fig.).

mephitic [mi'fitik] *a.* mefitico, pestilenziale. **mephitis** [–'faitis] *s.* **1** mefite *f.* **2** (*foul air*) aria *f* malsana (*o* mefitica). **3** (*foul smell*) fetore *m.*

mercantile ['mə:kəntail] *a.* **1** mercantile, commerciale. **2** ⟨*Econ*⟩ mercantile. ☐ *a ~ nation* un paese dedito al commercio.

mercantile| law *s.* diritto *m* mercantile (*o* commerciale). **~ marine** *s.* → **merchant navy. ~ system** *s.* ⟨*Econ*⟩ mercantilismo *m.*

mercantilism ['mə:kəntailizəm] *s.* mercantilismo *m.* **mercantilist** [–list] *s.* mercantilista *m/f.* ‚**mercantilistic** [–'listik] *a.* mercantilistico.

Mercator's projection [mə'keitəz] *s.* ⟨*Topogr*⟩ proiezione *f* (*o* carta) di Mercatore.

mercenariness ['mə:sənərinis] *s.* mercenarismo *m.* **mercenary** [–ri] **I** *a.* mercenario, venale, prezzolato. **II** *s.* mercenario *m.*

mercer ['mə:sə] *s.* commerciante *m/f* di tessuti.

mercerization [‚mə:sərai'zeiʃən] *s.* ⟨*Tess*⟩ mercerizzazione *f.* '**mercerize** [–raiz] *v.t.* mercerizzare.

mercery ['mə:səri] *s.* **1** negozio *m* di tessuti. **2** (*wares*) tessuti *mpl.*

merchandise ['mə:tʃəndaiz] **I** *s.* merce *f*, mercanzia *f*, derrata *f.* **II** *v.i.* commerciare, fare il commerciante (*o* mercante). **III** *v.t.* commerciare in. **merchandising** [–iŋ] *s.* ⟨*Comm*⟩ attività *fpl* promozionali.

merchant ['mə:tʃənt] **I** *s.* **1** mercante *m* (*f* –essa), commerciante *m/f*, trafficante *m/f.* **2** (*shopkeeper*) negoziante *m/f*, bottegaio *m* (*f* –a); (*retailer*) dettagliante *m/f.* **3** (*wholesaler*) grossista *m/f.* **II** *a.* **1** mercantile, commerciale. **2** (*of a merchant navy*) della marina mercantile, mercantile. ☐ ⟨*Lett*⟩ *the ~ of Venice* il Mercante di Venezia. **merchantable** [–əbl] *a.* commerciabile.

merchant| adventurer *s.* → **merchant venturer. ~ bank** *s.* banca *f* mercantile (*o* d'affari). **~ fleet** *s.* flotta *f* mercantile. **~man** [mən] *s.irr.* → **merchant ship. ~ marine** *am.,* **~ navy** *s.* marina *f* mercantile. **~ prince** *s.* mercante *m* (*o* commerciante) ricco. **~ seaman** *s.* marinaio *m* di una nave mercantile. **~ service** *s.* → **merchant navy. ~ ship** *s.* ⟨*Mar*⟩ mercantile *m*, nave *f* mercantile. **~ tailor** *s.* sarto *m* che fornisce anche la stoffa. **~ venturer** *s.* ⟨*Stor*⟩ chi commercia con l'estero e crea imprese all'estero.

merciful ['mə:siful] **I** *a.* misericordioso, pietoso, clemente. **II** *s.* (costr. pl.) misericordiosi *mpl.* ☐ ⟨*Bibl*⟩ *blessed are the ~* beati i misericordiosi; ⟨*esclam*⟩ *~ heavens* misericordia. **mercifulness** [–nis] *s.* misericordia *f*, clemenza *f.*

merciless ['mə:silis] *a.* crudele, spietato. **mercilessness** [–nis] *s.* spietatezza *f*, crudeltà *f.*

mercurial [mə:'kjuəriəl] *a.* **1** (*lively*) vivace, brillante, pronto; (*changeable*) volubile, mutevole, incostante. **2** ⟨*Chim*⟩ mercurifero. **3** ⟨*Farm*⟩ mercuriale. **Mercurial** *a.* **1** ⟨*Mitol*⟩ di Mercurio. **2** ⟨*Astr*⟩ mercuriale.

mercurial barometer *s.* ⟨*tecn*⟩ barometro *m* a mercurio.

mercurialism [mə:'kjuəriəlizəm] *s.* ⟨*Med*⟩ mercurialismo

m, idrargiria *f,* idrargirismo *m.* **mercurialize** [–laiz] **1** rendere vivace. **2** ⟨*Chim*⟩ trattare con mercurio.

mercuric [mə'kju:rik] *a.* ⟨*Chim*⟩ mercurico. ☐ *~ chlor* bicloruro di mercurio, sublimato corrosivo.

mercurify [mə:'kju:rifai] *v.t.* ⟨*Chim*⟩ amalgama **mercurous** [–rəs] *a.* mercuroso: *~ chloride* clort mercuroso.

mercury ['mə:kjuri] *s.* **1** ⟨*Chim*⟩ mercurio *m.* **2** ⟨*Far* preparato *m* mercuriale. **3** ⟨*Bot*⟩ mercuriale *f,* mercore *f.* **4** ⟨*fig*⟩ (*thermometer*) termometro *m;* (*baromet* barometro *m.* **5** ⟨*fig*⟩ (*mercurial quality*) vivacità argento *m* vivo. **Mercury I** *N.pr.* ⟨*Mitol,Astr*⟩ Mercu *m.* **II** *s.* messaggero *m*, nunzio *m.*

mercury| poisoning *s.* ⟨*Med*⟩ mercurialismo **~-vapour lamp** *s.* lampada *f* a vapori di mercurio.

mercy ['mə:si] *s.* **1** misericordia *f*, pietà *f*, compassione clemenza *f.* **2** ⟨*fam*⟩ (*fortunate event*) grazia benedizione *f,* dono *m* del cielo, fortuna *f.* **3** ⟨*Dir*⟩ gra *f.* ☐ *at the ~ of* alla mercè di, in balia di; *to have s.o. one's ~* avere qd. in propria balia; *to beg for ~* implor pietà; *to have ~ on s.o.* avere pietà di qd., us misericordia a qd.; *~ on us!* pietà di noi!; *for ~'s sa* per pietà; *to be left to the tender ~* (*o mercies*) di essere lasciato in balia (*o* alla mercè) di qd.; *to throw at s.o.'s ~* rimettersi alla mercè di qd.; **without** *~* sen pietà, senza misericordia. || ⟨*fam*⟩ *that's a ~* il c fortuna.

mercy| killing *s.* eutanasia *f.* **~ seat** *s.* **1** ⟨*Rel*⟩ trono di Dio. **2** ⟨*Bibl*⟩ coperchio *m* (d'oro) dell'a dell'Alleanza.

mere[1] ['miə] *a.* **1** solo, puro, semplice, ⟨*lett*⟩ mero: *she i ~ child* è solo una bambina; *out of ~ spite* per p dispetto. **2** (*in the superlative: least important*) minimo più piccolo: *he grants her –st wish* esaudisce ogni suo piccolo desiderio. **3** (*no more than*) solo: *he sold it fo ~ ten shillings* l'ha venduto per soli dieci scellini. **4** (*I* (*of a right*) di nuda proprietà.

mere[2] *s.* stagno *m*, laghetto *m.*

merely ['miəli] *avv.* soltanto, solo, semplicemente. ☐ *~* non solo.

meretricious [‚meri'triʃəs] *a.* **1** che alletta con fa attrazioni; (*tawdry*) vistoso, appariscente. **2** (*worthless*) poco (prezzo), da due soldi. **3** (*of a prostitute*) di (*o* prostituta. **meretriciousness** [–nis] *s.* vistosità appariscenza *f.*

merganser [mə'gænsə] *s.* ⟨*Ornit*⟩ smergo *m*, mergo *m.*

merge [mə:dʒ] **I** *v.i.* fondersi, unirsi, amalgamarsi ⟨*Comm*⟩ fondersi: *the two companies –d* le due societ fusero. **II** *v.t.* **1** fondere, mescolare, unire, amalgamare ⟨*Comm*⟩ fondere. **3** ⟨*Dir*⟩ incorporare. '**mergence** [– *s.* fusione *f,* unione *f.*

merge program *s.* ⟨*Inform*⟩ programma *m* di fusione

merger ['mə:dʒə] *s.* **1** ⟨*Econ*⟩ fusione *f.* **2** ⟨*I* incorporazione *f.* **3** → **mergence.** ☐ *~ of newspa,* concentrazione *f* delle testate.

meridian [mə'ridiən] **I** *s.* **1** ⟨*Geog*⟩ (*great circle*) cir *m* meridiano; (*half a great circle*) meridiano *m.* **2** ⟨*A* meridiano *m* celeste. **3** ⟨*fig*⟩ apice *m*, culmine *m*, apo *m.* **II** *a.* **1** di un meridiano. **2** (*of midday*) meridiano mezzogiorno. **3** ⟨*fig*⟩ all'apice, all'apogeo, al culmine.

meridian circle *s.* ⟨*Astr*⟩ cerchio *m* meridiano, meridi *m.*

meridional [mə'ridiənl] **I** *a.* **1** di un meridiano. **2** (*in the south*) meridionale, del sud; (*in or of southern Eure* dell'Europa meridionale. **II** *s.* meridionale *m/f.*

meringue [mə'ræŋ] *s.* ⟨*Dolc*⟩ meringa *f.*

merino [mə'ri:nou] *s.* (*pl.* -s [z]) **1** (*wool*) lana *f* mer **2** ⟨*Tess*⟩ merino *m*, tessuto *m* di lana merino ⟨*Zootecn*⟩ (*breed*) merino *m;* (*sheep*) pecora *f* di ra merino. **II** *a.* merino.

meristem ['meristem] *s.* ⟨*Bot*⟩ meristema *m.*

merit ['merit] *s.* **1** valore *m*, merito *m*, pregio *m: book is not without ~* il libro non è senza va (*excellent quality, virtue*) merito *m*, virtù *f*, pregio qualità *f*, dote *f.* **2** *pl.* ⟨*Dir*⟩ merito *m*, sostanza *f.* **II** meritare, meritarsi, essere degno di: *to ~ punishn* meritarsi un castigo. ☐ *to treat s.o. according to hi* rattare qd. secondo il merito; *to gain* (o *acquire*) ~ acquistare merito; *to make a* ~ *of s.th.* vantarsi (*o* farsi un merito) di qc.; *on its* (*own*) *-s* valutando(ne) il pro e il contro, per quello che vale: *to decide a question on its -s* decidere una questione valutandone il pro e il contro.

erit increase *s.* aumento *m* per merito.

eritocracy [,meri'tɔkrəsi] *s.* meritocrazia *f.* **'meritocrat** '-to(u)kræt] *s.* chi è importante per meriti personali. **meritocratic** [-tə'krætik] *a.* meritocratico.

eritorious [,meri'tɔːriəs] *a.* meritevole, degno di lode, meritorio. **meritoriousness** [-nis] *s.* l'essere meritevole, il meritare.

erit| rating *s.* valutazione *f* di merito. ~ **system** *am. s.* meritocrazia *f.*

erlin ['məːlin] *s.* ⟨*Ornit*⟩ smeriglio **Merlin** *N.pr.* ⟨*Lett*⟩ Merlino *m.*

erlon ['məːlən] *s.* ⟨*Mil.ant*⟩ merlone *m.*

ermaid(en) ['məːmeid(n)] *s.* **1** sirena *f.* **2** ⟨*fam*⟩ (*highly skilled girl swimmer*) abile nuotatrice *f*, ondina *f.*

erman ['məːmæn] *s.irr.* **1** tritone *m.* **2** ⟨*fam*⟩ (*highly skilled male swimmer*) abile nuotatore *m.*

Merovingian [,mero(u)'vindʒiən] **I** *a.* ⟨*Stor*⟩ merovingico, merovingio. **II** *s.* re *m* della dinastia merovingica.

erriment ['merimənt] *s.* **1** allegria *f*, gaiezza *f.* **2** (*gay occasion*) festa *f*, baldoria *f*, divertimento *m.* **merriness** ['merinis] *s.* allegria *f*, gaiezza *f.*

erry ['meri] *a.* **1** allegro, gaio, lieto, festoso, gioioso. **2** ⟨*fam*⟩ (*slightly drunk*) allegro, brillo. **3** ⟨*rar*⟩ (*pleasant*) piacevole, ameno. □ *as* ~ *as a cricket* (o *lark*) contento come una pasqua; ~ **England** la ridente Inghilterra; *to make* ~ fare festa (*o* baldoria); *the* ~ *month of* **May** il festoso mese di maggio.

erry| 'andrew *s.* buffone *m*, pagliaccio *m.* **~-go-round** *s.* **1** (*at fairs*) giostra *f*, carosello *m.* **2** ⟨*fig*⟩ turbinio *m*, vortice *m*, turbine *m.* **~maker** *s.* festaiolo *m* (*f* –a). **~making** *s.* **1** festa *f*, baldoria *f*, divertimento *m.* **2** (*merriment*) allegria *f*, festosità *f.*

ésalliance *fr.* [me'zælions, meizali'ɔ̃s] *s.* mésalliance *f.*

escal [mes'kæl] *s.* mescal *m.*

eseems [mi'siːmz] *v.i.impers.* (*pret.* **meseemed** [-md]; manca dell'inf. e del p.p.) ⟨*rar,poet*⟩ mi sembra, mi pare.

esenteric [,mesen'terik] *a.* ⟨*Anat*⟩ mesenteriale, mesenterico. **'mesentery** [-səntəri] *s.* ⟨*Anat,Biol*⟩ mesentere *m*, mesenterio *m.*

esh [meʃ] **I** *s.* **1** (*of a net, network, etc.*) maglia *f.* **2** *pl.* (*fabric of a net*) rete *f.* **3** ⟨*fig*⟩ (*network, web*) rete *f*, struttura *f* a rete, reticolato *m.* **4** *pl.* ⟨*fig*⟩ (*trap, toils*) rete *f*, trappola *f*, laccio *m*: *to be caught in one's own -es* essere preso nelle proprie reti. **5** ⟨*tecn*⟩ (*size of screen*) maglia *f*: *a sixty-~ screen* un vaglio a sessanta maglie (per pollice lineare). **6** ⟨*Mecc*⟩ ingranamento *m.* **7** ⟨*Tess*⟩ tessuto *m* a rete. **II** *v.t.* **1** prendere con la rete. **2** ⟨*fig*⟩ irretire, intrappolare. **3** ⟨*Mecc*⟩ ingranare. **III** *v.i.* **1** ⟨*fig*⟩ rimanere intrappolato (*o* irretito). **2** ⟨*Mecc*⟩ ingranarsi. □ ⟨*Mecc*⟩ *in* ~ ingranato; ⟨*Mecc*⟩ *out of* ~ disingranato.

esh bag *s.* retina *f* (per la spesa).

eshed [meʃt] *a.* **1** (nei composti) a maglie ...: *a fine-~ screen* un vaglio a maglie fini. **2** ⟨*Mecc*⟩ accoppiato, ingranato.

eshwork ['meʃwəːk] *s.* reticolo *m.*

eshy ['meʃi] *a.* a maglie.

esial ['miːziəl] *a.* **1** ⟨*Anat*⟩ mediano, medio. **2** ⟨*Dent*⟩ mesiale.

esmeric [mez'merik] *a.* **1** ⟨*Med*⟩ mesmerico. **2** ⟨*fig*⟩ magnetico, affascinante. **'mesmerism** [-mərizəm] *s.* **1** ⟨*Med*⟩ mesmerismo *m.* **2** (*estens*) (*hypnotism*) ipnotismo *m.* **3** ⟨*fig*⟩ fascino *m*, incanto *m.* **'mesmerist** [-mərist] *s.* **1** chi pratica il mesmerismo. **2** (*hypnotist*) ipnotizzatore *m* (*f* –trice). **,mesmerization** [-mərai'zeiʃən] *s.* mesmerizzazione *f.* **'mesmerize** [-məraiz] *v.t.* **1** mesmerizzare. **2** ⟨*fig*⟩ affascinare, incantare.

esne [miːn] *a.* ⟨*Dir*⟩ intermedio.

esne lord *s.* ⟨*Stor*⟩ signore *m* di un feudo secondario.

esocarp ['meso(u)kɑːp] *s.* ⟨*Bot*⟩ mesocarpo *m.*

esoderm ['meso(u)dəːm] *s.* ⟨*Anat*⟩ mesoderma *m.* **,meso'dermal** [-əl], **,meso'dermic** [-ik] *a.* meso-

dermico.

Mesolithic [,meso(u)'liθik] *a.* ⟨*Geol*⟩ mesolitico.

meson ['mesɔn] *s.* ⟨*Fis*⟩ mesone *m.* **mesonic** [-ik] *a.* mesonico.

mesophyll ['meso(u)fil] *s.* ⟨*Bot*⟩ mesofillo *m.*

Mesopotamia [,mesəpə'teimjə] *N.pr.* ⟨*Geog*⟩ Mesopotamia *f.* **Mesopotamian** [-n] **I** *a.* mesopotamico. **II** *s.* abitante *m/f* della Mesopotamia.

mesosphere ['mezousfiə] *s.* mesosfera *f.*

mesotherapy [,mezou'θerəpi] *s.* ⟨*Med*⟩ mesoterapia *f.*

mesotron ['mesou)trɔn] *s.* → **meson.**

Mesozoic [,meso(u)'zouik] *s.* ⟨*Geol*⟩ era *f* mesozoica, mesozoico *m.*

mess[1] [mes] *s.* **1** (*confusion, disorder*) (grande) confusione *f*, caos *m*, (estremo) disordine *m: the room was in a* ~ la stanza era un caos; (*dirty condition*) sudiciume *m*, sporcizia *f*; (*dirty, untidy place*) luogo *m* sporco e disordinato. **2** (*confused person*) pasticcione *m* (*f* –a), confusionario *m* (*f* –a); (*untidy, dirty person*) persona *f* sporca e disordinata. **3** (*difficult situation*) guai *mpl*, pasticcio *m: to be in a* ~ essere nei guai. **4** (*group of persons eating together*) commensali *mpl*; (*meal taken*) pasto *m* comune. **5** ⟨*Mil*⟩ (*mess hall*) mensa *f: the officers'* ~ la mensa ufficiali; (*meal taken*) rancio *m.* **6** (*dish of soft food*) brodaglia *f*, ⟨*fam*⟩ sbo(b)ba *f.* **7** (*quantity of food*) porzione *f*; (*sufficient quantity for a meal*) piatto *m*, porzione *f.* □ *to get* (*o.s.*) *into a* ~ mettersi nei pasticci (o guai); *his papers were in a* ~ le sue carte erano sottosopra; *to make a* ~ *of s.th.*: 1 mettere sottosopra (o in disordine) qc.; 2 (*to make a muddle of*) pasticciare qc., abborracciare qc.; ⟨*Bibl,fig*⟩ ~ *of pottage* piatto *m* di lenticchie.

mess[2] **I** *v.t.* **1** (spesso con *up: to make confused, untidy*) scompigliare, mettere in disordine, buttare all'aria, mettere sottosopra; (*to make dirty*) sporcare, insudiciare. **2** (spesso con *up: to botch, make a muddle of*) pasticciare, abborracciare, raffazzonare; (*to spoil*) rovinare, guastare, mandare a monte. **II** *v.i.* **1** (*to take meals;* spesso con *together*) mangiare alla stessa tavola, fare mensa comune. **2** (*to interfere*) intromettersi, interferire (*with, in* in). □ *to* ~ *about* (o *around*): 1 (*to dabble, tinker*) dilettarsi, occuparsi (da dilettante) (*with* di): *to* ~ *about with boats* occuparsi di barche; 2 (*to waste time*) perdere tempo, oziare, gingillarsi, trastullarsi; 3 (*to treat roughly*) maltrattare, bistrattare.

message ['mesidʒ] *s.* **1** messaggio *m*, comunicazione *f*, annuncio *m: a telephone* ~ un messaggio telefonico. **2** ⟨*Rel*⟩ messaggio *m: the* ~ *of the Bible* il messaggio della bibbia; (*gospel*) vangelo *m.* **3** (*address, speech*) messaggio *m*, allocuzione *f.* **4** (*errand*) commissione *f*, ambasciata *f: to go on a* ~ fare una commissione. □ ⟨*fam*⟩ *to get the* ~ capire, afferrare.

messenger ['mesindʒə] *s.* **1** messaggero *m* (*f* –a), messo *m.* **2** (*official dispatch bearer*) messaggero *m*; (*in a business*) fattorino *m.*

messenger| boy *s.* fattorino *m.* ~ **cable,** ~ **wire** *s.* ⟨*Tel*⟩ cavo *m* portante.

mess hall *s.* ⟨*Mil*⟩ mensa *f.*

Messiah [mi'saiə] *s.* ⟨*Bibl*⟩ Messia *m.* **messiah** *s.* messia *m*, salvatore *m*, liberatore *m.* **Messiahship** [-ʃip] *s.* messianicità *f.* **Messianic** [,mesi'ænik] *a.* ⟨*Bibl*⟩ messianico. **Messias** [-s] *s.* → **Messiah.**

messiness ['mesinis] *s.* **1** disordine *m*, confusione *f.* **2** (*dirtiness*) sporcizia *f.*

mess| jacket *s.* giacchetta *f* corta e attillata. **~mate** *s.* **1** ⟨*Mil*⟩ compagno *m* di mensa. **2** ⟨*fig*⟩ camerata *m*, compagno *m*, amico *m.* ~ **room** *s.* → **mess hall.** ~ **tin** *s.* gavetta *f.*

Messrs ['mesəːz] *s.* → **Mister.**

messuage ['meswidʒ] *s.* ⟨*Dir*⟩ casa *f* d'abitazione con tenuta.

mess-up *s.* situazione *f* confusa, imbroglio *m*, ⟨*fam*⟩ pasticcio *m.*

messy ['mesi] *a.* **1** disordinato, in disordine: *a* ~ *room* una stanza disordinata. **2** (*dirty*) sporco, sudicio. **3** (*slovenly*) trasandato, trascurato, sciatto: ~ *appearance* aspetto sciatto. **4** (*causing dirtiness*) che sporca, che imbratta.

mestiza [mes'ti:za:] s. meticcia f. **mestizo** [–zou] s. (pl. -s [z]) **1** meticcio m. **2** (Spanish–American) ispano –americano m.

met[1] [met] → **meet**[1].

met[2] [met] a. meteorologico: ~ report bollettino meteorologico.

met. = **1** metal metallo. **2** metallurgy metallurgia. **3** metaphor metafora. **4** metaphysics metafisica. **5** meteorology meteorologia.

metabolic [,metə'bɔlik] a. ⟨Biol⟩ metabolico.

metabolism [mi'tæbəlizəm] s. ⟨Biol⟩ metabolismo m. **metabolize** [–laiz] v.t. metabolizzare.

metacarpal [,metə'ka:pl] I a. ⟨Anat⟩ metacarpale. II s. osso m metacarpale. **metacarpus** [–pəs] s. (pl. -pi [pai]) metacarpo m.

metacinnabar [,metə'sinibɑ:] s. ⟨Min⟩ metacinabro m.

metage ['mi:tidʒ] s. **1** pesatura f (o misurazione) ufficiale. **2** (charge) somma f pagata per la pesatura.

metagenesis [,metə'dʒenisis] s. ⟨Biol⟩ metagenesi f. **metagenetic** [–dʒi'netik], **metagenic** [–nik] a. metagenetico.

metal ['metl] I s. **1** ⟨Chim,Min⟩ metallo m. **2** ⟨Strad,Ferr⟩ brecciame m, pietrisco m. **3** ⟨Vetr⟩ vetro m fuso (o incandescente). **4** pl. ⟨Ferr⟩ (rails) binari mpl, rotaie fpl. **5** ⟨Tip⟩ (type metal) piombo m (per caratteri), lega f tipografica; (state of being in type) composizione f. **6** ⟨fig⟩ (formative material) materia f; (mettle) tempra f. II a. metallico. III v.t. (pret., p.p. **metalled**, am. **metaled** [–d]) **1** metallizzare. **2** ⟨Strad⟩ massicciare; (to macadamize) macadamizzare. **3** ⟨Ferr⟩ inghiaiare. □ ⟨Tip⟩ to be in (the) ~ essere in composizione; ⟨Fer⟩ to leave (o jump) the –s deragliare.

metal. = **1** metallurgical metallurgico. **2** metallurgy metallurgia.

metal|-bearing a. metallifero. ~ **covering** s. rivestimento m metallico. ~ **detector** s. rivelatore m di metalli, cercametalli m. ~ **fatigue** s. ⟨tecn⟩ fatica f del metallo. ~ **foil** s. lamina f di metallo. ~ **founder** s. fonditore m.

metalinguistics [,mətəliŋ'guistiks] s.pl. (costr. sing.) metalinguistica f.

metalled ['metld] a. ⟨Strad,Ferr⟩ massicciato.

metallic [mi'tælik] a. **1** metallico, di metallo. **2** (of a sound, colour) metallico. **metallically** [–li] avv. in modo metallico.

metallic currency s. ⟨Econ⟩ valuta f metallica.

metalliferous [,metə'lifərəs] a. metallifero. **metalliform** [–'tælifɔ:m] a. metalliforme. '**metalline** [–lain] a. **1** metallico, di metallo. **2** ⟨Chim⟩ metallifero.

metalling ['metəliŋ] s. ⟨Strad⟩ **1** (act) il fare la massicciata. **2** (stones used) pietrisco m. **metallist** [–list] s. **1** chi lavora i metalli. **2** ⟨Econ⟩ metallista m. ,**metallization** [–lai'zeiʃən] s. metallizzazione f. **metallize** [–laiz] v.t. **1** metallizzare. **2** ⟨Ind⟩ (of rubber) vulcanizzare.

metallographer [,metəlɔgrəfə] s. metallografo m. **metallography** [–'lɔgrəfi] s. metallografia f.

metalloid ['metəlɔid] I s. ⟨Chim⟩ metalloide m. II a. **1** ⟨Chim⟩ metalloidico. **2** (resembling a metal) simile a metallo, metallico.

metallurgic [,metə'lə:dʒik], **metallurgical** [–əl] a. metallurgico.

metallurgical coke s. coke m metallurgico.

metallurgist [me'tælə:dʒist] s. esperto m in metallurgia. **metallurgy** [–dʒi] s. metallurgia f.

metal| spraying s. ⟨Pitt⟩ metallizzazione f (a spruzzo). ~**work** s. lavoro m in metallo. ~**worker** s. operaio m (o lavoratore) metallurgico, metallurgico m. ~**working** s. lavorazione f del metallo.

metamathematics [,metəmæθə'mætiks] s.pl. (costr. sing) metamatematica f.

metamorphic [,metə'mɔ:fik] a. **1** metamorfo. **2** ⟨Geol⟩ metamorfico. **metamorphism** [–fizəm] s. ⟨Geol⟩ metamorfismo m. **metamorphose** [–'mɔ:fouz] I v.t. **1** metamorfosare, trasformare. **2** ⟨Geol⟩ modificare per metamorfismo. II v.i. **1** trasformarsi. **2** ⟨Biol⟩ subire

una metamorfosi, metamorfosarsi. **metamorphosis** [–'mɔ:fəsis] s. (pl. -ses [si:z]) **1** trasformazione metamorfosi f. **2** ⟨fig⟩ metamorfosi f, cambiamento m, trasformazione f. **3** ⟨Biol⟩ metamorfosi f.

metaphor ['metəfɔ:] s. metafora f. □ to speak in –s parlare per metafore. ,**metaphoric** [–'fɔrik], **metaphorical** [–'fɔrikəl] a. metaforico.

metaphrase ['metəfreiz] I s. traduzione f letterale. II v. **1** tradurre letteralmente. **2** (to change the phrasing o) parafrasare. ,**metaphrastic** [–'fræstik] a. che concerne parafrasi di opere poetiche.

metaphysic [,metə'fizik] I s. → metaphysics. II a. - metaphysical. **metaphysical** [–əl] a. **1** metafisico. **2** ⟨Filos⟩ metafisico, trascendentale. **3** (abstract, abstrus) astruso, astratto, metafisico. **4** ⟨Lett⟩ metafisico, della poesia metafisica. **metaphysician** [–'ziʃən] s. metafisico m. **metaphysics** [–s] s.pl. (costr. sing.) metafisica f.

metaplasm ['metəplæzəm] s. ⟨Biol⟩ metaplasma m.

metapsychic [,metə'saikik], **metapsychical** [–əl] metapsichico, parapsicologico. **metapsychics** [–s] s.f (costr. sing.) metapsichica f.

metastasis [mi'tæstəsis] s. (pl. -ses [si:z]) ⟨Med⟩ metasta f. **metastasize** [–saiz] v.i. ⟨Med⟩ riprodursi pe metastasi, metastatizzare, metastatizzarsi. **metastati** [,metə'stætik] a. metastatico.

metatarsal [,metə'tɑ:sl] a. ⟨Anat⟩ metatarsale, metatarsic **metatarsus** [–səs] s. (pl. -si [sai]) metatarso m.

metathesis [mi'tæθisis] s. (pl. -ses [si:z]) ⟨Ling,Chim⟩ metatesi f.

métayage fr. [mete'ja:ʒ] s. ⟨Dir⟩ mezzadria f. **métayer** [–'tei'jei] s. mezzadro m.

metcast ['metka:st] s. bollettino m meteorologic previsioni fpl meteorologiche, meteo m.

mete[1] [mi:t] v.t. **1** ⟨lett⟩ (general. con out) assegnare distribuire, ripartire, dispensare. **2** ⟨rar⟩ (to measur) misurare.

mete[2] s. ⟨Dir,rar⟩ confine m: –s and bounds confini limiti.

metempsychosis [mi,tempsi'kousis] s. (pl. -ses [si:z] metempsicosi f.

meteor ['mi:tiə] s. **1** ⟨Astr⟩ meteora f, bolide n (shooting–star) stella f cadente, meteora f. **2** ⟨fig⟩ meteor f.

meteoric [,mi:ti'ɔrik] a. **1** meteorico. **2** ⟨fig⟩ rapidissim ~ career carriera rapidissima. **meteorically** [–əli] av come una meteora (anche fig.).

meteoric shower s. ⟨Astr⟩ pioggia f di meteoriti.

meteorism ['mi:tiərizəm] s. ⟨Med⟩ meteorismo m.

meteorite ['mi:tiərait] s. ⟨Astr⟩ meteorite m/f.

meteorogram ['mi:tiərougræm] s. meteorogramma m.

meteoroid ['mi:tiərɔid] s. ⟨Astr⟩ meteoroide m.

meteorologic [,mi:tiərə'lɔdʒik], **meteorological** [–əl] meteorologico.

meteorological| observing unit s. osservatorio meteorologico. ~ **office** s. stazione f meteorologica.

meteorologist [,mi:tiə'rɔlədʒist] s. meteorologo m (f –a **meteorology** [–dʒi] s. meteorologia f.

meteoropath [,mi:tiəro'pæθ] s. ⟨Med⟩ meteoropatico m –a). **meteoropathic** [–'pæθik] a. meteoropatic **meteoropathy** [–'pæθi] s. meteoropatia f.

meter[1] ['mi:tə] I s. ⟨tecn⟩ contatore m, misuratore m: gas – un contatore del gas. II v.t. **1** misurare con u contatore. **2** ⟨Mot⟩ (of fuel, oil, etc.) dosare. **3** ⟨am.Pos affrancare con l'affrancatrice.

meter[2] am. s. → **metre**[1], **metre**[2].

meterage ['mi:təridʒ] s. **1** misurazione f a contatore. (amount recorded) quantità f misurata con un contatore

meter rate s. tariffa f a contatore.

Meth. = Methodist metodista.

methadone [meθə'dɔn] s. ⟨Farm⟩ metadone m.

methane ['me:θein] s. metano m.

methane| pipeline s. metanodotto m. ~ **tanker** ⟨Mar⟩ metaniera f.

methanol ['meθənɔl] s. ⟨Chim⟩ metanolo m.

methanol poisoning s. ⟨Med⟩ intossicazione f da metanolo.

methinks [mi'θiŋks] v.i.impers. (pret. **methought** [mi'θɔ:t manca dell'inf. e del p.p.) ⟨rar,poet⟩ mi sembra, mi pare.

method ['meθəd] s. **1** metodo m, procedimento m, criterio m: *modern teaching* –s moderni metodi d'insegnamento; (*way of doing s.th.*) sistema m, modo m, tecnica f: *you have chosen the wrong* ~ hai scelto il sistema sbagliato. **2** (*orderliness*) metodo m, ordine m, sistema m, regola f: *to work with* ~ lavorare con metodo; (*orderly arrangement*) disposizione f regolare (o ordinata). **3** ⟨Biol⟩ classificazione f. **4** ⟨Chim⟩ processo m, procedimento m. □ *there is* ~ *in his madness* non è così matto come sembra; *a man of* ~ un uomo metodico; –s *of payment* modalità fpl di pagamento.

methodic [mi'θɔdik], **methodical** [–əl] a. **1** metodico, ordinato, sistematico. **2** (*of a person*) metodico, ordinato, meticoloso. □ *to be* ~ avere metodo. **methodically** [–əli] avv. metodicamente, con metodo. □ *to proceed* ~ procedere con ordine.

Methodism ['meθədizəm] s. ⟨Rel⟩ metodismo m. **Methodist** [–dist] s. metodista m/f. ,**Methodistic** [–'distik], ,**Methodistical** [–'distikəl] a. metodistico, metodista.

methodization [,meθədai'zeiʃən] s. il metodizzare. **'methodize** [–daiz] v.t. metodizzare.

methodless ['meθədlis] a. senza metodo, disordinato.

methodological [,meθədə'lɔdʒikəl] a. metodologico. **methodologist** [–'dɔlədʒist] s. metodologo m (f –a). **methodology** [–'dɔlədʒi] s. metodologia f.

methods| engineer s. specialista m/f in analisi dei metodi. ~ **engineering** s. analisi f dei metodi.

methought [mi'θɔ:t] → **methinks**.

meths [meθs] (*accorc. di methylated spirits*) s.pl. ⟨fam⟩ alcol m denaturato.

Methuselah [mi'θju:zələ] I N.pr. ⟨Bibl⟩ Matusalemme m. II s. matusalemme m. □ *to be as old as* ~ avere gli anni di Matusalemme.

methyl ['meθil] s. ⟨Chim⟩ metile m.

methyl alcohol s. ⟨Chim⟩ alcol m metilico, metanolo m.

methylate ['meθileit] v.t. ⟨Chim⟩ **1** metilare. **2** (*to mix with methanol*) mescolare con alcol metilico, denaturare. □ *methylated spirits* alcol m denaturato.

methylene ['meθili:n] s. ⟨Chim⟩ metilene m.

methylic [m'θilik] a. ⟨Chim⟩ metilico.

methyl propane s. ⟨Chim⟩ metilpropano m.

meticulous [mi'tikjuləs] a. **1** meticoloso, scrupoloso, minuzioso. **2** (*unduly fussy*) meticoloso, pignolo, pedante. □ *to be* ~ *about one's appearance* avere una cura meticolosa della propria persona. **me'ticulousness** [–ləsnis] s. meticolosità f, scrupolosità f.

nétier fr. ['metjei, am. mei'tjei] s. mestiere m, professione f.

netonym ['metənim] s. ⟨Ret⟩ metonimo m. ,**meto'nymic** [–ik], ,**meto'nymical** [–ikəl] a. metonimico. **metonymy** [mi'tɔnimi] s. metonimia f.

netope ['metəpi:, –toup] s. ⟨Archeol⟩ metopa f, metope f.

netre[1] ['mi:tə] s. (*unit of length*) metro m.

netre[2] s. **1** ⟨Metr⟩ metro m; (*fixed metrical pattern*) metro m, schema m metrico. **2** (*verse*) verso m, metro m. **3** ⟨Mus⟩ ritmo m, tempo m.

netre|-candle s. ⟨Fis⟩ lux m. **~–kilogram** s. chilogrammetro m.

netric ['metrik] a. **1** metrico, del sistema metrico decimale. **2** → **metrical**[1]. □ *to go* ~ adottare il sistema metrico decimale; *the* ~ *equivalent of the yard* l'equivalente in metri della yard.

metrical[1] ['metrikəl] a. metrico, della misurazione, di misura.

metrical[2] a. ⟨Metr⟩ metrico, del metro, della metrica.

metrically[1] ['metrikəli] avv. secondo il sistema metrico.

metrically[2] avv. ⟨Metr⟩ metricamente.

metrician [me'triʃən] s. metricista m/f, metricologo m (f –a).

metrics ['metriks] s.pl. (costr. sing. o pl.) ⟨Metr⟩ **1** metrica f, ritmica f. **2** (*science of the metre*) metricologia f.

metric| system s. sistema m metrico decimale. ~ **ton** s. tonnellata f.

metrist ['mi:trist] s. **1** chi scrive (o compone) versi, verseggiatore m (–trice). **2** (*metrician*) metricologo m (f –a), metricista m/f.

metro ['metrou] s. metrò m, ferrovia f metropolitana, metropolitana f.

metroland ['metro(u)lænd] s. ⟨fam⟩ sobborghi mpl di Londra.

metrological [,metro(u)'lɔdʒikəl] a. metrologico. **metrologist** [mi'trɔlədʒist] s. metrologo m (f –a). **metrology** [mi'trɔlədʒi] s. **1** (*science*) metrologia f. **2** (*system*) sistema m di pesi e misure.

metronome ['metro(u)noum] s. ⟨Mus⟩ metronomo m.

metropolis [mi'trɔpəlis] s. **1** metropoli f; (*capital city*) capitale f, metropoli f. **2** ⟨Rel⟩ metropoli f. **Metropolis** N.pr. ⟨Rel⟩ Londra f.

metropolitan [,metrə'pɔlitən] I a. **1** metropolitano, di una metropoli. **2** ⟨Rel⟩ metropolitano: ~ *church* chiesa metropolitana. II s. **1** abitante m/f di una metropoli. **2** ⟨Rel⟩ metropolita m; (*in the Church of England*) arcivescovo m. **metropolitanate** [–eit] s. ⟨Rel⟩ ufficio m di metropolita.

mettle ['metl] s. **1** coraggio m, animo m, fegato m: *a man of* ~ un uomo di fegato; *to try s.o.'s* ~ mettere alla prova il coraggio di qd. **2** (*spirit, temper*) tempra f, temperamento m, carattere m: *he showed the* ~ *he was made of* mostrò di che tempra era. □ *to be on one's* ~ essere impegnato a fondo; *to put s.o. on his* ~ stimolare l'amor proprio di qd., spingere qd. a fare del suo meglio. **mettlesome** [–səm] a. **1** (*courageous*) animoso, coraggioso; (*spirited*) impetuoso, focoso, irruente. **2** (*of a horse*) focoso.

mew[1] [mju:] I s. (*of a cat*) miagolio m. II v.i. miagolare, fare miao (miao).

mew[2] s. ⟨Ornit⟩ gavina f.

mew[3] I s. **1** gabbia f per falchi durante la muda, muda f; (*process of moulting*) muda f. **2** pl. (costr. sing.: *group of stables*) scuderie fpl, stalle fpl (intorno a un cortile o lungo una strada); (*converted into flats*) abitazioni fpl ricavate da scuderie. **3** ⟨fig⟩ tana f, nascondiglio m. II v.t. **1** mettere nella muda. **2** ⟨fig⟩ (general. con *up*) confinare, segregare, rinchiudere.

mew[4] I v.t. (*of feathers*) mutare. II v.i. mutare le penne, fare la muta.

mewl [mju:l] I v.i. frignare, piagnucolare, lamentarsi, ⟨scherz⟩ miagolare. II s. piagnucolio m, lamento m, ⟨scherz⟩ miagolamento m.

Mexican ['meksikən] I a. messicano. II s. messicano m (f –a). **Mexico** [–kou] N.pr. ⟨Geog⟩ Messico m. **Mexico City** N.pr. ⟨Geog⟩ Città del Messico f.

mezzanine ['metsəni:n] s. **1** ⟨Arch⟩ mezzanino m, piano m ammezzato, ammezzato m. **2** ⟨Teat⟩ piano m sottostante al palcoscenico.

mezza voce it. [,medza'voutʃei] a./avv. ⟨Mus⟩ a mezza voce.

mezzo| forte it. ['fɔ:tei] a./avv. ⟨Mus⟩ mezzo forte. ~ **relievo**, ~ **rilievo** it. [,rili'eivou] s. (pl. -s [z]/-vi [vi:]) ⟨Scult⟩ mezzo rilievo m. **~-soprano** it. [sə'prɑ:nou] s. (pl. -s [z]/-ni [ni:]) mezzosoprano m/f. **~tint** I s. ⟨Art⟩ mezzatinta f. II v.t. incidere a mezzatinta. ~ **voce** a./avv. → **mezza voce**.

MF = ⟨El⟩ *medium frequency* media frequenza (*abbr.* M.F.).

mf. = ⟨Mus⟩ *mezzo forte* mezzo forte.

mfd. = *manufactured* fabbricato.

mg. = *milligram* milligrammo.

M.G. = **1** ⟨GB⟩ *Order of St. Michael and St. George* ordine di san Michele e san Giorgio. **2** ⟨Mil⟩ *machine–gun* mitragliatrice.

Mgr. = **1** *Manager* direttore. **2** *Monseigneur* monsignore.

M.H. = ⟨am⟩ *Medal of Honor* medaglia al valor militare.

M.H.R. = ⟨SU⟩ *Member of the House of Representatives* membro della Camera dei rappresentanti.

mi [mi:] s. ⟨Mus⟩ mi m.

M.I. = *Military Intelligence* servizio segreto militare.

miaow [mi'au] I s. miagolio m, miao m. II v.i.

miagolare.

miasma [mai'æzmə] *s.* (*pl.* **-s** [z]/**-mata** [mətə]) miasma *m.* **miasmal** [-l], **miasmatic** [-'mætik], **miasmic** [-mik] *a.* miasmatico.

miaul [mi'aul] *v.* **1** → miaow. **2** → mew[1].

mica ['maikə] *s.* ⟨Min⟩ mica *f.* **micaceous** [-'keiʃəs] *a.* micaceo.

mica schist *s.* ⟨Geol⟩ micascisto *m.*

mice [mais] → mouse.

Michael ['maikl] *N.pr.* Michele *m* (*anche Bibl.*).

Michaelmas ['miklməs] *s.* festa *f* di san Michele.

Michaelmas| daisy *s.* ⟨Bot⟩ aster *m.* ~ **term** *s.* (*at British universities*) trimestre *m* autunnale.

Mick [mik] (*dim. di Michael*) *N.pr.* Michelino *m.* **mick** *s.* ⟨sl⟩ irlandese *m.*

Mickey ['miki] (*dim. di Michael*) *N.pr.* Michelino *m.* **mickey** *s.* ⟨sl⟩ irlandese *m.* □ ⟨sl⟩ *to take the ~ out of s.o.* prendere in giro qd. **Mickey Mouse** *N.pr.* Topolino *m,* Mickey Mouse *m.*

mickle *scozz.* ['mikl] *a.* **1** grande, grosso. **2** (*much*) molto. □ *Prov.: many a little* (o *pickle*) *makes a* ~ molti pochi fanno un assai.

microanalyst [,maikro'ænəlist] *s.* microanalista *m/f.*

microbe ['maikroub] *s.* ⟨Biol⟩ microbo *m.* **mi'crobial** [-iəl], **mi'crobian** [-iən], **mi'crobic** [-ik] *a.* microbico.

microbiologic ['maikrou,baiə'lɔdʒik] *a.* microbiologico. **microbiologist** [,maikroubai'ɔlədʒist] *s.* microbiologo *m* (*f* –a). **microbiology** [,maikroubai'ɔlədʒi] *s.* microbiologia *f.*

microcard ['maikrouka:d] *s.* ⟨Inform⟩ microfiche *f,* microscheda *f.*

microcephalic [,maikro(u)si'fælik] *a.* ⟨Anat⟩ microcefalo, microcefalico. **microcephalous** [-'sefələs] *a.* → microcephalic. **microcephaly** [-'sefəli] *s.* microcefalia.

microcircuit [,maikro'sə:kit] *s.* ⟨El⟩ microcircuito *m.*

microclimatic [,maikro'klaimætik] *a.* microclimatico.

microcomputer [,maikrokəm'pjutə] *s.* ⟨Inform⟩ microelaboratore *m,* microcomputer *m.*

microcosm ['maikro(u)kɔzəm] *s.* microcosmo *m* (*anche Filos.*). **,micro'cosmic** [-zmik], **,micro'cosmical** [-zmikəl] *a.* microcosmico.

microeconomic [,maikro,i:kə'nɔmik] *a.* microeconomico: ~ *theory* teoria microeconomica.

microelectronic [,maikroilek'trɔnik] *a.* microelettronico. **microelectronics** [-s] *s.pl.* (costr. sing.) microelettronica *f.*

microfarad [,maikro(u)'færəd] *s.* ⟨El⟩ microfarad *m.*

microfiche ['maikroufi:ʃ] *s.* ⟨Inform⟩ microscheda *f,* microfiche *f.*

microfiche reader *s.* lettore *m* di microschede.

microfilm ['maikro(u)film] **I** *s.* ⟨Fot,Bibliot⟩ microfilm *m.* **II** *v.t.* microfilmare. **III** *v.i.* fotografare su microfilm.

microfilmed [-ed] *a.* microfilmato. **microfilmer** [-ə] *s.* microfilmatrice *f.*

microfilm| file *s.* archivio *m* su microfilm. ~ **viewer** *s.* lettore *m* di microfilm.

microfloppy disc ['maikroflɔpi] *s.* ⟨Inform⟩ microdischetto *m.*

microflora [,maikrou'flɔ:rə] *s.* microflora *f.*

microform ['maikroufɔ:m] *s.* microriproduzione *f.*

microgram(me) ['maikro(u)græm] *s.* **1** ⟨Fis⟩ microgrammo *m.* **2** ⟨Ott⟩ microfotografia *f.*

micrograph ['maikro(u)grɑ:f] *s.* **1** strumento *m* per eseguire micrografie. **2** ⟨Ott⟩ microfotografia *f.* **,micrographic** [-'græfik] *a.* micrografico. **micrography** [-'krɔgrəfi] *s.* micrografia *f.*

microgroove ['maikro(u)gru:v] *s.* microsolco *m.*

microinformatics [,maikrou,infə'mætiks] *s.pl.* (costr. sing.) microinformatica *f.*

micrology [,mai'krɔlədʒi] *s.* pignoleria *f,* minuziosaggine *f.*

micromesh ['maikro(u)meʃ] *a.* (*of stockings*) a maglia finissima.

micrometeorology [,maikromi:tiə'rɔlədθi] *s.* micrometeorologia *f.*

micrometer [mai'krɔmitə] *s.* ⟨tecn⟩ micrometro *m.*

micrometric [,maikro(u)'metrik], **micrometrical** [-əl] *a.* micrometrico. **micrometry** [-'krɔmitri] *s.* micrometria *f.*

micron ['maikrɔn] *s.* (*pl.* **-s** [z]/**micra** [-krə]) micron *m* (*anche Fis.*).

Micronesia [,maikro(u)'ni:ʒə] *s.* ⟨Geog⟩ Micronesia *f.* **Micronesian** [-n] **I** *a.* micronesiano. **II** *s.* micronesiano *m* (*f* –a). **2** (*group of languages*) lingua micronesiana.

microorganism [,maikrou'ɔ:gænizəm] *s.* ⟨Biol⟩ microorganismo *m.*

microphone ['maikrəfoun] *s.* microfono *m.*

microphone socket *s.* presa *f* per microfono.

microphonic [,maikrə'fɔnik] *a.* microfonico. **,microphonics** [-'fɔniks] *s.pl.* (costr. sing.) scienza *f* relativ alla trasmissione (o amplificazione) elettrica dei suoni.

microphotograph [,maikro(u)'foutogrɑ:f] *s.* microfotogramma *m.* **2** (*photomicrograph*) microfotografi *f.* **,microphotography** [-fə'tɔgrəfi] *s.* microfotografia *f.*

microphyte ['maikro(u)fait] *s.* ⟨Bot⟩ microfita *f.*

microprocessor [,maikro'prousesə] *s.* ⟨Inform⟩ micropro cessore *m.*

microprogram [,maikro'prougræm] *s.* ⟨Inform⟩ micro programma *m.* **microprogramming** [-iŋ] *s.* micro programmazione *f.*

microreader ['maikrori:də] *s.* ⟨Inform⟩ microlettore *m.*

microscope ['maikrəskoup] *s.* ⟨Ott⟩ microscopio *m.* □ *t examine under the* ~ osservare (o guardare) a microscopio; *visible under the* ~ visibile al microscopic **,microscopic** [-'skɔpik], **microscopical** [-'skɔpikəl] *a.* microscopico. **2** (*very small*) microscopico, piccolissimo **,microscopically** [-'skɔpikəli] *avv.* al (o con un microscopio. **microscopist** [-'krɔskəpist] *s.* microscopist *m/f.* **microscopy** [-'krɔskəpi] *s.* microscopia *f.*

microseism ['maikro(u)si:izəm] *s.* ⟨Geol⟩ microsisma *m* **microseismic** [-zmik], **microseismical** [-zmikəl] *c* microsismico. **microseismograph** [-'si:izmɔgrɑ:f, **,microseismometer** [-si:iz'mɔmitə] *s.* ⟨tecn⟩ micro sismografo *m.*

microstate ['maikrosteit] *s.* ministato *m.*

microsurgery [,maikro'sə:dʒəri] *s.* microchirurgia *f.*

microswitch ['maikrəswitʃ] *s.* ⟨El⟩ microinterruttore *m.*

microsystem [,maikro'sistem] *s.* microsistema *m.*

microtechnique [,maikrotek'ni:k] *s.* microtecnica *f,* tecnic *f* microscopica.

microtelephone [,maikro'telifoun] *s.* microtelefono *m.*

microtext ['maikrotekst] *s.* testo *m* microfilmato.

microtome ['maikro(u)toum] *s.* ⟨Biol⟩ microtomo *m* **microtomy** [-'krɔtəmi] *s.* microtomia *f.*

microwave ['maikro(u)weiv] *s.* ⟨Fis⟩ microonda *f.*

microwave oven *s.* forno *m* a microonde.

micturition [miktʃə'riʃən] *s.* minzione *f.*

mid[1] [mid] *a.* **1** (a) metà, (in) mezzo (anche nei composti) *in ~ January* a metà gennaio; ~ *August* mezzo Agosto. (*occupying the middle position*) medio, di mezzo, che sta nel mezzo. □ *man in his* ~ *thirties* un uomo sul trentacinque anni.

mid[2] *prep.* ⟨non com,poet⟩ (*amid*) in mezzo a, tra, fra.

'mid|-after'noon *s.* metà pomeriggio *m.* **~-'air** *s.* mezz'ari *f.*

Midas ['maidəs] **I** *N.pr.* ⟨Mitol⟩ Mida *m.* **II** *s.* uomo *m* ricchissimo, creso *m.* □ ⟨fam⟩ *to have the* ~ *touch* fa denaro qualunque attività si intraprenda.

midband ['midbænd] → midrange.

'mid|'brain *s.* ⟨Anat⟩ mesencefalo *m.* **'~'day** **I** *s* mezzogiorno *m.* **II** *a.* di mezzogiorno.

midden ['midn] *s.* **1** (*dunghill*) letamaio *m.* **2** (*pile c rubbish*) mucchio *m* d'immondizia. **3** ⟨Archeol⟩ tumul *m.*

middle ['midl] **I** *a.* **1** medio, di mezzo, che sta in mezzo centrale: *the* ~ *point of a segment* il punto medio di u segmento. **2** (*intermediate*) medio, intermedio, mediano. ! (*medium*) medio. **4** ⟨Gramm⟩ medio. **Middle** *a* ⟨Ling,Geol⟩ medio. **II** *s.* **1** punto *m* intermedio, metà *m* mezzo *m,* centro *m,* parte *f* di mezzo: *the* ~ *of the montr* la metà del mese. **2** (*of the human body*) vita *f,* cintura *f* cintola *f.* **3** (*s.th. intermediate*) via *f* di mezzo. **4** ⟨Pol centro *m.* **III** *v.t.* **1** collocare nel centro (o mezzo). ⟨Sport⟩ (*in football*) tirare al centro. □ ~ *High German medio alto tedesco; in *the* ~ *of:* 1 in mezzo a, nel (bel nezzo di: *in the ~ of the room* in mezzo alla stanza; *he vas interrupted in the ~ of his speech* fu interrotto nel bel nezzo del discorso; 2 (*of time*) in pieno: *in the ~ of the var* in piena guerra; *to be in the ~ of s.th.* essere a metà i qc., essere nel bel mezzo di qc.; ⟨*fam*⟩ *to be thirty aches round the ~* avere un giro vita di trenta pollici; *to e up to one's ~ in water* essere nell'acqua fino alla intura.

iddle| age *s.* mezza età *f.* '**~-'aged** *a.* di mezza età. **~-'aged spread** *s.* ⟨*fam*⟩ pancetta *f* della mezza età. **~ Ages** *s.pl.* medio evo *m.* '**~-'bracket** *a.* di media ategoria. □ **~ income** reddito medio. **~brow I** *a.* per il rande pubblico. **II** *s.* **1** persona *f* di cultura media. **2** *person with conventional intellectual tastes*) conformista */f,* filisteo *m* (*f* –a). **~ C** *s.* ⟨*Mus*⟩ do *m* sotto il rigo. **~-'class** *a.* del ceto medio, borghese. **~ class** *s.* **1** ceto n medio, classe *f* media. **2** *pl.* (media) borghesia *f.* **~ ourse** *s.* via *f* di mezzo: *to take a ~* prendere una via di nezzo. **~-distance** *a.* ⟨*Sport*⟩ di mezzofondo. **~ distance** *a.* ⟨*Pitt*⟩ secondo piano *m.* **2** ⟨*Sport*⟩ gara *f* i mezzofondo, mezzofondo *m.* **~-distance runner** *s.* Sport⟩ mezzofondista *m/f.* **~ ear** *s.* ⟨*Anat*⟩ orecchio *m* nedio. **~ East** *N.pr.* ⟨*Geog*⟩ Medio Oriente *m: ~ crisis* risi mediorientale; *the ~ question* la questione nediorientale; **~ war** guerra del Medio Oriente' (*o* nediorientale). **~ Eastern** *a.* mediorientale. **~ English** *s.* Ling⟩ medio inglese *m.* **~ finger** *s.* ⟨*Anat*⟩ medio *m,* lito *m* medio. **~ ground** *s.* ⟨*Pitt*⟩ secondo piano *m.* **~ .atin** *s.* latino *m* medievale. **~man** [mæn, mən] *s.irr.* **1** Comm⟩ mediatore *m,* sensale *m.* **2** (*intermediary*) ntermediario *m,* mediatore *m.* **~ management** *s.* juadri *mpl* intermedi.

iddlemost ['midlmoust] *a.* il più centrale, centralis-imo.

iddle name *am. s.* secondo nome *m* di battesimo. **iddle-of-the-'road** *a.* moderato. **~'roader** *s.* moderato *n* (*f* –a).

iddle|-range weapon *s.* ⟨*Mil*⟩ arma *f* a medio raggio. **~-rate** *a.* mediocre. **~ school** *s.* scuola *f* media. **~-'sized** *a.* a medio, di misura (*o* grandezza) media. **~-sized industry** *s.* media impresa *f.* **~ term** *s.* (*of a yllogism*) termine *m* medio. **~-term loan** *s.* ⟨*Econ*⟩ prestito *m* a medio termine. **~ voice** *s.* ⟨*Gramm*⟩ voce *f* media. **~ watch** *s.* ⟨*Mar*⟩ turno *m* di guardia da mezzanotte alle quattro, seconda comandata *f.* **~weight I** *s.* ⟨*Sport*⟩ peso *m* medio. **II** *a.* dei pesi medi. **~ West** *N.pr.* → **Midwest.**

iddling ['midliŋ] **I** *a.* **1** (*of medium size, quality, etc.*) medio; (*mediocre*) mediocre, modesto, passabile: *his work is ~* il suo lavoro è mediocre. **2** ⟨*fam*⟩ (*of health*) così così, né bene né male. **II** *s.* **1** *pl.* merci *fpl* di seconda scelta. **2** *pl.* (*ground wheat mixed with bran*) semola *f.* **3** *pl.* ⟨*am.dial*⟩ (*salt pork*) carne *f* di maiale salata. **III** *avv.* ⟨*fam*⟩ abbastanza, alquanto, piuttosto. □ **~ good** discreto.

iddy ['midi] *s.* **1** ⟨*mar*⟩ guardiamarina *m.* **2** ⟨*Mod*⟩ (*middy blouse*) blusa *f* alla marinara.

Aideast ['midi:st] *N.pr.* ⟨*Geog*⟩ Medio Oriente *m.* **iidfield** ['midfi:ld] **I** *s.* ⟨*Sport*⟩ centrocampo *m.* **II** *a.* di centrocampo. **midfielder** [-ə] *s.* centrocampista *m.*

iidge [midʒ] *s.* **1** ⟨*Entom*⟩ moscerino *m.* **2** ⟨*fam*⟩ (*midget*) persona *f* minuscola, moscerino *m.*

iidget ['midʒit] **I** *s.* **1** persona *f* (di corporatura) minuscola, moscerino *m;* (*dwarf*) nanerottolo *m* (*f* –a). **2** (*small thing*) cosa *f* piccolissima, cosetta *f,* cosina *f.* **II** *a.* piccolissimo, minuscolo, ⟨*scherz*⟩ tascabile.

Aidian ['midiən] *N.pr.* ⟨*Bibl*⟩ Madian *m.* **Midianite** [-ait] **I** *s.* ⟨*Bibl*⟩ membro *m* della tribù dei Madianiti. **II** *a.* dei Madianiti.

iidland ['midlənd] **I** *s.* parte *f* centrale (*o* interna) di un paese (*o* una regione), interno *m.* **II** *a.* centrale, interno. **Midlands** [-z] *N.pr.pl.* ⟨*Geog*⟩ Inghilterra *f* centrale, contee *fpl* dell'Inghilterra centrale.

iid|leg I *s.* parte *f* mediana della gamba. **II** *avv.* a metà (*o* mezza) gamba. **~-Lent** *s.* ⟨*Rel*⟩ mezza (*o* metà) quaresima *f.* **~line** *s.* linea *f* mediana. '**~'morning I** *a.* di metà mattina: *~ coffee* il caffè di metà mattina. **II** *avv.*

⟨*am*⟩ a metà mattina.

midmost ['midmoust] **I** *a.* il più centrale, centralissimo. **II** *avv.* proprio nel centro. **III** *prep.* nel bel mezzo di, proprio nel centro di.

midnight ['midnait] **I** *s.* mezzanotte *f.* **II** *a.* di mezzanotte: *the ~ sun* il sole di mezzanotte. □ *the ~ hours* le ore nel cuore della notte.

midnight| blue *s.* blu *m* notte. **~ mass** *s.* ⟨*Rel*⟩ messa *f* di mezzanotte.

'**mid'-off** *s.* ⟨*Sport*⟩ **1** (*position*) posizione *f* a destra del battitore. **2** (*fielder*) giocatore *m* a destra del battitore. '**~-'on** *s.* ⟨*Sport*⟩ **1** (*position*) posizione *f* a sinistra del battitore. **2** (*fielder*) giocatore *m* a sinistra del battitore. **~rib** *s.* ⟨*Bot*⟩ (*of a leaf*) ventatura *f* centrale.

midrange ['midreindʒ] *s.* ⟨*tecn*⟩ campo *m* intermedio.

midriff ['midrif] *s.* **1** ⟨*Anat*⟩ parte *f* media del tronco; (*diaphragm*) diaframma *m.* **2** ⟨*Sart*⟩ (*part of a garment*) bustino *m,* corpicino *m.*

midship ['midʃip] **I** *s.* ⟨*Mar*⟩ parte *f* centrale della nave. **II** *a.* della (*o* nella) parte centrale della nave, a mezza nave.

midshipman ['midʃipmən] *s.irr.* **1** ⟨*Mar.mil*⟩ aspirante *m* guardiamarina. **2** ⟨*am.Mar*⟩ allievo *m* dell'Accademia navale, cadetto *m.*

midships ['midʃips] *avv.* ⟨*Mar*⟩ ⌐al centro⌐ (*o* nella parte centrale) della nave, a mezza nave.

midship section *s.* ⟨*Mar*⟩ sezione *f* maestra.

mid-shot *s.* ⟨*Cin*⟩ campo *m* medio.

midst [midst] **I** *s.* **1** mezzo *m,* centro *m,* cuore *m: in the ~ of the forest* nel cuore della foresta. **2** (*of time*) mezzo *m,* metà *f.* **II** *prep.* ⟨*rar,poet*⟩ tra, fra, in mezzo a. □ *in our* (*o your, their*) *~* in mezzo a noi (*o* voi, loro): *there is a traitor in our ~* c'è un traditore in mezzo a noi; *in the ~ of* tra, fra, in mezzo a.

mid|stream *s.* **1** centro *m* della corrente. **2** ⟨*fig*⟩ punto *m* di mezzo, metà strada *f: his career is in ~* è a metà strada della carriera. '**~'summer** *s.* **1** mezza estate *f,* cuore *m* dell'estate, piena estate. **2** (*summer solstice*) solstizio *m* d'estate.

Midsummer| Day ['mid'sʌmə] *s.* ⟨*GB*⟩ giorno *m* (*o* festa *f*) di san Giovanni (24 giugno). **~ madness** *s.* pazzia *f,* esaltazione *f,* stravaganza *f.* **~ Night** *s.* vigilia *f* di san Giovanni, notte *f* di mezza estate. □ ⟨*Lett*⟩ *A ~'s Dream* Sogno *m* di una notte di mezza estate.

mid|term *am. s.* **1** ⟨*Scol*⟩ metà trimestre *m.* **2** *pl.* (*examinations*) esami *mpl* di metà trimestre. **3** ⟨*Parl*⟩ metà mandato *m* (*o* incarico). **~town** *am. I* *s.* centro *m.* **II** *a.* del centro. '**~-Victorian I** *a.* medio-vittoriano. **II** *s.* appartenente *m* all'epoca medio-vittoriana.

midway ['mid'wei] **I** *a.* **1** posto a mezza (*o* metà) strada. **2** ⟨*fig*⟩ medio, intermedio. **II** *s.* ⟨*am*⟩ (*at a carnival*) viale *m* centrale; (*amusements in the midway*) attrazioni *fpl* lungo il viale centrale. **III** *avv.* a mezza (*o* metà) strada, a metà distanza.

midweek ['midwi:k] **I** *s.* metà *f* della settimana. **II** *a.* che avviene a metà settimana, infrasettimanale. ,**mid'weekly** [-li] **I** *a.* → **midweek. II** *avv.* a metà settimana.

Midwest *am.* ['mid'west] *N.pr.* ⟨*Geog*⟩ Stati *mpl* medio-occidentali. **Midwestern** *am.* [-ən] *a.* degli Stati medio-occidentali. **Midwesterner** *am.* [-ənə] *s.* abitante *m/f* degli Stati medio-occidentali.

midwife ['midwaif] *s.irr.* ostetrica *f,* levatrice *f.* **midwifery** [-wifəri, *am.* -waif-] *s.* ostetricia *f.*

'**mid|'winter I** *s.* pieno inverno *m,* cuore *m* dell'inverno. **II** *a.* di (*o* in) pieno inverno. **~year s.** **1** metà anno *m.* **2** *pl.* ⟨*am.Scol*⟩ (*examinations*) esami *mpl* di metà anno. **II** *a.* di (*o* che avviene a) metà anno.

mien [mi:n] *s.* **1** aspetto *m,* aria *f,* sembianza *f.* **2** (*carriage*) (com)portamento *m,* atteggiamento *m,* contegno *m.*

miff [mif] **I** *s.* ⟨*dial,fam*⟩ **1** battibecco *m,* diverbio *m,* alterco *m.* **2** (*bad temper*) malumore *m,* stizza *f.* **II** *v.t.* urtare, indisporre, irritare; (*to offend*) offendere. **miffed** [-t] *a.* ⟨*fam*⟩ urtato, irritato; (*offended*) offeso. '**miffy** [-i] *a.* ⟨*fam*⟩ permaloso.

might[1] [mait] **I** *s.* **1** forza *f,* potenza *f,* vigore *m,* energia *f: with all his ~* con tutta la sua forza. **2** ⟨*fig*⟩ potenza *f,* potere *m.* 3 ⟨*fig*⟩ (*intensity of purpose*) forze *fpl: to wish for s.th. with all one's* ~ desiderare qc. con tutte le proprie forze; (*power to do s.th.*) potere *m.* II *avv.* ⟨*dial*⟩ piuttosto, alquanto: *it's* ~ *cold today* fa piuttosto freddo oggi. □ *with* ~ *and main* con tutte le forze, vigorosamente, energicamente. *Prov.:* ~ *is right* la ragione è del più forte.

might[2] → **may**[1].

might-have-been ['maithəvbi:n] *s.* 1 ciò che sarebbe potuto accadere. 2 (*person*) chi avrebbe potuto fare grandi cose.

mightily ['maitili] *avv.* 1 vigorosamente, energicamente, poderosamente. 2 ⟨*fam*⟩ (*very much*) moltissimo, estremamente. **mightiness** [-tinis] *s.* potere *m*, potenza *f.*

mightn't ['maitnt] *contraz. di* **might not.**

mighty ['maiti] I *a.* 1 energico, vigoroso, violento: ~ *blows* colpi energici; (*strong*) forte, vigoroso, gagliardo. 2 ⟨*fig*⟩ potente, poderoso, forte, possente: *a* ~ *nation* una nazione potente. 3 (*great in size*) enorme, grandissimo, immenso: *a* ~ *tree* un albero enorme; (*imposing*) imponente, maestoso. 4 (*great, extraordinary*) grande, straordinario, eccezionale. II *s.pl.* potenti *mpl.* III *avv.* ⟨*fam*⟩ molto. □ ⟨*fam*⟩ *to be high and* ~ essere arrogante (*o* altezzoso).

mignonette [,minjə'net] *s.* 1 ⟨*Bot*⟩ reseda *f.* 2 ⟨*Bot*⟩ amorino *m*, reseda *f*, miglionetto *m.* 3 ⟨*Tess*⟩ tipo di merletto a piccoli disegni.

migraine [mi:'grein, 'mai-] *s.* ⟨*Med*⟩ emicrania *f.* **migrainous** [mi:'greinəs] *a.* 1 dell'emicrania. 2 (*suffering from migraines*) sofferente di emicrania.

migrant ['maigrənt] I *a.* migratore, migrante, migratorio: ~ *birds* uccelli migratori. II *s.* 1 animale *m* migratore. 2 ⟨*non com*⟩ (*person*) migratore *m* (*f* –trice).

migrant| labour *s.,* ~ **workers** *s.pl.* manodopera *f* migrante.

migrate [mai'greit, *am.* 'maigreit] *v.i.* 1 migrare (*anche* Zool.,Atom.,Chim.). 2 ⟨*Univ*⟩ trasferirsi, cambiare università. **migration** [-'greiʃən] *s.* 1 migrazione *f* (*anche* Zool.): *seasonal* ~ migrazione stagionale. 2 (*persons*) persone *fpl* migranti; (*animals*) animali *mpl* migratori.

migration| movement *s.* movimento *m* migratorio. ~ **wave** *s.* ondata *f* migratoria.

migrator ['maigreitə] *s.* 1 (*person*) migratore *m* (*f* –trice). 2 (*bird*) uccello *m* migratore. **'migratory** [-grətəri] *a.* 1 migratore, migrante: ~ *birds* uccelli migratori; ~ *tribes* tribù migranti. 2 (*of migration*) migratorio, di migrazione. 3 ⟨*fig*⟩ vagabondo, girovago, vagante.

mikado, Mikado [mi'ka:dou] *s.* (*pl.* **-s** [z]) mikado *m.*

mike[1] [maik] *s.* ⟨*fam*⟩ (*microphone*) microfono *m.*

mike[2] ⟨*sl*⟩ I *v.i.* andare a zonzo, bighellonare, oziare. II *s.* il perdere tempo, il ciondolare. □ ⟨*sl*⟩ *to have* (*o do*) *a* ~ starsene in ozio.

Mike (*dim. di* Michael) *N.pr.* Michelino *m.* □ ⟨*esclam,sl*⟩ *for the love of* ~ per amore del cielo, per amor di Dio.

mil [mil] *s.* ⟨*tecn*⟩ millesimo *m* di pollice.

milady [mi'leidi] *s.* milady *f*, nobildonna *f.*

milage *s.* → **mileage.**

Milan [mi'læn] *N.pr.* ⟨*Geog*⟩ Milano *f.* ,**Milanese** [-lə'ni:z] I *a.* 1 milanese. 2 ⟨*Gastr*⟩ alla milanese. II *s.inv.* 1 (*person*) milanese *m/f.* 2 (*people;* costr. pl.) milanesi *mpl.* 3 (*dialect*) milanese *m.*

Mil.Att. = ⟨*Dipl*⟩ Military Attaché addetto militare.

milch [miltʃ] *a.* ⟨*Zootecn*⟩ lattifero, da latte.

milch cow *s.* 1 vacca *f* lattifera, mucca *f* da latte. 2 ⟨*fig*⟩ fonte *f* di (facile) guadagno.

mild [maild] I *a.* 1 dolce, mite, gentile, mansueto: *a* ~ *nature* un carattere mite; (*gentle*) gentile, amabile, garbato: *a* ~ *man* un uomo gentile. 2 (*temperate*) mite, temperato, dolce: *a* ~ *climate* un clima mite. 3 (*moderate in strength, intensity*) mite, moderato: *a* ~ *reproof* un mite rimprovero; (*moderate in effect, force*) blando, leggero, lieve: *a* ~ *stimulant* uno stimolante blando; ~ *punishment* lieve punizione. 4 (*of flavours*) dolce, leggero, delicato: *a* ~ *cheese* un formaggio dolce; *a* ~ *cigar* un sigaro leggero. 5 ⟨*Med*⟩ leggero: *a* ~ *attack* un leggero attacco. 6 ⟨*Met*⟩ dolce: ~ *steel* acciaio dolce. II *s.* birra *f* leggera. □ ~

and bitter (*beer*) birra leggera e amara; *to turn* ~ (*weather*) mitigarsi, addolcirsi.

mildew ['mildju:] I *s.* 1 ⟨*Agr*⟩ (*disease*) muffa *f.* 2 ⟨*E* penicillio *m*, muffa *f* a pennello. 3 (*of paper, fabric, e* muffa *f.* II *v.t.* fare ammuffire. III *v.i.* (am)muffire, **l** la muffa. **mildewed** [-d] *a.* 1 → **mildewy.** 2 ⟨*fc* (*decaying from disuse, old age*) ammuffito, vecc**l** superato. **mildewy** [-i] *a.* ammuffito, coperto di mu**f**

mildly ['maildli] *avv.* 1 dolcemente, gentilme**n** mitemente: *to speak* ~ parlare dolcemente. 2 (*moderat* un poco, moderatamente, leggermente. 3 (*to a mode* *extent*) leggermente, limitatamente. □ *to put it* ~ a poco; ~ *successful* che ha un limitato successo. **mildn** [-dnis] *s.* 1 mitezza *f*, gentilezza *f*, dolcezza *f.* (*moderation*) mitezza *f*, moderazione *f.*

mile [mail] *s.* 1 miglio *m.* 2 (*statute mile*) miglio terrestre (pari a 1,609 km); (*nautical mile*) miglio nautico (*o* marino, geografico) (pari a 1,852 km). ⟨*Sport*⟩ miglio *m*: *a four-minute* ~ un miglio in qua minuti. □ ~ *after* ~ per miglia e miglia, miglio d**c** miglio; ⟨*fig*⟩ *to be* –*s away* essere lontano mille miglia; –*s and* –*s* per miglia e miglia; *to live* –*s* from *anywl* abitare lontanissimo, ⟨*fam*⟩ abitare a casa del dia ⟨*scherz*⟩ *not a hundred* –*s from here* molto vicino, accanto; ⟨*fam*⟩ *it stands out a* ~ è lampante, si **v** lontano un miglio.

mileage ['maildʒ] *s.* 1 distanza *f* misurata in mig chilometraggio *m.* 2 (*travel allowance*) indennità *f* viaggio (a un tanto al miglio). 3 ⟨*Aut*⟩ miglia *fpl* perc**o** con un certo quantitativo di carburante. 4 ⟨*Ferr*⟩ tarif (*o* costo *m*) per miglio. 5 ⟨*fam*⟩ (*usefulness, advant* profitto *m*, vantaggio *m.* □ *the car has done a* ~ *of th* *thousand* l'automobile ha fatto trentamila miglia.

mileage| book *am. s.* ⟨*Ferr*⟩ carnet *m* (*o* libretto) biglietti validi per un certo numero di miglia. ~ **coun** *s.* ⟨*tecn*⟩ contamiglia *m.*

milepost ['mailpoust] *s.* ⟨*Strad*⟩ cartello *m* indica**t** messo ad un miglio dal traguardo.

miler ['mailə] *s.* ⟨*Sport*⟩ (*athlete*) atleta *m* che corre s distanza di un miglio; (*horse*) miler *m.*

miles [mailz] *avv.* ⟨*fam*⟩ molto, di gran lur infinitamente: *I feel* ~ *better* mi sento molto meglio *easier* di gran lunga più facile.

Milesian[1] [mai'li:ʃən, -'li:ʒən] I *a.* 1 milesio, di Mileto ⟨*Filos*⟩ milesio. II *s.* 1 abitante *m/f* di Mileto. 2 ⟨*Fi* appartenente *m/f* alla scuola ⌐di Mileto⌐ (*o* ionica).

Milesian[2] *irl.* I *s.* irlandese *m/f.* II *a.* 1 ⟨*Mitol*⟩ d razza primitiva celtica d'Irlanda. 2 ⟨*estens*⟩ ⟨*Ir* irlandese.

milestone ['mailstoun] *s.* 1 pietra *f* miliare, miglio pietra *f* segnamiglio. 2 ⟨*fig*⟩ pietra *f* miliare.

Miletus [mai'li:təs] *N.pr.* ⟨*Geog,Stor.gr*⟩ Mileto *f.*

milfoil ['milfoil] *s.* ⟨*Bot*⟩ millefoglie *m*, millefoglio *m.*

miliary ['miliəri] *a.* 1 simile a granellini di miglio. ⟨*Med*⟩ miliare.

miliary fever *s.* ⟨*Med*⟩ febbre *f* miliare.

milieu *fr.* ['mi:ljə:] *s.* (*pl.* **-s** [z]/**-x**) milieu *m*, ambiente ambito *m.*

militancy ['militənsi] *s.* 1 militanza *f.* 2 (*combativen* combattività *f*, aggressività *f.* **militant** [-nt] I *a.* militante, attivo: *a* ~ *Communist* un comunista milita 2 (*given to fighting*) combattivo, battagliero, bellicoso. *s.* militante *m/f*, attivista *m/f.* □ ⟨*Rel*⟩ *the Church* ~ Chiesa militante. **militarily** [-tərili] *avv.* 1 militarme**n** 2 (*from a military standpoint*) dal punto di v militare.

militarism ['militərizəm] *s.* militarismo *m.* **militar** [-rist] *s.* 1 militarista *m/f.* 2 (*military expert*) espert**o** nell'arte militare. ,**militaristic** [-'ristik] *a.* militari militaristico. ,**militarization** [-rai'zeiʃən] *s.* milita zazione *f.* **militarize** [-raiz] *v.t.* militarizzare.

military ['militəri] I *a.* 1 militare: ~ *policy* tat militare. 2 (*of soldiers*) (da) militare, dei milit militaresco: ~ *life* vita militare. II *s.* (costr. sing. o *armed forces*) forze *fpl* armate; (*military people*) mili *mpl*, soldati *mpl*; (*army officers*) ufficiali *mpl.*

military| adviser *s.* consulente *m* militare. ~ **aid**

ol⟩ aiuti *mpl* militari. ~ **art** *s.* arte *f* della guerra, rategia *f.* ~ **attaché** *s.* ⟨*Dipl*⟩ addetto *m* militare. ~ onflict *s.* conflitto *m* armato. ~ **Cross** *s.* Croce *f* di erra. ~ **engineering** *s.* genio *m* militare. ~ overnment *s.* governo *m* militare. ~ **intelligence** *s.* rvizio *m* segreto militare. ~ **law** *s.* codice *m* militare. ~ an [mæn] *s.* ⟨*scherz*⟩ soldato *m*, militare *m.* ~ **police** (costr. sing. o pl.) polizia *f* militare. ~ **science** *s.* arte *f* ilitare. ~ **service** *s.* servizio *m* militare, ⟨*gerg*⟩ naia *f.* fit for ~ abile (al servizio militare). ~ **testament**, ~ ill *s.* ⟨*Dir.rom*⟩ testamento *m* nuncupativo di un oldato.

litate ['militeit] *v.i.* (*of evidence, circumstances, etc.*) ilitare (*against* contro, *in favour of* per, a favore di). □ *'s youth –d against him* la giovinezza gli era d'ostacolo; *iblic opinion –d in favour of severity* la pubblica opinione a per una linea di condotta severa.

litia [mi'liʃə] *s.* **1** milizia *f* nazionale. **2** ⟨*am*⟩ (*body of rsons eligible for military service*) cittadini *mpl* iscritti elle liste di leva. **3** ⟨*Stor*⟩ milizia *f* cittadina. **ilitiaman** [–mən] *s.irr.* milite *m.*

lk [milk] **I** *s.* **1** latte *m.* **2** ⟨*Bot*⟩ latice *m.* **II** *a.* del tte, lattiero: ~ *products* prodotti del latte; *the ~ industry* ndustria lattiera. **III** *v.t.* **1** mungere: *to ~ a cow* mungere na vacca. **2** ⟨*fam*⟩ (*to exploit to the maximum*) sfruttare l massimo), spremere. **3** ⟨*fam*⟩ (*of money*) mungere, remere, spillare; (*of information*) cavare (*o* strappare) di cca. **4** (*of a snake*) cavare il veleno a, estrarre il veleno a. **5** ⟨*Bot*⟩ (*of sap*) estrarre da una pianta. **IV** *v.i.* rodurre, dare latte. □ ⟨*Chim*⟩ ~ *of almonds* latte *m* di andorle; ~ *and vegetable diet* dieta *f* latteo-vegetariana; *ig*⟩ *to come home with the* ~ rincasare a giorno fatto; *nd flowing with* ~ *and honey* paese *m* della cuccagna; *e* ~ *of human kindness* generosità (*o* gentilezza) nnaturata all'uomo; *to be in* ~ essere in periodo di lattamento; ~ *of magnesia* latte *m* di magnesia; *it's no se crying over spilt* ~ è inutile piangere sul latte versato, sa fatta capo ha.

lk|-and-'water *a.* ⟨*fam*⟩ all'acqua di rose: *a* ~ *volutionary* un rivoluzionario all'acqua di rose. ~ **bar** *s.* tteria *f.* ~ **chocolate** *s.* cioccolato *m* al latte. ~ **crust** ⟨*Med*⟩ crosta *f* lattea. ~ **diet** *s.* dieta *f* lattea. **lker** ['milkə] *s.* ⟨*Zootecn*⟩ **1** (*person*) mungitore *m* (*f* rice). **2** → **milking machine**. **3** (*animal*) animale *m* ttifero (*o* da latte). **lk| fever** *s.* ⟨*Med,Veter*⟩ galattopiria *f*, febbre *f* del latte. **float** *s.* carro *m* del latte. ~ **glass** *s.* ⟨*Vetr*⟩ opa-na *f.* **lkiness** ['milkinis] *s.* **1** lattescenza *f.* **2** ⟨*tecn*⟩ palescenza *f.* **lking** ['milkiŋ] *s.* ⟨*Zootecn*⟩ mungitura *f.* **lking| machine** *s.* mungitrice *f* (meccanica). ~ **shed** *s.* ungitoio *m.* **lk| jug** *s.* bricco *m.* ~ **leg** *s.* ⟨*Med*⟩ edema *m* diffuso egli arti inferiori. ~**maid** *s.* mungitrice *f.* ~**man** [mən] *irr.* lattaio *m.* ~ **pudding** *s.* ⟨*Gastr*⟩ budino *m* (di riso) latte. ~ **run** *s.* ⟨*mil*⟩ missione *f* aerea effettuata con golarità. ~ **secretion** *s.* secrezione *f* lattea. ~ **shake** *s.* ullato *m*, frappé *m.* ~**sop** *s.* uomo *m* (*o* ragazzo) feminato, femminuccia *f.* ~ **sugar** *s.* ⟨*Chim*⟩ lattosio . ~ **teeth** *s.pl.* denti *mpl* di latte. ~ **vetch** *s.* ⟨*Bot*⟩ stragalo *m.* ~**weed** *s.* ⟨*Bot*⟩ asclepiade *f.* '~ 'white *a.* ianco latte, latteo. ~**wort** *s.* ⟨*Bot*⟩ bozzolina *f.* **lky** ['milki] *a.* **1** (*of milk*) latteo, di latte: ~ *secretion* crezione lattea. **2** (*like milk*) latteo, lattiginoso, ttescente. **3** (*white, whitish*) (bianco) latteo. **4** ⟨*Zootecn*⟩ *ielding milk*) lattifero, da latte. **ilky Way** *N.pr.* ⟨*Astr*⟩ via *f* lattea. **ll**¹ [mil] **I** *s.* **1** mulino *m*; (*for coffee, pepper, etc.*) acinino *m*; (*crusher*) frantoio *m.* **2** (*building*) mulino *m.* (*for expelling juice*) spremitore *m*, spremifrutta *m.* **4** *actory*) stabilimento *m*, opificio *m*, fabbrica *f*: *a textile* ~ no stabilimento tessile. **5** ⟨*Mecc*⟩ laminatoio *m*; (*for ins*) godrone *m*; (*on a milling machine*) fresa *f.* **6** ⟨*Tess*⟩ follatrice *f.* **7** ⟨*fig*⟩ processo *m* lento e laborioso. **8** *am*⟩ (*institution which mass–produces s.th.*) fabbrica *f.* **9** *l*⟩ (*boxing match*) incontro *m* di pugilato; (*fist fight*)

scambio *m* di pugni, ⟨*pop*⟩ scazzottata *f.* **II** *v.t.* **1** macinare: *to ~ corn* macinare il grano. **2** ⟨*tecn*⟩ (*of a coin*) zigrinare. **3** ⟨*Mecc*⟩ fresare. **4** (*to beat, churn to a froth*) frullare, montare (a neve). **5** ⟨*sl*⟩ (*to beat with the fists*) prendere a pugni, picchiare. **6** ⟨*Met*⟩ (*of steel*) laminare. **7** ⟨*Tess*⟩ follare. **III** *v.i.* (spesso con *about, around*) girare in tondo disordinatamente. □ *to go through the* ~ essere messo a dura prova; ⟨*fam*⟩ *to put through the* ~ mettere a dura prova, torchiare. *Prov.: the –s of God grind slowly, but they grind exceeding small* Dio non paga il sabato.

mill² *s.* ⟨*Econ*⟩ millesimo *m* di dollaro.

mill|board *s.* ⟨*Legat*⟩ cartone *m* doppio pressato. ~ **dam** *s.* **1** chiusa *f* di mulino. **2** → **millpond**.

millenarian [,mili'nɛəriən] **I** *a.* **1** millenario. **2** ⟨*Rel*⟩ millenaristico. **II** *s.* ⟨*Rel*⟩ millenarista *m/f.* **mille-narianism** [–izəm] *s.* ⟨*Rel*⟩ millenarismo *m.*

millenary ['milənəri] **I** *a.* **1** millenario. **2** ⟨*Rel*⟩ relativo al millennio. **II** *s.* **1** millennio *m.* **2** → **millenarian**. **3** (*anniversary*) millenario *m.*

millennial [mi'leniəl] . **1** relativo a un millennio. **2** ⟨*Rel*⟩ millenaristico.

Millennial Church *s.* ⟨*Rel*⟩ chiesa *f* degli Shakers.

millennium [mi'leniəm] *s.* (*pl.* -s [z]/-nnia [niə]) **1** millennio *m* (*anche Rel.*). **2** (*one thousandth anniversary*) millenario *m.* **3** ⟨*fig*⟩ periodo *m* di giustizia e prosperità, età *f* felice.

millepede ['milipi:d] *s.* ⟨*Zool*⟩ millepiedi *m.* **millepore** ['milipɔ:] *s.* ⟨*Zool*⟩ millepora *f.*

miller ['milə] *s.* **1** mugnaio *m.* **2** → **milling machine**. **3** ⟨*Mecc*⟩ (*worker*) fresatore *m*; (*tool*) fresa *f.* **4** ⟨*Entom*⟩ nottuide *m.*

'miller's 'thumb *s.* ⟨*Itt*⟩ scazzone *m*, magnarone *m.*

millesimal [mi'lesiməl] **I** *a.* millesimo. **II** *s.* millesimo *m.*

millet ['milit] *s.* **1** ⟨*Bot*⟩ miglio *m.* **2** (*grain*) grano *m* (*o* granello) di miglio.

mill hand *s.* operaio *m* di fabbrica.

milliampere [,mili'æmpeə] *s.* ⟨*El*⟩ milliampere *m.*

milliard ['miljɑ:d] *s.* miliardo *m.*

milliary ['miljəri, *am.* –liəri] *a.* miliare.

millibar ['milibɑ:] *s.* ⟨*Fis,Meteor*⟩ millibar *m.*

milligram(me) ['miligræm] *s.* milligrammo *m.*

milliliter *am.*, **millilitre** ['milili:tə] *s.* millilitro *m.*

millimeter *am.*, **millimetre** ['milimi:tə] *s.* millimetro *m.* ,**millimetric** [–'metrik] *a.* millimetrico.

millimicron ['milimaikrɔn] *s.* millimicron *m.*

milliner ['milinə] *s.* modista *f.* **millinery** [–ri] *s.* **1** articoli *mpl* di modisteria; (*women's headwear*) cappelli *mpl* (da donna), cappellini *mpl.* **2** (*business*) modisteria *f*, lavoro *m* di modista.

milling ['miliŋ] *s.* **1** macinatura *f.* **2** ⟨*Mecc*⟩ fresatura *f.* **3** ⟨*tecn*⟩ (*in coining*) zigrinatura *f.* **4** ⟨*Tess*⟩ follatura *f.* **5** ⟨*sl*⟩ (*thrashing*) botte *fpl*, percosse *fpl: to give s.o. a* ~ dare un sacco di botte a qd.

milling| cutter *s.* ⟨*Mecc*⟩ fresa *f.* ~ **machine** *s.* ⟨*Mecc*⟩ fresatrice *f.*

million ['miljən] **I** *a.* **1** (preceduto da *a* o da un numerale) milione: *a* ~ *copies* un milione di copie; *four* ~ *lire* quattro milioni di lire. **2** ⟨*fig*⟩ (preceduto da *a*) un milione di, moltissimi, ⟨*fam*⟩ un sacco di: *I have a* ~ *things to do* ho un sacco di cose da fare. **II** *s.* (*pl. inv.*/-s [z]; il pl. in -s si usa general. con valore collett.) **1** milione *m.* **2** ⟨*spreg*⟩ (*mass, multitude*) popolo *m*, massa *f.* □ ⟨*fig*⟩ *–s of* milioni di, moltissimi, ⟨*fam*⟩ un sacco di; *three* ~ *men* tre milioni di uomini; *one thousand* ~ un miliardo; *to be worth a* ~ essere ricco a milioni; *to be worth* –*s* essere ricco a miliardi.

millionaire [,miljə'nɛə] *s.* **1** milionario *m.* **2** (*extremely rich man*) riccone *m*, creso *m.* **millionairess** [–res] *s.* milionaria *f.*

millionfold ['miljənfould] *a./avv.* milioni di volte.

millionth ['miljənθ] **I** *a.* milionesimo. **II** *s.* **1** milionesimo *m*, milionesima *f* parte. **2** (*millionth member*) milionesimo *m* (*f* –a).

millipede *s.* → **millepede**.

millisecond ['milisekənd] *s.* millisecondo *m.*

millivolt ['milivoult] *s.* ⟨*El*⟩ millivolt *m.*

mill| owner *s.* proprietario *m* di un mulino. **~pond** *s.* gora *f,* bottaccio *m.* **~race** *s.* corrente *f* d'acqua che aziona la ruota di un mulino. **~stone** *s.* **1** macina *f,* mola *f,* pietra *f* da macina. **2** ⟨*fig*⟩ grave peso *m,* peso opprimente. □ ⟨*fig*⟩ *a ~ around one's neck* una macina al collo. **~stream** *s.* corso *m* d'acqua che aziona la ruota di un mulino.

Milo ['mailou] *N.pr.* **1** ⟨*Stor*⟩ Milone *m.* **2** ⟨*Geog*⟩ Milo *f.*

milord [mi'lɔːd] *s.* milord *m.*

milt[1] [milt] **I** *s.* ⟨*Itt*⟩ latte *m,* liquido *m* seminale. **II** *v.t.* (*of roe*) fecondare.

milt[2] *s.* ⟨*Anat,rar*⟩ (*spleen*) milza *f.*

milter ['miltə] *s.* pesce *m* maschio (nel periodo della riproduzione).

Miltiades [mil'tiədiːz] *N.pr.* ⟨*Stor.gr*⟩ Milziade *m.*

Miltonian [mil'touniən], **Miltonic** [–'tɔnik] *a.* ⟨*Lett*⟩ miltoniano.

mime [maim] **I** *s.* **1** mimica *f,* arte *f* mimica. **2** (*actor in a mime*) mimo *m;* (*mimic*) imitatore *m* (*f* –trice); (*clown, jester*) clown *m,* buffone *m.* **3** ⟨*Stor*⟩ (*representation, player*) mimo *m.* **II** *v.t.* **1** mimare. **2** (*to mimic*) imitare. **III** *v.i.* mimare, fare il mimo.

mimeograph ['mimiːougrɑf] **I** *s.* mimeografo *m.* **II** *v.t.* riprodurre usando un mimeografo.

mimesis [mi'miːsis] *s.* **1** imitazione *f.* **2** ⟨*Ret*⟩ mimesi *f.* **3** *s.* ⟨*Biol*⟩ mimetismo *m.* **mimetic** [–'metik] *a.* **1** (*of mime*) mimetico. **2** (*imitative*) imitativo. **3** ⟨*Zool,Min*⟩ mimetico.

mimic ['mimik] **I** *s.* **1** (abile) imitatore *m* (*f* –trice). **2** (*mime*) mimo *m.* **3** ⟨*Zool*⟩ animale *m* mimetico. **II** *a.* **1** finto, simulato. **2** (*imitative*) imitativo. **3** (*of a mime*) mimico. **III** *v.t.* (*pret., p.p.* -ked [-t]) **1** imitare, copiare; (*to ridicule by imitation*) scimmiottare, contraffare. **2** ⟨*Biol*⟩ mimetizzarsi. **mimicry** [–ri] *s.* **1** mimica *f;* (*imitation*) imitazione *f.* **2** ⟨*Zool*⟩ mimetismo *m.*

miminy-piminy ['mimini'pimini] *a.* lezioso, affettato, smanceroso.

mimosa [mi'mouzə] *s.* ⟨*Bot*⟩ mimosa *f.*

min. = **1** *mineralogy* mineralogia. **2** *minimum* minimo (*abbr.* min). **3** *minor* minore. **4** *minute* minuto (*abbr.* min.).

Min. = **1** *Minister* ministro. **2** *Ministry* ministero.

mina ['mainə] *s.* (*pl.* **-s** [z]/**-nae** [niː]) ⟨*Stor.gr*⟩ mina *f.*

minacious [mi'neiʃəs] *a.* minaccioso.

minaret ['minəret] *s.* ⟨*Arch*⟩ minareto *m.*

minatorial [ˌminə'tɔːriəl], **'minatory** [–təri] *a.* minatorio.

mince [mins] **I** *v.t.* **1** tritare, triturare, sminuzzare: *to ~ meat* tritare (la) carne. **2** ⟨*fig*⟩ (*to subdivide minutely*) spezzettare. **3** (*to pronounce affectedly*) pronunciare affettatamente. **II** *v.i.* **1** camminare (*o* muoversi) a passettini. **2** (*to speak affectedly*) parlare con affettazione. **III** *s.* carne *f* tritata, macinato *m.* □ *not to ~ matters* (*o one's words*) parlare chiaro (*o* senza mezzi termini), dire le cose come stanno.

mince|meat *s.* **1** carne *f* tritata, macinato *m.* **2** ⟨*Dolc*⟩ farcia *f* di frutta secca, mele tritate, spezie, ecc. □ ⟨*fam*⟩ *to make ~ of* demolire, annientare, distruggere, fare a pezzetti. **~pie** *s.* ⟨*Dolc*⟩ torta *f* farcita con frutta secca, mele tritate, ecc.

mincer ['minsə] *s.* **1** (*person*) chi trita, tritatore *m* (*f* –trice). **2** (*device*) tritacarne *m.* **mincing** [–siŋ] *a.* affettato, lezioso, smanceroso, manierato; (*of a person*) smorfioso, lezioso.

mind [maind] **I** *s.* **1** mente *f,* intelletto *m,* intelligenza *f,* cervello *m: to have a keen ~* avere una mente acuta. **2** (*intellectual outlook*) mentalità *f,* mente *f: scientific ~* mentalità scientifica. **3** ⟨*fig*⟩ (*person*) ingegno *m,* mente *f,* cervello *m: the greatest ~ of the century* il più grande ingegno del secolo. **4** (*sanity*) ragione *f,* senno *m: to lose one's ~* perdere la ragione. **5** (*opinion, view*) idea *f,* opinione *f,* punto *m* di vista: *to change one's ~* cambiare idea; (*mental disposition or mood*) disposizione *f* mentale, umore *m.* **6** (*memory*) memoria *f,* mente *f: it slipped my ~* mi è sfuggito di mente. **7** (*attention, thoughts*) mente *f,* animo *m,* pensiero *m: to have one's ~ on s.th. else* avere la mente altrove; *to turn one's ~ to s.th.* volgere l'animo a

qc. **8** ⟨*Filos*⟩ spirito *m: ~ and matter* lo spirito e materia. **Mind** *s.* ⟨*Rel*⟩ Dio *m.* **II** *v.t.* **1** badare occuparsi di: *to ~ one's own business* badare ai fa propri. **2** (*to give heed to*) fare (*o* prestare) attenzione dare importanza a, far caso a, badare a. **3** (*to object general.* in formule di cortesia) (di)spiacere (co impers.), rincrescere (costr. impers.): *do you ~ smoking?* ti spiace se fumo? **4** (*to disturb o.s.* o preoccuparsi di, darsi pensiero per, fare caso a, pensare **5** (*to take care*) fare attenzione a, stare attento a, a cura di, badare a (*o* di): *~ you're not late* sta' attente non fare tardi. **6** (*to look after*) sorvegliare, badare accudire a: *to ~ the shop* badare al negozio. **III** *v.i.* preoccuparsi, darsi pensiero: *don't ~ about me* preoccuparti per me. **2** (*to object*) avere qc. in contra (di)spiacere (costr. impers.), rincrescere (costr. impers.): *stay a bit longer if you don't ~* mi fermerò ancora un se non hai nulla in contrario. **3** (*to be attentive*) st attento, fare attenzione: *you'll get hurt if you don't ~* farai male se non stai attento. □ ⟨*esclam*⟩ *~ your c business* bada ai fatti tuoi, non t'impicciare; *to close o ~ to unpleasant facts* rifiutarsi di pensare a c spiacevoli; *to come to ~* venire alla mente; *to fix one' on a thought* concentrarsi su un pensiero; *to have s.th. ~* avere in mente qc., avere intenzione di fare qc.; *to h it in ~ to* avere intenzione di, intendere; *to keep in ~* tener presente, ricordare; *to keep one's ~ on s* concentrare la propria attenzione su qc.; *to keep one's ~ off s.th.* non pensare a qc.; *I will keep your name in ~* terrò presente; *to keep one's ~ on an objec* concentrarsi su un obiettivo; *to know one's own ~* sap ciò che si vuole; *to make up one's ~* decidersi, prend una risoluzione; *to make up one's ~ to s.th.* rassegnars qc.; ⟨*Rel.catt*⟩ *a month's ~* trigesimo *m;* *never ~* importa, non ti preoccupare; ⟨*esclam*⟩ *never ~ las* andare (*o* perdere); ⟨*fam*⟩ *never you ~* non è affare t *to be of s.o.'s ~* essere d'accordo con qd.; *to be on ~ ~* preoccupare qd., assillare qd.; *I have a lot on my ~* un sacco di preoccupazioni; *to be of one* (*o the same*) essere dello stesso parere; *to be out of one's ~* essere fu di sé (*o* senno); *to get s.th. out of one's ~* togliersi dalla testa; *to pass* (*o go*) *out of s.o.'s ~* passare di me ⟨*esclam*⟩ *~ out* bada, fa' attenzione; *to put s.o. in ~ s.th.* far venire in mente qc. a qd.; *to read s.o.'s ~* legg nell'animo di qd.; *to be in one's right ~ =to be of sou mind; not to be in one's right ~ =* to be out of o mind; *there is a tune running through my ~* ho in te un motivo; *to set one's ~ on s.th.* mettersi in testa avere (*o* fare) qc.; *to be of sound ~* essere sano di mer *a sound ~ in a sound body* mente sana in corpo sano. **speak** one's ~ dire quello che si pensa; *to take s.o.'s ~ s.th.* distrarre qd. dal pensiero di qc., far dimenticare q qd.; *to my ~:* **1** secondo me, a mio avviso; **2** *accordance with one's desires, etc.*) di mio gradimento; *be in two -s about s.th.* essere incerto (*o* indeciso) su *to be of unsound ~* non essere sano di mente. *Prov.: gr -s think alike* gli spiriti superiori finiscono per incontra ǁ *~ you* intendiamoci, bada; ⟨*iron*⟩ *do you ~?* dispiace?

mind|blower ['maindblouə] *s.* ⟨*fam*⟩ (*hallucinog* allucinogeno *m.* **~-blowing** *a.* (*intensely affecting mind*) avvincente, appassionante. **~-boggling** *a.* (*fa* strabiliante, sbalorditivo.

minded ['maindid] *a.* **1** (nei composti) di (*o* dalla me ..., di (*o* dalla) mentalità ...: *open-~* di mente aperta, ampie (*o* larghe) vedute. **2** (*having intention, inclinati* disposto a, incline a, che vuole, che ha intenzione voglia) di. □ *he could win if he were so ~* potrei vincere se lo volesse. **mindedness** [–nis] *s.* (composti) inclinazione *f,* disposizione *f* (mentale).

minder ['maində] *s.* **1** (nei composti) sorvegliante *n* addetto *m* (*f* –a): *machine ~* addetto alle macchine. **2** gorilla *m,* guardia *f* del corpo.

mind-expanding *a.* ⟨*fam*⟩ psichedelico.

mindful ['maindful] *a.* **1** attento (*of* a), sollecito, che cura (di): *to be ~ of one's obligations* essere attento propri doveri. **2** (*remembering gratefully*) mem riconoscente (di). **mindfulness** [-nis] s. attenzione f, cura f.

indless ['maindlis] a. **1** irragionevole, privo di ragione, irrazionale. **2** (*stupid*) stupido, sciocco; (*unthinking*) irriflessivo. **3** (*heedless*) incurante, noncurante, dimentico (*of* di).

ind|-reader s. chi legge nel pensiero. **~-reading** s. lettura f del pensiero.

ine¹ [main] **I** *pron.* mio, mia: *which is ~?* qual è il mio?; *this red pencil is not ~* questa matita rossa non è (la) mia. **II** a. (*Bibl, rar, poet*) mio: ~ *eyes* i miei occhi. □ *me and ~* io e i miei (parenti); *he's an old friend of ~* è un mio vecchio amico.

ine² **I** s. **1** miniera f: *a gold ~* una miniera d'oro; (*ore deposit*) giacimento m. **2** (*fig*) miniera f, fonte f copiosa: *the book is a ~ of information* il libro è una miniera d'informazioni. **3** (*Mil*) mina f. **4** (*Mil*) (*under an enemy position, etc.*) passaggio m minato. **II** v.t. **1** estrarre, scavare: *to ~ coal* estrarre il carbone; (*of ground, rock, etc.*) scavare (per estrarre minerali). **2** (*Mil*) minare: *to ~ a road* minare una strada. **3** (*to burrow in*) scavare passaggi sotterranei in. **4** (*fig*) minare, insidiare, indebolire. **III** v.i. **1** (scavare per) estrarre (*for s.th.* qc.): *to ~ for gold* estrarre oro. **2** (*Mil*) posare mine. □ (*Mil*) *to blow up* (o *explode*) *a ~* far saltare una mina; *to go down the ~* fare il minatore; *to lay a ~* collocare una mina; *to spring a ~* far saltare (o brillare) una mina.

ine| clearance s. sminamento m. ~ **detector** s. (*Mil*) cercamine m, mine detector m. **~-dredger** s. dragamine m. **~field** s. (*Mil*) campo m minato. □ *to clear a ~* sminare un campo. **~layer** s. (*Mar.mil*) posamine m/f, affondamine m, nave f posamine.

iner ['mainə] s. **1** minatore m. **2** (*Mil*) minatore m, pioniere m minatore.

ineral ['minərəl] **I** s. **1** minerale m. **2** (*inorganic substance*) sostanza f inorganica (o minerale). **3** pl. (*fam*) (*carbonated drinks*) bevande fpl gassate. **II** a. **1** minerale. **2** (*inorganic*) inorganico.

mineralization [,minərəlai'zeiʃən] s. mineralizzazione f. **'mineralize** [-laiz] **I** v.t. mineralizzare. **II** v.i. mineralizzarsi. **'mineralizer** [-laizə] s. (*Chim*) mineralizzatore m.

ineral| jelly s. (*Chim*) vaselina f. ~ **kingdom** s. regno m minerale.

ineralogical [,minərə'lɔdʒikəl] a. mineralogico. **mineralogist** [-'rælədʒist] s. mineralogista m/f. **mineralogy** [-'rælədʒi] s. mineralogia f.

ineral| oil s. (*Chim*) olio m minerale. ~ **spring** s. fonte f (o sorgente) d'acqua minerale. ~ **water** s. **1** acqua f minerale. **2** pl. (*fam*) bevande fpl gassate. ~ **wool** s. cotone m silicato.

iner's| disease s. (*Med*) anemia f dei minatori. ~ **lamp** s. lampada f da minatore.

Minerva [mi:'nɔ:və] N.pr. (*Mitol*) Minerva f.

ine|sweeper s. (*Mar.mil*) dragamine m. **~sweeping** s. dragaggio m di mine. **~worker** s. minatore m.

ingle ['miŋgl] **I** v.i. **1** mescolarsi, unirsi, confondersi (*with* a, tra, con): *to ~ with one's guests* mescolarsi agli ospiti; *to ~ with the crowd* confondersi tra la folla. **2** (*of things: to mix*) fondersi, unirsi, mescolarsi, confondersi: *poetry and prose ~ in his work* nella sua opera poesia e prosa si fondono. **II** v.t. **1** mescolare, mischiare, unire. **2** (*of people: to cause to associate*) mescolare, mettere insieme.

ningy ['mindʒi] a. (*fam*) tirchio, spilorcio, taccagno.

nini ['mini] s. **1** (*fam*) oggetto m piccolo (o in miniatura). **2** → minicar. **3** → miniskirt.

niniate ['minieit] v.t. (*Art*) miniare.

niniature ['mini(ə)tʃə, *am.* -tʃuə] **I** s. **1** miniatura f, rappresentazione f in scala ridotta. **2** (*Pitt*) miniatura f. **3** (*Art*) miniatura f, arte f dell'illustrazione miniata. **II** a. **1** in miniatura: ~ *portrait* ritratto in miniatura. **2** (*fig*) in miniatura, piccolissimo, (*scherz*) tascabile: *a ~ railway* una ferrovia in miniatura. **3** (*Fot*) micro.

niniature| camera s. microcamera f. ~ **golf** s. minigolf m. ~ **painter** s. (*Art*) miniaturista m/f.

miniaturist ['mini(ə)tʃərist] s. miniaturista m/f.

miniaturization [,mini(ə)tʃərai'zeiʃən] s. (*tecn*) miniaturizzazione f. **'miniaturize** [-raiz] v.t. miniaturizzare.

minibus ['minibʌs] s. minibus m.

minicab ['minikæb] s. piccolo tassì m.

minicam(era) ['minikæm(ərə)] s. → miniature camera.

minicar ['minikɑ:] s. mini f.

minicomputer [minikəm'pjutə] s. minicomputer m, minicalcolatore m.

minidress ['minidres] s. (*Vest*) miniabito m, minivestito m.

minifloppy disc ['miniflɔpi] s. (*Inform*) minidischetto m.

minify ['minifai] v.t. **1** ridurre, sminuire. **2** (*to minimize*) minimizzare.

minikin ['minikin] **I** s. **1** (*rar*) persona f minuscola, ometto m (f donnina). **2** (*Tip*) corpo m 3 e mezzo. **II** a. **1** minuscolo, piccolissimo. **2** (*rar*) (*dainty, mincing*) affettato, lezioso.

minim ['minim] **I** s. **1** (*Mus*) minima f. **2** (*unit of liquid measure*) un sessantesimo di dramma fluida (pari a una goccia circa). **3** (*minute creature*) persona f minuscola; (*minute thing*) cosa f minuscola. **4** (*in penmanship*) segno m (o tratto) discendente. **Minim** s. (*Rel*) appartenente m all'ordine dei frati minimi. **II** a. minimo.

minimal ['miniməl] a. minimo, piccolissimo, minimale: *there is a ~ charge* c'è una tariffa minima.

Minimalist ['miniməlist] s. (*Pol*) minimalista m/f.

minimarket ['minimɑ:kit] s. minimercato m, minimarket m.

minimax ['minimæks] s. (*Mat*) minimax m, minimo-massimo m.

minimization [,minim(a)i'zeiʃən] s. minimizzazione f. **'minimize** [-maiz] v.t. **1** minimizzare, ridurre al minimo. **2** (*to estimate at the minimum*) minimizzare: *to ~ the danger* minimizzare il rischio.

minimum ['miniməm] **I** s. (pl. **-s** [z]/**-ma** [mə]) minimo m: *overheads must be reduced to a ~* le spese generali devono essere ridotte al minimo. **II** a. **1** minimo, il più piccolo: ~ *charge* tariffa minima. **2** (*least possible*) minimo, piccolissimo: *the plan involves ~ risk* il progetto implica un rischio minimo. **3** (*lowest*) minimo, il più basso. □ *to cut down to a ~* ridurre al minimo; *a maximum of profit and a ~ of risk* il massimo profitto col minimo rischio; *with a ~ of effort* con un minimo sforzo.

minimum| dose s. (*Farm*) dose f minima. ~ **thermometer** s. (*Meteor*) termometro m a minima. ~ **wage** s. **1** minimo m garantito (o di paga). **2** (*living wage*) salario m minimo, minimo m vitale.

minimus ['miniməs] a. (*Scol*) (*of three brothers*) il più giovane.

mining ['mainiŋ] **I** s. **1** (*Minier*) estrazione f (mineraria); (*industry*) industria f mineraria. **2** (*laying of mines*) posa f di mine. **II** a. minerario.

mining| claim s. concessione f mineraria. ~ **engineer** s. ingegnere m minerario. ~ **engineering** s. ingegneria f mineraria.

minion ['minjən] s. **1** servo m (f –a), (*spreg*) tirapiedi m/f, (*spreg*) scagnozzo m. **2** (*favourite*) favorito m (f –a), beniamino m (f –a). **3** (*Tip*) corpo m 7. □ ~ *of the law* poliziotto m.

minipill ['minipil] s. (*Med*) minipillola f.

miniskirt ['miniskɔ:t] s. (*Vest*) minigonna f, mini f.

ministate ['ministeit] s. ministato m.

minister ['ministə] **I** s. **1** (*Rel,Parl,Dipl*) ministro m. **2** (*Rel.ev*) ministro m del culto, pastore m protestante. **3** (*agent*) strumento m: *a ~ of divine wrath* uno strumento della collera divina. **4** (*rar*) (*servant*) servitore m. **II** v.i. **1** (*Rel*) officiare: *to ~ to a congregation* officiare in una congregazione. **2** (*to attend to the wants*) assistere, servire (*to s.o.* qd.), provvedere ai bisogni (di): *to ~ to the sick* assistere gli ammalati; (*of things*) provvedere (a): *to ~ to s.o.'s needs* provvedere ai bisogni di qd. □ ~ *of Defence* ministro m della difesa; ~ *of Health* ministro m della sanità; ~ *of Labour* ministro m del lavoro; ~ *of Pensions and National Insurance* ministro m della previdenza sociale; ~ *without portfolio* ministro m senza portafoglio;

~ *of* **religion** ministro *m* del culto; ~ *of* **State** ministro *m* di stato.

ministerial [,minis'ti(ə)riəl] *a.* **1** ⟨*Rel*⟩ di un ministro. **2** ⟨*Parl*⟩ ministeriale: *a meeting at ~ level* una riunione a livello ministeriale; (*government*) ministeriale, governativo. **3** (*acting as an agent*) strumentale. **4** ⟨*Pol,Dir*⟩ governativo. **ministerialist** [–ist] *s.* ⟨*Pol*⟩ sostenitore *m* (*f –trice*) del governo (in carica).

minister plenipotentiary *s.* ⟨*Dipl*⟩ ministro *m* plenipotenziario.

ministrant ['ministrənt] **I** *s.* **1** soccorritore *m.* **2** ⟨*Rel*⟩ celebrante *m*, officiante *m.* **II** *a.* che aiuta, che soccorre. **,ministration** [–'streiʃən] *s.* **1** assistenza *f*, soccorso *m*, aiuto *m.* **2** ⟨*Rel*⟩ (sacro) ministero *m* sacerdotale.

ministry ['ministri] *s.* **1** ⟨*Rel*⟩ ministero *m*, sacerdozio *m;* (*body of ministers*) clero *m.* **2** ⟨*Parl*⟩ (*department*) ministero *m*, dicastero *m:* ~ *of Defence* ministero della difesa; (*building*) ministero *m.* **3** ⟨*Parl*⟩ (*body of ministers, government*) governo *m*, ministero *m;* (*cabinet*) gabinetto *m*, ministero *m.* **4** (*agency, instrument*) strumento *m*, mezzo *m.* □ ~ *of Economic Planning* ministero *m* della pianificazione economica.

minium ['miniəm] *s.* ⟨*Min*⟩ minio *m.*

miniver ['minivə] *s.* (*fur*) vaio *m.*

mink [miŋk] **I** *s.* (*pl. inv./-s* [s]; il pl.inv. si usa general. con valore collett.) **1** ⟨*Zool*⟩ visone *m.* **2** (*fur*) visone *m*, pelliccia *f* di visone. **II** *a.* di visone.

mink farm *s.* allevamento *m* di visoni.

minnow ['minou] *s.* (*pl. inv./-s* [z]; il pl.inv. si usa general. con valore collett.) **1** ⟨*Itt*⟩ sanguinerola *f.* **2** ⟨*Itt*⟩ piccolo pesce dei ciprinidi. **3** ⟨*fig*⟩ persona *f* (*o* cosa) insignificante.

Minoan [mi'nouən] **I** *a.* ⟨*Archeol*⟩ minoico. **II** *s.* **1** abitante *m/f* dell'antica Creta. **2** (*language*) lingua *f* della civiltà minoica.

minor ['mainə] **I** *a.* **1** minore, secondario, di minore importanza: *a ~ poet* un poeta minore; *these are ~ details* questi sono dettagli secondari; (*inferior in status*) di grado inferiore; (*inferior in gravity, etc.*) leggero, non grave, lieve: ~ *injuries* ferite leggere; *a ~ defect* un difetto non grave. **2** ⟨*Dir*⟩ (*below legal age*) minorenne, minore. **3** ⟨*Mus*⟩ minore. **4** ⟨*am.Univ*⟩ complementare, non fondamentale: ~ *subject* materia complementare. **II** *s.* **1** ⟨*Dir*⟩ minore *m/f*, minorenne *m/f.* **2** ⟨*Mus*⟩ (*key*) chiave *f* minore; (*chord*) accordo *m* minore; (*scale*) scala *f* minore; (*interval*) intervallo *m* minore. **3** → **minor premise. 4** → **minor term. 5** ⟨*am.Univ*⟩ materia *f* secondaria (*o* complementare). **III** *v.i.* ⟨*am.Univ*⟩ frequentare un corso complementare: *to ~ in art history* frequentare un corso complementare di storia dell'arte.

Minor I *a.* ⟨*Scol*⟩ (*younger of two brothers*) il più giovane (*o* piccolo), il minore: *Jones ~* il minore dei Jones. **II** *s.* ⟨*Rel*⟩ → **Minorite.**

Minorca [mi'nɔːkə] *N.pr.* ⟨*Geog*⟩ Minorca *f.* **Minorcan** [–n] **I** *a.* di Minorca. **II** *s.* abitante *m/f* di Minorca.

Minorite ['mainərait] *s.* ⟨*Rel*⟩ minorita *m*, frate *m* minore.

minority [mai'nɔriti] **I** *s.* **1** minoranza *f: government by ~* governo di minoranza. **2** ⟨*Dir*⟩ minorità *f*, l'essere minorenne (*o* minore). **II** *a.* di minoranza: ~ *parties* partiti di minoranza. □ ⟨*Dir*⟩ *to be in one's ~* essere minorenne; *to be in the* (*o a*) ~ essere in minoranza; ⟨*scherz*⟩ *to be in a ~ of one* essere il solo a pensarla in un certo modo.

minority| group *s.* gruppo *m* di minoranza, minoranza *f.* ~ **leader** *s.* ⟨*Parl*⟩ capo *m* del partito di minoranza. ~ **report** *s.* relazione *f* di minoranza. ~ **rights** *s.pl.* diritti *mpl* delle minoranze. ~ **shareholder** *s.* azionista *m/f* di minoranza. ~ **shareholding** *s.* azionariato *m* di minoranza.

minor| key *s.* ⟨*Mus*⟩ chiave *f* minore. □ ⟨*fig*⟩ *in a ~* in tono minore. ~ **league** *am. s.* ⟨*Sport*⟩ associazione *f* di leghe minori. ~ **order** *s.* ⟨*Rel.catt*⟩ ordine *m* minore. ~ **planet** *s.* ⟨*Astr*⟩ pianeta *m* minore. ~ **premise** *s.* ⟨*Filos*⟩ premessa *f* minore, minore *f.* ~ **suit** *s.* (*in bridge*) quadri e fiori *mpl.* ~ **surgery** *s.* piccola chirurgia *f.* ~ **term** *s.* ⟨*Filos*⟩ termine *m* minore.

Minos ['mainɔs] *N.pr.* ⟨*Mitol*⟩ Minosse *m.*

Minotaur ['minətɔː] *N.pr.* ⟨*Mitol*⟩ Minotauro *m.*

minster ['minstə] *s.* **1** cattedrale *f*, duomo *m.* (*monastery church*) chiesa *f* di (*o* annessa a) u monastero.

minstrel ['minstrəl] *s.* **1** ⟨*Mediev*⟩ menestrello *m*, giullar *m.* **2** ⟨*Teat*⟩ membro *m* di una troupe di attori trucca da negri.

minstrel show *s.* ⟨*Teat*⟩ spettacolo *m* di variet presentato da una troupe di attori truccati da negri.

minstrelsy ['minstrəlsi] *s.* **1** (*art*) arte *f* dei menestrell (*occupation*) giulleria *f.* **2** (*body of minstrels*) menestrel *mpl*, giullari *mpl.* **3** (*minstrels' songs*) canzoni *f* giullaresche (*o* dei menestrelli).

mint[1] [mint] **I** *s.* **1** ⟨*Bot*⟩ menta *f.* **2** ⟨*Dolc*⟩ mentina , caramella *f* alla menta. **II** *a.* alla menta.

mint[2] **I** *s.* **1** zecca *f.* **2** ⟨*fig*⟩ miniera *f*, fonte *f* inesauribil **3** ⟨*fam*⟩ (*great quantity*) grande quantità *f*, ⟨*fam*⟩ sacc *m.* **4** ⟨*fam*⟩ (*large sum*) forte somma *f*, mucchio *m* d soldi. **II** *a.* **1** ⟨*Filat*⟩ nuovo. **2** ⟨*fig*⟩ nuovo "di zecca" (fiammante), nuovissimo. **III** *v.t.* **1** battere, coniare: *to ~ coins* battere moneta. **2** (*of metal: to convert into money* monetare. **3** ⟨*fig*⟩ coniare, creare: *to ~ a word* coniar una parola. □ *in ~ condition* nuovo di zecca; *a ~ o money* fior *m* di quattrini, quattrini *mpl* a palate; ⟨*Econ* ~ *par of exchange* parità *f* di cambio di una moneta; *th Royal ~* la zecca reale.

mintage ['mintidʒ] *s.* **1** coniazione *f*, coniatura *f*, conio *m* **2** (*coins minted*) monete *fpl* coniate (in una zecca); (*issu of coins*) emissione *f* di monete. **3** (*cost of minting*) cost *m* di coniazione. **minter** [–tə] *s.* coniatore *m.*

minting die ['mintiŋ] *s.* ⟨*Mecc*⟩ conio *m* per monete.

mint| julep *s.* bevanda *f* alcolica alla menta. **~mark** *s* marchio *m* di zecca. **~new** *a.* nuovo di zecca. **~ price** *s* valore *m* monetario intrinseco. ~ **sauce** *s.* salsa *f* all menta. ~ **tea** *s.* tè *m* alla menta.

minuet [,minju'et] *s.* minuetto *m.*

minus ['mainəs] **I** *prep.* **1** meno: *ten ~ four leaves si* dieci meno quattro fa sei. **2** (*without, lacking*) senza privo di: *a book ~ its cover* un libro senza copertina. **I** *a.* **1** ⟨*Mat*⟩ (*requiring subtraction*) meno; (*negative* negativo: *a ~ quantity* una quantità negativa. (*somewhat less than;* posposto al sost.) meno: *a six ~ mark* un sei meno. **III** *s.* **1** → **minus sign. 2** (*negativ quantity*) quantità *f* negativa. **IV** *avv.* meno, sotto zero: ~ *ten degrees* meno dieci (gradi).

minuscule [mi'nʌskju:l] **I** *a.* minuscolo, piccolissimo. **II** *s* **1** ⟨*Tip*⟩ minuscolo *m*, minuscola *f.* **2** ⟨*Paleogr* minuscolo *m;* (*letter*) minuscola *f.*

minus sign *s.* ⟨*Mat*⟩ segno *m* meno, meno *m.*

minute[1] ['minit] **I** *s.* **1** minuto *m* (anche *Geom.*): *it is te –s to six* mancano dieci minuti alle sei. **2** (*short space o time*) minuto *m*, momento *m*, istante *m*, attimo *m: wait a ~!* aspetta un momento! **3** *pl.* (*record of proceedings* verbale *m: the –s of a meeting* il verbale di una riunione **4** (*rough draft*) minuta *f*, bozza *f.* **5** (*written note*) nota *f* appunto *m;* (*memorandum*) promemoria *m.* **II** *a.* (*fam* che si prepara (*o* cuoce) in pochissimo tempo. **III** *v.t.* **1** verbalizzare, redigere (*o* stendere) il verbale di. **2** (*t make a rough draft of*) fare una minuta (*o* bozza) di. **3** (*t make a note on*) fare una nota su. **4** (*to time*) calcolare a minuto, cronometrare. □ *any ~* (*now*) da un moment all'altro; *in a few –s* tra poco, tra qualche minuto; *in a ~* tra (*o* in) un momento; ⟨*esclam*⟩ **just** *a ~* un momento un minuto, un attimo; **this ~** subito, immediatamente; **to the ~** esattamente, in punto, esatto: *he arrived a midnight to the ~* è arrivato a mezzanotte in punto ⟨*fam*⟩ **up** *to the ~* modernissimo. ‖ *the ~* (*that*) (non appena: *I'll ring you the ~ I arrive* appena arrivo t telefono.

minute[2] [mai'nju:t] *a.* **1** minuscolo, minuto, piccolissimo ~ *specks of dust* minuscoli granelli di polvere. **2** (*meticulous*) minuzioso, minuto.

minute| book ['minit] *s.* libro *m* (*o* registro) dei verbali. **~ gun** *s.* cannone *m* che spara a salva a intervalli di ur minuto. ~ **hand** *s.* lancetta *f* dei minuti.

minutely[1] [mai'nju:tli] *avv.* **1** minutamente, a pezzetti. **2**

(*meticulously*) minutamente, in modo particolareggiato, minuziosamente.

inutely[2] ['minitli] **I** *a.* a intervalli di un minuto; (*continual*) continuo, incessante. **II** *avv.* ogni minuto, di minuto in minuto; (*unceasingly*) continuamente, incessantemente.

inuteman *am.* ['minitmæn] *s.irr.* **1** ⟨*Stor.am*⟩ volontario *m* pronto a partire all'istante. **2** ⟨*Pol*⟩ persona *f* preparata a intervenire prontamente.

inuteness [mai'nju:tnis] *s.* **1** minutezza *f*, piccolezza *f*. **2** ⟨*attention to detail*⟩ minuziosità *f*, meticolosità *f*, (estrema) precisione *f*.

inute steak ['minit] *s.* bistecca *f* piccola e sottile.

inutia [mai'nju:ʃia] *s.* (*pl.* -e[i:]) minuzia *f*, inezia *f*, piccolezza *f*.

inx [miŋks] *s.* sfacciata *f*, impudente *f*; (*flirtatious girl*) civetta *f*.

Iiocene ['maiəsi:n] **I** *a.* ⟨*Geol*⟩ miocenico. **II** *s.* miocene *m*.

iracle ['mirəkl] *s.* **1** miracolo *m: the ~ of Cana* il miracolo di Cana. **2** ⟨*fig*⟩ miracolo *m*, portento *m: an economic ~* un miracolo economico; (*wonderful thing or person*) portento *m*, miracolo *m*, prodigio *m: a ~ of learning* un portento di sapere. **3** → **miracle play.** □ *by a ~* per miracolo; *to a ~* in modo meraviglioso, meravigliosamente (bene); *to work ~s:* 1 fare miracoli; 2 ⟨*fam*⟩ fare miracoli, fare (o operare) portenti.

iracle| drug *s.* **1** medicina *f* miracolosa (o portentosa). **2** ⟨*fig*⟩ ricetta *f* miracolosa. **~ man** [mæn] *s.irr.* **1** chi compie (o sembra compiere) miracoli. **2** ⟨*fam*⟩ portento *m*, prodigio *m*. **~ play** *s.* ⟨*Lett*⟩ miracolo *m*.

iraculous [mi'rækjuləs] *a.* **1** miracoloso, che fa miracoli: *a ~ medal* una medaglia miracolosa. **2** ⟨*fig*⟩ miracoloso, prodigioso, mirabolante, portentoso: *a ~ recovery* una guarigione miracolosa. **miraculousness** [-nis] *s.* carattere *m* miracoloso.

irage ['mira:ʒ, *am.* mi'ra:ʒ] *s.* **1** miraggio *m*, fata *f* morgana. **2** ⟨*fig*⟩ miraggio *m*, illusione *f*, speranza *f* ingannevole.

Iiranda [mi'rændə] *N.pr.* Miranda *f* (anche *Astr.*).

ire ['maiə] **I** *s.* **1** pantano *m*, palude *f*. **2** (*thick mud*) fango *m*, fanghiglia *f*, melma *f*, mota *f*. **3** ⟨*fig*⟩ fango *m*, melma *f: he had his name dragged through the ~* il suo nome fu trascinato nel fango. **II** *v.t.* **1** far impantanare. **2** (*to dirty with mire*) infangare, inzaccherare. **III** *v.i.* impantanarsi, affondare nella melma. □ ⟨*fig*⟩ *to be in the ~* trovarsi in difficoltà.

Iiriam ['miriəm] *N.pr.* Miriam *f* (anche *Bibl.*).

iriness ['mairinis] *s.* l'essere fangoso.

irror ['mirə] **I** *s.* **1** specchio *m: to look at o.s. in the ~* guardarsi nello (o allo) specchio. **2** ⟨*fig*⟩ specchio *m*, immagine *f: the eyes are the ~ of the soul* gli occhi sono lo specchio dell'anima; (*exemplar*) specchio *m*, esemplare *m*, modello *m*. **II** *v.t.* rispecchiare, riflettere (anche *fig.*).

mirrored [-d] *a.* **1** ricoperto di specchi. **2** (*reflected*) rispecchiato, riflesso.

irror| image *s.* immagine *f* speculare. **~ iron** *s.* ⟨*Met*⟩ ghisa *f* speculare. **~ writing** *s.* scrittura *f* a specchio.

irth [mə:θ] *s.* **1** gaiezza *f*, allegria *f*, giocondità *f*, ilarità *f*. **2** (*amusement, laughter*) ilarità *f*, riso *m.* **'mirthful** [-ful] *a.* **1** allegro, gaio, gioioso. **2** (*amusing*) divertente, spassoso. **'mirthfulness** [-fulnis] *s.* allegria *f*, gaiezza *f*.

irthless ['mə:θlis] *a.* mesto, malinconico, triste.

iry ['mai(ə)ri] *a.* **1** paludoso, pantanoso. **2** (*muddy*) fangoso, melmoso. **3** (*dirty with mud*) infangato, inzaccherato.

isadventure [,misæd'ventʃə] *s.* **1** disavventura *f*, disgrazia *f*. **2** (*bad luck*) sfortuna *f*, malasorte *f*. □ *by ~* accidentalmente, in modo casuale (o fortuito); *death by ~* morte *f* accidentale.

isalliance [,misə'laiəns] *s.* mésalliance *f*, matrimonio *m* male assortito.

isanthrope ['mizənθroup] *s.* misantropo *m* (*f* –a).

misanthropic [-'θrɔpik], **misanthropical** [-'θrɔpikəl] *a.* **1** misantropico. **2** (*avoiding company*) misantropo.

isanthropist [mi'zænθrəpist] *s.* → **misanthrope.**

misanthropy [-pi] *s.* misantropia *f*.

misapplication [,misæpli'keiʃən] *s.* **1** uso *m* sbagliato. **2** (*of public money*) distrazione *f*, storno *m.* **misapply** [-sə'plai] *v.t.* **1** usare male. **2** (*of public money*) distrarre, stornare.

misapprehend [,misæpri'hend] *v.t.* fraintendere, capire male. **misapprehension** [-nʃən] *s.* **1** interpretazione *f* errata. **2** (*s.th. misapprehended*) equivoco *m*, malinteso *m.* □ *to be* (o *labour*) *under a ~* essere vittima di un malinteso. **misapprehensive** [-nsiv] *a.* incline a fraintendere (o equivocare).

misappropriate [,misə'prouprieit] *v.t.* appropriarsi indebitamente di, sottrarre, malversare. **,misap,propriation** [-pri'eiʃən] *s.* appropriazione *f* indebita, malversazione *f.* □ *~ of public funds* peculato *m* di fondi pubblici.

misbecome [,misbi'kʌm] *v.t.* essere sconveniente a, non addirsi a.

misbegotten [,misbi'gɔtn] *a.* **1** illegittimo, ⟨*spreg*⟩ bastardo. **2** ⟨*fig*⟩ mal concepito: *a ~ plan* un piano mal concepito.

misbehave [,misbi'heiv] *v.i.* **1** comportarsi male (o in modo sconveniente). **2** (*of things*) funzionare male. **misbehaviour** [-jə] *s.* comportamento *m* scorretto.

misbelief [,misbi'li:f] *s.* **1** falsa credenza *f*, miscredenza *f*. **2** ⟨*Rel*⟩ eresia *f.* **misbeliever** [-'li:və] *s.* miscredente *m/f*, empio *m* (*f* –a).

misc. = **1** *miscellaneous* miscellaneo. **2** *miscellany* miscellanea.

miscalculate [mis'kælkjuleit] **I** *v.t.* calcolare male. **II** *v.i.* sbagliare i calcoli. **mis,calculation** [-'leiʃən] *s.* **1** (*act*) calcolo *m* errato (o sbagliato). **2** (*instance*) errore *m* di calcolo.

miscall [mis'kɔ:l] *v.t.* **1** chiamare impropriamente (o con un nome sbagliato). **2** (*in cards*) dichiarare (o accusare) in modo sbagliato. **3** ⟨*dial*⟩ (*to revile*) insultare, ingiuriare.

miscarriage [mis'kæridʒ] *s.* **1** cattiva amministrazione *f*; (*failure*) fallimento *m*, fiasco *m*, insuccesso *m.* **2** ⟨*Med*⟩ aborto *m.* **3** ⟨*Post*⟩ (*of a letter*) disguido *m.* **4** ⟨*Comm*⟩ smarrimento *m.* □ ⟨*Dir*⟩ *~ of justice* errore giudiziario.

miscarry [-ri] *v.i.* **1** fallire, non riuscire, andar male: *the scheme miscarried* il piano fallì; (*to be unsuccessful*) fallire, fare fiasco. **2** ⟨*Med*⟩ abortire. **3** ⟨*Post*⟩ smarrirsi, perdersi.

miscast [mis'ka:st] **I** *v.t.irr.* (*of an actor*) assegnare un ruolo non adatto a; (*of a play, film*) scegliere attori non adatti per; (*of a role*) assegnare male. **II** *a.* (*of an actor*) non adatto al ruolo; (*of a role*) male assegnato.

miscegenation [,misidʒi'neiʃən] *s.* **1** incrocio *m* di razze. **2** (*marriage between races*) matrimonio *m* misto.

miscellanea [,misə'leiniə] *s.pl.* miscellanea *f*.

miscellaneous [-s] *a.* **1** eterogeneo, miscellaneo: *~ reading* letture eterogenee. **2** (*having various aspects*) vario; (*of a person*) versatile, eclettico. **miscellaneously** [-sli] *avv.* variamente, in modo eterogeneo. **miscellaneousness** [-snis] *s.* eterogeneità *f*, varietà *f*.

miscellanist [-'selənist] *s.* scrittore *m* (*f* –trice) di miscellanea. **miscellany** [-'seləni] *s.* **1** mescolanza *f*, mistura *f*, miscellanea *f.* **2** ⟨*Lett*⟩ miscellanea *f*.

mischance [mis'tʃa:ns] *s.* **1** sfortuna *f*, disdetta *f*, scalogna *f*, ⟨*pop*⟩ scarogna *f.* **2** (*instance*) disavventura *f*, infortunio *m*, disgrazia *f.* □ *by ~* per disgrazia, sfortunatamente.

mischief ['mistʃif] *s.* **1** (*mischievous conduct*) birichinata *f*, monelleria *f*; (*wickedness*) cattiveria *f*, malignità *f*, malizia *f: he did it out of pure ~* l'ha fatto per pura cattiveria. **2** (*harm, trouble*) maldestro *m*, danno *m*, guaio *m;* (*injury, evil*) torto *m*, male *m*, danno *m*, offesa *f.* **3** ⟨*fam*⟩ (*naughty child*) birichino *m* (*f* –a), monello *m* (*f* –a), ⟨*fam*⟩ briccone *m* (*f* –a), ⟨*scherz*⟩ birba *f.* □ *to do s.o. a ~* fare del male a qd.; *to be full of ~* essere birichino; *to get into ~* combinare malanni (o guai); *to keep out of ~* tenersi lontano dai guai; *this will keep the children out of ~* questo eviterà che i bambini combinino guai; *to make ~* intorbidare le acque; *to make ~ between two people* seminare zizzania tra due persone; *there is no ~ in her* è senza malizia; *that boy is always up to ~* quel ragazzo ne combina sempre qualcuna (delle sue); *to work great ~* combinare grossi guai.

mischief| maker *s.* **1** seminatore *m* (*f* –trice) di discordie, chi semina zizzania. **2** (*spiteful gossip*) maldicente *m/f*, linguaccia *f*. ~ **making** *s*. il seminare zizzania.

mischievous ['mistʃivəs] *a*. **1** birichino, birboncello, cattivello: *a* ~ *child* un bambino birichino; (*malicious*) malizioso, maligno. **2** (*harmful*) dannoso, nocivo; (*of persons: doing harm*) malefico. **3** (*expressing playfulness*) malizioso: *a* ~ *glance* un'occhiata maliziosa. □ ~ *trick* monelleria *f*, birichinata *f*. **mischievousness** [–nis] *s*. **1** malignità *f*, malizia *f*. **2** (*of a child*) vivacità *f* eccessiva. **3** (*harmfulness*) dannosità *f*.

miscibility [ˌmisiˈbiliti] *s*. ⟨Chim⟩ miscibilità *f*. 'miscible [–bl] *a*. miscibile, mescolabile.

misconceive [ˌmiskənˈsiːv] **I** *v.t*. formarsi (*o* farsi) un'idea sbagliata di, giudicare male; (*to misunderstand*) fraintendere, capire male. **II** *v.i*. sbagliare, avere un'idea sbagliata. **misconception** [–ˈsepʃən] *s*. **1** concezione *f* erronea, idea *f* sbagliata. **2** (*instance*) equivoco *m*, malinteso *m*.

misconduct **I** *s*. [misˈkɔndʌkt] **1** cattiva condotta *f*, comportamento *m* riprovevole. **2** (*adultery*) adulterio *m*. **3** ⟨Dir⟩ illecito *m*. **4** ⟨Pol,Mil⟩ malgoverno *m*, cattiva amministrazione *f*. **II** *v.t*. [ˌmiskənˈdʌkt] **1** condurre (*o* amministrare) male. **2** ⟨rifl⟩ (*to behave badly*) comportarsi male. **3** ⟨rifl⟩ (*to commit adultery*) commettere adulterio. □ ~ *of a business* cattiva gestione di un'impresa.

misconstruction [ˌmiskənˈstrʌkʃən] *s*. **1** interpretazione *f* sbagliata (*o* errata). **2** ⟨Gramm⟩ costruzione *f* errata. □ *to be open to* ~ (*of words*) prestarsi a malintesi, essere ambiguo. **misconstrue** [–kənˈstruː] *v.t*. **1** interpretare male, fraintendere: *to* ~ *s.o.'s intentions* interpretare male le intenzioni di qd. **2** ⟨Gramm⟩ costruire male.

miscount [misˈkaunt] **I** *v.t*. contare male. **II** *v.i*. sbagliare il conto, fare un conto sbagliato. **III** *s*. **1** conto *m* sbagliato. **2** (*in an election*) conteggio *m* erroneo dei voti.

miscreance ['miskriəns] *s*. miscredenza *f*. **miscreant** [–nt] **I** *a*. **1** infame, scellerato. **2** (*misbelieving*) miscredente, empio; (*heretical*) eretico. **II** *s*. **1** canaglia *f*, furfante *m*. **2** (*misbelieving person*) miscredente *m/f*, empio *m* (*f* –a); (*heretic*) eretico *m* (*f* –a).

miscue [misˈkjuː] **I** *s*. **1** (*in billiards*) colpo *m* di stecca falsa. **2** ⟨fam⟩ (*mistake*) errore *m*, sbaglio *m*. **II** *v.i*. **1** (*in billiards*) fare una stecca. **2** ⟨fam⟩ (*to make a mistake*) sbagliare, commettere un errore.

misdate [misˈdeit] *v.t*. (*to date wrongly*) sbagliare la data di; (*to affix a wrong date*) mettere una data sbagliata su (*o* a).

misdeal [misˈdiːl] *v.irr*. **I** *v.i*. sbagliare nel dare (*o* distribuire) le carte. **II** *v.t*. (*of cards*) distribuire male, fare errori nella distribuzione di. **III** *s*. sbaglio *m* nel dare le carte.

misdeed [misˈdiːd] *s*. misfatto *m*, malfatto *m*.

misdemean [ˌmisdiˈmiːn] *v.t*. ⟨rifl,rar⟩ comportarsi male. **misdemeanant** [–ənt] *s*. **1** chi si comporta male. **2** ⟨Dir⟩ trasgressore *m* (*f* trasgreditrice). **misdemeanour** [–ə] *s*. **1** misfatto *m*, malfatto *m*. **2** ⟨Dir⟩ trasgressione *f*, infrazione *f*, violazione *f*.

misdiagnose [misˈdaiəgnouz] *v.t*. formulare una diagnosi errata (di). **misdiag'nosis** [–sis] *s*. diagnosi *f* errata.

misdirect [ˌmisdiˈrekt] *v.t*. **1** indicare una direzione sbagliata a, far sbagliare strada a; (*to give wrong instructions to*) dare istruzioni sbagliate a, indirizzare male. **2** (*to aim wrongly*) sbagliare, fallire, non mettere a segno: *to* ~ *a blow* sbagliare un colpo. **3** (*to apply wrongly*) far cattivo uso di: *to* ~ *one's energies* far cattivo uso delle proprie energie. **4** ⟨Dir⟩ (*of a jury*) dare istruzioni errate a. **5** (*to address wrongly*) mettere un indirizzo sbagliato su, sbagliare l'indirizzo di. **misdirection** [–kʃən] *s*. **1** direzione *f* sbagliata. **2** (*wrong application*) uso *m* errato. **3** ⟨Dir⟩ istruzioni *fpl* errate.

misdoing [misˈduːiŋ] *s*. (general. al pl.) malefatte *fpl*, misfatti *mpl*.

mise [miːz, maiz] *s*. **1** ⟨Dir⟩ spese *fpl* di un procedimento giudiziario. **2** ⟨Sport⟩ posta *f*. □ ⟨Stor⟩ *the* ~ *of Lewes* il patto di Lewes.

mise en scène *fr*. [miːzɑ̃ˈsɛn] *s*. **1** ⟨Teat⟩ messinscena *f*.

2 ⟨fig⟩ (*setting*) scena *f*, scenario *m*.

miser ['maizə] *s*. avaro *m* (*f* –a), spilorcio *m* (*f* –a) taccagno *m* (*f* –a), ⟨fam⟩ tirchio *m* (*f* –a).

miserable ['mizərəbl] *a*. **1** (*wretched*) misero, miserabil infelice, sventurato: ~ *peasants* miseri contadini; *a existence* un'esistenza miserabile; (*wretchedly poo* miserabile, misero, indigente, povero. **2** (*causin discomfort*) spiacevole, penoso, sgradevole; (*attended* **b** *misery*) triste, misero, squallido. **3** (*poor: in qualit*, misero, meschino; (*in quantity*) misero, meschin insufficiente, scarso: *a* ~ *ten pounds a week* dieci mise: sterline alla settimana. □ *to feel* ~ sentirsi infelice **b** demoralizzato, ⟨fam⟩ essere giù di corda; *to make s.o. life* ~ rendere insopportabile la vita a qd.; ~ *weath* tempo da cani. **miserableness** [–nis] *s*. miserabilità *f* **miserably** [–i] *avv*. **1** miseramente. **2** (*shamefully*) modo spregevole, miserabilmente. **3** (*deplorabl*, miseramente: *to fail* ~ fallire miseramente. □ *to be poor* essere estremamente povero.

misericord ['mizəriˈkɔːd, miˈzɛː–] *s*. **1** (*in a monaster* refettorio *m* per i monaci (temporaneamente) dispensa dall'astinenza. **2** (*of a choir stall*) misericordia *f*. **3** ⟨Sto (*dagger*) misericordia *f*.

miserliness ['maizəlinis] *s*. avarizia *f*, spilorceria taccagneria *f*. **miserly** [–li] *a*. avaro, spilorcio, tirchi gretto, taccagno.

misery ['mizəri] *s*. **1** miseria *f*, squallore *m*, povertà estrema, indigenza *f*: *to live in* ~ vivere in miseria. **2** (*great unhappiness*) miseria *f*, infelicità *f* (estrema); (*gre* *pain*) sofferenza *f*, tormento *m*. **3** (*cause of sufferin*, *distress*) disgrazia *f*, avversità *f*, sventura *f*. **4** ⟨fam (*person*) chi si lamenta sempre, ⟨fam⟩ lagna *f*. □ *to be* **h** ~ *for a toothache* essere tormentato dal mal di denti; **t** *put an animal out of its* ~ finire (*o* dare il colpo di grazi a) un animale.

misfeasance [misˈfiːzəns] *s*. ⟨Dir⟩ **1** infrazione *f* all legge. **2** (*wrongful performance*) abuso *m* di diritto.

misfire [misˈfaiə] **I** *v.i*. **1** ⟨tecn⟩ fare cilecca, inceppars scattare a vuoto: *the gun* –*d* il fucile fece cilecca. **2** ⟨Mo perdere colpi. **3** ⟨fig⟩ fallire, fare cilecca, andare a vuot *the plan* –*d* il piano fallì; (*to be misdirected*) ⌐non avere⌐ mancare) l'effetto desiderato. **II** *s*. **1** ⟨tecn⟩ scatto *m* vuoto, mancato scoppio *m*. **2** ⟨Mot⟩ accensione *f* difettos (*o* irregolare). **3** ⟨fam⟩ (*s.th. that fails*) fallimento *m* ⟨fam⟩ fiasco *m*.

misfit ['misfit] *s*. **1** indumento *m* che non calza bene. (*of people*) spostato *m* (*f* –a), disadattato *m* (*f* –a).

misfortune [misˈfɔːtʃən] *s*. sfortuna *f*, sventura *f*, disgrazi *f*. □ *Prov.*: –*s never come singly* le disgrazie non vengon mai sole.

misgive [misˈgiv] *v.t*. *irr*. far sorgere un dubbio (*o* timor a. □ *my heart* (*o* *mind*) –*s me that* il cuore mi dice ch ho il presentimento che, temo che. **misgiving** [–iŋ] *s*. dubbio *m*, timore *m*, apprensione *f*: *to have* –*s abou* nutrire dubbi circa.

misgovern [misˈgʌvən] *v.t*. governare (*o* amministrar male. **misgovernment** [–mənt] *s*. malgoverno *m*, cattiv amministrazione *f*.

misguide [misˈgaid] *v.t*. **1** guidare (*o* consigliare) mal indurre in errore. **2** (*to mislead*) fuorviare, sviar **misguided** [–id] *a*. mal applicato, mal indirizzato; (*of people*) fuorviato, sviato. □ *in a* ~ *moment* in u momento di debolezza. **misguidedly** [–idli] *avv*. senz giudizio.

mishandle [misˈhændl] *v.t*. **1** (*of people*) maltrattar bistrattare; (*of things*) maltrattare, strapazzare. **2** (*t mismanage*) condurre male. **3** (*of appliances*) manovrar in modo sbagliato.

mishap ['mishæp] *s*. contrattempo *m*, disavventura *f* disgrazia *f*, incidente *m*.

mishmash ['miʃmæʃ] *s*. guazzabuglio *m*, miscuglio *m*.

misinform [ˌmisinˈfɔːm] *v.t*. informare male, da informazioni sbagliate a. **misinformation** [–fəˈmeiʃən] *s* informazione *f* sbagliata.

misinterpret [ˌmisinˈtəːprit] *v.t*. interpretare mal fraintendere. **misin,terpre'tation** [–eiʃən] *s*. interpret zione *f* errata.

sjudge [mis'dʒʌdʒ] *v.t.* **1** farsi (*o* avere) un'idea
sbagliata di, valutare erroneamente (*o* male). **2** (*to have an
unjust opinion of*) essere ingiusto nel giudicare.

slay [mis'lei] *v.t.irr.* non riuscire a trovare, smarrire
momentaneamente); (*to lose*) perdere, smarrire.

slead [mis'li:d] *v.t.irr.* **1** ingannare, trarre in inganno,
durre in errore. **2** (*to lead wrongly*) portare (*o* mettere)
ori strada; (*to lead astray*) sviare, fuorviare. □ *to ~ s.o.
to believing s.th.* far credere qc. a qd. con l'inganno.
isleading [-iŋ] *a.* ingannevole, illusorio, fallace: *a ~
atement* un'affermazione ingannevole.

slike [mis'laik] *v.t.* ⟨*ant*⟩ → dislike.

smanage [mis'mænidʒ] *v.t.* **1** amministrare male,
ndurre (*o* dirigere) male. **2** (*to manage dishonestly*)
amministrare in modo disonesto. **mismanagement**
mənt] *s.* cattiva amministrazione *f*, disamministrazione

sname [mis'neim] *v.t.* chiamare impropriamente, dare un
ome sbagliato a.

snomer [mis'noumə] *s.* **1** nome *m* sbagliato, termine *m*
proprio; (*use of a wrong name*) designazione *f* erronea.
⟨*Dir*⟩ errore *m* di nome.

ogamist [mi'sɔgəmist] *s.* chi odia (*o* ha avversione per)
matrimonio. **misogamy** [-mi] *s.* misogamia *f*.

sogynic [,misə'dʒinik] *a.* misogino. **misogynist**
i'sɔdʒinist] *s.* misogino *m*. **misogynous** [-'sɔdʒinəs] *a.*
isogino. **misogyny** [-'sɔdʒini] *s.* misoginia *f*.

soneism [,m(a)isou'ni:izm] *s.* misoneismo *m*.
isoneist [-'ni:ist] *s.* misoneista *m/f*.

spickel ['mispikəl] *s.* ⟨*Min*⟩ arsenopirite *f*, mispickel

splace [mis'pleis] *v.t.* **1** (*to mislay*) smarrire
omentaneamente), non riuscire a trovare; (*to lose*)
rdere, smarrire. **2** (*to put in a wrong place or position*)
ettere nel (*o* in un) posto sbagliato. **3** (*of hopes, feelings,
.*) riporre male: *to ~ one's affection* riporre male il
oprio affetto; *your trust will not prove ~d* la tua fiducia
n risulterà mal riposta. **misplacement** [-mənt] *s.* **1**
llocazione *f* errata. **2** (*of hopes, feelings, etc.*) il riporre
ale.

print I *s.* ['misprint] errore *m* di stampa, refuso *m*. II
[mis'print] stampare male, fare errori di stampa in.

prision[1] [mis'priʒən] *s.* **1** violazione *f* degli obblighi
ofessionali. **2** ⟨*Dir*⟩ mancata denuncia *f*, omissione *f* di
nuncia.

prision[2] *s.* ⟨*ant*⟩ dispregio *m*, disprezzo *m*.

prize [mis'praiz] *v.t.* **1** disprezzare. **2** (*to undervalue*)
tovalutare.

pronounce [,misprə'nauns] *v.t.* pronunciare male (*o*
modo errato), storpiare. **,mispronunciation**
nʌnsi'eiʃən] *s.* **1** (*act*) pronuncia *f* errata (*o* scorretta). **2**
stance) errore *m* di pronuncia.

quotation [,miskwə'teiʃən] *s.* **1** (*act*) citazione *f*
agliata. **2** (*instance*) errore *m* di citazione. **misquote**
kwout] I *v.t.* citare erroneamente. II *v.i.* fare citazioni
agliate.

read [mis'ri:d] *v.t.irr.* **1** leggere male. **2** (*to
sinterpret*) interpretare male, fraintendere.

represent [,misrepri'zent] *v.t.* **1** travisare, svisare,
torcere, falsare, snaturare: *to ~ the facts* travisare i
ti. **2** (*to represent badly, improperly*) dare un'idea
agliata di. **,misrepresen'tation** [-eiʃən] *s.* **1**
visamento *m*. **2** ⟨*Dir*⟩ dichiarazione *f* falsa.

rule [mis'ru:l] I *s.* **1** malgoverno *m*. **2** (*disorder,
archy*) disordine *m*, anarchia *f*. II *v.t.* governare male.

s[1] [mis] I *v.t.* **1** fallire, mancare: *to ~ the target* fallire
bersaglio; *I -ed him* l'ho mancato. **2** ⟨*assol*⟩ fallire,
gliare (il colpo). **3** (*to avoid collision*) evitare, scansare,
ivare. **4** (*to fail to meet*) non incontrare: *we must
ve -ed each other by seconds* credo che non ci siamo
ontrati per pochi secondi; (*to fail to be present at*)
ncare a, perdere: *to ~ an appointment* mancare a un
untamento. **5** (*to fail to catch*) perdere: *to ~ the
* perdere l'autobus; (*to fail to obtain*) non (riuscire a)
enere: *he -ed first prize by one point* non ha ottenuto il
mo premio per un punto. **6** (*to fail to see or
erience*) lasciarsi sfuggire, perdere. **7** (*to feel the lack of*)

sentire la mancanza di, mancare (costr. impers.): *I ~ you*
sento la tua mancanza, mi manchi; (*to discover the
absence of*) accorgersi della sparizione (*o* mancanza) di. **8**
(*to avoid, escape*) evitare, sfuggire a: *he just -ed going to
jail* ha evitato per un pelo di finire in prigione. **9** (*to
omit*) omettere, saltare, tralasciare. II *v.i.* **1** (spesso con
out) fallire, fare fiasco, andare male. **2** ⟨*Mot*⟩ (*to misfire*)
perdere colpi. □ *to ~ one's aim* mancare (*o* fallire) il
bersaglio; *to ~ one's* mark: 1 fallire (*o* mancare) il colpo;
2 ⟨*fig*⟩ fare fiasco; *to ~ out:* 1 (*to omit*) omettere,
tralasciare, saltare; 2 ⟨*am*⟩ (*to fail to grasp*) non cogliere,
lasciare sfuggire (*on s.th.* qc.): *to ~ out on an opportunity*
non cogliere un'occasione; ⟨*fam*⟩ *not to ~ a trick* essere
pronto a tutto, non lasciarsi sfuggire niente.

miss[2] *s.* **1** colpo *m* mancato (*o* a vuoto). **2** ⟨*fam*⟩ (*failure,
flop*) fallimento *m*, insuccesso *m*, fiasco *m*. **3** ⟨*Mot*⟩
(*misfire*) accensione *f* difettosa (*o* irregolare). **4** ⟨*fam*⟩
(*miscarriage*) aborto *m*. □ *to give s.th. a ~* rinunciare a
qc., evitare (di fare) qc.; *I'll give coffee a ~* salterò il
caffè; *a lucky ~* un modo fortunato di cavarsela; ⟨*fam*⟩
he's no great ~ non è una gran perdita, possiamo fare
benissimo a meno di lui; *he hit the target five times
without a ~* colpì il bersaglio cinque volte senza mancare
un colpo.

miss[3] *s.* **1** ⟨*scherz,spreg*⟩ ragazza *f*, giovane *f*, signorina *f*: *a
saucy ~* una ragazza impertinente. **2** *pl.* ⟨*Comm*⟩ taglia *f*
media per donne e ragazze. **Miss** *s.* **1** (*title*) signorina *f*:
Miss Jones la signorina Jones; *the Miss(es) Brown* le
sorelle (*o* signorine) Brown; (*of a beauty queen*) miss *f*:
Miss France miss Francia. **2** (*as a term of address*)
signorina *f*: *can I help you, Miss?* posso esserle utile,
signorina?

missal ['misəl] *s.* ⟨*Rel.catt*⟩ messale *m*.

missel thrush ['misəl] *s.* ⟨*Ornit*⟩ tordel(l)a *f*.

misshapen [mis'ʃeipən] *a.* deforme, malfatto. □ *a ~ old
man* un vecchio sbilenco.

missile ['misail, *am.* 'misl] I *s.* **1** missile *m*, arma *f*
missile. **2** ⟨*Aer.mil*⟩ missile *m*. II *a.* **1** missile. **2**
⟨*Aer.mil*⟩ per missili, missilistico: *a ~ base* una base
missilistica.

missile| base *s.* base *f* missilistica. **~ launcher** *s.*
lanciamissili *m*. **~ man** *am. s.irr.* esperto *m* di missili. **~
range** *s.* poligono *m* di lancio.

missilery ['mislri] *s.* ⟨*Aer.mil*⟩ **1** (*science*) missilistica *f*. **2**
⟨*collett*⟩ missili *mpl*.

missile weapons *s.pl.* armi *fpl* missilistiche.

missilry *s.* → missilery.

missing ['misiŋ] I *a.* **1** mancante: *the ~ parts* le parti
mancanti; (*of a person*) mancante, che manca, disperso. **2**
(*lost*) perduto, smarrito. **3** ⟨*Mil*⟩ disperso. II *s.* ⟨*Mil*⟩
(*missing soldiers;* costr. pl.) dispersi *mpl*. □ *to be ~*
mancare: *the date is ~* manca la data; ⟨*Mil*⟩ *to be
reported ~* essere dato per disperso.

missing link *s.* **1** elemento *m* che manca per completare
una serie, anello *m* mancante. **2** ⟨*Biol*⟩ anello *m*
mancante nella catena dell'evoluzione.

mission ['miʃən] *s.* **1** missione *f*: *a trade ~* una missione
commerciale. **2** (*embassy, legation*) legazione *f*,
ambasceria *f*, ambasciata *f*. **3** ⟨*Rel*⟩ missione *f*: *a Catholic
~ in Africa* una missione cattolica in Africa. **4** (*task,
assignment*) missione *f*, compito *m*, incarico *m*;
(*self-imposed task, duty*) missione *f*, dovere *m*. **5** ⟨*Mil*⟩
missione *f* (di guerra). **6** ⟨*Aer.mil*⟩ missione *f* di volo. □
~ accomplished! missione compiuta!; *on special ~* in
missione speciale.

missionary ['miʃənəri] I *s.* ⟨*Rel*⟩ missionario *m* (*f* -a). II
a. **1** ⟨*Rel*⟩ missionario: *~ priests* preti missionari. **2** ⟨*fig*⟩
(da) missionario: *~ zeal* zelo missionario. **missioner**
[-nə] *s.* → missionary.

missis ['misiz] *s.* ⟨*dial, fam*⟩ **1** (*wife*) moglie *f*, signora *f*:
how's the ~? come sta la signora? **2** (*mistress of a house*)
padrona *f*, signora *f*.

missish ['misiʃ] *a.* da ragazzina, da signorinella.

missive ['misiv] *s.* (*letter*) lettera *f*, missiva *f*; (*official or
formal letter*) messaggio *m* (*o* comunicazione *f*) ufficiale.

misspell [mis'spel] *v.irr.* I *v.t.* sbagliare l'ortografia di. II
v.i. fare errori d'ortografia. **misspelling** [-iŋ] *s.* errore *m*

d'ortografia.

misspend [mis'spend] *v.t.irr.* **1** spendere male, usare (*o* impiegare) male. **2** (*to squander*) sprecare, dissipare, sperperare. **misspent** [-nt] *a.* speso male, buttato via, sprecato: ~ *youth* gioventù sprecata.

misstate [mis'steit] *v.t.* falsare, deformare, travisare. **misstatement** [-mǝnt] *s.* esposizione *f* falsa (*o* inesatta).

misstep [mis'step] *s.* passo *m* falso (*anche fig.*).

missus *s.* → **missis**.

missy ['misi] *s.* ⟨*scherz,spreg*⟩ ragazzina *f,* signorinella *f.*

mist [mist] **I** *s.* **1** foschia *f,* nebbiolina *f.* **2** ⟨*Meteor*⟩ foschia *f.* **3** ⟨*fig*⟩ (*s.th. resembling mist*) nuvola *f: a* ~ *of dust* una nuvola di polvere; (*haze before the eyes*) velo *m,* nebbia *f.* **4** ⟨*fig*⟩ (*s.th. that hides, obscures*) nebbia *f,* velo *m: the* ~ *of ignorance* la nebbia dell'ignoranza; *lost in the –s of time* perduto nelle nebbie del tempo. **II** *v.i.* (spesso con *over*) velarsi, annebbiarsi, appannarsi: *her eyes –ed* gli occhi le si velarono (di lacrime). **III** *v.t.* velare, annebbiare, appannare, offuscare. □ *it –ed* (*over*) *in the evening* verso sera cadde la nebbia.

mistakable [mis'teikǝbl] *a.* che si può scambiare.

mistake[1] [mis'teik] *s.* **1** errore *m,* sbaglio *m: to make a* ~ commettere un errore, sbagliarsi. **2** (*misunderstanding*) malinteso *m,* equivoco *m.* **3** ⟨*Dir*⟩ errore *m.* □ *by* ~ per sbaglio; *we learn by our –s* sbagliando s'impara; ⟨*fig*⟩ *to make a big* ~ sbagliare di grosso; ⟨*fam*⟩ *and no* ~ eccome, altro che, senza dubbio: *it's raining all right, and no* ~ piove forte, eccome; *I shall remember this, make no* ~ me lo ricorderò, stanne pur certo; **spelling** ~ errore *m* d'ortografia. *Prov.: we all make –s* sbaglia anche il prete all'altare, tutti possono sbagliare.

mistake[2] *v.* (*pret.* **mistook** [mis'tuk], *p.p.* **mistaken** [-'teikǝn]) **I** *v.t.* **1** scambiare, prendere per, sbagliare, confondere: *he is often –n for his brother* viene spesso scambiato per suo fratello; (*to fail to recognize*) non vedere, non riconoscere: *it's on the left, you can't* ~ *it* è sulla sinistra, non puoi non vederlo. **2** (*to misunderstand*) fraintendere: *don't* ~ *me* non fraintendermi; (*to misinterpret*) interpretare (*o* capire) male. **3** (*to misjudge*) farsi un'idea sbagliata di. **II** *v.i.* sbagliarsi, essere in errore, avere torto. □ *there is no mistaking* non c'è da sbagliare, non ci sono dubbi.

mistaken[1] [mis'teikǝn] *v.* → **mistake**[2].

mistaken[2] *a.* **1** in errore. **2** (*erroneous*) sbagliato, errato, erroneo: ~ *ideas* idee sbagliate. **3** (*ill-judged*) frainteso. □ *to be* ~ *about s.th.* sbagliarsi su qc.; *you are* ~ ti sbagli, hai torto, sei in errore; *if I am not* ~ se non vado errato; *to be* ~ *in* (*o about*) *s.o.* sbagliarsi su qd.; ~ *identity* errore *m* (*o* scambio) di persona. **mistakenly** [-li] *avv.* erroneamente, in modo sbagliato.

Mister ['mistǝ] *s.* **1** (*usually written as the abbreviation Mr.*) signore *m: Mr. Smith* il signor Smith. **2** ⟨*dial,fam*⟩ (*as a term of address: sir*) signore *m;* (*generalized term*) signore *m.* **II** *v.t.* ⟨*fam*⟩ chiamare signore.

mistime [mis'taim] *v.t.* **1** scegliere (*o* cogliere) un momento poco opportuno per. **2** (*to perform, say, etc., at an inappropriate time*) fare (*o* dire) a sproposito (*o* fuori luogo). □ *to* ~ *one's arrival* arrivare in un momento poco opportuno.

mistiness ['mistinis] *s.* **1** foschia *f,* nebbiosità *f.* **2** ⟨*fig*⟩ nebulosità *f,* vaghezza *f.*

mistle thrush *s.* → **missel thrush**.

mistletoe ['misltou] *s.* ⟨*Bot*⟩ vischio *m.*

mistook [mis'tuk] *v.* → **mistake**[2].

mistral ['mistrǝl] *s.* ⟨*Meteor*⟩ mistral *m,* maestrale *m,* vento *m* maestrale.

mistranslate [,mistræns'leit] *v.t.* tradurre impropriamente (*o* in modo sbagliato). **mistranslation** [-'leiʃǝn] *s.* traduzione *f* errata.

mistreat [mis'tri:t] *v.t.* maltrattare, bistrattare, trattare male. **mistreatment** [-mǝnt] *s.* maltrattamento *m.*

mistress ['mistris] *s.* **1** (*head of a household, etc.*) signora *f,* padrona *f* (di casa). **2** (*female owner*) padrona *f,* proprietaria *f: the* ~ *of a dog* la padrona di un cane; (*woman who controls or disposes*) padrona *f: the* ~ *of a large fortune* la padrona di un grosso patrimonio. **3**

(*schoolmistress*) insegnante *f,* professoressa *f: the physics* l'insegnante di fisica. **4** (*paramour*) amante *f,* ⟨*euf* amica *f.* **5** (*woman skilled in s.th.*) maestra *f,* esperta *f, of the art of cooking* maestra nell'arte culinaria. **6** ⟨ dominatrice *f,* padrona *f: when Rome was* ~ *of the wo* quando Roma era la dominatrice del mondo. **Mistress** (*usually written as the abbreviation Mrs.*) signora *f: M Brown* signora Brown. □ *to be one's own* ~ ess padrona di sé; ⟨*GB*⟩ ~ *of the Robes* duchessa *f* che occupa del guardaroba della regina; *to be* ~ *of situation* essere padrona della situazione, dominare situazione.

mistress-ship *s.* condizione *f* (*o* stato *m*) di signora padrona, ecc.).

mistrial [mis'traiǝl] *s.* ⟨*Dir*⟩ **1** processo *m* annullato. (*inconclusive trial*) processo *m* inficiato per vizio procedura.

mistrust [mis'trʌst] **I** *s.* sfiducia *f,* sospetto *m,* diffide *f.* **II** *v.t.* **1** diffidare di, guardare con sospetto, sospett di. **2** ⟨*rifl*⟩ mancare di fiducia in se stessi. **3** (*of thir* non aver fiducia in: *he –s his own capacities* non fiducia nelle proprie capacità.

mistrustful [mis'trʌstful] *a.* sospettoso, diffidente. □ *to* ~ *of s.o.* sospettare di qd. **mistrustfully** [-i] *a* sospettosamente, con diffidenza. **mistrustfulness** [-r *s.* sospettosità *f,* diffidenza *f.*

misty ['misti] *a.* **1** nebbioso, brumoso, fosco: *a* ~ *day* giorno nebbioso. **2** (*covered with mist*) nebbioso: *a valley* una valle nebbiosa. **3** ⟨*fig*⟩ (*of eyes*) annebbia velato. **4** ⟨*fig*⟩ (*indistinct*) confuso, indistinto; (*vag* nebuloso, vago.

'misty-'eyed *a.* sentimentale, romantico.

misunderstand [,misʌndǝ'stænd] *v.t.irr.* fraintende capire (*o* intendere) male: *his motives have be misunderstood* i suoi motivi sono stati frainte **misunderstanding** [-iŋ] *s.* **1** malinteso *m,* equivoco *to clear up a* ~ chiarire un malinteso; (*instance*) contra *m,* disaccordo *m,* dissapore *m.* **2** (*failure to understa* incomprensione *f.* **misunderstood** [-'stud] *a.* malinteso, frainteso. **2** (*unappreciated*) incompreso: *to* ~ *sentirsi* incompreso.

misusage [mis'ju:zidʒ] *s.* **1** (*of words*) uso *m* errato scorretto). **2** (*maltreatment*) maltrattamento *m.*

misuse I *s.* [mis'ju:s] uso *m* errato (*o* improprio). **II** ['mis'ju:z] *v.t.* **1** usare impropriamente (*o* male), sbagliare l' di: *to* ~ *a word* usare impropriamente una parola. **2** *use for a wrong purpose*) fare (un) cattivo uso di, abus di: *to* ~ *one's powers* abusare dei propri poteri. **3** *maltreat*) maltrattare, bistrattare.

misvalue [mis'vælju:] *v.t.* valutare incorrettamente.

mite[1] [mait] *s.* ⟨*Entom*⟩ acaro *m.*

mite[2] *s.* **1** obolo *m,* piccolo contributo *m.* **2** (*very sm child*) piccino *m* (*f* –a), bimbo *m* (*f* –a); (*small anim* bestiola *f,* animaletto *m;* (*small object*) cosuccia *f,* cose *f.* **3** (*very small quantity*) briciola *f,* briciolo *m.* **4** (*coin very small value*) soldino *m,* centesimo *m.* □ *he is a stingy* è un po' tirchio; ⟨*Bibl*⟩ *the widow's* ~ l'obolo *m* vedova.

miter *am. s./v.* → **mitre**.

Mithras ['miθræs] *N.pr.* ⟨*Rel*⟩ Mitra *m.*

mithridate ['miθrideit] *s.* antidoto *m.*

mitigable ['mitigǝbl] *a.* mitigabile.

mitigate ['mitigeit] *v.t.* **1** mitigare, attenuare; (*to make l painful*) mitigare, attenuare, lenire, alleviare, calmare. (*of weather*) mitigare, temperare, addolcire. **mitigati** [-iŋ] *a.* attenuante: ~ *circumstances* circostanze tenuanti. **mitigation** [-'geiʃǝn] *s.* mitigazione *f,* leviamento *m.* **mitigative** [-iv] *a.* lenitivo, calman sedativo. **mitigator** [-ǝ] *s.* mitigatore *m* (*f* –tric **mitigatory** [-ǝri] *a.* → **mitigative**.

mitosis [mi'tousis] *s.* (*pl.* **-ses** [si:z]) ⟨*Biol*⟩ mitosi cariocinesi *f.* **mitotic** [-'tɔtik] *a.* mitotico.

mitral ['maitrǝl] *a.* **1** a forma di mitra. **2** ⟨*Anat,Bi* mitrale *f.*

mitral| insufficiency *s.* ⟨*Med*⟩ insufficienza *f* mitrali ~ **stenosis** *s.* ⟨*Med*⟩ stenosi *f* mitralica. ~ **valve** ⟨*Anat*⟩ valvola *f* mitrale, mitrale *f.*

tre ['maitə] **I** s. **1** ⟨Lit,Stor.gr⟩ mitra f. **2** (office, rank
~ a bishop) mitra f, dignità f episcopale. **3** ⟨Fal⟩ taglio m
bliquo. **4** ⟨Fal⟩ → **mitre joint. II** v.t. **1** (to bestow
a itre upon) imporre la mitra a, ⟨lett⟩ mitr(i)are; (to raise
~ a bishopric) elevare alla dignità episcopale. **2** ⟨Fal⟩ (to
it to a mitre) tagliare ad angolo retto.

tre box s. ⟨Fal⟩ cassetta f a ugnatura per tagli
bliqui.

tred ['maitəd] a. (wearing a mitre) mitrato.

tre| joint s. ⟨Fal⟩ giunto m ad angolo retto. **~ shell** s.
⟨ool⟩ mitra f. **~ square** s. ⟨tecn⟩ squadra f a ugnatura
zoppa).

tt [mit] s. **1** mezzoguanto m. **2** (mitten) manopola f. **3**
⟨port⟩ (in baseball) guanto m (da baseball); (boxing
ve) guantone m (da pugile). **4** ⟨sl⟩ (hand) mano f,
cherz⟩ zampa f.

tten ['mitn] s. **1** manopola f, guanto m a manopola. **2**
⟨sport⟩ (boxing gloves) guantoni mpl. □ ⟨sl⟩ to give
. the ~ licenziare qd., essere licenziato.

timus ['mitiməs] s. **1** ⟨Dir⟩ mandato m d'arresto (o
cattura). **2** ⟨fam⟩ (dismissal) licenziamento m.

x[1] [miks] v. (pret., p.p. -ed [t]) **I** v.t. **1** mescolare,
ischiare, miscelare: to ~ flour, eggs and water mischiare
rina, uova e acqua; (to add as an ingredient) unire,
escolare, aggiungere a: to ~ an egg into the batter unire
u uovo alla pastella. **2** (to combine) unire, combinare: to
business with pleasure unire l'utile al dilettevole. **3** (to
epare by mixing) impastare, preparare (mescolando),
malgamare: to ~ cement impastare il cemento. **4** ⟨Biol⟩
crociare, ibridare. **5** ⟨Enol⟩ tagliare. **II** v.i. **1**
malgamarsi, mescolarsi (with con): oil and water do not
l'olio non si amalgama con l'acqua. **2** ⟨fig⟩ (to be
mpatible) andare d'accordo, conciliarsi, essere
mpatibile (con). **3** (to associate) frequentare, praticare
d.), ⟨spreg⟩ mescolarsi (a): he only -es with people of his
n class frequenta solo i suoi pari. **4** ⟨sl⟩ (to fight)
zuffarsi, fare a pugni (with con). □ to ~ a cocktail
eparare un cocktail; to ~ up: 1 mescolare, impastare,
ire; 2 (to confuse) confondere; 3 (to mistake for
other) confondere, scambiare: I often ~ him up with his
other lo scambio spesso per suo fratello; 4 (to involve)
mischiare, coinvolgere, implicare; ⟨sl⟩ to ~ it up
zuffarsi, rissare; he doesn't ~ well è poco socievole, non
a molto con gli altri.

.[2] s. **1** impasto m, amalgama m, miscela f: cement ~
pasto di cemento. **2** ⟨Gastr⟩ miscela f (dosata),
eparato m: cake ~ miscela per torta.

xed [mikst] a. **1** misto, di diversa specie: ~ load carico
sto. **2** (formed by mixing) misto, mischiato. **3**
ssorted) misto, assortito: ~ chocolates cioccolatini
sortiti. **4** (made up of different races, sorts of people)
rogeneo, misto: ~ company compagnia eterogenea; (of
ferent sexes) misto, promiscuo: ~ class classe mista. **5**
cluding incompatible elements) contrastante, misto,
nfuso: ~ feelings sentimenti contrastanti.

xed| bag s. miscellanea f, miscuglio m, mescolanza f. **~
essing** s. situazione f favorevole che comporta anche
alche svantaggio, fortuna f a metà. **~-blood** a. di
ague misto. **~ blood** s. sanguemisto m, meticcio m (f
. ~ **doubles** s.pl. ⟨Sport⟩ (in tennis) doppio m misto,
sto m. ~ **drink** s. cocktail m. ~ **farming** s.
ricoltura f mista. ~ **grill** s. ⟨Gastr⟩ misto m alla
glia, spiedino m misto.

xedly ['miksidli] avv. confusamente, alla rinfusa.

xed| marriage s. matrimonio m misto. **~ metaphor**
⟨Ret⟩ figura f retorica contenente due (o più) metafore
ntrastanti.

xedness ['miksidnis] s. **1** mescolanza f, eterogeneità f,
omiscuità f. **2** (state of being confused) confusione f.

xed| number s. ⟨Mat⟩ numero m misto. ~ **pickles**
l. ⟨Alim⟩ sottaceti mpl, giardiniera f. ~ **school** s.
ola f mista. ~ **up** a. **1** confuso. **2** ⟨fam⟩ (mentally
nfused) confuso, turbato, sconcertato, smarrito. **3**
volved) coinvolto, implicato: to get ~ in s.th. essere
nvolto in qc.

en ['miksən] s. ⟨dial⟩ (manure heap) letamaio m.

er ['miksə] s. **1** mescolatore m (f –trice). **2** (mixing

device, machine) miscelatore m, mescolatore m,
mescolatrice f; (kitchen utensil) frullatore m; (cement
mixer) impastatrice f (di cemento), betoniera f. **3**
⟨El,Rad,TV⟩ (device) mescolatore m, missatore m, mixer
m; (electrician) tecnico m del missaggio, missatore m. □
a good ~ una persona socievole; a poor ~ una persona
poco socievole, un orso.

mixing table ['miksiŋ] s. ⟨Cin,TV⟩ tavolo m di
missaggio.

mixture ['mikstʃə] s. **1** (act) mescolanza f; (product)
mistura f, impasto m, miscela f, miscuglio m. **2**
(combination) miscuglio m, mescolanza f, misto m: a ~ of
good and bad un miscuglio di buono e (di) cattivo. **3**
⟨Mot⟩ miscela f. **4** ⟨Chim⟩ miscuglio m, mistura f. **5**
⟨Farm⟩ sciroppo m: a cough ~ uno sciroppo per la tosse;
(potion) pozione f. **6** (of tea, tobacco) miscela f: a smoking
~ una miscela di tabacco.

mix-up s. confusione f, pasticcio m, guazzabuglio m.

mizen ['mizn] **I** s. ⟨Mar⟩ **1** (sail) vela f di mezzana,
mezzana f. **2** (mizzen mast) albero m di mezzana. **II** a.
di mezzana.

mizzen s./a. → **mizen.**

mizzenmast ['miznma:st] s. albero m di mezzana.

mizzle[1] ['mizl] ⟨dial⟩ **I** s. pioggerella f, acquerugiola f. **II**
v.i. (costr. impers.) piovigginare.

mizzle[2] v.i. ⟨dial,sl⟩ squagliarsela, ⟨fam⟩ svignarsela,
⟨fam⟩ filarsela.

mizzly ['mizli] a. ⟨dial⟩ (drizzly) piovigginoso.

ml. = millilitre millilitro (abbr. ml).

Mlle = Mademoiselle signorina (abbr. Sig.na).

Mlles = Mesdemoiselles signorine.

m'lud [mə'lʌd] = ⟨fam⟩ my lord mio signore.

mm, mm. = millimetre millimetro (abbr. mm).

MM. = **1** Majesties Maestà. **2** Messieurs signori (abbr.
Sigg.).

M.M. = Military Medal medaglia al valor militare.

Mme = Madame signora (abbr. Sig.ra).

Mmes = Mesdames signore.

M.N. = Merchant Navy marina mercantile.

mnemonic [ni:'mɔnik] a. mnemonico. **mnemonics** [–s]
s.pl. (costr. sing. o pl.) mnemonica f, mnemotecnica f.

Mnemosyne [ni:'mɔzini] N.pr. ⟨Mitol⟩ Mnemosine f.

mnemotechnic [,ni:mo(u)'teknik], **mnemotechnical**
[–əl] a. → **mnemonic. mnemotechny** [–ni] s. →
mnemonics.

Mngr. = Monsignor Monsignore (abbr. Mons.).

mo [mou] (accorc. di moment) s. ⟨fam⟩ momento m,
minuto m, attimo m: wait a ~ ! aspetta un momento! □
in half a ~ in un baleno (o istante).

Mo. = Monday lunedì (abbr. lun., l.).

M.O. = **1** ⟨am⟩ mail order ordinazione per
corrispondenza. **2** Medical Officer ufficiale sanitario. **3**
money order vaglia.

moa ['mouə] s. ⟨Paleont⟩ moa m.

Moabite ['mouəbait] **I** s. **1** (person) moabita m. **2**
(language) moabitico m, lingua f moabitica. **II** a.
moabitico.

moan [moun] **I** s. **1** gemito m, lamento m. **2** (of the
wind, etc.) gemito m. **3** ⟨fam⟩ (complaint) lagnanza f,
lamentela f, rimostranza f. **II** v.i. **1** gemere, lamentarsi. **2**
(of the wind, etc.) gemere. **3** ⟨fam⟩ (to complain) lagnarsi,
lamentarsi, ⟨fam⟩ bofonchiare. **III** v.t. **1** lamentare,
lamentarsi di. **2** (to utter in a moan) dire con tono
lamentoso.

moat [mout] **I** s. fossato m. **II** v.t. circondare con un
fossato.

mob[1] [mɔb] s. **1** folla f, moltitudine f disordinata; (crowd
bent on violence) folla f in tumulto (o eccitata). **2**
⟨spreg⟩ (populace, masses) ⟨spreg⟩ popolino m, plebe f,
⟨spreg⟩ plebaglia f. **3** ⟨sl⟩ (criminal set or gang) banda f
(o massa) di delinquenti, teppaglia f; ⟨clique, set⟩ cricca f,
combriccola f. □ to form a ~ fare ressa, accalcarsi.

mob[2] v. (pret., p.p. mobbed [–d]) **I** v.t. **1** fare ressa
intorno a, assediare, affollarsi intorno a, circondare: the
singer was –bed by autograph hunters il cantante fu
assediato dai cacciatori di autografi. **2** (to attack in a
mob) assalire (o attaccare) in massa. **II** v.i. accalcarsi, fare

ressa.

mobbish ['mɔbiʃ] *a.* senza legge; (*tumultuous*) sfrenato, tumultuoso.

mob cap *s.* ⟨*Mod*⟩ cuffia *f* (*o* cuffietta) con pizzi.

mobile ['moubail] **I** *a.* **1** mobile, che si può muovere, movibile, spostabile. **2** (*designed as or mounted on a vehicle*) viaggiante, mobile, ambulante: *a caravan is a ~ home* la roulotte è una casa viaggiante. **3** (*of a liquid*) molto fluido. **4** (*changeable: in expression, etc.*) mobile, mutevole: *a ~ face* un viso mobile; (*in feeling, purpose, etc.*) mobile, volubile, incostante, instabile. **II** *s.* ⟨*Art*⟩ composizione *f* mobile, mobile *m.* ☐ ⟨*scherz*⟩ *are you ~?* hai un mezzo?, sei motorizzato?

mobile| blood bank *s.* autoemoteca *f.* **~ home** ⟨*Aut*⟩ autocaravan *m/f*, motocaravan *m/f.* **~library** *s.* bibliobus *m*, autolibro *m*, biblioteca *f* ambulante. **~ radio unit** *s.* radiofurgone *m.* **~ unit** *s.* unità *f* mobile.

mobility [mou'biliti] *s.* mobilità *f: ~ of labour* mobilità della manodopera.

mobilizable ['moubailaizəbl] *a.* ⟨*Mil*⟩ che può essere mobilitato.

mobilization [,moubilai'zeiʃən] *s.* mobilitazione *f.*
'**mobilize** [-laiz] **I** *v.t.* ⟨*Mil,fig*⟩ mobilitare. **II** *v.i.* ⟨*Mil*⟩ mobilitarsi.

mobocracy [mɔ'bɔkrəsi] *s.* **1** governo *m* della plebe, oclocrazia *f.* **2** ⟨*am*⟩ (*rule by mobsters*) dominio *m* di gangsters.

mobster ['mɔbstə] *s.* ⟨*sl*⟩ gangster *m.*

moccasin ['mɔkəsin] *s.* ⟨*Etnol,Calz*⟩ mocassino *m.*

mocha ['moukə] *s.* **1** moca *m*, caffè *m* moca. **2** (*flavouring*) caffè *m.*

mock[1] [mɔk] **I** *v.t.* **1** deridere, schernire, beffare, canzonare. **2** (*to imitate, mimic*) imitare, contraffare, rifare; (*to mimic derisively*) scimmiottare, parodiare. **3** (*to delude*) deludere, ingannare. **4** (*to defy, disregard*) sfidare, non curarsi di, disprezzare: *to ~ social conventions* sfidare le convenzioni sociali. **II** *v.i.* beffarsi, prendersi gioco, farsi beffe (*at* di), schernire (qd.). ☐ *to ~ up:* 1 (*to make a mock–up of*) riprodurre a grandezza naturale; 2 ⟨*fam*⟩ (*to improvise*) improvvisare.

mock[2] **I** *s.* **1** scherno *m*, beffa *f*, derisione *f*, dileggio *m.* **2** (*person mocked*) zimbello *m*, scherno *m.* **3** (*imitation*) imitazione *f*, scimmiottatura *f*, contraffazione *f.* **II** *a.* finto: *a ~ battle* una finta battaglia. ☐ *to make a ~ of s.o.* deridere qd., farsi beffe di qd.

mock| auction *s.* asta *f* simulata (*o* truccata). **~ chicken** *am. s.* ⟨*Gastr*⟩ carne *f* preparata e cucinata in modo da sembrare pollo.

mocker ['mɔkə] *s.* canzonatore *m* (*f* –trice), dileggiatore *m* (*f* –trice), beffeggiatore *m* (*f* –trice).

mockery ['mɔkəri] *s.* **1** derisione *f*, scherno *m*, dileggio *m.* **2** (*object of derision*) zimbello *m*, scherno *m.* **3** (*travesty*) parodia *f: the trial was a ~ of justice* il processo non fu che una parodia della giustizia. **4** (*ridiculous imitation*) scimmiottatura *f*, parodia *f.* ☐ *to hold s.o. up to ~* esporre qd. al ridicolo; *to make a ~ of* beffarsi di, prendere in giro.

,**mock-he'roic** *a.* eroicomico (*anche Lett.*).

mocking ['mɔkiŋ] **I** *s.* scherno *m*, derisione *f*, dileggio *m.* **II** *a.* beffardo, derisorio, schernitore.

mocking-bird *s.* ⟨*Ornit*⟩ mimo *m.*

mock| moon *s.* ⟨*Astr*⟩ paraselene *m*, paraselenio *m.* **~ sun** ⟨*Astr*⟩ parelio *m.* **~ trial** *s.* processo *m* farsa. **~-turtle (soup)** *s.* ⟨*Gastr*⟩ finta zuppa *f* di tartaruga. **~-up** *s.* **1** modello *m* al (*o* a grandezza) naturale. **2** ⟨*tecn*⟩ (*for design purposes*) manichino *m*, sagoma *f*; (*for instructional purposes*) modello *m* dimostrativo. **3** ⟨*fam*⟩ (*improvisation*) improvvisazione *f.*

mod. = 1 *moderate* moderato. **2** *modern* moderno.

modal ['moudl] *a.* ⟨*Mus,Filos,Gramm,Dir*⟩ modale.

modal auxiliary *s.* ⟨*Gramm*⟩ verbo *m* modale.

modality [mo(u)'dæliti] *s.* modalità *f.*

mod cons ['mɔd kɔnz] (*accorc. di modern conveniences*) *s.pl.* ⟨*fam*⟩ comodità *fpl* moderne.

mode[1] [moud] *s.* **1** (*manner*) modo *m*, maniera *f*; (*method*) modo *m*, metodo *m*, procedimento *m.* **2** (*manner of living, custom*) uso *m*, usanza *f*, abitudine *f.* **3**

(*manner of expression*) forma *f*, stile *m: a literary ~* forma letteraria. **4** ⟨*Filos,Mus,Gramm*⟩ modo *m.* ⟨*Statist*⟩ moda *f.*

mode[2] *s.* **1** moda *f*, costume *m*, usanza *f.* **2** (*fashi* moda *f.*

model[1] ['mɔdl] **I** *s.* **1** modello *m*, esempio *m;* (*patte* schema *m*, modello *m: a constitution on the American* una costituzione sullo schema di quella americana. (*small–scale representation*) modellino *m*, modello *m* miniatura); (*three–dimensional plan*) plastico *m*, mod *m: a ~ of ancient Rome* un plastico dell'antica Roma; clay, wax, etc.*) modello *m*, plastico *m*, bozzetto *m.* (*exemplary person or thing*) modello *m*, esempio *m: sh a ~ of efficiency* è un modello di efficienza. (*mannequin*) indossatore *m* (*f* –trice), modello *m* (*f* –a) ⟨*Art*⟩ (*one who poses*) modello *m* (*f* –a). **6** ⟨*Vest,M* modello *m: the latest –s from Paris* gli ultimi modelli Parigi. **7** (*of a vehicle*) modello *m*, tipo *m: a sports ~* modello sportivo. **8** ⟨*fam*⟩ (*copy, image*) ritratto *m*, cc *f*, immagine *f: he is the ~ of his father* è il ritratto di padre. **II** *a.* **1** che riproduce in scala ridotta. (*exemplary*) esemplare, modello, perfetto: *a ~ husband* marito esemplare. ☐ *on* (*o after*) *the ~ of* a imitazi di.

model[2] *v.* (*pret., p.p.* **modelled**/*am.* **modeled** [-d]) **I** *v.* modellare, formare, conformare: *he –led his style on T Eliot* ha modellato il suo stile su quello di T. S. Elio ⟨*rifl*⟩ prendere a modello, modellarsi, imitare: *to ~ o.s. one's father* prendere a modello il proprio padre. **3** *make a model of*) modellare, foggiare, plasmare. **4** ⟨ dare rilievo (*o* evidenza plastica) a. **II** *v.i.* **1** l'indossatore (*o* l'indossatrice), fare il modello (*o* modella). **2** ⟨*Art*⟩ fare da modello (*o* modella).

model| aeronautics *s.pl.* (*costr. sing.*) aeromodellismo **~ aircraft** *s.* modello *m* volante, aeromodello *m.*

modeler *am. →* **modeller.**

model farm *s.* ⟨*Agr*⟩ fattoria *f* modello.

modeling *am. →* **modelling.**

modeller ['mɔdlə] *s.* modellatore *m* (*f* –trice). **modell** [-liŋ] **I** *s.* **1** modellatura *f.* **2** (*profession of a mo* professione *f* d'indossatore (*o* d'indossatrice), professi di modello (*o* modella). **II** *a.* per modellare: *~ clay* c per modellare.

model maker *s. →* **modellist.**

model railway| collecting *s.* ferromodellismo collezione *f* di modelli ferroviari. **~ collector** ferromodellista *m/f*, collezionista *m/f* di modelli ferrov **~ construction** *s.* ferromodellismo *m*, costruzione modelli ferroviari. **~ constructor** *s.* ferromodellista costruttore *m* di modelli ferroviari.

model school *am. s.* scuola *f* modello.

modem [moudem] *s.* ⟨*Inform*⟩ modem *m.*

moderate I *a.* ['mɔdərit] **1** moderato, modico: *a income* un reddito modico; *~ prices* prezzi moderat (*not tending to excess*) sobrio, moderato, misur temperato, parco: *~ habits* abitudini sobrie; *to be drinker* essere moderato nel bere; *a ~ speech* un disc misurato. **3** (*of climate, weather*) moderato, temper mite; (*of winds*) moderato. **II** *s.* moderato *m* (*f* –a) (*a Pol.*). **III** *v.t.* ['mɔdəreit] **1** moderare, mitigare, attenu temperare: *to ~ one's language* moderare i termini. **2** *the voice*) moderare, abbassare. **3** (*to preside c* presiedere, dirigere, fare da moderatore in. **4** ⟨*At* moderare, rallentare. **IV** *v.i.* **1** calmarsi, moder attenuarsi, mitigarsi. **2** (*to act as a moderator*) fare moderatore. **moderately** [-li] *avv.* **1** con moderazi moderatamente. **2** (*fairly, quite*) discretamente, bastanza. **moderateness** [-nis] *s.* **1** moderatezz modicità *f*, moderazione *f.* **2** (*sobriety*) sobriet moderatezza *f.*

moderation [,mɔdə'reiʃən] *s.* **1** moderazione *f*, misu discrezione *f: ~ of speech* moderazione di linguaggi (*temperance*) moderazione *f*, sobrietà *f*, temperanza (*act of moderating, alleviating*) moderazione attenuazione *f*, mitigazione *f.* **4** *pl.* ⟨*Univ*⟩ (*at Ox* primo esame *m* per il baccellierato in lettere. ☐ *~ things* sit modus in rebus, moderazione in tutte le cos con moderazione, senza eccesso; *without* ~ noderatamente.

•derator ['mɔdəreitə] *s.* **1** chi modera, moderatore *m* (*f* trice). **2** (*one who presides at a meeting*) moderatore *m* (*f* trice). **3** (*one who arbitrates*) mediatore *m* (*f* –trice). rbitro *m.* **4** ⟨*Univ*⟩ (*at Oxford*) presidente *m* della ɔmmissione d'esami. **5** ⟨*Rad,TV*⟩ moderatore *m* (*f* trice). **6** ⟨*Atom*⟩ moderatore *m*, rallentatore *m*.

noderatorship [–ʃip] *s.* posizione *f* (*o* ufficio *m*) di noderatore.

•dern ['mɔdən] **I** *a.* **1** moderno, attuale, di oggi, resente: ~ *life* vita moderna; *the* ~ *era* l'era moderna. **2** not *old–fashioned*) moderno, attuale: ~ *outlooks* vedute noderne; (*up–to–date*) moderno, aggiornato. **3** ⟨*Art,Lett*⟩ noderno, contemporaneo. **II** *s.* **1** moderno *m.* **2** (*person f modern views*) persona *f* di vedute moderne.

•dern| art gallery *s.* galleria *f* d'arte moderna. **onveniences** *s.pl.* comodità *fpl* moderne. **~-dress** *a.* *Teat*⟩ in abiti moderni. ~ **history** *s.* storia *f* moderna.

•dernism ['mɔdənizəm] *s.* **1** modernismo *m.* **2** (*modern sage*) usanza *f* moderna; (*modern expression*) neologismo *ı.* **Modernism** *s.* ⟨*Rel*⟩ modernismo *m.* **modernist** –nist] **I** *s.* modernista *m/f* (*anche Rel.*). **II** *a.* modernista, nodernistico. **modernistic** [–'nistik] *a.* **1** modernistico, nodernista. **2** (*falsely contemporary*) finto moderno.

•dernity [mɔ'dəːniti] *s.* modernità *f.*

•dernization [ˌmɔdənai'zeiʃən] *s.* **1** (*act*) rimoderna-nento *m,* modernizzazione *f.* **2** (*result*) rimoderna-nento *m,* rinnovamento *m.* **'modernize** [–naiz] **I** *v.t.* **1** nmodernare, ammodernare, rinnovare: ~ *a factory* modernare una fabbrica. **2** (*to make modern*) moder-izzare, adeguare ai tempi (moderni), rimodernare. **II** *v.i.* nodernizzarsi.

•dern| jazz *s.* jazz *m* moderno. ~ **language** *s.* ngua *f* moderna. **2** *pl.* ⟨*Univ*⟩ (costr. sing. o pl.) lingue *l* moderne.

•dernness ['mədənnis] *s.* modernità *f.*

•dest ['mɔdist] *a.* **1** modesto: *a* ~ *person* una persona nodesta. **2** (*moderate*) modesto, moderato: *a* ~ *income* n reddito modesto; (*reasonable*) ragionevole, modico, nodesto: ~ *demands* richieste ragionevoli. **3** unpretentious*) modesto, semplice, senza pretese: *a* ~ *ouse* una casa modesta. **4** (*decent, chaste*) modesto, udico, costumato. □ ⟨*iron*⟩ *there's nothing like being* ~ *!* iva la modestia!; *to be* ~ *in speech* parlare con nodestia; *to be* ~ *in one's tastes* avere gusti semplici. **nodestly** [–li] *avv.* **1** modestamente. **2** (*simply*) nodestamente, senza pretese, con semplicità. **modesty** –i] *s.* **1** modestia *f,* umiltà *f.* **2** (*decency*) modestia *f,* udore *m,* costumatezza *f.* **3** (*limitation*) modestia *f,* noderazione *f.* **4** ⟨*Mod*⟩ modestia *f,* modestina *f.*

odicum ['mɔdikəm] *s.* piccola quantità *f,* poco *m,* po' *m: ı* ~ *of good sense* un po' di buonsenso.

odifiability [ˌmɔdifaiə'biliti] *s.* modificabilità *f,* ariabilità *f.* **'modifiable** [–bl] *a.* modificabile, va-iabile.

odification [ˌmɔdifi'keiʃən] *s.* **1** modificazione *f,* nodifica *f.* **2** (*modified form*) variante *f.* **'modificative** –keitiv] *a.* modificativo, che modifica. **'modificatory** –keitəri] *a.* → **modificative.**

odifier ['mɔdifaiə] *s.* **1** modificatore *m* (*f* –trice). **2** *Ling,Chim*⟩ modificatore *m.* **modify** [–fai] *v.t.* **1** (*to hange partially*) modificare, variare, ritoccare: *to* ~ *a law* nodificare una legge; (*to change radically*) cambiare, nutare. **2** (*to moderate*) moderare, frenare, temperare, nitigare, attenuare. **3** ⟨*Gramm*⟩ modificare. **4** ⟨*Fon*⟩ nodificare per metafonesi.

odillion [mo(u)'diljən] *s.* ⟨*Arch*⟩ modiglione *m.*

odish ['moudiʃ] *a.* di (*o* alla) moda, moderno. **nodishly** [–li] *avv.* alla moda. **modishness** [–nis] *s.* 'essere alla moda.

odiste *fr.* [mou'diːst] *s.* **1** sarta *f.* **2** (*milliner*) modista

lods [mɔdz] (*accorc. di moderations*) *s.pl.* (costr. sing.) univ⟩ primo esame *m* per il baccellierato in lettere.

odular ['mɔdjulə] *a.* modulare (*anche Arch.*).

odular design *s.* ⟨*Ind*⟩ progettazione *f* modulare.

modularity [ˌmɔdju'læriti] *s.* modularità *f.*

modulate ['mɔdjuleit] **I** *v.t.* **1** adattare, adeguare, conformare. **2** (*of the voice*) modulare, variare di tono. **3** ⟨*Mus,Rad*⟩ modulare. **II** *v.i.* **1** variare armonicamente il suono (*o* tono). **2** ⟨*Mus*⟩ variare l'armonia. **modulation** [–'leiʃən] *s.* **1** adattamento *m,* adeguamento *m.* **2** (*of the voice: inflection*) modulazione *f,* inflessione *f,* intonazione *f*; (*particular type of inflection*) tono *m.* **3** ⟨*Fon*⟩ accentuazione *f.* **4** ⟨*Mus,Rad*⟩ modulazione *f.* **modulator** [–ə] *s.* **1** modulatore *m* (*f* –trice). **2** ⟨*Mus,Rad*⟩ modulatore *m.*

module ['mɔdjuːl, *am.* –dʒul] *s.* modulo *m* (*anche Arch., Astron.*).

modulus ['mɔdjuləs] *s.* (*pl.* -li [lai]) ⟨*Fis,Mat*⟩ modulo *m.* □ ⟨*Fis*⟩ ~ *of efficiency* coefficiente *m* di rendimento; ⟨*Fis*⟩ ~ *of rigidity* modulo *m* di ⌐elasticità tangenziale⌐ (*o* rigidità).

mofette [mo(u)'fet] *s.* ⟨*Geol*⟩ mofeta *f.*

Mogul [mo(u)'gʌl] *s.* **1** ⟨*Stor*⟩ mogol *m; (Great Mogul)* gran mogol *m.* **2** (*Mongol*) mongolo *m* (*f* –a). **mogul** *s.* **1** titano *m,* colosso *m,* gigante *m.* **2** ⟨*am.Ferr*⟩ tipo di locomotiva.

mohair ['mouhɛə] *s.* **1** mohair *m.* **2** (*fabric*) mohair *m,* tessuto *m* (di) mohair.

Mohammed [mo(u)'hæmid] *N.pr.* ⟨*Stor*⟩ Maometto *m.* **Mohammedan** [–ən] **I** *a.* maomettano, musulmano. **II** *s.* maomettano *m* (*f* –a), musulmano *m* (*f* –a), islamita *m/f.* **Mohammedanism** [–ənizəm] *s.* ⟨*Rel*⟩ islamismo *m,* islam *m,* maomettismo *m.* **Mohammedanize** [–ənaiz] *v.t.* islamizzare, convertire al maomettismo.

Mohican ['mouikən, *am.* mo(u)'hiːkən] **I** *s.* (*pl.inv./*-s [z]) **1** mohican *m/f,* moicano *m* (*f* –a). **2** (*language*) lingua *f* dei moicani. **II** *a.* dei moicani.

moiety ['mɔiəti] *s.* ⟨*Dir,lett*⟩ **1** (*half*) metà *f.* **2** (*portion*) parte *f,* porzione *f.*

moil [mɔil] **I** *v.i.* sfacchinare, sgobbare, faticare. **II** *s.* duro lavoro *m,* ⟨*fam*⟩ sgobbata *f,* ⟨*fam*⟩ sfacchinata *f.*

moire [mwaː] *s.* ⟨*Tess*⟩ amoerro *m,* moire *m.*

moiré *fr.* [mwaː'rei] **I** *a.* ⟨*Tess*⟩ marezzato, moiré. **II** *s.* ⟨*Tess*⟩ (*design*) marezzatura *f,* marezzo *m; (fabric)* amoerro *m,* moire *m.*

moist [mɔist] *a.* **1** umido. **2** (*of a climate: humid*) umido, (*rainy*) piovoso. **3** (*of the eyes*) umido. **4** ⟨*estens*⟩ (*tearful*) lacrimoso. **5** ⟨*Med*⟩ umido, essudante. **'moisten** [–sn] **I** *v.t.* inumidire, umettare. **II** *v.i.* inumidirsi, diventare umido. **'moisture** [–stʃə] *s.* **1** umidità *f,* umido *m,* umidezza *f.* **2** ⟨*Fis*⟩ umidità *f.* **'moistureproof** [–stʃəpruːf] *a.* a prova d'umidità.

moisturize ['mɔistʃəraiz] *v.t.* **1** inumidire, umidificare. **2** ⟨*Cosmet*⟩ idratare. **moisturizer** [–ə] *s.* ⟨*Cosmet*⟩ idratante *m.*

moke [mouk] *s.* **1** ⟨*sl*⟩ ciuco *m,* somaro *m.* **2** ⟨*am.sl*⟩ (*Negro*) negro *m* (*f* –a).

molar[1] ['moulə] **I** *s.* ⟨*Dent*⟩ → **molar tooth. II** *a.* molare.

molar[2] *a.* ⟨*Fis,Chim*⟩ molare.

molarity [ˌmou'lɔriti] *s.* ⟨*Chim*⟩ molarità *f.*

molar tooth *s.* ⟨*Dent*⟩ molare *m,* dente *m* molare.

molasses [mə'læsiz] *s.* **1** (*treacle*) melassa *f.* **2** (*syrup*) molassa *f.*

mold *am. s./v.* → **mould.**

Moldavian [mɔl'deiviən] **I** *a.* ⟨*Geog*⟩ moldavo. **II** *s.* moldavo *m* (*f* –a).

molder, moldiness *am. e der.* → **moulder**[2], **mould-iness** *e der.*

mole[1] [moul] *s.* (*on the skin*) neo *m.*

mole[2] *s.* **1** ⟨*Zool*⟩ talpa *f.* **2** ⟨*rar*⟩ (*one who works in a dark place*) chi lavora al buio. **3** ⟨*rar*⟩ (*blind man*) cieco *m.* □ *as blind as a* ~ cieco come una talpa.

mole[3] *s.* ⟨*Edil,Mar*⟩ molo *m,* frangiflutti *m; (harbour)* porto *m* artificiale.

mole[4] *s.* ⟨*Chim*⟩ grammomolecola *f,* mole *f.*

mole cricket *s.* ⟨*Entom*⟩ croccia *f,* grillotalpa *m.*

molecular [mə'lekjulə] *a.* ⟨*Chim,Fis*⟩ molecolare. **molecularity** [–'læriti] *s.* molecolarità *f.*

molecule ['mɔlikjuːl] *s.* **1** ⟨*Chim,Fis*⟩ molecola *f.* **2** ⟨*fig*⟩ pezzetto *m,* piccolissima parte *f,* molecola *f.*

mole| grey s. grigio m talpa. **~hill** s. **1** cumulo m di terra sopra una tana di talpa. **2** ⟨fig⟩ inezia f, nonnulla m. **~skin** s. **1** pelle f di talpa. **2** ⟨Tess⟩ tipo di fustagno. **3** pl. ⟨Vest⟩ pantaloni mpl di fustagno.

molest [mə'lest] v.t. molestare, infastidire, importunare, disturbare; (sexually) molestare, importunare. **molestation** [,moules'teiʃən] s. molestia f, azione f molesta. **molester** [-ə] s. molestatore m (f –trice).

Molinism ['moulinizəm] s. ⟨Teol⟩ molinismo m. **Molinist** [-nist] s. molinista m/f.

moll [mɔl] s. ⟨sl⟩ **1** amante f (o donna) di un gangster. **2** (girl friend) ragazza f. **3** (prostitute) prostituta f, ⟨volg⟩ puttana f.

Moll (dim. di Mary) N.pr. → **Molly**.

mollifiable ['mɔlifaiəbl] a. placabile, che può essere placato (o raddolcito). **,mollification** [–fi'keiʃən] s. **1** (act) (r)addolcimento m, il placare. **2** (state) l'essere placato (o addolcito). **mollify** [–fai] v.t. **1** (to soothe in temper) (r)addolcire, rabbonire, ammansire; (to pacify) pacificare. **2** (to temper) moderare, temperare, mitigare, attenuare. **3** (to soften) ammorbidire, ammollire.

mollusc ['mɔləsk] s. ⟨Zool⟩ mollusco m. **molluscan** [mə'lʌskən] a. dei molluschi. **molluscoid** [mə'lʌskɔid] **I** a. dei molluscoidi. **II** s. molluscoide m.

molluscum contagiosum [mə'lʌskəm] s. (pl. -sca [skə]) ⟨Med⟩ mollusco m contagioso.

mollusk s. → **mollusc**.

molly ['mɔli] s. ⟨sl⟩ **1** → **moll**. **2** → **mollycoddle**.

Molly (dim. di Mary) N.pr. Marietta f, Mariolina f, Mariuccia f.

mollycoddle ['mɔlikɔdl] **I** v.t. viziare, coccolare troppo. **II** s. **1** bambino m (o ragazzo) viziato, cocco m di mamma. **2** (milksop) femminuccia f.

Moloch ['moulɔk] **I** N.pr. ⟨Mitol⟩ Moloc(h) m. **II** s. moloc m: the ~ of war il moloc della guerra. **moloch** s. ⟨Zool⟩ moloc m.

molossus [mo'lɔsəs] s. (pl. -ssi [sai]) ⟨Metr⟩ molosso m.

Molotov cocktail ['mɔlətɔf] s. bottiglia f Molotov, molotov f.

molt am. s./v. → **moult**.

molten¹ ['moultən] → **melt¹**.

molten² a. **1** fuso: ~ lead piombo fuso. **2** ⟨fig⟩ infocato, ardente.

molting am. s./a. → **moulting**.

moly ['mouli] s. **1** ⟨Mitol⟩ moli m. **2** ⟨Bot⟩ moli m.

molybdenite [mə'libdənait] s. ⟨Min⟩ molibdenite f. **molybdenum** [–dinəm] s. molibdeno m.

mom am. [mɔm] (accorc. di momma) s. ⟨fam⟩ mamma f.

moment ['moumənt] s. **1** momento m, attimo m, istante m, minuto m: wait a ~ attenda un momento; he'll be here in a ~ sarà qui fra un attimo. **2** (the present) presente m, momento m attuale; (stage) momento m, fase f: at this ~ of history nell'attuale momento storico. **3** (importance, weight) importanza f, rilievo m, gravità f: it is of no ~ non ha alcuna importanza. **4** ⟨Fis,Filos,Statist⟩ momento m. □ (at) any ~ da un momento all'altro; at the ~ per il momento, in questo momento, attualmente; at that very ~ proprio in quel momento; to arrive at an awkward ~ arrivare in un brutto momento; for the ~ per ora, per il momento: that will do for the ~ basta così per il momento; not for a ~: **1** neppure (o nemmeno) per un istante, neanche per un attimo; **2** ⟨esclam⟩ mai, giammai, per nulla al mondo; in a few –s fra poco, fra pochi minuti; ⟨Fis⟩ ~ of inertia momento m d'inerzia; just a ~ un momento, un attimo; just this ~ proprio ora (o adesso), or ora, proprio in questo momento; at the last ~ all'ultimo momento; ⟨Fis⟩ ~ of momentum momento m angolare; at odd –s a tempo perso, nei ritagli di tempo; one ~! un momento!; at the right ~ al momento giusto, tempestivamente; this ~ subito, immediatamente, all'istante; to the ~ al minuto: his intervention was timed to the ~ il suo intervento era calcolato al minuto; the ~ of truth il momento della verità. ‖ the ~ (that) (non) appena: I'll tell him the ~ he arrives glielo dirò non appena arriva; men of the ~ uomini mpl del momento; things of the ~ attualità fpl.

momentarily ['mouməntərili] avv. **1** per un momento, un istante, per un attimo, momentaneamente. **2** (at moment) da un momento all'altro, di momento in momento. **3** (every moment) a ogni momento (o istan⟩ momento.

momentariness [–rinis] s. transitorietà f, fugacità⟩ **momentary** [–ri] a. **1** momentaneo, passegg⟩ brevissimo. **2** (occurring at every moment) contir⟩ ininterrotto, incessante.

momently ['mouməntli] avv. **1** di momento in mome⟩ a ogni momento. **2** (for a moment) per un momento⟩ un istante.

momentous [mo(u)'mentəs] a. molto importante, (as⟩ rilevante, di grande rilievo. **momentousness** [–nis⟩ importanza f, peso m, rilievo m.

momentum [mo(u)'mentəm] s. (pl. -s [z]/-ta [tə])⟩ velocità f (acquisita): the boulder gained ~ il ma⟩ acquistò velocità. **2** ⟨fig⟩ impeto m, slancio m. ⟨M⟩ quantità f di moto. □ opposition to the bill gaine⟩ l'opposizione al disegno di legge si rafforzò.

momism am. ['mɔmizəm] s. mammismo m. **momma**⟩ [–mə] s. ⟨fam⟩ mamma f.

Momus ['moumas] N.pr. ⟨Mitol⟩ Momo m. **momus** s⟩ -mi [mai]/-muses [–iz]) criticone m.

mon. = **1** monastery monastero. **2** monetary moneta⟩ (abbr. m.).

Mon. = Monday lunedì (abbr. lun., l.).

monachal ['mɔnəkəl] a. monacale, monastico. **mo⟩ chism** [–kizəm] s. → **monasticism**.

monad ['mɔnæd] s. ⟨Biol,Filos,Zool⟩ monade f.

monadelphous [,mɔnə'delfəs] a. ⟨Bot⟩ monadelfo.

monadic [mɔ'nædik] a. monadico. **monadi**⟩ ['mɔnədizəm, 'mounæd–] s. ⟨Filos⟩ **1** monadismo m⟩ (Leibnitzian theory) monadologia f. **monadolo**⟩ [,mɔnə'dɔlədʒi] s. → **monadism**.

monandrous [mɔ'nændrəs] a. ⟨Bot⟩ monandro. **n⟩ nandry** [–dri] s. **1** l'avere un solo marito. **2** ⟨Bot⟩ ⟩ nandria f.

monarch ['mɔnək] s. **1** monarca m, sovrano m, re m⟩ ⟨fig⟩ re m (f regina). **3** ⟨Entom⟩ monarca m. □ the ~⟩ all beasts il leone, il re degli animali; the ~ of the fores⟩ quercia, la regina della foresta. **monarchal** [mə'na:kəl⟩ **1** (befitting a monarch) monarchico, da monarca. **2** (⟩ → **monarchic**. **monarchic** [mɔ'na:kik], **monarchi**⟩ [mɔ'na:kikəl] a. monarchico. **monarchism** [–izəm] s⟩ principi mpl monarchici. **2** (advocacy) fede f monarch⟩ **monarchist** [–ist] s. monarchico m (f –a). **monarc⟩ [–i] s. **1** monarchia f. **2** (territory) regno m.

monasterial [,mɔnə'stiəriəl] a. monastico, conventu⟩ claustrale. **'monastery** [–stri] s. monastero m, conve⟩ m.

monastic [mə'næstik] **I** a. **1** monastico, monacale: ~ v⟩ voti monastici; (of a monastery) monastico, conventu⟩ **2** ⟨fig⟩ austero, monastico, cenobitico. **II** s. monaco⟩ cenobita m. **monastical** [–əl] a. → **monas**⟩ **monasticism** [–tisizəm] s. monachesimo m, monachis⟩ m.

monatomic [,mɔnə'tɔmik] a. ⟨Chim⟩ **1** (having one at⟩ monoatomico; (having one replaceable atom) avente⟩ atomo sostituibile. **2** (univalent) monovalente.

monaural [mɔ'nɔ:rəl] a. **1** monoaurale. **2** ⟨A⟩ monofonico, monoaurale.

Monday ['mʌndi] s. lunedì m. □ ⟨fam⟩ ~ morning bl⟩ riluttanza f a riprendere il lavoro (dopo un giorno festiv⟩ ⟨scherz⟩ crisi f del lunedì mattina; ⟨am.fam⟩ ~ (morni⟩ quarterback chi usa il senno del poi. **Mondayish** [–iʃ⟩ ⟨fam⟩ riluttante a riprendere il lavoro (dopo un gio⟩ festivo).

moneme ['mou:nim] s. ⟨Ling⟩ monema m.

monetarism ['mʌnitərizəm] s. ⟨Econ⟩ monetarismo ⟩ **monetarist** [–rist] s. monetarista m/f. **monetary** [–⟩ a. **1** monetario, valutario: ~ system sistema monetario⟩ (of money) pecuniario. **3** (financial) finanziar⟩ economico.

monetary policy s. politica f monetaria.

monetization [,mʌnitai'zeiʃən] s. monetizzazione ⟩ **'monetize** [–taiz] v.t. **1** monetizzare.

money ['mʌni] s. (pl. -s [z]/monies ['mʌniz]) **1** moneta⟩

luta *f; (amount of money)* denaro *m*, soldi *mpl*, attrini *mpl: to spend a lot of* ~ spendere un mucchio di ldi. **2** *(Econ) (money of account)* moneta *f* di conto; *ficial currency)* moneta *f*, valuta *f: foreign* ~ moneta tera. **3** *(property)* averi *mpl*, patrimonio *m*, proprietà '*: to leave one's* ~ *to charity* lasciare i propri averi a ere di bene. **4** *(fig) (wealth)* molto denaro *m*, molti ldi *mpl* (*o* quattrini), ricchezza *f*, ricchezze *fpl: his mily has* ~ la sua famiglia ha molto denaro; *(moneyed ople)* persone *fpl* danarose, facoltosi *mpl*. **5** *(Econ) apital)* capitale *m*. **6** *pl. (Dir) (funds)* fondi *mpl*. □ *'con)* ~ *of* **account** moneta *f* di conto; *(Econ)* ~ *is* eap il denaro è a buon mercato; *to put* ~ **down** *on a* use dare una caparra per una casa; ~ *isn't* everything il naro non è tutto; *(Econ)* for ~ per *(o* in, a) contanti; *to* ~ *s.th.* for ~ fare qc. per denaro; *(fam) for my* ~ :ondo me: *he's the man for my* ~ è l'uomo che fa per e, secondo me è l'uomo giusto; *to earn good* ~ adagnare bene; *(sl)* in *the* ~ pieno di soldi; *to come* lo ~ ereditare denaro; *(sl)* ~ *for* jam denaro adagnato senza fatica; *made of* ~ ricco sfondato; *to* ake ~ far quattrini (*o* denaro), arricchirsi; ~ *makes* ~ a soldo tira l'altro, denaro chiama denaro; *(Econ)* ~ **on** ll (*o* demand) denaro *m* a richiesta (*o* vista); *to* put ~ *o s.th.* investire denaro in qc.; ~ *talks* il denaro apre tte le porte, coi soldi si fa tutto; *(fam) to get one's* ~ *'s* rth spendere bene il proprio denaro. *Prov.*: ~ *is the ot of all evil* il denaro è la fonte di tutti i mali.

ney|bag *s.* **1** borsa *f* per riporvi il denaro. **2** *pl. (fam) ealth)* soldi *mpl*, quattrini *mpl*, denaro *m*, ricchezza *f*, :chezze *fpl*. **3** *pl. (fam) (wealthy person;* costr. sing.) :cone *m* (*f* –a), creso *m*. ~ **bill** *s. (Parl)* legge *f* 1anziaria. **~box** *s.* salvadanaio *m*. ~ **broker** *s.* agente di cambio. **~changer** *s.* cambiavalute *m*. **~changing** cambio *m*. ~ **contribution** *s.* contributo *m* (*o* 1porto) in denaro. ~ **dealer** *s.* cambiavalute *m*.

neyed ['mʌnid] *a.* **1** ricco, facoltoso, danaroso. **2** 1nsisting of *or derived from money)* finanziario, in naro: ~ *resources* risorse finanziarie.

neyed| corporation *am. s.* società *f* d'investimento. ~ **terest** *s.* mondo *m* della finanza (*o* finanziario).

ney|grubber *s.* persona *f* avida di denaro. **~grubbing** *s.* cupidigia *f* (*o* avidità) di denaro. **II** *a.* avido di naro. ~ **lender** *s.* finanziatore *m*. ~ **lending** *s.* 1anziamento *m*.

neyless ['mʌnilis] *a.* senz soldi (*o* quattrini), privo di ezzi.

ney|-maker *s.* **1** chi fa quattrini, chi ha successo negli fari, affarista *m/f*. **2** *(s.th. that makes profit)* affarone *m*, fare *m* d'oro. ~ **market** *s. (Econ)* mercato *m* onetario. **~-market intelligence** *s.* informazioni *fpl* 1anziarie. ~ **order** *s.* **1** *(Econ)* mandato *m*, ordine *m* pagamento. **2** *(Post)* vaglia *m* (postale). ~ **spider** *s.* gno *m* portafortuna. ~ **spinner** *s.* **1** → **money spider**. *(person)* chi fa quattrini, chi ha successo negli affari. **3** nterprise which is very profitable)* miniera *f* d'oro. ~ :ock, ~ **supply** *s. (Econ)* massa *f* monetaria. ~ **wage** salario *m* monetario (*o* nominale). **~wort** *s. (Bot)* imachia *f*, nummularia *f*.

nger ['mʌŋgə] *s.* **1** (general. nei composti) mmerciante *m/f*, negoziante *m/f*, mercante *m* (*f* –essa): n~ negoziante di ferramenta. **2** *(fig)* (general. nei mposti) faccendiere *m* (*f* –a), armeggione *m* (*f* –a).

longering [–riŋ] *s.* (nei composti) commercio *m*, affico *m*.

ongol ['mɔŋgɔl] **I** *s.* **1** mongolo *m* (*f* –a). **2** *(language)* ongolo *m*. **II** *a.* mongolo, mongolico. **mongol I** *s.* Med) mongol(o)ide *m/f*. **II** *a.* mongol(o)ide. **Mongolia** ´goulia⟩ *N.pr. (Geog)* Mongolia *f*. **Mongolian** 'goulian] **I** *a.* mongolico, mongolo. **II** *s.* **1** mongolo *m* (*f*). **2** *(language)* mongolico *m*. **Mon'golic** [–ik] **I** *a.* ongolo, mongolico. **II** *s.* *(group of languages)* mongolico .

ngolism ['mɔŋgəlizəm] *s. (Med)* mongolismo *m*. **longoloid** [–gəlɔid] **I** *a.* mongoloide, mongolide. **II** *s.* ongoloide *m/f*. **mongoloid I** *s. (Med)* mongol(o)ide *m/f*. *a.* mongol(o)ide.

mongrel ['mʌŋgrəl] **I** *s.* **1** *(Biol) (animal, plant)* ibrido *m*, bastardo *m*, incrocio *m;* *(dog)* bastardo *m*. **2** *(fig)* ibrido *m*, mescolanza *f*, incrocio *m*. **II** *a.* **1** ibrido, bastardo. **2** *(fig)* ibrido. **mongrelism** [–izəm] *s.* ibridismo *m*. **mongrelize** [–aiz] *v.t.* ibridare, incrociare.

mongst [mʌŋst, mʌŋkst] *(accorc. di amongst)* prep. *(poet)* tra, fra.

monied *a.* → **moneyed**.

moniker ['mɔnikə] *s. (sl)* nome *m;* *(nickname)* soprannome *m*, nomignolo *m*.

moniliform [mo(u)'nilifɔːm] *a.* moniliforme *(anche Biol.)*.

monism ['mɔnizəm] *s. (Filos)* monismo *m*. **monist** [–nist] *s.* monista *m/f*. **monistic** [–'nistik], **monistical** [–'nistikəl] *a.* monistico.

monition [mo(u)'niʃən] *s.* **1** ammonimento *m*, ammonizione *f*, avvertimento *m*. **2** *(Dir)* mandato *m* di comparizione. **3** *(Rel)* ammonizione *f*.

monitor ['mɔnitə] **I** *s.* **1** *(Scol,Mar.mil)* monitore *m*. **2** *(Rad,TV)* monitor(e) *m*. **3** *(Mecc) (automatic control system)* impianto *m* di controllo automatico, monitor *m*. **4** *(one who admonishes)* ammonitore *m* (*f* –trice). **5** *(Rad)* addetto *m* (*f* –a) all'intercettazione. **6** *(tecn) (instrument for detecting s.th.)* monitor *m*. **7** → **monitor lizard**. **II** *v.t.* **1** *(Rad,TV)* intercettare: *to* ~ *enemy broadcasts* intercettare le trasmissioni nemiche; *(to check for quality, etc.)* controllare. **2** *(Mecc)* controllare. **3** *(Atom)* provare, determinare. **4** *(Mil,Aer)* controllare, seguire (sul radar). **5** *(Med)* monitorizzare. **monitoring** ['mɔnit(ə)riŋ] *s.* **1** sorveglianza *f*. **2** *(Rad,TV)* intercettazione *f*. **3** *(Inform)* controllo *m*. **4** *(Med)* monitoraggio *m*.

monitor lizard *s. (Zool)* varano *m*.

monitorship ['mɔnitəʃip] *s.* **1** controllo *m*, sorveglianza *f*. **2** *(Scol)* ufficio *m* di monitore.

monitory ['mɔnitəri] **I** *a.* monitorio, ammonitorio, ammonitivo. **II** *s. (Dir.can) (monitory letter)* monitorio *m*, lettera *f* monitoria.

monitress ['mɔnitris] *s. (Scol)* monitrice *f*.

monk [mʌŋk] *s. (Rel)* monaco *m*. **'monkery** [–əri] *s.* **1** monacato *m*, vita *f* monastica **2** *(body of monks)* monastero *m*, convento *m*, comunità *f* di monaci.

monkey ['mʌŋki] **I** *s.* **1** scimmia *f*. **2** *(fig) (mischievous child)* scimmiotto *m*, monello *m* (*f* –a), birbante *m/f*, birichino *m* (*f* –a). **3** *(tecn) (in pile-driving)* mazza *f* battente. **4** *(sl) (five hundred pounds)* cinquecento sterline *fpl; (five hundred dollars)* cinquecento dollari *mpl*. **II** *v.i.* *(fam)* **1** *(to tamper;* spesso con *about, around)* manomettere *(with s.th.* qc.). **2** *(to trifle, fool;* spesso con *around)* scherzare, fare lo stupido *(with* con). **III** *v.t.* scimmiottare. □ *(sl) to have a* ~ *on one's* back: 1 essere tossicomane; **2** *(to have a grudge)* covare astio; *(sl) to* **get** *one's* ~ *up* andare (*o* montare) in bestia; *(sl) to* **have** *one's* ~ *up* essere imbestialito; *(fam) to* **make** *a* ~ *out of s.o.* far fare a qd. la figura dello stupido; *(sl) to* **put** *s.o.'s* ~ *up* far saltare la mosca al naso a qd., mandare in bestia qd.

monkey| bread *s.* **1** *(Bot)* baobab *m*, pan *m* delle scimmie. **2** *(fruit)* frutto *m* del baobab. **~ business** *s. (fam)* **1** birbonata *f*, bricconata *f*. **2** *(underhand dealings)* manovre *fpl* sottobanco, intrighi *mpl*. **~ engine** *s. (Mecc)* motore *m* di sollevamento della mazza. **~ hammer** *s. (Mecc)* maglio *m* a caduta libera, berta *f*. **~ house** *s.* gabbia *f* (*o* recinto *m*) delle scimmie.

monkeyish ['mʌŋkiiʃ] *a.* scimmiesco, da scimmia.

monkey| jacket *s.* giacchetta *f* corta e attillata. **~ nut** *s. (Bot)* arachide *f*. **~ puzzle** *s. (Bot)* **1** araucaria *f*. **2** *(Chile pine)* araucaria *f* del Cile. **~ tricks** *s.pl. (fam)* birbonate *fpl*, bricconate *fpl*. **~ wrench** *s. (Mecc)* chiave *f* inglese a rullino.

monkhood ['mʌŋkhud] *s.* monacato *m*, stato monastico.

monkish ['mʌŋkiʃ] *a.* (*o* da) monaco, monacale, monastico *(anche spreg.)*.

monkshood ['mʌŋkshud] *s. (Bot)* napello *m*.

mono ['mounou] *(accorc. di monaural)* *a. (Acu)* monoaurale, monofonico.

monobasic [ˌmɔno(u)'beisik] *a. (Chim)* monobasico.

monobloc ['mɔno(u)blɔk] *a.* monoblocco.

monocable ['mɔnɔ(u)keibl] s. teleferica f monofune.

monocarp ['mɔnɔ(u)kɑ:p] s. ⟨Bot⟩ pianta f monocarpica. ,**mono'carpic** [-ik], ,**mono'carpous** [-əs] a. monocarpo.

monochord ['mɔnɔ(u)kɔ:d] s. ⟨Mus⟩ monocordo m.

monochromatic [,mɔnɔ(u)krɔ(u)'mætik] a. monocromatico.

monochrome ['mɔnɔ(u)kroum] I s. ⟨Pitt⟩ ⟨art⟩ monocromia f; (painting) monocromato m, monocromo m. II a. monocromatico.

monocle ['mɔnɔkl] s. monocolo m, ⟨fam⟩ caramella f. **monocled** [-d] a. che porta il monocolo.

monoclinal [,mɔnɔ(u)'klainl] a. ⟨Geol⟩ monoclinale. '**monocline** [-klain] s. monoclinale f, piega f monoclinale, flessura f. **monoclinic** [-'klinik] a. ⟨Min⟩ monoclino.

monoclonal [,mɔnou'klounəl] a. ⟨Biol⟩ monoclonale: ~ antibody anticorpo monoclonale.

monocotyledon [,mɔn,ɔ(u)kɔti'li:dən] s. ⟨Bot⟩ monocotiledone m. **monocotyledonous** [-əs] a. monocotiledone, monocotile.

monocracy [mɔ(u)'nɔkrəsi] s. autocrazia f.

monocular [mɔ'nɔkjulə] a. **1** monoculare: ~ microscope microscopio monoculare. **2** (having one eye) monocolo.

monodactyl [,mɔnɔ(u)'dæktil], **monodactylous** [-əs] a. ⟨Zool⟩ monodattilo.

monody ['mɔnədi] s. **1** ⟨Teat⟩ (in a Greek tragedy) monodia f. **2** (funeral song) canto m (o lamento) funebre; (funeral poem) poema m funebre monodico. **3** ⟨Mus⟩ (style) monodia f, omofonia f; (composition) monodia f, composizione f monodica.

monoecious [mɔ'ni:ʃəs] a. **1** ⟨Biol,Med⟩ monoico, ermafrodito. **2** ⟨Bot⟩ monoico. **monoeciousness** [-nis], **monoecism** [-sizm] s. ⟨Bot⟩ monoecismo m.

mono equipment s. ⟨Acu⟩ apparecchio m mono(aurale).

monogamic [,mɔnɔ(u)'gæmik] a. → **monogamous**.

monogamist [mə'nɔgəmist] s. monogamo m. **monogamous** [-məs] a. **1** monogamo. **2** (of monogamy) monogamico. **monogamy** [-mi] s. monogamia f (anche Zool.).

monogenesis [,mɔnɔ(u)'dʒenisis] s. monogenesi f, monogenismo m. **monogenetic** [-dʒi'netik] a. monogenico, monogenetico.

monogram ['mɔnəgræm] I s. monogramma m. II v.t. (pret., p.p. **monogrammed** [-d]) cifrare. ,**monogrammatic** [-grə'mætik], **monogrammatical** [-grə'mætikəl] a. monogrammatico, con le cifre. '**monogrammed** [-d] a. cifrato, con le cifre.

monograph ['mɔnəgrɑ:f] I s. monografia f. II v.t. scrivere (o comporre) una monografia su. **monographer** [mə'nɔgrəfə] s. monografista m/f. ,**monographic** [-'græfik], **monographical** [-ikəl] a. monografico. **monographist** [mə'nɔgrəfist] s. → **monographer**.

monogynous [mə'nɔdʒinəs] a. **1** che ha una sola moglie. **2** ⟨Bot⟩ monogino.

monokini [,mɔnou'ki:ni] s. ⟨Mod⟩ monobikini m.

monolith ['mɔnɔ(u)liθ] s. **1** monolito m. **2** ⟨fig⟩ struttura f monolitica. ,**mono'lithic** [-ik] a. **1** monolitico (anche Edil.). **2** ⟨fig⟩ monolitico, unitario, compatto.

monologic [,mɔnɔ(u)'lɔdʒik], **monological** [-əl] a. di (o del) monologo. **monologist** [mə'nɔlədʒist] s. **1** chi fa soliloqui, chi parla ˈda soloˈ (o tra sé). **2** ⟨Teat⟩ chi recita monologhi. **monologize** [mə'nɔlədʒaiz] v.i. monologare. **monologue** ['mɔnəlɔg] s. **1** ⟨Teat⟩ monologo m. **2** (long speech by a single speaker) tirata f.

monomania [,mɔnɔ(u)'meiniə] s. ⟨Psic⟩ monomania f, fissazione f. **monomaniac** [-niæk] I s. monomaniaco m, monomane m/f. II a. → **monomaniacal**. **monomaniacal** [-mə'naiəkəl] a. monomaniaco, monomane.

monometallic [,mɔnɔ(u)mi'tælik] a. **1** di un solo metallo. **2** ⟨Econ⟩ monometallico. **monometallism** [-'metəlizəm] s. ⟨Econ⟩ monometallismo m.

monomial [mɔ'noumiəl] I a. ⟨Mat⟩ monomiale, monomio. II s. ⟨Mat⟩ espressione f monomia, monomio m.

monomorphic [,mɔnɔ(u)'mɔ:fik], **monomorphous** [-fəs] a. ⟨Biol⟩ monomorfico.

mononucleosis [,mɔnounju:kli'ousis] s. ⟨Med⟩ mononu-

cleosi f.

monopetalous [,mɔnɔ(u)'petələs] a. ⟨Bot⟩ monopetalo.

monophonic [,mɔnɔ(u)'founik] a. **1** ⟨Mus⟩ monofonico ⟨Acu⟩ monoaurale, monofonico. **monophony** [-'nɔfəni] monofonia f.

monophthong ['mɔnəfθɔŋ] s. ⟨Fon⟩ monottongo m.

Monophysite [mə'nɔfisait] s. ⟨Rel⟩ monofisita **Monophysitic** [,mɔnofi'sitik] a. monofisita, monofisit **Monophysitism** [-izəm] s. monofisismo m.

monoplane ['mɔnəplein] s. ⟨Aer⟩ monoplano m.

monopolist [mə'nɔpəlist] s. **1** monopolista m/f. (advocate of monopolism) fautore m (f -trice) del siste dei monopoli. **monopolistic** [-'listik] a. monopolist **mo,nopolization** [-lai'zeiʃən] s. monopolizzazione (anche fig.). **monopolize** [-laiz] v.t. monopolizz (anche fig.). **monopolizer** [-laizə] s. monopolizzatore (f -trice).

monopoly [mə'nɔpəli] s. **1** ⟨Econ⟩ monopolio (commodity) genere m di monopolio: tobacco is a ~ this country in questo paese il tabacco è un genere monopolio; (company) monopolio m. **2** (exclu privilege) privilegio m monopolistico. **3** ⟨fig⟩ monop m, privilegio m, prerogativa f, diritto m riservato: religion has a ~ on truth nessuna religione ha monopolio della verità; (exclusive control) controllo esclusivo, monopolio m.

Monopoly s. (board game) monopoli m.

monopoly agreement s. accordo m monopolistico.

monorail ['mɔnɔ(u)reil] s. ⟨Ferr⟩ **1** monorotaia f, ferro f monorotaia. **2** (rail) monorotaia f.

monosepalous [,mɔnɔ(u)'sepələs] a. ⟨Bot⟩ monosepalo.

monoski ['mɔnouski] s. monosci m.

monostable ['mɔnousteibl] a. ⟨Inform⟩ monostabile.

monostrophe [mə'nɔstrəfi] s. ⟨Metr⟩ componimento monostrofico. **monostrophic** [,mɔnɔ(u)'strɔfik] monostrofico.

monosyllabic [,mɔnɔsi'læbik] a. **1** monosillabo monosillabo. **2** ⟨fig⟩ estremamente conciso, che parla risponde) a monosillabi. **monosyllabically** [-li] av monosillabi (anche fig.). **mono'syllabism** [-ləbizəm estrema concisione f. **mono'syllabize** [-ləbaiz] rendere monosillabo (o monosillabico). '**monosylla** [-ləbl] s. monosillabo m.

monotheism ['mɔnɔ(u)θi:izəm] s. ⟨Rel⟩ monoteismo **monotheist** [-θi:ist] s. monoteista m/f. ,**monotheis** [-θi:'istik], **monotheistical** [-θi:'istikl] a. monoteist monoteista.

monotint ['mɔnɔ(u)tint] s. → **monochrome**.

monotone ['mɔnətoun] I s. **1** tono m monotono uniforme): to speak in a ~ parlare in tono monotono ⟨Mus⟩ (single tone) tono m uniforme (o se modulazioni); (intoning) intonazione f monotona. **3** ⟨ (of style) monotonia f, uniformità f. II a. monotono. v.i. cantilenare. IV v.t. dire (o recitare, cantare) con v monotona. ,**monotonic** [-'tɔnik] a. monotono (an Mus., Mat.).

monotonous [mə'nɔtənəs] a. **1** monotono. **2** (lacking variety) monotono, uniforme, noioso. **monotonou** [-li] avv. uniformemente, con monotonia. **monoto** [-ni] s. monotonia f. □ to break the ~ spezzare monotonia.

monotype ['mɔnətaip] s. **1** ⟨Tip⟩ monotipo m, monot f. **2** ⟨Biol⟩ monotipo m. **monotyper** [-ə] s. monotip m/f. ,**monotypic** [-'tipik] a. ⟨Tip,Biol⟩ monotipico.

monovalent ['mɔnɔ(u)vælənt] a. ⟨Chim⟩ monovalente.

monovular [mɔ'nɔvjulə] a. ⟨Biol⟩ monovulare: ~ tv gemelli monovulari.

monoxide [mɔ'nɔksaid] s. ⟨Chim⟩ monossido m.

Monroe Doctrine [mən'rou] s. ⟨Stor.am⟩ dottrina f Monroe.

Monsig. = Monsignor monsignore (abbr. mons.).

Monsignor [mɔn'si:njə] s. (pl. **-s** [z]/**-nori** [,mɔnsi'njɔ:r] ⟨Rel.catt⟩ monsignore m.

monsoon [mɔn'su:n] s. ⟨Meteor⟩ monsone m; (seas stagione f dei monsoni.

monster ['mɔnstə] I s. **1** mostro m (anche fig.): a ~ cruelty un mostro di crudeltà. **2** ⟨fig⟩ (s.th. huge) cos

:norme (o colossale). **II** a. colossale, mostruoso, enorme.

onstrance ['monstrəns] s. ⟨Lit⟩ ostensorio m.

onstrosity [mon'strositi] s. **1** mostruosità f, atrocità f, :fferatezza f. **2** (s.th. hideous) mostruosità f, orrore m: ιrchitectural monstrosities mostruosità architettoniche.

onstrous ['monstrəs] a. **1** mostruoso, atroce, efferato: a ~ crime un delitto efferato. **2** (hideous) mostruoso, ɔrrendo. **3** (extremely large) colossale, mostruoso, enorme; (as an intensive) straordinario, mostruoso, assurdo, pazzesco. **4** (fam) (scandalous) scandaloso, ignominioso: his behaviour is quite ~ il suo comportamento è ʋeramente scandaloso. **monstrousness** [–nis] s. ɱostruosità f.

ontage [mon'tɑːʒ] s. **1** ⟨Fot,Lett⟩ fotomontaggio m. **2** (Cin,TV) (editing technique) montaggio m; (sequence) sequenza f. **3** ⟨Rad⟩ montaggio m.

ontane ['montein] **I** a. ⟨Geog⟩ montano. **II** s. flora f ɱontana inferiore.

lont Blanc [mɔ̃'blɑ̃ː] N.pr. ⟨Geog⟩ Monte m Bianco.

lontessorian [ˌmonti'sɔːriən] a. ⟨Ped⟩ montessoriano.

onth [mʌnθ] s. **1** mese m: the ~ of August il mese di ɑgosto; (lunar month) mese m lunare. **2** pl. (long period of time) mesi mpl (e mesi), molto (o lungo) tempo m: I have been working on it for –s vi ho lavorato per mesi. □ by the ~ mensilmente, al mese; to be three –s gone (of a pregnant woman) essere di tre mesi; ~ in, ~ out ogni mese; ⟨fam⟩ a ~ of Sundays: 1 (never) mai; 2 (very long time) un'eternità, secoli mpl; this day a ~ tra un mese, oggi a un mese.

onthly ['mʌnθli] **I** a. mensile. **II** s. **1** (periodical) mensile m. **2** pl. ⟨fam⟩ (menstrual period) mestruazioni fpl. **III** avv. mensilmente, ogni mese.

onth's mind s. ⟨Rel.catt⟩ trigesimo m.

onticule ['montikjuːl] s. **1** (small hill) monticciolo m, monticello m. **2** (of a volcano) cono m secondario.

onument ['monjumənt] s. **1** monumento m; (area set aside and preserved) monumento m nazionale; (sepulchre) monumento m funebre. **2** ⟨fig⟩ testimonianza f (o prova) imperitura: a ~ to man's spirit of adventure una testimonianza imperitura dell'intraprendenza dell'uomo; (great work) monumento m: his book is a ~ of learning il suo libro è un monumento di erudizione. **Monument** s. (in London) colonna f commemorativa dell'incendio del 1666.

onumental [ˌmonju'mentl] a. **1** monumentale, grandioso, imponente. **2** (very great) colossale, enorme, immenso; (iperb,scherz) monumentale: ~ stupidity stupidità colossale. **3** (serving as a monument) monumentale: a ~ chapel una cappella monumentale; (of a monument) monumentale, di (un) monumento. **monumentalize** [–təlaiz] v.t. immortalare con un monumento. **monumentally** [–i] avv. **1** in maniera monumentale. **2** (exceedingly) enormemente, straordinariamente.

onumental mason s. lapidario m.

noo [muː] **I** s. (of a cow) muggito m, mugghio m. **II** v.i. muggire, mugghiare.

nooch [muːtʃ] **I** v.i. ⟨fam⟩ (to loiter, idle; spesso con about, around) oziare, bighellonare, ciondolare, gironzolare; (to sneak, slink) aggirarsi di soppiatto (o furtivo). **II** v.t. ⟨sl⟩ (to cadge) scroccare; (to sneak, steal) rubare, ⟨gerg⟩ sgraffignare. **'moocher** [–ə] s. ⟨sl⟩ **1** (loiterer) fannullone m (f –a), scioperato m (f –a). **2** (cadger) scroccone m (f –a).

noo cow s. ⟨infant⟩ mucca f.

nood¹ [muːd] s. **1** umore m, stato m d'animo, disposizione f (d'animo), vena f: to be in a good ~ essere di buon umore. **2** (general attitude) atteggiamento m, umore m: the ~ of the country has changed l'atteggiamento del paese è cambiato. **3** (quality, character) tono m, stile m, carattere m: a musical composition in a gay ~ una composizione musicale di tono gaio; (atmosphere) atmosfera f. **4** pl. (changeable temper) umore m instabile (o mutevole): a man of –s un uomo di umore instabile. **5** pl. (aspects) aspetti mpl, volti mpl: the sea and its ever-changing –s il mare con i suoi aspetti sempre diversi. □ to be in a bad ~ essere di cattivo umore, avere la luna (o le lune); to be in a

generous ~ essere in vena di generosità; to be in the ~ for joking essere in vena di scherzare (o scherzi); to be in no ~ to study non essere in vena di studiare; to be in no laughing ~ non avere voglia di ridere; in the right ~ in buona vena, di buon umore.

mood² s. ⟨Gramm,Filos⟩ modo m.

mood| elevating a. ⟨Farm⟩ psicotonico. **~ elevator** s. psicotonico m, farmaco m psicotonico.

moodily ['muːdili] avv. in modo imbronciato, di malumore. **moodiness** [–dinis] s. **1** umore m nero, luna f. **2** (changeable temper) umore m instabile (o mutevole).

moody ['muːdi] a. **1** (bad-tempered) imbronciato, di malumore, immusonito. **2** (temperamental) lunatico, capriccioso, incostante.

moon [muːn] **I** s. **1** ⟨Astron⟩ luna f; (satellite) satellite m, luna f. **2** (moonlight) luna f, chiaro m (o lume) di luna: there is a ~ tonight c'è la luna stasera. **3** (month) mese m, luna f. **4** ⟨fig⟩ (s.th. orb-shaped) globo m, sfera f; (s.th. crescent-shaped) mezzaluna f, falce f. **II** v.i. **1** ⟨fam⟩ (spesso con about, around) vagare (o aggirarsi) con aria trasognata. **2** ⟨fam⟩ (to gaze dreamily) guardare con aria trasognata. **3** ⟨Astron⟩ scendere (o approdare) sulla luna, allunare. **III** v.t. (of time; general. con away) passare (o trascorrere) fantasticando. □ the old ~ in the arms of the new luna f al primo quarto; ⟨fig⟩ to promise s.o. the ~ promettere la luna a qd.; ⟨fam⟩ to shoot the ~ traslocare di notte (per non pagare l'affitto).

moon|beam s. raggio m lunare (o di luna). **~calf** s.irr. persona f svagata; (fool) sciocco m (f –a), babbeo m; (imbecile) imbecille m/f.

mooned [muːnd] a. **1** ornato di mezzelune. **2** (crescent-shaped) lunato, falcato.

moon|-faced a. dalla (o che ha la) faccia di luna piena. **~fish** s. ⟨Itt⟩ **1** pesce m luna. **2** (opah) pesce m re. **~ flower** s. ⟨Bot⟩ margherita f (dei campi).

moonish ['muːniʃ] a. capriccioso, volubile, lunatico.

moonless ['muːnlis] a. senza luna: a ~ night una notte senza luna.

moonlight ['muːnlait] **I** s. chiaro m di luna. **II** a. **1** di luna, illuminato dalla luna: a ~ night una notte di luna. **2** (occurring by moonlight) (che avviene) al chiaro di luna: a ~ party una festa al chiaro di luna. **moonlighter** [–ə] s. **1** ⟨fam⟩ chi si dedica a una seconda occupazione. **2** ⟨Stor⟩ devastatore m notturno (in Irlanda).

moon|light flit(ting) s. ⟨sl⟩ trasloco m notturno (per non pagare l'affitto). **~ lighting** s. ⟨fam⟩ doppio lavoro m. **~lit** a. illuminato (o rischiarato) dalla luna. **~-orbiting** a. ⟨Astr⟩ in orbita attorno alla luna. **~ probe** s. ⟨Astron⟩ sonda f lunare. **~quake** s. sisma m lunare. **~raker** s. sempliciotto m (f –a), semplicione m (f –a). **~rise** s. il sorgere della luna. **~ rocket** s. ⟨Astron⟩ razzo m lunare. **~ rover** s. ⟨Astron⟩ veicolo m per l'esplorazione lunare. **~scape** s. paesaggio m lunare. **~set** s. tramonto m della luna.

moonshine ['muːnʃain] s. **1** chiaro m di luna. **2** ⟨fam⟩ (empty talk) chiacchiere fpl, ciance fpl; (nonsense) balordaggini fpl, stupidaggini fpl. **3** ⟨sl⟩ (illicit liquor) distillato m clandestino. **moonshiner** [–ə] s. ⟨fam⟩ **1** distillatore m clandestino. **2** (smuggler of whisky) contrabbandiere m di whisky. **moonshiny** [–i] a. **1** illuminato (o rischiarato) dalla luna. **2** ⟨fig⟩ fantastico, visionario.

moon| shot s. ⟨Astron⟩ lancio m sulla luna. **~ station** s. ⟨Astron⟩ stazione f lunare. **~stone** s. ⟨Min⟩ pietra f di luna, lunaria f. **~stricken, ~struck** a. matto, pazzo, tocco. **~ walk** s. passeggiata f sulla luna. **~wort** s. ⟨Bot⟩ lunaria f.

moony ['muːni] a. **1** a forma di luna; (crescent-shaped) lunato. **2** ⟨fam⟩ (dreamy) svagato, trasognato. **3** ⟨sl⟩ (crazy) pazzo, matto.

moor¹ [muə] s. **1** brughiera f. **2** (boggy area) paludi fpl, regione f paludosa. **3** ⟨Venat⟩ riserva f di caccia in brughiera.

moor² **I** v.t. ⟨Mar⟩ ormeggiare, attraccare: to ~ a boat to a buoy ormeggiare una barca a una boa. **II** v.i. ormeggiarsi.

Moor s. **1** ⟨Stor⟩ moro m. **2** (Moslem) musulmano m (f

–a).

moorage ['muəridʒ] s. ⟨Mar⟩ **1** (act) ormeggio m, attracco m; (place) ormeggio m. **2** (charge) diritti mpl d'ormeggio.

moor| cock s. ⟨Ornit⟩ maschio m della pernice bianca di Scozia. **~fowl**, **~game** s.inv. ⟨Ornit⟩ pernice f bianca di Scozia. **~hen** s. ⟨Ornit⟩ **1** gallinella f d'acqua. **2** (female red grouse) femmina f della pernice bianca di Scozia.

mooring ['muəriŋ] s. ⟨Mar⟩ ormeggio m, attracco m.

mooring| buoy s. boa f d'ormeggio. **~ mast** s. ⟨Aer⟩ pilone m d'ormeggio.

moorish ['muəriʃ] a. **1** ⟨rar⟩ (of a moor) della brughiera; (abounding in moors) ricco di brughiere. **2** ⟨ant⟩ (marshy) paludoso.

Moorish a. moresco.

Moorish arch s. ⟨Arch⟩ arco m ˹a ferro di cavallo˺ (o moresco).

moorland ['muələnd] s. brughiera f.

moory ['muəri] a. della brughiera; (like a moor) simile a una brughiera.

moose [mu:s] s.inv. ⟨Zool⟩ **1** alce m americano. **2** (elk) alce m comune.

moot [mu:t] **I** a. **1** discutibile, opinabile: a ~ point un punto discutibile; (controversial) controverso, discusso. **2** (of no practical significance) accademico, teorico; (hypothetical) ipotetico, immaginario. **II** s. **1** ⟨Stor⟩ assemblea f (o consiglio m) popolare. **2** ⟨Univ⟩ dibattito m su un caso legale teorico. **III** v.t. (to bring up for discussion) ventilare, sollevare, suggerire, proporre; (to discuss) discutere, dibattere.

moot| court s. tribunale m fittizio (in cui gli studenti di legge discutono casi legali teorici). **~ hall** s. ⟨Stor⟩ palazzo m del consiglio del popolo.

mop¹ [mɔp] s. **1** (for washing floors, etc.) scopa f di filacce (o cotone); (for washing dishes, etc.) straccio m, strofinaccio m. **2** ⟨fam⟩ (thick, unruly hair) massa f (incolta) di capelli, ⟨scherz⟩ zazzera f. **3** ⟨tecn⟩ disco m per pulitrici. **4** ⟨Mar⟩ radazza f.

mop² v. (pret., p.p. **mopped** [-t]) **I** v.t. **1** passare lo straccio su, pulire con lo straccio. **2** (to wipe) asciugare: to ~ one's face with a handkerchief asciugarsi il viso con un fazzoletto; (to remove by wiping) asciugare, (de)tergere, togliere (asciugando): to ~ sweat from one's face detergersi il sudore dal viso. **II** v.i. (spesso con up) passare lo straccio. □ ⟨fig,fam⟩ to ~ the floor with s.o. trattare qd. come una pezza da piedi; to ~ up: **1** togliere con lo straccio; **2** ⟨fam⟩ (to clean up) fare repuliti; **3** (to dispose of s.th. quickly) sbrigare, finire in fretta; **4** ⟨sl⟩ (to eat, drink greedily) ingollare, ingoiare, tranguggiare; **5** ⟨Mil⟩ rastrellare, fare rastrellamenti.

mop³ **I** s. ⟨rar⟩ smorfia f, boccaccia f. **II** v.i. (pret., p.p. **mopped** [-t]) fare smorfie (o le boccacce, versacci). □ to ~ and mow fare le boccacce.

mope [moup] **I** v.i. **1** essere abbattuto (o avvilito), essere giù di morale. **2** (to move aimlessly) ciondolare, bighellonare. **II** s. **1** persona f abbattuta (o avvilita). **2** pl. (fit of depression) abbattimento m, depressione f. □ to ~ around the house girare per casa con aria depressa; to ~ away an afternoon passare un pomeriggio in stato di avvilimento; to get the –s essere giù di corda.

moped ['mouped] s. ciclomotore m.

moped rider s. ciclomotorista m/f.

mop|head s. **1** massa f (incolta) di capelli, ⟨scherz⟩ zazzera f. **2** ⟨fam⟩ (person) capellone m (f –a). **~ headed** a. capellone, ⟨scherz⟩ zazzeruto.

mopish ['moupiʃ] a. depresso, abbattuto, avvilito.

moppet ['mɔpit] s. **1** ⟨fam⟩ bimbo m (f –a), ⟨fam⟩ pupo m (f –a). **2** ⟨rar⟩ (young woman) fanciulla f (o ragazza) frivola, farfallina f.

mopping-up ['mɔpiŋ] **I** a. **1** di rifinitura, che dà l'ultimo tocco. **2** ⟨Mil⟩ di rastrellamento: ~ operations operazioni di rastrellamento. **II** s. ⟨Mil⟩ rastrellamento m.

moquette [mo(u)'ket] s. ⟨Arred⟩ moquette f.

moraine [mə'rein] s. ⟨Geol⟩ morena f. **morainic** [-ik] a. morenico.

moral ['mɔrəl] **I** a. **1** morale, etico: ~ values valori morali. **2** (moralizing) didascalico, moraleggiante,

istruttivo: a ~ poem un poema didascalico. **3** (virtuous, good) conforme alla morale, morale, retto, onesto. **4** (of the conscience) morale, di (o della) coscienza: to be under a ~ obligation to do s.th. avere l'obbligo morale di fa qc.; a ~ victory una vittoria morale; to give s.o. ~ suppo dare un appoggio morale a qd. **II** s. **1** morale insegnamento m: the ~ of the story la morale della favol to draw the ~ trarre la morale. **2** pl. (moral practice habits) morale f, moralità f; (sexual conduct) costumi m, morale f, moralità f: loose –s costumi rilassati. **3** ↗ (ethics) morale f, etica f. □ ~ code codice m morale.

moral damages s.pl. danni mpl morali.

morale [mə'rɑ:l] s. morale m, stato m d'animo: the ~ the troops was high il morale delle truppe era alto; (of individual) morale m, spirito m, animo m: to boost s.o ~ sollevare lo spirito di qd. □ to recover one's rinfrancarsi, riprendere animo, tirarsi su (di morale).

moralism ['mɔrəlizəm] s. moralismo m. **moralist** [-lis s. **1** moralista m/f. **2** (one who is moral) persona f mora (o retta, onesta). ,**moralistic** [-'listik] a. **1** morale. (narrowly moral) moralistico, moralista.

morality [mə'ræliti] s. **1** moralità f, probità f; (sexu virtue) moralità f, castigatezza f. **2** (moral qualit moralità f eticità f: the ~ of a law la moralità di u legge. **3** (doctrine, system) morale f, sistema m morale. pl. (moral principles, rules) principi mpl morali (o etica). **5** ↗ **morality play**. **morality play** s. ⟨Le moralità f.

moralization [,mɔrəlai'zeiʃən] s. **1** moralizzazione f. (moral interpretation) interpretazione f morale. '**morali** [-laiz] **I** v.i. fare del moralismo, moraleggiare, fare moralista. **II** v.t. **1** spiegare in chiave morale, dare u spiegazione (o interpretazione) morale a. **2** (to improve t morals of) moralizzare.

moral law s. legge f morale.

morally ['mɔrəli] avv. **1** moralmente. **2** (from the mor point of view) moralmente, dal punto di vista de morale: ~ bad moralmente cattivo. **3** (practical) praticamente, in realtà, in sostanza: it is ~ certain praticamente sicuro.

moral| philosophy s. filosofia f morale, etica f. **Re-Armament** s. movimento m per il riarmo moral **~ sense** s. senso m morale. **~ turpitude** s. immora tà f (anche Dir.).

morass [mə'ræs] s. **1** acquitrino m, palude f, pantano m. ⟨fig⟩ (state of entanglement) pantano m, imbroglio intrigo m.

morat ['mɔ:ræt] s. antica bevanda a base di vino e more gelso.

moratorium [,mɔrə'tɔ:riəm] s. (pl. **-s** [z]/**-ria** [riə]) moratoria f, dilazione f, sospensione f: a ~ on nucle testing una moratoria degli esperimenti nucleari. **2** ⟨D moratoria f; (period) periodo m di moratoria. '**morato** [-təri] a. moratorio.

Moravia [mə'reiviə] N.pr. ⟨Geog⟩ Moravia f. **Moravia** [-n] **I** a. moravo, della Moravia. **II** s. **1** moravo m –a). **2** (dialect) dialetto m moravo.

moray (eel) ['mɔ:rei, mɔ:'rei] s. ⟨Itt⟩ murena f.

morbid ['mɔ:bid] a. **1** morboso, malsano: ~ jealou gelosia morbosa. **2** (gruesome) macabro, raccapriccian **3** (of disease) morboso, patologico; (diseased) ammala malato, infermo.

morbid anatomy s. anatomia f patologica.

morbidity [mɔ:'biditi] s. **1** morbosità f. **2** (proportion sickness) morbosità f, morbilità f. **3** (diseased state) sta m patologico. **morbidness** [-dnis] s. morbosità f.

morbific [mɔ:'bifik] a. patogeno, morboso.

mordacious [mɔ:'deiʃəs] a. ⟨fig⟩ mordace, caustic **mordacity** [-'dæsiti], '**mordancy** [-dənsi] s. mordacità causticità f.

mordant ['mɔ:dənt] **I** a. **1** mordace, caustico, pungen mordente: a ~ style uno stile mordace. **2** ⟨tecn⟩ (dyeing) mordente. **II** s. **1** ⟨tecn⟩ mordente m. **2** ⟨A sostanza f corrosiva, mordente m. **III** v.t. ⟨tec mordenzare, trattare con mordente.

mordent ['mɔ:dənt] s. ⟨Mus⟩ mordente m.

more [mɔ:] a. **1** (compar. di much) più: I have ~ mon

han you ho più denaro di te. **2** (*additional*) ancora, altro, **d**ell'altro, in aggiunta: *would you like some* ~ *coffee?* gradisci ancora un po' di caffè?; *ten* ~ *minutes* altri dieci minuti; *wait two* ~ *days* aspetta ancora due giorni. **II** *s.* **1** di) più, maggior parte *f* (*o* numero *m*), quantità *f* più grande (*o* maggiore): *he would give me* ~ *if he had it* me he darebbe di più se ne avesse. **2** (*additional amount, number, etc.*) altro *m*, più, ancora: *have some* ~ prendine dell'altro; *he said this and* ~ *besides* disse questo e altro. **3** (*s.th. more important or more serious*) qualcosa di più, più: *it was* ~ *than a slight* era qualcosa di più di una mancanza di rispetto; *you are* ~ *to me than life itself* per me sei più della vita stessa. **4** (*more people; costr. pl.*) più gente *f,* più persone *fpl.* **III** *avv.* **1** (*to form the comparative*) più: ~ *interesting* più interessante. **2** (*to a greater extent*) più, di più: *you should sleep* ~ dovresti dormire di più. **3** (*in addition*) in più, ancora: *three times* ~ ancora tre volte; (*again*) di nuovo, ancora: *once* ~, *please* ancora una volta, per piacere; (*in negatives*) più: *he doesn't go to school any* ~ non va più a scuola. **4** (*besides, moreover*) inoltre, per di più. □ *all the* ~ *so* tanto (*o* ancor) più; *all the* ~ *reason for you to refuse* a maggior ragione dovresti rifiutare; ~ *and* ~ sempre più; *he* ~ *the* **merrier** più siamo meglio è; *I hope to see* ~ *of him* spero di vederlo più spesso; *and* **what** *is* ~ e per di più, e ciò che più conta. *Prov.: the* ~ *you have, the* ~ *you want* l'appetito vien mangiando. ‖ *the* ~ ancor più, tanto più: *the* ~ *fool you* ancor più stupido tu; ~*'s the pity* ancor peggio, cosa peggiore; *the* ~ *... the* ~ più ... più, quanto più ... tanto più; *the* ~ *you give him the* ~ *he wants* più gli dai, più vuole; *the* ~ *you know the* ~ *you are worth* quanto più sai tanto più vali; *the* ~ *... the less* più ... meno: *the* ~ *I read the less I understand* più leggo, meno capisco; *there is* ~ *to translating than just looking up words* tradurre è ben altro che cercare parole in un dizionario; *not so much a habit,* ~ *a way of life* non tanto un'abitudine, quanto un modo di vivere.

oreen [mə'riːn] *s.* ⟨*Tess*⟩ stoffa *f* marezzata per appezzeria.

oreish ['mɔːriʃ] *a.* (*fam*) che invoglia ⌐ad averne¬ (*o* a prenderne) ancora.

orel[1] [mə'rel] *s.* ⟨*Bot*⟩ **1** morchella *f,* spugnola *f.* **2** *edible morel*) spugnola *f* gialla.

orel[2] *s.* ⟨*Bot*⟩ morella *f,* solano *m* nero.

orello [mə'relou] *s.* (*pl.* **-s** [z]) **1** ⟨*Bot*⟩ marasco *m,* amarasco *m,* visciolo *m.* **2** (*cherry*) marasca *f,* amarasca *f,* visciola *f.*

oreover [mɔ:'rouvə] *avv.* inoltre, per di più, oltre a ciò, per giunta.

oresque [mə'resk] *a.* ⟨*Art,Arch*⟩ moresco, in stile moresco.

organatic [ˌmɔːgə'nætik] *a.* (*of a marriage*) morgana-ico.

orgue [mɔːg] *s.* **1** obitorio *m.* **2** ⟨*giorn*⟩ archivio *m* (di consultazione).

oribund ['mɔribʌnd] *a.* moribondo, morente (*anche fig.*).

orisco [mə'riskou] **I** *s.* (*pl.* **-s/-es** [z]) **1** (*Moor*) moro *m* f –a). **2** (*Spanish Moor*) moro *m* (*f* –a) di Spagna. **II** *a.* noresco.

Iormon ['mɔːmən] **I** *s.* ⟨*Rel*⟩ mormone *m/f.* **II** *a.* normonico: ~ *Church* chiesa mormonica. **Mormonism** –izəm] *s.* mormonismo *m.*

orn [mɔːn] *s.* ⟨*poet*⟩ **1** mattina *f,* mattino *m.* **2** ⟨*scozz*⟩ *tomorrow*) domani *m.*

orning ['mɔːniŋ] **I** *s.* **1** mattina *f,* mattino *m: ten o'clock n the* ~ le dieci di mattina; *early in the* ~ di prima nattina, di buon mattino; (*with reference to the weather, etc.*) mattinata *f,* mattino *m: a beautiful* ~ una bella nattinata. **2** (*dawn*) alba *f.* **3** ⟨*fig*⟩ alba *f,* albori *mpl.* **II** *i.* del mattino, mattutino: *the* ~ *train* il treno del nattino. □ ⟨*scherz*⟩ *the* ~ **after** *the night before* la crisi lel giorno dopo; **all** (*the*) ~ (per) tutta la mattina; **first** *hing in the* ~ la mattina ⌐per prima cosa¬ (*o* prima di utto); **from** ~ *till night* dal mattino alla sera; **good** ~*!* ɔuon giorno!; **in** *the* ~: 1 di mattina, al mattino; 2 = omorrow *morning*; ~*,* **noon** *and night* = **from** *morning*

till night; **this** ~ stamattina, stamane; **tomorrow** ~ domani mattina.

morning| **after** *s.* postumi *mpl* di una sbornia. ~ **coat** *s.* giacca *f* a coda di rondine. ~ **dress** *s.* **1** tight *m,* abito *m* a coda di rondine. **2** ⟨*am*⟩ (*housedress*) abito *m* da casa. ~ **glory** *s.* ⟨*Bot*⟩ **1** ipomea *f.* **2** (*bindweed*) convolvolo *m.* ~ **performance** *s.* ⟨*Teat*⟩ mattinata *f,* matinée *f.* ~ **Prayer** *s.* ⟨*Rel*⟩ mattutino *m.* ~ **room** *s.* soggiorno *m.*

mornings *am.* ['mɔːniŋz] *avv.* la (*o* di) mattina, al mattino.

morning| **sickness** *s.* nausea *f* mattutina (delle donne in stato di gravidanza). ~ **star** *s.* **1** ⟨*Astr*⟩ stella *f* del mattino, Venere *f.* **2** ⟨*fig*⟩ antesignano *m,* precursore *m.* ~ **watch** *s.* ⟨*Mar*⟩ diana *f.*

Moroccan [mə'rɔkən] **I** *a.* marocchino. **II** *s.* marocchino *m* (*f* –a). **Morocco** [–kou] *N.pr.* ⟨*Geog*⟩ Marocco *m.* **morocco** *s.* → **morocco leather.**

morocco| **bound** *a.* ⟨*Legat*⟩ rilegato in marocchino. ~ **leather** *s.* **1** marocchino *m.* **2** (*imitation*) finto marocchino *m.*

moron ['mɔːrɔn] *s.* **1** ⟨*Med*⟩ imbecille *m.* **2** ⟨*fam*⟩ (*stupid person*) deficiente *m/f,* cretino *m* (*f* –a). **moronic** [mə'rɔnik] *a.* **1** ⟨*Med*⟩ affetto da imbecillità. **2** ⟨*fam*⟩ (*stupid*) deficiente, cretino.

morose [mə'rous] *a.* **1** cupo, tetro. **2** (*expressive of gloom*) imbronciato, immusonito, scuro: *a* ~ *face* una faccia imbronciata. **moroseness** [–nis] *s.* malumore *m,* tetraggine *f.*

morpheme ['mɔːfiːm] *s.* ⟨*Ling*⟩ morfema *m.* **mor'phemic** [–ik] *a.* morfematico.

Morpheus ['mɔːfiəs] **I** *N.pr.* ⟨*Mitol*⟩ Morfeo *m.* **II** *s.* ⟨*fig*⟩ sonno *m.* □ ⟨*fig*⟩ *to lie* (*o be*) *in the arms of* ~ essere in braccio a Morfeo.

morphia ['mɔːfiə] *s.* ⟨*pop*⟩ → **morphine.**

morphine ['mɔːfiːn] *s.* ⟨*Farm*⟩ morfina *f.* **morphinism** [–izəm] *s.* ⟨*Med*⟩ **1** (*condition*) morfinismo *m.* **2** (*morphine habit*) morfinomania *f,* morfinismo *m.* ,**morphinomania** [–fino(u)'meiniə] *s.* morfinomania *f.* ,**morphinomaniac** [–fino(u)'meiniæk] *s.* morfinomane *m/f.*

morphologic [ˌmɔːfə'lɔdʒik], **morphological** [–əl] *a.* morfologico. **morphology** [–'fɔlədʒi] *s.* **1** ⟨*Biol*⟩ morfologia *f.* **2** ⟨*Gramm*⟩ (*system of word formation*) sistema *m* morfologico; (*study, description*) morfologia *f.*

Morris *N.pr.* Maurizio *m.*

morris (**dance**) ['mɔris] *s.* danza *f* folcloristica inglese.

morrow ['mɔrou] *s.* **1** ⟨*lett*⟩ giorno *m* dopo (*o* seguente), indomani *m,* domani *m: on the* ~ all'indomani. **2** ⟨*rar*⟩ (*morning*) mattina *f,* mattino *m.* □ ⟨*rar*⟩ *good* ~*!* buon giorno!; ⟨*lett*⟩ *on the* ~ *of* (*subito*) dopo.

morse[1] [mɔːs] *s.* ⟨*Rel*⟩ fermaglio *m* del piviale.

morse[2] *s.* ⟨*Zool*⟩ (*walrus*) tricheco *m.*

Morse I *s.* → **Morse code. II** *a.* (di) Morse. **Morse code** *s.* alfabeto *m* Morse.

morsel ['mɔːsəl] *s.* **1** pezzetto *m* (di cibo), morso *m,* boccone *m;* (*tasty bit*) bocconcino *m,* cibo *m* prelibato (*o* squisito). **2** ⟨*fig*⟩ briciolo *m,* pizzico *m.* □ *a* ~ *of bread* un tozzo di pane.

Morse| **lamp** *s.* lampada *f* per segnali Morse. ~ **telegraph** *s.* telegrafo *m* Morse.

mort[1] [mɔːt] *s.* ⟨*venat*⟩ suono *m* di corno che annuncia l'uccisione del cervo.

mort[2] *s.* ⟨*Itt*⟩ salmone *m* di tre anni.

mort[3] *s.* grande quantità *f,* mucchio *m,* ⟨*fam*⟩ sacco *m.*

mortal ['mɔːtl] **I** *a.* **1** mortale, (che è) soggetto a morire: *man is* ~ l'uomo è mortale. **2** (*causing death*) mortale, letale, fatale: *a* ~ *blow* un colpo mortale; (*liable to cause death*) mortale: ~ *danger* pericolo mortale. **3** (*fought to the death*) mortale, (combattuto) fino alla morte, all'ultimo sangue. **4** ⟨*fig*⟩ implacabile, mortale, inesorabile: *a* ~ *enemy* un nemico implacabile. **5** ⟨*fam*⟩ (*humanly possible*) (tutto il) possibile: *we tried every* ~ *thing* tentammo tutto il possibile. **6** ⟨*fam*⟩ (*very great*) terribile, enorme, smisurato: *to be in a* ~ *hurry* avere una fretta terribile. **7** ⟨*fam*⟩ (*long, tedious*) interminabile, eterno, lunghissimo: *he spoke for two* ~ *hours* parlò per due interminabili ore. **II** *s.* **1** mortale *m.* **2** ⟨*scherz*⟩

(*person*) persona *f*, individuo *m*. ☐ *in* ~ *agony* in agonia; *this* ~ *life* questa vita mortale; ⟨*fam*⟩ *by no* ~ *means* in nessun modo, neanche per sogno (*o* idea); ~ *remains* spoglie mortali.

mortality [mɔ'tæliti] *s*. **1** l'essere mortale. **2** (*mankind*) mortali *mpl*, umanità *f*, genere *m* umano. **3** (*death on a large scale*) alta mortalità *f*, gran numero *m* di morti: ~ *on our roads* l'alta mortalità sulle nostre strade. **4** ⟨*Statist*⟩ mortalità *f*: *infant* ~ mortalità infantile.

mortality| rate *s*. ⟨*Statist*⟩ tasso *m* di mortalità. **~ table** *s*. ⟨*Statist*⟩ tavola *f* di mortalità.

mortally ['mɔ:təli] *avv*. **1** a morte, mortalmente: *to wound* ~ ferire a morte. **2** ⟨*fig*⟩ mortalmente, terribilmente: ~ *offended* mortalmente offeso. ☐ *to sin* ~ commettere peccato mortale.

mortar[1] ['mɔ:tə] **I** *s*. **1** mortaio *m: a* ~ *and pestle* un mortaio col pestello. **2** ⟨*Mil*⟩ mortaio *m*. **3** ⟨*tecn*⟩ (*for throwing a lifeline, etc.*) cannone *m*. **II** *v.t.* ⟨*Mil*⟩ attaccare (*o* bombardare) con i mortai.

mortar[2] **I** *s*. ⟨*Edil*⟩ malta *f*. **II** *v.t.* ⟨*Edil*⟩ **1** (*to plaster with mortar*) intonacare con malta. **2** (*to fix with mortar*) fissare con malta.

mortar| board *s*. **1** ⟨*Edil*⟩ sparviere *m*, vassoio *m*. **2** (*academic cap*) tocco *m* accademico. **~man** *am*. [mæn] *s.irr.* ⟨*Mil*⟩ mortaista *m*.

mortgage ['mɔ:gidʒ] **I** *s*. **1** ⟨*Dir*⟩ ipoteca *f*; (*deed*) contratto *m* ipotecario. **2** ⟨*fig*⟩ obbligo *m*, impegno *m*. **II** *v.t.* **1** ipotecare: *to* ~ *one's house* ipotecare la propria casa. **2** ⟨*fig*⟩ impegnare, vincolare. ☐ **burdened** (*o encumbered*) *with* ~ gravato d'ipoteca; *to* **cancel** (*o extinguish*) *a* ~ cancellare un'ipoteca; ~ *by court order* ipoteca giudiziaria; *to borrow* **on** ~ prendere a prestito su garanzia ipotecaria; *to* **raise** *a* ~ *on a property* accendere un'ipoteca su un fondo; *to* **redeem** (*o pay off*) *a* ~ estinguere un'ipoteca; *to* **register** *a* ~ *on a property* iscrivere un'ipoteca su una proprietà.

mortgage| bond *s*. ⟨*Econ*⟩ obbligazione *f* (*o* cartella) ipotecaria. **~ charge** *s*. privilegio *m* ipotecario. **~ credit** *s*. ⟨*Econ*⟩ credito *m* ipotecario. **~ debt** *s*. debito *m* ipotecario. **~ deed** *s*. atto *m* d'ipoteca.

mortgagee [,mɔ:gi'dʒi:] *s*. creditore *m* ipotecario.

mortgage| lien *s*. vincolo *m* ipotecario. **~ loan** *s*. mutuo *m* ipotecario.

mortgager ['mɔ:gidʒə], **mortgagor** [-'dʒɔ:] *s*. debitore *m* ipotecario.

mortice *s./v.* → **mortise**.

mortician *am*. [mɔ:'tifən] *s*. impresario *m* di pompe funebri.

mortification [,mɔ:tifi'keifən] *s*. **1** mortificazione *f*, umiliazione *f*. **2** ⟨*Med*⟩ mortificazione *f*, necrosi *f*. **'mortified** [-faid] *a*. **1** mortificato, umiliato. **2** ⟨*Med*⟩ necrotico, necrotizzato. **'mortify** [-fai] **I** *v.t.* **1** mortificare, umiliare. **2** ⟨*Rel*⟩ mortificare: *to* ~ *the flesh* mortificare la carne. **3** ⟨*Med*⟩ necrotizzare, mortificare. **II** *v.i.* ⟨*Med*⟩ necrotizzarsi, andare in necrosi. **'mortifying** [-faiiŋ] *a*. mortificante, umiliante.

mortise ['mɔ:tis] **I** *s*. ⟨*Fal*⟩ mortasa *f*, mortisa *f*. **II** *v.t.* congiungere (*o* unire) a mortasa; (*to cut a mortise in*) mortasare.

mortise| joint *s*. giunto *m* a tenone e mortasa. **~ lock** *s*. serratura *f* incastrata (in una mortasa).

mortiser ['mɔ:tisə] *s*. ⟨*Fal*⟩ **1** mortasatore *m*. **2** (*machine*) mortasatrice *f*.

mortmain ['mɔ:tmein] *s*. ⟨*Dir*⟩ manomorta *f*.

mortuary ['mɔ:tjuəri, *am*. 'mɔ:tʃuəri] **I** *s*. camera *f* mortuaria (*o* ardente). **II** *a*. **1** (*of burial*) funerario. **2** (*of death*) mortuario, funebre.

MOS = ⟨*Inform*⟩ *Metal–Oxide Semiconductor* semiconduttore a ossido di metallo.

mosaic [məˈzeiik] **I** *s*. **1** ⟨*Art,fig*⟩ mosaico *m*. **2** ⟨*Topogr*⟩ (*aerial mosaic*) mosaico *m* aerofotografico (*o planimetrico*), rilevamento *m* fotopanoramico. **3** ⟨*TV*⟩ mosaico *m* fotoelettrico. **II** *a*. **1** ⟨*Art*⟩ mosaicato, a mosaico, musivo: *a* ~ *floor* un pavimento mosaicato. **2** ⟨*fig*⟩ composto da un insieme di elementi diversi. **III** *v.t.* (*pret., p.p.* **-ed/-ked** [t]) **1** decorare a mosaico, ornare di mosaici. **2** (*to form into a mosaic*) fare (*o* comporre) a

mosaico.

Mosaic *a*. ⟨*Bibl*⟩ mosaico.

mosaic| disease *s*. ⟨*Agr*⟩ mosaico *m*. **~ floor** pavimento *m* a mosaico. **~ gold** *s*. oro *m* musivo.

mosaicist [mə'zeiisist] *s*. mosaicista *m/f*.

Mosaic law *s*. ⟨*Bibl*⟩ legge *f* mosaica.

moschatel [,mɔskə'tel] *s*. ⟨*Bot*⟩ ranuncolino *m* muschiat

Moscow ['mɔskou] *N.pr.* ⟨*Geog*⟩ Mosca *f*.

Moselle [mo(u)'zel] **I** *N.pr.* ⟨*Geog*⟩ Mosella *f*. **II** ⟨*Enol*⟩ vino *m* della Mosella.

Moses ['mouziz] *N.pr.* ⟨*Bibl*⟩ Mosè *m*.

Moses basket *s*. culla *f* di vimini.

mosey *am*. ['mouzi] *v.i.* ⟨*fam*⟩ **1** andarsene precipi samente, levare le tende. **2** (*to amble;* spesso con *alor* bighellonare, gironzolare.

Moslem ['mɔzləm] **I** *s*. (*pl. inv.* /-s [z]) musulmano *m* –a), maomettano *m* (*f* –a), islamita *m/f*. **II** *a*. musulma maomettano. **Moslemism** [-izəm] *s*. musulmanesimo maomettismo *m*, islamismo *m*.

mosque [mɔsk] *s*. moschea *f*.

mosquito *sp*. [mɔs'ki:tou] *s*. (*pl.* **-es**/-s [z]) **1** ⟨*Ento* zanzara *f*. **2** ⟨*Aer*⟩ mosquito *m*, moschito *m*.

mosquito| boat *s*. ⟨*Mar.mil*⟩ motosilurante *f*. **~ net** zanzariera *f*.

moss [mɔs] **I** *s*. **1** ⟨*Bot*⟩ muschio *m*. **2** ⟨*dial*⟩ (*b swamp*) palude *f*, acquitrino *m*. **II** *v.t.* ricoprire muschio.

moss|back *s*. ⟨*am.sl*⟩ reazionario *m* (*f* –a), retrogrado *m* –a); (*fogey*) persona *f* all'antica. **~grown** *a*. **1** coperto muschio, muscoso. **2** ⟨*fig*⟩ antiquato, vecchiotto, fossi ~ **hag** *scozz*. *s*. torbiera *f*.

mossiness ['mɔsinis] *s*. l'essere muscoso (*o* coperto musco).

moss rose *s*. ⟨*Bot*⟩ rosa *f* muscosa (*o* borracina).

mossy ['mɔsi] *a*. **1** coperto di muschio, muscoso: *a hillside* un declivio muscoso. **2** (*resembling moss*) sim al muschio.

most [moust] **I** *a*. (*sup. di* *much e many*) **1** (*the major of*) la maggior parte di, la maggioranza di, il più di, qu tutto, il maggior numero di: ~ *women* la maggior pa delle donne; ~ *problems can be solved* quasi tutti problemi si possono risolvere. **2** (*greatest in quantity, e* (il) più, il maggiore, il più grande: *I made the* ~ *mista* sono quello che ha fatto più sbagli; *who has* (*the*) *talent?* chi ha (il) maggior talento? **3** ⟨*dial*⟩ (*ch* principale, maggiore. **4** ⟨*ant*⟩ (*greatest*) massimo, somm il più grande. **II** *s*. **1** la maggior parte, il più, maggioranza: ~ *of it is wrong* la maggior parte sbagliata; ~ *of it is done* il più è fatto. **2** (*grea number*) massimo *m*, il maggior numero, il più: *the* ~ *can carry is five* il massimo che posso portare è cinq (*greatest amount*) massimo *m*, il più: *this is the* ~ *I c do* questo è il massimo che posso fare. **3** (*majority people;* costr. pl.) maggioranza *f*, i più: ~ *were agreement* la maggioranza era d'accordo. **4** ⟨*sl*⟩ (*best* migliore, il meglio, cosa *f* migliore. **III** *avv*. (*sup. much*) **1** (*to form the superlative*) il più: *the* ~ *beautifu* all il più bello di tutti. **2** (*to the greatest degree*) più tutti, di più, soprattutto: *I like this one* ~ questo mi pi più di tutti. **3** (*very*) molto, assai, veramente: *a interesting play* una commedia molto interessante; *y have been* ~ *kind* sei stato molto gentile; (*modifying adverb*) proprio, davvero, *often not translated: I certainly did go* certo che ci sono andato. **4** ⟨*am.fa* (*almost*) quasi, pressoché: ~ *every day* quasi tutti i gior **5** ⟨*ant*⟩ (*mostly*) perlopiù. ☐ ~ *of all* soprattutto, d'ogni altra cosa; **at** (*the*) ~ al massimo, tutt'al più, a tanto; **at** (*the*) **very** ~ proprio al massimo; *in* ~ *ca* nella maggioranza dei casi, in genere; *to* **make** *the* ~ *o* sfruttare (*o* utilizzare) al massimo, trarre il massi vantaggio da, approfittare al massimo di: *to make the* ~ *of the time available* approfittare al massimo del tem disponibile; **2** ⟨*rifl*⟩ imporsi, farsi valere (*o* rispettare); *the* ~ **part** prevalentemente, più che altro, per la magg parte: *our workers are, for the* ~ *part, immigrants* i nos lavoratori sono prevalentemente immigrati; ~ *of time* per la maggior parte del tempo, quasi sempre.

ost-'favoured-'nation s. ⟨Econ⟩ nazione f più favorita: ~ clause clausola f della nazione più favorita.

ostly ['moustli] avv. 1 (for the most part) prevalentemente, in prevalenza, per la maggior parte, più che ltro. 2 (generally) in genere, perlopiù, generalmente, di olito: he is ~ away at week-ends in genere è fuori per il ne settimana.

ote [mout] s. 1 (speck, particle) bruscolo m, briciola f, agliuzza f; (of dust) granellino m di polvere. 2 ⟨Bibl⟩ estuca f, fuscello m: to behold the ~ in one's brother's eye edere la festuca nell'occhio altrui.

otel [mou'tel] s. motel m, autostello m.

otet [mo(u)'tet] s. ⟨Mus⟩ mottetto m.

oth [moθ] s. ⟨Entom⟩ 1 lepidottero m. 2 (clothes-moth) arma f.

oth| ball s. pallina f di naftalina. ☐ ⟨fam⟩ in -s: 1 otto naftalina: to put a plan in -s mettere un progetto otto naftalina; 2 (of a ship) in disarmo; ⟨fam⟩ to take out f -s tirar fuori dal cassetto. ~-eaten a. 1 tarmato, nangiato (o roso) dalle tarme. 2 ⟨fam⟩ (decayed) cadente, n rovina. 3 ⟨fam⟩ (old-fashioned) antiquato, fuori moda, uperato.

other[1] ['mʌðə] I s. 1 madre f, ⟨fam⟩ mamma f. 2 elderly woman) donna f anziana, ⟨fam⟩ nonna f. 3 ⟨fig⟩ parent, source) madre f, fonte f, origine f. 4 ⟨fig⟩ maternal qualities) istinti mpl materni: small children ring out the ~ in her i bambini piccoli risvegliano i suoi stinti materni. 5 ⟨Rel⟩ madre f; (mother superior) madre superiora. II a. 1 (che è) madre: a ~ tigress una tigre madre. 2 (characteristic of a mother) materno, di (o da) nadre: ~ love amore materno. 3 (derived from one's nother, native) materno, nativo, natio. 4 ⟨fig⟩ madre, rincipale, primo. III v.t. 1 fare da madre (o mamma) a, vere cure materne per, aver cura come una madre di. 2 o give birth to) generare, mettere al mondo. 3 ⟨fig⟩ dare rigine (o vita) a, produrre, originare. ☐ ⟨Rel⟩ ~ of God Madre f di Dio; necessity is the ~ of invention il bisogno guzza l'ingegno; a ~ of three madre di tre figli; ⟨fam⟩ very ~'s son tutti senza eccezione.

other[2] s. (mother of vinegar) madre f (dell'aceto).

other board s. ⟨Inform⟩ piastra f principale.

other Carey's| chicken ['keəriz] s. ⟨Ornit⟩ uccello m elle tempeste di Wilson. ~ goose s. ⟨Ornit⟩ ossifraga f, rande procellaria f.

other| Church s. 1 Chiesa f madre. 2 (one's original hurch) fede f (o religione) materna. 3 (cathedral) chiesa f rincipale, cattedrale f. ~ country s. 1 (native country) atria f, paese m, terra f natale. 2 (country of origin of olonists) madrepatria f. ~craft s. puericultura f. ~ arth s. madre f terra.

otherhood ['mʌðəhud] s. maternità f; (motherly ualities) istinti mpl materni.

other Hubbard ['hʌbəd] s. ⟨Vest⟩ veste f lunga e ciolta.

othering Sunday ['mʌðəriŋ] s. domenica f di mezza uaresima.

other-in-law s. (pl. mothers-in-law) suocera f.

otherland ['mʌðəlænd] s. 1 (native land) patria f, paese n (nativo), terra f natale. 2 (of colonists) madrepatria f. 3 country of origin) patria f, paese m (o terra f) d'origine.

otherless ['mʌðəlis] a. orfano (di madre), senza madre.

otherliness ['mʌðəlinis] s. sentimento m (o senso) naterno.

other| liquid, ~ liquor s. ⟨Chim⟩ acqua f madre. ~ ode s. ⟨Minier⟩ filone m principale.

otherly ['mʌðəli] a. materno, di madre: ~ affection ffetto materno; (like a mother) materno, da madre: to ake a ~ interest in s.o. avere un interesse materno per d.

other|-naked a. nudo come un verme. ~-of-'pearl I s. nadreperla f. II a. madreperlaceo, di (o simile a) nadreperla. '~-of-'thousands s.pl. (costr. sing.) ⟨Bot⟩ imbalaria f.

other's| boy s. ragazzo m eccessivamente attaccato alla nadre, ⟨fam⟩ mammone m. ~ Day s. festa f della namma. ~ help s. governante f, bambinaia f. ~ helper m. s. → mother's help.

mother| ship s. ⟨Mar⟩ 1 scorta f navale. 2 (tender) nave f appoggio. ~ superior s. ⟨Rel⟩ madre f superiora, superiora f. '~-to-'be s. ⟨fam⟩ futura mamma f, gestante f. ~ tongue s. madrelingua f, lingua f materna. ~ wit s. intelligenza f naturale.

mothery ['mʌðəri] a. feccioso.

mothproof ['moθpru:f] I a. inattaccabile dalle tarme. II v.t. rendere inattaccabile dalle tarme.

mothy ['moθi] a. pieno di tarme; (moth-eaten) mangiato dalle tarme.

motif [mo(u)'ti:f] s. (pl. -s [s]/motives [mo(u)'ti:vz]) 1 (in a work of art) motivo m, tema m, elemento m dominante. 2 ⟨Mus,Lett⟩ motivo m, tema m. 3 (repeated design, pattern, etc.) motivo m, disegno m.

motile ['moutil] a. ⟨Biol⟩ mobile. motility [mo(u)'tiliti] s. ⟨Fisiol⟩ motilità f.

motion ['mouʃn] I s. 1 moto m (anche Fis.): the laws of ~ le leggi del moto. 2 (movement) moto m, movimento m: the ~ of the sea il moto del mare. 3 (gesture) gesto m, moto m, atto m, mossa f: with a ~ of his arm con un gesto del braccio; (gait) passo m, andatura f. 4 (to a deliberative assembly) mozione f: the ~ was carried la mozione fu approvata. 5 ⟨Dir⟩ istanza f. 6 ⟨Fisiol⟩ evacuazione f (intestinale), defecazione f, deiezione f. 7 ⟨Filos,Mus,Astr⟩ moto m: ~ of the planets moto planetario. 8 ⟨Mecc⟩ meccanismo m, movimento m. II v.t. fare cenno a, accennare a: to ~ s.o. to sit down fare cenno a qd. di sedere. III v.i. fare (un) cenno, fare cenni: he ~ed to me to come in mi fece cenno di entrare. ☐ to adopt a ~ approvare una mozione; ⟨Pol⟩ to carry a ~ adottare una mozione; ~ of censure mozione f di censura; ⟨fam⟩ to go through the -s fare finta (o mostra) di fare qc.; to be in ~: 1 essere in moto, muoversi: the bus was already in ~ l'autobus era già in moto; 2 ⟨fig⟩ essere avviato, aver preso il via (o l'avvio); to set (o put) in ~: 1 mettere in moto, avviare; 2 ⟨fig⟩ dare il via (o l'avvio): to set a scheme in ~ dare il via a un progetto; to move (o propose) a ~ presentare una mozione; on the ~ of the Chairman su mozione del Presidente; to put the ~ presentare la mozione; to reject a ~ respingere una mozione; to second a ~ appoggiare una mozione.

motional ['mouʃnl] a. del (o relativo al) moto, cinetico. motionless ['mouʃnlis] a. immobile, fermo. motionlessly [-li] avv. senza muoversi. motionlessness [-nis] s. immobilità f.

motion| picture s. 1 spettacolo m cinematografico, film m, pellicola f. 2 pl. (art of cinema) cinematografia f. ~-picture camera s. macchina f da presa (cinematografica), cinepresa f, cinecamera f. ~ study s. analisi f dei tempi e movimenti.

motivate ['moutiveit] v.t. 1 motivare, causare, dare motivo a. 2 (to impel, incite) spingere, stimolare, indurre. 3 ⟨Ped⟩ stimolare (o risvegliare) l'interesse di. ,motivation [-'veiʃn] s. 1 motivazione f. 2 (motivating force) spinta f, stimolo m, impulso m. ☐ to deprive of ~ demotivare; lack of ~ demotivazione f. ,motivational [-'veiʃnl] a. motivazionale. ☐ ~ therapy terapia f motivazionale.

motive ['moutiv] I s. 1 motivo m, movente m, ragione f. 2 ⟨Art,Lett,Mus⟩ (motif) motivo m. 3 ⟨Dir⟩ movente m. II a. 1 (causing motion) motore. 2 (of motion) motorio, del moto. III v.t. motivare, causare, dare motivo a. motiveless [-lis] a. immotivato, gratuito, ingiustificato.

motive power s. forza f motrice.

motivity [mo(u)'tiviti] s. energia f motrice.

motley ['motli] I a. 1 eterogeneo, disparato, vario, molto vario: a ~ company una compagnia eterogenea. 2 (particoloured) variopinto, multicolore, variegato, screziato: ~ dress abito variopinto. II s. 1 abito m variopinto da buffone. 2 (fool, jester) buffone m, pagliaccio m, arlecchino m. 3 (heterogeneous collection) accozzaglia f, congerie f, farragine f, miscuglio m. ☐ ⟨fig⟩ to wear the ~ fare il pagliaccio.

motocross ['moutokros] s. ⟨Sport⟩ motocampestre f, motocross m.

motocross racer s. crossista m.

motor ['moutə] I s. 1 motore m; (internal combustion engine) motore m a scoppio. 2 → motorcar. 3 ⟨El⟩

motore *m* elettrico, elettromotore *m*. **4** *pl.* ⟨*am.Econ*⟩ azioni *fpl* (*o* titoli *mpl*) di società automobilistiche. **5** → **motor nerve**. **6** → **motor muscle**. **II** *a*. **1** motore: ~ **power** forza motrice. **2** (*equipped with a motor*) a motore. **3** (*of motor vehicles, motorcars*) automobilistico. **4** ⟨*Fisiol*⟩ motorio, motore. **III** *v.i.* andare in automobile. **IV** *v.t.* portare (*o* accompagnare) in automobile. □ ⟨*am*⟩ ~ *Vehicle Code* codice *m* della strada; *to* ~ *down to the coast* raggiungere la costa in automobile; ⟨*Mar*⟩ ~ *patrolboat* motovedetta *f; to* ~ *through France* attraversare la Francia in macchina.

motor| bicycle *s.* ⟨*fam*⟩ **1** → **motorcycle**. **2** (*bicycle with a motor*) ciclomotore *m*, motorino *m*, motoretta *f*. ~ **bicyclist** *s.* ciclomotorista *m*. ~ **bike** *s.* → **motor bicycle**. ~**boat** *s.* motobarca *f*, motoscafo *m*. ~**boating** *s.* **1** motonautica *f*. **2** ⟨*Rad*⟩ crepitio *m*. ~**bus** *s.* autobus *m*.

motorcade *am.* ['moutəkeid] *s.* corteo *m* di automobili.

motor|car *s.* automobile *f*, auto *f*, macchina *f*. ~**caravan** *s.* motorcaravan *m*. ~ **coach** *s.* (auto)pullman *m*, torpedone *m*. ~ **column** *s.* ⟨*Mil*⟩ autocolonna *f*. ~ **court** *am. s.* → **motel**. ~**cycle I** *s.* motocicletta *f*, ⟨*fam*⟩ moto *f*. **II** *v.i.* andare in motocicletta. ~ **cycling** *s.* motociclismo *m*. ~**cyclist** *s.* motociclista *m/f*. ~**-drive compressor** *s.* motocompressore *m*. ~**-driven** *a*. con comando a motore.

motordrome ['moutədroum] *s.* **1** (*for motorcars*) autodromo *m*. **2** (*for motorcycles*) motodromo *m*.

motored ['moutəd] *a*. (nei composti) a ... motore: *one-*~ a un motore. □ *a two-*~ *aeroplane* un bimotore.

motor| generator *s.* ⟨*El*⟩ gruppo *m* ⌐motore dinamo⌐ (*o* convertitore), motogeneratore *m*. ~ **gunboat** *s.* ⟨*Mar.mil*⟩ motocannoniera *f*. ~**home** *s.* autocaravan *m/f*, motorcaravan *m/f*, motorhome *m*.

motorial [mo(u)'tɔ:riəl] *a*. (*causing motion*) motore.

motoring ['moutəriŋ] **I** *s.* automobilismo *m*, turismo *m* automobilistico. **II** *a*. automobilistico: ~ *map* carta automobilistica; (*of drivers*) da automobilista, da guida: ~ *gloves* guanti da automobilista. □ *a* ~ *offence* una violazione del codice della strada. **motorist** [-rist] *s.* **1** automobilista *m/f*. **2** (*one who travels by car*) chi viaggia in automobile.

motorization [ˌmoutərai'zeiʃən] *s.* motorizzazione *f*. **'motorize** [-raiz] *v.t.* **1** motorizzare (*anche Mecc.*). **2** (*to equip with motor vehicles*) munire di automezzi, motorizzare (*anche Mil.*).

motorized unit ['moutəraizd] *s.* ⟨*Mil*⟩ autoreparto *m*.

motor| launch *s.* ⟨*Mar*⟩ motolancia *f*. ~ **lorry** *s.* autocarro *m*, camion *m*. ~**man** [mæn] *s.irr.* **1** ⟨*Mecc*⟩ motorista *m*. **2** (*of a tram, etc.*) conducente *m*, conduttore *m*, manovratore *m*; (*of a locomotive*) macchinista *m*. ~ **mechanic** *s.* meccanico *m*. ~ **muscle** *s.* ⟨*Anat*⟩ muscolo *m* motore. ~ **nerve** *s.* ⟨*Anat*⟩ nervo *m* motore. ~ **pool** *s.* ⟨*Mil*⟩ autoparco *m*, autoreparto *m*. ~ **sailer** *am. s.* motoveliero *m*. ~ **scooter** *s.* motoretta *f*, (moto)scuter *m*. ~ **ship** *s.* ⟨*Mar*⟩ motonave *f*. ~ **show** *s.* salone *m* dell'automobile. ~ **spirit** *s.* carburante *m*. ~ **torpedo boat** *s.* ⟨*Mar.mil*⟩ motosilurante *f*. ~ **traction** *s.* mototrazione *f*. ~ **trawler** *s.* motopeschereccio *m*. ~ **truck** *am. s.* → **motor lorry**. ~ **van** *s.* motofurgone *m*. ~ **vehicle** *s.* **1** motore *m*, veicolo *m* a motore. **2** (*four-wheeled motor vehicle*) automezzo *m*, autoveicolo *m*. □ ~ *passenger insurance* assicurazione *f* terzi trasportati. ~ **vessel** *s.* ⟨*Mar*⟩ motonave *f*. ~**way** *s.* autostrada *f*. □ ~ *intersection* nodo *m* autostradale.

motory ['moutəri] *a*. motore.

mottle ['mɔtl] **I** *v.t.* screziare, chiazzare. **II** *s.* **1** macchia *f*, chiazza *f* (di colore). **2** (*mottled pattern*) screziatura *f*. **mottled** [-d] *a*. screziato, chiazzato, variegato.

motto ['mɔtou] *s.* (*pl.* **-s/-es** [z]) **1** (*short saying, maxim*) motto *m*, massima *f*, sentenza *f*. **2** (*phrase, etc., inscribed on s.th.*) motto *m*.

mouf(f)lon ['mu:flɔn] *s.* (*pl. inv./-s* [z]) ⟨*Zool*⟩ muflone *m*.

moujik ['mu:ʒik] *s.* mugic *m*.

mould¹ [mould] **I** *s.* **1** stampo *m*, forma *f*. **2** (*s.th. formed in a mould*) pezzo *m* formato (*o* stampato). **3** (*shape*

imparted by a mould) forma *f*, sagoma *f*. **4** ⟨*fig*⟩ stam *m*, carattere *m*, tempra *f*. **5** ⟨*Dolc*⟩ (*blancman* biancomangiare *m*; (*jelly*) gelatina *f*. **6** (*mouldi* modanatura *f* ⟨*anche Arch.*⟩. **7** ⟨*tecn*⟩ (*in shipbuildi* sagoma *f*, sesta *f*. **8** ⟨*Mecc*⟩ (*of a press die*) matrice *f*. ⟨*Edil*⟩ cassaforma *f*. **II** *v.t.* **1** (*to shape in a mou* formare, fondere. **2** (*to shape*) plasmare, modella foggiare, sagomare: *to* ~ *a clay statuette* plasmare u statuetta d'argilla. **3** ⟨*fig*⟩ plasmare, formare, modellare ⟨*Met*⟩ formare, costruire la forma di. **5** ⟨*Arch*⟩ modana □ ⟨*fig*⟩ *to be cast in a heroic* ~ avere la temp dell'eroe; ⟨*fig*⟩ *to be cast in the same* ~ *as s.o.* essere t (*e*) quale qd.

mould² **I** *s.* ⟨*Bot*⟩ muffa *f*. **II** *v.t.* coprire di muffa. ■ *v.i.* ammuffire.

mould³ *s.* **1** ⟨*Agr*⟩ terriccio *m*. **2** (*earth*) terra *f*.

mouldable ['mouldəbl] *a*. **1** modellabile. **2** (*f* malleabile, plasmabile.

mouldboard ['mouldbɔ:d] *s.* **1** (*of a plough*) versoio orecchio *m*. **2** (*of a bulldozer*) lama *f* a profilo. **3** ⟨*Ec* tavolozza *f* in legno.

moulder¹ ['mouldə] *v.i.* ridursi in polvere, sgretola polverizzarsi.

moulder² *s.* **1** chi forma. **2** ⟨*Met*⟩ formatore *m*; (*machi* formatrice *f*.

mouldiness ['mouldinis] *s.* l'essere ammuffito.

moulding ['mouldiŋ] *s.* **1** (*act of moulding*) formatura (*result*) pezzo *m* formato. **2** ⟨*Arch,Arred*⟩ modanatura (*strip of wood, stone*) listello *m*; (*on a wall*) cornice *f*. ⟨*Met*⟩ formatura *f*.

moulding| board *s.* **1** asse *f* per impastare il pane. ⟨*Met*⟩ piano *m* per formare. ~ **box** *s.* ⟨*Met*⟩ staffa *f*. ~ **sand** *s.* terra *f* (*o* sabbia) da forme.

mouldy ['mouldi] *a*. **1** ammuffito, coperto di mut muffito: ~ *cheese* formaggio ammuffito. **2** (*decaying*) ⟨ va in rovina, cadente. **3** ⟨*fam*⟩ (*antiquated*) supera antiquato, fossilizzato, ammuffito: ~ *ideas* idee supera **4** ⟨*sl*⟩ (*wretched*) pessimo, ⟨*pop*⟩ schifoso. □ *to go* ammuffire, fare la muffa; *to smell* ~ puzzare di muffa

moult [moult] **I** *v.i.* (*of birds, etc.*) fare la muta, mut livrea. **II** *v.t.* (*of feathers, etc.*) mutare, cambiare. **III** muta *f*; (*of birds*) muda *f*. **'moulting** [-iŋ] **I** *s.* muta *f birds*) muda *f*. **II** *a*. della muta.

mound¹ [maund] **I** *s.* **1** mucchio *m*, cumulo *m*, amma *m*: *a* ~ *of earth* un mucchio di terra. **2** (*over a gra* tumulo *m*. **3** (*earthwork, rampart*) terrapieno *m*. (*hillock*) collinetta *f*, monticello *m*, poggio *m*. **II** *v.t.* ammucchiare, ammassare, ammonticchiare. **2** (*to enclo fortify with a mound*) cingere (*o* fortificare) con terrapieno.

mound² *s.* (*orb*) globo *m*.

mount¹ [maunt] **I** *v.t.* **1** salire, montare: *to* ~ *a hill* sa una collina; (*to climb*) salire su, arrampicarsi per (*o* su) (*to get up on*) salire su (*o* sopra), montare su: *to* ~ *platform* salire su una piattaforma; (*of an anim* montare, salire su, salire in groppa a, inforcare; (*of vehicle*) salire su, montare su (*o* in): *to* ~ *a bicy* montare in bicicletta. **3** (*to set high*) sistemare (in alto): ~ *a statue on its pedestal* sistemare una statua piedistallo. **4** (*to equip with horses*) fornire la cavalcat a, dotare (*o* provvedere) di cavalli. **5** ⟨*Artigl*⟩ (*to rai* mettere in posizione di tiro. **6** ⟨*tecn*⟩ (*to attach, assemb* montare. **7** (*to attach for reinforcement, display*) monta fissare, attaccare: *to* ~ *a photograph* montare fotografia; (*to frame*) munire di cornice, montare; (*to* montare, incastonare. **8** (*to put on view*) espor mostrare, presentare: *to* ~ *an exhibition* esporre mostra. **9** ⟨*Teat*⟩ (*to provide scenery, etc., for*) allesti preparare; (*to produce*) presentare, mettere in scena. (*in microscopy: of a slide, specimen*) preparare. **11** ⟨*M (to dispose in battle array*) piazzare (*o* disporre) in ord di battaglia. **12** ⟨*Mil*⟩ (*to be equipped with*) essere arm con (*o* di), essere dotato di, disporre di. **13** ⟨*Mil* *launch, carry out*) sferrare, lanciare: *to* ~ *an atta* sferrare un attacco. **14** ⟨*Zootecn*⟩ (*to cover*) monta coprire. **II** *v.i.* **1** salire, andare su, montare. **2** *increase;* spesso con *up*) salire, aumentare, crescere; c ave -ed i costi sono saliti; (to total; spesso con up) ammontare, assommare, ascendere (to a); (to grow) crescere, aumentare. 3 (to mount a horse) salire a cavallo, inforcare il cavallo. 4 (to be promoted) salire (o avanzare) di grado. 5 ⟨Zootecn⟩ accoppiarsi. 6 (of blood: to rise to the cheeks) salire al viso. III s. 1 cavallo m, cavalcatura f. 2 (frame, support) montatura f: a pearl in a diamond ~ una perla con una montatura di diamanti. 3 ⟨tecn⟩ incastellatura f di sostegno (o supporto). 4 ⟨Artigl⟩ affusto m. 5 ⟨Filat⟩ linguella f. 6 ⟨Tip⟩ zoccolatura f. 7 (glass -lide) vetrino m; (mounted specimen) preparato m (per microscopia). 8 ⟨Zootecn⟩ monta f, accoppiamento m. □ fig) to ~ the throne salire al trono.

ount² s. ⟨lett⟩ (mountain) monte m, montagna f; (hill) collina f. Mount s. 1 (in place names) monte m, often not translated: ~ Everest il monte Everest, l'Everest. 2 (in palmistry) monte m.

ountain ['mauntin] I s. 1 montagna f, monte m. 2 pl. mountainous region) montagna f, regione f (o zona) montuosa. 3 ⟨fig⟩ montagna f, mucchio m, ⟨fam⟩ sacco m: a ~ of ice cream una montagna di gelato; I have a ~ of work ho un mucchio di lavoro. II a. 1 montuoso, di montagne, montagnoso: a ~ range una catena montuosa. 2 (characteristic of mountains) di montagna, montano, alpino: ~ scenery paesaggio montano. 3 (living or located in mountains) montanaro: ~ dwellers popolazioni montanare. 4 ⟨Mil⟩ di montagna: ~ troops truppe di montagna. □ ⟨fig⟩ to make a ~ out of a molehill fare di qc. un affare di stato, fare d'una mosca un elefante. Prov.: if the ~ will not come to Mohammed, then Mohammed must go to the ~ se la montagna non va da Maometto, Maometto andrà dalla montagna.

ountain| ash s. ⟨Bot⟩ sorbo m degli uccellatori. ~ cat s. ⟨Zool⟩ 1 ~ mountain lion. 2 (bobcat) lince f rossa. ~ chain s. ⟨Geog⟩ catena f montuosa. ~ climber s. scalatore m (f -trice), alpinista m/f, arrampicatore m (f -trice). ~ climbing s. alpinismo m. ~ cock s. ⟨Ornit⟩ gallo m cedrone. ~ dew s. ⟨fam⟩ whisky m. ~ eagle s. ⟨Ornit⟩ aquila f reale.

ountaineer [,maunti'niə] I s. 1 scalatore m (f -trice), alpinista m/f, arrampicatore m (f -trice). 2 (dweller) montanaro m (f -a). II v.i. fare dell'alpinismo.

mountaineering [-riŋ] s. alpinismo m.

ountain| goat s. ⟨Zool⟩ aplocero m, capra f bianca (o delle nevi). ~ lion s. ⟨Zool⟩ puma m, coguaro m, leone m d'America.

ountainous ['mauntinəs] a. 1 montagnoso, montuoso. 2 fig) (huge) grande come una montagna, enorme, colossale.

ountain| pass s. passo m (o valico) di montagna. ~ range s. catena f di montagne. ~ sheep s. ⟨Zool⟩ pecora f delle montagne rocciose. ~ sickness s. ⟨Med⟩ mal m di montagna, ipobaropatia f. ~side s. fianco m di una montagna. ~ time am. s. ora f del 105° meridiano. ~top s. vetta f, cima f di una montagna. II a. situato (o posto) sulla vetta.

ountebank ['mauntibæŋk] s. 1 (quack) ciarlatano m, empirico m. 2 (impostor, charlatan) ciarlatano m, imbroglione m, ⟨spreg⟩ saltimbanco m. mountebankery [-əri] s. ciarlataneria f, ciarlatanismo m.

ounted ['mauntid] a. 1 a cavallo, in sella; (of police, soldiers) a cavallo, montato. 2 (in a frame) incorniciato, montato; (in a setting) montato, incastonato. 3 ⟨Mil⟩ (of a unit, etc.: on horseback) di cavalleria; (equipped with vehicles) motorizzato.

ountie s. ⟨fam⟩ → Mounty.

ounting ['mauntiŋ] s. 1 il montare (a cavallo). 2 ⟨tecn⟩ support) supporto m; (frame) incorniciatura f; (setting) incastonatura f, montatura f. 3 ⟨Teat⟩ allestimento m.

ounty ['maunti] s. ⟨fam⟩ agente m della polizia canadese a cavallo.

ourn [mɔːn] I v.i. 1 addolorarsi, affliggersi, rammaricarsi, dolersi. 2 (to grieve) lamentare, deplorare, compiangere (over, for s.th. qc.): to ~ for the loss of a friend lamentare la perdita di un amico. 3 (to be in mourning) essere in lutto; (to wear mourning) portare il lutto, vestire a lutto. II v.t. 1 addolorarsi per, affliggersi per,

dispiacersi di, dolersi di. 2 (to lament over) compiangere, rimpiangere: few will ~ his loss pochi compiangeranno la sua perdita. 'mourner [-ə] s. 1 chi si lamenta. 2 (one who mourns a death) chi piange la morte di qd.; (person attending a funeral) chi partecipa a un funerale; (hired mourner) prefica f.

mournful ['mɔːnful] a. 1 dolente, addolorato, afflitto: ~ eye sguardo dolente; (saddening) doloroso, triste. 2 (gloomy) malinconico, triste, lugubre. mournfulness [-nis] s. tristezza f, malinconia f.

mourning ['mɔːniŋ] I s. 1 cordoglio m, (profondo) dolore m. 2 (observances accompanying a death) lutto m; (clothing) lutto m, abiti mpl da lutto, gramaglie fpl: to wear ~ portare il lutto; (period) lutto m, periodo m di lutto. II a. da lutto: ~ clothes abiti da lutto. □ in ~ vestito a lutto; to be in ~ for s.o. essere in lutto per qd.; to go into ~ prendere il lutto; to come out of ~ smettere (o togliersi) il lutto.

mourning band s. fascia f nera (portata in segno di lutto).

mouse I s. [maus] (pl. mice [mais]) 1 ⟨Zool⟩ topo m, sorcio m. 2 ⟨Zool⟩ (house mouse) topo m comune (o delle case). 3 ⟨fig⟩ persona f timida, coniglio m. 4 ⟨sl⟩ (black eye) occhio m pesto. 5 ⟨Edil⟩ contrappeso m. 6 ⟨Inform⟩ topolino m, mouse m. II v.t. [mauz] ⟨fam⟩ (spesso con out) scovare, scoprire, riuscire a trovare. III v.i. 1 (of cats) dare la caccia ai topi, cacciare (i) topi. 2 ⟨fam⟩ (to go exploring or snooping) curiosare, spiare.

mouse| colour [maus] s. grigio m topo. ~-coloured a. grigio topo, sorcino. ~ ear s. ⟨Bot⟩ miosotide f, non ti scordar di me m, orecchio m di topo (o sorcio). ~hole s. 1 tana f (o nido m) di topi, topaia f; (entrance) buco m di tana di topo. 2 ⟨fig⟩ (small hole) sgabuzzino m, buco m.

mouselike ['mauslaik] a. 1 di (o da) topo, sorcino. 2 (timid) timido.

mouser ['mausə] s. 1 cacciatore m di topi. 2 ⟨fig⟩ curiosone m (f -a).

mousetrap ['maustræp] s. 1 trappola f da (o per i) topi. 2 ⟨fig⟩ trappola f, trabocchetto m. 3 ⟨scherz⟩ (stale cheese) formaggio m stantio.

mousiness ['mausinis] s. 1 monotonia f, grigiore m. 2 (shyness) timidezza f.

mousse fr. [muːs] s. 1 ⟨Gastr⟩ mousse f, schiuma f. 2 ⟨Dolc⟩ spumone m, spuma f.

mousseline fr. [muːsliːn] s. ⟨Tess⟩ mussolina f, mussola f.

moustache [məsˈtɑːʃ, am. 'mʌstæʃ] s. baffi mpl, mustacchi mpl. □ to wear a ~ portare i baffi. moustached [-t] a. baffuto, coi baffi.

mousy ['mausi] a. 1 da topo. 2 → mouse-coloured. 3 (colourless, drab) incolore, monotono, grigio. 4 (timid, shy) timido. 5 (infested with mice) infestato dai topi.

mouth I s. [mauθ] (pl. mouths [mauðz]) 1 bocca f. 2 ⟨fig⟩ bocca f, persona f a carico: he has four ~s to feed ha quattro bocche da sfamare. 3 (opening) bocca f, apertura f, orifizio m, imboccatura f: the ~ of a cave la bocca di una caverna; (entrance) entrata f, imboccatura f, ingresso m: the ~ of the tunnel l'imboccatura della galleria; (of a river) bocca f, foce f; (of a valley) imboccatura f, entrata f. 4 ⟨tecn⟩ bocchetta f. 5 ⟨fam⟩ (insolence) insolenza f, villania f, sgarbo m: I've had enough of your ~ ne ho abbastanza della tua insolenza; (boastful talk) sbruffonata f, smargiassata f. II v.t. [mauð] 1 esprimere col semplice movimento delle labbra. 2 (to utter pompously) dire (o declamare) con enfasi, proferire in tono declamatorio. 3 (to hold in the mouth) tenere in bocca; (to take into the mouth) mettere in bocca. 4 (of a horse) abituare (o avvezzare) al morso. III v.i. 1 declamare, parlare in modo enfatico. 2 (to grimace) fare le boccacce, fare smorfie. □ ⟨sl⟩ to have a big ~ avere la lingua lunga, non saper tenere la bocca chiusa⌐ (o lingua a posto); ⟨sl⟩ you and your big ~! tutta colpa della tua linguaccia!; ⟨fam⟩ to be down at the ~ essere depresso, essere giù di morale; the news spread quickly from ~ to ~ la notizia passò rapidamente di bocca in bocca; to give ~ to one's ideas manifestare (o esprimere) le proprie idee; to have a

good ~ (*of a horse*) essere docile al morso; *to have a* **hard** ~ (*of a horse*) essere ribelle al morso; *to make a* ~ fare le boccacce, fare smorfie; ⟨*sl*⟩ *to make a* **poor** ~ piangere miseria; ⟨*sl*⟩ **shut** *your* ~! chiudi il becco!; ⟨*fam*⟩ *to keep one's* ~ **shut** tenere la bocca chiusa; ⟨*fig*⟩ *to speak* **through** *s.o.'s* ~ parlare per bocca di qd.; ⟨*fam*⟩ *to laugh on the* **wrong** *side of one's* ~ ridere amaro (*o* a denti stretti).

mouthed [mauðd] *a.* (nei composti) dalla (*o* con la) bocca ...: *wide-*~ dalla bocca larga.

mouther ['mauðə] *s.* declamatore *m* (*f* –trice).

mouthful ['mauθful] *s.* **1** boccata *f;* (*bite*) boccone *m,* morso *m: to swallow s.th. in a* ~ divorare qc. in un boccone. **2** ⟨*fig*⟩ piccola quantità *f,* boccone *m,* pezzetto *m.* **3** ⟨*fam*⟩ (*unpronounceable word or phrase*) scioglilingua *m.* **4** ⟨*sl*⟩ (*significant remark*) osservazione *f* centrata (*o* azzeccata). □ *you said a* ~! l'hai detta giusta!

mouthing ['mauðiŋ] *s.* **1** (*bombastic speaking*) il parlare altisonante; (*bombastic speech or phrase*) discorsi *mpl* (*o* frasi *fpl*) reboanti. **2** (*grimace*) boccacce *fpl,* smorfie *fpl.*

mouthless ['mauθlis] *a.* senza (*o* privo della) bocca.

mouth organ [mauθ] *s.* armonica *f* a bocca.

mouthpiece ['mauθpi:s] *s.* **1** bocchino *m,* imboccatura *f: the* ~ *of a pipe* il bocchino di una pipa; (*cigar or cigarette holder*) bocchino *m.* **2** ⟨*Mus*⟩ bocchino *m,* bocchetta *f.* **3** (*of a telephone*) imboccatura *f;* (*of a respirator, megaphone*) boccaglio *m.* **4** ⟨*fig*⟩ (*spokesman*) portavoce *m: a government* ~ un portavoce del governo.

'mouth|-to-mouth respiration *s.* ⟨*Med*⟩ respirazione *f* bocca a bocca. **~-to-nose respiration** *s.* respirazione *f* bocca-naso. **~wash** *s.* ⟨*Farm*⟩ colluttorio *m.* **~-watering** *a.* che fa venir l'acquolina in bocca, appetitoso.

mouthy ['mauði] *a.* ⟨*fam*⟩ **1** chiacchierone, ciarliero, loquace. **2** (*pompous*) ampolloso, magniloquente, reboante.

movability [,mu:və'biliti] *s.* mobilità *f.* **'movable** [–bl] **I** *a.* **1** mobile, movibile, non fisso. **2** ⟨*Dir*⟩ (*of property*) mobile. **II** *s.* ⟨*Dir*⟩ mobile *m,* bene *m* mobile.

movable feast *s.* ⟨*Lit*⟩ festa *f* mobile.

move[1] [mu:v] **I** *v.i.* **1** muoversi, spostarsi: *don't* ~! non muoverti!; *he –d quickly to the door* si mosse rapidamente verso la porta; (*to stir*) muoversi, agitarsi: *the leaves –d slowly in the breeze* le foglie si muovevano piano nella brezza. **2** (*to change one's residence*) trasferirsi, spostarsi, traslocare: *to* ~ *to a new district* traslocare in un nuovo quartiere. **3** (*to live in a specified environment*) frequentare (*in s.th.* qc.): *to* ~ *in literary circles* frequentare gli ambienti letterari. **4** ⟨*fam*⟩ (*to leave, depart*) muoversi, andarsene: *it's time to* ~ è ora di muoversi. **5** (*to make progress*) andare avanti, avanzare, progredire: *our work is moving quickly* il nostro lavoro va avanti in fretta. **6** (*to make a formal request*) presentare un'istanza (*for* di), chiedere (formalmente) (qc.): *to* ~ *for an adjournment* presentare un'istanza d'aggiornamento; *I so* ~ tanto chiedo. **7** ⟨*Fisiol*⟩ evacuare, defecare. **8** ⟨*Comm*⟩ (*of goods*) smerciarsi, essere venduto. **II** *v.t.* **1** muovere, spostare, cambiare posto a: *he –d his chair nearer the fire* spostò la sedia più vicino al fuoco; (*of parts of the body*) muovere: *don't* ~ *your head* non muovere la testa; (*to stir*) (far) muovere, agitare. **2** (*to cause to go*) mandare, inviare: *to* ~ *troops to the front* mandare truppe al fronte. **3** ⟨*fig*⟩ (*to impel, prompt*) spingere, indurre, muovere: *to* ~ *s.o. to action* spingere qd. ad agire. **4** ⟨*fig*⟩ (*to affect emotionally*) commuovere, toccare: *the funeral –d me deeply* il funerale mi commosse profondamente; (*to rouse*) suscitare, muovere, provocare: *to* ~ *s.o. to tears* suscitare il pianto di qd.; *to* ~ *s.o. to anger* muovere a ira qd. **5** (*to propose formally*) proporre (formalmente): *I* ~ *that the matter be reconsidered* propongo di rivedere la questione; (*to submit a proposal to*) presentare una proposta a, proporre: *to* ~ *the assembly for an adjournment* presentare all'assemblea una proposta d'aggiornamento. **6** (*in chess, etc.*) muovere (*anche assol.*): *it's your turn to* ~ tocca a te muovere. **7** (*to set in motion*) muovere, azionare, far funzionare, mettere in

funzione (*o* moto). **8** ⟨*Fisiol*⟩ far evacuare. **9** ⟨*Comm*⟩ (*to dispose of*) vendere, smerciare, collocare. □ *to* ~ **abo** 1 andare ⌐in giro⌐ (*o* qua e là); 2 (*to displace*) sposta**r** rimuovere; *to* ~ **along:** 1 circolare, muoversi: *the pol.* *asked the crowd to* ~ *along* la polizia invitò la folla **a** circolare; 2 (*to cause to go on*) far andare avanti, **f** circolare; *to* ~ **away:** 1 allontanarsi; 2 (*to cause to away*) allontanare, mandare via; 3 (*to change on residence*) trasferirsi, cambiare residenza (*o* sed **a** traslocare; *to* ~ **back:** 1 tornare indietro; 2 (*to cause to back*) far tornare indietro; *to* ~ **down:** 1 scendere, anda **a** giù; 2 (*to cause to go down*) far scendere; *to* ~ **forwa** andare avanti, avanzare; *to* ~ **house** cambiare casa, traslocare, trasferirsi; *to* ~ **in** entrare: *they –d in the n* *flat last week* entrarono nel nuovo appartamento **la** settimana scorsa; *to* **keep** *moving* muoversi; *to* ~ **o** partire, muoversi: *the train –d off* il treno parti; *to* ~ **o** 1 andare avanti, avanzare; 2 (*to cause to go on*) **f** andare avanti, far circolare; ~ *on please!* circolare!; *to* ~ **out:** 1 (*to leave a residence*) sgombrare; 2 (*to lea* **r** partire, andarsene (*of* da); ~ **over!** spostati!; *to* ~ **up:** andare su, salire; 2 (*to cause to go up*) far salire; 3 **t** *make room for another person*) spostarsi.

move[2] *s.* **1** movimento *m,* mossa *f.* **2** (*change of residen* **t** trasloco *m,* trasferimento *m,* cambiamento *m* di casa. **3** (*in chess*) mossa *f: a bad* ~ una cattiva mossa; (*tur* **no** turno *m* (di muovere). **4** (*step, manoeuvre*) mossa **f,** azione *f,* passo *m: it was a clever* ~ è stata una mo **ssa** intelligente. □ *to watch s.o.'s every* ~ osservare tutt **i** movimenti di qd.; *a false* ~ una mossa falsa; *to make a* **mossa;** **first** ~ prendere l'iniziativa, fare la prima mossa; *to h***e** *first* ~ (*in games*) fare la prima mossa; ⟨*sl*⟩ *to get a* ~ **on** muoversi, sbrigarsi; ⟨*fam*⟩ *to* **know** *every* ~ (*in the gam* **e** conoscere tutte le sottigliezze (del gioco); *to* **make** *a* ~: muoversi, fare una mossa; 2 (*to depart*) partire, andarse **ne** 3 (*to begin to act*) mettersi in moto, entrare in azio **ne** muoversi; *what's our* **next** ~? cosa facciamo adesso?; *to* **on** *the* ~: 1 essere in movimento (*o* moto); 2 ⟨*fam*⟩ (*to* **be** *busy, active*) essere in movimento (*o* moto), darsi da fa **re** *he lay* **without** *making a* ~ giaceva immobile. ‖ *it's y***o** ~ (*in games*) tocca a te.

moveability, moveable → movability, movable.

movement ['mu:vmənt] *s.* **1** moto *m,* movimento *m:* **r** ~ *of the planets* il moto dei pianeti; (*instance*) movimer **to** *m,* moto *m,* mossa *f,* gesto *m: he made a slight* ~ *of* **a** *head* fece un leggero movimento con la testa; (*mann* **er**) movenza *f,* mossa *f: the graceful –s of a dancer* **le** movenze aggraziate di una ballerina. **2** *pl.* (*activit* **à,** *actions*) movimenti *mpl,* mosse *fpl: a detective* **w** *assigned to watch his –s* un investigatore fu incaricato **di** sorvegliare i suoi movimenti. **3** (*trend*) tendenza **f,** orientamento *m,* corrente *f,* indirizzo *m: there is a stro* **ng** ~ *towards materialism* c'è una forte tendenza verso **il** materialismo; (*of a person: impulse*) impulso *m.* **4** (*concerted action*) movimento *m* (*anche Lett.,Art.*): *the* civil rights ~ il movimento per i diritti civili. **5** ⟨*M* **ecc**⟩ movimento *m,* spostamento *m,* manovra *f:* ~ *of troo* **pe** movimento di truppe. **6** ⟨*Mecc*⟩ (*mechanism*) movimen **to** *m,* meccanismo *m;* (*action*) corsa *f,* movimento *m.* ⟨*Orol*⟩ movimento *m.* **8** ⟨*Fisiol*⟩ evacuazione **f,** defecazione *f.* **9** ⟨*Econ*⟩ movimento *m.* **10** ⟨*M* **us**⟩ (*division of a work*) tempo *m,* movimento *m: the first* ~ *of the symphony* nel primo tempo della sinfonia. ⟨*Dir*⟩ **free** ~ *of labour* libera circolazione de **lla** manodopera.

mover ['mu:və] *s.* **1** chi muove. **2** (*of a resoluti* **on**) proponente *m/f.* **3** (*one who incites to action*) animatore (*f* –trice), promotore *m* (*f* –trice). **4** ⟨*Rel,Filos*⟩ motore *m.* **5** ⟨*am*⟩ (*house mover*) chi effettua traslochi.

movie ['mu:vi] **I** *s.* ⟨*fam*⟩ **1** film *m,* pellicola *f* (*o* ope **ra**) cinematografica. **2** (*art of cinema*) cinematografia **f,** cinema *m.* **3** *pl.* (*film, cinema*) cinematografo *m,* cine **ma** *m.* **4** *pl.* (*film industry*) industria *f* cinematografi **ca,** cinematografia *f.* **II** *a.* del cinema, cinematografico, **del** mondo della celluloide: *a* ~ **star** una stella del cinema. *to go to the –s* andare al cinema.

movie| camera *s.* ⟨*fam*⟩ macchina *f* da presa, cinecamera

~goer s. ⟨fam⟩ frequentatore m (f –trice) di cinematografi. **~ house** s. ⟨fam⟩ cinematografo m, cinema m. **~land** s. 1 cinelandia f, mondo m ⌐del cinema⌐ ,o della celluloide). 2 (film industry) cinematografia f, industria f cinematografica. **~maker** s. cineasta m/f. **~making** s. produzione f cinematografica. **~ theater** am. s. cinemateatro m.

oving ['mu:viŋ] a. 1 (that moves) in moto, in movimento: a ~ bus un autobus in moto. 2 (capable of moving) mobile: a motor with no ~ parts un motore privo di parti mobili. 3 (that incites) animatore, che incita. 4 (fig) commovente, toccante, patetico: a ~ ceremony una cerimonia commovente. ☐ the ~ spirit of the enterprise l'animatore dell'impresa. **movingly** [–li] avv. in modo commovente (o toccante).

oving| part s. ⟨tecn⟩ elemento m mobile. **~ picture** s. → motion picture. **~ sidewalk** am. s. tapis roulant m. **~ staircase**, **~ stairway** s. scala f mobile. **~ target** s. ⟨Mil⟩ bersaglio m mobile. **~van** am. s. furgone m per traslochi.

ow[1] [mou] v. (pret. mowed [–d], p.p. mowed/mown [–n]) I v.t. 1 falciare, tagliare: to ~ the grass falciare l'erba; (of grain) mietere. 2 (to cut, etc., from) falciare: to ~ a lawn falciare un prato. II v.i. fare la falciatura; (of grain) fare la mietitura. ☐ to ~ **down** falciare, mietere: the troop were –ed down le truppe furono falciate.

ow[2] s. ⟨Agr⟩ 1 (of hay, straw) mucchio m di fieno (o paglia) ammassato in un fienile; (of grain) cumulo m di covoni di grano. 2 (part of a barn) parte f del granaio dove si ripone il fieno (o la paglia).

ow[3] [mau, mou] ⟨ant⟩ I s. smorfia f, boccaccia f. II v.i. fare le boccacce, fare smorfie.

ower ['mouə] s. 1 falciatore m (f –trice); (of grain) mietitore m (f –trice). 2 → **mowing machine. mowing** ['mouiŋ] s. falciatura f, taglio m; (of grain) mietitura f. **mowing machine** s. ⟨Agr⟩ falciatrice f.
own [moun] → **mow**[1].
Mozambique [ˌmouzəm'bi:k] N.pr. ⟨Geog⟩ Mozambico m.
Mozarabic [mouz'ærəbik] a. mozarabico, dei mozarabi.
Mozartean, Mozartian [mou'tsɑ:tiən] a. mozartiano, di Mozart.
.p. = ⟨Mus⟩ mezzo piano mezzo piano (abbr. mp).
.p. = ⟨Met⟩ melting point punto di fusione.
I.P. = 1 Member of Parliament deputato. 2 Metropolitan Police polizia metropolitana. 3 Military Police polizia militare.
pg, m.p.g. = miles per gallon miglia per gallone.
ph = miles per hour miglia all'ora.
I.Ph. = ⟨am⟩ Master of Philosophy dottore in filosofia.
Ir, Mr. = Mister Signore (abbr. Sig.).
IRBM = Medium Range Ballistic Missile missile balistico a medio raggio.
IRCA = ⟨Mil⟩ Multi-role Combat Aircraft aereo da combattimento a impiego plurimo.
Irs, Mrs. ['misiz] = Mistress Signora (abbr. Sig.ra).
IS = ⟨Mar⟩ motor ship motonave (abbr. M/n, m/n).
s., MS. = manuscript manoscritto (abbr. ms).
I.Sc. = Master of Science dottore in scienze.
Isgr = Monsignor monsignore (abbr. mons.).
ss., MSS. = manuscripts manoscritti (abbr. mss).
IT = ⟨Atom⟩ megaton(s) megaton.
It., Mt. = 1 mount monte (abbr. m). 2 mountain montagna (abbr. m).
I.T. = 1 mechanical transport trasporto meccanico. 2 motor transport autotrasporto. 3 mean time tempo medio.
uch [mʌtʃ] I a. (compar. more [mɔ:], sup. most [moust]) molto, assai, parecchio, tanto: he doesn't drink ~ milk non beve molto latte. II s. 1 molto m, grande parte f (o quantità): you haven't eaten ~ non hai mangiato molto; ~ of it is correct gran parte di ciò è giusto. 2 (s.th. important, impressive, etc.) grande cosa f, ⟨fam⟩ gran che m: it's not ~ non è un gran che. III avv. (compar. more [mɔ:], sup. most [moust]) 1 (to modify comparatives) molto, assai: I feel ~ better mi sento molto meglio; (to modify superlatives) di gran lunga: this one is ~ the best

questo è di gran lunga il migliore. 2 (to modify adjectival past participles) molto, assai, grandemente: I was ~ surprised to see him fui molto sorpreso di vederlo. 3 (to modify verbs) molto: I don't like beer ~ non mi piace molto la birra. 4 (often) spesso, molto: he doesn't go out ~ non esce spesso. 5 (a long time) molto, a lungo, per lungo tempo: he hasn't lived here ~ non ha vissuto molto qui. 6 (nearly) quasi come, più o meno: he thinks ~ as I do la pensa quasi come me; (approximately) quasi, all'incirca, pressappoco, su per giù, più o meno: the two are ~ the same i due sono quasi uguali; it was (very) ~ what I expected era pressappoco quello che mi aspettavo. 7 (nei composti) molto ..., tanto ...: a ~-loved man un uomo molto amato. ☐ **as** ~ **as**: 1 (tanto ...) quanto: take as ~ as you want prendine quanto (ne) vuoi; 2 (all) il massimo, tutto quello: this is as ~ as I can manage questo è il massimo che posso fare; 3 (equally) (tanto ...) quanto, ugualmente, allo stesso modo: it's as ~ your fault as mine la colpa è tua quanto mia; if you help me I will do as ~ for you se mi aiuti farò lo stesso per te; twice as ~ due volte tanto, il doppio; ⟨iron⟩ ~ **good** may it do you! e buon pro ti faccia!; ~ **less**: 1 molto (o assai) meno: I earn ~ less than I spend guadagno molto meno di quanto spendo; 2 (even less) meno che meno (o mai), ancor (o tanto) meno: he didn't even thank me, ~ less pay me non mi ha (neppure) ringraziato, e tanto meno pagato; to **make** ~ **of**: 1 (to understand) afferrare (o capire) bene: I couldn't make ~ of his speech non sono riuscito ad afferrare bene il suo discorso; 2 (to attach importance to) tenere in grande considerazione, dare peso (o importanza) a; 3 (to pay attention to) fare festa a; ~ **more**: 1 molto (o assai) più; 2 (even more) ancora (o molto) più; I don't see ~ **of** him non lo vedo spesso; he is not ~ of a poet non è un gran che come poeta; to be ~ of an age essere più o meno della stessa età, essere quasi coetanei. || ⟨fam⟩ there is not ~ in it non c'è molta differenza, ⟨fam⟩ più o meno siamo lì; I only want this ~ ne voglio solo tanto così; ~ to my surprise con mio grande stupore.

muchness ['mʌtʃnis] s. ⟨rar⟩ grandezza f, mole f, entità f. ☐ ⟨fam⟩ to be ~ much of a ~ essere più o meno uguale, non esserci molta differenza; the candidates were much of a ~ i candidati erano più o meno allo stesso livello.
mucilage ['mju:silidʒ] s. ⟨Bot,Farm⟩ mucillagine. f. **mucilaginous** [–'lædʒinəs] a. mucilaginoso (anche Bot.).
muck[1] [mʌk] s. 1 ⟨Agr⟩ concime m organico, letame m, stallatico m. 2 (dirt, filth) letame m, sudiciume m, sporcizia f, porcheria f. 3 (soft mud) fanghiglia f, fango m. 4 ⟨fam⟩ (rubbish) ciarpame m, robaccia f, ⟨fam⟩ porcheria f. 5 ⟨fam⟩ (slop, swill) cibo m (o bevanda f) disgustoso, ⟨pop⟩ porcheria f, ⟨pop⟩ schifezza f. 6 ⟨fam⟩ (state of confusion) disordine m, confusione f. 7 ⟨am.Agr⟩ terreno m ad alto contenuto organico. ☐ ⟨fam⟩ to **make** a ~ **of**: 1 pasticciare, abborracciare; 2 (to make filthy) sporcare, insozzare, insudiciare.
muck[2] v.t. 1 ⟨Agr⟩ concimare, fertilizzare. 2 (to clear of manure; spesso con out) pulire (togliendo il letame), levare il letame da: to ~ out the stables pulire le stalle. ☐ ⟨fam⟩ to ~ **about** (o around): 1 baloccarsi, gingillarsi, trastullarsi; 2 (to push around) sballottare, sbattere di qua e di là; 3 (to disturb, mess up) mettere sottosopra (o in disordine), scompigliare, scombinare; ⟨fam⟩ to ~ **in** with (to share lodgings, food, etc.) stare con, coabitare con; ⟨fam⟩ to ~ **up**: 1 sporcare, imbrattare, insudiciare, insozzare; 2 (to disturb, mess up) mettere sottosopra (o in disordine), scompigliare; 3 (to botch) pasticciare, abborracciare, rovinare.
mucker ['mʌkə] s. zoticone m (f –a), bifolco m (f –a). ☐ ⟨fam⟩ to come a ~: 1 fare un capitombolo; 2 ⟨fig⟩ fare fiasco, non riuscire.
muck heap s. mucchio m di letame.
muckiness ['mʌkinis] s. sudiciume m, sporcizia f, sudiceria f.
muckle scozz. ['mʌkl] s. grande quantità f.
muck|rake v.i. ⟨fam⟩ scoprire e denunciare scandali (o abusi, ecc.). **~ raker** s. chi scopre e denuncia scandali (o abusi, ecc.). **~ sweat** s. ⟨fam⟩ bagno m di sudore.

~worm s. 1 ⟨Zool⟩ verme m che vive nel letame. 2 ⟨fig⟩ (miser) spilorcio m (f –a), taccagno m (f –a).

mucky ['mʌki] a. 1 sporco, sudicio, sozzo, lurido. 2 (muddy) fangoso, melmoso.

mucosa [mju:'kousə] s. (pl. -sae [si:]/inv./-s [z]) → mucous membrane. **mucosity** [–'kɔsiti] s. l'essere mucoso. **mucous** ['mju:kəs] a. 1 coperto di muco. 2 (of or resembling mucus) mucoso, relativo (o simile) al muco. 3 ⟨Anat⟩ muciparo, mucifero.

mucous membrane s. ⟨Anat⟩ mucosa f, membrana f mucosa.

mucro ['mju:krou] s. (pl. -s [z]/-crones [krouni:z]) ⟨Biol⟩ mucrone m.

mucus ['mju:kəs] s. ⟨Biol⟩ muco m.

mud[1] [mʌd] s. 1 fango m, limo m, mota f, melma f, fanghiglia f. 2 ⟨fig⟩ feccia f, scorie fpl, rifiuti mpl; (degradation, depths) abbrutimento m, degradazione f, fango m. 3 ⟨Geol, Minier⟩ fango m. 4 ⟨sl⟩ (opium) oppio m. □ ⟨fig⟩ to **drag** s.o. (o s.o.'s name) into the ~ infangare il nome di qd., trascinare il nome di qd. nel fango; ⟨fam⟩ ~ in your **eye**! (as a toast) cincin!, alla salute!, salute!, prosit!; ⟨fam⟩ his **name** is ~ with me non lo voglio nemmeno sentire nominare; to **get** stuck in the ~ impantanarsi, rimanere impantanato; ⟨fig⟩ to **throw** ~ at s.o. gettare fango addosso a qd. Prov.: if you **throw** enough ~, some of it will **stick** calunnia, calunnia, che a tirar dell'acqua, al muro sempre se n'attacca.

mud[2] v.t. (pret., p.p. **mudded** ['mʌdid]) 1 coprire di fango, infangare. 2 (to stir up the mud) intorbidire, rendere torbido.

mud bath s. ⟨Med⟩ bagno m di fango, fangatura f.

muddiness ['mʌdinis] s. fangosità f.

muddle[1] ['mʌdl] s. 1 disordine m, scompiglio m, confusione f: the papers were in a ~ le carte erano in disordine; (confused mess) pasticcio m, imbroglio m. 2 (state of mental confusion) confusione f, disordine m: his mind is in a complete ~ nella sua mente c'è una gran confusione. □ to get into a ~ (of people) cacciarsi in un pasticcio; (of things) ingarbugliarsi; to make a ~ of s.th. impasticciare qc., ingarbugliare qc.

muddle[2] I v.t. 1 pasticciare, abborracciare, raffazzonare. 2 (to mix confusedly; spesso con up, together) confondere, mescolare, mischiare. 3 (to confuse) confondere, sconcertare, disorientare: his questions –d me le sue domande mi confusero; (to confuse with alcohol) stordire, intontire, annebbiare. II v.i. (spesso con along, on) agire in modo disordinato. □ to ~ **away** sciupare, sperperare, sprecare; to ~ **through** cavarsela (alla meno peggio), farcela (a mala pena).

'muddle-'headed a. ⟨fam⟩ 1 dalla testa di legno (o rapa), stupido, tonto. 2 (blundering) confusionario, pasticcione.

muddler ['mʌdlə] s. confusionario m (f –a), pasticcione m (f –a).

muddy ['mʌdi] I a. 1 fangoso, imbrattato (o sporco) di fango, infangato: ~ **shoes** scarpe fangose. 2 (abounding in mud) fangoso, melmoso, limaccioso: a ~ **road** una strada fangosa. 3 (turbid) torbido: ~ **coffee** caffè torbido. 4 (like mud in colour) smorto, opaco: a ~ **complexion** una carnagione smorta. 5 (dull, murky) fosco, scuro: ~ **sky** cielo fosco. 6 ⟨fig⟩ confuso, disordinato: ~ **ideas** idee confuse. II v.t. 1 infangare, sporcare di fango. 2 ⟨fig⟩ confondere, rendere confuso.

mud|**flap** s. ⟨Aut⟩ paraspruzzi m. ~ **flat** s. ⟨Geol⟩ distesa f fangosa. **~flow** s. ⟨Geol⟩ colata f di fango, massa f fangosa. **~guard** s. ⟨Aut⟩ parafango m. **~lark** s. 1 chi fruga nel fango in cerca di oggetti da vendere. 2 (street urchin) monello m, ragazzo m di strada. 3 ⟨Ornit⟩ allodola f gazza. ~ **pack** s. ⟨Cosmet⟩ maschera f di fango. ~ **pie** s. formina f di terra (o fango) fatta dai bambini per gioco. ~ **slinger** s. calunniatore m (f –trice), denigratore m (f –trice). ~ **slinging** s. calunnia f, denigrazione f, diffamazione f. ~ **volcano** s. vulcano m di fango, salsa f. ~ **wall** s. muro m di fango e paglia.

muezzin [mu:'ezin] s. muezzin(o) m.

muff[1] [mʌf] s. ⟨Vest,Mecc⟩ manicotto m.

muff[2] I s. 1 atleta m/f maldestro, brocco m. 2 (clumsy person) persona f goffa (o maldestra); (bungler) pasticcione

m (f –a). 3 ⟨sport⟩ presa f fallita, colpo m mancato. ⟨fam⟩ (failure, bungle) fiasco m, cilecca f. II v.t. sciupare, pasticciare, rovinare. 2 ⟨sport⟩ (of a cat mancare, fallire. III v.i. ⟨fam⟩ pasticciare, abborraccia

muffin ['mʌfin] s. ⟨Dolc⟩ focaccina f di pasta lievita ,**muffin'eer** [–iə] s. 1 scaldavivande m per focaccine. (shaker for sifting sugar on muffins) spolverino m ((focaccine).

muffin man [mæn] s.irr. venditore m di focaccine.

muffle ['mʌfl] I v.t. 1 (to wrap up warmly; spesso con (imbaccucare, infagottare, coprire bene. 2 (to wrap so as dull sound) ricoprire (o avvolgere) per smorzare il suo (to deaden by wrapping, padding, etc.) smorzare, attut(attenuare. 3 ⟨fam⟩ (to silence) imbavagliare, mettere bavaglio a: to ~ the **press** imbavagliare la stampa. 4 (f (to suppress) reprimere, domare, soffocare: to ~ on **feelings** reprimere i propri sentimenti. II s. 1 ⟨tecn⟩ (in furnace) muffola f. 2 ⟨Zool⟩ (of ruminants, rode(labbro m superiore e naso. 3 ⟨rar⟩ (boxing glo guantone m. **muffled** [–d] a. 1 avvilupp(imbaccuccato, avvolto: ~ in a heavy **overcoat** avvilupp(in un pesante cappotto. 2 (wrapped to deaden sou(ricoperto (o avvolto) in modo da smorzare il suono. 3 (sound) soffocato, smorzato, attenuato: ~ **voices** soffocate.

muffler ['mʌflə] s. 1 sciarpa f pesante. 2 ⟨M silenziatore m (da scarico), marmitta f. 3 ⟨Mus⟩ (o(piano) feltro m.

mufti[1] [mʌfti] s. muftì m. **Mufti** s. (Grand Mufti) g(muftì m.

mufti[2] s. abito m civile (o borghese). □ in ~ borghese.

mug[1] [mʌg] s. 1 gotto m, tazza f (o bicchiere m) manico. 2 ⟨sl⟩ (face) faccia f, ⟨scherz⟩ muso m, ⟨spr grugno m; (mouth) bocca f, ⟨scherz,fam⟩ becco m. ⟨fam⟩ (stupid person) zuccone m (f –a), testa f di legno rapa); (gullible person) gonzo m (f –a), babbeo m (f – semplicione m (f –a). 4 ⟨sl⟩ (thug) criminale m delinquente m/f.

mug[2] v. (pret., p.p. **mugged** [mʌgd]) I v.i. fare smor fare le boccacce. II v.t. 1 ⟨sl⟩ (of a criminal) fotografa 2 ⟨am.sl⟩ (to assault by garrotting) assalire (o attacca(alle spalle con una presa al collo.

mug[3] s. ⟨fam⟩ sgobbone m (f –a), ⟨fam⟩ secchia f.

mug[4] v. (pret., p.p. **mugged** [–d]) ⟨fam⟩ I v.i. (gene con up) studiare molto, sudare sui libri, ⟨fam⟩ sgobba to ~ up for an **examination** sgobbare per un esame. v.t. (general. con up) studiare, preparare.

mugful ['mʌgful] s. (amount a mug holds) gotto m.

mugger ['mʌgə] s. rapinatore m.

mugginess ['mʌginis] s. (of weather) afosità f, umidità

mugging ['mʌgiŋ] s. ⟨fam⟩ aggressione f a scopo rapina.

muggins ['mʌginz] s. 1 ⟨fam⟩ semplicione m (f – babbeo m, grullo m (f –a). 2 (card game) gioco di ca per bambini. 3 (in dominoes) muggins m, sempre cine m.

muggy ['mʌgi] a. (of weather) umido e afoso (o pesan(caldo umido.

mug shot am. s. ⟨sl⟩ fotografia f segnaletica.

mugwump am. ['mʌgwʌmp] s. 1 grande capo m india 2 ⟨Pol⟩ repubblicano m indipendente. 3 ((self-important person) persona f piena di sé; (import(person) persona f importante, pezzo m grosso, padrete m.

Muhammad [mu'hæmed], **Muhammadan** [–ən] Mohammed, Mohammedan.

mulatto [mju:'lætou, am. mə'lætou] I s. (pl. -es [mulatto m (f –a). II a. 1 mulatto. 2 (of a light-bro colour) marrone (chiaro).

mulberry ['mʌlbəri] s. 1 ⟨Bot⟩ moro m, gelso m. 2 (fr mora f. 3 (dark purple colour) vermiglio m scuro.

mulch [mʌltʃ] I s. ⟨Agr⟩ pacciame m. II v.t. ricoprire pacciame.

mulching ['mʌltʃiŋ] s. ⟨Agr⟩ pacciamatura f.

mulct [mʌlkt] I s. ⟨lett⟩ multa f, ammenda f; (pena(penalità f. II v.t. 1 multare, infliggere una multa ın'ammenda⟩ a. **2** ⟨sl⟩ ⟨to obtain money from by fraud⟩ truffare (o estorcere) denaro a; ⟨of money: to obtain by fraud⟩ truffare, estorcere, ⟨pop⟩ fregare.

ule¹ [mju:l] s. **1** ⟨Zool⟩ mulo m (f –a). **2** ⟨fig⟩ mulo m, testone m (f –a), cocciuto m (f –a). **3** ⟨Biol⟩ ⟨hybrid⟩ ibrido m. **4** ⟨Tess⟩ filato m intermittente (per filare e torcere).

ule² s. ⟨Calz⟩ pantofola f, pianella f, ciabatta f.

uleteer [,mju:li'tiə] s. mulattiere m.

ule| track s. mulattiera f. **~ train** am. s. carovana f di muli.

uliebrity [,mju:li'ebriti] s. **1** ⟨womanhood⟩ l'essere donna. **2** ⟨womanly qualities⟩ femminilità f.

ulish ['mju:liʃ] a. testardo, ostinato, caparbio, cocciuto, da mulo. **mulishness** [–nis] s. testardaggine f, ostinazione f.

ull¹ [mʌl] v.t. **1** ⟨fam⟩ pasticciare, sciupare, abborracciare. **2** ⟨to ponder; general. con over⟩ rimuginare, ruminare: to ~ over an idea rimuginare un'idea. **3** ⟨to grind, pulverize⟩ macinare, polverizzare.

ull² v.t. ⟨of wine, beer⟩ scaldare e aromatizzare. ☐ –ed wine vino brulé.

ull³ s. ⟨Tess⟩ tipo di mussola leggera

ullein ['mʌlin] s. ⟨Bot⟩ verbasco m.

ullein pink s. ⟨Bot⟩ coronaria f.

uller ['mʌlə] s. **1** ⟨kind of pestle⟩ tipo di pestello piatto. **2** ⟨tecn⟩ mescolatore m a molazza, molazza f.

ullet ['mʌlit] s. ⟨pl.inv./–s [s]; il pl. inv. si usa general. con valore collett.⟩ ⟨Itt⟩ **1** muggine m. **2** ⟨red mullet⟩ triglia f.

ulligatawny [,mʌligə'tɔ:ni] s. ⟨Gastr⟩ zuppa f al curry.

ulligrubs am. ['mʌligrʌbz] s.pl. ⟨costr. sing. o pl.⟩ umore m nero, malumore m, luna f, lune fpl.

ullion ['mʌljən] s. ⟨Arch⟩ montante m (in legno o muratura).

ultangular [mʌl'tæŋgjulə] a. ⟨Geom⟩ pluriangolare.

ulteity [mʌl'ti:iti] s. → **multiplicity.**

ultiblade ['mʌltibleid] a. ⟨Mecc⟩ multilama.

ultichannel [,mʌlti'tʃænl] a. ⟨TV⟩ multicanali.

ulticoloured [,mʌlti'kʌləd] a. multicolore, a più colori, policromo.

ulticomponent [,mʌltikəm'pounənt] a. a più componenti.

ulticultural [,mʌlti'kʌltʃərəl] a. multiculturale.

ultidimensional [,mʌlti,dai'menʃənl] a. multidimensionale, pluridimensionale. **multidimensionality** [–næliti] s. multidimensionalità f, pluridimensionalità f.

ultidisciplinary [,mʌlti'disiplinəri] a. ⟨Ped⟩ multidisciplinare.

ultifactorial [,mʌltifæk'tɔ:riəl] a. multifattoriale.

ultifamily [,mʌlti'fæmili] a. per più famiglie, plurifamiliare: ~ house casa plurifamiliare.

ultifarious [,mʌlti'feəriəs] a. **1** molteplice, vario. **2** ⟨diverse⟩ svariato, vario. **multifariousness** [–nis] s. molteplicità f, varietà f.

ultiform ['mʌltifɔ:m] a. multiforme, poliedrico. **,multi'formity** [–iti] s. l'essere multiforme, poliedricità f.

ultifunction [,mʌlti'fʌŋkʃən] a. ⟨Inform⟩ multifunzionale.

ulti-head a. ⟨Mecc⟩ a testa multipla.

ultilateral [,mʌlti'lætərəl] a. multilaterale: ~ treaty trattato multilaterale; ~ disarmament disarmo m multilaterale. **multilateralism** [–izəm] s. multilateralità f. **multilaterally** [–i] avv. in modo multilaterale.

ultilevel address [,mʌlt'levl] s. ⟨Inform⟩ indirizzo m a più livelli.

ultilinear [,mʌlti'liniə] a. multilineare.

ultilingual [,mʌlti'liŋgwəl] **I** a. **1** plurilingue, multilingua. **2** ⟨of a person⟩ multilingue, poliglotta. **II** s. poliglotta m/f.

ultimedia [,mʌlti'mi:diə] a. multimedia: ~ display esposizione multimedia.

ultimillionaire ['mʌlti,miliə'nɛə] s. multimilionario m (f –a), plurimilionario m (f –a).

ultimodal [,mʌlti'moudəl] a. multimodale: ~ transport trasporto multimodale.

multinational [,mʌlti'næʃənl] **I** a. multinazionale (anche Econ.): ~ project progetto multinazionale; ~ peacekeeping force forza di pace multinazionale. **II** s. ⟨multinational corporation⟩ multinazionale f, società f multinazionale.

multinomial [,mʌlti'noumiəl] **I** a. ⟨Mat⟩ polinomiale. **II** s. polinomio m.

multipack ['mʌltipæk] a. in confezione multipla.

multiparous [mʌl'tipərəs] a. ⟨Biol⟩ multipara, pluripara. ☐ ~ birth parto plurigemino.

multiple ['mʌltipl] **I** a. **1** multiplo, plurimo, molteplice. **2** ⟨complex, various⟩ complesso, multiforme, vario. **3** ⟨El⟩ ⟨of a circuit⟩ multiplo; ⟨of circuits: arranged in parallel⟩ (collegati) in parallelo. **4** ⟨Bot,Mat⟩ multiplo. **II** s. ⟨Mat,El⟩ multiplo m.

multiple|-choice a. a scelte multiple. **~-choice test** s. ⟨Ped⟩ test m a scelte multiple. **~ fission** s. ⟨Biol⟩ ⟨of a cell⟩ scissione f multipla. **~ re-entry visa** s. visto m multiplo. **~ sclerosis** s. ⟨Med⟩ sclerosi f multipla (o a placche). **~ shop** s. → **multiple store. ~ star** s. ⟨Astr⟩ stella f multipla. **~ store** s. negozio m a catena. **~-unit** a. ⟨Ferr⟩ multiplo. **~-warhead missile** s. ⟨Mil⟩ missile m a testata multipla.

multiplex ['mʌltipleks] **I** a. **1** multiplo, molteplice, plurimo. **2** ⟨Tel⟩ multiplo: ~ telegraphy telegrafia multipla. **II** s. ⟨Tel⟩ multiplex m, sistema m multiplex. **III** v.t. ⟨Tel⟩ trasmettere contemporaneamente sullo stesso circuito. **IV** v.i. ⟨Tel⟩ trasmettere segnali contemporaneamente sullo stesso circuito. **multiplexer** [–ə] s. ⟨Tel⟩ multiplessatore m, multiplexer m. **multiplexing** [–siŋ] s. multiplessazione f.

multipliable ['mʌltiplaiəbl], **multiplicable** [–plikəbl] a. moltiplicabile. **,multiplicand** [–pli'kænd] s. ⟨Mat⟩ moltiplicando m.

multiplication [,mʌltipli'keiʃən] s. moltiplicazione f (anche Mat.).

multiplication table s. tavola f pitagorica.

multiplicative ['mʌltiplikeitiv] a. moltiplicativo (anche Mat.). **,multiplicity** [–'plisiti] s. **1** moltitudine f, (grande) quantità f, gran numero m. **2** ⟨multifariousness⟩ molteplicità f, varietà f.

multiplier ['mʌltiplaiə] s. **1** chi moltiplica. **2** ⟨Mat,Mecc⟩ moltiplicatore m. **multiply** [–plai] **I** v.t. moltiplicare: to ~ 9 by 6 moltiplicare 9 per 6. **II** v.i. **1** moltiplicarsi, aumentare (sempre più). **2** ⟨to breed⟩ moltiplicarsi, riprodursi.

multiplying| farm ['mʌltiplaiŋ] s. azienda f di riproduzione. **~ punch** s. ⟨Inform⟩ perforatrice f duplicatrice.

multiprocessing [mʌlti'prousesiŋ] s. ⟨Inform⟩ multielaborazione f. **multiprocessor** [–sesə] s. sistema m a più unità centrali.

multipurpose [,mʌlti'pə:pəs] a. pluriuso, polivalente.

multipurpose| room s. sala f polivalente. **~ scissors** s.pl. forbici fpl universali.

multiracial [,mʌlti'reiʃəl] a. multirazziale.

multirole ['mʌltiroul] a. polivalente.

multiseat [,mʌltisi:t] a. ⟨Aer⟩ pluriposto.

multistage ['mʌltisteidʒ] a. **1** graduale, per gradi. **2** ⟨Aer.mil.Astron⟩ polistadio, pluristadio, a più stadi.

multistor(e)y [,mʌlti'stɔ:ri] a. a più (o vari) piani, di molti piani: ~ car park un autoparcheggio a più piani.

multitape ['mʌltiteip] a. ⟨Inform⟩ a bande multiple.

multitude ['mʌltitju:d] s. **1** moltitudine f, (gran) quantità f, gran numero m. **2** ⟨great crowd, throng⟩ moltitudine f, folla f, schiera f, stuolo m. **3** ⟨common people, masses⟩ popolo m, masse fpl.

multitudinous [,mʌlti'tju:dinəs] a. **1** numerosissimo, innumerevole, infinito. **2** ⟨consisting of many elements⟩ molteplice, plurimo. **multitudinousness** [–nis] s. estrema numerosità f, l'essere innumerevole.

multivalence [,mʌlti'veiləns] s. ⟨Chim⟩ polivalenza f. **multivalent** [–nt] a. polivalente, multivalente.

multivitamin [,mʌlti'vitəmin] a. polivitaminico.

multiwall ['mʌltiwɔ:l] a. ⟨tecn⟩ a pareti multiple.

multure scozz. ['mʌltʃə] s. imposta f (o tassa) sul macinato.

mum¹ [mʌm] s. ⟨fam⟩ **1** madre f, ⟨fam⟩ mamma f, ⟨fam⟩

mà *f.* 2 ⟨*sl*⟩ (*madam*) signora *f.*

mum² (*fam*) **I** *a.* zitto. **II** *intz.* silenzio, zitto. ☐ ⟨*fam*⟩ ~'*s the word!* zitto e mosca!, acqua in bocca!

mum³ *v.i.* (*pret., p.p.* **mummed** [mʌmd]) **1** (*to act in mask*) recitare in maschera; (*to act as a mummer*) fare il mimo. **2** (*to go merrymaking in disguise*) andare in giro in maschera (a fare baldoria).

mum⁴ (*accorc. di chrysanthemum*) *s.* ⟨*fam*⟩ crisantemo *m.*

mum⁵ *s.* birra *f* di malto (ad alta gradazione).

mumble ['mʌmbl] **I** *v.i.* borbottare, bofonchiare, cianciare, masticare le parole. **II** *v.t.* **1** borbottare, biascicare, mormorare (*o* bisbigliare) confusamente: *to* ~ *one's thanks* borbottare un grazie. **2** (*to chew with toothless gums*) biascicare. **III** *s.* borbottio *m*, mormorio *m* confuso.

mumbo-jumbo ['mʌmbou'dʒʌmbou] *s.* (*pl.* **-s** [z]) **1** cerimoniale *m* elaborato. **2** (*object of superstitious reverence*) feticcio *m*, idolo *m.* **3** (*gibberish*) gergo *m* (*o* linguaggio) incomprensibile.

Mumbo Jumbo *s.* stregone *m.*

mummer ['mʌmə] *s.* **1** chi va in giro in maschera (a fare baldoria). **2** (*pantomimist*) pantomimo *m*, mimo *m.* **3** ⟨*scherz*⟩ (*actor*) attore *m* (*f* –trice). **mummery** [–ri] *s.* **1** pantomima *f.* **2** ⟨*fig*⟩ mascherata *f*, ridicola messinscena *f.*

mummification [,mʌmifi'keiʃən] *s.* **1** mummificazione *f.* **2** ⟨*Med*⟩ mummificazione *f*, cancrena *f* secca. **'mummify** [–fai] **I** *v.t.* **1** mummificare. **2** ⟨*fig*⟩ far diventare una mummia, far incartapecorire. **II** *v.i.* mummificarsi, incartapecorirsi.

mummy¹ ['mʌmi] *s.* ⟨*infant*⟩ mamma *f*, ⟨*infant*⟩ mammina *f.*

mummy² *s.* mummia *f* (*anche Bot.*).

mummy case *s.* sarcofago *m.*

mumps¹ [mʌmps] *s.pl.* (costr.sing.) ⟨*Med*⟩ parotite *f* (epidemica), ⟨*fam*⟩ orecchioni *mpl.*

mumps² *s.pl.* ⟨*fam*⟩ malumore *m*, umore *m* nero, luna *f*, lune *fpl.* ☐ *to have the* ~ avere la luna (di traverso).

munch [mʌntʃ] **I** *v.t.* masticare rumorosamente, sgranocchiare. **II** *v.i.* mangiare rumorosamente.

mundane ['mʌndein] *a.* **1** del mondo, terreno, terrestre. **2** (*worldly, earthly*) mondano, terreno. **mundanity** [–'dæniti] *s.* mondanità *f.*

mungo ['mʌŋgou] *s.* (*inferior wool*) lana *f* a fibra corta.

Munich ['mju:nik] *N.pr.* ⟨*Geog*⟩ Monaco *f* (di Baviera).

municipal [mju:'nisipəl] *a.* **1** municipale, comunale. **2** ⟨*Pol*⟩ interno.

municipal| corporation *s.* **1** comune *m.* **2** (*local corporation*) ente *m* locale. ~ **council** *s.* consiglio *m* municipale, giunta *f* municipale (*o* comunale). ~ **engineer** *s.* ingegnere *m* civile.

municipalism [mju:'nisipəlizəm] *s.* **1** sistema *m* municipalistico. **2** (*advocacy*) municipalismo *m.* **mu,nicipality** [–si'pæliti] *s.* **1** municipio *m*, comune *m.* **2** (*governing body*) municipio *m*, amministrazione *f* comunale, municipalità *f.* **mu,nicipalization** [–lai'zeiʃən] *s.* municipalizzazione *f.* **municipalize** [–laiz] *v.t.* municipalizzare.

munificence [mju:'nifisns] *s.* munificenza *f*, generosità *f.* **munificent** [–nt] *a.* **1** munifico, liberale, largo, generoso. **2** (*characterized by generosity*) munifico, generoso: *a* ~ *gift* un dono munifico.

muniment ['mju:nimənt] *s.* **1** *pl.* ⟨*Dir*⟩ documenti *mpl* probatori; ⟨*burocr*⟩ pezze *fpl* d'appoggio. **2** *pl.* (*archives*) archivi *mpl.*

muniment room *s.* archivio *m.*

munition [mju:'niʃən] **I** *s.pl.* ⟨*Mil*⟩ materiale *m* bellico, munizioni *fpl.* **II** *v.t.* fornire di munizioni (*o* materiale bellico). **munitioner** [–ə] *s.* chi fabbrica munizioni.

munitions factory [mju:'niʃənz] *s.* fabbrica *f* di munizioni.

munnion ['mʌnjən] *s.* → **mullion**.

muraena [mjuə'ri:nə] *s.* ⟨*Itt*⟩ murena *f.*

mural ['mjuərəl] **I** *a.* murale. **II** *s.* ⟨*Pitt*⟩ pittura *f* (*o* dipinto *m*) murale.

murder ['mə:də] **I** *s.* **1** omicidio *m*, assassinio *m*: *to commit* ~ commettere omicidio. **2** (*unjustifiable sacrifice of life*)

strage *f*, massacro *m*, carneficina *f.* **3** ⟨*fam*⟩ (*s.th. ve hard or unpleasant*) massacro *m*, ⟨*scherz*⟩ macello *m.* *v.t.* **1** assassinare, uccidere. **2** (*to kill brutally*) trucida massacrare. **3** ⟨*fam*⟩ (*to spoil by lack of skill*) massacra assassinare, maltrattare, storpiare, straziare: *to* ~ *language* maltrattare una lingua. ☐ *attempted* ~ tenta omicidio; ⟨*fam*⟩ *he can get away with* ~ se la ca sempre; ⟨*am.Dir*⟩ ~ *in the first degree* omicidio *m* primo grado; *to stand on* ~ *charges* essere processato p omicidio. *Prov.:* ~ *will out* tutti i nodi vengono pettine.

murder attempt *s.* tentato omicidio *m.*

murderer ['mə:dərə] *s.* **1** ⟨*Dir*⟩ omicida *m.* **2** (*kille* assassino *m.* **murderess** [–ris] *s.* **1** ⟨*Dir*⟩ omicida *f.* (*killer*) assassina *f.*

murderous ['mə:dərəs] *a.* **1** omicida, assassino: *a* ~ *act* gesto omicida. **2** (*causing murder*) mortale, micidia (*causing bloodshed*) sanguinario.

murderous frenzy *s.* delirio *m* omicida.

murderously ['mə:dərəsli] *avv.* con intenzione omicida.

mure ['mju:ə] *v.t.* murare, immurare.

murex ['mju:reks] *s.* (*pl.* **-rexes** [iz]/**murices** ['mju:risi:z ⟨*Zool*⟩ murice *m.*

muriate ['mju:ərieit] *s.* ⟨*Chim*⟩ cloruro *m*; (*potassiu chloride*) cloruro *m* di potassio.

muriatic acid [,mju:əri'ætik] *s.* acido *m* muriatico.

murk [mə:k] *s.* oscurità *f*, buio *m*, tenebre *fpl.* **'murkine** [–inis] *s.* oscurità *f.* **'murky** [–i] *a.* **1** oscuro, bui tenebroso: *a* ~ *room* una stanza buia. **2** (*misty*) nebulos caliginoso. **3** (*dark*) fosco, scuro. **4** ⟨*fig*⟩ oscuro, confus nebuloso. **5** ⟨*fam*⟩ (*shameful*) vergognoso.

murmur ['mə:mə] **I** *s.* **1** mormorio *m*, sussurro *m*, brus *m.* **2** (*mumbled complaint*) borbottio *m*, brontolio *m.* *v.i.* **1** mormorare, sussurrare, brusire. **2** (*to grumb* brontolare, lagnarsi, mormorare, borbottare. **III** *v* mormorare, bisbigliare, sussurrare. ☐ *to accept a rebu without a* ~ accettare un rimprovero senza fiata **murmurer** [–rə] *s.* mormoratore *m* (*f* –tric **murmuring** [–riŋ] **I** *s.* mormorio *m.* **II** *a.* che mormo (*o* bisbiglia), mormorante. **murmurous** [–rəs] *a.* **1** pie di mormorii (*o* bisbigli). **2** (*low, indistinct*) sussurra bisbigliato.

murphy *am.* ['mə:fi] *s.* ⟨*sl*⟩ patata *f.*

murrain ['mʌrein, *am.* 'mə:r–] *s.* **1** ⟨*Veter*⟩ moria *f* bestiame. **2** ⟨*Agr*⟩ moria *f.* **3** ⟨*rar*⟩ (*plague*) peste pestilenza *f.*

murrhine ['mʌrin, *am.* 'mə:r–] *a.* murrino, di murra.

mus. = **1** *museum* museo. **2** *music* musica. **3** *musi* musicale.

Mus.B., Mus.Bac. = *Bachelor of Music* baccelliere musica.

muscadel(le) [,mʌskə'del] *s.* → **muscat**.

muscadine (grape) ['mʌskədi(:)n] *s.* **1** ⟨*Bot*⟩ specie vite. **2** → **muscat**.

muscardine ['mʌskədi(:)n] *s.* moscardina *f*, calcino *m.*

muscat ['mʌskæt], **,muscatel** [–kə'tel] *s.* **1** ⟨*En* moscatello *m*, moscato *m.* **2** (*grape*) vitigno *m* moscatel **3** (*raisin*) uva *f* moscata.

muscle ['mʌsl] *s.* **1** ⟨*Anat,Macell*⟩ muscolo *m.* **2** (*f* muscoli *mpl*, forza *f*, vigoria *f.* ☐ ⟨*fam*⟩ *to* ~ *in:* penetrare (*o* aprirsi un varco) con la forza (*on* in); 2 *poach on s.o.'s preserves*) invadere, intromettersi (in); *to* **move** *a* ~ stare fermo (*o* immobile); ⟨*fam*⟩ *to* ~ *on way through a crowd* farsi largo a gomitate (*o* spintoni) la folla.

muscle| beach *s.* spiaggia *f* di culturisti. **~-bound** *a.* muscoli legati (*o* irrigiditi) per lo sforzo. **~man** [mæ *s.irr.* **1** ⟨*fam*⟩ (*well-built man*) giovane *m* atletico, ⟨*fa* fusto *m*; (*strong man*) uomo *m* forte, ⟨*fam*⟩ ercole ⟨*scherz*⟩ maciste *m.* **2** ⟨*sl*⟩ (*man hired by a gangst* gorilla *m.* ~ **sense** *s.* ⟨*Psic,Fisiol*⟩ senso *m* cinestesi cinestesi *f.*

muscologist [mʌs'kɔlədʒist] *s.* briologo *m.* **muscolo** [–dʒi] *s.* briologia *f.*

muscovado [,mʌskə'va:dou] *s.* (*pl.* **-s** [z]) (*raw suga* mascavato *m.*

Muscovite ['mʌskəvait] **I** *s.* **1** moscovita *m/f.* **2** (*este*

Russian) russo *m* (*f* –a). **3** ⟨*Stor*⟩ abitante *m/f* della
Moscovia. **4** ⟨*Min*⟩ muscovite *f.* **II** *a.* **1** moscovita. **2**
estens⟩ (*Russian*) russo. **Muscovy** [–vi] *N.pr.* **1** ⟨*Stor*⟩
Moscovia *f.* **2** (*estens*) (*Moscow*) Mosca *f*; (*Russia*) Russia

uscovy duck *s.* ⟨*Ornit*⟩ anatra *f* muschiata (*o* muta).
uscular ['mʌskjulə] *a.* **1** muscolare (*anche Med.*): ~
trophy atrofia muscolare; ~ *strength* forza muscolare. **2**
brawny) muscoloso, nerboruto. **3** ⟨*fig*⟩ vigoroso, robusto,
agliardo. **,muscularity** [–'læriti] *s.* **1** muscolosità *f.* **2**
brawniness, vigour) muscolosità *f,* robustezza *f,* forza *f.*
musculature [–tʃə] *s.* muscolatura *f,* muscoli *mpl.*
use [mju:z] *v.i.* **1** meditare, riflettere. **2** (*to gaze
reflectively*) contemplare.
use *s.* **1** ⟨*Mitol*⟩ musa *f.* **2** ⟨*fig*⟩ musa *f,* ispirazione *f*
poetica. **3** ⟨*fig*⟩ (*one who inspires*) musa *f,* ispiratrice *f.*
use *s.* poeta *m,* musa *f.*
usette [mju:'zet] *s.* ⟨*Mus*⟩ musette *f.*
useum [mju:'zi:əm] *s.* museo *m.*
useum piece *s.* **1** oggetto *m* (*o* pezzo) da museo. **2**
⟨*fig,scherz*⟩ pezzo *m* da museo.
ush[1] [mʌʃ] *s.* **1** poltiglia *f,* pappa *f.* **2** ⟨*am.Gastr*⟩ specie
di farinata (*o* porridge). **3** ⟨*fam*⟩ (*mawkish sentimentality*)
venevolezza *f,* sdolcinatezza *f,* sentimentalismo *m.* **4**
Rad⟩ interferenza *f.*
ush[2] **I** *v.i.* viaggiare su una slitta (trainata da cani). **II**
ntz. (*cry*) dai, via. **III** *s.* viaggio *m* su una slitta (trainata
a cani).
ushroom ['mʌʃru:m] **I** *s.* fungo *m* (*anche fig., Atom.*).
II *a.* **1** di (*o* con) funghi. **2** (*mushroom–shaped*) fungoso,
(forma di) fungo. **III** *v.i.* **1** raccogliere funghi, andare
er funghi. **2** ⟨*fig*⟩ (*to take the shape of a mushroom*)
rendere forma di fungo. **3** ⟨*fig*⟩ (*to spread quickly*)
spandersi rapidamente; (*to spring up rapidly;* spesso con
p) venir su rapidamente (*o* in fretta), spuntare (*o* venir
u) come i funghi.
ushroom| growth *s.* sviluppo *m* rapido. **~–head rivet**
chiodo *m* a testa larga.
ushrooming ['mʌʃru:miŋ] *s.* raccolta *f* di funghi. □ *to
* ~ andare in cerca di (*o* a) funghi.
ushroom poisoning *s.* avvelenamento *m* da funghi.
ushy ['mʌʃi] *a.* **1** pastoso, morbido, molle. **2** ⟨*fam*⟩
mawkish) sdolcinato, svenevole.
usic ['mju:zik] *s.* **1** musica *f: to set a poem to* ~ mettere
na poesia in musica, musicare una poesia. **2** ⟨*fig*⟩
musica *f,* melodia *f: her words were* ~ *to my ears* le sue
arole erano (una) musica per le mie orecchie. □ *to make
* *play*) ~ fare (della) musica; *a piece of* ~ un
mponimento (*o* brano) musicale, una musica; ⟨*Filos*⟩
e ~ *of the spheres* l'armonia [delle sfere] (*o* celeste);
nd⟩ ~ *while you work* musica *f* sul lavoro.
usical ['mju:zikəl] **I** *a.* **1** musicale: ~ *instruments
* rumenti musicali. **2** ⟨*fig*⟩ musicale, melodioso,
rmonioso: *a* ~ *voice* una voce musicale. **3** (*fond of or
killed in music*) musicale, che ha inclinazione per la
usica, amante della musica. **II** *s.* → **musical comedy.**
usical| box *s.* scatola *f* musicale (*o* armonica). ~
hairs *s.pl.* (costr. sing.) gioco *m* delle sedie. ~ **clock** *s.*
Orol⟩ carillon *m.* ~ **comedy** *s.* **1** film *m* (*o* commedia
musicale. **2** (*genre*) musical *m.*
usicale [,mju:zi'ka:l] *s.* pomeriggio *m* (*o* serata *f*)
musicale.
usical glasses *s.pl.* (*glass harmonica*) armonica *f* a
alici.
usicality [,mju:zi'kæliti], **'musicalness** [–kəlnis] *s.* **1**
usicalità *f,* armoniosità *f,* melodia *f.* **2** (*musical talent or
nsitivity*) talento *m* (*o* senso) musicale, disposizione *f*
er la musica.
usicassette ['mju:zəkəset] *s.* musicassetta *f.*
usical play *s.* → **musical comedy.**
usic| box *am.* *s.* → **musical box.** ~ **drama** *s.* dramma
usicale, melodramma *m.* ~ **hall** **I** *s.* music-hall *m.*
II *a.* di (*o* da) music-hall. ~ **hater** *s.* melofobo *m.*
usician [mju:'ziʃən] *s.* **1** (*performer*) musicista *m/f,*
*natore *m* (*f* –trice). **2** (*composer*) compositore *m* (*f*
trice), musicista *m/f.* **musicianly** [–li] *a.* di (*o* da)
usicista.

music lover *s.* amante *m/f* della musica, appassionato *m*
(*f* –a) di musica.
musicological [,mju:zikə'lɔdʒikəl] *a.* musicologico.
musicologist [–'kɔlədʒist] *s.* musicologo *m* (*f* –a).
musicology [–'kɔlədʒi] *s.* musicologia *f.*
musicotherapy [,mju:zikou'θerəpi] *s.* ⟨*Med*⟩ musicoterapia
f.
music| room *s.* sala *f* da musica. ~ **stand** *s.* leggio *m.* ~
stool *s.* sgabello *m* del (*o* per) pianoforte. ~ **teacher** *s.*
insegnante *m/f* di musica.
musing ['mju:ziŋ] **I** *s.* meditazione *f,* riflessione *f.* **II** *a.*
meditabondo, pensieroso, pensoso. **musingly** [–li] *avv.*
pensosamente.
musk [mʌsk] *s.* **1** ⟨*Zool*⟩ muschio *m.* **2** ⟨*Bot*⟩ musco *m,*
muschio *m.*
musk| bag *s.* ⟨*Zool*⟩ sacchetto *m* del muschio. ~ **deer** *s.*
⟨*Zool*⟩ mosco *m* (moschifero). ~ **duck** *s.* ⟨*Ornit*⟩ →
Muscovy duck.
musket ['mʌskit] *s.* ⟨*Mil.ant*⟩ moschetto *m.* **,musket'eer**
[–iə] *s.* moschettiere *m.* **musketry** [–ri] *s.* **1** ⟨*Mil*⟩
esercitazioni *fpl* di tiro; (*rifle shooting*) moschetteria *f.* **2**
⟨*Mil.ant*⟩ (*musketeers*) moschettieri *mpl.*
musk| gland *s.* → **musk bag.** **~melon** *s.* ⟨*Bot*⟩ melone
m. ~ **ox** *s.irr.* ⟨*Zool*⟩ bue *m* muschiato, ovibove *m.* ~
rat *s.* (*pl. inv./*-s; il pl.inv. si usa general. con valore
collett.) **1** ⟨*Zool*⟩ topo *m* muschiato, ondatra *f.* **2** (*fur*) rat
musqué *m.* ~ **rose** *s.* ⟨*Bot*⟩ rosa *f* muschiata.
musky ['mʌski] *a.* muschiato, che ha odore di muschio.
Muslem ['mʌzləm], **Muslim** [–lim] *s./a.* → **Moslem.**
muslin ['mʌzlin] **I** *s.* ⟨*Tess*⟩ mussola *f* (di cotone),
mussolina *f.* **II** *a.* di mussola.
musquash ['mʌskwɔʃ] *s.* → **musk rat.**
muss *am.* [mʌs] **I** *v.t.* ⟨*fam*⟩ (spesso con *up*) mettere in
disordine, scompigliare. **II** *s.* **1** ⟨*fam*⟩ scompiglio *m,*
confusione *f,* disordine *m.* **2** ⟨*sl*⟩ (*brawl, fight*) baruffa *f,*
lite *f.*
mussel ['mʌsl] *s.* ⟨*Zool,Gastr*⟩ mitilo *m,* cozza *f.*
Mussulman ['mʌslmən] *s.* ⟨*ant*⟩ (*pl.* -men [mən]/-s [z])
musulmano *m* (*f* –a), maomettano *m* (*f* –a), islamico *m* (*f*
–a).
mussy ['mʌsi] *a.* ⟨*fam*⟩ in disordine, sciatto, trasandato.
must[1] [mʌst] **I** *v.aus.* (3ª *pers. sing. pres.* must; *pret.* must;
manca dell'inf. e del p.p.; forma negativa must not,
mustn't ['mʌsnt]) **1** (*to express obligation*) devo, devi,
ecc., sono, sei, ecc. obbligato (*o* tenuto) a: *you* ~ *work
harder* devi lavorare di più; (*to express necessity*) occorre,
è necessario, bisogna (costr. impers.): *we* ~ *eat to live*
dobbiamo mangiare per vivere; (*in negatives: to express
prohibition*) non devo, ecc., non posso, ecc.: *he* ~ *not
come home late* non deve venire a casa tardi. **2** (*to
express necessity, obligation in the past*) devo, ecc., ho
l'obbligo di: *he agreed he* ~ *work harder* convenne che
doveva lavorare di più. **3** (*to express strong probability*)
devo, ecc.: *you* ~ *be tired* devi essere stanco. **4** (*to express
resolution*) devo, ecc., sono (proprio) deciso a, voglio
proprio: ~ *you go?* devi (*o* vuoi) proprio andare?; (*to
express inevitability*) devo, ecc., non posso fare a meno di,
è inevitabile. **II** *s.* **1** cosa *f* che va fatta (*o* vista, letta,
ecc.). **2** (*imperative need or duty*) necessità *f* (assoluta);
(*obligation*) obbligo *m,* dovere *m.* □ (*rar,scherz*) *I* ~
away debbo proprio andare; *this book is a* ~ *for dog
lovers* questo libro non può essere ignorato dai cinofili;
this film is a ~ è un film che bisogna vedere; ⟨*lett*⟩ ~
needs dovere proprio.
must[2] *s.* ⟨*Enol*⟩ mosto *m.*
must[3] **I** *s.* **1** (*mould*) muffa *f.* **2** (*mouldiness*) l'essere
ammuffito. **II** *v.i.* (*to become musty*) ammuffire, muffire,
fare la muffa.
must[4] **I** *s.* (*of male elephants*) stato *m* di eccitazione
(sessuale), frenesia *f.* **II** *a.* eccitato, infuriato.
mustache, mustached *am.* → **moustache, moustached.**
mustang ['mʌstæŋ] *s.* ⟨*Zool*⟩ mustang *m.*
mustard ['mʌstəd] *s.* **1** ⟨*Gastr*⟩ mostarda *f,* senape *f.* **2**
⟨*Bot*⟩ brassica *f.* **3** ⟨*Bot*⟩ (*black mustard*) senape *f* nera. **4**
(*colour*) color *m* senape, senape *m.* □ ⟨*fam*⟩ *as keen as* ~
pieno di entusiasmo.
mustard| gas *s.* ⟨*Chim*⟩ iprite *f.* ~ **plaster** *s.* ⟨*Med*⟩

senapismo *m.* **~ seed** *s.* **1** ⟨*Bot*⟩ seme *m* di senape. **2** ⟨*Bibl*⟩ granello *m* di senape.

muster ['mʌstə] **I** *v.t.* **1** ⟨*Mil,Mar*⟩ (r)adunare, chiamare a raccolta, riunire: *to ~ troops* radunare le truppe; (*to inspect*) ispezionare, passare in rassegna (*o rivista*). **2** (*to collect*) raccogliere, mettere insieme, radunare. **3** (*fig*) (spesso con *up*) fare appello a: *he had to ~ up all his courage* dovette fare appello a tutto il suo coraggio. **4** ⟨*am.Mil*⟩ (*to enlist;* general. con *in*) arruolare; (*to discharge from service;* general. con *out*) congedare. **II** *v.i.* **1** ⟨*Mil*⟩ (r)adunarsi. **2** (*to come together*) riunirsi, radunarsi. **III** *s.* **1** ⟨*Mil*⟩ adunata *f; (inspection)* rassegna *f,* rivista *f,* ispezione *f.* **2** (*assembled group*) raccolta *f,* adunata *f,* assembramento *m.* **3** ⟨*Comm*⟩ (*sample*) campione *m,* saggio *m.* □ *to pass ~:* 1 passare l'ispezione, essere trovato in regola; 2 (*to come up to standard*) essere accettabile, andare bene.

muster| book *s.* ⟨*Mar*⟩ registro *m* del ruolo dell'equipaggio. **~ roll** *s.* **1** ⟨*Mil*⟩ ruolo *m.* **2** ⟨*Mar*⟩ ruolo *m* dell'equipaggio.

mustiness ['mʌstinis] *s.* l'essere ammuffito.

mustn't ['mʌsnt] *contraz.* di **must** not.

musty ['mʌsti] *a.* **1** ammuffito, muffito, coperto di muffa; (*fusty*) stantio, che sa di muffa. **2** ⟨*fig*⟩ stantio, superato, antiquato, vecchio.

mutability [,mju:tə'biliti] *s.* **1** mutabilità *f.* **2** (*inconstancy*) incostanza *f,* mutabilità *f.* **'mutable** [–bl] *a.* **1** mutabile, variabile. **2** (*fickle, inconstant*) mutabile, mutevole, incostante.

mutate [mju:'teit] *v.t./i.* cambiare, mutare. **mutation** [–'teiʃən] *s.* **1** mutamento *m,* cambiamento *m,* mutazione *f*; (*alteration*) alterazione *f,* trasformazione *f.* **2** ⟨*Biol,Mus*⟩ mutazione *f.* **3** ⟨*Fon*⟩ metafonia *f,* metafonesi *f.* **'mutative** [–tətiv] *a.* **1** di mutazione (*o* mutamento); (*marked by mutation*) caratterizzato da mutazione. **2** ⟨*Gramm*⟩ mutativo.

mute [mju:t] **I** *a.* **1** (*dumb*) muto. **2** (*temporarily unable to speak*) muto, ammutolito, senza parole. **3** (*not speaking, silent*) muto, silenzioso, taciturno. **4** (*not expressed*) tacito, muto, sottinteso: *~ adoration* muta adorazione. **5** ⟨*Ling*⟩ muto. **II** *s.* **1** muto *m* (*f* –a). **2** ⟨*Mus*⟩ sordina *f.* **3** (*hired mourner*) prefica *f.* **4** ⟨*Fon*⟩ consonante *f* esplosiva, occlusiva *f.* **5** ⟨*Teat*⟩ comparsa *f.* **III** *v.t.* **1** smorzare (*o* attenuare) il suono di. **2** ⟨*Mus*⟩ mettere la sordina a. **3** (*of a colour*) smorzare. **'muted** [–id] *a.* **1** smorzato, attutito; (*silent*) tacito, muto, silenzioso. **2** ⟨*Mus*⟩ provvisto di sordina. □ *to speak in ~ whispers* parlare bisbigliando. **'muteness** [–nis] *s.* mutismo *m.*

mutes [mju:ts] *s.pl.* (*birds' dung*) sterco *m* di uccelli.

mutilate ['mju:tileit] *v.t.* mutilare (*anche fig.*). **1** (*mutilated*) mutilato. **2** ⟨*fig*⟩ mutilo, mutilato. **,mutilation** [–'leiʃən] *s.* mutilazione *f.* **mutilator** [–ə] *s.* chi mutila.

mutineer [,mju:ti'niə] *s.* ammutinato *m.*

mutinous ['mju:tinəs] *a.* **1** ammutinato, ribelle; *~ troops* truppe ammutinate; (*inciting to mutiny*) sedizioso, sovversivo: *a ~ speech* un discorso sedizioso. **2** ⟨*fig*⟩ insubordinato, ribelle. **mutinousness** [–nis] *s.* l'essere ribelle. **mutiny** [–ni] **I** *s.* **1** ammutinamento *m.* **2** ⟨*fig*⟩ ribellione *f,* rivolta *f.* **II** *v.i.* **1** ammutinarsi. **2** ⟨*fig*⟩ ribellarsi, insorgere.

mutism ['mju:tizəm] *s.* mutismo *m.*

mutt [mʌt] *s.* **1** ⟨*sl*⟩ cane *m* bastardo. **2** (*fam*) → **mutton** head.

mutter ['mʌtə] **I** *v.i.* **1** mormorare, bisbigliare. **2** (*to murmur complaints*) brontolare, borbottare, bofonchiare. **3** (*of things*) brontolare, rumoreggiare. **II** *v.t.* borbottare, brontolare. **III** *s.* **1** mormorio *m,* bisbiglio *m.* **2** (*of things*) mormorio *m,* brontolio *m.*

mutton[1] ['mʌtn] *s.* ⟨*Macell,Gastr*⟩ (*flesh of a mature sheep*) montone *m,* castrato *m: ~ roast* montone arrosto; (*flesh of any sheep*) pecora *f.* □ ⟨*fam*⟩ *~ dressed as a lamb* (*of a woman*) vecchia vestita da giovincella; ⟨*sl*⟩ *to return to our –s* per tornare a bomba.

mutton[2] *s.* ⟨*Tip*⟩ quadratone *m,* quadrato *m.*

mutton| chop *s.* ⟨*Gastr,Macell*⟩ costoletta *f* di montone. **~ chops** *s.pl.* ⟨*Mod*⟩ favoriti *mpl,* fedine *fpl.* **~ head** *s.*

⟨*fam*⟩ stupido *m* (*f* –a), zuccone *m* (*f* –a), testa *f* di leg **~-headed** *a.* ⟨*fam*⟩ stupido, imbecille.

muttony ['mʌtni] *a.* **1** di (*o* da) montone. **2** ⟨*Macell*⟩ *a sheep*) da carne.

mutual ['mju:tuəl] *a.* **1** reciproco, mutuo, scambiev◀ vicendevole; *~ trust* reciproca fiducia. **2** (*of two peo having the same relationship*) l'uno dell'altro, tra di lo *~ enemies* nemici l'uno dell'altro. **3** (*shared in comm* (in) comune: *~ acquaintances* conoscenze comuni. (*joint*) congiunto, unito: *~ efforts* sforzi congiunti. ⟨*Assic*⟩ mutuo. □ (*scherz*) *~ admiration society* grup *m* di persone che s'incensano a vicenda; ⟨*am*⟩ *~ sav bank* cassa *f* di risparmio cooperativa.

mutual| aid *s.* ⟨*Sociol*⟩ mutuo soccorso *m.* **~ fund** ⟨*am.Econ*⟩ fondo *m* comune d'investimento. **insurance** *s.* mutua assicurazione *f.*

mutualism ['mju:tuəlizəm] *s.* **1** ⟨*Biol*⟩ mutualismo *m* ⟨*Pol,Sociol*⟩ mutualità *f.* **,mutuality** [–tu'æliti] *s.* l'ess mutuo, reciprocità *f.* **mutually** [–li] *avv.* mutualmen reciprocamente, scambievolmente.

mutule ['mju:tju:l] *s.* ⟨*Arch*⟩ mutulo *m.*

muzak ['mu:zæk] *s.* programma *m* registrato di mus leggera (trasmesso in treno, aereo, sale di aspetto, ecc.

muzhik *s.* → **moujik.**

muzz [mʌz] *v.t.* ⟨*fam*⟩ (*to make muzzy*) intont istupidire. **'muzziness** [–inis] *s.* intontimento stordimento *m.*

muzzle ['mʌzl] **I** *s.* **1** (*of an animal: snout*) muso *m* (*for a dog*) museruola *f.* **3** ⟨*Artigl*⟩ bocca *f,* volata *f. v.t.* **1** (*of an animal*) mettere la museruola a. **2** (imbavagliare, mettere il bavaglio a.

muzzle| loader *s.* arma *f* da fuoco ad avancar **~-loading** *a.* ad avancarica. **~ velocity** *s.* ⟨*Art* velocità *f* iniziale.

muzzy ['mʌzi] *a.* **1** (*muddled*) intontito, stord istupidito; (*confused with drink*) stordito, annebbiato (*blurred*) confuso, offuscato.

mv, mV = ⟨*El*⟩ *millivolt* millivolt.

Mv = ⟨*El*⟩ *megavolt* megavolt.

M.V. = *motor vessel* motonave (*abbr.* M/N).

mw, mW = ⟨*El*⟩ *milliwatt* milliwatt.

Mw = ⟨*El*⟩ *megawatt* megawatt.

MW = ⟨*Rad*⟩ *Medium Waves* onde medie (*abbr.* OM

my [mai] **I** *a.poss.* **1** mio: *~ house* la mia casa; *~ do* mio cane. **2** (*in terms of address*) mio: *come now, ~* su, andiamo, ragazzo mio. **II** *intz.* (*to express surpr* perbacco, accidenti, perdinci: *~, it's a hot day* accid che caldo. □ *I've broken ~ leg* mi sono rotto una gam *~* (*very*) *own* (*proprio*) mio.

myalgia [mai'ældʒiə] *s.* ⟨*Med*⟩ mialgia *f.* **myalgic** [–d; *a.* mialgico.

myall ['maiɔ:l] *s.* **1** ⟨*Bot*⟩ acacia *f.* **2** (*wood*) acacia legno *m* di acacia.

mycelial [mai'si:liəl] *a.* ⟨*Bot*⟩ micelio. **mycelium** [–li *s.* (*pl.* **-lia** [liə]) micelio *m.*

Mycenae [mai'si:ni] *N.pr.* ⟨*Geog*⟩ Micene *f.* **,Mycenae** [–si'ni:ən] **I** *a.* miceneo (*anche Stor.gr.*). **II** *s.* miceneo (*f* –a).

mycologic [,maikə'lɔdʒik], **mycological** [–əl] *a.* ⟨*M* micologico. **mycologist** [–'kɔlədʒist] *s.* micologo *m* (*f* **mycology** [–'kɔlədʒi] *s.* micologia *f,* micetologia *f.*

mycosis [mai'kousis] *s.* (*pl.* **-ses** [si:z]) ⟨*Med,Biol*⟩ mi *f.* **mycotic** [–'kɔtik] *a.* ⟨*Med*⟩ micotico.

mydriasis [mi'draiəsis] *s.* (*pl.* **-ses** [si:z]) ⟨*Med*⟩ midr *f.*

myelitis [,maiə'laitis] *s.* ⟨*Med*⟩ mielite *f.*

mylodon(t) ['mailo(u)dɔn(t)] *s.* ⟨*Paleont*⟩ milodonte *m.*

Mynheer [main'hɛə] *s.* signore *m.* **mynheer** *s.* oland *m.*

myocarditis [,maio(u)ka:'daitis] *s.* ⟨*Med*⟩ miocardit **,myo'cardium** [–diəm] *s.* (*pl.* **-dia** [diə]) ⟨*An* miocardio *m.*

myogram ['maiəgræm] *s.* miogramma *m.* **myogra** [–gra:f] *s.* miografo *m.* **,myo'graphic** [–'græf **myo'graphical** [–'græfikəl] *a.* miografico.

myology [mai'ɔlədʒi] *s.* ⟨*Anat*⟩ miologia *f.*

myoma [mai'oumə] *s.* (*pl.* **-s** [z]/**-mata** [mətə]) ⟨*M* nioma *m.*

yope ['maioup] *s.* ⟨*Med*⟩ miope *m/f.* **my'opia** [–iə] *s.* ⟨*Med*⟩ miopia *f* (*anche fig.*). **myopic** [mai'ɔpik] *a.* niope.

yosis [mai'ousis] *s.* ⟨*Med*⟩ miosi *f.*

yosotis [maiə'soutis] *s.* ⟨*Bot*⟩ miosotide *f,* non ti scordar di me *m.*

yriad ['miriəd] **I** *s.* **1** miriade *f,* grande moltitudine *f.* **2** *ten thousand*) diecimila *m.* **II** *a.* innumerevole.

yriapod ['miriəpɔd] **I** *a.* ⟨*Zool*⟩ dei miriapodi. **II** *s.* miriapode *m.*

Iyrmidon ['mə:midən] *s.* (*pl.* **-s** [z]/**-midones** 'midəni:z}) ⟨*Stor.gr*⟩ mirmidone *m.* **myrmidon** *s.* sgherro *m,* sbirro *m.*

yrobalan [mai'rɔbələn] *s.* ⟨*Conc,Farm*⟩ mirabolano *m.*

yrrh [mə:] *s.* **1** mirra *f* (*anche Bibl.*). **2** ⟨*Bot*⟩ (*sweet cicely*) finocchiella *f.* **'myrrhic** [–rik] *a.* di mirra.

yrtaceous [mə:'teiʃəs] *a.* ⟨*Bot*⟩ delle mirtacee.

yrtle ['mə:tl] *s.* **1** ⟨*Bot*⟩ mirto *m,* mortella *f.* **2** ⟨*am.Bot*⟩ *periwinkle*) pervinca *f* minore.

yrtle|berry *s.* bacca *f* del mirto. **~ oil** *s.* olio *m* di mirto.

yself [mai'self] *pron.pers.* **1** (*used reflexively*) mi, me, me stesso: *I hurt ~* mi sono fatto male; *I did it for ~ alone* l'ho fatto soltanto per me. **2** (*as an emphatic appositive*) io (stesso), proprio io, io in persona: *I'll do it ~* lo farò (proprio) io; (*instead of me*) me: *he invited my wife and ~* ha invitato mia moglie e me; (*instead of I*) me, io: *my wife is older than ~* mia moglie è più vecchia di me. **3** (*alone*) da solo, per conto mio; (*without help*) da me, da solo: *I did it all by ~* l'ho fatto tutto da solo.

ysterious [mis'tiəriəs] *a.* misterioso, oscuro: *a ~ letter* una lettera misteriosa. **2** (*of a person*) misterioso, enigmatico. **3** (*of a mystery, rite*) misterioso, arcano, mistico. ☐ *don't be so ~* non fare il misterioso.

mysteriousness [–nis] *s.* misteriosità *f.*

ystery[1] ['mistəri] *s.* **1** mistero *m,* enigma *m,* arcano *m: it is a ~ to me* per me è un mistero. **2** (*mysteriousness*) misteriosità *f.* **3** *pl.* (*secret or specialized operations*) segreti *mpl,* misteri *mpl: the mysteries of Oriental cooking* i segreti della cucina orientale. **4 → mystery story. 5** *pl.* ⟨*Rel*⟩ (*secret rites*) misteri *mpl: the Eleusinian mysteries* i misteri eleusini. **6** ⟨*Rel.catt*⟩ sacramento *m,* eucarestia *f.* **7** ⟨*Teol*⟩ mistero *m.* **8 → mystery play.** ☐ *to make a ~ out of s.th.* fare mistero di qc., tenere qc. segreta; *to solve a ~* svelare l'arcano.

ystery[2] *s.* ⟨*rar*⟩ **1** mestiere *m.* **2** (*guild*) corporazione *f.*

ystery| play *s.* ⟨*Lett*⟩ mistero *m.* **~ ship** *s.* ⟨*Mar.mil*⟩ nave *f* civetta. **~ story** *s.* romanzo *m* (*o* racconto) giallo, giallo *m.*

mystic ['mistik] **I** *a.* **1** mistico. **2** (*of ancient religious mysteries*) mistico, arcano; (*occult*) occulto. **3** ⟨*fig*⟩ misterioso, oscuro, enigmatico. **II** *s.* mistico *m* (*f* –a).

mystical [–əl] *a.* **1** mistico; (*symbolical*) simbolico. **2** ⟨*Rel*⟩ mistico: *the ~ union between Christ and his Church* l'unione mistica di Cristo con la chiesa. **mystically** [–əli] *avv.* misticamente.

mysticism ['mistisizəm] *s.* **1** misticismo *m.* **2** ⟨*Teol*⟩ mistica *f,* misticismo *m.* **3** ⟨*fig*⟩ idee *fpl* vaghe, nozioni *fpl* confuse. **mysticize** [–saiz] *v.t.* rendere mistico.

mystification [ˌmistifi'keiʃən] *s.* **1** mistificazione *f,* inganno *m.* **2** (*act of perplexing*) il confondere, il rendere perplesso. **'mystified** [–faid] *a.* sconcertato, confuso, disorientato, perplesso. **'mystifier** [–faiə] *s.* mistificatore *m* (*f* –trice). **'mystify** [–fai] *v.t.* **1** (*to bewilder purposely*) mistificare, trarre in inganno, ingannare; (*to bewilder*) confondere, rendere perplesso, sconcertare. **2** (*to make mysterious*) avvolgere nel mistero, rendere misterioso (*o* incomprensibile).

mystique [mis'ti:k] *s.* mistica *f* (*anche Pol.*).

myth [miθ] *s.* **1** mito *m;* (*body of myths*) miti *mpl,* mitologia *f.* **2** ⟨*fig*⟩ (*invented story, etc.*) leggenda *f,* mito *m;* (*imaginary person*) mito *m,* figura *f* mitica.

myth. = 1 *mythological* mitologico. **2** *mythology* mitologia.

mythical ['miθikəl] *a.* **1** mitico, leggendario: *a ~ hero* un eroe mitico. **2** ⟨*fig*⟩ mitico, favoloso, leggendario: *~ treasure* il mitico tesoro.

mythicist ['miθisist] *s.* mitologo *m* (*f* –a). **mythicize** [–saiz] *v.t.* **1** miticizzare, mitizzare, rendere mitico. **2** (*to represent as mythical*) interpretare miticamente.

mythographer [mi'θɔgrəfə] *s.* mitografo *m.* **mythography** [–fi] *s.* mitografia *f* (*anche Art.*).

mythologic [ˌmiθə'lɔdʒik], **mythological** [–əl] *a.* **1** mitologico. **2** ⟨*fig*⟩ mitologico, mitico, favoloso, fantastico. **mythologist** [–'θɔlədʒist] *s.* mitologista *m/f,* mitologo *m* (*f* –a). **mythologize** [–'θɔlədʒaiz] **I** *v.t.* **1** rappresentare in modo mitico (*o* leggendario). **2** (*to make mythical*) miticizzare, mitizzare, rendere mitico. **II** *v.i.* mitizzare, comporre miti. **mythology** [–'θɔlədʒi] *s.* **1** mitologia *f,* miti *mpl: Greek ~* mitologia greca. **2** (*study of myths*) mitologia *f.*

mythomania [ˌmiθə'meiniə] *s.* ⟨*Psic*⟩ mitomania *f.* **mythomaniac** [–niæk] **I** *s.* mitomane *m/f.* **II** *a.* mitomane.

myxoedema [ˌmiksi'di:mə] *s.* ⟨*Med*⟩ mixedema *m.*

myxoma [mik'soumə] *s.* (*pl.* **-s** [z]/**-mata** [mətə]) ⟨*Med*⟩ mixoma *m.* **,myxomatosis** [–səmə'tousis] *s.* (*pl.* **-ses** [si:z]) ⟨*Med,Veter*⟩ mixomatosi *f.*

myxomycete [ˌmikso(u)mai'si:t] *s.* ⟨*Bot*⟩ mixomiceto *m.*

N

n, N [en] *s.* (*pl.* **n's/ns, N's/Ns** [enz]) (*letter of the alphabet*) n, N *f/m*: ⟨*Tel*⟩ N *for Nellie*, ⟨*am*⟩ N *for Nan* n come Napoli.

N I *a.* (*N–shaped*) a (forma di) N. **II** *s.* ⟨*Mat*⟩ n *f.*

n. = **1** *born* nato (*abbr.* n.). **2** *name* nome. **3** ⟨*Gramm*⟩ *neuter* neutro (*abbr.* n.). **4** ⟨*Gramm*⟩ *nominative* nominativo (*abbr.* nom.). **5** *noon* mezzogiorno. **6** *north* nord (*abbr.* N). **7** *northern* settentrionale. **8** ⟨*Gramm*⟩ *noun* nome. **9** *number* numero (*abbr.* N⁰).

N. = **1** *Nationalist* nazionalista. **2** *New* nuovo. **3** *North* nord (*abbr.* N).

n [ən, n] *contraz. di* **and, than.**

nab [næb] *v.t.* (*pret., p.p.* **nabbed** [–d]) ⟨*sl*⟩ **1** afferrare, acchiappare, agguantare. **2** (*to arrest*) arrestare, acciuffare. **3** (*to steal*) rubare.

nabob ['neibɔb] *s.* **1** ⟨*Stor*⟩ nababbo *m.* **2** ⟨*fig*⟩ nababbo *m*, riccone *m.*

nacelle [nə'sel] *s.* ⟨*Aer*⟩ **1** (*of an aeroplane: for the engine*) navicella *f* (motore), gondola *f* (motore); (*for the passengers, crew*) navicella *f*, carlinga *f.* **2** (*of a balloon*) navicella *f.*

nacre ['neikə] *s.* madreperla *f.* **nacr(e)ous** [–kr(i)əs] *a.* **1** madreperlaceo, (di) madreperla. **2** (*resembling nacre*) madreperlaceo.

nadir ['neidiə] *s.* **1** ⟨*Astr*⟩ nadir *m.* **2** ⟨*fig*⟩ punto *m* più basso. □ *to be at the ~ of one's hopes* non avere quasi più speranza.

naevus ['ni:vəs] *s.* (*pl.* **-vi** [vai]) neo *m.*

nag¹ [næg] *v.* (*pret., p.p.* **nagged** [–d]) **I** *v.t.* rimproverare (*o* sgridare) continuamente, tormentare con continui rimproveri. **II** *v.i.* **1** criticare continuamente (*at s.o.* qd.), trovare sempre da ridire (sul conto di). **2** (*to cause pain*) tormentare, molestare, infastidire (qd.).

nag² *s.* **1** brontolio *m.* **2** (*nagger*) brontolone *m* (*f* –a), criticone *m* (*f* –a).

nag³ *s.* ⟨*fam*⟩ (*small horse*) cavallino *m*, pony *m*; (*inferior horse*) rozza *f.*

nagger ['nægə] *s.* brontolone *m* (*f* –a), criticone *m* (*f* –a).

nagging [–giŋ] **I** *s.* brontolio *m*, il continuo criticare. **II** *a.* **1** brontolone, criticone: *a ~ wife* una moglie brontolona. **2** (*persistent*) persistente, fastidioso, molesto, tormentoso: *a ~ pain* un dolore persistente.

nagor ['neigɔ:] *s.* ⟨*Zool*⟩ redunca *f* cervicapra.

naiad ['naiæd] *s.* (*pl.* **-s** [z]/**naiades** ['naiədi:z]) ⟨*Mitol*⟩ naiade *f.*

naif [nɑ:'i:f] *a.* → **naive.**

nail¹ [neil] *s.* **1** chiodo *m.* **2** ⟨*Anat*⟩ unghia *f.* **3** ⟨*Calz*⟩ chiodo *m*, bulletta *f.* **4** ⟨*Zool*⟩ artiglio *m*, unghia *f* (ad artiglio), unghiello *m.* □ ⟨*fam*⟩ *to drive the ~ home* portare l'affare a buon fine; ⟨*fam*⟩ *to hit the ~ (right) on the head* colpire nel segno; ⟨*fam*⟩ *on the ~* subito, senza indugio, ⟨*fam*⟩ *a tamburo battente: to pay on the ~* pagare subito; ⟨*fam*⟩ *to the ~* completamente, fino in fondo. *Prov.: for want of a ~ the shoe was lost* per un punto Martin perse la cappa.

nail² *v.t.* **1** inchiodare. **2** ⟨*fig*⟩ inchiodare, paralizzare, immobilizzare: *fear –ed him to the spot* la paura lo inchiodò sul posto. **3** ⟨*fam*⟩ (*to compel to remai* inchiodare, incatenare: *to be –ed to one's desk* esse inchiodato alla scrivania. **4** ⟨*fam*⟩ (*to catch red-hande* cogliere con le mani nel sacco, ⟨*pop*⟩ pizzicare; (*of a li scandal*) scoprire, smascherare. □ *to ~ a lie to th counter* dimostrare la falsità di un'affermazion smascherare una menzogna; *to ~* **down** inchiodar chiudere con chiodi: *to ~ down a lid* inchiodare u coperchio; ⟨*fam*⟩ *to ~ s.o. down to a promise* costringe qd. a mantenere una promessa; *to ~* **up** chiudere fissare) con chiodi, inchiodare.

nail‖ bed *s.* ⟨*Anat*⟩ letto *m* ungueale (*o* dell'unghia).
biting *s.* ⟨*Med*⟩ onicofagia *f.* **~ brush** *s.* spazzolino per le unghie. **~ clippers** *s.pl.* tronchesine *fpl.*
enamel *s.* → **nail varnish.**

nailer ['neilə] *s.* **1** chiodaio *m*, chiodaiolo *m.* **2** ⟨*am.s* (*superior example*) campione *m*, asso *m: he is a ~* swimming è un campione nel nuoto. **nailery** [–ri] chioderia *f*, fabbrica *f* di chiodi.

nail‖ file *s.* lima *f* da unghie, limetta *f.* **~ head** *s.* **1** tes *f* (*o* capocchia) del chiodo. **2** (*ornament*) borchia (ornamentale). **~ polish** *s.* → **nail varnish. ~ polis remover** *s.* → **nail varnish remover. ~ scissors** *s.p* forbicine *fpl* per unghie. **~ varnish** *s.* smalto *m* p unghie. **~ varnish remover** *s.* solvente *m* per smalt acetone *m.*

naive, naïve [nɑ:'i:v] *a.* **1** ingenuo, candido, innocent (*artless*) semplice, naturale. **2** (*credulous*) ingenu credulone, semplicione. **na,ivete, na,ïveté** [–'tei **naïvety** [–'ti] *s.* **1** candore *m*, ingenuità *f*, semplicità innocenza *f.* **2** (*credulousness*) ingenuità *f*, semplicioner *f.*

naked ['neikid] *a.* **1** nudo, spogliato, svestito: *a ~ child u* bambino nudo; (*of parts of the body*) nudo, scoperto: *arms* braccia nude. **2** (*of a light, flame*) scoperto. **3** (*of sword, etc.*) nudo, sguainato. **4** (*bare of vegetation o foliage*) privo di vegetazione, spoglio: *~ trees* albe spogli. **5** ⟨*fig*⟩ (*without embellishment*) nudo, schiett semplice, disadorno. **6** ⟨*fig*⟩ (*manifest*) palese, manifest *a ~ lie* una palese menzogna. **7** (*empty, unadorned: walls*) nudo; (*of rooms*) nudo, vuoto. **8** ⟨*fig*⟩ (*devoi* privo, mancante (*of* di): *~ of comfort* privo di comodit **9** ⟨*fig*⟩ (*defenceless*) inerme, indifeso, disarmato. **1** ⟨*Dir*⟩ non valido. □ *as ~ as the day he was born* nu come un verme; *invisible to the ~ eye* invisibile a occh nudo; *to fight with ~ fists* combattere senza guantoni; *go ~* andare (in giro) nudo; *to strip ~* denudar **nakedly** [–li] *avv.* **1** senza vestiti, nudo. **2** ⟨*fig* (*manifestly*) palesemente, evidentemente. **3** ⟨*fig* (*defencelessly*) in modo indifeso. **nakedness** [–nis] *s.* nudità *f.* **2** (*barrenness*) aridità *f*, sterilità *f.* **3** ⟨*fig* evidenza *f.*

namable *a.* → **nameable.**

namby-pamby ['næmbi'pæmbi] **I** *a.* **1** sdolcinat languido, svenevole, stucchevole. **2** (*of people*) lezios effeminato, svenevole, smorfioso. **II** *s.* **1** sdolcinatezza

: (*person*) persona *f* leziosa (*o* svenevole).
me [neim] **I** *s.* **1** nome *m: the –s of the planets* i nomi
ei pianeti. **2** (*descriptive appellation*) denominazione *f,*
ppellativo *m,* nome *m.* **3** ⟨*fig*⟩ (*reputation*) nome *m,*
eputazione *f,* fama *f: to protect one's good* ~
alvaguardare il proprio buon nome. **4** (*family name*)
ognome *m,* nome *m,* casato *m;* (*family, race*) nome *m.* **5**
famous person) nome *m,* personalità *f.* **6** ⟨*Gramm*⟩ nome
m, sostantivo *m.* **7** *pl.* (*abuse*) ingiurie *fpl: to call s.o. -s*
oprire qd. di ingiurie, ingiuriare qd. **II** *v.t.* **1** (*to give a*
name to) dare un nome a; (*to call*) chiamare, mettere
*l*ome a: *they -d their son John* chiamarono il figlio
Giovanni. **2** (*to identify by name*) nominare, rivelare
*l*identità di; (*to mention*) fare il nome di, menzionare,
nominare. **3** (*to give, tell the name of*) dire il nome di:
can you ~ *that star?* sai dire il nome di quella stella? **4**
to specify) stabilire, fissare: *to* ~ *a price* fissare un
rezzo. □ *he was -d* **after** *his uncle* gli fu dato (*o* messo)
l nome dello zio; **by** ~: 1 per nome: *he knows all his*
employees by ~ conosce per nome tutti i suoi impiegati; 2
with specific designation) (chiamando) per nome: *to*
address s.o. by ~ rivolgersi a qd. chiamandolo per nome;
3 (*not personally*) di nome: *I know him by* ~ *only* lo
onosco solo di nome; *to* ~ **the day** stabilire (*o* fissare) il
iorno delle nozze; ⟨*fam*⟩ *to* ~ *s.o.* **for** *s.o.* dare (*o*
mettere) a qd. il nome di qd.; **in** ~ di nome,
nominalmente: *a king in* ~ *only* un re solo di nome; *in*
the ~ *of:* 1 in nome di: *in the* ~ *of the law* in nome della
egge; 2 (*on behalf of*) per conto di; *in the* ~ *of heaven,*
what is going on? in nome del cielo, che sta succedendo?;
n God's ~ in nome di Dio; *to book tickets in one's own*
~ prenotare biglietti a proprio nome; *to* **lend** *one's* ~ *to*
n enterprise prestare il proprio nome a un'impresa; *to*
make *a* ~ *for o.s.* (*to make one's name*) farsi un nome;
⟨*fam*⟩ **no** *-s, no pack-drill* non faccio nomi, né per lodare
*l*é per criticare; *to call s.th. by its* **proper** ~ chiamare qc.
ol suo (vero) nome; *to* **put** *one's* ~ *down for a*
ontribution mettersi in lista per un contributo; *to send in*
ne's ~ (*for a competition, etc.*) iscriversi; *to set one's* ~
*l*o *a document* firmare un documento; *I haven't a penny to*
my ~ non ho una lira; *to write* **under** *the* ~ *of Saki*
crivere con lo pseudonimo di Saki; ⟨*Bibl*⟩ *to take the* ~
f God in **vain** nominare il nome di Dio invano; *what* ~
hall I say? (*to a caller*) chi devo annunziare?; *what is*
our ~? come ti chiami? || *I don't want to* ~ *names but ...*
on voglio fare nomi ma ...; *my* ~ *is* Albert mi chiamo
Alberto; *to* ~ *but one* per citare un solo esempio.
meable ['neiməbl] *a.* **1** nominabile, che si può
ominare. **2** (*memorable*) memorabile, degno di nota.
me| **caller** *s.* chi ingiuria. ~ **calling** *s.* l'ingiuriare. ~
ay *s.* onomastico *m.* ~ **dropper** *s.* millantatore *m* (*f*
trice) (che fa sfoggio delle proprie conoscenze di persone
influenti).
meless ['neimlis] *a.* **1** ignoto, sconosciuto, oscuro: *a* ~
oet un ignoto poeta; *the* ~ *millions who died in war* i
ilioni di sconosciuti morti in guerra. **2** (*left unnamed*)
conosciuto, innominato: *a politician who shall remain* ~
n uomo politico che resterà sconosciuto. **3** (*having no*
ame) senza nome, che non ha un nome. **4** (*not marked*)
nonimo, senza nome: *a* ~ *grave* una tomba anonima. **5**
fig⟩ (*too vague to name*) indefinibile: ~ *fears* paure
ndefinibili; (*indescribable*) indescrivibile, indicibile,
nesprimibile: ~ *horrors* indescrivibili orrori. **6** (*too bad to*
ame, abominable) abominevole, nefando. **nameless-**
ess [-nis] *s.* anonimato *m,* anonimia *f.*
mely ['neimli] *avv.* cioè, vale a dire.
me| **part** *s.* ⟨*Teat*⟩ ruolo *m* (*o* parte *f*) principale.
plate *s.* **1** targa *f,* targhetta *f.* **2** ⟨*Giorn*⟩ testata *f.*
sake *s.* omonimo *m.*
amibia [næ'mi:biə] *N.pr.* ⟨*Geog*⟩ Namibia *f.*
ancy ['nænsi] (*dim. di Ann, Anna*) *N.pr.* Annetta *f.*
nkeen [næŋ'ki:n] *s.* **1** ⟨*Tess*⟩ nanchino *m,* nanchina *f.* **2**
l. (*trousers*) calzoni *mpl* di nanchino.
anking [næn'kin] *s.* ⟨*Geog*⟩ Nanchino *f.*
nna ['nænə] *s.* ⟨*infant*⟩ (*grandmother*) nonna *f.*
nnie, nanny ['næni] *s.* bambinaia *f,* ⟨*infant*⟩ tata *f.*
nny goat *s.* capra *f.*

nanocephalus [,nænou'sefələs] *s.* ⟨*Med*⟩ nanocefalo *m.*
nanochepaly [-li] *s.* nanocefalia *f.*
nanofarad [,nænou'færad] *s.* ⟨*Fis*⟩ nanofarad *m.*
nanogram [,nænou'græm] *s.* ⟨*Fis*⟩ nanogrammo *m.*
nanometre [,nænou'mi:tə] *s.* ⟨*Fis*⟩ nanometro *m.*
nanosecond [,nænou'sekənd] *s.* ⟨*Fis*⟩ nanosecondo *m.*
Naomi ['neiəmi] *N.pr.* Noemi *f* (*anche Bibl.*).
nap[1] [næp] **I** *s.* sonnellino *m,* dormitina *f,* ⟨*fam*⟩ pisolino
m: to take a ~ *after dinner* schiacciare un pisolino dopo
pranzo. **II** *v.i.* (*pret., p.p.* **napped** [-t]) sonnecchiare, fare
(*o* schiacciare) un pisolino. □ ⟨*fam*⟩ *to be caught -ping*
essere preso alla sprovvista[1] (*o* in contropiede).
nap[2] *s.* **1** (*on yarn, cloth*) pelo *m,* peluria *f.* **2** ⟨*Bot*⟩
peluria *f,* lanugine *f.* **II** *v.t.* (*pret., p.p.* **napped** [-t]) (*to*
raise a nap on) felpare.
nap[3] (*accorc. di napoleon*) *s.* ⟨*fam*⟩ (*card game*) napoleone
m. □ *to go* ~: 1 (*in cards*) fare napoleone; 2 ⟨*fig*⟩ dare
per certo (*on s.th.* qc.).
nap[4] *v.t.* (*pret., p.p.* **napped** [-t]) ⟨*sport*⟩ dare vincente.
napalm ['neipa:m] *s.* ⟨*Chim*⟩ napalm *m.*
napalm bomb *s.* bomba *f* al napalm.
nape [neip] *s.* (*back of the neck*) nuca *f.*
napery ['neipəri] *s.* **1** (*table linen*) biancheria *f* da tavola.
2 (*household linen*) biancheria *f.*
naphtha ['næfθə] *s.* ⟨*Chim*⟩ nafta *f.* **naphthalene** [-li:n]
s. naftalina *f,* naftalene *m.* **naphthol** [-θɔl, –θoul] *s.*
naftolo *m.*
napkin ['næpkin] *s.* **1** (*at table*) tovagliolo *m.* **2** (*paper*
napkin) tovagliolo *m* di carta, salvietta *f.* **3** (*baby's nappy*)
pannolino *m.* **4** ⟨*am*⟩ (*sanitary towel*) assorbente *m*
(igienico), pannolino *m.* **5** ⟨*dial*⟩ (*handkerchief*) fazzoletto
m.
napkin ring *s.* portatovagliolo *m* (ad anello).
Naples ['neiplz] *N.pr.* ⟨*Geog*⟩ Napoli *f.*
napless ['næplis] *a.* ⟨*Tess*⟩ rasato, liscio.
napoleon [nə'pouliən] *s.* **1** (*card game*) napoleone *m.* **2**
⟨*Numism*⟩ napoleone *m.* **3** ⟨*Calz*⟩ stivale *m* alto.
Napoleon [nə'pouliən] *N.pr.* ⟨*Stor*⟩ Napoleone *m.*
Na,poleonic [-li'ɔnik] *a.* napoleonico: ~ *Wars* guerre
napoleoniche. **Napoleonism** [-izəm] *s.* ⟨*Stor*⟩ **1** politica
f napoleonica. **2** (*Bonapartism*) bonapartismo *m.*
Napoleonist [-ist] *s.* bonapartista *m/f.*
nappiness ['næpinis] *s.* pelosità *f.* **napping** [-piŋ] *s.*
⟨*Tess*⟩ felpatura *f.*
nappy[1] ['næpi] *s.* ⟨*fam*⟩ (*for a baby*) pannolino *m.*
nappy[2] *a.* (*having a nap*) peloso; (*downy*) coperto di
peluria.
nappy[3] *a.* **1** (*of ale: foaming*) schiumoso; (*strong*) forte. **2**
(*rar*) (*tipsy*) brillo, alticcio.
narcissism [na:'sisizəm] *s.* ⟨*Psic*⟩ narcisismo *m.*
narcissist [-'sisist] *s.* narcisista *m/f.* ,**narcissistic**
[-si'sistik] *a.* narcisistico.
Narcissus [na:'sisəs] *N.pr.* ⟨*Mitol*⟩ Narciso *m.* **narcissus** *s.*
⟨*Bot*⟩ narciso *m.*
narcolepsy ['na:kə(u)lepsi] *s.* ⟨*Med*⟩ narcolessia *f.*
narcosis [na:'kousis] *s.* (*pl.* **-ses** [si:z]) ⟨*Med*⟩ narcosi *f.*
narcotic [na:'kɔtik] **I** *a.* **1** narcotico. **2** ⟨*fig*⟩ che produce
stupore, che intorpidisce. **II** *s.* narcotico *m,* stupefacente
m, droga *f.*
narcotics| addict [na:'kɔtiks] *s.* tossicomane *m/f,* drogato
m (*f* –a). ~ **addiction** *s.* tossicomania *f.* ~ **agent** *s.*
agente *m* della sezione narcotici. ~ **section** *s.* sezione *f*
narcotici. ~**sniffing dog** *s.* cane *m* antidroga.
narcotism ['na:kətizəm] *s.* **1** tossicomania *f.* **2** (*narcosis*)
narcosi *f.* **3** ⟨*Med*⟩ narcotismo *m.* ,**narcotization**
[-tai'zeiʃən] *s.* narcotizzazione *f.* **narcotize** [-taiz] *v.t.*
narcotizzare.
nard [na:d] *s.* **1** ⟨*Bot*⟩ valeriana *f.* **2** ⟨*Bot*⟩ (*spikenard*)
nardo *m* indiano. **3** (*ointment*) unguento *m* di nardo.
nares ['nɛəri:z] *s.pl.* ⟨*Anat*⟩ narici *fpl.*
narghile, nargile(h) ['na:gilei] *s.* narghilè *m.*
nark[1] [na:k] **I** *s.* ⟨*sl*⟩ informatore *m* (della polizia),
delatore *m,* spia *f.* **II** *v.t.* fare la spia contro.
nark[2] *am.* [na:k] *s.* ⟨*sl*⟩ → **narcotics agent.**
nark[3] *v.t.* ⟨*sl*⟩ infastidire, seccare, ⟨*fam*⟩ scocciare. □
⟨*esclam,sl*⟩ ~ *it* basta, ⟨*fam*⟩ piantala. '**narky** [-i] *a.* ⟨*sl*⟩
irritabile, irascibile.

narrate [næ'reit] **I** *v.t.* narrare, raccontare. **II** *v.i.* fare il narratore. **narration** [-'reiʃən] *s.* narrazione *f*, racconto *m*. **'narrative** [-rətiv] **I** *s.* **1** racconto *m*, narrazione *f*. **2** (*art of narrating*) narrativa *f*, arte *f* narrativa. **II** *a.* **1** narrativo: ∼ *poem* poesia narrativa. **2** (*being a narrative*) in forma narrativa. **narrator** [nə'reitə] *s.* narratore *m* (*f* –trice).

narrow ['nærou] **I** *a.* **1** stretto: *a* ∼ *bridge* un ponte stretto; (*affording little room*) stretto, ristretto, angusto. **2** (*having little margin*) di (stretta) misura, ottenuto a stento: *a* ∼ *victory* una vittoria di stretta misura. **3** (*limited in size or scope*) ristretto, limitato, stretto: *a* ∼ *circle of friends* una ristretta cerchia di amici; *in a* ∼ *sense* in senso ristretto; (*meagre*) misero, scarso, striminzito: *a* ∼ *income* un reddito misero. **4** ⟨*fig*⟩ (*lacking broad –mindedness*) ristretto, gretto, meschino: *a person of* ∼ *outlook* una persona di idee ristrette; ∼ *mind* mentalità gretta. **5** (*careful*) minuzioso, accurato, meticoloso: *a* ∼ *inspection* un'ispezione minuziosa. **6** (*miserly*) avaro, spilorcio, tirchio. **7** ⟨*Fon*⟩ teso. **8** ⟨*Comm*⟩ stagnante, poco attivo: *a* ∼ *market* un mercato stagnante. **II** *v.i.* stringersi, restringersi: *the road –s here* qui la strada si restringe. **III** *v.t.* **1** restringere, ridurre, rendere più stretto. **2** (*to limit further*) spesso con *down*) limitare, ridurre, restringere: *to* ∼ *an area of research* restringere un'area di ricerca. **3** (*to make narrow–minded*) rendere gretto (*o* di idee ristrette). **4** (*of the eyes*) stringere. **5** ⟨*Lav.femm*⟩ (*in knitting*) diminuire. □ *to live in* ∼ *circumstances* vivere in ristrettezze; *to* ∼ *the field:* 1 ⟨*Fot*⟩ restringere il campo; 2 ⟨*fig*⟩ ridurre le alternative.

'narrow|-'fisted *a.* avaro, spilorcio, tirchio. **'∼-'ga(u)ge I** *a.* ⟨*Ferr*⟩ a scartamento ridotto. **II** *s.* scartamento *m* ridotto. ∼ **goods** *s.pl.* (*ribbons, braid, etc.*) mercerie *fpl*, articoli *mpl* di merceria.

narrowly ['nærouli] *avv.* **1** per poco, per un pelo, a malapena: *he* ∼ *escaped death* scampò per un pelo alla morte. **2** (*strictly*) letteralmente, alla lettera, strettamente: *to interpret s.th.* ∼ interpretare qc. alla lettera. **3** (*carefully*) accuratamente, minuziosamente.

'narrow|-'minded *a.* **1** di idee ristrette, meschino, gretto. **2** (*prejudiced*) prevenuto. **3** (*extremely conservative*) retrogrado. **,∼-'mindedness** *s.* meschinità *f*, grettezza *f*, mentalità *f* ristretta.

narrowness ['nærounis] *s.* **1** strettezza *f*, ristrettezza *f*. **2** ⟨*fig*⟩ grettezza *f*, meschinità *f*.

narrows ['nærouz] *s.pl.* **1** parte *f* più stretta. **2** (*narrow passage: in a street*) strettoia *f*; (*in mountains*) stretta *f*, gola *f*. **3** (*between two bodies of water*) stretto *m*. **Narrows** *s.pl.* ⟨*Geog*⟩ (*in New York Bay*) stretto *m* fra Staten Island e Long Island.

narthex ['nɑːθeks] *s.* ⟨*Arch*⟩ nartece *m*.

narwal, narwhal(e) ['nɑːwəl] *s.* ⟨*Itt*⟩ narvalo *m*.

NASA = ⟨*SU*⟩ *National Aeronautics and Space Administration* Ente nazionale aeronautico e spaziale.

nasal ['neizəl] **I** *a.* **1** nasale, del naso. **2** ⟨*Fon*⟩ nasale. **3** (*characterized by nasal sound*) nasale: ∼ *voice* voce nasale. **II** *s.* **1** ⟨*Fon*⟩ nasale *f*, suono *m* nasale. **2** → **nasal bone**.

nasal| bone *s.* ⟨*Anat*⟩ osso *f* nasale. ∼ **index** *s.* indice *m* nasale.

nasality [nei'zæliti] *s.* ⟨*Fon*⟩ nasalità *f*. **,nasalization** [-zalai'zeiʃən] *s.* nasalizzazione *f*. **'nasalize** [-zəlaiz] **I** *v.t.* nasalizzare, dare un suono nasale a. **II** *v.i.* parlare con voce nasale. **'nasally** [-zəli] *avv.* con voce (*o* suono) nasale.

nasal| septum *s.* ⟨*Anat*⟩ setto *m* nasale. ∼ **spray** *s.* ⟨*Med*⟩ spray *m* nasale. ∼ **twang** *s.* pronuncia *f* nasale.

nascency ['næsnsi, 'neisnsi] *s.* nascita *f*, origine *f*. **nascent** [-nt] *a.* nascente (*anche Chim.*).

nascent industry *s.* ⟨*Econ*⟩ industria *f* nascente.

naseberry ['neizberi] *s.* **1** ⟨*Bot*⟩ sapota *f*. **2** (*fruit*) sapota *f*, sapotiglia *f*.

nasofrontal [,neizo(u)'frʌntəl] *a.* ⟨*Anat*⟩ nasofrontale.

nastily ['nɑːstili] *avv.* **1** in modo disgustoso, sgradevolmente. **2** (*maliciously*) con cattiveria, malignamente. **3** (*seriously*) seriamente, gravemente. **4** (*indecently*) indecentemente, in modo osceno. **nastiness** [-tinis] *s.* **1**

l'essere disgustoso (*o* nauseante). **2** (*malice*) cattiveria malignità *f*, malanimo *m*. **3** (*seriousness*) serietà *f*, g vità *f*, pericolosità *f*. **4** (*indecency*) indecenza *f*, oscen *f*.

nasturtium [nəs'təːʃəm] *s.* ⟨*Bot*⟩ **1** tropeolo *m*. **2** (*Indi cress*) nasturzio *m* indiano (*o* del Perù), cappuccina *f*.

nasty ['nɑːsti] *a.* **1** (*unpleasant to the senses*) sgradevo disgustoso, cattivo, nauseante: *a* ∼ *smell* un od sgradevole; *a* ∼ *taste* un sapore disgustoso. **2** (*filth* sporco, sudicio. **3** (*morally dirty*) sconcio, sudicio, spor indecente. **4** (*ill-bred, oafish*) scortese, ∼ villar maleducato. **5** (*very unpleasant*) brutto, cattivo: ∼ *weat* brutto tempo; (*of person*) cattivo, antipatico, dispettoso. (*serious*) pericoloso, brutto, serio: *a* ∼ *injury* una bru ferita. **7** (*mean, vicious*) maligno, cattivo, malev malvagio: *a* ∼ *remark* un'osservazione maligna; *to have* ∼ *look in one's eye* avere negli occhi una luce catti (*prone to petty maliciousness*) astioso, malevolo, animo ostile. **8** (*causing difficulty*) brutto, difficile, pericoloso: *was a* ∼ *moment* era un brutto momento; *a* ∼ *curve* u curva pericolosa. □ *to give s.o. a* ∼ *look* dare u guardataccia a qd.; *to turn* ∼: 1 diventare dispettoso cattivo); 2 (*of weather*) mettersi al brutto.

natal ['neitl] *a.* natale, nativo, natalizio.

Natalia [nə'tɑːljə], **Natalie** ['nætəli:] *N.pr.* Natalia *f*.

natality [nei'tæliti] *s.* natalità *f*, quoziente *m* di natalità

natant ['neitənt] *a.* natante (*anche Bot.*). **natati** [-'teiʃən] *s.* nuoto *m*. **,natatorial** [-tə'tɔːriəl] *a.* natatorio, del nuoto. **2** ⟨*Zool*⟩ natatorio: ∼ *birds* ucc natatori. **natatory** [-tətəri] *a.* ⟨*Zool*⟩ natatorio.

natch *am.* [nætʃ] *avv.* ⟨*sl*⟩ (*naturally*) naturalmen ovviamente.

nates ['neiti:z] *s.pl.* ⟨*Anat*⟩ natiche *fpl*.

Nathaniel [nə'θænjəl] *N.pr.* Nataniele *m*.

natheless ['neiθlis], **nathless** ['næθlis] *avv.* ⟨*r* nondimeno, tuttavia, ciononostante.

nation ['neiʃən] *s.* nazione *f*, popolo *m*.

national ['næʃənl] **I** *a.* nazionale; (*nationwide*) su sc nazionale, nazionale; (*of a newspaper*) a diffusio nazionale. **2** ⟨*Pol,Econ*⟩ (*domestic*) interno, nazionale. (*maintained by the State*) statale, nazionale, dello stato ∼ *theatre* un teatro statale. **4** (*patriotic*) naziona patriottico; (*nationalist*) nazionalista, nazionalistico. **II** cittadino *m* (*f* –a): *Italian –s in Argentina* cittadini itali residenti in Argentina. □ ⟨*GB*⟩ ∼ *Health Service* servi sanitario statale; ⟨*GB*⟩ ∼ *Insurance Act* legge costitut del sistema previdenziale.

national| accounts *s.pl.* ⟨*Econ*⟩ conti *mpl* nazionali. ∼ **anthem** *s.* inno *m* nazionale. ∼ **assembly** *s.* ⟨*P* assemblea *f* nazionale. ∼ **bank** *s.* banca *f* nazionale. ∼ **budget** *s.* bilancio *m* dello stato. ∼ **currency** *s.* mon *f* nazionale. ∼ **debt** *s.* ⟨*Econ*⟩ debito *m* pubblico. ∼ **emergency** *s.* stato *m* d'emergenza (della nazione). ∼ **forest** *am. s.* parco *m* nazionale. ∼ **Guard** *s.* ⟨*S* milizia *f* nazionale. ∼ **income** *s.* reddito *m* nazionale

nationalism ['næʃənəlizəm] *s.* **1** nazionalismo *m*. (*national character*) l'essere nazionale. **nationalist** [-li **I** *s.* nazionalista *m/f*. **II** *a.* nazionalista, nazionalistico

Nationalist China *N.pr.* ⟨*Geog*⟩ Cina *f* nazionale.

nationalistic [,næʃənə'listik] *a.* nazionalistico, nazionalista

nationality [,næʃə'næliti] *s.* **1** nazionalità *f*, cittadinanza *to acquire American* ∼ prendere la cittadinan americana. **2** (*nation*) nazione *f*. □ *dual* ∼ dop nazionalità.

nationalization [,næʃənalai'zeiʃən] *s.* ⟨*Pol,Ec* nazionalizzazione *f*, statalizzazione *f*, statizzazione *f*: *the of the railways* la nazionalizzazione delle ferrov **'nationalize** [-laiz] *v.t.* **1** ⟨*Pol,Econ*⟩ nazionalizza statalizzare, statizzare. **2** (*to make national in charac* dare un carattere nazionale a. **3** (*to naturali* naturalizzare. **'nationally** [-li] *avv.* in tutta la nazione, scala nazionale.

national| park *s.* parco *m* nazionale. ∼ **product** (*Econ*) prodotto *m* nazionale. ∼ **Security Council** ⟨*SU*⟩ consiglio *m* della sicurezza nazionale. ∼ **service** ⟨*Mil*⟩ servizio *m* militare. ∼ **Socialism** *s.* ⟨*St* nazionalsocialismo *m*.

ationhood ['neiʃənhud] s. l'essere una nazione. □ *to achieve* ~ conseguire l'indipendenza nazionale.

ation-state s. ⟨Stor⟩ stato-nazione m.

ationwide ['neiʃənwaid] a. nazionale, su scala nazionale.

ative ['neitiv] **I** a. **1** natale, nativo: *one's* ~ *town* la propria città natale. **2** (*inherent, inborn*) innato, spontaneo, naturale: ~ *ability* abilità innata; (*natural*) tipico, proprio (*to* di): *prevarication is* ~ *to his character* la prevaricazione è tipica del suo carattere. **3** (*belonging to a particular place*) nativo, locale, del luogo; (*being an original inhabitant*) indigeno, nativo, locale, aborigeno: ~ *guides* guide indigene; ~ *labour* manodopera locale; (*non-European*) non europeo, di razza non europea. **4** (*of or belonging to natives*) locale, degli indigeni: ~ *customs* usanze locali; *a* ~ *uprising* una sommossa degli indigeni. **5** ⟨*Min*⟩ (*occurring uncombined*) puro: ~ *gold* oro puro; (*not artificially prepared*) nativo: *copper in the* ~ *state* rame allo stato nativo. **II** s. **1** (*original inhabitant*) indigeno m (f –a), aborigeno m, nativo m (f –a); (*non-European*) non europeo m (f –a), persona f di razza non europea. **2** (*person born in a particular place*) persona f nativa, nativo m (f –a): *a* ~ *of New York* un nativo di New York; (*local resident*) abitante m/f del luogo, nativo m (f –a). **3** (*animal*) animale m indigeno; (*plant*) pianta f indigena. **4** (*in Britain: local oyster*) ostrica f locale. **Native I** a. (*in Africa: Negro*) negro. **II** s. negro m (f –a). □ ⟨fam⟩ *to go* ~ (*of a white person*) assumere i costumi indigeni; *one's* ~ *language* la lingua madre, la madrelingua; *to speak a language like a* ~ parlare una lingua come uno del luogo.

native|-'born a. nativo, indigeno, autoctono. ~ **state** s. ⟨Stor⟩ (*in India*) stato m governato da un principe locale.

nativism ['neitivizəm] s. ⟨Filos⟩ nativismo m. **nativist** [–vist] s. nativista m/f.

nativity [nə'tiviti] s. **1** nascita f. **2** (*horoscope*) oroscopo m. **Nativity** s. **1** ⟨Rel⟩ natività f. **2** (*Christmas*) Natale m.

nativity play s. ⟨Teat⟩ natività f.

NATO ['neitou] s. = *North Atlantic Treaty Organization* Organizzazione del trattato nord atlantico.

NATO-headquarters s.pl. quartier m generale della NATO.

natron ['neitrən] s. ⟨Chim⟩ natron m.

natter ['nætə] **I** v.i. **1** ⟨fam⟩ chiacchierare, cianciare. **2** (*to grumble*) borbottare, brontolare. **II** s. ⟨fam⟩ chiacchierata f, quattro chiacchiere fpl: *to have a* ~ *with s.o.* fare una chiacchierata con qd.

nattily ['nætili] avv. con eleganza, in modo ricercato: *to dress* ~ vestire con eleganza. **nattiness** [–tinis] s. eleganza f, ricercatezza f. **natty** [–ti] a. elegante, azzimato, ricercato.

natural ['nætʃərəl] **I** a. **1** di (*o* della) natura, naturale: ~ *laws* leggi di natura; *death from* ~ *causes* morte naturale. **2** (*of, existing in nature*) naturale: *a* ~ *watercourse* un corso d'acqua naturale. **3** (*to be expected*) ovvio, naturale, che va da sé: *a* ~ *conclusion* una conclusione ovvia. **4** (*free from affectation*) semplice, naturale, spontaneo, schietto. **5** (*inborn*) naturale, innato, congenito, connaturato: ~ *talents* doti naturali; (*being so by nature*) nato, per natura: *he is a* ~ *idiot* è un cretino nato. **6** (*characteristic*) caratteristico, tipico, proprio (*to* di): *aggression is* ~ *to man* l'aggressione è caratteristica dell'uomo. **7** ⟨Mus⟩ naturale. **8** (*of a child: illegitimate*) illegittimo, naturale. **II** s. **1** ⟨fam⟩ (*one having natural talent*) chi ha doti naturali; (*one naturally suited for s.th.*) persona f adatta. **2** ⟨fam⟩ (*life*) vita f, esistenza f: *I've never seen such a thing in all my* ~ non ho mai visto una cosa simile in vita mia. **3** ⟨Mus⟩ (*sign*) bequadro m; (*note affected*) nota f naturale. **4** ⟨ant.fam⟩ (*idiot, half-wit*) idiota m/f, deficiente m/f congenito. **III** avv. con naturalezza, spontaneamente, naturalmente: *acting comes* ~ *to him* recita con naturalezza. □ ⟨fam⟩ *for the rest of my* ~ (*life*) per il resto dei miei giorni, vita natural durante.

'natural|-'born a. **1** (*of a citizen*) che ha la cittadinanza. **2** (*having natural talent for s.th.*) nato, per (*o* di) natura: *a*

~ *orator* un oratore nato. ~ **child** s. figlio m (f –a) illegittimo, ⟨pop⟩ bastardo m (f –a). ~ **childbirth** s. ⟨Med⟩ parto m indolore. ~ **death** s. morte f naturale. ~ **environment** s. ambiente m naturale. ~ **food** s. alimenti mpl naturali.

naturalism ['nætʃərəlizəm] s. ⟨Lett,Art,Filos,Teol⟩ naturalismo m. **naturalist** [–list] s. **1** naturalista m/f. **2** (*dealer in pets*) commerciante m/f di piccoli animali domestici. **,naturalistic** [–'listik] a. **1** naturalistico. **2** (*of naturalism*) naturalista. **,naturalistically** [–'listikəli] avv. da naturalista, in modo naturalista.

naturalization [,nætʃərəlai'zeiʃən] s. **1** (*of an alien: act*) naturalizzazione f; (*state*) l'essere naturalizzato. **2** ⟨Biol⟩ (*act*) l'acclimatarsi; (*state*) acclimatamento m, acclimatazione f, naturalizzazione f. **'naturalize** [–laiz] **I** v.t. **1** (*of an alien*) naturalizzare. **2** (*to introduce into a new area*) adottare, accettare, ammettere: *to* ~ *a foreign word* adottare una parola straniera. **3** (*to bring into conformity with nature*) rendere naturale (*o* spontaneo). **4** (*to treat or regard as natural*) considerare naturale, dare una spiegazione naturale di. **5** ⟨Biol⟩ acclimatare. **II** v.i. **1** (*of an alien*) naturalizzarsi. **2** (*to study natural history*) studiare (le) scienze naturali.

natural| language s. lingua f madre, madrelingua f. ~ **law** s. diritto m naturale. ~ **life** s. vita f, durata f della vita.

naturally ['nætʃərəli] avv. **1** (*by nature*) per (*o* di) natura, naturalmente: *he is* ~ *ambitious* è ambizioso per natura; (*not artificially*) naturalmente, al naturale. **2** (*as a natural result*) naturalmente, ovviamente, com'è logico. **3** ⟨esclam⟩ certo, certamente, si capisce: *do you agree? –* ~*!* sei d'accordo? – certo! **4** (*without affectation*) con naturalezza, spontaneamente: *to act* ~ comportarsi con naturalezza. **5** (*with truth to nature*) con realismo, realisticamente: *to paint* ~ dipingere con realismo. **naturalness** [–lnis] s. naturalezza f, spontaneità f.

natural| person s. ⟨Dir⟩ persona f fisica. ~ **philosopher** s. **1** → **natural scientist**. **2** (*physicist*) fisico m (f –a). ~ **philosophy** s. **1** → **natural science**. **2** (*physics*) fisica f. ~ **radioactivity** s. radioattività f naturale. ~ **resources** s.pl. **1** (*of a country*) risorse fpl naturali. **2** (*of a person*) doti fpl (*o* doni mpl) di natura. ~ **right** s. diritto m naturale (*o* di natura). ~ **science** s. scienze fpl naturali. ~ **scientist** s. naturalista m/f. ~ **selection** s. ⟨Biol⟩ selezione f naturale. ~ **trail** s. sentiero m ecologico. ~ **walk** s. passeggiata f ecologica.

nature ['neitʃə] s. **1** natura f: ~*'s gifts* i doni della natura; (*natural forces*) forze fpl della natura, natura f. **2** (*natural world*) natura f, creato m; (*natural scenery*) paesaggio m naturale, natura f. **3** (*essential character*) natura f: *the* ~ *of man* la natura dell'uomo. **4** (*character, temperament*) indole f, carattere m, temperamento m, natura f: *it is not in his* ~ *to lie* non è nel suo carattere mentire; (*instinct*) natura f, istinto m (naturale): *it is a dog's* ~ *to bark* abbaiare è nella natura del cane. **5** (*kind, type*) genere m, specie f, tipo m. **6** (*reality*) realtà f, vero m, natura f: *to paint from* ~ dipingere dal vero. □ (*against* ~ contro natura; *back to* ~ ritorno alla natura; *by* ~ per (*o* di) natura: *he is by* ~ *a proud man* è orgoglioso per natura; ⟨eufem⟩ *the call of* ~ il richiamo della natura; *in the course of* ~ nella natura delle cose, naturale; ⟨eufem⟩ *to ease* ~ fare i propri bisogni; *to be in* (*o of*) *the* ~ *of* aver l'aria (*o* l'aspetto) di, sembrare; *a law of* ~ una legge di natura; *to pay 'one's debt to'* (*o the debt of*) ~ pagare il tributo alla natura, morire; *in a state of* ~: **1** (*naked*) nudo; **2** (*not affected by human influence*) allo stato naturale.

natured ['neitʃəd] a. (nei composti) d'indole ..., di (*o* dal) carattere ...: *good-*~ d'indole gentile, buono.

nature| philosophy s. ⟨Filos⟩ naturismo m. ~ **poet** s. poeta m della natura. ~ **study** s. osservazione f (*o* studio m) della natura. ~ **worship** s. adorazione f della natura.

naturism ['neitʃərizəm] s. **1** ⟨Rel⟩ naturismo m. **2** (*nudism*) nudismo m, naturismo m.

naturopath ['neitʃərəpæθ] s. ⟨Med⟩ naturista m/f. **naturopathic** [–'pæθik] a. naturistico. **naturopathy**

[-'rɔpəθi] *s.* naturismo *m.*

naught [nɔ:t] *s.* **1** (*zero*) zero *m.* **2** ⟨*lett*⟩ (*nothing*) niente *m,* nulla *m.* □ *to bring to* ~ far fallire; *to care* ~ *for* non curarsi affatto di; *all her work was for* ~ tutto il suo lavoro è stato inutile, ha lavorato per niente; *to be brought to* ~ fallire, finire in niente.

naughtily ['nɔ:tili] *avv.* con cattiveria, capricciosamente. **naughtiness** [-tinis] *s.* cattiveria *f,* birichineria *f.* **naughty** [-ti] *a.* **1** birichino, cattivello, capriccioso: *a* ~ *child* un bambino birichino; (*disobedient*) disubbidiente. **2** (*improper*) sconveniente. □ *to be* ~ fare i capricci.

nausea ['nɔ:sjə, *am.* 'nɔ:ʃə] *s.* **1** nausea *f.* **2** (*extreme disgust*) disgusto *m,* nausea *f,* schifo *m.* **nauseate** [-sieit] *v.t.* nauseare, stomacare, disgustare. **nauseating** [-sieitiŋ] *a.* **1** nauseabondo, nauseante: *a* ~ *smell* un odore nauseabondo. **2** (*causing disgust*) disgustoso, nauseante, stomachevole.

nauseous ['nɔ:sjəs, 'nɔ:ʃiəs] *a.* **1** nauseato, disgustato, stomacato. **2** (*causing nausea*) nauseante, nauseabondo, disgustoso.

nautical ['nɔ:tikəl] *a.* **1** nautico, della navigazione, marino: ~ *terms* termini nautici. **2** (*of ships*) navale. **3** (*of seamen*) marinaresco, marinaro.

nautical mile *s.* **1** (*British unit*) miglio *m* marino (pari a 1.853 m). **2** (*international unit*) miglio *m* marino (o nautico) (pari a 1.852 m).

nautilus ['nɔ:tiləs] *s.* (*pl.* **-ses** [siz]/**-li** [lai]) ⟨*Zool*⟩ **1** nautilo *m.* **2** (*paper nautilus*) argonauta *m.*

nav. = **1** *naval* navale. **2** *navigation* navigazione. **3** *navy* marina.

naval ['neivl] *a.* **1** (*of a navy*) di marina, navale, della marina militare: *a* ~ *officer* un ufficiale di marina; (*of warships*) navale: *a* ~ *battle* una battaglia navale. **2** (*having a navy*) navale, marittimo: *a* ~ *power* una potenza navale.

naval| academy *s.* accademia *f* navale. ~ **architetture** *s.* architettura *f* navale. ~ **aviation** *s.* aviazione *f* navale. ~ **attaché** *s.* ⟨*Dipl*⟩ addetto *m* navale. ~ **cadet** *s.* allievo *m* dell'accademia navale, cadetto *m.* ~ **College** *s.* accademia *f* navale. ~ **dockyard** *s.* arsenale *m* marittimo. ~ **officer** *s.* ufficiale *m* di marina.

Navarre [nə'vɑ:r] *N.pr.* ⟨*Geog*⟩ Navarra *f.*

nave[1] [neiv] *s.* ⟨*Arch*⟩ navata *f.*

nave[2] [neiv] *s.* ⟨*tecn*⟩ (*of a wheel*) mozzo *m.*

navel ['neivl] *s.* **1** ⟨*Anat*⟩ ombelico *m.* **2** ⟨*fig*⟩ punto *m* centrale (*o* mediano), centro *m,* ⟨*lett*⟩ ombelico *m.*

navel| orange *s.* navel *m.* ~ **string** *s.* ⟨*Anat*⟩ cordone *m* ombelicale.

navicert ['nævisə:t] *s.* ⟨*Econ,Mar*⟩ navicert *m.*

navicular [nə'vikjulə] *I* *a.* ⟨*Anat*⟩ navicolare. *II* *s.* osso *m* navicolare.

navigability [,nævigə'biliti] *s.* navigabilità *f.* **'navigable** [-bl] *a.* **1** (*of a river, etc.*) navigabile. **2** (*of a vessel, etc.*) atto a navigare.

navigate ['nævigeit] *I* *v.t.* **1** ⟨*Mar*⟩ traversare, attraversare, percorrere (*navigando*): *to* ~ *the Pacific* traversare il Pacifico. **2** ⟨*Mar,Aer*⟩ (*to direct or manage on its course*) governare, pilotare, condurre, manovrare; (*to control the course of*) tenere in rotta, regolare la rotta di. **3** ⟨*fig*⟩ far passare: *to* ~ *a bill through Parliament* far passare un progetto di legge in parlamento. *II* *v.i.* ⟨*Mar,Aer*⟩ dirigere la rotta.

navigating officer ['nævigeitiŋ] *s.* **1** ⟨*Mar*⟩ ufficiale *m* di rotta. **2** ⟨*Aer*⟩ ufficiale *m* di rotta, navigatore *m.*

navigation [,nævi'geiʃən] *s.* **1** ⟨*Mar,Aer*⟩ navigazione *f.* **2** ⟨*fig*⟩ (*shipping*) traffico *m* marittimo.

Navigation| Act *s.* ⟨*Stor*⟩ Atto *m* di navigazione. ~ **light** *s.* ⟨*Aer*⟩ luce *f* di posizione (*o* via), fanale *m* di via.

navigator ['nævigeitə] *s.* **1** navigatore *m* (*f* -trice). **2** ⟨*Mar,Aer*⟩ → **navigating officer**. **3** (*navvy*) scavatore *m,* sterratore *m.*

navvy ['nævi] *I* *s.* **1** scavatore *m,* sterratore *m,* terrazziere *m.* **2** ⟨*Mecc*⟩ scavatrice *f* meccanica. *II* *v.i.* fare lo sterratore.

navy ['neivi] *s.* **1** ⟨*Mar.mil*⟩ marina *f* (militare); (*body of warships*) flotta *f* (*o* marina) da guerra. **2** (*government department*) ministero *m* della marina. **3** → navy-blue

'navy-/'blue *s.* blu *m* marino. ~ **cut** *s.* tabacco *m* trincia fino. ~ **Department** *am. s.* ministero *m* della marina. **yard** *s.* ⟨*Mar*⟩ arsenale *m.*

nawab [nə'wɑ:b] *s.* **1** ⟨*Stor*⟩ (*under the Mongols*) viceré *m.* **2** (*Moslem prince*) principe *m* mus(s)ulmano. **3** (*nabob*) nababbo *m.*

Naxos ['næksɔs] *N.pr.* ⟨*Geog*⟩ Nasso *f.*

nay [nei] *I* *avv.* **1** no. **2** ⟨*lett*⟩ (*indeed*) anzi, o meglio: *good,* ~, *excellent example* un buon esempio, anzi eccellente. *II* *s.* **1** (*vote*) no *m,* voto *m* contrario; (*vote*) chi vota contro. **2** ⟨*lett*⟩ (*denial, refusal*) rifiuto *m,* no *m,* risposta *f* negativa. □ *to say s.o.* ~ rispondere picche qd.

Nazarene [,næzə'ri:n] *I* *s.* **1** nazareno *m* (*f* -a). **2** (*Jesus Christ*) Nazareno *m,* Gesù Cristo *m.* *II* *a.* di Nazaret(h), nazareno.

Nazareth ['næzəriθ] *N.pr.* ⟨*Geog*⟩ Nazaret(h) *f.*

Nazarite ['næzərait] *s.* **1** ⟨*Rel.ebr*⟩ nazireo *m.* (*Nazarene*) nazareno *m* (*f* -a).

naze [neiz] *s.* ⟨*Geog*⟩ promontorio *m,* capo *m.*

Nazi ['nɑ:tsi] *I* *s.* nazista *m/f,* nazionalsocialista *m/f.* *II* *a.* nazista, nazistico, nazionalsocialista. **Nazificatio** [-fi'keiʃən] *s.* imposizione *f* dell'ideologia nazista. **Nazif** [-fai] *v.t.* nazificare. **Naziism** [-izəm], **Nazism** [-zəm] *s.* nazismo *m,* nazionalsocialismo *m.*

N.B. = *note well* nota bene (*abbr.* N.B.).

NBC = ⟨*SU*⟩ *National Broadcasting Company* Ent radiofonico nazionale.

N.C.B. = *National Coal Board* Ente nazionale per i carbon fossile.

N.C.O. = ⟨*mil*⟩ *non-commissioned officer* sottufficiale.

ND = ⟨*SU*⟩ *Navy Department* ministero della marina.

n.d. = ⟨*Econ*⟩ *no date* senza data.

N.E. = *North-East* nord-est (*abbr.* N E).

Neanderthal [ni'ændətɑ:l] *a.* ⟨*Paleont*⟩ neandertaliano.

Neanderthal man *s.* ⟨*Paleont*⟩ uomo *m* di Neandertal.

neap [ni:p] *I* *a.* (*of a tide*) di quadratura, minimo. *II* *s.* marea *f* di quadratura. *III* *v.i.* (*of a tide*) (tendere ad abbassarsi.

Neapolitan [,ni:ə'pɔlitən] *I* *a.* napoletano. *II* *s.* napoletano *m* (*f* -a).

neap tide *s.* marea *f* di quadratura.

near [niə] *I* *avv.* **1** vicino, a poca distanza: *he lives* ~ abita vicino; *the station is very* ~ la stazione è a pochissima distanza. **2** (*of time*) vicino, imminente, prossimo: *Christmas is* ~ Natale è vicino. **3** (*almost nearly*) circa, quasi. **4** (*thriftily*) con parsimonia. **5** ⟨*Mar* *close to the wind*) stretto di bolina. *II* *a.* **1** (*close in relationship*) stretto, prossimo: *a* ~ *relative* un parente stretto. **2** (*intimate*) intimo. **3** (*not far in time*) vicino prossimo, imminente: *the* ~ *future* il prossimo futuro. **4** (*not far in place*) vicino, attiguo, prossimo; (*being the closer*) più vicino. **5** (*that barely misses or avoids* mancato per poco, evitato per un pelo. **6** (*on the left* sinistro, di sinistra. **7** (*short, direct*) breve, diretto: *the* *-est way to the station* la via più breve per la stazione. **8** (*closely resembling, faithful*) fedele, esatto, molto somigliante; (*close to an original*) letterale: ~ *translation* traduzione letterale. **9** (*thrifty*) economo, frugale, parco, parsimonioso; (*niggard*) avaro, tirchio. **10** ⟨*Aut*⟩ del (*o* sul) lato vicino al marciapiede. *III* *prep.* **1** (*of place*) vicino a, in prossimità di, accanto a, presso: *I live* ~ *the river* vivo vicino al fiume; *come and sit* ~ *the fire* vieni a sederti accanto al fuoco. **2** (*of time*) verso, vicino: ~ *midnight* verso mezzanotte; ~ *Christmas* vicino a Natale. **3** (*of degree*) vicino a, prossimo a, presso: *to be* ~ *death* essere vicino alla morte. *IV* *v.t.* **1** (*of place*) avvicinarsi a, avvicinare, accostare: *the ship -ed the land* la nave si avvicinò a terra. **2** (*of degree*) approssimarsi a, avvicinarsi a: *to* ~ *one's end* approssimarsi alla fine. *V* *v.i.* **1** (*in space*) avvicinarsi, accostarsi. **2** (*in time*) avvicinarsi, approssimarsi. □ *to come* ~ : 1 avvicinarsi, farsi più vicino; 2 (*of a guess, etc.*) andarci vicino; *to come* ~ *to doing s.th.* stare (quasi) per fare qc., essere vicino a fare qc.; *he comes* ~ *to being the best poet of his day* è quasi il miglior poeta della sua epoca; *the work is -ing completion* lavoro è quasi finito; *to* **draw** ~: 1 (*of place*) vvicinarsi; 2 (*of time*) avvicinarsi, approssimarsi: *the olidays are drawing* ~ si avvicinano le vacanze; *to draw ne's chair* ~ *the fire* avvicinare la sedia al fuoco; *to get* ~: 1 (*of place*) avvicinarsi, farsi vicino; 2 (*of time*) vvicinarsi, essere vicino; ~ *at* hand: 1 (*of place*) icinissimo, a portata di mano; 2 (*of time*) imminente, rossimo; ~ **on** *five o'clock* quasi alle cinque; ~ **to**: 1 (*of lace*) vicino a: *to sit* ~ *to the fire* sedere vicino al fuoco; (*of time*) sotto, vicino: ~ *to Easter* sotto Pasqua; 3 (*of egree*) prossimo: ~ *to death* prossimo alla morte.

arby ['niəbai] **I** *a.* vicino, attiguo: *the* ~ *town* la città icina. **II** *avv.* qui vicino, nelle vicinanze, qui presso: *the ark* ~ il parco qui vicino.

ar| East *s.* (*Geog*) Medio Oriente *m*, Levante *m.* ~ **Eastern** *a.* del Medio Oriente, del Levante.

arly ['niəli] *avv.* 1 (*almost*) quasi, per poco: *it is* ~ *ten 'clock* sono quasi le dieci; *he* ~ *died from hunger* per oco non morì di fame. 2 (*closely*) strettamente, da icino, intimamente. 3 (*at close range*) attentamente. □ *ot* ~ affatto, per niente, minimamente: *he is not* ~ *as tupid as he looks* non è affatto stupido come sembra; *our work is not* ~ *good enough* il tuo lavoro non è per iente soddisfacente.

ar| miss *s.* 1 (*Aer.mil*) tiro *m* non andato ompletamente a segno. 2 (*fig*) successo *m* parziale. **~-money** *s.* (*Econ*) quasi–moneta *f.*

arness ['niənis] *s.* 1 vicinanza *f*, prossimità *f.* 2 (*intimacy*) intimità *f.* 3 (*close resemblance*) stretta omiglianza *f.* 4 (*frugality*) parsimonia *f*, frugalità *f; tinginess*) avarizia *f*, tirchieria *f.*

ar| side *s.* 1 lato *m* sinistro. 2 (*Aut*) lato *m* vicino al narciapiede. **'~-'sighted** *a.* miope. **,~-'sightedness** *s.* niopia *f.*

at[1] [ni:t] *a.* 1 ordinato, lindo, pulito: *a* ~ *pile of clothes* na pila ordinata di abiti. 2 (*trim, smart*) accurato (nel estire), lindo. 3 (*sharp in outline, precise*) nitido, chiaro: *handwriting* scrittura nitida. 4 (*pleasing in shape*) iacevole, armonioso, ben fatto (*o* proporzionato): *she has* ~ *figure* ha un personale armonioso. 5 (*deft, skilful*) gile, svelto: *to work with* ~ *fingers* lavorare con dita agili. (*doing orderly work*) accurato, preciso, ordinato. 7 *lever, dexterous*) abile, accorto. 8 (*done with dexterity*) ccurato, preciso, pulito, ben fatto: *a* ~ *job* un lavoro ccurato. 9 (*of drinks*) liscio: *to take a brandy* ~ prendere n brandy liscio. 10 (*am.sl*) (*wonderful*) meraviglioso, plendido. □ *as* ~ *as a new pin* lucido come uno ecchio.

at[2] *s.inv.* (*Zool*) bovino *m.*

ath, 'neath [ni:θ] *prep.* (*poet,dial*) (*beneath*) sotto, al di otto di.

atly ['ni:tli] *avv.* 1 accuratamente, con cura, rdinatamente. 2 (*deftly, cleverly*) abilmente, destramente. **eatness** [–tnis] *s.* 1 ordine *m*, accuratezza *f.* 2 *deftness, cleverness*) destrezza *f*, abilità *f.*

at's-foot oil *s.* olio *m* di piede di bue.

b [neb] *s.* 1 (*of a bird*) becco *m*, rostro *m.* 2 (*nose*) naso *r*; (*of an animal*) muso *m*, naso *m.* 3 (*tip, point*) punta *f*, tremità *f.*

bula ['nebjulə] *s.* (*pl.* -lae [li:]/-s [z]) 1 (*Astr*) nebulosa *f*; nebula *f.* 2 (*Med*) macchia *f* corneale, nubecola *f.* **ebular** [–lə] *a.* nebulare (*anche Astr.*). **,nebulization** -lai'zeifən] *s.* nebulizzazione *f.* **nebulizer** [–laizə] *s.* *ecn*) nebulizzatore *m*, atomizzatore *m.*

bulosity [,nebju'lɒsiti] *s.* 1 nuvolosità *f*, nebulosità *f.* 2 *fig*) vaghezza *f*, indeterminatezza *f*, nebulosità *f.* 3 (*Astr*) *ebula*) nebulosa *f*, nebula *f.* 'nebulous [–ləs] *a.* 1 uvoloso. 2 (*fig*) vago, indistinto, nebuloso. 3 (*Astr*) ebuloso. **nebulously** [–ləsli] *avv.* vagamente, distintamente.

essarian [,nesi'seəriən], **necessarianism** [–izəm] → ecessitarian, necessitarianism.

cessarily ['nesisərili] *avv.* 1 necessariamente, di cessità, per forza. 2 (*inevitably*) inevitabilmente.

essary ['nesisəri] **I** *a.* necessario: *it is not* ~ *for you to pologize* non è necessario che ti scusi; (*inevitable*) evitabile: *a* ~ *result* un risultato inevitabile;

(*indispensable*) indispensabile (*to, for* a, per), necessario (a), essenziale (per): *air is* ~ *to life* l'aria è indispensabile alla vita. **II** *s.* 1 necessità *f*, ciò che è necessario (*o* indispensabile). 2 *pl.* (*essentials*) necessario *m*, indispensabile *m*, ciò che occorre: *the necessaries of life* il necessario per vivere. 3 (*Dir*) necessario *m.* 4 (*sl*) (*necessary money*) quattrini *mpl*, soldi *mpl*, (*gerg*) grana *f*: *to lack the* ~ non avere quattrini. 5 (*am.dial*) (*water closet*) gabinetto *m.* □ (*sl*) *to do the* ~ pagare il conto; *to do everything* ~ fare tutto il necessario; *if* ~ se sarà il caso, se (è) necessario, all'occorrenza.

necessary| condition *s.* condizione *f* essenziale. ~ **evil** *s.* male *m* necessario.

necessitarian [ni,sesi'teəriən] **I** *a.* (*Filos*) deterministico. **II** *s.* determinista *m/f.* **necessitarianism** [–izəm] *s.* determinismo *m.*

necessitate [ni'sesiteit] *v.t.* 1 rendere necessario, richiedere necessariamente, necessitare: *this* –*s a change in our plans* questo rende necessario un cambiamento nei nostri piani. 2 (*to make inevitable*) implicare necessariamente, rendere inevitabile.

necessitous [ni'sesitəs] *a.* bisognoso, indigente, povero.

necessity [ni'sesiti] *s.* 1 necessità *f*, necessario *m*: *food is a* ~ il cibo è una necessità; *the necessities of life* le necessità della vita. 2 (*great need*) necessità *f*, (*estremo*) bisogno *m; (indispensability*) l'essere indispensabile (*o* necessario). 3 (*compulsion*) necessità *f*: *to do s.th. from* ~ *not choice* fare qc. per necessità non per scelta. 4 (*inevitableness*) ineluttabilità *f.* 5 (*state of being in need*) necessità *f*, miseria *f*, povertà *f*, indigenza *f*: *to be in* ~ trovarsi in necessità. 6 (*Filos*) (*absence of free will*) necessitismo *m*, determinismo *m; (compulsion by the nature of things*) necessità *f.* □ *to* **bow** *to* ~ piegarsi alla necessità, far buon viso a ⌐cattiva sorte⌐ (*o* cattivo gioco); *in* **case** *of* ~ in caso di necessità (*o* bisogno), al bisogno, all'occorrenza; *to be* **driven** *by* ~ essere spinto dalla necessità; *there is* **no** ~ *for you to attend* non è necessario che tu sia presente; **of** ~ inevitabilmente, necessariamente, di (*o* per) necessità; **out** *of* ~ per bisogno; **physical** necessities bisogni corporali; *to be* **under** *the* ~ *of doing s.th.* essere costretto a fare qc. *Prov.:* ~ *is the mother of invention* ⌐la necessità⌐ (*o* il bisogno) aguzza l'ingegno; ~ *knows no law* necessità non conosce legge.

neck [nek] **I** *s.* 1 collo *m.* 2 (*of a garment*) collo *m*, colletto *m; (neckline*) scollatura *f*, scollo *m.* 3 (*of a bottle, etc.*) collo *m.* 4 (*Geog*) (*narrow stretch of land*) lingua *f* di terra; (*mountain pass*) collo *m.* 5 (*sl*) (*impudence*) sfacciataggine *f*, (*fam*) faccia *f* tosta. 6 (*sl*) (*kissing and fondling*) sbaciucchiamento *m*, (*pop,scherz*) pomiciata *f.* 7 (*Mar*) (*strait*) stretto *m*, braccio *m.* 8 (*Equit*) incollatura *f: the favourite won by a* ~ il favorito vinse per un'incollatura. 9 (*Mus*) (*of a stringed instrument*) manico *m.* 10 (*Anat,Arch*) collo *m:* ~ *of the uterus* collo dell'utero. 11 (*Dent*) colletto *m.* **II** *v.i.* (*fam*) sbaciucchiarsi, abbandonarsi a effusioni amorose, (*pop*) pomiciare. □ (*Equit*) ~ **and** ~ testa a testa, alla pari; *to* **break** *the* ~ *of a job* far la parte più difficile di un lavoro; *he won the election campaign* by *a* ~ vinse la campagna elettorale di stretta misura; ~ *and* **crop** senza tanti complimenti: *she turned him out of the house* ~ *and crop* lo buttò fuori di casa senza tanti complimenti; (*fam*) *to* **have** *a* ~ sbaciucchiarsi, (*pop*) pomiciare; **in** *the* ~ *of* sulle orme di, sulla scia di; (*sl*) *to* **get** (*o catch*) *it in the* ~ essere rimproverato (*o* punito) severamente, scontarla; ~ *or* **nothing** a rischio di ⌐perdere tutto⌐ (*o* rimetterci l'osso del collo), (*fam*) o la va o la spacca; (*sl*) *to be* **out** *on one's* ~ essere buttato fuori; (*fam*) *to* **risk** *one's* ~ rischiare la vita; (*fam*) *to* **save** *one's* ~: 1 salvarsi dalla forca; 2 (*fig*) scamparla bella, cavarsela per il rotto della cuffia; (*sl*) *to* **stick** *one's* ~ *out* rischiare grosso, esporsi; (*fam*) *to be* **up** *to one's* ~ *in work* essere immerso fino al collo nel lavoro; (*fam*) ~ *of the* **woods** posto *m*, zona *f*, (*fam*) parti *fpl.*

neck|band *s.* 1 collare *m.* 2 (*of a garment*) collo *m.* 3 (*Rel*) collarina *f*, collare *m.* ~ **cloth** *s.* fazzoletto *m* da collo.

necked [nekt] *a.* (nei composti) 1 dal collo ...: *long-*~ dal collo lungo. **2** ⟨*Sart,Mod*⟩ scollato ..., dalla (*o* con la) scollatura ...: *a V-~ dress* un vestito scollato a V.

neckerchief ['nekətʃif] *s.* fazzoletto *m* da collo.

necking ['nekiŋ] *s.* **1** ⟨*fam*⟩ sbaciucchiamenti *mpl,* ⟨*pop,scherz*⟩ pomiciata *f.* **2** ⟨*Arch*⟩ collarino *m.*

necklace ['neklis] *s.* collana *f,* vezzo *m: a pearl ~* una collana di perle.

necklet ['neklit] *s.* **1** colletto *m* di pelliccia. **2** (*small, tight necklace*) collana *f* a giro collo.

neck‖line *s.* scollatura *f.* □ *a dress with a plunging ~* un vestito molto scollato. **~ microphone** *s.* microfono *m* da collo. **~tie** *s.* cravatta *f.* **~wear** *s.* ⟨*collett*⟩ accessori *mpl* da portare al collo (cravatte, sciarpe, ecc.).

necrologic [ˌnekro(u)'lɔdʒik], **necrological** [-əl] *a.* necrologico. **necrologist** [-'krɔlədʒist] *s.* necrologista *m/f.* **necrology** [-'krɔlədʒi] *s.* **1** necrologio *m.* **2** (*obituary*) necrologia *f.* **3** ⟨*Rel*⟩ registro *m* dei morti, necrologio *m,* obituario *m.*

necromancer ['nekro(u)mænsə] *s.* ⟨*Occult*⟩ negromante *m/f.* **necromancy** [-si] *s.* negromanzia *f.* **necromantic** [-ntik] *a.* negromantico.

necrophilia [ˌnekro(u)'filiə] *s.* necrofilia *f.* **necrophilism** [ni'krɔfilizəm], **necrophily** [ni'krɔfili] *s.* → **necrophilia.**

necrophobia [ˌnekro(u)'foubiə] *s.* ⟨*Psic*⟩ necrofobia *f.*

necrophore ['nekrofɔ:] *s.* ⟨*Entom*⟩ necroforo *m.*

necropolis [ne'krɔpəlis] *s.* (*pl.* -lises [-siz]/-les [li:z]) ⟨*Archeol*⟩ necropoli *f.*

necropsy ['nekrɔpsi], **necroscopy** [-'krɔskəpi] *s.* necroscopia *f,* autopsia *f.*

necrosis [ne'krousis] *s.* ⟨*Biol*⟩ (*pl.* -ses [si:z]) necrosi *f.* **necrotic** [-'krɔtik] *a.* necrotico.

necrotomy [ne'krɔtəmi] *s.* **1** necrotomia *f,* sezione *f* del cadavere. **2** ⟨*Chir*⟩ sequestrectomia *f.*

nectar ['nektə] *s.* nettare *m* (*anche fig.*).

nectarean [nek'teəriən] *a.* → **nectareous. nectareous** [-riəs] *a.* **1** del nettare, ⟨*lett*⟩ nettareo. **2** ⟨*fig*⟩ dolce e squisito, delizioso.

nectarine ['nektəri:n] *s.* pesca *f* nettarina, nettarina *f.*

nectarous ['nektərəs] *a.* → **nectareous. nectary** [-ri] *s.* ⟨*Bot*⟩ nettario *m.*

Ned [ned] *N.pr. dim. di* **Edward.**

neddy ['nedi] *s.* ⟨*fam,infant*⟩ asinello *m,* ciuchino *m,* somarello *m.*

nee, née *fr.* [nei] *a.* nata: *Mrs Jane Brown ~ Robinson* la signora Jane Brown nata Robinson.

need [ni:d] **I** *s.* **1** bisogno *m: there is no ~ to shout* non c'è bisogno di gridare. **2** *pl.* (*requirements*) bisogni *mpl,* esigenze *fpl,* necessità *fpl.* **3** (*destitution, poverty*) bisogno *m,* ristrettezze *fpl,* povertà *f.* **II** *v.t.* **1** avere bisogno di, bisognare (costr. impers.), occorrere (costr. impers.), necessitare di: *~ to help* avere bisogno di aiuto; *do you ~ any money?* ti occorre del denaro?; (*to have use for*) occorrere (costr. impers.), servire (costr. impers.): *I don't ~ this, you can have it* questo non mi serve, lo puoi prendere. **2** (*followed by gerunds*) avere bisogno: *your hair ~s cutting* i tuoi capelli hanno bisogno d'essere tagliati. **3** (*followed by infinitives*) esserci bisogno (costr. impers.), occorrere (costr. impers.), essere necessario (costr. impers.): *I do not ~ to be told my duty* non c'è bisogno che mi si dica qual è il mio dovere; *does he ~ to know?* è necessario che egli lo sappia? **III** *v.i.* ⟨*rar*⟩ essere necessario (costr. impers.), esserci bisogno (costr. impers.): *there ~s no apology* non c'è bisogno di scuse. **IV** *v.aux.* (*3ᵃ pers. sing. pres.* need; forma negativa need not, needn't ['ni:dnt]) **1** (*in interrogatives*) è necessario, occorre: *~ he go so soon?* è necessario che vada via così presto? **2** (*in negatives*) non occorre, non è necessario, non devo, ecc.: *you ~n't do it now* non occorre che tu lo faccia adesso; (*with the perfect infinitive*) è necessario, c'è bisogno: *you ~n't have come so early* non era necessario che (tu) venissi così presto; *he ~n't have gone to the party if he didn't want to* non c'era bisogno che andasse al ricevimento se non ne aveva voglia. □ *to each according to his ~s* a ciascuno secondo i suoi bisogni; *whenever the ~ arises* ogni volta che se ne presenti la necessità; *a crying ~* un bisogno urgente (*o* impellente); *to feel the ~ of* (o *for*) *s.th.* sentire il bisogno di qc.; *my ~s are few* non

ho molte esigenze, mi accontento di poco; *I ~ hardly you* non è necessario che io ti dica; *in one's hour of ~* momento del bisogno; *if ~ be* se necessar all'occorrenza, in caso di bisogno; *to be in ~* vivere trovarsi) in ristrettezze; *to be in ~ of s.th.* avere bisog di qc.; *I am not in ~ of anything* non mi occorre nien ⟨*Comm*⟩ *in case of ~* occorrendo; *to meet s.o.'s ~s* and incontro alle esigenze di qd.

needful ['ni:dful] **I** *a.* **1** necessario, indispensab occorrente. **2** ⟨*rar*⟩ (*needy*) bisognoso. **II** *s.* **1** necessa *m,* occorrente *m.* **2** ⟨*sl*⟩ (*money*) quattrini *mpl,* soldi *m* □ ⟨*fam*⟩ *to do the ~* fare quanto occorre, fare necessario. **needfulness** [-nis] *s.* necessità *f,* bisog *m.*

neediness ['ni:dinis] *s.* bisogno *m,* ristrettezze *fpl,* pove *f.*

needle ['ni:dl] **I** *s.* **1** ago *m: to thread a ~* infilare un a (*knitting needle*) ferro *m* (*o* ago) da calza; (*in crocheti* uncinetto *m,* ago *m* torto. **2** (*in a gramophone, e* puntina *f.* **3** ⟨*Chir*⟩ (*surgical needle*) ago *m* da sutura (*in etching, engraving*) bulino *m,* punta *f* per incidere. (*obelisk*) obelisco *m.* **6** ⟨*Alp,Geol*⟩ guglia *f.* **7** ⟨*M* cristallo *m* aghiforme. **8** ⟨*Bot*⟩ ago *m.* **II** *a.* ⟨*spe* decisivo: *a ~ match* un incontro decisivo. **III** punzecchiare, stuzzicare; (*to compel by goading*) spinge pungolare, stimolare, pungere. **IV** *v.i.* **1** (*to sew*) cuc (*to embroider*) ricamare. **2** ⟨*Min*⟩ cristallizzarsi in aghi. ⟨*fam*⟩ *to get the ~:* **1** (*to be teased, goaded*) essere ⌐pr in giro⌐ (*o* canzonato); **2** (*to become nervous*) innervosi farsi venire i nervi (*o* il nervoso); ⟨*fam*⟩ *to give s.o. the* (*to tease, goad*) punzecchiare qd., stuzzicare qd.; ⟨*fig*⟩ *look for a ~ in a haystack* cercare un ago in un pagli ⟨*fig*⟩ *as sharp as a ~* (*of a person*) acuto, perspicace.

needle‖ bath *s.* doccia *f* filiforme. **~ book** *s.* ⟨*Lav.fem* agoraio *m,* portaaghi *m.* **~ case** *s.* → **needle bo ~craft** *s.* → **needlework. ~ fish** *s.* **1** belone *m.* (*garfish*) aguglia *f.* **3** (*pipe fish*) pesce-ago *m.*

needleful ['ni:dlful] *s.* gugliata *f.*

needle‖ gun *s.* ⟨*Mil.ant*⟩ fucile *m* ad ago. **~like** *a.* aghiforme. **2** ⟨*Bot*⟩ aceroso. **~ point I** *s.* ⟨*Lav.femm* ricamo *m* ad ago. **2** (*lace*) merletto *m* ad ago. **II** *a.* ago: *~ lace* merletto ad ago.

needless ['ni:dlis] *a.* inutile, superfluo, non necessa vano: *~ waste* spreco inutile. □ *~ to say* inutile dire, da sé. **needlessly** [-li] *avv.* inutilmente, inva **needlessness** [-nis] *s.* inutilità *f.*

needle‖ threader *s.* infilaaghi *m.* **~woman** *s.irr.* donna *f* che sa cucire. **2** (*professional seamstress*) sart cucitrice *f.* **~work** *s.* **1** il cucire, cucito *m,* lavoro ⌐d'ago⌐ (*o* di cucito). **2** (*embroidery*) ricamo *m.*

needments ['ni:dmənts] *s.pl.* effetti *mpl* personali.

needn't *contraz. di* need not.

needs [ni:dz] *avv.* necessariamente, per forza. □ *it mus be done* si deve fare, va fatto; ⟨*iron*⟩ *he ~ must turn the light just as I was taking out the film* ma guarda doveva accendere la luce proprio quando stavo estrae la pellicola. *Prov.: ~ must when the devil drives* neces non conosce legge.

needy ['ni:di] **I** *a.* bisognoso, indigente, povero. **II** (costr. pl.) bisognosi *mpl,* indigenti *mpl,* poveri *mpl.*

ne'er [nɛə] *avv.* ⟨*poet*⟩ mai, ⟨*poet*⟩ giammai. □ ⟨*poet*⟩ *a* non uno (solo).

ne'er-do-well *s.* buono *m* (*f* -a) a nulla, fannullone *m*

nefarious [ni'fɛəriəs] *a.* efferato, atroce, nefasto: *~ cri* delitti efferati. **nefariousness** [-nis] *s.* nefandezza atrocità *f.*

neg. = 1 *negative* negativo. **2** *negatively* negativam

negate [ni'geit] *v.t.* **1** negare, non riconoscere, a ammettere. **2** (*to nullify*) annullare, privare di efficacia validità). **negation** [-'geiʃən] *s.* **1** negazione *f* (*an Gramm.*). **2** (*denial*) negazione *f,* diniego *m.* **3** (*oppo of that which is positive*) negazione *f,* contrario *m.*

negative ['negətiv] **I** *a.* **1** negativo: *a ~ answer* risposta negativa; *~ criticism* critica negativa. ⟨*Mat,Fis,Fot,Gramm*⟩ negativo. **II** *s.* **1** negazione *f.* *reply with a ~* rispondere con una negazione. **2** (*refu* negazione *f,* diniego *m.* **3** ⟨*Gramm*⟩ negazione *f.* **4** ⟨*l* negativa *f*, negativo *m*. **5** ⟨*Mat*⟩ quantità *f* negativa. **6** ⟨*El*⟩ polo *m* negativo. **7** ⟨*rar*⟩ (*right of veto*) diritto *m* di veto. **III** *v.t.* **1** rifiutare, respingere, ricusare: *to ~ a proposal* rifiutare una proposta; (*to veto*) porre il veto a. **2** (*to contradict*) contraddire, contestare. **3** (*to disprove*) confutare, dimostrare la falsità di. **4** (*to neutralize*) neutralizzare, rendere vano. ▢ *in the ~* negativamente, di no: *to answer in the ~* rispondere negativamente; *his reply was in the ~* rispose di no.

egative feedback *s.* ⟨*Rad*⟩ controreazione *f*.

egatively ['negətivli] *avv.* **1** negativamente: *to answer ~* rispondere negativamente. **2** ⟨*fig*⟩ sterilmente, in modo non costruttivo. **negativeness** [-vnis] *s.* → **negativity**.

egative| pole *s.* polo *m* negativo. **~ proton** *s.* antiprotone *m*.

egativism ['negətivizəm] *s.* **1** negativismo *m*. **2** ⟨*Filos*⟩ agnosticismo *m*, scetticismo *m*. **negativist** [-vist] **I** *s.* **1** chi ha un atteggiamento negativo. **2** ⟨*Filos*⟩ agnostico *m* (*f* –a). **II** *a.* **1** del negativismo. **2** ⟨*Filos*⟩ agnostico, scettico. **negativity** [-viti] *s.* negatività *f*.

egatory ['negətəri] *a.* **1** negatore. **2** (*negative*) negativo.

egatron ['negətrən] *s.* ⟨*Fis*⟩ negatrone *m*.

eglect [ni'glekt] **I** *v.t.* **1** trascurare, non curare: *to ~ one's wife* trascurare la (propria) moglie; *to ~ one's studies* trascurare gli studi. **2** (*to omit carelessly*) tralasciare, omettere, trascurare: *to ~ to reply to a letter* tralasciare di rispondere a una lettera. **3** (*to fail to take*) lasciarsi sfuggire, non approfittare di: *to ~ an opportunity* lasciarsi sfuggire un'occasione. **II** *s.* **1** incuria *f*, trascuratezza *f*, negligenza *f*: *~ of duty* incuria nell'adempimento del dovere. **2** (*disuse*) disuso *m*, abbandono *m*: *the house fell into ~* la casa cadde nell'abbandono. **neglectful** [-ful] *a.* incurante (*of* di), negligente, trascurato (in), noncurante (di): *~ of one's duty* incurante del proprio dovere.

égligé(e) ['negli:ʒei, *am.* ˌnegli'ʒei] *s.* **1** ⟨*Vest*⟩ negligé *m*, veste *f* da camera. **2** (*carelessly informal attire*) abbigliamento *m* trascurato.

negligence ['neglidʒəns] *s.* **1** negligenza *f*, trascuratezza *f*, incuria *f*. **2** ⟨*Dir*⟩ negligenza *f*. **negligent** [-nt] *a.* **1** negligente, trascurato (*of* in), incurante, noncurante (di). **2** ⟨*Dir*⟩ negligente.

egligent homicide *am.* *s.* ⟨*Dir*⟩ omicidio *m* involontario.

egligible ['neglidʒəbl] *a.* **1** trascurabile, insignificante, irrilevante: *the difference is ~* la differenza è trascurabile. **2** (*almost non-existent*) quasi inesistente: *the opposition was ~* l'opposizione era quasi inesistente. **negligibly** [-i] *avv.* in modo trascurabile.

negotiability [nigouʃiə'biliti] *s.* negoziabilità *f*. **ne'gotiable** [-bl] *a.* **1** ⟨*Econ*⟩ negoziabile: *~ instrument* effetto negoziabile. **2** (*attainable by negotiation*) negoziabile; (*open to negotiation*) trattabile. **3** (*traversable*) transitabile, percorribile: *a ~ road* una strada transitabile. **4** (*surmountable*) sormontabile, superabile (*anche fig.*): *~ difficulties* difficoltà superabili.

negotiant [ni'gouʃiənt] *s.* → **negotiator**.

negotiate [ni'gouʃieit] **I** *v.i.* intavolare (*o* aprire) le trattative, trattare: *to ~ with a foreign power* trattare con una potenza straniera. **II** *v.t.* **1** negoziare, condurre le trattative di: *to ~ a truce* negoziare una tregua. **2** (*to manage, handle*) trattare, condurre; (*to transfer*) negoziare. **3** (*to move over or round*) superare, passare: *to ~ a dangerous curve* superare una curva pericolosa; (*of an obstacle*) superare. **negotiated** [-tid] *a.* negoziato: *~ solution* soluzione negoziata.

negotiating table [ni'gouʃietiŋ] *s.* ⟨*Pol*⟩ tavolo *m* delle trattative.

negotiation [nigouʃi'eiʃən] *s.* negoziato *m*, trattativa *f*. ▢ ⟨*Pol*⟩ *to conduct the ~s* condurre le trattative; *to enter into ~s with s.o.* intavolare negoziati con qd., entrare in trattative con qd.; *to resume the ~s* riprendere le trattative; *to be in ~ with s.o.* essere in trattativa con qd.; *to be under ~* essere in trattative. **negotiator** [-ʃeitə] *s.* negoziatore *m* (*f* –trice).

Negress ['ni:gris] *s.* negra *f*. **Negro** [-rou] **I** *s.* (*pl.* -es [z]) negro *m*. **II** *a.* negro, nero, dei negri. **Negroid** [-rɔid] **I** *a.* negroide. **II** *s.* negroide *m*.

Negrophil ['ni:gro(u)fil], **Negrophile** [-fail] *s.* chi ha (*o* nutre) simpatia per i negri. **Negrophilism** [ni'grɔfilizəm] *s.* simpatia *f* per i negri.

Negrophobe ['ni:gro(u)foub] *s.* chi ha avversione per i negri. **ˌNegro'phobia** [-iə] *s.* avversione *f* per i negri.

negro spiritual *s.* ⟨*Mus*⟩ spiritual *m*.

negus ['ni:gəs] *s.* vino *m* caldo con spezie e succo di limone.

Negus *s.* negus *m*.

neigh [nei] **I** *v.i.* (*of a horse*) nitrire. **II** *s.* nitrito *m*.

neighbor, neighborhood *am.* *e der.* → **neighbour, neighbourhood** *e der.*

neighbour ['neibə] **I** *s.* **1** vicino *m* (*f* –a) (di casa). **2** (*person near another*) vicino *m* (*f* –a): *-s at table* vicini di tavola; (*thing near another*) cosa *f* vicina. **3** (*country near another*) paese *m* vicino (*o* confinante), nazione *f* vicina. **4** (*fellow creature*) prossimo *m*; (*one who shows kindness to s.o.*) amico *m*. **5** (*am.fam*) (*as a term of address*) amico *m*. **II** *a.* vicino, contiguo, limitrofo, attiguo, confinante. **III** *v.t.* **1** confinare con. **2** (*to place near*) avvicinare, mettere vicino. **IV** *v.i.* **1** abitare vicino. **2** (*to be near*) essere vicino (*upon* a). ▢ ⟨*Bibl*⟩ *thou shalt not covet thy ~ 's goods* non desiderare la roba d'altri; ⟨*Bibl*⟩ *love thy ~ as thyself* ama il prossimo tuo come te stesso.

neighbourhood ['neibəhud] *s.* **1** (*district*) quartiere *m*, zona *f*: *a fashionable ~* un quartiere alla moda; (*inhabitants*) vicinato *m*, vicini *mpl*. **2** (*area of vague limits*) dintorni *mpl*, paraggi *mpl*, vicinanze *fpl*. **3** (*nearness*) vicinanza *f*, prossimità *f*. ▢ *in the ~ of:* 1 (*of place*) vicino a, nelle vicinanze di; 2 (*fam*) (*about*) all'incirca, approssimativamente.

neighbouring ['neibəriŋ] *a.* vicino, adiacente, confinante: *the ~ village* il villaggio vicino; (*of countries*) limitrofo.

neighbourliness ['neibəlinis] *s.* affabilità *f*, cordialità *f*. **neighbourly** [-li] *a.* **1** cordiale, amichevole. **2** (*sociable*) socievole.

neither ['naiðə, 'ni:ðə] **I** *a.* né l'uno né l'altro, nessuno dei due: *~ statement is correct* né l'una né l'altra asserzione è esatta; *~ train goes to London* nessuno dei due treni va a Londra. **II** *pron.* né l'uno né l'altro, nessuno *m* dei due: *~ will do* né l'uno né l'altro andrà bene; *~ of you is right* nessuno di voi due ha ragione. **III** *congz.* **1** (*with nor*) né ..., non ...: *~ my wife nor I was present* né mia moglie né io eravamo presenti; *I ~ know nor care* non lo so, né m'interessa; *~ more nor less* né più né meno. **2** (*nor yet, no more*) nemmeno, neppure, neanche: *I don't believe it, and ~ do you* non ci credo, e nemmeno tu; *if you don't go, ~ will I* se tu non (ci) vai, non (ci) andrò neppure io. ▢ *that's ~ here nor there* non c'entra niente.

Nell [nel], **'Nellie, 'Nelly** [-i] *N.pr. dim. di* Helen, Ellen, Eleanor.

nelly: ⟨*sl*⟩ *not on your ~* neanche per sogno.

nelson ['nelsən] *s.* ⟨*Sport*⟩ elson *f*.

nemathelminth [ˌneməˈθelminθ] *s.* ⟨*Zool*⟩ nematelminto *m*.

Nemesis ['nemisis] *N.pr.* ⟨*Mitol*⟩ Nemesi *f*. **nemesis** *s.* giustizia *f* punitrice, nemesi *f*; (*just punishment*) giusta punizione *f*, castigo *m*.

nenuphar ['nenjufɑ:] *s.* ⟨*Bot*⟩ nenufaro *m*, carfano *m*, ninfea *f* gialla.

neocapitalism [ˌni:ou'kæpit(ə)lizem] *s.* ⟨*Pol*⟩ neocapitalismo *m*.

'Neo-'Catholic ['ni:o(u)] **I** *a.* ⟨*Rel*⟩ neocattolico. **II** *s.* neocattolico *m* (*f* –a), modernista *m/f*.

Neocene ['ni:əsi:n] **I** *a.* ⟨*Geol*⟩ neogenico. **II** *s.* neogene *m*.

neoclassic [ˌni:o(u)'klæsik], **neoclassical** [-əl] *a.* neoclassico. **neoclassicism** [-sisizəm] *s.* neoclassicismo *m*. **neoclassicist** [-sisist] *s.* neoclassicista *m/f*.

ˌneo-co'lonialism *s.* ⟨*Pol*⟩ neocolonialismo *m*. **neo-colonialist** *s.* neocolonialista *m/f*. **neo-colonialistic** *a.* neocolonialistico, neocolonialista.

Neofascism [ˌni:o(u)'fæʃizəm] *s.* ⟨*Pol*⟩ neofascismo *m*. **Neofascist** [-ʃist] **I** *a.* neofascista. **II** *s.* neofascista *m/f*.

neo-imperialism *s.* ⟨*Pol*⟩ neoimperialismo *m*. **neo-im-**

perialist I *a.* → **neo-imperialistic. II** *s.* neoimperialista *m/f.* **neo-imperialistic** *a.* neoimperialistico.

neoimpressionism [ˌniːo(u)imˈpreʃənizəm] *s.* ⟨Pitt⟩ neoimpressionismo *m.* **neoimpressionist** [–nist] **I** *a.* neoimpressionista. **II** *s.* neoimpressionista *m/f.*

neolith ['niːəliθ] *s.* ⟨Archeol⟩ utensile *m* in pietra del periodo neolitico. **neo'lithic** [–ik] *a.* ⟨Geol⟩ neolitico. **Neolithic Period** *s.* ⟨Geol⟩ neolitico *m,* periodo *m* neolitico.

neologic [ˌniːo(u)'lɔdʒik], **neological** [–əl] *a.* ⟨Ling⟩ neologico.

neologism [ni'ɔlədʒizəm] *s.* ⟨Ling⟩ neologismo *m.* **neologist** [–dʒist] **I** *s.* neologista *m/f.* **II** *a.* neologico. **neologize** [–dʒaiz] *v.i.* usare (*o* introdurre) neologismi. **neology** [–dʒi] *s.* uso *m* di neologismi; (*neologism*) neologismo *m.*

neon ['niːɔn] **I** *s.* **1** ⟨Chim⟩ neon *m.* **2** → **neon lamp. II** *a.* al neon.

neonatal [ˌniːou'neitl] *a.* neonatale. **,neo,natologist** [–tou'lɔdʒist] *s.* neonatologo *m* (*f* –a). **neonatology** [–tou'lɔdʒi] *s.* neonatologia *f.*

,Neo-'Nazi I *a.* ⟨Pol⟩ neonazista. **II** *s.* neonazista *m/f.* **Neo-Nazi(i)sm** *s.* neonazismo *m.*

neon| lamp, ~ light *s.* lampada *f* (*o* luce) al neon. **~ sign** *s.* insegna *f* al neon (*o* luminosa). **~ tube** *s.* tubo *m* al neon.

neophilia [niːə'filiːə] *s.* neofilia *f.*

neophyte ['niːo(u)fait] *s.* **1** ⟨Rel⟩ (*new convert*) neofita *m,* neofito *m,* proselito *m* (*f* –a). **2** ⟨fig⟩ principiante *m/f,* novizio *m* (*f* –a).

neoplasm ['niːo(u)plæzəm] *s.* ⟨Med⟩ neoplasma *m,* tumore *m.* **neoplastic** [–'plæstik] *a.* neoplastico, neoplasico, tumorale.

neoplatonic [ˌniːo(u)plæ'tɔnik] *a.* ⟨Filos⟩ neoplatonico. **neoplatonism** [–'pleitənizəm] *s.* neoplatonismo *m.* **neoplatonist** [–'pleitənist] *s.* neoplatonico *m* (*f* –a).

neoprene ['niːoupriːn] *s.* ⟨Ind⟩ neoprene *m.*

neorealism [ˌniːo(u)'riːəlizəm] *s.* ⟨Cin,Lett⟩ neorealismo *m.* **neorealist** [–list] *s.* neorealista *m/f.* **,neo,realistic** [–'listik] *a.* neorealista, neorealistico.

neoteric [ˌniːo(u)'terik] *a.* **1** nuovo, moderno. **2** ⟨Lett⟩ neoterico.

Neotropic [ˌniːo(u)'trɔpik], **Neotropical** [–əl] *a.* ⟨Geog⟩ neotropicale. **Neotropics** [–s] *s.pl.* regno *m* neotropicale.

Neozoic [ˌniːo(u)'zouik] **I** *a.* ⟨Geol⟩ neozoico. **II** *s.* neozoico *m,* era *f* neozoica.

Nepal [ni'pɔːl] *N.pr.* ⟨Geog⟩ Nepal *m.* **Nepalese** [ˌnepə'liːz] **I** *a.* nepalese, del Nepal. **II** *s.inv.* **1** (*people;* costr. pl.) nepalesi *mpl.* **2** (*person*) nepalese *m/f.* **3** (*language*) nepalese *m.*

nepenthe [ni'penθi] *s.* **1** ⟨Stor.gr⟩ nepente *f.* **2** ⟨fig⟩ cosa che dà l'oblio.

nephelometer [ˌnefi'lɔmitə] *s.* nefelometro *m.* **nephelometry** [–mitri] *s.* nefelometria *f.*

nephew ['nevjuː, *am.* 'nefjuː] *s.* nipote *m.*

nephrite ['nefrait] *s.* ⟨Min⟩ nefrite *f.*

nephritic [ni'fritik] **I** *a.* ⟨Med⟩ nefritico. **II** *s.* nefritico *m* (*f* –a). **nephritis** [–'fraitis] *s.* (*pl.* **-tises** [–iz]/**-tides** [tidiːz]) nefrite *f.*

nephrologist [ne'frɔlədʒist] *s.* nefrologo *m.* **nephrology** [–dʒi] *s.* nefrologia *f.*

nephrosis [ne'frousis] *s.* ⟨Med⟩ nefrosi *f.* **nephrotic** [–frɔtik] *a.* nefrotico.

nepotic [ni'pɔtik] *a.* nepotista. **nepotism** ['nepətizəm] *s.* nepotismo *m.* **nepotist** ['nepətist] *s.* nepotista *m/f.*

Neptune ['neptjuːn] *N.pr.* ⟨Mitol,Astr⟩ Nettuno *m.* **Nep'tunian** [–iən] *a.* **1** ⟨Mitol,Astr,Geol⟩ nettuniano. **2** (*of the sea*) marino.

nereid ['niəriid] **I** *a.* ⟨Zool⟩ delle nereidi. **II** *s.* nereide *f.*

Nereid *s.* ⟨Mitol⟩ nereide *f,* ninfa *f* del mare.

Nero ['niərou] *N.pr.* ⟨Stor.rom⟩ Nerone *m.* **Neronian** [ni'rouniən] *a.* **1** neroniano. **2** ⟨fig⟩ crudele, feroce, neroniano.

nervate ['nɔːveit] *a.* ⟨Bot⟩ nervato. **nervation** [–'veiʃən] *s.* ⟨Biol⟩ nervazione *f,* nervatura *f.*

nerve [nɔːv] **I** *s.* **1** ⟨Anat⟩ nervo *m.* **2** ⟨fig⟩ (*strengt stamina*) forza *f,* vigore *m,* vigoria *f,* nervo *m.* **3** ⟨fi (courage)* coraggio *m,* sangue *m* freddo, fegato *m.* ⟨fam⟩ (*impertinence*) faccia *f* tosta, sfacciataggine impudenza *f: he had the ~ to complain* ebbe la facc tosta di lamentarsi; *you've got a ~!* hai una bella facc tosta! **5** *pl.* ⟨fam⟩ (*nervousness*) nervi *mpl: to get on s.o. –s* dare ai nervi a qd., far venire i nervi a qd. **6** ⟨Bo nervo *m,* nervatura *f.* **II** *v.t.* infondere coraggio a, fa animo a, dare forza (*o* vigore) a. ☐ *to be all –s = to be bag of nerves;* ⟨fam⟩ *an attack* (*o* a *fit*) *of –s* una crisi nervi; ⟨fam⟩ *to be a bag of –s* avere i nervi a fior di pell ⟨fam⟩ *you've got a ~* hai un bel coraggio!; ⟨fig⟩ *to lo. one's ~* perdersi d'animo; ⟨fig⟩ *to strain every ~* fare og sforzo, fare il possibile.

nerve| cell *s.* neurone *m.* **~ centre** *s.* **1** ⟨Anat⟩ centro nervoso. **2** ⟨fig⟩ centro *m* vitale, parte *f* essenziale.

nerved [nɔːvd] *a.* (nei composti) **1** dai nervi ..., che h nervi ...: *strong-~* dai nervi saldi. **2** ⟨Bot⟩ dalla nervat ra ...

nerve| case *s.* nevropatico *m.* **~ fiber** *am.,* **~ fibr** *s.* fibra *f* nervosa. **~ gas** *s.* ⟨Mil⟩ gas *m* nervino. **~ im pulse** *s.* ⟨Fisiol⟩ stimolo *m* nervoso.

nerveless ['nɔːvlis] *a.* **1** debole, fiacco, snervato, sfibrat **2** ⟨Anat⟩ senza nervi. **3** ⟨Bot⟩ senza (*o* privo d nervatura. **nervelessness** [–nis] *s.* **1** snervatezza debolezza *f.* **2** ⟨Anat⟩ mancanza *f* di nervi. **3** ⟨Bo mancanza *f* di nervatura.

nerve|-racking *a.* esasperante, snervante, che dà sui nerv **~ specialist** *s.* neurologo *m.* **~ strain** *s.* ⟨Me tensione *f* nervosa (*anche fig.*).

nervine ['nɔːviːn] **I** *a.* ⟨Farm⟩ nervino. **II** *s.* farmaco nervino.

nervous ['nɔːvəs] *a.* **1** nervoso: *~ tension* tensione nervos **2** ⟨fig⟩ (*easily agitated*) nervoso, agitato: *to feel ~ befor an examination* essere nervoso prima di un esame (*anxious*) inquieto, ansioso; (*apprehensive*) apprensive pauroso, timoroso. **3** ⟨fig⟩ (*vigorous*) nervoso, vigoroso conciso: *a ~ style* uno stile nervoso. **4** ⟨Anat,Mea nervoso: *a ~ disease* una malattia nervosa. ☐ *to be – the dark* avere paura del buio; *to get ~* innervosirsi; *make s.o. ~* rendere qd. nervoso, innervosire qd.

nervous breakdown *s.* ⟨Med⟩ esaurimento *m* nervoso.

nervousness ['nɔːvəsnis] *s.* **1** nervosismo *m,* irritabilità nervosità *f.* **2** ⟨fig⟩ (*vigour*) vigorosità *f,* nervosità incisività *f.* **3** (*apprehension*) apprensione *f,* paura *f.*

nervous| prostration *s.* ⟨Med⟩ **1** → **nervou breakdown. 2** → **neurasthenia. ~ system** *s.* ⟨Anat sistema *m* nervoso.

nervure ['nɔːvjuə] *s.* ⟨Biol,Arch⟩ nervatura *f.*

nervy ['nɔːvi] *a.* **1** ⟨fam⟩ nervoso, irritabile, eccitabile. ⟨fam⟩ (*courageous*) coraggioso, audace. **3** ⟨am.fam (brash)* sfacciato, sfrontato.

nescience ['nesiəns] *s.* ignoranza *f,* ⟨lett⟩ nescienza **nescient** [–nt] *a.* ignorante, ignaro, ⟨lett⟩ nesciente.

ness [nes] *s.* ⟨Geog⟩ promontorio *m,* capo *m,* punta *f.*

nest [nest] **I** *s.* **1** nido *m: a thrush's ~* un nido di tordo (*animals occupying the nest*) nidiata *f.* **2** ⟨fig⟩ (*refuge* rifugio *m,* ricovero *m,* nido *m;* (*den*) covo *m,* nascondigli *m: a ~ of criminals* un covo di criminali. **3** (*series o objects fitting together*) serie *f* di oggetti che posson essere contenuti l'uno nell'altro. **4** ⟨Mil⟩ nido *m* postazione *f: a machine-gun ~* un nido di mitragliatrice **5** ⟨Minier⟩ tasca *f.* **6** ⟨Mecc⟩ gruppo *m* compatto. ⟨Mar⟩ (*crow's nest*) coffa *f.* **8** ⟨Artigl⟩ appostamento *m* **II** *v.i.* **1** nidificare, fare (*o* farsi) il nido, annidarsi. **2** (*to fi together*) andare (*o* inserirsi) l'uno nell'altro. **3** (*to searc for birds' nests*) andare a caccia (*o* in cerca) di nidi andare a nidi. **III** *v.t.* **1** sistemare: *to ~ eggs in stra* sistemare le uova nella paglia. **2** (*to fit together*) inserir l'uno nell'altro. ☐ ⟨fig⟩ *to foul one's own ~* tirare sassi a colombaia; *to go –ing* andare a (caccia di) nidi; ⟨Arred⟩ *of tables* tavoli *mpl* cicogna, trittico *m.*

nested ['nestid] *a.* ⟨Inform⟩ nidificato.

nest egg *s.* **1** ⟨Zootecn⟩ nidiandolo *m,* endice *m.* **2** ⟨fig gruzzolo *m.*

nester ['nestə] *s.* animale *m* che nidifica. **nesting** [–tiŋ] *s* lificazione *f.*

tle ['nesl] **I** *v.i.* **1** accoccolarsi, rannicchiarsi: *the kitten ~ among the cushions* il gattino si accoccolò tra i cuscini; *~ press closely* stringersi a: *the baby –d against his ~ther* il bambino si strinse alla madre. **2** (*to lie ~eltered*) essere nascosto, nascondersi, annidarsi: *three or ~ur houses –d among the trees* tre o quattro case erano ~scoste tra gli alberi. **II** *v.t.* **1** sistemare come in un ~do. **2** (*to press closely, affectionately*) appoggiare (*o ~ingere*) affettuosamente. **nestling** [–iŋ] *s.* pulcino *m,* ~cellino *m* implume (*o* di nido).

stor ['nestɔ:] *N.pr.* ⟨*Mitol*⟩ Nestore *m.*

storian [nes'tɔ:riən] **I** *s.* ⟨*Rel*⟩ nestoriano *m* (*f* –a). **II** nestoriano. **Nestorianism** [–izəm] *s.* nestorianesimo *m.* nestorianismo *m.*

¹ [net] **I** *s.* **1** rete *f: to haul in the –s* raccogliere le reti; *~ag-shaped piece*) retino *m,* reticella *f: a shrimp ~* un ~ino per gamberetti. **2** ⟨*Sport*⟩ rete *f.* **3** *pl.* ⟨*Sport*⟩ (*in ~ckey, lacrosse*) rete *f,* porta *f.* **4** ⟨*Tess*⟩ rete *f,* filet *m.* **5** *~g*⟩ (*trap*) rete *f,* trappola *f,* maglie *fpl.* **6** ⟨*fig*⟩ (*network*) ~e *f.* **II** *a.* di rete: *~ curtains* tende di rete. □ *to catch ~. in the ~* prendere qd. nella rete.

² *v.* (*pret., p.p.* **'netted** [–id]) **I** *v.t.* **1** ⟨*Pesc*⟩ prendere ~n la rete; (*of a river*) sbarrare con reti. **2** ⟨*Agr,Giard*⟩ ~oteggere (*o* coprire) con reti. **3** ⟨*Sport*⟩ (*in tennis, etc.*) ~andare in rete. **4** (*to make in network*) lavorare a rete. **5** ⟨*fig*⟩ (*to ensnare*) intrappolare, irretire. **6** ⟨*fig*⟩ (*to ~ver with a network*) coprire con una rete (*o* un ~icolato*): hands –ted with fine veins* mani coperte da una ~e di vene sottili. **II** *v.i.* **1** lavorare a rete; (*to make a ~t*) fare (*o* tessere) una rete. **2** ⟨*Sport*⟩ mandare a rete; *~ score a goal* segnare, fare gol, fare rete.

³ **I** *a.* **1** ⟨*Econ,Comm*⟩ netto: *~ earnings* guadagni ~tti. **2** ⟨*fig*⟩ finale, ultimo: *the ~ result* il risultato finale. ~ *s.* ⟨*Econ,Comm*⟩ netto *m.* **III** *v.t.* (*pret., p.p.* **netted** ~d]) **1** ricavare un guadagno (*o* utile) netto da. **2** (*to ~oduce as net profit*) dare un utile netto di, rendere *o* ~tto.

ball ['netbɔ:l] *s.* ⟨*Sport*⟩ specie di pallacanestro.

ful ['netful] *s.* retata *f: a ~ of fish* una retata di ~sci.

her ['neðə] *a.* inferiore, più basso. □ *the ~ regions* gli ~eri.

herlander ['neðələndə] *s.* olandese *m/f.* **Nether~ndish** [–diʃ] *a.* olandese, dei Paesi Bassi. **Neth~lands** [–dz] *N.pr.pl.* (costr. sing. o pl.) ⟨*Geog*⟩ Paesi ~l Bassi, Olanda *f.*

her limbs *s.pl.* (*legs*) arti *mpl* inferiori, gambe *fpl.*

hermost ['neðəmoust, –məst] *a.* il più basso (*o ~*ofondo).

her world *s.* inferno *m,* inferi *mpl.*

~ price *s.* prezzo *m* netto. **~ silk** *s.* ⟨*Tess*⟩ seta *f* ~orta.

t *a./s./v.* → **net³**.

ting ['netiŋ] *s.* **1** il fare una rete. **2** (*act*) il lavorare a ~e. **3** ⟨*Tess*⟩ filet *m,* rete *f.* **4** (*wire netting*) rete *f* ~tallica.

tle ['netl] **I** *s.* ⟨*Bot*⟩ ortica *f.* **II** *v.t.* **1** pungere con le ~tiche. **2** ⟨*fig*⟩ pungere nel vivo, offendere, irritare. □ *~g*⟩ *to grasp the ~* affrontare risolutamente un ostacolo, ~endere il toro per le corna.

tle rash *s.* ⟨*Med*⟩ orticaria *f.*

work ['netwɔ:k] *s.* **1** ⟨*Tess*⟩ filet *m,* rete *f.* **2** ⟨*fig*⟩ rete *a ~ of roads* una rete stradale; *a ~ of spies* una rete di ~ie. **3** ⟨*El*⟩ rete *f.* **4** ⟨*TV*⟩ rete *f* di emittenti televisive, ~twork *m.*

~ worth *s.* ⟨*Econ*⟩ capitale *m* netto.

m(a) ['nju:m(ə)], **neume** [nju:m] *s.* ⟨*Mus*⟩ neuma *m.*

ral ['njuərəl] *a.* ⟨*Anat*⟩ neurale.

ralgia [nju'rældʒə] *s.* ⟨*Med*⟩ nevralgia *f.* **neuralgic** ~dʒik] *a.* nevralgico.

rasthenia [ˌnjuərəs'θi:niə] *s.* ⟨*Med*⟩ nevrastenia *f.* **~urasthenic** [–'θenik] **I** *a.* nevrastenico. **II** *s.* ne~astenico *m* (*f* –a).

ration [nju'reiʃən] *s.* ⟨*Biol*⟩ (*nervation*) nervatura *f.*

rine ['njuəri:n] *s.* ⟨*Biol*⟩ neurina *f.*

ritis [njuə'raitis] *s.* (*pl.* **-tides** [tidi:z]/**-es** [iz]) ⟨*Med*⟩

neurite *f.*

neurobiological [ˌnju:robaiə'lodʒikəl] *a.* neurobiologi-co. **neurobiologist** [–'ɔlədʒist] *s.* neurobiologo *m.* **neurobiology** [–'ɔlədʒi] *s.* neurobiologia *f.*

neurochemistry [ˌnju:ro'kemistri] *s.* neurochimica *f.*

neuroleptic [ˌnju:ro'leptik] **I** *a.* ⟨*Farm*⟩ neurolettico. **II** *s.* neurolettico *m.*

neurolinguistics [ˌnju:rolin'gwistiks] *s.pl.* (costr. sing.) neurolinguistica *f.*

neurologic [ˌnjuəro(u)'lodʒik], **neurological** [–əl] *a.* neurologico.

neurological‖ clinic *s.* clinica *f* neurologica, ⟨*giorn*⟩ neuro *f.* **~ surgery** *s.* neurochirurgia *f.*

neurologist [ˌnjuə'rɔlədʒist] *s.* neurologo *m* (*f* –a). **neurology** [–'rɔlədʒi] *s.* neurologia *f.*

neuron ['njuərɔn] *s.* ⟨*Anat*⟩ neurone *m.*

neuropath ['njuəro(u)pæθ] *s.* ⟨*Psic*⟩ neuropatico *m* (*f* –a). **,neuro'pathic** [–ik] *a.* neuropatico. **,neuropathologic** [–ə'lodʒik], **,neuropathological** [–ə'lodʒikəl] *a.* neuropa-tologico. **,neuropathologist** [–pəθolədʒist] *s.* neuropato-logo *m* (*f* –a). **,neuropathology** [–pəθolədʒi] *s.* neuropato-logia *f.* **neuropathy** [–'rɔpəθi] *s.* neuropatia *f.*

neurophysiologist [ˌnju:ro'fizi'olədʒist] *s.* neurofisiologo *m.* **neurophysiology** [–dʒi] *s.* fisiologia *f* del sistema nervoso, neurofisiologia *f.*

neuropsychiatrist [ˌnju:rousai'kaiətrist] *s.* neuropsichiatra *m.* **neuropsychiatry** [–tri] *s.* neuropsichiatria *f.*

neuropsychology [ˌnju:rosai'kolədʒi] *s.* neuropsicologia *f.*

neurosis [njuə'rousis] *s.* (*pl.* **-ses** [si:z]) ⟨*Med,Psic*⟩ nevrosi *f.*

neurosurgeon [ˌnjuəro(u)'sə:dʒən] *s.* neurochirurgo *m.* **neurosurgery** [–dʒəri] *s.* neurochirurgia *f.*

neurotic [njuə'rɔtik] **I** *a.* ⟨*Psic,Med*⟩ nevrotico. **2** (*of the nerves*) nervoso. **II** *s.* nevrotico *m* (*f* –a). **neurotically** [–əli] *avv.* in modo nevrotico.

neurotoxic [ˌnju:rou'tɔksic] *a.* neurotossico. **neurotoxin** [–ksin] *s.* neurotossina *f.*

neurotransmitter [ˌnju:routraenz'mitə] *s.* ⟨*Biol*⟩ neuro-trasmettitore *m.*

neut. = **1** ⟨*Gramm*⟩ *neuter* neutro. **2** *neutral* neutrale.

neuter ['nju:tə] **I** *a.* **1** ⟨*Gramm*⟩ neutro; (*of verbs*) intransitivo. **2** ⟨*Biol,Bot*⟩ neutro. **3** (*neutral*) neutrale, neutro. **II** *s.* **1** ⟨*Gramm*⟩ (*gender*) neutro *m,* genere *m* neutro; (*noun*) neutro *m;* (*verb*) verbo *m* intransitivo. **2** (*neutered animal*) animale *m* castrato. **3** ⟨*Entom*⟩ insetto *m* neutro. **4** ⟨*Bot*⟩ pianta *f* neutra. **III** *v.t.* castrare.

neutral ['nju:trəl] **I** *a.* **1** ⟨*Pol*⟩ neutrale: *a ~ country* un paese neutrale. **2** ⟨*fig*⟩ insignificante, incolore, scialbo: *a ~ personality* una personalità insignificante. **3** (*of a colour*) neutro. **4** ⟨*Mecc*⟩ (*of gears*) in folle. **5** ⟨*Biol*⟩ neutro, non sessuato. **6** ⟨*Chim,El,Fon*⟩ neutro. **7** ⟨*Fis*⟩ neutro, neutrale. **II** *s.* **1** ⟨*Pol*⟩ stato *m* (*o* nazione *f*) neutrale, neutrale *m/f.* **2** (*person*) persona *f* neutrale. **3** ⟨*Mecc*⟩ posizione *f* di folle. □ *to put the car into ~* mettere la macchina in folle.

neutralism ['nju:trəlizəm] *s.* ⟨*Pol*⟩ neutralismo *m.* **neutralist** [–list] *s.* neutralista *m/f.* **neutrality** [–'træliti] *s.* neutralità *f.* **,neutralization** [–lai'zeiʃən] *s.* neutralizzazione *f* (*anche Ling.,Chim..El.*). **neutralize** [–laiz] *v.t.* **1** neutralizzare, rendere vano. **2** ⟨*Pol*⟩ dichiarare neutrale. **3** ⟨*Mil,Chim,El*⟩ neutralizzare.

neutralized zone ['nju:trəlaizd] *s.* ⟨*Pol,Mil*⟩ zona *f* neutra (*o* neutralizzata).

neutralizer ['nju:trəlaizə] *s.* ⟨*Chim,El*⟩ neutralizzatore *m.*

neutrally [–li] *avv.* in modo neutro (*o* neutrale).

neutron ['nju:trɔn] *s.* ⟨*Atom*⟩ neutrone *m,* bomba *f* N.

neutron‖ bomb *s.* bomba *f* al neutrone. **~ weapons** *s.pl.* armi *fpl* neutroniche (*o* al neutrone).

névé [ne'vei] *s.* ⟨*Geol*⟩ neve *f* granulosa dei ghiacciai, firn *m.*

never ['nevə] *avv.* **1** non ... mai, mai: *she ~ goes out* non esce mai; *~in* (*all*) *my life* mai in vita mia; (*in past sentences*) non ... (mai) più: *he ~ came back* non ritornò più. **2** (*as an emphatic negation*) non ...: *he answered ~ a word* non rispose parola; *this will ~ do* così non può andare. □ *~ after* mai più da allora; *~ ... again* non ... (mai) più: *I shall ~ speak to him again* non gli parlerò più; ~ ... **before** non ... mai prima (d'ora, d'allora): *this has* ~ *happened before* ciò non è mai successo prima; ~ *in all my* (*born*) **days** mai in vita mia; ⟨*esclam*⟩ ~ **fear** niente paura; *you* ~ **know** non si sa mai; ~ **mind** non preoccuparti, non importa, pazienza; ~ *a* non uno, nessuno, neanche uno; *he* ~ **so** *much as offered to help* non offrì neppure un po' d'aiuto; ~ *is a long* **time** prima di dire «mai» pensaci; ⟨*esclam*⟩ **well**, *I* ~*!* ma guarda un po'!, chi l'avrebbe detto!, questa poi!

'**never**|-'**ending** *a.* interminabile, infinito, senza fine. '~-'**fading** *a.* **1** (*of a flower*) che non sfiorisce. **2** ⟨*fig*⟩ immortale, eterno, imperituro, perpetuo. '~-'**failing** *a.* infallibile.

nevermore [ˌnevəˈmɔː] *avv.* mai più.

'**never**-'**never** *s.* **1** → **never-never land. 2** ⟨*sl*⟩ (*hire purchase*) sistema *m* di vendita rateale. □ *to buy s.th. on the* ~ comprare qc. a rate.

'**never**-'**never land** *s.* **1** luogo *m* immaginario; (*Utopia*) paese *m* dei sogni. **2** ⟨*austral*⟩ interno *m* dell'Australia.

nevertheless [ˌnevəðəˈles] *avv.* tuttavia, ciò nonostante, nondimeno.

'**never-to-be-for'gotten** *a.* indimenticabile.

new [njuː] **I** *a.* **1** nuovo: *a* ~ *hat* un cappello nuovo; (*novel*) nuovo, originale: *a* ~ *theory* una nuova teoria; (*unused*) nuovo, altro: *a* ~ *sheet of paper* un foglio nuovo. **2** (*unfamiliar*) nuovo: *the idea is* ~ *to me* quest'idea mi è nuova. **3** (*unaccustomed*) nuovo (*to* di): *to be* ~ *to the job* essere nuovo del mestiere. **4** (*lately arrived*) nuovo, appena arrivato (*from* da): *a* ~ *maid* una nuova cameriera; ~ *from the country* appena arrivato dalla campagna. **5** (*different*) diverso, differente: *a* ~ *dress every day* ogni giorno un abito diverso. **6** (*modern*) moderno, nuovo, attuale: *the* ~ *woman* la donna moderna. **7** (*renewed*) rinnovato, nuovo: *with* ~ *energy* con rinnovata energia. **8** (*fresh*) fresco: ~ *bread* pane fresco. **9** ⟨*Agr*⟩ novello, nuovo, primaticcio; (*of land*) vergine. **10** (*second*) secondo, nuovo, novello: *a* ~ *Golden Age* una seconda età dell'oro. **II** *s.* nuovo *m*, novità *f*: *the old and the* ~ il vecchio e il nuovo. **II** *avv.* (nei composti) di recente, da poco, appena, di fresco: ~-*mown hay* fieno falciato di fresco. □ **brand** ~ nuovo ⸤di zecca⸥ (*o* fiammante); **like** ~ come (*o* quasi) nuovo; *it looks like* ~ sembra nuovo; *to feel like a* ~ **man** sentirsi rinato; *that's* **nothing** ~ non è una novità; *there is* **nothing** ~ *under the sun* nulla di nuovo sotto il sole; ⟨*Geol*⟩ ~ **Stone Age** età neolitica; *he is* ~ *to his* **trade** è nuovo del mestiere.

new| **blood** *s.* ⟨*fig*⟩ nuovo impulso *m*, nuova vita *f* (*o* linfa): *to put* ~ *into an organization* dare nuovo impulso a un'organizzazione. '~-'**blown** *a.* appena sbocciato. ~-**born** **I** *a.* **1** appena nato. **2** (*reborn*) rinato, rigenerato. **II** *s.* (*pl. inv.*/-**s**) neonato *m* (*f* –a). ~ **boy** *s.* ⟨*Scol*⟩ allievo *m* (*f* –a) nuovo. ~**comer** *s.* **1** nuovo venuto (*f* –a) nuovo arrivato *m* (*f* –a). **2** (*novice*) novizio *m* (*f* –a), principiante *m*/*f*. ~ **Deal** *s.* ⟨*Stor.a*⟩ New Deal *m*, nuovo corso *m*.

newel [ˈnjuːəl] *s.* **1** → **newel post. 2** (*of a spiral staircase*) colonna *f* d'appoggio. **newel post** *s.* (*of a flight of stairs*) montante *m* di ringhiera.

New| **England** *N.pr.* ⟨*Geog*⟩ Nuova Inghilterra *f.* ~ **Englander** *s.* abitante *m*/*f* della Nuova Inghilterra.

new entrants *s.pl.* (*workers*) nuove leve *fpl* del lavoro.

newfangled [njuːˈfæŋgld] *a.* **1** ⟨*spreg*⟩ moderno, nuovo (*e* strano). **2** (*attracted to novelty*) amante delle novità. '**new'fangledness** [–nis] *s.* novità *f.*

'**new**|-'**fashioned** *a.* all'ultima moda. '~-'**fledged** *a.* **1** ⟨*Ornit*⟩ che ha appena messo le ali. **2** ⟨*fig*⟩ novello, fresco, recente.

Newfoundland [ˈnjuːfəndlænd] **I** *N.pr.* ⟨*Geog*⟩ Terranova *f.* **II** *s.* ⟨*Zool*⟩ terranova *m.* **Newfoundlander** [–ˈfaundləndə] *s.* abitante *m*/*f* di Terranova.

newish [ˈnjuːiʃ] *a.* piuttosto nuovo.

New| **Jersey** *N.pr.* ⟨*Geog*⟩ New Jersey *m.* '~-'**laid** *a.* (*of eggs*) fresco, appena fatto (*o* deposto) ~ **Latin** *s.* ⟨*Ling*⟩ neolatino *m.* ~ **Learning** *s.* ⟨*Lett*⟩ primo Rinascimento *m* inglese. ~ **Left** *am. s.* ⟨*Pol*⟩ nuova sinistra *f.* ~ **look** *s.* **1** ⟨*Mod*⟩ ultimo grido *m*, ultima moda *f.* **2** ⟨*estens*⟩

nuovo aspetto *m*, nuova tendenza *f*, idee *fpl* nuove: *Conservative party's* ~ il nuovo aspetto del par conservatore.

newly [ˈnjuːli] *avv.* **1** (*lately*) appena, da poco (tempo) recente, di fresco: ~ *married* appena sposati. **2** (*afresh*) fresco: ~ *painted* verniciato di fresco. **3** (*in a new way*) modo nuovo. □ ~ *married couple* sposi *mpl* nov sposini *mpl.*

newly|-**elected** *a.* neoeletto. ~-**industriali countries** *s.pl.* paesi *mpl* di nuova industrializzazio ~-**weds** *s.pl.* (*fam*) sposi *mpl* novelli, sposini *mpl.*

New| **Mexico** *N.pr.* ⟨*Geog*⟩ Nuovo Messico *m.* ~ **mo** *s.* **1** luna *f* nuova. **2** (*phase*) novilunio *m.*

newness [ˈnjuːnis] *s.* novità *f.*

new-rich **I** *a.* arricchito (da poco), nuovo ricco. **I** arricchito *m* (*f* –a), nuovo ricco *m* (*f* –a).

news [njuːz] *s.* (costr. sing. *o* pl.) **1** notizia *f*, notizie nuova *f*, novità *f*: *we have had no* ~ *from him* abbiamo avuto sue notizie; (*information*) notizie informazione *f.* **2** ⟨*Rad*⟩ notizie *fpl*, notiziario *m*, giorr *m* radio: *here is the latest* ~ ecco le ultime notizie ⟨*TV*⟩ telegiornale *m*, notiziario *m*, notizie *fpl.* **4** ⟨*Gio* cronaca *f.* **5** (*fam*) (*newsworthy person*) persona *f* che notizia; (*newsworthy event*) avvenimento *m* che fa noti fatto *m* di cronaca. **6** (*in tiles: newspaper*) giornale *m.* *to* **break** *the* ~ *to s.o.* dare una cattiva notizia a qd.; *i* **in** *the* ~ ne parla la stampa; ⟨*fig*⟩ *this is* ~ *to me* que mi giunge nuovo; *to* **make** ~ fare notizia; **no** ~ *ness* novità, niente di nuovo; *a piece of* ~ una notizia; w (*is the*) ~*?* che c'è di nuovo?, che novità ci sono? *Pr* **no** ~ *is good* ~ nessuna nuova buona nuova; *ill* ~ *tra* (*o flies*) *apace* le cattive notizie volano (*o* hanno le ali *it's* ~ *to me* questo mi è (*o* giunge) nuovo; *it's no* ~ *me* non è una novità per me, non mi giunge nuovo.

news| **agency** *s.* → **news service.** ~**agent** *s.* giornalaio (*f* –a). ~ **analyst** *am. s.* **1** ⟨*Rad*⟩ radiocronista *m*/*f.* ⟨*TV*⟩ telecronista *m*/*f.* ~**boy** *s.* ragazzo *m* che vende distribuisce) i giornali, strillone *m.* ~**break** *s* avvenime *m* che fa notizia, fatto *m* di cronaca. ~**cast** *s.* **1** ⟨*R* notiziario *m*, giornale *m* radio. **2** ⟨*TV*⟩ notiziario telegiornale *m.* ~**caster** *s.* commentatore *m* (*f* –trice) notiziario. ~**casting** *s.* trasmissione *f* (*o* diffusione) notiziario. ~ **conference** *s.* conferenza *f* stampa. ~**dea** *am. s.* → **newsagent.** ~ **editor** *s.* capocronista *m.* **flash** *s.* ⟨*Giorn*⟩ flash *m*, notizia *f* urgente.

new share *s.* ⟨*Econ*⟩ azione *f* di nuova emissione.

news|**hawk** *s.* (*fam*) cronista *m*, reporter *m*, giornali *m.* ~**hen** *s.* (*fam*) cronista *f*, reporter *f*, giornalista *f.* **hound** *s.* → **newshawk.**

newsiness [ˈnjuːzinis] *s.* (*fam*) ricchezza *f* (*o* abbondan di notizie.

news| **item** *s.* fatto *m* di cronaca. ~**letter** *s.* **1** bollett *m* d'informazioni. **2** ⟨*Comm*⟩ notiziario *m.* ~ **magazi** *s.* rivista *f* d'informazione. ~ **man** *am.* [mən] *s.* → **newspaperman.**

newsmonger [ˈnjuːzmʌŋgə] *s.* pettegolo *m* (*f* – chiacchierone *m* (*f* –a), gazzetta *f.* **newsmongeri** [–riŋ] *s.* il pettegolare.

newspaper [ˈnjuːspeipə] **I** *s.* **1** giornale *m.* **2** (*pap* *newsprint*) carta *f* di giornale. **II** *a.* giornalistico: ~ *sla* gergo giornalistico. □ *a daily* ~ un quotidiano; *a wee* ~ un (giornale) settimanale.

newspaperman [mən] *s.irr.* giornalista *m*, cronista reporter *m.*

news|**person** *s.* giornalista *m*/*f.* ~**print** *s.* ⟨*Cart*⟩ carta da giornale. ~**reader** *s.* → **newscaster.** ~**reel** *s.* ⟨*C* cinegiornale *m.* ~ **release** *s.* comunicato *m* stampa. ~ **room** *s.* **1** ⟨*Giorn*⟩ sala *f* stampa. **2** (*reading room*) sal di lettura. ~ **service** *s.* agenzia *f* ⸤di stampa⸥ d'informazioni). ~**sheet** *s.* notiziario *m*, bollettino ~**stall**, ~**stand** *s.* edicola *f*, chiosco *m* di giornali. **story** *s.* ⟨*Giorn*⟩ articolo *m* di cronaca, reportage *m.* **summary** *s.* notiziario *m.* ~ **theatre** *s.* cinema *m* dove proiettano documentari e servizi d'attualità.

new| **stock** *s.* → **new share.** ~ **Style** **I** *s.* tempo calcolato secondo il calendario gregoriano. **II** *a.* (*of tim* calcolato secondo il calendario gregoriano.

ws| vendor *s.* strillone *m,* venditore *m* (*f* –trice) di iornali. **~woman** *s.irr.* giornalista *f.* **~worthy** *a.* nteressante, che fa notizia, degno di essere pubblicato. □ - *event* fatto di cronaca.

wsy ['nju:zi] *a.* ⟨*fam*⟩ **1** ricco (*o* pieno) di notizie: *a ~ etter* una lettera ricca di notizie. **2** (*gossipy*) pettegolo, hiacchierone; (*causing gossip*) che provoca pettegolezzi (*o* hiacchiere)

wt [nju:t] *s.* ⟨*Zool*⟩ tritone *m.*

ew Testament *s.* ⟨*Bibl*⟩ nuovo testamento *m.*

wton ['nju:tən] *s.* ⟨*Fis*⟩ newton *m.*

ewtonian [nju:'touniən] **I** *a.* newtoniano. **II** *s.* seguace n/f di Newton.

ew| World *s.* ⟨*Geog*⟩ Nuovo Mondo *m,* America *f.* **~ ear** *s.* **1** primi giorni *mpl* di gennaio. **2** (*New Year's Day*) capodanno *m,* primo dell'anno. □ *New Year's Day* apodanno *m,* primo *m* dell'anno; *New Year's Eve* ultimo 1 dell'anno, san Silvestro *m,* vigilia *f* di capodanno. **~ ork** *N.pr.* ⟨*Geog*⟩ **1** (*New York State*) New York *m.* **2** *New York City*) New York *f,* Nuova York *f.* **~ Yorker** jɔ:kə] *s.* abitante *m/f* di New York, nuovayorkese *m/f,* uovaiorchese *m/f.* **~Yorkese** [jɔ:'ki:z] *s.* **1** (*speech*) arlata *f* tipica di New York. **2** (*pronunciation*) accento *m* i New York. **~ Zealand** *N.pr.* ⟨*Geog*⟩ Nuova Zelanda *~ Zealander* *s.* neozelandese *m/f.*

xt [nekst] **I** *a.* **1** (*in place*) prossimo, 1 più vicino: *the ~ reet* la prossima via; *the ~ village* il villaggio più vicino; *nearest*) accanto, contiguo, attiguo (*to* a): *the house ~ to urs* la casa accanto alla nostra. **2** (*in order of time*) rossimo, successivo, seguente: *the ~ stop* la prossima ermata; *the ~ chapter* il capitolo seguente; *~ week* la ettimana prossima; (*in future time*) prossimo, venturo, uturo; (*in the past*) dopo, successivo, seguente: *he left the - day* parti il giorno dopo. **3** (*closest in intimacy*) il più icino, intimo: *Peter was ~ to Jesus* Pietro era il più icino a Gesù. **4** ⟨*am.sl*⟩ (*informed, aware*) informato, orrente (*to* di). **II** *s.* prossimo *m* (*f* –a), primo *m* (*f* –a): *ake the ~ to the left* prenda la prossima (strada) a inistra; *~, please!* avanti il prossimo! **III** *avv.* **1** (*after his*) dopo, appresso, in seguito, poi: *who comes ~?* chi iene dopo?; (*referring to the past: after that*) poi: *~ he losed the door* poi chiuse la porta; (*on the first occasion o follow*) la prossima volta, la volta dopo: *when ~ we neet* quando c'incontreremo la prossima volta. **2** (*with uperlatives: second*) often not translated, secondo: *the ~ argest city after London* la città più grande dopo Londra. **V** *prep.* vicino a, accanto a. □ *the year after ~* tra due nni; *the ~ best* (*thing*) la migliore alternativa; *within the - few days* entro i prossimi giorni; (*the*) *~ moment* ubito dopo; *from one moment to the ~* da un momento ll'altro; *in the ~ place* inoltre, in secondo (*o* terzo, uarto, ecc.) luogo; *the ~ size* (*of shoes, etc.*) la misura iu grande; (*the*) *~ time* la prossima volta; *~ to:* 1 ccanto a, vicino a: *come and sit ~ to me* vieni a sederti ccanto a me; 2 (*in importance*) (subito) dopo: *the richest ountry ~ to America* il paese più ricco dopo l'America; 3 fig⟩ (*almost*) quasi: *he eats ~ to nothing* non mangia uasi niente; *~ to impossible* quasi impossibile; *~ to last* enultimo; ⟨*am.fam*⟩ *to get ~ to s.o.* diventare intimo di d.; *what ~?* e poi?, che altro?; *what will he say ~?* cosa irà ancora?, che altro avrà da dire?; **whatever** ~*!* c'è da spettarsi di tutto!; **who's** ~ chi è il prossimo?, a chi occa? ‖ ⟨*Giorn*⟩ *to be continued in our ~* il seguito al rossimo numero.

xt|-door *a.* vicino, che abita accanto, della porta accanto. ⊐ *the ~ neighbours* i vicini di casa. **~ door** *avv.* ccanto, porta a porta: *in the shop ~* nel negozio accanto. ⊐ *~ to:* 1 vicino a, accanto a, porta a porta con; 2 (*fam*) *almost*) quasi: *it's ~ to impossible* è quasi impossibile; *uch ideas are ~ to madness* idee simili rasentano la azzia. **~-of-kin** *s.inv.* **1** parente *m/f* (più stretto, *f* –a) (*nearest relatives*) parenti *mpl* più stretti, familiari *mpl.* **3** ⟨*Dir*⟩ erede *m* diretto (*o* aturale).

xus ['neksəs] *s.* (*pl. inv./-es* [iz]) **1** nesso *m,* connessione legame *m.* **2** (*connected group*) gruppo *m* (*o* serie *f*) di ose connesse tra loro.

N.G = ⟨*SU*⟩ *National Guard* milizia nazionale.

NHS = *National Health Service* Servizio sanitario nazionale.

Niagara [naɪ'ægərə] *N.pr.* ⟨*Geog*⟩ Niagara *m.* □ ⟨*fig*⟩ *to shoot the ~* correre un grosso rischio.

Niagara Falls *N.pr.pl.* cascate *fpl* del Niagara.

nib [nib] **I** *s.* **1** (*of a pen*) punta *f* di penna (d'oca); (*for insertion in a pen*) pennino *m.* **2** (*pointed part*) parte *f* appuntita, punta *f.* **3** ⟨*Edil*⟩ (*of a tile*) sporgenza *f.* **4** *pl.* (*crushed cocoa or coffee beans*) chicchi *mpl* di cacao (*o* caffè) frantumati. **II** *v.t.* (*pret., p.p.* **nibbed** [–d]) **1** appuntire, affilare, fare la punta a. **2** (*to furnish with a nib*) mettere il pennino a; (*to mend the nib of*) aggiustare il pennino di. **nibbed** [–d] *a.* (nei composti) dal pennino ...: *gold–~* dal pennino d'oro.

nibble ['nibl] **I** *v.t.* **1** rosicchiare, rodere, rosicare: *the mice had –d the cheese* i topi avevano rosicchiato il formaggio. **2** (*to bite in small bits*) mordicchiare, morsicare. **II** *v.i.* **1** rosicchiare, morsicchiare, mordicchiare (*on, at* s.th. qc.). **2** (*to eat fastidiously*) mangiucchiare (*at* s.th. qc.). **3** ⟨*fig*⟩ (*to criticize pettily*) cavillare, trovare da ridire (*at* su). **4** ⟨*fig*⟩ (*to affront cautiously*) trattare con cautela. **III** *s.* **1** il rosicchiare. **2** (*small bit*) bocconcino *m,* piccolo morso *m.* **3** ⟨*Inform*⟩ mezzo byte *m.*

Nibelungs ['ni:bəluŋz] *s.pl.* ⟨*Mitol.nord*⟩ nibelunghi *mpl.*

niblick ['niblik] *s.* ⟨*Sport*⟩ mazza *f* (da golf) con la spatola in ferro.

nibs [nibz] ⟨*sl*⟩ *his ~:* 1 uomo *m* distinto, signore *m;* 2 (*person of importance*) persona *f* importante, ⟨*scherz*⟩ sua maestà *f* (*o* signoria).

NIC = *Newly Industrialized Countries* paesi di nuova industrializzazione.

Nicaragua [ˌnikə'ræguə] *N.pr.* ⟨*Geog*⟩ Nicaragua *m.* **Nicaraguan** [–n] **I** *a.* nicaraguese, nicaraguegno. **II** *s.* nicaraguese *m/f,* nicaraguegno *m* (*f* –a).

nice [nais] *a.* **1** (*of things*) piacevole, simpatico, gradevole: *it was a ~ pary* fu una festa piacevole; (*of people*) simpatico, piacevole, affabile: *a ~ man* un uomo simpatico; (*attractive*) bello, attraente, grazioso, carino: *~ clothes* graziosi vestiti; (*of weather*) bello: *a ~ day* una bella giornata. **2** (*considerate, kind*) gentile, garbato, cortese, amabile (*to* con, verso): *they have been very ~ to us* sono stati molto gentili con noi. **3** (*good, well-executed*) bello, buono, ben fatto: *~ shot!* bel colpo! **4** ⟨*iron*⟩ bello: *we're in a ~ mess* siamo in un bel pasticcio. **5** (*refined*) raffinato, fine, squisito: *~ taste* un gusto raffinato; (*well bred*) per bene, fine, raffinato: *~ people* gente per bene; (*proper*) raffinato, fine: *~ language* linguaggio raffinao. **6** (*tactful*) garbato, pieno di tatto, delicato: *~ handling of a difficult situation* un modo garbato di trattare una situazione difficile. **7** (*requiring careful consideration*) delicato: *a ~ problem* un problema delicato; (*subtle*) sottile, fine: *a ~ distincton* una sottile distinzione. **8** (*of ears, eyes*) fine, sensibile. **9** (*of food: good*) buono, gustoso; (*dainty*) delicato, squisito. **10** (*fastidious*) esigente, incontentabile, schizzinoso: *to be ~ about one's food* essere esigente in fatto di cibo. **11** (*scrupulous*) corretto, scrupoloso: *his business methods are not too ~* i suoi metodi in affari non sono del tutto corretti. □ (*fam*) (*as an intensive*) *~ and* gradevolmente, piacevolmente; *it's ~ and warm in here* fa un caldo piacevole (*o* c'è un bel calduccio) qui dentro; ⟨*iron*⟩ *you're a ~ one to talk about honesty* proprio tu parli di onestà.

Nice [ni:s] *N.pr.* ⟨*Geog*⟩ Nizza *f.*

nice-looking *a.* grazioso, carino.

nicely ['naisli] *avv.* **1** bene: ⟨*fam*⟩ *how are you? – ~, thank you* come stai? – bene, grazie; *she dresses ~* veste bene. **2** (*with kindness*) gentilmente, amabilmente; (*tactfully*) con tatto. **3** (*precisely*) con precisione, esattamente, a puntino: *~ calculated stroke* colpo calcolato con precisione. □ ⟨*fam*⟩ *he is doing ~* se la cava bene.

Nicene [nai'si:n] *a.* niceno.

Nicene| Council *s.* ⟨*Stor*⟩ consiglio *m* niceno. **~ Creed** *s.* ⟨*Rel*⟩ credo *m* (*o* simbolo) niceno.

niceness ['naisnis] *s.* **1** piacevolezza *f,* amabilità *f,* fascino *m.* **2** (*refined quality*) raffinatezza *f,* finezza *f.* **3**

(*fastidiousness*) l'essere esigente (*o incontentabile*): ~ *of dress* l'essere esigente nel vestirsi. **4** (*precision*) esattezza *f*, precisione *f*.

nicety ['naisiti] *s.* **1** (*refinement*) raffinatezza *f*, finezza *f*: *the niceties of civilized life* le raffinatezze della vita civilizzata. **2** (*subtle point, detail*) sottigliezza *f*, finezza *f*. **3** (*quality of requiring tact*) delicatezza *f*: *a problem of some* ~ una questione di una certa delicatezza. **4** (*precision, accuracy*) precisione *f*, accuratezza *f*, esattezza *f*. **5** (*fastidiousness*) incontentabilità *f*, l'essere esigente (*o schizzinoso*). □ *to a* ~ con (estrema) precisione, esattamente, in modo preciso; *to fit to a* ~ stare a pennello.

niche [nitʃ] **I** *s.* **1** ⟨*Arch,Biol*⟩ nicchia *f*. **2** ⟨*fig*⟩ nicchia *f*, posto *m* adatto, buon posticino *m*. **II** *v.t.* collocare in una nicchia. □ ⟨*fig*⟩ *to find one's* ~ *in life* sistemarsi bene.

Nicholas ['nikələs] *N.pr.* Nicola *m*.

nick [nik] **I** *s.* **1** tacca *f*, intaccatura *f*, incisione *f*, intaglio *m*. **2** ⟨*Tip*⟩ tacca *f*. **3** ⟨*sl*⟩ (*in dicing*) colpo *m* favorevole. **4** ⟨*sl*⟩ (*prison*) prigione *f*, galera *f*, ⟨*pop*⟩ gattabuia *f*. **5** ⟨*sl*⟩ (*condition*) stato *m*, condizione *f*. **II** *v.t.* **1** intaccare, fare 'una tacca' (*o un'incisione*) in. **2** (*to cut into slightly*) scalfire, graffiare, ferire leggermente. **3** ⟨*sl*⟩ (*to steal*) rubare, ⟨*gerg*⟩ grattare. **4** ⟨*sl*⟩ (*to catch*) catturare, prendere, pizzicare; (*to arrest*) arrestare. **5** ⟨*sl*⟩ (*to grasp at the right point*) cogliere (*o afferrare*) al volo: *to* ~ *an opportunity* cogliere al volo un'occasione. **6** (*of a horse's tail*) incidere alla base. **7** (*to record by a notch*) segnare facendo una tacca (*o un'incisione*). **III** *v.i.* (general. con *in*) **1** (*in racing*) tagliare. **2** (*fam*) (*to slip in*) intrufolarsi, introdursi di soppiatto. □ *in the* (*very*) ~ *of time* (proprio) al momento (*o tempo*) giusto.

Nick *N.pr.* **1** (*dim. di Nicholas*) Nicolino *m*. **2** (*Old Nick: the devil*) diavolo *m*, belzebù *m*.

nickel ['nikl] **I** *s.* **1** ⟨*Chim*⟩ nichel *m*, nichelio *m*. **2** ⟨*am.Econ*⟩ moneta *f* da cinque centesimi. **II** *a.* al (*o di*) nichel. **III** *v.* (*pret., p.p.* **nickelled**/*am.* **nickeled** [-d]) → **nickel-plate**.

nickel iron *s.* ferronichel *m*.

nickelodeon *am.* [ˌnikəˈloudiən] *s.* **1** juke-box *m*. **2** (*theatre, cinema*) teatro *m* (*o cinema*) in cui si pagava cinque centesimi (per entrare).

nickel|-plate *v.t.* nichelare. **~ plate** *s.* nichelatura *f*. **~ silver** *s.* ⟨*Met*⟩ argentone *m*. **~ steel** *s.* acciaio *m* al nichel.

nicker[1] *scozz.* ['nikə] **I** *v.i.* nitrire. **II** *s.* nitrito *m*.

nicker[2] *s.* (*pl. inv./-s* [z]) ⟨*sl*⟩ **1** sterlina *f*. **2** (*guinea*) ghinea *f*.

nicker[3] *s.* (*one who makes a nick*) chi fa ⌐una tacca⌐ (*o un intaglio*).

nick-nack ['niknæek] *s.* (*knick-knack*) gingillo *m*, ninnolo *m*.

nickname ['nikneim] **I** *s.* **1** soprannome *m*, nomignolo *m*. **2** (*familiar form of a proper name*) vezzeggiativo *m*. **II** *v.t.* soprannominare, dare un nomignolo a.

Nicodemus [ˌnikəˈdiːməs] *N.pr.* ⟨*Bibl*⟩ Nicodemo *m*.

nicotine ['nikətiːn] *s.* nicotina *f*. **nicotinism** [-izəm] *s.* ⟨*Med*⟩ nicotinismo *m*, tabagismo *m*. **nicotinize** [-aiz] *v.t.* intossicare con (la) nicotina.

nictate ['nikteit] *v.* → **nictitate**. **nictation** [-'teiʃən] *s.* → **nictitation**. **nictitate** [-titeit] *v.i.* (s)battere le palpebre. **nictitation** [ˌ-ti'teiʃən] *s.* ⟨*Med*⟩ nittitazione *f*.

nidificate ['nidifikeit] *v.i.* nidificare, fare il nido. **nidification** [-'keiʃən] *s.* nidificazione *f*. **nidify** [-fai] *v.* → **nidificate**.

nid-nod ['nidnɔd] *v.i.* ciondolare il capo (per il sonno).

nidus ['naidəs] *s.* (*pl.* **-di** [dai]/**-duses** [-siz]) **1** ⟨*Entom,Zool*⟩ nido *m*. **2** ⟨*Biol*⟩ luogo *m* favorevole allo sviluppo delle spore. **3** ⟨*Med*⟩ focolaio *m* (*anche fig.*).

niece [niːs] *s.* nipote *f*.

niello [niˈelou] **I** *s.* (*pl.* **-li** [lai]/**-es** [z]) **1** ⟨*Met*⟩ niello *m*. **2** ⟨*Art*⟩ (*art*) niellatura *f*; (*result*) niello *m*, lastra *f* niellata. **II** *v.t.* niellare.

Nietzschean ['niːtʃiən] **I** *a.* ⟨*Filos*⟩ nietzschiano. **II** *s.* nietzschiano *m* (*f* -a). **Nietzscheanism** [-izəm] *s.* nietzschianesimo *m*.

nifty ['nifti] *a.* ⟨*fam*⟩ **1** abile, destro. **2** (*smart*) elegante,

che ha stile. **3** (*smelly*) puzzolente, maleodorante.

nigella [naiˈdʒelə] *s.* ⟨*Bot*⟩ nigella *f*.

Niger ['naigə] *N.pr.* ⟨*Geog*⟩ Niger *m*.

Nigeria [naiˈdʒiəriə] *N.pr.* ⟨*Geog*⟩ Nigeria *f*. **Nigeri**[-n] **I** *a.* nigeriano. **II** *s.* nigeriano *m* (*f* -a).

niggard ['nigəd] **I** *s.* avaro *m* (*f* -a), tirchio *m* (*f* -spilorcio *m* (*f* -a), taccagno *m* (*f* -a). **II** *a.* → **niggard** **niggardliness** [-linis] *s.* avarizia *f*, taccagneria tirchieria *f*, spilorceria *f*. **niggardly** [-li] **I** *a.* **1** (*of person*) avaro, tirchio, spilorcio, taccagno. **2** (*scan* scarso, misero. **II** *avv.* avaramente, con tirchieria.

nigger ['nigə] **I** *s.* **1** ⟨*spreg*⟩ (*Negro*) negro *m*; (*colour person*) uomo *m* (*o donna f*) di colore. **2** → **nigg** **brown**. **2** ⟨*Entom*⟩ bruco *m* nero della rapa. **II** *a.* (*col* testa di moro. □ ⟨*fig*⟩ ~ *in the woodpile* punto *m* oscu cosa *f* non chiara; ⟨*spreg*⟩ *to work like a* ~ lavorare co un negro.

nigger| brown *s.* (*colour*) testa *m* di moro, marrone scuro. **~ driver** *s.* ⟨*sl*⟩ negriere *m*, negriero *m*. **~ lov** *s.* ⟨*spreg*⟩ chi sostiene i diritti civili dei negri. **minstrel** *s.* ⟨*Teat*⟩ cantante *m* truccato da negro.

niggle ['nigl] *v.i.* **1** essere pignolo, prestare eccessi attenzione ai dettagli. **2** (*to carp*) criticare, cavilla **niggling** [-iŋ] *a.* **1** pedante, pignolo, troppo meticolos **2** (*trifling*) insignificante, da nulla.

nigh [nai] **I** *avv.* ⟨*rar,poet*⟩ vicino. **II** *a.* vicino: *the ho is* ~ l'ora è vicina. **III** *prep.* vicino a, accanto a. ~ ⟨*rar,poet*⟩ *to draw* ~ avvicinarsi, ⟨*poet,scherz*⟩ ~ *on* qua ⟨*poet,scherz*⟩ *well* ~ quasi, pressoché.

night [nait] **I** *s.* **1** notte *f*: *when* ~ *comes* quando si notte; (*particular night*) notte *f*, nottata *f*. **2** (*evening*) se *f*: *she watches television every* ~ guarda la televisione og sera; (*particular evening*) serata *f*, sera *f*: *a* ~ *at the ope* una serata all'opera; (*evening set aside for s.th.*) serata *ladies'* ~ *at the club* serata delle signore al circolo. (*darkness*) tenebre *fpl*, oscurità *f*, buio *m*, notte *f*: *und cover of* ~ col favore delle tenebre. **4** ⟨*fig*⟩ tenebre *f* buio *m*, notte *f*. **5** ⟨*fig*⟩ (*death*) morte *f*. **II** *a.* **1** notturn della notte: *the* ~ *hours* le ore notturne; *the cool* ~ a l'aria fresca della notte. **2** (*operating at night*) della not notturno: *the* ~ *train* il treno della notte. **3** (*working night*) di notte, notturno: ~ *nurse* infermiera di notte. □ **all** ~ (*long*) (per) tutta la notte; **at** ~: **1** di notte, la nott nottetempo; **2** (*in the evening*) di sera, la sera; *to have* **bad** ~ passare una brutta notte, dormire male; *the* **before** la sera (*o notte*) prima; **by** ~ di notte, durante notte, nottetempo; ~ *and* **day** giorno e nott continuamente; *at dead of* ~ nel cuore della notte, in pie notte; **far** *into the* ~ fino a tarda notte, fino a nott inoltrata; ⟨*Teat*⟩ **first** ~ prima *f*; **good** ~! buona notte!; *have a good* ~ passare una buona notte, dormire bene; *the* ~ durante la notte; **last** ~: **1** la notte scorsa; (*yesterday evening*) ieri sera; *the* ~ *before last*: **1** l'altr notte; **2** (*the evening before last*) l'altra sera; **late** *at* ~ notte alta (*o inoltrata*), a tarda notte; ⟨*fam*⟩ *to make a* ~ *of it* fare nottata, passare la notte facendo baldori ⟨*dial,fam*⟩ *o' -s* di notte, nottetempo; **opening** ~ = firs *night*; *a good* ~'*s rest* una bella dormita; **tomorrow** ~: domani notte; **2** (*tomorrow evening*) domani sera; ⟨*fig*⟩ **turn** ~ *into day* fare di notte giorno.

night| bird *s.* **1** uccello *m* notturno. **2** ⟨*fam*⟩ → **nigh** **owl**. **~ -blindness** *s.* ⟨*Med*⟩ nictalopia *f*. **~cap** *s.* berretto *m* (*o cuffia f*) da notte. **2** ⟨*fam*⟩ (*drink* bicchierino *m* (che si beve) prima di andare a lett ~**chair** *s.* seggetta *f*. **~ clothes** *s.pl.* indumenti *mpl* d letto. **~club** *s.* locale *m* notturno, night-club *m*, night ~ **crawler** *am.* *s.* ⟨*Zool*⟩ lombrico *m*. **~ differential** indennità *f* di turno notturno. **~dress** *s.* → **nightgown** ~**fall** *s.* imbrunire *m*, crepuscolo *m*. □ *at* ~ al cadu della notte. **~ fighter** *s.* ⟨*Aer.mil*⟩ caccia *m* notturno ~**gown** *s.* camicia *f* da notte (da donna, *o bambina* ~**hawk** *s.* **1** ⟨*Ornit*⟩ cordeile *m*. **2** ⟨*Ornit*⟩ succiacapr *m* americano. **3** ⟨*Ornit*⟩ → **nightjar**. **4** ⟨*fam*⟩ → **nigh** owl.

nightie ['naiti] *s.* ⟨*fam*⟩ (*nightgown*) camicia *f* da notte.

nightingale ['naitiŋgeil] *s.* ⟨*Ornit*⟩ usignolo *m* (*anch fig.*).

ght|jar s. ⟨Ornit⟩ caprimulgo m, nottolone m, ucciacapre m. **~ lamp** s. → **nightlight. ~ letter(gram)** m. s. ⟨Post⟩ telegramma m notturno. **~ life** s. vita f otturna. **~light** s. lumino m da notte, lampada f schermata) per la notte. **~ line** s. ⟨Pesc⟩ lenza f per la esca notturna.

ghtlong ['naitlɔŋ] **I** a. che dura tutta la notte. **II** avv. lurante (o per) tutta la notte.

ghtly ['naitli] **I** a. (every night) notturno, di ogni notte; (every evening) serale, di ogni sera; (at night) notturno; (in he evening) serale. **II** avv. **1** (every night) di notte, ogni lotte; (every evening) di sera, ogni sera, seralmente: erformances ~ si danno spettacoli ogni sera. **2** (at night) ottotempo, la notte, di notte; (in the evening) di sera, la era.

ghtmare ['naitmɛə] s. incubo m (anche fig.,Occult.): to ave a ~ avere un incubo. **nightmarish** [-riʃ] a. ngoscioso, da incubo.

ght|-night intz. ⟨fam⟩ buona notte, ⟨fam⟩ 'notte. **~ wl** s. ⟨fam⟩ nottambulo m (f –a). **~ piece** s. ⟨Pitt⟩ notturno m. **~ porter** s. portiere m di notte.

ghts am. [naits] avv. **1** (at night) di notte, la notte, ottotempo. **2** (in the evening) di sera, la sera.

ght| safe s. cassa f continua. **~ school** s. scuola f erale. **~shade** s. ⟨Bot⟩ solano m. **~shift** s. turno m di notte. **~shirt** s. camicia f da notte (da uomo o bambino). **~ soil** s. ⟨Agr⟩ bottino m. **~ spot** s. → **nightclub. ~stand** s. ⟨Arred⟩ comodino m. **~stick** am. s. follagente m. **~ stop** s. ⟨Aer⟩ fermata f notturna. **~able** s. comodino m, tavolino m da notte. **~time** s. notte f, ore fpl notturne. **~ walker** s. **1** prostituta f, asseggiatrice f. **2** (sleepwalker) sonnambulo m (f –a). **~walking** s. sonnambulismo m. **~watch** s. **1** vigilanza f notturna, guardia f di notte. **2** (person) guardiano m notturno, guardia f notturna (o di notte). **3** pl. (sleepless eriod of the night) ore fpl di veglia. **~ watchman** s. guardiano m notturno, guardia f notturna (o di notte). **~wear** s. → **night clothes. ~ work** s. lavoro m notturno. **~-work allowance** s. → **night differential.**

ghty s. → **nightie.**

ghty-night ['naiti] intz. → **night-night.**

grescence [nai'gresns] s. **1** il diventare nero, nnerimento m. **2** (blackness) nero m, nerezza f. **igrescent** [-nt] a. nerastro, nericcio; (becoming black) he diventa nero, che annerisce.

gritude ['nigritju:d] s. **1** nero m, nerezza f. **2** (Negro ulture) negritudine f.

hilism ['naiilizəm] s. ⟨Pol,Filos⟩ nichilismo m, nullismo n. **nihilist** [-list] **I** s. nichilista m/f, nullista m/f. **II** a. → **nihilistic. nihilistic** [-'listik] a. nichilista, nullista.

hility [nai'hiliti] s. **1** nulla m, niente m. **2** (trifle) cosa f la nulla.

l [nil] **I** s. **1** niente m, nulla m. **2** ⟨Sport⟩ zero m: the core was three ~ il punteggio era di tre a zero. **II** a. zero.

ile [nail] s. ⟨Geog⟩ Nilo m. **Nilotic** [-'lɔtik] a. del Nilo.

imble ['nimbl] a. **1** agile, sciolto, lesto, svelto: ~ fingers lita agili. **2** (quick in comprehending) agile, svelto, pronto, vivace: a ~ mind una mente agile. **nimbleness** [-nis] s. **1** agilità f, sveltezza f, vivacità f. **2** (alertness) prontezza f, sveltezza f, vivacità f.

imbus ['nimbəs] s. (pl. **-buses** [-siz]/**-bi** [bai]) **1** ⟨Meteor⟩ nembo m2 **2** ⟨Art⟩ (halo) aureola f, ⟨lett⟩ nimbo m.

iminy-piminy ['nimini'pimini] a. affettato, lezioso, smanceroso.

imrod ['nimrɔd] **I** N.pr. ⟨Bibl⟩ Nembrotte m. **II** s. ⟨fig⟩ bravo⟩ cacciatore m.

incompoop ['ninkəmpu:p] s. ⟨fam⟩ semplicotto m, babbeo m.

ine [nain] **I** a. nove. **II** s. (pl. inv./-s [z]; il pl. in -s si usa general. con valore collett.) **1** nove m. **2** (nine o'clock) nove fpl. **3** (age) nove anni mpl: a child of ~ un bambino di nove anni. **4** ⟨am⟩ (baseball team) squadra f di baseball. the **Nine** s. (costr. pl.) le nove Muse. □ ⟨Mat⟩ to cast out -s fare la prova del nove; a ~ day's

wonder un fuoco di paglia; ⟨fam⟩ to be dressed (up) to the -s essere in ghingheri.

ninefold ['nainfould] **I** a. **1** che ha nove parti. **2** (being nine times as large) nove volte tanto. **II** avv. nove volte tanto.

ninepence ['nainpəns] s.pl. (costr. sing.) somma f di nove penny.

ninepin ['nainpin] s. **1** birillo m. **2** pl. (game; costr. sing.) gioco m dei birilli, birilli mpl. □ to go (o be knocked) down like -s cadere come birilli.

nineteen ['nain'ti:n] **I** a. diciannove. **II** s. (pl. inv./-s [z]; il pl. in -s si usa general. con valore collett.) diciannove m. □ ⟨fam⟩ to talk ~ to the dozen parlare incessantemente. **nineteenth** [-θ] **I** a. diciannovesimo. **II** s. **1** diciannovesimo m, diciannovesima parte f. **2** (nineteenth member) diciannovesimo m (f –a).

nineteenth hole s. ⟨Sport⟩ ritrovo m (o bar) di un circolo di golf.

ninetieth ['naintiiθ] **I** a. novantesimo. **II** s. novantesimo m.

nine-to-fiver am. s. persona f che lavora in ufficio (dalle nove del mattino alle cinque del pomeriggio).

ninety ['nainti] **I** a. novanta. **II** s. (pl. inv./-ties [tiz]; il pl. in -ties si usa general. con valore collett.) **1** novanta m. **2** pl. (of age) novantina f: to be in one's nineties avere passato la novantina; (of time) anni mpl novanta. □ to be in one's early nineties essere sulla novantina; say ~-nine (of a doctor to a patient) dica trentatre.

Nineveh ['ninivə] N.pr. ⟨Geog.stor⟩ Ninive f. **Ninevite** [-vait] s. abitante m/f di Ninive.

ninny ['nini] s. → **nincompoop.**

ninth [nainθ] **I** a. nono. **II** s. **1** nono m, nona parte f. **2** (ninth member) nono m (f –a). **3** ⟨Mus⟩ nona f. **'ninthly** [-li] avv. in nono luogo, nono.

Niobe ['naiəbi] N.pr. ⟨Mitol⟩ Niobe f.

nip¹ [nip] v. (pret., p.p. **nipped** [-t]) **I** v.t. **1** pizzicare, dare un pizzicotto a; (of animals) pinzare, pizzicare, pungere: the crab -ped his finger il granchio gli pinzò un dito; (to bite) mordere, morsicare, dare un morso a. **2** ⟨fig⟩ stroncare (o distruggere) sul nascere. **3** ⟨Giard,Agr⟩ (of a bud, etc.; general. con off) staccare, strappare. **4** (to make numb with cold) intirizzire, gelare; (of vegetation) bruciare, (far) gelare. **5** ⟨fam⟩ (to seize, snatch) catturare, acciuffare; (to catch in the act) cogliere sul fatto, ⟨pop⟩ pizzicare. **6** ⟨fam⟩ (to steal) rubare, ⟨pop⟩ sgraffignare. **II** v.i. ⟨fam⟩ fare un salto (o una corsa): he -ped down the road for a packet of cigarettes fece un salto giù (in strada) per comprare le sigarette; (to hurry) sbrigarsi, affrettarsi, correre. □ ⟨fam⟩ to ~ along andare in fretta; ⟨fig⟩ to ~ s.th. in the bud stroncare qc. sul nascere; ⟨fam⟩ to ~ in: 1 entrare in fretta; 2 (to slip in) intrufolarsi, introdursi di soppiatto; 3 (to interrupt) interrompere; ⟨fam⟩ to ~ in and out of the traffic destreggiarsi in mezzo al traffico; to ~ off andarsene in (tutta) fretta, scappare di corsa; ⟨fam⟩ scappare (fuori); ⟨fam⟩ to ~ up arrampicarsi in fretta, salire con agilità.

nip² s. **1** pizzico m, pizzicotto m; (bite) morso m. **2** (biting cold) freddo m pungente (o tagliente): there was a ~ in the air c'era un freddo pungente; (touch of frost) gelo m, gelata f. **3** ⟨fig⟩ osservazione f pungente, sarcasmo m. **4** (biting flavour) sapore m piccante.

nip³ s. **1** bicchierino m, cicchetto m: a ~ of brandy un bicchierino di brandy. **2** (sip) sorso m, goccio m.

Nip am. a. ⟨spreg⟩ giapponese. **II** s. giapponese m/f.

nipper ['nipə] s. **1** pl. pinzette fpl. **2** pl. (eye glasses) occhiali mpl; (pince–nez) pince–nez m. **3** pl. ⟨Mecc⟩ tronchese m/f. **4** pl. (pincers) tenaglia f. **5** ⟨sl⟩ (small boy) ragazzino m. **6** ⟨Zool⟩ (of a crustacean) chela f, pinza f; (of a horse) dente m incisivo.

nipping ['nipiŋ] a. **1** pungente, tagliente, gelido. **2** ⟨fig⟩ pungente, tagliente, sarcastico.

nipple ['nipl] s. **1** ⟨Anat⟩ capezzolo m. **2** (artificial teat) tettarella f. **3** ⟨tecn⟩ (for oiling, greasing) ingrassatore m. **4** ⟨Mecc⟩ nipplo m. **5** ⟨tecn⟩ rubinetto m di regolazione.

Nippon ['nipɔn] N.pr. ⟨Geog⟩ Giappone m. **Nipponese** [-pə'ni:z] **I** a. giapponese, nipponico. **II** s.inv. giapponese *m./f.*

nippy ['nipi] **I** *a.* **1** gelido, pungente, tagliente. **2** *(sarcastic)* pungente, sarcastico. **3** ⟨*fam*⟩ *(brisk)* lesto, svelto, agile. **II** *s.* ⟨*sl*⟩ cameriera *f.*

Nirvana [niə'vɑ:nə] *s.* ⟨*Rel*⟩ nirvana *m.*

nisi ['naisai] **I** *congz.* ⟨*Dir*⟩ *(of a judgement or decree)* a meno che, se non. **II** *a.* provvisorio.

nit[1] [nit] *s.* ⟨*Entom*⟩ **1** lendine *m.* **2** *(insect)* pidocchio *m.*

nit[2] *s.* ⟨*sl*⟩ → nitwit.

nitrate ['naitreit] **I** *s.* **1** ⟨*Chim*⟩ nitrato *m.* **2** ⟨*fam*⟩ *(nitrate fertilizer)* fertilizzante *m* azotato. **II** *v.t.* nitrare.

nitre ['naitə] *s.* ⟨*Chim*⟩ **1** *(potassium nitrate)* nitrato *m* di potassio. **2** *(sodium nitrate)* nitrato *m* di sodio; *(Chile saltpetre)* nitrato *m* del Cile, nitro *m.*

nitric ['naitrik] *a.* ⟨*Chim*⟩ nitrico. ☐ ~ *acid* acido *m* nitrico.

nitride ['naitraid] **I** *s.* ⟨*Chim*⟩ nitruro *m.* **II** *v.t.* nitrurare.

nitrification [,naitrifi'keiʃən] *s.* ⟨*Biol,Chim*⟩ nitrificazione *f.* '**nitrify** [-fai] *v.t.* nitrificare.

nitrite ['naitrait] *s.* ⟨*Chim*⟩ nitrito *m.*

nitrobacter ['naitroubæktə] *s.* ⟨*Biol*⟩ nitrobatterio *m.*

nitrocellulose ['naitro(u)'seljulous] *s.* ⟨*Chim*⟩ nitrocellulosa *f.*

nitrocompound ['naitroukɔmpaund] *s.* ⟨*Chim*⟩ nitroderivato *m.*

nitrogen ['naitrədʒən] *s.* ⟨*Chim*⟩ azoto *m.*

nitrogen| cycle *s.* ciclo *m* dell'azoto. **~ fixation** *s.* fissazione *f* dell'azoto.

nitrogenous [nai'trɔdʒənəs] *a.* ⟨*Chim*⟩ azotico, azotato.

nitroglycerin(e) [,naitro(u)'glisəri:n, *am.* -'glisəri:n] *s.* ⟨*Chim*⟩ nitroglicerina *f.*

nitro group ['natrou] *s.* ⟨*Chim*⟩ nitrile *m.*

nitrous ['naitrəs] *a.* ⟨*Chim*⟩ nitroso.

nitrous| acid *s.* ⟨*Chim*⟩ acido *m* nitroso. **~ oxide** *s.* ossido *m* nitroso, protossido *m* d'azoto, gas *m* esilarante.

nitty ['niti] *a.* *(full of nits)* lendinoso.

nitwit ['nitwit] *s.* ⟨*sl*⟩ stupido *m* (*f* –a), imbecille *m/f,* zuccone *m* (*f* –a).

niveous ['niviəs] *a.* **1** *(of snow)* nevoso. **2** *(resembling snow)* niveo.

nix[1] [niks] **I** *s.* ⟨*sl*⟩ nulla *m,* niente *m.* **II** *pron.* nessuno *m* (*f* –a). **III** *avv.* ⟨*sl*⟩ no, ⟨*scherz*⟩ nix. **IV** *intz.* *(as a warning)* attenzione.

nix[2] *s.* ⟨*Folcl*⟩ genio *m* delle acque.

NLF = ⟨*Pol*⟩ *National Liberation Front* Fronte di liberazione nazionale.

NM, n.m. = *nautical mile* miglio nautico.

NNE, N.N.E. = *north–north–east* nord–nord–est *(abbr.* NNE).

NNP = ⟨*Econ*⟩ *net national product* prodotto nazionale netto.

NNW, N.N.W. = *north–north–west* nord–nord–ovest *(abbr.* NNO).

no [nou] **I** *avv.* **1** no: *am I right?* – ~ ho ragione? – no; *to answer* ~ rispondere di no; *(to express doubt, incredulity)* no, ma no, questa poi. **2** *(with comparatives)* non: *he is* ~ *better than his brother* non è migliore di suo fratello. **3** *(to express a negative alternative)* no: *whether you like it or* ~ ti piaccia o no. **4** *(to emphasize a negative)* no: *I have never tasted better wine,* ~, *not even in France* non ho mai assaggiato un vino migliore, no, neppure in Francia; *(to emphasize a positive)* no, anzi: *he has a weakness,* ~ *a passion, for gambling* ha una debolezza anzi una passione, per il gioco d'azzardo. **5** *(to invert the meaning of an adjective)* non, tutt'altro che: *a matter of* ~ *small importance* una faccenda di non poca importanza. **6** ⟨*scozz*⟩ *(not)* non. **II** *a.* **1** *(not any: with singular nouns)* alcuno, nessuno: *there is* ~ *solution* non c'è alcuna soluzione; *(with plural nouns)* nessuno, non, niente: *they have* ~ *children* non hanno bambini; ~ *potatoes for me* niente patate per me. **2** *(with numerals)* non: ~ *two people are alike* non esistono due persone uguali; *(with other)* nessuno: ~ *other man could have done it* nessun altro avrebbe potuto farlo. **3** *(to invert the meaning of a noun)* non: *he's* ~ *friend of mine* non è mio amico; *(far*

from being) non ... certo, non, tutt'altro che: *I'm* ~ *exp(…)* non sono certo un esperto; *he's* ~ *fool* è tutt'altro c(…) stupido. **4** *(modifying a gerund)* non si può, non possibile: *there's* ~ *saying when he will arrive* non si p(…) dire quando arriverà. **5** *(in elliptical constructions)* n(…) non, niente: ~ *war!* no alla guerra!; ~ *surrender!* n(…) arrenderemo mai!, niente resa!; *(to express prohibitio(…)* vietato, proibito: ~ *entrance* vietato l'ingresso; ~ *smoki(…)* vietato fumare. **III** *s.* (*pl.* **-s/-es** [nouz]) **1** no *m,* rifiu(…) *m.* **2** *(negative vote)* no *m,* voto *m* contrario: *the -es h(…)* it i no prevalgono; *(negative voter)* chi vota contro. ☐ *i(…)* ~ **distance** è vicinissimo, è a due passi; ⟨*Strad*⟩ ~ **En**(…) divieto d'accesso; ~ **more:** I non ... (di) più, non ... alt(…) *he could do* ~ *more* non poté fare di più; *you need say* (…) more non occorre che tu aggiunga altro; **2** *(never aga(…)* non ... (mai) più: *we saw him* ~ *more* non lo vedemm(…) mai più; **3** *(neither)* neppure, nemmeno, neanche: *I ca(…)* swim – ~ *more can I* non so nuotare – neppure io; (…) *(dead)* morto, non .... più: *he is* ~ *more* è morto, non (…) più; **5** *(destroyed)* distrutto; ~ **sooner** ... *than* (n(…) appena; *he did it in* ~ *time* lo fece in un baleno (*o* bat(…) d'occhio; *in* ~ *way* niente affatto, in nessun modo.

no, No = **1** *north* nord *(abbr.* N.). **2** *north(…)* settentrionale *(abbr.* sett.). **3** *number* numero *(abbr.* n.o.).

,no-ac'count *am. a.* ⟨*fam*⟩ **1** *(worthless)* di nessun valo(…) insignificante, trascurabile. **2** *(of people)* incapace, buo(…) a nulla.

Noachian [no(u)'eikiən], **Noachic** [no(u)'ækik] *a.* ⟨*B(…)* noetico, di Noè. **Noah** ['nouə] *N.pr.* ⟨*Bibl*⟩ Noè *m.*

Noah's Ark *s.* ⟨*Bibl*⟩ arca *f* di Noè.

nob[1] [nɔb] **I** *s.* **1** ⟨*sl*⟩ testa *f,* ⟨*scherz*⟩ zucca *f.* **2** *(cribbage)* fante *m.* **II** *v.t.* *(pret., p.p.* **nobbed** [–d]) (…) colpire sulla (*o* alla) testa.

nob[2] *s.* ⟨*sl*⟩ nobile *m,* aristocratico *m,* signore *m,* (ve(…) gentiluomo *m.*

no-ball *s.* ⟨*Sport*⟩ battuta *f* non valida.

nobble ['nɔbl] *v.t.* ⟨*sl*⟩ **1** *(of a racehorse)* drogare (…) azzoppare) per impedirne la vittoria; *(to prevent fr(…)* winning by bribery)* impedire la vittoria a (corrompend(…) fantino). **2** *(to swindle)* raggirare, truffare, ⟨*pop*⟩ frega(…) *(to steal)* rubare. **3** *(to kidnap)* rapire (a scopo (…) estorsione). **4** *(to seize, hold for arrest)* arresta(…) prendere, ⟨*pop*⟩ pizzicare. **nobbler** [–ə] *s.* ⟨*sl*⟩ **1** (…) droga (*o* azzoppa) i cavalli da corsa. **2** *(swind(…)* imbroglione *m* (*f* –a), truffatore *m* (*f* –trice).

nobbut ['nɔbət] *avv.* ⟨*dial*⟩ **1** soltanto. **2** *(nothing b(…)* nient'altro che.

nobby ['nɔbi] *a.* ⟨*sl*⟩ **1** elegante, alla moda. **2** *(first r(…)* eccellente.

Nobelist [nou'belist] *s.* vincitore *m* (*f* –trice) del pre(…) Nobel, Nobel *m.*

nobelium [nou'bi:liəm] *s.* ⟨*Chim*⟩ nobelio *m.*

Nobel Prize [nou'bəl] *s.* premio *m* Nobel.

nobiliary [no(u)'biliəri] *a.* nobiliare.

nobility [no(u)'biliti] *s.* **1** nobiltà *f,* elevatezza *f.* **2** *(bod(…)* nobles)* nobiltà *f,* nobili *mpl.* **3** ⟨*GB*⟩ *(peerage)* pari *n(…)* paria *f.* ☐ *to raise s.o. to the* ~ rendere nobile qd.; *titl(…)* ~ titolo *m* nobiliare.

noble ['noubl] **I** *a.* **1** nobile: *a* ~ *family* una fami(…) nobile. **2** *(of high moral character)* nobile, eletto, eleva(…) **3** *(impressive, magnificent)* maestoso, superbo, impone(…) *a* ~ *building* una costruzione maestosa. **4** *(super(…)* nobile, superiore, eccellente. **5** ⟨*Chim*⟩ nobile. **II** *s.(…)* nobile *m/f;* *(nobleman)* nobiluomo *m,* nobile *m.* ⟨*Numism*⟩ nobile *m.*

noble| art *s.* arte *f* nobile, boxe *f,* pugilato *m.* ~ **ga(…)** ⟨*Chim*⟩ gas *m* nobile. **~man** [mən] *s.irr.* **1** nobiluomo(…) nobile *m.* **2** ⟨*GB*⟩ *(peer)* pari *m.* **3** *pl.* *(in chess)* fig(…) *fpl.* '~-'**minded** *a.* di animo nobile (*o* elet(…) **,~-'mindedness** *s.* nobiltà *f* d'animo.

nobleness ['noublnis] *s.* nobiltà *f,* elevatezza *f.*

noblesse [nou'bles] *s.* nobiltà *f,* nobili *mpl.*

noblewoman ['noublwumən] *s.irr.* nobile *f,* nobildonna (…)

nobly ['noubli] *avv.* **1** *(gallantly)* valorosamente. *(magnificently)* maestosamente, con imponenza. ☐ ~ *(…)* di nobili natali.

body ['noubǝdi] **I** *pron.* nessuno: ~ *answered* nessuno spose. **II** *s.* ⟨*fam*⟩ nessuno *m*, persona *f* ⌐di nessun ⌐alore⌐ (*o* che non conta nulla), nullità *f*. □ ⟨*fam*⟩ ~ *but ɔu* solo tu; ~ *else* nessun altro.

·ck [nɔk] **I** *s.* (*of an arrow*) cocca *f*, tacca *f* della freccia; ⌐*of a bow*) cocca *f*. **II** *v.t.* **1** fornire di cocca. **2** (*to fit to ·e bowstring*) accoccare.

·'claim(s) bonus *s.* ⟨*Assic*⟩ sconto *m* condizionato.

·'confidence vote *s.* ⟨*Parl*⟩ voto *m* di sfiducia.

·ctambulism [nɔk'tæmbjulizǝm] *s.* ⟨*Med*⟩ sonnambuli-no *m*. **noctambulist** [–list] *s.* sonnambulo *m* (*f* –a).

·ctiluca [ˌnɔkti'lju:kǝ] *s.* (*pl.* **-s** [z]/**-cae** [si:]) ⟨*Zool*⟩ ɔttiluca *f*.

·ctivagant [nɔk'tivǝgǝnt] *a.* che va in giro la notte, ⟨*lett*⟩ ɔttivago.

·ctule ['nɔktju:l] *s.* ⟨*Zool*⟩ nottola *f*.

·cturn ['nɔktǝ:n] *s.* **1** ⟨*Rel.catt*⟩ notturno *m*. **2** → ·octurne.

·cturnal [nɔk'tǝ:nl] **I** *a.* **1** notturno, della notte. **2** ⟨*Biol*⟩ ɔtturno. **II** *s.* nottambulo *m* (*f* –a).

·cturne ['nɔktǝ:n] *s.* ⟨*Mus,Art*⟩ notturno *m*.

·d[1] [nɔd] *v.* (*pret., p.p.* **'nodded** [–id]) **I** *v.i.* **1** accennare ⌐ far cenno) col capo: *to* ~ *in agreement* accennare di sì ɔl capo; (*in greeting*) salutare con un cenno del capo (*to ɔ.* qd.). **2** (*to incline the head from drowsiness*) ɔndolare il capo (per il sonno); (*to drowse*) sonnecchiare, ɔrmicchiare. **3** ⟨*fig*⟩ sonnecchiare, commettere (*o fare*) ɔ errore di distrazione. **4** (*of trees, plumes, etc.*) ɔdeggiare, dɔndolare, oscillare. **5** (*to incline from the ·rtical*) essere inclinato, pendere. **II** *v.t.* **1** (*of the head*) ɔinare, abbassare. **2** (*to express by inclining the head*) ·re (col capo) un cenno di: *to* ~ *one's assent* fare un ·nno di assenso, esprimere il proprio consenso con un ·nno del capo; *to* ~ *a greeting* fare un cenno di saluto, ɔlutare con un cenno del capo. **3** (*to summon, cause to ɔ by nodding*) chiamare (*o far andare*) con un cenno del ·po. □ *to* ~ *approval* fare un cenno di approvazione con testa.

·d[2] *s.* **1** cenno *m* (col capo). **2** (*inclination of the head*) il ɔndolare il capo (per il sonno); (*nap*) pisolino *m*, ·nnellino *m*. **3** (*signal of approval*) cenno *m* di ·provazione (*o consenso*). **4** (*swaying movement*) ɔndolio *m*, oscillazione *f*. **5** ⟨*fig*⟩ svista *f*, errore *m* di ·strazione. □ *to answer with a* ~ rispondere con un ·nno del capo; *to give a* ~ *of assent* annuire (con un ·nno della testa); ⟨*scherz*⟩ *the land of* ~ il regno dei ·gni, il sonno; *to go to the land of* ~ cadere in braccio a ·orfeo; ⟨*am.sl*⟩ *on the* ~ a credito.

·dal ['noudl] *a.* ⟨*tecn*⟩ nodale, di (*o relativo a*) un ·do.

·dding ['nɔdiŋ] *a.* **1** chinato, inclinato. **2** (*pendulous*) che ·nde. **nodding acquaintance** *s.* **1** (*of people*) ·noscenza *f* di saluto; (*of things*) conoscenza *f* ·perficiale. **2** (*person*) persona *f* che si conosce appena (*o ·perficialmente*). □ *to have a* ~ *with s.o.* conoscere qd. lo di saluto.

·dle ['nɔdl] *s.* **1** babbeo *m* (*f* –a), sciocco *m* (*f* –a), ·mplicione *m* (*f* –a). **2** ⟨*Ornit*⟩ (*noddy tern*) micranoo

·e [noud] *s.* **1** protuberanza *f*, bozza *f*, sporgenza *f*. **2** ·ot⟩ (*on a stem*) nodo *m*, giuntura *f*; (*on a tree trunk*) ·do *m*, nocchio *m*. **3** ⟨*Med*⟩ nodo *m*, nodosità *f*. **4** ·str,Biol,Fis⟩ nodo *m*. **5** ⟨*Mat*⟩ nodo *m*, punto *m* ·ppio. **nodical** ['nɔdikǝl] *a.* ⟨*Astr*⟩ nodale. **nodiform** ifɔ:m] *a.* a forma di nodo. **'nodose** [–ous] *a.* nodoso, ·cchieruto. **nodosity** [no(u)'dɔsiti] *s.* **1** nodosità *f*. **2** ·ode⟩ protuberanza *f*. **nodous** ['naudǝs] *a.* → **nodose**.

·lular ['nɔdjulǝ] *a.* nodulare.

·lule ['nɔdju:l] *s.* **1** piccola protuberanza *f* (*o sporgenza*). ·(*small mass, lump*) grumo *m*. **3** ⟨*Min,Med*⟩ nodulo *m*. → **nodulus**. **5** ⟨*Bot*⟩ (*tubercle*) tubercolo *m*. **nodulose** ·ous], **nodulous** [–ǝs] *a.* noduloso. **nodulus** [–ǝs] *s.* ·*l.* -li [lai]) ⟨*Anat*⟩ nodulo *m*.

·lus ['noudǝs] *s.* (*pl.* **nodi** ['noudai]) **1** → **node**. **2** ⟨*fig*⟩ ·mplicazione *f*.

·el[1] ['nouǝl] *N.pr.* Natale *m*.

·el[2] [no(u)'el] *s.* periodo *m* natalizio, Natale *m*.

noesis [no(u)'i:sis] *s.* ⟨*Filos*⟩ noesi *f*.

noetic [no(u)'etik] *a.* noetico.

nog[1] [nɔg] *s.* bevanda *f* calda a base di latte (*o birra*) e uova.

nog[2] **I** *s.* ⟨*Fal*⟩ tassello *m*; (*peg, pin*) cavicchio *m*, piolo *m*. **II** *v.t.* ⟨*Mur*⟩ (*of a framed wall or partition*) riempire con mattoni.

noggin ['nɔgin] *s.* **1** piccolo boccale *m*. **2** (*liquid measure*) quarto *m* di pinta. **3** ⟨*scherz*⟩ (*glass*) bicchiere *m*.

nogging ['nɔgin] *s.* ⟨*Mur*⟩ muratura *f* di riempimento.

no-'go *a.* ⟨*sl*⟩ non funzionante.

,no-'good I *a.* ⟨*fam*⟩ **1** inutile. **2** (*of people*) inetto, incapace, buono a nulla. **II** *s.* incapace *m/f*, inetto *m* (*f* –a), buono *m* (*f* –a) a nulla.

no-hitter, no-hit game *s.* ⟨*Sport*⟩ (*in baseball*) partita *f* in cui una squadra non ha nessuna battuta valida.

nohow ['nouhau] *avv.* ⟨*fam*⟩ in nessun modo. □ *to be all* ~ essere tutto scombussolato.

noil [nɔil] *s.* ⟨*Tess*⟩ cascame *m* di pettinatura.

no-'iron *a.* ⟨*Tess*⟩ non stiro.

noise [nɔiz] **I** *s.* **1** rumore *m*, frastuono *m*, chiasso *m*, baccano *m*. **2** (*loud shouting*) clamore *m*, strepito *m*. **3** ⟨*Rad,Acu*⟩ rumore*: background* ~ rumore di fondo. **II** *v.t.* (spesso con *about, around, abroad*) diffondere, divulgare: *it was –d abroad that* si sparse la voce che. □ ⟨*fam*⟩ *a big* ~ una persona importante, un pezzo grosso; *to make a big* ~ fare un gran chiasso, fare scalpore.

noise abatement *s.* lotta *f* contro i rumori. □ ~ *society* associazione *f* per la lotta contro i rumori.

noise abatement| campaign *s.* campagna *f* contro il rumore. ~ **zone** *s.* zona *f* di silenzio.

noise| control *s.* lotta *f* contro il rumore. **~-induced stress** *s.* stress *m* da rumore. ~ **insulation** *s.* isolamento *m* acustico. ~ **insulator** ⹁ *s.* isolante *m* acustico. ~ **intensive** *a.* rumoroso.

noiseless ['nɔizlis] *a.* silenzioso. □ ~ *step* passo felpato. **noiselessly** [–li] *avv.* senza (far) rumore, silenzio-samente. **noiselessness** [–nis] *s.* silenziosità *f*.

noise| level *s.* livello *m* sonoro (*o del suono*). ~ **maker** *s.* **1** chi fa rumore. **2** (*rattle, horn, etc.*) sonaglio *m* (*o corno, ecc.*) usato per fare rumore. ~ **peak** *s.* livello *m* di massimo rumore. ~ **pollution** *s.* inquinamento *m* acustico (*o da rumore*). **~proof** *a.* acusticamente isolato.

noisily ['nɔizili] *avv.* rumorosamente. **noisiness** [–zinis] *s.* rumorosità *f*.

noisome ['nɔisǝm] *a.* **1** disgustoso, nauseante: *a* ~ *smell* un odore disgustoso; (*having a bad smell*) puzzolente, fetido. **2** (*harmful*) nocivo, dannoso. **noisomeness** [–nis] *s.* **1** l'essere disgustoso; (*bad smell*) fetore *m*, puzzo *m* (disgustoso). **2** (*harmfulness*) dannosità *f*.

noisy ['nɔizi] *a.* **1** rumoroso, chiassoso. **2** ⟨*fig*⟩ (*gaudy, loud*) chiassoso, vistoso, sgargiante.

'no-'load *s.* ⟨*El*⟩ funzionamento *m* a vuoto.

nom. = ⟨*Gramm*⟩ *nominative* nominativo (*abbr.* nom.).

nomad ['noumǝd] *s.* nomade *m/f* (*anche fig.*). **nomadic** [–'mædik], **nomadical** [–'mædikǝl] *a.* nomade: ~ *tribes* tribù nomadi. **nomadism** [–izǝm] *s.* nomadismo *m*. **nomadize** [–aiz] *v.i.* condurre (una) vita nomade.

no-man's-land [mænz] *s.* terra *f* di nessuno (*anche Mil.*).

nom de plume *fr.* ['nɔmdǝ'plu:m] *s.* pseudonimo *m*, nome *m* d'arte.

nomenclator ['noumǝnkleitǝ] *s.* **1** nomenclatore *m* (*anche Stor.rom.*). **2** (*classifier*) classificatore *m* (*f* –trice). **nomenclature** [–tʃǝ] *s.* **1** nome *m*. **2** (*system of names*) nomenclatura *f*; (*terminology*) terminologia *f*.

nominal ['nɔminl] *a.* **1** (*solo*) di nome, nominale: *the* ~ *leader* il capo di nome. **2** (*very slight*) irrisorio, simbolico, (*soltanto*) nominale: *a* ~ *rent* un affitto irrisorio. **3** (*of or being a name*) nominale, del nome; (*bearing a person's name*) nominativo: ~ *share* azione nominativa. **4** ⟨*Gramm,Econ*⟩ nominale.

nominal authorized capital *s.* ⟨*Econ*⟩ capitale *m* nominale.

nominalism ['nɔminǝlizǝm] *s.* ⟨*Filos*⟩ nominalismo *m*. **nominalist** [–list] *s.* nominalista *m/f*. **,nominalistic** [–'listik] *a.* nominalista, nominalistico.

nominally ['nɔminəli] *avv.* nominalmente, (soltanto) di nome.

nominate ['nɔmineit] *v.t.* nominare: *to be –d chairman* essere nominato presidente; (*to propose for appointment*) proporre come candidato, designare: *to ~ s.o. for the presidency* proporre qd. come candidato alla presidenza. **,nomination** [–'neiʃən] *s.* **1** (*act*) designazione *f,* candidatura *f.* **2** (*state of being appointed or proposed*) designazione *f,* nomina *f.* **3** (*right of nominating*) diritto *m* di nomina.

nominative ['nɔminətiv] **I** *a.* **1** ⟨*Gramm*⟩ nominativo: *~ case* caso nominativo; (*of a word or word group*) al nominativo: *a ~ noun* un sostantivo al nominativo. **2** (*nominated*) nominato, designato. **II** *s.* ⟨*Gramm*⟩ nominativo *m,* caso *m* nominativo.

nominator ['nɔmineitə] *s.* nominatore *m* (*f* –trice). **,nominee** [–'ni:] *s.* persona *f* nominata (*o* designata), candidato *m* (*f* –a).

nomogram ['nɔməgræm] *s.* nomogramma *m.*

,non-ac'ceptance *s.* mancata accettazione *f.*

nonage ['nounidʒ] *s.* **1** ⟨*Dir*⟩ minorità *f,* età *f* minore. **2** (*immaturity*) immaturità *f,* mancanza *f* di maturità.

nonagenarian [,nounədʒi'neəriən] **I** *a.* nonagenario. **II** *s.* nonagenario *m* (*f* –a).

nonaggression [,nɔnə'greʃən] *s.* ⟨*Pol*⟩ non aggressione *f:* ~ *pact* patto *m* di non aggressione.

nonagon ['nɔnəgɔn] *s.* ⟨*Geom*⟩ nonagono *m.*

nonalcoholic [,nɔnælkə'hɔlik] *a.* analcolico: ~ *beverages* bevande analcoliche.

nonaligned [,nɔnə'laind] *a.* ⟨*Pol*⟩ non allineato. **,nona'lignment** [–nmənt] *s.* non–allineamento *m.*

nonappearance [,nɔnə'piərəns] *s.* ⟨*Dir*⟩ contumacia *f.*

,non-ar'rival *s.* mancato arrivo *m.*

nonary ['nounəri] *a.* **1** di nove. **2** (*of a numerical system*) nonario.

nonassessable [,nɔnə'sesəbl] *a.* ⟨*Econ*⟩ non tassabile.

nonattendance [,nɔnə'tendəns] *s.* assenza *f.*

non banks *s.pl.* operatori *mpl* non bancari.

nonbeliever [,nɔnbi'li:və] *s.* **1** persona *f* incredula. **2** (*atheist*) non credente *m/f,* miscredente *m/f,* ateo *m* (*f* –a).

nonbelligerency [,nɔnbi'lidʒərənsi] *s.* ⟨*Pol*⟩ non belligeranza *f.* **nonbelligerent** [–ənt] **I** *a.* non belligerante. **II** *s.* non belligerante *m/f.*

,non-'binding *a.* ⟨*Pol*⟩ non vincolante: *the resolution is ~* la risoluzione non è vincolante.

noncaloric [,nɔnkə'lɔrik] *a.* a basso contenuto calorico: ~ *beverage* bevanda a basso contenuto calorico.

nonce [nɔns]: ⟨*dial,scherz*⟩ *for the ~:* 1 per una (*o* questa) volta; 2 (*for the time being*) per adesso, per il momento; 3 (*for the express purpose*) per l'occasione. **nonce-word** *s.* parola *f* coniata per l'occasione.

nonchalance ['nɔnʃələns] *s.* indifferenza *f,* noncuranza *f.* **nonchalant** [–nt] *a.* indifferente, noncurante. **nonchalantly** [–ntli] *avv.* con indifferenza, con noncuranza.

noncollegiate [,nɔnkə'li:dʒiit] *a.* **1** (*of a student*) non appartenente a un college. **2** (*of a university*) non formato da colleges.

,non-'com (*accorc. di non–commissioned officer*) *s.* ⟨*fam*⟩ sottufficiale *m.*

noncombatant **I** [,nɔn'kɔmbətənt] *a.* ⟨*Mil*⟩ non combattente. **II** *s.* **1** non combattente *m.* **2** (*civilian*) civile *m.*

noncommissioned [,nɔnkə'miʃənd] *a.* ⟨*Mil*⟩ (*of an officer*) senza brevetto (di nomina).

noncommissioned officer *s.* ⟨*Mil*⟩ sottufficiale *m.*

noncommittal [,nɔnkə'mitəl] *a.* **1** non impegnativo, compromettente: *a ~ answer* una risposta non impegnativa. **2** ⟨*fig*⟩ vago, indefinito.

noncompliance [,nɔnkəm'plaiəns] *s.* inadempienza *f,* inosservanza *f.* **non-compliant** [–ənt] *a.* inadempiente.

non compos mentis *lat.* [nɔn'kɔmpɔs'mentis] *a.* ⟨*Dir*⟩ incapace d'intendere e di volere.

nonconducting [,nɔnkən'dʌktiŋ] *a.* ⟨*El*⟩ coibente, isolante, non conduttore. **non conductor** [–ktə] *s.* materiale *m* coibente (*o* isolante).

nonconformist [,nɔnkən'fɔ:mist] *s.* anticonformista *n* nonconformista *m/f.* **Nonconformist** *s.* ⟨*Stor.b* nonconformista *m/f,* dissidente *m/f.* **nonconform** [–miti] *s.* **1** anticonformismo *m.* **2** (*absence of agreeme* discordanza *f.* **Nonconformity** *s.* ⟨*Stor.brit*⟩ noncon mismo *m.*

,non-con'tent *s.* ⟨*Parl*⟩ (*in the House of Lords*) voto contrario.

,non-co,ope'ration *s.* **1** mancanza *f* di collaborazione ⟨*Pol*⟩ non collaborazione *f.* **,non-co-'operative** *a.* non collabora.

nondelivery [,nɔndi'livəri] *s.* mancata consegna *f.*

nondescript ['nɔndiskript] **I** *a.* **1** indefinito, indeter nato, vago. **2** (*not easily described*) indefinibile, indes vibile. **II** *s.* persona *f* (*o* cosa) indefinibile.

non directive *a.* ⟨*Psic*⟩ non direttivo.

non discrimination *s.* ⟨*Pol*⟩ non discriminazione *f.*

nondrinker [,nɔn'driŋkə] *s.* astemio *m* (*f* –a).

non durable (consumer) goods *s.pl.* beni *mpl* consumo deperibili (*o* non durevoli).

none [nʌn] **I** *pron.* **1** (*not any, not one;* costr. sing. *o* nessuno: ~ *of you understand(s)* nessuno di voi capi *we are ~ of us perfect* nessuno di noi è perfetto; (*no* non uno, nessuno: ~ *remained* non uno rimase. **2** *things: not any*) non ne: *have you any cigarettes? – no* hai una sigaretta? – no, non ne ho; (*nothing*) niente, n ~ *of this concerns you* niente di (tutto) questo ti rigua **3** (*not any such thing or person*) niente, nessuno: *occupation is better than ~* un'occupazione qualsias meglio che niente. **4** (*in elliptical construction*) basta: *your insolence!* basta con la tua insolenza! **II** *avv.* no affatto, non, per niente, niente affatto. □ ~ **at** *all:* 1 *people*) nessuno, neanche uno; 2 (*of things*) niente; **better** meglio di chiunque altro; *it's ~ of your busin* non sono affari tuoi; ~ **but** solo, soltanto: ~ *but the* solo il meglio; *to have ~ of* non voler sentire parlare di; *this reason, if for ~* **other** per questa ragione se non altro; ~ *too* **soon** non certo troppo presto; *to be ~* **wiser** non saperne più di prima; ~ *the* **worse** ugualme lo stesso; *to think ~ the worse of s.o.* avere sempre st di qd. ‖ ~ *of that!* basta!, smettila!

,non-'EEC *a.* non appartenente alla Comunità (europ extra-comunitario: ~ *States* stati non appartenenti Comunità.

noneffective [,nɔni'fəktiv] **I** *a.* **1** inefficace. **2** (*M* inabile al servizio militare. **II** *s.* ⟨*Mil*⟩ persona *f* ina al servizio militare.

,non-'ego *s.* ⟨*Filos*⟩ non-io *m.*

,non-en'forcement *s.* ⟨*Dir*⟩ non applicazione *f,* man applicazione *f:* ~ *of existing laws* mancata applicazi delle leggi vigenti.

,non-en'gaged *a.* non impegnato.

nonentity [nɔn'entiti] *s.* **1** (*person or thing of importance*) nullità *f.* **2** (*s.th. nonexistent or imagin* cosa *f* inesistente (*o* immaginaria). **3** (*nonexiste* inesistenza *f,* non essere *m.*

nones [nounz] *s.pl.* (costr. sing. o pl.) ⟨*Lit*⟩ nona *f.*

,non-es'sential **I** *a.* non essenziale. **II** *s.* cosa *f* essenziale.

nonesuch ['nʌnsʌtʃ] **I** *s.* **1** persona *f* (*o* cosa) non l'uguale. **2** ⟨*Bot*⟩ lupolina *f.* **II** *a.* ineguaglia incomparabile, impareggiabile.

nonetheless [,nʌnðə'les] *avv.* nondimeno, ciò nonosta tuttavia.

,non-ex'istence *s.* **1** inesistenza *f,* non essere *m.* **2** (* *nonexistent*) cosa *f* inesistente. **3** ⟨*Filos*⟩ non essere **,non-ex'istent** [–tənt] *a.* inesistente, insussistente.

nonexpendable [,nɔniks'pendəbl] *a.* che non si consu (con l'uso).

non extensile *a.* inestensibile.

nonfat [,nɔn'fæt] *a.* senza grassi; (*having the fat con removed*) sgrassato. □ ~ *milk* latte magro.

,non-'feasance *s.* ⟨*Dir*⟩ reato *m* di omissione.

,non-'fiction *s.* ⟨*Lett*⟩ opere *fpl* non di carattere rativo.

,non-'freezing *a.* incongelabile: ~ *solution* soluz incongelabile.

nfulfillment [‚nɔnfulˈfilmənt] s. inadempienza f: ~ of a ontract inadempienza contrattuale.

n-'glare a. ⟨Aut⟩ **1** antiabbagliante, non abbagliante, ‚nabbagliante. **2** (of glass) antiriflesso.

n-glare mirror s. ⟨Aut⟩ specchietto m anabbagliante.

nillion [no(u)ˈniljən] s. (pl. inv./-s [z]); il pl. in -s si usa eneral. con valore collett.) **1** un milione elevato a 9. **2** ‚am⟩ un milione elevato a 5.

n inductive a. ⟨El⟩ antinduttivo.

n-'inflammable a. non infiammabile.

n interest bearing a. ⟨Econ⟩ infruttifero.

n-inter'ference s. non interferenza f.

nintervention [‚nɔnintəˈvɛnʃən] s. ⟨Pol⟩ non intervento t. **noninterventionist** [-ist] I a. non interventista. II , non interventista m/f.

n'iron a. (of clothes) che asciuga rapidamente e non si tira.

nius [ˈnouniəs] s. ⟨tecn⟩ nonio m.

n-'joinder s. ⟨Dir⟩ mancata citazione f di una parte in ausa.

n-'ladder a. (of stockings) indemagliabile.

n-'lead, ‚non-'leaded a. senza piombo.

n-'logical a. non basato sulla logica, intuitivo.

n-ma'lignant a. ⟨Med⟩ benigno.

n material goods s.pl. beni mpl immateriali.

nmember [‚nɔnˈmembə] a. non socio. **nonmember-hip** [-ʃip] s. il non essere socio.

n-'metal s. ⟨Chim⟩ non metallo m, metalloide m.

n-'monetary investment s. investimento m in beni ‚fugio.

n-'moral a. **1** non morale. **2** (amoral) amorale.

n-nu'clear a. non nucleare, che non ha la bomba ‚omica: ~ states stati non nucleari.

n-nuclear fuel s. combustibile m non nucleare.

n-ob'servance s. inosservanza f.

n-'oil ‚countries s.pl. paesi mpl non petroliferi.

n-ope'rating‚ loss s. ⟨Econ⟩ sopravvenienza f passiva. ‚ **profit** s. sopravvenienza f attiva.

n-'oxidizing a. ⟨Met⟩ inossidabile.

npareil [‚nɔnpəˈrel] I a. impareggiabile, ineguagliabile, ‚nza pari (o eguale). II s. **1** persona f (o cosa) che non ‚a l'uguale. **2** ⟨Tip⟩ corpo m 6; (space, spacing material) ‚onpariglia m.

n'partisan [‚nɔnˈpaːtisan] I a. **1** che non partecipa. **2** ‚Pol⟩ indipendente. **3** (impartial) imparziale, obiettivo. II indipendente m/f.

nparty [‚nɔnˈpaːti] a. ⟨Pol⟩ che non appartiene a un ‚artito, indipendente.

n-'payment s. mancato pagamento m.

n-perfo'rmance s. inadempimento m, inadempienza f.

n-'plastic a. soffice, a struttura glomerulare.

nplus [ˈnɔnˈplʌs] I v.t. (pret., p.p. **nonplussed**/am. **onplused** [-t]) lasciare (o rendere) perplesso, ‚nbarazzare, confondere. II s. imbarazzo m, perplessità f: ‚ be in (o at) a ~ essere in imbarazzo.

n-'poisonous a. atossico, non tossico.

npolitical [ˈnɔnpəˈlitikl] a. apolitico.

npolluting [ˈnɔnpəˈljuːtiŋ] a. antinquinante, non ‚quinante.

n-'prescription a. ⟨Farm⟩ non soggetto a obbligo di ‚cetta medica, di banco: ~ drug farmaco di banco.

n-pro'ductive a. ⟨Econ⟩ **1** che non concerne diret-mente la produzione. **2** (unproductive) improduttivo.

n-'profit(-making) a. senza (o che non ha) scopo di ‚cro.

nproliferation [‚nɔnprəlifəˈreiʃən]s. ⟨Pol⟩ non pro-‚ferazione f. □ ~ treaty trattato di non prolife-‚zione.

n renewable a. non rinnovabile: ~ natural resources ‚sorse naturali non rinnovabili.

n residence s. il non essere residente (anche Univ.).

on resident I a. **1** non residente. **2** ⟨Dir.can⟩ non ‚sidenziale. II s. **1** non residente m/f, persona f di ‚assaggio. **2** ⟨Univ⟩ non residente m/f. **3** (of a hotel) non ‚sidente m/f, chi non pernotta, chi non soggiorna. **non ‚sidential** a. (of a college, university) che non ha ‚ternato.

non resistance s. resistenza f passiva, non resistenza.

non resistant a. **1** che non oppone resistenza. **2** ⟨Med⟩ non resistente.

‚non-retro'active a. ⟨Dir⟩ irretroattivo.

non returnable a. (of bottles) a perdere.

non-reversible a. irreversibile.

‚non-'rigid a. ⟨Aer⟩ floscio: ~ airship dirigibile floscio.

non-run a. indemagliabile.

‚non-'rust a. antiruggine.

non-'scheduled a. **1** imprevisto, non in programma. **2** ⟨Aer⟩ (of an airline) non di linea.

nonsense [ˈnɔnsəns] I s. **1** nonsenso m, cosa f insensata (o assurda). **2** (meaningless words) sciocchezze fpl, stupidaggini fpl, corbellerie fpl: you are talking a lot of ~ stai dicendo un mucchio di sciocchezze. **3** (absurd) assurdità f, controsenso m. II intz. sciocchezze, stupidaggini, ⟨volg⟩ fesserie. □ ⟨fam⟩ to knock the ~ out of s.o. far tornare in senno qd.; to make ~ of rendere assurdo; a person with no ~ about him una persona seria (o quadrata); a piece of ~ un'assurdità.

nonsense‚ poetry s. poesia f di umorismo assurdo (o irreale). ~ **rhymes** s.pl. filastrocca f in versi. ~ **verse** s. → nonsense rhymes.

nonsensical [nɔnˈsensikəl] a. **1** insensato, privo di senso. **2** (absurd) assurdo, irragionevole: a ~ idea un'idea assurda.

‚non-'shatterable glass s. vetro m antisfondamento.

‚non-'sked (accorc. di non-scheduled airline) s. ⟨Aer⟩ linea f autorizzata a voli saltuari.

'non-'skid a. ⟨Aut⟩ antisdrucciolevole.

nonsmoker [‚nɔnˈsmoukə] s. **1** non fumatore m (f –trice). **2** ⟨Ferr⟩ scompartimento m per non fumatori.

nonstarter [‚nɔnˈstaːtə] s. **1** cavallo m iscritto che non partecipa alla corsa. **2** ⟨fam⟩ (person with no chance) chi non ha possibilità (di successo).

‚non-'stick a. antiaderente: ~ coating rivestimento antiaderente.

nonstop [‚nɔnstɔp] I a. **1** (of a journey) ininterrotto, senza soste (o fermate). **2** ⟨Aer⟩ senza scalo: a ~ flight un volo senza scalo. **3** ⟨Ferr⟩ rapido, senza fermate. **4** (without interruption) continuato, continuo, ininterrotto: ~ performance ingresso continuato. II s. **1** viaggio m senza fermate. **2** ⟨Ferr⟩ treno m rapido, rapido m. III avv. **1** senza fermate (o scalo). **2** (without interruption) ininterrottamente, senza interruzione: he spoke ~ for an hour parlò ininterrottamente per un'ora.

‚non-'stretching a. inestensibile.

nonsuch s. → nonesuch.

nonsuit [ˈnɔnsjuːt] I s. ⟨Dir⟩ non luogo a procedere m. II v.t. mettere fuori ruolo. □ to enter a ~ dichiarare un non luogo a procedere.

‚non-'symmetrical a. asimmetrico.

‚non-'tariff a. ⟨Econ⟩ extratariffario: ~ barriers barriere extratariffarie.

‚non-'taxable a. ⟨Econ⟩ non tassabile.

‚non-'transferable a. non trasmissibile, non cedibile; (of shares) nominativo.

‚non-'transportable a. intrasportabile.

'non-'U a. ⟨fam⟩ volgare, non distinto, non fine, non della classe alta.

nonunion [‚nɔnˈjuːniən] a. **1** non appartenente a un sindacato. **2** (not recognizing trade-unions) che non riconosce i sindacati. **non-unionist** [-nist] s. chi non appartiene a un sindacato.

‚non-uni'versity a. extrauniversitario.

‚non-'user s. ⟨Dir⟩ non uso m.

‚non-utiliza'tion s. non uso m, mancato uso m.

‚non-via'ble a. ⟨Med⟩ non vitale.

nonviolence [ˈnɔnˈvaiələns] s. non violenza f. **‚nonvi-olent** [-lənt] a. non violento.

nonvolatile [ˈnɔnˌvɔləˈtail] a. ⟨Inform⟩ non volatile, permanente: ~ storage memoria permanente.

‚non-'voting‚ share, ~ stock s. azione f senza diritto di voto.

‚non-'white I s. chi non è di razza bianca. II a. non di razza bianca.

noodle [ˈnuːdl] s. **1** ⟨sl⟩ (head) testa f, ⟨fam⟩ capoccia f,

⟨*scherz*⟩ zucca *f.* **2** (*fool*) sciocco *m* (*f* –a), sempliciotto *m* (*f* –a).

noodles ['nu:dlz] *s.pl.* ⟨*Alim*⟩ tagliatelle *fpl*, fettuccine *fpl*.

nook [nu:k] *s.* **1** (*corner of a room*) angolo *m*, canto *m.* **2** (*sheltered place*) cantuccio *m*, angolino *m: a shady* ~ un cantuccio ombroso. □ *to search in every* ~ *and cranny* cercare in tutti gli angoli.

noon [nu:n] *s.* **1** mezzogiorno *m.* **2** ⟨*fig*⟩ culmine *m*, apice *m*, acme *f.*

noonday ['nu:ndei] **I** *s.* mezzogiorno *m.* **II** *a.* di mezzogiorno.

no-one, no one *pron.* nessuno: ~ *was there* non c'era nessuno; ~ *but he* nessuno tranne lui; ~ *else* nessun altro.

noon|tide, ~time *s.* mezzogiorno *m.*

noose [nu:s] **I** *s.* **1** cappio *m*, capestro *m*, laccio *m: the hangman's* ~ il cappio del boia. **2** ⟨*fig*⟩ (*bond*) legame *m*, nodo *m*, laccio *m.* **3** ⟨*fig*⟩ (*snare*) trappola *f*, laccio *m.* **II** *v.t.* **1** accalappiare, intrappolare, prendere al laccio. **2** (*to make a noose in*) fare un cappio (*o* nodo scorsoio) a. □ ⟨*fig*⟩ *to put one's head in a* ~ cadere in una trappola.

'no-'par *a.* ⟨*Econ*⟩ senza valore nominale.

'no-'parking sign *s.* ⟨*Strad*⟩ divieto *m* di parcheggio.

nope *am.* [noup] *avv.* ⟨*sl*⟩ (*no*) no.

nor [nɔ:, nə] *congz.* **1** (*after neither, not*) né: *he neither smokes* ~ *drinks* non fuma né beve. **2** (*and not*) e non: *I shall not see her again,* ~ *do I care* non la vedrò più e non me ne importa; (*neither*) neppure, neanche, nemmeno: *I don't like cats –* ~ *do I* non mi piacciono i gatti – neppure a me.

nor' [nɔ:] *s. accorc. di north.*

Nor. = **1** *Norman* normanno. **2** *North* nord (*abbr.* N.).

NORAD = *North American Air Defense Command* Comando della difesa aerea nordamericana.

Nordic ['nɔ:dik] **I** *a.* nordico, di razza nordica. **II** *s.* nordico *m* (*f* –a).

nor'easter [nɔ:'ri:stə] *s.* → **north-easter.**

Noreen [nɔ:'ri:n] *N.pr.* Norina *f.*

Norfolk| coat, ~ jacket ['nɔ:fək] *s.* ⟨*Vest*⟩ giacca *f* sciolta a un petto con cintura e cannoni.

norland ['nɔ:lənd] *s.* ⟨*dial*⟩ paese *m* del nord, regione *f* nordica.

norm [nɔ:m] *s.* **1** norma *f*, regola *f.* **2** (*standard, pattern*) modello *m*, standard *m*, tipo *m.* **3** ⟨*Econ*⟩ minimo *m* di produzione, norma *f.*

normal ['nɔ:məl] **I** *a.* **1** normale: *a* ~ *reaction* una reazione normale; (*regular*) regolare. **2** (*average*) medio: ~ *seasonal temperatures* le temperature medie stagionali. **3** ⟨*Psic*⟩ normale; (*sane*) sano di mente. **4** ⟨*Geom*⟩ normale, perpendicolare. **II** *s.* **1** norma *f.* **2** ⟨*Geom*⟩ normale *f*, perpendicolare *f.* □ *above* ~ sopra la norma, superiore alla norma; *below* ~ sotto la norma, inferiore alla norma.

normalcy ['nɔ:məlsi], **normality** [nɔ:'mæliti] *s.* normalità *f.*

normalization [ˌnɔ:məlai'zeiʃən] *s.* normalizzazione *f.*

'normalize [-laiz] *v.t.* normalizzare, riportare (*o* ricondurre) alla normalità.

normally ['nɔ:məli] *avv.* **1** normalmente, di regola, di norma. **2** (*under normal circumstances*) in circostanze normali: *I would not* ~ *agree* in circostanze normali non sarei d'accordo. **3** (*in a normal way*) normalmente: *to behave* ~ comportarsi normalmente.

normal school *s.* scuola *f* normale.

Norman ['nɔ:mən] **I** *s.* **1** normanno *m* (*f* –a) (*anche Stor.*). **2** → **Norman-French. II** *a.* **1** ⟨*Stor,Arch*⟩ normanno. **2** (*of Normandy*) normanno, della Normandia.

Norman| architecture *s.* architettura *f* normanna. **~ Conquest** *s.* ⟨*Stor.brit*⟩ conquista *f* normanna.

Normandy ['nɔ:məndi] *N.pr.* ⟨*Geog*⟩ Normandia *f.*

'Norman-'French *s.* (*language*) franco-normanno *m*, normanno *m.*

normative ['nɔ:mətiv] *a.* **1** (*of norms*) delle norme. **2** (*establishing a norm*) normativo: ~ *grammar* grammatica normativa.

Norn [nɔ:n] *N.pr.* ⟨*Mitol.nord*⟩ Norna *f.*

Norse [nɔ:s] **I** *a.* **1** ⟨*Stor*⟩ norreno. **2** (*Norwegia* norvegese. **II** *s.inv.* **1** (*Norwegians;* costr. pl.) norveg *mpl.* **2** (*ancient Scandinavians;* costr. pl.) anti scandinavi *mpl*, normanni *mpl.* **3** (*language of medie Scandinavia*) lingua *f* norrena.

Norseman ['nɔ:smən] *s.irr.* **1** ⟨*Stor*⟩ nordico *m*, ant scandinavo *m*, normanno *m.* **2** (*Scandinavian*) scandina *m* (*f* –a).

north [nɔ:θ] **I** *s.* **1** nord *m*, settentrione *m.* **2** (*north wi* vento *m* del nord, tramontana *f.* **II** *a.* **1** (del) no settentrionale. **2** (*coming from the north*) del nord. *avv.* a nord, a settentrione. □ ⟨*Mar*⟩ ~ *by east* (o we una quarta a est (*o* ovest) rispetto a nord; (*to the*) ~ *o* nord di.

North| Africa *N.pr.* ⟨*Geog*⟩ Nord Africa *m.* ~ **Afric I** *a.* nordafricano. **II** *s.* nordafricano *m* (*f* –a).

America *N.pr.* ⟨*Geog*⟩ Nord America *m*, America settentrionale (*o* del nord). ~ **American I** nordamericano. **II** *s.* nordamericano *m* (*f* –a).

Atlantic I *N.pr.* ⟨*Geog*⟩ Atlantico *m* settentrionale. **II** nordatlantico, dell'Atlantico settentrionale. □ ⟨*Geog*⟩ *Current* (o *Drift*) corrente nordatlantica; ⟨*Pol,Mil*⟩ *Treaty Organization* Organizzazione *f* del tratt nordatlantico.

northbound ['nɔ:θbaund] *a.* diretto a (*o* verso) nord.

North| Britain *N.pr.* ⟨*Geog*⟩ Scozia *f.* ~ **Briton** scozzese *m/f.* ~ **Country** *s.* ⟨*Geog*⟩ **1** (*in Engla* Inghilterra *f* del nord (*o* settentrionale). **2** (*in No America*) Alaska *f* e territorio canadese del Yukon. **Countryman** [mən] *s.irr.* inglese *m* del nord.

,north'east [nɔ:θ'i:st] **I** *s.* **1** nord–est *m*, greco *m*, greo *m.* **2** (*region*) nord–est *m*, regione *f* nordorientale. **II** di nord–est, nordorientale. **III** *avv.* verso (*o* a) nord–

,north'easter [–ə] *s.* vento *m* di nord–est, greco grecale *m.* **,north'easterly** [–əli] *a.* **1** diretto a nord–**2** (*from the north–east*) (proveniente) da nord–est.

,north'easterly gale *s.* grecalata *f*, mareggiata *f* greco).

,north-'eastern [ˌnɔ:θ'i:stən] *a.* nordorientale, di nord–e

Northeast Passage *N.pr.* ⟨*Geog*⟩ Passaggio *m* nordest.

northeastward [ˌnɔ:θ'i:stwəd] **I** *a.* diretto a nord– **II** *avv.* → **northeastwards. III** *s.* nordest **northeastwards** [–dz] *avv.* verso (*o* in direzio nordest.

norther ['nɔ:ðə] *s.* forte vento *m* di tramontana.

northerliness ['nɔ:ðəlinis] *s.* l'essere del nord. **northe** [–li] **I** *a.* **1** diretto a nord. **2** (*from the no* (proveniente) da nord. **II** *avv.* **1** verso nord. **2** (*from north*) da nord.

northern ['nɔ:ðən] *a.* (del) nord, settentrionale, nord **Northern** *a.* **1** dell'Inghilterra settentrionale. **2** (*in* U.S.) degli Stati del nord.

northerner ['nɔ:ðənə] *s.* abitante *m/f* del nc settentrionale *m/f.* **Northerner** *s.* **1** (*in England*) ing *m/f* del nord. **2** (*in the U.S.*) abitante *m/f* degli Stati nord. **3** ⟨*Stor.am*⟩ nordista *m.*

Northern| Hemisphere *s.* ⟨*Geog*⟩ emisfero *m* boreale **Ireland** *N.pr.* Irlanda *f* del nord. ~ **lights** *s.pl.* auro boreale.

nothernmost ['nɔ:ðənmoust] *a.* il più a nord, ch all'estremo nord.

northing ['nɔ:θiŋ, 'nɔ:ðiŋ] *s.* ⟨*Mar*⟩ **1** distanza *f* perc verso nord (misurata in gradi di latitudine). **2** (*north progress*) navigazione *f* verso nord.

North Korea *N.pr.* ⟨*Geog*⟩ Corea *f* del nord.

northland ['nɔ:θlənd] *s.* nord *m*, terra *f* (*o* paese settentrionale.

Northman ['nɔ:θmən] *s.irr.* → **Norseman.**

,north-north-'east I *s.* nord–nordest *m.* **II** *a.* **1** diret nord–nordest. **2** (*from north–north–east*) (provenie da nord–nordest. **III** *avv.* **1** verso nord–nordest. **2** (*north–north–east*) da nord–nordest.

,north-north-'west I *s.* nord–nordovest *m.* **II** *a.* **1** dir a nord–nordovest. **2** (*from north–north–west*) (provenie da nord–nordovest. **III** *avv.* **1** verso nord–nordoves *om north–northwest*) da nord–nordovest.

rth| Pole *s.* ⟨*Geog*⟩ polo *m* nord. **~ pole** *s.* (*of a agnet*) polo *m* nord. **~ Sea** *N.pr.* ⟨*Geog*⟩ mare *m* del ord. **~-South dialogue** *s.* dialogo *m* nord–sud. **-South gap** *s.* divario *m* nord sud. **~ Star** *N.pr. str*⟩ Stella *f* Polare.

rthumb. = ⟨*Geog*⟩ *Northumberland* contea di orthumberland.

rthumbrian [nɔːˈθʌmbriən] **I** *a.* ⟨*Geog*⟩ **1** del orthumberland. **2** ⟨*Stor*⟩ della Northumbria. **II** *s.* **1** itante *m/f* del Northumberland. **2** ⟨*Stor*⟩ abitante *m/f* ·lla Northumbria. **3** (*dialect of Northumberland*) dialetto del Northumberland. **4** (*dialect of· Northumbria*) ·rthumbriano *m*.

rth Vietnam *N.pr.* ⟨*Geog*⟩ Nordvietnam *m*, Vietnam del nord.

thward [ˈnɔːθwəd] **I** *a.* diretto a nord. **II** *s.* nord *m*, rezione *f* nord. **III** *avv.* → **northwards. northwardly** li] *a./avv.* → **northward. northwards** [-z] *avv.* verso in direzione) nord.

thwest [ˌnɔːˈθwest] **I** *s.* nordovest *m*. **II** *a.* di ·rdovest, nordoccidentale. □ ⟨*Mar*⟩ **~ by north** una ·arta a nord di nordovest; **~ by west** una quarta a ovest nordovest. **northwester** [-tə] *s.* forte vento *m* di ·rdovest. **northwesterly** [-əli] **I** *a.* **1** diretto a rdovest. **2** (*from the north west*) proveniente da ·rdovest, da nordovest. **II** *avv.* **1** verso nordovest. **2** *om the northwest*) da nordovest. **northwestern** *a.* ·rdoccidentale, di nordovest.

thwest| Passage *N.pr.* ⟨*Geog*⟩ Passaggio *m* a ·rdovest. **~ Territory** *N.pr.* Territorio *m* del ·rdovest.

thwestward [ˌnɔːˈθwestwəd] **I** *a.* diretto a nordovest. *s.* → **northwest. III** *avv.* → **northwestwards. rthwestwardly** [-dli] *a./avv.* → **northwesterly. rthwestwards** [-dz] *avv.* verso (*o* in direzione) ·rdovest.

rway [ˈnɔːwei] *N.pr.* ⟨*Geog*⟩ Norvegia *f*.

rway| lobster *s.* ⟨*Zool*⟩ nefrope *m*. **~ pine** *s.* **1** ·ot) pino *m* silvestre. **2** (*wood*) legno *m* di pino. **~ rat** ⟨*Zool*⟩ topo *m* delle fogne, sormulotto *m*. **~ spruce** *s.* ·ot) abete *m* rosso.

rwegian [nɔːˈwiːdʒən] **I** *a.* norvegese. **II** *s.* **1** norvegese ·/*f*. **2** (*language*) norvegese *m*.

·, Nos. = *numbers* numeri.

e[1] [nouz] *s.* **1** naso *m*. **2** ⟨*Zool*⟩ muso *m*. **3** ⟨*fig*⟩ ·orato *m*, naso *m*, fiuto *m*. **4** ⟨*fam*⟩ (*flair for scovering*) naso *m*, fiuto *m*: *to have a good ~ for siness* avere buon naso per gli affari. **5** ⟨*sl*⟩ (*police ·ormer*) spia *f*, informatore *m* (della polizia). **6** (*front ·d*) naso *m*, parte *f* (*o* estremità) anteriore; (*projecting ·rt*) parte *f* sporgente. **7** ⟨*Aer*⟩ muso *m*, musone *m*. **8** ·ut) muso *m*. **9** ⟨*Mar*⟩ prua *f*, prora *f*. **10** ⟨*Mecc*⟩ ·ozzle) becco *m*, beccuccio *m*, naso *m*. **11** ⟨*tecn*⟩ (*of a ·l, machine part*) punta *f*. **12** ⟨*Mil*⟩ (*of a firearm*) ogiva *of a torpedo*) punta *f*. □ ⟨*fam*⟩ *to bite* (o *snap*) *s.o.'s ~* · rispondere in malo modo a qd.; *to win by a ~:* 1 ·quit) vincere di un naso; 2 ⟨*sl*⟩ vincere di stretta ·sura; ⟨*fam*⟩ *to* **count** (o *tell*) *–s* contare i presenti; ⟨*fig*⟩ **cut** *off one's ~ to spite one's face* darsi la zappa sui ·di; ⟨*fam*⟩ *to* **look down** *one's ~ at* guardare dall'alto in ·sso; *a flat ~* un naso schiacciato; ⟨*fam*⟩ *to* **follow** *one's* 1 andare sempre diritto; 2 (*to be guided by instinct*) ·dare a lume di naso, fidarsi del proprio intuito; ⟨*fam*⟩ *see no* **further** *than one's ~* non vedere più in là del ·prio naso; *a* **hooked** *~* un naso adunco; ⟨*fam*⟩ *to* **put** ·*.'s ~ out of* **joint:** 1 rompere le uova nel paniere a qd.; ·(*to* **supersede** *in s.o.'s affections*) soppiantare qd. ˈnel ·ore⁞ (o nella simpatia) di un'altra persona; ⟨*fam*⟩ *to* ·ep *one's ~ out of other people's business* non ficcare il ·so nelle faccende altrui; ⟨*fam*⟩ *to* **lead** *s.o. by the ~* ·nare per il naso (qd.), raggirare qd.; *to* **make** *a* **long** *~ s.o.* fare il marameo a qd.; ⟨*sl*⟩ **on** *the ~* in punto, ·ttamente; ⟨*fam*⟩ *as* **plain** *as the ~ on one's face* chiaro ·me il sole; *a* **Roman** *~* un naso aquilino; ⟨*fam*⟩ *to* **pay** ·ough *the ~* pagare profumatamente (*o* un occhio della ·ta); *to* **speak** *through one's ~* parlare col naso; ⟨*fam*⟩ *to*

turn *up one's ~ at* arricciare (*o* torcere) il naso davanti a; ⟨*fam*⟩ (*right*) **under** *his* (*very*) *~* (proprio) sotto il suo naso.

nose[2] **I** *v.t.* **1** (spesso con *out*) fiutare, annusare, odorare, sentire il fiuto: *the dog –d out a rabbit* il cane fiutò un coniglio. **2** ⟨*fam*⟩ (general. con *out:* *to perceive*) fiutare, intuire, annusare: *to ~ danger* fiutare il pericolo; (*to discover*) scoprire, scovare. **3** (*to push or move with the nose or muzzle*) spingere (*o* muovere) col muso (*o* naso). **4** (*to touch with the nose or muzzle*) strofinare il naso (*o* muso) contro. **II** *v.i.* **1** annusare, fiutare. **2** ⟨*fig*⟩ (spesso con *about, around*) ficcare il naso, curiosare (*in, into* in). **3** (*to seek by smelling*) cercare annusando (*o* fiutando) (*for, after s.th.* qc.). **4** (*to move ahead slowly*) procedere lentamente. □ ⟨*Aer*⟩ *to ~* **down** dirigere la prua verso terra; ⟨*sl*⟩ *to ~* **in** denunziare; ⟨*Aer*⟩ *to ~* **over** capottare; *to ~* **up** cabrare; *to ~ one's* **way** farsi strada, avanzare: *to ~ one's way through the traffic* farsi strada in mezzo al traffico.

nose|bag *s.* musetta *f*. **~band** *s.* museruola *f*. **~bleed** *s.* emorragia *f* nasale, epistassi *f*. **~clip** *s.* (*in swimming*) stringinaso *m*.

nosed [nouzd] *a.* (solo nei composti) dal naso ...: *snub-~* dal naso camuso.

nose|-dive I *s.* ⟨*Aer*⟩ picchiata *f* (*in candela*). **II** *v.i.* scendere in picchiata. **~ dropper** *s.* contagocce *m* per il naso. **~ drops** *s.pl.* ⟨*Farm*⟩ gocce *fpl* nasali. **~gay** *s.* mazzolino *m* di fiori, bouquet *m*. □ ⟨*fig*⟩ *a ~ of poems* una bella raccolta di poesie. **~-heavy** *a.* ⟨*Aer*⟩ appruato.

noseless [ˈnouzlis] *a.* senza (*o* privo di) naso (*anche fig.*).

nose|piece *s.* **1** ⟨*Mil.ant*⟩ nasale *m*. **2** (*of a microscope*) portaobiettivo *m*. **3** → **noseband. ~ ring** *s.* **1** ⟨*Zootecn*⟩ nasiera *f*. **2** ⟨*Etnol*⟩ anello *m* al naso.

nosey [ˈnouzi] **I** *a.* **1** ⟨*fam*⟩ curioso, indiscreto, ficcanaso, invadente. **2** ⟨*non com*⟩ (*having a large nose*) nasuto. **II** *s.* ⟨*non com*⟩ (*as a term of address*) **1** nasone *m* (*f* –a). **2** (*inquisitive person*) ficcanaso *m/f*.

nosey parker *s.* ⟨*fam*⟩ ficcanaso *m/f*, ⟨*spreg,scherz*⟩ spione *m* (*f* –a).

nosh [nɔʃ] **I** *s.* ⟨*sl*⟩ spuntino *m*. **II** *v.i.* fare uno spuntino.

nosiness [ˈnouzinis] *s.* invadenza *f*.

nosing [ˈnouziŋ] *s.* **1** (*of a stair tread*) sporgenza *f*. **2** ⟨*Arch*⟩ aggetto *m*, sporto *m*. **3** ⟨*Ferr*⟩ serpeggiamento *m*. **4** ⟨*Idr*⟩ tagliaacqua *m*.

nosological [ˌnɔsəˈlɔdʒikəl] *a.* nosologico. **nosologist** [no(u)ˈsɔlədʒist] *s.* patologo *m*. **nosology** [no(u)ˈsɔlədʒi] *s.* nosologia *f*, patologia *f*.

nostalgia [nɔsˈtældʒiə] *s.* **1** rimpianto *m*, nostalgia *f*. **2** (*homesickness*) nostalgia *f* della patria (*o* casa). □ *to feel ~ for one's youth* rimpiangere la gioventù. **nostalgic** [-dʒik] *a.* nostalgico. □ *to feel ~ for s.th.* avere (*o* sentire la) nostalgia di qc. **nostalgically** [-dʒikəli] *avv.* con nostalgia.

nostril [ˈnɔstril] *s.* ⟨*Anat*⟩ narice *f*.

nostrum [ˈnɔstrəm] *s.* **1** ⟨*spreg*⟩ rimedio *m* da ciarlatani. **2** ⟨*fig*⟩ (*cureall*) panacea *f*, toccasana *m*.

nosy *a./s.* → **nosey.**

not [nɔt] *avv.* (con l'ausiliare si contrae general. in *n't*) **1** non: *I do ~ know* non (lo) so; *he wouldn't answer* non volle rispondere. **2** (*after the verbs hope, suppose, etc.*) di no: *I hope ~* spero di no; *he thinks ~* pensa di no. **3** (*elliptical expressions*) no: *sometimes he comes, sometimes ~* qualche volta viene, qualche volta no; *perhaps ~* forse no. **4** (*in understatements*) non: *~ a few* non pochi; *a ~-too-distant future* un futuro non troppo lontano. **5** (*not even*) neanche, neppure. □ *~ but what* (o *that*) non che ... non, per quanto, tuttavia: *I failed, ~ but that you might succeed* io non ci sono riuscito, non che tu non possa farcela; ⟨*rar*⟩ *I know ~* non so; ⟨*esclam,fam*⟩ *~ much* no davvero, figuriamoci; *~ that* non (già) che: *~ that it matters* non che ne abbia importanza.

notability [ˌnoutəˈbiliti] *s.* **1** (*notable person*) notabile *m*. **2** (*state of being notable*) notabilità *f*, ragguardevolezza *f*.

notable [ˈnoutəbl] **I** *a.* **1** (*remarkable*) rilevante, notevole, considerevole; (*worthy of note*) degno di nota. **2** (*of people*) notevole, insigne, illustre, eminente. **3** ⟨*Chim*⟩ (*of quantity*) percettibile. **II** *s.* persona *f* eminente (*o* insigne).

Notable *s.* ⟨*Stor*⟩ **1** notabile *m.* **2** *pl.* (*Assembly of Notables*) notabili *mpl,* assemblea *f* dei notabili. **notably** [–i] *avv.* **1** notevolmente, considerevolmente. **2** (*particularly*) particolarmente, specialmente. **3** (*noticeably*) in modo evidente.

notarial [no(u)'tɛəriəl] *a.* notarile.

notarize ['noutəraiz] *v.t.* ⟨*am*⟩ far autenticare (*o* vidimare) da un notaio. **notary** [–ri] *s.* notaio *m.*

notary public *am. s.* (*pl.* **notaries public**) → **notary**.

notation [no(u)'teiʃən] *s.* **1** (*note*) notazione *f,* annotazione *f,* nota *f.* **2** (*setting down: by special signs*) notazione *f;* (*by numerals*) numerazione *f.* **3** ⟨*Mus,Filos*⟩ notazione *f.*

notch [nɔtʃ] **I** *s.* **1** tacca *f,* incavo *m,* intaglio *m: to make a ~ in a tree trunk* fare una tacca in un tronco; (*to serve as a record*) tacca *f.* **2** ⟨*fig*⟩ passo *m,* gradino *m.* **3** ⟨*Mecc*⟩ (*tooth*) dentello *m;* (*V-shaped indentation*) dentellatura *f* a V. **4** ⟨*am.Geog*⟩ (*defile*) gola *f,* stretto *m.* **II** *v.t.* **1** intaccare, intagliare, dentellare; (*by way of record*) fare una tacca in. **2** (*to record by a notch:* spesso con *up*) segnare con una tacca. **3** ⟨*fig*⟩ (spesso con *up*) ottenere, riportare: *to ~ up another victory* ottenere un'altra vittoria. **4** (*of an arrow: to nock*) accoccare.

notched [–t] *a.* dentellato, segnato con tacche, intaccato, intagliato. **'notching** [–iŋ] *s.* **1** (*act of notching*) intagliatura *f,* dentellatura *f;* (*notch*) tacca *f,* incavo *m,* intaglio *m.* **2** ⟨*Fal*⟩ (*method of joining*) incastro *m* a intaglio; (*joint*) giunto *m* a intaglio.

note [nout] **I** *s.* **1** nota *f,* appunto *m,* annotazione *f: to make a ~ of s.th.* prendere nota di qc.; *to take ~s* prendere appunti. **2** (*explanatory, critical comment*) nota *f,* glossa *f,* postilla *f.* **3** (*short letter*) biglietto *m,* breve lettera *f: a ~ of thanks* un biglietto di ringraziamento. **4** ⟨*Dipl*⟩ nota *f* (diplomatica). **5** (*tone*) nota *f,* tono *m,* accento *m: there was a ~ of anger in his voice* c'era una nota di rabbia nella sua voce. **6** (*of a bird*) canto *m.* **7** ⟨*Mus*⟩ (*sign*) nota *f;* (*of a piano, etc.: key*) chiave *f.* **8** ⟨*fig*⟩ (*distinctive feature*) caratteristica *f,* peculiarità *f;* (*dominant theme*) tema *m* (*o* motivo) dominante. **9** ⟨*fig*⟩ (*distinction*) eminenza *f;* (*importance*) importanza *f,* rilievo *m.* **10** ⟨*Econ*⟩ (*banknote*) banconota *f,* biglietto *m.* **11** ⟨*Econ*⟩ (*promissory note*) pagherò *m* (cambiario). **12** ⟨*Comm*⟩ segno *m* ⸢di punteggiatura⸣ (*o* d'interpunzione). **13** (*punctuation mark*) segno *m* di punteggiatura⸣ (*o* d'interpunzione). **II** *v.t.* **1** (*to notice*) notare, accorgersi di, osservare: *the doctor –d the symptoms at once* il medico notò subito i sintomi; (*to pay attention to*) fare attenzione a, badare a. **2** (*to call attention to*) far rilevare (*o* notare), richiamare l'attenzione su, sottolineare. **3** (*to record in writing:* spesso con *down*) prendere nota di, annotare: *to ~ down the time and place* prendere nota del tempo e del luogo. **4** (*to annotate*) annotare postillare, corredare di note. □ *~ of exclamation* punto esclamativo; ⟨*Econ*⟩ *~ of hand* lettera *f* di cambio; *~ of interrogation* punto interrogativo; *a matter of ~* una faccenda nota (*o* risaputa); *of ~:* **1** illustre, eminente, di chiara fama, insigne: *a man of ~* un uomo illustre; **2** (*important*) importante, di rilievo; ⟨*Comm*⟩ *~ payable* effetto passivo; ⟨*am*⟩ *~ receivable* cambiale *f* all'incasso; ⟨*fig*⟩ *to strike* (*o* hit) *the right ~* trovare la nota giusta; *to take ~ of* fare attenzione a, prendere nota di; **worthy** *of ~* degno di nota, notevole; ⟨*fig*⟩ *to strike* (*o* hit) *the* **wrong** *~* toccare un tasto falso.

note|book *s.* taccuino *m* (per note), notes *m,* quaderno *m* degli appunti. **~case** *s.* portafoglio *m.*

noted ['noutid] *a.* celebre, famoso, rinomato. **notedly** [–li] *avv.* specialmente, particolarmente.

noteless ['noutlis] *a.* non degno di nota, senza (particolare) interesse.

note|pad *s.* blocchetto *m* per appunti. **~paper** *s.* carta *f* da lettere. **~-perfect** *a.* ⟨*Mus*⟩ perfetto in ogni nota. **~ verbale** *fr.* [vɛr'bal] *s.* ⟨*Pol*⟩ nota *f* verbale.

noteworthiness ['noutwə:ðinis] *s.* l'essere notevole (*o* considerevole). **noteworthy** [–ði] *a.* degno di nota, notevole, considerevole.

nothing ['nʌθiŋ] **I** *pron.* **1** niente, nulla: *I have ~ to* non ho niente da dire; (*followed by an adjective*) niente nulla di: *~ new* niente di nuovo. **2** (*s.o. or s.th. of importance*) niente: *she is ~ to me* (lei) non è niente per me. **II** *s.* **1** niente *m,* nulla *m: it all came to ~* la c finì in niente. **2** (*zero*) zero *m* (*anche Mat.*): *the score five ~* il punteggio fu di cinque a zero. **3** (*trifle*) nonn *m,* nulla *m,* niente *m,* inezia *f: he gets angry over ~* s prende per un nonnulla. **4** (*person of no importa* nessuno *m,* nullità *f,* niente *m.* **5** ⟨*fam*⟩ (*not anythin interest or importance*) niente *m* (d'importa d'interessante). **III** *avv.* ⟨*lett,fam,scherz*⟩ per niente, nulla, (niente) affatto: *~ daunted, he plunged into the* per nulla intimorito si gettò nella mischia. □ *~ at* **all** bel nulla, nulla di nulla; *~ but* nient'altro che, non altro che, solo: *I drink ~ but milk* non bevo altro latte; *~ but the truth* nient'altro che la ve ⟨*fam,scherz*⟩ *~ doing!* niente da fare!; *~ else* nient'a *to fade into ~* svanire nel nulla; ⟨*fam*⟩ *in ~* **flat** in batter d'occhio, in un lampo; *for ~:* **1** (*for no rea* senza ragione (*o* motivo): *he loses his temper for ~* arrabbia senza ragione; **2** (*to no purpose*) senza scopo, niente; **3** (*free*) per niente, gratuitamente, gratis: *we g for ~* l'abbiamo avuto gratuitamente; *there is ~ for it* to go home non c'è altro da fare che tornare a casa; (*f to* **have** *~ on:* **1** non essere per niente ⸢superiore⸣ migliore di; **2** (*to have no evidence against*) non a prove contro; *to have ~ to do with:* **1** non avere nient che fare (*o* vedere) con; **2** (*to be no concern of*) riguardare, non interessare; *he* **knows** *~ about ~* non niente di niente; ⟨*fam*⟩ *like ~ on earth* unico al mo **little** *or ~* poco o niente; *to* **make** *~ of:* **1** non ca niente di; **2** (*to treat lightly*) non dare peso a, pren alla leggera; **3** (*to make no use of*) non trarre profitto *a* **mere** *~* un (bel) niente, un'inezia, una cosa da poc nulla); *~* **much**: **1** non molto, poco o nulla; **2** (*not serious*) niente di grave (*o* importante); ⟨*fam*⟩ *~* **near** niente, affatto; **next** *to ~* quasi niente (*o* nulla); *~ if* molto, estremamente: *he was ~ if not discreet* fu m discreto; *there is ~ of the coward in him* non c'è tra di vigliaccheria in lui; *that novel is a* **real** *~* quel roma non vale assolutamente nulla; *to* **rise** *from ~* venire su nulla; *there's ~ to it* non è difficile; *it's ~ to me* m indifferente. *Prov.:* *~ ventured, ~ gained* chi non r non rosica.

nothingness ['nʌθiŋnis] *s.* **1** nulla *m,* niente inesistenza *f.* **2** (*utter insignificance*) nullità *f;* (*insignificant*) inezia *f,* bazzecola *f.*

notice ['noutis] **I** *s.* **1** avviso *m,* annuncio comunicazione *f;* (*advance warning*) preavviso preannuncio *m,* avvertimento *m.* **2** (*wri announcement*) avviso *m,* inserzione *f;* (*placard, manifesto m,* avviso *m,* cartellone *m: to pin up* affiggere un manifesto. **3** (*warning of termination contract*) disdetta *f* (con preavviso); (*dismis licenziamento m: immediate ~* licenziamento in tronc (*attention*) attenzione *f,* considerazione *f: to bring s.th s.o.'s ~* segnalare qc. all'attenzione di qd.; (*cri attention*) esame *m,* valutazione *f.* **5** (*review*) critic giudizio *m;* (*book review*) recensione *f.* **II** *v.t.* **1** no osservare, accorgersi (*to see*) vedere: *I didn't ~ you* no avevo visto. **2** ⟨*assol*⟩ vedere, accorgersi. **3** (*to attention to*) prestare (*o* fare) attenzione a. **4** (*to treat attention*) interessarsi (*o* occuparsi) di, avere attenz per (*o* verso): *she was too proud to ~ him* era tro superba per interessarsi di lui. **5** (*to point out*) far no far rilevare. **6** (*to review*) recensire. □ ⟨*Dir*⟩ *~ of ac* citazione *f;* *~ of* **appeal** dichiarazione *f* d'app ⟨*Comm*⟩ **at** *~* con preavviso; *at a moment's* (*o minu ~:* **1** su due piedi, senza preavviso; **2** (*immedia* subito, immediatamente; *to attract ~* attirare l'attenz *it has* **come** *to my ~ that* ho saputo che; ⟨*Post*⟩ *~ of* **delivery** avviso *m* di giacenza; *it escaped my ~* r sfuggito; *that detail escaped my ~* quel dettaglio m sfuggito; *until* **further** *~* fino a nuovo avviso (*o* ord fino ad avviso contrario; *to get o.s. ~d* attirare l'attenz su di sé, farsi notare; *to* **give** *~:* **1** (*to inform*) inform *(of* di): *to give ~ of one's intention to appeal* informare dell'intenzione di appellarsi; 2 *(to advise of termination of contract or dismissal)* dare il preavviso a: *the company has given me ~* la società mi ha dato il preavviso; 3 *(to advise of resignation)* dare le dimissioni; 4 *(to dismiss)* licenziare; *⟨Dir⟩ ~ of* lien avviso *m* di pegno; *~ of* meeting avviso di convocazione; *three months' ~* un preavviso di tre mesi; on *~* previo avviso; previous *~* preavviso *m*; *⟨Dir⟩ ~ of intended* prosecution comunicazione giudiziaria; public *~* avviso *m* al pubblico; *⟨Dir⟩ ~ to* quit disdetta *f* ⸢del contratto di locazione); *~ of* receipt avviso *m* di ricevimento; *to serve ~ upon s.o.* diffidare qd.; *at short ~* a breve scadenza; *to take ~ of* badare a, dare importanza a, dar caso a, notare, prestare attenzione a: *no one took any ~ of him* nessuno gli badò; *to take no ~* non fare caso *(of* a), ignorare; *take ~ !* avviso al pubblico; *to be under ~:* 1 aver ricevuto il preavviso; 2 *(under review)* essere in recensione; *~ to* vacate = notice to quit; *to give s.o. a week's ~* dare gli otto giorni a qd.

oticeable ['noutisəbl] *a.* **1** evidente, visibile. **2** *(worthy of notice)* notevole *(for* per). **noticeably** [-i] *avv.* in modo evidente, visibilmente.

otice board *s.* tabellone *m*, albo *m*.

otifiable ['noutifaiəbl] *a.* **1** che deve essere notificato. **2** *⟨Dir⟩* da denunciare (alle autorità sanitarie).

otification [‚noutifi'keiʃən] *s.* **1** notificazione *f.* **2** *(written matter)* notificazione *f*, notifica *f.* **3** *⟨Econ‚Dir⟩* notificazione *f.* **'notify** [-fai] *v.t.* **1** avvisare, informare, notificare a: *to ~ s.o. of a decision* informare qd. di una decisione. **2** *(of things: to make known)* rendere noto, annunciare, far sapere. **3** *⟨Dir⟩* notificare, denunciare.

otion ['nouʃən] *s.* **1** *(idea)* concetto *m*, idea *f*, nozione *f; opinion)* idea *f*, opinione *f: to form a ~ of s.th.* farsi un'idea di qc. **2** *(whim, fancy)* capriccio *m*, ghiribizzo *m*, fantasia *f.* **3** *⟨am⟩ (gadget)* aggeggio *m*, gingillo *m.* **4** *pl. am.Comm⟩* articoli *mpl* per cucire, mercerie *fpl.* □ *I have no ~ of where he went* non ho (la minima) idea di dove sia andato; *to take a ~ to s.th.* incapricciarsi di qc.; *o take a ~ to doing* (o *do) s.th.* mettersi in testa di fare qc.; *as the ~ takes him* quando gli salta il ticchio; *I haven't the vaguest* (o *first) ~* non (ne) ho la più vaga idea.

otional ['nouʃənl] *a.* **1** nozionale. **2** *(speculative)* teorico, speculativo. **3** *(imaginary)* immaginario, fittizio, irreale. **4** *(whimsical)* fantasioso, bizzarro, capriccioso. **notionally** [-i] *avv.* in modo teorico.

otoriety [‚noutə'raiəti] *s.* **1** cattiva fama *f*, nomea *f.* **2** *(notorious person)* persona *f* famigerata (o che gode cattiva fama).

otorious [no(u)'tɔ:riəs] *a.* **1** famigerato, che gode di cattiva fama, tristemente noto, *⟨spreg⟩* notorio *(for* per): *a ~ criminal* un famigerato criminale. **2** *(well-known)* noto, inomato (per).

o-'trump **I** *a.* *(in bridge)* senza atout. **II** *s.* *(pl.inv./-s* [s]) dichiarazione *f* senza atout. **‚no-'trumper** *s.* chi dichiara senza atout.

otwithstanding [‚nɔtwið'stændiŋ] **I** *prep.* nonostante, a dispetto di. **II** *avv.* nondimeno, ciononostante. **III** *congz.* ebbene, benché, quantunque.

ougat ['nu:ga:‚ *am.* 'nu:gət] *s.* *⟨Dolc⟩* nougat *m.*

ught [nɔ:t] **I** *s.* **1** *(zero)* zero *m.* **2** *(nothingness)* nulla *m*, niente *m.* **II** *pron.* niente, nulla. □ *to bring to ~* far fallire; *to come to ~* finire in nulla; *to set at ~* tenere in poco conto, non dare importanza a.

oughts-and-'crosses *s.pl.* (costr. sing.) specie di gioco a bambini.

oumenon ['naumənɔn] *s.* *(pl.* **-na** [nə]) *⟨Filos⟩* noumeno *m.*

oun [naun] **I** *s.* *⟨Gramm⟩* sostantivo *m*, nome *m.* **II** *a.* ⸢ominale: *~ clause* frase nominale.

ourish ['nʌriʃ] *v.t.* **1** nutrire, alimentare. **2** *⟨fig⟩* nutrire, ⸢imentare, coltivare: *to ~ a hope* nutrire una speranza; *o strengthen)* rafforzare, consolidare. **3** *(of soil)* ⸢oncimare. **nourishing** [-iŋ] *a.* nutriente, nutritivo: *~ ⸢od* cibo nutriente; *(rich)* nutriente, sostanzioso. **⸢ourishment** [-mənt] *s.* **1** alimento *m*, nutrimento *m*, ⸢ibo *m* *(anche fig.).* **2** *(feeding)* nutrizione *f*,

---

alimentazione *f.* □ *to take ~* mangiare, alimentarsi, nutrirsi.

nous [naus, nu:s] *s.* **1** *⟨Filos⟩* nous *m.* **2** *⟨fam⟩ (common sense)* buonsenso *m.*

nouveau-riche *fr.* [nu:vo(u)'ri:ʃ] *s.* *(pl.* **nouveaux-riches** *⟨spreg⟩* nuovo ricco *m* *(f* -a), arricchito *m* *(f* -a).

Nov. = *November* novembre *(abbr.* nov.).

Nova Scotia ['nouvə skouʃə] *N.pr.* *⟨Geog⟩* Nuova Scozia *f.*

novation [no(u)'veiʃən] *s.* *⟨Dir⟩* novazione *f.*

novel ['nɔvəl] **I** *s.* *⟨Lett⟩* romanzo *m: a detective ~* un romanzo poliziesco; *(literary genre)* narrativa *f.* **II** *a.* **1** nuovo, originale. **2** *(new)* nuovo, recente, *⟨lett⟩* novello.

novelette [‚nɔvə'let] *s.* **1** romanzo *m* breve; *(short sentimental novel)* novella *f* sentimentale, romanzetto *m.* **2** *⟨Mus⟩* novelletta *f.* **novelettish** [-iʃ] *a.* **1** ⸢relativo a⸣ (o tipico di) un romanzo breve. **2** *(mawkishly romantic)* sdolcinato, stucchevole, svenevole.

novelist ['nɔvəlist] *s.* romanziere *m* *(f* -a). **‚novel'istic** [-ik] *a.* narrativo. **novelize** [-laiz] *v.t.* **1** trasformare in romanzo, trarre un romanzo da. **2** *(to make fictional)* romanzare.

novelty ['nɔvəlti] **I** *s.* **1** novità *f.* **2** *(s.th. novel)* cosa *f* nuova, novità *f.* **3** *⟨Comm⟩* novità *f*, oggetto *m* (o articolo) di moda. **II** *a.* **1** *⟨Comm⟩* di moda, novità: *~ goods* articoli di moda. **2** *⟨Tess⟩* novità.

November [no(u)'vembə] *s.* novembre *m.*

novena [no(u)'vi:nə] *s.* *(pl.* **-nae** [ni:]) *⟨Rel.catt⟩* novena *f.*

novercal [no(u)'və:kəl] *a.* di (o da) matrigna.

novice ['nɔvis] *s.* **1** principiante *m/f*, novizio *m* *(f* -a), novellino *m* *(f* -a). **2** *⟨Rel⟩* novizio *m* *(f* -a). **3** *⟨Rel⟩ (new member of a church)* neofita *m/f.* □ *to be a ~* essere alle prime armi. **noviciate, novitiate** [no(u)'viʃiit] *s.* **1** *⟨Rel⟩* noviziato *m; (novice)* novizio *m* *(f* -a). **2** *(period of apprenticeship)* noviziato *m*, periodo *m* di tirocinio.

novocaine ['nouvəkein] *s.* *⟨Farm⟩* novocaina *f.*

now [nau] **I** *avv.* **1** adesso, ora, in questo momento. **2** *(immediately)* subito, immediatamente: *I'll do it ~* lo farò subito. **3** *(at this point)* ora, a questo punto. **4** *(up till the present time)* or(a)mai, già: *I've been here for six years ~* sono qui ormai da sei anni. **5** *(nowadays)* ora, al giorno d'oggi, oggigiorno. **6** *(in the present circumstances)* ora come ora, così come stanno le cose. **7** *(to introduce a statement)* dunque, allora, ora: *~ listen to me!* allora, ascoltami! **8** *(to introduce a command, warning, etc.)* (or) via, suvvia, orsù: *~, don't misunderstand me* via, non fraintendermi. **II** *congz.* ora che, adesso che: *~ you're here you'd better stay* ora che sei qui è meglio che tu rimanga. **III** *s.* momento *m* attuale, presente *m.* □ *from ~ on(wards)* d'ora in avanti (o poi), d'ora innanzi; *~ or never* ora o mai più; *~ that* ora che; *~ then* allora, dunque. || *~!* suvvia!, via via!, dai!; *~ ... ~* (o *then)* ora ... ora: *the weather was variable, ~ bright ~ cloudy* il tempo era variabile, ora sereno, ora nuvoloso.

nowadays ['nauədeiz] **I** *avv.* oggi, oggigiorno, al giorno d'oggi. **II** *a.* attuale, di oggi. **III** *s.* oggi *m*, momento *m* attuale, presente *m.*

noway(s) ['nouwei(z)] *avv.* per niente, in nessun modo.

nowel ['nouəl] *s.* *⟨tecn⟩ (of a mould)* fondo *m*, staffa *f* inferiore.

nowhere ['nouweə] **I** *avv.* in nessun posto (o luogo), da nessuna parte: *it's ~ to be found* non si trova da nessuna parte. **II** *s.* **1** luogo *m* inesistente (o sconosciuto). **2** *⟨fig⟩* nulla *m*, niente *m.* **3** *⟨fam⟩ (state of obscurity)* oscurità *f.* □ *to come ~ in a competition* non classificarsi, non piazzarsi, arrivare fra gli ultimi; *~ else* in nessun altro posto; *⟨fam⟩ to come from ~* apparire improvvisamente, venire da chissà dove; *⟨fig⟩ to get ~* non approdare (o arrivare) a nulla; *flattery will get you ~* con le lusinghe non otterrai nulla; *~ near:* 1 non ⸗ affatto, neanche lontanamente, per niente: *ten pounds is ~ near enough* dieci sterline non sono per niente sufficienti; 2 *(at a considerable distance from)* molto lontano da.

nowise ['nouwaiz] *avv.* → **noway(s)**.

nowt [naut] *s.* *⟨dial⟩ (nothing)* niente *m*, nulla *m.*

noxious ['nɔkʃəs] *a.* **1** *(harmful to the health)* nocivo, dannoso (*to* a): ~ *drugs* farmaci dannosi. 2 (*morally harmful*) malefico, dannoso, pernicioso. **noxiousness** [–nis] *s.* dannosità *f,* nocività *f.*

nozzle ['nɔzl] *s.* 1 becco *m,* beccuccio *m,* naso *m; (of a sprinkler, etc.)* boccaglio *m,* bocchetta *f.* 2 ⟨*Mecc*⟩ *(of an injector)* ugello *m.* 3 ⟨*fam*⟩ *(nose)* naso *m.*

n.p. = 1 ⟨*Econ*⟩ *net proceeds* profitto netto. 2 ⟨*Tip*⟩ *new paragraph* a capo (*abbr.* a.c.).

N.P. = *Notary Public* notaio.

n.p. or d. = *no place or date* senza luogo né data.

NPT = ⟨*Pol*⟩ *Nonproliferation Treaty* trattato di non proliferazione.

nr = *near* vicino.

N.S.W. = ⟨*Geog*⟩ *New South Wales* Nuovo Galles del Sud.

N.T. = *New Testament* nuovo testamento (*abbr.* N.T.).

n't [nt] *accorc. di* **not**.

nth [enθ] *a.* ⟨*Mat*⟩ ennesimo. □ ⟨*fig*⟩ *to the ~ degree* all'ennesima potenza, in massimo grado; ⟨*fam*⟩ *for the ~ time* per l'ennesima volta.

nth| degree, ~ power *s.* ⟨*Mat*⟩ ennesima potenza *f.* □ ⟨*Mat*⟩ *to the ~* all'ennesima potenza; ⟨*fig*⟩ al massimo, all'ennesima potenza.

nt.wt. = *net weight* peso netto.

nuance [nju:'ɑ̃:ns, *am.* nu:'æns]?æns] *s.* 1 sfumatura *f,* tonalità *f,* gradazione *f,* nuance *f: ~ of colour* sfumatura di colore. 2 (*nicety*) sottigliezza *f,* finezza *f: the –s of diplomatic language* le sottigliezze del linguaggio diplomatico; (*shade of meaning*) sfumatura *f.*

nub [nʌb] *s.* 1 protuberanza *f,* sporgenza *f.* 2 (*nubbin*) pezzetto *m,* mozzicone *m.* 3 ⟨*fig*⟩ *(heart, core)* nocciolo *m,* nucleo *m.* **'nubble** [–l] *s.* 1 piccola protuberanza *f.* 2 (*small lump*) pezzetto *m,* mozzicone *m.* **'nubbly** [–li], **'nubby** [–i] *a.* nodoso, pieno di protuberanze.

Nubia ['nju:biə] *N.pr.* ⟨*Geog*⟩ Nubia *f.* **Nubian** [–n] **I** *a.* nubiano. **II** *s.* 1 nubiano *m* (*f* –a). 2 (*language*) nubiano *m.*

nubile ['nju:bil] *a.* nubile. **nu'bility** [–iti] *s.* l'essere nubile.

nubilous ['nju:biləs] *a.* 1 nebuloso, nuvoloso. 2 ⟨*fig*⟩ nebuloso.

nuclear ['nju:kliə] **I** *a.* 1 nucleare, del nucleo. 2 ⟨*Atom,Mil,Pol*⟩ nucleare: ~ *weapons* armi nucleari; (*powered by atomic energy*) atomico, (a propulsione) nucleare: *a ~ submarine* un sommergibile atomico; (*of a nation: having nuclear weapons*) atomico, nucleare. **II** *s.* 1 arma *f* nucleare. 2 (*nuclear power*) energia *f* nucleare. 3 ⟨*Biol*⟩ nucleare: ~ *membrane* membrana nucleare.

nuclear| arms race *s.* corsa *f* agli armamenti nucleari. ~ **arsenal** *s.* arsenale *m* nucleare. ~ **balance** *s.* equilibrio *m* nucleare (*o* atomico). ~ **bomb** *s.* bomba *f* atomica. ~ **conflict** *s.* conflitto *m* atomico (*o* nucleare). ~ **contamination** *s.* inquinamento *m* da sostanze radioattive. ~ **deterrent** *s.* ⟨*Mil,Pol*⟩ deterrente *m* atomico (*o* nucleare). ~ **disarmament** *s.* ⟨*Pol,Mil*⟩ disarmo *m* atomico. ~ **disarmer** *s.* ⟨*Pol*⟩ fautore *m* (*f* –trice) del disarmo nucleare. ~ **disaster** *s.* catastrofe *f* nucleare. ~ **energy** *s.* ⟨*Atom*⟩ energia *f* nucleare (*o* atomica). □ *utilization of ~ for peaceful uses* uso pacifico dell'energia nucleare. ~ **fission** *s.* ⟨*Atom*⟩ fissione *f* nucleare. ~ **freeze** *s.* congelamento *m* degli armamenti nucleari. ~ **incident** *s.* incidente *m* nucleare. ~ **industry** *s.* industria *f* nucleare.

nuclearism ['nju:kliərizəm] *s.* sostegno *m* della politica degli armamenti nucleari. **nuclearist** [–rist] *s.* filonucleare *m/f,* nuclearista *m/f.*

nuclear| magnetic resonance *s.* ⟨*Fis*⟩ risonanza *f* magnetica nucleare. ~ **medicine** *s.* medicina *f* nucleare. ~ **parity** *s.* parità *f* nucleare. ~ **physics** *s.pl.* (costr. sing.) fisica *f* nucleare. ~ **potential** *s.* potenziale *m* atomico (*o* nucleare). ~ **power** *s.* 1 ⟨*Atom*⟩ energia *f* nucleare. 2 ⟨*Pol*⟩ (*nation*) potenza *f* nucleare. ~**-powered** *a.* atomico, (a propulsione) nucleare. ~ **power plant** *s.* centrale *f* nucleare. ~ **programme** *s.* programma *m* nucleare. ~ **propulsion** *s.* propulsione *f* nucleare. ~ **reactor** *s.* reattore *m* nucleare, pila *f* atomica. ~ **ship** *s.* nave *f* a propulsione atomica. ~

spectroscopy *s.* spettroscopia *f* nucleare. ~ **stalema▪** *s.* parità *f* nucleare. ~ **test** *s.* ⟨*Atom*⟩ esperimento nucleare. ~ **test ban** *s.* blocco *m* degli esperime▪ nucleari. ~ **threshold** *s.* ⟨*Mil,Pol*⟩ soglia *f* nucleare. ~ **umbrella** *s.* ombrello *m* atomico. ~ **war** *s.* guerra▪ nucleare. ~ **warfare** *s.* guerra *f* atomica. ~ **warhead** ⟨*Mil*⟩ testata *f* nucleare. ~ **waste** *s.* ⟨*Atom*⟩ residui *m* radioattivi.

nucleate ['nju:klieit] **I** *v.t.* raccogliere in un nucleo. **II** formare un nucleo. **III** *a.* ⟨*Biol*⟩ nucleato.

nucleic [nju:'kli:ik] *a.* ⟨*Chim*⟩ nucleico: ~ *acid* aci nucleico.

nuclein ['nju:kliin] *s.* ⟨*Biol*⟩ nucleina *f.*

nucleolar [nju:'kliələ] *a.* ⟨*Biol*⟩ del nucleo. **'nucleola** [–lit], **'nucleolated** [–leitid] *a.* contenente un nucleo **'nucleole** [–lioul] *s.* → **nucleolus. nucleolus** [–liouL *s.* (*pl.* -li [lai]) nucleolo *m.*

nucleon ['nju:klion] *s.* ⟨*Atom*⟩ nucleone *m.* **,nucle'oni** [–iks] *s.pl.* (costr. sing.) nucleonica *f.*

nucleus ['nju:kliəs] *s.* (*pl.* **nuclei** ['nju:kliai]/**-uses** [–iz]/) nucleo *m* (*anche Fis.,Biol.,Astr.,Chim.*). 2 (*central poi core*) nucleo *m,* nocciolo *m,* centro *m.* 3 ⟨*fig*⟩ punto *m* partenza.

nuclide ['nju:klaid] *s.* ⟨*Fis*⟩ nuclide *m.*

nude [nju:d] **I** *a.* 1 nudo. 2 (*bare*) nudo, spoglio. 3 (*of magazine, show, etc.*) di nudo. 4 (*of the colour nuc* color carne. 5 ⟨*Dir*⟩ (*void*) nullo. **II** *s.* 1 persona svestita (*o* nuda). 2 ⟨*Art*⟩ nudo *m.* 3 (*condition of ber unclothed*) nudità *f.* □ *to be in the ~* essere nudo, esse in costume adamitico; *to swim in the ~* nuotare nudo.

nudge [nʌdʒ] **I** *v.t.* 1 toccare col gomito, dare u gomitata a, dare un colpetto col gomito a. 2 ⟨*fig*⟩ *draw the attention of*) richiamare l'attenzione di. 3 (*f* (*to approach*) toccare, avvicinarsi a. **II** *s.* colpetto *m* gomito, gomitata *f* (per richiamare l'attenzione).

nudism ['nju:dizəm] *s.* nudismo *m.* **nudist** [–dist] **I** nudista *m/f.* **II** *a.* nudista, del nudismo.

nudist| camp, ~ colony *s.* campo *m* (*o* colonia *f* nudisti.

nudity ['nju:diti] *s.* 1 nudità *f.* 2 ⟨*Art*⟩ nudo *m.*

nugatory ['nju:gətəri] *a.* 1 insignificante, trascurabile. (*futile*) futile, frivolo. 3 (*of no force or effect*) ineffica vano, inutile. 4 ⟨*Dir*⟩ senza effetto (*o* valore) giuridico

nugget ['nʌgit] *s.* ⟨*Min*⟩ pepita *f.*

nuisance ['nju:sns] *s.* 1 (*of things*) fastidio *m,* moles *f,* seccatura *f,* disturbo *m,* ⟨*fam*⟩ scocciatura *f.* 2 *people*) seccatore *m* (*f* –trice), ⟨*fam*⟩ scocciatore *m* –trice), ⟨*fam*⟩ rompiscatole *m/f,* ⟨*fam*⟩ peste *f: that ch is a perfect ~* quel bambino è una vera peste. 3 ⟨*L* danno *m,* offesa *f* (di un diritto). **II** *a.* molesto, fastidio importuno, ⟨*fam*⟩ scocciante. □ *to be a ~* seccare, da fastidio, ⟨*fam*⟩ scocciare; *commit no ~* (*public notice*) n arrecate danni; *to make a ~ of o.s.* essere importuno molesto); *what a ~!* che seccatura!, ⟨*fam*⟩ c scocciatura!

nuke *am.* [nu:k] **I** *s.* ⟨*fam*⟩ 1 arma *f* nucleare. 2 (*nucle power station*) centrale *f* nucleare. **II** *v.t.* attaccare *o* armi nucleari.

nuke power| plant, ~ station *am. s.* ⟨*sl*⟩ centrale (elettro)nucleare.

null [nʌl] *a.* 1 nullo, non valido. 2 ⟨*Dir*⟩ (*null and vo* nullo (*e* senza effetto), invalido: *to declare ~ and v* dichiarare nullo.

nullification [,nʌlifi'keiʃən] *s.* annullamento *m.* **'null** [–fai] *v.t.* 1 annullare, rendere nullo: *to ~ a contr* annullare un contratto. 2 (*to deprive of value effectiveness*) invalidare.

nullity ['nʌliti] *s.* 1 nullità *f.* 2 ⟨*Dir*⟩ nullità *f,* invalidit 3 ⟨*Dir*⟩ (*s.th. invalid*) atto *m* invalido (*o* nullo).

numb [nʌm] **I** *a.* 1 intirizzito, intorpidito, intorment *my hands are ~ with cold* ho le mani intirizzite freddo. 2 ⟨*fig*⟩ inebetito, intontito, stordito: *to be ~ w grief* essere inebetito dal dolore. 3 (*causing numbness*) stordisce. **II** *v.t.* 1 intirizzire, intorpidire, intormentire ⟨*fig*⟩ inebetire, intontire, stordire.

number ['nʌmbə] **I** *s.* 1 numero *m: the ~ seven* il num sette. 2 (*numeral*) cifra *f,* numero *m.* 3 (*teleph* *number*) numero *m* (telefonico), numero di telefono: *the ~ is engaged* il numero è occupato. **4** *pl.* (*large quantity*) moltissimi *mpl*, gran numero *m*, moltitudine *f*: *-s of people lost their lives* moltissimi persero la vita. **5** (*group of people*) gruppo *m*, numero *m*: *we welcome a new member to our ~* diamo il benvenuto a un nuovo membro del nostro gruppo. **6** *pl.* (*numerical preponderance*) numero *m*, superiorità *f* numerica. **7** *pl.* (*arithmetic*) aritmetica *f*: *to be good at –s* essere bravo in aritmetica; *the child does not know his –s* il bambino non sa l'aritmetica. **8** (*of a periodical: issue*) numero *m*; (*part*) fascicolo *m*, dispensa *f*, numero *m*. **9** (*tune, song*) motivo *n*, melodia *f*. **10** ⟨*Teat*⟩ (*item of a show*) numero *m*: *a dance ~* un numero di ballo. **11** ⟨*Comm*⟩ (*article for sale*) articolo *m*. **12** ⟨*Gramm*⟩ numero *m*. **13** *pl.* (*verse*) verso *m*, metro *m*. **14** *pl.* ⟨*Mus*⟩ frase *f* (musicale). **15** ⟨*Tess*⟩ titolo *m*. **16** ⟨*sl*⟩ (*girl*) ragazza *f*. **II** *v.t.* **1** (*to count*) contare, calcolare, conteggiare. **2** (*to include*) annoverare, includere nel numero. **3** (*to total*) essere in totale, ammontare a, assommare a: *the spectators –ed ten thousand* gli spettatori erano in totale diecimila. **4** (*to assign a number to or mark with a number*) numerare: *to ~ pages* numerare le pagine. **5** (*to enumerate; spesso con off*) enumerare, elencare. **6** (*to limit in number*) contare, limitare: *his days are –ed* ha i giorni contati. **7** (*to apportion*) suddividere, dividere, spartire. **8** ⟨*Tess*⟩ titolare. **III** *v.i.* **1** ammontare, arrivare (*in* a), raggiungere (*in* totale (di). **2** (*to be included*) essere incluso (*o innoverato*) (*among, with* tra, fra). **3** ⟨*Mil*⟩ (spesso con *off*) chiamare il proprio numero (nell'appello, ecc.). □ *a ~ of* parecchi, molti, numerosi: *a ~ of times* molte volte, *any ~ of* un gran (*o* buon) numero di, molti; **beyond ~** *without number*; *by the –s:* **1** (*in unison*) all'unisono; **2** (*in a systematic manner*) sistematicamente; *the team now as the* **full ~** *of players* la squadra ora è al completo; ⟨*am.sl*⟩ *to get* (*o have*) *s.o.'s ~* conoscere le vere intenzioni di qd.; *in ~* in (numero di), di numero: *they were ninety in ~* erano in novanta; *they are few in ~* sono pochi, sono poco numerosi; ⟨*fam*⟩ *~* **one** numero *m* uno, persona (*o* cosa) più importante; *out of ~* = **without** *number*; *five* **times** *the ~ of soldiers* cinque volte i (*o* il numero dei) soldati; *to the ~ of* fino a, fino al numero di: *o the ~ of ten* fino a dieci; ~ **two** numero *m* due, persona (*o* cosa) meno importante; ⟨*sl*⟩ *his ~ is* **up: 1** è venuta la sua ora; **2** (*in serious trouble*) è in un grosso pasticcio; *without ~* innumerevole, senza numero: *times without ~* innumerevoli volte.

umbered account ['nʌmbəd] *s.* ⟨*Econ*⟩ conto *m* numerato.

mberer ['nʌmbərə] *s.* numeratore *m* (*f –trice*).

umbering [–riŋ] *s.* numerazione *f.* **numberless** [–bəlis] *a.* innumerevole, senza numero.

mber|-one *a.* ⟨*fam*⟩ **1** il primo, il più importante, il numero uno. **2** (*of the best quality*) eccellente, eccezionale. ~ **one** *s.* ⟨*fam*⟩ se stesso: *to ˈlook afterˈ* (*o take care of*) ~ pensare a se stesso, pensare al proprio interesse. ~ **plate** *s.* ⟨*Aut*⟩ numero *m* di targa, targa *f.*

mbing ['nʌmiŋ] *a.* che intirizzisce, che intorpidisce.

umbly [–mli] *avv.* come intontito. **numbness** [–mnis] *s.* **1** intirizzimento *m*, intorpidimento *m.* **2** ⟨*fig*⟩ ordimento *m*, intontimento *m.*

mbskull *s.* → **numskull.**

merable ['nju:mərəbl] *a.* numerabile, che si può contare.

meral ['nju:mərəl] **I** *s.* numerale *m*, numero *m*, cifra *f.* **I** *a.* numerale.

merate ['nju:məreit] *v.t.* enumerare, elencare.

umeration [–'reiʃən] *s.* numerazione *f.* **numerator** [–ə] *s.* ⟨*Mat*⟩ numeratore *m.*

merical [nju:'merikəl] *a.* numerico: ~ *superiority* periorità numerica; *a ~ code* un codice numerico. □ ~ *der* ordine numerico.

neric pad *s.* ⟨*Inform*⟩ tastierino *m* (*o* pad) numerico.

nerous ['nju:mərəs] *a.* **1** numeroso, molteplice, svariato: *ier ~ attempts* dopo numerosi tentativi. **2** (*consisting of rge numbers*) numeroso: *a ~ crowd* una folla numerosa.

to become more ~ aumentare di numero.

numerously [–li] *avv.* numerosamente, in gran numero.
numerousness [–nis] *s.* numerosità *f.*
Numidia [nju:'midiə] *N.pr.* ⟨*Geog*⟩ Numidia *f.* **Numidian** [–n] **I** *a.* numidico, numida. **II** *s.* **1** numida *m/f.* **2** (*language*) lingua *f* numida.
numismatic [,nju:miz'mætik], **numismatical** [–əl] *a.* numismatico. **numismatics** [–s] *s.pl.* (costr. sing.) numismatica *f.* **nu'mismatist** [–mətist] *s.* numismatico *m* (*f –a*).
nummary ['nʌməri] *a.* (*of a coin*) monetario.
nummulite ['nʌmjəlait] *s.* ⟨*Paleont*⟩ nummulite *f.* **,nummulitic** [–'litik] *a.* nummulitico.
numskull ['nʌmskʌl] *s.* ⟨*fam*⟩ stupido *m* (*f –a*), persona *f* ottusa, ⟨*pop*⟩ zuccone *m* (*f –a*), ⟨*pop*⟩ testa *f* di legno.
nun [nʌn] *s.* **1** ⟨*Rel*⟩ suora *f*, monaca *f.* **2** ⟨*Ornit*⟩ (*blue titmouse*) cinciarella *f.* **3** ⟨*Ornit,dial*⟩ (*smew*) monaca *f* bianca, pesciaiola *f.*
nunciature ['nʌnʃiətʃə] *s.* ⟨*Dir.can*⟩ nunziatura *f.* **nuncio** [–ʃiou] *s.* (*pl.* **-s** [z]) nunzio *m.*
nuncle ['nʌŋkl] *s.* ⟨*dial,scherz*⟩ (*uncle*) zio *m.*
nuncupate ['nʌŋkjupeit] *v.t.* (*of a will*) fare ˈa voceˈ (*o* orale). **,nuncupation** [–'peiʃən] *s.* ⟨*Dir*⟩ testamento *m* (*o* nuncupativo). **nuncupative** [–iv] *a.* (*of a will*) orale, nuncupativo.
nunhood ['nʌnhud] *s.* monacato *m.*
nunlike ['nʌnlaik] *a.* monacale.
nunnery ['nʌnəri] *s.* convento *m*, monastero *m* (di suore).
nuphar ['nju:fɑ:] *s.* ⟨*Bot*⟩ ninfea *f* ˈdella Cinaˈ (*o* gialla).
nuptial ['nʌpʃəl] *a.* **1** nuziale, matrimoniale. **2** ⟨*Entom*⟩ nuziale. **nuptials** [–z] *s.pl.* nozze *fpl*, sposalizio *m.*
nurse [nə:s] **I** *s.* **1** infermiera *f*, nurse *f*; (*male nurse*) infermiere *m.* **2** (*dry nurse*) bambinaia *f*, governante *f*, nurse *f*; (*wet nurse*) balia *f*, nutrice *f.* **3** ⟨*Entom*⟩ ape *f* (*o* formica) operaia. **4** ⟨*Agr*⟩ albero *m* piantato a protezione d'una pianta giovane. **II** *v.t.* **1** assistere, curare, fare da infermiera (*o* infermiere) a: *to ~ a sick child* assistere un bambino malato. **2** (*to suckle*) allattare; (*of a baby: to take milk from*) poppare. **3** (*of an ailment*) curare, curarsi. **4** (*to bring up*) allevare, educare. **5** (*to clasp tenderly*) stringere al seno, coccolare. **6** (*of things: to take special care of*) maneggiare (*o* trattare) con cura. **7** ⟨*fig*⟩ (*to foster*) coltivare, curare, assecondare. **8** ⟨*fig*⟩ (*to hold in the mind or heart*) covare, nutrire: *to ~ hatred* covare l'odio; (*to cherish*) accarezzare, vagheggiare. **9** ⟨*fam*⟩ (*of a drink*) sorseggiare, sorbire. **III** *v.i.* **1** fare da infermiera (*o* infermiere). **2** (*to suckle a child*) allattare; (*of a child*) poppare. □ *to ~ s.o.* **back** *to health* guarire qd., rimettere in salute qd.; ⟨*fig*⟩ *to ~ the* **fire** stare seduto accanto al fuoco; ⟨*Equit*⟩ *to ~ a* **horse** stringere un cavallo per danneggiarlo); *to ~ s.o.* **over** *an illness* assistere qd. durante una malattia; *to* **put** (*out*) *to ~* dare (*o* mettere) a balia.
nurse| child *s.irr.* bambino *m* (*f –a*) tenuto a balia. ~ **father** *s.* padre *m* adottivo.
nurseling *s.* → **nursling.**
nursemaid ['nə:smeid] *s.* bambinaia *f.*
nursery ['nə:səri] *s.* **1** camera *f* dei bambini. **2** (*nursery school*) asilo *m* infantile, nido *m* d'infanzia. **3** ⟨*fig*⟩ (*place that fosters*) culla *f*; (*place that trains, educates*) vivaio *m.* **4** ⟨*Agr,Zootecn*⟩ vivaio *m.*
nursery| garden *s.* ⟨*Agr*⟩ serra *f*, vivaio *m.* ~ **governess** *s.* istitutrice *f.* ~ **language** *s.* linguaggio *m* infantile. ~**man** [–mən] *s.irr.* vivaista *m/f.* ~ **rhyme** *s.* filastrocca *f.* ~ **school** *s.* asilo *m* infantile, nido *m* d'infanzia.
nurse's aide *am.* *s.* portantina *f.*
nursing ['nə:siŋ] **I** *s.* **1** cura *f*, assistenza *f*; (*profession*) professione *f* d'infermiera ˈ(*o* d'infermiere); (*instance*) assistenza *f* (infermieristica). **II** *a.* **1** infermieristico: *the ~ staff* il personale infermieristico. **2** (*giving breast milk*) che allatta. □ *sister of a ~* **order** suora infermiera; *school of ~* scuola *f* per infermiere (*o* infermieri).
nursing| bottle *s.* poppatoio *m*, biberon *m.* ~ **home** *s.* **1** clinica *f*, casa *f* di cura (privata). **2** (*rest home*) casa *f* di riposo. ~ **sister** *s.* infermiera *f* diplomata. ~ **staff** *s.* personale *m* infermieristico.
nursling ['nə:sliŋ] *s.* **1** lattante *m/f*, poppante *m/f.* **2** ⟨*fig*⟩

beniamino *m* (*f* –a), prediletto *m* (*f* –a).

nurture ['nɔːtʃə] **I** *v.t.* **1** nutrire, alimentare. **2** (*to educate*) allevare, educare. **II** *s.* **1** allevamento *m*, educazione *f.* **2** (*nourishment, food*) nutrimento *m*, vitto *m*, cibo *m.*

nut [nʌt] **I** *s.* **1** noce *f;* (*kernel*) gheriglio *m.* **2** 〈*Mecc*〉 dado *m.* **3** 〈*sl*〉 (*head*) testa *f,* 〈*pop*〉 zucca *f.* **4** 〈*sl*〉 (*eccentric person*) stravagante *m/f,* svitato *m* (*f* –a); (*insane person*) pazzo *m* (*f* –a), matto *m* (*f* –a); (*fan, fanatic*) fanatico *m* (*f* –a), patito *m* (*f* –a). **5** 〈*sl*〉 (*dandy*) damerino *m,* elegantone *m.* **6** 〈*Mus*〉 capotasto *m;* (*of a bow*) tallone *m,* nasetto *m.* **7** 〈*Tip*〉 quadratino *m.* **8** *pl.* (*of coal*) pezzatura *f* noce. **9** *pl.* 〈*am.sl*〉 (*source of pleasure*) delizia *f: it's the –s* è una delizia. **II** *v.i.* (*pret., p.p.* 'nutted [–id]) raccogliere noci. □ 〈*fam*〉 *a hard* (*o tough*) ~ *to crack:* 1 (*difficult problem*) un osso duro; 2 (*stubborn person*) un testone, un testardo, uno zuccone; 〈*sl*〉 *he is off his* ~ gli manca una rotella; 〈*sl*〉 *to go off one's* ~ ammattire, impazzire.

nutant ['njuːtənt] *a.* 〈*Bot*〉 nutante.

nutation [njuːˈteiʃən] *s.* 〈*Astr,Bot,Med*〉 nutazione *f.*

'nut|-'brown *a.* castano, color noce. ~ **butter** *s.* burro *m* di noci. ~ **cake** *s.* 〈*Dolc*〉 torta *f* di noci. ~ **case** *s.* 〈*sl*〉 matto *m,* pazzo *m.* **~cracker** *s.* **1** → **nutcrackers. 2** 〈*Ornit*〉 nocciolaia *f,* corvo *m* franginoci, ghiandaia *f* nucifraga. **~crackers** *s.pl.* schiaccianoci *m.* **~gall** *s.* 〈*Bot*〉 galla *f* di quercia. **~hatch** *s.* 〈*Ornit*〉 picchiotto *m,* picchio *m* muratore. **~house** *s.* 〈*sl*〉 manicomio *m.* **~meg** *s.* **1** noce *f* moscata. **2** (*nutmeg tree*) albero *m* della noce moscata. ~ **oil** *s.* olio *m* di noci.

nutria ['njuːtriə] *s.* **1** 〈*Zool*〉 nutria *f,* castorino *m.* **2** (*fur*) castorino *m.*

nutrient ['njuːtriənt] **I** *a.* nutriente, nutritivo. **II** *s.* sostanza *f* nutriente (*o* nutritiva).

nutriment ['njuːtrimənt] *s.* nutrimento *m,* alimento *m,* cibo *m.*

nutrition [njuːˈtriʃən] *s.* **1** nutrizione *f,* alimentazione *f.* **2** (*nutriment, food*) nutrimento *m,* alimento *m,* cibo *m.* **3** (*science, study*) dietetica *f.* **nutritional** [–əl] *a.* nutrizionale.

nutritional| deficiency *s.* carenza *f* alimentare. ~ **habits** *s.pl.* abitudini *fpl* alimentari. ~ **value** *s.* valore *m* nutritivo.

nutrition science *s.* ecotrofologia *f,* scienza *f* della nutrizione.

nutritious [njuːˈtriʃəs] *a.* nutriente, sostanzioso, nutritivo. **'nutritive** [–tritiv] **I** *a.* **1** (*of nutrition*) nutritivo. **2** → **nutritious. II** *s.* cibo *m* nutriente. □ ~ *value* valore *m* nutrizionale.

nuts [nʌts] **I** *a.* 〈*sl*〉 **1** matto, toccato, tocco, picchiatell **2** (*keen*) pazzo, matto (*about, on* per), patito, fanati (di). **II** *intz.* **1** sciocchezze, stupidaggini. **2** (*to expre defiance, etc.*) non ci penso neppure, neanche per sogn □ 〈*sl*〉 *not to be able to do s.th. for* ~ non esse assolutamente capace di fare qc.; *he can't sing for* ~ n sa assolutamente cantare.

nut|shell *s.* guscio *m* (di noce). □ 〈*fig*〉 *in a* ~ in poc parole, brevemente, in breve. **~ tree** *s.* 〈*Bot*〉 avellar *m.*

nutty ['nʌti] *a.* **1** ricco di noci. **2** (*in taste*) che sa di no **3** 〈*fam*〉 (*eccentric*) eccentrico, svitato; (*mad*) matt toccato, tocco, picchiatello.

nut| weevil *s.* 〈*Entom*〉 balanino *m.* **~wood** *s.* legno *m* noce.

nux vomica [nʌksˈvɔmikə] *s.* noce *f* vomica (*anche Bot.*

nuzzle ['nʌzl] **I** *v.i.* **1** (*to root with the nose*) scavare frugare) col muso; (*of pigs*) grufolare; (*to rub with t nose*) strofinare il muso (*o* naso) contro. **2** 〈*fig*〉 (*snuggle*) rannicchiarsi, accoccolarsi. **II** *v.t.* **1** (*to rub w the nose*) strofinare il muso (*o* naso) contro. **2** (*to root with the nose*) sradicare scavando col muso. **3** 〈*fig*〉 (*to close to*) stringersi a, rannicchiarsi contro.

NW, n.w., N.W. = **1** *northwest* nordovest (*abbr.* NO). *northwestern* nordoccidentale.

Nyasaland [naiˈæsəlænd] *N.pr.* 〈*Geog*〉 Niassa *m.*

nyctalopia [ˌniktəˈloupiə] *s.* 〈*Med*〉 **1** nictalopia *f.* (*hemeralopia*) emeralopia *f.* **nyctalopic** [–ˈlɔpik] nictalope.

nyctitropic [ˌniktiˈtrɔpik] *a.* 〈*Bot*〉 soggetto a nictitropism **nyc'titropism** [–ˈtrəpizəm] *s.* nictitropismo *m,* nictinast *f.*

nylghai ['nilgai], **nylghau** [–gɔː] *s.* (*pl. inv./*-s [z]) 〈*Zoo* nilgai *m,* nilgau *m,* bue *m* azzurro.

nylon ['nailɔn] *s.* **1** nylon *m.* **2** *pl.* (*stockings*) calze *fpl* nylon.

nymph [nimf] *s.* **1** 〈*Mitol,Entom*〉 ninfa *f.* **2** 〈*fi* (*beautiful girl*) giovanetta *f* leggiadra, 〈*lett*〉 ninfa *f;* (*gi* giovanetta *f.*

nymphal ['nimfəl] *a.* **1** → **nymphean. 2** 〈*Entom* ninfale.

nymphean [nimˈfiːən] *a.* ninfale, di ninfa. **'nymph** [–fət] *s.* **1** ninfetta *f.* **2** (*sexually attractive young gi* ninfetta *f,* lolita *f.* **'nymphish** [–fiʃ], **'nymphlik** [–flaik] *a.* simile a ninfa, 〈*lett*〉 ninfale.

nymphomania [nimfəˈmeiniə] *s.* 〈*Med*〉 ninfomania metromania *f.* **nymphomaniac** [–niæk] **I** *s.* ninfoman *f.* **II** *a.* ninfomane.

O

O [ou] *s.* (*pl.* **o's/os, O's/Os** [ouz]) (*letter of the alphabet*) o, O *f/m:* ⟨*Tel*⟩ O *for Oliver*, ⟨*am*⟩ O *for Oboe* ɔ come Otranto.
¹ I *a.* (*O–shaped*) a (forma di) O. **II** *s.* **1** ⟨*Mat*⟩ zero *m.* **2** (*s.th. O–shaped*) O *f/m*, oggetto *m* a forma di O.
² intz. 1 ⟨*poet*⟩ (*in direct address*) o: ~ *men of little faith* ɔ uomini di poca fede. **2** (*to express surprise, pain, etc.*) o, ɔh, ah: ~ *no!* oh no! ⬚ ~ *for an iced drink!* cosa non darei per una bibita ghiacciata!
◦ = 1 ⟨*El*⟩ *ohm* ohm. **2** ⟨*Chim*⟩ *oxygen* ossigeno.
. = *October* ottobre (*abbr.* ott.).
[ə] *prep.* ⟨*dial,rar*⟩ contraz. di **of, on**.
◦ *irl.* [ou, ə] (*prefix meaning descendant of*) O', discendente di.
◦A = ⟨*Inform*⟩ *Office Automation* automazione d'ufficio.
◦f [ouf] *s.* **1** semplicione *m* (*f* –a), credulone *m* (*f* –a), ɔietolone *m* (*f* –a); (*clumsy person*) persona *f* goffa e ɔciocca, mestolone *m.* **2** ⟨*ant*⟩ (*deformed child*) bambino *m* (*f* –a) deforme. **'oafish** [–iʃ] *a.* stupido, tonto, balordo.
◦afishness [–iʃnis] *s.* stupidità *f*, balordaggine *f.*
◦k [ouk] **I** *s.* **1** ⟨*Bot*⟩ quercia *f.* **2** (*wood*) quercia *f.* **3** (*leaves used as decoration*) foglie *fpl* di quercia. **4** ⟨*univ*⟩ ɔorta *f* (dell'alloggio): *to sport one's* ~ chiudere la porta ɔer non ricevere visite. **II** *a.* di quercia, quercino.
◦k apple *s.* ⟨*Bot*⟩ galla *f* di quercia.
◦ken ['oukən] *a.* **1** di quercia, quercino. **2** (*of the oak ꞇree*) della quercia.
◦k gall *s.* → **oak apple**.
◦aks [ouks] *s.pl.* (costr. sing.) ⟨*Sport*⟩ corsa *f* per puledre di tre anni.
◦kum ['oukəm] *s.* stoppa *f* per calafataggio. ⬚ *to pick* ~ ꞇare stoppa.
◦kwood ['oukwud] *s.* **1** quercia *f*, legno *m* di quercia. **2** (*forest*) querceto *m*, bosco *m* di querce.
◦r [ɔː] **I** *s.* **1** ⟨*Mar*⟩ remo *m.* **2** ⟨*Sport*⟩ (*oarsman*) ꞇematore *m*, vogatore *m*: *he is a good* ~ è un buon ꞇematore. **II** *v.i.* remare, vogare. ⬚ ⟨*fam*⟩ *to be* **chained** ꞇo the ~ tirare la carretta, lavorare come un negro; ⟨*Mar,Sport*⟩ *lay* (o *lie*) *on your* ~*s!* leva remi!; ~*s out!* ꞇrma remi!; ⟨*fig*⟩ *to pull a lone* ~ battersi da solo; ⟨*fam*⟩ ɔ *put* (o *shove, stick*) *in one's* ~ intromettersi, ꞇmmischiarsi, metterci lo zampino; *to put out the* ~*s* ꞇrmare i remi; *to rest* (o *lie*) *on one's* ~*s:* **1** ⟨*Sport,Mar*⟩ ꞇevare i remi; **2** ⟨*fig*⟩ (*to relax*) rilassarsi, concedersi un ɔo' di respiro (o riposo); **3** ⟨*fig*⟩ (*to rest on one's laurels*) ꞇiposare (o dormire) sugli allori; *to ship* ~*s* armare i remi; ꞇ *toss* ~*s* alzare i remi.
◦rage ['ɔːridʒ] *s.* ⟨*rar*⟩ **1** il remare, il vogare, remata *f.* **2** (*rowing equipment*) remeggio *m*, palamento *m.*
◦r blade *s.* pala *f* del remo.
◦red [ɔːd] *a.* **1** a remi: ~ *boat* barca a remi. **2** (*nei composti*) a ... remi: *a four-*~ *boat* una barca a quattro ꞇemi.
◦rless ['ɔːlis] *a.* senza (o privo di) remi.
◦rlock ['ɔːlɔk] *s.* ⟨*Mar*⟩ scalmiera *f*, scalmo *m.*
◦rs [ɔːz] *intz.* ⟨*Mar,Sport*⟩ leva remi, fila remi.

oarsman ['ɔːzmən] *s.irr.* rematore *m*, vogatore *m*, voga *f.*
oarsmanship [–ʃip] *s.* abilità *f* di vogatore.
oarswoman ['ɔːzwumən] *s.irr.* rematrice *f*, vogatrice *f.*
oary ['ɔːri] *a.* ⟨*rar*⟩ **1** simile a un remo. **2** (*having oars*) a remi.
OAS = *Organization of American States* Organizzazione degli Stati americani (*abbr.* OSA).
O.A.S. = ⟨*Mil*⟩ *on active service* in servizio permanente effettivo.
oasis [o(u)'eisis] *s.* (*pl.* **-ses** [siːz]) oasi *f* (*anche fig.*).
oast [oust] *s.* ⟨*tecn*⟩ forno *m* per l'essiccazione del luppolo.
oasthouse ['ousthaus] *s.* **1** essiccatoio *m* per il luppolo. **2** → **oast**.
oat [out] *s.* **1** ⟨*Bot*⟩ avena *f.* **2** *pl.* (*as food*) avena *f.* **3** ⟨*lett*⟩ (*pipe*) zampogna *f*, ⟨*lett*⟩ avena *f.* ⬚ ⟨*fam*⟩ *to feel one's* ~*s:* **1** essere in forma; **2** ⟨*am*⟩ darsi delle arie.
oatcake ['outkeik] *s.* ⟨*Gastr*⟩ focaccia *f* di farina d'avena.
oaten ['outən] *a.* **1** (*made of oats*) d'avena; (*made of oatmeal*) di farina d'avena. **2** (*made of oat straw*) fatto di paglia d'avena.
oath [ouθ] *s.* (*pl.* **oaths** [ouðz]) **1** giuramento *m: the witness took the* ~ il testimone prestò giuramento. **2** (*profane expression*) bestemmia *f*, imprecazione *f.* ⬚ *to bind s.o. by* ~ vincolare qd. con giuramento; *to break one's* ~ violare il giuramento; *to make* (o *swear*) *an* ~ fare giuramento, giurare; *to take an* ~ *of s.o.* obbligare qd. con un giuramento; ⟨*fam*⟩ *I'll take my* ~ *on it* ci giurerei, ci metterei la mano sul fuoco; ⟨*Dir*⟩ *to be under* ~ essere sotto (il vincolo del) giuramento; ⟨*esclam,poet*⟩ *upon my* ~ parola mia.
oatmeal ['outmiːl] *s.* **1** farina *f* d'avena. **2** (*porridge*) farinata *f* d'avena.
obbligato *it.* [ˌɔbli'gɑːtou] **I** *a.* ⟨*Mus*⟩ obbligato. **II** *s.* (*pl.* **-s** [z]) **1** accompagnamento *m* obbligato. **2** (*motif*) motivo *m* di fondo persistente.
obduracy ['ɔbdjurəsi] *s.* **1** durezza *f*, insensibilità *f.* **2** (*stubbornness*) ostinazione *f*, caparbietà *f.* **obdurate** [–rit] *a.* **1** duro, insensibile. **2** (*stubborn*) ostinato, caparbio; (*impenitent*) incallito, inveterato, impenitente: *an* ~ *sinner* un peccatore incallito.
obedience [ə'biːdiəns] *s.* **1** ubbidienza *f*, obbedienza *f.* **2** (*sphere of jurisdiction*) sfera *f* di giurisdizione. ⬚ *to command* ~ saper farsi ubbidire; *to compel* ~ *from s.o.* costringere qd. all'ubbidienza; *in* ~ *to* secondo, in osservanza (o conformità) a, attenendosi a: *to act in* ~ *to orders* agire secondo gli ordini; ⟨*epist*⟩ *in* ~ *to your wishes* conformemente ai vostri desideri. **obedient** [–diənt] *a.* **1** ubbidiente, obbediente, docile (*to* a): *an* ~ *child* un bambino ubbidiente. **2** (*subservient*) soggetto, sottomesso. ⬚ ⟨*epist,ant*⟩ *your* ~ *servant* Suo (o Vostro) devotissimo.
obeisance [o(u)'beisəns] *s.* **1** inchino *m*, riverenza *f.* **2** ⟨*fig*⟩ deferenza *f*, riverenza *f.* ⬚ *to make one's* ~*s to s.o.* fare l'inchino a qd.; ⟨*fig*⟩ *to pay* (o *do*) ~ *to s.o.* rendere omaggio a qd., inchinarsi a qd. **obeisant** [–sənt] *a.*

deferente, riverente.

obelisk ['ɔbilisk] *s.* **1** obelisco *m.* **2** ⟨*Filol*⟩ (*obelus*) obelo *m,* obelisco *m.* **3** ⟨*Tip*⟩ croce *f* (mortuaria). **obelize** [-laiz] *v.t.* ⟨*Tip*⟩ segnare con una croce (mortuaria). **obelus** [-ləs] *s.* (*pl.* -li [lai]) ⟨*Filol*⟩ obelo *m,* obelisco *m.*

obese [o(u)'bi:s] *a.* ⟨*Med*⟩ obeso. **obesity** [-iti] *s.* obesità *f.*

obey [o(u)'bei] **I** *v.t.* **1** ubbidire a, obbedire a: *to ~ one's parents* ubbidire ai genitori. **2** (*to act in accordance with*) seguire, osservare, rispettare, attenersi a: *to ~ the dictates of conscience* seguire i dettami della coscienza. **3** (*of things: to respond to*) ubbidire a, rispondere a: *the ship -ed the helm* la nave ubbidì al timone. **II** *v.i.* ubbidire, obbedire.

obfuscate ['ɔbfəskeit] *v.t.* **1** confondere, sconcertare, disorientare; (*of the mind, etc.*) offuscare, annebbiare. **2** (*to make obscure*) oscurare, rendere oscuro (*o* confuso). **3** (*to darken*) offuscare, oscurare, ottenebrare. **,obfuscation** [-'keiʃən] *s.* **1** confusione *f,* disorientamento *m,* annebbiamento *m.* **2** (*obscurity*) oscurità *f.*

obit ['ɔbit, 'oubit] *s.* ⟨*fam*⟩ (*obituary*) necrologio *m.*

obituarist [ə'bitjuərist] *s.* necrologista *m/f.* **obituary** [-ri] **I** *s.* **1** ⟨*Giorn*⟩ necrologio *m.* **2** (*record of a death*) annuncio *m* mortuario. **II** *a.* necrologico. □ *~ notice* necrologio *m.*

object I *s.* ['ɔbdʒikt] **1** oggetto *m,* cosa *f: a strange-looking ~* un oggetto dall'aspetto strano. **2** (*person or thing arousing feelings*) oggetto *m: he was an ~ of pity to all* era oggetto di pietà per tutti. **3** (*end, aim*) obiettivo *m,* fine *m,* scopo *m,* intento *m: what is the ~ of this?* qual è lo scopo di ciò? **4** ⟨*fam*⟩ (*ridiculous-looking person or thing*) persona *f* (*o* cosa) ridicola, ⟨*fam*⟩ orrore *m.* **5** ⟨*Gramm*⟩ oggetto *m,* complemento *m.* **6** ⟨*Filos,Psic*⟩ oggetto *m.* **II** *v.i.* [əb'dʒekt] **1** opporsi (*to* a), avere da obiettare (*o* eccepire) (circa, su). **2** (*to be averse to*) essere contrario (a), non garbare, non andare a genio (qc.): *I ~ to bad language* sono contrario al parlare sboccato. **3** ⟨*Dir*⟩ opporsi, sollevare un'eccezione (perentoria). **III** *v.t.* obiettare, osservare. □ *to defeat one's* (*own*) *~* frustrare i propri (stessi) intenti, darsi la zappa sui piedi; *to fail in one's ~* fallire l'obiettivo, non raggiungere lo scopo; *if you do not ~* se non hai niente in contrario, se non ti dispiace; *to make it one's ~ to do s.th.* prefiggersi lo scopo di fare qc.; *money is no ~* (*in job advertisements*) miti pretese; *when he goes on holiday expense is no ~* quando va in vacanza non bada a spese; *there is no ~ in wasting our money* non ha senso sprecare così il nostro denaro; *with the* **sole** *~ of* al solo scopo di, col solo intento di; *to* **succeed** *in one's ~* riuscire nel proprio intento; *do you ~* **to** *my opening the window?* hai qualcosa in contrario se apro la finestra?; *with this ~* a questo scopo, con questo fine; *to do s.th. with the ~ of* fare qc. 'allo scopo¬ (*o* con l'intento) di.

object| ball ['ɔbdʒikt] *s.* (*in billiards*) palla *f* da colpire. *~* **finder** *s.* ⟨*tecn*⟩ vite *f* micrometrica. *~* **glass** *s.* ⟨*Ott*⟩ obiettivo *m.*

objectification [əb,dʒektifi'keiʃən] *s.* oggettivazione *f* (*anche Filos.*). **ob'jectify** [-fai] *v.t.* oggettivare (*anche Filos.*).

objection [əb'dʒekʃən] **I** *s.* **1** obiezione *f,* eccezione *f,* opposizione *f.* **2** (*cause for objecting*) inconveniente *m,* lato *m* (*o* aspetto) negativo, svantaggio *m.* **3** (*aversion*) avversione *f,* antipatia *f.* **4** ⟨*Dir*⟩ obiezione *f,* eccezione *f* (processuale). **II** *intz.* ⟨*Dir*⟩ mi oppongo, opposizione. □ *if you have no ~* se non hai niente 'in contrario¬ (*o* da ridire); ⟨*Dir*⟩ *~ overruled* eccezione respinta; *to raise an ~* muovere (*o* fare) un'obiezione; *to take ~ to s.th.* avere da obiettare su qc.

objectionable [əb'dʒekʃənəbl] *a.* **1** che si può obiettare. **2** (*offensive to good taste, etc.*) (di gusto) discutibile, di dubbio gusto. **3** (*unpleasant*) antipatico, sgradevole, spiacevole.

objective [əb'dʒektiv] **I** *s.* **1** obiettivo *m,* fine *m,* scopo *m,* intento *m.* **2** ⟨*Mil,Ott,Fot*⟩ obiettivo *m.* **3** ⟨*Gramm*⟩ caso *m* oggettivo. **4** ⟨*Filos*⟩ oggetto *m.* **II** *a.* **1** obiettivo, oggettivo: *~ criticism* critica obiettiva. **2** ⟨*Gramm,Filos*⟩

oggettivo. objectiveness [-nis] *s.* → **objectivity.**

objectivism [ɔb'dʒektivizəm] *s.* ⟨*Filos,Art,Let*⟩ oggettivismo *m,* obiettivismo *m.* **objectivist** [-vist] oggettivista *m/f.* **,objec'tivity** [-viti] *s.* obiettività *f,* imparzialità *f,* oggettività *f.*

object lens *s.* → **object glass.**

objectless ['ɔbdʒiktlis] *a.* **1** (*aimless*) senza scopo, vuoto, inutile. **2** (*having no object*) senza oggetto.

object lesson ['ɔbdʒikt] *s.* **1** dimostrazione *f* pratic, esempio *m* pratico. **2** ⟨*Ped*⟩ (*lesson using a materi, object*) lezione *f* pratica.

objector [əb'dʒektə] *s.* obiettore *m* (*f* -trice).

object| plate ['ɔbdʒikt] *s.* ⟨*tecn*⟩ tavolino *m* (*o* piatt, portaoggetti. *~* **slide** *s.* ⟨*tecn*⟩ vetrino *m* portaoggetti. **staff** *s.* ⟨*Topogr*⟩ stadia *f.*

objurgate ['ɔbdʒə:geit] *v.t.* ⟨*Lett*⟩ richiamare (*o* riprender, aspramente, censurare. **,objurgation** [-'geiʃən] *s.* asp richiamo *m,* duro rimprovero *m.* **objurgator** [-'dʒə:gətəri] *a.* duramente critico, di aspro biasimo.

oblate[1] ['ɔbleit] *a.* ⟨*Geom*⟩ schiacciato ai poli.

oblate[2] ['ɔbleit] *s.* ⟨*Rel.catt*⟩ oblato *m* (*f* -a).

oblation [o(u)b'leiʃən] *s.* ⟨*Rel*⟩ oblazione *f,* offerta. **oblational** [-əl], **oblatory** ['ɔblətəri] *a.* oblatorio.

obligate I *v.t.* ['ɔbligeit] obbligare, vincolare. **II** ['ɔbligit] ⟨*Biol*⟩ obbligato.

obligation [,ɔbli'geiʃən] *s.* **1** obbligo *m,* vincolo obbligazione *f.* **2** (*commitment*) obbligo *m,* impegno dovere *m: to meet one's -s* far fronte ai propri impegni (*indebtedness*) obbligo *m,* debito *m* di riconoscenza. ⟨*Dir,Econ*⟩ obbligazione *f,* impegno *m.* □ *to be under ~ to s.o.* avere degli obblighi verso qd.; *to be under an to do s.th.* avere il dovere di fare qc., essere tenuto a fa qc.; *to fail to meet one's -s* non tener fede ai pro impegni; *~ to notify* obbligo *m* di denuncia; *to repay an ricambiare un favore.

obligatoriness [ɔ'bligətərinis] *s.* obbligatorietà **obligatory** [-ri] *a.* **1** obbligatorio, d'obbligo: *voting is ~* votare è obbligatorio; (*incumbent*) obbligatorio (*on, up, per). **2** (*binding*) vincolante (per).

oblige [ə'blaidʒ] **I** *v.t.* **1** obbligare, fare obbligo a. **2** (*compel*) costringere, obbligare: *I was -d to ask for help* costretto a chiedere aiuto. **3** (*to put under a debt gratitude*) obbligare, far sentire in debito, rende, debitore: *your kindness -s me* la tua cortesia mi obbli, (*to do a favour to*) fare un favore (*o* una cortesia) a: *to a friend* fare un favore a un amico. **4** ⟨*Dir,rifl*⟩ esporsi, rigori della legge. **II** *v.i.* **1** essere servizievole compiacente). **2** (*to do the favour of performing*) presta, gentilmente a eseguire (*with s.th.* qc.): *he -d with a pie, on the piano* si prestò gentilmente a suonare un pezzo pianoforte. □ *to ~ s.o. with s.th.* fare il piacere di (*fare, prestare*) qc. a qd.; ⟨*Comm,epist*⟩ *a prompt reply will ~* saremo grati di una vostra sollecita risposta. **obliged** [-, *a.* **1** obbligato, grato, riconoscente. **2** (*compelle, obbligato, costretto: *to be ~ to do s.th.* essere costretto, fare qc. □ ⟨*fam*⟩ *much -d, I'm sure!* obbligatissimo!

obligee [,ɔbli'dʒi:] *s.* **1** debitore *m* (*f* -trice). **2** ⟨, creditore *m* (*f* -trice).

obliger [ə'blaidʒə] *s.* chi obbliga, chi costringe.

obliging [ə'blaidʒiŋ] *a.* servizievole, cortese, gent, compiacente, condiscendente. **obligingness** [-nis] *s.* compiacenza *f,* cortesia *f.*

obligor [,ɔbli'gɔ:] *s.* ⟨*Dir*⟩ obbligato *m* (*f* -a).

oblique [ə'bli:k] **I** *a.* **1** obliquo; (*inclined*) obliq, inclinato, sghembo. **2** ⟨*fig*⟩ (*not straightforward*) indiret, *~ accusation* accuse indirette; (*underhand*) subdolo, slea, **3** ⟨*Gramm,Anat,Geom*⟩ obliquo. **II** *s.* cosa *f* obliqua., *v.i.* ⟨*Mil*⟩ avanzare in senso obliquo.

oblique| angle *s.* ⟨*Geom*⟩ angolo *m* obliquo. *~* **angl, *a.* ⟨*Geom*⟩ obliquangolo. *~* **case** *s.* ⟨*Gramm*⟩ caso obliquo. *~* **drawing** *s.* disegno *m* in proiezi, sghemba.

obliquely [ə'bli:kli] *avv.* **1** obliquamente, in senso obliq, di sbieco. **2** ⟨*fig*⟩ indirettamente. **obliqueness** [-knis, **1** obliquità *f.* **2** ⟨*fig*⟩ tortuosità *f,* ambiguità *f.*

oblique speech *s.* ⟨*Gramm*⟩ discorso *m* indiretto.

obliquity [ə'blikwiti] *s.* **1** obliquità *f.* **2** ⟨*fig*⟩ aberrazi, *f,* perversione *f.*

bliterate [ə'blitəreit] *v.t.* **1** distruggere, annientare, annullare, cancellare: *to ~ s.th. from one's memory* cancellare qc. dalla propria memoria. **2** (*to make undecipherable*) cancellare, rendere illeggibile (*o* indecifrabile). **obliteration** [–'reiʃən] *s.* **1** cancellazione *f,* distruzione *f,* annientamento *m.* **2** (*cancelling*) obliterazione *f.* **3** ⟨*Post*⟩ annullo *m.*

blivion [ə'bliviən] *s.* oblio *m,* dimenticanza *f: to fall* (*o sink*) *into ~* cadere nell'oblio.

blivious [ə'bliviəs] *a.* **1** (*forgetful*) immemore, dimentico (*of* di). **2** (*unaware*) ignaro, inconsapevole (*to, of* di): *~ to danger* ignaro del pericolo. **obliviousness** [–nis] *s.* oblio *m,* dimenticanza *f.*

blong ['ɔblɔŋ] **I** *a.* ⟨*Geom*⟩ oblungo. **II** *s.* figura *f* oblunga.

bloquy ['ɔbləkwi] *s.* **1** onta *f,* vergogna *f,* infamia *f.* **2** (*censure*) calunnia *f;* (*abuse*) insulto *m,* ingiuria *f: to heap ~ on s.o.* coprire qd. d'insulti.

bmutescence [ˌɔbmju'tesns] *s.* ⟨*ant*⟩ l'essere taciturno (*o* silenzioso). **obmutescent** [–nt] *a.* taciturno, silenzioso.

bnoxious [əb'nɔkʃəs] *a.* **1** (*offensive*) odioso, detestabile, sgradevole, antipatico; (*annoying by being a show–off, etc.*) impertinente, petulante, pestifero. **2** (*reprehensible*) biasimevole, riprovevole. **3** (*liable*) soggetto, esposto (*to* a). **obnoxiousness** [–nis] *s.* odiosità *f.*

boe ['oubou] *s.* ⟨*Mus*⟩ **1** oboe *m.* **2** (*in an organ*) registro *m* dell'oboe. **oboist** [–ist] *s.* oboista *m/f,* oboe *m.*

bol ['ɔbəl] **obolus** [–əs] *s.* (*pl.* -li [lai]) ⟨*Stor.gr*⟩ obolo *m.*

bs. = **1** *observation* osservazione. **2** *observatory* osservatorio. **3** *obsolete* antiquato.

bscene [ɔb'si:n] *a.* **1** osceno, sconcio, impudico, licenzioso. **2** (*repulsive*) ripugnante, repellente. **obscenity** [–'seniti] *s.* **1** oscenità *f,* sconcezza *f,* impudicizia *f.* **2** *pl.* (*obscene language*) oscenità *fpl,* sconcezze *fpl.*

bscurant [ɔb'skjuərənt] *s.* oscurantista *m/f.* **obscurantism** [–izəm] *s.* oscurantismo *m.* **obscurantist** [–ist] **I** *s.* oscurantista *m/f.* **II** *a.* oscurantistico.

bscuration [ˌɔbskjuə'reiʃən] *s.* **1** (*act of obscuring*) oscuramento *m.* **2** (*state of being obscure*) oscurità *f.*

bscure [əb'skjuə] **I** *a.* **1** oscuro, incomprensibile: *an ~ passage* un passo oscuro; (*ambiguous*) ambiguo, equivoco. **2** (*not well–known*) oscuro, sconosciuto, ignoto: *an ~ French novelist* un oscuro romanziere francese; (*humble*) oscuro, umile; (*insignificant*) inglorioso, oscuro: *~ death* morte ingloriosa. **3** (*indistinct*) indistinto, confuso, vago: *an ~ figure* una figura indistinta. **4** (*dark, gloomy*) oscuro, scuro, cupo, tenebroso. **II** *v.t.* **1** rendere oscuro (*o* poco chiaro), oscurare. **2** (*to hide from view*) nascondere. **3** (*to darken*) oscurare, offuscare. **4** ⟨*fig*⟩ oscurare, eclissare, mettere in ombra: *to ~ s.o.'s glory* oscurare la gloria di qd. **obscureness** [–nis] *s.* oscurità *f* (*anche fig.*). **obscurity** [–'skjuəriti] *s.* **1** oscurità *f,* incomprensibilità *f.* **2** (*inconspicuousness*) oscurità *f,* ombra *f: to live in ~* vivere nell'oscurità.

bsecration [ˌɔbsi'kreiʃən] *s.* supplica *f,* implorazione *f.*

bsequies ['ɔbsikwiz] *s.pl.* esequie *fpl.*

bsequious [əb'si:kwiəs] *a.* servile, strisciante, adulatore, (*eccessivamente*) ossequioso: *~ courtiers* cortigiani servili. **obsequiousness** [–nis] *s.* atteggiamento *m* servile, servilismo *m.*

bservable [əb'zə:vəbl] *a.* **1** osservabile, visibile, distinguibile. **2** (*requiring observance*) da osservare; (*of a holiday*) da rispettare, da osservare. **3** (*noteworthy*) degno di nota (*o* considerazione), notevole, considerevole. **observably** [–i] *avv.* visibilmente.

bservance [əb'zə:vəns] *s.* **1** osservanza *f,* rispetto *m: the ~ of a custom* il rispetto di un'usanza; (*compliance*) osservanza *f,* adempimento *m: ~ of the law* osservanza della legge. **2** (*performance of a ceremony, etc.*) celebrazione *f;* (*ceremony, rite*) cerimonia *f,* rito *m: religious –s* cerimonie religiose. **3** (*rule, practice to be observed*) regola *f* (*o* norma) da osservare. **4** (*act of observing*) osservazione *f.* **observant** [–vənt] *a.* **1** dotato di spirito d'osservazione, pronto, sveglio; (*attentive*) attento. **2** (*careful in observing*) osservante, rispettoso (*of*

di): *to be ~ of the laws* essere osservante delle leggi. **Observant** *s.* ⟨*Rel.catt*⟩ osservante *m,* minore *m* osservante.

observation [ˌɔbzə'veiʃən] **I** *s.* **1** (*act*) osservazione *f;* (*power*) spirito *m* d'osservazione. **2** (*for scientific purposes*) osservazione *f: ~ of bird life* l'osservazione della vita degli uccelli; (*result*) dato *m: temperature –s* dati della temperatura. **3** (*examining, studying*) osservazione *f,* esame *m,* indagine *f* (*anche Med.*): *to be kept under ~* essere tenuto in osservazione. **4** (*remark*) osservazione *f,* commento *m.* **5** (*observance*) osservanza *f,* adempimento *m.* **6** ⟨*Mar*⟩ punto *m* (nave): *to take an ~* fare il punto. **II** *a.* di (*o* relativo all') osservazione. □ *to avoid ~* sfuggire alla vista; *to escape ~* passare inosservato; *to come under ~* cadere sotto gli occhi; *to keep under ~:* **1** ⟨*Med*⟩ tenere in osservazione; **2** (*to watch*) tenere d'occhio, sorvegliare.

observational [ˌɔbzə'veiʃənl] *a.* d'osservazione.

observation| baloon *s.* ⟨*Aer*⟩ pallone *m* osservatorio. **~ car** *am. s.* ⟨*Ferr*⟩ carrozza *f* belvedere. **~ post** *s.* ⟨*Mil*⟩ osservatorio *m.* **~ satellite** *s.* ⟨*Astron*⟩ satellite *m* di osservazione. **~ train** *am. s.* ⟨*Ferr*⟩ treno *m* con carrozze panoramiche per seguire le gare nautiche. **~ ward** *s.* ⟨*Med*⟩ reparto *m* osservazione.

observatory [əb'zə:vətri] *s.* osservatorio *m.*

observe [əb'zə:v] **I** *v.t.* **1** osservare, guardare con attenzione; (*to examine*) osservare, esaminare. **2** (*to comment, remark*) osservare, notare, rilevare. **3** (*to celebrate*) celebrare, festeggiare, commemorare; (*of a ceremony*) celebrare. **4** (*to obey, comply with*) rispettare, seguire, osservare: *to ~ the law* rispettare la legge. **II** *v.i.* **1** essere (*o* stare) attento. **2** (*to act as an observer*) stare a osservare, essere in osservazione. **3** (*to comment, remark*) fare commenti (*o* osservazioni), esprimere un giudizio (*on, upon* su).

observer [əb'zə:və] *s.* **1** osservatore *m* (*f* –trice). **2** (*onlooker*) osservatore *m* (*f* –trice), spettatore *m* (*f* –trice). **3** (*one that complies with a custom, etc.*) persona *f* osservante. **observing** [–viŋ] *a.* osservatore.

obsess [əb'ses] *v.t.* ossessionare, tormentare, perseguitare. **obsession** [–'seʃən] *s.* ossessione *f,* fissazione *f,* chiodo *m* fisso. **obsessional** [–'seʃnl] *a.* ossessivo. **obsessive** [–iv] *a.* **1** ossessivo. **2** (*causing obsession*) ossessivo, ossessionante.

obsolescence [ˌɔbsə'lesns] *s.* obsolescenza *f.* **obsolescent** [–nt] *a.* **1** che sta cadendo in disuso. **2** (*becoming out–dated*) che sta diventando antiquato (*o* sorpassato). **3** ⟨*Biol*⟩ rudimentale, obsoleto.

obsolete ['ɔbsəli:t] *a.* **1** disusato, caduto in disuso, antiquato: *an ~ word* un vocabolo disusato. **2** (*out–of–date*) antiquato, sorpassato, vecchio. **3** ⟨*Biol*⟩ rudimentale, obsoleto. **obsoletely** [–li] *avv.* in modo antiquato. **obsoleteness** [–nis] *s.* l'essere antiquato. **obsoletism** [–izəm] *s.* **1** → **obsoleteness.** **2** (*s.th. obsolete*) cosa *f* antiquata; (*obsolete word*) parola *f* antiquata, arcaismo *m.*

obstacle ['ɔbstəkl] *s.* ostacolo *m,* impedimento *m,* intralcio *m.* □ *to put –s in s.o.'s way* mettere i bastoni fra le ruote a qd.

obstacle race *s.* ⟨*Sport*⟩ corsa *f* a ostacoli.

obstetric [ɔb'stetrik], **obstetrical** [–əl] *a.* ostetrico. **obstetrician** [ˌɔbste'triʃən] *s.* ostetrico *m.* **obstetrics** [–ks] *s.pl.* (costr. sing.) ostetricia *f.*

obstinacy ['ɔbstinəsi] *s.* ostinazione *f,* caparbietà *f,* testardaggine *f.* **obstinate** [–nit] *a.* **1** ostinato, caparbio, testardo, cocciuto. **2** ⟨*Med*⟩ ostinato, ribelle. **obstinateness** [–nitnis] *s.* ostinazione *f.*

obstreperous [əb'strepərəs] *a.* **1** turbolento, ribelle, indisciplinato. **2** (*noisy*) chiassoso, rumoroso. **obstreperousness** [–nis] *s.* **1** turbolenza *f,* indisciplinatezza *f.* **2** (*noisiness*) chiassosità *f.*

obstruct [əb'strʌkt] *v.t.* **1** bloccare, ostruire, intasare, occludere: *to ~ the traffic* bloccare il traffico. **2** (*to hinder*) ostacolare, impedire, intralciare; (*of a person*) ostacolare. **3** (*to cut off from sight*) coprire, nascondere alla vista.

obstruction [əb'strʌkʃən] *s.* **1** ostruzione *f,* blocco *m,*

intasamento *m*, occlusione *f.* 2 (*hindrance*) ostacolo *m*, impedimento *m*, intralcio *m*. 3 (*Parl,Sport*) ostruzionismo *m*. **obstructionism** [-izəm] *s.* (*Parl*) ostruzionismo *m*.
obstructionist [-ist] **I** *s.* ostruzionista *m/f* (*anche Pol.*). **II** *a.* ostruzionistico, ostruzionista.
obstructive [əb'strʌktiv] **I** *a.* che ostacola (*o* intralcia), che è d'intralcio, ostruttivo. **II** *s.* 1 (*thing*) ostacolo *m*, intralcio *m*, impedimento *m*; (*person*) persona *f* che ostacola (*o* intralcia). 2 (*Pol*) ostruzionista *m/f*. **obstructor** [-tə] *s.* 1 persona *f* che ostacola (*o* intralcia). 2 (*opponent of progress*) oscurantista *m/f*, retrivo *m*.
obstruent ['ɔbstruənt] **I** *a.* 1 (*Med*) ostruente. 2 (*Fon*) occlusivo. **II** *s.* (*Fon*) consonante *f* occlusiva, occlusiva *f.*
obtain [əb'tein] **I** *v.t.* 1 ottenere, conseguire, raggiungere: *to ~ information* ottenere informazioni. 2 (*to bring into being*) valere, procurare: *the speech –ed him a reputation for extremism* il discorso gli valse la fama di estremista. **II** *v.i.* 1 (*of a custom, etc.*) essere praticato, essere in uso (*o* voga). 2 (*to happen*) avvenire, succedere. **obtainable** [-əbl] *a.* 1 ottenibile, conseguibile, raggiungibile. 2 (*available*) disponibile (*anche Econ.*). **obtainment** [-mənt] *s.* (*rar*) ottenimento *m*, conseguimento *m*, raggiungimento *m*.
obtected [ɔb'tektid] *a.* (*Entom*) coperto da un involucro chitinoso.
obtrude [əb'truːd] **I** *v.t.* 1 imporre: *to ~ one's opinions on others* imporre le proprie opinioni agli altri. 2 (*concr*) (*to thrust out*) spingere (*in*) fuori, mettere fuori, sporgere, protendere. **II** *v.i.* imporsi. **obtruder** [-ə] *s.* persona *f* invadente. **obtrusion** [-'truːʒən] *s.* 1 intrusione *f.* 2 (*s.th. obtruded*) imposizione *f.* **obtrusive** [-'truːsiv] *a.* 1 invadente, importuno. 2 (*concr*) (*protruding*) sporgente, proteso.
obtund [ɔb'tʌnd] *v.t.* 1 ottundere, rendere ottuso, intorpidire. 2 (*Med*) (*of pain*) calmare, sedare. **obtundent** [-ənt] **I** *a.* (*Farm*) calmante, sedativo, lenitivo. **II** *s.* calmante *m*, sedativo *m*, lenitivo *m*.
obturate ['ɔbtjuəreit] *v.t.* otturare, chiudere, occludere, ostruire. **obturation** [-'reiʃən] *s.* otturazione *f*, occlusione *f.* **obturator** [-ə] *s.* 1 otturatore *m* (*anche Artigl.*). 2 (*Anat*) muscolo *m* otturatore.
obtuse [əb'tjuːs] *a.* 1 (*of people*) ottuso, tardo, lento. 2 (*Geom,Bot*) ottuso. 3 (*blunt*) smussato, arrotondato. 4 (*of pain*) sordo.
obtuse| angle *s.* (*Geom*) angolo *m* ottuso. **'~-'angled** *a.* ottusangolo.
obtuseness [əb'tjuːsnis], **obtusity** [-siti] *s.* ottusità *f.*
obverse ['ɔbvəːs] **I** *s.* 1 (*of a coin, medal*) dritto *m*. 2 (*front surface*) dritto *m*, davanti *m*. 3 (*Filos*) proposizione *f* contraria. **II** *a.* 1 frontale, anteriore. 2 (*being a counterpart*) complementare.
obviate ['ɔbvieit] *v.t.* 1 prevenire, evitare. 2 (*of a difficulty, etc.*) risolvere.
obvious ['ɔbviəs] *a.* ovvio, evidente, chiaro, manifesto, lampante: *an ~ conclusion* una conclusione ovvia. 2 (*natural, clear*) logico, naturale, evidente: *the ~ thing to do* la cosa più logica da fare; (*self-evident*) ovvio, evidente, lapalissiano: *an ~ remark* un'osservazione ovvia. **obviously** [-li] *avv.* 1 ovviamente, evidentemente. 2 (*esclam*) (ma) certo, sicuro, ovvio. **obviousness** [-nis] *s.* ovvietà *f*, evidenza *f.*
OC = (*Med*) *oral contraceptive* contraccettivo orale.
oc., OC. = *ocean* oceano.
o.c. = *only child* figlio unico.
ocarina [ɔkə'riːnə] *s.* (*Mus*) ocarina *f.*
OCAS = *Organization of Central American States* Organizzazione degli stati dell'America centrale (*abbr.* ODECA).
occasion [ə'keiʒən] **I** *s.* 1 occasione *f*, circostanza *f*: *on the ~ of our last meeting* in occasione del nostro ultimo incontro. 2 (*suitable time*) occasione *f*, momento *m* (adatto, opportuno). 3 (*opportunity*) occasione *f*: *I have few –s to travel* ho poche occasioni di viaggiare. 4 (*event*) evento *m*, circostanza *f*, occasione *f*; (*special, important event*) avvenimento *m*. 5 (*cause, reason*) motivo *m*, ragione *f*, causa *f*; (*incidental, contributing cause*)

occasione *f*, causa *f* immediata (*o* prossima, occasional$ pretesto *m*, spunto *m*: *the border incident was the ~, m the cause, of the war* l'incidente di frontiera fu l'occasion non la causa, della guerra. 6 (*need*) bisogno *m*, necess$ *f: there is no ~ for worrying* non c'è bisogno preoccuparsi. **II** *v.t.* provocare, causare, dare occasione □ *if the ~ arises* (*if there is occasion*) all'occasio$ eventualmente, all'occorrenza; *for the ~* per l'occasione; *be the ~ for s.th.* essere occasione (*o* motivo) di qc.; *give ~ to s.th.* dare occasione (*o* luogo) a qc., provoca$ qc., causare qc.; *on great –s* nelle grandi occasioni, ne$ occasioni importanti; *to have ~ to:* 1 (*to have t opportunity*) avere occasione (*o* modo) di; 2 (*in negativ to have no reason*) non avere motivo di; *on the last* l'ultima volta; *on ~* occasionalmente, di quando quando, ogni tanto; *on one ~* in un'occasione, una vol$ *on the ~ of* in occasione di; *on rare –s* qualche rara vol$ raramente; *as ~ requires* all'occorrenza, al bisogno, caso; *to rise to the ~* essere all'altezza della situazione.
occasional [ə'keiʒənl] *a.* 1 sporadico, saltuari$ discontinuo: *~ labour* lavoro saltuario. 2 (*occurring at particular occasion*) d'occasione, di circostanza: *an poem* una poesia d'occasione; *~ visit* visita di circostan$ □ *I like an ~ glass of wine* di tanto in tanto mi pia$ bere un bicchiere di vino.
occasionalism [ə'keiʒənəlizəm] *s.* (*Filos*) occasionalisn *m.* **occasionalist** [-list] *s.* occasionalista *m/f.*
occasionally [ə'keiʒənəli] *avv.* di quando in quando, og$ tanto, occasionalmente.
occident ['ɔksidənt] *s.* occidente *m*, ovest *m*, ponente **Occident** *s.* (*Geog*) Occidente *m.* ,**Occidental** [-'dentl] *a.* (*Geog*) occidentale, dell'Occidente. **II** *s.* occident$ *m/f.* ,**Occidentalism** [-'dentəlizəm] *s.* occidentalismo ,**Occidentalist** [-'dentəlist] *s.* occidentalista *m* ,**Occidentalize** [-'dentəlaiz] *v.t.* occidentalizzare.
occipital [ɔk'sipitl] *a.* (*Anat*) occipitale. **occiput** ['ɔksip$ *s.* (*pl.* **-s** [s]/**occipita** [ək'sipitə]) occipite *m.*
occlude [ɔ'kluːd] **I** *v.t.* 1 occludere, ostruire, chiudere. (*Dent*) occludere. 3 (*Chim*) assorbire, occludere. **II** 1 (*Dent*) combaciare. 2 (*Meteor*) formare un fron occluso.
occluded front [ɔ'kluːdid] *s.* (*Meteor*) fronte *m* occlus$
occlusion [ə'kluːʒən] *s.* 1 occlusione *f*, ostruzione *f.* (*Ling*) occlusione *f.* 3 (*Meteor*) fronte *m* occluso. (*Dent*) occlusione *f* dentale. 5 (*Chim*) assorbimento occlusione *f.* 6 (*Med*) occlusione *f.*
occult [ɔ'kʌlt] **I** *a.* 1 occulto: *the ~ sciences* le scien$ occulte. 2 (*mysterious*) occulto, arcano, misterioso; (*secr occulto, segreto. 3 (*hidden*) nascosto (alla vista). **II** scienze *fpl* occulte. **III** *v.t.* 1 occultare, nascondere. (*Astr*) occultare. **IV** *v.i.* essere occultato, essere celato a$ vista. ,**occul'tation** [-eiʃən] *s.* (*Astr*) occultazione **occultism** [-izəm] *s.* occultismo *m.* **occultist** [-ist] occultista *m/f.* **occultness** [-nis] *s.* l'essere occulto. (*secrecy*) segretezza *f.*
occupancy ['ɔkjupənsi] *s.* 1 l'occupare, occupazione *f.* (*Dir*) presa *f* di possesso; (*of unowned proper occupazione *f.* **occupant** [-nt] *s.* 1 occupante *m abitante *m/f: the ~ of a house* gli occupanti di una ca 2 (*one who has use, possession of s.th.*) chi occu$ occupante *m/f: the ~ of a telephone box* chi occupa u cabina telefonica. 3 (*one who holds a post, an offi titolare *m/f.*
occupation [ɔkju'peiʃən] *s.* 1 professione *f*, occupazion$ lavoro *m*, impiego *m*. 2 (*activity in which one engag occupazione *f*, attività *f.* 3 (*of a position: ten permanenza *f* in carica. 4 (*occupancy, tenancy*) possess$ (d'immobile). 5 (*Mil,Pol*) occupazione *f: army of$ esercito d'occupazione. □ *by ~* di professi$ **occupational** [-l] *a.* professionale: *~ train addestramento professionale.
occupational| disease *s.* malattia *f* professionale. **hazard** *s.* rischio *m* professionale. **~ therapist** ergoterapeuta *m/f.* **~ therapy** *s.* (*Med*) terapi$ occupazionale, ergoterapia *f.* **~ union** *s.* sindacato d$ categoria.
occupation| bridge *s.* ponte *m* (*o* cavalcavia) privato.

troops *s.pl.* ⟨*Mil*⟩ truppe *fpl* d'occupazione.

ccupied ['ɔkjupaid] *a.* **1** occupato (*anche Mil.*). **2** (*busy*) occupato, impegnato (*with, in* con, a). □ *gainfully* ~ che ha un'occupazione redditizia. **occupier** [–paiə] *s.* **1** occupatore *m* (*f* –trice), occupante *m/f.* **2** ⟨*Dir*⟩ locatario *m* (*f* –a), affittuario *m* (*f* –a); (*owner*) proprietario *m* (*f* –a). **occupy** [–pai] *v.t.* **1** occupare (*anche Mil.,Pol.*). **2** (*of place: to fill up*) occupare, ingombrare, riempire: *the wardrobe occupies the whole corridor* l'armadio occupa tutto il corridoio; (*of time*) occupare. **3** ⟨*rifl*⟩ essere occupato (*o* intento): *I occupied myself with gardening* mi occupai del giardinaggio. **4** (*of a post, an office*) occupare, ⟨ri⟩coprire, tenere.

:cur [ə'kɔ:] *v.i.* (*pret., p.p.* -red [–d]) **1** succedere, avvenire, capitare, accadere. **2** (*to be found, appear*) presentarsi, trovarsi (in natura). **3** (*to come to mind*) venire (in mente), passare per la testa, saltare in mente (*to* a).

ccurence [ə'kʌrəns] *s.* evento *m*, avvenimento *m*, fatto *m*, caso *m*.

cean ['ouʃən] *s.* **1** oceano *m: the Atlantic Ocean* l'oceano Atlantico. **2** ⟨*fig*⟩ immensità *f*, oceano *m*, mare *m*. **3** *pl.* ⟨*fam*⟩ (*large amount*) (grande) quantità *f*, oceano *m*, ⟨*fam*⟩ sacco *m: –s of money* un sacco di soldi.

cean| current *s.* corrente *f* oceanica. **~ deep** *s.* fossa *f* oceanica. **'~-'going** *a.* ⟨*Mar*⟩ alturiero, d'altura, d'alto mare: ~ *ship* nave alturiera.

Oceania [,ouʃi'einjə] *N.pr.* ⟨*Geog*⟩ Oceania *f.* **Oceanian** [–n] **I** *a.* oceaniano, dell'Oceania. **II** *s.* oceaniano *m* (*f* –a).

ceanic [,o(u)ʃi'ænik] **I** *a.* **1** oceanico, dell'oceano: ~ *fish* pesci oceanici. **2** (*of climate*) oceanico. **3** ⟨*fig*⟩ immenso, oceanico. **II** *s.pl.* (costr. sing.) oceanografia *f.*

Oceanid [o(u)'si:ənid] *s.* (*pl.* **Oceanides** [,ousi'ænidi:z]) ⟨*Mitol*⟩ Oceanide *f*, Oceanina *f.*

cean| lane *s.* ⟨*Mar*⟩ rotta *f* oceanica. **~ liner** *s.* transatlantico *m.*

ceanographer [,ouʃiə'nɔgrəfə] *s.* oceanografo *m* (*f* –a). **oceanographic** [–no(u)'græfik], **oceanographical** [–no(u)'græfikəl] *a.* oceanografico. **oceanography** [–fi] *s.* oceanografia *f.*

ean sunfish *s.* ⟨*Itt*⟩ mola *f.*

Oceanus [ou'siənəs] *N.pr.* ⟨*Mitol*⟩ Oceano *m.*

cellate ['ɔsileit], **ocellated** [–id] *a.* **1** ⟨*Zool*⟩ ocellato. **2** (*eyelike*) simile a un occhio, oculiforme. **ocellus** [o(u)'seləs] *s.* (*pl.* **-li** [lai]) ⟨*Zool*⟩ ocello *m.*

:elot ['ousilɔt] *s.* ⟨*Zool*⟩ gattopardo *m* americano, ozelot *m.*

ch *scozz.* [ɔx] *intz.* **1** (*to express regret*) oh, ohi, ahimè. **2** (*to express surprise*) oh, ah.

cher, ocherous *am.* → **ochre, ochrous.**

chre ['oukə] *s.* **1** ⟨*Min*⟩ ocra *f.* **2** (*colour*) ocra *f*, color *m* ocra. **ochreous** [–kriəs] *a.* → **ochrous. ochrous** [–krəs] *a.* **1** ocraceo. **2** (*in colour*) ocraceo, color ocra.

'clock [ə'klɔk] *avv.* secondo l'orologio. □ *it is eleven* ~ sono le undici.

ct. = *octavo* in–ottavo (*abbr.* in–8).

ct. = *October* ottobre (*abbr.* ott.).

ctachord ['ɔktəkɔ:d] *s.* ⟨*Mus*⟩ **1** ottacordo *m.* **2** (*series of eight tones*) serie *f* di otto toni.

ctad ['ɔktæd] *s.* **1** ottetto *m*, gruppo *m* di otto unità. **2** ⟨*Chim*⟩ elemento *m* (*o* radicale) ottovalente.

ctagon ['ɔktəgən] *s.* ⟨*Geom*⟩ ottagono *m.* **octagonal** [–'tægənl] *a.* ottagonale.

ctahedral [,ɔktə'hi:drəl] *a.* ⟨*Geom,Min*⟩ ottaedrico. **octahedron** [–drən] *s.* (*pl.* **-s** [z]/**-dra** [drə]) ⟨*Geom*⟩ ottaedro.

ctal digit *s.* ⟨*Inform*⟩ cifra *f* ottale.

ctane ['ɔktein] *s.* ⟨*Chim*⟩ ottano *m.*

ctane| number, **~ rating** *s.* ⟨*Mot*⟩ numero *m* di ottano.

ctangular [ɔk'tæŋgjulə] *a.* ⟨*ant*⟩ ottangolare, ottagonale.

ctant ['ɔktənt] *s.* ⟨*Geom,Astr,Mar*⟩ ottante *m.*

ctave ['ɔktiv] *s.* **1** ⟨*Mus,Lit*⟩ ottava *f.* **2** (*group of eight*) ottetto *m.* **3** ⟨*Metr*⟩ (*stanza*) ottava *f*, ottava rima *f*; (*of a sonnet*) primi otto versi *mpl.*

ctave flute *s.* ⟨*Mus*⟩ ottavino *m*, flauto *m* piccolo.

ctavo [ɔk'teivou] **I** *s.* (*pl.* **-s** [z]) ⟨*Cart*⟩ **1** (*size*) formato *m* in ottavo. **2** (*page*) foglio *m* (*o* pagina *f*) in ottavo. **II** *a.* in ottavo.

octennial [ɔk'teniəl] *a.* **1** (*occurring every eight years*) che ha luogo ogni otto anni. **2** (*lasting eight years*) che dura otto anni.

octet(te) [ɔk'tet] *s.* **1** ⟨*Mus,Chim*⟩ ottetto *m.* **2** (*group of eight*) ottetto *m*, gruppo *m* di otto unità. **3** ⟨*Metr*⟩ (*of a sonnet*) primi otto versi *mpl.*

October [ɔk'toubə] *s.* ottobre *m.*

October Revolution *s.* ⟨*Stor*⟩ rivoluzione *f* d'ottobre.

Octobrist [ɔk'toubrist] *s.* ⟨*Stor*⟩ ottobrista *m.*

octodecimo [,ɔkto(u)'desimou] **I** *s.* (*pl.* **-s** [z]) ⟨*Cart*⟩ **1** formato *m* in diciottesimo. **2** (*page*) foglio *m* in diciottesimo. **II** *a.* in diciottesimo.

octogenarian [,ɔkto(u)dʒi'neəriən], **octogenary** [ɔk'tɔdʒinəri] **I** *a.* ottuagenario. **II** *s.* ottuagenario *m* (*f* –a).

octonary ['ɔktənəri] **I** *a.* **1** del numero otto. **2** (*consisting of eight*) costituito da otto (elementi, parti). **3** (*in sets of eight*) in serie di otto. **4** ⟨*Metr*⟩ ottonario. **II** *s.* ⟨*Metr*⟩ ottonario *m*, ottosillabo *m.*

octoroon [,ɔktə'ru:n] *s.* meticcio *m* (*f* –a) con un ottavo di sangue negro.

octosyllabic [,ɔkto(u)si'læbik] **I** *a.* ⟨*Metr*⟩ di otto sillabe, ottonario; (*of poetry*) in ottonari. **II** *s.* ottonario *m*, ottosillabo *m.* **octosyllable** [–ləbl] *s.* **1** parola *f* di otto sillabe. **2** ⟨*Metr*⟩ ottonario *m.*

octroi ['ɔktrɔi, ɔk'trwa] *s.* **1** dazio *m* di consumo. **2** (*place*) dazio *m.*

octuple ['ɔktjupl] **I** *a.* ottuplo. **II** *s.* ottuplo *m.* **III** *v.t.* ottuplicare.

ocular ['ɔkjulə] **I** *a.* **1** oculare. **2** (*visible*) visibile. **II** *s.* oculare *m.* **oculate** [–l(e)it] *a.* ⟨*Zool*⟩ ocellato.

oculist ['ɔkjulist] *s.* oculista *m/f*, oftalmologo *m* (*f* –a). **oculistic** [–ik] *a.* oculistico, oftalmico.

o/d = ⟨*Econ*⟩ *on demand* a vista (*abbr.* a/v).

odalisk, odalisque ['oudəlisk] *s.* odalisca *f.*

odd [ɔd] **I** *a.* **1** (*of a number*) dispari. **2** (*lacking its mate or mates*) scompagnato: *an* ~ *shoe* una scarpa scompagnata; (*of a pair: not matching*) spaiato, scompagno, scompagnato: *to wear* ~ *socks* portare calze spaiate. **3** (*left over*) (che è) in più, (che è) in soprannumero, che avanza. **4** (*after a number*) poco più, e rotti: *the audience numbered fifty* ~ il pubblico ammontava a poco più di cinquanta persone; *twelve pounds* ~ dodici sterline e rotti. **5** (*miscellaneous*) vario, misto, assortito: ~ *bits of information* informazioni varie. **6** (*occasional*) sporadico, saltuario; (*of work*) saltuario, occasionale; (*of a worker*) tuttofare. **7** (*unusual*) insolito, singolare: *an* ~ *choice* una scelta insolita; (*strange*) strano, originale, singolare, curioso: *an* ~ *idea* una strana idea; (*eccentric*) eccentrico, stravagante, bizzarro. **8** (*of places*) appartato, (che è) fuori mano, isolato. **II** *s.* ⟨*Sport*⟩ colpo *m* extra; (*stroke deducted*) colpo *m* detratto dal punteggio (di un giocatore in vantaggio). □ ~ *and even* pari e dispari; *how* ~*!* (ma che) strano!; ~ *man out:* 1 sistema *m* di scelta (*o* eliminazione) di qd. (tirando a sorte, ecc.); 2 ⟨*fig*⟩ estraneo *m*, persona *f* a parte.

'odd|-come-'short *s.* ⟨*rar*⟩ **1** indumento *m* smesso. **2** *pl.* (*odds and ends*) cianfrusaglie *fpl.* **3** → **odd-come-shortly.** **'~-come-'shortly** *s.* ⟨*rar*⟩ giorno *m* (qualunque): *one of these odd–come–shortlies* un giorno o l'altro. **~fellow** *s.* ⟨*Stor*⟩ membro *m* di una società segreta.

oddish ['ɔdiʃ] *a.* piuttosto strano (*o* bizzarro, stravagante).

oddity ['ɔditi] *s.* **1** singolarità *f*, particolarità *f*, stranezza *f*; (*bizarreness*) eccentricità *f*, stravaganza *f*, bizzarria *f.* **2** (*strange thing*) stranezza *f*, cosa *f* strana; (*eccentric person*) originale *m/f*, stravagante *m/f.*

odd| job *s.* **1** lavoro *m* occasionale. **2** (*household chore*) lavoretto *m.* **~-job man** [mæn] *s.* uomo *m* tuttofare. **~looking** *a.* dall'aspetto strano.

oddly ['ɔdli] *avv.* stranamente. □ ~ *enough* strano a dirsi, stranamente.

oddment ['ɔdmənt] *s.* **1** rimanenza *f.* **2** *pl.* (*odds and ends*) cianfrusaglie *fpl.* **3** *pl.* ⟨*Comm*⟩ rimanenze *fpl*, scampoli *mpl*, fondi *mpl* di magazzino.

oddness ['ɔdnis] *s.* stranezza *f,* originalità *f,* bizzarria *f.*
odds [ɔdz] *s.pl.* **1** (*in betting*) quotazione *f;* (*in horse betting*) quotazione *f,* quota *f: the ~ are six to one against this horse* la quotazione di questo cavallo è di sei a uno. **2** (*probability*) probabilità *fpl: the ~ are that they will draw* ci sono molte probabilità che pareggino. **3** (*balance of advantage, disadvantage*) circostanze *fpl* (favorevoli, sfavorevoli): *to win against heavy ~* vincere a dispetto delle circostanze avverse. **4** (*margin*) margine *m: to win an election by long ~* vincere un'elezione con un grosso margine. **5** ⟨*Sport*⟩ vantaggio *m,* abbuono *m;* (*handicap*) handicap *m.* **6** (*inequalities*) disuguaglianze *fpl,* differenze *fpl,* disparità *fpl.* ▢ *to set two people* at *~* mettere in contrasto due persone, mettere zizzania fra due persone; *to be at ~ with s.o. over s.th.* trovarsi in disaccordo con qd. su qc.; *~ and* ends: 1 avanzi *mpl* d'ogni genere, rimasugli *mpl* vari; 2 (*trifles*) cianfrusaglie *fpl; the ~ are in your* favour le probabilità sono a (*o* in) tuo favore, la bilancia pende dalla tua parte; *to* lay (o *give*) *~* scommettere; long *~* forti probabilità contrarie; *it* makes *no ~* non fa differenza, è la stessa cosa; *what ~ does it* make? che differenza fa?; over *the ~* di troppo, in più; *to* take *~* scommettere contro, accettare scommesse contro; what's *the ~? = what odds does it* make?
'odds-'on *a.* **1** dato per vincente, favorito. **2** (*of a chance, bet*) piuttosto certo (*o* sicuro). ▢ *the ~ favourite* il gran favorito.
ode [oud] *s.* ⟨*Lett*⟩ ode *f.*
odeum ['əu'di:əm] *s.* (*pl.* **odea** [əu'di:ə]/-s [z]) **1** auditorio *m.* **2** ⟨*Archeol*⟩ odeo(n) *m.*
Odin ['oudin] *N.pr.* ⟨*Mitol.nord*⟩ Odino *m.*
odious ['oudiəs] *a.* **1** odioso, detestabile. **2** (*disgusting*) disgustoso, ripugnante. **odiousness** [-nis] *s.* odiosità *f.*
odium ['oudiəm] *s.* **1** odio *m,* abominio *m,* avversione *f* profonda. **2** (*opprobrium*) ignominia *f,* infamia *f,* obbrobrio *m.* ▢ *to bring ~* (*up*)*on s.o.* coprire qd. d'infamia.
odometer [o(u)'dɔmitə] *s.* odometro *m;* (*in automobiles, etc.*) contachilometri *m.*
odontalgia [,oudɔn'tældʒiə] *s.* ⟨*Dent*⟩ odontalgia *f.* **odontalgic** [-dʒik] *a.* odontalgico.
odontological [ou,dɔntə'lɔdʒikəl] *a.* odontologico. **,odontologist** [-'tɔlədʒist] *s.* odontoiatra *m/f,* dentista *m/f.* **,odon'tology** [-lɔdʒi] *s.* odontologia *f,* odontoiatria *f.*
odor *am. s.* → **odour.**
odoriferous [,oudə'rifərəs] *a.* **1** odorifero. **2** (*sweet-smelling*) odoroso, profumato, fragrante.
odorous ['oudərəs] *a.* **1** che emana un odore. **2** (*sweet-smelling*) odoroso, profumato, fragrante. **odorousness** [-nis] *s.* l'essere odoroso.
odour ['oudə] *s.* **1** odore *m.* **2** (*sweet smell*) profumo *m,* fraganza *f,* buon odore *m.* **3** (*bad smell*) puzzo *m,* tanfo *m,* cattivo odore *m.* ▢ ⟨*fig*⟩ *to be in bad* (o *ill*) *~* avere una cattiva reputazione, godere di dubbia fama; *to be in* (*the*) *~ of sanctity* essere in odore di santità.
odourless ['oudəlis] *a.* inodoro, privo di odore.
Odyssean [,ɔdi'si:ən] *a.* dell'Odissea. **Odysseus** [ə'disju:s] *N.pr.* ⟨*Mitol*⟩ Odisseo *m,* Ulisse *m.* **Odyssey** ['ɔdisi] *s.* ⟨*Lett*⟩ Odissea *f.* **odyssey** *s.* ⟨*fig*⟩ odissea *f.*
OE = ⟨*Ling*⟩ *Old English* antico inglese.
OECD = *Organization for Economic Co-operation and Development* Organizzazione per la cooperazione e lo sviluppo economico (*abbr.* OCSE).
oecological [,i:kə'lɔdʒikəl] *a.* ecologico. **oecology** [i'kɔlədʒi] *s.* ecologia *f.*
oecumenic [i:kju'menik], **oecumenical** [-əl] *a.* ⟨*Rel*⟩ ecumenico. **oecumenicalism** [-əlizəm] *s.* indirizzo *m* dottrinario (e pratico) dell'ecumenismo.
oedema [i:'di:mə] *s.* (*pl.* **-ta** [tə]) ⟨*Med*⟩ edema *m.* **oedematous** [-təs] *a.* edematoso.
Oedipus ['i:dipəs] *N.pr.* ⟨*Mitol*⟩ Edipo *m.*
Oedipus complex *s.* ⟨*Psic*⟩ complesso *m* di Edipo.
O E E C = *Organization for European Economic Co-operation* Organizzazione europea per la cooperazione economica (*abbr.* OECE).
oeil-de-boeuf *fr.* [œ:jdə'bœf] *s.* ⟨*Arch*⟩ occhio *m* di bue,

occhio *m.*
oenological [,i:no(u)'lɔdʒikəl] *a.* enologico. **oenologis** [i:'nɔlədʒist] *s.* enologo *m.* **oenology** [i:'nɔlədʒi] enologia *f.*
o'er ['ouə, 'ɔ:ə] *prep./avv.* ⟨*poet*⟩ (*over*) su, sopra.
oesophageal [,i:sou'fædʒiəl] *a.* ⟨*Anat*⟩ esofageo dell'esofago. **oesophagus** [i'sɔfəgəs] *s.* (*pl.* -**gi** [dʒai]/-use [-iz]) esofago *m.*
oestrogen ['i:strədʒən] *s.* estrogeno *m.* **oestrous** [-trəs] *a.* ⟨*Zool*⟩ estrale. **oestrum** [-trəm], **oestrus** [-trəs] *n* ⟨*Zool*⟩ estro *m* (venereo), calore *m.*
of [ɔv, əv] *prep.* **1** di: *the capital ~ France* la capitale dell' Francia; *give me some ~ that bread* dammi un po' di que pane. **2** (*to indicate inclusion*) di, tra, fra: *one ~ us* un di noi; (*out of*) tra, fra: *you, ~ all people* proprio tu, fr tutti. **3** (*descriptive genitive*) di: *the city ~ Palermo* l città di Palermo; (*having as a quality*) di, *often translate with the corresponding adjective: a painter ~ genius* u pittore di talento; *a man ~ ability* un uomo abile (*objective genitive*) di: *a painter ~ landscapes* un pittore c paesaggi; (*subjective genitive*) di: *the love ~ a mothe* l'amore di una madre. **4** (*to indicate material, contents* di, in: *made ~ plastic* fatto di plastica; *a house ~ woo* una casa in (*o* di) legno. **5** (*to indicate distance separation*) da, di: *within a month ~ his death* a un mes dalla sua morte; *north ~ Newcastle* a nord di Newcastle **6** (*to indicate origin*) di, da: *a man ~ good birth* u uomo di buona famiglia. **7** (*to indicate cause*) di, per, d *to die ~ hunger* morire di fame; *to do s.th. out ~ necessity* fare qc. per necessità. **8** (*to indicate riddance deprivation*) di, da: *to get rid ~ s.o.* liberarsi di qd.; *fre ~ duty* esente da dazio. **9** (*relating to, about*) di, su, circ *tales ~ the sea* racconti del mare; *to talk ~ politic* parlare di politica. **10** (*in respect to*) in, di, a: *to be slo ~ speech* essere lento nel parlare. **11** (*in time expression* di, *often not translated: what do you do ~ an evening* come passi la sera?; *to work ~ nights* lavorare di notte **12** (*on the part of*) da parte di: *it was kind ~ you* è stat gentile da parte tua. **13** ⟨*rar*⟩ (*by*) da: *beloved ~ a* amato da tutti. ▢ *all ~* tutto: *all ~ a tremble* tutt tremante.
off [ɔ:f] **I** *avv.* **1** (*to indicate distance*) lontano, distante, ... di distanza: *ten miles ~* lontano dieci miglia, a die miglia di distanza; (*of time*) lontano (nel tempo): *the en is not far ~* la fine non è lontana; (*away from a place* via: *the dog ran ~* il cane corse via. **2** (*aside*) da (un parte, di fianco, di lato, *often translated with th corresponding verb: he turned ~ instead of following th main road* voltò invece di seguire la strada principale. (*to indicate departure, separation*) via, *often translated wit the corresponding verb: I must be ~* devo andare via; w *set ~ at dawn* partimmo all'alba; *the wind blew the roof ~* il vento portò via il tetto. **4** (*to indicate completio thoroughness*) (del) tutto, completamente, interamente: *th rats were killed ~* i topi furono tutti uccisi. **5** (*to indica cancellation, disconnection*) *translated with th corresponding verb: the match was called ~* l'incontro annullato; *the light went ~* la luce si spense. **6** (*in absenc from work*) di (*o* in) vacanza: *to take the day ~* prender un giorno di vacanza. **7** (*deducted, discounted*) di come) sconto: *five per cent ~* il cinque per cento sconto. **8** ⟨*Teat*⟩ (*offstage*) dietro le quinte: *noises rumori dietro le quinte.* **9** ⟨*Mar*⟩ al largo: *the ship stoo ~* la nave si teneva al largo. **II** *prep.* **1** (*down from*) g da: *the baby fell ~ the bed* il bambino cadde giù dal lett *take your feet ~ the table* metti giù i piedi dal tavol (*away from*) via da: *the handle came ~ the door* maniglia 'venne via' (*o* si staccò) dalla porta; (*from*) (vi da: *he took fifteen per cent ~ the marked price* detrasse quindici per cento dal prezzo segnato. **2** (*divergin leading from*) che si diparte (*o* discosta) da, che deriva d *a small street ~ the main road* una stradina che si dipart dalla strada principale; (*deviating from*) fuori: *to be course* essere fuori rotta. **3** (*at a short distance from* vicino a, presso, in prossimità di: *a restaurant ~ Oxfor Street* un ristorante vicino a Oxford Street. **4** (*at th expense of*) alle spalle di, a spese di: *he lives ~ his ric*

wife vive alle spalle della moglie ricca. **5** (*abstaining from*) lontano da, alla larga da: *to keep* ~ *spirits* tenersi lontano dall'alcool. **6** (*from*) da: *I bought it* ~ *him* l'ho comprato da lui. **7** (*of food*) a base di, con: *to breakfast* ~ *eggs* fare la (prima) colazione a base di uova. **8** ⟨*Mar*⟩ al largo di: ~ *the coast* al largo della costa. **9** ⟨*Sport*⟩ con uno svantaggio di. **III** *a.* **1** (*farther*) più distante (*o* lontano): *the* ~ *side of the house* la parte più distante della casa. **2** (*cancelled*) sospeso, disdetto, revocato, annullato: *the match is* ~ l'incontro è sospeso. **3** (*closed*) chiuso: *the tap is* ~ il rubinetto è chiuso; (*disconnected*) spento. **4** (*in motion, started*) in moto, partito, avviato: *the whistle blew, and they were* ~ sonò il fischietto, e si misero in moto. **5** (*free from work*) di vacanza, di libertà, libero (dal lavoro): *a day* ~ un giorno di libertà. **6** (*distant from the truth, correctness*) impreciso, inesatto, approssimativo; (*wrong*) errato, sbagliato; (*of people*) in errore, fuori strada. **7** (*unlucky*) sfortunato, infelice. **8** (*of food*) guasto, avariato, andato a male. **9** ⟨*fam*⟩ (*eccentric*) strano, strambo, eccentrico. **10** (*not main or principal*) secondario: *an* ~ *road* una strada secondaria. **11** (*on the right*) destra, a destra, (che sta) sulla destra. **12** ⟨*Aut*⟩ del (*o* sul) lato opposto al marciapiede. **13** ⟨*Mecc*⟩ (*of brakes*) disinnestato. **14** ⟨*Comm*⟩ (*slack*) morto, senza attività: ~ *season* stagione morta. **15** ⟨*Mar*⟩ (*seaward*) (che si trova) verso il mare. **IV** *intz.* via, fuori. □ *to be* **badly** ~ passarsela male; *to be* **comfortably** ~ non mancare di niente; *he is* ~ *his* **food** non gli va di mangiare; *to* **help** *s.o.* ~ *with his coat* aiutare qd. a togliersi il cappotto; ~ *and* **on** di tanto in tanto, a intervalli; ⟨*esclam*⟩ ~ **with** *you* togliti di mezzo, va via. || ⟨*fam*⟩ *that's a bit* ~ non è proprio (*o* mica) giusto, non sta bene.

offal ['ɔfəl] *s.* **1** ⟨*Macell,Gastr*⟩ frattaglie *fpl*, interiora *fpl*; (*of fowl*) rigaglie *fpl*. **2** (*waste material*) scarto *m*, scarti *mpl*, rifiuti *mpl*. **3** ⟨*fig*⟩ (*rubbish*) ciarpame *m*, robaccia *f*. **4** ⟨*fig*⟩ (*person*) reietto *m* (*f* –a).

off-'balance *a.* **1** sbilanciato, che non è in equilibrio. **2** ⟨*fig*⟩ mancante di armonia (*o* proporzione), sproporzionato. **'~-'beat** *a.* **1** ⟨*Mus*⟩ (*in jazz*) accentato sulla seconda e quarta battuta. **2** ⟨*fig*⟩ anticonformistico, diverso, (che è) fuori dai soliti schemi. **'~-'Broadway** *a.* ⟨*Teat*⟩ di un lavoro teatrale che si rappresenta fuori Broadway. **'~-campus** *am. a.* fuori dell'università, extrauniversitario. **'~-'centre** **I** *a.* **1** eccentrico, fuori centro. **2** ⟨*fig*⟩ zoppicante, zoppo, sballato: *an* ~ *argument* un ragionamento zoppicante. **II** *avv.* fuori centro, non in centro. **~-chance** *s.* piccolissima (*o* minima) probabilità *f*. **'~-'circuit** *s.* ⟨*El*⟩ fuori circuito. **'~-'colour** *a.* **1** ⟨*fam*⟩ poco bene (di salute), indisposto. **2** ⟨*fam*⟩ (*risqué*) spinto, equivoco, volgare: ~ *jokes* barzellette spinte. **3** (*not having right colour*) che non 'ha il⟨¹⟩ (*o* è del) colore giusto. **~-day** *s.* ⟨*fam*⟩ giornataccia *f*, giornata *f* sfortunata (*o* balorda). **~-duty** *a./avv.* fuori servizio.

offence [ə'fens] *s.* **1** infrazione *f*, trasgressione *f*, violazione *f*: *to commit an* ~ commettere un'infrazione; (*sin*) colpa *f*, peccato *m*. **2** ⟨*Dir*⟩ reato *m*, illecito *m* penale. **3** (*s.th. that offends, displeases*) offesa *f*, oltraggio *m*, affronto *m*, insulto *m*: *the building is an* ~ *to good taste* l'edificio è un'offesa al buon gusto; *to give* ~ *to s.o.* fare un'offesa a qd. **4** (*attacking*) offesa *f*, attacco *m*. **5** ⟨*Sport*⟩ attacco *m*, azione *f* offensiva. □ *to* **cause** ~ *to s.o.* recare offesa a qd.; *the best defence is* ~ la miglior difesa è l'attacco; ~ *against the* **environment** delitto *m* contro l'ambiente; ⟨*esclam*⟩ **no** ~ senza offesa; *no* ~ *meant* (*o* *intended*) – *and none taken* (sia detto) senza offesa – ma certo; **petty** *–s* piccola criminalità *f*; ~ *against* **property** reato *m* contro il patrimonio; ~ *against the* **security** *of the state* delitto *m* contro la personalità dello stato; *to* **take** ~ *at s.th.* offendersi per qc.; *to be quick to take* ~ aversela subito a male, essere permaloso; **type** *of* ~ configurazione *f* di reato; **war** *of* ~ guerra *f* di offesa; **weapons** *of* ~ armi offensive.

offenceless [ə'fenslis] *a.* inoffensivo, innocuo.

offend [ə'fend] **I** *v.t.* **1** offendere, far risentire: *I didn't mean to* ~ *you* non intendevo offenderti; *he was deeply –ed by my criticism* si risentì molto per le mie critiche. **2**

(*to displease*) offendere, essere un'offesa a (*o* per): *a building that –s the eye* un edificio che offende la vista. **II** *v.i.* **1** trasgredire, contravvenire (*against* a): *to* ~ *against the law* trasgredire alla legge. **2** (*to cause resentment, dislike, etc.*) suscitare risentimento. **offended** [–id] *a.* **1** offeso: *to be* ~ *by* (*o* *at*) *s.o.'s remarks* sentirsi offeso per le osservazioni di qd. **2** (*expressing displeasure*) irritato, risentito: *an* ~ *look* un'occhiata risentita. □ *to be easily* ~ essere permaloso, offendersi per un nonnulla. **offendedly** [–idli] *avv.* con tono offeso, con aria risentita.

offender [ə'fendə] *s.* **1** offensore *m* (*f* offenditrice). **2** (*one who infringes the law*) trasgressore *m* (*f* trasgreditrice), contravventore *m* (*f* –trice). **3** ⟨*Dir*⟩ reo *m* (*f* –a), colpevole *m/f*; (*criminal*) delinquente *m/f*, criminale *m/f*. **offending** [–diŋ] *a.* offensivo, ingiurioso, oltraggioso.

offense *am. s.* → **offence**. **offenseless** *am. a.* → **offenceless**.

offensive [ə'fensiv] **I** *a.* **1** offensivo, ingiurioso, oltraggioso; (*of language*) indecente, sconveniente. **2** (*disgusting*) rivoltante, ripugnante, sgradevole, disgustoso: *an* ~ *smell* un odore rivoltante. **3** ⟨*Mil*⟩ offensivo, di offesa, di attacco. **4** ⟨*Sport*⟩ di attacco, offensivo. **II** *s.* **1** (*attitude*) atteggiamento *m* aggressivo; (*action*) attacco *m*. **2** ⟨*Mil,Pol*⟩ offensiva *f*: *to take the* ~ prendere l'offensiva; *a peace* ~ un'offensiva di pace. □ *to go on the* ~ partire all'attacco. **offensively** [–li] *avv.* offensivamente, in modo offensivo. **offensiveness** [–nis] *s.* **1** l'essere offensivo (*o* ingiurioso). **2** (*disgustingness*) l'essere disgustoso (*o* ripugnante).

offer ['ɔfə] **I** *v.t.* **1** offrire, porgere, presentare: *may I* ~ *you a drink?* posso offrirti da bere?; *I was –ed a post in the firm* mi fu offerto un posto nella ditta. **2** (*to put forward, propose*) presentare, proporre, offrire. **3** (*to declare willingness; seguito dall'inf.*) offrirsi di, dichiararsi disposto a: *nobody –ed to help me* nessuno si offrì di aiutarmi. **4** (*to afford*) offrire, fornire: *a job which –s good prospects* un impiego che offre buone prospettive. **5** (*to make, give*) opporre, fare: *to* ~ *resistance* opporre resistenza. **6** (*to attempt, make as if to*) fare l'atto di, fare per, accennare: *he –ed to hit me* fece l'atto di colpirmi; (*of a blow*) cercare di dare. **7** ⟨*Comm*⟩ offrire, mettere in vendita; (*of a price: to tender*) offrire, fare un'offerta di. **8** ⟨*Scol*⟩ portare, presentare, scegliere come materia 'd'esame⟨¹⟩ (*o* di studio). **9** ⟨*Rel*⟩ (*spesso con up: to sacrifice*) sacrificare, offrire in sacrificio; (*of prayers*) offrire. **II** *v.i.* presentarsi, capitare, offrirsi: *whenever the opportunity –s* ogni volta che si presenta l'occasione. **III** *s.* **1** offerta *f*: *an* ~ *of assistance* un'offerta di aiuto; (*proposal of marriage*) proposta *f* di matrimonio. **2** (*show*) gesto *m*, atto *m*, cenno *m*: *to make an* ~ *of hitting s.o.* fare l'atto di colpire qd.; (*attempt*) tentativo *m*, prova *f*. □ *to* ~ *an* **apology** presentare delle scuse; *to* ~ **battle** invitare a battaglia, sfidare; ⟨*Comm*⟩ *to* **close** *with an* ~ accettare un'offerta; *to* ~ *one's* **hand**: 1 porgere la mano; 2 (*in marriage*) fare una proposta di matrimonio; *to* ~ *no* **hope** non offrire (alcuna) speranza; ⟨*Comm*⟩ *to* **make an** ~ fare un'offerta; ⟨*Comm*⟩ *to* **on** ~ in vendita; *to be* **open** *to* ~ essere disposto a prendere in considerazione l'offerta; *to* ~ *for* **sale** offrire, mettere in vendita; *if I may* ~ *a* **suggestion** se posso dare un suggerimento; *to* ~ **thanks** ringraziare.

offerer ['ɔfərə] *s.* chi fa un'offerta, offerente *m/f*. **offering** [–riŋ] *s.* **1** ⟨*Rel*⟩ offerta *f*; (*gift to a church*) offerta *f*, oblazione *f*. **2** (*s.th. presented*) novità *f* proposta (*o* presentata): *the latest –s from the Paris houses* le ultimissime novità proposte dalle case parigine.

offertory ['ɔfətəri] *s.* oblazione *f*. **Offertory** *s.* ⟨*Lit*⟩ offertorio *m*.

off-'hand **I** *a.* **1** disinvolto, alla buona, senza cerimonie, semplice. **2** (*curt*) secco, brusco, spiccio; (*aloof*) distaccato, freddo, distante. **3** (*extemporaneous*) estemporaneo, improvvisato. **II** *avv.* **1** (*extempore*) all'improvviso, estemporaneamente; (*on the spur of the moment*) su due piedi, lì per lì. **2** (*casually*) senza cerimonie, alla buona. **'off-'handed** *a.* → **off-hand**. **'off-'handedly** *avv.* disinvoltamente, con disinvoltura, alla buona.

'off-'handedness s. 1 disinvoltura f, modi mpl alla buona. 2 (curtness) bruschezza f, secchezza f.

office ['ɔfis] s. 1 ufficio m: to work in an ~ lavorare in un ufficio; (headquarters) ufficio m, sede f; (of a professional) studio m, gabinetto m: a lawyer's ~ lo studio di un avvocato; (staff) personale m, ufficio m, impiegati mpl. 2 (government department, ministry) ministero m, dicastero m: the Home ~ il ministero degli interni. 3 (position of authority) ufficio m, carica f, posto m: a public ~ un pubblico ufficio; the ~ of Prime Minister la carica di primo ministro. 4 (Parl) potere m, carica f: the Conservatives held ~ for thirteen years i conservatori rimasero al potere per tredici anni. 5 (Rel) (ceremony, rite) cerimonia f, rito m, funzione f, ufficio m; (set form of service) rito m. 6 (Lit) (divine office) ufficio m divino, uffizio m (divino). 7 (duty, task) incarico m, incombenza f, compito m, ufficio m. 8 (function) funzione f, compito m, mansione f: to perform the ~ of Chairman svolgere la funzione di presidente. 9 pl. (service parts of a house) servizi mpl. 10 (sl) (lavatory) gabinetto m. 11 (sl) (hint) segnale m, segno m d'intesa (o d'avvertimento): to give s.o. the ~ fare un segnale a qd. □ to do s.o. a bad ~ rendere (o fare) un cattivo servizio a qd.; (burocr) to be called to ~ essere chiamato in carica; to continue (o remain) in ~ restare in carica; (Rel) ~ for the dead ufficio m funebre (o dei defunti); to enter upon ~ entrare in carica, insediarsi; good -s buoni uffici, interessamento m, intervento m; to do s.o. a good ~ fare un favore (o servizio) a qd.; to be in ~ essere in carica; to perform the last -s for s.o.: 1 (Lit) celebrare l'ufficio funebre in suffragio di qd.; 2 (to prepare for burial) preparare qd. per la sepoltura; to leave ~ lasciare una carica, dimettersi; to be out of ~ non essere in carica; (Pol) essere all'opposizione, non essere al governo; (Lit) to recite one's ~ dire (o recitare) l'uffizio; to seek ~ ambire (a) una carica; (Parl) ambire (a) una poltrona; term of ~ durata f della carica.

office| automation s. automazione f degli uffici, burotica f. ~-bearer s. funzionario m statale, pubblico ufficiale m/f. ~ block s. palazzo m per (o adibito a) uffici. ~ boy s. fattorino m. ~ building s. → office block. ~ copy s. copia f per l'ufficio. ~ equipment s. attrezzatura fpl da ufficio. ~ furniture s. mobili mpl da ufficio. ~ hours s.pl. orario m (o ore fpl) d'ufficio. ~ machine s. macchina f da ufficio. ~ personnel s. personale m d'ufficio.

officer ['ɔfisə] I s. 1 (Mil,Mar) ufficiale m: -s and men ufficiali e soldati. 2 (policeman) poliziotto m, agente m di polizia. 3 (official) dirigente m, funzionario m. II v.t. (Mil) (to appoint officers for) nominare gli ufficiali in forza presso (o in); (to command as an officer) comandare. □ (Arald) ~ of arms araldo m; ~ in charge funzionario m responsabile; (Mar.mil) ~ of the deck ufficiale m di coperta; (GB) ~ of the Household dignitario m della casa reale; (Parl) ~ of state ministro m; (Mil) ~'s Training Corps scuola f allievi ufficiali.

office| seeker s. aspirante m/f a una carica pubblica. ~ staff s. personale m impiegatizio. ~ work s. lavoro m d'ufficio.

official [ə'fiʃəl] I s. funzionario m, dirigente m: a government ~ un pubblico funzionario; a bank ~ un funzionario di banca. II a. 1 (of an office) d'ufficio, inerente a un ufficio (o una carica): ~ duties doveri d'ufficio; (holding an office, authorized) ufficiale, autorizzato; (authoritative) ufficiale: an ~ statement una dichiarazione ufficiale. 2 (bureaucratic) burocratico, da burocrate: ~ language linguaggio burocratico. 3 (am.Farm) autorizzato dalla farmacopea ufficiale.

official action s. (Dir) atto m amministrativo.

officialdom [ə'fiʃəldəm] s. 1 (collett) burocrazia f, burocrati mpl. 2 (red tape) burocrazia f. of,ficialese [-'li:z] s. linguaggio m burocratico. officialism [-lizəm] s. 1 burocrazia f. 2 (collett) (officials) burocrazia f, burocrati mpl. officialize [-laiz] v.t. rendere ufficiale, ufficializzare.

officiant [ə'fiʃənt] s. (Lit) officiante m, celebrante m.

officiate [ə'fiʃieit] v.i. 1 (Lit) ufficiare, officiare: to ~ at a

funeral ufficiare un funerale. 2 (to perform a function) fare (as da), svolgere le funzioni, ricoprire la carica (di): ~ as Chairman fare da presidente. 3 (Sport) fare d arbitro. officiator [-ə] s. officiante m.

officinal [ə'fisinl] a. 1 (Farm) officinale; (officia autorizzato dalla farmacopea ufficiale. 2 (Bot) officinale

officious [ə'fiʃəs] a. 1 (meddlesome) invadente, intrigant che si intromette; (authoritarian) autoritario, dispotico. (of talks, etc.) ufficioso. officiousness [-nis] s. inframmettenza f, invadenza f, intromissione f, ingerenza 2 (authoritarian quality) autoritarismo m.

offing ['ɔfiŋ] s. (Mar) 1 largo m, mare m aperto. (position near land) distanza f da terra (o dalla costa). [in the ~: 1 nelle vicinanze, nei paraggi; 2 (fig) in vist nell'aria, imminente.

offish ['ɔfiʃ] a. (fam) distaccato, (fam) che si tiene sul sue.

'off|-'key a. 1 (Mus) stonato, fuori tono. 2 (fig) fuori posto, stonato. ~-licence s. 1 licenza f per la vendita bevande alcoliche da asporto. 2 (shop) negozio m ch vende bevande alcoliche da asporto. '~-'limits interdetto all'accesso, in cui è interdetto (o vietat l'accesso (anche Mil.). ~-line a. (Inform) fuori line ~-load v.t. scaricare. '~-'peak a. non di punta, inferio al valore massimo: ~ hours ore non di punta. ~-print s. (Tip) estratto m, ristampa f a parte. II v.t. ristampa in estratto (o a parte). ~-putting a. (fam) sconcertant che mette in imbarazzo, che lascia perplesso. ~-scouring s.pl. 1 rifiuti mpl, immondizia f. 2 (fig) rifiuti m feccia f, schiuma f. '~-screen a. (TV,Cin) fuori campo.

offset I s. ['ɔ:fset] 1 compenso m, compensazione f (anch Comm.). 2 (Tip) offset m, stampa f offset; (impressio stampa f in offset; (set off) controstampa f. 3 (Bot) get m, germoglio m, gettata f. 4 (of a family) ramo collaterale. 5 (Geol) (spur) contrafforte m, sperone m. (tecn) (of a pipe, road) brusca deviazione f, gomito m. (Arch) risega f. 8 (El) linea f secondaria (o derivazione). 9 (Topogr) deviazione f ortogonale. II (Tip) offset; (printed by offset) stampato in offset. I v.t.irr. [ɔ:'fset] 1 (to balance) bilanciare, contrapporre; counterbalance) compensare, (contro)bilanciare, pareggiar the gains ~ the losses i profitti compensano le perdite. (Tip) ['ɔ:fset] stampare in offset. 3 (tecn) (of a pip road) deviare, piegare.

offset| lithography s. offset m, stampa f offset. ~ pres s. (Tip) macchina f (da stampa) offset. ~ printing (Tip) stampa f offset. ~ sheet s. foglio m antiscartino

offshoot ['ɔ:ʃu:t] s. 1 (Bot) (branch) ramo m; (shoo germoglio m. 2 (lateral branch of a family) ramo collaterale; (person) rampollo m, discendente m/f. 3 (fi ramo m, diramazione f, propaggine f.

offshore ['ɔ:ʃɔ:] I a. 1 di terra: an ~ wind un vento terra. 2 (at a distance from the shore) (che sta) in ma aperto, (che si trova) al largo (della costa): ~ islands iso al largo della costa. 3 (am.Econ) estero; (oversea d'oltremare. II avv. 1 verso il largo (o mare aperto). (at a distance from the shore) al largo, a una cer distanza dalla costa. 3 (am.Econ) all'estero.

offshore| drilling s. (Minier) perforazione f trivellazione) sottomarina, perforazione in mare apert sondaggio m sottomarino. ~ purchases s.pl. (am.Eco acquisti mpl fatti all'estero. ~ rig s. impianto m sondaggio sottomarino (o in mare aperto).

off|side s. 1 lato m destro. 2 (Sport) fuorigioco r '~-'side a./avv. (Sport) in fuorigioco. ~spring s. (r inv./-s [s]) 1 discendente m/f; (children; costr. pl.) pro f, discendenza f, figliolanza f. 2 (fig) risultato m, prodot m, frutto m. '~'stage I a. (Teat) dietro le quinte. II a 1 (Teat) dietro le quinte. 2 (fig) (in private life) vita privata, fuori del teatro: an actress known ~ another name un'attrice conosciuta con un altro non fuori del teatro. 3 (behind the scenes) in privato: th meeting between the ministers took place ~ l'incontro tra due ministri ha avuto luogo in privato. ~-street a./a fuori strada, non sulla strada: ~ parking parcheggio fuo strada. '~-the-'cuff a./avv. (fam) improvvisato, a bracci '~-the-face a. (of a hat, hairstyle) che lascia il vi scoperto. **'~-the-'peg, ~-the-'rack** *a./avv.* ⟨*Sart*⟩ confezionato. **'~-the-'record I** *a.* ufficioso. **II** *avv.* ufficiosamente, in forma ufficiosa. **~-the wall** *a.* ⟨*fam*⟩ fuori del consueto, non convenzionale.

ffward ['ɔ:fwəd] *avv.* ⟨*Mar*⟩ verso il mare.

ff|-'white I *a.* bianco sporco, biancastro, bianchiccio. **II** *s.* colore *m* bianco sporco. **~-year** *s.* annata *f* fiacca.

ft [ɔ:ft] *avv.* **1** (nei composti: *often*) spesso, ripetute volte: **~-recurring** che capita spesso. **2** ⟨*ant,poet*⟩ (*often*) spesso. □ *an ~-told tale* una storia narrata più volte; *many a time and ~* spesso, spesse volte.

ften ['ɔ:fn] *avv.* spesso, di frequente, sovente: *he is ~ wrong* ha spesso torto. □ *as ~ as* ogni volta che, tutte le volte che; *as* (o *more*) *~ as not* il più delle volte; *ever so ~ = very often*; *every so ~* di tanto in tanto, ogni tanto, a volte; *how ~?* ogni quanto (tempo)?, quante volte?: *how ~ do trains leave for London?* ogni quanto tempo partono i treni per Londra?; *how ~ do you go to the cinema?* ogni quanto vai al cinema?; *once too ~* una volta di troppo; *quite ~* piuttosto ⸂di frequente⸃ (o spesso); *very ~* molto spesso, spessissimo, ⟨*fam*⟩ spesso e volentieri.

ftentimes ['ɔ:fntaimz], **oft-time(s)** ['ɔ:ftaim(z)] → **often.**

gee [ou'dʒi:] *s.* ⟨*Arch*⟩ (*moulding*) modanatura *f* a S; (*cyma*) gola *f*, onda *f*. **ogee arch** *s.* arco *m* ogivale (o a ogiva), schiena *f* d'asino.

gival [ou'dʒaivəl] *a.* ⟨*Arch*⟩ ogivale, a sesto acuto, archiacuto. **ogive** ['oudʒaiv] *s.* ogiva *f*; (*arch*) arco *m* (a sesto) acuto, arco gotico (o ogivale).

gle ['ougl] **I** *v.t.* occhieggiare, adocchiare, covare con gli occhi. **II** *v.i.* fare gli occhi dolci. **III** *s.* sguardo *m* amoroso. **ogler** [-ə] *s.* chi lancia sguardi amorosi.

gre ['ougə] *s.* orco *m* (*anche fig.*). **ogreish** [-griʃ] *a.* di (o da) orco. **ogress** [-gris] *s.* orchessa *f*. **ogrish** *a.* → **ogreish.**

h¹ [ou] *intz.* **1** oh, ah. **2** (*in direct address*) ehi, ehilà.

h² *s.* (*zero*) zero *m*: *six ~ seven ~* sei zero sette zero.

.H.B.M.S. = *On His* (o *Her*) *Britannic Majesty's Service* al servizio di Sua Maestà Britannica.

hm [oum] *s.* ⟨*El*⟩ ohm *m*. **'ohmage** [-idʒ] *s.* ⟨*El*⟩ resistenza *f* espressa in ohm. **'ohmic** [-ik] *a.* ⟨*Fis*⟩ ohmico: *~ resistance* resistenza ohmica (o pura). **'ohmmeter** [-mi:tə] *s.* ⟨*Fis*⟩ ohmetro *m*.

.H.M.S. = *On His* (o *Her*) *Majesty's Service* al servizio di Sua Maestà.

hm's law [oumz] *s.* ⟨*El*⟩ legge *f* di Ohm.

ho [o(u)'hou] *intz.* oh, ah.

il [ɔil] **I** *s.* **1** olio *m*: *cooking ~* olio da cucina; (*petroleum*) petrolio *m*; (*crude petroleum*) greggio *m*. **2** ⟨*Cosmet*⟩ olio *m*: *sun tan ~* olio abbronzante (o solare). **3** ⟨*Pitt*⟩ (*oil colour*) colore *m* a olio; (*oil painting*) pittura *f* (o quadro *m*) a olio. **4** ⟨*sl*⟩ (*flattery*) untuosità *f*, modi *mpl* melliflui. **5** ⟨*sl*⟩ (*bribe*) dono *m* (o denaro) per corrompere, bustarella *f*. **6** *pl.* (*oilskins*) completo *m* di tela cerata. **II** *a.* **1** (*of oil*) di olio, dell'olio, oleario; (*of petroleum*) petrolifero, di petrolio, del petrolio: *an ~ stove* una stufa a petrolio. **2** (*made from or obtained from oil*) derivato (o ricavato) dal petrolio. **III** *v.t.* **1** ⟨*Mecc*⟩ lubrificare, oleare, ungere, ingrassare: *to ~ a lock* oleare una serratura. **2** (*to convert into oil*) trasformare in olio, sciogliere. **3** ⟨*sl*⟩ (*to bribe*) corrompere, ⟨*fam*⟩ comprare, ⟨*spreg*⟩ ungere le ruote a. **IV** *v.i.* **1** ⟨*Mar,Ferr*⟩ fare il pieno di nafta, fare rifornimento. **2** (*to separate into oil*; spesso con *off*) trasformarsi in olio. □ ⟨*fig*⟩ *to pour* (o *throw*) *~ on the flame(s)* gettare (o buttare) olio sul fuoco; ⟨*sl*⟩ *to ~ s.o.'s palm* corrompere qd., comprare qd., ungere (le ruote a) qd.; ⟨*fig*⟩ *work that smells of ~* lavoro che sa di lucerna; ⟨*Chim*⟩ *~ of turpentine* acquaragia *f*; ⟨*Chim*⟩ *~ of vitriol* olio *m* di vetriolo; ⟨*fig*⟩ *to pour ~ on troubled waters* sedare gli animi; ⟨*fig*⟩ *to ~ the wheels* (o *works*) ungere le ruote (o carrucole); ⟨*fig*⟩ *to ~ one's words* parlare con tono mellifluo (o untuoso).

il|-bearing *a.* ⟨*Min*⟩ contenente petrolio. **~bird** *s.* ⟨*Ornit*⟩ guaciaro *m*. **~ boom** *s.* boom *m* petrolifero. **~ box** *s.* ⟨*Mecc*⟩ ingrassatore *m*. **~ burner** *s.* **1** bruciatore *m* a olio. **2** (*stove*) stufa *f* a combustibile liquido. **3** ⟨*Mar*⟩ nave *f* (con motori) a nafta. **~cake** *s.* ⟨*Zootecn*⟩

panello *m* di sansa. **~ can** *s.* oleatore *m*. **~cloth** *s.* ⟨*Tess*⟩ **1** tela *f* cerata, incerata *f*. **2** (*article*) incerata *f*; (*tablecloth*) tovaglia *f* d'incerata. **~ colour** *s.* ⟨*Pitt*⟩ colore *m* a olio. **~ concession** *s.* concessione *f* petrolifera. **~-consuming countries** *s.pl.* paesi *mpl* consumatori di petrolio. **~-cooled** *a.* raffreddato a olio. **~-cooling** *s.* raffreddamento *m* a olio. **~ crisis** *s.* crisi *f* petrolifera. **~ company** *s.* società *f* petrolifera. **~ cup** *s.* ⟨*Mecc*⟩ oleatore *m* a tazza. **~ derrick** *s.* ⟨*Minier*⟩ torre *f* di trivellazione (o sondaggio).

oiled [ɔild] *a.* **1** (*lubricated*) oleato, lubrificato, ingrassato, unto. **2** (*coated or treated with oil*) oleato. **3** ⟨*fam*⟩ (*slightly drunk*) brillo, alticcio. **'oiler** [-lə] *s.* **1** (*person*) ingrassatore *m*. **2** (*device*) oleatore *m*, ingrassatore *m*. **3** ⟨*Mar*⟩ nave *f* (con motori) a nafta; (*oil tanker*) petroliera *f*.

oil| feeder *s.* ⟨*Mecc*⟩ oleatore *m*. **~ field** *s.* zona *f* petrolifera. **~ filter** *s.* ⟨*Mot*⟩ filtro *m* dell'olio. **~-fired** *a.* a nafta. **~-fired boiler** *s.* ⟨*tecn*⟩ caldaia *f* a nafta (o fiamma d'olio). **~ heating** *s.* riscaldamento *m* a gasolio. **~ import bill** *s.* fattura *f* petrolifera. **~-importing countries** *s.pl.* paesi *mpl* importatori di petrolio. **~ industry** *s.* industria *f* petrolifera.

oiliness ['ɔilinis] *s.* **1** oleosità *f*. **2** ⟨*fig*⟩ untuosità *f*, modi *mpl* melliflui.

oiling ['ɔiliŋ] *s.* ⟨*Mot*⟩ lubrificazione *f* a olio.

oil| lamp *s.* lampada *f* (o lume *m*) a petrolio. **~ loading terminal** *s.* terminale *m* di carico degli idrocarburi. **~man** [-mən] *s.irr.* **1** commerciante *m* d'olio. **2** (*industrialist*) industriale *m* petrolifero. **~meal** *s.* ⟨*Zootecn*⟩ farina *f* di semi di lino. **~ mill** *s.* **1** frantoio *m* (da olio). **2** (*factory*) oleificio *m*, frantoio *m*. **~ minister** *s.* ministro *m* del petrolio. **~ nut** *s.* noce *f* oleosa (o oleifera). **~ paint** *s.* **1** ⟨*tecn*⟩ vernice *f* a olio. **2** ⟨*Pitt*⟩ (*oil colour*) colore *m* a olio. **~ painting** *s.* ⟨*Pitt*⟩ **1** (*art*) pittura *f* a olio. **2** (*picture*) quadro *m* (o pittura *f*) a olio. **~ palm** *s.* ⟨*Bot*⟩ palma *f* da olio. **~-pan** *s.* ⟨*Mot*⟩ coppa *f* dell'olio, carter *m*. **~ plant** *s.* ⟨*Bot*⟩ pianta *f* oleifera (o oleosa). **~ pollution** *s.* inquinamento *m* da petrolio: *marine ~* peste nera. **~ press** *s.* ⟨*tecn*⟩ torchio *m* per olio. **~-producing** *a.* **1** ⟨*Bot*⟩ oleifero. **2** (*petroleum-producing*) produttore di petrolio. **~ countries** paesi produttori di petrolio. **~ prospecting** *a.* ⟨*Minier*⟩ prospezione *f* petrolifera. **~ refinery** *s.* raffineria *f* di petrolio. **~ refuse** *s.* residui *mpl* di petrolio. **~ requirements** *s.pl.* fabbisogno *m* petrolifero. **~ reserves** *s.pl.* riserve *fpl* petrolifere. **~ resources** *s.pl.* risorse *fpl* petrolifere. **~seed** *s.* **1** seme *m* oleifero. **2** (*castor bean*) seme *m* di ricino. **3** (*linseed*) seme *m* di lino. **~ sheikh** *s.* sceicco *m* del petrolio. **~ silk** *s.* seta *f* impermeabilizzata. **~skin** *s.* **1** tela *f* cerata, incerata *f*. **2** (*raincoat*) impermeabile *m* (in tela cerata). **3** *pl.* (*suit*) completo *m* di tela cerata. **~ slick** *s.* chiazza *f* di petrolio sull'acqua. **~ spill** *s.* fuoriuscita *f* di petrolio. **~ stove** *s.* **1** (*for heating*) stufa *f* a petrolio. **2** (*for cooking*) fornello *m* a petrolio. **~ sump** *s.* → **oil pan. ~ supply** *s.* fornitura *f* petrolifera. **~ tank** *s.* ⟨*Mot*⟩ serbatoio *m* dell'olio. **~ tanker** *s.* ⟨*Mar*⟩ petroliera *f*. **~ well** *s.* ⟨*Minier*⟩ pozzo *m* petrolifero.

oily ['ɔili] *a.* **1** oleoso. **2** (*covered with oil*) unto, sporco d'olio: *~ hands* mani unte. **3** (*resembling oil*) oleoso, untuoso. **4** ⟨*fig*⟩ untuoso, mellifluo.

ointment ['ɔintmənt] *s.* **1** unguento *m*. **2** ⟨*Farm*⟩ pomata *f*.

o.k., OK, O.K. → **okay.**

okay ['ou'kei] ⟨*fam*⟩ **I** *avv.* **1** (*esclam*) d'accordo, (va) bene, okay. **2** (*all right*) bene, discretamente: *he's getting on ~* sta andando bene; (*correctly*) bene, in modo giusto. **II** *a.* **1** giusto, corretto, esatto. **2** (*of people*) a posto, come si deve. **III** *s.* approvazione *f*, consenso *m*, autorizzazione *f*. **IV** *v.t.* **1** approvare, dare il consenso a, autorizzare. **2** (*of a bill, cheque, etc.*) autenticare, vistare. □ *to give the ~* (*to*) approvare.

okey-doke ['əukidəuk], **okey-dokey** [-'dəuki] *a./avv.* ⟨*sl*⟩ → **okay.**

okra ['oukrə, 'ɔkrə] *s.* **1** ⟨*Bot*⟩ gombo *m*, abelmosco *m*. **2** (*pods*) semi *mpl* di gombo. **3** ⟨*Gastr*⟩ zuppa *f* di gombo.

old [əuld] **I** *a.* (*compar.* **'older** [-ə]/**elder** ['eldə], *sup.* **'oldest** [-ist]/**eldest** ['eldist]) **1** (*not new*) vecchio: *an ~ house* una vecchia casa; (*having existed a specific time*) vecchio, *often not translated: three centuries ~* vecchio di tre secoli; *that castle is five hundred years ~* quel castello ha cinquecento anni. **2** (*not young*) vecchio, anziano: *he is three years -er than I am* è più anziano di me di tre anni; (*having a specific age*) *not translated: he is thirty years ~* ha trent'anni; *a ten-year-~ child* un bambino di dieci anni. **3** (*of long standing*) vecchio, d'antica data, antico: *an ~ tradition* una vecchia tradizione. **4** (*previous*) vecchio, di prima, precedente; (*antiquated*) vecchio, superato, antiquato. **5** (*past*) andato, passato, antico, di un tempo: *the good ~ days* i bei tempi andati. **6** (*near to adulthood*) grande, vecchio: *you are too ~ for such toys* sei troppo grande per giocattoli del genere. **7** (*former*) ex, antico: *an ~ Etonian* un ex alunno di Eton. **8** ⟨*fam*⟩ (*to express familiarity, etc.*) vecchio: *how's ~ Henry?* come sta il vecchio Enrico? **9** (*as an intensive*) *not translated: wear any ~ thing* indossa una cosa qualunque; *any ~ thing will do* qualunque cosa andrà bene. **10** (*dilapidated with age*) vecchio, usato, consunto, logoro, frusto: *~ clothes* abiti vecchi. **11** (*experienced*) esperto, pratico, vecchio; (*inveterate*) incallito, inveterato, radicato: *~ in vice* incallito nel vizio. **12** (*aged*) vecchio, invecchiato, stagionato: *~ wine* vino vecchio; (*stale*) stantio, vecchio, non fresco: *~ bread* pane stantio. **Old** *a.* ⟨*Ling*⟩ antico. **II** *s.* **1** (*old people; costr.* pl.) vecchi *mpl.* **2** (nei composti: *one who has a specific age*) *translated with the corresponding noun: a fifteen-year-~* un quindicenne. **III** *avv.* (nei composti) molto tempo fa, da molto tempo, anticamente: *an ~-established firm* una ditta fondata molto tempo fa. □ *to grow ~:* 1 invecchiare; 2 (*to go out-of-date*) passare di moda, invecchiare; **how ~ are you?** quanti anni hai?; *how ~ would you take him to be?* quanti anni gli dai?; *you are ~ enough to know better* sei grande ormai, dovresti avere più giudizio; *of ~* molto tempo fa, al tempo dei tempi; *in days of ~* ai vecchi tempi, in passato, una volta, anticamente; *~ people* gli anziani; *to be very ~* avere una bella età, essere in là con gli anni; *~ and young* grandi e piccoli, vecchi e giovani. *Prov.: never too ~ to learn* non è mai (troppo) tardi per imparare; *a man is as ~ as he feels* (himself to be) è l'età del cuore quella che conta.

old| age *s.* età *f* avanzata, vecchiaia *f: to live to a ripe ~* vivere fino a un'età molto avanzata. **~-age house** *s.* → **old people's home**. **'~-'age pension** *s.* pensione *f* di vecchiaia. **'~-'age pensioner** *s.* pensionato *m* (*f* -a). **~ bean** *s.* → **old chap**. **~ boy** *s.* **1** → **old chap**. **2** (*ex pupil*) ex allievo *m.* **~ chap** *s.* ⟨*fam*⟩ (*in direct address*) vecchio *m* mio, ragazzo *m* mio. **'~-clothesman** ['kləuðzmən] *s.irr.* rivenditore *m* di abiti usati, rigattiere *m.* **~ country** *s.* **1** madrepatria *f*; (*England*) Inghilterra *f.* **2** ⟨*am*⟩ (*Europe*) Europa *f*, vecchio continente *m.* **~ Covenant** *s.* ⟨*Bibl*⟩ vecchio (*o* antico) Testamento *m.*

olden ['əuldən] *a.* ⟨*rar,poet*⟩ antico, andato, passato. □ *in ~ times* (*o days*) nei tempi antichi, nel tempo andato, un tempo.

Old| English *s.* **1** ⟨*Ling*⟩ inglese *m* antico, anglosassone *m.* **2** ⟨*Tip*⟩ carattere *m* gotico. **~-face** *s.* ⟨*Tip*⟩ elzeviro *m.* **'~-'fashioned** *a.* antiquato, fuori (*o* passato) di moda, sorpassato; (*of people*) (di) vecchio stampo (*o* stile), all'antica; (*obsolete*) vecchio, superato, disusato. **~-fashioned** *am. s.* cocktail *m* a base di whisky. **~ fellow** *s.* → **old chap**. **~ fog(e)y** *s.* ⟨*fam*⟩ persona *f* di idee antiquate (*o* sorpassate), parruccone *m*, ⟨*scherz*⟩ matusa *m.* **~ folks** *s.pl.* **1** vecchi *mpl.* **2** ⟨*fam*⟩ (*one's parents*) genitori *mpl.* □ ⟨*am*⟩ *old folks' home* ospizio *m* per vecchi. **~ girl** *s.* **1** ex alunna *f.* **2** (*elderly woman*) ⟨*fam*⟩ vecchia *f.* **~ Glory** *am. s.* bandiera *f* degli Stati Uniti. **~ gold** *s.* colore *m* oro antico (*o* vecchio). **~ guard** *s.* vecchia guardia *f.* **~ hand** *s.* ⟨*fam*⟩ veterano *m*, esperto *m.* □ *to be an ~* (*at the job*) essere vecchio del mestiere. **~ Harry** *N.pr.* → **Old Nick**. **~ hat** *a.* ⟨*fam*⟩ **1** antiquato, fuori (*o* passato) di moda, sorpassato. **2** (*hackneyed*) trito, banale, ⟨*fam*⟩ fritto e rifritto.

oldish ['əuldiʃ] *a.* di una certa età, vecchiotto.

old| lady *s.* **1** vecchia signora *f*, signora *f* anziana. ⟨*fam*⟩ (*wife*) moglie *f*, ⟨*fam*⟩ vecchia *f*; (*mother*) madre *f* ⟨*fam*⟩ vecchia *f.* □ ⟨*vezz*⟩ *the ~ of Threadneedle Street* banca d'Inghilterra. **~ lag** *s.* ⟨*sl*⟩ → **old offender**. **~ maid** *s.* **1** (vecchia) zitella *f.* **2** ⟨*fig*⟩ persona *f* pedante meticolosa. **3** (*card game*) vecchia zitella *f*, dama *f* nera. **~-maidish** *a.* pedante, meticoloso. **~ man** [mæn] *s.irr.* **1** vecchio *m.* **2** ⟨*fam*⟩ (*husband*) marito *m*, ⟨*fam*⟩ vecchio *m*; (*father*) padre *m*, ⟨*fam*⟩ vecchio *m.* **3** (*in direct address*) vecchio *m* mio, ragazzo *m* mio. **4** ⟨*fam*⟩ (*employer, boss*) padrone *m*, capo *m*, ⟨*fam*⟩ vecchio *m.* ⟨*Mar.mil*⟩ (*commander*) comandante *m.* □ ⟨*am.vezz*⟩ *River* il (fiume) Mississippi; ⟨*fig*⟩ *the ~ of the sea* persona *f* di cui è difficile sbarazzarsi. **~-man's-beard** *s.* ⟨*Bot*⟩ vitalba *f.* **~ master** *s.* ⟨*Pitt*⟩ **1** (*artist*) grande maestro *m* del passato. **2** (*painting*) quadro *m* di un grande maestro del passato. **~ moon** *s.* luna *f* calante. **~ Nick** *N.pr.* ⟨*fam*⟩ diavolo *m*, ⟨*pop*⟩ caprone *m.* **~ Norse** *s.* ⟨*Ling*⟩ antico nordico *m* della Scandinavia. **~ offender** *s.* recidivo *m.* **~ One** *N.pr.* → **Old Nick**. **~ people's home** *s.* pensionato *m* per anziani. **~ Pretender** *s.* ⟨*Stor*⟩ vecchio Pretendente *m* (Giacomo III Stuart). **~ rose** *s.* rosa *m* antico. **~ salt** *s.* ⟨*Mar*⟩ vecchio marinaio *m*, lupo *m* di mare. **~ school** *s.* vecchia scuola *f*, vecchio stampo *m* (*o* stile). □ *~ tie:* 1 cravatta *f* con i colori (di una scuola privata inglese); 2 ⟨*fig*⟩ (*attitude of conservatism*) tradizionalismo *m*; 3 ⟨*fig*⟩ (*former public school boy*) ex alunno *m.* **~ stager** *s.* → **old hand**.

oldster ['əuldstə] *s.* ⟨*fam*⟩ persona *f* anziana (*o* attempata), persona d'una certa età; (*old hand*) veterano *m*, esperto *m.*

old| story *s.* ⟨*fig*⟩ fatto *m* vecchio, vecchia storia *f.* **~ style** *s.* → **old face**. **~ Style** *s.* tempo *m* calcolato secondo il calendario giuliano. **~ Testament** *s.* ⟨*Bibl*⟩ vecchio (*o* antico) Testamento *m.* **~ thing** *s.* → **old chap**. **~-time** *a.* dei tempi antichi, all'antica, vecchio stile. **'~-'timer** *s.* ⟨*fam*⟩ **1** (*old hand*) veterano *m.* (*elderly man*) vecchio *m*, anziano *m.* **~ woman** *s.* vecchia *f.* **2** ⟨*fam*⟩ (*wife*) moglie *f*, ⟨*fam*⟩ vecchia *f*; (*mother*) madre *f*, ⟨*fam*⟩ vecchia *f.* **'~-'womanish** *a.* pedante, meticoloso. **~-world** *a.* **1** (di) vecchio stile all'antica. **2** (*of the Old World*) del continente antico. **~ World** *s.* **1** vecchio mondo *m.* **2** (*Eastern hemisphere*) emisfero *m* orientale; (*Europe*) Europa *f*, continente *m* europeo. **~ year** *s.* anno *m* vecchio (*o* che sta per finire).

oleaginous [əuli'ædʒinəs] *a.* **1** (*containing oil*) oleoso; (*producing oil*) oleifero. **2** (*resembling oil*) oleoso. **3** ⟨*fig*⟩ untuoso, mellifluo.

oleander [əuli'ændə] *s.* ⟨*Bot*⟩ oleandro *m.*

oleaster [əuli'æstə] *s.* ⟨*Bot*⟩ olivo *m* selvatico.

oleic [o(u)'li:ik] *a.* ⟨*Chim*⟩ oleico: *~ acid* acido oleico.

olein ['ouliin] *s.* **1** ⟨*Chim*⟩ oleina *f.* **2** ⟨*Ind*⟩ → **oleine**. **oleine** [-li:ən] *s.* ⟨*Ind*⟩ acido *m* oleico greggio, oleina *f.*

oleograph ['əuliəgra:f] *s.* oleografia *f*, riproduzione oleografica. **oleographic** [-'græfik] *a.* oleografico. **oleography** [-li'ɔgrəfi] *s.* oleografia *f*, oleocromia *f.*

oleomargarine [əuli,u,ma:dʒə'ri:n, *am.* -'ma:dʒəri:n] *s.* → **oleo oil**. **2** ⟨*Alim*⟩ margarina *f.* **oleo oil** *s.* ⟨*Ind*⟩ oleomargarina *f.*

oleoresin [əuliu'rezin] *s.* ⟨*Chim*⟩ oleoresina *f.*

olfaction [ɔl'fækʃən] *s.* **1** (*sense of smell*) olfatto *m.* **2** (*act of smelling*) l'odorare. **olfactive** [-ktiv] *a.* → **olfactory**. **olfactory** [-ktəri] **I** *a.* olfattivo, olfattorio. **II** *s.* ⟨*Anat*⟩ nervo *m* olfattorio.

oligarch ['ɔliga:k] *s.* oligarca *m.* **oligarchic** [-ik], **oligarchical** [-ikəl] *a.* oligarchico. **oligarchy** [-i] *s.* oligarchia *f.*

oligist (iron) ['ɔlidʒist] *s.* ⟨*Min*⟩ oligisto *m*, ferro *m* oligisto.

Oligocene ['ɔligo(u)si:n] **I** *a.* ⟨*Geol*⟩ dell'oligocene. **II** *s.* oligocene *m.*

oligopolist [,ɔli'gɔpəlist] *s.* oligopolista *m.* **oligopolistic** [-ik] *a.* oligopolistico. **oligopoly** [-li] *s.* oligopolio *m.*

oligopsonist [,ɔlig'ɔpsənist] *s.* oligopsonista *m.* **oligopsony** [-ni] *s.* oligopsonio *m.*

igotrophic [ˌɒligoˈtrɔfik] *a.* ⟨*Biol*⟩ oligotrofo.

io [ˈəuliə] *s.* (*pl.* **-s** [z]) **1** ⟨*Gastr*⟩ stufato *m* di carne con verdure e spezie. **2** ⟨*fig*⟩ accozzaglia *f,* congerie *f,* farragine *f,* miscuglio *m.*

ivaceous [ˌɒliˈveiʃəs] *a.* **1** simile a un'oliva. **2** *olive–green*) olivaceo, verde oliva.

ivary [ˈɒlivəri] *a.* ⟨*Anat*⟩ olivare. □ ~ *body* oliva *f* bulbare.

ive [ˈɒliv] **I** *s.* **1** ⟨*Bot*⟩ olivo *m,* ulivo *m.* **2** (*fruit*) oliva *f.* **3** (*wood*) olivo *m,* ulivo *m,* legno *m* d'olivo. **4** (*colour*) verde *m* oliva. **II** *a.* **1** d'oliva. **2** → **olive-green. 3** (*of a complexion*) olivastro. □ ⟨*Bibl*⟩ *Mount of Olives* monte *m* degli Olivi; ⟨*Gastr*⟩ *stuffed –s* olive farcite.

live *N.pr.* Oliva *f.*

ive| branch *s.* **1** ramo *m* (*o* ramoscello) d'olivo. **2** ⟨*fig*⟩ ramoscello *m* d'olivo: *to hold out the* ~ offrire un ramoscello d'olivo, fare proposte di pace. '**~-'green I** *a.* verde oliva, olivaceo. **II** *s.* color *m* verde oliva, verde *m* oliva. ~ **grove** *s.* oliveto *m,* uliveto *m.* ~ **growing** *s.* olivicoltura *f,* oleicoltura *f.* ~ **oil** *s.* olio *m* d'oliva.

liver [ˈɒlivə] *N.pr.* **1** Oliver *m.* **2** ⟨*Stor*⟩ Oliviero *m.*

ivet [ˈɒliˈvet] *s.* perla *f* falsa (a forma d'oliva).

ive| tree *s.* ⟨*Bot*⟩ olivo *m,* ulivo *m.* ~ **wood** *s.* olivo *m,* legno *m* d'olivo.

ogy [ˈɒlədʒi] *s.* ⟨*scherz*⟩ (*any science or branch of knowledge*) scienza *f.*

lympia [o(u)ˈlimpiə] *N.pr.* Olimpia *f* (*anche Geog.stor.*).

lympiad [o(u)ˈlimpiæd] *s.* **1** ⟨*Stor.gr*⟩ olimpiade *f.* **2** ⟨*Sport*⟩ olimpiadi *fpl,* olimpiade *f.*

lympian [əuˈlimpiən] **I** *a.* **1** (*of Olympus*) olimpio, olimpico, dell'Olimpo. **2** ⟨*fig*⟩ olimpico, maestoso. **II** *s.* **1** ⟨*Mitol*⟩ divinità *f* olimpica. **2** ⟨*fig*⟩ persona *f* importante (*o* maestosa). **3** ⟨*Sport*⟩ olimpionico *m.* **4** (*inhabitant of Olympia*) abitante *m/f* di Olimpia.

lympian games *s.pl.* ⟨*Stor.gr*⟩ olimpiade *f.*

lympic [əuˈlimpik] **I** *a.* **1** olimpico, olimpio. **2** ⟨*Sport*⟩ olimpico. **II** *s.* **1** *pl.* ⟨*Sport*⟩ (*Olympic games*) giochi *mpl* olimpici, olimpiadi *fpl.* **2** ⟨*Mitol*⟩ divinità *fpl* olimpiche.

lympic| champion *s.* ⟨*Sport*⟩ campione *m* olimpionico. ~ **crew** *s.* ⟨*Sport*⟩ squadra *f* olimpionica. ~ **games** *s.pl.* ⟨*Stor*⟩ giochi *mpl* olimpici, olimpiadi *fpl.* **2** ⟨*Stor.gr*⟩ → *Olympian games.* ~-**size swimming pool** *s.* piscina *f* olimpionica. ~ **stadium** *s.* stadio *m* olimpico. ~ **village** *s.* villaggio *m* olimpico.

lympus [əuˈlimpəs] *N.pr.* ⟨*Geog*⟩ Olimpo *m.*

man [ouˈmən] *N.pr.* ⟨*Geog*⟩ Oman *m.* **Omani** [-məni] *s.* abitante *m/f* dell'Oman.

nasum [ouˈməsəm] *s.* (*pl.* **-sa** [sə]) ⟨*Zool*⟩ omaso *m.*

nbre [ˈɒmbə] *s.* ⟨*Stor*⟩ (*card game*) ombra *f;* (*player*) giocatore *m* di ombra.

nbrometer [ɒmˈbrɒmitə] *s.* ombrometro *m,* pluviometro *n.*

nbudsman [ˈɒmbudzmən] *s.irr.* difensore *m* civico, ombudsman *m.*

nega [ˈɒumigə, *am.* o(u)ˈmiːgə] *s.* **1** (*letter of the Greek alphabet*) omega *m.* **2** ⟨*fig*⟩ omega *m,* finè *f.*

nelet(te) [ˈɒmlit] *s.* ⟨*Gastr*⟩ omelette *f,* frittata *f.* □ *savoury* ~ omelette *f* con erbe; *sweet* ~ omelette *f* con marmellata.

nen [ˈɒumən] **I** *s.* auspicio *m,* segno *m* premonitore, presagio *m,* pronostico *m;* (*augury*) augurio *m,* presagio *n.* **II** *v.t.* far presagire, far prevedere. □ *a bird of ill* ~ un uccello del malaugurio; ⟨*Stor*⟩ *to make –s* trarre gli auspici. **omened** [-d] *a.* (nei composti) di ... augurio: *ill-*~ di cattivo augurio.

nental [o(u)ˈmentl] *a.* ⟨*Anat*⟩ omentale. **omentum** [-təm] *s.* (*pl.* **-s** [z]/**-ta** [tə]) omento *m.*

nicron, omikron [o(u)ˈmaikrən, *am.* ˈɒmikrɒn] *s.* (*letter of the Greek alphabet*) omicron *m.*

ninous [ˈɒminəs] *a.* **1** minaccioso, sinistro, infausto, di cattivo augurio: *an* ~ *silence* un silenzio minaccioso; (*threatening*) minaccioso: ~ *clouds* nubi minacciose. **2** (*being an omen*) che è presagio (*o* auspicio). **ominousness** [-nis] *s.* l'essere sinistro (*o* minaccioso).

nissible [əuˈmisibl] *a.* che si può omettere (*o* ralasciare).

nission [əuˈmiʃən] *s.* **1** l'omettere, il tralasciare,

omissione *f.* **2** (*s.th. omitted*) omissione *f.* **3** (*failure to do one's duty*) omissione *f,* negligenza *f;* *sins of* ~ peccati di omissione. **omissive** [əuˈmisiv] *a.* omissivo. **omit** [əuˈmit] *v.t.* (*pret., p.p.* **omitted** [-id]) tralasciare, omettere, trascurare.

omnibus [ˈɒmnibʌs] **I** *s.* **1** ⟨*non com*⟩ autobus *m.* **2** → **omnibus book. II** *a.* **1** che include (*o* riguarda) più casi (*o* voci). **2** (*multipurpose*) che serve a più scopi.

omnibus| bill *s.* ⟨*Parl*⟩ progetto *m* di legge riguardante vari problemi. ~ **book** *s.* ⟨*Lett*⟩ omnibus *m,* raccolta *f* di opere (di uno stesso autore o su uno stesso argomento). ~ **box** *s.* ⟨*Teat*⟩ palco *m* di proscenio. ~ **clause** *s.* ⟨*Assic*⟩ clausola *f* relativa a rischi contro terzi. ~ **train** *s.* omnibus *m,* treno *m* omnibus. ~ **volume** *s.* → **omnibus book.**

omnicomprehensive [ˌɒmnikɒmpriˈhensiv] *a.* ⟨*lett*⟩ omnicomprensivo.

omnifarious [ˌɒmniˈfɛəriəs] *a.* di ogni genere (*o* varietà, forma), svariato, multiforme.

omnipotence [ɒmˈnipətəns] *s.* onnipotenza *f.* **omnipotent** [-nt] *a.* onnipotente. **Omnipotent** *s.* ⟨*Rel*⟩ Onnipotente *m,* Dio *m.*

omnipresence [ˌɒmniˈpreznz] *s.* onnipresenza *f.* **omnipresent** [-nt] *a.* onnipresente.

omniscience [ɒmˈniʃəns] *s.* onniscienza *f.* **omniscient** [-nt] *a.* onnisciente. **Omniscient** *s.* Onnisciente *m,* Dio *m.*

omnium [ˈɒmniəm] *s.* ⟨*Econ*⟩ valore *m* complessivo dei vari titoli a garanzia di un prestito.

omnium gatherum [ˈgæðərəm] *s.* raccolta *f* eterogenea, miscuglio *m,* mescolanza *f.*

omnivorous [ɒmˈnivərəs] *a.* **1** ⟨*Biol*⟩ onnivoro. **2** ⟨*fig*⟩ che non è esigente in fatto di divertimenti. □ *an* ~ *reader* uno che legge di tutto.

omoplate [ˈoumo(u)pleit] *s.* ⟨*Anat,ant*⟩ omoplata *f,* scapola *f.*

omphaloc(o)ele [ˈɒmfəlo(u)siːl] *s.* ⟨*Med*⟩ onfalocele *m,* ernia *f* ombelicale.

omphalos [ˈɒmfəlɒs] *s.* **1** ⟨*Anat*⟩ ombelico *m.* **2** ⟨*fig*⟩ centro *m,* parte *f* centrale. **3** ⟨*Mil.ant*⟩ (*shield boss*) onfalo *m,* umbone *m.*

on [ɒn] **I** *prep.* **1** su, sopra: *to sit* ~ *the grass* sedere sull'erba; (*on top of*) su, sopra: *the house stands* ~ *a hill* la casa è su una collina; (*attached to*) appeso a, su, a: *a picture* ~ *the wall* un quadro appeso al muro. **2** (*to express location*) in, su, a: *to spend a holiday* ~ *the Continent* trascorrere una vacanza sul continente; *to live* ~ *an island* vivere su un'isola; ~ *the right–hand side* sulla destra, a destra; *to have lunch* ~ *the train* far colazione in treno. **3** (*with parts of the body*) su, a, in: *a ring* ~ *one's finger* un anello al dito; *a hat* ~ *one's head* un cappello in testa; *a smile* ~ *one's lips* un sorriso sulle labbra; (*on the person*) con, addosso, appresso: *I have no money* ~ *me* non ho denaro con me. **4** (*in time expressions*) *not translated:* ~ *December 30th* il 30 dicembre; ~ *Tuesday* martedì; ~ *Sundays* la domenica, di domenica, tutte le domeniche; ~ *my birthday* il giorno del mio compleanno; (*at the time of*) a: ~ *their arrival* al loro arrivo. **5** (*to indicate proximity*) su, vicino a: *a house* ~ *the river* una casa sul fiume; *to live* ~ *the coast* vivere sulla costa. **6** (*with means of conveyance*) a, con, in: ~ *foot* a piedi; ~ *horseback* a cavallo; *he arrived* ~ *the midnight flight* arrivò con il volo di mezzanotte. **7** (*to indicate direction*) su, sopra: *the march* ~ *Rome* la marcia su Roma. **8** (*to indicate an object or end*) su, per, di: *to be keen* ~ *sports* essere appassionato di sport; *to insist* ~ *punctuality* insistere sulla puntualità. **9** (*to indicate membership*) in, fra: *to be* ~ *the staff* essere nell'organico; *he is* ~ *the committee* è nel comitato. **10** (*to indicate engagement, occupation*) in: *to go* ~ *a mission* andare in missione; ~ *holiday* in vacanza; ~ *duty* in servizio. **11** (*about, concerning*) di, su, a: *to speak* ~ *foreign policy* parlare di politica estera; *an article* ~ *fashion* un articolo sulla moda; *ode* ~ *spring* ode alla primavera. **12** (*to indicate state, condition*) in: ~ *sale* in vendita; ~ *fire* in fiamme; ~ *strike* in sciopero. **13** (*to indicate manner*) a, in: ~ *the sly* alla chetichella; *to buy s.th.* ~ *the cheap* comprare qc.

a buon mercato. **14** (*to indicate source*) su: *based ~ facts* basato sui fatti; *a tax ~ imports* una tassa sulle importazioni. **15** (*to indicate aggression*) su, contro, a: *to fire ~ s.o.* sparare su qd.; *to come down ~ s.o.* scagliarsi contro qd.; (*to indicate ground, basis*) su, sotto, a, per: *to be arrested ~ a charge of murder* essere arrestato sotto l'accusa di omicidio; *to rely ~ s.o.* contare su qd.; *to swear ~ the Bible* giurare sulla Bibbia; *~ one condition* a una sola condizione; *to object ~ principle* opporsi per principio; (*to indicate agency*) di, con, su: *to be drunk ~ wine* essere ubriaco di vino; *to cut o.s. ~ a piece of glass* tagliarsi con un pezzo di vetro; *to play a tune ~ the guitar* sonare un motivo sulla (o con la) chitarra. **16** (*to indicate reduplication*) ... su ..., dietro ...: *blow ~ blow* colpo su colpo. **II** *avv.* **1** su, *often not translated: put the pot ~* metti su la pentola; *to put a record ~* mettere (su) un disco. **2** (*on the person*) addosso, su di sé, *often not translated: he had a red tie ~* portava una cravatta rossa; *he had nothing ~* non aveva niente addosso; *put your shoes ~* mettiti le scarpe; *to keep one's hat ~* tenere il cappello (in testa). **3** (*to express advance or progress*) avanti, innanzi: *he walked ~ a few miles* andò avanti per qualche miglio. **4** (*in function or activity*) in azione, in funzione, acceso, avviato, inserito: *to put the brakes ~* mettere in azione i freni; *to keep the engine ~* tenere il motore acceso. **III** *a.* **1** (*of lights, etc.*) acceso; (*of taps, etc.*) aperto; (*in use*) in azione, avviato, in funzione. **2** (*scheduled, planned*) in vista, in programma, organizzato: *there's nothing ~ tonight* non c'è niente in vista per stasera; (*scheduled for performance*) in programma, *often not translated: what's ~ at the theatre?* cosa c'è (in programma) a teatro?, cosa danno a teatro?; *there's nothing good ~ at the cinema* non c'è niente di buono al cinema. **3** (*not cancelled*) fissato, valido: *the match is ~* l'incontro rimane fissato; (*begun*) cominciato. **4** (*taking place*) in corso, in atto: *there is a war ~* c'è una guerra in atto. **5** ⟨*Teat*⟩ in scena: *she is ~ in the second act* è di scena nel secondo atto. **6** ⟨*Rad,TV*⟩ in onda, in trasmissione: *we're ~* siamo in onda. **7** ⟨*Sport*⟩ (*in cricket*) a sinistra (del campo). **8** ⟨*fam*⟩ (*willing*) pronto, disposto, disponibile. **IV** *intz.* su, avanti, suvvia. □ *~ or about the 15th of May* verso il 15 maggio; *~ and after the 10th of June* a partire (o datare) dal 10 giugno, dal 10 giugno in poi; ⟨*fam*⟩ *to be ~ at* insistere, non dar pace a; *~ an average* in media; *drinks are ~ the house* offre da bere la ditta (o il proprietario del locale); *just ~* (*of time*) precisamente, esattamente: *just ~ ten o'clock* precisamente alle dieci, alle dieci ⸢in punto⸣ (o precise); ⟨*fam*⟩ *to be ~ to* capire, afferrare, vederci chiaro; *~ with your coat* mettiti la giacca; *~ with the show* si dia inizio allo spettacolo. || *~ and ~* senza sosta (o fine), ininterrottamente; *she talked ~ and ~* non la smetteva (più) di parlare; *it's simply not ~* è semplicemente impossibile; *this one's ~ me* questo lo pago io, offro io questa volta.

onager ['ɔnədʒə] *s.* (*pl.* **-s** [z]/**-gri** [grai]) **1** ⟨*Zool*⟩ asino *m* selvatico, onagro *m.* **2** ⟨*Mil.ant*⟩ onagro *m.*

onanism ['ounənizəm] *s.* onanismo *m.* **onanist** [–nist] *s.* onanista *m/f.*

on-board [ɔn'bɔːd] *a.* ⟨*tecn*⟩ di bordo.

once [wʌns] **I** *avv.* **1** una volta: *~ a week* una volta alla settimana. **2** (*at one time in the past*) una volta, un tempo: *he ~ lived in Berlin* un tempo viveva a Berlino; (*formerly*) una volta, in precedenza, già: *a ~ famous writer* uno scrittore una volta famoso. **3** (*ever*) mai, (mai) una volta: *if we ~ relax, we are lost* se mai ci lasciamo andare, siamo perduti; *she didn't ~ offer to help* non si è offerta una volta di aiutare. **II** *congz.* quando, una volta che, non appena: *all will be well ~ he arrives* tutto andrà a posto quando arriverà; *~ you learn how to drive you'll never forget* una volta che hai imparato a guidare non lo dimentichi più. **III** *a.* (*former*) ex, antico: *the ~ king* l'ex re. **IV** *s.* (sola) volta *f.: ~ is enough* una sola volta basta. □ *all at ~:* **1** (*suddenly*) all'improvviso, improvvisamente, d'un tratto; **2** (*at the same time*) al tempo stesso, allo (o nello) stesso tempo; *~* (*and*) *for all* una volta per tutte (o sempre), una buona volta: *I'm telling you ~ and for all*

te lo dico una volta per sempre; *~ a policeman, alway[s] a policeman* un poliziotto resta sempre un poliziotto; *at ~:* **1** (*immediately*) subito, immediatamente; (*simultaneously*) contemporaneamente, nello (o allo) stess[o] tempo, insieme: *don't try to do two things at ~* no[n] cercare di fare due cose contemporaneamente; *at ~ beautiful and good* buono e bello al tempo stesso; *don't a[ll] speak at ~:* **1** non parlate tutti insieme; **2** ⟨*iron*⟩ (*asking for volunteers*) uno alla volta; *for ~* una volt[a] tanto, per una volta; *~ in a lifetime* una volta nella vit[a]; *~ more* ancora una volta, un'altra volta; *for this ~* (pe[r] questa volta; *~ or twice* una volta o due, un paio d[i] volte, qualche volta; *~ upon a time* c'era una volta (o u[n] tempo); *~ in a way* won't *hurt* per una volta, passi; *~ [in] a while* (o *way*) una volta ogni tanto, di quando i[n] quando.

once-over *s.* ⟨*fam*⟩ rapida occhiata *f.* scorsa *f.*

oncer ['wʌnsə] *s.* ⟨*fam*⟩ chi va in chiesa solo [la] domenica.

oncogen ['ɔŋkədʒiːn] *a.* oncogeno. **oncogenes[i]** [ˌɔŋkə'dʒənisis] *s.* oncogenesi *f.* **oncogenous** [–'kɔdʒənə[s] *a.* oncogeno.

oncologic(al) [ˌɔŋkə'lɔdʒik(əl)] *a.* oncologico. **oncologi[st]** [–'kɔlədʒist] *s.* oncologo *m.* **oncology** [–'kɔlədʒi] *s.* ⟨*Me[d]*⟩ oncologia *f.*

oncoming ['ɔnkʌmiŋ] **I** *a.* **1** che sopraggiunge, che avvicina, che avanza. **2** (*of time*) imminente, futur[o] prossimo: *the ~ winter* l'inverno imminente. **3** ⟨*[s.]* (*friendly*) amichevole. **II** *s.* l'avvicinarsi, l'approssimars[i] □ *pedestrians should face ~ traffic* i pedoni dovrebbe[ro] procedere in direzione opposta al traffico.

ondoscope ['ɔndəskoup] *s.* ⟨*El*⟩ ondoscopio *m.*

one [wʌn] **I** *a.* **1** un, uno: *~ man and two women u[n]* uomo e due donne; (*before numbers*) un, uno, *often not translated: ~ million* un milione; *~ thousand* mille; *~ hundred* cento; *~ third* un terzo. **2** ⟨*intens*⟩ (*only, uniqu[e]* un, uno, (uno) solo, unico: *there's only ~ solution* c'[è] un'unica soluzione, c'è solo una soluzione; *as ~ ma[n]* come un sol uomo; *his ~ idea is to get rich* la sua unic[a] idea è diventare ricco; (*very*) proprio, giusto: *he is the [very] person I don't want to see* è proprio la persona che no[n] desidero vedere; (*the same, identical*) stesso, identico: *t[he] troops were all quartered in ~ town* le truppe erano tut[te] acquartierate nella stessa città. **3** (*to indicate a contra[st] with other or another*) questo, un, uno: *let's settle [one] problem and ignore the other* risolviamo questo problem[a] e lasciamo da parte l'altro. **4** (*in agreement*) d'accord[o] (*with* con): *I am ~ with you on this point* sono d'accord[o] con te su questo punto. **5** (*a certain*) un certo: *~ Jam[es] Jones has called* ha telefonato un certo James Jones. **II** **1** uno *m: ~ and ~ make two* uno più (o e) uno fan[no] due; *thirty-~* trentuno. **2** (*single person or thing*) uno (*f* –a): *~ of my friends* uno dei miei amici. **3** ⟨*fam* (*extraordinary person*) bel tipo *m,* persona *f* straordinari[a] *oh you are a ~!* lei è un bel tipo! **4** (*one o'clock*) una **One** *s.* ⟨*Filos*⟩ Uno *m.* **III** *pron.* **1** uno, una: *~ of t[he] great names in sports* uno dei grandi nomi dello sport. (*as a demonstrative*) quello, quella: *give me the ~ th[at] costs least* mi dia quello che costa (di) meno; *I'll take t[he] ~s with the red stripe* prenderò quelli con la striscia ross[a] (*after this or that, with adjectives*) *not translated: give m[e] that ~* dammi quello; *this is the best ~* questo è migliore; *the idea is a stupid ~* l'idea è stupida, è un'id[ea] stupida. **3** (*a person*) un, uno, una, *often not translated: [to] work like ~ possessed* lavorare come un possesso. **4** (*use[d] impersonally*) si: *~ must eat to live* si deve mangiare pe[r] vivere; (*in the possessive case*) proprio, propria, *often n[ot] translated: to express ~'s opinion* esprimere la propr[ia] opinione; *to put on ~'s hat* mettersi il cappello. **5** ⟨*fam* (*blow*) pugno *m,* ⟨*fam*⟩ uno *m,* ⟨*pop*⟩ cazzotto *m: [he] landed me ~ on the chin* mi sferrò un pugno al ment[o], me ne ha mollato uno sul mento. □ *~ after the oth[er]* uno dopo l'altro; *~ and all* tutti (quanti); *it's all ~ to m[e]* per me fa lo stesso; *~ another* l'un l'altro (rif. a p[iù] persone), vicendevolmente; *they helped ~ another* si aiutavano tra di loro; *any ~* qualunque, qualsiasi; *as ~* tutti insieme, come un sol uomo; *to be at ~:* **1** essere rmonia, armonizzare (with con); 2 (to be in agreement) ·ssere d'accordo (con); **in** ~ (tutto) insieme, allo stesso ·empo; ⟨fig⟩ to be **made** ~ essere uniti in matrimonio; **no** ~ **man** could have done it nessuno avrebbe potuto farlo; ·enfat⟩ ~ **and** only unico (e solo): reading is my ~ and ·nly relaxation leggere è il mio unico svago; ~ and the ·ame lo stesso (identico), il medesimo, ⟨fam⟩ stessissimo; ·Mil,Ginn⟩ ~, **two!** ~, two! un, due!, un, due!; by ~s and ·wos uno alla volta, alla spicciolata; ⟨fam⟩ to be ~ ·p on s.o. essere sempre un passo avanti rispetto a qd. ·rov.: ~ for all and all for ~ uno per tutti, tutti per ·no.

ı̮e|-acter, ~-act play s. ⟨Teat⟩ atto m unico. **'~-'armed** ı̮. monco, privo di un braccio. **'~-armed 'bandit** s. slot ·nachine f. **~-class** a. a classe unica. **~-dimensional** a. ı̮ superficiale, ⌐che manca¬ (o privo) di profondità. 2 ⟨Geom,Fis⟩ unidimensionale. **'~-'eyed** a. **1** (having one ·ye) monocolo, che ha un solo occhio; (blind in one eye) ·ieco (o orbo) da un occhio, monocolo. 2 ⟨fam⟩ (narrow ·n outlook) di vedute ristrette. **3** ⟨sl⟩ (petty) ·nsignificante, di scarsa importanza; (inferior) scadente. **~-'family house** s. villino m unifamiliare.

ı̮efold [wʌnfould] a. semplice, singolo.

ı̮e|-'handed a. **1** con una mano sola. 2 (having only one ·iand) monco di una mano. **'~-'horse** a. **1** a un tiro. 2 ·sl⟩ (of a town) piccolo, poco importante. **3** ⟨sl⟩ ·second-rate⟩ scadente, mediocre. **'~-i'dea'd, '~-i'deaed** ı̮. che ha una sola idea fissa in testa.

ı̮eiric [o(u)'naiərik] a. onirico.

ı̮eirocritic [o(u),naiəro(u)'kritik] s. chi interpreta i sogni. **ı̮neirocriticism** [–tisizəm] s. interpretazione f dei sogni. **ı̮'neiromancy** [–ro(u)mænsi] s. oniromanzia f.

ı̮e|-'legged [legd, legid] a. **1** monco (o mutilato) di una ·gamba, con una gamba sola. 2 ⟨fig⟩ difettoso, zoppicante. **~-man** a. individuale, di un singolo: a ~ business ·ın'azienda individuale.

ı̮e-man| band s. complesso m di strumenti sonati da ·ına sola persona. ~ **business** s. ditta f individuale. ~ **company** s. società f individuale. ~ **organization** s. ⟨Ind⟩ autocrazia f aziendale. ~ **show** s. mostra f ·personale, personale f. ~ **undertaking** s. società f ·individuale.

ı̮eness ['wʌnnis] s. **1** (singleness) singolarità f, unicità f; ⟨wholeness⟩ interezza f, unità f. 2 (sameness) identità f. 3 ⟨agreement, harmony⟩ concordia f, accordo m.

ı̮e|-'off s. ⟨Ind⟩ articolo m prodotto per soddisfare la ·richiesta di un particolare cliente. **'~-'phase** a. ⟨El⟩ ·monofase. **'~-'piece I** a. intero, a un pezzo: a ~ swim ·suit un costume da bagno intero. **II** s. ⟨Vest⟩ vestito m ·intero. **~-'price** a. ⟨Comm⟩ a prezzo unico.

ı̮er ['wʌnə] s. **1** ⟨fam⟩ (person) persona f eccezionale (o ·straordinaria), fenomeno m, tipo m unico (nel suo genere); ⟨thing⟩ cosa f eccezionale (o unica), fenomeno m. 2 ⟨fam⟩ ⟨expert⟩ asso m, fenomeno m. 3 ⟨sl⟩ (knock-out blow) ·colpo m che mette fuori combattimento.

ı̮e-room| apartment, ~ flat s. monolocale m, ·monocamera f.

ı̮erous ['ɔnərəs] a. **1** gravoso, oneroso, pesante. 2 ⟨Dir⟩ ·oneroso. **onerousness** [–nis] s. onerosità f, gravosità f.

ı̮eself [wʌn'self] pron.pers. **1** (used reflexively) si, sé, se ·stesso, se stessa: to hurt ~ farsi male; to have confidence ·in ~ avere fiducia in se stessi. 2 (for emphasis) sé, se ·stesso, se stessa, often not translated: to trust no one but ~ ·fidarsi solo di se stessi. □ to be ~: 1 essere se stesso; 2 ·(to behave naturally) essere spontaneo (o naturale); by ~: ·1 (alone) (da) solo; 2 (unaided) da solo, da sé; to come to ·~: 1 riprendere conoscenza, ritornare in sé, riaversi; 2 (to ·regain one's self-possession) tornare in sé, rinsavire; to ~ ·tra sé (e sé).

ı̮e|-'sided a. **1** unilaterale (anche Dir.,Bot.). **2** ⟨fig⟩ (of a ·game, match, etc.) impari, disuguale. **3** ⟨fig⟩ (biased) ·unilaterale, parziale. **4** (of a street) con case su un solo ·lato. **,~-'sidedness** s. **1** unilateralità f. 2 (of a game, ·etc.) imparità f, disparità f, disuguaglianza f. **3** (bias) ·parzialità f, unilateralità f. **~-step** s. one–step m. **~-time** ·a. ex, di un tempo, di una volta. **~-track** a. ⟨Ferr⟩ a un ·solo binario. **~-track mind** s. mente f limitata (o

ristretta). **~-trip** a. non riutilizzabile, a perdere: ~ product prodotto non riutilizzabile. **,~-'upmanship** s. arte f di mantenere sempre un vantaggio sugli altri. **~-way** a. **1** ⟨Strad⟩ a senso unico: a ~ street una strada a senso unico. 2 (of a ticket) di sola andata. 3 ⟨fig⟩ unilaterale. 4 (non reusable) monouso, a perdere, non riutilizzabile: ~ bottle bottiglia a perdere; ~ pack confezione non riutilizzabile. **~-write system** am. s. ⟨Comm⟩ contabilità f a ricalco.

on|fall s. ⟨non com⟩ attacco m, assalto m. **~flow** s. scorrimento m, flusso m.

ongoing ['ɔngouiŋ] **I** a. **1** in corso, che procede. **2** (growing) in sviluppo, in aumento. **II** s.pl. (goings–on) vicende fpl, fatti mpl.

onion ['ʌnjən] **I** s. **1** cipolla f (anche Bot.). 2 ⟨am.sl⟩ (person) tipo m, soggetto m, tizio m. 3 ⟨sl⟩ (head) testa f, ⟨pop⟩ zucca f. 4 ⟨Aer.mil⟩ razzo m incendiario. **II** a. di cipolle: ~ soup minestra di cipolle. □ ⟨sl⟩ he knows his –s sa il fatto suo; ⟨sl⟩ to be off one's ~ essere un po' tocco.

onion marble s. ⟨Minier⟩ cipollino m.

onionskin ['ʌnjənskin] s. **1** velo m di cipolla. 2 ⟨Cart⟩ carta f pelure.

oniony ['ʌnjəni] a. che sa di cipolla.

on-licence s. licenza f per la vendita di bevande alcoliche da consumare sul posto.

on-line [ɔn'lain] a. ⟨Inform⟩ in linea.

onlooker ['ɔnlukə] s. spettatore m (f –trice), astante m/f.

only ['ounli] **I** a. **1** solo, unico: the ~ thing to do l'unica cosa da fare. 2 (having no brothers or sisters) unico: an ~ child un figlio unico. **II** avv. **1** solamente, soltanto, solo: there are ~ three left ne sono rimasti soltanto tre; ~ then did he speak soltanto allora parlò; I saw ~ him vi-di solamente lui; I ~ saw him l'ho soltanto visto (non gli ho parlato). **2** (exclusively) soltanto, unicamente, esclusivamente, solo, solamente. 3 (as recently as) solo, soltanto, appena: ~ yesterday solo ieri. **III** congz. (but) solo, ma, però; (were it not that) solo che, senonché, se non fosse (stato) che. □ entrance for members ~ ingresso riservato ai soli soci; ~ too: 1 (very) molto, assai, estremamente: I should be ~ too pleased sarei molto contento; 2 (unfortunately) purtroppo, disgraziatamente: it is ~ too true purtroppo è vero.

on-off a. ⟨tecn⟩ intermittente. □ ~ switch interruttore acceso-spento.

onomatope [o(u)'nɔmətoup] s. ⟨Ling⟩ parola f onomatopeica, onomatopea f.

onomatopoeia [,ɔnə,mætə'pi:ə] s. ⟨Ling⟩ onomatopea f. **onomatopoeic** [–'pi:ik], **onomatopoeical** [–'pi:ikəl] a. onomatopeico. **onomatopoeically** [–'pi:ikəli] avv. in modo onomatopeico. **onomatopoetic** [–po(u)'etik] a. → **onomatopoeic(al).**

on|rush s. assalto m, attacco m. **~set** s. **1** inizio m, principio m: the ~ of winter l'inizio dell'inverno. 2 (attack) attacco m, assalto m. 3 ⟨Med⟩ (of a disease) sintomi mpl iniziali. **~shore I** a. **1** dal largo (verso terra): ~ wind vento dal largo. 2 (situated on the shore) a riva, sulla riva; (near the shore) vicino alla riva. 3 ⟨am.Econ⟩ interno, nazionale. **II** avv. **1** verso riva (o terra). 2 (close to the shore) vicino alla riva. 3 (ashore) a riva, a terra, sulla terraferma. 4 ⟨am.Econ⟩ all'interno. **~slaught** s. **1** assalto m violento, attacco m furioso. 2 ⟨Med⟩ (of a disease) assalto m, attacco m. **'~-'stage** a./avv. ⟨Teat⟩ in scena.

Ontarian [ɔn'tɛəriən] **I** a. (caratteristico) dell'Ontario. **II** s. abitante m/f dell'Ontario. **Ontario** [–riou] N.pr. ⟨Geog⟩ Ontario m.

onto, on to ['ɔntu:, 'ɔntə] prep. su, sopra.

ontogenesis [,ɔnto(u)'dʒenisis] s. ⟨Biol⟩ ontogenesi f, ontogenia f. **ontogenetic** [–dʒi'netik] a. ontogenetico. **ontogeny** [–'tɔdʒəni] s. → **ontogenesis.**

ontologic [,ɔntə'lɔdʒik], **ontological** [–əl] a. ⟨Filos⟩ ontologico. **ontologist** [–'tɔlədʒist] s. ontologista m. **ontology** [–'tɔlədʒi] s. ontologia f.

onus ['ounəs] s. **1** peso m, gravame m, obbligo m, ⟨lett⟩ onere m. **2** → **onus probandi. onus probandi** lat. [pro(u)'bændai] s. ⟨Dir⟩ onere m della prova.

onward ['ɔnwəːd] **I** *a.* in avanti. **II** *avv.* → **onwards**.

onwards [–z] *avv.* **1** in avanti. **2** (*of time*) in poi, in avanti.

onychophagia [ˌɔnikəˈfeidʒiə], **onychophagy** [–ˈkɔfædʒi] *s.* ⟨*Med*⟩ onicofagia *f.*

onyx ['ɔniks, 'ouniks] *s.* ⟨*Min*⟩ onice *f.*

oodles ['uːdlz] *s.pl.* (costr. sing. o pl.) ⟨*fam*⟩ gran quantità *f*, ⟨*fam*⟩ sacco *m*, ⟨*fam*⟩ mucchio *m:* ~ *of money* un sacco di soldi.

oof [uːf] *s.* ⟨*sl*⟩ denaro *m*, soldi *mpl*, quattrini *mpl*, ⟨*gerg*⟩ grana *f.*

oogenesis [ˌouəˈdʒenisis] *s.* ⟨*Biol*⟩ ovogenesi *f*, oogenesi *f.*

ooh [uː] *intz.* **1** (*to express surprise*) oh, ah, ohi. **2** (*to express delight*) oh, ah. **3** (*to express pain*) oh, ohi, ohi ohi.

oomph [uːmf] *s.* ⟨*sl*⟩ **1** (*sex appeal*) attrattiva *f* fisica, sex-appeal *m.* **2** (*energy, vitality*) energia *f*, vitalità *f.*

oops [uːps] *intz.* (*to express dismay, surprise*) oh, ah.

oosperm ['ouəspəːm] *s.* ⟨*Biol*⟩ zigote *m.* **oosphere** [–sfiə] *s.* oosfera *f.* **oospore** [–spɔː] *s.* ⟨*Bot*⟩ oospora *f*, zigote *m.*

ooze[1] [uːz] **I** *v.i.* **1** colare, stillare, fluire lentamente, filtrare: *blood –d from the wound* il sangue colava dalla ferita. **2** (*to exude moisture*) trasudare. **3** (*of air, sound, etc.*) filtrare, trapelare. **4** ⟨*fig*⟩ (*to exude*) rivelare, far trasparire, far trapelare, trasudare (*with s.th.* qc.): *an expression that –s with hostility* un'espressione che rivela animosità. **5** ⟨*fig*⟩ (*to disappear slowly;* general. con *out, away*) svanire (*o* scomparire) lentamente, dileguarsi. **II** *v.t.* **1** stillare, grondare: *to* ~ *blood* stillare sangue. **2** ⟨*fig*⟩ (*to give off*) trasudare, far trapelare, rivelare. **III** *s.* **1** stillicidio *m.* **2** (*s.th. that oozes*) liquido *m* che filtra (*o* trasuda). **3** ⟨*Conc*⟩ liquido *m* da concia.

ooze[2] *s.* **1** (*on the seabed*) melma *f.* **2** (*mud, slime*) fango *m*, fanghiglia *f*, mota *f*, limo *m.* **3** (*muddy ground*) pantano *m*, palude *f.*

oozy[1] ['uːzi] *a.* **1** che trasuda umidità. **2** (*damp with moisture*) umido.

oozy[2] *a.* limaccioso, fangoso, melmoso.

op. = **1** *opera* opera. **2** *opposite* di fronte. **3** *opus* opera.

o.p. = ⟨*Edit*⟩ *out of print* esaurito.

opacify [o'pæsifai] *v.t.* opacificare.

opacity [o(u)'pæsiti] *s.* **1** opacità *f.* **2** ⟨*fig*⟩ (*obscurity of meaning*) oscurità *f*, mancanza *f* di chiarezza. **3** ⟨*fig*⟩ (*mental dullness*) ottusità *f* (di mente), mancanza *f* di acume, stupidità *f.*

opah ['oupə] *s.* ⟨*Itt*⟩ lampride *m*, pesce *m* re.

opal ['oupəl] *s.* **1** ⟨*Min*⟩ opale *m/f.* **2** → **opal glass**.

opalescence [ˌoupə'lesns] *s.* opalescenza *f*, iridescenza *f.* **opalescent** [–nt], **opalesque** [–'lesk] *a.* opalescente, iridescente.

opal glass *s.* ⟨*Vetr*⟩ opalina *f*, vetro *m* opalino.

opaline ['oupəlin, –lain] **I** *a.* opalino. **II** *s.* → **opal glass**. **opalize** [–laiz] *v.t.* opalizzare.

opaque [o(u)'peik] *a.* **1** opaco, non trasparente: ~ *glass* vetro opaco. **2** ⟨*fig*⟩ (*obscure*) oscuro, poco chiaro. **3** ⟨*fig*⟩ (*of a person*) ottuso, poco intelligente, stupido. **opaqueness** [–nis] *s.* opacità *f.*

op art *s.* → **optical art**.

op. cit. = *opere citato* opera citata.

ope[1] [oup] *a.* ⟨*rar,poet*⟩ → **open**[1]. **ope**[2] *v.* ⟨*rar,poet*⟩ → **open**[2].

OPEC = *Organization of Petroleum Exporting Countries* Organizzazione dei paesi esportatori di petrolio.

open[1] ['oupən] **I** *a.* **1** aperto: *the window is* ~ la finestra è aperta. **2** (*not closed or covered*) aperto, scoperto: *an* ~ *veranda* una veranda aperta; *an* ~ *carriage* una carrozza scoperta. **3** (*exposed, unfenced*) aperto, libero, spazioso: ~ *country* aperta campagna; (*allowing passage*) libero, sgombro: *the road is* ~ la strada è libera. **4** (*of shops, etc.*) aperto: *the museum is not yet* ~ il museo non è ancora aperto. **5** (*accessible to all*) pubblico, libero, aperto ⌈a tutti⌉ (*o* al pubblico) (*anche Sport.*): *an* ~ *meeting* una riunione pubblica; *an* ~ *tournament* un torneo pubblico. **6** (*unfolded, spread out*) aperto, spiegato: *the book lay* ~ il libro era aperto; (*of flowers*) aperto, dischiuso, schiuso. **7** (*having no protective cover*) scoperto, nudo: *an* ~ *wire* un

filo scoperto. **8** ⟨*fig*⟩ (*not concealed*) manifesto, aperto, chiaro, palese: ~ *hostility* manifesta ostilità; ~ *war* guerra aperta; (*of public knowledge*) di dominio pubblico, noto a tutti; *an* ~ *scandal* uno scandalo di dominio pubblico. ⟨*fig*⟩ (*free from reserve*) franco, aperto, schietto, sincero; (*broad-minded*) di larghe vedute, di mentalità aperta. **10** ⟨*fig*⟩ (*liable, exposed*) esposto, soggetto (*to* a): *to be* ~ *to criticism* essere esposto a critiche. **11** ⟨*fig*⟩ (*available to use*) disponibile (*to* per), accessibile (a); (*free, not taken*) libero, vacante, scoperto, disponibile; (*of invitation, offer*) sempre valido. **12** ⟨*fig*⟩ (*not settled*) aperto, insoluto, in sospeso: *an* ~ *question* una questione aperta. **13** ⟨*fig*⟩ (*responsive*) pronto, disposto, disponibile: *I am always* ~ *to suggestions* sono sempre pronto ad accogliere i suggerimenti. **14** (*having voids, spaces*) rado, largo, distanziato: ~ *ranks* file rade; (*scattered*) rado, sparso. **15** (*porous*) poroso; (*granular*) granuloso, (*loose-textured*) rado. **16** (*of a code, message*) in chiaro. **17** ⟨*Mar*⟩ (*free of ice*) sgombro dai ghiacci, navigabile; (*high*) alto, aperto; (*free of hazards*) con fondale profondo, senza secche. **18** ⟨*Mil*⟩ (*undefended*) indifeso, scoperto, esposto. **19** ⟨*Med*⟩ (*of a lesion, etc.*) aperto. **20** ⟨*Ling*⟩ (*of a vowel*) libero; (*of a consonant*) spirante, costrittivo; (*of a syllable*) aperto. **21** ⟨*Mus*⟩ (*of a string*) libero; (*of a tone, note*) aperto. **22** ⟨*Chim*⟩ a catena aperta. **II** *s.* **1** (*open space*) scoperto *m*, aperto *m;* (*open country*) aperta campagna *f.* **2** (*open air*) aperto *m*, aria *f* aperta. **3** (*of water*) acque *fpl* libere (*o* aperte). **4** ⟨*Sport*⟩ gara *f* libera. □ ⟨*fig*⟩ *he keeps* ~ *doors* la sua casa è aperta a tutti; ~ *enemy* un nemico dichiarato; ⟨*fig*⟩ *to keep one's eyes* ~ tenere gli occhi aperti; *to force* ~ aprire con la forza; ⟨*fig*⟩ *to give with* ⌈*an* ~ *hand*⌉ (*o open hands*) dare a piene mani, essere generoso; ~ *to improvement* suscettibile di miglioramento; **in** *the* ~: 1 all'aperto, all'aria aperta, allo scoperto: *to sleep in the* ~ dormire all'aperto, ⟨*scherz*⟩ dormire alla bella stella; 2 ⟨*fig*⟩ di dominio pubblico, noto a tutti; *to fight in the* ~ combattere in campo aperto; ⟨*fig*⟩ *to come out* **into** *the* ~ essere franco, mettere le carte in tavola; *to* **keep** ~ tenere aperto; rimanere (*o* restare) aperto.

open[2] **I** *v.t.* **1** aprire, schiudere, dischiudere: *to* ~ *one's eyes* aprire gli occhi. **2** (*to unwrap, unfasten*) disfare, sciogliere, aprire: *to* ~ *a parcel* disfare un pacco. **3** (*to declare open to the public*) inaugurare, aprire: *to* ~ *Parliament* aprire il Parlamento. **4** (*to unfold, spread out*) aprire, spiegare, allargare: *to* ~ *a newspaper* aprire il giornale; *to* ~ *one's arms* aprire le braccia. **5** (*to clear obstacles*) sgombrare. **6** (*to make an opening in*) aprire, fare un'apertura in. **7** (*to begin*) aprire, dare inizio, cominciare, iniziare: *to* ~ *peace talks* aprire negoziati di pace. **8** (*to enlighten*) illuminare, aprire gli occhi. **9** (*to divulge*) rivelare, svelare, palesare: *to* ~ *one's design* rivelare i propri piani. **10** ⟨*Fisiol*⟩ (*of bodily passage*) liberare, svuotare, evacuare. **11** ⟨*Mar*⟩ (*to come into sight of*) giungere in vista di. **12** ⟨*Econ*⟩ (*of an account*) aprire, accendere. **II** *v.i.* **1** aprirsi, schiudersi: *the door –ed* la porta si aprì. **2** (*to be available for business, etc.*) aprire, venire aperto: *the shops* ~ *at nine* i negozi aprono alle nove. **3** (*to begin*) cominciare, iniziare, aprire. **4** (*to unfold, spread out*) aprirsi, spiegarsi; (*of flowers*) aprirsi, sbocciare, schiudersi; (*to separate*) dischiudersi, schiudersi: *her lips –ed* le sue labbra si dischiusero. **5** ⟨*fig*⟩ (*to become revealed*) schiudersi, manifestarsi, rivelarsi. **6** ⟨*fig*⟩ (*to make plain one's thoughts*) aprirsi, confidarsi. (*to give access*) aprirsi, dare, guardare (*on to* su): *the bedrooms on to the garden* le stanze da letto danno sul giardino; *have a door leading to*) aprirsi, dare (*into* su): *the room into a corridor* la stanza si apre su un corridoio. **8** (*become less compact*) allargarsi. **9** (*to come into view*) apparire. **10** (*in card games*) aprire, iniziare la partita. *to* ~ *the* **bidding** (*in cards*) aprire la dichiarazione; *to* ~ *s.o.'s* **mouth** costringere qd. a parlare, far parlare qd. *to* ~ **out**: 1 (*to unfold*) spiegare, aprire, dispiegare; 2 (*of view*) apparire, rivelarsi; ⟨*Mil*⟩ *to* ~ **ranks** rompere le righe; ⟨*Agr*⟩ *to* ~ *the* **soil** dissodare il terreno; *to* ~ **up**: 1 aprire: *to* ~ *up a wound* aprire una ferita; 2 (*open surgically*) incidere; 3 (*to bring into view*) scoprire, ffrire alla vista; 4 (*to disclose, reveal*) rivelare, svelare; 5 (*to start*) avviare, iniziare, intraprendere; 6 (*to begin firing*) aprire il fuoco (*on* su); 7 (*fam*) (*to speak freely*) prirsi, confidarsi, parlare apertamente, (*fam*) sbottonarsi; (*fam*) (*to increase speed*) aumentare la velocità, (*fam*) are gas; 9 (*Sport*) allargare il gioco; *to ~ up new orizons* aprire nuovi orizzonti.

enable ['oupənəbl] *a.* apribile, che si può aprire.

en| account *s.* (*Econ*) 1 conto *m* aperto. 2 (*current ccount*) conto *m* corrente. **~ admission** *s.* (*Univ*) ibero accesso *m.* '~-'air *a.* all'aperto, all'aria aperta: *an ~ oncert* un concerto all'aperto. **~ air** *s.* aperto *m,* aria *f* perta. **~-air school** *s.* scuola *f* all'aperto. '~-and-'shut *. (fam)* ovvio, scontato, evidente. '~-'armed *a.* a braccia perte. **~-cast** *a.* (*Minier*) a cielo aperto, a giorno: ~ *nining* scavo a cielo aperto. **~ cheque** *s.* (*Econ*) assegno *n* 'non sbarrato' (*o* ordinario). **~-circuit** *a.* (*El*) a ircuito aperto. **~ city** *s.* (*Mil*) città *f* aperta. **~ court** *s. (Dir)* processo *m* a porte aperte. **~ credit** (*Econ*) redito *m* allo scoperto. **~ door** *s.* 1 (*Pol*) politica *f* iberistica (*o* della porta aperta). 2 (*freedom of access*) bero accesso *m.* '~-'eared *a.* con le orecchie tese, utt'orecchi. '~-'end, ~-'ended *a.* 1 senza limiti precisi, ndeterminato, indefinito. 2 (*free for interpretation*) aperto qualsiasi interpretazione. **~-end question** *s.* domanda aperta. **~-end trust** *s.* (*Econ*) fondo *m* comune 'investimento a capitale variabile. **~ enrolment** *s.* → **pen admission**.

ener ['oupənə] *s.* 1 chi apre. 2 (*device for opening*) rnese *m* (*o* utensile) per aprire; (*tin opener*) apriscatole *n*; (*bottle opener*) apribottiglie *m.* 3 (*Teat*) numero *m* 'apertura. 4 (*Sport*) partita *f* 'd'apertura' (*o* d'inizio). 5 *l.* (*in poker*) apertura *f.*

en|-'eyed I *a.* 1 con gli occhi aperti. 2 (*watchful*) uardingo, vigile; (*aware*) consapevole, conscio. 3 *surprised*) sorpreso, con gli occhi spalancati. II *avv.* 1 on piena consapevolezza, a occhi aperti. 2 (*in mazement*) con sorpresa. '~-'faced *a.* 1 dal viso aperto *o* leale). 2 (*barefaced*) a viso scoperto. '~-'handed *a.* unifico, generoso, liberale. ,~-'handedly *avv.* con beralità, con generosità. ,~-'handedness *s.* munificenza liberalità *f,* generosità *f.* '~-'hearted *a.* 1 sincero, ranco, aperto, schietto. 2 (*generous*) generoso, aagnanimo. ,~-'heartedly *avv.* a cuore aperto, nceramente, con franchezza. ,~-'heartedness *s.* 1 ranchezza *f,* schiettezza *f,* sincerità *f.* 2 (*generosity*) enerosità *f.* '~-'hearth process *s.* (*Met*) processo *m* Martin–Siemens. '~-'hearth steel *s.* acciaio *m* Martin. **~ eart surgery** *s.* (*Chir*) chirurgia *f* a cuore aperto. **~ ouse:** *to keep ~* avere la casa sempre aperta agli spiti.

ening ['oupəniŋ] I *s.* 1 apertura *f*; (*of a flower*) lo occiare. 2 (*formal opening*) apertura *f,* inaugurazione *f: e ~ of a new motorway* l'apertura di una nuova utostrada. 3 (*beginning*) apertura *f,* inizio *m*; (*initial art*) inizio *m,* principio *m: the ~ of a speech* l'inizio di n discorso. 4 (*open space, gap*) varco *m,* apertura *f,* oacco *m: an ~ in the hedge* un varco nella siepe; (*hole*) uco *m,* apertura *f.* 5 (*forest clearing*) radura *f.* 6 *mployment vacancy*) posto *m* disponibile (*o* vacante). 7 *ig*) (*opportunity*) momento *m* adatto, opportunità *f,* ccasione *f* (favorevole). 8 (*in chess, cards*) apertura *f* iniziale. 9 (*Teat*) (*of a play*) prima *f,* (*of an artist*) ordio *m,* debutto *m.* 10 (*Dir*) esposizione *f* dei fatti. 1 (*Econ,Pol*) apertura *f: ~ of books* apertura dei libri ontabili. II *a.* 1 inaugurale, di apertura: *the ~ ceremony* cerimonia inaugurale. 2 (*introductory*) introduttivo, 'apertura: ~ *remarks* osservazioni introduttive. 3 *arm*) lassativo.

ening| bid *s.* (*in cards*) dichiarazione *f* iniziale (*o* 'apertura). **~ ceremony** *s.* cerimonia *f* d'apertura. **~ ours** *s.pl.* orario *m* di apertura. **~ night** *s.* (*Teat*) rima *f.* **~ speech** *s.* discorso *m* di apertura. **~ time** *s.* rario *m* d'apertura.

enly ['oupənli] *avv.* 1 apertamente, con franchezza, a iso aperto. 2 (*without concealment*) apertamente; *ublicly*) pubblicamente.

---

open| market *s.* (*Comm*) mercato *m* libero (*o* aperto). '~-'minded *a.* 1 di mentalità aperta, di larghe vedute. 2 (*unprejudiced*) spregiudicato, che non ha pregiudizi (*o* preconcetti). ,~-'mindedness *s.* 1 larghezza *f* di vedute, mentalità *f* aperta, apertura *f* mentale. 2 (*freedom from prejudice*) spregiudicatezza *f.* '~-'mouthed *a.* 1 con la bocca aperta. 2 (*amazed*) a bocca aperta. 3 (*greedy*) vorace, avido. 4 (*vociferous*) chiassoso, rumoroso. '~-'necked *a.* (*of a shirt*) con il collo aperto.

openness ['oupənnis] *s.* 1 franchezza *f,* schiettezza *f,* sincerità *f.* 2 (*open-mindedness*) apertura *f* mentale, larghezza *f* di vedute.

open| order *s.* (*Mil*) formazione *f* aperta. **~-pit** *am. a.* (*Minier*) a cielo aperto. **~ plan school** *s.* scuola *f* aperta. **~ question** *s.* faccenda *f* in sospeso, questione *f* aperta. **~ sandwich** *s.* (*Gastr*) tartina *f.* **~ sea** *s.* mare *m* aperto. **~ season** *s.* (*Venat,Pesc*) stagione *f* in cui la caccia (*o* pesca) è aperta. **~ secret** *s.* (*fig*) segreto *m* di Pulcinella. **~ sesame** I *intz.* apriti sesamo. II *s.* (*fig*) aiuto *m* miracoloso, apriti sesamo *m.* '~-'shelf *a.* (*Bibliot*) a scaffali aperti. **~ shop** *s.* azienda *f* che impiega anche operai non iscritti ai sindacati. **~work** I *s.* 1 lavoro *m* a giorno, à jour *m.* 2 (*Minier*) lavorazione *f* a cielo aperto. II *a.* traforato, a traforo, a giorno: ~ *stockings* calze traforate.

opera ['ɔpərə] *s.* 1 opera *f,* lirica *f.* 2 (*composition*) opera *f* (lirica), dramma *m* (*o* opera *f*) musicale. 3 (*performance*) opera *f: to go to the ~* andare all'opera. 4 → **opera house**.

operable ['ɔpərəbl] *a.* 1 che si può mettere in funzione (*o* uso). 2 (*capable of being put into practice*) fattibile. 3 (*Chir*) operabile.

opéra bouffe *fr.* [ɔpe'ra'buf] *s.* (*Mus*) opera *f* buffa (*o* comica).

opera cloak ['ɔpərə] *s.* (*Vest*) mantello *m* da sera.

opéra comique *fr.* [ɔpe'ra kɔ'mi:k] *s.* opera comique *f.*

opera|-glasses *s.pl.* binocolo *m* da teatro. **~ hat** *s.* (*Mod*) gibus *m.* **~ house** *s.* teatro *m* lirico (*o* dell'opera), opera *f.*

operand ['ɔpærənd] *s.* (*Inform*) operando *m.*

operate ['ɔpəreit] I *v.i.* 1 operare, agire, influire, avere effetto. 2 (*to work, function*) funzionare, lavorare: *this television ~s on batteries* questa televisione funziona a batterie; (*to perform a process of work*) lavorare (*on, upon s.th.* qc.). 3 (*to be in operation*) essere in funzione, funzionare. 4 (*of a person: to conduct activity*) svolgere la propria attività, operare. 5 (*Farm*) (*of a drug*) agire, avere efficacia. 6 (*Chir*) operare (*on s.o.* qd.): *to ~ on s.o. for appendicitis* operare qd. di appendicite. 7 (*Mil*) operare. 8 (*Econ*) operare (in borsa). II *v.t.* 1 (*to cause to function*) azionare, far funzionare; (*to run, manage*) dirigere, condurre, gestire. 2 (*to perform, carry out*) operare, compiere, fare; (*to bring about*) produrre, causare, provocare. 3 (*Chir*) operare (*anche assol.*).

operatic [ɔpə'rætik] *a.* (*Mus*) d'opera, operistico, lirico.

operatics [-s] *s.pl.* (costr. sing. o pl.) 1 (*Mus*) esecuzione *f* di un'opera. 2 (*fig*) atteggiamenti *mpl* melodrammatici, scene *fpl.*

operating ['ɔpəreitiŋ] *a.* 1 operante, attivo, funzionante. 2 (*Econ*) di gestione, d'esercizio: ~ *costs* spese di gestione. 3 (*Chir*) operatorio. 4 (*Ind*) operativo: ~ *cycle* ciclo operativo.

operating| base *s.* (*Mil*) base *f* operativa. **~ costs** *s.pl.* costi *mpl* d'esercizio. **~ deficit** *s.* (*Econ*) perdita *f* di gestione. **~ expenses** *s.pl.* spese *fpl* operative (*o* di gestione). **~ instructions** *s.pl.* istruzioni *fpl* per il funzionamento. **~light** *s.* lampada *f* asciatica. **~ loss** *s.* (*Econ*) perdita *f* di gestione (*o* esercizio). **~ mask** *s.* (*Chir*) maschera *f* chirurgica. **~ profit** *s.* (*Econ*) utile *m* d'esercizio. **~ programme** *s.* programma *m* operativo. **~ room** *am.* → **operating theatre**. **~ statistics** *s.pl.* (costr. sing.) statistica *f* aziendale. **~ system** *s.* (*Inform*) sistema *m* operativo. **~ table** *s.* tavolo *m* operatorio. **~ theatre** *s.* sala *f* operatoria. **~ theatre block** *s.* (*Chir*) blocco *m* operatorio.

operation [ɔpə'reiʃən] *s.* 1 funzionamento *m,* azione *f*; (*running, managing*) gestione *f,* direzione *f,* conduzione *f.*

2 (*series of actions*) operazione *f: rescue* –*s* operazioni di salvataggio. **3** (*act of producing an effect*) influenza *f,* azione *f;* (*efficacy*) effetto *m,* efficacia *f.* **4** (*method of functioning*) funzionamento *m.* **5** ⟨*Chir*⟩ operazione *f,* intervento *m* chirurgico. **6** ⟨*Mil,Mat,Econ*⟩ operazione *f:* ~ *Tiger* operazione Tigre. **7** *pl.* ⟨*Mil*⟩ (*conduct of a campaign, etc.*) operazioni *fpl* (belliche): *theatre of* –*s* teatro delle operazioni. **8** *pl.* ⟨*Mil,Aer*⟩ (*headquarters*) base *f* di operazione. ▢ ⟨*Chir*⟩ *to have an* ~ subire un'operazione, sottoporsi a un intervento; *in* ~: 1 in funzione, in azione: *to set in* ~ mettere in funzione (*o* azione); 2 (*in force, effect*) in vigore, in forza; *to come into* ~ entrare in vigore; ⟨*Chir*⟩ *to perform an* ~ *on s.o.* operare qd., sottoporre qd. a un'operazione.

operational [‚ɔpəˈreiʃənl] *a.* **1** in attività, in funzione, in azione. **2** ⟨*Mil*⟩ operativo, d'operazione, relativo a operazioni belliche. **3** ⟨*Comm*⟩ di gestione, d'esercizio. **4** ⟨*Mat*⟩ operatorio, operazionale.

operational| criteria *s.pl.* criteri *mpl* operativi. ~ **flexibility** *s.* versatilità *f.* ~ **research** *s.* → **operations research**.

operation| code *s.* ⟨*Inform*⟩ codice *m* operativo. ~ **research** *s.* ricerca *f* operativa.

operations research *am. s.* ricerca *f* operativa.

operative [ˈɔpərətiv] **I** *a.* **1** (*functioning*) operante, funzionante, attivo. **2** (*in force*) operante, in vigore, valido: *the law is not yet* ~ la legge non è ancora operante; (*in effect*) operativo, vigente. **3** (*producing an effect*) efficace, operante: *an* ~ *drug* un farmaco efficace. **4** (*involving physical operations*) manuale: ~ *arts* arti manuali. **5** ⟨*Chir*⟩ operatorio. **II** *s.* **1** (*factory hand*) operaio *m* (*f* –a) (di una fabbrica); (*worker*) operaio *m* (*f* –a), lavoratore *m* (*f* –trice); (*artisan*) artigiano *m* (*f* –a). **2** ⟨*am*⟩ (*private detective*) investigatore *m* privato.

operative| clause *s.,* ~ **provisions** *s.pl.* ⟨*Dir*⟩ dispositivo *m.* ~ **surgery** *s.* chirurgia *f.* ~ **technique** *s.* ⟨*Chir*⟩ tecnica *f* operatoria.

operator [ˈɔpəreitə] *s.* **1** operatore *m* (*f* –trice) (*anche Tel.,Rad.,Econ.*). **2** (*switchboard operator*) centralinista *m/f,* telefonista *m/f.* **3** ⟨*Mat*⟩ operatore *m.* **4** ⟨*Comm*⟩ gestore *m,* dirigente *m.* **5** ⟨*Chir*⟩ operatore *m,* chirurgo *m* operatore. **6** ⟨*sl*⟩ (*crafty person*) furbo *m* (*f* –a), ⟨*fam*⟩ dritto *m* (*f* –a); (*shrewd person*) ⟨*spreg*⟩ trafficante *m/f.* **7** ⟨*am.Aut*⟩ (*driver*) autista *m,* conducente *m.* ▢ ⟨*Tel*⟩ *to call the* ~ chiamare il centralino.

opercular [o(u)ˈpɔːkjələ] *a.* ⟨*Biol*⟩ opercolare. **operculate** [–lit], **operculated** [–kjulitid] *a.* ⟨*Biol*⟩ opercolato. **operculum** [–kjuləm] *s.* (*pl.* -**s** [z]/-**la** [lə]) opercolo *m.*

operetta [‚ɔpəˈretə] *s.* ⟨*Mus*⟩ operetta *f.*

operose [ˈɔpərous] *a.* **1** faticoso. **2** (*industrious*) operoso, laborioso.

Ophelia [ɔˈfiːljə] *N.pr.* Ofelia *f.*

ophidian [o(u)ˈfidiən] **I** *a.* ⟨*Zool*⟩ degli ofidi. **II** *s.* ofide *m.*

ophite [ˈɔfait] *s.* ⟨*Min*⟩ ofite *f.*

ophthalmia [ɔfˈθælmiə] *s.* ⟨*Med*⟩ oftalmia *f.* **ophthalmic** [–mik] *a.* oftalmico: ~ *nerve* nervo oftalmico.

ophthalmologic [ɔf‚θælmo(u)ˈlɔdʒik], **ophthalmological** [–əl] *a.* ⟨*Med*⟩ oftalmologico. **ophthalmologist** [–ˈmɔlədʒist] *s.* oftalmologo *m* (*f* –a). **ophthalmology** [–ˈmɔlədʒi] *s.* oftalmologia *f,* oftalmoiatria *f.*

ophthalmoscope [ɔfˈθælməskoup] *s.* ⟨*Med*⟩ oftalmoscopio *m.* **oph,thalmoscopic** [–ˈskɔpik], **oph,thalmoscopical** [–ˈskɔpikəl] *a.* oftalmoscopico. **ophthalmoscopy** [–ˈmɔskəpi] *s.* oftalmoscopia *f.*

ophthalmotomy [‚ɔfθælˈmɔtəmi] *s.* ⟨*Chir*⟩ oftalmotomia *f.*

opiate [ˈoupiit] **I** *s.* **1** ⟨*Farm,fig*⟩ oppiato *m.* **2** (*soporific*) sonnifero *m,* soporifero *m;* (*narcotic*) narcotico *m.* **II** *a.* **1** oppiato. **2** (*inducing sleep*) soporifero. **3** ⟨*fig*⟩ stuporoso, che intorpidisce. **III** *v.t.* oppiare.

opine [o(u)ˈpain] **I** *v.t.* **1** ritenere, essere dell'opinione che, opinare. **2** (*to give as an opinion*) esprimere il parere (*o* l'opinione) che. **II** *v.i.* farsi (*o* avere) delle opinioni.

opinion [əˈpinjən] *s.* **1** opinione *f,* parere *m; (belief, view*) opinione *f,* cònvinzione *f;* (*accepted view*) opinione *f* (comune): ~ *has it that* è opinione comune che; *public* ~ la

pubblica opinione. **2** (*professional, expert judgeme* parere *m,* consiglio *m: to seek a specialist's* ~ chiedere parere di un esperto. **3** (*estimation*) stima *f,* opinione considerazione *f: to have a high* ~ *of o.s.* avere un'a opinione di sé. **4** ⟨*Dir*⟩ parere *m.* ▢ *to have the coura of one's* –*s* avere il coraggio delle proprie opinioni; **form** *an* ~ *of s.o.* formarsi (*o* farsi) un'opinione di (*o* qd.; *to* **give** *one's* ~ esprimere la propria opinione; *have a* **good** ~ *of s.o.* avere una buona opinione di qd.; *my* ~ secondo me, a mio parere, a mio modo di vede *in the* ~ *of* secondo; *to have a* **low** ~ *of s.o.* avere un cattiva opinione di qd.; *to* **stand** *by one's* ~ restare fed alle proprie idee.

opinionated [əˈpinjəneitid] *a.* **1** ostinato, caparbio, tena **2** (*dogmatic*) dogmatico. **opinionative** [–tiv] *a.* d'opinione. **2** → **opinionated**.

opinion| leader, ~ **maker** *s.* formatore *m* d'opinio opinion-maker *m.* ~ **poll** *s.* sondaggio *m* d'opinioni. **research** *s.* ricerca *f* opinione.

opium [ˈoupiəm] *s.* oppio *m* (*anche fig.*).

opium| addict *s.* oppiomane *m/f.* ~ **den** *s.* fumeri d'oppio. ~ **eater** *s.* mangiatore *m* d'oppio, oppiof *m.*

opiumism [ˈoupiəmizəm] *s.* oppiomania *f.*

opium| poppy *s.* ⟨*Bot*⟩ papavero *m* officinale (*o* oppio). ~ **War** *s.* ⟨*Stor*⟩ guerra *f* dell'oppio.

opossum [əˈpɔsəm] *s.* (*pl. inv./*-**s** [z]; il pl. inv. si general. con valore collett.) **1** ⟨*Zool*⟩ opossum *m.* **2** (*p* pelliccia *f* di opossum.

opp. = **1** *opposed* opposto. **2** *opposite* opposto.

oppidan [ˈɔpidən] **I** *a.* cittadino, urbano. **II** *s.* **1** chi v in città, cittadino *m.* **2** ⟨*Scol*⟩ (*at Eton*) studente esterno.

oppilate [ˈɔpileit] *v.t.* ostruire, occludere. **oppilat** [–ˈleiʃən] *s.* ostruzione *f,* occlusione *f.*

opponent [əˈpounənt] **I** *s.* **1** oppositore *m* (*f* –tri opponente *m/f.* **2** (*adversary*) oppositore *m* (*f* –tri antagonista *m/f,* avversario *m* (*f* –a). **II** *a.* avversa antagonista.

opportune [‚ɔpəˈtjuːn, ˈɔpə–] *a.* **1** opportuno, ada conveniente: *an* ~ *moment* un momento opportuno (*timely*) tempestivo, opportuno: ~ *assistance* ai tempestivo. **,oppor'tuneness** [–nis] *s.* opportunità convenienza *f.*

opportunism [‚ɔpəˈtjuːnizəm, ˈɔpə–] *s.* opportunismo **,oppor'tunist** [–nist] **I** *s.* opportunista *m/f.* **II** *a.* **opportunistic. ,opportunistic** [–ˈnistik] *a.* opportunistico

opportunity [‚ɔpəˈtjuːniti] *s.* **1** opportunità *f,* occasion *to give s.o. the* ~ *to do s.th.* dare (*o* offrire) a l'opportunità di fare qc.; *to take the* ~ *to do s.th.* cogl l'occasione per fare qc. **2** (*prospect or condition favou progress*) possibilità *f,* prospettiva *f: unlim opportunities* possibilità illimitate. ▢ *at the first* ~ prima occasione.*; to throw away a golden* ~ gettare un'occasione d'oro, *when the* ~ *occurs* all'occasione. P ~ *makes the thief* l'occasione fa l'uomo ladro.

opposability [əˌpouzəˈbiliti] *s.* l'essere opponib **op'posable** [–bl] *a.* **1** opponibile, che si può opporr combattere). **2** (*capable of being placed opposite*) che stare ⌈in opposizione⌉ (*o* di fronte).

oppose [əˈpouz] **I** *v.t.* **1** opporsi a, contrastare, es contrario a: *to* ~ *the enemy* opporsi al nemico; *to* ~ *s. wishes* contrastare i desideri di qd. **2** (*to place against*) contrapporre, opporre: *to* ~ *advantages disadvantages* contrapporre i vantaggi agli svantaggi; *put in the way of*) opporre: *to* ~ *resistance to the en* opporre resistenza al nemico. **II** *v.i.* opporsi, opposizione. **opposed** [–d] *a.* **1** contrario, avverso: *t* ~ *to s.o. doing s.th.* essere contrario a che qd. faccia q (*opposite*) opposto, contrastante: *diametrically* ~ *the* teorie diametralmente opposte. ▢ *as* ~ *to* in confront rispetto a: *town as* ~ *to country life* la vita di città confronto a quella di campagna. **opposer** [–ə] oppositore *m* (*f* –trice), antagonista *m/f,* avversario *m* –a). **opposing** [–iŋ] *a.* **1** avversario, antagonista: *th team* la squadra avversaria. **2** (*opposite*) contrappe opposto, posto dirimpetto (*o* di fronte).

oosite ['ɔpəzit] **I** *a.* **1** opposto, (posto) di fronte, **nt**rapposto (*to* a): ~ *sides of a square* lati opposti di un **q**uadrato. **2** (*contrary*) opposto, contrario, inverso (a): *in* **directions** in direzioni opposte; (*contrasting*) contrario, **nt**rastante, opposto: *I take the* ~ *view* sono di parere **nt**rario. **II** *s.* opposto *m*, contrario *m*: *the* ~ *is true* è **:r**o il contrario; (*of a person*) opposto *m*: *the son is the* ~ *' his father* il figlio è l'opposto del padre. **III** *avv.* **.r**impetto, di fronte, di faccia. **IV** *prep.* di fronte a, **.r**impetto a: *the cinema is* ~ *the station* il cinema è di **.nt**e alla stazione. □ ⟨*Teat,Cin*⟩ *to play* ~ *s.o.* recitare **.n** qd., fare coppia con qd.; *the* ~ *sex* l'altro sesso. **oppositeness** [–nis] *s.* l'essere opposto (*o* contrario).

.osite number *s.* controparte *f*, omologo □ *the* **itish Foreign Secretary met his* ~ *in Paris* il Segretario **.g**li Esteri britannico si è incontrato con il suo omologo **.nc**ese.

.osition [.ɔpə'ziʃən] **I** *s.* **1** opposizione *f*, resistenza *f*, **.til**ità *f*: *the measure has met with stiff* ~ il **.ov**vedimento ha incontrato una decisa opposizione. **2** **.arl**⟩ opposizione *f*; (*party*) opposizione *f*, partito *m* **.ll'**opposizione⌐ (*o* all'opposizione): *leader of the* ~ il capo **.ll'**opposizione. **3** (*setting over against*) contrapposizione **4** ⟨*Astr,Filos,Dir,Fis*⟩ opposizione *f*. **II** *a.* ⟨*Parl*⟩ **.ll'**opposizione, d'opposizione. ⟨*Pol*⟩ *to go into* ~ passare **.ll'**opposizione; □ *in* ~: **1** contro (*to s.th.* qc.), in **.po**sizione (a); **2** ⟨*Parl*⟩ all'opposizione: *which party is in* **.?** qual è il partito all'opposizione?; *member of the* ~ **.li**tico *m* all'opposizione. **oppositional** [–əl] *a.* d'(*o* in) **.po**sizione. **oppositionism** [–izəm] *s.* politica *f* **.pp**osizione. **oppositionist** [–ist] *s.* membro *m* **.ll'**opposizione.

.ositive [ə'pɔzitiv] *a.* che si oppone, che contrasta.

.press [ə'pres] *v.t.* **1** opprimere, angariare, tiranneggiare; **.o** *burden mentally*) opprimere, angustiare, angosciare. **2** **.o** *weigh down*) opprimere, gravare su; (*to make weary*) **.tenu**are, opprimere: *the heat –ed them* il caldo li **.rem**ava. **oppression** [ə'preʃən] *s.* **1** oppressione *f*, **.r**annia *f*; (*instance*) angheria *f*, atto *m* di prepotenza, **.pru**so *m*. **2** (*feeling of being weighed down*) oppressione **.** angoscia *f*. **3** ⟨*Dir*⟩ abuso *m* di potere. **oppressive** **.iv**] *a.* **1** oppressivo, tirannico. **2** (*burdensome*) gravoso, **.pr**essivo: ~ *taxes* tasse gravose. **3** (*exhausting*) **.pr**imente, spossante, oppressivo. **oppressiveness** **.iv**nis] *s.* l'essere oppressivo (*o* opprimente). **oppressor** **.ə**] *s.* oppressore *m*.

.orobrious [ə'proubriəs] *a.* **1** vergognoso, obbrobrioso, **.fam**ante. **2** (*abusive*) ingiurioso, oltraggioso, insolente, **.fen**sivo: ~ *language* linguaggio ingiurioso. **opprobrium** **.riəm**] *s.* **1** obbrobrio *m*. **2** (*cause of disgrace*) vergogna **.** disonore *m*, vituperio *m*. **3** (*contempt*) disprezzo *m*, **.reg**io *m;* (*abusive language*) linguaggio *m* ingiurioso. □ *term of* ~ un'ingiuria.

.ugn [ɔ'pju:n] *v.t.* **1** contestare, mettere in dubbio (*o* **.scu**ssione), oppugnare. **2** (*to oppose*) opporsi a, **.te**ggiare. **oppugnancy** [ɔ'pʌgnənsi] *s.* opposizione *f*, **.si**stenza *f*. **oppugnant** [ɔ'pʌgnənt] **I** *a.* avversario, **.ta**gonista. **II** *s.* oppositore *m* (*f* –trice).

. [ɔpt] *v.i.* optare (*between, for* tra, per), scegliere **.etwe**en tra). **2** ⟨*Pol,Dir*⟩ optare (*for* per). □ *to* ~ *out of* **.h.** decidere di non fare (*o* partecipare a) qc.

. = **1** ⟨*Gramm*⟩ *optative* ottativo. **2** *optical* ottico. **3** **.ti**cs ottica.

.tant ['ɔptənt] *s.* chi può scegliere la propria **.zion**alità.

.ative ['ɔptətiv] **I** *a.* ⟨*Gramm*⟩ ottativo. **II** *s.* **1** (*mood*) **.tat**ivo *m*, modo *m* ottativo. **2** (*verbal form*) forma *f* **.tat**iva.

.ic ['ɔptik] **I** *a.* **1** ottico. **2** (*of the eye*) oculare, **.ll'**occhio. **II** *s.* **1** ⟨*scherz*⟩ occhio *m*. **2** (*optical system*) **.stem**a *m* ottico. **optical** [–əl] *a.* **1** ottico. **2** (*of vision*) **.tic**o, della vista: ~ *illusion* illusione ottica. **3** **.onstr**ucted to aid vision) da vista: ~ *lenses* lenti da **.sta**.

.tical| art *s.* op art *f*. ~ **fibre** *s.* fibra *f* ottica. ~ **glass** *s.* vetro *m* d'ottica. ~ **maser** *s.* ⟨*Fis*⟩ laser *m*. ~**reader** **.nform**⟩ lettore *m* ottico. ~ **telgraph** *s.* telegrafo *m*

ottico.

optician [ɔp'tiʃən] *s.* ottico *m*.

optics ['ɔptiks] *s.pl.* (costr. sing.) ottica *f*.

optimal ['ɔptiməl] *a.* ottimale, ottimo. **optimalization** [–ai,zeiʃən] *s.* ottimalizzazione *f*. **optimalize** [–aiz] *v.t.* ⟨*Ind*⟩ ottimalizzare.

optimate ['ɔptimeit] *s.* ⟨*Stor*⟩ ottimate *m*.

optimism ['ɔptimizəm] *s.* ottimismo *m*. **optimist** [–mist] *s.* ottimista *m/f*. **,optimistic** [–'mistik], **optimistical** [–'mistikəl] *a.* ottimista, ottimistico (*anche Filos.*): *an* ~ *boy* un ragazzo ottimista; *an* ~ *outlook on life* una visione ottimistica della vita. □ *an* ~ *person* un ottimista. **,optimistically** [–'mistikəli] *avv.* ottimisticamente, con ottimismo. **optimization** [–mai'zeiʃən] *s.* ottimizzazione *f*. **optimize** [–maiz] **I** *v.i.* essere ottimista. **II** *v.t.* ottimizzare. **optimum** [–məm] **I** *s.* (*pl.* **-s** [z]/**-ma** [mə]) optimum *m* (*anche Biol.*). **II** *a.* ottimale, ottimo.

option ['ɔpʃən] *s.* **1** possibilità *f* (*o* diritto *m*) di scelta, alternativa *f*: *he has no* ~ *in this matter* non ha possibilità di scelta in questa faccenda. **2** (*act of choosing*) scelta *f*, opzione *f*. **3** (*that which is chosen*) scelta *f*, selezione *f*. **4** ⟨*Comm,Dir,Assic*⟩ opzione *f*. **5** ⟨*Econ*⟩ opzione *f*, diritto *m* d'opzione. □ *at the* ~ *of* a scelta di; ⟨*Econ*⟩ ~ *for the call* (*o put*) opzione *f* per l'acquisto (*o* la vendita); *to make one's* ~ scegliere, fare la propria scelta. **optional** [–l] **I** *a.* **1** facoltativo, opzionale, libero, non obbligatorio: *attendance is* ~ la frequenza è facoltativa; ~ *subject* materia facoltativa. **2** ⟨*Comm*⟩ facoltativo, a richiesta. **II** *s.* accessorio *m* a richiesta, optional *m* (*anche Aut*). □ *evening dress is* ~ l'abito da sera non è di rigore. **optionally** [–əli] *avv.* **1** facoltativamente, a scelta. **2** ⟨*Comm*⟩ a richiesta.

option buyer *s.* ⟨*Econ*⟩ acquirente *m/f* a premio.

optoelectronic [,ɔptouilektrɔnik] *a.* optoelettronico. **optoelectronics** [–niks] *s.pl.* (*costr. sing.*) optoelettronica *f*.

optometrist [ɔp'tɔmitrist] *s.* optometrista *m/f*. **optometry** [–tri] *s.* optometria *f*.

opulence ['ɔpjuləns], **opulency** [–i] *s.* **1** ricchezza *f*, ⟨*lett*⟩ opulenza *f*. **2** (*abundance*) abbondanza *f*. **opulent** [–nt] *a.* **1** ricco, facoltoso. **2** (*abundant*) abbondante; (*luxuriant*) lussureggiante. **opulently** [–ntli] *avv.* con opulenza.

opuntia [ou'pʌnʃiə] *s.* ⟨*Bot*⟩ opunzia *f*.

opus lat. ['oupəs] *s.* (*pl.* **opera** ['ɔpərə]/**-puses** [–siz]) **1** opera *f* (letteraria). **2** ⟨*Mus,Archeol*⟩ opus *m*, opera *f*. **opuscule** [o(u)'pʌskju:l] *s.* ⟨*Lett,Mus*⟩ opera *f* minore. **opusculum** [–skjuləm] *s.* (*pl.* **-la** [lə]) opera *f* minore.

or[1] [ɔ:,ə] *congz.* **1** o, od, oppure, o invece: *tea* ~ *coffee?* tè o caffè?; (*in negative sentences*) e non, né: *he doesn't smoke* ~ *drink* non fuma e non beve. **2** (*in correction*) o meglio, o per meglio dire, ovvero, ossia: *his ideas,* ~ *lack of ideas, cost him the job* ha perso il posto per le sue idee, o meglio per la mancanza di idee. **3** (*otherwise*) o, altrimenti, se no, oppure: *come early,* ~ *you won't find a seat* vieni presto, se no non troverai posto. □ ~ *rather* o meglio, o piuttosto; ~ *so* più o meno, o giù di lì, circa: *an hour* ~ *so* più o meno un'ora; *thirty* ~ *so* trenta o giù di lì, una trentina.

or[2] [ɔ:] ⟨*rar,poet*⟩ **I** *prep.* davanti a. **II** *congz.* prima che, innanzi che.

or[3] [ɔ:] ⟨*Arald*⟩ oro *m*. **II** *a.* d'oro, in oro.

OR = *Operational Research* ricerca operativa.

orach(e) ['ɔritʃ, *am.* 'ɔ:rətʃ] *s.* ⟨*Bot*⟩ **1** atreplice *m*. **2** (*mountain spinach*) atreplice *m*, bietolone *m* rosso, spinacione *m*.

oracle ['ɔrəkl] *s.* ⟨*Stor,fig*⟩ oracolo *m*: *the Delphic* ~ l'oracolo delfico. □ ⟨*fam*⟩ *to work the* ~: **1** raggiungere il proprio scopo con l'inganno; **2** (*to raise money*) procurare denaro.

oracular [ɔ:'rækjulə] *a.* **1** di (*o* da) oracolo, di (*o* da) oracoli. **2** ⟨*fig*⟩ (*prophetic*) profetico. **3** ⟨*fig*⟩ (*solemn*) solenne, maestoso. **4** ⟨*fig*⟩ (*obscure*) oscuro, sibillino, misterioso. **o,racularity** [–'læriti], **oracularness** [–nis] *s.* **1** tono *m* (*o* autorità *f*) da oracolo. **2** ⟨*fig*⟩ (*solemnity*) solennità *f*, maestosità *f*. **3** ⟨*fig*⟩ (*obscurity*) oscurità *f*, misteriosità *f*.

oral ['ɔːrəl] I *a.* **1** (*spoken*) orale, verbale: ~ *examination* esame orale; (*using speech*) parlato. **2** ⟨*Anat*⟩ orale, della bocca, boccale. **3** ⟨*Med,Farm*⟩ per via orale, per bocca. II *s.* ⟨*Scol*⟩ orale *m*, esame *m* orale.

oral contraceptive *s.* contraccettivo *m* orale.

orally ['ɔːrəli] *avv.* **1** oralmente, a voce. **2** (*by the mouth*) per via orale, per bocca.

oral surgery *s.* chirurgia *f* orale.

orang ['ɔːræŋ] *s.* → **orang-outang.**

orange ['ɔrindʒ] I *s.* **1** ⟨*Bot*⟩ arancio *m*. **2** (*fruit*) arancia *f*, ⟨*pop*⟩ arancio *m*. **3** (*colour*) arancio *m*, arancione *m*, color *m* arancione. II *a.* **1** di arancia. **2** (*in colour*) arancione, arancio, aranciato.

Orange *N.pr.* **1** ⟨*Stor*⟩ Orange *m*. **2** ⟨*Geog*⟩ Orange *f*.

orangeade [ˌɔrin'dʒeid] *s.* aranciata *f*, bibita *f* all'arancio.

orange| blossom *s.* fiore *m* d'arancio, zagara *f*. ~ **grove** *s.* aranceto *m*.

Orangeism ['ɔrindʒizəm] *s.* ⟨*Stor*⟩ (*in Northern Ireland*) Orangismo *m*. **Orangeist** [-dʒist] *s.* → **Orangeman.**

orange| juice *s.* succo *m* (*o* spremuta *f*) d'arancia. ~**man** [mæn] *s.irr.* **1** ⟨*Stor*⟩ orangista *m/f*. **2** (*Protestant Irishman*) protestante *m* (dell'Irlanda del Nord). ~ **marmalade** *s.* ⟨*Alim*⟩ marmellata *f* di arance ~ **peel** *s.* scorza *f* (*o* buccia) d'arancio. ~ **pekoe** *s.* pekoe *m*.

orangery ['ɔrindʒri] *s.* aranciera *f*.

orange| squash *s.* aranciata *f*. ~ **stick** *s.* ⟨*Cosmet*⟩ scalzapelli *m*. ~ **wood** *s.* legno *m* d'arancio.

orang-outang ['ɔːræŋuːtæŋ], **orang-utan** [-uːˈtæn] *s.* ⟨*Zool*⟩ orango *m*, orangutan(o) *m*, urang-utang *m*.

orangy ['ɔrindʒi] *a.* **1** aranciato, che ha il colore dell'arancia, arancio. **2** (*orange–like*) arancino, simile a un'arancia.

orate [ɔ:'reit] *v.i.* ⟨*fam*⟩ parlare con tono pomposo, declamare. **oration** [ɔ:'reiʃən] *s.* orazione *f*, discorso *m* solenne: *funeral* ~ orazione funebre. **orator** ['ɔrətə] *s.* oratore *m*.

Oratorian [ˌɔrəˈtɔːriən] I *s.* ⟨*Rel*⟩ oratoriano *m*. II *a.* oratoriano.

oratoric [ˌɔrəˈtɔrik], **oratorical** [-əl] *a.* oratorio, retorico, ampolloso.

oratorio *it.* [ˌɔrəˈtɔːriəu] *s.* (*pl.* **-s** [z]) ⟨*Mus*⟩ oratorio *m*.

oratory[1] ['ɔrətəri] *s.* **1** (*art*) oratoria *f*, arte *f* oratoria, eloquenza *f*. **2** (*example*) retorica *f*, linguaggio *m* retorico.

oratory[2] *s.* ⟨*Rel*⟩ oratorio *m*. **Oratory** *s.* ⟨*Rel.catt*⟩ Oratorio *m*.

oratress ['ɔrətris] *s.* oratrice *f*.

orb [ɔːb] I *s.* **1** sfera *f*, globo *m*, ⟨*lett*⟩ orbe *m*. **2** (*cross–topped sphere*) globo *m* imperiale. **3** ⟨*Astr*⟩ corpo *m* celeste; (*earth*) orbe *m* terrestre, terra *f*. **4** ⟨*poet*⟩ (*eye*) occhio *m*. II *v.t.* **1** dare forma di cerchio a. **2** ⟨*poet*⟩ (*to encircle*) circondare, racchiudere. **orbed** [-d] *a.* sferico; (*round*) rotondo.

orbicular [ɔːˈbikjulə] *a.* **1** (*spherical*) sferico; (*circular*) circolare. **2** ⟨*Anat,Min*⟩ orbicolare. **or,bicularity** [-ˈlæriti] *s.* sfericità *f*. **orbiculate** [-leit], **orbiculated** [-leitid] *a.* circolare.

orbit ['ɔːbit] I *s.* **1** ⟨*Astr,Astron*⟩ orbita *f*. **2** ⟨*fig*⟩ orbita *f*, ambito *m*, sfera *f*, campo *m*. **3** ⟨*Anat*⟩ (*eye socket*) orbita *f*, cavità *f* orbitaria. **4** ⟨*Fis*⟩ orbita *f*, traiettoria *f*. II *v.t.* ⟨*Astr,Astron*⟩ **1** descrivere un'orbita intorno a, orbitare attorno a. **2** (*to send into orbit*) mandare (*o* mettere) in orbita. III *v.i.* descrivere un'orbita, orbitare. ☐ *to go into* ~: **1** ⟨*Astron*⟩ entrare in orbita; **2** ⟨*fam*⟩ (*to lose one's temper*) perdere le staffe. **orbital** [-l] *a.* **1** ⟨*Astr,Fis*⟩ orbitale: ~ *velocity* velocità *f* orbitale. **2** ⟨*Anat*⟩ orbitario, orbitale.

orbital capsule *s.* ⟨*Astron*⟩ capsula *f* orbitale.

orc [ɔːk] *s.* **1** → **orca. 2** ⟨*Folcl*⟩ (*sea monster*) orca *f*; (*ogre*) orco *m*.

orca ['ɔːkə] *s.* ⟨*Zool*⟩ orca *f*.

Orcadian [ɔːˈkeidiən] I *s.* abitante *m/f* delle Orcadi. II *a.* delle Orcadi.

orchard ['ɔːtʃəd] *s.* frutteto *m*, orto *m* (di alberi da frutto). **orcharding** [-iŋ] *s.* **1** frutticoltura *f*. **2** ⟨*collett*⟩ (*orchards*) frutteti *mpl*. **orchardist** [-ist] *s.* frutticoltore *m*.

orchard man [mən] *s.irr.* → **orchardist.**

orchestra ['ɔːkistrə] *s.* **1** ⟨*Mus,Archeol*⟩ orchestra: *symphony* ~ orchestra sinfonica. **2** ⟨*Teat*⟩ → **orche pit. 3** ⟨*am.Teat*⟩ (*main floor*) platea *f*; (*section nearest stage*) prime file *fpl* di platea. **orchestral** [-'kestrəl] orchestrale.

orchestra| pit *s.* ⟨*Teat*⟩ fossa *f* orchestrale. ~ **stalls** ⟨*Teat*⟩ poltrone *fpl* delle prime file.

orchestrate ['ɔːkistreit] I *v.t.* ⟨*Mus*⟩ orchestrare; *instrument*) strumentare. II *v.i.* comporre musica orchestra. **,orchestration** [-'treiʃən] *s.* ⟨*M* orchestrazione *f*; (*instrumentation*) strumentazione **orchestrator** [-ə] *s.* ⟨*Mus*⟩ chi compone musica orchestra; (*instrumentator*) strumentatore *m* (*f* –trice).

orchestrina [ˌɔːkisˈtriːnə], **orchestrion** [ɔːˈkestriən] ⟨*Mus*⟩ orchestrion *m*, organo *m* portatile.

orchid ['ɔːkid] *s.* **1** ⟨*Bot*⟩ orchidea *f*. **2** *pl.* ⟨ complimento *m*, lode *f*, elogio *m*. **,orchi'daceous** [-ei *a.* ⟨*Bot*⟩ orchidaceo. **orchidist** [-ist] *s.* coltivatore *m* –trice) di orchidee.

orchis ['ɔːkis] *s.* ⟨*Bot*⟩ orchidea *f*.

orchitic [ɔːˈkitik] *a.* ⟨*Med*⟩ orchitico. **orchitis** [ɔːˈkaitis orchite *f*.

ord. = **1** *ordained* ordinato. **2** *order* ordine. **3** *ord* ordinale.

ordain [ɔːˈdein] *v.t.* **1** ⟨*Rel*⟩ ordinare: *to be –ed a pr* essere ordinato sacerdote. **2** (*of God, fate, etc.*) destina predestinare. **3** (*to establish, enact by law*) ordin decretare. **ordainer** [-ə] *s.* ordinante *m*. **ordainme** [-mənt] *s.* l'ordinare, il decretare.

ordeal [əˈdiːl] *s.* **1** (*severe test*) prova *f* ardua, cimento (*painful experience*) tormento *m*, pena *f*, travaglio *m* ⟨*Dir.mediev*⟩ ordalia *f*, giudizio *m* di Dio.

order[1] ['ɔːdə] *s.* **1** ordine *m*, successione *f*, ordinamento *alphabetical* ~ ordine alfabetico. **2** (*arrangement*) ord *m*, disposizione *f*, sistemazione *f*, assetto *m*: *the* ~ *o sentence* l'ordine di una frase. **3** ⟨*Mil*⟩ (*formation, arr* ordine *m*, formazione *f*, schieramento *m*: ~ *of ba* ordine di battaglia. **4** (*social arrangement or syste* ordine *m*, sistema *m*, ordinamento *m*, compagine *f*: *established* ~ l'ordine costituito; *the present political* l'attuale ordinamento politico. **5** (*condition*) ordine stato *m*, condizione *f*. **6** (*rule of law*) ordine *m*, *quiet* pubblica: *the police soon restored* ~ la polizia rista presto l'ordine. **7** (*in a debate, meeting, etc.*: *procedu* procedura *f*, prassi *f*: *a point of* ~ una questione procedura. **8** (*command*) ordine *m*, comando *m* (*an Mil.*): *to give s.o. an* ~ dare un ordine a qd. (*authorization*) permesso *m*, autorizzazione *f*: ~ *to viev house* (il) permesso di visitare una casa. **10** (*importan* ordine *m*, livello *m*, importanza *f*: *a discovery of the f* ~ una scoperta di prim'ordine; (*type*) genere *m*, tipo *people of this* ~ *are not to be trusted* non c'è da fidarsi gente del genere. **11** (*social class*) classe *f*, ceto *m*, ord *m*: *higher* –*s* classi alte; *lower* ~ basso ceto. (*homogeneous group*) ordine *m*, associazione *f*: *the medi* ~ l'ordine dei medici. **13** (*fraternal, honorary socie* ordine *m*: *the* ~ *of the Bath* l'ordine del Bagno; (*bad insignia*) distintivo *m* (*o* insegna *f*) di un ordine. (*serving of food ordered in a restaurant*) piatto *m* ordina (*direction to serve food*) ordinazione *f*: *to take s.o.'s* prendere l'ordinazione di qd. **15** ⟨*Dir*⟩ ingiunzione ordine *m*, ordinanza *f*; (*mandate*) mandato *m*, ordine (scritto): ~ *for arrest* mandato di cattura. **16** ⟨*Com* ordine *m*, ordinazione *f*, commissione *f*, ordinativo *m*: *place an* ~ *with a firm* fare (*o* passare) un'ordinazione una ditta; (*goods ordered*) merce *f* ordinata; (*for payme* mandato *m*. **17** ⟨*Econ,Arch,Biol*⟩ ordine *m*. **18** ⟨*M* (*decoration*) decorazione *f*, medaglia *f*. **19** ⟨*Rel*⟩ ordi *m*, regola *f*: *the Dominican* ~ l'ordine domenicano. **20** ⟨*Rel*⟩ (*ordination*) ordine *m* (sacro), sacramento dell'ordine: *to take* (*holy*) –*s* prendere gli ordini; (*office a priest*) sacerdozio *m*. ☐ ~ *of* business: **1** ordine *m* c lavoratori; **2** (*programme*) agenda *f*, ordine *m* del giorn **3** (*particular item, task*) compito *m*, incombenza *f*. *by of:* **1** per ordine di, dietro ordine di; **2** ⟨*Comm*⟩ d'ordir per ordine: *by* ~ *and for account of* d'ordine e per con i; ⟨*GB*⟩ ~ *in* **Council** ordinanza *f* reale (del consiglio privato della Corona); ~ *of the* **day**: 1 (*of a meeting*) ordine *m* del giorno, agenda *f*; 2 ⟨*Parl,Mil*⟩ ordine *m* del giorno; 3 ⟨*scherz*⟩ (*keynote*) norma *f*, nota *f* dominante; *ntil* **further** *-s* fino a nuovo ordine, salvo avviso contrario; ⟨*GB*⟩ *the* ~ *of the* **Garter** l'ordine della Giarrettiera; *to retire in* **good** ~ ritirarsi in buon ordine; 1 ~: 1 *in* ordine: *in* ~ *of importance* in ordine d'importanza; 2 (*in proper condition*) in ordine, in regola: *re your documents in* ~? i tuoi documenti sono in ordine?; (*tidy, neat*) in ordine, pulito, ordinato; 4 (*in accordance with procedure*) regolare, in regola, regolamentare; 5 (*appropriate, required*) opportuno, appropriato, giusto; *in ~ that* perché, affinché: *he died in ~ that we might live* non perché noi vivessimo; *in* ~ *to* per, allo scopo di; *to get in* ~ mettere (in) ordine, ordinare; *to* **keep** ~ mantenere l'ordine; ⟨*GB*⟩ **keeping** ~ dell'ordine pubblico; ~ *of* **Merit** ordine *m* al merito; **of** *the* ~ *of* dell'ordine di, che ammonta a; **on** ~ ordinato, commissionato: *they're on ~* sono stati ordinati; **out** *of* ~: 1 guasto, fuori servizio, che non funziona: *the lift is out of* ~ l'ascensore è guasto; (*not arranged properly*) non in ordine, fuori posto: *the names are out of* ~ i nomi non sono in ordine; 3 (*not according to procedure*) non regolamentare, irregolare; *to pay* ordine *m* di pagamento; ⟨*Econ*⟩ *pay to the* ~ *of* pagare all'ordine di; ~ *to* **purchase** ordine *m* d'acquisto; ~ *for* **remittance** ordine *m* di rimessa; *to* **restore** ~ ristabilire l'ordine; *in the* **right** ~ nell'ordine giusto; *buroc*⟩ *in* ~ *of* **seniority** per ordine di anzianità; *in* **short** ~ immediatamente, subito; ⟨*Gastr*⟩ **side** ~ contorno *m*; ⟨*fam*⟩ *a* **tall** ~ un'impresa ardua; ⟨*fam*⟩ *that's rather a tall ~!* è chiedere un po' troppo!; **to** ~: 1 su commissione, su ordinazione: *made to* ~ fatto su ordinazione; 2 (*of clothes*) su misura, su ordinazione; *to be* **under** *-s* avere ricevuto l'ordine di; ⟨*Mil*⟩ *under the -s of* agli ordini di, sotto il comando di; *in good* **working** ~ in efficienza, funzionante.

order[2] *v.t.* 1 ordinare a, comandare a, ingiungere a: *to* ~ *s.o. to do s.th.* ordinare a qd. di fare qc. 2 (*to require by a command*) imporre, ordinare, ingiungere: *to* ~ *silence* imporre il silenzio. 3 (*to give an order for*) ordinare, commissionare. 4 (*to prescribe*) ordinare, prescrivere. 5 (*to regulate, manage*) regolare, ordinare, organizzare. 6 (*to arrange*) ordinare, disporre, sistemare. 7 (*to destine*) destinare. □ *to* ~ *s.o.* **about**: 1 dare ordini a qd.; 2 (*to bully*) angariare qd., tiranneggiare qd.; *to* ~ *s.o.* **away** mandare via qd., ordinare a qd. di andare via; *to* ~ *s.o.* **off** ordinare a qd. di andarsene, mandare via qd.; ⟨*Sport*⟩ *to* ~ *a player off* (*the field*) allontanare un giocatore dal campo (per comportamento scorretto); *to* ~ **out** mandar fuori, cacciare, espellere; ⟨*Mil*⟩ *to* ~ **up** chiamare alle armi.

order| **arms** I *s.* ⟨*Mil*⟩ fianc'arm *m*. II *intz.* fianc'arm. ~-**book** *s.* 1 ⟨*Comm*⟩ libro *m* delle commissioni. 2 ⟨*Parl*⟩ → **order paper**. ~ **buying** *s.* acquisto *m* su ordinazione.

ordered [ˈɔːdəd] *a.* 1 ordinato, in ordine. 2 (*well regulated*) ordinato, regolato: *an* ~ *life* una vita ordinata.

order form *s.* ⟨*Comm*⟩ cedola *f* di commissione.

ordering [ˈɔːdəriŋ] *s.* (*arrangement*) ordinamento *m*, disposizione *f*.

orderliness [ˈɔːdəlinis] *s.* ordine *m*, regolatezza *f*.

orderly [ˈɔːdəli] I *a.* 1 ordinato, regolare; (*of life, etc.: regular*) regolato, ordinato; (*neat*) ordinato, in ordine: *an* ~ *room* una stanza ordinata; (*tidy*) amante dell'ordine, ordinato. 2 (*methodical*) metodico, ordinato, sistematico: *an* ~ *mind* una mente metodica. 3 (*law-abiding*) disciplinato, ordinato: *an* ~ *crowd* una folla disciplinata. II *s.* 1 ⟨*Mil*⟩ ordinanza *f*, attendente *m*. 2 (*in a hospital*) inserviente *m*.

orderly| **book** *s.* ⟨*Mil*⟩ registro *m* degli ordini dati. ~ **officer** *s.* ufficiale *m* di giornata (*o* d'ordinanza). ~ **room** *s.* ufficio *m* di compagnia, fureria *f*.

order paper *s.* ⟨*Parl*⟩ registro *m* delle mozioni.

ordinal[1] [ˈɔːdinl] I *a.* 1 ordinale. 2 ⟨*Biol*⟩ di un ordine. II *s.* → **ordinal number**.

ordinal[2] *s.* ⟨*Rel*⟩ ordinale *m*.

ordinal number *s.* ⟨*Mat*⟩ ordinale *m*, numero *m* ordinale.

ordinance [ˈɔːdinəns] *s.* 1 ordinanza *f*, decreto *m*, ingiunzione *f*. 2 ⟨*Rel*⟩ rito *m*, cerimonia *f* religiosa.

ordinand [ˌɔːdiˈnænd] *s.* ⟨*Rel*⟩ ordinando *m*.

ordinarily [ˈɔːdinərili] *avv.* ordinariamente, di solito.

ordinariness [-rinis] *s.* l'essere ordinario (*o* comune).

ordinary [-ri] I *a.* 1 solito, ordinario, comune, consueto: ~ *food* il solito cibo. 2 (*normal*) comune, normale, ordinario: ~ *people* gente comune. II *s.* 1 ordinario *m*, consuetudine *f*, normalità *f*. 2 (*s.th. ordinary, customary*) cosa *f* ordinaria (*o* normale). 3 ⟨*Rel*⟩ ordinario *m*. 4 (*fixed-price meal*) pasto *m* a prezzo fisso; (*inn*) locanda *f*. □ *in* ~: 1 in servizio regolare (*o* permanente), fisso, stabile; 2 ⟨*Mar*⟩ (*of a ship*) in disarmo; *hairdresser in* ~ *to the Queen* parrucchiere *m* della regina; *out of the* ~ fuori dell'ordinario, straordinario, eccezionale: *nothing out of the* ~ niente d'eccezionale; *in the* ~ **way** normalmente, d'ordinario, di norma.

ordinary| **care** *s.* ⟨*Dir*⟩ diligenza *f* ordinaria. ~ **life insurance** *s.* assicurazione *f* per il caso di morte. ~ **negligence** *s.* ⟨*Dir*⟩ lieve negligenza *f*. ~ **seaman** [mən] *s.irr.* ⟨*Mar*⟩ marinaio *m* semplice. ~ **share** *s.* ⟨*Econ*⟩ azione *f* ordinaria. ~ **stock** *s.* titoli *mpl* ordinari. ~ **voting** *s.* votazione *f.* ordinaria.

ordinate [ˈɔːdinit] *s.* ⟨*Mat*⟩ ordinata *f*.

ordination [ˌɔːdiˈneiʃən] *s.* 1 ⟨*Rel*⟩ ordinazione *f*. 2 (*arrangement*) ordinamento *m*, sistemazione *f*, disposizione *f*.

ordinee [ˌɔːdiˈniː] *s.* ⟨*Rel*⟩ diacono *m* ordinato di recente.

ordnance [ˈɔːdnəns] *s.* ⟨*Mil*⟩ 1 artiglieria *f*. 2 (*military supplies, weapons, etc.*) materiale *m* militare. 3 (*branch of an army*) sussistenza *f*.

ordnance| **datum** *s.* livello *m* medio del mare. ~ **map** *s.* carta *f* topografica ufficiale. ~ **survey** *s.* rilievo *m* topografico.

ordure [ˈɔːdjuə] *s.* 1 escremento *m*, sterco *m*. 2 ⟨*fig*⟩ oscenità *f*.

ore [ɔː] *s.* ⟨*Minier*⟩ 1 minerale *m* metallifero. 2 (*mineral*) minerale *m*.

Oread [ˈɔːriəd] *s.* ⟨*Mitol*⟩ Oreade *f*.

ore| **body** *s.* giacimento *m* minerario. ~ **dressing** *s.* ⟨*Minier*⟩ trattamento *m* dei minerali.

Orestes [ɔːˈrestiːz] *N.pr.* ⟨*Mitol*⟩ Oreste *m*.

org. = 1 *organic* organico. 2 *organized* organizzato.

organ [ˈɔːgən] *s.* 1 ⟨*Anat,Biol*⟩ organo *m*. 2 ⟨*Mus*⟩ organo *m*; (*reed organ*) armonium *m*; (*barrel organ*) organetto *m* (di Barberia). 3 (*instrument or means of action*) organo *m*: *an* ~ *of government* un organo del governo. 4 ⟨*Giorn*⟩ organo *m*, giornale *m*, pubblicazione *f*. □ *-s of speech* organi *mpl* della fonazione.

organ| **bank** *s.* banca *f.* degli organi. ~**blower** *s.* sonatore *m* (*f* -trice) di organo. ~ **donor** donatore *m* di organo.

organdie, organdy [ˈɔːgændi] *s.* ⟨*Tess*⟩ organdi *m*, organdì *m*.

organ-grinder *s.* sonatore *m* d'organetto.

organic [ɔːˈgænik] *a.* 1 ⟨*Biol,Chim,Med*⟩ organico: ~ *matter* sostanza organica. 2 (*organized*) organico, ben ordinato, coordinato: *an* ~ *whole* un tutto organico. 3 (*fundamental*) fondamentale, essenziale.

organic| **chemistry** *s.* chimica *f* organica. ~ **medicine** *s.* medicina *f* organica. ~ **pollutant** *s.* inquinante *m* (*o* contaminante) organico. ~ **waste** *s.* rifiuti *mpl* organici.

organism [ˈɔːgənizəm] *s.* organismo *m* (*anche fig.*).

organist [ˈɔːgənist] *s.* ⟨*Mus*⟩ organista *m/f*.

organizable [ˈɔːgənaizəbl] *a.* che può essere organizzato, organizzabile.

organization [ˌɔːgənaiˈzeiʃən] *s.* 1 organizzazione *f*, ordinamento *m*. 2 (*organized group of people*) organizzazione *f*, associazione *f*, organismo *m*: *a youth* ~ un'organizzazione giovanile. 3 (*organic structure*) organismo *m*. □ ~ *of African Unity* Organizzazione *f* dell'unità africana; ~ *of American States* Organizzazione *f* degli Stati americani; ~ *for European Economic Co-operation* Organizzazione europea di cooperazione economica; ~ *for Economic Co–operation and Development* Organizzazione *f* per la cooperazione e lo sviluppo economico. **organizational** [–əl] *a.* organizzativo, di organizzazione, di organizzatore: ~ *ability* capacità organizzativa; ~ *problems* problemi d'organizzazione.

organization chart *s.* ⟨*burocr*⟩ organigramma *m.*

organize ['ɔːgənaiz] **I** *v.t.* **1** organizzare, preparare, allestire: *to* ~ *a lecture tour* organizzare un giro di conferenze. **2** (*of people*) organizzare. **3** ⟨*fig*⟩ organizzarsi. **II** *v.i.* (*of workers*) organizzarsi in un sindacato. **organizer** [–ə] *s.* organizzatore *m* (*f* –trice).

organ loft *s.* ⟨*Arch*⟩ tribuna *f* dell'organo.

organogenesis [ɔːgəno(u)'dʒenisis] *s.* ⟨*Biol*⟩ organogenesi *f,* organogenia *f.* **organogeny** [–'nɔdʒəni] *s.* → organogenesis.

organoleptic [ɔːgənou'leptik] *a.* organolettico.

organopathy [ɔːgə'nɔpəθi] *s.* organopatia *f.*

organ| **pipe** *s.* ⟨*Mus*⟩ canna *f* d'organo. ~ **screen** *s.* ⟨*Arch*⟩ tramezzo *m* dell'organo. ~ **stop** *s.* ⟨*Mus*⟩ registro *m* d'organo.

organum ['ɔːgənəm] *s.* ⟨*Mus*⟩ organum *m.*

organza [ɔː'gænzə] *s.* ⟨*Tess*⟩ organza *f.* **organzine** ['ɔːgənziːn] *s.* organzino *m.*

orgasm ['ɔːgæzəm] *s.* **1** ⟨*Fisiol*⟩ orgasmo *m.* **2** ⟨*fig*⟩ orgasmo *m,* agitazione *f,* eccitazione *f.* **orgasmic** [–'gaezmik], **orgastic** [–'gæstik] *a.* ⟨*Fisiol*⟩ orgasmico.

orgeat ['ɔːʒət, ɔːʒaː] *s.* orzata *f.*

orgiastic [ɔːdʒi'æstik] *a.* orgiastico. **'orgy** [–dʒi] *s.* **1** ⟨*Stor.gr*⟩ orgia *f* (*anche fig.*). **2** (*drunken revelry*) orgia *f,* bagordo *m,* crapula *f.*

oriel ['ɔːriəl] *s.* ⟨*Arch*⟩ bovindo *m.*

oriel window *s.* ⟨*Arch*⟩ finestra *f* a loggia sporgente.

orient ['ɔːriənt] **I** *s.* **1** (*orient pearl*) perla *f* orientale; (*lustre*) splendore *m,* oriente *m.* **2** ⟨*lett*⟩ (*east*) est *m,* oriente *m,* levante *m.* **Orient** *s.* ⟨*Geog*⟩ Oriente *m.* **II** *a.* **1** (*of gems, pearls*) lucente, splendente. **2** (*of the sun, moon: rising*) che sorge, ⟨*lett*⟩ oriente. **3** ⟨*rar*⟩ (*eastern*) orientale, dell'oriente. **III** *v.* → **orientate.**

oriental [ɔːri'entl] **I** *a.* orientale, dell'oriente. **II** *s.* orientale *m/f.*

orientalism [ɔːri'entəlizəm] *s.* **1** tratto *m* (*o* caratteristica *f*) orientale. **2** (*study of Oriental languages*) orientalistica *f.* **3** ⟨*Art*⟩ orientalismo *m.* **orientalist** [–list] *s.* orientalista *m/f.* **orientalize** [–laiz] **I** *v.t.* orientalizzare. **II** *v.i.* orientalizzarsi. **orientally** [–li] *avv.* a oriente.

orientate ['ɔːrienteit] **I** *v.t.* **1** orientare. **2** ⟨*rifl*⟩ orientarsi. **3** (*to direct*) orientare, indirizzare: *to* ~ *youth towards social work* indirizzare i giovani verso l'assistenza sociale. **4** (*to place facing east*) (ri)volgere a (*o* verso) oriente. **5** (*of a church*) costruire con l'altare rivolto verso est. **II** *v.i.* volgersi verso (*o* a) oriente. **,orientation** [–'teiʃən] *s.* **1** orientamento *m.* **2** (*awareness of spatial relationship*) orientamento *m,* senso *m* dell'orientamento. **3** (*placing in a position*) orientamento *m,* orientazione *f;* (*placing to face east*) il (ri)volgere a (*o* verso) oriente; (*of a church*) orientazione *f* a est. **4** (*guidance*) orientamento *m,* indirizzo *m.* **5** (*attitude, tendency*) orientamento *m,* tendenza *f.*

orifice ['ɔrifis] *s.* orificio *m,* orifizio *m,* bocca *f,* apertura *f.*

oriflamme ['ɔriflæm] *s.* **1** ⟨*Stor*⟩ orifiamma *f.* **2** ⟨*fig*⟩ insegna *f,* bandiera *f,* vessillo *m.*

orig. = **1** *origin* origine. **2** *original* originale.

origami ['ɔre'gaːmi] *s.* ⟨*Art*⟩ origami *m.*

origan ['ɔrigən], **origanum** [o(u)'rigənəm] *s.* ⟨*Bot*⟩ origano *m.*

origin ['ɔridʒin] *s.* **1** origine *f,* derivazione *f: the* ~ *of a word* l'origine di una parola. **2** (*first stage of existence*) origine *f,* nascita *f: to trace s.th. back to its* ~*s* risalire alle origini di qc. **3** (*cause, source*) origine *f,* causa *f.* **4** (*birth, parentage*) origini *fpl,* nascita *f,* stirpe *f.*

original [ə'ridʒənl] **I** *a.* **1** originale: *the* ~ *copy of a letter* la copia originale di una lettera; (*authentic*) autentico, originale, originario; (*former*) originario, primitivo: *to restore a city to its* ~ *splendour* riportare una città al suo originario splendore; (*initial*) iniziale: *the* ~ *plan* il

progetto iniziale. **2** (*novel*) originale, nuovo: *an interpretation* un'interpretazione originale. **II** *s.* originale *m: the* ~ *of a painting* l'originale di un dipin[**2** (*language*) originale *m,* lingua *f* originale: *to read Vi[in the* ~ leggere Virgilio nell'originale. **3** ⟨*fam*⟩ (*pers[tipo *m* originale, originale *m/f,* stravagante *m/f.*

original deed *s.* ⟨*Dir*⟩ atto *m* autentico.

originality [ə,ridʒi'næliti] *s.* originalità *f.*

originally [ə'ridʒinəli] *avv.* **1** all'origine, originariamente, suo tempo. **2** (*in an original way*) in modo origina[originalmente, con originalità.

originate [ə'ridʒineit] **I** *v.i.* **1** avere (*o* prendere) origi[originarsi, nascere (*from, with, in* da): *where did custom* ~? dove ha avuto origine l'usanza? **2** ⟨*am*⟩ (*o[bus, train*) partire (*at, in* da). **II** *v.t.* originare, d[origine a, causare, far nascere. **o,rigination** [–'neiʃən] **1** origine *f,* nascita *f,* prima apparizione *f,* fase *f* inizia[**2** (*creation*) creazione *f,* invenzione *f.* **originative** [–[*a.* creativo, dotato d'inventiva. **originator** [–ə] *s.* chi origine.

orinasal [ɔːri'neizəl] **I** *a.* ⟨*Fon*⟩ orale e nasale. **II** *s.* suo[*m* orale e nasale.

oriole ['ɔːrioul] *s.* ⟨*Ornit*⟩ rigogolo *m.*

Orion [ə'raiən] *N.pr.* ⟨*Mitol,Astr*⟩ Orione *m.*

orison ['ɔrizən] *s.* ⟨*rar*⟩ orazione *f,* preghiera *f.*

Orkney ['ɔːkni] *N.pr.* ⟨*Geog*⟩ Orcadi *fpl,* isole *fpl* Orcad[

ormolu ['ɔːməlu] *s.* bronzo *m* (*o* ottone) dorato.

ornament I *s.* ['ɔːnəmənt] **1** ornamento *m,* decorazione **2** ⟨*collett*⟩ ornamenti *mpl.* **3** (*decorative object*) ninnc *m,* soprammobile *m.* **4** ⟨*fig*⟩ (*of a person*) onore *m,* glo[*f,* lustro *m: he was an* ~ *to his profession* faceva onc alla sua professione. **5** ⟨*Rel*⟩ arredo *m* sacro. **6** ⟨*M[* ornamento *m,* abbellimento *m.* **II** *v.t.* [ɔːnə'ment] orna[adornare, abbellire. □ *by way of* ~ per ornamento.

ornamental [ɔːnə'mentl] *a.* ornamentale, decorativo; *plants*) ornamentale. **ornamentalist** [–ist] *s.* ⟨*A[* ornatista *m.* **ornamentally** [–i] *avv.* in modo ornament[(*o* decorativo). **ornamentation** [–'teiʃən] ornamentazione *f,* decorazione *f,* ornamento abbellimento *m.*

ornate [ɔː'neit] *a.* **1** riccamente ornato (*o* decorato). **2** [*language, style, etc.*) ornato, ricercato. **ornateness** [–n[*s.* **1** ornatezza *f.* **2** (*of style, etc.*) ornatezza *f,* ricercatez *f.*

orneriness *am.* ['ɔːnərinis] *s.* ⟨*fam*⟩ **1** irascibilità irritabilità *f.* **2** (*stubbornness*) testardaggine cocciutaggine *f,* ostinazione *f.* **ornery** *am.* [–ri] *a.* ⟨*fam*⟩ (*bad–tempered*) irascibile, irritabile. **2** (*stubbor[* ostinato, caparbio, testardo, cocciuto.

ornithologic [ɔːniθə'lɔdʒik], **ornithological** [–əl] ornitologico. **ornithologist** [–'θɔlədʒist] *s.* ornitologo *m* –a). **ornithology** [–'θɔlədʒi] *s.* ornitologia *f.*

ornithorhynchus [ɔːniθə'riŋkəs] *s.* ⟨*Zool*⟩ ornitorinco *m*

orogenesis [ɔro(u)'dʒenisis], **orogeny** [ə'rɔdʒəni] ⟨*Geol*⟩ orogenesi *f.*

orographic [ɔro(u)'græfik], **orographical** [–əl] *a.* ⟨*Geo[* orografico. **orography** [ə'rɔgrəfi] *s.* orografia *f.*

oroide ['ɔːro(u)aid] *s.* ⟨*Met*⟩ lega *f* di rame e zinco.

orometer [ɔː'rɔmitə] *s.* ⟨*Meteor*⟩ altimetro *m.* **orometr** [–tri] *s.* ⟨*Geog*⟩ orometria *f.*

orotund ['ɔːro(u)tʌnd] *a.* **1** (*of voice*) sonoro, pieno. **2** (* speech*) magniloquente, ampolloso, retorico.

orphan ['ɔːfən] **I** *s.* orfano *m* (*f* –a). **II** *a.* orfano. **III** *v.* rendere orfano. □ *an* ~ *child* un orfanello; *to be* –[rimanere orfano.

orphanage ['ɔːfənidʒ] *s.* **1** (*institution*) orfanotrofio *m.* (*orphanhood*) l'essere orfano. **orphanhood** [–nhud] l'essere orfano.

Orphean [ɔː'fiːən] *a.* **1** orfico, di Orfeo. **2** ⟨*fig*⟩ (*of musi[etc.*) che incanta, che rapisce.

Orphean warbler *s.* ⟨*Ornit*⟩ orfea *f,* bigia *f* (*o* monaca grossa.

Orpheus ['ɔːfiəs] *N.pr.* ⟨*Mitol*⟩ Orfeo *m.* **Orphic** ['ɔːfi[*a.* **1** orfico, di Orfeo. **2** ⟨*fig*⟩ (*of music, etc.*) che incant[che rapisce. **3** ⟨*fig*⟩ (*oracular*) misterioso, occulto, orfic[(*esoteric*) esoterico. **Orphicism** ['ɔːfisizəm], **Orphis[** ['ɔːfizəm] *s.* ⟨*Stor.gr,Art*⟩ orfismo *m.*

›iment ['ɔːpimənt] s. ⟨Min⟩ orpimento m.
ery ['ɔrəri] s. ⟨Astr⟩ planetario m.
·is¹ ['ɔris] s. 1 ⟨Bot⟩ giglio m fiorentino, iride f
›orentina, giaggiolo m. 2 (orrisroot) radice f di
aggiolo.
is² s. merletto m in oro (o argento).
·hicon ['ɔːθikɔn] s. ⟨TV⟩ orticonoscopio m.
·hochromatic [ˌɔːθo(u)krou'mætik] a. ⟨Fot⟩
·tocromatico. orthochromatism [-mətizəm] s. ⟨Biol⟩
·tocromatismo m.
·hoclase ['ɔːθo(u)kleis] s. ⟨Min⟩ ortoclasio m.
·hodontic [ˌɔːθo'dɔntik] a. ortodontico. orthodontics
s] s.pl. (costr. sing.) ortodonzia f. orthodontist [-ntist]
ortodontista m.
·hodox ['ɔːθədɔks] I a. 1 ortodosso (anche Rel.): an ~
·hristian un cristiano ortodosso. 2 (conservative)
·nservatore; (conventional) convenzionale, tradizionale.
I s. ortodosso m (f –a). Orthodox a. ⟨Rel⟩ ortodosso.
·rthodoxy [-i] s. 1 ortodossia f (anche Rel.). 2
·rthodox belief) opinione f ortodossa.
·hoepic [ˌɔːθou'epik], orthoepical [-əl] a. ⟨Ling⟩
·toepico. orthoepy ['ɔːθouepi, ɔː'θouəpi] s. ortoepia f,
·tofonia f.
·hogenesis [ˌɔːθo(u)'dʒenisis] s. ⟨Biol⟩ ortogenesi f.
·hogonal [ɔː'θɔgənəl] a. ⟨Geom⟩ ortogonale.
·hographic [ˌɔːθo(u)'græfik], orthographical [-əl] a. 1
⟨Geom⟩ ortogonale. 2 ⟨Gramm⟩ ortografo. □ ~
·rojection: 1 ⟨Geom⟩ proiezione f ortogonale; 2 ⟨Geog⟩
·roiezione f ortografica. orthography [ɔː'θɔgrəfi] s. 1
⟨Gramm⟩ ortografia f. 2 ⟨Geom⟩ proiezione f
·rtogonale.
·hopaedic [ˌɔːθə'piːdik] a. ortopedico. orthopaedics
·s] s.pl. (costr. sing.) ortopedia f. orthopaedist [-dist]
ortopedico m (f –a). orthopaedy [-di] s. →
·rthopaedics.
·hopedic am. e der. → orthopaedic e der.
·hopteron [ɔː'θɔptərɔn] s. (pl. -tera [-rə]) ⟨Entom⟩
·rtottero m.
·hoptics [ɔː'θɔptiks] s.pl. (costr. sing. o pl.) ⟨Med⟩
·rtottica f. orthoptist [ɔː'θɔptist] s. ⟨Med⟩ ortottista
·i/f.
·tolan ['ɔːtələn] s. ⟨Ornit⟩ ortolano m.
·yx ['ɔriks] s. (pl. inv./-es [-siz]; il pl.inv. si usa general.
·on valore collett.) ⟨Zool⟩ orice m.
·S = ⟨Inform⟩ Operating System sistema operativo.
·.S. = 1 ⟨Ling⟩ Old Saxon antico sassone. 2 old style
·ecchio stile.
·s = ⟨Comm⟩ out of stock esaurito.
·scan ['ɔskən] I s. 1 osco m (f –a). 2 (language) lingua f
·sca, osco m. II a. osco.
·cillate ['ɔsileit] I v.i. 1 oscillare (anche tecn.). 2 ⟨fig⟩
·scillare, tentennare, esitare. II v.t. far oscillare.
·scillating [-iŋ] a. 1 oscillante: ~ rate of exchange
·orso di cambi oscillante. 2 ⟨fig⟩ oscillante, tentennante,
·sitante. 3 ⟨tecn⟩ oscillatorio. oscillation [-'leiʃən] s. 1
·scillazione f (anche Fis.,El.,Mat.). 2 ⟨fig⟩ tentennamento
·n, esitazione f. oscillator [-ə] s. oscillatore m (anche
·El.). oscillatory [-lətəri] a. oscillatorio.
·cillogram [ɔ'siləgraem] s. oscillogramma m.
·cillograph [ɔ'siləgrɑːf] s. ⟨El⟩ oscillografo m.
·scillography [ˌɔsi'lɔgrafi] s. oscillografia f.
·cillometer [ˌɔsi'lɔmitə] s. 1 ⟨Med⟩ oscillometro m. 2
·Mar) oscillometro m, rollometro m.
·citance ['ɔsitəns], oscitancy [-i] s. 1 lo sbadigliare. 2
·drowsiness) sonnolenza f, torpore m. 3 (sluggishness)
·ndolenza f, pigrizia f.
·culant ['ɔskjulənt] a. 1 ⟨Biol⟩ intermedio (tra due
·pecie, gruppi, ecc.). 2 ⟨Zool⟩ che aderisce strettamente,
·he combacia.
·cular ['ɔskjulə] a. 1 del baciare, del bacio. 2 ⟨Zool⟩ di
·n osculo. 3 (of the mouth) della bocca. osculate [-leit]
·v.i. 1 ⟨lett⟩ baciare. 2 ⟨Mat⟩ oscularsi. II v.t. 1 ⟨lett⟩
·aciare. 2 ⟨Mat⟩ osculare.
·culation [ˌɔskju'leiʃən] s. 1 ⟨lett⟩ bacio m, ⟨lett,scherz⟩
·sculo m. 2 (close contact) combaciamento m. 3 ⟨Mat⟩
·sculazione f. 'osculatory [-lətəri] a. 1 ⟨lett⟩ del baciare.
·2 ⟨Mat⟩ osculatore.

osier ['ouʒə] I s. 1 ⟨Bot⟩ vinco m. 2 (twig) vimine m. II a.
di vimini: an ~ basket un cesto di vimini.
osier bed s. vincaia f, vincheto m.
Osiris [ou'saiəris] N.pr. ⟨Rel⟩ Osiride m.
osmium ['ɔzmiəm] s. ⟨Chim⟩ osmio m.
osmose ['ɔsmous, 'ɔz–], os'mosis [-is] s. (pl. -ses [siːz])
⟨Chim⟩ osmosi f. osmotic [-'mɔtik] a. osmotico: ~
pressure pressione osmotica.
osprey ['ɔspri] s. ⟨Ornit⟩ falco m pescatore.
ossein ['ɔsiin] s. ⟨Biol⟩ osseina f.
osseous ['ɔsiəs] a. 1 osseo. 2 → ossiferous.
Ossian ['ɔsiən] N.pr. ⟨Lett⟩ Ossian m. Ossianic
[ˌɔsi'ænik] a. ossianico.
ossicle ['ɔsikl] s. ⟨Anat⟩ ossicino m.
ossiferous [ɔ'sifərəs] a. ⟨Paleont⟩ ossifero: ~ caves caverne
ossifere.
ossific [ɔ'sifik] a. ossificante. ,ossifi'cation [-eiʃən] s. 1
ossificazione f. 2 (bony formation) formazione f ossea.
ossifrage ['ɔsifridʒ] s. ⟨Ornit⟩ gipeto m, avvoltoio m
barbato.
ossify ['ɔsifai] I v.t. ossificare. 2 ⟨fig⟩ cristalizare,
ossilizzare. II v.i. 1 ossificarsi. 2 ⟨fig⟩ cristallizzarsi,
fossilizzarsi. ossuary ['ɔsjuəri] s. ossario m (anche
Archeol.).
osteitis [ˌɔsti'aitis] s. ⟨Med⟩ (pl. -tides [tidiːz]) osteite f.
Ostend [ɔs'tend] N.pr. ⟨Geog⟩ Ostenda f.
ostensible [ɔs'tensəbl] a. apparente: the ~ reason il
motivo apparente.
ostensory [ɔs'tensəri] s. ⟨Lit⟩ ostensorio m.
ostentation [ˌɔsten'teiʃən] s. 1 ostentazione f. 2 (elaborate
decoration) pretenziosità f. ostentatious [-ʃəs] a. 1
(fond of display) ostentatore. 2 (intended to attract notice)
appariscente, pomposo. ostentatiously [-ʃəsli] avv.
ostentatamente, con ostentazione. ostentatiousness
[-ʃəsnis] s. ostentazione f.
osteoarticlular [ˌɔstiou:'tikjulə] a.⟨Anat⟩osteoarticolare.
osteogenesis [ˌɔstiə'dʒenisis] s. ⟨Biol⟩ osteogenesi f.
osteologic [ˌɔstiə'lɔdʒik], osteological [-əl] a. ⟨Anat⟩
osteologico. osteologist [-ti'ɔlədʒist] s. osteologo.
osteology [-ti'ɔlədʒi] s. osteologia f.
osteopath ['ɔstiəpæθ] s. osteologo m. ,osteo'pathic [-ik]
a. ⟨Med⟩ osteopatico. ,osteopathist [-tiə'pɔθist] s. →
osteopath. ,osteopathy [-ti'ɔpəθi] s. osteopatia f.
ostiary ['ɔstiəri] s. ⟨Rel⟩ ostiario m; (order) ostiariato m.
ostler ['ɔslə] s. (hostler) stalliere m.
Ostpolitik ted. ['ɔːstpouli:'tik] s. ostpolitik f.
ostracism ['ɔstrəsizəm] s. ostracismo m. ostracize [-saiz]
v.t. dare l'ostracismo a, bandire, esiliare, mettere al
bando.
ostreiculture ['ɔstriikʌltʃə] s. ostricoltura f. ostreiform
[-riifɔːm] a. a forma di ostrica.
ostrich ['ɔstritʃ] I s. 1 ⟨Ornit⟩ struzzo m. 2 ⟨fig⟩ chi fa
la politica dello struzzo. II a. ⟨fig⟩ di (o da) struzzo: ~
attitude politica dello struzzo. □ ⟨fam⟩ to have the
digestion of an ~ avere uno stomaco di struzzo.
ostrich feather s. piuma f di struzzo.
Ostrogoth ['ɔstrəgɔθ] s. ⟨Stor⟩ ostrogoto m (f –a).
,Ostro'gothian [-iən], ,Ostro'gothic [-ik] a. ostrogoto,
ostrogotico.
Oswald ['ɔzwəld] N.pr. Osvaldo m.
O.T. = Old Testament Antico Testamento (abbr. A.T.).
otalgia [o(u)'tældʒiə] s. ⟨Med⟩ otalgia f. otalgic [-dʒik] a.
otalgico.
otary ['outəri] s. ⟨Zool⟩ otaria f.
Othello [əu'θelou] N.pr. ⟨Lett⟩ Otello m.
other ['ʌðə] I a. 1 altro, opposto (a questo): on the ~ side
dall'altra parte; (with reference to two or more) altro: the
~ members of the Cabinet gli altri membri del gabinetto;
(distinct from that or those first mentioned) altro, restante,
rimanente: there is no ~ explanation non c'è altra
spiegazione; the ~ applications were rejected gli altri
candidati sono stati respinti. 2 (different) altro, diverso,
differente: I did it for ~ reasons l'ho fatto per altre
ragioni. 3 (in time expressions: just past) altro: the ~ day
l'altro giorno; (former) andato, passato: in ~ times nei
tempi andati. II pron. altro: the –s stayed behind gli altri
rimasero indietro; (different one) altro: haven't you any –s?

non ne avete (degli) altri? **III** *avv.* (general. con *than:*
otherwise) diversamente, altrimenti: *he could not do* ~
than he did non poté fare diversamente (da come fece);
(*besides*) oltre a, in aggiunta a: *is anyone* ~ *than yourself*
coming? c'è qualcuno che viene oltre a te? □ *one* **after**
the ~ uno dopo l'altro; **any** ~: 1 qualche altro: *have you*
any ~ *evidence?* avete qualche altra prova?; 2 (*no matter*
which other) qualsiasi (*o* qualunque) altro: *any* ~ *day will*
do qualsiasi altro giorno andrà bene; 3 (*every other*) ogni
altro, tutti gli altri: *you are better than any* ~ *painter I*
know sei più bravo di tutti gli altri pittori che conosco;
every ~: 1 ogni altro, tutti gli altri; 2 (*alternate*) alterno,
uno sì e uno no: *every* ~ *day* a giorni alterni, un giorno sì
e uno no; **no** ~: 1 nessun altro; 2 (*no other person, thing*)
nessun'altra persona (*o* cosa); **none** (*o no*) ~ *than* proprio,
non altri che: *it was none* ~ *than the king himself* era
proprio il re in persona; **some** ~ qualche altro: *some* ~
place qualche altro posto; ~ **than** all'infuori di, altro ...
che, tranne: *he has no money* ~ *than what his father gives*
him non ha altri soldi all'infuori di quelli che gli dà il
padre; ~ **things** *being equal* a parità di condizioni.
other half *s.* **1** altri *mpl*, altra gente *f: to see how the* ~
lives vedere come vivono gli altri. **2** ⟨*scherz*⟩ (*husband,*
wife) metà *f.*
otherness ['ʌðənis] *s.* **1** altro *m*, altra cosa *f.* **2** (*quality of*
being different) differenza *f,* diversità *f.*
otherwise ['ʌðəwaiz] **I** *avv.* **1** in altre circostanze; (*or else*)
altrimenti, se no; (*differently*) diversamente, altrimenti. **2**
(*in other respects*) a parte ciò, per altri aspetti, sotto altri
punti di vista, per il resto. **3** (*in correlative sentences*) no,
meno: *state whether married or* ~ specificare se si è
sposati o no. **II** *a.* **1** diverso, differente. **2** (*in different*
circumstances) in circostanze diverse, in altre circostante.
□ *unless* ~ *stated* salvo indicazione contraria.
other| world *s.* altro mondo *m*, aldilà *m*, vita *f*
ultraterrena. **,~ '-worldliness** *s.* distacco *m* dalle cose
terrene. **~ wordly** *a.* **1** ultraterreno, dell'aldilà, dell'altro
mondo. **2** (*being apart from material interest*) distaccato
dalle cose terrene; (*spiritual*) spirituale.
otiose ['əufious] *a.* **1** (*idle*) ozioso, sfaccendato; (*indolent*)
pigro, indolente. **2** (*futile, superfluous*) vano, inutile,
superfluo. **,otiosity** [–ʃi'ɔsiti] *s.* **1** oziosità *f.* **2** (*futility*)
inutilità *f,* vanità *f.*
otitis [o(u)'taitis] *s.* ⟨*Med*⟩ otite *f.*
otologic [,outo(u)'lɔdʒik], **otological** [–əl] *a.* ⟨*Med*⟩
dell'otoiatria. **otologist** [o(u)'tɔlədʒist] *s.* otoiatra *m/f.*
otology [o(u)'tɔlədʒi] *s.* otoiatria *f.*
otoscope ['outəskoup] *s.* ⟨*Med*⟩ otoscopio *m.*
otter ['ɔtə] *s.* (*pl.inv./-s* [z]; il pl.inv. si usa general. con
valore collett.) **1** ⟨*Zool*⟩ lontra *f.* **2** (*fur*) pelliccia *f* di
lontra, lontra *f.*
otter-hound *s.* cane *m* per la caccia alle lontre.
otto ['ɔtou] *s.* essenza *f* (di fiori).
Ottoman ['ɔtəmən] **I** *a.* ottomano, turco: *the* ~ *Empire*
l'impero ottomano. **II** *s.* ottomano *m.* **ottoman** *s.* ⟨*Arred*⟩
ottomana *f.*
ouch[1] [autʃ] *intz.* (*to express pain*) ohi, ahi, oh.
ouch[2] *s.* ⟨*ant*⟩ (*clasp, buckle*) fermaglio *m*, fibbia *f;*
(*brooch*) spilla *f.*
ought[1] [ɔ:t] *v.aus.* (*forma negativa* **ought not, oughtn't**
['ɔ:tnt]; manca dell'inf., del pret. e del p.p.) **1** (*to express*
moral obligation, duty) devo, ecc. dovrei, ecc., è
necessario che io, che tu, ecc. **2** (*to express desirability,*
propriety) devo, ecc.: *we* ~ *not to make fun of him* non
dovremmo prenderlo in giro. **3** (*to express probability*)
dovere, essere probabile.
ought[2] **I** *pron.* (*aught*) qualcosa. **II** *avv.* affatto, in nessun
modo.
oughtn't ['ɔ:tnt] *contraz. di* **ought not.**
ounce[1] [auns] *s.* **1** (*in avoirdupois weight*) oncia *f*
avoirdupois (pari a 28,35 gr); (*in troy weight*) oncia *f* troy
(pari a 21,1 gr). **2** (*fluid ounce*) oncia *f* fluida. **3** ⟨*fig*⟩
oncia *f,* grammo *m*, briciolo *m: he hasn't an* ~ *of*
common sense non ha un briciolo di buonsenso.
ounce[2] *s.* ⟨*Zool*⟩ leopardo *m* delle nevi.
O.U.P. = *Oxford University Press* edizioni dell'università
di Oxford.

our [auə] *a.poss.* nostro: ~ *house* la nostra casa; ~ *boo*
nostri libri.
Our| Father *s.* ⟨*Rel*⟩ (*Lord's Prayer*) padrenostro *m.*
Lady *s.* ⟨*Rel*⟩ Nostra Signora *f,* Madonna *f.* ~ **Lor**
⟨*Rel*⟩ Nostro Signore *m.*
ours ['auəz] *pron.poss.* nostro: *a friend of* ~ un no
amico; *these red pencils are not* ~ queste matite rosse
sono (le) nostre.
ourself [,auə'self] *pron.pers.* (*used where we, us refer t*
single person) ci, noi: *we do hereby declare* ~ *sovere*
king con quest'atto ci proclamiamo re e sovrano; (*empha*
noi.
ourselves [,auə'selvz] *pron.pers.pl.* **1** (*used reflexively*)
noi (stessi): *we must not deceive* ~ non dobbiamo illude
we did it only for ~ lo abbiamo fatto soltanto per noi
(*as an emphatic appositive*) noi (stessi), proprio noi,
in persona: *we did it* ~ l'abbiamo fatto proprio noi
(*we, us*) noi (stessi): *no one appreciates it more than* ~ **n**
suno lo apprezza più di noi. **4** (*alone*) da soli: *we went*
~ andammo da soli; (*without help*) da noi, (noi) da s
ousel *s.* → **ouzel.**
oust [aust] *v.t.* **1** espellere, estromettere, cacciare: *he*
-ed from the party's committee fu espulso dal comitato
partito. **2** (*to take the place of*) spodestare, scalz
soppiantare. **3** ⟨*Dir*⟩ (*to dispossess*) espropriare. **'ous**
[–ə] *s.* ⟨*Dir*⟩ espropriazione *f* indebita.
out [aut] **I** *avv.* **1** fuori (di casa): *to put the cat* ~ mett
fuori il gatto; *to take a girl* ~ *to dinner* portare **l**
ragazza a cena fuori; (*away from one's office, home, e*
libero, di libertà: *to have an evening* ~ avere una se
libera; (*away from one's country*) fuori, all'estero, *often*
translated: *he is* ~ *in Hong Kong at the mom*
attualmente si trova a Hong Kong; (*out-of-doors*) fu
all'aperto: *it's very cold* ~ fuori fa molto freddo. **2**
emphasize the idea of distance) lontano, fuori: ~ *in sp*
lontano nello spazio; ~ *of sight* fuori di vista. **3**
indicate departure) via, *often translated with*
corresponding verb: *we'll start* ~ *at dawn* partire
all'alba; *to set* ~ mettersi in viaggio. **4** (*out of prison*)
libertà, *often translated with the corresponding verb: to*
~ *on bail* essere in libertà provvisoria; *the prisoners w*
let ~ i prigionieri furono rilasciati. **5** (*to indic*
extinction) spento: *the fire has gone* ~ il fuoco s
spento; *to drive with the lights* ~ guidare a fari spenti
(*to indicate completion, thoroughness*) fino in fondo, (*d*
tutto, completamente, interamente: *please hear me* ~
favore ascoltami fino in fondo. **7** (*finished*) fin
terminato: *before the summer is* ~ prima che l'estate
finita; ⟨*am*⟩ *school is* ~ la scuola è finita. **8** ⟨*intens*
fondo, ben bene: *to clean* ~ *a room* pulire a fondo **i**
stanza. **9** (*known, public*) svelato, rivelato, scoperto,
dominio pubblico; (*published*) uscito, pubblicato, ed
(*issued*) emesso: *there is a warrant* ~ *for his arrest*
suoi confronti è stato emesso un mandato di cattura.
(*out of fashion*) fuori (*o* passato di) moda, superato.
(*into society*) in società: *she comes* ~ *this year* debutta
società quest'anno. **12** (*on loan*) in prestito, fuori:
book is ~ *at present* il libro al momento è in prestito.
(*unconscious*) senza conoscenza, privo di sensi, *o*
translated with the corresponding verb: to knock s.o.
mettere qd. fuori combattimento. **14** (*wrong*) in err
15 (*out of the question*) fuori discussione, escluso.
(*seeking*) in cerca (*for* di): *I am not* ~ *for trouble* **n**
vado in cerca di guai. **17** (*not on good terms*) in rotta,
lite (*with* con). **18** (*out-of-pocket*) in perdita, fuori:
was a thousand dollars ~ era in perdita di mille dolla
19 (*on strike*) in sciopero. **20** (*aloud*) ad alta voce.
(*to indicate selection, division*) *translated with*
corresponding verb: to divide ~ *a sum of money* ripart
una somma di denaro; *to pick* ~ *the best* scegliere
migliore. **22** (*of the tide*) bassa. **23** (*of clothes*) consur
liso, consumato, logoro. **24** (*in blossom, flower*) in fic
the roses are ~ le rose sono in fiore. **25** ⟨*Mar*⟩ (*av*
from the shore) al largo, distante, lontano, *often*
translated: we are now two days ~ *from Southamp*
siamo a due giorni di navigazione da Southampton.
⟨*Sport*⟩ fuori. **II** *a.* **1** (*of sizes of clothing*) più grande

ormale, fuori ⌐del comune⌐ (o dell'ordinario). 2 (*utgoing*) in partenza: ~ *mail* la posta in partenza. 3 (*xternal*) esterno, esteriore. 4 (*outlying*) lontano, remoto. I *s.* 1 *pl.* (*persons not in power*) opposizione *f,* partito all'opposizione: *the ins and* –*s* il partito al potere e *o*pposizione. 2 ⟨*fam*⟩ (*way out*) via *f* d'uscita, scappatoia 3 (*outside*) fuori *m,* esterno *m.* 4 ⟨*Tip*⟩ (*omission of a ord*) pesce *m,* lasciatura *f.* IV *v.i.* 1 essere svelato (*o* so di pubblico dominio). 2 (*to go out*) uscire, andare ori. V *v.t.* 1 cacciare, espellere. 2 ⟨*fam*⟩ (*to knock out*) ettere fuori combattimento. 3 ⟨*Sport*⟩ (*to eliminate*) iminare. VI *intz.* fuori, via. VII *prep.* ⟨*am*⟩ 1 (*out*) fuori, fuori di (*o* da). 2 (*to indicate movement away om a centre*) (fuori) da. □ *to be* ~ *and* about (*of a rson*) essere ristabilito, essere di nuovo in piedi; ~ and vero (e proprio), completo, perfetto, in tutto e per tto: ~ *and* ~ *liar* un vero bugiardo; ~ *and* away di an lunga; *to be* ~ *in one's* calculations sbagliarsi nei lcoli, far male i calcoli; ⟨*fam*⟩ *to be* ~ *on one's* feet sere stanco morto; ~ loud a voce alta; *the* moon *is* ~ è la luna; *to have a* night ~ avere una sera di libertà; *m.fam*⟩ *to be* on *the* –*s with s.o.* essere in rotta con qd.; ~ there laggiù; ⟨*am.fam*⟩ *to get* ~ *from* under cavarsi impiccio, cavarsela; ⟨*esclam*⟩ ~ with il butta fuori ello che hai da dire, ⟨*fam*⟩ sputa fuori; ~ *with his me!* fuori il nome! ‖ ~ *you go!* fuori!

t-and-'outer *s.* ⟨*fam*⟩ oltranzista *m/f,* estremista *m/f.* **'argue** *v.t.* (*in arguing*) avere la meglio su.

back *austral.* ['autbæk] I *s.* interno *m,* entroterra *m,* troterra *m.* II *a.* dell'entroterra.

'balance *v.* → outweigh. **~'bid** *v.t.irr.* 1 fare *i*'offerta maggiore di, offrire di più di. 2 (*in cards*) lanciare. **~board** *a.* 1 ⟨*Mar,Aer*⟩ posto fuori dello afo, fuori bordo. 2 (*of a boat*) fuoribordo. II *s.* ⟨*Mar*⟩ oribordo *m.* **~board motor** *a.* ⟨*Mar*⟩ motore *m* oribordo, fuoribordo *m.* **'~'bound** *a.* ⟨*Mar*⟩ diretto 'estero, nel viaggio di andata. **~'brave** *v.t.* 1 sfidare. 2 *o surpass in courage*) superare in coraggio. **~break** *s.* 1 oppio *m,* esplosione *f: the* ~ *of war* lo scoppio della erra. 2 ⟨*Med*⟩ esplosione *f* (di un'epidemia). 3 (*revolt*) volta *f,* insurrezione *f.* **~building** *s.* fabbricato *m* nnesso, dipendenza *f.*

burst ['autbə:st] *s.* 1 scoppio *m,* esplosione *f: an* ~ *of iger* uno scoppio d'ira; –*s of joy* esplosioni di gioia; *iolent expression of emotion*) impulso *m* (improvviso), atto *m.* 2 ⟨*concr*⟩ eruzione *f.*

cast I *s.* ['autkɑ:st] 1 reietto *m* (*f* –a), paria *m: a social* un reietto della società. 2 (*vagabond*) vagabondo *m,* nzatetto *m.* II *a.* [aut'kɑ:st] reietto. **outcaste** ['autkɑ:st] *s.* (*in India: one who has no class*) paria *m*; (*person xpelled from his caste*) chi è cacciato dalla propria casta. *a.* che non appartiene a nessuna casta.

'class *v.t.* essere nettamente superiore a, surclassare, avincere. **~come** *s.* 1 (*result*) risultato *m,* esito *m; onsequence*) conseguenza *f,* risultato *m.* 2 (*conclusion*) nclusione *f,* esito *m* (finale).

crop I *s.* ['autkrɔp] 1 ⟨*Geol,Minier*⟩ affioramento *m* perficiale. 2 ⟨*fig*⟩ scoppio *m,* esplosione *f.* II *v.i.* ut'krɔp] ⟨*Geol*⟩ affiorare.

cry *s.* 1 clamore *m,* baccano *m.* 2 (*loud protest*) sentimento *m,* indignazione *f,* scalpore *m.* **~'dare** *v.t.* 1 idare. 2 (*to surpass in daring*) essere più coraggioso di, perare in coraggio (*o* ardimento). **~'dated** *a.* antiquato, rpassato. **~'distance** *v.t.* distanziare, staccare, staccare. **~'do** *v.t.irr.* 1 sorpassare, superare, distanziare, re meglio di. 2 ⟨*rifl*⟩ superare se stesso.

door ['autdɔ:] *a.* 1 all'aperto, all'aria aperta: *an* ~ *sport* no sport all'aperto. 2 (*not covered*) scoperto, all'aperto: *n* ~ *swimming pool* una piscina all'aperto. 3 (*of a rson: fond of outdoor life*) amante della vita all'aperto. 4 *f aid, relief, etc.*) esterno. 5 ⟨*Parl*⟩ extraparlamentare.

door advertising *s.* pubblicità *f.* esterna.

doors ['outdɔ:z] I *avv.* fuori (di casa); (*in the open air*) l'aperto, fuori, all'aria aperta. II *s.pl.* (costr. sing.) aria *f* erta, aperto *m.*

ter ['autə] I *a.* 1 esterno, esteriore: ~ *wall* parete sterna. 2 (*farther out*) più esterno, più lontano. 3 ⟨*fig*⟩

(*objective*) oggettivo: ~ *reality* realtà oggettiva. 4 ⟨*Geom*⟩ esterno. II *s.* (*of a target: outside ring*) cerchio *m* più lontano dal centro; (*shot*) colpo *m* sul cerchio più lontano dal centro. □ *the* ~ *suburbs* l'estrema periferia.

outer‖ man [mən] *s.* aspetto *m* esteriore (di un uomo). **~ Mongolia** *N.pr.* ⟨*Geog*⟩ Mongolia *f* esterna. **~most** [moust, məst] *a.* estremo, il più remoto, il più lontano: *the* ~ *bounds of the earth* gli estremi confini del mondo. **~ space** *s.* spazio *m* esterno. **~wear** *s.* vestiti *mpl.*

out'face *v.t.* 1 far abbassare lo sguardo a. 2 (*to defy successfully*) sfidare con successo. **~fall** *s.* 1 (*of a river, lake*) foce *f.* 2 (*of a drain, sewer*) bocca *f* di scarico. **~field** *s.* 1 ⟨*Sport*⟩ (*in cricket*) parte *f* del campo distante dal battitore; (*in baseball*) parte *f* del campo fuori del diamante. 2 *pl.* ⟨*Sport*⟩ (*players*) esterni *mpl.* **~'fight** *v.t.irr.* superare nella lotta (per tattica). **~fighting** *s.* ⟨*Sport*⟩ combattimento *m* a distanza.

outfit ['autfit] I *s.* 1 attrezzatura *f,* equipaggiamento *m,* corredo *m: skiing* ~ equipaggiamento da sci. 2 (*set of clothes and accessories*) completo *m,* insieme *m,* toletta *f.* 3 ⟨*am.fam*⟩ (*commercial organization*) compagnia *f,* società *f.* 4 (*sl*) (*group, gang*) gruppo *m,* combriccola *f,* cricca *f.* II *v.t.* equipaggiare, attrezzare, corredare. **outfitter** [–ə] *s.* 1 chi vende attrezzature. 2 (*one who sells men's clothes*) chi vende articoli di abbigliamento maschile.

out'flank *v.t.* 1 ⟨*Mil*⟩ aggirare il fianco di. 2 ⟨*fig*⟩ aggirare. **~flow** *s.* efflusso *m,* uscita *f.* **~'fox** *v.t.* farla in barba a. **~general** *v.t.* 1 ⟨*Mil*⟩ superare in strategia. 2 ⟨*fig*⟩ essere più abile di.

outgas [aut'gæs] *v.t.* degassare. **outgassing** [–iŋ] *s.* degassamento *m.*

outgo I *s.* ['autgou] (*pl.* -es [z]) 1 efflusso *m,* uscita *f.* 2 (*expenditures*) uscite *fpl,* spese *fpl: income and* ~ entrate e uscite. 3 (*outlet*) scarico *m,* sbocco *m,* uscita *f.* II *v.t.irr.* [aut'gou] superare, sorpassare.

outgoing ['autgouiŋ] I *a.* 1 in partenza: ~ *mail* posta in partenza. 2 (*retiring*) uscente, che si ritira: *the* ~ *chairman* il presidente uscente; (*resigning*) dimissionario. 3 (*of people: not reserved*) estroverso, espansivo. II *s.* 1 uscita *f.* 2 *pl.* (*expenditures*) uscite *fpl,* spese *fpl.*

outgrow [aut'grou] *v.t.irr.* 1 perdere con l'età: *to* ~ *a childish habit* perdere con l'età un'abitudine infantile. 2 (*to grow too large for*) non entrare più in, diventare troppo grande per: *to* ~ *one's clothes* non entrare più nei propri abiti. 3 (*to grow faster than*) crescere più di, superare nella crescita. **'outgrowth** [–θ] *s.* 1 escrescenza *f.* 2 ⟨*fig*⟩ conseguenza *f,* risultato *m,* prodotto *m.*

out'guess *v.t.* superare in astuzia, essere più furbo di. **~'herod** *v.t.* superare in crudeltà. □ ⟨*fig*⟩ *to* ~ *Herod* essere più realista del re. **~house** *s.* 1 fabbricato *m* annesso, dipendenza *f.* 2 ⟨*am*⟩ (*outdoor toilet*) gabinetto *m* esterno.

outing ['autiŋ] *s.* 1 gita *f,* viaggio *m* di piacere, escursione *f: an* ~ *to the seaside* una gita al mare. 2 (*walk*) passeggiata *f* all'aria aperta.

outjockey [aut'dʒɔki] *v.* → outmanoeuvre.

outlandish [aut'lændiʃ] *a.* 1 esotico, strano, stravagante. 2 (*uncouth*) grossolano, rozzo. 3 (*of places: remote*) remoto, fuori mano, lontano. **outlandishness** [–nis] *s.* stranezza *f,* stravaganza *f.*

outlast [aut'lɑ:st] *v.t.* sopravvivere a, superare in durata, durare più (a lungo) di.

outlaw ['autlɔ:] I *s.* 1 ⟨*Stor*⟩ proscritto *m,* bandito *m,* esule *m.* 2 (*fugitive from the law*) fuorilegge *m,* bandito *m,* brigante *m.* II *v.t.* 1 bandire, mettere al bando, esiliare, proscrivere. 2 (*of things: to declare to be illegal*) dichiarare illegale (*o* fuori legge): *to* ~ *gambling* dichiarare illegale il gioco d'azzardo; (*to prohibit*) proibire, vietare. 3 ⟨*fig*⟩ dare l'ostracismo a. 4 ⟨*am.Dir*⟩ rendere nullo, invalidare. **outlawry** [–ri] *s.* 1 (*outlawing*) bando *m,* proscrizione *f,* esilio *m.* 2 (*being outlawed*) l'essere ⌐al bando⌐ (*o* bandito), condizione *f* di proscritto. 3 (*state of defying the law*) l'essere fuori legge.

outlay ['autlei] *s.* 1 sborso *m.* 2 (*expenditure*) spesa *f,* uscita *f.*

outlet ['autlət] *s.* 1 scarico *m,* sbocco *m,* uscita *f.* 2 ⟨*fig*⟩

sbocco *m*, sfogo *m: to seek an ~ for one's energies* cercare uno sbocco per le proprie energie. **3** ⟨*Geog*⟩ (*stream flowing out of a lake*) emissario *m;* (*lower end of a river*) foce *f.* **4** ⟨*El*⟩ presa *f* (di corrente). **5** ⟨*Comm*⟩ (*market*) mercato *m*, sbocco *m*. **6** ⟨*am.Comm*⟩ (*selling point*) punto *m* di vendita; (*shop*) negozio *m*. **7** ⟨*am.Rad,TV*⟩ attacco *m*.

outlier ['autliə] *s.* **1** persona *f* che ⌐è esclusa⌐ (*o* si esclude) da un gruppo. **2** (*one who lives away from his place of work*) chi risiede lontano dal posto di lavoro, non residente *m/f*.

outline ['autlain] **I** *s.* **1** contorno *m*, profilo *m*, linea *f*, sagoma *f: the –s of the houses* i contorni delle case. **2** ⟨*Art*⟩ (*style of drawing*) disegno *m* a tratteggio; (*sketch in outline*) schizzo *m*, abbozzo *m*. **3** ⟨*fig*⟩ (*brief treatment*) lineamenti *mpl: an ~ of European history* lineamenti di storia europea; (*preliminary sketch*) schema *m*, abbozzo *m*. **4** *pl.* ⟨*fig*⟩ (*main features*) punti *mpl* (*o* elementi) essenziali, linee *fpl* principali. **II** *v.t.* **1** disegnare (*o* tracciare) il contorno di, sbozzare. **2** ⟨*fig*⟩ descrivere a grandi linee, tratteggiare, schizzare, tracciare: *he –d his plan to us* ci descrisse a grandi linee il suo piano. □ *in ~* schematicamente.

outlive [aut'liv] *v.t.* **1** sopravvivere a: *he –d all his friends* sopravvisse a tutti i suoi amici. **2** (*to live through*) scampare a, sopravvivere a.

outlook ['autluk] *s.* **1** veduta *f*, vista *f*. **2** ⟨*fig*⟩ modo *m* di vedere, visione *f*, concezione *f: a pessimistic ~ on life* una visione pessimistica della vita. **3** ⟨*fig*⟩ (*prospect*) prospettiva *f*, previsione *f: the ~ for the future is not hopeful* le prospettive per il futuro non sono promettenti. **4** (*observation point*) osservatorio *m*, punto *m* d'osservazione.

out|lying *a.* **1** remoto, lontano, fuori mano: *~ villages* villaggi remoti. **2** ⟨*fig*⟩ (*lying outside*) esterno, esteriore. **3** ⟨*Mil*⟩ avanzato. **,~ma'neuver** *am.*, **,~ma'noeuvre** *v.t.* superare in strategia, manovrare più abilmente di. **~'march** *v.t.* **1** marciare più in fretta di. **2** (*to leave behind*) superare, lasciarsi indietro. **~'match** *v.t.* essere superiore a, superare, sorpassare. **~'moded** *a.* **1** fuori (*o* passato di) moda, superato. **2** (*obsolete*) superato, antiquato: *~ techniques* tecniche superate.

outmost ['autmoust] *a.* → **outermost**.

outnumber [aut'nʌmbə] *v.t.* superare di numero, essere più numeroso di. □ *we were –ed by ten to one* la loro superiorità nei nostri confronti era di dieci a uno.

out of [əv] *prep.* **1** (*of place*) fuori, fuori di (*o* da): *he is ~ town* è fuori città. **2** (*of movement*) da, fuori di (*o* da): *he threw the book ~ the window* gettò il libro dalla finestra. **3** (*from*) da: *to drink ~ a bottle* bere da una bottiglia. **4** (*from among*) tra, da, di: *you can choose any three ~ all these* puoi sceglierne tre qualsiasi tra tutti questi; (*from a total of*) su: *ninety–nine ~ a hundred* novantanove su cento; *he got nine points ~ ten* ha avuto nove su dieci. **5** (*to indicate motive*) per: *I did it ~ pity* l'ho fatto per pietà; *~ spite* per dispetto. **6** (*to indicate source, origin*) da, con: *to make money ~ tourism* fare soldi con il turismo. **7** (*to indicate material*) di, in: *it is made ~ wood* è (fatto) di legno; *to carve a statue ~ marble* scolpire una statua nel marmo. **8** (*to indicate a change in condition*) fuori: *the patient is ~ danger* il paziente è fuori pericolo; *~ fashion* fuori moda; (*to indicate an abnormal, incorrect condition*) fuori, *often translated with the corresponding verb: the drawing is ~ perspective* il disegno manca di prospettiva; *the soldier at the end is ~ line* il soldato in fondo non è allineato. **9** (*without*) senza: *to be ~ work* essere senza lavoro; *we are ~ sugar* siamo senza zucchero. **10** ⟨*Mar*⟩ al largo di: *five miles ~ Portsmouth* cinque miglia al largo di Portsmouth. □ *to be ~ it* non esserci dentro, non entrarci; *to be ~ one's mind* aver perso la ragione; *to reason s.o. ~ his fears* convincere qd. a non avere paura.

'out-of-'bounds *a.* **1** ⟨*Mil,Scol*⟩ di cui è vietato l'accesso. **2** ⟨*Sport*⟩ fuori area (*o* campo). **'~-'court settlement** *s.* ⟨*Dir*⟩ transazione *f*. **'~-'date** *a.* antiquato, superato, fuori (*o* passato di) moda, sorpassato. **'~-'door** *a.* all'aperto, all'aria aperta. **'~-'doors I** *s.pl.* (costr. sing.) aperto *m*,

aria *f* aperta. **II** *a.* → **out-of-door**. **'~-'phase** *a.* ⟨ fuori fase, sfasato. **'~-'pocket** *a.* **1** (*of expenses*) vivo (*of a person*) a corto di quattrini, squattrinato, ⟨*fam* verde. **'~-'print** *a.* esaurito: *this edition is ~* qu edizione è esaurita. **~ -'school** *a.* extrascolastico: *education* istruzione extrascolastica. **'~-the-'way** *a.* **1** *place*) fuori mano, distante, remoto. **2** (*unusual*) inso fuori del comune. **3** ⟨*fam*⟩ (*of prices*) esorbita **'~-'town** *a.* fuori città, extraurbano. **'~-'work** *a.* disoccupato, senza lavoro. **II** *s.* disoccupato *m*.

out|'pace *v.t.* camminare più velocemente di. **~ –party** ⟨*Pol*⟩ partito *m* all'opposizione. **'~patient** *s.* paziente ambulatoriale (*o* esterno). **~patients' department** reparto *m* pazienti ambulatoriali (*o* esterni). **~'play** ⟨*Sport*⟩ **1** giocare meglio di. **2** (*to defeat*) batt sconfiggere. **~'point** *v.t.* ⟨*Sport*⟩ segnare più punti di; *boxing*) vincere ai punti. **~'poll** *v.t.* vincere (alle elezio **~post** *s.* **1** ⟨*Mil*⟩ avamposto *m*; (*base in another coun* base *f*. **2** ⟨*fig*⟩ posizione *f* avanzata: *the –s of scienc* posizioni avanzate della scienza.

outpour I *s.* ['autpɔ:] → **outpouring**. **II** *v.t.* [aut' versare, spargere. **outpouring** [–riŋ] *s.* **1** sfogo manifestazione *f*, effusione *f: ~ of one's feelings* sfogo cuore. **2** (*concr*) versamento *m*.

output ['autput] *s.* **1** produzione *f: the annual ~ o factory* la produzione annua di una fabbrica; (*of a pers* rendimento *m*, resa *f: a worker's daily ~* il rendime giornaliero (*o* di un operaio). **2** (*artistic producti* produzione *f: literary ~* produzione letteraria. **3** ⟨ energia *f* erogata, erogazione *f*. **4** ⟨*Mecc*⟩ resa *f*. **5** ⟨ lavoro *m* utile. **6** ⟨*tecn*⟩ uscita *f*.

output device *s.* ⟨*Inform*⟩ organo *m* d'uscita.

outrage ['autreidʒ] **I** *s.* **1** violenza *f*, soverchieria oltraggio *m*. **2** (*injury, insult*) oltraggio *m*, offesa *f*, ins *m*, ingiuria *f: his conduct is an ~ against our professio* sua condotta è un oltraggio alla nostra professio (*scandal*) scandalo *m;* (*act that transgresses propri* oltraggio *m*, offesa *f: ~ upon decency* oltraggio al pud **3** (*feeling of resentment*) risentimento *m*, il sentirsi off **II** *v.t.* **1** fare un oltraggio a, oltraggiare. **2** (*to sho* suscitare l'indignazione di, scandalizzare; (*of feelings, e* offendere. **3** (*to rape*) violentare.

outrageous [aut'reidʒəs] *a.* **1** atroce, feroce, scellerato *crimes* delitti atroci. **2** (*highly offensive*) oltraggi offensivo, ingiurioso; (*shocking*) scandaloso: *~ condotta scandalosa.* **3** (*violent*) violento, furioso. (*completely unreasonable*) esagerato, esorbitante, eccessi ⟨*iperb*⟩ scandaloso. **outrageousness** [–nis] *s.* **1** atroc *f*, scelleratezza *f*. **2** (*offensiveness*) l'essere oltraggioso offensivo). **3** (*unreasonableness*) eccessività *f*, enormità

out|'range *v.t.* **1** ⟨*Artigl*⟩ avere una gittata superiore superare in gittata. **2** ⟨*fig*⟩ essere superiore a, supera sorpassare. **~rank** *v.t.* ⟨*Mil*⟩ essere superiore in grado

outré *fr.* [u:tre, *am.* 'u:trei] *a.* **1** stravagante, eccentr bizzarro. **2** (*in bad taste*) di cattivo gusto, sconvenien

out-relief *s.* assistenza *f* concessa a persone non ricover in istituti di carità.

outride [aut'raid] *v.t.irr.* **1** superare (*o* distanzi cavalcando. **2** ⟨*Mar*⟩ (*of a storm*) reggere bene. **'outri** [–ə] *s.* battistrada *m*.

outrigger ['autrigə] *s.* **1** ⟨*Mar*⟩ (*of a canoe*) bilanciere **2** ⟨*Mar*⟩ (*to support an oar lock*) outrigger *m;* (*b* fuoriscalmo *m*. **3** ⟨*Aer*⟩ intelaiatura *f* di sostegno. ⟨*Mecc*⟩ sporgenza *f* esterna.

outright ['autrait] **I** *avv.* **1** apertamente, francamen senza riserve, chiaro e tondo. **2** (*complete* completamente, interamente, del tutto. **3** (*instantly*) colpo, subito: *he was killed ~* morì sul colpo. **4** (*in transaction*) in contanti, in un'unica soluzione: *to bu car ~* comprare un'automobile in contanti. **II** *a.* autentico, vero e proprio, puro e semplice, bello e buo *an ~ disaster* un autentico disastro. **2** (*direct, fra* schietto, franco. **3** (*total*) totale, integrale, completo: *ar loss* una perdita totale.

out|'rival *v.t.* far meglio di, avere la meglio su, supera **~'run** *v.t.irr.* **1** correre più veloce di, superare nella cor **2** (*to go beyond*) superare. **~runner** *s.* **1** battistrada *m* *a team of dogs*) cane *m* di testa. **~rush** *s.* il riversarsi improvviso e violento. **~'sail** *v.t.* navigare più veloce di, operare navigando (a vela). **~'sell** *v.t.irr.* **1** superare nelle vendite, vendere più di. **2** (*of things: to be sold more than*) vendersi più di, superare nelle vendite.

set ['autset] *s.* inizio *m*, principio *m*, esordio *m*.

'shine *v.t.irr.* **1** superare in splendore, essere più brillante di. **2** ⟨*fig*⟩ eclissare, offuscare, oscurare. **~'shoot** *irr.* **1** superare nel tiro, tirare meglio di. **2** (*to shoot at*) mandare fuori; (*of roots*) gettare, mettere.

side I *s.* ['aut'said] **1** parte *f* esterna, esterno *m*, fuori : *the ~ of a box* la parte esterna di una scatola; *to paint e ~ of a house* dipingere l'esterno di una casa. **2** (*external appearance*) apparenza *fpl*, aspetto *m* esteriore, forza *f*, facciata *f*. **3** (*outside world*) mondo *m* esterno. **4** ⟨*port*⟩ ala *f*. **II** *a.* **1** esterno; (*out-of-doors*) all'aperto, fuori: *an ~ television aerial* un'antenna televisiva esterna. **2** (*not connected with a group, etc.*) esterno, dall'esterno: *~ help* assistenza esterna; (*extraneous*) esterno, estraneo, dal di fuori: *~ influences* influenze esterne; (*not connected with one's occupation, etc.*) particolare, a parte: *~ interests* interessi particolari. ⟨*Scol*⟩ extrascolastico. **4** ⟨*Tel*⟩ esterno: *an ~ line* una linea esterna. **5** (*remote*) remoto, minimo, piccolissimo: *a ~ chance* una possibilità remota; (*unlikely*) improbabile. **6** (*maximum*) massimo, estremo, il maggiore, il più alto: *~ prices* prezzi massimi. **7** (*of a seat*) sull'imperiale. **III** *avv.* ['aut'said, 'autsaid] **1** (di) fuori: *come ~* vieni fuori; (*in the open air*) fuori, all'aperto, all'aria aperta: *let's eat ~* mangiamo fuori. **2** (*externally*) esternamente, fuori, nella parte esterna. **3** (*on the outside seat*) sull'imperiale. **IV** *prep.* [,aut'said] **1** fuori ~, all'esterno di: *~ the door* fuori della porta. **2** (*beyond the limits of*) oltre i limiti di. **3** ⟨*fam*⟩ (*except*) all'infuori di, tranne, fuorché, eccetto: *no one ~ you* nessuno all'infuori di te. □ *at the* (*very*) *~* al massimo, tutt'al più; *the law* oltre i limiti consentiti dalla legge.

'side| activity *s.* → **outside occupation. ~ broadcast** **1** ⟨*Rad*⟩ trasmissione *f* esterna. **2** ⟨*TV*⟩ ripresa *f* all'esterno. **~ broker** *s.* ⟨*Econ*⟩ agente *m* (di cambio) non autorizzato. **~ left** *s.* ⟨*Sport*⟩ ala *f* sinistra. **~ occupation** *s.* attività *f* secondaria.

'side of [əv] *prep.* ⟨*fam*⟩ **1** all'infuori di, tranne, fuorché, eccetto. **2** (*beyond the limits of*) oltre i limiti di.

sider [,aut'saidə] *s.* **1** estraneo *m* (*f* –a). **2** ⟨*fam*⟩ (*socially unacceptable person*) intruso *m* (*f* –a). **3** (*of a candidate, etc.*) candidato *m* (*f* –a) che ha scarse probabilità di vittoria. **4** ⟨*fam*⟩ (*vulgar, ill-bred person*) maleducato *m* (*f* –a). **5** ⟨*Sport*⟩ outsider *m*. **6** ⟨*Comm*⟩ settore *m* non aderente a una conferenza marittima.

'sing *v.t.irr.* **1** (*to sing better than*) cantare meglio di. **2** (*to sing louder than*) cantare più forte di. **~size I** *s.* **1** misura *f* superiore al normale. **2** ⟨*Vest*⟩ taglia *f* grande (*o* forte). **II** *a.* **1** fuori misura, di misura fuori del comune. **2** (*too large*) troppo grande. **~skirts** *s.pl.* **1** periferia *f*, sobborghi *mpl*: *the ~ of a town* la periferia di una città. **2** ⟨*fig*⟩ confini *mpl*, margini *mpl*. **~'smart** *v.t.* ⟨*fam*⟩ superare in astuzia, farla in barba a, essere più furbo di. **span** [aut'spæn] *v.t.* (*of oxen, horses*) staccare (*anche assol.*).

spoken ['aut'spoukən] *a.* franco, esplicito, schietto. □ *to be ~ in one's criticism* criticare apertamente. **utspokenness** [–nis] *s.* franchezza *f*, schiettezza *f*.

spread ['aut'spred] **I** *a.* disteso, spiegato. **II** *s.* piegatura *f*.

standing ['aut'stændiŋ] *a.* **1** insigne, eccezionale, straordinario: *an ~ example of courage* un esempio insigne di coraggio; (*pre-eminent*) eminente, insigne, illustre: *an ~ writer* un eminente scrittore. **2** (*remaining*) (*to be dealt with*) insoluto, in sospeso, non risolto: *~ problems* problemi insoluti. **3** ⟨*Comm*⟩ (*of debts, etc.*) insoluto, scaduto, arretrato. **4** ⟨*Econ*⟩ (*of stocks, bonds*) in circolazione. **5** ⟨*concr*⟩ (*standing out*) prominente, che sporge. **outstandingly** [–iŋli] *avv.* in modo insigne.

'stare *v.t.* sconcertare (*o* confondere) con un'occhiata. **'stay** *v.t.* trattenersi (in visita) più a lungo di. □ *to ~*

---

one's welcome diventare un ospite sgradito (trattenendosi più del dovuto). **~'step** *v.t.* superare, oltrepassare. **~'stretched** *a.* disteso, steso, allungato. **~'strip** *v.t.* **1** (*to surpass in speed*) staccare, distanziare, distaccare; (*to run faster than*) correre più veloce di. **2** (*to surpass*) sorpassare, superare. **~'talk** *v.t.* **1** parlare più forte (*o* a lungo) di. **2** (*to talk down*) ridurre al silenzio (parlando più forte o più a lungo). **~'think** *v.t.irr.* **1** superare in raziocinio. **2** (*to outwit*) superare in astuzia, essere più furbo di. **~'vote** *v.t.* **1** avere la maggioranza rispetto a. **2** (*to defeat by voting*) sconfiggere in una votazione, mettere in minoranza.

outward ['autwəd] **I** *a.* **1** diretto all'esterno, verso l'esterno. **2** (*external, superficial*) esterno, esteriore: *an ~ show of grief* una manifestazione esteriore di dolore; (*physical, bodily*) esteriore, fisico, del corpo. **3** (*situated on the outside*) esterno, esteriore. **II** *avv.* → **outwards**. □ *~ appearances* esteriorità *fpl*, apparenze *fpl*; ⟨*Teol*⟩ *the ~ man* il corpo.

outward| bound *a.* ⟨*Mar*⟩ in partenza, nel viaggio di andata. **~ freight** *s.* ⟨*Comm*⟩ nolo *m* di andata.

outwardly ['autwədli] *avv.* **1** apparentemente, in apparenza, esteriormente: *he was ~ calm* era apparentemente calmo. **2** (*externally*) esternamente, esteriormente. **outwardness** [–dnis] *s.* **1** esteriorità *f*, apparenza *f*. **2** (*extrovert quality*) esteriorizzazione *f*.

outwards [–dz] *avv.* **1** verso l'esterno, di fuori. **2** ⟨*Mar*⟩ diretto all'estero.

out|'wear *v.t.irr.* **1** durare (*o* resistere) più a lungo di: *this cloth will ~ any other* questa stoffa resisterà più a lungo di qualsiasi altra. **2** (*to wear out*) consumare, logorare. **~'weigh** *v.t.* **1** avere più importanza (*o* peso) di. **2** (*to exceed in weight*) superare in peso, pesare più di. **~'wit** *v.t.* superare in astuzia, essere più furbo di, farla in barba a.

outwork I *v.t.* [aut'wə:k] **1** lavorare meglio (*o* più in fretta) di. **2** (*to complete*) portare a termine, completare. **II** *s.* ['autwə:k] **1** ⟨*Mil*⟩ fortificazione *f* esterna. **2** (*work done outside the factory, shop, etc.*) lavoro *m* a domicilio. **'outworker** [–ə] *s.* chi lavora a domicilio.

outworn ['autwɔ:n] *a.* **1** superato, disusato, fuori (*o* passato di) moda. **2** (*worn-out*) logoro, consunto. **3** (*exhausted*) esaurito, spossato.

ouzel ['u:zl] *s.* ⟨*Ornit*⟩ **1** merlo *m*. **2** (*ring ouzel*) merlo *m* ⌈dal collare⌉ (*o* forestiero). **3** (*water ouzel*) merlo *m* acquaiolo.

oval ['ouvəl] **I** *a.* ovale. **II** *s.* ovale *m*. **Oval** *N.pr.* ⟨*Sport*⟩ (*in London*) Oval *m*. **ovalness** [–nis] *s.* l'essere ovale.

ovarian [o(u)'vɛəriən] *a.* ⟨*Anat*⟩ ovarico.

ovariotomy [o(u),vɛəri'ɔtəmi] *s.* ⟨*Chim*⟩ ovariotomia *f*.

ovary ['ouvəri] *s.* ⟨*Anat*⟩ ovaia *f*, ovario *m*. **2** ⟨*Bot*⟩ ovario *m*.

ovate ['ouveit] *a.* **1** ovale, a (forma d') uovo. **2** ⟨*Bot*⟩ ovato.

ovation [ou'veiʃən] *s.* ovazione *f* (*anche Stor.rom.*).

oven ['ʌvn] *s.* **1** forno *m* (*anche tecn.*). **2** ⟨*fam*⟩ (*hot place*) forno *m*, fornace *f*: *this room is an ~* questa stanza è un forno.

oven|bird *s.* ⟨*Ornit*⟩ fornaio *m*. **~-dressed** *a.* ⟨*Macell*⟩ pronto per la cottura. **~-dry** *a.* ⟨*tecn*⟩ essiccato al forno. **~proof** *a.* resistente al calore, pirofilo. **~ware** *s.* vasellame *m* resistente al calore.

over ['ouvə] **I** *prep.* **1** (*resting on the surface of*) su, sopra: *to pull one's hat down ~ one's eyes* tirarsi il cappello sugli occhi. **2** (*to indicate a position higher up*) sopra, su, al di sopra: *a light hangs ~ the table* un lume pende sopra il tavolo; *the house looks ~ the valley* la casa guarda sulla valle; *the bridge ~ the river* il ponte sul fiume; (*on*) su, sopra: *to hit s.o. ~ the head* colpire qd. sulla testa. **3** (*from one side to the other*) di là da, sopra, *usually translated with the corresponding verb*: *Hannibal brought elephants ~ the Alps* Annibale fece valicare le Alpi agli elefanti; *to jump ~ a wall* saltare un muro; (*on the other side of*) dall'altra parte, di là da, oltre: *~ the river* dall'altra parte del fiume. **4** (*near*) vicino a: *to sit ~ the fire* starsene seduto vicino al fuoco. **5** (*throughout*) in (*o* per) tutto, in ogni parte di: *all ~ the world* in tutto il mondo; *to travel all ~ Europe* viaggiare per tutta l'Europa. **6** (*to indicate authority, domination*) su, sopra: *to rule ~ many peoples* regnare sopra molti popoli. **7** (*more than*) più di, oltre: *he is ~ fifty* ha più di cinquant'anni; *~ four million* oltre quattro milioni; (*in excess of*) oltre, sopra, più di, superiore a. **8** (*of time: during*) durante, nel corso di, per: *~ the last few months* durante gli ultimi mesi; *~ several days* per diversi giorni; (*until the end of*) per (tutto), fino alla fine di: *our guest stayed ~ the holidays* il nostro ospite si è fermato per tutte le vacanze; (*after the end of*) fin dopo, oltre. **9** (*to indicate change, difference, variation*) rispetto a: *exports have gone up fifty per cent ~ last year* le esportazioni sono salite del cinquanta per cento rispetto all'anno passato. **10** (*to indicate a means of communication*) per (mezzo di), mediante, via: *~ the telephone* per telefono; *the news was given ~ the radio* la notizia venne data per radio. **11** (*to indicate occupation, activity*) nel corso di, durante: *the matter was settled ~ a good dinner* la faccenda fu sistemata nel corso di un buon pranzo. **12** (*about*) di, per, su, intorno a: *to get into trouble ~ a woman* mettersi nei guai per una donna. **II** *avv.* **1** (di) sopra, al di sopra: *the plane was directly ~* l'aeroplano era proprio sopra; (*so as to reveal a different side*) dall'altra parte, *usually translated with the corresponding verb: to turn s.th. ~* rivoltare qc. **2** (*down*) giù: *to fall ~* cadere giù. **3** (*to indicate movement across*) *translated with the corresponding verb: he signed the company ~ to his son* ha trasferito l'azienda al figlio. **4** (*remaining*) d'avanzo, rimanente, che resta, *often translated with the corresponding verb or noun: to have s.th. ~* avere qc. d'avanzo; *how much is left ~?* quanto è rimasto?; *two goes into five twice with one ~* il due nel cinque sta due volte con l'avanzo di uno; (*in addition*) (in) più, in aggiunta: *ten pounds and a few shillings ~* dieci sterline più qualche scellino; (*in excess*) e più, e oltre: *boys of twelve and ~* ragazzi di dodici anni e più. **5** (*from beginning to end*) da cima a fondo, dal principio alla fine; (*thoroughly*) a fondo: *to talk a matter ~* discutere a fondo una questione. **6** (*to indicate change, transference*) *translated with the corresponding verb: to go ~ to the enemy* passare al nemico; *to take a business ~* rilevare un'azienda. **7** (*to indicate repetition*) più volte: *to count s.th. ~* contare più volte qc.; (*once more*) ancora una volta, di nuovo: *this work will have to be done all ~* questo lavoro dovrà essere fatto ancora una volta. **8** (*excessively;* general. nei composti) troppo, eccessivamente: *~ quick decisions* decisioni troppo rapide. **9** (*till a later time*) ancora. **10** (*Rad*) passo: *~ to you* passo, a voi la linea; *~ and out* passo e chiudo. **III** *a.* **1** laggiù, *often not translated: he is ~ in the United States* è negli Stati Uniti. **2** (*remaining*) che resta, che avanza, *often translated with the corresponding verb: if there is any ~, keep it for me* se ne avanza, conservalo per me. **3** (*finished, ended*) finito, terminato: *the lesson is ~* la lezione è finita; (*past*) passato: *the storm is ~* il temporale è passato. **4** (nei composti: *excessive*) eccessivo, che supera la norma; *~ animation* animazione eccessiva. **5** (*upper, superior*) superiore, che sta sopra. **IV** *s.* **1** (*Sport*) over *m.* **2** (*Artigl*) colpo *m* lungo. **3** (*amount in excess*) eccedenza *f,* sovrappiù *m.* □ *~ and above* oltre (a), in aggiunta a, senza calcolare; *~ again* di nuovo, ancora una volta; *~ against:* 1 (*opposite to*) di fronte a, dirimpetto a; 2 (*as opposed*) nei confronti di, rispetto a; ⟨*sl*⟩ *to be all ~ s.o.* essere pieno di attenzioni per qd.; ⟨*fam*⟩ *it's all ~ with him* è finita per lui; ⟨*fam*⟩ *that's him all ~* è proprio quello che ci si può aspettare da lui; *~ and ~* ripetutamente, più e più volte: *the log rolled ~ and ~* il tronco rotolò ripetutamente; *I have told you ~ and ~ again* te l'ho detto mille volte; *~ here* qui, da questa parte; *~ the sea* (al) di là del mare, oltre il mare.

overabundance [ˌouvərəˈbʌndəns] *s.* sovrabbondanza *f,* quantità *f* eccessiva. **overabundant** [–nt] *a.* sovrabbondante.

overachiever [ˌouvərəˈtʃiːvə] *s.* carrierista *m/f.*

overact [ˌouvərˈækt] **I** *v.i.* ⟨*Teat,Cin*⟩ caricare la recitazione. **II** *v.t.* recitare con troppa enfasi. **overactive**

[–iv] *a.* troppo attivo, iperattivo. **overactivity** [–iviti] iperattività *f.*

overage[1] [ˌouvərˈeidʒ] *a.* **1** (*too old*) troppo vecchio (*beyond a specified age*) che ha superato una determin età.

overage[2] [ˈouvəridʒ] *s.* ⟨*Comm*⟩ eccedenza *f* nella fornit di una merce.

overall[1] [ˈouvərɔːl] *s.* ⟨*Vest*⟩ **1** (*smock*) grembiule camice *m.* **2** *pl.* (*workman's trousers*) tuta *f* (da lavoro

overall[2] **I** *a.* [ˈouvərɔːl] **1** complessivo, totale, globale (*general, comprehensive*) generale, complessivo, glob *survey of the ~ situation* visione generale della situazio **II** *avv.* [ouvərˈɔːl] **1** in tutto, in totale, complessivamen *it is nine metres long ~* in tutto è lungo nove metri. **2** a whole*) globalmente, complessivamente.

'**overall dimension** *s.* ingombro *m,* dimensione d'ingombro. *~* **length** *s.* lunghezza *f* totale.

overambitious [ˌouvəræmˈbiʃəs] *a.* troppo ambizioso.

overanxiety [ˌouvəræŋˈzaiəti] *s.* ansia *f* (*o* trepidazio eccessiva. **over'anxious** [–ŋkʃəs] *a.* troppo ansioso trepidante.

over|arch *v.t.* formare un arco sopra. **~arm** *a.* ⟨*Sport* (*of a pitch, etc.*) fatto portando il braccio sopra la spa **2** (*of a swimming stroke*) alla marinara. '**~awe** incutere soggezione a, intimidire.

overbalance [ˌouvəˈbæləns] **I** *v.t.* far perdere l'equilibrio sbilanciare. **II** *v.i.* perdere l'equilibrio. **III** *s.* eccesso *m* peso.

overbear [ˌouvəˈbeə] *v.irr.* **I** *v.t.* **1** schiacciare, annienta (*to overcome*) sopraffare, superare. **2** ⟨*fig*⟩ (*to prevail ov* prevalere su, avere il sopravvento su. **3** ⟨*fig*⟩ (*to tr domineeringly*) trattare dispoticamente; (*to domina* dominare. **II** *v.i.* ⟨*Bot*⟩ dare (*o* produrre) frutti quantità eccessiva. **overbearing** [–riŋ] *a.* autoritari imperioso, prepotente, dispotico.

overbid[1] [ˌouvəˈbid] *v.irr.* **I** *v.t.* **1** (*to bid more than*) offr più di, fare un'offerta superiore al valore di. **2** (*in care* fare una dichiarazione più alta di, dichiarare di più di. *v.i.* **1** offrire troppo (*o* più del valore effettivo). **2** cards*) fare una dichiarazione superiore al valore de proprie carte; (*to overcall*) fare una dichiarazione superio a quella dell'avversario.

overbid[2] [ˈouvəbid] *s.* **1** offerta *f* eccessiva. **2** (*in cara* dichiarazione *f* troppo alta.

overblow [ˌouvəˈblou] *v.irr.* **I** *v.t.* **1** gonfiare, dilatare. ⟨*Mus*⟩ (*of a wind instrument*) soffiare con forza *3* (*to cover by blowing*) ricoprire (di uno strato) soffiand **4** (*to blow away*) soffiare via, disperdere. **II** *v.i.* **1** ⟨*M* sonare uno strumento a fiato soffiando troppo forte. **2** a storm, etc.*) passare, cessare. **overblown** [–n] *a.* ⟨ flowers*) spampanato.

overboard [ˈouvəbɔːd] *avv.* ⟨*Mar*⟩ in mare, fuori bordo, mare: *to fall ~* cadere in mare; *man ~!* uomo in mare! ⟨*fam*⟩ *to go ~* eccedere, esagerare (*for* in); ⟨*fig*⟩ *to thro ~:* **1** (*to discard*) scartare, eliminare; **2** (*of a perso* sbarazzarsi di, liberarsi di.

'**over|bold** *a.* sfacciato, impudente, insolente. *~* **book** *v* ⟨*Aer*⟩ prenotare in numero superiore ai posti disponibil '**~borne** *a.* schiacciato, annientato. '**~bought** ⟨*Comm*⟩ (*of a market, stock, etc.*) caratterizzato da prez troppo alti (per i forti acquisti). **~bridge** *s.* → overpas '**~build** *v.t.irr.* **1** costruire sopra, soprelevare. **2** (*supply with too many buildings*) costruire troppi edifi in.

overburden **I** *v.t.* [ˌouvəˈbəːdən] sovraccaricare. **II** [ˈouvəbəːdən] sovraccarico *m,* peso *m* eccedente.

,**over|busy** *a.* troppo occupato. '**~buy** *v.irr.* **I** *v.t.* ⟨*Econ* comprare in quantità superiore alla richiesta. **II** *v.* comprare troppa merce.

overcall **I** *v.t.* [ˌouvəˈkɔːl] (*in cards*) fare una dichiarazion più alta di, dichiarare di più di. **II** *v.i.* fare un dichiarazione superiore a quella dell'avversario. **III** [ˈouvəkɔːl] dichiarazione *f* troppo alta.

overcapacity [ˌouvəˈpæsiti] *s.* sovraccapacità *f.*

,**over|capitali'zation** *s.* ⟨*Econ*⟩ sovraccapitalizzazione ,**~capitalize** *v.t.* **1** dare un valore nominale troppo alt al capitale di. **2** (*to provide with too much capital*) fornir ccessive riserve di capitale a. ,~-'careful a. troppo ccurato.

ercast I a. ['ouvəka:st] 1 (of the sky, weather) annuvolato, nuvoloso, coperto. 2 (gloomy) tetro, cupo. 3 fig) (depressed) depresso, abbattuto. II s. annuvolamento n. III v.t.irr. [,ouvə'ka:st] 1 oscurare, offuscare; (to vercloud) rannuvolare, annuvolare. 2 ⟨Lav.femm⟩ fare il opraggitto a, sopraggittare, sopraffilare. 'overcasting –iŋ] s. ⟨Lav.femm⟩ sopraggitto m, soprammano m, opraffilo m.

ercast stich s. punto m sopraggitto.

ercautious [,ouvə'kɔ:ʃəs] a. troppo cauto, eccessivamente rudente. overcautiousness [–nis] s. prudenza f. ccessiva.

ercharge I v.t. ['ouvə'tʃa:dʒ] 1 fare pagare un prezzo roppo alto a, far pagare troppo a. 2 ⟨assol⟩ fare pagare roppo, fare prezzi troppo alti. 3 (to overload) ovraccaricare (anche El.). II s. ['ouvət∫a:dʒ] 1 prezzo m ccessivo. 2 (excessive load) carico m eccessivo, ovraccarico m.

ercloud [,ouvə'klaud] I v.t. 1 annuvolare, rannuvolare. 2 fig⟩ gettare un'ombra su. II v.i. annuvolarsi, annuvolarsi.

ercoat ['ouvəkout] s. soprabito m, cappotto m.

ercome [,ouvə'kʌm] v.irr. I v.t. 1 superare, sormontare, vincere: to ~ a difficulty superare una difficoltà; to ~ the pposition vincere l'opposizione. 2 (to overpower) opraffare, superare, vincere: to be ~ by grief essere opraffatto dal dolore. 3 (to defeat) sconfiggere, opraffare: to ~ the enemy sconfiggere il nemico. II v.i. vincere, prevalere.

ver| compress v.t. ⟨tecn⟩ supercomprimere. ~ ompression s. supercompressione f. ~ 'confidence s. eccessiva sicurezza f di sé. 2 (self–conceit) presunzione '~'-confident a. 1 troppo sicuro di sé. 2 self–conceited) presuntuoso. ~ congested a. (of a street) ccessivamente affollata, sovraffollata. ~ congestion s. ovraffollamento m. ~ consumption s. consumo ccessivo m, iperconsumo m. '~'-cooked a. ⟨Gastr⟩ roppo cotto, scotto. ~ cool v.t. ⟨tecn⟩ surraffreddare. ~ ooling s. surraffreddamento m. ,~-cre'dulity s. redulità f eccessiva, dabbenaggine f. ,~'-credulous a. redulone. '~'critical a. ipercritico. ,~'crop v.t. ⟨Agr⟩ mpoverire con una coltivazione troppo estensiva.

ercrowd [,ouvə'kraud] v.t. gremire, stipare. vercrowded [–id] a. (of places) sovraffollato, uperaffollato. overcrowding [–iŋ] s. superaffollamento n, affollamento m eccessivo.

ver|-curious a. troppo curioso. '~'-delicacy s. delicatezza eccessiva. ,~de'velop v.t. 1 sviluppare eccessivamente. 2 Fot⟩ sovrasviluppare. ,~de'velopment s. sviluppo m ccessivo.

erdo [,ouvə'du:] v.t.irr. 1 eccedere in, esagerare in. 2 (to se excessively) usare troppo, fare eccessivo uso di: don't ~ the salt non usare troppo sale. 3 ⟨Teat,Cin⟩ recitare on troppa enfasi. 4 (to cook too long) cuocere troppo, cuocere. 5 (to exaggerate) esagerare, caricare. □ to ~ it: (to work too hard) lavorare troppo, ammazzarsi di avoro; 2 (to exaggerate) esagerare, eccedere; don't ~ the rony non ironizzare tanto. 'overdone [–'dʌn] a. 1 sagerato, eccessivo. 2 (over–cooked) troppo cotto, scotto.

erdose I s. ['ouvədous] dose f eccessiva. II v.t. ouvə'dous] somministrare una dose eccessiva di.

erdraft ['ouvədra:ft] s. ⟨Econ⟩ scoperto m (di conto); act of overdrawing) il trarre allo scoperto. ,overdraw –'drɔ:] v.t.irr. 1 ⟨Econ⟩ emettere assegni per una somma ccedente: to ~ one's account emettere assegni per una omma eccedente il proprio conto. 2 ⟨assol⟩ trarre allo coperto. 3 (to exaggerate in depicting) esagerare nel itrarre, rappresentare in modo esagerato. 4 (of a bow) endere troppo. ,overdrawn [–'drɔ:n] a. 1 ⟨Econ⟩ coperto: an ~ account un conto scoperto; (of a person) in ebito. 2 (exaggerated) esagerato, eccessivo.

erdress I v.i. [,ouvə'dres] (too ostentatiously) vestirsi in nodo troppo vistoso; (too formally) vestirsi in modo roppo elegante (per l'occasione). II v.t. (too showily)

vestire in modo troppo vistoso; (too smartly) vestire in modo troppo elegante.

overdrive I v.t.irr. [,ouvə'draiv] 1 affaticare, estenuare, strapazzare. 2 (to drive too hard) sfruttare troppo. II s. ['ouvədraiv] ⟨Mot⟩ marcia f sovramoltiplicata, overdrive m.

overdue ['ouvə'dju:] a. 1 in ritardo: the train is ~ il treno è in ritardo. 2 ⟨Econ⟩ (of a bill) scaduto. 3 (too long awaited) atteso da troppo tempo: the reform was long ~ la riforma era attesa da ·troppo tempo. 4 (more than ready) maturo, più che pronto (for per): a colony ~ for independence una colonia matura per l'indipendenza.

over|-eager a. troppo sollecito (o ansioso). ,~'eat v.i.irr. mangiare troppo, esagerare nel mangiare, rimpinzarsi (anche rifl.). ,~-e'laborate a. troppo elaborato. ,~-e'motional a. troppo emotivo. ,~'-emphasis s. eccessiva enfasi f. ,~'-emphasize v.t. dare troppa enfasi a. ,~-em'ployment s. ⟨Econ⟩ sovraoccupazione f. ,~-en,thusi'astic a. eccessivamente entusiasta.

overestimate I v.t. [,ouvər'estimeit] sopravvalutare, stimare troppo: you ~ his generosity sopravvaluti la sua generosità. II s. [,ouvər'estimit, –meit] valutazione f esagerata, stima f eccessiva.

over-excitable [,ouvərek'saitəbl] a. ipereccitabile, sovreccitabile. over-excite [–'sait] v.t. sovreccitare. over-ex'citement [–tmənt] s. sovreccitazione f.

,over|-ex'ert v.t. sforzare eccessivamente. ~–exploitation s. sfruttamento m eccessivo. ,~-ex'pose v.t. 1 esporre troppo. 2 ⟨Fot⟩ sovresporre. ,~-ex'posure s. ⟨Fot⟩ sovresposizione f. ,~'fall s. 1 pl. ⟨Mar⟩ frangenti mpl di marea. 2 ⟨Idr⟩ stramazzo m. ,~-fa'miliar a. che tratta con eccessiva familiarità (o confidenza), sfacciato. □ to be ~ with s.o. trattare qd. con troppa familiarità. ,~-fa,mili'arity s. eccessiva familiarità f (o confidenza). ,~'feed v.irr. I v.t. nutrire troppo. II v.i. nutrirsi eccessivamente, mangiare troppo. ,~'feeding s. superalimentazione f. ,~'fill v.t. riempire troppo (fino a far traboccare). ,~'fish v.t. esaurire le risorse ittiche di. ~–fishing s. depauperamento m, delle risorse ittiche.

overflow[1] [,ouvə'flou] v.irr. I v.t. 1 inondare, sommergere. 2 to cause to overflow) far traboccare, far andare (di) fuori. II v.i. 1 straripare, traboccare. 2 ⟨fig⟩ (to be extremely full) traboccare (with di): the room was –ing with people la stanza traboccava di gente; (to spread as if overflowing) riversarsi: the guests –ed into the garden gli ospiti si riversarono in giardino. 3 ⟨fig⟩ (to be well–supplied with) traboccare, essere colmo (with di): his heart –ed with joy il suo cuore traboccava di gioia. □ the river –ed its banks il fiume ha straripato.

overflow[2] ['ouvəflou] I s. 1 (of water, etc.) inondazione f, piena f. 2 (excess, surplus) eccesso m, sovrabbondanza f: a population ~ un eccesso di popolazione. 3 ⟨Idr⟩ (outlet for surplus liquid) troppo pieno m. 4 (act of flowing) straripamento m. 5 ⟨tecn⟩ → overflow pipe. 6 ⟨Inform⟩ superamento m della capacità di calcolo. II a. in eccesso, in eccedenza.

overflowing [,ouvə'flouiŋ] I a. 1 traboccante, straripante. 2 (superabundant) sovrabbondante, esuberante. II s. 1 l'essere traboccante (o straripante). 2 (overflow, excess) eccesso m, sovrabbondanza f. □ full to ~ pieno zeppo, strapieno.

overflow| meeting s. riunione f supplementare (per coloro che non hanno trovato posto). ~ pipe s. ⟨tecn⟩ tubo m di troppo pieno.

,over|'fond a. troppo amoroso: an ~ mother una madre troppo amorosa. □ I am not ~ of Chinese food non vado pazzo per la cucina cinese. '~-'full a. troppo pieno, pieno zeppo.

overgrow [,ouvə'grou] v.irr. I v.t. 1 (of weeds, etc.) coprire, ricoprire. 2 (to grow too large for) diventare troppo grande per; (to outgrow) crescere più di, superare nella crescita. II v.i. diventare troppo grande. overgrown [–n] a. 1 coperto di vegetazione. 2 (excessively grown) cresciuto troppo. 3 ⟨fam⟩ (of a person: tall and lanky) allampanato. 'overgrowth [–θ] s. 1 crescita f eccessiva. 2 (growth covering s.th.) vegetazione f densa (o rigogliosa).

overhand I a. ['ouvəhænd] ⟨Sport⟩ → overarm. II s.

bracciata *f* alla marinara. **III** *avv.* ['ouvə'hænd] portando (*o* alzando) il braccio sopra la spalla.

overhang[1] [,ouvə'hæŋ] *v.irr.* **I** *v.t.* **1** (*to be suspended over*) essere sospeso su; (*to project over*) strapiombare su, sporgere su: *cliffs which ~ the sea* rocce che strapiombano sul mare. **2** ⟨*fig*⟩ incombere su, essere imminente, minacciare. **II** *v.i.* essere sospeso sopra; (*to jut out*) strapiombare, sporgere.

overhang[2] ['ouvəhæŋ] *s.* **1** sporgenza *f*, strapiombo *m.* **2** ⟨*Edil*⟩ aggetto *m*, strapiombo *m*, sporgenza *f.* **3** ⟨*Aer*⟩ sbalzo *m.* **overhanging** [-'hæŋiŋ] *a.* **1** sporgente, a strapiombo. **2** ⟨*Edil*⟩ a sbalzo, in aggetto.

over-hasty [,ouvə'heisti] *a.* precipitato, troppo frettoloso, affrettato.

overhaul I *v.t.* [,ouvə'hɔ:l] **1** (*of machines*) revisionare; (*to repair*) riparare, aggiustare. **2** (*to examine thoroughly*) esaminare accuratamente (*o* a fondo). **3** (*to overtake*) oltrepassare, sorpassare, superare. **4** ⟨*Mar*⟩ (*to gain upon*) superare. **II** *s.* ['ouvəhɔ:l] **1** (*of machines*) revisione *f.* **2** (*thorough examination*) esame *m* accurato.

overhead I *avv.* [,ouvə'hed] **1** in cielo, in alto, sopra la testa, lassù. **2** (*on the floor above*) (al piano) di sopra. **II** *a.* ['ouvəhed] **1** aereo, posto in alto, soprelevato: *~ electric cables* cavi elettrici aerei. **2** ⟨*Comm*⟩ generale, complessivo, globale. **III** *s.pl.* ⟨*Comm*⟩ spese *fpl* generali.

overhead⎮ charges, ~ expenses *s.pl.* ⟨*Comm*⟩ spese *fpl* generali. **~ line** *s.* linea *f* aerea di contatto. **~ railway** *s.* ferrovia *f* soprelevata. **~ road** *s.* ⟨*Strad*⟩ soprelevata *f*, strada *f* soprelevata. **~ valve** *s.* ⟨*Mot*⟩ valvola *f* in testa.

overhear [,ouvə'hiə] *v.t.irr.* **1** udire per caso. **2** (*to listen secretly to*) ascoltare di nascosto. **3** ⟨*assol*⟩ origliare. **overhearing** [-riŋ] *s.* ⟨*Tel*⟩ interferenza *f*, diafonia *f.*

overheat [,ouvə'hi:t] **I** *v.t.* **1** surriscaldare. **2** ⟨*fig*⟩ infiammare, infervorare, surriscaldare. **II** *v.i.* **1** surriscaldarsi, scaldare. **2** ⟨*fig*⟩ scaldarsi, accalorarsi, infervorarsi. **III** *s.* surriscaldamento *m.* **overheating** [-iŋ] *s.* surriscaldamento *m* (*anche fig.*): *~ of the economy* il surriscaldamento dell'economia.

over-indulge [,ouvərin'dʌldʒ] *v.t.* **1** abbandonarsi troppo a, lasciarsi andare a. **2** (*to spoil*) viziare. **3** ⟨*rifl*⟩ essere troppo indulgente verso se stesso. **over-indulgence** [-əns] *s.* eccessiva indulgenza *f.* **over-indulgent** [-ənt] *a.* troppo indulgente.

'over⎮-issue **I** *s.* ⟨*Econ*⟩ emissione *f* eccessiva. **II** *v.t.* emettere in quantità eccessiva. **'~joyed** *a.* felicissimo, pieno di gioia. **'~-'kind** *a.* troppo gentile. **~-knee** *a.* ⟨*Calz*⟩ (fin) sopra il ginocchio. **,~'-labour** *v.t.* elaborare troppo. **'~'-laden** *a.* sovraccarico, stracarico (*with* di). **~-'land** **I** *avv.* via (*o* per) terra. **II** *a.* via terra, terrestre: *an ~ journey* un viaggio via terra; *~ route* via terrestre.

overlap I *v.t.* [,ouvə'læp] **1** sovrapporre, accavallare: *the roof tiles ~ each other* le tegole del tetto si sovrappongono; (*to cover partly*) coprire in parte; (*to extend beyond*) ricoprire. **2** (*to cause to overlap*) far sovrapporre. **II** *v.i.* **1** sovrapporsi. **2** ⟨*fig*⟩ coincidere in parte, avere qc. in comune (*with* con). **III** *s.* ['ouvəlæp] **1** sovrapposizione *f.* **2** (*overlapping part*) parte *f* sovrapposta. **,over'lapping** [-iŋ] **I** *a.* **1** che si sovrappone, sovrapposto. **2** ⟨*fig*⟩ che coincide in parte. **II** *s.* **1** sovrapposizione *f.* **2** ⟨*fig*⟩ coincidenza *f* (parziale).

overlay **I** *v.t.irr.* [,ouvə'lei] **1** coprire, ricoprire. **2** ⟨*Art*⟩ rivestire, ricoprire. **3** ⟨*Tip*⟩ taccheggiare. **II** *s.* ['ouvəlei] **1** copertura *f*; (*covering*) coperta *f.* **2** ⟨*Art*⟩ rivestimento *m.* **3** (*second tablecloth*) sopratovaglia *f.*

,over⎮'leaf *avv.* (sul) retro, a tergo: *see ~* vedi retro. **,~'leap** *v.t.irr.* **1** saltare oltre (*o* al di là di). **2** (*to omit*) tralasciare, omettere, saltare. **3** ⟨*rifl.fig*⟩ fallire per aver voluto troppo. **,~'lie** *v.t.irr.* **1** stare sopra a, stare su. **2** (*of a baby, etc.*) soffocare (girandosi nel sonno).

overload **I** *v.t.* [,ouvə'loud] sovraccaricare (*anche El.*). **II** *s.* ['ouvəloud] sovraccarico *m* (*anche El.*).

over-long [,ouvə'lɔŋ] **I** *a.* troppo lungo. **II** *avv.* troppo a lungo.

overlook [,ouvə'luk] *v.t.* **1** (*to fail to notice*) lasciarsi sfuggire, non rilevare: *you have –ed several mistakes* ti sei lasciato sfuggire parecchi errori; (*to ignore, disregard*) ⎮ tener conto di, trascurare, ignorare: *I will ~* ⎮ *indiscretion this time* per questa volta non terrò co della tua indiscrezione; (*to pass over*) chiudere un occ su, passare sopra a. **2** (*to look over from above*) domir. (con lo sguardo), godere la vista di: *from his room he* ⎮ *the harbour* dalla stanza dominava il porto; (*to affor⎮ view down over*) sovrastare, dominare: *a hill –ing the* una collina che sovrasta il mare. **3** (*to watch o⎮* sorvegliare, controllare. **'overlooker** [-ə] soprintendente *m*, sorvegliante *m.*

overlord ['ouvələ:d] *s.* **1** signore *m* supremo, sovrano *m.* ⟨*Stor*⟩ grande feudatario *m.* **3** ⟨*fig*⟩ magnate *m*, re *m.*

overly *am., scozz.* ['ouvəli] *avv.* eccessivamente, troppo

overman **I** *s.irr.* ['ouvəmən] **1** capo *m;* (*forem⎮* caposquadra *m*, capo *m.* **2** ⟨*scozz*⟩ (*arbiter*) arbitro *m⎮* ⟨*rar*⟩ (*superman*) superuomo *m.* **II** *v.t.* [,ouvə'⎮ fornire di troppi uomini.

over⎮mantel *s.* ⟨*Arch*⟩ struttura *f* ornamentale sopra caminetto. **,~'master** *v.t.* sopraffare, dominare, travolg **,~'mastering** *a.* travolgente: *an ~ passion* una passi travolgente. **'~'-measure** *s.* sovrappiù *m*, eccesso eccedenza *f.* **'~'-modest** *a.* troppo modesto. **,⎮ modulate** *v.t.* ⟨*Rad*⟩ sovramodulare. **,~' modulated** sovramodulato. **,~ modu'lation** *s.* sovramodulazione **'~'-much** **I** *a.* troppo, eccessivo. **II** *s.* troppo *m*, ecce⎮ *m*, quantità *f* eccessiva. **III** *avv.* troppo, eccessivame⎮ **'~-'nice** *a.* **1** (*excessively fastidious*) troppo esigente difficile), incontentabile. **2** (*excessively scrupulous*) tro⎮ meticoloso (*o* preciso), pignolo. **,~'niceness, ,~'nicet⎮ 1** (*fastidiousness*) incontentabilità *f.* **2** (*scrupulousn⎮* pignoleria *f*, (eccessiva) meticolosità *f.*

overnight **I** *avv.* ['ouvə'nait] **1** durante la notte, di nc **2** (*for one night only*) per una notte (soltanto). **3** (*n⎮ evening before*) la sera prima. **4** ⟨*fig*⟩ improvvisame⎮ d'un tratto: *to become famous ~* divent⎮ improvvisamente famoso. **II** *a.* ['ouvənait] **1** (fatto) notte: *an ~ journey* un viaggio di notte. **2** (*stay. lasting one night*) per (*o* di) una notte: *an ~ guest* ospite per una notte. **3** (*of or occuring the prev⎮ evening*) della sera prima. **4** ⟨*fig*⟩ improvviso, subita⎮ repentino. □ *to stay ~* pernottare.

overnight⎮ bag, ~ case *s.* borsa *f* da viag⎮ ventiquattrore *f.*

over⎮-nutrition *s.* superalimentazione *f.* **~-occupied⎮** sovraffollato.

overpaid ['ouvə'peid] *a.* pagato troppo, strapagato.

overpass[1] ['ouvəpɑ:s] *s.* ⟨*Strad*⟩ cavalcavia *m.*

overpass[2] [,ouvə'pɑ:s] *v.t.irr.* **1** attraversare, travers⎮ valicare. **2** ⟨*fig*⟩ (*to transgress*) oltrepassare, andare o⎮ **3** (*to exceed*) superare, sorpassare. **4** (*of difficulties, ⎮* sormontare, superare.

over⎮'pay *v.t.irr.* **1** (*of a bill, etc.*) pagare troppo caro. **2** *a person*) pagare troppo, strapagare. **,~'-people** sovrappopolare. **,~'-peopled** *a.* sovrappopolato, tro⎮ popolato. **,~per'suade** *v.t.* convincere a mutare par⎮ **,~'play** *v.t.* **1** ⟨*Teat,Cin*⟩ recitare con troppa enfasi. **2** *give undue emphasis*) dare eccessivo rilievo a. **,~plu⎮** eccesso *m*, eccedenza *f*, sovrappiù *m.* **,~'-populate** sovrappopolare. **,~-popu'lation** *s.* sovrappopolazione **,~'power** *v.t.* **1** schiacciare, superare, sopraffare, vinc **2** ⟨*fig*⟩ sopraffare, vincere: *to be –ed by fatigue* es⎮ sopraffatto dalla stanchezza. **,~'powering** *a.* sopportabile, opprimente: *~ grief* pena insopportabile *heat* caldo opprimente. **,~'praise** **I** *v.t.* lodare trop⎮ esagerare nelle lodi di. **II** *s.* lode *f* eccessiva (*o* smoda⎮ **,~' pressure** *s.* **1** sovracompressione *f.* **2** ⎮ sovrappressione *f.* **~ priced** *a.* eccessivamente costos⎮

overprint **I** *v.t.* [,ouvə'print] **1** ⟨*Tip*⟩ sovrastampare. **2** *print too many copies of*) stampare troppe copie di. **I⎮** ['ouvəprint] **1** sovrastampa *f.* **2** ⟨*Tip*⟩ sovrimpression⎮ **over'printing** [-iŋ] *s.* ⟨*Tip*⟩ sovrastampa.

,over⎮-pro'duce *v.t.* produrre in eccesso. **'~-pro'ductior⎮** ⟨*Econ*⟩ sovrapproduzione *f.* **'~'proof** *a.* di gradazi⎮ alcolica eccessiva. **'~'-proud** *a.* troppo orgoglio⎮ **'~'-quick** *a.* (*excessively ready*) troppo pronto (*o* rapi⎮ (*excessively willing*) troppo disposto (*o* pronto). **,~'rate**

‖ sopravvalutare, stimare troppo: *he -d my abilities* opravvalutò le mie capacità. **2** (*of property*) tassare ‖ccessivamente. **,~'-ripeness** *s.* ⟨*Agr*⟩ ultramaturazione

‖erreach [,ouvə'ri:tʃ] **I** *v.t.* **1** oltrepassare, andare oltre, ‖uperare. **2** (*rifl,fig*) fallire per voler fare troppo il furbo. **3** (*fig*) superare in astuzia, mettere nel sacco. **II** *v.i.* **1** ‖ndare (*o* spingersi) troppo oltre. **2** (*of a horse*) ferirsi la ‖ampa anteriore con lo zoccolo posteriore. □ ⟨*fam*⟩ *to ~* ‖.*s.* superare se stesso.

‖er-react [,ouvəri'ækt] *v.i.* reagire in modo esagerato. **‖over-reaction** [-k'ʃən] *s.* reazione *f* esagerata.

‖er‖-refine *v.t.* raffinare troppo. **~-refinement** *s.* affinamento *m* eccessivo.

‖erride [,ouvə'raid] *v.t.irr.* **1** non tenere in nessun conto, ‖gnorare: *to ~ a veto* ignorare un veto; (*of a person*) ‖alpestare i diritti di. **2** (*to take precedence over*) avere la ‖recedenza su: *cost must ~ other considerations* il costo ‖eve avere la precedenza su ogni altra considerazione. **3** ⟨*Equit*⟩ calpestare cavalcando. **4** (*to ride over*) percorrere ‖ cavallo. **5** (*of a horse*) affaticare cavalcando. **6** ⟨*Chir*⟩ ‖ovrapporre. □ *to ~ all objections* passare sopra a tutte le ‖biezioni. **,over'riding** [-iŋ] *a.* **1** di primaria importanza, ‖rimario, principale: *an ~ condition* una condizione di ‖rimaria importanza. **2** (*of a person: domineering*) ‖repotente, dispotico.

‖erripe ['ouvə'raip] *a.* troppo maturo, strafatto.

‖errule [ouvə'ru:l] *v.t.* **1** (*of a person*) respingere gli ‖rgomenti di, decidere contro il parere di; (*of a plea, ‖bjection*) respingere, non accettare; (*of a previous ‖ecision*) annullare, revocare. **2** (*to prevail over*) prevalere ‖u, predominare su. **3** (*to rule over*) governare, reggere. **‖erruling** [-iŋ] *a.* primario, principale, di primaria ‖mportanza.

‖errun[1] [,ouvə'rʌn] *v.irr.* **I** *v.t.* **1** ⟨*Mil*⟩ sopraffare, ‖chiacciare, annientare. **2** (*to invade and ravage*) infestare: *‖irates overran the coastal regions* i pirati infestarono le ‖egioni costiere. **3** (*to infest*) infestare: *the cellar was ~ by ‖ice* la cantina era infestata dai topi. **4** ⟨*fig*⟩ diffondersi ‖o propagarsi) rapidamente in, invadere. **5** (*to grow ‖apidly over*) infestare, invadere. **6** (*to exceed*) superare, ‖ltrepassare, eccedere: *not to ~ one's allotted time* non ‖uperare il tempo assegnato. **7** (*to run or go beyond*) ‖ltrepassare, andare oltre: *to ~ a landing strip* oltrepassare ‖na pista d'atterraggio. **8** (*to overflow*) inondare, ‖ommergere. **9** ⟨*Tip*⟩ (*of lines, columns: to readjust*) ‖imaneggiare. **10** ⟨*Mot*⟩ (*of an engine*) imballare. **II** *v.i.* **1** ‖o overflow*) straripare. **2** (*to go beyond limits*) eccedere, ‖ndare oltre il giusto limite. **3** ⟨*Mot*⟩ (*of an engine*) ‖mballarsi.

‖errun[2] ['ouvərʌn] *s.* **1** l'eccedere, eccedenza *f.* **2** ⟨*Aer*⟩ ‖rea *f* (al di là della pista) per atterraggi d'emergenza.

‖ersea ['ouvə'si:], **overseas** [-z] **I** *avv.* oltremare, ‖ltreoceano: *to go ~* andare oltremare; (*abroad*) all'estero. **I** *a.* **1** d'oltremare, d'oltreoceano: *~ trade* commercio ‖'oltremare. **2** (*situated overseas*) (all')estero, oltremarino, ‖'oltre mare: *our ~ branches* le nostre filiali all'estero. **3** ‖*of troops*⟩ coloniale, d'oltremare.

‖ersea‖ bank *s.* banca *f* estera. **~ investment** *s.* ‖nvestimento *m* all'estero.

‖ersee [,ouvə'si:] *v.t.irr.* sorvegliare, soprintendere. **‖verseer** [-ə] *s.* (*supervisor*) soprintendente *m*, ‖orvegliante *m*; (*foreman*) caposquadra *m*.

‖er‖sell *v.t.irr.* **1** vendere più di quello che si ha in ‖agazzino. **2** ⟨*fig*⟩ lodare esageratamente, tessere lodi ‖perticate di. **,~'-sensitive** *a.* eccessivamente suscettibile, ‖ersensibile. **,~'-sensitiveness** *s.* ipersensibilità *f.* **,~'set** ‖.*irr.* **1** rovesciare, capovolgere. **2** ⟨*fig*⟩ sconvolgere, ‖rbare (gravemente). **,~'sew** *v.t.irr.* **1** ⟨*Lav.femm*⟩ ‖opraggittare, fare il sopraggetto a, sopraffilare. **2** ⟨*Legat*⟩ rilegare a sopraggitto. **'~'-sexed** *a.* dagli istinti ‖essuali smodati. **,~'shadow** *v.t.* **1** (*to overshade*) ‖mbreggiare, proiettare ombra su; (*to shade over*) ‖ombrare, coprire d'ombra. **2** ⟨*fig*⟩ in ombra, oscurare, ‖ffuscare, eclissare; (*to outweigh*) avere più importanza (*o* ‖eso) di. **~shoe** *s.* ⟨*Calz*⟩ **1** soprascarpa *f.* **2** (*galosh*) ‖aloscia *f.*

overshoot [,ouvə'ʃu:t] *v.irr.* **I** *v.t.* **1** tirare di là, tirare sopra di; (*to miss*) fallire, mancare: *the missile overshot its target* il missile fallì il bersaglio. **2** (*to go beyond*) oltrepassare, andare oltre. **3** ⟨*Agr*⟩ (*of a designated point or area*) andare oltre (nell'atterraggio). **4** ⟨*rifl,fig*⟩ passare ogni limite. **II** *v.i.* andare oltre. □ ⟨*fig*⟩ *to ~ the mark* passare il segno (*o* la misura). **'over'shot** [-ʃɔt] *a.* **1** ⟨*Idr*⟩ colpito al vertice: *~ wheel* ruota colpita al vertice. **2** (*of a dog*) con la mascella superiore sporgente.

overside I *avv.* ['ouvə'said] **1** ⟨*Mar*⟩ a (*o* lungo il) fianco della nave. **2** ⟨*am*⟩ (*of a record*) sull'altro lato (di un disco). **II** *a.* ['ouvəsaid] **1** ⟨*Mar*⟩ (*of loading, unloading*) fatto a fianco della nave. **2** ⟨*am*⟩ (*of a record*) inciso sull'altro lato (di un disco).

over‖sight *s.* **1** svista *f,* disattenzione *f: due to an ~* per una svista; (*mistake*) errore *m,* sbaglio *m;* (*forgetfulness*) dimenticanza *f.* **2** (*supervision*) sorveglianza *f,* supervisione *f.* **'~,-simplifi'cation** *s.* eccessiva semplificazione *f.* **,~'-simplify** *v.t.* semplificare eccessivamente.

oversize I *a.* ['ouvə'saiz] più grande del normale. **II** *s.* ['ouvə'saiz] misura *f* (*o* taglia) più grande del normale.

over‖skirt *s.* ⟨*Vest*⟩ sopraggonna *f.* **~slaugh I** *s.* **1** ⟨*Mil*⟩ esenzione *f* da un dovere (per un altro più importante). **2** ⟨*am*⟩ (*in a river*) secca *f* che impedisce la navigazione. **II** *v.t.* **1** ⟨*Mil*⟩ esentare da un dovere (per un altro più importante). **2** ⟨*am*⟩ (*to pass over for promotion, etc.*) scavalcare, passare davanti a. **3** ⟨*am*⟩ (*to obstruct*) intralciare, ostacolare. **'~'sleep** *v.irr.* **I** *v.i.* continuare a dormire oltre l'ora stabilita. **II** *v.t.* **1** (*of a time*) dormire oltre. **2** ⟨*rifl*⟩ dormire troppo, non svegliarsi all'ora stabilita. **'~'sold** *a.* ⟨*Comm*⟩ (*of a market, stock, etc.*) caratterizzato da prezzi bassissimi (per la forte vendita). **~-specialization** *s.* eccessiva specializzazione *f.* **,~'spend** *v.irr.* **I** *v.i.* spendere troppo, sbilanciarsi (*anche rifl.*). **II** *v.t.* spendere più di: *to ~ one's salary* spendere più della propria paga. **,~'spill** *s.* **1** ciò che si versa. **2** ⟨*fig*⟩ (*surplus*) sovrappiù *m,* eccedenza *f.* **3** ⟨*fig*⟩ (*excess population*) eccesso *m* di popolazione, popolazione *f* in eccesso. **,~'spread** *v.t.irr.* **1** cospargere, coprire. **2** (*to be diffused over*) diffondersi su. **'~'staffed** *a.* che ha troppo personale. **~'state** *v.t.* ingrandire, esagerare, ⟨*fam*⟩ gonfiare. **'~'statement** *s.* esagerazione *f,* affermazione *f* esagerata. **,~'stay** *v.t.* **1** trattenersi oltre: *he -ed his leave* si trattenne oltre lo scadere della propria licenza. **2** ⟨*am.Econ*⟩ (*of a market*) andare oltre il punto del massimo profitto in. □ *to ~ one's welcome* abusare dell'ospitalità, trattenersi più del dovuto. **~steer** *v.i.* ⟨*Aut*⟩ sovrasterzare. **~steering I** *a.* sovrasterzante. **II** *s.* sovrasterzatura *f.***,~'step** *v.t.* **1** oltrepassare, varcare. **2** ⟨*fig*⟩ oltrepassare, passare, andare oltre: *to ~ the mark* oltrepassare il segno. **,~'stock** *v.t.* rifornire in quantità eccessiva. **,~'strain I** *v.t.* strapazzare, affaticare eccessivamente, sforzare troppo. **II** *v.i.* strapazzarsi, affaticarsi (*o* sforzarsi) eccessivamente. **'~'strict** *a.* eccessivamente (*o* troppo) severo. **'~'strung** *a.* **1** (*of nerves*) (troppo) teso; (*of people*) dai nervi tesi, sovreccitato; (*too sensitive*) ipersensibile. **2** (*of a piano*) a corde incrociate. **,~-sub'scribe** *v.t.* ⟨*Econ*⟩ sottoscrivere in eccesso. **,~-sub'scription** *s.* sottoscrizione *f* eccessiva. **'~'subtle** *a.* troppo sottile.

oversupply I *v.t.* [,ouvəsə'plai] (ri)fornire in quantità eccessiva. **II** *s.* ['ouvəsəplai] fornitura *f* eccessiva, rifornimento *m* eccessivo.

over-sweet ['ouvə'swi:t] *a.* troppo dolce.

overt ['ouvə:t, ou'v-] *a.* aperto, dichiarato, manifesto.

overt act *s.* ⟨*Dir*⟩ atto *m* manifesto.

overtake [,ouvə'teik] *v.t.irr.* **1** (*to catch up with*) raggiungere. **2** (*to catch up with and pass*) sorpassare, superare, oltrepassare. **3** ⟨*assol*⟩ sorpassare, effettuare un sorpasso: *don't ~ on a bend* non sorpassare in curva. **4** (*to befall suddenly*) sorprendere, cogliere inaspettatamente: *we were -n by a storm* fummo sorpresi da una tempesta.

overtake lane *s.* ⟨*Strad*⟩ corsia *f* di sorpasso. **,over‖taking** *s.* sorpasso *m.* □ ⟨*Strad*⟩ *no ~* divieto di sorpasso. **,~'task** *v.t.* assegnare un compito troppo gravoso

a. ,~'tax *v.t.* **1** gravare di tasse, tassare eccessivamente. **2** ⟨*fig*⟩ abusare di, chiedere troppo a, pretendere troppo da: *to ~ one's strength* abusare delle proprie forze. '~-the-'counter *a.* **1** ⟨*Econ*⟩ non quotato in borsa. **2** ⟨*Farm*⟩ (*of a drug*) che non necessita di ricetta medica, da banco.

over-the-counter| market *s.* ⟨*Econ*⟩ mercatino m. **~ products** ⟨*Farm*⟩ prodotto m da banco.

overthrow I *v.t.irr.* [,ouvə'θrou] **1** rovesciare, abbattere, far cadere: *to ~ the government* rovesciare il governo. **2** (*to knock over*) abbattere, gettare a terra. **II** *s.* ['ouvəθrou] **1** rovesciamento m, abbattimento m. **2** (*defeat, destruction*) disfatta f, sconfitta f. **3** ⟨*Sport*⟩ (*in cricket*) palla f che rimbalza indietro; (*in baseball*) tiro m alto.

overthrust (fault) ['ouvəθrʌst] *s.* ⟨*Geol*⟩ faglia f di carreggiamento.

overtime I *s.* ['ouvətaim] **1** lavoro m straordinario, straordinario m: *to be on ~* fare lo straordinario. **2** (*pay*) straordinario m. **3** ⟨*Sport*⟩ tempo m supplementare. **II** *a.* dello straordinario. **III** *avv.* **1** oltre l'orario (di lavoro), fuori orario. **2** ⟨*Sport*⟩ fuori tempo. **IV** *v.t.* [,ouvə'taim] ⟨*Fot*⟩ sovresporre. □ ~ *pay* straordinario m, indennità f di lavoro straordinario.

overtire [,ouvə'taiə] *v.t.* affaticare troppo, sovraffaticare.

overtone ['ouvətoun] *s.* **1** ⟨*Mus*⟩ suono m armonico. **2** ⟨*fig*⟩ significati *mpl* reconditi, sottintesi *mpl*.

overtop [,ouvə'top] *v.t.* **1** sovrastare, superare in altezza, elevarsi sopra. **2** ⟨*fig*⟩ (*to rise above in authority*) superare in importanza. **3** ⟨*fig*⟩ (*to overshadow*) mettere in ombra, offuscare, oscurare. □ *the river ~ped its banks* il fiume straripò.

over|train *v.t.* allenare eccessivamente, sottoporre a un superallenamento. ,~'trump **I** *v.t.* (*in cards*) giocare un atout più alto di. **II** *v.i.* giocare un atout più alto.

overture ['ouvətʃuə, –tjuə] *s.* **1** ⟨*Mus*⟩ ouverture f. **2** *pl.* (*opening move, approach*) approccio m.

overturn I *v.t.* [,ouvə'tə:n] **1** capovolgere, rovesciare: *the wave –ed the boat* l'onda capovolse la barca. **2** (*to overthrow*) rovesciare, abbattere. **II** *v.i.* **1** capovolgersi, rovesciarsi. **2**⟨*Aut*⟩ cappottare. **III** *s.* ['ouvətə:n] capovolgimento m, rovesciamento m. **overturning** [-niŋ] *s.* capovolgimento m, rovesciamento m.

,over|,-valu'ation *s.* sopravvalutazione f, valutazione f troppo alta. ,~'-value *v.t.* sopravvalutare, valutare troppo. ~voltage *s.* ⟨*El*⟩ sovratensione f. ,~'walk *v.i.* stancarsi per il troppo camminare (*anche rifl.*). '~'warm *a.* troppo caldo. '~'weary I *a.* troppo stanco, esausto. II *v.t.* stremare, sfinire, estenuare. '~'weening *a.* **1** (*of a person*) arrogante, presuntuoso. **2** (*of emotions, etc.*) smisurato, eccessivo, esagerato, smodato: ~ *pride* orgoglio smisurato.

overweight I *a.* ['ouvə'weit] **1** ⸢che supera⸣ (*o* eccedente) il peso. **2** (*of a person*) che pesa troppo. **II** *s.* ['ouvəweit] **1** eccesso m di peso, sovraccarico m. **2** (*of a person*) peso m eccessivo. □ *your luggage is ~* il vostro bagaglio supera il peso. **'over'weighted** [-id] *a.* sovraccarico, stracarico: ~ *with parcels* sovraccarico di pacchi.

overwhelm [,ouvə'welm] *v.t.* **1** sopraffare, schiacciare, vincere; (*to destroy*) distruggere, annientare: *our army was –ed* il nostro esercito fu distrutto. **2** (*to overpower mentally*) sopraffare, annientare: *–ed by sorrow* sopraffatto dal dolore. **3** (*to engulf*) sommergere, seppellire, inghiottire; (*to bring to ruin*) travolgere: *the crisis –ed the country* la crisi travolse il paese. **4** ⟨*fig*⟩ sommergere, coprire, colmare: *he was –ed by offers of jobs* fu sommerso da offerte di lavoro. **overwhelming** [-iŋ] *a.* **1** opprimente. **2** (*rendering opposition useless*) schiacciante, travolgente: ~ *superiority* superiorità schiacciante. **overwhelmingly** [-iŋli] *avv.* in modo schiacciante.

,overwind [,ouvə'waind] *v.t.irr.* caricare troppo: *to ~ a watch* caricare troppo un orologio.

overwork I *v.t.* [,ouvə'wə:k] **1** sovraccaricare (*o* oberare) di lavoro, far lavorare troppo. **2** ⟨*fig*⟩ servirsi troppo spesso di, fare uso eccessivo di: *he –s that excuse* si serve troppo spesso di quella scusa. **II** *v.i.* lavorare troppo, affaticarsi, strapazzarsi. **III** *s.* ['ouvəwə:k] eccesso m di lavoro, lavoro m eccessivo.

'over|wrought *a.* **1** eccitato, agitato. **2** (*of style, et* troppo elaborato, ricercato. '~-zealous *a.* trop zelante.

Ovid ['ɔvid] *N.pr.* ⟨*Lett*⟩ Ovidio m. **O'vidian** [–iən] *a.* Ovidio.

oviduct ['ouvidʌkt] *s.* ⟨*Anat*⟩ ovidotto m, ovidutto **oviferous** [ou'vifərəs] *a.* ⟨*Zool*⟩ ovifero. **ovifor** [–vifɔ:m] *a.* ovale, a (forma d') uovo.

ovine ['ouvain] *a.* **1** ovino. **2** (*like sheep*) di (*o* simile pecora.

oviparous [o(u)'vipərəs] *a.* ⟨*Zool*⟩ oviparo.

ovoid ['ouvɔid] **I** *a.* **1** ovoidale, ovoide. **2** ⟨*Bot*⟩ ovato. *s.* ovoide m.

ovonic [ou'vɔnik] *a.* ovonico. **ovonics** [-s] *s.* ovonica f.

ovoviviparous *a.* [,ouvo(u)vai'vipərəs] ovoviviparo.

ovular ['ouvjulə] *a.* ⟨*Biol*⟩ ovale. **ovulate** [–leit] ovulare. ,**ovulation** [–'leiʃən] *s.* ovulazione f. **ovu** [–ju:l] *s.* ovulo m.

ovum ['ouvəm] *s.* (*pl.* **ova** ['ouvə]) **1** ⟨*Biol*⟩ uovo m. ⟨*Bot,Arch*⟩ ovulo m.

ow [au] *intz.* **1** (*to express sudden pain*) ahi, ohi: ~, *how* hurts ahi, che male. **2** (*to express surprise*) oh, ah.

owe [ou] **I** *v.t.* **1** dovere, essere debitore di: *you ~ me t shillings* mi devi dieci scellini; (*to be in debt to*) essere debito con (*o* verso), dovere (pagare) a: *to ~ the butch for a week's meat* essere in debito con il macellaio per carne di una settimana. **2** (*to be indebted for*) dovere: *I much to my father* devo molto a mio padre; *to ~ s gratitude* dovere gratitudine a qd. **II** *v.i.* dovere paga (*for s.th.* qc.). □ *to what do I ~ this honour?* a che de questo onore?; *to ~ it to o.s.* meritare, dovere a se stess *I ~ it to you that I am still alive* lo devo a te se so ancora vivo.

owing ['ouiŋ] *a.* **1** dovuto, da pagare: *to pay what is* pagare quanto è dovuto. **2** (*attributable*) dovut attribuibile (*to* a). □ *I have ten pounds ~ to me de* avere dieci sterline. **owing to** *prep.* a causa di.

owl [aul] *s.* **1** ⟨*Ornit*⟩ gufo m. **2** ⟨*Ornit*⟩ (*tawny ov* allocco m, gufo m selvatico. **3** ⟨*fig*⟩ (*person who stays* at night*) nottambulo m; (*wise person*) vecchio gufo (*serious–looking but stupid person*) persona f balor (*dall'aria solenne*). **II** *a.* ⟨*am*⟩ (*of buses, trains*) notturn **'owlet** [–it] *s.* **1** giovane gufo m. **2** ⟨*Ornit*⟩ civetta **'owlish** [–iʃ] *a.* **1** simile a un gufo. **2** (*of a look, star* fisso.

own¹ [oun] **I** *a.* **1** proprio, *often not translated: to do s.t with one's ~ hands* fare qc. con le proprie mani; *your money* il vostro denaro; *this car is my ~* questa macchi è mia. **2** ⟨*intens*⟩ proprio, *often not translated: I saw with my ~ eyes* l'ho vista coi miei (propri) occhi. **3** *specify direct relationship*) che è parente prossimo stretto); (*of cousins*) primo. **4** (*in vocatives*) caro: *my dear wife* mia cara moglie; *my ~!* mio caro! **II** *pron.pos not translated: don't use mine, buy your ~* non usare mio, compratene uno tuo. □ *all one's ~* del tut particolare, tutto proprio; ⟨*fam*⟩ *he hasn't a penny to ca his ~* non ha un soldo di suo; *to come into one's ~:* venire in possesso di ciò a cui si ha diritto; **2** (*to recei due recognition, etc.*) avere i dovuti riconoscimenti; *have s.th. for one's (very) ~* avere qc. tutta per sé; *to gi one's ~ back on s.o.* prendersi la rivincita su qd.; *to gi of one's ~* dare di tasca propria; *to have s.th. of one's avere qc. in proprio; *a home of our ~* una casa nostra; *f reasons of his ~* per ragioni sue (personali); *on one's ~:* (*independent*) per conto proprio, in proprio: *to set i business on one's ~* mettersi in proprio; **2** (*independentl* in modo indipendente; *to live (all) on one's ~* vivere sol *my time is my ~* sono padrone del mio tempo.

own² *v.t.* **1** avere, possedere: *I ~ a car* ho una macchina. (*to admit*) riconoscere, ammettere: *to ~ a mistak riconoscere un errore. **3** (*to acknowledge as one's own* riconoscere, considerare legittimo: *to ~ one's chi riconoscere il proprio figlio. □ *to ~ up* confessare (*a s.th.* qc.), riconoscersi colpevole (di); *who –s this dog?* chi è questo cane?

owner ['ounə] *s.* **1** proprietario m (*f* –a), possessore m padrone m (*f* –a): *at –s' risk* a rischio del proprietario.

Dir⟩ avente *m* diritto. **owner driver** *s.* conducente *m* proprietario.

vnerless ['ounǝlis] *a.* senza padrone.

vner| occupied *a.* (*of a house*) abitato dal proprietario. **~-occupier** *s.* chi è proprietario della casa che abita.

vnership ['ounǝʃip] *s.* **1** padronanza *f,* diritto *m* del adrone. **2** (*possession*) possesso *m,* proprietà *f,* ossedimento *m.* □ *right of* ~ diritto *m* di proprietà; *nder new* ~ nuova gestione.

[ɔks] *s.* (*pl.* **oxen** ['ɔksǝn]) **1** bue *m.* **2** ⟨*Zool*⟩ bue *m* domestico. **3** ⟨*fam*⟩ (*pl.* **oxes** ['ɔksiz]) (*clumsy person*) ersona *f* goffa; (*strong person*) persona *f* forte, toro *m.*

alate ['ɔksǝleit] *s.* ⟨*Chim*⟩ ossalato *m.*

alic [ɔk'sælik] *a.* ⟨*Chim*⟩ ossalico: ~ *acid* acido ssalico.

|bird *s.* ⟨*Ornit*⟩ piovanello *m* pancianera. **~bow** *s.* iogo *m* per buoi.

xbridge ['ɔksbridʒ] **I** *s.* ⟨*fam*⟩ Oxford e Cambridge *fpl.* **I** *a.* di Oxford e Cambridge.

-cart ['ɔkskɑːt] *s.* carro *m* trainato da buoi.

en ['ɔksǝn] → **ox.**

-eye ['ɔksai] *s.* **1** ⟨*Bot*⟩ → **ox-eye daisy. 2** ⟨*Bot,Arch*⟩ cchio *m* di bue. **3** ⟨*Ornit*⟩ cinciallegra *f.*

-'eyed *a.* dagli occhi bovini.

-eye daisy *s.* ⟨*Bot*⟩ margherita *f.*

fly ['ɔksflai] *s.* ⟨*Entom*⟩ estro *m* bovino.

xford ['ɔksfǝd] **I** *N.pr.* **1** ⟨*Geog*⟩ Oxford *f.* **2** (*Oxford Jniversity*) università *f* di Oxford. **II** *s.* **1** → **Oxford** loth. **2** → **Oxford shoe.**

xford| bags *s.pl.* ⟨*Vest*⟩ pantaloni *mpl* larghi di flanella. **~ blue** *s.* (*colour*) blu *m* scuro. **~ cloth** *s.* ⟨*Tess*⟩ tela *f*)xford. **~ grey** *s.* grigio *m* scuro. **~ Group** *s.* ⟨*Rel*⟩ ,ruppo *m* di Oxford. **~ mixture** *s.* ⟨*Tess*⟩ tessuto *m* di ana grigio scuro. **~ movement** *s.* ⟨*Rel*⟩ movimento *m* li Oxford. **~ shoes** *s.pl.* ⟨*Calz*⟩ scarpe *fpl* basse da asseggio.

. hide *s.* **1** pelle *f* di bue. **2** ⟨*Conc*⟩ cuoio *m.*

idate ['ɔksideit] *v.* → **oxidize. ,oxidation** [-'deiʃǝn] *s.* ⟨*Chim*⟩ ossidazione *f.* **oxidation-reduction** *s.* ossidoriduzione *f.*

ide ['ɔksaid] *s.* ⟨*Chim*⟩ ossido *m.*

.idizable ['ɔksidaizǝbl] *a.* ⟨*Chim*⟩ ossidabile. **xidization** [-'zeiʃǝn] *s.* → **oxidation. oxidize** [-daiz] *v.t.* ossidare. **II** *v.i.* ossidarsi. **oxidizer** [-zǝ] *s.* ssidante *m.*

lip ['ɔkslip] *s.* ⟨*Bot*⟩ primavera *f* maggiore.

xonian [ɔk'souniǝn] **I** *a.* di Oxford, ⟨*lett*⟩ oxoniense. **II** **1** abitante *m/f* di Oxford. **2** (*student*) studente *m* ell'università di Oxford.

tail *s.* ⟨*Gastr*⟩ coda *f* di bue: ~ *soup* minestra di coda li bue.

yacetylene [,ɔksiǝ'setiliːn] *a.* ⟨*Chim*⟩ ossiacetilenico.

oxyacetylene| blowpipe, ~ torch *s.* cannello *m* ossiacetilenico. **~ welding** *s.* saldatura *f* ossiacetilenica.

oxydation catalyst *s.* ⟨*Chim*⟩ catalizzatore *m* ossidante.

oxygen ['ɔksidʒǝn] *s.* ⟨*Chim*⟩ ossigeno *m.*

oxygenate ['ɔksidʒǝneit] *v.t.* ossigenare. **,oxygenation** [-'neiʃǝn] *s.* ossigenazione *f.* **oxygenator** [-ǝ] *s.* ossigenatore *m.*

oxygen| bottle, ~ cylinder *s.* bombola *f* di ossigeno. **~-hydrogen welding** *s.* saldatura *f* ossidrica.

oxygenize ['ɔksidʒǝnaiz] *v.* → **oxygenate.**

oxygen|-mask *s.* maschera *f* per ossigeno. **~-tent** *s.* tenda *f* a ossigeno. **~ therapy** *s.* ossigenoterapia *f.*

oxyhydrogen [,ɔksi'haidrǝdʒǝn] **I** *a.* ⟨*Chim*⟩ ossidrico. **II** *s.* mescolanza *f* d'idrogeno e ossigeno.

oxyhydrogen| blowpipe *s.* → **oxyhydrogen torch. ~ light** *s.* fiamma *f* ossidrica. **~ torch** *s.* cannello *m* ossidrico.

oxymoron [,ɔksi'mɔːrɔn] *s.* ⟨*Ret*⟩ ossimoro *m.*

oxytone ['ɔksitoun] **I** *a.* ⟨*Gramm*⟩ ossitono. **II** *s.* ossitona *f.*

oyer ['ɔiǝ] *s.* ⟨*Dir*⟩ **1** udienza *f.* **2** (*oyer and terminer*) tribunale *m* penale.

oyes, oyez [,ou'jes, 'ou–] *intz.* udite, prestate ascolto.

oyster ['ɔistǝ] *s.* **1** ⟨*Zool*⟩ ostrica *f.* **2** ⟨*fam*⟩ (*person*) persona *f* taciturna.

oyster| bank *s.* → **oyster bed. ~ bar** *s.* (*in a restaurant*) banco *m* dove vengono servite le ostriche. **~ bay** *am. s.* ristorante *m* dove si servono ostriche e altri frutti di mare. **~ bed** *s.* banco *m* di ostriche. **~ catcher** *s.* ⟨*Ornit*⟩ beccaccia *f* di mare. **~ culture** *s.* ostricoltura *f.* **~ farm** *s.* allevamento *m* di ostriche. **~ knife** *s.* coltello *m* per ostriche. **~man** [mǝn] *s.irr.* ostricaio *m.* **~ plant** *s.* ⟨*Bot*⟩ barba *f* di becco. **~ white** *s.* color *m* biancastro. **~woman** *s.irr.* ostricaia *f.*

oz. = *ounce* oncia.

oz.av. = *ounce avoirdupois* oncia avoirdupois.

oz.fl. = *ounce fluid* oncia fluida.

ozone ['ouzoun] *s.* **1** ⟨*Chim*⟩ ozono *m.* **2** ⟨*fam*⟩ (*sea air*) aria *f* di mare; (*fresh air*) aria *f* pura. **3** ⟨*fig*⟩ effetto *m* esilarante.

ozone| apparatus *s.* ozonizzatore *m.* **~ layer** *s.* → ozonosphere. **~ treatment** *s.* ⟨*Med*⟩ ozonoterapia *f.*

ozonic [o(u)'zɔnik] *a.* ⟨*Chim*⟩ contenente ozono.

ozoniferous [,ouzo(u)'nifǝrǝs] *a.* ⟨*Chim*⟩ che produce ozono. **ozonization** [-nai'zeiʃǝn] *s.* ozonizzazione *f.* **'ozonize** [-naiz] *v.t.* ozonizzare. **'ozonizer** [-naizǝ] *s.* ozonizzatore *m.*

ozonometer [,ouzǝ'nɔmitǝ] *s.* ⟨*Fis*⟩ ozonometro *m.* **ozono'metric** [-trik] *a.* ozonometrico. **ozo'nometry** [-tri] *s.* ozonometria *f.*

ozonosphere [o(u)'zounǝsfiǝ] *s.* ⟨*Astr*⟩ ozonosfera *f.*

oz.t. = *ounce troy* oncia troy.

P

p, P [pi:] *s.* (*pl.* **p's/ps, P's/Ps** [pi:z]) (*letter of the alphabet*) p, P *m/f:* ⟨*Tel*⟩ *P for Peter* p come Palermo. □ *to mind one's p's and q's* osservare l'etichetta.

P = 1 ⟨*Fis*⟩ *pressure* pressione. 2 *parking place* posteggio (*abbr.* P.).

p. = 1 *pater* padre. 2 *page* pagina (*abbr.* p., pag.). 3 *part* parte. 4 *penny* penny. 5 *perch* pertica. 6 *pint* pinta. 7 *pole* pertica. 8 ⟨*Mus*⟩ *piano* piano.

P. = 1 *pastor* pastore. 2 *Pope* papa. 3 *post* posta. 4 *president* presidente.

pa [pɑ:] *s.* ⟨*fam*⟩ (*father*) papà *m*, (*infant*) paparino *m*.

p.a. = 1 *per annum* per anno. 2 *press agent* agente pubblicitario.

P.A. = 1 ⟨*Dir*⟩ *power of attorney* procura. 2 *Press Association* associazione della stampa. 3 ⟨*Econ*⟩ *private account* conto personale.

pabulum ['pæbjuləm] *s.* nutrimento *m*, cibo *m* (*anche fig.*).

paca ['pæ:kə] *s.* ⟨*Zool*⟩ paca *m*.

pace¹ [peis] **I** *s.* 1 andatura *f*, passo *m: to walk at a good* (*o fast*) ~ camminare di buon passo; (*speed*) velocità *f*, rapidità *f*. 2 ⟨*fig*⟩ ritmo *m*, andamento *m: the breakneck* ~ *of modern life* il ritmo frenetico della vita moderna. 3 (*step*) passo *m*. 4 (*of a quadruped animal*) ambio *m*, ambiatura *f*. **II** *v.t.* 1 ⟨*Sport*⟩ fare l'andatura per, dare l'andatura a. 2 ⟨*fig*⟩ regolare il ritmo (*o* l'andatura) di. 3 (*to move across at a walk*) andare su e giù per, misurare, percorrere: *he –d the room nervously* andava su è giù per la stanza nervosamente. 4 (*to measure by pacing*: spesso con *out, off*) misurare (a passi): *to* ~ *out a distance of one hundred yards* misurare a passi una distanza di cento iarde. **III** *v.i.* 1 passeggiare, camminare: *to* ~ *to and fro* passeggiare avanti e indietro. 2 ⟨*Equit*⟩ ambiare, andare all'ambio. □ **change** *of* ~: 1 cambiamento *m* di passo; 2 ⟨*Sport*⟩ (*in bowling, serving, etc.*) cambio *m* di velocità; 3 ⟨*fig*⟩ cambiamento *m* nella vita d'ogni giorno; *at a* **fast** ~ molto rapidamente; *to* **force** *the* ~: 1 forzare il passo (*anche Sport.*); 2 ⟨*fig*⟩ forzare l'andatura (*o* il ritmo); *to* **go** *the* ~: 1 andare a grande velocità; 2 ⟨*fig*⟩ darsi alla bella vita; *to* **keep** ~: 1 procedere di pari passo, andare al passo (*with* con); 2 ⟨*fig*⟩ andare di pari passo (*with* con); ⟨*fig*⟩ *to* **put** *s.o. through his* –*s* mettere alla prova qd.; *to* **set** *the* ~: 1 fare l'andatura, dare il passo (*anche Sport.*); 2 ⟨*fig*⟩ fare da battistrada; *to* **slacken** *the* ~ rallentare il passo (*o* l'andatura); *to* **stand** (*o stay*) *the* ~: 1 reggere il passo (*o* l'andatura) (*anche Sport.*); 2 ⟨*fig*⟩ reggere (*o* tenere) il ritmo; *to* ~ **up** *and down* camminare su e giù.

pace² *lat.* ['peisi] *prep.* 1 (*with all due respect to*) con tutto il rispetto per, con buona pace di. 2 (*with the consent of*) con il consenso di.

paced [peist] *a.* 1 (nei composti) dal passo ..., dall'andatura ...: *slow-*~ dal passo lento. 2 (*counted out by paces*) misurato a passi. 3 ⟨*fig*⟩ (nei composti: *having a controlled speed, etc.*) misurato.

pacemaker ['peismeikə] *s.* 1 ⟨*Sport*⟩ battistrada *m*. 2 ⟨*fig*⟩ figura *f* (*o* personaggio *m*) di primo piano. 3 ⟨*Med*⟩

stimolatore *m* cardiaco, cardiostimolatore *m*, pacemak~ *m*. **pacemaking** [–iŋ] *s.* ⟨*Med*⟩ stimolazione *f* cardiaca.

pacer ['peisə] *s.* 1 ⟨*Sport*⟩ battistrada *m*. 2 (*of a hors~* ambiatore *m*.

pacesetter ['peissetə] *s.* 1 ⟨*Sport*⟩ battistrada *m*. 2 ⟨*fig* personaggio *m* (*o* figura *f*) di primo piano.

pacha, pachalic → pasha, pashalic.

pachyderm ['pækidə:m] *s.* 1 ⟨*Zool*⟩ pachiderma *m*. ⟨*fig*⟩ persona *f* poco sensibile, pachiderma *n* **pachy'dermatous** [–ətəs] *a.* 1 ⟨*Zool*⟩ pachidermico, (*o* da) pachiderma. 2 (*of skin*) ispessito (e indurito). ⟨*fig*⟩ poco sensibile, pachidermico.

pacifiable ['pæsifaiəbl] *a.* pacificabile.

pacific [pə'sifik] *a.* pacifico; (*calm*) tranquillo, calm~ quieto.

Pacific I *a.* ⟨*Geog*⟩ del Pacifico, dell'oceano Pacifico: *a island* un'isola del Pacifico. **II** *N.pr.* → **Pacific Ocean.**

pacificate [pə'sifikeit] *v.t.* pacificare. **pacificatio** [ˌpæsifi'keiʃən] *s.* 1 pacificazione *f*. 2 (*peace treaty*) pace trattato *m* di pace. **pacificator** [–ə] *s.* pacificatore *m* –trice). **pacificatory** [–kətəri] *a.* conciliativ~ pacificatore.

pacificism [pə'sifisizəm], **pacificist** [–sist] → **pacifism pacifist.**

Pacific| Ocean *N.pr.* ⟨*Geog*⟩ oceano *m* Pacifico, Pacific *m*. ~ **rattlesnake** *s.* ⟨*Zool*⟩ serpente *m* a sonagli. **time** *s.* ora *f* del Pacifico.

pacifier ['pæsifaiə] *s.* 1 pacificatore *m* (*f* –trice). 2 ⟨*an~* (*for a baby*) succhiotto *m*, ⟨*fam*⟩ ciuccio *m*; (*teethin~ ring*) dentar(u)olo *m*.

pacifism ['pæsifizəm] *s.* 1 pacifismo *m*. 2 (*attitude ~ nonresistance*) passivismo *m*. **pacifist** [–fist] **I** *a.* d~ pacifismo. **II** *s.* pacifista *m/f.*

pacify ['pæsifai] *v.t.* 1 calmare, pacificare, sedare; (~ *feelings, appetites*) placare, acquietare. 2 ⟨*Mil,Po.~* sottomettere, soggiogare.

pack¹ [pæk] *s.* 1 (*bundle*) involto *m*, pacco *m*, fagotto *m* (*knapsack, haversack*) zaino *m*, sacco *m*, tascapane *m*; (~ *an animal*) soma *f*, carico *m*. 2 (*objects packed f~ marketing*) pacco *m*. 3 (*package, container*) confezione ~ involucro *m*, imballaggio *m*. 4 ⟨*am*⟩ (*packet*) pacchett~ *m*. 5 (*group of animals*) branco *m: a* ~ *of wolves* u~ branco di lupi; *to hunt in* –*s* cacciare ⌐in branco⌐ (*o* branchi). 6 ⟨*Venat*⟩ muta *f: a* ~ *of hounds* una muta ~ cani da caccia. 7 ⟨*spreg*⟩ (*group of people*) massa ~ branco *m*, masnada *f*, banda *f: a* ~ *of fools* una massa ~ stupidi. 8 ⟨*fig*⟩ (*great quantity*) mucchio *m*, massa ~ ⟨*fam*⟩ sacco *m: a* ~ *of lies* un mucchio di bugie. 9 (~ *boy scouts, cubs*) branco *m*. 10 ⟨*Sport*⟩ (*in rugby* pacchetto *m*. 11 ⟨*Mar.mil*⟩ (*of submarines*) squadriglia ~ 12 (*of cards*) mazzo *m*. 13 ⟨*Med*⟩ impacco *m*.

pack² **I** *v.t.* 1 impaccare, impacchettare. 2 (*to package f~ marketing*) imballare, impacchettare; (*to tin*) inscatolare. ~ (*to make compact, compress*) pressare, comprimere. ~ ⟨*fig*⟩ (*to fill, cram*) gremire, stipare, riempire, affollare ~ *the crowd –ed the theatre* la folla gremiva il teatro. 5 (*t~*

ad with a pack) mettere la soma a, caricare: *to ~ a onkey* mettere la soma a un asino. **6** ⟨*am*⟩ (*to convey on e back of an animal*) someggiare, trasportare a soma; (*to nvey on foot*) trasportare (a piedi). **7** (*of a punch, ow*) essere capace di sferrare (*o* tirare). **8** ⟨*am.fam*⟩ *ar or carry*) portare: *to ~ a gun* portare un fucile. **9** *Med*⟩ fare un impacco a. **II** *v.i.* **1** poter essere imballato: *rticles that ~ well* articoli che si possono imballare bene. (*to place in a suitcase, etc.*) fare i bagagli, fare le valigie. *fig*⟩ (*to crowd*) affollarsi, stiparsi, pigiarsi, accalcarsi: *e crowd -ed into the stadium* la folla si accalcò nello adio. **4** (*to become compacted*) divenire compatto (*o* esso). □ *to ~* in: 1 (*to give up*) smettere di, rinunciare cessare di; 2 (*to stop*) smettere, interrompere; 3 (*to stop orking*) fermarsi, arrestarsi; ⟨*sl*⟩ *to ~ it in* piantarla, netterla; *to ~* off: 1 ⟨*fam*⟩ mandare, spedire; 2 ⟨*rifl*⟩ far gotto, andarsene; ⟨*Mar*⟩ *to ~* on sail spiegare le vele; *to a suitcase* fare la valigia; *to ~* up: 1 fare 'le valigie' (*o* i agagli); 2 (*to stop*) smettere di, cessare di: *to ~ up work* nettere di lavorare; 3 (*to stop functioning*) fermarsi, restarsi.

ck[3] *v.t.* (*of a committee, jury, etc.: to fill with one's own pporters*) manipolare la formazione di; (*to arrange to e's own advantage*) predisporre a proprio favore.

ckage ['pækidʒ] **I** *s.* **1** pacco *m*, pacchetto *m*, involto . **2** (*container*) confezione *f*, involucro *m*, imballaggio *m*. (*act of packing*) imballaggio *m*. **4** ⟨*tecn*⟩ (*pre-assembled nit*) impianto *m* pronto per l'installazione. **5** *m.Rad,TV*⟩ programma *m* organizzato e venduto in occo. **6** ⟨*Pol*⟩ pacchetto *m*. **7** ⟨*Inform*⟩ pacchetto *m*, ftware *m* applicativo. **II** *v.t.* imballare, impacchettare, nfezionare. **packaged** [–d] *a.* imballato, impacchettato.

ckage| **deal** *s.* **1** (*in collective bargaining, etc.*) acchetto *m*. **2** (*agreement to purchase a group of goods*) fare *m* in blocco; (*goods supplied*) merce *f* in blocco, occo *m*. **~ insurance policy** *s.* ⟨*Assic*⟩ polizza *f* per schi multipli. **~ tour** *s.* viaggio *m* organizzato (tutto mpreso), viaggio *m* pacchetto.

ckaging ['pækidʒiŋ] *s.* **1** imballaggio *m*, impaccatura *f*, nfezione *f*. **2** (*material used*) imballaggio *m*.

ckaging| **date** *s.* data *f* di confezione. **~ machine** *s.* acchina *f* per imballaggio.

ck| **animal** *s.* bestia *f* da soma. **~ drill** *s.* ⟨*Mil*⟩ marcia forzata.

cked [pækt] *a.* strapieno, stipato, gremito: *the stadium as ~* lo stadio era strapieno. □ *have you ~ yet?* hai già tto i bagagli?; ⟨*Teat*⟩ *a ~ house* un tutto esaurito, am⟩ pienone *m*.

cker ['pækə] *s.* **1** (*worker*) imballatore *m* (*f* –trice), npaccatore *m* (*f* –trice); (*machine*) imballatrice *f*, npacchettatrice *f*. **2** ⟨*am.Comm*⟩ produttore *m* (*o* portatore) di prodotti in scatola.

cket ['pækit] **I** *s.* **1** pacchetto *m*, pacco *m*, confezione *f*: *~ of cigarettes* un pacchetto di sigarette; (*small bundle*) acchetto *m*, mazzetto *m*: *a ~ of letters* un pacchetto di tere. **2** ⟨*Mar*⟩ → **packet boat**. **3** ⟨*fam*⟩ (*large sum of oney*) fortuna *f*, ⟨*fam*⟩ sacco *m* di soldi: *to lose a ~ at e races* perdere una fortuna alle corse. **4** ⟨*sl*⟩ (*trouble*) sgrazia *f*, guaio *m*. **II** *v.t.* impacchettare, confezionare.] *to catch* (*o stop, get*) *a ~*: 1 ⟨*sl*⟩ cacciarsi nei guai; 2 nil⟩ essere gravemente ferito; ⟨*fam*⟩ *to sell s.o. a ~* bbare qd., ingannare qd., ⟨*fam*⟩ buggerare qd.

cket boat *s.* ⟨*Mar*⟩ postale *m*.

ck|**horse** *s.* cavallo *m* da soma. **~house** *am. s.* **1** nservificio *m*. **2** (*warehouse*) deposito *m*, magazzino *m*. **ice** *s.* ⟨*Geol*⟩ pack *m*.

cking ['pækiŋ] *s.* **1** il fare i bagagli. **2** (*packaging of od, etc.*) imballaggio *m*, confezione *f*. **3** ⟨*tecn*⟩ (*for osing joints, etc.*) guarnizione *f*. **4** ⟨*Med*⟩ tamponamento . □ *to do the ~* fare i bagagli (*o* le valigie); ⟨*fam*⟩ *to nd s.o. ~* cacciare qd., far fare fagotto a qd.

cking| **box** *am.*, **~ case** *s.* cassa *f* da imballaggio. **~ harges** *s.pl.* spese *fpl* di imballaggio. **~ crate** *s.* cassa *f* imballaggio. **~ density** *s.* ⟨*Inform*⟩ densità *f* impaccamento. **~ house** *am. s.* conservificio *m*. **2** (*for eat products*) stabilimento *m* per la lavorazione della rne. **~ needle** *s.* ago *m* da imballaggio. **~ paper** *s*

carta *f* da pacchi. **~ press** *s.* ⟨*Mecc*⟩ torchio *m* per imballare. **~ sheet** *s.* foglio *m* telato per imballaggio.

pack|**man** [mən] *s.irr.* venditore *m* ambulante. **~sack** *s.* zaino *m*. **~ saddle** *s.* basto *m*. **~thread** *s.* spago *m* (*o* corda *f*) per imballaggio. **~train** *s.* colonna *f* (*o* carovana) di bestie da soma.

pact [pækt] *s.* **1** ⟨*Pol*⟩ patto *m*, trattato *m*, convenzione *f*. **2** ⟨*estens*⟩ patto *m*, accordo *m*.

pad[1] [pæd] **I** *s.* **1** imbottitura *f*; (*flat cushion*) cuscinetto *m*. **2** (*padded saddle*) sella *f* imbottita. **3** ⟨*Sart*⟩ cuscinetto *m* per imbottiture. **4** ⟨*Sport*⟩ parastinchi *m*. **5** (*inking–pad*) cuscinetto *m* per timbri, tampone *m*. **6** (*underside of the fingers, thumb*) polpastrello *m*. **7** ⟨*Zool*⟩ (*fleshy underparts of a paw*) cuscinetto *m* carnoso; (*foot*) zampa *f*, piede *m*. **8** (*block of sheets of paper*) blocco *m*, blocchetto *m*. **9** ⟨*sl*⟩ (*bedroom*) camera *f* da letto; (*bed*) letto *m*. **10** ⟨*am.sl*⟩ (*apartment*) appartamento *m*; (*home*) casa *f*. **11** ⟨*am.sl*⟩ (*drug addicts' den*) fumeria *f*, ⟨*gerg*⟩ covo *m*. **12** ⟨*Med*⟩ tampone *m*, zaffo *m*, stuello *m*. **13** ⟨*Aer*⟩ pista *f* di rullaggio; (*launching pad*) rampa *f* (*o* piattaforma) di lancio. **14** ⟨*Mecc*⟩ pattino *m*. **II** *v.t.* (*pret., p.p.* **padded** [–id]) **1** imbottire (*anche Sart.*). **2** ⟨*fig*⟩ (*of a book, speech, etc.*; spesso con *out*) infarcire, riempire, lardellare: *to ~ out an essay with quotations* infarcire un saggio di citazioni. **3** ⟨*fig*⟩ (spesso con *up: to magnify*) gonfiare, esagerare; (*to add invented entries*) maggiorare: *to ~ an expense account* maggiorare un conto spese. **4** ⟨*Med*⟩ tamponare, zaffare. **5** ⟨*Mecc*⟩ applicare pattini a. **6** ⟨*Tess*⟩ impermeabilizzare.

pad[2] *v.i.* (*pret., p.p.* **padded** [–id]) **1** muoversi a passi felpati. **2** (*of a horse*) andare a passo lento. **3** ⟨*sl*⟩ (*to go on foot*) andare a piedi, camminare. □ ⟨*fam*⟩ *to ~ it* andare a piedi, andare col cavallo di san Francesco.

pad[3] *s.* **1** rumore *m* sordo (*o* smorzato, soffocato). **2** ⟨*sl*⟩ (*road, path*) strada *f*, sentiero *m*. **3** ⟨*rar*⟩ (*easy-paced horse*) cavallo *m* che va a passo lento; (*rundown horse*) ronzino *m*.

padded ['pædid] *a.* imbottito (*anche Sart.*).

padding ['pædiŋ] *s.* **1** imbottitura *f*. **2** ⟨*fig*⟩ (*filling out a speech, etc.*) l'infarcire, infarcimento *m*; (*material used*) riempitivo *m*.

padding pool ['pædliŋ] *s.* piscina *f* per bambini.

paddle[1] ['pædl] **I** *s.* **1** pagaia *f*. **2** (*mixing, stirring instrument*) spatola *f*. **3** (*act of paddling*) il remare con la pagaia. **4** ⟨*Idr*⟩ (*of a paddle wheel, water wheel*) pala *f*. **5** ⟨*Zool*⟩ pinna *f*, natatoria *f*, aletta *f*. **II** *v.i.* **1** remare (*o* vogare) con la pagaia. **2** (*to row gently*) remare (*o* vogare) lentamente. **3** (*to move by means of a paddle wheel*) muovere con una ruota a pale. **III** *v.t.* spingere (*o* muovere) con la pagaia; (*to transport in a canoe*) trasportare su una canoa. □ ⟨*fig*⟩ *to ~ one's own canoe* fare (*o* cavarsela) da sé, contare solo sulle proprie forze.

paddle[2] *v.i.* **1** sguazzare, guazzare: *the children -d in the stream* i bambini sguazzavano nel ruscello. **2** (*to toddle*) trotterellare, camminare con passi incerti.

paddle|**board** *s.* tavola *f* galleggiante (per il surf o di salvataggio). **~ box** *s.* ⟨*Mar*⟩ tamburo *m* di ruota a pale. **~ steamer** *s.* ⟨*Mar*⟩ piroscafo *m* a ruote. **~ wheel** *s.* ⟨*Mar,Conc*⟩ ruota *f* a pale.

paddock[1] ['pædək] *s.* **1** (*field for exercising or pasturing animals*) recinto *m*, chiuso *m*. **2** ⟨*Equit*⟩ recinto *m* per cavalli, paddock *m*.

paddock[2] *s.* ⟨*scozz,dial*⟩ **1** (*frog*) rana *f*. **2** (*toad*) rospo *m*.

paddy[1] ['pædi] *s.* **1** ⟨*Agr*⟩ (*rice field*) risaia *f*. **2** (*rice*) riso *m*; (*unmilled rice*) riso *m* greggio.

paddy[2] *s.* ⟨*fam*⟩ **1** ira *f*, collera *f*, stizza *f*. **2** (*fit of temper*) accesso *m* d'ira, impeto *m* di collera. □ *to get in a ~* montare in collera.

Paddy I *N.pr. dim. di* **Patrick**. **II** *s.* ⟨*fam*⟩ irlandese *m*.

paddy|**bird** *s.* ⟨*Ornit*⟩ padda *f*. **~field** *s.* ⟨*Agr*⟩ risaia *f*. **~ wagon** *am.* ⟨*sl*⟩ cellulare *m*. **~whack** ⟨*fam*⟩ **1** → **paddy**[2]. **2** (*thrashing*) percosse *fpl*, botte *fpl*.

padlock ['pædlɔk] **I** *s.* lucchetto *m*. **II** *v.t.* chiudere con un lucchetto.

padre *it.* ['pɑ:drei] *s.* (*pl.* **-s** [z]/**-dri** [dri]) ⟨*Rel*⟩ **1** (*title*) padre *m*. **2** (*military chaplain*) cappellano *m* militare.

Padua ['pædjuə] *N.pr.* 〈*Geog*〉 Padova *f.* **Paduan** [–n] **I** *a.* padovano. **II** *s.* padovano *m* (*f* –a).

paduasoy ['pædjuəsɔi] *s.* 〈*Tess*〉 seta *f* di Padova.

paean ['pi:ən] *s.* **1** 〈*Stor.gr*〉 peana *m.* **2** 〈*estens*〉 (*song of praise, triumph, etc.*) inno *m* di lode, canto *m* di vittoria, peana *m.*

paedagogic, paedagogism *e der.* → **pedagogic, pedagogism** *e der.*

paederast ['pedəræst] *s.* pederasta *m.* ,**paeder'astic** [–ik] *a.* pederastico. **paederasty** [–i] *s.* → pederastia *f.*

paediatric [,pi:di'ætrik] *a.* pediatrico: ~ *surgery* chirurgia pediatrica. **paediatrician** [–diə'triʃən] *s.* pediatra *m/f.* **paediatrics** [–s] *s.pl.* (costr. sing.) pediatria *f.* **paediatrist** [–trist] *s.* → **paediatrician.**

pagan ['peigən] **I** *s.* pagano *m* (*f* –a). **II** *a.* **1** pagano. **2** 〈*fam*〉 (*irreligious*) miscredente; (*hedonistic*) edonistico. **pagandom** [–dəm] *s.* **1** 〈*collett*〉 pagani *mpl*, gente *f* pagana. **2** (*pagan part of the world*) mondo *m* pagano. **paganish** [–iʃ] *a.* paganeggiante. **paganism** [–izəm] *s.* **1** (*pagan beliefs, customs*) paganesimo *m.* **2** (*quality of being pagan, irreligious*) l'essere pagano. **paganize** [–aiz] **I** *v.t.* paganizzare, rendere pagano. **II** *v.i.* paganeggiare, atteggiarsi a pagano.

page[1] [peidʒ] **I** *s.* **1** pagina *f* (*anche Tip.*): ~ *one* pagina uno; (*leaf of a book, etc.*) pagina *f:* *to turn over the* ~ voltare (la) pagina. **2** (*sheet of paper*) foglio *m.* **3** 〈*fig*〉 pagina *f,* vicenda *f,* episodio *m.* **II** *v.t.* 〈*Tip*〉 **1** numerare le pagine di, paginare. **2** (*to make up into pages; general.* con *up*) impaginare, mettere in pagina.

page[2] **I** *s.* **1** (*boy attendant for a bride, aristocrat, etc.*) paggio *m.* **2** (*at a hotel, club*) fattorino *m.* **3** 〈*Stor*〉 paggio *m.* **II** *v.t.* **1** chiamare per nome ad alta voce (per mezzo di un fattorino, ecc.). **2** (*to wait on as a page*) fare da paggio a, servire come paggio.

pageant ['pædʒənt] *s.* **1** spettacolo *m* teatrale storico (all'aperto); (*parade*) corteo *m* (*o* sfilata *f*) in maschera. **2** 〈*fig*〉 (*colourful display*) spettacolo *m* sontuoso (*o* fastoso). **3** 〈*fig*〉 (*pretentious display*) pompa *f,* sfarzo *m,* sfoggio *m.* **pageantry** [–ri] *s.* **1** spettacolo *m* fastoso (*o* sontuoso). **2** 〈*fig*〉 mostra *f,* sfoggio *m,* ostentazione *f.* **3** 〈*collett*〉 (*pageants*) spettacoli *mpl* teatrali storici (all'aperto).

page|boy *s.* **1** paggio *m.* **2** (*hairstyle*) pettinatura *f* alla paggio. ~ **proof** *s.* 〈*Tip*〉 impaginato *m.* ~ **setting** *s.* 〈*Tip*〉 impaginazione *f.*

paginal ['pædʒinl], **paginary** [–nəri] *a.* **1** di (*o* riferito a) una pagina. **2** (*consisting of pages*) fatto di pagine. **3** (*page for page*) pagina per pagina. **paginate** [–neit] *v.t.* 〈*Tip*〉 numerare le pagine di, paginare. ,**pagination** [–'neiʃən], **paging** ['peidʒiŋ] *s.* **1** paginatura *f.* **2** 〈*Tip*〉 impaginazione *f,* paginazione *f.*

pagoda [pə'goudə] *s.* 〈*Arch,Numism*〉 pagoda *f.* **pagoda| stone** *s.* 〈*Min*〉 pagodite *f.* ~ **tree** *s.* 〈*Bot*〉 robinia *f* del Giappone.

pagurian [pə'gjuəriən] **I** *s.* 〈*Zool*〉 paguro *m.* **II** *a.* di paguro.

pah [pɑ:] *intz.* **1** (*to express disgust, contempt*) puah, puh. **2** (*to express disbelief*) bah, via via.

paid[1] [peid] → **pay**[1].

paid[2] *a.* **1** pagato: ~ *holidays* ferie pagate. **2** (*receiving payment*) retribuito, pagato, remunerato: *well* ~ ben pagato. **3** 〈*Econ*〉 incassato. ☐ 〈*fam*〉 *to put* ~ *to* mandare all'aria, far fallire, mettere fine a.

'paid-'in capital *s.* 〈*Econ*〉 capitale *m* di apporto. **'~-'up** *a.* (che è) in regola con 'le quote' (*o* i pagamenti).

'paid-'up capital *s.* 〈*Econ*〉 capitale *m* (interamente) versato.

pail [peil] *s.* secchio *m,* secchia *f.* **'pailful** [–ful] *s.* secchio *m,* secchiata *f.*

paillasse ['pæljæs] *s.* → **palliasse.**

paillette *fr.* [pæl'jet] *s.* paillette *f,* lustrino *m.*

pain [pein] **I** *s.* **1** pena *f,* sofferenza *f,* dolore *m;* (*particular sensation*) dolore *m,* male *m:* *to have a* ~ *in one's shoulder* avere un dolore alla spalla; *stomach* –s mal di stomaco. **2** (*mental suffering*) sofferenza *f,* pena *f,* patimento *m.* **3** *pl.* 〈*Fisiol*〉 doglie *fpl.* **4** *pl.* (*effort*) sforzo *m,* fatica *f;* (*care*) impegno *m,* cura *f.* **II** *v.t.* **1** far soffrire, far male a, causare dolore a. **2** (*to cause mental suffering*

to) far soffrire, addolorare, affliggere. **3** 〈*impe*[...] addolorare, affliggere, dispiacere, rincrescere: *it* –s *me* hear you speak that way mi addolora sentirti parlare quel modo. **III** *v.i.* far male, dolere. ☐ *to be* at –s = take *pains;* for *one's* –s per tutta ricompensa, co[...] ricompensa (a sforzi, fatiche, ecc.), come (bel) risultato[...] give *s.o.* ~ far soffrire qd., far male a qd.; 〈*fam*〉 *he g*[...] me *a* ~ (*in the neck*) mi scoccia, mi secca; *to go to* –'[...] *to* take *pains; to be in* ~ soffrire; 〈*fam*〉 ~ *in the n*[...] persona noiosa, 〈*fam*〉 scocciatore *m* (*f* –trice), 〈*v*[...] rompiscatole *m/f;* on ~ *of death* sotto pena di morte[...] *be* out *of* ~ non soffrire più; 〈*Dir*〉 –s *and* **penalties** [...] *fpl,* punizioni *fpl; to* spare *no* –s non risparmiare fat[...] non badare a fatiche; *to* **suffer** ~ soffrire; *to* take –s d[...] da fare, affannarsi, darsi (*o* prendersi) pena; *to take* over *s.th.* applicarsi a qc., fare qc. con molta diligenza[...]

pained [peind] *a.* **1** addolorato, sofferente. **2** (*offend*[...] offeso, risentito. **3** (*expressing hurt*) doloroso: ~ [...] sguardo doloroso.

painful ['peinful] *a.* **1** doloroso, dolente. **2** (*causing me*[...] *suffering*) penoso, doloroso: ~ *memories* ricordi pen[...] (*disagreeable*) spiacevole, sgradevole, molesto, penoso: [...] *duty* un dovere spiacevole. **3** 〈*fam*〉 (*irritati*[...] esasperante, irritante: ~ *slowness* una lentezza esaspera[...] **4** (*showing effort, exertion*) faticoso, penoso, grav[...] **painfulness** [–nis] *s.* penosità *f.*

painkiller ['peinkilə] *s.* antidolorifico *m,* antinevralg[...] *m.*

painless ['peinlis] *a.* **1** indolore. **2** 〈*fam*〉 (*requiring l*[...] *effort*) facile, semplice. **painlessly** [–li] *avv.* se[...] dolore. **painlessness** [–nis] *s.* assenza *f* di dol[...] l'essere indolore.

painstaking ['peinzteikiŋ] *a.* **1** diligente, scrupol[...] coscienzioso: *a* ~ *student* uno studente diligente. [...] (*marked by carefulness*) accurato, diligente, attento: [...] *research* una ricerca accurata.

paint [peint] **I** *s.* **1** colore *m,* tinta *f,* vernice *f: a coa*[...] ~ una mano di colore. **2** (*cake of dried pigment*) col[...] *m: a child's box of* –s la scatola di colori di un bamb[...] **3** (*act of painting*) verniciata *f.* **4** 〈*Cosmet*〉 (*make*[...] belletto *m,* trucco *m;* (*rouge*) rossetto *m.* **II** *v.t.* [...] pitturare, verniciare, dipingere, tinteggiare: *to* ~ [...] *kitchen* pitturare la cucina; *to* ~ *s.th.* red dipingere qc[...] rosso. **2** 〈*Art*〉 dipingere: *to* ~ *a portrait* dipingere [...] ritratto; (*to make a painting of*) dipingere, ritrarre; [...] *decorate with painting*) dipingere, pitturare, ornare [...] pitture. **3** (*to colour as if by painting*) colorare, diping[...] colorire: *the sunset* –ed *the clouds pink* il tramonto co[...] le nubi di rosa. **4** (*to apply liquid to*) spennellare (*ar*[...] *Med.*): *to* ~ *a pie with egg white* spennellare una t[...] con chiara d'uovo. **5** 〈*Cosmet*〉 imbellettare, diping[...] tingere, pitturare: *to* ~ *one's lips* dipingersi le labbra; [...] *nails*) dipingere, smaltare, pitturare. **III** *v.i.* darsi [...] dedicarsi) alla pittura, dipingere; (*to be a painter*) es[...] un pittore. ☐ *to* ~ **out** cancellare con una mano[...] vernice; 〈*fam*〉 *to* ~ *the* **town** (*red*) far baldoria; we[...] (*as a notice*) vernice fresca.

paint| box *s.* scatola *f* di colori. ~ **brush** *s.* pennello *m* [...] pittore).

painted ['peintid] *a.* **1** (nei composti) dipinto, pittur[...] verniciato: *newly-*~ dipinto di fresco. **2** 〈*Art*〉 dipi[...] pitturato; (*decorated with painting*) dipinto, ornato [...] pitture: *a* ~ *vase* un vaso dipinto. **3** 〈*Cosm*[...] imbellettato, dipinto, truccato. **4** 〈*fig*〉 falso, finto.

painted| horse *am. s.* cavallo *m* pezzato, pezzato *m*[...] **lady** *s.* 〈*Entom*〉 vanessa *f* del cardo.

painter[1] ['peintə] *s.* **1** imbianchino *m,* pittore [...] (*varnisher*) verniciatore *m.* **2** 〈*Art*〉 pittore *m* (*f* –trice[...] **painter**[2] *s.* 〈*Mar*〉 barbetta *f,* fune *f* d'ormeggio. ☐ *to* [...] *the* ~: 1 〈*Mar*〉 tagliare gli ormeggi; 2 〈*fig*〉 troncare [...] rapporto; 3 (*of a colony*) separarsi dalla madrepa[...] diventare indipendente.

painting ['peintiŋ] *s.* **1** tinteggiatura *f,* verniciatura [...] 〈*Art*〉 pittura *f;* (*result*) dipinto *m,* pittura *f,* quadro *m,*[...] *oil* ~ un dipinto a olio. **3** 〈*collett*〉 pittura *f.*

paintress ['peintris] *s.* pittrice *f.*

paint| shop *s.* coloreria *f.* ~ **sprayer** *s.* 〈*Pitt*〉 pistola [...]

ruzzo. ~ **work** s. vernice f, verniciatura f.

inty ['peinti] a. **1** imbrattato di colore, sporco di rnice. **2** ⟨spreg⟩ (clumsily painted) che ha uno strato oppo denso di colore.

ir [pɛə(r)] **I** s. **1** paio m, coppia f: a ~ of shoes un paio scarpe; (one member of a set) compagno m: where is e ~ to this glove? dov'è il compagno di questo guanto?; .th. made of two parts) paio m: a ~ of scissors un paio forbici. **2** (set of two people or animals) coppia f, paio : a ~ of twins una coppia di gemelli. **3** (married or gaged couple) coppia f. **4** (of cards) coppia f, pariglia f. (two mated animals) coppia f; (team of two horses) ariglia f. **6** ⟨Parl⟩ due membri mpl di partiti opposti che astengono dal voto di comune accordo. **II** v.t. **1** (to ake a pair of; spesso con up, off) appaiare, accoppiare; o cause to be a member of a pair; spesso con up) mettere coppia, accoppiare. **2** (to arrange in pairs; spesso con f) disporre (o sistemare) a coppie, mettere a due a due. **II** v.i. **1** (spesso con off, up: to separate into a pair) coppiarsi, mettersi in coppia (with con); (to form a rtnership) accoppiarsi, appaiarsi (con), unirsi (a); (to rm a pair) fare (o formare) paio (con). **2** (of animals: to ate) accoppiarsi (con). **3** ⟨fam⟩ (to marry; general. con f) sposarsi (con). **4** ⟨Parl⟩ (spesso con off) accordarsi er astenersi dal voto) (con). □ a **carriage** and ~ una rrozza a due cavalli, un tiro a due; a ~ of **compasses** compasso; **in** –s a due a due, a coppie, a paia; a ~ of jamas un pigiama; a ~ of **scales** una bilancia.

red [pɛəd] a. accoppiato, appaiato.

r|-horse a. (of a carriage) a due. ~ **oar** s. ⟨Sport⟩ rca f a due remi. ~ **royal** s. (in card games) tris m. **amas** am. s.pl. → pyjamas.

kistan [,pɑ:ki'stɑ:n] N.pr. ⟨Geog⟩ Pakistan m. **akistani** [-i] **I** s. (pl. inv./-s [z]) pakistano m (f –a). **II** pakistano.

[pæl] ⟨fam⟩ **I** s. **1** amico m (f –a) (intimo), compagno (f –a). **2** (accomplice) complice m/f, compare m. **II** v.i. ret., p.p. **palled** [-d]) (spesso con up) fare amicizia, ringere un'amicizia (with con).

L ≙ ⟨TV⟩ Phase Alternation alternazione di fase da ga a riga, PAL.

ace ['pælis] **I** s. **1** reggia f, palazzo m (reale): the ~ of rsailles la reggia di Versailles; (of a bishop) vescovado m, lazzo m vescovile, episcopio m; (of an archbishop) civescovado m. **2** (large stately mansion) palazzo m gnorile); (large public building) palazzo m: ~ of justice lazzo di giustizia. **3** (large place of entertainment) rovo m, locale m. **II** a. **1** di palazzo (anche fig.): ~ rigues congiure di palazzo. **2** (of a king's palace) latino, di palazzo reale.

ace| car am. s. ⟨Ferr⟩ vettura f salone. ~ **guard** s. **1** ardia f di palazzo. **2** ⟨fig⟩ (ruler's circle of intimates) rte f. ~ **revolution** s. ⟨Pol⟩ rivoluzione f di palazzo.

adin ['pælədin] s. **1** ⟨Stor⟩ paladino m. **2** ⟨estens⟩ nightly hero) cavaliere m, paladino m. **3** ⟨fig⟩ paladino , difensore m.

aeobotanic [,pæliobo'tænik] a. paleobotanico. **alaeo'botany** [-təni] s. paleobotanica f.

aeocene ['pælio(u)si:n] **I** a. ⟨Geol⟩ del paleocene. **II** s. leocene m.

aeographer [,pæli'ɔgrəfə] s. paleografo m (f –a). **alaeographic** [-liə'græfik], **palaeographical** liə'græfikəl] a. paleografico. **palaeography** [-fi] s. leografia f.

aeolith ['pælio(u)liθ] s. ⟨Archeol⟩ arnese m (o rumento) del periodo paleolitico. **,palaeo'lithic**, **alaeo'lithic** [-ik] a. paleolitico: ~ period periodo leolitico, paleolitico m.

aeontologic [,pæli,ɔnto(u)'lɔdʒik], **palaeontological** ɔl] a. paleontologico. **palaeontologist** [-'tɔlədʒist] s. leontologo m (f –a). **palaeontology** [-'tɔlədʒi] s. leontologia f.

aeozoic [,pælio(u)'zouik] **I** a. ⟨Geol⟩ paleozoico. **II** s. a f paleozoica, paleozoico m.

aestra [pə'lestrə] s. (pl. -trae [tri:]/-s [z]) ⟨Stor.gr⟩ lestra f.

afitte ['pæləfit] s. ⟨Etnol⟩ palafitta f.

palatability [,pælətə'biliti] s. gradevolezza f. **'palatable** [-bl] a. **1** gradevole al palato; (savoury) saporito, gustoso. **2** ⟨fig⟩ (acceptable to the mind) ben accetto, gradevole, gradito.

palatal ['pælətəl] **I** a. **1** palatale, palatino. **2** ⟨Fon⟩ palatale. **II** s. ⟨Fon⟩ suono m palatale. **,palatalization** [-ai'zeiʃən] s. ⟨Fon⟩ palatalizzazione f. **palatalize** [-aiz] v.t. palatalizzare.

palate ['pælit] s. **1** ⟨Anat,Bot⟩ palato m. **2** ⟨fig⟩ palato m, gusto m.

palatial [pə'leiʃəl] a. **1** simile a un palazzo. **2** (luxurious) lussuoso, sfarzoso, sontuoso. □ a ~ hotel un albergo di lusso.

palatinate [pə'lætineit] s. ⟨Stor⟩ palatino m. **Palatinate** N.pr. ⟨Geog.stor⟩ Palatinato m.

palatine[1] ['pælətain] **I** a. **1** palatino. **2** (having royal privileges) che gode di privilegi reali. **3** (of a palace) di un palazzo. **II** s. **1** dignitario m imperiale. **2** (count or earl palatine) conte m palatino, palatino m.

palatine[2] **I** a. ⟨Anat⟩ palatino, del palato. **II** s. osso m palatino.

Palatine I a. del Palatinato. **II** s. pellegrina f. **III** N.pr. ⟨Geog⟩ Palatino m, colle m Palatino.

palaver [pə'lɑ:və] **I** s. **1** lungo abboccamento m (o negoziato) con gli indigeni. **2** ⟨estens⟩ (long discussion) (lungo) dibattito m, (lunga) discussione f; (conference) conferenza f. **3** ⟨fig⟩ (chatter) ciarle fpl, chiacchiere fpl, ciance fpl. **4** ⟨fig⟩ (cajolery) adulazione f, blandizie fpl. **5** ⟨fam⟩ (affair) affare m, faccenda f: that's your ~ è affar tuo. **II** v.i. **1** parlamentare. **2** ⟨fig⟩ chiacchierare, cianciare, blaterare. **palaverous** [-rəs] a. verboso, prolisso.

pale[1] [peil] **I** a. **1** pallido, bianco, sbiancato, esangue: a ~ face un volto pallido. **2** (not brilliant) pallido, debole, tenue: a ~ glow un pallido chiarore; (of colours) pallido, tenue, scialbo, smorto, sbiadito: ~ green verde pallido. **3** ⟨fig⟩ (weak, feeble) debole, fiacco: a ~ protest una debole protesta. **II** v.i. **1** impallidire, sbiancare, divenire pallido. **2** ⟨fig⟩ apparire scialbo (o sbiadito), impallidire, sbiadire. **III** v.t. rendere pallido (o smorto), far impallidire. □ deadly ~ mortalmente pallido, d'un pallore mortale; as ~ as death pallido come un morto; to grow (o turn) ~ impallidire, sbiancare.

pale[2] s. **1** (stake of a fence) palo m, paletto m, steccone m; (fence) palizzata f, staccionata f, steccato m. **2** (enclosure) recinto m. **3** (district within certain bounds) distretto m, territorio m distrettuale. **4** (limits, area) confine m, limite m, termine m (anche fig.): out of the ~ of his jurisdiction fuori dei confini della sua giurisdizione. **5** ⟨Arald⟩ palo m. **Pale** N.pr. ⟨Geog,Stor⟩ zona f dell'Irlanda sottoposta a giurisdizione inglese. □ ⟨fig⟩ beyond the ~ al di là del lecito (o consentito); his conduct is quite beyond the ~ la sua condotta oltrepassa ogni limite.

paled [peild] a. **1** recintato. **2** (made of pales) fatto di pali.

paleface ['peilfeis] s. (white person) bianco m (f –a), viso m pallido.

paleness ['peilnis] s. pallore m.

paleobotanic, **paleobotany** → palaeobotanic, palaeobotany.

Palestine ['pælistain] N.pr. ⟨Geog⟩ Palestina f.

Palestine Liberation Organization s. organizzazione f per la liberazione della Palestina.

Palestinian [,pælis'tinian] **I** a. palestinese. **II** s. palestinese m/f. □ the ~ question la questione palestinese.

palette ['pælit] s. **1** ⟨Pitt⟩ tavolozza f; (set of colours) colori mpl (di una tavolozza). **2** ⟨fig⟩ tavolozza f.

palette knife s.irr. mestichino m.

palfrey ['pɔ:lfri] s. ⟨ant⟩ palafreno m.

palimpsest ['pælimpsest] s. ⟨Filol⟩ palinsesto m.

palindrome ['pælindroum] s. palindromo m, verso m (o vocabolo) palindromo. **,palindromic** [-'drɔmik] a. palindromico, bifronte.

paling ['peiliŋ] s. palizzata f, stecconata f, steccato m.

palingenesis [,pælin'dʒenisis] s. ⟨Filos,Biol,fig⟩ palingenesi f. **palingenetic** [-dʒi'netik] a. palingenetico.

palinode ['pælinoud] *s.* **1** ⟨*Lett*⟩ palinodia *f.* **2** (*retraction*) ritrattazione *f,* ⟨*iron*⟩ palinodia *f.*

Palinurus [ˌpæli'njuərəs] *N.pr.* ⟨*Mitol*⟩ Palinuro *m.*

palisade [ˌpæli'seid] **I** *s.* **1** palizzata *f,* staccionata *f,* steccato *m.* **2** ⟨*Mil.ant*⟩ (*fence*) palizzata *f.* **II** *v.t.* recintare con una palizzata.

palisander [ˌpæli'sændə] *s.* ⟨*Bot*⟩ palissandro *m.*

palish ['peiliʃ] *a.* palliduccio, pallidino.

pall[1] [pɔːl] *s.* **1** (*over a coffin*) coltre *f,* drappo *m* funebre. **2** ⟨*fig*⟩ manto *m,* coltre *f: a ~ of darkness* un manto d'oscurità. **3** ⟨*Lit*⟩ (*pallium*) pallio *m; (to cover a chalice)* palla *f.* **4** ⟨*Arald*⟩ pergola *f.*

pall[2] *v.i.* venire a noia, diventare noioso (*o* stucchevole) (*on, upon* a), annoiare (qd.): *even the best of pleasures sometimes ~* anche i piaceri più grandi a volte vengono a noia; *the long play –ed on the audience* la lunga commedia finì per annoiare gli spettatori.

Palladian[1] [pə'leidiən] *a.* di Pallade (Atena), ⟨*lett*⟩ palladio.

Palladian[2] *a.* ⟨*Arch*⟩ palladiano.

palladium[1] [pə'leidiəm] *s.* ⟨*Chim*⟩ palladio *m.*

palladium[2] *s.* protezione *f,* difesa *f,* ⟨*lett*⟩ palladio *m.* Palladium *s.* ⟨*Stor.gr*⟩ Palladio *m.*

Pallas ['pæləs] *N.pr.* **1** ⟨*Mitol*⟩ → Pallas Athena. **2** ⟨*Astr*⟩ Pallade *m.*

Pallas Athena *N.pr.* ⟨*Mitol*⟩ Pallade (Atena) *f.*

pallbearer ['pɔːlbɛərə] *s.* portatore *m* di bara.

pallet[1] ['pælit] *s.* **1** (*bed of straw*) giaciglio *m* (di paglia); (*straw mattress*) pagliericcio *m.* **2** (*hard bed*) giaciglio *m,* covile *m.*

pallet[2] *s.* **1** ⟨*Ceram*⟩ paletta *f,* spatola *f.* **2** ⟨*Pitt*⟩ (*palette*) tavolozza *f.* **3** (*of a forklift truck, etc.*) paletta *f,* pallet *m.* **4** ⟨*Orol*⟩ bocchetta *f* dell'ancora. **5** ⟨*Legat*⟩ stampo *m* per dorare. **6** ⟨*Mecc*⟩ nottolino *m* di comando (*o* regolazione). **7** ⟨*Mus*⟩ ventilabro *m.*

palletization [ˌpælitai'zeiʃən] *s.* paletizzazione *f.* **palletize** [–taiz] *v.t.* palettizzare.

palliasse [pæl'jæs] *s.* pagliericcio *m.*

palliate ['pælieit] *v.t.* **1** (*to extenuate*) cercare di scusare (*o* giustificare), trovare attenuanti per; (*to lessen*) sminuire, minimizzare. **2** ⟨*Med*⟩ mitigare, calmare, lenire. **,palliation** [–li'eiʃən] *s.* **1** scusa *f,* giustificazione *f,* attenuante *f.* **2** ⟨*Med*⟩ lenimento *m,* alleviamento *m.* **palliative** [–liətiv] **I** *a.* palliativo. **II** *s.* palliativo *m.*

pallid ['pælid] *a.* **1** pallido, bianco, cereo, smorto. **2** (*not brilliant*) pallido, smorto, sbiadito. **pallidness** [–nis] *s.* pallore *m.*

pallium ['pæliəm] *s.* (*pl.* **-lia** [liə]/**-s** [z]) **1** ⟨*Stor.rom,Lit*⟩ pallio *m.* **2** ⟨*Anat*⟩ pallio *m,* mantello *m* cerebrale. **3** ⟨*Zool*⟩ mantello *m.*

pall-mall ['pel'mel, 'pæl'mæl] *s.* pallamaglio *m/f.*

pallor ['pælə] *s.* pallore *m.*

pally ['pæli] *a.* ⟨*fam*⟩ molto amico, intimo (*with* di).

palm[1] [pɑːm] *s.* **1** ⟨*Anat*⟩ palma *f.* **2** ⟨*Mar*⟩ (*of an oar, paddle*) pala *f; (of an anchor)* patta *f,* palma *f.* **3** ⟨*Zool*⟩ (*of a deer*) pala *f,* paletta *f.* **4** (*unit of length*) palmo *m.* □ ⟨*fam*⟩ *to have in the ~ of one's hand* avere (*o* tenere) in pugno, dominare.

palm[2] *v.t.* **1** nascondere nella mano: *to ~ a card* nascondere una carta nella mano. **2** (*to impose by fraud; general.* con *off*) ⟨*fam*⟩ affibbiare, ⟨*fam*⟩ appioppare, ⟨*fam*⟩ sbolognare: *to ~ off a bad coin on s.o.* affibbiare una moneta falsa a qd. **3** (*to touch with the palm*) toccare con la palma della mano. **4** (*to bribe*) corrompere, ⟨*fam*⟩ comprare.

palm[3] *s.* **1** ⟨*Bot*⟩ palma *f.* **2** (*palm leaf*) palma *f,* foglia *f* di palma; (*palm branch*) palma *f,* ramo *m* di palma. **3** ⟨*Rel*⟩ palmizio *m.* **4** ⟨*fig*⟩ vittoria *f,* palma *f.* □ ⟨*fig*⟩ *to yield the ~ to* cedere la palma a.

palmaceous [pæl'meiʃəs] *a.* **1** ⟨*Bot*⟩ delle palme. **2** (*resembling a palm*) a forma di palma, simile a una palma.

palmar ['pælmə] *a.* ⟨*Anat*⟩ palmare: *~ arch* arcata palmare.

palmary ['pælməri] *a.* lodevole, encomiabile.

palmate ['pælmeit], **palmated** [–id] *a.* palmato (*anche* Biol.).

palmer ['pɑːmə] *s.* **1** ⟨*Stor*⟩ palmiere *m.* **2** (*wander votary*) monaco *m* pellegrino. **3** (*pilgrim*) pellegrino *m*

palmetto [pæl'metou] *s.* (*pl.* **-s**/**-es** [z]) **1** ⟨*Bot*⟩ palme *m.* **2** (*in weaving*) strisce *fpl* di foglie di palmetto ⟨*Mod*⟩ (*hat*) cappello *m* di foglie di palmetto.

palmful ['pɑːmful] *s.* manciata *f,* pugno *m,* manata *f.*

palm| grease *s.* ⟨*sl*⟩ **1** soldi *mpl,* ⟨*gerg*⟩ grana *f.* **2** (*br* bustarella *f,* sbruffo *m.* **~ house** *s.* ⟨*Agr*⟩ serra *f* palme.

palmiped ['pælmiped] **I** *a.* ⟨*Ornit*⟩ palmipede. **II** palmipede *m.*

palmist ['pɑːmist] *s.* chiromante *m/f.* **palmistry** [–ri chiromanzia *f.*

palm| oil *s.* **1** olio *m* (*o* burro, grasso) di palma. **2** ⟨*sl*⟩ **palm grease**. **~ reader** *s.* → **palmist**. **~ Sunday** ⟨*Rel*⟩ domenica *f* delle palme.

palmy ['pɑːmi] *a.* **1** ricco di palme. **2** (*resembling a pa* simile a una palma, ⟨*lett*⟩ palmiforme. **3** ⟨*fig*⟩ prosp fiorente.

palp [pælp] **I** *s.* → **palpus**. **II** *v.t.* **1** (*to touch ger* sfiorare, accarezzare. **2** (*to examine by touch* palpare.

palpability [ˌpælpə'biliti] *s.* palpabilità *f.* **'palpable** [– *a.* **1** evidente, palese, chiaro, palpabile. **2** (*tangi* palpabile, tangibile.

palpate ['pælpeit] *v.t.* **1** palpare, tastare. **2** ⟨*Med*⟩ palp **palpation** [–'peiʃən] *s.* palpazione *f* (*anche* Med.).

palpebral ['pælpibrəl] *a.* ⟨*Anat*⟩ palpebrale.

palpitant ['pælpitənt] *a.* palpitante, pulsante. **palpit** [–teit] *v.i.* **1** palpitare, pulsare. **2** ⟨*Med*⟩ (*of the he* palpitare. **,palpitation** [–'teiʃən] *s.* palpitazione *f* (*ar* Med.).

palpus ['pælpəs] *s.* (*pl.* **-pi** [pai]) ⟨*Zool*⟩ palpo *m.*

palsgrave ['pɔːlzgreiv] *s.* ⟨*Stor*⟩ conte *m* palatino.

palsied ['pɔːlzid] *a.* **1** paralizzato, paralitico. **2** (*totter* tremante, tremolante. **palsy** ['pɔːlzi] **I** *s.* **1** ⟨*Med*⟩ par *f.* **2** ⟨*fig*⟩ paralisi *f,* arresto *m.* **II** *v.t.* paralizzare (*ar* fig.).

palter ['pɔːltə] *v.i.* **1** agire con doppiezza, non es sincero (*with* con). **2** (*to haggle*) mercanteggi contrattare (con).

paltriness ['pɔːltrinis] *s.* meschinità *f,* grettezza *f.* **pa** [–tri] *a.* **1** meschino, misero, gretto: *a ~ excuse* una s meschina; (*mean, base*) indegno, spregevole. **2** (*trif* trascurabile, insignificante: *a ~ sum* una son trascurabile. **3** (*worthless*) senza valore.

paludal [pə'lju:dl] *a.* **1** paludoso, palustre. **2** ⟨*M* malarico.

paludament [pə'lju:dəmənt] *s.* ⟨*Stor.rom*⟩ paludam *m.*

paludism ['pæljudizəm] *s.* ⟨*Med*⟩ malaria *f.*

Pam *N.pr. dim.* di **Pamela**. **Pamela** ['pæmələ] *N* Pamela *f.*

pampas ['pæmpəs] *s.pl.* (costr. sing. o pl.) pampa *f.*

pampas| cat *s.* ⟨*Zool*⟩ gatto *m* delle pampas. **~ gras** ⟨*Bot*⟩ ginerio *m.*

pamper ['pæmpə] *v.t.* coccolare, vezzeggiare; (*to s* viziare.

pamphlet ['pæmflit] *s.* **1** pamphlet *m,* libello *m: a poli ~* un pamphlet politico. **2** (*short treatise*) opuscolo libretto *m.* **3** (*leaflet*) volantino *m,* manifestino **,pamphle'teer** [–iə] **I** *s.* panflettista *m/f,* libellista **II** *v.i.* scrivere libelli.

pan[1] [pæn] *s.* **1** bacinella *f,* bacino *m.* **2** (*frying* tegame *m,* padella *f: pots and -s* pentole e tegami; (*ba* pan) teglia *f; (saucepan)* casseruola *f.* **3** (*of a bala* piatto *m.* **4** (*of a toilet*) tazza *f,* vaso *m.* **5** ⟨*sl*⟩ (*pl* faccia *f,* muso *m.* **6** ⟨*Anat*⟩ calotta *f* cranica. **7** ⟨*Mi* (*in prospecting*) crivello *m,* vaglio *m.* **8** ⟨*Geol*⟩ (*piec* flat ice) strato *m* di ghiaccio; (*hardpan*) crostone (*saltpan*) salina *f.* **9** ⟨*Mecc*⟩ (*oilpan*) coppa *f* dell' carter *m.* **10** ⟨*Mil.ant*⟩ scodellino *m,* bacinetto *m* ⟨*fig*⟩ *a flash in the ~* un fuoco di paglia.

pan[2] *v.* (*pret., p.p.* **panned** [–d]) **I** *v.t.* **1** ⟨*Minier*⟩ (*to* in a pan) sottoporre a lavaggio; (*to separate by wasl* separare mediante lavaggio. **2** ⟨*fam*⟩ (*to criticize seve* stroncare: *the critics –ned the film* la critica ha stronca lm. **II** *v.i.* ⟨*Minier*⟩ sottoporre a lavaggio sabbie urifere; (*to yield gold;* spesso con *out*) rendere (*o* fruttare) ro. □ *to* ~ *gold* estrarre l'oro; ⟨*fam*⟩ *to* ~ **out**: 1 (*to urn out*) andare, procedere; 2 (*to turn out well*) riuscire, ndar bene.

.n³ *s.* ⟨*Cin*⟩ panoramica *f.*

.n⁴ *v.* (*pret., p.p.* **panned** [-d]) **I** *v.i.* ⟨*Cin*⟩ 1 fare una .anoramica, panoramicare. 2 (*of a camera*) ruotare, fare .na conversione. **II** *v.t.* 1 fare una panoramica di. 2 (*of camera*) far ruotare.

.n⁵ [pɑːn] *s.* 1 (*leaf of the betel*) foglia *f* di betel. 2 (*betel ut mixture*) bolo *m* (dei masticatori di betel).

.n⁶ (*accorc. di* panchromatic) *a.* ⟨*Fot*⟩ pancromatico.

.an *N.pr.* ⟨*Mitol*⟩ Pan *m,* Pane *m.*

.nacea [ˌpænəˈsiːə] *s.* panacea *f,* toccasana *m.*

.nache [pəˈnæʃ] *s.* 1 (*on a helmet*) pennacchio *m,* .anache *m.* 2 ⟨*fig*⟩ vanteria *f,* millanteria *f,* ostentazione *f.*

.an-ˈAfrican *a.* panafricano. ˌPan-ˈAfricanism *s.* .anafricanismo *m.*

.anama [ˈpænəmɑː, *am.* ˈpænəmə] *N.pr.* ⟨*Geog*⟩ Panama .n. panama *s.* → **Panama hat. Panama hat** *s.* ⟨*Mod*⟩ .anama *m.*

.an-Aˈmerican *a.* panamericano. ˌPan-Aˈmericanism *s.* panamericanismo *m.*

.an-ˈArab, Pan-ˈArabic *a.* panarabo. ˌPan-ˈArabism *s.* .anarabismo *m.*

.an-ˈAsian *a.* panasiatico. **Pan-ˈAsianism** *s.* panasia- .ismo *m.* **Pan-Asiˈatic** *a.* →**Pan-Asian.**

.ncake [ˈpænkeik] **I** *s.* 1 ⟨*Gastr*⟩ pancake *m,* frittella *f.* . ⟨*Aer*⟩ → **pancake landing. II** *v.i.* ⟨*Aer*⟩ atterrare «a .iatto». **III** *v.t.* far atterrare «a piatto». □ ⟨*fam*⟩ *to fall .lat as a* ~ fare un enorme fiasco; ⟨*fam*⟩ *as flat as a* ~ .iatto come una tavola; *to flip* (*o toss*) *a* ~ voltare una .rittella (facendola saltare in aria).

.ncake| **Day** *s.* martedì *m* grasso. ~ **landing** *s.* ⟨*Aer*⟩ .tterraggio *m* «a piatto». ~ **make-up** *s.* ⟨*Cosmet*⟩ .osmetico *m* compatto, pancake *m.*

.nchromatic [ˌpænkro(u)ˈmætik] *a.* ⟨*Fot*⟩ pancromatico.

.ncreas [ˈpæŋkriəs] *s.* ⟨*Anat*⟩ pancreas *m.* ˌpancreatic .-kriˈætik] *a.* pancreatico: ~ *juice* succo pancreatico. .ancreatin [-ˈkriətin] *s.* ⟨*Biol,Farm*⟩ pancreatina *f.*

.nda [ˈpændə] *s.* ⟨*Zool*⟩ 1 (*lesser panda*) panda *m* .minore). 2 (*giant panda*) panda *m* maggiore (*o* gigante), .rso *m* del bambù.

.nda car *s.* auto·*f* della polizia.

.ndean [pænˈdiːən] *a.* ⟨*Mitol*⟩ di Pan, del dio Pan.

.ndean pipes *s.pl.* → **pan pipe.**

.ndect [ˈpændekt] *s.* raccolta *f* (completa) di leggi. .andects [-s] *s.pl.* ⟨*Dir.rom*⟩ pandette *fpl.*

.ndemic [pænˈdemik] **I** *a.* pandemico. **II** *s.* ⟨*Med*⟩ .andemia *f.*

.ndemonium [ˌpændiˈmounjəm] *s.* pandemonio *m:* ~ .*roke out* si scatenò un pandemonio.

.nder [ˈpændə] **I** *v.i.* 1 fare il ruffiano, ⟨*spreg*⟩ .uffianeggiare (*to* con). 2 (*to provide gratification*) andare .ncontro (a), essere compiacente (con): *to* ~ *to the public's .aste for scandal* andare incontro al gusto scandalistico del .ubblico; (*to give encouragement*) incoraggiare, stimolare .qd.). **II** *s.* 1 (*go-between in love affairs*) paraninfo *m* (*f* .a), mezzano *m* (*f* –a), manutengolo *m.* 2 (*pimp, procurer*) .uffiano *m,* mezzano *m.* 3 (*s.o. who gratifies the weakness ..f others*) profittatore *m* (*f* –trice), sfruttatore *m* (*f* trice).

.ndora [pænˈdɔːrə] *s.* ⟨*Mus*⟩ pandura *f,* pandora *f.*

.andora *N.pr.* ⟨*Mitol*⟩ Pandora *f.*

.andora's box *s.* ⟨*Mitol*⟩ vaso *m* di Pandora (*anche .ig.*).

    and p. = *portage and packing* spese postali e di .mballaggio.

.ne [pein] *s.* 1 (*division of a window*) vetro *m;* (*sheet of .lass*) lastra *f* di vetro. 2 (*panel*) pannello *m,* riquadro *m.* . ⟨*tecn*⟩ (*of a bolt, nut*) faccia *f;* (*of a hammer*) penna *f.* . ⟨*Tess*⟩ riquadro *m,* scacco *m.* **paned** [-d] *a.* (nei .omposti) dai vetri ..., dal vetro ...: *a wide-*~ *window* una .nestra dai vetri grandi.

.negyric [ˌpæniˈdʒirik] **I** *s.* panegirico *m,* (eccessiva)

---

esaltazione *f.* **II** *a.* → **panegyrical. panegyrical** [-əl] *a.* di lode. **panegyrist** [-rist] *s.* panegirista *m/f.* ˈpanegyrize [-raiz] *v.t.* tessere un panegirico (attorno) a, scrivere in lode di.

panel [ˈpænl] **I** *s.* 1 (*of a door, etc.*) pannello *m,* riquadro *m;* (*of a ceiling*) cassettone *m,* formella *f.* 2 ⟨*Met,El,Sart,Edil*⟩ pannello *m.* 3 ⟨*tecn*⟩ (*control panel*) quadro *m* di comando. 4 ⟨*Dir*⟩ (*list of possible jurors*) lista *f* dei giurati; (*jury*) giuria *f.* 5 (*group of selected people*) comitato *m,* giunta *f,* commissione *f: advisory* ~ comitato consultivo; *a* ~ *of experts* una commissione di esperti; (*group of experts*) gruppo *m* di esperti, panel *m.* 6 ⟨*TV,Rad*⟩ gruppo *m* di partecipanti a un gioco a quiz. 7 (*list of approved doctors*) lista *f* (*o* elenco *m*) dei medici convenzionati (con le mutue); (*patients under the care of a doctor*) mutuati *mpl.* 8 ⟨*Art*⟩ formella *f,* pannello *m;* (*of a triptych*) tavola *f.* 9 ⟨*Aer*⟩ campata *f.* 10 (*of a parachute*) riquadro *m.* **II** *a.* (*of a doctor*) convenzionato con le mutue; (*of a patient*) mutuato. **III** *v.t.* (*pret., p.p.* **panelled**/*am.* **paneled** [-d]) 1 rivestire (*o* ornare) con pannelli. 2 (*to set in a frame*) incorniciare. 3 (*to empanel*) iscrivere nella lista dei giurati.

panel| **discussion** *s.* dibattito *m* pubblico di un gruppo di esperti. ~ **doctor** *s.* medico *m* convenzionato. ~ **game** *s.* ⟨*TV,Rad*⟩ gioco *m* a cui partecipa un gruppo di persone. ~ **heating** *s.* riscaldamento *m* a pannelli radianti.

panelist [ˈpænəlist] *s.* 1 partecipante *m/f* a una tavola rotonda. 2 ⟨*TV,Rad*⟩ partecipante *m/f* a un gioco a quiz.

panel lighting *s.* ⟨*El*⟩ illuminazione *f* a pannelli.

panelling [ˈpænəliŋ] *s.* 1 rivestimento *m* con (*o* a) pannelli. 2 ⟨*collett*⟩ (*panels*) pannelli *mpl,* pannellatura *f.*

panellist *s.* → **panelist.**

panel| **patient** *s.* mutuato *m* (*f* –a), assistito *m* (*f* –a). ~ **point** *s.* ⟨*Mat*⟩ punto *m* nodale.

ˌ**Pan-ˈEurope** *N.pr.* Paneuropa *f.* ˌ**Pan-Euroˈpean** *a.* paneuropeo.

pan|**fish** *am. s.* pesce *m* da frittura. **~-fry** *am. v.t.* friggere con poco olio.

panful [ˈpænful] *s.* padellata *f,* tegamata *f.*

pang [pæŋ] *s.* 1 morso *m,* fitta *f,* dolore *m* acuto, spasimo *m: the* –*s of hunger* i morsi della fame. 2 (*mental sensation*) spasimo *m,* sofferenza *f,* morso *m:* –*s of love* spasimi d'amore.

pangenesis [pænˈdʒenisis] *s.* ⟨*Biol*⟩ pangenesi *f.* ˌ**pangenetic** [-dʒiˈnetik], **pangenic** [-nik] *a.* della pangenesi.

ˌ**Pan-ˈGerman** **I** *a.* pangermanistico. **II** *s.* pangermanista *m/f.* ˌ**Pan-ˈGermanism** *s.* pangermanesimo *m,* pangermanismo *m.*

pangolin [pæŋˈgoulin] *s.* ⟨*Zool*⟩ pangolino *m.*

panhandle [ˈpænhændl] **I** *s.* 1 manico *m* di tegame (*o* padella). 2 ⟨*am.Geog*⟩ lingua *f* di terra sporgente, becco *m* d'anatra. **II** *v.i.* ⟨*am.fam*⟩ accattare, chiedere l'elemosina, stendere la mano.

Panhellenic [ˌpænheˈliːnik] *a.* ⟨*Stor*⟩ panellenico. **Panˈhellenism** [-linizəm] *s.* panellenismo *m.* **Panˈhellenist** [-linist] *s.* panellenista *m.*

panic¹ [ˈpænik] **I** *s.* panico *m.* **II** *a.* 1 (*of fear*) panico. 2 (*arising from panic*) dettato dal panico: ~ *measures* misure dettate dal panico. □ ~ *on the Stock Exchange* panico *m* in borsa; *to flee in* ~ fuggire in preda al panico.

panic² *v.* (*pret., p.p.* **-ked** [-t]) **I** *v.t.* gettare nel panico, creare panico tra. **II** *v.i.* lasciarsi prendere dal panico, essere colto dal panico.

panic³ *s.* ⟨*Bot*⟩ (*panic grass*) panico *m.*

panic button *s.* 1 ⟨*scherz*⟩ bottone *m* (*o* leva *f*) d'emergenza. 2 ⟨*sl*⟩ reazione *f* di panico.

panicky [ˈpæniki] *a.* ⟨*fam*⟩ 1 pauroso come un coniglio, impressionabile. 2 (*resulting from panic*) incontrollato.

panicle [ˈpænikl] *s.* ⟨*Bot*⟩ pannocchia *f.* **panicled** [-d] *a.* a pannocchia.

panic|**-monger** *s.* seminatore *m* di panico. **~-press** *s.* stampa *f* allarmista. **~-stricken, ~-struck** *a.* in preda al panico, terrorizzato.

paniculate [pə'nikjuleit], **paniculated** [-id] a. ⟨Bot⟩ panicolato.

,Pan-'Islam s. → **Pan-Islamism. ,Pan-Is'lamic** a. panislamico. **,Pan-'Islamism** s. panislamismo m.

panjandrum [pæn'dʒændrəm] s. ⟨scherz⟩ chi si dà delle arie.

pannage ['pænidʒ] s. 1 ⟨Dir⟩ (right of pasturing) diritto m di pascolo di suini; (charge) somma f pagata per il pascolo dei suini. 2 (food for swine) mangime m per suini.

pannier ['pæniə] s. 1 gerla f, paniere m da basto. 2 ⟨Mod⟩ (framework) paniere m; (drapery) drappeggio m a sbuffo (sui fianchi).

pannikin ['pænikin] s. 1 (small pan) tegamino m. 2 (small metal drinking cup) piccolo boccale m di metallo.

panning ['pæniŋ] s. ⟨Cin⟩ panoramica f.

panophobia [,pænə'foubiə] s. paura f di tutto.

panoplied ['pænəplid] a. 1 ⟨Stor⟩ rivestito dell'armatura intera. 2 (magnificently clothed) sfarzosamente abbigliato. **panoply** [-pli] s. 1 (full armour) armatura f intera, panoplia f. 2 ⟨estens⟩ (ceremonial dress) abito m da cerimonia. 3 ⟨fig⟩ pompa f, sfarzo m.

panorama [,pænə'rɑ:mə] s. 1 panorama m. 2 ⟨fig⟩ panorama m, rassegna f completa (o complessiva). 3 ⟨Fot,Teat⟩ panoramica f, panorama m.

panorama lens s. ⟨Fot⟩ obiettivo m panoramico.

panoramic [,pænə'ræmik] a. panoramico (anche fig.).

panoramic| lens s. → **panorama lens. ~ mirror** s. ⟨Aut⟩ specchietto m panoramico. **~ window** s. parabrezza m panoramico.

pan| pipe s. ⟨Mus⟩ 1 siringa f. 2 (mouth organ) flauto di Pan. **~ pipes** s.pl. → **pan pine.**

pansied ['pænzid] a. coperto (o ornato) di viole del pensiero.

,Pan-'Slav(ic) a. panslavista, panslavo. **,Pan-'Slavism** s. panslavismo m.

pansy ['pænzi] s. 1 ⟨Bot⟩ viola f del pensiero, pensée f, pansé f. 2 ⟨sl⟩ (male homosexual) omosessuale m, ⟨gerg⟩ finocchio m; (effeminate man) uomo m effeminato, donnicciola f.

pant [pænt] I v.i. 1 ansimare, ansare, avere il fiato grosso, respirare affannosamente. 2 (to move with a puffing sound) sbuffare, ansimare: the train -ed up the hill il treno sbuffava su per la collina. 3 ⟨fam⟩ (to long, yearn) anelare (for a), desiderare ardentemente, agognare (qc.). 4 (to throb, palpitate) palpitare, pulsare. II v.t. (general. con out, forth) dire ansimando. III s. 1 respiro m affannoso. 2 (of a steam engine, etc.) sbuffo m. 3 (throb, pulse) palpito m, pulsazione f. □ to ~ for air boccheggiare.

Pantagruelian [,pæntəgru:'eliən], **Pantagruelic** [-lik] a. pantagruelico. **Panta'gruelism** [-lizəm] s. umorismo m cinico. **Panta'gruelist** [-list] s. chi è dotato di umorismo cinico.

pantalet(te)s [,pæntə'lets] s.pl. 1 ⟨Stor⟩ mutandoni mpl da donna guarniti di gale. 2 ⟨Vest⟩ (long drawers) mutande fpl lunghe da donna, mutandoni mpl.

pantaloon [,pæntə'lu:n] s. 1 pl. ⟨Stor⟩ pantaloni mpl aderenti. 2 ⟨Teat⟩ buffone m, pagliaccio m. **Pantaloon** N.pr. ⟨Teat⟩ Pantalone m.

pantdress ['pæntdres] s. abito m pantalone.

pantechnicon [pæn'teknikən] s. 1 furgone m per (il trasporto di) mobilia. 2 (furniture warehouse) magazzino m di mobili.

pantheism ['pænθi:izəm] s. ⟨Filos,Rel⟩ panteismo m. **pantheist** [-θi:ist] s. panteista m/f. **,panthe'istic** [-θi:'istik], **,panthe'istical** [-θi:'istikəl] a. panteistico.

pantheon ['pænθiən, -'θi:ən] s. ⟨Stor.rom,Rel⟩ pantheon m. **Pantheon** N.pr. ⟨Arch⟩ Pantheon m.

panther ['pænθə] s. (pl. inv./-s [z]; il pl.inv. si usa general. con valore collett.) ⟨Zool⟩ 1 pantera f, leopardo m. 2 ⟨am⟩ (cougar, puma) coguaro m, puma m. 3 ⟨am⟩ (jaguar) giaguaro m. **pantheress** [-ris] s. pantera f femmina.

panties ['pæntiz] s.pl. ⟨Vest⟩ mutandine fpl.

pantile ['pæntail] s. ⟨Edil⟩ tegola f alla fiamminga.

panting ['pæntiŋ] a. ansante, ansimante, affannato.

panto ['pænto(u)] (accorc. di pantomime) s, (pl. -s [z])

⟨fam⟩ spettacolo m rappresentato durante il perio natalizio.

pantograph ['pæntəgrɑ:f] s. pantografo m (anche El.).

pantometer [pæn'tɔmitə] s. pantometro m.

pantomime ['pæntəmaim] I s. 1 ⟨Teat⟩ pantomima pantomimo m. 2 ⟨Teat⟩ (Christmas entertainme. spettacolo m rappresentato durante il periodo natalizio. ⟨Stor.rom⟩ mimo m. 4 ⟨fig⟩ pantomima f, mimica f. v.t. esprimere (o comunicare) a gesti, mimare. III esprimersi a gesti, mimare. **,pantomimic** [-'mimik] pantomimico. **,panto'mimist** [-ist] s. pantomimo mimo m.

pantothenic acid [,pæntə'θenik] s. ⟨Chim⟩ acido pantotenico.

pantry ['pæntri] s. 1 dispensa f. 2 (room for preparing serving food) office m. **pantryman** [-mən] s.i dispensiere m.

pants [pænts] s.pl. ⟨Vest⟩ 1 mutande fpl. 2 ⟨ai (trousers) pantaloni mpl, calzoni mpl. 3 → **panties.** ⟨fam⟩ to be caught with one's ~ down essere preso contropiede' (o alla sprovvista); ⟨fam⟩ to give s.o. a k in the ~ dare a qd. un calcio nel sedere; ⟨fig,fam⟩ to we the ~ portare i pantaloni.

pantskirt ['pæntskə:t] s. gonna f pantalone.

pant suit s. tailleur m pantalone.

panty ['pænti] s. → **panties.**

panty girdle am.s. ⟨Vest⟩ mutandine fpl elastiche.

pantyhose ['pæntihouz] s. collant m (con mutandina).

panzer ['pæntsə] a. corrazzato: ~ division divisio corrazzata. II s. carro m armato.

pap[1] [pæp] s. 1 pappa f. 2 ⟨am.sl⟩ (political patronag protezione f (politica). 3 ⟨am.sl⟩ (talk, book, etc.) disco m (o libro, ecc.) insipido.

pap[2] s. 1 ⟨dial,rar⟩ capezzolo m. 2 pl. ⟨Ge mammelloni mpl.

papa[1] [pə'pɑ:, am. 'pɑ:pə] s. ⟨fam⟩ papà m.

papa[2] ['pɑ:pɑ:] s. ⟨Rel⟩ (in the Orthodox Church) po m.

papacy ['peipəsi] s. ⟨Rel.catt⟩ papato m, pontificato m.

papaia [pæ'paiə] s. → **papaw.**

papal ['peipəl] a. ⟨Rel⟩ papale, pontificio, papalir **papalism** [-izəm] s. ⟨Rel⟩ papismo m. **papalist** [-i s. papista m/f. **,papalistic** [-'listik] a. papisti **papalize** [-aiz] v.t. rendere papale.

Papal States s.pl. ⟨Stor⟩ Stati mpl della chiesa.

papaveraceous [pə,pævə'reiʃəs] a. ⟨Bot⟩ de papavaracee.

papaw [pə'pɔ:, am. 'pɔ:pə] s. ⟨Bot⟩ papaia f.

paper[1] ['peipə] I s. 1 carta f: a sheet of ~ un foglio carta; (sheet, piece) foglio m, pezzo m di carta. 2 (documents) documenti mpl, carte fpl: the policeman ask to see my -s il poliziotto mi chiese i documenti. 3 (written documents, letters, etc.) carteggio m, carte incartamenti mpl, scritti mpl: the queen's private -s carteggio privato della regina. 4 (literary compositic saggio m, monografia f, scritto m, dissertazione (address) discorso m, indirizzo m. 5 (newspaper) giorn m: the morning ~ il giornale del mattino. 6 (wallpap carta f da parati, tappezzeria f. 7 ⟨Scol⟩ (writt examination) esame m scritto, prova f scrit (composition, essay) composizione f, tema m; (answe elaborato m, compito m scritto. 8 ⟨Econ⟩ (negotia notes) cartevalori fpl. 9 ⟨Econ⟩ → **paper money. II** a. di carta: ~ plates piatti di carta. 2 (like paper) simile a carta, cartaceo. 3 (of or involving clerical duties) d'uffic a ~ job un lavoro d'ufficio. 4 (carried on correspondence, etc.) per corrispondenza; (consisting printed matter) giornalistico: a ~ war una polemi giornalistica. 5 ⟨fig⟩ (in theory) teorico, sulla carta; (i yet existing) ipotetico, sulla carta: ~ profits prof ipotetici. □ to commit s.th. to ~ affidare qc. alla carta; get (one's name) into the -s finire sui giornali; on ~: per iscritto, sulla carta, nero su bianco: I won't believe till I see it on ~ non lo crederò finché non lo vedrò ne su bianco; 2 ⟨fig⟩ in teoria, teoricamente, sulla carta; put pen to ~ mettere mano alla penna, cominciare scrivere; ⟨fig⟩ to send in one's -s dare le dimissioni;

rite *for the* ~*s* fare il giornalista.
per[2] *v.t.* **1** tappezzare. **2** (*to sandpaper*) levigare con **rta** vetrata. **3** (*to cover with paper*) rivestire (*o* foderare) **i** carta. **4** (*to wrap in paper*) incartare. □ (*fig*) *to* ~ *over* **e** cracks appianare le divergenze; (*teat*) *to* ~ *the* **house** empire il teatro di spettatori non paganti; *to* ~ **up** (*of racks, etc.*) chiudere (*o* tappare) con della carta.

per|back I *s.* **1** libro *m* in brossura. **2** (*spreg*) libercolo **.. II** *a.* **1** (*of a book*) in brossura. **2** (*of paperback oks*) di libri in brossura. '~'**backed** *a.* → **paperback.** ~ **ag** *s.* sacchetto *m* di carta. ~ **battles** *s.* battaglie *fpl* a **volino.** ~**board I** *s.* cartone *m.* **II** *a.* di cartone. **bound** *s./a.* → **paperback.** ~ **boy** *s.* strillone *m.* ~ **hase** *s.* (*outdoor game*) caccia *f* alla volpe. ~ **irculation** *s.* (*Econ*) circolazione *f* cartacea. ~ **clip** *s.* graffetta *f*, fermaglio *m.* **2** (*with a spring*) fermacarte *m* molla. ~-**cover** *a.* in brossura. ~ **currency** *s.* → **paper oney.** ~ **feed** *s.* (*Inform*) alimentazione *f* carta. ~ **anger** *s.* tappezziere *m.* ~ **holdings** *s.pl.* (*Econ*) **rtevalori** *fpl*, titoli *mpl* fiduciari. ~ **knife** *s.irr.* **gliacarte** *m.* ~ **industry** *s.* industria *f* cartaria. **maker** *s.* fabbricante *m/f* di carta, cartaio *m.* **making** *s.* fabbricazione *f* della carta. ~**mill** *s.* cartiera ~ **money** *s.* (*Econ*) cartamoneta *f*, moneta *f* cartacea. ~ **napkin** *s.* tovagliolo ·*m* di carta. ~ **office** *s.* (*Stor*) **rchivio** *m.* ~ **shredder,** ~ **shredding machine** *s.* **istruggidocumenti** *m.* ~ **tape punch** *s.* (*Inform*) **erforatore** *m* di nastro. ~-**thin** *a.* molto sottile, **ottilissimo.** ~ **tiger** *s.* (*fig*) tigre *f* di carta. ~ **trimmer** taglierina *f*. ~**weight** *s.* fermacarte *m.* ~**work** *s.* **voro** *m* di tavolino.

pery ['peipəri] *a.* **1** cartaceo, simile a carta. **2** → **aper-thin.**

pier-mâché *fr.* ['pæpjei'mæʃei, *am.* 'peipəmə'ʃei] *s.* **artapesta** *f*. **II** *a.* **1** di cartapesta. **2** (*fig*) di cartapesta, **also,** fasullo.

pilionaceous [pə,pilio(u)'neiʃəs] *a.* (*Bot*) **1** delle **apilionacee. 2** (*resembling a butterfly*) papilionaceo, **rfallino.**

pilla [pə'pilə] *s.* (*pl.* -**lae** [li:]) (*Anat*) papilla *f.* **apillary** [-ri], **papillate** ['pæpileit], **papillated** [,pæpileitid] *a.* **1** simile a papilla. **2** (*covered with apillae*) papillare, dotato di papille. **papillose** [pæpilous] *a.* → **papillary.**

pism ['peipizəm] *s.* (*spreg*) ,papismo *m.* **papist, Papist** -pist] (*spreg*) *s.* papista *m/f.* **II** *a.* → **papistic.** **apistic** [pə'pistik], **papistical** [pə'pistikəl] *a.* (*spreg*) **apistico. papistry** [-pistri] *s.* (*spreg*) dottrine *fpl* (*o* riti **pl*) della chiesa cattolica romana.

ppoose [pæ'pu:s] *s.* bambino *m* indiano (dell'America **el** nord).

ppy ['pæpi] *a.* molle, simile a una pappa.

prica, paprika ['pæprikə, *am.* pæ'pri:kə] *s.* (*Gastr*) aprica *f.*

p| smear, ~ **test** [pæp] *s.* pap–test *m.*

pua ['pæpjuə] *N.pr.* (*Geog*) Papuasia *f*, Nuova Guinea *f.* **apuan** [-n] **I** *a.* papuano, papuaso, papua. **II** *s.* **1** apuano *m* (*f* –a), papua *m.* **2** (*language*) lingua *f* apua.

pula ['pæpjulə] *s.* (*pl.* -**lae** [li:]) → **papule. papular** -lə] *a.* (*Med*) papulare. **papule** [-pju:l] *s.* (*Med*) papula bollicina *f.* **papulose** [-lous], **papulous** [-ləs] *a.* apuloso.

pyraceous [,pæpi'reiʃəs] *a.* papiraceo.
pyrologist [,pæpi'rɔlədʒist] *s.* papirologo *m* (*f* –a), apirologista *m/f.* **papyrology** [-dʒi] *s.* papirologia *f.* **pyrus** [pə'paiərəs] *s.* (*pl.* -**ruses** [rəsiz]/-**ri** [rai]) papiro **.**

r[1] [pɑ:] **I** *s.* **1** parità *f*, uguaglianza *f.* **2** (*average*) media (*norm*) livello *m* normale, norma *f*, normalità *f.* **3** Econ*) (*of a currency*) parità *f*; (*of securities*) valore *m* **ominale. 4** (*Sport*) (*in golf*) par *m*, punteggio *m* teorico. **I** *a.* medio, mediocre. □ *above* ~: **1** sopra la media; **2** Econ*) sopra la pari; (*Econ*) *at* ~ alla pari; *below* ~: **1** **otto** la media; **2** (*Econ*) sotto la pari; (*Econ*) ~ *of* **xchange** parità *f* ·di cambio‾ (*o* cambiaria); *mint* ~ *of* **xchange** parità monetaria; (*up*) *on a* ~ *with* alla pari con;

up *to* ~ = **at** *par;* (*fam*) *I am not feeling up to* ~ non mi sento in forma.
par[2] *s.* → **parr.**
par[3] (*accorc. di paragraph*) *s.* (*fam*) paragrafo *m.*
par. = **1** *paragraph* paragrafo (*abbr.* par.). **2** *parallel* parallelo.
parabanking [,pærə'bænkiŋ] *s.* parabancario *m.*
parable ['pærəbl] *s.* parabola *f.*
parabola [pə'ræbələ] *s.* (*Mat*) parabola *f.*
parabole [pə'ræbəli] *s.* (*Ret*) similitudine *f.*
parabolic[1] [,pærə'bɔlik] *a.* (*of a parable*) di (*o* da) parabola; (*allegorical*) allegorico.
parabolic[2] *a.* (*Mat*) parabolico.
parabolic reflector *s.* riflettore *m* parabolico.
parabolic reflector| aerial *am.*, ~ **antenna** *s.* antenna *f* parabolica.
paraboloid [pə'ræbələid] *s.* (*Mat*) paraboloide *m.*
para-books [,pærə'bu:ks] *s.pl.* paraletteratura *f.*
Paracelsus [,pærə'selsəs] *N.pr.* (*Stor*) Paracelso *m.*
parachute ['pærəʃu:t] **I** *s.* **1** (*Aer,Minier*) paracadute *m.* **2** (*Zool*) patagio *m.* **II** *v.t.* (*Aer*) paracadutare. **III** *v.i.* paracadutarsi.
parachute| flare *s.* (*Aer*) razzo *m* illuminante munito di paracadute. ~ **jumper** *s.* paracadutista *m/f.*
parachutist [pærəʃu:tist] *s.* **1** paracadutista *m/f.* **2** (*Aer.mil*) paracadutista *m*, para *m.*
Paraclete ['pærəkli:t] *s.* (*Rel*) Paracleto *m*, Paraclito *m.*
parade [pə'reid] **I** *s.* **1** corteo *m*, processione *f*, sfilata *f: a carnival* ~ un corteo carnevalesco. **2** (*Mil*) parata *f*, rivista *f*, rassegna *f*, sfilata *f.* **3** (*Mil*) (*assembly for inspecting, etc.*) adunata *f*, schieramento *m: inspection* ~ adunata per l'ispezione. **4** (*Mil*) → **parade ground. 5** (*fig*) parata *f*, sfoggio *m*, mostra *f*, ostentazione *f: to make a* ~ *of one's achievements* fare sfoggio dei propri successi. · **6** (*Mod*) sfilata *f* di moda. **7** (*informal procession*) lunga fila *f*, coda *f*, processione *f.* **8** (*promenade, public walk*) passeggiata *f*, passeggio *m.* **9** (*Sport*) (*in fencing*) parata *f.* **II** *v.t.* **1** fare sfoggio di, sfoggiare, ostentare, mettere in mostra: *to* ~ *one's talents* fare sfoggio del proprio talento. **2** (*to promenade*) percorrere passeggiando. **3** (*Mil*) schierare in parata. **III** *v.i.* **1** sfilare, andare in processione (*o* corteo). **2** (*Mil*) sfilare in parata; (*to march*) sfilare a passo di parata. **3** (*to walk up and down*) andare su e giù; (*to promenade*) passeggiare. **4** (*to walk about ostentatiously*) far mostra di sé, pavoneggiarsi.
parade ground *s.* (*Mil*) piazza *f* della parata, piazza d'armi.
paradigm ['pærədaim] *s.* **1** esempio *m*, modello *m*, esemplare *m.* **2** (*Gramm*) paradigma *m.* ,**paradigmatic** [–dig'mætik], ,**paradigmatical** [–dig'mætikəl] *a.* **1** esemplare, modello. **2** (*Gramm*) paradigmatico.
paradisaic [,pærədi'seiik], **paradisaical** [–əl], '**paradisal** [–daisəl] *a.* → **paradisiac.**
paradise ['pærədais] *s.* **1** (*heaven*) paradiso *m*, cielo *m.* **2** (*Bibl*) (*Garden of Eden*) paradiso *m* terrestre, eden *m.* **3** (*fig*) paradiso *m*, eden *m.* **4** (*Arch*) paradiso *m.* **5** (*teat*) loggione *m*, (*scherz*) piccionaia *f.*
paradisiac [,pærə'disiæk], **paradisiacal** [–'saiəkəl], **paradisial** [–siəl] *a.* paradisiaco, celestiale.
paradox ['pærədɔks] *s.* paradosso *m.* **paradoxer** [–ə] *s.* → **paradoxist.** ,**para'doxic** [–ik], ,**para'doxical** [–ikəl] *a.* paradossale. ,**para,doxicality** [–i'kæliti] *s.* paradossalità *f.* **paradoxist** [–ist] *s.* chi fa paradossi.
paradrop ['pærədrɔp] *s.* (*Aer*) lancio *m* col paracadute.
paraffin ['pærəfin], **paraffine** [–fi:n] **I** *s.* **1** (*Chim*) paraffina *f.* **2** (*Chim,Ind*) → **paraffin oil. 3** → **paraffin wax. 4** (*liquid paraffin*) paraffina *f* liquida. **II** *v.t.* paraffinare. **paraffinic** [–ik] *a.* paraffinico.
paraffin| oil *s.* **1** (*Chim*) olio *m* di· paraffina. **2** (*Ind*) (*kerosene*) cherosene *m.* ~ **wax** *s.* paraffina *f* solida.
paragoge [,pærə'goudʒi] *s.* (*Ling*) paragoge *f*, epitesi *f.* **paragogic** [–'gɔdʒik], **paragogical** [–'gɔdʒikəl] *a.* paragogico.
paragon ['pærəgən] **I** *s.* **1** modello *m*, esempio *m*, esemplare *m*, campione *m: a* ~ *of virtue* un modello di virtù. **2** (*Tip*) corpo *m* 20. **3** (*of a diamond*) diamante *m* perfetto di cento carati, solitario *m* di cento (e più)

carati. **II** *v.t.* ⟨*rar*⟩ paragonare, raffrontare.

paragraph ['pærəgrɑ:f] **I** *s.* **1** paragrafo *m*, capoverso *m*. **2** (*of a legal document*) paragrafo *m*, comma *m*, articolo *m*. **3** ⟨*Giorn*⟩ trafiletto *m*, breve articolo *m*. **4** ⟨*Tip*⟩ paragrafo *m*. **II** *v.t.* **1** paragrafare. **2** ⟨*Giorn*⟩ scrivere un trafiletto su. **III** *v.i.* ⟨*Giorn*⟩ scrivere trafiletti. □ *new* ~ (*in dictating*) a capo; *to start a new* ~ andare a capo.

paragrapher [-ə] *s.* ⟨*Giorn*⟩ chi scrive trafiletti.

paragraphic [,pærə'græfik], **paragraphical** [-əl] *a.* di un paragrafo. '**paragraphist** [-grɑ:fist] *s.* → **paragrapher**.

Paraguay ['pærəgwei] *N.pr.* ⟨*Geog*⟩ Paraguay *m*. ,**Para'guayan** [-ən] **I** *a.* paraguaiano. **II** *s.* paraguaiano *m* (*f* –a).

Paraguay tea *s.* **1** ⟨*Bot*⟩ mate *m*, erba *f* mate. **2** (*beverage*) mate *m*.

parakeet ['pærəki:t] *s.* ⟨*Ornit*⟩ parrocchetto *m*.

parakite ['pærəkait] *s.* ⟨*Sport*⟩ aquilone-paracadute *m*. **parakiting** [-iŋ] *s.* volo *m* con l'aquilone-paracadute.

paralegal [pærə'li:gəl] *a.* paralegale.

paralinguistic [,pærəlin'gwistik] *a.* paralinguistico. **paralinguistics** [-tiks] *s.pl.* (costr. sing.) paralinguistica *f*.

parallactic [,pærə'læktik] *a.* ⟨*Astr,Fis*⟩ parallattico.

parallax ['pærəlæks] *s.* ⟨*Astr,Fis,Fot*⟩ parallasse *f*.

parallel[1] ['pærəlel] **I** *a.* **1** parallelo (*to, with* a): *two* ~ *rows* due file parallele; *the road runs* ~ *with the river* la strada corre parallela al fiume. **2** ⟨*Geom,Mus*⟩ parallelo. **3** ⟨*fig*⟩ parallelo, corrispondente, equivalente (a); (*comparable*) paragonabile, confrontabile (a, con). **4** ⟨*El*⟩ in parallelo. **II** *s.* **1** ⟨*Geom*⟩ parallela *f*. **2** ⟨*Geog*⟩ parallelo *m* (geografico). **3** ⟨*fig*⟩ (*comparison*) parallelo *m*, confronto *m*, paragone *m*: *to draw a* ~ *with* fare un parallelo (*o* confronto) con. **4** ⟨*fig*⟩ (*agreement in direction, tendency, etc.*) parallelismo *m*, corrispondenza *f*, equivalenza *f*. **5** ⟨*fig*⟩ (*counterpart*) equivalente *m*, corrispondente *m*: *progress that is without* ~ *in history* progresso che non ha l'equivalente nella storia. **6** ⟨*Tip*⟩ segno *m* di richiamo (costituito da una doppia sbarra verticale). **7** ⟨*El*⟩ parallelo *m*. □ *in a* ~ *direction with* parallelamente a; ⟨*El*⟩ *in* ~ in parallelo; *on* ~ *lines* parallelamente, in parallelo.

parallel[2] *v.t.* (*pret., p.p.* **parallelled**/*am.* **paralleled** [-d]) **1** eguagliare, essere equivalente a; (*to form a parallel to*) essere analogo a, corrispondere a, equivalere a. **2** (*to compare*) paragonare. **3** (*to place so as to be parallel*) mettere in posizione parallela, disporre parallelamente. **4** (*to extend parallel to*) correre parallelo a, estendersi parallelamente a: *the road –s the river* la strada corre parallela al fiume.

parallel bars *s.pl.* ⟨*Ginn*⟩ parallele *fpl*.

parallelepiped [,pærə,lelə'paipid, –'lepiped] *s.* ⟨*Geom*⟩ parallelepipedo *m*.

parallelism ['pærəlelizəm] *s.* parallelismo *m* (*anche fig.*).

parallelogram [,pærə'leləgræm] *s.* ⟨*Geom*⟩ parallelogramma *m*.

parallel| **printer** *s.* ⟨*Inform*⟩ stampante *f* parallela. ~ **processing** *s.* trattamento *m* parallelo. ~ **rule,** ~ **ruler** *s.* (*in drawing*) parallele *fpl*.

paralogism [pə'rælədʒizəm] *s.* ⟨*Filos*⟩ paralogismo *m*. **paralogist** [-dʒist] *s.* chi fa uso di paralogismi. **pa,ralogistic** [-'dʒistik] *a.* paralogistico. **paralogize** [-dʒaiz] *v.i.* paralogizzare.

paralysation [,pærə'laizeiʃən] *s.* paralisi *m*, blocco *m*. '**paralyse** [-laiz] *v.t.* **1** ⟨*Med*⟩ paralizzare. **2** ⟨*fig*⟩ paralizzare, bloccare, arrestare: *the strike –d industry* lo sciopero paralizzò l'industria; (*to make powerless*) rendere impotente. **3** ⟨*fig*⟩ (*to stupefy*) pietrificare, paralizzare: *–d by fear* pietrificato dalla paura. '**paralysing** [-laiziŋ] *a.* paralizzante.

paralysis [pə'rælisis] *s.* (*pl.* **-ses** [si:z]) **1** ⟨*Med*⟩ paralisi *f*. **2** ⟨*fig*⟩ paralisi *f*, arresto *m*: *economic* ~ paralisi economica; (*powerlessness*) impotenza *f*.

paralytic [,pærə'litik] **I** *a.* ⟨*Med*⟩ (*affected with paralysis*) paralitico, paralizzato; (*of paralysis*) paralitico. **II** *s.* ⟨*Med*⟩ paralitico *m* (*f* –a).

paralyze ['pærəlaiz] *v.* → **paralyse**.

paramagnetic [,pærəmæg'netik] *a.* ⟨*Fis*⟩ paramagnetico.

paramagnetism [-'mægnətizəm] *s.* paramagnetismo ▸

paramedic *am.* ['pærəmedik] **I** *s.* **1** ⟨*Mil*⟩ medico paracadutato. **2** *pl.* personale *m* paramedico, parame◂ *mpl*. **II** *a.* ⟨*Mil*⟩ relativo al personale paramed◂ ,**paramedical** [-'medikəl] **I** *s.pl.* personale *m* paramed◂ **II** *a.* paramedico.

paramedical disciplines *s.pl.* discipline paramediche.

parameter [pə'ræmitə] *s.* ⟨*Mat,Fis*⟩ parametro ,**parameterization** [-rai'zeiʃən] *s.* parametrizzazione **parameterize** [-raiz] *v.t.* parametrizzare.

paramilitary [,pærə'militəri] *a.* paramilitare.

paramount ['pærəmaunt] *a.* **1** sommo, supremo, massi▸ **2** ⟨*fig*⟩ importantissimo, della massima importar◂ (*pre-eminent*) preminente; (*of a person*) il più importa◂ □ *of* ~ *importance* di capitale importanza; *as a mimic is* ~ come imitatore è insuperabile⁷ (*o* non ha pa◂ **paramountcy** [-si] *s.* supremazia *f*, preminenza *f*.

paramour ['pærəmuə] *s.* amante *m/f*.

paranoia [,pærə'nɔiə] *s.* ⟨*Psic*⟩ paranoia *f*. **parano** [-'nɔiæk] **I** *a.* paranoico. **II** *s.* paranoico *m* (*f* ◂ '**paranoid** [-nɔid] **I** *a.* paranoide. **II** *s.* paranoide *m*

parapet ['pærəpit] *s.* **1** ⟨*Mil*⟩ parapetto *m*. **2** (*low w*◂ parapetto *m*, balaustra *f*. **parapeted** [-id] parapettato.

paraph ['pæræf] **I** *s.* ⟨*Dir,burocr*⟩ parafa *f*. **II** parafare.

parapharmaceutical [,pærəfɑ:mə'sju:tikl] *s.* parafar◂ ceutico *m*.

paraphernalia [,pærəfə'neiljə] *s.pl.* **1** ⟨*Dir*⟩ beni *m* extradotali, extradotali *mpl*. **2** (*personal belongings*) eff◂ *mpl* personali. **3** (costr. sing. o pl.: *apparatus*) apparato (*equipment*) equipaggiamento *m*, attrezzatura *f*.

paraphrase ['pærəfreiz] **I** *s.* parafrasi *f*. **II** *v.t.* parafras◂ **III** *v.i.* fare una parafrasi. **paraphraser** [-◂ **paraphrast** [-fræst] *s.* chi parafrasa. ,**paraphras** [-'fræstik] *a.* parafrastico.

paraprofessional [,pærəprə'feʃənl] **I** *a.* paraprofession◂ **II** *s.* persona *f* che svolge un'attività paraprofessionale◂

parapsychological [,pærəsaiko(u)'lɔdʒikəl] *a.* parapsi◂ logico, parapsichico. **parapsychologist** [-'kɔlədʒist] *s.* rapsicologo *m*. **parapsychology** [-'kɔlədʒi]*s.* parapsi◂ logia *f*.

parasite ['pærəsait] *s.* **1** ⟨*Biol*⟩ parassita *m*. **2** ◂ (*sponger*) parassita *m/f*, scroccone *m* (*f* –a). **3** ◂ (*flatterer*) adulatore *m* (*f* –trice), ⟨*spreg*⟩ leccapiedi *m* ,**parasitic** [-'sitik], ,**parasitical** [-'sitikəl] *a.* **1** ⟨*B* parassita, parassitario (*anche fig.*). **2** ⟨*Med*⟩ causato parassiti. ,**parasitically** [-'sitikəli] *avv.* da parassita.

parasitic crater *s.* ⟨*Geol*⟩ cratere *m* avventizio.

parasiticide [,pærə'sitisaid] *s.* parassiticida *m*, antiparass◂ rio *m*. '**parasitism** [-tizəm] *s.* ⟨*Biol*⟩ parassitismo *m* ◂ *che fig.*). '**parasitize** [-taiz] *v.t.* ⟨*Biol*⟩ parassitare.

parasitological [,pærəsaitə'lɔdʒikəl] *a.* parassitolog◂ **parasitologist** [-'tɔlədʒist] *s.* parassitologo *m*.

parasol ['pærəsɔl] *s.* parasole *m*.

parastatal [,pærə'steitəl] *a.* parastatale: ~ *corpora*◂ società parastatale.

parasympathetic nervous system [,pærə,simpə'θetik ⟨*Anat*⟩ sistema *m* nervoso parasimpatico, parasimpa◂ *m*.

paratactic [,pærə'tæktik], **paratactical** [-əl] *a.* ⟨*Gram* paratattico. **parataxis** [-ksis] *s.* paratassi *f*.

parathyroid [,pærə'θaiərɔid] **I** *a.* ⟨*Anat*⟩ paratiroideo. *s.* paratiroide *f*.

paratroop ['pærətru:p] *a.* ⟨*Aer.mil*⟩ di paracaduti◂ **paratrooper** [-ə] *s.* paracadutista *m*. **paratroops** ▸ *s.pl.* truppe *fpl* paracadutate.

paratyphoid [,pærə'taifɔid] **I** *a.* ⟨*Med*⟩ **1** (*resemb* *typhoid*) paratifoide. **2** (*of paratyphoid fever*) paratif◂ **II** *s.* paratifo *m*.

paravane ['pærəvein] *s.* ⟨*Mar.mil*⟩ paramine *m*.

parboil ['pɑ:bɔil] *v.t.* **1** bollire parzialmente, far bollir◂ metà, scottare. **2** ⟨*fig*⟩ (*to make uncomfortably* ◂ surriscaldare.

Parcae ['pɑ:si:] *N.pr.pl.* ⟨*Mitol*⟩ Parche *fpl*.

parcel ['pɑ:sl] **I** *s.* **1** pacco *m*, involto *m*, pacchetto *m*, *send a ~ through the post* mandare un pacco postale. **2** (*quantity, lot*) partita *f,* lotto *m: a ~ of diamonds* una partita di diamanti. **3** ⟨*fam*⟩ (*group, pack*) gruppo *m,* branco *m.* **4** (*continuous plot of land*) appezzamento *m,* lotto *m.* **5** ⟨*ant*⟩ (*part*) parte *f,* porzione *f.* **II** *v.t.* (*pret., p.p.* **parcelled**/*am.* **parceled** [–d]) **1** (spesso con *up*) impaccare, impacchettare, involtare. **2** (*to divide out;* spesso con *out*) spartire, dividere (in parti), distribuire. **3** ⟨*Mar*⟩ (*of a rope, etc.*) bendare.

arceling *am.,* **parcelling** ['pɑ:səliŋ] *s.* **1** spartizione *f,* divisione *f* (in parti), distribuzione *f.* **2** ⟨*Mar*⟩ bende *fpl* (per avvolgere cavi).

arcel post *s.* ⟨*Post*⟩ **1** servizio *m* pacchi postali. **2** (*collett*) (*parcels*) pacchi *mpl* postali.

arcenary ['pɑ:sənəri] *s.* ⟨*Dir*⟩ coeredità *f.* **parcener** [–nə] *s.* coerede *m/f.*

arch [pɑ:tʃ] **I** *v.t.* **1** seccare, riardere, inaridire, bruciare: *the sun –ed the grass* il sole seccò l'erba. **2** (*of a person: to make very thirsty*) far ardere (*o* bruciare) dalla sete. **3** (*of peas, beans, etc.*) essiccare, (dis)seccare. **II** *v.i.* inaridirsi, seccarsi. **parched** [–t] *a.* **1** inaridito, seccato, riarso. **2** ⟨*fam*⟩ (*thirsty*) assetato, che ha la gola secca, arso dalla sete. □ *to be ~ with thirst* bruciare di sete.

archment ['pɑ:tʃmənt] *s.* **1** pergamena *f,* cartapecora *f.* **2** (*document, manuscript*) pergamena *f.* **3** (*parchment paper*) carta *f* pergamenata (*o* pergamena). **parchmenty** [–i] *a.* **1** pergamenaceo, di pergamena. **2** (*resembling parchment*) pergamenaceo.

ard¹ [pɑ:d] *s.* ⟨*rar*⟩ (*leopard*) leopardo *m.*

ard² *s.* ⟨*sl*⟩ (*partner*) compagno *m* (*f* –a).

ardon ['pɑ:dn] **I** *s.* **1** perdono *m,* scusa *f.* **2** ⟨*Dir*⟩ condono *m.* **3** (*amnesty*) amnistia *f.* **4** ⟨*Rel*⟩ (*indulgence*) indulgenza *f.* **II** *v.t.* **1** scusare, perdonare: *~ me, I didn't hear* scusatemi, non ho sentito. **2** (*to forgive*) perdonare, condonare, rimettere. **3** ⟨*Dir*⟩ condonare. **III** *intz.* **1** scusa, scusi, scusate, pardon. **2** (*with an interrogative inflection*) prego?, prego, vuol ripetere? □ ⟨*fam*⟩ *beg* (*your*) *~:* **1** chiedo scusa, scusa, scusi, scusate; **2** (*with an interrogative inflection*) prego?, prego, vuol ripetere?; **3** (*in indignation*) (ma) per favore!, ma mi faccia⌐ (*o* fammi) il piacere!; *to beg s.o.'s ~* chiedere scusa a qd.

ardonable ['pɑ:dnəbl] *a.* perdonabile, scusabile. **pardonableness** [–nis] *s.* l'essere perdonabile.

ardoner ['pɑ:dnə] *s.* **1** chi perdona. **2** ⟨*Stor*⟩ chi faceva traffico d'indulgenze.

are [peə] *v.t.* **1** (spesso con *off, away*) sbucciare, pelare: *to ~ apples* sbucciare mele. **2** (spesso con *off, away: to cut away excess from*) tagliare, accorciare: *to ~ one's nails* tagliarsi le unghie; (*to trim*) pareggiare, tagliare in modo uguale. **3** (*to reduce;* spesso con *down*) ridurre, diminuire: *to ~ down overheads* ridurre le spese generali.

aregoric [,pærɪ'gorɪk] **I** *s.* ⟨*fam*⟩ tintura *f* d'oppio canforata, elisir *m* paregorico. **II** *a.* (che ha azione) calmante.

arenchyma [pə'reŋkimə] *s.* ⟨*Biol*⟩ parenchima *m.* **parenchymatous** [,pæreŋ'kimətəs] *a.* parenchimatico.

arent ['peərənt] **I** *s.* **1** genitore *m* (*f* –trice), padre *m* (*f* madre). **2** (*ancestor*) antenato *m* (*f* –a), progenitore *m* (*f* –trice). **3** ⟨*fig*⟩ origine *f,* fonte *f.* **II** *a.* dei genitori. □ *our first –s* i primi parenti, Adamo ed Eva. **parentage** [–idʒ] *s.* **1** discendenza *f,* origine *f,* stirpe *f.* **2** → **parenthood. 3** (*origin*) origine *f,* provenienza *f.* **parental** [pə'rentl] *a.* **1** dei genitori, (*lett*) parentale: *~ authority* autorità parentale. **2** (*paternal*) paterno; (*maternal*) materno.

arental generation *s.* ⟨*Biol*⟩ generazione *f* parentale. **arent company** *s.* ⟨*Econ*⟩ società *f* (*o* casa) madre.

arenteral [pæ'rentərəl] *a.* ⟨*Med*⟩ parenterale, per via parenterale.

arenthesis [pə'renθisis] *s.* (*pl.* **-ses** [si:z]) **1** ⟨*Gramm*⟩ parentesi *f,* inciso *m.* **2** *pl.* (*pair of brackets*) parentesi *fpl.* **3** ⟨*fig*⟩ parentesi *f,* intervallo *m.* □ *in ~* tra parentesi, per inciso: *to say s.th. in ~* dire qc. per inciso. **parenthesize** [–saiz] *v.t.* **1** mettere tra parentesi. **2** (*to insert as a parenthesis*) inserire come parentesi.

arenthetic [,pærən'θetik], **parenthetical** [–əl] *a.* **1** parentetico: *a ~ remark* un commento parentetico. **2** (*characterized by use of parentheses*) caratterizzato da

---

incisi (*o* parentesi).

parenthood ['peərənthud] *s.* condizione *f* di genitore.

parent-in-law *s.* (*father–in–law*) suocero *m*; (*mother–in–law*) suocera *f.*

parentless ['peərəntlis] *a.* senza genitori, orfano.

'parent-'teacher association *s.* associazione *f* ⌐insegnanti e genitori⌐ (*o* scuola–famiglia).

pareo [pə'reiou] *s.* ⟨*Mod*⟩ pareo *m.*

parer ['peərə] *s.* sbucciatore *m.*

paresis [pə'ri:sis] *s.* (*pl.* **-ses** [si:z]) ⟨*Med*⟩ **1** paresi *f.* **2** (*general paresis*) paralisi *f* progressiva.

par excellence *fr.* [parɛksɛ'lɑ̃:s] *avv.* per eccellenza, per antonomasia.

parfait [pɑ:'feit] *s.* ⟨*Dolc*⟩ **1** (*with ice cream*) dolce *m* di frutta, gelato e panna (servito in bicchiere). **2** (*with whipped cream*) semifreddo *m* a base di panna.

parget ['pɑ:dʒit] **I** *s.* **1** ⟨*Mur*⟩ intonaco *m.* **2** (*pargetting*) stucco *m.* **II** *v.t.* (*pret., p.p.* **pargetted**/*am.* **pargeted** [–id]) **1** intonacare. **2** (*to decorate with pargetting*) stuccare, decorare con stucchi. **pargeting** *am.,* **pargetting** [–iŋ] *s.* **1** (*act*) intonacatura *f.* **2** (*decorative plasterwork*) stucco *m.*

parheliacal [,pɑ:hi'laiəkəl], **parhelic** [–'hi:lik] *a.* ⟨*Astr*⟩ parelico. **parhelion** [–'hi:liən] *s.* (*pl.* **-lia** [liə]) parelio *m.*

pariah ['pæriə, *am.* pə'raiə] *s.* **1** (*outcast*) paria *m/f,* reietto *m* (*f* –a). **2** (*in India*) paria *m.*

parietal [pə'raiətl] **I** *a.* **1** ⟨*Anat,Biol*⟩ parietale: *~ bone* osso parietale. **2** ⟨*am.Univ*⟩ interno. **II** *s.* ⟨*Anat*⟩ parietale *m.*

pari mutuel *fr.* [,pæri'mju:tʃuəl] *s.* (*pl.* **paris mutuels**) **1** scommessa *f* al totalizzatore. **2** (*machine*) totalizzatore *m* automatico.

paring ['peəriŋ] *s.* **1** sbucciatura *f,* pelatura *f.* **2** (*s.th. pared off*) buccia *f,* pelle *f.* **paring knife** *s.* sbucciatore *m.*

paripinnate [,pæri'pineit] *a.* ⟨*Bot*⟩ (*of a leaf*) paripennata.

Paris ['pæris] *N.pr.* **1** ⟨*Geog*⟩ Parigi *f.* **2** ⟨*Mitol*⟩ Paride *m.*

parish ['pæriʃ] *s.* **1** ⟨*Rel*⟩ parrocchia *f.* **2** ⟨*collett*⟩ (*parishioners*) parrocchiani *mpl,* parrocchia *f.* **3** (*administrative district*) comune *m,* municipio *m.* **4** ⟨*sl*⟩ (*police district*) distretto *m* di polizia. □ *to be on the ~* ricevere il sussidio dei poveri.

parish| church *s.* chiesa *f* parrocchiale. **~ clerk** *s.* sagrestano *m.* **~ council** *s.* consiglio *m* comunale. **~ councillor** *s.* consigliere *m* comunale.

parishioner [pə'riʃənə] *s.* parrocchiano *m* (*f* –a).

parish|-pump *a.* (d'interesse) locale: *~ news* notizie d'interesse locale. **~-pump politics** *s.pl.* campanilismo *m.* **~ register** *s.* registro *m* parrocchiale, libro *m* delle anime.

Parisian [pə'riziən, pə'riʒən] **I** *a.* parigino. **II** *s.* parigino *m.*

parisyllabic [,pærisi'læbik] *a.* ⟨*Gramm,Metr*⟩ parisillabo.

parity ['pæriti] *s.* **1** parità *f,* uguaglianza *f.* **2** (*equivalence*) equivalenza *f,* corrispondenza *f;* (*analogy*) analogia *f.* **3** ⟨*Econ*⟩ parità *f.*

parity| check *s.* ⟨*Inform*⟩ controllo *m* di parità. **~ price, ~ rate** *s.* ⟨*Econ*⟩ cambio *m* alla pari.

park [pɑ:k] **I** *s.* **1** parco *m,* giardini *mpl* pubblici. **2** (*around a country house*) parco *m,* (grande) giardino *m.* **3** (*car park*) parcheggio *m,* parco *m.* **4** ⟨*am*⟩ (*stadium, ground*) campo *m,* stadio *m,* arena *f.* **5** ⟨*Stor*⟩ (*game preserve*) riserva *f* reale di caccia. **6** ⟨*Mil*⟩ parco *m* d'artiglieria. **II** *v.t.* **1** parcheggiare: *to ~ the car on a side road* parcheggiare l'automobile in una strada laterale. **2** ⟨*fam*⟩ (*to put down*) mettere giù, posare; (*to leave*) lasciare. **3** ⟨*rifl*⟩ (*to sit down*) sedersi, prendere posto. **4** (*to enclose in a park*) racchiudere (*o* mettere) in un parco. **5** ⟨*Artigl*⟩ parcare, sistemare in un parco. **III** *v.i.* parcheggiare, sostare in parcheggio.

parka ['pɑ:kə] *s.* ⟨*Vest*⟩ giaccone *m* a vento, parka *m.*

parkerize ['pɑ:kəraiz] *v.t.* ⟨*Met*⟩ parkerizzare.

parkin ['pɑ:kin] *s.* ⟨*Dolc*⟩ panpepato *m* di farina d'avena.

parking ['pɑ:kiŋ] **I** *s.* parcheggio *m,* posteggio *m.* **II** *a.* di

parcheggio. □ ⟨Strad⟩ no ~ divieto di sosta.
parking| area s. parcheggio m. **~-attendant** s.
posteggiatore m. ~ **brake** s. ⟨Mecc⟩ freno m ⌐a mano⌐ (o
di stazionamento). ~ **fee** s. tariffa f di parcheggio. ~
light s. ⟨Aut⟩ luce f di posizione. ~ **lot** am. s. area f di
parcheggio, parcheggio m. ~ **meter** s. parchimetro m. ~
meter zone s. zona f disco. ~ **orbit** s. ⟨Astron⟩ orbita f
di parcheggio. ~ **ticket** s. 1 scontrino m del posteggio. 2
(fine for illegal parking) multa f per divieto di sosta.
Parkinsonian [ˌpɑːkinˈsouniən] a. ⟨Med⟩ parkinsoniano.
Parkinson's disease ['pɑːkinsnz] s. ⟨Med⟩ morbo m di
Parkinson.
park| keeper s. guardiano m di un parco. **~land** s.
terreno m erboso con zone alberate. **~way** am. s. ⟨Strad⟩
autostrada f panoramica.
parky ['pɑːki] a. ⟨fam⟩ freddo, rigido.
parl. = 1 parliament parlamento. 2 parliamentary
parlamentare.
parlance ['pɑːləns] s. linguaggio m, parlata f, gergo m.
parley ['pɑːli] I s. 1 (discussion) dibattito m, discussione f;
(conference) conferenza f, colloquio m. 2 ⟨Mil⟩
parlamento m. II v.i. 1 conferire. 2 ⟨Mil⟩ parlamentare
(with con). III v.t. ⟨fam⟩ (of a foreign language) (saper)
parlare.
parley-voo [ˌpɑːliˈvuː] ⟨fam⟩ I s. 1 (French language)
francese m. 2 (French person) francese m/f. II v.i. parlare
francese.
parliament ['pɑːləmənt] s. 1 parlamento m. 2 ⟨estens⟩
(meeting) assemblea f, riunione f. **Parliament** s. ⟨GB⟩
parlamento m. □ to dissolve ~ sciogliere le camere (o il
parlamento); to enter ~ essere eletto al parlamento; in ~
al (o in) parlamento; to open ~ riaprire il parlamento.
parliamentarian [ˌpɑːləmenˈtɛəriən] s. 1 esperto m di
procedura parlamentare. 2 (member of parliament)
parlamentare m/f. **Parliamentarian** s. ⟨Stor.brit⟩
sostenitore m (f –trice) del parlamento (in opposizione a
Carlo I). **parliamentarianism** [–izəm] s.
parlamentarismo m, regime m parlamentare.
parliamentary [ˌpɑːləˈmentəri] a. 1 parlamentare, del
parlamento. 2 (having a parliament) a regime
parlamentare. 3 (of language, words) urbano, corretto,
parlamentare.
parliamentary| borough s. collegio m (o circoscrizione f)
parlamentare. ~ **candidate** s. ⟨Pol⟩ candidato m al
parlamento. ~ **elections** s.pl. elezioni fpl legislative,
legislative fpl. ~ **government** s. sistema m (o regime)
parlamentare. ~ **privilege** s. ⟨Pol⟩ immunità f
parlamentare.
parliament cake s. ⟨Dolc⟩ biscotto m allo zenzero.
parlor am. s. → **parlour**.
parlor car am. s. ⟨Ferr⟩ carrozza f salone.
parlour ['pɑːlə] I s. 1 (for visitors' reception) salotto m,
salone m; (living room) soggiorno m; (in a monastery,
convent) parlatorio m. 2 (in a hotel, club) sala f. 3 ⟨am⟩
(business establishment) salone m, istituto m: a beauty ~
un salone di bellezza. II a. di (o da) salotto; (of
conversation, language, etc.) da salotto, salottiero.
parlour| game s. gioco m di società. **~maid** s. cameriera
f.
parlous ['pɑːləs] a. critico, difficile, grave, pericoloso.
Parmesan [ˌpɑːmiˈzæn] I a. parmigiano, parmense. II s.
⟨Alim⟩ (Parmesan cheese) parmigiano m (reggiano), grana
m.
Parnassian [pɑːˈnæsiən] I a. 1 (of Mount Parnassus)
parnasio, del Parnaso. 2 ⟨Lett⟩ parnassiano. II s. ⟨Lett⟩
parnassiano m.
Parnassus [pɑːˈnæsəs] I N.pr. ⟨Geog⟩ Parnaso m. II s.
poesia f, parnaso m.
parochial [pəˈroukiəl] a. 1 parrocchiale. 2 ⟨fig⟩
provinciale, ristretto, arretrato: ~ mentality mentalità
provinciale. **parochialism** [–izəm] s. 1 l'essere
parrocchiale. 2 ⟨fig⟩ provincialismo m. **parochialize**
[–aiz] v.t. rendere provinciale.
parodist ['pærədist] s. parodista m/f. **parody** [–di] I s.
parodia f (anche fig.). II v.t. 1 ⟨Lett⟩ scrivere una
parodia su, parodiare. 2 (to imitate feebly) parodiare, fare
la parodia di.

parol [pəˈroul, 'pærəl] I s. ⟨Dir⟩ dichiarazione f orale. II
verbale, orale. □ by ~ verbalmente. '
parole [pəˈroul] I s. 1 (word of honour) parola f d'ono
(anche Mil.). 2 ⟨Mil⟩ (password) parola f d'ordine. 3 ⟨D
(conditional release) rilascio m sulla parola; (release
bail) libertà f provvisoria. II a. del rilascio sulla parol
III v.t. rilasciare sulla parola. □ to break one's
mancare (o venire meno) alla parola (data); to keep on
~ mantenere la parola; on ~ sulla parola.
parole board am. s. commissione f che decide il rilasc
sulla parola.
parolee am. [pəˌrouˈliː] s. chi è rilasciato sulla parola.
paronym ['pærənim] s. ⟨Ling⟩ paronimo m. **paronymo**
[pəˈrɔniməs] a. paronimico. **paronymy** [pəˈrɔnimi]
paronimia f.
Paros ['pɛərɔs] N.pr. ⟨Geog⟩ Paro f.
parotid [pəˈrɔtid] I a. parotideo. II s. (parotid glan
ghiandola f parotidea, parotide f.
parotitis [ˌpærə(u)ˈtaitis] s. 1 parotite f. 2 (mum
parotite f epidemica.
paroxysm ['pærəksizəm] s. ⟨Med.fig⟩ parossismo m: a
of grief un parossismo di dolore. **paroxysmal** [–'sizm
a. parossistico.
paroxytone [pæˈrɔksitoun] I a. ⟨Gramm⟩ parossitono.
s. parossitona f. parola f parossitona.
parquet ['pɑːkei, –kit, am. –'kei] I s. 1 (floor) parquet
pavimento m di legno, parchè m. 2 → **parquetry.**
⟨am.Teat⟩ poltrone fpl (o palchi mpl) di platea. II
(pret., p.p. **parquetted**/am. **parqueted** ['pɑːkitid, –'keti
pavimentare in parquet.
parquet| circle am. s. ⟨Teat⟩ platea f, parterre m.
flooring s. parchettatura f.
parquetry ['pɑːkitri] s. pavimentazione f in parqu
parquet m.
parr [pɑː] s. (pl. inv./-s [z]; il pl.inv. si usa general. c
valore collett.) 1 salmone m giovane. 2 (young fish) pes
m giovane.
parricidal [ˌpæriˈsaidl] a. 1 di parricidio. 2 (guilty
parricide) parricida. **parricide** [–said] s. 1 parricidio
2 (person) parricida m/f.
parrot ['pærət] I s. ⟨Ornit⟩ pappagallo m (anche fig.).
v.t. ripetere meccanicamente (o a pappagallo).
parrot| disease s. → **parrot fever.** **~-fashion** avv.
pappagallo, pappagallescamente: to repeat s.th. ~ ripete
qc. a pappagallo. ~ **fever** s. ⟨Med⟩ psittacosi f. ~ **fish**
⟨Itt⟩ pesce m pappagallo.
parrotlike ['pærətlaik] a. pappagallesco, da pappagallo.
parry ['pæri] I v.t. 1 parare, scansare, schivare: to ~
blow parare un colpo. 2 ⟨fig⟩ sottrarsi abilmente
elùdere: to ~ indiscreet questions sottrarsi abilmente
domande indiscrete. II v.i. 1 parare un colpo. 2 ⟨f
parare il colpo, difendersi. III s. 1 parata f (anc
Sport.). 2 ⟨fig⟩ il parare del colpo.
parse [pɑːz] v.t. ⟨Gramm⟩ fare l'analisi di, analizzare.
parsec ['pɑːsek] s. ⟨Astr⟩ parsec m.
parsimonious [ˌpɑːsiˈmouniəs] a. 1 parsimonioso, parco.
(niggardly) avaro, tirchio, tirato. 3 (scanty) scars
insufficiente. **parsimoniously** [–li] avv. con parsimon
parsimoniousness [–nis] s. l'essere parsimonios
'parsimony [–məni] s. 1 parsimonia f, frugalità f.
(niggardliness) avarizia f, tirchieria f, taccagneria f.
parsing ['pɑːsiŋ] s. 1 ⟨Gramm⟩ analisi f (grammaticale).
⟨Inform⟩ analisi f (di una stringa).
parsley ['pɑːsli] s. ⟨Bot,Gastr⟩ prezzemolo m.
parsnip ['pɑːsnip] s. 1 ⟨Bot⟩ pastinaca f. 2 (root) radic
di pastinaca.
parson ['pɑːsn] s. 1 ⟨Rel.ev⟩ pastore m. 2 ⟨Rel.ca
(incumbent of a parochial church) parroco m. **parsona**
[–idʒ] s. (of a parish parson) casa f del pastore; (of
minister) canonica f, casa f parrocchiale, pievania
parsonic [–'sɔnik], **parsonical** [–'sɔnikəl] a. clericale.
parson's nose s. ⟨fam⟩ (of a chicken, etc.) boccone m
prete.
part [pɑːt] I s. 1 parte f, porzione f: three –s gin and o
~ vermouth tre parti di gin e una di vermouth. 2
(region, district) paese m, luogo m, parte f, regione f:
leave for foreign –s partire per paesi stranieri; from all

˙ *the country* da tutte le parti del paese. **3** ⟨*Teat,Cin*⟩ ˙rte *f*, ruolo *m: who is playing the* ~ *of Hamlet?* chi fa la ˙rte di Amleto?; (*words*) parte *f: to learn one's* ~ ˙parare la parte. **4** (*allotted share, task*) parte *f*, compito ˙ *each must do his* ~ ciascuno deve fare la sua parte. **5** *˙hare, participation*) parte *f*, partecipazione *f*. **6** (*one side a contest, etc.*) parte *f*, partito *m: will no one take my* ˙? nessuno si mette dalla mia parte? **7** *pl.* (*quality, ˙tribute*) qualità *fpl*, doti *fpl: a woman of many –s* una ˙nna che ha molte qualità; (*ability*) talento *m*, abilità *f*, ˙pacità *f: a man of –s* un uomo di talento. **8** (*of the ˙ir: parting*) scriminatura *f*, riga *f*. **9** ⟨*Mus*⟩ parte *f: the ˙ss* ~ la parte del basso. **10** ⟨*Mecc*⟩ pezzo *m*, ˙rticolare *m*. **II** *a.* parziale. **III** *avv.* in parte, ˙rzialmente. **IV** *v.t.* **1** (*of the hair*) fare la riga (*o ˙riminatura*) a, spartire. **2** (*to divide into shares*) spartire, ˙partire, suddividere. **3** (*to separate*) separare, dividere. **4** ˙*1ecc*⟩ (spesso con *off*) troncare. **V** *v.i.* **1** separarsi, ˙vidersi, lasciarsi: *we –ed at the crossroads* ci separammo ˙'incrocio; *they –ed friends* si lasciarono da amici; (*to ˙ke leave of*) separarsi, congedarsi, accomiatarsi (*from, ˙ith* da). **2** (*to give up possession of*) separarsi (*with* da), ˙dere (qc.), rinunciare (a). **3** (*to become separated, come ˙art*) aprirsi, dividersi: *the curtains –ed* il sipario si aprì. ˙ (*to break*) rompersi, spezzarsi: *the rope –ed* la fune si ˙ppe. ☐ *to act one's* ~ *well* far bene la propria parte; *to ˙ke* (*o accept*) *s.th. in bad* ~ prendere qc. a male, ˙ersela a male per qc.; *the better* ~ la cosa migliore; *to ˙company:* 1 separarsi, dividersi, staccarsi (*with* da); 2 ˙*g*) (*to end a relationship*) rompere (*o troncare*) i ˙pporti (con); 3 ⟨*fig*⟩ (*to differ in opinion, etc.*) avere ˙'opinione diversa, pensarla diversamente (*with* da), non ˙ndividere l'opinione (di); *for my* ~ per quanto mi ˙guarda; *to form* ~ *of* essere parte di; *to take s.th. in ˙od* ~ non offendersi per qc.; *in* ~ in parte, ˙rzialmente; *on the* ~ *of* da parte di; ~ *and* **parcel** parte essenziale (*o integrante*); ⟨*fig*⟩ *to* **play** *a* ~ fingere, ˙citare, fare la commedia; *to play a* ~ *in an enterprise ˙er* parte in un'impresa; ⟨*Gramm*⟩ ~ *of* **speech** parte *f ˙l* discorso; *to* **take** ~ prendere parte, partecipare (*in* a); *˙ take s.o.'s* ~ prendere le parti di qd.; *in my* ~ *of the ˙orld* dalle mie parti.

˙**t.** = **1** ⟨*Gramm*⟩ *participle* participio. **2** *particular* ˙rticolare.

˙**take** [pɑ:'teik] *v.irr.* **I** *v.i.* **1** partecipare, prendere parte ˙*n, of* a). **2** (*of food, drink*) prendere un po' (*o una ˙rzione*) (*of* di); (*of a meal*) prendere, consumare (*of s.th. ˙:.*). **3** ⟨*fig*⟩ avere qc. (*of* di), essere un po' (qc.): *his ˙titude –s of cowardice* il suo atteggiamento ha qc. di vile. ˙ *v.t.* **1** partecipare a, prendere parte a. **2** (*of food, drink*) ˙videre, spartire. **partaker** [–ə] *s.* partecipante *m/f*.

˙**terre** [pɑ:'tɛə] *s.* **1** ⟨*Teat*⟩ platea *f*, parterre *m*. **2** ˙*iard*) parterre *m*. **3** ⟨*Edil*⟩ terreno *m* fabbricabile.

˙**rthenogenesis** [ˌpɑ:θəno(u)'dʒenisis] *s.* ⟨*Biol*⟩ ˙rtenogenesi *f*.

˙**rthenon** ['pɑ:θinon] *N.pr.* ⟨*Archeol*⟩ Partenone *m*.

˙**rthia** ['pɑ:θiə] *N.pr.* ⟨*Geog.stor*⟩ Partia *f*. **Parthian** ˙n] **I** *a.* ⟨*Stor*⟩ dei parti. **II** *s.* parto *m*.

˙**rthian shot** *s.* freccia *f* del parto (*anche fig.*).

˙**tial** ['pɑ:ʃl] *a.* **1** parziale, limitato: *a* ~ *success* un ˙ccesso parziale. **2** (*biased*) parziale, non obiettivo (*o ˙rso*): *a* ~ *judge* un giudice parziale. **3** (*having a liking· r*) che ha 'un debole' (*o una predilezione*), che va matto ˙o per).

˙**tiality** [ˌpɑ:ʃi'æliti] *s.* **1** (*bias*) parzialità *f*. **2** (*liking*) ˙edilezione *f*, preferenza *f*, debole *m: to have a* ~ *for ˙era* avere una predilezione per l'opera lirica. **'partially** ˙ʃəli] *avv.* parzialmente, in parte.

˙**tibility** [ˌpɑ:ti'biliti] *s.* divisibilità *f*. **'partible** [–bl] *a.* ˙visibile.

˙**ticipant** [pɑ:'tisipənt] **I** *a.* partecipante, partecipe. **II** *s.* ˙rtecipante *m/f*.

˙**ticipate** [pɑ:'tisipeit] *v.i.* **1** partecipare, prendere parte ˙*n* a): *to* ~ *in an enterprise* partecipare a un'impresa. **2** ˙ *have a share*) partecipare (a), compartecipare (*in* a, in): ~ *in the profits* partecipare agli utili. **3** (*to have s.th. of ˙nature of*) avere qc. (*of, in* di), essere un po' (qc.).

par,ticipation [–'peiʃən] *s.* **1** partecipazione *f*, il prendere parte. **2** (*share*) partecipazione *f*, compartecipazione *f*. **participator** [–ə] *s.* partecipante *m/f*.

participial [ˌpɑ:ti'sipiəl] *a.* ⟨*Gramm*⟩ participiale.
participle ['pɑ:tisipl] *s.* ⟨*Gramm*⟩ participio *m*.
particle ['pɑ:tikl] *s.* **1** granello *m*, particella *f: a* ~ *of dust* un granello di polvere; (*smallest possible quantity*) briciolo *m*, briciola *f*, granello *m*, grano *m: he hasn't a* ~ *of intelligence* non ha un briciolo d'intelligenza. **2** ⟨*Gramm,Fis*⟩ particella *f*. **3** ⟨*Rel.catt*⟩ particola *f*.
particle physics *s.pl.* (costr.sing.) fisica *f* delle particelle.
parti-colored *am.*, **parti-coloured** ['pɑ:ti] *a.* multicolore, variopinto.
particular [pə'tikjulə] **I** *a.* **1** particolare, specifico: *in this* ~ *case* in questo caso particolare. **2** (*special*) particolare, speciale: *I have no* ~ *desire to see her* non ho nessun particolare desiderio di vederla. **3** (*individual, separate*) particolare, singolo, individuale. **4** (*of a description, etc.*) particolareggiato, dettagliato, circostanziato. **5** (*careful, scrupulous*) preciso, scrupoloso, minuzioso, meticoloso: *to be* ~ *about one's work* essere molto preciso nel proprio lavoro; (*fussy, fastidious*) difficile, esigente, schizzinoso: *she is very* ~ *about her food* è molto difficile nel mangiare. **6** (*intimate*) intimo: *a* ~ *friend of mine* un mio intimo amico. **II** *s.* **1** particolare *m: to descend from the general to the* ~ passare dal generale al particolare. **2** *pl.* (*details*) particolari *mpl*, dettagli *mpl: full –s* ampi particolari; (*of a person*) dati *mpl* (personali). **3** (*special feature*) particolarità *f*, peculiarità *f*. ☐ *to state one's –s* declinare le proprie generalità.
particular average *s.* ⟨*Assic*⟩ avaria *f* particolare.
particularism [pə'tikjulərizəm] *s.* particolarismo *m*.
particularist [–rist] *s.* fautore *m* (*f* –trice) del particolarismo.
particularity [pəˌtikju'læriti] *s.* **1** particolarità *f*. **2** (*distinctive quality*) particolarità *f*, peculiarità *f*, caratteristica *f*. **3** (*detail*) particolare *m*, dettaglio *m*. **4** (*attentiveness to detail*) meticolosità *f*, precisione *f*, scrupolosità *f*. **5** (*fastidiousness*) pignoleria *f*.
particularization ['pəˌtikjulərai'zeiʃən] *s.* particolarizzazione *f*. **par'ticularize** [–raiz] **I** *v.t.* particolareggiare, dettagliare; (*to specify*) specificare. **II** *v.i.* particolareggiare, entrare in dettagli.
particularly [pə'tikjuləli] *avv.* **1** (*especially*) particolarmente, specialmente. **2** (*specifically*) in (modo) particolare, specificamente. **3** (*in detail*) nei particolari, dettagliatamente, particolarmente.
particulate [pə'tikjuleit] *a.* ⟨*Fis*⟩ particellare.
parting ['pɑ:tiŋ] **I** *s.* **1** divisione *f*, separazione *f*. **2** (*leave-taking*) separazione *f*, distacco *m*, addio *m*. **3** (*of the hair*) scriminatura *f*, riga *f*, spartitura *f*. **II** *a.* **1** d'addio, di partenza: *a* ~ *kiss* un bacio d'addio. **2** (*separating, dividing*) separatore, che divide, di separazione. **3** (*departing*) partente, che se ne va. ☐ ~ *of the ways:* 1 bivio *m* (*anche fig.*); 2 (*leave-taking*) congedo *m*, addio *m*.
partisan¹ [ˌpɑ:ti'zæn, am. 'pɑ:tizn] **I** *a.* **1** fautore *m* (*f* –trice), sostenitore *m* (*f* –trice). **2** ⟨*Mil,Pol*⟩ partigiano *m* (*f* –a), combattente *m* della resistenza. **II** *a.* **1** partigiano, fazioso, di parte. **2** ⟨*Mil,Pol*⟩ partigiano.
partisan² ['pɑ:tizæn] *s.* ⟨*Mil.ant*⟩ partigiana *f*.
partisanship [ˌpɑ:ti'zænʃip] *s.* **1** partigianeria *f*, faziosità *f*. **2** (*bias, prejudice*) partigianeria *f*, parzialità *f*, particolarismo *m*.
partite ['pɑ:tait] *a.* **1** (nei composti) ...partito: *bi*~ bipartito. **2** ⟨*Bot*⟩ partito.
partition [pɑ:'tiʃən] **I** *s.* **1** divisione *f*, partizione *f*. **2** ⟨*Pol*⟩ scissione *f*, divisione *f*. **3** (*s.th. that divides or separates*) cosa *f* che divide (*o separa*). **4** ⟨*Edil*⟩ tramezzo *m*, parete *f* divisoria, divisorio *m*. **5** (*part, section*) parte *f*, sezione *f*; (*compartment*) scomparto *m*, partizione *f*. **6** ⟨*Dir*⟩ divisione *f*. **II** *v.t.* **1** dividere, suddividere. **2** (*to separate by a partition;* general. con *off*) tramezzare, separare con un tramezzo: *to* ~ *off a room* tramezzare una stanza. **3** ⟨*Dir*⟩ dividere, spartire. **partitioned** [–d]

a. (*having partitions*) diviso, suddiviso.
partition wall *s.* muro *m* divisorio.
partitive ['pɑ:titiv] **I** *a.* ⟨*Gramm*⟩ partitivo. **II** *s.* partitivo *m.*
part| **load** *s.* ⟨*Comm*⟩ carico *m* parziale. **~ load consignment** *s.* spedizione *f* a collettame.
partly ['pɑ:tli] *avv.* parzialmente, in parte.
part music *s.* ⟨*Mus*⟩ musica *f* corale.
partner ['pɑ:tnə] **I** *s.* **1** (con)socio *m* (*f* –a), associato *m* (*f* –a): *a business* ~ un socio in affari. **2** (*in dancing, games*) compagno *m* (*f* –a), partner *m/f:* *my tennis* ~ il mio compagno di tennis. **3** ⟨*Dir,Econ*⟩ socio *m* (*f* –a). **4** (*spouse*) sposo *m* (*f* –a); (*husband*) marito *m;* (*wife*) moglie *f.* **5** *pl.* ⟨*Mar*⟩ mastre *fpl.* **II** *v.t.* fare (*o* essere in) coppia con, essere compagno di. □ ⟨*Dir*⟩ *–s in crime* correi *mpl.* **partnership** [–ʃip] *s.* **1** associazione *f.* **2** ⟨*Dir,Econ*⟩ società *f;* (*people*) soci *mpl;* (*contract*) contratto *m* d'associazione. □ *to enter into* ~ *with s.o.* mettersi in società con qd.; *to take s.o. into* ~ prendere qd. come socio.
part|-owner *s.* comproprietario *m* (*f* –a). **~ ownership** *s.* ⟨*Med*⟩ caratura *f.*
partridge ['pɑ:tridʒ] *s.* (*pl. inv./-ges* [dʒiz]; il pl.inv. si usa general. con valore collett.) ⟨*Ornit*⟩ **1** pernice *f.* **2** (*grey partridge*) pernice *f* grigia, starna *f.* □ *a brace of –s* una coppia di pernici.
part|-song *s.* ⟨*Mus*⟩ canto *m* polifonico. **~-time I** *a.* **1** a mezzo tempo, part–time: ~ *employment* occupazione a mezzo tempo. **2** (*of a person*) che lavora a mezzo tempo, a tempo parziale. **II** *avv.* a mezzo tempo, a tempo parziale, part-time, a orario ridotto. **~ time** *s.* orario *m* ridotto, part time *m.*
part-time| **employment** *s.* occupazione *f* a tempo parziale. **~ job** *s.* lavoro *m* a tempo parziale, part–time *m.*
part-timer *s.* → **part-time worker.**
part-time| **work** *s.* lavoro *m* a tempo parziale, part–time *m.* **~ worker** *s.* lavoratore *m* (*f* –trice) a tempo parziale.
parturient [pɑ:'tjuəriənt] *a.* **1** partoriente. **2** (*of parturition*) del parto. **3** ⟨*fig*⟩ che sta per produrre qc.
parturition [ˌpɑ:tju'riʃən] *s.* parto *m.*
partway ['pɑ:t'wei] *avv.* **1** parzialmente, in parte. **2** (*at or to a part of the distance*) per (*o* a) un pezzo (di strada).
part| **work** *s.* ⟨*Edit*⟩ pubblicazione *f* a fascicoli. **~ writing** *s.* ⟨*Mus*⟩ contrappunto *m.*
party ['pɑ:ti] **I** *s.* **1** trattenimento *m,* ricevimento *m,* festa *f,* party *m: a birthday* ~ una festa di compleanno; *to give a* ~ dare un ricevimento. **2** (*organized group*) gruppo *m,* comitiva *f,* brigata *f;* (*gathering for some purpose*) squadra *f,* gruppo *m: a search* ~ una squadra di soccorso. **3** ⟨*Pol*⟩ partito *m: the Labour* ~ il partito laburista. **4** ⟨*Dir*⟩ parte *f* (in causa); (*individual involved*) interessato *m* (*f* –a), parte *f* interessata. **5** ⟨*Mil*⟩ reparto *m,* squadra *f.* **6** (*person*) persona *f,* individuo *m,* tipo *m.* **II** *a.* **1** ⟨*Pol*⟩ (*of a party*) di (*o* relativo a) un partito; (*partisan*) di parte, partigiano, fazioso. **2** (*of, suitable for a social gathering*) da sera, di (*o* da) società: *a* ~ *game* un gioco di società. **3** ⟨*Arald*⟩ partito. □ *to make up a* ~ formare un gruppo (*o* una comitiva); ⟨*fam*⟩ *the* ~'s over la festa è finita; *to be a* ~ *to s.th.* far parte di qc.; *to be a* ~ *to a crime* essere complice in un delitto.
party| **goer** *s.* frequentatore *m* (*f* –trice) di feste (*o* ricevimenti). **~ leader** *s.* **1** ⟨*Pol*⟩ capopartito *m.* **2** *pl.* vertice *f* del partito. **~ line** *s.* **1** ⟨*Tel*⟩ duplex *m.* **2** ⟨*Pol*⟩ linea *f* del partito, direttive *fpl* politiche del partito: *to follow the* ~ seguire la linea del partito. **~ man** [mæn] *s.irr.* ⟨*Pol*⟩ uomo *m* di partito. **~ member** *s.* membro *m* del partito, iscritto *m* al partito. **~ newspaper** *s.* organo *m* del partito. **~ official** *s.* funzionario *m* di partito. **~ organ** *s.* organo *m* del partito. **~ politics** *s.pl.* politica *f* di partito. **~ spirit** *s.* spirito *m* di parte, faziosità *f.* **~ticket** *am. s.* ⟨*Pol*⟩ lista *f* elettorale. **~ wall** *s.* ⟨*Dir*⟩ muro *m* 'di confine' (*o* divisorio).
parvenu *fr.* ['pɑ:vənju:] **I** *s.* parvenu *m,* arricchito *m,* nuovo ricco *m.* **II** *a.* arricchito, nuovo ricco; (*characteristic of a parvenu*) da arricchito.

parvis(e) ['pɑ:vis] *s.* **1** sagrato *m.* **2** ⟨*Arch*⟩ portico *m* una chiesa.
pas *fr.* [pa] *s.inv.* **1** (*dance step*) passo *m.* **2** (*right precedence*) precedenza *f.* □ *to yield* (*o give*) *the* ~ *to* cedere il passo a qd.
PASCAL ['pæskəl] *s.* ⟨*Inform*⟩ pascal *m.*
paschal ['pɑ:skəl] *a.* (*of Passover, Easter*) pasquale.
paschal| **lamb** *s.* ⟨*Rel.ebr*⟩ agnello *m* pasquale. **~ La** *s.* agnello *m* di Dio.
pash [pæʃ] *s.* ⟨*scol*⟩ cotta *f,* infatuazione *f: to have a* ~ (*o for*) *s.o.* avere una cotta per qd.
pasha ['pɑ:ʃə] *s.* ⟨*Stor*⟩ pascià *m.* **pashalic, pasha** [pə'ʃɑ:lik] *s.* giurisdizione *f* di un pascià.
pasque flower [pæsk] *s.* ⟨*Bot*⟩ pulsatilla *f.*
pasquinade [ˌpæskwi'neid] *s.* **1** ⟨*Stor*⟩ pasquinata *f.* (*satirical writing*) satira *f,* pasquinata *f.*
pass¹ [pɑ:s] **I** *v.t.* **1** sorpassare, passare, oltrepassa superare: *turn left after you* ~ *the church* passata la chie volta a sinistra; *she's –ed forty* ha passato la quarantina (*to go beyond in quality, quantity, etc.*) superare, passa eccedere: *industry has –ed the stage of reconstruct* l'industria ha superato lo stadio della ricostruzione; *surpass*) superare, passare, andare oltre: *this –es comprehension* ciò supera la mia capacità comprensione. **3** (*to cross*) passare, attraversare: *to* ~ *frontier* passare la frontiera. **4** (*to transfer from one per to another*) passare, dare, porgere, allungare: ~ *the please* passa il sale 'per favore; (*to cause to circula* mettere in circolazione, far circolare: *to* ~ *for bank–notes* mettere in circolazione banconote false. **5** *convey, transport*) trasportare, trasferire. **6** (*of examination, etc.*) passare, superare: *to* ~ *on driving–test* passare l'esame di guida; (*of a pers* promuovere, ⟨*fam*⟩ passare. **7** (*to approve*) approva passare (*anche Parl.*): *to* ~ *a bill* approvare un disegno legge; (*of a proposal, etc.*) ottenere l'approvazione (*anche Parl.*): *the bill –ed the first house but not the cam* il disegno di legge ottenne l'approvazione della camera non del senato. **8** (*to spend*) trascorrere, passare: *to* ~ *pleasant holiday* trascorrere una piacevole vacanza. **9** *utter, pronounce*) pronunciare, dire, esprimere: *to* ~ *opinion on s.th.* esprimere un'opinione su qc. **10** ⟨*Sp* passare; (*to throw*) lanciare. **11** ⟨*Fisiol*⟩ evacua espellere. **II** *v.i.* **1** passare, andare, muoversi: *the hos* *–ed from guest to guest* la padrona di casa passava da ospite all'altro; (*to proceed*) passare, scorrere. **2** (*to go p or through*) passare, andare oltre: *buses* ~ *every half h* gli autobus passano ogni mezz'ora; *let me* ~ *fam* passare. **3** (*to go from one state to another*) passare: *to from sadness to gaiety* passare dalla tristezza all'allegria (*to go on in narrative, etc.*) passare (*to* a), andare ava (con): *to* ~ *to other matters* passare ad altri argomenti (*to go into possession*) passare, andare, tramandarsi: *throne –ed to the eldest son* il trono passò al fi maggiore. **6** (*to come to an end;* general. con *off, o* passare, cessare, smettere: *his feeling of tiredness –ea* senso di stanchezza gli passò; *the storm –ed over* tempesta cessò. **7** (*to go unchallenged*) passare, ess accettato: *I'll let it* ~ *this time* per questa volta passi (*to overtake*) superare, sorpassare. **9** (*to die*) mor passare a miglior vita, andarsene. **10** (*to be approv* passare, essere approvato, ottenere l'approvazione (*an Parl.*): *the law –ed* la legge è passata. **11** (*to examinations*) essere promosso, ⟨*fam*⟩ passare. **12** (*time*) passare, trascorrere: *time –ed quickly* il tempo pa in fretta. **13** (*to circulate, be current*) circolare, essere circolazione; (*of a coin*) avere corso. **14** (*to happ* avvenire, accadere; (*to be interchanged*) esse intercorrere: *tell me everything that –ed between* dimmi tutto quello che c'è stato fra voi. **15** ⟨*Sp* passare. **16** (*in cards*) passare: *I* ~ passo. **17** ⟨*Dir*⟩ (*to transferred*) essere trasferito. **18** ⟨*Dir*⟩ (*to adjudica* pronunciarsi, pronunciare una sentenza (*on, upon* su); *a jury: to sit, serve*) tenere seduta (per). □ *to* ~ **away** passare, cessare, svanire, scomparire: *his headache away* il mal di testa gli passò; 2 (*to die*) morire, passar miglior vita; *it –es* **belief** è incredibile; *to* ~ **beyo**

assare oltre; *to* ~ **by:** 1 passare accanto (*o* vicino) a; 2 *to let go unchallenged*) passare sopra a, lasciar correre, gnorare; 3 (*to overtake*) sorpassare, superare; *to* ~ **down:** venire giù per, scendere per; 2 (*to hand down*) porgere, assare: ~ *me down that book on the shelf* porgimi quel bro sullo scaffale; *to* ~ **for** passare per, essere onsiderato: *he -es for a learned man* passa per un uomo struito; 〈*Sport*〉 *to* ~ **forward** allungare; 〈*Chim*〉 *to* ~ to *solution* trasformarsi in soluzione; *to* ~ **judgement** *on o.* giudicare qd.; *not a word of complaint -ed her* lips on un solo lamento uscì dalle sue labbra; *to* ~ **off:** 1 pacciare, far passare, 〈*fam*〉 rifilare: *to* ~ *off a copy as* the *original* spacciare una copia per l'originale; 2 〈*rifl*〉 arsi passare, spacciarsi: *to* ~ *o.s. off as an expert* farsi assare per un esperto; 3 (*to disregard*) non far caso a, on dar peso a; 4 (*to take place*) svolgersi, aver luogo; *to* **on:** 1 passare, trasmettere; 2 (*to go forward*) passare, ndare avanti: *let us* ~ **on** *to the next item* passiamo al rossimo punto; *to* ~ **out:** 1 〈*fam*〉 svenire, perdere i ensi; 2 〈*Mil,Univ*〉 aver dato l'esame finale; 3 (*to hand ut*) distribuire, passare; *to* ~ **over:** 1 passare, superare: *to* over *a river* passare un fiume; 2 (*to disregard*) non fare aso a, non badare a, trascurare: *to* ~ *over a remark* non re caso a un'osservazione; 〈*Mil*〉 *to* ~ **troops** *in* **review** assare in rivista le truppe; *to* ~ *s.th.* **round** far passare (*o* rcolare) qc.; *to* ~ **through** attraversare, passare per: *to* ~ *rough a town* passare per una città; 〈*fam*〉 *to* ~ **up** nunciare, lasciar perdere; *to* ~ **the word** *round* darsi la oce.

ss² *s.* 1 passaggio *m.* 2 〈*Mil*〉 (*permission to enter*) sciapassare *m,* salvacondotto *m;* (*leave of absence*) ermesso *m,* licenza *f: a week-end* ~ un permesso per il ne settimana. 3 (*free pass or ticket*) biglietto *m* gratuito, essera *f* di libero ingresso; (*for free transportation*) tessera (*o* carta) di libera circolazione. 4 〈*Scol*〉 promozione *f,* pprovazione *f;* (*mark*) voto *m* di promozione. 5 (*state of fairs*) condizioni *fpl,* stato *m,* situazione *f: the company's nances have come to a terrible* ~ le finanze della società no ridotte in pessime condizioni. 6 (*attempt*) tentativo , prova *f.* 7 (*in cards*) il passare. 8 〈*Univ*〉 laurea *f* nza lode. 9 〈*Sport*〉 passaggio *m;* (*in tennis*) tiro *m* assante; (*in fencing*) affondo *m,* allungo *m;* (*in baseball*) ase *f* per palle. 10 〈*Aer,Mecc*〉 passaggio *m.* □ *to bring* ~ realizzare, portare a compimento; *to come to* ~ venire, succedere; 〈*fam*〉 *to make a* ~ *at a girl* fare le proposte a una ragazza; *a pretty* ~ una situazione barazzante, una bella situazione.

ss³ *s.* 1 〈*Geog*〉 passo *m,* valico *m.* 2 〈*Mar*〉 passaggio *m,* anale *m,* stretto *m.* 3 (*narrow opening*) passaggio *m,* arco *m,* passo *m.* □ 〈*fig*〉 *to hold the* ~ tener duro, sistere; 〈*fig*〉 *to sell the* ~ tradire, passare al nemico.

ss. = 〈*Gramm*〉 **passive** passivo (*abbr.* pass.).

ssable ['pɑ:sibl] *a.* 1 transitabile, praticabile: *a* ~ *road* a strada transitabile. 2 (*just acceptable*) passabile, cettabile, tollerabile: *a* ~ *knowledge of English* una ssabile conoscenza dell'inglese. **passably** [-i] *avv.* ssabilmente.

ssage¹ ['pæsidʒ] *s.* 1 varco *m,* passaggio *m,* passo *m:* e *Northwest* ~ il passaggio a nord ovest. 2 (*corridor*) rridoio *m,* andito *m;* (*lobby*) atrio *m,* ingresso *m.* 3 *ansition from one state to another*) passaggio *m,* ansizione *f.* 4 (*journey by water, air*) viaggio *m,* aversata *f: a* ~ *to India* un viaggio in India; ccommodation*) posto *m: a* ~ *on the night ferry* un sto sul traghetto della notte. 5 (*continuous movement*) il ssare: *the* ~ *of time* il passare del tempo. 6 〈*Lett*〉 sso *m,* passaggio *m,* brano *m: selected -s from Dickens* ani scelti di Dickens. 7 〈*Mus*〉 passaggio *m.* 8 〈*Ornit*〉 sso *m.* 9 〈*Parl*〉 approvazione *f.* 10 〈*Fisiol*〉 acuazione *f.* □ *a* ~ *of* (*o at*) *arms:* 1 un mbattimento, 2 〈*fig*〉 una disputa, un battibecco; 〈*Mar*〉 *work one's* ~ pagarsi il viaggio lavorando a bordo.

ssage² I *s.* 〈*Equit*〉 passeggio *m.* II *v.i.* eseguire il sseggio. III *v.t.* fare andare al passeggio.

ssage boat *s.* 〈*Mar*〉 nave *f* passeggeri di linea. ~**way** 1 (*corridor*) corridoio *m.* 2 (*path*) viottolo *m,* sentiero

passband ['pɑ:sbænd] *s.* 〈*Rad*〉 banda *f* passante.

pass book *s.* 1 (*bank book*) libretto *m* di deposito. 2 〈*Comm*〉 libretto *m* per (gli) acquisti a credito. ~ **degree** *s.* 〈*Univ*〉 baccalaureato *m* senza lode.

passé *fr.* ['pɑ:sei, *am.* pæ'sei] *a.* 1 (*of a person*) passato, sfiorito. 2 (*outmoded*) superato, passato, fuori moda; (*not up-to-date*) antiquato.

passementerie *fr.* [pæs'mentri] *s.* passamaneria *f.*

passenger ['pæsindʒə] *s.* 1 passeggero *m* (*f* –a), viaggiatore *m* (*f* –trice). 2 (*in a car, on a motorcycle*) passeggero *m* (*f* –a). 3 〈*fig*〉 (*member, player, etc., who contributes little*) peso *m* morto, zavorra *f.*

passenger liner *s.* 〈*Mar*〉 nave *f* passeggeri (di linea), transatlantico *m.* ~ **list** *s.* lista *f* dei passeggeri. ~ **pigeon** *s.* 〈*Ornit*〉 colomba *f* migratrice. ~ **seat** *s.* 〈*Aut*〉 sedile *m* vicino al guidatore. ~ **train** *s.* 〈*Ferr*〉 treno *m* passeggeri (*o* viaggiatori). ~ **transport** *s.* trasporto *m* di persone.

passe-partout *fr.* ['pæspɑ:tu:] *s.* 1 (*method of framing*) incorniciatura *f* con passe-partout; (*cardboard, wood used*) passe-partout *m,* sopraffondo *m.* 2 (*master key*) passe-partout *m,* comunella *f.*

passer-by ['pɑ:sə'bai, *am.* 'pæsərbai] *s.* (*pl.* '**passers-'by**) passante *m/f.*

passerine ['pæsərain] I *a.* 〈*Ornit*〉 passerino. II *s.* passeraceo *m,* passeriforme *m.*

passibility [,pæsi'biliti] *s.* impressionabilità *f,* emotività *f.* '**passible** [-bl] *a.* impressionabile, emotivo.

passimeter [pæ'simitə] *s.* distributore *m* automatico di biglietti.

passing ['pɑ:siŋ] I *a.* 1 di passaggio, che passa: *he stopped a* ~ *car* fermò un'automobile di passaggio. 2 (*elapsing*) che passa: *the patient weakens with each* ~ *day* ogni giorno che passa il paziente s'indebolisce sempre più. 3 〈*fig*〉 (*fleeting*) passeggero, temporaneo, fugace: *a* ~ *fancy* un capriccio passeggero. 4 〈*fig*〉 (*done in passing*) casuale, accidentale: *a* ~ *remark* un'osservazione casuale. II *s.* 1 il passare, passaggio *m: the* ~ *of an era* il passare di un'epoca. 2 (*death*) morte *f,* trapasso *m.* 3 〈*Parl*〉 approvazione *f.* 4 〈*Sport*〉 passaggio *m.* 5 〈*am.Strad*〉 sorpasso *m.* III *avv.* 〈*rar*〉 oltremodo, assai. □ *in* ~ incidentalmente, tra parentesi, casualmente.

passing bell *s.* campana *f* a morto. ~ **note** *s.* 〈*Mus*〉 nota *f* di passaggio.

passion ['pæʃən] *s.* 1 passione *f: to be a slave to* ~ essere schiavo delle passioni. 2 (*fit of emotion*) scoppio *m,* accesso *m: a* ~ *of tears* uno scoppio di pianto; (*outburst of anger*) collera *f,* rabbia *f,* scoppio *m* (*o* accesso) d'ira: *to fly into a* ~ montare in collera, avere un accesso d'ira. 3 (*amorous feeling, love*) passione *f* (amorosa), trasporto *m* (*o* moto) amoroso. 4 (*strong liking*) passione *f,* forte inclinazione *f: to have a* ~ *for bridge* avere una passione per il bridge; (*object of interest*) passione *f: my* ~ *is fishing* la mia passione è la pesca. **Passion** *s.* 1 〈*Rel*〉 Passione *f* (di Cristo). 2 〈*Lit*〉 passio *m.* 3 〈*Mus*〉 passione *f: Bach's St. Matthew Passion* la Passione secondo san Matteo di Bach.

passional ['pæʃənl] I *a.* passionale. II *s.* 〈*Lit*〉 passionario *m.*

passionate ['pæʃənit] *a.* 1 appassionato, ardente, passionale: ~ *nature* temperamento ardente; (*showing passion*) appassionato, ardente: ~ *look* sguardo appassionato. 2 (*of emotion: intense*) impetuoso, intenso, veemente, travolgente. 3 (*easily angered*) irascibile, iracondo, collerico; (*angry*) adirato, arrabbiato. **passionately** [-li] *avv.* appassionatamente, con passione, con ardore. **passionateness** [-nis] *s.* passionalità *f,* ardore *m.*

passion flower *s.* 〈*Bot*〉 passiflora *f.* ~**fruit** *s.* frutto *m* della passiflora.

Passionist ['pæʃənist] *s.* 〈*Rel*〉 passionista *m.*

passionless ['pæʃənlis] *a.* impassibile, imperturbabile, distaccato.

passion play *s.* 〈*Teat*〉 sacra rappresentazione *f* (della Passione di Cristo). ~ **Sunday** *s.* 〈*Lit*〉 domenica *f* di Passione. ~**tide** *s.* tempo *m* di Passione. ~ **Week** *s.* settimana *f* santa (*o* di Passione).

passive ['pæsiv] **I** *a.* passivo (*anche Gramm.*) **II** *s.*
⟨*Gramm*⟩ passivo *m,* forma *f* passiva. **passiveness**
[–nis] *s.* passività *f.*
passive| obedience *s.* obbedienza *f* passiva. ~
resistance *s.* resistenza *f* passiva. ~ **resister** *s.* chi
oppone resistenza passiva.
passivism ['pæsivizəm] *s.* passivismo *m.* **pas'sivity** [–viti]
s. passività *f.*
pass| key *s.* **1** (*master key*) chiave *f* aprirutto,
passe–partout *m,* comunella *f.* **2** (*any private key*) chiave *f.*
~man [mæn] *s.irr.* ⟨*Univ*⟩ chi studia per conseguire il
baccalaureato. **~-out** *s.* contromarca *f.*
Passover ['pɑ:souvə] *s.* **1** ⟨*Rel.ebr*⟩ Pasqua *f* ebraica. **2**
⟨*fig*⟩ Cristo *m.*
passport ['pɑ:spɔ:t] *s.* **1** passaporto *m.* **2** ⟨*fig*⟩ mezzo *m,*
strumento *m,* passaporto *m.* □ *to apply for a* ~ richiedere
il passaporto.
passport| control *s.* controllo *m* passaporti. ~ **office** *s.*
ufficio *m* passaporti. ~ **photo** *s.* foto(grafia) *f* formato
passaporto.
pass|way *s.* passaggio *m.* **~word** *s.* **1** parola *f* d'ordine
(*anche Mil.*). **2** ⟨*Inform*⟩ codice *m* d'identificazione.
past [pɑ:st] **I** *a.* **1** passato, scorso, trascorso: *in times* ~
nei tempi passati. **2** (*gone by or over*) passato, finito: *the*
worst is ~ il peggio è passato; (*ago*) fa, or sono: *two weeks*
~ due settimane fa. **3** (*bygone*) passato, andato: *the*
nation's ~ *glories* le passate glorie della nazione; *in* ~
times nei tempi andati. **4** (*former*) ex, precedente,
passato: *the* ~ *president* l'ex presidente. **5** ⟨*Gramm*⟩
passato. **6** (*epist*) (ultimo) scorso: *your letter of the 10th*
~ la vostra lettera del 10 ultimo scorso. **II** *s.* **1** passato
m, tempo *m* passato: *in the* ~ nel passato; *to remember*
the ~ ricordare il tempo passato; (*past life, history*)
passato *m.* **2** ⟨*Gramm*⟩ (*past tense*) passato *m,* preterito
m. **III** *avv.* oltre: *he ran* ~ passò oltre di corsa. **IV** *prep.*
1 dopo, più tardi di: *he arrived well* ~ *midnight* arrivò
parecchio dopo mezzanotte. **2** (*in time expressions*) *not*
translated: *ten* ~ *eight* le otto e dieci; *half* ~ *one* l'una e
mezzo. **3** (*older than*) più (vecchio) di, oltre: *she is* ~ *fifty*
ha più di cinquant'anni, è oltre la cinquantina. **4** (*beyond*)
dopo, oltre: *just* ~ *the cinema* subito dopo il cinema; (*in*
a direction so as to pass) nei pressi di, vicino a, accanto a.
5 (*beyond the limits, range of*) al di là di, oltre: ~ *hope* al
di là di ogni speranza. □ ~ **bearing** insopportabile; ~
belief incredibile; **in** *the* ~ *few days* nei giorni passati,
negli ultimi giorni; *to be* ~ **praying** for essere in
condizioni disperate; *for some* **time** ~ da qualche tempo;
for a long time ~ da molto tempo; ~ **understanding**
incomprensibile.
past| absolute *s.* ⟨*Gramm*⟩ passato *m* storico. ~
continuous *s.* passato *m* progressivo (*o* continuo). ~
definite *s.* passato *m* remoto.
paste[1] [peist] **I** *s.* **1** pasta *f,* impasto *m;* (*used as a glue*)
colla *f.* **2** ⟨*Alim*⟩ pasta *f:* *anchovy* ~ pasta d'acciughe;
(*pasta*) pasta *f* (alimentare). **3** (*glass used for artificial*
gems) vetro *m* per pietre artificiali, strass *m;* (*gem*) pietra
f artificiale, gioiello *m* 'di strass' (*o* d'imitazione). **4**
⟨*Farm*⟩ pasta *f.* **II** *v.t.* **1** (*spesso con up*) incollare, appiccicare,
attaccare (con colla). **2** (*to cover by pasting*) ricoprire
incollando; (*to cover with paste*) cospargere di colla,
incollare. **3** (*to spread*) spalmare.
paste[2] *v.t.* ⟨*sl*⟩ **1** (*to thrash*) picchiare, battere, pestare,
(*fam*) dare un sacco di botte a. **2** (*to strike hard at*)
colpire duramente.
pasteboard ['peistbɔ:d] **I** *s.* **1** ⟨*Cart*⟩ cartone *m*
accoppiato (*o* incollato). **2** ⟨*sl*⟩ (*visiting card*) biglietto *m*
da visita. **3** ⟨*sl*⟩ (*playing card*) carta *f* da gioco. **4** ⟨*sl*⟩
(*ticket*) biglietto *m.* **II** *a.* **1** di cartone. **2** ⟨*fig*⟩
(*insubstantial*) inconsistente; (*sham*) falso, finto.
pastel[1] ['pæstəl] **I** *s.* **1** → **pastel colour.** **2** ⟨*Pitt*⟩ pastello
m. **II** *a.* **1** chiaro, tenue, pastello. **2** (*drawn with pastels*)
a pastello.
pastel[2] [pæ'stel] *s.* **1** ⟨*Bot*⟩ guado *m.* **2** (*dye*) guado *m.*
pastel colour ['pæstəl] *s.* colore *m* pastello.
pastelist *am.,* **pastellist** ['pæstəlist] *s.* ⟨*Pitt*⟩ pastellista
m/f.
pastern ['pæstə:n] *s.* ⟨*Zool*⟩ pasturale *m* (di cavallo).

paste-up *s.* **1** ⟨*Fot*⟩ fotomontaggio *m.* **2** ⟨*Tip*⟩ montagg[
m.
pasteurism ['pæstə:rizəm] *s.* ⟨*Med*⟩ metodo *m* Paste[
,pasteurization [–rai'zeiʃən] *s.* pastorizzazione
pasteurize [–təraiz] *v.t.* pastorizzare (*anche Med.*). □
milk latte pastorizzato.
pastiche [pæs'ti:ʃ] *s.* **1** ⟨*Lett,Mus,Art*⟩ pastiche *m.* **2** ⟨*f*
pasticcio *m,* miscuglio *m,* guazzabuglio *m.*
pastil(le) [pæ'sti:l] *s.* **1** ⟨*Farm*⟩ pasticca *f,* pastiglia *j*
cough –s pasticche per la tosse. **2** (*paste cone*) cono *m* [
suffumigi.
pastime ['pɑ:staim] *s.* passatempo *m,* diversivo *m,* sva
m.
pasting ['peistiŋ] *s.* ⟨*sl*⟩ bastonatura *f,* pestatura *f,* ⟨*fa*
sacco *m* di botte: *to give s.o. a* ~ dare un sacco di bott[
qd.
past| master *s.* **1** esperto *m,* maestro *m.* **2**
Freemasons, etc.) ex Maestro *m.* ~ **mistress** *s.* esperta
maestra *f.* □ *she is a* ~ *in storytelling* è bravissima
raccontare storie.
pastor ['pɑ:stə] *s.* **1** ⟨*Rel.ev*⟩ pastore *m.* **2** (*prie*
sacerdote *m,* pastore *m.* **3** ⟨*Ornit*⟩ storno *m* roseo.
pastoral ['pɑ:stərəl] **I** *a.* **1** (*of shepherds*) pastorale,
pastori. **2** (*of land*) pascolativo, (tenuto) a pascolo; (*of*
countryside, rural) agreste, rurale, campestre, di campag
3 ⟨*fig*⟩ (*of poetry, music, etc.*) pastorale, bucolico. **4** ⟨*F*
pastorale. **II** *s.* **1** ⟨*Lett*⟩ poesia *f* pastorale, bucolica
(*literary genre*) genere *m* bucolico. **2** ⟨*Mus*⟩ → **pastora**
3 ⟨*Rel*⟩ lettera *f* pastorale, pastorale *f.*
pastorale *it.* [,pæstə'rɑ:li] *s.* ⟨*Mus*⟩ (*opera*) pastorale
(*pastoral piece of music*) composizione *f* pastorale, egl[
f.
pastoral| prayer *s.* ⟨*Rel*⟩ preghiera *f* pastorale. ~ **staf[**
bastone *m* pastorale, pastorale *m.* ~ **theology** *s.* teolo[
f pastorale.
pastorate ['pɑ:stərit] *s.* **1** ufficio *m* pastorale; (*term*
office) durata *f* dell'ufficio pastorale. **2** ⟨*collett*⟩ past[
mpl, ministri *mpl* del culto.
past| participle *s.* ⟨*Gramm*⟩ participio *m* passato.
perfect *s.* trapassato *m,* piucchep(p)erfetto *m.*
progressive *s.* → **past continuous.**
pastrami *am.* [pɑs'trɑ:mi] *s.* carne *f* di manzo affettat[
pastry ['peistri] *s.* ⟨*Dolc*⟩ pasta *f* (per dolci). **2** (*sm*
cake) pasta *f,* pasticcino *m.* **3** ⟨*collett*⟩ pasticceria *f,* pa
fpl, pasticcini *mpl.*
pastry| bag *s.* ⟨*Gastr*⟩ sacchetto *m* per siringa. ~ **bru[**
s. pennello *m* per dolci. ~ **cook** *s.* pasticcere *m* (*f* –a)
shop *s.* pasticceria *f.* ~ **tube** *s.* siringa *f.* ~ **wheel**
rotellina *f* per tagliare la pasta.
past tense *s.* ⟨*Gramm*⟩ **1** → **past absolute. 2** → [
continuous.
pasturable ['pɑ:stʃərəbl] *a.* pascolativo.
pasturage ['pɑ:stjuridʒ] *s.* **1** pascolo *m,* pastura *f.*
⟨*scozz.Dir*⟩ diritto *m* di pascolo. **pasture** [–tʃə] **I** *s.*
pascolo *m,* pastura *f,* terreno *m* pascolativo. **2** (*gr*
herbage) foraggio *m,* erba *f* di pastura, pascolo *m,* pas[
f. **3** (*act of grazing*) il pascolare, pascolo *m,* pastura *f.*
v.t. ⟨*Zootecn*⟩ **1** (*to cause to graze on*) pascolare, port[
al pascolo; (*to graze on*) pascolare su. **2** (*of land: to su[*
grazing for) fornire foraggio (*o* pastura) per, servire[
pascolo a; (*to use as pasture*) usare come pascolo, adi[
a pascolo. **III** *v.i.* pascolare, brucare. □ *to put to* ~
cattle: condurre al pascolo, pascolare.
pasture| farming *s.* pastorizia *f.* **~land** *s.* pascolo[
terreno *m* pascolativo.
pasty[1] ['peisti] *a.* **1** pastoso. **2** (*of the complex[*
pallido.
pasty[2] ['pæsti] *s.* ⟨*Gastr*⟩ pasticcio *m.*
pasty-faced ['peisti] *a.* (*pale*) pallido.
pat[1] [pæt] *v.* (*pret., p.p.* '**patted** [–id]) **I** *v.t.* **1** (*to ca*
lightly) dare un buffetto a, dare un colpetto (affettuoso
2 (*to flatten, smooth by striking lightly;* spesso con *do*
spianare (*o* appiattire) con dei colpetti. **II** *v.i.* bat[
leggermente, picchiettare: *rain –ted against the windov*
pioggia batteva leggermente contro la finestra. □ ~
on the back: **1** battere affettuosamente qd. sulla sp[
dare un colpetto sulla spalla a qd.; **2** ⟨*fig*⟩

congratulate) congratularsi con qd.; 〈*fig*〉 *to* ~ *o.s. on the back* compiacersi (*o* congratularsi) con se stesso; *to* ~ *one's hair into place* mettersi a posto i capelli.

at² *s.* **1** colpetto *m* (affettuoso), buffetto *m.* **2** (*to smooth s.th.*) lisciata *f,* spianatura *f.* **3** (*tapping sound*) picchiettio *m,* ticchettio *m;* (*of feet*) scalpiccio *m.* **4** (*small, flat piece*) pezzetto *m,* tocchetto *m;* (*of butter*) panetto *m.* □ *to give s.o. a* ~ *on the back:* 1 〈*fig*〉 congratularsi con qd.; 2 〈*fig*〉 (*to praise*) lodare qd.

at³ **I** *a.* pronto, facile: *his answers were too* ~ le sue risposte erano troppo pronte; (*apt, opportune*) appropriato, adatto, opportuno. **II** *avv.* a proposito, opportunamente: *the answer came* ~ la risposta venne a proposito. □ *to have s.th.* ~ conoscere qc. alla perfezione (*o* a memoria); *to have one's excuse* ~ avere la scusa pronta; *to know s.th.* (*off*) ~ sapere qc. a menadito; *to stand* ~: 1 non mutare opinione, non cambiare idea; 2 (*in poker*) essere servito.

at **I** *N.pr.* dim. *di* **Patricia, Patrick. II** *s.* (*Irishman*) irlandese *m.*

at. = **1** *patent* brevetto. **2** *patented* brevettato.

at-a-cake *s.* gioco *m* infantile in cui si battono le mani.

atagonia [ˌpætəˈgouniə] *N.pr.* 〈*Geog*〉 Patagonia *f.* **Patagonian** [-n] **I** *a.* della Patagonia. **II** *s.* patagone *m.*

ataphysics [ˌpætəˈfiziks] *s.pl.* (costr. sing.) patafisica *f.*

atch [pætʃ] **I** *s.* **1** toppa *f,* pezza *f,* rattoppo *m: to put a* ~ *on the elbow of a jacket* mettere una toppa al gomito di una giacca. **2** 〈*Med*〉 (*on a wound*) cerotto *m* adesivo; (*over an eye*) benda *f.* **3** 〈*Cosmet*〉 neo *m* (finto). **4** (*piece, bit*) pezzo *m,* frammento *m.* **5** (*spot of colour*) macchia *f,* chiazza *f: the horse had a white* ~ *on its forehead* il cavallo aveva una macchia bianca sulla fronte. **6** (*small piece of ground*) appezzamento *m,* pezzo *m.* **7** 〈*Agr,Giard*〉 orticello *m,* campicello *m: a cabbage* ~ un orticello coltivato a cavoli. **8** 〈*fam*〉 (*phase*) periodo *m,* fase *f,* momento *m: my work is going through a bad* ~ il mio lavoro sta attraversando un brutto periodo. **9** 〈*am.Mil*〉 mostrina *f.* **II** *v.t.* **1** rattoppare, rappezzare: *to* ~ *a hole* rattoppare un buco. **2** 〈*fig*〉 (*to settle; general.* con *up*) appianare, sistemare, accomodare: *to* ~ *up a quarrel* appianare una lite; *to* ~ *up a matter* sistemare una faccenda. **3** 〈*fig*〉 (spesso con *up, together: to repair in a hasty way*) riparare (*o* aggiustare) alla meglio, rabberciare, raffazzonare. □ *in* ~*-es* a tratti.

atcher [ˈpætʃə] *s.* rappezzatore *m* (*f* –trice), rattoppatore *m* (*f* –trice).

atchily [ˈpætʃili] *avv.* in modo irregolare (*o* non uniforme). **patchiness** [-tʃinis] *s.* **1** l'essere rattoppato. **2** (*state of being spotty*) l'essere a macchie (*o* chiazze).

atchouli, patchouly [ˈpætʃuli:] *s.* **1** 〈*Bot*〉 patchouli *m,* pa(s)ciulì *m.* **2** 〈*Cosmet*〉 essenza *f* di pasciulì.

atch| pocket *s.* 〈*Sart*〉 tasca *f* a toppa. ~ **test** *s.* 〈*Med*〉 test *m* cutaneo, cutireazione *f.* ~**work** *s.* 〈*Lav.femm*〉 patchwork *m.* **2** 〈*fig*〉 miscuglio *m,* mosaico *m.* **3** 〈*fig*〉 (*work of uneven quality*) raffazzonatura *f.* □ ~ *rug* (*o quilt*) coperta patchwork.

atchy [ˈpætʃi] *a.* **1** rattoppato, rappezzato. **2** (*occuring in patches*) macchiato, chiazzato. **3** 〈*fam*〉 (*uneven*) irregolare, non uniforme.

ate [peit] *s.* 〈*scherz,fam*〉 testa *f,* 〈*scherz*〉 zucca *f.*

âté *fr.* [ˈpæˈtei] *s.* 〈*Gastr*〉 pasticcio *m,* paté *m:* ~ *de foie gras* pasticcio di fegato d'oca.

ated [ˈpeitid] *a.* (nei composti) dalla testa ..., 〈*scherz*〉 dalla zucca ...: *bald-*~ dalla zucca pelata.

atella *lat.* [pəˈtelə] *s.* (*pl.* -**llae** [li:]) **1** 〈*Anat*〉 rotula *f,* patella *f.* **2** 〈*Archeol,Zool*〉 patella *f.*

aten [ˈpætən] *s.* 〈*Lit*〉 patena *f.*

atency [ˈpeitənsi] *s.* evidenza *f,* ovvietà *f.*

atent [ˈpeitənt, ˈpæ–] **I** *s.* **1** brevetto *m* (d'invenzione); (*patented invention*) invenzione *f* brevettata. **2** 〈*fig*〉 (*exclusive right*) esclusiva *f,* diritto *m* esclusivo. **3** 〈*fig*〉 (*licence, permission*) permesso *m,* licenza *f,* patente *f.* **4** (*official document conferring a right*) privilegio *m.* **5** 〈*am.Dir*〉 (*of public land*) certificato *m* di concessione di terreni demaniali; (*land granted*) terreno *m* demaniale dato in concessione. **II** *a.* **1** evidente, chiaro, palese,

ovvio, manifesto. **2** (*patented*) brevettato. **3** (*of a right: conferred by a patent*) in esclusiva; (*of a person: appointed by a patent*) insignito di privilegio. **4** (*of patents, patent law*) dei brevetti. **5** 〈*fam*〉 (*original and new*) nuovo e ingegnoso (*o* originale). **III** *v.t.* (far) brevettare. □ *to grant a* ~ *to* concedere un brevetto a.

patentability [ˌpeitəntəˈbiliti] *s.* brevettabilità *f.* **patentable** [-əbl] *a.* brevettabile.

patent application *s.* richiesta *f* di brevetto. **patented** [ˈpeitəntid, ˈpæ–] *a.* brevettato. **patentee** [-ˈti:] *s.* titolare *m* (*o* detentore) di un brevetto.

patent| law *s.* legge *f* sui brevetti. ~ **leather** *s.* co(p)pale *m,* vernice *f,* pelle *f* lucida. *.*~ **log** *s.* 〈*Mar*〉 solcometro *m* contatore. ~ **medicine** *s.* specialità *f* farmaceutica. ~ **Office** *s.* ufficio *m* brevetti. ~ **pending** *s.* brevetto *m* in registrazione. ~ **right** *s.* diritto *m* di esclusiva (*o* privativa). ~ **Rolls** *s.pl.* 〈*GB*〉 registro *m* dei brevetti. ~ **system** *s.* 〈*fig*〉 sistema *m* brevettato.

pater [ˈpeitə] *s.* 〈*scol*〉 padre *m,* 〈*fam*〉 vecchio *m.*

paternal [pəˈtə:nl] *a.* **1** paterno, da padre. **2** (*of relations*) paterno, da parte di padre: *one's* ~ *grandmother* la nonna paterna. **paternalism** [-izəm] *s.* 〈*Pol*〉 paternalismo *m.* **paternalist** [-ist] **I** *a.* → **paternalistic. II** *s.* paternalista *m.* **,paternalistic** [-nəˈlistik] *a.* paternalistico, paternalista.

paternity [pəˈtə:niti] *s.* paternità *f* (*anche fig.*). **paternity test** *s.* accertamento *m* della paternità.

paternoster [ˈpætəˈnɔstə] *s.* **1** 〈*Rel*〉 → **Pater Noster. 2** 〈*Rel*〉 (*of a rosary*) grano *m* del rosario, paternostro *m;* (*rosary*) rosario *m.*

Pater Noster *s.* 〈*Rel*〉 paternostro *m,* padrenostro *m.*

paternoster line *s.* 〈*Pesc*〉 lenza *f* a paternoster.

path [pɑ:θ] *s.* **1** sentiero *m,* viottolo *m,* stradina *f: a* ~ *through the woods* un sentiero nel bosco; (*of a garden*) viale *m,* vialetto *m.* **2** (*track for pedestrians*) corsia *f* pedonale. **3** (*route, way*) percorso *m,* strada *f,* corso *m: the* ~ *of the hurricane* il corso dell'uragano. **4** (*way*) varco *m,* via *f,* passaggio *m: a* ~ *through the crowd* un varco tra la folla. **5** 〈*fig*〉 via *f,* strada *f,* sentiero *m: to follow the* ~ *of righteousness* seguire la retta via. **6** 〈*Sport*〉 pista *f.* **7** 〈*El*〉 percorso *m.* **8** 〈*Fis*〉 traiettoria *f.*

pathetic [pəˈθetik] *a.* **1** toccante, patetico, pietoso, commovente: *a* ~ *sight* uno spettacolo toccante. **2** 〈*fam*〉 (*extremely inadequate*) ridicolo, meschino.

pathfinder [ˈpɑ:θfaində] *s.* **1** esploratore *m* (*f* –trice). **2** 〈*fig*〉 pioniere *m.* **3** 〈*Aer.mil*〉 ricognitore *m.* **4** 〈*Aer*〉 (*radar beacon*) radarfaro *m.*

pathless [ˈpɑ:θlis] *a.* privo di sentieri.

pathogen [ˈpæθədʒən], **pathogene** [-dʒi:n] *s.* 〈*Biol*〉 organismo *m* (*o* agente) patogeno.

pathogenesis [ˌpæθəˈdʒenisis] *s.* 〈*Med*〉 patogenesi *f.* **pathogenetic** [-dʒiˈnetik], **pathogenic** [-nik] *a.* **1** (*causing disease*) patogeno. **2** (*of pathogenesis*) patogenetico. **pathogeny** [pəˈθɔdʒəni] *s.* → **pathogenesis.**

pathologic [ˌpæθəˈlɔdʒik], **pathological** [-əl] *a.* **1** di patologia. **2** (*of disease*) patologico. **pathologist** [pəˈθɔlədʒist] *s.* patologo *m* (*f* –a). **pathology** [pəˈθɔlədʒi] *s.* **1** patologia *f.* **2** (*of a particular disease*) sintomi *mpl.*

pathos [ˈpeiθɔs] *s.* patos *m.*

pathway [ˈpɑ:θwei] *s.* **1** (*path*) sentiero *m,* viottolo *m,* stradina *f.* **2** (*track for pedestrians*) corsia *f* pedonale.

patience [ˈpeiʃəns] *s.* **1** pazienza *f,* sopportazione *f: to stretch s.o.'s* ~ abusare della pazienza di qd. **2** (*perseverance, steadfastness*) pazienza *f,* costanza *f,* perseveranza *f.* **3** (*in cards*) solitario *m,* gioco *m* di pazienza: *to play* ~ fare un solitario. □ (*esclam*) *have* (*a bit of*) ~ abbi(ate) pazienza, un po' di pazienza; *to be out of* ~ *with s.o.* aver perso la pazienza con qd., non poterne più di qd.; *to try* (*o* tax) *s.o.'s* ~ mettere a dura prova la pazienza di qd.

patient [ˈpeiʃənt] **I** *a.* **1** paziente: *a* ~ *smile* un sorriso paziente. **2** (*long-suffering*) tollerante, che sopporta: *a* ~ *teacher* un insegnante paziente. **3** (*calm, deliberate*) ponderato, calmo. **4** (*able to endure*) che sopporta, che tollera (*of s.th.* qc.). **II** *s.* paziente *m/f,* ammalato *m* (*f* –a); (*client of a doctor*) paziente *m/f.* **patiently** [-li] *avv.* pazientemente, con pazienza.

patina ['pætinə] s. patina f. **patinated** [-neitid] a. patinato. **,patination** [-'neiʃən] s. patinatura f. **patinous** [-nəs] a. → **patinated**.

patio sp. ['pætiou] s. patio m.

Pat. Off. = *Patent Office* ufficio brevetti.

patois fr. ['pætwɑ:] s.inv. patois m, dialetto m (locale).

patriarch ['peitriɑ:k] s. **1** patriarca m. **2** ⟨fig⟩ (*man regarded as a father, founder*) padre m, fondatore m. **3** ⟨fig⟩ (*venerable old man*) vegliardo m, vecchio m venerando. **,patri'archal** [-əl] a. **1** patriarcale. **2** ⟨fig⟩ venerabile, venerando. □ ~ *cross* croce f di Lorena. **patriarchalism** [-əlizəm] s. patriarcato m. **patriarchate** [-eit] s. patriarcato m, patriarchia f. **patriarchy** [-i] s. **1** patriarcato m. **2** (*society*) società f patriarcale.

Patricia [pə'triʃə] N.pr. Patrizia f.

patrician [pə'triʃən] **I** s. **1** ⟨Stor.rom,Mediev⟩ patrizio m. **2** ⟨estens⟩ (*aristocrat*) nobile m/f, aristocratico m (f –a), patrizio m (f –a). **II** a. **1** ⟨Stor.rom,Mediev⟩ patrizio. **2** ⟨estens⟩ (*aristocratic*) nobile, aristocratico, patrizio, da nobile. **patriciate** [-ʃiit] s. **1** patriziato m. **2** ⟨collett⟩ aristocrazia f, patriziato m, nobiltà f.

patricidal ['pætrisaidl], **patricide** [-said] am. → **parricidal, parricide.**

Patrick ['pætrik] N.pr. Patrizio m.

patrimonial [,pætri'mounjəl] a. patrimoniale. **'patrimony** [-məni] s. **1** patrimonio m. **2** ⟨fig⟩ patrimonio m, eredità f, ⟨lett⟩ retaggio m. **3** ⟨Rel⟩ patrimonio m ecclesiastico.

patriot ['peitriət] s. patriota m/f. **patriotic** [,pætri'ɔtik] a. patriottico. **patriotism** ['pætriətizəm] s. patriottismo m.

patristic [pə'tristik], **patristical** [-əl] a. ⟨Rel⟩ patristico.

Patroclus [pə'trɔkləs] N.pr. ⟨Mitol⟩ Patroclo m.

patrol[1] [pə'troul] s. **1** perlustrazione f. **2** ⟨Mil⟩ (*action*) pattugliamento m; (*small detachment*) pattuglia f, ronda f; (*reconnaissance patrol*) pattuglia f di ricognizione. **3** ⟨Aer⟩ pattuglia f. **4** (*unit of six scouts*) sestiglia f. □ *to be on* ~ essere di pattuglia; *to go on* ~ pattugliare.

patrol[2] v. (*pret., p.p.* **patrolled**/am. **patroled** [-d]) **I** v.t. **1** perlustrare. **2** ⟨Mil⟩ pattugliare, ispezionare (o perlustrare) con una pattuglia. **II** v.i. pattugliare, andare in pattuglia.

patrolcar [pə'troulkɑ:] s. auto f della polizia (in servizio di pattugliamento).

patroller [pə'troulə] s. pattugliatore m. **patrolling** [-liŋ] s. pattugliamento m.

patrol|**man** [mæn] s.irr. **1** ⟨Mil⟩ pattugliatore m. **2** ⟨am⟩ (*policeman*) poliziotto m (in servizio di pattugliamento). ~ *wagon* am. s. furgone m cellulare (o della polizia), cellulare m.

patron ['peitrən] s. **1** protettore m, patrocinatore m, sostenitore m, mecenate m: *a* ~ *of the arts* un protettore delle arti. **2** → **patron saint**. **3** (*client, customer*) cliente m/f (abituale), avventore m (f –a).

patronage ['pætrənidʒ] s. **1** protezione f, appoggio m, favore m, patronato m; (*for an artist, institution*) mecenatismo m. **2** (*customer trade*) clientela f abituale, movimento m di clienti. **3** ⟨Pol,spreg⟩ favoritismo m, clientelismo m, ⟨spreg⟩ protezione f: *he got the job through* ~ ebbe il posto per favoritismo. **4** (*patronizing manner*) arie fpl 'di superiorità⌐ (o da protettore); (*condescension*) condiscendenza f, degnazione f. **5** ⟨Dir.can⟩ patronato m.

patronal [pə'trounl] a. del patrono, patronale: ~ *festival* festa del patrono. **patroness** ['peitrənis] s. **1** protettrice f, patrocinatrice f. **2** (*female patron saint*) santa f protettrice (o patrona), patrona f.

patronize ['pætrənaiz] v.t. **1** proteggere, sostenere, appoggiare, favorire. **2** (*to be a regular customer of*) essere cliente (abituale) di: *to* ~ *a hotel* essere cliente di un albergo; (*to frequent*) frequentare: *a restaurant* –d *by actors* un ristorante frequentato da attori. **3** (*to treat condescendingly*) trattare con condiscendenza; (*to show one's superiority*) assumere un'aria di superiorità nei riguardi di. **patronizing** [-iŋ] a. condiscendente.

patron saint s. santo m protettore (o patrono), patrono m.

patronymic [,pætrə'nimik] **I** s. ⟨Ling⟩ patronimico m. **II** a. → **patronymical. patronymical** [-əl] a. ⟨Ling⟩

patronimico.

patsy am. ['pætsi] s. ⟨sl⟩ vittima f, zimbello m.

patten ['pætn] s. **1** ⟨Calz⟩ calzatura f con suola di legr (per proteggere da fango e pioggia); (*clog*) zoccolo m. ⟨Edil⟩ base f.

patter[1] ['pætə] **I** v.i. **1** picchiettare, ticchettare: *rain –ed* ⟨ *the roof* la pioggia picchiettava sul tetto. **2** (*to move wi quick, light steps*) scalpicciare. **II** s. **1** picchiettio r ticchettio m. **2** (*of footsteps*) scalpiccio m.

patter[2] **I** s. **1** discorso m frettoloso (o rapido); (*of salesman*) imbonimento m; (*of a comedian*) versi m umoristici recitati (o cantati) rapidamente. **2** (*empty tal chatter*) cicaleccio m, chiacchierio m; (*mechanical repeated words*) parole fpl ripetute meccanicamente. (*cant, jargon*) gergo m. **II** v.i. **1** parlare molᵗ rapidamente, ⟨scherz⟩ parlare come una mitragliatrice. (*to chatter*) chiacchierare, cicalare, cianciare. **3** (*to reci prayers mechanically*) recitare meccanicamente preghiere. **III** v.t. **1** dire ⌐in fretta⌐ (o rapidamente). **2** (*recite mechanically*) recitare meccanicamente.

pattern ['pætən] **I** s. **1** modello m, esemplare m, esemp m: *a virtue* un modello di virtù. **2** (*model for maki s.th.*) modello m: *dressmaking* –*s* modelli per confezior **3** (*decorative design*) disegno m, motivo m: *cloth with floral* ~ stoffa a disegno floreale; (*natural configuratio* arabesco m, disegno m: –*s of ice on a window* arabesch ghiaccio su una finestra. **4** (*structure, design*) struttura disegno m, forma f: *the* ~ *of a novel* la struttura di ι romanzo. **5** (*form, style*) modello m, tipo m: *a new* ~ *rifle* un nuovo modello di fucile. **6** (*sample, specime* campione m, saggio m, esemplare m. **7** (*sample of trai acts, etc.*) costante f, elemento m caratteristico: ti *behaviour* –*s of teenagers* le costanti di comportamen degli adolescenti. **8** ⟨Met⟩ stampo m, modello m. ⟨Artigl⟩ rosa f di tiro. **II** v.t. **1** modellare, conformare proprio modello: *to* ~ *one's conduct on s.o.* modellare propria condotta su quella di qd. **2** (*to provide with design*) decorare con un disegno.

pattern| **bombing** s. ⟨Aer.mil⟩ bombardamento m tappeto. ~ **book** s. ⟨Comm⟩ campionario m. ~ **mak** s. **1** ⟨Mod⟩ modellista m. **2** ⟨Met⟩ modellatore m. **shop** s. ⟨Met⟩ modelleria f, modellisteria f.

patty ['pæti] s. **1** (*small pie*) tortino m; (*small meat pi* piccolo pasticcio m di carne. **2** (*cake of chopped mea* frittella f.

Patty N.pr. dim. di **Patricia.**

patulous ['pætjuləs] a. **1** aperto, largo, esteso. **2** ⟨Bι aperto.

Pau, PAU = *Pan American Union* Unioᴎ panamericana.

paucity ['pɔ:siti] s. scarsezza f, pochezza f.

Paul [pɔ:l] N.pr. Paolo m (*anche Bibl.*). **Paula** ['pɔ: N.pr. Paola f.

Pauline[1] ['pɔ:li:n] N.pr. Paoletta f.

Pauline[2] ['pɔ:lain] **I** a. paolino, di san Paolo. **II** s. alun m della scuola di san Paolo di Londra.

Paul Pry s. ficcanaso m/f.

paunch [pɔ:ntʃ] s. **1** (*belly*) ventre m, ⟨fam⟩ pancia (*potbelly*) pancione m. **2** ⟨Zool⟩ rumine m. □ *to get a* metter (su) pancia. **'paunchiness** [-inis] s. l'esse panciuto. **'paunchy** [-i] a. panciuto.

pauper ['pɔ:pə] **I** s. **1** povero m (f –a). **2** (*very pc person*) indigente m/f, bisognoso m (f –a). **II** v. **pauperize. pauperism** [-rizəm] s. pauperismo m **,pauperization** [-rai'zeiʃən] s. impoverimento ₁ **pauperize** [-raiz] v.t. ridurre in miseria, impoverire.

pauper's grave s. fossa f comune.

pause [pɔ:z] **I** s. **1** pausa f, (*breve*) intervallo m, momen m di sosta; (*interruption*) pausa f, interruzione f. **2** ⟨Mι pausa f; (*sign*) corona f. **3** ⟨Metr⟩ cesura f. **II** v.i. sostare, fare una pausa. **2** (*to hesitate*) esitare, resta incerto. **3** (*to linger, dwell*) soffermarsi, indugiare (o *upon* su). □ *to* ~ *for breath* fare una pausa per prende fiato; *to give* ~ *to* rendere esitante (o incerto), ⌐ esitare.

pause button s. (*of a taperecorder*) tasto m di pausa.

pavage ['peividʒ] s. **1** pavimentazione f. **2** (*tax*) tassa f p pavimentazione delle strade.

ɛ [peiv] *v.t.* lastricare, pavimentare: *to ~ a road* tricare una strada. □ *(fig) to ~ the way for* (o *to)* ʼire la strada a.

ɛment ['peivmənt] *s.* **1** marciapiede *m.* **2** *(surface of a d)* lastrico *m,* lastricato *m,* pavimento *m* stradale, ciato *m.* **3** *(paved surface)* pavimento *m.* **4** *(paving terial)* materiale *m* da pavimentazione. **5** ⟨*am*⟩ *(paved d)* strada *f* lastricata (o pavimentata).

ɛment| **artist** *s.* **1** chi disegna col gesso sul rciapiede (per ricevere denaro dai passanti). **2** ⟨*am*⟩ ʼist who exhibits on the pavement*)* pittore *m* che espone vende) quadri sul marciapiede. **~ light** *s.* feritoia *f* nel ʼimento che dà luce a cantine, ecc.

ɛr ['peivə] *s.* **1** lastricatore *m,* selciatore *m.* **2** → ʼing flag. **3** ⟨*Mecc*⟩ pavimentatrice *f* stradale. **4** ʼncrete mixer*)* betoniera *f.*

ɛd ['pævid] *a.* pauroso, pavido.

ʼlion [pə'viljən] **I** *s.* **1** padiglione *m* *(anche* h.,Anat.,Oref.*).* **2** *(at a sports ground)* edificio *m* ɛesso al campo. **3** *(large tent)* padiglione *m,* tendone *m.* *v.t.* **1** mettere al riparo in un padiglione. **2** *(to cover* ʼh a pavilion*)* coprire con un padiglione (o tendone).

ʼng ['peiviŋ] *s.* **1** materiale *m* da pavimentazione. **2** ʼ) *(pavement)* lastrico *m,* selciato *m,* pavimento *m* ʼdale.

ʼng| **flag, ~ stone** *s.* lastra *f* di pietra per ʼimentazione. **~ tile** *s.* ⟨*Edil*⟩ mattonella *f.*

ʼor *am.,* **paviour** ['peivjə] *s.* **1** lastricatore *m,* selciatore pavimentatore *m.* **2** *(paving material)* materiale *m* da ʼimentazione.

[pɔ:] **I** *s.* **1** *(foot of an animal)* zampa *f,* piede *m.* **2** *n*) *(hand)* mano *f,* ⟨*scherz*⟩ zampa *f.* **II** *v.t.* **1** raspare, ʼtare: *the dog –ed the door* il cane grattava la porta; *(of* ʼhorse*)* battere con le zampe, raspare. **2** ⟨*fam*⟩ *(to* ʼdle, stroke indelicately*)* brancicare, palpeggiare; *(to* ʼdle clumsily*)* maneggiare goffamente. □ *to ~ the air* ʼciare; *the horses –ed the ground* i cavalli ʼpitavano.

ʼky ['pɔ:ki] *a.* **1** ⟨*dial*⟩ astuto, scaltro. **2** ⟨*scozz*⟩ vivo, ʼace.

ʼl [pɔ:l] **I** *s.* **1** ⟨*Mecc*⟩ dente *m* (o nottolino) d'arresto. *Mar*⟩ castagna *f,* scontro *m.* **II** *v.t.* **1** fermare con un ʼtolino d'arresto. **2** ⟨*Mar*⟩ mettere gli scontri a.

ʼn¹ [pɔ:n] **I** *v.t.* impegnare, dare in pegno, pignorare: *to* ʼone's watch* impegnare il proprio orologio. **II** *s.* **1** ʼsere impegnato (o pignorato). **2** *(s.th. deposited as* ʼurity)* pegno *m.* **3** *(earnest, guaranty)* garanzia *f,* pegno testimonianza *f,* segno *m.* □ *in ~* in pegno, pignorato; ʼput in* impegnare, pignorare; *to take out of ~* ʼgnorare, riscattare.

ʼn² *s.* **1** *(in chess)* pedone *m.* **2** ⟨*fig*⟩ pedina *f.*

ʼn| **agency** *s.* agenzia *f* di prestito su pegni. **~** ʼʼeement** *s.* contratto *m* di pegno. **~broker** *s.* ʼstatore *m* (*f* –trice) su pegno. **~broker's** *s.* banco *m* pegni. **~broking** *s.* prestito *m* su pegno.

ʼnee [pɔ:'ni:] *s.* creditore *m* pignoratizio.

ʼner, **pawnor** ['pɔ:nə] *s.* debitore *m* pignoratizio.

ʼn|shop* *s.* agenzia *f* di prestiti su pegno, banco *m* di ʼni, monte *m* dei pegni¹ (o di pietà). **~ ticket** *s.* ʼzza *f* di pegno.

ʼpaw *s.* → papaw.

[pei] *v.* *(pret., p.p.* **paid** [–d]*)* **I** *v.t.* **1** pagare, saldare, ʼlare, liquidare: *to ~ the grocer* pagare il droghiere; *to* ʼa bill* saldare un conto; *(to give for services)* pagare, ʼɛ, corrispondere: *to ~ good wages* pagare buoni salari; *~ a bonus* dare una gratifica; *(to hire, engage for* ʼney)* assumere, ingaggiare, pagare: *he paid a man to* ʼthe garden* assunse un uomo per vangare il giardino. *to remunerate)* pagare, retribuire, compensare: *he –s* ʼworkers well* paga bene i suoi operai. **3** *(of money)* ʼare, sborsare: *to ~ ten pounds for a jacket* pagare una ʼca dieci sterline; *(of costs, expenses)* pagare. **4** ⟨*Econ*⟩ ʼtransfer)* depositare, versare: *to ~ money into one's* ʼk account* versare denaro sul proprio conto in banca. **5** ʼbring, yield)* fruttare, rendere. **6** *(to give, render)* ʼdere, porgere, dare, *often translated with the*

corresponding verb: *to ~ homage to s.o.* rendere omaggio a qd.; *to ~ one's respects to s.o.* porgere i propri ossequi a qd.; *to ~ attention* prestare (o fare) attenzione; *to ~ s.o. a compliment* fare un complimento a qd. **7** *(to recompense)* disobbligarsi con, sdebitarsi con, ripagare. **II** *v.i.* **1** pagare *(for s.th. qc.)*: *I haven't paid for it yet* non l'ho ancora pagato. **2** *(fig)* pagare, scontare, espiare (qc.): *to ~ for a crime with one's life* pagare un delitto con la vita; *to ~ dearly for a mistake* pagar caro un errore. **3** *(to be convenient, profitable)* essere conveniente, convenire, rendere: *it –s to be honest* conviene essere onesti. **4** *(of a job)* rendere, fruttare. **5** *(to give compensation)* ripagare, indennizzare (qc.): *to ~ for a damaged book* ripagare un libro danneggiato. □ *(Mar) to ~ away (of a rope)* mollare, filare; *to ~ back:* **1** *(of a debt)* pagare, saldare, liquidare; **2** *(of a person)* rimborsare, pagare; **3** *(to recompense, repay)* ripagare, ricompensare, contraccambiare: *to ~ s.o. back with ingratitude* ripagare qd. con l'ingratitudine; *to ~ s.o. back in his own coin* pagare qd. con la stessa moneta, rendere la pariglia a qd.; *to ~ down* dare (o versare) un acconto: *he paid ten pounds down* diede un acconto di dieci sterline; ⟨*fig*⟩ *to ~ for s.th.* pagare lo scotto di qc.; ⟨*am.Econ*⟩ *to ~ as you go* pagare le tasse mediante trattenute sulla retribuzione; ⟨*Econ*⟩ *to ~ in* versare, depositare; *to ~ off:* **1** *(of a debt)* ammortizzare, estinguere; **2** *(of a creditor)* tacitare; **3** *(to pay and dismiss)* licenziare, sbarcare e congedare; **4** *(to yield returns)* rendere, fruttare: *the investment paid off well* l'investimento ha reso bene; **5** *(to give results, be successful)* dare buoni risultati, riuscire bene; **6** ⟨*fam*⟩ *(to bribe)* corrompere, comprare; **7** ⟨*Mar*⟩ abbattere, strapoggiare; *the risk paid off* valeva la pena di correre quel rischio; *to ~ out:* **1** sborsare, pagare, tirar fuori; **2** ⟨*fam*⟩ *(to get revenge on)* farla pagare a, vendicarsi di; **3** ⟨*Mar*⟩ *(of a rope)* mollare, filare; *to ~ a sum of money over to s.o.* versare (o pagare) una somma a qd.; *to ~ a high price:* **1** pagare un prezzo elevato; **2** ⟨*fig*⟩ pagare a caro prezzo; *to ~ up:* **1** saldare, pagare per intero, liquidare; **2** ⟨*Econ*⟩ liberare; **3** ⟨*fam*⟩ *(to pay what is demanded)* pagare (ciò che è dovuto o richiesto); *to ~ one's way:* **1** pagare la propria parte (o quota); **2** *(to live within one's income)* vivere secondo le proprie possibilità; **3** *(of a thing: to begin to make a profit)* cominciare a rendere. || *how much are you paid?* qual è il tuo stipendio (o salario)?, quanto prendi?; ⟨*fam*⟩ *something is to ~* qualcosa non va.

pay² **I** *s.* **1** *(remuneration)* paga *f,* rimunerazione *f,* compenso *m;* *(wages, salary)* salario *m,* stipendio *m;* *(in the armed forces)* soldo *m,* paga *f.* **2** *(money paid in addition to normal wages)* indennità *f,* supplemento *m* di paga (o stipendio): *danger ~* indennità di rischio. **3** *(employ)* servizio *m,* soldo *m: a spy in the ~ of the enemy* una spia al servizio del nemico. **II** *a.* **1** *(of a machine)* a gettone: *a ~ telephone* un telefono a gettone. **2** (nei composti) ... paga: *~ envelope* busta paga. □ *to draw one's ~* riscuotere la paga (o lo stipendio, il salario); *equal ~* parità *f* salariale; *to have s.o. in one's ~* avere qd. alle proprie dipendenze¹ (o al proprio servizio); *holidays with ~* ferie pagate.

pay³ *v.t.* *(pret., p.p.* **-ed/paid** [–d]*)* ⟨*Mar*⟩ impeciare, (in)catramare.

payable ['peiəbl] *a.* **1** pagabile, esigibile: *~ within thirty days* pagabile entro trenta giorni. **2** ⟨*Econ*⟩ pagabile: *~ on demand* pagabile a richiesta. **3** *(capable of being paid)* accessibile, modico: *~ prices* prezzi accessibili. **4** *(profitable)* redditizio, lucroso, fruttuoso. □ *~ to bearer* pagabile al portatore; *to make a cheque ~ to s.o.* rilasciare un assegno a qd.; *~ to order* pagabile all'ordine; *~ at sight* pagabile a vista.

'**pay|-as-you-'earn** *s.* ⟨*Econ,Dir*⟩ sistema *m* di pagamento delle imposte mediante trattenute sulla retribuzione. **~book** *s.* ⟨*Mil*⟩ foglio *m* assegni. **~check** *am.* *s.* **1** assegno *m* (in pagamento dello stipendio). **2** *(salary)* salario *m;* *(wage)* stipendio *m.* **~-day** *s.* **1** giorno *m* di paga (o pagamento). **2** ⟨*Econ*⟩ *(in the Stock Exchange)* giorno *m* di liquidazione.

PAYE, P.A.Y.E. = ⟨*Econ,Dir*⟩

di pagamento delle imposte mediante trattenute sulla retribuzione.

payee - ['peɪ'iː] *s.* **1** creditore *m* (*f* –trice). **2** ⟨*Econ*⟩ beneficiario *m* (*f* –a).

pay envelope *s.* → **pay packet.**

payer ['peɪə] *s.* **1** pagatore *m* (*f* –trice), pagante *m/f.* **2** ⟨*Econ*⟩ debitore *m* (*f* –trice). **paying** ['peɪɪŋ] *a.* **1** pagante. **2** (*profitable*) vantaggioso, lucroso, fruttuoso: *a* ~ *proposition* una proposta vantaggiosa.

paying| guest *s.* **1** ospite *m/f* pagante. **2** (*boarder*) pensionante *m/f.* '~-'**in slip** *s.* ⟨*Comm*⟩ distinta *f* (*o* modulo *m*) di versamento.

pay|load *s.* **1** ⟨*Comm*⟩ carico *m* utile (*o* pagante). **2** (*of a vehicle*) carico *m* utile. **3** ⟨*Aer.mil*⟩ carica *f* esplosiva. ~**master** *s.* **1** ⟨*Mar.mil*⟩ commissario *m* di bordo. **2** ⟨*Mil*⟩ furiere *m.* ~**master general** *s.* ⟨*GB*⟩ capo *m* della Ragioneria di Stato.

payment ['peɪmənt] *s.* **1** pagamento *m*, versamento *m*, sborso *m*. **2** (*s.th. paid*) pagamento *m*, somma *f* pagata, versamento *m*. **3** ⟨*fig*⟩ contraccambio *m*; (*reward*) ricompensa *f*, premio *m*. □ ⟨*Comm*⟩ ~ *on account* acconto *m*, pagamento *m* a conto; *to present a cheque for* ~ presentare un assegno per l'incasso; ~ *in full* pagamento *m* a saldo, saldo *m*; *on* ~ *of five shillings* dietro pagamento di cinque scellini.

pay|off *a.* ⟨*fam*⟩ decisivo, conclusivo. □ ~ *shot* colpo di grazia. ~-**off** *s.* **1** ricompensa *f*, rimunerazione *f.* **2** ⟨*fam*⟩ (*climax of a joke, story*) punto *m* culminante, il più bello. **3** ⟨*fam*⟩ (*conclusion, outcome*) conclusione *f*, esito *m*; (*final reckoning*) resa *f* dei conti.

payola *am.* [peɪ'oʊlə] *s.* ⟨*sl*⟩ (*underhand payment*) bustarella *f.*

pay|out *s.* pagamento *m*, versamento *m.* ~ **packet** *s.* busta *f* paga. ~ **phone** *s.* → **pay station.** ~ **roll** *s.* **1** foglio *m* paga. **2** (*sum for distribution*) am'montare *m* delle paghe. **3** (*money to be distributed*) paghe *fpl.* **4** (*total of employees*) organico *m: to get on the* ~ *of a company* entrare nell'organico di una società. ~-**roll records** *am. s.pl.* contabilità *f* del personale. ~**roll tax** *s.* imposta *f* 'sul salario⁷ (*o* sulla paga). ~ **slip** *s.* foglio *m* paga. ~ **station** *am. s.* telefono *m* pubblico a gettone. ~ **television** *am. s.* televisione *f* a pagamento.

p.c. = **1** *per cent* per cento. **2** ⟨*Comm*⟩ *petty cash* piccola cassa. **3** *post card* cartolina. **4** ⟨*Comm*⟩ *price current* prezzo corrente.

P.C. = ⟨*GB*⟩ *Privy Council* consiglio della corona.

pd. = *paid* pagato.

pea [piː] **I** *s.* (*pl.* -**s**/*rar., dial.* -**se** [z]) pisello *m.* **II** *a.* piccolo, minuto. □ *as like as two* –*s* (*in a pod*) somiglianti come due gocce d'acqua.

pea| bean *s.* fagiolo *m.* ~**berry** *s.* chicco *m* rotondo di caffè.

peace [piːs] *s.* **1** pace *f.* **2** (*peace treaty*) trattato *m* di pace, pace *f.* **3** ⟨*Dir*⟩ ordine *m* pubblico, quiete *f* pubblica: *breach of the* ~ turbamento dell'ordine pubblico. **4** (*state of harmony, concord*) pace *f*, (buona) armonia *f*, concordia *f: to live in* ~ *with one's neighbours* vivere in buona armonia con i vicini. **5** (*tranquillity*) pace *f*, quiete *f*, tranquillità *f*, serenità *f: oh, for a little* ~ *and quiet!* potessi starmene un pochino in pace!; (*silence*) silenzio *m*, quiete *f.* □ *my conscience is at* ~ la mia coscienza è tranquilla; *a world at* ~ un mondo in pace; *to give s.o. no* ~ non dar pace a qd.; *go in* ~! va' in pace!; ⟨*Mediev*⟩ *the* ~ *of God* la pace di Dio; *to hold one's* ~ starsene zitto, tacere; *in* ~ in pace, tranquillo: *leave me in* ~ lasciami in pace; ⟨*Dir*⟩ *to keep the* ~ mantenere l'ordine pubblico; *to make* ~: **1** fare la pace; **2** (*to be reconciled*) riconciliarsi, far pace, rappacificarsi; ~ *of* **mind** tranquillità *f* (di spirito), pace *f* dell'anima, quiete *f; may he* **rest** *in* ~! riposi in pace!; ⟨*Lit*⟩ ~ *be with you!* la pace sia con voi!

peaceable ['piːsəbl] *a.* **1** pacifico, amante della pace: *a* ~ *person* una persona pacifica; (*calm*) calmo, pacifico, tranquillo. **2** (*free from strife, disorder*) pacifico; (*free from war*) di pace. **peaceableness** [-nis] *s.* **1** l'essere pacifico. **2** (*tranquillity*) pace *f*, quiete *f*, tranquillità *f.* **peaceably** [-i] *avv.* pacificamente, in modo pacifico.

peace|breaker *s.* perturbatore *m* (*f* –trice) dell'o pubblico. ~ **conference** *s.* conferenza *f* di pace **Corps** *s.* ⟨*SU*⟩ corpi *mpl* della pace.

peaceful ['piːsful] *a.* **1** pacifico. **2** (*peaceable*) paci amante della pace. **3** (*calm, quiet*) calmo, qu tranquillo, sereno. □ ⟨*Pol*⟩ ~ *coexistence* coesist pacifica. **peacefulness** [-nis] *s.* **1** l'essere pacific (*calmness, tranquillity*) pace *f*, calma *f*, tranquillit quiete *f.*

peace| keeping *s.* tutela *f* della pace. ~ **keeping f** *s.* ⟨*Pol*⟩ forza *f* di pace. ~-**loving** *a.* pacifico, am della pace. ~**maker** *s.* **1** pacificatore *m* (*f* –trice), pa *m* (*f* –a). **2** ⟨*scherz*⟩ (*deadly weapon*) arma *f* mortale ⟨*Bibl*⟩ *blessed are the* –*s* beati i pacifici. ~**making** (*act*) pacificazione *f.* **2** (*action*) azione *f* pacificatric **march** *s.* marcia *f* della pace. ~ **marcher** *s.* marci *m* per la pace. ~ **negotiations** *s.pl.* trattative *fpl* p pace.

peacenik *am.* ['piːsnik] *s.* pacifista *m/f.*

peace| offering *s.* **1** ⟨*Rel.ebr*⟩ offerta *f* propiziatric (*fig*) dono *m* di riconciliazione. ~ **pipe** *s.* pipa calumet *m*) della pace. ~ **talks** *s.pl.* negoziati *m* trattative *fpl*) di pace. □ *to enter into* ~ intav trattative per la pace. ~**time I** *s.* tempo *m* di pace. del tempo di pace, pacifico. ~ **treaty** *s.* ⟨*Pol*⟩ tratta di pace.

peach[1] [piːtʃ] **I** *s.* **1** ⟨*Bot*⟩ pesco *m.* **2** (*fruit*) pesca (*colour*) color *m* (della) pesca, roseo *m.* **4** ⟨*fam*⟩ (*p girl*) ragazza *f* graziosa, ⟨*fam*⟩ un amore di ragazz ⟨*fam*⟩ (*s.th. excellent*) meraviglia *f*, bellezza *f.* **II** *a.* pesca, alla pesca. **2** (*of the colour peach*) del colore pesca, roseo.

peach[2] ⟨*sl*⟩ *v.i.* fare la spia, ⟨*gerg*⟩ cantare.

peach| blossom *s.* fiore *m* di pesco. ~**blow** *s.* n carico. ~ **brandy** *s.* acquavite *f* di pesca. ~-**colour** color *m* (della) pesca, roseo *m.* **II** *a.* del colore pesca, roseo.

'**peaches-and-'cream** ['piːtʃiz] *a.* (*of the complexion*) e rosa.

peachick ['piːtʃik] *s.* giovane pavone *m.*

peach| melba, ~ **Melba** *s.* ⟨*Dolc*⟩ pesca *f* melba.

peachy ['piːtʃi] *a.* **1** simile a una pesca; (*of complexion*) roseo, di pesca. **2** ⟨*fam*⟩ (*fine*) eccezio magnifico, ⟨*fam*⟩ che è una cannonata.

peacock ['piːkɔk] **I** *s.* (*pl. inv./*-**s** [s]; il pl.inv. general. in ornitologia con valore collett.) **1** ⟨*C* pavone *m* (*anche fig.*). **2** (*colour*) blu *m* pavone, pa *m.* **II** *v.i.* pavoneggiarsi, fare il pavone. □ ⟨*fig*⟩ *to about like a* ~ pavoneggiarsi.

peacock|-blue I *s.* blu *m* pavone, pavone *m.* **II** *a* pavone. ~ **butterfly** *s.* ⟨*Entom*⟩ pavone *m* diurno giorno).

peacockery ['piːkɔkəri] *s.* vanità *f*, fatuità *f.* **peacoc** [-kiʃ] *a.* vanitoso, fatuo, vanesio. **peacockish** [-kiʃnis] *s.* → **peacockery.**

Peacock Throne *s.* (*in Persia*) trono *m* del pavone

pea|fowl *s.* ⟨*Ornit*⟩ pavone *m.* '~-'**green I** *s.* ver pisello. **II** *a.* verde pisello. ~**hen** *s.* ⟨*Ornit*⟩ pavon femmina.

peak[1] [piːk] **I** *s.* **1** (*of a mountain*) vetta *f*, somm cima *f*, vertice *m;* (*mountain*) picco *m.* **2** (*s.th. resem a peak*) cresta *f*, cima *f*, vetta *f*, sommità *f: the white the waves* le bianche creste delle onde. **3** (*of a cap*) *f.* **4** (*projecting point*) punta *f*, pizzo *m.* **5** ⟨*fig*⟩ apice *m*, culmine *m*, vertice *m: to reach the* ~ *of career* raggiungere l'apice della carriera; (*highest massimo m*, punta *f*, punto *m* (*o* valore) massimo *temperature reached a* ~ *of 39⁰* la temper raggiunse un massimo di 39⁰. **6** ⟨*Econ*⟩ prezz massimo (*o* limite). **7** ⟨*Mar*⟩ (*forepeak*) gavone poppa; (*afterpeak*) gavone *m* di prora. **8** ⟨*Mar*⟩ (*of a flag*) picco *m*; (*of a gaff*) penna *f.* **II** *a.* massim punta, di maggior intensità: ~ *productivity* m'a produttività. **III** *v.t.* ⟨*Mar*⟩ **1** (*of a gaff, yard*) alza posizione verticale; (*of oars*) tenere con le pale in a (*of the tail of a whale*) alzare in verticale (tuffandosi *v.i.* raggiungere (*o* toccare) il massimo.

ak² *v.i.* (*to grow thin, weak*) diventare scarno (*o munto*).

aked¹ ['pi:kt] *a.* **1** appuntito, a punta, aguzzo. **2** (*having peak*) con visiera: *a ~ cap* un berretto con visiera.

aked² ['pi:kid, pi:kt] *a.* → **peaky²**.

ak| hour *s.* ora *f* di punta. **~ load** *s.* ⟨*Mecc,El*⟩ carico *m* di punta. **~ load plant** *s.* ⟨*El*⟩ centrale *f* per carichi di punta. **~ productivity** *s.* ⟨*Econ*⟩ produttività *f* massima.

aky¹ ['pi:ki] *a.* **1** caratterizzato da cime (*o* vette). **2** (*pointed*) aguzzo, a punta, appuntito.

aky² *a.* (*sickly*) malaticcio; (*emaciated*) emaciato, scarno, munto.

al [pi:l] **I** *s.* **1** scampanio *m.* **2** (*set of bells*) carillon *m,* oncerto *m* di campane. **3** ⟨*fig*⟩ scoppio *m,* scroscio *m: -s of laughter* scoppi di risa; *a ~ of applause* uno scroscio di applausi; (*of thunder*) fragore *m,* rimbombo *m.* **II** *v.i.* **1** (*of bells*) scampanare, sonare a distesa. **2** (*to burst into sudden noise*) scrosciare, scoppiare; (*of thunder*) tonare, imbombare. **III** *v.t.* **1** (*of bells*) sonare a distesa. **2** (*to utter forth loudly*) annunciare, proclamare.

an *s.* → **paean.**

anut ['pi:nʌt] **I** *s.* **1** nocciolina *f* americana, arachide *f,* ece *m* di terra. **2** *pl.* ⟨*am.sl*⟩ (*very small sum of money*) quattro soldi *mpl,* una miseria; (*anything very small*) ciocchezza *f,* inezia *f.* **II** *a.* **1** di arachide. **2** ⟨*am.sl*⟩ *petty*) da niente, da poco, insignificante.

anut| butter *s.* burro *m* di arachide. **~ oil** *s.* olio *m* di arachide.

ar [pɛə] *s.* **1** ⟨*Bot*⟩ pero *m.* **2** (*fruit*) pera *f.*

arl¹ [pə:l] **I** *s.* **1** perla *f* (*anche fig.*): *a ~ of a woman* una perla di donna; *-s of dew* perle di rugiada. **2** *pl. ⟨necklace⟩* filo *m* (*o* collana *f*) di perle. **3** *pl.* ⟨*poet*⟩ (*teeth*) enti *mpl,* ⟨*poet*⟩ perle *fpl.* **4** ⟨*Tip*⟩ corpo *m* 5, perla *f.* **II** *a.* **1** di perle: *a ~ necklace* una collana di perle. **2** *resembling pearl*) simile a perla, perlato. **3** (*made of mother-of-pearl*) di madreperla. **4** (*pearl-coloured*) erlaceo, perlato. **III** *v.t.* **1** imperlare, adornare di perle. **2** ⟨*fig*⟩ imperlare: *the grass was -ed with dew* l'erba era mperlata di rugiada. **3** (*to form into grains*) ridurre in rani, granulare. **IV** *v.i.* **1** formare perle. **2** (*to form earl-like drops*) formare perle. □ ⟨*fig*⟩ *to cast -s before wine* gettare le perle ai porci; ⟨*fig*⟩ *-s of wisdom* perle *fpl* di saggezza.

arl² *s./v.* → **purl².**

arl| 'barley *s.* orzo *m* perlato. **~ diver** *s.* pescatore *m* *f* –trice) di perle. **~ diving** *s.* pesca *f* delle perle.

arled [pə:ld] *a.* **1** (im)perlato, ornato di perle. **2** *resembling pearl*) perlato.

arl| fisher *s.* →*,* pearl diver. **~ fishery, ~ fishing** *s.* → **pearl diving. ~-grey** **I** *s.* grigio *m* perla. **II** *a.* (color) rigio perla.

arlies ['pə:liz] *s.pl.* **1** bottoni *mpl* di madreperla. **2** *clothes*) abiti *mpl* ornati di bottoni di madreperla (dei enditori ambulanti londinesi). **3** ⟨*estens*⟩ (*costermongers*) enditori *mpl* ambulanti.

arliness ['pə:linis] *s.* l'essere perlaceo.

arlite ['pə:lait] *s.* ⟨*Min,Met*⟩ perlite *f.*

arl| oyster *s.* ⟨*Zool*⟩ conchiglia *f* perlifera. **~ shell** *s.* madreperla *f* greggia. **~ white** *s.* bianco *m* perla.

arly ['pə:li] *a.* **1** simile a perla, perlato. **2** (*of the colour earl*) perlaceo, perlato. **3** (*adorned with pearls*) adorno di erle; (*adorned with mother-of-pearl*) adorno di madreperla, madreperlaceo.

armain ['pɛəmein] *s.* ⟨*Agr*⟩ parmena *f* dorata, regina *f* elle renette.

ar-shaped *a.* a (forma) di pera.

asant ['pezənt] **I** *s.* **1** contadino *m* (*f* –a), campagnolo *m* (*f* –a). **2** ⟨*fig*⟩ contadino *m* (*f* –a), bifolco *m* (*f* –a), villano *m* (*f* –a). **II** *a.* **1** contadinesco, contadino, ampagnolo. **2** (*based on agricultural economy*) agricolo: *a ~ society* una società agricola.

asant proprietor *s.* coltivatore *m* diretto.

asantry ['pezəntri] *s.* **1** ⟨*collett*⟩ contadini *mpl,* gente *f* lei campi. **2** (*status of peasant*) l'essere contadino.

asant woman *s.irr.* contadina *f,* campagnola *f.*

ascod ['pi:zkɔd] *s.* → **peasecod.**

---

pease|cod *s.* baccello *m* di pisello. **~ pudding** *s.* ⟨*Gastr*⟩ sformato *m* di piselli.

pea|shooter *s.* cerbottana *f.* **~ soup** *s.* **1** crema *f* di piselli. **2** ⟨*fam*⟩ → **pea souper. ~ souper** *s.* ⟨*fam*⟩ nebbia *f* fitta.

peat [pi:t] *s.* (*pl. inv./-s* [s]) **1** torba *f.* **2** (*sod*) formella *f* di torba.

peat| bog *s.* torbiera *f.* **~ coal** *s.* combustibile *m* intermedio tra la torba e la lignite. **~ hag** *s.* fossa *f* torbosa.

peaty ['pi:ti] *a.* **1** torboso. **2** (*resembling peat*) simile a torba.

pebble ['pebl] **I** *s.* **1** ciottolo *m,* sasso *m* arrotondato. **2** ⟨*Min*⟩ cristallo *m* di rocca. **3** ⟨*Ott*⟩ (*eyeglass*) lente *f* di quarzo. **II** *v.t.* **1** (ri)coprire di ciottoli; (*of roads, etc.*) acciottolare. **2** ⟨*Conc*⟩ zigrinare. **pebbled** [–d] *a.* ciottoloso: *a ~ path* un sentiero ciottoloso.

pebble| leather *s.* ⟨*Conc*⟩ zigrino *m.* **~ powder** *s.* ⟨*tecn*⟩ polvere *f* da sparo a grana grossa. **~stone** *s.* ciottolo *m.*

pebbly ['pebli] *a.* **1** pieno di ciottoli, ciottoloso: *a ~ beach* una spiaggia piena di ciottoli. **2** (*of cloth, leather, etc.*) zigrinato.

pecan [pi'kæn] *s.* pecan *m.*

peccability [,pekə'biliti] *s.* l'essere soggetto a peccare. **'peccable** [–bl] *a.* soggetto a peccare.

peccadillo *sp.* [,pekə'dilou] *s.* (*pl.* **-es, -s** [–z]) **1** (*small sin*) peccatuccio *m.* **2** (*small fault*) piccola debolezza *f.*

peccant ['pekənt] *a.* **1** (*sinful*) peccatore, che pecca. **2** (*violating a rule*) trasgressore.

peccary ['pekəri] *s.* ⟨*Zool*⟩ pecari *m.*

peck¹ [pek] *s.* **1** (*dry measure*) peck *m* (pari a 9,09 l). **2** (*container*) recipiente *m* contenente un peck. **3** ⟨*fig*⟩ mucchio *m,* ⟨*fam*⟩ sacco *m.*

peck² **I** *v.t.* **1** beccare: *the parrot –ed my finger* il pappagallo mi beccò un dito; (*to make by pecking*) fare col becco⟩ (*o* beccando): *the hens –ed a hole in the fence* le galline hanno fatto un buco nella rete col becco. **2** (*to pick up with the beak*: spesso con *up*) beccare, prendere col becco: *to ~ corn* beccare il granoturco. **3** ⟨*fam*⟩ (*to kiss perfunctorily*) dare un bacetto a. **II** *v.i.* **1** (*with a beak*) beccare (*at s.th.* qc.). **2** (*of food*) sbocconcellare, piluccare, mangiucchiare. **III** *s.* **1** beccata *f,* colpo *m* di becco. **2** ⟨*fam*⟩ (*quick kiss*) bacio *m* frettoloso, bacetto *m.* **3** ⟨*sl*⟩ (*food*) cibo *m,* ⟨*fam*⟩ roba *f* da mangiare.

pecker ['pekə] *s.* **1** chi becca. **2** ⟨*Agr*⟩ (*pick*) piccone *m;* (*hoe*) zappa *f,* marra *f.* **3** ⟨*Ornit*⟩ picchio *m.* **4** ⟨*fam*⟩ (*nose*) naso *m.* **5** ⟨*fam*⟩ (*courage*) coraggio *m,* fegato *m.* □ ⟨*sl*⟩ *to keep one's ~ up* tenersi su, farsi coraggio; ⟨*sl*⟩ *keep your ~ up!* fatti coraggio!, su, su!

peckish ['pekiʃ] *a.* ⟨*fam*⟩ **1** affamato. **2** (*irritable*) irritabile.

Pecksniffian ['peksnifiən] *a.* bigotto, ⟨*fam*⟩ bacchettone.

pecten ['pəkten] *s.* (*pl.* **-s** [z]/**pectines** ['pektini:z]) **1** ⟨*Anat*⟩ pettine *m.* **2** ⟨*Zool*⟩ pecten *m.*

pectic ['pektik] *a.* ⟨*Chim*⟩ pectico. **pectin** [–tin] *s.* pectina *f.*

pectoral ['pektərəl] **I** *a.* pettorale. **II** *s.* **1** → **pectoralis. 2** → **pectoral fin. 3** → **pectoral cross. 4** ⟨*Mil.ant*⟩ petto *m.*

pectoral| cross *s.* ⟨*Rel*⟩ croce *f* pettorale. **~ fin** *s.* ⟨*Zool*⟩ pinna *f* pettorale.

pectoralis [pektə'reilis] *s.* (*pl.* **-les** [li:z]) ⟨*Anat*⟩ muscolo *m* pettorale.

peculate ['pekjuleit] **I** *v.t.* appropriarsi indebitamente di. **II** *v.i.* commettere peculato. **,peculation** [–'leiʃən] *s.* peculato *m.* **peculator** [–ə] *s.* chi commette peculato.

peculiar [pi'kju:liə] **I** *a.* **1** proprio, particolare, peculiare, caratteristico (*to* di): *a custom ~ to this tribe* un'abitudine propria di questa tribù. **2** (*belonging exclusively to one person, group*) speciale, particolare, peculiare. **3** (*special, singular*) singolare, particolare: *an artist of ~ talent* un artista di singolare talento. **4** (*strange, odd*) strano, singolare, curioso: *a ~ situation* una strana situazione; (*eccentric, queer*) bizzarro, originale, strano, singolare. **II** *s.* **1** prerogativa *f,* privilegio *m.* **2** ⟨*Dir.can*⟩ chiesa *f* (*o* parrocchia) non soggetta alla giurisdizione della diocesi. **3** *pl.* ⟨*Tip*⟩ caratteri *mpl* speciali. **Peculiar** *s.* ⟨*Rel*⟩ membro

m di una setta evangelica.
peculiar institution *am. s.* ⟨*Stor*⟩ schiavitù *f* dei negri.
peculiarity [pi,kju:li'æriti] *s.* **1** peculiarità *f,* caratteristica *f,* particolarità *f.* **2** (*strangeness, oddity*) singolarità *f,* stranezza *f,* bizzarria *f,* originalità *f.* **pe'culiarize** [-liəraiz] *v.t.* (*to make peculiar*) rendere particolare; (*to individualize*) personalizzare. **pe'culiarly** [-liəli] *avv.* **1** esclusivamente, unicamente. **2** (*distinctively*) peculiarmente, particolarmente. **3** (*especially*) specialmente. **4** (*strangely*) stranamente, singolarmente.
peculiar| people *s.pl.* il popolo eletto, gli ebrei. ~ **People** *s.pl.* ⟨*Rel*⟩ setta *f* evangelica (che crede nella guarigione per mezzo della fede).
pecuniary [pi'kju:niəri] *a.* **1** pecuniario, in denaro. **2** (*of money*) pecuniario, monetario.
pedagog *s.* → **pedagogue.**
pedagogic [,pedə'gɔdʒik], **pedagogical** [-əl] *a.* pedagogico. **pedagogics** [-s] *s.pl.* (costr. sing.) pedagogia *f.* **pedagogism** *s.* → **pedagoguism.** **'pedagogue** [-gɔg] *s.* **1** pedagogo *m* (*f* -a). **2** ⟨*fig*⟩ pedante *m/f.* **'pedagoguism** [-gɔgizəm] *s.* pedagogismo *m.* **'pedagogy** [-gɔdʒi] *s.* pedagogia *f.*
pedal[1] ['pedl] **I** *s.* **1** ⟨*Mecc*⟩ pedale *m.* **2** ⟨*Mus*⟩ (*of an organ, etc.*) pedale *m;* (*pedal keyboard*) pedaliera *f.* **3** ⟨*Aer*⟩ pedaliera *f.* **II** *a.* **1** ⟨*Zool*⟩ pedale, del piede. **2** (*of a pedal*) del pedale. **3** (*using pedals*) a pedale, a pedali.
pedal[2] *v.* (*pret., p.p.* pedalled/*am.* pedaled [-d]) **I** *v.t.* **1** azionare il pedale di: *to* ~ *a bicycle* azionare il pedale di una bicicletta. **2** ⟨*Mus*⟩ usare i pedali di. **II** *v.i.* **1** pedalare. **2** (*to ride a bicycle*) pedalare, andare in bicicletta. **3** ⟨*Mus*⟩ pedaleggiare, usare i pedali. □ *to depress the* ~ premere il pedale.
pedal| bin *s.* pattumiera *f* a pedale. ~ **boat** *s.* ⟨*Mar*⟩ barca *f* a pedali. ~ **control** *s.* ⟨*tecn*⟩ comando *m* a pedale. ~ **keyboard** *s.* pedaliera *f.*
pedalo [pe'dælou] *s.* (*pl.* **-s** [z]) ⟨*Mar*⟩ moscone *m* (o pattino) a pedali.
pedal|-operated *a.* a pedale. ~ **point** *s.* ⟨*Mus*⟩ pedale *m,* nota *f* grave. ~ **pushers** *am. s.pl.* calzoni *mpl* sportivi da donna (a metà polpaccio). ~ **switch** *s.* interruttore *m* a pedale.
pedant ['pedənt] *s.* pedante *m/f,* pignolo *m* (*f* -a); (*one who parades his learning*) saccente *m/f.* **pedantic** [pi'dæntik] *a.* **1** pedante, pignolo. **2** (*of style, way of speaking*) pedantesco, pignolesco. **pedantically** [pi'dæntikəli] *avv.* con pedanteria, saccentemente. **pedantize** [-aiz] **I** *v.t.* rendere pedantesco. **II** *v.i.* pedanteggiare. **pedantry** [-ri] *s.* **1** pedanteria *f.* **2** (*display of learning*) saccenteria *f.*
peddle ['pedl] **I** *v.t.* **1** fare il venditore ambulante di. **2** ⟨*fig*⟩ diffondere, propagare, spargere, mettere in giro: *to* ~ *subversive ideas* diffondere idee sovversive. **3** (*of narcotics*) spacciare. **II** *v.i.* fare il venditore ambulante. **peddler** [-ə] *s.* → **pedlar. peddling** [-iŋ] **I** *s.* commercio *m* ambulante. **II** *a.* insignificante, di poco conto, di poca importanza.
pederast *e der.* → **paederast** *e der.*
pedestal ['pedistl] *s.* **1** ⟨*Arch*⟩ piedistallo *m,* piedestallo *m.* **2** (*support for a statue, etc.*) piedistallo *m,* base *f;* (*stand*) stelo *m,* sostegno *m.* □ ⟨*fig*⟩ *to place* (o *put, set*) *s.o. on a* ~ mettere qd. su un piedistallo, idealizzare qd. **pedestal table** *s.* tavolo *m* a piede centrale.
pedestrian [pi'destriən] **I** *s.* pedone *m.* **II** *a.* **1** che va a piedi, che cammina. **2** (*of walking*) del camminare. **3** ⟨*fig*⟩ (*of style, etc.*) pedestre, banale, comune, terra terra.
pedestrian| crossing *s.* ⟨*Strad*⟩ attraversamento *m* pedonale, strisce *fpl* (pedonali), passaggio *m* zebrato. ~ **island** *s.* isola *f* pedonale.
pedestrianism [pi'destriənizəm] *s.* **1** il camminare, l'andare a piedi. **2** ⟨*fig*⟩ (*of style*) banalità *f.* **pedestrianize** [-naiz] *v.i.* trasformare in zona pedonale.
pedestrian| path *s.* percorso *m* pedonale. ~ **precinct** *s.* zona *f* pedonale. ~ **walkway** *s.* zona *f* pedonale.
pediatric *e der.* → **paediatric** *e der.*
pedicab ['pedikæb] *s.* (*in Southeast Asia*) triciclo *m* con mantice per il trasporto di passeggeri.
pedicel ['pedisel] *s.* ⟨*Bot*⟩ pedicello *m,* peduncolo *m.*

,pedi'cellate [-it], **,pedi'cellated** [-itid] *a.* pedicellat
pedicle [-dikl] *s.* → **pedicel.**
pedicular [pə'dikjulə] *a.* ⟨*Med*⟩ pedicolare.
pediculous [pə'dikjuləs] *a.* → **pedicular.**
pedicure ['pedikjuə] *s.* **1** pedicure *m,* cura *f* dei piedi. → **pedicurist. pedicurist** [-rist] *s.* pedicure *m/f,* callis *m/f.*
pedigree ['pedigri:] **I** *s.* **1** (*of an animal*) pedigree *m.* (*of a person: lineage*) discendenza *f,* genealogia *f,* stirpe (*distinguished ancestry*) nobile discendenza *f,* alto lignage *m.* **3** ⟨*fig*⟩ origine *f,* derivazione *f.* **4** (*genealogical tre* albero *m* genealogico. **II** *a.* di razza pura: *a* ~ *cock* spaniel un cocker di razza pura. **pedigreed** [-d] *a.* c (*o provvisto di*) pedigree.
pediment ['pedimənt] *s.* ⟨*Arch*⟩ frontone *m;* (*gable er* fastigio *m.* **,pedimental** [-'mentl] *a.* ⟨*Arch*⟩ **1** frontale, un frontone. **2** (*like a pediment*) che ha la forma di * frontone. **pedimented** [-mentid] *a.* che ha un frontor
pedlar ['pedlə] *s.* **1** venditore *m* (*f* -trice) ambulante. ⟨*fig*⟩ propagatore *m* (*f* -trice). **pedlary** [-ri] *s.* commercio *m* ambulante. **2** (*pedlar's wares*) mercanzia di un venditore ambulante.
pedologist [pə'dɔlədʒist] *s.* ⟨*Geol*⟩ pedologo *m.* **pedolo** [-dʒi] *s.* pedologia *f* (agraria), agrogeologia *f.*
pedometer [pə'dɔmitə] *s.* pedometro *m,* contapassi *m.*
peduncle [pi'dʌŋkl] *s.* ⟨*Biol*⟩ peduncolo *m.* **peduncul** [-kjulə] *a.* peduncolare. **pedunculate** [-kjuli **pedunculated** [-kjuleitid] *a.* **1** peduncolato. **2** (*grow* *on a peduncle*) che cresce su un peduncolo. **peduncula** **oak** *s.* ⟨*Bot*⟩ eschia *f,* ischio *m.*
pee [pi:] ⟨*sl*⟩ **I** *v.i.* orinare, ⟨*volg*⟩ pisciare. **II** *s.* **1** orina *f,* ⟨*volg*⟩ pisciata *f.* **2** (*urine*) orina *f,* ⟨*volg*⟩ piscia *f.*
peek [pi:k] **I** *v.i.* **1** guardare di sottecchi, sogguarda sbirciare. **2** (*to look briefly*) gettare uno sguardo (*at a, s* **II** *s.* **1** sbirciata *f,* sguardo *m* furtivo. **2** (*brief loc* occhiata *f,* rapido sguardo *m.*
peekaboo ['pi:kəbu:] *s.* (*child's game*) gioco *m* del cuc nascondino *m.*
peel[1] [pi:l] **I** *v.t.* **1** sbucciare, pelare: *to* ~ *an app* sbucciare una mela; (*of an outer covering;* general. con o togliere, privare di: *to* ~ *off an orange skin* togliere buccia a un'arancia. **2** (*to decorticate, bark*) scorteccia decorticare, scrostare. **II** *v.i.* **1** (*of the skin*) squamarsi; *a person, the body*) spellarsi: *your back is* -*ing* la schie ti si sta spellando. **2** (*of paint, bark, etc.*) scrostar staccarsi, scortecciarsi. **3** (*fam*) (*to undress*) spogliar svestirsi. □ ⟨*fam*⟩ *to keep one's eyes* -*ed* tenere gli occ bene aperti; ⟨*Mil*⟩ *to* ~ **off** (*of an aircraft, warsh* staccarsi da una formazione; *he* -*ed off his raincoat* si le l'impermeabile.
peel[2] *s.* (*of fruit, vegetables*) buccia *f,* pelle *f,* scorza *f.*
peel[3] *s.* pala *f* ⌐del forno⌐ (o da fornaio).
peeler[1] ['pi:lə] *s.* **1** chi sbuccia, sbucciatore *m* (*f* -trice). (*device*) sbucciatore *m,* coltellino *m* per sbuccia (*machine*) pelatrice *f.* **3** ⟨*sl*⟩ spogliarellista *f.*
peeler[2] *s.* ⟨*Stor.brit*⟩ (*policeman*) poliziotto *m.*
peeling ['pi:liŋ] *s.* **1** buccia *f,* pelle *f: potato* -*s* bucce patata. **2** (*of the skin*) spellatura *f.* **3** ⟨*Cosmet*⟩ peeli *m.*
peen [pi:n] **I** *s.* (*of a hammer*) penna *f.* **II** *v.t.* martellare a penna, battere con la penna del martello. ⟨*Met*⟩ martellare.
peep[1] [pi:p] **I** *v.i.* **1** spiare: *to* ~ *through the keyh* spiare dal buco della serratura. **2** (*to look furtive* sogguardare, guardare di sottecchi, sbirciare. **3** (*to begin appear;* spesso con *out, through, from*) fare capolin spuntare, affacciarsi: *the sun* -*ed through the clouds* il s fece capolino tra le nuvole. **II** *v.t.* (spesso con *out*) sporgere parzialmente. **III** *s.* **1** (*furtive look*) sbirciat sguardo *m* furtivo. **2** (*brief look*) occhiata *f,* rap sguardo *m.* **3** (*first appearance*) lo spuntare, il prim apparire: *the* ~ *of dawn* lo spuntar dell'alba. □ *the* ~ *day* l'alba; *to get a* ~ *of s.th.* intravedere qc.; *to take* *have*) *a* ~ *at s.th.* dare un'occhiata a qc.
peep[2] **I** *v.i.* pigolare; (*to squeak*) squittire. **II** *s.* **1** (*che chirp*) pigolio *m,* pio pio *m;* (*squeak*) squittio *m.* **2** (*sli sound*) pigolio *m.*

~eper¹ ['pi:pə] s. **1** ficcanaso m/f, spione m (f –a). **2** → ~ **eeping Tom. 3** pl. ⟨fam⟩ (eyes) occhi mpl.

~eper² s. **1** pulcino m. **2** ⟨Zool⟩ ilide m.

~ep hole s. spioncino m, spia f, foro m di spia.

~eeping Tom ['pi:piŋ] s. voyeur m, ⟨pop⟩ guardone m.

~ep| show s. apparecchio m contenente diapositive ~isibili attraverso un foro munito di lente. **~ sight** s. ⟨Artigl⟩ mirino m.

~er¹ ['pi:ə] I s. **1** pari m/f, uguale m/f. **2** (member of the ~eerage) pari m. **3** ⟨estens⟩ (nobleman) nobile m/f. II a. ~ari, uguale. □ ⟨GB⟩ –s of the realm i pari del regno, i ~nembri della Camera dei lord; without ~ senza pari, ~ncomparabile.

~er² v.i. **1** scrutare, guardare attentamente: to ~ into ~very corner of the room scrutare in ogni angolo della ~tanza. **2** (to come into view) spuntare, apparire, far ~apolino.

~erage ['piərid3] s. **1** paria f, titolo m (o dignità f) di ~ari, peerage m. **2** ⟨collett⟩ (body of peers) paria f, pari ~npl. **3** (book) albo m d'oro dei pari d'Inghilterra, peerage ~n. □ to raise s.o. to the ~ conferire a qd. il titolo di ~ari, innalzare qd. alla dignità di pari.

~eress ['piəris] s. **1** nobildonna f che ha diritto al titolo ~li pari. **2** (wife, widow of a peer) moglie f (o vedova) di ~n pari.

~erless ['piəlis] a. impareggiabile, incomparabile, senza ~ari. **peerlessness** [–nis] s. incomparabilità f, l'essere ~enza pari.

~eve [pi:v] ⟨fam⟩ I v.t. indispettire, irritare, infastidire. ~II s. irritazione f, malumore m. **peeved** [–d] a. ⟨fam⟩ ~rritato, di malumore.

~evish ['pi:viʃ] a. irritabile, scontroso, permaloso, ~tizzoso. **peevishness** [–nis] s. irritabilità f, scontrosità ~r.

~ewee am. ['pi:wi:] s. ⟨fam⟩ **1** persona f di piccola ~tatura, nano m (f –a). **2** (small animal) animale m di ~nisura inferiore al normale.

~ewit s. → pewit.

~g¹ [peg] s. **1** caviglia f, piolo m, cavicchio m. **2** (tapered ~iece of wood for marking) picchetto m, paletto m. **3** ~clothes peg) molletta f da bucato. **4** (for a tent) picchetto ~n. **5** ⟨fig⟩ pretesto m, appiglio m: a ~ to hang a ~omplaint on un pretesto per una lamentela. **6** (wooden ~eg) gamba f di legno. **7** ⟨fam⟩ (drink) bevanda f alcolica; ~highball) liquore m con soda. **8** ⟨Mus⟩ bischero m, ~irolo m, cavicchio m. **9** ⟨Econ⟩ (of a rate, price) livello ~n fissato. **10** ⟨Mecc⟩ spina f. **11** ⟨Mus⟩ tassello m. □ ~ff the ~ (of clothes) confezionato; ⟨fig⟩ a square ~ in a ~ound hole una persona al posto sbagliato; ⟨fam⟩ to take ~o pull) s.o. down a ~ (or two) mortificare qd., fare ~bbassare la cresta a qd.

~g² v. (pret., p.p. **pegged** [–d]) I v.t. **1** assicurare con un ~avicchio, incavigliare. **2** (to attach with a peg; general. ~on up) attaccare (o fissare) con un piolo. **3** (of a cask) ~urare con uno zipolo. **4** (to mark with pegs; general. con ~ut) picchettare, segnare con paletti (o picchetti); (of a ~nining claim; general. con out) delimitare con picchetti ~recanti il nome dell'avente diritto). **5** (of a score) segnare ~er mezzo di piccoli pioli. **6** ⟨fam⟩ (to classify, identify) ~lassificare, inquadrare. **7** ⟨Econ⟩ fissare, stabilizzare, ~ivellare: to ~ prices fissare i prezzi. II v.i. (in cribbage) ~egnare, fare un punto. □ ⟨fig⟩ to ~ away lavorare sodo ~ con costanza, darci dentro, impegnarsi a fondo; to ~ ~lown: 1 fissare con picchetti; 2 ⟨fig⟩ vincolare, ~mpegnare; to ~ out: 1 picchettare, segnare con paletti; 2 ~fam⟩ (to die) morire, ⟨volg⟩ tirare le cuoia; 3 (in ~ribbage, croquet) vincere.

~eg (dim. di Margaret) N.pr. Rita f.

~egamoid ['pegəmɔid] s. ⟨Ind⟩ pegamoide m/f.

~egasus ['pegəsəs] I N.pr. ⟨Mitol,Astr⟩ Pegaso m. II s. ⟨fig⟩ fonte f pegasa, ispirazione f poetica. **pegasus** s. (pl. ~si [sai]/-suses [səsiz]) **1** ⟨Mitol⟩ cavallo m alato. **2** ⟨Itt⟩ ~egaso m.

~g box s. ⟨Mus⟩ cavigliere m.

~gged [pegd] a. ⟨Econ⟩ (of rates, prices) fissato, ~tabilizzato.

~eggie, Peggy ['pegi] (dim. di Margaret) N.pr. Rita f.

peg| leg s. **1** gamba f di legno. **2** (person) persona f che ha una gamba di legno. **~-top** a. (of trousers) largo ai fianchi e stretto alla caviglia. **~ top** am. s. **1** (child's top) trottola f. **2** pl. (peg-top trousers) calzoni mpl larghi ai fianchi e stretti alla caviglia.

peignoir fr. [pein'wa:] s. ⟨Vest⟩ vestaglia f.

pejorative [pi'd3ɔrətiv] I a. ⟨Gramm⟩ peggiorativo. II s. peggiorativo m.

peke, Peke [pi:k] s. ⟨fam⟩ (Pekingese) pechinese m, cane m pechinese.

pekin ['pi:'kin] s. ⟨Tess⟩ pechino m.

Pekin s. ⟨Zootecn⟩ (breed of ducks) pechino m.

pekinese, Pekinese [,pi:ki'ni:z] s.inv./a. → Pekingese.

Peking ['pi:'kiŋ] N.pr. ⟨Geog⟩ Pechino f.

Pekingese [,pi:kiŋ'i:z] I s.inv. **1** pechinese m/f. **2** (dialect) pechinese m. **3** ⟨Zool⟩ pechinese m, cane m pechinese. II a. pechinese, di Pechino.

pelage ['pelid3] s. pelo m, pelame m (o mantello m) di mammifero.

pelagian [pi'leid3iən] I a. → pelagic. II s. ⟨Zool⟩ animale m pelagico.

Pelagian [pi'leid3iən] I a. ⟨Rel,Stor⟩ pelagiano. II s. pelagiano m. **Pelagianism** [–izəm] s. ⟨Rel⟩ pelagianismo m.

pelagic [pi'læd3ik] a. **1** ⟨Geog⟩ pelagico, oceanico. **2** ⟨Biol⟩ pelagico.

pelargonium [,pelɑ:'gouniəm] s. ⟨Bot⟩ pelargonio m.

Pelasgian [pi'læzd3iən] I s. ⟨Stor⟩ pelasgio m. II a. pelasgico. **Pelasgic** [–d3ik] a. → Pelasgian.

pelerine fr. [,pelə'ri:n] s. ⟨Vest⟩ pellegrina f.

pelf [pelf] s. ⟨spreg⟩ denaro m, ricchezze fpl.

pelican ['pelikən] s. ⟨Ornit⟩ pellicano m.

pelisse fr. [pe'li:s] s. ⟨Vest⟩ **1** mantello m foderato di pelliccia. **2** (woman's cloak) mantello m guarnito di pelliccia; (child's coat) cappottino m.

pellagra [pe'leigrə] s. ⟨Med⟩ pellagra f. **pellagrous** [–grəs] a. pellagroso.

pellet ['pelit] I s. **1** pallina f, pallottola f. **2** ⟨Farm⟩ pillola f. **3** ⟨Artigl⟩ (bullet) pallottola f; (for a shotgun) pallino m di piombo. II v.t. **1** appallottolare. **2** (to strike with pellets) impallinare.

pellicle ['pelikl] s. **1** ⟨Anat⟩ pellicola f, pellicina f. **2** (film, scum) pellicola f. **pel'licular** [–kjulə], **pel'liculate** [–kjulit] a. pellicolare.

pell-mell ['pel'mel] I avv. **1** alla rinfusa, disordinatamente, a catafascio. **2** (headlong) a precipizio, in gran fretta. **3** (indiscriminately) senza distinzioni (di sorta), indiscriminatamente. II a. confuso, disordinato. III s. confusione f, caos m, disordine m.

pellucid [pe'lju:sid] a. **1** pellucido, semitrasparente. **2** ⟨fig⟩ chiaro, trasparente. **,pellu'cidity** [–iti] s. **1** pellucidità f, semitrasparenza f. **2** ⟨fig⟩ chiarezza f, trasparenza f.

pelmet ['pelmit] s. ⟨Arred⟩ mantovana f.

Peloponnese ['peləpəni:s] N.pr. ⟨Geog⟩ Peloponneso m. **,Peloponnesian** [–'ni:ʃən] I a. peloponnesiaco. II s. peloponnesiaco m (f –a).

Pelops ['pi:lɔps] N.pr. ⟨Mitol⟩ Pelope m.

pelota sp. [pe'loutə] s. ⟨Sport⟩ pelota f (basca), palla f basca.

pelt¹ [pelt] I v.t. colpire (scagliando qc.): to ~ s.o. with snowballs colpire qd. con palle di neve; (of missiles) lanciare, scagliare. II v.i. **1** picchiare (o battere) con violenza. **2** ⟨fam⟩ (to rush) precipitarsi, affrettarsi. III s. **1** (forte) colpo m. **2** (persistent beating) picchiettio m. **3** ⟨fam⟩ (speed) velocità f: at full ~ a gran velocità. □ it was ~-ing with rain pioveva a dirotto; to ~ s.o. with stones lapidare qd.

pelt² s. **1** (hide of an animal) pelle f non conciata. **2** ⟨scherz⟩ (skin of a human) pelle f, ⟨scherz⟩ cuoio m.

peltate ['pelteit] a. ⟨Bot⟩ peltato.

peltry ['peltri] s. ⟨collett⟩ (pelts) pelli fpl.

pelvic ['pelvik] a. ⟨Anat⟩ pelvico.

pelvic| arch s. ⟨Anat⟩ cintura f pelvica. **~ fin** s. ⟨Itt⟩ pinna f pelvica.

pelvis ['pelvis] s. (pl. **-ves** [vi:z]/**-vises** [visiz]) ⟨Anat⟩ pelvi f.

pelviscopy [pelvi'skoupi] *s.* ⟨*Med*⟩ pelviscopia *f.*
pem(m)ican ['pemikən] *s.* **1** ⟨*Gastr*⟩ pemmican *m.* **2** ⟨*am.fig*⟩ riassunto *m*, sunto *m*, compendio *m.*
pen[1] [pen] **I** *s.* **1** penna *f; (pen nib)* pennino *m.* **2** ⟨*fig*⟩ penna *f*, lo scrivere; (*style*) stile *m*, penna *f; (writer)* scrittore *m*, penna *f.* **3** ⟨*Ornit*⟩ *(quill)* penna *f*, calamo *m.* **4** ⟨*Zool*⟩ *(of a squid)* osso *m* di seppia, sepion *m.* **II** *v.t.* (*pret., p.p.* **penned** [-d]) scrivere, comporre. □ *to live by one's* ~ vivere facendo lo scrittore; *the* ~ *is mightier than the sword* ne uccide più la penna che la spada; *to put one's* ~ *through s.th.* cancellare qc., depennare qc.; ⟨*fig*⟩ *to take up one's* ~ prendere la penna in mano, cominciare a scrivere.
pen[2] **I** *s.* **1** *(for animals)* recinto *m*, chiuso *m*, stazzo *m.* **2** *(animals enclosed)* animali *mpl* di un recinto. **II** *v.t.* (*pret., p.p.* **penned** [-d]) rinchiudere; *(in a pen)* rinchiudere in un recinto.
pen[3] *s.* ⟨*female swan*⟩ femmina *f* del cigno.
pen[4] *am.* (*accorc. di penitentiary*) *s.* ⟨*sl*⟩ prigione *f*, carcere *m.*
penal ['pi:nl] *a.* **1** *(of punishment)* punitivo, di punizione; (*constituting punishment*) penale; *(subject to punishment)* perseguibile (a termini di legge), punibile, passibile di pena: *a* ~ *offence* un reato perseguibile. **2** *(of a place)* penale, di pena.
penal| code *s.* codice *m* penale. ~ **colony** *s.* colonia *f* penale.
penalization [ˌpi:nəlaiˈzeiʃən] *s.* penalizzazione *f.*
'penalize [-laiz] *v.t.* **1** punire, infliggere una pena a. **2** ⟨*Sport*⟩ penalizzare. **3** *(to place at disadvantage)* svantaggiare.
penal law *s.* diritto *m* penale.
penally ['pi:nəli] *avv.* ⟨*Dir*⟩ penalmente, a norma del diritto penale.
penal| servitude *s.* ⟨*Dir*⟩ lavori *mpl* forzati; *(for life)* lavori *mpl* forzati a vita. ~ **settlement** *s.* → **penal colony.**
penalty ['penəlti] *s.* **1** pena *f*, punizione *f* (per un reato). **2** (*punishment for non-fulfillment*) penale *f*, pena *f*, penalità *f; (sum forfeited)* penale *f*, multa *f.* **3** *(disadvantage)* svantaggio *m: the* ~ *of fame* gli svantaggi della celebrità. **4** ⟨*Sport*⟩ penalizzazione *f*, penalità *f*, punizione *f; (in soccer, etc.: kick)* calcio *m* di rigore, rigore *m; (goal)* goal *m* (o rete *f)* su rigore. □ *the death* ~ la pena di morte; *on* (o *under)* ~ *of* pena la, sotto pena di: *on* ~ *of death* pena la morte.
penalty| area *s.* ⟨*Sport*⟩ area *f* di rigore. ~ **goal** *s.* ⟨*Sport*⟩ goal *m* su (calcio di) rigore. ~ **kick** *s.* calcio *m* di rigore, rigore *m.* ~ **stroke** *s.* (*in golf)* colpo *m* di penalità.
penance ['penəns] **I** *s.* **1** ⟨*Rel*⟩ penitenza *f*, contrizione *f.* **2** ⟨*Rel.catt*⟩ penitenza *f*, confessione *f.* **II** *v.t.* dare una penitenza a. □ *as* ~ *for my sins* a sconto dei miei peccati; *to do* ~ fare penitenza.
'pen-and-'ink I *a.* ⟨*Art*⟩ a penna. **II** *s.* disegno *m* a penna.
penates, Penates [peˈneiti:z] *s.pl.* ⟨*Mitol*⟩ penati *mpl.*
pen case *s.* portapenne *m.*
pence [pens] *s.pl.* → **penny.**
penchant *fr.* [pãˈʃã, *am.* 'pentʃənt] *s.* inclinazione *f*, debole *m*, propensione *f.* □ *to have a* ~ *for s.th.* essere portato per qc.
pencil ['pensl] **I** *s.* **1** matita *f*, lapis *m.* **2** ⟨*fig*⟩ *(style of drawing)* pennellata *f*, tocco *m*, pennello *m.* **3** *(stick of marking substance)* gesso *m*, gessetto *m.* **4** ⟨*Cosmet,Farm*⟩ matita *f.* **5** ⟨*fig*⟩ raggio *m*, filo *m*, fascio *m* sottile: *a* ~ *of light* un raggio di luce. **6** ⟨*Fis*⟩ pennello *m.* **7** ⟨*Mat*⟩ fascio *m.* **II** *v.t.* (*pret., p.p.* **pencilled**/*am.* **penciled** [-d]) **1** disegnare (o scrivere) a matita. **2** ⟨*Cosmet*⟩ disegnare (o segnare) con la matita. **3** ⟨*Med*⟩ *(of a wound)* trattare con una matita medicata. □ *to* ~ *in* aggiungere (o annotare) a matita.
pencil| box *s.* → **pencil case.** ~ **cap** *s.* salvapunte *m.* ~ **case** *s.* astuccio *m* per matite, portamatite *m.* ~ **holder** *s.* portalapis *m.*
pencilled ['pensld] *a.* (scritto) a matita: ~ *notes in the margin* note marginali a matita. **penciller** [-lə] *s.* **1** chi

disegna (o scrive) a matita. **2** ⟨*sl*⟩ *(bookmaker)* allibratc *m.* **pencilling** [-liŋ] *s.* **1** ⟨*Art*⟩ pennellata *f.* **2** ⟨*Orn* (*of feathers*) striatura *f.*
pencil| sharpener *s.* temperamatite *m.* ~ **stand** portamatite *m.*
pencraft ['penkrɑ:kt] *s.* **1** abilità *f* nello scrivere. **2** ⟨*f* professione *f* di scrittore.
pendant ['pendənt] **I** *s.* **1** pendente *m*, ciondolo *(earring)* orecchino *m; (of a necklace)* pendente pendentif *m.* **2** *(hanging electrical fixture)* calata *f* lampada. **3** ⟨*Arch*⟩ fregio *m* pensile. **4** ⟨*fig*⟩ *(compani piece;* ['pendənt, 'pãdã]) pendant *m*, riscontro *m.* **5** ⟨*M* bracotto *m*, penzolo *m; (pennant)* pennello *m*, guidone fiamma *f.* **II** *a.* → **pendent.**
pendency ['pendənsi] *s.* **1** l'essere in sospeso. **2** ⟨*D* pendenza *f.*
pendent ['pendənt] *a.* **1** appeso, sospeso, che pende. *(overhanging)* sovrastante; *(projecting)* sporgente. *(pending)* in sospeso, in pendenza, in corso. **4** ⟨*Gramn* incompleto, lasciato in sospeso.
pending ['pendiŋ] **I** *prep.* **1** in attesa di: ~ *a decision* attesa di una decisione. **2** *(during)* durante: ~ *t negotiations* durante i negoziati. **II** *a.* **1** in corso, sospeso, in attesa di essere definito: ~ *questions* affari corso. **2** *(impending)* incombente, imminente.
pendulate ['pendjuleit] *v.i.* **1** pendolare, oscillare. **2** ⟨*f* oscillare, variare, fluttuare.
pendulous ['pendjuləs] *a.* **1** che pende, pendente, ⟨*le* pendulo. **2** *(swinging)* oscillante. **pendulously** [-li] *a* in modo oscillante.
pendulum ['pendjuləm, *am.* -dʒuləm] *s.* **1** ⟨*Fis,A* pendolo *m.* **2** ⟨*Orol*⟩ *(torsion pendulum)* pendolo *m* torsione. **3** ⟨*fig*⟩ oscillazioni *fpl.* □ ⟨*fig*⟩ *the swing of t* ~ gli alti e i bassi dell'opinione pubblica.
pendulum| watch *s.* orologio *m* con falso pendo (visibile nel quadrante). ~ **wheel** *s.* ⟨*Orol*⟩ bilancie *m.*
Penelope [piˈneləpi] **I** *N.pr.* Penelope *f (anche Mitol.). s.* moglie *f* fedele, Penelope *f.*
penetrability [ˌpenitrəˈbiliti] *s.* penetrabilità *f.* **'penetrab** [-bl] *a.* penetrabile. **'penetrableness** [-blnis] *s.* penetrability.
penetralia [ˌpeniˈtreiliə] *s.pl.* ⟨*Archeol*⟩ penetrali *m (anche fig.).*
penetrant ['penitrənt] *a.* penetrante.
penetrate ['penitreit] **I** *v.t.* **1** penetrare in: *a splinter* his eye una scheggia gli penetrò nell'occhio. **2** *(to inside)* penetrare in, entrare in, addentrarsi in: *to* ~ *forest* penetrare in una foresta. **3** *(to see throug* penetrare: *my eyes -d the darkness* i miei occ penetrarono l'oscurità. **4** *(to spread through)* pervade permeare, compenetrare, spargersi in: *a strange smell the house* uno strano odore pervadeva la casa. **5** ⟨*fig*⟩ (*see through)* penetrare, riuscire a comprendere; ⟨*f understand, fathom*⟩ approfondire, penetrare. **6** ⟨*Com* *(of a market)* ottenere la penetrazione economica in. *v.i.* **1** penetrare, addentrarsi, introdursi *(into, to* in): *to into the heart of a country* penetrare nell'interno di paese; *(to advance)* penetrare, avanzare *(through* in). **2** (*gain admittance)* penetrare, introdursi, infiltrarsi *(into,* in). **3** *(to spread)* diffondersi, spargersi *(into, through* i **4** ⟨*fig*⟩ penetrare *(into* in): *to* ~ *into the heart of mystery* penetrare nel vivo di un mistero.
penetrating ['penitreitiŋ] *a.* **1** penetrante: *a* ~ *smell* odore penetrante. **2** ⟨*fig*⟩ penetrante, indagatore: *a glance* uno sguardo penetrante; *(acute)* acuto, penetrant
penetration [ˌpeniˈtreiʃən] *s.* **1** penetrazione *f.* **2** ⟨*f* penetrazione *f*, intuizione *f*, prontezza *f.* **3** ⟨*Pol,Eco* penetrazione *f: the peaceful* ~ *of a country* la penetrazio pacifica di un paese. **'penetrative** [-trətiv] *a.* penetrante. **2** ⟨*fig*⟩ acuto, penetrante. **3** *(tending penetrate)* penetrativo. **'penetrator** [-treitə] *s.* ⟨ penetra.
pen| feather *s.* ⟨*Ornit*⟩ penna *f* maestra. ~ **friend** amico *m (f* -a) di penna, amico con cui si ha u corrispondenza epistolare.
penguin ['peŋgwin] *s.* ⟨*Ornit*⟩ pinguino *m (f* -a).

·nguin suit *s.* ⟨*Astron,sl*⟩ tuta *f* spaziale.

·n holder *s.* **1** portapenne *m*, asticciola *f.* **2** (*rack*) porta-·enne *m.*

·nicil ['penisil] *s.* ⟨*Zool*⟩ ciuffo *m* di peli (a forma di ·ennello). **·peni'cillate** [–it] *a.* **1** ⟨*Bot*⟩ penicillato. **2** ⟨*Zool*⟩ a forma di pennello.

·nicillin [ˌpeni'silin] *s.* ⟨*Farm*⟩ penicillina *f.*

·ninsula [pi'ninsjulə] *s.* penisola *f.* **peninsular** [–lə] *a.* ·eninsulare. □ ⟨*Stor*⟩ the ~ *War* la guerra peninsulare.

·nis ['pi:nis] *s.* (*pl.* **penes** ['pi:ni:z]/**-nises** [nisi:z]) ⟨*Anat*⟩ ·ene *m.*

·nitence ['penitəns] *s.* pentimento *m.* **penitent** [–nt] **I** ·. penitente. **II** *s.* penitente *m/f* (*anche Rel.*).

·nitential [ˌpeni'tenʃəl] **I** *a.* penitenziale. **II** *s.* ⟨*Rel*⟩ ·ibro *m* penitenziale. **penitentially** [–i] *avv.* da ·enitente.

·nitentiary [ˌpeni'tenʃəri] **I** *s.* **1** riformatorio *m*, casa *f* di ·orrezione. **2** ⟨*am*⟩ (*prison*) penitenziario *m*, carcere *m*, ·rigione *f.* **3** ⟨*Rel.catt*⟩ penitenziere *m*; (*of the curia*) ·enitenzieria *f.* **II** *a.* **1** di penitenza, penitenziale. **2** ⟨*am*⟩ ·*incurring imprisonment*) passibile di pena detentiva; (*of a ·enitentiary*) penitenziario, carcerario.

·nitently ['penitəntli] *avv.* con pentimento.

·n|knife *s.irr.* temperino *m.* **~light** *s.* lampada *f* ·ascabile a forma di penna stilografica. **~ light battery** ·. batteria *f* a stilo.

·nman ['penmən] *s.irr.* **1** (*copyist, scribe*) scrivano *m*, ·opista *m.* **2** (*expert in penmanship*) calligrafo *m.* **3** ·*writer, author*) scrittore *m*, penna *f.* **penmanship** [–ʃip] ·. arte *f* dello scrivere. **2** (*style of handwriting*) ·alligrafia *f*, scrittura *f.*

·n name *s.* pseudonimo *m.*

·nnant ['penənt] *s.* **1** ⟨*Mar*⟩ pennello *m*, guidone *m*, ·iamma *f;* (*pendant*) bracotto *m*, penzolo *m.* **2** ⟨*am.Sport*⟩ ·essillo *m*, stendardo *m.*

·nnate ['peneit], **pennated** [–id] *a.* ⟨*Ornit*⟩ pennuto, ·ennato.

·nniform ['penifɔ:m] *a.* penniforme.

·nniless ['penilis] **I** *a.* privo di denaro (*o* mezzi), senza ·n soldo, spiantato. **II** *s.* (costr. pl.) poveri *mpl*, indigenti ·*npl.*

·nnine Chain *N.pr.* → **Pennines.**

·nnines ['penainz] *N.pr.pl.* ⟨*Geog*⟩ monti *mpl* Pennini, ·ennini *mpl.*

·nnon ['penən] *s.* **1** bandiera *f*, stendardo *m*, vessillo *m.* **2** ⟨*Mar*⟩ (*pennant*) pennello *m*, guidone *m*, fiamma *f.* **3** ·*Ornit*⟩ ala *f.*

·nnsylvanian [ˌpensəl'veinjən] **I** *a.* **1** del (*o* relativo ·llo) stato della Pensilvania **2** ⟨*Geol*⟩ alto carbonifero. **II** ·. **1** abitante *m/f* della Pensilvania. **2** ⟨*Geol*⟩ alto ·arbonifero *m.*

·nny ['peni] *s.* (*pl.* **pennies** ['peniz]/**pence** [pens]; il pl. ·ence è usato general. con valore collett.) **1** ⟨*Econ*⟩ ·enny *m* (pari a 1/12 di scellino); (*new penny*) penny *m* ·ecimale (pari a 1/100 di sterlina). **2** ⟨*am.Econ*⟩ cent *m* ·pari a 1/100 di dollaro). **3** (*sum of money*) denaro *m*, ·omma *f* di denaro, soldi *mpl: to spend every* ~ *of an* ·*inheritance* spendere tutto il denaro di un'eredità. **4** ·*Stor*⟩ (*Roman denarius*) denaro *m.* □ *to turn up like a* ·*ad* ~ intrufolarsi dappertutto, essere come il prezzemolo; ·*fam*⟩ *the* ~ **dropped** finalmente ha capito; *to turn an* ·*onest* ~ guadagnarsi da vivere onestamente; *in for a* ~, ·*n for a pound* quando si è in ballo bisogna ballare, chi ha ·atto trenta può fare trentuno; ⟨*fam*⟩. *it will cost you a* ·**retty** ~ ti costerà una bella somma; ⟨*eufem*⟩ *to spend a* ·~ andare al gabinetto, andare in quel posticino, ⟨*eufem*⟩ ·andare a lavarsi le mani; **ten** (*o* two) *a* ~ molto comune; ·· ~ *for your* **thoughts!** a che cosa stai pensando? *Prov.*: *a* ·~ **saved is a** ~ **earned** risparmiare è guadagnare.

·nny|-a-'liner *s.* ⟨*spreg*⟩ scrittorello *m*, scribacchino *m*, ·*spreg*⟩ imbrattacarte *m/f;* (*inferior journalist*) giornalista ·*n/f* da strapazzo. **~ ante** *am. s.* poker *m* giocato con ·pertura al buio di un cent. **~ bank** *s.* **1** ⟨*Econ*⟩ cassa *f* ·li risparmio. **2** (*piggy bank*) salvadanaio *m.* **~ dreadful** ·. (*cheap sensational novel*) romanzo *m* d'appendice; (*crime novel*) romanzo *m* giallo economico. **~~farthing** ·**bicycle**) *s.* biciclo *m.* **~ gaff** *s.* teatro *m* di varietà

d'infimo ordine. **'~-in-the-'slot** *a.* **1** (*of machines*) a moneta, a gettone. **2** ⟨*fig*⟩ automatico.

penny-pinch *am. v.t.* ⟨*fam*⟩ lesinare il centesimo a, tenere a stecchetto. **penny-pincher** *am. s.* spilorcio *m* (*f* –a), tirchio *m* (*f* –a).

'penny|-'plain *a.* senza fronzoli, senza abbellimenti. **~ post** *s.* ⟨*Stor*⟩ servizio *m* postale con tariffa di un penny. **ᵣ~'royal** *s.* ⟨*Bot*⟩ menta *f* pule(g)gio. **~weight** *s.* (*unit of troy weight*) unità *f* di peso (pari a 1,555 gr). **~whistle** *s.* fischietto *m.* **~-'wise** *a.* economo, parsimonioso, che bada al centesimo. □ *to be* ~ *and pound foolish* risparmiare i centesimi e sperperare le lire. **~wort** *s.* ⟨*Bot*⟩ ombelico *m* di Venere. **~worth** *s.* (*pl. inv.*/**-s** [s]) *f* valore *m* di un penny, quanto può essere acquistato con un penny. **2** ⟨*fig*⟩ (*small quantity*) piccola quantità *f*, un poco, un po': *not a* ~ neanche un po'. **3** ⟨*fig*⟩ (*bargain*) (buon) affare *m.* □ *a* ~ *of sweets* un penny di caramelle.

penology [ˌpi:'nɔlədʒi] *s.* ⟨*Dir*⟩ **1** diritto *m* penale. **2** (*science dealing with prisons*) diritto *m* penitenziario.

pen| pal *s.* → **pen friend.** **~ pusher** *s.* ⟨*spreg*⟩ scribacchino *m* (*f* –a).

pensile ['pens(a)il] *a.* pensile, sospeso.

pension¹ ['penʃən] **I** *s.* **1** pensione *f.* **2** (*allowance*) sovvenzione *f*, sussidio *m*, assegno *m.* **II** *v.t.* **1** assegnare (*o* corrispondere) una pensione a. **2** (*to dismiss with a pension;* general con *off*) collocare a riposo assegnando una pensione, ⟨*burocr*⟩ pensionare. □ ~ *at the minimum amount* pensione *f* minima; *to live on a* ~ vivere della pensione; *to retire on a* ~ andare in pensione.

pension² *fr.* [pɑ̃'sjõ] *s.* **1** pensione *f.* **2** (*room and board*) vitto e alloggio *m*, pensione *f;* (*payment*) pensione *f*, retta *f.* □ *en* ~ a pensione.

pensionable ['penʃənəbl] *a.* **1** (*of a person*) pensionabile; (*of a post*) che dà diritto a una pensione. **2** (*of pensions*) pensionistico.

pensionable age *s.* età *f* pensionabile.

pension adjustment *s.* adeguamento *m* delle pensioni.

pensionary ['penʃənəri] **I** *s.* **1** (*pensioner*) pensionato *m* (*f* –a), chi riceve una pensione. **2** (*hireling*) persona *f* prezzolata, mercenario *m.* **II** *a.* **1** (*receiving a pension*) pensionato. **2** (*of a pension*) pensionistico. **3** (*being a hireling*) mercenario, prezzolato.

pensioner ['penʃənə] *s.* **1** pensionato *m* (*f* –a). **2** ⟨*Univ*⟩ (*at Cambridge*) studente *m* (*f* –essa) che paga la retta.

pension| fund *s.* fondo *m* pensioni. **~ insurance** *s.* assicurazione *f* pensionistica. **~ plan** *s.* sistema *m* pensionistico previdenziale. **~ reform** *s.* riforma *f* delle pensioni.

pensive ['pensiv] *a.* **1** pensieroso, pensoso, meditabondo. **2** (*expressing sadness*) malinconico, mesto. **pensiveness** [–nis] *s.* pensosità *f.*

penstock ['penstɔk] *s.* ⟨*Idr*⟩ **1** (*sluice gate*) chiusa *f*, saracinesca *f* di regolazione. **2** (*conduit*) condotta *f* forzata.

pent¹ [pent] *a.* **1** rinchiuso, segreto. **2** (*of feelings*) contenuto, represso: ~ *emotion* emozione contenuta; ~ *rage* rabbia repressa.

pent² *s.* ⟨*fam*⟩ tettoia *f* a uno spiovente.

pentachord ['pentəkɔ:d] *s.* ⟨*Mus*⟩ pentacordo *m.*

pentad ['pentæd] *s.* **1** (*period of five years*) quinquennio *m*, ⟨*lett*⟩ lustro *m;* (*period of five days*) cinque giorni *mpl*, periodo *m* di cinque giorni. **2** (*group of five*) serie *f* (*o* gruppo *m*) di cinque, ⟨*lett*⟩ pentade *f.* **3** ⟨*Chim*⟩ elemento *m* (*o* atomo, radicale) pentavalente.

pentadactyl(ate) [ˌpentə'dæktil(it)] *a.* ⟨*Biol*⟩ pentadattilo.

pentagon ['pentəgən, *am.* –gɔn] *s.* ⟨*Geom*⟩ pentagono *m.* **Pentagon** *N.pr.* ⟨*SU*⟩ Pentagono *m.* **pentagonal** [–'tægənl] *a.* pentagonale.

pentagram ['pentəgræm] *s.* ⟨*Geom*⟩ pentagramma *m.*

pentahedron [ˌpentə'hi:drən] *s.* ⟨*Geom*⟩ (*pl.* **-s** [z]/**-dra** [drə]) pentaedro *m.*

pentameter [pen'tæmitə] *s.* ⟨*Metr*⟩ pentametro *m.*

pentarchy ['pentɑ:ki] *s.* pentarchia *f.*

Pentateuch ['pentətju:k] *s.* ⟨*Bibl*⟩ Pentateuco *m.* **Pentateuchal** [–əl] *a.* del (*o* relativo al) Pentateuco.

pentathlete [pen'tæθli:t] *s.* ⟨*Sport*⟩ pentatleta *m/f.*

pentathlon [–lɔn, –lən] *s.* pentathlon *m*, pentatlon *m*,

pentatlo *m*.
pentavalent [ˌpentə'veilənt, pen'tævələnt] *a*. ⟨*Chim*⟩ pentavalente.
Pentecost ['pentikɔst] *s*. ⟨*Rel*⟩ Pentecoste *f*. ˌ**Pente'costal** [-əl] *a*. pentecostale.
penthouse ['penthaus] *s*. **1** ⟨*Arch*⟩ (*dwelling on a roof*) attico *m*. **2** ⟨*Arch*⟩ (*sloping shed*) tettoia *f* a uno spiovente. **3** → **penthouse roof. 4** (*annex*) dipendenza *f*, (piccolo) fabbricato *m* annesso. **penthouse roof** *s*. ⟨*Arch*⟩ tetto *m* a ˈuno spioventeˈ (*o* una falda).
pentode ['pentoud] *s*. ⟨*El*⟩ pentodo *m*.
'**pent-'up** *a*. → **pent**[1].
penult ['pi:nʌlt, pi'n-] *s*. ⟨*Gramm*⟩ penultima sillaba *f*, penultima *f*. **penultimate** [pi'nʌltimit] **I** *a*. **1** penultimo. **2** (*of a penult*) della penultima (sillaba), sulla penultima. **II** *s*. → **penult**.
penumbra [pi'nʌmbrə] *s*. (*pl*. **-brae** [bri:]/**-s** [z]) **1** ⟨*Astr*⟩ penombra *f*. **2** ⟨*fig*⟩ bordo *m*, margine *m*. **3** ⟨*Pitt*⟩ chiaroscuro *m*. **penumbral** [-l] *a*. semioscuro, di (*o* in) penombra.
penurious [pi'njuəriəs] *a*. **1** misero, gretto, meschino. **2** (*destitute*) indigente, bisognoso. **penuriousness** [-nis] *s*. grettezza *f*, meschinità *f*. **penury** ['penjuəri] *s*. **1** indigenza *f*, povertà *f*. **2** → **penuriousness**.
peon ['pi:ən] *s*. (*pl*. **-s** [z]/**-ones** [o(u)ni:z]) **1** fattorino *m*, inserviente *m*. **2** (*foot soldier*) soldato *m* di fanteria, fante *m*. **3** (*agricultural labourer*) peon(e) *m*, bracciante *m*. **4** (*in Mexico*) peone *m*. **peonage** [-idʒ] *s*. **1** condizione *f* di bracciante. **2** (*use of peon labour*) peonaggio *m*.
peony ['pi:əni] *s*. ⟨*Bot*⟩ peonia *f*.
people ['pi:pl] **I** *s*. (*pl*. *inv*./**-s** [z]; il pl. **peoples** si usa con valore collett. riferito a razze o nazioni) **1** gente *f*, persone *fpl*: *intelligent* ~ gente intelligente, persone intelligenti; *country* ~ gente di campagna; *there were many* ~ c'erano molte persone; (*human beings as distinct from animals*) esseri *mpl* umani, gente *f*, uomini *mpl*: *this disease does not affect* ~ questa malattia non colpisce gli esseri umani. **2** (*persons indefinitely*) gente *f*, persone *fpl*, *often not translated*: ~ *will never believe you* la gente non ti crederà mai; *you shouldn't keep* ~ *waiting* non devi far aspettare; ~ *say* si dice. **3** (*subjects of a ruler*) popolo *m*, sudditi *mpl*; (*common people*) popolo *m*. **4** (*electorate*) popolo *m*, corpo *m* elettorale, elettorato *m*: *government by the* ~ governo ˈdel popoloˈ (*o* popolare). **5** ⟨*fam*⟩ (*relatives, family*) famiglia *f*, familiari *mpl*, parenti *mpl*: *my wife's* ~ i parenti di mia moglie. **6** (*animals of a specific kind*) razza *f*, famiglia *f*. **7** (*members of a nation*) popolo *m*, popolazione *f*, nazione *f*: *the English-speaking* -*s* i popoli di lingua inglese. **II** *v.t*. **1** popolare: *to* ~ *a new colony* popolare una nuova colonia. **2** ⟨*fig*⟩ popolare, abitare. □ ~ *of* importance gente *f* importante; **many** ~ molti, molta gente; **most** ~ la maggioranza, la maggior parte della gente; **of** *all* ~ fra tutti; *you, of all* ~, *should know better* tu dovresti saperlo meglio di tutti; *a man of the* ~ un uomo del popolo, un popolano; **old** ~ i vecchi; *a People's* **Republic** una repubblica popolare; **some** ~ certa gente, alcuni, taluni, certuni, certi; *some* ~ *have all the luck* c'è chi è nato con la camicia.
people's| bank *s*. banca *f* popolare. ~ **front** *s*. ⟨*Pol*⟩ fronte *m* popolare. **~ Party** *s*. ⟨*Stor*⟩ partito *m* populista (*o* del popolo).
pep [pep] **I** *s*. ⟨*fam*⟩ vivacità *f*, brio *m*, spirito *m*; ⟨*fam*⟩ pepe *m*. **II** *v.t*. (*pret., p.p.* **pepped** [-t]) (general. con *up*) animare, ravvivare.
pepper ['pepə] **I** *s*. **1** ⟨*Bot*⟩ pepe *m*. **2** (*condiment*) pepe *m*. **3** (*fruit*) peperone *m*, peperoncino *m*. **4** ⟨*pep, vigour*⟩ vivacità *f*, brio *m*, vitalità *f*, spirito *m*, ⟨*fam*⟩ pepe *m*. **II** *v.t*. **1** pepare, condire con pepe, impepare. **2** ⟨*fig*⟩ (*to dot*) cospargere, punteggiare: *a face* -*ed with freckles* un viso cosparso di lentiggini. **3** ⟨*fam*⟩ (*to throw*) tempestare, bersagliare: *to* ~ *a dog with stones* tempestare un cane di sassate. **4** ⟨*fam*⟩ (*to beat, hit*) battere, colpire, picchiare. **5** ⟨*fig*⟩ (*to sprinkle, strew*) infarcire, costellare, cospargere, disseminare.
'**pepper-and-'salt I** *a*. sale e pepe, bianco e nero, grigiastro. **II** *s*. **1** color *m* sale e pepe. **2** ⟨*Tess*⟩ tessuto *m* sale e pepe.

pepper| box *s*. pepaiola *f*, pepiera *f*. ~ **caster** *s*. pepper box. ~**corn** **I** *s*. grano *m* di pepe. **II** *a*. minimo insignificante, da nulla. ~**corn rent** *s*. canone *m* d'affi nominale irrisorio. ~ **grinder,** ~ **mill** *s*. macinapepe macinino *m* per il pepe, pepaiola *f*.
peppermint ['pepəmint] *s*. **1** ⟨*Bot*⟩ menta *f*, mer peperita. **2** → **peppermint oil. 3** ⟨*Dolc*⟩ menta caramella *f* alla menta.
peppermint| camphor *s*. mentolo *m*. ~ **drop** *s*. ⟨*Do* mentina *f*. ~ **oil** *s*. menta *f*, essenza *f* di menta.
pepper| pot *s*. **1** pepaiola *f*. **2** ⟨*fam*⟩ (*person*) persona irascibile (*o* collerica). ~ **shaker** *s*. → pepper box. tree *s*. ⟨*Bot*⟩ schino *m*, albero *m* del pepe, falso pepe ~**wort** *s*. ⟨*Bot*⟩ lepidio *m*.
peppery ['pepəri] *a*. **1** pepato; (*hot, piquant*) pepa piccante, pungente. **2** ⟨*fig*⟩ (*irascible*) irascibile, iracond **3** ⟨*fig*⟩ (*of words, etc*.) pepato, pungente, caustic mordace.
pep pill *s*. ⟨*fam*⟩ pillola *f* (*o* sostanza) eccitante (a base anfetamina).
peppiness ['pepinis] *s*. ⟨*sl*⟩ vivacità *f*, vitalità *f*, brio **peppy** [-pi] *a*. ⟨*sl*⟩ vivace, pieno di brio.
pepsin ['pepsin] *s*. ⟨*Biol*⟩ pepsina *f*.
pep talk *s*. ⟨*fam*⟩ discorsetto *m* d'esortazione, ⟨*scher* fervorino *m*.
peptic ['peptik] **I** *a*. ⟨*Fisiol*⟩ peptico; (*promoting digestio* digestivo. **II** *s*. digestivo *m*. **peptic ulcer** *s*. ⟨*Me* ulcera *f* peptica.
peptone ['peptoun] *s*. ⟨*Fisiol*⟩ peptone *m*. **peptoni** [-to(u)naiz] *v.t*. peptonizzare, sottoporre peptonizzazione.
per [pə(:)] *prep*. **1** a, per: *miles* ~ *hour* miglia all'ora; *annum* all'anno; *ten shillings* ~ *person* dieci scellini p persona. **2** (*by the means of*) a mezzo (di), per mezzo con: ~ *post* a mezzo posta. **3** (*as indicated by*) conformità a (*o* di), come indicato (*o* stabilito) da. □ ~ conforme a, in conformità a (*o* di).
peradventure [ˌpəːrəd'ventʃə] **I** *s*. dubbio *m*, possibilità di dubbio. **II** *avv*. ⟨*rar*⟩ **1** forse, probabilmente. **2** (*chance*) per caso, per avventura.
perambulate [pə'ræmbjuleit] **I** *v.t*. **1** percorrere attraversare) a piedi, camminare attraverso. **2** (*of boundary*) fare un giro d'ispezione in, ispezionare. **II** passeggiare, camminare; (*to ramble*) vaga **pe,rambulation** [-'leiʃən] *s*. **1** passeggiata *f*, giro passeggio *m*, camminata *f*. **2** (*of a boundary*) ispezione **3** ⟨*Dir*⟩ determinazione *f* dei confini di un'are **perambulator** [-ə] *s*. **1** (*for a baby*) carrozzina carrozzella *f*. **2** ⟨*tecn*⟩ odometro *m*. **perambulato** [-əri] *a*. **1** itinerante, vagante. **2** (*of perambulatio* ispettivo, d'ispezione.
per an. = *per annum* annualmente.
per annum *lat*. [pə'rænəm] *avv*. annualmente, ogni ann **perborate** [pə'bɔːreit] *s*. ⟨*Chim*⟩ perborato *m*. **perbora** [-ræks] *s*. perborato *m* di sodio.
percale [pə'keil] *s*. ⟨*Tess*⟩ percalle *m*.
per capita *lat*. [pə'kæpitə] *avv*. a testa, pro capite.
per capita| consumption *s*. consumo *m* pro capite. **income** *s*. reddito *m* pro capite.
perceivable [pə'si:vəbl] *a*. percettibile, percepibi (*intelligible*) intelligibile, comprensibile. **perceive** [-v] **1** percepire, avvertire, sentire: *to* ~ *a slight odour of* percepire un leggero odore di gas. **2** (*to disce* *comprehend*) percepire, intuire, accorgersi di, avvertire.
percent, per cent [pə'sent] **I** *s*. (*pl*. *inv*./**-s** [s]) **1** cento *m*, percento *m*: *eighty* ~ *of the country's fo* l'ottanta per cento dei generi alimentari del paese. (*percentage*) percentuale *f*. **II** *a*. del ... per cento: *a ten discount* uno sconto del dieci per cento. □ *I agree o* *hundred* ~ sono d'accordo al cento per cento.
percentage [pə'sentidʒ] *s*. **1** percentuale *f*. **2** (*proportio* percentuale *f*, parte *f*, quota *f*, porzione *f*: *a high* ~ *students failed* un'elevata percentuale di studenti è st bocciata. **3** (*share of profits, etc*.) percentuale provvigione *f*, tangente *f*. □ *to work on a* ~ *basis* lavora a provvigione. **percentagewise** [-waiz] *avv*. in term di percentuale, in proporzione.

•rcept ['pə:sept] *s.* ⟨*Filos*⟩ **1** (*result of perceiving*) percetto *m.* **2** (*s.th. perceived*) cosa *f* percepita.

•rceptibility [‚pə:septə'biliti] *s.* percettibilità *f.*
•er'ceptible [–bl] *a.* percettibile, percepibile.
•er'ceptibly [–bli] *avv.* percettibilmente, in modo •ercepibile.

•rception [pə'sepʃən] *s.* **1** percezione *f.* **2** (*ability to •erceive*) percettiva *f,* percezione *f.* **3** (*comprehension, •iscernment*) comprensione *f,* intelligenza *f;* (*intuitive •ecognition*) intuizione *f,* intuito *m: a writer of rare* ~ uno •crittore di rara intuizione. **4** ⟨*Dir*⟩ riscossione *f,* esazione *•* **perceptional** [–l] *a.* percettivo, della percezione.
•rceptive [pə'septiv] *a.* percettivo. **perceptiveness** –nis], **perceptivity** [‚pə:sep'tiviti] *s.* percettività *f,* •ercettiva *f.*

•rceval ['pə:sivəl] *N.pr.* → Percival(e).

•rch[1] [pə:tʃ] **I** *s.* **1** (*for a bird*) pertica *f,* posatoio *m,* ‚ruccia *f;* (*branch*) ramo *m.* **2** ⟨*fig*⟩ (*secure resting place*) ifugio *m;* (*elevated position*) posto *m* elevato (*o* alto). **3** *unit of measure*) pertica *f* (pari a circa 5 m). **II** *v.i.* **1** (*of • bird*) appollaiarsi. **2** ⟨*fig*⟩ appollaiarsi, sedersi in alto: *to* ~ *on a stool* appollaiarsi su uno sgabello; (*of things*) •ssere situato in alto, essere (*o* stare) appollaiato. **III** *v.t.* mettere (*o* sistemare) in alto. □ ⟨*fam*⟩ *to come off one's* ~ scendere dal piedistallo; ⟨*fam*⟩ *to hop the* ~ morire, *volg*⟩ tirare le cuoia; ⟨*fam*⟩ *to knock s.o. off his* ~ fare •oggiare qd.; *a house –ed on top of a hill* una casa •ppollaiata in cima a una collina.

•rch[2] *s.* (*pl. inv.*/**perches** ['pə:tʃiz]; il pl.inv. si usa general. .on valore collett.) ⟨*Itt*⟩ pesce *m* persico.

•rchance [pə'tʃɑ:ns] *avv.* ⟨*lett*⟩ **1** forse, può darsi. **2** (*by •hance*) per caso, per avventura.

•rchlorate [pə'klɔ:reit] *s.* ⟨*Chim*⟩ perclorato *m.*
•erchloride [–raid] *s.* percloruro *m.*

•rcipience [pə'sipiəns], **percipiency** [–i] *s.* percettività *•* percettiva *f.* **percipient** [–nt] **I** *a.* percettivo. **II** *s.* **1** •hi percepisce. **2** (*in telepathy*) soggetto *m* dotato di •ercezione telepatica.

•rcival(e) ['pə:sivəl] *N.pr.* ⟨*Lett*⟩ Parsifal *m.*

•rcolate ['pə:kəleit] **I** *v.t.* **1** (*to cause to pass through*) iltrare, colare; (*to pass or filter through*) passare (*o* iltrare) attraverso. **2** (*of coffee*) filtrare, passare, colare. **II** .i. **1** colare, filtrare. **2** (*of coffee*) filtrare, colare, passare. **•** ⟨*fig*⟩ diffondersi, propagarsi. **percolation** [–'leiʃən] *s.* **•** filtrazione *f,* percolazione *f.* **2** ⟨*fig*⟩ diffusione *f,* •ropagazione *f.* **percolator** [–ə] *s.* **1** caffettiera *f* a filtro, nacchinetta *f* per il caffè espresso. **2** ⟨*tecn*⟩ percolatore *n.*

•rcuss [pə'kʌs] *v.t.* ⟨*Med*⟩ percuotere. **percussion** [–ʃən] *s.* **1** percossa *f,* percussione *f,* colpo *m.* **2** ⟨*Mus,Med*⟩ •ercussione *f.* **3** ⟨*Mus*⟩ ⟨*collett*⟩ (*percussion instruments*) trumenti *mpl* a percussione. **II** *a.* **1** ⟨*Mus*⟩ degli trumenti a percussione. **2** ⟨*Artigl,tecn*⟩ a percussione. **rcussion** | **bullet** *s.* ⟨*Artigl*⟩ pallottola *f* esplosiva. ~ •ap *s.* capsula *f* (fulminante). ~ **fuse** *s.* ⟨*Artigl*⟩ spoletta • a percussione. ~ **instrument** *s.* ⟨*Mus*⟩ strumento *m* a •ercussione. ~ **pin** *s.* percussore *m.* ~ **player** *s.* ⟨*Mus*⟩ •ercussionista *m/f.*

•rcussive [pə'kʌsiv] *a.* percussivo.

•rcutaneous [‚pə:kju'teiniəs] *a.* ⟨*Med*⟩ percutaneo.

•r diem *lat.* [pə'daiəm] **I** *avv.* al giorno, giornalmente. **II** •. giornaliero. **III** *s.* indennità *f* giornaliera, diaria *f.*

•rdition [pə'diʃən] *s.* perdizione *f,* dannazione *f* dell'anima).

•rdu *fr.* [pə'dju:] *a.* nascosto, celato. □ *to lie* ~: **1** ⟨*Mil*⟩ tare in agguato, tendere un'imboscata; **2** (*to conceal o.s.*) •ascondersi.

•rdurability [pə‚djuərə'biliti] *s.* persistenza *f,* permanenza *f.* **per'durable** [–bl] *a.* **1** durevole, duraturo. **2** ⟨*Teol*⟩ terno. **perduring** [–'djuəriŋ] *a.* duraturo, durevole.

•regrinate ['perigrineit] **I** *v.i.* camminare, andare (*o* iaggiare) a piedi. **II** *v.t.* percorrere, attraversare. **•eregrination** [–'neiʃən] *s.* viaggio *m* (a piedi), •eregrinazione *f.* **peregrinator** [–ə] *s.* ⟨*rar*⟩ viandante •/f, viaggiatore *m* (*f* –trice).

•regrine ['perigrin] **I** *a.* forestiero, straniero. **II** *s.* *Ornit*⟩ (*peregrine falcon*) falco *m* pellegrino (*o* reale),

pellegrino *m.*

peremptorily [pə'remptərili] *avv.* perentoriamente. **peremptoriness** [–rinis] *s.* perentorietà *f.* **peremptory** [–ri] *a.* **1** perentorio, tassativo: ~ *order* ordine perentorio. **2** (*imperative*) imperioso, autoritario; (*dogmatic*) dogmatico, cattedratico. **3** ⟨*Dir*⟩ perentorio. □ ⟨*Dir*⟩ ~ *writ* mandato *m* di comparizione.

perennial [pə'renjəl] **I** *a.* **1** perenne, perpetuo; (*constant*) costante, perenne, continuo. **2** ⟨*Bot,Geol*⟩ perenne. **II** *s.* ⟨*Bot*⟩ perenne *f,* pianta *f* perenne. □ ⟨*fig*⟩ *hardy* ~ questione *f* (*o* problema *m*) ricorrente. **pe,renniality** [–ni'æliti] *s.* l'essere perenne (*anche Bot.*).

perf. = ⟨*Gramm*⟩ *perfect* perfetto.
perfect I *a.* ['pə:fikt] **1** perfetto: *a* ~ *crime* un delitto perfetto. **2** (*ideal*) ideale, perfetto: *the* ~ *wife* la moglie perfetta; *the* ~ *man for the job* l'uomo ideale per quel posto; (*real*) vero, perfetto: *a* ~ *gentleman* un vero gentiluomo. **3** (*exact*) esatto, preciso; (*faithful*) fedele, conforme: ~ *copy* copia fedele. **4** (*total*) perfetto, assoluto, totale: ~ *silence* silenzio perfetto. **5** ⟨*fam*⟩ (*unqualified*) perfetto, vero, completo: *you are a* ~ *fool* sei un perfetto idiota. **6** ⟨*Gramm,Mat,Dir*⟩ perfetto. **7** ⟨*Mus*⟩ (*of consonances*) giusto; (*of intervals*) perfetto. **II** *s.* ⟨*Gramm*⟩ tempo *m* perfetto, perfetto *m.* **III** *v.t.* [pə'fekt] **1** perfezionare, rendere perfetto: *to* ~ *a technique* perfezionare una tecnica. **2** ⟨*rifl*⟩ perfezionarsi, affinarsi. **3** (*to bring to a conclusion*) portare a termine, completare, finire. □ *a* ~ *circle* un circolo perfetto; *to make* ~ perfezionare, rendere perfetto.

perfect | **cadence** ['pə:fikt] *s.* ⟨*Mus*⟩ cadenza *f* perfetta. ~ **fifth** *s.* ⟨*Mus*⟩ quinta *f* giusta.

perfectibility [pə‚fekti'biliti] *s.* perfettibilità *f.* **per'fectible** [–bl] *a.* perfettibile.

perfect interval ['pə:fikt] *s.* ⟨*Mus*⟩ intervallo *m* perfetto.

perfection [pə'fekʃən] *s.* **1** perfezione *f.* **2** (*act of perfecting*) perfezionamento *m.* □ *to bring to* ~ portare a perfezione, perfezionare; *to reach* (*o attain*) ~ raggiungere la perfezione; *to* ~ a (*o* alla) perfezione.

perfectionism [pə'fekʃənizəm] *s.* perfezionismo *m.* **perfectionist** [–nist] *s.* perfezionista *m/f.* **perfectionistic** [–nistik] *a.* perfezionistico.

perfective [pə'fektiv] *a.* ⟨*Ling*⟩ perfettivo.

perfectly ['pə:fiktli] *avv.* **1** alla (*o* a) perfezione, perfettamente, in modo perfetto. **2** (*completely*) perfettamente, assolutamente, del tutto. **3** (*exactly*) esattamente. **4** (*quite, adequately*) perfettamente, benissimo, molto bene: *you know* ~ (*well*) *I don't approve* sai perfettamente che non approvo. **perfectness** [–ktnis] *s.* perfezione *f.*

perfect | **number** ['pə:fikt] *s.* ⟨*Mat*⟩ numero *m* perfetto. ~ **pitch** *s.* ⟨*Mus*⟩ intonazione *f* giusta. ~ **rhyme** *s.* ⟨*Metr*⟩ rima *f* perfetta.

perfervid [pə:'fə:vid] *a.* molto fervido, fervoroso, ardente.

perfidious [pə'fidiəs] *a.* perfido, sleale, infido. □ ⟨*Stor*⟩ ~ *Albion* perfida Albione *f.* **perfidiousness** [–nis], **perfidy** ['pə:fidi] *s.* perfidia *f.*

perfoliate [pə'fouliit] *a.* ⟨*Bot*⟩ perfogliato.

perforate I *v.t.* ['pə:fəreit] **1** perforare, traforare. **2** (*to pierce through*) perforare, trapassare. **3** (*to indent*) dentellare. **II** *v.i.* penetrare. **III** *a.* ['pə:fərit, –reit] → **perforated. perforated** [–tid] *a.* **1** perforato. **2** ⟨*Filat*⟩ dentellato.

perforating machine [pə:fə'reitiŋ] *s.* perforatrice *f,* macchina *f* perforatrice.

perforation [‚pə:fə'reiʃən] *s.* **1** perforazione *f.* **2** (*hole made*) foro *m;* (*series of holes*) perforazione *f,* perforatura *f.* **3** ⟨*Filat*⟩ dentellatura *f.* **perforator** [–reitə] *s.* **1** ⟨*Mecc*⟩ macchina *f* perforatrice, perforatrice *f.* **2** ⟨*Tel*⟩ perforatore *m.* **3** (*office machine*) punzonatrice *f.*

perforce [pə'fɔ:s] *avv.* per forza, necessariamente.

perform [pə'fɔ:m] **I** *v.t.* **1** fare, eseguire, realizzare, effettuare: *to* ~ *a task* eseguire un compito; (*of ceremonies, etc.*) celebrare: *to* ~ *a marriage* celebrare un matrimonio. **2** ⟨*Teat*⟩ rappresentare, eseguire. **3** ⟨*Mus*⟩ eseguire, sonare. **4** (*to fulfill*) adempiere, mantenere, compiere: *to* ~ *a promise* mantenere la promessa. **II** *v.i.* **1** funzionare: *the machine –ed very well* la macchina funzionò molto bene. **2** ⟨*Teat*⟩ recitare. **3** ⟨*Mus*⟩ esibirsi: *to ~ on the trumpet* esibirsi alla tromba. **4** ⟨*fam*⟩ (*to carry out a promise*) mantenere, osservare (*o* tenere fede a) una promessa: *he promises but never –s* promette ma non mantiene mai. **performable** [–əbl] *a.* **1** fattibile, eseguibile, attuabile, effettuabile. **2** ⟨*Teat*⟩ rappresentabile, eseguibile. **3** ⟨*Mus*⟩ che si può sonare.

performance [pə'fɔ:məns] *s.* **1** esecuzione *f,* adempimento *m,* compimento *m: in the ~ of one's duty* nell'adempimento del proprio dovere. **2** (*s.th. done*) prestazione *f,* risultato *m; (accomplishment*) impresa *f.* **3** ⟨*fam*⟩ (*spectacular, unusual action, proceeding*) azione *f* (*o* fatto *m*) fuori del comune, fatto *m* eccezionale, spettacolo *m: what a ~!* che spettacolo! **4** ⟨*Teat*⟩ rappresentazione *f,* spettacolo *m, ·*recita *f: an evening ~* uno spettacolo serale; (*of a part*) interpretazione *f.* **5** ⟨*Mus*⟩ interpretazione *f,* esecuzione *f.* **6** (*efficiency*) rendimento *m,* prestazione *f,* efficienza *f: the ~ of a car* il rendimento di una macchina.

performance‖ evaluation *s.* valutazione *f* del rendimento. **~ test** *s.* ⟨*Psic*⟩ test *m* di capacità pratiche.

performer [pə'fɔ:mə] *s.* **1** esecutore *m* (*f* –trice), realizzatore *m* (*f* –trice). **2** (*entertainer*) artista *m/f,* attore *m* (*f* –trice). **3** (*musician*) musicista *m/f.* **performing** [–miŋ] *a.* (*of animals*) ammaestrato.

performing rights *s.pl.* diritti *mpl* di rappresentazione (*o* esecuzione).

perfume I *s.* ['pəfju:m] **1** ⟨*Cosmet*⟩ profumo *m,* essenza *f.* **2** (*pleasant scent*) profumo *m,* fragranza *f,* aroma *m.* **II** *v.t./i.* [pə'fju:m] profumare. **per'fumed** [–d] *a.* profumato, fragrante. **perfumer** [–ə] *s.* profumiere *m* (*f* –a). **perfumery** [–əri] *s.* profumeria *f.*

perfunctoriness [pə'fʌŋktərinis] *s.* superficialità *f.* **perfunctory** [–ri] *a.* **1** superficiale, sbrigativo, frettoloso; (*done merely as a duty*) meccanico. **2** (*lacking in interest*) indifferente, svogliato, apatico.

perfuse [pə'fju:z] *v.t.* **1** irrorare, spruzzare, aspergere. **2** (*of a liquid, etc.*) versare su. **perfusion** [–'fju:ʒən] *s.* **1** irroramento *m,* aspersione *f.* **2** ⟨*Rel*⟩ aspersione *f.* **perfusive** [–iv] *a.* che irrora.

Pergamum ['pə:gəməm] *N.pr.* ⟨*Geog.stor*⟩ Pergamo *f.*

pergola ['pə:gələ] *s.* pergola *f,* pergolato *m.*

perhaps [pə'hæps] *avv.* forse, può darsi.

perianth ['periænθ] *s.* ⟨*Bot*⟩ perianzio *m.*

periapt ['periæpt] *s.* amuleto *m,* talismano *m.*

pericardiac [,peri'kɑ:diæk], **pericardial** [–diəl] *a.* ⟨*Anat*⟩ pericardico. **pericarditis** [–'daitis] *s.* ⟨*Med*⟩ pericardite *f.* **pericardium** [–diəm] *s.* (*pl.* -dia [diə]) ⟨*Anat*⟩ pericardio *m.*

pericarp ['perikɑ:p] *s.* ⟨*Bot*⟩ pericarp(i)o *m.*

Pericles ['perikli:z] *N.pr.* ⟨*Stor.gr*⟩ Pericle *m.*

perigeal [,peri'dʒi:əl], **perigean** [–'dʒi:ən] *a.* ⟨*Astr*⟩ perigeo. **'perigee** [–dʒi:] *s.* perigeo *m.*

perihelion [,peri'hi:liən] *s.* ⟨*Astr*⟩ (*pl.* -lia [liə]) perielio *m.*

peril ['peril] **I** *s.* pericolo *m,* rischio *m: to be in ~ of one's life* essere in pericolo di vita. **II** *v.t.* (*pret., p.p.* **perilled/am.** **periled** [–d]) esporre a un pericolo, mettere a repentaglio. ☐ *at one's ~* a proprio rischio e pericolo; ⟨*Assic*⟩ *–s of the sea* rischi marittimi.

perilous ['periləs] *a.* pericoloso, rischioso. **perilousness** [–nis] *s.* pericolosità *f.*

perimeter [pə'rimitə] *s.* ⟨*Geom,Med*⟩ perimetro *m.* **perimetric** [,peri'metrik], **perimetrical** [,peri'metrikəl] *a.* ⟨*Geom,Med*⟩ perimetrale.

perinatal [,peri'neitl] *a.* ⟨*Med*⟩ perinatale: *~ mortality* mortalità perinatale.

perineal [,peri'ni:əl] *a.* ⟨*Anat*⟩ perineale.

perineum [,peri'ni:əm] *s.* (*pl.* -nea [niə]) ⟨*Anat*⟩ perineo *m.*

period ['piəriəd] **I** *s.* **1** periodo *m: a difficult ~ in my life* un periodo difficile della mia vita; (*cyclic interval of time*) periodo *m,* spazio *m* di tempo. **2** (*era*) periodo *m,* era *f,* epoca *f: the Reformation ~* l'epoca della Riforma. **3** ⟨*fig*⟩ (*end, stop*) fine *f,* termine *m: to put a ~ to s.th.* porre fine a qc. **4** ⟨*scol*⟩ ora *f* (di lezione), lezione *f.* **5** ⟨*Sport*⟩

tempo *m.* **6** ⟨*Mus,Gramm,Astr,Geol,Chim*⟩ periodo *m.* ⟨*Fisiol*⟩ mestruazioni *fpl,* periodo *m* mestruale. **8** ⟨*Me* periodo *m,* fase *f.* **9** ⟨*Gramm*⟩ (*full stop*) punto *m.* **10** (*rhetorical language*) linguaggio *m* retorico. ⟨*am.esclam*⟩ punto e basta, basta (così). **II** *a.* in sti d'epoca: *~ furniture* mobili in stile.

periodic [,piəri'ɔdik] *a.* **1** periodico. **2** (*intermitter* periodico, intermittente, ricorrente. **3** ⟨*Fis,Astr*⟩ periodic **periodical** [–əl] **I** *a.* periodico. **II** *s.* ⟨*Giorn*⟩ periodic *m,* rivista *f.* **periodicalness** [–əlnis], **periodici** [–riə'disiti] *s.* **1** periodicità *f* (*anche Chim.*). **2** ⟨*I* frequenza *f.*

periodic table *s.* tavola *f* del sistema di Mendeleev.

period piece *s.* ⟨*Art,Arred*⟩ pezzo *m* d'epoca.

periosteal [,peri'ɔstiəl] *a.* ⟨*Anat*⟩ periosteo. **periosteu** [–stiəm] *s.* (*pl.* -tea [tiə]) periostio *m.*

periostitis [,periɔs'taitis] *s.* ⟨*Med*⟩ periostite *f.*

Peripatetic [,peripə'tetik] **I** *a.* ⟨*Filos*⟩ peripatetic aristotelico. **II** *s.* peripatetico *m,* aristotelico ⟨ **peripatetic I** *a.* itinerante, ambulante. **II** *s.* **1** viandar *m/f,* pellegrino *m* (*f* –a). **2** *pl.* (*wanderings*) vagabonda *mpl,* peregrinazioni *fpl.* **Peripateticism** [–tisizəm] ⟨*Filos*⟩ aristotelismo *m,* filosofia *f* (*o* dottrin peripatetica.

peripet(e)ia [,peripə'ti:jə] *s.* **1** ⟨*Teat*⟩ peripezia *f.* **2** ⟨*f* peripezie *fpl,* vicissitudini *fpl.*

peripheral [pə'rifərəl] **I** *a.* **1** periferico (*anche Anat.*). ⟨*fig*⟩ marginale, secondario, periferico. **3** ⟨*Infor* periferico. **II** *s.* periferica *f.*

peripheral device *s.* ⟨*Inform*⟩ unità *f* periferi periferica *f.*

periphery [pə'rifəri] *s.* **1** (*external boundary*) periferia circonferenza *f,* perimetro *m; (external surface*) strato superficiale, periferia *f.* **2** ⟨*fig*⟩ aspetto *m* marginale. ⟨*Anat*⟩ periferia *f.*

periphrase ['perifreiz], **periphrasis** [pə'rifrəsis] *s.* ⟨ **-ses** [si:z]) perifrasi *f.* **periphrastic** [–'fræstik] perifrastico (*anche Gramm.*).

periplus ['peripləs] *s.* (*pl.* -li [lai]) periplo circumnavigazione *f.*

periscope ['periskoup] *s.* ⟨*Ott*⟩ periscopio *m.* **periscop** [–'skɔpik], **periscopical** [–'skɔpikəl] *a.* periscopico.

perish ['periʃ] *v.i.* **1** perire, morire, trovare la mor *thousands –ed in the earthquake* migliaia di perso perirono nel terremoto; (*to suffer destruction*) andare rovina, essere distrutto. **2** (*to decay*) deteriorarsi, andare male, rovinarsi. **3** ⟨*fig*⟩ (*to pass away*) passare, svani perire, estinguersi. **4** (*to suffer spiritual death*) perde dannarsi. ☐ ⟨*esclam*⟩ *~ the thought* neanche per idea sogno).

perishable ['periʃəbl] *a.* **1** deteriorabile, deperibile: *foodstuffs* cibi deteriorabili. **2** ⟨*fig*⟩ effimero, cadu **perishableness** [–nis] *s.* deperibilità *f.* **perishab** [–z] *s.pl.* beni *mpl* deperibili.

perished ['periʃt] *a.* ⟨*fam*⟩ morto di fame (*o* fredd **'perisher** [–ʃə] *s.* ⟨*sl*⟩ ragazzino *m* terribile, ⟨*fam*⟩ pe *f.* **'perishing** [–ʃiŋ] *a.* molesto, fastidioso; (*of cold, fam etc.*) terribile, tremendo, da morire.

perisperm ['perispə:m] *s.* ⟨*Biol*⟩ perisperma perispermio *m.*

perissodactyl [pə,riso(u)'dæktil] **I** *a.* ⟨*Zool*⟩ perissodatti **II** *s.* perissodattilo *m,* imparidigitato *m.* **perissodactyl** [–tail], **perissodactylous** [–əs] *a.* → perissodactyl.

peristalsis [,peri'stælsis] *s.* (*pl.* -ses [si:z]) ⟨*Fisi* peristalsi *f.* **peristaltic** [–ltik] *a.* peristaltico.

peristyle ['peristail] *s.* ⟨*Arch*⟩ **1** (*colonnade*) peristasi *f* (*open space*) peristilio *m.*

peritoneal [,perito(u)'ni:əl] *a.* ⟨*Anat*⟩ peritonea **peritoneum** [–'ni:əm] *s.* (*pl.* -nea ['ni:ə]) ⟨*An* peritoneo *m.* **peritonitic** [–'nitik] *a.* ⟨*Med*⟩ de peritonite. **peritonitis** [–'naitis] *s.* peritonite *f.*

periwig ['periwig] *s.* parrucca *f.* **periwigged** [–d] imparruccato.

periwinkle ['periwiŋkl] *s.* ⟨*Bot*⟩ pervinca *f.*

perjure ['pə:dʒə] *v.rifl.* spergiurare, giurare il fal **perjured** [–d] *a.* spergiuro, che giura il falso. **2** *testimony*) falso. **perjurer** [–rə] *s.* spergiuro *m* (*f*

erjurious [pəˈdʒuəriəs] *a.* spergiuro. **perjury** [–ri] *s.* 1 pergiuro *m,* falso giuramento *m.* 2 ⟨*Dir*⟩ falso iuramento *m;* (*of a witness*) falsa testimonianza *f.* □ *to ommit ~*: 1 giurare il falso; 2 (*of a witness*) rendere falsa estimonianza.

rk[1] [pəːk] I *v.i.* 1 (general. con *up*) rianimarsi, iprendere forza (*o* vigore), riprendersi: *the patient –ed up t the good news* udendo la buona notizia il paziente si ianimò. 2 (*to carry o.s. in a jaunty manner*) avere un tteggiamento spavaldo; (*to behave presumptuously*) darsi rie di superiorità. II *v.t.* 1 (general. con *up*) ravvivare, endere più vivace: *to ~ up a suit with a white blouse* avvivare un tailleur con una camicetta bianca. 2 ⟨*rifl*⟩ arsi bello, azzimarsi, agghindarsi. □ *to ~ up one's head of an animal*) rizzare la testa.

rk[2] *a.* → **perky**.

rk[3] (*accorc. di perquisite*) *s.* ⟨*fam*⟩ competenza *f* ccessoria, compenso *m* (*o* retribuzione *f*) extra, ⟨*fam*⟩ xtra *m: the salary is low but the –s are good* lo stipendio basso ma gli extra sono buoni.

rk[4] I (*accorc. di percolate*) *v.i.* ⟨*fam*⟩ filtrare, passare, olare. II (*accorc. di percolator*) *s.* caffettiera *f* moca, noca *f.*

rkiness [ˈpəːkinis] *s.* 1 vivacità *f,* brio *m.* 2 *self-assuredness*) baldanza *f,* sicurezza *f* di sé. **perky** –ki] *a.* 1 (*jaunty*) vivace, brioso, gaio. 2 (*self-assured*) aldanzoso, sicuro di sé.

rm[1] [pəːm] ⟨*fam*⟩ I *s.* (*permanent wave*) permanente *f,* ondulazione *f* permanente. II *v.t.* (*of the hair*) fare la permanente *a.*

rm[2] ⟨*fam*⟩ I *s.* (*in football pools*) specie di sistema. II *v.t.* (*to permutate*) cambiare, barattare, permutare.

ermanence [ˈpəːmənəns] *s.* permanenza *f,* stabilità *f.* **permanency** [–i] *s.* 1 permanenza *f,* stabilità *f.* 2 (*s.th. permanent*) cosa *f* permanente. 3 (*of a post*) l'essere fisso, stabilità *f,* permanenza *f.* **permanent** [–ənt] I *a.* 1 permanente, stabile, fisso. II *s.* → **permanent wave**.

ermanent| address *s.* domicilio *m* (fisso), fissa dimora *f.* **~ disability** *s.* ⟨*Med*⟩ invalidità *f* permanente. **~ residence** *s.* residenza *f* anagrafica. **~ store** *s.* ⟨*Inform*⟩ memoria *f* permanente. **~ wave** *s.* permanente *f,* ondulazione *f* permanente.

ermanganate [pəˈmæŋɡəneit] *s.* ⟨*Chim*⟩ permanganato *m.*

ermeability [ˌpəːmiəˈbiliti] *s.* permeabilità *f;* (*porousness*) porosità *f.* **'permeable** [–bl] *a.* permeabile (*to* a); (*porous*) poroso.

ermeance [ˈpəːmiəns] *s.* 1 (*permeation*) il permeare. 2 ⟨*El*⟩ permeanza *f.* **permeant** [–nt] *a.* che permea.

ermeate [ˈpəːmieit] I *v.t.* pervadere, permanere: *a feeling of pessimism –s the whole book* un senso di pessimismo pervade tutto il libro. II *v.i.* diffondersi, pervadere. **permeation** [–miˈeiʃən] *s.* 1 il permeare. 2 (*state of being diffused*) l'essere pervaso.

ermian [ˈpəːmiən] I *a.* ⟨*Geol*⟩ permiano, permico. II *s.* permiano *m,* permico *m,* periodo *m* permiano (*o* permico).

er mil(l) [ˌpəˈmil] *avv.* (*per thousand*) per mille.

ermissibility [pəˌmisəˈbiliti] *s.* ammissibilità *f,* liceità *f.* **per'missible** [–bl] *a.* ammissibile, permesso, lecito: *a ~ error* un errore ammissibile.

ermissible dose *s.* ⟨*Atom*⟩ dose *f* tollerabile.

ermission [pəˈmiʃən] *s.* permesso *m,* autorizzazione *f: to give s.o. ~ to do s.th.* concedere a qd. il permesso di fare qc. □ *by ~ of* per gentile concessione di, su autorizzazione di, col permesso di; *you have my ~ to leave* ti dò il permesso di uscire; *with your ~* col vostro permesso, con vostra licenza.

ermissive [pəˈmisiv] *a.* 1 che permette, che autorizza, permissivo. 2 (*tolerant*) indulgente, tollerante, permissivo: *~ parents* genitori indulgenti. 3 ⟨*Pol*⟩ (*of legislation*) facoltativo. **permissiveness** [–nis] *s.* permissività *f.* **permissivism** [–vizəm] *s.* permissivismo *m.* **permissivist** [–vist] *s.* permissivista *m/f.*

ermit[1] [ˈpəˈmit] *v.* (*pret., p.p.* **permitted** [–id]) I *v.t.* 1 (*of people*) permettere a, consentire a: *to ~ s.o. to do s.th.* permettere a qd. di fare qc.; (*of things*) permettere,

---

consentire: *smoking is not –ted* non è permesso fumare. 2 (*to make possible*) consentire, permettere, rendere possibile: *low overheads ~ low prices* spese generali contenute consentono di praticare prezzi bassi; (*to enable*) permettere a, consentire a, mettere in grado, dare la possibilità a. II *v.i.* 1 permettere, consentire: *I will come if time –s* verrò se il tempo me lo consente. 2 (*to admit*) ammettere, permettere, tollerare, consentire (*of s.th.* qc.). □ **~ me to introduce myself?** permette che mi presenti?; *weather –ting* tempo permettendo.

permit[2] [ˈpəːmit] *s.* 1 licenza *f,* permesso *m,* autorizzazione *f* (scritta), concessione *f: building ~* licenza di costruzione; *fishing ~* permesso di pesca. 2 (*entry permit*) tessera *f* (d'entrata).

permittivity [ˌpəːmiˈtiviti] *s.* ⟨*Fis*⟩ permettività *f,* costante *f* dielettrica.

permutability [pəˌmjuːtəˈbiliti] *s.* permutabilità *f* (*anche* Mat.). **per'mutable** [–bl] *a.* permutabile.

permutation [ˌpəːmjuˈteiʃən] *s.* 1 permutazione *f,* cambio *m.* 2 ⟨*Mar*⟩ permutazione *f.* 3 (*exchange*) permuta *f,* baratto *m.*

permutation lock *s.* lucchetto *m* a combinazione.

permute [pəˈmjuːt] *v.t.* 1 modificare, cambiare, mutare. 2 ⟨*Mat*⟩ permutare.

pern [pəːn] *s.* ⟨*Ornit*⟩ falco *m* pecchiaiolo.

pernicious [pəˈniʃəs] *a.* 1 pernicioso, nocivo, dannoso: *a ~ doctrine* una dottrina perniciosa. 2 (*deadly*) pernicioso, mortale, funesto.

pernicious anaemia *s.* ⟨*Med*⟩ anemia *f* perniciosa.

perniciousness [pəˈniʃəsnis] *s.* l'essere pernicioso.

pernickety [pəˈnikiti] *a.* ⟨*fam*⟩ 1 pignolo, pedante, meticoloso. 2 (*requiring care*) che richiede esattezza e precisione.

pernoctation [ˌpəːnɔkˈteiʃən] *s.* ⟨*non com*⟩ veglia *f.*

perorate [ˈperəreit] *v.i.* 1 concionare, fare un lungo discorso. 2 (*to conclude a speech*) concludere un discorso. **peroration** [–ˈreiʃən] *s.* 1 (*conclusion of a speech*) perorazione *f.* 2 (*lengthy speech*) lungo discorso *m,* concione *f;* (*flowery speech*) discorso *m* fiorito.

peroxide [pəˈrɔksaid] I *s.* ⟨*Chim*⟩ 1 perossido *m.* 2 (*hydrogen peroxide*) perossido *m* d'idrogeno, acqua *f* ossigenata. II *v.t.* (*of the air*) ossigenare. **peroxide blonde** *s.* ⟨*fam*⟩ bionda *f* ossigenata.

perpendicular [ˌpəːpənˈdikjulə] I *a.* 1 perpendicolare, a piombo, verticale. 2 ⟨*Geom*⟩ perpendicolare (*to* a). 3 ⟨*scherz*⟩ (*of people standing up*) in piedi; (*erect in bearing*) eretto, impalato. 4 (*steep*) ripido, scosceso, a picco. **Perpendicular** *a.* ⟨*Arch*⟩ perpendicolare. II *s.* 1 ⟨*Geom,Mar*⟩ perpendicolare *f.* 2 (*instrument for indicating the vertical*) filo *m* a piombo, archipendolo *m,* archipenzolo *m.* 3 (*steep mountain face*) parete *f* ripida (*o* scoscesa). □ *out of the ~* fuori piombo. **perpen,dicularity** [–ˈlæriti] *s.* 1 perpendicolarità *f.* 2 ⟨*Edil*⟩ appiombo *m.*

perpetrate [ˈpəːpitreit] *v.t.* commettere, compiere, ⟨*lett*⟩ perpetrare: *to ~ a crime* commettere un delitto. **perpetration** [–ˈtreiʃən] *s.* 1 (*act*) perpetrazione *f.* 2 (*s.th. perpetrated*) misfatto *m.* **perpetrator** [–ə] *s.* esecutore *m* (*f* –trice).

perpetual [pəˈpetʃuəl] *a.* 1 perpetuo, perenne, eterno. 2 (*constant*) ininterrotto, continuo, perpetuo, incessante. 3 ⟨*Mecc*⟩ perpetuo.

perpetual| lease *s.* ⟨*Dir*⟩ enfiteusi *f* (in perpetuo). **~ motion** *s.* ⟨*Mecc*⟩ moto *m* perpetuo.

perpetuate [pəˈpetjueit] *v.t.* perpetuare, eternare; (*to prolong indefinitely*) rendere durevole, perpetuare. **per,petuation** [–tjuˈeiʃən] *s.* il perpetuare, il perpetuarsi. **perpetuator** [–ə] *s.* chi perpetua.

perpetuity [ˌpəːpiˈtjuːiti] *s.* 1 perpetuità *f,* perennità *f,* eternità *f.* 2 ⟨*Dir*⟩ (*of an estate*) inalienabilità *f* in perpetuo (*o* oltre i limiti di legge). 3 (*annuity*) rendita *f* perpetua. □ *in ~* in perpetuo, perpetuamente.

perplex [pəˈpleks] *v.t.* 1 lasciare (*o* rendere) perplesso, sconcertare, imbarazzare, confondere. 2 (*to complicate*) complicare, imbrogliare, ingarbugliare. **perplexed** [–t] *a.* 1 perplesso, incerto, dubbioso; (*exhibiting bewilderment*) perplesso, imbarazzato, confuso: *a ~ look* uno sguardo perplesso. **2** (*complicated*) complicato, imbrogliato, ingarbugliato. **perplexedly** [-idli] *avv.* in modo perplesso, con perplessità. **perplexing** [-iŋ] *a.* sconcertante, che confonde, imbarazzante. **perplexity** [-iti] *s.* **1** perplessità *f,* imbarazzo *m.* **2** (*s.th. that perplexes*) situazione *f* complessa, problema *m,* difficoltà *f.*

perquisite ['pə:kwizit] *s.* **1** competenza *f* accessoria, retribuzione *f* (*o compenso m*) extra, (*fam*) extra *m.* **2** (*gratuity*) gratifica *f,* premio *m.* **3** (*s.th. claimed as a right*) competenza *f,* spettanza *f,* diritto *m; (exclusive right*) prerogativa *f,* privilegio *m.* **4** ⟨*Dir*⟩ (*casual income, profits*) diritti *mpl* accessori.

perron ['perən, pɛ'rɔ̃] *s.* ⟨*Arch*⟩ scalea *f,* scalinata *f.*

perry ['peri] *s.* perry *m,* sidro *m* di pere.

pers. = **1** ⟨*Gramm*⟩ *person* persona. **2** ⟨*Gramm*⟩ *personal* personale.

perse [pə:s] **I** *a.* turchino grigio. **II** *s.* turchino *m* grigio.

per se *lat.* [,pə:'sei] *avv.* in sé e per sé, di per sé, nella sua essenza.

persecute ['pə:sikju:t] *v.t.* **1** perseguitare, fare oggetto di persecuzione. **2** (*to annoy, pester*) importunare, infastidire, molestare. **,persecution** [-'kju:ʃən] *s.* persecuzione *f.*

persecution| **complex, ~ mania** *s.* ⟨*Med*⟩ mania *f* di persecuzione.

persecutor ['pə:sikju:tə] *s.* persecutore *m* (*f* –trice). **persecutory** [-ri] *a.* persecutorio.

Persephone [pə'sefəni] *N.pr.* ⟨*Mitol*⟩ Persefone *f.*

Perseus ['pə:sju:s, -siəs] *N.pr.* ⟨*Mitol*⟩ Perseo *m.*

perseverance [,pə:si'viərəns] *s.* perseveranza *f,* costanza *f.* **perseverant** [-nt] *a.* perseverante. **persevere** [-'viə] *v.i.* perseverare, avere costanza, persistere. **persevering** [-'viəriŋ] *a.* perseverante.

Persia ['pə:ʃə] *N.pr.* ⟨*Geog*⟩ Persia *f.* **Persian** [-n] **I** *a.* persiano. **II** *s.* **1** (*person*) persiano *m* (*f* –a). **2** (*language*) persiano *m.*

Persian| **blinds** *s.pl.* persiane *fpl.* **~ carpet** *s.* tappeto *m* persiano. **~ cat** *s.* ⟨*Zool*⟩ persiano *m,* gatto *m* persiano. **~ Gulf** *N.pr.* ⟨*Geog*⟩ Golfo *m* persico. **~ lamb** *s.* **1** agnello *m* persiano. **2** (*fur*) persiano *m.*

persiflage *fr.* [,pə:si'flɑ:ʒ] *s.* presa *f* in giro, canzonatura *f.*

persimmon [pə'simən] *s.* **1** ⟨*Bot*⟩ diospiro *m.* **2** (*fruit*) cachi *m,* persimmon *m.*

persist [pə'sist] *v.i.* **1** persistere, insistere (*in* in), ostinarsi (a), perseverare (*in*): *to ~ in one's opposition to s.th.* persistere nell'opporsi a qc.; *he –s in disobeying me* si ostina a disobbedirmi. **2** (*to continue to exist*) (per)durare, continuare, persistere, permanere: *the bad weather will ~ for another week* il maltempo durerà ancora una settimana.

persistence [pə'sistəns], **persistency** [-i] *s.* **1** ostinazione *f,* tenacia *f.* **2** (*continued existence*) persistenza *f,* continuità *f,* insistenza *f: the ~ of the rain* la persistenza della pioggia. **3** (*continuance of an effect*) persistenza *f,* permanenza *f,* durata *f.* **persistent** [-nt] *a.* **1** insistente, tenace, ostinato. **2** (*lasting*) persistente, durevole: *a ~ smell* un odore persistente; (*unceasing*) ostinato, insistente: *a ~ cough* una tosse ostinata; (*recurring constantly*) persistente, costante. **3** ⟨*Biol*⟩ persistente. **persistently** [-ntli] *avv.* con insistenza.

person [pə:sn] *s.* **1** persona *f.* **2** ⟨*spreg*⟩ individuo *m,* tizio *m,* tipo *m: who is this ~?* chi è quest'individuo? **3** (*body of a human being*) persona *f,* corpo *m* (umano), figura *f* umana. **4** (*one*) uno *m* (*f* –a), persona *f, often translated with an impersonal construction: what can a ~ do in such circumstances?* che cosa può fare uno in circostanze del genere? **5** ⟨*Gramm,Dir*⟩ persona *f: offences against the ~* delitti contro la persona. **6** ⟨*Zool*⟩ individuo *m.* **Person** *s.* ⟨*Teol*⟩ persona *f* della Trinità. □ *in ~* di (*o* in) persona, personalmente: *he came in ~* è venuto di persona; *apply in ~* presentarsi personalmente; *in the ~ of* al posto di; *I found a true friend in the ~ of my teacher* ho trovato un vero amico nel mio insegnante; *no ~* nessuno; *on one's* con sé, addosso.

persona *lat.* [pə'souŋə] *s.* **1** ⟨*Teat,Lett*⟩ (*pl.* **-nae** [ni:]) personaggio *m.* **2** ⟨*Psic*⟩ persona *f.* □ ⟨*Dipl*⟩ **~** (*non*) *grata* persona (non) grata.

personable ['pə:sənəbl] *a.* di bella presenza, be avvenente.

personage ['pə:sənidʒ] *s.* **1** personaggio *m,* personalità *f* ⟨*Teat,Lett*⟩ personaggio *m.*

personal ['pə:sənl] **I** *a.* **1** personale, individuale: *a opinion* un'opinione personale; (*private*) priva personale: *one's ~ life* la propria vita privata. **2** (*done person*) personale, fatto di persona: *the star made a appearance* la diva fece un'apparizione personale. **3** *the body*) personale, del corpo: **~ cleanliness** puli personale. **4** (*directed against some person*) personale: *abuse* offesa personale; (*making personal remarks*) che allusioni (*o* critiche) di carattere personale. ⟨*Gramm,Dir,Teol*⟩ personale. **II** *s.* **1** ⟨*am.Giorn*⟩ colo *f* mondana. **2** ⟨*Inform*⟩ → **personal computer.** □ *in a capacity* a titolo personale.

personal| **assistant** *s.* assistente *m* personale. **~ call** telefonata *f* personale. **~ check** *am. s.* assegno personale. **~ column** *s.* ⟨*Giorn*⟩ colonna *f* di annunci carattere personale. **~ computer** *s.* elaboratore personale, personal *m.* **~ data** *s.pl.* dati *mpl* anagrafici **effects** *s.pl.* effetti *mpl* personali. **~ estate** *s.* → **perso property. ~ income** *am. s.* reddito *m* delle pers fisiche. **~ income tax** *s.* imposta *f* sul reddito d persone fisiche.

personality [,pə:sə'næliti] *s.* **1** personalità *f: a man strong ~* un uomo dalla forte personalità; (*of thi places*) fisionomia *f.* **2** (*person of renown*) personalità personaggio *m.* **3** *pl.* (*offensive remarks*) allusioni *fpl* critiche) di carattere personale.

personality| **cult** *s.* ⟨*Pol*⟩ culto *m* della personalità. **disorder** *s.* disturbo *m* (*o* turba *f*) caratteriale. **structure** *s.* struttura *f* della personalità. **~ theory** ⟨*Psic*⟩ teoria *f* della personalità.

personalization [,pə:sənalai'zeiʃən] *s.* **1** personificazion **2** (*making personal*) personalizzazione *f.* **'personal** [-laiz] *v.t.* **1** rendere personale, personalizzare. **2** *ascribe personality to*) personificare. **3** (*to typ* impersonare, incarnare, personificare.

personal liability insurance *s.* assicurazione responsabilità civile.

personally ['pə:sənəli] *avv.* **1** personalmente: **~** *I disag* personalmente non sono d'accordo. **2** (*as a person*) cc persona: *I have nothing against him ~* non ho nie contro di lui come persona. **3** (*in person*) personalmente persona, in persona.

personal| **pronoun** *s.* ⟨*Gramm*⟩ pronome *m* personale. **property** *s.* ⟨*Dir*⟩ beni *mpl* mobili, patrimonio mobiliare. **~ selling** *s.* vendita *f* diretta.

personalty [pə'sənəlti] *s.* → **personal property.**

personate ['pə:səneit] *v.t.* **1** spacciarsi per, fingersi, fa passare per. **2** (*to personify*) personificare. **3** ⟨ usurpare 'il nome' (*o* lo stato civile) di. **4** ⟨*Te* impersonare, interpretare la parte di.

personation [,pə:sə'neiʃən] *s.* **1** personificazione *f.* **2** ⟨*l* usurpazione *f* di nome (*o* stato civile). **3** ⟨*Te* interpretazione *f.* **'personator** [-neitə] *s.* **1** impersona. **2** ⟨*Teat*⟩ caratterista *m/f.*

personification [pə,sɔnifi'keiʃən] *s.* **1** personificazion (*anche fig.,Ret.*). **2** ⟨*Lett,Teat*⟩ caratterizzazione **per'sonified** [-faid] *a.* personificato, in persona: *she virtue ~* è la virtù personificata. **per'sonify** [-fai] *v.t* personificare. **2** ⟨*fig*⟩ impersonare, incarn personificare.

personnel [,pə:sə'nel] *s.* **1** personale *m,* dipendenti *mp* ⟨*Mil*⟩ personale *m: ~ on strength* personale in forza.

personnel| **administration** *s.* amministrazione *f* personale. **~ agency** *am. s.* agenzia *f* di collocamento **appraisal** *s.* valutazione *f* del personale. **~ budge** bilancio *m* del personale. **~ department** *s.* ufficio *m* personale. **~ director** *am. s.* → **personnel manager. file** *s.* archivio *m* dell'ufficio personale. **~ manager** capo *m* (*o* direttore) del personale. **~ management** direzione *f* del personale. **~ office** *s.* ufficio *m* personale. **~ policy** *s.* politica *f* del personale. **~ rec** *s.* fascicolo *m* personale. **~ screening** *s.* selezione *f* rsonale. ~ **training** *s.* addestramento *m* del rsonale.

son-to-'person *a./avv.* da persona a persona; (*of a ephone call*) con preavviso.

spective [pə'spektiv] **I** *s.* **1** prospettiva *f.* **2** ⟨*concr*⟩ *cture employing linear perspective*) prospettiva *f*, segno *m* in prospettiva. **3** ⟨*fig*⟩ (*relative importance*) nificato *m*, valore *m*, importanza *f*: *to see things in eir true* ~ vedere le cose nel loro vero significato. **4** *g*⟩ (*capacity of seeing things in the right relation*) ospettiva *f*, senso *m* delle proporzioni: *to lack* ~ ancare di prospettiva. **5** (*view, vista*) prospettiva *f*, duta *f*, panorama *m.* **6** ⟨*fig*⟩ (*mental prospect*) ospettiva *f*, previsione *f.* **II** *a.* prospettico, in ospettiva: ~ *view* veduta prospettica. □ ~ *from below* tinsù; *in* ~: 1 in prospettiva; 2 ⟨*fig*⟩ (*in anticipation*) in evisione, in vista; *out of* ~ mancante di prospettiva nche *fig.*).

spicacious [,pɔː'spi'keiʃəs] *a.* perspicace, acuto, sagace. **rspicacity** [-'kæsiti] *s.* perspicacia *f*, acutezza *f*, gacia *f.*

spicuity [,pɔː'spi'kju:iti] *s.* chiarezza *f*, evidenza *f*, rspicuità *f.* **perspicuous** [pə'spikjuəs] *a.* chiaro, idente, perspicuo. **perspicuousness** [pə'spikjuəsnis] *s.* perspicuity.

spirable [pə'spaiərəbl] *a.* **1** che permette la spirazione. **2** (*capable of being perspired*) che può essere minato con la traspirazione. **perspiration** ɔ:spə'reiʃən] *s.* **1** traspirazione *f*, sudorazione *f.* **2** (*sweat*) dore *m*, traspirazione *f* cutanea. **perspiratory** spairətəri] *a.* (*of perspiration*) traspiratorio; (*inducing rspiration*) sudoriparo: ~ *glands* ghiandole sudoripare. **rspire** [-'spaiə] **I** *v.i.* traspirare, sudare. **II** *v.t.* **1** sudare. **2** ⟨*Fisiol*⟩ perspirare.

suadable [pə'sweidəbl] *a.* persuadibile, persuasibile. **rsuade** [-d] *v.t.* **1** persuadere, convincere, indurre: *to s.o. 'to do'* (o *into doing*) *s.th.* persuadere qd. a fare qc. (*to cause to believe*) convincere, persuadere: *I ~ d him at he was wrong* lo convinsi che aveva torto; *to* ~ *o.s. of h.* persuadersi di qc. □ *to* ~ *s.o. out of s.th.* dissuadere . dal fare qc. **persuaded** [-did] *a.* persuaso, convinto. **rsuader** [-də] *s.* persuasore *m* (*f* persuaditrice). □ *the dden* -*s* i persuasori occulti.

suasibility [pə,sweisə'biliti] *s.* l'essere persuadibile. **rsuasible** [-bl] *a.* persuadibile, persuasibile.

suasion [pə'sweiʒən] *s.* **1** persuasione *f*, convincimento f convinzione *f.* **2** (*ability to persuade*) persuasiva *f.* **3** *th. of which one is persuaded*) convinzione *f*, nvincimento *m*, persuasione *f.* **4** (*religious belief*) igione *f*, credenza *f* (religiosa): *the Jewish* ~ la religione raica; (*religious sect*) confessione *f*, comunità *f* religiosa. ⟨*fam*⟩ (*kind, sort*) tipo *m*, razza *f*, genere *m.* □ *it is my that* sono convinto che; *to be of the* ~ *that* essere del rere che.

suasive [pə'sweisiv] **I** *a.* persuasivo, convincente: *a* ~ eaker un oratore persuasivo. **II** *s.* **1** cosa *f* che rsuade. **2** (*inducement*) stimolo *m*, incentivo *m.* **rsuasively** [-li] *avv.* in modo persuasivo. **rsuasiveness** [-nis] *s.* persuasiva *f*, capacità *f* di rsuadere.

sulfate *am.*, **persulphate** [pə'sʌlfeit] *s.* ⟨*Chim*⟩ rsolfato *m.*

t [pɔ:t] *a.* **1** impertinente, insolente, impudente: *a* ~ *ung lady* una ragazza impertinente. **2** (*jaunty*) vivace, eglio, vivo.

RT = ⟨*Inform*⟩ *Program Evaluation and Review Tech- ue* tecnica di valutazione e revisione dei programmi. **tain** [pə'tein] *v.i.* **1** riferirsi, essere pertinente (*to* a), ncernere, riguardare (qc.). **2** (*to be a natural part of*) ere proprio, fare parte di, appartenere (a). **3** (*to be propriate*) addirsi, convenire (a).

tinacious [,pɔ:ti'neiʃəs] *a.* ostinato, caparbio, pertinace. **rtinaciousness** [-nis], **pertinacity** [-'næsiti] *s.* tinazione *f*, caparbietà *f*, pertinacia *f.*

tinence ['pɔ:tinəns], **pertinency** [-i] *s.* pertinenza *f.* **rtinent** [-nt] *a.* pertinente, attinente (*to* a): *a* ~ *estion* una domanda pertinente.

pertness ['pɔ:tnis] *s.* impertinenza *f*, insolenza *f*, impudenza *f.*

perturb [pə'tɔ:b] *v.t.* **1** turbare, sconvolgere, perturbare. **2** (*to upset*) sconvolgere, scombussolare. **3** ⟨*Astr*⟩ perturbare.

perturbation [,pɔ:tə:'beiʃən] *s.* **1** perturbazione *f*, turbamento *m*, sconvolgimento *m.* **2** ⟨*Astr*⟩ perturbazione *f.*

perturbed [pə'tɔ:bd] *a.* turbato, sconvolto, perturbato. **perturbing** [-biŋ] *a.* che turba, sconvolgente, che perturba.

Peru [pə'ru:] *N.pr.* ⟨*Geog*⟩ Perù *m.*

peruke [pə'ru:k] *s.* ⟨*Mod*⟩ parrucca *f.*

perusal [pə'ru:zəl] *s.* **1** attenta lettura *f.* **2** (*scrutiny, survey*) esame *m* accurato (o minuzioso). **peruse** [-z] *v.t.* leggere attentamente, sottoporre ad attenta lettura; (*to study*) studiare.

Peruvian [pə'ru:viən] **I** *a.* peruviano. **II** *s.* peruviano *m* (*f* -a).

Peruvian| balsam *s.* balsamo *m* del Perù. ~ **bark** *s.* ⟨*Bot*⟩ corteccia *f* di china.

pervade [pə'veid] *v.t.* **1** pervadere, diffondersi in, penetrare in: *the smell of incense* -*d the room* l'odore d'incenso pervadeva la stanza. **2** ⟨*fig*⟩ permeare, pervadere: *a religious feeling* -*s his works* le sue opere sono permeate di religiosità. **pervasion** [-'veiʒən] *s.* il pervadere, il permeare. **pervasive** [-'veisiv] *a.* **1** pervasivo, che permea. **2** (*widespread*) molto esteso, assai diffuso. **pervasiveness** [-'veisivnis] *s.* il pervadere, il permeare.

perverse [pə'vɔ:s] *a.* **1** ostinato nell'errore. **2** (*contradicting without good reason*) che si ostina a contraddire, contrario (o che si oppone) per partito preso. **3** (*cantankerous*) stizzoso, intrattabile; (*obstinate*) ostinato, caparbio. **4** (*wicked*) malvagio, perverso, iniquo. **5** ⟨*Dir*⟩ iniquo, ingiusto. **perverseness** [-nis] *s.* → **perversity**.

perversion [pə'vɔ:ʃən] *s.* **1** perversione *f*, pervertimento *m*, corruzione *f.* **2** (*perverted form*) alterazione *f*, svisamento *m.* **perversity** [-'vɔ:siti] *s.* **1** ostinazione *f*, caparbietà *f.* **2** (*wickedness*) corruzione *f*, depravazione *f.* **3** ⟨*Med,Psic*⟩ perversità *f.* **perversive** [-'vɔ:siv] *a.* che perverte, che tende a pervertire.

pervert I *v.t.* [pə'vɔ:t] **1** (*to lead astray*) deviare, sviare, forviare: *to* ~ *the course of justice* deviare il corso della giustizia; (*to corrupt*) corrompere, depravare, pervertire. **2** (*to misuse*) fare cattivo uso di, abusare di. **3** (*to distort*) travisare, distorcere, svisare. **II** *s.* ['pɔ:vɔ:t] **1** pervertito *m* (*f* -a), depravato *m* (*f* -a). **2** ⟨*Med,Psic*⟩ pervertito *m* (*f* -a). **3** ⟨*Rel*⟩ apostata *m/f.* **perverted** [pə'vɔ:tid] *a.* **1** pervertito, corrotto, depravato. **2** ⟨*Med,Psic*⟩ pervertito. **perverter** [pə'vɔ:tə] *s.* pervertitore *m* (*f* -trice), corruttore *m* (*f* -trice).

pervicacious [,pɔ:vi'keiʃəs] *a.* ostinato, caparbio, ⟨*lett*⟩ pervicace.

pervious ['pɔ:viəs] *a.* **1** permeabile. **2** ⟨*fig*⟩ che si dimostra accessibile, sensibile (*to* a). □ ~ *to reason* ragionevole. **perviousness** [-nis] *s.* permeabilità *f*: ~ *to air* permeabilità all'aria.

pesky *am.* ['peski] *a.* ⟨*fam*⟩ fastidioso, noioso, seccante, ⟨*fam*⟩ scocciante.

pessary ['pesəri] *s.* ⟨*Med*⟩ **1** pessario *m.* **2** (*vaginal suppository*) candeletta *f* vaginale.

pessimism ['pesimizəm] *s.* pessimismo *m.* **pessimist** [-mist] **I** *s.* pessimista *m/f.* **II** *a.* pessimistico. **,pessimistic** [-'mistik], **,pessimistical** [-'mistikəl] *a.* pessimistico. **,pessimistically** [-'mistikəli] *avv.* con pessimismo.

pest [pest] *s.* **1** insetto *m* (o animale) nocivo: *plant* ~ insetto nocivo alle piante. **2** (*of a person*) persona *f* pestifera, ⟨*fam*⟩ peste *f.* **3** ⟨*rar*⟩ (*plague*) peste *f*, pestilenza *f.*

pest control *s.* disinfestazione *f.*

pester ['pestə] *v.t.* importunare, infastidire, seccare, ⟨*fam*⟩ scocciare. **pesterer** [-rə] *s.* seccatore *m* (*f* -trice), ⟨*fam*⟩ scocciatore *m* (*f* -trice).

pest|hole *s.* focolaio *m* di epidemia. ~**house** *s.* lazzaretto *m.*

pesticide ['pestisaid] *s.* pesticida *m.*

pestiferous [pes'tifərəs] *a.* **1** pestifero. **2** ⟨*fam*⟩ (*annoying*)

estremamente noioso, molesto, ⟨fam⟩ pestifero.
pestilence ['pestiləns] s. **1** peste f, pestilenza f; (bubonic plague) peste f bubbonica. **2** ⟨fig⟩ pestilenza f, cosa f nociva. **pestilent** [-nt] a. **1** mortale, funesto. **2** (pernicious) pernicioso, dannosissimo, pestilenziale, pestifero. **3** ⟨fam⟩ (annoying) estremamente noioso, molesto, pestiferó. **pestilential** [-'lenʃəl] a. **1** (causing pestilence) pestifero; (deadly) funesto, mortale, esiziale. **2** (of pestilence) pestilenziale. **3** (pernicious) dannoso, nocivo, pestifero, pestilenziale. **4** ⟨fam⟩ (annoying) estremamente noioso, molesto, pestifero.
pestle ['pesl] **I** s. pestello m. **II** v.t. pestare, frantumare, sminuzzare. **III** v.i. usare il pestello.
pet[1] [pet] **I** s. **1** animale m prediletto. **2** (favourite, darling) beniamino m (f –a), favorito m (f –a), prediletto m (f –a), ⟨fam⟩ cocco m (f –a): the teacher's ~ il beniamino del professore; (pampered child) ragazzo m (f –a) viziato, ⟨fam⟩ cocco m (f –a) di mamma. **II** a. **1** (of animals) prediletto, preferito. **2** (cherished, pampered) vezzeggiato, coccolato. **3** (favourite) prediletto, favorito, preferito.
pet[2] v. (pret., p.p. **petted** ['petid]) **I** v.t. **1** coccolare, vezzeggiare. **2** (to caress) accarezzare. **3** ⟨fam⟩ (in sexual play) sbaciucchiare, ⟨pop⟩ pomiciare con. **II** v.i. ⟨fam⟩ sbaciucchiarsi, ⟨pop⟩ pomiciare.
pet[3] s. stizza f, malumore m. □ to be in a ~ essere stizzito; to take (the) ~ at arrabbiarsi per, montare in collera per.
petal ['petl] s. ⟨Bot⟩ petalo m. **petaled** [-d] a. → **petalled**. **petaline** ['petəlain] a. petaloide. **petalled** ['petəld] a. (solo nei composti) dai (o coi) petali ...: red-~ dai petali rossi.
petard [pi'tɑ:d] s. ⟨Mil.ant⟩ petardo m. □ ⟨fig⟩ to be hoist with one's own ~ essere preso nelle proprie reti.
pet aversion s. cosa f che non si può soffrire, bestia f nera.
petcock ['petkɔk] s. ⟨tecn⟩ valvola f (o rubinetto m) di sfogo.
Pete [pi:t] N.pr. dim. di Peter.
peter ['pi:tə] v.i. (general. con out) ⟨fam⟩ esaurirsi a poco a poco, finire gradatamente, spegnersi lentamente.
Peter N.pr. Pietro m.
petersham ['pi:təʃəm] s. **1** ⟨Tess⟩ panno m rozzo e pesante. **2** ⟨Vest⟩ cappotto m di panno rozzo e pesante. **3** (corded ribbon) gros-grain m.
Peter's pence [pens] s.pl. (costr.sing.) **1** ⟨Rel.catt⟩ obolo m di san Pietro. **2** ⟨Stor⟩ tributo m pagato al papa dai capifamiglia.
pet food s. alimenti mpl per animali domestici.
petiolar ['petioulə] a. ⟨Bot⟩ del picciolo. **petiolate** [-tio(u)leit], **petiolated** [-tio(u)leiteid] a. picciolato, picciolettato. **petiole** [-tioul] s. picciolo m.
petit bourgeois ['peti-] s. piccolo borghese m.
petite fr. [pə'ti:t] **I** a. (of a woman) piccola e graziosa. **II** s. ⟨am⟩ (clothing size) taglia f piccola.
petite bourgeoisie ['pə:tit] s. piccola borghesia f.
petition [pi'tiʃən] **I** s. **1** (formal request) petizione f, istanza f, domanda f, richiesta f. **2** (humble request, entreaty) supplica f, petizione f; (prayer) preghiera f, supplica f. **3** ⟨Dir⟩ ricorso m, istanza f. **II** v.t. rivolgere una supplica a, presentare una petizione a. **III** v.i. rivolgere una supplica, presentare una petizione (for per). □ ⟨Dir⟩ ~ in bankruptcy istanza f di fallimento; ⟨Dir⟩ ~ of right petizione f dei diritti.
petitionary [pi'tiʃənəri] a. di petizione. **petitioner** [-nə] s. **1** supplicante m/f, richiedente m/f. **2** ⟨Dir⟩ instante m/f, ricorrente m/f.
pet name s. nomignolo m (affettuoso), vezzeggiativo m.
pet| napper am. s. rapitore m (f –trice) di animali a scopo di estorsione. **~ napping** am. s. rapimento m di animali a scopo di estorsione.
Petrarch ['petrɑ:k] N.pr. ⟨Stor,Lett⟩ Petrarca m.
petrel ['petrəl] s. ⟨Ornit⟩ **1** procellaria f. **2** (stormy petrel) uccello m ˹delle tempeste˺ (o di san Pietro).
petrifaction [,petri'fækʃən] s. **1** (act) pietrificazione f. **2** (state) l'essere pietrificato. **3** (s.th. petrified) petrefatto m, fossile m.

petrified ['petrifaid] a. **1** pietrificato, petrefatto. **2** (paralyzed) pietrificato, di sasso, impietrito, paralizzato; ⟨fam⟩ (frightened) atterrito, spaventato, terrifio. **petrify** [-fai] **I** v.t. **1** pietrificare. **2** ⟨fig⟩ (to dea benumb) rendere insensibile, impietrire. **3** ⟨fig⟩ paralyze) impietrire, pietrificare, paralizzare: to petrified with horror essere impietrito dall'orrore. **4** (f (to frighten) spaventare, atterrire, terrificare. **II** v.i pietrificarsi, diventare di pietra. **2** ⟨fig⟩ pietrific impietrire, impietrirsi.
petrochemical [,petro(u)'kemikl] **I** a. petro(l)chimico s. prodotto m petro(l)chimico. **petrochemistry** [-mi s. petro(l)chimica f.
petrographer [pi'trɔgrəfə] s. petrografo m. **petrograp** [,petro(u)'græfik], **petrographical** [,petro(u)'græfikəl] petrografico. **petrography** [-fi] s. petrografia f.
petrol ['petrəl] s. benzina f.
petrol| can s. bidone m (o latta f) per la benzina **coupon** s. buono m di benzina, buono m benzina.
petroleum [pi'trouliəm] s. ⟨Chim⟩ petrolio m.
petroleum coke s. ⟨Chim⟩ coke m di petrolio.
petrolic [pi'trɔlik] a. del petrolio. **petrolifer** [,petrə'lifərəs], **petrolific** [,petrə'lifik] a. petrolifero.
petrologist [pi'trɔlədʒist] s. petrografo m. **petrol** [-dʒi] s. petrografia f.
petrol| pump s. pompa f ˹d'alimentazione˺ (o benzina). **~ station** s. stazione f di rifornimento **tank** s. serbatoio m della benzina.
petropolitics [,petrou'pɔlitiks] s.pl. (costr. sing.) politi petrolifera.
petrous ['petrəs] a. **1** pietroso, simile a pietra. **2** ⟨A petroso.
petticoat ['petikout] **I** s. **1** ⟨Vest⟩ (slip) sottan sottoveste f; (stiff underskirt) sottogonna f. **2** ⟨fam⟩ woman) donna f, ⟨fam⟩ sottana f, ⟨fam⟩ gonnella f. **I** femminile, donnesco. □ ⟨fig⟩ a Napoleon in –s Napoleone in gonnella; ⟨scherz⟩ I've known her since was in –s la conosco fin da quando era in f: **petticoated** [-id] a. in sottana, in gonnella.
petticoat government s. matriarcato m.
pettifog ['petifɔg] v.i. (pret., p.p. **pettifogged** [-d] cavillare, arzigogolare, sofisticare. **2** (of a lawyer) rico a cavilli legali. **pettifogger** [-ə] s. **1** cavillatore m –trice), sofista m/f. **2** (inferior lawyer) avvocato m strapazzo, ⟨spreg⟩ azzeccagarbugli m. **pettifoggery** [- s. **1** cavillosità f, capziosità f, sofisticheria f. **2** (chicanery) cavillosità f legale. **pettifogging** [-iŋ] a. cavilloso, capzioso, sofistico. **2** (of a lawyer) cavillo sofistico. **3** (petty) di scarsa importanza, insignifica futile.
pettiness ['petinis] s. meschinità f, grettezza f, piccol f.
petting ['petiŋ] s. ⟨fam⟩ sbaciucchiamento m, pomiciata f.
pettish ['petiʃ] a. irascibile, irritabile, stizz **pettishness** [-nis] s. irritabilità f, irascibilità f.
pettitoes ['petitouz] s.pl. **1** ⟨Gastr⟩ zampetti mp maiale. **2** ⟨fam⟩ (toes) dita fpl dei piedi; (feet) mpl.
petty ['peti] a. **1** insignificante, di poca (o sc importanza, futile. **2** (having, showing a small n meschino, gretto, piccolo, piccino: ~ rivalry riv meschina. **3** (of secondary importance) secondario details dettagli secondari. **4** (on a small scale) piccol scala ridotta, ⟨spreg⟩ in sedicesimo: a ~ capitalis piccolo capitalista.
petty| bourgeois s. → petit bourgeois. **~ bourgeois** → petite bourgeoisie. **~ cash** s. **1** fondo m pe piccole spese. **2** ⟨Comm⟩ piccola cassa f. **~ larcen** ⟨Dir⟩ furto m lieve (o semplice). **~ offence** s. colpa f lieve, contravvenzione f. **~ officer** s. sottufficiale m.
petulance ['petjuləns] s. **1** irascibilità f, irritabilità (insolence) insolenza f. **petulant** [-nt] a. **1** irrita irascibile, stizzoso. **2** ⟨rar⟩ (insolent) insolente, villan **petunia** [pə'tju:niə] s. ⟨Bot⟩ petunia f.
pew [pju:] s. **1** (seat in a church) panca f (o banco m

iesa; (*enclosed seat, compartment*) recinto *m* privato (*o* famiglia). **2** ⟨*fam*⟩ (*seat, chair*) posto *m* (a sedere). □ *am*⟩ *take a ~!* mettiti a sedere!, siedi! **pew-holder** *s.* i ha un banco (*o* recinto) in una chiesa.

wit ['pi:wit, 'pju:it] *s.* ⟨*Ornit*⟩ pavoncella *f.*

wter ['pju:tə] **I** *s.* **1** (*alloy*) peltro *m.* **2** (*vessel, utensil*) so *m* (*o* utensile) di peltro. **3** ⟨*collett*⟩ vasellame *m* di ltro. **4** ⟨*sport*⟩ trofeo *m*, coppa *f.* **II** *a.* di peltro. **ewterer** [-rə] *s.* peltraio *m.*

= **1** ⟨*Gramm*⟩ *perfect* perfetto. **2** *pianoforte* anoforte.

G. = *paying guest* ospite pagante.

aedra ['fi:drə] *N.pr.* ⟨*Mitol*⟩ Fedra *f.*

aëthon ['feiəθən] *N.pr.* ⟨*Mitol*⟩ Fetonte *m.*

aeton ['feitən] *s.* phaéton *m*, faeton *m.*

agocyte ['fægəsait] *s.* ⟨*Biol*⟩ fagocita *m*, fagocito *m.*

alange ['fæləndʒ, fə'lændʒ] *s.* ⟨*Anat*⟩ falange *f.* **halangeal** [fə'lændʒiəl] *a.* **1** ⟨*Stor.gr*⟩ falangitico. **2** *nat*⟩ della falange.

alanger [fə'lændʒə] *s.* ⟨*Zool*⟩ falangeride *m.*

alansterian [,fælən'stiariən] **I** *a.* di un falanster(i)o. **II** membro *m* di un falanster(i)o. **'phalanstery** [-stəri] *s.* (*in Fourierism*) falanster(i)o *m.* **2** ⟨*estens*⟩ comunità *f,* llettività *f.*

alanx ['fælæŋks] *s.* (*pl.* **-nxes** [ŋksiz]/**-nges** [fə'lændʒi:z]) falange *f* (*anche Stor.gr., Anat.*). **2** ⟨*fig*⟩ gruppo *m,* hiera *f,* falange *f.*

allic ['fælik], **phallical** [-əl] *a.* ⟨*Etnol*⟩ fallico: *~ mbol* simbolo fallico. **phallicism** [-lisizəm], **phallism** -lizəm] *s.* fallicismo *m.*

allocracy [fə'lɔkrəsi] *s.* fallocrazia *f.* **phallocratic** tik] *a.* fallocratico.

allus ['fæləs] *s.* (*pl.* **-luses** [ləsiz]/**-lli** [lai]) fallo *m.*

anerogam ['fænərə(u)gæm] *s.* ⟨*Bot*⟩ fanerogama *f,* ermatofita *f.* **,phanero'gamic** [-ik], **,phanerogamous** 'rɔgəməs] *a.* fanerogamo.

antasm ['fæntæzəm] *s.* **1** (*visual illusion*) illusione *f,* magine *f* illusoria, fantasma *m.* **2** (*ghost*) fantasma *m,* irito *m,* spettro *m.* **3** (*mental image of a real object*) magine *f* illusoria.

antasmagoria [,fæntæzmə'gɔ:riə] *s.* fantasmagoria *f nche fig.*). **phantasmagorial** [-riəl], **phantasma-oric** [-'gɔrik], **phantasmagorical** [-'gɔrikəl] *a.* ntasmagorico. **phan'tasmagory** [-gəri] *s.* → phan-smagoria.

antasmal [fæn'tæzməl], **phantasmic** [-mik] *a.* ntomatico, irreale, immaginario.

antasy ['fæntəsi] *s.* (*fantasy*) fantasia *f.*

antom ['fæntəm] **I** *s.* **1** fantasma *m*, spirito *m*, spettro . **2** (*s.th. illusory*) ombra *f,* vana apparenza *f,* illusione *f,* ntasma *m.* **3** ⟨*fig*⟩ (*object of dread*) spettro *m: the ~ of r* lo spettro della guerra. **II** *a.* **1** fantasma: *~ ship* scello fantasma. **2** (*illusive*) fantomatico, irreale, usorio, immaginario.

antom| limb *s.* ⟨*Med*⟩ arto *m* fantasma. **~ limb pain** ⟨*Med*⟩ dolore *m* fantasma. **~ pregnancy** *s.* gravidanza immaginaria.

araoh, Pharaoh ['fɛərou] *s.* faraone *m.* **pharaonic, haraonic** [,fɛəri'ɔnik] *a.* faraonico.

arisaic [,færi'seiik] *a.* ⟨*Rel.ebr*⟩ dei farisei, farisaico. **harisaical** [-əl] *a.* falso, ipocrita, farisaico. **harisaism** [-seiizəm] *s.* falsità *f,* ipocrisia *f,* fariseismo . Pharisaism *s.* ⟨*Rel.ebr*⟩ fariseismo *m.*

arisee ['færisi:] *s.* ⟨*Rel.ebr*⟩ fariseo *m* (*f –a*). **pharisee** *s.* ocrita *m/f,* fariseo *m* (*f –a*). **phariseeism** [-izəm] *s.* → arisaism.

arm., Pharm. = **1** *pharmaceutical* farmaceutico. **2** *armacology* farmacologia. **3** *pharmacopoeia* farmacopea. *pharmacy* farmacia.

armaceutic [,fa:mə'sju:tik], **pharmaceutical** [-əl] *a.* rmaceutico: *~ chemist* chimico farmaceutico.

rmaceutical| assistant *s.* collaboratore *m* farma-utico. **~ chemistry** *s.* → pharmacochemistry. **~ com-any** *s.* casa *f* farmaceutica. **~ industry** *s.* industria *f* far-aceutica. **~ research** *s.* ricerca *f* farmaceutica.

armaceutics [,fa:mə'sju:tiks] *s.pl.* (*costr.sing.*) farmacia **pharmaceutist** [-tist], **'pharmacist** [-sist] *s.*

---

farmacista *m/f.*

pharmacochemistry [,fa:məkou'kemistri] *s.* chimica *f* farmaceutica.

pharmacokinetic [,fa:məkouki'netik] *a.* farmacocinetico. **pharmacokinetics** [-ki'netiks] *s.pl.* (*costr.* sing.) farmacocinetica *f.*

pharmacologic [,fa:mәkə'lɔdʒik], **pharmacological** [-əl] *a.* farmacologico. **pharmacologist** [-'kɔlədʒist] *s.* farmacologo *m* (*f –a*). **pharmacology** [-'kɔlədʒi] *s.* farmacologia *f.*

pharmacopoeia [,fa:məkə'pi:ə] *s.* **1** farmacopea *f.* **2** (*stock of drugs*) provvista *f* (*o* scorta) di medicinali. **pharmacopoeial** [-l] *a.* della farmacopea.

pharmacy ['fa:məsi] *s.* **1** farmacia *f,* arte *f* farmaceutica. **2** (*chemist's dispensary or shop*) farmacia *f.*

Pharos ['fɛərɔs] *N.pr.* ⟨*Stor*⟩ Faro *m.* **pharos** *s.* faro *m.*

pharyngal [fə'riŋgəl], **pharyngeal** [-'rindʒiəl] *a.* **1** ⟨*Anat*⟩ faringeo: *~ cavity* cavità faringea. **2** ⟨*Fon*⟩ faringale.

pharyngitis [,færin'dʒaitis] *s.* (*pl.* **-tides** [tidi:z]) ⟨*Med*⟩ faringite *f.*

pharyngotomy [,færiŋ'gɔtəmi] *s.* ⟨*Chir*⟩ faringotomia *f.*

pharynx ['færiŋks] *s.* (*pl.* **-nxes** [ŋksiz]/**-nges** [fə'rindʒi:z]) ⟨*Anat*⟩ faringe *f.*

phase[1] [feiz] *s.* **1** fase *f,* stadio *m,* momento *m,* periodo *m: the planning ~* la fase di progettazione. **2** (*aspect*) aspetto *m,* faccia *f,* lato *m.* **3** ⟨*tecn*⟩ fase *f: the ~s of the moon* le fasi lunari. **4** ⟨*Biol*⟩ stadio *m.* □ ⟨*El,Mot*⟩ *in ~* in fase; *out of ~* fuori fase, sfasato.

phase[2] *v.t.* **1** programmare fase per fase, prestabilire (*o* predisporre) per gradi. **2** ⟨*El,Mot*⟩ mettere in fase.

phase| displacement *s.* sfasamento *m.* **~down** *s.* riduzione *f* graduale. **~ lag** *s.* ⟨*El*⟩ ritardo *m* di fase. **~meter** *s.* fasometro *m.*

phasic ['feizik] *a.* di una fase. **phasis** ['feisis] *s.* (*pl.* **-ses** [si:z]) fase *f,* stadio *m.*

phasing ['feiziŋ] *s.* **1** attuazione *f* progressiva (*o* in fasi). **2** ⟨*Ind*⟩ scaglionamento *m* (della produzione). **3** ⟨*El*⟩ messa *f* in fase.

phasing| in *s.* introduzione *f* progressiva. **~ out** *s.* eliminazione *f* progressiva.

pheasant ['feznt] *s.* (*pl. inv./*-**s** [s]; il pl.inv. si usa general. con valore collett.) ⟨*Ornit*⟩ fagiano *m.* **pheasantry** [-ri] *s.* fagianaia *f.*

phenacetin(e) [fi'næsitin] *s.* ⟨*Farm*⟩ fenacetina *f.*

phenic acid ['fi:nik] *s.* → phenol.

phenobarbital [,fi:no(u)'ba:bitæl], **phenobarbitone** [-toun] *s.* ⟨*Farm*⟩ luminal *m*, fenilbarbiturico *m.*

phenol ['fi:nɔl] *s.* ⟨*Chim*⟩ fenolo *m*, acido *m* fenico. **phenolic** [-'noulik] *a.* fenolico: *~ resins* resine fenoliche.

phenologic [,fi:nə'lɔdʒik], **phenological** [-əl] *a.* ⟨*Biol*⟩ fenologico. **phenology** [fi'nɔlədʒi] *s.* fenologia *f.*

phenomenal [fi'nɔminl] *a.* **1** fenomenico. **2** ⟨*fam*⟩ (*extraordinary*) fenomenale, straordinario. **phenome-nalism** [-nəlizəm] *s.* ⟨*Filos*⟩ fenomenalismo *m*, fenome-nismo *m.* **phenomenalist** [-nəlist] *s.* seguace *m/f* del fenomenismo. **phe,nomenalistic** [-nə'listik] *a.* dei feno-meni, del fenomenismo. **phenomenalize** [-nəlaiz] *v.t.* interpretare in modo fenomenico. **phenome-nally** [-nəli] *avv.* in modo fenomenale.

phenomenologic [fi,nɔminə'lɔdʒik], **phenomenological** [-əl] *a.* ⟨*Filos*⟩ fenomenologico. **phenomenology** [-'nɔlədʒi] *s.* fenomenologia *f.*

phenomenon [fi'nɔminən] *s.* (*pl.* **-s** [z]/**-na** [nə]) **1** fenomeno *m* (*anche Filos.*): *a natural ~* un fenomeno naturale; (*rare, unique event*) evento *m* raro, fatto *m* eccezionale. **2** ⟨*fam*⟩ (*remarkable person or thing*) persona *f* (*o* cosa) straordinaria, ⟨*fam*⟩ fenomeno *m.*

phenotype ['fi:notaip] *s.* ⟨*Biol*⟩ fenotipo *m.* **phenotypical** [-'tipikəl] *a.* fenotipico.

phenyl ['fenil] *s.* ⟨*Chim*⟩ fenile *m.*

pheromone ['ferəmoun] *s.* ⟨*Biol*⟩ feromone *m.*

phew [fju:, pfju:] *intz.* **1** (*to express disgust*) puah, puh. **2** (*to express weariness*) uff, uffa. **3** (*to express surprise*) toh, bah, oh, ah. **4** (*to express relief*) oh, ah.

phi [fai] *s.* (*letter of the Greek alphabet*) phi *m/f.*

phial ['faiəl] *s.* fiala *f.*

Phidian ['fiidiən] *a.* fidiaco, di Fidia. **Phidias** [-diəs] *N.pr.* ⟨*Stor*⟩ Fidia *m.*

Phil [fil] (*dim. di Philip*) *N.pr.* Pippo *m.*

phil. = **1** *philology* filologia. **2** *philosophy* filosofia.

Phila. = ⟨*Geog*⟩ *Philadelphia* Filadelfia.

Philadelphia [,filə'delfiə] *N.pr.* ⟨*Geog*⟩ Filadelfia *f.* **Philadelphian** [-n] **I** *a.* filadelfiese. **II** *s.* filadelfiese *m/f.*

philander [fi'lændə] **I** *v.i.* (*of a man*) amoreggiare, filare. **II** *s.* amoreggiamento *m,* flirt *m.* **philanderer** [-rə] *s.* donnaiolo *m,* casanova *m.*

philanthrope ['filənθroup] *s.* ⟨*rar*⟩ → **philanthropist.**

philanthropic [,filən'θropik], **philanthropical** [-əl] *a.* **1** filantropico, filantropo. **2** (*of an institution*) filantropico, di filantropia.

philanthropism [fi'lænθrəpizəm] *s.* filantropismo *m.* **philanthropist** [-pist] *s.* filantropo *m* (*f* –a). **philanthropize** [-paiz] **I** *v.i.* fare opere di filantropia, fare il filantropo. **II** *v.t.* trattare con filantropia. **philanthropy** [-pi] *s.* filantropia *f.*

philatelic [,filə'telik], **philatelical** [-əl] *a.* filatelico. **philatelist** [-'lætəlist] *s.* filatelista *m/f,* filatelico *m* (*f* –a). **philately** [-'lætəli] *s.* filatelia *f.*

philharmonic [,filɑ:'monik] **I** *a.* filarmonico. **II** *s.* **1** (*music society*) società *f* filarmonica, filarmonica *f.* **2** (*symphony orchestra*) orchestra *f* filarmonica, filarmonica *f.*

philhellene ['filheli:n] **I** *s.* filelleno. **II** *a.* → **philhellenic.** ,**philhellenic** [-'li:nik] *a.* filelleno, filellenico. **phil'hellenism** [-lənizəm] *s.* filellenismo *m.* **phil'hellenist** [-lənist] *s./a.* → **philhellene.**

Philip ['filip] *N.pr.* Filippo *m* (*anche Bibl.*). **Philippa** ['filipə] *N.pr.* Filippa *f.*

Philippi [fi'lipai] *N.pr.* ⟨*Geog.stor*⟩ Filippi *m.* **Philippian** [-piən] **I** *a.* filippe(n)se, di Filippi. **II** *s.* filippese *m/f.* **Philippians** [-piənz] *s.pl.* (costr.sing.) ⟨*Bibl*⟩ lettera *f* ai filippesi.

philippic [fi'lipik] *s.* ⟨*fig*⟩ filippica *f,* invettiva *f.*

Philippine ['filipi:n] *a.* filippino. **Philippines** [-z] *N.pr.pl.* ⟨*Geog*⟩ Filippine *f.*

Philistine ['filistain, *am.* –stin] **I** *s.* **1** ⟨*Stor*⟩ filisteo *m.* **2** ⟨*fig*⟩ borghesuccio *m,* filisteo *m.* **II** *a.* ⟨*Stor,fig*⟩ filisteo. **philistinism, Philistinism** [-stinizəm] *s.* ⟨*fig*⟩ filisteismo *m.*

philodendron [,filo(u)'dendrən] *s.* ⟨*Bot*⟩ filodendro *m.*

philol. = **1** *philological* filologico. **2** *philology* filologia.

philologian [,filə'loudʒiən] *s.* → **philologist.**

philologic [,filə'lodʒik], **philological** [-əl] *a.* filologico. **philologist** [fi'lolədʒist] *s.* filologo *m.* **philology** [-'lolədʒi] *s.* filologia *f.*

philomel ['filəmel], **philomela** [-'mi:lə] *s.* ⟨*poet*⟩ usignolo *m,* ⟨*poet*⟩ filomela *f.*

philos. = **1** *philosopher* filosofo. **2** *philosophy* filosofia.

philosopher [fi'losəfə] *s.* filosofo *m* (*anche fig.*). **philosophers' stone** *s.* ⟨*Alchim*⟩ pietra *f* filosofale. **philosophic** [,filə'sofik], **philosophical** [-əl] *a.* **1** filosofico. **2** ⟨*fig*⟩ (*resigned*) che sopporta con rassegnazione le avversità, filosofico. **philosophically** [-əli] *avv.* **1** filosoficamente. **2** ⟨*fig*⟩ con filosofia, filosoficamente.

philosophism [fi'losəfizəm] *s.* **1** filosofismo *m.* **2** (*spurious argument*) filosoferia *f,* sofisma *m.* **philosophist** [-fist] *s.* sofista *m,* pseudofilosofo *m,* filosofastro *m.* **philosophize** [-faiz] *v.i.* **1** filosofare. **2** (*to play the philosopher*) filosofeggiare, atteggiarsi a filosofo, ⟨*iron*⟩ filosofare. **philosophizing** [-faiziŋ] *s.* filosoferia *f.*

philosophy [fi'losəfi] *s.* **1** filosofia *f.* **2** ⟨*fig*⟩ serenità *f* d'animo, calma *f,* filosofia *f.*

philter *am.,* **philtre** ['filtə] *s.* **1** filtro *m* d'amore. **2** ⟨*estens*⟩ (*magic potion*) filtro *m,* bevanda *f* magica.

phiz [fiz], '**phizog** [-ɔg] *s.* ⟨*sl*⟩ (*face*) faccia *f,* ⟨*spreg*⟩ grugno *m.*

phlebitic [fli'bitik] *a.* ⟨*Med*⟩ flebitico. **phlebitis** [-'baitis] *s.* (*pl.* -tides [tidi:z]) flebite *f.*

phlebology [fle'bolədʒi] *s.* flebologia *f.*

phlebotomize [fli'botəmaiz] *v.t.* ⟨*Med*⟩ salassare.

phlebotomy [-mi] *s.* flebotomia *f.*

phlegm [flem] *s.* **1** muco *m,* spurgo *m* mucoso. **2** ⟨*⟩* (*self-possession*) calma *f,* flemma *f;* (*imperturbabili* imperturbabilità *f,* impassibilità *f.*

phlegmatic [fleg'mætik], **phlegmatical** [-əl] *a.* ⟨*⟩* calmo, flemmatico; (*imperturbable*) imperturbab impassibile. **phlegmatically** [-əli] *avv.* flemmati mente, con flemma.

phlegmon ['flegmon] *s.* ⟨*Med*⟩ flemmone *m.* **phleg'mo** [-ik], **phlegmonous** [-mənəs] *a.* flemmonoso.

phlegmy ['flemi] *a.* flemmatico, caratterizzato flemma.

phlogistic [flo(u)'dʒistik] *a.* ⟨*Med*⟩ flogisti infiammatorio. **phlogiston** [-ton] *s.* ⟨*Chim*⟩ flogisto

phlogosis [flo(u)'gousis] *s.* ⟨*Med*⟩ flogosi *f.*

phlox [floks] *s.* (*pl. inv./***phloxes** [floksiz]) ⟨*Bot*⟩ phlox

phobia ['foubiə] *s.* fobia *f.* **phobic** [-bik] *a.* ⟨*Ps* fobico.

phocomelia [,foukə'mi:liə] *s.* ⟨*Med*⟩ focomelia **phocomelic** [-lik] *a.* focomelico.

Phoebe ['fi:bi] **I** *N.pr.* Febe *f* (*anche Mitol.*). **II** *s.* ⟨*l* luna *f,* ⟨*poet*⟩ Febe *f.*

Phoebus ['fi:bəs] **I** *N.pr.* ⟨*Mitol*⟩ Febo *m,* Apollo *m.* **I** ⟨*lett*⟩ sole *m,* ⟨*poet*⟩ Febo *m.*

Phoenicia [fi'niʃə] *N.pr.* ⟨*Geog.stor*⟩ Fenicia **Phoenician** [-n] **I** *s.* **1** fenicio *m* (*f* –a). **2** (*langua* fenicio *m.* **II** *a.* fenicio.

phoenix ['fi:niks] *s.* **1** ⟨*Mitol*⟩ (araba) fenice *f.* **2** ⟨*,* persona *f* (*o* cosa) rara, fenice *f.* **Phoenix** *N.pr.* ⟨*A* Fenice *f.*

phon [fon] *s.* ⟨*Acu*⟩ fon *m.*

phonate ['founeit] *v.i.* produrre suoni articol ,**phonation** [-'neiʃən] *s.* fonazione *f.* **phonat** [-nətəri] *a.* fonatorio.

phone[1] [foun] ⟨*fam*⟩ **I** *s.* telefono *m.* **II** *v.t.* telefonare chiamare (al telefono). **III** *v.i.* fare una telefona telefonare. ▢ *over the* ~ telefonicamente; *to speak on* ~ parlare al telefono; *to tap s.o's* ~ intercettare telefonate di qd.

phone[2] *s.* ⟨*Fon*⟩ suono *m.*

phone| answering system *s.* ⟨*Tel*⟩ segreteria telefonica. ~ **book** *s.* elenco *m* telefonico. ~ **booth** cabina *f* telefonica. ~ **box** *s.* cabina *f* telefonica. ~ **c** *s.* chiamata *f* telefonica, telefonata *f.*

phoned-'in telegram ['found] *s.* fonotelegramma *m.*

phone-in *am.* ['foun'in] *s.* ⟨*Rad,Tel*⟩ trasmissione *f* intervento telefonico ⸢degli ascoltatori⸣ (*o* telespettatori).

phonematic [,founə'mætik] *a.* → **phonen phonematics** [-s] *s.* → **phonemics.**

phoneme ['founi:m] *s.* ⟨*Ling*⟩ fonema *m.* ,**pho'nem** [-ik] *a.* fonematico, fonemico. **phonemics** [-ni:miks *pl.* (costr. sing.) fonematica *f.*

phone tapping *s.* intercettazione *f* telefonica.

phonetic [fo(u)'netik] *a.* fonetico: ~ *transcript* trascrizione fonetica. **phonetically** [-əli] *c* foneticamente.

phonetic alphabet *s.* alfabeto *m* fonetico.

phonetician [,founi'tiʃən], **phoneticist** [-'netisist] fonetista *m/f.* **phoneticize** [-'netisaiz] *v.t.* trascriv foneticamente.

phonetics [fo(u)'netiks] *s.pl.* (costr.sing.) fonetica *f.* '**phonetist** [-tist] *s.* **1** sostenitore *m* (*f* –trice) d scrittura fonetica. **2** → **phonetician.**

phoney ['founi] ⟨*sl*⟩ **I** *a.* **1** falso, falsificato, contraffa ⟨*gerg*⟩ fasullo: *a* ~ *painting* un quadro falso. **2** (*insince* ipocrita, falso. **II** *s.* **1** falso *m,* oggetto *m* falsifica falsificazione *f.* **2** (*insincere person*) persona *f* falsa, ipoc *m/f;* (*faker*) impostore *m* (*f* –a).

phoniatrics [,founi'ætriks] *s.pl.* (costr. sing.) foniatria **phoniatrist** [-trist] *s.* foniatrista *m/f.*

phonic ['fonik] *a.* **1** fonico. **2** (*acoustic*) acustico. **phon** [-s] *s.pl.* (costr. sing.) metodo *m* d'insegnamento bas sulla fonetica.

phonogram ['founəgræm] *s.* ⟨*Tel,Ling*⟩ fonogramma *m*

phonograph ['founəgrɑ:f, –græf] *s.* **1** fonografo *m.* (*gramophone*) grammofono *m,* fonografo

phonographer [-'nɔgrəfə] s. esperto m (f –a) di fonografia. **phonographic** [-'græfik] a. fonografico. **phonography** [-'nɔgrəfi] s. **1** grafia f (o scrittura) fonetica. **2** (shorthand system) sistema m stenografico di Pitman.

honolite ['founəlait] s. (Min) fonolite f.

honologic [ˌfounə'lɔdʒik], **phonological** [-əl] a. (Ling) fonologico. **phonologist** [-'nɔlədʒist] s. fonologo m. **phonology** [-'nɔlədʒi] s. fonologia f.

honometer [fou'nɔmitə] s. (Acu) fonometro m. **phonometric** [-no(u)'metrik] a. del fonometro. **phonometry** [-tri] s. fonometria f.

honoscope ['founəskoup] s. (Fis) fonoscopio m.

honotelegraphic [ˌfounoteli'græfik] a. fonotelegrafico: ~ service servizio fonotelegrafico.

honotype ['founo(u)taip] s. (Tip) carattere m di un simbolo fonetico; (phonetic type) carattere m fonetico. **phonotypist** [-ist] s. stenografo m (f –a). **phonotypy** [-i] s. sistema m stenografico (di Pitman).

hony a./s. → **phoney**.

hooey ['fu:i] intz. (fam) (to express contempt, disgust) puh, puah.

hosgene ['fɔsdʒi:n] s. (Chim) fosgene m.

hosphate ['fɔsfeit] **I** s. **1** (Chim) fosfato m. **2** (Agr) concime m fosfatico. **II** v.t. fosfatizzare.

hosphate| rock s. (Min) fosferite f. ~ **treatment** s. (Chim) fosfatizzazione f.

hosphatic [fɔs'fætik] a. fosfatico.

hosphide ['fɔsfaid] s. (Chim) fosfuro m. **phosphine** [-fi:n] s. fosfina f, idrogeno m fosforato. **phosphite** [-fait] s. fosfito m.

hosphorate ['fɔsfərit] v.t. **1** (Chim) fosforare. **2** (to make phosphorescent) rendere fosforescente.

hosphor| bronze ['fɔsfə] s. (Met) bronzo m fosforoso. ~ **copper** s. rame m fosforoso, cuprofosforo m.

hosphoresce [ˌfɔsfə'res] v.i. emanare luce fosforica. **phosphorescence** [-ns] s. fosforescenza f. **phosphorescent** [-nt] a. **1** fosforescente. **2** (Biol) fotogeno, fosforescente.

hosphoret(t)ed a. → **phosphuret(t)ed**.

hosphoric [fɔs'fɔrik] a. (Chim) fosforico: ~ acid acido fosforico.

hosphoric anydride s. (Chim) anidride f fosforica.

hosphorism ['fɔsfərizəm] s. (Med) fosforismo m.

hosphorite ['fɔsfərait] s. (Min) fosforite f.

hosphorous ['fɔsfərəs] a. (Chim) fosforoso: ~ acid acido fosforoso.

hosphorous poisoning s. (Med) → **phosphorism**.

hosphorus ['fɔsfərəs] s. (pl. **-ri** [rai]) (Chim) fosforo n.

hosphorylate [fɔs'fɔrileit] v.t. (Chim) fosforilare. **phosphorylation** [-leifən] s. fosforilazione f. **hosphuret(t)ed** ['fɔsfjuretid] a. (Chim) fosforato.

hot [fɔt] s. (Fis) fot m.

hot. = **1** photograph fotografia. **2** photographer fotografo.

hoto ['foutou] (accorc. di photograph) (fam) **I** s. (pl. **-s** z]) fotografia f, foto f; (snapshot) istantanea f. **II** v.t. 'otografare.

hotoallergy [ˌfouto'ælədʒi] s. (Med) fotoallergia f.

hotobiology [ˌfoutobai'ɔlədʒi] s. fotobiologia f.

hotocell ['foutəsel] s. (El) cellula f fotoelettrica, 'otocellula f.

hotochemical [ˌfouto(u)'kemikl] a. (Chim) fotochimico: ~ reaction reazione fotochimica. **photochemist** [-mist] s. specialista m/f in fotochimica. **photochemistry** –mistri] s. fotochimica f.

hotochromatic [ˌfouto(u)kro(u)'mætik] a. (Fot) otocromatico. '**photochrome** [-kroum] s. fotografia f a :olori. '**photochromy** [-kroumi] s. fotocromia f.

hotocoagulation ['foutoukou,ægju'leifən] s. otocoagulazione f.

hotocompose [ˌfoutokəm'pouz] v.t. fotocomporre. **hotocomposer** [-ə] s. fotocompositore m. **hotocomposing machine** [ˌfoutokəm'pouziŋ] s. otocompositrice f, compositrice f fotografica.

hotoconductive [ˌfoutokən'dʌktiv] a. fotoconduttivo.

photoconductivity [-iti] s. fotoconduttività f.

photocopier ['foutoukɔpiə] s. fotocopiatrice f. **photocopy** [-pi] **I** s. fotocopia f. **II** v.t. fotocopiare. **photocopying** [-iŋ] s. fotocopiatura f.

photocopying machine s. fotocopiatrice f.

photoelectric [ˌfouto(u)i'lektrik], **photoelectrical** [-əl] a. fotoelettrico.

photoelectric| cell s. cellula f fotoelettrica, fotocellula f, fotocella f. ~ **meter** s. (Fot) esposimetro m fotoelettrico.

photoelectron [ˌfouto(u)i'lektrɔn] s. (Fis) fotoelettrone m. **photo,elec'tronics** [-iks] s.pl. (costr. sing.) fotoelettronica f.

photoemission [ˌfouto(u)i'mifən] s. (Fis) fotoemissione f.

photoengrave [ˌfouto(u)en'greiv] v.t. fare una fotoincisione di. **photoengraver** [-ə] s. fotoincisore m. **photoengraving** [-iŋ] s. fotoincisione f.

photo-finish s. (Sport) fotofinish m, photofinish m.

photofit ['foutofit] s. fotofit m.

photoflash (lamp) ['foutəflæʃ] s. (Fot) lampada f per fotografie al lampo. **photoflash photography** s. fotografia f al lampo.

photoflood (lamp) ['fouto(u)flʌd] s. lampada f survoltata.

photog. = **1** photographer fotografo. **2** photographic fotografico.

photogen ['foutədʒen] s. **1** (Chim) olio m leggero di distillazione. **2** (Biol) organismo m fotogeno (o fosforescente).

photogene ['foutədʒi:n] s. (Fisiol) immagine f retinica.

photogenic [ˌfouto(u)'dʒenik] a. **1** fotogenico. **2** (Biol) fosforescente, fotogeno. **3** (Med) fotogeneo.

photogram ['foutəgræm] s. (Fot) fotogramma m. **photo'grammetry** [-itri] s. fotogrammetria f.

photograph ['foutəgrɑ:f] **I** s. fotografia f. **II** v.t. fotografare. **III** v.i. **1** essere fotografato. **2** (to practise photography) fare fotografie, fotografare. □ to take a ~ of s.o. fare (o scattare) una fotografia a qd., fotografare qd.; he does not ~ well non viene bene in fotografia, non è fotogenico.

photographer [fə'tɔgrəfə] s. fotografo m (f –a).

photographic [ˌfoutə'græfik] a. fotografico.

photographic| memory s. memoria f fotografica. ~ **paper** s. carta f fotografica (o sensibile). ~ **plate** s. lastra f fotografica, negativo m.

photograph library s. fototeca f.

photography [fə'tɔgrəfi] s. fotografia f, arte f fotografica.

photography exhibit s. mostra f fotografica.

photogravure [ˌfouto(u)grə'vjuə] s. (process, print) fotoincisione f.

photolithograph [ˌfouto(u)'liθəgrɑ:f] **I** s. fotolitografia f, riproduzione f fotolitografica. **II** v.t. fare una fotolitografia di. **photolithography** [-'θɔgrəfi] s. fotolitografia f, fotolito f.

photomagnetic [ˌfouto(u)mæg'netik] a. fotomagnetico.

photometer [fo(u)'tɔmitə] s. (Ott) fotometro m. **photometric** [ˌfouto(u)'metrik], **photometrical** [ˌfouto(u)'metrikəl] a. fotometrico. **photometry** [-tri] s. fotometria f.

photomicrograph [ˌfoutə'maikro(u)grɑ:f] s. microfotografia f. **photomicrography** [-'krɔgrəfi] s. fotomicrografia f, microfotografia f.

photomontage [ˌfouto(u)mɔn'tɑ:ʒ] s. (Fot) fotomontaggio m.

photon ['foutɔn] s. (Atom,Fisiol) fotone m.

photophobia [ˌfouto(u)'foubiə] s. (Med) fotofobia f.

photoprint ['fouto(u)print] s. riproduzione f (o stampa) fotografica.

photoreaction [ˌfouto(u)ri'ækʃən] s. (Chim) fotoreazione f.

photoreconnaissance [ˌfouto(u)ri'kɔnisəns] s. (Aer.mil) ricognizione f fotografica.

photoreport [ˌfoutori:'pət] s. servizio m fotografico, reportage m fotografico. **photoreporter** [-ə] s. fotoreporter m/f.

photo safari s. caccia f fotografica, fotosafari m.

photosphere ['fouto(u)sfiə] s. **1** sfera f di luce. **2** (Astr) fotosfera *f.*

photostat ['fouto(u)stæt] **I** *s.* **1** (*camera*) apparecchio *m* per riproduzione fotostatica. **2** (*copy*) copia *f* fotostatica. **II** *v.t.* fare una copia fotostatica di. **III** *v.i.* fare una copia fotostatica.

photosynthesis [,fouto(u)'sinθisis] *s.* ⟨*Bot*⟩ fotosintesi *f,* funzione *f* clorofilliana.

phototelegraph [,foutə'teligrɑːf] *s.* telefoto *f,* telefotografia *f.* **phototelegraphy** [-ti'legrəfi] *s.* fototelegrafia *f.*

phototherapeutic [,fouto(u),θerə'pjuːtik] *a.* ⟨*Med*⟩ fototerapico. **phototherapeutics** [-s] *s.pl.* (costr.sing.) → phototherapy. **photo'therapy** [-pi] *s.* fototerapia *f.*

phototropism [fo(u)'tɔtrəpizəm] *s.* ⟨*Biol*⟩ fototropismo *m.*

phototype ['fouto(u)taip] *s.* ⟨*Tip*⟩ **1** (*process*) fototipia *f.* **2** (*print*) fototipo *m.* **phototy'pography** [-ɔgrəfi] *s.* fototipografia *f.*

photovoltaic [,foutovɔl'teiik] *a.* fotovoltaico.

photovoltaic| cell *s.* cella *f* fotovoltaica. **~ effect** *s.* effetto *m* fotovoltaico.

photozincographic [,fouto(u),ziŋko(u)'græfik] *a.* ⟨*Tip*⟩ fotozincografico. **photozincography** [-'kɔgrəfi] *s.* fotozincografia *f.*

phrasal ['freizəl] *a.* di (*o* relativo a) frase, di espressione.

phrasal| modifier *s.* ⟨*Gramm*⟩ elemento *m* che modifica la frase. **~ verb** *s.* verbo *m* fraseologico.

phrase [freiz] **I** *s.* **1** ⟨*Gramm*⟩ frase *f,* locuzione *f,* proposizione *f.* **2** (*brief expression*) espressione *f,* frase *f: a well–turned* ~ un'espressione ben tornita; (*idiomatic expression*) espressione *f* (*o* frase) idiomatica. **3** (*style of speech*) modo *m* d'esprimersi, frasario *m;* (*phraseology*) fraseologia *f.* **4** ⟨*Mus*⟩ frase *f.* **II** *v.t.* **1** esprimere, enunciare, formulare, dire: *to* ~ *one's thoughts* esprimere i propri pensieri. **2** ⟨*Mus*⟩ dividere in frasi. **III** *v.i.* ⟨*Mus*⟩ fraseggiare. □ *as the* ~ *goes* come si suol dire; *his vocation, as he –s it* la sua vocazione, come la chiama lui; *in a* ~ in una frase, in poche parole.

phrase book *s.* frasario *m.*

phrased [freizd] *a.* (nei composti) ... formulato, ...espresso: *a well–~ letter* una lettera ben formulata.

phraseogram ['freiziəgræm] *s.* segno *m* (stenografico) che rappresenta una frase. **phraseograph** [-grɑːf] *s.* frase *f* che si può rappresentare con un segno (stenografico).

phraseological [,freiziə'lɔdʒikəl] *a.* fraseologico. **phraseology** [-zi'ɔlədʒi] *s.* frasario *m,* fraseologia *f.*

phrasing ['freiziŋ] *s.* **1** (*manner of phrasing*) fraseggio *m;* (*phraseology*) frasario *m,* fraseologia *f.* **2** ⟨*Mus*⟩ fraseggio *m.*

phreatic [fri'ætik] *a.* ⟨*Geol*⟩ freatico.

phrenetic [fri'netik] *a.* **1** (*frenetic*) forsennato, pazzo, frenetico. **2** (*frantic, frenzied*) frenetico, convulso, delirante.

phrenic ['frenik] *a.* ⟨*Anat*⟩ frenico.

phrenologic [,frenə'lɔdʒik], **phrenological** [-əl] *a.* frenologico. **phrenologist** [-'nɔlədʒist] *s.* frenologo *m* (*f* –a). **phrenology** [-'nɔlədʒi] *s.* frenologia *f.*

Phrygia ['fridʒiə] *N.pr.* ⟨*Geog.stor*⟩ Frigia *f.* **Phrygian** [-n] **I** *a.* frigio. **II** *s.* **1** frigio *m* (*f* –a). **2** (*language*) lingua *f* frigia.

Phrygian| cap *s.* ⟨*Stor*⟩ berretto *m* frigio. **~ mode** *s.* ⟨*Mus*⟩ modo *m* frigio.

PHS, P.H.S. = *Public Health Service* servizio sanitario nazionale.

phthisic ['θaisik, *am.* 'tizik] **I** *s.* **1** ⟨*Med*⟩ tisi *f,* tubercolosi *f* (polmonare). **2** (*person*) turbercolotico *m* (*f* –a), tisico *m* (*f* –a). **II** *a.* → phthisical. **phthisical** [-əl] *a.* tisico, tubercolotico.

phthisiologist [,θaisi'ɔlədʒist] *s.* tisiologo *m* (*f* –a). **phthisiology** [-dʒi] *s.* tisiologia *f.* **'phthisis** [-sis] *s.* (*pl.* -ses* [si:z]) ⟨*Med*⟩ tisi *f,* tubercolosi *f* (polmonare); (*consumption*) consunzione *f.*

phut [fʌt, fət]: ⟨*fam*⟩ *to go* ~ andare in fumo, andare a monte.

phylactery [fi'læktəri] *s.* **1** ⟨*Rel.ebr*⟩ filatterio *m,* filatteria *f.* **2** ⟨*estens*⟩ (*amulet, charm*) portafortuna *m,* amuleto *m.*

phyletic [fai'letik] *a.* ⟨*Biol*⟩ filetico.

Phyllis ['filis] *N.pr.* ⟨*Mitol,Lett*⟩ Filli(de) *f.*

phyloxera [,filɔk'siərə] *s.* (*pl.* -s [z]/-rae [riː]) ⟨*Enton*⟩ fillossera *f.*

phylum ['failəm] *s.* (*pl.* -la [lə]) **1** ⟨*Biol*⟩ filo *m.* **2** ⟨*Ling*⟩ ceppo *m* linguistico.

phys. = **1** *physical* fisico. **2** *physician* medico. **3** *physical* fisica. **4** *physiological* fisiologico. **5** *physiology* fisiologia *f.*

physiatrics [,fizi'aetriks] *s.pl.* (costr. sing.) ⟨*Med*⟩ fisiatria *f,* fisioterapia *f.* **physiatrist** [-trist] *s.* fisiatra *m/f.*

physic ['fizik] **I** *s.* **1** purgante *m,* purga *f.* **2** ⟨*esten*⟩ (*medicine*) medicamento *m,* farmaco *m,* medicina *f.* ⟨*rar*⟩ (*medical art*) arte *f* medica, medicina *f.* **II** *v.* (*pret., p.p.* -ked [-t]) **1** dare (*o* somministrare) medicine a. **2** (*to purge*) purgare. **3** (*to cure*) curare; (*to heal*) guarire, risanare.

physical ['fizikəl] **I** *a.* **1** (*of the body*) fisico, corporeo, corporale: ~ *strength* forza fisica. **2** (*of material things*) fisico, materiale: *the* ~ *world* il mondo fisico. **3** (*of physics*) fisico, della fisica: ~ *laws* leggi fisiche. **4** (*of natural science*) fisico, naturale. **II** *s.* ⟨*fam*⟩ visita *f* (medica). □ *to give s.o. a* ~ visitare qd.

physical| chemistry *s.* chimica *f* fisica. **~ disability** ⟨*Dir*⟩ minorazione *f* fisica. **~ education** *s.* ⟨*Sco*⟩ educazione *f* fisica. **~ examination** *s.* visita *f* medica. **~ exercises** *s.pl.* ginnastica *f.* **~ geography** *s.* geografia *f* fisica. **~ jerks** *s.pl.* esercizi *mpl* fisici (ginnici), ginnastica *f.*

physically ['fizikəli] *avv.* fisicamente.

physically handicapped *a.* handicappato (*o* minorato) fisico.

physical| rehabilitation *s.* ⟨*Med*⟩ riabilitazione *f.* **~ science** *s.* **1** (*physics*) fisica *f.* **2** (*sciences in general*) scienze *fpl* fisiche. **~ therapist** *s.* fisioterapista *m/f.* **~ therapy** *s.* fisioterapia *f.* **~ training** *s.* → physical education.

physician [fi'ziʃən] *s.* **1** medico *m,* dottore *m* (*f* –essa) in medicina), ⟨*burocr*⟩ sanitario *m;* (*distinguished from surgeon*) medico *m* internista, internista *m/f.* **2** ⟨*fig*⟩ guaritore *m* (*f* –trice). □ ~ *in private practice* medico *m* libero professionista.

physicism ['fizisizəm] *s.* ⟨*Filos*⟩ fisicismo *m.* **physicist** [-sist] *s.* **1** fisico *m* (*f* –a). **2** ⟨*Filos*⟩ fisicista *m/f.*

physics ['fiziks] *s.pl.* (costr. sing.) **1** fisica *f.* **2** (*physical phenomena*) fenomeni *mpl* fisici; (*physical properties*) proprietà *fpl* fisiche.

physiocracy [,fizi'ɔkrəsi] *s.* ⟨*Econ*⟩ fisiocrazia *f.* **'physiocrat** [-ziəkræt] *s.* fisiocrate *m.* **physiocratic** [-ziə'krætik] *a.* fisiocratico.

physiognomic [,fizio'nɔmik], **physiognomical** [-əl] *a.* fisiognomonico. **physiognomist** [-zi'ɔnəmist] *s.* fisiognomo *m.* **physiognomy** [-zi'ɔnəmi] *s.* **1** fisionomia *f,* espressione *f.* **2** ⟨*fig*⟩ fisionomia *f,* aspetto (caratteristico), carattere *m: the* ~ *of a people* fisionomia di un popolo. **3** ⟨*sl*⟩ (*face*) faccia *f,* volto *m.* (*art of determining character by the face*) fisiognomia fisiognomonica *f.*

physiographer [,fizi'ɔgrəfə] *s.* esperto *m* di geografia fisica. **physiographic** [-ziə'græfik], **physiographical** [-ziə'græfikəl] *a.* della geografia fisica. **physiography** [-fi] *s.* **1** (*physical geography*) geografia *f* fisica. (*description of nature*) descrizione *f* (dei fenomeni) della natura.

physiologic [,fizio(u)'lɔdʒik], **physiological** [-əl] *a.* fisiologico: ~ *saline* soluzione fisiologica. **physiologist** [-zi'ɔlədʒist] *s.* fisiologo *m* (*f* –a). **physiology** [-zi'ɔlədʒi] *s.* fisiologia *f.*

physiotherapist [,fizio(u)'θerəpist] *s.* fisioterapista *m/f.* **physiotherapy** [-pi] *s.* fisioterapia *f.*

physique [fi'ziːk] *s.* fisico *m,* costituzione *f* (fisica), corporatura *f: a strong* ~ un fisico robusto.

phytochemistry [,faitou'kemistri] *s.* fitochimica *f.*

phytogenesis [,faito(u)'dʒenisis] *s.* ⟨*Bot*⟩ fitogenetica *f.*

phytogeographer [,faito,dʒio'graefə] *s.* fitogeografo *m.* **phytogeographic** [-fik], **phytogeographical** [-fikəl] *a.* fitogeografico, geobotanico. **phytogeography** [-dʒi'ɔgrə] *s.* geobotanica *f,* geografia *f* botanica, fitogeografia *f.*

phytographic [,faito(u)'græfik], **phytographical** [-əl] fitografico. **phytography** [-'tɔgrəfi] s. ⟨Bot⟩ fitografia f.

•hytolacca [faitə'lækə] s. ⟨Bot⟩ fitolacca f.

•hytologic [,faito(u)'lɔdʒik], **phytological** [-əl] a. fitologico, botanico. **phytology** [-'tɔlədʒi] s. fitologia f, botanica f.

•hytopathology [,faito(u)pə'θɔlədʒi] s. fitopatologia f, patologia f vegetale.

•hytopharmacological [,faitou,fɑ:məkə'lɔdʒikəl] a. fitofarmaceutico. **phytopharmacology** [-'kɔlədʒi] s. fitofarmacia f.

•hytoplankton [,faito(u)'plæŋktən] s. fitoplancton m.

•i¹ [pai] s. **1** (letter of the Greek alphabet) pi f/m. **2** ⟨Mat⟩ pi m (greco).

•i² a. ⟨sl⟩ (pious) bigotto.

•i³ s. → pie¹.

•iacular [pai'ækjulə] a. **1** espiatorio, di espiazione. **2** (sinful) peccaminoso.

•iaffe [pjæf] **I** v.i. ⟨Equit⟩ piaffare, fare la ciambella. **II** s. ciambella f.

•ia mater ['paiə'meitə] s. ⟨Anat⟩ pia madre f. **pia-matral** [-'meitrəl] a. piale.

•ianissimo it. [,pi:ə'nisimou] **I** a./avv. pianissimo. **II** s. (pl. -s [z]/-mi [mi:]) pianissimo m.

•ianist ['pi:ənist] s. pianista m.

•iano¹ [pi'ænou] **I** s. (pl. -s [z]) ⟨Mus⟩ pianoforte m, piano m. **II** a. per pianoforte, pianistico.

•iano² it. [pi'ɑ:nou] **I** a./avv. ⟨Mus⟩ piano. **II** s. (pl. -s [z]) passaggio m che va eseguito piano.

•iano| accordion [pi'ænou] s. ⟨Mus⟩ fisarmonica f. **~ bar** s. piano-bar m.

•ianola [,pi:ə'noulə] s. ⟨Mus⟩ pianola f.

•iano| organ [pi'ænou] s. organetto m, organino m (di Barberia). **~ player** s. **1** → **pianist**. **2** ⟨Mus⟩ pianola f. **~ quartet** s. ⟨Mus⟩ quartetto m. **~-stool** s. sgabello m per pianoforte. **~ tuner** s. accordatore m (di pianoforti). **~ wire** s. ⟨tecn⟩ filo m armonico.

•iaster am., **piastre** [pi'æstə] s. ⟨Econ⟩ piastra f.

•ibroch ['pi:brɔk] s. ⟨Mus⟩ brano m musicale con variazioni per cornamusa.

•ic am. [pik] s. ⟨fam⟩ **1** (film) film m. **2** (photograph) fotografia f.

•ica¹ ['paikə] s. ⟨Tip⟩ pica f.

•ica² s. ⟨Med⟩ pica f, picacismo m.

•icador sp. ['pikədɔ:] s. (pl. -s [z]/-dores [-ri:z]) picador m.

Picard ['pikəd] **I** s. **1** piccardo m (f -a). **2** (dialect) piccardo m. **II** a. piccardo. **Picardy** [-i] N.pr. ⟨Geog⟩ Piccardia f.

•icaresque [,pikə'resk] a. ⟨Lett⟩ picaresco.

•icaroon [,pikə'ru:n] s. **1** picaro m, vagabondo m, briccone m; (thief) ladro m. **2** (pirate) pirata m, corsaro m.

•icayune am. [,pikəju:n] **I** s. **1** monetina f; (five-cent piece) moneta f da cinque cent. **2** ⟨fam⟩ (insignificant person) nessuno m, nullità f; (insignificant thing) bazzeccola f, inezia f. **II** a. ⟨fam⟩ **1** da nulla, insignificante, trascurabile. **2** (narrow-minded) gretto, meschino.

•iccalilli ['pikəlili] s. ⟨Gastr⟩ giardiniera f con senape e spezie.

•iccaninny ['pikəniny] s. **1** (Negro child) negretto m (f -a), moretto m (f -a). **2** (small child) piccolo m (f -a), piccino m (f -a).

•iccolo it. ['pikəlou] **I** s. (pl. -s [z]) ⟨Mus⟩ ottavino m. **II** a. (of a musical instrument) piccolo. **piccoloist** [-ist] s. sonatore m (f -trice) di ottavino.

•iceous ['pisiəs] a. **1** di pece. **2** (resembling pitch) piceo, pecioso. **3** (black as pitch) del colore della pece, nero come la pece.

•ick¹ [pik] **I** v.t. **1** cogliere, raccogliere: please do not ~ the flowers si prega di non cogliere i fiori; to ~ cotton raccogliere il cotone. **2** (to choose) scegliere: ~ your partners for the next dance scegliete i vostri compagni per il prossimo ballo. **3** (to remove with the fingers) togliere (con le dita): to ~ dirt from one's clothes togliersi lo sporco dagli abiti. **4** (to pluck the feathers from) spennare, pelare: to ~ a turkey spennare un tacchino; (to remove flesh) spolpare, scarnire: to ~ a bone (clean) spolpare (ben bene)

un osso. **5** (to break with a pick) rompere col piccone; (to pierce, dig up) (per)forare (o scavare) col piccone. **6** (of the teeth) stuzzicare: to ~ one's teeth stuzzicarsi i denti. **7** (of a lock) scassinare con un grimaldello. **8** (of birds: to take up with the beak) beccare. **9** (of food: to eat mincingly) spilluzzicare. **10** (to separate, pull apart) sfilacciare, ridurre in filacce. **11** ⟨Mus⟩ (of the strings of an instrument) pizzicare; (of a stringed instrument) sonare. **12** ⟨Sart⟩ impunturare. **II** v.i. **1** (to work with a pick) lavorare col piccone; (to strike with a pick) dare colpi di piccone (at a). **2** (to eat mincingly) spilluzzicare, piluccare (qc.). **3** (of birds) beccare. □ to ~ **apart**: **1** lacerare, strappare; **2** ⟨fig⟩ analizzare, esaminare; ⟨fam⟩ to ~ at trovare da ridire su (o sul conto di), criticare; to ~ and choose fare il difficile, essere esigente; to ~ a fight with s.o. attaccare lite (o briga) con qd.; to ~ meat from a bone spolpare un osso; to ~ off: **1** levare, togliere: to ~ hairs off one's coat togliersi i peli dalla giacca; **2** ⟨fam⟩ (to shoot or bring down singly) abbattere uno dopo l'altro; to ~ on: **1** scegliere; **2** ⟨fam⟩ (to pick at) trovare da ridire su (o sul conto di), criticare; **3** ⟨fam⟩ (to tease, harass) infastidire, dare fastidio, molestare; **4** ⟨fam⟩ (to seek a quarrel with) cercare di attaccare lite (o briga) con; to ~ out: **1** scegliere (con cura), selezionare; **2** (to make out, distinguish) individuare, distinguere, scorgere; **3** (to relieve with contrasting colours, etc.) ravvivare; **4** (to cause to stand out) mettere in risalto, accentuare; **5** (of sense, meaning: to discern) cogliere, capire; **6** ⟨Mus⟩ sonare a orecchio; to ~ over vagliare, esaminare (per fare una scelta); to ~ to pieces fare a pezzi; ⟨fig⟩ (of an argument, etc.) criticare, trovare da ridire su; to ~ s.o.'s pocket borseggiare qd.; to ~ a quarrel with s.o. = to pick a fight with s.o.; ⟨Sport⟩ to ~ sides schierarsi; to ~ and steal rubacchiare; to ~ up: **1** raccogliere (da terra), raccattare, tirare su, sollevare: she ~ed the baby up tirò su il bambino; **2** ⟨rifl⟩ rialzarsi, sollevarsi, tirarsi su; **3** (to take into a vehicle) far salire, prendere su: the bus ~ed us up at the crossroads l'autobus ci fece salire al crocevia; **4** (to collect, call for) passare (o andare) a prendere, ⟨scherz,fam⟩ prelevare: I'll ~ you up after school passerò a prenderti dopo la scuola; **5** (to acquire casually) (riuscire a) trovare, scovare, pescare: I ~ed it up in the flea market l'ho trovato al mercato delle pulci; **6** (of habits, etc.: to acquire) contrarre, prendere: to ~ up an infection contrarre un'infezione; **7** ⟨fam⟩ (to enter casually into companionship with) abbordare; **8** ⟨fam⟩ (to arrest) arrestare, acciuffare; ⟨fam⟩ pizzicare; **9** ⟨sl⟩ (to steal) rubare, ⟨pop⟩ grattare; **10** (to revive the spirits, energy of) tirare su, risollevare: a cup of tea will ~ you up una tazza di tè ti tirerà su; **11** (to recover) riprendersi, tirarsi su, riaversi; **12** (to improve) migliorare, progredire: business has ~ed up gli affari migliorarono; **13** (to resume) riprendere, ricominciare: she ~ed up the story where she left off riprese il racconto dal punto in cui l'aveva interrotto; **14** (to gain speed) accelerare, acquistare velocità; **15** (to tidy) rassettare, riordinare; **16** (to bring within range) captare, ricevere (anche Rad.): to ~ up a foreign station ricevere una stazione straniera; **17** ⟨am.fam⟩ (of a bill) pagare; **18** ⟨Lav.femm⟩ (of a dropped stitch) riprendere, raccogliere; **19** ⟨Sport⟩ schierarsi; to ~ up a living sbarcare il lunario; to ~ up speed acquistare velocità.

pick² s. **1** scelta f, selezione f. **2** (choicest part, member) elemento m (o parte f) migliore, il migliore. **3** ⟨Agr⟩ raccolto m. □ to give s.o. the ~ of s.th. lasciare a qd. la scelta di qc.; take your ~ prendine uno a scelta.

pick³ s. **1** piccone m. **2** (any sharp-pointed tool for picking) attrezzo m appuntito.

pickaback ['pikəbæk] a./avv. a cavalluccio, sulla schiena, sulle spalle: to carry s.o. ~ portare qd. a cavalluccio; to ride ~ farsi portare a cavalluccio.

pick-a-back traffic s.→ piggyback traffic.

pickaninny s. → piccaninny.

pickax(e) ['pikæks] **I** s. piccone m. **II** v.t. rompere col piccone, dare colpi di piccone m. **III** v.i. lavorare col piccone, usare il piccone.

picked [pikt] a. **1** scelto, selezionato: ~ men uomini scelti. **2** (*of fruit*) colto dall'albero. **3** (*of bones*) spolpato.

picker[1] ['pikə] *s.* **1** (*one that picks;* spesso nei composti) chi raccoglie: *a fruit-~* chi raccoglie frutta. **2** (*machine*) raccoglitrice *f.* □ *-s and stealers* ladruncoli *mpl*, ladroncelli *mpl.*

picker[2] *s.* ⟨*Tess*⟩ (*part of a shuttle*) lancianavetta *m;* (*machine*) sfilacciatrice *f.*

pickerel ['pikərəl] *s.* (*pl. inv./-s* [z]; il pl. inv. si usa general. con valore collett.) ⟨*Itt*⟩ luccio *m* giovane.

picket ['pikit] **I** *s.* **1** (*stake*) picchetto *m*, paletto *m*, piolo *m;* (*in a fence*) steccone *m*, stecca *f.* **2** (*for a tent rope*) picchetto *m.* **3** (*group of strikers, demonstrators, etc.*) picchetto *m.* **4** ⟨*Mil*⟩ (*outlying picket*) pattuglia *f* di picchetto; (*inlying picket*) picchetto *m* (armato). **II** *v.t.* **1** steccare, chiudere (*o recintare*) con uno steccato. **2** (*of strikers, etc.*) picchettare: *to ~ a factory* picchettare una fabbrica. **3** (*to tether to a picket*) legare (*o assicurare*) a un picchetto. **4** ⟨*Mil*⟩ (*to guard with a picket*) mettere un picchetto di guardia a; (*to post as a picket*) mettere di picchetto. **III** *v.i.* **1** (*of strikers, etc.*) formare picchetti. **2** ⟨*Mil*⟩ essere di picchetto. □ *to be on ~* essere di picchetto.

picket| boat *s.* ⟨*Mar.mil*⟩ nave *f* vedetta, vedetta *f.* **~ fence** *s.* steccato *m.*

picketing ['pikitiŋ] *s.* picchettaggio *m.*

picket line *s.* fila *f* di scioperanti che formano picchetti.

picking ['pikiŋ] *s.* **1** (spesso nei composti) raccolta *f: fruit-~* raccolta della frutta. **2** (*that which is picked*) raccolto *m*, raccolta *f.* **3** (*petty theft*) furtarello *m.* **4** *pl.* (*scraps, leftovers*) rimasugli *mpl*, avanzi *mpl*, residui *mpl.* **5** *pl.* ⟨*fam*⟩ (*dishonest profits*) guadagni *mpl* (*o profitti*) illeciti. □ *~ and stealings* furtarello *m.*

pickle ['pikl] **I** *s.* **1** (*salt water*) salamoia *f;* (*vinegar*) aceto *m;* (*marinade*) marinata *f.* **2** (*s.th. pickled*) sottaceto *m;* (*pickled cucumber*) cetriolo *m* sottaceto. **3** *pl.* sottaceti *mpl*, giardiniera *f.* **4** ⟨*fam*⟩ (*awkward situation*) guaio *m*, impiccio *m*, pasticcio *m*, imbroglio *m.* **5** ⟨*fam*⟩ (*mischievous child*) bricconcello *m* (*f* –a), monello *m* (*f* –a), diavoletto *m* (*f* –a). **6** ⟨*Met*⟩ bagno *m* di decapaggio. **II** *v.t.* **1** (*to preserve in salt water*) mettere in salamoia; (*to preserve in vinegar*) conservare sottaceto; (*to steep in marinade*) marinare. **2** ⟨*Met*⟩ decapare. **3** (*of a wound made by flogging*) strofinare sale (e aceto) su. □ ⟨*fam*⟩ *in ~* pronto, a portata di mano.

pickle-cured *a.* (*in salt water*) in salamoia; (*in vinegar*) sottaceto.

pickled ['pikld] *a.* **1** → **pickle-cured.** **2** ⟨*sl*⟩ (*drunk*) ubriaco, ⟨*fam*⟩ sbronzo, ⟨*pop*⟩ sborniato.

pickling ['pikliŋ] *s.* **1** conservazione *f* ⌐in salamoia⌐ (*o* sottaceto). **2** ⟨*Met*⟩ decapaggio *m.*

pick|lock *s.* **1** scassinatore *m* (*f* –trice). **2** (*thief*) ladro *m* (*f* –a). **3** (*tool*) grimaldello *m.* **~man** [mən] *s.irr.* picconiere *m.* **~-me-up** *s.* ⟨*fam*⟩ cordiale *m*, tonico *m*, cicchetto *m.* **~-off** *a.* ⟨*tecn*⟩ rimovibile, staccabile, smontabile. **~pocket** *s.* borsaiolo *m*, tagliaborse *m.* **~ pocketing** *s.* borseggio *m.*

picksome ['piksəm] *a.* difficile (da contentare), schizzinoso.

pick-up *s.* **1** (*of a gramophone*) fonorivelatore *m*, riproduttore *m* acustico, testina *f* di rivelazione. **2** ⟨*fam*⟩ (*casual acquaintance*) conoscenza *f* occasionale. **3** (*person taken up*) persona *f* che si prende a bordo. **4** ⟨*sl*⟩ (*free lift*) passaggio *m.* **5** ⟨*fam*⟩ (*recovery*) il riprendersi, il riaversi. **6** ⟨*fam*⟩ (*improvement*) miglioramento *m*, progresso *m.* **7** ⟨*sl*⟩ (*arrest*) arresto *m.* **8** ⟨*Mot*⟩ (*acceleration*) accelerazione *f*, ripresa *f.* **9** ⟨*Econ*⟩ ripresa *f: ~ of the economy* ripresa economica. **10** ⟨*Astron*⟩ ricupero *m* (di una capsula). **11** ⟨*Rad*⟩ (*act of receiving sound waves*) ricezione *f.* **12** ⟨*TV*⟩ esplorazione *f.* **13** ⟨*Rad*⟩ (*relayed broadcast*) ritrasmissione *f.* **14** ⟨*TV*⟩ (*outside broadcast*) ripresa *f* diretta, trasmissione *f* in diretta. **15** ⟨*am.Aut*⟩ → **pick-up truck.**

pick-up| cartridge *s.* cartuccia *f.* **~ loader** *s.* ⟨*Agr*⟩ raccoglitore–caricatore *m.* **~ sticks** *s.pl.* (*game*) sciangai *m.* **~ truck** *am. s.* ⟨*Aut*⟩ autocarro *m* per collettame (a pianale basso).

Pickwickian [pik'wikiən] *a.* **1** ⟨*scherz*⟩ dal carattere semplice e generoso. **2** (*of an expression, word*) inteso in senso non letterale.

picnic ['piknik] **I** *s.* **1** scampagnata *f*, merenda *f* all'aperto, picnic *m.* **2** ⟨*fam*⟩ (*s.th. easy*) cosa *f* facile, gioco *m* da ragazzi, scherzo *m: it's no ~* non è uno scherzo (*enjoyable experience, etc.*) cosa *f* piacevole, divertimento *m.* **II** *a.* da picnic. **III** *v.i.* (*pret., p.p.* -ked [-t]) fare un picnic, prendere parte a una scampagnata. □ *to go –king* fare un picnic. **picnicker** [-ə] *s.* chi fa (*o* partecipa a) un picnic.

picot ['pi:kou] *s.* ⟨*Lav.femm*⟩ **1** smerlo *m*, festone *m.* **2** (*raised knot*) pippiolino *m.*

picot stitch *s.* ⟨*Lav.femm*⟩ punto *m* festone (*o* smerlo).

picquet ['pikit] *s.* ⟨*Mil*⟩ picchetto *m* (armato).

picrate ['pikreit] *s.* ⟨*Chim*⟩ picrato *m.* **picric** [-rik] *a.* picrico.

pictograph ['piktəgrɑ:f] *s.* **1** pittogramma *m.* **2** (*pictorial symbol*) simbolo *m* pittografico, pittogramma *m.* **pictographic** [-'græfik] *a.* pittografico. **pictography** [-'tɔgrəfi] *s.* pittografia *f.*

pictorial [pik'tɔ:riəl] **I** *a.* **1** pittorico, della pittura. **2** (*illustrated*) illustrato, figurato: *a ~ atlas* un atlante illustrato. **3** ⟨*fig*⟩ pittoresco, pittorico: *a ~ description* una descrizione pittoresca. **II** *s.* giornale *m* illustrato rotocalco *m.* **pictorialist** [-ist] *s.* fotografo *m* dilettante.

picture ['piktʃə] **I** *s.* **1** (*painting*) quadro *m*, dipinto *m*, pittura *f;* (*drawing*) disegno *m;* (*photograph*) fotografia *f* (*any visible image*) immagine *f*, figura *f*, illustrazione *f* (*portrait*) ritratto *m: to sit for one's ~* posare per un ritratto. **2** ⟨*fig*⟩ (*vivid description*) descrizione *f*, ritratto *m*, quadro *m;* (*mental image*) immagine *f*, idea *f*, visione *f: a clear ~ of the situation* una chiara immagine della situazione. **3** ⟨*fig*⟩ (*likeness*) ritratto *m*, copia *f: she is the ~ of her mother* è il ritratto di sua madre. **4** ⟨*fig*⟩ (*embodiment*) personificazione *f*, immagine *f*, ritratto *m: to be the ~ of health* essere il ritratto della salute. **5** (*film*) film *m*, pellicola *f* cinematografica. **6** *pl.* (*cinema*) cinema *m*, cinematografo *m: to go to the -s* andare a cinema. **7** ⟨*fig*⟩ (*set of circumstances*) quadro *m* situazione *f*, complesso *m* (*o* insieme) di circostanze: *the ~ as regards exports has changed* per quanto riguarda le esportazioni la situazione è mutata. **8** ⟨*fig*⟩ (*s.th. or s.o. very pretty*) bellezza *f: she looked a perfect ~* era proprio una bellezza; (*picturesque sight*) quadretto *m* (di genere), scenetta *f.* **9** ⟨*TV*⟩ immagine *f.* **10** ⟨*Med*⟩ quadro *m* clinico. **II** *v.t.* **1** ritrarre, raffigurare, dipingere. **2** ⟨*fig*⟩ (*to imagine*) immaginare, figurare: *~ yourself in my position* immaginati al mio posto. **3** ⟨*fig*⟩ (*to describe vividly*) descrivere, dipingere. □ ⟨*fam*⟩ *you mustn't come into the ~ at all* non devi entrarci affatto; ⟨*fam*⟩ *to get the ~* afferrare (*o* capire) la situazione; ⟨*fam*⟩ *to be in the ~:* (*to be informed*) essere informato (*o* al corrente); **2** (*to be of concern*) riguardare; ⟨*fam*⟩ *to put s.o. in the ~* mettere al corrente qd.; ⟨*fam*⟩ *to be out of the ~* non riguardare non entrarci.

picture| book *s.* libro *m* illustrato. **~ card** *s.* (*in card games*) figura *f.* **~ dealer** *s.* commerciante *m* di quadri **~ frame** *s.* ⟨*Cin*⟩ fotogramma *m.* **~ gallery** *s.* pinacoteca *f.* **~ goer** *s.* frequentatore *m* (*f* –trice) di sale cinematografiche. **~ hat** *s.* ⟨*Mod*⟩ cappello *m* da donna a larghe tese. **~ house** *s.* cinema *m*, cinematografo *m.* **~ palace** *s.* → **picture house. ~ postcard** *s.* cartolina illustrata.

picturesque [piktʃə'resk] *a.* **1** pittoresco. **2** (*quaint*) caratteristico, pittoresco. **3** ⟨*fig*⟩ (*of language*) pittoresco espressivo, efficace. **picturesqueness** [-nis] *s.* pittoricismo *m.*

picture writing *s.* ideografia *f*, scrittura *f* ideografica.

piddle ['pidl] *v.i.* **1** ⟨*fam*⟩ orinare, ⟨*volg*⟩ pisciare. **2** (*ant*) (*to trifle*) gingillarsi, baloccarsi, bighellonare. **piddling** [-iŋ] *a.* ⟨*fam*⟩ insignificante, trascurabile.

pidgin ['pidʒin] *s.* ⟨*fam*⟩ affare *m: that's your ~* è affar tuo.

pidgin English *s.* ⟨*Ling*⟩ **1** gergo *m* anglocinese parlato in Oriente, pidgin English *m.* **2** (*in African and Oriental* *countries*) gergo *m* composto da vocaboli inglesi e vocaboli delle lingue locali.

pi-dog *s.* (*pie–dog*) cane *m* randagio.

pie[1] [pai] *s.* **1** ⟨*Dolc*⟩ torta *f: apple* ~ torta di mele; (*open–face pie*) crostata *f;* (*tart*) tartina *f.* **2** ⟨*Gastr*⟩ (*of meat*) pasticcio *m,* torta *f,* tortino *m.* **3** ⟨*fam*⟩ (*s.th. very easy*) cosa *f* facile, giochetto *m,* scherzo *m,* gioco *m* da ragazzi. ☐ ⟨*fam*⟩ *as easy as* ~ facile come bere un bicchiere d'acqua; ⟨*fam*⟩ ~ *in the sky:* 1 prospettiva *f* (*o* promessa) di felicità; 2 (*happiness after death*) beatitudine eterna.

pie[2] *s.* ⟨*Ornit*⟩ gazza *f,* pica *f.*

pie[3] **I** *s.* **1** ⟨*Tip*⟩ refuso *m.* **2** ⟨*fig*⟩ disordine *m,* confusione *f.* **II** *v.t.* **1** ⟨*Tip*⟩ (*of type*) mettere in disordine. **2** ⟨*fig*⟩ scompigliare, impasticciare.

piebald ['paibɔːld] **I** *a.* **1** pezzato; (*variegated*) variegato, screziato. **2** ⟨*fig*⟩ eterogeneo, misto. **II** *s.* animale *m* pezzato.

piece[1] [piːs] *s.* **1** pezzo *m: a* ~ *of bread* un pezzo di pane; (*portion*) parte *f,* porzione *f,* pezzo *m: to cut into eight* –*s* tagliare in otto parti; *the* –*s of a jigsaw puzzle* i pezzi di un puzzle; (*fragment*) pezzo *m,* frammento *m,* frantume *m: to smash into* –*s* mandare in pezzi, ridurre in frantumi. **2** (*single example or unit of a class of things;* seguito da *of*) un, una: *a* ~ *of information* un'informazione; *a* ~ *of furniture* un mobile. **3** ⟨*Giorn,Mus*⟩ pezzo *m.* **4** ⟨*Lett*⟩ (*passage*) passo *m,* pezzo *m,* brano *m.* **5** (*painting, picture*) pittura *f,* quadro *m;* (*sculpture*) scultura *f.* **6** (*unit of a standard size*) pezza *f: to sell cloth by the* ~ vendere tessuti a pezze; (*of wine*) barile *m,* botte *f.* **7** ⟨*sl*⟩ (*girl, woman*) ragazza *f,* donna *f.* **8** (*in draughts, etc.*) pedina *f,* pezzo *m;* (*in chess: man*) pezzo *m;* (*superior man*) figura *f.* **9** ⟨*Econ,Numism*⟩ moneta *f,* pezzo *m: a five-shilling* ~ una moneta da cinque scellini. **10** ⟨*Artigl,Mil*⟩ pezzo *m* (d'artiglieria). **11** ⟨*am.fam*⟩ (*period of time*) pezzo *m,* periodo *m* (*o* tratto) di tempo; (*interval of space*) pezzo *m,* tratto *m* (di spazio). ☐ ~ *by* ~ pezzo per pezzo, a pezzi e bocconi, a spizzichi; *by the* ~ a cottimo: *to pay by the* ~ pagare a cottimo; *a table that comes to* –*s* un tavolo smontabile; *to fall to* –*s* frantumarsi, andare in pezzi; ⟨*fam*⟩ *to go to* –*s* cedere, crollare; *a* ~ *of luck* una fortuna; ⟨*fig*⟩ *to give s.o. a* ~ *of one's* **mind** dire a qd. il fatto suo; *a* ~ *of* **news** una notizia; (*all*) *of a* ~: 1 (tutti) dello stesso genere; 2 (*consistent, harmonious*) coerente, in carattere, in armonia (*with* con); ⟨*fam*⟩ *to* **speak** (*o say*) *one's* ~ dire quello che si pensa; *to* **take** *to* –*s:* 1 smontare (pezzo per pezzo); 2 (*to be able to be disassembled*) essere smontabile, smontarsi; **to** –*s:* 1 a pezzi: *to tear s.th. to* –*s* fare a (*o* in) pezzi qc., lacerare (*o* strappare) qc.; 2 ⟨*fam*⟩ (*utterly, madly*) alla follia, follemente: *to love s.o. to* –*s* amare qd. alla follia; *a fine* ~ *of* **work** un bel lavoro.

piece[2] *v.t.* **1** riparare aggiungendo (dei) pezzi, rappezzare, (r)aggiustare. **2** (*to unite the parts of;* spesso con *together*) mettere insieme, unire, giuntare: *to* ~ *together the fragments of a broken dish* mettere insieme i frammenti di un piatto rotto. ☐ *to* ~ **out:** 1 aggiungere un pezzo a; 2 ⟨*fig*⟩ arricchire, aumentare; *to* ~ **up** rattoppare, rappezzare.

piece|-dyed *a.* ⟨*Tess*⟩ tinto in pezza. ~ **goods** *s.pl.* tessuti *mpl* in pezza.

piecemeal ['piːsmiːl] **I** *avv.* **1** (*piece by piece*) pezzo per pezzo, un po' alla volta, a pezzi e bocconi, a spizzichi. **2** (*in pieces*) a (*o* in) pezzi. **II** *a.* fatto ⌐a spizzichi⌐ (*o* un po' alla volta.).

piecer ['piːsə] *s.* ⟨*Tess*⟩ giuntatore *m* (*f* –trice).

piece| rate *s.* retribuzione *f* a pezzo. ~ **work** *s.* cottimo *m,* lavoro *m* a cottimo. ☐ *to do* ~ lavorare a cottimo. ~ **worker** *s.* cottimista *m/f.*

piecrust ['paikrʌst] *s.* ⟨*Gastr*⟩ **1** crosta *f.* **2** (*pastry*) pasta *f* per dolci.

pied [paid] *a.* **1** (*of a horse*) pezzato. **2** (*variegated*) variegato, screziato.

pied-à-terre *fr.* [pjeda'tɛːr] *s.* (*pl.* **pieds–à–terre**) pied-à –terre *m,* piccolo appartamento *m* (usato come seconda abitazione).

Piedmont ['piːdmɔnt] *N.pr.* ⟨*Geog*⟩ Piemonte *m.*

,**Piedmon'tese** [–iːz] **I** *s.inv.* piemontese *m/f.* **II** *a.* piemontese.

pie-dog *s.* → **pi-dog.**

'**pie|-'eyed** *a.* ⟨*sl*⟩ ubriaco, ⟨*fam*⟩ sbronzo, ⟨*pop*⟩ sborniato. ~**-faced** *a.* ⟨*sl*⟩ dalla faccia di luna piena. ~**man** [mən] *s.irr.* venditore *m* di torte.

pier [piə] *s.* **1** ⟨*Mar*⟩ banchina *f,* molo *m,* pontile *m;* (*breakwater*) frangiflutti *m.* **2** ⟨*Edil*⟩ (*of a bridge*) pila *f,* pilone *m;* (*pillar, pilaster*) piedritto *m,* pilastro *m.* **3** ⟨*Edil*⟩ (*wall between windows, etc.*) muro *m* tra due finestre; (*to strengthen a wall*) contrafforte *m.* '**pierage** [–ridʒ] *s.* ⟨*Comm*⟩ diritti *mpl* di banchina.

pierce [piəs] **I** *v.t.* **1** trapassare, trafiggere, traforare, attraversare: *the arrow* –*d his armour* la freccia gli trapassò la corazza. **2** (*to make a hole in*) forare, bucare, perforare: *to have one's ears* –*d* farsi forare i lobi delle orecchie. **3** (*to make a way through*) penetrare in, spingersi in, farsi strada tra. **4** ⟨*Mil*⟩ sfondare, aprirsi un varco (*o* breccia) in: *to* ~ *the enemy lines* sfondare le linee nemiche. **5** ⟨*fig*⟩ (*to penetrate with the eye*) penetrare, trapassare; (*to penetrate with the mind*) penetrare, riuscire a comprendere. **6** ⟨*fig*⟩ (*to affect*) commuovere, toccare, colpire. **7** ⟨*fig*⟩ (*of sound, pain, etc.*) lacerare, trafiggere. **II** *v.i.* penetrare, spingersi (*into, to* in). '**piercer** [–ə] *s.* **1** ⟨*tecn*⟩ punzone *m.* **2** (*worker*) operaio *m* addetto alla punzonatura. **3** ⟨*Entom*⟩ ovopositore *m.*

piercing ['piəsiŋ] *a.* **1** (*of sounds*) penetrante, acuto, lacerante: *a* ~ *cry* un grido lacerante. **2** (*of the eyes*) penetrante, acuto. **3** (*of wind, cold*) pungente, penetrante. **4** ⟨*fig*⟩ (*discerning*) penetrante, acuto, perspicace. **5** ⟨*fig*⟩ (*cutting*) mordace, caustico, pungente.

pier| glass *s.* specchiera *f.* ~**head** *s.* ⟨*Mar*⟩ testa *f* (*o* punta) di molo.

Pierides [pai'eridiːz] *N.pr.pl.* ⟨*Mitol*⟩ Pieridi *fpl,* Muse *fpl.*

pietism ['paiətizəm] *s.* pietismo *m,* devozione *f* affettata. **pietist** [–tist] *s.* bigotto *m* (*f* –a), bacchettone *m* (*f* –a), pietista *m/f.* **pietistic** [–'tistik], **pietistical** [–'tistikl] *a.* pietistico, da bigotto.

piety ['paiəti] *s.* **1** devozione *f,* pietà *f,* religiosità *f.* **2** (*loyalty to parents, race, etc.*) devozione *f,* rispetto e amore *m,* ⟨*lett*⟩ pietà *f.*

piezoelectric [pai,izo(u)'lektrik] *a.* ⟨*Fis*⟩ piezoelettrico. **pi,ezo,electricity** [–'trisiti] *s.* piezoelettricità *f.*

piezometer [,paii'zɔmitə] *s.* ⟨*Fis*⟩ piezometro *m.*

piffle ['pifl] ⟨*fam*⟩ **I** *s.* scemenze *fpl,* sciocchezze *fpl,* stupidaggini *fpl.* **II** *v.i.* dire scemenze (*o* sciocchezze). **piffler** [–ə] *s.* ⟨*fam*⟩ chiacchierone *m* (*f* –a), ciancione *m* (*f* –a). **piffling** [–iŋ] *a.* ⟨*fam*⟩ **1** sciocco, stupido. **2** (*trivial*) futile, insignificante, banale.

pig[1] [pig] *s.* **1** ⟨*Zool*⟩ maiale *m,* porco *m,* suino *m.* **2** ⟨*fam*⟩ (*greedy person*) persona *f* ingorda; (*dirty person*) sudicione *m* (*f* –a), maiale *m,* ⟨*scherz*⟩ porcello *m* (*f* –a); (*selfish person*) sporco egoista *m/f.* **3** ⟨*sl*⟩ (*policeman*) poliziotto *m,* ⟨*gerg*⟩ piedi piatti *m.* **4** ⟨*Met*⟩ lingotto *m,* pane *m;* (*mould*) fossa *f* (*o* canale *m*) di colata per lingotti; (*metal*) metallo *m* in pani. **5** ⟨*Met*⟩ → **pig iron.** ☐ *to* **eat** *like a* ~ mangiare come un maiale; ⟨*iron*⟩ –*s might* **fly** (*if they had wings*) anche gli asini potrebbero volare; ⟨*fam*⟩ *to* **make** *a* ~ *of o.s.* = *to* **eat** *like a pig;* ⟨*fig*⟩ *to carry* –*s to* **market** cercare di fare un affare; ⟨*fig*⟩ *to bring one's* –*s to the* **wrong** *market* fare un cattivo affare; ⟨*fig*⟩ *to buy a* ~ *in a* **poke** comprare la gatta nel sacco.

pig[2] *v.i.* (*pret., p.p.* **pigged** [–d]) **1** ⟨*Zootecn*⟩ figliare. **2** ⟨*fam*⟩ (*to live in dirty conditions*) vivere come maiali (*o* porci). **3** ⟨*sl*⟩ (*to eat greedily*) mangiare ingordamente (*o* come un porco). ☐ ⟨*fam*⟩ *to* ~ *it* vivere in un porcile.

pig| bed *s.* ⟨*Met*⟩ letto *m* di colata per lingotti. ~ **boat** *s.* ⟨*mar*⟩ sottomarino *m.* ~ **breeder** *s.* suinicoltore *m.* ~ **breeding** *s.* suinicoltura *f.* ~ **bucket** *s.* secchio *m* della broda (per i maiali).

pigeon[1] ['pidʒin] **I** *s.* **1** ⟨*Ornit*⟩ piccione *m,* colomba *f.* **2** ⟨*fig*⟩ (*young girl*) giovane donna *f,* ragazza *f.* **3** ⟨*sl*⟩ (*dupe*) babbeo *m* (*f* –a), sempliciotto *m* (*f* –a), ⟨*volg*⟩ minchione *m.* **4** ⟨*Sport*⟩ piattello *m.* **II** *v.t.* ⟨*sl*⟩ gabbare, abbindolare, ⟨*pop*⟩ fare fesso.

pigeon[2] *s.* → pidgin.
'pigeon|-'breasted *a.* ⟨*Med*⟩ dal petto carenato.
'~-'hearted *a.* timido, pavido, dal cuore di coniglio.
pigeon hole ['pidʒinhoule] **I** *s.* **1** (*of a desk, etc.*) casella *f.* **2** (*of a dovecote*) apertura *f* (*o* nicchia) di colombaia. **II** *v.t.* **1** incasellare. **2** ⟨*fig*⟩ accantonare, mettere da parte. **3** ⟨*fig*⟩ (*to classify*) classificare. □ ~ **rack** casellario *m.*
pigeon| house *s.* → pigeonry. **'~-'livered** *a.* mite, mansueto. **~ loft** *s.* piccionaia *f.* **~ post** *s.* corrispondenza *f* inviata tramite piccioni viaggiatori.
pigeonry ['pidʒinri] *s.* piccionaia *f,* colombaia *f.*
pigeon's| blood *s.* rosso *m* cupo. **~ dung** *s.* ⟨*Agr*⟩ colombina *f.*
pigeon-toed *a.* dal piede varo.
'pig-'eyed *a.* dagli occhi porcini.
piggery ['pigəri] *s.* **1** (*pigsty*) porcile *m.* **2** (*pig-breeding establishment*) allevamento *m* di maiali. **3** ⟨*collett*⟩ (*pigs*) maiali *mpl,* porci *mpl.* **4** ⟨*fam*⟩ (*dirty place*) luogo *m* sudicio, porcile *m,* letamaio *m.*
piggie *s.* → piggy.
piggish ['pigiʃ] *a.* **1** di (*o* da) maiale, maialesco. **2** (*greedy*) ingordo, avido; (*filthy*) sudicio, sporco. **3** (*obstinate*) testardo, cocciuto. **piggishness** [–nis] *s.* l'essere maialesco.
piggy ['pigi] **I** *s.* porcellino *m,* maialino *m.* **II** *a.* **1** porcino, simile a un porco: ~ *eyes* occhi porcini. **2** (*greedy*) ingordo, avido.
piggy|back *a./avv.* → pickaback. **~ back traffic** *s.* ⟨*Comm*⟩ traffico *m* combinato strada–rotaia. **~ bank** *s.* salvadanaio *m* a forma di porcellino.
'pig|'headed *a.* testardo, cocciuto, caparbio. **,~-'headedness** *s.* testardaggine *f,* caparbietà *f,* cocciutaggine *f.*
pig iron *s.* ⟨*Met*⟩ **1** ghisa *f* grezza (*o* d'alto forno), ghisa *f* di prima fusione. **2** (*cast iron*) ghisa *f* (di seconda fusione).
piglet ['piglit] *s.* suinetto *m,* maialino *m,* porcellino *m.*
piglike ['piglaik] *a.* porcino, simile a un porco.
pigling ['piglin] *s.* → piglet.
pigment ['pigmənt] **I** *s.* ⟨*Biol,Chim*⟩ pigmento *m.* **II** *v.t.* pigmentare. **III** *v.i.* pigmentarsi. **pigmental** [–'mentl], **pigmentary** [–əri] *a.* pigmentario. **,pigmen'tation** [–eiʃən] *s.* pigmentazione *f.*
pigmy *sp.a.* → pygmy.
pignorate ['pignəreit] *v.t.* **1** (*to pawn*) impegnare, dare in pegno. **2** (*to take in pawn*) prendere in pegno. **,pignoration** [–'reiʃən] *s.* l'impegnare, il dare in pegno.
pig|nut *s.* **1** ⟨*Bot*⟩ bulbocastano *m,* castagna *f* di terra. **2** ⟨*Bot*⟩ specie di caria. **3** (*nut*) noce *f* della caria. **~pen** *s.* → pigsty.
pig's feet *s.pl.* ⟨*Gastr*⟩ zampetti *mpl* di maiale.
pigskin ['pigskin] *s.* **1** pelle *f* di cinghiale. **2** ⟨*Conc*⟩ cinghiale *m.* **3** ⟨*am.sport*⟩ pallone *m* da football. **4** ⟨*fam*⟩ (*saddle*) sella *f.*
pigstick ['pigstik] *v.i.* ⟨*Venat*⟩ cacciare il cinghiale con lo spiedo. **pigsticker** [–ə] *s.* chi caccia il cinghiale con lo spiedo.
pig's trotters *s.pl.* → pig's feet.
pigsty ['pigstai] *s.* **1** porcile *m.* **2** ⟨*fam*⟩ (*dirty place*) luogo *m* sudicio, porcile *m,* letamaio *m.*
pigswill ['pigswil] *s.* → pigwash.
pigtail ['pigteil] *s.* **1** (*of hair*) treccina *f,* treccia *f,* codino *m.* **2** (*roll of tobacco*) rotolo *m* di tabacco.
pigwash ['pigwɔʃ] *s.* broda *f* per maiali.
pi-jaw [pai] *s.* ⟨*sl*⟩ predica *f,* sermone *m,* ⟨*scherz*⟩ paternale *f.*
pike[1] [paik] *s.* (*pl. inv./-s* [s]; il *pl.*inv. si usa general. con valore collett.) ⟨*Itt*⟩ luccio *m.*
pike[2] **I** *s.* ⟨*Mil.ant*⟩ picca *f.* **II** *v.t.* uccidere (*o* trafiggere) con una picca.
pike[3] *s.* **1** ⟨*Strad*⟩ (*turnpike*) cancello *m* (*o* sbarra *f*) di strada a pedaggio. **2** (*toll paid*) pedaggio *m.* **3** (*turnpike road*) strada *f* a pedaggio. **4** ⟨*am*⟩ (*toll highway*) autostrada *f* a pedaggio.
pikelet ['paiklit] *s.* ⟨*Dolc*⟩ specie di pasticcino.
pikeman[1] ['paikmən] *s.irr.* ⟨*Mil.ant*⟩ picca *f,* picchiere *m.*
pikeman[2] *s.irr.* custode *m* di strada a pedaggio.

piker *am.* ['paikə] *s.* ⟨*fam*⟩ **1** (*petty gambler*) giocatore *m* (*f* –trice) che punta piccole somme; (*petty speculator*) piccolo speculatore *m.* **2** (*niggard*) avaro *m* (*f* –a) taccagno *m* (*f* –a), tirchio *m* (*f* –a).
pikestaff ['paiksta:f] *s.irr.* ⟨*Mil.ant*⟩ asta *f* della picca. □ ⟨*fig*⟩ *as plain as a* ~ chiaro come il sole, evidentissimo, ovvio.
pilaf(f) [pi'lɑ:f] *s.* ⟨*Gastr*⟩ pilaf *m.*
pilaster [pi'læstə] *s.* ⟨*Arch*⟩ lesena *f,* pilastro *m.*
pilau [pi'lau], **pilav** [pi'lɑ:f], **pilaw** [pi'lɔ:] *s.* → pilaf(f).
pilch [piltʃ] *s.* (*for a baby*) triangolo *m* (di flanella) che copre il pannolino.
pilchard ['piltʃəd] *s.* ⟨*Itt*⟩ sardina *f.*
pile[1] [pail] *s.* **1** mucchio *m,* cumulo *m:* *a* ~ *of leaves* un mucchio di foglie; (*one on top of the other*) pila *f,* catast. *f: a* ~ *of books* una pila di libri. **2** ⟨*fam*⟩ (*large amount* gran quantità *f,* ⟨*fam*⟩ mucchio *m,* ⟨*fam*⟩ sacco *m;* (*large amount of money*) mucchio *m* di soldi, fortuna *f,* ⟨*fam*⟩ bel gruzzolo *m.* **3** ⟨*fig*⟩ (*imposing building*) mole *f,* edificio *m* grandioso. **4** (*funeral pyre*) pira *f,* rogo *m.* **5** ⟨*El*⟩ pila *f.* **6** ⟨*Atom*⟩ reattore *m* nucleare, pila *f* nucleare (*o* atomica). □ *to heap s.th. into a* ~ ammucchiare qc. fare una catasta di qc.; ⟨*fam*⟩ *to make one's* ~ fare fortuna, mettere insieme un bel gruzzolo.
pile[2] **I** *v.t.* **1** (*spesso con up: to lay in a pile*) ammucchiare, accatastare, accumulare; (*to cover with a pile or piles* ricoprire con un mucchio (*o* pile) di; (*to load*) caricare: *t* ~ *a shelf with books* caricare uno scaffale di libri. **2** (*t amass;* spesso con *up*) accumulare, ammassare: *to* ~*up* fortune accumulare una fortuna. **3** (*of weapons*) mettere i fascio. **II** *v.i.* **1** (general. con *up*) accumularsi ammucchiarsi, formare cumuli (*o* un mucchio): *the file are piling up on my desk* le pratiche si accumulano su mio tavolo; *snow had –d up* la neve si era ammucchiata **2** (*to move in a mass, crowd*) accalcarsi, affollarsi, far ressa: *the spectators –d out of the stadium* gli spettatori s accalcarono all'uscita dello stadio. □ ⟨*fam*⟩ *to* ~ *it o* esagerare, caricare; *to* ~ **up:** ⟨*Mar*⟩ incagliarsi, arenars **2** ⟨*fam*⟩ essere coinvolto in uno scontro.
pile[3] **I** *s.* **1** ⟨*Edil*⟩ palo *m* di fondazione. **2** ⟨*Arald*⟩ pila *f* **II** *v.t.* ⟨*Edil*⟩ munire di (*o* rinforzare con) pali. **2** (*t drive piles into*) conficcare pali in.
pile[4] *s.* **1** (*hair*) pelo *m.* **2** (*of a carpet, etc.*) pelo *m:* wit *the lie of the* ~ secondo il verso del pelo. **3** (*velve* velluto *m.* **4** ⟨*Zool*⟩ pelo *m,* pelame *m.*
pile| driver *s.* **1** ⟨*Mecc*⟩ battipalo *m,* berta *f.* **2** ⟨*fam* (*powerful kick, blow, etc.*) calcio *m* (*o* colpo, ecc poderoso. **~ dwelling** *s.* ⟨*Etnol*⟩ palafitta *f.* **~ engine** *s* ⟨*Mecc*⟩ battipalo *m,* berta *f.*
piles *s.pl.* ⟨*Med*⟩ emorroidi *fpl.*
pile-up *s.* ⟨*fam*⟩ **1** (*crash*) scontro *m,* collisione *f;* (*multipl crash*) collisione *f* a catena, scontro *m* multiplo. (*accumulation*) accumulazione *f,* accumulo *m.*
pile work *s.* ⟨*Edil*⟩ palafitta *f.*
pilfer ['pilfə] **I** *v.t.* rubacchiare, rubare, ⟨*pop*⟩ sgraffignare **II** *v.i.* fare piccoli furti. **pilferage** [–ridʒ] *s.* **1** rubacchiare. **2** (*petty theft*) furtarello *m.* **3** (*s.th. pilferea* oggetto *m* (di poco valore) rubato. **pilferer** [–rə] *s.* ladruncolo *m* (*f* –a).
pilgrim ['pilgrim] *s.* pellegrino *m* (*f* –a). **pilgrimag** [–idʒ] *s.* **1** pellegrinaggio *m* (*anche estens.*). **2** ⟨*fig* (*human lifetime*) pellegrinaggio *m* terreno, vita *f.* □ *to g on* (*a*) ~ andare in pellegrinaggio.
Pilgrim Fathers *s.pl.* ⟨*Stor*⟩ Padri *mpl* Pellegrini.
piliferous [pai'lifərəs] *a.* ⟨*Bot*⟩ pilifero. **'piliform** [–fɔ:m *a.* a forma di pelo, simile a un pelo.
piling ['pailiŋ] *s.* ⟨*Edil*⟩ **1** (*of a foundation*) palificazione *f* **2** (*structure*) palafitta *f.* **3** ⟨*collett*⟩ (*piles*) palafitte *fpl.*
pill [pil] **I** *s.* **1** ⟨*Farm*⟩ pillola *f.* **2** ⟨*fig*⟩ (*s.th. unpleasa to be endured*) boccone *m* amaro, cosa *f* spiacevole (*o* sgradita), pillola *f: a bitter* ~ *to swallow* un boccon amaro da mandare giù. **3** (*globular mass, pellet*) pallin *f,* palla *f,* pallottola *f.* **4** ⟨*fam*⟩ (*birth–control pill*) pi lola *f* (anticoncezionale). **5** ⟨*sl*⟩ (*disagreeable person* persona *f* noiosa e antipatica, pizza *f.* **6** ⟨*sport*⟩ (*bal* palla *f.* **7** ⟨*sl*⟩ (*billiard ball*) palla *f* da biliardo. **8** *pl.* ⟨*sl* (*billiards*) biliardo *m.* **9** ⟨*sl*⟩ (*cannon ball*) palla *f*

cannone; (*musket ball*) proiettile *m*, pallottola *f*. **II** *v.t.* **1** somministrare pillole a, curare con pillole. **2** ⟨*am.sl*⟩ (*to blackball*) votare contro, dare voto contrario a.

pillage ['pilidʒ] **I** *v.t.* **1** saccheggiare, depredare, mettere a sacco, razziare. **2** (*to take as booty*) fare bottino di. **II** *v.i.* fare una razzia, compiere un saccheggio. **III** *s.* **1** saccheggio *m*, sacco *m*, razzia *f*. **2** ⟨*rar*⟩ (*booty*) bottino *m*, preda *f*.

pillar ['pilə] **I** *s.* **1** ⟨*Arch*⟩ pilastro *m*, colonna *f*, pilone *m*. **2** (*natural pillar-shaped formation*) colonna *f*: *a ~ of smoke* una colonna di fumo. **3** ⟨*fig*⟩ pilastro *m*, colonna *f*, sostegno *m*, puntello *m*: *the -s of society* i pilastri della società; (*fundamental principle, etc.*) fondamento *m*, perno *m*, base *f*: *the -s of nuclear science* i fondamenti della scienza nucleare. **II** *v.t.* sostenere (*o* rafforzare) con pilastri. □ ⟨*fig*⟩ *from ~ to post* da un posto all'altro, da Erode a Pilato.

pillar| box *s.* cassetta *f* delle lettere (di forma cilindrica). **~-box red** *s.* rosso *m* fiammante (*o* scarlatto).

pillared ['piləd] *a.* provvisto di pilastri (*o* colonne), colonnato.

pillar|-post *s.* → **pillar-box. ~ saint** *s.* ⟨*Rel*⟩ stilita *m*, stilite *m*.

pill box *s.* **1** scatoletta *f* portapillole. **2** ⟨*Mil*⟩ fortino *m* di calcestruzzo. **3** ⟨*Mod*⟩ (*type of hat*) specie di tocco. **~ case** *s.* portapillole *m*.

pilled seed [pild] *s.* ⟨*Agr*⟩ sementi *fpl* confettate.

pillion ['piljən] **I** *s.* **1** (*of a motorcycle*) sellino *m* (*o* sedile) posteriore. **2** (*behind a saddle*) cuscino *m*; (*light saddle*) sella *f* leggera (da donna). **II** *avv.* sul sedile posteriore, dietro: *to ride ~* viaggiare sul sedile posteriore.

pillory ['piləri] **I** *s.* ⟨*Stor*⟩ gogna *f*, berlina *f* (*anche fig.*). **II** *v.t.* **1** ⟨*Stor*⟩ condannare alla gogna. **2** ⟨*fig*⟩ mettere alla gogna (*o* berlina).

pillow ['pilou] **I** *s.* **1** cuscino *m*, guanciale *m*. **2** ⟨*Mecc*⟩ cuscino *m* (di supporto). **II** *v.t.* **1** appoggiare, poggiare, posare: *she -ed her head on his shoulder* appoggiò la testa sulla sua spalla. **2** (*to serve as a pillow for*) fare da cuscino a. **3** (*to support with pillows*) sostenere con cuscini.

pillow| case *s.* federa *f*. **~ fight** *s.* battaglia *f* coi cuscini. **~ lace** *s.* merletto *m* a tombolo, tombolo *m* **~ slip** *s.* → **pillow case.**

pillowy ['piloui] *a.* morbido come un cuscino, soffice.

pilose ['pailous] *a.* peloso. **pilosity** [-'lositi] *s.* l'essere peloso, pelosità *f*.

pilot ['pailət] **I** *s.* **1** ⟨*Mar*⟩ pilota *m*; (*helmsman*) timoniere *m*. **2** ⟨*Aer*⟩ pilota *m*. **3** ⟨*estens*⟩ (*guide*) guida *f*, maestro *m*. **4** ⟨*tecn*⟩ (*auxiliary mechanism*) meccanismo *m* ausiliario. **5** ⟨*Mecc*⟩ (*centring guide*) guida *f*, appoggio *m* guidato. **6** ⟨*Mar*⟩ (*navigation manual*) portolano *m*. **II** *a.* pilota: *~ farm* fattoria pilota. **III** *v.t.* **1** ⟨*Mar,Aer*⟩ pilotare. **2** ⟨*estens*⟩ (*to guide*) guidare; (*to conduct, escort*) accompagnare, condurre, portare, ⟨*fam*⟩ pilotare. **3** ⟨*am.Parl*⟩ (*of a bill*) fare passare. □ ⟨*fig*⟩ *to drop the ~* abbandonare un consigliere fidato.

pilotage ['pailətidʒ] *s.* **1** pilotaggio *m*. **2** (*fee paid*) diritti *mpl* di pilotaggio. **3** ⟨*Aer*⟩ volo *m* a vista.

pilot| balloon *s.* ⟨*Meteor*⟩ pallone *m* pilota. **~ boat** *s.* ⟨*Mar*⟩ pilotina *f*, barca *f* pilota. **~ burner** *s.* (*for a gas stove*) accenditoio *m*. **~ cloth** *s.* ⟨*Tess*⟩ tessuto *m* pesante di lana blu. **~ coat** *s.* ⟨*Vest*⟩ giacca *f* da marinaio. **~ engine** *s.* ⟨*Ferr*⟩ staffetta *f*, locomotiva *f* staffetta. **~ fish** *s.* ⟨*Itt*⟩ pesce *m* pilota. **~ lamp** *s.* lampada *f* spia, spia *f*.

pilotless ['pailətlis] *a.* privo di (*o* senza) pilota.

pilot| light *s.* **1** → **pilot lamp. 2** → **pilot burner. ~ officer** *s.* ⟨*Aer.mil*⟩ sottotenente *m*. **~ scheme** *s.* progetto *m* sperimentale (*o* pilota).

pilous *a.* → **pilose.**

pilular ['piljulə] *a.* pillolare: *~ mass* massa pillolare. **pilule** [-ju:l] *s.* pillolina *f*, piccola pillola *f*.

pimento [pi'mentou] *s.* (*pl.* -s [z]/*inv.*) **1** pimento *m* (inglese), pepe *m* garofanato (*o* della Giamaica). **2** ⟨*Bot*⟩ pimenta *f*, pepe *m* della Giamaica. **3** (*wood*) legno *m* di pimenta.

pimp [pimp] **I** *s.* **1** mezzano *m*, ruffiano *m*. **2** (*souteneur*)

sfruttatore *m* di donne, ⟨*gerg*⟩ protettore *m*. **II** *v.i.* ruffianeggiare, fare il ruffiano.

pimpernel ['pimpənəl] *s.* ⟨*Bot*⟩ anagallide *f*, mordigallina *f*.

pimping ['pimpiŋ] *a.* insignificante, banale.

pimple ['pimpl] *s.* ⟨*Med*⟩ pustola *f*, (piccolo) foruncolo *m*. **pimpled** [-d], **pimply** [-i] *a.* pustoloso, coperto di piccoli foruncoli.

pin¹ [pin] *s.* **1** spillo *m*; (*for ornament*) spilla *f*, spillo *m*: *an emerald ~* una spilla di smeraldi; (*safety pin*) spillo *m* ⌐da balia⌐ (*o* di sicurezza); (*hat pin*) spillone *m* per cappelli; (*hair pin*) forcina *f*, forcella *f*. **2** (*peg*) piolo *m*, paletto *m*, cavicchio *m*. **3** ⟨*fig*⟩ (*s.th. worthless*) inezia *f*, bazzecola *f*, sciocchezza *f*. **4** ⟨*fig*⟩ (*very small amount*) quantità *f* minima, spillo *m*. **5** (*rolling pin*) matterello *m*. **6** *pl.* ⟨*fam*⟩ (*legs*) gambe *fpl*: *to feel weak on one's -s* essere malfermo sulle gambe. **7** (*unit of measure*) misura *f* per liquidi (pari a 20,46 l). **8** ⟨*am*⟩ (*badge fastened by a pin*) distintivo *m* a spillo. **9** ⟨*Sport*⟩ (*in skittles, etc.*) birillo *m*. **10** ⟨*Mecc*⟩ perno *m*, spina *f*. **11** ⟨*Mus*⟩ bischero *m*, pirolo *m*. **12** ⟨*Mar*⟩ caviglia *f*. **13** ⟨*Met*⟩ spinotto *m*. **14** ⟨*Fal*⟩ cavicchio *m*. **15** ⟨*Inform*⟩ ago *m* della stampante, piedino *m*, terminale *m*. □ ⟨*fig*⟩ *not to care* (*o* *give*) *a ~ for* infischiarsene, ⟨*volg*⟩ fregarsene; *there's not a ~ to choose between them* l'uno vale l'altro; ⟨*fam*⟩ *you could hear a ~ drop* si sarebbe sentito volare una mosca; *for two -s I'd give up* sono a un pelo di rinunciare; ⟨*fam*⟩ *to knock s.o. off his -s* far cadere qd.; *-s and needles* formicolio *m*; *I have -s and needles in my leg* mi formicola una gamba; ⟨*fig*⟩ *to sit on -s and needles* essere (*o* stare) sulle spine; ⟨*fam*⟩ *to be quick on one's -s* essere svelto di gambe; *it's not worth a ~* non vale un fico secco.

pin² *v.t.* (*pret., p.p.* **pinned** [-d]) **1** appuntare, fissare (*o* attaccare) con uno spillo: *to ~ a flower to one's dress* appuntare un fiore sul vestito; (*to fasten with pins, a pin*) fermare con spilli, appuntare. **2** (*to attach with a drawing pin, etc.*) attaccare, affiggere, fissare: *to ~ a poster to a wall* attaccare un manifesto a una parete. **3** (*to pierce with a pin*) trafiggere, forare, perforare. **4** ⟨*fig*⟩ (*to confine*) confinare, relegare, rinchiudere. **5** (*to prevent from moving*) immobilizzare, inchiodare, bloccare. □ *to ~ s.o. against a wall* tenere fermo qd. con le spalle al muro; *to ~ down*: 1 immobilizzare al suolo, inchiodare a terra; 2 (*to prevent from moving*) immobilizzare, inchiodare, bloccare; 3 ⟨*fig*⟩ vincolare, impegnare, costringere (a rispettare): *to ~ s.o. down to a promise* vincolare qd. a una promessa; *to ~ the blame for s.th. on s.o.* addossare (*o* dare) a qd. la colpa di qc.; *to ~ one's faith on s.o.* riporre la propria fiducia in qd.; *we are -ning our hopes on you* riponiamo in te le nostre speranze; *to ~ up* affiggere, attaccare: *to ~ up a notice* affiggere un avviso.

pinafore ['pinəfo:] *s.* ⟨*Vest*⟩ **1** (*for a child*) grembiule *m* (senza maniche). **2** → **pinafore dress. pinafored** [-d] *a.* col grembiule.

pinafore dress *s.* ⟨*Vest*⟩ scamiciato *m*.

pinaster [pai'næstə] *s.* ⟨*Bot*⟩ pino *m* marittimo, pinastro *m*.

pinball ['pinbo:l] *s.* **1** gioco *m* del biliardino, flipper *m*. **2** → **pin table.**

pinball player *s.* flipperista *m/f*.

pince-nez *fr.* ['pɛ̃:nsnei] *s.pl.* pince-nez *m*, occhiali *mpl* a stringinaso.

pincers ['pinsəz] *s.pl.* (talvolta con costr. sing.) **1** ⟨*Mecc*⟩ tenaglie *fpl*, tenaglia *f*. **2** ⟨*Zool*⟩ pinze *fpl*, chele *fpl*.

pinch [pintʃ] **I** *v.t.* **1** pizzicare, dare un pizzico (*o* pizzicotto) a: *he -ed my arm* mi pizzicò un braccio. **2** (*to compress painfully*) stringere (troppo), comprimere, premere dolorosamente: *these shoes ~ my feet* queste scarpe mi stringono i piedi. **3** ⟨*assol*⟩ essere stretto, stringere troppo. **4** (*to cause pain to, nip*) pizzicare, pungere: *the cold -ed his fingers* il freddo gli pungeva le dita. **5** (*to stint; general. al pass.*) tenere a stecchetto, imporre restrizioni a; (*to cause economic hardship to*) ridurre in strettezze. **6** ⟨*fam*⟩ (*to steal*) rubare, prendere, ⟨*pop*⟩ grattare, ⟨*pop*⟩ sgraffignare: *who's -ed my umbrella?* chi mi ha preso l'ombrello? **7** ⟨*fam*⟩ (*to catch, arrest*) arrestare, catturare. **8** ⟨*fam*⟩ (*of money: to extort*) estorcere, spillare. **9** (*of buds, shoots; general.* con *off, out, back*) rimuovere, togliere. **II** *v.i.* **1** fare economia, stare a stecchetto, tenersi stretto (nello spendere). **2** ⟨*fam*⟩ (*to steal*) rubare, ⟨*fam*⟩ lavorare di mano. **3** ⟨*Minier*⟩ (general. con *out: to diminish to nothing*) contrarsi; (*to narrow*) assottigliarsi. **III** *s.* **1** pizzico *m*, pizzicotto *m*. **2** (*as much as can be held between the finger and thumb*) pizzico *m*, presa *f*. **3** ⟨*fig*⟩ (*emergency*) momento *m* critico, stato *m* di necessità, emergenza *f*. **4** ⟨*fig*⟩ (*distress, discomfort*) angustia *f*, tormento *m*, sofferenza *f*. □ at *a* ~ in caso di necessità, in caso di bisogno (*o* emergenza): *at a* ~ *you could always sleep on the sofa* in caso di necessità potresti sempre dormire sul divano; *if it* **comes** *to the* ~ se è assolutamente necessario; *the* ~ *of* **hunger** i morsi della fame; *to* ~ **pennies** risparmiare al massimo, contare il centesimo; *a* ~ *of* **salt**: **1** una presa di sale; **2** ⟨*fig*⟩ un pizzico di buon senso, un grano di sale: *you must take what he says with a* ~ *of salt* devi prendere le sue parole con un pizzico di buon senso; *to* ~ *and* **scrape** tirare la cinghia. *Prov.: everyone knows best where his own shoe –es* dove stringe la scarpa, non lo sa altro che chi l'ha ai piede.

pinch bar *s.* ⟨*Mecc*⟩ palanchino *m*, leva *f*.

pinchbeck ['pintʃbek] **I** *s.* **1** princisbecco *m*, similoro *m*. **2** ⟨*fig*⟩ imitazione *f*. **II** *a.* **1** di princisbecco. **2** ⟨*fig*⟩ falso, fasullo.

pinched [pintʃt] *a.* **1** sciupato, smagrito, smunto: *a* ~ *face* un viso sciupato. **2** (*straitened*) ristretto, stentato; (*being in straitened circumstances*) in ristrettezze. □ *to live in* ~ *circumstances* vivere in ristrettezze.

pinch fist *s.* spilorcio *m* (*f* –a), taccagno *m* (*f* –a).

pinching ['pintʃiŋ] **I** *s.* **1** il pizzicare, pizzicata *f*. **2** (*severe economy*) stretta economia *f*. **II** *a.* **1** che pizzica, che stringe. **2** (*economizing*) parsimonioso, economo; (*miserly*) taccagno, avaro, spilorcio. **3** (*causing pain, distress*) doloroso; (*of cold*) pungente, che pizzica. □ ~ *parsimony* taccagneria *f*, spilorceria *f*.

pinchpenny ['pintʃpeni] **I** *s.* spilorcio *m* (*f* –a), taccagno *m* (*f* –a). **II** *a.* taccagno, spilorcio, avaro.

pinch wheel *s.* (*of a tape recorder*) rullino *m* pressore.

pin|-curl I *s.* ricciolo *m* (messo) in piega. **II** *v.t.* mettere in piega (con beccucci). **~cushion** *s.* portaspilli *m*, puntaspilli *m*.

Pindar ['pində] *N.pr.* ⟨*Stor.gr*⟩ Pindaro *m*. **Pindaric** [–'dærik] **I** *a.* pindarico (anche *Metr.*). **II** *s.* **1** → **Pindaric ode**. **2** *pl.* versi *mpl* pindarici.

Pindaric ode *s.* ⟨*Metr*⟩ ode *f* pindarica.

pine¹ [pain] **I** *s.* ⟨*Bot*⟩ pino *m*. **II** *a.* **1** del pino. **2** (*made of pine*) di pino.

pine² *v.i.* **1** struggersi, consumarsi (*o* languire) di desiderio (*for* per): *to* ~ *for one's native land* struggersi per la terra natale. **2** (*to fail in health, waste away;* spesso con *away*) languire, struggersi, consumarsi: *to* ~ *away for love of s.o.* struggersi d'amore per qd.

pineal ['piniəl] *a.* **1** di una pigna; (*resembling a pine–cone*) a forma di pigna, pineale. **2** ⟨*Anat*⟩ pineale.

pineal| body, ~ **gland** *s.* ⟨*Anat*⟩ ghiandola *f* (*o* corpo *m*) pineale, epifisi *f*.

pineapple ['painæpl] *s.* **1** ⟨*Bot*⟩ ananas(so) *m*. **2** (*fruit*) ananas *m*. **3** ⟨*mil*⟩ (*hand grenade*) bomba *f* a mano, ⟨*gerg*⟩ ananas *m*.

pine| cone *s.* pigna *f*. ~ **forest** *s.* pineta *f*. ~ **marten** *s.* ⟨*Zool*⟩ martora *f* comune. ~ **needle** *s.* ago *m* di pino. **~nut** *s.* **1** pinolo *m*, pinocchio *m*. **2** (*pine cone*) pigna *f*.

pinery ['painəri] *s.* **1** ⟨*Agr*⟩ serra *f* di ananas. **2** → **pine forest**.

pine| tree *s.* ⟨*Bot*⟩ pino *m*. ~ **wood** *s.* **1** pineta *f*. **2** (*wood of the pine tree*) pino *m*, legno *m* di pino.

pin feather *s.* ⟨*Ornit*⟩ **1** penna *f* nascente. **2** (*undeveloped feather*) penna *f* corta.

pinfold ['pinfould] **I** *s.* (*animal pound*) recinto *m*, chiuso *m*; (*sheep pen*) ovile *m*. **II** *v.t.* rinchiudere, mettere al chiuso.

ping [piŋ] **I** *s.* **1** rumore *m* secco (e metallico), colpo *m* secco. **2** ⟨*Mot*⟩ battito *m* in testa. **II** *v.i.* **1** fare (*o* dare)

un suono secco (e metallico). **2** ⟨*Mot*⟩ battere in testa.

ping-pong [pɔŋ] *s.* ⟨*fam*⟩ ping-pong *m*, tennis *m* da tavolo.

pinguid ['piŋgwid] *a.* **1** pingue, grasso. **2** ⟨*Agr*⟩ pingue, fertile. **pin'guidity** [–iti] *s.* **1** pinguedine *f*. **2** ⟨*Agr*⟩ fertilità *f*.

pinhead ['pinhed] *s.* **1** capocchia *f* (*o* testa) di spillo. **2** ⟨*fig*⟩ (*small spot*) puntino *m*, punto *m*. **3** ⟨*fig*⟩ (*tiny object*) cosa *f* minuscola, spillo *m*. **4** ⟨*fig*⟩ (*s.th. insignificant*) inezia *f*, bazzecola *f*, bagatella *f*. **5** ⟨*fam*⟩ (*stupid person*) stupido *m* (*f* –a), testa *f* di rapa.

pinhole ['pinhoul] *s.* **1** (*hole made by a pin*) foro *m* di spillo. **2** (*hole to receive a pin*) foro *m* per perno.

pinion¹ ['pinjən] *s.* ⟨*Mecc*⟩ pignone *m*.

pinion² **I** *s.* ⟨*Ornit*⟩ **1** (*distal part of the wing*) punta *f* dell'ala. **2** (*feather*) penna *f*; (*flight feather*) penna *f* remigante. **3** (*wing*) ala *f*. **II** *v.t.* **1** (*to cut the distal joint of*) tarpare (le ali a); (*to bind the wings of*) legare le ali a. **2** ⟨*fig*⟩ (*of a person*) legare le mani a; (*of a person's arms*) legare, immobilizzare. **3** ⟨*fig*⟩ (*to hold fast*) inchiodare, immobilizzare. **pinioned** [–d] *a.* **1** ⟨*Ornit*⟩ alato. **2** ⟨*lett*⟩ (*bound, fettered*) legato, immobilizzato.

pink¹ [piŋk] **I** *s.* **1** (*colour*) rosa *m*, color *m* rosa. **2** ⟨*Bot*⟩ dianto *m*, garofano *m*. **3** ⟨*Venat*⟩ (*colour of a foxhunter's coat*) scarlatto *m*; (*coat*) giubba *f* scarlatta. **4** ⟨*fig*⟩ (*embodiment*) personificazione *f*, incarnazione *f*; (*highest degree*) culmine *m*, vertice *m*, non plus ultra *m*, apice *m*: *the* ~ *of perfection* il culmine della perfezione. **II** *a.* **1** (di color) rosa. **2** ⟨*fam*⟩ (*leftish in politics*) socialista moderato (*o* all'acqua di rose). □ *she is the* ~ *of elegance* è l'eleganza in persona; *to dress in the* ~ *of fashion* vestire all'ultima moda; ⟨*fig*⟩ *to be in the* ~ (*of health, condition*) essere in perfetta forma.

pink² *v.t.* **1** (*to finish with a notched pattern*) dentellare; (*of leather, etc.*) traforare. **2** (*to pierce with a sword, etc.*) trafiggere.

pink³ *s.* ⟨*Mar*⟩ pinco *m*.

pink⁴ *v.i.* ⟨*Mot*⟩ battere in testa.

pink| eye *s.* **1** ⟨*Med*⟩ congiuntivite *f* batterica acuta. **2** (*potato*) tipo di patata. ~ **gin** *s.* gin *m* aromatizzato con sostanze amare.

pinkish ['piŋkiʃ] *a.* **1** roseo. **2** ⟨*fam*⟩ (*leftish in politics*) socialista moderato (*o* all'acqua di rose).

pinko am. ['piŋkou] *s.* (*pl.* **-s** [z]) ⟨*sl*⟩ socialista *m/f* all'acqua di rose.

pinky ['piŋki] *a.* rosato, di colore rosa, roseo.

pink zone am. *s.* zona *f* disco.

pin|maker *s.* fabbricante *m* di spilli. ~ **money** *s.* **1** denaro *m* (assegnato alla moglie o alla figlia) per le piccole spese. **2** (*money set aside for incidentals*) denaro *m* (messo da parte) per le spese impreviste.

pinna ['pinə] *s.* (*pl.* **pinnae** ['pini:]/-s [z]) **1** ⟨*Bot*⟩ fogliolina *f*, pinna *f*. **2** ⟨*Ornit*⟩ penna *f*. **3** ⟨*Zool*⟩ pinna *f*, auricola *f*. **4** ⟨*Anat*⟩ pinna *f*.

pinnace ['pinis] *s.* ⟨*Mar*⟩ **1** (*ship's boat*) imbarcazione *f* di bordo, scialuppa *f*. **2** (*light sailing vessel*) pinaccia *f*.

pinnacle ['pinəkl] **I** *s.* **1** ⟨*Arch*⟩ pinnacolo *m*, guglia *f*. **2** (*high peak*) pinnacolo *m*, vetta *f*, guglia *f*. **3** ⟨*fig*⟩ apice *m*, vetta *f*, culmine *m*: *to reach the* ~ *of fame* raggiungere l'apice della fama. **II** *v.t.* **1** ornare di guglie. **2** ⟨*fig*⟩ mettere su un piedistallo.

pinnate ['pinit], **pinnated** [–neitid] *a.* **1** simile a una penna. **2** ⟨*Bot*⟩ pennato.

pinner ['pinə] *s.* **1** ⟨*fam*⟩ grembiule *m* (senza maniche). **2** ⟨*Stor*⟩ cuffia *f* con bande laterali.

pinniped ['piniped] **I** *a.* ⟨*Zool*⟩ dei pinnipedi. **II** *s.* pinnipede *m*.

pinnule ['pinju:l] *s.* **1** ⟨*Biol*⟩ pinnula *f*. **2** ⟨*Itt*⟩ (*finlet*) piccola pinna *f*. **3** ⟨*Astr*⟩ pinnula *f* (di alidada).

pinny ['pini] *s.* ⟨*fam*⟩ (*pinafore*) grembiule *m* (senza maniche).

pinoc(h)le am. ['pi:nʌkl] *s.* (*card game*) pinnacolo *m*.

pinole am. [pi:'nɔːle] *s.* ⟨*Alim*⟩ tipo di farina.

pinpoint ['pinpoint] **I** *s.* **1** punta *f* di spillo. **2** ⟨*fig*⟩ (*dot*) punto *m*, puntino *m*: *a* ~ *of light* un punto luminoso. **3** ⟨*fig*⟩ (*precise location on a map*) posizione *f* precisa. **4** ⟨*fig*⟩ (*s.th. of little importance*) inezia *f*, sciocchezza *f*.

ninuzia *f.* 5 ⟨*Mil*⟩ obiettivo *m* (*o* bersaglio) localizzato. 6 ⟨*4er*⟩ punto *m* di riferimento al suolo. **II** *a.* 1 minuscolo, untiforme. 2 ⟨*fig*⟩ esatto, preciso, accurato. 3 ⟨*Mil*⟩ iretto con grande precisione. **III** *v.t.* 1 localizzare, eterminare (con precisione) la posizione di, individuare: *o ~ an area on a map* localizzare una zona su una carta eografica. 2 ⟨*fig*⟩ (*to define precisely*) puntualizzare, efinire con esattezza (*o* precisione). 3 ⟨*fig*⟩ (*to highlight*) nettere in rilievo, sottolineare, dare risalto a. 4 ⟨*Mil*⟩ (*of ombs, an attack*) dirigere con estrema precisione.

npoint bombing *s.* ⟨*Aer.mil*⟩ bombardamento *m* di recisione.

nprick ['pinprik] **I** *s.* 1 (*act*) punzecchiatura *f*, puntura *f* i spillo; (*hole made*) foro *m* fatto con uno spillo; (*pain aused*) puntura *f*, trafittura *f*. 2 ⟨*fig*⟩ noia *f*, piccola eccatura *f*. **II** *v.t.* pungere, punzecchiare.

n stripe I *s.* ⟨*Tess*⟩ 1 riga *f* sottile, righina *f*. 2 (*fabric*) essuto *m* a righine. **II** *a.* a righine: *a ~ suit* un abito a ighine.

nt [paint] *s.* 1 pinta *f* (pari a 0,568 l). 2 (*pint of beer*) occale *m* di birra da una pinta. **'pinta** [-ə] *s.* ⟨*fam*⟩ inta *f* di latte.

ntado [pin'tɑ:dou] *s.* (*pl.* -s/-es [z]) 1 ⟨*Itt*⟩ specie di comberomoro. 2 ⟨*Ornit*⟩ (*guinea fowl*) faraona *f*, gallina *f* araona. 3 ⟨*Ornit*⟩ faraona *f* del capo.

ntail ['pinteil] *s.* (*pl. inv./-s* [z]; il pl.inv. si usa general. on valore collett.) ⟨*Ornit*⟩ 1 codone *m*, anatra *f* di coda unga. 2 tetraone *m* codacuta. 3 (*pin-tailed sandgrouse*) randula *f*, grandule *f*.

ntle ['pintl] *s.* ⟨*tecn*⟩ 1 (*of a hinge*) cardine *m*, arpione *n*, ganghero *m*. 2 (*of a towed gun, etc.*) gancio *m* di imorchio, perno *m* d'agganciamento. 3 ⟨*Mar*⟩ aguglietto *n*.

nto ['pintou] **I** *a.* (*of a horse*) pezzato. **II** *s.* (*pl.* -s [z]) ⟨*am.dial*⟩ pezzato *m*, cavallo *m* pezzato.

nt-size(d) *a.* ⟨*fam*⟩ più piccolo del normale, ridotto.

n|-up ⟨*fam*⟩ **I** *s.* 1 → **pin-up girl**. 2 (*picture*) fotografia (attaccata al muro) di una pin-up girl. 3 ⟨*am*⟩ (*lamp xed to a wall*) lampada *f* a muro. **II** *a.* di (*o* da) pin-up irl. **~up girl** *s.* pin-up girl *f*. **~wheel** *s.* 1 girandola *f*. ⟨*Mecc*⟩ ruota *f* a pioli.

ny ['paini] *a.* 1 ricco di pini. 2 (*of pine*) di pino. 3 (*resembling pine*) simile al pino.

oneer [paiə'niə] **I** *s.* 1 pioniere *m* (*f* –a). 2 ⟨*fig*⟩ ioniere *m* (*f* –a), precursore *m* (*f* precorritrice). 3 ⟨*Mil*⟩ ioniere *m*, geniere *m*, artiere *m*. **II** *a.* 1 pionieristico, di *o* da) pioniere: *~ undertaking* impresa pionieristica. **III** *v.t.* 1 splorare e colonizzare, insediarsi come pioniere in. 2 *fig*⟩ che apre una nuova via, all'avanguardia. III *v.t.* 1 splorare e colonizzare, insediarsi come pioniere in. 2 *fig*⟩ aprire la strada a, fare da pioniere in: *~ to research n a disease* aprire la strada alle ricerche su una malattia. *(fig*⟩ (*to lead*) guidare, condurre. **pioneering** [-riŋ] *s.* ionierismo *m*.

ous ['paiəs] *a.* 1 pio, devoto. 2 (*hypocritically virtuous*) igotto. 3 (*done for a supposedly good end*) pietoso, fatto fin di bene. 4 ⟨*ant*⟩ (*dutiful to parents*) affezionato, verente.

ous| fraud *s.* inganno *m* pietoso (*o* fatto a fin di bene). **~ hope** *s.* vana speranza *f*, pia illusione *f*.

ousness ['paiəsnis] *s.* pietà *f*, devozione *f*.

p¹ [pip] *s.* (*of a fruit*) seme *m* (di frutto carnoso).

p² *s.* 1 (*of dice, dominoes*) punto *m*. 2 ⟨*mil*⟩ (*star of ank*) stelletta *f*. 3 (*of a pineapple*) brattea *f*. 4 ⟨*Rad*⟩ egnale *m* di ritorno.

p³ *v.* (*pret., p.p.* **pipped** [-t]) ⟨*fam*⟩ **I** *v.t.* 1 bocciare, *scherz*⟩ trombare. 2 (*to blackball*) votare contro. 3 (*to eat*) battere, vincere, sconfiggere. 4 (*to thwart*) mettere i astoni fra le ruote a. 5 (*to hit with a bullet*) colpire con na pallottola. **II** *v.i.* 1 essere bocciato (*o* trombato). 2 *to die; general.* con *out*) morire, ⟨*volg*⟩ crepare.

p⁴ *s.* 1 ⟨*Veter*⟩ pipita *f*. 2 ⟨*fam*⟩ (*minor complaint*) piccolo) disturbo *m*, (leggera) indisposizione *f*. 3 ⟨*sl*⟩ *depression*) depressione *f*; (*bad temper*) cattivo umore *m*, nalumore *m: to get the ~* essere di cattivo umore. □ *to ive s.o. the ~* dare sui nervi a qd.

p⁵ *v.* (*pret., p.p.* **pipped** [-t]) **I** *v.i.* 1 (*of a chick*)

rompere il guscio. 2 (*to peep, chirp*) pigolare, fare pio pio. 3 ⟨*sl*⟩ (*to be depressed*) essere giù di morale. **II** *v.t.* (*of the shell*) rompere.

pip⁶ *s.* ⟨*Rad,Tel*⟩ suono *m* breve e acuto (di segnale orario), pip *m*.

pipage ['paipidʒ] *s.* 1 (*of water, gas, etc.*) trasporto *m* a mezzo tubi. 2 (*pipes*) tubi *mpl*, condotti *mpl*, tubature *fpl*. 3 (*sum charged for conveyance*) spesa *f* di trasporto a mezzo tubi.

pipe¹ [paip] *s.* 1 tubo *m*, condotto *m*, tubatura *f*, conduttura *f: hot–water –s* tubi dell'acqua calda. 2 *pl.* ⟨*Anat*⟩ (*respiratory organs*) vie *fpl* respiratorie; (*vocal chords*) corde *fpl* vocali. 3 (*for smoking*) pipa *f: to smoke a ~* fumare la pipa; (*pipeful*) pipata *f*, pipa *f*; (*act of smoking a pipe*) pipata *f: to have a ~* farsi una pipata. 4 ⟨*Mus*⟩ (*wind instrument*) strumento *m* a fiato. 5 ⟨*Mus*⟩ (*flute*) flauto *m*; (*fife*) piffero *m*; (*of an organ*) canna *f*. 6 *pl.* ⟨*Mus*⟩ (*bagpipes*) cornamusa *f*, zampogna *f*, piva *f*. 7 *pl.* ⟨*Mus*⟩ (*voice*) voce *f*. 8 (*shrill, thin voice*) voce *f* acuta (e stridula). 9 (*bird's call*) voce *f*, verso *m*, canto *m*; (*shrill birdcall*) canto *m* acuto. 10 (*measure of wine, oil*) pipa *f* (pari a circa 573 l). 11 ⟨*Mar*⟩ fischio *m* (*o* fischietto) del nostromo. 12 ⟨*Geol*⟩ camino *m* (*o* condotto) vulcanico. □ *~ of peace* calumet *m* della pace; ⟨*fam*⟩ *put that in your ~ and smoke it* ficcatelo in testa e pensaci su.

pipe² **I** *v.t.* 1 convogliare in tubazioni. 2 (*to furnish with pipes*) provvedere (*o* fornire) di tubazioni. 3 ⟨*Mus*⟩ (*of a tune*) sonare con uno strumento a fiato. 4 (*to utter shrilly*) dire con voce stridula. 5 ⟨*fam*⟩ (*to convey by wire*) trasmettere per filo. 6 ⟨*Mar*⟩ chiamare col fischio; (*to receive aboard*) salutare col fischio, rendere gli onori (col fischio) a. 7 ⟨*Agr*⟩ riprodurre per talea. 8 ⟨*Sart*⟩ bordare, fare un cordoncino intorno a. 9 ⟨*Dolc*⟩ decorare con un cordone di glassa. 10 ⟨*am.sl*⟩ (*to look at*) guardare, dare una guardata a. **II** *v.i.* 1 ⟨*Mus*⟩ sonare uno strumento a fiato. 2 (*to speak shrilly*) parlare con voce stridula. 3 ⟨*Mar*⟩ fischiare. □ ⟨*sl*⟩ *to ~ down:* 1 fare meno chiasso; 2 (*to stop talking*) smettere di parlare; 3 (*to become subdued*) abbassare la cresta; *~ down!* silenzio!, zitto (*e* mosca)!; ⟨*sl*⟩ *to ~ one's* eye piangere, spargere lacrime; ⟨*fam*⟩ *to ~ in* intromettersi (nel discorso), mettere bocca; *to ~ up:* 1 ⟨*fam*⟩ saltar fuori, saltar su (a dire); 2 (*to speak out in protest*) protestare; 3 ⟨*Mus*⟩ attaccare a sonare (*o* cantare).

pipe| bowl *s.* fornello *m* della pipa. **~clay I** *s.* 1 terra *f* (*o* argilla) da pipe, terraglia *f* dolce. 2 ⟨*fig*⟩ mania *f* (*o* fissazione) dell'uniforme in perfetto ordine. **II** *v.t.* sbiancare con argilla da pipa. **~ cleaner** *s.* scovolino *m*. **~ dream** *s.* fantasticheria *f*, fantasia *f*, sogno *m*. **~ fish** *s.* ⟨*Itt*⟩ pesce *m* ago. **~ fitter** *s.* tubista *m*. **~ fitting** *s.* ⟨*Mecc*⟩ raccordo *m*.

pipeful ['paipful] *s.* pipa *f*, pipata *f*.

pipe| laying *s.* posa *f* (*o* messa in opera) di tubi. **~line** *s.* 1 tubatura *f*, conduttura *f*, tubazione *f*; (*for oil*) oleodotto *m*, pipeline *f*. 2 ⟨*fig*⟩ (*supply processes*) rete *f* (*o* canali *mpl*) di rifornimento; (*processes through which s.th. must pass*) iter *m*, procedura *f: the parliamentary ~* l'iter parlamentare. 3 ⟨*fig*⟩ (*channel of information*) canale *m* d'informazione. **~ opener** *s.* ⟨*tecn*⟩ allargatubi *m*. **~ organ** *s.* ⟨*Mus*⟩ organo *m* a canne.

piper ['paipə] *s.* ⟨*Mus*⟩ sonatore *m* (*f* –trice) di uno strumento a fiato; (*bagpiper*) sonatore *m* di cornamusa, zampognaro *m*. □ *to pay the ~* pagare il conto. *Prov.: he who pays the ~ calls the tune* chi paga comanda.

pipe| rack *s.* portapipe *m*. **~ roll** *s.* ⟨*Stor*⟩ lista *f* (annuale) delle entrate e delle spese reali. **~ work** *s.* ⟨*tecn*⟩ tubature *fpl*.

pipet(te) [pi'pet] *s.* ⟨*Chim*⟩ pipetta *f*.

piping ['paipiŋ] **I** *s.* 1 tubazioni *fpl*, condutture *fpl*. 2 ⟨*Mus*⟩ (*sound of a piper*) suono *m* di strumento a fiato. 3 (*shrill noise*) strida *fpl*, strido *m: the ~ of excited children* le strida di bambini eccitati. 4 ⟨*Sart*⟩ cordoncino *m*, bordo *m*. 5 ⟨*Dolc*⟩ cordone *m* di glassa. **II** *a.* 1 che suona uno strumento a fiato. 2 (*of a voice, etc.*) acuto, stridulo, stridente. □ *the ~ times of peace* i giorni sereni della pace.

piping| hot *a.* (*of food, drink*) bollente, caldissimo. ~

system *s.* ⟨*tecn*⟩ sistema *m* di tubazioni.
pipistrel(le) [ˌpipiˈstrel] *s.* ⟨*Zool*⟩ pipistrello *m.*
pipit [ˈpipit] *s.* ⟨*Ornit*⟩ pispola *f.*
pipkin [ˈpipkin] *s.* tegamino *m* di terracotta.
pippin [ˈpipin] *s.* **1** mela *f.* **2** ⟨*Bot*⟩ seme *m* (di frutta carnosa).
'pip-'pip *intz.* ⟨*sl*⟩ (*good-bye*) ciao, salute, salve.
pip squeak *s.* ⟨*fam*⟩ **1** (*insignificant person*) nullità *f,* mezza cartuccia *f* (*o* calzetta). **2** (*small motorcycle*) motorino *m.* **3** ⟨*mil*⟩ piccolo proiettile *m* ad alta velocità.
pipy [ˈpaipi] *a.* **1** tubolare, a forma di tubo. **2** (*shrill*) acuto, stridulo, stridente.
piquancy [ˈpiːkənsi] *s.* **1** (*of food*) gusto *m* (*o* sapore) piccante. **2** ⟨*fig*⟩ interesse *m.* **piquant** [-nt] *a.* **1** (*of food*) piccante, pepato. **2** ⟨*fig*⟩ (*stimulating*) stimolante, interessante, avvincente; (*lively, racy*) piccante, spinto. **piquantly** [-ntli] *avv.* in modo piccante.
pique[1] [piːk] **I** *v.t.* **1** urtare, irritare, indispettire, stizzire: *I was -d by his curt refusal* il suo brusco rifiuto mi urtò. **2** (*of pride, etc.: to wound*) ferire, offendere. **3** (*of curiosity, interest: to arouse*) eccitare, suscitare, stimolare. **4** ⟨*rifl*⟩ (*to pride o.s.*) vantarsi (*on, upon* di). **II** *s.* irritazione *f,* stizza *f,* risentimento *m.* □ *in a fit of* ~ per picca; *to be in a* ~ essere irritato (*o* urtato); *to take a* ~ *against s.o.* risentirsi (*o* impermalirsi) con qd.
pique[2] **I** *s.* (*in piquet*) pic *m.* **II** *v.t.* lasciare a zero facendo pic. **III** *v.i.* fare pic.
piqué [ˈpiːkei, *am.* piˈkei] *s.* ⟨*Tess*⟩ picchè *m,* piccato *m,* piqué *m.*
piquet [piˈket] *s.* (*card game*) picchetto *m.*
piracy [ˈpaiərəsi] *s.* **1** pirateria *f.* **2** (*of literary works*) plagio *m,* pirateria *f* letteraria.
piragua [piˈrɑːgwə] *s.* ⟨*Mar*⟩ **1** (*canoe*) piroga *f.* **2** (*sailing boat*) tipo d'imbarcazione a vela.
piranha [piˈrɑːnjə] *s.* ⟨*Itt*⟩ piranha *m,* pesce *m* tigre.
pirate [ˈpaiərit] **I** *s.* **1** pirata *m,* corsaro *m.* **2** ⟨*Mar*⟩ vascello *m* (*o* nave *f*) pirata. **3** ⟨*estens*⟩ (*predator*) ladro *m,* sfruttatore *m,* pirata *m*; (*one who infringes a copyright*) plagiario *m* (*f* –a). **4** ⟨*Rad*⟩ (*transmitter*) radiopirata *f*; (*operator*) radiopirata *m/f.* **II** *v.t.* **1** rapinare, predare. **2** ⟨*estens*⟩ (*of a book, etc.*) plagiare. **III** *v.i.* **1** pirateggiare. **2** ⟨*Rad*⟩ trasmettere (*o* ascoltare) abusivamente.
pirate copy *s.* copia *f* abusiva. **~ edition** *s.* edizione *f* clandestina. **~ listener** *s.* radioascoltatore *m* (*f* –trice) abusivo. **~ ship** *s.* nave *f* (*o* vascello *m*) pirata. **~ station** *s.* ⟨*Rad*⟩ radiopirata *f.*
piratic [paiəˈrætik], **piratical** [-əl] *a.* **1** (*of piracy*) piratesco, di (*o* da) pirata. **2** ⟨*estens*⟩ (*of books*) pubblicato abusivamente.
pirogue [piˈroug] *s.* → **piragua.**
pirouette [ˌpiruˈet] **I** *s.* piroetta *f* (*anche Equit.*). **II** *v.i.* piroettare, fare piroette.
pis aller [ˌpizˈælei, *am.* ˌpizæˈlei] *s.* ripiego *m,* espediente *m.*
piscary [ˈpiskəri] *s.* **1** ⟨*Dir*⟩ diritto *m* di pesca. **2** (*fishing place*) luogo *m* (*o* punto) di pesca. **piscatorial** [-kəˈtɔːriəl], **piscatory** [-kətəri] *a.* **1** della pesca. **2** (*engaged in fishing*) dedito alla pesca.
Pisces [ˈp(a)isiːz] *N.pr.* ⟨*Astr*⟩ Pesci *mpl.*
piscicultural [ˌpisiˈkʌltʃərəl] *a.* della piscicoltura. **'pisciculture** [-tʃə] *s.* piscicoltura *f.* **pisciculturist** [-rist] *s.* piscicoltore *m.*
piscina [piˈsiːnə] *s.* (*pl.* **-nae** [niː]/-s [z]) **1** ⟨*Rel*⟩ bacile *m* di pietra per l'acqua lustrale. **2** ⟨*Stor.rom*⟩ (*fishpond*) piscina *f,* peschiera *f* (*swimming pool*) piscina *f.*
piscine **I** *s.* [ˈpisiːn] piscina *f.* **II** *a.* [ˈpisain] di (*o* simile a) pesce.
piscivorous [piˈsivərəs] *a.* ⟨*Ornit*⟩ piscivoro.
pish [piʃ] **I** *intz.* (*to express contempt*) pfui, puah, puh. **II** *v.i.* esprimere disprezzo (*at* per). **III** *v.t.* trattare con disprezzo.
pisiform [ˈpaisifɔːm] *a.* **1** a forma di pisello. **2** ⟨*Anat*⟩ del pisiforme.
piss [pis] **I** *s.* ⟨*volg*⟩ orina *f,* ⟨*volg*⟩ piscia *f.* **II** *v.i.* orinare, ⟨*volg*⟩ pisciare, ⟨*pop*⟩ fare acqua. **III** *v.t.* orinare, ⟨*volg*⟩ pisciare. □ ⟨*volg*⟩ *to* ~ **off** far arrabbiare, ⟨*volg*⟩

far incazzare; ⟨*volg*⟩ ~ *off!* va' via!, togliti dai piedi!
pissed [pist] *a.* ⟨*volg*⟩ **1** (*drunk*) ubriaco, ⟨*fam*⟩ sbron⟨*pop*⟩ sborniato. **2** → **pissed off.**
pissed off *a.* ⟨*volg*⟩ arrabbiato, ⟨*volg*⟩ incazzato.
pistachio [pisˈtɑːʃiou] *s.* (*pl.* **-s** [z]) **1** → **pistachio nut** (*flavour*) gusto *m* di pistacchio. **3** → **pistachio tree. 4** **pistachio green.**
pistachio green *s.* color *m* (*o* verde) pistacchio. ~ *s.* pistacchio *m.* **~ tree** *s.* ⟨*Bot*⟩ pistacchio *m.*
pistil [ˈpistil] *s.* ⟨*Bot*⟩ pistillo *m.* **pistillary** [-əri] *a.* pistillo. **pistillate** [-it] *a.* **1** che ha pistilli (*o* un pistil **2** (*having pistils but no stamens*) pistillifero.
pistol [ˈpistl] **I** *s.* pistola *f.* **II** *v.t.* (*pret., p.p.* **pistolled**/*a* **pistoled** [-d]) sparare con la pistola.
pistol grip *s.* (*of a rifle*) calcio *m* a pistola. ~ **shot** *s.* pistolettata *f,* colpo *m* di pistola. **2** (*distance a pistol v shoot*) tiro *m* di pistola. **3** ⟨*am*⟩ (*person*) tiratore *m* –trice) di pistola. **~ whip** *v.t.* colpire col calcio de pistola.
piston [ˈpistən] *s.* **1** ⟨*Mecc*⟩ pistone *m,* stantuffo *m.* ⟨*Mus*⟩ (*of a brass instrument*) pistone *m*; (*of an org* pistoncino *m* al manuale.
piston displacement *s.* ⟨*Mot*⟩ cilindrata *f.* ~ **engine** motore *m* a pistoni. ~ **pin** *s.* spinotto *m.* ~ **pump** ⟨*Mecc*⟩ pompa *f* a stantuffo. ~ **ring** *s.* ⟨*Mot*⟩ fasci elastica, anello *m* elastico. ~ **rod** *s.* ⟨*Mecc*⟩ biella *f.* **stroke** *s.* ⟨*Mecc*⟩ corsa *f* dello stantuffo.
pit[1] [pit] *s.* **1** fossa *f,* buca *f,* scavo *m*: *to dig a* ~ scav una fossa; (*for use as a trap*) fossa *f* (*o* buca) cie trappola *f* a peso. **2** ⟨*Minier*⟩ cava *f*; (*for coal, etc.*) po *m*; (*coal mine*) miniera *f* di carbone. **3** (*indentati depression*) cavità *f,* buca *f,* depressione *f,* cavo *m.* **4** ⟨ (*hell*) inferno *m,* regno *m* delle tenebre, ⟨*lett*⟩ abisso *m* ⟨*dial*⟩ (*grave*) tomba *f,* fossa *f.* **6** ⟨*Teat*⟩ platea *f*; (*peop* pubblico *m* di platea, platea *f*; (*for the orchestra*) buc dell'orchestra, orchestra *f.* **7** (*enclosure in which anim fight*) recinto *m* di combattimento. **8** ⟨*Anat*⟩ fossa cavità *f,* cavo *m,* seno *m.* **9** ⟨*Med*⟩ (*pock mark*) butt *m.* **10** ⟨*Aut,Sport*⟩ box *m.* **11** ⟨*am.Econ*⟩ (*in commodity exchange*) recinto *m.* **12** ⟨*Mil*⟩ (*of morta* piazzuola *f.* □ ⟨*fig*⟩ *the bottomless* ~ (*of hell*) la vorag infernale, gli abissi, ⟨*Anat*⟩ ~ *of the stomach* epigast *m.*
pit[2] *v.t.* (*pret., p.p.* **pitted** [ˈpitid]) **1** (*to scar with p marks*) butterare. **2** (*of animals, cocks*) mettere nel reci di combattimento. **3** ⟨*estens*⟩ (*to set in opposition*) misurare, opporre, contrapporre: *to* ~ *a boxer against champion* far misurare un pugile col campione. **4** (*to st in a pit*) infossare, interrare, mettere in una fossa.
pit[3] *am.* **I** *s.* (*of a fruit*) nocciolo *m,* osso *m.* **II** *v.t.* (*pr p.p.* **pitted** [ˈpitid]) snocciolare: *to* ~ *cherries* snocciol le ciliege.
pit-a-pat [ˈpitəˈpæt] **I** *avv.* **1** facendo (*o* con un) tic tic battiti rapidi, battendo. **2** (*with light pats*) scalpiccian con uno scalpiccio. **II** *a.* che fa 'tic tac' (*o* ticche tacch III *s.* tic tac *m,* ticchettio *m*; (*of the heart*) battito *m,* toc *m*; (*of feet*) scalpiccio *m.* **IV** *v.i.* (*pret., p* **pit-a-patted** [-id]) (*to go pit-a-pat*) ticchettare, fare tac, tamburellare, battere; (*of the heart*) battere (for fare tic toc, palpitare; (*of feet*) scalpicciare. □ *the r went* ~ *on the roof* la pioggia picchiava sul tetto.
pitch[1] [pitʃ] **I** *s.* pece *f*; (*bitumen*) bitume *m.* **II** impeciare.
pitch[2] *v.* (*pret., p.p.* **-ed** [pitʃt]) **I** *v.t.* **1** gettare, butta lanciare, scagliare, tirare. **2** ⟨*Sport*⟩ (*in baseball, crick* lanciare; (*of a wicket*) piantare. **3** (*of a tent*) pianta montare. **4** ⟨*Mus*⟩ impostare: *to* ~ *one's voice h* impostare la voce su un tono alto; (*to set in a k* intonare. **5** ⟨*fig*⟩ (*to set at a specific level*) dare un tono mettere su un (*certo*) piano: *to* ~ *the conversation in cathedratic key* dare un tono cattedratico a conversazione. **6** ⟨*fig*⟩ (*to tell, narrate*) raccont narrare, dire: *to* ~ *a tall story* raccontare frottole. **7** *coins*) lanciare, tirare, gettare. **8** (*of goods: to set out display*) esporre, mettere in mostra. **9** ⟨*Arch*⟩ (*of a ro* dare 'un'inclinazione' (*o* una pendenza) a. **10** ⟨*Str* acciottolare, selciare. **II** *v.i.* **1** (*to plunge headlong*) cad

capofitto (*o* testa in giù); (*to fall forward*) cadere in vanti. **2** ⟨*Mar,Aer*⟩ beccheggiare. **3** ⟨*Aer*⟩ (*to plunge own: by the nose*) picchiare; (*by the tail*) impennarsi. **4** (*to itch camp*) accamparsi, piantare le tende, attendarsi. **5** *to incline, slope*) declinare, degradare, scendere, essere in vendenza (*o* pendio). □ *to* ~ **camp** piantare le tende, ccamparsi; *to* ~ **hay** inforcare il fieno; *to* ~ *one's mbition* **high** mirare in alto; ⟨*fam*⟩ *to* ~ **in:** 1 contribuire; 2 (*to set to work*) mettersi al lavoro di buona ena; *to* ~ **into:** 1 aggredire, saltare addosso a, attaccare; 2 *to set to work on*) lavorare di buona lena intorno a; *fam*⟩ *to* ~ **on** (o *upon*) scegliere, far cadere la scelta u.

tch[3] *s.* **1** lancio *m*, tiro *m*. **2** (*degree of slope*) nclinazione *f*, pendenza *f*. **3** (*steep place*) declivio *m*, vendio *m*. **4** ⟨*fig*⟩ grado *m*, livello *m*: *a* ~ *high* ~ *of xcitement* un alto grado d'eccitazione. **5** (*open–air place of rade*) posteggio *m*: *a barrow–boy's* ~ il posteggio di un venditore ambulante. **6** ⟨*fam*⟩ (*slick, convincing talk*) varlantina *f*. **7** ⟨*Arch*⟩ (*of a roof*) falda *f*; (*of stairs*) nclinazione *f* di una rampa. **8** ⟨*Sport*⟩ campo *m* (da ioco), terreno *m* di gioco: *a football* ~ un campo di vootball; (*in cricket*) terreno *m* tra le due porte. **9** ⟨*Mus*⟩. *degree of height*) altezza *f* (del suono); (*tone*) tono *m*, viapason *m*. **10** (*of a gramophone record*) passo *m*. **11** Ling,Fon⟩ altezza *f*, acuità *f*. **12** ⟨*Mecc*⟩ (*of gears, crews*) passo *m*. **13** ⟨*Cin*⟩ passo *m*. **14** ⟨*Mar,Aer*⟩ *pitching movement*) beccheggio *m*. □ *to fly the high* ~: 1 *of a hawk*) volare al punto più alto (prima di calare sulla reda); 2 ⟨*fig*⟩ mirare in alto; *to shout at the* ~ *of one's voice* gridare a squarciagola; ⟨*fig*⟩ *to the highest* ~ al massimo, al più alto grado; ⟨*fig*⟩ *to such a* ~ *that* a tal vunto che.

tch|-and-'toss *s.* (*game*) specie di testa e croce. **~-'black** *a.* nero come la pece (o il carbone). ~ **black** *s.* vuio *m* fitto (o pesto). **~blende** *s.* ⟨*Min*⟩ pechblenda *f.* ~ **ircle** *s.* ⟨*Mecc*⟩ primitiva *f*, circonferenza *f* primitiva. **~-'dark I** *s.* buio *m* fitto (o pesto). **II** *a.* (*of night*) fitto ~ buio, fondo.

tched [pitʃt] *a.* (solo nei composti) di (o dal) tono ... □ ~ *high-*~ *voice* una voce acuta.

tched battle *s.* **1** battaglia *f* campale. **2** ⟨*fig*⟩ duello *m*, contro *m* diretto.

tcher[1] ['pitʃə] *s.* **1** lanciatore *m* (*f* –trice). **2** (*one who occupies a pitch*) posteggiatore *m.* **3** ⟨*Sport*⟩ (*in baseball*) vanciatore *m.* **4** ⟨*Sport*⟩ (*in golf*) mazza *f* di ferro ricurvo. **5** ⟨*Strad*⟩ selce *f.*

tcher[2] *s.* **1** brocca *f.* **2** ⟨*Bot*⟩ ascidio *m.* □ *Prov.: the* ~ *voes once too often to the well* tanto va la gatta al lardo che ci lascia lo zampino; *little –s have big ears* i bambini vanno le orecchie lunghe.

tchfork ['pitʃfɔːk] **I** *s.* **1** ⟨*Agr*⟩ forcone *m* (da fieno), vorca *f.* **2** ⟨*Mus*⟩ diapason *m* a forcella. **II** *v.t.* **1** sollevare ~ caricare con il forcone, inforcare. **2** ⟨*fig*⟩ mettere di vunto in bianco⌐ (o da un giorno all'altro): *to* ~ *s.o. into* ~ *top job* mettere qd. di punto in bianco in un posto di vesponsabilità.

tching ['pitʃiŋ] *s.* ⟨*Strad*⟩ **1** (*pavement*) lastrico *m*, velciato *m*, pavimentazione *f.* **2** (*on a slope*) rivestimento *m* in pietra.

tchy ['pitʃi] *a.* **1** impeciato, coperto di pece, pecioso. **2** *of pitch*) di pece, pecioso. **3** ⟨*fig*⟩ nero come la pece (o il arbone).

t| coal *s.* carbon *m* fossile. ~ **dwelling** *s.* ⟨*Etnol*⟩ cava ‿ usata come abitazione.

teous ['pitiəs] *a.* pietoso, miserevole, compassionevole: *a* ‿ *sight* uno spettacolo pietoso. **piteousness** [–nis] *s.* ‿ essere pietoso.

tfall ['pitfɔːl] *s.* **1** trappola *f* (coperta). **2** ⟨*fig*⟩ vrabocchetto *m*, trappola *f*, tranello *m*, insidia *f.*

th [piθ] *s.* **1** ⟨*Bot,Anat*⟩ midollo *m.* **2** (*of an orange, vtc.*) albedo *m*, albedine *f.* **3** ⟨*fig*⟩ (*essence*) nocciolo *m*, vssenza *f*, midollo *m*: *the* ~ *of the matter* il nocciolo della vuestione. **4** ⟨*fig*⟩ (*substance*) consistenza *f*, solidità *f*, vostanza *f.* **5** ⟨*Anat*⟩ (*spinal cord*) midollo *m* spinale. **6** *fig*⟩ (*strength*) forza *f*, vigore *m*; (*importance*) importanza

pit-head *s.* ⟨*Minier*⟩ imboccatura *f* di miniera.
pithecanthrope [ˌpiθiˈkænθroup], **pithecanthropus** [–θrəpəs] *s.* ⟨*Paleont*⟩ (*pl.* **-pi** [pai]) pitecantropo *m.*
pithiness ['piθinis] *s.* concisione *f*, stringatezza *f.*
pithless ['piθlis] *a.* **1** senza midollo. **2** ⟨*fig*⟩ privo di vigore.
pithy ['piθi] *a.* **1** (*of pith*) del midollo; (*abounding in pith*) midolloso, pieno di midollo. **2** (*resembling pith*) midolloso, simile al midollo. **3** (*of an orange*) dalla buccia carnosa. **4** ⟨*fig*⟩ (*concise*) conciso, stringato; (*full of meaning, substance*) succoso, sostanzioso: *a* ~ *speech* un discorso succoso; (*full of force*) vigoroso.
pitiable ['pitiəbl] *a.* **1** pietoso, miserevole, degno di compassione (*o* commiserazione), misero: *a* ~ *sight* uno spettacolo pietoso. **2** (*arousing contempt*) misero, meschino, spregevole, miserabile.
pitiful ['pitiful] *a.* **1** pietoso, miserevole, lacrimevole, misero: *a* ~ *fate* una fine pietosa. **2** (*contemptible*) misero, meschino. **pitifully** [–i] *avv.* pietosamente, in modo pietoso. **pitifulness** [–nis] *s.* **1** pietà *f*, compassione *f.* **2** (*pitiful state*) stato *m* pietoso.
pitiless ['pitilis] *a.* spietato, senza pietà, impietoso, crudele. **pitilessness** [–nis] *s.* spietatezza *f.*
pitman ['pitmən] *s.irr.* **1** ⟨*Minier*⟩ (*pl.* **-men** [mən]) (*quarryman*) cavatore *m*; (*coal miner*) minatore *m* (di carbone). **2** ⟨*Mecc*⟩ (*pl.* **-s** [z]) biella *f*, barra *f* d'accoppiamento.
piton ['pitɔ̃, *am.* 'pitɔn] *s.* ⟨*Alp*⟩ chiodo *m* da roccia.
pitpat ['pitpæt] *avv./a./s./v.* → **pit-a-pat.**
pit| pony *s.* pony *m* che lavora in una miniera. **~prop** *s.* ⟨*Minier*⟩ puntello *m* di pozzo.
pittance ['pitəns] *s.* **1** (*small allowance*) miseria *f*, inezia *f*, niente *m*: *his pension is a mere* ~ la sua pensione è una vera miseria; (*meagre remuneration*) miseria *f*, stipendiuccio *m*, quattro soldi *mpl*, tozzo *m* di pane: *to work for a* ~ lavorare per una miseria. **2** (*charitable gift*) elemosina *f*, carità *f.* **3** ⟨*Rel*⟩ offerta *f* fatta a una comunità per migliorare il vitto (in speciali ricorrenze).
pitter-patter ['pitəpætə] **I** *avv.* con un tic toc. **II** *s.* tic toc *m*, ticchettio *m.* □ *his heart went* ~ il suo cuore faceva tic toc.
pituitary [pi'tjuːitəri] *a.* ⟨*Anat*⟩ pituitario, ipofisario.
pituitary| body, ~ **gland** *s.* ⟨*Anat*⟩ ghiandola *f* pituitaria, ipofisi *f.*
pity ['piti] **I** *s.* **1** compassione *f*, pietà *f*, misericordia *f*, pena *f*, carità *f:* *to have* (*o take*) ~ *on s.o.* avere pietà di qd. **2** (*contemptuous feeling*) compassione *f*, pietà *f.* **3** (*cause of regret*) peccato *m*: *it's a* ~ *you didn't come* è un peccato che tu non sia venuto. **II** *v.t.* compatire, compiangere, commiserare, provare pietà per, avere pietà di: *to* ~ *s.o. in his misery* compatire le disgrazie di qd. □ *to be filled with* ~ *for s.o.* provare immensa pietà per qd.; *it is a* **great** ~ è un vero peccato; **in** ~ *of* per pietà di; ⟨*esclam*⟩ **more**'s *the* ~ tanto peggio; *to move s.o. to* ~ muovere qd. a pietà, impietosire qd.; *to do s.th. out of* ~ fare qc. per pura compassione; *for* ~'s **sake:** 1 ⟨*esclam*⟩ per (l')amor di Dio; 2 (*as an entreaty*) per carità, per amor del cielo; *it's a* **thousand** *pities that* è proprio un (gran) peccato che; *what a* ~ (che) peccato, peccato che. ‖ ⟨*esclam*⟩ *the* ~ *of it* (ma) che pena; *the* ~ *of it is* il brutto è.
pitying ['pitiiŋ] *a.* pietoso, compassionevole. **pityingly** [–li] *avv.* pietosamente.
pivot ['pivət] **I** *s.* **1** ⟨*Mecc*⟩ perno *m;* (*of a door hinge*) ralla *f*, rallino *m.* **2** ⟨*fig*⟩ perno *m*, fulcro *m.* **3** ⟨*Mil*⟩ perno *m.* **4** ⟨*Sport*⟩ uomo *m* (o posizione *f*) chiave. **II** *v.i.* **1** rotare. **2** ⟨*fig*⟩ dipendere (*o, upon* da). **III** *v.t.* **1** imperniare. **2** (*to cause to turn round*) far rotare (o girare). **3** ⟨*fig*⟩ imperniare, fondare, basare. **pivotal** [–əl] *a.* **1** (*of a pivot*) di un perno; (*constituting a pivot*) che fa da perno. **2** ⟨*fig*⟩ chiave, di capitale importanza: *he holds a* ~ *position* occupa una posizione chiave.
pixel ['piksl] *s.* ⟨*Inform*⟩ elemento *m* base di un'immagine.
pixie *s.* → **pixy.**
pixi(l)lated *am.* ['piksileitid] *a.* **1** picchiatello, mezzo matto, svitato. **2** (*drunk*) ubriaco, ⟨*fam*⟩ sbronzo, ⟨*pop*⟩

sborniato.

pixy ['piksi] **I** s. ⟨Folcl⟩ folletto m, spiritello m. **II** a. pazzerello, un po' burlone. **pixyish** [-iʃ] a. → pixy.

pizazz, pizzaz am. [pi'zæz] s. ⟨sl⟩ vitalità f, energia f.

pizz. = ⟨Mus⟩ pizzicato pizzicato.

pizza| parlor am. ['pitsə] s. pizzeria f. ~ **pie** am. s. pizza f.

pizzicato it. [ˌpitsi'kɑːtou] **I** a./avv. ⟨Mus⟩ pizzicato. **II** s. (pl. -ti [ti:]/-s [z]) pizzicato m.

PL = Public Law diritto pubblico.

pl. = **1** place posto. **2** ⟨Gramm⟩ plural plurale (abbr. pl.).

P./L. = ⟨Comm⟩ profit and loss profitti e perdite (abbr. P.P.).

placability [ˌplækə'biliti] s. l'essere placabile. **'placable** [-bl] a. placabile.

placard ['plækɑːd] **I** s. manifesto m, cartello m, cartellone m, tabellone m; (of a newspaper) avviso m pubblicitario. **II** v.t. **1** affiggere manifesti (o cartelli) su, coprire di cartelli. **2** (to publicize by placards) fare pubblicità con manifesti (o cartelli) a. **3** ⟨fig⟩ dare pubblicità a.

placate [plə'keit, am. 'pleikeit] v.t. placare, pacificare, calmare.

place [pleis] **I** s. **1** luogo m: at the proper time and ~ a tempo e luogo. **2** (region, area) posto m, regione f, zona f, località f, luogo m: the hottest ~ on earth il posto più caldo del mondo; (spot, part) posto m, punto m: his suit was stained in several –s il suo abito era macchiato in parecchi punti; (specific locality) posto m, luogo m: you've come to the wrong ~ siete venuti nel posto sbagliato. **3** (building, locality) luogo m, locale m: a ~ of entertainment un luogo di divertimento; (home) casa f, abitazione f. **4** (proper position) posto m: to put s.th. back in its ~ rimettere qc. al suo posto; (designated position) posizione f, posto m, collocazione f; (suitable environment) posto m (adatto): this is no ~ for a girl like you questo non è posto per una ragazza come te. **5** (position, circumstances) posto m, situazione f, condizione f: what would you do if you were in my ~? che faresti se fossi al posto mio? **6** (job, post) posto m, impiego m, lavoro m; (public office) carica f, ufficio m. **7** (duties of an office or position) compito m, dovere m, ufficio m. **8** (in a book) segno m: to lose one's ~ perdere il segno; (particular passage) passo m, brano m. **9** (accommodation, seat) posto m (a sedere): a ~ on a flight un posto su un volo; I'll save your ~ for you ti terrò il posto; (at table) posto m (a tavola); (place setting) coperto m. **10** (degree of importance) peso m, rilievo m, valore m: wealth has an important ~ in his life la ricchezza ha un peso notevole nella sua vita. **11** (fitting moment) momento m (opportuno), luogo m: this is not the ~ to discuss our differences non è questo il momento di discutere le nostre divergenze. **12** (in competition) posto m, piazzamento m, posizione f (in testa a una classifica); (in horse racing) posto m piazzato, piazzamento m tra i primi tre. **13** (square, plaza) piazza f; (short street) vicolo m, viuzza f; (dead end) vicolo m cieco. **14** ⟨Mat⟩ posto m: decimal ~ posto decimale. **15** ⟨Astr⟩ posizione f. **II** v.t. **1** (to put) mettere, posare, porre; (to arrange) mettere, collocare, disporre, sistemare, piazzare: to ~ chairs in a row mettere le sedie in fila. **2** (to direct accurately) dirigere con precisione, assestare: to ~ one's shot dirigere il colpo con precisione. **3** (to present, submit) presentare, sottoporre. **4** (to appoint) assegnare, destinare. **5** (to find employment for) sistemare, trovare un posto a. **6** (to set, repose) riporre, porre, mettere: to ~ one's trust in s.o. riporre la propria fiducia in qd. **7** (to assign in time) datare, stabilire una data per, attribuire a un periodo. **8** (to recognize, identify) identificare, individuare, riconoscere. **9** (to estimate) valutare, stimare. **10** (of an order for goods) dare, fare, passare. **11** (of goods: to dispose of) collocare, vendere, smerciare, piazzare. **12** ⟨Sport⟩ piazzare fra i primi (o ai primi posti); (in horse racing) piazzare; (of participants in a contest, etc.) includere nella rosa dei partecipanti. **13** (of the voice) impostare. □ in all –s dappertutto, in ogni parte, dovunque; ⟨am⟩ any ~: **1** (in questions) da qualche parte, in qualche posto: did you go any ~? sei andato da qualche parte?; **2** (in negative) da nessuna parte, in nessun posto; **3** (no matter where, place) dovunque, in qualsiasi posto, dove capita; to ~ bet scommettere, fare una scommessa; a ~ of business posto di lavoro, un negozio, un ufficio; ⟨Tel⟩ to ~ a call prenotare una telefonata; to change –s with s.o.: scambiare il posto con qd.; **2** ⟨fig⟩ fare a cambio con qd., mettersi nei panni di qd.; ~ of employment posto m di lavoro), impiego m; in the first ~ in primo luogo, anzitutto, per prima cosa; to give ~ to: **1** cedere (il posto) a, lasciare il posto a; **2** (to give precedence to) dare precedenza a, cedere il passo a; ⟨sl⟩ to go –s fare strada (o carriera), avere successo, sfondare; in ~: **1** a posto, posto giusto, in ordine; **2** ⟨fig⟩ opportuno, adatto, appropriato; in –s in alcuni punti, qua e là, in qualche punto; in ~ of al posto di, in luogo di, invece di; to keep s.o. in his ~ fare stare qd. al suo posto; to know one's ~ saper stare al proprio posto; in the last ~ in (o per ultimo, in ultimo luogo, infine, alla fine; to make a ~ for **1** fare posto a: move over and make a ~ for me spostati, fammi posto; **2** (to give precedence to) dare la precedenza a, cedere il passo a; in the next ~ poi, dopo, in seguito; ~ of origin luogo m di provenienza; out of ~: **1** fuori posto, non a posto, non al proprio posto; **2** ⟨fig⟩ fuori luogo (o posto), inopportuno; ⟨fig⟩ to put o.s. in s.o.'s metters nei panni di qd.; ⟨Dir⟩ to ~ on record dare atto; ~ of residence luogo m di residenza; in the second ~ secondo luogo, secondariamente; ⟨am⟩ let's go some and eat andiamo a mangiare da qualche parte; ⟨fig⟩ a ~ in the sun un posto al sole; to take ~ avere luogo, svolgersi, accadere; to take one's ~ prendere posto, accomodarsi (al proprio posto); to take the ~ of sostituire, prendere il posto di.

place| bet s. (in horse racing) scommessa f sul piazzato. **card** s. segnaposto m. ~ **judge** s. ⟨Sport⟩ giudice m classifica. ~ **kick** s. ⟨Sport⟩ calcio m piazzato. ~**ma** [mæn] s.irr. funzionario m ammanigliato. ~ **mat** s. tovaglietta f di un servizio all'americana. **2** pl. servizio all'americana.

placement ['pleismənt] s. **1** disposizione, f, collocazione sistemazione f, piazzamento m, collocamento m. **2** (money: investment) investimento m, collocamento m, piazzamento m.

place name s. toponimo m.

placenta [plə'sentə] s. (pl. -s [z]/-tae [ti:]) **1** ⟨Anat placenta f, ⟨Bot⟩ placenta f, placentario m. **placenta** [-l] a. ⟨Anat,Bot⟩ placentare, placentale. **placenta** [-teit] a. fornito di placenta.

placer ['pleisə] s. chi colloca, chi mette.

placer² s. ⟨Minier⟩ **1** giacimento m (minerario alluvionale. **2** (placer mining) coltivazione f di u giacimento alluvionale.

place setting s. coperto m.

placid ['plæsid] a. placido, tranquillo, calmo, quieto: a ~ temperament un temperamento placido. **placidit** [plə'siditi] s. placidità f, tranquillità f, calma f, pace f.

placing ['pleisiŋ] s. ⟨Econ,Sport⟩ piazzamento m.

placket ['plækit] s. ⟨Sart⟩ (opening in a skirt, dress, etc apertura f, spacco m; (pocket) tasca f di gonna (o abito).

plafond fr. [pla'fɔ̃] s. ⟨Arch⟩ soffitto m, plafond m, plafon m.

plagiarism ['pleidʒiərizəm] s. plagio m, furto m letterario. **plagiarist** [-rist] s. plagiario m (f -a). **plagiariz** [-raiz] v.t. plagiare. **plagiary** [-ri] s. → plagiarism.

plague [pleig] **I** s. **1** ⟨Med⟩ peste f; (pestilence) pestilenz f. **2** ⟨fig⟩ piaga f, flagello m, calamità f. **3** ⟨fam⟩ (cause o trouble: of things) scocciatura f, seccatura f; (of people peste f, piaga f, flagello m: what a ~ those children are che peste che sono quei bambini. **4** (of animals infestamento m, invasione f: a ~ of rats un'invasione di ratti. **II** v.t. **1** colpire (con un flagello). **2** (to infect with ~ plague) appestare. **3** (to trouble, harass) assillare affliggere, perseguitare, tormentare: to be –d by one creditors essere assillato dai creditori; (to annoy molestare, ostacolare: work was –d by labour disputes lavoro fu intralciato dalle vertenze sindacali. □ ⟨esclam (a) ~ on it maledizione, dannazione; ⟨esclam⟩ ~ take alla malora, al diavolo.

laguesome ['pleigsəm] *a.* molesto, fastidioso, seccante, pestifero.

lague spot *s.* 1 focolaio *m* epidemico. 2 ⟨*Med*⟩ segno *m* lasciato dalla peste bubbonica. 3 (*locality affected with a plague*) località *f* infestata dalla peste. 4 ⟨*fig*⟩ focolaio *m* di corruzione.

laguy ['pleigi] I *a.* 1 (*of a plague*) pestifero, pestilenziale. 2 ⟨*fam*⟩ (*troublesome*) pestifero, scocciante. II *avv.* maledettamente, tremendamente.

laice [pleis] *s.inv.* ⟨*Itt*⟩ passera *f* di mare, pianuzza *f.*

laid [plæd] I *s.* 1 ⟨*Mod*⟩ sciarpa *f* del costume scozzese. 2 (*plaid blanket*) plaid *m.* 3 ⟨*Tess*⟩ tessuto *m* (*o* stoffa *f*) scozzese, scozzese *m.* II *a.* ⟨*Tess*⟩ scozzese. **'plaided** [–id] *a.* 1 che indossa la sciarpa del costume scozzese. 2 (*made of plaid*) scozzese, fatto di tessuto scozzese.

lain[1] [plein] *s.* ⟨*Geog*⟩ pianura *f*, piano *m.*

lain[2] I *a.* 1 (*distinct to the eye, ear*) chiaramente distinguibile (*o* percettibile); (*obvious*) evidente, chiaro, palese, ovvio: *the meaning is* ~ il significato è chiaro. 2 (*candid, frank*) sincero, schietto, franco: *to be* ~ *with you* (*tanto*) per essere sincero con te; (*undisguised*) nudo (*e crudo*), schietto, puro, semplice: *the* ~ *truth* la verità nuda e cruda. 3 (*simple, unpretentious*) semplice, privo di ricercatezza, naturale; (*common, ordinary*) semplice, schietto, alla buona: ~ *folk* gente semplice. 4 (*unadorned*) disadorno, semplice, privo di ornamenti, liscio. 5 (*of drawings*) non colorato. 6 (*simple, uncomplicated*) semplice, senza complicazioni; (*of food, cooking*) semplice, alla buona. 7 (*unattractive*) insignificante; (*ugly*) bruttino: *a* ~ *girl* una ragazza bruttina. 8 (*utter, sheer*) bell'e buono, puro (*e semplice*), vero e proprio: ~ *stupidity* stupidità bell'e buona. 9 ⟨*Mus*⟩ piano. II *avv.* 1 chiaramente, in modo chiaro. 2 (*unpretentiously*) semplicemente, senza pretese. 3 (*frankly*) chiaramente, schiettamente, chiaro e tondo. 4 ⟨*fam*⟩ (*simply*) semplicemente, proprio, solo, niente'altro che. □ *as* ~ *as can be* chiaro come la luce del sole; ⟨*Post*⟩ *under* ~ *cover* in busta semplice; *in* ~ **English** chiaro (*e* tondo), esplicitamente; *to* **make** *s.th.* ~ far capire chiaramente qc., far capire qc. senza mezzi termini; *the* ~ **man** *in the street* l'uomo comune (*o* della strada); ⟨*fam*⟩ *it's as* ~ *as the* **nose** *on your face* salta agli occhi, più chiaro di così si muore.

lain| **chant** *s.* → **plain song.** ~ **clothes** *s.pl.* abito *m* borghese (*o* civile). □ ~ *man* agente *m* in borghese. ~ **dealing** *s.* comportamento *m* corretto, modo *m* d'agire onesto. ~ **Jane** *a.* semplice, senza niente di speciale.

lainly ['pleinli] *avv.* 1 distintamente, chiaramente; ⟨*obviously*⟩ chiaramente, evidentemente. 2 (*simply*) semplicemente, senza pretese: *to dress* ~ vestirsi semplicemente. 3 (*frankly*) chiaro (*e tondo*), apertamente, senza reticenze: *to speak* ~ parlare chiaro. **plainness** [–nnis] *s.* 1 chiarezza *f*, evidenza *f.* 2 (*simplicity*) semplicità *f*, mancanza *f* di pretese. 3 (*frankness*) franchezza *f*, schiettezza *f.*

lain paper copier *s.* copiatrice *f* a carta semplice.

lain sailing *s.* 1 ⟨*Mar*⟩ navigazione *f* piana. 2 ⟨*fig*⟩ cosa *f* che procede senza intoppi (*o* difficoltà). □ *after the initial trouble all was* ~ dopo i guai iniziali, tutto andò liscio come l'olio.

lainsman ['pleinzmən] *s.irr.* pianigiano *m*, abitante *m* della pianura.

lain| **song** *s.* ⟨*Mus*⟩ canto *m* piano. **~-spoken** *a.* franco, schietto, sincero; (*of people*) che non ha (*o* senza) peli sulla lingua. ~ **suit** *s.* (*in card games*) seme *m* che non è atout.

laint [pleint] *s.* 1 ⟨*poet*⟩ (*complaint*) lamentela *f*, rimostranza *f;* (*lament*) lamento *m*, ⟨*lett*⟩ querela *f.* 2 ⟨*Dir*⟩ querela *f.*

laintiff ['pleintif] *s.* ⟨*Dir*⟩ 1 attore *m* (*f* –trice). 2 (*in a suit*) querelante *m/f.*

laintive ['pleintiv] *a.* lamentoso, malinconico, triste: *a* ~ *tune* un motivo lamentoso. **plaintiveness** [–nis] *s.* tono *m* lamentoso.

lain| **weave** *s.* ⟨*Tess*⟩ armatura *f* tela. **~-woven** *a.* ad armatura tela.

plait [plæt] I *s.* 1 (*of hair, straw, etc.*) treccia *f.* 2 *pl.* (*pigtails*) trecce *fpl*, treccine *fpl*. 3 (*pleat, fold*) piega *f.* II *v.t.* 1 intrecciare, fare una treccia di: *to* ~ *one's hair* intrecciarsi i capelli. 2 (*to make by plaiting*) lavorare a treccia. 3 (*to pleat*) pieghettare.

plan[1] [plæn] *s.* 1 piano *m*, programma *m* (*anche Econ.*): ~ *of studies* piano di studi; *a five–year* ~ un piano quinquennale; (*project*) progetto *m*, piano *m*, disegno *m*, programma *m: what are your* ~*s for the future?* che progetti hai per il futuro?; *to have no fixed* ~*s* non avere programmi precisi; *to make* ~*s* fare progetti. 2 (*aim, intention*) intenzione *f*, scopo *m*, intento *m*, proposito *m;* (*procedure, way*) sistema *m*, metodo *m.* 3 (*large–scale map*) pianta *f: the* ~ *of a fortress* la pianta di una fortezza; (*of a building*) pianta *f*, proiezione *f* orizzontale, icnografia *f;* (*of a machine*) pianta *f* (d'insieme). 4 (*scheme of arrangement*) schema *m* (di disposizione): *a seating* ~ uno schema per la disposizione dei posti. □ *to go according to* ~ svolgersi secondo i piani; ~ *of action* piano *m* d'azione (*o* di battaglia).

plan[2] *v.* (*pret., p.p. planned* [–d]) I *v.t.* 1 progettare: *to* ~ *a trip* progettare un viaggio; (*to draw the plan of*) progettare. 2 (*to arrange a plan of*) programmare, predisporre un programma di (*o* per): *to* ~ *a new public park* programmare un nuovo parco pubblico. 3 (*to intend*) pensare, avere intenzione: *to* ~ *to buy a new house* avere intenzione di comprare una nuova casa. 4 ⟨*Pol,Econ*⟩ programmare, pianificare: *to* ~ *the economy* programmare l'economia. II *v.i.* fare programmi (*o* progetti), fare piani. □ *to* ~ *out the expenses* pianificare le spese.

planch(e) [plɑːnʃ] *s.* 1 ⟨*tecn*⟩ piastra *f.* 2 ⟨*dial*⟩ (*plank*) tavola *f*, asse *f.* **'planchet** [–et] *s.* ⟨*Numism*⟩ tondino *m*, tondello *m.*

plane[1] [plein] *s.* ⟨*Bot*⟩ platano *m.*

plane[2] I *s.* ⟨*Fal*⟩ pialla *f.* II *v.t.* 1 piallare. 2 (*to remove by planing;* spesso con *off, away*) levare (*o* togliere) con la pialla.

plane[3] (*accorc. di aeroplane*) I *s.* 1 aeroplano *m*, aereo *m*, apparecchio *m.* 2 ⟨*Aer*⟩ piano *m* portante. II *v.i.* ⟨*Aer*⟩ (general. con *down*) planare.

plane[4] I *a.* piano, piatto: *a* ~ *surface* una superficie piana. II *s.* 1 piano *m*, superficie *f* piana. 2 ⟨*fig*⟩ livello *m*, piano *m: on the* ~ *of the unconscious* a livello dell'inconscio; *to put on the same* ~ mettere sullo stesso piano. 3 ⟨*Geom*⟩ piano *m.* III *v.t.* spianare.

plane| **angle** *s.* ⟨*Mat*⟩ angolo *m* piano. ~ **chart** *s.* ⟨*Geog*⟩ carta *f* di Mercatore. ~ **geometry** *s.* ⟨*Mat*⟩ geometria *f* piana.

planer ['pleinə] *s.* 1 ⟨*Fal*⟩ (*worker*) piallatore *m; (machine*) piallatrice *f.* 2 ⟨*Mecc*⟩ piallatrice *f.* 3 ⟨*Tip*⟩ battitoia *f.*

planet[1] ['plænit] *s.* pianeta *m.*

planet[2] *s.* ⟨*Lit*⟩ pianeta *f.*

plane table *s.* ⟨*Topogr*⟩ tavoletta *f* pretoriana.

planetarium [ˌplænɪ'teəriəm] *s.* (*pl.* -**s** [z]/-**ria** [riə]) planetario *m.* **'planetary** [–təri] *a.* 1 planetario, di un pianeta. 2 (*terrestrial*) terrestre. 3 (*wandering*) errante, vagante.

planet gear *s.* ⟨*Mecc*⟩ ingranaggio *m* planetario.

planetoid ['plænitɔid] *s.* ⟨*Astr*⟩ planetoide *m*, pianetino *m.*

planetology [ˌplænɪ'tɔlədʒi] *s.* planetologia *f.*

plane-tree *s.* → **plane**[1].

planet|**-stricken, ~-struck** *a.* 1 colpito da un influsso malefico, che subisce l'influsso di un pianeta in aspetto negativo. 2 (*panic–stricken*) in prèda al panico, terrorizzato, atterrito. ~ **wheel** *s.* ⟨*Mecc*⟩ satellite *m.*

plangency ['plændʒənsi] *s.* sonorità *f*, risonanza *f.* **plangent** [–nt] *a.* 1 sonoro, risonante. 2 (*loud and mournful*) alto e lamentoso.

planimeter [plæ'nimitə] *s.* planimetro *m.* **,planimetric** [–'metrik] *a.*, **,planimetrical** ['metrikəl] *a.* planimetrico. **planimetry** [–tri] *s.* planimetria *f.*

planing ['pleiniŋ] *s.* ⟨*Fal*⟩ piallatura *f.* **planing machine** *s.* piallatrice *f.*

planish ['plæniʃ] *v.t.* ⟨*tecn*⟩ spianare; (*by hammering*) martellare.

planisphere ['plænisfiə] *s.* ⟨*Astr*⟩ planisfero *m.*

plank[1] [plæŋk] _s._ **1** asse _f_, tavola _f_. **2** ⟨_collett_⟩ (_planking_) tavole _fpl_, tavolato _m_. **3** ⟨_Pol_⟩ punto _m_ (programmatico): _the main ~ in the party's programme_ il punto principale del programma del partito. □ _to walk the ~_: 1 ⟨_Stor_⟩ essere costretto dai pirati a camminare lungo una tavola sporgente dalle murate (fino a cadere in mare); 2 ⟨_fig_⟩ essere costretto a dare le dimissioni.

plank[2] _v.t._ **1** tavolare, coprire (_o_ rivestire) di tavole. **2** ⟨_Gastr_⟩ (_of chicken, fish, etc._) cucinare e servire su un'asse. **3** ⟨_fam_⟩ (_to set down_) mettere, posare. □ ⟨_sl_⟩ _to ~ down_: 1 sbattere giù; 2 (_of money_) sborsare, scucire, tirare fuori.

plank bed _s._ tavolaccio _m_, pancaccio _m_.

planking ['plæŋkiŋ] _s._ ⟨_collett_⟩ tavole _fpl_, tavolato _m_; (_of a ship_) fasciame _m_.

plankton ['plæŋktən] _s._ ⟨_Biol_⟩ plancton _m_, plankton _m_.

planned| economy [plænd] _s._ economia _f_ pianificata. **~ parenthood** _s._ **1** pianificazione _f_ della famiglia. **2** ⟨_estens_⟩ (_birth control_) controllo _m_ delle nascite.

planner ['plænə] _s._ **1** progettista _m/f_. **2** ⟨_Econ,Pol_⟩ programmatore _m_, pianificatore _m_. **planning** [-niŋ] _s._ **1** progettazione _f_. **2** (_town planning_) urbanistica _f_. **3** ⟨_Econ,Pol_⟩ pianificazione _f_, programmazione _f_.

planning| committee _s._ comitato _m_ di programmazione. **~ table** _s._ ⟨_Tip_⟩ tavolo _m_ di montaggio.

plano|-concave [,pleinou'konkeiv] _a._ ⟨_Ott_⟩ pianoconcavo. **~-convex** [-'konveks] _a._ pianoconvesso.

plant [plɑ:nt] **I** _s._ **1** pianta _f_, vegetale _m_. **2** ⟨_Ind,Mecc_⟩ impianto _m_, attrezzature _fpl_: _a lighting ~_ un impianto d'illuminazione. **3** (_factory_) fabbrica _f_, stabilimento _m_. **4** (_way of standing_) modo _m_ di piantarsi sulle gambe; (_pose_) atteggiamento _m_, posa _f_. **5** ⟨_fam_⟩ (_scheme to swindle_) tranello _m_, trappola _f_; (_swindle_) imbroglio _m_, raggiro _m_, ⟨_pop_⟩ bidone _m_. **6** ⟨_sl_⟩ (_misleading evidence_) prova _f_ truccata, trucco _m_. **7** ⟨_Giorn_⟩ notizia _f_ pubblicata ad arte. **II** _v.t._ **1** piantare: _to ~ potatoes_ piantare patate; (_of land_) coltivare: _to ~ a flower bed with tulips_ coltivare un'aiola a tulipani. **2** (_to move to open ground; general._ con _out_) trapiantare. **3** ⟨_fig_⟩ (_to inculcate_) inculcare, istillare. **4** (_to insert firmly_) piantare, conficcare, ficcare: _to ~ posts in the ground_ piantare pali nel terreno. **5** ⟨_rifl_⟩ piantarsi: _he ~ed himself in front of the door_ si piantò davanti alla porta. **6** ⟨_fam_⟩ (_of a blow_) appioppare, affibbiare, assestare, ⟨_fam_⟩ mollare. **7** ⟨_sl_⟩ (_of stolen goods: to hide_) nascondere, far sparire; (_to hide so as to incriminate_) nascondere (per incriminare qd.). **8** (_of a colony: to establish_) fondare, istituire, impiantare; (_of colonists_) insediare; (_to colonize_) colonizzare. **9** ⟨_sl_⟩ (_of a spy, etc._) appostare. **10** ⟨_fam_⟩ (_to abandon_) piantare (in asso), ⟨_fam_⟩ mollare. **11** ⟨_giorn_⟩ organizzare ad arte la pubblicazione (_o_ diffusione) di. □ ⟨_sl_⟩ _to ~ s.th. on s.o._ appioppare (_o_ rifilare) qc. a qd.

plantable ['plɑ:ntəbl] _a._ piantabile.

Plantagenet [plæn'tædʒinit] _s._ ⟨_Stor_⟩ plantageneto _m_.

plantain[1] ['plæntin] _s._ ⟨_Bot_⟩ piantaggine _f_.

plantain[2] _s._ plantano _m_ (_anche Bot._).

plantar ['plæntə] _a._ ⟨_Anat_⟩ plantare: _~ ligament_ legamento plantare.

plantation [plæn'teiʃən] _s._ **1** piantagione _f_: _rubber –s_ piantagioni di gomma. **2** (_grove of young trees_) boschetto _m_ (_o_ albereto) giovane. **3** (_colonization_) colonizzazione _f_; (_colony_) colonia _f_.

plant| biology _s._ fitobiologia _f_. **~ closure** _s._ chiusura _f_ di fabbrica. **~ ecology** _s._ ecologia _f_ vegetale. **~ engineer** _s._ impiantista _m_. **~ engineering** _s._ impiantistica _f_.

planter ['plɑ:ntə] _s._ **1** chi pianta, piantatore _m_ (_f_ –trice). **2** (_machine_) piantatrice _f_. **3** (_settler, colonist_) colono _m_.

plant| food _s._ elemento _m_ nutritivo delle piante. **~ geography** _s._ fitogeografia _f_.

plantigrade ['plæntigreid] **I** _a._ ⟨_Zool_⟩ plantigrado. **II** _s._ plantigrado _m_.

plant kingdom _s._ regno _m_ vegetale.

plantlet ['plɑ:ntlit] _s._ piantula _f_, germoglio _m_.

plant| life _s._ **1** (_vegetation_) flora _f_, vegetazione _f_. **2** (_mode of life_) vita _f_ vegetale. **~ louse** _s._ ⟨_Entom_⟩ afide _m_, pidocchio _m_ delle piante. **~ pathologist** _s._ fitopatologo

_m._ **~ pathology** _s._ fitopatologia _f_.

plaque [plɑ:k] _s._ **1** placca _f_, targa _f_. **2** ⟨_Anat_⟩ placca, piastra _f_.

plaquette [plæ'ket] _s._ ⟨_Art_⟩ placchetta _f_.

plash[1] [plæʃ] **I** _s._ sciabordio _m_, sciacquio _m_. **II** _v.t._ **1** (_water_) frangere la superficie di. **2** (_to spatter_) spruzzare, schizzare. **III** _v.i._ (_of water_) sciabordare.

plash[2] _s._ pozza _f_ (fangosa), pozzanghera _f_.

plashy[1] ['plæʃi] _a._ che sciaborda.

plashy[2] _a._ fangoso, limaccioso, motoso.

plasm ['plæzəm] _s._ ⟨_Biol_⟩ plasma _m_.

plasma ['plæzmə] _s._ **1** ⟨_Biol,Fis,Min_⟩ plasma _m_. (_protoplasm_) protoplasma _m_.

plasma| cell _s._ ⟨_Anat_⟩ plasmacellula _f_, plasmocito _m_. **physics** _s.pl._ (costr. sing.) fisica _f_ del plasma (_o_ de plasmi).

plasmatic [plæz'mætik], **plasmic** [-mik] _a._ ⟨_Bio_⟩ plasmatico.

plasmin ['plæzmin] _s._ ⟨_Biol_⟩ plasmina _f_.

plasmodium [plæz'moudiəm] _s._ (_pl._ -dia [diə]) ⟨_Bio_⟩ plasmodio _m_.

plaster ['plɑ:stə] **I** _s._ **1** ⟨_Mur_⟩ malta _f_ da intonac (_stucco_) stucco _m_; (_coating_) intonaco _m_: _the ~ was peelin off the walls_ l'intonaco si stava scrostando dalle pareti. (_plaster of Paris_) gesso _m_ ⁻di Parigi⁻ (_o_ da murare); (_cas_ ingessatura _f_, gesso _m_. **3** (_medical dressing_) impiastro _n_ cataplasma _m_. **4** (_sticking plaster_) cerotto _m_, impiastro _n_ adesivo. **II** _v.t._ **1** ⟨_Mur_⟩ intonacare: _to ~ a ceilin_ intonacare un soffitto. **2** (_of a wound_) applicare u impiastro (_o_ cataplasma) a; (_with sticking plaster_) mette un cerotto su. **3** (_to apply in great quantity_) spalmare (applicare) abbondantemente, ricoprire di; (_to cover o over_) tappezzare: _to ~ a wall with posters_ tappezzare ur parete di manifesti. **4** ⟨_Mil_⟩ martellare, colpi ripetutamente. **5** (_to treat with plaster of Paris_) ingessar **6** ⟨_Agr_⟩ gessare. □ _to ~ down one's hair_ impomatarsi capelli; _to put s.o.'s arm in ~_ ingessare il braccio a qd.; ~ over a crack in the wall_ stuccare una crepa nel muro; ~ up a hole_ turare un buco con lo stucco.

plaster|board _s._ pannello _m_ di carta e gesso. **~ cast** _s._ ⟨_Med_⟩ ingessatura _f_, gesso _m_. **2** ⟨_Scult_⟩ modello _m_ i gesso, gesso _m_.

plastered ['plɑ:stəd] _a._ ⟨_sl_⟩ ubriaco, ⟨_fam_⟩ sbronzo, ⟨_po_ sborniato.

plasterer ['plɑ:stərə] _s._ intonacatore _m_, stuccatore _n_ **plastering** [-riŋ] _s._ **1** (_act_) intonacatura _f_, stuccatura _f_. (_result_) intonacatura _f_, intonaco _m_. **3** ⟨_fam_⟩ (_hea_ defeat_) solenne batosta·_f_.

plaster work _s._ lavoro _m_ di stuccatura, stuccatura _f_.

plastery ['plɑ:stəri] _a._ gessoso.

plastic ['plæstik] **I** _a._ **1** plastico: ~ substances_ mater plastiche. **2** (_creative_) creativo: ~ imagination_ fantas creativa. **3** ⟨_fig_⟩ duttile, malleabile, plasmabile. **4** (_ma_ of a plastic_) di (_o_ in) plastica. **5** ⟨_Art_⟩ plastico; (_in reli_ in rilievo, plastico. **II** _s._ ⟨_fam_⟩ **1** plastica _f_, materia plastica. **2** (_article made of plastic_) articolo _m_ di plastic □ ~ reinforced by fibre glass_ vetroresina _f_.

plastic| art _s._ arte _f_ plastica. **~ bomb** _s._ bomba _f_ plastico. **~ bomb attack** _s._ attentato _m_ al plastico. **coated** _a._ plastificato. **~ explosive** _s._ esplosivo _m_ plastico.

plasticine ['plæstisi:n] _s._ plastilina _f_.

plasticity [plæs'tisiti] _s._ plasticità _f_, duttilità _f_.

plasticize ['plæstisaiz] _v.t._ plastificare. **plasticizer** [-ə] _s._ plastificante _m_.

plastic operation _s._ ⟨_Chir_⟩ plastica _f_, intervento _m_ chirurgia plastica.

plastics ['plæstiks] _s.pl._ **1** ⟨_Chim_⟩ (costr. sing.) plastica materie _fpl_ plastiche. **2** (_science;_ costr. sing.) scienza delle materie plastiche.

plastics industry _s._ industria _f_ della plastica.

plastic| surgeon _s._ specialista _m/f_ in chirurgia plastica. **surgery** _s._ chirurgia _f_ plastica, plastica _f_.

plastron ['plæstrən] _s._ **1** ⟨_Mil.ant_⟩ piastrone (dell'armatura). **2** ⟨_Sport,Zool_⟩ piastrone _m_. **3** ⟨_Sar_ pettino _m_, davantino _m_, plastron _m_; (_of a shirt_) spara _m_, pettino _m_, plastron _m_.

•lat¹ [plæt] *s.* piccolo appezzamento *m* di terreno.
•lat² I *s.* (*plait*) treccia *f.* II *v.t.* (*pret., p.p.* 'platted [–id]) intrecciare.
•lat³ *am. s.* pianta *f.*
•latan ['plætən] *s.* → plane¹.
•late [pleit] I *s.* 1 piatto *m.* 2 (*collett*) servizio *m* (di piatti); (*silver*) argenteria *f.* 3 (*am*) (*food, service for one person*) coperto *m.* 4 (*flat piece of metal*) lastra *f,* piastra *f;* (*on a door*) targhetta *f,* placca *f.* 5 (*precious metal*) metallo *m* prezioso; (*silver bullion*) lingotto *m* d'argento. 6 (*Met*) lamiera *f.* 7 (*illustration in a book*) tavola *f,* illustrazione *f;* (*on different paper*) tavola *f* fuori testo. 8 (*Tip*) cliché *m,* lastra *f* tipografica; (*impression*) incisione *f,* stampa *f.* 9 (*Fot*) lastra *f* (fotografica). 10 (*tecn*) (*in electroplating*) placca *f;* (*plated utensils*) oggetti *mpl* placcati. 11 (*Rel*) (*collection plate*) piatto *m* delle elemosine. 12 (*Sport*) (*as a prize*) targa *f;* (*cup*) coppa *f.* 13 (*Sport*) (*in baseball*) piatto *m.* 14 (*Dent*) placca *f* palatale; (*denture*) dentiera *f.* 15 (*Edil*) (*supporting element*) piastra *f;* (*supporting timber*) piano *m* di posa in legno. II *v.t.* 1 (*Met*) placcare. 2 (*tecn*) (*to cover with metal plates*) fasciare (con lamiere). 3 (*Mar.mil*) corazzare. 4 (*Met*) laminare. 5 (*Tip*) preparare le matrici di. □ (*fam*) to have a lot on one's ~ avere un sacco (di cose) da fare.
•lateau *fr.* ['plætou, *am.* plæ'tou] *s.* (*pl.* **-s/-x** [z]) 1 (*Geog*) altopiano *m,* plateau *m,* acrocoro *m.* 2 (*Mod*) cappello *m* piatto da donna.
•late basket *s.* cestino *m* (foderato) per posate.
•lated ['pleitid] *a.* 1 placcato. 2 (*Mar.mil*) corazzato.
•lateful ['pleitful] *s.* 1 piatto *m.* 2 (*generous serving*) piatto *m* pieno (*o* colmo).
•late| glass *s.* 1 cristallo *m* di lastre. 2 (*for mirrors*) vetro *m* da specchi. ~layer *s.* (*Ferr*) 1 manovale *m* della linea. 2 (*person who lays tracks*) operaio *m* armatore (dei binari). ~ mark *s.* (*hallmark*) marchio *m* (per oro e argento).
•laten ['plætn] *s.* 1 (*Tip*) platina *f;* (*of a typewriter*) rullo *m.* 2 (*tecn*) (*of a testing machine*) piastra *f* metallica di carico.
•late| paper *s.* (*Cart*) carta *f* da calcografia. ~ proof *s.* (*Tip*) bozza *f* di stampa.
•later ['pleitə] *s.* 1 (*Met*) placcatore *m.* 2 (*in shipbuilding*) carpentiere *m* (che monta le lamiere). 3 (*Equit*) cavallo *m* (da corsa) di scarso valore.
•plate| rail *s.* mensola *f* per piatti. ~ tectonics *s.pl.* (costr. sing.) (*Geol*) tettonica *f* a placche. ~ warmer *s.* scaldapiatti *m.*
•latform ['plætfɔːm] I *s.* 1 tribuna *f,* palco *m,* podio *m;* (*person*) gruppo *m* di oratori in tribuna. 2 (*Ferr*) marciapiede *m,* binario *m,* banchina *f: the train leaves from ~ three* il treno parte dal marciapiede numero tre. 3 (*of a bus, train*) piattaforma *f.* 4 (*Pol*) piattaforma *f,* programma *m* (di base) (*anche fig.*). II *v.t.* mettere su una piattaforma. III *v.i.* parlare da una tribuna (*o* un palco).
•platform| car *am. s.* (*Ferr*) pianale *m.* ~ shoe *s.* (*Calz*) scarpa *f* a suola alta. ~ sole *s.* (*Calz*) suola *f* alta. ~ ticket *s.* (*Ferr*) biglietto *m* d'ingresso.
•plating ['pleitiŋ] *s.* 1 (*Met*) (*act*) placcatura *f;* (*result*) placca *f.* 2 (*coating of metal plates*) rivestimento *m* metallico. 3 (*Mar*) fasciame *m* di lamiere.
•platinize ['plætinaiz] *v.t.* platinare.
•platinous ['plætinəs] *a.* (*Met*) platinoso. platinum [–nəm] I *s.* 1 (*Met*) platino *m.* 2 (*colour*) color *m* platino. II *a.* 1 (fatto) di platino. 2 (*of the colour platinum*) platinato, color platino.
•platinum| black *s.* (*Chim*) nero *m* di platino. ~ blonde *s.* bionda *f* platinata. ~ plated *a.* (*Met*) platinato.
•platitude ['plætitjuːd] *s.* luogo *m* comune, frase *f* fatta, banalità *f.* ,plati,tudinarian [–i'nɛəriən] *a.* banale, trito, piatto; (*of persons*) che dice banalità. II *s.* chi dice banalità. platitudinize [–inaiz] *v.i.* dire banalità. platitudinous [–inəs] *a.* 1 pieno di ⌐luoghi comuni¬ (*o* banalità). 2 (*given to platitudes*) che dice sempre banalità.
Plato ['pleitou] *N.pr.* (*Stor.gr*) Platone *m.*

Platonic [plə'tɔnik] *a.* platonico.
Platonic love *s.* 1 amore *m* platonico (*anche Filos.*). 2 (*male homosexual love*) amore *m* omosessuale.
Platonism ['pleitənizəm] *s.* (*Filos*) platonismo *m.* Platonist [–nist] I *s.* platonico *m,* seguace *m/f* del platonismo. II *a.* platonico. Platonize [–naiz] I *v.i.* seguire le dottrine di Platone, essere un platonico. II *v.t.* 1 spiegare in chiave platonica. 2 (*to idealize*) idealizzare.
platoon [plə'tuːn] *s.* 1 (*Mil*) plotone *m.* 2 (*am*) (*of a police force*) squadra *f.* 3 (*fig*) gruppo *m,* squadra *f.*
platter ['plætə] *s.* 1 piatto *m* da portata; (*wooden plate*) piatto *m* di legno. 2 (*sl*) (*gramophone record*) disco *m.*
platting ['plætiŋ] *s.* 1 intrecciatura *f.* 2 (*material plaited*) intreccio *m.*
platypus ['plætipəs] *s.* (*pl.* **-puses** [pəsiz]/**-pi** [pai]) (*Zool*) ornitorinco *m,* platipo *m.*
platyrrhine ['plætirain] I *a.* 1 (*Anat*) platirrino. 2 (*Zool*) delle platirrine. II *s.* (*Zool*) 1 scimmia *f* platirrina. 2 *pl.* platirrine *fpl.*
plaudit ['plɔːdit] *s.* 1 applauso *m.* 2 (*approval*) plauso *m,* consenso *m.*
plausibility [,plɔːzi'biliti] *s.* 1 plausibilità *f,* credibilità *f.* 2 (*s.th. plausible*) cosa *f* plausibile. 'plausible [–bl] *a.* 1 plausibile, credibile, accettabile: *a ~ story* una storia plausibile. 2 (*deceptively credible, specious*) specioso; (*of a person*) falso. plausibly [–bli] *avv.* plausibilmente.
Plautus ['plɔːtəs] *N.pr.* (*Stor.rom*) Plauto *m.*
play¹ [plei] *s.* 1 gioco *m: children at ~* bambini intenti al gioco. 2 (*conduct, course of a game*) gioco *m,* partita *f: rain stopped ~* la pioggia interruppe il gioco. 3 (*manner of playing*) gioco *m,* modo *m* di giocare: *the match was conspicuous for the rough ~* l'incontro si distinse per la pesantezza del gioco; (*turn to play*) turno *m* (di giocare): *it's your ~* è il tuo turno, tocca a te. 4 (*dramatic piece*) commedia *f,* lavoro *m* (drammatico), dramma *m: a ~ by Anouilh* una commedia di Anouilh; (*performance*) rappresentazione *f,* spettacolo *m.* 5 (*brisk, alternating movement*) gioco *m: ~ of lights and shadows* gioco di luci e di ombre. 6 (*operation, activity*) gioco *m,* azione *f: the ~ of party* il gioco dei partiti. 7 (*freedom of activity*) possibilità *f* (di manovra), libertà *f* d'azione. 8 (*gambling*) gioco *m* (d'azzardo). 9 (*manoeuvre*) manovra *f,* maneggio *m,* gioco *m: his offer was just a ~* la sua offerta era solo una manovra. 10 (*of a sword, weapon*) maneggio *m.* 11 (*Mecc*) gioco *m,* aggio *m: the ~ of a piston* il gioco di un pistone. 12 (*giorn*) (*coverage*) servizio *m,* cronaca *f.* □ *to allow one's imagination full ~* dare libero sfogo alla fantasia, lasciare galoppare l'immaginazione; in ~: 1 per gioco, per scherzo: *to say s.th. in ~* dire qc. per gioco; 2 (*Sport*) in gioco: *the ball is still in ~* la palla è ancora in gioco; *to bring* (*o* call, put) into ~ mettere in azione (*o* gioco); *to come into ~* entrare in azione (*o* gioco), intervenire; (*sl*) *to make a ~ for:* 1 fare il filo (a) la corte) a; 2 (*to try to gain the favour of*) accattivarsi, conquistare; (*Sport*) out of ~ fuori gioco; *to give a* rope ~ dare gioco a una fune; *a ~ on* words un gioco di parole, un bisticcio.
play² I *v.i.* 1 giocare (*anche Sport.*): *to ~ at Indians* giocare agli indiani. 2 (*to handle aimlessly*) giocherellare, trastullarsi, gingillarsi (*with* con): *to ~ with one's spectacles* giocherellare con gli occhiali; (*to toy mentally*) trastullarsi, divertirsi, scherzare (*with* con): *her fancy –ed with that absurd idea* la sua fantasia si trastullava con quell'idea assurda. 3 (*to perform on a musical instrument*) sonare (*on s.th.* qc.): *to ~ on the guitar* sonare la chitarra; (*of an instrument*) sonare. 4 (*to act*) recitare, sostenere una parte; (*to be acted, shown*) essere rappresentato: *the show –ed to a full house* lo spettacolo veniva rappresentato a teatro esaurito; (*to be performable*) prestarsi a essere rappresentato, essere adatto alla rappresentazione: *the scene –s well* la scena si presta bene a essere rappresentata. 5 (*to gamble*) giocare (d'azzardo). 6 (*to act in jest*) scherzare, non fare sul serio; (*to amuse o.s.*) scherzare, divertirsi (*with* con). 7 (*fam*) (*to feign to be*) fare finta di essere, fingersi, fare: *to ~ innocent* fare l'innocente. 8 (*to move lightly, intermittently*) danzare

(lievemente), fluttuare, ondeggiare; (of lights, colours, etc.) giocare. **9** (of water, etc.) essere versato (o gettato). **10** (of a record) sonare, riprodurre suoni. **11** (to behave) comportarsi, agire: to ~ fair comportarsi lealmente. **12** (to collaborate; spesso con along) collaborare, cooperare: he ~ed along with us as long as it suited him collaborò con noi finché gli fece comodo. **13** ⟨Mecc⟩ giocare. II v.t. **1** giocare a: to ~ football giocare a calcio; (to contend against in a game) giocare con, disputare un incontro con: to ~ the champion giocare con il campione; (of a position) giocare da (o come), giocare in posizione di: to ~ centre forward giocare da centravanti; (to cause to take part in a game) far giocare, far scendere in campo. **2** (to perform the part of) fare, recitare la parte di, sostenere il ruolo di: to ~ Macbeth fare Macbeth; (of a part) fare, recitare, sostenere: to ~ the role of a stern father fare la parte del padre severo. **3** (to behave as) fare, comportarsi da: to ~ the fool fare il buffone. **4** (of a play: to perform) rappresentare, dare; (to give performances in) recitare in (o a), dare rappresentazioni (o spettacoli) in (o a): the company has ~ed every capital in Europe la compagnia ha recitato in tutte le capitali d'Europa. **5** (to imitate in play) giocare a: to ~ cops and robbers giocare a guardie e ladri. **6** (of an instrument) sonare: to ~ the piano sonare il pianoforte; (of a tune) sonare, eseguire. **7** (to risk in gambling, stake) giocare, giocarsi; (to bet on) scommettere (o puntare) su. **8** (of a card, chess piece) giocare. **9** (to discharge) gettare, versare: to ~ water on a burning house gettare acqua su una casa in fiamme. **10** (of fire arms) scaricare. **11** (Pesc) (of a hooked fish) stancare. □ (fig) to ~ both ends against the middle fare in modo che fra i due litiganti il terzo goda; to ~ along collaborare, cooperare (with con); ⟨fam⟩ to ~ around giocherellare, baloccarsi, trastullarsi (with con); to ~ at: 1 fare ˈtanto per fareˈ (o senza passione): to ~ at painting dipingere tanto per fare qualcosa; 2 (to do for pleasure) divertirsi, trastullarsi (with a, con); to ~ away giocarsi, perdere al gioco: to ~ away a fortune giocarsi una fortuna; to ~ back: 1 (of a disk, tape) far risentire, far riascoltare; 2 ⟨Sport⟩ passare la palla indietro al portiere; to ~ down minimizzare, sdrammatizzare; to ~ for time guadagnare tempo, tirare le cose in lungo; ⟨fam⟩ to ~ it (low) on s.o. giocare un brutto tiro a qd.; to ~ low giocare puntando piccole somme; to ~ off one person against another contrapporre una persona a un'altra per trarne vantaggio; to ~ on sfruttare, approfittare di; to ~ on words = to play upon words; to ~ out: 1 recitare fino in fondo; 2 (to bring to an end) finire, porre termine a; 3 (of a rope, line) svolgere, srotolare; 4 (to become exhausted) esaurirsi; to ~ a tune over sonare un motivo ˈdi nuovoˈ (o da capo); to ~ up: 1 gonfiare, montare; 2 ⟨fam⟩ (to cause pain to) fare male a, far soffrire; ⟨Sport⟩ ~ up! forza!, dai!; to ~ upon words giocare sulle parole; ⟨fam⟩ to ~ up to fare la corte a, lisciare il pelo a, ⟨fam⟩ sviolinare.

playable ['pleiəbl] a. **1** (of music) che si può sonare. **2** (of a dramatic piece) recitabile. **3** ⟨Sport⟩ (of ground) praticabile.

play-act v.i. **1** fare la commedia, fingere, simulare. **2** (to behave melodramatically) essere teatrale. **play-acting** s. **1** commedia f, finzione f, simulazione f: stop your ~ smetti di fare la commedia. **2** (melodramatic behaviour) comportamento m teatrale. **3** (activity of an actor) azione f, recitazione f. **play-actor** s. attore m (f –trice).

play|back s. ⟨tecn⟩ playback m. **~bill** s. ⟨Teat⟩ **1** (poster) cartellone m, manifesto m. **2** ⟨am⟩ (programme) programma m teatrale. **~box** s. cassa f per giocattoli (e altri oggetti personali). **~boy** s. giovane m mondano, playboy m. **~broker** s. agente m/f teatrale. **~-by-play** a. ⟨Rad,TV⟩ (of a broadcast, commentary) dettagliato, minuto per minuto. **~clothes** am. s.pl. abbigliamento m sportivo.

played out a. ⟨fam⟩ **1** sfinito, esausto. **2** (worn out) consumato, logoro. **3** (out-of-date) superato, sorpassato, fuori moda; (hackneyed) banale, trito (e ritrito).

player ['pleiə] s. **1** chi gioca. **2** (one who plays a game) giocatore m (f –trice): a tennis-~ un giocatore di tennis; (in cricket, football) professionista m/f, giocatore m (f

–trice) professionista. **3** (one who plays an instrumen[t]) sonatore m (f –trice). **4** (actor, actress) attore m (f –trice) **5** (record player) giradischi m. **6** (piano player) pianist[a] m/f.

player piano s. pianola f.

playfellow ['pleifelou] s. compagno m (f –a) di gioco.

playful ['pleiful] a. allegro, gaio, giocoso, scherzos[o] **playfulness** [–nis] s. allegria f, gaiezza f, giocosità f.

play|goer s. frequentatore m (f –trice) di teatro. **~goi[n]** s. il frequentare il teatro. **~ground** s. **1** campo m [di] ricreazione (o giochi). **2** ⟨fig⟩ luogo m di villeggiatura. [I] the ~ of Europe la Svizzera. **~group** s. asilo m infanti[le] di quartiere. **~house** s. **1** teatro m (di prosa). **2** (f[or] children) casetta f per i giochi dei bambini.

playing| card ['pleiiŋ] s. carta f da gioco. **~ field** campo m da gioco.

playlet ['pleilit] s. commediola f.

play| maker s. ⟨Sport⟩ giocatore m all'attacco, playmak[er] m. **~ mate**. → playfellow. **~-off** s. ⟨Sport⟩ partita f [di] spareggio, spareggio m. **~pen** s. recinto m per bambin[i] box m. **~pit** s. piccola buca f di sabbia per i giochi d[ei] bambini. **~reader** s. ⟨Edit⟩ lettore m (di commed[ie] drammi). **~room** s. stanza f dei giochi. **~ school** giardino m d'infanzia, asilo m infantile.

playsome ['pleisəm] a. scherzoso; giocoso, gaio.

play|suit am. s. ⟨Vest⟩ tenuta f sportiva (per donne [e] bambini). **~ therapy** s. ⟨Med⟩ ludoterapia f. **~thing 1** giocattolo m, balocco m, trastullo m. **2** ⟨fig⟩ giocatto[lo] m, trastullo m. **~time** s. ora f della ricreazion[e] **~wright**, ~ writer s. commediografo m (f –[a] (dramatist) drammaturgo m (f –a).

plea [pli:] s. **1** supplica f, (umile) preghiera f, appello [e] implorazione f. **2** (excuse) scusa f, pretesto m. **3** ⟨D[ir]⟩ (allegation made by a party) dichiarazione f ˈdell'imputat[o] (o della difesa); (defendant's answer to a char[ge] argomento m di difesa, difesa f. **4** ⟨Dir⟩ (suit) causa [f] processo m. □ ⟨Dir⟩ of guilty ammissione f [di] colpevolezza; to enter a ~ of not guilty dichiara[rsi] innocente; ~ of illegality eccezione f di invalidità.

pleach [pli:tʃ] v.t. (of branches) intrecciare (per forma[re] una siepe o un pergolato).

plead [pli:d] v.irr. (pret., p.p. 'pleaded [–id]/plead/ple[aded] [pled]) **I** v.i. **1** implorare, invocare (for s.th. qc.): to ~ f[or] mercy implorare pietà. **2** (to entreat earnestly) supplica[re] (with s.o. qd.): he ~ed with his wife not to leave h[im] supplicò sua moglie di non lasciarlo. **3** ⟨Dir⟩ (to [p]ut forward a plea) addurre un argomento a difesa. **4** ⟨D[ir]⟩ (to state a plea) fare una dichiarazione. **5** ⟨Dir⟩ (to act [as] a lawyer) patrocinare. **II** v.t. **1** addurre a pretesto [o] giustificazione): to ~ ignorance addurre a pretes[to] l'ignoranza. **2** ⟨Dir⟩ (to cite in legal defence) citare [a] difesa; (to argue in court) difendere, patrocinare. □ ⟨D[ir]⟩ to ~ guilty dichiararsi colpevole; to ~ not gui[lty] dichiararsi innocente. **'pleadable** [–əbl] a. **1** che si p[uò] addurre a giustificazione. **2** ⟨Dir⟩ che si può citare [a] difesa. **'pleader** [–ə] s. **1** supplicante m/f. **2** ⟨D[ir]⟩ avvocato m difensore, patrocinatore m (f –tric[e] **'pleading** [–iŋ] **I** s. **1** supplica f, implorazione [f] invocazione f. **2** ⟨Dir⟩ (argument of a case) discussione [f] (della causa). **3** ⟨Dir⟩ (advocating) difesa f, patrocinio [m] (di una causa). **4** pl. ⟨Dir⟩ comparsa f. **II** [a.] supplichevole, implorante.

pleasant ['pleznt] a. **1** piacevole, gradevole, simpatic[o] gradito: a ~ evening una piacevole serata; (pleasing to [the] senses) gradevole, grato: a ~ smell un odore gradevole. **2** (of persons, manners, etc.) amabile, simpatico, affabi[le] cordiale: a ~ smile un amabile sorriso. **3** (of weath[er]) bello. **pleasantness** [–nis] s. piacevolezza f, gradevolez[za] f. **pleasantry** [–ri] s. **1** presa f in giro bonar[ia] punzecchiatura f scherzosa. **2** (humorous remark, je[st]) spiritosaggine f, battuta f, facezia f; (humorous actio[n]) scherzo m.

please [pli:z] **I** v.t. **1** (far) piacere a, soddisfa[re] accontentare, riuscire gradito a: the decision –d no one [la] decisione non piacque a nessuno. **2** ⟨assol⟩ piace[re] riuscire simpatico (o gradito): to be anxious to ~ esse[re] desideroso di piacere. **3** (to be the will or pleasure str. impers.) piacere a, volere: *may it ~ your Majesty* ccia a vostra maestà. **4** ⟨*rifl*⟩ fare come pare (*o* piace), e a modo proprio. **II** *v.i.* piacere (costr. impers.), ere, desiderare: *do as you ~* fa' come vuoi (*o* ti pare). ¶ *intz./avv.* per piacere, per favore, per cortesia, prego: *ne here ~* vieni qui per piacere. □ ⟨*fam*⟩ **anything** *to* e va bene!, sia!; *you can't ~* everyone non si può contentare tutti; *to be* hard *to ~* essere difficile da contentare; *if you ~:* 1 per piacere; 2 (*to express onishment, indignation, etc.*) pensa (un po'), figurati: *d then, if you ~*, *he asked me for a loan* e poi, pensa, ha chiesto un prestito; 3 ⟨*iron*⟩ se permetti, col tuo rmesso. ‖ *may I? - ~ do!* posso? - prego, fa' pure!; *I y did it to ~* l'ho fatto soltanto per compiacenza.

sed [pli:zd] *a.* **1** contento, lieto. **2** (*satisfied, gratified*) disfatto, compiaciuto, contento (*with* di): *I am ~ with at he has done* sono soddisfatto di quello che ha fatto. (*expressing pleasure*) compiaciuto, soddisfatto: *a ~ ile* un sorriso compiaciuto. □ *as ~ as Punch* contento me una Pasqua; *to be anything but ~* essere tutt'altro e soddisfatto; *to look ~* avere l'aria soddisfatta; *to look with o.s.* apparire contento di sé; (*I am*) *~ to meet you* acere di fare la sua conoscenza, molto lieto.

asing ['pli:ziŋ] *a.* piacevole, gradevole, gradito, npatico. **pleasingly** [-li] *avv.* piacevolmente, devolmente, simpaticamente.

asurable ['pleʒərəbl] *a.* piacevole, gradevole. **easurableness** [-nis] *s.* piacevolezza *f,* gradevolezza *f.* **easurably** [-i] *avv.* piacevolmente, gradevolmente.

asure ['pleʒə] **I** *s.* **1** piacere *m,* gioia *f,* soddisfazione *f: is a ~ to watch him work* è un piacere vederlo lavorare; *e -s of life* le gioie della vita. **2** (*delight*) piacere *m,* dimento *m,* diletto *m: to derive ~ from s.th.* trarre acere da qc. **3** (*frivolous enjoyment*) divertimento *m,* acere *m,* svago *m,* diporto *m: to neglect business for ~* scurare gli affari per i divertimenti. **4** (*desire, will*) acere *m,* desiderio *m,* volontà *f.* **II** *a.* di piacere, di vertimento: *~ trip* viaggio di piacere. □ *to* afford *s.o. ~* re (*o* procurare) piacere a qd.; *at one's ~* a piacere; *to* vait *s.o.'s ~ =* to wait on *s.o.'s pleasure; to* do *s.o. the ~ doing s.th.* fare a qd. il piacere di fare qc.; *to* find *~ in h.* provare piacere in qc.; *to do s.th.* for *~* fare qc. per etto; *I'm pleased to meet you - the ~ is* (*all*) mine acere (di conoscerla) – il piacere è (tutto) mio; *to* take *~ in s.th.* godere di qc., trarre piacere da qc.; *to take ~ in ing s.th.* provare piacere a (*o* nel) fare qc., divertirsi a re qc.; *to take one's ~* divertirsi; *to* wait *on s.o.'s ~* sere a disposizione di qd.; what *is your ~?* che cosa sidera?; with *~* con piacere, volentieri.

asure‖ boat *s.* imbarcazione *f* (*o* barca) da di- orto. *~* **boater** *s.* diportista *m/f.* *~* **boating** *s.* di- rtismo *m.* *~* **ground** *s.* luogo *m* di ricreazione. *~* eker *s.* gaudente *m/f,* vitaiolo *m.*

at [pli:t] **I** *s.* piega *f.* **II** *v.t.* pieghettare: *to ~ a skirt* eghettare una gonna. **'pleated** [-id] *a.* a pieghe, eghettato.

b [pleb] *s.* **1** ⟨*sl*⟩ popolano *m* (*f* –a). **2** ⟨*am.mil*⟩ → ebe.

be *am.* [pli:b] *s.* ⟨*Mil*⟩ allievo *m* del primo corso (nelle cademie di West Point e di Annapolis).

beian [pli'bi:ən] **I** *a.* **1** ⟨*Stor.rom*⟩ plebeo. **2** (*of the mmon people*) plebeo, del popolo, popolano. **3** ⟨*fig*⟩ lgare, triviale, plebeo. **II** *s.* **1** ⟨*Stor.rom*⟩ plebeo *m* (*f*). **2** (*member of the common people*) popolano *m* (*f* –a), ebeo *m* (*f* –a). **plebeianism** [-izəm] *s.* l'essere volgare. **lebeianize** [-aiz] *v.t.* rendere volgare. **plebeianness** -nis] *s.* volgarità *f,* trivialità *f.*

biscitary [pli'bisitəri] *a.* ⟨*Pol*⟩ plebiscitario. **plebiscite** lebis(a)it] *s.* plebiscito *m.*

bs [plebz] *s.* (*pl.* **plebes** ['pli:bi:z]) **1** ⟨*Stor.rom*⟩ plebe *f.* (*common people*) popolo *m,* volgo *m.*

ctrum ['plektrəm] *s.* (*pl.* **-s** [z]/**-tra** [trə]) ⟨*Mus*⟩ plettro .

d [pled] → **plead.**

dge [pledʒ] **I** *s.* **1** pegno *m,* garanzia *f;* (*s.th. in pawn*) gno *m.* **2** ⟨*Dir*⟩ deposito *m* a garanzia, pegno *m.* **3** *oken, sign*) pegno *m,* segno *m,* testimonianza *f: a ~ of*

friendship un pegno d'amicizia. **4** ⟨*Stor*⟩ ostaggio *m.* **5** (*toast*) brindisi *m.* **6** (*binding promise*) impegno *m,* promessa *f* (solenne), giuramento *m.* **II** *v.t.* **1** impegnare, vincolare: *he –d us all to secrecy* ci impegnò tutti a mantenere il segreto; (*of things*) promettere solennemente: *to ~ one's support* promettere solennemente il proprio appoggio. **2** (*to pawn*) dare in pegno, impegnare. **3** (*to toast*) brindare a. **4** ⟨*Dir*⟩ dare in garanzia (*o* pegno). □ ⟨*am*⟩ *~ of* allegiance giuramento *m* di fedeltà; *to put s.th.* **in** *~* impegnare qc.; *to take s.th.* **out** *of ~* riscattare un oggetto impegnato; *to* take (*o* sign) *the ~* far voto di non bere più; **under** *~ of secrecy* sotto vincolo di segretezza; *to ~ one's* **word** impegnare la propria parola.

pledgee [ˌple'dʒi:] *s.* **1** chi riceve qc. in pegno. **2** ⟨*Dir*⟩ creditore *m* pignoratizio. **'pledger** [-dʒə] *s.* chi dà qc. in pegno (*anche Dir.*).

pledget ['pledʒit] *s.* **1** ⟨*Med*⟩ tampone *m* di cotone (*o* garza). **2** ⟨*Mar*⟩ cordone *m* per calafataggio.

Pleiad ['plaiəd] *N.pr.* ⟨*Mitol*⟩ Pleiade *f.* **pleiad** *s.* pleiade *f.* **Pleiades** [-i:z] *N.pr.pl.* **1** ⟨*Mitol*⟩ Pleiadi *fpl.* **2** ⟨*Astr*⟩ Pleiadi *fpl,* Gallinelle *fpl.*

Pleiocene *a./s.* → **Pliocene.**

Pleistocene ['plaisto(u)si:n] **I** *a.* ⟨*Geol*⟩ pleistocenico. **II** *s.* pleistocene *m.*

plen. = ⟨*Dipl*⟩ *plenipotentiary* plenipotenziario.

plenary ['pli:nəri] *a.* **1** pieno, plenario, totale, assoluto: *~ powers* pieni poteri. **2** (*of an assembly, etc.*) plenario, completo. **3** ⟨*Rel*⟩ plenario.

plenipotentiary [ˌplenipə'tenʃəri] **I** *a.* ⟨*Dipl*⟩ plenipotenziario. **II** *s.* plenipotenziario *m.*

plenitude ['plenitju:d] *s.* **1** abbondanza *f,* profusione *f.* **2** (*completeness*) completezza *f,* pienezza *f.*

plenteous ['plentiəs] *a.* ⟨*poet*⟩ **1** abbondante, ricco, copioso: *a ~ supply of provisions* un'abbondante scorta di provviste. **2** (*fruitful*) fertile, fruttifero, fruttuoso. **plenteously** [-li] *avv.* abbondantemente, copiosamente. **plenteousness** [-nis] *s.* **1** abbondanza *f,* copiosità *f.* **2** (*fruitfulness*) fertilità *f.*

plentiful ['plentiful] *a.* **1** abbondante, copioso: *a ~ harvest* un raccolto abbondante. **2** (*fruitful*) fertile, fruttuoso, fruttifero. **plentifully** [-i] *avv.* abbondantemente, copiosamente. **plentifulness** [-nis] *s.* abbondanza *f,* copiosità *f.*

plenty ['plenti] **I** *s.* **1** abbondanza *f: we have ~ of food in the house* abbiamo abbondanza di cibo in casa; *years of peace and ~* anni di pace e abbondanza. **2** ⟨*am*⟩ (*large number, amount*) gran numero *m,* grande quantità *f,* ⟨*fam*⟩ mucchio *m,* ⟨*fam*⟩ sacco *m: ~ of money* un mucchio di soldi. **II** *a.* **1** abbondante, copioso. **2** (*many or much*) parecchio, molto: *there is ~ of work to be done* c'è parecchio lavoro da fare. **III** *avv.* ⟨*fam*⟩ abbastanza, sufficientemente. □ *to have ~ of everything* nuotare nell'abbondanza; *in ~* in abbondanza; ⟨*fam*⟩ *~ of nothing* niente di niente; *~ of times* moltissime volte.

plenum ['pli:nəm] *s.* (*pl.* **-s** [z]/**-na** [nə]) **1** ⟨*Fis*⟩ plenum *m.* **2** ⟨*Parl*⟩ plenum *m,* assemblea *f* plenaria.

pleonasm ['pli:ənæzəm] *s.* ⟨*Gramm*⟩ pleonasmo *m.* **pleonastic** [-'næstik] *a.* pleonastico. **pleonastically** [-'næstikəli] *avv.* pleonasticamente.

plessor ['plesə] *s.* → **plexor.**

plethora ['pleθərə] *s.* ⟨*Med*⟩ pletora *f* (*anche fig.*). **plethoric** [-'θɔrik] *a.* ⟨*Med*⟩ pletorico (*anche fig.*).

pleura ['pluərə] *s.* (*pl.* **-rae** [ri:]) ⟨*Anat*⟩ pleura *f.* **pleural** [-l] *a.* pleurico, pleurale.

pleurisy ['pluərisi] *s.* ⟨*Med*⟩ pleurite *f.* **pleuritic** [-'ritik] *a.* pleuritico.

pleuropneumonia [ˌpluəro(u)nju:'mouniə] *s.* ⟨*Med*⟩ pleuropolmonite *f.*

plexiform ['pleksifɔ:m] *a.* ⟨*Anat*⟩ plessiforme.

pleximeter [plek'simitə] *s.* ⟨*Med*⟩ plessimetro *m.* **pleximetry** [-tri] *s.* plessimetria *f.*

plexor ['pleksə] *s.* ⟨*Med*⟩ martelletto *m* (per la percussione).

plexus ['pleksəs] *s.* (*pl. inv./*-**uses** [-iz]) **1** ⟨*Anat*⟩ plesso *m.* **2** ⟨*fig*⟩ intrico *m,* intreccio *m,* viluppo *m.*

pliability [ˌplaiə'biliti] *s.* **1** pieghevolezza *f,* flessibilità *f.* **2** ⟨*fig*⟩ arrendevolezza *f,* malleabilità *f,* duttilità *f.* **'pliable**

[-bl] *a.* **1** pieghevole, flessibile. **2** ⟨*fig*⟩ arrendevole, malleabile, duttile. **'pliably** [-bli] *avv.* docilmente, con arrendevolezza.

pliancy ['plaiansi] *s.* → **pliability. pliant** [-nt] *a.* → **pliable. pliantly** [-ntli] *avv.* → **pliably.**

plica ['plaikə, 'plikə] *s. (pl.* -cae [si:]) ⟨*Anat,Biol*⟩ plica *f.*

plicate ['plaikeit], **plicated** [-id] *a.* **1** pieghettato, piegato. **2** ⟨*Biol*⟩ plicativo, plicato. **plication** [-'keiʃən], **plicature** ['plikətʃə] *s.* **1** piegatura *f.* **2** ⟨*Geol*⟩ piega *f.*

pliers ['plaiəz] *s.pl.* pinze *fpl,* pinza *f: a pair of* ~ un paio di pinze.

plight¹ [plait] *s.* condizione *f,* stato *m,* situazione *f: his finances are in a sorry* ~ è in cattive condizioni economiche; (*bad condition*) situazione *f* difficile, cattivo stato *m.*

plight² **I** *v.t.* **1** (*of one's troth, honour*) impegnare; (*of one's word*) dare, impegnare. **2** ⟨*rifl*⟩ impegnarsi, fidanzarsi. **II** *s.* impegno *m,* promessa *f* solenne.

plighted ['plaitid] *a.* impegnato; (*of one's word*) dato.

plimsolls ['plimsəlz] *s.pl.* ⟨*Calz*⟩ scarpe *fpl* di tela con suola di gomma.

plinth [plinθ] *s.* ⟨*Arch*⟩ **1** (*of a column*) plinto *m.* **2** (*of a pedestal*) basamento *m,* base *f.* **3** (*of an architrave*) plinto *m,* piedistallo *m.* **4** → **plinth course. plinth course** *s.* ⟨*Arch*⟩ zoccolo *m.*

Pliny ['plini] *N.pr.* ⟨*Stor.rom*⟩ Plinio *m:* ~ *the Elder* Plinio il vecchio; ~ *the Younger* Plinio il giovane.

Pliocene ['plaiəsi:n] **I** *a.* ⟨*Geol*⟩ pliocenico. **II** *s.* pliocene *m.*

PLO = *Palestine Liberation Organization* organizzazione per la liberazione della Palestina (*abbr.* OLP).

plod¹ [plɔd] *v.i.* (*pret., p.p.* 'plodded [-id]) **1** arrancare, camminare pesantemente (*o a* fatica): *the farmer –ded home across the fields* il contadino arrancava verso casa attraverso i campi. **2** ⟨*fig*⟩ faticare, ⟨*fam*⟩ sfacchinare, ⟨*fam*⟩ sgobbare. □ *to* ~ **along:** 1 avanzare a fatica (*o* stento); 2 ⟨*fam*⟩ tirare avanti a stento, ⟨*fam*⟩ tirare la carretta; *to* ~ *away at one's studies* sgobbare sui libri, studiare assiduamente; *to* ~ **on** perseverare.

plod² *s.* **1** cammino *m* faticoso (e lento). **2** (*sound of a heavy tread*) passo *m* pesante. **3** (*dull, steady work*) lavoro *m* monotono (*o* noioso).

plodder ['plɔdə] *s.* **1** chi arranca, chi cammina pesantemente (e lentamente). **2** (*one who works laboriously*) lavoratore *m* assiduo, sgobbone *m* (*f* -a). **plodding** [-diŋ] *a.* **1** lento e pesante. **2** (*dull*) noioso, monotono.

plonk [plɔŋk] ⟨*fam*⟩ **I** *v.t.* **1** (spesso con *down*) lasciar cadere di peso, mettere giù con fracasso. **2** ⟨*rifl*⟩ (spesso con *down*) lasciarsi cadere (di peso). **II** *v.i.* fare un rumore (*o* suono) sordo. **III** *s.* tonfo *m,* rumore *m* (*o* suono) sordo. **IV** *avv.* con un tonfo, con un rumore (*o* suono) sordo.

plop¹ [plɔp] **I** *s.* tonfo *m,* rumore *m* (*o* suono) sordo. **II** *avv.* con un tonfo.

plop² *v.* (*pret., p.p.* plopped [-t]) **I** *v.i.* **1** cadere con un tonfo, fare un tonfo. **2** (*to sit, drop heavily*) lasciarsi cadere (di peso): *to* ~ *into an armchair* lasciarsi cadere in una poltrona. **II** *v.t.* lasciar cadere di peso, mettere giù pesantemente.

plot¹ [plɔt] *s.* **1** complotto *m,* congiura *f,* trama *f,* macchinazione *f: to hatch a* ~ ordire una congiura. **2** (*of a book, etc.*) trama *f,* intreccio *m: the* ~ *thickens* l'intreccio si complica. **3** (*small area of land*) appezzamento *m,* particella *f,* lotto *m,* tratto *m* di terreno. **4** ⟨*Agr*⟩ (*crop grown on a plot*) coltura *f* di un appezzamento. **5** ⟨*am*⟩ (*ground plan*) pianta *f* del pianterreno; (*graph*) grafico *m,* diagramma *m.* **6** ⟨*Mar,Aer*⟩ tracciato *m* (della) rotta.

plot² *v.* (*pret., p.p.* 'plotted [-id]) **I** *v.t.* **1** tramare, ordire, macchinare. **2** (*to make a map of*) fare la pianta di, tracciare il piano di; (*of land*) rilevare, fare il rilevamento di. **3** ⟨*Mar,Aer*⟩ tracciare, rilevare: *to* ~ *a course* tracciare una rotta. **4** (*to make a graph of*) tracciare il grafico di. **5** (*of a novel, etc.*) ideare la trama di. **II** *v.i.* complottare, tramare, congiurare, cospirare: *to* ~ *to overthrow the government* complottare per rovesciare il governo; *to* ~

against s.o. complottare ai danni di qd.

plotter ['plɔtə] *s.* **1** cospiratore *m* (*f* –trice), congiurat⟨ (*f* –a), congiuratore *m* (*f* –trice). **2** ⟨*Mar,El*⟩ tracciator⟨ **3** ⟨*Aer*⟩ rapportatore *m.* **4** ⟨*Inform*⟩ plotter diagrammatore *m.* **plotting** [–tiŋ] *s.* **1** complotto macchinazione *f,* trama *f.* **2** (*of a diagram*) tracciat⟨ del grafico. **3** (*in city planning*) lottizzazione *f.*

plough¹ [plau] *s.* **1** ⟨*Agr*⟩ aratro *m.* **2** (*snow plo* spartineve *m.* **3** ⟨*scol*⟩ (*examination failure*) bocciatu⟨ ⟨*scherz*⟩ trombata *f.* **Plough** *N.pr.* ⟨*Astr*⟩ Orsa *f* magg⟨ Gran Carro *m.* □ ⟨*fig*⟩ *to follow the* ~ fare il conta⟨ ⟨*fig*⟩ *to put* (*o set*) *one's hand to the* ~ intraprender⟨ lavoro, mettersi all'opera.

plough² **I** *v.t.* **1** ⟨*Agr*⟩ arare: *to* ~ *land* arare la terr⟨ (*to make furrows in;* spesso con *up*) scavare solchi i (*of water: to move through*) solcare, fendere. **4** ⟨*scol* fail in an examination*⟩ bocciare, ⟨*scherz*⟩ trombar⟨ ⟨*Legat*⟩ rifilare. **II** *v.i.* **1** ⟨*Agr*⟩ arare. **2** ⟨*fig*⟩ (*to pr* laboriously;* general. con *through*) procedere a st⟨ avanzare a fatica. **3** ⟨*scol*⟩ essere bocciato, fare fiasco esami. □ *to* ~ **back:** 1 ⟨*Agr*⟩ sotterrare (con l'aratr⟨ ⟨*Comm*⟩ (*of profits*) reinvestire; ⟨*fig*⟩ *to* ~ *the sand* un lavoro inutile, arare il mare; ⟨*fig*⟩ *to* ~ **through** *a* *treatise* leggere con grande fatica un lungo trattato; ⟨ **under:** 1 ⟨*Agr*⟩ interrare (con l'aratro); 2 ⟨*fam*⟩ overwhelm*⟩ sommergere, colmare: *–ed under with* sommerso di lavoro; *to* ~ **up:** 1 ⟨*Agr*⟩ (*to unearth* ploughing*) dissotterrare con l'aratro; 2 ⟨*Agr*⟩ (*of gro* to break up by ploughing*) dissodare, scassare; *to* ~ ⟨ **way** *through a crowd* fendere la calca.

ploughback ['plaubæk] *s.* reinvestimento *m.*

ploughing ['plauiŋ] *s.* ⟨*Agr*⟩ aratura *f.*

plough|man [mən] *s.irr.* aratore *m.* ~**share** *s.* ⟨ vomere *m.*

plover ['plʌvə] *s.* ⟨*Ornit*⟩ **1** piviere *m.* **2** (*turnst* arenaria *f.*

plow¹, **plow**² *am. e der.* → **plough**¹, **plough**² *e der.*

ploy [plɔi] *s.* **1** manovra *f,* tattica *f: a* ~ *to win votes* manovra per guadagnare voti. **2** ⟨*dial*⟩ (*occupa* activity*) attività *f,* occupazione *f.*

pluck¹ [plʌk] *v.t.* **1** cogliere, spiccare, staccare: *to* ~ *from a tree* cogliere frutta da un albero; (*of feat* strappare. **2** (*to uproot;* general. con *out*) estir⟨ strappare, sradicare. **3** (*of a chicken, etc.*) spenr⟨ togliere le penne a; (*of one's eyebrows*) depilare. **4** (*to a pull at*) tirare: *to* ~ *s.o. by the sleeve* tirare qd. p⟨ manica. **5** ⟨*Mus*⟩ (*of strings*) pizzicare. **6** (*to ob* money by trickery*⟩ carpire denaro a, ⟨*fam*⟩ spenr⟨ ⟨*fam*⟩ pelare. **7** ⟨*scol*⟩ (*to fail in an examina* bocciare, ⟨*scherz*⟩ trombare. □ *to* ~ **up courage** coraggio (*o* animo), rincorarsi; *he –ed the letter out o* hand* mi strappò di mano la lettera; *to* ~ **up** sradic⟨ strappare.

pluck² *s.* **1** strattone *m,* stratta *f,* strappata *f,* tira⟨ brusca. **2** ⟨*Macell*⟩ corata *f,* coratella *f,* frattaglie *fp* ⟨*fig*⟩ (*courage, guts*) coraggio *m,* audacia *f,* fegato *m* ⟨*scol*⟩ bocciatura *f.*

pluckily ['plʌkili] *avv.* coraggiosamente, audaceme **pluckiness** [-kinis] *s.* coraggio *m,* audacia *f,* fegato **plucky** [-ki] *a.* coraggioso, animoso, audace, di (*o* ha) fegato.

plug¹ [plʌg] *s.* **1** tappo *m: to pull the* ~ *out* tappo; (*in a water closet*) pulsante *m* di scarico dell'ac⟨ **2** ⟨*El*⟩ spina *f.* **3** ⟨*El*⟩ (*fusible plug*) fusibile *m* a tapp⟨ ⟨*Mot*⟩ (*sparking plug*) candela *f.* **5** ⟨*Mur*⟩ (*to fix a* screw*) tassello *m.* **6** (*cake of tobacco*) tavoletta *f* tabacco compresso; (*piece cut off*) pezzo *m* di tabacco masticare. **7** ⟨*fam*⟩ (*mention for advertising purp* pubblicità *f.* **8** ⟨*fam*⟩ (*recommendation*) raccomandazi *f,* ⟨*fam*⟩ spinta *f.* **9** ⟨*sl*⟩ (*bullet*) pallottola *f,* proiettile **10** (*fire plug*) idrante *m* antincendio. **11** ⟨ (*connection with a water main*) presa *f* d'acqua. **12** ⟨*N* mandrino *m.* **13** ⟨*Dent*⟩ otturazione *f,* piombaggio *m* ⟨*Med*⟩ zaffo *m,* tampone *m.*

plug² *v.* (*pret., p.p.* plugged [-d]) **I** *v.t.* **1** (spesso con turare, tappare, otturare, chiudere; (*of a wou* tamponare. **2** ⟨*fam*⟩ (*to publicize repeatedly*) 'insistente pubblicità a, strombazzare. 3 ⟨sl⟩ (to hit, nch) colpire con un pugno, assestare un pugno a. 4 ⟨sl⟩ • shoot) sparare a. 5 ⟨El⟩ (general. con in) collegare con a presa di corrente. II v.i. 1 (spesso con up) otturarsi, truirsi, intasarsi. 2 ⟨fam⟩ (to' work doggedly; spesso con ay) sgobbare, sfacchinare (at su). 3 ⟨El⟩ (general. con • inserire una spina.

g| **board** s. ⟨El⟩ pannello m a connessione a spina. ~ **mpatible** a. compatibile a livello di presa. ~ **hole** s. far) leggio m. ~ **in (tele)phone** s. telefono m a spi-. ~ **tobacco** s. tabacco m (compresso) in tavolette.

ugly am. s. ⟨fam⟩ (ruffian, tough) teppista m/f.

m [plʌm] s. 1 ⟨Bot⟩ prugno m, susino m; (fruit) ugna f, susina f; (wood) prugno m, susino m. 2 (colour) lor m prugna. 3 (raisin, currant) uva f sultanina, uva ssita. 4 (sugarplum) fondente m, confetto m di cchero. 5 ⟨fig⟩ (best thing of its kind) il meglio, la cosa gliore. 6 ⟨fam⟩ (easy, well-paid job) posto m comodo e iditizio, poltrona f. 7 ⟨fam⟩ (unexpected bonus, ndfall) colpo m di fortuna.

mage ['plu:midʒ] s. piumaggio m, piume fpl. **umaged** [-d] a. piumato.

mb [plʌm] I s. piombo m, piombino m. II a. 1 a mbo, verticale, perpendicolare. 2 ⟨fam⟩ (complete, wnright) bell'e buono, completo, perfetto, vero e prio: ~ nonsense una sciocchezza bell'e buona. III . 1 (vertically) verticalmente, perpendicolarmente, a mbo. 2 (exactly) esattamente, precisamente. 3 ⟨fam⟩ mpletely) completamente, perfettamente, del tutto. IV 1 mettere a piombo. 2 ⟨Mar⟩ scandagliare, sondare che fig.). 3 (to make vertical) rendere perpendicolare (o ticale). 4 (to weight with lead) mettere piombini a, pesantire con piombini; (to seal with lead) piombare, udere con sigilli di piombo. V v.i. ⟨fam⟩ (to work as a mber) fare l'idraulico. □ to be 'out of (o off) ~ ombare, non essere a piombo.

nbaginous [plʌm'bæedʒinəs] a. (resembling graphite) ile a grafite; (containing graphite) contenente grafite. **umbago** [-'beigou] s. (pl. -s [z]) 1 piombaggine f, fite f. 2 ⟨Bot⟩ piombaggine f.

nb bob s. ⟨tecn⟩ piombo m, piombino m.

nbeous ['plʌmbiəs] a. plumbeo.

nber ['plʌmə] s. idraulico m.

nber block s.→ **plummer block**.

nbery ['plʌməri] s. (work) mestiere m d'idraulico; rkshop) officina f (o negozio m) d'idraulico.

nbic ['plʌmbik] a. 1 ⟨Chim⟩ piombico. 2 ⟨Med⟩ (of a ease) causato da piombo. **plumbiferous** [-'bifərəs] a. mbifero.

nbing ['plʌmiŋ] s. 1 impianto m idraulico. 2 umber's work) mestiere m d'idraulico. 3 (art of working d) lavorazione f del piombo. 4 ⟨Mar⟩ sondaggio m che fig.).

nbism ['plʌmbizəm] s. ⟨Med⟩ saturnismo m.

nb| level s. ⟨tecn⟩ livella f a pendolo. ~ **line** s. filo a piombo.

nbous ['plʌmbəs] a. ⟨Chim⟩ piomboso.

n|cake s. ⟨Dolc⟩ plum-cake m, panfrutto m. ~ **duff** ⟨Dolc⟩ budino m con uva passa.

ne [plu:m] I s. 1 piuma f, penna f; (cluster of feathers) nacchio m. 2 (of a helmet) cresta f. 3 ⟨fig⟩ (token of our, distinction) palma f, premio m. 4 (of smoke) nacchio m. II v.t. 1 (to provide with feathers) pennare, dotare di penne. 2 (to provide with an amental plume) guarnire di piume, impennacchiare. 3) (to pride o.s.) vantarsi di, compiacersi di. 4 (of thers: to preen, clean) lisciare col becco. □ ⟨fig⟩ to ss o.s. in borrowed -s coprirsi delle penne del pavone. **imed** [-d] a. piumato.

nelike ['plu:mlaik] a. piumoso.

nmer block ['plʌmə] s. ⟨Mecc⟩ cuscinetto m, porto m.

nmet ['plʌmit] I s. 1 (plumb bob) piombino m, piombo (plumb line) filo m a piombo. 2 ⟨Mar⟩ scandaglio m. fig⟩ (s.th. that weighs down) peso m (opprimente). II 1 precipitare, cadere a perpendicolo (o piombo). 2) (to drop sharply) crollare, cadere bruscamente.

plummy ['plʌmi] a. 1 simile a una prugna; (full of plums) ricco di prugne. 2 ⟨fam⟩ (of a job) piacevole e redditizio; (of the voice) profondo e vibrante.

plumose ['plu:mous] a. piumato. **plumosity** [-'mɔsiti] s. piumosità f.

plump[1] [plʌmp] I a. paffuto, grassoccio, grassottello; (of poultry) carnoso. II v.t. (to cause to swell; spesso con up) gonfiare; (to fatten) (far) ingrassare. III v.i. (to swell) gonfiarsi; (to become fattened) ingrassare, diventare paffuto.

plump[2] I v.i. lasciarsi cadere, cadere di peso (o schianto), piombare: to ~ into an armchair lasciarsi cadere su una poltrona. II v.t. (to throw, drop heavily; spesso con down) lasciar cadere di peso (o schianto). □ to ~ for: 1 (to choose) scegliere, preferire (di gran lunga); 2 (to support strongly) fare il tifo per, partegiare per, sostenere; ⟨Pol⟩ to ~ for one candidate votare per un solo candidato.

plump[3] I s. 1 (heavy fall, plunge) caduta f rovinosa, ruzzolone m. 2 (sound) schianto m, botto m, colpo m. II a. 1 (of speech: blunt) secco, reciso, chiaro e tondo. 2 (vertical) verticale, perpendicolare, a piombo. III avv. 1 (heavily and suddenly) di peso, di schianto, di piombo. 2 (in speaking: bluntly) recisamente, senza mezzi termini, chiaro e tondo. 3 (vertically) a piombo, verticalmente, perpendicolarmente.

plumpness[1] ['plʌmpnis] s. (state of being plump) rotondità f, paffuttezza f.

plumpness[2] s. (bluntness) franchezza f, schiettezza f.

plum pudding s. ⟨Dolc⟩ plum-pudding m.

plumpy ['plʌmpi] a. paffutello, grassoccio, grassottello.

plum tree s. 1 ⟨Bot⟩ prugno m, susino m. 2 ⟨am.sl⟩ (political favours) protezioni fpl politiche.

plumy ['plu:mi] a. 1 (downy) piumoso. 2 (having feathers) piumato.

plunder ['plʌndə] I v.t. 1 saccheggiare, mettere a sacco, depredare; (to loot) portare via come bottino. 2 ⟨fig⟩ (of books, authors) saccheggiare. II s. 1 (act of plundering) saccheggio m, sacco m. 2 (s.th. plundered) bottino m, preda f. 3 ⟨fig⟩ (of books, authors, etc.) saccheggio m. **plunderer** [-rə] s. saccheggiatore m, predatore m, predone m.

plunge [plʌndʒ] I v.t. 1 immergere, affondare, tuffare: to ~ one's arm into water immergere il braccio nell'acqua; to ~ a knife into s.o.'s breast affondare un coltello nel petto a qd. 2 ⟨fig⟩ gettare, precipitare, far piombare: to ~ a country into war gettare un paese in guerra; to ~ a room into darkness far piombare una stanza nell'oscurità. II v.i. 1 tuffarsi, immergersi: to ~ into a swimming pool tuffarsi in una piscina. 2 (to throw o.s. headlong) precipitarsi, lanciarsi (o buttarsi) a capofitto. 3 (to descend abruptly) scendere a precipizio. 4 (of a horse) slanciarsi in avanti. 5 ⟨Mar⟩ beccheggiare. 6 ⟨fig⟩ lanciarsi, piombare, precipitare (into in): to ~ into a discussion lanciarsi in una discussione; he ~ed into despair piombò nella disperazione. 7 ⟨fam⟩ (to bet heavily) scommettere forte. III s. 1 (act of diving) tuffo m, immersione f; (dive) tuffo m. 2 (quick swim) nuotata f, nuotatina f. 3 ⟨fam⟩ (act of reckless betting) scommessa f azzardata. 4 (sudden pitching movement) slancio m, tuffo m. □ to ~ into debt ingolfarsi nei debiti; ⟨fig⟩ to take the ~ saltare il fosso.

plunger ['plʌndʒə] s. 1 tuffatore m (f -trice). 2 ⟨fam⟩ (reckless gambler) giocatore m (f -trice) d'azzardo. 3 ⟨Mecc⟩ pistone m, stantuffo m. 4 (plumbing instrument) sturalavandini m.

plunk [plʌŋk] I v.t. 1 (of a stringed instrument) sonare (pizzicando); (of strings) pizzicare. 2 ⟨fam⟩ (to throw, put, etc., heavily; spesso con down) gettare, buttare, lasciare cadere di peso. II v.i. 1 (to make a plunking sound) emettere un suono metallico (e rauco). 2 ⟨fam⟩ (to drop, fall heavily; spesso con down) buttarsi, lasciarsi cadere di peso. 3 ⟨fam⟩ (to come out in support of) partegiare (for per), sostenere (qd.), dichiararsi a favore di. III s. 1 suono m metallico (e rauco). 2 ⟨am.sl⟩ (dollar) dollaro m. 3 ⟨am.sl⟩ (hard blow) forte botta f. IV avv. 1 con suono metallico (e rauco). 2 ⟨fam⟩ (exactly, precisely) proprio, esattamente.

pluperfect [,plu:'pə:fikt] I a. ⟨Gramm⟩ piucchep(p)erfetto.

ˈ **II** s. piucchep(p)erfetto m.
plural ['pluərəl] **I** a. ⟨Gramm⟩ plurale. **II** s. (plural number) plurale m.
pluralism ['pluərəlizəm] s. **1** pluralità f, molteplicità f. **2** ⟨Filos,Sociol⟩ pluralismo m. **3** ⟨Rel⟩ cumulo m di benefici ecclesiastici. **pluralist** [-list] **I** s. **1** chi cumula cariche. **2** ⟨Rel⟩ chi detiene più di un beneficio ecclesiastico. **3** ⟨Filos⟩ pluralista m/f. **II** a. → **pluralistic.** **,pluralistic** [-'listik] a. pluralistico.
plurality [,pluə'ræliti] s. ˈ pluralità f, molteplicità f, numerosità f. **2** (large number, quantity) moltitudine f, gran numero m, grande quantità f. **3** ⟨Gramm⟩ l'essere plurale. **4** (holding of more than one office) cumulo m di cariche. **5** ⟨Rel⟩ cumulo m di benefici ecclesiastici. **6** ⟨am⟩ (excess of votes for one candidate) maggioranza f (relativa); (number of votes in excess) scarto m di voti.
'pluralize [-rəlaiz] v.t. fare il plurale di, volgere al plurale. **'plurally** [-rəli] avv. al plurale.
plural| marriage s. matrimonio m poligamo. **~ number** s. ⟨Gramm⟩ plurale m. **~ society** s. società f pluralista. **~ vote** s. voto m plurimo.
plus [plʌs] **I** prep. **1** più: three ~ three equals six tre più tre fa sei. **2** (with, with the addition of) oltre a, in aggiunta a, con (in più): he had wealth ~ fame oltre alla celebrità ebbe la ricchezza. **II** s. (pl. -es [iz]/-ses [siz]) **1** → plus quantity. **2** ⟨Mat⟩ → **plus sign.** **3** (s.th. additional) extra m, aggiunta f: service is a ~ you have to pay for il servizio è un extra che bisogna pagare. **4** (surplus, extra quantity) eccedenza f, surplus m. **III** a. **1** ⟨Mat,El⟩ positivo. **2** (greater than) più di, maggiore di: the course measures three miles ~ il percorso è lungo più di tre miglia. **3** (additional, extra) aggiuntivo, addizionale, extra.
plus-fours s.pl. ⟨Vest⟩ calzoni mpl alla zuava.
plush [plʌʃ] **I** s. ⟨Tess⟩ felpa f, peluche f. **II** a. ⟨fam⟩ (exhibiting wealth) lussuoso, di lusso, sfarzoso, sontuoso. **'plushy** [-i] a. **1** ⟨fam⟩ lussuoso, sontuoso, sfarzoso. **2** ⟨Tess⟩ di peluche.
plus| quantity s. ⟨Mat⟩ quantità positiva. **~ sign** s. più m, segno m positivo. **~ sizes** s.pl. ⟨Vest⟩ taglie fpl forti.
Plutarch ['plu:tɑːk] N.pr. ⟨Stor.gr⟩ Plutarco m.
plutarchy ['plu:tɑːki] s. → **plutocracy.**
Pluto ['plu:tou] N.pr. ⟨Mitol,Astr⟩ Plutone m.
plutocracy [plu:'tɔkrəsi] s. plutocrazia f. **'plutocrat** [-təkræt] s. plutocrate m. **,plutocratic** [-to(u)'krætik], **,plutocratical** [-to(u)'krætikəl] a. plutocratico.
Plutonian [plu:'tounian] a. **1** ⟨Mitol⟩ di (o relativo a) Plutone; (infernal) infernale. **2** ⟨Astr⟩ plutoniano.
Plutonic [-'tɔnik] a. **1** ⟨Geol⟩ plutoniano, plutonico. **2** ⟨Mitol⟩ di (o relativo a) Plutone; (infernal) infernale.
plutonism ['plu:tənizəm] s. ⟨Geol⟩ plutonismo m.
plutonist [-nist] s. sostenitore m (f -trice) del plutonismo.
plutonite ['plu:tənait] s. ⟨Min⟩ plutonite f.
plutonium [plu:'touniəm] s. ⟨Chim⟩ plutonio m.
plutonomic [,plu:tə'nɔmik] a. ⟨Pol,Econ⟩ della (o relativo alla) economia politica. **plutonomy** [-'tɔnəmi] s. economia f politica.
pluvial[1] ['plu:viəl] a. **1** pluviale. **2** ⟨Geol⟩ alluvionale.
pluvial[2] s. ⟨Lit⟩ piviale m.
pluviometer [,plu:vi'ɔmitə] s. ⟨Meteor⟩ pluviometro m. **,pluviometric** [-vio(u)'metrik], **pluviometrical** [-vio(u)'metrikəl] a. pluviometrico. **pluviometry** [-tri] s. pluviometria f.
pluvioscope ['plu:viəskoup] s. ⟨Meteor⟩ pluvioscopio m.
pluvious ['plu:viəs] a. piovoso, ricco di piogge.
ply[1] [plai] **I** v.t. **1** (of tools) maneggiare, adoperare, lavorare con: to ~ an axe maneggiare un'ascia. **2** (of a trade) esercitare, svolgere. **3** (to supply persistently with) offrire con insistenza a, continuare a offrire a: to ~ s.o. with drinks offrire da bere a qd. con insistenza; (to address importunately) assillare, incalzare; (to assail persistently) incitare: to ~ horses with a whip incitare i cavalli con la frusta. **4** (of a river, etc.: to pass along regularly) navigare regolarmente lungo; (to pass across and back) traghettare. **II** v.i. **1** (to work diligently) lavorare assiduamente (o con

impegno). **2** (of porters, taxi drivers, etc.) stazionare attesa di clienti). **3** (of boats, buses, etc.: to go regula svolgere (o fare) servizio regolare (o di linea), far spola. **4** ⟨Mar⟩ (to work to windward) bordeggiare. ⟨scherz⟩ to ~ the bottle (to drink heavily) alzare il gom to ~ a needle cucire, lavorare d'ago; ⟨Mar⟩ to ~ the vogare, remare.
ply[2] **I** s. **1** ⟨Tess⟩ capo m: three-~ wool lana a tre c (of a rope) trefolo m. **2** ⟨Fal,Cart⟩ strato m: four-~ w compensato a quattro strati. **3** (fold of cloth) piega (of a tyre) tela f. **5** ⟨Fal⟩ foglio m di compensato. **II 1** (to bend) piegare. **2** ⟨Tess⟩ ritorcere.
plywood ['plaiwud] s. ⟨Fal⟩ legno m compens compensato m.
p.m. = **1** post meridiem pomeridiano (abbr. p.m.). mortem dopo la morte.
pneumatic [nju:'mætik] **I** a. pneumatico. **II** s. **1** pneumatic tyre. **2** ⟨Filos⟩ spirito m. **pneumatical ⟩** a. ⟨rar⟩ → **pneumatic. pneumatically** [-əli] avv. ad compressa.
pneumatic mail s. posta f pneumatica.
pneumatics [nju:'mætiks] s.pl. (costr. sing.) **1** fisica f c aeriformi. **2** ⟨Rel⟩ pneumatologia f, pneumatica f.
pneumatic| tube s. posta f pneumatica. **~ tyre** pneumatico m.
pneumonia [nju:'mouniə] s. ⟨Med⟩ polmonite **pneumonic** [-'mɔnik] a. **1** (of the lungs) polmonar (affected with pneumonia) affetto da polmonite; pneumonia) di (o relativo a) polmonite.
pneumonitis [,nju:mo(u)'naitis] s. (pl. -tides [tidi:z] pneumonia.
pneumothorax [,nju:mo(u)'θɔ:ræks] s. ⟨Med⟩ pneum race m.
po [pou] s. ⟨infant⟩ vaso m da notte.
P.O. = **1** Post Office ufficio postale. **2** Postal Order v postale.
poa ['pouə] s. ⟨Bot⟩ poa f.
poach[1] [poutʃ] **I** v.i. **1** (to trespass in order to steal g or fish) cacciare (o pescare) di frodo. **2** (to tresp sconfinare (on, upon in), invadere (qc.). **3** ⟨Sport⟩ racket games) colpire la palla nella metà campo compagno di gioco. **4** ⟨fam⟩ (to cheat) avvantaggiarsi mezzi scorretti. **5** (to sink in mud) impantan affondare nel fango. **6** (of land: to become muddy and of holes) diventare fangoso e pieno di buche (a forz essere calpestato). **II** v.t. **1** cacciare (o pescare) di fr **2** (to trespass on) invadere, sconfinare in. **3** (to tra into holes and mud) rendere fangoso e pieno di buc forza di calpestare. □ to ~ on another's preserve invadere il campo altrui; **2** ⟨Comm⟩ portar via i clie qd.
poach[2] v.t. ⟨Gastr⟩ cuocere in camicia.
poached egg [poutʃt] s. ⟨Gastr⟩ uovo m ˈin camicia affogato).
poacher[1] ['poutʃə] s. (of game) cacciatore m di fr bracconiere m; (of fish) pescatore m di frodo.
poacher[2] s. tegame m per fare le uova in camicia.
poaching ['poutʃiŋ] s. caccia f (o pesca) di frodo. □ t ~ cacciare (o pescare) di frodo.
poachy ['poutʃi] a. (of land) fangoso, acquitrinoso.
POB, P.O.B. = Post-Office Box casella postale (c C.P.).
pochard ['poutʃəd] s. ⟨Ornit⟩ moriglione m.
pochette fr. [pɔ'ʃet] s. borsetta f (a busta).
pock [pɔk] s. **1** ⟨Med⟩ pustola f (vaiolosa); (mark buttero m. **2** ⟨sl⟩ (syphilis) sifilide f.
pocket ['pɔkit] s. **1** tasca f: to put one's hands in c -s mettersi le mani in tasca. **2** ⟨fig⟩ (financial resou possibilità fpl (economiche), mezzi mpl. **3** (bag, po borsa f; (sack) sacca f, sacco m. **4** (hollow place, ca vuoto m, cavità f; (compartment) sacca f, scomparto m. **5** (socket, recess) sacca f, rientranz cavità f. **6** ⟨fig⟩ (isolated area or group) sacca f: feudalism in a modern country sacche di feudalism un paese moderno. **7** ⟨Geog⟩ insenatura f, sacca ⟨Minier⟩ sacca f, cavità f. **9** ⟨Anat⟩ sacco m. **10** ⟨ sacca f. **11** (of a billiard-table) buca f. **12** ⟨Aer⟩

:ket) vuoto m (o sacca f) d'aria. **II** a. **1** tascabile, da ca, da taschino. **2** (small) piccolo, di piccole nensioni, ⟨scherz⟩ tascabile. **III** v.t. **1** intascare, ttere in tasca. **2** ⟨fig⟩ (to steal) appropriarsi di, ascare, rubare. **3** ⟨fig⟩ (to submit to, endure) mandar , sopportare, ingoiare, incassare: to ~ an insult mandar un insulto. **4** ⟨fig⟩ (to set aside, suppress) mettere da rte, far tacere, soffocare: to ~ one's pride mettere da rte l'orgoglio. **5** (to enclose in a small area) :)chiudere, circondare. **6** ⟨Sport⟩ (in billiards) mandare buca. □ ⟨fam⟩ to be in ~ averci guadagnato; ⟨fig⟩ to ve in one's ~ tenere in pugno (o mano); ⟨fam⟩ to be t of ~ averci rimesso; ⟨fig⟩ to **pay** for s.th. out of one's n ~ pagare qc. di tasca propria; to **put** one's hand in e's ~ mettere mano al portafoglio (o alla borsa); to fer in one's ~ rimetterci di tasca propria.

ket| **battleship** s. ⟨Mar.mil⟩ corazzata f tascabile. ~ lliards am. s.pl. (costr. sing.) specie di biliardo (a sei :he). ~ **book** s. **1** (wallet) portafoglio m. **2** ⟨fig⟩ ancial resources, pocket) possibilità fpl (finanziarie), zzi mpl. **3** (small notebook) agendina f, taccuino m. **4** cket-sized book) libro m tascabile, tascabile m. **5** ⟨am⟩ dy's handbag) borsetta f, borsa f. ~ **calculator** s. colatore m tascabile. ~ **camera** s. ⟨Fot⟩ macchina f ografica tascabile. ~ **computer** s. ⟨inform⟩ calcolatore tascabile. ~ **diary** s. agenda tascabile. ~ **dictionary** dizionario m tascabile. ~ **edition** s. edizione f tasca- e. ~ **flap** s. ⟨Sart⟩ patta f, risvolto m.

ketful ['pɔkitful] s. tascata f.

ket| **handkerchief** s.irr. fazzoletto m da tasca. ~ le s. ⟨Sart⟩ apertura f della tasca. ~ **knife** s.irr. iperino m. ~ **money** s. denaro m per le piccole spese, llatico m. ~ **piece** am. s. (good-luck piece) moneta f rtafortuna. ~ **pistol** s. ⟨scherz⟩ fiaschetta f tascabile. ~ dio s. radiolina f (tascabile). ~-**size(d)** a. tascabile, da ca.

k| **mark** s. ⟨Med⟩ buttero m. ~-**marked** a. tterato.

ky ['pɔki] a. **1** butterato. **2** (syphilitic) sifilitico.

ocurante [,poukouku:'rænti] **I** s. indifferente m/f, atico m. **II** a. indifferente, apatico, noncurante. cocuranteism [-izəm], **pococurantism** [-zəm] s. ifferenza f, noncuranza f, apatia f.

[pɔd] s. **1** ⟨Bot⟩ baccello m, guscio m. **2** ⟨Aer⟩ dola f aerodinamica. **3** ⟨Zool⟩ (sac, pouch) sacco m, rsa f. **4** ⟨Entom⟩ bozzolo m. **5** ⟨Pesc⟩ rete f per la ca delle anguille. **6** ⟨sl⟩ (belly, pot-belly) pancia f, cione m.

v. (pret., p.p. **podded** ['pɔdid]) **I** v.t. sguisciare, anare, sbaccellare: to ~ peas sgranare i piselli. **II** v.i. **1** produce) mettere i baccelli. **2** (to swell like a) fiarsi, ingrossare. □ ⟨sl⟩ to ~ **up** (to swell in gnancy) diventare grossa.

I s. (school of seals, whales) branco m, gruppo m. **II** (pret., p.p. **podded** ['pɔdid]) unire in branchi, rancare.

s. ⟨tecn⟩ **1** (of a brace) portapunta m. **2** (of a :r) scanalatura f.

. = ⟨Comm⟩ pay on delivery pagamento alla segna.

agra [po(u)'dægrə] s. ⟨Med⟩ **1** podagra f. **2** ⟨estens⟩ it) gotta f.

ge [pɔdʒ] s. ⟨fam⟩ persona f bassa e grassoccia, herz⟩ tombolo m. '**podgy** [-i] a. ⟨fam⟩ piccolo e zo.

iatric **medicine** [pɔ'dəiətric] s. podologia f. iatrist [pə'daiətrist] s. podologo m. **podiatry** am. ri] s. podologia f.

'um ['poudiəm] s. (pl. -s [z]/-dia [diə]) podio m.

n ['pouim] s. **1** poesia f, componimento m poetico. **2**) (s.th. beautiful) poema m, meraviglia f.

y ['pouisi] s. ⟨rar,poet⟩ poesia f; (poetic inspiration) irazione f poetica.

['pouit] s. poeta m (anche estens.). □ ⟨GB⟩ Poet's ner (in Westminster Abbey) angolo m dei poeti. etaster [-æstə] s. poetastro m, poetucolo m. **poetess**] s. poetessa f.

poetic [po(u)'etik] **I** a. **1** poetico. **2** (romantic) romantico, sentimentale. **3** (of a place: celebrated in poetry) celebrato in poesia, cantato. **II** s. → **poetics. poetical** [-əl] a. → poetic. **poetically** [-əli] avv. poeticamente. **poeticalness** [-əlnis] s. poeticità f, poesia f.

poeticism [po(u)'etisizəm] s. espressione f poetica. **poeticize** [-saiz] **I** v.t. **1** poeticizzare, rendere poetico. **2** (to put into verse) mettere in versi (o poesia). **II** v.i. poetare, scrivere poesie, comporre versi.

poetic| justice s. ricompensa f delle virtù e punizione del vizio, giustizia f ideale. ~ **licence** s. licenza f poetica. **poetics** [po(u)'etiks] s.pl. (costr. sing.) **1** poetica f. **2** (poetic feeling) sentimento m poetico.

poetize ['pouitaiz] v. → **poeticize.**

poet laureate s. (pl. **poets laureate/poet laureates**) poeta m laureato.

poetry ['pouitri] s. **1** poesia f (anche fig.). **2** (verse) poesia f, versi mpl. **3** ⟨collett⟩ (poems) poesia f, opera f poetica: Shelley's ~ la poesia di Shelley. **4** (poetic quality) poeticità f, poesia f.

po-faced [pou] a. ⟨sl⟩ dall'aspetto balordo, melenso.

pogo-stick ['pougou] s. (toy) specie di trampolo a molla con due pedali.

pogrom ['pɔgrəm, am. pə'grɔm] s. pogrom m.

poignancy ['pɔin(j)ənsi] s. **1** intensità f, vivezza f, acutezza f. **2** (instance) sensazione f intensa. **poignant** [-ənt] a. **1** straziante, intenso, profondo, acuto: ~ sorrow dolore straziante. **2** (affecting the emotions) commovente, toccante: a ~ spectacle uno spettacolo commovente; (bitter) amaro. **3** (caustic, cutting) mordace, caustico, pungente, tagliente. **poignantly** [-əntli] avv. **1** intensamente, vivamente, profondamente, acutamente. **2** (touchingly) in modo toccante. **3** (pungently) in modo pungente (o mordace), causticamente.

poinsettia [pɔin'setiə] s. ⟨Bot⟩ poinsezia f, stella f di Natale.

point[1] [pɔint] s. **1** punta f: the ~ of a pin la punta di uno spillo. **2** (dot, speck) puntino m, punto m, macchiolina f, puntolino m. **3** ⟨Geom⟩ punto m. **4** ⟨Mat⟩ virgola f: nine ~ five nove virgola cinque. **5** (punctuation mark) punto m; (full stop) punto m (fermo). **6** ⟨fig⟩ punto m, grado m: boiling ~ punto d'ebollizione. **7** (place, spot) punto m, posto m, luogo m determinato: strategic -s punti strategici. **8** (matter) argomento m, punto m: the ~ at issue l'argomento in questione; (item) punto m, articolo m: the order of the day included several -s l'ordine del giorno comprendeva vari punti. **9** (principal element) punto m essenziale, nocciolo m: what was the ~ of his proposal? qual era il punto essenziale della sua proposta?; (meaningful element) senso m, significato m: to miss the ~ non afferrare il senso; (proposition, point of view) punto m di vista, opinione f, idea f: I see your ~ comprendo il tuo punto di vista. **10** (moment, juncture) punto m, momento m, istante m: we have reached a critical ~ siamo arrivati a un punto critico; (stage) grado m, punto m: a high ~ of civilization un alto grado di civiltà. **11** (end, purpose) scopo m, motivo m, fine m: I cannot see the ~ in your working so hard non vedo lo scopo per cui lavori tanto; (use, advantage) vantaggio m, utilità f, beneficio m: what ~ is there? che vantaggio c'è? **12** (distinguishing characteristic) lato m, tratto m, aspetto m: he has his good -s ha i suoi lati buoni; the good and bad -s gli aspetti positivi e negativi. **13** (unit of counting in games, sports) punto m: to win on -s vincere ai punti. **14** (unit of rationing) punto m. **15** ⟨Geog⟩ (headland, promontory) punta f, promontorio m. **16** ⟨tecn⟩ (etching needle) bulino m, punta f per incidere; (glazier's point) diamante m. **17** (handmade lace) merletto m fatto a mano. **18** pl. (in ballet) punte fpl. **19** pl. ⟨Ferr⟩ scambio m. **20** ⟨El⟩ (outlet, socket) presa f; (of a sparking plug, etc.) elettrodo m, puntina f. **21** ⟨Tip⟩ punto m tipografico. **22** ⟨Mil⟩ pattuglia f di punta. □ at all -s sotto tutti gli aspetti, da ogni punto di vista; armed at all -s armato di tutto punto, armato da capo a piedi; ⟨Sport⟩ to **beat** on -s battere ai punti; **beside** (o away from) the ~ non pertinente, fuori proposito; ~ **by** ~ punto per punto; to **catch** the ~ afferrare l'idea, capire; to **come** to the ~

venire al punto (*o* dunque); *a ~ of* **conscience** un caso di coscienza; *~ of* **departure** punto *m* di partenza; *~ of* **destination** punto *m* di arrivo; *at every ~ = at all points;* ⟨*fig*⟩ *~ in* **favour** punto *m* a favore; *to* **give** *-s to s.o.*: 1 ⟨*fig*⟩ superare qd. (in qc.), dare dei punti a qd.; 2 ⟨*Sport*⟩ concedere un vantaggio a qd.; *to* **give** *~ to* dare rilievo a; ⟨*Artigl*⟩ *~ of* **impact** punto *m* d'impatto; **in** *~* (*relative, applicable*) calzante, ben appropriato, pertinente: *a case in ~* un esempio calzante; *in ~ of* **fact** in realtà, invero, effettivamente; *in ~ of* per quanto riguarda (*o* concerne); ⟨*Geom*⟩ *~ of* **intersection** punto *m* d'intersezione; *to* **keep** *to the ~* stare all'argomento, attenersi al tema; *~ of* **law** questione *f* di diritto; *to* **make** *a ~ of* (*to regard as important*) considerare importante; *you've* **missed** *the* (*whole*) *~* non hai capito niente; *there is* **no** *~ in getting angry* è inutile che ti arrabbi; ⟨*Aer*⟩ *~ of* **no return** raggio *m* d'azione pratico; *to* **be on** *the ~ of doing s.th.* essere sul punto di fare qc., stare per fare qc.; ⟨*Parl*⟩ *~ of* **order** mozione *f* d'ordine; *~ of* **sale** punto *m* (di) vendita; *to go* **straight** *to the ~* andare dritto allo scopo; ⟨*fig*⟩ **strong** *~* forte *m*, specialità *f: mathematics is his* **strong** *~* la matematica è il suo forte; **to** *the ~* (*pertinent, apt*) pertinente, calzante, ben appropriato; *to answer to the ~* rispondere a tono (*o* proposito); *to* **speak** (*o* stick) *to the ~* non divagare, parlare attenendosi all'argomento; **up** *to a ~* fino a un certo punto; *~ of* **view** punto *m* di vista, opinione *f*; **weak** *~* punto *m* debole (*anche fig.*).

point[2] **I** *v.t.* **1** puntare, rivolgere: *to ~ a pistol at s.o.* puntare una pistola contro qd.; (*of a vehicle*) dirigere; (*of a telescope*) orientare, puntare. **2** (*to sharpen*) fare la punta a, appuntire, aguzzare. **3** ⟨*fig*⟩ (*to give force, emphasis to;* spesso con *up*) sottolineare, dare risalto a, mettere in rilievo. **4** (*to mark with a point or dot*) punteggiare. **5** ⟨*Gramm*⟩ punteggiare, mettere la punteggiatura a. **6** ⟨*Mat*⟩ (spesso con *off*) mettere la virgola a. **7** ⟨*Mur*⟩ (*of brickwork;* spesso con *up*) riempire con calce (*o* cemento) gli interstizi di; (*of stone;* spesso con *down*) affilettare. **8** ⟨*Venat*⟩ puntare: *the dog –ed the rabbit* il cane puntò il coniglio. **II** *v.i.* **1** indicare col dito, additare (*at, to, towards s.o.* qd.), puntare il dito (verso): *don't ~, it's rude* non indicare col dito, non sta bene; *the teacher –ed to me* l'insegnante puntò il dito verso di me. **2** (*to tend to show, be evidence of*) indicare, stare a dimostrare (*to s.th.* qc.), essere segno (di): *everything –s to a new international crisis* tutto indica una nuova crisi internazionale. **3** (*to be turned*) essere (ri)volto, dare, guardare: *the house –s to the east* la casa guarda a levante. **4** ⟨*Venat*⟩ puntare la selvaggina. □ *to ~ one's* **finger** *at s.th.* indicare qc. col dito, additare qc.; *to ~* **out**: 1 indicare, additare; 2 (*to draw attention to*) (far) rilevare, (far) notare, richiamare l'attenzione su, mettere in evidenza; *to ~* **out** *the way* indicare la strada (*o* direzione).

'point-'blank I *a.* ⟨*Artigl*⟩ (*of a shot*) diretto, con l'alzo a zero, senza elevazione. **2** ⟨*fig*⟩ (*straightforward, downright*) netto, secco, reciso: *a ~ refusal* un netto rifiuto. **II** *s.* ⟨*Artigl*⟩ tiro *m* ˹senza elevazione˺ (*o* orizzontale). **III** *avv.* **1** a bruciapelo, a brevissima distanza: *to fire at s.o. ~* sparare a bruciapelo a qd. **2** ⟨*fig*⟩ (*bluntly*) chiaro e tondo, senza mezzi termini, recisamente.

point duty *s.* servizio *m* di vigilanza del traffico.

pointed ['pɔintid] *a.* **1** appuntito, aguzzo, acuminato: *~ nose* naso aguzzo. **2** (*aimed*) puntato: *a ~ revolver* una pistola puntata. **3** ⟨*fig*⟩ (*clearly aimed*) intenzionale, fatto (*o* detto) di proposito: *a ~ reference* un'allusione intenzionale; (*made obvious, manifest*) palese, evidente, manifesto: *she received the news with ~ nonchalance* accolse la notizia con palese indifferenza. **4** ⟨*fig*⟩ (*sharp, piercing*) mordace, aspro, caustico, tagliente: *~ wit* spirito mordace.

pointed arch *s.* ⟨*Arch*⟩ arco *m* ogivale, arco (a sesto) acuto.

pointedly ['pɔintidli] *avv.* **1** (*in an unmistakable way*) apertamente, in modo indubbio, esplicitamente: *she ~ ignored me* mi ignorò apertamente; (*in an obvious way*) chiaramente, apertamente. **2** (*sharply*) mordacemente, con causticità. **pointedness** [–dnis] *s.* **1** l'essere appuntito. **2**

⟨*fig*⟩ (*unmistakable quality*) l'essere esplicito; (*clear* obviousness) evidenza *f*, chiarezza *f*. **3** ⟨*fig*⟩ (*sharp* mordacità *f*, causticità *f*.

pointed style *s.* ⟨*Arch*⟩ stile *m* ogivale (*o* gotico).

pointer ['pɔintə] *s.* **1** chi addita, chi indica. **2** (*indicating s.th.*) bacchetta *f*; (*of a dial, etc.*) indice *m;* clock, watch) lancetta *f*. **3** ⟨*Venat*⟩ pointer *m*, cane punta. **4** (*piece of advice, tip*) suggerimento *m*, indica *f*, consiglio *m*. **5** (*engraving tool*) bulino *m* ⟨*Artigl,Inform*⟩ puntatore *m*.

pointing ['pɔintiŋ] *s.* **1** ⟨*Gramm*⟩ punteggiatura interpunzione *f*. **2** ⟨*Lav.femm*⟩ impuntura *f*. **3** ⟨ puntamento *m*.

pointless ['pɔintlis] *a.* **1** senza punta, privo di p (*blunt*) spuntato. **2** ⟨*fig*⟩ (*meaningless*) privo di sens scopo). **3** ⟨*fam*⟩ (*useless, futile*) inutile, superfluo: *it to complain* è inutile lamentarsi. **4** ⟨*Sport*⟩ s punteggio. **pointlessly** [–li] *avv.* (*meaningless*) senso (*o* scopo); (*futilely*) inutilmente. **pointlessr** [–nis] *s.* mancanza *f* di significato (*o* scopo); (*fut* inutilità *f*, superfluità *f*.

points assessment *s.* valutazione *f* ai punti.

pointsman ['pɔintsmən] *s.irr.* **1** ⟨*Ferr*⟩ deviatore scambista *m*. **2** (*policeman*) poliziotto *m* addetto vigilanza del traffico.

'point-to-'point *s.* ⟨*Sport*⟩ corsa *f* a ostacoli su trac fisso.

poise [pɔiz] **I** *s.* **1** equilibrio *m*. **2** ⟨*fig*⟩ (*composur* manner) posatezza *f*, compostezza *f*, calma (*self-possession*) padronanza *f* di sé, equilibrio *m* (*carriage, bearing*) portamento *m*, atteggiamento (*hovering*) il librarsi. **II** *v.t.* **1** tenere in equili bilanciare. **2** (*to cause to be suspended*) tenere sospes sollevato, tenere a mezz'aria. **3** (*to keep ready*) t pronto. **4** (*rifl*) (*to brace o.s.*) farsi coraggio. **III** *v.i.* be balanced) essere (*o* restare) in equilibrio. **2** (*to* suspended) restare sospeso (*o* sollevato), restar mezz'aria; (*to hover*) librarsi. **3** (*to wait in read* tenersi pronto (*for* per). □ *at ~* in equilibrio, bilanc *to ~ a javelin* bilanciare un giavellotto; *a woman* una donna posata.

poised [pɔizd] *a.* **1** posato, composto, calmo; (*bein* balance) equilibrato, in equilibrio. **2** (*suspended*) sos sollevato, a mezz'aria.

poison ['pɔizn] **I** *s.* **1** veleno *m* (*anche fig.*): *the ~ of* il veleno dell'invidia. **2** ⟨*sl*⟩ (*alcoholic drink*) liquor bevanda *f* alcolica. **II** *a.* **1** (*poisonous*) velenoso, tos **2** (*poisoned*) avvelenato. **III** *v.t.* **1** avvelenare, ucc col veleno: *to ~ o.s.* avvelenarsi. **2** ⟨*fig*⟩ (*to cor* vitiate) avvelenare, corrompere: *books that ~ youth* che avvelenano i giovani. **3** ⟨*Med*⟩ infettare: *to ~* hand infettarsi una mano. □ *to* **die** *of ~* m avvelenato; ⟨*fam*⟩ *to* **hate** *s.o. like ~* avere il avvelenato contro qd.; *to* **take** *~* avvelenarsi.

poison-bearing *a.* ⟨*Zool*⟩ velenifero.

poison control| center *am., ~* **centre** *s.* centr antiveleni.

poison effect *s.* effetto *m* tossico.

poisoner ['pɔiznə] *s.* avvelenatore *m* (*f* –trice).

poison| fang *s.* ⟨*Zool*⟩ dente *m* del veleno. *~* **ga** ⟨*Chim,Mil*⟩ gas *m* asfissiante (*o* tossico).

poisoning ['pɔizniŋ] *s.* avvelenamento *m*.

poisonous ['pɔiznəs] *a.* **1** velenoso, tossico: *~ subst* sostanze velenose. **2** (*treated with poison*) avvelena ⟨*fig*⟩ (*malignant*) velenoso, maligno; (*harmful*) nociv a), dannoso (a, per). **4** ⟨*fam*⟩ (*very unpleasant*) disgus nauseante, schifoso. □ *to have a ~* **tongue** avere lingua velenosa; *~* **weather** tempo da cani. **poisono** [–li] *avv.* malignamente; (*harmfully*) in modo noci dannoso). **poisonousness** [–nis] *s.* **1** velenosità ⟨*fig*⟩ (*maliciousness*) velenosità *f*, malvagità *f*.

poison| pen *a.* **1** (*of a letter, etc.*) anonimo (scritto c scopo di offendere o calunniare). **2** (*of a writer*) che s lettere anonime (offensive o calunniose). *~* **pen** *s* scrive lettere anonime (offensive o calunniose).

poke[1] [pouk] **I** *v.t.* **1** colpire (di punta); (*with one's e* dare una gomitata a: *to ~ s.o. in the ribs* dar

ıtata a qd. nelle costole. **2** (*to thrust*) cacciare, far
trare, conficcare, piantare: *to ~ one's finger into a*
ː cacciare il dito in una fessura. **3** (*to pierce*)
ɔrare, bucare, trafiggere, trapassare; (*of a hole*) fare,
ɛ. **4** (*of a fire: to stir up*; general. con *up*) attizzare.
ɔ) (*to punch*) dare un pugno a, colpire con un pugno:
s.o. on the jaw dare un pugno sulla mascella a qd.;
ɪ blow) assestare, mollare. **II** *v.i.* **1** dare colpi di
a (*in* a). **2** (*to protrude*) sporgere: *her head was poking*
ɔf *the window* la sua testa sporgeva dalla finestra. **3** (*to*
ummage; general. con *about*) frugare, rovistare. **4** (*to*
strike) sferrare (*o* vibrare) colpi (*at* a). □ *to ~* **about**
ː *poke* **around**; *to ~* **along** (*to move slowly, aimlessly*)
ɛllonare, andare a zonzo, gironzolare; *to ~* **around**: 1
Iawdle) bighellonare, ciondolare, gingillarsi; 2 (*to pry*)
ɔsare, spiare; *to ~* **fun** *at s.o.* prendersi gioco di qd.,
ɔdere in giro qd., beffarsi di qd.; (*fam*) *to ~ one's*
into other people's affairs ficcare il naso negli affari
ɪ; *to ~ s.o.'s eye* **out** accecare qd.; *to ~* **the** *fire* **out**
ɪere il fuoco.
    s. 1 (*bag, sack*) borsa *f*, sacco *m*. **2** (*dial*) (*pocket*)
f. **3** (*am.sl*) (*sum of money*) mucchio *m* di denaro,
ɔlo *m*.
    bonnet *s.* (*Mod*) cappello *m* da donna a larga

ˌ¹ ['poukə] *s.* **1** attizzatoio *m*. **2** (*in pokerwork*)
ɡrafo *m*. **3** (*Univ*) (*mace*) mazza *f*; (*beadle*) mazziere
ːɪ *as stiff as a ~* rigido come un manico di scopa.
ˌ² *s.* (*card game*) poker *m*.
ˌ **dice** *s.pl.* **1** dadi *mpl* da poker. **2** (*game; costr.*
ɔ) poker *m* coi dadi. **~ face** *s.* **1** (*face*) faccia *f* (*o*
m) impassibile. **2** (*person*) persona *f* impassibile (*o*
ɪrturbabile). □ *to keep a ~* mantenere un aspetto
ɪssibile. **~-faced** *a.* dalla faccia impassibile. **~work**
ːrografia *f*.
veed ['poukwiːd] *s.* (*Bot*) fitolacca *f*.
ˌ**, poky** ['pouki] **I** *a.* **1** (*small and cramped*) angusto,
ːtto. **2** (*dowdy, shabby*) sciatto, trasandato. **3** (*dull*)
ɔo, piatto. **4** (*slow, lazy*) lento, pigro. **II** *s.* (*sl*)
ɪn) prigione *f*, galera *f*; (*pop*) gattabuia *f*.
ɪa [po(u)'laːkə] *s.* (*Mus*) polacca *f*.
ˌk ['poulæk] *s.* (*spreg*) polacco *m* (*f* –a).
ɪd ['pouland] *N.pr.* (*Geog*) Polonia *f*.
['poulə] **I** *a.* **1** polare, del polo: *the ~ regions* le
ɪni polari. **2** (*Mat,Fis,Chim,El*) polare. **3** (*fig*)
ɔsite *in nature, character*) antitetico, in antitesi,
ɪnetralmente) opposto; (*pivotal*) chiave, di capitale
ɪrtanza: *the ~ provision of the treaty* la clausola
ɪve del trattato. **4** (*like a polestar, guiding*)
ɪmatore: ~ *principle* principio informatore. **II** *s.*
m) polare *f*, curva *f* polare.
    air *s.* (*Meteor*) aria *f* temperata continentale. **~**
s. (*Mat,Astr*) asse *m* polare. **~ bear** *s.* (*Zool*) orso
ɪanco (*o* polare). **~ cap** *s.* (*Geog*) calotta *f* polare. **~**
ɪe *s.* (*Geol*) circolo *m* polare. **~ curve** *s.* (*Geom*)
ɪa *f* polare. **~ distance** *s.* (*Astr*) distanza *f* polare.
ɪmeter [ˌpoulə'rimitə] *s.* (*Ott*) polarimetro *m*.
ɪrimetry [–tri] *s.* polarimetria *f*.
ɪis [po(u)'læris] *N.pr.* (*Astr*) stella *f* polare.
ɪiscope [po(u)'læriskoup] *s.* (*Ott*) polariscopio *m*.
ɪriscopic [–'skɔpik] *a.* polariscopico.
ɪity [po(u)'læriti] *s.* **1** (*Fis,Biol*) polarità *f*. **2** (*fig*)
ɪrità *f*, l'essere diametralmente opposto; (*s.th.*
ɪetrically opposite*) cosa *f* diametralmente opposta.
ɪization [ˌpoulərai'zeiʃən] *s.* polarizzazione *f* (*anche*
ˌ ~ *of public opinion* polarizzazione dell'opinione
ɪlica. **'polarize** [–raiz] **I** *v.t.* **1** (*Fis*) polarizzare. **2**
ɪ polarizzare, volgere, orientare; (*to serve as a focal*
ɪ *for*) polarizzare, accentrare, attrarre, concentrare. **II**
ɪ (*fig*) polarizzarsi. **'polarizer** [–raizə] *s.* (*Ott*)
ɪzzatore *m*.

polar lights *s.pl.* aurora *f* polare.
polaroid ['poulərɔid] *s.* (*Fis*) polaroide *m*.
polatouche [ˌpoulə'tuːʃ] *s.* (*Zool*) scoiattolo *m* volante.
polder ['pouldə] *s.* (*Geog*) polder *m*.
pole¹ [poul] **I** *s.* **1** palo *m*, pertica *f*; (*flagpole*) asta *f* (di
bandiera). **2** (*of a tent*) paletto *m*. **3** (*of a wagon*) timone
m. **4** (*in a fire station*) pertica *f* di scivolo. **5** (*unit of*
length) pertica *f* (pari a 5,029 m). **6** (*Sport*) (*in the pole*
vault) asta *f*; (*inside lane*) corsia *f* interna. **II** *v.t.* **1** (*of a*
boat) spingere con una pertica. **2** (*to furnish with poles*)
provvedere (*o* munire) di pali. **III** *v.i.* **1** spingere
un'imbarcazione con una pertica. **2** (*Sport*) (*in skiing*)
spingersi con le racchette. □ (*sl*) *up the ~*: 1 (*in trouble*)
nei guai, nei pasticci; 2 (*crazy*) matto.
pole² *s.* **1** (*Geog*) polo *m* (geografico). **2** (*fig*) polo *m*;
(*point of concentration, attraction*) polo *m*, punto *m*
d'attrazione. **3** (*Fis,Biol,Mat,Astr*) polo *m*. □ (*fig*) –s
apart (*o* *asunder*) agli antipodi, ai poli opposti,
lontanissimo: *they were –s apart* erano ai poli opposti;
(*Meteor*) ~ *of cold* polo *m* del freddo; (*Astr*) ~ *of the*
heavens polo *m* celeste; (*Geog*) ~ *of inaccessibility* punto
m centrale di una regione polare.
Pole *s.* polacco *m* (*f* –a).
poleax(e) ['poulæks] **I** *s.* **1** (*Macell*) mazzapicchio *m*. **2**
(*Mil.ant*) scure *f* d'arme. **3** (*Mar.ant*) rampino *m*. **II** *v.t.*
1 (*Macell*) abbattere con un mazzapicchio. **2** (*fig*) (*to*
knock down) buttare (*o* mettere) a terra, atterrare; (*to*
stun) tramortire.
pole|cat *s.* (*pl. inv./-s*; il pl. inv. si usa general. con valore
collett.) (*Zool*) puzzola *f*. **~horse** *s.* ~ **jump**
I *s.* (*Sport*) salto *m* con l'asta. **II** *v.i.* saltare con l'asta. **~**
jumper *s.* astista *m/f*. **~ jumping** *s.* salto *m* con
l'asta.
polemic [pɔ'lemik] **I** *s.* **1** polemica *f*. **2** (*person*) persona *f*
polemica, polemista *m/f*. **II** *a.* → **polemical**. **polemical**
[–əl] *a.* polemico: ~ *tone* tono polemico. **polemically**
[–əli] *avv.* polemicamente, in modo polemico. **polemics**
[–s] *s.pl.* (costr. sing.) **1** (*art or practice of controversy*)
polemica *f*. **2** (*Teol*) disputa *f* teologica. **polemist**
['pɔlimist] *s.* polemista *m/f*. **polemize** ['pɔləmaiz] *v.i.*
polemizzare.
polemological [pəˌleməˈlɔdʒikəl] *a.* polemologico.
polemologist [ˌpoulə'mɔlədʒist] *s.* polemologo *m*.
polemology [ˌpoulə'mɔlədʒi] *s.* polemologia *f*.
polenta *it.* [pɔ'lentə] *s.* (*Gastr*) polenta *f*.
pole| position *s.* (*fig*) posizione *f* di vantaggio (*o* favore).
~ star *s.* **1** (*Astr*) stella *f* polare. **2** (*fig*) (*guide*) guida *f*,
stella *f* polare; (*centre of attraction*) polo *m*, centro *m*
d'attrazione. **~-vault** *s./v.* → **pole jump**. **~ vaulter** *s.* →
pole jumper. **~-vaulting** *s.* → **pole jumping**.
poleward ['poulwəd] **I** *a.* diretto verso un polo. **II** *avv.* →
polewards. **polewards** [–z] *avv.* verso un polo.
police [pə'liːs] **I** *s.* **1** polizia *f*. **2** (*collett*) (*members*;
costr.pl.) polizia *f*, forze *fpl* (*o* agenti *mpl*) di polizia,
poliziotti *mpl: the ~ are watching the house* la polizia
sorveglia la casa; *a squad of mounted ~* una squadra di
poliziotti a cavallo. **3** (*organization, regulation of a region,*
country) ordine *m* pubblico. **II** *v.t.* **1** presidiare (con la
polizia), mantenere l'ordine pubblico (per mezzo della
polizia) su (*o* in): *to ~ the streets* presidiare le strade; (*to*
control) sorvegliare (con la polizia). **2** (*fig*) (*to keep order*
among) mantenere l'ordine in.
police| action *s.* (*Mil*) operazione *f* militare locale contro
guerriglieri (*o* ribelli, ecc.). **~ car** *s.* automobile *f* della
polizia, (*gerg*) pantera *f*. **~ commissioner** *s.* membro *m*
di un comitato di funzionari civili (che ha poteri di
controllo sulla polizia locale). **~ constable** *s.* poliziotto
m (semplice), agente *m* di polizia. **~ court** *s.* tribunale *m*
di primo grado. **~ district** *s.* polizia *f* distrettuale. **~**
dog *s.* cane *m* poliziotto. **~ force** *s.* corpo *m* di polizia.
~ headquarters *s.pl.* centrale *f* di polizia. **~ inspector**
s. ispettore *m* di polizia. **~ judge**, **~ justice**, **~**
magistrate *s.* giudice *m* (*o* magistrato) di un tribunale di
primo grado. **~man** [mən] *s.irr.* poliziotto *m*, agente *m* di
polizia, policeman *m*. **~ office** *s.* → **police station**. **~**
officer *s.* → **policeman**. **~ regulations** *s.pl.* norme *fpl*
di polizia. **~ state** *s.* (*Pol*) stato *m* di polizia. **~ station**

s. posto *m* (*o* stazione *f*) di polizia. **~ van** *s.* furgone *m* della polizia, cellulare *m.* **~woman** *s.irr.* donna *f* poliziotto.

policing [pə'li:siŋ] *s.* polizia *f.* □ **~ of the high seas** polizia *f* di alto mare; **~ of ports** polizia *f* portuale; **~ of shipping** polizia marittima.

policlinic [‚pɔli'klinik] *s.* ambulatorio *m* (di un ospedale).

policy[1] ['pɔlisi] *s.* **1** politica *f*, linea *f* di condotta; (*of a government, etc.*) politica *f*, indirizzo *m* (politico): *the party's foreign* **~** la politica estera del partito. **2** (*prudent, sagacious action or procedure*) azione *f* prudente, comportamento *m* accorto; (*prudence, sagacity*) prudenza *f*, accortezza *f*, sagacia *f*, oculatezza *f*; (*shrewdness, craftiness*) astuzia *f*, avvedutezza *f*, scaltrezza *f*.

policy[2] *s.* ⟨*Assic*⟩ polizza *f* (d'assicurazione): *a life insurance* **~** una polizza d'assicurazione sulla vita.

policy| **address** *s.* discorso *m* programmatico. **~ adviser** *s.* consulente *m* politico. **~holder** *s.* ⟨*Assic*⟩ titolare *m/f* di una polizza, assicurato *m* (*f* –a). **~ loan** *s.* prestito *m* su polizza. **~-maker** *s.* responsabile *m* politico. **~ mix** *s.* pacchetto *m* di provvedimenti di politica economica. **~ planning** *s.* pianificazione *f* politica.

polio ['pouliou] *s.* ⟨*fam*⟩ poliomielite *f*, polio *f.*

poliomyelitic [‚pouliou‚maiə'litik] *a.* ⟨*Med*⟩ poliomielitico.

poliomyelitis [–'laitis] *s.* poliomielite *f.*

polio| **vaccine** *s.* vaccino *m* antipolio, antipolio *f.* **~ virus** *s.* virus *m* della poliomielite.

polish[1] ['pɔliʃ] **I** *v.t.* **1** lucidare, tirare a lucido, lustrare: *to* **~** *silverware* lucidare l'argenteria. **2** ⟨*fig*⟩ (*to refine*) raffinare, affinare, ingentilire: *to* **~** *one's style* raffinare il proprio stile; (*to perfect*) spesso con *up*) perfezionare, raffinare, migliorare: *to* **~** *up one's knowledge of French* perfezionare la conoscenza del francese. **3** ⟨*Met*⟩ brunire. **II** *v.i.* (*to be capable of being polished*) diventare lucido. □ *to* **~ away**: 1 (*to remove by polishing*) togliere (lucidando), pulire (lucidando); 2 (*to continue polishing*) continuare a lustrare (*at s.th.* qc.); ⟨*fam*⟩ *to* **~ off**: 1 (*to dispose of quickly*) finire, sbrigare; 2 ⟨*sport*⟩ (*to defeat quickly*) eliminare, ⟨*gerg*⟩ far fuori; 3 (*to kill*) uccidere, ⟨*gerg*⟩ eliminare, fare fuori; 4 (*of food, drink*) ingollare, ⟨*fam*⟩ spazzare via.

polish[2] *s.* **1** lucentezza *f*, lucido *m.* **2** (*act of polishing*) lucidatura *f.* **3** (*substance for polishing*) lucido *m*: *shoe* **~** lucido per scarpe. **4** ⟨*fig*⟩ (*refinement*) raffinatezza *f*, finezza *f*, squisitezza *f*; (*elegance*) eleganza *f*; (*high quality of execution, etc.*) raffinatezza *f*, rifinitezza *f*, perfezione *f.* □ *to give s.th. a* **~** lucidare qc.; *to lose its* **~** perdere il lucido (*o* la lucentezza); *to take the* **~** *off s.th.* togliere il lucido a qc.; *wax* **~** *for furniture* cera *f* per mobili.

Polish ['pouliʃ] **I** *a.* polacco. **II** *s.* (*language*) polacco *m*, lingua *f* polacca.

polished ['pɔliʃt] *a.* **1** lucido, lucidato: **~** *wood* legno lucidato. **2** (*naturally smooth and shiny*) levigato e lucente: **~** *rocks* rocce levigate e lucenti. **3** ⟨*fig*⟩ (*refined*) raffinato, ricercato, fine; (*elegant*) elegante; (*showing excellence, superiority*) raffinato, rifinito. **4** ⟨*Met*⟩ brunito.

polisher [–ʃə] *s.* **1** (*person*) lucidatore *m* (*f* –trice). **2** (*device*) arnese *m* per lucidare. **polishing** [–ʃiŋ] **I** *s.* **1** lucidatura *f.* **2** ⟨*Met*⟩ brunitura *f.* **II** *a.* (usato) per lucidare, che lucida.

polite [pə'lait] *a.* **1** educato, garbato, cortese, gentile: *a* **~** *child* un bambino educato; *to be* **~** *to s.o.* essere cortese con qd. **2** (*refined*) raffinato, fine. □ **~** *letters* belle lettere; **~** *society* la buona società, il bel mondo. **politely** [–li] *avv.* educatamente, cortesemente, garbatamente. **politeness** [–nis] *s.* **1** educazione *f*, garbo *m*, cortesia *f.* **2** (*polite act*) atto *m* cortese, cortesia *f.* **3** (*quality of being refined*) raffinatezza *f.*

politic ['pɔlitik] *a.* **1** (*sagacious*) avveduto, sagace, accorto; (*cunning, crafty*) astuto, scaltro, furbo, avveduto. **2** (*expedient*) opportuno, conveniente, utile. **3** (*political*) politico. □ *the body* **~** lo Stato. **political** [pə'litikəl] *a.* **1** politico: *a* **~** *campaign* una campagna politica. **2** ⟨*rar*⟩ (*expedient*) opportuno, conveniente.

political| **action** *s.* azione *f* politica. **~ agent** *s.* consigliere *m* inglese del governatore di un protettorato. **~ asylum** *s.* asilo *m* politico. □ *application for* **~** richiesta

f di asilo politico. **~ crime** *s.* → **political offen** **economist** *s.* economista *m/f.* **~ economy** *s.* ecor *f* politica (*anche Stor.*). **~ education** *s.* formazi politica. **~ geography** *s.* geografia *f* politica. **~ le** *s.* leader *m* (*o* capo) politico. **~ life** *s.* vita *f* po politica *f*: *to retire from* **~** ritirarsi dalla politica.

politically [pə'litikəli] *avv.* **1** politicamente. **2** (*in a* manner) con accortezza, sagacemente.

political| **offence** *s.* reato *m* (*o* delitto) politic **offense** *am. s.* → **political offence**. **~ party** *s.* part politico. **~ prisoner** *s.* detenuto *m* politico. **~ rea** *s.pl.* ragion *f* di Stato, motivi *mpl* politici. **~ right** diritti *mpl* politici. **~ science** *s.* scienze *fpl* poli politologia *f.* **~ scientist** *s.* politologo *m* (*f* – **sociology** *s.* sociologia *f* politica.

politician [‚pɔli'tiʃən] *s.* **1** uomo *m* politico, politic statista *m.* **2** ⟨*spreg*⟩ politico *m* da strapazzo, polit *m.* **politicization** [pə‚litisai'zeiʃən] *s.* politicizzazic **politicize** [pə'litisaiz] **I** *v.t.* politicizzare, dar carattere politico a. **II** *v.i.* **1** (*to discuss politics*) parl discutere) di politica. **2** (*to engage in politics*) occupa politica, fare della politica.

politics ['pɔlitiks] *s.pl.* (costr. sing. o pl.) **1** (costr. politica *f*, arte *f* (*o* scienza) di governare. **2** (*party pc* costr. sing.) politica *f* di partito. **3** (*political an policies;* costr. pl.) politica *f*, metodi *mpl* politi *followed the same* **~** *as his predecessor* seguì la politica del suo predecessore. **4** (*political opinions;* pl.) opinioni *fpl* (*o* idee) politiche: *what are your* **~**? sono le tue idee politiche? **5** (*as a profession;* costr. politica *f*, vita *f* politica: *to go into* **~** darsi alla poli (*political affairs;* costr. sing.) questioni *fpl* politiche. *talk* **~** parlare di politica.

polity ['pɔliti] *s.* **1** (*political organization*) ordinam (*o* sistema) politico, sistema *m* di governo; (*specific of political organization*) governo *m*: *a mixed* governo misto. **2** (*management of public affairs*) poli **3** (*political unit*) stato *m*, comunità *f* organ politicamente; (*constitution*) costituzione *f.*

polka ['pɔlkə, *am.* 'poulkə] *s.* ⟨*Mus*⟩ polka *f.* **polka dot** *s.* ⟨*Tess*⟩ **1** pallino *m*, pois *m.* **2** (*ma* stoffa *f* a pallini.

poll[1] [poul] **I** *s.* **1** votazione *f*; (*counting of votes*) scr *m*; (*period for voting*) giorni *mpl* di votazione; (*num result*) votazione *f*, voti *mpl* (dati e scrutinati). **2** (*n who vote*) numero *m* dei votanti (*o* degli elettori (*register of electors*) lista *f* elettorale. **3** (*sampl opinions*) sondaggio *m*, indagine *f*, inchiesta *f.* **II** ottenere, avere: *the party –ed three million votes* il ha ottenuto tre milioni di voti; (*of a vote: to cast*) (*to record the votes of*) scrutinare i voti di. **3** (*to register*) registrar *v.i.* (*to vote*) votare (*for* per), dare il voto (a). □ *eve of the* **~** alla vigilia delle elezioni; *the country gc the* **–s** *tomorrow* domani il paese andrà alle urne; *was high* (*o low*) la percentuale dei votanti è stata bassa).

poll[2] **I** *s.* ⟨*scherz,dial*⟩ (*head*) testa *f.* **II** *v.t.* **1** (*to c the hair, wool of*) tosare. **2** ⟨*Agr*⟩ cimare, svettare. *cattle*) mozzare le corna *f.*

poll[3] [pɔl] *s.* ⟨*Univ*⟩ **1** (*at Cambridge*) studenti *mpl* laureano senza la lode. **2** → **poll degree**.

Poll [pɔl] **I** *s.* **1** ⟨*fam*⟩ → **poll parrot**. **2** ⟨*sl*⟩ (*pros* prostituta *f*, ⟨*volg*⟩ puttana *f.* **II** *N.pr.* dim. di **Poll**

pollack ['pɔlək] *s.* (*pl. inv./-s* [s]; il pl.inv. si usa al con valore collett.) ⟨*Itt*⟩ merlano *m* nero.

pollard ['pɔləd] **I** *s.* **1** ⟨*Agr*⟩ capitozza *f*; (*pollea* pianta *f* cimata. **2** (*hornless animal*) animale *m* corna; (*polled animal*) animale *m* dalle corna mo ⟨*Zootecn*⟩ (*feed*) mangime *m* di farina e cruschello, *f.* **II** *a.* **1** ⟨*Agr*⟩ (*of a tree, plant*) senza cima, cim (*of an animal*) senza (*o* privo di) corna. **III** *v.t.* capitozzare, cimare.

poll| **book** [poul] *s.* lista *f* elettorale. **~ card** *s.* sc elettorale (con numero di registrazione). **~ degr** ⟨*Univ*⟩ laurea *f* senza la lode.

polled [pould] *a.* **1** (*of an animal: naturally ho*

enza (o privo di) corna; (*deprived of horns*) dalle corna nozze. **2** (*of a tree*) senza cima, cimato.

llen ['pɔlən] **I** s. ⟨Bot⟩ polline m. **II** v.t. impollinare.

·llinate ['pɔlineit] v.t. ⟨Bot⟩ impollinare. **,pollination** -'neiʃən] s. impollinazione f, pollinazione f.

·lling ['pouliŋ] **I** s. votazione f. **II** a. **1** elettorale, di otazione: ~ card certificato elettorale. **2** (*of public pinion polls*) di (o relativo a) un sondaggio.

·lling| booth s. cabina f (di seggio) elettorale. **~ day** s. iorno m delle votazioni. **~ place** am., **~ station** s. ezione f elettorale.

·llinic [pə'linik], **pollinical** [-əl] a. ⟨Bot⟩ pollinico.

·olliniferous [,pɔli'nifərəs] a. **1** ⟨Bot⟩ pollinifero. **2** Zool⟩ atto a trasportare il polline.

llock s. → **pollack**.

·ll parrot [pɔl] s. **1** pappagallo m (addomesticato). **2** fig⟩ pappagallo m.

llster ['poulstə] s. ⟨fam⟩ chi compie ⌐un sondaggio⌐ (o n'indagine).

·llutant [pə'l(j)u:tənt] s. sostanza f inquinante, inquinante *n*, agente m contaminante (o inquinante). **pollute** [-t] .t. **1** inquinare, infettare, contaminare: *to ~ the water upply* inquinare le riserve idriche; *to ~ the air* infettare aria. **2** ⟨fig⟩ (*to corrupt*) contaminare, corrompere, uastare: *to ~ s.o.'s mind* contaminare la mente di qd.; (*to efile*) profanare, contaminare. **polluted** [-tid] a. **1** nquinato, contaminato, infetto. **2** ⟨fig⟩ contaminato, orrotto, guasto. **polluter** [-tə] s. **1** contaminatore m (f trice) (*anche fig.*). **2** (*polluting agent*) contaminante m, nquinante m. **polluting** [-tiŋ] a. inquinante, ontaminante: ~ *waste matter* materiali contaminanti. **·ollution** [-l(j)u:ʃən] s. **1** inquinamento m, ontaminazione f. **2** ⟨fig⟩ contaminazione f, corruzione f: defilement) profanazione f, contaminazione f. **3** ⟨Med⟩ olluzione f. □ *degree of* ~ grado m d'inquinamento. **·llution| abatement** s. riduzione f dell'inquinamento. ~ **ontrol** s. lotta f contro l'inquinamento.

llutive [pə'l(j)u:tiv] a. inquinante.

·llux ['pɔlʌks] N.pr. ⟨Mitol,Astr⟩ Polluce m.

·lly ['pɔli] N.pr. Mariuccia f, Mariolina f.

·lo ['poulou] s. ⟨Sport⟩ **1** polo m. **2** (*water polo*) allanuoto f.

lonaise [,pɔlə'neiz] s. **1** ⟨Mus⟩ polacca f, polonaise f. **2** Mod⟩ polacca f.

lo-necked a. ⟨Vest⟩ con collo a polo.

ony [pə'louni] s. ⟨Alim⟩ mortadella f.

lo| player s. polista m. **~ pony** s. cavallo m da polo. **· shirt** s. ⟨Vest⟩ polo f. **~ stick** s. ⟨Sport⟩ mazza f (da olo).

ltergeist ['pɔltəgaist] s. ⟨Occult⟩ poltergeist m.

·ltroon [pɔl'tru:n] s. vigliacco m (f -a), codardo m (f -a), usillanime m/f.

·lyacrylic [,pɔliə'krilik] a. ⟨Chim⟩ poliacrilico: ~ *resins* esine poliacriliche.

·lyalcohol [,pɔli'ælkəhɔl] s. ⟨Chim⟩ polialcol m.

·lyamid resin s. ⟨Chim⟩ resina f poliamidica.

·lyandrist [,pɔli'ændrist] s. donna f che pratica la oliandria. **polyandrous** [-drəs] a. **1** che pratica la oliandria. **2** ⟨Bot⟩ poliandro. **polyandry** [-dri] s. oliandria f (*anche Bot.*).

·lyatomic [,pɔliə'tɔmik] a. ⟨Chim⟩ poliatomico, Muriatomico.

·lybasic [,pɔli'beisik] a. ⟨Chim⟩ polibasico.

·lycarbonate [,pɔli'karboneit] s. ⟨Chim⟩ policarbonato ?.

·lycarpic [,pɔli'ka:pik], **polycarpous** [-pəs] a. ⟨Bot⟩ olicarpico. **'polycarpy** [-pi] s. policarpia f.

·lycentric [,pɔli'sentrik] a. policentrico. **polycentrism** -trizəm] s. policentrismo m.

·lychromatic [,pɔlikro(u)'mætik] a. **1** → **polychromic. 2** Biol⟩ che presenta policromatofilia.

·lychrome ['pɔlikroum] **I** a. **1** policromo, policromato, ulticolore. **2** ⟨Art⟩ policromato, decorato in policromia. **I** s. policromia f. **III** v.t. policromare. **,poly'chromic** -ik] a. policromo, policromatico, multicolore.

olychromy [-i] s. ⟨Art⟩ policromia f.

·lyclinic [,pɔli'klinik] s. policlinico m.

polyester [,pɔli'estə] s. ⟨Chim⟩ poliestere m.

polyethylene [,pɔli'eθili:n] s. ⟨Chim⟩ polietilene m.

polyfoam [,pɔli'foum] s. polistirolo m.

polygam ['pɔligæm] s. ⟨Bot⟩ pianta f poligama, poligamo m. **,poly'gamic** [-ik], **poly'gamical** [-ikəl] a. → **polygamous. ,poly'gamically** [-ikəli] avv. → **polygamously.**

polygamist [pə'ligəmist] s. poligamo m (f -a). **polygamize** [-maiz] v.i. praticare la poligamia. **polygamous** [-məs] a. poligamo. **polygamously** [-məsli] avv. in modo poligamico. **polygamy** [-mi] s. poligamia f (*anche Biol.*).

polygenesic [,pɔlidʒi'nesik] a. → **polygenetic. polygenesis** [-'dʒenisis] s. ⟨Biol⟩ poligenesi f, polifilia f. **polygenetic** [-'netik] a. poligenetico. **polygenic** [-'dʒenik] a. poligenico.

polyglot ['pɔliglɔt] **I** a. poliglotta, multilingue. **II** s. **1** poliglotta m/f. **2** (*book*) libro m poliglotta. **,poly'glottal** [-əl], **,poly'glottic** [-ik] a. → **polyglot. polyglottism** [-izəm] s. poliglottismo m.

polygon ['pɔligən, am. -gɔn] s. ⟨Geom⟩ poligono m. □ ⟨Fis⟩ ~ *of forces* poligono m delle forze. **polygonal** [-'ligənl] a. poligonale.

polygraph ['pɔligra:f] s. **1** ⟨Tip⟩ poligrafo m. **2** (*prolific writer*) poligrafo m, scrittore m poligrafo. **polygraphic** [-'græfik] a. **1** ⟨Tip⟩ poligrafico. **2** (*of a writer: prolific*) poligrafo. **3** (*of a book: wide-ranging*) che comprende vari soggetti (o argomenti); (*written by several authors*) scritto da diversi autori. **polygraphy** [pə'ligrɔfi] s. poligrafia f.

polyhedral [,pɔli'hi:drəl], **polyhedric** [-rik], **polyhedrical** [-rikəl] a. ⟨Geom⟩ poliedrico. **polyhedron** [-drən] s. (*pl.* **-s** [z]/**-dra** [drə]) poliedro m.

polymath ['pɔlimæθ] s. persona f dotata di conoscenze universali.

polymer ['pɔlimə] s. ⟨Chim⟩ polimero m. **,polymeric** [-'merik] a. polimero, polimerico. **polymerization** [pə,limərai'zeiʃən] s. ⟨Chim⟩ polimerizzazione f. **polymerize** [pə'liməraiz] **I** v.t. ⟨Chim⟩ polimerizzare. **II** v.i. polimerizzarsi.

polymorph ['pɔlimɔ:f] s. **1** ⟨Biol⟩ organismo m polimorfo. **2** ⟨Min⟩ forma f cristallina di un elemento polimorfo. **,poly'morphic** [-ik] a. → **polymorphous. ,poly'morphism** [-izəm] s. ⟨Min,Biol⟩ polimorfismo m, pleomorfismo m. **,poly'morphous** [-əs] a. ⟨Min,Biol⟩ polimorfo, pleomorfo.

Polynesia [,pɔli'ni:ʃə, -'niʒiə] N.pr. ⟨Geog⟩ Polinesia f. **Polynesian** [-n] **I** a. polinesiano. **II** s. **1** (*person*) polinesiano m (f -a). **2** (*language group*) polinesiano m.

polynomial [,pɔli'noumiəl] **I** s. ⟨Mat⟩ polinomio m. **II** a. polinomiale.

polyp ['pɔlip] s. **1** ⟨Zool⟩ polipo m. **2** → **polypus.**

polyphagia ['pɔlifeidʒiə] s. polifagia f. **polyphagous** [pə'lifədʒəs] a. polifago.

polyphase ['pɔlifeiz] a. ⟨El⟩ polifase.

Polyphemus [,pɔli'fi:məs] N.pr. ⟨Mitol⟩ Polifemo m.

polyphonic [,pɔli'fɔnik] a. ⟨Mus⟩ polifonico. **polyphonist** [pə'lifənist] s. polifonista m/f. **polyphonous** [-nəs] a. → **polyphonic. polyphony** [-ni] s. polifonia f.

polypod ['pɔlipɔd] **I** a. ⟨Zool⟩ dotato di molti piedi. **II** s. animale m dotato di molti piedi.

polypoid(al) ['pɔlipɔid(əl)] a. ⟨Biol,Med⟩ polipoide.

polypore ['pɔlipɔ:], **polyporus** [pə'lipərəs] s. ⟨Bot⟩ poliporo m.

polypose ['pɔlipous] a. → **polypous. ,polyposis** [-'pousis] s. (*pl.* **-ses** [si:z]) ⟨Med⟩ poliposi f. **polypous** [-pəs] a. poliposo.

polypropylene [,pɔli'prɔpili:n] s. ⟨Chim⟩ polipropilene m.

polyptych ['pɔliptik] s. ⟨Art⟩ polittico m.

polypus ['pɔlipəs] s. (*pl.* **-pi** [pai]/**-puses** [pəsiz]) ⟨Med⟩ polipo m.

polystylar ['pɔlistailə], **polystyle** [-l] a. ⟨Arch⟩ polistilo m.

polystyrene [,pɔli'staiəri:n] s. ⟨Chim⟩ polistirene m, polistirolo m.

polystirene foam s. ⟨Chim⟩ polistirolo m.

polysyllabic [,pɔlisi'læbik], **polysyllabical** [-əl] a.

⟨*Gramm*⟩ plurisillabo, polisillabico, polisillabo.
poly'syllable [-ləbl] *s.* polisillabo *m.*
polysynthesis [,pɔli'sinθisis], **polysynthesism** [-sizəm]
s. ⟨*Ling*⟩ polisintesi *f.* **poly,synthetic** [-'θetik],
poly,synthetical [-'θetikəl] *a.* polisintetico.
polysynthetism [-θətizəm] *s.* polisintetismo *m.*
polytechnic [,pɔli'teknik] **I** *a.* politecnico. **II** *s.* politecnico
m. **polytechnical** [-əl] *a.* → **polytechnic**.
polytheism ['pɔliθi:izəm] *s.* ⟨*Rel*⟩ politeismo *m.*
polytheist [-ist] *s.* politeista *m/f.* **polytheistic** [-'istik],
polytheistical [-'istikəl] *a.* politeista, politeistico.
polythene ['pɔliθi:n] **I** *s.* ⟨*Chim*⟩ politene *m.* **II** *a.* di
politene: ~ *bags* buste (*o* sacchetti) di politene.
polyunsaturated [,pɔliʌn'sætʃreitid] *a.* ⟨*Chim*⟩
polinsaturo.
polyurethane [,pɔli'juəriθein] *s.* ⟨*Chim*⟩ poliuretano *m.*
polyvalence [,pɔli'veiləns], **polyvalency** [-i] *s.*
⟨*Chim,Biol*⟩ polivalenza *f.* **polyvalent** [-ənt] *a.*
⟨*Chim,Biol*⟩ polivalente.
polyvinyl [pɔli'vainil] **I** *s.* ⟨*Chim*⟩ polivinile *m.* **II** *a.*
polivinilico, di polivinile.
polyvinyl| chloride *s.* cloruro *m* di polivinile. ~ **resin** *s.*
resina *f* polivinilica.
pomade [pə'mɑːd, *am.* pou'meid] *s.* ⟨*Cosmet*⟩ pomata *f*
(per capelli).
pomatum [po(u)'meitəm] *s.* → **pomade**.
pome[1] [poum] *s.* **1** ⟨*Bot*⟩ pomo *m.* **2** (*metal ball*) globo *m*
(*o* sfera *f*) di metallo.
pome[2] *s.* ⟨*sl*⟩ (*poem*) poesia *f.*
pomegranate ['pɔmgrænit] *s.* ⟨*Bot*⟩ melograno *m; (fruit)*
melagrana *f*, (mela)granata *f.*
pomelo ['pɔmələu] *s.* (*pl.* -s [z]) pomelo *m.*
Pomerania [,pɔmə'reiniə] *N.pr.* ⟨*Geog*⟩ Pomerania *f.*
Pomeranian [-n] **I** *a.* pomerano. **II** *s.* **1** pomerano *m*
(*f* -a). **2** ⟨*Zool*⟩ cane *m* pomere, pomere *m.*
pomiculture ['poumikʌltʃə] *s.* ⟨*Agr*⟩ frutticoltura *f.*
,pomi'culturist [-rist] *s.* frutticoltore *m* (*f* -trice).
pomiferous [po(u)'mifərəs] *a.* ⟨*Bot*⟩ che produce pomi.
pommel ['pʌml] **I** *s.* **1** (*of a sword, saddle, etc.*) pomo *m.*
2 ⟨*Ginn*⟩ maniglia *f.* **II** *v.t.* (*pret., p.p.* **pommelled**/*am.*
pommeled [-d]) (*to pummel*) colpire con i pugni, dare
pugni a.
pommy *austral.* ['pɔmi] ⟨*sl*⟩ **I** *s.* (*Englishman*) inglese *m/f.*
II *a.* (*English*) inglese.
pomological [,poumə'lɔdʒikəl] *a.* ⟨*Bot*⟩ pomologico.
pomologist [po(u)'mɔlədʒist] *s.* pomologo *m* (*f* -a).
pomology [po(u)'mɔlədʒi] *s.* pomologia *f.*
pomp [pɔmp] *s.* **1** pompa *f*, magnificenza *f*, sfarzo *m*,
fasto *m.* **2** (*ostentation*) sfoggio *m*, ostentazione *f*, pompa
f. **3** *pl.* (*ostentatious actions, etc.*) ostentazioni *fpl.* **4**
(*pageant*) corteo *m*, processione *f.*
pompadour ['pɔmpəduə] *s.* **1** ⟨*Mod*⟩ (*hairstyle*) pettinatura
f alla Pompadour. **2** (*rose-pink*) rosa *m*, color *m* rosa.
Pompeian [pɔm'peiən] **I** *a.* pompeiano. **II** *s.* pompeiano
m (*f* -a). **Pompeii** [-'peii:] *N.pr.* ⟨*Geog*⟩ Pompei *f.*
Pompey ['pɔmpi] *N.pr.* ⟨*Stor.rom*⟩ Pompeo *m.*
pompom ['pɔmpɔm] *s.* ⟨*Mil*⟩ cannone *m* antiaereo
automatico.
pompon *fr.* ['pɔmpɔn] *s.* pompon *m*, fiocco *m*, nappa *f.*
pomposity [pɔm'pɔsiti] *s.* **1** pomposità *f*, boria *f*, fasto *m*,
sfarzo *m.* **2** (*action, etc.*) ostentazione *f.* **3** (*language*)
ampollosità *f*, enfasi *f.* **pompous** [-pəs] *a.* **1** (*of people*)
borioso, fastoso, sfarzoso; (*arrogant*) presuntuoso. **2** (*of
language, etc.*) ampolloso, enfatico: *a* ~ *speech* un
discorso ampolloso. **3** (*characterized by pomp*) pomposo.
'pompously [-pəsli] *avv.* pomposamente. **'pompousness**
[-pəsnis] *s.* → **pomposity**.
ponce [pɔns] *s.* ⟨*sl*⟩ → **pimp**.
poncho ['pɔntʃou] *s.* (*pl.* -s [z]) ⟨*Vest*⟩ poncho *m*, poncio
m.
pond [pɔnd] **I** *s.* **1** stagno *m*, laghetto *m.* **2** (*artificial body
of water*) bacino *m*, lago *m* artificiale. **II** *v.t.* (*to impound;*
spesso con *up*) raccogliere (in un bacino). **III** *v.i.* formare
un bacino. **'pondage** [-idʒ] *s.* capacità *f* di un bacino.
ponder ['pɔndə] **I** *v.i.* meditare, riflettere (*on, over* su),
considerare (qc.). **II** *v.t.* ponderare, soppesare, valutare: *to*
~ *a decision* ponderare una decisione. **,ponderability**

[-rə'biliti] *s.* ponderabilità *f.* **ponderable** [-rəbl] **I** *a.*
ponderabile. **II** *s.* ciò che si può ponderar
,ponderation [-'reiʃən] *s.* riflessione *f*, ponderazione *f*
ponderosity [,pɔndə'rositi] *s.* **1** pesantezza *f.* **2** (
movement) lentezza *f*, pesantezza *f.* **3** ⟨*fig*⟩ tediosità
monotonia *f.* **ponderous** [-rəs] *a.* **1** (*weighty, heav*
(molto) pesante, ponderoso. **2** (*bulky*) voluminoso, gross
massiccio; (*unwieldy because of weight*) poco maneggevo
3 (*of movement: slow, lumbering*) pesante, lento. **4** ⟨*fi*
(*dull, laboured*) noioso, pesante, monotono: *a* ~ *speech* u
discorso noioso. **ponderously** [-rəsli] *avv.* pesantemen
ponderousness [-rəsnis] *s.* → **ponderosity**.
pone[1] ['pouni] *s.* (*in card games*) giocatore *m* che taglia
mazzo.
pone[2] *am.* [poun] *s.* (*cornmeal bread*) pane *m*
granturco.
pong [pɔŋ] ⟨*sl*⟩ **I** *s.* (*unpleasant smell*) puzzo *m*, catti
odore *m.* **II** *v.i.* puzzare.
poniard ['pɔnjəd] **I** *s.* pugnale *m.* **II** *v.t.* pugnalare.
pontifex *lat.* ['pɔntifeks] *s.* (*pl.* -**fices** [-'tifisi:z]) ⟨*Stor.ror*
pontefice *m.*
pontiff ['pɔntif] *s.* **1** ⟨*Rel.catt*⟩ pontefice *m*, papa *m.*
⟨*ant*⟩ (*bishop*) vescovo *m.*
pontifical [pɔn'tifikəl] **I** *a.* **1** pontificio, pontificale.
⟨*fig*⟩ (*pompous*) presuntuoso; (*dogmatic*) dogmatico. **II**
⟨*Lit*⟩ **1** *pl.* (*episcopal attire*) paramenti *mpl* episcopali.
(*book*) pontificale *m.* **pontifically** [-i] *avv.* in manie
pontificale. **pontificate** [-keit] **I** *s.* pontificato *m.* **II**
1 ⟨*Lit*⟩ pontificare. **2** ⟨*fig*⟩ pontificare, sedere
cattedra. **,pontification** [-'keiʃən] *s.* asserzione
dogmatica. **'pontify** [-fai] *v.* → **pontificate**.
Pontius Pilate ['pɔnʃəs, 'pɔntiəs 'pailit] *N.pr.* ⟨*Sto*
Ponzio Pilato *m.*
ponton ['pɔntən] *s.* → **pontoon**[1].
pontoon[1] [pɔn'tu:n] **I** *s.* **1** ⟨*Mil*⟩ pontone *m*, barca *f*
ponte. **2** ⟨*Idr*⟩ pontone *m* a biga (*o* gru); (*caisson*) casso
m d'immersione. **3** ⟨*Mar*⟩ (*flat-bottomed boat*) ponto
m, chiatta *f.* **4** ⟨*Aer*⟩ galleggiante *m.* **II** *v.t.* attraversa
su un ponte di barche. **III** *v.i.* gettare un ponte
barche.
pontoon[2] *s.* (*card game*) ventuno *m.*
pontoon bridge *s.* ponte *m* di barche.
pony ['pouni] **I** *s.* **1** ⟨*Zool*⟩ pony *m*, cavallino *m.* **2** ⟨
(*twenty-five pounds*) venticinque sterline *fpl.* **3** ⟨
(*racehorse*) cavallo *m* da corsa. **4** ⟨*am.sl*⟩ (*line-by-li*
translation) traduttore *m* (letterale). **II** *v.t.* ⟨*am.sl*⟩ **1** (
translate with a pony) tradurre con il traduttore. **2** (
pay; spesso con *up*) pagare (a saldo).
pony| engine *s.* ⟨*Ferr*⟩ locomotiva *f* di manovra.
express *s.* ⟨*Stor.am*⟩ pony express *m.* ~**tail** *s.* ⟨*M*
pettinatura *f* a coda di cavallo, coda *f* di cavallo.
P.O.O. = *Post Office Order* vaglia postale.
pooch [pu:tʃ] *s.* ⟨*sl*⟩ (*dog*) cane *m.*
poodle ['pu:dl] *s.* ⟨*Zool*⟩ barbone *m*, barboncino *m.*
pooh [pu:] *intz.* puah, puh, poh.
pooh bah, Pooh Bah ['pu:'bɑː] *s.* **1** (*one who holds ma*
offices) chi ricopre parecchie cariche. **2** (*self-importa*
person) persona *f* che si dà arie d'importanza, bonzo *m*
pooh-pooh [,pu:'pu:] **I** *intz.* → **pooh**. **II** *v.t.* (*to ma*
light of) prendere alla leggera, non dare peso a: *they* -
his fears presero alla leggera i suoi timori. **2** (*to dism*
with contempt) disprezzare, disdegnare, respingere c
sprezzo: *to* ~ *advice* disprezzare i consigli.
pooka ['pu:kə] *s.* ⟨*Folcl*⟩ folletto *m*, diavoletto *m.*
pool[1] [pu:l] **I** *s.* **1** stagno *m*, specchio *m* d'acqua, laghe
m. **2** (*body of spilt liquid*) pozza *f: a* ~ *of blood* u
pozza di sangue; (*puddle*) pozzanghera *f*, pozza *f: the r*
was full of ~*s* la strada era piena di pozzanghere. **3** (*d*
place in a stream) tonfano *m.* **4** (*swimming pool*) pisc
f. **5** ⟨*Minier*⟩ giacimento *m* di idrocarburi fluidi. **II**
⟨*Minier*⟩ scavare sotto. □ ⟨*Geog*⟩ *the* ~ *of London*
Tamigi *m* a valle della City.
pool[2] **I** *s.* **1** (*in gambling*) piatto *m*, puntate *fpl*, poule *f.*
pl. (*football pools*) totocalcio *m: to win the* -*s* vincere
totocalcio. **3** ⟨*am*⟩ (*game of billiards*) biliardo *m.*
⟨*Comm*⟩ pool *m*, consorzio *m.* **5** ⟨*Econ*⟩ pool *m*, carte
m; (*combined funds*) fondo *m* comune. **6** (*facilities sha*

by a group) uso *m* in comune di attrezzature, servizi, ecc. **7** (*aggregate of manpower*) manodopera *f.* **8** ⟨*Sport*⟩ (*in fencing*) girone *m* eliminatorio. **II** *v.t.* **1** (*of money*) mettere in (un fondo) comune, mettere insieme, unire. **2** (*to form a pool of*) consorziare, riunire in consorzio. **3** (*to make a common interest of*) mettere in comune: *to ~ experience* mettere in comune le esperienze. **III** *v.i.* (*to combine in a pool*) costituire un pool, consorziarsi.

ɔol| reactor *s.* ⟨*Atom*⟩ reattore *m* a piscina. **~ room** *am. s.* sala *f* da biliardo. **~ table** *am. s.* biliardo *m* con sei buche.

ɔop¹ [pu:p] **I** *s.* ⟨*Mar*⟩ poppa *f.* **II** *v.t.* frangersi sulla poppa di.

ɔop² *s.* ⟨*fam*⟩ (*nincompoop*) sempliciotto *m*, semplicione *m*.

ɔop³ *am.* ⟨*sl*⟩ **I** *v.t.* (*to tire, exhaust*) stremare, sfinire. **II** *v.i.* (*to cease completely;* spesso con *out*) esaurirsi, consumarsi.

ɔop| cabin *s.* ⟨*Mar*⟩ cabina *f* di poppa. **~ deck** *s.* cassero *m* poppiero (*o* di poppa), casseretto *m*.

ɔor ['puə] **I** *a.* **1** povero, bisognoso, indigente, privo di mezzi: *a ~ country* un paese povero; *a ~ family* una famiglia bisognosa. **2** (*to be pitied*) povero, che desta compassione: *the ~ child cried* il poverò bambino piangeva. **3** (*meagre, inadequate*) insufficiente, scarso, misero, inadeguato: *a ~ supply* una scorta insufficiente; (*deficient, lacking*) povero, scarso, mancante (*in* di): *a country ~ in raw materials* un paese povero di materie prime. **4** (*of inferior quality*) scadente, mediocre, cattivo: *~ work* lavoro scadente; *a ~ copy of an old master* una copia mediocre di un grande maestro; (*unsatisfactory*) poco soddisfacente. **5** (*of a person: lacking skill, etc.*) modesto, mediocre, scadente: *a ~ organizer* un modesto organizzatore. **6** (*mean, small of spirit*) meschino, gretto, misero. **7** (*unfavourable*) negativo, sfavorevole: *to have a ~ opinion of s.o.* avere un'opinione negativa di qd. **8** (*humble*) modesto, povero, umile (*anche iron., scherz.*): *in my ~ opinion* a mio modesto avviso (*o* parere). **9** (*of soil, sand*) sterile, povero. **10** (*of cattle: lean, emaciated*) magro, macilento. **II** *s.* ⟨*collett*⟩ (*poor people;* costr.pl.) poveri *mpl: the city ~* i poveri della città. □ *to be as ~ as a church mouse* essere povero in canna (*o* come Giobbe); *to be ~ at s.th.* essere debole (*o* scadente) in qc.; *business is ~* gli affari sono magri; *he is a ~ creature* è un poveruomo; *to be in ~ health* avere una salute malferma, essere malandato (in salute); ⟨*Teat*⟩ *there was a ~ house* a sala era quasi vuota; *the patient had a ~ night* il paziente ha trascorso una brutta nottata; ⟨*Bibl*⟩ *blessed are the ~ in* **spirit** beati i poveri di spirito; *you ~* **thing!** poverino! || *~ me!* povero me!

ɔor| box *s.* cassetta *f* per l'elemosina. **~ farm**, **~house** *s.* ospizio *m* (di mendicità).

ɔorly ['puəli] **I** *avv.* **1** poveramente, miseramente: *to live ~* vivere poveramente. **2** (*meagrely*) scarsamente, insufficientemente: *a ~-lighted room* una stanza scarsamente illuminata. **3** (*badly*) male: *to be ~ dressed* essere vestito male; *the team played ~* la squadra giocò male. **II** *a.* ⟨*fam*⟩ (*somewhat ill*) malaticcio, indisposto, malandato: *to look ~* avere l'aria malaticcia. □ *to feel ~* sentirsi poco bene; ⟨*fam*⟩ *to be ~ off* essere a corto di quattrini; *to think ~ of s.o.* non avere una buona opinione di qd. **poorness** [–nis] *s.* **1** povertà *f*, indigenza *f*, miseria *f.* **2** (*inadequacy*) insufficienza *f*, inadeguatezza *f.* **3** ⟨*fig*⟩ (*meanness, smallness*) meschinità *f*, povertà *f.* **4** (*of soil*) sterilità *f*, povertà *f.*

ɔor| relation *s.* ⟨*fig*⟩ parente *m/f* povero: *radio is fast becoming the ~ of television* la radio sta rapidamente diventando la parente povera della televisione. **~ relief** *s.* assistenza *f* (pubblica) ai poveri. **~-spirited** *a.* pusillanime, vile. **~-spiritedly** *avv.* in modo pusillanime, vilmente. **~-spiritedness** *s.* viltà *f*, vigliaccheria *f.*

ɔp¹ [pɔp] *v.* (*pret., p.p.* popped [–t]) **I** *v.i.* **1** (*to make a popping sound*) scoppiettare, schioccare; (*to explode*) scoppiare, esplodere: *the balloon –ped* il pallone scoppiò. **2** (*to go quickly*) fare un salto (*o* una scappata): *I'll ~ out for some cigarettes* faccio un salto fuori per comprare le sigarette. **3** ⟨*fam*⟩ (*to shoot*) sparare, tirare (*at* a). **II** *v.t.*

1 (*to put quickly*) mettere (*o* porre) rapidamente, ficcare, cacciare. **2** (*to cause to burst open*) fare scoppiare: *to ~ a blister* fare scoppiare una bolla; (*to cause to make a popping sound*) fare schioccare, fare scoppiettare; (*of a cork*) far saltare con uno scoppio. **3** ⟨*fam*⟩ (*to pawn*) impegnare, dare in pegno. □ ⟨*Mot*⟩ *to ~* **back** avere un ritorno di fiamma; *to ~* **down** *to the chemist's* fare un salto dal farmacista; *I'll ~* **in** *to see you* farò una scappatina a casa tua; *to ~ in and out* entrare e uscire all'improvviso; ⟨*fam*⟩ *to ~* **off:** 1 (*to die suddenly*) morire all'improvviso, morire di colpo; 2 (*to leave suddenly*) partire (*o* andare via) improvvisamente; *to ~* **on** *one's coat* mettersi (*o* infilarsi) il cappotto; *to ~* **out** saltare fuori, sbucare d'un tratto; *her eyes –ped out of her head* aveva gli occhi fuori dalle orbite; *to ~* **over** *to a place* dare (*o* fare) una capatina in un luogo; *to ~* **over** *to s.o.'s* fare una scappata da qd.; ⟨*fam*⟩ *to ~* **the question** fare una domanda di matrimonio; *to ~* **up:** 1 spuntare, sbucare; 2 (*to occur unexpectedly*) presentarsi improvvisamente.

pop² **I** *s.* **1** (*popping sound*) schiocco *m*, scoppio *m: the ~ of champagne corks* lo schiocco dei tappi dello champagne. **2** ⟨*fam*⟩ (*carbonated drink*) bibita *f* gassata (*o* frizzante). **3** ⟨*fam*⟩ (*shot*) colpo *m* (di arma da fuoco): *to take a ~ at s.th.* tirare un colpo a qc. **II** *avv.* **1** (*with a pop*) con uno scoppio, con uno schiocco. **2** (*suddenly*) improvvisamente, a un tratto, di botto. **III** *intz.* pum. □ *to go ~* schioccare, scoppiare; ⟨*fam*⟩ *in ~* (*in pawn*) in pegno, impegnato.

pop³ *s.* ⟨*fam*⟩ (*father*) papà *m*, babbo *m.*

pop| art *s.* ⟨*Art*⟩ pop-art *f.* **~ artist** *s.* artista *m/f* pop. **~ concert** *s.* concerto *m* di musica pop. **~corn** *s.* ⟨*Gastr*⟩ chicchi *mpl* di granoturco arrostiti, pop corn *m.*

Pope [poup] *s.* **1** ⟨*Rel.catt*⟩ papa *m.* **2** ⟨*fig*⟩ (*one having authority*) persona *f* autorevole, capo *m.* **3** ⟨*fig*⟩ (*one claiming infallibility*) chi pretende di essere infallibile. **'popedom** [–dəm] *s.* papato *m*, pontificato *m.* **'popery** [–əri] *s.* ⟨*spreg*⟩ **1** cattolicesimo *m* romano. **2** (*Papal system*) papismo *m.*

pop|eyed *a.* **1** dagli occhi sporgenti. **2** (*staring*) dagli occhi spalancati (per lo stupore, ecc.). **~eyes** *s.pl.* occhi *mpl* (grossi e) sporgenti, occhi bovini. **~ group** *s.* complesso *m* pop. **~gun** *s.* **1** (*child's gun*) pistola *f* (*o* fucile *m*) ad aria compressa. **2** ⟨*fam*⟩ (*inefficient gun*) scacciacani *m/f*, ⟨*pop*⟩ ammazzagatti *m.*

popinjay ['pɔpindʒei] *s.* **1** (*vain person*) persona *f* frivola (*o* vanitosa); (*dandy, fop*) zerbinotto *m*, damerino *m*, bellimbusto *m.* **2** ⟨*Ornit,dial*⟩ (*green woodpecker*) picchio *m* verde. **3** ⟨*Arald,rar*⟩ pappagallo *m.*

popish ['pəupiʃ] *a.* ⟨*spreg*⟩ papistico.

poplar ['pɔplə] *s.* ⟨*Bot*⟩ pioppo *m*; (*wood*) legno *m* di pioppo, pioppo *m.* □ *trembling ~* pioppo tremolo.

poplin ['pɔplin] *s.* ⟨*Tess*⟩ popelin *m*, popeline *f.*

pop| music *s.* musica *f* popolare moderna. **~over** *am. s.* ⟨*Gastr*⟩ panino *m* soffice molto lievitato.

poppa *am.* ['pɔpə] *s.* ⟨*fam*⟩ (*father*) papà *m*, babbo *m.*

poppet ['pɔpit] *s.* **1** piccinino *m* (*f* –a), piccolo *m* (*f* –a). **2** ⟨*Mecc*⟩ supporto *m* verticale.

poppet|head *s.* **1** ⟨*Mecc*⟩ (*lathe tailstock*) contropunta *f*; (*lathe headstock*) testa *f.* **2** ⟨*Minier*⟩ incastellatura *f* di estrazione. **~ valve** *s.* **1** ⟨*Mot*⟩ valvola *f* a fungo. **2** ⟨*Mecc*⟩ valvola *f* con movimento perpendicolare alla (propria) sede.

poppied ['pɔpid] *a.* **1** (*covered or full of poppies*) coperto (*o* pieno di) papaveri. **2** (*drugged*) sotto l'influenza dell'oppio.

popple ['pɔpl] **I** *v.i.* (*of water*) incresparsi, ondeggiare. **II** *s.* **1** ondeggiamento *m.* **2** (*choppy sea*) maretta *f.*

poppy ['pɔpi] *s.* **1** ⟨*Bot*⟩ papavero *m.* **2** (*opium*) oppio *m.*

poppy|cock *s.* ⟨*fam*⟩ sciocchezza *f*, stupidaggine *f.* **~ Day** *s.* giornata *f* di raccolta di fondi per i reduci di guerra. **~ red** *s.* rosso *m* papavero.

pop|shop *s.* ⟨*fam*⟩ (*pawnshop*) banco *m* di pegni. **~ singer** *s.* cantante *m/f* pop. **~ song** *s.* canzone *f* popolare moderna.

popster *am.* ['pɔpstə] *s.* artista *m/f* pop.

popsy ['pɔpsi] *s.* ⟨*sl*⟩ (*girl*) ragazza *f; (girl friend)* amichetta *f.*

pop-top *a.* (*of a can, etc.*) che si apre a strappo.

populace ['pɔpjuləs] *s.* **1** popolo *m*, gente *f* comune. **2** (*total population*) popolazione *f.*

popular ['pɔpjulə] *a.* **1** popolare, del popolo: ~ *discontent* malcontento popolare. **2** (*liked by many people*) popolare, benvoluto: *this teacher is not ~ with his students* questo insegnante non è benvoluto dai suoi studenti. **3** (*designed for, suited to the general public*) divulgativo, popolare: ~ *articles on scientific subjects* articoli divulgativi su argomenti scientifici; (*of prices, etc.*) popolare, modico. **4** ⟨*Pol,Parl*⟩ (*of the citizens*) popolare, democratico: ~ *suffrage* suffragio popolare; (*of the common people*) popolare, popolaresco, popolano, del popolo.

popular| front, ~ Front *s.* ⟨*Pol*⟩ fronte *m* popolare. **~ government** *s.* ⟨*Pol*⟩ governo *m* popolare (*o* democratico).

popularity [,pɔpju'læriti] *s.* popolarità *f.*

popularity rating *s.* indice *m* di gradimento.

popularization [,pɔpjulərai'zeiʃən] *s.* volgarizzazione *f*, divulgazione *f.* **'popularize** [-ləraiz] *v.t.* **1** diffondere, rendere popolare (*o* accessibile al popolo), divulgare: *to ~ a new fashion* diffondere una nuova moda. **2** ⟨*Edit*⟩ divulgare. **popularizer** [-lə'raizə] *s.* divulgatore *m* (*f* –trice). **popularly** ['pɔpjuləli] *avv.* generalmente, comunemente.

popular song *s.* canzone *f* pop (*o* popolare moderna).

populate ['pɔpjuleit] *v.t.* **1** (*to inhabit*) abitare, vivere in, popolare. **2** (*to provide with inhabitants*) popolare. **3** ⟨*fig*⟩ popolare, riempire di: *his dreams were –d by strange characters* i suoi sogni erano popolati da strani personaggi. **,population** [-'leiʃən] *s.* **1** popolazione *f: world ~* popolazione mondiale; *the working-age ~* la popolazione attiva. **2** (*act of populating*) popolamento *m.* □ *decrease in ~* regresso demografico; *increase in ~* incremento demografico.

population| density *s.* densità *f* della popolazione. **~ explosion** *s.* esplosione *f* della popolazione (*o* demografica), boom *m* delle nascite. **~ growth** *s.* incremento *m* demografico. **~ planning** *s.* pianificazione *f* demografica (*o* della popolazione). **~ policy** *s.* politica *f* demografica. **~ pyramid** *s.* ⟨*Sociol*⟩ piramide *f* demografica. **~ statistics** *s.pl.* (costr. sing.) statistica *f* demografica. **~ structure** *s.* struttura *f* demografica (*o* della popolazione). **~ survey** *s.* indagine *f* demografica.

Populism ['pɔpjulizəm] *s.* ⟨*Pol*⟩ populismo *m.* **Populist** [-list] **I** *s.* populista *m/f.* **II** *a.* → **Populistic.** ,**Populistic** [-'listik] *a.* populistico.

populous ['pɔpjuləs] *a.* popoloso, densamente (*o* molto) popolato. **populously** [-li] *avv.* con molti abitanti. **populousness** [-nis] *s.* popolosità *f.*

porbeagle ['pɔ:bi:gl] *s.* ⟨*Itt*⟩ smeriglio *m.*

porcelain ['pɔ:slin] **I** *s.* ⟨*Ceram*⟩ **1** porcellana *f.* **2** ⟨*collett*⟩ (*articles*) porcellane *fpl.* **II** *a.* di porcellana.

porcelain| clay *s.* caolino *m.* **~ enamel** *s.* smalto *m* vitreo.

porcelainize ['pɔ:slinaiz] *v.t.* porcellanare. ,**porcel(l)aneous** [-si'leiniəs] *a.* (*of porcelain*) di (*o* relativo a) porcellana; (*resembling porcelain*) simile a porcellana.

porch [pɔ:tʃ] *s.* **1** portico *m.* **2** ⟨*am*⟩ (*veranda*) veranda *f.*

porcine ['pɔ:sain] *a.* porcino, suino.

porcupine ['pɔ:kjupain] *s.* **1** ⟨*Zool*⟩ porcospino *m*, istrice *m/f.* **2** ⟨*fam*⟩ (*touchy person*) persona *f* scontrosa, istrice *m.*

pore[1] [pɔ:] *v.i.* **1** studiare (*o* leggere) attentamente (*over s.th.* qc.): *to ~ over a map* studiare una carta attentamente. **2** (*to stare*) fissare, guardare fissamente (qd.). **3** (*to ponder*) meditare, riflettere (*over, on, upon* su), considerare attentamente (qc.). □ *to ~ one's eyes out* rovinarsi la vista sui libri.

pore[2] *s.* ⟨*Anat,Min*⟩ poro *m.*

pork [pɔ:k] *s.* **1** ⟨*Macell,Gastr*⟩ maiale *m*, porco *m.* **2** ⟨*am.sl*⟩ sovvenzioni *fpl* (*o* cariche) distribuite dal governo per motivi politici.

pork| butcher *s.* salumiere *m* (*f* –a), salumaio *m* (*f* – pizzicagnolo *m* (*f* –a). **~chop** *s.* braciola *f* di maiale.

porker ['pɔ:kə] *s.* ⟨*Zootecn*⟩ maiale *m* d'allevamento.

pork pie I *s.* ⟨*Gastr*⟩ pasticcio *m* di carne di maiale. *a.* ⟨*Mod*⟩ (*of a hat*) a cupola piatta e falda rialzata.

porky ['pɔ:ki] *a.* **1** di porco, porcino. **2** ⟨*fam*⟩ (*f* grasso.

porn [pɔ:n], **porno** ['pɔ:nəu] *s.* ⟨*sl*⟩ **1** pornografia *f.* (*pornographic material*) materiale *m* pornografico.

pornographer [pɔ:'nɔgrəfə] *s.* (*writer*) pornografo *m* (*seller*) chi vende materiale pornografico. ,**pornograph** [-nə'græfik] *a.* pornografico. **pornography** [-fi] pornografia *f.*

porose ['pɔ:rous] *a.* → **porous. porosity** [pɔ'rɔsiti] porosità *f* (*anche tecn.*). **porous** [-rəs] *a.* **1** poroso. (*permeable by water, etc.*) permeabile. **porousne** [-rəsnis] *s.* porosità *f.*

porphyry ['pɔ:firi] *s.* ⟨*Geol*⟩ porfido *m.*

porpoise ['pɔ:pəs] *s.* ⟨*Zool*⟩ **1** focena *f.* **2** ⟨*pop*⟩ (*dolph* delfino *m.*

porridge ['pɔridʒ] *s.* ⟨*Gastr*⟩ farinata *f* d'avena, porric *m.*

port[1] [pɔ:t] *s.* **1** porto *m: the ~ of London* il porto Londra. **2** ⟨*fig*⟩ (*haven, refuge*) rifugio *m*, porto *m.* □ *of* **arrival** = *port of* **entry**; ~ *of* **call**: 1 ⟨*Mar*⟩ scalo porto *m* di scalo; **2** ⟨*estens*⟩ meta *f* abituale; ~ **clearance** porto *m* di spedizione; ⟨*fig*⟩ *to* **come** *safe to* giungere (sani e) salvi alla meta; ~ *of* **departure** porto di partenza (*o* d'imbarco); ~ *of* **destination** porto *m* destinazione; ~ *of* **discharge** porto *m* di sbarco; ~ **distress** porto *m* di rilascio; ~ *of* **entry** porto *m* d'entra ~ *of* **registry** porto *m* d'immatricolazione; ⟨*fig*⟩ *any* ~ *a* **storm** ogni porto è buono in tempo di tempesta; ⟨*fig*⟩ *after* **stormy** *seas* un porto dopo molte burrasche.

port[2] *s.* **1** ⟨*Mar*⟩ (*porthole*) oblò *m*, portellino *m.* ⟨*Mecc*⟩ foro *m*, apertura *f*, luce *f.* **3** ⟨*Mil*⟩ feritoia *f.*

port[3] **I** *s.* ⟨*Mar*⟩ (*left side*) sinistra *f*, bordo *m: to put* helm *to* ~ virare a sinistra. **II** *a.* sinistro, di sinistra, babordo. **III** *v.t.* (*of a helm, rudder*) mettere a sinist **IV** *v.i.* virare (*o* accostare) a sinistra.

port[4] *s.* ⟨*Enol*⟩ porto *m.*

portability [,pɔ:tə'biliti] *s.* l'essere portatile, trasportabil *f.*

portable ['pɔ:təbl] **I** *a.* portabile, trasportabile; (*eas carried by hand*) portatile: *a ~ record player* un giradis portatile. **II** *s.* **1** (*s.th. portable*) cosa *f* (*o* oggetto portabile. **2** calcolatore *m* portatile.

portableness ['pɔ:təblnis] *s.* → **portability.**

portable tank *s.* ⟨*Mar*⟩ cisterna *f* mobile.

portage ['pɔ:tidʒ] **I** *s.* **1** (*act of carrying*) il trasporta trasporto *m; (carriage*) trasporto *m.* **2** (*cost of carriag* spese *fpl* di trasporto. **3** (*of boats, goods*) trasporto *m* terra da un corso navigabile a un altro; (*place over wh carriage is done*) luogo *m* dove avviene il trasporto; (*ro followed*) itinerario *m* percorso. **II** *v.t.* trasportare ~ terra da un corso navigabile a un altro.

portal ['pɔ:tl] *s.* **1** portale *m.* **2** ⟨*fig*⟩ (*entrance*) ingres *m*, entrata *f.* **3** ⟨*poet*⟩ (*gate*) porta *f.*

port| area *s.* zona *f* portuale. **~ authority** *s.* capitaneri di porto. **~ captain** *s.* capitano *m* d'armamento. **charge** *s.* ⟨*Mar*⟩ tasse *fpl* portuali, diritti *mpl* di porte

portcullis [pɔ:t'kʌlis] *s.* ⟨*Mil.ant,Arald*⟩ saracinesca *f.*

portend [pɔ:'tend] *v.t.* preannunziare, essere indizio di, presagire.

portent ['pɔ:tent] *s.* **1** presagio *m*, indizio *m*, pronosti *m: a ~ of evil* un presagio di sventura; (*prophe significance*) segno *m* premonitore. **2** (*wonder, prodig* portento *m*, prodigio *m.* **por'tentous** [-əs] *a.* **1** premonitore. **2** (*ominous*) sinistro, infausto. **3** (*prodigio marvellous*) portentoso, prodigioso. **4** (*pompo* pomposo, borioso, vanitoso. **5** (*of style, langua* ampolloso, ridondante. **por'tentously** [-əsli] *avv.* **1** modo premonitore. **2** (*prodigiously*) portentosamen prodigiosamente. **por'tentousness** [-əsnis] *s.* **1** l'ess premonitore. **2** (*prodigiousness*) prodigiosità *f*, l'ess portentoso.

porter[1] ['pɔ:tə] *s.* facchino *m*, portabagagli *m; (bear* rtatore m.

·ter² s. **1** (doorkeeper) portiere m, portinaio m. **2** ommissionaire) portiere m (in livrea).

·ter³ s. (dark brown ale) birra f scura.

·terage ['pɔ:təridʒ] s. facchinaggio m; (charge) spese fpl facchinaggio, facchinaggio m.

·terhouse steak ['pɔ:təhaus] s. ⟨Gastr⟩ lombata f di anzo.

·ter's| knot s. cuscinetto m usato dai facchini per oteggere la spalla. **~ lodge** s. portineria f.

tfolio [pɔ:t'fouliou] s. (pl. **-s** [z]) **1** cartella f, borsa f ·r documenti. **2** ⟨Parl⟩ (ministerial office) dicastero m, rtafoglio m; (state documents) portafoglio m. **3** ⟨Econ⟩ rtafoglio m.

·thole ['pɔ:thoul] s. **1** ⟨Mar⟩ oblò m. **2** ⟨Mil⟩ feritoia f.

·rtia ['pɔ:ʃjə] N.pr. Porzia f.

tico ['pɔ:tikou] s. (pl. **-s/-es** [z]) ⟨Arch⟩ portico m.

tion ['pɔ:ʃən] **I** s. **1** parte f, porzione f: a ~ of meat a porzione di carne. **2** (share) parte f, quota f: to ceive one's ~ ricevere la propria parte. **3** ⟨Dir⟩ parte f eredità. **4** ⟨fig⟩ (lot, fate) destino m, sorte f, fato m. **II** . **1** (to divide into portions; general. con out) spartire, artire, suddividere, dividere: to ~ out an estate spartire a proprietà. **2** (to furnish with a portion) assegnare una rte (o quota) a. □ this ~ to be given up (on a ticket) rte f da consegnare. **portionless** [–lis] a. (having no heritance) senza eredità; (having no dowry) senza dote.

rtland| cement ['pɔ:tlənd] s. cemento m Portland (o aulico). **~ stone** s. pietra f Portland.

tliness ['pɔ:tlinis] s. corpulenza f. **portly** [–li] a. rpulento.

tmanteau fr. [pɔ:t'mæntou] s. (pl. **-s/-x** [z]) valigia f madio.

tolano it. [,pɔ:to(u)'lɑ:nou] s. (pl. **-s** [z]/**-ni** [ni:]) ⟨Mar⟩ rtolano m.

trait ['pɔ:trit] s. ritratto m, quadro m. □ to have one's painted farsi fare il ritratto, farsi ritrarre; to sit for one's posare per un ritratto.

trait| lens s. ⟨Fot⟩ obiettivo m da ritratto. **~ painter** ritrattista m/f. **~ painting** s. ritrattistica f.

traiture ['pɔ:tritʃə] s. **1** ritrattistica f. **2** (portrait) ratto m.

tray [pɔ:'trei] v.t. **1** ritrarre, fare un ritratto a. **2** ⟨fig⟩ describe) descrivere, ritrarre, dipingere; (to represent in ting) rappresentare, ritrarre. **portrayal** [–əl] s. **1** il rarre. **2** ⟨fig⟩ (act of describing) descrizione f. **3** rtrait) ritratto m. **4** ⟨Teat⟩ (act of representing) presentazione f.

tress ['pɔ:tris] s. portinaia f; (in a convent) suora f rtinaia.

t side s. ⟨Mar⟩ sinistra f, fianco m (o lato) sinistro, bordo m.

·tugal ['pɔ:tjugəl] N.pr. ⟨Geog⟩ Portogallo m.

rtuguese [,pɔ:tʃu'gi:z] **I** a. portoghese. **II** s.inv. **1** eople; costr. pl.) portoghesi mpl; (person; costr. sing.) rtoghese m/f. **2** (language) portoghese m.

t wine s. → port⁴.

s. = point of sale punto vendita.

O.S.B. = Post Office Savings Bank cassa di risparmio stale.

e [pouz] **I** v.i. **1** posare, mettersi in posa, fare da odello: to ~ for a sculptor posare per uno scultore. **2** (to sume a false character) posare, atteggiarsi, fingere di ere: to ~ as an intellectual posare a intellettuale; (to itudinize) posare, darsi delle arie: don't believe him, 's only posing non credergli, 'posa soltanto' (o è solo una sa). **II** v.t. **1** far posare, mettere in posa: to ~ a model posare una modella. **2** (to propound) porre, proporre, esentare: to ~ a difficult question porre una domanda ficile. **III** s. **1** (bodily posture) atteggiamento m, posa f, sizione f; (of a model) posa f. **2** (assumed attitude) posa f contegno m affettato.

er¹ ['pouzə] **1** s. (one who poses) posatore m (f –trice).

er² s. (baffling question) quesito m (o problema) che scita perplessità, domanda f imbarazzante.

eur fr. [pou'zə:] s. chi si dà (delle) arie, posatore m.

---

poseuse fr. [–z] s. chi si dà (delle) arie, posatrice f.

posh [pɔʃ] ⟨sl⟩ a. chic, fine, elegante; (luxurious, sumptuous) lussuoso, sontuoso, sfarzoso. '**poshly** [–li] avv. elegantemente. '**poshness** [–nis] s. eleganza f.

position [pə'ziʃən] **I** s. **1** posizione f, collocazione f; (location) posizione f, ubicazione f. **2** (bodily posture) posizione f, posa f: to sit in an uncomfortable ~ sedere in una posizione scomoda. **3** (place occupied) posto m: we had a good ~ avevamo un bel posto. **4** (circumstances, situation) posizione f, situazione f; stato m: to find o.s. in an awkward ~ trovarsi in una posizione imbarazzante. **5** (rank, status) posizione f, stato m, condizione f economica (o sociale): to have a certain ~ in society avere una certa posizione in società; (high status) alto rango m, condizione f sociale elevata. **6** (relative place, standing) posizione f (in graduatoria), posto m. **7** (post, job) impiego m, lavoro m, posto: the ~ has been filled il posto è stato occupato. **8** (attitude, way of viewing s.th.) posizione f, modo m di vedere, atteggiamento m: to take a ~ on a controversial issue prendere posizione su un tema controverso. **9** ⟨Mil⟩ posizione f: fortified –s posizioni fortificate. **10** ⟨Sport⟩ classifica f, posto m (o posizione f) in classifica. **11** ⟨Mar,Aer⟩ punto m, posizione f: to fix the ~ fare il punto. **II** v.t. **1** piazzare, mettere in posizione, collocare, disporre, sistemare: I –ed myself behind the door mi piazzai dietro la porta. **2** (to determine the position of) determinare (o stabilire) la posizione di, localizzare, individuare. **3** ⟨Mil⟩ piazzare, dislocare: to ~ one's troops piazzare le truppe. □ to hold a ~: **1** (a job) occupare un posto; **2** ⟨Mil⟩ occupare (o tenere) una posizione; **in** ~ a posto, nel posto giusto; to be in a ~ to do s.th. essere in grado di fare qc.; put yourself in my ~ mettiti 'al mio posto' (o nei miei panni); to keep up one's ~ (in society) comportarsi in modo conforme al proprio rango; a man of power and ~ un uomo potente e di elevata condizione sociale; **out** of ~ fuori posto; ⟨Sport⟩ to play out of ~ giocare fuori posizione; to be in a sitting ~ stare seduto; to be in a standing ~ stare in piedi; to take the ~ that sostenere che.

positional [pə'ziʃənl] a. di posizione, posizionale.

positional| goods s.pl. ⟨Econ⟩ beni mpl di prestigio. **~ notation** s. ⟨Inform⟩ numerazione f posizionale.

positioning [pə'ziʃəniŋ] s. **1** disposizione f, collocazione f, sistemazione f. **2** ⟨tecn⟩ posizionamento m.

position| paper s. documento m programmatico. **~ warfare** s. ⟨Mil⟩ guerra f di posizione.

positive ['pɔzətiv] **I** a. **1** (explicit) esplicito, inequivocabile, chiaro, evidente: ~ orders ordini espliciti; (arbitrarily or formally laid down) positivo: ~ law diritto positivo. **2** (certain) certo, sicuro. **3** (actual, real) effettivo, positivo, reale, concreto: there are ~ signs of a crisis vi sono segni effettivi di una crisi; (unquestionable) irrefutabile, indiscutibile, incontestabile, positivo: ~ proof prova irrefutabile. **4** ⟨intens⟩ (utter, downright) bello e buono, vero e proprio: that is a ~ lie è una bugia bella e buona. **5** (practical) concreto, positivo, pratico: ~ help aiuto concreto; (constructive, helpful) costruttivo, positivo, utile. **6** (indicating agreement, affirmation) positivo, favorevole, affermativo: the test was ~ la prova è stata positiva; (tending to what is thought good) vantaggioso, positivo: the ~ aspects of the matter i lati positivi della questione. **7** ⟨Gramm⟩ (di grado) positivo; (affirmative) affermativo: ~ verb form la forma affermativa del verbo. **8** ⟨Mat,Fis,Biol,Fot⟩ positivo. **II** s. **1** positivo m. **2** ⟨Fot⟩ positiva f. **3** ⟨Gramm⟩ (affirmative) forma f affermativa. **4** ⟨El⟩ polo m positivo.

positively ['pɔzətivli] avv. **1** con certezza, positivamente, di positivo; (dogmatically) in modo assoluto. **2** (practically, concretely) concretamente, praticamente: to act ~ agire concretamente. **3** (certainly, absolutely) certamente, assolutamente, sicuramente: ~ true certamente vero. **4** (utterly) assolutamente, del tutto. **positiveness** [–vnis] s. **1** l'essere positivo. **2** (certainty) certezza f, sicurezza f. **3** (confidence, assurance) sicurezza f di sé. **4** (practical quality) positivismo m, spirito m pratico.

positivism ['pɔzətivizəm] s. ⟨Filos⟩ positivismo m.

positivist [–vist] s. positivista m/f.

positron ['pozitrɔn] s. ⟨Fis⟩ positrone m.

posologic [,pɔsə'lɔdʒik], **posological** [-əl] a. ⟨Farm⟩ relativo alla posologia. **posology** [po(u)'sɔlədʒi] s. posologia f.

posse ['pɔsi] s. squadra f d'armati.

possess [pə'zes] v.t. 1 possedere, avere. 2 (to dominate) dominare, possedere; (to influence powerfully) influenzare (fortemente), dominare; (of an evil spirit) possedere, invasare. □ to ~ o.s. of (to obtain) appropriarsi di, impadronirsi di, prendere possesso di; to ~ one's soul in patience armarsi di santa pazienza; what ~ed you to behave like that? che cosa ti ha preso per comportarti in quel modo? **possessed** [-t] a. posseduto (dal demonio), invasato. □ ⟨am.fam⟩ to run like all ~ correre 'come un pazzo' (o a più non posso); to be ~ of (to possess) possedere, avere; 2 (to be dominated by) essere posseduto.

possession [pə'zeʃən] s. 1 possesso m. 2 (ownership) proprietà f, possesso m, possedimento m. 3 (s.th. possessed) bene m, avere m, possesso m, proprietà f: his most valued ~ il suo bene più caro. 4 pl. ⟨collett⟩ averi mpl, beni mpl, possedimenti mpl, possessi mpl, proprietà fpl: the family's ~s i beni della famiglia. 5 (condition of being dominated by a devil, passion, etc.) l'essere posseduto da 'un demonio' (o una passione, ecc.). 6 ⟨Pol⟩ possedimento m. 7 ⟨Sport⟩ (control of the ball, puck, etc.) possesso m, controllo m. □ to **come** (o enter) into ~ of s.th. entrare (o venire) in possesso di qc.; to **get** ~ of s.th. prendere possesso di qc., impadronirsi di qc.; ⟨Parl⟩ to be in ~ of the **house** avere la parola; to be in ~ of s.th. essere in possesso di qc., possedere qc., avere qc.; to have s.th. in one's ~ avere qc. in proprio possesso; to **regain** ~ of s.th. 'riacquistare il' (o rientrare in) possesso di qc.; ⟨Dir⟩ ~ of a **right** titolarità f di un diritto; to be in full ~ of one's **senses** avere il pieno possesso delle proprie facoltà mentali; to **take** ~ of: 1 impadronirsi di, prendere possesso di; 2 (to occupy) occupare: to take ~ of a new house occupare una nuova casa. Prov.: ~ is nine-tenths (o points) of the law il possesso vale titolo.

possessive [pə'zesiv] I a. 1 possessivo (anche Gramm.). 2 (domineering) possessivo, opprimente: a ~ mother una madre possessiva. II s. ⟨Gramm⟩ 1 caso m possessivo. 2 (possessive form) forma f possessiva; (possessive word) possessivo m. **possessively** [-li] avv. 1 possessivamente. 2 ⟨Gramm⟩ al genitivo. **possessiveness** [-nis] s. l'essere possessivo.

possessor [pə'zesə] s. 1 possessore m (f posseditrice), proprietario m (f -a). 2 ⟨Dir⟩ possessore m. **possessorship** [-ʃip] s. possesso m. **possessory** [-ri] a. 1 di possessore. 2 ⟨Dir⟩ possessorio: ~ action azione possessoria.

posset ['pɔsit] s. latte m caldo cagliato (con vino, birra e spezie).

possibilism ['pɔsəbilizəm] s. ⟨Pol⟩ possibilismo m. **possibilist** [-'sibilist] s. possibilista m/f.

possibility [,pɔsə'biliti] s. 1 possibilità f. 2 pl. (potential results) possibilità fpl (di successo): the project has possibilities il piano ha possibilità di successo. □ to admit the ~ of s.th. ammettere la possibilità di qc.; to allow for all possibilities tener conto di tutte le possibilità.

possible ['pɔsibl] I a. 1 possibile: it is ~ that you are right è possibile che tu abbia ragione. 2 ⟨fam⟩ (satisfactory) adatto, possibile, accettabile. II s. 1 possibile m: to do one's ~ fare il possibile. 2 (possible person) persona f adatta (o giusta). 3 ⟨Sport⟩ (highest possible score) punteggio m massimo. □ the task is barely ~ l'impresa è quasi impossibile; as far as ~ nei limiti del possibile; as soon as ~ il più presto possibile; if ~ se possibile, possibilmente. **possibly** [-i] avv. 1 (perhaps) forse, può darsi. 2 (by any possibility) assolutamente, proprio: I cannot ~ come non posso proprio venire.

possum ['pɔsəm] I s. ⟨Zool⟩ opossum m. II v.i. ⟨am.fam⟩ (to play possum) fingersi morto (o addormentato). III v.t. ⟨am.fam⟩ (to feign) fingere, simulare. □ to play ~: 1 (to feign death, sleep) fingersi morto (o addormentato); 2 (to feign ignorance) fare il finto tonto; 3 (to act cautiously) andare (o procedere) coi piedi di piombo.

post¹ [poust] I s. 1 palo m, pilastro m: to nail a notice a ~ inchiodare un avviso a un palo; (wooden pill column) montante m, colonna f; (of a door) montante stipite m; (of a fence) steccone m. 2 ⟨Sport⟩ (starting finishing point) palo m. 3 ⟨Minier⟩ gamba f, pilastro II v.t. 1 affiggere, attaccare: to ~ a notice on a w affiggere un manifesto a un muro. 2 (to announce by placard) annunciare per mezzo di un manifesto. 3 (to on a notice board) affiggere all'albo. 4 ⟨fig⟩ (to denou publicly) denunciare pubblicamente. 5 (to cover w posters, notices; spesso con over) coprire di manifesti avvisi. 6 (of property) vietare l'accesso' (o il transito) in ⟨Mar⟩ (of a ship) registrare come perduta in mare. □ no bills divieto d'affissione, vietata l'affissione; ⟨Sport⟩ be left at the ~ restare al palo; several people were missing parecchie persone figuravano nell'elenco dispersi; ⟨Sport⟩ to win on (o at) the ~ vincere sul del traguardo, vincere di misura.

post² I s. 1 posta f; (organization, system) posta f, servi m postale. 2 (matter sent, received) posta f corrispondenza f: has the ~ arrived? è arrivata la posta (single delivery) distribuzione f (della posta): when is next ~? quando ci sarà la prossima distribuzior (collection) levata f (della posta). 4 ⟨Stor⟩ (pre postiglione m; (station) posta f, stazione f di posta; (sta posta f. II v.t. 1 impostare, imbucare, spedire: to ~ letter impostare una lettera. 2 (to inform) informa mettere al corrente, ragguagliare: keep me ~ed tien informato. 3 ⟨Comm⟩ (of an entry, item; spesso con trascrivere (a mastro); (of a ledger) aggiornare. III v.i (to travel with post horses) viaggiare con cavalli di posta ⟨estens⟩ (to travel quickly) viaggiare velocemente, hurry) affrettarsi, trottare. □ ~ early for Christmas Natale spedite per tempo la posta; by ~ per posta; return of ~ a stretto giro di posta.

post³ I s. 1 ⟨Mil⟩ posto m: a sentry at his ~ sentinella al suo posto. 2 ⟨Mil⟩ (station) stanza f, sed ⟨camp⟩ accampamento m; (outpost) avamposto m. (place, position) posto m: to remain at one's ~ restare proprio posto. 4 (position of employment) posto impiego m, carica f, ufficio m: executive ~ p direttivo. 5 (settlement, trading post) base f (o stazio commerciale. 6 ⟨Mil⟩ (bugle call) segnale m di trom II v.t. 1 ⟨Mil⟩ postare, dislocare, disporre: to ~ sent postare (le) sentinelle; (to assign; general. al pass assegnare, destinare: to be ~ed to a regiment es assegnato a un reggimento. 2 (to station, posit collocare, piazzare, situare, porre. □ ⟨Mil⟩ first ~ pr suono di tromba della ritirata; last ~ ultimo suono tromba della ritirata.

postage ['poustidʒ] s. (fee, charge) affrancatura f, spese postali, tariffa f postale. □ ~ additional (o extra) soprattassa f postale; ~ free franco di porto, in franch (postale); ~ paid porto pagato.

postage| due s. soprattassa f (per affrancat insufficiente). **~-due stamp** s. segnatasse m. **~ mete** affrancatrice f. **~ stamp** s. francobollo m.

postal ['poustəl] I a. 1 postale. 2 (conducted by post) corrispondenza: ~ chess partita a scacchi corrispondenza; ~ ⟨am.fam⟩ → postcard. □ ⟨am delivery zone → postal district.

postal| account holder s. correntista m postale. **~ address** s. indirizzo m postale. **~ card** am. s. postcard. **~ charges** s.pl. tariffe fpl postali. **~ che** s. assegno m postale. **~ clerk** s. impiegato m postal delle poste). **~ code** s. codice m postale. **~ cours** corso m per corrispondenza. **~ current account** conto m corrente postale. **~ district** s. distretto m circoscrizione f) postale. **~ money order** s. vaglia postale. **~ note**, **~ order** s. vaglia m postale. **~ savi bond** s. buono m postale fruttifero. **~ savi book(let)** s. libretto m di risparmio postale. **~ stationery** s. valori mpl bollati (spec. buste e carto postali). **~ transfer** s. versamento m postale. **~ transfer form** s. modulo m di versamento postale **~ union** s. unione f postale.

post| bag s. 1 sacco m postale, sacco della posta

rrispondenza). **2** (*mail received*) posta *f* (ricevuta). **~oat** *s.* battello *m* postale. **~box** *s.* buca *f* della lettere, ssetta *f* per le lettere. **~boy** *s.* **1** postino *m*, portalettere . **2** (*postilion*) postiglione *m*. **~ capitalistic** *a.* post-apitalistico. **~card** *s.* **1** cartolina *f* (postale). **2** (*picture stcard*) cartolina *f* illustrata. **~ chaise** *s.* 〈*Stor*〉 postale . **~code** *s.* → **postal code.** **~ colonial** *a.* stcoloniale.

stdate [,poust'deit] *v.t.* **1** postdatare: *to ~ a cheque* stdatare un assegno. **2** (*of an event*) postdatare, attribuire na data posteriore a.

ster ['poustə] *s.* **1** manifesto *m*, affisso *m*, cartellone *m*. (*one who posts bills*) attacchino *m*.

ster designer *s.* cartellonista *m/f.*

ste restante *fr.* [,poust'restã:nt] *s.* **1** fermoposta *m*. **2** *department*) sportello *m* del fermoposta.

sterior [pɔs'tiəriə] **I** *a.* posteriore. **II** *s.* (*buttocks*) eretano *m*, 〈*eufem*〉 posteriore *m*. **pos,teriority** ri'ɔriti] *s.* posteriorità *f.*

sterity [pɔs'teriti] *s.* posterità *f*, posteri *mpl.*

stern ['poustən] *s.* entrata *f* posteriore.

stfix **I** *v.t.* [,poust'fiks] 〈*Ling*〉 aggiungere alla fine di na parola. **II** *s.* ['poustfiks] suffisso *m*.

st-'free *a./avv.* franco di porto, in franchigia.

stglacial [poust'gleifəl] *a.* 〈*Geol*〉 postglaciale.

stgraduate [poust'grædjuit] **I** *a.* 〈*Univ*〉 di rfezionamento, di specializzazione, postlaurea: *~ aining* formazione postlaurea. **II** *s.* laureato *m* (*f* –a) che ntinua gli studi universitari.

st-'haste *avv.* molto rapidamente, a grande velocità. *a.* immediato, pronto, rapido.

st| horn *s.* 〈*Mus*〉 corno *m* del postiglione. **~ horse** *s.* *tor*〉 cavallo *m* di posta. **~house** *s.* stazione *f* di sta.

sthumous ['pɔstjuməs] *a.* postumo. **posthumously** li] *avv.* dopo la morte.

stiche *fr.* [pɔs'tiʃ] *s.* 〈*Mod*〉 posticcio *m*, toupet *m.*

stil [l'pɔstil] *s.* **1** postilla *f*, chiosa *f*, glossa *f*. **2** 〈*Bibl*〉 ossa *f.*

stil(l)ion [pɔs'tiljən] *s.* postiglione *m.*

sting[1] ['poustiŋ] *s.* 〈*Mil*〉 assegnazione *f* a un comando reparto) militare.

sting[2] *s.* 〈*Comm*〉 **1** (*act of transferring an entry, item*) registrare a mastro. **2** (*record*) registrazione *f* a astro.

stlude ['poustlju:d] *s.* 〈*Mus*〉 postludio *m.*

st|man [mən] *s.irr.* postino *m*, portalettere *m*. □ *known to the ~* sconosciuto al portalettere. **~mark** **I** *s.* nbro *m* postale. **II** *v.t.* timbrare. **~master** *s.* direttore di un ufficio postale.

stmaster| general, ~ General ['poustmɑ:stə] *s.* (*pl.* stmaster generals/postmasters general) ministro *m* lle poste.

stmeridian [,poustmə'ridiən] *a.* pomeridiano.

st meridiem *lat.* [,poustmə'ridiəm] *a.* dopo mezzo-rno.

stmistress ['poustmistris] *s.* direttrice *f* di un ufficio stale.

stmodern [,poust'mɔdən] *a.* 〈*Art*〉 postmoderno: *~ sign* design postmoderno.

st-mortem ['mɔ:təm] **I** *s.* **1** → **post-mortem** amination. **2** 〈*fam*〉 (*discussion after the event*) riesame dell'avvenimento. **II** *a.* **1** successivo al decesso. **2** (*of a st-mortem*) relativo all'autopsia, autoptico. **III** *avv.* po la morte, a morte avvenuta.

st-mortem examination *s.* autopsia *f*, necroscopia *f.*

st-'natal *a.* postnatale.

st-'nuptial *a.* successivo alle nozze.

st office *s.* ufficio *m* postale. **Post Office** *s.* 〈*GB*〉 inistero *m* delle poste. □ *General ~* posta *f* centrale.

st-office| address *s.* indirizzo *m* postale. **~ book** *s.* post-office directory. **~ box** *s.* casella *f* postale. □ *lder of a ~* cassettista *m/f.* **~ directory** *s.* guida *f* enerale) postale. **~ order** *s.* → **postal note.** **~ vings-bank** *s.* cassa *f* di risparmio postale.

toperative [poust'ɔprətiv] *a.* 〈*Chir*〉 postoperatorio.

tpaid *am.* ['poust'peid] **I** *a.* affrancato. **II** *avv.* porto

pagato.

postponable [poust'pounəbl] *a.* differibile, prorogabile.

postpone [poust'poun, pəs'poun] *v.t.* rinviare, differire. **postponement** [–mənt] *s.* rinvio *m.*

postpose [pous(t)'pouz] *v.t.* 〈*Gramm*〉 posporre. **,postposition** [–pə'ziʃən] *s.* 〈*Gramm*〉 posposizione *f*; (*postposed word*) posposizione *f*, particella *f* (*o* parola) pospositiva. **postpositive** [–'pɔzitiv] **I** *a.* 〈*Gramm*〉 pospositivo. **II** *s.* posposizione *f*, particella *f* (*o* parola) pospositiva.

postprandial [,poust'prændiəl] *a.* che segue un pasto.

postrevolutionary [poust,revə'l(j)uʃənəri] *a.* postrivoluzionario.

postscript ['pous(t)skript] *s.* poscritto *m*; (*at the end of an article, etc.*) addenda *mpl*, appendice *f.*

postulant ['pɔstjulənt, *am.* 'pɔstʃələnt] *s.* postulante *m* (*anche Dir.can.*). **postulate** [–leit] **I** *v.t.* **1** postulare, chiedere con insistenza. **2** (*to assume*) (pre)supporre, ammettere. **II** *s.* **1** postulato *m*, presupposto *m* necessario. **2** 〈*Mat,Filos*〉 postulato *m*. **,postulation** [–'leiʃən] *s.* **1** (*act of postulating*) il postulare. **2** (*s.th. postulated*) postulato *m*, presupposto *m*. **postulator** [–ə] *s.* 〈*Dir.can*〉 postulatore *m.*

postural ['pɔstʃərəl] *a.* di (*o* relativo alla) posizione.

posture ['pɔstʃə] **I** *s.* **1** posizione *f*: *in a sitting ~* in posizione seduta; (*of a model*) posa *f*; (*carriage*) portamento *m*. **2** (*mental attitude*) atteggiamento *m*. **3** 〈*fig*〉 (*state, condition*) stato *m*, condizione *f*. **II** *v.t.* mettere in posa (*o* una posizione). **III** *v.i.* **1** (*to assume a posture*) assumere una posa, mettersi in posa. **2** (*to act affectedly*) atteggiarsi, posare, darsi delle arie. **posturer** [–rə] *s.* posatore *m* (*f* –trice). **posturize** [–raiz] *v.i.* posare, darsi delle arie.

'post-'war *a.* del (*o* relativo al) dopoguerra, postbellico.

postwoman ['postwumən] *s.irr.* postina *f*, portalettere *f.*

posy ['pouzi] *s.* mazzolino *m.*

pot[1] [pɔt] **I** *s.* **1** (*cooking vessel*) pentola *f*, pignatta *f*; (*for liquids, soft solids*) vasetto *m*, vaso *m*: *a ~ of jam* un vasetto di marmellata; (*for a drink*) boccale *m*, brocca *f*; (*mug*) gotto *m*. **2** (*coffee pot*) caffettiera *f*; (*teapot*) teiera *f*. **3** (*chamber pot*) vaso *m* da notte. **4** (*flowerpot*) vaso *m* da fiori. **5** (*pot containing water*) fossa *f* d'acqua. **6** 〈*sl*〉 (*large sum of money*) mucchio *m* di soldi. **7** *pl.* (*large quantity*) grande quantità *f*, mucchio *m*, 〈*fam*〉 sacco *m*. **8** 〈*sl*〉 (*marijuana*) marijuana *f*, 〈*gerg*〉 erba *f*. **9** 〈*fam*〉 tiro *m* a casaccio. **10** 〈*Pesc*〉 nassa *f*. **11** 〈*sport*〉 (*cup, trophy*) coppa *f*; (*favourite*) favorito *m* (*f* –a). **12** (*in gambling: pool*) piatto *m*, puntate *fpl*. **II** *a.* (*made of earthenware*) di terraglia. □ 〈*fam*〉 *to consider o.s. a big ~* reputarsi una persona importante, credersi un pezzo grosso; 〈*fig*〉 *to keep the ~ boiling:* **1** guadagnarsi la vita; **2** (*to keep things moving*) mantenere il ritmo; 〈*fam*〉 *to go to ~* andare in rovina; *–s and pans* batteria *f* da cucina; 〈*fam*〉 *to take a ~ at s.th:* **1** (*to shoot at random*) tirare a casaccio contro qc.; **2** (*to attempt*) cercare (*o* tentare) di fare qc. *Prov.: the ~ calls the kettle black* la padella dice al paiolo: fatti in là che mi tingi.

pot[2] *v.* (*pret., p.p.* '**potted** [–id]) **I** *v.t.* **1** (*to place in a pot*) mettere in un vaso. **2** (*to preserve*) conservare in un vaso: *to ~ plums* conservare le prugne in un vaso. **3** (*to cook in a pot*) cuocere in (una) pentola. **4** 〈*Giard*〉 invasare, piantare in un vaso: *to ~ plants* piantare le piante in un vaso. **5** 〈*fam*〉 (*of a child*) mettere sul vasino. **6** 〈*fam*〉 (*to take a pot–shot at*) sparare a casaccio contro. **7** 〈*fam*〉 (*to win*) vincere, ottenere: *to ~ all the prizes* vincere tutti i premi. **8** (*in billiards*) mettere in buca. **9** 〈*Ceram*〉 modellare, lavorare. **10** 〈*venat*〉 cacciare (*o* uccidere) per procurarsi cibo. **II** *v.i.* (*to take a pot–shot*) sparare a casaccio (*at* contro).

potable ['poutəbl] *a.* potabile.

potage *fr.* [pɔ'tɑːʒ] *s.* 〈*Gastr*〉 potage *m*, minestra *f.*

potash ['pɔtæʃ] *s.* 〈*Chim*〉 potassa *f.*

potass [po(u)'tæs] *s.* **1** → **potash.** **2** → **potassium.** **potassic** [–ik] *a.* 〈*Chim*〉 potassico.

potassium [pə'tæsiəm] *s.* 〈*Chim*〉 potassio *m.*

potassium| bromide *s.* bromuro *m* di potassio. **~ carbonate** *s.* carbonato *m* di potassio, potassa *f.* **~**

chloride *s.* cloruro *m* di potassio. **~ cyanide** *s.* cianuro *m* di potassio. **~ hydroxide** *s.* idrossido *m* di potassio. **~ nitrate** *s.* nitrato *m* di potassio.

potation [po(u)'teiʃən] *s.* (*drinking*) bevuta *f;* (*drink*) bevanda *f.*

potato [pə'teitou] *s.* (*pl.* -es [z]) ⟨*Bot*⟩ patata *f.* □ ⟨*fam*⟩ *to drop s.th. like a hot* ~ mollare (*o* lasciare cadere) qc. come una patata bollente.

potato| chip *am. s.* → **potato crisp. ~ chipper** *s.* friggitrice *f.* **~ crisp** *s.* patatina *f* fritta. **~ crop** *s.* ⟨*Agr*⟩ raccolta *f* delle patate. **~ digger** *s.* ⟨*Agr*⟩ scavapatate *m.* **~ flour** *s.* fecola *f* di patate. **~ harvester** *s.* scavapatate *m,* macchina *f* scavatuberi. **~ masher** *s.* passapatate *m.* **~ peeler** *s.* sbucciapatate *m.*

pot|bellied *a.* panciuto. **~bellied stove** *s.* stufa *f* panciuta. **~belly** *s.* pancione *m.* **~boiler** *s.* ⟨*Lett,Art*⟩ opera *f* di cassetta, opera scadente (scritta a fin di lucro). **~boy** *s.* ragazzo *m* (*o* garzone) di bettola.

poteen *irl.* [pɔ'ti:n] *s.* whisky *m* distillato clandestinamente.

potence ['poutəns], **potency** [-i] *s.* **1** potenza *f.* **2** (*effectiveness*) potenza *f,* efficacia *f: the* ~ *of prayer* la potenza della preghiera. **3** (*efficacy*) efficacia *f,* forza *f: the* ~ *of a drug* l'efficacia di un farmaco; (*power to intoxicate*) potere *m* inebriante. **4** ⟨*Fisiol*⟩ potenza *f* sessuale.

potent ['poutənt] *a.* **1** potente, possente, poderoso. **2** (*of arguments, etc.*) convincente, persuasivo, efficace. **3** (*efficacious*) efficace, potente. **4** (*of an alcoholic drink*) potente, forte. **5** (*having influence*) determinante: *a* ~ *factor* un fattore determinante. **6** ⟨*Fisiol*⟩ (sessualmente) potente.

potentate ['poutənteit] *s.* capo *m* di stato, sovrano *m,* principe *m,* ⟨*lett*⟩ potentato *m.*

potential [pou'tenʃəl] **I** *a.* **1** potenziale, possibile: *a* ~ *threat to peace* una minaccia potenziale per la pace; *a* ~ *Prime Minister* un possibile primo ministro. **2** ⟨*Gramm*⟩ potenziale. **II** *s.* **1** potenziale *m,* potenzialità *f: the* ~ *of atomic power for peaceful uses* il potenziale atomico per usi pacifici; *the growth* ~ *of an industry* la potenzialità di sviluppo di un'industria. **2** (*latent ability*) capacità *f* (latente): *a lazy student but full of* ~ uno studente pigro ma pieno di capacità. **3** ⟨*Gramm,El,Mat*⟩ potenziale *m.*

potential| difference *s.* ⟨*El*⟩ differenza *f* di potenziale. **~ drop** *s.* caduta *f* di potenziale.

potentiality [pou,tenʃi'æliti] *s.* **1** potenzialità *f,* virtualità *f.* **2** (*s.th. potential*) potenziale *m,* potenzialità *f;* (*latent ability*) capacità *f* (latente). **po'tentialize** [-ʃəlaiz] *v.t.* rendere potenziale. **po'tentially** [-ʃəli] *avv.* potenzialmente, virtualmente: ~ *dangerous* potenzialmente pericoloso.

potentiate [pou'tenʃieit] *v.t.* potenziare, rafforzare.

potentiometer [pə,tenʃi'ɔmitə] *s.* ⟨*El*⟩ **1** potenziometro *m.* **2** (*voltage divider*) partitore *m* di tensione.

potestative [pə'testətiv] *a.* ⟨*Dir*⟩ potestativo.

potheen *irl.* [pɔ'θi:n] *s.* → **poteen.**

pother ['pɔðə] *s.* **1** chiasso *m,* baccano *m,* confusione *f.* **2** (*cloud of dust, smoke*) polverone *m,* nuvola *f* di polvere (*o* fumo).

pot| herb *s.* ⟨*Gastr*⟩ erbette *fpl,* erbe *fpl* aromatiche. **~hole** *s.* **1** ⟨*Geol*⟩ marmitta *f.* **2** ⟨*Strad*⟩ buca *f.* **~-hole** *v.i.* ⟨*fam*⟩ esplorare le caverne sotterranee, fare esplorazioni speleologiche. **~holer** *s.* ⟨*fam*⟩ speleologo *m* (*f* –a). **~holing** *s.* ⟨*fam*⟩ esplorazione *f* speleologica. **~house** *s.* birreria *f.* **~hunter** *s.* **1** ⟨*venat*⟩ chi caccia solo per riempire il carniere. **2** ⟨*sport*⟩ chi partecipa alle gare solo per vincere premi. **~hunting** *s.* **1** ⟨*venat*⟩ il cacciare solo per riempire il carniere. **2** ⟨*sport*⟩ il partecipare a gare solo per vincere premi.

potion ['pouʃən] *s.* pozione *f,* filtro *m.*

Potiphar ['pɔtifə] *N.pr.* ⟨*Bibl*⟩ Putifarre *m.*

pot lead *s.* ⟨*Mar*⟩ piombaggine *f* usata per scafi.

potluck ['pɔtlʌk] *s.* **1** piatto *m* alla buona. **2** ⟨*fig*⟩ (*change*) sorte *f,* fortuna *f: to try* ~ tentare la sorte. □ *to take* ~ mangiare quello che passa il convento.

pot|man [mən] *s.irr.* cameriere *m* di bettola. **~ metal** *s.* **1** ⟨*Met*⟩ lega *f* di rame e piombo. **2** ⟨*Vetr*⟩ vetro *m*

colorato nel crogiolo.

pot-pourri *fr.* [po(u)'puri, *am.* pɔt'puri] · *s.* **1** vaso contenente petali di fiori essiccati e spezie (per profum un ambiente). **2** ⟨*Mus,Lett*⟩ pot–pourri *m.* **3** ⟨ (*medley, mixture*) pot–pourri *m,* guazzabuglio miscuglio *m.*

pot| roast I *s.* ⟨*Gastr*⟩ brasato *m.* **II** *v.t.* brasare. **~ sh** *s.* **1** (*random shot*) tiro *m* (*o* colpo) a casaccio; (*easy sh* tiro *m* facile. **2** ⟨*fig*⟩ (*casual attempt*) tentativo assaggio *m,* esperimento *m,* prova *f.*

pottage ['pɔtidʒ] *s.* ⟨*Gastr*⟩ zuppa *f* di verdure (e carne

potted ['pɔtid] *a.* **1** conservato (in vaso): ~ *plums* pru conservate. **2** ⟨*Giard*⟩ in vaso: ~ *geraniums* gerani vaso. **3** ⟨*fam*⟩ (*inadequately summarized*) riassu male.

potter¹ ['pɔtə] *s.* vasaio *m* (*f* –a).

potter² **I** *v.i.* **1** (*to do small jobs;* spesso con *arou about*) lavoricchiare, lavoracchiare: *to* ~ *about in garden* lavoricchiare in giardino. **2** (*to move, s* *aimlessly;* spesso con *about, around*) bighellon girondolare, girellare. **II** *v.t.* (*of time: to waste by trifl* general con *away*) sprecare, sciupare, perdere.

potter's| clay, ~ earth *s.* argilla *f.* **~ wheel** *s.* torni da vasaio.

pottery ['pɔtəri] *s.* **1** (*ware*) ceramiche *fpl,* terraglie stoviglie *fpl.* **2** (*potter's art*) ceramica *f.* **3** (*fact workshop*) fabbrica *f* (*o* laboratorio *m*) di ceramiche.

potting ['pɔtiŋ] *s.* **1** conservazione *f* in vasi. **2** ⟨*Gi* invasatura *f.* **3** (*pottery making*) lavorazione *f* d ceramica (*o* terracotta).

potty¹ ['pɔti] *a.* ⟨*fam*⟩ **1** (*slightly crazy*) (un po') to ⟨*scherz*⟩ picchiatello. **2** (*insignificant*) insignifica banale. **3** (*very easy*) facilissimo, semplicissimo. □ *to* ~ *about s.o.* volere un bene matto a qd., amare qd. follia; *to be* ~ *about s.th.* andare matto per qc.; *to a s.o.* ~ far impazzire qd.

potty² *s.* ⟨*fam*⟩ (*child's chamber-pot*) vasino *m.* □ *to* ~ fare la popò.

pot|-valiant *a.* che diventa coraggioso dopo una bev **~-valor** *am.,* **~-valour** *s.* coraggio *m* dato dall'alcol

pouch [pautʃ] **I** *s.* **1** (*small satchel*) borsa *f;* (*small wa* borsellino *m;* (*small bag*) sacchetto *m;* (*small poc* taschino *m.* **2** ⟨*Zool*⟩ (*marsupium*) marsupio *m;* (*c* *pouch*) tasca *f* boccale, borsa *f* guanciale. **3** ⟨*Anat*⟩ b *f.* **4** ⟨*am.Post*⟩ (*diplomatic bag*) valigia *f* diplomatica *v.t.* **1** mettere in una borsa; (*to pocket*) intascare, met (*o* mettersi) in tasca. **2** ⟨*Zool*⟩ trasportare nel marsupi (*to puff*) gonfiare. **III** *v.i.* (*to form a pouch*) formare borsa; (*to protrude*) sporgere. **pouched** [-t] *a.* ⟨*Zoo* che ha una borsa (*o* un marsupio, ecc.). **2** (*formin pouch*) che forma una borsa. **'pouchy** [-i] *a.* **1** a (*o* borse. **2** (*resembling a pouch*) simile a una borsa.

pouf *fr. s.* → **pouff(e). pouff(e)** [pu:f] *s.* **1** ⟨*Arred*⟩ pu sgabello *m* imbottito. **2** ⟨*Mod*⟩ (*hairstyle*) pouf *m.*

poulp(e) [pu:lp] *s.* ⟨*Zool*⟩ polpo *m.*

poult [poult] *s.* (*young turkey*) tacchino *m* giovane; (*y* *chicken*) pollastro *m,* pollo *m* novello (*o* giovane); (*y* *pheasant*) fagiano *m* giovane.

poulterer ['poultərə] *s.* pollivendolo *m* (*f* –a), pollaiol (*f* –a).

poultice ['poultis] **I** *s.* ⟨*Med*⟩ impiastro *m,* cataplasma **II** *v.t.* applicare un impiastro a.

poultry ['poultri] *s.* pollame *m: breeding* ~ poll d'allevamento.

poultry| farm *s.* azienda *f* avicola. **~ farmer** pollicoltore *m.* **~ farming** *s.* pollicoltura *f.* **~ fee** mangime *m* per pollame. **~man** [mən] *s.irr.* **1** pollico *m.* **2** (*poulterer*) pollaiolo *m,* pollivendolo *m.*

pounce¹ [pauns] **I** *v.i.* **1** piombare, avventarsi (*on* su): *eagle* –*d on its prey* l'aquila piombò sulla preda; (*to n a sudden leap*) balzare (su): *the cat* –*d on the mou* gatto balzò sul topolino. **2** ⟨*fig*⟩ (*of people*) piomb lanciarsi, gettarsi, avventarsi (su): *the police* –*d on thieves* la polizia piombò sui ladri. **3** ⟨*fig*⟩ (*to d rapidly*) cogliere al volo (qc.): *the lawyer* –*d on witness' blunder* l'avvocato colse al volo l'errore testimone. **II** *s.* **1** (*sudden swoop*) il piom ll'improvviso; (*sudden leap*) balzo *m* repentino. **2** (*claw, talon*) artiglio *m*, unghia *f*.

unce[2] *v.t.* **1** (*of metal*) sbalzare. **2** (*of cloth*) goffrare. **3** (*rar*) (*to perforate*) perforare.

unce[3] **I** *s.* **1** (*pumice powder*) polvere *f* di pomice, polverino *m*. **2** (*powder used to transfer a pattern*) polvere da spolvero. **3** → **pounce bag. II** *v.t.* **1** (*to treat with pounce*) spolverare, spolverizzare. **2** (*of a design*) riportare spolvero. **3** (*to smooth*) pulire (*o* levigare) con la pomice.

unce| bag *s.* spolvero *m.* **~ box** *s.* polverino *m*.

uncet box ['paunsit] *s.* → **pounce box.**

und[1] [paund] **I** *s.* (*pl. inv.*/-**s** [z]; il pl.inv. si usa general. on valore collett.) **1** ⟨*Econ*⟩ sterlina *f*, lira *f* sterlina: *a five-~ note* un biglietto da cinque sterline. **2** (*unit of weight*) libbra *f*. **II** *v.t.* (*of coins: to test the weight of*) controllare il peso di. □ ⟨*fig*⟩ **~ of flesh** ciò che spetta ino all'ultimo centesimo; ⟨*fam*⟩ *it's a question of -s, shillings and pence* è (una) questione di quattrini (*o* enaro).

und[2] **I** *v.t.* **1** martellare, battere (con forza): *to ~ the door with one's fists* martellare la porta coi pugni; *to ~ a typewriter* battere su una macchina da scrivere. **2** ⟨*Mil*⟩ martellare, battere (senza tregua), tambureggiare: *artillery red our trenches* l'artiglieria martellò le nostre trincee. **3** (*to crush*) pestare, frantumare, sminuzzare; (*to pulverize*) polverizzare, ridurre in polvere. **4** (*to compress*) calcare. **I** *v.i.* **1** battere (con forza), martellare: *to ~ on the table with one's fist* battere un pugno sul tavolo; (*to make a thumping noise*) tamburellare, martellare. **2** (*to thump, throb violently*) martellare, battere con violenza: *my heart was –ing* il cuore mi martellava. **3** (*to move heavily and noisily*) muoversi pesantemente e con fracasso; (*of a horse*) scalpitare. **4** ⟨*Mar*⟩ (*of a ship*) beccheggiare pesantemente. □ *to ~ away:* 1 ⟨*Mil*⟩ martellare, colpire ripetutamente (*at s.th.* qc.); 2 (*to work hard*) buttarsi a corpo morto, sprofondarsi (in); *to ~ a piano* strimpellare il pianoforte; *to ~ s.th. to pieces* ridurre qc. in pezzi (*o* frantumi); *the ship –ed to pieces on the rocks* la nave si fracassò sulle rocce.

und[3] *s.* (*act of pounding*) martellio *m*, martellamento *m*; (*heavy blow*) forte colpo *m*, botta *f*; (*noise*) rumore *m* sordo.

und[4] *s.* **1** (*public enclosure for stray animals*) recinto *m* municipale per animali randagi; (*dog pound*) canile *m* municipale. **2** (*enclosure for sheltering animals*) chiuso *m*. ⟨*fig*⟩ (*place of confinement*) galera *f*, prigione *f*.

undage ['paundidʒ] *s.* **1** tariffa *f* stabilita in base al eso in libbre. **2** (*weight in pounds*) peso *m* in libbre. **3** (*tax per pound sterling*) imposta *f* percentuale per sterlina. (*commission paid on a transaction*) provvigione *f*, percentuale *f*.

under[1] ['paundə] *s.* **1** (*one that crushes*) chi schiaccia, chi frantuma. **2** (*vessel*) mortaio *m*. **3** (*pestle*) pestello *m*.

under[2] *s.* **1** (*nei composti: that weighs so many pounds*) osa *f* che pesa ... libbre; (*of a fish*) pesce *m* di ... libbre: *he caught a ten-~* ha preso un pesce di dieci libbre. **2** ⟨*Artgl*⟩ (*nei composti*) cannone *m* (*o* pezzo) che spara proiettili da ... libbre. **3** (*nei composti; of a banknote*) anconota *f* (*o* biglietto *m*) da ... sterline.

unding ['paundiŋ] *s.* **1** martellio *m*, martellamento *m*: *there was a ~ on the door* si sentì un martellio alla porta. ⟨*Mil*⟩ martellamento *m*, tambureggiamento *m*. **2** (*noise*) rumore *m* sordo: *the ~ of distant artillery* il rumore sordo dell'artiglieria lontana. **4** (*of a horse*) calpitio *m*. **5** (*act of pulverizing*) polverizzazione *f*.

ur[1] [poː] **I** *v.t.* **1** versare, mescere: *to ~ tea into a cup* versare il tè in una tazza. **2** ⟨*assol*⟩ (*to preside at a tea table*) versare il tè agli ospiti. **3** ⟨*fig*⟩ (*to supply abundantly*) fare affluire, riversare: *to ~ money into a company* fare affluire denaro in una società. **4** ⟨*Edil*⟩ ettare, fare una gettata di. **5** ⟨*Met*⟩ colare. **II** *v.i.* **1** uire (copiosamente), riversarsi, sgorgare, uscire (in ande quantità): *water was –ing out of the pipe* l'acqua uiva dal tubo; *tears –ed from her eyes* le lacrime le rgavano dagli occhi. **2** ⟨*fig*⟩ (*to proceed in large*

numbers) riversarsi, affluire: *the crowd –ed into the square* la folla si riversò nella piazza. **3** (*of rain*) scrosciare, rovesciarsi, venir giù. **4** (*to rain heavily;* costr. impers.) piovere a dirotto, diluviare: *it was –ing when we went out* quando uscimmo pioveva a dirotto. □ *to ~* **away** gettar via; *to ~* **forth:** 1 (*to produce copiously*) produrre in abbondanza, sfornare; 2 (*to give full expression to*) dare libero sfogo a, sfogare; 3 (*of feelings*) trovare sfogo; 4 ⟨*fig*⟩ (*to come out in large numbers*) riversarsi (*o* uscir fuori) in massa; ⟨*fig*⟩ *to ~* **in:** 1 piovere, fioccare: *good wishes –ed in* piovvero gli auguri; 2 (*to swarm*) affollarsi; *to ~* **off** *excess liquid* gettare via il liquido in eccesso; *to ~* **out:** 1 versare, mescere; 2 (*to flow out*) uscire, fluire, sgorgare, riversarsi (*of* da); 3 ⟨*fig*⟩ (*to give full expression to*) dare libero sfogo a, sfogare; 4 ⟨*fig*⟩ (*to confide*) confidare; *to ~* **over:** 1 versare su; 2 (*to flow over*) inondare, sommergere, allagare.

pour[2] *s.* **1** (*heavy fall of rain*) scroscio *m*, diluvio *m*; (*downpour*) acquazzone *m*. **2** ⟨*Edil,Met*⟩ colata *f*, gettata *f*.

pourboire *fr.* [pu'bwā] *s.* (*tip*) mancia *f*.

pouring ['pɔːriŋ] *a.* **1** (*of rain*) scrosciante, torrenziale. **2** (*characterized by heavy rain*) molto piovoso. **3** (*used for pouring*) usato per versare (*o* mescere).

pourparler *fr.* [,pur'pɑːrlei] *s.* abboccamento *m* preliminare, colloqui *mpl* preliminari.

pourpoint ['puəpɔint] *s.* ⟨*Stor*⟩ farsetto *m* imbottito.

pout[1] [paut] **I** *v.i.* **1** sporgere le labbra in segno d'insoddisfazione, fare boccuccia, increspare la bocca. **2** (*to sulk*) fare (*o* mettere) il broncio, imbronciarsi, immusonirsi. **II** *v.t.* **1** (*of the lips*) sporgere: *to ~ one's lips for a kiss* sporgere le labbra per un bacio. **2** (*to utter with a pout*) brontolare, borbottare. **III** *s.* **1** broncio *m*. **2** *pl.* ⟨*fam*⟩ (*fit of sulks*) malumore *m*, broncio *m*, muso *m* (lungo). □ ⟨*fam*⟩ *to have* (*o be in*) *the ~* tenere il broncio, fare (*o* tenere) il muso.

pout[2] *s.* (*pl. inv.*/-**s** [s]; il pl.inv. si usa general. con valore collett.) ⟨*Itt*⟩ **1** (*whiting*) gado *m* barbato. **2** (*catfish*) pesce gatto *m*. **3** (*eel pout*) blennio *m* viviparo.

pouter ['pautə] *s.* **1** (*one who pouts*) musone *m* (*f* –a), chi fa (*o* tiene) il broncio. **2** ⟨*Ornit*⟩ piccione *m* gozzuto.

pouting [–tiŋ] *a.* imbronciato, immusonito. **poutingly** [–tiŋli] *avv.* in modo imbronciato.

poverty ['pɔvəti] *s.* **1** miseria *f*, povertà *f*, indigenza *f*: *to live in ~* vivere in miseria. **2** (*deficiency*) carenza *f*, difetto *m*, insufficienza *f*, deficienza *f*: *~ in vitamins* carenza di vitamine; (*scantiness*) povertà *f*, scarsezza *f*, difetto *m*, scarsità *f*, penuria *f*: *~ of ideas* povertà d'idee. **3** (*of soil*) improduttività *f*. □ *to cry ~* piangere miseria. *Prov.*: *when ~ comes in at the door, love flies out at the window* quando la miseria entra dalla porta l'amore esce dalla finestra.

poverty-stricken *a.* **1** povero, bisognoso, indigente. **2** (*exhibiting poverty*) miserabile, misero.

POW, P.O.W. *s.* = *prisoner of war* prigioniero di guerra.

powder ['paudə] **I** *s.* **1** polvere *f*. **2** ⟨*Cosmet*⟩ cipria *f*. **3** ⟨*Mil*⟩ (*gunpowder*) polvere *f* pirica (*o* da sparo). **4** ⟨*Farm*⟩ polverina *f*, polvere *f*: *to take a ~ for a headache* prendere una polverina per il mal di testa. **II** *v.t.* **1** impolverare, (*of a cake*) spolverizzare, spolverare, cospargere. **2** ⟨*Cosmet*⟩ incipriare: *to ~ one's nose* incipriarsi il naso. **3** (*to pulverize*) (s)polverizzare, ridurre in polvere. **4** ⟨*fig*⟩ (*to scatter, sprinkle*) cospargere, spruzzare: *the sky was –ed with stars* il cielo era cosparso di stelle. **III** *v.i.* **1** polverizzarsi, ridursi in polvere. **2** ⟨*Cosmet*⟩ incipriarsi. □ *to keep one's ~ dry:* 1 tenere asciutte le polveri; 2 ⟨*fig*⟩ (*to be ready for emergencies*) tenere asciutte le polveri, mantenersi sempre sul chi vive, stare pronto alla lotta; ⟨*sl*⟩ *to take a ~* (*to leave in a hurry*) tagliare la corda, ⟨*fam*⟩ squagliarsela, ⟨*fam*⟩ svignarsela; *it is not worth ~ and shot:* 1 ⟨*Venat*⟩ non vale la cartuccia; 2 (*not worth attempting*) il gioco non vale la candela.

powder| barrel *s.* **1** barile *m* per polvere da sparo. **2** ⟨*fig*⟩ (*s.th. liable to explode*) polveriera *f*. **~ blue** *s.* **1** ossido *m* di cobalto. **2** (*colour*) blu *m* cobalto. **~ box** *s.* portacipria *m*. **~ case** *s.* ⟨*Mil*⟩ bossolo *m*. **~ charge** *s.*

⟨*Mil*⟩ cartoccio *m*, carica *f* di lancio. **~ compact** *s.*
⟨*Cosmet*⟩ portacipria *m*.
powdered ['pauɵd] *a*. **1** (*reduced to a powder*)
polverizzato, (ridotto) in polvere. **2** ⟨*Cosmet*⟩ incipriato.
3 ⟨*fig*⟩ (*scattered, sprinkled*) cosparso, spruzzato (*with*
di).
powdered| eggs *s.pl.* ⟨*Alim*⟩ uova *fpl* in polvere, polvere *f*
d'uova. **~ milk** *s.* latte *m* in polvere. **~ sugar** *s.*
zucchero *m* ⌐a velo⌐ (*o* in polvere).
powder| factory *s.* polverificio *m*. **~ horn** *s.* corno *m*
per polvere da sparo.
powdering ['pauɵriŋ] *s.* **1** l'applicare una polvere,
l'impolverare. **2** (*act of reducing to powder*)
polverizzazione *f*. **3** (*powdery deposit*) strato *m*
polveroso.
powder| keg *s.* **1** barilotto *m* per polvere da sparo. **2**
⟨*fig*⟩ (*s.th. liable to explode*) polverina *f*. **~ magazine** *s.*
1 ⟨*Mil*⟩ polveriera *f*, deposito *m* di munizioni. **2** ⟨*Mar*⟩
santabarbara *f*. **~ mill** *s.* polverificio *m*. **~ monkey** *s.*
⟨*Minier*⟩ chi è incaricato della custodia e del trasporto
degli esplosivi. **~puff** *s.* ⟨*Cosmet*⟩ piumino *m* da cipria.
~ room *s.* **1** toletta *f*. **2** (*bathroom*) stanza *f* da bagno,
bagno *m*. **~ snow** *s.* neve *f* farinosa (*o* polverosa).
powdery ['pauɵri] *a*. **1** farinoso, polveroso: **~ snow** neve
farinosa. **2** (*crumbling*) friabile, polverizzabile.
power ['pauɵ] **I** *s.* **1** (*capability of producing an effect*)
efficacia *f*, potere *m*, potenza *f*; (*might*) potenza *f*, potere
m: the ~ of a party la potenza di un partito. **2**
(*ascendancy, control*) influenza *f*, potere *m*, ascendente *m*.
3 (*vigour, intensity*) intensità *f*, vigore *m*. **4** (*physical
strength*) forza *f* (fisica), vigoria *f*, potenza *f*. **5**
⟨*Pol,Econ,Mil*⟩ potere *m: purchasing* ~ potere d'acquisto.
6 (*sovereign state*) potenza *f: the Western* ~*s* le potenze
occidentali. **7** (*faculty;* general. al pl.) potenza *f*, capacità
f, facoltà *fpl: visual* ~ potenza visiva; *his* ~*s are failing* le
sue facoltà stanno affievolendosi. **8** (*document conferring
authority*) mandato *m*, delega *f*. **9** (*one who has influence,
authority*) potenza *f*, persona *f* potente. **10** (*fam,dial*)
(*large quantity, number*) grande quantità *f*, ⟨*fam*⟩ mucchio
m: a ~ of good un mucchio di bene. **11** (*source of
energy*) fonte *f* d'energia; (*mechanical energy*) forza *f*
motrice, energia *f*; (*electricity*) energia *f* elettrica, elettricità
f. **12** *pl.* ⟨*Teol*⟩ potenze *fpl*, potestà *fpl*. **13** ⟨*Fis,Mat*⟩
potenza *f*. **14** ⟨*Ott*⟩ potere *m* d'ingrandimento. **II** *a*.
azionato da motore, motorizzato. **III** *v.t.* **1** fornire forza
motrice a, alimentare; (*to supply with electricity*)
alimentare, fornire energia elettrica a. **2** ⟨*fig*⟩ (*to give
impetus to, spur*) spronare, stimolare. □ ⟨*Dir*⟩ ~ *of
attorney* procura *f*; ⟨*scherz*⟩ *the* ~*s that* be l'autorità
costituita; *it is* **beyond** *my* ~ non è in mio potere, va
oltre le mie possibilità; ⟨*Pol*⟩ *to make a* **bid** *for* ~ tentare
un colpo di stato; *the* ~*s of* **darkness** le potenze delle
tenebre; *to* **fall** *into s.o.'s* ~ cadere in potere (*o* balia) di
qd.; ⟨*Pol*⟩ **in** ~ al potere: *the party in* ~ il partito al
potere; *in one's* ~ in proprio potere; *to do everything* (*o
all*) *in one's* ~ fare tutto il possibile; *to have s.o. in one's*
~ avere qd. in proprio potere; *to be in s.o.'s* ~ essere in
potere di qd.; ⟨*esclam*⟩ **merciful** ~*s* bontà divina;
⟨*esclam*⟩ **more** ~ *to* ⌐*your elbow*⌐ (*o you*) la fortuna ti
assista, buona fortuna; **out** *of s.o.'s* ~ non in potere di
qd., al di fuori delle possibilità di qd.; **under** *one's own* ~
con i propri mezzi, senza l'aiuto di altri; **within** *one's* ~ =
in *one's power.*
power| amplification *s.* ⟨*Rad*⟩ amplificazione *f* di
potenza. **~ amplifier** *s.* ⟨*Rad*⟩ amplificatore *m* di
potenza. **~-assisted** *a*. ⟨*Mecc*⟩ con motore ausiliario. **~
base** *s.* ⟨*fig*⟩ base *f* di potere: *to build a* ~ costruire una
base di potere. **~boat** *s.* ⟨*Mar*⟩ imbarcazione *f* a motore,
motobarca *f*. **~ brake** *s.* ⟨*Aut*⟩ servofreno *m*. **~ change**
s. cambio *m* del potere. **~ drill** *s.* ⟨*Mecc*⟩ trapano *m*
meccanico.
powered ['pauɵd] *a*. **1** a motore: *a* ~ *saw* una sega a
motore. **2** (nei composti) a ...: *a rocket-*~ *aircraft* un
aeroplano a razzo.
power factor meter *s.* ⟨*El*⟩ cosfimetro *m*.
powerful ['pauɵful] *a*. **1** potente, forte. **2** (*very influential*)
molto influente, potente. **3** (*very effective*) poderoso,

vigoroso: **~** *eloquence* eloquenza poderosa. **4** (*physical
strong*) potente, forte, gagliardo, poderoso. **5** (*fam,di*
(*great in amount, degree*) formidabile, straordinar
powerfully [–i] *avv.* potentemente, in modo potente.
power house *s.* **1** ⟨*El*⟩ centrale *f* elettrica. **2** ⟨*fa*
(*energetic person*) persona *f* dinamica.
powerless ['pauɵlis] *a*. **1** impotente, senza potere.
(*unable*) incapace, in non in grado, impotente. **powerless**
[–li] *avv.* impotentemente, senza potenza. **powerlessne**
[–nis] *s.* **1** impotenza *f*. **2** (*inability*) incapacità *f*.
power| line *s.* ⟨*El*⟩ linea *f* elettrica. **~ plant** *s.* **1** ⟨*El*⟩
power station. **2** ⟨*Mecc*⟩ gruppo *m* motopropulsore.
point *s.* ⟨*El*⟩ presa *f* di corrente. **~ politics** *s.pl.* (cos
sing.) politica *f* della forza. **~ station** *s.* ⟨*El*⟩ central
elettrica. **~ steering** *s.* ⟨*Aut*⟩ servosterzo *m*. **~ strugg**
s. lotta *f* per il potere. **~ tool** *s.* utensile *m* meccani
~-to-weight ratio *s.* ⟨*Mot*⟩ rapporto *m* peso–poten
~ transistor *s.* ⟨*Rad*⟩ transistor *m* di potenza. **~ u**
s. **1** ⟨*Aer*⟩ gruppo *m* motore. **2** ⟨*El*⟩ gruppo
elettrogeno. **3** ⟨*Rad*⟩ amplificatore *m* di potenza.
pow-wow ['pauwau] **I** *s.* **1** stregone *m* indiano; (*ceremo*
cerimonia *f* con riti magici; (*tribal council*) consiglio
tribale; (*conference with an Indian leader*) abboccamen
m. **2** ⟨*fam*⟩ discussione *f* amichevole. **II** *v.i.* **1** curare
malattie con arti magiche. **2** ⟨*fam*⟩ (*to have a frien*
discussion) discutere amichevolmente. **III** *v.t.* curare c
arti magiche.
pox [pɔks] *s.* (*pl. inv./*poxes ['pɔksiz]) **1** ⟨*Med*⟩ esante
m, malattia *f* esantematica. **2** ⟨*fam*⟩ (*syphilis*) sifilide *f*.
⟨*rar*⟩ (*smallpox*) vaiolo *m*. □ ⟨*esclam*⟩ *a* ~ *on him*
venga un accidenti.
pozzolan [ˌpɔtswɵˈlɑːn], **pozzolana** [–ɵ] *s.* ⟨*M*
pozzolana *f*.
p.p. = **1** *parcel post* pacco postale (*abbr.* p.p.). **2** ⟨*Gram*
past participle participio passato (*abbr.* part. pass.).
⟨*Comm*⟩ *postage paid* porto pagato (*abbr.* PP.).
ppd. = ⟨*Comm*⟩ *prepaid* pagato anticipatamen
prepagato.
ppr., p.pr. = ⟨*Gramm*⟩ *present participle* participio prese
(*abbr.* part.pres., p.pres.).
practicability [ˌpræktikɵˈbiliti] *s.* **1** l'essere fattib
praticabilità *f*. **2** (*s.th. practical*) cosa *f* pratica
funzionale. **'practicable** [–bl] *a*. **1** realizzabile, fattib
attuabile, praticabile: *a* ~ *scheme* uno schema realizzab
2 (*capable of being used*) pratico, funzionale; (*of ro*
etc.) praticabile, percorribile. **'practicableness** [–blnis
→ **practicability. 'practicably** [–bli] *avv.* praticabilmente.
practical ['præktikɵl] **I** *a*. **1** (*of action, practice*) prati
concreto: *a* ~ *solution* una soluzione pratica; (*given
action rather than theory*) pratico, concreto, positi
realistico: *a* ~ *man* uomo pratico. **2** (*usable, use*
pratico, funzionale: ~ *suggestions* suggerimenti pratici.
(*matter–of–fact*) realistico, pratico. **4** (*real, actual*) ve
effettivo, reale. **5** (*practising*) che esercita (*o* pratica) **u**
professione. **6** ⟨*Teat*⟩ praticabile. **II** *s.* ⟨*Teat*⟩ praticab
m. □ *for all* ~ *purposes* in realtà, a tutti gli effetti;
science scienza applicata. **,practicality** [–ˈkæliti]
praticità *f*.
pratical| joke *s.* beffa *f*, tiro *m* mancino. **~ joker**
burlone *m* (*f* –a), buontempone *m* (*f* –a), mattacchione
(*f* –a).
practically ['præktikɵli] *avv.* **1** in modo prati
praticamente: *to think* ~ ragionare in modo pratico. **2** (*as*
regards practice) praticamente, in pratica, all'atto pratico
(*virtually*) in realtà, in sostanza, praticamen
virtualmente; (*almost*) quasi, circa: *he lost* ~ *everything*
perduto quasi tutto. □ ~ *speaking* da un punto di vi
pratico.
practice ['præktis] **I** *s.* **1** pratica *f: to learn by* ~ impar
con la pratica. **2** (*usual procedure*) prassi *f*, norma
parliamentary ~ prassi parlamentare; (*custom, usa*
abitudine *f*, usanza *f*, consuetudine *f*, pratica *f*. **3** (*busin*
of a doctor, lawyer, etc.) studio *m* (*o* attività
professionale; (*clients, patients*) clientela *f*, clienti *mpl*.
have a large ~ avere una vasta clientela. **4** (*system*
exercise) esercizio *m*, pratica *f: an hour's* ~ *on the pia*
un'ora di esercizio al pianoforte; (*training*) tirocinio

ratica *f,* addestramento *m.* **5** (*exercise of a profession*) rofessione *f.* **6** ⟨*Sport*⟩ allenamento *m.* **7** ⟨*Mil*⟩ sercitazione *f: shooting* ~ esercitazione di tiro. **8** ⟨*Dir*⟩ rocedura *f.* **9** ⟨*Mat*⟩ metodo *m* delle parti aliquote. **II** *a.* di (*o* per) allenamento: *a* ~ *match* una partita allenamento. **2** (*preliminary*) preliminare; (*experimental*) erimentale. **III** ⟨*am*⟩ *v.* → **practise.** □ **as is my** (*usual*) com'è mia abitudine; *it's good* ~ *for you* è un buon ercizio per te; *in* ~ in pratica, all'atto pratico; *to be in* esercitare (*o* praticare) la professione, esercitare; *to* **make** ~ *of doing s.th.* prendere l'abitudine di fare qc.; *to be* it *of* ~ essere fuori allenamento (*o* esercizio); *to* set up *a* iniziare a esercitare (la professione). *Prov.:* ~ *makes* rfect val più che la pratica che la grammatica, l'esercizio è a buon maestro.

acticed am. a. → **practised.**

actician [præk'tiʃən] *s.* **1** chi esercita ˉun mestiereˉ (*o* una rofessione). **2** (*practical person*) persona *f* pratica (*o* ositiva).

acticing *a.* → **practising.**

actise ['præktis] **I** *v.t.* **1** esercitarsi in (*o* a), allenarsi a, addestrarsi a, far pratica di (*o* in): *to* ~ *writing* esercitarsi a scrivere. **2** (*to do habitually*) avere l'abitudine di. **3** (*to ake a practice of*) praticare, mettere in pratica, attuare. (*to work at a profession*) praticare (*o* esercitare) la ofessione di, fare: *to* ~ *medicine* praticare la professione medico. **II** *v.i.* **1** esercitarsi, allenarsi, addestrarsi (*on,* , *with* a, in), far pratica (di, in): *to* ~ *on the piano* ercitarsi al pianoforte. **2** (*to exercise a profession*) ercitare (una professione), praticare. □ *to* ~ *deceit on* ɔ. ingannare qd.; *to* ~ *as doctor* praticare la medicina, ercitare la professione medica; *to* ~ *on* (*to take advantage*) approfittare di; (*to trick*) ingannare, gabbare; *to* ~ *on* = *to practise on.*

actised ['præktist] *a.* **1** provetto, esperto, consumato: *a* skier uno sciatore provetto. **2** (*learned by practice*) ercitato. **practising** [-siŋ] *a.* **1** che esercita (la ofessione): *a* ~ *doctor* un medico che esercita la ofessione. **2** ⟨*Rel*⟩ praticante: *a* ~ *Catholic* un cattolico aticante.

actitioner [præk'tiʃənə] *s.* professionista *m/f;* (*doctor*) edico *m.*

epostor [pri:'pɔstə] *s.* ⟨*Scol*⟩ prefetto *m.*

gmatic [præg'mætik] **I** *a.* **1** prammatico. **2** (*practical*) atico, concreto, positivo, realistico. **3** (*dogmatic*) gmatico; (*conceited*) presuntuoso. **4** ⟨*Filos*⟩ agmatistico, pragmatista. **5** ⟨*Stor*⟩ che riguarda gli affari stato. **II** *s.* **1** ⟨*Stor*⟩ → **pragmatic sanction.** **2** ficious person*) invadente *m/f,* ficcanaso *m/f.*

agmatical [-əl] *a.* **1** realistico, concreto, pratico. **2** gmatic*) dogmatico; (*conceited*) presuntuoso. **3** ficious*) invadente. **pragmatics** [-s] *s.pl.* (costr. sing.) ilos⟩ pragmatica *f.*

gmatic sanction *s.* ⟨*Stor*⟩ prammatica sanzione *f,* ammatica *f.*

gmatism ['prægmətizəm] *s.* **1** realismo *m,* praticità *f; ractical attitude*) positivismo *m,* spirito *m* pratico. **2** ilos⟩ pragmatismo *m.* **pragmatist** [-tist] **I** *s.* **1** ilos⟩ pragmatista *m/f.* **2** (*practical person*) persona *f* atica, positivista *m/f.* **3** (*busybody*) invadente *m/f,* canaso *m/f.* **II** *a.* → **pragmatistic.** ,**pragmatistic** tistik] *a.* ⟨*Filos*⟩ pragmatistico. **pragmatize** [-taiz] *v.t.* (*to materialize*) materializzare, dare corpo a. **2** (*to* rionalize*) razionalizzare.

gue [prɑːg] *N.pr.* ⟨*Geog*⟩ Praga *f.*

irie [,preəri] *s.* prateria *f.*

irie| chicken *s.* ⟨*Ornit*⟩ tetraone *m* delle praterie. ~ g *s.* ⟨*Zool*⟩ cane *m* delle praterie. ~ **hen** *s.* → **prairie icken.** ~ **oyster** *s.* ⟨*Gastr*⟩ uovo *m* all'ostrica. ~ **ovinces** *N.pr.pl.* ⟨*Geog*⟩ (*in Canada*) province *fpl* di anitoba, Saskatchewan e Alberta. ~ **schooner** *am. s.* go carro *m* coperto usato dai pionieri americani. ~ lf *s.* ⟨*Zool*⟩ coyote *m,* cane *m* della prateria.

ise [preiz] **I** *s.* lode *f,* elogio *m,* plauso *m,* encomio *m: be* (*to God*) sia lode a Dio. **II** *v.t.* **1** lodare, elogiare, comiare: *I* –*d him for his good work* lo lodai per il buon oro svolto. **2** (*to glorify*) glorificare, lodare, celebrare:

to ~ *God* glorificare Dio. □ *beyond* ~ superiore a ogni lode (*o* elogio); *in* ~ *of* in lode di; *to* ~ *s.o. to the skies* portare qd. alle stelle.

praiseful ['preizful] *a.* pieno di elogi (*o* lodi), ⟨*lett*⟩ laudativo.

praiseworthily ['preizwə:ðili] *avv.* lodevolmente, in modo encomiabile. **praiseworthiness** [-ðinis] *s.* lodevolezza *f,* l'essere lodevole. **praiseworthy** [-ði] *a.* lodevole, encomiabile.

praline ['prɑːli:n] *s.* ⟨*Dolc*⟩ pralina *f.*

pram[1] [præm] (*accorc. di perambulator*) *s.* ⟨*fam*⟩ carrozzina *f,* carrozzino *m.*

pram[2] *s.* ⟨*Mar*⟩ chiatta *f.*

prance [prɑːns] **I** *v.i.* **1** (*of a horse*) impennarsi. **2** (*to ride on a prancing horse*) cavalcare un cavallo che s'impenna. **3** (*to walk swaggeringly*) camminare impettito, pavoneggiarsi. **4** (*to cavort*) saltellare, saltare, fare capriole. **II** *v.t.* (*to cause to prance*) fare impennare. **III** *s.* (*of a horse*) impennata *f.*

prandial ['prændiəl] *a.* del (*o* relativo al) pranzo.

prang [præŋ] ⟨*sl*⟩ **I** *v.t.* **1** (*to bomb*) bombardare. **2** (*of an aeroplane: to cause to crash*) far precipitare, abbattere. **II** *v.i.* distruggere (*o* abbattere) un aereo. **III** *s.* **1** (*bombing raid*) bombardamento *m.* **2** (*aeroplane crash*) caduta *f* di un aereo.

prank[1] [præŋk] *s.* beffa *f,* birichinata *f,* monelleria *f.*

prank[2] *v.t.* (*to dress ostentatiously; spesso con out*) adornare in modo vistoso, ⟨*fam*⟩ bardare: *to* ~ *o.s. out in feathers and furs* bardarsi di piume e pellicce.

prankish ['præŋkiʃ] *a.* burlone, scherzoso. **prankster** [-ŋkstə] *s.* burlone *m* (*f* –a), mattacchione *m* (*f* –a).

prate [preit] **I** *v.i.* ciarlare, chiacchierare, cianciare (*of, about* di). **II** *v.t.* blaterare. **III** *s.* ciarle *fpl,* chiacchiere *fpl,* ciance *fpl.* '**prater** [-ə] *s.* chiacchierone *m* (*f* –a). **prating** [-iŋ] *s.* ciarle *fpl,* chiacchiere *fpl.*

pratique *fr.* [præ'ti:k] *s.* ⟨*Mar*⟩ pratica *f.*

prattle ['prætl] **I** *v.i.* ciarlare, cianciare, parlare a vanvera. **II** *v.t.* blaterare. **III** *s.* ciarle *fpl,* chiacchiere *fpl,* ciance *fpl;* (*trivial loquacity*) chiacchiera *f,* parlantina *f.* **prattler** [-ə] *s.* chiacchierone *m* (*f* –a).

prawn [prɔːn] **I** *s.* ⟨*Zool*⟩ gamberetto *m.* **II** *v.i.* ⟨*Pesc*⟩ andare a pesca di gamberetti.

praxis ['præksis] *s.* (*pl.* -**xes** [si:z]) **1** attività *f* pratica, prassi *f.* **2** (*exercise of an art, skill*) pratica *f,* esercizio *m.* **3** (*usual conduct*) prassi *f.*

pray [prei] **I** *v.t.* **1** supplicare, pregare, implorare: *to* ~ *the king for mercy* supplicare il re di concedere la grazia; *to* ~ *s.o.'s forgiveness* implorare il perdono di qd. **2** (*to offer devotion to*) pregare: *let us* ~ *God!* preghiamo Dio! **II** *v.i.* **1** (*to make supplication*) supplicare, rivolgere suppliche (*for* per): *to* ~ *to God for s.th.* rivolgere suppliche a Dio per qc. **2** (*to say a prayer*) pregare: *let us* ~! preghiamo! □ ⟨*rar*⟩ *to* ~ (*in*) *aid of* chiedere aiuto a; *to* ~ *a soul* **into** *heaven* pregare per la salvezza di un'anima; *to* ~ *a soul out of purgatory* pregare perché un'anima lasci il purgatorio; *to* ~ **over** *s.o.* pregare per qd., innalzare preghiere per qd. || ~ *mind your own business* sei pregato di ˉnon immischiartiˉ (*o* pensare ai fatti tuoi); *what,* ~, *is the meaning of this?* per favore, che cosa significa questo?

prayer[1] ['preiə] *s.* (*one who prays*) chi prega, chi dice preghiere.

prayer[2] [preə] *s.* **1** (*act of praying*) il pregare; (*communion with God*) preghiera *f.* **2** (*formula of words*) preghiera *f,* orazione *f: a book of* –*s* un libro di preghiere; *to say a* ~ recitare una preghiera. **3** (*entreaty, request*) supplica *f,* istanza *f,* preghiera *f,* richiesta *f.* **4** ⟨*sl*⟩ (*slightest chance*) minima possibilità *f: he hasn't a* ~ *of winning* non ha la minima possibilità di vincere. **5** ⟨*Dir*⟩ richiesta *f.* □ *to be at* ~ essere in preghiera; *a* ~ *for the dead* una preghiera per i defunti; *to kneel in* ~ inginocchiarsi in (atto di) preghiera; *my* –*s are with you!* che Dio ti protegga!

prayer| beads [preə] *s.pl.* corona *f* del rosario, rosario *m.* ~ **book** *s.* libro *m* di preghiere. **Prayer Book** *s.* ⟨*Rel.ev*⟩ testo *m* liturgico ufficiale della Chiesa anglicana.

prayerful ['preəful] *a.* devoto, pio, religioso. **prayerfulness** [-nis] *s.* devozione *f,* fervore *m* religioso.

prayerless ['prɛəlis] *a.* **1** senza preghiere. **2** (*neglecting the use of prayer*) che non prega. **prayerlessness** [–nis] *s.* mancanza *f* di preghiere.

prayer| mat [prɛə] *s.* → **prayer rug.** ~ **meeting** *s.* riunione *f* religiosa per dire preghiere in comune. ~ **mill** *s.* → **prayer wheel.** ~ **rug** *s.* tappeto *m* (da) preghiera. ~ **wheel** *s.* ⟨*Rel*⟩ cilindro *m* (*o* mulino) da preghiere, ruota *f* da preghiera.

praying ['preiiŋ] **I** *s.* il pregare, il rivolgere preghiere. **II** *a.* che prega, in preghiera.

praying| **mantid,** ~ **mantis** *s.* ⟨*Entom*⟩ mantide *f* religiosa.

preach [pri:tʃ] **I** *v.t.* **1** predicare: *to* ~ *the gospel* predicare il Vangelo; (*of a sermon*) fare, pronunciare, tenere. **2** (*to advocate earnestly*) propugnare, sostenere, predicare: *to* ~ *a doctrine* propugnare una dottrina. **II** *v.i.* **1** predicare, fare una predica. **2** (*to exhort officiously*) fare la predica: *don't* ~ *at me* non farmi la predica. □ *to* ~ *to the* **converted** predicare al vento (*o* deserto); ⟨*fam*⟩ *to* ~ *s.th.* **down** denigrare qc.; ⟨*fam*⟩ *to* ~ *s.th.* **up** esaltare qc., vantare qc.

preacher ['pri:tʃə] *s.* **1** predicatore *m* (*f* –trice). **2** (*minister, priest*) prete *m*, pastore *m*. **Preacher** *s.* ⟨*Bibl*⟩ ecclesiaste *m.* **preachership** [–ʃip] *s.* ufficio *m* di predicatore. **preachify** [–tʃifai] *v.i.* ⟨*spreg*⟩ predicare, sermoneggiare. **preaching** [–tʃiŋ] **I** *s.* **1** predicazione *f:* *the* ~ *of the Apostles* la predicazione degli Apostoli. **2** (*sermon*) predica *f*, sermone *m.* **II** *a.* predicatorio, di (*o* da) predica: ~ *tone* (*of voice*) tono predicatorio.

preaching friar *s.* frate *m* predicatore, domenicano *m.*

preachment ['pri:tʃmənt] *s.* discorso *m* prolisso e noioso, sermone *m.* **preachy** [–tʃi] *a.* ⟨*fam*⟩ predicatorio, da predicatore.

preacquaint [ˌpri:ə'kweint] *v.t.* informare in precedenza, preavvisare.

preadamic [ˌpri:ə'dæmik] *a.* → **preadamite.**

preadamite [pri:'ædəmait] **I** *s.* preadamita *m/f.* **II** *a.* preadamitico. **preadamitism** [–izəm] *s.* preadamitismo *m.*

preadmonish [ˌpri:æd'mɔniʃ] *v.t.* preavvisare, preavvertire. **preadmonition** [–mə'niʃən] *s.* premonizione *f*, preavviso *m.*

preadolescence [pri:ˌædə'lesəns] *s.* preadolescenza *f.* **preadolescent** [–nt] *s.* preadolescente *m/f.*

preamble [pri:'æmbl] **I** *s.* **1** (*of a book, document*) proemio *m*, introduzione *f*, prefazione *f.* **2** (*introductory matter*) preambolo *m*, preliminare *m*, esordio *m.* **3** ⟨*fig*⟩ (*introductory circumstance, fact*) preludio *m*, prologo *m.* **4** ⟨*Dir,Pol*⟩ preambolo *m.* **II** *v.i.* fare un preambolo.

preannounce [ˌpri:ə'nauns] *v.t.* preannunciare, preavvertire, preavvisare. **preannouncement** [–mənt] *s.* preannuncio *m*, preavviso *m.*

prearrange [ˌpri:ə'reindʒ] *v.t.* predisporre, ordinare in precedenza. **prearrangement** [–mənt] *s.* sistemazione *f* (*o* preparazione) preventiva.

preassembled [ˌpri:ə'semblǝd] *a.* premontato.

prebend ['prebənd] *s.* ⟨*Rel*⟩ **1** prebenda *f.* **2** (*prebendary*) prebendario *m*, prebendato *m.* **prebendal** [pri'bendl] *a.* (*of a prebend*) di (*o* relativo a) una prebenda; (*holding a prebend*) prebendato. **prebendary** [–əri] *s.* ⟨*Rel*⟩ prebendario *m*, prebendato *m.* **prebendaryship** [–əriʃip] *s.* ufficio *m* di prebendario.

pre-blossom *a.* ⟨*Bot*⟩ prefloreale.

Pre-Cambrian [ˌpri:'kæmbrian] **I** *a.* ⟨*Geol*⟩ precambrico, precambriano. **II** *s.* precambriano *m*, precambrico *m.*

precarious [pri'kɛəriəs] *a.* **1** precario, incerto, malsicuro, instabile: *a* ~ *balance of power* un precario equilibrio del potere. **2** (*perilous*) malsicuro, rischioso, pericoloso. **3** (*having dubious foundation*) poco fondato, incerto, dubbio. **4** ⟨*Dir*⟩ precario. □ *to make a* ~ *living* vivere alla giornata, condurre un'esistenza precaria. **precariousness** [–nis] *s.* **1** precarietà *f*, incertezza *f*, instabilità *f.* **2** (*perilousness*) pericolosità *f.* **3** (*lack of secure foundation*) mancanza *f* di un sicuro fondamento.

precast [pri:'ka:st] **I** *v.t.irr.* prefabbricare. **II** *a.* prefabbricato.

precative ['prekətiv] *a.* ⟨*Gramm*⟩ precativo. **precato** [–təri] *a.* supplicatorio, in tono di preghiera.

precaution [pri'kɔ:ʃən] *s.* **1** precauzione *f*, cautela *f.* (*precautionary measure*) precauzione *f*, misura cautelativa: *to take* ~*s against s.th.* prendere de precauzioni contro qc. **precautionary** [–əri] precauzionale: ~ *measures* misure precauzionali.

precede [pri:'si:d] **I** *v.t.* **1** (*to go before in time*) precedee essere anteriore a, accadere prima di: *the period that the war* il periodo che precedette la guerra. **2** (*to go front of*) precedere, andare avanti (*o* innanzi) a. **3** (*to before in rank, importance, etc.*) avere la precedenza essere superiore a. **II** *v.i.* precedere.

precedence [pri:'si:dəns, 'presidəns] *s.* **1** precedenza priorità *f.* **2** (*right to precede others*) precedenza *f*, dir *m* di precedenza (*anche Strad.*). □ *to give* ~ *to s.o.* = *yield precedence to s.o.; to have* ~ *over* avere precedenza su; *to take* ~ *over* avere la precedet (assoluta) su, avere la priorità rispetto a; *to yield* ~ *to* dare (*o* concedere) la precedenza a qd. **precedency** | *s.* ⟨*non com*⟩ → **precedence.**

precedent[1] ['presidənt] *s.* precedente *m* (*anche Dir.*): *a* ~ creare un precedente. □ *according to* ~ in base precedenti; *to become a* ~ dar luogo a un preceder *without* ~ senza precedenti.

precedent[2] [pri'si:dənt] *a.* precedente.

precedented ['presidentid] *a.* **1** dai precedenti noti. (*based on a precedent*) ⌐che ha⌐ (*o* basato su) precedente.

preceding [pri:'si:diŋ] *a.* precedente: *on the* ~ *page* pagina precedente.

precent [pri'sent] **I** *v.i.* dirigere un coro, fare da pri cantore. **II** *v.t.* intonare. **precentor** [–ə] *s.* primo cant *m.* **precentorship** [–əʃip] *s.* ufficio *m* (*o* funzione *f* primo cantore.

precept ['pri:sept] *s.* **1** precetto *m; (maxim)* regola norma *f*, massima *f*, principio *m.* **2** ⟨*Dir*⟩ precetto (*written order*) mandato *m.* **3** ⟨*Dir*⟩ (*election w* mandato *m* d'indizione delle elezioni. **4** ⟨*Dir*⟩ (*order the collection of rates, taxes*) intimazione *f* di pagame **preceptive** [pri'septiv] *a.* **1** ingiuntivo. **2** (*didac* istruttivo, didattico.

preceptor [pri'septə] *s.* precettore *m*, istruttore **preceptorate** [–rit] *s.* ufficio *m* (*o* incarico) precettore. **preceptorial** [–'tɔ:riəl] *a.* **1** di (*o* relativo precettore. **2** ⟨*Univ*⟩ (*of a course*) che promuove l'atti personale o di un gruppo ristretto di stude **preceptorship** [–ʃip] *s.* → **preceptorate. precept** [–ri] *s.* comunità *f* di (cavalieri) templari. **preceptr** [–tris] *s.* precettrice *f*, istitutrice *f.*

precession [pri'seʃən] *s.* ⟨*Astr*⟩ precessione *f:* ~ *of equinoxes* precessione degli equinozi. **precessional** [*a.* della (*o* relativo alla) precessione.

pre-Christmas [pri:'krisməs] *a.* prenatalizio.

precinct ['pri:siŋkt] *s.* **1** recinto *m.* **2** *pl.* (*prem insides*) locali *mpl: the* ~*s of a club* i locali di un circ **3** *pl.* (*environs*) circondario *m*, dintorni *mpl.* **4** (*bounds*) confini *mpl*, limiti *mpl.* **5** (*administrative dis* *of a city*) distretto *m: a police* ~ un distretto di poliz **preciosity** [ˌpreʃi'ositi] *s.* ricercatezza *f*, preziosità *f.*

precious ['preʃəs] **I** *a.* **1** prezioso, di gran valore: *c jewel* un gioiello prezioso. **2** (*cherished*) caro, ador amato: *you are very* ~ *to me* mi sei molto caro. **3** *great non-material value*) prezioso, inestimabile: *to sav time* risparmiare tempo prezioso. **4** (*overrefined*) ricerc prezioso: ~ *style* stile ricercato. **5** ⟨*iron*⟩ (*worth* inutile, privo di valore, ⟨*iron*⟩ preziosissimo: *you and ~ principles!* tu e i tuoi inutili principi! **6** ⟨*int* emerito, grandissimo, perfetto: *he's a* ~ *scoundrel* è emerito farabutto. **II** *s.* persona *f* adorata (*o* carissi amato bene *m.* **III** *avv.* ⟨*fam*⟩ (*very, extremely*) be molto, assai: *you have* ~ *little to complain about* hai poco da lamentarti; *I took* ~ *good care* sono stato m attento. **preciousness** [–nis] *s.* **1** preziosità *f.* (*overrefinement*) preziosità *f*, ricercatezza *f.*

precipice ['presipis] *s.* **1** precipizio *m*, burrone *m*, dir *m.* **2** ⟨*fig*⟩ (*brink of disaster*) orlo *m* del precipizio: *on*

~ of war sull'orlo della guerra.
recipitance [pri'sipitəns], **precipitancy** [–i] s. **1** (*undue haste*) precipitazione *f*, fretta *f* (eccessiva). **2** (*rashness*) avventatezza *f*, precipitazione *f*; (*rash act*) azione *f* avventata, avventatezza *f*. **precipitant** [–nt] **I** *a.* → **precipitate**. **II** s. ⟨Chim⟩ precipitante *m*.
recipitate I *v.t.* [pri'sipiteit] **1** precipitare, gettare (*o far cadere*) con impeto. **2** ⟨fig⟩ gettare, lanciare, far precipitare. **3** ⟨fig⟩ (*to hasten*) affrettare (eccessivamente), precipitare: *to ~ a crisis* affrettare una crisi. **4** ⟨Chim⟩ precipitare. **II** *v.i.* **1** cadere a capofitto, precipitare. **2** ⟨fig⟩ avviarsi rapidamente, precipitare. **3** ⟨Chim⟩ precipitare. **III** *a.* [pri'sipitit, –teit] **1** ⟨fig⟩ (*rash, overhasty*) precipitoso, avventato, precipitato: *we must not be ~* non dobbiamo essere precipitosi. **2** ⟨fig⟩ (*marked by speed, haste*) precipitoso. **IV** s. **1** ⟨Chim⟩ precipitato *m*, precipitazione *f*. **2** ⟨Meteor⟩ precipitazione *f*.
precipitateness [–titnis] s. → **precipitation**.
recipitation [pri,sipi'teiʃən] s. **1** precipitazione *f*, fretta *f* (eccessiva). **2** (*rashness*) avventatezza *f*, precipitazione *f*. **3** ⟨Chim⟩ (*act*) precipitazione *f*; (*precipitate*) precipitato *m*, precipitazione *f*. **4** ⟨Meteor⟩ precipitazione *f*.
pre'cipitator [–teitə] s. ⟨El,Chim⟩ precipitatore *m*.
recipitous [pri'sipitəs] *a.* **1** ripido, scosceso. **2** ⟨fig⟩ (*precipitate, hasty*) precipitoso, frettoloso.
precipitousness [–nis] s. ripidezza *f*, forte pendenza *f*.
récis *fr.* ['preisi:, *am.* prei'si:] **I** *s.inv.* compendio *m*, sommario *m*, riassunto *m*. **II** *v.t.* compendiare, riassumere.
recise [pri'sais] *a.* **1** preciso, chiaro: *~ instructions* istruzioni precise. **2** (*exact*) preciso, esatto: *the ~ time* l'ora precisa; (*proper*) proprio, corretto, esatto: *to use the ~ term* usare il termine proprio. **3** (*scrupulous*) scrupoloso, preciso, meticoloso. □ *he arrived at that ~ moment* arrivò proprio in quel momento. **precisely** [–li] *avv.* **1** con precisione, precisamente. **2** (*exactly*) esattamente, proprio, precisamente: *that is ~ what I mean* questo è proprio quello che intendo dire. **3** ⟨esclam⟩ proprio così, per l'appunto, precisamente, esattamente. **4** (*scrupulously*) scrupolosamente, meticolosamente. **preciseness** [–nis] s. **1** precisione *f*, chiarezza *f*. **2** (*scrupulousness*) meticolosità *f*, precisione *f*, scrupolosità *f*.
recision [pri'siʒən] **I** s. **1** precisione *f*, esattezza *f*, accuratezza *f*: *to express o.s. with ~* esprimersi con precisione; *the ~ of a measurement* l'accuratezza di una misurazione. **2** ⟨Mecc,Fis,Chim⟩ precisione *f*. **3** ⟨Mat⟩ precisione *f*, grado *m* di precisione. **II** *a.* di precisione.
recision| bombing s. ⟨Aer.mil⟩ bombardamento *m* di precisione. **~ engineering** s. meccanica *f* di precisione. **~ instrument** s. strumento *m* di precisione.
recisionist [pri'siʒənist] s. **1** chi ama la precisione. **2** (*purist*) purista *m/f*.
reclude [pri'klu:d] *v.t.* **1** non consentire, non ammettere, escludere: *his statement ~s all doubt* la sua dichiarazione non consente dubbi di sorta. **2** (*to exclude from s.th.*) vietare, precludere. **3** (*to prevent*) impedire a, precludere a, vietare a: *to ~ s.o. from doing s.th.* impedire a qd. di fare qc. **preclusion** [–'klu:ʒən] s. preclusione *f*.
preclusive [–'klu:siv] *a.* che preclude, che vieta.
recocious [pri'kouʃəs] *a.* **1** precoce: *a ~ child* un bambino precoce. **2** ⟨Bot⟩ precoce. **precociousness** [–nis], **precocity** [–'kositi] s. precocità *f* (*anche Bot.*).
recognition [,pri:kəg'niʃən] s. antiveggenza *f*, prescienza *f*, ⟨lett⟩ precognizione *f*.
recolonial [pri:kə'louniəl] *a.* precoloniale.
recompose [,pri:kəm'pouz] *v.t.* comporre in anticipo.
reconceive [,pri:kən'si:v] *v.t.* formarsi in anticipo un'opinione (*o un concetto*) di. **preconceived** [–d] *a.* preconcetto. **preconception** [–'sepʃən] s. idea *f* preconcetta; (*prejudiced opinion*) preconcetto *m*, pregiudizio *m*.
reconcert [,pri:kən'sə:t] *v.t.* predisporre, prestabilire.
preconcerted [–id] *a.* predisposto, prestabilito.
reconization [,pri:kənai'zeiʃən] s. ⟨Rel⟩ preconizzazione *f*. **'preconize** [–naiz] *v.t.* **1** annunciare pubblicamente, proclamare, ⟨lett⟩ preconizzare. **2** ⟨Rel⟩ preconizzare.

precook [pri:'kuk] *v.t.* precuocere. **precooked** [–t] *a.* precotto. **precooking** [–iŋ] s. (*advance cooking*) precottura *f*.
pre-cooling s. prerefigerazione *f*.
precursor [pri'kə:sə] s. (*predecessor: in an office*) predecessore *m*; (*in a method*) precursore *m*, antesignano *m*; (*harbinger*) foriero *m* (*f* –a), messaggero *m* (*f* –a). **precursory** [–ri] *a.* (*preceding*) precursore; (*preliminary*) preliminare; (*premonitory*) premonitore.
predaceous [pri'deiʃəs] *a.* **1** ⟨Zool⟩ predatore. **2** ⟨estens⟩ (*rapacious*) rapace, avido. **predaceousness** s. → **predaciousness**. **predacious** *am. a.* → **predaceous**. **predaciousness** [–nis], **predacity** [–'dæsiti] s. **1** ⟨Zool⟩ l'essere predatore. **2** ⟨estens⟩ rapacità *f*, avidità *f*.
pre-date [pri:'deit] *v.t.* **1** antidatare, retrodatare. **2** (*to precede in date*) precedere, venire prima di.
predator ['predətə] s. **1** predatore *m* (*f* –trice), predone *m*. **2** ⟨Zool⟩ predatore *m* (*f* –trice). **predatory** [–ri] *a.* **1** predatore; (*given to exploiting others*) sfruttatore. **2** ⟨Zool⟩ predatore, da preda.
pre-decease [,pri:di'si:s] **I** *v.t.* premorire. **II** s. premorienza *f*.
predecessor ['pri:disesə] s. **1** predecessore *m* (*f* –a), antecessore *m*. **2** ⟨rar⟩ (*ancestor*) avo *m*, antenato *m*. □ *the new building is finer than its ~* la nuova costruzione è più bella della precedente.
predestinate I *v.t.* [pri'destineit] ⟨Teol⟩ predestinare. **II** *a.* [pri'destinit, –neit] predestinato. **pre,destination** [–'neiʃən] s. **1** predestinazione *f*. **2** (*fate, destiny*) destino *m*, fato *m*. **predestine** [–tin] *v.t.* predestinare.
predeterminate [,pri:di'tə:minit] *a.* → **predetermined**. **,prede,termination** [–'neiʃən] s. predeterminazione *f*.
predetermine [,pri:di'tə:min] *v.t.* predeterminare. **predetermined** [–d] *a.* predeterminato.
predicable ['predikəbl] **I** *a.* **1** affermabile, che si può asserire. **2** ⟨Filos⟩ predicabile. **II** s. ⟨Filos⟩ predicabile *m*.
predicament [pri'dikəmənt] s. **1** situazione *f* imbarazzante (*o spiacevole*), impiccio *m*, guaio *m*: *I find myself in a ~* mi trovo in una situazione imbarazzante. **2** ⟨Filos⟩ predicamento *m*, categoria *f*.
predicant ['predikənt] **I** *a.* ⟨Rel⟩ predicatore. **II** s. **1** predicatore *m* (*f* –trice). **2** (*Dominican*) domenicano *m*, frate *m* predicatore.
predicate I *v.t.* ['predikeit] **1** (*to affirm, declare*) affermare, dichiarare, asserire. **2** ⟨Filos⟩ predicare; (*of a term*) essere predicato di. **II** s. ['predikit] ⟨Gramm,Filos⟩ predicato *m*. **III** *a.* ⟨Gramm,Filos⟩ predicativo.
predicate| adjective ['predikit] s. ⟨Gramm⟩ predicato *m*, aggettivo *m* predicativo. **~ nominative**, **~ noun** s. predicato *m* nominale. **~ objective** s. complemento *m* oggetto, accusativo *m*.
predication [,predi'keiʃən] s. **1** affermazione *f*, asserzione *f*. **2** ⟨Filos⟩ predicazione *f*. **predicative** [pri'dikətiv, *am.* 'predikeitiv] *a.* **1** affermativo. **2** ⟨Gramm,Filos⟩ predicativo. **predicatively** [pri'dikətivli, *am.* 'predikeitivli] *avv.* affermativamente.
predicatory ['predikətəri] *a.* predicatorio, di (*o da*) predica.
predict [pri'dikt] *v.t.* predire, preannunciare, presagire. **pre,dictability** [–ə'biliti] s. prevedibilità *f*. **predictable** [–əbl] *a.* prevedibile, che può essere preannunciato: *his refusal was entirely ~* il suo rifiuto era del tutto prevedibile. **predictably** [–əbli] *avv.* prevedibilmente, in modo che si può predire (*o preannunciare*).
prediction [pri'dikʃən] s. predizione *f*, profezia *f*, pronostico *m*. **predictive** [–ktiv] *a.* profetico. **predictor** [–ktə] s. **1** preannunciatore *m* (*f* –trice), profeta *m* (*f* –essa). **2** ⟨Artigl⟩ calcolatore *m*, goniotacometro *m*.
predigest [,pri:di'dʒest] *v.t.* predigerire. **predigestion** [–stʃən] s. predigestione *f*.
predilection [,pri:di'lekʃən] s. predilezione *f*.
predispose [,pri:dis'pouz] *v.t.* **1** indurre, rendere propenso (*o incline*). **2** (*to make liable*) predisporre: *poverty ~s children to disease* la miseria predispone i bambini alle malattie. **predisposing** [–iŋ] *a.* ⟨Med⟩ predisponente: *~ factor* fattore predisponente. **,predisposition** [–pə'ziʃən]

s. predisposizione *f,* tendenza *f,* inclinazione *f.*

predominance [pri'dɔminəns], **predominancy** [-i] *s.* **1** preponderanza *f,* prevalenza *f* (numerica). **2** (*ascendancy*) predominio *m,* supremazia *f,* preminenza *f.*

predominant [pri'dɔminənt] *a.* **1** preponderante, maggiore, predominante. **2** (*prevailing*) predominante, prevalente, preminente. **3** (*ascendant*) predominante, dominante. **predominantly** [-li] *avv.* in prevalenza, prevalentemente, in preponderanza.

predominate [pri'dɔmineit] **I** *v.i.* **1** prevalere, predominare (*over* su). **2** (*to be superior in numbers*) avere la prevalenza (*o* maggioranza), essere in prevalenza; (*to be most evident*) predominare: *blues and reds ~ in his paintings* il blu e il rosso predominano nei suoi dipinti. **II** *v.t.* dominare, sopraffare, soverchiare. **pre,domination** [-'neiʃən] *s.* → **predominance.**

pre-elect [,pri:i'lekt] *v.t.* **1** scegliere in precedenza. **2** (*Teol*) predestinare. **pre-election** [-kʃən] **I** *s.* **1** scelta *f* fatta in precedenza. **2** (*Teol*) predestinazione *f.* **II** *a.* preelettorale.

pre-eminence [pri:'eminəns] *s.* superiorità *f,* preminenza *f.* **pre-eminent** [-nt] *a.* superiore, preminente. **pre-eminently** [-ntli] *avv.* in modo preminente.

pre-employment medical examination *s.* visita *f* d'assunzione.

pre-empt [pri:'empt] **I** *v.t.* **1** comprare valendosi del diritto di prelazione; (*to appropriate*) appropriarsi di, far proprio. **2** (*Stor.am*) (*of land*) occupare (per far valere il diritto di prelazione). **II** *v.i.* (*in bridge*) fare una dichiarazione più alta del dovuto. **pre-emption** [-mpʃən] *s.* (*Dir*) prelazione *f;* (*pre-emption right*) diritto *m* di prelazione. **pre-emptive** [-iv] *a.* **1** (*Dir*) di prelazione. **2** (*in bridge: of a bid*) più alto del dovuto. **pre-emptive strike** *s.* (*Mil*) attacco *m* preventivo.

preen [pri:n] *v.t.* **1** lisciarsi (*o* lisciare) col becco. **2** (*rifl*) (*to primp*) agghindarsi, azzimarsi. **3** (*rifl*) (*to pride o.s.*) vantarsi, gloriarsi.

pre-engage [,pri:en'geidʒ] *v.t.* impegnare, prenotare. **pre-engagement** [-mənt] *s.* impegno *m* precedente, prenotazione *f.*

pre-establish [,pri:is'tæbliʃ] *v.t.* prestabilire.

pre-estimate [,pri:'estimeit] **I** *v.t.* valutare anticipatamente, fare una valutazione preliminare di. **II** *s.* valutazione *f* preliminare.

pre-exist [,pri:ig'zist] *v.i.* preesistere. **pre-existence** [-əns] *s.* preesistenza *f* (*anche Teol.*). **pre-existent** [-ənt] *a.* preesistente.

pref. = *preface* prefazione (*abbr.* pref.).

prefab ['pri:fæb, *am.* ,pri:'fæb] *s.* casa *f* prefabbricata.

prefabricate [pri:'fæbrikeit] *v.t.* (*Edil*) prefabbricare. **prefabricated** [-id] *a.* prefabbricato. **pre,fabrication** [-'keiʃən] *s.* prefabbricazione *f.*

preface ['prefis] **I** *s.* **1** (*of a book*) prefazione *f,* introduzione *f;* (*of a speech*) introduzione *f,* preambolo *m.* **2** (*Lit*) prefazio *m.* **II** *v.t.* **1** scrivere la prefazione di, fare la prefazione a. **2** (*of a speech: to begin*) cominciare, introdurre.

prefatorial [,prefə'tɔ:riəl] *a.* → **prefatory.** '**prefatorily** [-tərili] *avv.* come introduzione, come prefazione. '**prefatory** [-təri] *a.* introduttivo, preliminare: *~ remarks* note introduttive.

prefect ['pri:fekt] *s.* **1** (*Scol,Stor.rom,Rel.catt*) prefetto *m.* **2** (*in Paris*) capo *m* della polizia.

prefectoral [pri'fektərəl], **prefectorial** [,pri:fek'tɔ:riəl] *a.* prefettizio. **prefectural** [-ktʃərəl] *a.* della (*o* relativo alla) prefettura. **prefecture** ['pri:fektʃə] *s.* prefettura *f.*

prefer [pri'fə:] *v.t.* (*pret., p.p.* **preferred** [-d]) **1** preferire: *would you ~ tea or coffee?* preferisci tè o caffè? **2** (*of a claim, charge, etc.*) presentare, avanzare. **3** (*to promote*) promuovere, elevare, innalzare: *he has been –red to the rank of admiral* è stato promosso ammiraglio.

preferability [,prefərə'biliti] *s.* preferibilità *f.* '**preferable** [-bl] *a.* preferibile. '**preferably** [-bli] *avv.* preferibilmente, di preferenza.

preference ['prefərəns] *s.* **1** preferenza *f,* predilezione *f: to express a ~ for s.th.* esprimere una preferenza per qc.; (*s.th. preferred*) cosa *f* preferita. **2** (*Econ,Pol*) preferenza *f.*

3 (*Econ*) privilegio *m,* priorità *f.* □ *his ~ is f(compromise* preferisce i compromessi; *to have a ~ for s.t* prediligere qc.; *in ~ to* a preferenza di, invece d' piuttosto che.

preference| bond *s.* (*Econ*) obbligazione *f* privilegiata. **~ dividend** *s.* dividendo *m* privilegiato. **~ share** *s.* azion *f* privilegiata. **~ stock** *s.* titoli *mpl* privilegiati.

preferential [,prefə'renʃəl] *a.* **1** di favore, preferenziale. (*Econ,Pol*) preferenziale: *to afford a country ~ treatme* offrire a una nazione un trattamento preferenziale.

preferential| claim *s.* credito *m* privilegiato. **~ credite** *s.* creditore *m* privilegiato.

preferentialism [,prefə'renʃəlizəm] *s.* (*Econ,Pol*) sisten *m* (*o* pratica *f*) di concedere trattamenti preferenziali.

preferential| share *s.* → **preference share. ~ tariff** tariffa *f* (doganale) preferenziale.

preferment [pri'fə:mənt] *s.* promozione *f,* avanzamen *m.*

preferred [pri'fə:d] *a.* (*Econ*) privilegiato, che ha diritto priorità.

preferred| dividend *s.* → **preference dividend. ~ shar** *s.* → **preference share. ~ stock** *s.* → **preferenc stock.**

prefiguration [pri,figju'reiʃən] *s.* **1** prefigurazione *f.* (*prototype*) prototipo *m.* **pre'figurative** [-rətiv] prefigurativo. **pre'figure** [-gə] *v.t.* **1** prefigurar rappresentare simbolicamente. **2** (*to imagine beforehan* presagire, prevedere. **pre'figurement** [-gəmənt] prefigurazione *f.*

prefinance [,pri:fai'næns] *v.t.* prefinanziare. **prefinancir** [-iŋ] *s.* prefinanziamento *m.*

prefix I *s.* ['pri:fiks] **1** (*Gramm*) prefisso *m.* **2** (*tit* titolo *m* premesso a un nome. **II** *v.t.* [pri:'fiks] (*Gramm*) mettere come prefisso. **2** (*of a title*) f precedere, premettere.

preform [pri:'fɔ:m] *v.t.* preformare (*anche Biol* ,**prefor'mation** [-'meiʃ-] *s.* preformazione *f.*

pregnable ['pregnəbl] *a.* espugnabile, vulnerabile.

pregnancy ['pregnənsi] *s.* **1** stato *m* interessante (*o* gravidanza); (*period of time*) gravidanza *f,* gestazione *f.* (*fig*) (*fertility of ideas*) fertilità *f* (*o* ricchezza) d'ide inventiva *f.* **3** (*fig*) (*significant quality*) l'esse significativo; (*momentous quality*) importanza *f,* gravità

pregnancy| prevention *s.* contraccezione *f.* **~ test** *s.* te *m* di gravidanza.

pregnant ['pregnənt] *a.* **1** in stato interessante, gravic incinta; (*of an animal*) gravida, pregna. **2** (*fig*) ferti fecondo, ricco (*in, with* di): *a mind ~ with novel ide* una mente fertile di nuove idee; (*having a fertile mir* ricco d'inventiva, pieno d'immaginazione. **3** (*f(meaningful*) significativo, denso di significato, pregnan *there was a ~ silence* c'era un silenzio significativ (*momentous, full of possibilities*) grave, importante: *a moment of history* un momento grave della storia. (*Gramm*) pregnante. □ *to get ~* mettere incinta; *she three months ~* è al terzo mese di gravidanz **pregnantly** [-li] *avv.* significativamente.

pre-heating *s.* preriscaldamento *m.*

prehensible [pri'hensəbl] *a.* prendibile. **prehensi** [-sail] *a.* (*Zool*) prensile: *~ tail* coda prensi **prehensility** [,pri:hen'siliti] *s.* l'essere prensi **prehension** [-nʃən] *s.* **1** prensione *f.* **2** (*men apprehension*) apprendimento *m.*

prehistorian [,prihis'tɔ:riən] *s.* studioso *m* (*f* –a) preistoria. **prehistoric** [-'tɔrik], **prehistorical** [-'tɔrik *a.* **1** preistorico. **2** (*fig*) (*very ancient*) vecchissimo, mo antico, (*scherz*) preistorico. **prehistorically** [-'tɔrik avv.* in epoca preistorica. **prehistory** [pri:'histəri] preistoria *f.*

preignition [,pri:ig'niʃən] *s.* (*Mot*) preaccensione *f.*

prejudge [pri:'dʒʌdʒ] *v.t.* dare un giudizio prematuro s **prejudgement** [-mənt] *s.* giudizio *m* prematuro.

prejudice ['predʒudis] **I** *s.* **1** pregiudizio *m,* preconce *m,* prevenzione *f.* **2** (*harm, damage*) danno *m,* pregiudiz *m,* detrimento *m: to* (*o in*) *the ~ of s.o.* a danno di qd. (*Dir*) pregiudizio *m,* danno *m.* **II** *v.t.* **1** preveni influenzare. **2** (*to cause detriment to*) pregiudica compromettere, danneggiare. **3** ⟨*Dir*⟩ danneggiare, pregiudicare. □ *to have a ~ against s.o.* essere prevenuto contro qd.; *to have a ~ in favour of s.o.* essere ben disposto verso qd.

rejudicial [ˌpredʒu'diʃəl] *a.* pregiudizievole, dannoso, di pregiudizio (*to* a): *~ to one's health* pregiudizievole alla salute. **prejudicially** [–i] *avv.* in modo pregiudizievole.

relacy ['preləsi] *s.* ⟨*Rel*⟩ **1** prelatura *f.* **2** ⟨*collett*⟩ prelatura *f,* prelati *mpl.* **3** (*church government by prelates*) governo *m* prelatizio della chiesa (*anche spreg.*). **prelate** [–lit] *s.* **1** prelato *m.* **2** ⟨*Stor*⟩ abate *m,* priore *m.*

prelatess [–litis] *s.* **1** badessa *f,* superiora *f,* priora *f.* **2** ⟨*prelate's wife*⟩ moglie *f* d'un prelato (protestante).

prelatic [pri'lætik], **prelatical** [pri'lætikəl] *a.* **1** prelatizio. **2** ⟨*spreg*⟩ prelatesco. **prelatize** [–lətaiz] *v.t.* porre sotto il governo prelatizio. **prelature** [–lətʃə] *s.* **1** prelatura *f.* **2** ⟨*collett*⟩ prelatura *f,* prelati *mpl.*

relect [pri'lekt] *v.i.* **1** tenere una conferenza. **2** ⟨*Univ*⟩ fare (*o* tenere) una lezione. **prelection** [–kʃən] *s.* **1** conferenza *f.* **2** ⟨*Univ*⟩ lezione *f.* **prelector** [–ə] *s.* **1** conferenziere *m* (*f* –a). **2** ⟨*Univ*⟩ docente *m/f.*

relibation [ˌpri:lai'beiʃən] *s.* assaggio *m,* prelibazione *f.*

relim [pri'lim] *s.* ⟨*fam*⟩ **1** (*preliminary examination*) esame *m* preliminare. **2** *pl.* ⟨*Edit*⟩ preliminari *mpl.*

reliminarily [pri'liminərili] *avv.* preliminarmente. **preliminary** [–nəri] **I** *a.* **1** preliminare, introduttivo, iniziale, preparatorio: *a ~ report* un rapporto preliminare. **2** ⟨*Dir*⟩ pregiudiziale, preliminare: *~ question* questione pregiudiziale; *~ objection* eccezione preliminare. **II** *s.* **1** *pl.* preliminari *mpl,* parte *f* iniziale (*o* introduttiva): *preliminaries to peace* preliminari di pace. **2** → **preliminary examination. 3** ⟨*Sport*⟩ eliminatoria *f.* **4** *pl.* ⟨*Edit*⟩ preliminari *mpl.*

reliminary| examination *s.* esame *m* preliminare. *~* **project** *s.* progetto *m* di massima. *~* **round** *s.* ⟨*Sport*⟩ eliminatoria *f.*

relude ['prelju:d] **I** *s.* **1** preludio *m: the shower was a ~ to a violent thunderstorm* l'acquazzone fu il preludio di un violento temporale. **2** (*introduction*) preludio *m,* introduzione *f;* (*preliminary remarks*) osservazioni *fpl* preliminari. **3** ⟨*Mus*⟩ preludio *m.* **II** *v.t.* **1** preludere a, preannunciare; (*to introduce*) introdurre, preludere a, fare una premessa a. **2** ⟨*Mus*⟩ eseguire come preludio. **III** *v.i.* **1** (*to serve as a prelude*) servire da preludio. **2** ⟨*Mus*⟩ sonare un preludio. **preludial** [pri'lju:diəl], **preludious** [pri'lju:diəs] *a.* **1** introduttivo. **2** ⟨*Mus*⟩ di (*o* relativo a) preludio. **preludize** [–aiz] *v.i.* ⟨*Mus*⟩ preludiare.

relusion [pri'lju:ʒən] *s.* preludio *m,* introduzione *f.* **prelusive** [–'lju:siv], **prelusory** [–'lju:səri] *a.* introduttivo, che prelude.

remature ['pri:mətjuə, 'prem–] *a.* prematuro, precoce. **remature| birth** *s.* ⟨*Med*⟩ nascita *f* prematura. *~* **delivery** *s.* parto *m* prematuro. **rematurely** ['premətjuəli, ˌpri:mə'tjuəli] *avv.* prematuramente, prima del tempo. **prematureness** [–'tjuənis], **prematurity** [–'tjuəriti] *s.* **1** prematurità *f* (*anche Med.*). **2** ⟨*Bot*⟩ precocità *f.*

remeditate [pri'mediteit] *v.t.* premeditare. **premeditated** [–id] *a.* premeditato, con premeditazione: *~ murder* omicidio premeditato. **premeditation** [–'teiʃən] *s.* premeditazione *f* (*anche Dir.*).

remier ['premjə, *am.* 'pri:miə] **I** *s.* ⟨*Pol*⟩ primo ministro *m,* premier *m.* **II** *a.* primo, principale, il più importante.

remiere, première *fr.* [prə'mjeːr, *am.* pri'miər] *s.* ⟨*Teat,Cin*⟩ prima *f* (assoluta), première *f.*

remiership ['premjəʃip, *am.* 'pri:miəʃip] *s.* carica *f* di primo ministro.

remise **I** *s.* ['premis] **1** presupposizione *f,* premessa *f,* presupposto *m.* **2** ⟨*Filos*⟩ → **premiss. 3** *pl.* ⟨*Dir*⟩ premesse *fpl.* **4** *pl.* (*building and grounds*) edificio *m* (*o* stabile) con terreno annesso; (*place of business*) sede *f,* locali *mpl.* **II** *v.t.* ['premis, pri'maiz] **1** premettere alcune osservazioni. **2** (*to assume as a premise*) presupporre. **III** *v.i.* fare una premessa. □ *to be consumed off the –s* da consumarsi fuori del locale, da asportare.

remiss ['premis] *s.* ⟨*Filos*⟩ **1** premessa *f.* **2** (*assumption*)

assunto *m.*

premium ['pri:miəm] **I** *s.* **1** (*prize, award*) premio *m,* ricompensa *f.* **2** (*work bonus*) premio *m,* indennità *f,* gratifica *f.* **3** ⟨*Assic*⟩ premio *m.* **4** ⟨*Econ*⟩ premio *m,* aggio *m.* **II** *a.* ottimo, eccellente. □ ⟨*Econ*⟩ *at a ~* sopra la pari; ⟨*fig*⟩ *to hold s.th. at a ~* tenere qc. in grande considerazione; ⟨*fig*⟩ *to put a ~ on s.th.* incoraggiare qc., favorire qc.

premium|-quality *am. a.* (*of gasoline*) super. *~* **savings bond** *s.* ⟨*Econ*⟩ buono *m* di risparmio a premio. *~* **wage** *s.* salario *m* a incentivo.

premolar [pri:'moulə] *a.* ⟨*Anat*⟩ premolare. **II** *s.* premolare *m,* dente *m* premolare.

premonition [ˌpri:mə'niʃən] *s.* presentimento *m,* premonizione *f: to have a ~ of danger* avere il presentimento di un pericolo. **premonitory** [pri'mɔnitəri] *a.* premonitore, premonitorio: *~ symptoms* sintomi premonitori.

prenatal [pri:'neitl] *a.* ⟨*Med*⟩ prenatale. **prenatal| clinic** *s.* clinica *f* di maternità. *~* **diagnosis** *s.* diagnosi *f* prenatale. *~* **exercise** *s.* ginnastica *f* per gestanti.

prentice ['prentis] *s.* ⟨*fam*⟩ apprendista *m/f,* principiante *m/f,* novellino *m* (*f* –a).

preoccupation [pri:ˌɔkju'peiʃən] *s.* **1** preoccupazione *f.* **2** (*s.th. absorbing*) pensiero *m* che assorbe; (*worry*) preoccupazione *f,* apprensione *f,* pensiero *m,* inquietudine *f.*

preoccupied [pri:'ɔkjupaid] *a.* assorto in pensieri; (*worried*) preoccupato, in pensiero, inquieto. **preoccupy** [–pai] *v.t.* assorbire l'attenzione di; (*to worry*) preoccupare, inquietare, mettere in apprensione.

preoperative [pri:'ɔpərətiv] *a.* ⟨*Chir*⟩ preoperatorio.

preordain [ˌpri:ɔ:'dein] *v.t.* preordinare, predisporre, prestabilire. **preordination** [–di'neiʃən] *s.* preordinazione *f.*

prep [prep] *s.* ⟨*scol*⟩ **1** preparazione *f;* (*homework*) compito *m* a casa, lezione *f* (preparata a casa). **2** (*preparatory school*) scuola *f* preparatoria.

prepaid [pri:'peid] *a.* ⟨*Comm*⟩ pagato anticipatamente (*o* in anticipo).

preparation [ˌprepə'reiʃən] *s.* **1** preparazione *f,* allestimento *m,* approntamento *m;* (*state of being prepared*) preparazione *f.* **2** (*s.th. done in preparation*) preparativo *m: the –s for the ceremony are complete* i preparativi per la cerimonia sono terminati. **3** ⟨*Chim,Farm*⟩ preparato *m.* **4** ⟨*Biol*⟩ preparato *m,* preparazione *f.* **5** ⟨*scol*⟩ preparazione *f.* □ *in ~ for* in vista di; *to be in ~* essere in preparazione.

preparative [pri'pærətiv] **I** *a.* → **preparatory. II** *s.* **1** preparativo *m.* **2** ⟨*Mil*⟩ segnale *m* di tenersi pronti. **preparatively** [–li] *avv.* come preparazione, in modo preparatorio. **preparatory** [–təri] **I** *a.* **1** preparatorio, preliminare; (*introductory*) introduttivo. **2** ⟨*Scol*⟩ preparatorio: *~ school* scuola preparatoria. **II** *s.* → **preparative.** □ *~ to* prima di, in attesa di.

prepare [pri'peə] **I** *v.t.* **1** preparare, allestire, approntare, predisporre; (*of a person, meal, etc.*) preparare: *to ~ o.s. for bed* prepararsi per andare a letto; *to ~ supper* preparare la cena. **2** (*to accustom*) preparare, predisporre: *to ~ s.o. for the worst* preparare qd. al peggio. **3** (*to study, learn*) preparare, studiare: *to ~ one's lessons* preparare le lezioni; (*to teach, coach*) preparare, istruire, addestrare: *to ~ s.o. for an examination* preparare qd. a un esame. **II** *v.i.* **1** (*to make ready*) prepararsi, predisporsi: *to ~ for war* prepararsi alla guerra. **2** (*to make o.s. ready*) accingersi, prepararsi: *to ~ to leave* accingersi a partire. □ ⟨*fig*⟩ *to ~ the way for s.th.* preparare il terreno per qc.

prepared [pri'peəd] *a.* **1** preparato, pronto: *we must be ~ for all eventualities* dobbiamo essere preparati a tutte le eventualità. **2** (*willing*) disposto, pronto: *I am not ~ to pay* non sono disposto a pagare. **preparedly** [–'peəridli] *avv.* con preparazione. **preparedness** [–'peəridnis] *s.* l'essere pronto (*o* preparato).

prepay [pri:'pei] *v.t.irr.* pagare anticipatamente (*o* in anticipo). **prepayable** [–əbl] *a.* pagabile in anticipo. **prepayment** [–mənt] *s.* pagamento *m* anticipato.

prepense [pri'pens] *a.* ⟨*Dir,rar*⟩ premeditato. ☐ *with malice* ~ con premeditazione.

preponderance [pri'pɔndərəns], **preponderancy** [-i] *s.* **1** preponderanza *f,* superiorità *f.* **2** (*superiority in power, etc.*) predominio *m,* preponderanza *f,* superiorità *f: the* ~ *of good over evil* il predominio del bene sul male. **3** (*superiority in weight*) maggior peso *m.* **preponderant** [-nt] *a.* **1** preponderante, prevalente. **2** (*superior in power, etc.*) preponderante, predominante. **3** (*heavier*) di maggior peso, che pesa di più. **preponderantly** [-ntli] *avv.* prevalentemente, in modo preponderante.

preponderate [pri'pɔndəreit] *v.i.* **1** superare in peso (*over s.th.* qc.), essere più pesante (di). **2** (*to exceed in influence, etc.*) predominare, prevalere (su). **3** (*to exceed in numbers*) predominare (su). **preponderating** [-iŋ] *a.* → **preponderant. pre‚ponderation** [-'reiʃən] *s.* → **preponderance.**

preposition [‚prepə'ziʃən] *s.* ⟨*Gramm*⟩ preposizione *f.* **prepositional** [-l] *a.* di (*o* relativo a) una preposizione, prepositivo. **prepositional‚ object** *s.* ⟨*Gramm*⟩ complemento *m* prepositivo. ~ **phrase** *s.* locuzione *f* prepositiva.

prepositive [pri'pɔzitiv] **I** *a.* prepositivo. **II** *s.* particella *f* prepositiva.

prepositor [pri'pɔzitə] *s.* → **praepostor.**

prepossess [‚pri:pə'zes] *v.t.* **1** influenzare anticipatamente; (*to prejudice*) prevenire, influenzare (sfavorevolmente). **2** (*to impress favourably;* general. al pass.) fare buona impressione a, impressionare favorevolmente: *I was not -ed by his attitude* il suo atteggiamento non mi ha fatto buona impressione. **3** (*of an idea, belief, etc.*) ossessionare. **prepossessing** [-iŋ] *a.* simpatico, attraente: *a* ~ *young lady* una simpatica signorina. **prepossessingness** [-iŋnis] *s.* l'essere attraente (*o* simpatico). **prepossession** [-'zeʃən] *s.* **1** (*preconceived opinion*) prevenzione *f,* preconcetto *m;* (*prejudice*) pregiudizio *m.* **2** (*attitude, impression in favour*) predilezione *f,* simpatia *f.* **3** (*preoccupation*) preoccupazione *f.*

preposterous [pri'pɔstərəs] *a.* **1** assurdo, insensato, irragionevole: *a* ~ *suggestion* un suggerimento assurdo. **2** (*ridiculous*) ridicolo. **preposterousness** [-nis] *s.* **1** assurdità *f,* irragionevolezza *f.* **2** (*ridicolousness*) ridicolaggine *f.*

prepostor *s.* → **praepostor.**

prepotence [pri'poutəns], **prepotency** [-i] *s.* predominio *m,* supremazia *f,* preminenza *f.* **prepotent** [-nt] *a.* predominante, preminente.

preprinted ['pri:printəd] *a.* prestampato: ~ *form* modulo prestampato.

preprogramme [pri:-'prougræm] *v.t.* preprogrammare. **preprogramming** [-'prougræmiŋ] *s.* preprogrammazione *f.*

prep school *s.* ⟨*scol*⟩ scuola *f* preparatoria.

prepubescence [pri:‚pju:'besəns] *s.* prepubertà *f.*

prepuce ['pri:pju:s] *s.* ⟨*Anat*⟩ prepuzio *m.* **preputial** [-'pju:ʃəl] *a.* prepuziale.

Pre-Raphaelism [‚pri:'ræfiəlizəm] *s.* → **Pre-Raphaelitism.** ‚Pre-'**Raphaelite** [-lait] **I** *s.* ⟨*Art*⟩ preraffaellita *m/f.* **II** *a.* preraffaellita. ‚**Pre-'Raphaelitism** [-laitizəm] *s.* preraffaellismo *m.*

prerecord [‚pri:ri'kɔ:d] *v.t.* ⟨*Rad,TV*⟩ preregistrare. **prerecorded** [-id] *a.* preregistrato.

prerequisite [pri:'rekwizit] **I** *s.* requisito *m* indispensabile. **II** *a.* indispensabile, essenziale.

prerogative [pri'rɔgətiv] **I** *s.* prerogativa *f,* privilegio *m: the chairman's -s* le prerogative del presidente. **II** *a.* privilegiato.

pres. = **1** ⟨*Gramm*⟩ *present* presente (*abbr.* pres.). **2** *presidency* presidenza.

Pres. = *President* presidente.

presage **I** *s.* ['presidʒ] **1** presentimento *m,* presagio *m.* **2** (*omen*) auspicio *m,* presagio *m,* segno *m* premonitore. **3** ⟨*rar*⟩ (*prediction*) predizione *f,* profezia *f.* **II** *v.t.* ['presidʒ, pri'seidʒ] **1** presagire, presentire. **2** (*to be an omen of*) far presagire, far prevedere, essere presagio (*o* segno) di. **presageful** [-ful] *a.* pieno di presagi.

Presb. = ⟨*Rel*⟩ *Presbyter* presbitero.

presbyope ['prezbioup] *s.* ⟨*Med*⟩ presbite *m/‚* **presbyopia** [-'oupiə] *s.* ⟨*Med*⟩ presbiopia *f,* presbitism *m.* ‚**presbyopic** [-'ɔpik] *a.* presbite.

presbyter ['prezbitə] *s.* ⟨*Rel*⟩ **1** presbitero *m.* **2** (*i. hierarchical churches*) sacerdote *m,* ministro *m.* **presbyteral** *a.* → **presbyterial. presbyterate** [-rit] *s.* presbiterato *m.* **2** (*body of presbyters*) presbiterio *m.* ‚**presbyterial** [-'tiəriəl] *a.* **1** (*of a presbytery*) presbiterale **2** (*presbyterian*) presbiteriano. ‚**presbyterian** [-'tiəriən] *a.* presbiteriano. **Presbyterian I** *a.* presbiteriano. **II** *s.* presbiteriano *m* (*f* -a). ‚**Presbyterianism** [-'tiəriənizəm] *s.* presbiterianismo *m.* **presbytery** [-ri] *s.* **1** ⟨*Arch,Rel*⟩ presbiterio *m.* **2** ⟨*Rel*⟩ (*jurisdiction of a presbytery*) giurisdizione *f* di un presbiterio. **3** ⟨*Rel.catt*⟩ (*priest house*) presbiterio *m.*

preschool [‚pri:'sku:l] **I** *a.* prescolare. **II** *s.* insegnament *m* prescolastico.

preschool child *s.* bambino *m* (*f* -a) in età prescolare.

prescience ['pri:ʃəns] *s.* **1** preveggenza *f.* **2** ⟨*Rel* prescienza *f.* **prescient** [-nt] *a.* che conosce (in anticipo il futuro (*o* l'avvenire), ⟨*lett*⟩ presciente. **prescientifi** [-‚saiən'tifik] *a.* prescientifico. **presciently** [-ntli] *avv* con preveggenza.

prescind [pri'sind] **I** *v.t.* **1** prescindere da. **2** (*to cut o* sever) staccare. **II** *v.i.* **1** prescindere.

prescribe [pri'skraib] **I** *v.t.* **1** prescrivere, stabilir ordinare. **2** ⟨*Med*⟩ prescrivere, ordinare: *to* ~ *quinine f malaria* prescrivere chinino per la malaria. **3** ⟨*Di* prescrivere. **II** *v.i.* **1** (*to give directions*) ordinare, dar ordini, comandare. **2** ⟨*Dir*⟩ avanzare un diritto acquisit per usucapione (*to, for* su). **prescribed** [-d] *a.* prescritt imposto: ~ *procedure* procedura prescritta.

prescript ['pri:skript] *s.* prescrizione *f,* norma diposizione *f.*

prescription [pri'skripʃən] *s.* **1** (*act of prescribing* prescrizione *f,* il prescrivere; (*s.th. prescribed*) prescrizion *f,* norma *f,* disposizione *f.* **2** ⟨*Med*⟩ ricetta *f,* prescrizion *f;* (*remedy prescribed*) medicina *f* prescritta. **3** ⟨*Di* (*negative prescription*) prescrizione *f* (estintiva); (*positiv prescription*) usucapione *f.*

prescription drug *s.* medicinale *m* etico, medicinale *r* da vendersi dietro ricetta medica.

prescriptive [pri'skriptiv] *a.* **1** normativo: ~ *gramm* grammatica normativa. **2** ⟨*Dir*⟩ derivato da usucapione.

preselect [‚pri:si'lekt] *v.t.* preselezionare. **preselectio** [-kʃən] *s.* ⟨*Tel*⟩ preselezione *f.* **preselector** [-ktə] ⟨*Rad*⟩ preselettore *m.*

presence ['prezns] *s.* **1** presenza *f: your* ~ *will not b necessary* la tua presenza non sarà necessaria; *the* ~ *oxygen in the blood* la presenza di ossigeno nel sangue. (*person of dignified appearance*) persona *f* di nobile aspett (*person of influence*) persona *f* che conta. **3** (*appearance* aspetto *m,* presenza *f,* figura *f: a woman of stately* ~ *un* donna *f* di aspetto imponente; (*bearing*) portamento *m* (*distinguished appearance*) portamento *m* distinto. ☐ *the* ~ *of:* 1 in (*o* alla) presenza di, davanti a, al cospett di: *you are in the* ~ *of friends* sei in presenza di amici; (*faced with*) di fronte, davanti a: *to be calm in the* ~ *danger* essere calmo di fronte al pericolo; *to make one's felt* far sentire la propria presenza; ~ *of mind* presenza di spirito; *Your* ~ *is requested at dinner* la Signoria Vostr è invitata a intervenire al pranzo.

present[1] ['preznt] *a.* **1** presente: *I was* ~ *when the w was read* ero presente alla lettura del testamento; *to be* ~ *at a ceremony* essere presente a una cerimonia. ⟨*esclam*⟩ presente: *John Jones* – ~ John Jones – present **3** (*existing, found*) presente, esistente. **4** (*being, existin now*) attuale, presente: *the* ~ *Prime Minister* l'attua primo ministro; (*of years, etc.*) corrente, in cors presente. **5** (*the one involved*) questo, presente: *the volume* questo volume; *in the* ~ *case* nel caso presente. ⟨*Gramm*⟩ presente. **II** *s.* **1** presente *m,* tempo *m* attual epoca *f* presente: *the past and the* ~ il passato e presente. **2** ⟨*Gramm*⟩ presente *m,* tempo *m* presente. *pl.* ⟨*Dir*⟩ (*presente*) documento *m: know all men by thes* -*s* sappiano tutti con questo documento. ☐ **at** ~ momento (presente), ora, attualmente, in questo moment *e have none in stock at* ~ al momento ne siamo ∍rovvisti; ~ **company** *excepted* esclusi i presenti; *the* ~ ⱥy oggi; **for** *the* ~ per ora, per il momento; **those** ~ i ∤esenti, i partecipanti; *at the* ~ **time** = **at** *present; the* ~ ⱥriter il sottoscritto, lo scrivente.

∍**sent**[2] [pri'zent] **I** *v.t.* **1** offrire a, donare a: *to* ~ *s.o. ⱥith the keys of the city* offrire a qd. le chiavi della città; *∅ offer as a gift*) regalare, donare. **2** (*to give, submit*) ∤esentare, porgere; *he –ed his credentials* presentò le sue ∤edenziali. **3** (*to reveal*) presentare, prospettare: *the ⱥan –s several difficulties* il piano presenta alcune ⱥfficoltà. **4** (*of an opportunity, etc.*) presentare, offrire, ∍rnire. **5** (*to expound*) esporre, presentare, illustrare: *to* ~ *∤n argument* esporre un argomento. **6** (*to show*) mostrare, ⱥesentare. **7** ⟨*rifl*⟩ comparire, presentarsi: *to* ~ *o.s. for ∤n examination* presentarsi a un esame. **8** (*to introduce*) ⱥesentare, far conoscere; (*before a sovereign*) presentare a ⱥrte. **9** ⟨*Teat*⟩ presentare, rappresentare. **II** *v.i.*⟨*Rel*⟩ ∤esentare un prelato al vescovo per l'ottenimento di un ⱥneficio. **III** *s.* ⟨*Mil*⟩ presentatarm *m.* □ ⟨*Mil*⟩ *to* ~ *ⱥms* presentare le armi.

∍**sent**[3] ['preznt] *s.* (*gift*) regalo *m,* dono *m,* presente *m: ⱥis is a* ~ *for your birthday* questo è un regalo per il tuo ∍mpleanno. □ *to give s.th. to s.o. as a* ~ dare qc. in ∤galo a qd.; *to make s.o. a* ~ *of s.th.* regalare qc. a qd.

∍**esentability** [pri͵zentə'biliti] *s.* presentabilità *f.* ⱥ**re'sentable** [–bl] *a.* **1** presentabile. **2** ⟨*fam*⟩ (*fit to be ∍en*) presentabile, decente, decoroso: *am I* ~ *in this ⱥess?* sono presentabile con questo vestito? **pre'sentably** ⱥbli] *avv.* decorosamente, in modo presentabile.

∍**sent arms** [pri'zent] *s.* ⟨*Mil*⟩ presentatarm *m* (*anche ⱥclam.*).

∍**esentation** [͵prezən'teiʃən] *s.* **1** (*act of presenting*) ⱥesentazione *f,* offerta *f:* ~ *at court* presentazione a corte. (*s.th. offered*) regalo *m,* dono *m.* **3** (*exhibition*) ⱥppresentazione *f: the* ~ *of a new play* la ⱥppresentazione di una nuova commedia. **4** (*act or ⱥanner of stating*) esposizione *f,* presentazione *f,* ⱥlustrazione *f: a clear* ~ *of the problem* una chiara ⱥsposizione del problema. **Presentation** *s.* ⟨*Rel*⟩ ⱥesentazione *f.*

∍**esentee** [͵prezən'ti:] *s.* **1** destinatario *m* (*f* –a) di un ∍ono. **2** ⟨*Rel*⟩ sacerdote *m* presentato (al vescovo) per ∍ttenimento di un beneficio.

∍**esentient** [pri:'senʃiənt] *a.* che presagisce (*of s.th.* qc.), ⱥresago.

∍**esentiment** [pri'zentimənt] *s.* presentimento *m.*

∍**esently** ['prezntli] *avv.* **1** presto, tra poco, tra breve: *I'll ∉ back* ~ torno presto. **2** ⟨*am*⟩ (*now*) attualmente, ora.

∍**esentment** [pri'zentmənt] *s.* **1** presentazione *f,* ∍sposizione *f.* **2** (*presentation, submission*) presentazione *f.* ⟨*Art,Teat*⟩ rappresentazione *f.* **4** ⟨*Dir*⟩ dichiarazione *f* ⱥ reato da parte di una giuria. **5** ⟨*Rel*⟩ lagnanza *f* ⱥesentata al vescovo dalle autorità parrocchiali.

∍**esent**∣ **participle** ['preznt] *s.* ⟨*Gramm*⟩ participio *m* ⱥesente. ~ **perfect** *s.* passato *m* prossimo. ~ **tense** *s.* ⱥesente *m,* tempo *m* presente.

∍**eservable** [pri'zə:vəbl] *a.* conservabile.

∍**eservation** [͵prezə'veiʃən] *s.* conservazione *f,* pre-∍rvazione *f: the* ~ *of old customs* la conservazione di ⱥntiche usanze; (*act of protecting*) protezione *f,* difesa *f,* ⱥlvaguardia *f.*

∍**eservative** [pri'zə:vətiv] **I** *a.* preservativo, conservativo. ⱥ *s.* **1** ⟨*Chim,Alim*⟩ additivo *m* (per conservare), ∍nservante *m.* **2** ⟨*Farm*⟩ farmaco *m* preventivo.

∍**eserve** [pri'zə:v] **I** *v.t.* **1** proteggere, preservare, ⱥlvaguardare, difendere: *to* ~ *wild life* proteggere gli ⱥnimali selvatici; *God* ~ *us* Dio ci preservi. **2** (*to keep, ⱥaintain*) conservare, preservare: *to* ~ *a tradition* ∍nservare una tradizione; *to* ~ *an ancient monument* ∍nservare un antico monumento. **3** ⟨*Alim*⟩ conservare, ⱥettere in conserva; (*to pickle, tin, etc.*) inscatolare, ∍nservare. **4** ⟨*Venat,Pesc*⟩ riservare. **II** *v.i.* **1** (*of food*) ⱥantenersi, conservarsi: *plums* ~ *very well* le prugne si ∍nservano bene. **2** (*to make preserves*) fare conserve. **III** **1** *pl.* ⟨*Alim*⟩ conserva *f,* composta *f,* marmellata *f,* ∍nfettura *f.* **2** *pl.* (*goggles*) occhiali *mpl* di protezione,

occhialoni *mpl.* **3** ⟨*Venat,Pesc*⟩ riserva *f.* **4** ⟨*fig*⟩ (*s.th. reserved for a special group*) appannaggio *m,* privilegio *m,* diritto *m* esclusivo. □ ⟨*fig*⟩ *to trespass on s.o.'s* ~ invadere il campo altrui.

preserved food [pri'zə:vd] *s.* conserve *fpl.*

preserver [pri'zə:və] *s.* chi preserva, conservatore *m* (*f* –trice).

preset [pri:'set] *v.t.* preregolare: *to* ~ *an oven* preregolare un forno. **presetting** [–iŋ] *s.* preregolazione *f.*

preside [pri'zaid] *v.i.* **1** presiedere: *to* ~ *at a meeting* presiedere un'adunanza. **2** (*to exercise control*) esercitare un controllo (su).

presidency ['prezidənsi] *s.* **1** presidenza *f.* **2** (*act of presiding over*) soprintendenza *f.* **3** ⟨*Stor*⟩ (*in India*) presidency *f.* **4** ⟨*Rel*⟩ (*in the Mormon Church*) consiglio *m* locale. **Presidency** *s.* ⟨*SU*⟩ presidenza *f.*

president ['prezidənt] *s.* **1** presidente *m* (*anche Pol.*): *the* ~ *of a republic* il presidente di una repubblica. **2** ⟨*Univ*⟩ rettore *m.* **3** ⟨*Rel*⟩ (*in the Mormon Church*) capo *m* della chiesa. □ ⟨*GB*⟩ ~ *of the Board of Trade* ministro *m* del commercio; ⟨*Dir*⟩ ~ *of the court* presidente *m* della corte.

'president-e'lect *s.* presidente *m* eletto (che non ha ancora assunto le funzioni).

presidentess ['prezidəntis] *s.* presidentessa *f.*

presidential [͵prezi'denʃəl] *a.* presidenziale (*anche Pol.*): ~ *powers* poteri presidenziali; *the* ~ *campaign* la campagna presidenziale.

presidential∣ **candidate** *s.* candidato *m* alla presidenza. ~ **government** *s.* governo *m* presidenziale. ~ **primary** *am. s.* elezioni *fpl* primarie presidenziali. ~ **year** *am. s.* anno *m* delle elezioni presidenziali.

presidentship ['prezidəntʃip] *s.* presidenza *f.*

presidial [pri'sidiəl], **presidiary** [–diəri] *a.* presidiario, di (*o* del) presidio: ~ *troops* truppe presidiarie.

presoak [pri:'souk] *s.* (*of laundry*) ammollo *m.*

press[1] [pres] **I** *v.t.* **1** premere, pigiare, spingere: *to* ~ *a button* premere su un pulsante. **2** (*to clasp firmly*) stringere: *to* ~ *s.o.'s hand* stringere la mano a qd.; (*to embrace*) stringere (a sé), abbracciare: *he –ed her to his chest* la strinse al petto. **3** (*to squeeze out the juice of*) pigiare, pressare, spremere: *to* ~ *grapes* pigiare l'uva; *to* ~ *olives* pressare le olive; (*to squeeze*) spremere: *to* ~ *oil out of olives* spremere olio dalle olive. **4** (*to crush, flatten*) schiacciare, appiattire: *to* ~ *flowers in a book* schiacciare fiori tra le pagine di un libro. **5** (*to iron*) stirare: *to* ~ *one's trousers* stirare i pantaloni. **6** (*to attack strongly*) incalzare, premere: *the enemy troops –ed us hard* le truppe nemiche ci incalzavano duramente; (*to urge strongly*) pressare, incalzare, mettere alle strette: *to be –ed by one's creditors* essere pressato dai creditori. **7** (*to importune, entreat*) sollecitare (con insistenza), pressare, insistere, fare pressione su: *I –ed him for an immediate answer* lo sollecitai a rispondere subito. **8** (*to insist*) insistere su: *don't* ~ *the point* non insistere su questo punto. **9** (*to press home*) spingere a fondo: *to* ~ *an attack* spingere a fondo un attacco. **10** (*of a gramophone record*) stampare. **11** ⟨*Strad,tecn*⟩ cilindrare. **12** ⟨*Met*⟩ stampare (con la pressa). **II** *v.i.* **1** spingere, premere, esercitare una pressione: *to* ~ *on a lever* premere su una leva; *the crowd –ed against the barrier* la folla premeva contro la barriera. **2** (*to crowd, throng*) affollarsi, accalcarsi, pigiarsi: *supporters –ed around the victorious candidate* i sostenitori si affollarono intorno al candidato vittorioso. **3** (*to bear heavily*) gravare, pesare (*on, upon* su). **4** (*to urge, importune*) sollecitare (*for s.th.* qc.), pressare, insistere (*for* per): *the opposition –ed for a full debate* l'opposizione sollecitava un dibattito approfondito. **5** (*to create urgency*) stringere, premere, urgere, incalzare: *time is –ing* il tempo stringe. □ *to* ~ *a comparison too far* spingere un paragone troppo in là; *to* ~ **down:** 1 schiacciare, spingere giù, comprimere; 2 ⟨*fig*⟩ opprimere; *to* ~ **on** (*o forward*) affrettarsi; *to* ~ **up** affollarsi, accalcarsi, ammassarsi.

press[2] *s.* **1** ⟨*Tip*⟩ (*printing press*) macchina *f* da stampa, stampatrice *f;* (*handpress*) torchio *m* a mano. **2** (*printing establishment*) stamperia *f,* tipografia *f.* **3** (*act of printing*) stampa *f.* **4** ⟨*collett*⟩ (*newspapers, etc.*) stampa *f:* a *representative of the* ~ un rappresentante della stampa; *freedom of the* ~ libertà di stampa. **5** ⟨*collett*⟩ (*journalists, etc.;* costr. sing. o pl.) giornalisti *mpl*, stampa *f: the* ~ *was present in large numbers* erano presenti molti giornalisti. **6** (*comment in newspapers, etc.*) stampa *f,* critica *f* (*o* commenti *mpl*) sui giornali: *the play got a good* ~ la commedia ha avuto una buona stampa. **7** (*act of pressing*) stretta *f,* pressione *f: a* ~ *of the hand* una stretta di mano. **8** (*pressing machine, device*) pressa *f;* (*for extracting juice, oil, etc.*) torchio *m.* **9** (*crowd, throng*) folla *f,* calca *f,* ressa *f,* pigia pigia *m.* **10** (*instrument of torture*) torchio *m.* **11** ⟨*Legat*⟩ torchio *m.* **12** ⟨*Mecc*⟩ pressa *f,* pressoio *m.* **13** ⟨*Sport*⟩ (*in weight lifting*) distensione *f* lenta (a due braccia). □ *to correct the* ~ correggere le bozze; *to go to* ~ andare in stampa; *to have a good* (*bad*) ~ essere accolto bene (male) dalla stampa; *in* (*the*) ~ in corso di stampa; *off the* ~ appena stampato; *at time of going to* ~, *as we go to* ~ al momento di andare in macchina.

press³ I *v.t.* **1** ⟨*Stor*⟩ arruolare forzatamente. **2** ⟨*estens*⟩ (*to requisition*) requisire, sequestrare. **II** *s.* ⟨*Stor*⟩ arruolamento *m* forzato. □ *to* ~ *s.th. into service* usare qc. (eccezionalmente, in mancanza di meglio).

press| agency *s.* agenzia *f* stampa. ~ **agent** *s.* agente *m* pubblicitario. ~ **association** *s.* associazione *f* della stampa. ~ **attaché** *s.* addetto *m* stampa. ~ **box** *s.* (*at sporting events*) tribuna *f* (della) stampa, recinto *m* della stampa. ~ **button** *s.* (*push button*) pulsante *m.* ~ **campaign** *s.* campagna *f* di stampa. ~ **clipping** *s.* → **press cutting.** ~ **conference** *s.* conferenza *f* stampa. ~ **corrector** *s.* correttore *m* (*f* –trice) di bozze. ~ **correspondent** *s.* ⟨*Giorn*⟩ corrispondente *m/f.* ~ **cutting** *s.* ritaglio *m* di giornale (*o* stampa).

pressed [prest] *a.* **1** pressato, compresso, schiacciato. **2** (*of food*) pressato. **3** (*of clothes*) stirato. □ *to be* ~ *for money* essere in difficoltà finanziarie; *to be* ~ *for time* avere poco tempo.

pressed| beef *s.* ⟨*Alim*⟩ carne *f* bovina pressata (in scatola). ~ **brick** *s.* mattone *m* pressato. ~ **steel** *s.* ⟨*Met*⟩ acciaio *m* stampato.

presser ['presə] *s.* **1** pressatore *m* (*f* –trice). **2** (*one that presses clothes*) chi stira, stiratrice *f.* **3** ⟨*Mecc*⟩ compressore *m.*

press| gallery *s.* tribuna *f* della stampa. ~**gang I** *s.* ⟨*Stor*⟩ distaccamento *m* di uomini incaricati di eseguire l'arruolamento forzato. **II** *v.* → **press³.**

pressing ['presiŋ] **I** *a.* **1** urgente, pressante, incalzante: *a* ~ *need* una necessità urgente; ~ *business* un affare pressante. **2** (*earnest*) insistente: *a* ~ *invitation* un invito insistente. **II** *s.* **1** pressatura *f.* **2** ⟨*Enol,Ind*⟩ torchiatura *f.* **3** (*urgency*) pressione *f,* insistenza *f.* **4** (*gramophone record*) disco *m.* **5** ⟨*Met*⟩ stampaggio *m.*

press|man [mən] *s.irr.* **1** (*journalist*) giornalista *m.* **2** ⟨*Tip*⟩ tipografo *m.* **3** ⟨*tecn*⟩ addetto *m* alla pressa, stampatore *m.* ~**mark** *s.* ⟨*Bibliot*⟩ segnatura *f,* collocazione *f.* ~ **officer** *s.* addetto *m* all'ufficio stampa. ~**-on label** *s.* etichetta *f* autoadesiva, autoadesivo *m.* ~ **pass** *s.* tessera *f* stampa. ~ **photographer** *s.* fotoreporter *m.* ~ **release** *s.* comunicato *m* stampa. ~**room** *s.* ⟨*Tip*⟩ sala *f* macchine. ~ **secretary** *s.* addetto *m* stampa. ~ **statement** *s.* dichiarazione *f* alla stampa.

pressure ['preʃə] **I** *s.* **1** pressione *f* (*anche* fig.): *to apply* ~ *to a lever* fare pressione su una leva; *to put* ~ *on s.o.* fare pressione su qd. **2** ⟨*Fis,Fisiol*⟩ pressione *f: a* ~ *of fifty pounds to the square foot* una pressione di cinquanta libbre per piede quadrato. **3** ⟨*Meteor*⟩ pressione *f* (atmosferica). **4** ⟨*fig*⟩ disagio *m,* difficoltà *f: the* ~*s of city life* i disagi della vita cittadina. **5** ⟨*El*⟩ forza *f* elettromotrice. **II** *v.t.* ⟨*fam*⟩ fare pressione su, premere su. □ ⟨*fig*⟩ *to bring* ~ *to bear on s.o.* fare pressione su qd.; *at high* ~: 1 ad alta pressione; 2 ⟨*fig*⟩ intensamente, con molto impegno: *to work at high* ~ lavorare intensamente; *under* ~ sotto pressione (*anche* fig.).

pressure| bandage *s.* ⟨*Med*⟩ bendaggio *m* compressivo. ~ **cabin** *s.* ⟨*Aer*⟩ cabina *f* pressurizzata. ~ **cook** *v.t.* cucinare in una pentola a pressione. ~ **cooker** *s.* pentola *f* a pressione. ~ **gauge** *s.* ⟨*tecn*⟩ manometro *m,*

misuratore *m* di pressione. ~ **group** *s.* ⟨*Pol*⟩ gruppo di pressione. ~ **roller** *s.* ⟨*Acu*⟩ rullo *m* preminastro.

pressurization [,preʃərai'zeiʃən] *s.* ⟨*tecn*⟩ **1** (*a* pressurizzazione *f.* **2** (*state*) l'essere pressurizza **'pressurize** [-raiz] *v.t.* pressurizzare.

pressurized water reactor ['preʃəraizd] *s.* ⟨*Ato* reattore *m* ad acqua pressurizzata.

press|woman *s.irr.* giornalista *f.* ~ **work** *s.* **1** ⟨*T* lavoro *m* tipografico (*o* di stampa). **2** ⟨*Met*⟩ stampag *m* (con pressa).

prestel *ingl.* [pre'stel] *s.* ⟨*Inform*⟩ videotel *m.*

prestidigitation [,presti,didʒi'teiʃən] *s.* prestidigitazione **,presti'digitator** [-teitə] *s.* prestigiatore *m* (*f* –trice).

prestige [pres'ti:ʒ] *s.* **1** prestigio *m,* credito *m,* reputazio *f: power and* ~ potere e prestigio. **2** (*glamour*) fascino **prestigious** [-'tidʒəs] *a.* prestigioso.

prestress ['pri:'stres] *v.t.* ⟨*Edil*⟩ precomprimere: - *concrete* calcestruzzo precompresso. **prestressing** [-iŋ] precompressione *f.*

presumable [pri'zju:məbl] *a.* presumibile, probab **presumably** [-i] *avv.* presumibilmente, probabilmente

presume [pri'zju:m] **I** *v.t.* **1** supporre, presumere, riten *I* ~ *you will be present* suppongo che sarai presente; *take for granted*) dare per scontato. **2** ⟨*Dir*⟩ riten presumere: *a man is –d innocent until proven guilty* uomo è ritenuto innocente finché non viene provata sua colpevolezza. **3** (*to take upon o.s.*) osare, av l'ardire⌐ (*o* la pretesa) di: *I would never* ~ *to offer you ad* non oserei mai darti un consiglio. **II** *v.i.* **1** (*to presumptuously*) fare il presuntuoso; (*to take libert* prendersi delle libertà. **2** (*to rely unwarrantably*) cont troppo, fare troppo affidamento (*on, upon* su): *do not on his forgiveness* non contare troppo sul suo perdo

presumed [-d] *a.* presunto, supposto: *the* ~ *murdere* presunto assassino. **presumedly** [-idli] *a* presumibilmente, secondo le supposizioni. **presumi** [-iŋ] *a.* → **presumptuous.**

presumption [pri'zʌmpʃən] *s.* **1** supposizione *f,* congett *f: it's a mere* ~ è una pura supposizione. **2** (*grou reason for believing*) motivo *m* (*o* ragione *f*) di crede *the* ~ *is that he will come* c'è motivo di credere che ve **3** ⟨*Dir*⟩ presunzione *f.* **4** (*excessive self-confiden arrogance*) presunzione *f,* arroganza *f.* □ ⟨*Dir*⟩ ~ *of de* presunzione *f* di morte; ⟨*Dir*⟩ ~ *of law* presunzion legale.

presumptive [pri'zʌmptiv] *a.* presunto, probabile, pres tivo.

presumptive| evidence *s.* ⟨*Dir*⟩ prova *f* (*o* testimonian presuntiva. ~ **heir** *s.* erede *m* presunto (*o* presuntivo

presumptuous [pri'zʌmptʃuəs] *a.* presuntuoso, arrogar (*impudent*) sfacciato, insolente. **presumptuously** [- *avv.* presuntuosamente, con presunzione. **presum tuousness** [-nis] *s.* arroganza *f,* presunzione *f.*

presuppose [,pri:sə'pouz] *v.t.* presupporrre. **presupp sition** [-sʌpə'ziʃən] *s.* presupposizione *f,* presupposto

pret. = ⟨*Gramm*⟩ *preterit*(*e*) preterito.

pretence [pri'tens] *s.* **1** finzione *f,* simulazione *f,* finta messinscena *f: his reluctance was all* ~ la sua riluttanza tutta una finzione. **2** (*excuse*) scusa *f,* pretesto *m.* (*claim*) pretesa *f.* **4** (*pretentiousness*) pretesa pretensiosità *f: without* ~ senza pretese. □ *to obtain mo under* (*o on*) *false* ~ ottenere denaro con la frode; *make a* ~ *of doing s.th.* far finta di fare qc.; *to make* ~ *to genius* non avere la pretesa di essere un genio.

pretend [pri'tend] **I** *v.t.* **1** fingere, fare finta di: *he is o –ing to be angry* fa solo finta di essere arrabbiato. **2** *profess, claim*) pretendere di, voler far credere di; *presume, venture*) presumere di, avere la pretesa di. **II 1** fingere: *he is not asleep, he is only –ing* non dor finge soltanto. **2** (*to lay claim*) pretendere, aspirare (*t* accampare diritti (su): *to* ~ *to the throne* pretendere trono. **pretendant** [-ənt] *s.* → **pretender. pretend** [-id] *a.* **1** finto, falso, simulato. **2** (*alleged*) pret presunto. **pretender** [-ə] *s.* **1** chi finge, simulatore *m* –trice). **2** (*claimant*) pretendente *m/f: a* ~ *to the thr* un pretendente al trono.

pretense *am. s.* → **pretence.**

retension [pri'tenʃən] s. 1 pretesa f: to make (o have) no -s to erudition non avere pretese di cultura. 2 (aspiration) aspirazione f, ambizione f. 3 (pretentiousness) pretensiosità f, presunzione f.

retentious [pri'tenʃəs] a. 1 pretensioso, pieno di pretese. 2 (self-important) presuntuoso, borioso. **pretentiously** [-li] avv. con pretensiosità. **pretentiousness** [-nis] s. pretensiosità f, presunzione f.

reterhuman [,pri:tə'hju:mən] a. sovrumano.

reterit(e) ['pretərit] I a. ⟨Gramm⟩ passato. II s. (tense) preterito m, passato m.

reterition [,pretə'riʃən] s. → pretermission.

retermission [,pri:tə'miʃən] s. omissione f. **pretermit** [-'mit] v.t. (pret., p.p. **pretermitted** [-id]) 1 omettere. 2 (to disregard) omettere, tralasciare, trascurare. 3 (to interrupt) interrompere, sospendere.

reternatural [,pri:tə'nætʃrəl] a. preternaturale; ⟨supernatural⟩ soprannaturale.

retext ['pri:tekst] I s. pretesto m, scusa f. II v.t. prendere a pretesto. □ on (o under, upon) the ~ of col pretesto di, con la scusa di.

retreat [pri:'tri:t] v.t. pretrattare. **pretreatment** [-mənt] s. pretrattamento m.

rettily ['pritili] avv. 1 graziosamente, leggiadramente. 2 ⟨delicately, nicely⟩ con grazia, con delicatezza. **prettiness** [-tinis] s. 1 grazia f, leggiadria f. 2 (superficial pleasingness) piacevolezza f, gradevolezza f.

retty ['priti] I a. 1 grazioso, carino, bellino: a ~ child un bambino grazioso. 2 (pleasant) gradevole, piacevole: a ~ little poem una poesiola gradevole; (of places) grazioso, carino: a ~ garden un grazioso giardino. 3 ⟨iron⟩ bello: a ~ mess you've landed us in! ci hai messo in un bel pasticcio! 4 ⟨fam⟩ (large, considerable) bello, cospicuo, notevole, considerevole: a ~ sum of money una bella somma di denaro. 5 (subtle) sottile, acuto, fine: a ~ distinction una distinzione sottile. II s. 1 tesoro m, caro m (f –a): my ~ tesoro mio. 2 pl. (pretty clothes) vestiti mpl graziosi (ed eleganti); (lingerie) biancheria f intima. III avv. (moderately, quite) abbastanza, discretamente; ⟨rather, very⟩ piuttosto, alquanto. IV v.t. (to make pretty; general. con up) abbellire, rendere grazioso. □ to make o.s. ~ farsi bello; ~ much più o meno, pressappoco; ⟨fam⟩ it will cost a ~ penny costerà una bella somma; ~ well (almost) quasi.

rettyish ['pritiiʃ] a. piuttosto carino.

retzel ['pretsəl] s. ciambellina f salata (a forma di nodo).

revail [pri'veil] v.i. 1 prevalere, predominare, essere predominante: dismay –ed throughout the country lo sgomento prevaleva in tutto il paese. 2 (to be widespread or current) essere diffuso (o corrente); (to persist) persistere, continuare, (per)durare. 3 (to succeed, win) prevalere, vincere, trionfare: truth will ~ la verità prevarrà; (to be superior in strength, etc.) avere la meglio, prevalere (over, against su): they –ed over their enemies ebbero la meglio sui loro nemici. 4 (to persuade, induce) convincere, persuadere, indurre (upon, on, with s.o. qd.): they –ed upon him to read some of his poems lo convinsero a leggere alcune sue poesie. **prevailing** [-iŋ] a. 1 prevalente, predominante. 2 (current, common) corrente, comune: the ~ opinion l'opinione corrente. 3 (of winds) prevalente.

revalence ['prevələns], **prevalency** [-i] s. larga diffusione f, l'essere comune. **prevalent** [-nt] a. (widely accepted) corrente, comune; (widespread) diffuso, invalso: a ~ disease una malattia diffusa. **prevalently** [-ntli] avv. prevalentemente, in prevalenza.

revaricate [pri'værikeit] v.i. 1 agire in modo ambiguo, giocare sull'equivoco; (to quibble) cavillare, sofisticare. 2 (to answer evasively) tergiversare, rispondere evasivamente; (to lie) mentire. **pre,varication** [-'keiʃən] s. 1 il giocare sull'equivoco. 2 (evasive answer) tergiversazione f, risposta f evasiva; (lie) menzogna f, bugia f. **prevaricator** [-ə] s. chi tergiversa; (liar) bugiardo m (f –a).

revenience [pri'vi:njəns] s. prevenzione f. **prevenient** [-nt] a. 1 antecedente, precedente. 2 (anticipatory) che anticipa.

prevent [pri'vent] v.t. prevenire, impedire: he intervened to ~ bloodshed intervenne per prevenire spargimento di sangue; (to keep from happening) evitare, impedire, ostacolare: to ~ an accident evitare un incidente. □ we shall come tomorrow if nothing –s verremo domani ˈsalvo imprevistiˈ (o se tutto va bene). **preventable** [-əbl] a. evitabile, che si può impedire. **preventative** [-ətiv] a./s. → **preventive**.

prevention [pri'venʃən] s. 1 prevenzione f, il prevenire: ~ of accidents prevenzione degli infortuni. 2 (preventive) misura f preventiva. □ Prov.: ~ is better than cure meglio prevedere che provvedere.

preventive [pri'ventiv] I s. 1 misura f preventiva. 2 ⟨Med⟩ farmaco m profilattico. II a. 1 preventivo (anche Dir.): ~ detention detenzione preventiva. 2 ⟨Med⟩ preventivo, profilattico: ~ medicine medicina preventiva. □ ⟨Dir⟩ ~ attachment sequestro preventivo; ~ measures misure preventive. **preventively** [-li] avv. preventivamente, anticipatamente, prima.

preview ['pri:vju:] I s. 1 ⟨Cin⟩ anteprima f. 2 ⟨Cin⟩ (trailer) prossimamente m di un film. II v.t. (to view beforehand) vedere in anteprima; (to show beforehand) proiettare in anteprima.

previous ['pri:viəs] a. 1 precedente, antecedente, prima, anteriore: the ~ tenant l'inquilino precedente; the ~ week la settimana prima. 2 (preceding in space) precedente, anteriore: the ~ page la pagina precedente. 3 ⟨fam⟩ (premature) prematuro; (hasty) avventato, precipitoso. □ ~ to prima di: did you test it ~ to buying it? l'hai provato prima di comprarlo? **previously** [-li] avv. 1 precedentemente, in precedenza, prima. 2 ⟨fam⟩ (prematurely) in modo prematuro, troppo presto.

previous question s. ⟨Parl⟩ questione f pregiudiziale.

previse [pri'vaiz] v.t. ⟨non com⟩ 1 prevedere, aspettarsi. 2 (to forewarn) preavvertire, preavvisare.

prevision [pri'viʒən] s. 1 previsione f. 2 (anticipatory vision) preveggenza f. **previsional** [-əl] a. di (o relativo a) una previsione.

prevue am. s./v. → **preview**.

pre-war ['pri:'wɔ:] I a. anteguerra. II avv. nell'anteguerra, prima della guerra.

prey [prei] I s. 1 preda f: the eagle held its ~ in its claws l'aquila teneva la preda tra gli artigli. 2 ⟨estens⟩ (of a person) vittima f. 3 ⟨rar⟩ (booty) bottino m. II v.i. 1 predare, prendere come preda (on, upon s.o. qd.): wolves ~ on sheep i lupi predano le pecore. 2 (to plunder) saccheggiare, (de)predare (qc.). 3 ⟨fig⟩ (to have a harmful effect) rodere, consumare, logorare (qd.): grief –ed on her mind il dolore le rodeva l'animo. □ ⟨fig⟩ to be a ~ to essere ˈin preda aˈ (o preda di); beast of ~ animale m da preda, predatore m.

Priam ['praiəm] N.pr. ⟨Mitol⟩ Priamo m.

priapism ['praiəpizəm] s. 1 ⟨Med⟩ priapismo m. 2 (lasciviousness) lascivia f, libidine f.

Priapus ['praiəpəs] N.pr. ⟨Mitol⟩ Priapo m.

price [prais] I s. 1 prezzo m: -s are high this year i prezzi sono alti quest'anno. 2 ⟨fig⟩ prezzo m, costo m: the ~ of independence il prezzo dell'indipendenza. 3 (reward) taglia f, ricompensa f: to put a ~ on an outlaw's head mettere una taglia sul capo di un fuorilegge. 4 ⟨fig⟩ (amount of a bribe) prezzo m: every man has his ~ ogni uomo ha il suo prezzo. 5 (in betting) quotazione f. 6 ⟨rar⟩ (value, worth) valore m, pregio m. II v.t. 1 fissare (o fare) il prezzo di. 2 (to label with a price) prezzare: all the goods are clearly –d tutta la merce è chiaramente prezzata. 3 (to ask the price of) chiedere il prezzo di. □ at a ~: 1 (at more than the normal price) a un prezzo superiore al normale; 2 ⟨fig⟩ (at high cost) a caro prezzo: peace was achieved, but only at a ~ la pace fu raggiunta, ma solo a caro prezzo; at any ~: 1 a qualunque prezzo; 2 ⟨fig⟩ a qualunque costo, a tutti i costi; beyond ~ = without price; at fixed ~ a prezzo fisso (o non trattabile); at a good ~ a una buona condizione, a buon prezzo; ⟨fam⟩ not to have the ~ of s.th. non avere abbastanza soldi per comprare qc.; ⟨fig⟩ to set a high ~ on s.th. attribuire molto valore a qc.; to ~ o.s. out of the market praticare prezzi non competitivi (così da escludersi dal mercato); to

quote *a* ~ fare un prezzo; *to* **raise** *-s* aumentare i prezzi; **under** ~ sottocosto; ⟨*fam*⟩ **what** ~*?* che probabilità ci sono?: *what* ~ *my winning?* che probabilità ci sono che io vinca?; **without** ~ inestimabile, di valore incalcolabile.

priced [praist] *a.* (nei composti) che ha un prezzo ..., dal prezzo ...: *high-*~ che ha un prezzo alto, caro; *low-*~ che ha un prezzo basso, a buon mercato.

price| explosion *s.* esplosione *f* dei prezzi. ~ **fixing** *s.* fissazione *f* del prezzo. ~ **fluctuation** *s.* oscillazione *f* dei prezzi. ~ **increase** *s.* aumento *m* (*o* rialzo) dei prezzi. ~ **index** *s.* indice *m* dei prezzi. ~ **label** *s.* → **price tag.** ~ **leader** *s.* prezzo *m* guida (*o* leader).

priceless ['praislis] *a.* **1** inestimabile, d'incalcolabile valore: *a* ~ *jewel* un gioiello inestimabile. **2** (*of great intangible value*) prezioso, inestimabile, impagabile: *your help was* ~ il tuo aiuto è stato prezioso. **3** ⟨*fam*⟩ (*extremely amusing*) buffissimo, divertentissimo, spassoso.

price| list *s.* listino *m* (dei) prezzi, prezzario *m.* ~**-ring** *s.* ⟨*Econ*⟩ gruppo *m* di produttori che praticano lo stesso prezzo. ~ **sticker** *s.* adesivo *m* segnaprezzo. ~ **tag,** ~ **ticket** *s.* cartellino *m* del prezzo, ⟨*concr*⟩ prezzo *m.* ~**-wages spiral** *s.* spirale *f* prezzi salari. ~ **war** *s.* guerra *f* dei prezzi.

pricing ['praisiŋ] *s.* determinazione *f* del prezzo.

prick[1] [prik] *s.* **1** puntura *f,* punzecchiatura *f: the* ~ *of a needle* la puntura di un ago. **2** (*sensation of being pricked*) puntura *f.* **3** ⟨*fig*⟩ fitta *f,* puntura *f,* dolore *m* acuto. **4** (*goad*) pungolo *m.* □ ~ *of conscience* rimorso *m* (di coscienza).

prick[2] **I** *v.t.* **1** bucare, pungere, forare: *to* ~ *a blister* bucare una vescica; (*to wound with a pointed instrument*) pungere, punzecchiare: *to* ~ *one's finger with a needle* pungersi il dito con un ago; (*of a hole*) fare con uno strumento appuntito. **2** ⟨*fig*⟩ tormentare, rimordere, ⟨*lett*⟩ pungere: *my conscience was* -*ing me* mi rimordeva la coscienza. **3** (*to mark with pricks;* spesso con *down*) punteggiare; (*to trace, outline with pricks*) tracciare a forellini. **4** (*to goad*) spronare, pungolare. **II** *v.i.* **1** pungere. **2** (*to feel a pricking sensation*) pizzicare, formicolare. **3** ⟨*rar*⟩ (*to spur on*) dar di sprone. □ ⟨*Giard*⟩ *to* ~ **out** (*o off, in*) trapiantare; *to* ~ **up:** 1 (*of an animal's ears*) rizzarsi; 2 ⟨*dial*⟩ (*to dress o.s. showily*) agghindarsi, mettersi in ghingheri.

prick| ear *s.* ⟨*Zootecn*⟩ orecchio *m* verticale. ~**-eared** *a.* (*of an animal*) dalle orecchie appuntite (*o* dritte).

pricker ['prikə] *s.* **1** (*one that pricks*) chi punge, chi fora. **2** (*pointed tool*) strumento *m* appuntito; (*awl*) punteruolo *m.* **3** ⟨*Met*⟩ spillo *m,* ago *m.*

pricking ['prikiŋ] *s.* **1** puntura *f,* punzecchiatura *f.* **2** (*pricking sensation*) puntura *f;* (*tingling sensation*) pizzicore *m,* formicolio *m.*

prickle ['prikl] **I** *s.* **1** (*of a plant*) spina *f,* aculeo *m.* **2** (*of an animal*) pungiglione *m,* aculeo *m.* **3** (*tingling sensation*) pizzicore *m,* formicolio *m.* **II** *v.t.* pizzicare. **III** *v.i.* pizzicare, formicolare. **prickled** [-d] *a.* spinoso.

prickliness ['priklinis] *s.* l'essere spinoso. **prickly** [-li] *a.* **1** spinoso: *a* ~ *hedge* una siepe spinosa. **2** (*prickling, tingling*) che pizzica, che dà pizzicore. **3** ⟨*fig*⟩ suscettibile, permaloso. **4** ⟨*fig*⟩ (*controversial, vexatious*) spinoso, scabroso.: *a* ~ *question* una domanda scabrosa.

prickly| heat *s.* ⟨*Med*⟩ lichen *m* dei tropici. ~ **pear** *s.* ⟨*Bot*⟩ fico *m* d'India.

pride [praid] **I** *s.* **1** superbia *f,* orgoglio *m,* alterigia *f,* boria *f: to be puffed up with* ~ essere gonfio di superbia; (*arrogance*) arroganza *f.* **2** (*self-respect*) amor *m* proprio, fierezza *f: to wound s.o.'s* ~ ferire l'amor proprio di qd. **3** (*satisfaction*) (giusto) orgoglio *m: he is the* ~ *of the family* è l'orgoglio della famiglia. **4** (*prime*) fiore *m,* rigoglio *m: in the* ~ *of youth* nel fiore della giovinezza. **5** (*best*) il migliore, fior fiore *m: the* ~ *of the herd* il migliore della mandria. **6** (*pack of lions*) branco *m* di leoni; (*flock of peacoks*) gruppo *m* di pavoni. **II** *v.t.* **1** ⟨*rifl*⟩ vantarsi, gloriarsi, andar fiero, essere superbo (*on, upon* di): *to* ~ *o.s. on one's shrewdness* gloriarsi della propria scaltrezza. **2** ⟨*rar*⟩ (*to make feel proud*) inorgoglire. □ ~ *of the* **morning** nebbia *f* (*o* pioggerella) all'alba; ~ *of* **place** posizione elevata, alto grado; *to take a proper* ~ *in s.th.*

essere giustamente orgoglioso di qc.; *to* **take** (*a*) ~ essere orgoglioso (*o* fiero) di. *Prov.:* ~ *goes before a fall* superbia va a cavallo e torna a piedi.

prideful ['praidful] *a.* orgoglioso, altero, superb⟩ **prideless** [-lis] *a.* senza orgoglio, privo di orgoglio.

priest [pri:st] *s.* sacerdote *m,* prete *m.*

priestcraft ['pri:stkrɑ:ft] *s.* intrighi *mpl* pretesc⟩ **priestess** [-is] *s.* sacerdotessa *f.* **priesthood** [-hud] *s.* sacerdozio *m.* **2** ⟨*collett*⟩ (*body of priests*) clero *m,* pr⟨ *mpl.* □ *to enter the* ~ farsi prete. **priestism** [-izəm] ⟨*spreg*⟩ influenza *f* pretesca. **priestlike** [-laik] **I** *a.* sacerdotale. **2** ⟨*spreg*⟩ pretesco, pretino. **II** *a*⟩ sacerdotalmente, da sacerdote. **priestliness** [-linis] l'essere sacerdotale. **priestling** [-liŋ] *s.* **1** giovane pr⟨ *m,* pretino *m.* **2** ⟨*spreg*⟩ pretonzolo *m.* **priestly** [-li] sacerdotale.

priest|-ridden *a.* dominato (*o* oppresso) dai preti. **vicar** *s.* ⟨*Rel*⟩ canonico *m* minore.

prig[1] [prig] *s.* **1** borioso *m* (*f* -a), presuntuoso *m* (*f* -a). (*pedant*) pedante *m/f,* saccente *m/f.*
prig[2] *s.* (*thief*) ladro *m;* (*pilferer*) ladruncolo *m.*
prig[3] *v.t.* (*pret., p.p.* **prigged** [-d]) (*to steal*) rubare; ⟨ *pilfer*⟩ rubacchiare.

priggery ['prigəri] *s.* → **priggishness.**

priggish ['prigiʃ] *a.* **1** borioso, presuntuoso. **2** (*pedant*⟩ pedante, saccente. **priggishly** [-li] *avv.* **1** con sufficienz⟩ boriosamente. **2** (*pedantically*) pedantescamente, in mo⟩ saccente. **priggishness** [-nis], **priggism** [-gizəm] *s.* sufficienza *f,* boria *f,* presunzione *f.* **2** (*pedant*⟩ pedanteria *f,* saccenteria *f.*

prim [prim] *a.* compassato, misurato, affettato; (*form*⟩ cerimonioso, formale.

primacy ['praiməsi] *s.* **1** primato *m,* supremazia ⟩ superiorità *f.* **2** ⟨*Rel*⟩ primazia *f.* **3** ⟨*Rel.catt*⟩ primato pontificio.

prima donna *it.* ['pri:mə'dɔnə] *s.* (*pl.* **prima donn**⟩ ['pri:mə'dɔnəz]/**prime donne** ['pri:me'dɔne]) prima donna (*anche fig.*).

primaeval *a.* → **primeval.**

prima facie *lat.* ['praimə'feiʃii:] **I** *a.* ⸢basato sulla⸣ (*o* c⟩ deriva dalla) prima impressione. **II** *avv.* a prima vista. ⟨*Dir*⟩ ~ *case* causa *f* che dalle prime testimonian⟩ sembra fondata; ~ *evidence* prova *f* (*o* testimonianz⟩ diretta che deve essere ritenuta vera fino a pro⟩ contraria.

primal ['praiməl] *a.* **1** primitivo, originario. **2** (*first importance*) primario, principale.

primarily ['praimərili] *avv.* **1** principalmen⟩ primariamente, soprattutto: *his income comes* ~ *fro⟩ rents* il suo reddito proviene principalmente dagli affitti. (*in the first place*) in primo luogo, prima di tutt⟩ primariamente.

primary ['praiməri] **I** *a.* **1** principale, primario, primo: o⟩ ~ *aim* il nostro scopo principale; *a problem of* ~ *importance* un problema di primaria importanza; (*bas*⟩ basilare, fondamentale. **2** (*first in time, primiti*⟩ primitivo, originario, primordiale, iniziale. **3** (*origina*⟩ originale. **4** ⟨*Gramm*⟩ fondamentale. **5** ⟨*Ornit*⟩ ⟨ *feathers*⟩ maestro. **6** ⟨*Minier*⟩ vergine, greggio. **II** ⟨*am.Parl*⟩ → **primary election.**

primary| accent *s.* ⟨*Fon*⟩ accento *m* principale (primario). ~ **colors** *am.,* ~ **colours** *s.pl.* ⟨*Fis*⟩ col⟩ *mpl* fondamentali. ~ **education** *s.* istruzione *f* prima⟩ (*o* elementare). ~ **election** *am. s.* ⟨*Parl*⟩ elezioni ⟩ primarie. ~ **energy** *s.* energia *f* primaria. ~ **meeti**⟩ *am. s.* ⟨*Parl*⟩ riunione *f* dei votanti di un partito per nomina dei candidati. ~ **planet** *s.* ⟨*Astr*⟩ pianeta principale. ~ **profession** *s.* professione *f* principale. **quill** *s.* ⟨*Ornit*⟩ penna *f* maestra. ~ **rocks** *s.pl.* ⟨*Ge*⟩ rocce *fpl* primarie. ~ **school** *s.* scuola *f* elementare (primaria). ~ **sector** *s.* ⟨*Econ*⟩ settore *m* primar⟩ primario *m.* ~ **stress** *s.* → **primary accent.**

primate ['praimit] *s.* **1** ⟨*Rel*⟩ primate *m.* **2** ⟨*Zo*⟩ primate *m.* **3** *pl.* ⟨*Zool*⟩ primati *mpl.* **primatesh**⟩ [-ʃip] *s.* ⟨*Rel*⟩ primazia *f.*

primatial [prai'meiʃəl] *a.* **1** ⟨*Rel*⟩ primaziale. **2** ⟨*Zo*⟩ dei (*o* relativo ai) primati.

ime [praim] **I** *a.* **1** primario, primo, principale, ondamentale: *of ~ importance* di primaria importanza; *~ ecessity* prima necessità. **2** (*first in rank, leading*) primo, più importante. **3** (*first in time, primitive*) primo, rimitivo, originario. **4** (*of the best quality*) di prima ualità, ottimo, eccellente. **5** ⟨*Mat*⟩ primo. **II** *s.* **1** apice *n,* culmine *m: he is in the ~ of his career* è all'apice della ua carriera; (*bloom, flower*) rigoglio *m,* fiore *m: to be in he ~ of youth* essere nel rigoglio della giovinezza; (*youth*) ore *m* degli anni, giovinezza *f: a boy in his ~* un ragazzo el fiore degli anni. **2** (*most successful stage*) periodo *m* ureo, epoca *f* di massimo splendore: *the ~ of Umbrian rt* il periodo aureo dell'arte umbra. **3** (*earliest stage*) rincipio *m,* inizio *m,* primo periodo *m.* **4** (*best part*) arte *f* migliore (*o* scelta); (*best individual*) il migliore. **5** Lit⟩ prima *f.* **6** ⟨*Mat*⟩ → **prime number. 7** ⟨*Sport*⟩ (*in encing*) prima *f.* **8** ⟨*Mus*⟩ (*tonic*) tonica *f;* (*unison*) nisono *m.* **III** *v.t.* **1** ⟨*Mil*⟩ caricare con polvere da paro: *to ~ a cannon* caricare un cannone con polvere da paro; (*of a mine, etc.*) innescare. **2** ⟨*Mot*⟩ (*of a arburettor*) iniettare combustibile in, ⟨*gerg*⟩ cicchettare. ⟨*Idr*⟩ (*of a pump*) adescare. **4** ⟨*estens*⟩ (*to fill, load*) iempire, caricare. **5** (*fam*) (*of a person*) riempire, mbottire: *he –d me with food* mi riempì di cibo. **6** estens⟩ (*to make ready*) preparare, approntare. **7** ⟨*fig*⟩ o *supply with information*) mettere al corrente. **8** Mur,Pitt⟩ dare una mano di fondo a, mesticare. **ime| contractor** *s.* ⟨*Comm*⟩ capocommessa *m.* **~ cost** ⟨*Econ*⟩ costo *m* primo. **~ factor** *s.* ⟨*Mat*⟩ fattore *m* rimo. **~ meridian** *s.* ⟨*Geog*⟩ meridiano *m* di iferimento. **~ minister, ~ Minister** *s.* primo ministro *n.* **~-ministerial** *a.* del (*o* relativo al) primo ministro. **~-ministership** *s.* carica *f* di primo ministro. **~ mover** **1** ⟨*Mecc,Rel*⟩ motore *m* primo. **2** ⟨*Mil*⟩ trattore *m* esante (con tutte le ruote motrici). **3** ⟨*fig*⟩ (*most effective orce*) causa *f* prima. **4** ⟨*Filos*⟩ primo motore *m.* **~ umber** *s.* ⟨*Mat*⟩ numero *m* primo.

imer[1] ['pr(a)imə] *s.* **1** (*elementary textbook*) testo *m* di ozioni fondamentali, manuale *m;* (*book for teaching hildren to read*) sillabario *m,* ⟨*lett*⟩ abbecedario *m.* **2** Stor⟩ (*prayer book*) libro *m* di preghiere. **3** ⟨*Tip*⟩ primə] (*great primer*) corpo *m* 18; (*long primer*) corpo *m* 0.

imer[2] *s.* **1** (*one who primes*) chi innesca una carica. **2** tecn⟩ chi adesca una pompa. **3** ⟨*Mil*⟩ innesco *m;* (*in artridges*) fulminante *m.* **4** ⟨*Mur,Pitt*⟩ prima mano *f,* nestica *f.* **5** ⟨*Mot*⟩ iniettore *m.*

ime| rate *s.* ⟨*Econ*⟩ tasso *m* praticato dalle banche ai nigliori clienti, prime rate *s.* **~ time** ⟨*TV*⟩ fascia *f* raria di maggiore ascolto.

imeval [prai'mi:vəl] *a.* primordiale, primitivo, ntichissimo.

imigenial [,praimi'dʒi:niəl] *a.* primitivo, primigenio.

iming ['praimiŋ] *s.* **1** ⟨*Mil*⟩ innescamento *m.* **2** Mur,Pitt⟩ il mesticare. **3** ⟨*tecn*⟩ (*of a boiler*) il lasciar assare l'acqua sotto forma di goccioline sospese nel apore. **4** ⟨*Idr*⟩ (*of a pump*) adescamento *m.* **5** ⟨*Mot*⟩ niezione *f,* ⟨*gerg*⟩ cicchetto *m.* ☐ *~ of the tides* anticipo ə (*o* accelerazione *f*) delle maree.

iming| charge *s.* ⟨*Mil*⟩ carica *f* innescante. **~ pump** *s.* Idr⟩ pompa *f* di adescamento.

imitive ['primitiv] **I** *a.* **1** primitivo: *~ man* l'uomo rimitivo. **2** (*rudimentary*) rudimentale, primitivo, rozzo: *weapons* armi rudimentali. **3** (*uncivilized*) primitivo, on civilizzato, selvaggio: *~ tribes* tribù primitive. **4** original, not derived*) primitivo, originario, primordiale. **5** of colours*) fondamentale. **6** ⟨*Art,Ling*⟩ primitivo. **7** Geol⟩ primario. **II** *s.* **1** primitivo *m* (*f –*a). **2** ⟨*Art*⟩ rtist⟩ artista *m* primitivo, primitivo *m;* (*work of art*) pera *f* di un primitivo. **3** ⟨*Mat*⟩ funzione *f* primitiva. **4** Ling⟩ nome *m* primitivo. **primitively** [–li] *avv.* rimitivamente. **primitiveness** [–nis] *s.* primitività *f.*

imly ['primli] *avv.* in modo compassato (*o* misurato).

rimness [–mnis] *s.* compostezza *f* cerimoniosa, ffettazione *f.*

imogenital ['primo(u)'dʒenitl], **primogenitary** [–təri] . di (*o* relativo a) primogenitura. **primogenitor** [–tə] *s.*

primogenitore *m* (*f –*trice). **primogeniture** [–tʃə] *s.* primogenitura *f.*

primordial [prai'mɔ:diəl] *a.* **1** primordiale, primitivo, originario: *~ stage of a civilization* fase primordiale di una civiltà. **2** ⟨*Biol*⟩ primario: *~ meristem* meristema primario.

primp [primp] **I** *v.t.* agghindare, azzimare. **II** *v.i.* agghindarsi, azzimarsi.

primrose ['primrouz] **I** *s.* ⟨*Bot*⟩ primavera *f* gialla. **II** *a.* **1** ⟨*Bot*⟩ (*of the primrose*) della (*o* relativo alla) primula. **2** (*of a pale yellow*) color giallo primula. ☐ ⟨*fig*⟩ *the ~ path* (*o way*) la via del piacere.

primula ['primjulə] *s.* ⟨*Bot*⟩ primula *f.*

primus[1] ['praiməs] *s.* → **primus stove.**

primus[2] **I** *a.* primo: *~ inter pares* primo tra pari. **II** *s.* ⟨*Rel*⟩ (*in the Scottish Episcopal Church*) vescovo *m* che indice e presiede i sinodi.

primus stove *s.* fornello *m* a petrolio.

prince [prins] *s.* **1** principe *m: a ~ of the blood* un principe del sangue. **2** ⟨*fig*⟩ (*pre-eminent person*) persona *f* di prestigio, principe *m: a ~ of lawyers* un principe del foro. ☐ *~ of the* **Apostles** principe *m* degli apostoli, san Pietro *m;* ⟨*Rel.catt*⟩ *~ of the* (*Holy Roman*) **Church** principe *m* della chiesa, cardinale *m;* *~ of* **Darkness** principe *m* delle tenebre, Lucifero *m;* ⟨*Lett*⟩ *~ of* **Denmark** principe *m* di Danimarca, Amleto *m;* ⟨*fig*⟩ *Hamlet without the ~ of Denmark* cosa svuotata della sua essenza; ⟨*Bibl*⟩ *~ of* **Peace** principe *m* della pace, Gesù Cristo *m;* *~ of* **Wales** principe *m* di Galles.

Prince| Albert *s.* ⟨*Vest*⟩ lunga finanziera *f* a doppio petto. **~ Charming** *s.* principe *m* azzurro.

prince consort *s.* (*pl.* **princes consort**) principe *m* consorte.

princedom ['prinsdəm] *s.* principato *m.* **princekin** [–skin], **princelet** [–slit] *s.* → **princeling. princeliness** [–slinis] *s.* **1** carattere *m* principesco. **2** (*magnificence*) splendore *m,* sontuosità *f.* **princeling** [–sliŋ] *s.* **1** principino *m,* piccolo (*o* giovane) principe *m.* **2** ⟨*spreg*⟩ principotto *m,* ⟨*spreg*⟩ principuccio *m.* **princely** [–sli] *a.* **1** principesco. **2** (*worthy of a prince*) principesco, sontuoso, sfarzoso: *a ~ welcome* un'accoglienza principesca; (*munificent*) principesco, generoso, munifico: *a ~ gift* un dono principesco.

princeps ['prinseps] *s.* (*pl.* -**cipes** [sipi:z]) ⟨*Stor.rom*⟩ principe *m* (dell'impero).

prince regent *s.* principe *m* reggente.

princess [prin'ses, 'prinsis] *s.* principessa *f: a ~ of the blood* una principessa del sangue.

princess| dress *s.* ⟨*Mod*⟩ principessa *f.* **~ regent** *s.* **1** principessa *f* reggente. **2** (*wife of a prince regent*) moglie *f* del principe reggente. **~ royal** *s.* principessa *f* reale.

principal ['prinsəpəl] **I** *a.* **1** primo, principale, fondamentale, ⟨*lett*⟩ precipuo: *our ~ objective* il nostro primo scopo; *the ~ difficulty* la principale difficoltà. **2** ⟨*Econ*⟩ del (*o* relativo al) capitale. **3** ⟨*Gramm*⟩ (*main*) principale. **II** *s.* **1** capo *m,* ⟨*fam*⟩ principale *m.* **2** ⟨*Scol*⟩ direttore *m.* **3** ⟨*Univ*⟩ rettore *m.* **4** ⟨*am.Scol*⟩ preside *m.* **5** ⟨*Teat*⟩ protagonista *m/f.* **6** (*one who authorizes an agent*) mandante *m/f,* committente *m/f.* **7** ⟨*Econ*⟩ capitale *m.* **8** ⟨*Dir*⟩ (*main body of an estate, etc.*) bene *m* principale. **9** (*in a duel*) primo *m,* duellante *m.*

principal| boy *s.* ⟨*Teat*⟩ (*in English pantomime*) donna *f* che fa la parte dell'eroe. **~ clause** *s.* ⟨*Gramm*⟩ proposizione *f* principale.

principality [,prinsi'pæliti] *s.* principato *m: the ~ of Monaco* il principato di Monaco. **Principality** *N.pr.* ⟨*Geog*⟩ (*Wales*) Galles *m.*

principally ['prinsəpəli] *avv.* principalmente, soprattutto.

principalship ['prinsəpəlʃip] *s.* **1** ⟨*Scol*⟩ direzione *f* di una scuola. **2** ⟨*Univ*⟩ rettorato *m.* **3** ⟨*am.Scol*⟩ presidenza *f.*

principate ['prinsipit] *s.* principato *m.*

principle ['prinsəpl] *s.* **1** (*general truth, law*) principio *m,* legge *f: the ~s of nuclear physics* i principi della fisica nucleare. **2** (*governing rule*) principio *m,* regola *f* di vita: *to live up to one's ~s* vivere secondo i propri principi; (*moral law*) legge *f* morale. **3** (*high moral character*) rettitudine *f,* integrità *f* morale, probità *f.* **4** (*doctrine, tenet*) principio *m,* dottrina *f,* teoria *f: the –s of Existentialism* i principi dell'esistenzialismo; (*fundamental proposition*) principio *m,* concetto *m* fondamentale. **5** ⟨*Chim*⟩ principio *m.* ☐ ⟨*Fis*⟩ ~ *of* acceleration legge *f* dell'accelerazione; *–s of* heredity leggi genetiche; in ~ in linea di massima (*o* principio), sostanzialmente: *to accept a proposal in* ~ accettare una proposta in linea di massima; ⟨*Fis*⟩ ~ *of* inertia principio *m* d'inerzia; *to* make *it a* ~ *to do s.th.* fare qc. per principio; on ~ per principio.

principled ['prinsəpld] *a.* **1** di principio, basato su principi: *a* ~ *reason* una ragione di principio. **2** (nei composti) di (*o* dai)... principi: *well*–~ di buoni principi.

prink [priŋk] **I** *v.t.* agghindare, mettere in ghingheri. **II** *v.i.* (spesso con *up*) agghindarsi, mettersi in ghingheri.

print [print] **I** *v.t.* **1** stampare: *to* ~ *a newspaper* stampare un giornale. **2** (*to publish*) pubblicare, stampare, dare alle stampe: *he has had several articles –ed* ha pubblicato parecchi articoli. **3** (*to impress with a design*) stampare su: *to* ~ *flowers on curtain material* stampare fiori su stoffa per tende. **4** (*to write in block letters*) scrivere in (*o* a) stampatello: *please* ~ *your name* per favore scriva il suo nome in stampatello. **5** ⟨*Fot*⟩ (general. con *out, off*) stampare. **6** (*to make an impression on*) lasciare un'impronta su; (*of an impression, mark*) imprimere, stampare, lasciare impresso. **7** ⟨*fig*⟩ (*to impress on the mind*) imprimere, stampare: *the dreadful scene –ed itself on her memory* la spaventosa scena le si impresse nella mente. **II** *v.i.* **1** stampare. **2** (*to write in block letters*) scrivere in (*o* a) stampatello. **3** (*to work as a printer*) fare lo stampatore. **III** *s.* **1** stampa *f: clear* ~ stampa chiara; (*type*) carattere *m* (tipografico): *large* ~ carattere grande; *small* ~ carattere piccolo. **2** (*printed matter*) stampato *m.* **3** ⟨*am*⟩ (*printed publication*) pubblicazione *f* (stampata), opuscolo *m* a stampa; (*newspaper*) giornale *m;* (*magazine*) rivista *f.* **4** ⟨*Art*⟩ stampa *f,* riproduzione *f: a* ~ *of a hunting scene* una stampa di una scena di caccia. **5** ⟨*Tess*⟩ (*printed pattern, design*) disegno *m* stampato; (*printed cloth*) stampato *m,* tessuto *m* stampato; (*garment*) indumento *m* di tessuto stampato. **6** ⟨*Fot,Cin*⟩ copia *f.* **7** (*mark, impression*) impronta *f,* traccia *f,* segno *m.* **8** ⟨*fig*⟩ (*mental impression*) impronta *f,* segno *m.* **9** (*footprint*) orma *f,* impronta *f.* **10** *pl.* ⟨*fam*⟩ (*fingerprints*) impronte *fpl* digitali. **11** (*newsprint*) carta *f* da giornale. **12** *pl.* ⟨*am.Post*⟩ stampe *fpl,* stampati *mpl.* ☐ *to* be *–ing* essere in corso di stampa; *to* be in ~: 1 (*to be published*) essere pubblicato (*o* stampato); 2 (*to be available from the publisher*) essere disponibile: *is this book still in* ~? si stampa ancora questo libro?; *to appear in* ~ essere pubblicato; *to put a book* into ~ dare un libro alle stampe; *to* be out *of* ~ essere esaurito; *to see o.s. in* ~ vedere il proprio nome stampato.

print. = ⟨*Tip*⟩ **1** *printer* tipografo. **2** *printing* stampa.

printable ['printəbl] *a.* **1** stampabile. **2** (*fit to print, publish*) che merita di essere stampato (*o* pubblicato).

print bar *s.* ⟨*Inform*⟩ barra *f* portacaratteri.

printed| circuit ['printid] *s.* ⟨*Rad*⟩ circuito *m* stampato. ~ **circuit board** *s.* scheda *f* di circuito stampato. ~ **insert** *s.* ⟨*Farm*⟩ foglietto *m* accluso. ~ **matter** *s.* ⟨*Post*⟩ stampe *fpl,* stampati *mpl.*

printer ['printə] *s.* **1** stampatore *m* (*f* –trice) (*anche Tess.*). **2** ⟨*Tip*⟩ (*pressman*) tipografo *m.* **3** ⟨*Fot,Cin*⟩ stampatrice *f.* **4** ⟨*Inform*⟩ stampante *f.*

printer's| devil *s.* apprendista *m* (*o* aiutante) tipografo. ~ **error** *s.* errore *m* di stampa, refuso *m.* ~ **ink** *s.* inchiostro *m* tipografico.

printing ['printiŋ] *s.* **1** ⟨*Tip,Fot,Tess*⟩ stampa *f: to supervise the* ~ *of a book* curare la stampa di un libro. **2** (*printed letters, symbols*) caratteri *mpl* a stampa; (*type of handwriting*) stampatello *m.* **3** (*printed matter*) stampati *mpl;* (*number of copies printed*) tiratura *f.*

printing| box *s.* ⟨*Fot*⟩ bromografo *m.* ~ **frame** *s.* ⟨*Fot*⟩ torchietto *m* da stampa. ~ **industry** *s.* industria *f* tipografica. ~ **ink** *s.* → printer's ink. ~ **machine** *s.* → **printing press.** ~ **office** *s.* ⟨*Tip*⟩ tipografia *f,* stamperia *f.* ~ **press** *s.* ⟨*Tip*⟩ pressa *f* da stampa, stampatrice *f.* ~

unit *s.* ⟨*Inform*⟩ unità *f* stampante. ~ **works** *s.pl.* (cos sing. o pl.) → **printing office.**

printless ['printlis] *a.* **1** (*making no imprint*) che n lascia impronta. **2** (*showing no imprint*) senza impront

printout ['printout] *s.* ⟨*Inform*⟩ tabulato *m.*

print through *s.* ⟨*Acu*⟩ effetto *m* copia.

prior[1] ['praiə] *a.* **1** precedente, anteriore, antecedente a): *on a* ~ *occasion* in una precedente occasione. (*taking precedence in importance, etc.*) che viene prin più importante (di), che ha la precedenza (su). ☐ ~ prima di: *we had not met* ~ *to that occasion* non eravamo (mai) incontrati prima di quell'occasione.

prior[2] *s.* ⟨*Rel,Mediev*⟩ priore *m.*

priorate ['praiərit] *s.* ⟨*Rel*⟩ priorato *m.* **prioress** [–ris] priora *f,* badessa *f.*

priority [prai'ɔriti] *s.* priorità *f,* precedenza *f:* ~ *of cla* priorità di diritto; *to give* ~ *to the needs of heavy indus* dare la precedenza alle necessità dell'industria pesante.

priority road *s.* strada *f* con diritto di precedenza.

priory ['praiəri] *s.* ⟨*Rel*⟩ prioria *f.*

prise *s./v.* → prize[3].

prism ['prizm] *s.* ⟨*Ott,Geom,Min*⟩ prisma *m.* **prism** [–zməl] *a.* → **prismatic.**

prismatic [priz'mætik] *a.* ⟨*Geom,Min*⟩ prismati **prismatical** [–əl] *a.* ⟨*rar*⟩ → **prismatic.**

prismatic| colors *am.,* ~ **colours** *s.pl.* colori *mpl* prisma[2] (*o* fondamentali). ~ **compass** *s.* bussola prismatica.

prismatoid ['prizmətɔid] *s.* ⟨*Geom*⟩ prismatoide *m.*

prism binoculars *s.pl.* binocolo *m* prismatico.

prismoid ['prizmɔid] *s.* ⟨*Geom*⟩ prismoide *m.*

prison ['prizn] *s.* prigione *f,* carcere *m.* ☐ *to escape fr* ~ evadere dal carcere; *to be in* ~ essere in prigione; *to released from* ~ uscire di prigione; *to send s.o. to* mettere qd. in prigione.

prison| bird *s.* avanzo *m* di galera. ~ **breaking** evasione *f.* ~ **camp** *s.* **1** campo *m* di lavoro per carcer **2** (*for prisoners of war*) campo *m* di prigionieri guerra.

prisoner ['priznə] *s.* **1** prigioniero *m* (*f* –a) (*anche fig.*) (*one imprisoned by law*) carcerato *m* (*f* –a), detenuto *m* –a). ☐ ⟨*Dir*⟩ ~ *at the bar* (*before sentence*) imputato accusato *m;* (*after sentence*) colpevole *m;* ~ *of conscie* detenuto politico; *to hold s.o.* ~ tenere qd. prigioniero; *take s.o.* ~ fare prigioniero qd., imprigionare qd.; ~ *war* prigioniero *m* (*f* –a) di guerra.

prissily ['prisili] *avv.* ⟨*fam*⟩ affettatamente, leziosame **prissiness** [–sinis] *s.* ⟨*fam*⟩ leziosità *f,* affettazione **prissy** [–si] *a.* ⟨*fam*⟩ **1** affettato, lezioso. **2** (*sissifi* effeminato.

pristine ['pristain, –ti:n] *a.* pristino, originario.

privacy ['praivəsi] *s.* **1** intimità *f* (privata), privacy *f: in* ~ *of one's own house* nell'intimità della propria casa (*isolation*) isolamento *m,* solitudine *f;* (*secrecy*) segrete *f,* riserbo *m.*

private ['praivit] **I** *a.* **1** privato: *a* ~ *meeting* una riuni privata. **2** (*personal*) personale, privato, particolare: *thi my* ~ *opinion* questa è la mia opinione personale; *for reasons* per motivi personali. **3** (*secret*) segreto, riserv confidenziale: *a* ~ *agreement* un accordo segreto; *information* informazioni confidenziali. **4** ⟨*Mil*⟩ sempl **II** *s.* **1** ⟨*Mil*⟩ → private soldier. **2** *pl.* ~ **private pa** ☐ ⟨*epist*⟩ ~ *and confidential* riservata person ⟨*am.Mil*⟩ ~ *first class* soldato scelto; *in* ~ privatame in privato: *to tell s.o. s.th. in* ~ dire qc. a qd. in priv ~, *no entry* vietato l'ingresso.

private| account *s.* ⟨*Econ*⟩ conto *m* personale. ~ **address** *s.* indirizzo *m* privato. ~ **aircraft** *s.* aereo da turismo. ~ **bank** *s.* banca *f* privata. ~ **bed** *s.* letto d'ospedale in camera singola. ~ **bill** *s.* ⟨*Parl*⟩ progetto di legge concernente un interesse particolare. ~ **citizen** privato *m,* semplice cittadino *m.* ~ **detective** investigatore *m* privato. ~ **enterprise** *s.* ⟨*Pol*⟩ inizia *f* privata.

privateer [,praivə'tiə] **I** *s.* ⟨*Mar*⟩ **1** nàve *f* corsara. (*commander*) capitano *m* di nave corsara; (*one of crew*) corsaro *m.* **II** *v.i.* fare il corsaro. **privateeri**

[-riŋ] s. spedizione f corsara.

rivately ['praivitli] avv. **1** in forma privata, privatamente, in privato. **2** (as a private person) privatamente, da privato: to live ~ vivere privatamente. □ this beach is ~ owned questa spiaggia è di proprietà privata.

rivately-owned a. privato, di proprietà privata.

rivate| means s.pl. rendita f. ~ **member**, ~ **Member** s. (Parl) deputato m (non membro del governo): ~'s bill progetto di legge presentato da un semplice deputato. ~ **nurse** s. infermiera f personale (o privata). ~ **parts** s.pl. genitali mpl. ~ **patient** s. paziente m privato. ~ **secretary** s. segretario m personale (o privato). ~ **soldier** s. soldato m semplice.

rivation [prai'veiʃən] s. **1** stenti mpl, privazioni fpl, disagi mpl, sacrifici mpl: a life of ~ una vita di privazioni. **2** (state of being deprived) privazione f, l'essere privato.

rivative ['privətiv] a. **1** privativo; (negative) negativo. **2** (Gramm) privativo: ~ particle particella privativa.

rivet ['privit] s. (Bot) ligustro m.

rivilege ['privilidʒ] I s. **1** privilegio m, prerogativa f. **2** (advantage enjoyed) vantaggio m, privilegio m: the ~s of wealth i vantaggi della ricchezza. **3** (honour) onore m (speciale), privilegio m: it was a ~ to hear him speak è stato un onore sentirlo parlare. **4** (Parl) prerogativa f parlamentare. **5** (right) diritto m. **6** (Econ,Dir) privilegio m. II v.t. **1** accordare un privilegio a, privilegiare. **2** (to exempt) esentare, esonerare, dispensare. **privileged** [-d] a. **1** privilegiato (anche Econ.): the ~ classes le classi privilegiate. **2** (of information, etc.) riservato, confidenziale. □ the ~ few i privilegiati.

rivity ['priviti] s. **1** (private knowledge) l'essere a conoscenza di un segreto; (knowledge implying concurrence or assent) conoscenza f (di qc.) che implica assenso (o partecipazione). **2** (Dir) rapporto m giuridico.

rivy ['privi] I a. **1** (aware) informato, al corrente. **2** (personal) privato, particolare. **3** (done secretly) furtivo. II s. **1** (outside toilet) latrina f, ritirata f. **2** (Dir) parte f interessata.

rivy| chamber s. appartamento m privato (di sovrano). ~ **council** s. consiglio m privato. Privy Council s. (GB) consiglio m della corona. ~ **councillor** s. consigliere m privato. Privy Councillor s. (GB) membro m del consiglio della corona. ~ **parts** s.pl. → private parts. ~ **purse** s. appannaggio m reale. ~ **seal** s. sigillo m privato. Privy Seal s. (GB) (Lord Privy Seal) lord m del sigillo privato.

rize[1] [praiz] I s. **1** premio m: this dog won first ~ at the dog show questo cane ha vinto il primo premio alla nostra canina; to award a ~ to s.o. assegnare un premio a qd. **2** (fig) (s.th. of great value) gioiello m. II a. **1** premiato, che ha vinto un premio: a ~ essay un saggio premiato. **2** (given as a prize) premio, dato come premio: a ~ cup una coppa premio. **3** (involving a prize) a premio: ~ competition gara a premio. **4** (fig) (excellent) eccellente, ottimo, magnifico. **5** (fam) (outstanding) straordinario, eccezionale, fuori del comune. □ a ~ idiot un perfetto idiota; ~s of life le gioie della vita.

rize[2] v.t. (to value highly) aver caro, tenere in grande considerazione, stimare, apprezzare: to ~ one's honour above all else aver caro il proprio onore al di sopra di tutto.

rize[3] I v.t. (spesso con up) aprire (o sollevare) facendo leva, fare leva su. II s. **1** (leverage) azione f (o potenza) di una leva. **2** (lever) leva f. □ to ~ open a trunk forzare un baule.

rize[4] I s. **1** (Mil) bottino m, preda f. **2** (Mar.mil,Dir) preda f (marittima). II v.t. catturare come preda.

rize| court s. (Mar.mil,Dir) tribunale m delle prede. ~ **day** s. (Scol) giorno m della premiazione. ~ **fight** s. (Sport) incontro m di pugilato tra professionisti. ~ **fighter** s. pugile m professionista. ~ **fighting** s. pugilato m professionistico. ~**giving** s. (Scol) premiazione f. ~**giving day** s. ~ prize day. ~ **list** s. elenco m dei premiati. ~**man** [mən] s.irr. (Univ) vincitore m di un premio accademico. ~ **money** s. **1** monte m premi. **2** (Mar.mil) parte f di preda. ~ **ring** s. (Sport) quadrato

m, ring m. ~**winner** s. vincitore m (f -trice) di un premio, premiato m (f -a).

P.R.M. = Public Relations Man addetto alle pubbliche relazioni.

pro[1] [prou] I s. (pl. -s [z]) **1** pro m: the -s and cons of a proposal il pro e il contro di una proposta. **2** (affirmative side) pro m, lato m (o aspetto) positivo. **3** (person upholding the affirmative side) sostenitore m, persona f favorevole; (vote for the affirmative) voto m favorevole (o a favore). II a. favorevole, a favore. III avv. favorevolmente.

pro[2] lat. prep. (in favour of) pro, in favore di.

pro[3] s. (pl. -s [z]) (fam) (professional games player) professionista m/f.

pro-abortion a. abortista: ~ movement movimento abortista. **pro-abortionist** s. abortista m/f.

pro-am ['prou'æm] I a. (Sport) di (o relativo a) professionisti e dilettanti. II s. gara f per professionisti e dilettanti.

pro-American a. filoamericano.

probabilism ['prɔbəbəlizəm] s. (Filos,Teol) probabilismo m. **probabilist** [-list] s. probabilista m/f. **probabilistic** [-'listik] a. probabilistico.

probabilistic sample s. → probability sample.

probability [,prɔbə'biliti] s. probabilità f. □ in all ~ con ogni (o molta) probabilità; the ~ is that è probabile che; his resignation is by now a ~ le sue dimissioni sono ormai probabili.

probability| law s. legge f di probabilità. ~ **sample** s. campione m probabilistico. ~ **theory** s. teoria f della probabilità.

probable ['prɔbəbl] I a. **1** probabile: the ~ winner il probabile vincitore. **2** (likely to be correct) attendibile, verosimile, probabile: a ~ conclusion una conclusione attendibile. II s. candidato m probabile: a ~ for this job un candidato probabile per questo posto. □ all signs point to a ~ war tutto indica la probabilità di una guerra.

probably [-i] avv. forse, probabilmente: you are ~ right forse hai ragione; he'll ~ be back Sunday tornerà probabilmente domenica.

probate ['proub(e)it] I s. (Dir) **1** omologazione f del testamento. **2** (authenticated copy of a will) copia f autentica di testamento. II v.t. (am) (to establish as genuine) convalidare, ratificare. □ to grant ~ of a will omologare un testamento; to take out ~ of a will ottenere l'omologazione di un testamento.

probate judge s. (Dir) giudice m addetto all'autenticazione del testamento.

probation [prə'beiʃən] s. **1** prova f, periodo m di prova: new employees go through a period of ~ i nuovi impiegati fanno un periodo di prova. **2** (of a person's fitness) prova f: candidates are subjected to a rigorous ~ i candidati sono sottoposti a una prova rigorosa. **3** (Dir) (act) sospensione f condizionale della pena; (state) libertà f condizionata; (period) periodo m di libertà condizionata. □ (Dir) to grant s.o. ~ concedere la libertà condizionata a qd.; to be on ~ essere in libertà condizionata; to put s.o. on ~ mettere qd. in libertà condizionata. **probational** [-l], **probationary** [-əri] a. di prova: a ~ period un periodo di prova. **probationer** [-ə] s. **1** persona f in prova. **2** (Dir) chi beneficia della libertà condizionata. **3** (Rel) novizio m.

probative ['proubətiv] a. **1** probativo, atto a provare: ~ arguments argomenti probativi. **2** (affording proof) probatorio, probante: ~ evidence testimonianza probatoria.

probe [proub] I v.t. **1** indagare con cura, investigare, sondare. **2** (to go into the unknown) esplorare: to ~ space esplorare lo spazio. **3** (Med,Chir) esplorare, sondare, specillare: to ~ a wound esplorare una ferita. II s. **1** (Chir) sonda f, specillo m; (act of probing) sondaggio m. **2** (fig) sondaggio m, indagine f; (by a legislative body) inchiesta f. **3** (Astron) sonda f, satellite m sonda.

probity ['proubiti, 'prɔb-] s. probità f, rettitudine f.

problem ['prɔbləm] s. **1** problema m (anche Mat.): -s of the hour problemi d'attualità; to solve a ~ risolvere un problema. **2** (puzzling question) problema m, questione f complicata. **II** *a.* **1** problematico. **2** (*difficult to manage*) difficile (da trattare), che rappresenta un problema: *a* ~ *child* un bambino difficile. **3** ⟨*Lett,Teat*⟩ a tesi. □ *to face a* ~ affrontare un problema; *to set s.o. a* ~ porre un problema a qd.

problem area *s.* zona *f* critica.

problematic [,prɔbləˈmætik], **problematical** [–əl] *a.* **1** problematico, che suscita (*o* dà motivo di) perplessità. **2** (*dubious*) incerto, dubbio, problematico.

problematist [ˈprɔbləmətist], **problemist** [–mist] *s.* problemista *m/f.*

problem|-oriented *a.* orientato al problema: ~ *language* linguaggio orientato al problema. **~-solving** *s.* soluzione *f* di problemi.

proboscidate [prəˈbɔsideit] *a.* ⟨*Zool*⟩ proboscidato.

proboscidean [,prɔbəˈsidiən] **I** *a.* ⟨*Zool*⟩ proboscidato. **II** *s.* ⟨*Zool*⟩ **1** proboscidato *m.* **2** *pl.* proboscidati *mpl.*

proboscidian *a.* → **proboscidean**. **proboscidiform** [–difɔːm] *a.* ⟨*Zool*⟩ a forma di proboscide.

proboscis [prəˈbɔsis] *s.* (*pl.* **-cises** [sisiz]/**-cides** [sidi:z]) **1** ⟨*Zool,Entom*⟩ proboscide *f.* **2** (*fam*) (*nose*) naso *m.*

procedural [prəˈsiːdʒərəl] *a.* ⟨*Dir*⟩ procedurale. **procedure** [–dʒə] *s.* **1** procedura *f,* procedimento *m: we must follow the usual* ~ dobbiamo seguire la procedura normale. **2** (*method*) metodo *m,* procedimento *m.*

proceed [prəˈsiːd] *v.i.* **1** avanzare, procedere: *to* ~ *as far as the frontier* avanzare fino alla frontiera. **2** (*to continue*) continuare, proseguire, procedere: *please* ~ continui, per favore; (*to move on, pass*) passare (*to* a): *let us* ~ *to the next item on the agenda* passiamo al punto successivo dell'ordine del giorno. **3** (*to begin, get down to*) procedere, cominciare (qc.): *to* ~ *to the voting* procedere alla votazione. **4** (*to derive*) provenire, derivare (*from* da). **5** ⟨*Univ*⟩ procedere (*against* contro). **6** ⟨*Univ*⟩ conseguire (continuando gli studi) (*to s.th.* qc.): *to* ~ *to the degree of Doctor of Philosophy* conseguire il dottorato in filosofia. □ *to* ~ *to blows* passare a vie di fatto; *to* ~ *on one's journey* continuare il viaggio.

proceeding [prəˈsiːdiŋ] *s.* **1** procedimento *m,* processo *m: the most convenient* ~ il procedimento più appropriato. **2** (*particular course of action*) comportamento *m,* condotta *f,* modo *m* di agire (*o* procedere), procedimento *m: a* ~ *whose legality is doubtful* un comportamento di dubbia legalità. **3** *pl.* (*record, minutes*) atti *mpl,* verbale *m,* processo *m* verbale: *the –s of a learned society* gli atti di un'associazione culturale. **4** *pl.* ⟨*Dir*⟩ procedimento *m,* azione *f* legale (*o* giudiziaria). □ ⟨*Dir*⟩ *to take* (*o start, institute*) (*legal*) *–s against s.o.* procedere (per vie legali) contro qd.; *to stay the –s* sospendere un processo.

proceeds [ˈprousiːdz] *s.pl.* **1** ricavato *m,* ricavo *m,* incasso *m: the* ~ *of the sale will go to charity* il ricavato della vendita sarà devoluto in beneficenza. **2** ⟨*Comm*⟩ ricavo *m,* utile *m.* **3** ⟨*Econ,Assic*⟩ ricavo *m* totale.

process[1] [ˈprouses] **I** *s.* **1** processo *m,* corso *m: the* ~ *of reproduction* il processo della riproduzione. **2** (*artificial series of actions*) operazione *f: mounting the publicity campaign was a long* ~ organizzare la campagna pubblicitaria è stata una lunga operazione. **3** (*system of manufacture*) processo *m* (di lavorazione), procedimento *m,* trattamento *m: a chemical* ~ un processo chimico. **4** (*moving forward*) cammino *m,* il progredire, progresso *m: the* ~ *of history* il cammino della storia. **5** ⟨*Dir*⟩ processo *m,* procedimento *m,* procedura *f;* (*summons*) mandato *m* di comparizione, citazione *f* in giudizio. **6** ⟨*Biol,Anat*⟩ processo *m,* apofisi *f.* **II** *a.* ⟨*Ind,Alim*⟩ trattato, sottoposto a un trattamento. **III** *v.t.* **1** ⟨*Ind*⟩ sottoporre a un trattamento, trattare. **2** ⟨*Alim*⟩ conservare mediante un trattamento. **3** ⟨*Agr*⟩ trasformare. **4** (*of data, etc.*) elaborare. **5** ⟨*Dir*⟩ perseguire (a termini di legge); (*to serve a summons on*) notificare una citazione (in giudizio) a. □ *in* ~ in corso: *negotiations are in* ~ le trattative sono in corso; *in* ~ *of* in corso di, in fase di; *a hotel in* ~ *of building* un albergo in costruzione; *in the* ~ *of* nel corso di, durante; *in the* ~ *of time* con l'andar del tempo.

process[2] [pro(u)ˈses] *v.i.* ⟨*fam*⟩ (*to walk in procession*) andare in processione (*o* corteo).

process| computer *s.* calcolatore *m* di processo. ~

control *s.* ⟨*Ind*⟩ controllo *m* dei processi.

processed [ˈprousest] *a.* **1** ⟨*Ind,Alim*⟩ trattato, sottoposto a un processo (*o* trattamento). **2** ⟨*Agr*⟩ trasformato.

processed cheese *s.* ⟨*Alim*⟩ formaggio *m* fuso.

processing [ˈprousesiŋ] *s.* **1** ⟨*Ind,Alim*⟩ lavorazione trattamento *m* industriale. **2** ⟨*Inform*⟩ elaborazione *f.* ⟨*Fot*⟩ processo *m* fotografico; (*developing*) sviluppo *m.*

processing| industry *s.* industria *f* di trasformazione (*o* trasformatrice). ~ **plant** *s.* ⟨*Agr*⟩ impresa *f* di trasformazione.

procession [prəˈseʃən] **I** *s.* **1** processione *f,* corteo *m: form a* ~ formare un corteo. **2** ⟨*fig*⟩ (*sequence*) serie fila *f,* sfilata *f.* **3** ⟨*Teol,Rel*⟩ processione *f.* **II** *v.i.* andare in processione (*o* corteo). **III** *v.t.* camminare processione per, sfilare in corteo per. □ *to walk in* andare in processione. **processional** [–əl] **I** *a.* **1** processione: *at* ~ *pace* a passo di processione. **2** ⟨*Mus,Rel*⟩ processionale, di processione. **II** *s.* **1** ⟨*Mus,Rel*⟩ canto processionale. **2** ⟨*Rel*⟩ (*hymn book*) libro *m* di canti processionali.

processor [prəˈsesə] *s.* ⟨*Inform*⟩ processore *m,* unità centrale di elaborazione.

process| printing [ˈprouses] *s.* ⟨*tecn*⟩ stampa *f* tricromia (*o* quadricromia). ~ **server** *s.* ⟨*Dir*⟩ ufficiale giudiziario. ~ **speed** *s.* ⟨*Inform*⟩ velocità *f* elaborativa. **technique** *s.* ⟨*Ind*⟩ tecnica *f* di lavorazione.

pro-Chinese *a.* filocinese.

proclaim [prəˈkleim] **I** *v.t.* **1** proclamare, dichiarare: *t country –ed its independence* la nazione proclan l'indipendenza; *to* ~ *s.o. innocent* proclamare q innocente. **2** (*to reveal*) rivelare, mostrare, manifestare: *l manners* ~ *the gentleman in him* i suoi modi rivela in lui il gentiluomo. **3** (*to recognize publicly*) riconosce (ufficialmente): *to* ~ *a dictator* riconoscere un dittatore. (*to praise, extol*) decantare, magnificare, lodare. **II** fare un proclama.

proclamation [,prɔkləˈmeiʃən] *s.* **1** proclamazione dichiarazione *f.* **2** (*s.th. proclaimed*) proclama *m;* (*edi* editto *m;* (*decree*) decreto *m.* **proclamatory** [–ˈklæmətə *a.* di proclamazione, che proclama.

proclisis [ˈprouklisis] *s.* (*pl.* **-ses** [siːz]) ⟨*Ling*⟩ proclisi **proclitic** [pro(u)ˈklitik] **I** *a.* proclitico. **II** *s.* procliti *f.*

proclivity [pro(u)ˈkliviti] *s.* inclinazione *f,* tendenza propensione *f.*

proconsul [prouˈkɔnsəl] *s.* ⟨*Stor.rom*⟩ proconsole **proconsular** [–sjulə] *a.* proconsolare. **proconsulsh** [–ʃip] *s.* proconsolato *m.*

procrastinate [prouˈkræstineit] **I** *v.i.* temporeggia indugiare. **II** *v.t.* differire, rinviare, rimanda procrastinare. **procrastinating** [–iŋ] *a.* che temporegg che indugia. **pro,crastination** [–ˈneiʃən] *s.* indugio temporeggiamento *m,* dilazione *f.* □ *Prov.:* ~ *is the th of time* chi ha tempo non aspetti tempo. **procrastinati** [–iv] *a.* → **procrastinating**. **procrastinator** [–ə temporeggiatore *m* (*f* –trice). **procrastinatory** [–əri → **procrastinating**.

procreant [ˈproukriənt] *a.* → **procreative**.

procreate [ˈproukrieit] *v.t.* procreare, genera **procreation** [–kriˈeiʃən] *s.* procreazione *f,* generazione **procreative** [–iv] *a.* procreativo, generativo. **procreat** [–ə] *s.* chi procrea, procreatore *m* (*f* –trice).

Procrustean [pro(u)ˈkrʌstiən] *a.* **1** ⟨*Mitol*⟩ di Proc(r)us ~ *bed* letto di Proc(r)uste. **2** ⟨*fig*⟩ drastico: ~ *metho* sistemi drastici. **Procrustes** [–tiːz] *N.pr.* ⟨*Mit* Proc(r)uste *m.*

proctor [ˈprɔktə] *s.* **1** ⟨*Univ*⟩ censore *m,* prefetto *m* ⟨*Dir,Rel*⟩ procuratore *m.* **proctorial** [–ˈtɔːriəl] *a.* di c censore. **proctorize** [–raiz] **I** *v.i.* ⟨*Univ*⟩ eserci l'autorità di censore. **II** *v.t.* esercitare l'autorità di cens su. **proctorship** [–ʃip] *s.* **1** ⟨*Univ*⟩ ufficio *m* di censo **2** ⟨*Dir,Rel*⟩ ufficio *m* di procuratore.

procurable [prəˈkjurəbl] *a.* ottenibile, che si p procurare.

procural [pro(u)ˈkjuərəl] *s.,* **procurance** [–rəns] *s.* procurarsi, il procacciarsi. **procuration** [,prɔkjuˈreiʃən] **1** il procurarsi, il procacciarsi. **2** (*pimping*) lenocinio *m.*

Dir⟩ (*act of appointing an agent, attorney*) il dare una ocura; (*power of attorney*) procura *f.*
curator ['prɔkjureitə] *s.* **1** agente *m,* procuratore *m.* **2** *tor.rom,Rel*⟩ procuratore *m.* **3** ⟨*Dir*⟩ (*public prosecutor*) ubblico ministero *m.* **4** ⟨*Dir*⟩ (*in Italy*) procuratore *m.*
curator Fiscal *scozz. s.* ⟨*Dir*⟩ pubblico ministero *m.*
curatorial [ˌprɔkjurə'tɔ:riəl] *a.* procuratorio.
rocuratorship [-reitəʃip] *s.* procuratorato *m.*
rocuratory [-təri] *s.* procura *f.* **procuratrix** [-'reitriks] procuratrice *f.*
cure [prə'kjuə] **I** *v.t.* **1** ottenere, procurare, procurarsi, ocacciare; (*of materials*) approvvigionare. **2** (*of a ɔman*) arruffianare. **3** (*ant*) (*to cause*) causare, ovocare. **II** *v.i.* fare il lenone. **procurement** [-mənt] *s.* procacciamento *m.* **2** (*of supplies, etc.*) **provvigionamento** *m.* **procurer** [-rə] *s.* **1** chi procura, ocacciatore *m* (*f* –trice). **2** (*pimp*) lenone *m.* **procuress** rəs] *s.* mezzana *f,* ruffiana *f.*
d[1] [prɔd] *v.* (*pret., p.p.* 'prodded [-id]) **I** *v.t.* **1** ngolare, spingere (con un pungolo): *to ~ a cow with a ʼck* pungolare una mucca con un bastone. **2** (*fig*) (*to cite*) sollecitare, spronare, incitare: *I was –ded into cepting the post* sono stato sollecitato ad accettare la rica. **II** *v.i.* essere di stimolo (*at* a), stimolare (qc.).
d[2] *s.* **1** il pungolare. **2** (*goad*) pungolo *m.* **3** ⟨*fig*⟩ *ncitement to action*) sollecitazione *f,* sprone *m.*
digal ['prɔdigəl] **I** *a.* **1** prodigo, che dissipa, che ialacqua: *to be ~ with one's money* essere prodigo del oprio denaro. **2** (*lavish*) generoso, prodigo, liberale: *a ~ ntribution* un contributo generoso. **II** *s.* **1** prodigo *m* (*f*), scialacquatore *m* (*f* –trice), dissipatore *m* (*f* –trice). **2** *ir*⟩ prodigo *m.* □ *~ son* figliol prodigo. ,**prodigality** 'gæliti] *s,* **1** prodigalità *f,* sperpero *m,* scialo *m.* **2** *vishness*) prodigalità *f,* generosità *f,* larghezza *f.* **rodigalize** [-aiz] *v.t.* prodigare, spendere senza isura.
digious [prə'didʒəs] *a.* **1** prodigioso, miracoloso, *r*tentoso. **2** (*huge*) enorme, colossale. **prodigiously** li] *avv.* prodigiosamente, portentosamente. **rodigiousness** [-nis] *s.* **1** prodigiosità *f.* **2** *normousness*) enormità *f.*
digy ['prɔdidʒi] *s.* **1** prodigio *m,* genio *m;* (*talented ild*) bambino *m* prodigio. **2** (*marvel*) meraviglia *f,* odigio *m,* miracolo *m: the prodigies of nature* le eraviglie della natura. **3** (*s.th. abnormal, monstrous*) ostruosità *f,* anormalità *f.*
duce I *v.t.* [prə'dju:s] (*to cause*) produrre, provocare, gionare, causare: *to ~ unexpected results* produrre sultati inaspettati. **2** (*to yield*) produrre, dare: *this tree good fruit* quest'albero produce buoni frutti. **3** (*to ow*) produrre, presentare, mostrare, esibire: *to ~ idence of one's innocence* produrre prove a propria scolpa. **4** (*to create*) creare, produrre. **5** ⟨*Econ,Ind*⟩ bbricare, produrre, fare: *a new factory to ~ washing achines* un nuovo stabilimento per fabbricare lavatrici. ⟨*Teat*⟩ mettere in scena, rappresentare: *to ~ a play* ettere in scena una commedia. **7** ⟨*Cin*⟩ produrre: *to ~ film* produrre un film. **8** ⟨*Geom*⟩ (*of a line*) prolungare. *v.i.* **1** rendere, essere produttivo, produrre: *this land no nger –s* questo terreno non rende più. **2** ⟨*Econ*⟩ odurre. **III** *s.* ['prɔdju:s] **1** prodotto *m,* frutto *m,* sultato *m.* **2** ⟨*Agr*⟩ prodotti *mpl* agricoli, derrate *fpl.* **3** *mount produced*) produzione *f,* resa *f.* **4** (*offspring of a nale animal*) piccoli *mpl.*
ducer [prə'dju:sə] *s.* **1** produttore *m* (*f* –trice) (*anche ɡr.*). **2** (*manufacturer*) fabbricante *m/f,* produttore *m* (*f* rice). **3** ⟨*Cin,Teat*⟩ produttore *m* (*f* –trice). **4** *m.Teat*⟩ impresario *m.*
ducer goods *s.pl.* beni *mpl* strumentali.
ducibility [prəˌdju:sə'biliti] *s.* producibilità *f.* **ro'ducible** [-bl] *a.* **1** producibile. **2** ⟨*Geom*⟩ olungabile.
duct ['prɔdəkt] *s.* **1** prodotto *m.* **2** (*result, outcome*) odotto *m,* risultato *m,* frutto *m: to be a ~ of one's time* sere un prodotto del proprio tempo. **3** ⟨*Chim,Mat*⟩ odotto *m.* □ *–s of fisheries* prodotti *mpl* della pesca; *–s the soil* prodotti *mpl* del suolo.

product| diversification *s.* ⟨*Comm*⟩ diversificazione *f* dei prodotti. **~ image** *s.* immagine *f* del prodotto.
production [prə'dʌkʃən] *s.* **1** produzione *f;* (*act of manufacturing*) fabbricazione *f,* produzione *f* (industriale): *the ~ of automobiles* la produzione di automobili. **2** (*s.th. produced*) prodotto *m.* **3** (*exhibiting*) presentazione *f,* esibizione *f.* **4** ⟨*Teat*⟩ messa *f* in scena, rappresentazione *f.* **5** ⟨*Teat,Cin*⟩ produzione *f.* **6** ⟨*Geom*⟩ prolungamento *m.*
production| bonus *s.* ⟨*Econ*⟩ premio *m* di produzione. **~ capacity** *s.* rendimento *m,* produzione *f.* **~ costs** *s.pl.* costi *mpl* di produzione. **~ cycle** *s.* ⟨*Ind*⟩ ciclo *m* produttivo (*o* di produzione). **~ engineering** *s.* tecniche *fpl* di produzione. **~ line** *s.* ⟨*Ind*⟩ linea *f* di montaggio (*o* lavorazione). **~ planning** *s.* pianificazione *f* della produzione.
productive [prə'dʌktiv] *a.* **1** produttivo, creativo. **2** (*causative*) che causa, che produce (*of s.th.* qc.): *~ of annoyance* che causa irritazione. **3** (*yielding results*) produttivo, fruttifero. **4** (*fertile*) fertile, produttivo: *~ land* terreno fertile. **5** (*prolific*) prolifico, produttivo: *a ~ writer* uno scrittore prolifico. **6** ⟨*Econ,Ling*⟩ produttivo. **productively** [-li] *avv.* in modo produttivo (*o* fruttifero). **productiveness** [-nis] *s.* produttività *f,* rendimento *m.*
productivity [ˌproudʌk'tiviti, ˌprɔdʌ–] *s.* **1** produttività *f,* rendimento *m.* **2** ⟨*Econ,Agr*⟩ produttività *f: to increase ~* aumentare la produttività. **3** ⟨*fig*⟩ (*fruitfulness*) produttività *f,* fertilità *f.*
productivity drive *s.* campagna *f* di produttività.
product| manager *s.* capo *m* produzione. **~ mix** *s.* assortimento *m* di prodotti. **~ range** *s.* gamma *f* (*o* ventaglio *m*) di prodotti. **~ standard** *s.* norma *f* di produzione. **~target** *s.* obiettivo *m* di produzione.
pro-Eastern *a.* filorientale.
proem ['prouem] *s.* **1** introduzione *f,* prefazione *f,* proemio *m.* **2** (*introductory comment*) preambolo *m.* **3** ⟨*fig*⟩ preludio *m,* inizio *m.*
proemial [prou'i:miəl] *a.* proemiale, introduttivo.
pro-European *a.* filoeuropeo.
prof, Prof [prɔf] (*accorc. di professor*) *s.* ⟨*fam*⟩ professore *m.*
Prof. = *Professor* professore (*abbr.* Prof.).
profanation [ˌprɔfə'neiʃən] *s.* profanazione *f;* (*sacrilege*) sacrilegio *m.* **profanatory** [prə'fænətri] *a.* profanatore.
profane [prə'fein] **I** *a.* **1** profano: *literature sacred and ~* letteratura sacra e profana. **2** (*pagan*) pagano, infedele. **3** (*impious, blasphemous*) blasfemo, empio, profano, sacrilego: *~ language* linguaggio blasfemo. **II** *v.t.* profanare, violare: *to ~ a temple* profanare un tempio. **profanely** [-li] *avv.* profanamente. **profaneness** [-nis] *s.* profanità *f.* **profanity** [-'fæniti] *s.* **1** profanità *f.* **2** (*impiety*) empietà *f,* irreligiosità *f.* **3** (*profane language*) bestemmia *f.*
profess [prə'fes] **I** *v.t.* **1** professare, manifestare: *to ~ admiration for s.o.* professare ammirazione per qd.; (*to admit openly*) mostrare (*o* manifestare) apertamente, professare: *to ~ one's bewilderment* mostrare apertamente la propria perplessità. **2** (*rifl*) professarsi, dichiararsi: *to ~ o.s. an atheist* professarsi ateo. **3** (*to declare insincerely*) fingere di, far mostra di. **4** (*to claim*) pretendere di: *I do not ~ to be an expert* non pretendo di essere un esperto. **5** (*to follow as one's profession*) professare, esercitare: *to ~ medicine* professare la medicina. **6** (*to confess one's faith in*) professare: *to ~ Buddhism* professare il buddismo. **II** *v.i.* **1** fare una dichiarazione. **2** (*to practise*) esercitare (una professione). **3** ⟨*Rel*⟩ professare (i voti). □ *to ~ oneself a Democrat* fare professione di fede democratica. **professed** [-d] *a.* **1** dichiarato, riconosciuto: *a ~ foe* un nemico dichiarato. **2** (*insincere*) falso, finto: *a ~ friend* un falso amico. **3** ⟨*Rel*⟩ professo. **professedly** [-idli] *avv.* apertamente, dichiaratamente.
profession [prə'feʃən] *s.* **1** (libera) professione *f: the ~ of medicine* la professione di medico. **2** (*occupation*) professione *f,* mestiere *m.* **3** (*act of profession*) dichiarazione *f,* professione *f: a ~ of love* una dichiarazione d'amore; *a ~ of faith* una professione di fede. **4** ⟨*Rel*⟩ professione *f.* □ *by ~* di professione, di

mestiere; *to practice a* ~ praticare una professione.
professional [prə'feʃənl] **I** *a.* **1** professionale; (*of professionals*) professionistico. **2** (*by profession*) di professione, di mestiere: *a* ~ *writer* uno scrittore di professione. **3** ⟨*Sport*⟩ di professione, professionistico: ~ *footballer* giocatore di calcio professionista. **4** (*not amateurish*) da professionista: *a* ~ *piece of work* un lavoro da professionista. **II** *s.* professionista *m/f* (*anche Sport.*). □ *conduct unworthy of a* ~ *man* condotta indegna di un professionista.
professional body *s.* associazione *f* di categoria.
professionalism [prə'feʃənlizəm] *s.* **1** professionismo *m* (*anche Sport.*). **2** (*professional character, etc.*) professionalità *f.* **pro,fessionalization** [-nəlai'zeiʃən] *s.* professionalizzazione *f.* **professionalize** [-nəlaiz] **I** *v.t.* rendere professionale, trasformare in professione. **II** *v.i.* diventare professionale.
professional jealousy *s.* gelosia *f* ⌐di mestiere⌐ (*o* professionale). ~ **liability** *s.* responsabilità *f* professionale.
professionally [prə'feʃənəli] *avv.* professionalmente, da professionista.
professional man [mən] *s.irr.* professionista *m.* ~ **misconduct** scorrettezza *f* professionale. ~ **negligence** *s.* colpa *f* professionale. ~ **politician** *s.* politico *m* professionista, professionista *m* della politica. ~ **responsibility** *s.* → professional liability. ~ **secrecy** *s.* segreto *m* professionale. ~ **skills** *s.pl.* conoscenze *fpl* professionali. ~ **training** *s.* formazione *f* professionale. ~ **woman** *s.irr.* professionista *f.*
professor [prə'fesə] *s.* **1** professore *m* (*f* –essa). **2** (*one who professes*) chi professa. **professorate** [-rit] *s.* professorato *m.* **professorial** [,prɔfe'sɔːriəl] *a.* professorale, di (*o* da) professore. **professoriate** [,profe'sɔːriit] *s.* **1** ⟨*collett*⟩ docenti *mpl*, corpo *m* accademico (*o* insegnante). **2** → **professorship.**
professorship [-ʃip] *s.* professorato *m*, ufficio *m* (*o* dignità *f*) di professore.
proffer ['prɔfə] **I** *v.t.* porgere, presentare: *to* ~ *one's hand to s.o.* porgere la mano a qd.; (*to offer*) offrire: *to* ~ *a post to s.o.* offrire un posto a qd. **II** *s.* offerta *f.*
proficiency [prə'fiʃənsi] *s.* abilità *f*, perizia *f*, competenza *f.* **proficient** [-nt] **I** *a.* provetto, perito, esperto, competente: *a* ~ *shot* un provetto tiratore. **II** *s.* esperto *m* (*f* –a), competente *m/f.* **proficiently** [-ntli] *avv.* abilmente, con competenza.
profile ['proufail] **I** *s.* **1** profilo *m* (*anche Mar., Geol.*): *she has a handsome* ~ ha un bel profilo. **2** ⟨*fig*⟩ (*biographical sketch*) profilo *m;* (*sketch*) descrizione *f* (sommaria), profilo *m.* **3** ⟨*Arch*⟩ (*side elevation*) profilo *m;* (*section*) sezione *f.* **4** ⟨*Teat*⟩ spezzato *m.* **II** *v.t.* **1** profilare, delineare il contorno (*o* profilo) di. **2** ⟨*fig*⟩ (*to write a profile of*) scrivere (*o* tracciare) un profilo di. **3** (*to silhouette*) stagliarsi, profilarsi. **4** ⟨*tecn*⟩ profilare, sagomare.
profiling machine ['proufailiŋ] *s.* ⟨*Mecc*⟩ fresatrice *f* a copiare.
profilist ['proufailist] *s.* disegnatore *m* (*f* –trice) di profili.
profit ['prɔfit] **I** *s.* **1** ⟨*Econ*⟩ profitto *m*, utile *m*, guadagno *m*, lucro *m: to make a* ~ ricavare un profitto. **2** *pl.* ⟨*Econ*⟩ utili *mpl: to plough –s back into a business* reinvestire gli utili in un'impresa. **3** (*advantage, benefit*) profitto *m*, vantaggio *m*, beneficio *m: to study with* ~ studiare con profitto. **II** *v.i.* **1** profittare, approfittare, avvantaggiarsi (*from, by* di): *to* ~ *from s.o.'s advice* profittare del consiglio di qd. **2** (*to be of benefit*) giovare, essere utile (*o* di vantaggio), servire: *what will it* ~ *her?* a che le gioverà? □ *at a* ~ con profitto; *to do s.th.* **for** ~ fare qc. per lucro; ~ *and loss* profitti *mpl* e perdite; ~ *and loss account* conto *m* profitti e perdite; *to* **make** *a* ~ *on* (*o out of*) *an article* realizzare un utile su un articolo; *to* **turn** *s.th. to* ~ mettere a profitto qc.
profitability [,prɔfitə'biliti] *s.* redditività *f:* ~ *calculation* calcolo di redditività. '**profitable** [-bl] *a.* **1** proficuo, vantaggioso, utile. **2** (*affording profits*) redditizio,

rimunerativo: *a* ~ *sale* una vendita redditi(zia). '**profitableness** [-blnis] *s.* redditività *f.* '**profita(bility)** [-bli] *avv.* proficuamente, con profitto.
profit and loss account *s.* ⟨*Econ*⟩ conto *m* profitti e perdite.
profiteer [,prɔfi'tiə] **I** *s.* profittatore *m* (*f* –trice), speculatore *m* (*f* –trice), affarista *m/f.* **II** *v.i.* essere profittatore. **profiteering** [-riŋ] *s.* affarismo *m.*
profitless ['prɔfitlis] *a.* **1** inutile, vano. **2** (*of no profit*) senza (*o* che non dà) profitto, infruttuoso, infruttif(ero). **profitlessly** [-li] *avv.* inutilmente. **profitlessness** [-nis] *s.* inutilità *f.*
profit loss *s.* ⟨*Dir*⟩ lucro *m* cessante. ~ **maximizat(ion)** *s.* massimizzazione *f* del profitto. ~ **outlooks** prospettive *fpl* di profitto. ~**-sharing** compartecipazione *f* agli utili.
profits tax *s.* imposta *f* sui profitti.
profligacy ['prɔfligəsi] *s.* **1** dissolutezza *f*, scapestrata(ggine) *f.* **2** (*extravagance, wastefulness*) sperpero *m*, scialo *(m).* **profligate** [-git] **I** *a.* **1** dissoluto, scapestrato; (*vicious*) vizioso, depravato. **2** (*prodigal, extravagant*) dissip(atore), scialacquato. **II** *s.* **1** scapestrato *m* (*f* –a), dissoluto *m* (–a), libertino *m* (*f* –a). **2** (*recklessly extravagant person*) dissipatore *m* (*f* –trice), scialacquatore *m* (*f* –trice).
pro-forma invoice [prou'fɔːmə] *s.* ⟨*Comm*⟩ fattura *(f)* proforma.
profound [prə'faund] **I** *a.* **1** profondo: *a* ~ *sigh* profondo sospiro; ~ *knowledge* conoscenza profonda; (*complete, thorough*) profondo, totale, completo. **II** ⟨*rar,poet*⟩ (*deeps of the sea*) profondità *fpl* mar(ine). **profoundly** [-li] *avv.* **1** profondamente: *to sleep* ~ dormire profondamente. **2** (*with insight*) in modo approfondito (*o* profondo): *to write* ~ *about a subject* scrivere su un argomento in modo approfondito; (*intensely, deeply*) profondamente, intensamente: *relieved* ~ profondamente sollevato. **4** (*of a degree deafness*) totalmente, completamente. **profoundness** [-nis] *s.* (*profundity*) profondità *f.*
profundity [prə'fʌnditi] *s.* profondità *f: the* ~ *of the ocean* la profondità dell'oceano; *the* ~ *of his thought* profondità del suo pensiero.
profuse [prə'fjuːs] *a.* **1** (*of people*) prodigo, generoso (in *di*): ~ *in praises* prodigo di lodi. **2** (*of things*) profuso, abbondante, copioso. □ *to be* ~ *in one's thanks* profondersi in ringraziamenti. **profusely** [-li] *avv.* abbondantemente, profusamente: *the book is* ~ *illustrated* il libro è abbondantemente illustrato. □ *to apologize* ~ profondersi in scuse. **profuseness** [-nis], **profusion** [-'fjuːʒən] *s.* **1** profusione *f*, abbondanza *f.* **2** (*excessive generosity*) profusione *f*, prodigalità *f.* □ *in* ~ a profusione.
prog [prɔg] **I** *s.* ⟨*univ*⟩ censore *m*, prefetto *m.* **II** (*pret., p.p.* **progged** [-d]) sorvegliare, vigilare.
progenitive [prou'dʒenitiv] *a.* generativo, riprodut(tivo). **progenitor** [-tə] *s.* **1** progenitore *m*, avo *m*, antenato *(m).* **2** ⟨*fig*⟩ (*precursor*) precursore *m*, antesignano *(m);* (*predecessor*) predecessore *m.* **progenitorial** [-'tɔːriəl] *a.* ancestrale, atavico. **progenitorship** [-təʃip] *s.* l'essere progenitore. **progenitress** [-tris] *s.* progenitrice *f*, *f*, antenata *f.* **progeniture** [-nitʃə] *s.* **1** generazione *f*, procreazione *f.* **2** (*progeny*) figli *mpl*, prole *f*, discendenza *f*, ⟨*scherz*⟩ progenie *f.*
progeny ['prɔdʒəni] *s.* **1** ⟨*collett*⟩ figli *mpl*, prole *f*, discendenza *f*, ⟨*scherz*⟩ progenie *f.* **2** ⟨*fig*⟩ (*product*) frutto *m*, prodotto *m*, risultato *m.*
prognathic [prɔg'næθik] *a.* → prognathous. '**prognathism** [-nəθizəm] *s.* ⟨*Med*⟩ prognatismo *m.* **prognathous** [-'neiθəs] *a.* prognato.
prognosis [prɔg'nousis] *s.* (*pl.* -ses [siːz]) **1** ⟨*Med*⟩ prognosi *f.* **2** ⟨*fig*⟩ previsione *f*, pronostico *(m).* **prognostic** [-'nɔstik] **I** *a.* **1** ⟨*Med*⟩ prognostico, *(o* profetico. **II** *s.* **1** previsione *f*, pronostico *m.* **2** (*omen*) segno *m* premonitore, presagio *m.* **prognostical** [-'nɔstikəl] *a.* ⟨*Med*⟩ prognostico (*anche fig.*).
prognosticate [prɔg'nɔstikeit] **I** *v.t.* **1** pronosticare, predire. **2** (*to presage*) far presagire (*o* prevedere), presagio (*o* segno) di. **II** *v.i.* fare una previsi(one)

prog,nostication [-'keiʃən] s. **1** (prophecy, prediction) predizione f, vaticinio m; (forecast) previsione f, pronostico m. **2** (foretoken) presagio m, premonizione f. **prognosticative** [-kətiv] a. profetico. **prognosticator** [-ə] s. chi pronostica. **prognosticatory** [-əri] a. → prognosticative.

rogram am. s./v. → programme.

rogrammable [prou'græməbl] a. ⟨Inform⟩ programmabile: ~ system sistema programmabile.

rogrammatic [,prougrə'mætik] a. programmatico.

rogramme ['prougræm] **I** s. **1** programma m, piano m: the government's housing ~ il programma governativo per la casa; (agenda of things to be done) programma m, progetto m: what is your ~ for tomorrow? che programma hai per domani? **2** (performance) programma m (anche concr.): a ~ of chamber music un programma di musica da camera. **II** v.t. **1** ⟨tecn⟩ programmare: to ~ a computer programmare un calcolatore elettronico. **2** (to schedule) programmare, mettere (o includere) in un programma. **3** (to arrange a programme for) programmare, pianificare. **III** v.i. **1** ⟨tecn⟩ eseguire la programmazione. **2** (to follow a schedule, etc.) seguire un programma.

rogramme| chart s. ⟨Inform⟩ organigramma m. **~ checkout** s. prova f del programma. **~ code** s. codice m di programma. **~ counter** s. contatore m di programma. **~ director** s. ⟨Rad,TV⟩ programmatore m (f –trice). **~ load** s. caricamento m di un programma.

rogrammer ['prougræmə] s. **1** programmista m/f. **2** ⟨tecn⟩ programmatore m (f –trice).

rogrammer analyst s. analista m programmatore.

rogramme| sheet s. foglio m di programma. **~ store** s. memoria f di programma.

rogramming ['prougræmiŋ] s. programmazione f (anche tecn., Econ.). □ prior ~ preprogrammazione f.

rogramming| course s. ⟨Inform⟩ corso m di programmazione. **~ department** s. settore m di programmazione. **~ language** s. ⟨Inform⟩ linguaggio m di programmazione. **~ unit** s. unità f di programmazione.

rogress I s. ['prougres, am. 'prɔgres] **1** progresso m, progressi mpl: the ~ of technology il progresso della tecnica. **2** (forward movement) progressione f; (development) progresso m, sviluppo m: the ~ of the disease il progresso della malattia. **3** (advance, improvement) progresso m, miglioramento m; (advance towards an objective) progresso m, passo m avanti. **4** ⟨Stor⟩ (royal journey) viaggio m ufficiale del sovrano. **II** v.i. [prə'gres] **1** (to move forward) avanzare, procedere; (to go on in time) continuare, andare avanti. **2** (to improve) progredire, fare progressi, migliorare: to ~ in one's studies progredire negli studi. **3** (to advance) procedere, avanzare. □ in ~ in corso: work in ~ lavori mpl in corso; in ~ of time con l'andar del tempo; to make ~ progredire, migliorare.

rogression [prə'greʃən] s. **1** progressione f, progresso m. **2** ⟨Mat,Astr,Mus⟩ progressione f. **progressional** [-əl] a. della (o relativo alla) progressione, progressivo.

progressionism [-izəm] s. progressismo m.

progressionist [-ist], **progressist** [-'gresist] s chi crede nel progresso, progressista m/f.

rogressive [prə'gresiv] **I** a. **1** progressista: a ~ country una nazione progressista. **2** (advocating progress) progressista, progressistico. **3** (advancing) progressivo: a ~ worsening of the situation un progressivo peggioramento della situazione; ~ form forma progressiva. **II** s. progressista m/f (anche Pol.). **Progressive** am. **I** a. ⟨Stor⟩ progressista, del partito progressista. **II** s. progressista m/f, membro m del partito progressista. **progressively** [-li] avv. progressivamente. **progressiveness** [-nis] s. progressività f.

rogressive| Party am. s. ⟨Stor⟩ partito m progressista. **~ taxation** s. tassazione f progressiva.

ogressivism [prə'gresivizəm] s. progressivismo m. **Progressivism** am. s. ⟨Stor⟩ dottrina f del partito progressista. **progressivist** [-vist] **I** s. progressista m/f (anche Pol.). **II** a. progressista.

progress report s. **1** stato m d'avanzamento. **2** ⟨Econ⟩ relazione f sull'andamento della produzione.

prohibit [pro(u)'hibit] v.t. **1** proibire, vietare: the authorities –ed the demonstration le autorità proibirono la dimostrazione; (of a person) proibire a, vietare a: to ~ s.o. from doing s.th. proibire a qd. di fare qc. **2** (to make impossible) impedire, rendere impossibile. **prohibited** [-id] a. proibito, vietato. **prohibiter** [-ə] s. → prohibitor.

prohibition [,proui'biʃən] s. **1** proibizione f. **2** (decree) divieto m, proibizione f. **3** (of alcoholic drinks) proibizionismo m. **4** ⟨Dir⟩ proibizione f. **prohibitionism** [-izəm] s. proibizionismo m. **prohibitionist** [-ist] **I** s. proibizionista m/f. **II** a. proibizionista.

Prohibition Party am. s. partito m proibizionista.

prohibitive [pro(u)'hibitiv] a. proibitivo: the price is ~ il prezzo è proibitivo. **prohibitively** [-li] avv. in modo proibitivo.

prohibitor [pro(u)'hibitə] s. chi vieta, chi proibisce.

prohibitory [-ri] a. → prohibitive.

project I s. ['prɔdʒekt] **1** progetto m, piano m, programma m: a government ~ un progetto governativo. **2** (research project) piano m (o programma) di ricerca. **II** v.t. [prə'dʒekt] **1** proiettare, lanciare. **2** ⟨fig⟩ proiettare: to ~ one's thoughts into the future proiettare i propri pensieri nel futuro. **3** (to plan) progettare: to ~ the construction of a dam progettare la costruzione di una diga. **4** (of light, shadow, etc.) proiettare: to ~ a beam of light on s.th. proiettare un fascio di luce su qc. **III** v.i. **1** (to protrude) risaltare, sporgere. **2** ⟨Edil⟩ aggettare. **3** ⟨am.dial⟩ (to plan, scheme) fare un piano (o progetto).

projected [prə'dʒektid] a. **1** progettato, prefisso; (estimated) previsto: ~ costs costi previsti. **2** (thrown forward) proiettato, lanciato.

project engineer s. ingegnere m progettista.

projectile [prə'dʒektail] **I** s. **1** proiettile m. **2** ⟨Mil⟩ proiettile m, proietto m; (missile) missile m. **II** a. **1** propulsivo, propellente. **2** (impelled forward) proiettato, lanciato.

projection [prə'dʒekʃən] s. **1** sporgenza f, protuberanza f. **2** ⟨Edil⟩ aggetto m. **3** (throw) lancio m, getto m. **4** ⟨Cin,Geom,Psic⟩ proiezione f. **5** (act of planning) progettazione f, il progettare; (s.th. planned) progetto m, piano m.

projection booth am. s. → projection room.

projectionist [prə'dʒekʃənist] s. ⟨Cin,TV⟩ operatore m.

projection| machine s. ⟨Cin⟩ proiettore m. **~ room** s. sala f di proiezione.

projective [prə'dʒektiv] a. proiettivo (anche Psic.,Geom.): ~ geometry geometria proiettiva.

projectivity [,pro(u)dʒek'tiviti] s. ⟨Geom⟩ proiettività f.

project| management s. gestione f di progetto. **~ manager** s. capo m progetto.

projector [prə'dʒektə] s. **1** ⟨Cin,Fot⟩ proiettore m. **2** (planner) progettista m/f.

prolapse ['proulæps] **I** s. ⟨Med⟩ prolasso m. **II** v.i. abbassarsi. **pro'lapsis** [-is], **pro'lapsus** [-əs] s. → prolapse.

prolate ['prouleit] a. oblungo, allungato.

prolegomenon [,prouli'gəminən] s. (pl. -a) prolegomeni mpl, introduzione f.

prolepsis [pro(u)'lepsis] s. (pl. -ses [si:z]) ⟨Gramm,Filos⟩ prolessi f. **proleptic** [-ptik], **proleptical** [-ptikəl] a. prolettico.

proletarian [,prouli'tɛəriən] **I** a. proletario. **II** s. proletario m (f –a). **proletarianism** [-izəm] s. proletariato m. **proletarianization** [-nai'zeiʃən] s. proletarizzazione f. **proletarianize** [-'tɛəriənaiz] v.t. proletarizzare. **proletariat** [-riət], **proletariate** [-riət] s. proletariato m. **proletariate I** s. → proletariat. **II** a. → proletarian. **'proletary** [-lətəri] a./s. → proletarian.

prolicide ['proulisaid] s. **1** infanticidio m. **2** (person) infanticida m/f.

pro-life movement s. movimento m antiabortista (o per la vita). **pro-lifer** s. antiabortista m/f.

proliferate [pro(u)'lifəreit] **I** v.i. ⟨Biol⟩ proliferare (anche *fig.*). **II** *v.t.* far proliferare (*anche fig.*). **pro,liferation** [-'reiʃən] *s.* proliferazione *f* (*anche fig.*). **proliferative** [-iv] *a.* proliferativo. **proliferous** [-rəs] *a.* prolifero.

prolific [pro(u)'lifik] *a.* prolifico (*anche fig.*): *a ~ animal* un animale prolifico; (*fruitful, fecund*) fertile, fecondo. **prolificacy** [-əsi] *s.* fecondità *f,* prolificità *f.* **prolifically** [-əli] *avv.* in modo prolifico. **prolificalness** [-əlnis] *s.* → **prolificacy. pro,lifi'cation** [-eiʃən] *s.* **1** prolificazione *f.* **2** (*fecundity*) fecondità *f,* fertilità *f.* **prolificly** [-li] *avv.* → **prolifically. prolificness** [-nis] *s.* → **prolificacy.**

prolix ['prouliks, *am.* prou'liks] *a.* prolisso: *a ~ introduction* un'introduzione prolissa. **pro'lixity** [-iti] *s.* prolissità *f.*

prolocutor [pro(u)'lɔkjutə] *s.* **1** portavoce *m.* **2** (*presiding officer*) presidente *m* (di un'assemblea) (*anche Rel.*).

prolog *s.* → **prologue.**

prologue ['proulɔg] **I** *s.* prologo *m.* **II** *v.t.* fare un prologo a.

prolong [prə'lɔŋ] *v.t.* **1** prolungare: *to ~ a visit* prolungare una visita. **2** (*Ling*) allungare. **prolongable** [-əbl] *a.* prolungabile, allungabile. **prolongate** [-geit] *v.* → **prolong.**

prolongation [,proulɔŋ'geiʃən] *s.* **1** prolungamento *m.* **2** (*Ling*) allungamento *m.* □ *~ of payment* proroga *f* di pagamento.

prolusion [pro(u)'lju:ʒən] *s.* **1** prolusione *f,* introduzione *f.* **2** (*fig*) preludio *m.* **prolusory** [-'lju:səri] *a.* preliminare, introduttivo.

prom [prɔm] *s.* (*fam*) **1** → **promenade concert. 2** (*seaside promenade*) passeggiata *f* a mare. **3** (*am*) (*school dance*) ballo *m* studentesco.

pro-market *a.* favorevole all'adesione al Mercato Comune Europeo.

pro memoria *lat.* [proumi'mɔ:riə] *s.inv.* promemoria *m.*

promenade *fr.* **I** *s.* [,prɔmə'nɑ:d,*am.* -'neid] **1** passeggiata *f.* **2** (*place for walking*) passeggiata *f,* passeggio *m;* (*by the seashore*) passeggiata *f* a mare. **3** (*Teat*) ridotto *m.* **4** (*of a formal ball*) ballo *m* d'apertura. **5** (*in a square dance*) promenade *f.* **6** (*am*) (*school dance*) ballo *m* studentesco. **7** → **promenade concert. 8** (*Mar*) → **promenade deck. II** *v.t./i.* [,prɔmə'nɑ:d] passeggiare.

promenade| concert *s.* concerto *m* all'aperto a cui il pubblico può assistere passeggiando. **~ deck** *s.* (*Mar*) ponte *m* di passeggiata.

promenader [,prɔmə'neidə, -'nɑ:də] *s.* chi va a spasso.

Promethean [prə'mi:θiən] *a.* di Prometeo, prometeico.

prometheum *s.* → **promethium.**

Prometheus [prə'mi:θju:s] *N.pr.* (*Mitol*) Prometeo *m.*

promethium [prə'mi:θiəm] *s.* (*Chim*) prometeo *m.*

prominence ['prɔminəns] *s.* **1** rilievo *m,* evidenza *f,* risalto *m,* spicco *m;* (*importance*) rilievo *m,* importanza *f: person of ~* persona di rilievo. **2** (*protuberance*) prominenza *f,* protuberanza *f,* sporgenza *f.* **3** (*Astr*) protuberanza *f* (*o* prominenza) solare. □ *to bring into ~* mettere in risalto; *to come into ~* risaltare, distinguersi, emergere; *to give ~ to s.th.* dare risalto a qc. **prominent** [-nənt] *a.* **1** sporgente, prominente, rilevato, pronunciato: *~ chin* mento sporgente. **2** (*conspicuous*) notevole, cospicuo, rilevante, considerevole. **3** (*important, eminent*) importante, insigne, illustre, eminente. □ *the tower was ~ on the skyline* la torre si stagliava all'orizzonte.

promiscuity [,prɔmis'kju:iti] *s.* **1** promiscuità *f,* mescolanza *f,* miscuglio *m.* **2** (*sexual behaviour*) promiscuità *f* sessuale.

promiscuous [prə'miskjuəs] *a.* **1** (*of sexual relations*) promiscuo; (*of a person*) che pratica la promiscuità sessuale. **2** (*indiscriminate*) indiscriminato: *~ massacre* massacro indiscriminato. **3** (*confused*) confuso, disordinato. **promiscuousness** [-nis] *s.* → **promiscuity.**

promise ['prɔmis] **I** *s.* **1** promessa *f: a ~ of help* una promessa di aiuto; *broken -s* promesse non mantenute. **2** (*grounds for hope*) promessa *f,* speranza *f: a ~ of a good harvest* una promessa di un buon raccolto. **II** *v.t./i.* **1** promettere, fare una promessa: *you -d me you would not be late* mi avevi promesso che non avresti fatto tardi. **2**

(*rifl*) ripromettersi: *to ~ o.s. a rest after dinn* ripromettersi di riposare dopo pranzo. **3** (*to give groun for expecting*) promettere, far sperare. **4** (*to assu* assicurare, garantire. **5** (*to betroth*) promettere matrimonio, fidanzare. □ *to break a ~* mancare a u promessa; *empty ~* promessa vana; *a child full of ~* bambino (molto) promettente; *to hold out a ~ of s.* promettere qc.; *to keep a ~* mantenere una promessa; *make a ~* promettere, fare una promessa; *a writer of* uno scrittore promettente; *to show ~* promettere (*o* sperare) bene: *this student does not show much ~* ques studente non promette molto.

Promised Land ['prɔmist] *s.* **1** (*Bibl*) terra *f* promes (*anche fig.*). **2** (*fig*) (*Heaven*) cielo *m,* paradiso *m.*

promisee [,prɔmi'si:] *s.* (*Dir*) promissario *m.*

promising ['prɔmisiŋ] *a.* promettente, che promette ben

promisor ['prɔmisɔ:] *s.* (*Dir*) promittente *m/f.*

promissory ['prɔmisəri] *a.* **1** promettente, che costituis promessa; (*of the nature of a promise*) che ha carattere promessa. **2** (*Dir,Econ*) promissorio: *~ oath* giuramen promissorio. □ *~ note* pagherò cambiario.

promontory ['prɔməntəri] *s.* (*Geog,Anat*) promontorio *n*

promote [prə'mout] *v.t.* **1** promuovere, far avanzare: *to s.o.* (*to the rank of*) *major* promuovere qd. (al grado maggiore. **2** (*to encourage*) promuovere, dare impulso farsi promotore di, favorire. **3** (*Sport*) organizza promuovere; (*in chess*) promuovere, (*fam*) mandare regina. **4** (*Dir*) promuovere: *to ~ an action against s* promuovere un'azione legale contro qd. **5** (*am.Comm* fare pubblicità a, pubblicizzare. **promoter** [-ə] *s.* promotore *m* (*f* –trice). **2** (*one who supports, encourag* fautore *m* (*f* –trice), promotore *m* (*f* –trice), sostenitore (*f* –trice). **3** (*Sport*) organizzatore *m* (*f* –trice).

promotion [prə'mouʃən] *s.* **1** promozione *f,* avanzamen *m.* **2** (*act of setting up*) costituzione *f,* organizzazione fondazione *f.* **3** (*Sport*) organizzazione *f.* **4** (*in che.* promozione *f.* **5** (*am.Comm*) promozione *f* (de vendite). □ (*burocr*) *~ by seniority* promozione *f* avanzamento *m*) per anzianità. **promotional** [-əl] *a.* della (*o* relativo alla) promozione. **2** (*am.Com* promozionale, pubblicitario.

promotion measure *s.* (*Comm*) misura *f* promozional.

promotive [prə'moutiv] *a.* promotore, che promuove.

prompt [prɔmpt] **I** *a.* **1** sollecito, pronto, immediato: *a reply* una risposta sollecita. **2** (*punctual*) puntuale. (*Comm*) immediato, pronto: *~ delivery* conseg immediata. **II** *s.* **1** (*act of prompting, remindir* suggerimento *m,* imbeccata *f;* (*words said in promptir* suggerimento *m.* **2** (*act of instigating to actio* incitamento *m,* istigazione *f.* **3** (*Teat*) → **prompt side.** (*Comm*) termine *m* di pagamento, scadenza *f.* **III** *v.t.* spingere, indurre, incitare; (*to occasion*) provoca causare, cagionare. **2** (*to assist by suggesting*) suggerire imbeccare. **3** (*Teat*) suggerire a, imbeccare, (*gerg*) d l'imbeccata a.

prompt| book *s.* (*Teat*) copione *m* del suggeritore. **box** *s.* buca *f* del suggeritore. **~ copy** *s.* → **prom book. ~ day** *s.* (*Comm*) giorno *m* di scadenza pagamento).

prompter ['prɔmptə] *s.* suggeritore *m* (*f* –trice) (*anc Teat.*).

prompter's box *s.* (*Teat*) buca *f* del suggeritore.

prompting ['prɔmptiŋ] *s.* suggerimento *m.*

promptitude ['prɔmptitju:d] *s.* prontezza *f,* sollecitudine *to answer with ~* rispondere con prontezza. **prompt** [-tli] *avv.* prontamente, con prontezza, subi **promptness** [-tnis] *s.* → **promptitude.**

prompt| note *s.* (*Comm*) promemoria *m* del termine pagamento. **~ side** *s.* (*Teat*) lato *m* del palcoscenico destra dell'attore.

promulgate ['prɔmʌlgeit, *am.* pro(u)'mʌlgeit] *v.t.* promulgare, emanare: *to ~ a decree* promulgare decreto. **2** (*of a doctrine, etc.*) diffondere, propaga divulgare, promulgare. **3** (*Dir*) promulga **,promulgation** [-'geiʃən] *s.* promulgazione **promulgator** [-ə] *s.* promulgatore *m* (*f* –trice).

pron. = (*Gramm*) *pronoun* pronome (*abbr.* pron.).

naos [prɔ(u)'neiɔs] *s.* (*pl.* **-naoi** ['neiɔi]) ⟨*Arch*⟩ pronao

nate ['prouneit] *v.i.* assumere una posizione di onazione. **pronation** [-'neiʃən] *s.* ⟨*Med*⟩ pronazione *f.*

nator ['prouneitə] *s.* ⟨*Anat*⟩ muscolo *m* pronatore, onatore *m.*

ne [proun] *a.* **1** incline, disposto, propenso: *to be ~ to* ⟨*ger*⟩ essere incline all'ira. **2** (*face down*) volto verso rra, a faccia in giù, prono; (*lying flat*) prostrato. □ *to ll ~* cadere bocconi; *to lie ~* giacere bocconi. '**pronely** [i] *avv.* bocconi. '**proneness** [-nis] *s.* inclinazione *f*, opensione *f*, disposizione *f.*

ng [prɔŋ] *I s.* **1** (*tine of a fork*) dente *m*, punta *f*, bbio *m.* **2** (*large fork*) forcone *m*, forca *f.* **3** (*pointed, ojecting part*) dente *m*, sporgenza *f.* **II** *v.t.* colpire (*o* ilzare) con un forcone.

nged [prɔŋd] *a.* (nei composti) a ... rebbi, a ... denti: *a* o-~ *hay-fork* un forcone a due rebbi.

nominal [prɔ(u)'nɔminəl] *a.* ⟨*Gramm*⟩ pronominale. '**onominally** [-i] *avv.* pronominalmente.

noun ['prounaun] *s.* ⟨*Gramm*⟩ pronome *m.*

nounce [prə'nauns] **I** *v.t.* **1** pronunciare, pronunziare: *w do you ~ this word?* come pronunci questa parola? **2** *declare solemnly*) dichiarare, affermare solennemente. *v.i.* **1** pronunciare: *to ~ clearly* pronunciare iaramente. **2** (*to make an authoritative statement*) onunciarsi, dichiararsi (*on* su). **3** (*to give one's opinion*) onunciarsi, manifestare la propria opinine (su). □ *to ~* ainst *s.th.* prendere posizione contro qc.; *to ~ in favour s.th.* pronunciarsi a favore di qc.; ⟨*Dir*⟩ *to ~ sentence* nettere una sentenza. **pronounceable** [-əbl] *a.* che si ıò pronunciare, pronunciabile.

nounced [prə'naunst] *a.* **1** pronunciato, spiccato, arcato, accentuato: *to walk with a ~ limp* zoppicare in odo pronunciato. **2** (*decided*) chiaro, netto, deciso: *a an of ~ ideas* un uomo dalle idee chiare. '**onouncedly** [-sidli] *avv.* in modo pronunciato (*o* arcato). **pronouncement** [-smənt] *s.* **1** dichiarazione *f.* (*statement of opinion*) dichiarazione *f*, asserzione *f*, ermazione *f.*

nto ['prɔntou] *avv.* ⟨*sl*⟩ subito, immediatamente, ontamente.

p¹ [prɔp] **I** *s.* **1** sostegno *m*, puntello *m.* **2** ⟨*fig*⟩ aiuto , sostegno *m*, appoggio *m.* **3** *pl.* ⟨*fam*⟩ (*legs*) gambe *fpl.* ⟨*Minier*⟩ puntello *m*, trave *f* di sostegno, sbatacchio *m.*

nunciamento *sp.* [prə,nʌnsiə'mentou] *s.* (*pl.* **-s/-es** [z]) manifesto *m*, proclama *m.* **2** ⟨*Mil,Pol*⟩ pronunciamento

nunciation [prə,nʌnsi'eiʃən] *s.* pronuncia *f*, pronunzia *his ~ is perfect* la sua pronuncia è perfetta.

of [pru:f] **I** *s.* **1** prova *f*, dimostrazione *f*, saggio *m: a eory not susceptible to ~* una teoria non suscettibile di ova. **2** ⟨*Dir*⟩ prova *f.* **3** (*test, trial*) prova *f*, collaudo : *to put s.th. to ~* sottoporre a prova qc. **4** ⟨*Tip*⟩ bozza prova *f* di stampa. **5** ⟨*Mat,Filos*⟩ prova *f*, dimostrazione **6** (*alcoholic strength*) gradazione *f* alcolica. **7** ⟨*Numism*⟩ - **proof coin. II** *a.* **1** che resiste (*against* a), a prova (di), attaccabile (da) (*anche fig.*): *~ against temptation* che siste alle tentazioni; (*of proved strength or quality*) a tta prova, di provata resistenza. **2** (nei composti) a ova di ...: *a bomb-~ shelter* un rifugio a prova di omba. **III** *v.t.* **1** ⟨*Tip*⟩ tirare una bozza di; (*to oof-read*) correggere le bozze di. **2** ⟨*tecn*⟩ (*to make aterproof*) impermeabilizzare. □ *as* (*a*) *~ of* a prova di; *way of ~* come prova, a mo' di prova; *~ to the* ntrary prova contraria; *to give ~ of s.th.* dare prova di ·; *in ~ of =* **as** (*a*) *proof of*; *to stand the ~* reggere alla ova. *Prov.: the ~ of the pudding is in the eating* alla ova si scortica l'asino.

of coin *s.* ⟨*Numism*⟩ prova *f* di conio.

ofing ['pru:fiŋ] *s.* ⟨*tecn*⟩ **1** impermeabilizzazione *f*, mpermeabilizzare. **2** (*substance used*) apermeabilizzante *m.*

of positive *s.* (*pl.* **proofs positive**) prova *f* conclusiva. **read** *v.t.irr.* correggere le bozze di. **~reader** *s.* rrettore *m* (*f* –trice) di bozze. **~reading** *s.* correzione *f* lle bozze. **~ sheet** *s.* bozza *f* (*o* prova) di stampa.

---

5 ⟨*Giard,Agr*⟩ tutore *m*, sostegno *m.* **6** ⟨*Sport*⟩ (*in rugby*) pilone *m.* **II** *v.t.* (*pret., p.p.* **propped** [-t]) **1** (*to support;* spesso con *up*) puntellare, sorreggere, sostenere (*anche fig.*). **2** (*to lean*) appoggiare, addossare. **3** ⟨*Edil*⟩ (spesso con *up*) armare, puntellare.

prop² (*accorc. di property*) *s.* ⟨*teat*⟩ materiale *m* scenico, attrezzeria *f.*

prop³ (*accorc. di propeller*) *s.* ⟨*fam*⟩ elica *f.*

propaedeutic [,proupi'dju:tik] **I** *a.* propedeutico, preparatorio. **II** *s.* studio *m* propedeutico; (*subject*) materia *f* propedeutica. **propaedeutical** [-əl] *a.* → **propaedeutic.**

propagandism [,prɔpə'biliti] *s.* l'essere propagabile. '**propagable** [-bl] *a.* propagabile.

propaganda [,prɔpə'gændə] *s.* **1** propaganda *f.* **2** ⟨*Rel.catt*⟩ sacra congregazione *f* di Propaganda Fide. **propagandism** [-dizəm] *s.* il propagandare. **propagandist** [-dist] **I** *s.* chi propaganda, propagandista *m/f.* **II** *a.* propagandistico. **propagandistic** [-'distik] *a.* → **propagandist. propagandize** [-daiz] **I** *v.t.* **1** (*of doctrines, etc.*) propagandare, fare propaganda per. **2** (*of a country*) fare propaganda in. **II** *v.i.* fare propaganda.

propagate ['prɔpəgeit] **I** *v.t.* **1** ⟨*Biol*⟩ propagare, riprodurre. **2** ⟨*rifl,Biol*⟩ propagarsi, riprodursi. **3** (*to transmit*) trasmettere. **4** (*to spread*) propagare, diffondere, divulgare: *to ~ a doctrine* propagare una dottrina. **5** ⟨*Fis*⟩ propagare, trasmettere. **II** *v.i.* **1** ⟨*Biol*⟩ propagarsi, moltiplicarsi (mediante riproduzione). **2** (*to spread*) propagarsi, spargersi, diffondersi, estendersi. ,**propagation** [-'geiʃən] *s.* **1** ⟨*Biol*⟩ propagazione *f*, riproduzione *f.* **2** (*dissemination*) propagazione *f*, diffusione *f*, divulgazione *f: ~ of the faith* propagazione della fede. **3** ⟨*Fis*⟩ propagazione *f*, trasmissione *f: the ~ of sound waves* la propagazione delle onde sonore. **propagative** [-iv] *a.* propagatore. **propagator** [-ə] *s.* propagatore *m* (*f* –trice).

propane ['proupein] *s.* ⟨*Chim*⟩ propano *m.*

proparoxytone [,proupæ'rɔksitoun] **I** *a.* ⟨*Gramm*⟩ proparossitono. **II** *s.* parola *f* proparossitona, proparossitona *f.*

propel [prə'pel] *v.t.* (*pret., p.p.* **propelled** [-d]) **1** spingere (in avanti), muovere. **2** ⟨*fig*⟩ (*to impel*) incitare, stimolare, spingere. **propellant, propellent** [-ənt] **I** *s.* **1** ⟨*Mil,tecn*⟩ carica *f* esplosiva, propellente *m*; (*for a rocket*) propellente *m* (per razzi). **2** ⟨*fig*⟩ (*s.th. that impels*) incitamento *m*, spinta *f*, stimolo *m.* **II** *a.* propellente.

propeller [-ə] *s.* **1** ⟨*Aer,Mar*⟩ elica *f.* **2** ⟨*Mecc*⟩ propulsore *m* (a elica).

propeller| pitch *s.* ⟨*Aer*⟩ passo *m* dell'elica. **~ shaft** *s.* **1** ⟨*Aut*⟩ albero *m* di trasmissione. **2** ⟨*Aer*⟩ albero *m* portaelica.

propelling [prə'peliŋ] *a.* propulsivo, propulsorio.

propelling| charge *s.* ⟨*Mil*⟩ carica *f* di lancio. **~ pencil** *s.* matita *f* automatica.

propensity [prə'pensiti] *s.* **1** tendenza *f*, inclinazione *f* (naturale), propensione *f* (*to, for* a, per): *~ for doing s.th.* tendenza a fare qc. **2** ⟨*ant*⟩ (*favourable disposition*) l'essere propenso, propensione *f.* □ *~ to invest* propensione *f* agli investimenti.

proper ['prɔpə] **I** *a.* **1** opportuno, giusto: *this is not the ~ time* non è il momento opportuno; (*exact*) esatto, proprio, preciso, appropriato. **2** (*appropriate*) proprio (*to* di): *he writes with the precision ~ to an accountant* scrive con la precisione propria di un contabile. **3** (*peculiar, distinctive*) tipico, caratteristico, proprio, peculiare (*to* di, a). **4** (*decorous, respectable*) perbene, decoroso, rispettabile: *a very ~ young lady* una signorina molto perbene. **5** (*strict*) proprio, stretto: *in the ~ sense of the word* nel senso proprio della parola; (*strictly so-called, as such*) vero e proprio, propriamente detto. **6** ⟨*fam*⟩ (*utter, complete*) vero e proprio, bell'e buono: *a ~ rogue* un vero e proprio mascalzone. **7** (*belonging to one, own*) proprio: *with my* (*own*) *~ eyes* con i miei propri occhi. **II** *s.* ⟨*Lit*⟩ proprio *m.* □ *to do the ~ thing by s.o.* comportarsi correttamente con qd.; *to think it ~ to do s.th.* ritenere giusto (il) fare qc.

proper fraction *s.* ⟨*Mat*⟩ frazione *f* propria.

properly ['prɔpəli] *avv.* **1** correttamente, giustamente. **2** (*appropriately*) in modo appropriato, propriamente. **3** (*decorously*) in modo decoroso, rispettabilmente. **4** (*strictly*) propriamente, in senso stretto, a rigore di termini. **5** (*justifiably*) giustamente, opportunamente: *he quite ~ refused the offer* ha molto giustamente rifiutato l'offerta. **6** ⟨*fam*⟩ (*thoroughly*) completamente, del tutto. □ *~ speaking* per dire il vero, per l'esattezza, a rigore.

proper| name, ~ noun *s.* ⟨*Gramm*⟩ nome *m* proprio.

propertied ['prɔpətid] *a.* che dispone di proprietà (immobiliari), possidente. □ *the ~ classes* il ceto dei possidenti.

property ['prɔpəti] *s.* **1** proprietà *f,* bene *m,* possesso *m.* **2** (*collett*) (*possessions*) beni *mpl,* proprietà *f,* averi *mpl: he lost all his ~ in the fire* perse tutti i suoi beni nell'incendio. **3** (*land owned*) terreno *m,* fondo *m,* proprietà *f: house and ~ for sale* casa e terreno in vendita. **4** (*quality, attribute*) proprietà *f,* qualità *f* (peculiare): *the chemical properties of carbon* le proprietà chimiche del carbone. **5** ⟨*Teat*⟩ materiale *m* scenico, attrezzeria *f.* **6** ⟨*Filos*⟩ proprio *m.* □ *to have ~ in land* avere proprietà terriere; *a man of ~* un possidente.

property| assets *s.pl.* ⟨*Econ*⟩ beni *mpl* immobiliari. **~ damage** *s.* danno *m* patrimoniale. **~ loss** *s.* perdita *f* patrimoniale. **~ man** [mən] *s.irr.* ⟨*Teat*⟩ attrezzista *m.* **~ tax** *s.* ⟨*Econ*⟩ imposta *f* patrimoniale. **~ trust** *s.* ⟨*Econ*⟩ società *f* immobiliare. **~ unit trust** *s.* fondo *m* d'investimento immobiliare.

prophecy ['prɔfisi] *s.* **1** predizione *f,* profezia *f: the ~ came true* la profezia si avverò. **2** (*function, faculty of a prophet*) virtù *f* profetica. **prophesy** [-sai] **I** *v.t.* **1** predire, preannunciare, profetizzare: *to ~ war* predire una guerra. **2** (*to declare by divine inspiration*) profetare. **3** ⟨*fig*⟩ (*to foreshadow*) presagire, prevedere. **II** *v.i.* **1** (*to make predictions*) fare profezie (*o* predizioni). **2** (*to speak under divine inspiration*) profetare. **3** (*to teach religion*) predicare.

prophet ['prɔfit] *s.* **1** profeta *m.* **2** ⟨*fig*⟩ apostolo *m,* pioniere *m.* **Prophet** *s.* **1** ⟨*Bibl*⟩ profeta *m.* **2** *pl.* ⟨*Bibl*⟩ (*group of books;* costr.sing.) profeti *mpl,* libri *mpl* dei profeti. **3** ⟨*Rel*⟩ (*Mohammed*) Profeta *m,* Maometto *m.* □ *Prov.: no man is a ~ in his own country* nessuno è profeta in patria. **prophetess** [-is] *s.* profetessa *f.* **prophethood** [-hud] *s.* condizione *f* (*o* dignità) di profeta.

prophetic [prə'fetik], **prophetical** [-əl] *a.* profetico. **prophetically** [-əli] *avv.* profeticamente.

prophylactic [,prɔfi'læktik] **I** *a.* ⟨*Med*⟩ profilattico. **II** *s.* ⟨*Med*⟩ **1** farmaco *m* profilattico. **2** (*condom*) preservativo *m,* profilattico *m.* **prophylaxis** [-'læksis] *s.* (*pl.* **-ses** [si:z]) ⟨*Med*⟩ profilassi *f.*

propinquity [pro(u)'piŋkwiti] *s.* **1** vicinanza *f,* prossimità *f.* **2** (*nearness in relation*) parentela *f.*

propitiable [prə'piʃiəbl] *a.* che può essere propiziato. **propitiate** [-ʃieit] *v.t.* **1** propiziare, propiziarsi, rendere propizio. **2** (*to soothe*) placare, pacificare. **propitiation** [-ʃi'eiʃən] *s.* **1** propiziazione *f.* **2** ⟨*Teol*⟩ espiazione *f,* propiziazione *f.* **propitiative** [-ʃiətiv] *a.* propiziativo. **propitiator** [-ʃieitə] *s.* propiziatore *m* (*f* –trice). **propitiatory** [-ʃiətəri] **I** *a.* **1** propiziatorio. **2** (*of propitiation*) propiziatorio, espiatorio. **II** *s.* ⟨*Rel.ebr*⟩ propiziatorio *m.*

propitious [prə'piʃəs] *a.* fausto, propizio, favorevole: *a ~ omen* un presagio fausto; *conditions are ~ for a settlement* le condizioni sono propizie per un accordo.

propman ['prɔpmæn] *s.irr.* → **property man.**

proponent [prə'pounənt] **I** *s.* **1** chi propone, proponente *m/f.* **2** (*advocate*) sostenitore *m* (*f* –trice), fautore *m* (*f* –trice), propugnatore *m* (*f* –trice). **3** ⟨*Dir*⟩ (*of a will*) chi richiede l'omologazione (di un testamento). **II** *a.* proponente.

proportion [prə'pɔːʃən] **I** *s.* **1** rapporto *m,* proporzione *f.* **2** *pl.* (*dimensions*) dimensioni *fpl,* proporzioni *fpl: a building of huge –s* un palazzo di dimensioni enormi. **3** (*share*) parte *f,* porzione *f,* quota *f: one's ~ of an inheritance* la propria parte di un'eredità. **4** (*harmonious relation of parts*) proporzione *f,* armonia *f.* **5** ⟨*Mat,Mus*⟩

proporzione *f.* **II** *v.t.* **1** proporzionare, adegua commisurare: *to ~ one's expenditure to one's inc* proporzionare le spese alle entrate. **2** (*to m harmonious*) rendere proporzionato (*o* armonioso). **3** *share*) spartire, dividere. □ *to bear no ~ to* non ess proporzionato (*o* commisurato) a; *in due ~* nelle giu proporzioni; *in ~* proporzionato, in proporzione; *in ~* nella misura in cui; *in ~ to* proporzionato a, commisur a, adeguato a.

proportionable [prə'pɔːʃənəbl] *a.* proporzionab **proportionably** [-i] *avv.* in modo proporzionab proporzionalmente.

proportional [prə'pɔːʃənl] **I** *a.* **1** proporzion proporzionato, commisurato (*to* a). **2** (*of proporti* proporzionale (*anche Mat.*). **II** *s.* ⟨*Mat*⟩ medio proporzionale.

proportionality [,prɔpɔːʃə'næliti] *s.* proporzionalità (*anche Mat.*).

proportionate [prə'pɔːʃənit] **I** *a.* proporzionato, adegua commisurato (*to* a). **II** *v.t.* proporzionare, adegua commisurare.

proportioned [prə'pɔːʃənd] *a.* **1** (nei composti) proporzionato: *a badly-~ drawing* un disegno non proporzionato. **2** (*balanced*) equilibrato, in giusta armonica) proporzione. **proportionment** [-nmənt] *s* (*act of proportioning*) il proporzionare. **2** (*state of be proportioned*) l'essere proporzionato.

proposal [prə'pouzəl] *s.* **1** proposta *f: a ~ for a new t hall* una proposta per un nuovo municipio. **2** (*of* offerta *f,* proposta *f: wage –s* offerte salariali. **3** (*offer marriage*) domanda *f* di matrimonio.

propose [prə'pouz] **I** *v.t.* **1** proporre, presentare: *to peace terms* proporre condizioni di pace; *to ~ a p* presentare un piano. **2** (*to suggest*) proporre, suggerire (*to intend*) intendere, avere intenzione di, proporsi: *I not ~ to argue with you* non intendo discutere con te. *v.i.* **1** fare una domanda (*o* proposta) di matrimonio. **2** *form, declare a plan*) fare un piano (*o* progetto). □ *t marriage to s.o.* chiedere la mano di qd. *Prov.: man God disposes* l'uomo propone e Dio dispone. **propo** [-ə] *s.* proponente *m/f: the ~ of the motion* il propone della mozione.

proposition [,prɔpə'ziʃən] **I** *s.* **1** proposta *f: my ~ is* la mia proposta è questa; (*project*) progetto *m,* piano *m* (*statement*) asserzione *f,* affermazione *f,* dichiarazione ⟨*Ret,Filos*⟩ proposizione *f.* **4** ⟨*Mat*⟩ (*theor* proposizione *f,* teorema *m;* (*problem*) problema *m.* ⟨*fam*⟩ (*affair, business*) faccenda *f,* affare *m: a nast* una brutta faccenda. **6** ⟨*sl*⟩ (*immoral proposal*) proposte (indecenti, oscene). **II** *v.t.* ⟨*fam*⟩ proporre a, fare proposta a. **propositional** [-əl] *a.* **1** che ha il carat di una proposta. **2** ⟨*Mat*⟩ proposizionale.

propound [prə'paund] *v.t.* **1** proporre, sottoporre: *to riddle* proporre un indovinello. **2** (*to offer consideration*) presentare, proporre: *to ~ a the* presentare una teoria. **3** (*to explain*) spiegare: *to parable* spiegare una parabola. **4** ⟨*Dir*⟩ (*of a will*) omologare, produrre per l'omologazione. **propoun** [-ə] *s.* proponente *m/f.*

proprietary [prə'praiətəri] **I** *a.* **1** esclusivo, di propr (riservata), riservato. **2** (*propertied*) che dispone proprietà (immobiliari), possidente. **3** (*of prope ownership*) di proprietà, di possesso. **4** ⟨*Comm,l* brevettato, patentato: *~ baby food* alimento brevettato neonati. **II** *s.* **1** titolare *m/f,* proprietario *m* (*f* padrone *m* (*f* –a). **2** (*collett*) (*body of propriet* proprietari *mpl,* ceto *m* dei possidenti. **3** (*prope* proprietà *f.*

proprietor [prə'praiətə] *s.* **1** titolare *m,* proprietario padrone *m: the ~ of a restaurant* il titolare di ristorante. **2** ⟨*Dir*⟩ proprietario *m.* **pro,prietor** [-'tɔːriəl] *a.* padronale, di (*o* relativo a) un proprietari

proprietors| capital, ~ equity *s.* ⟨*Econ*⟩ capitale proprio.

proprietorship [prə'praiətəʃip] *s.* **1** stato *m* (*o* condizi *f*) di proprietario. **2** ⟨*Dir*⟩ proprietà *f.*

proprietory product [prə'praiətəri] *s.* prodotto *m*

clusiva] (o brevettato).

prietress [prə'praiətris] s. proprietaria f.

priety [prə'praiəti] s. **1** opportunità f, convenienza f; ightness) proprietà f, giustezza f. **2** (conformity to ccepted behaviour) decoro m, proprietà f. **3** pl. (socially rrect behaviour) convenienze fpl, regole fpl della buona lucazione, buone maniere fpl: to observe the proprieties spettare le convenienze. □ a breach of ~ una convenienza.

ps [props] s.pl. ⟨teat⟩ materiale m scenico, attrezzeria

pulsion [prə'pʌlʃən] s. **1** propulsione f. **2** (propelling rce) forza f (o impulso m) propellente. **3** ⟨fig⟩ timulus) impulso m, stimolo m, spinta f.

pulsive [prə'pʌlsiv], **propulsory** [-səri] a. propulsivo, ropulsorio.

pylaea [propi'li:ə] s.pl. (costr. sing.) → **propylaeum**. ropylaea N.pr.pl. (costr. sing.) ⟨Archeol⟩ propilei mpl.

ropylaeum [-m] s. (pl. -laea ['li:ə]) propileo m.

pylene ['proupəli:n] s. ⟨Chim⟩ propilene m.

rogation [prourə'geiʃən] s. ⟨Parl⟩ rinvio m. **prorogue** ro(u)'roug] v.t. aggiornare, rinviare: to ~ Parliament ggiornare una seduta del Parlamento.

saic [pro(u)'zeiik], **prosaical** [-əl] a. prosaico, banale: ~ speech un discorso prosaico. **prosaically** [-əli] avv. osaicamente. **prosaicism** [-'zeiisizəm] s. → **prosaism**.

rosaicness [-nis] s. prosaicità f, prosasticità f.

saism ['prouzeiizəm] s. prosaicità f, prosaicismo m.

rosaist [-zeiist] s. **1** prosatore m (f -trice). **2** (prosaic erson) persona f prosaica.

scenium [pro(u)'si:niəm] s. (pl. -nia [niə]) ⟨Teat⟩ roscenio m.

scribe [pro(u)'skraib] v.t. **1** condannare, vietare, roscrivere, proibire. **2** (to outlaw) bandire, esiliare, roscrivere. **proscript** [-'skript] s. proscritto m (f -a), sule m/f. **proscription** [-'skripʃən] s. **1** (outlawry) roscrizione f, esilio m, bando m. **2** (prohibition) roscrizione f, divieto m, proibizione f. **proscriptive** -'skriptiv] a. che proscrive, che tende a proscrivere.

se [prouz] **I** s. **1** prosa f. **2** ⟨fig⟩ prosaicità f, banalità monotonia f. **II** a. **1** prosastico. **2** ⟨fig⟩ prosaico, anale. **III** v.i. **1** scrivere in prosa. **2** (to speak or write rosaically) parlare (o scrivere) in modo prosaico. **IV** v.t. olgere (o esprimere) in prosa.

sect [prou'sekt] v.t. ⟨Chir⟩ sezionare.

secutable ['prosikju:təbl] a. ⟨Dir⟩ perseguibile.

rosecute [-kju:t] **I** v.t. **1** (to carry on) proseguire, ortare avanti, seguitare, continuare. **2** (to engage in, ractise) esercitare, dedicarsi a, praticare. **3** ⟨Dir⟩ erseguire (a termini di legge): to ~ s.o. for dangerous riving perseguire qd. per guida pericolosa; (of a crime) erseguire. **II** v.i. ⟨Dir⟩ **1** (to carry on a legal suit) ntentare giudizio, ricorrere in giudizio. **2** (to act as rosecutor) fare causa.

secuting attorney am. ['prosikju:tiŋ] s. ⟨Dir⟩ pubblico inistero m.

secution [prosi'kju:ʃən] s. **1** ⟨Dir⟩ processo m, rocedimento m giudiziario; (party instituting proceedings) ccusa f, parte f querelante: a witness for the ~ un estimone d'accusa; (party conducting proceedings) ubblico ministero m. **2** (carrying through, execution) roseguimento m, continuazione f, il proseguire.

rosecutor [-kju:tə] s. ⟨Dir⟩ **1** querelante m, attore m. t (public official) pubblico ministero m. □ ⟨GB⟩ ~ for he Crown pubblica accusa. **'prosecutrix** [-kju:triks] s. pl. -es [z]/-trices [trisi:z]) querelante f.

selyte ['prosilait] **I** s. ⟨Rel⟩ proselito m, neofita m. **II** v. → **proselytize**. **proselytism** [-litizəm] s. proselitismo m.

roselytist [-litist] s. → **proselytizer**. **proselytization** -litai'zeiʃən] s. → **proselytism**. **proselytize** [-litaiz] **I** t. convertire. **II** v.i. fare proseliti. **proselytizer** -litaizə] s. chi fa proseliti.

oser ['prouzə] s. **1** prosatore m (f -trice). **2** (one who rites or speaks prosaically) chi scrive (o parla) in modo rosaico (o noioso).

oserpina [pro(u)'sə:pinə], **Proserpine** ['prosəpain] .pr. ⟨Mitol⟩ Proserpina f.

prose writer s. prosatore m (f -trice).

prosify ['prouzifai] **I** v.i. scrivere in prosa. **II** v.t. rendere prosaico.

prosiness ['prouzinis] s. prosaicità f, banalità f.

prosodiac [proso(u)'daiək], **prosodiacal** [-əl], **prosodial** [pro(u)'soudiəl], **prosodic** [pro(u)'sodik], **prosodical** [pro(u)'sodikəl] a. ⟨Gramm⟩ prosodico. **'prosodist** [-sədist] s. prosodista m/f.

prosody ['prosədi] s. prosodia f.

prosopopoeia [prosəpə'pi:ə, am. pro(u),soupə'pi:ə], **prosopopoeis** [-'pi:is] s. ⟨Ret⟩ prosopope(i)a f.

prospect **I** s. ['prospekt] **1** possibilità f, prospettiva f: to hold out a ~ of peace offrire una possibilità di pace; (expectation, possibility) probabilità f, possibilità f, eventualità f: there is small (o little) ~ of their returning alive c'è una piccolissima probabilità che tornino vivi. **2** pl. (possibilities) prospettive fpl, aspettative fpl: a young man with good -s un giovane con buone prospettive. **3** (extensive view) prospettiva f, veduta f, vista f panoramica; (look-out) osservatorio m. **4** ⟨fig⟩ visione f, idea f, concetto m. **5** (potential customer, buyer) cliente m/f eventuale, possibile cliente. **6** (likely candidate) candidato m (f -a) potenziale. **7** ⟨Minier⟩ (place promising a mineral deposit) terreno m che si suppone contenga minerali. **II** v.i. [prə'spekt] **1** ⟨Minier⟩ fare ricerche (minerarie) (for in cerca di): to ~ for gold fare ricerche minerarie in cerca di oro. **2** ⟨fig⟩ indagare, esaminare, investigare (for s.th. qc.). **III** v.t. **1** ⟨Minier⟩ fare ricerche (minerarie) in; (of a mine, deposits) lavorare in via sperimentale, fare assaggi (o sondaggi) in. **2** ⟨fig⟩ indagare, investigare, esaminare. □ in ~ in vista: he had no job and nothing in ~ era senza lavoro e non aveva niente in vista. **prospecting** [prə'spektiŋ] s. ⟨Minier⟩ prospezione f.

prospective [prə'spektiv] a. **1** futuro: my ~ father-in-law il mio futuro suocero. **2** (expected, potential) possibile, probabile, potenziale, eventuale: a ~ buyer un possibile acquirente. **prospectiveness** [-nis] s. l'essere probabile.

prospector [prə'spektə] s. ⟨Minier⟩ prospettore m.

prospectus [prə'spektəs] s. **1** ⟨Edit⟩ presentazione f. **2** ⟨Comm⟩ prospetto m. **3** ⟨Scol, Univ⟩ programma m.

prosper ['prospə] **I** v.i. **1** raggiungere l'agiatezza (o il benessere). **2** (of things: to turn out successfully) avere successo, riuscire. **3** (to do well, thrive) prosperare, fiorire, essere fiorente (anche fig.). **II** v.t. (to cause to succeed) far prosperare, rendere prospero.

prosperity [pros'periti] s. prosperità f.

prosperous ['prospərəs] a. **1** prospero, fiorente, florido, prosperoso: ~ trade commercio prospero. **2** (well-to-do) agiato, benestante. **3** (marked by prosperity) prospero: the ~ years before the war gli anni prosperi prima della guerra. **prosperously** [-li] avv. prosperamente. **prosperousness** [-nis] s. prosperità f.

prostaglandin [prostə'glændin] s. ⟨Biol⟩ prostaglandina f.

prostate ['prosteit] **I** a. ⟨Anat⟩ prostatico. **II** s. → **prostate gland**.

prostate gland s. ⟨Anat⟩ prostata f, ghiandola f prostatica.

prostatic [pros'tætik] a. prostatico.

prostatitis [prostə'taitis] s. ⟨Med⟩ prostatite f.

prosthesis ['prosθisis] s. (pl. -ses [si:z]) ⟨Chir, Ling⟩ protesi f: dental ~ protesi dentaria. **prosthetic** [-'θetik] a. **1** ⟨Chir⟩ protesico, di protesi. **2** ⟨Ling⟩ pro(s)tetico.

prosthetics [pros'θetiks] s.pl. (costr. sing. o pl.) ⟨Chir, Dent⟩ prostetica f. **'prosthetist** [-θətist] s. ⟨Chir⟩ protesista m/f.

prostitute ['prostitju:t] **I** s. prostituta f, meretrice f. **II** v.t. **1** prostituire. **2** ⟨fig⟩ prostituire, avvilire: to ~ one's talent prostituire il proprio ingegno. **III** v.i. fare la prostituta. **prostitution** [-tju:ʃən] s. **1** prostituzione f, meretricio m. **2** ⟨fig⟩ prostituzione f.

prostrate **I** v.t. [pros'treit] **1** ⟨rifl⟩ prostrarsi, inchinarsi profondamente, prosternarsi. **2** (to knock down flat) stendere a terra, atterrare. **3** ⟨rifl, fig⟩ (to humble o.s.) prostrarsi, abbassarsi, umiliarsi. **4** ⟨fig⟩ (to reduce to helplessness) sopraffare, ridurre all'impotenza: to be -d by fear essere sopraffatto dalla paura. **5** ⟨Med⟩ prostrare,

debitare. **II** *a.* ['prɔstreit] **1** prostrato, profondamente inchinato. **2** (*knocked down*) steso a terra, abbattuto, atterrato. **3** ⟨*fig*⟩ (*overcome*) sopraffatto, affranto: ~ *with grief* sopraffatto dal dolore. **4** ⟨*fig*⟩ (*humiliated*) prostrato, umiliato. **5** ⟨*Med*⟩ prostrato, debilitato. **6** ⟨*Bot*⟩ procombente, prostrato. □ *to fall* ~ cadere bocconi.
prostration [prɔs'treiʃən] *s.* **1** prostrazione *f,* l'inchinarsi profondamente, il prosternarsi. **2** ⟨*fig*⟩ prostrazione *f,* abbattimento *m,* depressione *f* psichica, avvilimento *m.* **3** ⟨*Med*⟩ prostrazione *f,* spossatezza *f,* debilitazione *f.*
prostyle ['proustail] **I** *a.* ⟨*Arch*⟩ prostilo. **II** *s.* prostilo *m.*
prosy ['prouzi] *a.* **1** prosaico, banale, noioso. **2** (*resembling prose*) prosastico.
protagonist [pro(u)'tægɔnist] *s.* ⟨*Lett,Teat*⟩ protagonista *m/f,* personaggio *m* principale.
protasis ['prɔtəsis] *s.* (*pl.* -ses [si:z]) ⟨*Gramm,Filos*⟩ protasi *f.*
protean ['proutiən] *a.* **1** mutevole, variabile. **2** (*versatile*) versatile, proteiforme, multiforme. **3** ⟨*Zool*⟩ proteiforme.
protect [prə'tekt] *v.t.* **1** proteggere, difendere: *to* ~ *one's children from harm* proteggere i propri figli dal pericolo. **2** (*to shelter*) proteggere, riparare: *to* ~ *plants from the cold* proteggere le piante dal freddo. **3** ⟨*Econ,Pol*⟩ proteggere. **4** ⟨*Econ*⟩ (*of a draft, etc.*) fornire la somma necessaria al pagamento di. **protected** [–id] *a.* **1** protetto, difeso. **2** ⟨*tecn*⟩ protetto, provvisto di protezione.
protected| field *s.* ⟨*Inform*⟩ campo *m* protetto. ~ **storage** *s.* memoria *f* protetta.
protection [prə'tekʃən] *s.* **1** protezione *f,* difesa *f.* **2** (*shelter*) riparo *m,* protezione *f:* ~ *from the wind* riparo dal vento. **3** ⟨*Econ,Pol*⟩ protezione *f:* ~ *of minorities* protezione delle minoranze; (*theory*) protezionismo *m.* **4** ⟨*Econ*⟩ (*of a draft, etc.*) copertura *f.* **5** (*patronage*) protezione *f,* mecenatismo *m.* **6** ⟨*am.sl*⟩ → **protection money.** **7** ⟨*Assic*⟩ (*coverage*) copertura *f.* □ ⟨*Agr*⟩ ~ *against drought* difesa *f* contro la siccità; ⟨*Agr*⟩ ~ *against hail* difesa *f* antigrandine; ~ *of nature* protezione *f* della natura; ~ *of savings* tutela *f* del risparmio. **protectional** [–əl] *a.* di (*o* per) protezione. **protectionism** [–izəm] *s.* ⟨*Econ*⟩ protezionismo *m.* **protectionist** [–ist] **I** *s.* protezionista *m/f.* **II** *a.* protezionistico, protezionista.
protection money *am. s.* ⟨*sl*⟩ denaro *m* pagato per ottenere protezione (illecita), ⟨*gerg*⟩ tangente *f.*
protective [prə'tektiv] *a.* **1** di protezione, protettivo, di difesa: ~ *covering* copertura di protezione. **2** (*of a person*) di protezione, protettivo: *to feel* ~ *towards s.o.* provare un senso di protezione verso qd. **3** ⟨*Econ,Pol*⟩ protettivo: ~ *duty* dazio protettivo.
protective| arrest *s.* → **protective custody. ~ colloid** *s.* ⟨*Chim*⟩ colloide *m* protettore. **~ colouring** *s.* ⟨*Zool*⟩ mimetismo *m.* **~ custody** *s.* detenzione *f* per misura precauzionale.
protectively [prə'tektivli] *avv.* in modo protettivo. **protectiveness** [–vnis] *s.* l'essere protettivo.
protective| shield *s.* schermo *m* protettivo. **~ tariff** *s.* ⟨*Econ*⟩ tariffa *f* protettiva.
protector [prə'tektə] *s.* **1** protettore *m,* difensore *m.* **2** (*patron*) protettore *m,* mecenate *m,* patrono *m.* **3** ⟨*Dir*⟩ (*guardian*) tutore *m.* **4** ⟨*Stor*⟩ (*regent*) reggente *m.* **5** ⟨*tecn*⟩ dispositivo *m* di protezione. **Protector** *s.* ⟨*Stor.brit*⟩ lord protettore *m.* **protectoral** [–rəl] *a.* di (*o* da) protettore. **protectorate** [–rit] *s.* ⟨*Pol*⟩ protettorato *m.* **Protectorate** *s.* ⟨*Stor.brit*⟩ governo *m* dei lord protettori. **protectory** [–ri] *s.* patronato *m* (per bambini abbandonati). **protectress** [–ktris] *s.* protettrice *f.*
protégé *fr.* ['proutɔʒei, *am.* ,prouti'ʒei] *s.* protetto *m,* pupillo *m.* **protégée** *fr.* ['proutɔʒei] *s.* protetta *f,* pupilla *f.*
proteic [pro(u)'teiik], **'proteid** [–ti:id] *a.* → **protein. 'proteide** [–tiaid] *s.* → **protein.**
protein ['prouti:n] **I** *s.* ⟨*Biol*⟩ proteina *f.* **II** *a.* proteico, proteinico. **pro'teinic** [–ik], **pro'teinous** [–əs] *a.* → **protein.**
protest **I** *v.i.* [prə'test] **1** protestare, rimostrare, reclamare: *I had to* ~ *about his behaviour* dovetti protestare per il suo comportamento. **2** (*to declare solemnly*) fare una

dichiarazione solenne. **II** *v.t.* **1** protestare contro, lev proteste per: *to* ~ *a decision* protestare contro l decisione. **2** (*to say in remonstrance*) obiettare, eccepire (*to declare, affirm*) protestare, proclamare, dichiarare: *t one's innocence* protestare la propria innocenza. **4** ⟨*Ec* protestare, mandare in protesto: *to* ~ *a bill* protestare cambiale. **5** ⟨*Dir*⟩ (*of a witness*) ricusare. **III** *s.* ['prout **1** protesta *f,* rimostranza *f,* reclamo *m.* **2** ⟨*Econ*⟩ prote *m* (cambiario). **3** ⟨*Dir*⟩ reclamo *m,* ricorso *m.* **IV** *a.* protesta: *a* ~ *march* una marcia di protesta. □ *to ente* ~ presentare un reclamo formale, protestare formalme (*o* per iscritto); **in** ~ per protesta, in segno di protesta **lodge** *a* ~ protestare, rimostrare, reclamare; *to* **make** *c about s.th.* protestare per qc.; *to* **make** *a* ~ *against s* protestare contro qc.; *to* **do** *s.th.* **under** ~: 1 fare contro la propria volontà; 2 ⟨*Dir*⟩ agire (*o* fare qc.) riserva.
protestant ['prɔtistənt] **I** *s.* chi protesta, reclamante *r* **II** *a.* (*protesting*) che protesta, reclamante.
Protestant I *s.* ⟨*Rel*⟩ protestante *m/f.* **II** *a.* protesta **Protestantism** [–tizəm] *s.* protestantesimo *m.*
protestation [,prɔtes'teiʃən] *s.* protesta *f,* asserzion solenne: *–s of innocence* protesta d'innocenza.
protester [prou'testə] *s.* **1** chi protesta, reclamante *m/f* ⟨*Econ*⟩ → **protestor. 3** ⟨*Sociol*⟩ contestatore *m* (*f* –tri **protesting** [–tiŋ] *a.* che protesta, reclamar **protestingly** [–tiŋli] *avv.* per protesta, in segno protesta.
protest| meeting *s.* manifestazione *f* di protesta. **movement** *s.* movimento *m* di contestazione.
protestor [prou'testə] *s.* ⟨*Econ*⟩ protestatore *m* (*f* –trice
protest| song *s.* canzone *f* di protesta. **~ wave** *s.* onc *f* di proteste.
Proteus ['proutjɔs] **I** *N.pr.* ⟨*Mitol*⟩ Proteo *m.* **II** *s.* ⟨ persona *f* incostante (*o* mutevole), proteo *m.* **proteus** (*pl.* -tei [teai]) ⟨*Biol*⟩ proteus *m.*
prothesis ['prɔθisis] *s.* (*pl.* -ses [si:z]) ⟨*Ling*⟩ protes **prothetic** [pro(u)'θetik] *a.* pro(s)tetico.
prothonotarial [prou,θɔnə'tɛəriəl] *a.* ⟨*Rel*⟩ protonota **prothonotary** [–'θɔnətəri] *s.* **1** protonotario *m.* ⟨*Rel.catt*⟩ protonotaro *m,* primo notaro *m.*
protium ['proutiəm] *s.* ⟨*Chim*⟩ prozio *m.*
protocol[1] ['proutəkɔl] *s.* protocollo *m: diplomatic* protocollo diplomatico.
protocol[2] *v.* (*pret., p.p.* **protocolled**/*am.* **protocoled** [–d] *v.t.* protocollare, mettere a protocollo. **II** *v.i.* redigere stilare) protocolli.
protomartyr [,prouto(u)'mɑːtə] *s.* ⟨*Rel*⟩ protomartire *m*
proton ['prouton] *s.* ⟨*Fis*⟩ protone *m.*
protonotary [pro(u)'tɔnətəri] *s.* → **prothonotary.**
protoplasm ['proutəplæzəm] *s.* ⟨*Biol*⟩ protoplasma *m,* **proto'plasmal** [–zməl], **protoplasmatic** [–z'mæt **proto'plasmic** [–zmik] *a.* protoplasmatico.
protoplast ['proutəplæst] *s.* **1** ⟨*Biol*⟩ protoplasto *m.* (*prototype*) prototipo *m.* **,proto'plastic** [–ik] *a.* ⟨*Biol*⟩ (*o* relativo al) protoplasto.
prototypal ['proutətaipəl] *a.* → **prototypic.**
prototype ['proutətaip] *s.* prototipo *m.*
prototype machine *s.* ⟨*Ind*⟩ prototipo *m.*
prototypic [,proutə'tipik], **,prototypical** [–'tipikəl] prototipo, primitivo.
protozoal [,proutə'zouəl] *a.* → **protozoan. protozo** [–ən] **I** *a.* ⟨*Zool*⟩ dei (*o* relativo ai) protozoi. **II** *s* protozoo *m.* **2** *pl.* protozoi *mpl.* **protozoic** [–'zouik] *a* ⟨*Zool*⟩ → **protozoan. 2** ⟨*Geol*⟩ protozoico. **protozo** [–'zouən] *s.* (*pl.* -zoa ['zouə]) → **protozoan.**
protract [prə'trækt] *v.t.* **1** protrarre, prolungare, allung **2** ⟨*Geom,Topogr*⟩ rapportare, riprodurre in sc **protracted** [–id] *a.* prolungato, allungato.
protractile [prə'træktail] *a.* protrattile.
protraction [prə'trækʃən] *s.* **1** protrazione prolungamento *m.* **2** ⟨*Geom,Topogr*⟩ disegno *m* riproduzione *f*) in scala. **protractor** [–ktə] *s.* **1** protrae, chi prolunga. **2** ⟨*Geom,Topogr*⟩ goniometro rapportatore *m.*
protrude [prə'tru:d] **I** *v.i.* sporgere in fuori. **II** protendere, sporgere. **protrudent** [–ənt], **protrudi**

-iŋ] *a.* **1** sporgente, prominente. **2** ⟨*Arch*⟩ sporgente, aggettante. **protrusible** [-'tru:səbl] *a.* che si può spingere in avanti.

otrusion [prə'tru:ʒən] *s.* **1** (*state of protruding*) l'essere sporgente (*o* protuberante), prominenza *f.* **2** (*s.th. which protrudes*) sporgenza *f,* protuberanza *f,* prominenza *f.* **3** ⟨*Med*⟩ protrusione *f.* **protrusive** [-'tru:siv] *a.* **1** prominente, sporgente. **2** ⟨*Med*⟩ protruso, sporgente.

otuberance [prə'tju:bərəns] *s.* protuberanza *f,* prominenza *f,* sporgenza *f.* **protuberant** [-nt] *a.* sporgente, prominente: ~ *eyes* occhi sporgenti.

oud [praud] *a.* **1** orgoglioso, fiero: *he was too* ~ *to stoop to such tricks* era troppo orgoglioso per abbassarsi a simili trucchi. **2** (*arrogant*) orgoglioso, superbo, altero, borioso. **3** (*magnificent, splendid*) grandioso, imponente, superbo, splendido. **4** (*of an animal*) focoso. □ *as* ~ *as a peacock* vanitoso come un pavone; ⟨*fam*⟩ *to do o.s.* ~ trattarsi bene, non privarsi di niente; ⟨*fam*⟩ *to do s.o.* ~ fare onore a qd.

oud flesh *s.* ⟨*Med*⟩ granulazione *f* esuberante. **-hearted** *a.* altero, fiero, superbo, orgoglioso. **ovability** [‚pru:və'biliti] *s.* dimostrabilità *f.* **'provable** [-bl] *a.* provabile, dimostrabile. **'provableness** [-blnis] *s.* → **provability. 'provably** [-bli] *avv.* in modo provabile (*o* dimostrabile).

ove [pru:v] *v.* (*pret.* -**d** [d], *p.p.* -**d**/*ant.* **proven** ['pru:vən, 'prouvən]) **I** *v.t.* **1** provare, dimostrare, fornire la prova di: *to* ~ *a charge* provare un'accusa; *to* ~ *s.o.'s guilt* dimostrare la colpevolezza di qd. **2** ⟨*Dir*⟩ (*of a legal document*) convalidare, ratificare; (*of a will*) omologare. **3** (*to try*) mettere alla prova, provare: *to* ~ *the patience of s.o.* mettere alla prova la pazienza di qd. **4** ⟨*tecn*⟩ collaudare, provare: *to* ~ *a new aeroplane* collaudare un nuovo aeroplano; (*to test by analysis, etc.*) saggiare, analizzare: *to* ~ *gold* saggiare l'oro. **5** ⟨*rifl*⟩ dimostrarsi, rivelarsi: *he -d himself to be untrustworthy* si dimostrò indegno di fiducia; (*to show o.s. to have the required characteristics*) cimentarsi, provarsi, misurarsi: *to* ~ *o.s. in war* cimentarsi in guerra. **6** ⟨*Mat*⟩ dimostrare: *to* ~ *a theorem* dimostrare un teorema. **7** ⟨*Tip*⟩ (spesso con *up*) tirare una bozza di, fare una prova di stampa di. **8** ⟨*Minier*⟩ (*of a vein;* spesso con *up, out*) sondare. **9** (*to determine the alcoholic content of*) determinare la gradazione alcolica di. **10** ⟨*Alim*⟩ (*of dough*) (far) lievitare. **II** *v.i.* **1** dimostrarsi, risultare, rivelarsi: *he -d to be quite unsuitable* si dimostrò del tutto inadatto; (*to turn out to be*) risultare, rivelarsi, dare prova di essere: *the rumour -d false* le voci risultaróno false. **2** ⟨*Alim*⟩ (*of dough*) lievitare. □ *to* ~ (*to be*) *equal to a task* dimostrarsi all'altezza di un compito; *this all goes to* ~ *that* tutto ciò sta a dimostrare che.

oveditor [pro(u)'veditə] *s.* **1** ⟨*Stor*⟩ provveditore *m.* **2** ⟨*Mil.ant*⟩ ufficiale *m* addetto agli approvvigionamenti.

oven ['pru:vən, 'prouvən] *a.* **1** provato, dimostrato, comprovato: *his guilt is* ~ la sua colpa è provata. **2** (*tested and found satisfactory*) provato, sperimentato, collaudato: *a man of* ~ *courage* un uomo di provato coraggio. **3** ⟨*Dir*⟩ omologato. □ ⟨*scozz.Dir*⟩ *not* ~ assolto per insufficienza di prove; *not* ~ *verdict* verdetto *m* di assoluzione per insufficienza di prove.

ovenance ['prɔvinəns] *s.* provenienza *f,* origine *f.*

ovençal [prɔvã'sɑ:l] **I** *a.* provenzale. **II** *s.* (*pl.* -**s** [z]/-**caux** ['sou]) **1** (*person*) provenzale *m/f.* **2** (*language*) provenzale *m.* **Provence** [-'vã:s]. *N.pr.* ⟨*Geog*⟩ Provenza *r.*

ovender ['prɔvəndə] *s.* **1** ⟨*Zootecn*⟩ foraggio *m,* biada *f.* **2** (*food, provisions*) viveri *mpl,* vettovaglie *fpl.*

ovenience [pro(u)'vi:niəns] *s.* → **provenance.**

overb ['prɔvə:b] *s.* **1** proverbio *m,* adagio *m.* **2** *pl.* (*game;* costr. sing. *o* pl.) gioco *m* dei proverbi. **3** ⟨*Bibl*⟩ *Book of Proverbs* proverbi *mpl,* libro *m* dei proverbi; *his generosity is a* ~ la sua generosità è proverbiale; *to a* ~ proverbiale, passato in proverbio: *to be mean to a* ~ essere di una grettezza proverbiale.

overbial [prə'və:biəl] *a.* proverbiale (*anche fig.*).

ovide [prə'vaid] **I** *v.t.* **1** fornire, provvedere, munire: *to* ~ *s.o. with clothes* fornire qd. di vestiti; (*to equip*)

provvedere, dotare, corredare, fornire: *to* ~ *an army with provisions* provvedere di vettovaglie un esercito; *the car was -d with safety belts* l'auto era dotata di cinture di sicurezza. **2** (*to procure*) procacciare, provvedere, procurare: *to* ~ *bread for the family* procacciare il pane alla famiglia. **3** ⟨*assol*⟩ provvedere: *the Lord will* ~ Dio provvederà. **4** (*to stipulate*) prevedere, prescrivere, stabilire; (*of a law*) prescrivere, imporre. **II** *v.i.* **1** premunirsi, provvedere: *to* ~ *against attack* premunirsi contro un attacco. **2** (*to make financial arrangements*) provvedere (per): *to* ~ *for one's children in one's will* provvedere ai figli nel testamento; (*to support*) provvedere (a), mantenere, sostentare (qd.): *he has a wife and child to* ~ *for* ha una moglie e un figlio cui provvedere. **3** (*to make a proviso*) prevedere, contemplare, stabilire (qc.): *the treaty -s for international arbitration* il trattato prevede l'arbitrato internazionale. □ ⟨*Dir*⟩ *to* ~ *against* (*to prohibit*) vietare; *to* ~ *for* (*to permit*) consentire.

provided [prə'vaidid] **I** *a.* **1** provvisto, fornito, munito: *to be well* ~ *with money* essere ben provvisto di denaro. **2** (*equipped*) dotato, provvisto, corredato, fornito. **3** (*available*) fornito, dato: *meals are* ~ *on board* i pranzi vengono forniti a bordo. **II** *congz.* purché, a condizione che, a patto che.

provided that *congz.* → **provided.**

providence ['prɔvidəns] *s.* **1** provvidenza *f.* **2** (*prudence*) previdenza *f,* prudenza *f: we had the* ~ *to lay in supplies* avemmo la previdenza di fare una scorta di provviste; (*thrift*) parsimonia *f,* frugalità *f,* economia *f.* **Providence** *s.* provvidenza *f* (divina): *to trust in* ~ confidare nella provvidenza. **provident** [-nt] *a.* **1** (*having foresight*) previdente: *a* ~ *husband* un marito previdente; (*showing foresight*) previdente, prudente. **2** (*thrifty*) economo, parsimonioso, frugale.

providential [‚prɔvi'denʃəl] *a.* provvidenziale.

provident society *s.* società *f* di mutuo soccorso.

provider [prə'vaidə] *s.* chi provvede, fornitore *m* (*f* -trice).

providing (that) [prə'vaidiŋ] *congz.* → **provided.**

province ['prɔvins] *s.* **1** regione *f,* territorio *m;* (*district*) distretto *m,* circoscrizione *f.* **2** *pl.* provincia *f: to tour the -s with a theatrical troupe* fare un giro di recite in provincia. **3** ⟨*fig*⟩ competenza *f,* giurisdizione *f;* (*branch, area of learning*) settore *m,* campo *m.*

provincial [prə'vinʃəl] **I** *a.* **1** della provincia, di provincia, provinciale: *a* ~ *town* una città di provincia. **2** ⟨*fig*⟩ provinciale, limitato, ristretto. **II** *s.* **1** provinciale *m/f.* **2** ⟨*fig*⟩ persona *f* di mentalità ristretta, provinciale *m/f.* **3** ⟨*Rel*⟩ padre *m* provinciale, provinciale *m.* **provincialate** [-it] *s.* ⟨*Rel*⟩ provincialato *m.* **provincialism** [-izəm], **pro‚vinciality** [-ʃi'æliti] *s.* **1** (*devotion to one's province*) campanilismo *m,* provincialismo *m.* **2** ⟨*fig*⟩ provincialismo *m,* ⟨*spreg*⟩ provincialità *f.* **3** ⟨*Ling*⟩ provincialismo *m.*

proving ['pru:viŋ] *s.* **1** prova *f,* saggio *m.* **2** ⟨*Mecc*⟩ prova *f,* verifica *f,* collaudo *m.* **3** ⟨*Dir*⟩ omologazione *f.*

proving ground *s.* **1** ⟨*tecn*⟩ percorso *m* (*o* terreno) di prova. **2** ⟨*fig*⟩ banco *m* di prova.

provision [prə'viʒən] **I** *s.* **1** il provvedere, fornitura *f.* **2** (*s.th. provided*) rifornimento *m,* provvista *f,* scorta *f.* **3** *pl.* viveri *mpl,* vettovaglie *fpl: to run out of -s* restare a corto di viveri. **4** (*quality of being prepared*) preparazione *f;* (*preparation, arrangement*) preparativi *mpl;* (*measure*) provvedimento *m,* misura *f,* disposizione *f.* **5** (*stipulation*) clausola *f,* disposizione *f;* (*of law*) provvedimento *m,* disposizione *f.* **6** ⟨*Rel*⟩ provvisione *f;* (*appointment to a benefice not yet vacant*) designazione *f* a un beneficio ecclesiastico non ancora vacante. **II** *v.t.* approvvigionare, vettovagliare: *to* ~ *a ship for a voyage* approvvigionare una nave per un viaggio. □ *to make* ~ *against* premunirsi contro; *to make* (*o take*) ~ *for* provvedere a, prendere provvedimenti (*o* misure) per: *to make* ~ *for one's old age* provvedere alla propria vecchiaia.

provisional [prə'viʒənl] *a.* provvisorio: *a* ~ *government* un governo provvisorio; ⟨*Comm*⟩ ~ *invoice* fattura provvisoria. **provisionally** [-i] *avv.* provvisoriamente. **provisionary** [-nəri] *a.* provvisorio.

provisioner [prə'viʒənə] *s.* chi approvvigiona, fornitore *m* (*f* –trice) di viveri. **provisionment** [–nmənt] *s.* approvvigionamento *m.*

proviso [prə'vaizou] *s.* (*pl.* **-s/-es** [z]) **1** ⟨*Dir*⟩ clausola *f* (condizionale), disposizione *f.* **2** (*condition*) condizione *f,* patto *m.* □ *with the ~ that* a condizione che, a patto che, purché.

provisor [prə'vaizə] *s.* ⟨*Rel*⟩ detentore *m* di un beneficio ecclesiastico non ancora vacante; (*cleric acting as deputy*) vicario *m.*

provisorily [prə'vaizərəli] *avv.* provvisoriamente. **provisory** [–ri] *a.* **1** provvisorio. **2** ⟨*Dir*⟩ condizionale.

provocation [ˌprɔvə'keiʃən] *s.* provocazione *f.*

provocative [prə'vɔkətiv] *a.* **1** (*stimulating*) interessante, che suscita interesse, stimolante. **2** (*provoking*) provocatorio, provocatore: ~ *remarks* osservazioni provocatorie. **3** (*arousing sexual desire*) provocante. **provocatory** [–təri] *a.* → **provocative.**

provoke [prə'vouk] *v.t.* **1** provocare, irritare, esasperare. **2** (*to incite to action*) spingere, provocare, incitare: *to ~ s.o. into doing s.th.* spingere qd. a fare qc. **3** (*to cause*) provocare, suscitare, destare: *to ~ laughter* provocare il riso; (*to stir up*) provocare, causare, far nascere, suscitare: *to ~ a quarrel* provocare una lite. **4** (*of a physical reaction*) provocare, stimolare: *the drug may ~ vomiting* il farmaco può provocare vomito. **provoking** [–iŋ] *a.* **1** provocante, provocativo. **2** (*irritating*) urtante, irritante.

provost ['prɔvəst] *s.* **1** ⟨*Univ*⟩ rettore *m.* **2** ⟨*am.Univ*⟩ direttore *m* amministrativo. **3** ⟨*Rel*⟩ prevosto *m,* preposto *m.* **4** (*person appointed to superintend*) soprintendente *m,* sovr(a)intendente *m.* **5** ⟨*scozz*⟩ (*mayor*) sindaco *m.*

provost| marshal *s.* ⟨*Mil*⟩ capo *m* della polizia militare. **~ sergeant** *s.* ⟨*Mil*⟩ sergente *m* della polizia militare.

provostship ['prɔvəstʃip] *s.* **1** (*office of a dean*) rettorato *m.* **2** ⟨*Rel*⟩ prevostura *f.*

prow [prau] *s.* ⟨*Mar,Aer*⟩ prora *f,* prua *f.*

prowess ['prauis] *s.* **1** valore *m,* coraggio *m,* ardimento *m: military* ~ valore militare. **2** (*great ability*) maestria *f,* bravura *f,* abilità *f.*

pro-Western *a.* filoccidentale.

prowl [praul] **I** *v.i.* aggirarsi furtivamente (*o* di soppiatto) in cerca di preda (*o* bottino); (*to wander stealthily through*) vagare (*o* aggirarsi) furtivamente. **II** *v.t.* aggirarsi in cerca di preda in, vagare (*o* errare) predando in: *to ~ the forest* aggirarsi nella foresta in cerca di preda. **III** *s.* l'aggirarsi furtivamente in cerca di preda (*o* bottino). □ *on the ~* in cerca di preda (*o* bottino): *a tiger on the ~* una tigre in cerca di preda; *the band of thieves –ed through the streets* la banda di ladri girava per le strade in cerca di bottino.

prowler ['praulə] *s.* **1** chi va in cerca di preda (*o* bottino), predatore *m* (*f* –trice). **2** ⟨*am*⟩ (*sneak thief*) ladruncolo *m* (*f* –a).

prox. = *proximo* prossimo venturo (*abbr.* p.v.).

proximal ['prɔksiməl] *a.* ⟨*Anat*⟩ prossimale.

proximate ['prɔksimit] *a.* **1** (*immediately before*) recente; (*immediately after*) immediato: *a ~ effect* un effetto immediato. **2** (*near, close*) prossimo, vicino. **3** (*imminent*) prossimo, imminente. **4** (*approximate*) approssimato, approssimativo. **proximate| analysis** *s.* ⟨*Chim*⟩ analisi *f* quantitativa. **~ cause** *s.* **1** causa *f* diretta (*o* immediata). **2** ⟨*Dir*⟩ causa *f* diretta.

proximity [prɔk'simiti] *s.* prossimità *f,* vicinanza *f.* □ *~ of blood* consanguineità *f,* parentela stretta.

proximo ['prɔksimou] **I** *avv.* nel (*o* del, durante il) mese prossimo. **II** *a.* prossimo (venturo).

proxy ['prɔksi] *s.* **1** procura *f,* delega *f.* **2** (*person acting for another*) procuratore *m* (*f* –trice). □ *by ~* per procura: *marriage by ~* matrimonio per procura; *to stand ~ for s.o.* agire per procura di qd.

prude [pru:d] *s.* persona *f* che affetta pudore, puritano *m* (*f* –a), moralista *m/f;* (*prudish woman*) donna *f* pudibonda.

prudence ['pru:dəns] *s.* **1** prudenza *f,* giudizio *m,* saggezza *f.* **2** (*circumspection*) prudenza *f,* circospezione *f,* cautela *f.* **prudent** [–nt] *a.* **1** prudente, giudizioso, saggio. **2**

(*circumspect*) prudente, circospetto, cauto.

prudential [pru:'denʃəl] *a.* prudenziale. **prudentially** [– *avv.* in modo prudenziale. **prudentials** [–z] *s.pl.* questioni *fpl* di amministrazione locale. **2** ⟨*ra* (*prudential considerations*) considerazioni *fpl* prudenziali

prudery ['pru:dəri] *s.* puritanesimo *m,* pudore *m* affettat (*modesty*) modestia *f,* verecondia *f,* pudicizia *f.*

prudish ['pru:diʃ] *a.* che affetta pudore, pudibond **prudishly** [–li] *avv.* in modo pudibondo. **prudishnes** [–nis] *s.* → **prudery.**

prune¹ [pru:n] *s.* **1** prugna *f* secca. **2** (*colour*) color prugna.

prune² *v.t.* **1** ⟨*Agr*⟩ potare: *to ~ a tree* potare un alber (*of branches, etc.*) sfrondare, sfoltire. **2** ⟨*fig*⟩ (*of a litera composition: to reduce*) tagliare, abbreviare; (*of superfluo. matter: to remove;* spesso con *away*) sfrondare. **3** ⟨*fig*⟩ (*a budget, etc.: to cut down*) limitare, ridurre.

prunella [pru:'nelə] *s.* ⟨*Tess*⟩ prunella *f.* **prunelle** [–'ne *s.* **1** ⟨*Tess*⟩ → **prunella.** **2** (*liqueur*) prunella *f.*

pruner ['pru:nə] *s.* **1** potatore *m* (*f* –trice). **2** *pl.* **pruning shears. pruning** [–niŋ] *s.* **1** ⟨*Agr*⟩ potatura *f.* ⟨*fig*⟩ eliminazione *f* del superfluo, sfrondatura (*shortening*) taglio *m,* abbreviazione *f.*

pruning| hook *s.* ronchetto *m,* roncolo *m.* **~ shears** *s. cesoie *fpl,* forbici *fpl* da giardiniere.

prurience ['pruəriəns], **pruriency** [–i] *s.* lascivia libidine *f.* **prurient** [–nt] *a.* **1** lascivo, libidinoso. (*causing lasciviousness*) provocante, eccitante, pruriginos

pruriginous [pru'ridʒinəs] *a.* ⟨*Med*⟩ pruriginoso. **prurig** [–'raigou] *s.* (*pl.* **-s** [z]) ⟨*Med*⟩ prurigine *f.*

pruritus [pru'raitəs] *s.* ⟨*Med*⟩ prurito *m.*

Prussia ['prʌʃə] *N.pr.* ⟨*Geog.stor*⟩ Prussia *f.* **Prussia** [–n] **I** *a.* prussiano. **II** *s.* prussiano *m* (*f* –a).

Prussian blue *s.* blu *m* di Prussia.

prussiate ['prʌʃieit] *s.* ⟨*Chim*⟩ prussiato *m.* **pruss** ['prʌsik] *a.* prussico: ~ *acid* acido prussico.

pry¹ [prai] *v.i.* **1** guardare con curiosità. **2** ⟨*fig*⟩ ficcare naso, curiosare (into in), impicciarsi (di): *to ~ into oth people's affairs* ficcare il naso negli affari altrui.

pry² **I** *v.t.* **1** (*to raise by leverage;* spesso con *up*) solleva con una (*o* facendo) leva; (*to move by leverage*) sposta (*o* spingere) con una leva: *they pried the stone away fro the entrance* spostarono con una leva la pietra dall'entra **2** ⟨*fig*⟩ (*to extract with difficulty*) carpire: *to ~ a secr out of s.o.* carpire un segreto a qd.; (*to detach w. difficulty*) staccare, strappare, tirare via: *on Sundays i impossible to ~ him away from the newspaper* a domenica è impossibile staccarlo dal suo giornale. **II** leva *f;* (*crowbar*) palanchino *m,* piede *m* di porco.

prying ['praiiŋ] *a.* **1** (*searching carefully*) curios indagatore, inquisitore, scrutatore. **2** (*inquisitive, nose* indiscreto, curioso: ~ *neighbours* vicini indiscreti.

prytaneum [ˌpritə'ni:əm] *s.* ⟨*Stor.gr*⟩ pritaneo *m.*

P.S. = *Postscript* postscritto (*abbr.* P.S.).

psalm [sɑ:m] *s.* inno *m,* canto *m.* **Psalm** *s.* ⟨*Bibl*⟩ **1** salr *m.* **2** *pl.* ⟨*Book of Psalms*⟩ libro *m* dei salr **'psalmbook** [–buk] *s.* ⟨*Lit*⟩ libro *m* dei salmi, salterio (liturgico). **'psalmist** [–ist] *s.* salmista *m. the Psalmist* ⟨*Bibl*⟩ il salmista, David *m.*

psalmodic [sæl'mɔdik] *a.* salmodico. **'psalmodi** [–mədist] *s.* → **psalmist. 'psalmodize** [–mədaiz] *v* salmodiare. **'psalmody** [–mədi] *s.* salmodia *f.*

Psalter ['sɔ:ltə] *s.* ⟨*Bibl*⟩ salterio *m.* **psalter** *s.* ⟨*Lit*⟩ lib *m* dei salmi, salterio *m* (liturgico). **psaltery** [–ri] ⟨*Mus*⟩ salterio *m.* **Psaltery** *s.* → **Psalter. psaltre** [–tris] *s.* sonatrice *f* di salterio.

pseudo ['sju:dou] *a.* ⟨*fam*⟩ falso, finto, contraffatto.

pseudoclassic [ˌsju:do(u)'klæsik] **I** *a.* pseudoclassico. **II** opera *f* pseudoclassica. **pseudoclassical** [–əl] *a.* pseudoclassic.

pseudomorph ['sju:do(u)mɔ:f] *s.* ⟨*Min*⟩ minerale pseudomorfo. **,pseudo'morphic** [–ik] *a.* pseudomorf **,pseudo'morphism** [–izəm] *s.* pseudomorfismo **,pseudo'morphosis** [–əsis] *s.* pseudomorfosi *f.*

pseudonym ['sju:dənim] *s.* pseudonimo *m,* nome fittizio. **,pseudo'nymity** [–iti] *s.* pseudonimia **pseudonymous** [–'dɔniməs] *a.* **1** che scrive sot pseudonimo. **2** (*written under a pseudonym*) scritto sotto pseudonimo. **3** (*being a pseudonym*) che è uno pseudonimo.

shaw [ʃɔː, pʃɔː] **I** *intz.* (*to express impatience*) uffa; (*to express contempt*) puah, boh. **II** *s.* il dire uffa (*o* puah). **III** *v.i.* dire uffa (*o* puah). **IV** *v.t.* dire uffa (*o* puah) a.

si, p.s.i. = *pounds per square inch* libbre per pollice quadrato.

sittacosis [ˌsitəˈkousis] *s.* (*pl.* **-ses** [siːz]) psittacosi *f.*

soriasis [so(u)ˈraiəsis] *s.* (*pl.* **-ses** [siːz]) ⟨*Med*⟩ psoriasi *f.*

psoriatic [ˌsɔːriˈætik] *a.* psorico.

.S.V. = *Public Service Vehicle* automezzo pubblico.

syche [ˈsaiki:] *s.* psiche *f.* **Psyche** *N.pr.* ⟨*Mitol*⟩ Psiche *f.*

sychedelic [ˌsaikəˈdelik] *a.* psichedelico.

sychiatric [ˌsaikiˈætrik], **psychiatrical** [-əl] *a.* psichiatrico. **psychiatrist** [-ˈkaiətrist] *s.* psichiatra *m/f.*

psychiatry [-ˈkaiətri] *s.* psichiatria *f.*

sychic [ˈsaikik] **I** *a.* **1** psichico, mentale. **2** ⟨*Occult*⟩ (meta)psichico, paranormale: ~ *forces* forze metapsichiche; ~ *phenomena* fenomeni paranormali. **3** ⟨*Psic*⟩ psichico, psicogeno. **II** *s.* ⟨*Occult*⟩ medium *m/f.* **psychical** [-əl] *a.* **1** ⟨*Occult*⟩ (meta)psichico, paranormale. **2** (*mental*) mentale, psichico. **3** ⟨*Teol*⟩ psichico. **psychically** [-əli] *avv.* in modo paranormale.

sychicism [ˈsaikisizəm] *s.* studio *m* dei fenomeni psichici. **psychicist** [-sist] *s.* metapsichista *m/f,* studioso *m* (*f* –a) di parapsicologia.

sychic research *s.* → **psychicism.**

sycho [ˈsaiko(u)] *s.* ⟨*sl*⟩ psicopatico *m* (*f* –a).

sychoanalyse [ˌsaiko(u)ˈænəlaiz] *v.t.* psicanalizzare.

psychoanalysis [-ko(u)əˈnælisis] *s.* psic(o)analisi *f.*

psychoanalyst [-list] *s.* psic(o)analista *m/f.*

psycho‚analytic [-ˈlitik], **‚psycho‚analytical** [-ˈlitikəl] *a.* psic(o)analitico. **‚psycho‚analytically** [-ˈlitikəli] *avv.* dal punto di vista psic(o)analitico. **psychoanalyze** *v.* → **psychoanalyse.**

sychogram [ˈsaiko(u)græm] *s.* ⟨*Psic*⟩ psicogramma *m.*

psychograph [-grɑːf] *s.* psicogramma *m.* **psychographic** [-ˈgræfik] *a.* psicografico. **psychography** [-ˈkɔgrəfi] *s.* psicografia *f.*

sycholinguist [ˌsaiko(u)ˈliŋgwist] *s.* psicolinguista *m/f.*

psycholinguistic [-ik] *a.* psicolinguistico.

sychologic [ˌsaikəˈlɔdʒik], **psychological** [-əl] *a.* psicologico.

sychologism [saiˈkɔlədʒizəm] *s.* ⟨*Filos*⟩ psicologismo *m.* **psychologist** [-dʒist] *s.* psicologo *m* (*f* –a) (*anche fig.*). **psychologize** [-dʒaiz] **I** *v.t.* analizzare psicologicamente. **II** *v.i.* fare della psicologia. **psychology** [-lədʒi] *s.* psicologia *f.*

sychometrics [ˌsaiko(u)ˈmetriks] *s.pl.* (costr. sing.) ⟨*Psic*⟩ psicometria *f.*

sychoneurosis [ˌsaiko(u)njuːˈrousis] *s.* ⟨*Med*⟩ psiconevrosi *f.*

sychopath [ˈsaiko(u)pæθ] *s.* ⟨*Med*⟩ psicopatico *m* (*f* –a). **‚psycho‚pathic** [-ik] *a.* psicopatico.

sychopathological [ˌsaiko(u)‚pæθəˈlɔdʒikəl] *a.* psicopatologico. **psychopathologist** [-pəˈθɔlədʒist] *s.* psicopatologo *m* (*f* –a). **psychopathology** [-pəˈθɔlədʒi] *s.* psicopatologia *f.*

sychopathy [saiˈkɔpəθi] *s.* ⟨*Med*⟩ psicopatia *f.*

sychosis [saiˈkousis] *s.* (*pl.* **-ses** [siːz]) ⟨*Med*⟩ psicosi *f.*

sychosocial [ˌsaiko(u)ˈsouʃəl] *a.* psicosociale.

sychosomatic [ˌsaiko(u)so(u)ˈmætik] *a.* psicosomatico: ~ *medicine* medicina psicosomatica. **psychosomatics** [-s] *s.pl.* (costr.sing.) medicina *f* psicosomatica.

sychotherapeutic [ˌsaiko(u)‚θerəˈpjuːtik] *a.* psicoterapico. **psychotherapeutics** [-s] *s.pl.* (costr. sing.) psicoterapia *f.* **psychotherapeutist** [-tist], **psycho‚therapist** [-pist] *s.* psicoterapista *m/f.* **psycho‚therapy** [-pi] *s.* psicoterapia *f.*

sychotic [saiˈkɔtik] **I** *a.* ⟨*Med*⟩ psicotico. **II** *s.* psicotico *m* (*f* –a).

sychotropic [ˌsaikouˈtrɔpik] **I** *a.* ⟨*Farm*⟩ psicotropo. **II** *s.* psicotropo *m,* farmaco *m* psicotropo.

sychrometer [saiˈkrɔmitə] *s.* ⟨*Meteor*⟩ psicrometro *m.*

psychrometry [-tri] *s.* psicrometria *f.*

P.T. = **1** *Pacific Time* ora del Pacifico. **2** ⟨*Scol*⟩ *Physical Training* educazione fisica.

ptarmigan [ˈtɑːmigən] *s.* (*pl.inv./*-s [z]; il pl.inv. si usa general. con valore collett.) ⟨*Ornit*⟩ pernice *f* bianca.

PT boat *am. s.* ⟨*Mar.mil*⟩ motosilurante *f,* mas *m.*

pterodactyl [ˌtero(u)ˈdæktil] *s.* ⟨*Paleont*⟩ pterodattilo *m.*

ptisan [ˈtizən, tiˈzæn] *s.* tisana *f* (*o* decotto *m*) d'orzo.

p.t.o., P.T.O. = *please turn over* vedi retro.

Ptolemaic [ˌtɔliˈmeiik] *a.* ⟨*Stor,Astr*⟩ tolemaico: ~ *system* sistema tolemaico. **Ptolemaist** [-ˈmeiist] *s.* sostenitore *m* (*f* –trice) del sistema tolemaico. **'Ptolemy** [-mi] *N.pr.* ⟨*Stor*⟩ Tolomeo *m.*

ptosis [ˈtousis] *s.* (*pl.* **-ses** [siːz]) ⟨*Med*⟩ **1** ptosi *f.* **2** (*of the upper eyelid*) ptosi *f* palpebrale, blefaroptosi *f.*

pub [pʌb] (*accorc. di public house*) *s.* ⟨*fam*⟩ osteria *f,* bar *m,* taverna *f,* pub *m.* **pub-crawl** ⟨*fam*⟩ **I** *s.* giro *m* dei bar. **II** *v.i.* fare il giro dei bar.

puberty [ˈpjuːbəti] *s.* **1** pubertà *f.* **2** ⟨*Dir*⟩ età *f* stabilita dalla legge per l'imputabilità del minore.

pubes [ˈpjuːbiːz] *s.inv.* ⟨*Anat*⟩ regione *f* pubica, pube *m.*

pubescence [pjuːˈbesns] *s.* pubescenza *f* (*anche Biol.*). **pubescent** [-nt] *a.* **1** adolescente, pubere. **2** ⟨*Biol*⟩ pubescente.

pubic [ˈpjuːbik] *a.* ⟨*Anat*⟩ pubico.

pubic| arch *s.* ⟨*Anat*⟩ arco *m* pubico. ~ **bone** *s.* → **pubis.** ~ **hair** *s.* peli *mpl* del pube.

pubis [ˈpjuːbis] *s.* (*pl.* **pubes** [ˈpjuːbiːz]) ⟨*Anat*⟩ pube *m,* osso *m* pubico.

pubkeeper [ˈpʌbkiːpə] *s.* oste *m* (*f* –essa), taverniere *m* (*f* –a), proprietario *m* (*f* –a) di bar (*o* pub).

public [ˈpʌblik] **I** *a.* **1** pubblico: ~ *interest* interesse pubblico; ~ *life* vita pubblica; *a* ~ *official* un pubblico ufficiale; *a* ~ *park* un parco pubblico. **2** (*open to general knowledge*) di pubblico dominio, notorio, palese, pubblico; *the scandal soon became* ~ lo scandalo divenne presto di pubblico dominio; (*open to general view*) esposto al pubblico, pubblico. **3** (*well–known*) molto in vista, ben conosciuto: *a* ~ *figure* una personalità molto in vista. **II** *s.* **1** (costr.sing. *o* pl.: *people as a whole*) pubblico *m,* gente *f: fair open to the* ~ fiera aperta al pubblico; (*people constituting a nation, state*) popolo *m,* popolazione *f. nazione f: the British* ~ il popolo britannico. **2** (*particular section of the people*) pubblico *m: the theatre–going* ~ il pubblico che frequenta i teatri. □ *at* (*the*) ~ *expense* a spese pubbliche (*o* dello stato); *in* ~ in pubblico, pubblicamente; *a matter of* ~ *knowledge* una questione risaputa (*o* nota a tutti); *to make* ~ pubblicare, rendere noto (*o* pubblico).

public accounting *s.* contabilità *f* di stato.

publican [ˈpʌblikən] *s.* **1** oste *m* (*f* –essa), taverniere *m* (*f* –a). **2** ⟨*Stor*⟩ (*tax collector*) esattore *m* delle imposte. **3** ⟨*Stor.rom*⟩ pubblicano *m.*

public assistance *s.* assistenza *f* sociale.

publication [ˌpʌbliˈkeiʃən] *s.* **1** pubblicazione *f;* (*proclamation*) divulgazione *f: radio is a great instrument of communication and* ~ la radio è un grande strumento di comunicazione e di divulgazione. **2** ⟨*Edit*⟩ pubblicazione *f.* **3** ⟨*Dir*⟩ notifica *f* legale.

public| bill *s.* ⟨*Parl*⟩ progetto *m* (*o* disegno) di legge di pubblico interesse. ~ **company** *s.* ⟨*Econ*⟩ società *f* per azioni quotate in borsa. ~ **corporation** *am. s.* ente *m* di diritto pubblico. ~ **debt** *s.* debito *m* pubblico. ~ **domain** *s.* **1** ⟨*Dir*⟩ pubblico dominio *m.* **2** (*government–owned land*) proprietà *f* fondiaria demaniale, demanio *m* fondiario. ~ **enemy** *s.* pericolo *m* (*o* nemico) pubblico. ~ **expenditure** *s.* spesa *f* pubblica: *cut in* ~ taglio alla spesa pubblica. ~ **funds** *s.pl.* ⟨*Econ*⟩ debito *m* pubblico consolidato. ~ **health** *s.* sanità *f* (pubblica), igiene *f* e sanità pubblica. ~ **holiday** *s.* pubblica festività *f,* festa *f* nazionale. ~ **house** *s.* osteria *f,* bar *m,* taverna *f,* pub *m.*

publicist [ˈpʌblisist] *s.* **1** commentatore *m* politico, giornalista *m* politico. **2** (*expert in public or international law*) pubblicista *m/f.*

publicity [pʌbˈlisiti] *s.* pubblicità *f: any* ~ *is good* ~ qualsiasi pubblicità è buona pubblicità.

publicity| agent *s.* agente *m/f* pubblicitario (*o* di pubblicità). **~ campaign** *s.* campagna *f* pubblicitaria. **~ stunt** *s.* montatura *f* pubblicitaria.

publicize ['pʌblisaiz] *v.t.* **1** proclamare, promulgare, divulgare. **2** (*to advertise*) propagandare, reclamizzare, pubblicizzare. **publicizing** [-iŋ] *s.* pubblicizzazione *f.*

public| law *s.* diritto *m* pubblico. **~ library** *s.* biblioteca *f* pubblica.

publicly-owned *a.* pubblico, di proprietà pubblica.

'public|-'minded *a.* che ha senso civico, conscio delle esigenze sociali. **~ nuisance** *s.* **1** (*Dir*) reato *m* contro l'ordine pubblico. **2** (*fam*) (*person causing general annoyance*) seccatore *m* emerito, scocciatore *m* (*f* –trice) terribile, (*fam*) peste *f.* **~ opinion** *s.* opinione *f* pubblica. **~-opinion poll** *s.* sondaggio *m* della pubblica opinione. **~ ownership** *s.* (*Pol,Dir*) proprietà *f* pubblica (*o* collettiva). **~ prosecutor** *s.* (*Dir*) pubblico ministero *m*, pubblica accusa *f.* **~ relations** *s.pl.* (costr. sing. o pl.) **1** rapporti *mpl*, rapporto *m* con il pubblico. **2** (*relationship of an organization and the public*) pubbliche relazioni *fpl.* **~-relations man** *s.* esperto *m* in pubbliche relazioni. **~-relations officer** *s.* addetto *m* (*f* –a) alle pubbliche relazioni. **~ school** *s.* **1** (*in Great Britain*) scuola *f* privata. **2** (*am,scozz*) scuola *f* pubblica (*o* statale). **~ spending** *s.* (*Econ*) spesa *f* pubblica. **'~-'spirited** *a.* → **public-minded. ~ works** *s.pl.* opere *fpl* pubbliche, lavori *mpl* pubblici.

publish ['pʌbliʃ] *v.t.* **1** (*to make publicly known*) pubblicare, rendere di pubblico dominio, diffondere, divulgare: *to ~ a plan* pubblicare un progetto. **2** (*Edit*) pubblicare, stampare: *to ~ novels and poetry* pubblicare romanzi e poesie. **3** (*to promulgate*) proclamare, promulgare, divulgare. **4** (*to publicize*) propagandare, reclamizzare, fare pubblicità a. □ *to ~ the banns of marriage* fare le pubblicazioni (di matrimonio). **published** [-t] *a.* **1** pubblicato. **2** (*of an author*) che ha fatto pubblicazioni.

publisher ['pʌbliʃə] *s.* **1** editore *m*, casa *f* editrice. **2** (*Giorn*) direttore *m* (*f* –trice) di giornale. **3** (*am.Giorn*) proprietario *m* (*f* –a) di giornale. **publishing** [-ʃiŋ] **I** *s.* editoria *f*, attività *f* editoriale. **II** *a.* editore, editoriale.

publishing| company, ~ firm, ~ house *s.* casa *f* (*o* società) editrice.

puce [pju:s] **I** *a.* di color pulce. **II** *s.* color *m* pulce.

puck[1] [pʌk] *s.* (*Sport*) (*in ice hockey*) disco *m* (da hockey su ghiaccio).

puck[2] *s.* (*Folcl*) folletto *m*. **Puck** *N.pr.* (*Lett*) Puck *m.*

pucka *a.* → **pukka.**

pucker ['pʌkə] **I** *v.t.* **1** (spesso con *up*) corrugare, aggrottare, raggrinzare, increspare: *to ~ one's forehead* corrugare la fronte; (*of the lips*) increspare. **2** (*of fabric*) increspare, raggrinzare: *to ~ curtains* increspare le tende. **II** *v.i.* **1** corrugarsi, aggrottarsi, incresparsi. **2** (*of fabric*) fare le grinze, raggrinzarsi, raggrinzare, increspare. **III** *s.* **1** piega *f*, grinza *f*, crespa *f*, ruga *f.* **2** (*puckered part in a fabric*) grinza *f*, crespa *f*, increspatura *f.* **puckered** [-d] *a.* corrugato, raggrinzito. **puckery** [-ri] *a.* → **puckered.**

puckish ['pʌkiʃ] *a.* malizioso, birichino. **puckishness** [-nis] *s.* l'essere malizioso (*o* birichino).

pud[1] [pud] (*accorc. di pudding*) *s.* (*fam*) budino *m.*

pud[2] [pʌd] *s.* (*infant*) **1** (*hand*) manina *f.* **2** (*paw*) zampina *f.*

pudding ['pudiŋ] *s.* **1** (*Gastr,Dolc*) budino *m*, pudding *m*; (*batter*) pastella *f.* **2** (*estens*) (*sweet, dessert*) dolce *m*, dessert *m*: *what are we having for ~?* cosa c'è per dolce? **3** (*type of sausage*) tipo di salsiccia.

pudding|-basin *a.* (*Mod*) (*of a haircut*) a casco. **~ basin** *s.* stampo *m* da budino. **~ head** *s.* (*fam*) stupido *m* (*f* –a), sciocco *m* (*f* –a), allocco *m.* **~-headed** *a.* stupido, sciocco, tonto.

puddle ['pʌdl] **I** *s.* **1** pozzanghera *f*, pozza *f.* **2** (*pool of liquid*) pozza *f*: *~-s of blood* pozze di sangue. **3** (*Edil,Strad*) malta *f.* **II** *v.t.* **1** riempire di pozzanghere: *the rain had –d the road* la pioggia aveva riempito la strada di pozzanghere. **2** (*to make muddy*) infangare, rendere fangoso; (*to make turbid*) intorbidare, rendere torbido. **3** (*Edil*) (*to line with puddle*) ricoprire (*o* rivestire) di malta, intonacare. **4** (*Met*) puddellare. **III**

v.i. **1** sguazzare in una pozzanghera. **2** (*to become puddle*) formare una pozzanghera.

puddler ['pʌdlə] *s.* (*Met*) **1** (*person*) affinatore *m*. **2** → **puddling furnace.**

puddling ['pʌdliŋ] *s.* **1** (*Edil*) malta *f.* **2** (*Met*) puddellaggio *m*, puddellatura *f*, puddellazione *f.*

puddling furnace *s.* (*Met*) forno *m* di puddellaggio.

puddly ['pʌdli] *a.* **1** pieno di pozzanghere. **2** (*an (muddy)* fangoso.

pudendal [pju:'dendəl] *a.* (*Anat*) pudendo: **~ arte** arteria pudenda. **pudendum** *lat.* [–dəm] *s.* (*pl.* **-da** [də general. al pl.) pudende *fpl.*

pudge [pʌdʒ] *s.* persona *f* piccola e tozza, bombolo *r* tombolo *m.* **'pudginess** [-inis] *s.* l'essere piccolo e tozz **'pudgy** [-i] *a.* piccolo e tozzo.

pudsy ['pʌdsi] *a.* grassoccio, grassottello, pienotto.

pueblo *sp.* ['pweblou] *s.* (*pl.* **-s** [z]) pueblo *m.* **Pueblo** indiano *m* (*f* –a) dei pueblos; (*group of Indian people* pueblos *mpl.*

puerile ['pjuərail] *a.* puerile, fanciullesco, infantile.

puerility [,pjuə'riliti] *s.* **1** puerilità *f*, infantilità *f.* **2** (*puer* *act, remark, etc.*) puerilità *f*, fanciullaggine *f*, sciocchez *f.*

puerpera [pju'ə:pərə] *s.* (*pl.* **-rae** [ri:]) puerpera **puerperal** [-l] *a.* puerperale: **~ fever** febbre puerperal **puerperium** [,pju:ə'piəriəm] *s.* (*pl.* **-ria** [riə]) puerper *m.*

Puerto Rican ['pwə:tou'ri:kən] **I** *a.* portoricano. **II** portoricano *m* (*f* –a). **Puerto Rico** ['ri:kou] *N.pr.* (*Geo* Portorico *m.*

puff[1] [pʌf] *s.* **1** soffio *m*, sbuffo *m*, folata *f*, buffo *m: a of wind blew out the candle* un soffio di vento spense candela. **2** (*amount etc., emitted*) buffata *f*, sbuffo *r* buffo *m: a ~ of smoke* una buffata di fumo. **3** (*sho inhalation*) boccata *f: he took a ~ at his cigarette* aspi una boccata di sigaretta. **4** (*slight swelling, protuberanc* protuberanza *f*, bozza *f*, bozzo *m.* **5** (*fluffy mass*) massa soffice. **6** (*powder puff*) piumino *m* (da cipria). **7** (*Mo* sbuffo *m*, sboffo *m*, sgonfio *m.* **8** (*Dolc*) bignè *m.*

puff[2] **I** *v.i.* **1** soffiare, spirare, tirare; (*of a train*) sbuffar **2** (*to breathe heavily*) sbuffare, soffiare, ansimare, ansar (*to move with puffing, panting*) procedere ansimando sbuffando). **3** (*to emit smoke, etc., in small puffs*) soffia buffate di fumo, emettere sbuffi di fumo; (*of a pipe, etc* fumare mandando sbuffi di fumo. **4** (*to be emitted small puffs*) uscire a sbuffi: *smoke –ed from the chimney* fumo usciva a sbuffi dal camino. **5** (*to move with puff* procedere sbuffando (*o* ansimando). **II** *v.t.* **1** spinge (soffiando), soffiare: *the wind –ed sand into our faces* vento soffiando ci spinse la sabbia in faccia. **2** (*to emit puffs*) mandar fuori a sbuffi: *the train –ed steam* il tren mandava fuori vapore a sbuffi; (*of a pipe, etc.*) fuma mandando sbuffi di fumo. **3** (*to say breathlessly*) di ansimando (*o* col fiato grosso). **4** (*to make breathles* mozzare il fiato a, far restare senza fiato. **5** (*to disten swell;* spesso con *up, out*) gonfiare, enfiare. **6** (*fig*) (*inflate with pride;* spesso con *up*) far insuperbire, f inorgoglire, far gonfiare d'orgoglio. **7** (*of hair;* general. c *out*) acconciare in ciocche morbide. □ *to ~ at a pip* tirare boccate di fumo dalla pipa; *the train –ed into t station* il treno entrò sbuffando nella stazione; *to ~ out:* spegnere soffiando: *the wind –ed out the candle* il ven soffiando spense la candela, un soffio di vento spense candela; *2* (*to utter breathlessly*) pronunciare ansimand dire col fiato grosso: *he –ed out a few words of than* pronunciò ansimando poche parole di ringraziamento; (*to distend, inflate*) gonfiare, enfiare: *to ~ out one's che* gonfiare il torace; *to ~ and pant* sbuffare come u locomotiva; *to ~ up:* **1** (*to become distended, swe* gonfiarsi, diventare gonfio: *his right eye –ed up* l'occh destro gli si era gonfiato; *2* (*fig*) (*to inflate with pride*) f inorgoglire, far insuperbire, montare (la testa a).

puffed [pʌft] *a.* **1** gonfio, gonfiato. **2** (*Med*) gonf tumefatto. **3** (*Alim*) soffiato, gonfiato: **~ rice** ri soffiato. **4** (*fam*) (*out of breath*) che è senza fiat sfiatato. **5** (*Mod*) a sbuffo: **~ sleeve** manica a sbuffo.

puffed-up *a.* **1** gonfio, gonfiato. **2** (*swollen with pria* onfio (d'orgoglio), tronfio. □ ~ *person* persona boriosa, ·allone gonfiato.

·ffer ['pʌfə] *s.* **1** (*one who pants*) chi ansima, chi sbuffa. : (*smoker*) fumatore *m* (*f* –trice). **3** ⟨*fam,infant*⟩ (*steam ngine*) locomotiva *f* a vapore. **4** ⟨*fam*⟩ (*one that praises xtravagantly*) adulatore *m* sfacciato. **puffiness** [–finis] *s.* (*breathlessness*) affanno *m*. **2** (*state of being swollen*) onfiezza *f*; (*swollen part, area*) gonfiore *m*, rigonfiamento ·. **3** ⟨*fig*⟩ (*pompousness*) pomposità *f*.

·ff| **paste, ~ pastry** *s.* ⟨*Gastr*⟩ pasta *f* sfoglia.

·ffy ['pʌfi] *a.* **1** (*swollen*) gonfio, enfiato, gonfiato: *a ~ ·ace* una faccia gonfia. **2** (*blowing in gusts*) che soffia a ·late (*o* raffiche). **3** (*short of breath*) ansimante, ansante, ·ffannato, che ha il fiato grosso. **4** ⟨*fig*⟩ (*pompous*) anitoso, borioso.

·g¹ [pʌg] *s.* **1** ⟨*Zool*⟩ → **pug dog**. **2** ⟨*Ferr*⟩ locomotiva *f* i manovra. **3** → **pug nose**.

·g² **I** *v.t.* (*pret., p.p.* **pugged** [–d]) **1** (*of clay: to knead*) mpastare; (*to fill with clay*) riempire d'argilla. **2** (*to fill ·ith soundproofing*) riempire di materiale insonorizzante. **I** *s.* **1** argilla *f* impastata. **2** (*soundproofing*) materiale *m* nsonorizzante (*o* per isolamento acustico).

·g³ (*accorc. di pugilist*) *s.* ⟨*sl*⟩ pugile *m*.

·g⁴ **I** *s.* (*footprint of an animal*) orma *f* di animale, ·accia *f*. **II** *v.t.* (*pret., p.p.* **pugged** [–d]) seguire le tracce i.

·g **dog** *s.* ⟨*Zool*⟩ carlino *m*, pug *m*.

·gging ['pʌgiŋ] *s.* **1** impasto *m*. **2** (*act of filling with ·undproofing*) insonorizzazione *f*.

·gh [pu:] *intz.* (*to express disgust*) puah, puh.

·gilism ['pju:dʒilizəm] *s.* pugilato *m*, boxe *f*. **pugilist** –list] *s.* pugile *m*, boxeur *m*. ·**pugi'listic** [–'listik] *a.* ·ugilistico.

·g **mill** *s.* ⟨*Mecc*⟩ impastatrice *f* per argilla.

·gnacious ['pʌg'neiʃəs] *a.* bellicoso, battagliero, ·mbattivo. **pugnaciously** [–li] *avv.* bellicosamente, in ·odo battagliero (*o* combattivo). **pugnaciousness** –nis], **pugnacity** [–'næsiti] *s.* aggressività *f*, combattività

·g| **nose** *s.* naso *m* rincagnato. **~-nosed** *a.* dal naso ncagnato.

·isne ['pju:ni] **I** *a.* **1** ⟨*Dir*⟩ (*associate*) aggiunto. **2** ·ubordinate) inferiore, subalterno. **II** *s.* **1** inferiore *m/f*, ·balterno *m* (*f* –a). **2** ⟨*Dir*⟩ giudice *m* aggiunto.

·issance ['pju:isəns, 'pwis–] *s.* ⟨*ant*⟩ potenza *f*, forza *f*. ·uissant [–nt] *a.* ⟨*ant*⟩ potente, forte.

·ke [pju:k] ⟨*pop*⟩ **I** *v.i./t.* vomitare, rigettare. **II** *s.* ·omit) vomito *m*.

·kka ['pʌkə] *a.* autentico, vero, genuino: ~ *sahib* vero gnore.

·lchritude ['pʌlkritju:d] *s.* bellezza *f*, avvenenza *f*, ·ggiadria *f*. ·**pulchri'tudinous** [–inəs] *a.* bello, ·vvenente, leggiadro.

·le [pju:l] *v.i.* piagnucolare, frignare. '**puling** [–iŋ] *a.* ·agnucoloso.

·l¹ [pul] **I** *v.t.* **1** trascinare, tirare: *she –ed me into the ·tting room* mi trascinò nel salotto; *to ~ a lever* tirare ·na leva. **2** (*to haul, drag*) trainare, tirare: *the oxen ~ the ·rt* i buoi trainano il carro. **3** (*to extract*) tirare, estrarre, ·rappare, cavare: *to have a tooth –ed* farsi tirare un dente. (*of flowers: to gather*) cogliere, raccogliere; (*of vegetables, ·c.: to uproot*) sradicare, estirpare, strappare. **5** (*of a ·eapon*) sfoderare, sguainare, tirare fuori. **6** (*to draw from ·barrel*) spillare: ~ *me a pint of beer* spillami una pinta · birra. **7** ⟨*fig*⟩ (*to attract*) attirare, attrarre: *to ~ a large ·owd* attirare una grande folla; (*to win, obtain*) ottenere, ·uscire a ottenere, strappare: *to ~ votes* ottenere voti. **8** ·f an oar) spingere con forza; (*of a boat*) spingere coi ·mi. **9** ⟨*fam*⟩ (*of a robbery, etc.: to commit*) fare, ·mmettere, combinare: *he –ed a fast one* ne ha fatta una ·elle sue, ne ha combinata una grossa. **10** (*to put on, ·sume*) fare, assumere, prendere: *to ~ a disapproving face* ·sumere un'espressione di disapprovazione. **11** ⟨*Med*⟩ ·f a muscle, tendon, etc.) strappare. **12** ⟨*Tip*⟩ tirare, ·ampare: *to ~ a proof* tirare una bozza. **13** ⟨*Sport*⟩ (*in ·lf*) far descrivere una curva a sinistra a. **14** ⟨*Equit*⟩ ·rmare tirando le briglie. **15** ⟨*Sport*⟩ (*of a racehorse*)

trattenere per evitare che vinca. **II** *v.i.* **1** tirare (*at s.th.* qc.): *to ~ at s.o.'s sleeve* tirare qd. per la manica. **2** (*to take a drink*) bere un sorso (da): *to ~ at the bottle* bere un sorso dalla bottiglia. **3** (*to inhale hard*) tirare lunghe boccate, inspirare forte (*at, on* da), dare una tirata (a): *to ~ at one's cigar* tirare lunghe boccate dal sigaro. **4** (*to draw a weapon*) estrarre (*o* tirar fuori) un'arma. **5** (*to row*) remare, vogare. **6** (*to move under mechanical power*) spostarsi, muoversi, avanzare: *the train –ed out of the siding* il treno si spostò dal binario di raccordo. **7** (*of a horse*) tirare il morso. **8** ⟨*fam*⟩ (*to exert attracting power*) esercitare forza di attrazione, attrarre (*o* attirare) l'attenzione. □ *to* ~ **about** strapazzare, maltrattare; *to* ~ **ahead** portarsi in testa, staccarsi: *the favourite soon –ed ahead* il favorito presto si portò in testa; *to* ~ **apart:** 1 staccare, separare: *the referee –ed the boxers apart* l'arbitro separò i pugili; 2 (*to pull to pieces*) fare a pezzi, ridurre in pezzi; 3 ⟨*fig*⟩ demolire, distruggere: *he –ed my theory apart in a couple of minutes* in due minuti demolì la mia teoria; *to* ~ **away:** 1 allontanare, tirare via, trascinare via: *she –ed the baby away from the fire* allontanò il bambino dal fuoco; 2 (*to detach*) staccare, tirar via; 3 (*to draw o.s. away*) rifiutare (*from s.th.* qc.), tirarsi indietro (da), sottrarsi (a); 4 (*to leave*) partire, andare via: *the bus –ed away* l'autobus partì; 5 ⟨*Mar*⟩ arrancare, vogare a tutta forza; *to* ~ **back:** 1 tirare indietro: *to ~ back the hammer of a gun* tirare indietro il cane del fucile; 2 (*to halt*) trattenere, fermare; 3 ⟨*fig*⟩ ostacolare, intralciare, contrastare, impedire; 4 (*to draw o.s. away*) tirarsi indietro (*from* da), sottrarsi (a), scansare (qc.); 5 (*to retreat*) retrocedere, ritirarsi; *to* ~ **down:** 1 tirare giù, scendere, abbassare: *to ~ the blinds down* tirare giù le persiane; 2 (*to demolish*) demolire, atterrare, buttare giù, distruggere: *that building should be –ed down* quell'edificio dovrebbe essere demolito; 3 ⟨*sl*⟩ (*to depress in spirits*) deprimere, demoralizzare, gettare a terra, buttare giù; 4 ⟨*fam*⟩ (*to cause to fall*) far cadere, buttare giù, abbattere: *to ~ down a government* far cadere un governo; 5 ⟨*sport*⟩ (*to catch*) afferrare, prendere; ⟨*fam*⟩ *to* ~ **for** (*to support*) essere fautore (*o* sostenitore) di, tenere per, sostenere con entusiasmo; *to* ~ **in:** 1 trattenere, contenere, reprimere, frenare; 2 (*to tighten*) tirare, stringere: *to ~ in the reins* tirare le redini; 3 ⟨*Equit*⟩ trattenere: *to ~ in a horse* trattenere un cavallo; 4 ⟨*sl*⟩ (*to take into custody*) mettere in carcere (*o* guardina), ⟨*fam*⟩ mettere dentro; 5 ⟨*fam*⟩ (*to attract*) attirare, attrarre; 6 (*to arrive*) arrivare, giungere: *the train –ed in dead on time* il treno arrivò in perfetto orario; *this boat –s six* oars questa barca è a sei remi; *to* ~ **off:** 1 tirare giù, tirare via, far cadere: *the child –ed the cloth off the table* il bambino tirò giù la tovaglia dal tavolo; 2 (*of clothes*) sfilare, togliere; 3 ⟨*fam*⟩ (*to carry out*) concludere, portare a termine, realizzare; *to* ~ **on** infilare, infilarsi, indossare, mettere: *to ~ on one's gloves* infilarsi i guanti; *to* ~ **a** *door* **open** aprire (*o* spalancare) una porta; *to* ~ **out:** 1 tirare fuori, estrarre: *to ~ out a handkerchief* tirare fuori un fazzoletto; 2 (*to extract*) estrarre, tirare, estirpare, cavare; 3 (*to uproot*) sradicare, estirpare; 4 (*to call out on strike*) far scioperare; 5 (*to leave*) uscire, partire, muoversi (*of* da), lasciare (qc.): *the train –ed out of the station* il treno uscì dalla stazione; 6 ⟨*fam*⟩ (*to withdraw*) tirarsi indietro, fare marcia indietro, desistere (da); *to* ~ **over:** 1 tirare sopra: *to ~ the covers over one's head* tirarsi le coperte sopra la testa; 2 (*to overturn*) rovesciare, capovolgere, ribaltare; 3 ⟨*Aut*⟩ sterzare (*o* spostarsi) verso il lato della strada; *to* ~ **to pieces:** 1 fare a pezzi, ridurre in pezzi; 2 ⟨*fig*⟩ demolire, distruggere, criticare aspramente: *to ~ a theory to pieces* demolire una teoria; *to* ~ **round:** 1 (*to regain one's health*) rimettersi (in salute), ristabilirsi; 2 (*to restore to good health*) ristabilire, rimettere in salute, tirare su; *to* ~ **a** *door* **shut** chiudere una porta; *to* ~ **through:** 1 (*to bring safely through*) far ristabilire, guarire; 2 (*to survive*) salvarsi, ⟨*fam*⟩ cavarsela: *he's seriously ill but he'll probably* ~ *through* è seriamente ammalato ma probabilmente se la caverà; *to* ~ **together:** 1 (*to co-operate in a task*) collaborare, mettersi insieme; 2 ⟨*rifl*⟩ ricomporsi, riacquistare il controllo (*o* dominio) di sé; *to*

~ up: 1 tirare su: *to ~ up one's trousers* tirarsi su i pantaloni; 2 (*to uproot*) sradicare, estirpare; 3 (*to bring to a halt*) fermare, arrestare; 4 (*to rebuke*) rimproverare, riprendere.

pull[2] *s.* 1 (*act of pulling*) tiro *m*, tirata *f*; (*instance*) tiro *m*, tirata *f*, strattone *m*, strappo *m*. 2 (*draught of liquid*) sorso *m*, sorsata *f*: *to take a ~ at a hip flask* bere un sorso da una borraccia. 3 (*inhalation*) tirata *f*, boccata *f*, (*pop*) tiro *m*: *to take a ~ at a cigarette* dare una tirata a una sigaretta. 4 (*force exerted in pulling*) forza *f* d'attrazione: *the moon's ~ on the tides* la forza d'attrazione della luna sulle maree. 5 (*device for pulling or operating s.th.*) tirante *m*; (*handle*) manopola *f*. 6 (*fam*) (*influence*) influenza *f*, autorità *f*, prestigio *m*, peso *m*; (*influence exerted*) appoggio *m*, aiuto *m*, spinta *f*: *he got that job without any ~* ha ottenuto quell'impiego senza nessun appoggio. 7 (*fam*) (*ability to arouse interest*) attrattiva *f*, richiamo *m*, fascino *m*. 8 (*act of pulling an oar*) remata *f*, vogata *f*; (*trip by boat*) remata *f*. 9 (*Tip*) bozza *f* di stampa. 10 (*Equit*) tirata *f* di briglie. 11 (*Sport*) (*in golf*) curva *f* a sinistra.

puller ['pulə] *s.* 1 chi tira. 2 (*device for extracting s.th.*) estrattore *m*. 3 (*of a horse*) cavallo *m* da tiro.

pullet ['pulit] *s.* pollastrella *f*, pollastra *f*.

pulley ['puli] *s.* (*Mecc*) 1 carrucola *f*; (*combination*) puleggia *f*. 2 (*for transmitting power*) puleggia *f* motrice.

pulley block *s.* (*Mecc*) paranco *m* differenziale.

Pullman, pullman ['pulmən] *s.* (*Ferr*) pullman *m*.

pullulate ['pʌljuleit] *v.i.* 1 moltiplicarsi, aumentare rapidamente. 2 (*to swarm*) pullulare, essere gremito. 3 (*to breed rapidly*) pullulare, spuntare, venire fuori in grande quantità. 4 (*Bot*) germogliare, germinare. **,pullulation** [–'leiʃən] *s.* 1 il pullulare. 2 (*Bot*) (*gemmation*) gemmazione *f*.

pull-up *s.* (*Ginn*) sollevamento *m* sulle braccia (alla sbarra).

pull-up exerciser *s.* vogatore *m*.

pulmonary ['pʌlmənəri] *a.* polmonare.

pulmonate ['pʌlməneit] I *a.* (*Zool*) polmonato. II *s.* polmonato *m*.

pulmonic [pʌl'mɔnik] *a.* polmonare.

pulp [pʌlp] I *s.* 1 polpa *f*. 2 (*Cart*) pasta *f* (di legno). 3 (*soft, moist mass*) poltiglia *f*. 4 (*Minier*) torbida *f*. 5 (*Giorn*) → **pulp magazine.** II *v.t.* 1 spappolare, ridurre in poltiglia. 2 (*to remove the pulp from*) togliere la polpa da. III *v.i.* spappolarsi. □ *to crush to a ~* spappolare; *to reduce to ~:* 1 spappolare, ridurre in poltiglia; 2 (*fam*) (*of a person*) conciare male, (*fam*) fare polpette di.

pulpify ['pʌlpifai] *v.t.* ridurre in poltiglia, spappolare.

pulpiness ['pʌlpinis] *s.* l'essere polposo.

pulpit ['pulpit] *s.* 1 pulpito *m* (anche fig.). 2 (*fig*) (*clerical profession*) professione *f* del predicatore. 3 (*collett*) (*preachers*) predicatori *mpl*. **,pulpi'tarian** [–əriən] I *s.* predicatore *m*. II *a.* predicatorio. **,pulpit'eer** [–iə] I *s.* predicatore *m*. II *v.i.* predicare. **pulpiter** [–ə] *s.* predicatore *m*.

pulpless ['pʌlplis] *a.* privo di polpa, senza polpa.

pulp magazine *s.* (*Giorn*) rivista *f* di carattere popolare stampata su carta ordinaria.

pulpy ['pʌlpi] *a.* polposo, polpacciuto, carnoso.

pulsar ['pʌlsə] *s.* (*Astr*) pulsar *f/m*.

pulsate [pʌl'seit, *am.* 'pʌlseit] *v.i.* 1 pulsare, palpitare, battere. 2 (*fig*) pulsare: *the city streets –d with life* le strade cittadine pulsavano di vita. 3 (*El*) pulsare.

pulsatile ['pʌlsətail] *a.* 1 pulsante, che batte. 2 (*Mus*) a percussione.

pulsation [pʌl'seiʃən] *s.* 1 (*Fisiol*) pulsazione *f*, battito *m*. 2 (*vibration*) pulsazione *f*, vibrazione *f*. 3 (*El*) pulsazione *f*.

pulsative ['pʌlsətiv] *a.* pulsante, che batte. **pulsator** [pʌl'seitə] *s.* 1 (*Fis*) pulsatore *m*. 2 (*Minier*) vibratore *m* per separare i diamanti dal terriccio.

pulse[1] [pʌls] I *s.* 1 (*Fisiol*) polso *m*. 2 (*pulsing movement*) pulsazione *f*, vibrazione *f*; (*single vibration*) vibrazione *f*. 3 (*fig*) vita *f*, vitalità *f*: *the ~ of a great metropolis* la vita di una grande metropoli. 4 (*El*) impulso *m*. II *v.i.* pulsare, palpitare (anche fig.). III *v.t.*

1 far pulsare (*o* battere), fare palpitare. 2 (*El*) produr sotto forma d'impulsi. □ *to feel s.o.'s ~:* 1 tastare il pol a qd.; 2 (*fig*) saggiare qd., sondare qd., tastare il polso qd.; (*fig*) *to stir s.o.'s –s* suscitare emozioni in qd.

pulse[2] *s.* 1 (*collett*) (*seeds*) legumi *mpl*. 2 (*plar* leguminosa *f*. 3 (*collett*) (*plants*) leguminose *fpl*.

pulse|beat *s.* polso *m*, pulsazione *f*. **~-jet engine** (*Aer*) pulsoreattore *m*, pulsogetto *m*.

pulseless ['pʌlslis] *a.* 1 senza battiti. 2 (*fig*) (*lacki energy, vitality*) che manca di polso, privo di polso.

pulsimeter [pʌl'simitə] *s.* (*Med*) pulsimetro *m*.

pulsometer [pʌl'sɔmitə] *s.* 1 (*Fis*) pulsometro *m*. (*Med*) → **pulsimeter.**

pulverable ['pʌlvərəbl], **pulverizable** [–raizəbl] *a.* polv rizzabile. **,pulverization** [–rai'zeiʃən] *s.* polverizzazi ne *f*.

pulverize ['pʌlvəraiz] I *v.t.* 1 polverizzare, ridurre polvere; (*to nebulize*) polverizzare, nebulizzare. 2 (*destroy utterly*) distruggere, polverizzare. II polverizzarsi. **pulverizer** [–ə] *s.* 1 polverizzatore *m* –trice). 2 (*s.th. which pulverizes*) polverizzatore nebulizzatore *m*. 3 (*Agr*) polverizzatore *m*.

pulverulent [pʌl'verjulənt] *a.* 1 polverulento. 2 (*cover with dust, powder*) polveroso. 3 (*Minier*) friabile.

pulvinate ['pʌlvineit], **pulvinated** [–id] *a.* 1 (*B* pulvinato. 2 (*Arch*) a faccia convessa.

puma ['pju:mə] *s.* (*Zool*) puma *m*.

pumice ['pʌmis] I *s.* 1 pomice *f*. 2 → **pumice stone.** *v.t.* pulire (*o* lucidare, levigare) con la pomi

pumiceous [pju'miʃəs] *a.* simile a pomice.

pumice stone *s.* pietra *f* pomice.

pummel [pʌml] *v.* (*pret., p.p.* pummelled/*am.* pummel [–d]) I *v.t.* prendere a pugni, colpire con i pugni. II tirare (*o* dare) pugni (*at* a).

pump[1] [pʌmp] *s.* 1 (*Mecc*) pompa *f*. 2 (*Aut*) distribut *m* (di benzina), pompa *f* della benzina. □ *to prime a* caricare (*o* adescare) una pompa.

pump[2] I *v.t.* 1 pompare: *to ~ water out of the h* pompare l'acqua dalla stiva; *the heart –s blood through body* il cuore pompa il sangue attraverso il corpo. 2 ((*to force, inject*) far entrare (a forza): *to ~ s.th. into s. head* far entrare qc. in testa a qd. 3 (*fam*) (*of bull etc.*) tirare, sparare, (*fam*) scaricare: *to ~ bullets into s* scaricare proiettili su qd. 4 (*fam*) (*to quest persistently*) sottoporre a uno stringente interrogatorio; *information: to elicit by questioning*) strappare, carp cavare. 5 (*to operate with a pumping action*) fare and su e giù. 6 (*to free from water, etc., with a pur* prosciugare con un pompa, pompare l'acqua da. II *v.i* (*to work a pump;* spesso con *away*) pompare: *he –ed a till the pond was dry* pompò via l'acqua finché lo stag fu asciutto. 2 (*of a pump, pumplike device: to opera* azionare. 3 (*to move up and down like a pump hanc* andare su e giù. 4 (*fig*) (*to throb, pulse*) battere, pulsa *my heart –ed wildly* il cuore mi batteva furiosamente all'impazzata. 5 (*to spurt out in jets*) zampilla sprizzare, schizzare: *blood –ed from the wound* il san sprizzava dalla ferita. 6 (*fam*) (*to seek to e information*) cercare di strappare informazioni a. □ *t s.o.'s* hand stringere calorosamente la mano a qd.; *t* **up** tirare su con una pompa, pompare.

pump[3] *s.* (*Calz*) 1 (*for men*) scarpa *f* di vernice (da se 2 (*for women*) scarpa *f* scollata.

pumpernickel *ted.* ['pumpənikl] *s.* (*Alim*) tipo *m* di pane segale.

pump| handle *s.* (*Mecc*) manubrio *m* (*o* asta *f*) d pompa. **~ house** *s.* (*Mar*) sala *f* pompe.

pumping ['pʌmpiŋ] *s.* pompaggio *m*.

pumpkin ['pʌmpkin] *s.* (*Bot*) zucca *f*. □ (*am.sl*) *some (important person*) una persona molto importante, (*f* un pezzo grosso.

pump|man *am.* [mən] *s.irr.* pompista *m*. **~ room** *s.* 1 *a spa*) sala *f* in cui si fa la cura delle acque. 2 → **pu house.**

pun[1] [pʌn] *s.* gioco *m* di parole, bisticcio *m*.

pun[2] *v.i.* (*pret., p.p.* punned [–d]) fare giochi di par giocare (*on, upon* su).

n³ v.t. (pret., p.p. **punned** [–d]) ⟨dial⟩ (to beat, pound) comprimere, pestare, pigiare.

nch¹ [pʌntʃ] s. 1 pugno m, ⟨pop⟩ cazzotto m: to give o. a ~ on the nose dare un pugno sul naso a qd. 2 ⟨fig⟩ vigour, energy) vigore m, energia f, forza f. ☐ to pull ne's –es: 1 ⟨Sport⟩ dare volutamente pugni inefficaci; 2 fam⟩ (to act with restraint) controllarsi, trattenersi.

nch² I v.t. 1 colpire con un pugno, dare un pugno a, pop⟩ scazzottare: to ~ s.o.'s head colpire qd. con un ugno alla testa. 2 (to strike sharply) battere con forza su, estare: to ~ the keys of a typewriter battere con forza sui asti di una macchina da scrivere. 3 ⟨am⟩ (of cattle: to rive) spingere, sospingere. II v.i. dare un pugno (at a), olpire con un pugno (qd.), ⟨pop⟩ scazzottare (qd.).

nch³ I s. 1 ⟨Mecc⟩ arnese m per perforare; (tool for tamping a design) punzone m; (machine) punzonatrice f. ⟨Fal⟩ punzone m per chiodi. 3 ⟨Cart⟩ perforatrice f. 4 Met⟩ stampo m, punzone m. 5 ⟨Tip⟩ stampo m. 6 (tool or perforating bus tickets, etc.) pinza f per forare. II v.t. forare, perforare, bucare: to ~ a train ticket forare un iglietto ferroviario. 2 ⟨Mecc⟩ punzonare. ☐ to ~ in (to lock in) timbrare il cartellino all'entrata; to ~ out (to lock out) timbrare il cartellino all'uscita; to ~ a timeclock imbrare il cartellino.

nch⁴ s. (drink) ponce m, punch m.

nch⁵ s. (draught–horse) cavallo m da tiro piccolo e obusto.

nch N.pr. ⟨Teat⟩ Pulcinella m. ☐ ⟨fig⟩ as pleased as ~ ontento come una pasqua; as proud as ~ tronfio come n pavone.

nch-and-'Judy show s. spettacolo m di burattini.

nch| card s. scheda f perforata. ~ **card operator** s. operatore m meccanografico. ~ **card reader** s. lettore m di schede perforate. ~ **cutter** s. fustellatrice f. ~ **drunk** 1 (of a boxer) stordito, ⟨gerg⟩ sonato. 2 ⟨fam⟩ befuddled) stordito, confuso, intontito.

nched tape [pʌntʃid] s. nastro m perforato.

ncheon¹ [pʌntʃən] s. 1 (short, upright timber) corto montante m (in legno). 2 ⟨Oref⟩ punzone m.

ncheon² s. 1 (large cask) grossa botte f. 2 (unit of capacity) unità f di capacità (da 70 a 120 galloni).

ncher¹ [pʌntʃə] s. 1 picchiatore m: that boxer is a hard ~ quel pugile è un forte picchiatore. 2 ⟨am⟩ (cowboy) nandriano m, cowboy m.

ncher² s. 1 (worker) punzonatore m. 2 ⟨Mecc⟩ punzone m. 3 ⟨Inform⟩ perforatore m (f –trice); (device) perforatore m.

nchinello [ˌpʌntʃi'nelou] s. (pl. -s/-es [z]) ⟨Teat⟩ Pulcinella m.

nching| bag [pʌntʃiŋ] s. ⟨Sport⟩ sacco m. ~ **machine** s. 1 ⟨tecn⟩ punzonatrice f. 2 ⟨Post⟩ perforatrice f. ~ **press** s. → punch press.

nch| line s. (in a play, joke, etc.) battuta f finale. ~ operator s. perforatore m (f –trice). ~ **press** s. ⟨Mecc⟩ pressa f. ~**-up** s. ⟨fam⟩ scambio m di pugni, ⟨pop⟩ cazzottatura f, ⟨pop⟩ cazzottata f.

nctate [pʌŋkteit], **punctated** [–id] a. 1 che finisce in un punto. 2 ⟨Biol⟩ punteggiato, picchiettato, macchiettato. 3 ⟨Med⟩ (of a skin lesion, etc.) punteggiato.

punctation [–'teiʃən] s. 1 punteggiamento m, picchiettatura f, macchiettatura f. 2 (state of being punctate) punteggiatura f, picchiettatura f. 3 ⟨Biol⟩ punteggiatura f.

nctilio [pʌŋk'tiliou] s. (pl. -s [z]) 1 punto m d'onore; (of behaviour) punto m d'etichetta; (formality) formalità f. 2 (careful attention to behaviour) formalismo m, cerimoniosità f. **punctilious** [–liəs] a. 1 formalistico, cerimonioso. 2 (precise, scrupulous) scrupoloso, meticoloso, minuzioso, pignolo. **punctiliously** [–liəsli] avv. in modo formale. **punctiliousness** [–liəsnis] s. 1 formalismo m, cerimoniosità f. 2 (scrupulousness) meticolosità f, minuziosità f, scrupolosità f.

nctual [pʌŋktʃuəl] a. 1 puntuale: please be ~ si prega di essere puntuali. 2 (of a point) di un punto (anche Geom.). ☐ to be ~ in doing s.th. essere puntuale nel fare qc.; to be ~ to the minute essere puntuale al minuto. **punctuality** [–tʃu'æliti] s. puntualità f. ☐ Prov.: ~ is the

politeness of kings la puntualità è la virtù dei re.

punctuate [pʌŋktʃueit] I v.t. 1 mettere la punteggiatura in, punteggiare, mettere i segni d'interpunzione in: to ~ a sentence mettere la punteggiatura in una frase. 2 (to interrupt repeatedly) interrompere ripetutamente: his speech was –d by cheers il suo discorso era ripetutamente interrotto da applausi; (to intersperse) costellare, punteggiare. 3 ⟨fig⟩ (to accentuate) sottolineare, dare risalto (o enfasi) a, accentuare. II v.i. usare la punteggiatura, mettere i segni d'interpunzione. **punctuation** [–tʃu'eiʃən] s. 1 punteggiatura f, interpunzione f. 2 (act of interrupting at intervals) interruzione f ripetuta.

punctuation mark s. segno m d'interpunzione.

punctuative [pʌŋktʃuətiv] a. della (o relativo alla) punteggiatura. **punctuator** [–tʃueitə] s. chi punteggia.

punctulate [pʌŋktʃəleit], **punctulated** [–id] a. minutamente punteggiato. **punctulation** [–'leiʃən] s. punteggiatura f minuta.

punctum lat. [pʌŋktəm] s. (pl. -cta [ktə]) ⟨Biol⟩ punto m, macchiolina f.

puncture [pʌŋktʃə] I s. 1 puntura f. 2 (of tyres) foratura f, bucatura f: to mend a ~ riparare una foratura. II v.t. 1 bucare, forare. 2 ⟨fig⟩ sgonfiare, smontare: to ~ s.o.'s pride sgonfiare l'orgoglio di qd. 3 ⟨El⟩ perforare. III v.i. forare, bucare, subire una foratura. ☐ to have a ~ avere una gomma a terra.

pundit [pʌndit] s. 1 (in India) pundit m. 2 (learned man) erudito m, sapiente m; (expert) esperto m. 3 ⟨fam⟩ (one who thinks himself an expert) saccente m, sapientone m.

pungency [pʌndʒənsi] s. 1 l'essere pungente, acutezza f, asprezza f. 2 (s.th. pungent: smell) odore m pungente; (taste) sapore m piccante. 3 ⟨fig⟩ causticità f, acrimonia f, mordacità f. **pungent** [–nt] a. 1 (of smells) pungente, acre, aspro; (of tastes) aspro, piccante. 2 ⟨fig⟩ (caustic) pungente, caustico, mordace; (pointed, telling) incisivo, vivo. 3 ⟨fig⟩ (painful to the feelings) pungente, acuto, intenso. 4 ⟨Biol⟩ pungente, spinoso. **pungently** [–ntli] avv. in modo pungente (anche fig.).

Punic [pju:nik] I a. 1 punico, cartaginese. 2 ⟨fig⟩ (treacherous) perfido, sleale, infido. II s. (language) punico m.

Punic| Faith s. tradimento m, slealtà f. ~ **Wars** s.pl. ⟨Stor.rom⟩ guerre fpl puniche.

punily [pju:nili] avv. debolmente, fiaccamente. **puniness** [–ninis] s. piccolezza f, gracilità f.

punish [pʌniʃ] I v.t. 1 castigare, punire: to ~ a child for disobedience castigare un bambino per la sua disobbedienza. 2 (of an offence) punire: this crime is –ed with life imprisonment questo reato è punito con l'ergastolo. 3 ⟨fig⟩ malmenare, maltrattare. II v.i. infliggere una punizione. **punishability** [–əbiliti] s. punibilità f (anche Dir.). **punishable** [–əbl] a. punibile (anche Dir.): ~ by law punibile per legge. **punisher** [–ə] s. punitore m (f –trice). **punishing** [–iŋ] a. che punisce, punitore.

punishment [pʌniʃmənt] s. 1 punizione f, castigo m. 2 ⟨Dir⟩ pena f. 3 ⟨fig⟩ maltrattamento m. ☐ to make the ~ fit the crime punire secondo il reato; to take (o stand) ~ prenderle: the boxer took heavy ~ il pugile le prese sode; to take one's ~ like a man subire virilmente il castigo.

punitive [pju:nitiv], **punitory** [–təri] a. punitivo: ~ laws leggi punitive; ~ expedition spedizione punitiva.

punk¹ am. [pʌŋk] I s. 1 legno m marcio. 2 (for igniting fireworks, etc.) esca f per fuochi d'artificio. 3 ⟨sl⟩ (s.th. worthless) cosa f di nessun valore, ⟨pop⟩ roba f da due soldi; (s.o. worthless) persona f insignificante; (nonsense, bunkum) stupidaggine f, fandonia f, sciocchezza f. 4 ⟨sl⟩ (petty criminal) teppista m. 5 (follower of a youth movement) punk: m/f. II a. 1 (rotten) marcio. 2 (worthless) insignificante, senza valore, ⟨fam⟩ da niente. 3 (of the punk youth movement) punk: ~ fashion moda punk.

punk² s. ⟨sl⟩ (prostitute) prostituta f, ⟨volg⟩ puttana f.

punner [pʌnə] s. ⟨tecn⟩ mazzapicchio m.

punnet [pʌnit] s. cestello m: a ~ of strawberries un

cestello di fragole.

punster ['pʌnstə] s. chi si diletta di giochi di parole.

punt[1] [pʌnt] **I** s. (*flat-bottomed boat*) barchino m. **II** v.t. **1** spingere con una pertica. **2** (*to convey in a punt*) trasportare su un barchino. **III** v.i. andare in barchino.

punt[2] **I** s. ⟨Sport⟩ calcio m dato al pallone lasciandolo cadere dalle mani (prima che tocchi terra). **II** v.t. calciare prima che tocchi terra. **III** v.i. calciare il pallone lasciandolo cadere dalle mani.

punt[3] v.i. **1** (*to gamble*) giocare d'azzardo. **2** (*to bet against the bank*) puntare contro il banco. **3** (*to bet on a racehorse*) puntare su un cavallo da corsa.

punter[1] ['pʌntə] s. (*one who propels a punt*) chi va in un barchino.

punter[2] s. ⟨Sport⟩ chi calcia la palla lasciandola cadere dalle mani (prima che tocchi terra).

punter[3] s. **1** giocatore m (f –trice) d'azzardo, scommettitore m (f –trice). **2** (*one who bets against the bank*) chi punta contro il banco. **3** (*one who bets on a racehorse*) chi scommette su un cavallo da corsa.

punt pole s. pertica f.

puny ['pju:ni] a. **1** sparuto, gracile. **2** (*feeble, lacking in force*) debole, fiacco, inconsistente.

pup [pʌp] **I** s. **1** cucciolo m. **2** (*young seal*) foca f giovane. **3** (*young otter*) lontra f giovane. **4** ⟨fam⟩ (*conceited young man*) giovanottello m presuntuoso. **5** ⟨sl⟩ (*worthless item*) oggetto m di poco pregio, patacca f. **II** v.i. (*pret., p.p.* **pupped** [–t]) partorire, figliare. □ *to sell s.o. a* ~ imbrogliare qd.

pupa ['pju:pə] s. (*pl.* **-s** [z]/**-pae** [pi:]) ⟨Entom⟩ pupa f, crisalide f. **pupal** [–l] a. di (o relativo a) una pupa.

pupate ['pju:peit] v.i. ⟨Entom⟩ trasformarsi in pupa, diventare una crisalide. **pupation** [pju'peiʃən] s. trasformazione f in pupa (o crisalide).

pupil[1] ['pju:pl] s. **1** allievo m (f –a), scolaro m (f –a), alunno m (f –a). **2** (*disciple*) discepolo m (f –a), seguace m/f. **3** ⟨Dir⟩ pupillo m (f –a).

pupil[2] s. ⟨Anat⟩ pupilla f.

pupilage, pupillage ['pju:pilidʒ] s. stato m minorile, minorità f.

pupillary[1] ['pju:piləri] a. **1** di (o relativo a) un allievo. **2** ⟨Dir⟩ pupillare.

pupillary[2] a. ⟨Anat⟩ pupillare. ~ *reflex* riflesso pupillare.

pupillometer [,pju:pil'ɔmitə] s. pupillometro m. **pupillometry** [–tri] s. pupillometria f.

puppet ['pʌpit] s. **1** burattino m, marionetta f, fantoccio m (*anche fig.*): *he is a* ~ *in the hands of his superiors* è un burattino nelle mani dei suoi superiori. **2** ⟨Mecc⟩ testa f del tornio. **puppeteer** [–iə] s. burattinaio m (f –a).

puppet government s. ⟨Pol⟩ governo m fantoccio.

puppetry ['pʌpitri] s. **1** rappresentazione f di marionette (o burattini). **2** (*action of puppets*) burattinata f. **3** ⟨collett⟩ (*puppets*) burattini mpl, marionette fpl.

puppet show s. spettacolo m di burattini. ~ **state** s. ⟨Pol⟩ stato m fantoccio. ~ **strings** s.pl. fili mpl delle marionette. ~ **valve** s. ⟨Mecc⟩ valvola f a fungo.

puppy ['pʌpi] s. **1** cucciolo m. **2** ⟨fam⟩ (*conceited young man*) giovanottello m presuntuoso. **3** (*young shark*) squalo m giovane. **4** (*young seal*) foca f giovane. **5** (*young otter*) lontra f giovane.

puppy dog s. ⟨infant⟩ cagnolino m, cucciolo m.

puppyish ['pʌpiiʃ] a. di (o da) cucciolo.

puppy love s. amore m tra adolescenti.

purblind ['pə:blaind] a. **1** mezzo cieco, molto miope. **2** ⟨fig⟩ ottuso, tardo. **purblindness** [–nəs] s. **1** semicecità f, miopia f grave. **2** ⟨fig⟩ ottusità f.

purchasable ['pə:tʃəsəbl] a. **1** acquistabile. **2** (*corrupt*) venale, corrotto.

purchase ['pə:tʃəs] **I** v.t. **1** comprare, comperare, acquistare. **2** (*to acquire by effort, etc.*) conquistare, (riuscire a) ottenere: *to* ~ *victory dearly* conquistare la vittoria a caro prezzo. **3** ⟨Dir⟩ acquistare, comprare. **II** s. **1** acquisto m, compra f. **2** ⟨Dir⟩ acquisto m. **3** (*firm hold*) presa f, appiglio m, punto m d'appoggio, appoggio m. **4** ⟨fig⟩ (*means of increasing power, influence*) posizione f di forza. **5** ⟨Mar⟩ paranco m, caliorna f. **6** ⟨rar⟩ (*booty*) bottino m, preda f.

purchase block s. ⟨Mar⟩ bozzello m ⌐per paranco⌐ (o caliorna). ~ **deed** s. ⟨Dir⟩ atto m d'acquisto. ~ **mone** ~ **price** s. prezzo m d'acquisto.

purchaser ['pə:tʃəsə] s. **1** compratore m (f –tric acquirente m/f. **2** ⟨Dir⟩ acquirente m.

purchase tax s. tassa f d'acquisto.

purchasing agent ['pə:tʃəsiŋ] s. agente m compratore. **power** s. ⟨Econ⟩ potere m d'acquisto.

pure [pjuə] **I** a. **1** puro, genuino, schietto, autentico: ~ g oro puro; ~ *silk* seta pura. **2** (*clear*) puro, limpi chiaro, terso; (*clean*) pulito, lindo, netto. **3** (*of langua style*) puro, corretto. **4** (*free from moral defects*) pu innocente, onesto; (*spotless, untainted*) incorrotto, pu incontaminato; (*chaste*) puro, casto. **5** (*of unmi ancestry*) puro: ~ *Aryan* di pura razza ariana. **6** (*simp mere*) puro (e semplice), semplice, solo, mero: *a accident* un puro caso. **7** (*utter, absolute*) vero (e propri puro, assoluto, completo: ~ *nonsense* una v sciocchezza. **8** (*abstract, not applied*) puro, non applica teorico: *the* ~ *sciences* le scienze pure. **II** s. ⟨coll (*pure people;* costr.pl.) puri mpl: ⟨Bibl⟩ *blessed are the in heart* beati i puri di cuore. □ ~ *in body and m* puro di corpo e di spirito; ~ *and simple* puro semplice.

pureblood I a. ⟨Zootecn⟩ → **purebred**. **II** s. ⟨Zootecn⟩ → **purebred**. **2** ⟨am⟩ indiano m (f –a) di ra pura. **~-blooded** a. → **purebred**. **~bred I** a. ⟨Zoote di razza (pura). **II** s. purosangue m.

purée fr. ['pjuərei, am. pu'rei] s. ⟨Gastr⟩ **1** purè m, pu f. **2** (*soup*) passato m (di verdure).

purely ['pjuəli] avv. **1** in modo puro (o genuino). (*chastely*) con purezza, castamente. **3** (*merely*) purame meramente, semplicemente, soltanto: ~ *fortuit* puramente fortuito; *a* ~ *formal request* una richie meramente formale. **4** (*completely, utterly*) del tu puramente, assolutamente: ~ *accidental* del tu accidentale. □ ~ *and simply* in modo puro e semplic

pure mathematics s.pl. (costr. sing.) matematica f pu

pureness ['pjuənis] s. purezza f, genuinità f.

purgation [pə:'geiʃən] s. **1** il purgare, purga f. **2** ⟨Fis scarica f. **3** ⟨Med⟩ somministrazione f di una purga purgare. **4** ⟨Teol⟩ purgazione f, purificazione f. **5** ⟨S purgazione f. **purgative** [–gətiv] **I** a. **1** che purga, purifica. **2** ⟨Farm,Med⟩ purgativo, purgante. **3** ⟨T purgatorio, espiatorio. **4** ⟨Stor⟩ purgatorio, di purgazic **II** s. ⟨Farm⟩ purgante m, purga f. **purgator** [–gə'tɔ:riəl] a. ⟨Teol⟩ **1** purgatorio, espiatorio. **2** purgatory) del (o relativo al) purgatorio. **purgat** [–gətəri] **I** s. ⟨Teol⟩ purgatorio m (*anche fig.*). **II** a. purgatorial.

purge [pə:dʒ] **I** v.t. **1** purgare, purificare; (*to remove cleansing;* spesso con *away*) spurgare. **2** ⟨Pol⟩ purg epurare: *to* ~ *the party of revisionists* purgare il partito revisionisti. **3** ⟨Dir⟩ scagionare, prosciogliere; (*of offence: to clear away by atonement;* spesso con *aw* espiare, purgare. **4** (*of the bowels*) liberare, scaricare; cause evacuation of the bowels*) purgare. **II** v.i. purificarsi, purgarsi. **2** (*to cause evacuation of the bow* purgarsi, prendere la purga; (*to undergo evacuation of bowels*) liberare gli intestini. **III** s. **1** ⟨Pol⟩ epurazion purga f. **2** ⟨Farm⟩ purga f, purgante m.

purification [,pjuərifi'keiʃən] s. **1** purificazione depurazione f. **2** ⟨Lit,Rel⟩ purificazione f. **Purificatio** ⟨Rel⟩ Purificazione f.

purification plant s. ⟨tecn⟩ impianto m di depurazic

purificator ['pjuərifikeitə] s. **1** purificatore m (f –tri **2** ⟨Lit⟩ purificatoio m. **purificatory** [–keitəri] purificatorio, purificatore. **purifier** [–faiə] s. purificatore m (f –trice). **2** ⟨Chim⟩ purificatore depuratore m.

purify ['pjuərifai] **I** v.t. **1** purificare, depurare (a Chim.). **2** (*to free from improper elements*) depur rendere puro: *to* ~ *a language of barbarisms* depurare lingua dai barbarismi. **3** ⟨Rel⟩ purificare. **II** purificarsi, diventare puro.

purism ['pjuərizəm] s. ⟨Lett,Art⟩ purismo m. pu [–rist] **I** s. purista m/f. **II** a. → **puristic**. **puri**

[-'ristik] *a.* puristico, purista.

.ritan ['pjuəritən] **I** *s.* puritano *m* (*f* –a). **II** *a.* →
ouritanic. Puritan **I** *s.* ⟨*Rel.ev*⟩ puritano *m* (*f* –a). **II** *a.*
→ Puritanic(al). ,**puritanic** [-'tænik], ,**puritanical**
['-tænikəl] *a.* puritano. **Puritanic(al)** *a.* ⟨*Rel.ev*⟩ puritano.
puritanically [-'tænikəli] *avv.* in modo puritano, da
ouritano. **puritanism** [-izəm] *s.* puritanesimo *m.*
Puritanism *s.* ⟨*Rel.ev*⟩ puritanesimo *m.* **puritanize** [-aiz]
I *v.t.* rendere puritano, dare un carattere puritano a. **II**
v.i. fare il puritano.

.rity ['pjuəriti] *s.* **1** purezza *f,* genuinità *f,* schiettezza *f.* **2**
freedom from extraneous elements) purezza *f:* ~ *of*
language purezza di linguaggio. **3** (*chasteness*) purezza *f,*
astità *f,* illibatezza *f.*

.rl[1] [pə:l] **I** *s.* ⟨*Lav.femm*⟩ **1** (*stitch*) punto *m* rovescio. **2**
in lace–making) orlo *m* a piccoli cappi. **3** (*gold or silver*
hread) cordoncino *m* 'd'oro' (*o* d'argento) per ricami. **II**
.t. **1** lavorare (a maglia) a punto rovescio. **2** (*to edge*
vith loops) orlare con piccoli cappi. **3** (*to border with gold*
r silver thread) bordare con un cordoncino 'd'oro' (*o*
d'argento).· **III** *v.i.* lavorare (a maglia) a punto rovescio.

.rl[2] **I** *v.i.* **1** (*to eddy, swirl*) turbinare, mulinare. **2** (*to*
low with a murmuring sound) scorrere gorgogliando. **II** *s.*
1 corrente *f* vorticosa. **2** (*purling movement*) vortice *m,*
mulinello *m.* **3** (*murmuring sound*) gorgoglio *m,*
mormorio *m.*

.rl[3] *s.* (*drink of hot beer and gin*) birra *f* calda con gin e
pezie.

.rl[4] (*fam*) *v.i.* (*to fall heavily*) cadere pesantemente,
fam) fare ·un ruzzolone.

.rler ['pə:lə] *s.* (*fam*) **1** (*fall from a horse*) caduta *f* da
avallo. **2** (*heavy fall*) ruzzolone *m,* capitombolo *m.* □ *to*
ome a ~ fare un capitombolo (*o* ruzzolone).

.rlieu ['pə:lju:] *s.* **1** periferia *f,* suburbio *m,* sobborgo *m.*
2 *pl.* (*neighbourhood*) dintorni *mpl,* vicinanze *fpl.* **3** ⟨*Dir*⟩
ratto *m* di terreno ai margini di una foresta (soggetto alle
eggi forestali).

.rlin ['pə:lin], **purline** [-li:n] *s.* ⟨*Edil*⟩ arcareccio *m,*
erzera *f.*

.rloin [pə:'lɔin] **I** *v.t.* rubare, sottrarre, trafugare. **II** *v.i.*
.ubare. **purloiner** [-ə] *s.* ladro *m* (*f* –a).

.rple ['pə:pl] **I** *s.* **1** porpora *f,* color *m* porpora. **2**
pigment, dye) porpora *f.* **II** *a.* **1** porporino. **2** (*fig*)
regal, imperial) regale, imperiale. **3** (*fig*) (*of style: ornate,*
hetorical) ornato, fiorito; (*of language*) colorito. **III** *v.t.*
mporporare. **IV** *v.i.* imporporarsi, farsi di porpora. □
fig) *to be born in* (o *to*) *the* ~ essere di sangue reale;
Chim⟩ ~ *of Cassius* porpora *f* di Cassio; *to go* ~ *in the*
ace farsi di porpora, imporporarsi (in viso); ⟨*fig*⟩ *to raise*
o the ~ innalzare alla porpora.

.rple¦heart *s.* legno *m* amaranto (*o* nazareno). ~ **heart**
⟨*sl*⟩ (*stimulant pill*) pillola *f* stimolante a forma di
uore. ~ **Heart** *am. s.* medaglia *f* concessa per ferite
iportate in guerra. ~ **passage,** ~ **patch** *s.* (*of writing*)
.asso *m* elaborato. ~ **red** *a.* rosso porpora. ~ **shell** *s.*
Zool⟩ purpura *f.*

.rplish ['pə:pliʃ], **purply** [-pli] *a.* tendente al porporino,
iolaceo.

.rport **I** *v.t.* [pə:'pɔ:t] **1** dare a intendere: *he* –*s to be a*
epresentative of the law dà a intendere di essere un
appresentante della legge. **2** (*to seem to mean*)
'gnificare, voler dire; (*to imply*) implicare. **II** *s.* ['pə:pɔ:t]
(*meaning*) significato *m,* senso *m.* **2** (*intention*)
ntenzione *f,* proposito *m,* intento *m,* scopo *m.*
.rported [pə:'pɔ:tid] *a.* supposto, presunto, ipotetico.
urportedly [-li] *avv.* presumibilmente, a quanto si
uppone.

.rpose ·['pə:pəs] **I** *s.* **1** fine *m,* intento *m,* scopo *m: it*
as not my ~ *to harm you* non avevo intenzione di farti
lel) male. **2** (*determination*) fermezza *f,* risolutezza *f,*
eterminazione *f,* decisione *f.* **3** (*result, effect attained*)
.sultato *m,* effetto *m: he tried hard, but to little* ~ ha
entato con ogni mezzo, ma con scarsi risultati. **II** *v.t.*
roporsi, avere l'intenzione di, intendere: *to* ~ *s.th.*
roporsi qc.; *to* ~ *doing* (o *to do*) *s.th.* avere l'intenzione
.fare qc. □ *to* **act** *to* **good** ~ agire a buon fine; *to*
.nswer *the* ~ = *to* **serve** *the purpose*; *to* **come** *to the* ~

venire al dunque; **for** *the* ~ *of doing s.th.* al fine di fare
qc.; *for this* ~ per questo scopo, a questo fine; *for what*
~? a che fine?, a quale scopo?; *to* **no** ~ senza alcun
risultato, con nessun risultato; *to be to no* ~ essere vano
(*o* inutile), non ottenere alcun risultato; *a man of* ~ un
uomo risoluto; **on** ~ apposta, di proposito,
intenzionalmente: *you did it on* ~ l'hai fatto apposta; *for*
all **practical** –*s* a tutti gli effetti; *to* **serve** *the* ~ fare al
caso, rispondere allo scopo: *this model will serve your* ~
questo modello farà al caso tuo; *to the* ~ pertinente, a
proposito: *his remarks are seldom to the* ~ le sue
osservazioni sono di rado pertinenti; *a novel with a* ~ un
romanzo a tesi; *with the* ~ *of doing s.th.* = **for** *the*
purpose of doing s.th. || *what was his* ~ *in leaving so*
early? che motivo aveva di andarsene così presto?
purposeful ['pə:pəsful] *a.* **1** deciso, risoluto, determinato.
2 (*full of meaning*) significativo, pieno di significato.
purposefully [-i] *avv.* espressamente, deliberatamente,
intenzionalmente. **purposefulness** [-nis] *s.* risolutezza *f,*
decisione *f.*
purposeless ['pə:pəslis] *a.* **1** senza scopo, senza un fine. **2**
(*not resolute*) indeciso, irresoluto. **3** (*meaningless*) privo di
significato. **purposelessly** [-li] *avv.* senza scopo,
inutilmente. **purposelessness** [-nis] *s.* inutilità *f,*
mancanza *f* di scopo.
purposely ['pə:pəsli] *avv.* **1** apposta, di proposito,
intenzionalmente. **2** (*expressly*) apposta, espressamente: *I*
came ~ *to see you* sono venuto apposta per vederti.
purposive ['pə:pəsiv] *a.* **1** che ha 'uno scopo' (*o* un fine). **2**
(*acting with purpose*) deliberato, intenzionale. **3** (*resolute*)
deciso, determinato, risoluto.
purpura ['pə:pjurə] *s.* ⟨*Med*⟩ porpora *f.*
purpurin ['pə:pjurin] *s.* ⟨*Chim*⟩ porporina *f.*
purr [pə:] **I** *v.i.* **1** fare le fusa, ronfare. **2** ⟨*estens*⟩ ronzare:
the engine –*ed softly* il motore ronzava sommessamente. **3**
⟨*fig*⟩ esprimere la propria soddisfazione facendo le fusa
come un gatto. **II** *v.t.* esprimere facendo le fusa come un
gatto. **III** *s.* **1** il fare le fusa. **2** ⟨*estens*⟩ ronzio *m.*
purring ['pə:riŋ] **I** *s.* **1** (*of a cat*) il fare le fusa. **2** ⟨*estens*⟩
ronzio *m.* **II** *a.* **1** che fa le fusa. **2** ⟨*estens*⟩ che ronza.
purse [pə:s] **I** *s.* **1** borsellino *m.* **2** ⟨*am*⟩ (*handbag*) borsa
f, borsetta *f.* **3** ⟨*fig*⟩ (*resource, funds*) denaro *m,* borsa *f,*
fondi *mpl.* **4** (*sum of money subscribed as a gift*) somma *f*
raccolta mediante sottoscrizione. **5** ⟨*Sport*⟩ premio *m* in
denaro; (*in boxing*) borsa *f.* **II** *v.t.* increspare, arricciare:
to ~ *one's lips* increspare le labbra. **III** *v.i.* (*to become*
puckered) incresparsi, arricciarsi. □ **beyond** *one's* ~ al di
sopra delle proprie possibilità (finanziarie); ⟨*fam*⟩ *to know*
the **length** *of s.o.'s* ~ conoscere le possibilità finanziarie
di qd.; *to have a* **long** ~ avere la borsa piena, stare bene a
quattrini, ⟨*fam*⟩ avere un sacco di soldi; ⟨*fig*⟩ *one cannot*
make a **silk** ~ *out of a sow's ear* non si può dà il vino che
ha; *to* **live within** *one's* ~ vivere secondo le proprie
possibilità, ⟨*fam*⟩ fare il passo secondo la gamba.
purse bearer *s.* **1** tesoriere *m.* **2** (*British official*)
portasigillo *m* (del Gran Cancelliere).
purser ['pə:sə] *s.* ⟨*Mar*⟩ commissario *m* di bordo.
purse¦ snatcher *s.* borsaiolo *m* (*f* –a), scippatore *m* (*f*
–trice). ~ **snatching** *s.* borseggio *m,* scippo *m.*
purse-strings *s.pl.* cordoni *mpl* della borsa. □ *to hold the*
~ tenere i cordoni della borsa, amministrare i soldi; *to*
loosen the ~ allentare i cordoni della borsa; *to tighten the*
~ tenere stretti i cordoni della borsa.
purslane ['pə:slin] *s.* ⟨*Bot*⟩ porcellana *f.*
pursuable [pə'sjuəbl] *a.* perseguibile.
pursuance [pə'sjuəns] *s.* **1** esecuzione *f,* adempimento *m.*
2 (*act of continuing*) proseguimento *m,* continuazione *f,*
prosecuzione *f.* □ *in* ~ *of* conformemente a, in
conformità di: *in* ~ *of one's duties* conformemente ai
propri doveri. **pursuant** [-nt] *a.* **1** seguente, che fa
seguito (*to* a), che segue. **2** (*pursuing*) che insegue, che
ricerca. □ ~ *to* in conformità di, conformemente a.
pursuantly [-ntli] *avv.* in conformità, conseguentemente.
pursue [pə'sju:] **I** *v.t.* **1** inseguire, dare la caccia a: *to* ~ *a*
thief inseguire un ladro. **2** (*to follow*) seguire, andare
dietro a. **3** ⟨*fig*⟩ (*to follow close upon*) fare seguito a,
venire dietro a, seguire: *technical problems* –*d the project*

al progetto fecero seguito problemi tecnici. **4** (*to seek to obtain*) perseguire, cercare di raggiungere (*o* ottenere): *to ~ an objective* perseguire un obiettivo. **5** (*to carry on*) proseguire, portare avanti, continuare: *to ~ one's studies* proseguire i propri studi; (*to practise*) esercitare, praticare: *to ~ a profession* esercitare una professione. **6** (*of a course, path*) seguire, procedere lungo. **7** (*of a subject, etc.: to continue to discuss*) portare avanti, continuare a discutere. **8** (*to persecute, harass*) perseguitare, tormentare: *to be -d by misfortune* essere perseguitato dalla sfortuna. **II** *v.i.* andare ˹all'inseguimento˺ (*o* alla ricerca) di.

pursuer [-ə] *s.* inseguitore *m* (*f* -trice).

pursuit [pə'sju:t] *s.* **1** inseguimento *m*, caccia *f.* **2** (*act of seeking to obtain*) ricerca *f*, perseguimento *m: the ~ of happiness* la ricerca della felicità. **3** (*activity*) attività *f*, occupazione *f: literary and scientific -s* attività scientifiche e letterarie; (*pastime*) svago *m*, passatempo *m.* □ *to be in hot ~* ricercare accanitamente; *in ~ of* in cerca di, a caccia di.

pursuivant ['pə:sivənt] *s.* **1** ⟨Stor⟩ perseverante *m;* (*herald's attendant*) attendente *m* dell'araldo. **2** ⟨poet,rar⟩ (*attendant, follower*) seguace *m/f.*

pursy[1] ['pə:si] *a.* **1** grasso, corpulento. **2** (*short-winded*) dal fiato corto, affannato.

pursy[2] *a.* (*puckered*) raggrinzito, increspato.

purulence ['pjuəruləns], **purulency** [-i] *s.* ⟨Med⟩ **1** purulenza *f*, suppurazione *f.* **2** (*pus*) pus *m*, materia *f* purulenta. **purulent** [-nt] *a.* purulento. **purulently** [-ntli] *avv.* in modo purulento.

purvey [pə:'vei] **I** *v.t.* approvvigionare, fornire provviste a. **II** *v.i.* **1** fornire provviste (*for, to* a), approvvigionare (qd.). **2** (*to be a source of supply*) essere fornitore (*for* di). **purveyance** [-əns] *s.* **1** approvvigionamento *m*, fornitura *f.* **2** ⟨Stor⟩ diritto *m* della Corona inglese di acquistare provviste fissandone il prezzo. **purveyor** [-ə] *s.* fornitore *m* (*f* -trice): *~ to the Royal Household* fornitore di Casa reale.

purview ['pə:vju:] *s.* **1** ambito *m*, campo *m*, sfera *f: outside the ~ of an inquiry* (al di) fuori dell'ambito di un'indagine. **2** (*range of vision, etc.*) campo *m* visivo, visuale *f.* **3** ⟨Dir⟩ testo *m* di una legge; (*scope of a statute*) portata *f* di una legge.

pus [pʌs] *s.* ⟨Med⟩ pus *m.*

push[1] [puʃ] **I** *v.t.* **1** spingere, dare una spinta a: *don't pull it, ~ it* non tirarlo, spingilo; *he -ed me into the water* mi spinse in acqua. **2** (*to drive before one*) sospingere, spingere avanti: *the crowd -ed us towards the exit* la folla ci sospingeva verso l'uscita. **3** (*to poke, insert*) ficcare, spingere dentro, cacciare: *to ~ one's finger into a hole* ficcare un dito dentro un buco. **4** (*to press*) premere, spingere, pigiare: *to ~ a button* premere un pulsante. **5** (*fig*) (*to press, bear hard on*) fare pressione su, premere, sottoporre a pressioni: *to ~ s.o. for payment* fare pressione su qd. perché paghi. **6** ⟨fig⟩ (*to urge*) esortare, incitare, spingere: *I -ed him to apply for the job* lo esortai a presentare domanda per quel posto; (*to urge to greater effort, etc.*) spronare, pungolare, stimolare: *he's a clever child but he has to be -ed* è un bambino intelligente, ma deve essere spronato. **7** (*to bring to a certain state by pressure*) spingere, portare: *repression often -es people to extremes* la repressione spinge spesso le persone agli estremi. **8** (*to urge the adoption, use of, etc.*) far accettare (*o* accogliere); (*of a claim*) far valere, far sentire. **9** ⟨fam⟩ (*to approach the age, number of*) essere vicino a, avvicinarsi a, toccare: *he must be -ing fifty by now* ormai deve essere vicino alla cinquantina. **10** ⟨sl⟩ (*of narcotics*) trafficare, spacciare. **11** ⟨Comm⟩ fare pubblicità a, propagandare: *to ~ a line of goods* fare pubblicità a una linea di prodotti. **II** *v.i.* **1** spingere, dare una spinta: *stop -ing* smettila di spingere. **2** (*to press on, forward*) spingersi, avanzare. **3** (*to move by being pushed*) muoversi sotto una spinta. **4** (*to exert o.s.*) darsi da fare, sforzarsi: *you have to ~ if you want to get ahead* devi darti da fare se vuoi fare carriera. □ *to ~ ahead*: 1 spingere avanti; 2 (*to advance*) avanzare, spingersi avanti; 3 (*to go ahead*) andare avanti (*with* con), progredire (in): *we are -ing ahead with our original plan* stiamo andando avanti con il

nostro progetto iniziale; *to ~ along* = *to push on*; *to around* fare il prepotente con, tiranneggiare: *stop -i your little brother around* smettila di fare il prepotente c tuo fratellino; *to ~ aside* spingere da parte, scostare; *to away* respingere, allontanare; *to ~ back* spingere indietr allontanare, scostare; *to ~ down*: 1 abbattere, buttare gi fare cadere; 2 (*to press down*) pigiare, premer comprimere; *to ~ forward*: 1 sospingere (*o* spinger avanti: *the crowd -ed me forward* la folla mi sospin avanti; 2 (*to go forward*) spingersi avanti; *to ~ in*: 1 riuscire a entrare, spingersi dentro; 2 (*to drive in*) spinge dentro, far penetrare; *to ~ off*: 1 spingere (*o* mandare) v da: *he -ed me off my chair* mi spinse via dalla sedia; ⟨*fam*⟩ (*to leave, depart*) partire, andar via, ⟨*fa* sgombrare; 3 ⟨*Mar*⟩ prendere il largo, spingersi al larg largarsi; 4 ⟨*Mar*⟩ (*to get under way*) spingere al larg scostare; *to ~ on* (*to proceed*) proseguire, andare avan procedere; *to ~ a door open* aprire una porta con u spinta; *to ~ out*: 1 spingere fuori, far uscire, espellere; (*to come out by being pushed*) sporgere, venire fuori; 3 cause to project) (far) sporgere, protendere: *to ~ out on lower lip* sporgere il labbro inferiore; 4 (*to proje protendersi, venire in fuori; *to ~ over*: 1 far cadere; 2 *help to climb over*) aiutare ˹a salire˺ (*o* ad arrampicar per scavalcare; *to ~ sales* incentivare le vendite; *to ~ door shut* chiudere una porta con una spinta; *to through*: 1 far passare attraverso (spingendo): *to ~s through a hole* far passare qd. attraverso un buco; 2 cause to pass through) far approvare, far passare; 3 cause to be accepted, adopted, etc.) far accettare accogliere): *to ~ through a proposal* far accettare u proposta; *to ~ up*: 1 tirare su, spingere (in) su; 2 (*to h to climb*) aiutare ˹a salire˺ (*o* ad arrampicarsi), far salire; ~ *one's way through* farsi largo (*o* strada), aprirsi varco.

push[2] *s.* **1** spinta *f*, urto *m*, spintone *m: to give s.o. a dare una spinta a qd. **2** ⟨fig⟩ (*compulsion, urge*) spinta incitamento *m*, sollecitazione *f.* **3** (*effort to obtain s.r drive*) sforzo *m: a governamental ~ to lower unemploym figures* uno sforzo da parte del governo per ridurre disoccupazione. **4** (*boost, stimulus*) stimolo *m*, spinta sprone *m;* (*impulse*) impulso *m*, incremento *m.* **5** (*fa energy*) energia *f;* (*enterprise*) intraprendenza *f*, iniziativ *the new manager has plenty of ~* il nuovo direttore molta intraprendenza. **6** ⟨fam⟩ (*exertion of influen spinta *f*, favoreggiamento *m*, aiuto *m.* **7** ⟨fam⟩ (*dismiss licenziamento *m.* **8** ⟨Mil⟩ offensiva *f.* □ *at a ~* in c d'emergenza, al momento critico, al bisogno; *when comes to the ~* quando arriva il momento critico; ⟨fa *to get the ~* essere licenziato; ⟨fam⟩ *to give s.o. the licenziare qd., buttare fuori qd.; *to make a ~*: 1 ⟨Λ sferrare un'offensiva; 2 ⟨fam⟩ (*to make a determin effort*) compiere un grande sforzo, ⟨fam⟩ metterc tutta.

push| bicycle, **~bike** *s.* bicicletta *f* (a pedali). **~-butt** *a.* a pulsante. **~ button** *s.* pulsante *m.* **~-butt telephone** *s.* telefono *m* a tasti (*o* tastiera). **~car passeggino *m.* **~cart** *s.* carretto *m* a mano; supermarkets) carrello *m.* **~chair** *s.* passeggino *m.* **cycle** *s.* → push bicycle.

pusher ['puʃə] *s.* **1** chi spinge. **2** ⟨fam⟩ (*one who aggressive in advancing himself*) arrivista *m/f.* **3** ⟨sl⟩ (*a pedlar*) spacciatore *m* (*f* -trice) di droga.

pushful ['puʃful] *a.* dotato d'iniziativa, intraprende (*aggressively energetic*) invadente, importuno. **pushi** [-ʃin] *a.* → pushful.

push|over *s.* **1** ⟨fam⟩ cosa *f* molto facile, scherzo *m*, gi *m* da bambini: *the exam was a ~* l'esame è stato u scherzo. **2** (*s.o. easy to outwit, etc.*) sempliciotto *m* (*f credulone *m* (*f* -a). ~ **pram** *s.* (*for a child*) passeggino ~ **towboat** *s.* ⟨Mar⟩ spintore *m.*

pusillanimity [,pju:siləˈnimiti] *s.* viltà *f*, vigliaccheri **pusillanimous** [-ˈlæniməs] *a.* vile, vigliacco, pusillani **pusillanimously** [-ˈlæniməsli] *avv.* vilme vigliaccamente, codardamente.

puss[1] [pus] *s.* **1** ⟨fam⟩ (*cat*) gatto *m*, ⟨fam⟩ micio ⟨fam⟩ micino *m.* **2** ⟨fam⟩ (*young girl*) ragazza *f*, ⟨f

attina *f.* **3** ⟨*dial*⟩ ⟨*hare*⟩ lepre *f.* □ ~ *in boots* il gatto
on gli stivali; ~ *in the corner* (*children's game*) i quattro
antoni.
ss² *s.* ⟨*sl*⟩ ⟨*face*⟩ faccia *f*, ⟨*spreg*⟩ grugno *m*.
ssy ['pusi] *s.* **1** ⟨*fam*⟩ ⟨*cat*⟩ gatto *m*, ⟨*fam*⟩ micio *m*,
⟨*fam*⟩ micino *m*. **2** ⟨*dial*⟩ ⟨*hare*⟩ lepre *f*.
ssy| cat *s.* ⟨*fam*⟩ ⟨*cat*⟩ gatto *m*, ⟨*fam*⟩ micio *m*, ⟨*fam*⟩
nicino *m*. ~foot **I** *v.i.* ⟨*fam*⟩ **1** (*to walk softly*)
amminare con passi felpati. **2** ⟨*am*⟩ (*to act cautiously*)
gire con cautela, essere prudente. **II** *s.* ⟨*sl*⟩
⟨*prohibitionist*⟩ proibizionista *m/f*.
stular ['pʌstjulə] *a.* pustoloso. **pustulate** [–leit] **I** *v.t.*
oprire di pustole, provocare la formazione di pustole su.
I *v.i.* coprirsi di pustole. **III** *a.* pustoloso. **,pustulation**
–'leifən] *s.* formazione *f* di pustole.
stule ['pʌstju:l] *s.* **1** ⟨*Med,Bot*⟩ pustola *f.* **2** ⟨*Zool*⟩
orro *m.* **pustulous** [–stjuləs] *a.* pustoloso.
t¹ [put] *v.* (*pret., p.p.* put) **I** *v.t.* **1** posare, mettere, porre,
ollocare: *to ~ the bottles on the shelf* posare le bottiglie
ulla mensola; *to ~ one's hands in one's pockets* mettersi
e mani in tasca; *to ~ a child to bed* mettere a letto un
ambino. **2** (*to set in a certain place, send*) mandare,
nviare, mettere: *to ~ a man in space* mandare un uomo
ello spazio. **3** (*to bring into a certain condition*) mettere:
o ~ s.o. at his ease* mettere a proprio agio qd.; *to ~
hings right* mettere le cose a posto; (*to subject*) far
ffrontare (*o* subire), sottoporre: *to ~ s.o. to great expense*
ar affrontare gravi spese a qd. **4** (*to fix, attach*) attaccare,
pplicare, mettere, fissare: *to ~ a button on a jacket*
ttaccare un bottone a una giacca. **5** (*to affix, write*)
pporre, mettere (per iscritto): *to ~ one's signature to a
ocument* apporre la propria firma a un documento. **6** (*to
mpose, inflict*) mettere, imporre, infliggere: *to ~ a tax on
.th.* mettere una tassa su qc. **7** (*to establish*) porre,
ettere, stabilire: *to ~ an end to the uncertainty* porre
ine all'incertezza; *to ~ a ceiling on prices* stabilire un
imite massimo sui prezzi. **8** (*to express*) esprimere,
sporre, presentare, dire: *to ~ one's feelings into words*
sprimere (a parole) i propri sentimenti; *to ~ one's case
learly* esporre con chiarezza il proprio caso. **9** (*to submit*)
ottoporre, presentare, portare (davanti): *he ~ the whole
natter before the board* sottopose tutta la faccenda al
onsiglio; *to ~ a proposal to s.o.* presentare una proposta
a qd.; (*to call for a vote on*) mettere ai voti: *to ~ a
notion* mettere ai voti una mozione. **10** (*to ascribe,
ttribute*) dare, attribuire, ascrivere, addossare: *to ~ the
lame on s.o.* dare la colpa a qd.; *to ~ a high value on
.th.* attribuire molto valore a qc. **11** (*to estimate*)
alcolare, valutare: *I ~ her age at forty* calcolo che abbia
irca quarant'anni. **12** (*to include*) mettere, includere,
nserire: ~ *the phone call on my bill* metta la telefonata
ul mio conto. **13** (*to bet*) puntare, scommettere: *to ~ ten
hillings on a horse* puntare dieci scellini su un cavallo.
14 (*to invest*) investire, mettere: *to ~ all one's money in
il* investire tutto il proprio denaro nel petrolio. **15** (*to
et, assign*) mettere, destinare, assegnare: *to ~ s.o. to work*
nettere qd. a lavorare. **16** (*to place under the protection,
are*) mettere, affidare: *to ~ o.s. in the hands of a doctor*
nettersi nelle mani di un medico. **17** (*to repose*) riporre,
nettere, porre: *to ~ one's trust in God* riporre la propria
iducia in Dio. **18** (*to apply*) applicare, dedicare: *to ~
ne's mind to s.th.* applicare la mente a qc. **19** (*of a
weapon, missile*) piantare, conficcare: *to ~ a bullet
hrough s.o.'s head* piantare una pallottola in testa a qd.
20 ⟨*rifl*⟩ mettersi, porsi: ~ *yourself in my place* mettiti
nei miei panni. **21** ⟨*Sport*⟩ fare il lancio di, lanciare: *to ~
he shot* fare il lancio del peso. **II** *v.i.* ⟨*Mar*⟩ dirigersi (*o*
fare rotta) verso: *to ~ to shore* dirigersi verso la riva. □
to ~ about: **1** = *to put* **around**; **2** (*to cause to change
direction*) girare, invertire: *he ~ the car about* girò la
macchina; **3** ⟨*Mar*⟩ invertire la rotta, virare di bordo; *to
~ across:* **1** (*to achieve*) mandare a buon fine, riuscire in,
portare a termine: *to ~ a business deal across* mandare a
buon fine un affare; **2** (*to achieve by trickery*) riuscire con
l'inganno in; **3** ⟨*fam*⟩ (*to express clearly*) esporre con
chiarezza, rendere comprensibile; *to ~* **around** (*of
rumours, etc.*) far circolare, mettere in giro, spargere; *to ~*

aside: **1** mettere da parte, accantonare; **2** (*to save*) mettere
da parte, risparmiare; *to ~* **away:** **1** riporre, mettere via:
~ *away your books, children* riponete i libri, bambini; **2**
(*to save*) mettere da parte, risparmiare; **3** ⟨*fam*⟩ (*to
confine to a mental home*) ricoverare (*o* rinchiudere) in un
manicomio; **4** ⟨*sl*⟩ (*of food, drink*) far piazza pulita di, far
fuori; *to ~* **back:** **1** rimettere (a posto): ~ *it back where
you found it* rimettilo dove l'hai trovato; **2** (*of a clock,
watch*) mettere indietro; **3** ⟨*fig*⟩ (*to retard*) rallentare,
ritardare; **4** ⟨*Mar*⟩ rientrare, tornare indietro: *to ~ back
to port* rientrare in porto; *to ~* **before** preferire, anteporre:
to ~ death before dishonour preferire la morte al disonore;
to ~ **by** mettere da parte, risparmiare; *to ~* **down:** **1**
posare, mettere giù, deporre: ~ *that knife down!* metti giù
quel coltello!; *he ~ down his suitcase* posò la valigia; **2** (*to
allow to alight*) far scendere, lasciare (scendere); **3** (*to
suppress*) sedare, domare, reprimere: *to ~ down a revolt*
sedare una rivolta; **4** (*to write down*) annotare, segnare,
scrivere; **5** (*to enter on a subscription list*) mettere in lista,
segnare; **6** ⟨*eufem*⟩ (*of an animal: to kill*) abbattere,
uccidere; **7** ⟨*fam*⟩ (*to humiliate*) umiliare, mortificare; **8**
⟨*Aer*⟩ atterrare; *to ~ o.s. down for a competition* iscriversi
a una gara; *to ~* **forth:** **1** (*of trees, plants*) mettere (fuori),
far germogliare; **2** ⟨*Bot,assol*⟩ germogliare; **3** (*to exert*)
impiegare, esercitare, far uso di: *to ~ forth all one's
strength* impiegare tutta la propria forza; **4** (*to propose*)
proporre, avanzare, presentare; **5** (*to publish, issue*)
pubblicare; **6** (*to set out*) venire fuori, spuntare; *to ~*
forward: **1** (*to propose*) proporre, avanzare: *to ~ forward a
new theory* avanzare una nuova teoria; **2** (*to suggest as
candidate*) proporre, presentare; **3** ⟨*rifl*⟩ mettersi in vista
(*o* evidenza), farsi notare; **4** (*of a clock, watch*) mettere
avanti; *to ~* **from** allontanare, scacciare: ~ *the thought
from you* allontana da te quel pensiero; *to ~* **in:** **1** mettere
dentro (*o* in), introdurre, inserire; **2** (*to interpose*) mettere,
interporre: *to ~ in a good word for a friend* mettere una
buona parola per un amico; **3** (*to add in, include*)
aggiungere, includere; **4** (*to do*) fare: *to ~ in an hour's
practice* fare un'ora di esercizi; **5** (*to enter, lodge*)
presentare, inoltrare; **6** (*to install*) insediare, mettere: *to ~
in a caretaker* mettere un guardiano; **7** ⟨*Mar*⟩ (*to call*)
fare scalo (*at a,* in): *the ship ~ in at Port Said* la nave
fece scalo a Porto Said; ⟨*am*⟩ *to ~* **into** (*to flow into*)
sboccare, riversarsi, affluire; *to ~* **off:** **1** (*to postpone,
delay*) rimandare, differire, rinviare, posporre: *to ~ off a
visit* rimandare una visita; *to ~ off doing s.th.* rimandare
di fare qc.; **2** (*to cause to wait*) far aspettare: *to ~ off a
creditor* far aspettare un creditore; **3** (*to evade*) liberarsi di,
sbarazzarsi di: *don't try to ~ me off with excuses* non
cercare di liberarti di me con delle scuse; **4** (*to dissuade,
discourage*) scoraggiare, dissuadere, distogliere: *don't be ~
off by the way he shouts* non lasciarti scoraggiare dalle sue
grida; **5** (*to annoy*) dare fastidio, seccare, infastidire: *stop
that, it –s me off* smettila, mi dà fastidio; **6** (*to turn off*)
spegnere: *to ~ off the radio* spegnere la radio; **7** (*to set
down*) far scendere, scaricare, ⟨*scherz*⟩ sbarcare; **8** ⟨*Mar*⟩
(*to leave land*) salpare, prendere il largo; *to ~ s.o. off his
food* far passare l'appetito a qd.; *to ~* **on:** **1** (*of clothes,
etc.*) indossare, mettersi: *to ~ an overcoat on* indossare un
soprabito; **2** (*to assume*) assumere, prendere: *to ~ on an
arrogant air* assumere un'aria arrogante; **3** (*to pretend,
feign*) far finta, fingere; **4** (*to turn on*) accendere: *to ~ on
the light* accendere la luce; **5** (*to increase*) aumentare,
accrescere: *to ~ on speed* aumentare la velocità; **6** ⟨*Sport*⟩
(*to add to the score*) fare, segnare; **7** (*of a clock, watch*)
mettere avanti; **8** (*to make available*) mettere (a
disposizione), provvedere a: *to ~ on extra trains* mettere
dei treni straordinari; **9** (*to assign*) dare l'incarico a,
destinare, designare, incaricare; **10** (*to perform*) fare,
compiere, eseguire: *to ~ on a splendid show* fare uno
spettacolo splendido; **11** ⟨*Teat*⟩ mettere in scena, allestire:
to ~ on a new play mettere in scena una nuova
commedia; *to ~ on weight* ingrassare; *to ~* **on to:** **1**
⟨*fam*⟩ indicare, segnalare: *I can ~ you on to a good
bargain* posso indicarti un buon affare; **2** (*to put in
contact with*) mettere in contatto con; *who ~ you on to it?*
chi ti ha dato l'informazione?; *to ~* **out:** **1** (*to put outside*)

mettere fuori: *to ~ the cat out* mettere il gatto fuori; 2 (*to throw out*) buttare (*o* cacciare) fuori, estromettere; 3 (*to extend*) allungare, tendere, stendere: *~ your hand out* allunga la mano; 4 (*to extinguish*) spegnere, smorzare: *to ~ out the light* spegnere la luce; 5 (*to publish, issue*) pubblicare: *to ~ out a new edition of Tom Jones* pubblicare una nuova edizione di Tom Jones; 6 (*to annoy, irritate*) contrariare, seccare, infastidire: *this delay has greatly ~ me out* questo ritardo mi ha molto contrariato; 7 (*to inconvenience*) disturbare, incomodare, scomodare: *don't ~ yourself out* non disturbarti; 8 ⟨*Med*⟩ (*to dislocate*) slogare, lussare: *to ~ one's shoulder out* slogarsi la spalla; 9 ⟨*Sport*⟩ eliminare; 10 ⟨*Mar*⟩ prendere il largo, largare, scostare; ⟨*Mil*⟩ *to ~ out of action* mettere fuori combattimento; *to ~ s.o.'s eye out* cavare un occhio a qd.; *to ~ cattle out to grass* mandare il bestiame al pascolo; *to ~ s.o. out of his misery* mettere fine alle sofferenze di qd.; *would it ~ you out to lend me fifty pounds?* ti dispiacerebbe prestarmi cinquanta sterline?; *to ~ one's tongue out at s.o.* ˈtirare fuoriˈ (*o* mostrare) la lingua a qd.; *to ~* **over:** 1 (*to communicate*) comunicare, trasmettere: *the author fails to ~ his ideas over* l'autore non riesce a comunicare (al pubblico) le sue idee; 2 (*to get accepted, adopted*) far approvare, far passare; ⟨*fam*⟩ *you can't ~ it over me* con me non attacca; ⟨*esclam.fam*⟩ *~ it there* lascia che ti stringa la mano, qua la mano; *to ~* **through:** 1 (*to accomplish*) attuare, compiere, portare a termine: *to ~ through important reforms* attuare importanti riforme; 2 (*to cause to endure*) sottoporre: *to ~ s.o. through a tough interrogation* sottoporre qd. a un severo interrogatorio; 3 ⟨*Tel*⟩ fare parlare con, mettere in linea (*o* comunicazione) con; ⟨*fam*⟩ *to ~ s.o. through it* far passare un brutto quarto d'ora a qd.; *to ~* **to:** 1 (*of a door*) chiudere; 2 ⟨*Mar*⟩ poggiare, rifugiarsi in porto; *to be* (*hard*) *~ to it* trovarsi in difficoltà (*o* imbarazzo); *you'll be hard ~ to it to finish in time* ti sarà difficile finire in tempo; *to ~ a poem to music* mettere una poesia in musica; ⟨*Mar*⟩ *to ~ to sea* prendere il mare, salpare; *to ~* **together:** 1 montare, mettere assieme, 2 (*to collect*) raccogliere, riunire, mettere insieme: *to ~ one's thoughts together* raccogliere le (proprie) idee; *to ~ heads together* consultarsi, concertarsi; *he thought he knew more than all his teachers ~ together* credeva di saperne più di tutti i suoi maestri messi insieme; *to ~* **up:** 1 alzare, sollevare, tirare su: *to ~ up one's hand* alzare la mano; 2 (*to erect*) costruire, erigere, innalzare: *to ~ up a new town hall* costruire un nuovo municipio; 3 (*of a tent*) montare, alzare; 4 (*of a flag*) issare; 5 (*of an umbrella*) aprire; 6 (*to affix*) affiggere, attaccare: *to ~ up a notice* affiggere un avviso; 7 (*of marriage banns*) pubblicare; 8 (*to raise*) aumentare, maggiorare: *to ~ up the price of s.th.* aumentare il prezzo di qc.; 9 (*to propose*) proporre, presentare; 10 (*to nominate for election*) porre la candidatura di; 11 (*to offer for sale*) mettere in vendita: *to ~ s.th. up for auction* vendere qc. all'asta; 12 (*of a prayer, petition*) rivolgere, indirizzare; 13 (*of money: to make available*) fornire, provvedere, procurare: *to ~ up the capital* fornire il capitale; 14 (*to offer as a prize*) offrire in premio; 15 (*to provide accommodation for*) ospitare, alloggiare: *to ~ s.o. up for the night* ospitare qd. per la notte; 16 (*to lodge*) alloggiare: *to ~ up at an inn* alloggiare in una locanda; 17 (*ant*) (*of a sword*) rinfoderare; ⟨*fam*⟩ *~ 'em* (*o* them) *up!* in guardia!; *to ~ up a good fight* battersi bene, combattere valorosamente; *to ~ up one's hands:* 1 (*in surrender*) alzare le mani in segno di resa; 2 (*in readiness to fight*) mettersi in guardia; ⟨*fam*⟩ *to ~* **upon:** 1 (*to take advantage of*) approfittare di, abusare di; 2 (*to impose on*) imbrogliare, raggirare; *to ~* **up to** istigare, incitare, spingere; *to ~* **up with** sopportare, sorbirsi: *I had to ~ up with a two hour lecture* mi son dovuto sorbire una conferenza di due ore. ‖ *to ~ it bluntly* (*o frankly*) per parlare senza mezzi termini, per parlare francamente (*o* chiaro); *to ~ it mildly* a dir poco; *if one may ~ it that way* se così si può dire!

put² [pʌt] *s.* 1 ⟨*Sport*⟩ (*in golf*) colpo *m* eseguito con il putter. 2 ⟨*Sport*⟩ (*in athletics*) lancio *m* del peso. 3 ⟨*Econ*⟩ opzione *f* di vendita, contratto *m* a premio. □

⟨*Econ*⟩ *~ and call* contratto *m* a doppio premio, opzio doppia; *to give for the ~* vendere con facoltà opzione.

put³ [pʌt] *v.* (*pret., p.p.* 'putted [-id]) **I** *v.t.* ⟨*Sport*⟩ **1** *golf*) colpire con il putter. **2** (*in athletics: of a weigh* lanciare. **II** *v.i.* colpire la palla con il putter.

putative ['pjuːtətiv] *a.* presunto, supposto, putativo: *the author* il presunto autore.

putative marriage *s.* ⟨*Dir*⟩ matrimonio *m* putativo.

put-on **I** *a.* finto, falso, simulato. **II** *s.* ⟨*am.fam*⟩ (*affec manner*) affettazione *f*, falsità *f*, artificiosità *f.*

putrefaction [ˌpjuːtri'fækʃən] *s.* **1** putrefazione decomposizione *f*, disfacimento *m.* **2** (*rotting matt* marciume *m* (*anche fig.*). **putrefactive** [-ktiv] putrefattivo.

putrefy ['pjuːtrifai] **I** *v.t.* putrefare, decomporre. **II** putrefarsi, decomporsi.

putrescence [pjuː'tresns], **putrescency** [-i] *s.* putrefazione *f*, decomposizione *f*, disfacimento *m.* (*putrescent matter*) putridume *m.* **putrescent** [-nt] *a.* putrefazione, che marcisce. **putrescible** [-səbl] *a.* che soggetto a putrefarsi.

putrid ['pjuːtrid] *a.* **1** putrido, putrefatto, marcio. (*smelling of putrefaction*) fetido, puzzolente. **3** (*f* corrotto, marcio, depravato, putrido. **4** (*sl*) (*extrem unpleasant*) orribile, schifoso: *~ weather* tempo orrib **pu'tridity** [-iti] *s.* **1** l'essere putrido (*o* marcio). **2** (*f* putridume *m*, sozzura *f.* **putridly** [-li] *avv.* in mc putrido. **putridness** [-nis] *s.* → **putridity**.

putsch *ted.* [putʃ] *s.* ⟨*Pol*⟩ colpo *m* di stato, putsch *m.*

putt [pʌt] *s.* ⟨*Sport*⟩ **1** (*in golf*) colpo *m* eseguito con putter. **2** (*in athletics*) lancio *m* del peso.

puttee ['pʌti] *s.* (*pl.* **puttees** ['pʌtiːz]) molletteria *f*, fasci mollettiera.

putter¹ ['pʌtə] *s.* (*one that puts*) chi mette, chi pone.

putter² ['pʌtə] *s.* ⟨*Sport*⟩ **1** (*golf club*) putter *m;* (*play* giocatore *m* (*f* –trice) che colpisce la palla con il putter (*shot-putter*) lanciatore *m* di peso.

puttier ['pʌtiə] *s.* **1** stuccatore *m.* **2** (*glazier*) vetraio *n*

putting green ['pʌtiŋ] *s.* ⟨*Sport*⟩ (*in golf*) tratto *m* terreno erboso intorno alla buca.

putty¹ ['pʌti] **I** *s.* **1** (*tecn*) (*for fixing glass*) stucco *m;* (*sealing pipes, etc.*) mastice *m.* **2** ⟨*Mur*⟩ intonachino *n* gesso. **II** *v.t.* stuccare. □ *to be ~ in s.o.'s hands* ess come la creta nelle mani di qd.

putty² *s.* → **puttee**.

putty knife *s.* spatola *f* per mastice.

'put-'up [put] *a.* ⟨*fam*⟩ concertato segretamente, combina □ *~ job* macchinazione *f.*

put-upon [put] *a.* ⟨*fam*⟩ maltrattato, bistrattato.

'put-you-'up [put] *s.* ⟨*fam*⟩ letto *m* di fortuna.

puzzle ['pʌzl] **I** *s.* **1** perplessità *f;* (*confusion*) confusion **2** (*s.th. or s.o. puzzling*) mistero *m*, enigma *m*, indovin *m: this man is a ~ to me* quest'uomo è per me enigma. **3** (*problem*) problema *m*, questione *f* difficile complessa). **4** (*verbal problem*) indovinello *m*, rompica *m;* (*jigsaw puzzle*) gioco *m* di pazienza, puzzle *m.* **II** sconcertare, lasciare perplesso, disorientare: *your attit* *-s me* il tuo atteggiamento mi sconcerta. **III** *v.i.* 1 ess perplesso, essere disorientato (*about, over* per). **2** *exercise the mind*) scervellarsi, rompersi la testa (*over p* □ *~ to ~ one's brains* scervellarsi; *to ~ out* decifra risolvere, chiarire: *to ~ out the answer to a prob* risolvere un problema.

puzzled ['pʌzld] *a.* **1** perplesso, disorientato. **2** (*express puzzlement*) che esprime perplessità (*o* imbarazzo).

puzzlement ['pʌzlmənt] *s.* confusione *f*, perplessità *f.*

puzzler ['pʌzlə] *s.* **1** problema *m*, questione *f* complessa difficile. **2** (*puzzling person*) enigma *m*, mistero

puzzling [-liŋ] *a.* che lascia perplessi, sconcertante.

PVC = ⟨*Chim*⟩ *polyvinyl chloride* cloruro di polivir polivinilcloruro.

pyaemia [pai'iːmjə] *s.* ⟨*Med*⟩ piemia *f.* **pyaemic** [-n *a.* piemico.

pyemia *s.* → **pyaemia**. **pyemic** *a.* → **pyaemic**.

pygmaean *a.* → **pygmean**.

Pygmalion [pig'meiliən] *N.pr.* ⟨*Mitol*⟩ Pigmalione *m.*

·gmean [pig'mi:ən] *a.* nano, pigmeo; (*of things*) molto ·iccolo, nano.

·ygmy ['pigmi] *s.* ⟨*Etnol*⟩ pigmeo *m* (*f* –a). **pygmy I** *s.* ·igmeo *m* (*f* –a), nano *m* (*f* –a). **II** *a.* **1** dei (*o* relativo ai) ·igmei. **2** (*small, dwarfish*) nano, pigmeo.

·jama [pə'dʒɑ:mə] *a.* del pigiama: ~ *jacket* giacca del ·igiama. **pyjamas** [–z] *s.pl.* pigiama *m.* □ *a pair of* ~ ·n pigiama.

·ylades ['pilədi:z] *N.pr.* ⟨*Mitol*⟩ Pilade *m.*

·lon ['pailən] *s.* **1** ⟨*El,Tel*⟩ pilone *m*, palo *m* a traliccio, ·raliccio *m.* **2** ⟨*Archeol,Aer*⟩ pilone *m.*

·loric [pai'lɔrik] *a.* ⟨*Anat*⟩ pilorico.

·lorus [pai'lɔ:rəs] *s.* (*pl.* **-ruses** [–iz]/**-ri** [rai]) ⟨*Anat*⟩ ·iloro *m.*

·orrhea *s.* → pyorrhoea. **pyorrheal, pyorrheic** *a.* → pyorrhoeal. **pyorrhoea** [,paiə'ri:ə] *s.* **1** ⟨*Med*⟩ piorrea *f.* **2** ⟨*Dent*⟩ piorrea *f* alveolare. **pyorrhoeal** [–əl], ·yorrhoeic [–'ri:ik] *a.* piorroico.

·ramid ['pirəmid] *s.* **1** ⟨*Arch,Geom,Biol*⟩ piramide *f.* **2** *s.th. pyramid–shaped*) piramide *f: a* ~ *of acrobats* una ·iramide d'acrobati.

·ramidal [pi'ræmidəl] *a.* piramidale.

·ramidal| bone *s.* ⟨*Anat*⟩ osso *m* piramidale. ~ **cell** *s.* ·ellula *f* piramidale.

·yramidalist [pi'ræmidəlist] *s.* studioso *m* (*f* –a) delle ·iramidi d'Egitto.

·yramus ['pirəməs] *N.pr.* ⟨*Mitol*⟩ Piramo *m.*

·re [paiə] *s.* rogo *m*, pira *f.*

·yrenean [,pirə'ni:ən] *a.* ⟨*Geog*⟩ pirenaico, dei Pirenei.

·yrenees [–'ni:z] *N.pr.pl.* Pirenei *mpl.*

·rethrum [pai'ri:θrəm] *s.* ⟨*Bot,Farm*⟩ piretro *m.*

·yrexia [pai'reksiə] *s.* ⟨*Med*⟩ piressia *f*, ipertermia *f*, ·ebbre *f.* **pyrexial** [–l], **pyrexic** [–sik] *a.* piretico, di ·ebbre.

·yridic [pai'ridik] *a.* ⟨*Chim*⟩ piridinico. **pyridine** 'piridi:n] *s.* piridina *f.*

·yriform ['pirifɔ:m] *a.* piriforme, a forma di pera.

·yrite [pai'rait] *s.* ⟨*Min*⟩ pirite *f* (di ferro). **pyrites** ,pai'raiti:z, *am.* pi'r–] *s.inv.* **1** pirite *f.* **2** (*marcasite*) ·narcas(s)ite *f.* **pyritic** [–'ritik], **pyritical** [–'ritikəl] *a.* ·iritico.

·yrogallic acid [,pairo(u)'gælik] *s.* ⟨*Chim*⟩ acido *m* ·irogallico, pirogallolo *m.* **pyrogallol** [–loul] *s.* → ·yrogallic acid.

·yrogenesis [,pairə'dʒenisis] *s.* ⟨*Min*⟩ pirogenesi *f.*

·yrogenetic [–dʒi'netik] *a.* pirogenetico.

·yrograph ['pairəgrɑ:f] **I** *s.* pirografia *f.* **II** *v.i.* eseguire ·ina pirografia. **III** *v.t.* decorare mediante pirografia.

·yrographer [–'rɔgrəfə] *s.* pirografista *m/f.* **·yrographic** [–'græfik] *a.* pirografico. **pyrography** ·'rɔgrəfi] *s.* pirografia *f*, piroincisione *f.*

·yromania [,pairo'meiniə] *s.* piromania *f.* **pyromaniac** –niæk] *s.* piromane *m/f.* **pyromaniacal** [–mə'naiəkəl] *a.* ·che è) affetto da piromania.

·yrometer [pai'rɔmitə] *s.* ⟨*Fis*⟩ pirometro *m.* **,pyrometric**

[–ro(u)'metrik], **,pyrometrical** [–ro(u)'metrikəl] *a.* pirometrico: ~ *cone* cono pirometrico. **pyrometry** [–tri] *s.* pirometria *f.*

pyrope ['pairoup] *s.* ⟨*Min*⟩ piropo *m.*

pyrophobia [,pairo(u)'foubiə] *s.* pirofobia *f.* **pyrophobic** [–bik] *a.* affetto da pirofobia.

pyrophoric [,pairo(u)'fɔrik], **pyrophorous** [–'rɔfərəs] *a.* ⟨*Chim*⟩ piroforico: ~ *alloy* lega piroforica.

pyrosis [pai'rousis] *s.* ⟨*Med*⟩ pirosi *f.*

pyrotechnic [,pairo(u)'teknik], **pyrotechnical** [–əl] *a.* pirotecnico. **pyrotechnics** [–s] *s.pl.* (costr. sing. o pl.) **1** pirotecnica *f.* **2** (*fireworks display*) spettacolo *m* pirotecnico. **3** (*fig*) (*spectacular display of oratory, etc.*) brillante sfoggio *m* d'oratoria. **4** ⟨*Mil*⟩ artifici *mpl.* **pyrotechnist** [–nist] *s.* pirotecnico *m.*

pyroxene ['pairɔksi:n] *s.* ⟨*Min*⟩ pirosseno *m.* **,pyroxenic** [–'senik] *a.* pirossenico.

Pyrrhic ['pirik] *a.* ⟨*Stor*⟩ di Pirro: ~ *victory* vittoria di Pirro.

Pyrrho ['piro(u)] *N.pr.* ⟨*Stor*⟩ Pirrone *m.*

Pyrrhonism ['pirənizəm] *s.* ⟨*Filos*⟩ pirronismo *m.* **Pyrrhonist** [–nist] *s.* pirronista *m/f.*

Pyrrhus ['pirəs] *N.pr.* ⟨*Stor*⟩ Pirro *m.*

Pythagoras [pai'θægərəs] *N.pr.* ⟨*Stor.gr*⟩ Pitagora *m.* **Py,thagorean** [–'ri:ən] **I** *a.* pitagorico. **II** *s.* pitagorico *m* (*f* –a). **Py,thagoreanism** [–'ri:ənizəm] *s.* ⟨*Filos*⟩ pitagorismo *m.*

Pythagorean| proposition, ~ theorem *s.* ⟨*Geom*⟩ teorema *m* di Pitagora.

Pythia ['piθiə] *s.* ⟨*Stor.gr*⟩ pizia *f*, pitia *f.*

Pythian ['piθiən] **I** *a.* **1** (*of Delphi, Apollo*) pizio, pitico. **2** (*of the Pythian Games*) pitico. **II** *s.* (*Pythian priestess*) pizia *f*, pitia *f.*

Pythian| Games *s.pl.* ⟨*Stor.gr*⟩ feste *fpl* pitiche, pitiche *fpl.* ~ **verse** *s.* ⟨*Metr*⟩ esametro *m* dattilico.

python¹ ['paiθən] *s.* ⟨*Zool*⟩ pitone *m.*

python² *s.* **1** (*spirit, demon*) spirito *m*, demone *m.* **2** (*one possessed by a spirit*) ossesso *m.*

pythoness ['paiθənis] *s.* **1** ⟨*Stor.gr*⟩ pitonessa *f*, pizia *f.* **2** (*woman having a spirit of divination*) pitonessa *f*, indovina *f.*

pythonic¹ [pai'θɔnik] *a.* **1** ⟨*Zool*⟩ dei (*o* relativo ai) pitoni. **2** (*resembling a python*) simile a un pitone.

pythonic² *a.* **1** ⟨*Stor.gr*⟩ (*of a Pythian priestess*) pitonico. **2** (*prophetic*) profetico, divinatore.

pyx [piks] **I** *s.* **1** ⟨*Rel*⟩ pisside *f.* **2** ⟨*GB*⟩ (*at the Royal Mint*) scrigno *m* che contiene esemplari di monete d'oro e d'argento. **II** *v.t.* **1** ⟨*Rel*⟩ porre (*o* portare) dentro (*o* in) una pisside. **2** (*of a coin*) saggiare il peso e la purezza di.

pyxidium [pik'sidiəm] *s.* (*pl.* **-s** [z]/**-dia** [diə]) ⟨*Bot*⟩ pisside *f.*

pyxis ['piksis] *s.* (*pl.* **-xides** [ksidi:z]) **1** ⟨*Stor*⟩ vasetto *m* cilindrico con coperchio. **2** ⟨*Lit*⟩ (*pyx*) pisside *f.* **3** ⟨*Bot*⟩ → pyxidium.

Q

q, Q [kju:] *s.* (*pl.* **q's/qs, Q's/Qs** [kju:z]) (*letter of the alphabet*) q, Q *f/m:* ⟨*Tel*⟩ Q *for Queenie,* ⟨*am*⟩ Q *for Queen* q come Quebec.

Q I *a.* (*Q-shaped*) a (forma di) Q. **II** *s.* **1** (*medieval Roman numeral: 500*) Q, cinquecento *m.* **2** ⟨*Fis*⟩ Q *m,* quantità *f* di moto. **3** ⟨*El*⟩ Q *m,* fattore *m* di qualità (*o* merito).

q. = **1** *quart* quart. **2** *quarter* quarto. **3** *queen* regina. **4** *quintal* quintale (*abbr.* q, ql.).

Q. = **1** ⟨*Edit*⟩ *quarto* in quarto. **2** *Queen* regina.

Q-boat *s.* ⟨*Mar.mil*⟩ nave *f* Q, nave trappola (*o* civetta).

Q.C. = ⟨*Dir*⟩ *Queen's Counsel* patrocinante per la corona.

Q.E.D. = ⟨*Mat*⟩ *quod erat demonstrandum* come dovevasi dimostrare (*abbr.* q.e.d.).

ql. = *quintal* quintale (*abbr.* q, ql.).

qr. = **1** *quarter* quarto. **2** *quarterly* trimestrale.

Q-ship *s.* → Q-boat.

qt. = **1** *quantity* quantità. **2** *quart* quart.

q.t. ['kju:ti:] *s.* ⟨*sl*⟩ (*quiet*) quiete *f.* □ *on the* ~ di nascosto, alla chetichella.

qu. = **1** *query* quesito. **2** *question* domanda.

qua *lat.* [kwei] *avv.* in quanto, come: *art* ~ *art* l'arte in quanto arte.

quack¹ [kwæk] **I** *s.* ⟨*onom*⟩ (*cry of a duck*) qua *m.* **II** *v.i.* fare qua qua.

quack² **I** *s.* **1** medico *m* empirico. **2** (*charlatan*) ciarlatano *m,* imbroglione *m.* **II** *a.* da ciarlatano, ciarlatanesco, empirico. **III** *v.i.* fare il ciarlatano.

quackery ['kwækəri] *s.* ciarlataneria *f,* ciarlatanismo *m.* **quackish** [-kiʃ] *a.* ciarlatanesco, da ciarlatano.

'quack-'quack *s.* ⟨*infant*⟩ anatra *f.*

quad¹ [kwɔd] (*accorc. di quadrangle*) *s.* ⟨*univ*⟩ corte *f* quadrangolare (interna).

quad² *s.* ⟨*Tip*⟩ quadrato *m.*

quad³ (*accorc. di quadruplet*) *s.* ⟨*fam*⟩ gemello *m* quadrigemino.

quad. = **1** *quadrangle* quadrangolo. **2** *quadrant* quadrante. **3** ⟨*Tip*⟩ *quadrat* quadrato. **4** *quadruple* quadruplo. **5** *quadruplicate* quadruplicato.

quadrable ['kwɔdrəbl] *a.* ⟨*Mat*⟩ riducibile a quadrato.

quadragenarian [,kwɔdrədʒi'neəriən] **I** *a.* che ha quarant'anni. **II** *s.* quarantenne *m/f.*

Quadragesima [,kwɔdrə'dʒesimə] *s.* ⟨*Lit*⟩ → Quadragesima Sunday. **Quadragesimal** [-l] *a.* quadragesimale, quaresimale, di quaresima.

Quadragesima Sunday *s.* ⟨*Lit*⟩ domenica *f* di quadragesima, quadragesima *f.*

quadrangle ['kwɔdræŋgl] *s.* **1** ⟨*Geom*⟩ quadrangolo *m: irregular* ~ quadrangolo irregolare. **2** ⟨*Arch,Univ*⟩ corte *f* quadrangolare (interna). **quad'rangular** [-gjulə] *a.* quadrangolare, quadrangolo.

quadrant ['kwɔdrənt] *s.* ⟨*Geom,Mecc,Mar,Astr*⟩ quadrante *m.*

quadrat ['kwɔdrət] *s.* ⟨*Tip*⟩ quadrato *m.*

quadrate I *a.* ['kwɔdrit] ⟨*Geom*⟩ quarato: *a* ~ *figure* una figura quadrata. **II** *s.* ⟨*Geom*⟩ quadrato *m.* **III** [kwɔ'dreit] **1** far quadrare, far corrispondere, concordare. **2** (*to make square*) quadrare. **3** (*to divide i[n] squares*) dividere in quadrati. **IV** *v.i.* (*to agr[ee] correspond*) quadrare, coincidere (*with* con), corrispond[ere] con esattezza (a).

quadratic [kwɔ'drætik] **I** *a.* **1** (*square*) quadrato. **2** ⟨*M[at]*⟩ quadratico, di secondo grado: ~ *equation* equazi[one] quadratica. **II** *s.* ⟨*Mat*⟩ **1** espressione *f* quadratica. **2** (costr. sing. o pl.) algebra *f* delle equazioni quadratiche.

quadrature ['kwɔdrətʃə] *s.* ⟨*Mat,Astr,El*⟩ quadratura *f.*

quadrennial [kwɔ'dreniəl] **I** *a.* quadriennale. **II** quadriennio *m.* **quadrennially** [-i] *avv.* ogni quat[tro] anni. **quadrennium** [-niəm] *s.* (*pl.* **-s** [z]/**-nnia** [ni[ə]] quadriennio *m.*

quadric ['kwɔdrik] **I** *a.* ⟨*Mar*⟩ quadrico. **II** *s.* quadr[ica] *f.*

quadriform ['kwɔdrifɔ:m] *a.* che ha quattro forme.

quadrilateral [,kwɔdri'lætərəl] **I** *a.* quadrilatero. **II** quadrilatero *m* (*anche Mil.,Geom.*).

quadrilingual [,kwɔdri'liŋgwəl] *a.* quadrilingue: *dictionary* dizionario quadrilingue.

quadrille¹ [kwə'dril] *s.* (*dance, music*) quadriglia *f.*

quadrille² *s.* (*card game*) quadriglio *m,* quadrigliati *m[pl]*

quadrillion [kwə'driljən] **I** *s.* (*pl. inv./***-s** [z]; il pl. in **-s** usa general. con valore collett.) **1** dieci *m* a[lla] ventiquattresima. **2** ⟨*am*⟩ dieci *m* alla quindicesima. *a.* quadrilione. **quadrillionth** [-θ] **I** *a.* quadrilionesim[o] **II** *s.* quadrilionesimo *m.*

quadrinomial [,kwɔdri'noumiəl] **I** *a.* ⟨*Mat*⟩ quadrinom[io] **II** *s.* quadrinomio *m.*

quadripartite [,kwɔdri'pɑ:tait] *a.* quadripartito.

quadriphony [kwɔ'drifəni] *s.* quadrifonia *f.*

quadriplegia [,kwɔdri'pli:dʒiə] *s.* tetraplegia **quadriplegic** [-dʒik] **I** *a.* tetraplegico. **II** *s.* tetrapleg[ico] *m* (*f* –a).

quadrisyllabic [,kwɔdrisi'læbik] *a.* ⟨*Gramm,Me[tr]*⟩ quadrisillabo. **quadri'syllable** [-ləbl] *s.* quadrisillabo

quadrivalence [,kwɔdri'væləns], **quadrivalency** [-i] ⟨*Chim*⟩ tetravalenza *f.* **quadrivalent** [-vələnt] tetravalente, quadrivalente.

quadroon [kwɔ'dru:n] *s.* quarterone *m.*

quadrumane ['kwɔdrumein] *s.* ⟨*Zool*⟩ quadrumane **quadrumanous** [-'dru:mənəs] *a.* quadrumane.

quadrumvirate [kwɔ'drʌmvirit] *s.* quadrumvirato *m.*

quadruped ['kwɔdruped] **I** *a.* ⟨*Zool*⟩ quadrupede. **II** quadrupede *m.* **quadrupedal** [-'dru:pidl] *a.* quadruped.

quadruple ['kwɔdrupl, *am.* kwo'drupl] **I** *a.* quadrup[lo] (*fourfold*) quadruplice. **II** *s.* quadruplo *m.* **III** quadruplicare. **IV** *v.i.* quadruplicarsi.

Quadruple Alliance *s.* ⟨*Stor*⟩ quadruplice alleanza quadruplice *f.*

quadruplet ['kwɔdruplit, *am.* kwo'drup–] *s.* **1** gemello quadrigemino. **2** *pl.* (*four children born at one bir[th]* quattro gemelli *mpl.*

quadruplicate I *a.* [kwɔ'druːplikit] **1** quadruplicato. **2** (*of a copy*) in quattro copie. **II** *s.* una di quattro copie. **III** *v.t.* [kwɔ'druːplikeit] **1** quadruplicare. **2** (*to make four copies of*) fare quattro copie (*o* esemplari) di. □ *to type a document in* ~ battere a macchina un documento in quattro copie. **quadruplication** [-'keiʃən] *s.* quadruplicazione *f.*

quadruplicity [ˌkwɔːdru'plisiti] *s.* quadruplicità *f.*

quaff [kwɑːf, kwɔf] *v.t./i.* bere lunghi sorsi, tracannare.

quag [kwæg, kwɔg] *s.* pantano *m*, palude *f*, acquitrino *m*.

quagga ['kwægə] *s.* (*pl. inv./*-**s** [z]) 〈Zool〉 zebra *f* quagga.

quaggy ['kwægi, 'kwɔgi] *a.* paludoso, pantanoso, acquitrinoso.

quagmire ['kwægmaiə, 'kwɔg-] *s.* **1** pantano *m*, palude *f*, acquitrino *m*; (*boggy ground*) terreno *m* paludoso. **2** 〈fig〉 pantano *m*, pasticcio *m*, impiccio *m*, imbroglio *m*. □ *to be in a* ~ essere nei pasticci.

quail[1] [kweil] *s.* (*pl. inv./*-**s** [z]; il pl.inv. si usa general. con valore collett.) 〈Ornit〉 quaglia *f*.

quail[2] *v.i.* **1** perdersi d'animo, sgomentarsi. **2** (*to shrink with fear*) farsi piccolo per la paura. **3** (*of the heart*) tremare.

quaint [kweint] *a.* **1** pittoresco, caratteristico d'altri tempi. **2** (*strange, odd*) singolare, curioso, strano, bizzarro: *a* ~ *method* un metodo singolare. **'quaintly** [-li] *avv.* **1** pittorescamente. **2** (*strangely*) bizzarramente, in modo singolare (*o* strano). **'quaintness** [-nis] *s.* **1** pittoresco *m*. **2** (*strangeness*) singolarità *f*, bizzarria *f*, stranezza *f*.

quake [kweik] **I** *v.i.* **1** tremare: *to* ~ *with fear* tremare dalla paura. **2** (*to quail*) perdersi d'animo, sgomentarsi. **II** *s.* **1** tremito *m*, tremore *m*. **2** 〈fam〉 (*earthquake*) terremoto *m*.

quaker ['kweikə] *s.* **1** chi trema. **2** 〈Ornit〉 albatro *m* fuligginoso.

Quaker ['kweikə] *s.* 〈Rel〉 quacchero *m*, quacquero *m*.

Quakerdom [-dəm] **1** → **Quakerism**. **2** 〈collett〉 quaccheri *mpl.* **Quakeress** [-ris] *s.* 〈Rel〉 quacchera *f*, quacquera *f*.

Quaker gun *s.* 〈Mil〉 cannone *m* finto (di legno).

Quakerish ['kweikəriʃ] *a.* quacchero, quacquero.

Quakerism [-rizəm] *s.* 〈Rel〉 quaccherismo *m*, quacquerismo *m*.

Quakerly ['kweikəli] **I** *a.* → **Quakerish**. **II** *avv.* da quacchero, alla maniera dei quaccheri.

Quaker meeting *s.* **1** 〈Rel〉 riunione *f* di quaccheri. **2** 〈fam〉 riunione *f* caratterizzata da scarsa conversazione.

quakily ['kweikili] *avv.* tremando. **quakiness** [-kinis] *s.* l'essere tremante. **quaking** [-kiŋ], **quaky** [-ki] *a.* che trema, tremante.

qualifiable ['kwɔlifaiəbl] *a.* **1** qualificabile. **2** (*eligible*) che ha i requisiti necessari (*for* per), idoneo, adatto (a).

qualification [ˌkwɔlifi'keiʃən] *s.* **1** requisito *m*, qualifica *f*: *to have the necessary* –*s for a job* avere i requisiti necessari per un impiego. **2** (*required condition*) requisito *m* (necessario), titolo *m*, condizione *f*: –*s for British citizenship* requisiti necessari per la cittadinanza britannica. **3** (*act of qualifying*) qualificazione *f*, attribuzione *f* di una qualifica. **4** (*limitation*) riserva *f*, restrizione *f*, condizione *f*, limitazione *f*: *to accept an offer without* ~ accettare un'offerta senza riserve; (*s.th. that modifies*) modificazione *f*. **5** 〈Dir〉 abilitazione *f*.

qualificative ['kwɔlifikətiv] **I** *a.* qualificativo (*anche* Gramm.). **II** *s.* 〈Gramm〉 aggettivo *m* (*o* avverbio) qualificativo. **qualificatory** [-keitəri] *a.* che qualifica, qualificante. **qualified** [-faid] *a.* **1** qualificato: *he is not* ~ *for that job* non è qualificato per quel lavoro. **2** (*trained*) abilitato (alla professione): *a* ~ *teacher* un professore abilitato. **3** (*possessing the legal requirements*) che ha i requisiti necessari, abilitato. **4** (*with reservation*) condizionato, con riserva. **qualifier** [-faiə] *s.* **1** 〈Sport〉 chi si qualifica. **2** 〈Gramm〉 aggettivo *m* (*o* avverbio) qualificativo.

qualify ['kwɔlifai] **I** *v.t.* **1** qualificare, rendere adatto: *to* ~ *o.s. for a post* qualificarsi per un impiego. **2** (*to entitle*) abilitare, autorizzare. **3** (*to describe*) qualificare, caratterizzare: *I would* ~ *him as an opportunist* lo

qualificherei un opportunista. **4** (*to limit*) limitare, contenere, ridurre: *to* ~ *claims* limitare le pretese. **5** 〈Gramm〉 qualificare. **II** *v.i.* **1** qualificarsi (*for* per, a), avere i titoli richiesti (per): *to* ~ *for a job* qualificarsi per un impiego; (*to meet the required standard*) ottenere una qualifica, qualificarsi: *he can now* ~ *as a master carpenter* ora è in grado di ottenere la qualifica di esperto carpentiere. **2** (*to be legally qualified*) avere i requisiti necessari, essere abilitato (*o* autorizzato): *to* ~ *for the vote* avere i requisiti necessari per esercitare il diritto di voto. **3** 〈Sport〉 qualificarsi: *to* ~ *for the semi-finals* qualificarsi per le semifinali. **qualifying** [-iŋ] *a.* **1** qualificante. **2** (*that limits*) che limita, restrittivo. **3** 〈Gramm〉 qualificativo: *a* ~ *adjective* un aggettivo qualificativo.

qualifying| examination ['kwɔlifaiiŋ] *s.* esame *m* d'abilitazione. ~ **heat**, ~ **round** *s.* 〈Sport〉 girone *m* eliminatorio.

qualitative ['kwɔlitətiv] *a.* qualitativo, della (*o* relativo alla) qualità.

qualitative analysis *s.* 〈Chim〉 analisi *f* qualitativa.

quality ['kwɔliti] **I** *s.* **1** qualità *f*: *goods of the first* ~ merce di prima qualità; (*high grade*) (buona) qualità *f*. **2** (*characteristic, trait*) qualità *f*, requisito *m*: *he has many fine qualities* ha molte buone qualità. **3** (*property, attribute*) proprietà *f*, qualità *f* (*o* caratteristica) particolare: *the qualities of herbs* le proprietà delle erbe. **4** (*essential character, nature*) natura *f*, qualità *f*, proprietà *f*: *the* ~ *of sound* la natura del suono. **5** (*high social standing*) ceto *m* elevato, alto rango *m*: *a lady of* ~ una signora di ceto elevato. **6** 〈collett〉 (*people of high social standing*) persone *fpl* ⌐di ceto elevato⌐ (*o* d'alto rango). **7** 〈Filos〉 qualità *f*. **II** *a.* 〈fam〉 di (buona) qualità: ~ *merchandise* merce di qualità. □ ~ *of life* qualità *f* della vita.

quality| assurance *s.* assicurazione *f* della qualità. ~ **control** *s.* controllo *m* della qualità. ~ **jump** *s.* 〈fig〉 salto *m* di qualità. ~ **mark** *s.* marchio *m* di qualità. ~ **requirements** *s.pl.* requisiti *mpl* di qualità.

qualm [kwɑːm, kwɔːm] *s.* **1** scrupolo *m*: *he had no* –*s about taking the money* non ebbe scrupolo a prendere il denaro; (*twinge of guilt*) rimorso *m*. **2** (*uneasiness, misgiving*) inquietudine *f*, apprensione *f*. **3** (*nausea*) senso *m* di nausea. **'qualmish** [-iʃ] *a.* **1** che ha scrupoli, scrupoloso. **2** (*uneasy*) inquieto. **3** (*nauseated*) nauseato, che ha la nausea; (*causing nausea*) nauseabondo, nauseante.

quandary ['kwɔndri] *s.* perplessità *f*, incertezza *f*; (*dilemma*) dilemma *m*. □ *to be in a* ~ trovarsi in imbarazzo.

quantifiable ['kwɔntifaiəbl] *a.* quantificabile. **quantification** [-fi'keiʃən] *s.* quantificazione *f*. **quantify** [-fai] *v.t.* **1** determinare la quantità di, quantificare. **2** 〈Filos〉 quantificare.

quantitative ['kwɔntitətiv] *a.* 〈Chim,Metr,Fon〉 quantitativo.

quantitative analysis *s.* 〈Chim〉 analisi *f* quantitativa.

quantity ['kwɔntiti] *s.* **1** quantità *f*: ~ *at the expense of quality* quantità a scapito della qualità; *a large* ~ *of books* una grande quantità di libri. **2** (*large amount*) quantità *f*, gran numero *m*, massa *f*, mucchio *m*. **3** 〈Comm〉 quantitativo *m*, quantità *f*. **4** 〈Metr,Fon,Filos〉 quantità *f*. **5** 〈Mat,Fis〉 grandezza *f*, quantità *f*. □ *negligible* ~ quantità *f* trascurabile; 〈fig〉 persona *f* senza importanza; *unknown* ~: **1** 〈Mat〉 incognita *f*; **2** 〈fig〉 persona *f* imprevedibile.

quantity| discount *s.* 〈Comm〉 sconto *m* sulla quantità. ~ **production** *s.* 〈Ind〉 produzione *f* ⌐in grande quantità⌐ (*o* di massa). ~ **surveyor** *s.* 〈Edil〉 misuratore *m*.

quantum ['kwɔntəm] *s.* (*pl.* -**ta** [tə]) **1** quantità *f*, quanto *m*. **2** (*portion*) quota *f*, parte *f*, porzione *f*. **3** 〈Fis〉 quanto *m*, quantum *m*.

quantum| electronics *s.* elettronica *f* quantica. ~ **leap** *s.* salto *m* quantico. ~ **mechanics** *s.pl.* (costr. sing.) meccanica *f* quantistica. ~ **number** *s.* numero *m* quantico, quanto *m*. ~ **physics** *s.pl.* (costr. sing.) fisica *f* quantistica. ~ **theory** *s.* teoria *f* dei quanti.

quarantine ['kwɔrənti:n] **I** *s.* quarantena *f*. **II** *v.t.* **1**

mettere in quarantena. **2** ⟨*fig*⟩ mettere al bando, dare l'ostracismo a. □ *to be in* ~ essere in quarantena, fare la quarantena.

quark [kwɔːk] *s.* ⟨*Astr*⟩ quark *m*.

quarrel ['kwɔrəl] **I** *s.* **1** lite *f*, litigio *m*, alterco *m*, bisticcio *m*, scenata *f*: *a* ~ *between husband and wife* una lite tra marito e moglie. **2** (*cause for complaint*) motivo *m* di lagnanza (*o* rimostranza). **3** (*disagreement*) dissenso *m*, divergenza *f*. **II** *v.i.* (*pret., p.p.* **quarrelled**/*am.* **quarreled** [-d]) **1** litigare, bisticciare, altercare: *to* ~ *with one's partner* litigare col proprio socio; *to* ~ *over* (*o about*) *s.th.* bisticciare per qc.; *let's not* ~ non litighiamo. **2** (*to find fault*) trovare da ridire (*with* su): *to* ~ *with s.o.'s suggestions* trovare da ridire sui suggerimenti di qd. □ *to espouse s.o.'s* ~ = *to take up s.o.'s quarrel; to fight s.o.'s* ~ *for him* dare man forte a qd.; *to have a* ~ *with s.o.:* 1 avere qc. contro qd., avercela con qd.; 2 (*to argue*) litigare con qd.; *to make up a* ~ comporre una lite; *to have no* ~ *with* (*o against*) *s.o.* non avere niente contro qd.; *to take up s.o.'s* ~ scendere in campo a fianco di qd., sposare la causa di qd.; *it takes two to make a* ~ bisogna essere in due per litigare.

quarreler *am.*, **quarreller** ['kwɔrələ] *s.* litigante *m/f*.

quarrelsome ['kwɔrəlsəm] *a.* litigioso, rissoso. **quarrelsomely** [-li] *avv.* litigiosamente. **quarrelsomeness** [-nis] *s.* l'essere litigioso, rissosità *f*.

quarrier ['kwɔriə] *s.* cavapietre *m*.

quarry[1] ['kwɔri] **I** *s.* **1** cava *f*. **2** ⟨*fig*⟩ (*source of material, information*) miniera *f*, fonte *f*, sorgente *f*. **II** *v.t.* **1** estrarre, (s)cavare: *to* ~ *stone* estrarre pietra; (*to make a quarry in*) scavare una cava in. **2** ⟨*fig*⟩ ricavare: *to* ~ *information from reference books* ricavare notizie da libri di consultazione. **III** *v.i.* **1** scavare una cava. **2** ⟨*fig*⟩ fare ricerche (*o* indagini).

quarry[2] *s.* ⟨*venat*⟩ preda *f* (*anche fig.*); (*game*) selvaggina *f*.

quarry tile *s.* ⟨*Edil*⟩ quadrello *m*.

quart[1] [kwɔːt] *s.* **1** (*British measure of capacity*) quart *m*, quarto *m* di gallone (pari a 1,136 l); (*American measure of capacity*) quart *m* (pari a 0,94 l). **2** (*vessel*) recipiente *m* da un quarto di gallone.

quart[2] *s.* (*in cards*) sequenza *f* di quattro carte (dello stesso seme).

quart. = **1** *quarter* trimestre. **2** *quarterly* trimestrale.

quartan ['kwɔːtn] **I** *a.* ⟨*Med*⟩ quartana. **II** *s.* febbre *f* quartana, quartana *f*.

quarte [kaːt] *s.* ⟨*Sport*⟩ (*in fencing*) quarta *f*.

quarter ['kwɔːtə] **I** *s.* **1** quarto *m*: *a* ~ *of an hour* un quarto d'ora. **2** (*one fourth of an hour*) quarto *m* (d'ora): *two hours and a* ~ due ore e un quarto; *a* ~ *past eleven* le undici e un quarto; (*one fourth of a pound*) quarto *m* di libbra; (*one fourth of a ton*) quarto *m* di tonnellata. **3** (*three-month period*) trimestre *m* (*anche Scol.*): *the first* ~ *of the year* il primo trimestre dell'anno. **4** (*cardinal point*) punto *m* cardinale; (*compass point*) quarta *f*; (*direction*) direzione *f*: *which* ~ *is the wind in?* in che direzione soffia il vento? **5** (*place, part*) parte *f*, luogo *m*, località *f*, regione *f*: *visitors from all* ~*s of the globe* visitatori da tutte le parti del mondo. **6** (*district of a town*) quartiere *m*, rione *m*: *residential* ~ quartiere residenziale. **7** ⟨*fig*⟩ (*person or group not specified*) sfere *fpl*, ambiente *m*, circolo *m*: *orders from high* ~*s* ordini dalle alte sfere. **8** ⟨*fig*⟩ (*source of information*) fonte *f* d'informazione. **9** *pl.* (*lodgings*) alloggio *m*. **10** *pl.* ⟨*Mil*⟩ quartieri *mpl*, alloggiamento *m*, alloggio *m*; (*barracks*) caserme *fpl*. **11** *pl.* ⟨*Mar*⟩ alloggio *m*: *the crew's* ~*s* l'alloggio dell'equipaggio. **12** ⟨*Mar*⟩ (*assigned station or post*) posto *m* assegnato: *battle* ~*s* posti di combattimento. **13** ⟨*Astr*⟩ quarto *m*: *the moon is in* (*o at*) ~ la luna è al primo quarto; (*quadrature*) quadratura *f*. **14** ⟨*fig*⟩ (*mercy*) clemenza *f*, perdono *m*, grazia *f*. **15** ⟨*Macell,Anat*⟩ quarto *m*: *a* ~ *of beef* un quarto di manzo. **16** ⟨*Zool*⟩ (*side of a horse's hoof*) margine *m* laterale dello zoccolo del cavallo. **17** ⟨*Mar*⟩ (*after part of a ship's side*) anca *f*, giardinetto *m*; (*of a yard*) quartiere *m* di un pennone. **18** ⟨*Mar*⟩ → **quarter point**. **19** ⟨*Calz*⟩ quartiere *m*. **20** ⟨*Sport*⟩ (*quarter-mile race*) quarto *m* di miglio. **21** ⟨*Sport*⟩

(*playing time*) quarto *m*. **22** ⟨*am.Econ*⟩ (*twenty-five cents*) quarter *m*, venticinque cents *mpl*. **23** ⟨*am.Spor*⟩ → **quarter-back**. **II** *a.* **1** quarto. **2** ⟨*Mecc*⟩ ad ango retto. **3** ⟨*Mar*⟩ del (*o* relativo al) giardinetto. **III** *v.t.* dividere in quarti (*o* quattro parti). **2** ⟨*Stor*⟩ (*of t human body*) squartare. **3** ⟨*Mil*⟩ alloggiare, acquartierar dare alloggiamento a: *to* ~ *troops* alloggiare le truppe. (*to furnish with lodging*) alloggiare, dare alloggio a. ⟨*Mecc*⟩ (*of cranks*) mettere ad angolo retto. **6** ⟨*Arald*⟩ *divide quarterly*) inquartare; (*to arrange quarterly*) dispor a quartieri. **IV** *v.i.* **1** alloggiare, essere alloggiat prendere alloggio. **2** ⟨*Mar*⟩ navigare col vento giardinetto[1] (*o* largo); (*of the wind*) soffiare in direzio del giardinetto. □ *to ask for* ~ chiedere la resa (avenc salva la vita); ⟨*fam*⟩ *a bad* ~ *of an hour* un brutto quar d'ora; *to divide s.th. into* ~*s* dividere qc. in quattro (parti *to give* ~ dare quartiere, accettare la resa risparmiando vita; ⟨*Mecc*⟩ *in* ~ ad angolo retto; ⟨*Mil*⟩ *in* ~ acquartierato; *to receive* ~ avere salva la vi arrendendosi; *to strike the* ~ (*of a clock*) battere il quart *to take up* ~*s:* 1 alloggiare, prendere alloggio: *we took t* ~*s in a small hotel* alloggiammo in un alberghetto; ⟨*Mar.mil*⟩ (*to take up stations*) occupare i posti combattimento. ‖ *not a* ~ *as good as it should i* tutt'altro che soddisfacente.

quarterage ['kwɔːtəridʒ] *s.* **1** (*quarterly payment, tax, etc* pagamento *m* trimestrale. **2** (*lodging*) alloggio *m*. **3** ⟨*M* acquartieramento *m*, alloggiamento *m*, quartiere *m;* (*cos* costo *m* dell'acquartieramento.

quarter-back *am.* ['kwɔːtəbæk] *s.* ⟨*Sport*⟩ terzino *m*.

quarter| **block** *s.* ⟨*Mar*⟩ bozzello *m* di scotta. **~-boun** *a.* ⟨*Legat*⟩ rilegato in cuoio solo sul dorso. **~ butt** *s.* (*billiards*) stecca *f* corta. **~ day** *s.* giorno *m* di scadenz dei pagamenti trimestrali. **~ deck** *s.* ⟨*Mar*⟩ casseretto *m* dei pagamenti trimestrali. **,~-'final** *s.* ⟨*Sport*⟩ **1** incontro *m* di quarti di finale. **2** *p* quarti *mpl* di finale. **,~-'finalist** *s.* chi partecipa ai quar di finale. **'~-'hour** *s.* quarto *m* (d'ora), quindici minu *mpl*.

quartering ['kwɔːtəriŋ] *s.* **1** divisione *f* in quarti (*o* qua tro parti). **2** ⟨*Stor*⟩ squartamento *m*. **3** ⟨*M* acquartieramento *m*. **4** ⟨*Arald*⟩ inquartamento *m*. ⟨*Mecc*⟩ sistemazione *f* ad angolo retto.

quarter|-**left** *a.* ⟨*Mil*⟩ ad angolo retto a sinistra. **~ ligl** *s.* ⟨*Aut*⟩ finestrino *m* laterale.

quarterly ['kwɔːtəli] **I** *avv.* trimestralmente: *the review published* ~ la rivista è pubblicata trimestralmente. **II** trimestrale: ~ *payments* pagamenti trimestrali. **III** ⟨*Giorn*⟩ pubblicazione *f* trimestrale.

quartermaster ['kwɔːtəmaːstə] *s.* **1** ⟨*Mil*⟩ furiere *n* ufficiale *m* addetto ai rifornimenti. **2** ⟨*Mar*⟩ nocchiere *n* timoniere *m*. **3** ⟨*Mil.ant*⟩ quartiermastro *m*.

Quartermaster| **Corps** *am. s.* ⟨*Mil*⟩ commissariato militare. **~ general** *am. s.* generale *m* del con missariato.

quarter| **mile** *s.* ⟨*Sport*⟩ quarto *m* di miglio. **~ miler** chi corre il quarto di miglio.

quartern ['kwɔːtən] *s.* **1** quarto *m* di pinta. **2** → **quarter loaf**.

quartern loaf *s.* pagnotta *f* (*o* pane *m*) del peso di quatt libbre circa.

quarter| **point** *s.* ⟨*Mar*⟩ quarta *f*, quartina *f*. **~ session** *s.pl.* ⟨*Dir*⟩ **1** sessioni *fpl* (*o* udienze) trimestrali. **2** ⟨*an* tribunale *m* locale di giurisdizione civile e penale.

quartet(te) [kwɔː'tet] *s.* quartetto *m* (*anche Mus.*).

quarto ['kwɔːtou] **I** *s.* (*pl.* -**s** [z]) **1** pagina *f* in quarto. ⟨*Legat*⟩ formato *m* in quarto, in quarto *m*. **II** *a.* ⟨*Lega* quartz** [kwɔːts] *s.* ⟨*Min*⟩ quarzo *m*.

quartz-controlled *a.* controllato al quarzo.

quartziferous [,kwɔː't'sifərəs] *a.* ⟨*Min*⟩ quarzifer **'quartzite** [-tsait] *s.* ⟨*Min*⟩ quarzite *f*.

quartz| **lamp** *s.* ⟨*Fis,Med*⟩ lampada *f* al quarzo. **~ watc** *s.* orologio *m* al quarzo.

quasar ['kweisa] *s.* ⟨*Astr*⟩ quasar *m*.

quash[1] [kwɔʃ] *v.t.* domare, fiaccare, stroncare.

quash[2] *v.t.* ⟨*Dir*⟩ cassare, abrogare, revocare: *to* ~ *judgement* cassare una sentenza. □ *to* ~ *an indictme* ichiarare un non luogo a procedere.

asi ['kweisai, 'kwɑ:zi] **I** *a.* **1** che ha l'aspetto di, omigliante a. **2** (nei composti) semi..., quasi ...: *a ‑official position* una posizione semiufficiale. **II** *avv.* quasi, pressocché.

assia ['kwɔʃə] *s.* ⟨*Bot,Farm*⟩ quassia *f.*

aternary [kwə'tə:nəri] **I** *a.* **1** quaternario, di quattro ‑lementi (*o* parti). **2** (*fourth*) quarto. **3** (*arranged in fours*) disposto) a quattro a quattro. **4** ⟨*Chim*⟩ quaternario. **II** . **1** gruppo *m* di quattro. **2** (*number four*) quattro *m.* **Quaternary I** *a.* ⟨*Geol*⟩ quaternario, neozoico. **II** *s.* quaternario *m,* era *f* quaternaria, neozoico *m.*

aternion [kwə'tə:niən] *s.* **1** (*group of four persons*) gruppo *m* di quattro persone; (*set of four things*) serie *f* di quattro ose. **2** ⟨*Mat,Filol*⟩ quaternione *m.*

aternity [kwə'tə:niti] *s.* gruppo *m* di quattro persone (*o* ose). **Quaternity** *s.* ⟨*Teol*⟩ unione *f* di quattro persone in na sola sostanza.

atrain ['kwɔtrein] *s.* ⟨*Metr*⟩ quartina *f.*

atre ['keitə, *am.* 'kɑ:tə] *s.* (*in cards, dice, etc.: cater*) quattro *m.*

atrefoil ['kætəfɔil] *s.* **1** ⟨*Bot*⟩ foglia *f* composta da quattro foglioline. **2** ⟨*Arch*⟩ quadrilobo *m.*

aver ['kweivə] **I** *v.i.* **1** tremare, fremere. **2** (*of the voice*) remare, tremolare. **3** ⟨*Mus*⟩ trillare, fare (*o* eseguire) un rillo. **II** *v.t.* **1** dire con voce tremula. **2** (*to sing with* rills) gorgheggiare, cantare trillando. **III** *s.* **1** (*of the* oice) tremito *m,* tremolio *m: there was a ~ in his voice* a sua voce ebbe un tremito. **2** ⟨*Mus*⟩ (*trill*) trillo *m.* **3** Mus⟩ (*eighth note*) croma *f.* **quavery** [‑ri] *a.* **1** remante, fremente. **2** ⟨*Mus*⟩ trillante.

ay [ki:] *s.* ⟨*Mar*⟩ banchina *f,* molo *m.* ☐ ⟨*Comm*⟩ *free* n ~ franco banchina. **'quayage** [‑idʒ] *s.* **1** (*collett*) anchine *fpl,* moli *mpl.* **2** (*charge*) diritti *mpl* di anchina.

easily ['kwi:zili] *avv.* in modo nauseante. **queasiness** ‑zinis] *s.* **1** nausea *f,* disgusto *m.* **2** (*uneasiness of* onscience, *etc.*) scrupolo *m* di coscienza. **3** squeamishness) l'essere schizzinoso (*o* schifiltoso). **easy** [‑zi] *a.* **1** nauseato: *to feel ~* sentirsi nauseato; causing nausea) nauseabondo, nauseante. **2** (*having* qualms) che ha scrupoli, scrupoloso. **3** (*squeamish*) chifiltoso, schizzinoso.

een [kwi:n] **I** *s.* **1** regina *f* (*anche fig.*). **2** (*beauty* ontest winner) reginetta *f,* regina *f* di bellezza. **3** (*in* hess) regina *f,* donna *f.* **4** (*playing card*) donna *f,* regina , dama *f: ~ of hearts* donna di cuori. **5** ⟨*sl*⟩ (*male* omosexual) omosessuale *m,* ⟨*pop*⟩ dama *f.* **II** *v.i.* ⟨*fig*⟩ general. con *it: to be bossy*) spadroneggiare; (*to put on* airs) darsi arie da regina. **III** *v.t.* **1** (*to make a queen of*) ncoronare regina. **2** (*to rule as queen*) essere regina di. **3** in chess: of a pawn) fare regina. ☐ ⟨*Rel.catt*⟩ *~ of* Heaven regina *f* del cielo; *~ of the May* reginetta *f* (dei esteggiamenti) di maggio.

een Anne *a.* ⟨*Arch,Arred*⟩ (stile) regina Anna.

een| bee *s.* ape *f* regina. **~ consort** *s.* (*pl.* **queens onsort**) regina *f,* consorte *f* del re.

eendom ['kwi:ndəm] *s.* regno *m.*

een dowager *s.* vedova *f* del re.

eenhood ['kwi:nhud] *s.* l'essere regina, dignità *f* di egina.

eening ['kwi:niŋ] *s.* **1** (*in chess*) promozione *f* (del edone). **2** (*winter apple*) mela *f* che matura d'inverno.

eenlike ['kwi:nlaik] *a.* → **queenly. queenliness** ‑linis] *s.* regalità *f,* maestosità *f.* **queenly** [‑li] **I** *a.* **1** egno di una regina, regale. **2** (*resembling a queen*) maestoso, regale. **II** *avv.* regalmente, da regina.

een| Mab [mæb] *N.pr.* ⟨*Folcl*⟩ regina *f* delle fate. **~ mother** *s.* regina *f* madre.

een's| Bench *s.* ⟨*Dir*⟩ corte *f* suprema. **~ bishop** *s.* in chess) alfiere *m* di donna. **~ Counsel** *s.* ⟨*Dir*⟩ **1** group of barristers) consiglio *m* della corona. **2** (*member*) atrocinante *m* per la corona. **~ English** *s.* (*language*) nglese *m* puro. **~ evidence** *s.* ⟨*Dir*⟩ testimone *m/f* 'accusa contro un complice. ☐ *to turn ~* denunciare i omplici.

eenship ['kwi:nʃip] *s.* l'essere regale, regalità *f.*

queen's| knight *s.* (*in chess*) cavallo *m* di donna. **~ pawn** *s.* (*in chess*) pedone *m* di donna. **~ regulations** *s.pl.* ⟨*Mil*⟩ regolamento *m* militare. **~ speech** *s.* ⟨*Parl*⟩ discorso *m* della corona.

queer [kwiə] **I** *a.* **1** bizzarro, strano, curioso: *he has some ~ ideas* ha delle idee bizzarre. **2** (*eccentric*) eccentrico, stravagante, bizzarro, originale: *a ~ fellow* un tipo eccentrico. **3** (*suspicious, dubious*) sospetto, dubbio, poco chiaro. **4** (*ill, sick*) indisposto, che non sta bene: *to feel ~* sentirsi indisposto. **5** ⟨*fam*⟩ (*homosexual*) omosessuale. **II** *s.* ⟨*sl*⟩ (*male homosexual*) omosessuale *m,* ⟨*pop*⟩ finocchio *m.* **III** *v.t.* ⟨*fam*⟩ (*to spoil*) rovinare, guastare, ⟨*fam*⟩ mandare all'aria.

queerish ['kwiəriʃ] *a.* **1** alquanto strano (*o* bizzarro). **2** (*rather dubious*) piuttosto dubbio (*o* sospetto). **3** (*rather sick*) alquanto indisposto.

queerness ['kwiənis] *s.* **1** stranezza *f,* bizzarria *f.* **2** (*eccentric characteristic*) eccentricità *f,* stravaganza *f,* originalità *f.* **3** (*dubious character*) sospettabilità *f.* **4** (*illness*) indisposizione *f.*

Queer Street *s.* ⟨*sl*⟩ **1** (*financial embarrassment*) difficoltà *fpl* economiche (*o* finanziarie). **2** (*trouble*) guaio *m,* impiccio *m.* ☐ *to find o.s. in ~:* **1** (*in debt*) essere indebitato; **2** (*in trouble*) essere nei guai, ⟨*pop*⟩ essere inguaiato.

quell [kwel] *v.t.* **1** reprimere, soffocare, domare: *to ~ a rebellion* reprimere una rivolta. **2** (*to allay, quiet*) calmare, acquietare, placare, sedare: *to ~ one's fears* calmare le (proprie) apprensioni.

quench [kwentʃ] *v.t.* **1** (*of thirst*) spegnere, estinguere, levarsi, appagare. **2** ⟨*fig*⟩ appagare, soddisfare, saziare: *to ~ one's passions* appagare le (proprie) passioni. **3** (*of fire*) estinguere, spegnere; (*of a light*) spegnere. **4** ⟨*fig*⟩ (*to subdue, quell*) reprimere, soffocare, domare. **5** ⟨*Met*⟩ temprare in acqua, raffreddare. **'quenchable** [‑əbl] *a.* estinguibile, che si può spegnere. **'quencher** [‑ə] *s.* **1** spegnitore *m* (*f* –trice). **2** (*of a drink*) bibita *f* (*o* bevanda) dissetante. **'quenchless** [‑lis] *a.* inestinguibile, che non si può spegnere.

quenelle *fr.* [kə'nel] *s.* ⟨*Gastr*⟩ gnocchetto *m* di carne (*o* pesce).

querist ['kwiərist] *s.* chi pone una domanda, chi interroga.

quern [kwə:n] *s.* macina *f* a mano.

querulous ['kwerələs] *a.* **1** lamentoso, querulo. **2** (*expressing complaint*) lagnoso, lamentevole, lamentoso: *a ~ voice* una voce lagnosa. **querulously** [‑li] *avv.* lamentosamente. **querulousness** [‑nis] *s.* l'essere lamentoso.

query ['kwiəri] **I** *s.* **1** quesito *m,* domanda *f: to raise a ~* porre un quesito. **2** (*reservation*) dubbio *m,* riserva *f.* **3** ⟨*Tip*⟩ punto *m* interrogativo. **II** *v.t.* **1** discutere, mettere in discussione, contestare: *to ~ an order* discutere un ordine. **2** (*to question*) fare domande a, interrogare. **3** (*to ask questions about*) indagare, investigare. **4** ⟨*Tip*⟩ segnare con un punto interrogativo.

quest [kwest] **I** *s.* **1** ricerca *f,* cerca *f: the ~ for Atlantis* la ricerca dell'Atlantide. **2** ⟨*rar,dial*⟩ (*inquest*) inchiesta *f.* **II** *v.t.* cercare (*for, after s.th.* qc.), andare in cerca (di): *to ~ for hidden treasure* cercare un tesoro nascosto. ☐ *in ~ of* in cerca di, alla ricerca di.

question ['kwestʃən] **I** *s.* **1** domanda *f,* interrogativo *m,* interrogazione *f,* quesito *m: to ask a ~* fare una domanda; *science is always asking new ‑s* la scienza pone sempre nuovi interrogativi; *to answer a ~* rispondere a una domanda. **2** (*issue, subject under discussion*) problema *m,* questione *f,* quesito *m: the Middle East ~* la questione del Medio Oriente; *a ~ of life and death* una questione di vita o di morte. **3** (*doubt, room for doubt*) dubbio *m,* ⟨*fam*⟩ questione *f: there can be no ~ but that the venture will fail* è fuori di dubbio che l'impresa fallirà. **4** ⟨*Parl*⟩ interrogazione *f;* (*interpellation*) interpellanza *f.* **5** (*interrogation, examination*) interrogatorio *m.* **6** ⟨*Scol*⟩ interrogazione *f.* **7** ⟨*Dir*⟩ interrogatorio *m,* interrogazione *f* (giudiziaria). **8** ⟨*Gramm*⟩ proposizione *f* interrogativa, interrogativa *f.* **II** *v.t.* **1** interrogare, fare domande a: *to ~ s.o. about s.th.* interrogare qd. intorno a qc.; (*to ask a* *question about*) chiedere di, domandare di, informarsi di. **2** (*to express doubt about*) discutere, mettere in discussione, contestare, dubitare di: *I ~ his competence* discuto la sua capacità; (*to feel doubt about*) dubitare di, diffidare di. **3** ⟨*Scol,Parl*⟩ interrogare: *I was -ed in Latin* sono stato interrogato in latino. **4** ⟨*Dir*⟩ interrogare, sottoporre a interrogatorio: *to ~ a witness* interrogare un testimone. **III** *v.i.* fare 'una domanda' (*o* domande). ☐ **beside** *the ~* non pertinente; **beyond** (*all*) ~: 1 (*beyond dispute*) fuori (di) discussione; 2 (*undoubtedly*) indubbiamente, fuor di dubbio, senza dubbio: *he is, beyond ~, the finest artist in the country* è indubbiamente il miglior artista del paese; ⟨*Parl*⟩ *~ of* **confidence** questione *f* di fiducia; ⟨*Dir*⟩ *~ of* **fact** questione *f* di fatto; *~ of* **honour** questione *f* d'onore; **in ~**: 1 (*in dispute*) in discussione, in questione; 2 (*under consideration*) di cui si parla (*o* discute), in questione, in discussione: *where is the man in ~?* dov'è l'uomo di cui si parla?; ⟨*Dir*⟩ *~ of* **law** questione *f* di diritto; *to make* **no** *~ of s.th.* non avere alcun dubbio su qc.; *there is no -ing orders* gli ordini non si discutono; *to make* **no** *~ but that* non mettere in dubbio che; *an* **open** *~* una questione insoluta (*o* aperta); *open to ~* discutibile; *out of the ~* impossibile; *it is not out of the ~ that* non è escluso che; ⟨*Parl*⟩ *to* **put** *the ~* mettere ai voti.

questionable ['kwestʃənəbl] *a.* **1** discutibile, contestabile: *a ~ assertion* un'affermazione discutibile. **2** (*doubtful*) dubbio, problematico, incerto. **3** (*of doubtful morality, propriety, etc.*) di dubbia fama (*o* moralità), dubbio, ambiguo, equivoco: *a ~ firm* una ditta di dubbia fama; (*dubious*) discutibile, dubbio: *in ~ taste* di gusto discutibile. **questionably** [-i] *avv.* **1** discutibilmente. **2** (*dubiously*) equivocamente, in modo ambiguo.
questionary ['kwestʃənəri] *s.* → **questionnaire**.
questionee [ˌkwestʃə'ni:] *s.* interrogato *m* (*f* –a).
'questioner [-nə] *s.* interrogante *m/f.* **'questioning** [-niŋ] **I** *s.* interrogatorio *m* (*anche Dir.*). **II** *a.* **1** interrogativo, di domanda, interrogante: *a ~ look* uno sguardo interrogativo. **2** (*enquiring*) inquisitivo. **'questioningly** [-niŋli] *avv.* interrogativamente, in modo interrogativo.
question| mark *s.* punto *m* interrogativo, interrogativo *m.* **~-master** *s.* presentatore *m.*
questionnaire [ˌkwestʃə'neə] *s.* questionario *m.* ☐ *to fill in a ~* riempire un questionario.
question time *s.* ⟨*Parl*⟩ ora *f* fissata per le interrogazioni (*anche estens.*).
queue [kju:] **I** *s.* **1** coda *f,* fila *f: a long ~* una lunga fila; *get in the ~ please* mettersi in coda, per favore. **2** (*of hair*) codino *m.* **II** *v.i.* (*spesso con up*) fare la fila (*o* coda), mettersi in coda: *to ~ for a bus* fare la fila per (prendere) l'autobus. **III** *v.t.* mettere in coda (*o* fila), far la coda (*o* fila) a. ☐ *to form* (*o* *stand in*) *a ~* fare la coda (*o* fila); *to jump the ~* passare davanti (agli altri) in una fila.
queuing theory ['kju:iŋ] *s.* ⟨*Mat*⟩ teoria *f* delle code.
quibble ['kwibl] **I** *s.* **1** cavillo *m,* sofisma *m,* arzigogolo *m.* **2** (*play on words*) gioco *m* di parole, bisticcio *m.* **II** *v.i.* **1** cavillare, sofisticare, arzigogolare: *let's not ~ about the details* non cavilliamo sui dettagli. **2** (*to make puns*) fare giochi di parole. **quibbler** [-ə] *s.* cavillatore *m* (*f* –trice), arzigogolone *m* (*f* –a). **quibbling** [-iŋ] *a.* cavilloso, sofistico.
quick [kwik] **I** *a.* **1** veloce, svelto, spedito, rapido, lesto: *a ~ train* un treno veloce; *a ~ pace* un passo svelto; *a ~ movement of the hand* un rapido movimento della mano. **2** (*done or taking place rapidly*) rapido, sbrigativo, spicciativo: *~ meals* pasti sbrigativi. **3** (*achieved rapidly*) rapido: *a ~ victory* una vittoria rapida; (*immediate, prompt*) immediato, pronto: *~ payment* pagamento immediato. **4** (*mentally fast, agile*) vivace, sveglio, svelto, pronto: *a ~ mind* una mente vivace. **5** (*learning swiftly*) sveglio, (dotato) d'ingegno vivace (*o* pronto): *a ~ child* un bambino sveglio. **6** (*easily aroused*) focoso, impetuoso: *a ~ temper* un temperamento focoso; (*impulsive*) impulsivo. **II** *s.* **1** ⟨*Anat*⟩ carne *f* viva, vivo *m.* **2** ⟨*fig*⟩ (*vital essence or part*) vivo *m,* parte *f* (*o* punto *m*) essenziale: *the ~ of a*

matter il vivo di una questione. **III** *avv.* **1** in fretta, rapidamente: *don't walk so ~* non camminare così in fretta. **2** (*soon, immediately*) subito, immediatamente. *to be ~* **about** *s.th.* fare presto, sbrigarsi, spicciarsi; *as ~ as* **lightning** (*o a flash, thought*) rapido come il lampo (*o* fulmine), fulmineamente; *be ~!* svelto!, fa' prest spicciati!; *in ~* **succession** in rapida successione; ⟨*fig*⟩ *cut* (*o sting, touch*) *to the ~* toccare (*o* ferire, pungere) ▶ vivo.
quick|-acting *a.* **1** (*of a medicine*) che agis rapidamente, rapido, ad azione rapida. **2** (*of mechanism*) ad azione rapida. **~-change artist** *s.* ⟨*Teat*⟩ trasformista *m/f.* **2** ⟨*fam*⟩ (*one who changes side* voltagabbana *m/f,* banderuola *f,* girella *m.*
quicken ['kwikən] **I** *v.t.* **1** accelerare, sveltire: *to ~ on pace* accelerare il passo. **2** ⟨*fig*⟩ (*to arouse, stimula* suscitare, eccitare, stimolare, risvegliare: *to ~ s.o.'s inter* suscitare l'interesse di qd. **II** *v.i.* **1** ridestarsi, destarsi: *interest -ed* il mio interesse si ridestò. **2** (*to become mo rapid*) diventare più rapido (*o* svelto): *his step -ed* il s passo diventò più rapido. **quickening** [-iŋ] *s.* stimolante, eccitante.
quick|-fire *a.* → **quick-firing. ~ fire** *s.* ⟨*Mil*⟩ tiro rapido. **~-firing** *a.* a tiro rapido. **'~-'freeze I** *v.t.r* ⟨*Alim*⟩ congelare rapidamente. **II** *s.* → **quick-freeze ~-freezer** *s.* congelatore *m,* freezer *m.* **~-freezing** congelamento *m* rapido. **'~-'frozen** *a.* congelato.
quickie ['kwiki] *s.* ⟨*fam*⟩ **1** (*s.th. done rapidly*) cosa *f* fat in fretta. **2** (*cheaply-produced film*) film *m* prodotto fretta e a basso costo; (*quickly written book*) libro scritto in fretta.
quick lime *s.* ⟨*Chim*⟩ calce *f* (viva).
quickly ['kwikli] *avv.* **1** velocemente, alla svel rapidamente. **2** (*soon*) presto.
quick march I *s.* ⟨*Mil*⟩ marcia *f* a passo svelto. **II** *in* avanti, march.
quickness ['kwiknis] *s.* sveltezza *f,* rapidità *f,* celerità speditezza *f.*
quick|sand *s.* ⟨*Geol*⟩ sabbie *fpl* mobili. **~-set I** *a.* sempreverdi, vivo. **II** *s.* talea *f* di biancospino. **~s hedge** *s.* siepe *f* viva (*o* di sempreverdi). **'~-'setting** (*tecn*) a presa rapida. **~ silver I** *s.* ⟨*Chim*⟩ mercurio **II** *a.* ⟨*fig*⟩ vivace: *a ~ mind* un ingegno vivace. **~ ste** *s.* **1** (*dance, music*) quickstep *m.* **2** ⟨*Mil*⟩ passo *m* marcia. **'~-'tempered** *a.* irascibile, collerico. **~ time** ⟨*Mil*⟩ velocità *f* di marcia (pari a 128 passi al minut **'~-'witted** *a.* svelto, lesto di mente, pronto d'ingegno.
quid[1] [kwid] *s.* (*piece of chewing tobacco*) pezzo *m* tabacco da masticare, cicca *f.*
quid[2] *s.* (*pl. inv./-s* [z]) ⟨*sl*⟩ (*pound sterling*) sterlina *f,* li *f* sterlina.
quidditative ['kwiditətiv] *a.* ⟨*Filos*⟩ quidditativ **quiddity** [-ti] *s.* **1** ⟨*Filos*⟩ quiddità *f,* essenza *f.* (*quibble*) cavillo *m,* sofisma *m.*
quidnunc ['kwidnʌŋk] *s.* pettegolo *m* (*f* –a), chiacchiero *m* (*f* –a).
quid pro quo *lat.* [ˌkwidprou'kwou] *s.* (*pl.* **quid pro qu** ['kwouz]/**quids pro quo** [ˌkwidz]) contraccambio ricompensa *f.*
quiesce [kwai'es] *v.i.* quietarsi, placarsi. **quiescence** [-n **quiescency** [-nsi] *s.* stato *m* di quiete (*o* ripos inattività *f.* **quiescent** [-nt] *a.* in stato di quiete riposo), inattivo.
quiet ['kwaiət] **I** *a.* **1** quieto, silenzioso, tranquillo, calm *a ~ street* una strada quieta; *the house was ~* la casa e silenziosa; *at last the children were ~* finalmente bambini erano tranquilli. **2** (*of sounds*) sommesso, bass *the ~ hum of the engine* il ronzio sommesso del motor **3** (*free from turbulence*) placido, pacifico, tranquil calmo: *a ~ life in the country* una placida vita campagna; *a ~ disposition* un carattere pacifico. (*marked by little activity*) calmo: *the market is ~* mercato è calmo. **5** (*of persons: having a gentle, reserv manner*) discreto, riservato; (*saying little*) taciturno. (*not showy*) sobrio: *~ clothes* abiti sobri. **7** (*of a soc function: informal*) alla buona, familiare: *a ~ dinner par* un pranzo alla buona. **II** *s.* **1** silenzio *m,* quiete *f: at le*

there's ~ *here* almeno qui c'è silenzio; *the* ~ *of the night* la quiete della notte. **2** (*freedom from turbulence*) tranquillità *f*, calma *f*, quiete *f*: *all I want is peace and* ~ non desidero altro che pace e tranquillità. **III** *avv.* (*quietly*) con calma, tranquillamente. **IV** *v.* → **quieten.** □ *as* ~ *as a mouse* cheto cheto, in silenzio, quatto quatto; ~ **footsteps** passi felpati; *to keep* ~ stare zitto (*o* cheto); *to keep* ~ *about s.th.* passare sotto silenzio qc.; ⟨*esclam.fam*⟩ *anything for a* ~ *life!* tutto quello che vuoi, ma lasciami in pace!; **on** *the* ~ di nascosto, alla chetichella, furtivamente.

uieten ['kwaiətn] **I** *v.t.* **1** far tacere, chetare. **2** (*to calm*) calmare, acquietare, placare: *to* ~ *a crying child* calmare un bambino che piange. **II** *v.i.* **1** (*to become silent;* spesso con *down*) tacere, chetarsi. **2** (*to become calm;* spesso con *down*) calmarsi, acquietarsi, placarsi, tranquillizzarsi.

uietism ['kwaiətizəm] *s.* ⟨*Rel*⟩ quietismo *m.* **quietist** [–tist] *s.* quietista *m/f.* ˌ**quietistic** [–'tistik] *a.* quietistica, quietistico.

uietly ['kwaiətli] *avv.* **1** senza far rumore, silenziosamente: *to sit* ~ sedersi senza far rumore; (*with little noise*) sommessamente: *to speak* ~ parlare sommessamente. **2** (*calmly*) tranquillamente, con calma, quietamente. **3** (*with restraint, moderation*) sobriamente, semplicemente: *to live* ~ vivere sobriamente. **4** (*not showily*) in modo sobrio (*o* non chiassoso). **quietness** [–tnis] *s.* **1** silenzio *m*, quiete *f.* **2** (*calmness, tranquillity*) calma *f*, quiete *f*, tranquillità *f.* **quietude** [–tju:d] *s.* calma *f*, tranquillità *f*, quiete *f.*

uietus [kwai'i:təs] *s.* **1** colpo *m* di grazia. **2** (*of a debt*) estinzione *f.* **3** (*death*) morte *f.*

uiff [kwif] *s.* ciuffo *m.*

uill [kwil] **I** *s.* **1** ⟨*Ornit*⟩ (*feather*) penna *f*; (*large wing, tail feather*) penna *f* maestra. **2** ⟨*Zool*⟩ (*of a porcupine, etc.*) aculeo *m*, penna *f.* **3** (*pen*) penna *f* (d'oca). **4** ⟨*Tess*⟩ (*bobbin, spool*) bobina *f*, spola *f.* **5** ⟨*Mecc*⟩ albero *m* (*o* perno) cavo. **6** ⟨*Mus*⟩ (*plectrum*) plettro *m*, penna *f.* **7** ⟨*Pesc*⟩ galleggiante *m* fatto con una penna. **8** ⟨*Mus,rar*⟩ (*pipe*) piffero *m.* **II** *v.t.* ⟨*Tess*⟩ (*of yarn*) avvolgere sulla bobina (*o* spola); (*of fabric*) pieghettare (a pieghe tubolari).

uillet ['kwilit] *s.* ⟨*rar*⟩ sofisma *m*, cavillo *m*, arzigogolo *m.*

uilt [kwilt] **I** *s.* trapunta *f*, coltre *f*, imbottita *f*; (*eiderdown*) piumino *m.* **II** *v.t.* **1** trapuntare, lavorare a (*o* di) trapunto, impuntire. **2** (*to fill or pad with quilting material*) imbottire, trapuntare. **3** (*to sew between pieces of material*) cucire tra due pezzi di stoffa. **4** ⟨*fig*⟩ (*to do in a patchwork way;* spesso con *together*) raffazzonare, abborracciare. **5** ⟨*dial*⟩ (*to thrash*) percuotere, battere. '**quilted** [–id] *a.* **1** trapunto, impuntito. **2** (*padded*) imbottito, trapuntato.

uilted bedspread *s.* piumone *m.*

uilting ['kwiltiŋ] *s.* **1** (*act*) il trapuntare, impuntitura *f.* **2** (*material*) stoffa *f* per trapunte (*o* imbottite).

uinary ['kwainəri] **I** *a.* **1** di cinque elementi (*o* parti). **2** (*arranged in fives*) (disposto) a cinque a cinque. **3** ⟨*Biol,Mat*⟩ quinario. **II** *s.* ⟨*Mat*⟩ sistema *m* quinario.

uince [kwins] *s.* **1** ⟨*Bot*⟩ cotogno *m.* **2** (*fruit*) cotogna *f*, mela *f* cotogna.

uindecennial [ˌkwindi'senjəl] *a.* quindicennale.

uinine [kwi'ni:n, am. 'kwainain] *s.* **1** ⟨*Chim*⟩ chinina *f.* **2** ⟨*Farm*⟩ chinino *m.*

uinquagenarian [ˌkwiŋkwədʒə'neəriən] **I** *a.* che ha cinquant'anni. **II** *s.* cinquantenne *m/f.* **quinquagenary** [–'kwædʒənəri] *s.* cinquantesimo anniversario *m.* **II** *a.* → **quinquagenarian.**

uinquagesima (Sunday) [ˌkwiŋkwə'dʒesimə] *s.* ⟨*Lit*⟩ quinquagesima *f*, domenica *f* di quinquagesima.

uinquennial [kwin'kweniəl] *a.* quinquennale. **quinquennially** [–i] *avv.* ogni cinque anni. **quinquennium** [–niəm] *s.* (*pl.* **-s** [z]/**-nnia** [niə]) quinquennio *m.*

uins [kwinz] *s.pl.* ⟨*fam*⟩ cinque gemelli *mpl.*

uinsy ['kwinzi] *s.* ⟨*Med*⟩ angina *f.*

uint [kwint] *s.* **1** ⟨*Mus*⟩ quinta *f*, intervallo *m* di quinta. **2** (*in piquet*) sequenza *f* di cinque carte (dello stesso

seme).

quintal ['kwintl] *s.* **1** (*100 kilograms*) quintale *m.* **2** (*hundredweight*) hundredweight *m* (inglese) (pari a 50,80 kg).

quintan ['kwintən] **I** *a.* ⟨*Med*⟩ quintana. **II** *s.* quintana *f.*

quinte [kɛ̃:t] *s.* ⟨*Sport*⟩ (*in fencing*) quinta *f.*

quintessence [kwin'tesns] *s.* quintessenza *f* (*anche fig.*). ˌ**quintessential** [–ti'senʃəl] *a.* quintessenziale, di quintessenza.

quintet(te) [kwin'tet] *s.* quintetto *m* (*anche Mus.*).

quintillion [kwin'tiljən] *s.* (*pl. inv./-s* [z]; il pl. in **-s** si usa general. con valore collett.) **1** quintilione *m*, dieci *m* alla trentesima. **2** ⟨*am*⟩ quintilione *m*, dieci *m* alla diciottesima.

quintuple ['kwintjupl] **I** *a.* quintuplo. **II** *s.* quintuplo *m.* **III** *v.t.* quintuplicare. **IV** *v.i.* quintuplicarsi. **quintuplet** [–it] *s.* **1** uno di cinque gemelli *mpl.* **2** *pl.* cinque gemelli *mpl.*

quintuplicate I *a.* [kwin'tju:plikit] quintuplicato. **II** *s.* una di cinque copie. **III** *v.t.* [kwin'tju:plikeit] quintuplicare. □ *to type a document in* ~ battere un documento in cinque copie.

quip[1] [kwip] *s.* **1** lazzo *m*, motto *m* (arguto), battuta *f* di spirito. **2** (*cutting remark*) frecciata *f*, allusione *f* maligna, frizzo *m*, bottata *f*; (*sarcasm*) sarcasmo *m.* **3** (*quibble*) gioco *m* di parole, bisticcio *m.*

quip[2] *v.* (*pret., p.p.* **quipped** [–t]) *v.i.* **1** (*to make quips, jest*) celiare, motteggiare, dire facezie. **2** (*to taunt*) lanciare frecciate (*at* a), punzecchiare, pizzicare (qd.).

quire[1] [kwaiə] *s.* **1** ⟨*Cart*⟩ mazzetta *f* di ventiquattro fogli. **2** ⟨*Legat*⟩ quaderno *m.* □ *in* ~*s* (*of a book*) non rilegato.

quire[2] *s.* ⟨*rar*⟩ (*choir*) coro *m.*

Quirinal ['kwirinəl] *N.pr.* ⟨*Geog*⟩ Quirinale *m.*

quirk [kwə:k] *s.* **1** stravaganza *f*, eccentricità *f*, bizzarria *f*; (*whim*) capriccio *m*, ghiribizzo *m*, fantasia *f*, grillo *m.* **2** (*subterfuge*) sotterfugio *m*, scappatoia *f.* **3** (*in writing*) svolazzo *m.* '**quirkily** [–ili] *avv.* in modo stravagante (*o* bizzarro). '**quirkiness** [–inis] *s.* stravaganza *f*, bizzarria *f*, eccentricità *f.* '**quirky** [–i] *a.* **1** strano, stravagante, bizzarro. **2** (*tricky*) scaltro, furbo, astuto.

quirt [kwə:t] **I** *s.* specie di frusta. **II** *v.t.* frustare.

quisling ['kwizliŋ] *s.* **1** ⟨*Pol*⟩ collaborazionista *m/f.* **2** ⟨*fam*⟩ (*traitor*) traditore *m* (*f* –trice).

quit[1] [kwit] *v.* (*pret., p.p.* **quit/'quitted** [–id]) **I** *v.t.* **1** lasciare, abbandonare, partire da, andarsene da: *they* ~ *the city for the hills* lasciarono la città per andarsene sulle colline. **2** (*to give up, let go*) rinunciare a, abbandonare: *he* ~ *his claim to the throne* rinunciò al suo diritto al trono. **3** ⟨*am.fam*⟩ (*to stop*) smettere, cessare: *to* ~ *work* smettere il lavoro. **II** *v.i.* **1** (*to cease from doing s.th.*) smettere, interrompere: *let's* ~ *and go home* smettiamo e andiamo a casa. **2** (*to leave rented accommodations*) sloggiare. **3** (*to leave a position*) lasciare un impiego, dare le dimissioni, dimettersi. **4** (*to stop struggling, admit defeat*) darsi per vinto, cedere, arrendersi: *that boxer never* ~*s* quel pugile non si dà mai per vinto. □ ~ *complaining* piantala di lamentarti; *to* ~ *hold of* lasciar andare, abbandonare la presa su.

quit[2] *a.* **1** esentato, dispensato (*of* da). **2** (*free, rid*) liberato (da, di): *we are well* ~ *of him* finalmente ci siamo liberati di lui.

quitch (grass) [kwitʃ] *s.* ⟨*Bot*⟩ agropiro *m.*

quitclaim ['kwitkleim] **I** *s.* ⟨*Dir*⟩ **1** rinuncia *f* a un diritto. **2** (*deed*) atto *m* di rinuncia. **II** *v.t.* rinunciare a.

quite [kwait] **I** *avv.* **1** completamente, del tutto, pienamente, affatto. **2** (*to a certain extent*) piuttosto, discretamente, abbastanza, alquanto: *he was* ~ *pleased* era piuttosto contento. **3** (*really, truly*) proprio, davvero, veramente: *are you* ~ *sure?* sei proprio sicuro? **4** (*at least*) almeno, a dir poco, come minimo. **II** *intz.* certo, sì, proprio: ~ *so!* proprio così! □ ~ *alone* tutto solo; *that's* ~ *another story* questa è tutta un'altra storia; ~ *a few* non pochi, molti; ⟨*esclam*⟩ ~ *right* perfetto, benissimo, giustissimo.

quit-rent ['kwitrent] *s.* ⟨*Stor*⟩ canone *m* enfiteutico.

quits [kwits] *a.* ⟨*pred*⟩ pari, (pari e) patta (*with* con): *now we are ~* ora siamo pari. □ ⟨*lett*⟩ *I intend to be ~ with him* gliela farò pagare.
quit smoking clinic *am. s.* clinica *f* per la disassuefazione dal fumo.
quittance ['kwitəns] *s.* quietanza *f,* ricevuta *f.*
quitter ['kwitə] *s.* ⟨*fam*⟩ chi si dà subito per vinto, chi si arrende facilmente.
quiver[1] ['kwivə] **I** *v.i.* fremere, tremare, vibrare: *to ~ with indignation* fremere di sdegno. **II** *v.t.* far fremere, far tremare. **III** *s.* fremito *m,* tremito *m.*
quiver[2] *s.* (*for arrows*) faretra *f,* turcasso *m.* □ ⟨*fig*⟩ *to have an arrow left in one's ~* avere ancora una freccia al proprio arco, avere ancora una possibilità (*o* risorsa).
quivering ['kwivəriŋ] *a.* tremante, fremente.
qui vive *fr.* [ki:'vi:v] *s.* chi va là *m.* □ *to be on the ~* stare sul chi vive, stare all'erta (*o* in guardia).
Quixote ['kwiksət, ki'xote] **I** *N.pr.* ⟨*Lett*⟩ Don Chisciotte *m.* **II** *s.* (*quixotic person*) donchisciotte *m.* **quixotic** [kwik'sɔtik], **quixotical** [kwik'sɔtikəl] *a.* donchisciottesco. **quixotically** [kwik'sɔtikəli] *avv.* donchisciottescamente. □ *to act ~* fare il donchisciotte. **quixotism** ['kwiksətizəm] *s.* donchisciottismo *m.* **quixotry** ['kwiksətri] *s.* → **quixotism.**
quiz [kwiz] **I** *s.* (*pl.* **quizzes** ['kwiziz]) **1** breve esame *m* (orale o scritto). **2** (*series of questions*) serie *f* di domande, questionario *m.* **3** (*puzzle*) quiz *m,* indovinello *m.* **4** (*practical joke*) burla *f,* scherzo *m.* **5** ⟨*Rad,TV*⟩ → **quiz programme. II** *v.t.* (*pret., p.p.* **quizzed** [-d]) **1** interrogare, porre delle domande a, esaminare. **2** (*to question closely*) interrogare, sottoporre a interrogatorio. **3** ⟨*rar*⟩ (*to mock*) burlarsi di, prendere in giro, canzonare.
quiz| emcee *am.* **1** presentatore *m* (*f* –trice) di quiz. **~ game** *s.* → **quiz programme. ~–master** *s.* (*in a quiz show*) presentatore *m.* **~ program** *am.,* **~ programme, ~ show** *s.* ⟨*Rad,TV*⟩ quiz *m.*
quizzical ['kwizikəl] *a.* **1** beffardo, canzonatorio; (*comic*) buffo, comico, ridicolo. **2** (*questioning*) interrogatorio, interrogativo.
quizzing glass ['kwiziŋ] *s.* ⟨*rar*⟩ monocolo *m.*
quod [kwɔd] **I** *s.* ⟨*sl*⟩ (*prison*) prigione *f,* galera *f,* ⟨*pop*⟩ gattabuia *f.* **II** *v.t.* (*pret., p.p.* '**quodded** [-id]) imprigionare, incarcerare.

quoin [k(w)ɔin] **I** *s.* **1** ⟨*Mur*⟩ concio *m* ⎡d'angolo⎤ comune); (*corner stone*) pietra *f* angolare. **2** ⟨*Arch*⟩ conc *m* di chiave. **3** (*tecn*) (*wedge*) cuneo *m.* **4** ⟨*T* serraforme *m.* **II** *v.t.* **1** ⟨*Mur*⟩ fornire di pietre angola **2** ⟨*Tip*⟩ serrare a cunei.
quoit [kwɔit] **I** *s.* **1** anello *m* di corda (*o* metallo piatto). *pl.* (*game*) gioco *m* degli anelli. **II** *v.i.* giocare agli anel **III** *v.t.* scagliare come un anello.
quondam ['kwɔndæm] *a.* ex, già, ⟨*scherz*⟩ quondam: *my teacher* il mio ex professore.
quorum *lat.* ['kwɔ:rəm] *s.* quorum *m,* numero *m* legale: *form a ~* raggiungere il quorum.
quota ['kwoutə] *s.* parte *f* (spettante), quota *f,* aliquota *f: collect one's ~ of an inheritance* ricevere la propria par di eredità.
quotability [,kwoutə'biliti] *s.* l'essere citabile. '**quotab** [-bl] *a.* citabile.
quotation [kwo(u)'teiʃən] *s.* **1** citazione *f: a ~ from t, Bible* una citazione dalla Bibbia; (*passage*) brano *m* passo) citato. **2** ⟨*Econ*⟩ quotazione *f.* **3** (*estimated cos* preventivo *m.*
quotation marks *s.pl.* virgolette *fpl.*
quote [kwout] **I** *v.t.* **1** citare: *to ~ a line from Hom* citare un verso di Omero; *to ~ Milton* citare Milton. ⟨*assol*⟩ fare delle citazioni, citare brani (*o* passi): *to from Shakespeare* fare delle citazioni da Shakespeare. (*to adduce as evidence*) citare, addurre come prova: *could ~ many cases in which this has happened* potr citare molti casi in cui questo è accaduto. **4** ⟨*Eco quotare: *to ~ a price* quotare un prezzo. **5** (*to enclo with quotation marks*) chiudere tra virgolette, virgolettar **II** *v.i.* fare delle citazioni. **III** *s.* **1** ⟨*fam*⟩ citazione *f. pl.* → **quotation marks.** □ *in ~s* tra virgolette.
quoted ['kwouted] *a.* ⟨*Econ*⟩ quotato in borsa.
quoth [kwouθ] *v.* ⟨*rar,poet*⟩ disse: *~ Robin Hood, "To t, woods"* disse Robin Hood: «alla foresta»; "*no*" *~ I* «n, dissi io.
quotidian [kwɔ'tidiən] **I** *a.* **1** quotidiano, giornaliero. ⟨*Med*⟩ quotidiano. **II** *s.* ⟨*Med*⟩ febbre *f* quotidiana.
quotient ['kwouʃənt] *s.* ⟨*Mat*⟩ quoziente *m.*
q.v. = **1** *quod vide* vedi. **2** ⟨*Farm*⟩ *quantum vis* volontà.
qy. = *query* quesito.

R

R [ɑ:] *s.* (*pl.* **r's/rs, R's/Rs** [ɑ:z]) (*letter of the alphabet*) r, R *f/m:* ⟨*Tel*⟩ *R for Robert,* ⟨*am*⟩ *R for Roger* r come Roma. □ *the r months* i mesi con la r; *the three Rs* ⟨*reading, writing, arithmetic*⟩ le tre r (leggere, scrivere, far di conto).

. = ⟨*El*⟩ *resistance* resistenza (*abbr.* R, r).

℞ = **1** ⟨*Chim*⟩ *radical* radicale (*abbr.* R). **2** ⟨*Geom*⟩ *radius* raggio (*abbr.* r).

. = **1** ⟨*Geom*⟩ *radius* raggio (*abbr.* r). **2** *railway* ferrovia. **3** *right* destra.

. = **1** *railway* ferrovia. **2** ⟨*Fis*⟩ *Réaumur* scala Réaumur.

.A. = **1** *regular army* esercito regolare. **2** *Royal Academy* accademia reale.

rabbet ['ræbit] **I** *s.* ⟨*Fal*⟩ **1** scanalatura *f*, gola *f*, sede *f*. **2** → **rabbet joint.** **II** *v.t.* **1** fare un incastro in, scanalare. **2** (*to join by a rabbet joint*) unire con un giunto a maschio e femmina. **III** *v.i.* essere unito a incastro (*on, over* a).

rabbet| joint *s.* ⟨*Fal*⟩ giunto *m* a maschio e femmina. **~ plane** *s.* pialletto *m* per scanalare.

rabbi ['ræbai] *s.* ⟨*Rel.ebr*⟩ rabbino *m*. **rabbinate** [–bənit] *s.* **1** rabbinato *m*. **2** ⟨*collett*⟩ rabbini *mpl*.

rabbinic [ræ'binik] *a.* → **rabbinical. Rabbinic** *s.* lingua *f* rabbinica. **rabbinical** [–əl] *a.* rabbinico, dei rabbini. **rabbinism** [–nizəm] *s.* rabbinismo *m*. **'Rabbinist** [–nist] *s.* → **Rabbinite.** **Rabbin'istic** [–nistik] *a.* di (*o* da) rabbinista. **'Rabbinite** [–nait] *s.* rabbinista *m/f*.

rabbit ['ræbit] **I** *s.* (*pl. inv./*-s [s]; il pl.inv. si usa general. con valore collett.) **1** ⟨*Zool*⟩ coniglio *m*. **2** (*fur*) lapin *m*. **3** ⟨*sport*⟩ giocatore *m* (*f* –trice) di scarso valore, ⟨*fam*⟩ schiappa *f*. **II** *v.i.* (*pret.,p.p.*rabbitted/*am.*rabbeted [–id]) **1** cacciare conigli, andare a caccia di conigli. **2** ⟨*fam*⟩ (*to sneak*) fare la spia (*on* contro). □ *to go –ing* andare a caccia di conigli.

rabbit| burrow *s.* tana *f* di coniglio. **~ farm** *s.* allevamento *m* di conigli. **~ farmer** *s.* allevatore *m* di conigli. **~-foot** *s.irr.* → **rabbit's foot. ~ hutch** *s.* conigliera *f*. **~ punch** *s.* colpo *m* (di taglio) alla nuca. **II** *v.t.* colpire (di taglio) alla nuca.

rabbitry ['ræbitri] *s.* **1** allevamento *m* di conigli. **2** ⟨*collett*⟩ (*rabbits*) conigli *mpl*.

rabbit's foot *s.* zampa *f* di coniglio (considerata portafortuna).

rabbity ['ræbiti] *a.* **1** pieno di conigli. **2** (*resembling a rabbit*) conigliesco, di (*o* da) coniglio.

rabble[1] ['ræbl] *s.* **1** folla *f*, moltitudine *f* disordinata; (*riff–raff*) gentaglia *f*, canaglia *f*, marmaglia *f*. **2** ⟨*spreg*⟩ (*common people*) volgo *m*, popolino *m*, ⟨*spreg*⟩ plebaglia *f*.

rabble[2] **I** *s.* ⟨*Met*⟩ raschione *m*; (*for stirring ore*) agitatore *m*, mescolatore *m*. **II** *v.t.* agitare, rimescolare.

rabble|-rouser *s.* arruffapopoli *m*, agitatore *m* (*f* –trice), capopopolo *m*. **~-rousing** *a.* che spinge il popolo alla rivolta.

Rabelaisian [,ræbə'leiziən] **I** *a.* rabelesiano. **II** *s.* studioso *m* (*f* –a) di Rabelais.

rabid ['ræbid] *a.* **1** arrabbiato, fanatico: *a ~ anticlerical* un anticlericale arrabbiato; *~ nationalism* nazionalismo fanatico. **2** (*raging, furious*) rabbioso, furioso: *~ hatred* odio rabbioso. **3** (*affected with rabies*) idrofobo, rabbioso, rabico. **rabidity** [rə'biditi] *s.* **1** fanatismo *m*. **2** (*furiousness*) furia *f*, furore *m*, rabbia *f*. **rabidly** [–li] *avv.* **1** in modo fanatico. **2** (*furiously*) rabbiosamente, furiosamente. **rabidness** [–nis] *s.* → **rabidity.**

rabies ['reibi:z] *s.inv.* ⟨*Veter,Med*⟩ rabbia *f*, idrofobia *f*.

rabies| shot *s.* ⟨*Med*⟩ iniezione *f* antirabbica. **~ vaccination** *s.* vaccinazione *f* antirabbica, antirabbica *f*.

raccoon [ræ'ku:n] *s.* (*pl. inv./*-s [z]; il pl.inv. si usa general. con valore collett.) ⟨*Zool*⟩ procione *m* lavatore.

race[1] [reis] **I** *s.* **1** gara *f* (di velocità o corsa), corsa *f:* *to challenge s.o. to a ~* sfidare qd. a una gara; *to run a ~* fare una corsa. **2** *pl.* (*horse racing*) corse *fpl:* *to go to the –s* andare alle corse; *to win money at the –s* vincere alle corse. **3** ⟨*fig*⟩ (*competition*) gara *f*, corsa *f:* *the ~ for the presidency* la corsa alla presidenza. **4** (*rush*) corsa *f:* *a ~ to catch a train* una corsa per prendere un treno. **5** ⟨*fig*⟩ (*of life*) vita *f*, corso *m* della vita, cammino *m*. **6** (*strong current of water*) forte corrente *f*. **7** (*mill race*) canale *m* di mulino. **8** ⟨*Mecc*⟩ (*channel, track*) gola *f* (*o* guida) di scorrimento; (*of a ball bearing*) anello *m*. **II** *v.i.* **1** correre, partecipare a una gara, gareggiare in corsa (*o* velocità): *to ~ against* (*o* with) *s.o.* correre contro qd. **2** (*to move at speed*) correre, andare a tutta velocità: *he –d home* corse a casa. **3** ⟨*fig*⟩ (*to hurry*) affrettarsi, precipitarsi, correre. **4** ⟨*Mot*⟩ (*of an engine, propeller, etc.*) imballarsi. **5** ⟨*Sport*⟩ partecipare alle corse. **III** *v.t.* **1** 「fare a corsa」 (*o* correre) con, gareggiare in corsa con, correre contro. **2** (*to cause to run, race*) far correre, far gareggiare, far disputare una corsa a: *to ~ a horse at Ascot* far correre un cavallo ad Ascot. **3** ⟨*fig*⟩ (*to cause to move fast*) far correre, far andare velocemente (*o* rapidamente). **4** ⟨*Mot*⟩ imballare: *to ~ an engine* imballare un motore. □ *to ~ the clock* gareggiare contro il tempo; *the blood –d to his head* il sangue gli salì alla testa.

race[2] **I** *s.* **1** razza *f: the human ~* la razza umana; (*descendants of a common ancestor*) stirpe *f*, discendenza *f*, generazione *f*, progenie *f*. **2** ⟨*fig*⟩ categoria *f*, classe *f: the ~ of actors* la categoria degli attori. **3** ⟨*Zool*⟩ razza *f*. **4** ⟨*Bot*⟩ varietà *f*. **II** *a.* razziale, di razza: *~ hatred* odio razziale; *~ difference* differenza razziale.

race[3] *s.* (*ginger root*) radice *f* di zenzero.

race| about *s.* ⟨*Mar*⟩ piccolo yacht *m* armato a sloop. **~-card** *s.* programma *m* delle corse. **~ conflict** *s.* conflitto *m* razziale. **~course** *s.* ippodromo *m*. **~ discrimination** *s.* discriminazione *f* razziale. **~goer** *s.* frequentatore *m* (*f* –trice) di corse. **~horse** *s.* cavallo *m* 「da corsa」 (*o* corridore).

raceme [rə'si:m] *s.* ⟨*Bot*⟩ racemo *m*, grappolo *m*.

race meeting *s.* concorso *m* ippico.

racemose ['ræsimous], **racemous** [–məs] *a.* ⟨*Bot*⟩ racemoso.

racer ['reisə] *s.* **1** corridore *m*. **2** (*racehorse*) cavallo *m* 「da corsa⌐ (o corridore); (racing bicycle) bicicletta f da corsa; (racing vessel) imbarcazione f da regata (o competizione); (racing car) automobile f da corsa (o competizione). 3 ⟨Zool⟩ colubro m. 4 ⟨Mecc⟩ elemento m a scorrimento veloce. 5 ⟨Artigl⟩ piattaforma f girevole (o rotante).

race| riot s. sommossa f (o violenza) provocata da animosità razziale. **~track** s. 1 (for horse racing) ippodromo m. 2 (for any race) pista f.

Rachel ['reitʃəl] N.pr. Rachele f (anche Bibl.).

rachis ['reikis] s. (pl. -chises [kisiz]/**rachides** ['rækidi:z]) ⟨Biol,Anat⟩ rachide f/m.

rachitic [rə'kitik] a. ⟨Med⟩ rachitico. **rachitis** [rə'kaitis] s. (pl. -tides [tidi:z]) rachitismo m, rachitide f.

racial ['reiʃəl] a. razziale.

racial discrimination s. discriminazione f razziale, razzismo m.

racialism ['reiʃəlizəm] s. razzismo m. **racialist** [-list] s. razzista m/f. **,racialistic** [-'listik] a. razzistico. **racially** [-li] avv. in modo razziale.

racial| prejudice s. pregiudizio m razziale, razzismo m. **~ segregation** s. segregazione f razziale.

racily ['reisili] avv. 1 vivacemente, briosamente. 2 (indecently) in modo indecente. 3 (in a natural way) genuinamente, schiettamente. **raciness** [-sinis] s. 1 vivacità f, brio m. 2 (lewdness) salacità f, licenziosità f. 3 (naturalness) genuinità f, naturalezza f.

racing ['reisiŋ] I s. corsa f; (horse racing) corse fpl ippiche; (car racing) corse fpl automobilistiche. II a. (used in racing) da corsa, da competizione.

racing| car s. ⟨Aut⟩ automobile f da corsa (o competizione). **~ colors** am., **~ colours** s.pl. ⟨Sport⟩ colori mpl di scuderia. **~ craft** s. ⟨Mar⟩ imbarcazione f da competizione (o regata). **~ cycle** s. ⟨Sport⟩ bicicletta f da corsa. **~ cyclist** s. corridore m ciclista, ciclista m/f. **~ driver** s. ⟨Aut⟩ corridore m automobilista. **~ motorcyclist** s. corridore m motociclista, motociclista m. **~ path** s. pista f da corsa. **~ stable** s. scuderia f. **~ track** s. → racing path.

racism ['reisizəm] s. razzismo m. **racist** [-sist] I s. razzista m/f. II a. razzista, razzistico.

rack¹ [ræk] I s. 1 rastrelliera f: a ~ for bottles una rastrelliera per bottiglie. 2 (for plates) scolapiatti m, rastrelliera f. 3 (for toast) portatoast m. 4 (tool rack) scaffale m a rastrelliera; (luggage rack) portabagagli(o) m. 5 ⟨Agr,Zootecn⟩ (for holding fodder) rastrelliera f, greppia f, portafieno m; (on a wagon) rastrelliera f. 6 ⟨Mecc⟩ cremagliera f. 7 ⟨Stor⟩ (instrument of torture) ruota f, cavalletto m. 8 ⟨Acu⟩ rack m. II v.t. 1 (to torture on the rack) mettere alla ruota. 2 ⟨fig⟩ (to cause anguish to) torturare, tormentare. 3 ⟨fig⟩ (to agitate, torment) turbare, agitare: a society ~ed by violence una società turbata dalla violenza. 4 ⟨fig⟩ (to oppress with exorbitant demands, rent) opprimere, angariare. 5 (to place, store on a rack) sistemare (o collocare) su una rastrelliera: to ~ bottles of wine sistemare bottiglie di vino su una rastrelliera. 6 ⟨Mecc⟩ muovere con meccanismo a cremagliera. □ to ~ one's brains scervellarsi, lambiccarsi il cervello; ⟨Mecc⟩ ~ and pinion drive comando m a cremagliera; a magazine ~ un portariviste; ⟨fig⟩ on the ~ sulle spine; to ~ up votes raggranellare voti.

rack² I s. ⟨Equit⟩ 1 andatura f tra il trotto e il piccolo galoppo. 2 (pace) ambio m, ambiatura f. II v.i. 1 muoversi con andatura tra il trotto e il piccolo galoppo. 2 (to pace) ambiare, andare all'ambio.

rack³ s. (destruction) distruzione f, rovina f. □ to go to ~ and ruin andare in rovina (o malora), andare a catafascio.

rack⁴ s. ⟨Meteor⟩ strato m leggero di nubi, nuvolaglia f.

rack⁵ v.t. (of wine; spesso con off) svinare, travasare.

racket¹ ['rækit] s. 1 ⟨Sport⟩ racchetta f. 2 pl. ⟨Sport⟩ (game; costr. sing.) gioco di palla e racchetta praticato su un campo circondato da muri. 3 (snow shoe) racchetta f da neve.

racket² I s. 1 frastuono m, fracasso m, chiasso m, baccano m: the ~ of a printing office il frastuono di una tipografia. 2 (merrymaking) baldoria f, festa f, allegria f rumorosa. 3 ⟨fam⟩ (fraudulent scheme) trucco m, raggiro

m, imbroglio m: it's simply a ~ to avoid taxes semplicemente un trucco per evadere il fisco; (dishone way of making money) truffa f, frode f, imbroglio m. (illegal activity) racket m: the drug ~ il racket della drog (organization) racket m. 5 ⟨sl⟩ (occupation, busines occupazione f, lavoro m, professione f, impiego m: wha your ~? che lavoro fai? II v.i. (to lead a gay social li, spesso con about, around) fare la bella vita, darsi al mondanità. □ to kick up a ~ fare un baccano d diavolo, fare un gran fracasso; to make a ~ schiamazza fare baccano (o chiasso); what a ~! che inferno!, ⟨po che casino!

racketeer [,ræki'tiə] s. ⟨fam⟩ ricattatore m (f -tric **racketeering** [-riŋ] s. ⟨fam⟩ estorsioni fpl, racket m.

rackety ['ræki'ti] a. 1 (noisy) rumoroso, chiassoso: a ~ c car una vecchia macchina rumorosa. 2 (fond of raffi living) dedito alle gozzoviglie; (fond of merrymakin festaiolo, che ama far baldoria.

rack| railway s. ferrovia f a cremagliera. **~-rent** I affitto m esorbitante. II v.t. far pagare un affi esorbitante a. **~ stereo system** s. contenitore m hi-fi. **~ tooth** s. dente m di cremagliera.

raconteur fr. [rakɔ̃'tœːr] s. aneddotista m. **raconteuse** [-'tœz] s. aneddotista f.

racoon s. (pl. inv./-s [z]) → raccoon.

racquet s./v. → racket¹.

racy ['reisi] a. 1 vivace, brioso, animato, frizzante. (risqué) piccante, spinto, salace: ~ jokes barzelle piccanti. 3 (lively, zestful) pieno di vita, vivace, vivo. (having a strong characteristic flavour) forte, piccan pungente; (natural, fresh) genuino, naturale, schietto. ⟨fig⟩ ~ of the soil (of humour, opinions, etc.) genuir caratteristico.

rad [ræd] s. ⟨Fis⟩ rad m.

radar ['reidə:] s. radar m. □ to detect by ~ rad localizzare.

radar| astronomy s. ⟨Astr⟩ radarastronomia f. **~ beac** s. ⟨Rad⟩ radarfaro m, radar "a risposta⌐ (o secondari **~ controller** s. ⟨Aer⟩ controllore m radar, radarista ⟨pop⟩ uomo m radar. **~ detection** s. radarlocalizzazio f. **~ navigation** s. radarnavigazione f. **~-operated** comandato a radar. **~ operator** s. radarista m. **telescope** s. radartelescopio m.

raddle ['rædl] I v.t. 1 tingere di rossetto, dare il rossetto imbellettare. 2 (to ruddle) tingere con ocra rossa. II (ruddle) ocra f rossa.

radial ['reidiəl] I a. radiale (anche Mecc.,Biol.,Anat.): arrangement of streets una disposizione radiale di stra II s. 1 ⟨Anat⟩ → radial nerve. 2 ⟨Aut⟩ → radial-µ tyre.

radial artery s. ⟨Anat⟩ arteria f radiale.

radialize ['reidiəlaiz] v.t. mettere (o sistemare) a raggie **radially** [-li] avv. radialmente, a raggiera.

radial| nerve s. ⟨Anat⟩ nervo m radiale. **~-ply tyre** ⟨Aut⟩ pneumatico m radiale. **~ road** s. strada f radial

radian ['reidiən] s. ⟨Mat⟩ radiante m.

radiance ['reidiəns], **radiancy** [-i] s. 1 radiosità f, fulge m, splendore m. 2 ⟨fig⟩ radiosità f, luminosità f. 3 ⟨F radianza f.

radiant ['reidiənt] I a. 1 radiante; (shining, brig raggiante, sfolgorante, radioso, splendente. 2 ⟨fig⟩ radio raggiante, felice, gioioso: a ~ smile un sorriso radioso; be ~ with joy essere raggiante di gioia. 3 ⟨Fis⟩ radian 4 ⟨Arald,Biol⟩ raggiante. II s. 1 (point from which r originate) punto m (o sorgente f) d'irradiazione. ⟨Astr,Geom⟩ radiante m.

radiant| energy s. ⟨Fis⟩ energia f radiante (o raggian **~ heat** s. calore m radiante. **~ heater** s. radiatore pannello m radiante.

radiate ['reidieit] I v.i. 1 irradiare, irradiarsi, raggiare. (to spread out from the centre) irradiarsi, spiegarsi diramarsi) a raggiera. 3 ⟨fig⟩ raggiare, irradia irraggiare, sprigionarsi, diffondersi: joy -d from her eyes gioia raggiava dai suoi occhi; (of a person: to be radia raggiare, essere raggiante (o radioso) (with di). II v.t. diffondere, irraggiare, irradiare: to ~ heat diffond calore. 2 ⟨fig⟩ (to disseminate from a centre) diffonde disseminare, propagare: *to* ~ *news* diffondere notizie. **3** ⟨*fig*⟩ irradiare, irraggiare, raggiare, sprigionare: *to* ~ *happiness* irradiare felicità. **III** *a.* **1** (*having rays*) provvisto di raggi, a raggi. **2** (*radiating*) raggiante, che emana raggi. **3** ⟨*Biol*⟩ radiato, raggiato. □ *to* ~ *propaganda* fare propaganda.

adiating surface panel *s.* pannello *m* radiante.

adiation [ˌreidiˈeiʃən] *s.* **1** ⟨*Fis*⟩ radiazione *f.* **2** (*act of radiating*) irradiamento *m*, irraggiamento *m.* **3** (*radial arrangement*) disposizione *f* (*o* propagazione) a raggiera, irradiazione *f.*

adiation threshold *s.* ⟨*Fis*⟩ soglia *f* di radiazione.

adiative [ˈreidieitiv] *a.* delle (*o* relativo alle) radiazioni.

adiator [ˈreidieitə] *s.* **1** radiatore *m* (*anche Aut.*). **2** ⟨*Rad*⟩ trasmettitore *m; (transmitting aerial)* antenna *f* trasmittente, radiatore *m.*

adiator| cap *s.* ⟨*Aut*⟩ tappo *m* del radiatore. ~ **cover** *s.* copritermosifone *m.* ~ **grille** *s.* griglia *f* del radiatore.

adical [ˈrædikəl] **I** *a.* **1** basilare, sostanziale: *a* ~ *error* un errore basilare. **2** (*complete*) radicale: ~ *reforms* riforme radicali; (*drastic*) drastico. **3** ⟨*Mat,Ling,Bot*⟩ radicale. **II** *s.* **1** ⟨*Mat,Chim*⟩ radicale *m.* **2** ⟨*Ling*⟩ radicale *m*, radice *f.* **Radical I** *a.* ⟨*Pol*⟩ radicale. **II** *s.* radicale *m/f.*

adical axis *s.* ⟨*Geom*⟩ asse *m* radicale.

adicalism [ˈrædikəlizəm] *s.* radicalismo *m* (*anche Pol.*).

adicalization [ˌrædikəlaiˈzeiʃən] *s.* radicalizzazione *f* (*anche Pol.*). **'radicalize** [-laiz] **I** *v.t.* radicalizzare (*anche Pol.*). **II** *v.i.* radicalizzarsi.

adical| Party *s.* ⟨*Pol*⟩ partito *m* radicale. ~ **sign** *s.* ⟨*Mat*⟩ segno *m* della (*o* di) radice. ~ **surgery** *s.* chirurgia *f* radicale.

adicle [ˈrædikl] *s.* **1** ⟨*Bot*⟩ radichetta *f; (small root)* radicella *f*, radichella *f*, radicina *f.* **2** ⟨*Chim*⟩ radicale *m.* **3** ⟨*Anat*⟩ radicicola *f.*

adio [ˈreidiou] **I** *s.* (*pl.* **-s** [z]) **1** radio *f: the invention of* ~ l'invenzione della radio; *to broadcast by* ~ trasmettere per radio. **2** (*receiving set*) radio *f*, radioricevitore *m*, apparecchio *m* radio. **II** *a.* **1** radiofonico, radio: ~ *programmes* programmi radiofonici. **2** (*controlled by radio*) radiocomandato. **3** (*of radiations, electric waves*) radio. **III** *v.t.* **1** radiotrasmettere, trasmettere per radio. **2** (*to send a radio message to*) radiotrasmettere un messaggio a, trasmettere (*o* mandare) un messaggio per radio a, mettersi in contatto radiofonico con. **IV** *v.i.* comunicare per radio.

adio|'activate *v.t.* ⟨*Fis*⟩ radioattivare. ~**'active** *a.* radioattivo.

adioactive| carbon *s.* ⟨*Chim*⟩ carbonio *m* radioattivo. ~ **contamination** *s.* ⟨*Atom*⟩ contaminazione *f* radioattiva. ~ **dating** *s.* datazione *f* con il carbonio radioattivo. ~ **dust** *s.* polvere *f* radioattiva. ~ **element** *s.* → **radioelement.** ~ **fall-out** *s.* pioggia *f* radioattiva. ~ **nuclide** *s.* → **radionuclide.** ~ **pollution** *s.* contaminazione *f* radioattiva.

adio|ac'tivity *s.* ⟨*Fis*⟩ radioattività *f.* ~ **amateur** *s.* radioamatore *m* (*f* –trice), radiodilettante *m/f.* ~ **astronomer** *s.* radioastronomo *m.* ~ **astronomy** *s.* radioastronomia *f.* ~ **beacon** *s.* ⟨*Rad*⟩ radiofaro *m.* ~ **beam** *s.* radiosegnale *m* unidirezionale. ~ **bearing** *s.* radiorilevamento *m*, rilevamento *m* radio(goniometrico).

adio| address *s.* discorso *m* radiofonico. ~ **advertising** *s.* pubblicità *f* radiofonica. ~ **aid** *s.* ⟨*Aer*⟩ radioassistenza *f.* ~ **announcement** *s.* annuncio *m* radiofonico.

adiobiologic [ˌreidio(u)ˌbaiəˈlɔdʒik], **radiobiological** [-əl] *a.* radiobiologico. **radiobiologist** [-baiˈɔlədʒist] *s.* radiobiologo *m* (*f* –a). **radiobiology** [-baiˈɔlədʒi] *s.* radiobiologia *f.*

adiobroadcast[1] [ˌreidio(u)ˈbrɔːdkɑːst] *s.* radiodiffusione *f*, radiotrasmissione *f.*

adiobroadcast[2] *v.irr.* **I** *v.t.* radiodiffondere, radiotrasmettere. **II** *v.i.* radiodiffondere programmi (*o* trasmissioni).

adio| channel *s.* radiocanale *m.* ~ **commentator** *s.* radiocronista *m/f.* ~**control** *v.t.* radioguidare. ~ **control** *s.* radioguida *f.* ~ **electric** *a.* radioelettrico. ~ **electricity** *s.* radioelettricità *f.* ~**element** *s.* ⟨*Chim*⟩ radioelemento *m*, elemento *m* radioattivo. ~ **engineer** *s.*

radiotecnico *m.* ~ **engineering** *s.* radiotecnica *f.* ~**fluorine** *s.* ⟨*Chim*⟩ fluoro *m* radioattivo. ~ **flying** *s.* ⟨*Aer*⟩ radionavigazione *f.* ~**-frequency** *a.* a radiofrequenza. ~ **frequency** *s.* radiofrequenza *f.*

radiogenic [ˌreidio(u)ˈdʒenik] *a.* radiogenico.

radiogoniometer [ˌreidio(u)ˌgouniˈɔmitə] *s.* ⟨*Aer,Mar*⟩ radiogoniometro *m.* **radiogoniometric** [-nio(u)ˈmetrik] *a.* radiogoniometrico. **radiogoniometry** [-tri] *s.* radiogoniometria *f.*

radiogram [ˈreidiougræm] *s.* **1** → **radiotelegram. 2** → **radiograph.**

radiogramophone [ˌreidio(u)ˈgræməfoun] *s.* radiogrammofono *m.*

radiograph [ˈreidio(u)grɑːf] **I** *s.* ⟨*Rad*⟩ radiografia *f.* **II** *v.t.* radiografare. **radiographer** [-diˈɔgrəfə] *s.* radiologo *m.* **radiographic** [-ˈgræfik] *a.* radiografico. **radiography** [-diˈɔgrəfi] *s.* radiografia *f.*

radio| guidance *s.* ⟨*Aer,Mar*⟩ radioguida *f.* ~ **ham** *s.* ⟨*fam*⟩ → **radio amateur.** ~ **interference** *s.* radiodisturbo *m.* ~ **interview** *s.* intervista *f* radiofonica. ~**isotope** *s.* radioisotopo *m*, isotopo *m* radioattivo. ~ **link** *s.* ⟨*Rad,Tel*⟩ radiocollegamento *m.*

radio| localization *s.* radiolocalizzazione *f.* ~**locate** *v.t.* radiolocalizzare.

radiologic [ˌreidio(u)ˈlɔdʒik], **radiological** [-əl] *a.* radiologico. **radiologist** [-diˈɔlədʒist] *s.* radiologo *m* (*f* –a). **radiology** [-diˈɔlədʒi] *s.* radiologia *f.*

radiometer [ˌreidiˈɔmitə] *s.* ⟨*Fis*⟩ radiometro *m.* **radiometric** [-dio(u)ˈmetrik] *a.* radiometrico. **radiometry** [-tri] *s.* radiometria *f.*

radio| navigation *s.* radionavigazione *f.* ~ **news bulletin** *s.* radiogiornale *m.* ~ **noise** *s.* → **radio interference.** ~**nuclide** *s.* ⟨*Atom*⟩ radionuclide *m.* ~ **operator** *s.* radiofonista *m.* ~ **play** *s.* radiocommedia *f*, commedia *f* radiofonica.

radiophone [ˈreidio(u)foun] *s.* **1** radiofono *m.* **2** → **radiotelephone. radiophonic** [-ˈfɔnik] *a.* radiofonico. **radiophony** [-diˈɔfəni] *s.* **1** radiofonia *f.* **2** → **radiotelephony.**

radiophotograph [ˌreidio(u)ˈfoutəgrɑːf] *s.* radio(tele)fotogramma *m.* **radiophotographic** [-ˈgræfik] *a.* radio(tele)fotografico. **radiophotography** [-fəˈtɔgrəfi] *s.* radio(tele)fotografia *f.*

radio| program *am.,* ~ **programme** *s.* programma *m* radiofonico. ~ **protection** *s.* radioprotezione *f.* ~ **receiver** *s.* radioricevitore *m.* ~ **recorder** *s.* radioregistratore *m.* ~ **repairer** *s.* radioriparatore *m.*

radioscopic [ˌreidio(u)ˈskɔpik], **radioscopical** [-əl] *a.* ⟨*Med*⟩ radioscopico. **radioscopy** [-diˈɔskəpi] *s.* radioscopia *f*, scopia *f.*

radio| serial *s.* romanzo *m* radiofonico (a puntate). ~ **set** *s.* radio *f*, radioricevitore *m.* ~ **signal** *s.* radiosegnale *m.* ~ **silence** *s.* ⟨*Rad,Mil*⟩ silenzio *m* radio. ~**sonde** *s.* ⟨*Meteor*⟩ radiosonda *f.* ~ **star** *s.* radiostella *f.* ~ **station** *s.* stazione *f* radio. ~ **taxi** *s.* radiotassi *m*, radiotaxi *m.* ~**-telegram** *s.* radiotelegramma *m*, radiogramma *m.* ~**telegraph I** *s.* → **radiotelegraphy. II** *v.t.* trasmettere per (mezzo della) radiotelegrafia. ~**tele'graphic** *a.* radiotelegrafico. ~**te'legraphist** *s.* radiotelegrafista *m/f.* ~**-te'legraphy** *s.* radiotelegrafia *f.* ~**'telephone** *s.* radiotelefono *m.* ~**tele'phonic** *a.* radiotelefonico. ~**-te'lephony** *s.* radiotelefonia *f.* ~**'telescope** *s.* ⟨*Astr*⟩ radiotelescopio *m.* ~ **teletype** *s.* radiotelescrivente *f.*

radiotherapeutic [ˌreidio(u)ˌθerəˈpjuːtik] *a.* ⟨*Med*⟩ radioterapeutico, radioterapico. **radiotherapeutics** [-s] *s.pl.* (costr. sing.) → **radiotherapy. radiotherapeutist** [-tist], **radio'therapist** [-pist] *s.* radioterapista *m/f.* **radio'therapy** [-pi] *s.* radioterapia *f.*

radio| tracer *s.* ⟨*Chim*⟩ tracciante *m* radioattivo. ~ **transmitter** *s.* radiotrasmettitore *m.* ~ **wave** *s.* ⟨*Fis*⟩ radioonda *f*, onda *f* hertziana.

radish [ˈrædiʃ] *s.* ⟨*Bot*⟩ ravanello *m.*

radium [ˈreidiəm] *s.* ⟨*Chim*⟩ radio *m.*

radius [ˈreidiəs] *s.* (*pl.* **radii** [ˈreidiai]/**-uses** [-siz]) **1** raggio *m: the* ~ *of a circle* il raggio di un cerchio. **2** (*circular area*) raggio *m*, area *f* (circolare). **3** ⟨*estens*⟩ (*limited range*) raggio *m*, ambito *m.* **4** ⟨*fig*⟩ (*range of influence,*

operation, etc.) raggio *m* d'azione, sfera *f* d'influenza. **5** ⟨*Anat*⟩ radio *m*.

radix ['reidiks] *s.* (*pl.* **radices** ['reidisi:z]/**-ixes** [iksis]) **1** ⟨*Mat*⟩ numero *m* base, radice *f*. **2** ⟨*Anat,Bot,Ling*⟩ radice *f*.

radon ['reidn] *s.* ⟨*Chim,Atom*⟩ radon *m*, radioemanazione *f*, emanazione *f* radioattiva.

RAF, R.A.F. = ⟨*Mil*⟩ *Royal Air Force* regia aeronautica.

raffia ['ræfiə] *s.* ⟨*Bot*⟩ rafia *f*.

raffish ['ræfiʃ] *a.* **1** dissipato, vizioso, dissoluto. **2** (*tawdry*) vistoso, volgare. **raffishness** [–nis] *s.* **1** corruzione *f*, dissolutezza *f*, vizio *m*. **2** (*tawdriness*) vistosità *f*, volgarità *f*.

raffle¹ ['ræfl] **I** *s.* lotteria *f*, riffa *f*. **II** *v.t.* (spesso con *off*) mettere in palio. **III** *v.i.* partecipare (*o* concorrere) a una lotteria.

raffle² *s.* **1** (*riff–raff*) plebaglia *f*, marmaglia *f*, gentaglia *f*. **2** (*refuse*) rifiuti *mpl*, immondizie *fpl*.

raft [rɑ:ft] **I** *s.* **1** zattera *f*. **2** (*rubber vessel*) gommone *m*, battello *m* di gomma. **II** *v.t.* **1** trasportare su (*o* con) una zattera. **2** (*of logs: to transport in the form of a raft*) far fluitare, flottare; (*to make into a raft*) riunire in una zattera, fare una zattera con. **3** (*to travel, cross by raft*) percorrere (*o* attraversare) con una zattera. **III** *v.i.* navigare su una zattera.

rafter ['rɑ:ftə] **I** *s.* ⟨*Edil*⟩ paradosso *m*, trave *f*, travicello *m*. **II** *v.t.* mettere i paradossi a, provvedere di travicelli.

raftsman ['rɑ:ftsmən] *s.irr.* chi naviga su una zattera.

rag¹ [ræg] *s.* **1** straccio *m*, cencio *m*. **2** *pl.* (*ragged, poor clothes*) abiti *mpl* miseri (*o* logori), cenci *mpl*, ⟨*fam*⟩ stracci *mpl*: *to be dressed in* –*s* essere vestito di stracci. **3** *pl.* ⟨*sl*⟩ (*clothes*) abiti *mpl*, indumenti *mpl*, ⟨*fam*⟩ stracci *mpl*. **4** ⟨*fam*⟩ (*cheap, ill-written newspaper*) giornaletto *m*: *the university* → il giornaletto dell'università; (*newspaper held in contempt*) giornalaccio *m*. **5** ⟨*fig*⟩ (*sail*) vela *f*. □ *to be beside o.s. with* ~ essere fuori di sé dalla rabbia; *cooked to* –*s* cotto e stracotto, ridotto in poltiglia; *there is not a* ~ *of evidence* non c'è la minima prova; ⟨*fam*⟩ *to feel like a* (*wet*) ~ sentirsi uno straccio; *to go from* –*s to riches* andare dalle stalle alle stelle; *to tear s.th. to* –*s* ridurre qc. in brandelli; *worn to* –*s* (*of clothes*) ridotto ˈin cenci⁻ (*o* a brandelli).

rag² *s.* **1** ⟨*Geol*⟩ roccia *f* friabile. **2** ⟨*Edil*⟩ tegola *f* d'ardesia.

rag³ *s.* **1** (*students' procession*) manifestazione *f* studentesca, corteo *m* chiassoso di studenti. **2** (*rowdy horseplay*) chiasso *m*, baccano *m*, ⟨*fam*⟩ cagnara *f*. **3** (*rowdy practical joke*) scherzo *m* grossolano (*o* di cattivo gusto).

rag⁴ *v.* (*pret., p.p.* **ragged** [–d]) **I** *v.t.* **1** (*to play practical jokes on*) prendere in giro, canzonare. **2** (*to tease roughly*) beffare, deridere, dileggiare, schernire. **II** *v.i.* (*to engage in horseplay*) fare chiasso, fare baccano, ⟨*fam*⟩ fare cagnara.

ragamuffin ['rægəmʌfin] *s.* **1** straccione *m* (*f* –a), pezzente *m/f*. **2** (*ragged child*) monello *m* cencioso.

ˈragǀ-and-ˈbone man [mæn] *s.irr.* stracciaiolo *m*, rigattiere *m*. **~ baby** *am. s.* → **rag doll**. **~-bag** *s.* sacco *m* per gli avanzi (*o* i ritagli). **~ day** *s.* ⟨*Univ*⟩ giornata *f* in cui gli studenti organizzano cortei chiassosi (general. a scopo di beneficenza). **~ doll** *s.* bambola *f* di pezza.

rage [reidʒ] **I** *s.* **1** collera *f*, ira *f*, furore *m*, rabbia *f*. **2** (*force, fury*) furia *f*, furore *m*, violenza *f*, impeto *m*: *the* ~ *of the wind* la furia del vento. **3** (*force of feeling, passion*) passione *f*, ardore *m*. **4** ⟨*fam*⟩ (*s.th. very fashionable, craze*) mania *f*, passione *f*, frenesia *f*. **II** *v.i.* **1** incollerirsi, adirarsi, infuriarsi, essere furibondo (*o* furioso); (*to speak angrily*) infuriarsi, arrabbiarsi, adirarsi, prendersela (*at, against* con), inveire (contro). **2** (*of the elements*) infuriare, imperversare, infierire, scatenarsi. **3** (*to rampage*) infuriare, imperversare. **4** (*to proceed violently*) infuriare, accanirsi: *the battle* –*d all day* la battaglia infuriò tutto il giorno. □ ⟨*fam*⟩ *to be all the* ~ essere di gran moda, andare per la maggiore, furoreggiare; *to be in a* ~ essere infuriato; *to* ~ *itself out* (*of a storm*) sfogarsi, placarsi, quietarsi.

rag fair *s.* mercato *m* di abiti usati.

ragged ['rægid] *a.* **1** stracciato, logoro, lacero, sbrindellato, a brandelli: ~ *clothing* abiti stracciati. **2** (*wearing ragged clothing*) cencioso, stracciato, lacero. **3** (*jagged, frayed*) frastagliato, sfilacciato, seghettato, dentellato: *a* ~ *edge* un orlo frastagliato. **4** (*shaggy*) irsuto, ispido, irto: ~ *hair* capelli ispidi. **5** (*rough, unpolished*) rozzo, grezzo, grossolano: ~ *style* uno stile rozzo. **6** (*faulty, imperfect*) imperfetto, difettoso, irregolare: ~ *rhymes* rime imperfette. □ *on the* ~ *edge* sull'orlo dell'abisso; ⟨*fig*⟩ nervoso, agitato; *on the* ~ *edge of despair* sull'orlo della disperazione, al limite della disperazione; ⟨*fam*⟩ *to run s.o.* ~ stremare qd., sfinire qd.; *a* ~ *wound* una ferita lacera.

raggedly ['rægidli] *avv.* **1** a brandelli. **2** (*roughly*) rozzamente, grossolanamente. **3** (*irregularly*) in modo imperfetto (*o* difettoso). **raggedness** [–dnis] *s.* **1** l'essere stracciato (*o* cencioso), l'essere a brandelli. **2** (*roughness*) rozzezza *f*, grossolanità *f*. **3** (*irregularity*) irregolarità *f*, ineguaglianza *f*. **4** (*lack of evenness*) ispidezza *f*. **ragged** [–di] *a.* lacero, cencioso, consunto, logoro.

raggle-taggle ['rægl'tægl] *a.* eterogeneo, che un'accozzaglia.

raging ['reidʒiŋ] **I** *a.* **1** rabbioso, infuriato, furente, furibondo. **2** (*furious, violent*) violento, furioso, scatenato: *a* ~ *hurricane* un violento uragano. **II** *s.* furia *f*, furore *m*, l'infuriare, violenza *f*, impeto *m*: *the* ~ *of the storm* furia della tempesta.

raglan ['ræglən] *s.* ⟨*Vest*⟩ cappotto *m* a raglan, raglan *m*. **raglan sleeve** *s.* ⟨*Mod*⟩ manica *f* (a) raglan.

rag-man ['rægmən] *s.irr.* cenciaiolo *m*, straccivendolo *m*.

ragout *fr.* ['rægu:, *am.* ræ'gu:] *s.* ⟨*Gastr*⟩ ragù *m*.

ragǀstone *s.* ⟨*Geol*⟩ roccia *f* friabile. **~-tag** *s.* folla eterogenea. □ ⟨*spreg*⟩ ~ *and bobtail* plebaglia *f*, gentaglia *f*, marmaglia *f*. **~-time** *s.* ⟨*Mus*⟩ **1** ragtime *m*. **2** ⟨*mus*⟩ musica *f* sincopata. ~ **trade** *s.* ⟨*sl*⟩ (*garment industry*) abbigliamento *m*, industria *f* della confezione. **~-wort** ⟨*Bot*⟩ senecio *m*, senecione *m*.

raid [reid] **I** *s.* **1** ⟨*Mil*⟩ incursione *f*, scorreria *f*, scorribanda *f*: *a* ~ *into enemy territory* un'incursione in territorio nemico; *border* –*s* scorrerie di frontiera. ⟨*Aer.mil*⟩ incursione *f*, raid *m*. **3** ⟨*estens*⟩ incursione *f*, assalto *m*. **4** (*of police*) irruzione *f*; (*of criminals*) colpo *m*, incursione *f*, assalto *m*: *a bank* ~ un colpo in banca. ⟨*Econ*⟩ aggiotaggio *m*. **II** *v.t.* **1** ⟨*Mil*⟩ assalire, attaccare, fare un'incursione in. **2** ⟨*estens*⟩ saccheggiare: *to* ~ *the larder* saccheggiare la dispensa. **3** (*of police*) fare irruzione in: *to* ~ *a gambling house* fare irruzione in una bisca; (*of criminals*) assaltare, rapinare, saccheggiare: *to* ~ *a bank* assaltare una banca. **III** *v.i.* fare un'incursione un'irruzione), fare un colpo. **'raider** [–ə] *s.* **1** chi un'incursione, razziatore *m* (*f* –trice), predone *m*. ⟨*Mar*⟩ nave *f* corsara.

rail¹ [reil] **I** *s.* **1** sbarra *f*, traversa *f*, barra *f*; (*of staircase*) ringhiera *f*, corrimano *m*, mancorrente *m* (*curtain rail*) bastone *m* per tende, bacchetta *f* da tende; (*for hanging clothes*) stendibiancheria *m*; (*towel rack*) portasciugamani *m*. **2** (*fence*) steccato *m*, stecconata *f*, palizzata *f*; (*railing*) parapetto *m*, ringhiera *f*. **3** ⟨*Ferr*⟩ rotaia *f*; (*railway*) ferrovia *f*: *to travel by* ~ viaggiare *m* ferrovia. **4** *pl.* ⟨*Ferr*⟩ rotaie *fpl*, binario *m*. **5** *pl.* ⟨*Sport*⟩ (*in horseracing*) steccato *m*, stecconato *m*, stecconata *f*. ⟨*Mar*⟩ (*around the deck of a ship*) battagliola *f*; (*of bulwark*) capo *m* di banda. **II** *v.t.* **1** (*to provide with rail fence;* spesso con *off, in*) cingere con uno steccato, recintare, recingere. **2** ⟨*Ferr*⟩ spedire per ferrovia. □ *to force to the* –*s:* **1** ⟨*Sport*⟩ (*of a horse*) stringere verso steccato; **2** ⟨*fig*⟩ ostacolare slealmente; ⟨*Ferr*⟩ *off the* ~ deragliato; ⟨*fig*⟩ *to go off the* –*s* uscire dalla carreggiata retta via).

rail² *v.i.* imprecare, inveire (*at, against* contro), insolentire, insultare (qd.): *to* ~ *against fate* inveire contro destino.

rail³ *s.* (*pl. inv.*/**-s** [z]; il *pl.inv.* si usa general. con valore collett.) ⟨*Ornit*⟩ rallide *m*.

railcar ['reilkɑ:] *s.* ⟨*Ferr*⟩ automotrice *f*.

railer ['reilə] *s.* chi insulta, chi inveisce.

ail head *s.* **1** ⟨*Ferr*⟩ stazione *f* terminale (*o* di testa), terminale *m* ferroviario. **2** ⟨*Mil*⟩ testa *f* di scarico ferroviario.

ailing¹ ['reiliŋ] *s.* cancellata *f*, inferriata *f*; (*balustrade*) parapetto *m*, ringhiera *f*.

ailing² **I** *s.* imprecazione *f*, improperio *m*, insulto *m*, ingiuria *f*. **II** *a.* **1** che inveisce, che impreca. **2** (*abusive*) ingiurioso, offensivo.

aillery ['reiləri] *s.* **1** ironia *f* bonaria, presa *f* in giro, canzonatura *f*. **2** (*joke*) scherzo *m*, celia *f*, burla *f*.

ailman ['reilmən] *s.irr.* → **railwayman**.

ailroad *am.* ['reilroud] **I** *s.* → **railway**. **II** *a.* → **railway**. **III** *v.t.* **1** trasportare per ferrovia. **2** (*to supply with a railway*) fornire di rete ferroviaria, costruire una ferrovia in. **3** ⟨*fam*⟩ (*to convict with false evidence*) incriminare con false prove.

ailroader *am.* ['reilroudə] *s.* → **railwayman**.

ailway ['reilwei] **I** *s.* **1** (*track*) binario *m* (ferroviario), rotaie *fpl.* **2** (*system*) ferrovia *f*, strada *f* ferrata: *to travel by* ~ viaggiare per ferrovia. **II** *a.* per ferrovia, ferroviario: *a* ~ *journey* un viaggio per ferrovia.

ailway| bridge *s.* ponte *m* ferroviario. **~ carriage** *s.* vagone *m* ferroviario, carrozza *f* ferroviaria. **~ guide** *s.* → **railway timetable**. **~ junction** *s.* raccordo *m* (*o* nodo) ferroviario. **~-line** *s.* linea *f* ferroviaria. **~-man** [mən] *s.irr.* ferroviere *m*. **~ network** *s.* rete *f* ferroviaria. **~ station** *s.* stazione *f* ferroviaria. **~ timetable** *s.* orario *m* ferroviario. **~ wagon** *s.* vagone *m* ferroviario, carro *m* merci.

aiment ['reimənt] *s.* ⟨*rar,poet*⟩ abbigliamento *m*, vestiario *m*.

ain¹ [rein] *s.* **1** pioggia *f* (*anche fig.*): *heavy* ~ forte pioggia; *a month of* ~ un mese di pioggia. **2** (*fall of rain*) pioggia *f*, acquazzone *m*. **3** *pl.* (*rainy season*) stagione *f* delle piogge, stagione *f* piovosa. □ *to go out* **in** *the* ~ uscire sotto la pioggia; *it looks like* ~ sembra che voglia piovere; *it was* **pouring** *with* ~ stava piovendo a dirotto; ~ *or* **shine** col sole o con la pioggia, (che) piova o faccia bello; ⟨*fig*⟩ nella buona e nella cattiva sorte.

ain² **I** *v.i.* **1** (*to fall as rain;* costr. impers.) piovere (costr. impers.): *it* –*ed all day* piovve tutto il giorno; *it stopped* –*ing* cessò di piovere. **2** (*to send down rain*) far piovere. **3** ⟨*fig*⟩ (spesso con *down*) piovere, scendere, riversarsi: *arrows* –*ed down on us* le frecce ci piovvero addosso. **II** *v.t.* **1** (*to send down;* spesso con *down*) far scendere, far cadere. **2** (*to bestow profusely*) ricoprire di, colmare di, riversare: *to* ~ *gifts upon s.o.* ricoprire qd. di doni. **3** (*to deal, hurl, etc., repeatedly*) scaricare, vibrare, scagliare, assestare con forza: *he* –*ed blows on him* gli scaricò addosso un sacco di pugni. □ ⟨*fig*⟩ *to* ~ *cats and dogs* piovere a catinelle (*o* dirotto); ⟨*sl*⟩ *to* ~ **on** *s.o.* portare iella a qd.; *it has* –*ed itself out* ha (*o* è) spiovuto, ha cessato di piovere. *Prov.: it never* –*s but it pours* piove sul bagnato, le disgrazie non vengono mai sole.

ainbow ['reinbou] *s.* **1** arcobaleno *m*, iride *f*. **2** ⟨*fig*⟩ miraggio *m*, chimera *f*, illusione *f*: *to chase the* ~ *of sudden wealth* inseguire il miraggio di una ricchezza improvvisa.

ainbow trout *s.* ⟨*Itt*⟩ trota *f* arcobaleno.

ain| chart *s.* carta *f* pluviometrica. **~-check** *am.* *s.* **1** buono *m* per assistere (in futuro) a una manifestazione interrotta a causa della pioggia. **2** (*at a supermarket*) buono *m* per l'acquisto (futuro) di un articolo temporaneamente esaurito. □ ⟨*fam*⟩ *I'll take a* ~ *on that* sarà per un'altra volta. **~ cloud** *s.* ⟨*Meteor*⟩ nembo *m*. **~-coat** *s.* impermeabile *m*. **~ date** *am.* *s.* ⟨*Sport*⟩ data *f* di un incontro (sospeso per la pioggia). **~-drop** *s.* goccia *f* di pioggia. **~-fall** *s.* **1** (*fall of rain*) pioggia *f*, acquazzone *m*. **2** (*amount of rain that falls*) piovosità *f: the annual* ~ *of a town* la piovosità annua di una città. **~ forest** *s.* foresta *f* pluviale. **~-gauge** *s.* ⟨*Meteor*⟩ pluviometro *m*. ~ *recording* ~ pluviografo *m*.

aininess ['reininis] *s.* piovosità *f*.

ainproof **I** *a.* ['rein'pru:f] impermeabile. **II** *s.* ['reinpru:f] impermeabile *m*. **III** *v.t.* impermeabilizzare.

ain|-resistant *a.* ⟨*Tess*⟩ antipioggia. **~slicker** *am.* *s.* impermeabile *m*. **~ storm** *s.* ⟨*Meteor*⟩ temporale *m* con

pioggia. **~tight** *a.* impermeabile, antipioggia. **~wash** *s.* materiale *m* trasportato dalla pioggia. **~water** *s.* acqua *f* piovana (*o* pluviale).

rainy ['reini] *a.* piovoso, della pioggia, che porta la pioggia: ~ *weather* tempo piovoso; *the* ~ *season* la stagione delle piogge.

rainy day *s.* tempi *mpl* difficili, momento *m* del bisogno: *to save money for a* ~ risparmiare denaro per i tempi difficili.

raise [reiz] **I** *v.t.* **1** alzare, sollevare, elevare, innalzare: *to* ~ *one's fist to hit s.o.* alzare il pugno per colpire qd. **2** (*to set upright*) rialzare, sollevare da terra, tirare su, rizzare. **3** (*to increase*) alzare, aumentare, elevare: *to* ~ *prices* alzare i prezzi; (*to increase the height of*) rialzare, alzare, elevare. **4** (*to erect, build*) erigere, innalzare, edificare, costruire: *to* ~ *a monument to s.o.* erigere un monumento a qd. **5** (*of the voice*) alzare, levare, innalzare. **6** (*to give vent to*) lanciare, levare, prorompere in, emettere: *to* ~ *a shout of victory* lanciare un grido di vittoria. **7** (*to rear*) tirare su, allevare, crescere: *to* ~ *a large family* tirare su una famiglia numerosa. **8** ⟨*Zootecn*⟩ allevare: *to* ~ *chickens* allevare polli. **9** ⟨*Agr*⟩ (*of crops, plants*) coltivare. **10** (*to stir up*) suscitare, sollevare, provocare, scatenare: *to* ~ *a storm of protest* suscitare un pandemonio di proteste. **11** (*to bring up, pose*) sollevare, porre, far sorgere, presentare: *to* ~ *a question* sollevare una questione. **12** (*to restore to life*) risuscitare, far rivivere: *to* ~ *the dead* risuscitare i morti; (*of a spirit*) evocare. **13** (*to collect*) radunare, adunare, riunire: *to* ~ *an army* radunare un esercito; (*of money*) procurare, raccogliere. **14** (*to promote in rank*) innalzare, elevare, promuovere. **15** ⟨*Mat*⟩ elevare, innalzare: *to* ~ *to the second power* elevare alla seconda potenza. **16** (*of a siege, ban, etc.*) togliere, levare. **17** (*in cards*) rilanciare; (*in bidding*) aumentare di uno la chiamata di. **18** ⟨*Rad,Tel*⟩ mettersi in contatto (*o* comunicazione) con. **II** *s.* ⟨*fam*⟩ aumento *m: to ask for a* ~ chiedere un aumento. □ *to* ~ *one's glass to s.o.* alzare (*o* levare) il bicchiere a qd., brindare alla salute di qd.; *to* ~ *one's hat* salutare togliendosi il cappello, scappellarsi.

raised [reizd] *a.* **1** (*in relief*) in rilievo, rilevato. **2** ⟨*Alim,Gastr*⟩ lievitato. **'raiser** [-zə] *s.* **1** ⟨*Zootecn*⟩ allevatore *m* (*f* –trice). **2** ⟨*Agr*⟩ coltivatore *m* (*f* –trice).

raisin ['reizn] *s.* uva *f* passa (*o* secca).

raising ['reiziŋ] *s.* **1** sollevamento *m*, alzata *f*, levata *f*, elevamento *m*. **2** (*of children*) l'allevare, il tirare su. **3** ⟨*Zootecn*⟩ allevamento *m*. **4** ⟨*Agr*⟩ coltivazione *f*.

raja(h) ['rɑ:dʒə] *s.* ragià *m*, rajah *m*.

rake¹ [reik] *s.* **1** ⟨*Agr*⟩ rastrello *m*. **2** (*of a croupier*) rastrello *m*. □ ⟨*fig*⟩ *as thin as a* ~ magro come un chiodo.

rake² **I** *v.t.* **1** rastrellare, raccogliere con un rastrello: *to* ~ *leaves from a lawn* rastrellare le foglie da un prato; *to* ~ *a lawn* rastrellare un prato; (*to make smooth, etc., with a rake*) appianare (*o* spianare) con un rastrello. **2** ⟨*fig*⟩ (*to sweep the eyes over*) scorrere con lo sguardo, spaziare su. **3** ⟨*fam*⟩ (*of money*) general. con *in*) fare (*o* guadagnare) a palate: *he's raking it in* sta facendo soldi a palate. **4** ⟨*fam*⟩ (*to search thoroughly*) cercare (*o* perquisire) attentamente, frugare, rovistare, setacciare. **5** ⟨*Mil*⟩ (*to fire at from end to end*) infilare, colpire d'infilata. **II** *v.i.* **1** usare un rastrello. **2** ⟨*fig*⟩ (*to search*) frugare, rovistare: *he* –*d among his papers* frugò fra le sue carte. □ *to* ~ **out** *a fire* spegnere un fuoco; *to* ~ **together** ammassare, ammucchiare; ⟨*fam*⟩ *to* ~ **up:** 1 riesumare, rivangare: *to* ~ *up an old scandal* riesumare un vecchio scandalo; 2 (*to gather with difficulty*) raccogliere con difficoltà.

rake³ *s.* (*libertine*) libertino *m* (*f* –a), dissoluto *m* (*f* –a).

rake⁴ **I** *s.* **1** (*inclination*) inclinazione *f*. **2** ⟨*Mar*⟩ slancio *m*, inclinazione *f*: ~ *of the stem* slancio del dritto di prua. **3** ⟨*Mecc*⟩ angolo *m* di spoglia. **4** ⟨*Arch*⟩ pendenza *f*. **5** ⟨*Aer*⟩ inclinazione *f*, pendenza *f*. **II** *v.i.* **1** inclinare, inclinarsi, pendere, piegare. **2** (*of a theatre stage, floor*) essere inclinato (*o* a gradinata). **3** ⟨*Mar*⟩ avere slancio (*o* inclinazione). **III** *v.t.* inclinare, dare l'inclinazione a: *to* ~ *a ship's mast* inclinare l'albero di una nave.

rake-off *s.* ⟨*sl*⟩ (*cut, percentage*) percentuale *f*, quota *f*, fetta *f*.

raking ['reikiŋ] *a.* inclinato, pendente.

rakish[1] ['reikiʃ] *a.* (*dissolute, licentious*) dissoluto, licenzioso, libertino.

rakish[2] *a.* **1** ⟨*Mar*⟩ (*of masts, funnels*) inclinato; (*of a ship: streamlined*) slanciato. **2** ⟨*fig*⟩ disinvolto, sciolto, spigliato. □ *to wear one's hat at a ~ angle* portare il cappello ⌐alla sbarazzina⌐ (*o* sulle ventitrè).

rakishness ['reikiʃnis] *s.* licenziosità *f*, dissolutezza *f*, sregolatezza *f*.

rally[1] ['ræli] **I** *v.t.* **1** radunare, adunare, chiamare a raccolta: *to ~ one's friends around one* radunare gli amici attorno a sé. **2** (*to regroup*) riunire, riorganizzare: *to ~ a scattered army* riunire un esercito sbandato. **3** ⟨*fig*⟩ raccogliere, concentrare: *to ~ one's strength* raccogliere le forze; (*of a person*) rianimare, incoraggiare, confortare, sollevare. **II** *v.i.* **1** radunarsi, riunirsi, raccogliersi. **2** (*to unite in support*) raccogliersi, stringersi (*to, round* attorno a), schierarsi dalla parte (di): *to ~ round the leader* raccogliersi attorno al capo. **3** ⟨*fig*⟩ riprendersi, rianimarsi, riaversi: *the patient rallied* il paziente si riprese. **4** ⟨*Econ*⟩ (*of the market*) essere in ripresa; (*of shares*) essere in rialzo (*o* ripresa). **5** ⟨*Sport*⟩ fare uno scambio di colpi, palleggiare. **III** *s.* **1** ⟨*Mil*⟩ (r)adunata *f*. **2** ⟨*fig*⟩ ripresa *f*. **3** (*mass meeting*) raduno *m*, riunione *f*, adunanza *f*, radunata *f*: *a boy scout ~* un raduno di giovani esploratori. **4** ⟨*Aut*⟩ rally *m*: *the Monte Carlo ~* il rally di Montecarlo. **5** ⟨*Sport*⟩ scambio *m* di colpi, palleggio *m*. **6** ⟨*Econ*⟩ ripresa *f*. □ *to ~ to s.o.'s defence* schierarsi in difesa di qd.; ⟨*fig*⟩ *to ~ round the flag* fare causa comune, raccogliersi intorno alla bandiera.

rally[2] ⟨*rar*⟩ **I** *v.t.* (*to ridicule, banter*) canzonare, prendere in giro, burlarsi di. **II** *v.i.* canzonare, scherzare, motteggiare.

Ralph [reif, rælf] *N.pr.* Raffaele *m*.

ram[1] [ræm] *s.* **1** ⟨*Zool*⟩ ariete *m*, montone *m*. **2** ⟨*Mar.mil*⟩ (*on a warship*) sperone *m*, rostro *m*; (*warship*) ariete *m*. **3** ⟨*Idr*⟩ pistone *m*; (*hydraulic ram*) ariete *m* idraulico. **4** (*tecn*) (*weight of a pile driver, drop hammer*) mazza *f* battente (*o* meccanica). **5** ⟨*Mecc*⟩ (*reciprocating piece*) slittone *m*. **6** ⟨*Mil.ant*⟩ (*battering ram*) ariete *m*. **Ram I** *N.pr.* ⟨*Astr*⟩ Ariete *m*. **II** *s.* (*sign of the zodiac*) ariete *m*.

ram[2] *v.* (*pret., p.p.* **rammed** [–d]) **I** *v.t.* **1** ficcare, piantare, conficcare: *to ~ posts into the ground* ficcare pali nel terreno. **2** (*to press, cram*) stipare, pigiare: *to ~ clothes into a suitcase* stipare vestiti in una valigia. **3** (*of earth*) costipare, rullare. **4** (*to strike violently*) urtare (*o* cozzare) contro, venire a collisione con, scontrarsi con. **5** ⟨*fig*⟩ (*to force acceptance*) ficcare (bene) in testa, mettere bene in testa. **6** ⟨*Artigl*⟩ calcare, spingere: *to ~ a charge into a gun* calcare una carica in un fucile. **7** ⟨*Mar.mil*⟩ speronare. **II** *v.i.* cozzare, sbattere, urtare (*into* contro), venire a collisione, scontrarsi (con). □ *to ~ down* ficcare (giù), piantare, conficcare; *to ~ one's hat down on one's head* ficcarsi il cappello in testa; ⟨*fam*⟩ *to ~ s.th. down s.o.'s throat* far accettare (*o* ingoiare) qc. a qd.; *to ~ home:* **1** (*to push all the way*) premere fino in fondo; **2** ⟨*fam*⟩ (*to compel recognition of*) ficcare (bene) in testa, mettere bene in testa.

RAM = ⟨*Inform*⟩ *Random Access Memory* memoria ad accesso casuale.

R.A.M. = *Royal Academy of Music* regia accademia di musica.

Ramadan [ˌræmə'dɑːn] *s.* ⟨*Rel*⟩ ramadan *m*.

ramal ['reiməl] *a.* di (*o* relativo a) un ramo.

ramble ['ræmbl] **I** *v.i.* **1** vagare, girovagare, vagabondare: *to ~ over the moors* vagare nelle brughiere. **2** ⟨*fig*⟩ (*to wander in speech, writing;* spesso con *on*) divagare, saltare di palo in frasca. **3** (*of a path, stream, etc.*) serpeggiare, procedere sinuosamente (*o* tortuosamente). **4** (*of plants*) crescere disordinatamente, arrampicarsi (*o* ramificarsi) in modo disordinato. **5** (*to rave*) delirare, vaneggiare. **II** *v.t.* errare per, percorrere vagando, girovagare per, vagabondare per (*o* in). **III** *s.* passeggiata *f*, camminata *f*, giro *m*. **rambler** [–ə] *s.* **1** chi girovaga senza meta, girandolone *m* (*f* –a). **2** ⟨*Bot*⟩ rosa *f* rampicante. **rambling** [–iŋ] *a.* **1** vagante, girovago, errante,

vagabondo. **2** ⟨*fig*⟩ (*of speech, writing, etc.*) sconness incoerente; (*wordy*) sbrodolato, prolisso. **3** (*of a buildin,* costruito in modo irregolare. **4** (*taking an irregular cours* sinuoso, tortuoso. **5** (*of plants*) che cresce diso dinatamente.

rambunctious *am.* [ræm'bʌŋkʃəs] *a.* ⟨*fam*⟩ chiassos rumoroso, turbolento. **rambunctiousness** [–nis] rumorosità *f*, turbolenza *f*.

ramie ['ræmi] *s.* **1** ⟨*Bot*⟩ ramia *f*. **2** ⟨*Tess*⟩ ramia *f*, ram *m*.

ramification [ˌræmifi'keiʃən] *s.* **1** ramificazione *f*. **2** ⟨*fig* ramificazione *f*, diramazione *f*; (*consequence*) consequen: *f*, risultato *m*.

ramify ['ræmifai] **I** *v.t.* **1** far ramificare, estendere. **2** ⟨*fig* ripartire, suddividere, dividere. **II** *v.i.* ramificar ramificarsi.

ramjet (engine) ['ræmdʒet] *s.* ⟨*Aer*⟩ autoreattore *r* statoreattore *m*.

rammer ['ræmə] *s.* **1** (*instrument for driving, forcing*) pi *m*, pestello *m*; (*for driving piles*) battipalo *m*, maglio *r* berta *f*. **2** ⟨*Artigl*⟩ calcatoio *m*, bacchetta *f*; (*ramro* scovolo *m*.

rammish ['ræmiʃ] *a.* **1** che somiglia a un montone. ⟨*dial*⟩ (*rank in smell*) che puzza (*o* sa) di rancido.

ramose [rə'mous], **ramous** ['reiməs] *a.* ramos ramificato.

ramp[1] [ræmp] **I** *s.* **1** rampa *f*: *he pushed the trolley up t. ~* spinse il carrello su per la rampa. **2** (*sloping stair ra* rampa *f*, rampante *m*. **3** ⟨*Aer*⟩ scaletta *f*, scala d'imbarco. **II** *v.i.* **1** (*of plants*) arrampicarsi. **2** (*of ~ animal*) rampare. **3** (*to bound wildly;* spesso con *abou* scalpitare. **4** ⟨*fam*⟩ (*to act violently, storm*) agitar infuriare, imperversare, tempestare. **III** *v.t.* fornire di u rampa.

ramp[2] ⟨*sl*⟩ **I** *s.* (*swindle, hoax*) imbroglio *m*, truffa raggiro *m*. **II** *v.t.* (*to swindle*) imbrogliare, truffa raggirare, ⟨*pop*⟩ fregare.

rampage I *v.i.* [ræm'peidʒ] **1** infuriare, imperversar tempestare. **2** (*to rush, move furiously*) aggirarsi infuriat **II** *s.* ['ræmpeidʒ, ræm'peidʒ] furia *f*, furore *m*. □ *to be the* (*o a*) *~* essere infuriato (*o* furioso), dare in sman smaniare; *to go on the* (*o a*) *~* montare sulle fur infuriarsi.

rampageous [ræm'peidʒəs] *a.* violento, furioso, furibond (*unruly*) sfrenato. **rampageousness** [–nis] *s.* l'esse violento (*o* furioso).

rampancy ['ræmpənsi] *s.* **1** violenza *f*, furia *f*. **2** ⟨*fi* (*uncheckedness*) sfrenatezza *f*, sbrigliatezza *f*. **rampa** [–nt] *a.* **1** furioso, selvaggio: *a ~ elephant* un elefar furioso. **2** ⟨*fig*⟩ (*unchecked*) sfrenato, incontrolla sbrigliato; (*widespread*) dilagante, diffuso, esteso: *~ here* eresia dilagante. **3** (*of plants*) rigoglioso, lussureggiante. (*of an animal*) rampante (*anche Arald.*).

rampart ['ræmpɑːt] **I** *s.* **1** ⟨*Mil*⟩ terrapieno *m* (*embankment and parapet*) bastione *m*, baluardo *m*. ⟨*fig*⟩ (*defence, bulwark*) difesa *f*, riparo *m*, baluardo *m*. *v.t.* fortificare con bastioni.

rampion ['ræmpiən] *s.* ⟨*Bot*⟩ raperonzolo *m*.

ramrod ['ræmrɔd] **I** *s.* **1** ⟨*Artigl*⟩ scovolo *m*. **2** ⟨*Mil.a* calcatoio *m*. **3** ⟨*fig*⟩ (*stern person*) persona *f* rigida severa). **II** *a.* rigido, dritto (come un fuso), impalato: *sat with a ~ back* sedeva con la schiena rigida.

ramshackle ['ræmʃækl] *a.* cadente, vacillante, traballan

ramson ['ræmsn] *s.* ⟨*Bot*⟩ aglio *m* orsino.

ran[1] [ræn] → **run**[1].

ran[2] *s.* (*twenty yards of twine*) rotolo *m* di venti iarde spago.

rance [ræns] *s.* varietà di marmo belga.

ranch [rɑntʃ, *am.* ræntʃ] **I** *s.* fattoria *f*, ranch allevamento *m*, tenuta *f*. **II** *v.i.* gestire un ranch. **2** *work on a ranch*) lavorare in un ranch. **'rancher** [–ə] *s.* chi possiede un ranch, proprietario *m* di una tenuta; (*o* *who conducts a ranch*) chi gestisce una fattoria, fattore **2** (*breeder*) allevatore *m*.

ranch| house *an.* *s.* edificio *m* principale adibito abitazione in un ranch. **~man** [mən] *s.irr.* → **ranche**

rancid ['rænsid] *a.* rancido, stantio: *~ butter bu*

rancido. **ran'cidity** [–iti], **rancidness** [–nis] s. rancidità f, rancidezza f.

ancor am.s. → rancour.

ancorous ['ræŋkərəs] a. pieno di rancore (o livore), acrimonioso, astioso. **rancorously** [–li] avv. con rancore, astiosamente, con livore. **rancorousness** [–nis] s. astiosità f, acrimonia f. **rancour** [–kə] s. rancore m, astio m, livore m, acrimonia f.

and [rænd] **I** s. **1** (border, edge) orlo m, margine m, bordo m, limite m. **2** ⟨Calz⟩ soletta f. **3** ⟨Geog⟩ dorsale f (o soglia) di un altopiano. **II** v.t. **1** ⟨Calz⟩ solettare. **2** (to cut into strips) tagliare a strisce.

andan[1] ['rændæn] s. ⟨Mar⟩ imbarcazione f in cui il rematore di centro usa due remi e i due rematori a prua e poppa un solo remo ciascuno.

andan[2] s. ⟨sl⟩ (rowdy celebration, spree) orgia f, bagordo m, gozzoviglia f.

andem ['rændəm] **I** avv. con tre cavalli in fila. **II** s. veicolo m (o tiro) a tre cavalli in fila.

andom ['rændəm] **I** a. **1** (fatto) a caso: a ~ selection una scelta fatta a caso; (occurring by chance) incidentale; (casual, fortuitous) casuale, accidentale, fortuito, occasionale. **2** ⟨Statist⟩ a scelta casuale, random. **3** ⟨Edil⟩ irregolare. **II** avv. (nei composti) a caso, a casaccio. □ at ~ a caso, a casaccio, alla cieca.

andom| access s. ⟨Inform⟩ accesso m casuale. **~ access memory** s. memoria f ad accesso casuale. **~ file** s. archivio m casuale.

andomization [rændəmai'zeiʃən] s. randomizzazione f. **randomize** v.t. [–maiz] randomizzare.

andom| sampling s. ⟨Statist⟩ campionamento m casuale. **~ variable** s. ⟨Inform⟩ variabile f aleatoria (o casuale).

andy ['rændi] a. **1** ⟨fam⟩ lascivo, libidinoso. **2** ⟨scozz⟩ (loudmouthed) chiassoso, rumoroso; (vulgar) volgare.

anee ['rɑːni] s. moglie f del ragià.

ang [ræŋ] → ring[2].

ange [reindʒ] **I** s. **1** portata f, campo m, raggio m d'azione: within shooting ~ a portata di tiro. **2** (distance, scale) escursione f, scala f, gradazione f, estensione f, gamma f: price ~ la scala dei prezzi; (choice) gamma f, serie f, scelta f, assortimento m. **3** ⟨Artigl⟩ gittata f, portata f; (shooting range) poligono m (di tiro). **4** ⟨Aer.mil⟩ poligono m sperimentale per missili. **5** (distance that can be covered by an aircraft, ship, etc.) autonomia f: a short–~ fighter plane un caccia ad autonomia limitata. **6** ⟨fig⟩ (scope) campo m, sfera f, raggio m, ambito m: a wide ~ of interests una vasta sfera d'interessi. **7** (row, rank) fila f, riga f, linea f. **8** (stove, cooker) cucina f economica; (kitchen fireplace) caminetto m in cucina. **9** ⟨Geog⟩ catena f. **10** ⟨am.Zootecn⟩ terreno m da pascolo non recintato, pascolo m, pastura f. **11** ⟨Biol⟩ habitat m, ambiente m naturale. **12** ⟨Mur⟩ corso m, filare m. **13** ⟨Atom⟩ percorso m, raggio m d'azione. **14** ⟨Mus⟩ gamma f, registro m, estensione f. **15** ⟨Statist⟩ campo m di variazione. **II** a. ⟨am.Zootecn⟩ da pascolo. **III** v.t. **1** (to set in a row) allineare, disporre in una fila, mettere in riga (o fila), schierare; (to dispose in order) ordinare, disporre (o mettere) in ordine, sistemare. **2** ⟨rifl⟩ schierarsi, allinearsi. **3** (to classify) classificare. **4** (to roam over) errare, vagare, andare in giro. **5** ⟨am.Zootecn⟩ pascolare, condurre al pascolo. **6** ⟨Artigl⟩ dare l'alzo (o l'angolo di elevazione) a. **7** ⟨Mar⟩ navigare lungo, costeggiare: to ~ the coast navigare lungo la costa. **IV** v.i. **1** andare, variare (entro una gamma), oscillare. **2** (to roam, rove) girovagare, errare, vagare: to ~ over the hills girovagare per le colline. **3** ⟨fig⟩ (to move freely) spaziare: his eye –d over the scene il suo sguardo spaziò sulla scena. **4** ⟨fig⟩ (to take a position) porsi, collocarsi, annoverarsi. **5** (to explore, search) esplorare, perlustrare. **6** (to stretch in a line) estendersi (lungo una linea), stendersi: the mountains –d to the south i monti si estendevano a sud. **7** ⟨Artigl⟩ avere una data gittata (o portata). **8** ⟨Biol⟩ trovare (o avere) il proprio habitat, attecchire, radicarsi. □ at close ~ a breve distanza, vicino; beyond ~ fuori portata, fuori del raggio d'azione; ⟨fig⟩ to ~ far and wide trattare argomenti disparati; in ~: 1 a tiro, a portata di tiro; 2

⟨Mar⟩ (of two objects) in allineamento; out of ~ fuori portata, fuori tiro; the subject is outside my ~ l'argomento non è alla mia portata; ⟨Comm⟩ ~ of prices scala f dei prezzi; within ~ a tiro, a portata di tiro.

range|-finder s. ⟨Mil,Fot⟩ telemetro m. **~-finding** s. telemetria f.

ranger ['reindʒə] s. **1** girovago m (f –a), vagabondo m (f –a). **2** (keeper of a royal park, forest) guardiano m di un parco (o una foresta) reale. **3** (mounted patrolman) poliziotto m (o guardia f) a cavallo; (forest ranger) guardia f forestale, guardaboschi m. **4** ⟨am.Mil⟩ ranger m.

ranginess ['reindʒinis] s. **1** vagabondaggine f. **2** snellezza f. **3** am. (roominess) ampiezza f, spaziosità f. **ranging** [–dʒiŋ] s. **1** allineamento m, disposizione f. **2** ⟨Artigl⟩ regolazione f del tiro. **rangy** [–dʒi] a. snello, slanciato, dalle gambe lunghe.

rani s. → ranee.

rank[1] [ræŋk] s. **1** fila f, riga f, serie f: orderly –s of trees file ordinate di alberi; (of people) fila f. **2** (of taxis: stand) posteggio m, stazione f. **3** ⟨Mil⟩ rango m, schiera f, riga f, fila f. **4** pl. ⟨Mil⟩ (body of private soldiers) truppa f. **5** pl. (aggregate of individuals) massa f, schiera f, file fpl: the –s of the unemployed la massa dei disoccupati. **6** (position, standing) ceto m, classe f (o condizione) sociale: people of all –s and classes gente di ogni ceto e classe sociale. **7** ⟨Mil⟩ grado m: to hold the ~ of colonel avere il grado di colonnello. **8** (on a chessboard) traversa f. **II** v.i. **1** allinearsi, mettersi in riga, schierarsi. **2** ⟨fig⟩ (to have a place) essere, collocarsi, classificarsi: he –s among our best players è uno dei nostri migliori giocatori; (to be considered) essere considerato (o ritenuto), essere reputato. **III** v.t. **1** allineare, sistemare in riga, mettere in fila. **2** (to arrange in orderly fashion) ordinare, sistemare, disporre in ordine. **3** ⟨Mil⟩ schierare, mettere (o disporre) in riga: to ~ men according to height schierare gli uomini in ordine di statura. **4** ⟨fig⟩ (to classify, consider) considerare, reputare, ritenere, classificare. □ to ~ above s.o. essere superiore a qd.; to ~ below s.o. essere inferiore a qd., essere considerato meno di qd.; to break ~ (o ranks): 1 ⟨Mil⟩ rompere le righe; 2 ⟨fig⟩ (to be thrown into confusion) essere imbarazzato (o confuso); to close (the) –s: 1 ⟨Mil,Sport⟩ serrare le file; 2 ⟨fig⟩ serrare i ranghi; the ~ and file: 1 ⟨Mil⟩ la truppa, la bassa forza; 2 ⟨fig⟩ la gente qualunque, la massa, i gregari; 3 ⟨Pol⟩ la base f; to join the –s: 1 ⟨Mil⟩ arruolarsi; 2 ⟨fig⟩ sposare una causa, aderire a un movimento; to ~ next to s.o. venire subito dopo qd., ricoprire il grado immediatamente inferiore a quello di qd.; ⟨Mil⟩ to pull (one's) ~ on s.o. far pesare il proprio grado a qd.; ⟨Mil⟩ to be reduced to the –s essere degradato; ⟨fig⟩ to return to the –s rientrare nei ranghi.

rank[2] a. **1** (luxuriant in growth) rigoglioso, lussureggiante, esuberante: ~ weeds erbacce rigogliose. **2** (utter, absolute) bell'e buono, vero e proprio, assoluto, totale, completo: ~ bad manners maleducazione bell'e buona. **3** (gross, obscene) volgare, triviale, sguaiato, grossolano: ~ language linguaggio volgare. **4** (offensive in smell) puzzolente, fetido; (rancid) rancido, stantio; (disgusting) disgustoso, repellente, ripugnante. **5** (putrid, festering) marcio, putrido.

ranker ['ræŋkə] s. **1** ⟨Mil⟩ soldato m semplice. **2** ⟨Mil⟩ (officer promoted from the ranks) ufficiale m che viene dalla gavetta (o truppa). **ranking** [–kiŋ] a. ⟨Mil⟩ più elevato in grado.

rankle ['ræŋkl] v.i. bruciare, scottare: the injustice still –s l'ingiustizia brucia ancora.

rankness ['ræŋknis] s. **1** (luxuriance) l'essere rigoglioso (o lussureggiante). **2** (coarseness) volgarità f, grossolanità f; (offensiveness of smell) l'essere puzzolente. **3** (rancidity) rancidezza f, rancidità f.

ransack ['rænsæk, am. ræn'sæk] v.t. **1** rovistare, frugare: to ~ the attic rovistare la soffitta. **2** (to plunder) saccheggiare, depredare.

ransom ['rænsəm] **I** s. **1** riscatto m. **2** ⟨Stor⟩ riscatto m, affrancazione f. **II** v.t. **1** (to redeem by payment) riscattare, liberare pagando un riscatto. **2** (to exact ransom from) ricattare, richiedere un riscatto a. **3** ⟨Teol⟩

riscattare, redimere. □ *to hold s.o. to* ~ tenere qd. in ostaggio finché non viene pagato il riscatto.

ransom| bill, ~ bond *s.* ⟨*Mar*⟩ lettera *f* di riscatto.

rant [rænt] **I** *v.i.* sbraitare, vociare, gridare: *stop –ing* smettila di sbraitare; (*to speak angrily, violently*) strepitare, sbraitare. **II** *v.t.* declamare, recitare, concionare. **III** *s.* **1** discorso *m* enfatico (*o* retorico), concione *f,* declamazione *f;* (*empty speech*) ciancia *f,* chiacchiera *f.* **2** (*violent speech*) diatriba *f,* filippica *f,* invettiva *f.* **'ranter** [-ə] *s.* **1** chi sbraita, chi strepita. **2** ⟨*ant.fam*⟩ (*Methodist preacher*) predicatore *m* metodista.

ranunculaceous [rə,nʌŋkjuˈleiʃəs] *a.* ⟨*Bot*⟩ delle (*o* relativo alle) ranuncolacee. **raˈnunculus** [-ləs] *s.* (*pl.* -li [lai]/-es [iz]) ranuncolo *m.*

rap[1] [ræp] *v.* (*pret., p.p.* **rapped** [-t]) **I** *v.t.* **1** picchiare, colpire, battere. **2** ⟨*fig*⟩ (*to censure, criticize*) condannare, criticare, biasimare, deplorare. **II** *v.i.* **1** battere, picchiare, bussare: *to* ~ *on a door* picchiare a una porta. **2** (*to make a rapping sound*) fare il rumore di un colpo (secco). □ ⟨*fig*⟩ *to* ~ *s.o. on* (*o over*) *the knuckles* riprendere qd., rimproverare aspramente qd., dare una bella lavata di capo a qd.

rap[2] *s.* **1** (*sharp blow*) colpo *m* secco. **2** (*sharp knock*) colpo *m* secco, battuta *f: there was a* ~ *at the door* vi fu un busso secco alla porta. **3** ⟨*fig*⟩ (*sharp rebuke*) rimprovero *m* aspro, lavata *f* di capo. □ ⟨*sl*⟩ *to beat the* ~ farla franca; ⟨*fig*⟩ *to give s.o. a* ~ *on the knuckles* rimproverare aspramente qd., dare una lavata di capo a qd.; ⟨*sl*⟩ *to take the* ~: 1 (*to be punished*) essere punito (*o* condannato): *to take the* ~ *for a crime* essere punito per un delitto; 2 (*to take the blame*) addossarsi (*o* prendersi) la colpa.

rap[3] *s.* **1** (*the least bit*) nulla *m,* soldo *m* (bucato): *I don't care a* ~ non me ne importa nulla; *it's not worth a* ~ non vale un soldo. **2** ⟨*Stor*⟩ moneta *f* falsa da mezzo penny in circolazione in Irlanda nel XVIII secolo.

rapacious [rəˈpeiʃəs] *a.* **1** avido, bramoso, rapace. **2** (*of animals*) rapace. **rapaciousness** [-nis] *s.* rapacità *f,* avidità *f.* **rapacity** [-ˈpæsiti] *s.* → **rapaciousness**.

rape[1] [reip] **I** *s.* **1** razzia *f,* scorreria *f.* **2** ⟨*Dir*⟩ violenza *f* carnale, stupro *m.* **3** (*abduction, kidnapping*) ratto *m,* rapimento *m: the* ~ *of the Sabine women* il ratto delle Sabine. **4** (*act of robbing, plundering*) devastazione *f,* saccheggio *m.* **5** ⟨*fig*⟩ (*violation*) violazione *f.* **II** *v.t.* **1** violentare, stuprare. **2** ⟨*Dir*⟩ (*to seize and carry off*) rapire. **3** (*rar*) (*to plunder*) saccheggiare, razziare, depredare.

rape[2] *s.* ⟨*Bot*⟩ colza *m/f,* ravizzone *m.*

rape[3] *s.* **1** *pl.* (*of grapes*) vinaccia *f.* **2** (*filter*) filtro *m* di vinaccia (per la preparazione dell'aceto).

rape| cake *s.* ⟨*Zootecn*⟩ panello *m* di ravizzone. **~ oil** *s.* ⟨*Chim*⟩ olio *m* di ravizzone (*o* colza).

Raphael [ˈræf(e)iəl] *N.pr.* Raffaele *m* (*anche Bibl.*).

raphia [ˈreifiə] *s.* → **raffia**.

rapid [ˈræpid] **I** *a.* **1** svelto, rapido, veloce, celere, lesto: *a* ~ *worker* un lavoratore svelto; (*of a river*) che scorre veloce, rapido. **2** (*done quickly*) rapido, veloce: *a* ~ *glance* un rapido sguardo; ~ *motions* movimenti veloci. **3** (*of a pulse*) frequente. **II** *s.* (*of a river; general.* al *pl.*) rapida *f.*

'rapid-fire *a.* **1** ⟨*Mil*⟩ a tiro rapido. **2** ⟨*fig*⟩ che avviene in rapida successione, che è un fuoco di fila. □ ~ *questions* una raffica di fila di domande.

rapidity [rəˈpiditi] *s.* sveltezza *f,* rapidità *f,* celerità *f.* **rapidly** [ˈræpidli] *avv.* sveltamente, rapidamente, celermente. **rapidness** [ˈræpidnis] *s.* → **rapidity**.

rapier [ˈreipiə] *s.* stocco *m.*

rapier thrust *s.* **1** stoccata *f.* **2** ⟨*fig*⟩ allusione *f* (*o* battuta) pungente, stoccata *f.*

rapine [ˈræpain] *s.* ⟨*lett*⟩ saccheggio *m.*

rapist [ˈreipist] *s.* ⟨*Dir*⟩ stupratore *m.*

rapparee [,ræpəˈri] *s.* **1** ⟨*Stor*⟩ predone *m* irlandese. **2** ⟨*estens*⟩ brigante *m,* predone *m.*

rappee [ræˈpiː] *s.* râpé *m,* tabacco *m* râpé.

rapper [ˈræpə] *s.* **1** chi batte alla porta, chi bussa. **2** (*door knocker*) batacchio *m,* battente *m.*

rapport *fr.* [ræˈpɔː(t)] *s.* rapporto *m,* relazione *f,* contatto

m.

rapprochement *fr.* [raprɔʃˈmã] *s.* r(i)avvicinamento *m* riconciliazione *f.*

rapscallion [ræpˈskæliən] *s.* furfante *m,* canaglia *f* farabutto *m.*

rapt [ræpt] *a.* **1** rapito, assorto, estasiato: *to be* ~ *i contemplation* essere rapito nella contemplazione. (*absorbed, engrossed*) assorto, intento. □ *with* ~ *attentio* con profonda attenzione.

raptorial [ræpˈtɔːriəl] *a.* ⟨*Ornit*⟩ rapace, predatore.

rapture [ˈræptʃə] *s.* **1** piacere *m* inebriante, beatitudine rapimento *m,* estasi *f.* **2** (*expression of delight;* spesso pl.) trasporto *m,* entusiasmo *m,* passione *f,* rapimento *m* □ *to be in* ~*s* restare incantato (*o* estatico), essere estasi.

rapturous [ˈræptʃərəs] *a.* **1** estasiato, deliziato. (*expressing rapture*) rapito, estatico, estasiato, incantato. (*of applause*) frenetico, entusiastico, delirante.

raptus [ˈræptəs] *s.* **1** estasi *f,* rapimento *m.* **2** ⟨*Mec* raptus *m.*

rare[1] [reə] *a.* **1** raro, insolito, infrequente: *a* ~ *species* un specie rara. **2** (*exceptional*) eccezionale, raro, non comun **3** ⟨*fam*⟩ (*excellent*) eccellente, ottimo, superlativo. **4** (*air, gases*) rarefatto.

rare[2] *a.* (*of cooked meat*) poco cotto, al sangue.

rarebit [ˈreəbit, ˈræbit] *s.* ⟨*Gastr*⟩ pane *m* tostato ricopert di formaggio fuso.

rarefaction [,re(e)riˈfækʃən] *s.* rarefazione *f* (*anche Fis.* **rarefactive** [-ktiv] *a.* rarefattivo.

rarefied [ˈre(ə)rifaid] *a.* **1** ⟨*Fis*⟩ rarefatto. **2** (*lofty, exalte* elevato, sublime, eccelso. **rarefy** [-fai] *v.t.* **1** ⟨*Fi* rarefare. **2** ⟨*fig*⟩ perfezionare, migliorare, raffinare.

rarely [ˈreəli] *avv.* **1** raramente, di rado: *he is* ~ *angry* raramente arrabbiato, si arrabbia di rado. (*exceptionally*) eccezionalmente, insolitamente. (*excellently*) eccellentemente, in modo superlativ

rareness [ˈreənis] *s.* rarità *f.*

rarity [ˈreəriti] *s.* **1** rarità *f,* cosa *f* rara (*o* singolare), fat *m* eccezionale: *snow is a* ~ *in this region* la neve è ur rarità in questa regione. **2** (*infrequency*) rarità infrequenza *f.* **3** (*excellence*) rarità *f,* eccellenza *f.* **4** (*air, gases*) rarefazione *f.*

rascal [ˈrɑːskəl] *s.* **1** furfante *m,* farabutto *m,* canaglia mascalzone *m.* **2** (*mischievous person*) birbante *m* briccone *m* (*f* –a); (*mischievous child*) bricconcello *m* –a).

rase *v.* → **raze**.

rash[1] [ræʃ] *a.* **1** avventato, sconsiderato, precipitoso: *a decision* una decisione avventata. **2** (*of people*) sventat sconsiderato; (*hasty*) frettoloso, affrettato, precipitoso. *a* ~ *act* un colpo di testa.

rash[2] *s.* **1** ⟨*Med*⟩ esantema *m* fugace di natura congestizi **2** ⟨*fig*⟩ fioritura *f: a* ~ *of archaeological forgeries* u fioritura di falsi archeologici.

rasher [ˈræʃə] *s.* fetta *f* di prosciutto (*o* pancet affumicata) da friggere.

rashly [ˈræʃli] *avv.* **1** avventatamente, sconsideratamen **2** (*of people*) sventatamente, sconsideratament **rashness** [-ʃnis] *s.* **1** avventatezza *f,* imprudenza *f.* **2** (*people*) sventatezza *f,* sconsideratezza *f.*

rasp [rɑːsp] **I** *s.* **1** ⟨*tecn*⟩ raspa *f.* **2** (*harsh, grating soun* raschio *m.* **II** *v.t.* **1** raspare, raschiare, grattare. **2** (*to utt in a rasping voice;* spesso con *out*) dire con voce stridul **3** ⟨*fig*⟩ irritare, innervosire, urtare: *the sound –ed i nerves* il rumore gli irritava i nervi; (*of a wine*) raspa **III** *v.i.* raspare, stridere, grattare, raschiare.

raspberry [ˈrɑːzbəri] *s.* **1** ⟨*Bot*⟩ lampone *m.* **2** ⟨*vol* (*contemptuous noise made with the lips*) pernacchia *f.* ⟨*sl*⟩ *to get the* ~ essere preso a pernacchie; *to give s.o. t* ~ prendere a pernacchie qd., fare una pernacchia a qd

rasping [ˈrɑːspiŋ] *a.* **1** stridulo, stridente, aspro. **2** ⟨*fi* (*irritating*) irritante, urtante, fastidioso. **3** ⟨*Venat*⟩ (*of obstacle*) difficile da saltare; (*of a pace: fast*) veloc svelto, rapido, lesto.

rasse [ræs] *s.* ⟨*Itt*⟩ viverricula *f.*

rat[1] [ræt] *s.* **1** ⟨*Zool*⟩ ratto *m.* **2** ⟨*fam*⟩ (*low scoundre* verme *m.* **3** ⟨*fam*⟩ (*one who deserts a cause, his frien*

etc.) disertore *m,* rinnegato *m* (*f* –a); (*betrayer*) traditore *m* (*f* –trice); (*scab*) crumiro *m* (*f* –a). **4** *pl.* ⟨*esclam*⟩ sciocchezze *fpl,* ⟨*pop*⟩ balle *fpl.* □ *to clear of* –*s* derattizzare; ⟨*fam*⟩ *to look like a drowned* ~ essere bagnato fradicio; ⟨*fig*⟩ *to smell a* ~ mangiare la foglia.
at² *v.i.* (*pret., p.p.* **'ratted** [–id]) **1** (*to hunt rats*) andare a caccia di ratti. **2** ⟨*fam*⟩ (*to desert*) disertare, rinnegare (*on s.th.* qc.); (*to betray*) tradire (qd.); (*to work as a scab*) fare il crumiro. **3** ⟨*fam*⟩ (*to inform*) fare la spia (contro).
atability [‚reitə'biliti] *s.* l'essere valutabile. **'ratable** [–bl] *a.* **1** che può essere valutato, valutabile, calcolabile. **2** (*proportional*) proporzionale. **3** (*liable to local taxes*) tassabile, imponibile. **'ratably** [–bli] *avv.* proporzionalmente.
atafee [‚rætə'fi:], **ratafia** [–ə] *s.* **1** (*liqueur*) ratafià *m.* **2** ⟨*Dolc*⟩ amaretto *m.*
atal ['reitl] *s.* imponibile *m,* reddito *m* imponibile.
atan *s.* → **rattan**.
ataplan [‚rætə'plæn] **I** *s.* rullo *m* (*o* rullìo) di tamburo, rataplan *m.* **II** *v.i.* rullare.
at-a-tat(-tat) [‚rætə'tæt('tæt)] *s./v.* → **rat-tat**.
atch [rætʃ] *s.* ⟨*Mecc*⟩ **1** (*ratchet*) dente *m* di arresto, arresto *m,* fermo *m.* **2** → **ratchet-wheel**. **'ratchet** [–it] *s.* dente *m* di arresto, arresto *m.*
atchet| drill *s.* ⟨*Mecc*⟩ trapano *m* 'a cricco. **~ gear** *s.* ⟨*Mecc*⟩ arpionismo *m.* **~-wheel** *s.* ruota *f* a cricco.
ate¹ [reit] **I** *s.* **1** tasso *m,* saggio *m:* ~ *of interest* saggio d'interesse; (*proportion*) aliquota *f,* quota *f,* percentuale *f:* ~ *of taxation* aliquota d'imposta. **2** (*relative speed*) ritmo *m,* velocità *f: to work at a fast* ~ lavorare a ritmo veloce. **3** (*charge according to a ratio*) tariffa *f,* prezzo *m: the hotel has special* –*s for children* l'albergo pratica tariffe speciali per i bambini; (*of wages, electricity, gas, etc.*) tariffa *f: hourly* ~ tariffa oraria. **4** (*fixed relation*) proporzione *f,* rapporto *m* (numerico). **5** (*rating*) classe *f,* ordine *m.* **6** (*valuation*) valore *m* stimato, valutazione *f,* stima *f.* **7** (*local property tax*) imposta *f* (immobiliare) locale. **II** *v.t.* **1** valutare, stimare, calcolare il valore di. **2** (*to set an estimate, price, etc., on*) quotare. **3** (*to assess the value of for taxation*) valutare ai fini fiscali. **4** (*to consider, regard*) considerare, reputare, giudicare: *he is* –*d the top authority on the subject* è considerato la massima autorità in materia. **5** ⟨*fam*⟩ (*to deserve, merit*) meritare, essere degno di. **6** ⟨*Assic*⟩ valutare, determinare le aliquote di premio di. **7** ⟨*Orol*⟩ regolare, rimettere. **8** ⟨*Mar*⟩ classificare. **III** *v.i.* **1** (*to be considered*) essere considerato (*o* ritenuto). **2** (*to be of consequence*) contare, valere, essere una persona di rilievo. □ *at any* ~ ad ogni modo, in ogni caso; *at this* ~ (andando avanti) di questo passo, se si continua (*o* va avanti) così; *at that* ~ in quel caso, se è così; ⟨*Econ*⟩ ~ *of change* tasso *m* di variazione; ⟨*Aer*⟩ ~ *of* **climb** velocità *f* ascensionale (*o* verticale di salita); ~ *of* **customs** *duty* aliquota *f* doganale; ⟨*Econ*⟩ ~ *of* **discount** tasso *m* di sconto; ~ *of* **exchange** cambio *m,* tasso *m* del cambio; ⟨*Idr*⟩ ~ *of* **flow** portata *f* (media); ⟨*Econ*⟩ ~ *of* **growth** tasso *m* di crescita; ~ *of* **increase** tasso *m* di aumento (*o* incremento); ~ *of* **profit** saggio *m* di profitto; **reduced** ~ tariffa ridotta; ~ *of* **return** tasso *m* di remunerazione; –*s and* **taxes** imposte *fpl* e contributi *mpl.*
ate² **I** *v.t.* (*to scold*) sgridare, rimproverare, riprendere severamente, rabbuffare. **II** *v.i.* dare una strapazzata, dare una lavata di capo (*at* a).
ateability *e der.* → **ratability** *e der.*
ated ['reitid] *a.* ⟨*tecn*⟩ nominale: ~ *pressure* pressione nominale.
atel ['reitl] *s.* ⟨*Zool*⟩ mellivora *f,* ratele *m,* ratelo *m.*
ate| cutting *s.* riduzione *f* delle tariffe. **~ fixing** *s.* fissazione *f* delle tariffe, tariffazione *f.* **~ payer** *s.* contribuente *m/f.* **~ paying** **I** *a.* dei (*o* relativo ai) contribuenti. **II** *s.* pagamento *m* delle tasse (*o* imposte).
ater ['reitə] *s.* **1** chi valuta, chi fa una stima. **2** ⟨*Assic*⟩ perito *m.* **3** (nei composti: *person of a certain rating*) persona *f* di ... classe; (*of ships*) nave *f* di ... classe.
athe [reiθ] *a.* ⟨*rar,dial*⟩ **1** (*early in the year, season*) precoce, primaticcio. **2** (*early-blooming*) precoce.
ather ['rɑ:ðə, *am.* 'ræ(:)ðə] **I** *avv.* **1** piuttosto, alquanto,

abbastanza: *it is* ~ *expensive* è piuttosto costoso. **2** (*with comparatives*) assai, alquanto: *the patient is* ~ *worse today* il paziente sta alquanto peggio oggi. **3** (*more willingly, preferably*) piuttosto, anziché, preferibilmente, più volentieri. **4** (*more properly, more accurately*) meglio, piuttosto, più propriamente: *his father, or* ~, *his stepfather* suo padre, o meglio, il suo patrigno; (*to the contrary*) anzi, al contrario. **II** *intz.* ⟨*fam*⟩ altroché, senza dubbio: *would you care for a piece of cake?* – ~*!* gradisci una fetta di torta? – altroché!; (*yes, certainly*) certamente, sì. □ *would you* ~ *I left?* preferisci che me ne vada?; *no thank you, I'd* ~ *not* no grazie, preferirei di no.
ratification [‚rætifi'keiʃən] *s.* ratifica *f,* convalida *f: the* ~ *of a treaty* la ratifica di un trattato. **'ratifier** [–faiə] *s.* ratificatore *m* (*f* –trice). **'ratify** [–fai] *v.t.* ratificare, convalidare, approvare: *to* ~ *a treaty* ratificare un trattato.
ratine [rə'ti:n], **ratiné** [‚ræti'nei] *s.* ⟨*Tess*⟩ ratina *f.*
rating¹ ['reitiŋ] *s.* **1** classe *f,* categoria *f,* ordine *m.* **2** ⟨*Mar*⟩ (*assigned position: of a ship*) categoria *f,* classe *f;* (*of a seaman*) qualifica *f,* grado *m.* **3** ⟨*Mar.mil*⟩ (*ordinary sailor*) marinaio *m* semplice. **4** (*act of assessing for taxation*) valutazione *f;* (*amount fixed as a rate*) imponibile *m.* **5** (*reputation*) reputazione *f;* (*valuation*) valutazione *f,* stima *f.* **6** ⟨*El*⟩ potenza *f,* prestazioni *fpl* di esercizio. **7** ⟨*Econ*⟩ tariffazione *f.* **8** ⟨*am.Scol*⟩ votazione *f: to have the highest* ~ riportare la votazione più alta.
rating² *s.* (*scolding*) rimprovero *m,* sgridata *f,* lavata *f* di capo.
ratio ['reiʃiou] *s.* (*pl.* **-s** [z]) **1** ⟨*Mat*⟩ rapporto *m: a* ~ *of a ten to three* un rapporto di dieci a tre. **2** (*proportion, rate*) proporzione *f,* rapporto *m* (numerico): *the* ~ *between men and women in the population* la proporzione tra uomini e donne nella popolazione. **3** ⟨*Filos*⟩ ragione *f.*
ratiocinate [‚ræti'ɔsineit] *v.i.* ragionare, usare raziocinio. **‚rati‚ocination** [–'neiʃən] *s.* **1** (*process*) raziocinio *m.* **2** (*result*) ragionamento *m.* **ratiocinative** [–nətiv] *a.* raziocinante. **ratiocinator** [–ə] *s.* ragionatore *m* (*f* –trice).
ration ['ræʃən] **I** *s.* **1** razione *f.* **2** *pl.* (*food, supplies*) provvigioni *fpl,* provviste *fpl,* viveri *mpl.* **3** (*share*) razione *f,* porzione *f.* **II** *v.t.* **1** razionare: *to* ~ *food in wartime* razionare i viveri in tempo di guerra; (*of people*) imporre il razionamento a. **2** (*to supply rations to*) assegnare razioni a; (*to distribute as rations*) distribuire come razioni. **3** (*fig*) usare con parsimonia, fare economia di, risparmiare.
rational ['ræʃənl] *a.* **1** razionale, ragionevole: *man is a* ~ *being* l'uomo è un essere razionale; *a* ~ *industrial policy* una politica industriale razionale; *a* ~ *decision* una decisione ragionevole. **2** ⟨*Mat*⟩ razionale. **3** ⟨*Metr*⟩ misurabile.
rationale [‚ræʃə'nɑ:li] *s.* ragione *f* fondamentale, fondamento *m* logico, base *f* logica.
rationalism ['ræʃənəlizəm] *s.* razionalismo *m.* **rationalist** [–list] **I** *s.* razionalista *m/f.* **II** *a.* → **rationalistic**. **‚rationalistic** [–'listik] *a.* razionalistico, razionalista. **‚rationalistically** [–'listikli] *avv.* in modo razionalistico.
rationality [‚ræʃə'næliti] *s.* **1** razionalità *f.* **2** (*reasonableness*) ragionevolezza *f.*
rationalization [‚ræʃənəlai'zeiʃən] *s.* **1** razionalizzazione *f* (*anche Mat.*). **2** (*plausible explanation*) spiegazione *f* razionale. **3** (*rational, scientific organization*) organizzazione *f* razionale, razionalizzazione *f:* ~ *of labour* razionalizzazione del lavoro; ~ *of production* razionalizzazione della produzione. **'rationalize** [–laiz] **I** *v.t.* **1** rendere razionale, razionalizzare. **2** (*to organize rationally*) organizzare razionalmente. **3** ⟨*Mat*⟩ razionalizzare. **II** *v.i.* **1** (*to give plausible explanations*) dare spiegazioni razionali. **2** (*to think rationally*) pensare in termini razionali.
ration| book, ~ card *s.* tessera *f* (*o* carta) annonaria.
rationing ['ræʃəniŋ] *s.* razionamento *m.*
rat| poison *s.* veleno *m* per ratti. **~ race** *s.* corsa *f* sfrenata al successo.
ratsbane ['rætsbein] *s.* → **rat poison**.
rattan [ræ'tæn] *s.* **1** ⟨*Bot*⟩ calamo *m.* **2** (*cane*) canna *f,*

malacca *f*.

rat-'tat ['ræt] **I** *s*. busso *m*, picchio *m*. **II** *v.i*. bussare.

ratter ['rætə] *s*. cacciatore *m* di ratti; (*rat–catching dog or cat*) cane *m* (*o* gatto) da ratti.

rattle ['rætl] **I** *v.i*. **1** fare un rumore secco; (*of shutters, windows*) sbattere, sbatacchiare. **2** (*to move with a rattle*) sferragliare: *an old car was rattling down the street* una vecchia macchina sferragliava giù per la strada. **3** (*to talk incessantly; spesso con away, on*) parlare a vanvera, blaterare, cianciare. **4** (*to make a rattle in the throat*) rantolare. **5** 〈*Mot*〉 battere. **II** *v.t*. **1** far fare un rumore secco a; (*to clatter*) acciottolare; (*of shutters, windows*) far sbattere, far sbatacchiare. **2** (*to express in rapid speech; general. con off*) sciorinare, dire rapidamente, snocciolare: *to ~ off quotations* sciorinare citazioni. **3** 〈*fam*〉 (*to cause to become irritated*) innervosire, irritare: *the speaker was –d by the interruption* l'interruzione innervosì l'oratore. **III** *s*. **1** rumore *m* secco: *the ~ of hail on the roof* il rumore secco della grandine sul tetto; (*clatter*) acciottolio *m*. **2** (*child's toy*) sonaglio *m*; (*device used by merrymakers*) raganella *f*. **3** 〈*Zool*〉 (*of a rattlesnake*) crotalo *m*; (*noise*) suono *m* emesso dal crotalo. **4** (*noise in the throat*) rantolo *m*; (*death rattle*) rantolo *m* d'agonia. **5** (*noisy superficial chatter*) cicaleccio *m* (*o* chiacchiericcio) rumoroso. **6** 〈*Mot*〉 battito *m*. □ *to ~ along* guidare velocemente.

rattle|-brain *s*. persona *f* insulsa e chiacchierona. **~-brained** *a*. scervellato, scriteriato. **~-head** *s*. → **rattle-brain. ~-headed** *a*. → **rattle-brained. ~pate** *s*. → **rattle-brain. ~-pated** *a*. → **rattle-brained.**

rattler ['rætlə] *s*. **1** persona *f* (*o* cosa) che produce un rumore secco. **2** 〈*fam*〉 (*noisy person*) chiassone *m* (*f* –a). **3** 〈*fam*〉 (*vehicle that rattles*) veicolo *m* rumoroso, 〈*scherz*〉 macinino *m*. **4** 〈*fam*〉 → **rattlesnake. 5** 〈*fam*〉 (*s.th. very good of its kind*) cosa *f* eccezionale, cannonata *f*.

rattlesnake ['rætlsneik] *s*. 〈*Zool*〉 crotalo *m*, serpente *m* a sonagli.

rattletrap ['rætltræp] *s*. **1** (*old, rattly vehicle*) rottame *m*, 〈*fam*〉 trappola *f*; (*old rattly automobile*) automobile *f* vecchia e rumorosa, 〈*scherz*〉 macinino *m*. **2** 〈*sl*〉 (*one who talks too much*) chiacchierone *m* (*f* –a). **3** *pl*. (*trinkets, knick–knacks*) cianfrusaglie *fpl*, chincaglierie *fpl*.

rattling ['rætliŋ] **I** *a*. **1** che fa un rumore secco. **2** (*fast*) veloce, rapido: *a ~ pace* un passo veloce. **3** 〈*fam*〉 (*extremely good*) splendido, stupendo, 〈*fam*〉 formidabile: *thanks for the ~ party* grazie per la splendida festa. **II** *avv*. 〈*fam*〉 (*extremely*) estremamente, molto. □ *a ~ good book* un ottimo libro.

rat-trap *s*. **1** trappola *f* per ratti. **2** 〈*fam*〉 topaia *f*.

ratty ['ræti] *a*. **1** infestato dai ratti, pieno di ratti. **2** (*resembling a rat*) da ratto, simile a un ratto. **3** 〈*fam*〉 (*irritable, bad–tempered*) irascibile, irritabile, bisbetico.

raucity ['rɔːsiti] *s*. → **raucousness.**

raucous ['rɔːkəs] *a*. rauco: *~ voice* voce rauca. **raucousness** [–nis] *s*. raucedine *f*.

ravage ['rævidʒ] **I** *s*. **1** devastazione *f*, distruzione *f*, saccheggio *m*. **2** *pl*. danni *mpl*, offese *fpl*: *the –s of time* i danni del tempo. **II** *v.t*. **1** devastare, distruggere, saccheggiare. **2** (*to damage ruinously*) distruggere, devastare: *a face –d by tragedy* un viso distrutto dalla tragedia. **III** *v.i*. andare in rovina.

rave[1] [reiv] **I** *v.i*. **1** delirare, farneticare, vaneggiare. **2** (*of the elements*) scatenarsi. **3** 〈*fam*〉 (*to feel excessive admiration*) andare pazzo (*o* in estasi), entusiasmarsi (*over, about per*): *she –s about that singer* va pazza per quel cantante. **II** *s*. **1** delirio *m*, vaneggiamento *m*. **2** 〈*fam*〉 (*overenthusiastic praise*) lode *f* sperticata, elogio *m* sperticato. **3** 〈*teat,cin*〉 → **rave notice. 4** 〈*fam*〉 (*infatuation*) infatuazione *f*, 〈*scherz*〉 cotta *f*.

rave[2] *s*. (*of a wagon*) sponda *f* di carro.

ravel[1] ['rævəl] *v*. (*pret., p.p.* **ravelled**/*am.* **raveled** [–d]) **I** *v.t*. **1** attorcigliare, aggrovigliare, intricare, ingarbugliare. **2** (*to fray; general. con out, off*) sfilacciare. **3** 〈*fig*〉 ingarbugliare, complicare, confondere. **II** *v.i*. **1** attorcigliarsi, ingarbugliarsi, intricarsi, aggrovigliarsi. **2** (*of yarn, etc.*) sfilacciarsi: *the edge of this tablecloth has –led* il

bordo di questa tovaglia si è sfilacciato. **3** 〈*fig*〉 confondersi, imbrogliarsi, ingarbugliarsi. □ *to ~ out* (*off*): 1 (*to disentangle*) sbrogliare, districare; 2 (*to become disentangled*) sbrogliarsi, districarsi; 3 〈*fig*〉 (*to become plain, clear*) chiarirsi, risolversi: *the mystery will ~ out* il mistero si chiarirà; 4 〈*fig*〉 (*to make plain, clear*) chiarire, risolvere.

ravel[2] *s*. **1** groviglio *m*. **2** 〈*fig*〉 complicazione *f*, difficolt *f*. **3** (*loose thread*) sfilacciatura *f*.

raveling *am.*, **ravelling** ['rævəliŋ] *s*. sfilacciatura *f*, filo *n* tirato.

raven[1] ['reivn] **I** *s*. 〈*Ornit*〉 corvo *m* imperiale (maggiore). **Raven** *N.pr.* 〈*Astr*〉 Corvo *m*. **II** *a*. **1** simile un corvo, *2* (*black*) corvino, nero: *~ locks* riccio corvini.

raven[2] ['rævn] **I** *v.t*. **1** divorare, mangiare voracemente. 〈*ant*〉 (*to seize*) afferrare, ghermire. **II** *v.i*. **1** (*to prey plunder*) predare, saccheggiare. **2** (*to feed voraciously*) nutrirsi con voracità. **3** (*to be ravenous*) essere rapace.

ravening ['rævniŋ] *a*. **1** (*rabid*) furioso, rabbioso. (*voracious*) vorace; (*hungry*) affamato.

rave notice *s*. 〈*teat,cin*〉 recensione *f* lusinghiera.

ravenous ['rævənəs] *a*. **1** vorace, avido, ingordo. (*extremely hungry*) affamato, famelico. **3** (*of appetit desires, etc.*) avido, cupido, bramoso. **ravenously** [–l *avv*. avidamente.

ravine [rə'viːn] *s*. 〈*Geog*〉 burrone *m*, gola *f*.

raving ['reiviŋ] **I** *a*. **1** furioso, delirante, frenetico: *a ~ lunatic* un pazzo furioso. **2** 〈*fam*〉 straordinarie eccezionale, superlativo: *the show was a ~ success* spettacolo fu un successo straordinario. **II** *s*. **1** delirio *m* vaneggiamento *m*. **2** *pl*. vaneggiamenti *mpl: don't listen his –s* non dare ascolto ai suoi vaneggiamenti. **III** *av* freneticamente, furiosamente. □ *he must be ~ mad* dev essere matto da legare.

ravish ['ræviʃ] *v.t*. **1** estasiare, incantare, rapire. **2** (*l carry off by force*) rapire. **3** 〈*Dir*〉 (*to rape*) violentar stuprare. **ravishing** [–iŋ] *a*. affascinante, incantevole seducente. **ravishment** [–mənt] *s*. **1** rapimento *m*. (*transport, rapture*) rapimento *m*, estasi *f*, incanto *m*. 〈*Dir*〉 (*rape*) violenza *f* carnale, stupro *m*.

raw [rɔː] **I** *a*. **1** crudo: *~ meat* carne cruda. **2** (*n processed, refined, etc.*) greggio, grezzo, non raffinat crudo: *~ silk* seta greggia; (*of hides*) non conciato, greggi **3** (*undiluted*) puro, non diluito, naturale: *~ whisk* whisky puro. **4** (*of a part of the body*) scorticat escoriato; (*of a wound*) aperto; (*of flesh*) vivo. **5** 〈*fi (primitive, uncivilized*) primitivo, non civilizzat selvaggio: *a ~ frontier town* una città di confine primitiv **6** 〈*fam*〉 (*lacking refinement*) rozzo, grezzo, grossolano. 〈*fam*〉 (*inexperienced*) inesperto, alle prime arm novellino. **8** (*of weather*) umido e freddo, crudo. **9** 〈*fan (unfair, harsh*) sleale, scorretto, ingiusto. **10** 〈*fan (naked*) nudo. **II** *s*. carne *f* viva. **III** *v.t*. sfregare fino escoriare (*o* scorticare). □ *in the ~*: 1 vergine, intatt naturale, allo stato naturale: *nature in the ~* natu vergine; *2* 〈*sl*〉 (*naked*) nudo; 3 (*unprocessed*) greggio, nc raffinato, non lavorato; 〈*fig*〉 *to touch s.o. on the* toccare qd. nel vivo.

'raw|-'boned *a*. scarno, ossuto. **~ deal** *s*. 〈*fan* trattamento *m* ingiusto (*o* scorretto). **~hide** *s*. **1** pelle non conciata, pellame *m* greggio. **2** (*whip*) frustino *m* cuoio.

rawish ['rɔːiʃ] *a*. **1** piuttosto crudo. **2** (*somewh inexperienced*) alquanto inesperto. **3** (*of weather, etc* piuttosto freddo e umido.

raw material *s*. 〈*Ind*〉 materiale *m* greggio (*o* nc lavorato), materia *f* prima. □ *~ market* mercato *m* de materie prime.

rawness ['rɔːnis] *s*. **1** l'essere crudo. **2** (*uncivilized qualit* inciviltà *f*; (*lack of refinement*) rozzezza *f*. **3** (*coarsenes* grossolanità *f*, rozzezza *f*. **4** (*of weather*) crudezza *f*.

raw| oil *s*. petrolio *m* greggio. **~ silk** *s*. seta *f* cruda greggia).

ray[1] [rei] **I** *s*. **1** raggio *m* (*anche fig.*): *the sun's –s* i rag del sole; *a ~ of hope* un raggio di speranza. 〈*Fis,Mat,Itt,Bot*〉 raggio *m*. **II** *v.i*. **1** raggiare, splende (*to issue in rays*) irradiarsi, irraggiarsi. 2 (*to issue like rays*) irradiare. III *v.t.* 1 (*to send forth in rays;* spesso con *out*) irradiare, irraggiare. 2 (*to illuminate with rays*) irradiare, rischiarare. 3 (*to furnish with radiating lines*) ornare di raggi.

ay² *s.* ⟨*Itt*⟩ razza *f.*

ay *N.pr. dim. di* **Raymond.**

ayed [reid] *a.* 1 (nei composti) a raggi ...: *spiny-*∼ a raggi spinosi. 2 ⟨*Bot*⟩ raggiato.

ay filter *s.* ⟨*Fot*⟩ filtro *m* colorato (*o* colore).

ayless ['reilis] *a.* 1 privo di raggi, senza raggi. 2 (*dark*) senza luce, (o)scuro.

Raymond ['reimənd] *N.pr.* Raimondo *m.*

ayon ['reiɔn] I *s.* (*fibre*) raion *m.* II *a.* di raion.

aze [reiz] *v.t.* radere al suolo, demolire, distruggere completamente: *to* ∼ *a city* (*to the ground*) radere al suolo una città. 2 ⟨*fig*⟩ cancellare: *to* ∼ *s.th. from one's memory* cancellare qc. dalla memoria.

azor ['reizə] I *s.* rasoio *m.* II *v.t.* radere, rasare. □ ⟨*fig*⟩ *on the* ∼*'s edge* sul filo del rasoio.

azor|-back *s.* 1 (*of hills*) catena *f* sottile. 2 ⟨*Zool*⟩ balenottera *f.* ∼**-backed** *a.* dal dorso sottile. ∼**bill** *s.* ⟨*Ornit*⟩ gazza *f* marina. ∼**-billed** *a.* dal becco a lama di rasoio. ∼ **blade** *s.* lametta *f.* ∼**-edge** *s.* ⟨*fig*⟩ orlo *m* del precipizio. ∼**-strop** *s.* coramella *f.*

azzle-dazzle ['ræzldæzl] *s.* ⟨*fam*⟩ 1 (*confusion, riotous gaiety*) baldoria *f,* eccitazione *f,* confusione *f.* 2 (*spree*) baldoria *f,* bisboccia *f,* gozzoviglia *f.* 3 (*showing off*) ostentazione *f.* □ ⟨*fam*⟩ *to be* (*o go*) *on the* ∼ folleggiare, darsi alla pazza gioia.

azz(a)matazz ['ræzmətæz] *s.* 1 ⟨*fam*⟩ confusione *f;* (*deceit*) inganno *m,* raggiro *m.* 2 (*double talk*) linguaggio *m* ambiguo. 3 (*vim*) energia *f,* vigore *m.*

R & D = *research and development* ricerca e sviluppo (*abbr.* R & S).

RBC = ⟨*Med*⟩ *red blood cell* globulo rosso, eritrocito.

R.C. = 1 *Red Cross* croce rossa. 2 ⟨*Mil*⟩ *Reserve Corps* truppe di riserva. 3 *Roman Catholic* cattolico romano.

R.C.Ch. = *Roman Catholic Church* chiesa cattolica romana.

cpt. = *receipt* ricevuta.

d. = 1 *road* strada. 2 *rod* pertica.

Rd. = *road* strada.

R.D. = *Rural District* distretto rurale.

RDF = ⟨*Aer*⟩ *radio direction finder* radiogoniometro.

e¹ [rei] *s.* ⟨*Mus*⟩ 1 re *m.* 2 (*tone D*) D *m.*

e² [ri:] *prep.* ⟨*burocr*⟩ con (*o* in) riferimento a, oggetto:, Rif:, in merito a: ∼ *your letter of the 10th inst.* con riferimento alla Vs. (lettera) del 10 corr., oggetto: Vs. lettera del 10 corr.

R/E = ⟨*Econ*⟩ *rate of exchange* cambio.

eabsorb [ˌri:əb'sɔ:b] *v.t.* riassorbire. **reabsorption** [-'sɔ:pʃən] *s.* riassorbimento *m.*

eaccustom [ˌri:ə'kʌstəm] *v.t.* riabituare (*to* a).

each¹ [ri:tʃ] I *v.t.* 1 raggiungere, giungere a, arrivare a, pervenire a: *we -ed port that night* raggiungemmo il porto quella notte. 2 (*to succeed in touching*) arrivare a, raggiungere: *get me that book, I can't* ∼ *it* prendimi quel libro, io non ci arrivo. 3 (*to take*) prendere: *to* ∼ *a cup from a shelf* prendere una tazza da uno scaffale; (*to take and pass*) passare, porgere, allungare: ∼ *me the salt please* passami il sale per favore. 4 (*to extend to*) estendersi fino a, arrivare a, giungere (*o* spingersi) fino a: *the water -ed his knees* l'acqua gli arrivava alle ginocchia. 5 (*to communicate with*) comunicare con, mettersi in comunicazione con, prendere contatto con. 6 (*to extend, thrust*) allungare, stendere. II *v.i.* 1 stendere la mano, allungare il braccio. 2 (*of the hand, arm: to become extended*) stendersi, allungarsi. 3 (*to extend*) estendersi, spingersi, giungere (*to* fino a), arrivare (a): *my land -es to the river* la mia proprietà si estende fino al fiume. 4 (*to penetrate*) arrivare, giungere (a), penetrare (in): *as far as the eye can* ∼ fin dove può arrivare lo sguardo. 5 (*to amount*) ammontare (a). 6 ⟨*Mar*⟩ bordeggiare. □ *to* ∼ *after* = *to reach for; to* ∼ **down:** 1 tirare giù, prendere (giù): *he -ed down his suitcase* tirò giù la valigia; 2 (*to extend down*) arrivare (*to* a), scendere (fino a): *the coat -ed down to his knees* il cappotto gli arrivava al ginocchio; *to* ∼ **for:** 1 allungare la mano (*o* il braccio) per prendere; 2 (*to try to grasp*) cercare di prendere (*o* afferrare), cercare di arrivare a; 3 ⟨*fig*⟩ aspirare, mirare: *to* ∼ *for power* aspirare al potere; *to* ∼ **out** stendere, allungare: *to* ∼ *one's hand out* stendere la mano; *to* ∼ **up:** 1 alzare, levare, sollevare; 2 (*to extend up*) spingersi in alto (*to* fino a), innalzarsi, elevarsi (a).

reach² *s.* 1 lo stendere (*o* l'allungare) la mano. 2 (*distance*) distanza *f* alla quale si può arrivare; (*of a boxer*) allungo *m;* (*range*) portata *f: within* ∼ *of one's voice* a portata di voce. 3 (*of a river*) tratto *m* navigabile fra due anse. □ *beyond* (*o above*) *the* ∼ *of* al di là delle possibilità di, 'oltre le' (*o* fuori delle) possibilità di; *within easy* ∼ poco distante, vicino, a breve distanza, a portata di mano; *out of the* ∼ *of:* 1 lontano da, distante da; 2 = *beyond the reach of.*

reachable ['ri:tʃəbl] *a.* raggiungibile.

reach-me-down *s.* 1 (general. al pl.) abito *m* 'bell'e fatto' (*o* già confezionato). 2 (*used clothes*) vestito *m* usato.

react [ri'ækt] *v.i.* 1 rispondere, reagire (*to* a). 2 (*to act in opposition*) reagire, ribellarsi, opporsi, resistere (*against* a). 3 ⟨*Chim,Econ*⟩ reagire.

re-act [ri:'ækt] *v.t.* recitare (*o* rappresentare) di nuovo, replicare, ripetere.

reactance [ri'æktəns] *s.* ⟨*El*⟩ reattanza *f.*

reaction [ri'ækʃən] *s.* 1 reazione *f: action and* ∼ azione e reazione. 2 (*return to a previous state*) ritorno *m* a uno stato precedente. 3 ⟨*Econ*⟩ reazione *f* (tecnica). 4 ⟨*Atom*⟩ reazione *f* nucleare. 5 ⟨*Comm*⟩ ristagno *m,* recessione *f* del mercato. 6 ⟨*Pol*⟩ reazionari 'mpl. □ *out of* ∼ per reazione (*to* a).

reaction agent *s.* ⟨*Chim*⟩ reagente *m,* reattivo *m.*

reactional [ri'ækʃənəl] *a.* di (*o* dovuto a) reazione.

reaction coil *s.* ⟨*El*⟩ bobina *f* di reazione.

reactionarism [ri'ækʃənerism] *s.* reazionarismo *m.*

reactionary [-nəri] I *a.* ⟨*Pol*⟩ reazionario. II *s.* reazionario *m* (*f* -a). **reactionism** [-nizm] *s.* → **reactionarism. reactionist** [-nist] *a./s.* → **reactionary.**

reaction time *s.* tempo *m* di reazione (*anche Psic.*).

reactivate [ri'æktiveit] *v.t.* riattivare. **re,activation** [-'veiʃən] *s.* riattivazione *f.* **reactive** [-tiv] *a.* ⟨*Chim*⟩ reattivo, reagente. **,reactivity** [-'tiviti] *s.* reattività *f* (*anche Atom.,Chim.*).

reactor [ri'æktə] *s.* 1 ⟨*Chim,El*⟩ reattore *m.* 2 ⟨*Atom*⟩ reattore *m* nucleare (*o* atomico), pila *f* atomica (*o* nucleare).

read¹ [ri:d] *v.* (*pret., p.p.* read [red]) I *v.t.* 1 leggere: *to* ∼ *a newspaper* leggere un giornale; (*of signs, symbols, etc.*) leggere, interpretare, decifrare: *to* ∼ *a diagram* leggere un diagramma; (*to know by reading*) leggere, apprendere (*o* venire a sapere) leggendo: *I* ∼ *that taxes are to go up* leggo che le tasse aumenteranno. 2 ⟨*fig*⟩ (*to interpret*) interpretare, intendere, prendere: *how do you* ∼ *this passage?* come interpreti questo brano?; (*of a person*) giudicare, valutare, capire: *I think you may have* ∼ *him wrong* penso che tu l'abbia giudicato male. 3 (*of an instrument*) leggere: *to* ∼ *a thermometer* leggere un termometro; (*of an indicator*) segnare, indicare, registrare: *the petrol gauge -s zero* l'indicatore del carburante segna zero. 4 ⟨*Univ*⟩ studiare: *to* ∼ *law* studiare giurisprudenza. 5 (*to see registered, revealed*) leggere, scorgere, indovinare, intuire. 6 ⟨*Tip*⟩ (*of proofs*) correggere, rivedere; (*of a copy*) revisionare. 7 ⟨*Rad*⟩ (*of a message*) ricevere. 8 ⟨*Teat*⟩ interpretare, recitare: *he -s the part well* interpreta bene la parte. 9 ⟨*Parl*⟩ (*to submit by reading*) dare lettura di. 10 ⟨*tecn*⟩ (*of computers*) leggere, decodificare. II *v.i.* 1 leggere, dedicarsi alla lettura. 2 (*to produce an impression when read*) fare effetto, suscitare un'impressione (alla lettura). □ *to* ∼ **about** *s.th.* leggere di qc., apprendere (*o* sapere) leggendo; *to* ∼ **aloud** leggere ad alta voce; ⟨*fig*⟩ *to take* **as** = dare per scontato (*o* buono); *to* ∼ *s.o. like a* **book** leggere in qd. come in un libro aperto; *to* ∼ *s.o.'s* **fortune** leggere la fortuna a qd.; *to* ∼ **into** vedere in, attribuire a; *to* ∼ *s.o's* **mind** leggere nel pensiero di qd.; *to* ∼ **of** *s.th.* = *to read about s.th.; to* ∼ *s.th.* **off** leggere qc. ad alta voce; *to* ∼ **on** seguitare a leggere; *to* ∼

out leggere ad alta voce; *to ~ s.th.* **over** rileggere qc.; *to ~ o.s. to* **sleep** leggere per conciliare il sonno; *to ~ s.o.'s* **thoughts** leggere nel pensiero di qd.; *to ~ s.th.* **through** leggere qc. da cima a fondo; *to ~* **up** *(on) a subject* studiare a fondo un argomento.

read² *s.* **1** *(act, period of reading)* lettura *f.* **2** *(book, etc.)* lettura *f*, scritto *m: his latest thriller is an excellent ~* il suo ultimo giallo è un'eccellente lettura.

read³ [red] → **read¹**.

read⁴ [red] *a. (having knowledge through reading;* general. nei composti) di .... cultura, colto, istruito: *a widely-~ person* una persona di vasta cultura; *she is much better ~ than me* è molto più colta di me.

readability [ˌriːdəˈbiliti] *s.* leggibilità *f.* **'readable** [-bl] *a.* **1** di piacevole lettura: *a highly ~ novel* un romanzo di piacevole lettura. **2** *(legible)* leggibile, decifrabile.

readapt [ˌriːəˈdæpt] **I** *v.t.* riadattare. **II** *v.i.* riadattarsi. **readaptation** [ˌriːædæpˈteiʃən] *s.* riadattamento *m.*

re-address [ˌriːəˈdres] *v.t.* **1** *(to put a new address on)* scrivere un nuovo indirizzo su, cambiare indirizzo a. **2** *(to address again)* rivolgersi di nuovo a.

reader ['riːdə] *s.* **1** lettore *m* (*f* –trice). **2** ⟨Edit⟩ lettore (*f* –trice) (di manoscritti). **3** ⟨Tip,Edit⟩ *(proof-reader)* correttore *m* (*f* –trice) di bozze. **4** *(book for reading practice)* libro *m* di lettura. **5** ⟨Univ⟩ docente *m* incaricato (*o* straordinario); *(assistant)* assistente *m/f.* **6** ⟨Bibliot⟩ microlettore *m.* **7** ⟨Rel,tecn⟩ lettore *m.* **readership** [-ʃip] *s.* **1** ⟨Univ⟩ ufficio *m* di docente incaricato. **2** ⟨Giorn⟩ pubblico *m* dei lettori, lettori *mpl.*

readily ['redili] *avv.* **1** prontamente (e di buon grado), volentieri e subito: *he ~ agreed* acconsentì prontamente. **2** *(easily)* facilmente, senza difficoltà. **readiness** [-dinis] *s.* **1** preparazione *f: the country's ~ for war* la preparazione bellica del paese. **2** *(cheerful consent)* sollecitudine *f*, solerzia *f*, buona volontà *f: to agree with ~* acconsentire con sollecitudine. **3** *(ease, facility)* facilità *f*, scioltezza *f*, disinvoltura *f.* □ *in ~ for* pronto per, preparato per; *to have in ~* avere pronto, avere già approntato (*o* preparato); *~ of mind* presenza *f* di spirito; *~ of speech* facilità *f* di parola.

reading ['riːdiŋ] **I** *s.* **1** lettura *f.* **2** *(reading matter, matter read)* letture *fpl*, lettura *f: light ~* letture amene. **3** *(knowledge)* cultura *f*, istruzione *f*, erudizione *f: a man of wide ~* un uomo di vasta cultura. **4** *(interpretation)* interpretazione *f*, versione *f: an interesting ~ of the dagger scene in Macbeth* un'interessante interpretazione della scena del pugnale nel Macbeth. **5** *(form, version of a text)* lettura *f*, lezione *f: a controversial ~ proposed by some authorities* una lettura controversa proposta da alcuni esperti. **6** *(of an instrument)* lettura *f: barometer ~* lettura di un barometro. **7** ⟨Parl⟩ lettura *f: the bill is now up for its third ~* il disegno di legge è alla (sua) terza lettura. **II** *a.* **1** dei lettori: *the ~ public* il pubblico dei lettori. **2** *(designed, used for reading)* da (*o* di) lettura, per leggere: *where are my ~ glasses?* dove sono i miei occhiali da lettura?

reading| book *s.* libro *m* di lettura. **~-desk** *s.* leggio *m.* **~-glass** *s.* lente *f* d'ingrandimento. **~ head** *s.* ⟨Inform⟩ testina *f* di lettura. **~-lamp**, **~-light** *s.* lampada *f* da studio. **~ room** *s.* sala *f* di lettura.

readjourn [ˌriːəˈdʒɜːn] **I** *v.t.* rinviare, differire, rimandare. **II** *v.i.* essere (nuovamente) rinviato (*o* differito).

readjust [ˌriːəˈdʒʌst] **I** *v.t.* **1** *(to readapt)* riadattare; *(to rearrange)* riordinare, riassettare, rimettere in ordine, sistemare di nuovo. **II** *v.i.* riadattarsi, riabituarsi. **readjustment** [-mənt] *s.* riadattamento *m; (rearrangement)* riordinamento *m*, riassetto *m.*

readmission [ˌriːədˈmiʃən] *s.* riammissione *f.* **readmit** [-ˈmit] *v.t.* riammettere. **readmittance** [-ˈmitəns] *s.* → **readmission.**

read-only *a.* che può essere soltanto letto. **~-only memory** *s.* ⟨Inform⟩ memoria *f* a sola lettura. **~-punch unit** *s.* ⟨Inform⟩ lettore *m* perforatore.

read/write ⟨Inform⟩ leggere/scrivere. **read/write head** *s.* testina *f* di lettura e di registrazione.

ready ['redi] **I** *a.* **1** pronto, preparato: *lunch is ~* la colazione è pronta. **2** *(willing, disposed)* pronto, disposto,

---

incline: *he is always ~ to help* è sempre pronto ad aiuta **3** *(prompt, quick)* pronto, lesto, sollecito: *don't be too to criticize* non essere così pronto a criticare; (*perception)* pronto, sveglio. **4** *(on the point of)* sul pun di, lì lì per: *she looked ~ to burst into tears* sembrava punto di scoppiare in lacrime. **5** *(immediately availab* pronto, disponibile subito; *(at hand)* a portata di mar pronto: *to keep a rifle ~* tenere un fucile a portata mano; *(of money)* in contanti, liquido. **II** *s.* **1** ⟨Artig l'essere in posizione di tiro. **2** ⟨sl⟩ *(ready cash)* conta **mpl**, liquido *m*, quattrini *mpl.* **III** *v.t.* prepara approntare. **IV** *avv.* (nei composti) pre...: *~-bu* prefabbricato. □ *to be always ~ with an answer* ave sempre la risposta pronta; *at the ~:* 1 ⟨Artigl posizione di tiro; 2 *(at hand)* a portata di mano; *to get* preparare, approntare; *to make ~:* 1 = *to get ready;* ⟨Mar⟩ allestire; *~ for use* pronto per l'uso; *~ for press* stampi; *to be a ~ speaker* avere la parola facile.

ready| cash *s.* ⟨Comm⟩ pronta cassa *f*, contanti *m* **~-cooked** *a. (of food)* pronto, cotto. **~-cooked food** cibi *mpl* da asporto. **'~-'made I** *a.* confezionato, bel fatto. **II** *s.* abito *m* confezionato. □ *~ phrase* frase fat **'~-'mix** *am.* **I** *s.* **1** *(of cakes, food)* miscela *f* pron preparato *m.* **2** *(concrete, mortar)* conglomerato *m*, mal *f.* **II** *a.* miscelato, preparato. **~ money** *s.* **1** → rea **cash. 2** ⟨Econ⟩ contanti *mpl*, liquido *m*, disponibilità *f* **~ reckoner** *s.* prontuario *m* contabile. **'~-to-'wear** confezionato, bell'e fatto. **~-witted** *a.* spiritoso, arguto

reaffirm [ˌriːəˈfɜːm] *v.t.* riconfermare. **reaffirmatic** [ˌriːæfəˈmeiʃən] *s.* riconferma *f.*

reafforest [ˌriːəˈfɔrist] *v.t.* ⟨Silv⟩ rimboschire, rimbosca **reafforestation** [-eiʃən] *s.* rimboschimento *m.*

reagency [riːˈeidʒənsi] *s.* ⟨Chim⟩ reattività *f.*

reagent [riːˈeidʒənt] *s.* ⟨Chim⟩ reagente *m*, reattivo m.

real¹ ['riːəl] **I** *a.* **1** vero, reale, effettivo: *a ~ friend* un ve amico. **2** *(actual)* reale, vero, autentico. **3** *(genuine, n artificial)* puro, genuino, autentico, sincero: *~ silk se* pura. **4** ⟨Filos,Mat,Ott⟩ reale. **5** ⟨Dir⟩ *(of real propert* immobiliare, immobile; *(of rights, privileges)* reale. **II** reale *m*, realtà *f: the ~ and the unreal* il reale e l'irrea **III** *avv.* ⟨am.fam⟩ davvero, veramente, realmente, realtà, in effetti: *a ~ nice day* davvero una bella giorna *(very)* molto, assai: *he was ~ glad to see her* fu mol contento di vederla.

real² ['riːəl, reˈɑːl] *s. (pl. -s* [z]/**reales** [reˈɑːles]) ⟨Numisr reale *m*, real *m.*

real estate *s.* ⟨Dir⟩ beni *mpl* immobili, immobili *m* proprietà *f* immobiliare (*o* fondiaria).

real estate| agent *s.* agente *m/f* immobiliare, immobili rista *m/f.* **~ credit** *s.* credito *m* immobiliare. **~ inves ment trust** *s.* fondo *m* d'investimento immobiliar **~ loan** *s.* prestito *m* immobiliare. **~ mortgage** ipoteca *f* immobiliare.

realgar [riˈælgə] *s.* ⟨Min⟩ realgar *m.*

realign [riəˈlain] *v.t.* riallineare *(anche Econ.).* **realig ment** [-mənt] *s.* riallineamento *m (anche Econ.).*

real image *s.* ⟨Fis⟩ immagine *f* reale.

realise *v.* → **realize.**

realism ['riːəlizəm] *s.* ⟨Filos,Lett,Art⟩ realismo *m.* **reali** [-list] *s.* realista *m/f.* **realistic** [-ˈlistik] *a.* realistic **realistically** [-ˈlistikəli] *avv.* in modo realistic realisticamente.

reality [riˈæliti] *s.* **1** realtà *f (anche Filos.).* **2** *(trut* realismo *m: to describe s.th. with ~* descrivere qc. co realismo. □ *to bring s.o. back to ~* riportare qd. al realtà; *in ~* in realtà, in effetti, effettivamente.

realizable ['riːəlaizəbl] *a.* **1** realizzabile, attuabile, fattibil **2** ⟨Comm⟩ realizzabile.

realization [ˌriːəlaiˈzeiʃən, *am.* -ˈliz-] *s.* **1** comprensione *f (state of being realized)* percezione *f*, comprensione *f. (act of making real)* realizzazione *f*, l'avverarsi: *the ~ an ambition* la realizzazione di un'ambizione. **3** *(s.t realized)* realizzazione *f*, effettuazione *f*, attuazione *f.* ⟨Comm⟩ realizzo *m*, realizzazione *f.*

realize ['riːəlaiz] *v.t.* **1** rendersi conto di, capi *(esattamente)*, realizzare: *do you ~ the danger?* ti ren conto del pericolo? **2** *(to bring into existence)* realizza attuare: *to* ~ *a hope* realizzare una speranza. 3 ⟨*Comm*⟩ realizzare, convertire in denaro liquido: *to* ~ *a block of shares* realizzare un pacchetto di azioni. 4 (*to obtain as profit, income*) ricavare, realizzare; (*to yield*) fruttare, rendere.

eallocate [ri:'ælǝkeit] *v.t.* 1 distribuire (*o* assegnare) di nuovo. 2 (*of funds*) stanziare di nuovo. **,reallocation** [-'keiʃǝn] *s.* 1 nuova distribuzione *f* (*o* assegnazione). 2 ⟨*of funds*⟩ nuovo stanziamento *m*.

eally ['ri:ǝli] I *avv.* 1 sul serio, davvero, veramente, realmente: *do you* ~ *mean it?* dici sul serio? 2 (*truly, unquestionably*) veramente, proprio, realmente, davvero. II *intz.* 1 (*to express interest, surprise*) davvero, veramente. 2 (*to express protest*) veramente, per la verità.

ealm [relm] *s.* regno *m*, reame *m*: *Peers of the* ~ i pari del regno.

eal security *s.* garanzia *f* immobiliare.

ealtor *am.* ['ri:ǝltǝ] *s.* agente *m* immobiliare.

ealty ['ri:ǝlti] *s.* → **real estate**.

eam[1] [ri:m] *s.* 1 risma *f* di 480 (*o* 500) fogli; (*printer's ream*) risma *f* di 516 fogli. 2 *pl.* ⟨*fig*⟩ pagine e pagine *fpl*, ⟨*fam*⟩ un mucchio: *he has written* ~*s* ha scritto pagine e pagine.

eam[2] *v.t.* 1 ⟨*Mecc*⟩ alesare (a mano): *to* ~ *a hole* alesare un foro. 2 ⟨*am*⟩ (*of fruit, fruit juice*) spremere.

eam[3] ⟨*dial*⟩ I *s.* 1 (*cream*) crema *f*, panna *f*. 2 (*froth*) schiuma *f*, spuma *f*. II *v.i.* (*to froth*) fare la schiuma, schiumare. III *v.t.* 1 (*to remove the cream from*) scremare. 2 (*to remove the froth from*) schiumare, togliere la schiuma da.

eamer ['ri:mǝ] *s.* 1 ⟨*Mecc*⟩ alesatore *m*, alesatoio *m*. 2 ⟨*Dent*⟩ punteruolo *m*. 3 ⟨*am*⟩ (*fruit squeezer*) spremifrutta *m*.

eanimate [ri:'ænimeit] I *v.t.* rianimare (*anche fig.*). II *v.i.* rianimarsi (*anche fig.*). **re,animation** [-'meiʃǝn] *s.* rianimazione *f* (*anche fig.*).

eannex [,riǝ'neks] *v.t.* riannettere. **reannexation** [ri:,ænek'seiʃǝn] *s.* riannessione *f*.

eap [ri:p] I *v.t.* 1 ⟨*Agr*⟩ (*of grain, etc.*) mietere; (*of a crop*) raccogliere; (*of a field*) falciare. 2 ⟨*fig*⟩ raccogliere. II *v.i.* (*of grain, etc.*) fare la mietitura; (*of a crop*) fare il raccolto; (*of a field*) fare la falciatura. □ ⟨*fig*⟩ *one* ~*s as one has sown* ognuno raccoglie ciò che ha seminato.

eaper ['ri:pǝ] *s.* ⟨*Agr*⟩ 1 (*person*) mietitore *m* (*f* –trice). 2 (*machine*) mietitrice *f*, macchina *f* mietitrice; (*of a field*) falciatrice *f*. □ ~ *and binder* mietilegatrice *f*, mietilega *f*.

eaper-thresher *s.* ⟨*Agr*⟩ mietitrebbia *f*.

eaping ['ri:piŋ] *s.* ⟨*Agr*⟩ 1 mietitura *f*; (*of a field*) falciatura *f*. 2 (*crop*) raccolto *m*.

eaping|-hook *s.* ⟨*Agr*⟩ falce *f*. ~ **machine** *s.* mietitrice *f*, macchina *f* mietitrice.

eapparel [,ri:ǝ'pærǝl] *v.t.* rivestire, vestire di nuovo.

eappear [,ri:ǝ'piǝ] *v.i.* riapparire, ricomparire. **re-appearance** [-rǝns] *s.* riapparizione *f*, ricomparsa *f*.

eappoint [,ri:ǝ'pɔint] *v.t.* 1 rinominare. 2 (*to re-elect*) rieleggere. **reappointment** [-mǝnt] *s.* 1 nuova (*o* seconda) nomina *f*, reincarico *m*. 2 (*re-election*) rielezione *f*.

eappraisal [,ri:ǝ'preizǝl] *s.* rivalutazione *f*. **reappraise** [-'preiz] *v.t.* rivalutare.

ear[1] ['riǝ] I *s.* 1 retro *m*, dietro *m*, parte *f* posteriore: *the* ~ *of the house* il retro della casa. 2 (*the back*) fondo *m*: *a voice was heard from the* ~ *of the hall* si udì una voce dal fondo della sala. 3 ⟨*Mil*⟩ retroguardia *f*; (*area*) retrovia *f*, retrofronte *m*. 4 ⟨*pop*⟩ (*buttocks*) posteriore *m*, deretano *m*, ⟨*fam*⟩ didietro *m*. 5 ⟨*pop*⟩ (*latrine*) latrina *f*, ⟨*pop*⟩ cesso *m*. II *a.* posteriore, di dietro, sul retro: *the* ~ *seat of a car* il sedile posteriore di una macchina. □ *at the* ~ di dietro a, a tergo di; *in the* ~: 1 indietro, dietro agli altri; 2 (*from behind*) alle spalle, da dietro.

ear[2] I *v.t.* 1 (*of animals*) allevare: *to* ~ *cattle* allevare bestiame; (*of people*) educare, allevare, crescere; (*of plants*) coltivare. 2 (*to lift, raise*) levare, alzare, sollevare; (*to set vertical*) innalzare, elevare, rizzare. 3 (*of an animal*) far impennare. II *v.i.* 1 impennarsi: *the horse* ~*ed* il cavallo

s'impennò. 2 (*to rise high*) alzarsi, innalzarsi, elevarsi.

,rear|-'admiral *s.* ⟨*Mar.mil*⟩ contrammiraglio *m*. ~ **door** *s.* ⟨*Aut*⟩ portellone *m*. ~**-drive car** *s.* ⟨*Aut*⟩ vettura *f* a trazione posteriore. ~**-driven** *a.* ⟨*Aut*⟩ a trazione posteriore. ~ **end** *s.* parte *f* posteriore, retro *m*. ~**-end crash** *s.* ⟨*Aut*⟩ tamponamento *m*. ~ **fog-lights** *s.pl.* ⟨*Aut*⟩ fari *mpl* posteriori antinebbia. ~**guard** *s.* ⟨*Mil*⟩ retroguardia *f*. ~**guard action** *s.* 1 ⟨*Mil*⟩ azione *f* di retroguardia. 2 ⟨*fig*⟩ azione *f* dilatoria e cautelativa. ~**-light** *s.* ⟨*Aut*⟩ fanale *m* posteriore (*o* di coda).

rearm [ri:'ɑ:m] I *v.t.* riarmare. II *v.i.* riarmarsi. **rearmament** [-ǝmǝnt] *s.* riarmo *m*, riarmamento *m*.

rearmost ['riǝmoust] *a.* ultimo, il più arretrato.

rearrange [,ri:ǝ'reindʒ] *v.t.* riordinare, riassettare, rimettere in ordine. **rearrangement** [-mǝnt] *s.* 1 riordinamento *m*, riassetto *m*. 2 ⟨*Chim*⟩ isomerizzazione *f*.

rear| sight *s.* ⟨*Artigl*⟩ alzo *m*. ~ **suspension** *s.* ⟨*Aut*⟩ sospensione *f* posteriore. ~**-view mirror, ~-vision mirror** *s.* ⟨*Aut*⟩ specchio *m* retrovisore.

rearward ['riǝwǝd] I *a.* 1 (*at the rear*) posteriore. 2 (*towards the rear*) volto indietro, diretto all'indietro. II *s.* 1 retro *m*, dietro *m*, parte *f* posteriore. 2 ⟨*Mil*⟩ retroguardia *f*. III *avv.* → **rearwards**. **rearwards** [-z] *avv.* 1 (*at the rear*) indietro, dietro. 2 (*towards the rear*) all'indietro.

rear window *s.* ⟨*Aut*⟩ lunotto *m*.

rear window| wiper *s.* ⟨*Aut*⟩ tergilunotto *m*. ~ **wiper and washer** *s.* tergilavalunotto *m*.

reascend ['ri:ǝ'send] *v.t./i.* risalire, salire di nuovo. **reascension** [-nʃǝn], **reascent** [-nt] *s.* risalita *f*.

reason ['ri:zn] I *s.* 1 ragione *f*, motivo *m*: *what is the* ~ *for this interruption?* qual è la ragione di questa interruzione? 2 (*power of comprehending*) ragione *f*, discernimento *m*, giudizio *m*, senno *m*: *the exercise of* ~ l'uso della ragione. 3 (*sanity*) ragione *f*, intelletto *m*, senno *m*: *to lose one's* ~ perdere la ragione, uscire di senno. 4 (*sound judgement*) giudizio *m*, buonsenso *m*, discernimento *m*. 5 ⟨*Filos*⟩ ragione *f*; (*premise*) premessa *f*. II *v.i.* 1 ragionare, usare la ragione. 2 (*to argue so as to convince*) ragionare, discutere ragionevolmente, argomentare. III *v.t.* 1 (*to argue, contend*) sostenere, affermare, asserire. 2 (*to infer, conclude*) concludere, dedurre, arguire, desumere. 3 (*to formulate, think through; general.* con *out*) elaborare, meditare, mutare: *to* ~ *out a plan* elaborare un piano. 4 (*to persuade by reason*) convincere (con ragionamenti), persuadere: *to* ~ *s.o. into doing s.th.* persuadere qd. a fare qc. □ *all the more* ~ (una) ragione di più, a maggior ragione; *for* ~*s best known to himself* per motivi che lui solo conosce; *by* ~ *of* a causa di, per motivo di; *for the* ~ *that* per il motivo che, perché; *to have* ~ *to do s.th.* avere motivo (*o* ragione) di fare qc.; *we have* ~ *to believe* abbiamo motivo di credere, abbiamo (qualche) ragione di pensare; *to listen to* ~ scendere (*o* venire) a più miti consigli; *for no* ~ per nessuna ragione, per nessun motivo; *for one* ~ *or another* per un motivo o per l'altro; *it stands to* ~ è logico, è ovvio; *within* ~ entro limiti ragionevoli, entro giusti limiti; *not without* ~ non senza motivo (*o* ragione), non a torto; *with or without* ~ con o senza motivo, a torto o a ragione.

reasonable ['ri:znǝbl] *a.* 1 ragionevole, logico, sensato: *a* ~ *decision* una decisione ragionevole. 2 (*not demanding, excessive*) ragionevole, giusto, moderato: *be* ~*!* sii ragionevole! 3 (*moderate in price*) ragionevole, equo, non eccessivo, giusto, conveniente: *a* ~ *price* un prezzo ragionevole. **reasonableness** [-nis] *s.* 1 ragionevolezza *f*. 2 (*moderateness*) moderatezza *f*, moderazione *f*. **reasonably** [-i] *avv.* 1 ragionevolmente. 2 ⟨*fam*⟩ abbastanza, discretamente. **reasoning** [-niŋ] *s.* 1 raziocinio *m*, uso *m* della ragione. 2 (*judgement*) ragionamento *m*, argomentazione *f*. **reasonless** [-nlis] *a.* irragionevole, irrazionale.

reassemblage [,ri:ǝ'semblidʒ] *s.* 1 nuova adunata *f*, nuovo raduno *m*; (*of things*) nuova raccolta *f*. 2 ⟨*Mecc*⟩ nuovo montaggio *m*. **reassemble** [-bl] *v.t.* 1 radunare nuovamente, riunire (*o* raccogliere) di nuovo. 2 ⟨*Mecc*⟩ rimontare, montare di nuovo. II *v.i.* riunirsi nuovamente.

reassembly [-bli] *s.* → **reassemblage**.

reassert ['ri:ə'sə:t] *v.t.* riasserire, riaffermare. **reassertion** [-'sə:ʃən] *s.* riasserzione *f*, riaffermazione *f*.

reassess [,ri:ə'ses] *v.t.* rivalutare; (*of income*) accertare di nuovo; (*of an amount*) calcolare di nuovo. **reassessment** [-mənt] *s.* rivalutazione *f*; (*of income*) nuovo accertamento *m*.

reassign ['ri:ə'sain] *v.t.* **1** riassegnare. **2** ⟨*Econ,Dir*⟩ cedere di nuovo, trasferire nuovamente. **reassignment** [-mənt] *s.* **1** nuova assegnazione *f*. **2** ⟨*Econ,Dir*⟩ nuova cessione *f*, nuovo trasferimento *m*.

reassume ['ri:ə'sju:m] *v.t.* riassumere, riprendere. **reassumption** [-'sʌmpʃən] *s.* riassunzione *f*.

reassurance [,ri:ə'ʃuərəns] *s.* **1** rassicurazione *f*. **2** ⟨*Assic*⟩ riassicurazione *f*. **reassure** [-'ʃuə] *v.t.* **1** rassicurare. **2** ⟨*Assic*⟩ riassicurare. **reassuring** [-'ʃuəriŋ] *a.* rassicurante.

reattach [,ri:ə'tætʃ] I *v.t.* **1** riattaccare; (*to tie again*) legare di nuovo, rilegare. **2** (*to reconnect*) riconnettere, ricollegare, ricongiungere. II *v.i.* riattaccarsi, tornare ad attaccarsi. **reattachment** [-mənt] *s.* riattaccamento *m*.

reattempt [,ri:ə'tempt] I *v.t.* ritentare, riprovare. II *v.i.* fare un nuovo tentativo.

reave [ri:v] *v.* (*pret., p.p.* **-d** [d]/**reft** [reft]) ⟨*rar*⟩ I *v.t.* predare, rapire. II *v.i.* compiere un saccheggio.

reawake ['ri:ə'weik] *v.irr.* I *v.t.* risvegliare, ridestare. II *v.i.* risvegliarsi, ridestarsi. **reawaken** [-ən] *v.* → **reawake**.

rebalance [ri:'bæləns] *v.t.* riequilibrare.

rebaptism [ri:'bæptizəm] *s.* secondo battesimo *m*. **rebaptize** [-taiz] *v.t.* ribattezzare.

rebarbative [ri'bɑ:bətiv] *a.* **1** repellente, ripugnante. **2** (*stern*) arcigno, severo.

rebate[1] I *s.* ['ri:beit] **1** ⟨*Comm*⟩ riduzione *f*, ribasso *m*, sconto *m*. **2** ⟨*Econ*⟩ rimborso *m*. **3** ⟨*Assic*⟩ abbuono *m*. II *v.t.* [ri'beit] **1** fare uno sconto di, ridurre di. **2** (*to discount, deduct*) scontare, detrarre, dedurre, defalcare, abbonare. **3** (*to blunt*) smussare, spuntare. **4** ⟨*fig*⟩ (*to reduce the force of*) indebolire, debilitare, svigorire. III *v.i.* fare sconti, concedere riduzioni.

rebate[2] ['ri:beit, 'ræbit] *s./v.* → **rabbet**.

rebec ['ri:bek] *s.* ⟨*Mus*⟩ ribecca *f*, ribeca *f*.

Rebecca [ri'bekə] *N.pr.* Rebecca *f*.

rebeck *s.* → **rebec**.

rebel I *s.* ['rebəl] ribelle *m/f*, rivoltoso *m* (*f* -a). II *a.* ribelle: *a ~ general* un generale ribelle; (*of rebels*) dei ribelli, ribelle: *the ~ forces* le forze dei ribelli. III *v.i.* [ri'bel] (*pret., p.p.* **rebelled** [ri'beld]) ribellarsi, insorgere, sollevarsi.

rebellion [ri'beljən] *s.* **1** ribellione *f*, insurrezione *f*, sommossa *f*, rivolta *f*. **2** (*opposition to authority*) ribellione *f*, opposizione *f*.

rebellious [ri'beljəs] *a.* **1** ribelle, insorto: *~ troops* truppe ribelli. **2** (*hostile to authority*) ribelle, indocile, insubordinato: *a ~ child* un bambino ribelle. **3** (*of things: tenacious*) tenace, ribelle. **rebelliously** [-li] *avv.* **1** in modo ribelle. **2** (*with hostility to authority*) da ribelle, insubordinatamente. **rebelliousness** [-nis] *s.* insubordinazione *f*, indocilità *f*.

rebind [ri:'baind] *v.t.irr.* ⟨*Legat*⟩ rilegare, legare di nuovo.

rebirth [ri:'bə:θ] *s.* **1** rinascita *f* (*anche fig.*). **2** ⟨*Teol*⟩ rigenerazione *f*.

reboant ['rebouənt] *a.* reboante, rimbombante.

reboot [ri:'bu:t] *s.* ⟨*Inform*⟩ partenza *f* a caldo.

reborn [ri:'bɔ:n] *a.* **1** rinato (*anche fig.*). **2** ⟨*Teol*⟩ rigenerato.

rebound I *v.i.* [ri'baund] **1** rimbalzare. **2** ⟨*fig*⟩ ricadere, ritorcersi, riversarsi: *his evil actions will ~ upon himself* le sue cattive azioni ricadranno sul suo capo. II *v.t.* far rimbalzare. III *s.* ['ri:baund] **1** rimbalzo *m*. **2** (*repercussion*) ripercussione *f*, contraccolpo *m*. □ *to hit a ball on the ~* colpire una palla di rimbalzo; ⟨*fig*⟩ *to catch s.o. on the ~* approfittare di un momento di debolezza di qd.

re-bound [ri:'baund] *a.* ⟨*Legat*⟩ rilegato, legato di nuovo.

rebroadcast [ri:'brɔ:dkɑ:st] I *v.t.irr.* ritrasmettere. II *s.* ritrasmissione *f*.

rebuff [ri'bʌf] I *s.* **1** rifiuto *m* (*o* diniego) secco, ripulsa ricusa *f*. **2** (*check, setback*) insuccesso *m*, sconfitta scacco *m*. II *v.t.* rifiutare seccamente, respinge recisamente; (*to snub*) snobbare.

rebuild [ri:'bild] *v.irr.* I *v.t.* **1** ricostruire, riedificare. ⟨*fig*⟩ riorganizzare, ristrutturare, rimodellare. II *v.i.* fa una nuova costruzione. **rebuilt** [-lt] *a.* **1** ricostruit riedificato. **2** (*remodelled*) riorganizzato, ristruttura rimodellato.

rebuke [ri'bju:k] I *v.t.* **1** rimproverare, sgridare, dare ur strigliata a: *he -d me for being late* mi ha rimproverav per il ritardo. **2** (*to express disapproval of*) biasimar criticare, disapprovare. II *s.* **1** rimprovero *m*, rabbuffo *r* strigliata *f*. **2** (*disapproval*) biasimo *m*, disapprovazio *f*.

rebus ['ri:bəs] *s.* rebus *m*.

rebut [ri'bʌt] *v.t.* (*pret., p.p.* **rebutted** [-id]) **1** confutar oppugnare, contrastare: *he -ted my statement* confutò mia affermazione. **2** ⟨*Dir*⟩ confutare, respingere, oppor *a.* **rebuttal** [-əl] *s.* **1** confutazione *f* (*anche Dir.*). ⟨*Dir*⟩ (*of evidence*) presentazione *f* di una prova contrari (*o* controprova).

rebutter [ri:'bʌtə] *s.* **1** chi confuta, oppositore *m* (*f* -trice **2** (*refutation*) rifiuto *m*, rigetto *m*. **3** ⟨*Dir*⟩ replica *f* de difesa.

recalcitrance [ri'kælsitrəns], **recalcitrancy** [-i] ricalcitramento *m*, renitenza *f*, resistenza *f*. **recalcitrar** [-nt] *a.* ricalcitrante, ostinato, renitente, restio: *a prisoner* un prigioniero ricalcitrante. **recalcitrantl** [-ntli] *avv.* in modo ricalcitrante. **recalcitrate** [-tre] *v.i.* ricalcitrare, opporre resistenza. **re,calcitratio** [-'treiʃən] *s.* → **recalcitrance**.

recalesce [,ri:kə'les] *v.i.* ⟨*Met*⟩ sviluppare calore, esse soggetto a ricalescenza. **recalescence** [-əns] ricalescenza *f*. **recalescent** [-ənt] *a.* della (*o* relativo all ricalescenza.

recall I *v.t.* [ri'kɔ:l] **1** richiamare, far tornare: *to ~ ambassador* richiamare un ambasciatore. **2** (*to remembe* ricordare, rammentare: *I don't ~ your name* non ricor il tuo nome. **3** (*to revive*) far rivivere, richiamare (*o* f tornare) in vita. **4** (*to revoke*) revocare, annullare. **5** ⟨*a* (*to withdraw from circulation*) ritirare dalla circolazione: *~ a car* ritirare una vettura dalla circolazione. II [ri'kɔ:l, 'ri:kɔ:l] **1** richiamo *m*. **2** (*remembrance, recollectio* ricordo *m*, memoria *f*. **3** (*act of revoking*) revoca revocazione *f*. **4** ⟨*Mil,Mar*⟩ richiamo *m*. **5** (*withdraw* ritiro *m* dalla circolazione. □ *beyond* (*o* *past*) ~: (*irrevocably*) irrevocabilmente; **2** (*irrevocable*) irrevocabil **3** (*forgotten*) dimenticato; *to have the power of total* avere una memoria di ferro. **recallable** [-əbl] *a.* **1** cl può essere richiamato. **2** (*capable of being remembere* che può essere ricordato. **3** (*revocable*) revocabil annullabile.

recalling [ri'kɔ:liŋ] *s.* **1** revoca *f*, annullamento *m*. ⟨*Dipl*⟩ richiamo *m* (di ambasciatori, ecc.).

recant [ri'kænt] I *v.t.* **1** rinnegare, ritrattare, sconfessar smentire. **2** (*to retract*) ritrattare, ritirare. II *v.i.* fare u ritrattazione. **recantation** [,ri:kæn'teiʃən] *s.* ritrattazio *f*, sconfessione *f*.

recap[1] ['ri:kæp] *v.t./i.* (*pret., p.p.* **recapped** [-t]) ⟨*fam*⟩ (*recapitulate*) ricapitolare, riepilogare.

recap[2] *s.* ⟨*fam*⟩ (*recapitulation*) ricapitolazione *f*, riepilo *m*.

recap[3] *am.* I *v.t.* (*pret., p.p.* **recapped** [-t]) ⟨*tecn*⟩ (*of tyre*) ricostruire, rigenerare. II *s.* pneumatico ricostruito (*o* rigenerato).

recapitulate [,ri:kə'pitjuleit] I *v.t.* ricapitolare, riepilogar riassumere. II *v.i.* ricapitolare, riepilogare.

recapitulation [,ri:kəpitju'leiʃən] *s.* (*act of recapitulatin* ricapitolazione *f*; (*result*) riepilogo *m*, riassunto *m*.

recaption [ri:'kæpʃən] *s.* ⟨*Dir*⟩ reintegrazione *f* r possesso, restituzione *f*.

recapture [ri:'kæptʃə] I *v.t.* **1** catturare di nuov riprendere: *to ~ a prisoner* catturare di nuovo u prigioniero. **2** ⟨*Mil*⟩ riconquistare: *to ~ a tov* riconquistare una città. **3** ⟨*fig*⟩ ritrovare, ricupera riacquistare: *to ~ the enthusiasm of youth* ritrova 'entusiasmo della gioventù. **II** s. ricupero m, riconquista riacquisto m.

cast [ri:'ka:st] v.irr. **I** v.t. **1** rimodellare: the potter ~ his ar il vasaio rimodellò la brocca. **2** ⟨fig⟩ rimaneggiare, ifare: to ~ the plot of a novel rimaneggiare la trama di n romanzo. **3** ⟨Met⟩ rifondere. **4** ⟨Teat,Cin⟩ cambiare li attori di, scegliere (dei) nuovi attori per; (of an actor) ssegnare una nuova parte a. **5** ⟨Pesc⟩ (of a fishline) ettare nuovamente. **II** v.i. ⟨Pesc⟩ fare un nuovo lancio.

cce ['reki] s. ⟨mil⟩ (reconnaissance) ricognizione f.

cede [ri'si:d] v.i. **1** ritirarsi, retrocedere, indietreggiare, rretrare: the tide –d la marea si ritirò; (to move into the distance) allontanarsi: the train –d into the night il treno si allontanò nella notte. **2** (to slope backwards) inclinarsi ll'indietro. **3** ⟨fig⟩ (to grow less) diminuire, affievolirsi, idursi: our hopes –d le nostre speranze si affievolirono. **4** to decline in value) calare, perdere valore, ribassare. □ eceding chin mento m sfuggente.

ceipt [ri'si:t] **I** s. **1** ricevimento m, ricezione f. **2** written acknowledgement) ricevuta f, quietanza f. **3** pl. ncassi mpl, introiti mpl, entrate fpl, proventi mpl. **4** Farm⟩ (recipe) ricetta f. **II** v.t. **1** rilasciare una ricevuta er. **2** ⟨Comm⟩ (of a bill) quietanzare. **III** v.i. rilasciare na ricevuta (for per). □ to acknowledge ~ of s.th. ccusare ricevuta di qc.; against ~ dietro (o contro) icevuta; I am in ~ of Yours of the 10th inst. ho ricevuto a Vs. del 10 corr.

ceivable [ri'si:vəbl] a. **1** ricevibile. **2** (acceptable) ccettabile. **3** ⟨Comm⟩ esigibile. **receivables** [–z] s.pl. Econ⟩ titoli mpl esigibili.

ceive [ri'si:v] **I** v.t. **1** ricevere: to ~ a letter ricevere una ettera. **2** (to greet) ricevere, accogliere: he –d the news with dismay ricevette la notizia con sgomento. **3** (to accept by listening) ricevere, raccogliere, ascoltare: to ~ s.o.'s confidences ricevere le confidenze di qd. **4** (to take n through the mind) riportare, ricevere, provare, avere: to ~ a favourable impression riportare un'impressione favorevole. **5** (to take in, admit) accogliere, accettare, ammettere. **6** (to allow into one's presence) ricevere, ammettere alla propria presenza: the Minister will ~ you now il ministro vi riceverà ora. **7** (of stolen goods) ricettare. **8** (to hold, contain) accogliere, contenere, ospitare. **9** (to support the weight of) sopportare, sostenere. **10** ⟨Rel⟩ (of the sacraments) ricevere. **11** ⟨Dir⟩ (to admit as evidence) ammettere come prova. **12** ⟨Rad,TV⟩ ricevere. **II** v.i. **1** ricevere. **2** (to entertain guests) ricevere, avere ospiti. **3** ⟨Rel⟩ ricevere i sacramenti. **4** Rad,TV⟩ ricevere una trasmissione. **5** ⟨Sport⟩ ricevere la battuta.

ceived [ri'si:vd] a. comune, generalmente accettato, generale: ~ opinions opinioni comuni.

ceiver [ri'si:və] s. **1** chi riceve, destinatario m (f –a), icevente m/f. **2** ⟨Tel⟩ ricevitore m. **3** ⟨Rad⟩ → receiving set. **4** ⟨Dir⟩ curatore m fallimentare, amministratore m fiduciario. **5** ⟨Comm⟩ ricevitore m. **6** of stolen goods) ricettatore m (f –trice). **7** ⟨Sport⟩ prenditore m, ricevitore m. □ ⟨Dir⟩ ~ in bankruptcy curatore m fallimentare.

ceiver| circuit s. ⟨El⟩ circuito m ricevente. **~ country** s. ⟨Pol⟩ paese m beneficiario.

ceivership [ri'si:vəʃip] s. ⟨Dir⟩ curatela f.

ceiver tray s. vassoio m (di fotocopiatrice).

ceiving| department [ri'si:viŋ] s. ufficio m arrivi. **~ order** [ri'si:viŋ] s. ⟨Dir⟩ nomina f di un curatore falli-mentare. **~ set** s. ⟨Rad⟩ apparecchio m radiorice-vente, (radio)ricevitore m. **~ station** s. **1** ⟨Ferr⟩ stazio-ne f destinataria (o di destinazione). **2** ⟨Rad⟩ ripetitore m.

cency [ri:snsi] s. attualità f.

cension [ri'senʃən] s. recensione f, revisione f (critica); revised version) versione f riveduta.

cent ['ri:sənt] a. recente: ~ developments recenti sviluppi; a ~ appointment una nomina recente. □ within ~ memory recentemente, in epoca recente, di recente.

recently [–li] avv. recentemente, ultimamente.

recentness [–nis] s. → recency.

ceptacle [ri'septəkl] s. **1** ricettacolo m (anche Bot.). **2**

(container) contenitore m, recipiente m.

reception [ri'sepʃən] s. **1** ricevimento m, ricezione f. **2** (act of admitting) ammissione f, accoglienza f; (state of being admitted) ammissione f, accoglimento m, accettazione f. **3** (greeting) accoglienza f. **4** (in a hotel) ricevimento m, reception f. **5** (social gathering) ricevimento m, trattenimento m: to hold a ~ dare un ricevimento. **6** ⟨Rad,TV⟩ ricezione f, recezione f: ~ is very bad tonight questa sera la ricezione è pessima.

reception| center am., ~ **centre** s. centro m di raccolta (o smistamento). **~ clerk** am.s. receptionist m/f, addetto m (f –a) alla ricezione. **~ desk** s. (in a hotel) bureau m, ricevimento m, ricezione f.

receptionist [ri'sepʃənist] s. receptionist m/f, addetto m (f –a) alla ricezione.

reception room s. **1** salone m per ricevimenti; (waiting room) sala f d'aspetto. **2** (in a house) salotto m.

receptive [ri'septiv] a. ricettivo, percettivo: a ~ mind una mente ricettiva. **receptiveness** [–nis] s. → receptivity.

receptivity [,ri:sep'tiviti] s. ricettività f.

recess [ri'(:)ses] **I** s. **1** rientranza f, nicchia f, vano m. **2** (hollow place) cavità f. **3** pl. recessi mpl: in the –es of my mind nei recessi della mia mente. **4** (act of receding) recesso m, recessione f. **5** ⟨Parl,Dir⟩ sospensione f delle sedute, intervallo m tra due sessioni; (short recess) intervallo m, interruzione f. **II** v.t. **1** arretrare, far rientrare. **2** (to make a recess in) fare una nicchia (o rientranza) in. **3** ⟨Parl,Dir⟩ sospendere le sedute di. **III** v.i. **1** ⟨Parl,Dir⟩ sospendere le sedute. **2** (to suspend business) interrompere (o sospendere) le attività, fare una pausa.

recession [ri'seʃən] s. **1** recesso m, recessione f. **2** (retreat) ritiro m, ritirata f. **3** ⟨Econ,Biol⟩ recessione f. **4** ⟨Geol⟩ regressione f.

recessional [ri'seʃənl] **I** a. **1** ⟨Lit⟩ del (o relativo al) ritiro degli officianti. **2** ⟨Parl⟩ della (o relativo alla) sospensione delle sedute. **II** s. ⟨Lit⟩ inno m di chiusura.

recessionary [ri'seʃənəri] a. ⟨Econ⟩ recessivo: ~ spiral spirale recessiva.

recessive [ri'sesiv] a. **1** retrocedente, in regresso, che indietreggia, che arretra. **2** ⟨Biol⟩ recessivo.

recharge [ri:'tʃɑːdʒ] **I** v.t. ricaricare. **II** v.i. ⟨Mil⟩ sferrare un nuovo attacco, riattaccare. **III** s. **1** ricarica f. **2** (new load) nuovo carico m. **rechargeable** [–əbl] a. che si può ricaricare, ricaricabile.

recharger [ri:'tʃɑːdʒə] s. caricabatterie m.

réchauffé fr. [,reʃou'fei] s. **1** piatto m riscaldato. **2** ⟨fig⟩ rimaneggiamento m, rifacimento m.

recheck [ri:'tʃek] v.t. controllare (o verificare) di nuovo.

recherché fr. [rə'ʃeəʃei] a. ricercato, scelto, studiato.

rechristen [ri:'krisn] v.t. ribattezzare.

recidivism [ri'sidivizəm] s. ⟨Dir⟩ recidività f, recidiva f. **recidivist** [–vist] s. ⟨Dir,Med⟩ recidivo m (f –a).

recipe ['resipi] s. **1** ⟨Gastr⟩ ricetta f. **2** ⟨fig⟩ ricetta f, rimedio m: a ~ for boredom una ricetta contro la noia. **3** ⟨Farm⟩ ricetta f.

recipience [ri'sipiəns], **recipiency** [–i] s. **1** ricevimento m, il ricevere, ricezione f. **2** → receptivity. **recipient** [–nt] **I** s. **1** destinatario m (f –a), ricevente m/f. **2** (container) recipiente m, contenitore m. **3** ⟨Econ⟩ percettore m. **4** ⟨Med⟩ ricevente m: ~ of a transplant ricevente di un trapianto. **II** a. ricevente, che riceve; (capable of receiving) ricettivo.

recipient country s. ⟨Pol⟩ paese m beneficiario.

reciprocal [ri'siprəkəl] **I** a. **1** reciproco, mutuo: ~ goodwill buona volontà reciproca. **2** (inversely corresponding) opposto, inverso, contrario. **3** ⟨Gramm,Mat,Dir⟩ reciproco. **II** s. **1** inverso m, opposto m, contrario m. **2** ⟨Mat⟩ reciproco m, inverso m.

re,ciprocality [–'kæliti] s. reciprocità f.

reciprocal| numbers pl. ⟨Mat⟩ numeri mpl reciproci. **~ pronoun** s. ⟨Gramm⟩ pronome m reciproco. **~ ratio** s. ⟨Mat⟩ rapporto m inverso.

reciprocate [ri'siprəkeit] **I** v.t. **1** scambiarsi, darsi scambievolmente: to ~ addresses scambiarsi gli indirizzi. **2** (to give in return) ricambiare, contraccambiare: to ~ a promise ricambiare una promessa. **3** (to cause to move in *alternate directions*) alternare, muovere con moto alterno. **4** ⟨*Comm*⟩ reciprocare. **II** *v.i.* **1** contraccambiare, ricambiare. **2** (*to move in alternate directions*) alternarsi, muoversi (*o* andare) con moto alterno. **3** (*to be correspondent*) corrispondere, equivalere. **reciprocating** [-iŋ] *a.* ⟨*Mecc*⟩ (a moto) alternativo: ~ *engine* motore alternativo.

reciprocation [ri,siprə'keiʃən] *s.* **1** scambio *m:* ~ *of good wishes* scambio di auguri. **2** (*giving in return*) ricambio *m,* contraccambio *m.* **3** (*alternate motion*) moto *m* alternativo (*o* alterno), alternanza *f* di moto. **4** (*state of being correspondent*) equivalenza *f,* corrispondenza *f;* (*of feelings*) corrispondenza *f,* reciprocità *f,* contraccambio *m.*

reciprocity [,resi'prɔsiti] *s.* **1** reciprocità *f* (*anche* Econ.,Pol.*). **2** (*mutual exchange*) scambio *m.*

reciprocity| principle *s.* principio *m* di reciprocità. ~ **theorem** *s.* ⟨*Mat*⟩ teorema *m* di reciprocità.

recirculate [ri:'sə:kjuleit] *v.t.* ⟨*Ind,Atom*⟩ rimettere in circuito.

recital [ri'saitl] *s.* **1** resoconto *m,* relazione *f,* rapporto *m.* **2** ⟨*Dir*⟩ narrativa *f,* narrazione *f.* **3** ⟨*Mus*⟩ recital *m.*

recitation [,resi'teiʃən] *s.* **1** (*act of reciting*) recitazione *f,* il recitare; (*before an audience*) recitazione *f,* declamazione *f.* **2** ⟨*am.Scol*⟩ ripetizione *f* della lezione.

recitative [,resitə'ti:v] **I** *a.* ⟨*Mus*⟩ recitativo. **II** *s.* recitativo *m.*

recite [ri'sait] **I** *v.t.* **1** recitare, declamare: *to* ~ *a poem* recitare una poesia. **2** (*to enumerate*) fare l'elenco di, enumerare, elencare: *to* ~ *one's troubles* fare l'elenco dei propri guai. **II** *v.i.* recitare (*o* ripetere) a memoria. **reciter** [-ə] *s.* **1** dicitore *m* (*f* –trice), recitatore *m* (*f* –trice). **2** (*book of passages for recitation*) raccolta *f* di brani da recitare.

reck [rek] *v.* (in frasi interr., negative o con *little*) ⟨*rar,poet*⟩ **I** *v.i.* **1** preoccuparsi, essere preoccupato (*of* di, per), fare caso (a): *he –ed little of the dangers* si preoccupava ben poco dei pericoli. **2** (*to take account of*) curarsi (di), considerare, prendere in considerazione (qc.), badare (a). **II** *v.t.* **1** curarsi di, considerare, prendere in considerazione, badare a. **2** (*to matter to;* costr. impers.) riguardare, interessare: *it –s him not* non è una cosa che lo riguarda.

reckless ['reklis] *a.* **1** incurante, noncurante, sprezzante: *to be* ~ *of danger* essere incurante del pericolo. **2** (*characterized by lack of concern*) avventato, sconsiderato: ~ *spending* spese avventate. **3** (*rash, heedless*) spericolato, imprudente, azzardato, incauto: *a* ~ *driver* un guidatore imprudente. **recklessly** [-li] *avv.* **1** con noncuranza, sprezzantemente. **2** (*rashly*) avventatamente. **recklessness** [-nis] *s.* **1** noncuranza *f.* **2** (*lack of concern*) avventatezza *f,* sconsideratezza *f,* sventatezza *f.*

reckon ['rekən] **I** *v.t.* **1** calcolare, computare: *to* ~ *the cost* calcolare il costo; (*to add up;* spesso con *up*) tirare le somme di, sommare: *to* ~ *up a bill* tirare le somme di un conto. **2** (*to determine by reference to s.th.*) determinare (riferendosi a), riferire, riportare: *seniority is –ed from the date of enrolment* l'anzianità viene determinata riferendosi alla data d'iscrizione. **3** (*to deduce*) concludere (a conti fatti), dedurre (tutto sommato), calcolare: *I –ed that it would cost me more* conclusi, a conti fatti, che mi sarebbe costato di più. **4** (*to regard, consider*) considerare, reputare, stimare, valutare: *he is –ed the best writer in the country* è considerato il migliore scrittore del paese. **5** (*to enumerate;* spesso con *up, over*) enumerare, elencare. **6** ⟨*fam,dial*⟩ (*to suppose*) supporre, credere: *I* ~ *you must be tired* suppongo che tu sia stanco. **II** *v.i.* **1** calcolare, eseguire calcoli. **2** ⟨*fam,dial*⟩ (*to suppose*) supporre. □ *to* ~ *s.o.* **among** *one's friends* annoverare qd. fra i propri amici; *to* ~ **on** (*o* upon) (*to rely on*) contare su, fare assegnamento su: *don't* ~ *on his help* non contare sul suo aiuto; *to* ~ **with** tenere conto di, considerare, prendere in considerazione; *to* ~ **without** non fare i conti con, non tenere conto di; *to* ~ *without one's host* fare i conti senza l'oste.

reckoner ['rekənə] *s.* **1** contabile *m/f,* computista *m/f.* **2** (*ready reckoner*) prontuario *m* contabile. **reckoning**

[-niŋ] *s.* **1** calcolo *m,* conto *m,* computo *m,* conteggio *it comes to fifty–five by my* ~ secondo i miei calcoli vie cinquantacinque; (*method of calculating*) sistema *m* metodo) di calcolo. **2** (*account, bill*) conto *m: to pay* ~ pagare il conto. **3** (*act of settling accounts*) regolamer *m* dei conti (*anche fig.*). **4** ⟨*Mar*⟩ determinazione *f* de posizione; (*dead reckoning*) stima *f* della posizione. □ *be out in one's* ~ fare male i propri conti.

reclaim [ri'kleim] *v.t.* **1** (*of land*) bonificare, prosciuga **2** ⟨*Ind*⟩ ricuperare, utilizzare; (*of rubber*) rigenerare. **3** *rescue from vice, etc.*) ricuperare, redimere, riabilita riscattare: *to* ~ *alcoholics* ricuperare gli alcolizzati. *beyond* ~ irrecuperabile.

re-claim [ri:'kleim] *v.t.* chiedere la restituzione reclamare.

reclaimable [ri'kleiməbl] *a.* **1** (*of land*) bonificabile. (*morally rescuable*) ricuperabile, che si può redimere riabilitare. **reclaimant** [-mənt] *s.* reclamante *m/f.*

reclamation [,reklə'meiʃən] *s.* **1** (*of land*) bonifica *f.* **2** (*of reforming*) redenzione *f,* riabilitazione *f,* ricupero *m.* (*act of making a claim*) l'avanzare una pretesa richiesta). **4** ⟨*Ind*⟩ ricupero *m;* (*of rubber*) rigenerazione **5** ⟨*rar*⟩ (*protest, remonstration*) reclamo *m,* protesta *f.*

reclinate ['reklineit], **reclinated** [-id] *a.* ⟨*Bi* reclinato.

recline [ri'klain] **I** *v.i.* **1** adagiarsi, mettersi comoc sdraiarsi, distendersi: *to* ~ *in an armchair* adagiarsi una poltrona. **2** (*to lie*) stare disteso (*o* sdraiato), giace **II** *v.t.* poggiare, reclinare.

reclose [ri:'klouz] *v.t.* richiudere. **II** *v.i.* richiudersi.

recluse [ri'klu:s] **I** *s.* **1** recluso *m* (*f* –a), eremita *m.* ⟨*Rel*⟩ anacoreta *m,* eremita *m.* **II** *a.* recluso, isolai **reclusion** [-'klu:ʒən] *s.* reclusione *f,* isolamento **reclusive** [-iv] *a.* solitario.

recoat [ri:'kout] *v.t.* ricoprire di uno (*o* un nuovo) strat

recognition [,rekəg'niʃən] *s.* **1** riconoscimento *m:* ~ *of right* riconoscimento di un diritto; ~ *of a st* riconoscimento di uno stato. **2** ⟨*Teat*⟩ riconoscimento ⟨*lett*⟩ agnizione *f.* □ *beyond* ~ irriconoscibile; *to esca* ~ sfuggire 'al riconoscimento' (*o* all'identificazione); *win* ~ *as a painter* imporsi come pittore.

recognizability [,rekəg,naizə'biliti] *s.* l'essere riconoscibi **'recognizable** [-bl] *a.* riconoscibile.

recognizance [re'kɔgnizəns] *s.* ⟨*Dir*⟩ obbligo *m* assun davanti a una corte (*o* un magistrato); (*sum pledge* cauzione *f,* garanzia *f.* **recognizant** [-nt] *a.* ⟨*r* riconoscente, memore (*of* di).

recognize ['rekəgnaiz] *v.t.* **1** riconoscere, ravvisare: *I did* ~ *you in that hat* non ti ho riconosciuto con qu cappello; (*to acknowledge acquaintance with*) saluta. *since you insulted him he refuses to* ~ *you* da quando l'h offeso si rifiuta di salutarti. **2** (*to be aware, perceiv* rendersi conto di, accorgersi di, riconoscere. **3** (*acknowledge as valid*) accettare, riconoscere la validità *my claim has been –d* il mio reclamo è stato accettato. (*to admit*) riconoscere, ammettere: *to* ~ *defeat* riconosce la sconfitta, ammettere d'essere stato sconfitto. **5** (*to sh appreciation of*) riconoscere, apprezzare.

recoil [ri'kɔil] **I** *v.i.* **1** indietreggiare, farsi (*o* balza indietro, ritrarsi, rinculare: *he –ed in horror at the sig* indietreggiò inorridito a quella vista; (*to shun*) rifuggi (*from* da), respingere (qc.): *to* ~ *from half-measur* rifuggire dai compromessi; (*to feel disgust*) senti ripugnanza, provare disgusto. **2** (*of a firearm*) rinculare. (*fig*) (*to rebound*) ritorcersi (*on, upon* contro), ricade riversarsi (su): *his campaign of denigration –ed on him* sua campagna denigratoria si ritorse contro di lui. **II** *s.* (*of a fire-arm*) rinculo *m.* **2** ⟨*fig*⟩ balzo *m* indiet (*feeling of disgust*) senso *m* di ripugnanza (*o* disgusto). ⟨*Mecc*⟩ contraccolpo *m.*

recoin [ri:'kɔin] *v.t.* riconiare, coniare di nuovo.

recollect [,rekə'lekt] **I** *v.t.* **1** ricordare, rammentare: *to having done s.th.* ricordare di aver fatto qc. **2** ⟨*r* ricordarsi, rammentarsi. **II** *v.i.* ricordare, ricordar rammentare, rammentarsi.

re-collect [,ri:kə'lekt] **I** *v.t.* **1** radunare (*o* riunire) nuovo, rimettere insieme. **2** (*to recover*) ricupera acquistare, ritrovare: *to* ~ *one's strength* ricuperare le orze. **3** ⟨*rifl*⟩ ricomporsi, riacquistare il controllo di sé. **I** *v.i.* radunarsi (*o* riunirsi) nuovamente.

collection [ˌrekəˈlekʃən] *s.* ricordo *m,* memoria *f.* ☐ *to the best of my* ~ se ben ricordo; *to have some* ~ *of s.th.* ricordare vagamente qc.; *within my* ~ per quel che ricordo, per quanto ricordo. **recollective** [–ktiv] *a.* **1** del ricordo, della memoria. **2** (*recollected*) ricordato.

colonization [ˌriːkɔlənaiˈzeiʃən] *s.* nuova colonizzazione re'**colonize** [–naiz] *v.t.* colonizzare di nuovo.

color *am.,* **recolour** [riːˈkʌlə] *v.t.* ricolorare, dare di nuovo il colore a.

combination [ˌriːkɔmbiˈneiʃən] *s.* ⟨*Biol*⟩ ricombinazione **recombine** [–kəmˈbain] *v.t.* ricombinre, combinare di nuovo.

commence [ˌriːkəˈmens] *v.t./i.* ricominciare, riprendere. **recommencement** [–mənt] *s.* nuovo inizio *m,* ripresa *f.*

commend [ˌrekəˈmend] *v.t.* **1** raccomandare: *to* ~ *s.o. for a job* raccomandare qd. per un posto. **2** (*to counsel, advise*) raccomandare, consigliare, suggerire: *to* ~ *patience* raccomandare la pazienza. **3** (*to make acceptable*) rendere accetto (*o* gradito). **4** (*to commend*) affidare, raccomandare: *to* ~ *one's soul to God* affidare l'anima a Dio. **recommendable** [–əbl] *a.* raccomandabile. **commendation** [ˌrekəmenˈdeiʃən] *s.* **1** raccomandazione *f.* **2** (*advice*) consiglio *m,* raccomandazione *f.* **3** (*s.th. that recommends or makes acceptable*) qualità *f* che rende accetto (*o* gradito). ☐ *to speak in* ~ *of s.o.* parlare a favore di qd.; *to do s.th. on s.o.'s* ~ fare qc. dietro consiglio di qd. **recom'mendatory** [–dətəri] *a.* **1** raccomandatorio, di raccomandazione. **2** (*advisory*) consultivo. **recom'mender** [–də] *s.* chi raccomanda, raccomandante *m/f.*

commit [ˌriːkəˈmit] *v.t.* **1** commettere (*o* compiere) di nuovo, rifare. **2** ⟨*Parl*⟩ (*of a bill*) rinviare di nuovo a una commissione. **3** (*to entrust again*) riaffidare, affidare di nuovo. **recommitment** [–mənt], **recommittal** [–əl] *s.* ⟨*Parl*⟩ nuovo rinvio *m* a una commissione.

compense [ˈrekəmpens] **I** *v.t.* **1** ricompensare. **2** (*to indemnify*) risarcire, indennizzare, riparare: *to* ~ *a loss* risarcire una perdita. **3** (*to return*) ripagare, ricambiare, ricompensare, contraccambiare: *to* ~ *good for evil* ricambiare il bene col male. **II** *v.i.* risarcire, indennizzare (*for s.th.* qc.). **III** *s.* **1** ricompensa *f,* compenso *m.* **2** (*indemnity*) risarcimento *m,* indennizzo *m,* indennità *f.*

compose [ˌriːkəmˈpouz] *v.t.* ricomporre. **recomposition** [–kɔmpəˈziʃən] *s.* ricomposizione *f.*

conciliability [ˌrekənˌsailəˈbiliti] *s.* l'essere (ri)conciliabile, conciliabilità *f.* **reconcilable** [–bl] *a.* (ri)conciliabile. **reconcilableness** [–blnis] *a.* → reconcilability.

concile [ˈrekənsail] *v.t.* **1** (ri)conciliare, rappacificare: *to* ~ *two enemies* riconciliare due avversari. **2** (*to settle, compose*) appianare, comporre: *why don't you* ~ *your differences?* perché non appianate i vostri dissidi? **3** ⟨*rifl*⟩ rassegnarsi: *you must* ~ *yourself to your fate* devi rassegnarti al tuo destino. **4** (*to harmonize*) conciliare, accordare, armonizzare: *to* ~ *two conflicting opinions* conciliare due opinioni contrastanti. **5** ⟨*Econ*⟩ far quadrare. **reconcilement** [–mənt] *s.* → reconciliation.

conciliation [ˌrekənˌsiliˈeiʃən] *s.* **1** (ri)conciliazione *f,* rappacificazione *f.* **2** (*harmony*) armonia *f,* accordo *m.*

condite [reˈkəndait, riˈkɔn–] *a.* **1** oscuro, poco noto. **2** (*dealing with abstruse subjects*) astruso, complicato. **3** (*deep, secret*) recondito, occulto, misterioso, segreto. **conditeness** [–nis] *s.* **1** oscurità *f.* **2** (*abstruseness*) astrusità *f.*

condition [ˌriːkənˈdiʃən] *v.t.* **1** riparare, rimettere in efficienza (*o* funzione), ripristinare. **2** ⟨*Mecc*⟩ rialesare, ripassare. **3** ⟨*Aut*⟩ revisionare.

conduct [ˌriːkənˈdʌkt] *v.t.* ricondurre, condurre di nuovo.

connaissance [riˈkɔnisəns] *s.* **1** ⟨*Mil*⟩ ricognizione *f,* esplorazione *f,* perlustrazione *f.* **2** ⟨*Aer.mil,Topogr,Geol*⟩ cognizione *f.* **3** (*fig*) esame *m* preliminare: *to make a* ~ *of a project* fare un esame preliminare di un progetto. ☐ ⟨*Mil*⟩ ~ *in force* ricognizione *f* di forze.

reconnaissance| car *s.* ⟨*Mil*⟩ veicolo *m* da ricognizione. ~ **plane** *s.* ⟨*Aer.mil*⟩ ricognitore *m,* aereo *m* da ricognizione.

reconnect [ˌriːkəˈnekt] *v.t.* riconnettere, ricollegare, ricongiungere.

reconnoiter *am. v.* → reconnoitre. **reconnoiterer** *am. s.* → reconnoitrer.

reconnoitre [ˌrekəˈnɔitə] **I** *v.t.* **1** ⟨*Mil*⟩ perlustrare, esplorare, fare una ricognizione di. **2** (*fig*) fare un esame preliminare di. **3** ⟨*Topogr,Geol*⟩ fare una ricognizione di. **II** *v.i.* ⟨*Mil*⟩ fare una ricognizione, andare in ricognizione. **reconnoitrer** [–trə] *s.* ricognitore *m,* esploratore *m.*

reconquer [riːˈkɔŋkə] *v.t.* riconquistare. **reconquest** [–kwest] *s.* riconquista *f.*

reconsider [ˌriːkənˈsidə] **I** *v.t.* riconsiderare, riesaminare, riprendere in considerazione: *to* ~ *a proposal* riconsiderare una proposta. **II** *v.i.* ripensarci (su), riflettere ancora: *won't you* ~? non vuoi ripensarci? **,recon,sideration** [–ˈreiʃən] *s.* riconsiderazione *f,* riesame *m.*

reconstituent [ˌriːkənˈstitjuənt] *s.* ⟨*Med*⟩ ricostituente *m.* **reconstitute** [riːˈkɔnstitjuːt] *v.t.* ricostituire (*anche fig.*). **reconstruct** [ˌriːkənˈstrʌkt] *v.t.* ricostruire (*anche fig.*). **reconstruction** [–kʃən] *s.* ricostruzione *f.* **reconstructive** [–iv] *a.* ricostruttivo: ~ *surgery* chirurgia ricostruttiva.

reconvention [ˌriːkənˈvenʃən] *s.* ⟨*Dir*⟩ riconvenzione *f.*

reconversion [ˌriːkənˈvəːʃən] *s.* **1** nuova conversione *f* (*o* trasformazione). **2** (*conversion to a previous state*) conversione *f* a uno stato precedente. **3** ⟨*Econ,Ind*⟩ riconversione *f.* **reconvert** [–ˈvəːt] **I** *v.t.* convertire (*o* trasformare) nuovamente. **II** *v.i.* mutarsi (*o* trasformarsi) nuovamente.

reconvey [ˌriːkənˈvei] *v.t.* trasportare indietro, rispedire. **reconveyance** [–əns] *s.* nuovo trasporto *m,* rispedizione *f.*

record **I** *s.* [ˈrekɔːd, *am.* ˈrekəd] **1** memoria *f,* nota *f;* (*s.th. proving evidence*) testimonianza *f,* documento *m.* **2** *pl.* documenti *mpl* (*o* atti) ufficiali; (*archives*) archivi *mpl: the town* –*s* gli archivi della città; (*historical records*) annali *mpl.* **3** (*minutes, official text*) verbale *m* (*anche Dir.*): *a* ~ *of the proceedings of a meeting* un verbale degli atti di una riunione. **4** (*registration*) registrazione *f;* (*register*) registro *m.* **5** (*personal record*) precedenti *mpl* (personali), passato *m: his* ~ *indicates his fitness for the job* i suoi precedenti dimostrano che è adatto per questo lavoro; (*facts about one's career*) stato *m* di servizio; (*curriculum vitae*) curriculum *m.* **6** (*police record*) certificato *m* penale, fedina *f.* **7** (*gramophone record*) disco *m.* **8** (*top performance or achievement*) primato *m,* record *m* (*anche Sport.*). **9** ⟨*tecn*⟩ insieme *m* dei dati, record *m.* **II** *a.* record: *a* ~ *time for the half–mile* un tempo record sul mezzo miglio. **III** *v.t.* [riˈkɔːd] **1** prendere nota di, registrare, annotare: *to* ~ *the day's events* prendere nota degli avvenimenti della giornata. **2** (*to make an official record of*) verbalizzare, mettere a verbale: *to* ~ *a court case* verbalizzare un processo. **3** (*to serve as evidence of*) indicare, testimoniare; (*to serve to relate*) registrare, constatare, notare: *the papers* ~ *an increase in crime* i giornali registrano un aumento della criminalità. **4** ⟨*tecn*⟩ (*of an instrument*) indicare, segnare. **5** (*to register on tape*) incidere (*o* registrare) su nastro. **6** ⟨*Rad,TV*⟩ registrare. ☐ *to bear* ~ *to* testimoniare, provare, fare fede; ⟨*Sport*⟩ *to break* (*o beat*) *the* ~ battere (*o* superare) il primato; ⟨*am*⟩ *to go on* ~ esprimere pubblicamente le proprie opinioni; ⟨*Sport*⟩ *to lower the* ~ abbassare il primato; *off* ~: **1** (*documented, known*) documentato, provato: *a matter of* ~ un fatto documentato; **2** ⟨*Dir*⟩ verbalizzato; ⟨*Giorn*⟩ *off the* ~ ufficioso, da non pubblicare, riservato; *to speak off the* ~ parlare ufficiosamente; *on* ~: **1** (*known*) noto, risaputo: *my opinion on this subject is on* ~ la mia opinione su questo argomento è nota; **2** (*documented, published*) documentato, comprovato; ⟨*Dir*⟩ *to place on* ~ mettere a verbale, verbalizzare; *to set the* ~ **straight** tanto per la cronaca.

recordable [riˈkɔːdəbl] *a.* **1** registrabile. **2** (*suitable for recording*) degno d'essere annotato.

record| breaker ['rekɔ:d] s. primatista m/f. **~ button** s. (of a tape recorder) tasto m di registrazione. **~ changer** s. cambiadischi m automatico.

recorder [ri'kɔ:də] s. **1** chi registra, chi prende nota. **2** (official) protocollista m/f; (keeper of public records) archivista m. **3** (tape recorder) registratore m. **4** ⟨Mus⟩ flauto m diritto (o dolce). **5** ⟨Dir⟩ giudice m, magistrato m.

record| holder ['rekɔ:d] s. detentore m (f –trice) di un primato, primatista m/f. **~ industry** s. industria f discografica.

recording [ri'kɔ:diŋ] s. **1** incisione f (fonografica). **2** → **recording session**. **3** (on a tape recorder) registrazione f. **4** ⟨Rad,TV⟩ registrazione f, programma m registrato. □ **~ on tape** registrazione f su nastro.

recording| angel s. angelo m che prende nota delle buone e delle cattive azioni degli uomini. **~ button** s. → **record button**. **~ head** s. ⟨Acu⟩ testina f di registrazione. **~ session** s. seduta f di registrazione.

record| key s. **1** ⟨Acu⟩ tasto m di registrazione. **2** ⟨Inform⟩ chiave f di registrazione. **~ library** s. discoteca f. **~ number** s. cifra f record. **~ Office** s. ⟨GB⟩ archivio m di stato. **~-player** s. giradischi m. **~ receipts** s. pl. incassi mpl record. **~ setter** s. ⟨Sport⟩ primatista m/f. **~ time** s. tempo m di record: at ~ a tempo di record.

recount[1] [ri'kaunt] v.t. **1** raccontare, narrare. **2** (to go over one by one) enumerare, elencare.

recount[2] ['ri:kaunt] **I** v.t. ricontare, contare di nuovo. **II** s. nuovo conteggio m.

recoup [ri'ku:p] **I** v.t. **1** risarcire, rimborsare, ripagare, indennizzare. **2** ⟨rifl⟩ rifarsi, ripagarsi. **3** (to recover, regain) ricuperare, riguadagnare, riacquistare. **4** ⟨Dir⟩ dedurre, defalcare, detrarre. **II** v.i. rifarsi. **recoupment** [–mənt] s. **1** risarcimento m, rimborso m. **2** (s.th. recouped) indennizzo m. **3** ⟨Dir⟩ deduzione f, trattenuta f.

recourse [ri'kɔ:s] s. **1** ricorso m: to have ~ to drastic measures fare ricorso a provvedimenti drastici. **2** (person, thing resorted to) risorsa f: a ~ in time of trouble una risorsa in un momento difficile. **3** ⟨Dir⟩ regresso m. □ ⟨Dir⟩ action of ~ azione f di regresso; to have ~ to a lawyer ricorrere a un avvocato; right of ~ diritto m di regresso; ⟨Dir⟩ without ~: 1 senza regresso; 2 (on a negotiable instrument) senza rivalsa.

recover [ri'kʌvə] **I** v.t. **1** ritrovare, ricuperare, riacquistare: to ~ a lost dog ritrovare un cane smarrito; to ~ one's strength ricuperare le forze; to ~ one's sight riacquistare la vista. **2** (to make up for) riguadagnare, compensare, ricuperare: to ~ lost time riguadagnare il tempo perduto. **3** ⟨rifl⟩ riaversi, riprendersi. **4** (of land: to reclaim) bonificare, prosciugare. **5** ⟨Ind⟩ ricuperare, riutilizzare. **6** ⟨Dir⟩ ottenere (dal tribunale): to ~ damages ottenere il risarcimento dei danni. **II** v.i. **1** ristabilirsi, riprendersi, rimettersi, guarire: the patient is –ing slowly il paziente si sta lentamente ristabilendo. **2** (to return to a normal state) riaversi, riprendersi: to ~ from a shock riaversi da uno shock. **3** ⟨Sport⟩ (in fencing) rimettersi in guardia; (in rowing) fare una ripresa. **4** ⟨Dir⟩ vincere una causa, ottenere una sentenza favorevole. **III** s. ⟨Sport⟩ (in fencing) il rimettersi in guardia; (in rowing) ripresa f. □ to ~ one's balance ritrovare l'equilibrio; to ~ one's breath riprendere fiato.

re-cover [ri:'kʌvə] v.t. ricoprire, coprire di nuovo.

recovery [ri'kʌvəri] s. **1** ritrovamento m, ricupero m, riacquisto m: the ~ of a lost diamond il ritrovamento di un brillante smarrito. **2** (return to a normal state) ripresa f: economic ~ ripresa economica. **3** (return to health) guarigione f, ristabilimento m. **4** ⟨Ind⟩ ricupero m. **5** ⟨Sport⟩ (in fencing) il rimettersi in guardia; (in rowing) ripresa f. **6** ⟨Mecc⟩ corsa f di ritorno, ritorno m. **7** ⟨Aer⟩ ripresa f d'assetto. **8** ⟨Dir⟩ riconoscimento m di un diritto: ~ of damages riconoscimento del diritto al risarcimento dei danni. **9** ⟨Med⟩ ristabilimento m, ripresa f. □ beyond (o past) ~ incurabile; the patient made a quick ~ il paziente si ristabilì presto.

recovery| package s. ⟨Econ⟩ piano m di risanamento. **~**

room s. ⟨Med⟩ sala f post-operatoria. **~ time** s. ⟨A tempo m di ripristino.

recreance ['rekriəns], **recreancy** [–i] s. **1** viltà f, codarc f. **2** (unfaithfulness) slealtà f, infedeltà f. **recreant** [–nt] a. **1** codardo, vigliacco. **2** (unfaithful) infedele (to sleale (verso, nei riguardi di). **II** s. **1** vigliacco m, codar m. **2** (traitor) traditore m, rinnegato m.

recreate ['rekrieit] **I** v.t. svagare, divertire, ricreare. **II** svagarsi, divertirsi, ricrearsi (anche rifl.).

re-create [,ri:kri'eit] v.t. **1** ricreare, creare di nuovo. **2** reproduce exactly) riprodurre fedelmente.

recreation [,rekri'eiʃən] s. **1** ricreazione f (anche Scol.). (means of refreshment) ricreazione f, svago m; (pastime diversion) passatempo m, distrazione f, ricreazione **recreational** [–l] a. di (o relativo a) divertimento, ricreazione.

recreation| area s. zona f di ricreazione. **~ ground** campo m di gioco. **~ room** s. stanza f dei giochi.

recreative [,ri:kri'eitiv] a. ricreativo.

recrement ['rekrimənt] s. **1** rifiuto m, scoria f. **2** ⟨Fisi secrezione f riassorbita nel sangue. **re,crementitio** [–men'tiʃəs] a. **1** ⟨Fisiol⟩ di (o relativo a) secrezic riassorbita nel sangue. **2** (superfluous) superfluo.

recriminate [ri'krimineit] v.i. recriminare. **re,criminati** [–'neiʃən] s. recriminazione f. **recriminative** [–nəti **recriminatory** [–nətəri] a. recriminatorio.

recross [ri:'krɔs] v.t. riattraversare, attraversare di nuov

recrudesce [,ri:kru'des] v.i. **1** avere una recrudescen riprendere. **2** ⟨Med⟩ essere in (stato di) recrudescen **recrudescence** [–əns], **recrudescency** [–ənsi recrudescenza f (anche Med.). **recrudescent** [–nt] a. che ha una recrudescenza. **2** ⟨Med⟩ in (stato recrudescenza.

recruit [ri'kru:t] **I** s. **1** ⟨Mil⟩ recluta f, coscritto m. ⟨estens⟩ adepto m, nuovo socio m; (raw recruit) novelli m (f –a), novizio m (f –a), principiante m/f. **II** v.t. ⟨Mil⟩ arruolare, reclutare, coscrivere: to ~ tro arruolare truppe. **2** ⟨Mil⟩ (of a force: to supply with men) rifornire di uomini; (to strengthen) rinforzare; raise) radunare, adunare. **3** ⟨estens⟩ reclutare, ingaggia **4** ⟨fig⟩ (to restore, renew) ricuperare, riacquistare: to one's strength ricuperare le forze. **5** ⟨rifl⟩ (to recover o rimettersi, ristabilirsi. **III** v.i. **1** ⟨Mil⟩ arruolare reclutare) uomini. **2** ⟨fig⟩ (to recover health) rimette ristabilirsi; (to recover strength) rinvigorire, rinvigo si. **recruiting** [–iŋ] **I** s. ⟨Mil⟩ reclutamento arruolamento m, coscrizione f. **II** a. di reclutamen **recruitment** [–mənt] s. **1** ⟨Mil⟩ reclutamento arruolamento m, coscrizione f. **2** ⟨estens⟩ reclutamento assunzione f, ingaggio m.

rectal ['rektəl] a. ⟨Anat⟩ rettale.

rectangle ['rektæŋgl] s. ⟨Geom⟩ rettangolo m.

rectangular [rek'tæŋgjulə] a. rettangolare. **rec,tangular** [–'læriti] s. l'essere rettangolare.

rectifiable ['rektifaiəbl] a. rettificabile, correggibile.

rectification [,rektifi'keiʃən] s. **1** rettificazione f, retti f, correzione f. **2** ⟨El⟩ raddrizzamento m. ⟨Chim,Mat,Mecc⟩ rettificazione f. **'rectifier** [–faiə] a.s. chi rettifica, chi corregge. **2** ⟨El⟩ raddrizzatore m. ⟨Chim⟩ colonna f rettificatrice. **'rectify** [–fai] v.t. rettificare, correggere: to ~ a calculation rettificare calcolo. **2** ⟨Mecc,Chim,Mat⟩ rettificare. **3** ⟨ raddrizzare.

rectilineal [,rekti'liniəl], **rectilinear** [–niə] a. ⟨Geo rettilineo. **'recti,linearity** [–ni'æriti] s. l'essere rettiline

rectitude ['rektitju:d] s. rettitudine f, onestà f, probità

recto ['rektou] s. (pl. **-s** [z]) ⟨Bibliot⟩ recto m.

rector ['rektə] s. **1** ⟨Rel.ev⟩ (in the Church of Engla pastore m cui sono devolute le decime; (in the Protest Episcopal Church) pastore m cui è assegnata u parrocchia. **2** ⟨Rel.catt,Univ⟩ rettore m. **3** ⟨Scol⟩ pres m/f. **rectorate** [–rit] s. rettorato m. **rectorial** [–'tɔ:r a. rettorale. **rectorship** [–ʃip] s. → **rectorate. rect** [–ri] s. **1** casa f del rettore. **2** ⟨Rel.ev⟩ prebenda f beneficio m) di un pastore. **3** ⟨Rel.catt⟩ rettoria f.

rectum ['rektəm] s. (pl. **-s** [z] -**ta** [tə]) ⟨Anat⟩ retto m.

recumbence [ri'kʌmbəns], **recumbency** [–i] s. **1**

,iacere, giacitura *f*. **2** ⟨*fig*⟩ (*reliance*) assegnamento *m*, iducia *f*, affidamento *m*. **recumbent** [–nt] *a*. **1** sdraiato, listeso. **2** ⟨*Biol*⟩ reclinato.

cuperate [ri'kju:pəreit] **I** *v.i.* **1** ristabilirsi, riacquistare alute, rimettersi, riprendersi. **2** ⟨*comm*⟩ riaversi, rifarsi, iprendersi. **II** *v.t.* ricuperare, riacquistare, riavere, iprendere: *to ~ one's health* ricuperare la salute. e,**cuperation** [–'reiʃən] *s*. **1** il riacquistare (la) salute, istabilimento *m*. **2** ⟨*tecn*⟩ ricupero *m*. **recuperative** –rətiv] *a*. **1** che serve (*o* tende) a far ricuperare. **2** ⟨*tecn*⟩ , ricupero.

cur [ri'kə:] *v.i.* (*pret*., *p.p.* **recurred** [–d]) **1** ricorrere, ipresentarsi, ripetersi; (*of an occasion*) ripresentarsi. **2** (*to ome up again for consideration*) ripresentarsi (alla nente).

currence [ri'kʌrəns, *am*. –'kɛəns] *s*. **1** ricorrenza *f* (*anche Med*.). **2** (*recourse*) ricorso *m*. **recurrent** [–nt] *a*. icorrente, periodico. **recurring** [–'kʌriŋ] *a*. **1** ricorrente. **2** ⟨*Med*⟩ ricorrente; (*relapsing*) recidivante.

curring decimal *s*. ⟨*Mat*⟩ frazione *f* decimale •eriodica.

curvate [ri'kə:vit] *a*. ricurvo, curvo, curvato. **recurve** –'kə:v] **I** *v.t.* curvare, piegare 'ad arco' (*o* all'indietro). **II** .*i.* curvarsi, piegarsi ad arco.

cusance ['rekjuzəns], **recusancy** [–i] *s*. ricusa *f*, rifiuto ı. **recusant** [–nt] *s*. dissenziente *m/f*, dissidente *m/f*. **cusation** [,rekju'zeiʃən] *s*. ⟨*Dir*⟩ ricusa *f*. **recuse** ri'kju:z] *v.t.* ricusare.

cyclable [ri:'saiklǝbl] *a*. riciclabile: *~ raw materials* naterie prime riciclabili.

cycle [ri'saikl] *v.t.* **1** (*to reprocess*) riciclare: *to ~ luminium cans* riciclare scatole di alluminio. **2** (*to adapt ɔ a new function*) trasformare, ⟨*fam*⟩ riciclare: *to ~ old varehouses into flats* trasformare dei vecchi magazzini in ppartamenti.

cycled paper [ri'saiklǝd] *s*. carta *f* riciclata.

cycling [ri:'saikliŋ] *s*. ⟨*Ind,Econ*⟩ riciclaggio *m*: *~ plant* mpianto di riciclaggio; *petrodollars ~* riciclaggio dei etrodollari.

d[1] [red] **I** *a*. (*compar*. '**redder** [–ə], *sup*. '**reddest** [–ist]) **1** ɔsso: *~ rose* rosa rossa; *to be ~ with anger* essere rosso i collera. **2** (*of the hair*) rosso, fulvo, rossiccio. **3** ⟨*Pol*⟩ ɔsso, rivoluzionario; (*left–wing*) rosso, di sinistra. **II** *s*. **1** ɔsso *m*, color *m* rosso: *to be dressed in ~* essere vestito i rosso. **2** (*in billiards*) palla *f* rossa, pallino *m* rosso. **3** in archery⟩ cerchio *m* rosso. **4** ⟨*Pol*⟩ rosso *m*, ivoluzionario *m*; (*left–winger*) persona *f* di sinistra. **Red** *a*. **1** (*Communist*) rosso, comunista. **2** ⟨*Soviet, Russian*⟩ ɔvietico, rosso, russo. **II** *s*. **1** (*Communist*) comunista *m*, ɔsso *m*. **2** (*Russian*) russo *m*, sovietico *m*, rosso *m*. □ fam⟩ **as** *~ as a beetroot* (*o boiled lobster*) rosso come un omodoro (*o* gambero); *to go ~ = to* **turn** *red*; ⟨*fam*⟩ *to get ut of the ~*: **1** venire fuori da una situazione deficitaria; ⟨*comm*⟩ tornare in attivo. ⟨*fig*⟩ *to see ~* vedere (tutto) ɔsso; *to* **turn** *~*: **1** diventare rosso; **2** (*of a person*) rrossire, diventare rosso.

d[2] *v*. (*pret*., *p.p.* **redded** ['redid]) ⟨*dial*⟩ → **redden**.

lact [ri'dækt] *v.t.* **1** redigere, stendere. **2** (*to edit, revise*) ・visionare, rivedere (per la stampa). **redaction** [–kʃən] **1** revisione *f*, preparazione *f* per la stampa. **2** (*edited ork*) edizione *f*; (*new edition*) nuova edizione *f*. **edactor** [–ə] *s*. chi rivede per la stampa, curatore *m* (*f* trice⟩ di un'edizione.

l algae *s. pl.* ⟨*Biol*⟩ alghe *fpl* rosse. ~ ant *s*. ⟨*Entom*⟩ ɔrmica *f* rossa. ~ Army *s*. (*Soviet army*) armata *f* rossa. ~ blood cell, ~ blood corpuscle *s*. → red corpuscle. -'blooded *a*. **1** (*of people*) vigoroso, gagliardo, robusto. (*of writings*) pieno d'azione. ~breast *s*. ⟨*Ornit*⟩ ・ettirosso *m*. ~'brick university *s*. ⟨*fam*⟩ università *f* ・ıglese di recente istituzione. ~ card *s*. ⟨*Sport*⟩ cartellino ・ rosso; '~'carpet *a*. ⟨*fig*⟩ caratterizzato da solenni ・ccoglienze. ~ carpet *s*. **1** tappeto *m* rosso. **2** ⟨*fig*⟩ ・ccoglienza *f* solenne. □ *to roll out the ~ for s.o.* riservare ・ qd. un'accoglienza regale. ~~carpet-treatment *s*. ⟨*fam*⟩ ・ccoglienza *f* regale. ~ cent *am. s*. **1** ⟨*Stor*⟩ centesimo *m* ・ dollaro. **2** ⟨*fam*⟩ niente *m*, nulla *m*, ⟨*fam*⟩ soldo *m*

(bucato): *it's not worth a ~* non vale un soldo bucato. ~ **China** *N.pr*. ⟨*Geog*⟩ Cina *f* rossa, repubblica *f* popolare cinese. ~ **clause** *s*. ⟨*Dir*⟩ clausola *f* rossa. ~ **corpuscle** *s*. ⟨*Biol*⟩ globulo *m* rosso, eritrocito *m*, emazia *f*. ~ **cross** *s*. croce *f* di san Giorgio. ~ **Cross** *s*. croce *f* rossa. ~ **currant** *s*. ⟨*Bot*⟩ ribes *m*.

redden ['redn] **I** *v.t.* **1** arrossare. **2** (*to cause to blush*) far arrossire. **II** *v.i.* **1** arrossarsi. **2** (*to blush*) arrossire.

reddish ['rediʃ] *a*. rossiccio, rossastro.

reddle ['redl] **I** *s*. (*ruddle*) ocra *f* rossa. **II** *v.t.* tingere con ocra rossa.

redeem [ri'di:m] *v.t.* **1** ⟨*Econ*⟩ estinguere, ammortare, redimere: *to ~ a debt* estinguere un debito. **2** (*to obtain the release of by payment*) riscattare, affrancare: *to ~ a mortgaged property* riscattare una proprietà ipotecata. **3** (*to win back*) riacquistare, riguadagnare, riottenere: *to ~ one's position* riacquistare la propria posizione. **4** (*of a promise, etc.: to fulfil*) mantenere, adempiere. **5** (*to offset, make up for*) compensare, riscattare: *to ~ one's lack of intelligence by hard work* compensare la mancanza d'intelligenza lavorando sodo. **6** ⟨*rifl*⟩ riscattarsi, redimersi. **7** (*to atone for*) espiare, fare ammenda di. **8** ⟨*Econ*⟩ redimere; (*of bonds*) rimborsare. **9** ⟨*Teol*⟩ redimere, riscattare. **redeemable** [–əbl] *a*. **1** ⟨*Econ*⟩ (*recoverable on payment*) ammortabile, ammortizzabile, estinguibile. **2** ⟨*Econ*⟩ (*convertible into cash*) redimibile; (*of bonds*) rimborsabile. **3** ⟨*Teol*⟩ redimibile, riscattabile.

redeemably [–əbli] *avv*. in modo estinguibile (*o* ammortabile). **redeemer** [–ə] *s*. chi riscatta, chi redime, redentore *m* (*f* –trice). **Redeemer** *s*. ⟨*Rel*⟩ Redentore *m*, Cristo *m* liberatore.

redefine [ri:'difain] *v.t.* ridefinire. **redefinition** [–fi'niʃən] *s*. ridefinizione *f*.

redeliver [,ri:di'livə] *v.t.* riconsegnare, consegnare di nuovo. **redelivery** [–ri] *s*. riconsegna *f*.

redemption [ri'dempʃən] *s*. **1** ammortamento *m*, estinzione *f*; (*act of recovering by payment*) ricupero *m*, riacquisto *m*. **2** (*act of liberating by payment*) riscatto *m*. **3** ⟨*Teol*⟩ redenzione *f*, riscatto *m*. **4** ⟨*Econ*⟩ ammortamento *m*; (*of bonds*) rimborso *m*. □ *beyond* (*o past*) *~* irrecuperabile, incorreggibile; *in the year of our ~ 1648* nell'anno di grazia 1648.

redemption premium *s*. ⟨*Assic*⟩ premio *m* di riscatto.

redemptive [ri'demptiv] *a*. **1** che redime. **2** ⟨*Teol*⟩ della (*o* relativo alla) redenzione.

Red Ensign *s*. ⟨*Mar*⟩ bandiera *f* della marina mercantile britannica.

redeploy [,ri:di'plɔi] *v.t.* **1** ⟨*Mil*⟩ reimpiegare, trasferire in un altro settore. **2** (*of workers*) reimpiegare, utilizzare in un nuovo impiego. **redeployment** [–mənt] *s*. reimpiego *m* (*anche Mil*.).

redescend [,ri:di'send] *v.i.* ridiscendere.

redevelop [,ri:di'veləp] *v.t.* risanare. **redevelopment** [–mənt] *s*. bonifica *f* urbana, risanamento *m* urbano.

red|-'eyed *a*. dagli occhi rossi. '~'faced *a*. sanguigno, rubizzo. ~ **Flag** *s*. **1** (*symbol of Communism*) bandiera *f* rossa; (*song*) Bandiera *f* Rossa. **2** (*danger signal*) bandiera *f* rossa. ~ **Guard** *s*. **1** ⟨*Pol*⟩ guardia *f* rossa. **2** ⟨*fig*⟩ estremista *m/f* di sinistra. '~'haired *a*. **1** (*of a person*) dai capelli rossi, fulvo. **2** (*of an animal*) dal pelame rosso. '~-'handed *a./avv.* sul fatto, in flagrante, con le mani nel sacco: *to catch s.o. ~* cogliere qd. con le mani nel sacco. ~ **hat** *s*. ⟨*Rel. catt*⟩ **1** cappello *m* cardinalizio. **2** ⟨*fam*⟩ (*cardinal*) cardinale *m*. ~ **heat** *s*. calore *m* rosso. ~ **herring** *s*. **1** aringa *f* affumicata. **2** ⟨*fig*⟩ falsa pista *f* (*o* traccia).

redhibition [,redhi'biʃən] *s*. ⟨*Dir*⟩ azione *f* redibitoria. **red'hibitory** [–bitəri] *a*. redibitorio.

'**red-'hot** *a*. **1** infocato, ardente. **2** ⟨*Met*⟩ arroventato, rovente. **3** ⟨*fig*⟩ (*furious*) furioso, infuriato, rosso d'ira; (*burning*) ardente, bruciante, rovente: *~ passion* passione ardente. **4** ⟨*fam*⟩ (*of information, etc.*) recentissimo, fresco fresco. **5** ⟨*fam*⟩ (*sensational*) sensazionale.

redial [ri:'daiəl] *v.t.* ⟨*Tel*⟩ riformare (*o* ricomporre) (un numero).

Red Indian *s*. indiano *m* (*f* –a) d'America, pellerossa *m/f*.

redingote ['rediŋgout] s. ⟨Vest⟩ redingote f.

redintegrate [re'dintigreit] v.t. **1** riparare, aggiustare, accomodare. **2** (to re-establish) ristabilire, restaurare, reintegrare. **red,integration** [-'greiʃən] s. ⟨Psc⟩ reintegrazione f.

redirect [,ri:də'rekt] v.t. **1** mutare il corso (o la direzione) di, deviare. **2** (to readdres) scrivere un nuovo indirizzo su, cambiare indirizzo a. **3** ⟨Post⟩ rispedire. **redirection** [-'rekʃən] s. ⟨Post⟩ rispedizione f.

rediscover [,ri:dis'kʌvə] v.t. ritrovare, riscoprire. **rediscovery** [-ri] s. riscoperta f.

redistribute [,ri:dis'tribju:t] v.t. ridistribuire. **redistribution** [-'bju:ʃən] s. ridistribuzione f. **redistributive** [-iv] a. ridistributivo.

redivide [,ri:di'vaid] v.t. ridividere.

red| lead [led] s. ⟨Chim⟩ minio m. □ ⟨Min⟩ ~ ore crocoite f. '~-'letter day s. **1** giorno m festivo. **2** ⟨fig⟩ giorno m memorabile (o fausto). ~ **light** s. **1** segnale m (rosso) di pericolo. **2** ⟨Strad⟩ luce f rossa di semaforo, rosso m. □ ⟨Aut⟩ to cross on the ~ passare con il rosso. ~ **light district** s. quartiere m malfamato. ~ **man** s.irr. ⟨fam⟩ → **redskin**. ~ **meat** s. ⟨Alim⟩ carne f rossa.

redness ['rednis] s. rossore m.

redo [ri:'du:] v.t.irr. rifare, rieseguire, eseguire di nuovo.

red| ocher am., ~ **ochre** s. ⟨Min⟩ ocra f rossa.

redolence ['redələns], **redolency** [-i] s. **1** profumo m, fragranza f, aroma m. **2** ⟨fig⟩ rievocazione f. **redolent** [-nt] a. **1** fragrante, aromatico, profumato. **2** ⟨fig⟩ che rievoca, rievocativo (di).

redouble [ri:'dʌbl] **I** v.t. **1** raddoppiare, aumentare, intensificare: to ~ one's efforts raddoppiare i propri sforzi. **2** (in bridge) surcontrare. **II** v.i. **1** diventare doppio, accrescersi, aumentare. **2** (in bridge) surcontrare. **III** s. **1** raddoppio m, raddoppiamento m. **2** (in bridge) surcontre m. **redoubling** [-iŋ] s. raddoppio m, intensificazione f.

redoubt [ri'daut] s. ⟨Mil⟩ ridotta f.

redoubtable [ri'dautəbl] a. temibile, spaventoso: a ~ enemy un nemico temibile

redound [ri'daund] v.i. **1** tornare, volgere, riuscire (to a): his behaviour –s to his credit il suo comportamento torna a suo credito. **2** (to recoil, rebound) ritorcersi (on, upon contro), ricadere, riversarsi (s). **3** (to accrue) derivare, provenire (a).

red| pepper s. **1** (Capsicum) capsico m, peperoncino m. **2** (Cayenne pepper) pepe m di Caienna. **~poll** [poul] s. ⟨Ornit⟩ cardellino m.

redraft **I** s. ['ri:drɑ:ft] **1** nuova stesura f. **2** ⟨Econ⟩ rivalsa f, tratta f di rivalsa. **II** v.t. [ri:'drɑ:ft] fare una nuova stesura di, redigere di nuovo.

redress [ri'dres] **I** s. **1** soddisfazione f, riparazione f: to obtain ~ for a wrong ottenere soddisfazione per un torto subito. **2** (act of remedying) riparazione f, risarcimento m. **3** (means, possibility of seeking reparation) riparazione f, rimedio m, riparo m. ⟨Dir⟩ ~ of grievance riparazione f di un torto. **II** v.t. **1** rimediare a, riparare, porre rimedio a: to ~ a wrong riparare un torto. **2** (to remove the faults of) correggere, rettificare. **3** (to compensate) risarcire, compensare, indennizzare; (to counterbalance) compensare, bilanciare, equilibrare. □ to ~ the balance raddrizzare la bilancia; ⟨fig⟩ ristabilire l'equilibrio; to ~ the deficit riequilibrare il deficit.

re-dress [ri:'dres] **I** v.t. rivestire, vestire di nuovo. **II** v.i. rivestirsi, vestirsi di nuovo.

red| ribbon s. ⟨GB⟩ nastro m ross (dell'ordine del Bagno). ~ **Rose** s. ⟨Stor⟩ Rosa f rossa (la casa di Lancaster). ~ **Sea** N.pr. ⟨Geog⟩ Mar m Rosso. **~shirt** s. ⟨Stor⟩ camicia f rossa, garibaldino m. **~skin** s. pellerossa m/f. ~ **Star** s. Stella f rossa. ~ **tape** s. **1** nastro m rosso (usato per legare documenti legali). **2** ⟨fig⟩ burocrazia f, pedanteria f (o lungaggine) burocratica.

reduce [ridju:s] **I** v.t. **1** ridurre, diminuire, limitare: to ~ prices ridurre i prezzi; to ~ speed diminuire la velocità; (to make smaller) (r)impiccolire, restringere. **2** (to bring to a certain or lower condition) ridurre: to ~ s.o. to silence ridurre al silenzio qd. **3** (to compel, force) costringere, ridurre, forzare: I was –d to asking for a loan fui costretto a chiedere un prestito. **4** (to demote) degradare. **5** (to

---

change to a different form) ridurre: to ~ s.th. to pow[er] ridurre qc. in polvere. **6** (to transpose, convert) convert[ire] volgere, ridurre: to ~ pounds to shillings convert[ire] sterline in scellini. **7** (to abridge) abbreviare, accorciare (to make physically weak) indebolire, debilitare, svigori[re] **9** ⟨fam⟩ (to cause to grow slim) far dimagire. **10** ⟨M[il]⟩ (of an enemy position) distruggere, annientare. ⟨Mat,Chir,Met,Minier⟩ ridurre. **12** ⟨Fot⟩ indebolire. v.i. **1** ridursi, diminuire. **2** ⟨fam⟩ (to lose weight dieting) dimagrire (seguendo una dieta). **3** ⟨Mat⟩ ess[ere] ridotto (to a). □ to ~ s.th. to (an) absurdity dimostr[are] l'asurdità di qc.; to ~ to order ridurre alla disciplina; t[o] to submission sottomettere; to ~ one's weigt dimagri[re] calare di peso.

reducer [ri'dju:sə] s. **1** riduttore m (f –trice). **2** ⟨fa[m]⟩ (dieting substance) sostanza f riducente (o dimagrante). ⟨El⟩ riduttore m. **4** ⟨Fot⟩ bagno m d'indebolimento. ⟨Mecc⟩ raccordo m di riduzione.

reducibility [ri,dju:sə'biliti] s. riducibilità f. **re'ducib[le]** [-bl] a. riducibile.

reducing| agent [ri'dju:siŋ] s. ⟨Chim⟩ agente m riducen[te] riducente m. ~ **coupling** s. ⟨tecn⟩ manicotto riduttore. ~ **diet** s. dieta f dimagrante. ~ **valve** s. ⟨te[cn]⟩ riduttore m (di pressione).

reduction [ri'dʌkʃən] s. **1** riduzione f, diminuzione f: a per cent ~ in prices una riduzione dei prezzi pari al[...] per cento. **2** (act of decreasing in size) (r)impiccolime[nto] m. **3** (smaller reproduction) riproduzione f su picc[ola] scala, riduzione f. **4** (demotion) degradazione f. ⟨Mil,Astr,Chim,Mat,Chir,Met⟩ riduzione f. **8** ⟨Fi[l]⟩ reductio f. **9** ⟨Fot⟩ indebolimento m. **10** ⟨Stor⟩ riduzi[one] f. □ ~ to absurdity dimostrazine f dell'assurdità (di principio, ecc.).

reduction gear s. ⟨Mot⟩ demoltiplicatore m.

redundance [ri'dʌndəns], **redundancy** [-i] s. ridondanza f, sovrabbondanza f. **2** (of workers) esubera[nza] f di personale. **redundant** [-nt] a. **1** ridonda[nte] sovrabbondante. **2** (of workers) eccedente rispetto [alla] domanda.

reduplicate [ri'dju:plikeit] **I** v.t. **1** raddoppiare, duplica[re] (to repeat) ripetere, replicare. **2** ⟨Ling⟩ redupli[care] raddoppiare. **II** v.i. **1** diventare doppio, raddoppiarsi. ⟨Ling⟩ raddoppiare. **III** a. **1** raddoppiato (anche Ling.) ⟨Bot⟩ reduplicato. **re,duplication** [-'keiʃən] s. raddoppiamento m, raddoppio m; (repetition) ripetizi[one] f. **2** ⟨Ling⟩ raddoppiamento m, reduplicazione [f] (reduplicated form, word) parola f (o forma) raddoppi[ata] **reduplicative** [-kətiv] a. **1** del (o relativo [al]) raddoppiamento. **2** ⟨Ling,Bot⟩ reduplicativo.

red| wine s. vino m rosso. **~wing** s. ⟨Ornit⟩ tordo [...] sassello.

redye [ri:'dai] v.t. ritingere.

re-echo [ri:'ekou] **I** v.i. **1** riecheggiare, echeggiare [di] nuovo. **2** (to reverberate) risonare, riecheggiare: the c[...] –ed with our voices la grotta risonava delle nostre voci. v.t. rimandare l'eco di. **III** s. eco f/m di rimando.

reed [ri:d] **I** s. **1** ⟨Bot⟩ canna f. **2** (stem) canna f ⟨collett⟩ canneto m; (mass of reed stems) cannucce [...] (used as thatch, etc.) canniccio m. **4** ⟨fig⟩ (we[ak] unreliable person) persona f che non dà affidamento [...] ⟨poet⟩ (arrow) freccia f, ⟨poet⟩ strale m. **6** ⟨M[us]⟩ linguetta f, ancia f. **7** ⟨Mus⟩ → **reed instrument**. ⟨Arch⟩ modanatura f a cordoncino. **9** ⟨Tess⟩ pettine [...] **10** ⟨Bibl⟩ (unit of length) canna f. **II** a. **1** ricoperto [...] fatto di canne. **2** (of animals, birds) che vive nei cann[eti] **3** ⟨Mus⟩ munito di ancia. **III** v.t. **1** ricoprire [di] cannicci (o canne), incannucciare. **2** ⟨Arch⟩ decorare [con] modanature a cordoncino. **3** ⟨Tess⟩ pettinare. □ ⟨fig[...]⟩ broken ~ una canna fessa.

reeding ['ri:diŋ] s ⟨Arch⟩ modanatura f a cordoncino.

reed instrument s. ⟨Mus⟩ strumento m a fiato munit[o] ancia.

re-edit [ri:'edit] v.t. pubblicare di nuovo, ripubblicare.

reed|-organ s. ⟨Mus⟩ armonium m. **~~-pipe** s. [...] zampogna f. **2** (organ pipe) canna f d'organo. **~-sto[p]** registro m d'organo.

re-educate [ri:'edju:keit] v.t. rieducare (anche M[...]

,re-,education [-'keiʃən] s. rieducazione f (anche Med.).

eed|-warbler s. ⟨Ornit⟩ cannaiola f. ~ work s. ⟨Mus⟩ registri mpl d'organo.

eedy ['ri:di] a. 1 folto (o pieno) di canne. 2 (resembling reeds) sottile, esile. 3 (of sounds) acuto.

eef¹ [ri:f] s. 1 scogliera f, banco m di scogli. 2 ⟨Minier⟩ filone m tabulare.

eef² I s. ⟨Mar⟩ 1 terzarolo m. 2 (act of reducing a sail) il terzarolare. II v.t. terzarolare. □ ⟨Mar⟩ to let out a ~ mollare (o sciogliere) un terzarolo; ⟨fig⟩ to ~ one's sails procedere con cautela.

eefer¹ ['ri:fə] s. 1 ⟨Mar⟩ chi fa terzaroli. 2 ⟨Vest⟩ giubbotto m da uomo a doppio petto.

eefer² s. ⟨sl⟩ (marijuana cigarette) sigaretta f alla marijuana.

eefer³ s. 1 ⟨sl⟩ (large refrigerator) grande frigorifero m. 2 ⟨Ferr⟩ vagone m frigorifero. 3 ⟨Mar⟩ nave f frigorifera.

eef-knot I s. ⟨Mar⟩ nodo m piano. II v.t. fare un nodo piano in.

eek [ri:k] I s. 1 puzzo m, fetore m. 2 ⟨scozz⟩ (smoke) fumo m; (vapour) vapore m. II v.i. 1 puzzare, mandare puzzo (of, with di). 2 ⟨fig⟩ puzzare, sapere (o di): this affair -s of corruption questa storia puzza di corruzione. 3 (to emit steam, mist, etc.) esalare (vapore), trasudare, fumare; (of steam, etc.: to emanate, rise) levarsi, sprigionarsi, alzarsi. III v.t. 1 affumicare. 2 (to emit) esalare, emanare, emettere. 'reeky [-i] a. puzzolente, fetente, fetido.

eel¹ [ri:l] I s. 1 arcolaio m, aspo m, bindolo m. 2 ⟨Tess⟩ rocchetto m, bobina f: a ~ of cotton un rocchetto di cotone. 3 ⟨Pesc⟩ mulinello m. 4 ⟨Cin⟩ bobina f, rotolo m, pizza f; (of a film) rotolo m. 5 ⟨Cart⟩ rotolo m. 6 ⟨Fot⟩ bobina f. II v.t. 1 annaspare, avvolgere sull'aspo. 2 (to unwind; spesso con off) dipanare. 3 ⟨Pesc⟩ (general. con in) tirare su col mulinello. 4 ⟨fig⟩ (to utter rapidly; general. con off) snocciolare, dire tutto d'un fiato. □ ⟨fig⟩ straight off the ~: 1 (without interruption) senza interruzione, ininterrottamente; 2 (without hesitation) senza esitazione, risolutamente.

eel² I v.i. 1 barcollare, vacillare, traballare: the drunken man -ed and fell l'ubriaco barcollò e cadde. 2 (to be dizzy) avere le vertigini (o il capogiro). 3 ⟨Mar⟩ rollare. 4 ⟨fig⟩ vacillare, barcollare: the mind -s at the thought la mente vacilla al pensiero. 5 (to spin) girare, turbinare, roteare. II v.t. far girare, far turbinare, far roteare. III s. 1 barcollamento m, vacillamento m, traballamento m. 2 (reeling motion) giro m vorticoso, vortice m. □ to ~ down a path scendere barcollando per un sentiero; my head -ed mi girava la testa; to make s.o.'s head ~ fare girare la testa a qd.; ⟨fig⟩ the Empire was -ing to its foundations l'impero era scosso dalle fondamenta.

eel³ I s. (Scottish dance, music) reel m. II v.i. ballare il reel.

e-elect ['ri:i'lekt] v.t. rieleggere. re-election [-kʃən] s. rielezione f.

e-eligibility [ri:,elidʒə'biliti] s. rieleggibilità f. re-'eligible [-bl] a. rieleggibile: ~ for office rieleggibile alla carica.

e-embark ['ri:im'ba:k] I v.i. rimbarcarsi. II v.t. rimbarcare. re-embarkation [ri:,emba:'keiʃən] s. rimbarco m.

e-emerge ['ri:i'mə:dʒ] v.t. riemergere, riaffiorare. re-emergence [-əns] s. riemersione f. re-emergent [-ənt] a. che riemerge.

e-employ ['ri:im'plɔi] v.t. riassumere, reimpiegare. re-employment [-mənt] s. riassunzione f, reimpiego m.

e-enact ['ri:i'nækt] v.t. 1 ⟨Dir⟩ (of a law) rimettere in vigore. 2 ⟨Teat⟩ recitare di nuovo. re-enactment [-mənt] s. 1 ⟨Dir⟩ rimessa f in vigore. 2 ⟨Teat⟩ nuova recita f.

e-enforce v./s. → reinforce. re-enforcement s. → reinforcement.

e-engage ['ri:in'geidʒ] v.t. 1 impegnare di nuovo, rimpegnare. 2 ⟨Mil⟩ raffermare. re-engagement [-mənt] s. 1 nuovo impegno m. 2 ⟨Mil⟩ rafferma f.

e-enlist ['ri:in'list] I v.i. ⟨Mil⟩ arruolarsi di nuovo. II v.t. arruolare (o reclutare) di nuovo.

re-enter [ri:'entə] I v.t. 1 rientrare in, entrare di nuovo in. 2 ⟨Dir⟩ registrare di nuovo. II v.i. rientrare, entrare di nuovo. re-entrance [-trəns] s. rientranza f (anche Geom.). re-entrant [-trənt] I a. ⟨Geom⟩ rientrante. II s. 1 chi rientra, chi entra di nuovo. 2 ⟨Geom⟩ angolo m rientrante. 3 ⟨Mil⟩ rientrante m. re-entry [-tri] s. 1 rientrata f, rientro m. 2 ⟨Comm⟩ nuova registrazione f. 3 ⟨Dir⟩ reintegrazione f nel possesso. 4 ⟨Astron,Aer⟩ rientro m: ~ into the atmosphere rientro nell'atmosfera.

re-entry capsule s. ⟨Astron⟩ capsula f di rientro.

re-equilibrate [ri:,i:kwi'laibreit] v. → rebalance.

re-equip ['ri:i'kwip] v.t. riequipaggiare, riallestire.

re-establish ['ri:is'tæbliʃ] v.t. ristabilire, restaurare. re-establishment [-mənt] s. ristabilimento m, restaurazione f.

reeve¹ [ri:v] s. 1 ⟨Stor⟩ (king's agent) rappresentante m della corona; (overseer of tenants) sovrintendente m; (town magistrate) magistrato m (di città). 2 ⟨canad⟩ presidente m di un consiglio municipale.

reeve² v.t. (pret., p.p. -d [d]/rove [rouv]) ⟨Mar⟩ 1 (of a rope) passare attraverso un anello (o foro); (to fasten by passing through or round s.th.) assicurare (o legare) facendo passare attraverso (o intorno a). 2 (of a ship) passare (cautamente) attraverso, superare.

re-examination [,ri:igzæmi'neiʃən] s. 1 nuovo esame m, riesame m. 2 ⟨Dir⟩ nuovo interrogatorio m. 're-ex'amine [-min] v.t. 1 riesaminare. 2 ⟨Dir⟩ interrogare di nuovo.

re-export I v.t. ['ri:'iks'pɔ:t] riesportare. II s. [ri:'ekspɔ:t] 1 riesportazione f. 2 (commodity re-exported) merce f riesportata. re-exportation [,ri:ekspɔ:'teiʃən] s. riesportazione f.

ref. = 1 reference riferimento. 2 referred riferito.

reface [ri:'feis] v.t. 1 ⟨Arch⟩ rinnovare la facciata di. 2 ⟨Mecc⟩ rettificare. 3 ⟨Sart⟩ rifare la paramontura a.

refashion [ri:'fæʃən] v.t. rifoggiare, rimodellare. 2 (to modernize) rimodernare.

refection [ri'fekʃən] s. 1 ristoro m, rifocillamento m. 2 (light meal, snack) pasto m leggero, spuntino m. refectory [-ktəri] s. refettorio m.

refer [ri'fə:] v. (pret., p.p. referred [-d]) I v.t. 1 rinviare, indirizzare, mandare: he -red me to his boss mi rinviò al suo capo; (of things) rimettere, affidare, deferire. 2 (to direct for information) rimandare, rinviare. 3 (to ascribe, attribute) attribuire, ascrivere. 4 (to direct for testimonials) rinviare (o indirizzare) per referenze. II v.i. 1 riferirsi, essere relativo (to a), riguardare. 2 (to make reference) fare riferimento, alludere, accennare (a): the speaker -red several times to the crisis l'oratore fece spesso riferimento alla crisi. 3 (to have recourse) consultare (qc.), fare ricorso, ricorrere (a): to ~ to one's notes consultare i propri appunti. 4 (to turn for information, etc.) rivolgersi (a). □ ⟨Econ⟩ to ~ to drawer rivolgersi al traente. referable [-rəbl, am. 'refərəbl] a. riferibile, attribuibile (to a).

referee [,refə'ri:] I s. 1 arbitro m, giudice m. 2 ⟨Sport⟩ arbitro m, giudice m di gara. 3 ⟨Dir⟩ arbitro m. 4 ⟨Econ⟩ bisognatario m. II v.t. arbitrare (anche Sport.). III v.i. ⟨Sport⟩ fare da arbitro. ⟨Dir⟩ ~ in bankruptcy giudice m fallimentare.

reference ['refrəns] I s. 1 riferimento m, rimando m, accenno m, allusione f. 2 (direction to a source, etc.) riferimento m, rimando m, rinvio m; (sign, indication) segno m di rinvio (o rimando), rimando m. 3 (consultation of sources, etc.) consultazione f: ~ to a catalogue consultazione di un catalogo. 4 (relation, respect) riferimento m, relazione f: with (o in) ~ to your letter in riferimento alla vostra lettera. 5 (written testimonial) referenza f, benservito m, attestato m; (person) referenza f. 6 ⟨Dir⟩ ricorso m ad arbitrato. II v.t. fornire (o provvedere) di rimandi (o richiami). □ to have ~ to essere in rapporto (o relazione) con; to make ~ to fare riferimento a; without ~ to senza distinzione di, senza riguardo a, a prescindere da, astraendo da; work of ~ opera f di consultazione.

reference| book s. libro m di consultazione. ~ framework s. quadro m di riferimento. ~ gage am., ~ gauge s. ⟨Mecc⟩ calibro m ⸢di riscontro⸣ (o campione). ~

group *s.* gruppo *m* di riferimento. ~ **library** *s.* biblioteca *f* di consultazione. ~ **mark** *s.* **1** ⟨*Tip*⟩ segno *m* di rinvio (*o* rimando), rimando *m.* **2** ⟨*Topogr*⟩ segno *m* di riferimento. ~ **period** *s.* periodo *m* di riferimento. ~ **price** *s.* prezzo *m* di riferimento.

referendary [ˌrefəˈrendəri] *s.* **1** referendario *m.* **2** (*referee*) arbitro *m.*

referendum [ˌrefəˈrendəm] *s.* (*pl.* **-s** [z]/**-da** [də]) ⟨*Parl*⟩ referendum *m.*

referent [ˈrefərənt] *s.* ⟨*Ling*⟩ referente *m.*

referential [ˌrefəˈrenʃəl] *a.* che si riferisce (*to* a), che ha riferimento (con).

referring [riˈfəːriŋ] *s.* rimando *m,* rinvio *m.*

refill I *v.t.* [riːˈfil] riempire, ricaricare. **II** *v.i.* riempirsi. **III** *s.* [ˈriːfil] **1** ricambio *m,* carica *f.* **2** ⟨*Med*⟩ rifornimento *m.* **refillable** [riːˈfiləbl] *a.* ricaricabile.

re-finance [riːˌfaiˈnæns] *v.t.* ⟨*Econ*⟩ rifinanziare: *to ~ export credits* rifinanziare crediti all'esportazione. **re-financing** [-iŋ] *s.* rifinanziamento *m.*

refine [riˈfain] **I** *v.t.* **1** raffinare, purificare: *to ~ sugar* raffinare lo zucchero. **2** ⟨*Met*⟩ affinare, raffinare. **3** ⟨*fig*⟩ perfezionare, (r)affinare: *to ~ one's style* perfezionare il proprio stile. **II** *v.i.* **1** raffinarsi, purificarsi. **2** ⟨*fig*⟩ perfezionarsi, (r)affinarsi. **3** ⟨*fig*⟩ (*to improve by adding subtleties*) disquisire, sottilizzare (*on, upon* su). **refined** [-d] *a.* **1** raffinato, purificato. **2** ⟨*fig*⟩ (*of things*) raffinato, perfezionato, ricercato: *a ~ style* uno stile raffinato; (*of people*) raffinato, fine, distinto. **refinedness** [-idnis] *s.* raffinatezza *f,* finezza *f.* **refinement** [-mənt] *s.* **1** raffinamento *m,* raffinazione *f.* **2** (*state of being refined*) raffinatezza *f.* **3** ⟨*fig*⟩ raffinatezza *f,* squisitezza *f,* finezza *f:* ~ *of taste* raffinatezza di gusti. **4** (*feature designed to improve*) miglioramento *m,* miglioria *f.* **refiner** [-ə] *s.* raffinatore *m.* **refinery** [-əri] *s.* raffineria *f* (*anche Met.*). □ ⟨*Comm*⟩ *ex* ~ franco raffineria. **refining** [-iŋ] *s.* **1** raffinazione *f,* purificazione *f.* **2** ⟨*Met*⟩ affinaggio *m.* **3** ⟨*fig*⟩ perfezionamento *m,* raffinamento *m.*

refining plant *s.* ⟨*Met*⟩ raffineria *f.*

refit I *v.t.* [riːˈfit] **1** riparare, riattare. **2** ⟨*Mar*⟩ raddobbare. **II** *v.i.* **1** essere riattato. **2** ⟨*Mar*⟩ essere raddobbato. **III** *s.* [ˈriːfit] **1** riattamento *m,* riparazione *f.* **2** ⟨*Mar*⟩ raddobbo *m.*

refitting yard [ˈriːfitiŋ] *s.* ⟨*Mar*⟩ cantiere *m* di raddobbo.

refl. = ⟨*Gramm*⟩ *reflexive* riflessivo.

reflation [riˈfleiʃən] *s.* ⟨*Econ*⟩ reflazione *f.* **reflationary** [-ˈfleiʃənəri] *a.* reflazionistico.

reflect [riˈflekt] **I** *v.t.* **1** riflettere, riverberare: *the mirror -ed the rays of the sun* lo specchio rifletteva i raggi del sole; (*to give back the image of*) rispecchiare, riflettere (*anche fig.*): *the stars were -ed in the lake* le stelle si rispecchiavano nel lago. **2** ⟨*fig*⟩ (*to cause to be ascribed to*) portare, gettare: *to ~ discredit upon s.o.* gettare il discredito su qd. **3** (*to consider*) pensare, riflettere, considerare: *he -ed that his efforts had been useless* pensava che i suoi sforzi erano stati inutili. **II** *v.i.* **1** (*to give back light, etc.*) essere riflettente; (*to be reflected*) riflettersi, essere riflesso, riverberarsi; (*to be mirrored*) rispecchiarsi, riflettersi. **2** (*to ponder*) riflettere, pensare, meditare: *give him time to ~* lasciagli il tempo di riflettere. **3** ⟨*fig*⟩ (*to bring discredit*) gettare discredito (*on, upon* su), screditare, mettere in cattiva luce (qd.).

reflecting [riˈflektiŋ] *a.* **1** riflettente. **2** (*thoughtful*) pensoso, pensieroso.

reflecting| capacity, ~ **power** *s.* ⟨*Fis*⟩ potere *m* riflettente.

reflection [riˈflekʃən] *s.* **1** il riflettere, riflessione *f;* (*state of being reflected*) il riflettersi. **2** (*s.th. reflected*) riflesso *m,* riverbero *m;* (*mirror image*) immagine *f* riflessa: *I saw my ~ in the window* vidi la mia immagine riflessa sul vetro della finestra. **3** ⟨*fig*⟩ copia *f,* ritratto *m.* **4** (*consideration, thought*) riflessione *f,* considerazione *f,* pensiero *m;* (*contemplation, meditation*) riflessione *f,* meditazione *f.* **5** (*adverse criticism*) critica *f,* biasimo *m,* riprovazione *f;* (*discredit*) discredito *m.* □ *to cast -s on s.o.* criticare qd., biasimare qd.; *on ~* a rifletterci,

riflettendoci bene, pensandoci sopra (*o* su).

reflection meter *s.* ⟨*Ott*⟩ riflettometro *m.*

reflectional [riˈflekʃənəl] *a.* della (*o* relativo all[a]) riflessione.

reflective [riˈflektiv] *a.* **1** riflettente; (*of, caused [b]y reflection*) di riflessione. **2** (*thoughtful*) riflessivo, penso[se]. **3** ⟨*Gramm*⟩ riflessivo. **reflectively** [-li] *av* (*thoughtfully*) riflessivamente, in modo riflessiv[o] **reflectiveness** [-nis] *s.* **1** l'essere riflessivo. (*thoughtfulness*) pensosità *f.* **reflectivity** [ˌriːflekˈtiviti] → **reflectiveness.**

reflector [riˈflektə] *s.* **1** ⟨*Aut,El,Rad,Atom*⟩ riflettore *m.* ⟨*Aut*⟩ (*rear reflector*) catarifrangente *m,* catadiottro *m.* ⟨*Fot*⟩ schermo *m* riflettore, riflettore *m.*

reflex [ˈriːfleks] **I** *a.* **1** riflesso (*anche Fisiol.*). **2** ⟨*fig* riflesso, fatto (*o* che avviene) di riflesso. **3** ⟨*fig* (*introspective*) introspettivo. **4** ⟨*Rad*⟩ reflex. ⟨*Gramm,rar*⟩ riflessivo. **II** *s.* **1** (*Fisiol*) → reflex actio[n] **2** *pl.* ⟨*Fisiol*⟩ riflessi *mpl: for a boxer, his -es are pret[ty] slow* per essere un pugile, i suoi riflessi sono piuttost[o] lenti. **3** (*mirror image*) immagine *f* riflessa. **4** ⟨*fig* (*habitual way of thinking, etc.*) abito *m,* atteggiamento [m] abituale: *one's mental -es* il proprio abito mentale. ⟨*fig*⟩ (*external manifestation*) specchio *m,* cosa *f* ch[e] riflette (*o* rispecchia). **6** ⟨*Fot*⟩ → **reflex camera. 7** ⟨*Ra[d]* → **reflex radio.**

reflex| action *s.* azione *f* riflessa, riflesso *m.* ~ **angle** ⟨*Geom*⟩ angolo *m* di riflessione. ~ **camera** *s.* ⟨*Fo[t]* reflex *m,* macchina *f* fotografica reflex.

reflexed [riˈflekst] *a.* ⟨*Bot*⟩ reflesso, riflesso.

reflexibility [riˌfleksəˈbiliti] *s.* riflessibilità *f.* **re'flexib[l]** [-bl] *a.* ⟨*rar*⟩ riflessibile.

reflexion, reflexional → **reflection, reflectional.**

reflexive [riˈfleksiv] **I** *a.* ⟨*Gramm*⟩ riflessivo. **II** *s.* (*reflexive verb*) verbo *m* riflessivo. **2** (*reflexive pronou[n]* pronome *m* riflessivo.

reflex radio *s.* ⟨*Rad*⟩ reflex *m,* ricevitore *m* reflex.

refloat [riːˈflout] *v.t.* **1** ⟨*Mar*⟩ ricuperare, rimettere a gall[a] (*to get afloat*) disincagliare. **2** ⟨*Econ*⟩ (*of a loa[n]* rilanciare.

refluence [ˈrefluəns] *s.* riflusso *m,* il rifluire. **reflue[nt]** [-nt] *a.* che rifluisce.

reflux [ˈriːflʌks] *s.* riflusso *m* (*anche Chim.*).

refold [riːˈfould] *v.t.* ripiegare.

reforest *am.* [riːˈfɔrist] *v.* → **reafforest. ,reforestatio[n]** *am.* [-ˈeiʃən] *s.* → **reafforestation.**

reform [riˈfɔːm] **I** *v.t.* **1** riformare, apportare riforme a: ~ *the tax system* riformare il sistema fiscale; (*to amen[d]* emendare, correggere, migliorare, riformare. **2** (*of peopl[e]* correggere, rimettere sulla retta via, fare ravvedere. **3** (*an abuse*) eliminare, porre fine a. **II** *v.i.* ravveder[si] correggersi, emendarsi, tornare sulla retta via. **III** *s.* riforma *f: social* ~ riforma sociale; (*removal, correctio[n]* emendamento *m,* correzione *f.* **2** (*of people*) ravvedime[n]to *m.*

re-form [riːˈfɔːm] **I** *v.t.* riformare, formare di nuov[o] ricostituire. **II** *v.i.* riformarsi, ricostituirsi.

reformable [riˈfɔːməbl] *a.* **1** riformabile. **2** (*of peopl[e]* correggibile.

Reform Act *s.* ⟨*Stor.brit*⟩ legge *f* per la riform[a] elettorale.

reformation [ˌrefəˈmeiʃən] *s.* **1** (*act, state*) riforma *f.* (*correction*) emendamento *m,* correzione *f.* **Reformation** ⟨*Stor*⟩ Riforma *f.*

re-formation [ˌriːfɔːˈmeiʃən] *s.* riformazione *f,* nuo[va] formazione *f.*

reformational [ˌrefəˈmeiʃənl] *a.* riformatore, di riforma.

reformative [riˈfɔːmətiv] *a.* ⟨*non com*⟩ riformativo.

reformatory [riˈfɔːmətəri] **I** *a.* riformatore. **II** [*s*] riformatorio *m,* casa *f* di correzione.

Reform Bill *s.* → **Reform Act.**

reformer [riˈfɔːmə] *s.* riformatore *m* (*f* –trice). **Reformer 1** ⟨*Stor.brit*⟩ esponente *m* del movimento per la riform[a] elettorale. **2** ⟨*Rel*⟩ riformatore *m* (*f* –trice).

reformism [riˈfɔːmizəm] *s.* riformismo *m.* **reformi[st]** [-mist] **I** *s.* **1** riformista *m/f* (*anche Pol.*). **2** ⟨*R[el]* riformato *m* (*f* –a). **II** *a.* → **reformistic. re,formist[ic]**

[-'mistik] *a.* **1** riformista, riformistico. **2** ⟨*Rel*⟩ della (*o* relativo alla) riforma, riformato.
:form school *s.* → **reformatory.**
:fract [ri'frækt] *v.t.* **1** ⟨*Fis*⟩ rifrangere. **2** ⟨*Ott,Med*⟩ determinare il grado di rifrazione di.
:fraction [ri'frækʃən] *s.* ⟨*Fis*⟩ rifrazione *f.* **refractional** [-əl] *a.* della (*o* relativo alla) rifrazione.
:fractive [ri'fræktiv] *a.* **1** della (*o* relativo alla) rifrazione: ~ *index* indice di rifrazione. **2** (*capable of refracting*) rifrangente. **refractivity** [,ri:fræk'tiviti] *s.* rifrangenza *f.*
:fractor [ri'fræktə] *s.* ⟨*Fis*⟩ rifrattore *m.*
:fractorily [ri'fræktərili] *avv.* caparbiamente, con ostinazione. **refractoriness** [-rinis] *s.* **1** ostinazione *f,* caparbietà *f;* (*intractability*) indocilità *f,* intrattabilità *f.* **2** ⟨*Met,Med*⟩ refrattarietà *f.* **refractory** [-təri] **I** *a.* **1** ostinato, caparbio; (*hard to manage*) indocile, difficile, ribelle. **2** ⟨*Med*⟩ ribelle, ostinato, tenace; (*immune*) refrattario (*to* a). **3** ⟨*Fisiol,tecn*⟩ refrattario. **II** *s.* ⟨*tecn*⟩ materiale *m* refrattario, refrattario *m.*
:frain¹ [ri'frein] *v.i.* trattenersi, astenersi (*from* da), frenarsi: *I could not* ~ *from laughing* non potei trattenermi dal ridere.
:frain² *s.* **1** ⟨*Mus,Lett*⟩ ripresa *f,* ritornello *m,* refrain *m.* **2** ⟨*estens*⟩ (*melody*) motivo *m,* melodia *f.*
:frangibility [ri,frændʒə'biliti] *s.* ⟨*Fis,rar*⟩ rifrangibilità *f,* rifrattività *f.* **re'frangible** [-bl] *a.* ⟨*rar*⟩ rifrangibile.
:freeze [ri:'fri:z] *v.t.* ricongelare. **refreezing** [-iŋ] *s.* ricongelamento *m.*
:fresh [ri'freʃ] **I** *v.t.* **1** rinfrescare, ristorare: *this drink will* ~ *you* questa bevanda ti ristorerà. **2** ⟨*rifl*⟩ ristorarsi, rifocillarsi, rinfrescarsi. **3** (*of the memory*) rinfrescare. **4** (*to encourage*) rianimare, rincorare. **5** (*to make fresh, new again*) rinfrescare, rinnovare. **II** *v.i.* **1** ristorarsi, rinfrescarsi. **2** (*to become fresh again*) rinfrescare.
:fresher [-ə] *s.* **1** cosa *f* che dà ristoro; (*drink*) bibita *f,* bevanda *f.* **2** → **refresher course.**
:fresher course *s.* corso *m* d'aggiornamento.
:freshing [ri'freʃiŋ] *a.* **1** che dà refrigerio, rinfrescante, ristoratore: *a* ~ *drink* una bevanda rinfrescante. **2** (*encouraging*) che rianima, che rincora. **3** ⟨*fig*⟩ gradevole, piacevole, simpatico: ~ *frankness* franchezza gradevole.
:freshment [-ʃmənt] *s.* **1** ristoro *m,* refrigerio *m.* **2** *pl.* rinfreschi *mpl: -s will be served after the lecture* dopo la conferenza saranno serviti (dei) rinfreschi; (*snack*) spuntino *m.*
:freshment| car *s.* ⟨*Ferr*⟩ carrozza *f* ristorante. ~ **room** *s.* buffet *m,* caffè *m* ristorante.
:frigerant [ri'fridʒərənt] **I** *a.* **1** refrigerante, rinfrescante. **2** ⟨*Farm*⟩ antifebbrile. **II** *s.* **1** refrigeratore *m.* **2** ⟨*Farm*⟩ farmaco *m* antifebbrile. **3** (*substance used in refrigeration*) sostanza *f* refrigerante, refrigerante *m.* **refrigerate** [-reit] **I** *v.t.* **1** refrigerare, raffreddare. **2** (*of food*) refrigerare. **II** *v.i.* raffreddarsi, freddarsi. **refrigerating** [-reitiŋ] **I** *a.* refrigerante. **II** *s.* refrigerazione *f,* raffreddamento *m.*
:frigerating engineering *s.* tecnica *f* del freddo.
:frigeration [ri,fridʒə'reiʃən] *s.* **1** refrigerazione *f.* **2** ⟨*Med*⟩ ibernazione *f* artificiale. **refrigerative** [-rətiv] *a.* refrigerante, refrigerativo. **refrigerator** [-reitə] *s.* frigorifero *m.*
:frigerator| cabinet *s.* armadio *m* frigorifero. ~ **car,** ~ **wagon** *s.* ⟨*Ferr*⟩ carro *m* (*o* vagone) frigorifero.
:frigeratory [ri'fridʒərətəri] *s.* refrigerante *m.*
:ft [reft] → **reave.**
:fuel [ri:'fju:əl] **I** *v.t.* rifornire di carburante. **II** *v.i.* fare rifornimento di carburante.
:fuge ['refju:dʒ] **I** *s.* **1** rifugio *m,* asilo *m,* ricovero *m: to seek* ~ *from a storm* cercare rifugio da una tempesta; *to take* ~ *in a friend's home* trovare asilo in casa di un amico. **2** ⟨*fig*⟩ rifugio *m,* conforto *m: books are his* ~ *in times of loneliness* i libri sono il suo rifugio nei momenti di solitudine. **3** ⟨*Strad*⟩ salvagente *m,* isola *f* pedonale. **II** *v.t.* ⟨*rar*⟩ (*to give refuge to*) dare rifugio (*o* asilo) a. **III** *v.i.* ⟨*rar*⟩ (*to seek refuge*) rifugiarsi, cercare rifugio. □ *house of* ~ ospizio *m,* asilo *m; place of* ~ rifugio *m;* ⟨*fig*⟩ *to take* ~ *in silence* rifugiarsi nel silenzio.
:fugee [,refju:'dʒi:, *am.* 'refjudʒi:] *s.* rifugiato *m* (*f* –a), profugo *m* (*f* –a) (*anche Pol.*). □ ~ *camp* campo *m* di

profughi; ~ *government* governo *m* in esilio.
refulgence [ri'fʌldʒəns], **refulgency** [-i] *s.* splendore *m,* fulgore *m.* **refulgent** [-nt] *a.* (ri)splendente, fulgido, rifulgente.
refund I *v.t.* [ri:'fʌnd] **1** rimborsare, risarcire, rifondere. **2** (*of people: to reimburse*) rimborsare, risarcire, indennizzare. **II** *s.* ['ri:fʌnd] **1** rimborso *m,* risarcimento *m,* rifusione *f.* **2** (*sum repaid*) risarcimento *m,* indennizzo *m.*
refurbish [ri:'fə:biʃ] *v.t.* rinnovare, rimettere a nuovo. **refurbishing** [-iŋ] *s.* risanamento *m* (di edifici e sim.). **refurbishment** [-mənt] *s.* rinnovamento *m.*
refurnish [ri:'fə:niʃ] *v.t.* **1** riammobiliare, ammobiliare di nuovo. **2** (*to provide again*) fornire di nuovo.
refusable [ri'fju:zəbl] *a.* rifiutabile, ricusabile. **refusal** [-zəl] *s.* **1** rifiuto *m,* ricusa *f.* **2** ⟨*Dir,Comm*⟩ opzione *f,* diritto *m* di opzione: *he has first* ~ *of the property* ha l'opzione sulla proprietà. **3** ⟨*Equit,tecn*⟩ rifiuto *m.* □ *to meet with a* ~ incontrare un rifiuto; *to take no* ~ non accettare un rifiuto, insistere.
refuse¹ [ri'fju:z] **I** *v.t.* **1** rifiutare, declinare, respingere, ricusare: *to* ~ *an offer* rifiutare un'offerta; (*to decline to give*) rifiutare, negare, non concedere: *to* ~ *s.o. permission* rifiutare un permesso a qd. **2** (*to express unwillingness*) rifiutare, rifiutarsi di: *he –d to comment on the news* si rifiutò di commentare la notizia. **3** ⟨*Equit*⟩ rifiutare: *the horse –d the fence* il cavallo rifiutò la staccionata. **II** *v.i.* **1** rifiutarsi, rifiutare, dire di no. **2** ⟨*Equit*⟩ rifiutare (l'ostacolo). □ *he was –d entrance* non lo lasciarono entrare.
refuse² ['refju:z] **I** *s.* **1** (*rubbish*) rifiuti *mpl,* immondizia *f,* immondezza *f,* spazzatura *f.* **2** (*waste matter*) rifiuti *mpl,* scarto *m.* **II** *a.* di rifiuto, di scarto.
refuse| collection *s.* raccolta *f* di rifiuti. ~ **disposal** *s.* eliminazione *f* dei rifiuti. ~ **disposal site** *s.* discarica *f.*
refuser [ri'fju:zə] *s.* **1** chi rifiuta. **2** ⟨*Equit*⟩ cavallo *m* che rifiuta l'ostacolo.
refutability [ri,fju:tə'biliti] *s.* ⟨*rar*⟩ oppugnabilità *f.* **refutable** ['refjutəbl, *am.* ri'fju:təbl] *a.* confutabile, oppugnabile. **refutal** [ri'fju:tl], **refutation** [,refju'teiʃən] *s.* confutazione *f.* **refute** [-'fju:t] *v.t.* **1** confutare: *to* ~ *an argument* confutare un argomento. **2** (*of a person*) dimostrare (*o* provare) l'errore di.
reg. = **1** *regiment* reggimento. **2** *region* regione. **3** *register* registro.
Reg. = **1** *regiment* reggimento. **2** *regina* regina.
regain [ri'gein] *v.t.* **1** riacquistare, ricuperare, riprendere, riguadagnare: *to* ~ *one's health* riacquistare la salute; *to* ~ *consciousness* riprendere conoscenza. **2** ⟨*Mil*⟩ riconquistare, rioccupare, riprendere: *to* ~ *a position* riconquistare una posizione. □ *to* ~ *one's feet* (*o footing*) rimettersi in piedi (*anche fig.*).
regal ['ri:gəl] *a.* **1** regale, reale, regio. **2** (*befitting a king*) regale, da re, degno di un re: ~ *splendour* splendore regale; *a* ~ *banquet* un banchetto degno di un re.
regale [ri'geil] **I** *v.t.* **1** ospitare (*o* trattare) sontuosamente; (*to entertain with choice food or drink*) offrire cibi prelibati a. **2** ⟨*rifl*⟩ mangiare cibi prelibati, trattarsi bene. **3** ⟨*fig*⟩ intrattenere, divertire, rallegrare, dilettare. **II** *v.i.* banchettare (*on* con). **III** *s.* ⟨*rar*⟩ **1** trattenimento *m* sontuoso. **2** (*choice article of food*) cibo *m* squisito (*o* ghiotto), squisitezza *f;* (*of drink*) nettare *m.* **regalement** [-mənt] *s.* **1** l'offrire cibi prelibati. **2** (*s.th. that regales*) squisitezza *f.*
regalia [ri'geiljə] *s.pl.* (costr. sing. *o* pl.). **1** ⟨*Stor*⟩ regalia *f;* (*royal privilege*) prerogativa *f* (*o* privilegio *m*) reale. **2** (*royal symbols, insignia*) insegne *fpl* regie (*o* regali). **3** ⟨*estens*⟩ insegne *fpl* (del grado). **4** ⟨*fam*⟩ (*equipment, gear*) equipaggiamento *m,* attrezzatura *f.*
regalism ['ri:gəlizəm] *s.* ⟨*Stor*⟩ regalismo *m.* **regalist** [-list] *s.* regalista *m/f.* **II** *a.* regalista, regalistico.
regality [ri'gæliti] *s.* **1** regalità *f,* sovranità *f.* **2** (*regal right*) prerogativa *f* (*o* privilegio *m*) reale. **3** (*territory*) regno *m,* reame *m.*
regard [ri'gɑ:d] **I** *v.t.* **1** considerare, ritenere, reputare, giudicare: *to* ~ *s.o. with distrust* considerare qd. con

diffidenza. **2** (*to show respect for*) tenere ʾconto diʾ (*o in* considerazione), dare peso a: *he seldom –s his father's wishes* raramente tiene conto dei desideri di suo padre; (*to esteem*) stimare, considerare, apprezzare: *I ~ him highly* lo stimo molto. **3** (*to look at*) guardare. **4** (*to concern*) riguardare, concernere: *this does not ~ you* questo non ti riguarda. **5** (*to take into account*) prendere in considerazione, considerare. **II** *v.i.* **1** fare (*o prestare*) attenzione. **2** (*to look at*) guardare con attenzione. **III** *s.* **1** considerazione *f,* stima *f,* riguardo *m,* rispetto *m: to hold s.o. in high ~* tenere qd. in grande considerazione. **2** *pl.* (*greetings*) saluti *mpl,* ossequi *mpl: give him my kindest –s* portagli i miei più cordiali saluti. **3** (*care, concern*) riguardo *m,* cura *f: he has no ~ for etiquette* non ha alcun riguardo per l'etichetta. **4** (*respect, relation*) riguardo *m,* relazione *f,* rapporto *m: in this ~* a questo riguardo. **5** (*worth, importance*) importanza *f,* valore *m.* **6** (*steady gaze*) sguardo *m* attento. □ **as** *–s* per quanto riguarda (*o* concerne), circa, quanto a, in relazione a; *in every ~* sotto tutti gli aspetti, da tutti i punti di vista; **in ~ to** (*o of*) = **with regard to; to have little ~** *for s.o.* non tenere qd. in gran conto; **out of ~** *for* per riguardo a, in considerazione di; *to* **pay ~** *to* fare attenzione a; **with ~** *to* circa, quanto a, riguardo a; 〈*epist*〉 *with kind –s* cordiali saluti; **without ~** *for* (*o to*) senza tenere conto di, senza prendere in considerazione.
regardant [ri'gɑ:dənt] *a.* 〈*Arald*〉 riguardante.
regardful [ri'gɑ:dful] *a.* **1** osservante, rispettoso (*of* di). **2** (*respectful*) riguardoso, rispettoso, riverente.
regarding [ri'gɑ:diŋ] *prep.* circa, quanto a, in relazione a, per quanto riguarda (*o* concerne).
regardless [ri'gɑ:dlis] **I** *a.* incurante (*of* di), indifferente, che non bada (a). **II** *avv.* senza riguardo, con noncuranza.
regardlessness [–nis] *s.* noncuranza *f,* indifferenza *f.*
regatta [ri'gætə] *s.* 〈*Sport*〉 regata *f.*
regelate ['ri:dʒileit] *v.i.* rigelare, gelare di nuovo. **regelation** [–'leiʃən] *s.* rigelo *m.*
regency ['ri:dʒənsi] **I** *s.* reggenza *f.* **Regency** *s.* **1** 〈*Stor.brit*〉 Reggenza *f* (di Giorgio IV). **2** 〈*Stor*〉 (*in France*) Reggenza *f.* **II** *a.* 〈*Arred,Arch*〉 reggenza.
regenerable [ri'dʒenərəbl] *a.* rigenerabile.
regenerate I *v.t.* [ri'dʒenəreit] **1** rigenerare (*anche fig.*). **2** (*to reproduce*) produrre di nuovo, riprodurre. **3** 〈*Ind,Rel,Biol,tecn*〉 rigenerare. **II** *v.i.* **1** rigenerarsi, riprodursi, riformarsi. **2** (*to become morally reformed*) rigenerarsi, nascere a nuova vita. **3** 〈*Biol*〉 rigenerarsi, rigenerare. **4** 〈*Rel*〉 rigenerarsi, rinascere spiritualmente. **5** 〈*Atom*〉 rigenerare: *to ~ plutonium* rigenerare il plutonio. **III** *a.* [ri'dʒenər(e)it] **1** (*formed again*) rigenerato, ricreato, riformato. **2** (*morally revived*) rigenerato, nato a nuova vita. **3** 〈*Rel*〉 rigenerato. **regenerating** [–iŋ] *a.* rigenerante: *~ cure* cura rigenerante.
regeneration [ri,dʒenə'reiʃən] *s.* **1** rigenerazione *f* (*anche Biol., Ind.*). **2** 〈*Rel*〉 rigenerazione *f,* rinascita *f* spirituale.
regenerative [ri'dʒenərətiv] *a.* rigenerativo.
regenerative| chamber *s.* 〈*Met*〉 camera *f* di ricupero. **~ furnace** *s.* forno *m* a ricupero.
regenerator [ri'dʒenəreitə] *s.* **1** rigeneratore *m* (*f* –trice). **2** 〈*tecn*〉 rigeneratore *m,* ricuperatore *m.*
regent ['ri:dʒənt] **I** *s.* **1** reggente *m/f.* **2** 〈*Univ*〉 membro *m* del consiglio d'amministrazione. **II** *a.* reggente.
regerminate [ri:'dʒə:mineit] *v.i.* rigermogliare. **re,germination** [–'neiʃən] *s.* rigerminazione *f.*
regicidal [,redʒi'saidl] *a.* regicida. **'regicide** [–said] *s.* **1** (*act*) regicidio *m.* **2** (*person*) regicida *m/f.*
regime, régime [re(i)'dʒi:m] *s.* **1** regime *m,* sistema *m* politico: *a dictatorial ~* un regime dittatoriale; (*government*) regime *m,* governo *m.* **2** (*prevailing social system*) sistema *m* sociale. **3** 〈*Med*〉 (*regimen*) regime *m,* dieta *f.* **4** 〈*Geol*〉 regime *m.*
regimen ['redʒimən] *s.* **1** 〈*Med*〉 regime *m,* dieta *f.* **2** (*regime*) regime *m,* forma *f* di governo. **3** 〈*Gramm*〉 reggenza *f.*
regiment ['redʒimənt] **I** *s.* **1** 〈*Mil*〉 reggimento *m.* **2** 〈*fam*〉 gran numero *m.* **II** *v.t.* 〈*Mil*〉 irreggimentare (*anche fig.*). **,regimental** [–'mentl] *a.* 〈*Mil*〉 reggimentale: *~*

colours bandiera reggimentale. **,regimentally** [–'mentəli] *avv.* in reggimenti. **,regimentals** [–'mentlz] *s.pl.* uniforme *f,* divisa *f: to be in full ~* indossare l'alta uniforme. **,regimentation** [–men'teiʃən] *s.* 〈*Mil*〉 irreggimentazione *f* (*anche fig.*).
regina *lat.* [ri'dʒainə] *s.* regina *f.* **Regina I** *s.* (*official title*) Regina *f: Elizabeth ~* Elisabetta Regina (d'Inghilterra). **II** *N.pr.* Regina *f.* **reginal** [–l] *a.* di (*o* relativo a) una regina.
Reginald ['redʒinəld] *N.pr.* Reginaldo *m.*
region ['ri:dʒən] *s.* **1** regione *f,* zona *f: the tropical –s* le regioni tropicali. **2** (*administrative area*) regione *f.* **3** 〈*fig*〉 regione *f,* campo *m,* sfera *f,* settore *m.* **4** 〈*Anat,Med*〉 regione *f.* □ 〈*fig*〉 *in the ~ of* intorno a, circa. **regional** [–l] *a.* regionale. **regionalism** [–əlizəm] *s.* regionalismo *m* (*anche Pol.,Ling.,Lett.*). **,regionalization** [–ə'laizeʃən] *s.* regionalizzazione *f.* **regionalize** [–laiz] *v.t.* regionalizzare.
register ['redʒistə] **I** *s.* **1** registro *m,* elenco *m: the ~ of births* il registro delle nascite. **2** (*list of related persons*) ruolo *m;* (*professional roll*) albo *m.* **3** 〈*tecn*〉 registro *m,* valvola *f* di regolazione. **4** 〈*Mar*〉 registro *m* marittimo. **5** (*device for recording numbers, etc.*) registratore *m;* (*cash register*) registratore *m* di cassa. **6** 〈*Mus,Tip,Fot*〉 registro *m.* **II** *v.t.* **1** registrare: *to ~ a birth* registrare una nascita; (*to enroll*) iscrivere, immatricolare: *to ~ a student* iscrivere uno studente; *to ~ a car* immatricolare una macchina; (*of a trade-mark*) registrare. **2** 〈*Post*〉 raccomandare, spedire per raccomandata: *to ~ a letter* raccomandare una lettera. **3** (*of luggage*) assicurare. **4** (*of instruments*) segnare, indicare, registrare: *the thermometer –ed 25⁰* il termometro segnava 25⁰. **5** 〈*fig*〉 mostrare, manifestare, esprimere: *her face –ed surprise* il suo viso mostrava sorpresa. **6** 〈*Econ*〉 (*of a security*) intestare. **7** 〈*Mar*〉 iscrivere, immatricolare. **III** *v.i.* **1** firmare un registro; (*of a voter*) iscriversi nelle liste elettorali; (*to enroll*) immatricolarsi. **2** 〈*fig*〉 apparire: *hope –ed on their faces* sui loro volti apparve la speranza. **3** 〈*fig*〉 (*to penetrate the mind*) essere capito (*o* afferrato). □ 〈*Parl*〉 *~ of votes* lista *f* elettorale; *~ of members* libro *m* dei soci.
registered| bond ['redʒistəd] *s.* 〈*Econ*〉 obbligazione nominativa. **~ capital** *s.* capitale *m* nominale. **~ land certificate** *s.* certificato *m* catastale. **~ letter** *s.* 〈*Post*〉 lettera *f* raccomandata, raccomandata *f.* **~ nurse** *s.* infermiera *f* diplomata (*o* patentata). **~ office** *s.* sede *f* legale. **~ pattern** *s.* 〈*Comm*〉 modello *m* depositato. **~ securities** *s.pl.* 〈*Econ*〉 titoli *mpl* nominativi. **~ share, ~ stock** *s.* azione *f* nominativa. **~ tonnage** *s.* → **register tonnage. ~ trademark** *s.* marchio *m* depositato.
register| office *s.* → **registry office. ~ tonnage** *s.* 〈*Mar*〉 stazza *f* netta di registro.
registering thermometer ['redʒistriŋ] *s.* termometro *m* registratore, termografo *m.*
registrable ['redʒistrəbl] *a.* registrabile. **registrant** [–rənt] *s.* **1** chi registra. **2** 〈*Dir*〉 (*of a trademark*) titolare *m/f* del diritto di privativa.
registrar [,redʒis'trɑ:] *s.* **1** ufficiale *m* di stato civile. **2** (*official recorder*) archivista *m/f,* cancelliere *m.* **3** 〈*Scol*〉 segretario *m* (*f* –a). □ *~ of births, deaths and marriage* ufficiale *m* di stato civile.
Registrar General *s.* (*pl.* **Registrars General**) capo *m* dell'archivio di stato civile.
registrarship [,redʒis'trɑ:ʃip] *s.* funzioni *fpl* di ufficiale di stato civile.
registrary ['redʒistrəri] *s.* 〈*Univ*〉 (*at Cambridge*) segretario *m.*
registration [,redʒis'treiʃən] *s.* **1** registrazione *f.* **2** (*of voters*) iscrizione *f* nelle liste elettorali. **3** 〈*Mar*〉 iscrizione *f.* **4** 〈*Aut*〉 libretto *m* d'immatricolazione. **5** 〈*Post*〉 raccomandazione *f.* **6** (*of luggage*) assicurazione *f.*
registration| book *s.* certificato *m* di immatricolazione. **~ dues** *s.pl.* spese *fpl* di registro. **~ fee** *s.* 〈*Post*〉 tassa *f* di raccomandazione. **~ number** *s.* 〈*Aut*〉 numero *m* ʾdi targaʾ (*o* d'immatricolazione).
registry ['redʒistri] *s.* **1** registrazione *f;* (*act of enrolling*) iscrizione *f,* immatricolazione *f.* **2** (*place where a register*

is kept) archivio *m,* ufficio *m* di registrazione. **3** ⟨*Mar*⟩ atto *m* di nazionalità.

egistry office *s.* **1** ufficio *m* di stato civile, stato *m* civile. **2** (*employment bureau for servants*) agenzia *f* di collocamento (per domestici). □ *to get married at the* ∼ sposarsi civilmente (*o* in municipio).

egius *lat.* ['riːdʒiəs] *a.* **1** regio. **2** ⟨*Univ*⟩ (*at Oxford, Cambridge: of a professorship*) istituito dalla corona; (*of a professor*) regio.

egnal ['regnəl] *a.* di (*o* relativo a) un regno: ∼ *year* anno di regno.

egnant ['regnənt] *a.* **1** regnante: *a queen* ∼ una regina regnante. **2** ⟨*fig*⟩ (*prevalent*) prevalente, predominante, imperante.

egorge [riˈgɔːdʒ] **I** *v.t.* vomitare, rigettare. **II** *v.i.* rigurgitare.

egrate [riˈgreit] *v.t.* accaparrare, incettare (per rivendere al minuto). **regrater, regrator** [-ə] *s.* accaparratore *m* (*f* –trice), incettatore *m* (*f* –trice).

egress I *v.i.* [riˈgres] retrocedere, regredire. **II** *s.* ['riːgres] **1** regresso *m,* regressione *f.* **2** ⟨*Dir*⟩ regresso *m.*

egression [riˈgreʃən] *s.* **1** regresso *m,* regressione *f.* **2** ⟨*Biol,Psic,Med*⟩ regressione *f.* **3** ⟨*Mat*⟩ regresso *m* (di una curva). **4** ⟨*Sociol*⟩ regresso *m: social* ∼ regresso sociale.

egression analysis *s.* ⟨*Statist*⟩ analisi *f* multivariata (*o* di regressione).

egressive [riˈgresiv] *a.* **1** regressivo, retrogrado. **2** ⟨*Biol,Fon,Econ*⟩ regressivo. **regressively** [-gresivli] *avv.* regressivamente. **regressiveness** [-gresivnis], **regressivity** [-greˈsiviti] *s.* regressività *f.*

egret [riˈgret] **I** *v.t.* (*pret., p.p.* **regretted** [-id]) **1** pentirsi di (*o* per), provare rimorso per, dolersi di: *do you* ∼ *having done it?* ti penti di averlo fatto? **2** (*to feel sorry for*) dolersi di, dispiacersi di, rammaricarsi di (*o* per): *I* ∼ *I am unable to help* mi duole di non poter essere d'aiuto. **3** (*to remember with a sense of loss*) rimpiangere. **II** *s.* **1** rimorso *m,* pentimento *m.* **2** (*sense of sorrow*) rincrescimento *m,* rammarico *m,* dispiacere *m: he expressed* ∼ espresse il suo rincrescimento; (*sense of loss*) rimpianto *m.* **3** *pl.* (*feeling of remorse*) rimorso *m,* rimorsi *mpl.* **4** *pl.* (*expression of sorrow*) scuse *fpl: with many –s* con molte scuse. □ *to have no –s* non avere rimpianti; *I* ∼ *to say that* mi dispiace di (dover) dire che; *it is to be –ted that* è deplorevole che; *much to my* ∼ con mio grande rammarico.

egretful [riˈgretful] *a.* pieno di rammarico (*o* rincrescimento). **regretfully** [-i] *avv.* con rammarico, con rincrescimento. **regrettable** [-təbl] *a.* spiacevole, increscioso, deplorevole: *a* ∼ *error* uno spiacevole errore. **regrettably** [-təbli] *avv.* spiacevolmente.

egroup [riːˈgruːp] **I** *v.t.* raggruppare, riordinare in gruppi. **II** *v.i.* formare un nuovo gruppo, cambiare il raggruppamento.

egt., Regt. = *regiment* reggimento.

egulable ['regjuləbl] *a.* regolabile. **regular** [-lə] **I** *a.* **1** metodico, regolare, ordinato: *a man of* ∼ *habits* un uomo dalle abitudini metodiche; (*recurring at specific times*) regolare, a ore fisse: ∼ *meals* pasti regolari. **2** (*of a customer, visitor, etc.*) abituale. **3** (*normal, usual*) normale, consueto, abitudinale, regolare, solito: *the* ∼ *procedure* la procedura normale. **4** (*in accordance with the rules, usage*) regolare, regolamentare, secondo le regole: *the election was perfectly* ∼ l'elezione fu assolutamente regolare. **5** (*uniform, even*) regolare, uniforme: *a* ∼ *arrangement* una disposizione regolare; (*symmetrical, harmonious*) regolare, proporzionato, simmetrico: ∼ *features* lineamenti regolari. **6** ⟨*Fisiol*⟩ regolare. **7** ⟨*fam*⟩ *thorough, utter*) vero (e proprio), bell'e buono, autentico: *a* ∼ *rascal* una vera canaglia. **8** (*properly qualified*) qualificato, con le carte in regola: *a* ∼ *cook* un cuoco qualificato. **9** ⟨*Gramm,Geom,Mil,Rel*⟩ regolare: ∼ *nouns* sostantivi regolari; ∼ *clergy* clero regolare. **10** ⟨*am.fam*⟩ (*good*) in gamba, bravo, a posto, come si deve: *a* ∼ *guy* un tipo in gamba. **II** *s.* **1** ⟨*Mil*⟩ soldato *m* dell'esercito regolare. **2** (*regular customer*) cliente *m/f* abituale. **3** ⟨*Rel*⟩ religioso *m* appartenente a clero regolare. **4** ⟨*Sport*⟩ titolare *m/f.* **III** *avv.* ⟨*dial*⟩ → **regularly.** □ *as* ∼ *as clockwork*

regolare (*o* puntuale, preciso) come un orologio; *to keep* ∼ *hours* rispettare un preciso orario, essere metodico.

regular‖ fellow, ∼ **guy** *s.* ⟨*fam*⟩ persona *f* simpatica, ⟨*fam*⟩ simpaticone *m* (*f* –a).

regularity [ˌregjuˈlæriti] *s.* regolarità *f.* **regularization** [-ˈlɔraiˈzeiʃən] *s.* regolarizzazione *f.* **'regularize** [-ləraiz] *v.t.* regolarizzare.

regularly ['regjuləli] *avv.* **1** (*at regular intervals*) regolarmente, con regolarità: *he visits us* ∼ viene a farci visita regolarmente; (*habitually*) abitualmente. **2** (*uniformly*) regolarmente, uniformemente.

regulate ['regjuleit] *v.t.* **1** regolare, dirigere, guidare: *to* ∼ *exports and imports* regolare le esportazioni e le importazioni. **2** (*to put in order*) regolare, disciplinare. **3** ⟨*tecn*⟩ regolare: *to* ∼ *a watch* regolare un orologio. **,regulation** [-ˈleiʃən] **I** *s.* **1** norma *f,* regola *f: the –s concerning immigration* le norme che regolano l'immigrazione. **2** *pl.* ordinamento *m,* regolamento *m,* regolamentazione *f: school –s* ordinamento scolastico. **II** *a.* **1** regolamentare, prescritto, d'obbligo: *the* ∼ *size envelope* il formato regolamentare di busta. **2** ⟨*Mil*⟩ d'ordinanza, regolamentare: ∼ *uniform* uniforme d'ordinanza. □ *according to –s* regolamentare, secondo il regolamento; *contrary to –s* contrario al regolamento.

regulative [-iv] *a.* regolativo. **regulator** [-ə] *s.* **1** chi regola. **2** ⟨*tecn*⟩ regolatore *m.* **3** ⟨*Orol*⟩ racchetta *f,* stringilama *m.* **regulatory** [-əri] *a.* regolatore.

regulus ['regjuləs] *s.* (*pl.* **-es** [iz]/-li [lai]) ⟨*Met,Ornit*⟩ regolo *m.* **Regulus** *N.pr.* ⟨*Astr*⟩ Regolo *m.*

regurgitate [riːˈgəːdʒiteit] **I** *v.i.* rigurgitare. **II** *v.t.* ributtare, rigettare. **re.gurgitation** [-ˈteiʃən] *s.* rigurgito *m* (*anche Med.,Zool.*).

rehabilitate [ˌriː(h)əˈbiliteit] *v.t.* **1** rieducare; (*of criminals, etc.*) rieducare, riabilitare: *to* ∼ *juvenile delinquents* rieducare i minorenni traviati. **2** (*to restore to previous rank, standing*) reintegrare in un ufficio (*o* una carica, ecc.); (*to restore the good name of*) riabilitare. **3** (*to restore a house, etc.*) restaurare. **4** ⟨*Dir*⟩ riabilitare. **5** ⟨*Sociol*⟩ reinserire nella società: *to* ∼ *drug addicts* reinserire drogati nella società. **,reha.bilitation** [-ˈteiʃən] *s.* **1** riabilitazione *f* (*anche Dir.*). **2** (*restoration*) restauro *m.* **3** ⟨*Sociol*⟩ reinserimento *m* nella società: ∼ *of offenders*: reinserimento di ex detenuti nella società. **4** (*of old buildings*) risanamento *m.* **rehabilitative** [-iv] *a.* rieducativo. **2** ⟨*Med*⟩ riabilitativo: ∼ *medicine* medicina riabilitativa.

rehang [riːˈhæŋ] *v.t.irr.* riappendere, riattaccare.

rehash I *v.t.* ['riːhæʃ] ⟨*fig*⟩ rifriggere, rimasticare. **II** *s.* [ˌriːˈhæʃ] rifacimento *m,* rimaneggiamento *m.*

rehear [riːˈhiə] *v.t.irr.* riesaminare. **rehearing** [-riŋ] *s.* riesame *m.*

rehearsal [riˈhəːsl] *s.* **1** ⟨*Teat*⟩ prova *f* (*anche estens.*): *dress* ∼ prova generale. **2** (*enumeration*) elencazione *f,* enumerazione *f.*

rehearse [riˈhəːs] **I** *v.t.* **1** ⟨*Teat*⟩ provare, fare le prove di (*anche estens.*); (*of people*) far fare le prove a: *the conductor –d the orchestra* il direttore fece fare le prove all'orchestra. **2** (*to enumerate*) enumerare, elencare. **II** *v.i.* ⟨*Teat*⟩ provare, fare le prove.

rehouse [riːˈhauz] *v.t.* provvedere (*o* fornire) di nuove abitazioni, rialloggiare. **rehousing** [-iŋ] *s.* il fornire di nuove abitazioni.

reign [rein] **I** *s.* **1** regno *m: in the* ∼ *of George III* sotto il regno di Giorgio III. **2** ⟨*fig*⟩ sovranità *f,* autorità *f: the* ∼ *of law* la sovranità della legge. **II** *v.i.* **1** regnare. **2** ⟨*fig*⟩ regnare, dominare (*over* su).

reignite [ˌriːigˈnait] *v.t.* riaccendere, accendere di nuovo.

reimburse [ˌriːimˈbəːs] *v.t.* risarcire, rimborsare: *to* ∼ *s.o. for his expenses* risarcire qd. delle spese. **reimbursement** [-mənt] *s.* rimborso *m,* risarcimento *m.*

reimport I *v.t.* [ˌriːimˈpɔːt] importare di nuovo. **II** *s.* ['riːimpɔːt] articolo *m* importato di nuovo. **reimportation** [ˌriːimpɔːˈteiʃən] *s.* **1** nuova importazione *f.* **2** *pl.* merci *fpl* importate di nuovo.

reimpose [ˌriːimˈpouz] *v.t.* **1** imporre di nuovo. **2** ⟨*Tip*⟩ rimpaginare. **reimposition** [-pəˈziʃən] *s.* **1** nuova imposizione *f.* **2** ⟨*Tip*⟩ rimpaginatura *f.*

rein [rein] **I** s. **1** redine f, briglia f. **2** ⟨fig⟩ (means of restraining) briglia f, freno m, controllo m. **3** pl. ⟨fig⟩ (position of authority) redini fpl, comando m, guida f. **II** v.t. **1** (spesso con back, in, up: to bring to a halt) fermare tirando le redini (o briglie); (to direct with reins) guidare con le redini (o briglie). **2** ⟨fig⟩ (spesso con in, up) frenare, trattenere, tenere a freno, imbrigliare: to ~ in one's impatience frènare la propria impazienza. **III** v.i. **1** (to stop, slow down; spesso con back, in, up) obbedire alle redini (o briglie). **2** (to stop one's horse with the reins; spesso con back, in, up) fermare il cavallo tirando le redini (o briglie). □ ⟨fig⟩ to assume the ~s of government prendere le redini del governo; ⟨fig⟩ to give (free, full) ~ to: 1 sbrigliare, dare libero sfogo a: to give free ~ to one's imagination sbrigliare la fantasia; 2 (of people) dare piena libertà d'azione a, lasciare la briglia sul collo a; to hold the ~s tenere le redini; ⟨fig⟩ tenere (in mano) le redini, comandare; to hold under a tight ~ tenere in briglia; ⟨fig⟩ tenere a freno.
reincarnate [,ri:in'kɑ:neit] **I** v.t. r(e)incarnare. **II** a. r(e)incarnato. **reincarnation** [-'neiʃən] s. r(e)incarnazione f.
reincorporate [,ri:in'kɔ:pəreit] v.t. rincorporare.
reindeer ['reindiə] s. (pl. inv./-s [z]) ⟨Zool⟩ renna f.
reinforce [,ri:in'fɔ:s] **I** v.t. **1** ⟨Mil⟩ rinforzare: to ~ an army rinforzare un'armata. **2** (to strengthen) rinforzare, rafforzare: to ~ a wall rinforzare un muro; to ~ an argument with facts rafforzare una tesi con dati di fatto. **3** ⟨Edil⟩ armare, rinforzare, fare l'armatura a: reinforced concrete cemento armato. **II** s. **1** ⟨Edil⟩ armatura f. **2** (of a gun) rinforzo m (di un cannone). **reinforcement** [-mənt] s. **1** (act of strengthening) rinforzo m, rinforzamento m, rafforzamento m; (thing added) rinforzo m, rinforzatura f. **2** pl. ⟨Mil⟩ rinforzi mpl. **3** ⟨Edil⟩ armatura f.
reinsert ['ri:in'sə:t] v.t. reinserire. **reinsertion** [-'sə:ʃən] s. reinserimento m.
reinstall ['ri:in'stɔ:l] v.t. reinstallare, installare di nuovo.
reinstate ['ri:in'steit] v.t. **1** reintegrare. **2** restaurare, ripristinare. **reinstatement** [-mənt] s. **1** reintegrazione f. **2** (of s.th. damaged) ripristino m, ripristinamento m.
reinsurance [ri:in'ʃuərəns] s. ⟨Assic⟩ riassicurazione f. **reinsure** [-'ʃuə] v.t. riassicurare. **reinsurer** [-'ʃuərə] s. riassicuratore m.
reintegrate [ri:'intigreit] v.t. reintegrare. **reintegration** [-'greiʃən] s. reintegrazione f.
reinvest ['ri:in'vest] **I** v.t. **1** ⟨Econ⟩ reinvestire. **2** ⟨Mil⟩ investire di nuovo. **II** v.i. ⟨Econ⟩ effettuare un reinvestimento (in in). **reinvestment** [-mənt] s. ⟨Econ⟩ reinvestimento m.
reinvigorate ['ri:in'vigərəit] v.t. rinvigorire, rafforzare. **reinvigoration** [-'reiʃən] s. rinvigorimento m, rafforzamento m.
reissue [ri:'iʃu:, ri'isju:] **I** s. **1** ⟨Edit⟩ nuova edizione f. **2** ⟨Filat⟩ nuova emissione f. **II** v.t. **1** ⟨Edit⟩ ristampare, ripubblicare. **2** ⟨Filat⟩ emettere di nuovo.
reiterate [ri:'itəreit] v.t. ripetere (più volte), reiterare. **reiteration** [-'reiʃən] s. reiterazione f, ripetizione f.
reive scozz. [ri:v] **I** v.t. (to plunder) saccheggiare. **II** v.i. compiere saccheggi. **reiver** scozz. [-ə] s. saccheggiatore m.
reject **I** v.t. [ri'dʒekt] **1** rifiutare, respingere, rigettare: to ~ an offer rifiutare un'offerta; to ~ a claim respingere un reclamo. **2** (to discard) scartare, eliminare. **3** ⟨Edit⟩ respingere. **4** (to cast out) ributtare, gettare fuori; (to vomit) ributtare, vomitare. **II** s. ['ri:dʒekt] **1** scarto m, rifiuto m, oggetto m di scarto. **2** ⟨Mil⟩ riformato m. **re'jectable** [-əbl] a. rifiutabile. **rejectamenta** [-ə'mentə] s.pl. scarti mpl, rifiuti mpl. **re'jecter** [-ə] s. chi respinge, chi rifiuta. **re'jection** [-kʃən] s. **1** rifiuto m, ricusa f. **2** scarto m, rifiuto m, oggetto m di scarto. **3** ⟨Med⟩ rigetto m.
rejection| crisis s. ⟨Med⟩ crisi f di rigetto. **~ front** ⟨Pol⟩ fronte m del rifiuto.
rejector s. → rejecter.
rejoice [ri'dʒɔis] **I** v.i. rallegrarsi (in, at, over di, per), gioire, godere (di): to ~ in one's children's success

rallegrarsi del successo dei propri figli. **II** v.t. rallegra allietare, fare (o rendere) felice. □ I am –d to hear it so lieto di sentirlo; to ~ in (to have, possess) ave possedere; ⟨scherz⟩ he ~s in the name of Ned si chian Ned. **rejoicing** [-iŋ] s. **1** letizia f, felicità f, esultanza allegrezza f. **2** pl. festeggiamenti mpl, feste fpl.
rejoin[1] [ri'dʒɔin] **I** v.t. **1** (to join together again) riuni rimettere insieme, ricongiungere. **2** (to come again into t company of) riunirsi a, ricongiungersi a, raggiungere. **3** enroll again in) iscriversi di nuovo a. **II** v.i. riunir ricongiungersi.
rejoin[2] **I** v.t. **1** (to say in answer) replicare, ribatte rispondere. **2** ⟨Dir⟩ controreplicare. **II** v.i. risponde. replicare.
rejoinder [ri'dʒɔində] s. **1** replica f, risposta f. **2** ⟨D controreplica f.
rejuvenate [ri'dʒu:vineit] **I** v.t. ringiovanire (anche fig.). v.i. ringiovanire, ringiovanirsi. **rejuvenation** [-'neiʃən] ringiovanimento m (anche fig.). **rejuvenator** [-ə] s. c (o cosa che) ringiovanisce.
rejuvenescence [ri:,dʒu:vi'nesns] s. ringiovanimento (anche Biol.). **rejuvenescent** [-nt] a. che ringiovanis
re'juvenize [-vinaiz] v. → rejuvenate.
rekindle [ri:'kindl] **I** v.t. riaccendere (anche fig.). **II** v riaccendersi.
rel. = **1** relating, relative relativo. **2** religion religione. religious religioso.
relabel [ri:'leibl] v.t. mettere una nuova etichetta a (o s etichettare di nuovo.
relapse [ri'læps] **I** v.i. ricadere, ricascare (into in): to into vice ricadere nel vizio. **2** ⟨Med⟩ recidivare. **II** s. ricaduta f. **2** ⟨Med⟩ recidiva f. **relapsing** [-iŋ] recidivante.
relate [ri'leit] **I** v.t. **1** riferire, raccontare, narra riportare. **2** (to establish a connection between) collega stabilire un nesso fra, mettere in relazione: to ~ a cri to (o with) the criminal's background collegare il crimi all'ambiente del criminale. **II** v.i. **1** riferirsi (to riguardare (qc.), avere attinenza (con). **2** (to have a soc relationship) stabilire rapporti (o relazioni), essere relazione (to, with con): to be unable to ~ to on environment non riuscire a stabilire rapporti con il prop ambiente. □ strange to ~ strano a dirsi. **related** [-id] **1** imparentato, legato da parentela (to con): I am ~ him sono imparentato con lui. **2** (having relationsh collegato, connesso, attinente, relativo. □ ~ by blo consanguineo; to be closely ~ essere parenti stretti; to distantly ~ essere parenti lontani; ~ on one's father's mother's) side imparentato per parte di padre (o madr biology and ~ sciences biologia e scienze affi **relatedness** [-idnis] s. relazione f, connessione rapporto m. **relater** [-ə] s. narratore (f –tric **relating** [-iŋ] a. relativo, attinente (to a).
relation [ri'leiʃən] s. **1** relazione f, rapporto connessione f, nesso m: I see no ~ between the two eve non vedo relazione alcuna fra i due fatti. **2** (pers connected by kinship) parente m/f, congiunto m (f –a): ' wife's –s i parenti di mia moglie. **3** (kinship) parentela is there any ~ between you two? c'è qualche parentela voi due? **4** pl. (mutual dealings) relazioni fpl, rappo mpl: social –s relazioni sociali. **5** (act of relati esposizione f, narrazione f, racconto m; (account, repo relazione f, rapporto m, resoconto m. □ to bear no ~ non avere niente a che fare (o vedere) con; to break off with: 1 rompere (o interrompere) i rapporti con; 2 ⟨ rompere le relazioni diplomatiche con; to have ~ riguardare, concernere, riferirsi a; in ~ to = with relat to; to be out of all ~ to: 1 = essere del tutto sproporzionato be out of proportion to) essere del tutto sproporzionato with ~ to quanto a, riguardo a, relativamente **relational** [-l], **relationary** [-əri] a. **1** relazionale. (of kinship) di parentela. **relationship** [-ʃip] s. relazione f, rapporto m, connessione f, nesso m. (kinship) parentela f. **3** (state of affairs between t people) rapporti mpl, rapporto m, relazioni fpl.
relative ['relətiv] **I** a. **1** relativo: a time of ~ peace periodo di pace relativa. **2** (having reference) relativ

attinente (a), concernente (qc): *the facts ~ to the case* i fatti relativi al caso; (*relevant*) pertinente, relativo: *I gave him the ~ information* gli ho dato le informazioni pertinenti. **3** (*reciprocal*) reciproco, mutuo, scambievole. **4** (*related, connected*) collegato, connesso. **5** ⟨*Gramm,Mus,Fis*⟩ relativo. **II** *s.* **1** parente *m/f*, congiunto *m* (*f* –a). **2** ⟨*Gramm*⟩ → **relative pronoun**.

elative| adverb *s.* ⟨*Gramm*⟩ avverbio *m* relativo. **~ clause** *s.* ⟨*Gramm*⟩ proposizione *f* relativa.

elatively ['rɛlətivli] *avv.* relativamente, in modo relativo, limitatamente: *~ cheap* relativamente poco caro; *~ speaking* parlando non in senso assoluto. **relativeness** [–vnis] *s.* relatività *f*.

elative| number *s.* ⟨*Mat*⟩ numero *m* relativo. **~ pronoun** *s.* ⟨*Gramm*⟩ pronome *m* relativo.

elativism ['rɛlətivizəm] *s.* ⟨*Filos*⟩ relativismo *m*. **relativist** [–vist] **I** *s.* relativista *m/f*. **II** *a.* → **relativistic**. **,relativistic** [–'vistik] *a.* ⟨*Filos,Fis*⟩ relativistico. **,relativity** [–'tiviti] *s.* relatività *f* (*anche Fis.,Filos.*). □ ⟨*Fis*⟩ *theory of ~* teoria *f* della relatività. **relativize** [–'vaiz] *v.t.* relativizzare.

elator [ri'leitə] *s.* **1** → **relater**. **2** ⟨*Dir*⟩ privato *m* che determina un'azione legale da parte dello stato contro un terzo.

°elax [ri'læks] **I** *v.t.* **1** rilassare, allentare, distendere: *to ~ one's muscles* rilassare i muscoli; *to ~ a hold* allentare una presa. **2** (*to lessen, slacken*) diminuire, ridurre, allentare: *to ~ the tension* diminuire la tensione; (*to make less strict*) allentare, rendere meno rigido, rilassare, mitigare: *to ~ discipline* allentare la disciplina. **II** *v.i.* **1** rilassarsi, allentarsi. **2** (*to loose nervous tension*) rilassarsi, distendere i nervi: *to ~ in a warm bath* rilassarsi in un bagno caldo. **3** (*to become less strict*) diventare meno rigido, mitigarsi; (*to diminish*) diminuire, allentarsi: *the pressure –ed* la pressione diminuì. **4** (*to take rest, recreation*) riposarsi, ricrearsi. □ *his face –ed into a smile* il suo volto si distese in un sorriso. **relaxation** [,ri:læk'seiʃən] *s.* **1** rilassamento *m*, allentamento *m*, distensione *f*. **2** (*act of making less strict*) rilassamento *m*, allentamento *m*, mitigazione *f*; (*of penalties, payments*) remissione *f*. **3** (*relief from strain*) rilassamento *m*, distensione *f*; (*activity providing relief*) svago *m*, passatempo *m*, diversivo *m*, distrazione *f*. **4** ⟨*Fisiol*⟩ rilassamento *m*. □ *as a ~* per svagarsi, come (*o* per) diversivo. **relaxed** [–t] *a.* **1** rilassato, disteso. **2** (*not strict, severe*) non rigido; (*of morals, etc.*) rilassato. **3** (*informal*) disinvolto, sciolto: *a ~ atmosphere* un'atmosfera disinvolta. **relaxedly** [–idli] *avv.* con rilassatezza.

°elay I *s.* ['ri:lei, ri'lei] **1** squadra *f* ⸢di turno⸣ (*o* che dà il cambio). **2** (*supply of horses*) cavalli *mpl* di ricambio (*o* posta); (*of dogs*) muta *f* di ricambio. **3** ⟨*Sport*⟩ (*relay race*) staffetta *f*. **4** ⟨*El*⟩ [ri:'lei] relais *m*, relè *m*. **5** ⟨*Mecc*⟩ servomotore *m*. **6** ⟨*Rad*⟩ ripetitore *m*, stazione *f* ripetitrice (*o* relè). **II** *v.t.* [ri:'lei] **1** trasmettere, passare: *the message was –ed to the front line* il messaggio fu trasmesso al fronte. **2** ⟨*Rad*⟩ ritrasmettere. **III** *v.i.* **1** fare il cambio (di cavalli, uomini, ecc.). **2** ⟨*Rad*⟩ ritrasmettere un programma. □ *to work in* (*o by*) *–s* lavorare a squadre che si ⸢danno il cambio⸣ (*o* alternano).

re-lay [ri:'lei] *v.t.irr.* rimettere giù, ricollocare, posare (*o* deporre) di nuovo.

relay| broadcast ['ri:lei, ri'lei] *s.* ⟨*Rad*⟩ ritrasmissione *f*, ripetizione *f*. **~ race** *s.* ⟨*Sport*⟩ staffetta *f*, corsa *f* a staffetta. **~ runner** *s.* ⟨*Sport*⟩ frazionista *m/f*. **~ station** *s.* ⟨*Rad*⟩ stazione *f* ripetitrice (*o* relè), ripetitore *m*.

releasable [ri'li:səbl] *a.* che si può rilasciare, rilasciabile.

release [ri'li:s] **I** *v.t.* **1** rilasciare, liberare, rimettere in libertà: *to ~ a prisoner* rilasciare un prigioniero; (*to let go*) mollare, lasciare andare; *to ~ one's hold* mollare la presa. **2** (*of emotions, etc.*) sfogare, dare sfogo a. **3** (*to absolve*) sciogliere, dispensare, assolvere, liberare: *to ~ s.o. from a promise* sciogliere qd. da una promessa. **4** (*of a switch, etc.*) allentare: *to ~ the handbrake* allentare il freno a mano. **5** (*to allow to be issued*) mettere in circolazione, fare uscire: *the film will be –d next week* il film sarà messo in circolazione la settimana prossima. **6** ⟨*Dir*⟩ (*of rights, etc.*) rinunciare a, abbandonare; (*of property, etc.*)

cedere. **II** *s.* **1** rilascio *m*, liberazione *f*: *to obtain s.o.'s ~* ottenere il rilascio di qd. **2** (*relief*) liberazione *f*, sollievo *m*: *death can be his only ~* la morte può essere la sua sola liberazione. **3** (*dispensation*) dispensa *f*, esenzione *f*, esonero *m*. **4** ⟨*Dir*⟩ (*of rights, etc.*) cessione *f*; (*act, instrument*) atto *m* di cessione (*o* rinuncia). □ *to ~ an arrow* scoccare una freccia; *to ~ a bomb* sganciare una bomba; ⟨*burocr*⟩ *~ from duty* esenzione *f* dal servizio.

re-lease [ri:'li:s] *v.t.* riaffittare.

releasee [,rili:'si:] *s.* ⟨*Dir*⟩ cessionario *m* (*f* –a).

release| gear *s.* ⟨*Mecc*⟩ dispositivo *m* di scatto. **~ lever** *s.* ⟨*Aut*⟩ leva *f* di avviamento (*o* comando).

releaser [ri'li:sə] *s.* **1** chi libera, chi rilascia. **2** ⟨*Mecc*⟩ dispositivo *m* di scatto. **3** ⟨*Cin*⟩ noleggiatore *m*. **releasor** [–sə] *s.* ⟨*Dir*⟩ cedente *m/f*.

relegable ['religəbl] *a.* che può essere relegato. **relegate** [–geit] *v.t.* **1** relegare, confinare. **2** (*to hand over for decision, etc.*) passare, rimettere, deferire, delegare. **3** ⟨*Sport*⟩ retrocedere. **,relegation** [–'geiʃən] *s.* **1** relegazione *f* (*anche Dir.rom*). **2** (*delegation, handing over*) deferimento *m*, delegazione *f*. **3** ⟨*Sport*⟩ retrocessione *f*.

relent [ri'lent] *v.i.* **1** addolcirsi, lasciarsi commuovere. **2** (*to become less severe*) calmarsi, placarsi, attenuarsi. **relentless** [ri'lentlis] *a.* implacabile, inesorabile, spietato. **relentlessly** [–li] *avv.* implacabilmente, inesorabilmente, spietatamente. **relentlessness** [–nis] *s.* implacabilità *f*, inesorabilità *f*, spietatezza *f*.

re-let [ri:'let] *v.t.irr.* **1** riaffittare, ridare in affitto. **2** (*to sublease*) subaffittare.

relevance ['relivəns], **relevancy** [–i] *s.* pertinenza *f*, attinenza *f*. **relevant** [–nt] *a.* relativo, pertinente, attinente (*to* a): *all the ~ information* tutte le relative informazioni. **relevantly** [–ntli] *avv.* in modo pertinente.

reliability [ri,laiə'biliti] *s.* **1** fidatezza *f*, fiducia *f*: *a person of the utmost ~* una persona della massima fidatezza. **2** (*trustworthiness*) attendibilità *f*, credibilità *f*: *the ~ of his information* l'attendibilità delle sue informazioni. **3** (*of tests, experiments*) attendibilità *f*, regolarità *f*. **4** ⟨*tecn*⟩ affidabilità *f*.

reliability trial *s.* ⟨*Aut*⟩ prova *f* di regolarità.

reliable [ri'laiəbl] *a.* **1** fidato, (degno) di fiducia, sicuro: *a ~ person* una persona fidata. **2** (*that can be believed*) attendibile, credibile: *a ~ witness* un testimone attendibile. **3** (*of tests, experiments*) attendibile; (*of instruments*) preciso, esatto. **4** ⟨*tecn*⟩ affidabile. **reliableness** [–nis] *s.* → **reliability**. **reliably** [–i] *avv.* in modo da aver riposta fiducia.

reliance [ri'laiəns] *s.* **1** il fare assegnamento (*o* affidamento), il contare (*on* su) **2** (*confidence*) fiducia *f*, affidamento *m*, assegnamento *m*: *to place ~ on s.o.* fare assegnamento su qd. **3** (*s.th., s.o. relied on*) sostegno *m*, appoggio *m*. **reliant** [–nt] *a.* **1** che fa affidamento (*o* assegnamento), che conta (*on* su). **2** (*trusting*) fiducioso, confidente. **reliantly** [–ntli] *avv.* fiduciosamente.

relic ['relik] *s.* **1** ⟨*Rel*⟩ reliquia *f*. **2** (*material evidence of the past*) resti *mpl*, avanzi *mpl*: *–s of the Stone Age* resti dell'età della pietra. **3** *pl.* corpo *m*, salma *f*, resti *mpl* mortali.

relict ['relikt] *s.* ⟨*rar*⟩ vedova *f*.

relief¹ [ri'li:f] *s.* **1** sollievo *m*, ristoro *m*, conforto *m*: *~ from pain* sollievo dal dolore. **2** (*clothing, etc., given in aid*) soccorso *m*, assistenza *f*, aiuto *m*; (*money*) sussidio *m*, sovvenzione *f*. **3** ⟨*Mil*⟩ soccorsi *mpl*, rinforzi *mpl*, rifornimenti *mpl*. **4** (*release from a post, duty*) cambio *m*, sostituzione *f*, rimpiazzo *m*; (*person replacing another*) sostituto *m* (*f* –a): *my ~ is late* il mio sostituto è in ritardo. **5** (*s.th. that breaks the monotony*) diversivo *m*. **6** ⟨*Dir*⟩ esenzione *f*, sgravio *m*. **7** ⟨*tecn*⟩ scarico *m*. □ *~ of congestion* decongestionamento *m*; *~ forces* truppe *fpl* di soccorso; ⟨*am*⟩ *to be on ~* essere a carico dell'assistenza pubblica; *a sigh of ~* un sospiro di sollievo; *to my great ~* con mio grande sollievo.

relief² *s.* **1** ⟨*Art,Geog*⟩ rilievo *m*. **2** ⟨*fig*⟩ rilievo *m*, risalto *m*, spicco *m*. **3** ⟨*Tip*⟩ stampa *f* in rilievo. □ ⟨*fig*⟩ *to bring into ~* dare risalto a, mettere in risalto (*o* rilievo); *to stand out in ~ against* essere in contrasto con.

relief| fund s. fondo m d'assistenza. **~ map** s. ⟨Topogr⟩ carta f in rilievo. **~ model** s. plastico m. **~ printing** s. ⟨Tip⟩ stampa f in rilievo. **~ road** s. circonvallazione f, strada f di circonvallazione. **~ train** s. ⟨Ferr⟩ treno m supplementare. **~ valve** s. ⟨tecn⟩ valvola f di sicurezza. **~ works** am. s.pl. lavori mpl pubblici promossi per alleviare la disoccupazione.

relievable [ri'li:vəbl] a. che si può alleviare.

relieve [ri'li:v] **I** v.t. **1** alleviare, mitigare, attenuare: to ~ s.o.'s anxiety mitigare l'ansia di qd.; (of a person) sollevare, dare sollievo a: we were ~d to hear you had arrived safely ci sentimmo sollevati alla notizia che eravate felicemente arrivati. **2** ⟨Mil⟩ soccorrere, inviare soccorsi a: to ~ a besieged town soccorrere una città assediata. **3** (to supply with food, aid, etc.) soccorrere, prestare soccorso (o assistenza) a, assistere. **4** (to take over the post, duty of) dare il cambio a, sostituire, rilevare, rimpiazzare. **5** (to release, dismiss from a post) esonerare, dimettere, destituire: the general was ~d of his command il generale fu esonerato dal comando. **6** (to lessen, vary the monotony of) interrompere, variare. **7** (to reduce, lessen) ridurre, diminuire, scemare: to ~ the pressure ridurre la pressione. **8** (rifl) fare i propri bisogni. **9** (to free from an obligation, etc.) esimere, esentare, sollevare. **10** (to bring into relief) dare risalto (o spicco) a, far risaltare, mettere in rilievo (o risalto). **11** ⟨tecn⟩ togliere il carico da. **II** v.i. staccare, spiccare, risaltare. □ to ~ one's feelings dare sfogo ai propri sentimenti; to ~ s.o.'s mind rassicurare qd.

relievo it. [ri'li:vou] s. (pl. -s [z]) ⟨Scult,Art⟩ rilievo m.

relight [ri:'lait] v.t. riaccendere.

religion [ri'lidʒən] s. **1** religione f. **2** (life of a monk, nun, etc.) vita f religiosa. □ to enter ~ abbracciare la vita religiosa; (fam) to get ~ diventare religioso; to make a ~ of doing s.th. farsi un dovere di fare qc.; minister of ~ ministro m del culto; his name in ~ was Damian il suo nome 'di religione' (o da religioso) era Damiano.

religioner [-ə] s. → religionist. **religionism** [-izəm] s. **1** fanatismo m religioso. **2** (excessive religious zeal) bigotteria f, ⟨spreg⟩ santocchieria f. **religionist** [-ist] s. credente m fanatico. **religionize** [-aiz] **I** v.t. **1** convertire (alla religione). **2** (to imbue with religious principles) permeare di principi religiosi. **II** v.i. fare mostra di zelo religioso, ostentare religiosità.

religiose [ri,lidʒi'ous] a. fanaticamente religioso.

religiosity [-dʒi'ɔsiti] s. **1** religiosità f. **2** (affected devotion) bigotteria f, ⟨spreg⟩ santocchieria f.

religious [ri'lidʒəs] **I** a. **1** religioso, sacro: a ~ service un servizio religioso. **2** (faithful in religion) religioso, devoto, pio: a ~ man un uomo religioso. **3** (fig) scrupoloso, coscienzioso: to be ~ in the exercise of one's duty essere scrupoloso nel compiere il proprio dovere. **II** s.inv. **1** religioso m (f ~a); (monk) monaco m; (nun) monaca f. **2** ⟨collett⟩ (person bound by vows; costr. pl.) religiosi mpl. □ ⟨Rel.catt⟩ ~ of the Cenacle suora f del Cenacolo; ⟨Rel.catt⟩ ~ of the Sacred Heart suora f del sacro Cuore.

religious| education s. educazione f religiosa. **~ house** s. casa f religiosa, convento m, monastero m.

religiously [ri'lidʒəsli] avv. **1** religiosamente. **2** ⟨fig⟩ scrupolosamente, coscienziosamente, religiosamente.

religiousness [-snis] s. religiosità f.

reline [ri:'lain] v.t. **1** rifoderare, rivestire di nuovo. **2** ⟨Aut⟩ (of brakes) sostituire le guarnizioni di.

relinquish [ri'liŋkwiʃ] v.t. **1** rinunciare a, abdicare a: to ~ power rinunciare al potere; to ~ the throne abdicare al trono. **2** (to renounce, give up) desistere da, rinunciare a, abbandonare. **3** ⟨Pol,Dir⟩ cedere. **4** (to let go physically) lasciare (andare), mollare: to ~ one's hold lasciare la presa. **relinquishment** [-mənt] s. **1** rinuncia f, abbandono m. **2** ⟨Pol,Dir⟩ cessione f.

reliquary ['relikwəri] s. reliquiario m.

relish ['reliʃ] **I** s. **1** (gran) gusto m, vera gioia f, grande piacere m: to eat with ~ mangiare con (o di) gusto. **2** (liking, inclination) attrazione f, propensione f, inclinazione f, gusto m. **3** ⟨Gastr⟩ condimento m, salsa f; (pickle relish) sottaceti mpl. **4** (pleasing flavour or taste)

buon sapore m, gusto m gradevole. **5** ⟨fig⟩ (trace) punta f, traccia f, pizzico m. **II** v.t. **1** gustare, gradire. **2** ⟨fig⟩ trovare di proprio gusto, gradire; (to appreciate keenly) gustare, assaporare. **3** (to give flavour to) dare gusto (o sapore) a. **III** v.i. **1** sapere, avere sapore (of di); (to have a pleasing taste) essere gustoso (o saporito), avere un buon sapore. **2** ⟨fig⟩ sapere, dare l'impressione (di).

relive [ri:'liv] **I** v.t. rivivere, vivere di nuovo. **II** v.i. rivivere, tornare in vita.

reload [ri:'loud] v.t. ricaricare.

relocatable [,ri:lou'keitəbl] a. ⟨Inform⟩ rilocabile **relocate** [,ri:lou'keit, am. ,ri:'loukeit] v.t. **1** trasferire, spostare. **2** ⟨Mil⟩ dislocare. **relocation** [-'keiʃən] s. **1** trasferimento m. **2** ⟨Mil⟩ dislocamento m. **3** ⟨Inform⟩ rilocazione f.

rel. pron. = ⟨Gramm⟩ relative pronoun pronome relativo.

reluctance [ri'lʌktəns], **reluctancy** [-i] s. **1** riluttanza f, resistenza f, renitenza f; (disinclination) avversione f antipatia f. **2** ⟨El⟩ riluttanza f. **reluctant** [-nt] a. **1** restio, riluttante, ricalcitrante; (marked by, showing reluctance) tirato, stentato, sforzato: a ~ agreement un consenso tirato. **2** (opposing, resisting) che resiste, che si oppone, che offre opposizione (o resistenza). **reluctantly** [-ntli] avv. con riluttanza. **reluctate** [-teit] **I** v.i. essere riluttante (o restio), riluttare. **II** v.t. opporsi a.

rely [ri'lai] v.i. **1** contare, fare assegnamento (o affidamento) (on, upon su), fidarsi (di), avere fiducia confidare (in): you can ~ on me to support you puoi contare sul mio appoggio. **2** (to depend) dipendere. □ I'm relying on it! ci conto!; she is not to be relied upon di lei non ci si può fidare.

remain [ri'mein] v.i. **1** restare, trattenersi, fermarsi: you ~ here, I'll go on alone tu resta qui, proseguirò da solo; ~ ~ed to the end rimasi fino alla fine. **2** (to continue ir some condition) restare, rimanere: we ~ed friends siamo rimasti amici. **3** (to be left) rimanere, avanzare, restare this is all that ~s questo è tutto ciò che resta. □ much ~ to be done resta ancora molto da fare; nothing ~s for me but to accept non mi rimane (altro) che accettare; it ~s to be seen resta a (o da) vedere; to ~ sitting restare seduto to ~ standing restare in piedi; (epist) we ~ yours faithfully, J. Brown & Co. distinti saluti, J. Brown e Co.

remainder [ri'meində] **I** s. **1** resto m, rimanente m avanzo m, residuo m, rimanenza f: for the ~ of the lessor per il resto della lezione; some elected to fight on, the ~ surrendered alcuni decisero di continuare a combattere, rimanenti si arresero. **2** ⟨Mat⟩ resto m. **3** ⟨Edit,Comm⟩ remainder m. **4** ⟨Dir⟩ nuda proprietà f. **II** v.t. svendere (o liquidare) le rimanenze di.

remainderman [ri'meindəmən] s.irr. ⟨Dir⟩ nude proprietario m.

remains [ri'meinz] s.pl. **1** avanzi mpl, resti mpl, residu mpl: he finished off the ~ of the chicken finì gli avanzi de pollo. **2** (of buildings, etc.) ruderi mpl, rovine fpl, rest mpl. **3** ⟨Archeol⟩ resti mpl, avanzi mpl: fossil ~ rest fossili. **4** (dead body) salma f, resti mpl (o spoglie fpl mortali. **5** (of an author) scritti mpl postumi.

remake [ri:'meik] **I** v.t.irr. fare di nuovo. **II** s. ⟨Cin⟩ riedizione f.

reman [ri:'mæn] v.t. **1** rifornire di uomini. **2** ⟨fig⟩ infondere nuovo coraggio a.

remand [ri'mɑ:nd, am. ri'mæ(:)nd] **I** v.t. ⟨Dir⟩ rimandar (o rinviare) in carcere. **II** s. rinvio m in carcere. □ to be on ~ essere trattenuto in carcere.

remand home s. riformatorio m, casa f di correzione.

remanence ['remənəns] s. ⟨Fis⟩ rimanenza f. **remanen** [-nt] a. ⟨Fis⟩ residuo: ~ magnetism magnetismo residuo.

remanet lat. ['remənet] s. **1** ⟨Dir⟩ causa f rinviata (nuova udienza). **2** ⟨Parl⟩ disegno m di legge rinviato (nuova sessione). **3** ⟨rar⟩ (remainder) resto m, residu m.

remark [ri'mɑ:k] **I** v.t. **1** osservare, dire: he ~ed that h was leaving the next day osservò che sarebbe partito il giorno dopo. **2** (to notice) notare, rilevare, osservare. **I** v.i. commentare (on, upon s.th. qc.), fare (delle osservazioni, fare commenti (su): *to ~ on s.o.'s words* commentare le parole di qd. **III** *s.* **1** osservazione *f,* commento *m: a casual ~* un'osservazione fatta per inciso; *without ~* senza commento; (*written comment*) nota *f.* **2** (*notice, act of remarking*) rilievo *m,* nota *f: worthy of ~* degno di rilievo. □ *to pass -s about s.o.* fare dei commenti su qd.; *witty ~* battuta *f* (di spirito).

markable [ri'mɑ:kəbl] *a.* **1** non comune, eccezionale, straordinario: *a woman of quite ~ beauty* una donna di una bellezza veramente non comune. **2** (*worthy of notice*) notevole, considerevole, degno di nota. **remarkableness** [-nis] *s.* straordinarietà *f.* **remarkably** [-i] *avv.* insolitamente, straordinariamente, eccezionalmente.

marriage [ri:'mæridʒ] *s.* nuovo matrimonio *m.* **remarry** [-ri] **I** *v.t.* risposare, sposare di nuovo. **II** *v.i.* risposarsi.

mediable [ri'mi:diəbl] *a.* **1** rimediabile, riparabile. **2** (*curable*) sanabile, curabile. **remediably** [-i] *avv.* in modo rimediabile. **remedial** [-diəl] *a.* **1** atto a rimediare, che porta rimedio. **2** (*of legislation, etc.*) riparatore. **3** ⟨*Med*⟩ correttivo: *~ gymnastics* ginnastica correttiva.

mediless ['remidilis] *a.* senza rimedio, irrimediabile, irreparabile.

medy ['remidi] **I** *s.* **1** ⟨*Med*⟩ rimedio *m,* farmaco *m: a good ~ for a cough* un buon rimedio per la tosse. **2** ⟨*fig*⟩ rimedio *m: a ~ for unemployment* un rimedio alla disoccupazione. **3** ⟨*Dir*⟩ (*legal redress, restitution*) riparazione *f.* **4** ⟨*Numism*⟩ tolleranza *f* di coniazione (*o* zecca), rimedio *m.* **II** *v.t.* curare, guarire, sanare. **2** ⟨*fig*⟩ porre rimedio (*o* riparo) a, rimediare a, riparare: *to ~ a social evil* porre rimedio a un male sociale. **3** ⟨*Dir*⟩ riparare, risarcire.

member [ri'membə] **I** *v.t.* **1** ricordare, rammentare: *I can't ~ his name* non riesco a ricordare il suo nome; (*to have a memory of*) serbare il ricordo, ricordarsi di, rammentarsi di, rammentare di: *do you ~ me?* ti ricordi di me?; *to ~ a friend* ricordarsi di un amico. **2** (*to convey greetings from*) portare i saluti di, salutare da parte di, ricordare: *please ~ 'me to your wife* la prego di portare i miei saluti a sua moglie. **II** *v.i.* **1** ricordare: *if I ~ right* se ben ricordo. **2** (*to have a recollection*) ricordarsi, rammentarsi. □ *as far as I can ~* per quel che (mi) ricordo, per quanto posso ricordare; *here is s.th. for you to ~ me by* te lo do per mio ricordo.

membrance [ri'membrəns] *s.* **1** ricordo *m,* rievocazione *f: the ~ of past triumphs* il ricordo dei passati trionfi. **2** (*state of being remembered*) ricordo *m;* (*commemoration*) commemorazione *f,* rievocazione *f.* **3** (*recollection, memory*) ricordo *m,* memoria *f: one of his earliest -s* uno dei suoi primi ricordi. **4** (*souvenir*) ricordo *m,* ricordino *m.* **5** (*individual memory*) memoria *f: within my ~* a mia memoria. **6** *pl.* saluti *mpl,* ossequi *mpl,* omaggi *mpl.* □ *to the best of my ~* per quanto posso ricordare; *in memoria di; to have no ~ of s.th.* non ricordarsi affatto di qc.

emembrance Day *s.* ⟨*GB*⟩ giorno *m* di commemorazione dei caduti in guerra (11 novembre).

emembrancer [ri'membrənsə] *s.* ⟨*GB*⟩ **1** funzionario *m* incaricato della riscossione dei debiti verso la corona. **2** (*City Remembrancer*) rappresentante *m* del consiglio comunale di Londra presso le commissioni parlamentari.

emigrant ['remigrənt] *s.* emigrante *m/f* che torna in patria. **remigrate** [ri:'mai'greit] *v.i.* tornare in patria.

remigration [-mai'greifən] *s.* ritorno *m* in patria.

militarization [,ri:,militərai'zeifən, *am.* -riz-] *s.* ri-militarizzazione *f.* **re'militarize** [-raiz] *v.t.* rimilita-rizzare.

mind [ri'maind] *v.t.* ricordare a, rammentare a, far venire in mente a: *~ me to buy some matches* ricordami di comprare i fiammiferi; *this song -s us of our holidays* questa canzone ci ricorda le nostre vacanze. □ *that -s me!* a proposito! **reminder** [-ə] *s.* **1** ricordo *m,* memoria *f.* **2** (*letter*) sollecito *m,* sollecitatoria *f.* **remindful** [-ful] *a.* **1** che evoca, che ricorda, che richiama alla mente (*of s.th.* qc.). **2** (*mindful*) memore (di).

minisce [,remi'nis] *v.i.* abbandonarsi ai ricordi, riandare al passato; (*to talk about remembered events*) parlare di eventi passati. **reminiscence** [-əns] *s.* **1** ricordo *m,*

rievocazione *f.* **2** (*s.th. remembered*) ricordo *m,* memoria *f,* reminiscenza *f.* **3** *pl.* memorie *fpl: -s of an old soldier* le memorie di un vecchio soldato. **4** (*s.th. suggestive of s.th. else*) traccia *f,* vestigio *m.* **reminiscent** [-ənt] *a.* **1** che evoca, che ricorda, che richiama alla mente (*of s.th.* qc.). **2** (*marked by, relating to reminiscence*) rievocativo. **3** (*given to reminiscence*) dedito ai ricordi, che si abbandona ai ricordi. **reminiscently** [-əntli] *avv.* in modo evocativo.

remint [ri:'mint] *v.t.* riconiare, coniare di nuovo.

remise [ri'maiz] *v.t.* ⟨*Dir*⟩ rinunciare a, cedere.

remiss [ri'mis] *a.* **1** negligente, trascurato: *to be ~ in one's duties* essere trascurato nei propri doveri. **2** (*lacking energy, lazy*) pigro, svogliato.

remissible [ri'misibl] *a.* remissibile, condonabile.

remission [-'mifən] *s.* **1** remissione *f,* condono *m.* **2** (*of money*) rimessa *f.* **3** (*abatement, relaxation*) rilassamento *m,* rilasciamento *m,* allentamento *m.* **4** ⟨*Teol*⟩ remissione *f,* perdono *m: ~ of sins* remissione dei peccati. **remissive** [-siv] *a.* remissivo. **remissively** [-sivli] *avv.* con remissione.

remissly [ri'misli] *avv.* negligentemente. **remissness** [-snis] *s.* negligenza *f,* trascuratezza *f.*

remit [ri'mit] *v.* (*pret., p.p.* remitted [-id]) **I** *v.t.* **1** rimettere, condonare: *to ~ a debt* rimettere un debito; *the sentence may be -ted* la pena può essere condonata. **2** ⟨*Teol*⟩ rimettere, perdonare: *to ~ sins* rimettere i peccati. **3** (*of money: to send*) rimettere, inviare, mandare. **4** (*assol*) fare una rimessa. **5** (*to let slacken*) allentare, diminuire, ridurre. **6** (*to give relief from*) lenire, placare, sedare, calmare. **7** (*to submit for consideration*) rimettere, deferire. **8** (*to postpone*) rimandare, differire, rinviare. **II** *v.i.* **1** (*to abate, moderate*) diminuire, scemare, calare. **2** ⟨*Med*⟩ presentare remissione. **remittable** [-əbl] *a.* remissibile, condonabile. **remittal** [-əl] *s.* → remission.

remittance [ri'mitəns] *s.* **1** rimessa *f,* invio *m.* **2** (*money remitted*) rimessa *f.* □ *-s by foreign workers* rimesse *fpl* degli emigranti.

remittance man [mæn] *s.irr.* chi vive all'estero con le rimesse che gli arrivano da casa.

remittee [ri,mi'ti:] *s.* destinatario *m* (*f* -a) di una rimessa.

remittent [ri'mitənt] **I** *a.* **1** caratterizzato da alti e bassi. **2** ⟨*Med*⟩ remittente. **II** *s.* → remittent fever.

remittent fever *s.* ⟨*Med*⟩ febbre *f* remittente.

remitter¹ [ri'mitə] *s.* chi effettua una rimessa.

remitter² *s.* ⟨*Dir*⟩ sostituzione *f* di titolo imperfetto di proprietà con altro anteriore e più efficace.

remnant ['remnənt] *s.* **1** avanzo *m,* rimasuglio *m,* residuo *m,* resto *m: the -s of a feast* gli avanzi di un banchetto; (*of people*) superstite *m/f,* scampato *m* (*f* -a). **2** (*trace, vesige*) resti *mpl,* traccia *f,* orma *f.* **3** ⟨*Comm*⟩ rimanenze *fpl* (*o* fondi *mpl*) di magazzino, giacenze *fpl;* (*of cloth*) scampolo *m.*

remodel [ri:'mɔdl] *v.t.* **1** rimodellare, modellare di nuovo. **2** (*to reconstruct*) ristrutturare, riorganizzare.

remold *am. v./s.* → remould.

remonetization [ri:,mʌnitai'zeifən] *s.* ⟨*Econ*⟩ ritorno *m* al corso legale, ripristino *m* del valore monetario. **re'monetize** [-taiz] *v.t.* ridare corso legale a, ripristinare il valore monetario di.

remonstrance [ri'mɔnstrəns] *s.* rimostranza *f,* protesta *f.* **remonstrant** [-nt] **I** *s.* protestatario *m* (*f* -a). **II** *a.* che protesta, che rimostra.

remonstrate [ri'mɔnstreit, 'remənstreit] **I** *v.i.* **1** protestare, reclamare. **2** (*to argue in protest*) protestare (*with* con). **II** *v.t.* opporre. **remonstration** [,reməns'treifən] *s.* rimostranza *f,* protesta *f.* **remonstrative** [ri'mɔnstrətiv] *a.* di protesta. **remonstrator** ['remənstreitə] *s.* chi protesta.

remontant [ri'mɔntənt] **I** *a.* ⟨*Bot*⟩ rimontante, rifiorente. **II** *s.* rosa *f* rifiorente.

remorse [ri'mɔ:s] *s.* rimorso *m,* pentimento *m: to feel ~* sentire rimorso; *to be filled with ~* essere pieno di rimorsi.

remorseful [ri'mɔ:sful] *a.* **1** pieno di rimorsi, contrito. **2** (*characterized by remorse*) che esprime rimorso.

remorsefully [–i] *avv.* con contrizione, contritamente, con rimorso. **remorsefulness** [–nis] *s.* contrizione *f.*

remorseless [ri'mɔːslis] *a.* **1** spietato, senza pietà (*o* compassione). **2** (*relentless*) accanito, implacabile, inesorabile. **remorselessly** [–li] *avv.* spietatamente. **remorselessness** [–nis] *s.* spietatezza *f.*

remote [ri'mout] **I** *a.* **1** lontano, distante, remoto (*from* da): *a ~ star* una stella lontana; (*out-of-the-way*) remoto, isolato, solitario: *a ~ village in the hills* un remoto paese tra le montagne. **2** (*of time*) remoto, assai (*o* molto) lontano: *the ~ past* il passato remoto. **3** (*of a relationship*) lontano. **4** (*fig*) lontano, divergente (*from* da): *~ from the truth* lontano dalla verità. **5** (*reserved, aloof*) distante, distaccato, riservato. **6** (*slight*) vago, lieve, piccolo, tenue: *the chances of success are ~* le possibilità di successo sono vaghe. **II** *s.* ⟨*am.Rad,TV*⟩ ripresa *f* esterna: □ *I haven't the –st idea* non ne ho la minima idea.

remote| answering machine *s.* ⟨*Tel*⟩ segreteria *f* telefonica con richiamo a distanza. **~control** *a.* **1** telecomandato, comandato a distanza. **2** (*of missiles, etc.*) teleguidato. **~ control** *s.* **1** comando *m* a distanza, telecomando *m.* **2** (*of missiles, etc.*) teleguida *f.*

remotely [ri'moutli] *avv.* **1** in modo distante. **2** (*slightly*) vagamente, lievemente. **remoteness** [–tnis] *s.* **1** distanza *f*, lontananza *f.* **2** (*aloofness*) distacco *m*, indifferenza *f.*

remote sensing *s.* telerilevamento *m.*

remotion [ri'mouʃən] *s.* rimozione *f.*

remould [ri:'mould] **I** *v.t.* riplasmare, rimodellare. **II** ⟨*Aut*⟩ pneumatico *m* ricostruito.

remount I *v.t.* [ri:'maunt] **1** risalire, rimontare. **2** (*of a horse, vehicle, etc.*) rimontare su (*o* in). **3** ⟨*Mil*⟩ rifornire di cavalli, rimontare. **4** ⟨*Fot,Ott*⟩ cambiare la montatura di, fare una montatura nuova a. **5** ⟨*fig*⟩ rilanciare: *to ~ an attack* rilanciare un attacco. **II** *v.i.* **1** rimontare, risalire. **2** (*to go back in time*) risalire, rimontare (*to* a). **III** *s.* ['ri:maunt, ri:'maunt] ⟨*Mil*⟩ cavallo *m* di rimonta.

removability [ri,mu:və'biliti] *s.* l'essere rimovibile (*o* amovibile), amovibilità *f.* **re'movable** [–bl] *a.* **1** rimovibile, che si può togliere, asportabile; *~ seats* sedie rimovibili. **2** (*of an official*) amovibile.

removal [ri'mu:vəl] *s.* **1** rimozione *f.* **2** (*change of residence*) trasferimento *m*, trasloco *m*, sgombero *m.* **3** (*abolition*) soppressione *f*, abolizione *f*: *~ of trade barriers* abolizione delle barriere commerciali. **4** (*dismissal from office*) rimozione *f.* **5** ⟨*Chir*⟩ estirpazione *f.*

remove [ri'mu:v] **I** *v.t.* **1** togliere, levare, rimuovere: *to ~ the cloth from the table* togliere la tovaglia dal tavolo; *to ~ one's hat* togliersi il cappello. **2** (*to move*) spostare, portare: *he –d his car to the other side of the road* spostò la macchina sull'altro lato della strada. **3** (*to change the residence of*) trasferire, traslocare. **4** (*to force to leave*) allontanare, mandare via. **5** (*to get rid of*) rimuovere, eliminare, sopprimere: *to ~ unwanted hair* eliminare i peli superflui. **6** (*to dismiss from office*) rimuovere, destituire, deporre. **7** (*to kill*) uccidere, ammazzare, togliere di mezzo. **8** ⟨*Chir*⟩ estirpare. **II** *v.i.* **1** trasferirsi, traslocare, sgomberare. **2** (*to go away*) andarsene, partire. **III** *s.* **1** distanza *f*, intervallo *m.* **2** ⟨*fig*⟩ passo *m*: *to be but one ~ from anarchy* essere a un solo passo dall'anarchia. **3** (*degree of kinship*) grado *m* di parentela. **4** ⟨*Scol*⟩ promozione *f* (a una classe superiore). □ *to ~ one's make-up* struccarsi; *to ~ a child from school*: 1 ritirare un ragazzo dalla scuola; 2 (*to expel for misconduct*) espellere un ragazzo per cattiva condotta. **removed** [–d] *a.* **1** lontano, distante, remoto (*from* da): *results far ~ from our expectations* risultati ben lontani dalle nostre aspettative. **2** (*distant in relationship*) lontano; (*of a cousin*) di ... grado: *a first cousin once ~* un cugino di secondo grado. □ *~ from office* destituito. **remover** [–ə] *s.* **1** chi rimuove, chi leva. **2** (*furniture remover*) impresa *f* traslochi. **3** ⟨*Chim*⟩ sostanza *f* che rimuove (*o* toglie).

remunerate [ri'mju:nəreit] *v.t.* ricompensare, rimunerare. **re,muneration** [–'reiʃən] *s.* ricompensa *f*, rimunerazione *f.* **remunerative** [–rətiv] *a.* rimunerativo. **remunerativeness** [–rətivnis] *s.* rimuneratività *f.*

Remus ['ri:məs] *N.pr.* ⟨*Mitol*⟩ Remo *m.*

renaissance [rə'neisəns, *am.* ˌrenə'saːns] **I** *s.* rinascimen m, rinascita *f.* **II** *a.* di rinascimento, di rinascit **Renaissance I** *s.* ⟨*Art,Lett*⟩ **1** Rinascimento r Rinascenza *f*, Rinascita *f.* **2** (*period*) Rinascimento r periodo *m* del Rinascimento. **II** *a.* del rinasciment rinascimentale.

renal ['ri:nal] *a.* ⟨*Anat*⟩ renale.

rename [ri:'neim] *v.t.* **1** rinominare, nominare di nuovo. (*to name anew*) dare un nuovo nome a.

rencontre [ren'kɔntə] *s.* → **rencounter.**

rencounter [ren'kauntə] **I** *s.* scontro *m*, combattimento r conflitto *m.* **II** *v.t.* **1** incontrare (per caso), imbattersi i **2** ⟨*ant*⟩ (*to meet hostilely*) scontrarsi con.

rend [rend] *v.* (*pret., p.p.* **rent** [rent]) **I** *v.t.* **1** spacca fendere: *the axe rent the log* l'ascia spaccò il ciocco. ⟨*fig*⟩ (*to divide*) dividere, disunire, portare la discordia i *the community was rent by civil strife* la comunità e divisa dalla discordia civile. **3** (*to pull violently, wrenc* spesso con *away*) strappare, sradicare. **4** ⟨*fig*⟩ (*to cau anguish to*) lacerare, straziare, torturare: *the sight rent m heart* lo spettacolo mi lacerava il cuore. **5** ⟨*fig*⟩ (*sounds*) squarciare: *a shot rent the air* uno sparo squarc l'aria. **6** (*of the hair*) strappare; (*of clothing*) lacerar strappare. **II** *v.i.* **1** spaccarsi, fendersi. **2** (*to become tor* lacerarsi, strapparsi.

render ['rendə] **I** *v.t.* **1** rendere, tributare: *to ~ thanks God* rendere grazie a Dio. **2** (*to do, perform*) render fare: *to ~ s.o. a service* rendere un servizio a qd., fare u favore a qd. **3** (*to give, furnish*) prestare, dare, porger *often translated with the corresponding verb: to ~ he* prestare aiuto, aiutare. **4** (*to give in return*) render ripagare, contraccambiare, restituire: *to ~ good for ev* rendere bene per male. **5** (*to give back*) restituire, ridar rendere. **6** (*to surrender*; spesso con *up*) dare, cedere. (*to cause to be*) rendere, fare (diventare): *to ~ s.o. happ* rendere felice qd. **8** (*to put into artistic form*) render rappresentare, raffigurare. **9** (*of a dramatic role, mus etc.*) interpretare. **10** (*to translate*) tradurre, rendere: *to s.th. into English* tradurre qc. in inglese. **11** ⟨*Econ*⟩ (*of bill*) presentare. **12** ⟨*Dir*⟩ (*of a judgement*) pronuncia emettere. **13** (*to melt down*; spesso con *down*) scioglier fondere: *to ~ margarine* sciogliere la margarina. ⟨*Mur*⟩ rinzaffare. **II** *s.* ⟨*Mur*⟩ rinzaffo *m.*

rendering ['rendəriŋ] *s.* **1** interpretazione *f*, esecuzion rappresentazione *f.* **2** (*translation*) traduzione *f*, versione **3** ⟨*Arch*⟩ disegno *m* in prospettiva, prospettiva *f.* ⟨*Mur*⟩ rinzaffatura *f*, rinzaffo *m.*

rendezvous *fr.* ['rɔndivu:, *am.* 'rɑːndəvu:] **I** *s.inv.* appuntamento *m* (anche *Astron.*): *to keep a ~ n* mancare a un appuntamento; (*meeting*) convegno r incontro *m.* **2** (*meeting place*) ritrovo *m*, luogo *m* ritrovo. **3** ⟨*Mil*⟩ ritrovo *m*, luogo *m* di raduno. **II** *v.i.* trovarsi, incontrarsi, ritrovarsi, radunarsi: *we'll ~ at t crossroads at twelve* ci troveremo all'incrocio alle dodici. ⟨*Mil*⟩ (r)adunarsi. **III** *v.t.* **1** riunire, radunare. **2** ⟨*M* (r)adunare.

rendition [ren'diʃən] *s.* **1** interpretazione *f*; (*performanc* rappresentazione *f.* **2** (*translation*) traduzione *f*, versio *f.*

renegade ['renigeid] **I** *s.* **1** rinnegato *m* (*f* –a), diserto *m*, traditore *m* (*f* –trice). **2** ⟨*Rel*⟩ apostata *m.* **II** rinnegato, traditore, disertore. **III** *v.i.* **1** diventare un rinnegato. ⟨*Rel*⟩ abiurare.

renegue [ri'ni:g] *v.i.* **1** (*in cards*) non rispondere, rifiuta **2** (*to withdraw from a commitment*) tirarsi indietr sottrarsi a un impegno.

renew [ri'nju:] *v.t.* **1** rinnovare, ripristinare, restaurare. (*to regain*) ritrovare, ricuperare, riacquistare: *to ~ on youth* ritrovare la propria giovinezza; *to ~ one's streng* ricuperare le forze. **3** (*to resume*) riprendere, ricominciar *to ~ one's complaints* ricominciare a lamentarsi. **4** (*renovate, replace*) rinnovare, sostituire, rifare: *to ~ on supplies* rinnovare le provviste. **5** (*to extend the valid of*) rinnovare: *to ~ a bill* rinnovare una cambiale. **6** (*make spiritually new*) rigenerare, rinnovare. **II** *v.i.* riprendere, ricominciare. **2** (*to become as new agai* rinnovarsi. **3** (*to renew a lease, contract, etc.*) fare u rinnovo. **renewable** [-əbl] *a.* rinnovabile. **renewal** [-əl] *s.* **1** rinnovo *m*, rinnovamento *m*. **2** (*renovation, restoration*) rinnovo *m*, ripristino *m*. **3** (*extension of validity*) rinnovo *m: the ~ of a contract* il rinnovo di un contratto. **4** (*recommencement*) ripresa *f: ~ of peace talks* ripresa dei negoziati di pace. **5** (*replacement*) sostituzione *f*, rinnovo *m*. **6** *pl.* spese *fpl* di rinnovamento.

eniform ['renifɔ:m, 'ri:ni-] *a.* reniforme.

enitence [ri:'naitəns], **renitency** [-i] *s.* renitenza *f*, riluttanza *f*. **renitent** [-nt] *a.* renitente, ricalcitrante, restio, riluttante.

ennet[1] ['renit] *s.* 〈*Biol*〉 presame *m*, caglio *m*.

ennet[2] *s.* 〈*Agr*〉 mela *f* renetta, renetta *f*, ranetta *f*.

enounce [ri'nauns] **I** *v.t.* **1** rinunciare a, abbandonare: *to ~ a claim* rinunciare a una richiesta. **2** (*to disown*) ripudiare, rinnegare: *to ~ one's son* ripudiare il proprio figlio. **II** *v.i.* (*in cards*) non rispondere, rifiutare. **III** *s.* (*in cards*) rifiuto *m*. □ *to ~ the world* rinunciare al mondo. **renounceable** [-əbl] *a.* rinunciabile. **renouncement** [-mənt] *s.* rinuncia *f*, abbandono *m*. **renouncer** [-ə] *s.* rinunciatario *m* (*f* –a).

enovate ['renəveit] **I** *v.t.* **1** ripristinare, rinnovare, restaurare: *to ~ a building* ripristinare un edificio. **2** 〈*fig*〉 rinvigorire, rinnovare. **II** *v.i.* rinnovarsi. **renovation** [-'veiʃən] *s.* rinnovamento *m*, rinnovo *m*, restauro *m*. **renovator** [-ə] *s.* rinnovatore *m* (*f* –trice).

enown [ri'naun] *s.* notorietà *f*, fama *f*, celebrità *f*, rinomanza *f*. **renowned** [-d] *a.* famoso, celebre, rinomato, di gran fama.

ent[1] [rent] **I** *s.* **1** affitto *m*, pigione *f*, fitto *m*, canone *m* di affitto (*o* locazione): *to collect –s* riscuotere gli affitti. **2** (*payment for the use of machinery, etc.*) noleggio *m*, nolo *m*. **3** 〈*Econ*〉 (*economic rent*) utile *m*, profitto *m*; (*income from land*) rendita *f* fondiaria. **II** *v.t.* **1** prendere in affitto, affittare: *to ~ a flat from s.o.* prendere un appartamento in affitto da qd. **2** (*to use in return for payment*) noleggiare, prendere a nolo: *to ~ a car* noleggiare una macchina. **3** (*to let*) affittare, dare in affitto. **III** *v.i.* affittarsi □ *~ a car* autonoleggio.

ent[2] *s.* **1** (*split, tear*) strappo *m*, spacco *m*, squarcio *m*, lacerazione *f*. **2** 〈*fig*〉 (*division, schism*) scisma *m*, divisione *f*.

ent[3] → rend.

entable ['rentəbl] *a.* affittabile.

ent agreement *s.* contratto *m* ⌜d'affitto⌝ (*o* di locazione).

ental [rentl] **I** *s.* **1** affitto *m*, canone *m* di affitto (*o* locazione). **2** (*income from rents*) reddito *m* immobiliare. **II** *a.* **1** locativo, locatizio. **2** (*for rent, hire*) da noleggio.

ental| **car** *s.* automobile *f* da noleggio. **~ income** *s.* reddito *m* da locazione. **~ library** *am.* *s.* biblioteca *f* circolante.

ent allowance *s.* sussidio *m* casa.

ental| **rights** *s.pl.* diritti *mpl* di noleggio. **~ value** *s.* valore *m* locativo.

ent| **charge** *s.* (*pl.* rents charge) 〈*Dir*〉 rendita *f* fondiaria costituita a favore di un terzo. **~ control** *s.* 〈*Pol*〉 blocco *m* degli affitti.

enter ['rentə] *s.* **1** (*lessor*) locatore *m* (*f* –trice). **2** (*lessee*) locatario *m* (*f* –a), affittuario *m* (*f* –a). **3** 〈*Cin*〉 noleggiatore *m* (*o* distributore) cinematografico.

entier *fr.* [rã'tje] *s.* chi vive di rendita.

enumber [ri:'nʌmbə] *v.t.* rinumerare, numerare di nuovo.

enunciant [ri'nʌnʃiənt] **I** *s.* rinunciatario *m* (*f* –a). **II** *a.* → renunciative. **re;nunciation** [-nsi'eiʃən] *s.* rinuncia *f*. **renunciative** [-nsiətiv], **renunciatory** [-nsiətəri] *a.* rinunciatario.

eoccupation ['ri:;ɔkju'peiʃən] *s.* 〈*Mil*〉 rioccupazione *f*. **re'occupy** [-pai] *v.t.* rioccupare.

eopen [ri:'oupn] **I** *v.t.* **1** riaprire. **2** (*to resume*) riprendere, riaprire, ricominciare: *to ~ hostilities* riprendere le ostilità. **3** 〈*Dir*〉 riaprire. **II** *v.i.* riaprirsi, riaprire: *the shop –s at four o'clock* il negozio (si) riapre alle quattro.

reorder [ri:'ɔ:də] **I** *v.t.* **1** 〈*Comm*〉 riordinare, fare una

nuova ordinazione di. **2** (*to put in order again*) riordinare, dare un assetto nuovo a. **II** *v.i.* fare una nuova ordinazione. **III** *s.* nuova ordinazione *f*, riordinazione *f*.

reorganization ['ri:;ɔ:gənai'zeiʃən] *s.* riorganizzazione *f*. **re'organize** [-naiz] **I** *v.t.* riorganizzare. **II** *v.i.* effettuare una riorganizzazione. **re'organizer** [-zə] *s.* riorganizzatore *m* (*f* –trice).

rep[1] [rep] *s.* 〈*Tess*〉 reps *m*.

rep[2] (*fam*) **I** *s.* **1** (*repertory drama, profession*) teatro *m* (*o* attività *f* teatrale) di repertorio: *to act in ~* fare teatro di repertorio. **2** → **repertory company**. **3** → **repertory theatre**. **II** *a.* di repertorio.

rep[3] (*accorc. di representative*) *s.* 〈*fam*〉 rappresentante *m/f*.

rep[4] (*accorc. di reprobate*) *s.* 〈*sl*〉 malvagio *m* (*f* –a), cattivo *m* (*f* –a).

Rep. = **1** 〈*am.Parl*〉 Representative deputato. **2** Republic repubblica.

repaint [ri:'peint] *v.t.* riverniciare, ridipingere.

repair[1] [ri'pɛə] **I** *v.t.* **1** riparare, accomodare, aggiustare: *to ~ an engine* riparare un motore. **2** (*to restore*) riassestare, rimettere in sesto: *to ~ the family fortune* riassestare il patrimonio familiaré; (*of health*) ristabilire; (*of strength*) ristorare. **3** (*to remedy*) riparare, rimediare a, porre riparo (*o* rimedio) a: *to ~ the damage* riparare il danno. **4** (*to compensate for*) risarcire, compensare, ripagare, indennizzare: *to ~ a loss* risarcire una perdita. **II** *s.* **1** riparazione *f*. **2** *pl.* riparazioni *fpl*, lavori *mpl* di restauro (*o* riparazione), restauro *m: to do a few –s in the house* fare qualche riparazione in casa. **3** *pl.* 〈*Mar*〉 raddobbo *m*, lavori *mpl* di raddobbo. **4** (*relative condition*) stato *m*, condizione *f*, condizioni *fpl: in poor ~* in cattivo stato. □ *to be beyond ~* essere irreparabile; *to be out of ~* avere bisogno di riparazioni, essere in cattivo stato; *small –s* riparazioni *fpl* di piccola manutenzione; *under ~* in restauro.

repair[2] **I** *v.i.* **1** recarsi, andare (*to* a, in): *the men –ed to the drawing room after dinner* dopo cena gli uomini andarono in salotto. **2** (*to go habitually*) andare (*o* recarsi) abitualmente (a, in). **II** *s.* ritrovo *m*, luogo *m* di ritrovo.

repairable [ri'pɛərəbl] *a.* riparabile. **repairer** [-rə] *s.* **1** riparatore *m* (*f* –trice). **2** (nei composti) riparatore *m* (*f* –trice), aggiustatore *m* (*f* –trice), *often translated with the corresponding word: a watch ~* un riparatore di orologi, un orologiaio.

repair|**man** [mæn, mən] *s.irr.* riparatore *m*, aggiustatore *m*, accomodatore *m*. **~ shop** *s.* officina *f* di riparazioni. **~ workshop** *s.* autofficina *f*. **~ yard** *s.* 〈*Mar*〉 cantiere *m* di riparazione.

repand [ri'pænd] *a.* **1** 〈*Bot*〉 che ha il margine ondulato. **2** (*wavy, undulating*) ondulato.

repaper [ri:'peipə] *v.t.* (*of a room*) cambiare la carta da parati a.

reparable ['repərəbl] *a.* **1** → **repairable**. **2** (*capable of being made good*) riparabile, rimediabile.

reparation [;repə'reiʃən] *s.* **1** (*act of repairing*) riparazione *f*. **2** (*s.th. done as amends*) risarcimento *m*, riparazione *f*, indennizzo *m*. **3** *pl.* 〈*Pol,Mil*〉 riparazioni *fpl* di guerra. □ *to make ~ for* fare ammenda di.

reparative [ri'pærətiv], **reparatory** [-təri] *a.* **1** riparatore, che ripara, che accomoda. **2** (*serving to make amends*) riparatore, di riparazione.

repartee [;repɑ:'ti:] *s.* **1** risposta *f* arguta (*o* spiritosa), battuta *f*; (*witty conversation*) conversazione *f* brillante (*o* spiritosa). **2** (*skill in making clever replies*) l'avere la battuta pronta, arguzia *f* nel rispondere. □ *to be good at ~* sapere rispondere con arguzia.

repartition [;ri:pɑ:'tiʃən] **I** *s.* **1** ripartizione *f*, distribuzione *f*, divisione *f*, spartizione *f*. **2** (*second partition*) suddivisione *f*, nuova ripartizione *f* (*o* divisione). **II** *v.t.* ridividere, suddividere.

repast [ri'pɑ:st] *s.* pasto *m: a light ~* un pasto leggero.

repatriate [ri:'pætrieit, *am.* -'peit-] **I** *v.t.* rimpatriare. **II** *s.* rimpatriato *m* (*f* –a). **repatriation** [-tri'eiʃən] *s.* rimpatrio *m*.

repay [ri:'pei] *v.irr.* **I** *v.t.* **1** rimborsare, restituire, rendere:

to ~ a loan rimborsare un prestito. **2** ⟨fig⟩ ricambiare, contraccambiare, ricompensare, rendere: **how can I ever ~ your kindness?** come potrò mai ricambiare la vostra gentilezza?; (of peole) ripagare, ricompensare. **3** ⟨fig⟩ (to give in return) rendere, restituire: **to ~ good for evil** rendere bene per male. **II** v.i. **1** effettuare il rimborso (o la restituzione). **2** ⟨fig⟩ (to make requital) rendere il contraccambio. **repayable** [-əbl] a. rimborsabile, restituibile. **repayment** [-mənt] s. **1** rimborso m, restituzione f. **2** ⟨fig⟩ ricompensa f, contraccambio m.

repeal [ri'pi:l] **I** v.t. abrogare, revocare, annullare: **to ~ a law** abrogare una legge. **II** s. abrogazione f, revoca f, annullamento m. **repealable** [-əbl] a. abrogabile, revocabile, annullabile. **repealer** [-ə] s. **1** chi abroga. **2** (legislative act) provvedimento m abrogatorio. **Repealer** s. ⟨Stor⟩ oppositore m (f -trice) dell'unione dell'Irlanda con la Gran Bretagna.

repeat [ri'pi:t] **I** v.t. **1** ripetere, ridire, tornare a dire: **would you ~ that please?** ti dispiace ripetere quello che hai detto?; (to say from memory) recitare, ripetere a memoria. **2** (to do, perform, etc., again) rifare, tornare a fare, ripetere, replicare: **to ~ a mistake** rifare uno sbaglio. **3** ⟨rifl⟩ ripetersi: **history sometimes ~s itself** a volte la storia si ripete. **4** (to divulge) raccontare, riferire, ridire, spiattellare: **don't ~ what I have told you** non raccontare quello che ti ho detto. **II** v.i. **1** ripetere: **it was, I ~, a real disaster** fu, ripeto, un vero disastro. **2** ⟨pop⟩ (of food) venire su, tornare in gola. **III** s. **1** ripetizione f, replica f. **2** ⟨Rad,TV,Mus⟩ replica f. **3** ⟨Comm⟩ ordinazione f ripetuta (o successiva). **IV** a. ⟨fam⟩ ripetuto. **repeatable** [-əbl] a. ripetibile. **repeated** [-id] a. ripetuto, reiterato. **repeatedly** [-idli] avv. ripetutamente, reiteratamente. **repeater** [ri'pi:tə] s. **1** ripetitore m (f -trice). **2** ⟨Mat⟩ → **repeating decimal. 3** ⟨Artigl⟩ → **repeating firearm. 4** ⟨Orol⟩ → **repeating watch. 5** ⟨Tel,Ferr,Rad,TV⟩ ripetitore m. **6** ⟨am.Scol⟩ ripetente m/f. **repeater station** s. ⟨Rad⟩ ripetitore m. **repeating** [ri'pi:tiŋ] a. ⟨Artigl⟩ a ripetizione. **repeating| decimal** s. ⟨Mat⟩ decimale m ricorrente. **~ firearm** s. ⟨Artigl⟩ arma f da fuoco a ripetizione. **~ watch** s. ⟨Orol⟩ orologio m a ripetizione.

repêchage fr. [rəpe'ʃaːʒ] s. ⟨Sport⟩ ricupero m, repêchage m.

repel [ri'pel] v.t. (pret., p.p. **repelled** [-d]) **1** respingere, ricacciare: **to ~ the invader** respingere l'invasore. **2** (to reject) rifiutare, respingere, rigettare: **to ~ an offer** rifiutare un'offerta. **3** (to cause aversion in) essere repellente, ripugnare. **4** ⟨Fis⟩ respingere. **repellence** [-əns], **repellency** [-ənsi] s. **1** ripulsione f, ripugnanza f. **2** ⟨Fis⟩ repulsione f. **repellent** [-ənt] **I** a. **1** (spesso nei composti) repellente, che respinge: **water-~** idrorepellente. **2** (repulsive) repellente, disgustoso, ripugnante, ripulsivo. **II** s. **1** (insectifuge) insettifugo m. **2** ⟨Tess⟩ soluzione f idrorepellente.

repent[1] [ri'pent] **I** v.i. **1** pentirsi, rammaricarsi (of di), provare rimorso (per): **I ~ of nothing** non ho nulla di cui pentirmi. **2** (to change one's mind) cambiare idea, pentirsi, mutare parere: **do it now before you ~** fallo subito prima di cambiare idea. **3** ⟨Rel⟩ pentirsi (di). **II** v.t. **1** pentirsi di, rammaricarsi di. **2** ⟨Rel⟩ pentirsi di.

repent[2] ['ri:pənt] a. ⟨Bot,Zool⟩ strisciante.

repentance [ri'pentəns] s. **1** pentimento m. **2** ⟨Rel⟩ pentimento m, contrizione f. **repentant** [-nt] a. pentito, contrito.

repeople [ri:'pi:pl] v.t. ripopolare (anche Zootecn.). **repeopling** [-iŋ] s. ripopolamento m.

repercussion [ˌri:pə'kʌʃən] s. ripercussione f (anche fig.). **repercussive** [-'kʌsiv] a. ripercussivo.

repertoire ['repətwɑ:] s. ⟨Teat⟩ repertorio m (anche fig.).

repertory ['repətəri] s. **1** → **repertoire. 2** ⟨Teat⟩ teatro m (o attività f teatrale) di repertorio: **to act in ~** fare teatro di repertorio. **3** ⟨Teat⟩ → **repertory company. 4** ⟨fig⟩ raccolta f, repertorio m. **II** a. ⟨Teat⟩ di repertorio. **repertory| company** s. ⟨Teat⟩ compagnia f di repertorio. **~ theater** am., **~ theatre** s. teatro m di repertorio.

repetend ['repətend] s. **1** ⟨Mat⟩ periodo m. **2** ⟨Mus⟩ ritornello m, motivo m ripetuto.

repetition [ˌrepi'tiʃən] s. **1** ripetizione f, replica f, reiterazione f. **2** (act of reciting from memory) recitazio f (a memoria). **3** (recital) racconto m, narrazione f (reoccurrence) ripetizione f, il ripetersi, il ripresentarsi. (reproduction, copy) riproduzione f, copia f. □ **there m be no ~ of such behaviour** questo comportamento n deve ripetersi. **repetitious** [-ʃəs] a. pieno di ripetizio ripetitivo. **repetitiousness** [-ʃəsnis] s. ripetitività f. **repetitive** [ri'petitiv] a. **1** caratterizzato da ripetizioni. → **repetitious repetitively** [-li] avv. ripetutamen **repetitiveness** [-nis] s. ripetitività f.

repine [ri'pain] v.i. lagnarsi, lamentarsi (at, against di).

repique [ri'pi:k] **I** s. (in piquet) il segnare trenta (o pi punti di mano. **II** v.i. segnare trenta (o più) punti mano. **III** v.t. segnare trenta (o più) punti di mar contro.

replace [ri'pleis] v.t. **1** prendere il posto di, sostituir rimpiazzare: **Mr. Brown is to ~ Mr. Jones as headmast** Mr. Brown prenderà il posto di Mr. Jones nella carica preside. **2** (to put back) rimettere a posto, riporre: **plea ~ the books** si prega di rimettere i libri a posto. **3** (return) restituire, rendere, ridare: **he promised to ~ t stolen painting** promise di restituire il quadro rubato. ⟨Tel⟩ **to ~ the receiver** riagganciare il ricevitor **replaceable** [-əbl] a. sostituibile. **replacement** [-mənt s. **1** sostituzione f, rimpiazzo m, ricambio m. **2** (s.th. replaces) sostituzione f, ricambio m; (s.o. that replace sostituto m; (spare part) ricambio m, pezzo m ricambio.

replant [ri:'plɑ:nt] v.t. ⟨Agr⟩ ripiantare; (to provide ne plants for) mettere nuove piante in. **,replan'tatio** [-eiʃən] s. nuova piantagione f.

replay **I** v.t. [ri:'plei] ⟨Sport⟩ rigiocare, ripetere. **II** ['ri:plei] partita f ripetuta.

replead [ri:'pli:d] v.t. ⟨Dir⟩ replicare. **repleader** [-ə] s. replica f. **2** (right of pleading again) diritto m replica.

replenish [ri'pleniʃ] v.t. **1** riempire di nuovo. **2** (restock) rifornire: **to ~ one's wardrobe** rifornire il propri guardaroba; (to make complete again) reintegrar ricostituire: **to ~ food supplies** reintegrare le provvist alimentari. **replenishment** [-mənt] s. **1** riempimento m **2** (act of restocking) rifornimento m. **3** (new suppl nuova provvista f. □ ⟨Econ⟩ **~ of capital** reintegrazione del capitale; **~ of a fund** rifinanziamento m di un fond ⟨Agr⟩ **~ of stocks** ricostituzione f delle scorte.

replete [ri'pli:t] a. **1** pieno, che abbonda, (ben) fornit ben provvisto (with di): **~ with humour** pieno di spirito. (satiated) sazio, satollo. **repletion** [-'pli:ʃən] s. pienezza f, l'essere pieno. **2** (surfeit) sazietà f: **to eat to ~** mangiare a sazietà. **3** ⟨Med⟩ replezione f. □ **the stadiu was filled to ~** lo stadio era pieno zeppo.

replevin [ri'plevin] s. ⟨Dir⟩ ricupero m di beni mobi dietro cauzione; (writ, action) azione f per il ricupero d beni mobili dietro cauzione. **replevy** [-vi] v.t. ⟨Dir ricuperare contro cauzione (in attesa di giudizio).

replica it. ['replikə] s. **1** ⟨Art⟩ copia f, replica f. **2** (estens copia f, facsimile m, duplicato m, riproduzione **,replication** [-'keiʃən] s. **1** risposta f, replica f. **2** ⟨Dir replica f. **3** ⟨Acu⟩ eco f, riverbero m. **4** (copy) copia riproduzione f, duplicato m.

reply [ri'plai] **I** v.t./i. **1** rispondere, replicare: **to ~ to letter** rispondere a una lettera; **he did not ~** non replicò. ⟨Dir⟩ replicare. **II** s. risposta f, replica f: **he made no ~** non diede (alcuna) risposta.

reply| card s. ⟨Post⟩ **1** risposta f con affrancatura a caric del destinatario. **2** → **reply-paid postcard. ~ coupon** ⟨Post⟩ buono m di risposta: **international ~** buono risposta internazionale. **~-paid postcard** s. cartolina postale con risposta pagata. **~-paid telegram** telegramma m s risposta pagata.

report [ri'pɔ:t] **I** s. **1** rapporto m, relazione f, resoconto m rendiconto m: **a ~ on the latest market trends** un rapporto sulle ultime tendenze del mercato; (record) verbale m. **2** ⟨Giorn⟩ resoconto m, cronaca f. **3** ⟨Scol⟩ (periodi statement) pagella f (alla fine del trimestre quadrimestre). **4** (rumour) voce f, diceria f: **~ has it tha**

corre voce che. 5 (*reputation*) reputazione *f,* fama *f: a person of excellent* ~ una persona che gode di eccellente reputazione. 6 (*noise of an explosion*) scoppio *m,* detonazione *f.* 7 ⟨*Mil*⟩ rapporto *m: to be on* ~ essere a rapporto. II *v.t.* 1 annunciare, rendere noto, comunicare: *the discovery of a new star has been –ed* è stata annunciata la scoperta di una nuova stella. 2 (*to bring back news of*) riferire, riportare, rapportare. 3 (*to give a formal statement of*) dichiarare. 4 ⟨*Parl*⟩ (*of a bill, etc.*; spesso con *out*) riferire su. 5 ⟨*Giorn*⟩ fare la cronaca (*o* il resoconto) di: *to* ~ *the moon-shot* fare la cronaca del lancio sulla luna. 6 (*to record*) verbalizzare, mettere a verbale: *to* ~ *the proceedings of a meeting* verbalizzare gli atti di una riunione. 7 (*to make a shorthand record*) stenografare. 8 (*to give notification of*) denunciare: *to* ~ *a stolen car* denunciare il furto di un'automobile. 9 (*to make a charge against*) denunciare, deferire: *I'll* ~ *you to the police* ti denuncerò alla polizia. 10 ⟨*rifl*⟩ presentarsi. III *v.i.* 1 presentarsi. 2 (*to make one's whereabouts, etc., known*) dare notizie di sé. 3 (*to make a report*) redigere un rapporto, fare una relazione, riferire (*on* su). 4 ⟨*Giorn*⟩ lavorare come cronista, fare il reporter. □ *annual* ~ relazione *f* annuale; *to* ~ *progress to s.o.* tenere al corrente qd.; ⟨*Parl*⟩ *to move to* ~ *progress* proporre la chiusura del dibattito; *treasurer's* ~ relazione finanziaria, rendiconto finanziario; *to* ~ *for work* presentarsi al lavoro.

eportable [ri'pɔːtəbl] *a.* 1 riferibile. 2 (*that must be notified*) che deve essere denunciato, da denunciare.

eportage [,repɔː'taːʒ] *s.* ⟨*Giorn*⟩ cronaca *f,* servizio *m* giornalistico, reportage *m.*

eported speech [ri'pɔːtid] *s.* ⟨*Gramm*⟩ discorso *m* indiretto.

eporter [ri'pɔːtə] *s.* 1 relatore *m* (*f* –trice). 2 ⟨*Giorn*⟩ reporter *m,* cronista *m.* 3 ⟨*Dir,Parl*⟩ stenografo *m* (*f* –a).

epose[1] [ri'pouz] I *v.i.* 1 riposare; (*to take rest*) riposarsi. 2 (*to lie*) giacere, stare, trovarsi, essere situato: *the submarine –d on the sea bed* il sottomarino giaceva sul fondo del mare. 3 ⟨*fig*⟩ basarsi, essere fondato, riposare (*on* su). II *v.t.* 1 appoggiare, posare, far riposare: *to* ~ *one's head on s.o.'s shoulder* appoggiare la testa sulla spalla di qd. 2 ⟨*rifl*⟩ riposarsi. 3 (*to compose, cause to be calm*) calmare, placare. III *s.* 1 riposo *m.* 2 (*calmness, peace*) pace *f,* quiete *f,* tranquillità *f;* (*composure*) compostezza *f.*

epose[2] *v.t.* riporre, porre, affidare: *to* ~ *confidence in s.o.* riporre fiducia in qd.

eposeful [ri'pouzful] *a.* riposante, tranquillo.

eposit [ri'pɔzit] *v.t.* riporre, depositare, mettere da parte.

repository [–əri] *s.* 1 deposito *m,* ricettacolo *m;* (*room*) ripostiglio *m;* (*warehouse*) magazzino *m,* deposito *m.* 2 (*burial vault*) sepolcro *m,* tomba *f.* 3 ⟨*fig*⟩ (*storehouse*) miniera *f,* pozzo *m.* 4 ⟨*fig*⟩ (*confidant*) depositario *m* (*f* –a), confidente *m/f.*

epossess [,riːpə'zɛs] *v.t.* 1 riprendere (*o* rientrare in) possesso di, riappropriarsi di. 2 (*to put in possession again*) reintegrare, restituire a, rimettere in possesso: *to* ~ *s.o. of s.th.* reintegrare qd. in qc. **repossession** [–'zeʃən] *s.* ricupero *m,* riappropriazione *f.*

epost *s.* → **ripost(e).**

epot [riː'pɔt] *v.t.* ⟨*Giard,Agr*⟩ rinvasare.

epp *s.* → **rep**[1].

epped [rept] *a.* a coste.

eprehend [,repri'hend] *v.t.* 1 biasimare, disapprovare, riprovare. 2 (*to reprimand*) rimproverare, riprendere. **repre,hensibility** [–hensi'biliti] *s.* l'essere riprovevole. **reprehensible** [–nsibl] *a.* riprovevole, biasimevole. **reprehensibly** [–'hensibli] *avv.* riprovevolmente, biasimevolmente. **reprehension** [–nʃən] *s.* riprovazione *f,* biasimo *m.* **reprehensive** [–nsiv], **reprehensory** [–nsəri] *a.* di biasimo, di disapprovazione.

epresent [,repri'zent] *v.t.* 1 rappresentare, simboleggiare, raffigurare: *words* ~ *ideas* le parole rappresentano le idee. 2 (*to act on behalf of*) rappresentare, agire per conto di, fare le veci di: *he* ~ *our company* agisce per conto della nostra società. 3 ⟨*Parl*⟩ rappresentare. 4 (*to portray in art*) rappresentare, raffigurare, illustrare: *the painting –s a*

battle scene il dipinto raffigura una scena di battaglia. 5 (*to describe*) descrivere, dipingere, rappresentare: *he is not as bad as you* ~ *him* non è (così) cattivo come lo dipingi. 6 ⟨*Teat*⟩ rappresentare, recitare; (*to act the part of*) impersonare, interpretare, sostenere la parte di. 7 (*to point out, state*) dichiarare, asserire, affermare. 8 ⟨*rifl*⟩ dichiararsi, protestarsi, asserire di essere: *to* ~ *o.s. as an expert* dichiararsi un esperto. 9 (*to correspond to*) corrispondere a, equivalere a.

re-present ['riː'priːzent] *v.t.* ripresentare, presentare di nuovo.

representable [,repri'zentəbl] *a.* rappresentabile.

representation [,reprizen'teiʃən] *s.* 1 rappresentazione *f,* simboleggiamento *m.* 2 (*act of portraying visually*) rappresentazione *f,* raffigurazione *f,* descrizione *f;* (*s.th. portrayed*) figurazione *f,* immagine *f: the mosaic includes mythological –s* il mosaico comprende figurazioni mitologiche. 3 (*act of speaking, acting for s.o. else*) rappresentanza *f.* 4 ⟨*Pol,Parl*⟩ rappresentanza *f.* 5 ⟨*Teat*⟩ rappresentazione *f,* recita *f.* 6 (*description*) descrizione *f,* illustrazione *f;* (*statement*) dichiarazione *f,* asserzione *f,* affermazione *f.* 7 (*protest*) rimostranza *f,* protesta *f.*

representational [–l] *a.* 1 rappresentativo, che rappresenta. 2 ⟨*Art*⟩ figurativo.

representative [,repri'zentətiv] I *s.* 1 rappresentante *m/f,* deputato *m* (*f* –a), incaricato *m* (*f* –a): *the Italian* ~ *at the United Nations* il rappresentante italiano alle Nazioni Unite. 2 ⟨*Parl*⟩ deputato *m* (*f* –a). 3 (*typical specimen*) esempio *m* tipico. 4 ⟨*Comm*⟩ rappresentante *m/f.* II *a.* 1 che rappresenta, che simboleggia (*of s.th.* qc.), rappresentativo (di): *allegory* ~ *of charity* allegoria che rappresenta la carità. 2 (*serving to portray*) rappresentante, raffigurante (qc.). 3 (*acting, standing for another*) rappresentante. 4 ⟨*Parl,Pol,Filos*⟩ rappresentativo. 5 (*typical*) caratteristico: *a* ~ *English folksong* una tipica canzone popolare inglese.

representative| art *s.* ⟨*Art*⟩ 1 figurativismo *m.* 2 *pl.* arti *fpl* figurative. ~ **government** *s.* governo *m* (*o* sistema) rappresentativo.

representatively [,repri'zentətivli] *avv.* in modo rappresentativo. **representativeness** [–vnis] *s.* rappresentatività *f.*

representative| office *s.* ufficio *m* di rappresentanza. ~ **sample** *s.* campione *m* rappresentativo.

repress [ri'pres] *v.t.* 1 reprimere, frenare, trattenere, contenere: *to* ~ *one's emotions* reprimere le emozioni. 2 (*to suppress*) domare, reprimere, sedare: *to* ~ *an uprising* domare una rivolta. 3 (*of people: to subdue*) sottomettere, assoggettare; (*to crush*) opprimere. **repressed** [–t] *a.* ⟨*Psic*⟩ represso. **repression** [–'preʃən] *s.* repressione *f.*

repressive [–iv] *a.* 1 repressivo, repressore. 2 (*tyrannical*) dispotico, tirannico.

reprieve [ri'priːv] I *v.t.* 1 ⟨*Dir*⟩ rinviare (*o* sospendere) l'esecuzione di: *to* ~ *a condemned person* rinviare l'esecuzione di un condannato. 2 ⟨*fig*⟩ alleviare, recare sollievo a, dare tregua a. II *s.* 1 ⟨*Dir*⟩ sospensione *f* (*o* commutazione) della pena capitale; (*warrant*) ordine *m* di sospensione (*o* commutazione) della pena capitale. 2 ⟨*fig*⟩ tregua *f,* sollievo *m.*

reprimand I *s.* ['reprimaːnd] I *s.* (*severo*) rimprovero *m,* sgridata *f,* lavata *f* di capo. II *v.t.* [,repri'maːnd] rimproverare (severamente), riprendere.

reprint I *v.t.* [riː'print] ⟨*Edit*⟩ ristampare. II *s.* ['riːprint] ristampa *f.* □ *the book is being –ed* il libro è in ristampa.

reprisal [ri'praizəl] *s.* rappresaglia *f* (*anche Mil.,Pol.*): *to make –s* compiere rappresaglie.

reprise [ri'praiz] *s.* 1 *pl.* ⟨*Dir*⟩ detrazione *f* annuale sul reddito fondiario (*per pagamento d'imposte, ecc.*). 2 ⟨*Mus*⟩ ripresa *f,* ritornello *m.*

repristinate [riː'pristineit] *v.t.* ripristinare, ristabilire. **repristination** [–'neiʃən] *s.* ripristino *m,* ripristinamento *m,* ristabilimento *m.*

reproach [ri'proutʃ] I *v.t.* 1 sgridare, rimproverare, rimbrottare, redarguire: *she –ed the child for spilling his milk* sgridò il bambino perché aveva rovesciato il latte; (*to blame*) biasimare, riprovare. 2 (*to accuse*) accusare, incolpare: *to ~ s.o. with cowardice* accusare qd. di viltà. **3** (*to be a cause of discredit to*) screditare, gettare il discredito su, disonorare. **4** ⟨*rifl*⟩ rimproverarsi: *to have nothing to ~ o.s. with* non avere nulla da rimproverarsi. **II** *s.* **1** rimprovero *m*, riprovazione *f*, disapprovazione *f*, biasimo *m*. **2** (*state or source of disgrace*) vergogna *f*, discredito *m*, disonore *m*, onta *f*. **3** (*expression of disapproval*) rimprovero *m*, rabbuffo *m*, sgridata *f*, rimbrotto *m*. ☐ *beyond* (o *above*) *~* irreprensibile, ineccepibile; *to bring ~* (*up*)*on o.s.* screditarsi, disonorarsi; *a term of ~* una parola di biasimo.

reproachful [ri'proutʃful] *a.* **1** di rimprovero, di riprovazione: *~ words* parole di rimprovero. **2** ⟨*rar*⟩ (*worthy of censure*) biasimevole, riprovevole; (*shameful*) vergognoso. **reproachfully** [–i] *avv.* ˈcon ariaˈ (*o* in tono) di rimprovero. **reproachfulness** [–nis] *s.* aria *f* (*o* tono *m*) di rimprovero.

reprobate ['reprəbeit] **I** *s.* reprobo *m* (*f* –a) (*anche Teol.*). **II** *a.* reprobo (*anche Teol.*). **III** *v.t.* **1** disapprovare, riprovare, condannare; (*to reject*) respingere, rifiutare, rigettare. **2** ⟨*Teol*⟩ dannare. **reprobation** [–'beiʃən] *s.* **1** disapprovazione *f*, riprovazione *f*, biasimo *m*, critica *f*. **2** (*rejection*) rifiuto *m*, ricusa *f*. **3** ⟨*Teol*⟩ dannazione *f*.

reprocess [ri:'prouses, *am.* ri:'prɔses] *v.t.* **1** ⟨*Ind*⟩ riciclare. **2** ⟨*Atom*⟩ rigenerare. **reprocessed** [ri:'prousest] *a.* **1** ⟨*Tess*⟩ rigenerato. **2** ⟨*Atom*⟩ rigenerato: *~ fuel* combustibile rigenerato. **reprocessing** [–'prousesin] *s.* **1** ⟨*Ind*⟩ riciclaggio *m*. **2** ⟨*Atom*⟩ rigenerazione *f*: *~ facility* impianto di rigenerazione.

reproduce [ˌri:prə'dju:s, *am.* –'du:s] **I** *v.t.* **1** riprodurre, rappresentare, ritrarre: *to ~ a face on a coin* riprodurre un volto su una moneta. **2** (*to produce again*) produrre di nuovo, riprodurre. **3** ⟨*Biol*⟩ riprodurre, generare; (*to replace by a natural process*) rigenerare: *some animals can ~ a lost limb* alcuni animali possono rigenerare un arto perduto. **4** (*to present, bring forward again*) riprodurre, riportare: *to ~ a passage from a letter* riprodurre un brano di una lettera. **5** (*to repeat*) riprodurre, ripetere. **II** *v.i.* **1** essere riproducibile. **2** ⟨*Biol*⟩ riprodursi. **reproducer** [–ə] *s.* **1** riproduttore *m* (*f* –trice). **2** ⟨*tecn*⟩ riproduttore *m*. **reproducible** [–əbl] *a.* riproducibile. **reproductibility** [–'biliti] *s.* riproducibilità *f*. **reproduction** [–'dʌkʃən] *s.* riproduzione *f*. **reproductive** [–'dʌktiv] *a.* riproduttivo.

reprographic [ˌriprə'græfik] *a.* ⟨*Tip*⟩ riprografico. **reprography** [–'prɔgrəfi] *s.* riprografia *f*.

reproof[1] [ri'pru:f] *s.* **1** rimprovero *m*, riprovazione *f*, biasimo *m*: *a look of ~* uno sguardo di rimprovero. **2** (*expression of rebuke*) rimprovero *m*, rabbuffo *m*, sgridata *f*, rimbrotto *m*. ☐ *his behaviour deserves ~* la sua condotta è riprovevole.

reproof[2] [ri:'pru:f] *v.t.* impermeabilizzare di nuovo.

reprovable [ri'pru:vəbl] *a.* biasimevole, riprovevole. **reproval** [–vəl] *s.* → **reproof**[1].

reprove [ri'pru:v] *v.t.* rimproverare, redarguire, sgridare, rimbrottare: *to ~ a child for his bad manners* rimproverare un bambino per la sua maleducazione. **reprovingly** [–iŋli] *avv.* ˈcon ariaˈ (*o* in tono) di rimprovero.

reptant ['reptənt] *a.* → **repent**[2].

reptile ['reptail] **I** *s.* **1** ⟨*Zool*⟩ rettile *m*. **2** ⟨*fig*⟩ rettile *m*, vipera *f*, serpente *m*. **II** *a.* **1** ⟨*Zool*⟩ strisciante. **2** ⟨*fig*⟩ (*despicable*) disprezzabile, spregevole, abietto.

reptile house *s.* rettilario *m*.

reptilian [rep'tiliən] **I** *a.* **1** ⟨*Zool*⟩ dei (*o* relativo ai) rettili. **2** ⟨*fig*⟩ disprezzabile, spregevole, abietto. **II** *s.* ⟨*Zool*⟩ rettile *m*.

reptiloid ['reptilɔid] *a.* simile a un rettile.

Repub. = *Republic* repubblica.

republic [ri'pʌblik] *s.* ⟨*Pol*⟩ repubblica *f*: *the ~ of Italy* la repubblica italiana. ☐ ⟨*fig*⟩ *the ~ of letters:* 1 la repubblica delle lettere, i letterati; 2 (*literature*) letteratura *f*.

republican [ri'pʌblikən] **I** *a.* repubblicano. **II** *s.* repubblicano *m* (*f* –a). **Republican** *am.* **I** *a.* ⟨*Pol*⟩ repubblicano: *Republican Party* partito repubblicano. **II** *s.* repubblicano *m* (*f* ,–a). **republicanism** [–izəm] *s.*

repubblicanesimo *m*. **re,publicanization** [–ai'zeiʃən] *s.* (*act*) il convertire alle idee repubblicane. **2** (*state*) diventare repubblicano. **republicanize** [–aiz] *v.t.* convertire alle idee repubblicane. **2** (*to change into republic*) trasformare in repubblica.

republication [ˌri:pʌbli'keiʃən] *s.* **1** ripubblicazione *f*. (*new edition*) ristampa *f*.

republish [ri:'pʌbliʃ] *v.t.* ristampare, ripubblicare.

repudiate [ri'pju:dieit] *v.t.* **1** ripudiare, sconfessar rinnegare. **2** (*to reject*) ripudiare, respingere, rifiutare: *to an agreement* ripudiare un accordo. **3** (*to refuse acknowledge*) rifiutare di riconoscere, disconoscer ripudiare. **repudiation** [–di'eiʃən] *s.* **1** ripudio *n* sconfessione *f*. **2** (*refusal to pay*) rifiuto *m* di pagare riconoscere) un debito. **repudiator** [–ə] *s.* ripudiatore (*f* –trice).

repugn [ri'pju:n] **I** *v.t.* avversare, opporsi a, osteggiare. *v.i.* ⟨*rar*⟩ opporsi, resistere (*against* a).

repugnance [ri'pʌgnəns], **repugnancy** [–i] *s.* ripugnanza *f*, orrore *m*, avversione *f*; (*physical distast* disgusto *m*, ripulsione *f*. **2** (*quality of being incompatibl* inconciliabilità *f*, incompatibilità *f*. **repugnant** [–nt] *a.* ripugnante, rivoltante; (*physically disgusting*) ripugnant disgustoso, ributtante. **2** (*contradictory, incompatibl* incompatibile, inconciliabile, in contrasto (*to* con). (*resistant, opposing*) avverso, ostile. **repugnantly** [–ntl *avv.* con ripugnanza.

repulse [ri'pʌls] **I** *v.t.* **1** ricacciare, respingere: *to ~ t* *enemy* ricacciare il nemico; *to ~ an attack* respingere attacco. **2** ⟨*fig*⟩ respingere, ricusare, rifiutare: *to ~ offers* respingere ogni offerta; (*of a person*) respingere. *s.* **1** il respingere. **2** (*fact of being repelled*) l'esser respinto. **3** (*rejection, rebuff*) rifiuto *m*, ricusa *f*, dinie *m.* ☐ *our troops have suffered a ~* le nostre truppe sor state respinte. **repulsion** [–lʃən] *s.* **1** il respingere. (*state of being repelled*) l'essere respinto. **3** ⟨*fig*⟩ disgus *m*, ripugnanza *f*, avversione *f*, ripulsione *f*. **4** ⟨*Fi* repulsione *f*, ripulsione *f*.

repulsive [ri'pʌlsiv] *a.* **1** repellente, ripugnante, disgustos ripulsivo. **2** ⟨*Fis*⟩ repulsivo, ripulsivo. **repulsively** [– *avv.* in modo repellente. **repulsiveness** [–nis] repellenza *f*.

repurchase [ri:'pə:tʃəs] **I** *v.t.* ricomprare, riacquista riscattare. **II** *s.* riacquisto *m*, riscatto *m*.

reputable ['repjutəbl] *a.* **1** rispettabile, stimabil onorabile. **2** (*reliable*) attendibile: *a ~ source* una for attendibile. **reputably** [–i] *avv.* rispettabilmente.

reputation [ˌrepju'teiʃən] *s.* **1** reputazione *f*, fama *f*, non *m*: *to have a good ~* godere (di) una buona reputazion *to have the ~ of being a miser* avere fama d'essere avar **2** (*fact of being esteemed*) (buona) reputazione rispettabilità *f*, buon nome *m*, onorabilità *f*: *his ~ suffer as a result of the scandal* la sua reputazione ha risenti dello scandalo. ☐ *to build oneself a ~* as farsi la fama *experts of established ~* esperti di chiara fama.

repute [ri'pju:t] **I** *s.* **1** reputazione *f*, fama *f*, nome *m*: *man of ill ~* un uomo che ha una cattiva reputazione. (*good reputation*) (buona) reputazione *f*, rispettabilità buon nome *m*, onorabilità *f*. **II** *v.t.* considerare, reputa ritenere, giudicare, stimare: *he is –d to be a very rich m* è considerato molto ricco. ☐ *to know s.o. by ~* conosce qd. di fama; *to be held in high ~* essere tenuto in gran considerazione; *a place of ill ~* un posto malfamat **reputed** [–id] *a.* **1** stimato, onorato. **2** (*supposed to so*) presunto, putativo, supposto, ritenuto: *the ~ author* presunto autore; *the ~ father* il padre putativ **reputedly** [–idli] *avv.* a quel che si dice, secon l'opinione comune.

request [ri'kwest] **I** *s.* **1** richiesta *f*, domanda *f*. **2** (*s. asked for*) richiesta *f*, pretesa *f*: *what is your ~ ?* qu sono le vostre richieste? **II** *v.t.* (ri)chiedere: *to permission* chiedere il permesso; *to ~ aid* richiedere aiu ☐ *as –ed* come richiesto; *at ~* = *by request; at s.o.'s* su invito di qd., a richiesta di qd.; **by ~** a richiesta; *to s.o. for s.th.* chiedere qc. a qd.; *he is much* **in** *~ as singer* è molto richiesto come cantante; **on** (*o upon*) *~* (*o* a) richiesta.

quicken [ri:'kwikən] **I** *v.t.* rianimare, ravvivare. **II** *v.i.* rianimarsi, ravvivarsi.

quiem *lat.* ['rekwiem, -kwiəm] *s.* ⟨*Lit*⟩ messa *f* di requiem.

quire [ri'kwaiə] **I** *v.t.* **1** avere bisogno di, necessitare di, richiedere, volere: *do you* ~ *anything else, madam?* ha bisogno di altro, signora?; (*to make necessary*) richiedere, esigere: *acids* ~ *careful handling* gli acidi richiedono una manipolazione attenta. **2** (*to demand as necessary*) richiedere, esigere: *birth certificates are -d for enrolment* per l'iscrizione si richiede il certificato di nascita; (*with clauses*) prescrivere, imporre: *the law -s that foreigners register* la legge prescrive che gli stranieri vengano registrati. **3** (*of a person: to order*) ordinare a, comandare a, ingiungere a: *he -d me to open my luggage* mi ordinò di aprire le valigie. **4** (*to ask for authoritatively*) pretendere, esigere, richiedere: *to* ~ *payment* pretendere il pagamento. **5** (*to oblige, compel*) costringere, obbligare, imporre a: *his health -s him to live abroad* la sua salute lo costringe a vivere all'estero. **6** (*to be obliged;* seguito dall'inf.) dovere, essere obbligato (*o* costretto) a. **II** *v.i.* prescrivere, imporre: *to do as the law -s* fare come prescrive la legge. □ *to* ~ *s.th. of s.o.* ordinare qc. a qd. **required** [-d] *a.* richiesto, necessario, occorrente. □ *as* ~ quanto basta (*o* occorre); *when* ~ in caso di necessità, all'occorrenza. **requirement** [-mənt] *s.* **1** requisito *m: the -s of the law* i requisiti di legge. **2** (*need, necessity*) necessità *f,* esigenza *f,* fabbisogno *m,* bisogno *m.*

quisite ['rekwizit] **I** *a.* necessario, indispensabile, occorrente: *the patience* ~ *for negotiating* la pazienza necessaria per negoziare. **II** *s.* **1** requisito *m.* **2** (*s.th. necessary*) necessario *m,* fabbisogno *m,* occorrente *m.*

quisition [,rekwi'ziʃən] **I** *s.* **1** richiesta *f,* domanda *f,* istanza *f.* **2** ⟨*Mil*⟩ requisizione *f;* (*written request*) richiesta *f* (scritta): *to put in a* ~ *for uniforms* presentare una richiesta di uniformi. **3** (*state of being required for use*) uso *m,* impiego *m,* utilizzazione *f: to put s.th. in* ~ fare uso di qc. **4** (*requisite*) requisito *m.* **II** *v.t.* **1** richiedere. **2** ⟨*Mil*⟩ requisire.

quital [ri'kwaitl] *s.* **1** contraccambio *m,* ricambio *m.* **2** (*s.th. given in return*) contraccambio *m;* (*compensation*) compenso *m,* ricompensa *f.* **3** (*retaliation*) rappresaglia *f,* vendetta *f.* □ *to make full* ~ ricambiare (*o* ricompensare) a usura; *in* ~ *for* (*o* *of*) in cambio di. **requite** [-'kwait] *v.t.* **1** contraccambiare, ricambiare; (*to repay*) ricompensare, ripagare. **2** (*to make retaliation for*) vendicare: *to* ~ *a wrong* vendicare un torto; (*to punish*) punire; (*to avenge o.s. on*) vendicarsi di. **3** (*to give in return*) rendere: *to* ~ *good for evil* rendere bene per male.

eread [ri:'ri:d] *v.t.irr.* rileggere.

erecord [ri:,ri'kɔ:d] *v.t.* ⟨*Acu*⟩ riversare. **rerecording** [-iŋ] *s.* riversamento *m.*

eredos ['rirədos] *s.* ⟨*Arch*⟩ dossale *m.*

erun **I** *s.* [ri:'rʌn] **1** ⟨*Cin,TV*⟩ presentazione *f* di un film in seconda visione. **2** ⟨*Sport*⟩ ripetizione *f* di una corsa. **II** *v.t.irr.* ['ri:rʌn, ri:'rʌn] **1** ⟨*Cin,TV*⟩ presentare (*o* dare) in seconda visione. **2** ⟨*Sport*⟩ ripetere.

es. = **1** *reserve* riserva. **2** *residence* residenza. **3** *resident* residente.

esaddle [ri:'sædl] *v.t.* sellare di nuovo.

escind [ri'sind] *v.t.* **1** revocare, rescindere, annullare: *to* ~ *an order* revocare un ordine; *to* ~ *a contract* rescindere un contratto. **2** (*to invalidate by higher authority*) abrogare, annullare, invalidare: *to* ~ *a law* abrogare una legge. **rescinding** [-iŋ] *a.* risolutivo: ~ *clause* clausola risolutiva. **rescission** [-'siʒən, -'siʃən] *s.* rescissione *f,* revoca *f,* annullamento *m.*

escript ['ri:skript] *s.* **1** ⟨*Rel.catt,Stor*⟩ rescritto *m.* **2** (*official decree*) editto *m,* decreto *m.*

escue ['reskju:] **I** *v.t.* **1** salvare, soccorrere: *to* ~ *s.o. from danger* salvare qd. dal pericolo; *to* ~ *a drowning child* soccorrere un bambino che sta per annegare. **2** ⟨*Dir*⟩ liberare con la forza, far evadere. **II** *s.* **1** salvamento *m,* salvataggio *m,* soccorso *m;* (*instance*) salvezza *f,* scampo *m,* liberazione *f;* (*aid in delivering*) soccorso *m,* aiuto *m.* **2** ⟨*Dir*⟩ il liberare con la forza. □ *to come* (*o* *go*) *to s.o.'s* ~

accorrere in aiuto di qd., salvare qd.

rescue helicopter *s.* elicottero *m* da salvataggio.

rescuer ['reskju:ə] *s.* salvatore *m* (*f* –trice), soccorritore *m* (*f* –trice).

rescue team *s.* squadra *f* di salvataggio.

research **I** *s.* [ri'sə:tʃ, 'ri:s-] **1** ricerca *f,* indagine *f,* investigazione *f: cancer* ~ ricerche sul cancro. **2** (*piece of research*) ricerca *f,* studio *m,* indagine *f.* **II** *v.i.* [ri'sə:tʃ] indagare, svolgere ricerche, investigare: *to* ~ *into the causes of a disease* indagare sulle cause di una malattia; *he is -ing on Dante* sta svolgendo (delle) ricerche su Dante. **III** *v.t.* [ri'sə:tʃ] indagare su, svolgere (*o* fare) ricerche su, investigare su. □ ~ *and development* ricerca *f* e sviluppo.

research| body *s.* ente *m* di ricerca. ~ **center** *am.,* ~ **centre** *s.* centro *m* di ricerca. ~ **department** *m* ufficio ricerche.

researcher [ri'sə:tʃə] *s.* ricercatore *m* (*f* –trice).

research| laboratory *s.* laboratorio *m* di ricerca. ~ **manager** *s.* direttore *m* della ricerca. ~ **plant** *s.* impianto *m* di ricerca. ~ **project** *s.* progetto *m* di ricerca. ~ **satellite** *s.* ⟨*Astron*⟩ satellite *m* di ricerca. ~ **scientist** *s.* ricercatore *m* scientifico.

reseat [ri:'si:t] *v.t.* **1** rimettere a sedere. **2** (*to provide with new seats*) fornire di nuove sedie (*o* sedili); (*of a chair*) rifare il fondo a. **3** ⟨*Mecc*⟩ ricollocare in sede.

resect [ri'sekt] *v.t.* ⟨*Chir*⟩ resecare. **resection** [-kʃən] *s.* resezione *f.*

reseek [ri:'si:k] *v.t.irr.* cercare di nuovo, ricercare.

reseize [ri:'si:z] *v.t.* **1** far rientrare in possesso, reintegrare. **2** (*to seize again*) riafferrare, riacciuffare, riprendere.

resell [ri:'sel] *v.t.irr.* rivendere. **reseller** [-ə] *s.* venditore *m* (*f* –trice).

resemblance [ri'zembləns] *s.* somiglianza *f.* □ *to bear* ~ *to* somigliare a. **resemblant** [-nt] *a.* somigliante, simile (*to* a). **resemble** [-bl] *v.t.* somigliare a, rassomigliare a: *she -s her mother* somiglia a sua madre.

resent [ri'zent] *v.t.* offendersi per, risentirsi per (*o* di), prendersela per: *I -ed his insinuation* mi offesi per la sua insinuazione. **resentful** [-ful] *a.* **1** pieno di risentimento, risentito, offeso. **2** (*inclined to resent*) che si risente (facilmente), che si offende, permaloso. **3** (*marked by resentment*) risentito, offeso: *a* ~ *look* uno sguardo risentito. **resentfully** [-fuli] *avv.* in modo risentito. **resentment** [-mənt] *s.* risentimento *m,* rancore *m.*

reservation [,rezə'veiʃən] *s.* **1** riserva *f,* limitazione *f,* restrizione *f,* condizione *f: I agree, but with some -s* sono d'accordo, ma con qualche riserva. **2** (*booking*) prenotazione *f:* ~ *of theatre seats* prenotazione di posti a teatro. **3** ⟨*Etnol,Dir*⟩ riserva *f: the Indian -s* le riserve indiane.

reservation ticket *s.* biglietto *m* di prenotazione.

reserve [ri'zə:v] **I** *v.t.* **1** serbare, conservare, riservare, tenere in serbo: *to* ~ *one's strength* serbare le (proprie) energie; *to* ~ *part of the food supplies* conservare parte delle provviste. **2** (*to fail to disclose, deliver, etc.*) riservarsi: *I* ~ *judgement* mi riservo di giudicare. **3** (*to set apart, destine*) destinare, riservare: *ground -d for gardening* terreno destinato al giardinaggio. **4** ⟨*rifl*⟩ serbare le forze, risparmiarsi. **5** (*to engage in advance*) prenotare, riservare: *to* ~ *a seat on a train* prenotare un posto in treno. **II** *s.* **1** riserva *f,* scorta *f: -s of energy* riserve di energia. **2** ⟨*Econ*⟩ riserva *f,* scorta *f* monetaria: *a bank's -s* la riserva di una banca; (*of a company*) fondo *m* di riserva. **3** ⟨*Mil*⟩ riserva *f.* **4** (*area of land*) riserva *f* (*anche Etnol.*). **5** (*limitation, reservation*) riserva *f,* limitazione *f,* condizione *f,* restrizione *f.* **6** (*lack of effusiveness*) riservatezza *f,* riserbo *m;* (*self-control*) autocontrollo *m.* **7** ⟨*Sport*⟩ riserva *f.* **III** *a.* di riserva, di scorta: *a* ~ *fund* un fondo di riserva. □ ⟨*Silv*⟩ **forest** ~ riserva *f;* **in** ~ di scorta, da parte: *we have plenty of fuel in* ~ abbiamo molto carburante di scorta; *to* ~ *one's right* ~ *to do s.th.* riservarsi il diritto di fare qc.; *to use up all -s* esaurire tutte le riserve; **without** ~: **1** senza riserve, francamente, apertamente; **2** ⟨*Comm*⟩ senza prezzo minimo fissato.

reserved [ri'zə:vd] *a.* **1** riservato, chiuso, poco espansivo:

to be ~ *in speech* essere riservato nel parlare; (*characterized by restraint*) reticente. **2** (*engaged previously*) prenotato, riservato: *this seat is* ~ questo posto è prenotato. **3** (*kept back*) serbato, tenuto da parte. **4** (*kept apart*) riservato, tenuto a disposizione.
reserved list *s.* ⟨*Mar.mil*⟩ lista *f* degli ufficiali della riserva (navale): *to be on the* ~ appartenere alla riserva navale.
reservedly [ri'zə:vidli] *avv.* riservatamente, con riservatezza. **reservedness** [–dnis] *s.* riservatezza *f,* carattere *m* riservato.
reserve| fund *s.* ⟨*Econ*⟩ fondo *m* di riserva. ~ **officer** *s.* ⟨*Mil*⟩ ufficiale *m* della riserva. ~ **price** *s.* ⟨*Comm*⟩ prezzo *m* minimo. ~ **tank** *s.* ⟨*Aut*⟩ serbatoio *m* di riserva.
reservist [ri'zə:vist] *s.* ⟨*Mil*⟩ riservista *m.*
reservoir ['rezəvwɑ:] *s.* **1** ⟨*Idr*⟩ serbatoio *m,* cisterna *f;* (*artificial lake*) bacino *m* idrico (*o* di riserva), lago *m* artificiale. **2** (*receptacle for oil, gas, etc.*) serbatoio *m.* **3** ⟨*fig*⟩ (*reserve supply*) scorta *f,* riserva *f.*
reset[1] **I** *v.t.irr.* [ri:'set] **1** risistemare, rimettere a posto. **2** ⟨*Tip*⟩ ricomporre. **3** ⟨*Oref*⟩ incastonare di nuovo. **4** (*to sharpen*) riaffilare. **5** ⟨*Med*⟩ rimettere a posto: *to* ~ *a broken arm* rimettere a posto un braccio rotto. **6** ⟨*tecn,Inform*⟩ azzerare, rimettere a zero. **II** *s.* ['ri:set] **1** risistemazione *f.* **2** ⟨*Tip*⟩ ricomposizione *f.*
reset[2] [ri'set] **I** *v.t.* **1** dare asilo a. **2** (*of stolen goods*) ricettare. **II** *v.i.* fare il ricettatore.
reset button *s.* (*of tape recorder*) tasto *m* di azzeramento.
resettle [ri:'setl] **I** *v.t.* **1** riassestare, risistemare, rimettere in sesto. **2** (*of people*) insediare in un nuovo posto. **3** (*of land*) colonizzare di nuovo. **II** *v.i.* **1** risistemarsi, riassestarsi. **2** (*of people*) insediarsi in un nuovo posto. **resettlement** [–mənt] *s.* **1** risistemazione *f,* riassetto *m,* riassestamento *m.* **2** (*of people*) nuovo insediamento *m.*
reshape [ri:'ʃeip] *v.t.* dare una ⌐nuova forma⌐ (*o* forma diversa) a.
reship [ri:'ʃip] **I** *v.t.* **1** ⟨*Mar*⟩ reimbarcare. **2** (*to transfer to another ship*) trasbordare. **II** *v.i.* (*of people*) reimbarcarsi; (*of goods*) trasbordare. **reshipment** [–mənt] *s.* **1** reimbarco *m.* **2** (*s.th. reshipped*) cosa *f* reimbarcata.
reshuffle [ri:'ʃʌfl] **I** *v.t.* **1** rimescolare, mescolare di nuovo. **2** (*to rearrange*) rimpastare, rimaneggiare, riordinare: *to* ~ *the cabinet* rimpastare il governo. **II** *s.* rimescolamento *m.*
reside [ri'zaid] *v.i.* **1** abitare, risiedere, vivere: *where do you* ~? dove abiti? **2** ⟨*fig*⟩ (*to inhere, be vested*) risiedere, stare (*in* in): *power in this country* –*s in Parliament* in questo paese il potere risiede nel parlamento.
residence ['rezidəns] *s.* **1** residenza *f,* abitazione *f;* (*large, imposing house*) casa *f* (*o* abitazione) signorile. **2** (*period of residing*) permanenza *f,* soggiorno *m,* residenza *f: during my* ~ *in London* durante la mia permanenza a Londra. **3** ⟨*Dir,Comm*⟩ sede *f* centrale. □ *to be in* ~: **1** (*of a sovereign, etc.*) essere in residenza (*o* sede); **2** ⟨*Univ*⟩ risiedere presso l'Università; **3** (*at a hospital*) essere interno.
residence permit *s.* permesso *m* di soggiorno.
residency ['rezidənsi] *s.* **1** residenza *f,* abitazione *f.* **2** (*of a governor, etc.*) residenza *f.*
resident ['rezidənt] **I** *a.* **1** residente, locale, del luogo: ~ *population* popolazione residente. **2** (*living in a place for duty*) interno: *a* ~ *physician* un medico interno. **3** ⟨*fig*⟩ inerente, intrinseco (*in* a). **4** ⟨*Ornit*⟩ stanziale. **II** *s.* **1** residente *m/f: -s and tourists* residenti e turisti. **2** ⟨*Dipl*⟩ ministro *m* residente, residente *m.* **3** (*of a physician*) medico *m* interno, interno *m.* ˌ**residential** [–'denʃəl] *a.* residenziale: ~ *district* quartiere residenziale. □ ~ *requirement* obbligo di residenza.
residential| area *s.* zona *f* residenziale. ~ **course** *s.* ⟨*Scol,Univ*⟩ corso *m* per interni.
residentiary [ˌrezi'denʃəri] **I** *a.* **1** residente. **2** (*bound to official residence*) che ha l'obbligo di residenza. **II** *s.* **1** residente *m/f.* **2** ⟨*Rel*⟩ ecclesiastico *m* che ha l'obbligo di residenza.
resident population *s.* popolazione *f* residente.

residents| parking zone *s.* parcheggio *m* riservato a residenti. ~ **permit** *s.* permesso *m* di soggiorno.
residual [ri'zidjuəl, *am.* –dʒuəl] **I** *a.* **1** residuo, rimanente. **2** ⟨*Mat*⟩ residuo. **II** *s.* **1** residuo *m,* sostanza *f* residua. ⟨*Mat*⟩ resto *m.* **residuary** [–djuəri, *am.* –dʒuəri] *a.* residuo, rimanente, restante.
residue ['rezidju:] *s.* **1** residuo *m,* resto *m,* rimanenza *f.* ⟨*Dir*⟩ parte *f* residua di un patrimonio ereditato (dopo pagamento di debiti, spese, ecc.). **re'siduum** [–əm] *s.* (*p -s* [z]/-**dua** [djuə]) **1** resto *m,* residuo *m,* avanzo *m,* rimanenza *f.* **2** ⟨*Chim*⟩ residuo *m.* **3** ⟨*Dir*⟩ parte residua di un patrimonio ereditato (dopo il pagamento di debiti, spese).
resign [ri'sain] **I** *v.t.* **1** lasciare, rinunciare a, abbandonare: *to* ~ *a position* lasciare un impiego; *to* ~ *hope* abbandonare la speranza. **2** (*to commit, give over*) affidare, consegnare: *to* ~ *a child to s.o.'s care* affidare un bambino alle cure di qd. **3** ⟨*rifl*⟩ accettare con rassegnazione, rassegnarsi a: *to* ~ *o.s. to one's fate* rassegnarsi al proprio destino. **II** *v.i.* **1** dimettersi, dare le dimissioni: *he –ed from the cabinet* si dimise dalla carica di ministro. **2** (*to submit*) rassegnarsi (*to* a).
re-sign [ri:'sain] *v.t.* firmare di nuovo.
resignation [ˌrezig'neiʃən] *s.* **1** dimissioni *fpl: the President's* ~ le dimissioni del presidente; *to submit one*'*s* ~ presentare le dimissioni. **2** (*act of resigning*) abbandono *m,* rinuncia *f.* **3** (*submission, acquiescence*) rassegnazione *f,* sottomissione *f,* acquiescenza *f.* □ *to* ⌐*hand in*⌐ (*o* give, tender*) one's* ~ dare le dimissioni.
resigned [ri'zaind] *a.* rassegnato.
resigning [ri'zainiŋ] *a.* dimissionario: ~ *officer* funzionario dimissionario.
resile [ri'zail] *v.i.* riprendere la forma originaria; (*rebound*) rimbalzare.
resilience [ri'ziliəns], **resiliency** [–i] *s.* **1** resilienza, elasticità *f.* **2** ⟨*fig*⟩ capacità *f* di ricupero (*o* ripresa): *showed great* ~ mostrò una grande capacità di ricupero. **resilient** [–nt] *a.* **1** resiliente, elastico. **2** ⟨*fig*⟩ che ha capacità di ripresa; (*of the mind*) elastico. **resiliently** [–ntli] *avv.* in modo elastico.
resin ['rezin] **I** *s.* ⟨*Chim*⟩ resina *f.* **II** *v.t.* trattare con resina. ˌ**resi'naceous** [–eiʃəs] *a.* → **resiniferous**.
resinate [–eit] **I** *s.* resinato *m.* **II** *v.t.* impregnare di resina. ˌ**resiniferous** [–'nifərəs] *a.* resinifero, resinoso.
resinification [riˌzinifi'keiʃən] *s.* resinificazione *f.* **res'inify** [–ifai] **I** *v.t.* resinificare. **II** *v.i.* resinificarsi. **resinous** [–əs], **resiny** [–i] *a.* resinoso.
resipiscence [ˌresi'pisns] *s.* ravvedimento *m,* rinsavimento *m,* ⟨*lett*⟩ resipiscenza *f.* **resipiscent** [–nt] *a.* che ravvede, ⟨*lett*⟩ resipiscente.
resist [ri'zist] **I** *v.t.* **1** resistere a, respingere, opporsi a: ~ *the enemy* resistere al nemico; *to* ~ *an attack* respingere un attacco; *to* ~ *authority* opporsi all'autorità. **2** (*to withstand the action of*) essere resistente a: *to* ~ *disease* essere resistente alle malattie. **3** (*to refrain from*) trattenere, trattenersi da, astenersi da. **II** *v.i.* resistere, reggere, ⟨*fam*⟩ farcela: *I can* ~ *no longer* non ce la faccio più. **III** *s.* ⟨*tecn*⟩ rivestimento *m* isolante. **resistance** [–əns] *s.* **1** resistenza *f: to break the enemy's* ~ vincere la resistenza del nemico; *the* ~ *of the air* la resistenza dell'aria; ~ *to wear* resistenza all'usura. **2** (*hostility*) ostilità *f,* opposizione *f: to arouse* ~ *in s.o.* suscitare ostilità in qd. **3** ⟨*El,Psic,Med*⟩ resistenza *f.* **Resistance** ⟨*Stor*⟩ resistenza *f.* □ ~ *to disease* resistenza *f* alle malattie; ⟨*Fis*⟩ *the line of least* ~ la linea di minor resistenza (*anche fig.*); *to make no* ~ *to* non opporsi a; *to meet with strong* ~ incontrare viva resistenza; *without offering any* ~ senza opporre resistenza. **resistant** [–ənt] *a.* **1** resistente, che oppone resistenza (*to* a). **2** (*in composti*) resistente ...: *heat-*~ resistente al calore.
resistibility [riˌzistə'biliti] *s.* possibilità *f* di resistere (*ability to resist*) capacità *f* di resistenza. **re'sistible** [–bl] *a.* cui si può resistere.
resistive [ri'zistiv] *a.* resistivo.
resistless [ri'zistlis] *a.* **1** irresistibile. **2** (*not resisting*) che non resiste, che non si oppone. **resistlessly** [–li] *avv.* in modo irresistibile.

sistor [ri'zistə] s. ⟨El⟩ resistore m.

sit ['ri:sit] ⟨Scol⟩ I s. → **resit examination**. II v.i. ostenere un esame di riparazione.

sit examination s. esame m di riparazione.

sole [ri:'soul] v.t. ⟨Calz⟩ risolare.

solubility [ˌrizəlju'biliti] s. risolvibilità f.

soluble ['rezəljubl, ri'zɔljubl] a. risolvibile, (ri)solubile.

solute ['rezəlu:t] a. risoluto, deciso, fermo. **resolutely** -li] avv. risolutamente, con decisione. **resoluteness** -nis] s. risolutezza f, decisione f, fermezza f.

solution [ˌrezə'lu:ʃən] s. 1 risoluzione f, determinazione f decisione f: to make a ~ to give up smoking prendere la ecisione di smettere di fumare. 2 (of an assembly, a *gislative body*) mozione f, deliberazione f: a ~ on human *ghts* una deliberazione sui diritti dell'uomo. 3 (firmness *f intent*) fermezza f, risolutezza f, decisione f. 4 (act of *olving*) risoluzione f; (solution) soluzione f. 5 ⟨Ott⟩ solvenza f. 6 ⟨TV,Fot⟩ risoluzione f, definizione f. 7 *Chim*⟩ risoluzione f, scomposizione f, scissione f. 8 *Mus,Med*⟩ risoluzione f. 9 ⟨Mat⟩ risoluzione f, soluzione □ ⟨Pol⟩ to pass (o carry, adopt) a ~ adottare una soluzione; to put a ~ to the meeting presentare una soluzione all'assemblea. **resolutive** [ri'zɔljutiv, ezəljutiv] a. 1 risolutivo, determinante, decisivo. 2 *Med,Dir*⟩ risolutivo.

solvability [ri,zɔlvə'biliti] s. risolvibilità f, risolubilità f.

e'solvable [-bl] a. risolvibile, risolubile (anche Ott.).

solve [ri'zɔlv] I v.t. 1 decidere, stabilire, determinare: I d that nothing should stop me decisi che niente mi vrebbe fermato. 2 (to settle) risolvere, definire: to ~ a *ispute* risolvere una controversia; (of a doubt) chiarire, *ciogliere*, risolvere; (of a fear) dissolvere, dissipare. 3 (to *ecide by a resolution*) stabilire, deliberare, decidere. 4 (to *olve*) risolvere. 5 ⟨rifl⟩ (to convert, transform) asformarsi, diventare. 6 ⟨Parl,rifl⟩ costituirsi in: the *ssembly -d itself into a committee* l'assemblea si costituì commissione. 7 ⟨Chim⟩ scomporre, scindere. 8 *Ott,Mat,Med,Mus*⟩ risolvere. II v.i. 1 decidersi, solversi (on, upon a): to ~ upon bringing s.th. to *ompletion* decidersi a portare a termine qc. 2 (to become *eparated*) scomporsi (into in). 3 (to become transformed) asformarsi, ridursi (into in). 4 ⟨Med⟩ risolversi. III s. 1 soluzione f, determinazione f, decisione f, fermo roposito m: he made a firm ~ to be punctual prese la erma risoluzione di essere puntuale. 2 (resoluteness) solutezza f, decisione f, fermezza f. **resolved** [-d] a. eciso, risoluto: to be ~ to resist essere deciso a resistere. (solved) risolto. **resolvedly** [-dli] avv. risolutamente, ecisamente.

solvent [ri'zɔlvənt] I a. 1 risolutivo, risolvente. 2 *Med*⟩ risolutivo. II s. 1 soluzione f. 2 ⟨Farm,Mat⟩ solvente m. 3 ⟨Chim⟩ solvente m.

solving power [ri'zɔlviŋ] s. ⟨Fis⟩ potere m risolvente.

sonance ['rezənəns] s. risonanza f.

sonance| amplifier s. ⟨El⟩ amplificatore m a ri-*onanza*. ~ **factor** s. ⟨Rad⟩ coefficiente m di riso-anza.

sonant ['rezənənt] a. 1 risonante, echeggiante; (sonorous) *noro*, risonante: a ~ voice una voce sonora. 2 *roducing resonance*) risonante, che produce risonanza. 3 *Fis,El*⟩ risonante. **resonantly** [-ntli] avv. con risonanza, a modo risonante. **resonator** [-neitə] s. 1 ⟨El⟩ sonatore m. 2 ⟨Mus⟩ cassa f di risonanza.

sorb [ri'sɔ:b] I v.t. riassorbire. II v.i. riassorbirsi.

esorbence [-əns] s. capacità f di riassorbimento.

esorbent [-ənt] s. riassorbente m.

sorption [ri'sɔ:pʃən] s. riassorbimento m.

sort [ri'zɔ:t] I v.i. 1 ricorrere, fare ricorso (to a), *v)valersi*, servirsi (di): to ~ to force ricorrere alla forza. (to go frequently) frequentare. II s. 1 ricorso m: ~ to *olence* ricorso alla violenza; (person, thing resorted to) sorsa f: our last ~ la nostra ultima risorsa. 2 (place *equently visited*) ritrovo m, luogo m di ritrovo; (place for *olidays*) stazione f, località f di soggiorno (o *illeggiatura*), soggiorno m: a ~ for winter sports una *azione* di sport invernali. 3 (habitual, frequent going) *equenza* f, afflusso m, affluenza f.

re-sort [ri:'sɔ:t] v.t. selezionare di nuovo.

resound [ri'zaund] I v.i. 1 risonare, echeggiare: the hall -ed with applause la sala risonò di applausi. 2 ⟨fig⟩ essere illustre (o famoso), avere rinomanza: his name -s in the history of our country il suo è un nome illustre nella storia del nostro paese. II v.t. 1 far echeggiare, far risonare. 2 (of places) risonare di, echeggiare di. 3 ⟨fig⟩ celebrare, proclamare. III s. risonanza f, eco f.

re-sound [ri:'saund] v.t./i. sonare di nuovo, risonare.

resounding [ri'zaundiŋ] a. 1 risonante, echeggiante. 2 ⟨fig⟩ netto, chiaro. □ a ~ slap uno schiaffo sonoro; ~ success successo clamoroso.

resource [ri'sɔ:s, am. 'risɔrs] s. 1 risorsa f (anche Econ.,Pol.): -s in men and ammunition risorse di uomini e munizioni; the country's -s le risorse del paese. 2 (resort, expedient) risorsa f, mezzo m, espediente m. 3 (resourcefulness) ingegnosità f, intraprendenza f. □ ⟨fig⟩ to be at the end of one's -s non avere più risorse; escape was his only ~ non gli restava (altro) che la fuga.

resource allocation s. distribuzione f delle risorse.

resourceful [ri'sɔ:sful] a. pieno di risorse, ingegnoso, intraprendente. **resourcefully** [-i] avv. ingegnosamente. **resourcefulness** [-nis] s. ingegnosità f, intraprendenza f.

resourceless [ri'sɔ:slis] a. ⌐privo di⌐ (o senza) risorse.

respect [ri'spekt] I s. 1 rispetto m, riguardo m, stima f, considerazione f: I have great ~ for him ho un grande rispetto per lui; he has no ~ for the law non ha alcun rispetto per la legge. 2 pl. rispetti mpl, ossequi mpl, omaggi mpl: give my -s to your wife porga i miei rispetti a sua moglie; (greetings) saluti mpl. 3 (point, particular) particolare m, punto m, dettaglio m: in certain -s in certi particolari. 4 (relation, reference) relazione f, attinenza f. II v.t. 1 rispettare, stimare, onorare: to be highly -ed essere molto rispettato. 2 ⟨rifl⟩ avere rispetto di sé, rispettare se stesso. 3 (to show consideration for) rispettare, avere riguardo (o considerazione) per: we must ~ her feelings dobbiamo rispettare i suoi sentimenti. 4 (to observe, obey) osservare, rispettare, obbedire a. 5 (to have regard, reference) riguardare, concernere, riferirsi a. □ to have ~ to riguardare, riferirsi a; in ~ of (o to) riguardo a, in quanto a; in every ~ sotto tutti gli aspetti; to be held in ~ essere rispettato; in many -s per molti aspetti; in one ~ in un punto, sotto un (certo) aspetto; out of ~ for per riguardo a; in this ~ da questo punto di vista, sotto questo aspetto; with all due ~ con tutto il dovuto rispetto; with ~ to con riferimento a, riguardo a; without ~ to senza riguardo a, senza curarsi di.

respectability [ri,spektə'biliti] s. 1 rispettabilità f, onorabilità f. 2 pl. convenienze fpl sociali. **re'spectable** [-bl] a. 1 rispettabile, stimabile, onorabile. 2 (decent, honest) onesto, rispettabile, perbene, serio: a ~ tradesman un commerciante onesto. 3 (befitting to respectable people) decoroso, dignitoso, decente, conveniente. 4 (considerable) considerevole, rispettabile, ragguardevole: a ~ sum of money una somma (di denaro) considerevole. **re'spectably** [-bli] avv. in modo rispettabile, dignitosamente, decorosamente: to dress ~ vestire dignitosamente.

respected [ri'spektid] a. rispettato, stimato, onorato. **respecter** [-tə] s. chi rispetta. □ death is no ~ of persons la morte non porta rispetto a nessuno.

respectful [ri'spektful] a. rispettoso, riguardoso, deferente. **respectfully** [-i] avv. rispettosamente, con deferenza. □ ⟨epist⟩ yours ~ con ossequi, con osservanza. **respectfulness** [-nis] s. rispetto m, deferenza f.

respecting [ri'spektiŋ] prep. riguardo a, in quanto a.

respective [ri'spektiv] a. rispettivo, relativo. **respectively** [-li] avv. rispettivamente.

respell [ri:'spel] v.t. sillabare di nuovo.

respirable ['respirəbl, rə'spairəbl] a. respirabile.

respiration [ˌrespə'reiʃən] s. respirazione f; (single act of breathing) respiro m. **'respirator** [-reitə] s. respiratore m; (gas mask) maschera f antigas, maschera f respiratoria. **respiratory** [ri'spaiərətəri] a. respiratorio.

respiratory| center am., ~ **centre** s. ⟨Anat⟩ centro m respiratorio. ~ **insufficiency** s. ⟨Med⟩ insufficienza f respiratoria. **~ system** s. ⟨Biol⟩ apparato m respiratorio. **~ therapy** s. terapia f respiratoria. **~ tract** s. ⟨Anat⟩ apparato m respiratorio.

respire [ri'spaiə] **I** v.i. **1** respirare. **2** ⟨fig⟩ riprendere fiato, respirare, tirare il fiato. **II** v.t. respirare.

respite ['respait, am. –pit] **I** s. **1** respiro m, tregua f, pausa f, riposo m: the enemy's artillery gave us no ~ l'artiglieria nemica non ci dava respiro. **2** (short postponement) dilazione f, proroga f: to grant a ~ of payment accordare una dilazione di pagamento. **3** ⟨Dir⟩ sospensione f (o commutazione) della pena capitale. **II** v.t. **1** dare respiro a, concedere (o dare) una pausa a. **2** (to postpone) rinviare, differire, rimandare; (of an obligation, etc.) differire il pagamento di. **3** ⟨Dir⟩ rinviare (o sospendere) l'esecuzione di.

resplendence [ri'splendəns], **resplendency** [–i] s. splendore m, fulgore m. **resplendent** [–dənt] a. (ri)splendente, fulgido. **resplendently** [–dəntli] avv. con splendore, in modo splendente.

respond [ri'spɔnd] **I** v.i. **1** rispondere (to a): to ~ to a question rispondere a una domanda. **2** (to react) rispondere, reagire (a): to ~ to an insult with indifference rispondere a un insulto con l'indifferenza; to ~ to treatment reagire a una cura. **II** v.t. rispondere, replicare. **III** s. **1** ⟨Arch⟩ pilastrino m di sostegno. **2** ⟨Lit⟩ risposta f (data dai fedeli all'officiante); (responsory) responsorio m. □ ⟨Aut⟩ to ~ to the controls rispondere ai comandi.

respondence [ri'spɔndəns], **respondency** [–i] s. rispondenza f, corrispondenza f. **respondent** [–nt] **I** a. **1** rispondente, che risponde. **2** ⟨Dir⟩ convenuto. **II** s. **1** chi replica. **2** ⟨Dir⟩ convenuto m (f –a).

response [ri'spɔns] s. **1** risposta f; (in a debate) replica f; (by an oracle) responso m. **2** (reaction) risposta f, reazione f. **3** ⟨Lit⟩ risposta f (dei fedeli all'officiante); (responsory) responsorio m: in ~ to in risposta a; to make no ~ non rispondere; to meet with no ~ restare senza risposta, non suscitare alcuna reazione.

responsibility [ri,spɔnsə'biliti] s. responsabilità f: to assume ~ for s.th. assumersi la responsabilità di qc.; the position carries heavy responsibilities il posto comporta gravi responsabilità. □ he lacks ~ è irresponsabile; on one's own ~ sotto la propria responsabilità; to relieve of ~ deresponsabilizzare.

responsible [ri'spɔnsəbl] a. **1** responsabile (for di): you are ~ for your own mistakes sei responsabile dei tuoi errori. **2** (being the cause of) che è causa, responsabile (di): the decision was ~ for great suffering la decisione fu causa di molte sofferenze; (guilty of) colpevole, responsabile (di). **3** (involving responsibility) di responsabilità: a ~ position un posto di responsabilità. **4** (fit for responsibility) responsabile, cosciente, consapevole; (trustworthy) fidato, degno di fiducia. **responsibly** [–i] avv. responsabilmente.

responsions [ri'spɔnʃənz] s.pl. ⟨Univ⟩ (at Oxford) primo esame m per conseguire il baccalaureato.

responsive [ri'spɔnsiv] a. **1** di risposta. **2** (readily reacting) che reagisce con prontezza (to a); (sympathetic) sensibile, comprensivo. **responsively** [–li] avv. **1** in (o come) risposta. **2** (in a sympathetic manner) con sensibilità. **responsiveness** [–nis] s. sensibilità f, comprensione f.

responsorial [,ri:spɔn'sɔ:riəl] **I** a. ⟨Lit⟩ responsoriale, antifonale. **II** s. responsoriale m. **responsory** [ri'spɔnsəri] s. responsorio m.

rest¹ [rest] **I** s. **1** riposo m: the doctor advised ~ il medico consigliò il riposo; (period of repose) pausa f, sosta f, periodo m di riposo: let's have a ~ facciamo una pausa; (sleep) riposo m, sonno m. **2** (mental peace, tranquillity) riposo m, quiete f, pace f, tranquillità f. **3** ⟨fig⟩ (death) eterno riposo m, morte f. **4** (place for resting) ricovero m, rifugio m, asilo m. **5** (house, residence) casa f, alloggio m. **6** (support) supporto m, sostegno m, appoggio m. **7** (in billiards) ponte m; (of a gun) affusto m; (of a lathe) lunetta f. **8** ⟨Mus⟩ pausa f. **9** ⟨Metr⟩ cesura f. **II** v.i. **1** riposarsi, riposare: let's ~ for a few minutes riposiamoci per qualche minuto; (to sleep) dormire, riposare: did you ~ well? hai dormito bene? **2** (to have peace of mind) avere (o stare in) pace, stare tranquillo: I shall not ~ until I

have discovered the truth non avrò pace finché non av scoperto la verità. **3** (to stop) fermarsi. **4** ⟨fig⟩ (to dead, buried) riposare (in pace): he ~s in the churchya riposa nel cimitero. **5** (to settle) posarsi, (ap)poggiare: l hand –ed lightly on my arm la sua mano si po leggermente sul mio braccio. **6** (to be based, founde basarsi, poggiare, fondarsi, riposare (on, upon su; anc fig.): my thesis –s on a careful study of costs la mia tesi basa su un attento studio dei costi. **7** (of the eyes, ete posarsi: her gaze –ed on me il suo sguardo si posò su me. **8** ⟨fig⟩ (to be the responsibility of) spettare, sta (with a): it –s with you to decide spetta a te decidere. **9** ~ rely) confidare (on, upon in), contare, fare affidamen (su). **III** v.t. **1** (far) riposare: they stopped to ~ th horses si fermarono per far riposare i cavalli; to ~ on eyes riposare la vista. **2** (to place for support) appoggia poggiare: to ~ one's head on a pillow poggiare la testa un cuscino. **3** ⟨fig⟩ (to base, ground) fondare, basare. (of the eyes, gaze, etc.) posare. □ **at ~:** 1 (motionle fermo, immobile; 2 (resting, reposing) che sta riposando dormendo); 3 ⟨fig⟩ (dead) morto, che riposa in pace; **come to ~** fermarsi, arrestarsi; to go to one's **final** morire; to give s.o. a ~ far riposare qd.; (may) **God ~** soul Dio l'abbia in gloria, pace all'anima sua; ⟨fig⟩ to to ~ seppellire, interrare; a good **night's** ~ una be dormita; to set s.o.'s mind at ~ tranquillizzare qd.; **take** a ~ riposarsi, fare una pausa.

rest² **I** s. **1** resto m, rimanente m, residuo m, restante the ~ of the day il resto del giorno. **2** (others; costr. altri mpl, rimanenti mpl: two of you stay here, the follow me due di voi restino qui, gli altri mi seguano. pl. resti mpl, avanzi mpl. **II** v.i. (to remain) resta rimanere. □ and (all) the ~ (of it) e così via, e dicendo, eccetera; for the ~ per il resto, quanto al res peraltro.

rest³ s. ⟨Mil.ant⟩ resta f.

restamp [ri:'stæmp] v.t. ⟨Post⟩ affrancare (o bollare) nuovo.

restart [ri:'stɑ:t] **I** v.t. **1** ricominciare, ridare inizio a. ⟨Mot⟩ rimettere in moto (o marcia). **II** v.i. ripartire. s. **1** nuovo inizio m. **2** ⟨Mot⟩ rimessa f in marcia, nuo messa f in moto. **3** ⟨Inform⟩ ripartenza f.

restate [ri:'steit] v.t. riaffermare, dichiarare di nuo **restatement** [–mənt] s. riaffermazione f.

restaurant ['restərɔ̃, am. 'restərənt] s. ristorante m.

restaurant car s. ⟨Ferr⟩ vagone m (o carrozza ristorante.

restaurateur [,restərɔ̃:'tə:] s. proprietario m (o gestore) un ristorante.

restful ['restful] a. **1** riposante. **2** (soothing, calm) calm quieto, riposante. **restfully** [–i] avv. **1** in mo riposante. **2** (calmly) con calma, tranquillamen **restfulness** [–nis] s. **1** l'essere riposante. **2** (calmne calma f, quiete f.

rest|-home s. casa f di riposo. **~-house** s. ospizio m.

restitute ['restitju:t] ⟨non com⟩ **I** v.t. **1** restituire, rende ridare. **2** (to rehabilitate) restaurare, ripristinare. **II** essere restaurato (o ripristinato). **restitution** [–'tju:ʃən **1** restituzione f, resa f, ritorno m: ~ of confisca property restituzione di proprietà confiscata. **2** (l ritorno m alla forma (o posizione) primitiva. **3** ⟨L reintegrazione f. □ to make ~ riparare un torto, risarc un danno. **restitutive** [–iv], **restitutory** [–əri] a. ⟨L restitutorio.

restive ['restiv] a. **1** inquieto, agitato, irrequieto. **2** (impatient of control, restraint) riottoso, restio, indocile (stubborn) caparbio, ostinato, cocciuto. **4** (of a hor ricalcitrante. **restively** [–li] avv. **1** in modo agitato. (stubbornly) ostinatamente, caparbiamente, cocciutamen **restiveness** [–nis] s. inquietudine f, agitazione irrequietezza f.

restless ['restlis] a. **1** irrequieto, inquieto, agitato: a class una scolaresca irrequieta. **2** (discontent insoddisfatto, scontento. **3** (sleepless) insonne, in bian a ~ night una notte insonne. **restlessly** [–li] avv. modo agitato, irrequietamente. **restlessness** [–nis] irrequietezza f, inquietudine f, agitazione f.

estock [ri:'stɔk] **I** v.t. **1** rifornire. **2** ⟨Venat⟩ ripopolare. **II** v.i. rifornirsi. **restocking** [-iŋ] s. **1** rifornimento m. **2** ⟨Venat⟩ ripopolazione f.

estorable [ri'stɔ:rəbl] a. **1** reintegrabile. **2** (of a building, painting, etc.) restaurabile.

estoration [‚restə'reiʃən] s. **1** restaurazione f, ristabilimento m, reintegrazione f: the ~ of the monarchy la restaurazione della monarchia. **2** (act of giving back) restituzione f, resa f. **3** ⟨Dir⟩ reintegrazione f (nel possesso), restituzione f. **4** (of a painting, building, etc.) restauro m. **5** (recovery of health) ristabilimento m, risanamento m. **Restoration** s. ⟨Stor⟩ restaurazione f.

estorative [ri'stɔ:rətiv] **I** a. **1** ristoratore, che ha forza (o potere) di ristorare. **2** ⟨Farm⟩ tonico, corroborante. **II** s. ⟨Farm⟩ tonico m, corroborante m.

estore [ri'stɔ:] v.t. **1** restituire, rendere, ridare: to ~ a stolen car to its owner restituire un'automobile rubata al suo proprietario. **2** (to re-establish) ristabilire, ripristinare, restaurare: to ~ peace ristabilire la pace; (to reinstate) reintegrare, reinstallare: to ~ s.o. to office reintegrare qd. nel suo ufficio. **3** (of buildings, etc.) restaurare. **4** (to bring back to health) ristabilire, rimettere in salute, risanare. **5** (to reintroduce) rintrodurre. **restorer** [-rə] s. **1** restauratore m (f –trice). **2** (hair restorer) rigeneratore m per capelli.

estrain [ri'strein] v.t. **1** trattenere, impedire a: to ~ s.o. from doing s.th. trattenere qd. dal fare qc. **2** (to keep under control) contenere, dominare, reprimere, frenare: to ~ one's anger contenere l'ira; (to repress) trattenere, frenare: to ~ one's laughter trattenere il riso. **3** (to confine) imprigionare.

e-strain [ri:'strein] v.t. ⟨tecn⟩ colare (o filtrare) di nuovo.

estrainable [ri'streinəbl] a. reprimibile, frenabile.

estrained [ri'streind] a. contenuto, sobrio, misurato, moderato; (without open emotion) pieno di riserbo, riservato.

estraint [ri'streint] s. **1** contenimento m, repressione f. **2** (confinement) relegazione f, imprigionamento m. **3** (s.th. that restrains) limitazione f, restrizione f: the –s of poverty le limitazioni imposte dalla povertà. **4** (constraint, reserve) ritegno m, riserbo m, riservatezza f: to speak with ~ parlare con ritegno. **5** ⟨Econ,Pol⟩ restrizione f; (embargo) embargo m. □ ⟨Econ,Pol⟩ ~ of trade limitazione f della concorrenza; to be under ~ non avere libertà d'azione, non essere libero; to put (o place) s.o. under ~: **1** imprigionare qd., rinchiudere qd.; **2** (of a lunatic) rinchiudere in manicomio, internare; without ~ liberamente, senza limitazioni.

estrict [ri'strikt] v.t. limitare, restringere: fuel consumption was severely –ed il consumo di carburante fu severamente limitato. **restricted** [-id] a. **1** limitato, ristretto. **2** (of a document, information) riservato. **3** ⟨am⟩ (limited to a particular group) riservato a una cerchia ristretta.

restriction [-kʃən] s. restrizione f, limitazione f: import –s restrizioni alle importazioni; credit ~ limitazione creditizia.

estrictive [ri'striktiv] **I** a. **1** restrittivo, limitativo. **2** ⟨Econ⟩ restrittivo. **3** ⟨Gramm⟩ (of an adverb, etc.) specificativo. **II** s. ⟨Gramm⟩ elemento m specificativo. **restrictively** [-li] avv. in modo restrittivo.

estring [ri:'striŋ] v.t.irr. (of a tennis racket, etc.) incordare di nuovo.

est room s. toletta f, bagno m.

estructure [ri'strʌktʃə] v.t. ristrutturare, riorganizzare. **restructuring** [-iŋ] s. ristrutturazione f: industrial ~ ristrutturazione industriale.

estuff [ri:'stʌf] v.t. imbottire di nuovo.

esult [ri'zʌlt] **I** s. **1** risultato m, esito m: the ~ of an election il risultato di un'elezione; to work without ~ lavorare senza alcun risultato; (conclusion) conclusione f. **2** ⟨Mat⟩ risultato m. **II** v.i. **1** avere come risultato (in s.th. qc.), risolversi, (andare a) finire (in): to ~ in failure risolversi in un fallimento; (to have a specific result) dimostrarsi, rivelarsi, risultare. **2** (to spring, arise) essere causato, risultare, derivare, sorgere (from da): the damage –ed from sheer negligence il danno fu causato da pura

negligenza. □ ⌐as a⌐ (o in) ~ di (o in, per) conseguenza; come risultato. **resultant** [-ənt] **I** a. **1** risultante, che risulta, conseguente. **2** ⟨Fis⟩ risultante. **II** s. **1** risultante f, risultato m. **2** ⟨Mat,Fis⟩ risultante m/f.

resultful [ri'zʌltful] a. fruttuoso, che dà dei risultati.

resultless [ri'zʌltlis] a. infruttuoso, senza risultato.

resumable [ri'zju:məbl] a. che può essere ripreso, che si può ricominciare.

resume [ri'zju:m] v.t. **1** riprendere, ricominciare: to ~ a conversation riprendere una conversazione. **2** (to occupy again) riprendere, rioccupare: to ~ one's seat riprendere il proprio posto. **3** (to assume, take up again) riprendere, riassumere: to ~ an old habit riprendere una vecchia abitudine. **4** (to sum up) riassumere, ricapitolare.

résumé fr. ['rezju:mei, am. ‚rezu'mei] s. riassunto m, riepilogo m, sommario m.

resumption [ri'zʌmpʃən] s. **1** ripresa f: the ~ of normal diplomatic relations la ripresa delle normali relazioni diplomatiche. **2** (act of taking up again) riassunzione f, ripresa f: ~ of an office riassunzione di una carica. **resumptive** [-ptiv] a. **1** riassuntivo, di riepilogo. **2** (tending to resume) di ripresa.

resupinate [ri'sju:pineit] a. ⟨Bot⟩ resupinato. **re‚supination** [-'neiʃən] s. resupinazione f.

resurge [ri'sə:dʒ] v.i. risorgere, rifiorire, rinascere. **resurgence** [-əns] s. rinascita f, risorgimento m: the ~ of nationalism la rinascita del nazionalismo. **resurgent** [-ənt] **I** a. risorgente, rinascente: ~ hopes speranze risorgenti. **II** s. chi risorge.

resurrect [‚rezə'rekt] **I** v.t. **1** ⟨Rel⟩ risuscitare. **2** ⟨fig⟩ far rivivere, risuscitare, risumare: to ~ an old custom far rivivere una vecchia usanza. **3** ⟨fam⟩ (to excavate, dig up) dissotterrare, riportare alla luce: the dog –ed an old bone il cane dissotterrò un vecchio osso. **II** v.i. ⟨Rel⟩ risuscitare, risorgere.

resurrection [‚rezə'rekʃən] s. **1** risurrezione f. **2** ⟨fig⟩ rinascita f, riapparizione f, risurrezione f. **Resurrection** s. ⟨Rel⟩ risurrezione f. **resurrectional** [-l] a. della (o relativo alla) risurrezione.

resurvey **I** v.t. [‚ri:sə'vei] **1** riesaminare, riconsiderare. **2** ⟨Topogr⟩ rilevare di nuovo. **II** s. [ri:'sə:vei] **1** riesame m. **2** ⟨Topogr⟩ nuovo rilevamento m.

resuscitate [ri'sʌsiteit] **I** v.t. **1** rianimare, riportare (o far ritornare) in vita. **2** ⟨fig⟩ (to revive) far risorgere, risuscitare, far rifiorire. **II** v.i. **1** rianimarsi, riprendersi. **2** ⟨fig⟩ risorgere, rinascere. **re‚suscitation** [-'teiʃən] s. **1** rianimazione f. **2** ⟨fig⟩ risorgimento m, rinascita f. **resuscitative** [-iv] a. che rianima, di rianimazione. **resuscitator** [-ə] s. **1** rianimatore m. **2** ⟨Med⟩ apparecchio m per la rianimazione, rianimatore m.

ret [ret] v.t. (pret., p.p. 'retted [-id]) **I** v.t. ⟨Tess⟩ macerare. **II** v.i. essere macerato.

retable [ri'teibl] s. ⟨Arch⟩ retroaltare m.

retail **I** s. ['ri:teil] ⟨Comm⟩ minuto m, dettaglio m. **II** a./avv. al minuto, al dettaglio: the ~ price il prezzo al minuto. **III** v.t. [ri:'teil] **1** vendere al dettaglio (o minuto). **2** (to tell again) riferire, riportare: to ~ gossip riferire pettegolezzi; (to tell in detail) raccontare nei particolari, riferire per filo e per segno, dettagliare. **IV** v.i. essere venduto al dettaglio. □ at (o by) ~ al minuto, al dettaglio. **re'tailer** [-ə] s. **1** chi riferisce: a ~ of gossip chi riferisce pettegolezzi. **2** ⟨Comm⟩ dettagliante m/f, commerciante m/f al minuto, rivenditore m (f –trice).

retail‖ price ['ri:teil] s. ⟨Comm⟩ prezzo m al dettaglio (o minuto). **~ trade** s. commercio m al minuto.

retain [ri'tein] v.t. **1** conservare, mantenere, serbare: the language –s many French idioms la lingua conserva molti francesismi. **2** (to hold secure, in place) (ri)tenere, trattenere, contenere: this vessel won't ~ water questo recipiente non tiene l'acqua; (to support) sostenere. **3** (to keep in mind) ricordare, tenere a mente, ritenere. **4** (to keep in one's service) assumere. **5** (of a lawyer) impegnare (pagando un anticipo sull'onorario).

retained‖ earnings [ri'teind] s. pl., **~ income** s. capitale m di risparmio.

retainer [ri'teinə] s. **1** chi mantiene, chi conserva. **2** (one that is retained in service) dipendente m/f. **3** (attendant, *follower*) seguace *m/f.* **4** → **retaining fee.**

retaining| fee [ri'teiniŋ] *s.* (*of a lawyer*) onorario *m* versato in anticipo. ~ **wall** *s.* ⟨*Edil*⟩ muro *m* di sostegno.

retake I *v.t.irr.* [ri:'teik] **1** riprendere. **2** (*to recapture*) riprendere, catturare di nuovo. **3** ⟨*Cin*⟩ riprendere (*o* girare) di nuovo. **II** *s.* ['ri:teik] ⟨*Cin*⟩ nuova ripresa *f.*

retaliate [ri'tælieit] *v.i.* ripagare con la stessa moneta, rendere pan per focaccia, fare rappresaglie: *to* ~ *upon s.o.* ripagare qd. con la stessa moneta. **re,taliation** [–li'eiʃən] *s.* **1** rappresaglia *f,* ritorsione *f,* vendetta *f.* **2** ⟨*Stor*⟩ taglione *m.* □ *in* ~ *for* per rappresaglia, per ritorsione. **retaliative** [–lieitiv, –liətiv], **retaliatory** [–liətəri] *a.* di rappresaglia, di ritorsione.

retard [ri'tɑ:d] **I** *v.t.* **1** ritardare, rallentare: *to* ~ *progress* ritardare il progresso. **2** ⟨*Mot,Mus*⟩ ritardare. **II** *v.i.* ritardare, essere in ritardo. **III** *s.* **1** ritardo *m,* indugio *m.* **2** ⟨*Mot*⟩ dispositivo *m* di ritardo. **retardant** [–ənt] **I** *a.* che rallenta. **II** *s.* ⟨*tecn*⟩ ritardatore *m.* **retardate** [–eit] *s.* ritardato *m* (*f* –a) (mentale).

retardation [ˌri:tɑ:'deiʃən] *s.* **1** ritardo *m,* rallentamento *m.* **2** (*mental slowness*) ritardo *m* mentale. **re'tardative** [–dətiv], **re'tardatory** [–dətəri] *a.* che causa (un) ritardo.

re'tarded [–did] *a.* ⟨*Psic,Med*⟩ ritardato, tardivo: *a* ~ *child* un bambino ritardato. **re'tarder** [–ə] *s.* ⟨*Chim,Fis*⟩ ritardatore *m.* **re'tardment** [–dmənt] *s.* → **retardation.**

retch [retʃ] **I** *v.i.* avere conati di vomito. **II** *v.t.* vomitare. **III** *s.* conato *m* di vomito.

retd, ret'd = **1** *retained* trattenuto. **2** *returned* restituito.

retell [ri:'tel] *v.t.irr.* ridire, raccontare di nuovo.

retention [ri'tenʃən] *s.* **1** mantenimento *m,* conservazione *f.* **2** (*power of retaining in the mind*) memoria *f,* ritentiva *f.* **3** ⟨*Med*⟩ ritenzione *f.* **retentive** [–ntiv] *a.* **1** che trattiene. **2** (*of the memory*) ritentivo. **retentively** [–ntivli] *avv.* in modo da trattenere. **retentiveness** [–ntivnis] *s.* **1** tenuta *f,* capacità *f* di trattenere. **2** (*of the memory*) ritentività *f.* **retentivity** [ˌri:ten'tiviti] *s.* **1** tenuta *f,* capacità *f* di trattenere. **2** ⟨*Fis*⟩ proprietà *f* di conservare la magnetizzazione.

rethink [ri'θiŋk] *v.irr.* **I** *v.t.* ripensare (a). **II** *v.i.* ripensare.

retiarius *lat.* [ˌri:ʃi'eəriəs] *s.* (*pl.* **-rii** [riai]) ⟨*Stor.rom*⟩ reziario *m.*

reticence ['retisəns], **reticency** [–i] *s.* reticenza *f*; (*reserve*) riservatezza *f,* riserbo *m.* **reticent** [–nt] *a.* reticente. **reticently** [–ntli] *avv.* con reticenza, in modo reticente.

reticle ['retikl] *s.* ⟨*Ott*⟩ reticolo *m.*

reticular [ri'tikjulə] *a.* reticolare, reticolato.

reticulate I *a.* [ri'tikjul(e)it] **1** reticolato. **2** (*netlike*) retiforme. **II** *v.t.* [ri'tikjuleit] formare un reticolo su. **III** *v.i.* formare un reticolo. **reticulated** [–leitid] *a.* → **reticular.**

reticulation [riˌtikju'leiʃən] *s.* **1** rete *f,* reticolo *m.* **2** ⟨*Fot*⟩ reticolatura *f.*

reticule ['retikju:l] *s.* **1** borsetta *f* a rete, rete *f.* **2** ⟨*Ott*⟩ → **reticle.**

reticulose [ri'tikjulous] *a.* reticolare, reticolato, a rete.

reticulum [ri'tikjuləm] *s.* (*pl.* **-la** [lə]) ⟨*Biol*⟩ reticolo *m.*

retiform ['ri:tifɔ:m] *a.* retiforme.

retina ['retinə] *s.* (*pl.* **-s** [z]/**-nae** [ni:]) ⟨*Anat*⟩ retina *f.*

retinal ['retinl] *a.* retinico.

retinitis [ˌreti'naitis] *s.* (*pl.* **-tides** [tidi:z]) ⟨*Med*⟩ retinite *f.*

retinue ['retinju:] *s.* seguito *m,* scorta *f: the king's* ~ il seguito del re.

retire [ri'taiə] **I** *v.i.* **1** ritirarsi, appartarsi, chiudersi: *after dinner she –d to her room* dopo pranzo si ritirò nella sua stanza; *to* ~ *into a monastery* chiudersi in convento. **2** (*to withdraw from an office, etc.*) ritirarsi: *to* ~ *from a post* ritirarsi da un impiego. **3** ⟨*assol*⟩ andare in pensione (*o* a riposo). **4** (*to move back*) arretrare, indietreggiare, ritirarsi, retrocedere. **5** (*to go to bed*) andare a letto, ritirarsi. **6** ⟨*Mil*⟩ ritirarsi, ripiegare: *to* ~ *in good order* ritirarsi in buon ordine. **7** ⟨*Sport*⟩ ritirarsi; (*in fencing*) rompere la misura. **II** *v.t.* **1** mandare in pensione, mettere (*o* collocare) a riposo. **2** (*to withdraw*) ritirare. **3** ⟨*Econ*⟩ ritirare, togliere dalla circolazione: *to* ~ *a bond* ritirare un

titolo. **4** ⟨*Mil*⟩ (*of troops, forces*) ritirare, richiamare; (*place on the retired list*) collocare (*o* mettere) a riposo. ⟨*Sport*⟩ eliminare. **III** *s.* ⟨*Mil*⟩ ritirata *f: to sound the* sonare la ritirata. □ *to* ~ *into o.s.* ritirarsi (*o* chiudersi) se stesso; *to* ~ *on a pension* ritirarsi, andare in pension

retired [–d] *a.* **1** in pensione, pensionato, a riposo. (*secluded*) ritirato, appartato, isolato, solitario.

retirement [ri'taiəmənt] *s.* **1** ritiro *m:* ~ *into a conve* ritiro in un convento; (*state of being retired*) vita *f* ritira *to live in* ~ fare vita ritirata. **2** (*withdrawal from offi etc.*) pensionamento *m:* ~ *on account of a* pensionamento *m* per raggiunti limiti di età; (*remov from service*) collocamento *m* a riposo. **3** (*place seclusion*) ritiro *m,* luogo *m* appartato. **4** ⟨*Econ*⟩ ritiro (dalla circolazione). **5** ⟨*Mil*⟩ ritiro *m.* □ *to reach the a of* ~ raggiungere l'età della pensione.

retirement| age *s.* → **retiring age.** ~ **pension** pensione *f.* ~ **plan** *s.* piano *m* di pensionamento. **system** *s.* sistema *m* pensionistico.

retiring [ri'taiəriŋ] *a.* **1** riservato, chiuso: *he is of a disposition* è di carattere riservato; (*shy*) timido, schiv ritroso. **2** (*that retires*) uscente: *the* ~ *chairman* presidente uscente.

retiring age *s.* età *f* della pensione.

retiringly [ri'taiəriŋli] *avv.* in modo riservato, c riservatezza.

retorsion [ri'tɔ:ʃən] *s.* ⟨*Dir,Pol*⟩ ritorsione *f,* rappresag *f.*

retort[1] [ri'tɔ:t] **I** *v.t.* **1** replicare, ribattere; (*to reply in ki to*) rispondere per le rime a; (*to reply to*) rispondere a. (*to turn against*) ritorcere, ribattere: *to* ~ *an accusati* ritorcere un'accusa; (*to return*) ricambiare, rendere. **II** *v* **1** rispondere per le rime (*upon* a). **2** (*to retaliat* ritorcere, ribattere: *to* ~ *upon s.o. with s.th.* ritorcere c contro qd. **III** *s.* rimbecco *m,* risposta *f* per le rime.

retort[2] **I** *s.* ⟨*Chim,Ind*⟩ storta *f.* **II** *v.t.* ⟨*Ind*⟩ distillare una storta.

retortion [ri'tɔ:ʃən] *s.* **1** il ritorcere, il piegare indietro. (*act of retorting*) ritorsione *f.* **3** ⟨*Dir,Pol*⟩ → **retorsion.**

retouch [ri:'tʌtʃ] **I** *v.t.* ritoccare (*anche Fot.*). **II** *s.* ritoc *m.* **retoucher** [–ə] *s.* ritoccatore *m* (*f* –trice).

retrace [ri'treis] *v.t.* **1** tornare su: *to* ~ *one's steps* torna sui propri passi. **2** (*to go over again*) riesaminare riconsiderare: *to* ~ *past events* riesaminare gli avvenime del passato. **3** (*to look back on*) riandare, rievoca ricordare. **4** → **re-trace.**

re-trace [ri:'treis] *v.t.* ritracciare, tracciare di nuovo.

retract [ri'trækt] **I** *v.t.* **1** ritirare, ritrarre, tirare indietro dentro). **2** (*to recant*) ritirare, ritrattare: *to* ~ *accusation* ritirare un'accusa; *to* ~ *a confession* ritratta una confessione. **3** ⟨*Aer*⟩ ritirare: *to* ~ *the undercarria* ritirare il carrello. **II** *v.i.* ritirarsi, ritirarsi. **retractab** [–əbl] *a.* → **retractible.**

retractable pen *s.* penna *f* a scatto.

retractation [ˌritræk'teiʃən] *s.* **1** ritrazione *f,* ritiro *m.* **2** (*a confession, etc.*) ritrattazione *f.* **retractible** [–ibl] *a.* ritrattabile. **2** ⟨*Aer*⟩ retrattile: ~ *undercarriage* carre retrattile. **retractile** [–ail, *am.* –il] *a.* ⟨*Zool*⟩ retratti **retractility** [–ility] *s.* retrattilità *f.*

retraction [ri'trækʃən] *s.* **1** ritrazione *f,* ritiro *m.* **2** (*act recanting*) ritrattazione *f.* **3** ⟨*Med*⟩ retrazione contrazione *f.* **retractive** [–ktiv] *a.* atto a ritirar **retractor** [–ktə] *s.* **1** ⟨*Anat*⟩ muscolo *m* costrittore. ⟨*Chir*⟩ divaricatore *m.*

retrain [ri:'trein] *v.t.* **1** ⟨*Med*⟩ rieducare. **2** (*of employee* riqualificare. **retraining** [–iŋ] *s.* **1** ⟨*Med*⟩ rieducazione **2** (*of employees*) riqualificazione *f* (*o* riciclaggio *r* professionale.

retral ['ri:trəl] *a.* posteriore.

retransfer I *v.t.* [ˌri:træns'fə:] trasferire di nuovo. **II** [ri:'trænsfə:] nuovo trasferimento *m.*

retranslate [ˌri:træns'leit] *v.t.* ritradurre. **retranslatio** [–'leiʃən] *s.* nuova traduzione *f,* ritraduzione *f.*

retread[1] **I** *v.t.* [ri:'tred] (*of a tyre*) ricostruire, rigenera **II** *s.* ['ri:tred] pneumatico *m* ricostruito.

retread[2] *v.t.irr.* (*to walk over again*) ripercorrere, ricalca calpestare di nuovo.

reat [ri'tri:t] I s. 1 ⟨Mil⟩ ritirata f. 2 (place of refuge) fugio m, ricovero m, riparo m. 3 ⟨Rel⟩ ritiro m: to go ~to ~ andare in ritiro. II v.i. 1 ritirarsi. 2 ⟨Mil⟩ tirarsi, ripiegare. 3 (to recede) arretrare, indietreggiare, trocedere. III v.t. ritirare, ritrarre, tirare indietro. □ ⟨Mil⟩ to beat a ~ battere in ritirata (anche fig.); ⟨fig⟩ to at a hasty ~ battersela; in full ~ in rotta; to make good e's ~ ritirarsi senza danno.

rench [ri'trentʃ] I v.t. 1 ridurre, limitare, diminuire, stringere: to ~ expenses limitare le spese. 2 (to cut off, move) tagliar via, togliere, rimuovere. 3 (to cut out, nit) omettere, tralasciare, saltare. 4 ⟨Mil⟩ fortificare con na linea interna di difesa. II v.i. fare economie, ridurre spese, risparmiare. **retrenchment** [–mənt] s. 1 duzione f, limitazione f, diminuzione f, restrizione f: ~ expenditures riduzione delle spese; a policy of economic una politica di restrizioni economiche. 2 ⟨Mil⟩ linea f terna di difesa.

rial [ri:'traiəl] s. ⟨Dir⟩ nuovo processo m.

ribution [retri'bju:ʃən] s. 1 punizione f, castigo m, pena ~ for one's sins punizione per i propri peccati; (revenge) endetta f. 2 (fitting recompense) ricompensa f, tribuzione f, premio m. 3 ⟨Teol⟩ (divine justice) ustizia f divina. □ ⟨Teol⟩ Day of ~ il giorno del udizio (universale).

ributive [ri'tribjutiv] a. punitivo. **retributively** [–li] v. per punizione. **retributory** [–təri] a. → retributive.

rievable [ri'tri:vəbl] a. 1 ricuperabile. 2 (that may be paired) riparabile, rimediabile. **retrieval** [–vəl] s. 1 cupero m, riacquisto m. 2 (of an error) riparazione f. □ st beyond (o past) ~ irrimediabilmente perduto.

rieve [ri'tri:v] I v.t. 1 rientrare in possesso di, prendere, ricuperare, riguadagnare: to ~ a lost suitcase entrare in possesso di una valigia perduta. 2 (to win ck) riprendere, riacquistare, ritrovare: to ~ one's spirits prendere coraggio. 3 (to rescue) salvare, mettere in salvo, cuperare. 4 (to bring back to a former state) riassestare, mettere in sesto: to ~ the family fortune riassestare il atrimonio familiare. 5 (rifl) riabilitarsi. 6 (to make od, correct) riparare, rimediare a, correggere: to ~ an ror riparare un errore. 7 (to call to mind again) chiamare di nuovo alla mente. 8 ⟨Venat⟩ riportare. 9 nform⟩ ricuperare, richiamare: to ~ data richiamare i ti. II v.i. ⟨Venat⟩ riportare. □ beyond ~ senza medio, irreparabile. **retriever** [–ə] s. ⟨Zool,Venat⟩ triever m, cane m da riporto.

roact [retro(u)'ækt] v.t. 1 reagire. 2 (to be retroactive) sere retroattivo, avere effetto (o valore) retroattivo. **troaction** [–kʃən] s. 1 retroattività f (anche Dir.). 2 etroactive action) azione f retroattiva. 3 (reaction) azione f. **retroactive** [–iv] a. retroattivo: a ~ law una gge retroattiva. **retro,ac'tivity** [–tiviti] s. → troaction.

rocede[1] [retro(u)'si:d, 'retro–] v.i. 1 retrocedere, dietreggiare, arretrare. 2 ⟨Med⟩ regredire.

rocede[2] [ri:tro(u)'si:d] v.t. 1 (to cede back) restituire, ndere. 2 ⟨Dir⟩ retrocedere.

rocedence [retro(u)'si:dəns] s. → retrocession[1].

trocedent [–nt] a. che regredisce.

rocession[1] [retro(u)'seʃən] s. retrocessione f, regresso

rocession[2] s. 1 (act of ceding back) restituzione f. 2 Dir⟩ retrocessione f.

rochoir ['ri:tro(u)kwaiə] s. ⟨Arch⟩ retroaltare m.

ro-engine s. ⟨Astron⟩ retrorazzo m.

rofire ['retro(u)faiə] s. ⟨Astron⟩ accensione f di un razzo nante.

roflection, retroflexion [retro(u)'flekʃən] s. retro-essione f.

rogradation [retro(u)grei'deiʃən] s. 1 retrogressione f, trocessione f. 2 (decline) regresso m, decadenza f, clino m. 3 ⟨Astr⟩ retrogradazione f, regressione f.

rograde ['retro(u)greid] I a. 1 retrogrado. 2 (inverted, versed) inverso, contrario: in ~ order in ordine inverso. v.i. regredire, declinare, decadere.

rogress [retro(u)'gres] v.i. 1 regredire, retrocedere. 2

(to move backwards) retrocedere, arretrare, andare indietro. **retrogression** [–greʃən] s. 1 retrocessione f, retrogressione f, indietreggiamento m. 2 (decline) regresso m, decadenza f, declino m; (degeneration) degenerazione f. **retrogressive** [–iv] a. 1 regrediente, retrogrado. 2 (declining) regressivo, che regredisce. **retrogressively** [–ivli] avv. regressivamente.

retroject ['retro(u)dʒekt] v.t. proiettare nel passato. ,**retro'jection** [–kʃən] s. proiezione f nel passato.

retro-rocket ['retro(u)rɔkit] s. ⟨Astron⟩ razzo m frenante (o deceleratore), retrorazzo m.

retrorse [ri'trɔ:s] a. ⟨Bot⟩ retrorso.

retrospect ['retro(u)spekt] s. esame m (o sguardo) retrospettivo. □ in ~ guardando indietro, ripensandoci. ,**retro'spection** [–kʃən] s. esame m (o sguardo) retrospettivo, visione f retrospettiva.

retrospective [retro(u)'spektiv] a. 1 retrospettivo. 2 (retroactive) retroattivo. **retrospectively** [–li] avv. in modo retrospettivo.

retroussé fr. [rə'tru:sei, am. retru'sei] a. all'insù.

retroversion [retro(u)'və:ʃən] s. 1 retroversione f (anche Med.). 2 (state of being bent back) l'essere retroverso. **retroverted** [–'və:tid] a. ⟨Med⟩ retroverso: ~ uterus utero retroverso.

retry [ri:'trai] v.t. ⟨Dir⟩ sottoporre a nuovo processo, processare di nuovo.

rettery ['retəri] s. ⟨Tess⟩ maceratoio m.

returf [ri:'tə:f] v.t. rinnovare il terreno erboso di.

return [ri'tə:n] I v.i. 1 rientrare, (ri)tornare, fare ritorno: to ~ home rientrare (in casa); to ~ to power ritornare al potere. 2 (to go back in thought or practice) ritornare (to su), riprendere (qc.): I shall ~ to this subject later ritornerò su questo argomento più tardi. 3 (to speak in answer, retort) rispondere, replicare, ribattere. II v.t. 1 riporre, rimettere, ricollocare: please ~ books to the shelves si prega di riporre i libri negli scaffali; (to send back) rinviare, rimandare; (to bring, take back) riportare, restituire. 2 (to give back) restituire, rendere, ridare: to ~ a borrowed book restituire un libro preso in prestito. 3 (to give in return) rendere, restituire, ricambiare, contraccambiare: to ~ good for evil rendere bene per male; to ~ a blow restituire un colpo; to ~ s.o.'s love ricambiare l'amore di qd. 4 (to restore to a former condition) far ridiventare, far tornare. 5 (to yield) fruttare, rendere: the sale ~ed a good profit la vendita fruttò un buon profitto. 6 ⟨Sport⟩ ribattere, rispondere a, rinviare: to ~ a difficult service ribattere un servizio difficile; (of a ball) rimandare, rinviare. 7 ⟨Parl⟩ eleggere: to be ~ed to Parliament essere eletto al Parlamento. 8 (to report officially) comunicare ufficialmente, dichiarare: to ~ the list of voters comunicare ufficialmente la lista dei votanti. 9 ⟨Dir⟩ (of a verdict, writ) emettere, pronunciare; (of an accused person) dichiarare: he was ~ed guilty fu dichiarato colpevole. III s. 1 ritorno m: the party's ~ to power il ritorno del partito al potere; the ~ of winter il ritorno dell'inverno. 2 (act of giving back) restituzione f, ritorno m, resa f. 3 (s.th. given in requital) compenso m, contraccambio m, cambio m, contropartita f: in ~ for all her kindness in compenso delle sue gentilezze. 4 (yield, profit) profitto m, guadagno m, utile m, frutto m: to get a good ~ on an investment ricavare un buon profitto da un investimento. 5 (official statement) dichiarazione f, comunicazione f ufficiale; (report, account) prospetto m, rendiconto m. 6 (answer, response) risposta f, replica f. 7 pl. ⟨Comm⟩ resa f, restituzione f. 8 pl. ⟨Edit⟩ resa f. 9 ⟨Parl⟩ (election) elezione f. 10 pl. ⟨Parl⟩ risultati mpl elettorali. 11 ⟨Dir⟩ relazione f di notifica. 12 ⟨Sport⟩ ribattuta f, rinvio m, rimando m. 13 → return ticket. IV a. 1 di ritorno, di rimando, di rinvio; (sent back) restituito, reso, rinviato. 2 (of travel back) di ritorno: a ~ voyage un viaggio di ritorno. 3 (occurring again) ricorrente, che ritorna. 4 (doubling back on itself) ripiegato su se stesso. □ box-office ~s introiti mpl del botteghino; ⟨Post⟩ by ~ (of post) a giro di posta; ~ copies of a newspaper la resa di un giornale; to ~ from the dead risuscitare da morte; ⟨esclam⟩ many happy ~s of the day cento di questi giorni; he spent a lot but got very little in ~ spese molto, ma ottenne ben poco in cambio; *to* ~ **like** *for like* rendere la pariglia; **on** *my* ~ al mio ritorno; ⟨*Post*⟩ *if undelivered,* ~ *to* **sender** in caso di mancata consegna, rinviare al mittente; *to* ~ *a* **visit** ricambiare una visita.

returnable [ri'tə:nəbl] *a.* restituibile; (*of bottles*) a rendere, di ritorno.

return| address *s.* ⟨*Post*⟩ indirizzo *m* del mittente. ~ **bend** *s.* ⟨*tecn*⟩ curva *f* a 180°. ~ **journey** *s.* viaggio *m* di ritorno. ~ **key** *s.* (*of a typewriter*) tasto *m* di ritorno. ~ **match** *s.* ⟨*Sport*⟩ rivincita *f.* ~ **ticket** *s.* 1 biglietto *m* di andata e ritorno. 2 (*ticket for the return*) biglietto *m* di ritorno.

retype [ri:'taip] *v.t.* riscrivere (*o* ribattere) a macchina.

reunification [ˌri:ju:nifi'keiʃən] *s.* riunif(i)cazione *f.* **re'unify** [-nifai] *v.t.* riunificare.

reunion [ri:'ju:njən] *s.* riunione *f: a family* ~ la riunione di una famiglia; *the old boys' annual* ~ la riunione annuale degli ex allievi. **reunionism** [-izəm] *s.* ⟨*Rel*⟩ movimento *m* favorevole della riunione della chiesa anglicana con quella cattolica romana. **reunionist** [-ist] I *a.* → **reunionistic.** II *s.* fautore *m* (*f* –trice) della riunione della chiesa anglicana con quella cattolica romana. re,unionistic [-'istik] *a.* favorevole alla riunione della chiesa anglicana con quella cattolica romana.

reunite [ˌri:ju:'nait] I *v.t.* riunire, ricongiungere. II *v.i.* riunirsi, ricongiungersi.

rev[1] [rev] (*accorc. di revolution*) *s.* ⟨*fam*⟩ giro *m: one hundred –s per minute* cento giri al minuto.

rev[2] *v.* (*pret., p.p.* **revved** [-d]; spesso con *up*) ⟨*fam,Mot*⟩ I *v.t.* imballare, mandare (*o* fare andare) su di giri: *to* ~ *up an engine* imballare un motore. II *v.i.* imballarsi, andare su di giri.

rev[3] *s.* ⟨*fam*⟩ (*clergy, priest*) sacerdote *m*, prete *m*, ⟨*fam*⟩ reverendo *m.*

Rev. = 1 ⟨*Bibl*⟩ *Revelation* rivelazione. 2 ⟨*Rel*⟩ *Reverend* reverendo (*abbr.* Rev., rev.do). 3 *Review* rivista.

revaccinate [ri:'væksineit] *v.t.* ⟨*Med*⟩ rivaccinare. ,**revaccination** [-'neiʃən] *s.* rivaccinazione *f.*

revalorization [ˌri:vælərai'zeiʃən] *s.* ⟨*Econ*⟩ rivalutazione *f.*

revaluate [ri:'væljueit] *v.t.* rivalutare (*anche Econ.*). re,**valuation** [-lju'eiʃən] *s.* rivalutazione *f* (*anche Econ.*).

revalue [ri:'vælju:] *v.t.* 1 rivalutare, valutare di nuovo. 2 ⟨*Econ*⟩ rivalutare.

re-vamp [ri:'væmp] *v.t.* 1 ⟨*Calz*⟩ rifare la tomaia a. 2 ⟨*fig*⟩ riparare, accomodare, aggiustare. 3 ⟨*sl*⟩ (*to bring up-to-date*) rendere attuale, modernizzare.

revanchism *fr.* [rə'vɑ̃:ʃizm] *s.* revanscismo *m.* **revanchist** [-ist] *s.* revanscista *m/f.*

rev counter *s.* ⟨*Mecc*⟩ contagiri *m.*

reveal[1] [ri'vi:l] *v.t.* 1 scoprire, rivelare. 2 (*to divulge*) rivelare, svelare: *to* ~ *a secret* svelare un segreto. 3 (*to show*) rivelare, dimostrare, palesare, manifestare. 4 ⟨*rifl*⟩ rivelarsi, mostrarsi, apparire.

reveal[2] *s.* 1 ⟨*Edil*⟩ mazzetta *f.* 2 ⟨*Aut*⟩ telaio *m* del finestrino.

revealable [ri'vi:ləbl] *a.* rivelabile.

revealed religion [ri'vi:ld] *s.* religione *f* rivelata.

revealing [ri'vi:liŋ] *a.* rivelatore: *a* ~ *admission* un'ammissione rivelatrice. 2 ⟨*fam*⟩ (*of a dress*) che fa intravedere. **revealingly** [-li] *avv.* in modo rivelatore.

reveille [ri'væli, *am.* 'revəli] *s.* ⟨*Mil*⟩ sveglia *f*, diana *f*, levata *f.*

revel[1] ['revl] *v.i.* (*pret., p.p.* **revelled**/*am.* **reveled** [-d]) 1 divertirsi, fare festa (*o* baldoria), bisbocciare. 2 ⟨*fig*⟩ dilettarsi, trovare (*o* provare) diletto (*in a,* in): *he –s in speaking ill of everyone* si diletta a dir male di tutti.

revel[2] *s.* 1 bisboccia *f*, baldoria *f*, bagordo *m.* 2 (*occasion for merrymaking*) festa *f.* 3 *pl.* divertimenti *mpl.*

revelation [ˌrevi'leiʃən] *s.* rivelazione *f* (*anche Teol.*). □ ⟨*Bibl*⟩ *the* ~ *of St. John the Divine* l'Apocalisse; ~ *of a professional secret* violazione *f* del segreto d'ufficio. **revelational** [-l] *a.* della (*o* relativo alla) rivelazione. **revelationist** [-ist] *s.* ⟨*Rel*⟩ chi crede nella rivelazione divina. *the* **Revelationist** *s.* ⟨*Bibl*⟩ san Giovanni *m* evangelista. **Revelations** [-z] *s.pl.* (costr. sing.) ⟨*Bibl*⟩ Apocalisse *f.*

reveler *am.*, **reveller** ['revlə] *s.* festaiolo *m* (*f* –ε bisboccione *m* (*f* –a). **revelry** [-lri] *s.* bisboccia baldoria *f*, bagordo *m.*

revendicate [ri'vendikeit] *v.t.* ⟨*Dir*⟩ rivendicar **revendication** [ri,vendi'keiʃən] *s.* rivendicazione *f.*

revenge [ri'vendʒ] I *v.t.* vendicare: *to* ~ *a mura* vendicare un assassinio; *to* ~ *o.s. on s.o. for s.t* vendicarsi di qc. su qd. II *v.i.* (*rar*) vendicarsi (*on d* III *s.* 1 vendetta *f.* 2 (*desire to revenge*) spirito *m* desiderio) di vendetta. 3 (*opportunity of getti satisfaction*) rivincita *f: to give s.o. his* ~ concedere rivincita a qd.; *to have (o get) one's* ~ prendersi rivincita. □ *in* ~ per vendicarsi (*for* di); *to do s.th. out* ~ fare qc. per vendetta; *to take* ~ *on s.o. for s.* vendicarsi di qc. su qd. **revengeful** [-ful] *a.* vendicativ **revengefully** [-fuli] *avv.* vendicativamente, in mo vendicativo. **revengefulness** [-fulnis] *s.* l'esse vendicativo. **revenger** [-ə] *s.* vendicatore *m* (*f* –trice).

revenue ['revinju:] *s.* 1 entrate *fpl.* 2 (*governme department*) erario *m*, fisco *m.* 3 (*income*) reddito rendita *f.* 4 *pl.* (*items of income*) entrate *fpl*, incasso *r* **revenue| authorities** *s.pl.* autorità *fpl* fiscali. ~ **case** ⟨*Dir*⟩ controversia *f* tributaria. ~ **cutter** *s.* ⟨*Mc* battello *m* della dogana. ~ **officer** *s.* funzionario *m* de dogana. ~ **stamp** *s.* marca *f* da bollo. ~ **tax** *s.* impost. sull'entrata.

reverberant [ri'və:bərənt] *a.* risonante, riecheggian **reverberate** [-reit] I *v.i.* 1 riecheggiare, risona ripercuotersi: *pistol shots –d through the house* colpi pistola riecheggiarono nella casa. 2 (*to be reflecte* riverberarsi, riflettersi. II *v.t.* 1 riecheggiare, ripercuote 2 (*to reflect*) riflettere, riverberare. III *a.* reverberant.

reverberating furnace [ri'və:bəreitiŋ] *s.* → **reverberato furnace.**

reverberation [ri,və:bə'reiʃən] *s.* 1 riverberazione riverbero *m*, risonanza *f*, eco *f/m.* 2 (*sound reverberatir* risonanza *f*, eco *f/m*, ripercussione *f* (*anche fig* **re'verberative** [-reitiv] *a.* riverberante. **re'verberat** [-reitə] *s.* 1 riflettore *m.* 2 (*reflecting lamp*) lampada riverbero. **re'verberatory** [-rətəri] I *a.* a (*o* di) riverbe II *s.* → **reverberatory furnace.**

reverberatory furnace *s.* ⟨*Met*⟩ forno *m* a riverbero.

revere[1] [ri'viə] *v.t.* 1 riverire, onorare, rispett. profondamente. 2 (*to venerate*) venerare.

revere[2] *s.* → **revers.**

reverence ['revərəns] I *s.* 1 riverenza *f*, profondo rispe *m.* 2 (*veneration*) venerazione *f.* 3 (*gesture of respe* riverenza *f*, inchino *m.* 4 (*state of being revered*) l'ess riverito. **Reverence** *s.* Reverenza *f: may it please Your* piaccia a Vostra Reverenza. II *v.t.* 1 riverire, rispett. profondamente. 2 (*to venerate*) venerare.

reverend ['revərənd] I *a.* 1 rispettabile; (*venerat* venerabile. 2 (*of the clergy*) del (*o* relativo al) cle **Reverend** *a.* ⟨*Rel*⟩ reverendo. II *s.* sacerdote *m*, prete ecclesiastico *m*, ⟨*fam*⟩ reverendo *m.* □ *Most* ~ (*of archbishop*) reverendissimo; *Right* ~ (*of a bish* reverendissimo; *Very* ~ (*of a dean*) reverendissimo, mc reverendo.

reverent ['revərənt] *a.* riverente. ,**reverential** [-'renʃəl] reverenziale: ~ *awe* timore reverenziale. **reverently** [- *avv.* riverentemente, con riverenza.

reverie ['revəri] *s.* fantasticheria *f*, sogno *m* a oc aperti.

revers *fr.* [ri'viə] *s.* (*pl.* **revers** [ri'viəz]) ⟨*Sart*⟩ 1 risvo *m*, rovescia *f.* 2 (*lapel*) risvolto *m*, mostra *f.*

reversal [ri'və:səl] *s.* 1 rovesciamento *m*, capovolgime *m*, inversione *f.* 2 ⟨*Dir*⟩ annullamento *m*, revoca *f.* □ *of trend* inversione *f* di tendenza.

reversal film *s.* ⟨*Fot*⟩ pellicola *f* invertibile.

reverse [ri'və:s] I *a.* 1 inverso, invertito, contrario: *in order* in ordine inverso. 2 (*with the back facing observer*) rovescio, opposto: *the* ~ *side of a coin* rovescio di una moneta. 3 (*turned backwards*) invert rovesciato, capovolto, (a) rovescio: *a* ~ *image* un'imma ne invertita. 4 ⟨*Mecc*⟩ invertito. II *s.* 1 contrario opposto *m*, inverso *m: he did the* ~ *of what was expec* ce il contrario di quanto ci si aspettava. **2** (*back, rear*) vescio *m*, verso *m*, retro *m*, dorso *m: the* ~ *of a coin* il vescio di una moneta. **3** (*defeat*) disfatta *f*, sconfitta *f*; *t–back*) rovescio *m*, danno *m*. **4** (*change, reversal*) povolgimento *m*, rovesciamento *m*, inversione *f: a* ~ *of r plans* un capovolgimento dei nostri piani. **5** (*Mecc*) vertitore *m* di marcia; (*reverse movement*) retromarcia *f*, arcia *f* indietro. **III** *v.t.* **1** invertire, capovolgere, vesciare (*anche fig.*); (*to turn inside out*) rivoltare, vesciare: *the dress can be* –*d* il vestito può essere voltato. **2** (*Dir*) annullare: *to* ~ *a sentence* annullare a sentenza. **3** (*Mecc*) invertire il movimento di. **4** ut) far fare marcia indietro a. **5** (*Tel*) addebitare al stinatario. **6** (*El*) invertire. **IV** *v.i.* **1** (*in dancing*) are in senso inverso. **2** (*Mecc*) invertire il movimento. (*Aut*) fare marcia indietro, invertire la marcia. □ *il*) *to* ~ *arms* tenere il fucile con la canna rivolta rso il basso; *in the* ~ *direction* nella direzione opposta; *ut*) *to go into* ~ andare 'in retromarcia⌐ (*o* a marcia dietro); *in* ~: 1 alla rovescia, in senso inverso: *to count* ~ contare alla rovescia; 2 (*Aut*) in retromarcia, a arcia indietro.

erse| arms *s.* (*Mil*) il tenere il fucile con la canna volta verso il basso. ~ **current** *s.* (*El*) corrente *f* vertita (*o* di ritorno), corrente inversa.

erser [ri'vəːsə] *s.* (*El*) invertitore *m*.

ersibility [ri,vəːsə'biliti] *s.* reversibilità *f*, -invertibilità *f*. 'versible [-bl] *a.* **1** reversibile, invertibile, rovesciabile. (*Tess*) a due dritti, double–face; (*of a garment*) che si ò rovesciare.

ersion [ri'vəː∫ən] *s.* **1** reversione *f*. **2** (*Biol*) reversione atavismo *m*. **3** (*Dir*) reversione *f*; (*estate to be returned*) oprietà *f* reversibile; (*right of succession*) diritto *m* di versione. **4** (*Mat,El*) inversione *f*. **5** (*Dir*) → versionary annuity. **6** (*Chim*) ritorno *m* allo stato ecedente. □ (*Biol*) ~ *to type* reversione *f*, atavismo *m*. versional [-əl], reversionary [-əri] *a.* **1** di (*o* lativo a) reversione. **2** (*Dir*) reversibile, di reversione. ersionary annuity *s.* (*Dir*) vitalizio *m* reversibile. ersioner [ri'vəː∫ənə] *s.* (*Dir*) detentore *m* (*f* –trice) di diritto reversibile.

ert [ri'vəːt] *v.i.* **1** ritornare, tornare (*to* a): *the tribe* –*ed paganism* la tribù ritornò al paganesimo. **2** (*to return in ought or discussion*) ritornare, tornare (su): *if I may* ~ *my earlier argument* se posso ritornare alla mia tesi ecedente. **3** (*Biol*) subire una reversione. **4** (*Dir*) ettare (*o* andare) per reversione. **5** (*Chim*) ritornare o stato precedente. □ *to* ~ *to normal* tornare alla rmalità.

erter [ri'vəːtə] *s.* (*Dir*) **1** diritto *m* di reversione. **2** version) reversione *f*.

ertibility [,rivəːti'biliti] *s.* (*Dir*) reversibilità *f*. 'vertible [-təbl] *a.* reversibile.

ery *s.* → reverie.

et [ri'vet] *v.t.* (*pret., p.p.* revetted [-id]) (*Edil*) rivestire, nforzare. revetment [-mənt] *s.* rivestimento *m* di stegno; (*embankment*) terrapieno *m*, argine *m*.

ictual [ri:'vitl] **I** *v.t.* rifornire di viveri. **II** *v.i.* rifornirsi viveri.

iew [ri'vjuː] **I** *s.* **1** critica *f*, recensione *f: the* ~ *of a m* la critica di un film. **2** (*periodical*) rivista *f*, bblicazione *f* periodica, rassegna *f*. **3** (*general survey, wing*) rassegna *f*, resoconto *m;* (*retrospective survey*) ame *m* retrospettivo. **4** (*Mil*) rivista *f*, rassegna *f*; *arch. past*) parata *f*, sfilata *f*. **5** (*Dir*) revisione *f*. **6** *eat*) → revue. **II** *v.t.* **1** fare la critica (*o* recensione) di, rivere un resoconto critico su, recensire: *to* ~ *a play* re la critica di una commedia. **2** (*to pass in review*) ssare in rassegna, esaminare. **3** (*to re-examine*) esaminare, rivedere, riconsiderare. **4** (*to revise*) rivedere, rreggere. **5** (*Dir*) sottoporre a revisione. **6** (*Mil*) ssare in rivista (*o* rassegna). **III** *v.i.* (*Giorn*) scrivere censioni, fare il critico. reviewable [-əbl] *a.* **1** esaminabile, rivedibile. **2** (*of a book, play, etc.*) censibile. reviewal [-əl] *s.* **1** riesame *m*, revisione *f*. **2** *view, criticism*) recensione *f*, critica *f*. reviewer [-ə] *s.* *iorn*) recensore *m*, critico *m* letterario.

revile [ri'vail] **I** *v.t.* insultare, ingiuriare, oltraggiare, offendere. **II** *v.i.* usare un linguaggio offensivo. reviler [-ə] *s.* chi insulta, chi ingiuria, oltraggiatore *m* (*f* –trice).

revisable [ri'vaizəbl] *a.* rivedibile. revisal [-zəl] *s.* revisione *f*.

revise [ri'vaiz] **I** *v.t.* **1** rivedere, correggere. **2** (*to change*) cambiare, mutare, modificare. **II** *s.* **1** revisione *f*, versione *f* riveduta. **2** (*Tip*) bozza *f* corretta, seconda bozza. □ *to* ~ *prices* rivedere i prezzi. reviser [-ə] *s.* **1** revisore *m* (*f* –a). **2** (*Tip*) correttore *m* (*f* –trice) di bozze.

revision [ri'viʒən] *s.* **1** revisione *f*. **2** (*modification*) revisione *f*, modificazione *f: the* ~ *of a contract* la revisione di un contratto. revisional [-əl], revisionary [-əri] *a.* di (*o* relativo a) revisione. revisionism [-ism] *s.* (*Pol*) revisionismo *m*. revisionist [-ist] *s.* revisionista *m/f*.

revisit [ri:'vizit] *v.t.* visitare di nuovo, rivisitare.

revisor *s.* → reviser.

revisory [ri'vaizəri] *a.* di (*o* relativo a) revisione.

revitalization [,ri:vaitəlai'zei∫ən] *s.* rivitalizzazione *f*. re'vitalize [-laiz] *v.t.* rivitalizzare.

revivable [ri'vaivəbl] *a.* che può essere rianimato.

revival [ri'vaivəl] *s.* **1** risveglio *m*, rifioritura *f*, rinascita *f: a trade* ~ un risveglio del commercio; (*restoration to use*) ripristino *m*, riesumazione *f: the* ~ *of an ancient custom* il ripristino di un'antica usanza. **2** (*restoration to consciousness*) rianimazione *f*; (*restoration to health, spirits*) ristabilimento *m*. **3** (*Teat,Cin*) ripresa *f*, ripetizione *f*. **4** (*Rel*) revivalismo *m*. □ (*Stor*) ~ *of Learning* (*o Letters, Literature*) Rinascimento *m*.

revivalism [-izəm] *s.* (*Rel*) revivalismo *m*. revivalist [-ist] **I** *s.* revivalista *m/f*. **II** *a.* revivalistico.

revive [ri'vaiv] **I** *v.t.* **1** rianimare, fare rinvenire; (*to restore to life*) risuscitare, fare rivivere. **2** (*to restore to good spirits*) rianimare, rinvigorire. **3** (*to bring back into use, etc.*) rimettere in vigore (*o* uso), ripristinare, restaurare: *to* ~ *a law* rimettere in vigore una legge. **4** (*to set in motion again*) rinfocolare, riattizzare, risvegliare: *to* ~ *old feuds* rinfocolare vecchi antagonismi. **5** (*to renew in the mind*) ridestare, risvegliare, suscitare: *the scene* –*d memories of childhood in him* la scena ridestò in lui ricordi d'infanzia. **6** (*Teat,Cin*) ripetere, riprendere. **II** *v.i.* **1** rinvenire, rianimarsi, riaversi, riprendere i sensi. **2** (*to return to life, vigour*) riprendersi, rianimarsi, rifiorire: *flowers* ~ *in water* i fiori si riprendono nell'acqua. **3** (*to return to use, etc.*) tornare in uso (*o* vigore). reviver [-ə] *s.* **1** chi rianima. **2** (*one who brings back into use*) chi ripristina, chi rimette in uso, restauratore *m* (*f* –trice). **3** (*tecn*) preparato *m* per ravvivare i colori sbiaditi.

revivification [ri:,vivifi'kei∫ən] *s.* **1** rianimazione *f*. **2** (*revival, renewal*) risveglio *m*, rifioritura *f*, rinascita *f*. **3** (*Chim*) riattivazione *f*. re'vivify [-fai] **I** *v.t.* **1** rianimare, rinvigorire. **2** (*Chim*) riattivare. **II** *v.i.* rianimarsi, riaversi.

reviviscence [,revi'visns], reviviscency [-i] *s.* reviviscenza *f*, rifioritura *f*, risveglio *m*. reviviscent [-nt] *a.* reviviscente, risorgente.

revocability [,revəkə'biliti] *s.* revocabilità *f*. 'revocable [-bl] *a.* revocabile. 'revocably [-bli] *avv.* in modo revocabile. ,revocation [-'kei∫ən] *s.* revoca *f*, annullamento *m*, abrogazione *f*. 'revocative [-kətiv], 'revocatory [-kətəri] *a.* revocatorio.

revokable [ri'voukəbl] *a.* → revocable.

revoke [ri'vouk] **I** *v.t.* revocare, annullare, abrogare: *to* ~ *a decree* annullare un decreto. **II** *v.i.* (*in card games*) passare (violando le regole del gioco). **III** *s.* **1** revoca *f*, annullamento *m*, abrogazione *f*. **2** (*in card games*) il passare (violando le regole del gioco).

revolt [ri'voult] **I** *v.i.* **1** rivoltarsi, insorgere, ribellarsi, sollevarsi: *to* ~ *against the established regime* rivoltarsi all'autorità costituita. **2** (*to feel disgust*) provare orrore (*at, against* a), esecrare (qc.): *he* –*ed at the mere thought* provava orrore al solo pensiero. **II** *v.t.* rivoltare, disgustare, nauseare. **III** *s.* rivolta *f*, insurrezione *f*, sollevamento *m*, sommossa *f*; (*state of rebelling*) rivolta *f*, ribellione *f*.

revolting [-iŋ] *a.* disgustoso, rivoltante, ripugnante: *a* ~

smell un odore disgustoso. **revoltingly** [-iŋli] *avv.* in modo disgustoso (*o* rivoltante).

revolution [‚revə'l(j)u:ʃən] *s.* **1** rivoluzione *f: the French ~* la rivoluzione francese; *technological ~* rivoluzione tecnologica. **2** ⟨*Mecc,Fis,Astr*⟩ rivoluzione *f; (complete turn)* giro *m,* rivoluzione *f: one hundred -s per second* cento giri al secondo. **revolutionary** [-əri] **I** *a.* rivoluzionario. **II** *s.* rivoluzionario *m (f* –a).

revolutionary| party *s.* ⟨*Pol*⟩ partito *m* rivoluzionario. *~* **socialism** *s.* socialismo *m* rivoluzionario.

revolution counter *s.* ⟨*Mecc*⟩ contagiri *m.*

revolutioner [‚revə'l(j)u:ʃənə] *s.* → **revolutionist.**

revolutionism [-nizəm] *s.* rivoluzionarismo *m.*

revolutionist [-nist] **I** *s.* rivoluzionario *m (f* –a). **II** *A.* rivoluzionario. **revolutionize** [-naiz] *v.t.* **1** rivoluzionare, rinnovare radicalmente, sovvertire: *to ~ an industrial process* rivoluzionare un processo industriale. **2** *(to make revolutionary)* inculcare principi rivoluzionari in (*o* a).

revolvable [ri'vɔlvəbl] *a.* girevole, rotante.

revolve [ri'vɔlv] **I** *v.i.* **1** rotare, girare: *the earth -s around the sun* la terra ruota intorno al sole. **2** *(to recur)* ricorrere, ripetersi. **3** ⟨*fig*⟩ *(to be cause of meditation)* turbinare, girare, mulinare: *an idea -d in his mind* un'idea gli turbinava nella mente. **4** ⟨*fig*⟩ *(to pivot, hinge)* basarsi, imperniarsi, fondarsi *(about, around* su), dipendere (da): *the whole plan -s around perfect timing* tutto il piano si basa su una perfetta sincronizzazione. **II** *v.t.* **1** fare girare (*o* rotare). **2** ⟨*fig*⟩ rimuginare, rivolgere nella mente: *to ~ a problem* rimuginare un problema. **revolver** [-ə] *s.* rivoltella *f.* **revolving** [-iŋ] *a.* **1** girevole, rotante. **2** *(of a firearm)* a rotazione, a tamburo.

revolving| chair *s.* sedia *f* girevole. *~* **credit** *s.* ⟨*Econ*⟩ credito *m* rotativo (*o* revolving). *~* **door** *s.* porta *f* girevole.

revue *fr.* [ri'vju:] *s.* ⟨*Teat*⟩ rivista *f,* spettacolo *m* di varietà.

revulsion [ri'vʌlʃən] *s.* **1** mutamento *m* improvviso (di sentimenti, ecc.). **2** *(feeling of disgust, repugnance)* repulsione *f,* ripugnanza *f,* disgusto *m,* avversione *f.* **3** ⟨*Med*⟩ revulsione *f.* **revulsive** [-lsiv] **I** *a.* ⟨*Farm*⟩ revulsivo. **II** *s.* revulsivo *m.*

reward [ri'wɔ:d] **I** *s.* **1** compenso *m,* ricompensa *f,* premio *m.* **2** *(sum offered for recovery of lost property)* ricompensa *f; (for detecting a criminal)* taglia *f.* **II** *v.t.* **1** *(of people)* ricompensare, retribuire, rimunerare: *to ~ s.o. for his services* ricompensare qd. per i suoi servizi. **2** *(of services, etc.)* compensare, ricompensare, ripagare, contraccambiare. ☐ *in ~ for* in compenso di. **rewarding** [-iŋ] *a.* rimunerativo, che ricompensa, rimuneratore. ☐ *a ~ book* un libro che merita d'essere letto.

rewardless [ri'wɔ:dlis] *a.* senza rimunerazione, non rimunerato.

rewin [ri:'win] *v.t.irr.* riconquistare.

rewind [ri:'waind] *v.t.irr.* **1** riavvolgere. **2** *(of a watch)* ricaricare.

reword [ri:'wɔ:d] *v.t.* **1** esprimere (*o* formulare) con altre parole. **2** *(to repeat)* ripetere, ridire.

rewrite **I** *v.t.irr.* [ri:'rait] **1** riscrivere; *(of previously published material)* rimaneggiare, rielaborare, rifare. **2** ⟨*Giorn*⟩ rielaborare per la pubblicazione. **II** *s.* ['ri:rait] rimaneggiamento *m,* rielaborazione *f.*

Rex *lat.* [reks] *s.* re *m.* ☐ ⟨*Dir*⟩ *~ versus Brown* il re contro Brown.

Reynard ['renəd] *s.* ⟨*Lett*⟩ volpe *f.*

Reynold ['renld] *N.pr.* Rinaldo *m.*

RF, r.f. = ⟨*Fis*⟩ *radio frequency* radiofrequenza.

Rgt. = *regiment* reggimento.

R.H. = *Royal Highness* Altezza Reale *(abbr.* A. R.).

rhabdomancy ['ræbdəmænsi] *s.* rabdomanzia *f.* **rhabdomantist** [-ntist] *s.* rabdomante *m/f.*

Rhadamanthine [‚rædə'mænθin] *a.* **1** ⟨*Mitol*⟩ di (*o* relativo a) Radamanto. **2** ⟨*fig*⟩ inflessibile. **Rhadamanthus** [-θəs], **Rhadamanthys** [-θis] *I* *N.pr.* ⟨*Mitol*⟩ Radamanto *m.* **II** *s. (strict judge)* giudice *m* inflessibile.

Rhaetia ['ri:ʃ(j)ə] *N.pr.* ⟨*Geog.stor*⟩ Rezia *f.* **Rhaetian** [-n] **I** *a.* retico. **II** *s.* abitante *m/f* della Rezia. **Rhaetic** [-tik] **I** *s.* ⟨*Geol*⟩ retico *m.* **II** *a.* retico.

Rhaeto-Ro'mance, Rhaeto-Ro'manic [‚ri:tou] **I** ⟨*Ling*⟩ retoromanzo *m.* **II** *a.* retoromanzo.

rhagades ['rægədi:z] *s.pl.* ⟨*Med*⟩ ragadi *fpl.*

rhapsodic [ræp'sɔdik], **rhapsodical** [-əl] *a.* ⟨*Stor.gr,Lett,Mus*⟩ rapsodico. **2** ⟨*fig*⟩ entusia entusiastico. **rhapsodically** [-əli] *avv.* **1** in m rapsodico. **2** ⟨*fig*⟩ entusiasticamente.

rhapsodist ['ræpsədist] *s.* **1** rapsodista *m.* **2** ⟨ entusiasta *m/f..* **3** ⟨*Stor.gr*⟩ rapsodo *m.* ‚**rhapso'di** [-ik] *a.* di (*o* relativo a) rapsodista. **rhapsodize** [-dai *v.i.* **1** comporre (*o* recitare) rapsodie. **2** ⟨*fig*⟩ parlare grande entusiasmo *(about, on, over* di), andare in es (per). **II** *v.t.* declamare (*o* recitare) a guisa di rapso **rhapsody** [-di] *s.* **1** ⟨*Stor.gr,Lett,Mus*⟩ rapsodia *f: Li Hungarian Rhapsodies* le rapsodie ungheresi di Lisz⟨*fig*⟩ espressioni *fpl* entusiastiche; *(rapture, ecstasy)* es *f,* rapimento *m.* ☐ *to go into rhapsodies over s.th.* anda estasi per qc., entusiasmarsi per qc.

r.h.d. = *right hand drive* guida destra.

Rhemish ['ri:miʃ] *a.* di Reims. ☐ ⟨*Stor*⟩ *the ~ Bibl* bibbia di Reims.

Rhenish ['reniʃ, 'ri:niʃ] **I** *a.* renano, del Reno. **I** ⟨*Enol*⟩ vino *m* del Reno.

rhenium ['ri:niəm] *s.* ⟨*Chim*⟩ renio *m.*

rheometer [ri:'ɔmitə] *s.* ⟨*El*⟩ reometro *m.*

rheophore ['ri:əfɔ:] *s.* ⟨*El*⟩ reoforo *m.*

rheoscope ['ri:əskoup] *s.* ⟨*El*⟩ galvanometro *m.*

rheostat ['ri:əstæt] *s.* ⟨*El*⟩ reostato *m.* **rheostatic** [-ik reostatico.

rhesus ['ri:səs] *s.* ⟨*Zool*⟩ reso *m.*

Rhesus| factor *s.* ⟨*Biol*⟩ fattore *m* Rh (*o* Rhesus) **macaque, ~ monkey** *s.* → **rhesus.**

rhetor ['ri:tə] *s.* **1** ⟨*Stor*⟩ retore *m.* **2** *(orator)* oratore *r* –trice).

rhetoric ['retərik] *s.* retorica *f (anche Stor.).*

rhetorical [ri'tɔrikəl] *a.* retorico: *a ~ question* domanda retorica. **rhetorically** [-i] *avv.* retoricamen **rhetorician** [‚retə'riʃən] *s.* **1** ⟨*Stor*⟩ retore *m.* **2** ⟨*fig*⟩ usa frasi ampollose e altisonanti, ⟨*spreg*⟩ retore *m.*

rheum [ru:m] *s.* ⟨*Med*⟩ muco *m; (catarrh)* catarro *m.*

rheumatic [ru:'mætik] **I** *a.* ⟨*Med*⟩ reumatico: *~ f* febbre reumatica. **II** *s.* **1** ⟨*Med*⟩ persona *f* affetta reumatismi. **2** *pl.* ⟨*fam*⟩ dolori *mpl* reumatici. ☐ ⟨*fa ~ heart disease* cardiopatia reumatica. **rheumaticky** *a.* ⟨*fam*⟩ → **rheumatic.**

rheumatism ['ru:mətizəm] *s.* ⟨*Med*⟩ reumatismo *m.* ☐ *suffer from ~* soffrire di reumatismi. **rheumatoid** [-t *a.* ⟨*Med*⟩ reumatoide: *~ arthritis* artrite reumatoide.

rheumy ['ru:mi] *a.* ⟨*Med*⟩ catarrale; *(full of rhe* catarroso.

rhinal ['rainl] *a.* ⟨*Med*⟩ nasale.

Rhine [rain] *N.pr.* ⟨*Geog*⟩ Reno *m.*

Rhineland ['rainlænd] *N.pr.* ⟨*Geog*⟩ Renania **Rhinelander** [-ləndə] *s.* renano *m (f* –a).

rhinestone ['rainstoun] *s.* **1** ⟨*Min*⟩ varietà di cristall rocca. **2** ⟨*Oref*⟩ brillante *m* (*o* diamante) artificiale.

rhinitis [rai'naitis] *s.* *(pl.* **-tides** [tidi:z]) ⟨*Med*⟩ rinite

rhino[1] ['rainou] *s.* *(pl. inv./-s* [z]) ⟨*fam*⟩ rinoceronte *m*

rhino[2] *s.inv.* ⟨*sl*⟩ *(money)* denaro *m,* quattrini *mpl,* ⟨*g* grana *f.*

rhinoceros [rai'nɔsərəs] *s.* *(pl. inv./-roses* [-əsiz]; il pl. si usa general. con valore collett.) ⟨*Zool*⟩ rinoceronte

rhinology [rai'nɔlədʒi] *s.* rinologia *f.*

rhinoplastic [‚raino(u)'plæstik] *a.* ⟨*Chir*⟩ di (*o* relativ rinoplastica. **'rhinoplasty** [-sti] *s.* rinoplastica *f.*

rhinoscope ['rainəskoup] *s.* ⟨*Med*⟩ rinoscopio nasoscopio *m.* **rhinoscopy** [-'nɔskəpi] *s.* rinoscopi nasoscopia *f.*

rhizoma [rai'zoumə] *s.* *(pl.* **-mata** [mətə]) → **rhizo 'rhizome** [-zoum] *s.* rizoma *m.*

rho [rou] *s.* *(pl.* **-s** [z]) *(letter of the Greek alphabet m/f.*

Rhodes [roudz] *N.pr.* ⟨*Geog*⟩ Rodi *f.*

Rhodesia [rou'di:zjə] *N.pr.* ⟨*Geog*⟩ R(h)odesia **Rhodesian** [-n] **I** *a.* r(h)odesiano. **II** *s.* r(h)odesian *(f* –a).

Rhodian ['roudiən] **I** *a.* rodio(ta). **II** *s.* rodiota *f.*

odic ['roudik] *a.* ⟨*Chim*⟩ rodico. **rhodium** [–diəm] *s.* odio *m.*

ododendron [‚roudə'dendrən] *s.* ⟨*Bot*⟩ rododendro *m.*

omb [rɔm] *s.* ⟨*Geom*⟩ → **rhombus.** '**rhombic** [–bik], '**hombical** [–bik(ə)l] *a.* ⟨*Geom*⟩ rombico.

ombohedral [‚rɔmbo(u)'hi:drəl], **rhombohedric** [–drik] *.* ⟨*Geom,Min*⟩ romboedrico. **rhombohedron** [–drən] *s.* *ol.* -s [z]/-dra [drə]) romboedro *m.*

omboid ['rɔmbɔid] **I** *s.* ⟨*Geom*⟩ romboide *m.* **II** *a.* omboidale. **rhom'boidal** [–əl] *a.* → **rhomboid.**

omboideus [rɔm'bɔidiəs] *s.* (*pl.* -dei [di:ai]) ⟨*Anat*⟩ omboide *m*, muscolo *m* romboide.

ombus ['rɔmbəs] *s.* (*pl.* -buses [bəsiz]/-bi [bai]) ⟨*Geom*⟩ ombo *m.*

none [roun] *N.pr.* ⟨*Geog*⟩ Rodano *m.*

otacism ['routəsizəm] *s.* ⟨*Ling,Fisiol*⟩ rotacismo *m.* **Rhotacize** [–saiz] *v.i.* modificarsi per rotacismo.

ubarb ['ru:bɑ:b] *s.* ⟨*Bot*⟩ rabarbaro *m.*

umb [rʌm] *s.* **1** ⟨*Geom,Geog*⟩ → **rhumb line. 2** ⟨*Mar*⟩ ombo *m* (*o* quarta *f*) della bussola.

umb-line *s.* ⟨*Geom,Geog*⟩ linea *f* lossodromica, ɔssodromi(c)a *f.*

yme [raim] **I** *s.* **1** ⟨*Metr*⟩ rima *f.* **2** (*rhymed verse*) erso *m* (rimato), rima *f.* **3** ⟨*fig*⟩ (*poetry*) poesia *f.* **II** *v.i.* rimare: *the first line* –*s with the third* il primo verso ıma con il terzo. **2** (*to write rhyming verse*) scrivere (*o* omporre) versi in rima, comporre rime. **III** *v.t.* **1** (far) ımare: *to* ~ *tea with me* (far) rimare tè con me. **2** (*to ompose in rhyme*) comporre in rima, rimare. □ ⟨*fig*⟩ *to e without* ̄ (*o have no*) ~ *or reason* essere sconclusionato, on avere nè capo nè coda. **rhymed** [–d] *a.* rimato, in ıma.

ymeless ['raimlis] *a.* senza rima, non rimato.

ymer ['raimə] *s.* rimatore *m* (*f* –trice). **rhymester** –mstə] *s.* ⟨*spreg*⟩ rimatore *m* (*f* –trice), ⟨*spreg*⟩ erseggiatore *m* (*f* –trice).

yming dictionary ['raimiŋ] *s.* rimario *m.* ~ **slang** *s.* ergo *m* nel quale determinate parole vengono sostituite on altre che fanno rima con esse.

ymist ['raimist] *s.* → **rhymer.**

ythm ['riðəm] *s.* ritmo *m.*

ythmic ['riðmik], **rhythmical** [–əl] *a.* ⟨*Mus,Metr*⟩ itmico. **rhythmically** [–əli] *avv.* ritmicamente. **hythmics** [–s] *s.pl.* (costr. sing.) ritmica *f.* **rhythmist** –mist] *s.* **1** chi ha il senso del ritmo. **2** (*one who roduces rhythms*) compositore *m* (*f* –trice) di ritmi.

ythmless ['riðəmlis] *a.* aritmico, privo di ritmo.

nt [raiənt] *a.* ridente, piacevole, ameno.

▶ [rib] **I** *s.* **1** ⟨*Anat*⟩ costola *f*, costa *f.* **2** ⟨*Macell,Gastr*⟩ ostoletta *f*, cotoletta *f.* **3** ⟨*Bot*⟩ nervatura *f*, nervo *m*, ostola *f.* **4** ⟨*Mar*⟩ ordinata *f*, costa *f.* **5** ⟨*Aer*⟩ centina *f* alare. **6** ⟨*Arch*⟩ (*of a vault*) nervatura *f*, costolone *m*; *framing timber*) centina *f.* **7** ⟨*Lav.femm,Tess*⟩ costa *f.* **8** *of an umbrella*) stecca *f.* **9** ⟨*Ornit*⟩ (*of a feather*) rachide 10 ⟨*Agr*⟩ porca *f.* **11** ⟨*scherz*⟩ (*wife*) moglie *f.* **II** *v.t.* *ret., p.p.* **ribbed** [–d]) **1** 'munire di' (*o* rafforzare con) oste (*o* nervature). **2** ⟨*Mar*⟩ nervare. **3** ⟨*Lav.femm*⟩ ıvorare a coste. **4** (*to mark with riblike markings*) egnare con coste. **5** ⟨*sl*⟩ (*to make fun of*) canzonare, urlare, prendere in giro.

ald ['ribəld] **I** *a.* **1** volgare, triviale, scurrile: *a* ~ *joke* na barzelletta volgare. **2** (*of a person*) sboccato, scurrile, guaiato. **II** *s.* persona *f* sboccata. **ribaldly** [–li] *avv.* olgarmente, trivialmente. **ribaldry** [–ri] *s.* volgarità *f*, rivialità *f*, scurrilità *f.*

and ['ribənd] *s.* nastro *m.*

oband ['rib(b)ənd, 'ribbænd] **I** *s.* **1** ⟨*Mar*⟩ longarina *f*, ongherina *f.* **2** ⟨*Edil*⟩ travicello *m.* **II** *v.t.* ⟨*Mar*⟩ fornire i longherina.

obed ['ribd] *a.* **1** costolato, fornito di costole. **2** ⟨*Tess*⟩ a oste. **3** ⟨*Arch*⟩ munito di nervature (*o* costoloni).

obing ['ribiŋ] *s.* **1** ⟨*Arch*⟩ costolatura *f*, nervatura *f.* **2** *Mar*⟩ ossatura *f.* **3** ⟨*Bot*⟩ nervatura *f.* **4** ⟨*Lav.femm*⟩ ordo *m* a coste. **5** ⟨*sl*⟩ (*teasing*) presa *f* in giro, anzanatura *f.*

obon ['ribən] *s.* **1** nastro *m*, fettuccia *f*: *to decorate a ʹress with a* ~ guarnire un vestito con un nastro; *a* ~ *for*

one's hair un nastro per i capelli. **2** *pl.* (*pieces, shreds*) brandelli *mpl*, pezzi *mpl*: *torn to* –*s* ridotti a brandelli. **3** (*of a typewriter*) nastro *m.* **4** (*long, thin strip*) striscia *f*, nastro *m* (*anche fig.*). **5** (*military decoration*) nastro *m*, nastrino *m.* **6** *pl.* (*reins*) redini *fpl*, briglie *fpl.* □ *to hang in* –*s* essere a brandelli.

ribbon| building *s.* costruzione *f* di case lungo i lati delle vie suburbane. **~-cutting ceremony** *s.* cerimonia *f* inaugurale.

ribboned ['ribənd] *a.* ornato di nastri.

Ribbon|-man [mæn] *s.irr.* ⟨*Stor*⟩ membro *m* della "Ribbon Society". ~ **saw** *s.* ⟨*Fal*⟩ sega *f* a nastro. ~ **Society** *s.* ⟨*Stor*⟩ società *f* segreta irlandese.

riboflavin(e) ['raibo(u)fleivin] *s.* ⟨*Biol*⟩ riboflavina *f*, lattoflavina *f.*

rib| steak *s.* ⟨*Gastr*⟩ entrecote *m.* ~ **stitch** *s.* ⟨*Lav.femm*⟩ punto *m* a coste. **~-tickler** *s.* ⟨*fam*⟩ cosa *f* divertente (*o* spassosa), spasso *m.*

rice [rais] *s.* ⟨*Bot*⟩ riso *m.*

rice|-bird *s.* ⟨*Ornit*⟩ padda *m.* **~field** *s.* risaia *f.* **~-paper** *s.* ⟨*Cart*⟩ carta *f* di riso. ~ **pudding** *s.* ⟨*Gastr*⟩ budino *m* di riso.

ricer *am.* ['raisə] *s.* schiacciapatate *m.*

rich [ritʃ] **I** *a.* **1** ricco: *a* ~ *man* un uomo ricco; *a* ~ *country* un paese ricco. **2** (*abounding*) pieno, ricco, abbondante (*in di*): *a book* ~ *in ideas* un libro pieno di idee. **3** (*of clothes, cloth, etc.*) sontuoso, sfarzoso, costoso: ~ *draperies* tessuti sontuosi. **4** (*sumptuous*) sontuoso, magnifico: *a* ~ *feast* un banchetto sontuoso. **5** (*of food*) sostanzioso, molto condito: *a* ~ *cake* una torta sostanziosa. **6** (*of colours*) intenso, molto carico, cupo. **7** (*of sounds*) profondo, pieno: *a* ~ *voice* una voce piena. **8** (*of smells*) intenso, forte. **9** (*of wine*) robusto, generoso. **10** (*valuable*) prezioso, di valore, ricco. **11** (*of land, soil*) fertile. **12** ⟨*fam*⟩ (*highly amusing*) spassoso, molto divertente. **13** ⟨*sl*⟩ (*indecent*) sconveniente. **14** (*of a fuel mixture*) grasso, ricco. **II** *s.* **1** (*rich people;* costr.pl.) ricchi *mpl: the* ~ *and the poor* i ricchi e i poveri. **2** (*rich person*) ricco *m* (*f* –a). **3** *pl.* (*wealth*) ricchezza *f*, ricchezze *fpl.* □ *to get* ~ diventare ricco, arricchirsi, arricchire; ⟨*fam*⟩ *to get* ~ *quick* fare quattrini in fretta, arricchire in poco tempo; *he had great* –*es* era molto ricco; *to be none the* –*er for s.th.* non averci guadagnato nulla; ⟨*fam*⟩ *that's* ~*!* questa è bella (*o* buona)!

Richard ['ritʃəd] *N.pr.* Riccardo *m.*

richen ['ritʃən] *v.t.* arricchire. **richly** [–tʃli] *avv.* **1** riccamente, sontuosamente, sfarzosamente: ~ *dressed* riccamente vestito; ~ *decorated* sontuosamente decorato. **2** (*fully, thoroughly*) pienamente, del tutto, proprio.

richness [–tʃnis] *s.* **1** ricchezza *f*; (*abundance*) abbondanza *f.* **2** (*sumptuousness*) sontuosità *f*, sfarzosità *f.* **3** (*of colours, etc.*) intensità *f*, pienezza *f.* **4** (*of land, soil*) fertilità *f.*

rick[1] [rik] **I** *s.* **1** ⟨*Agr*⟩ (*of corn, hay, etc.*) mucchio *m*, cumulo *m*; (*of straw*) pagliaio *m.* **2** (*framework*) rastrelliera *f.* **II** *v.t.* ⟨*Agr*⟩ ammucchiare, formare mucchi di.

rick[2] **I** *s.* (*sprain, wrench*) distorsione *f*, storta *f.* **II** *v.t.* slogare, storcere: *to* ~ *one's ankle* slogarsi la caviglia.

ricketiness ['rikitinis] *s.* **1** l'essere malfermo, instabilità *f.* **2** ⟨*Med*⟩ rachitismo *m.*

rickets ['rikits] *s.pl.* (costr.sing.) ⟨*Med*⟩ rachitismo *m.* □ *to have* ~ essere rachitico.

rickety ['rikiti] *a.* **1** traballante, vacillante, instabile: *a* ~ *table* un tavolo traballante. **2** (*of a person: feeble in the joints*) barcollante, vacillante. **3** ⟨*Med*⟩ rachitico.

ricksha(w) ['rikʃɔ:] *s.* risciò *m.*

ricochet[1] ['rikəʃet, –ʃei] *s.* rimbalzo *m*, colpo *m* di rimbalzo.

ricochet[2] *v.* (*pret., p.p.* **ricocheted/ricochetted** ['rikəʃetid, –ʃeid]) **I** *v.i.* rimbalzare. **II** *v.t.* fare rimbalzare, colpire di rimbalzo.

rid[1] [rid] *v.t.* (*pret., p.p.* **rid/ridded** [–id]) sbarazzare, liberare: *to* ~ *the road of stones* sbarazzare la strada dai sassi; *to* ~ *o.s. of a responsibility* sbarazzarsi da una responsabilità. □ *to be* ~ *of* essersi sbarazzato (*o* liberato) di; *to get* ~ *of* sbarazzarsi di, liberarsi di, disfarsi di.

rid² → **ride¹**.

riddance ['ridəns] s. liberazione f. □ ⟨esclam⟩ (a) good ~ che liberazione, finalmente.

riddel ['ridəl] s. ⟨Rel⟩ cortina f d'altare.

ridden¹ ['ridn] a. 1 (general. nei composti: *dominated by*) dominato, oppresso, tormentato; (*confined*) relegato, confinato: *bed-~* relegato a letto; (*infested*) infestato: *flea-~* infestato dalle pulci. 2 (*oppressed*) dominato, oppresso: *a priest-~ country* uno stato dominato dal clero.

ridden² ['ridn] → **ride¹**.

riddle¹ ['ridl] I s. 1 indovinello m, enigma m: *to solve a ~* risolvere un indovinello. 2 ⟨estens⟩ (*puzzling problem*) problema m, enigma m. II v.t. risolvere, spiegare, trovare la soluzione di. III v.i. 1 parlare per enigmi. 2 (*to propound riddles*) proporre indovinelli. □ *to speak in -s* parlare per enigmi.

riddle² I s. (*coarse sieve*) setaccio m, crivello m, vaglio m. II v.t. 1 vagliare: *to ~ sand* vagliare la sabbia. 2 ⟨fig⟩ (*to fill with holes*) crivellare, bucherellare: *to ~ s.o. with bullets* crivellare qd. di pallottole. 3 ⟨fig⟩ (*to refute*) confutare: *to ~ an argument* confutare un'argomentazione; (*to find flaws in*) criticare.

riddling ['ridliŋ] s. 1 crivellatura f. 2 pl. (*material left after riddling*) setacciatura f, crivellatura f.

ride¹ [raid] v. (pret. **rode** [roud]/rar. **rid** [rid], p.p. **ridden** ['ridn]/rar. **rid**) I v.i. 1 cavalcare, montare (un cavallo): *she -s very well* cavalca molto bene; (*to be a horserider*) cavalcare, andare a cavallo, essere un cavallerizzo: *do you ~?* vai a cavallo? 2 (*to travel on a bicycle*) andare in bicicletta; (*to travel in a car, bus, etc.*) viaggiare, andare: *to ~ in comfort in the back seat* viaggiare comodamente sul sedile posteriore. 3 ⟨fig⟩ (*to be carried along*) essere portato: *to ~ on the wave of popularity* essere portato sull'onda della popolarità. 4 ⟨Mar⟩ (*to lie at anchor*) essere alla fonda, stare all'ancora; (*to move over, float on water*) galleggiare movendosi lentamente. 5 (*of a vehicle*) andare, correre. 6 ⟨sl⟩ (*of betted money*) scommettere, puntare; (*to remain as a bet*) rimanere come puntata. II v.t. 1 cavalcare, montare, andare a cavallo di. 2 (*of a bicycle*) andare in. 3 (*of a vehicle: to travel in*) viaggiare in, andare in; (*to drive*) guidare. 4 (*to traverse on horseback*) traversare (o percorrere) a cavallo: *to ~ the desert* traversare un deserto a cavallo. 5 (*of a race*) gareggiare in. 6 (*to be carried along on*) essere portato da: *to ~ the waves* essere portato dalle onde. 7 (*to carry on one's back*) portare a cavalluccio, portare ʼin groppaʼ (o sulle spalle): *to ~ a child on one's back* portare un bambino a cavalluccio. 8 ⟨fig⟩ (*to survive, surmount; spesso con out*) superare, sormontare: *to ~ a financial crisis* superare una crisi finanziaria. 9 ⟨fig⟩ (*to oppress, dominate*) tormentare, opprimere, dominare: *to be ridden by doubts* essere tormentato da dubbi. 10 ⟨Sport⟩ pesare: *the jockey -s just under ten stone* il fantino pesa poco meno di sessantatre chili. 11 ⟨am.fam⟩ (*to harass persistently*) tormentare, infastidire, seccare, scocciare: *stop riding me* smettila di tormentarmi; (*to tease*) prendere in giro, canzonare. □ *to ~ astride* cavalcare; *to ~ away* ʼandar viaʼ (o allontanarsi) a cavallo; *to ~ back* tornare a cavallo; *to ~ on s.o.'s back* farsi portare sulle spalle da qd.; *to ~ behind*: 1 cavalcare dietro (sullo stesso cavallo); 2 (*in a car, etc.*) viaggiare sul sedile posteriore; ⟨fam⟩ *to ~ the brake* tenere il piede incollato al freno; *to ~ to death*: 1 (*of a horse*) sfiancare; 2 ⟨fig⟩ ripetere fino alla noia; *to ~ down*: 1 travolgere e far calpestare dal proprio cavallo; 2 (*to catch up with on horseback*) raggiungere a cavallo (e catturare); 3 ⟨Mar⟩ (*of a rope, halyard*) alare in giù; *to ~ for a fall* rischiare: *if you don't study you're -ing for a fall* se non studi rischi la bocciatura; *to ~ hard*: 1 (*of the ground*) offrire un percorso duro; 2 (*of a horse*) far galoppare; 3 (*of a vehicle*) arrancare; 4 ⟨Mar⟩ travagliare all'ancora; 5 ⟨fam⟩ fare lavorare come un negro, far sgobbare; *to ~ high*: 1 (*of the moon*) essere alto; 2 ⟨fig⟩ essere alle stelle: *our hopes are riding high* le nostre speranze sono alle stelle; 3 ⟨fam⟩ essere molto popolare; *to ~ off*: 1 partire (o allontanarsi) a cavallo; 2 ⟨Sport⟩ urtare; 3 ⟨fig⟩ fare una digressione; *to ~ on a horse*

andare a cavallo; *to ~ out the storm* sostenere u tempesta (*anche fig.*); *the cavalry rode* **through** *the town* cavalleria attraversò la città; *to ~* **up**: 1 (*of peop* arrivare a cavallo; 2 (*to rise*) salire: *her skirt rode up ab her knees* la gonna le saliva sopra le ginocchia.

ride² s. 1 cavalcata f, passeggiata f (o corsa) a cavallo. (*trip on a bicycle*) passeggiata f, gita f, corsa f; (*in vehicle*) corsa f, tragitto m: *a bus ~* una corsa in autob 3 (*road, track for riding*) sentiero m per cavalli. 4 (*a fun-fair*) giro m. 5 ⟨fam⟩ (*lift*) passaggio m, ⟨p strappo m. 6 ⟨Mil⟩ gruppo m di reclute a cavallo. □ *give s.o. a ~*: 1 (*on a horse*) far fare a qd. una cavalca 2 (*in a vehicle*) dare un passaggio a qd.; 3 ʼ(*on on shoulders, etc.*) portare a cavalluccio qd.; *to ʼgo forʼ have, take*) *a ~*: 1 (*on horseback*) andare a fare u cavalcata; 2 (*on a bicycle, in a vehicle*) andare a fare giro; ⟨sl⟩ *to take s.o. for a ~* ingannare qd., raggirare q imbrogliare qd.

rider ['raidə] s. 1 cavaliere m, cavallerizzo m (f - (*jockey*) fantino m. 2 (*one who rides a bicycle*) cicli m/f; (*one who rides a motorcycle*) motociclista m/f. ⟨Dir,Pol⟩ (*additional clause*) clausola f addizion disposizione f aggiunta. 4 ⟨Dir⟩ codicillo m. 5 (*of balance beam*) cavaliere m, cavalierino m. 6 (*of a fer palo m diagonale di rinforzo.

riderless ['raidəlis] a. senza cavaliere (o fantino).

ridge [ridʒ] I s. 1 ⟨Geog⟩ catena f (di montagne), giog f. 2 ⟨Geog⟩ (*long upper edge*) schiena f, dorsale m; (*cr cresta f. 3 (*raised strip*) riga f in rilievo, costa f. 4 ⟨A porca f. 5 ⟨Arch⟩ colmo m, linea f ʼdi displuvioʼ spartiacque). II v.t. 1 corrugare, solcare, ondulare. ⟨Agr⟩ rincalzare, rivoltare. III v.i. incresparsi. **ridg** [-d] a. 1 increspato. 2 ⟨Arch⟩ di colmo.

ridger ['ridʒə] s. → **ridging plough**.

ridging ['ridʒiŋ] s. ⟨Agr⟩ aratura f a porche.

ridging‖ plough s. ⟨Agr⟩ aratro m rincalzatore. **~ pl** am. s. → **ridging plough**.

ridgy ['ridʒi] a. 1 collinoso. 2 ⟨Agr⟩ a porche. 3 (*of sea*) increspato.

ridicule ['ridikju:l] I s. ridicolo m, derisione f, scherno to be an object of ~ essere posto in ridicolo; *to hold up to ~* mettere in ridicolo qd. II v.t. mettere in ridic schernire, canzonare, dileggiare.

ridiculous [ri'dikjuləs] a. ridicolo, assurdo. **ridiculou** [-li] avv. ridicolmente. **ridiculousness** [-nis] ridicolaggine f, ridicolo m.

riding¹ ['raidiŋ] I s. 1 (*practice of riding*) equitazione (*act*) cavalcata f, passeggiata f a cavallo. 2 (*road, tra sentiero m per cavalli. II a. (*used in riding*) equitazione, da cavallerizzo, alla scudiera.

riding² s. ⟨GB⟩ (*administrative division*) uno dei distretti amministrativi dello Yorkshire.

riding‖-boot s. stivale m da cavallerizzo. **~-breec** s.pl. calzoni mpl ʼda cavallerizzoʼ (o alla scudie **~-crop** s. frustino m (da cavallerizzo). **~-habit** amazzone f, abito m da cavallerizza. **~-light** s. ⟨M fanale m di fonda. **~ master** s. maestro m d'equitazi **~-school** s. ⟨Equit⟩ maneggio m, cavallerizza **~-track** s. galoppatoio m.

rife [raif] a.pred. 1 diffuso, comune, usuale: *malaria throughout the country* la malaria era diffusa in tutt paese. 2 (*of rumours, etc.*) corrente, diffuso. 3 (*abund plentiful*) copioso, abbondante; (*abounding*) pieno, r (*with di*). □ *to ~ grow* diffondersi.

riffle¹ ['rifl] I s. 1 cateratta f, rapida f. 2 (*method shuffling cards*) modo di mescolare le carte (tenendo p del mazzo in ciascuna mano). II v.t. 1 scor rapidamente, sfogliare: *to ~ a stack of index c* scorrere rapidamente una pila di schede. 2 (*of ca mescolare (tenendo parte del mazzo in ciascuna manc

riffle² I s. ⟨Minier⟩ apparato m di filtraggio. II v.t. ore) fare passare in un apparato di filtraggio.

riffler ['riflə] s. ⟨Mecc⟩ lima f curva (o per stampi).

riff-raff ['rifræf] s. 1 marmaglia f, plebaglia f, gentagl 2 (*rubbish*) materiale m di scarto, scarto m, robaccia

rifle¹ ['raifl] I s. 1 carabina f, fucile m. 2 ⟨Artigl⟩ pe m rigato (di artiglieria). 3 pl. ⟨Mil⟩ fucilieri mpl. II (*of a firearm*) rigare.

ıfle² I *v.t.* vuotare, svaligiare, depredare: *the thieves –d the safe* i ladri vuotarono la cassaforte. II *v.i.* frugare, rovistare: *to ~ through a drawer* frugare (in) un cassetto.

ıfle|–green *a.* verde scuro. ~ green *s.* verde *m* scuro.

~man [mən] *s.irr.* 1 ⟨*Mil*⟩ fuciliere *m.* 2 (*one skilled at using a rifle*) tiratore *m* (*f* –trice). ~–pit *s.* ⟨*Mil*⟩ trincea *f* per fucilieri.

ıfler ['raiflə] *s.* ladro *m*, bandito *m*, predone *m.*

ıfle|–range *s.* poligono *m* di tiro. □ *within* ~ a tiro. ~–shot *s.* colpo *m* di fucile, fucilata *f*, schioppettata *f.* □ *within* ~ a un tiro di schioppo.

ıfling ['raiflıŋ] *s.* 1 (*act*) il rigare. 2 (*system of spiral grooves*) rigatura *f.*

ıft [rift] I *s.* 1 crepa *f*, fenditura *f*, spaccatura *f*, spacco *m: a ~ in the rock* una crepa nella roccia. 2 (*open space*) spiraglio *m: a ~ in the clouds* uno spiraglio tra le nuvole. 3 ⟨*fig*⟩ divergenza *f* (*o* contrasto *m*) d'opinioni, dissenso *m: a ~ between the two parties* una divergenza d'opinioni tra i due partiti. II *v.t.* fendere, spaccare. III *v.i.* fendersi, spaccarsi. □ ⟨*fig*⟩ *a ~* (*with*)*in the lute* un'incrinatura (nell'armonia, nell'amicizia, ecc.).

ıft| saw *s.* ⟨*tecn*⟩ sega *f* da tronchi. ~–valley *s.* ⟨*Geol*⟩ vallata *f* a pendii scoscesi.

ıg¹ [rig] *v.* (*pret., p.p.* rigged [–d]) I *v.t.* 1 ⟨*Mar*⟩ (*of a ship*) attrezzare, armare, allestire; (*of a mast*) attrezzare, guarnire. 2 ⟨*fig*⟩ (*to equip; spesso con out*) attrezzare, fornire, corredare, equipaggiare. 3 ⟨*fig*⟩ (*to fit out with clothes;* general. con *out, up*) vestire, abbigliare. 4 ⟨*fig*⟩ (*to set up;* general. con *up*) montare, installare: *to ~ up a temporary television aerial* montare un'antenna televisiva provvisoria. 5 ⟨*Aer*⟩ montare (*o* comporre) le parti di. II *v.i.* ⟨*Mar*⟩ attrezzarsi: *to ~ for a new voyage* attrezzarsi per un nuovo viaggio.

ıg² *s.* 1 ⟨*Mar*⟩ attrezzatura *f.* 2 ⟨*Minier*⟩ impianto *m* di trivellazione (*o* sondaggio). 3 ⟨*fig*⟩ (*equipment, gear*) attrezzatura *f*, impianto *m.* 4 (*fam*) (*dress, costume*) abbigliamento *m*, costume *m.* 5 (*carriage and horses*) cavalli *mpl* e carrozza, attacco *m.* 6 ⟨*am*⟩ (*trailer truck*) autocarro *m* con rimorchio. □ ⟨*fam*⟩ *to be in full ~* essere in ghingheri.

ıg³ I *v.t.* (*pret., p.p.* rigged [–d]) 1 (*to manipulate dishonestly*) manipolare, truccare: *to ~ an election* manipolare un'elezione. 2 ⟨*Econ*⟩ manovrare, maneggiare: *to ~ the market* manovrare il mercato. II *s.* 1 manipolazione *f*, broglio *m.* 2 ⟨*Econ*⟩ manovra *f* per far salire i prezzi. □ *to ~ an auction* truccare un'asta.

ıgadoon [ˌrigə'du:n] *s.* ⟨*Stor*⟩ rigaudon *m*, rigodon(e) *m*, rigolone *m.*

ıgger¹ ['rigə] *s.* 1 ⟨*Mar*⟩ (*person*) attrezzatore *m*, allestitore *m.* 2 ⟨*Mar*⟩ (*nei composti: ship with a specified rig*) nave *f* a ..., nave attrezzata con ...: *square–~* nave a vele quadre. 3 ⟨*Aer,Minier*⟩ montatore *m.* 4 (*one who works with cranes, scaffolding, ecc.*) operaio *m* che monta gru (*o* impalcature, ecc.). 5 ⟨*Edil*⟩ (*protective scaffolding*) impalcatura *f* protettiva.

ıgger² *s.* 1 (*one who manipulates s.th. fraudulently*) maneggione *m.* 2 ⟨*Econ*⟩ aggiotatore *m.*

ıgging¹ ['rigıŋ] *s.* 1 ⟨*Mar*⟩ sartiame *m*, cordame *m.* 2 ⟨*tecn*⟩ (*hoisting equipment*) attrezzatura *f* di sollevamento. 3 ⟨*Edil*⟩ attrezzatura *f* dell'impalcatura. 4 ⟨*Teat*⟩ soffitta *f*, graticcia *f.*

ıgging² *s.* (*fraudulent manipulation*) broglio *m*, manipolazione *f: election ~* broglio elettorale.

ıght [rait] I *a.* 1 giusto, retto, onesto: *is it ever ~ to lie?* è (mai) giusto mentire? 2 (*correct*) esatto, corretto, giusto: *the ~ answer* la risposta esatta; *the ~ way to tackle a problem* il modo corretto di affrontare un problema; (*proper, real*) giusto, vero, effettivo, reale: *what is the ~ name for this disease?* qual è il nome giusto di questa malattia?; *the ~ owner* il vero proprietario; (*accepted socially, etc.*) bene, che conta: *her parties are attended by all the ~ people* ai suoi ricevimenti va tutta la gente bene. 3 (*appropriate, fitting*) adatto, giusto, appropriato: *the ~ man for that job* l'uomo adatto per quel lavoro; (*most convenient, best*) migliore, giusto, più adatto, più conveniente, più opportuno: *the ~ moment* il momento migliore. 4 (*opposed to left*) destro, di destra, a destra, sulla destra: *my ~ foot* il mio piede destro. 5 (*that is intended to be seen, used, etc.*) diritto, dritto: *the ~ side of a tablecloth* il diritto di una tovaglia. 6 (*straight*) diritto, dritto, in linea retta. 7 ⟨*Geom*⟩ retto. 8 ⟨*sl*⟩ (*utter*) vero (e proprio), autentico: *he's a ~ bastard* è un vero bastardo. 9 ⟨*Pol*⟩ di destra. II *s.* 1 bene *m*, giusto *m: to do ~* fare il bene; (*justice, goodness*) bene *m: to know ~ from wrong* distinguere il bene dal male. 2 (*just people;* costr.pl.) giusti *mpl: may God defend the ~* Dio difenda i giusti. 3 (*correctness*) esattezza *f*, correttezza *f*, precisione *f.* 4 (*just claim*) diritto *m: ~s and duties* diritti e doveri. 5 ⟨*Dir,Econ*⟩ diritto *m.* 6 *pl.* (*interest in property*) diritti *mpl: the film ~s of a novel* i diritti di riproduzione cinematografica di un romanzo. 7 (*right side*) destra *f*, lato *m* destro: *to turn to the ~* voltare a destra. 8 (*right-hand member of a pair*) destro *m* (*f* –a). 9 (*one's right hand*) destra *f*, mano *f* destra. 10 ⟨*Sport*⟩ destro *m: a ~ to the chin* un destro al mento. 11 ⟨*Mil*⟩ ala *f* destra. 12 ⟨*Teat*⟩ destra *f* del palcoscenico. III *avv.* 1 proprio, esattamente, giusto, precisamente: *the ball hit me ~ in the eye* la palla mi colpì proprio sull'occhio. 2 (*directly, straight*) direttamente, senza deviazioni, dritto: *to go ~ home* andare direttamente a casa. 3 (*completely*) completamente, del tutto: *it's ~ outside my field* è completamente fuori del mio campo. 4 (*correctly, accurately*) bene, giusto, esattamente: *if I understand you ~* se ti ho ben capito; (*suitably, in the required way*) correttamente, bene, nel modo giusto: *you're not holding the racket ~* non tieni la racchetta correttamente. 5 (*satisfactorily*) bene, in modo soddisfacente: *everything came ~ in the end* finì tutto bene. 6 (*on the right side*) a (*o* sulla) destra; (*to the right side*) a (*o* verso) destra: *to turn ~* voltare a destra. 7 ⟨*Pol*⟩ a destra, verso destra: *the party is moving ~* il partito si sta spostando a destra. 8 ⟨*fam*⟩ (*as a question phrase*) (non è) vero?: *you're Miss Jones, ~?* lei è la signorina Jones, vero?; (*as an intercalation*) chiaro, va bene, proprio così. 9 (*in titles: very*) molto. IV *v.t.* 1 raddrizzare: *to ~ a capsized boat* raddrizzare una barca capovolta. 2 ⟨*rifl*⟩ raddrizzarsi, rimettersi diritto (*o* in piedi), ritrovare l'equilibrio. 3 (*to put right*) aggiustare, mettere a posto, accomodare, sistemare: *things will ~ themselves eventually* le cose finiranno con l'aggiustarsi prima o poi. 4 (*to redress*) riparare, rimediare a: *to ~ a wrong* riparare un torto. V *v.i.* raddrizzarsi. VI *intz.* (*to express agreement, consent, etc.*) va bene, senz'altro, d'accordo, certo, sicuro: *hold this for me, will you? – ~!* reggimi questo, per favore – senz'altro! □ ~ **ahead** sempre dritto (*o* avanti); **as** ~ **as** rain: 1 (*quite right*) perfettamente, in perfetto stato, alla perfezione; 2 (*in good health*) sano come un pesce; ⟨*Dir*⟩ ~ **of association** diritto *m* d'associazione; ~ **away** subito, immediatamente: *I'll do it ~ away* lo farò subito; *to be ~* fare bene, avere ragione: *was I ~ to refuse?* ho fatto bene a rifiutare?; ⟨*fam*⟩ *am I ~ for the station?* è questa la strada giusta per la stazione?; ⟨*esclam*⟩ ~ **you are** va bene!, d'accordo!, senz'altro!; ~ **to the bottom** fino in fondo; **by** ~s (*o* **right**) di diritto; **by** ~ **of** per diritto di, grazie a: *to achieve fame by ~ of merit* raggiungere la notorietà per meriti propri; ⟨*Mil*⟩ **by the** ~, **quick march!** destr, avanti marc!; *by what* ~? con quale diritto?; *to* **claim** *one's* ~s rivendicare i propri diritti; ~ **of entry** diritto *m* di presa di possesso; **equal** ~s parità *f* di diritti; ~ **to exist** diritto *m* all'esistenza; *to* **feel** ~: 1 stare bene, sembrare giusto: *it doesn't feel ~ to be working on Sunday* non sta bene lavorare la domenica; 2 (*to feel well*) sentirsi bene; *to* **get** *s.th.* ~ chiarire qc., definire qc., stabilire qc.: *let's get this ~ before we go on* chiariamo questo prima di continuare; *to* **go** ~ andare bene: *nothing ever goes ~ with me* non me ne va mai bene una; *the car is going all ~ now* adesso la macchina va benissimo; *to* **have** *a* (*o* **the**) ~ *to* avere il diritto di, avere diritto a: *you have a ~ to do as you please* hai il diritto di fare come ti pare; *to* **have no** ~ *to* non avere il diritto di, non avere diritto a: *you had no ~ to say that* non avevi il diritto di dirlo; *to* **be in the** ~ avere ragione, essere nel giusto; ⟨*Dir*⟩ ~ **of inheritance** diritto *m* di successione; ⟨*Giorn*⟩ ~ *to* **know** diritto *m* all'informazione; ~ **and left**: 1 (*on, to the right and the left*) a destra e a sinistra, a dritta e a manca; 2 (*in all directions*) in tutte le direzioni, a destra e a sinistra: *the crowd scattered* ~ *and left* la folla si disperse in tutte le direzioni; ~ *to* **live** diritto *m* alla vita; *to* **look** ~: 1 sembrare in ordine; 2 (*to appear to be in good health*) avere ⌐un buon aspetto⌐ (*o* una buona cera); 3 (*to look to the right*) guardare a (*o* verso) destra; *to be in one's* ~ **mind** essere in possesso delle proprie facoltà mentali; ⟨*fam*⟩ **Miss** ~ la donna giusta, lei; ⟨*fam*⟩ **Mr.** ~ l'uomo giusto, lui; ~ **now**: 1 (*at this very moment*) proprio adesso, (proprio) in questo momento; 2 (*immediately*) immediatamente, subito; ~ **off**: 1 (*without hesitation*) senza esitazione, senza incertezze: *he stood up and spoke* ~ *off* si alzò a parlare senza esitazione; 2 (*immediately*) subito, immediatamente; ~ **on!** (*absolutely right*) giustissimo!, esatto!, perfettamente vero!; *it is only* ~ *to tell you that* è giusto (*o* doveroso) dirti che; *as was only* ~ *and proper* com'era giusto, proprio come doveva essere; ~ **out** francamente, chiaramente; *in one's* **own** ~ per diritto proprio, per meriti propri; *he is a rich man in his own* ~ è ricco del suo; ~ *of* **public** *meeting* diritto *m* di riunione; *to* **put** ~: 1 aggiustare, accomodare, riparare: *to put the television* ~ aggiustare il televisore; 2 (*to restore to health, spirits*) ristabilire, rimettere in sesto: *a holiday will put you* ~ una vacanza ti rimetterà in sesto; 3 (*to reprove, correct*) mettere a posto, richiamare all'ordine; *to put to* –*s* aggiustare, accomodare, riparare; ⟨*Dir*⟩ *all* –*s* **reserved** tutti i diritti riservati; *there's a balcony* ~ **round** *the flat* c'è un balcone tutt'attorno all'appartamento; *to* **set** ~ = *to* **put** *right*; *to* **stand** *on one's* –*s* sostenere i propri diritti; ~ *to* **study** diritto *m* allo studio; **that's** ~ giusto, infatti, proprio così, è così, è vero; *to* **think** *it* ~ *to do s.th.* ritenere opportuno (*o* giusto) fare qc.; ~ *to the* **top** fino in cima; *to* **turn** *out* ~: 1 (*of guesses, etc.*) avverarsi, risultare esatto; 2 (*to guess right*) indovinare; 3 (*of situations*) finire bene; ⟨*Strad*⟩ *no* ~ *turn* divieto *m* di svolta a destra; *is your watch* ~? va bene il tuo orologio?; *to be* **within** *one's* –*s* essere nel proprio diritto.

Right I *a.* 1 (*Conservative*) conservatore. 2 (*reactionary*) reazionario, di destra. **II** *s.* 1 ⟨*Pol*⟩ destra *f*, destre *fpl.* 2 ⟨*Parl*⟩ destra *f*.

rightable ['raitəbl] *a.* correggibile, rimediabile, riparabile.

right-about I *s.* 1 dietrofront *m*, voltafaccia *m* (*anche fig.*). 2 (*position*) direzione *f* opposta. **II** *a./avv.* dall'altra parte, in direzione opposta.

'right-a'bout-'face I *s.* 1 ⟨*Mil*⟩ dietrofront *m*. 2 (*fig*) voltafaccia *m*, dietrofront *m*. **II** *v.i.* ⟨*Mil*⟩ fare dietrofront. **III** *intz.* ⟨*Mil*⟩ dietrofront.

right⏐ angle *s.* angolo *m* retto. □ *to be at* –*s* essere perpendicolare (*to* a), essere ad angolo retto (rispetto a). **'~-'angled** *a.* rettangolo, ad angolo retto: *a* ~ *triangle* un triangolo rettangolo. ~ **back** *s.* ⟨*Sport*⟩ terzino *m* destro. **~-down** *a.* completo, assoluto. □ *a* ~ *scoundrel* un furfante matricolato. ~ **dress I** *intz.* ⟨*Mil*⟩ destr riga. **II** *v.i.* allinearsi a destra.

righten ['raitn] *v.t.* raddrizzare, rimettere a posto.

righteous ['raitʃəs] **I** *a.* 1 retto, giusto, virtuoso, onesto: *a* ~ *man* un uomo retto. 2 (*justified*) giusto, giustificato, legittimo: ~ *indignation* giusta indignazione. **II** *s.* (*righteous people;* costr. pl.) giusti *mpl*: ⟨*Bibl*⟩ *blessed are the* ~ beati i giusti. **righteously** [–li] *avv.* rettamente, virtuosamente. **righteousness** [–nis] *s.* rettitudine *f*, onestà *f*.

right face I *s.* ⟨*Mil*⟩ fronte a destr *m*. **II** *intz.* fronte destr.

rightful ['raitful] *a.* 1 legittimo: *the* ~ *owner* il legittimo proprietario. 2 (*just, fair*) giusto, equo, onesto. 3 (*fitting, proper*) giusto, debito, appropriato. **rightfully** [–i] *avv.* 1 giustamente, equamente. 2 (*rightly*) giustamente, a buon diritto. **rightfulness** [–nis] *s.* 1 legittimità *f*. 2 (*justness*) giustizia *f*.

right half(-back) *s.* ⟨*Sport*⟩ mediano *m* (*o* laterale) destro.

right-hand *a.* 1 destro, di (*o* a) destra: *the* ~ *side of the road* il lato destro della strada; ~ *glove* guanto destro. 2 ⟨*Mecc*⟩ destrorso, in senso orario. 3 (*of a door*) che si

---

apre verso destra. **right hand** *s.* 1 destra *f*, mano destra. 2 (*right side*) destra *f*, lato *m* destro. 3 (*fig*) (*place of trust, honour*) destra *f*: *to sit on s.o.'s* ~ sedere alla destra di qd. 4 ⟨*fig*⟩ (*person of trust*) braccio *m* destro: *the president's* ~ il braccio destro del presidente.

right-hand drive *s.* ⟨*Aut*⟩ guida *f* a destra.

'right-'handed I *a.* 1 che si serve della mano destra. 2 (*designed for the right hand*) fatto per la mano destra. 3 ⟨*Mecc*⟩ destrorso, in senso orario. 4 (*of a door*) che si apre verso destra. **II** *avv.* con la (mano) destra: *to play tennis* ~ giocare a tennis con la destra. **'right-'handedness** *s.* destrismo *m*. **'right-'hander** *s.* 1 chi usa la mano destra. 2 (*blow*) destro *m*, colpo *m* sferrato con la destra.

rightism ['raitizəm] *s.* ⟨*Pol*⟩ orientamento *m* a destra. **rightist** [–tist] *a.* orientato a destra.

rightly ['raitli] *avv.* 1 giustamente, a buon diritto. 2 (*fairly, justly*) onestamente, con rettitudine: *to act* ~ agire onestamente. 3 (*accurately, exactly*) con esattezza, accuratamente, con precisione.

'right-'minded *a.* onesto, retto. **'right-'mindedness** *s.* onestà *f*, rettitudine *f*.

rightness ['raitnis] *s.* 1 rettitudine *f*, dirittura *f*, onestà *f*. 2 (*accuracy, correctness*) esattezza *f*, giustezza *f*, correttezza *f*. 3 (*fitness, suitability*) adeguatezza *f*.

right of way *s.* 1 ⟨*Dir*⟩ diritto *m* (*o* servitù *f*) di passaggio. 2 ⟨*Strad*⟩ diritto *m* di precedenza.

rightward ['raitwəd] **I** *a.* volto a destra. **II** *avv.* → **rightwards. rightwards** [–z] *avv.* verso destra, a destra.

right⏐-wing *a.* 1 ⟨*Pol*⟩ di destra. 2 ⟨*Sport*⟩ destro. □ ~ *government* governo *m* di destra. ~ **wing** *s.* 1 ⟨*Pol*⟩ destra *f*. 2 ⟨*Sport*⟩ ala *f* destra. **~-winger** *s.* 1 ⟨*Pol*⟩ persona *f* di destra. 2 ⟨*Sport*⟩ ala *f* destra.

rigid ['ridʒid] *a.* 1 rigido, duro. 2 (*strict, austere*) rigido, austero, severo, inflessibile. 3 (*strictly observed*) stretto, rigoroso, rigido: ~ *principles* principi rigorosi; (*precise and accurate*) severo, rigido, rigoroso. **ri'gidity** [–iti] *s.* 1 rigidezza *f*, durezza *f*. 2 (*inflexibility*) rigidezza *f*, inflessibilità *f*, severità *f*. 3 (*abnormal stiffness*) rigidità *f*: *cadaveric* ~ rigidità cadaverica. **'rigidly** [–li] *avv.* rigidamente.

rigmarole ['rigməroul] *s.* 1 tirata *f*, filastrocca *f*, tiritera *f* (*silly talk*) discorso *m* sconnesso (*o* senza capo né coda). (*elaborate procedure*) procedura *f* lunga e complessa, trafila *f*.

rigor ['raigɔ:, 'rigə] *s.* 1 ⟨*Med*⟩ brivido *m*. 2 ⟨*Fisiol*⟩ rigidità *f*.

rigorism ['rigərizəm] *s.* rigorismo *m*. **rigorist** [–rist] *s.* rigorista *m/f* (*anche Filos., Teol.*). **,rigo'ristic** [–'ristik] *a.* 1 rigorista. 2 ⟨*Filos, Teol*⟩ rigoristico, del (*o* relativo al) rigorismo.

rigor mortis *lat.* ['raigə'mɔ:tis] *s.* rigidità *f* cadaverica.

rigorous ['rigərəs] *a.* 1 rigido, rigoroso, severo, inflessibile, ferreo: ~ *discipline* disciplina rigida. 2 (*minutely accurate*) rigoroso, preciso, esatto; (*of climate*) rigido. **rigorously** [–li] *avv.* rigorosamente, con severità. **rigorousness** [–nis] *s.* 1 rigorosità *f*, rigidezza *f*, severità *f*. 2 (*accuracy, precision*) rigorosità *f*, precisione *f*, esattezza *f*. 3 (*of climate*) rigidezza *f*, rigore *m*.

rigour ['rigə] *s.* 1 rigore *m*, severità *f*, durezza *f*, asprezza *f*, rigidezza *f*; (*of laws, rules*) rigore *m*. 2 (*hardship, austerity*) rigorosità *f*, austerità *f*, rigore *m*. 3 (*exactness*) esattezza *f*, precisione *f*. 4 (*of climate*) rigore *m*.

rile [rail] *v.t.* ⟨*fam*⟩ seccare, infastidire, irritare.

rill [ril] **I** *s.* ruscello *m*, torrentello *m*. **II** *v.i.* sgorgare, scorrere.

rille [ril] *s.* ⟨*Astr*⟩ valle *f* della superficie lunare.

rillet ['rilit] *s.* ruscelletto *m*.

rim [rim] **I** *s.* 1 orlo *m*, bordo *m*, margine *m*: *the* ~ *of cup* l'orlo di una tazza. 2 ⟨*Aut*⟩ cerchio *m*, cerchione *f*. 3 (*of spectacles*) montatura *f* (degli occhiali). **II** *v.t.* (*pres p.p.* **rimmed** [–d]) 1 orlare, bordare; (*to serve as a ri for*) delimitare, cingere, circoscrivere, bordare. 2 ⟨*Mecc*⟩ cerchiare.

rima ['raimə] *s.* (*pl.* **rimae** ['raimi:]) ⟨*Anat*⟩ rima *f*.

rime[1] *s./v.* → **rhyme**.

rime[2] [raim] **I** *s.* ⟨*Meteor*⟩ brina *f*, calaverna *f*. **II** *v* coprire di brina.

nless ['rimlis] *a.* **1** senza orlo (*o* bordo). **2** (*of ectacles*) non cerchiato, con montatura a giorno.

nmed [rimd] *a.* **1** orlato, bordato. **2** (nei composti) rlato ..., dal bordo ..., dall'orlo ...: *a gold–~ goblet* una ɔppa orlata d'oro.

nose ['raimous], **rimous** [–məs] *a.* screpolato, pieno di repe (*o* fessure).

ny ['raimi] *a.* coperto di brina, brinato.

d [raind] **I** *s.* **1** (*bark*) corteccia *f,* scorza *f;* (*of fruit*) ɪccia *f,* scorza *f,* pelle *f.* **2** (*of cheese*) crosta *f;* (*of bacon*) ɔtenna *f.* **3** ⟨*fig*⟩ apparenza *f,* scorza *f,* corteccia *f.* **II** *v.t.* ɔortecciare; (*of fruit*) sbucciare.

ɪg[1] [riŋ] **I** *s.* **1** anello *m; (for the arm, ankle)* bracciale (da polso *o* caviglia), cerchietto *m,* cerchio *m;* (*nose ng*) anello *m* al naso; (*for animals*) nasiera *f;* (*ear–ring*) recchino *m.* **2** (*circular band of metal, wood, etc.*) anello , cerchio *m,* cerchietto *m.* **3** (*circle, circular line*) anello , cerchio *m: a ~ of smoke* un anello di fumo; (*encircling rrangement*) cerchia *f: a ~ of low hills* una cerchia di ɪasse colline. **4** (*circular space for exhibitions, etc.*) pista *f* rcolare; (*enclosure*) recinto *m*; (*in a circus*) pista *f,* arena del circo: *a three–~ circus* un circo a tre piste. **5** ⟨*fig*⟩ *ircus life, occupation*) vita *f* del circo. **6** (*bullring*) arena **7** ⟨*Sport*⟩ (*in boxing*) quadrato *m,* ring *m.* **8** ⟨*fig*⟩ ɔoxing profession*) pugilato *m,* boxe *f.* **9** ⟨*Ginn*⟩ anello *m.* **0** (*fam*) (*group of persons combined for illegal purposes*) icca *f,* combriccola *f,* ghenga *f.* **11** ⟨*Econ*⟩ sindacato *m* ɔmmerciale, ring *m.* **12** ⟨*tecn,Mecc*⟩ anello *m.* **13** ⟨*Mot*⟩ ɪscia *f* elastica. **II** *v.t.* **1** circondare, cingere, fare cerchio ɪtorno a: *mountains –ed the valley* le montagne rcondavano la valle. **2** (*to move round*) girare in cerchio tondo) intorno a, rotare intorno a; (*of cattle*) radunare ɪrcondando *o* stringendo in cerchio). **3** (*to turn a ring*) are forma di anello a. **4** (*to furnish with a ring*) mettere anello a: *to ~ a bull* mettere l'anello (al naso) a un toro; ɪf a bird*) inanellare. **5** (*to mark with a ring, draw a ring ɪund*) disegnare (*o* fare) un cerchio intorno a. **III** *v.i.* **1** ɪrmare un anello (*o* cerchio). **2** (*to move in a ring*) girare cerchio (*o* tondo). □ *–s around the eyes* cerchi *mpl* ɪtorno agli occhi, occhi cerchiati; *the policemen formed* ɪade*) a ~ round the thief* i poliziotti circondarono il dro; ⟨*fam*⟩ *to make –s round s.o.* surclassare qd., essere gran lunga superiore a qd.; *a napkin ~* un ɔrtatovagliolo; *to run –s round s.o.* = *to make rings ɪund s.o.*

g[2] *v.* (*pret.* **rang** [ræŋ]/*rar.* **rung** [rʌŋ], *p.p.* **rung**) **I** *v.i.* **1** *f bells, etc.*) sonare, squillare, trillare: *the bell rang for lephone is –ing* squilla il telefono. **2** (*to resound, echo*) sonare, echeggiare: *the house rang with the happy cries of ɪildren* la casa risonava delle grida felici dei bambini. **3** ɔ summon with a bell*) sonare (il campanello) (*o* per): *ill I ~ for the maid?* devo sonare per la cameriera? **4** *ɔ telephone*) telefonare, fare una telefonata. **5** (*of the ɪrs*) fischiare, ronzare. **II** *v.t.* **1** sonare, far sonare (*o* ɪuillare). **2** ⟨*assol*⟩ (*to sound a bell*) sonare: *please ~ ɪd walk in* si prega di sonare e di entrare. **3** (*of a coin, ɪ.*) sonare. **4** (*to produce by ringing*) sonare: *the bells rang e Angelus* le campane sonarono l'avemaria. **5** (*to lephone*) telefonare a, chiamare (al telefono): *I'll ~ you ɪorrow* ti telefonerò domani. **6** (*to summon by a bell*) iamare. □ *to ~ the alarm* dare (*o* sonare) l'allarme; *to a bell with s.o.* far ricordare qc. a qd; *to ~ down the ɪrtain:* 1 ⟨*Teat*⟩ calare la tela (*o* il sipario); 2 ⟨*fig*⟩ calare sipario (*on* su); *to ~ the hours* sonare (*o* battere) le ore; *~ in:* 1 (*to announce the arrival of with bells*) ɪnunciare con uno scampanio l'arrivo di; 2 (*in change ɪging*) sonare alternando i rintocchi; 3 (*fam*) timbrare il rtellino; *to ~ in the New Year and ~ out the Old* ɪlutare con uno scampanio l'inizio del nuovo anno e la ɪe del vecchio; *to ~ off:* 1 ⟨*Tel*⟩ interrompere la municazione, riattaccare; 2 (*fam*) (*to stop talking*) ɪmutolire, azzittirsi, tacere; *to ~ out:* 1 (*to sound loudly*) e *church bells rang out* le campane della chiesa sonarono distesa; 2 (*to sound loudly*) risonare, rimbombare, ɪtronare; ⟨*fig*⟩ *to ~ s.o.'s* **praises** cantare (*o* tessere) le

lodi di qd.; *to ~ up* telefonare, chiamare (al telefono); ⟨*am*⟩ (*to use the cash register*) battere sul registratore di cassa; *to ~ up the curtain:* 1 ⟨*Teat*⟩ (fare) alzare il sipario; 2 ⟨*fig*⟩ dare il via (*on* a), iniziare (qc.).

ring[3] *s.* **1** suono *m* (tintinnante), tintinnio *m,* trillo *m,* tin tin *m: the ~ of a bell* il suono di una campana; (*loud, clear sound*) squillo *m,* suono *m* argentino: *the ~ of happy laughter* lo squillo di allegre risate. **2** ⟨*fig*⟩ accento *m,* tono *m,* suono *m: there was a ~ of sincerity in his voice* c'era un tono di sincerità nella sua voce; *his words had a false ~* le sue parole avevano un suono falso. **3** (*resonance, sonority*) risonanza *f,* sonorità *f.* **4** (*telephone call*) telefonata *f,* colpo *m* di telefono: *give me a ~ next week* fammi una telefonata la settimana prossima. **5** (*act of ringing*) sonata *f,* scampanellata *f;* (*instance*) squillo *m,* sonata *f,* trillo *m,* drin drin *m: there was a ~ at the door* ci fu uno squillo alla porta.

'ring-a-,ring-a-'roses *s.* (*children's game*) girotondo *m.*

ring| binder *s.* raccoglitore *m* ad anelli. **~–bolt** *s.* ⟨*tecn*⟩ bullone *m* a occhio con anello. **~–dove** *s.* ⟨*Ornit*⟩ colombaccio *m.*

ringed [riŋd] *a.* **1** che porta ⌐un anello⌐ (*o* anelli), inanellato: *~ fingers* dita inanellate. **2** (*marked with a ring*) cerchiato. **3** (*ring–shaped*) anulare, ad anello. **4** (*composed of rings*) composto di anelli, ad anelli.

ringent ['rindʒənt] *a.* **1** aperto, spalancato. **2** ⟨*Bot*⟩ labiato.

ringer[1] ['riŋə] *s.* **1** (*one who encircles*) chi cerchia, chi mette un anello (*o* cerchio). **2** (*one who rings birds*) chi inanella uccelli, chi fa l'inanellamento.

ringer[2] *s.* **1** chi suona, sonatore *m* (*f* –trice); (*bell–ringer*) campanaro *m.* **2** (*ringing device*) soneria *f.* **3** ⟨*am.sl*⟩ (*one who resembles another*) ritratto *m,* copia *f: to be a dead ~ for s.o.* essere il ritratto perfetto di qd.

ring–finger *s.* anulare *m.*

ringing ['riŋiŋ] **I** *s.* **1** il sonare, sonata *f.* **2** (*sound*) squillo *m,* sonata *f,* trillo *m,* drin drin *m.* **3** (*in the ears*) fischio *m,* ronzio *m.* **II** *a.* sonoro: *~ voice* voce sonora.

ringing tone *s.* ⟨*Tel*⟩ segnale *m* di chiamata.

ring leader *s.* capobanda *m,* caporione *m.*

ringless ['riŋlis] *a.* senza anello (*o* anelli).

ringlet ['riŋlit] *s.* **1** riccio *m,* boccolo *m,* ricciolo *m.* **2** (*small ring*) anellino *m.* **3** (*small circle*) cerchietto *m.*

ring| master *s.* direttore *m* di circo (equestre). **~–neck** *s.* ⟨*Ornit*⟩ uccello *m* dal collare. **~–necked** *a.* ⟨*Ornit*⟩ dal collare. **~ nut** *s.* ⟨*Mecc*⟩ ghiera *f.* **~ road** *s.* ⟨*Strad*⟩ raccordo *m* anulare, circonvallazione *f.* **~ screw** *s.* ⟨*tecn*⟩ vite *f* ad anello. **~side I** *s.* (*of a boxing, circus ring, etc.*) settore *m* di prima fila. **II** *a.* (*of seats*) di prima fila. **2** ⟨*fig*⟩ (*affording a close view*) che permette di vedere bene. **~side seat** *s.* **1** posto *m* di prima fila. **2** ⟨*fig*⟩ posto *m* in prima fila.

ringster *am.* ['riŋstə] *s.* ⟨*sl*⟩ chi fa parte di una cricca.

rink [riŋk] **I** *s.* **1** (*for ice skating*) pista *f* di pattinaggio su ghiaccio; (*for roller skating*) pista *f* di pattinaggio a rotelle. **2** (*in curling*) campo *m* di curling. **3** (*of a bowling green*) corsia *f* di un campo di bocce. **II** *v.i.* pattinare. **'rinker** [–ə] *s.* pattinatore *m* (*f* –trice).

rinse [rins] **I** *v.t.* **1** sciacquare, risciacquare: *to ~ one's mouth* sciacquarsi la bocca; *to ~ the dishes* risciacquare i piatti. **2** (*of hair: to colour with rinse*) fare un cachet a. **3** ⟨*fam*⟩ (*to swallow*; general. con *down*) mandare giù, ingoiare, inghiottire. **II** *s.* **1** risciacquatura *f,* sciacquatura *f.* **2** (*hue for the hair*) cachet *m.* **'rinser** [–ə] *s.* chi sciacqua. **'rinsing** [–iŋ] *s.* sciacquatura *f,* risciacquatura *f.*

riot ['raiət] **I** *s.* **1** tumulto *m,* sommossa *f,* sollevazione *f,* rivolta *f: student –s* sommosse studentesche. **2** ⟨*Dir*⟩ adunata *f* sediziosa. **3** (*uproar, violent confusion*) baccano *m,* fracasso *m,* frastuono *m.* **4** ⟨*fam*⟩ (*s.th., s.o. hilariously amusing*) spasso *m.* **5** ⟨*fig*⟩ (*random display, profusion*) orgia *f,* profusione *f: a ~ of colours* un'orgia di colori. **II** *v.i.* **1** tumultuare, insorgere, sollevarsi. **2** (*to raise an uproar*) fare baccano. **3** (*to indulge in revelry, debauchery*) fare (*o* darsi agli) stravizi, gozzovigliare. **4** (*to indulge in without restraint*) abbandonarsi senza ritegno, indulgere (*in* a). **III** *v.t.* (*to waste in riotous living;* spesso con *away,* *out*) sciupare (*o* sprecare) in bagordi. □ *to run* ~: 1 scatenarsi, sfrenarsi; 2 (*of plants*) crescere con eccessivo rigoglio, lussureggiare.

Riot Act *s.* ⟨*Dir*⟩ legge *f* contro gli assembramenti. □ *to read the* ~: 1 intimare di sciogliere l'assembramento; 2 ⟨*fig*⟩ richiamare all'ordine, ammonire severamente (*to s.o.* qd.).

rioter ['raiətə] *s.* chi prende parte a un tumulto, rivoltoso *m* (*f* –a). **riotous** [–s] *a.* 1 tumultuoso, sedizioso, rivoltoso. 2 (*wild, noisy*) clamoroso, chiassoso: *a* ~ *laugh* una risata clamorosa. 3 (*indulging in dissipation*) dissoluto, scioperato, dissipato: ~ *living* vita dissoluta. 4 ⟨*fig*⟩ lussureggiante, rigoglioso. **riotously** [–sli] *avv.* tumultuosamente. **riotousness** [–snis] *s.* 1 turbolenza *f.* 2 (*dissipation*) dissipazione *f*, dissipatezza *f.*

riot squad *am. s.* pronto intervento *m.*

rip[1] [rip] *v.* (*pret., p.p.* **ripped** [–t]) **I** *v.t.* 1 strappare, lacerare, stracciare, squarciare: *I –ped my sleeve on a protruding nail* mi strappai la manica con un chiodo sporgente. 2 (*to remove by tearing*) strappare, tirare via: *to* ~ *the paper off a wall* strappare la carta da una parete. 3 (*of a roof*) scoperchiare. 4 ⟨*Fal*⟩ segare secondo la fibra. 5 ⟨*Agr*⟩ scarificare. **II** *v.i.* 1 strapparsi, lacerarsi, stracciarsi. 2 ⟨*fam*⟩ andare a tutta velocità, filare. □ ⟨*fam*⟩ *to* ~ *into s.o.* attaccare violentemente qd.; ⟨*fam*⟩ *to let* ~: 1 dare libero sfogo a, dare la stura a; 2 (*to swear violently*) bestemmiare come un turco, ⟨*pop*⟩ smoccolare; ⟨*fam*⟩ *let her* (*o it*) ~! (*of a boat, engine, etc.*) tutto gas!, dai!, lancialo!; ⟨*fig*⟩ *to let things* ~ lasciare che le cose vadano a modo loro; *to* ~ *off*: 1 strappare, tirare via, staccare: *to* ~ *off the cover* strappare il coperchio; 2 ⟨*sl*⟩ svaligiare: *to* ~ *off a store* svaligiare un negozio; *to* ~ *open* lacerare, squarciare, aprire; *to* ~ *out*: 1 strappare via; 2 ⟨*fam*⟩ (*to utter violently*) prorompere in; *to* ~ *up* sradicare, svellere.

rip[2] *s.* 1 strappo *m*, lacerazione *f*, squarcio *m.* 2 ⟨*Fal*⟩ taglio *m* secondo la fibra.

rip[3] *s.* (*tide rip*) increspatura *f*, frangente *m* di marea.

rip[4] *s.* ⟨*fam*⟩ 1 (*worn–out horse*) ronzinante *m*, rozza *f.* 2 (*dissolute person*) debosciato *m*, dissoluto *m* (*f* –a), scapestrato *m* (*f* –a).

R.I.P. = *requiescat in pace* riposi in pace (*abbr.* R.I.P.).

riparian right [rai'pɛəriən] *s.* ⟨*Dir*⟩ diritto *m* rivierasco.

rip–cord ['ripkɔːd] *s.* ⟨*Aer*⟩ cavo *m* di spiegamento; (*of a balloon*) fune *f* di strappamento.

ripe [raip] *a.* 1 maturo: *the corn is* ~ il granturco è maturo; ~ *fruit* frutta matura. 2 (*of cheese, wine, etc.*) maturo, stagionato; (*of meat*) frollo. 3 ⟨*fig*⟩ (*ready*) pronto, maturo; (*suitable*) maturo, adatto, idoneo, atto: *the time is* ~ *to put our plan into execution* i tempi sono maturi per l'esecuzione del nostro piano. 4 (*of time: advanced*) tardo, maturo, avanzato, inoltrato: *to live to the* ~ *age of ninety* vivere fino alla tarda età di novant'anni. 5 ⟨*sl*⟩ (*of jokes, etc.: amusing*) spassosissimo, divertentissimo; (*indecent*) spinto, piccante, salace.

ripen ['raipən] **I** *v.i.* maturare, maturarsi (*anche fig.*). **II** *v.t.* 1 maturare, fare maturare, portare a maturazione. 2 (*of cheese*) (far) stagionare. 3 ⟨*fig*⟩ maturare, perfezionare.

ripeness ['raipnis] *s.* maturità *f* (*anche fig.*).

'rip–'off *s.* ⟨*sl*⟩ furto *m*, ladrocinio *m*: *those prices are almost a* ~ questi prezzi sono quasi un furto.

ripost(e) [ri'poust] **I** *s.* 1 ⟨*Sport*⟩ risposta *f.* 2 ⟨*fig*⟩ risposta *f* per le rime (*o* di rimbecco). **II** *v.i.* 1 ⟨*Sport*⟩ rispondere. 2 ⟨*fig*⟩ rispondere per le rime.

ripper ['ripə] *s.* 1 chi strappa, chi lacera. 2 (*tool*) arnese *m* che serve per strappare. 3 ⟨*Agr*⟩ scarificatore *m.* 4 ⟨*fam*⟩ (*s.th. excellent of its kind*) cosa *f* eccezionale, ⟨*fam*⟩ cannonata *f*, ⟨*fam*⟩ fine *f* del mondo. 5 ⟨*Fal*⟩ → **rip–saw**.

ripping ['ripiŋ] ⟨*fam*⟩ **I** *a.* eccellente, ottimo, ⟨*fam*⟩ favoloso: *a* ~ *show* uno spettacolo favoloso. **II** *avv.* (*very*) molto: □ *to have a* ~ *good time* divertirsi un mondo, spassarsela.

ripple[1] ['ripl] **I** *s.* 1 crespa *f*, increspatura *f.* 2 ⟨*fig*⟩ gorgoglio *m*, mormorio *m.* **II** *v.i.* 1 incresparsi, aggrinzarsi, aggrinzare, aggrinzire: *the pond –d as a breeze*

sprang up il laghetto s'increspò all'alzarsi della brezza; *move in ripples*) ondeggiare, fluttuare. 2 ⟨*fig*⟩ gorgoglia mormorare. **III** *v.t.* increspare, aggrinzare.

ripple[2] **I** *s.* ⟨*tecn*⟩ scapecchiatoio *m.* **II** *v.t.* scapecchia

ripplet ['riplit] *s.* piccola (*o* lieve) increspatura *f.*

ripply ['ripli] *a.* increspato, crespo.

rip–rap *am.* ['ripræp] *s.* ⟨*Edil*⟩ 1 fondazione *f* a scoglie (*o* in pietrame alla rinfusa). 2 (*stone used*) pietrame (per fondazioni subacquee).

rip|–roaring *a.* ⟨*fam*⟩ 1 (*as an intensive: very gre* enorme, eccezionale. 2 (*wild, boisterous*) sfrenato, paz indiavolato. 3 (*hilarious*) divertente, spassoso. ~**–saw** *v.t.irr.* ⟨*Fal*⟩ segare col saracco. **II** *s.* saracco *m*, segac *m.* ~**–tide** *s.* ⟨*Mar*⟩ corrente *f* di ritorno.

Ripuarian [,ripju'ɛəriən] **I** *a.* ⟨*Stor*⟩ dei (*o* relativo Franchi Ripuari. **II** *s.* appartenente *m* ai Fran Ripuari.

rise[1] [raiz] *v.* (*pret.* **rose** [rouz]/*rar.* **rise,** *p.p.* **risen** ['riz **I** *v.i.* 1 alzarsi, levarsi, sollevarsi: *to* ~ *from the fl* alzarsi dal pavimento; *to* ~ *to one's feet* levarsi in pie (*to get up from sleep*) alzarsi (dal letto), levarsi: *we ros dawn* ci alzammo all'alba. 2 (*to ascend into the air*) sal *smoke was rising from the chimney* saliva del fumo camino; (*of a heavenly body*) nascere, sorgere, alza levarsi: *the sun has –n* il sole è sorto. 3 (*to go up*) alza sollevarsi, andare su: *the curtain rose* si alzò il sipari (*to extend upwards*) ergersi, elevarsi, levarsi, innalzars *range of mountains rose before us* di fronte a noi si erg una catena di montagne; (*to be built*) sorgere: *a new h is to* ~ *on the outskirts of town* un nuovo albergo sorg alla periferia della città. 5 (*to slope upwards*) salire: *path rose sharply* il sentiero saliva ripido. 6 (*of the h* rizzarsi: *my hair rose* (*on end*) mi si rizzarono i capell (*to increase*) aumentare, salire, crescere: *unemployn has –n* la disoccupazione è aumentata; *the temperatu rising* la temperatura sale. 8 (*to reach a higher le* salire, crescere: *the flood waters are rising* la piena salendo. 9 (*of dough*) crescere, lievitare. 10 (*of the vo* salire di tono. 11 (*of wind*) aumentare, rinforz crescere; (*to come into action*) alzarsi, levarsi. 12 *advance in rank*) salire, innalzarsi, elevarsi, assurgere: rose to a high rank when still young* salì a un alto gr quand'era ancora giovane. 13 (*to recover after fai etc.*) sollevarsi, riprendersi, rifarsi, riaversi. 14 (*to take arms, rebel*) sollevarsi, levarsi, ribellarsi, insorgere. ⟨*Parl*⟩ sospendere i lavori. 16 (*to appear, arise*) sorg nascere, apparire, manifestarsi, spuntare: *some difficu have –n* sono sorte alcune difficoltà. 17 (*to originate derived*) derivare, scaturire, sorgere, provenire (*from, of* da). 18 (*to return from death*) risuscitare, risorgere. (*of rivers*) sorgere, nascere. 20 ⟨*Pesc*⟩ (*of fish*) venir galla, salire a fior d'acqua: *the fish are rising* i p vengono a galla; (*to take bait*) abboccare (all'amo). **II** 1 alzare, levare. 2 ⟨*Pesc*⟩ richiamare. □ *to* ~ **above** sovrastare, superare (in altezza): *the tower –s above all other buildings in the town* la torre sovrasta tutti gli edifici della città; 2 ⟨*fig*⟩ (*to overcome*) supe sormontare; 3 (*to be superior to*) essere superiore a, es al di sopra di: *we must* ~ *above such petty riva* dobbiamo essere superiori a queste meschine riva ⟨*esclam.fam*⟩ ~ *and shine* fuori dal letto, su, alzati; (*t to*: 1 (*of an audience*) alzarsi ad applaudire; 2 (*to appl* applaudire; 3 (*to prove o.s. equal to*) essere all'altezza essere pari a: *to* ~ *to the occasion* essere all'altezza d situazione; 4 (*to be lured by*) lasciarsi attirare da; *voice rose in indignation* alzò la voce per l'indignazic

rise[2] *s.* 1 salita *f*, ascesa *f.* 2 (*increase in hei* innalzamento *m*, elevazione *f*, elevamento *m.* 3 ascesa *f*, innalzamento *m.* 4 (*source, origin*) origin sorgente *f.* 5 (*increase in amount, degree, etc.*) aume *m*, rialzamento *m*, crescita *f*: *a temperature* ~ un aum di temperatura; (*of price*) rialzo *m*, rincaro *m;* (*of wc salary*) aumento *m*: *to receive a ten per cent* ~ *in sa* ottenere un aumento di stipendio del dieci per cent (*of the voice: increase in loudness, pitch*) elevazior aumento *m* di tono; (*rising intonation*) tono *m* crescendo. 7 (*high place*) altura *f*, rialzo *m*, rilievo *m*

» *of a* ~ in cima a un'altura. **8** 〈*Edil*〉 (*of an arch*) ◦ccia *f*, monta *f*. **9** 〈*Pesc*〉 il salire a galla per abboccare. ~ *and* **fall:** 1 (*of the tide*) flusso e riflusso *m*; **2** 〈*fig*〉 ◦esa e caduta *f*: *the* ~ *and fall of the Roman Empire* ◦scesa e la caduta dell'impero romano; 〈*fam*〉 *to* **get** *a* ~ **»** *of s.o.* punzecchiare (*o* stuzzicare) qd. per provocarne reazione; *to* **give** ~ *to* dare luogo a, far nascere, usare, provocare; *to* **have** *its* ~ (*of a river*) sorgere, ◦scere; *to* **be** *on the* ~: 1 essere in aumento, salire, ◦scere: *prices are on the* ~ i prezzi sono in aumento; 2 ◦sc〉 salire a galla per cibarsi; *to* **shoot** *a bird on the* ~ ◦are a un uccello mentre si alza in volo; 〈*Comm*〉 ~ *in* ◦ce rincaro *m*; ~ *in* **value** aumento *m* di valore.

◦n ['rizn] → **rise**[1].

◦r ['raizə] *s*. **1** chi si alza. **2** 〈*Edil*〉 alzata *f*, frontalino **3** 〈*Minier*〉 fornello *m*. □ *an early* ~ uno che si alza ◦sto, un tipo mattiniero; *a late* ~ uno che si alza tardi, ◦ dormiglione.

◦bility [ˌrizi'biliti] *s*. **1** inclinazione *f* (*o* disposizione) al ◦o. **2** (*laughter*) riso *m*, risata *f*, ilarità *f*. **'risible** [–bl] **1** comico, ridicolo, buffo. **2** (*capable of laughing*) ◦ace di ridere; (*disposed, ready to laugh*) facile al riso, ◦anciano.

◦ng ['raiziŋ] **I** *a*. **1** che sale, che ascende, ascendente; (*of heavenly body*) nascente, che sorge, levante, sorgente: *the sun* il sole nascente. **2** (*growing, increasing*) crescente, sviluppo, in aumento. **3** (*sloping upwards*) che sale, in ◦ita: ~ *ground* terreno in salita. **4** (*advancing in rank, ◦*) che va affermandosi, che si fa strada, (che è) in ◦esa: *a* ~ *man in his profession* un uomo che va ◦ermandosi nella sua professione. **5** (*of the tide*) ◦escente, montante. **II** *s*. **1** l'alzarsi, il levarsi, levata *f*. **2** ◦*ebellion*) rivolta *f*, ribellione *f*, insurrezione *f*, ◦levazione *f*. **3** (*resurrection*) resurrezione *f*. **4** (*of dough*) ◦vitazione *f*. **5** 〈*Parl*〉 sospensione *f* dei lavori. **6** (*s.th. at projects*) sporgenza *f*, protuberanza *f*, rilievo *m*, ◦ominenza *f*. **III** *avv*. quasi, vicino a: *the child is* ~ *nine* bambino ha quasi nove anni. □ *the* ~ *generation* la ◦ova generazione, le nuove leve, i giovani.

◦k [risk] **I** *s*. rischio *m*, pericolo *m*: *to run the* ~ *of s.th.* ◦frontare il rischio di qc.; *a security* ~ un pericolo per la ◦curezza. **II** *v.t.* **1** rischiare, arrischiare, azzardare, ◦ettere (*o* porre) a repentaglio: *to* ~ *one's life* rischiare la ◦ta. **2** (*to take the risk of*) affrontare (il rischio di), ◦rrere il rischio di: *we went ahead and* –*ed the* ◦nsequences* andammo avanti e affrontammo le ◦nseguenze. □ ~ *at* ~ in pericolo; *at the* ~ *of a* (*o* col) ◦schio di; *at one's own* ~ a proprio rischio e pericolo; ◦omm〉 *at owner's* ~ a rischio e pericolo del ◦mmittente; *to take* (*o run*) –*s* rischiare.

◦k assessment *s*. valutazione *f* del rischio.

◦kful ['riskful] *a*. → **risky**.

◦kily ['riskili] *avv*. in modo rischioso, rischiosamente.

◦skiness [–kinis] *s*. l'essere rischioso, pericolosità *f*.

◦kless ['risklis] *a*. senza (*o* privo di) rischio.

◦k management *s*. gestione *f* dei rischi.

◦ky ['riski] *a*. **1** rischioso, azzardoso, pericoloso, ◦rrischiato: *a* ~ *undertaking* un'impresa rischiosa. **2** → ◦squé.

◦qué *fr*. [ris'kei] *a*. spinto, ardito, audace: *a* ~ *joke* una ◦arzelletta spinta.

◦sole *fr*. ['risoul] *s*. 〈*Gastr*〉 crocchetta *f*, polpetta *f* ◦ritta).

◦T = 〈*Ferr*〉 *Rail Inclusive Tour* itinerario ferroviario ◦tto compreso.

◦e [rait] *s*. **1** rito *m* (*anche Rel*.): *burial* –*s* riti funebri. **2** ◦stens〉 (*customary practice*) rito *m*, usanza *f*, costume ◦.

◦ual ['ritjuəl] **I** *s*. rituale *m* (*anche Rel*.). **II** *a*. rituale. **◦itualism** [–izəm] *s*. ritualismo *m*. **ritualist** [–ist] *s*. ◦tualista *m/f*. **ritualistic** [–'istik] **I** *a*. rituale, rituali◦tico. **2** (*adhering to ritualism*) che segue il ritualismo. **◦itual'istically** [–'istikəli] *avv*. in modo ritualistico. **◦ituality** [–tju'æliti] *s*. ritualità *f*. **ritualization** ◦-'laizeiʃən] *s*. ritualizzazione *f*. **ritualize** [–aiz] **I** *v.i.* ◦re del ritualismo. **II** *v.t.* ritualizzare.

◦al ['raivəl] **I** *s*. rivale *m/f*, concorrente *m/f*: *business* –*s*

---

rivali in affari. **II** *a*. avversario, rivale: ~ *political parties* partiti politici avversari. **III** *v.t.* (*pret., p.p.* **rivalled**/*am.* **rivaled** [–d]) **1** rivaleggiare con, competere con. **2** (*to match, equal*) rivaleggiare con, essere alla pari di, uguagliare. □ *without a* ~ che non ha l'uguale, senza pari.

rival commodities *s.pl.* 〈*Econ*〉 beni *mpl* alternativi.

rivalry ['raivəlri] *s*. rivalità *f*, antagonismo *m*. □ *to enter into* ~ *with s.o.* entrare in competizione con qd.

rivalship [–lʃip] *s*. 〈*non com*〉 → **rivalry**.

rive [raiv] *v*. (*pret.* **-d** [d]/*rar.* **rove** [rouv], *p.p.* **riven** ['rivən]/*rar.* **-d**) **I** *v.t.* **1** lacerare, squarciare; (*to tear away:* spesso con *off, away*) strappare, tirare via; (*to split*) spaccare, fendere. **2** 〈*fig*〉 (*to divide*) dividere, disunire: *the country was* –*n by civil war* il paese era diviso dalla guerra civile. **3** 〈*fig*〉 (*of the heart, soul, etc.*) straziare, lacerare. **II** *v.i.* **1** (*to become split*) spaccarsi, fendersi. **2** 〈*fig*〉 (*of the heart*) spezzarsi.

riven ['rivən] → **rive**.

river[1] ['rivə] *s*. **1** fiume *m* (*anche estens.*): *the* ~ *Ganges* il fiume Gange; *a* ~ *of lava* un fiume di lava. **2** *pl.* 〈*fig*〉 fiume *m*, fiumi *mpl*, fiumana *f*: –*s of tears* un fiume di lacrime. □ *down* ~ a valle; 〈*sl*〉 *to sell s.o. down the* ~ (*to betray*) tradire qd.; *up* ~ a monte; 〈*sl*〉 *up the* ~ (*in or to prison*) in galera, al fresco, in gattabuia.

river[2] ['rivə] *s*. (*one who rives*) chi spacca (legna, ecc.).

riverain ['rivərein] **I** *a*. fluviale. **II** *s*. territorio *m* fluviale.

river|bank ['rivə] *s*. argine *m* (di fiume). ~ **basin** *s*. bacino *m* fluviale. ~ **bed** *s*. alveo *m*, letto *m* (fluviale). ~ **god** *s*. divinità *f* fluviale. ~–**head** *s*. sorgente *f* di fiume. ~–**horse** *s*. 〈*Zool*〉 ippopotamo *m*.

riverine ['rivərain] *a*. fluviale: ~ *traffic* traffico fluviale.

river| police ['rivə] *s*. polizia *f* fluviale. ~ **pollution** *s*. inquinamento *m* (*o* contaminazione *f*) delle acque fluviali. ~ **port** *s*. porto *m* fluviale. ~**side** **I** *s*. riva *f* (*o* sponda) del fiume. **II** *a*. della riva (*o* sponda) del fiume.

rivet ['rivit] **I** *s*. 〈*tecn*〉 ribattino *m*, rivetto *m*. **II** *v.t.* (*pret., p.p.* **riveted/rivetted** [–id]) **1** chiodare, rivettare; (*to clinch*) ribadire, ribattere. **2** 〈*fig*〉 (*to fasten firmly*) fissare: *to* ~ *one's eyes on s.th.* fissare gli occhi su qc. **3** 〈*fig*〉 (*to attract, hold*) attirare: *to* ~ *s.o.'s attention* attirare l'attenzione di qd. **riveter** [–ə] *s*. **1** (*person*) ribattitore *m*. **2** (*machine*) ribaditrice *f*. **riveting** [–iŋ] **I** *s*. **1** 〈*Mecc*〉 chiodatura *f*. **2** (*clinching*) ribaditura *f*. **II** *a*. 〈*fig*〉 incantevole, affascinante.

riveting gun *s*. 〈*Mecc*〉 pistola *f* sparachiodi, sparachiodi *f*.

riviera *it*. [ˌrivi'eərə] *s*. riviera *f*. **Riviera** *N.pr.* 〈*Geog*〉 Riviera *f*.

rivière *fr*. [ri'vjɛːr] *s*. 〈*Oref*〉 collana *f* di gemme (*o* diamanti).

rivulet ['rivjulit] *s*. rivoletto *m*, ruscelletto *m*.

rix–dollar ['riksdɔlə] *s*. 〈*Numism*〉 tallero *m* d'argento dell'Europa settentrionale.

rly, Rly = *Railway* ferrovia.

R.M. = **1** *Royal Mint* regia zecca. **2** *Royal Mail* regie poste.

R.N. = *Royal Navy* regia marina britannica.

ro. = **1** 〈*Bibliot*〉 *recto* recto (*abbr.* r.). **2** *rood* rood.

roach[1] [routʃ] *s*. (*pl. inv.*/**roaches** ['routʃiz]; il pl.inv. si usa general. con valore collett.) 〈*Itt*〉 leuscio *m* rosso.

roach[2] *s*. 〈*Entom*〉 (*cockroach*) blatta *f*.

road [roud] **I** *s*. **1** strada *f*, via *f* (*anche fig.*): *a country* ~ una strada di campagna; *the* ~ *to success* la via del successo; (*in street names*) via *f*: *Bayswater* ~ via Bayswater. **2** 〈*fam*〉 (*way*) cammino *m*, strada *f*. **3** *pl.* 〈*Mar*〉 rada *f*. **4** 〈*am.Teat*〉 giro *m* di rappresentazioni, tournée *f*. **II** *a*. stradale. **III** *v.t.* 〈*Venat*〉 (*of a dog*) braccare. □ 〈*dial*〉 *any* ~ (*in any case*) comunque, in ogni caso; 〈*sl*〉 *to* **burn** *up the* ~ divorare la strada; 〈*fam*〉 *for the* ~ (*of a drink*) il bicchiere della staffa; 〈*fig*〉 *to* **get** *in s.o.'s* ~ mettere il bastone tra le ruote a qd.; *to* **hog** *the* ~ guidare in modo spericolato; 〈*Aut*〉 *to* **hold** *the* ~ tenere la strada; 〈*fig*〉 *to be* **on** *the* ~ *to* essere in via di: *the patient is on the* ~ *to complete recovery* il paziente è in via di completa guarigione; 〈*fam*〉 *get* **out** *of my* ~

levati dai piedi, togliti di mezzo; ⟨fig⟩ to be on the right ~ essere sulla buona strada; ~ Traffic Act codice m della strada. Prov.: all -s lead to Rome tutte le strade portano a Roma.

road| accident s. incidente m stradale. **~—bed** s. fondo m stradale. **~—block** s. 1 blocco m stradale. 2 (obstruction in a road) ostruzione f stradale. 3 ⟨Mil⟩ sbarramento m difensivo su una via di comunicazione. ~ **conditions** s.pl. viabilità f. ~ **directory** s. indicatore m stradale. ~ **gang** s. squadra f di operai edili. ~ **haulage** s. autotrasporto m di merci. ~ **haulage contractor** s. autotrasportatore m. ~ **head** s. termine m (o fine f) della strada. **~—hog** s. automobilista m spericolato, pirata m della strada. ~ **holding** s. ⟨Aut⟩ tenuta f di strada. **~—house** s. trattoria f (o locanda) fuori città frequentata da automobilisti. ~ **junction** s. nodo m stradale.

roadless ['roudlis] a. privo di¹ (o senza) strade.

roadman ['roudmən] s.irr. → roadmender.

roadmanship ['roudmənʃip] s. ⟨Aut⟩ abilità f (o capacità, perizia) nella guida.

road|—map s. carta f stradale (o automobilistica). **~mender** s. stradino m. ~ **net(work)** s. rete f stradale. ~ **performance** s. ⟨Aut⟩ prestazione f su strada. ~ **race** s. ⟨Sport⟩ corsa f su strada. ~ **roller** s. ⟨Strad⟩ compressore m (stradale). ~ **run** s. ⟨Aut⟩ prova f su strada. ~ **safety** s. sicurezza f stradale. ~ **sense** s. attitudine f alla guida, senso m della strada. ~ **service** s. assistenza f agli automobilisti. **~side** I s. banchina f, ciglio m (o margine) della strada. II a. (posto) sulla strada: a ~ inn una taverna sulla strada. ~ **sign** s. cartello m stradale (o indicatore).

roadstead ['roudsted] s. ⟨Mar⟩ rada f.

roadster ['roudstə] s. 1 ⟨Aut⟩ automobile f scoperta a due posti. 2 (bicycle) bicicletta f da turismo. 3 (tramp) vagabondo m (f -a). 4 ⟨Sport⟩ (highwayman) ladro m di strada.

road| surface s. fondo m (o pavimentazione f) stradale. **~—test** v.t. ⟨Aut⟩ provare (o collaudare) su strada. ~ **test** s. prova f su strada. ~ **transport** s. trasporto m su strada. **~way** s. carreggiata f. ~ **works** s.pl. lavori mpl stradali: ~ ahead lavori in corso. ~ **worthiness** s. ⟨Aut⟩ tenuta f di strada. **~worthy** a. con una buona tenuta di strada.

roam [roum] I v.i. 1 vagare, girovagare, andare a zonzo, vagabondare. 2 ⟨fig⟩ (of thoughts, etc.) vagare, errare. II s. vagabondaggio m.

roan [roun] I a. 1 ⟨Zootecn⟩ roano. 2 ⟨Legat⟩ di bazzana imitazione marocchino. II s. 1 ⟨Zootecn⟩ roano m. 2 ⟨Legat⟩ bazzana f imitazione marocchino.

roar [rɔː] I v.i. 1 ruggire, emettere un ruggito: the lion -ed il leone ruggì, (of thunder, cannon, etc.) rombare. 2 (to shout loudly, make a loud noise) urlare, gridare, strepitare, ruggire: to ~ with pain urlare dal dolore; (to laugh loudly) ridere fragorosamente, fare una sonora risata. 3 (to move fast and noisily) filare (o correre) rombando (o ruggendo): the cars -ed round the track le auto filavano rombando sulla pista. 4 (to make a loud, confused noise) strepitare, ruggire, rumoreggiare. II v.t. (spesso con out) ruggire, urlare: he -ed a command ruggì un comando. III s. 1 ruggito m: the ~ of a lion il ruggito di un leone; (of thunder, cannon, etc.) rombo m: the ~ of a jet engine il rombo di un motore a reazione. 2 (loud shout, cry) urlo m, grido m, ruggito m: a ~ of pain un urlo di dolore; (burst of laughter) scroscio m di risa. 3 (loud, confused noise) fracasso m, fragore m, strepito m, ruggito m, frastuono m.

roaring ['rɔːriŋ] I s. 1 ruggito m. 2 (loud, confused sound) fracasso m, strepito m, ruggito m, fragore m, frastuono m. II a. 1 ruggente, che ruggisce. 2 (loud) fragoroso, strepitoso, rombante: ~ applause applauso fragoroso. 3 ⟨fig⟩ (thriving, brisk) fiorente, prospero, in piena espansione. 4 (stormy) tempestoso, burrascoso. □ to be in ~ good health scoppiare di salute; to do a ~ trade fare affari d'oro.

roaring| forties s.pl. ⟨Meteor⟩ tratto m d'oceano tempestoso fra i 40 e i 50 gradi di latitudine sud. ~ **Twenties** s.pl. anni mpl ruggenti.

roast [roust] I v.t. 1 cuocere (o arrostire) al forno: to c piece of meat cuocere al forno un pezzo di carne; (to c by exposure to direct heat) arrostire, fare (o cuoc arrosto; (to cook in hot ashes, etc.) arrostire, cuocere brace: to ~ chestnuts arrostire le castagne. 2 (of co beans) arrostire, tostare, torrefare. 3 ⟨fam⟩ strono criticare severamente. 4 ⟨Met⟩ arrostire. II v.i. 1 l'arrosto. 2 (of meat, potatoes, etc.) arrostirsi. 3 ⟨fam⟩ be very hot) bollire, ⟨fam⟩ crepare di caldo: I'm -ing crepando di caldo. III a. arrosto, arrostito: ~ pota patate arrosto. IV s. 1 arrosto m: the Sunday ~ l'arre domenicale. 2 (act of roasting) arrostimento m. 3 coffee) tostatura f, torrefazione f. 4 ⟨fam⟩ stroncatur critica f severa. 'roaster [-ə] s. 1 chi arrostisce. 2 (o forno m; (pan) casseruola f per l'arrosto. 3 (machine roasting coffee beans) tostacaffè m. 4 ⟨Met⟩ forno r arrostimento. 5 (animal, bird suitable for roasting) p m (o' coniglio, ecc.) da fare arrosto. 'roasting [-iŋ] ‹ per arrosto, da fare arrosto. 2 ⟨fam⟩ rovente, bolle cocente.

rob [rɔb] v. (pret. p.p. robbed [-d]) I v.t. 1 derub rubare a: to ~ a traveller derubare un viaggiatore; t s.o. of his watch rubare l'orologio a qd.; (to steal) rut they -bed her purse le rubarono la borsetta; (of a pl svaligiare: to ~ a bank svaligiare una banca. 2 (to de unjustly) derubare, defraudare: the boxer claimed h been -bed il pugile sosteneva di essere stato defraudat ⟨fig⟩ (to deprive) togliere, privare: his words -bed m speech le sue parole mi tolsero la favella. II v.i. rut commettere un furto. □ ⟨fig⟩ to ~ Peter to pay aprire un buco per tapparne un altro; ⟨fam⟩ to ~ the rubare alla propria azienda.

robber ['rɔbə] s. rapinatore m (f –trice); (thief) ladro –a).

robber economy s. economia f di rapina.

robbery ['rɔbəri] s. 1 furto m, ruberia f, ladrocinio r ⟨Dir⟩ rapina f.

robe [roub] I s. 1 veste f lunga e sciolta. 2 (of a ju etc.) toga f. 3 pl. (ceremonial garments) abiti mpl cerimonia. 4 (bathrobe) accappatoio m. II v.t. 1 met la toga a. 2 (estens) (to dress) vestire, rivestire. III vestire la toga.

Robert ['rɔbət] N.pr. Roberto m.

robin ['rɔbin] s. ⟨Ornit⟩ pettirosso m.

Robin N.pr. Roberto m.

Robin| Goodfellow N.pr. ⟨Folcl⟩ folletto m. ~ **Hoo** N.pr. ⟨Lett⟩ Robin Hood m. II s. ⟨fig⟩ chi lotta con soprusi in difesa dei deboli e dei poveri. ~ **redbrea** ⟨Ornit⟩ pettirosso m.

roborant ['rɔbərənt] I a. ⟨Med⟩ corroborante, tonico. l corroborante m, tonico m.

robot ['roubɔt,-bət] s. robot m (anche estens.). rob [-ik] a. robotico, relativo a un robot. **robotics** [-iks (costr. sing.) robotica f. **robotization** [-tai'zeiʃəŋ robotizzazione f. **robotize** [-aiz] v.t. robotizzare.

robot pilot s. ⟨Aer⟩ autopilota m, pilota m automati

roburite ['roubərait] s. ⟨Chim⟩ roburite f.

robust [rə'bʌst, rou(u)–] a. 1 robusto, gagliardo, forte: young fellow un giovane robusto. 2 ⟨fig⟩ (flourish fiorente, florido: the country has a ~ economy il paes un'economia fiorente. 3 (requiring strength) duro, pes faticoso. **robustious** [-ʃəs] a. impetuoso, irrue violento. **robustly** [-li] avv. robustame gagliardamente. **robustness** [-nis] s. robustezza f, l f, gagliardia f.

roc [rɔk] s. ⟨Mitol⟩ ro(c)k m.

rocambole ['rɔkəmboul] s. ⟨Bot⟩ aglio m rom rocambola f.

rochet ['rɔtʃit] s. ⟨Lit⟩ rocchetto m.

rock¹ [rɔk] s. 1 roccia f: carved out of ~ scolpito roccia; built on ~ costruito sulla roccia; volcanic ~ vulcanica. 2 ⟨Mar⟩ scoglio m. 3 pl. ⟨Mar⟩ scoglie scogli mpl: the boat was driven on to the -s la barc spinta sulla scogliera. 4 (large stone) masso m, mas m; (stone) pietra f. 5 ⟨fig⟩ (cause of disaster) causa disastro. 6 ⟨Dolc⟩ specie di caramella dura. 7 (diamond) diamante m. 8 pl. ⟨sl⟩ (money) denarc soldi *mpl*, ⟨*gerg*⟩ grana *f.* **II** *a.* (fatto) di roccia. □ ⟨*Bibl*⟩ the ~ of **Ages** Cristo *m; to see* –*s* **ahead:** 1 ⟨*Mar*⟩ vedere scogli a prora; 2 ⟨*fig*⟩ prevedere serie difficoltà; **as firm** (o **steady**) **as a** ~ saldo come una roccia; ⟨*Geog*⟩ the ~ of **Gibraltar** la rocca di Gibilterra; **on** *the* –*s:* 1 ⟨*Mar*⟩ (*wrecked*) naufragato; 2 ⟨*fam*⟩ fallito, naufragato, andato in malora: *their marriage has gone on the* –*s* il loro matrimonio è naufragato; 3 (*of a drink*) con ghiaccio (e senza acqua): *whisky on the* –*s* whisky con ghiaccio.

ock² **I** *v.t.* **1** far oscillare, dondolare: *the waves* –*ed the boat* le onde facevano oscillare la barca; *to* ~ *a cradle* dondolare una culla; (*of a child*) cullare. **2** (*to shake violently*) far tremare, scuotere con violenza, scrollare: *the explosion* –*ed every house on the street* l'esplosione fece tremare tutte le case della strada. **3** ⟨*sl*⟩ (*to upset*) turbare, sconvolgere; (*to affect deeply*) impressionare, scuotere, turbare. **II** *v.i.* **1** oscillare, ondeggiare, dondolare. **2** (*to be moved violently*) tremare, scuotersi: *the building* –*ed under the earthquake* l'edificio tremò per il terremoto. **3** ⟨*fig*⟩ impressionarsi, turbarsi, scuotersi. **4** (*to move in a rocking-chair*) dondolarsi su una sedia a dondolo. **5** → **rock-'n-'roll.** **III** *s.* **1** dondolio *m,* dondolamento *m,* oscillazione *f.* **2** → **rock-'n-'roll.** □ ⟨*fig*⟩ *to* ~ *the boat* provocare guai; *to* ~ *with laughter* torcersi dalle risa.

ock³ *s.* **1** (*distaff*) rocca *f.* **2** (*wool, flax*) conocchia *f.*

ock-and-'roll *s./v.* → **rock-'n-'roll.**

ock|–bed *s.* ⟨*Geol*⟩ letto *m* (*o* fondo) roccioso. **'~-'bottom I** *s.* livello *m* (*o* punto) più basso: *sales have reached* ~ le vendite hanno raggiunto il livello più basso. **II** *a.* bassissimo: ~ *prices* prezzi bassissimi (*o* minimi), prezzi stracciati. □ *at* ~ in fondo in fondo. **~–climber** *s.* rocciatore *m* (*f* –trice), scalatore *m* (*f* –trice), alpinista *m/f.* **~–climbing** *s.* scalata *f* (*o* alpinismo *m*) su roccia. **~ concert** *s.* concerto *m* rock. **~–crystal** *s.* ⟨*Min*⟩ cristallo *m* di rocca.

ocker ['rɔkə] *s.* **1** (*of a cradle, rocking-chair*) asse *f* ricurva. **2** (*estens*) (*cradle*) culla *f;* (*rocking-chair*) sedia *f* a dondolo. **3** ⟨*Mecc*⟩ bilanciere *m.* **4** (*skate*) pattino *m* dalla lama molto ricurva. **5** → **rock performer.** □ ⟨*sl*⟩ *to be off one's* ~ essere matto (*o* svitato).

ocker| arm *s.* ⟨*Mecc*⟩ leva *f* oscillante. ~ **cam** *s.* camma *f* oscillante. ~ **shaft** *s.* → **rockshaft.**

ockery ['rɔkəri] *s.* ⟨*Giard*⟩ giardino *m* alla giapponese.

ocket¹ ['rɔkit] **I** *s.* **1** razzo *m.* **2** → **rocket engine.** **3** ⟨*fam*⟩ sgridata *f,* severo rimprovero *m,* ⟨*fam*⟩ lavata *f* di capo. **II** *v.t.* inviare con un razzo: *to* ~ *a man into space* inviare un uomo nello spazio con un razzo. **2** ⟨*Aer.mil*⟩ attaccare con razzi. **III** *v.i.* **1** alzarsi come un razzo, saettare in alto. **2** ⟨*fig*⟩ salire (*o* andare) alle stelle, aumentare vertiginosamente: *prices have* –*ed* i prezzi sono saliti alle stelle.

ocket² *s.* ⟨*Bot*⟩ ruchetta *f,* rucola *f.*

ocket| aircraft *s.* ⟨*Aer.mil*⟩ aereo *m* a razzo. **~assisted** *a.* ⟨*Aer*⟩ con razzo ausiliario. ~ **base** *s.* ⟨*Aer.mil*⟩ base *f* missilistica (*o* di lancio). ~ **bomb** *s.* ⟨*Aer.mil*⟩ **1** bomba *f* (a) razzo. **2** (*rocket-propelled bomb launched from the ground*) missile *m* a razzo, bomba *f* volante. ~ **drive** *s.* propulsione *f* a razzo.

ocketeer [rɔki'tiə] *s.* ⟨*Mil*⟩ missilista *m.*

ocket| engine *s.* motore *m* a razzo. ~ **gun** *s.* ⟨*Mil*⟩ lanciarazzi *m.* **~–launching site** *s.* base *f* missilistica. **~–propelled** *a.* con propulsione a razzo.

ocketry ['rɔkitri] *s.* missilistica *f.*

ock|–fish *s.* ⟨*Itt*⟩ scorpena *f.* **~–garden** *s.* → **rockery.** ~ **hound** *s.* ⟨*sl*⟩ collezionista *m* di minerali.

ockies ['rɔkiz] *N.pr.pl.* → **Rocky Mountains.**

ockily ['rɔkili] *avv.* instabilmente.

ockiness¹ ['rɔkinis] *s.* l'essere roccioso.

ockiness² *s.* (*unsteadiness*) instabilità *f.*

ocking ['rɔkiŋ] *a.* dondolante, oscillante.

ocking|–chair *s.* sedia *f* a dondolo. **~–horse** *s.* cavallo *m* a dondolo.

ock lever *s.* ⟨*tecn*⟩ leva *f* oscillante.

ocklike ['rɔklaik] *a.* roccioso, simile a roccia.

ock music *s.* musica *f* rock, rock *m.*

ock-'n-'roll ['rɔkən'roul] **I** *s.* rock and roll *m.* **II** *v.i.*

sonare (*o* ballare) il rock and roll.

rock| oil *s.* ⟨*Min*⟩ petrolio *m.* ~ **performer** *s.* musicista *m/f* rock, rockettaro *m.* **~–pigeon** *s.* ⟨*Ornit*⟩ piccione *m* selvatico (*o* marino, di rocca). ~ **plant** *s.* ⟨*Bot*⟩ pianta *f* rupestre (*o* rupicola). **~–rose** *s.* ⟨*Bot*⟩ eliantemo *m.* ~ **salmon** *s.* ⟨*Itt*⟩ specie di gado. **~–salt** *s.* ⟨*Min*⟩ salgemma *m.* **~shaft** *s.* ⟨*Mecc*⟩ albero *m* oscillante. ~ **singer** *s.* cantante *m/f* rock, rockettaro *m* (*f* –a). **~slide** *s.* frana *f.* ~ **soap** *s.* ⟨*Min*⟩ talco *m.* **~–whistler** *s.* ⟨*Zool*⟩ marmotta *f* comune.

rocky¹ ['rɔki] *a.* **1** roccioso, scoglioso, sassoso, pietroso: ~ *coast* una costa rocciosa; *a* ~ *beach* una spiaggia sassosa. **2** ⟨*fig, steadfast*⟩ saldo, fermo, irremovibile; (*unfeeling*) insensibile.

rocky² *a.* (*unsteady*) instabile, malfermo, traballante.

Rocky| Mountain *a.* ⟨*Geog*⟩ delle (*o* relativo alle) montagne Rocciose. ~ **Mountains** *N.pr.pl.* ⟨*Geog*⟩ montagne *fpl* Rocciose.

rococo *fr.* [rə'koukou] **I** *s.* (*pl.* –*s* [z]) ⟨*Art*⟩ rococò *m.* **II** *a.* rococò.

rod [rɔd] *s.* **1** verga *f,* bacchetta *f,* bastoncino *m.* **2** (*stick, bundle of sticks for punishing*) bacchetta *f,* verga *f.* **3** (*fishing-rod*) canna *f* da pesca. **4** (*walking* –*stick*) bastone *m* (*o* canna *f*) da passeggio. **5** (*unit of length*) pertica *f* (pari a circa 5 m). **6** (*curtain rod*) asta *f* per tende. **7** ⟨*sl*⟩ (*revolver*) pistola *f,* rivoltella *f,* revolver *m.* **8** ⟨*sl*⟩ (*hot rod*) macchina *f* (*o* vettura) truccata. **9** ⟨*El*⟩ (*lightning rod*) parafulmine *m.* **10** ⟨*Mecc*⟩ asta *f.* **11** ⟨*Met*⟩ tondino *m.* □ ⟨*fig*⟩ *to make a* ~ *for one's own back* scavarsi la fossa da sé (*o* con le proprie mani); ⟨*fig*⟩ *a* ~ *of iron* pugno *m* di ferro; *to rule with a* ~ *of iron* comandare a bacchetta; ⟨*fig*⟩ *to spare the* ~ risparmiare le botte.

rode [roud] → **ride¹.**

rodent ['roudənt] **I** *a.* ⟨*Zool*⟩ **1** roditore: ~ *teeth* denti roditori. **2** (*of rodents*) dei (*o* relativo ai) roditori. **II** *s.* roditore *m.*

rodeo *sp.* [rou'deiou, 'roudiou] *s.* (*pl.* –*s* [z]) rodeo *m* (*anche Zootecn.*).

Roderick ['rɔdərik] *N.pr.* Rodrigo *m.*

rodomontade [rɔdəmɔn'teid] **I** *s.* rodomontata *f,* spacconata *f.* **II** *a.* rodomontesco.

roe¹ [rou] *s.* (*pl. inv./*–*s* [z]; il pl.inv. si usa general. con valore collett.) → **roe deer.**

roe² *s.* (*fish's eggs*) uova *fpl* di pesce; (*fish's milt*) latte *m* di pesce.

roe|buck *s.* ⟨*Zool*⟩ maschio *m* di capriolo. **~–deer** *s.* ⟨*Zool*⟩ capriolo *m.*

roentgen ['rɜːntgən, 'rɔntjən] **I** *s.* ⟨*Fis*⟩ röntgen *m.* **II** *a.* röntgen.

Rogation [rou(u)'geiʃən] *s.* **1** ⟨*Lit*⟩ litania *f.* **2** ⟨*Lit*⟩ rogazioni *fpl.* **3** ⟨*Stor.rom*⟩ rogazione *f.*

Rogation| Days *s.pl.* ⟨*Lit*⟩ giorni *mpl* delle rogazioni (i tre giorni prima dell'Ascensione). ~ **Week** *s.* settimana *f* delle rogazioni.

rogatory ['rɔgətəri] *a.* ⟨*Dir*⟩ rogatorio.

roger ['rɔdʒə] *intz.* ⟨*Rad,Tel*⟩ ricevuto.

Roger I *N.pr.* Roger *m.* **II** *s.* (*Jolly Roger*) bandiera *f* dei pirati.

rogue [roug] **I** *s.* **1** furfante *m,* canaglia *f,* farabutto *m,* mascalzone *m;* (*swindler*) truffatore *m,* imbroglione *m.* **2** (*mischievous person*) birbante *m,* ⟨*scherz*⟩ mascalzone *m;* (*mischievous child*) bricconcello *m,* birbantello *m,* birba *f.* **3** → **rogue elephant.** **4** ⟨*Bot*⟩ malerba *f,* erbaccia *f.* **5** ⟨*ant*⟩ (*wandering beggar*) mendicante *m* vagabondo. **II** *v.t.* ⟨*Agr,Giard*⟩ (*of a plant*) estirpare, sradicare; (*of a field, etc.*) togliere le erbacce da, diserbare.

rogue elephant *s.* elefante *m* solitario (che vive appartato dal branco).

roguery ['rougəri] *s.* **1** furfanteria *f,* bricconeria *f;* (*roguish act*) furfanteria *f,* canagliata *f,* birbanteria *f,* mascalzonata *f.* **2** (*mischievous play*) birichinata *f,* birbonata *f,* monelleria *f.*

rogues' gallery [rougz] *s.* **1** schedario *m* fotografico dei criminali. **2** ⟨*fig*⟩ gruppo *m* d'individui dalla faccia patibolare.

roguish ['rougiʃ] *a.* **1** furfantesco, disonesto. **2** (*mischievous, arch*) birichino, malizioso, birboncello, cattivello. **roguishly** [-li] *avv.* **1** da briccone, da furfante. **2** (*mischievously*) maliziosamente, da birichino. **roguishness** [-nis] *s.* **1** birbanteria *f,* bricconaggine *f,* furfanteria *f.* **2** (*mischievousness*) monelleria *f,* birichinata *f.*

roil *am.* [rɔil] *v.t.* **1** intorbidire, intorbidare. **2** ⟨*fig*⟩ infastidire, seccare, irritare. '**roily** *am.* [-i] *a.* torbido; (*muddy*) fangoso.

roister ['rɔistə] *v.i.* **1** fare baldoria, schiamazzare, fare baccano (*o* chiasso). **2** (*to swagger*) fare lo spaccone, millantarsi. **roisterer** [-rə] *s.* **1** schiamazzatore *m* (*f* -trice). **2** (*swaggerer*) millantatore *m* (*f* -trice), spaccone *m* (*f* -a). **roistering** [-iŋ] **I** *a.* chiassoso, rumoroso. **II** *s.* chiasso *m,* baldoria *f,* baccano *m.*

Roland ['rouland] *N.pr.* Rolando *m* (*anche Lett.*). ☐ ⟨*fig*⟩ *to give a ~ for an Oliver* rendere colpo per colpo.

role, rôle [roul] *s.* ⟨*Teat,Cin*⟩ ruolo *m,* parte *f* (*anche fig.*). **role| analysis** *s.* ⟨*Sociol*⟩ analisi *f* del ruolo. **~–conflict** *s.* conflitto *m* tra ruoli. **~–playing** *s.* gioco *m* delle parti. **~ set** *s.* insieme *m* dei ruoli. **~ talking** *s.* assunzione *f* del ruolo.

roll[1] [roul] *s.* **1** rotolo *m: a ~ of paper* un rotolo di carta; (*s.th. ball-shaped*) gomitolo *m: a ~ of string* un gomitolo di spago. **2** ⟨*Tess*⟩ rotolo *m,* bobina *f.* **3** (*of wallpaper*) rotolo *m.* **4** ⟨*Alim*⟩ panino *m.* **5** ⟨*Dolc*⟩ rotolo *m,* rollino *m: a Swiss ~* un rotolo alla marmellata. **6** ⟨*Gastr*⟩ (*of meat*) rollè *m.* **7** (*act of rolling*) il rotolare, il rotolarsi, rotolamento *m.* **8** (*rolling movement*) rotolio *m,* il rotolare, roteazione *f: the ~ of the dice* il rotolio dei dadi. **9** (*rolling gait*) andatura *f* ondeggiante (*o* dondolante). **10** (*undulation in a surface*) ondulazione *f: ~ of the land* ondulazione del terreno. **11** (*reverberating sound*) rombo *m,* il rombare: *the ~ of thunder* il rombo del tuono; (*of a drum*) rullo *m.* **12** (*of tobacco*) rotolo *m.* **13** ⟨*am.sl*⟩ (*of paper money*) rotolo *m;* (*funds*) gruzzolo *m.* **14** *pl.* (*official documents*) archivio *m.* **15** (*register, list*) ruolo *m,* elenco *m,* registro *m,* lista *f.* **16** ⟨*Scol*⟩ lista *f,* elenco *m.* **17** ⟨*Mil,Mar*⟩ ruolo *m.* **18** *pl.* ⟨*Dir*⟩ (*list of solicitors*) albo *m* degli avvocati. **19** ⟨*Arch*⟩ cartoccio *m.* **20** ⟨*Mar,Aer*⟩ rollio *m.* **21** ⟨*Aer*⟩ frullo *m* (*o* vite *f*) orizzontale. **22** ⟨*Mecc*⟩ cilindro *m.* ☐ *to call the ~* fare l'appello; ⟨*Mil*⟩ *~ of honour* ruolo *m* d'onore; ⟨*burocr*⟩ *to be on the ~* essere in organico.

roll[2] **I** *v.t.* **1** (far) rotolare, (far) ruzzolare: *to ~ a stone down the hill* rotolare una pietra giù per la collina. **2** (*to revolve*) roteare, rotare: *to ~ one's eyes* roteare gli occhi; (*to move by turning over and over*) rotolare. **3** (*to cause to swing, rock*) fare rollare, far dondolare: *the waves –ed the tiny boat* le onde facevano rollare la piccola imbarcazione. **4** (*to cause to move on wheels*) far muovere su ruote; (*to transport in a wheeled vehicle*) trasportare su un veicolo a ruote; (*to transport on rollers*) trasportare su carri. **5** (*to wrap in a cylindrical form*) arrotolare, avvolgere: *to ~ a carpet* arrotolare un tappeto; *to ~ o.s. in a blanket* avvolgersi in una coperta. **6** (spesso con *up: to form into a cylinder*) arrotolare: *to ~ up a map* arrotolare una mappa; (*to form into a sphere*) aggomitolare, appallottolare: *to ~ string* aggomitolare dello spago. **7** (*of a cigarette*) arrotolare. **8** (*of dough;* spesso con *out*) spianare, stendere (col matterello). **9** ⟨*fig*⟩ (*to utter sonorously;* general. con *out*) dire (*o* pronunciare) a voce alta. **10** ⟨*Fon*⟩ (*of r's*) arrotare. **11** (*of a ball*) lanciare. **12** ⟨*Met*⟩ filettare (alla rullatrice' (*o* con rulli). **13** ⟨*Strad*⟩ cilindrare, rullare. **14** (*of a drum*) far rullare. **II** *v.i.* **1** rotolare, ruzzolare: *the boulder –ed down the hill* il masso rotolò giù per la collina; (*of a wheeled vehicle*) muoversi. **2** (*to turn over and over*) rotolarsi, avvoltolarsi: *the dog was –ing in the grass* il cane si rotolava nell'erba; (*of the eyes*) roteare. **3** (*to flow*) rotolare, avanzare (*o* muoversi) con moto ondulatorio: *the waves –ed over the sand* le onde rotolavano sulla sabbia. **4** (*of land: to have an undulating surface*) avere una superficie ondulata, essere ondulato. **5** ⟨*fig*⟩ affluire, accorrere, riversarsi: *visitors –ed into the town* i visitatori si riversavano nella città; (*of words, etc.*) uscire, sgorgare: *invectives –ed from his tongue* insulti uscivano dalla sua bocca. **6** ⟨*Mar,Aer*⟩ rollare, rullare: *the*

ship –ed in the storm la nave rollava nella tempesta. **7** (*to walk with a rolling gait*) camminare con passo dondolante, dondolarsi. **8** (*to make a reverberating sound*) rombare, risonare: *the thunder –ed* il tuono rombò; (*of a drum*) rullare. **9** (*to take the form of a cylinder*) arrotolarsi; (*to take the form of a sphere*) appallottolarsi, aggomitolarsi. **10** ⟨*fam*⟩ (*to get under way*) andare, muoversi: *it's time to ~* è ora di andare. **11** ⟨*fam*⟩ (*of machines: to go into action*) entrare in azione: *the cameras –ed* le cineprese entrarono in azione. ☐ *to ~ about* rotolare (*o* ruzzolare) di qua e di là; *to ~ along* (far) rotolare, (far) avanzare rotolando: *to ~ a ball along* far rotolare una palla; *the cart –ed along* il carro passò rotolando; *the clouds –ed away* le nuvole si allontanarono; *to ~ back:* 1 ritrarsi, ritirarsi: *the waves –ed back* le onde si ritirarono; 2 ⟨*fig*⟩ (*to cause to retreat*) respingere, far ritirare; 3 ⟨*fig*⟩ (*to retreat*) ritirarsi; *the years –ed by* gli anni passavano; *to ~ flat* appiattire, schiacciare; *to ~ in:* 1 ⟨*fam*⟩ (*to arrive in large numbers, pour in*) arrivare in gran quantità (*o* numero), riversarsi, affluire: *the money is –ing in* il denaro sta arrivando in gran quantità; 2 (*of waves, etc.*) frangersi, infrangersi; ⟨*Tip*⟩ *to ~ off* stampare con un rotativa; *the years –ed on* = *the years rolled by; to ~ out:* 1 stendere, srotolare: *to ~ out a map* stendere una mappa; 2 (*to cause to move out on wheels*) portare fuori (muovendo su ruote): *to ~ an aeroplane out of the hangar* portare fuori un aeroplano dall'hangar; 3 (*to move out by rolling*) rotolare fuori: *to ~ a barrel out* rotolare fuori una botte; 4 (*to get out of bed*) alzarsi, tirarsi su dal letto; *to ~ over:* 1 rovesciare, rivoltare; 2 (*to turn over*) girarsi, rivoltarsi: *to ~ over in bed* girarsi nel letto; *to ~ up:* 1 (*to form into a cylinder*) arrotolare: *to ~ up a carpet* arrotolare un tappeto; 2 (*to form into a ball*) appallottolare, aggomitolare; 3 (*to wrap up*) avvolgere, avviluppare: *she –ed the child up in a blanket* avvolse il bambino in una coperta; 4 ⟨*Mil*⟩ aggirare, circondare: *to ~ up the enemy's flank* aggirare il fianco dello schieramento nemico; 5 ⟨*fam*⟩ (*to arrive*) arrivare (in automobile, ecc.); 6 ⟨*fam*⟩ (*to accumulate*) accumulare, ammucchiare; 7 ⟨*fam*⟩ (*to congregate, gather*) riunirsi, radunarsi.

rollable ['rouləbl] *a.* **1** che si può arrotolare. **2** ⟨*tecn*⟩ laminabile.

'**roll| book** *s.* registro *m* delle presenze. **~–call** ⟨*Mil,Scol*⟩ **1** appello *m: to take the ~* fare l'appello; *to attend* ~ presentarsi all'appello. **2** (*time*) ora dell'appello. **3** (*signal*) segnale *m* dell'appello. **~–collar** ⟨*Mod*⟩ colletto *m* rovesciato.

rolled [rould] *a.* **1** arrotolato. **2** ⟨*tecn*⟩ laminato. **rolled| glass** *s.* vetro *m* cilindrato. **~ gold** *s.* oro laminato.

roller ['roulə] *s.* **1** chi rotola, chi arrotola. **2** (*revolving cylinder*) rullo *m,* cilindro *m.* **3** (*cylinder for pressing, smoothing, etc.*) rullo *m;* (*of a mangle*) cilindro *m* rotante. **4** ⟨*Strad*⟩ (*road roller*) rullo *m* compressore. **5** (*of typewriter*) rullo *m.* **6** → **roller bandage. 7** (*long wave*) onda *f* lunga. **8** (*for the hair*) bigodino *m,* rullo *m.* **roller| bandage** *s.* benda *f* arrotolata. **~ bearing** ⟨*Mecc*⟩ cuscinetto *m* a rulli. **~–coaster** *am. s.* montagne *fpl* russe. **~–skate I** *s.* pattino *m* a rotelle. **II** *v.* pattinare (con i pattini a rotelle). **~–skating** *s.* pattinaggio *m* a rotelle. **~ towel** *s.* bandinella asciugamano *m* a rullo.

roll film *s.* ⟨*Fot*⟩ pellicola *f* in rotolo.

rollick ['rɔlik] **I** *v.i.* **1** comportarsi in modo spensierato, vivere allegramente. **2** (*to revel*) dilettarsi (*in* a), trovare piacere, provare diletto (*in* a, in). **II** *s.* **1** (*carefree behaviour*) comportamento *m* allegro e spensierato. **2** (*instance*) baldoria *f.* **rollicking** [-iŋ] *a.* gaio, allegro, brioso, (*light-hearted*) spensierato.

rolling ['rouliŋ] **I** *s.* rotolamento *m,* rotolio *m.* **II** *a.* **1** rotolante. **2** (*of the eyes*) roteante. **3** (*swaying, swinging*) dondolante, ondeggiante: *a ~ gait* un'andatura dondolante. **4** (*of waves, the sea*) ondeggiante. **5** (*of land: hills*) ondulato. **6** (*of sound*) rimbombante, risonante, sonoro; (*of notes*) trillato. **7** ⟨*Mod*⟩ a risvolto, arrotolato, rovesciato. **8** (*of seasons, etc.: recurring*) ricorrente. ☐

be ~ *in money* nuotare nell'oro.

rolling|–mill s. ⟨Met⟩ **1** (*factory*) laminatoio *m*. **2** (*machine*) laminatoio *m*, laminatore *m*. **~–pin** s. matterello *m*. **~–press** s. **1** ⟨Cart⟩ calandra f. **2** ⟨Tip⟩ pressa f a cilindri. **~ stock** s. ⟨Ferr⟩ materiale *m* rotabile. **~ stone** s. ⟨fig⟩ individuo *m* irrequieto e instabile. □ *Prov.: a ~ gathers no moss* pietra che rotola non raccoglie muschio.

roll|–on s. ⟨Vest⟩ ventriera f, panciera f. **~–on roll-off** s. ⟨Comm⟩ traghetto *m*, trasporto *m* via mare. **~–out** a. estraibile: ~ *basket* cestino estraibile. **~–top** s. **1** alzata f avvolgibile di scrittoio. **2** → **roll-top desk**. **~–top desk** s. scrittoio *m* con alzata avvolgibile.

roly-poly ['rouliˌpouli] **I** s. **1** ⟨Dolc⟩ specie di dolce fatto con pasta arrotolata e marmellata. **2** ⟨fam⟩ persona f pienotta, ⟨fam⟩ tombolo *m*. **II** a. ⟨fam⟩ cicciotto, pienotto, paffuto, grassottello.

ROM = ⟨Inform⟩ *Read–Only Memory* memoria a sola lettura.

Romaic [ro(u)'meiik] **I** a. ⟨Ling⟩ romaico. **II** s. romaico *m*.

roman ['roumən] **I** a. ⟨Tip⟩ romano. **II** s. carattere *m* romano.

Roman I a. **1** romano (*anche* Stor.). **2** ⟨Rel.catt⟩ cattolico romano. **II** s. **1** (*person*) romano *m* (f –a) (*anche* Stor.). **2** (*dialect*) romanesco *m*, romano *m*. **3** → **Roman Catholic**. **III** *N.pr.* Romano *m*.

Roman| arch s. ⟨Arch⟩ arco *m* a tutto sesto. **~ architecture** s. architettura f romana. **~ calendar** s. calendario *m* romano. **~ candle** s. (*type of firework*) candela f romana. **~ Catholic I** a. cattolico romano. **II** s. cattolico *m* romano. □ **~ Church** chiesa cattolica romana. **~ Catholicism** s. cattolicesimo *m* romano, cattolicismo *m*.

romance[1] [rə'mæns] **I** s. **1** ⟨Lett⟩ romanzo *m* fantastico, racconto *m* avventuroso (*o* romanzesco); (*class of literature*) romanzo *m*. **2** ⟨Mediev⟩ romanzo *m* (*o* racconto) cavalleresco. **3** (*love story*) storia f (*o* romanzo *m*) d'amore. **4** (*story lacking foundation*) invenzione f, storia f, favola f. **5** (*glamour, sentimental atmosphere*) fascino *m*, poesia f, atmosfera f romantica: *the ~ of the South Sea Islands* il fascino delle isole dei mari del sud. **6** (*romantic quality*) romanticismo *m*, sentimentalismo *m*. **7** (*love affair*) idillio *m*, romanzetto *m*. **II** a. romanzato, romanzesco. **III** *v.i.* **1** inventare romanzi, favoleggiare; (*to exaggerate*) esagerare. **2** ⟨eufem⟩ (*to lie*) mentire. **IV** *v.t.* **1** romanzare. **2** ⟨fam⟩ (*to court, woo*) corteggiare, fare la corte a.

romance[2] s. ⟨Mus⟩ romanza f.

Romance I s. → **Romance language**. **II** a. romanzo, neolatino.

Romance| language s. lingua f romanza (*o* neolatina). **~ movie** am., **~ picture** s. film *m* sentimentale.

romancer [rə'mænsə] s. **1** autore *m* (f –trice) di racconti avventurosi (*o* cavallereschi). **2** (*one who romances*) chi inventa storie fantasiose, chi favoleggia. **3** ⟨eufem⟩ (*liar*) mentitore *m* (f –trice), bugiardo *m* (f –a).

Roman| collar am. s. collare *m* ecclesiastico. **~ Curia** s. ⟨Rel.catt⟩ curia f romana. **~ Empire** s. ⟨Stor⟩ impero *m* romano.

Romanesque [ˌroumə'nesk] **I** a. ⟨Art⟩ romanico. **II** s. romanico *m*.

Romanesque| architecture, ~ style s. stile *m* romanico.

Romanic [ro(u)'mænik] a. **1** romano. **2** (*of Romance, the Romance languages*) romanzo, neolatino.

Romanism ['roumənizəm] s. **1** ⟨Rel⟩ romanismo *m*. **2** ⟨Stor⟩ romanesimo *m*, romanità f. **Romanist** [–nist] s. **1** cattolico *m* romano. **2** (*Roman history scholar*) romanista *m/f*. **,Romanization** [–nai'zeiʃən] s. **1** (*act*) romanizzazione f. **2** (*state*) l'essere romanizzato. **Romanize** [–naiz] **I** *v.t.* **1** romanizzare; (*to Latinize*) latinizzare. **2** (*to convert to Roman Catholicism*) convertire al cattolicesimo romano. **II** *v.i.* diventare cattolico romano. **romanize** *v.t.* scrivere in caratteri romani.

Roman| nose s. naso *m* aquilino. **~ numeral** s. numero

m romano.

Romans ['roumənz] *s.pl.* (costr.sing.) ⟨Bibl⟩ romani *mpl*.

Romans(c)h [ro(u)'mænʃ] **I** s. ⟨Ling⟩ romancio *m*. **II** a. romancio.

romantic [rə'mæntik] **I** a. **1** romantico (*anche* Art.,Lett.,Mus.): *a ~ story* una storia romantica; *a ~ girl* una ragazza romantica. **2** (*unpractical, idealistic*) idealistico, poco pratico; (*unfounded, imaginary*) fantastico, immaginario. **II** s. **1** romantico *m* (f –a), sognatore *m* (f –trice). **2** *pl.* idee fpl romantiche, atteggiamenti mpl romantici. **Romantic I** a. ⟨Lett⟩ romantico. **II** s. romantico *m* (f –a). □ ⟨Teat⟩ *to play the ~ lead* interpretare la parte del primo amoroso.

romantically [–əli] avv. romanticamente.

romanticism [rə'mæntisizəm] s. ⟨Lett,Art,Stor⟩ romanticismo *m*. **romanticist** [–sist] s. romantico *m* (f –a). **romanticize** [–saiz] **I** *v.t.* rendere (*o* far diventare) romantico. **II** *v.i.* assumere atteggiamenti romantici, fare il romantico.

Romantic Movement s. ⟨Stor⟩ romanticismo *m*.

roman type s. ⟨Tip⟩ carattere *m* romano.

Romany ['rɔməni] **I** s. **1** zingaro *m* (f –a). **2** ⟨collett⟩ (*gypsies*) zingari mpl. **3** (*language*) zingaresco *m*, lingua f zingara. **II** a. zingaresco, da zingaro.

Rom. Cath. Ch. = *Roman Catholic Church* chiesa cattolica romana.

Rome [roum] *N.pr.* ⟨Geog⟩ Roma f. □ *Prov.: ~ was not built in a day* Roma non fu fatta in un giorno; *when in ~ do as the Romans do* paese che vai usanza che trovi.

Rome Treaty s. trattato *m* di Roma.

Romeo ['roumiou] **I** *N.pr.* Romeo *m*. **II** s. ⟨fig⟩ rubacuori *m*, dongiovanni *m*.

Romeward ['roumwəd] **I** avv. **1** verso Roma. **2** (*towards Roman Catholicism*) verso la chiesa romana. **II** a. che s'ispira a Roma.

Romish ['roumiʃ] a. ⟨spreg⟩ (*Roman Catholic*) cattolico romano, ⟨spreg⟩ papista.

romp [rɔmp] **I** *v.i.* giocare rumorosamente, ruzzare: *the children were –ing in the garden* i bambini giocavano rumorosamente in giardino. **II** s. (*boisterous play*) gioco *m* rumoroso (*o* chiassoso), ⟨fam⟩ cagnara f. □ ⟨fam⟩ *to ~ home* (*o in*) vincere facilmente (*anche* Equit.); *to ~ through an exam* superare un esame senza difficoltà; *to ~ through one's homework* fare i compiti in un baleno.

rompers ['rɔmpəz] *s.pl.* ⟨Vest⟩ (*for infants*) pagliaccetto *m*, tutina f.

romping ['rɔmpiŋ], **rompish** [–piʃ] a. che ama ruzzare, giocherellone.

Romulus ['rɔmjuləs] *N.pr.* ⟨Mitol⟩ Romolo *m*.

rondeau fr. ['rɔndou] s. (*pl.* **-x** [z]) **1** ⟨Metr⟩ rondeau *m*, rondò *m* (di 13 o 10 versi). **2** ⟨Mus,Stor⟩ rondello *m*.

rondo it. ['rɔndou] s. (*pl.* **-s** [z]) ⟨Mus⟩ rondò *m*.

rondure ['rɔndʒə] s. **1** tondo *m*, globo *m*, sfera f. **2** (*roundness*) rotondità f.

röntgen s. → **roentgen**.

rood [ru:d] s. **1** crocifisso *m*, croce f. **2** (*unit of area*) rood *m* (pari a 1/4 di acro). **3** ⟨rar⟩ (*cross on which Christ died*) croce f.

rood| altar s. ⟨Arch⟩ altare *m* della croce. **~–loft** s. galleria f sovrastante il jubé. **~–screen** s. ⟨Arch⟩ jubé *m*.

roof [ru:f] **I** s. **1** tetto *m*; (*of a tunnel, cave, etc.*) volta f, cielo *m*. **2** ⟨fig⟩ tettoia f, tetto *m*, copertura f: *there was a ~ of branches over the clearing* sullo spiazzo c'era una tettoia di rami. **3** (*of a vehicle*) tetto *m*; (*of a bus*) imperiale *m*. **4** ⟨Anat⟩ (*roof of the mouth*) palato *m*. **5** ⟨fig⟩ (*house, shelter*) tetto *m*, casa f, alloggio *m*: *they were left without a ~ over their heads* rimasero senza tetto. **6** ⟨fig⟩ (*highest point*) tetto *m*, punto *m* più elevato, sommità f, vertice *m*: *the Himalayas are the ~ of the world* la catena dell'Himalaya è il tetto del mondo. **7** ⟨fig⟩ (*of prices: ceiling*) limite *m* massimo. **8** ⟨Minier⟩ tetto *m*. **II** *v.t.* **1** (*spesso con over, in*) mettere il tetto a, coprire con un tetto: *to ~ a house* mettere il tetto a una casa; *to ~ over a hut with branches* coprire una capanna con un tetto di rami. **2** ⟨fig⟩ alloggiare, ospitare. □ ⟨fig⟩ *the ~ of heaven* la volta celeste; ⟨fam⟩ *to hit the ~*

andare su tutte le furie; ⟨fig⟩ to raise the ~: 1 (to make a loud noise) fare un chiasso del diavolo, fare il diavolo a quattro; 2 (to protest violently) fare un putiferio, protestare violentemente.

roofage ['ru:fidʒ] s. materiale m da copertura.
roofed [ru:ft] a. 1 con (o che ha) un tetto. 2 (nei composti) a tetto ..., con tetto ...: flat-~ a tetto piano.
roof-garden s. giardino m pensile.
roofing ['ru:fiŋ] s. → roofage.
roofing material s. materiale m da copertura.
roofless ['ru:flis] a. 1 senza (o privo di) tetto. 2 ⟨fig⟩ (homeless) senza casa (o tetto).
roof|–rack s. ⟨Aut⟩ portabagagli m. **~–top** s. 1 tetto m. 2 pl. ⟨collett⟩ tetti mpl (anche fig.): I'd like to shout it from the –s vorrei gridarlo ʼdai tettiʼ (o ai quattro venti). **~–top aerial** s. ⟨TV⟩ antenna f da tetto. **~–tree** s. ⟨Arch⟩ trave f di colmo.
rook¹ [ru:k] **I** s. 1 ⟨Ornit⟩ corvo m nero (o comune). 2 ⟨fam⟩ (swindler) imbroglione m (f –a), truffatore m (f –trice); (card shark) baro m. **II** v.t. ⟨fam⟩ 1 imbrogliare, truffare, raggirare. 2 (in gambling) imbrogliare barando.
rook² s. (in chess) torre f.
rookery ['ru:kəri] s. 1 (breeding place for rooks) gruppo m d'alberi con nidi di corvi; (colony of rooks) colonia f di corvi. 2 (breeding place for seabirds, seals, etc.) tana f di pinguini (o foche, ecc.); (colony) colonia f di pinguini (o foche, ecc.).
rookie ['ru:ki] s. 1 ⟨mil⟩ recluta f, coscritto m, ⟨gerg⟩ tuba f. 2 ⟨am.sport⟩ esordiente m.
room [ru:m] **I** s. 1 camera f, stanza f, locale m: the flat has three –s l'appartamento ha tre camere; this is the children's ~ questa è la stanza dei bambini. 2 pl. (lodgings) camere fpl d'affitto (ammobiliate); (apartment, flat) casa f, alloggio m, abitazione f: he has –s in the centre of town ha casa in centro. 3 (space) posto m, spazio m, luogo m: we've no ~ for any more furniture non abbiamo posto per altri mobili; move over, you're taking up too much ~ spostati, occupi troppo spazio. 4 ⟨fig⟩ (opportunity, scope) possibilità f, occasione f, opportunità f: he left me no ~ for doubt non mi ha lasciato possibilità di dubbio. 5 (people in a room) presenti mpl: the whole ~ laughed tutti i presenti risero. **II** v.i. ⟨fam⟩ 1 abitare, alloggiare. 2 (to share lodgings) dividere l'alloggio (with con). □ ~ and board vitto e alloggio m, pensione f; to make ~ for fare posto a; there is plenty of ~ c'è molto spazio.
room clerk s. receptionist m/f.
roomed [ru:md] a. (nei composti) di ... camere: a two-~ flat un appartamento di due camere. **'roomer** am. [–mə] s. pensionante m/f. **'roomful** [–mful] s. 1 stanza f piena: a ~ of people una stanza piena di gente. 2 (people, objects, etc., in a room) persone fpl (o cose) contenute in una stanza. **'roomily** [–mili] avv. spaziosamente, con molto spazio, largamente. **'roominess** [–minis] s. spaziosità f, ampiezza f, larghezza f.
rooming–house am. ['ru:miŋ] s. casa f con camere d'affitto ammobiliate.
room|–mate s. compagno m (f –a) di camera. **~ service** s. servizio m in camera. **~ temperature** s. temperatura f ambiente.
roomy ['ru:mi] a. spazioso, ampio, vasto: a ~ house una casa spaziosa.
roost¹ [ru:st] **I** s. 1 trespolo m, posatoio m; (building) pollaio m. 2 ⟨fig⟩ (place for sitting) sgabello m, sedile m, panchetto m; (resting place) giaciglio m, letto m; (place for lodging) alloggio m, sistemazione f. **II** v.i. 1 appollaiarsi. 2 ⟨fig⟩ (to sit as on a roost) sedere, appollaiarsi; (to be lodged for the night) fermarsi a dormire, sistemarsi per la notte. □ to be at ~: 1 (of birds, hens) essere appollaiato; 2 ⟨fam⟩ (to be in bed) essere a letto, ⟨pop⟩ essere a pollaio; ⟨fig⟩ to come home to ~ ritorcersi, ricadere: your evil deeds will come home to ~ le tue cattive azioni si ritorceranno su di te; to go to ~: 1 (of birds, hens) appollaiarsi; 2 ⟨fam⟩ (to go to bed) andare a letto, ⟨pop⟩ andare a pollaio; ⟨fig⟩ to rule the ~ spadroneggiare, fare il gallo del pollaio.
roost² s. ⟨Mar⟩ mareggiata f.

rooster ['ru:stə] s. 1 gallo m. 2 ⟨fig⟩ (cocky person) persona f vivace e arrogante, galletto m.
root¹ [ru:t] **I** s. 1 ⟨Bot⟩ radice f. 2 pl. (root crops) radici fpl commestibili. 3 ⟨Anat⟩ (of a tooth, nail, etc.) radice f. 4 ⟨fig⟩ (origin, cause) radice f, origine f, principio m, causa f: prejudice has its –s in ignorance il pregiudizio ha le sue radici nell'ignoranza; (basis) base f, fondamento m, radice f: mutual respect that is the ~ of civilized society rispetto reciproco che è la base della società civile. 5 ⟨fig⟩ (essential part) fondo m, essenza f, centro m, nocciolo m: to get to the ~ of a matter andare in fondo a una faccenda. 6 ⟨fig⟩ (beginning of a line of descendants) origine f, ceppo m, radice f, capostipite m. 7 ⟨Ling⟩ radice f, radicale m, base f radicale. 8 ⟨Mat⟩ radice f. **II** v.t. 1 piantare; (to fix by the roots) abbarbicare: the plant was –ed to the rock la pianta era abbarbicata alla roccia. 2 ⟨fig⟩ (to fix firmly) inchiodare: horror –ed him to the ground l'orrore lo inchiodò al suolo. 3 ⟨fig⟩ (to give an origin to) originare, dare origine a, produrre, causare: his problems are –ed in his sense of inferiority i suoi problemi sono originati dal suo senso di inferiorità. 4 (to pull or tear out; general. con out, up) sradicare, estirpare, svellere (anche fig.): to ~ out prejudice sradicare i pregiudizi. **III** v.i. 1 radicare, mettere radici, attecchire. 2 ⟨fig⟩ (to become fixed, established) radicarsi, mettere radici, prendere piede, attecchire. 3 ⟨fig⟩ (to have an origin) trarre origine, originare (in da), avere radici (in). □ ⟨fig⟩ at ~ dalla radice, dall'origine, radicalmente; to pull up by the –s sradicare, estirpare (anche fig.); to take ~: 1 (to grow roots) attecchire, mettere radici, radicare, allignare; 2 ⟨fig⟩ radicarsi, mettere radici, prendere piede, attecchire.
root² **I** v.i. 1 grufolare, scavare con il grugno (for in cerca di): the piglets were –ing for food i porcellini grufolavano in cerca di cibo. 2 ⟨fig⟩ (spesso con about, around) frugare, rovistare, grufolare (in cerca di). **II** v.t. (general. con out, up) 1 scavare con il grugno. 2 ⟨fig⟩ riuscire a trovare, scovare.
root³ am. v.i. ⟨sl⟩ (to encourage, cheer) tifare, fare il tifo, parteggiare (for per): to ~ for one's team tifare per la propria squadra.
rootage ['ru:tidʒ] s. 1 il radicarsi, radicazione f, attecchimento m. 2 (system of roots) apparato m radicale, radici fpl.
root|–bound a. ⟨fig⟩ che ha messo le radici. **~ crop** s. ⟨Agr⟩ radice f commestibile.
rooted ['ru:tid] a. 1 radicato, che ha (messo) radici. 2 ⟨fig⟩ inchiodato, saldo, piantato, radicato: he stood ~ to the spot restò inchiodato sul posto; (of ideas, etc.) radicato, ben fondato, saldo, profondo. **rootedly** [–li] avv. in modo radicato. **rootedness** [–nis] s. l'esser radicato, l'avere messo radici (anche fig.).
rooter am. ['ru:tə] s. ⟨sl⟩ sostenitore m (f –trice), tifoso m (f –a).
rootery ['ru:təri] s. ⟨Giard⟩ mucchio m di terriccio e radici (ricoperto di vegetazione).
root hair s. ⟨Bot⟩ pelo m radicale.
rootless ['ru:tlis] a. 1 ʼprivo diʼ (o senza) radici. 2 ⟨fig⟩ (baseless, unstable) infondato: a ~ theory una teoria infondata. 3 ⟨fig⟩ (of people) sradicato.
rootlet ['ru:tlit] s. radichetta f, radicetta f.
root|–stalk s. ⟨Bot⟩ rizoma m, tubero m. **~–stock** s. 1 ⟨Bot⟩ → root–stalk. 2 ⟨Giard⟩ marza f, innesto m.
rooty¹ ['ru:ti] a. 1 (full of roots) pieno di radici. 2 (resembling roots) simile a radice, rizomorfo.
rooty² s. ⟨sl⟩ (bread) pane m.
rope¹ [roup] **I** s. 1 corda f, fune f. 2 ⟨Mar⟩ cavo m, cima f. 3 (hangman's noose) nodo m scorsoio, cappio m. ⟨fig⟩ (hanging) impiccagione f, forca f: to die by the ~ morire per impiccagione. 5 pl. ⟨Sport⟩ corde fpl: to pin a boxer to the –s mettere un pugile alle corde. 6 (tightrope) corda f ʼdell'acrobataʼ (o dei funamboli). 7 (of pearls, etc.) filo m, filza f; (of onions, etc.) resta f. 8 ⟨Alp⟩ corda f, (chain of climbers) cordata f: to be on the ~ essere in cordata. 9 ⟨fig⟩ (freedom of action) libertà f di azione. 10 (in beer, liquids) sedimento m filamentoso. 11 ⟨am⟩ (lasso) laccio m, lasso m, lazo m. **II** a. 1 (made of rope) di corda. 2 (using, worked by a rope) a (o di) corda. □

⟨*fig*⟩ *to reach the* **end** *of one's* ~ essere allo stremo, essere disperato; ⟨*fig*⟩ *to give one* (*plenty of*) ~ dare corda (*o* spago) a qd.; ⟨*fam*⟩ *to know the* –*s* essere pratico del mestiere, sapere il fatto proprio; ⟨*fam*⟩ *to learn the* –*s* imparare i segreti del mestiere; *to be* **on** *the* –*s:* 1 ⟨*Sport*⟩ essere alle corde; 2 ⟨*fam*⟩ (*to be in difficulty*) essere ˈalle stretteˈ (*o* in difficoltà), essere con le spalle al muro; *to have s.o. on the* –*s:* 1 ⟨*Sport*⟩ mettere (*o* stringere) qd. alle corde; 2 ⟨*fam*⟩ (*to put in difficulty*) mettere qd. ˈalle stretteˈ (*o* in difficoltà), mettere qd. con le spalle al muro; ⟨*fig*⟩ ~ **of sand** legame *m* tenue (*o* fragile); ⟨*fam*⟩ *to show* (*o teach*) *s.o. the* –*s* insegnare a qd. i segreti del mestiere.

ope[2] **I** *v.t.* **1** legare (con una corda), assicurare (con una fune): *to* ~ *a prisoner to a tree* legare un prigioniero a un albero. **2** ⟨*Mar*⟩ ralingare, ingratigliare. **3** ⟨*Alp*⟩ (*general. con up*) legare in cordata. **4** ⟨*am*⟩ (*to lasso*) prendere con il laccio. **II** *v.i.* **1** (*of liquid*) diventare vischioso. **2** ⟨*Alp*⟩ (*general. con up*) legarsi in cordata, fare una cordata. □ ⟨*fam*⟩ *to* ~ *s.o.* in assicurarsi l'aiuto (*o* l'appoggio) di qd.; ⟨*fam*⟩ (*to fool*) ingannare, raggirare; *to* ~ **off** delimitare (*o* recingere) con una fune: *police* –*d off the hole in the road* la polizia delimitò con una fune la buca nella strada.

ope|–dancer *s.* funambolo *m* (*f* –a). ~**–dancing** *s.* funambolismo *m.* ~**–ladder** *s.* **1** scala *f* di corda. **2** ⟨*Mar*⟩ biscaglina *f.* ~ **maker** *s.* cordaio *m*, funaio *m*, funaiolo *m.* ~ **making** *s.* fabbricazione *f* di corde (*o* funi); (*process*) cordatura *f.*

opery ['roupəri] *s.* corderia *f.*

ope's|-end *v.t.* ⟨*Mar*⟩ fustigare con un pezzo di cavo. ~ **end** *s.* **1** ⟨*Mar*⟩ cima *f* (*o* testa) di un cavo. **2** ⟨*Mar*⟩ (*for flogging*) pezzo *m* di cavo usato come frusta. **3** (*hangman's noose*) nodo *m* scorsoio.

ope|–walk *s.* corderia *f.* ~**–walker** *s.* → **rope–dancer.** ~**–walking** *s.* → **rope–dancing.** ~**way** *s.* funivia *f*, teleferica *f.*

opey ['roupi] *a.* ⟨*fam*⟩ scadente, inferiore.

ope–yarn *s.* **1** ⟨*tecn*⟩ filaccia *f*, sfilaccia *f.* **2** ⟨*Mar*⟩ trefolo *m.* **3** ⟨*fig*⟩ inezia *f*, bazzecola *f*, sciocchezza *f*, nonnulla *m.*

opily ['roupili] *avv.* **1** in modo filamentoso. **2** (*viscously*) in modo vischioso. **3** ⟨*fam*⟩ (*badly*) male, malamente, in malo modo. **ropiness** [–pinis] *s.* **1** l'essere filamentoso (*o* filoso). **2** (*of liquids*) vischiosità *f.* **3** ⟨*fam*⟩ (*bad quality*) qualità *f* scadente.

oping ['roupiŋ] *s.* ⟨*collett*⟩ (*ropes*) cordame *m.*

opy ['roupi] *a.* **1** filamentoso, filoso. **2** (*of liquids*) vischioso. **3** ⟨*fam*⟩ → **ropey.**

oquet ['rouk(e)i] **I** *v.t.* ⟨*Sport*⟩ (*in croquet: of another player's ball*) colpire (*o* battere) con la propria palla; (*of a ball*) colpire, battere. **II** *v.i.* colpire (*o* battere) la palla dell'avversario con la propria. **III** *s.* colpo *m* dato alla palla dell'avversario con la propria.

orqual ['rɔ:kwəl] *s.* ⟨*Zool*⟩ balenottera *f.*

orty ['rɔ:ti] *a.* ⟨*sl*⟩ **1** di buonumore, allegro, gaio. **2** (*gay, amusing*) divertente, allegro.

ROS = ⟨*Inform*⟩ *Read–Only Store* memoria a sola lettura.

osace ['rouzeis] *s.* ⟨*Arch*⟩ rosone *m*, rosa *f.*

osaceous [rou'zeiʃəs] *a.* **1** ⟨*Bot*⟩ rosaceo. **2** (*resembling a rose*) simile a una rosa.

Rosalie ['rɔzəli] *N.pr.* Rosalia *f.*

Rosalind ['rɔzəlind] *N.pr.* Rosalinda *f.*

Rosaline ['rɔzəlain] *N.pr.* Rosalina *f.*

Rosamond, Rosamund ['rɔzəmənd] *N.pr.* Ros(a)munda *f.*

osaniline [rou'zænilin] *s.* ⟨*Chim*⟩ rosanilina *f*, fucsina *f.*

osarian [rou'zɛəriən] *s.* ⟨*Giard*⟩ rosicoltore *m* (*f* –trice).

osary ['rouzəri] *s.* **1** ⟨*Rel*⟩ rosario *m.* **2** (*rose–garden*) rosaio *m*, roseto *m.*

ose[1] [rouz] **I** *s.* **1** ⟨*Bot*⟩ rosa *f.* **2** *m.* **3** *pl.* (*in the cheeks*) colorito *m* roseo. **4** ⟨*fig*⟩ (*woman of charm, beauty*) bocciolo *m* di rosa, bellezza *f.* **5** (*of a watering can, etc.*) cipolla *f.* **6** (*for a ceiling, wall*) rosone *m* di stucco; (*for a doorknob*) borchia *f.* **7** ⟨*Arch*⟩ → **rose–window. 8** ⟨*Oref*⟩ (*rose–cut*) taglio *m* a rosetta,

rosetta *f*, rosa *f.* **9** ⟨*Mar*⟩ (*of a compass*) rosa *f* dei venti; (*compass rose*) rosa *f* della bussola. **10** ⟨*Med*⟩ erisipela *f.* **II** *a.* **1** → **rose-coloured. 2** (*of, relating to a rose*) di rosa: ~ *petal* petalo *f* di rosa. **III** *v.t.* colorire (*o* colorare) di rosa, rendere rosa. □ ⟨*fig*⟩ *not all* –*s* non tutto rose e fiori, non tutte rose (e fiori): *this job is not all* –*s* questo lavoro non è tutto rose e fiori; ⟨*fam*⟩ *everything's* **coming** *up* –*s* tutto va per il meglio; ⟨*fig*⟩ *to gather* **life's** –*s* godersi la vita; *no* ~ *without a* **thorn** non c'è rosa senza spine; ⟨*fig*⟩ **under** *the* ~ (*secretly*) in confidenza, in (gran) segreto; ⟨*fig*⟩ –*s*, –*s all the* **way** sono tutte rose e fiori. *Prov.: a* ~ *by any other name would smell as sweet* la rosa non perderebbe il suo profumo se avesse un altro nome.

rose[2] → **rise**[1].

rosé *fr.* [rou'zei] *s.* ⟨*Enol*⟩ vino *m* rosé, rosato *m*, rosatello *m.*

Rose *N.pr.* Rosa *f.*

roseate ['rouziit] *a.* **1** → **rose-coloured. 2** ⟨*fig*⟩ ottimistico, roseo.

rose|–bud *s.* **1** bocciolo *m* (*o* bottone) di rosa. **2** ⟨*fig*⟩ (*beautiful girl*) bella ragazza *f*, bellezza *f*, bocciolo *m* di rosa. ~**–bush** *s.* rosaio *m*, pianta *f* di rose. ~ **color** *am. e der.* → **rose-colour** *e der.* ~**–colour** *s.* **1** color *m* rosa, rosa *m*, roseo *m.* **2** ⟨*fig*⟩ visione *f* ottimistica. ~**–coloured** *a.* **1** rosa, roseo, rosato, di color rosa. **2** ⟨*fig*⟩ roseo, ottimistico.

rose-coloured| glasses, ~ spectacles *s.pl.* ⟨*fig*⟩ visione *f* ottimistica, ottimismo *m* eccessivo. □ *to see the world through* ~ vedere (il mondo) tutto rosa.

rose|–cut *a.* ⟨*Oref*⟩ (*tagliato*) a rosetta, a rosa. ~ **cut** *s.* taglio *m* a rosetta, rosa *f*, rosetta *f.* ~ **garden** *s.* roseto *m*, rosaio *m*, giardino *m* di rose. ~ **haw** *s.* cinorrodo *m.* ~**head** *s.* (*of a watering can, etc.*) cipolla *f.*

roselike ['rouzlaik] *a.* simile a una rosa, come una rosa.

rosemary ['rouzməri] *s.* ⟨*Bot*⟩ rosmarino *m.*

Rosemary *N.pr.* Rosamaria *f.*

roseola [ro(u)'zi:ələ] *s.* ⟨*Med*⟩ **1** (*rash*) roseola *f*, esantema *m.* **2** (*rubella*) rosolia *f*, rubeola *f.* **roseolar** [–lə] *a.* **1** esantematico. **2** (*of rubella*) della rosolia.

rose|–pink **I** *s.* rosa *m* lacca. **II** *a.* rosa, roseo, di color rosa. ~**–red** **I** *s.* vermiglio *m.* **II** *a.* vermiglio.

rosery ['rouzəri] *s.* → **rose garden.**

rose-tinted *a.* → **rose-coloured.**

rosette [ro(u)'zet] *s.* **1** coccarda *f*, rosetta *f.* **2** ⟨*Arch*⟩ rosone *m* di stucco. **3** ⟨*Bot,Mecc,Met,Agr*⟩ rosetta *f.*

rose|–water **I** *s.* acqua *f* ˈdi roseˈ (*o* rosata). **II** *a.* all'acqua di rose (*anche fig.*): *a* ~ *revolutionary* un rivoluzionario all'acqua di rose. ~**–window** *s.* ⟨*Arch*⟩ rosone *m*, rosa *f.* ~**wood** *s.* palissandro *m.*

Rosicrucian [ˌrouzi'kru:ʃən] **I** *s.* ⟨*Stor*⟩ rosacroce *m*, rosacrociano *m.* **II** *a.* dei (*o* relativo ai) rosacrociani. **Rosicrucianism** [–izəm] *s.* principi *mpl* dei rosacrociani.

rosily ['rouzili] *avv.* ⟨*fig*⟩ allegramente, lietamente; (*optimistically*) in modo ottimistico, sotto una luce rosa.

rosin ['rɔzin] **I** *s.* ⟨*Chim*⟩ colofonia *f*, pece *f* greca. **II** *v.t.* spalmare di colofonia.

Rosinante [ˌrɔzi'nænti] **I** *N.pr.* ⟨*Lett*⟩ Ronzinante *m.* **II** *s.* ⟨*fig*⟩ ronzino *m*, ronzinante *m.*

rosiness ['rouzinis] *s.* **1** l'essere rosa (*o* rosato). **2** (*rosy complexion*) colorito *m* roseo. **3** ⟨*fig*⟩ lato *m* rosa (*o* roseo); (*optimism*) ottimismo *m.*

rosiny ['rɔzini] *a.* resinoso.

roster ['rɔstə] *s.* **1** ⟨*Mil*⟩ ruolo *m*, ordine *m* (*o* turno) di servizio, ruolino *m*: *promotion* ~ ruolo di promozione. **2** (*estens*) (*list, register*) lista *f*, elenco *m*, quadro *m.*

rostral ['rɔstrəl] *a.* ⟨*Anat*⟩ rostrale.

rostrate ['rɔstreit], **rostrated** [–id] *a.* **1** ⟨*Zool*⟩ rostrato. **2** ⟨*Anat*⟩ rostrale.

rostrum ['rɔstrəm] *s.* (*pl.* -**s** [z]/-**stra** [strə]) **1** podio *m*, tribuna *f*, palco *m*: *the conductor's* ~ il podio del direttore d'orchestra; *the speaker's* ~ la tribuna dell'oratore. **2** ⟨*Teat*⟩ praticabile *m.* **3** ⟨*Zool,Mar.ant*⟩ rostro *m.* □ *to yield the* ~ *to s.o.* cedere la parola a qd.

rosy ['rouzi] *a.* **1** roseo, rosato. **2** ⟨*fig*⟩ allegro, lieto; (*optimistic*) roseo, ottimistico: *a* ~ *picture of the future* un quadro roseo del futuro. **3** ⟨*rar*⟩ (*abounding in roses*) pieno di rose.

rot[1] [rɔt] *v.* (*pret., p.p.* '**rotted** [–id]) **I** *v.i.* **1** marcire, decomporsi, imputridire, putrefare: *the roof timbers have –ted* le travi del tetto sono marcite; (*to fall, disintegrate due to decay;* spesso con *off, away*) cadere (*o* decomporsi) per il marciume: *several branches had –ted off* parecchi rami erano caduti per il marciume. **2** ⟨*fig*⟩ (*to deteriorate morally*) depravarsi, corrompersi, guastarsi. **3** ⟨*fig*⟩ (*to waste away*) marcire, logorarsi, consumarsi: *to ~ in jail* marcire in prigione. **4** ⟨*Dent*⟩ cariarsi. **II** *v.t.* **1** far marcire (*o* imputridire), rendere marcio, decomporre: *damp had –ted the timber* l'umidità aveva fatto marcire il legno. **2** ⟨*fig*⟩ depravare, corrompere, guastare. **3** (*of flax, hemp: to ret*) macerare. □ *~ away in jail* marcire in galera.

rot[2] *s.* **1** imputridimento *m,* decomposizione *f,* putrefazione *f;* (*s.th. rotten*) marcio *m,* marciume *m,* putredine *f,* putridume *m.* **2** ⟨*fig*⟩ (*moral, social degeneration*) depravazione *f,* marciume *m,* corruzione *f,* marcio *m.* **3** ⟨*fig*⟩ (*process of decline*) decadenza *f,* disfacimento *m,* sfacelo *m.* **4** ⟨*Bot*⟩ carie *f.* **5** ⟨*Veter*⟩ distomatosi *f.* **6** ⟨*fam*⟩ (*nonsense*) sciocchezze *fpl,* stupidaggini *fpl,* corbellerie *fpl: don't talk ~* non dire schiocchezze. □ *tommy-~* schiocchezze, stupidaggini, ⟨*volg*⟩ fesserie.

rota ['routə] *s.* → **roster. Rota** *s.* ⟨*Dir.can*⟩ tribunale *m* della Sacra Rota, (Sacra) Rota *f.*

Rotarian [ro(u)'teəriən] **I** *s.* rotariano *m.* **II** *a.* rotariano, del Rotary Club. **Rotarianism** [–izəm] *s.* principi *mpl* dei rotariani.

rotary ['routəri] **I** *a.* **1** rotante, che ruota, rotativo; (*of motion*) rotatorio. **2** ⟨*Mecc*⟩ a rotazione, rotativo, che ha moto rotatorio. **II** *s.* ⟨*Mecc*⟩ sonda *f* a rotazione. **Rotary** *s.* → **Rotary Club.**

rotary| capacitor *s.* → **rotary condenser. ~ Club** *s.* Rotary Club *m.* **~ condenser** *s.* ⟨*Rad*⟩ condensatore *m* variabile. **~ converter** *s.* ⟨*El*⟩ convertitore *m* rotante. **~ engine** *s.* ⟨*Mot*⟩ motore *m* rotativo. **~ file** *s.* schedario *m* rotante. **~ intersection, ~ junction** *s.* ⟨*Strad*⟩ rotatoria *f.* **~ press** *s.* ⟨*Tip*⟩ rotativa *f.* **~ pump** *s.* ⟨*Mecc*⟩ pompa *f* rotativa.

rotatable [ro(u)'teitəbl] *a.* **1** rotabile. **2** ⟨*Agr*⟩ avvicendabile.

rotate [ro(u)'teit] **I** *v.t.* **1** (far) rotare, roteare, girare. **2** ⟨*Agr*⟩ (*of crops*) fare la rotazione di, avvicendare. **3** (*to alternate*) alternare, avvicendare. **II** *v.i.* **1** rotare, roteare, girare. **2** (*to proceed in a series*) avvicendarsi, alternarsi.

rotating [–iŋ] *a.* rotante, che ruota, rotativo. **rotation** [–'teiʃən] *s.* **1** rotazione *f,* roteazione *f.* **2** (*one complete turn*) rotazione *f,* giro *m.* **3** (*succession in series*) rotazione *f,* avvicendamento *m,* alternanza *f.* **4** ⟨*Agr*⟩ rotazione *f,* sistema *m* rotativo. **5** ⟨*Astr*⟩ rotazione *f,* rivoluzione *f.* □ *in* (*o by*) *~* in (*o* a) rotazione, a turno, in successione; ⟨*Agr*⟩ *~ of crops* avvicendamento *m* delle colture.

rotational [–'teiʃənəl] *a.* **1** di rotazione. **2** ⟨*Fis*⟩ rotazionale, vorticale. **rotative** ['routətiv] *a.* rotante, rotativo. **rotator** [–ə] *s.* **1** ⟨*Anat*⟩ muscolo *m* rotatorio. **2** ⟨*Mecc*⟩ mulinello *m.* **rotatory** ['routətəri] *a.* rotatorio, rotativo.

rote [rout] *s.* ⟨*ant*⟩ ripetizione *f* meccanica (*o* automatica). □ *by ~:* **1** (*by heart*) a memoria; **2** (*mechanically*) meccanicamente, automaticamente.

rot-gut *s.* ⟨*sl*⟩ (*cheap, inferior liquor*) liquore *m* scadente (di poco prezzo).

rotisserie *am.* [rou'tisəri] *s.* girarrosto *m.*

rotogravure [,routəgrə'vjuə] *s.* ⟨*Tip*⟩ (*process*) rotocalcografia *f,* rotocalco *m;* (*print*) copia *f* a rotocalco.

rotor ['routə] *s.* **1** ⟨*El,Aer,Mar*⟩ rotore *m.* **2** ⟨*Mecc*⟩ girante *m.*

rotor| blade *s.* ⟨*Aer*⟩ rotore *m,* pala *f* rotante. **~ ship** *s.* rotonave *f.*

rotten ['rɔtn] *a.* **1** marcio, fradicio, putrido, imputridito, putrefatto; *~ wood* legno marcio. **2** ⟨*fig*⟩ corrotto, marcio, depravato, guasto. **3** ⟨*fam*⟩ (*wretched, very unpleasant*) disgustoso, sgradevole; (*of bad quality*) pessimo, infame: *a ~ film* un film pessimo. **4** ⟨*Dent*⟩ cariato. □ ⟨*fig*⟩ *~ to the core* corrotto fino al midollo; ⟨*sl*⟩ *~ egg* carogna *f,*

vigliacco *m;* ⟨*fam*⟩ *to feel ~* sentirsi malissimo; *to have ~ luck* avere una sfortuna maledetta; ⟨*Geol*⟩ *~ stone* tripol *m,* polvere *f* di tripoli. **rottenly** [–tinli] *avv.* male malamente, in malo modo. **rottenness** [–tinnis] *s.* **1** imputridimento *m,* decomposizione *f.* **2** ⟨*fig*⟩ corruzione *f,* depravazione *f,* marciume *m,* marcio *m.*

rotter ['rɔtə] *s.* ⟨*sl*⟩ mascalzone *m,* cialtrone *m.*

rotula ['rɔtjulə] *s.* (*pl.* **-lae** [li:]) ⟨*Anat*⟩ rotula *f.*

rotund [ro(u)'tʌnd] *a.* **1** rotondo, tondo. **2** (*plump*) pieno pienotto, paffuto, rotondetto. **3** ⟨*fig*⟩ sonoro, armonico rotondo.

rotunda [ro(u)'tʌndə] *s.* ⟨*Arch*⟩ rotonda *f.* **rotundate** [–deit] *a.* arrotondato.

rotundity [ro(u)'tʌnditi] *s.* **1** rotondità *f.* **2** ⟨*fig*⟩ rotondità *f,* sonorità *f,* armonia *f.*

rouble *s.* → **ruble.**

roué *fr.* ['ru:ei, *am.* ru'ei] *s.* dissoluto *m,* vizioso *m* depravato *m.*

rouge[1] *fr.* [ru:ʒ] **I** *s.* **1** ⟨*Cosmet*⟩ rossetto *m,* belletto *m* rouge *m.* **2** ⟨*Chim*⟩ rossetto *m.* **3** (*in roulette*) rosso *m* rouge *m.* **II** *v.t.* ⟨*Cosmet*⟩ imbellettare, mettere il rossetto su, dare il rossetto a. **III** *v.i.* imbellettarsi, mettersi (*o* darsi) il rossetto.

rouge[2] *s.* ⟨*Sport*⟩ (*in Eton football*) mischia *f.*

rough[1] [rʌf] **I** *a.* **1** scabro, ruvido, rozzo, aspro, scabroso *a ~ surface* una superficie scabra; *~ hands* mani ruvide. 2 (*hairy, shaggy*) irsuto, ispido, irto, ruvido: *a ~ coat* un cane dal pelo irsuto. **3** (*difficult to travel over o penetrate*) impervio, accidentato, scabroso, aspro: *a ~ border country* un'impervia regione di frontiera; *a ~ roa* una strada accidentata; (*wild*) selvaggio, brullo, aspro (*hilly, rocky*) montuoso, scosceso, roccioso. **4** (*of water* agitato, burrascoso, grosso, tempestoso: *~ seas* mar agitati; *a ~ crossing* una traversata burrascosa; (*o weather*) rigido, crudo, inclemente; (*of wind*) forte veemente. **5** (*violent*) turbolento, violento, facinoroso. (*offensively forceful*) aspro, rude, duro, forte: *~ languag* linguaggio aspro; *~ manners* maniere rudi. **7** ⟨*Sport* pesante, scorretto: *~ game* gioco pesante; *a ~ player u* giocatore scorretto. **8** (*unrefined, uncouth*) rozzo grossolano, rude, zotico, incolto: *~ country folk* rozz gente di campagna; (*rude*) sgarbato, villano, scortese. 9 (*style, etc.*) grezzo, rozzo. **10** (*of poor quality*) grossolano dozzinale, scadente. **11** (*lacking comfort*) duro, disagiato difficile: *~ life* vita dura. **12** (*harsh to the taste*) ruvido aspro, acre, forte: *a ~ red wine* un vino rosso ruvido (*harsh to the ear*) aspro, sgradevole, stridulo. **13** (*crude unfinished*) rozzo, grossolano, grezzo, abbozzato: *a ~ painting* un dipinto rozzo; (*prepared hurriedly*) sommari sbrigativo, spicciativo. **14** (*of a worker*) non specializza to; (*of work*) pesante. **15** (*approximate, tentative* approssimativo, approssimato, vago, impreciso: *a ~ estimate* un calcolo approssimativo; *a ~ idea* una vag idea. **16** ⟨*fam*⟩ (*trying, unpleasant*) duro, difficile, arduo **17** ⟨*fam*⟩ (*unwell*) poco bene, indisposto: *I feel a bit ~* mi sento poco bene. **II** *s.* **1** terreno *m* accidentato incolto). **2** (*of a golf course*) erba *f* alta. **3** ⟨*fig* (*disagreeable aspect of s.th.*) lato *m* spiacevole (negativo), rovescio *m* della medaglia; (*difficulty*) difficoltà *f,* ostacolo *m,* avversità *f.* **4** (*s.th. crude, unfinishea* abbozzo *m,* cosa *f* allo stato grezzo. **5** ⟨*Oref*⟩ pietra grezza. **6** (*hooligan*) teppista *m/f.* **III** *avv.* **1** duramente aspramente, con asprezza: *to treat s.o. ~* trattare q duramente. **2** ⟨*Sport*⟩ in modo pesante. □ ⟨*fam*⟩ *to cu up ~* montare in collera; ⟨*fam*⟩ *to get ~* (*to becom difficult*) mettersi male; *at a ~ guess* a occhio e croce; *have a ~ guess* tirare a indovinare; *~ luck* sfortuna malasorte *f,* scalogna *f; to be ~ on:* **1** (*to be unlucky for* essere duro (*o* doloroso) per, essere una disgrazia per: *was ~ on him losing both parents* è stato duro per lu perdere entrambi i genitori; 2 (*to be unpleasant to*) esser duro (*o* severo): *he's rather ~ on his children* è piuttost duro con i figli; 3 (*to be harmful to*) essere una rovin per: *these roads are ~ on the car springs* queste strad sono una rovina per le sospensioni; ⟨*Sport*⟩ *to play ~* far un gioco pesante (*anche fig.*); ⟨*fig*⟩ *over ~ and smoot* per ritto e per rovescio, per ogni verso; ⟨*fig*⟩ *to take th*

~ **with** *the* **smooth** prendere il buono e il cattivo, prendere la vita come viene; *to have a* ~ **time** passarsela male, far vita grama. || *that's* ~! è dura!

ough[2] **I** *v.t.* **1** irruvidire, rendere ruvido. **2** (*to ruffle*) increspare, arruffare. **3** ⟨*Sport*⟩ fare un gioco pesante contro. **II** *v.i.* **1** diventare ruvido, irruvidirsi, farsi aspro. **2** (*to behave roughly*) comportarsi in modo villano. □ *to* ~ **in** abbozzare, delineare, schizzare; *to* ~ **it** fare una vita dura, vivere senza comodità; *to* ~ **off** (*to shape roughly*) sgrossare, sbozzare, digrossare: *to* ~ *off timber* sgrossare il legno; *to* ~ **out** = *to rough* **in**; ⟨*fam*⟩ *to* ~ **up** picchiare, malmenare, percuotere, maltrattare; ⟨*fam*⟩ *to* ~ *s.o. up the wrong way* irritare qd., indisporre qd., prendere qd. contropelo.

oughage ['rʌfidʒ] *s.* **1** ⟨*Zootecn*⟩ foraggio *m* grezzo; (*bran*) crusca *f*; (*straw*) paglia *f*. **2** (*in dietetics*) alimenti *mpl* ricchi di cellulosa; (*bran of cereals*) crusca *f* di cereali.

rough-and-'ready *a.* **1** approssimativo, approssimato, grossolano, sommario; (*makeshift*) improvvisato, di fortuna; (*of methods*) empirico. **2** (*of people*) brusco, spicciativo, sbrigativo.

rough-and-'tumble I *s.* rissa *f*, zuffa *f*, mischia *f*, baruffa *f*. **II** *a.* **1** disordinato, irregolare: *he led a* ~ *life* conduceva una vita disordinata. **2** (*makeshift*) improvvisato, di fortuna.

ough| copy *s.* brutta copia *f*, minuta *f.* ~ **customer** *s.* duro *m*, osso *m* duro. **~-cut** *a.* **1** tagliato grossolanamente. **2** (*of tobacco*) trinciato. ~ **diamond** *s.* **1** diamante *m* grezzo. **2** ⟨*fig*⟩ (*of a person*) burbero *m* benefico, cuore *m* d'oro sotto una ruvida scorza.

oughen ['rʌfn] **I** *v.t.* irruvidire, rendere ruvido. **II** *v.i.* irruvidirsi, divenire aspro (*o* ruvido).

ough| file *s.* lima *f* grossa. **'~-'footed** *a.* ⟨*Ornit*⟩ dalle zampe coperte di penne. **,~-'handle** *v.t.* maltrattare, malmenare. ~ **handling** *s.* maltrattamento *m.* ~ **house** *s.* rissa *f*, tafferuglio *m.*

oughing|-'in ['rʌfiŋ] *s.* **1** ⟨*Mur*⟩ rinzaffatura *f*. **2** ⟨*Edil*⟩ incassatura *f* delle tubature sotto traccia. ~ **mill** *s.* **1** ⟨*Met*⟩ treno *m* sbozzatore. **2** ⟨*Oref*⟩ tagliatore *m.* ~ **rolls** *s.pl.* ⟨*Met*⟩ laminatoi *mpl.*

oughish ['rʌfiʃ] *a.* **1** piuttosto rozzo (*o* rude). **2** (*of the sea*) piuttosto agitato.

ough| justice *s.* giustizia *f* sommaria. **~-legged** *a.* **1** ⟨*Ornit*⟩ calzato. **2** ⟨*Zool*⟩ (*of a horse*) dalle zampe pelose.

oughly ['rʌfli] *avv.* **1** (*violently*) turbolentemente, violentemente. **2** (*harshly, severely*) aspramente, duramente, severamente. **3** (*without finish*) grossolanamente, rozzamente. **4** (*without exactness*) all'incirca, approssimativamente, grosso modo, a occhio e croce. □ ~ *speaking* in linea generale, grosso modo.

rough|-ma'chine *v.t.* ⟨*Mecc*⟩ sbozzare, sgrossare. **~-neck** *am.* ⟨*sl*⟩ **1** teppista *m/f.* **2** (*member of an oil-drilling crew*) operaio *m* addetto all'estrazione del petrolio.

oughness ['rʌfnis] *s.* **1** ruvidezza *f*, asprezza *f*, ruvidità *f*; (*rough place, part*) scabrosità *f*. **2** (*of water*) veemenza *f*, forza *f*; (*of weather*) inclemenza *f*, rigidezza *f*, asprezza *f*. **3** (*violence*) turbolenza *f*, violenza *f*. **4** (*lack of refinement*) grossolanità *f*, ruvidezza *f*, rozzezza *f*, rudezza *f*. **5** (*harshness to the taste*) ruvidezza *f*, asprezza *f*; (*harshness to the ear*) asprezza *f.*

ough| proof *s.* ⟨*Tip*⟩ bozza *f* a mano. **,~-'rider** *s.* domatore *m* di cavalli, scozzone *m.* **~ riders, ~ Riders** *s.pl.* ⟨*Stor.am*⟩ rough riders *mpl.* **'~'shod** *a.* ferrato a ghiaccio. □ ⟨*fig*⟩ *to ride* ~ *over* mettere sotto i piedi, umiliare, maltrattare. **'~-'spoken** *a.* sboccato, scurrile, sguaiato. ~ **stuff** *s.* ⟨*sl*⟩ (*violent behaviour*) maniere *fpl* forti, metodi *mpl* energici. **~tailed** *a.* dalla coda squamosa.

oulade *fr.* [ru:'lɑ:d] *s.* ⟨*Mus*⟩ gorgheggio *m.*

oulette *fr.* [ru:'let] *s.* **1** roulette *f*. **2** ⟨*tecn*⟩ rotellina *f* perforatrice. **3** ⟨*Legat*⟩ bulino *m.* **4** ⟨*Filat*⟩ dentellatura *f.* **5** ⟨*Mat*⟩ rulletta *f*, rolletta *f*, trocoide *m.*

Roumania [ru'meinjə] *e der.* **~ Rumania** *e der.*

ound[1] [raund] **I** *a.* **1** rotondo, tondo, circolare: *a* ~ *table* un tavolo rotondo; (*spherical*) rotondo, tondo, sferico: *a* ~

ball una palla rotonda. **2** (*plump, rounded*) paffuto, grassoccio, tondo, rotondetto: ~ *cheeks* guance paffute; (*of shoulders*) ricurvo, curvo, rotondo. **3** (*of handwriting*) tondo, rotondo. **4** (*of a number, quantity: full, complete*) tondo, intero. **5** (*approximately correct*) approssimativo, arrotondato: *a* ~ *estimate* un calcolo approssimativo. **6** (*considerable in amount*) elevato, cospicuo, alto: *a* ~ *salary* uno stipendio elevato. **7** (*complete, finished*) esatto, tondo, preciso: *a* ~ *dozen* una dozzina esatta. **8** (*of sound: full, sonorous*) pieno, sonoro. **9** (*plain, outspoken*) chiaro (e tondo), schietto, franco. **II** *s.* **1** tondo *m*, disco *m*, tondino *m*, tondello *m:* ~*s of paper* tondi di carta; (*circular area*) anello *m*, cerchio *m;* (*spherical object, sphere*) tondo *m*, globo *m*, sfera *f;* (*cylindrical object*) oggetto *m* cilindrico. **2** (*rung of a ladder*) piolo *m.* **3** (*circular path*) giro *m*, percorso *m* circolare; (*movement in a circle*) giro *m*, rotazione *f.* **4** (*completed course, series*) ciclo *m*, corso *m*, serie *f* completa: *the* ~ *of the seasons* il ciclo delle stagioni. **5** ⟨*Mil*⟩ ronda *f*. **6** (*route of a milkman, etc.*) giro *m*, percorso *m;* (*progression of visits, stops*) giro *m: to do the* ~ *of night-clubs* fare il giro dei locali notturni. **7** *pl.* (*of a policeman, etc.*) ronda *f*, giro *m* d'ispezione. **8** (*of drinks*) giro *m: who bought the last* ~ *?* chi ha pagato l'ultimo giro? **9** (*in card games*) mano *f*, giro *m*, smazzata *f.* **10** ⟨*Sport*⟩ turno *m;* (*in boxing*) ripresa *f*, round *m;* (*in golf*) giro *m*, percorso *m.* **11** (*single outburst of applause, etc.*) scroscio *m*, salva *f*, scoppio *m.* **12** ⟨*Mil*⟩ (*single shot*) salva *f*, scarica *f: to fire three* ~*s* sparare tre salve; (*unit of ammunition*) colpo *m*, cartuccia *f.* **13** ⟨*Macell*⟩ contronoce *f*, girello *m.* **III** *avv.* **1** (*in a circular path*) in tondo, in cerchio, torno torno; (*by a circuitous route*) facendo un giro vizioso, seguendo un percorso circolare: *you came the long way* ~ sei venuto facendo un lungo giro vizioso. **2** (*with rotating motion*) con moto rotatorio, in tondo, in cerchio. **3** (*on all sides*) tutt'intorno, tutt'attorno: *the field was fenced* ~ il campo era recintato tutt'intorno. **4** (*here and there*) attorno, in giro, tutt'intorno; (*everywhere in a place*) dappertutto. **5** (*in the reverse direction*) indietro, nella direzione opposta, in senso inverso: *to turn* ~ girarsi indietro. **6** (*in circumference*) di perimetro, di circonferenza, di giro: *five miles* ~ cinque miglia di perimetro. **7** (*in turn, to each in succession*) a turno, a ciascuno (a turno); (*at various points away from the centre of*) attorno, a tutt'intorno a: *players were positioned* ~ *the field* i giocatori erano dislocati intorno al campo. **8** (*from beginning to end*) per tutto, durante l'intero: *the year* ~ per tutto l'anno; *all summer* ~ durante l'intera estate. **IV** *prep.* **1** intorno a, attorno a: *the earth moves* ~ *the sun* la terra gira intorno al sole. **2** (*on all sides of*) tutt'intorno a: *the garden* ~ *the house* il giardino intorno alla casa. **3** (*here and there in*) in giro per: *to walk* ~ *the town* andare in giro per la città. **4** (*throughout*) (per) tutto, durante l'intero: *to work* ~ *the day* lavorare tutto il giorno. **5** (*at about*) verso, intorno a, all'incirca: *I'll be back* ~ *midnight* sarò di ritorno verso mezzanotte. **6** (*about, on*) intorno a, su: *to argue* ~ *and* ~ *a subject* discutere senza fine intorno a un argomento. □ ~ *about:* 1 tutt'attorno, attorno, dattorno, intorno: *the town and the land* ~ *about* la città e il terreno tutt'attorno; 2 ⟨*fam*⟩ (*about, approximately*) all'incirca, pressappoco, più o meno.

round[2] **I** *v.t.* **1** arrotondare. **2** (*to pass around*) girare, passare attorno (*o* intorno) a: *to* ~ *the hill* girare la collina. **3** ⟨*Mar*⟩ doppiare, girare: *the ship* ~*ed the promontory* la nave doppiò il promontorio. **4** (*to bring to completeness, etc.;* spesso con *off, out*) completare, perfezionare, coronare: *to* ~ *off a career* coronare una carriera; (*to polish the style of;* spesso con *off*) tornire, arrotondare, rendere scorrevole (*o* fluente). **5** (*to end;* spesso con *off*) finire, concludere: *to* ~ *off a speech with a quotation* finire un discorso con una citazione. **6** (*of numbers;* spesso con *off, out*) arrotondare: *to* ~ *a figure to two decimals* arrotondare una cifra a due decimali. **II** *v.i.* **1** arrotondarsi. **2** (*to become plump;* spesso con *out*) arrotondarsi, divenire paffuto, ingrassarsi. **3** (*to take a curving direction*) curvare, piegare, girare; (*to turn around*) girare, rotare. □ ⟨*Mar*⟩ *to* ~ **in** alare; ⟨*tecn*⟩ *to* ~ **off** *an* *edge* arrotondare un orlo; *to* ~ **on** aggredire, investire, assalire; ⟨*Mar*⟩ *to* ~ **to** orzare; *to* ~ **up**: 1 (*of cattle*) radunare, riunire; 2 (*of people*) radunare, riunire, raccogliere; 3 (*of criminals, suspects*) fare una retata di; 4 ⟨*Mar*⟩ alare dall'alto verso il basso.

roundabout ['raundəbaut] **I** *s.* **1** giostra *f,* carosello *m.* **2** ⟨*Strad*⟩ rotatoria *f.* **3** (*circuitous route*) giro *m* tortuoso (*o* vizioso), giro in tondo. **4** (*circumlocution*) circonlocuzione *f,* perifrasi *f.* **II** *a.* **1** tortuoso, sinuoso, serpeggiante. **2** ⟨*fig*⟩ indiretto, traverso, obliquo: *a* ~ *approach* un approccio indiretto.

round| arch *s.* ⟨*Arch*⟩ arco *m* a tutto sesto. ~-**arm** *a./avv.* ⟨*Sport*⟩ (*in cricket*) roteando il braccio: ~ *bowling* il lanciare la palla roteando il braccio. ~ **down** *v.t./i.* ⟨*Inform*⟩ arrotondare per difetto.

roundel ['raundl] *s.* **1** ⟨*Arch*⟩ rosone *m,* rosa *f;* (*round decoration*) medaglione *m,* tondo *m.* **2** ⟨*Metr*⟩ (*rondel*) rondeau *m,* rondò *m.*

roundelay ['raundilei] *s.* ⟨*Mus*⟩ canzonetta *f* con ritornello.

rounder ['raundə] *s.* **1** chi fa la ronda, chi fa un giro d'ispezione; (*watchman*) guardiano *m* (*f* –a), custode *m/f.* **2** (*one who rounds s.th.*) chi arrotonda. **3** (*s.th. which rounds s.th.*) arnese *m* che serve ad arrotondare. **4** *pl.* (costr. sing.) ⟨*Sport*⟩ gioco simile al baseball (giocato in Inghilterra). **5** ⟨*am.sl*⟩ (*rakish person*) libertino *m,* dissoluto *m.*

'round|-'eyed *a.* **1** ⟨che ha⟩ (*o* con) gli occhi spalancati. **2** (*astonished*) sorpreso, stupito. **'~-'faced** *a.* dalla faccia tonda. ~ **figure** *s.* → **round number.**

Roundhead ['raundhed] *s.* ⟨*Stor.brit*⟩ seguace *m* di Cromwell.

round-house *s.* **1** ⟨*Mar*⟩ tuga *f* di poppa. **2** ⟨*Stor*⟩ (*prison*) prigione *f,* carcere *m.* **3** ⟨*Ferr*⟩ deposito *m* per locomotive. **4** ⟨*am.sport*⟩ (*in boxing*) gancio *m,* crochet *m.*

rounding| error *s.* errore *m* di arrotondamento. ~ **off** *s.* arrotondamento *m* per difetto. ~ **up** *s.* arrotondamento *m* per eccesso.

roundish ['raundiʃ] *a.* tondeggiante, rotondeggiante, rotondetto. **roundly** [–dli] *avv.* **1** in circolo, in cerchio, in tondo. **2** (*bluntly, plainly*) apertamente, senza reticenze, chiaro e tondo: ~ *criticized* criticato apertamente; (*vehemently*) aspramente, con veemenza, duramente: *to tell s.o. off* ~ rimproverare aspramente qd. **roundness** [–dnis] *s.* **1** rotondità *f.* **2** (*of sound*) pienezza *f,* sonorità *f;* (*of style*) scorrevolezza *f.*

round| neck sweater *s.* maglione *m* a girocollo, girocollo *m.* ~ **number** *s.* cifra *f* tonda. □ *in* –*s*: 1 in cifre tonde; 2 ⟨*fig*⟩ approssimativamente, all'incirca, pressappoco. ~ **robin** *s.* petizione *f* (*o* denuncia) con le firme apposte in cerchio. ~ **robin letter** *s.* lettera *f* di protesta. ~-**shot** *s.* ⟨*Mil.ant*⟩ palla *f* di cannone. **'~-'shouldered** *a.* dalle spalle curve.

roundsman ['raundzmən] *s.irr.* **1** fattorino *m,* distributore *m.* **2** ⟨*am*⟩ (*policeman*) poliziotto *m* in giro d'ispezione.

round|-table *a.* (*of a conference*) intorno a una tavola rotonda. ~ **table** *s.* tavola *f* rotonda. ~ **Table** *s.* ⟨*Lett*⟩ tavola *f* rotonda (di re Artù).

round|-the-clock *a./avv.* ventiquattrore su ventiquattro. ~ **trip** *s.* viaggio *m* di andata e ritorno. ~-**up** *s.* **1** (*of cattle*) raccolta *f,* raduno *m.* **2** (*of people*) riunione *f,* raduno *m,* adunata *f.* **3** (*of criminals, etc.*) retata *f,* operazione *f* di rastrellamento. **4** ⟨*Giorn,Rad*⟩ riepilogo *m,* sommario *m,* riassunto *m: a* ~ *of the sports results* un riepilogo dei risultati sportivi. **5** ⟨*Rad*⟩ (*brief résumé of late news*) notiziario *m.* ~ **up** *v.t./i.* arrotondare per eccesso.

roup[2] [ru:p] *s.* ⟨*Veter*⟩ difterite *f* aviaria.

roup[3] *scozz.* [raup] **I** *s.* (*auction*) asta *f,* incanto *m,* vendita *f* all'asta. **II** *v.t.* vendere all'asta.

roupy ['ru:pi] *a.* ⟨*Veter*⟩ affetto da difterite aviaria.

rouse[1] [rauz] **I** *v.t.* **1** svegliare, destare, risvegliare. **2** ⟨*fig*⟩ (*to stir into activity*) scuotere, destare, svegliare, risvegliare: *to* ~ *s.o. from his apathy* scuotere qd. dall'apatia; (*to move to indignation*) indignare, muovere a sdegno; (*to move to anger*) irritare, provocare (all'ira). **3**

⟨*fig*⟩ (*to excite, kindle*) risvegliare, accendere, destare, svegliare: *to* ~ *passions* risvegliare le passioni; (*to call forth*) destare, suscitare, causare, provocare: *to* ~ *unhappy memories* destare tristi ricordi. **4** ⟨*Venat*⟩ stanare; (*of birds*) alzare, levare. **5** ⟨*Mar*⟩ (*of a rope, etc.*; general. con *in, out, up*) alare con forza. **6** ⟨*Mar*⟩ (*to alert for action;* general. con *out*) chiamare in coperta. **II** *v.i.* **1** (*to awaken;* general. con *up*) svegliarsi, destarsi, risvegliarsi. **2** ⟨*fig*⟩ (*to become stirred into activity*) scuotersi, destarsi, svegliarsi, risvegliarsi. **III** *s.* sveglia *f* (*anche Mil.*).

rouse[2] *v.t.* (*of herrings: to cure by salting*) salare, mettere sotto sale.

rouser ['rauzə] *s.* **1** animatore *m* (*f* –trice), incitatore *m* (*f* –trice), stimolatore *m* (*f* –trice). **2** ⟨*sl*⟩ (*bold lie*) bugia *f* sfacciata, menzogna *f* impudente. **rousing** [–ziŋ] *a.* **1** incitatore, stimolante: *a* ~ *speech* un discorso incitatore. **2** (*very enthusiastic*) travolgente: *a* ~ *cheer* un'ovazione travolgente. **3** (*brisk, lively*) vivace, animato. **4** ⟨*fam*⟩ (*exceptional of its kind*) straordinario, eccezionale, fenomenale.

roustabout *am.* ['raustəbaut] *s.* **1** portuale *m,* scaricatore *m* di porto. **2** (*temporary worker*) lavoratore *m* saltuario; (*unskilled labourer*) manovale *m.*

rout[1] [raut] **I** *v.t.* **1** ⟨*Mil*⟩ sbaragliare, sgominare, sconfiggere, mettere in rotta: *to* ~ *an army* sbaragliare un esercito. **2** (*estens*) sopraffare, sconfiggere (nettamente), sbaragliare, battere: *the party was –ed at the election* il partito fu sconfitto alle elezioni. **II** *s.* **1** ⟨*Mil*⟩ disfatta *f,* rotta *f,* sconfitta *f* totale: *the defeat turned into a* ~ *la* sconfitta si tramutò in una disfatta. **2** (*estens*) (*act of defeating heavily*) lo sconfiggere (nettamente); (*instance*) disfatta *f,* sconfitta *f* totale. **3** (*crowd, throng*) folla *f,* moltitudine *f* tumultuante, turba *f.* **4** ⟨*Dir*⟩ radunata *f* sediziosa. □ *to put to* ~: 1 ⟨*Mil*⟩ mettere in rotta, sbaragliare; 2 ⟨*fig*⟩ sopraffare.

rout[2] **I** *v.i.* **1** (*to root*) grufolare. **2** (*estens*) (*to search, rummage*) frugare, rovistare, grufolare. **II** *v.t.* **1** (*to eject, drive out*; general. con *out*) snidare, stanare, sloggiare: *to* ~ *the guerrillas out of the hills* snidare i guerriglieri dalle colline. **2** (*to rouse from bed;* general. con *out, up*) far alzare (dal letto), buttare giù dal letto. **3** (*to find after rummaging*; general. con *out*) riuscire a trovare, scovare.

route [ru:t, *am.* raut] **I** *s.* **1** itinerario *m,* percorso *m,* via *f.* **2** (*of a salesman, etc.*) giro *m.* **3** ⟨*fig*⟩ via *f,* strada *f,* percorso *m: gambling is the quickest* ~ *to ruin* il gioco è la via più breve per giungere alla rovina. **4** ⟨*Mar,Aer*⟩ rotta *f: the North Atlantic* ~ la rotta nordatlantica. **5** ⟨*Mil*⟩ (*order to march;* [raut]) ordine *m* di marcia. **II** *v.t.* stabilire una rotta per, stabilire il percorso (*o* l'itinerario) di; (*to send by a certain route*) avviare, instradare, dirigere; (*to divert*) dirottare: *the police –d traffic away from the city centre* la polizia dirottò il traffico dal centro urbano. □ ⟨*Mil*⟩ *column of* ~ colonna *f* di marcia; *en* ~ in viaggio, in cammino.

route march [ru:t] *s.* ⟨*Mil*⟩ marcia *f* d'addestramento.

routine [ru:'ti:n] **I** *s.* **1** routine *f,* tran tran *m,* ritmo *m* monotono: *a housewife's daily* ~ la routine giornaliera di una casalinga. **2** (*customary procedure*) prassi *f,* procedura *f* corrente: *parliamentary* ~ la prassi parlamentare. **3** (*adherence to customary procedures*) abitudine *f,* costume *m,* consuetudine *f: to be a slave to* ~ essere schiavo dell'abitudine. **4** ⟨*Inform*⟩ sequenza *f* di istruzioni. **II** *a.* **1** corrente, normale, di ordinaria amministrazione: ~ *procedures* procedura corrente; ~ *matters* cose di ordinaria amministrazione. **2** (*ordinary, usual*) solito, consueto, ordinario, abituale. □ ⟨*fig*⟩ *to break out of the* ~ evadere dalla routine.

routing [ru:'tiŋ] *s.* istradamento *m,* avviamento *m:* ~ *o, mail dispatches* avviamento degli invii postali.

routing symbol *s.* codice *m* bancario.

rove[1] [rouv] **I** *v.i.* **1** vagare, errare, vagabondare, girovagare: *to* ~ *through the hills* vagare per le colline. **2** ⟨*fig*⟩ (*of thoughts, etc.*) errare, vagare, divagare. **II** *v.t.* vagare per, errare per; (*to traverse*) attraversare, percorrere. **III** *s.* vagabondaggio *m.*

rove[2] *v.t.* ⟨*Tess*⟩ torcere (per filare). **II** *s.* **1** lucignolo *m,* stoppino *m.* **2** (*final stage of carding*) torcitura *f.*

ve[3] *s.* **1** ⟨*Mar*⟩ doppino *m.* **2** ⟨*tecn,Mecc*⟩ (*washer*) parella *f,* rosetta *f,* rondetta *f.*

ve[4] → **reeve**[2].

ver[1] ['rouvə] *s.* **1** giramondo *m/f,* girovago *m* (*f* –a), agabondo *m* (*f* –a). **2** (*senior Boy Scout*) rover *m.* **3** ⟨*Sport*⟩ (*in archery*) bersaglio *m* scelto a caso. **4** ⟨*ant*⟩ *pirate*⟩ pirata *m,* corsaro *m.*

ver[2] *s.* ⟨*Tess*⟩ **1** banco *m* per lucignolo (*o* stoppino). **2** *worker*⟩ torcitore *m* (*f* –trice).

ving ['rouviŋ] *a.* **1** nomade, errante, vagante, itinerante: ~ *tribe* una tribù nomade. **2** ⟨*fig*⟩ (*of imagination, etc.*) he divaga.

ving commission *s.* **1** ⟨*Dir*⟩ commissione *f* itinerante. **2** ⟨*fig*⟩ l'avere libertà di azione.

w[1] [rou] *s.* **1** fila *f,* riga *f,* linea *f: a* ~ *of desks* una fila li banchi; (*of figures*) riga *f*; (*uninterrupted sequence*) equela *f,* sfilza *f,* fila *f.* **2** (*Lav.femm*) ferro *m,* giro *m.* **3** *Agr*⟩ filare *m,* fila *f.* **4** (*in checkers*) riga *f,* traversa *f.* □ *n* –*s* in file, a file; *in a* ~: 1 allineato, in riga; 2 (*one after nother*) di fila, uno dopo l'altro.

w[2] **I** *v.i.* **1** remare, vogare. **2** (*to be propelled by oars*) ndare a remi. **II** *v.t.* **1** spingere a forza di remi, far nuovere vogando (*o* remando). **2** (*to transport in a owing–boat*) trasportare in una barca a remi. **3** (*to be quipped with*) essere attrezzato con: *the boat* –*s ten oars* a barca è attrezzata con dieci remi. **III** *s.* **1** remata *f,* ogata *f: it's a long* ~ *to the other side* è una lunga emata fino all'altra riva. **2** (*trip in a rowing–boat*) gita *f o* giro *m*) in una barca (a remi). □ *to* ~ *s.o. across the ake* far attraversare il lago a qd. con una barca a remi; *to ro for a* ~ fare una gita in barca (a remi); ⟨*fig*⟩ *to* ~ *gainst the tide* andare controcorrente.

w[3] [rau] **I** *s.* **1** (*argument, quarrel*) litigio *m,* lite *f,* lterco *m,* baruffa *f,* bisticcio *m: a* ~ *between husband nd wife* un litigio tra marito e moglie. **2** ⟨*fam*⟩ (*noise, in*) chiasso *m,* baccano *m,* fracasso *m,* frastuono *m: what i* ~! quanto chiasso! **II** *v.i.* ⟨*fam*⟩ litigare, altercare, isticciare (*with* con). **III** *v.t.* ⟨*fam*⟩ (*to reprimand*) improverare, riprendere, sgridare. □ *to have a* ~ *with i.o.* bisticciare con qd., attaccare lite con qd.; to ⌐*kick up*⌐ *o make*) *a* ~: 1 (*to make a noise*) fare chiasso (*o* racasso), fare baccano; 2 (*to protest violently*) protestare *on* violenza, fare un putiferio; *what's the* ~? che diamine uccede?, che cosa c'è?

wan ['rauən, 'rouən] *s.* **1** ⟨*Bot*⟩ → **rowan tree**. **2** → **rowanberry**.

wan|berry *s.* sorba *f.* ~ **tree** *s.* ⟨*Bot*⟩ sorbo *m* rosso.

w–boat *am.* ['roubout] *s.* → **rowing–boat**.

w–de–dow ['raudidau] *s.* baccano *m,* chiasso *m,* fracasso *n.*

wdily ['raudili] *avv.* **1** chiassosamente, rumorosamente. **2** (*roughly*) turbolentemente, violentemente. **rowdiness** –dinis] *s.* **1** chiassosità *f,* l'essere rumoroso. **2** *roughness*) turbolenza *f,* violenza *f.* **rowdy** [–di] **I** *a.* **1** rumoroso, chiassoso. **2** (*rough, disorderly*) turbolento, violento, agitato. **II** *s.* scalmanato *m* (*f* –a), facinoroso *m f* –a); (*hooligan*) teppista *m/f.* **rowdyish** [–diiʃ] *a.* alquanto turbolento. **rowdyism** [–diizəm] *s.* condotta *f* urbolenta.

wel ['rauəl] **I** *s.* stella *f,* rosetta *f,* rotella *f.* **II** *v.t.* (*pret., p.p.* rowelled/*am.* roweled [–d]) (*to spur*) spronare.

wer ['rauə] *s.* rematore *m,* vogatore *m,* canottiere *m.*

wing[1] ['rouiŋ] **I** *s.* **1** voga *f.* **2** ⟨*Sport*⟩ canottaggio *m.* **II** *a.* a remi.

wing[2] ['rauiŋ] *a.* (*quarrelling*) che litiga, che bisticcia.

wing|–boat ['rouiŋ] *s.* barca *f* (*o* imbarcazione) a remi. ~ **exerciser,** ~ **machine** *s.* ⟨*Ginn*⟩ vogatore *m.*

wlock ['roulɔk] *s.* ⟨*Mar*⟩ scalmiera *f,* scalmo *m.*

oxana [rɔk'sɑːnə] *N.pr.* Rossana *f.*

yal ['rɔiəl] **I** *a.* **1** reale, regale, regio. **2** ⟨*fig*⟩ splendido, magnifico, regale, degno di un re: *a* ~ *welcome* un'accoglienza splendida; (*majestic, imposing*) imponente, grandioso, maestoso, regale. **3** ⟨*fam*⟩ (*excellent*) ottimo, eccellente: *in* ~ *spirits* d'ottimo umore. **4** ⟨*Chim*⟩ (*noble*) nobile. **II** *s.* **1** ⟨*Mar*⟩ controvelaccio *m.* **2** ⟨*Cart*⟩ formato *m* reale, reale *m.* **3** ⟨*Numism*⟩ real *m.* **4** ⟨*fam*⟩ (*royal person*) membro *m* della famiglia reale. **5** ⟨*Zool*⟩

cervo *m* reale. □ ⟨*Aer.mil*⟩ ~ *Air Force* regia aeronautica; *Her* (*o His*) ~ *Highness* Sua Altezza Reale.

Royal| Academy *s.* accademia *f* reale britannica. ~ **assent** *s.* ⟨*Parl*⟩ assenso *m* reale (*o* regio). ~–**blue I** *s.* blu *m* reale. **II** *a.* (color) blu reale. ~ **consent** *s.* → royal assent. ~ **family** *s.* famiglia *f* reale, reali *mpl.* ~ **flush** *s.* (*in poker*) scala *f* reale massima. ~ **Grenadiers** *s.pl.* ⟨*Mil*⟩ granatieri *mpl* reali. ~ **household** *s.* ⟨*GB*⟩ casa *f* reale.

royalism ['rɔiəlizəm] *s.* **1** realismo *m.* **2** (*monarchism*) fede *f* monarchica. **royalist** [–list] **I** *s.* **1** realista *m/f.* **2** (*monarchist*) monarchico *m* (*f* –a). **II** *a.* realista. **Royalist I** *s.* ⟨*Stor*⟩ realista *m/f.* **II** *a.* dei (*o* relativo ai) realisti.

royal jelly *s.* ⟨*Farm*⟩ pappa *f* (*o* gelatina) reale.

royalty ['rɔiəlti] *s.* **1** sovranità *f,* regalità *f,* dignità *f* regale. **2** ⟨*collett*⟩ (*royal persons*) reali *mpl,* famiglia *f* reale. **3** ⟨*fig*⟩ (*regal character*) regalità *f,* nobiltà *f.* **4** ⟨*Dir*⟩ diritto *m* d'autore, royalty *f.* **5** *pl.* (*royal prerogatives*) prerogative *fpl* (*o* privilegi *mpl*) reali.

R.P. = **1** ⟨*Rel.ev*⟩ *Reformed Presbyterian* presbiteriano riformato. **2** ⟨*Univ*⟩ *Regius Professor* regio professore. **3** ⟨*Post,Tel*⟩ *reply paid* risposta pagata.

R/P = ⟨*Comm*⟩ *Return of Post* a giro di posta.

R.S. = *Royal Society* accademia britannica delle scienze.

r.s.v.p., R.S.V.P. = *répondez s'il vous plaît* si prega rispondere (*abbr.* R.S.V.P.).

rt = *right* destro.

rub[1] [rʌb] *v.* (*pret., p.p.* rubbed [–d]) **I** *v.t.* **1** strofinare, fregare, sfregare, stropicciare: *to* ~ *a table with a cloth* strofinare un tavolo con un panno. **2** (*to massage*) frizionare, massaggiare: *to* ~ *one's leg with an ointment* frizionarsi la gamba con una pomata. **3** (*to polish by rubbing*: spesso con *up*) lucidare (*o* levigare) strofinando. **4** (*to make a rubbing of*) riprodurre (su carta) mediante sfregamento. **II** *v.i.* **1** (*to move with pressure*) strusciare: *the wheel is* –*bing on s.th.* la ruota struscia contro qc.; *the horse was* –*bing against the fence* il cavallo si strusciava contro lo steccato. **2** ⟨*fam*⟩ irritare, urtare: *it* –*s to be told one is superfluous* è irritante sentirsi dire che non si è indispensabili. □ ⟨*fam*⟩ *to* ~ **along** tirare avanti alla meglio (*o* meno peggio); *to* ~ *s.th.* **away** togliere (*o* rimuovere) qc. strofinando; *to* ~ *s.th.* **clean** pulire qc., strofinare qc. fino a renderlo pulito; *to* ~ **down**: 1 pulire (*o* asciugare) strofinando; (*of an athlete*) massaggiare; (*of a horse*) asciugare il sudore di; 2 (*to smooth, polish*) levigare, lisciare: *to* ~ *a door down with sandpaper* levigare una porta con la carta vetrata; *to* ~ *o.s. down with a towel* strofinarsi vigorosamente con un asciugamano; *to* ~ *s.th.* **dry** asciugare qc. strofinando, strofinare qc. fino a renderlo asciutto; *to* ~ **elbows** *with* = *to rub* **shoulders** *with; to* ~ *with* **emery** smerigliare; *to* ~ **in**: 1 frizionare, fare penetrare fregando (*o* frizionando); 2 ⟨*fam*⟩ (*to impress in the mind*) fare entrare in testa, imprimere bene nella mente; *to* ~ *it in* insistere su, farla lunga: *you needn't* ~ *it in* non c'è bisogno che tu la faccia tanto lunga; *to* ~ **off** cancellare, asportare strofinando, togliere fregando: *to* ~ *s.th.* **off** *the blackboard* cancellare qc. dalla lavagna; *to* ~ **on** spalmare (*o* applicare) strofinando; *to* ~ **out**: 1 cancellare: ~ *it out and write it again* cancella e riscrivilo; 2 ⟨*fam*⟩ distruggere, spazzare via; 3 ⟨*sl*⟩ (*to murder*) assassinare, ⟨*gerg*⟩ eliminare, ⟨*gerg*⟩ fare fuori; *this mark won't* ~ *out* questo segno non va via; *to* ~ **polish** *on the furniture* dare il lucido ai mobili; ⟨*fig*⟩ *to* ~ *s.o.* (*up*) *the* **right** *way* prendere qd. per il verso giusto; ⟨*fig*⟩ *to* ~ **shoulders** *with* essere in rapporto con, frequentare; *to* ~ **up**: 1 lucidare (*o* levigare) strofinando; 2 ⟨*fig*⟩ rinfrescare, ravvivare; ⟨*fig*⟩ *to* ~ *s.o.* (*up*) *the* **wrong** *way* irritare qd., prendere qd. per il verso sbagliato.

rub[2] *s.* **1** sfregamento *m,* strofinamento *m,* strofinata *f.* **2** ⟨*fig*⟩ (*obstacle, impediment*) difficoltà *f,* ostacolo *m,* impedimento *m.* **3** ⟨*fig*⟩ (*criticism, gibe*) critica *f,* sarcasmo *m.* **4** (*rough area on a surface*) scabrosità *f.* □ *to give the silver a* ~ dare una lucidata all'argenteria; ⟨*fam*⟩ *there's the* ~ qui sta il guaio.

rub-a-dub ['rʌbədʌb] **I** *s.* rullo *m* di tamburo, rataplan *m.* **II** *v.i.* (*of drums*) rullare.

rubber[1] ['rʌbə] **I** s. **1** gomma f, cauccù m. **2** (eraser) gomma f per cancellare; (for a blackboard, etc.) cancellino m. **3** pl. ⟨Calz⟩ soprascarpe fpl di gomma, calosce fpl. **4** ⟨am⟩ (rubber band) elastico m. **5** (one who rubs) chi sfrega, chi strofina. **6** (masseur) massaggiatore m; (masseuse) massaggiatrice f. **II** a. di gomma: ~ gloves guanti di gomma. **III** v.t. rivestire di uno strato di gomma, gommare.

rubber[2] s. (in card games) partita f di tre manche; (deciding game) partita f decisiva, ⟨pop⟩ bella f.

rubber| band s. elastico m. ~ **cement** s. mastice m. ~ **check** am. s. assegno m scoperto. ~ **dinghy** s. ⟨Mar⟩ battello m di gomma, gommone m. ~ **factory** s. gommificio m.

rubberize ['rʌbəraiz] v.t. rivestire di uno strato di gomma, gommare.

rubber–neck am. ['rʌbənek] s. **1** ⟨sl⟩ (inquisitive person) ficcanaso m/f, curiosone m (f –a). **2** ⟨spreg⟩ (tourist) turista m/f.

rubber| plant s. ⟨Bot⟩ ficus m. ~**-stamp** v.t. **1** timbrare, apporre un timbro. **2** ⟨fig⟩ approvare meccanicamente. ~ **stamp** s. **1** timbro m di gomma. **2** ⟨fig⟩ approvazione f. ~**-tree** s. ⟨Bot⟩ albero m della gomma.

rubbing ['rʌbiŋ] s. **1** sfregamento m. **2** (massage) massaggio m, frizione f. **3** ⟨Tip⟩ riproduzione f (su carta) ottenuta mediante sfregamento.

rubbish ['rʌbiʃ] **I** s. **1** rifiuti mpl, spazzatura f, immondizie fpl. **2** (worthless material) materiale m di scarto, scarto m, ciarpame m, robaccia f. **3** ⟨fig⟩ (nonsense) sciocchezze fpl, stupidaggini fpl, scempiaggini fpl. **4** ⟨Mur⟩ (rubble) breccia f, pietrisco m. **II** intz. ⟨fam⟩ sciocchezze, storie, ⟨fam⟩ balle.

rubbish| bin s. bidone m della spazzatura. ~ **dump** s. discarica f. ~ **heap** s. mucchio m di rifiuti.

rubbishing ['rʌbiʃiŋ], **rubbishy** [–ʃi] a. **1** pieno di rifiuti. **2** ⟨fam⟩ (worthless) senza (o di nessun) valore, di scarto.

rubble ['rʌbl] s. **1** macerie fpl: to reduce to ~ ridurre in macerie. **2** ⟨Mur⟩ breccia f, pietrisco m. **3** ⟨Geol⟩ detriti mpl.

rubble| concrete s. ⟨Mur⟩ calcestruzzo m ciclopico. ~**work** s. muratura f di pietre non squadrate.

rubbly ['rʌbli] a. di (o simile a) breccia.

rubdown ['rʌbdaun] s. **1** strofinata f: to give o.s. a ~ with a towel darsi una strofinata con un asciugamano. **2** (massage) massaggio m, frizione f.

rube am. [ru:b] s. ⟨sl⟩ (unsophisticated countryman) persona f rustica, campagnolo m (f –a).

rubefacient [,ru:bi'feiʃənt] **I** a. ⟨Med⟩ rubefacente. **II** s. rubefacente m. **rubefaction** [–'fækʃən] s. **1** (act) arrossamento m. **2** (result) iperemia f cutanea.

Rubicon ['ru:bikən] N.pr. ⟨Geog⟩ Rubicone m. □ ⟨fig⟩ to cross (o pass) the ~ passare il Rubicone.

rubicund ['ru:bikənd] a. rubicondo. **,rubicundity** [–'kʌnditi] s. l'essere rubicondo.

rubidium [ru:'bidiəm] s. rubidio m.

rubied ['ru:bid] a. color rubino.

rubify ['ru:bifai] v.t. arrossare, far diventare rosso.

rubiginose [ru:'bidʒinous], **rubiginous** [–nəs] a. color ruggine.

ruble ['ru:bl] s. ⟨Econ⟩ rublo m.

rubric ['ru:brik] **I** s. ⟨Lit,Paleogr,Dir⟩ rubrica f. **II** a. **1** scritto (o segnato) in rosso. **2** ⟨Lit⟩ prescritto dalle rubriche. **rubrical** [–əl] a. → rubric.

rubricate ['ru:brikeit] v.t. **1** stampare in lettere rosse. **2** (to furnish with rubrics) provvedere di rubriche. **3** (to mark with red) segnare in rosso. **,rubrication** [–keiʃən] s. **1** rubricazione f. **2** (s.th. rubricated) lettera f (o parola) scritta in rosso. **rubricator** [–ə] s. rubricatore m (anche Paleogr.). **rubrician** [ru:'briʃən] s. ⟨Lit⟩ rubricista m/f.

ruby ['ru:bi] **I** s. **1** ⟨Min⟩ rubino m. **2** (colour) rosso m vivo, vermiglio m. **3** (red pimple on face or nose) bitorzolo m rosso sulla faccia (o sul naso). **II** a. **1** (color) rubino, vermiglio. **2** (containing rubies) di rubini, con rubini: a ~ necklace una collana di rubini. □ ⟨fig⟩ above rubies d'inestimabile valore.

Ruby N.pr. Rubina f.

ruche fr. [ru:ʃ] s. ⟨Mod⟩ ruche f, gala f.

ruck[1] [rʌk] s. **1** massa f (anonima), folla f: his talents h enabled him to get out of the ~ le sue doti naturali hanno permesso di emergere dalla massa. **2** ⟨Equ gruppo m (lasciato indietro dai vincitori). **3** (pile, hea mucchio m, cumulo m, ammasso m.

ruck[2] **I** s. piega f, grinza f. **II** v.i. spiegazzarsi, sgualci raggrinzarsi. **III** v.t. spiegazzare, sgualcire, raggrinzare.

ruckle ['rʌkl] v. → **ruck**[2].

rucksack ['rʌksæk] s. sacco m da montagna, zaino m.

ruckus am. ['rʌkəs] s. ⟨fam⟩ → ruction.

ruction ['rʌkʃən] s. ⟨fam⟩ **1** tafferuglio m. **2** (row) liti m, lite f.

rudd [rʌd] s. ⟨Itt⟩ scardola f.

rudder ['rʌdə] s. **1** ⟨Mar⟩ timone m. **2** ⟨Aer⟩ timone m direzione. **3** ⟨fig⟩ guida f, direzione f, timone m, gover m: the government lacks a ~ il governo manca di u guida.

rudder| angle s. ⟨Mar,Aer⟩ angolo m di timone. ~**-fi** s. ⟨Itt⟩ pesce m pilota.

ruddiness ['rʌdinis] s. l'essere rubicondo; (healthy glo floridezza f.

ruddle ['rʌdl] **I** s. varietà di ocra rossa. **II** v.t. marcare tingere) con ocra rossa.

ruddock ['rʌdək] s. ⟨dial⟩ (robin) pettirosso m.

ruddy ['rʌdi] **I** a. **1** rubicondo, rosso (vivo), arrossato: a complexion un colorito rubicondo. **2** (reddish) rossast rosseggiante: a ~ glare in the night sky un bagli rossastro nel cielo notturno. **3** ⟨sl⟩ (bloody, damn maledetto, dannato, odioso. **II** avv. ⟨sl⟩ maledettamer terribilmente. **III** v.t. arrossare, rendere rosso.

rude [ru:d] a. **1** maleducato, sgarbato, scortese, villano: ~ to talk with your mouth full è maleducato parlare c la bocca piena; a ~ reply una risposta sgarbata. (insolent, pert) insolente, impertinente; (tactle indiscreto, ⟨privo di⟩ (o senza) tatto: if it isn't a ~ quest se non è una domanda indiscreta. **3** (uneduca uncultured) rude, rozzo, incolto. **4** (crude, rough) roz grezzo: a ~ hut una rozza capanna; (primiti rudimentale, primitivo: a ~ spinning machine un filat rudimentale. **5** (harsh) duro, aspro, severo: a ~ shock duro colpo; (sudden, abrupt) brusco, improvviso, inatte **6** (of sound: discordant) aspro, stridente. **7** (of heal robusto, vigoroso. **8** (vulgar, obscene) volgare, grossola indecente: ~ language linguaggio m volgare. (unmanufactured, raw) grezzo, non lavorato: in the ~ st allo stato grezzo. □ to say ~ things dire cose offensi dire insolenze.

rudely ['ru:dli] avv. **1** sgarbatamente, scorteseme maleducatamente. **2** (harshly) duramente, severame aspramente. **3** (crudely, primitively) rozzamente, modo rudimentale (o primitivo). **4** (indecently, vulgar volgarmente, in modo osceno. **rudeness** [–dnis] s. sgarbatezza f, scortesia f, maleducazione f, villania (impolite action) scortesia f, sgarbo m, villanata f. (harshness) durezza f, severità f, asprezza f. **3** (cruden primitiveness) rozzezza f, primitività f. **4** (indecer vulgarity) volgarità f, indecenza f.

rudiment ['ru:dimənt] s. **1** pl. rudimenti mpl, principi (elementari): the –s of medicine i rudimenti d medicina. **2** pl. ⟨Ped⟩ nozioni fpl elementari. **3** pl. ⟨ unformed, beginning) abbozzo m, accenno m, rudime m: the –s of a social system l'abbozzo di un siste sociale. **4** ⟨Biol⟩ rudimento m. **,rudimental** [–'men **,rudimentary** [–'mentəri] a. **1** fondamentale, basilare (elementary) rudimentale, elementare: a ~ knowledge law una conoscenza rudimentale della legge. **3** ⟨Ped⟩ d (o relativo alle) nozioni elementari. **4** ⟨Bi rudimentale.

Rudolf, Rudolph ['ru:dɔlf] N.pr. Rodolfo m.

rue[1] [ru:] v.t. pentirsi di, rammaricarsi di, deplorare: will live to ~ it verrà il giorno che te ne pentirai. **II** s rimpianto m, rammarico m, rincrescimento m. (repentance) pentimento m.

rue[2] s. ⟨Bot⟩ ruta f.

rueful ['ru:fəl] a. **1** dolente, mesto, afflitto. **2** (pitia pietoso, doloroso; (deplorable) deplorevole. **ruefully**

v. in modo mesto (*o* afflitto). **ruefulness** [–nis] *s.* ⸗lizione *f,* dolore *m,* pena *f.*

⸗escent [ru:'fesnt] *a.* rossastro.

⸗**l** [rʌf] *s.* **1** ⟨*Stor*⟩ gorgiera *f,* lattuga *f.* **2** ⟨*Mod*⟩ ⸗crespatura *f,* crespa *f.* **3** ⟨*Zool,Ornit*⟩ collare *m.* **4** ⸗*rnit*⟩ gambetta *f,* pavoncella *f* combattente. **5** ⟨*Ornit*⟩ ⸗*pe of pigeon*) piccione *m* dal collare.

⸗**²** *s.* ⟨*Itt*⟩ acerina *f.*

⸗**³** **I** *s.* (*in cards*) il tagliare con un atout. **II** *v.t./i.* ⸗gliare con un atout.

⸗ed [rʌft] *a.* ⟨*Zool,Ornit*⟩ dal collare.

⸗**ian** [rʌfiən] *s.* furfante *m,* manigoldo *m,* canaglia *f,* ⸗aldo *m,* teppista *m.* **ruffianism** [–izəm] *s.* furfanteria *f,* bricco),neria *f,* ribalderia *f,* ⟨*spreg*⟩ teppismo *m.* ⸗**ffianly** [–li] *a.* brutale, violento.

⸗**le¹** ['rʌfl] **I** *v.t.* **1** increspare: *the wind –d the waters of* ⸗*e lake* il vento increspava le acque del lago; (*of hair,* ⸗.) arruffare, scompigliare. **2** (*fig*) scomporre, turbare, ⸗ettere in agitazione: *nothing –s him* nulla lo scompone; ⸗ vex) irritare, infastidire. **3** (*of feathers*) rizzare, ⸗izzare, arruffare. **4** (*of the pages of a book*) sfogliare ⸗pidamente; (*of cards*) mescolare (velocemente). **5** ⟨*Mod*⟩ ⸗crespare. **II** *v.i.* ⟨*fig*⟩ scomporsi, turbarsi, agitarsi; (*to* ⸗*come vexed*) irritarsi, infastidirsi. **III** *s.* **1** ⟨*Mod*⟩ ⸗crespatura *f,* crespa *f.* **2** ⟨*Zool,Ornit*⟩ collare *m.* **3** (*ripple,* ⸗*all wave*) increspatura *f,* incrementamento *m.* **4** (*fig*) ⸗rbamento *m,* agitazione *f.*

⸗**le²** **I** *s.* (*of a drum*) rullo *m* sommesso (di tamburo). **II** ⸗. rullare sommessamente.

⸗**led** ['rʌfld] *a.* **1** ⟨*Mod*⟩ guarnito d'increspature. **2** ⸗*ool,Ornit*⟩ → **ruffed**.

⸗**ler** ['rʌflə] *s.* **1** increspatore *m.* **2** (*one who disturbs*) ⸗sturbatore *m* (*f* –trice).

⸗ous ['ru:fəs] *a.* rossiccio, rossastro.

⸗ [rʌg] *s.* **1** coperta *f* (spec. da viaggio). **2** (*small, thick* ⸗*pet*) tappetino *m.* **3** (*for an animal*) coperta *f.*

⸗a ['ru:gə] *s.* (*pl.* rugae ['ru:dʒi:]) ⟨*Biol,Anat*⟩ ruga *f,* ⸗ega *f.* **rugate** [–g(e)it] *a.* (*wrinkled*) raggrinzito, ⸗inzoso.

⸗gbeian [rʌg'bi:ən] **I** *a.* della scuola di Rugby. **II** *s.* ⸗anno *m* della scuola di Rugby.

⸗gby ['rʌgbi] **I** *s.* ⟨*Sport*⟩ rugby *m,* palla *f* ovale, ⸗llovale *f.* **II** *N.pr.* ⟨*Geog*⟩ Rugby *f.*

⸗ged ['rʌgid] *a.* **1** aspro, accidentato, irregolare: *a ~* ⸗ndscape un paesaggio aspro; (*craggy*) dirupato, scosceso. ⸗(*of features*) irregolare; (*of men's faces*) dai lineamenti ⸗arcati (*o* duri). **3** (*hard, rough*) duro, arduo, difficile, ⸗pro: *a ~ life on the frontier* una vita dura sulla ⸗ntiera. **4** (*robust*) vigoroso, robusto. **5** (*austere, stern*) ⸗vero, rigoroso, rigido, duro. **6** (*rude, uncultivated*) rude, ⸗zzo, incolto. **7** (*of weather*) tempestoso, burrascoso. **8** ⸗arsh to the ear) aspro, stridente. **ruggedly** [–li] *avv.* ⸗pramente, irregolarmente. **ruggedness** [–nis] *s.* **1** ⸗prezza *f,* asperità *f.* **2** (*of features*) irregolarità *f.* **3** ⸗ughness) durezza *f,* difficoltà *f.* **4** (*robustness*) vigoria *f,* ⸗bustezza *f.*

⸗ger, **Rugger** ['rʌgə] *s.* → **Rugby**.

⸗ose ['ru:gous] *a.* ⟨*Bot*⟩ rugoso. **rugosity** [ru'gɔsiti] *s.* ⸗gosità *f.*

⸗ ['ru:in] **I** *s.* **1** rovina *f,* crollo *m,* caduta *f: the ~ of a* ⸗*reer* la rovina di una carriera; *the ~ of our hopes* il ⸗ollo delle nostre speranze. **2** (*state of destruction*) rovina ⸗*the monastery has gone to ~* il monastero è andato in ⸗vina. **3** (*decayed building, town, etc.*) rudere *m* (*anche* ⸗): *a Roman ~* un rudere romano. **4** *pl.* (*remains*) ⸗deri *mpl,* rovine *fpl: the –s of a Greek temple* i ruderi di ⸗ tempio greco. **5** (*cause of destruction, downfall*) rovina ⸗causa *f* di danno (*o* sfacelo): *drink was his ~* il bere fu ⸗ sua rovina. **II** *v.t.* **1** rovinare, mandare in rovina: *hail* ⸗d –ed the crops* la grandine aveva rovinato i raccolti. **2** ⸗ frustrate) deludere, frustrare, rendere vano: *our hopes* ⸗e –ed* le nostre speranze sono state deluse. **3** ⟨*fig*⟩ (*to* ⸗*duce*) sedurre. **III** *v.i.* **1** (*to fall into ruin*) rovinare, ⸗ollare. **2** (*to come to ruin*) rovinarsi. □ *to be* **brought** *to* ⸗ essere portato alla rovina; *to* **fall** *to ~* (*o go*) *to ~* (*o ruins*) ⸗dere in rovina; **in** *–s* in rovina, rovinato: *the church is* ⸗*–s* la chiesa è in rovina; *his career is in –s* la sua

carriera è rovinata; *to* **lay** *in –s* abbattere, distruggere; *to* **lie** *in –s* essere in rovina; *to be* **on** *the* **brink** (o *verge*) *of ~* essere sull'orlo della rovina.

ruination [ru:i'neiʃən] *s.* rovina *f* (*anche fig.*).

ruinous ['ru:inəs] *a.* **1** disastroso, rovinoso, dannoso (*o* per): *a ~ war* una guerra disastrosa. **2** (*ruined*) rovinato, danneggiato (gravemente), in rovina. **ruinously** [–li] *avv.* rovinosamente. **ruinousness** [–nis] *s.* l'essere rovinoso.

rule¹ ['ru:l] *s.* **1** regola *f,* norma *f: it's against the –s* è contro le regole; (*guide for conduct, action*) norma *f* (di condotta), legge *f,* regola *f: the –s of good manners* le leggi della buona educazione. **2** (*established principle*) canone *m,* regola *f,* norma *f,* precetto *m: the –s of perspective* i canoni della prospettiva. **3** (*custom, habit*) abitudine *f,* consuetudine *f,* norma *f,* costume *m: it is my ~ never to sleep on a problem* ho l'abitudine di non rinviare mai la soluzione di un problema. **4** *pl.* (*regulations*) regolamento *m,* complesso *m* di norme: *to abide by the –s* attenersi al regolamento. **5** ⟨*Rel*⟩ regola *f* (di ordine religioso). **6** ⟨*Dir*⟩ decreto *m,* decisione *f;* (*legal precept*) ordinanza *f.* **7** (*exercise of authority*) governo *m,* dominio *m,* autorità *f: ~ by King and Parliament* governo esercitato dal re e dal parlamento; (*period*) regno *m,* governo *m,* periodo *m* di governo (*o* regno): *the ~ of the Tudors* il regno dei Tudor. **8** (*measuring instrument*) regolo *m,* righello *m,* riga *f.* □ *~ of the* **air** regolamento *m* del traffico aereo; **as** *a* (*general*) *~* di regola, normalmente, d'abitudine, di norma; *as is the ~* come è regola; *to* **become** *the ~* diventare (la) regola; *by ~* secondo la regola; *to* **lay** *down a ~* formulare (*o* stabilire) una regola; *to* **make** *it a ~* farsi una regola di; *–s of* procedure regolamento interno; *to* **prove** *the ~* confermare la regola: *the exception proves the ~* l'eccezione conferma la regola; *–s and* **regulations** norme *fpl* e regolamenti; *~ of the* **road:** 1 regolamento *m* stradale; 2 ⟨*Mar*⟩ regolamento *m* del traffico marittimo; *~ of* **thumb** regola empirica (*o* pratica); **under** *British ~* sotto il dominio britannico; *to* **work** *to ~* fare uno sciopero bianco.

rule² **I** *v.t.* **1** governare, reggere: *to ~ a country* governare un paese. **2** (*to dominate*) dominare. **3** (*to control, direct*) dominare, dirigere, guidare: *be –d by me, take the job* lasciati guidare da me, accetta quel lavoro. **4** (*to decide, declare*) decidere, decretare, dichiarare. **5** ⟨*Dir*⟩ decretare, decidere; (*to order*) ordinare. **6** (*to mark with lines*) rigare; (*of a line*) tracciare. **II** *v.i.* **1** governare: *to ~ despotically* governare dispoticamente: *the Queen reigns but does not ~* la regina regna ma non governa. **2** (*to make a ruling*) stabilire una regola (*o* norma). **3** ⟨*Dir*⟩ emettere un decreto. **4** (*to prevail*) predominare, prevalere, essere prevalente (*o* predominante). □ *to ~* **high** (*of prices*) mantenersi alto; *to ~* **low** (*of prices*) mantenersi basso; *~* **off** separare con una riga: *to ~ off a column of figures* separare con una riga una colonna di cifre; *to ~* **out:** 1 escludere, non ammettere: *to ~ out the possibility* escludere la possibilità; 2 (*to make impossible*) impedire, rendere impossibile: *rain –d out further play* la pioggia impedì la prosecuzione del gioco; *to ~* **over** dominare, tenere sottomesso.

ruled ['ru:ld] *a.* rigato, a righe: *~ paper* carta rigata.

rule joint *s.* ⟨*Fal*⟩ giunto *m* a regolo.

ruler ['ru:lə] *s.* **1** dominatore *m* (*f* –trice). **2** (*one who rules over a nation*) chi governa, governante *m;* (*sovereign*) sovrano *m* (*f* –a), monarca *m,* re *m* (*f* regina). **3** (*measuring instrument*) regolo *m,* riga *f,* righello *m.*

rulership ['ru:ləʃip] *s.* dominio *m,* sovranità *f.*

ruling ['ru:liŋ] **I** *s.* **1** governo *m,* dominio *m.* **2** ⟨*Dir*⟩ decisione *f,* decreto *m.* **2** ⟨*collett*⟩ (*ruled lines*) rigatura *f.* **II** *a.* **1** dirigente, dominante: *the ~ classes* le classi dirigenti. **2** ⟨*fig*⟩ predominante, dominante: *~ passion* passione predominante. **3** (*prevailing, current*) corrente: *~ prices* prezzi correnti. □ *to give a ~* decidere (*anche Dir.*).

rum¹ [rʌm] *s.* **1** r(h)um *m.* **2** ⟨*fig*⟩ bevanda *f* alcolica, alcolico *m.*

rum² *a.* ⟨*fam*⟩ **1** (*strange, odd*) originale, bizzarro, curioso, singolare, strambo. **2** ⟨*am*⟩ (*poor, bad*) cattivo, che vale poco. □ *it's a ~ business* (o *go, job*) è una strana faccenda; *a ~ customer* un tipo originale, ⟨*scherz*⟩ una sagoma.

Rumania [ru:'meiniə] *N.pr.* ⟨*Geog*⟩ Romania *f.*
Rumanian [–n] **I** *a.* romeno, rumeno. **II** *s.* **1** romeno *m (f* –a), rumeno *m (f* –a). **2** (*language*) romeno *m*, rumeno *m.*

rumba ['rʌmbə] *s.* rumba *f.*

rumble ['rʌmbl] **I** *v.i.* **1** brontolare, rombare, rimbombare, rintronare: *thunder –d in the distance* il tuono brontolava in lontananza. **2** (*of the stomach*) brontolare, borbogliare. **3** (*to move with a low, dull sound*) muoversi con rumore sordo. **4** (*to speak in a low, rumbling voice*) brontolare, borbottare. **II** *v.t.* **1** (spesso con *out*) dire con voce tonante (o rimbombante). **2** ⟨*sl*⟩ (*to see through, detect*) scoprire, andare a(l) fondo di, vedere chiaro in: *I soon –d his trick* scoprii subito il suo gioco. **III** *s.* **1** (*of thunder, etc.*) brontolio *m*, rombo *m*, rimbombo *m;* (*of carts, etc.*) fragore *m*, fracasso *m.* **2** (*seat behind a carriage*) sedile *m* posteriore. **3** ⟨*Aut*⟩ → **rumble seat. 4** ⟨*sl*⟩ (*fight*) rissa *f.*

rumble| seat *s.* ⟨*Aut*⟩ sedile *m* esterno posteriore ribaltabile. **~–tumble** *s.* **1** sedile *m* posteriore. **2** (*heavy coach, cart, etc.*) veicolo *m* pesante che si muove rumorosamente.

rumbling ['rʌmbliŋ] **I** *a.* **1** rombante, rimbombante, rintronante. **2** ⟨*fam*⟩ (*of the stomach*) che brontola, che borboglia. **II** *s.* brontolio *m*, il rombare (o rumoreggiare).

rumbustious *am.* [rʌm'bʌstʃəs] *a.* turbolento, chiassoso, rumoroso.

rumen ['ru:mən] *s.* (*pl.* **-mina** [minə]/**-s** [z]) ⟨*Zool*⟩ rumine *m.*

ruminant ['ru:minənt] **I** *s.* ⟨*Zool*⟩ ruminante *m.* **II** *a.* **1** ⟨*Zool*⟩ dei (o relativo ai) ruminanti. **2** ⟨*fig*⟩ meditativo, dedito alla meditazione. **ruminate** [–neit] **I** *v.i.* **1** ⟨*Zool*⟩ ruminare. **2** ⟨*fig*⟩ meditare (a lungo), riflettere (*on* su). **II** *v.t.* **1** masticare ripetutamente. **2** ⟨*fig*⟩ rimuginare, ruminare, meditare (a lungo). **rumination** [–'neiʃən] *s.* **1** ⟨*Zool*⟩ ruminazione *f.* **2** ⟨*fig*⟩ lunga meditazione *f*, riflessione *f* ponderata. **ruminative** [–neitiv] *a.* portato (o dedito) alla meditazione, meditativo. **ruminatively** [–neitivli] *avv.* meditatamente. **ruminator** [–neitə] *s.* chi medita (o riflette) a lungo.

rummage ['rʌmidʒ] **I** *v.t.* **1** frugare, rovistare; (*for contraband*) perquisire. **2** (*to discover by searching*; spesso con *out*) trovare (o scoprire) rovistando. **II** *v.i.* rovistare, frugare: *to ~ through the attic* rovistare in soffitta. **III** *s.* **1** il rovistare, il frugare; (*for contraband*) perquisizione *f.* **2** (*miscellaneous collection*) guazzabuglio *m*, miscuglio *m*, accozzaglia *f.* **rummaging** [–iŋ] *s.* perquisizione *f* doganale.

rummer ['rʌmə] *s.* grosso bicchiere *m* da vino.

rummy¹ ['rʌmi] *a.* ⟨*fam*⟩ originale, bizzarro, curioso, singolare, strambo.

rummy² *s.* (*card game*) rummy *m.*

rummy³ *am. s.* ⟨*sl*⟩ (*drunkard*) ubriacone *m (f* –a), beone *m (f* –a), ⟨*pop*⟩ sbornione *m (f* –a).

rumness ['rʌmnis] *s.* ⟨*fam*⟩ stranezza *f*, stramberia *f*, singolarità *f*, originalità *f.*

rumor *am. e der.* → **rumour** *e der.*

rumour ['ru:mə] **I** *s.* **1** voce *f*, diceria *f: there is a ~ going about that* corre voce che. **2** (*gossip*) chiacchiere *fpl*, dicerie *fpl*, voci *fpl*, pettegolezzi *mpl: I never listen to ~* non do mai retta alle chiacchiere. **II** *v.t.* (general. al pass.) riferire (o riportare) come diceria. ☐ *it is –ed that there will be a strike* corre voce che ci sarà uno sciopero; *he is –ed to be close to death* si dice che stia per morire; *~ has it that* si sente dire che, si dice che, dicono che.

rumour-monger *s.* persona *f* che diffonde notizie false.

rump [rʌmp] *s.* **1** groppa *f*, posteriore *m;* (*of a bird*) cod(r)ione *m.* **2** (*of a human being*) natiche *fpl*, sedere *m.* **3** ⟨*Macell*⟩ culaccio *m.* **Rump** *s.* → **Rump Parliament.**

rumple ['rʌmpl] **I** *v.t.* **1** spiegazzare, sgualcire: *your clothes are all –d* i tuoi abiti sono tutti spiegazzati. **2** (*to tousle*; spesso con *up*) arruffare, scompigliare: *to ~ s.o.'s hair* arruffare i capelli a qd. **II** *v.i.* spiegazzarsi, sgualcirsi.

Rump Parliament *s.* ⟨*Stor.brit*⟩ parlamento *m* tronco.

rump steak ['rʌmpsteik] *s.* ⟨*Gastr*⟩ bistecca *f* culaccio.

rumpus ['rʌmpəs] *s.* ⟨*fam*⟩ **1** baccano *m*, scompiglio putiferio *m.* **2** (*row, controversy*) litigio *m*, lite *f.* ☐ *kick up a ~* fare un baccano del diavolo.

rum|–runner *s.* (*person*) contrabbandiere *m* di liqu‹ (*ship*) nave *f* per il contrabbando di liquori. **~–runni** *s.* contrabbando *m* di liquori.

run¹ [rʌn] *v.* (*pret.* **ran** [ræn], *p.p.* **run**, *p.pr.* **runn** ['rʌniŋ]) **I** *v.i.* **1** correre, fare una corsa: *to ~ through fields* correre per i campi; (*to move quickly*) corr‹ andare di corsa, fare una corsa: *to ~ up the stairs* corr su per le scale; *he ran to the shop* fece una corsa negozio; (*to rush, dash*) precipitarsi, correre. **2** (*to fl* fuggire, scappare, darsi alla fuga, sfuggire: *the thief ran soon as he heard the alarm bell* il ladro fuggì appena se il campanello d'allarme; *to ~ from danger* sfuggire pericolo. **3** ⟨*Sport*⟩ correre: *to ~ in the marathon* corr la maratona. **4** (*of a horse*) prendere parte a una co‹ correre; (*to finish*) arrivare, piazzarsi: *my horse ran las* mio cavallo arrivò ultimo. **5** (*to become a candida* presentarsi candidato, presentare la propria candidat (*for* a): *to ~ for Parliament* presentarsi candidato parlamento. **6** (*to make a quick casual trip*; general. ‹ *down, up, over*) fare una scappata (o corsa), fare un sa *to ~ up to London* fare un salto a Londra. **7** (*of pu conveyances*) passare, transitare: *buses ~ every half–h* gli autobus passano ogni mezz'ora. **8** (*to extend,* andare, correre, procedere: *the border –s from east to v* il confine va da est a ovest; *a road –s along the coast* ‹ strada corre lungo la costa. **9** (*to move on wheels*) corr‹ andare, muoversi: *trams ~ on fixed tracks* i tram corr‹ su binari fissi; (*to slide*) scorrere: *the rope –s on the pu* la fune scorre nella carrucola; (*to roll*) rotolare: *the t ran over the line* la palla rotolò oltre la linea. **10** (*liquids: to flow*) scorrere, fluire, correre: *wait till the w* *–s hot* aspetta finché l'acqua scorra calda; (*of ta* perdere. **11** (*of rivers*) gettarsi, sfociare, sbocc‹ confluire: *the Nile –s into the Mediterranean* il Nilo getta nel Mediterraneo. **12** (*to melt*) sciogliersi, fond‹ struggersi, squagliarsi. **13** (*of colours*) stingere, stinge *the colours of this garment will not ~* i colori di que‹ indumento non stingono; (*of ink*) spandere. **14** (*of nose*) colare, gocciolare; (*of the eyes*) lacrimare. **15** (function, operate*) funzionare, ⟨*fam*⟩ andare: *this car –s methane* quest'automobile funziona a metano; *the moto –ning smoothly now* ora il motore va regolarmente; (*to in operation*) essere in funzione (o moto). **16** (*to effective*) essere valido (o in vigore): *the contract –s three years* il contratto è valido tre anni. **17** (*to contir last*) durare: *the film –s for two hours* il film dura due ‹ **18** (*to range*) variare, andare, oscillare: *prices ~ from f to five pounds* i prezzi variano da quattro a cinc sterline. **19** (*to pass into a specified condition*) mette incorrere: *to ~ into trouble* mettersi nei guai. **20** (become*) farsi, diventare, divenire: *our supplies are –n low* le nostre provviste si fanno scarse; *the spring ha‹ dry* la fonte è diventata arida. **21** (*to continue ir specified condition*) mantenersi, continuare a ess‹ *accidents are –ning high* la media degli incidenti mantiene alta. **22** (*to recur*) ricorrere, ripetersi: *to ~ cycles* ricorrere a cicli. **23** (*to spread, pass*) corr‹ percorrere: *shivers ran up his spine* brividi gli cors‹ lungo la schiena. **24** (*of rumours, etc.*) diffonde circolare. **25** (*to be worded, expressed*) dire, ess‹ concepito (o stilato): *how does the proverb ~?* come dic‹ proverbio?; *the document –s in these words* il document‹ concepito in questi termini. **26** (*to unravel*) smaglia‹ sfilarsi: *my stockings have ~* mi si sono smagliate le ca‹ **27** ⟨*Med*⟩ suppurare. **28** ⟨*Teat*⟩ tenere il cartellone: *show ran for three years* lo spettacolo tenne il cartell‹ per tre anni. **29** ⟨*Giorn*⟩ apparire, comparire: *sports n‹ seldom –s on the front page* le notizie sportive appai‹ raramente in prima pagina. **II** *v.t.* **1** far correre. **2** ‹ *bring into a specified state by running*) ridurre (a forz‹ correre): *to ~ o.s. out of breath* ridursi senza fiato a ‹ di correre. **3** (*of a distance*) correre (per): *he ran ‹*

yards corse per cinquanta iarde; *(of a race)* correre, partecipare a, disputare: *to ~ the mile* correre il miglio. **4** *(to enter for a race)* far correre, iscriversi a una corsa: *to ~ a horse in the Derby* far correre un cavallo al derby. **5** *(to put forward as candidate)* proporre (*o* presentare) come candidato: *the Democrats are –ning him for the presidency* i democratici lo propongono come candidato alla presidenza. **6** *(to convey in a vehicle)* portare, trasportare. **7** *(to drive)* guidare, condurre: *to ~ a taxi* guidare un tassì; *(to operate)* far funzionare. **8** *(to allow to go)* mandare, lasciare (*o* far) andare: *to ~ one's car into a ditch* mandare la macchina in un fosso. **9** *(to keep operating)* tenere in funzione. **10** *(of a motor: to keep idling)* fare funzionare 'a vuoto¹ (*o* in folle). **11** *(to manage, direct)* gestire, condurre, amministrare, esercire, *⟨fam⟩* mandare avanti: *to ~ a shop* gestire un negozio. **12** *(to govern)* governare: *who –s the country?* chi governa il paese? **13** *(to cause to pass)* (far) passare: *to ~ a rope through a ring* passare una fune attraverso un anello; *to ~ one's tongue over one's lips* passarsi la lingua sulle labbra; *(of the eyes, glance)* far scorrere. **14** *(to thrust)* conficcare, infiggere, ficcare: *to ~ a needle into one's finger* conficcarsi un ago nel dito. **15** *(to roll)* (far) rotolare. **16** *⟨Sport⟩ (in golf)* far rotolare (dopo l'urto con il terreno). **17** *(to cause to extend)* stendere, estendere: *to ~ a lifeline from ship to shore* stendere una sagola di salvataggio dalla nave alla spiaggia. **18** *(to cause to pass lightly, quickly)* fare scorrere, passare: *he ran his fingers along the shelf* fece scorrere le dita lungo lo scaffale. **19** *(to smuggle)* contrabbandare, fare contrabbando di: *to ~ guns* contrabbandare fucili. **20** *(to incur)* incorrere in, esporsi a: *to ~ the risk* incorrere nel pericolo. **21** *(to bring into a specified condition)* portare a, condurre a, spingere a: *his wife's expensive tastes ran him into debt* i gusti dispendiosi di sua moglie lo portarono a far debiti. **22** *(to cause to flow)* far scorrere: *to ~ the water for a bath* far scorrere l'acqua per il bagno; *(of a bath–tub)* riempire d'acqua. **23** *(to pour forth, discharge)* gettare, versare, emettere. **24** *(to cause to unravel)* smagliare, sfilare. **25** *⟨Met⟩* gettare. **26** *⟨Giorn⟩* pubblicare, stampare. □ *to ~* **about**: 1 correre intorno (*o* di qua e di là); 2 *(of children)* scorrazzare; *to ~* **about with** = *to run* **around with**; *to ~* **across**: 1 attraversare correndo (*o* di corsa): *don't ~ across the road* non attraversare la strada di corsa; 2 *(to meet by chance)* incontrare (per caso), imbattersi in; 3 *(to find by chance)* trovare per caso; *to ~* **after** inseguire, rincorrere, correre dietro a: *to ~ after a thief* inseguire un ladro; *to ~* **against**: 1 *⟨Sport⟩* gareggiare con (*o* contro); 2 *(to oppose as a candidate)* essere l'avversario di; 3 *(to work unfavourably to)* essere sfavorevole a, andare contro: *public opinion is –ning against us* l'opinione pubblica ci è sfavorevole; 4 *(to collide with)* urtare contro, scontrarsi con, entrare in collisione con; *to ~ to s.o.'s* **aid** (ac)correre in aiuto di qd.; *to ~* **along**: 1 *(to leave)* andare via, *⟨fam⟩* scappare; 2 *(to extend along, border)* correre lungo, confinare con; *to ~* **around**: 1 aggirare (correndo), correre intorno a: *he ran around the goalkeeper and scored* aggirò il portiere e segnò; 2 *(to go round)* andare in giro; 3 *⟨fam⟩ (to be sexually unfaithful)* tradire, essere infedele, *⟨volg⟩* mettere le corna a; *to ~* **around with**: 1 *(to associate with)* frequentare; 2 *⟨fam⟩ (to engage in sexual activities with)* avere una relazione con, intendersela con; *to ~* **away**: 1 scappare, fuggire; 2 *(to leave home)* andare via di casa: *he ran away to join the navy* andò via di casa per arruolarsi in marina; 3 *(of a horse)* prendere la mano; 4 *(of a vehicle)* sfuggire al controllo; *to ~ away from the facts* non volere guardare in faccia la realtà; *to ~* **away with**: 1 *(to elope with)* fuggire con, scappare con; 2 *(to abscond with, steal)* portare via, rubare; 3 *⟨Sport⟩* vincere senza sforzo¹ (*o* facilmente): *the champion ran away with the first set* il campione vinse senza sforzo il primo set; *don't ~ away with the idea that* non metterti in testa (*o* mente) che; *to let one's imaination ~ away with one* lasciarsi trasportare dall'immaginazione; *to ~* **back**: 1 ritornare indietro di corsa, correre indietro; 2 *(to date back)* risalire (*to* a); 3 *(to think back over)* riandare, ritornare con la mente a: *to ~ back over the past* riandare

il passato; *⟨Mar⟩ to ~* **before** *the wind* navigare col vento in poppa; *to ~* **down**: 1 (di)scendere correndo (*o* di corsa); 2 *(to flow down)* scorrere, colare (giù): *tears ran down her cheeks* le lacrime le scorrevano lungo le guance; 3 *(to knock down with a vehicle)* investire, travolgere; 4 *⟨Mar⟩* affondare (in seguito a collisione); 5 *(to capture after a chase)* catturare (dopo un inseguimento): *the police ran him down* la polizia lo catturò; 6 *(to find, trace)* rintracciare; *to ~ down a quotation* rintracciare una citazione; 7 *(to speak evil of)* sparlare di, parlare male di: *they ~ everyone down* sparlano di tutti; 8 *(to cause to become less active)* ridurre (*o* far rallentare) l'attività di: *to ~ down 'a military base* ridurre l'attività di una base militare; 9 *(of a battery, etc.)* scaricarsi; *to ~ an* **errand** fare una commissione; *to ~ in the* **family** essere una caratteristica familiare: *red hair –s in the family* i capelli rossi sono una caratteristica familiare; *(to be hereditary)* essere ereditario; *to ~* **for** *a bus* correre per non perdere l'autobus; *⟨fam⟩ to ~ for it* scappare, darsela a gambe, tagliare la corda; *to ~ for one's life* correre a più non posso; *~ for your lives!* si salvi chi può!; *to ~* **high**: 1 crescere, salire: *prices ran high* i prezzi salirono; 2 *⟨Mar⟩ (of the sea)* essere agitato (*o* in burrasca); 3 *⟨fig⟩ (to be intense)* essere intenso, raggiungere il culmine; *to ~* **in**: 1 entrare correndo (*o* di corsa); 2 *⟨fam⟩ (to arrest)* arrestare, *⟨fam⟩* mettere dentro: *the police ran the man in* l'uomo è stato arrestato dalla polizia; 3 *⟨Mecc,Aut⟩* rodare, fare il rodaggio di; 4 *⟨fig⟩ (to be hereditary in)* trasmettersi in, essere ereditario in; 5 *(to make a brief visit)* fare una breve visita, passare (da); *to ~* **into**: 1 *(to collide with)* scontrarsi con, urtare (*o* cozzare) contro; 2 *(to cause to collide with)* far scontrare, far urtare; 3 *(to meet by chance)* imbattersi in, incontrare (per caso); 4 *(to mount up to, total)* ammontare a, raggiungere, ascendere a; 5 *(of paint: to mix)* mescolarsi; *to ~ into a problem* incontrare un problema; *to ~* **low**: 1 esaurirsi, venire meno: *supplies are –ning low* le provviste stanno esaurendosi; 2 *(of prices)* essere in ribasso, diminuire, calare; *to ~* **off**: 1 *(to write, compose hurriedly)* scrivere (*o* comporre) in fretta, *⟨fam⟩* buttare giù: *to ~ off a letter* buttare giù una lettera; 2 *⟨Tip⟩* tirare, stampare; 3 *(to drive off, expel)* scacciare, espellere; 4 *(to run away)* fuggire, scappare; 5 *⟨Sport⟩ (of a race)* decidere con uno spareggio; *⟨Ferr⟩ to ~ off the rails* deragliare; *⟨Aut⟩ to ~ off the road* uscire di strada; *to ~* **on**: 1 *(to continue running)* continuare a correre; 2 *(to continue, go on)* continuare, andare avanti; 3 *(to talk continuously)* parlare continuamente (*o* incessantemente); 4 *(of time)* passare, trascorrere, scorrere; *to ~* **out**: 1 uscire correndo (*o* di corsa), correre fuori: *he ran out of the house* uscì correndo di casa; 2 *(to expire)* scadere, terminare: *the lease has ~ out* il contratto d'affitto è scaduto; 3 *(to become used up)* esaurirsi, consumarsi, finire; 4 *(to exhaust a supply)* finire, esaurire, rimanere senza *(of s.th.* qc.): *we've ~ out of petrol* abbiamo finito la benzina; 5 *(of the tide)* rifluire; 6 *(to jut out)* sporgere, protendersi; 7 *(to expel, drive out)* scacciare, cacciare, buttar fuori; *time is –ning out* c'è rimasto poco tempo; *⟨sl⟩ to ~* **out on** piantare in asso; *to ~* **over**: 1 investire, mettere sotto: *he nearly ran me over* per poco non mi investiva; 2 *(to repeat, rehearse)* provare, ripassare; 3 *(to examine)* esaminare; 4 *(to read through quickly)* leggere rapidamente, scorrere; 5 *(to exceed)* superare, oltrepassare, eccedere: *to ~ over the time limit* superare il tempo massimo; 6 *(to overflow)* traboccare, uscire fuori: *the milk ran over* il latte traboccò; 7 *(to make a quick trip, visit)* fare 'un salto¹ (*o* una scappata): *to ~ over to see s.o.* fare un salto a trovare qd.; *to ~* **past**: 1 passare di corsa davanti a, oltrepassare correndo; 2 *(to overtake in running)* raggiungere (*o* sorpassare) correndo; 3 *(to extend past)* estendersi, andare oltre; *⟨Ferr⟩ to ~ past a signal* sorpassare un segnale; *⟨fam⟩ to ~ s.o.* **ragged** rendere qd. nervoso, dare ai nervi a qd.; *⟨fam⟩ to ~* **rings** *around s.o.* superare qd., fare qualcosa meglio di qd.; *the story –s that* corre voce che, si dice che, dicono che; *so –s the* **tale** così dicono; *to ~ a* **temperature** avere la febbre; *to ~* **through**: 1 attraversare 'di corsa¹ (*o* correndo): *the children ran through the room* i bambini attraversarono la stanza di corsa; 2 (*to pierce with a sword*) trafiggere; 3 (*to spend wastefully*) dare fondo a, sperperare, scialacquare, consumare; 4 ⟨*Teat*⟩ (*to repeat, rehearse*) provare, ripetere; *to* ~ *one's fingers through one's hair* ravviarsi i capelli con le mani; *to* ~ **to**: 1 (*to resort to*) ricorrere a, rivolgersi a: *to* ~ *to s.o. for help* ricorrere a qd. per un aiuto; 2 (*to be enough for*) essere sufficiente per (*o* a), bastare per (*o* a); 3 (*to have enough money for*) permettersi; 4 (*to reach, extend to*) raggiungere, arrivare a, ammontare a; 5 (*to cost*) (venire a) costare; *to* ~ **true** *to form* andare secondo il previsto; *to* ~ **up**: 1 salire di corsa; 2 (*to hoist*) alzare, issare: *to* ~ *up a flag* alzare una bandiera; 3 (*to stitch, sew rapidly*) cucire in fretta⁷ (*o* rapidamente): *to* ~ *up a dress* cucire in fretta un vestito; 4 (*to build hastily*) costruire rapidamente (*o* in fretta); 5 (*of debts, etc.*) accumulare; 6 ⟨*Econ*⟩ (*to bid up*) rilanciare, fare un'offerta superiore; 7 ⟨*Comm*⟩ (*of prices*) far salire, rincarare; *to* ~ **up against** imbattersi in, incontrare (per caso): *to* ~ *up against difficulties* incontrare difficoltà; *to* ~ **upon**: 1 (*to meet by chance*) imbattersi in, incontrare (per caso); 2 (*to be concerned with*) vertere su, trattare di; 3 (*to talk continuously*) parlare continuamente (*o* incessantemente); 4 ⟨*Mar*⟩ (*to run foul of*) entrare in collisione con, venire a collisione con; *to* ~ **up to**: 1 venire (*o* andare) di corsa da, accorrere presso (*o* da); 2 (*to make a quick trip*) fare una scappata (*o* un salto) a (*o* in); *to* ~ **with** grondare, essere inondato (*o* coperto) di: *to* ~ *with sweat* grondare sudore.

run² *s.* **1** corsa *f*: *a* ~ *through the fields* una corsa per i campi; (*distance*) percorso *m*, tragitto *m*, corsa *f*: *a ten-mile* ~ un percorso di dieci miglia. **2** (*act of hurrying, rushing*) l'affrettarsi, il precipitarsi; (*short visit*) scappata *f*, corsa *f*, salto *m*. **3** (*act of fleeing*) fuga *f*. **4** (*trip in a vehicle*) passeggiata *f*, corsa *f*, gita *f*, giro *m*: *a* ~ *in the car* una passeggiata in automobile; (*in a ship*) traversata *f*, viaggio *m* per mare: *the North Atlantic* ~ la traversata del nord Atlantico; (*flight*) volo *m* (di linea). **5** (*course of a public conveyance, route*) percorso *m*, giro *m*, tragitto *m*. **6** ⟨*Sport*⟩ corsa *f*. **7** (*continuous series*) serie *f*, seguito *m*, sequela *f*: *a* ~ *of defeats* una serie di sconfitte. **8** (*trend, course*) corso *m*, andamento *m*: *the normal* ~ *of events* il corso normale degli eventi. **9** (*sudden heavy demand*) forte richiesta *f*: *a* ~ *on heaters* una forte richiesta di stufe. **10** (*ravel*) smagliatura *f*. **11** (*path frequented by animals*) pista *f*. **12** ⟨*fam*⟩ (*freedom of access*) (libero) accesso *m*: *to give s.o. the* ~ *of one's house* dare a qd. libero accesso alla propria casa; (*freedom of movement*) libertà *f* di movimento. **13** ⟨*Econ*⟩ corsa *f*, run *m*: *a* ~ *on sterling* una corsa alla sterlina. **14** ⟨*Teat*⟩ repliche *fpl*. **15** (*in cards*) sequenza *f*. **16** ⟨*Sport*⟩ (*in cricket*) corsa *f* (del battitore), run *m*; (*point scored*) punto *m* (segnato). **17** ⟨*Sport*⟩ (*baseball score*) punto *m*, run *m*. **18** ⟨*Sport*⟩ (*course for skiing, etc.*) pista *f*. **19** ⟨*Ind*⟩ produzione *f*. **20** ⟨*Aer*⟩ corsa *f*: *landing* ~ corsa d'atterraggio. **21** ⟨*Aer.mil*⟩ volo *m* d'avvicinamento al bersaglio. **22** ⟨*Mus*⟩ volata *f*. **23** ⟨*Zootecn*⟩ recinto *m*: *a chicken-*~ un recinto per polli. □ *at a* ~ (*a passo*) di corsa; ~ *on a* **bank** assalto *m* agli sportelli; *to* **break** *into a* ~ mettersi a correre; *to* **go** *for a* ~: 1 fare una corsa; 2 (*in a vehicle*) fare un giro; *in the* **long** ~ alla lunga, a lungo andare; (*in the end*) alla fine; *to have a long* ~ essere in voga per lungo tempo; *to have a* ~ *of bad* **luck** avere un periodo di sfortuna; *to* **make** *a* ~ *for it* fuggire, scappare; *to have a* ~ *for one's* **money** spendere bene il (proprio) denaro; ⟨*fig*⟩ vedere il frutto dei propri sforzi; *on* *the* ~: 1 (*fleeing*) in fuga; 2 (*busy, active*) indaffarato, attivo; 3 (*while running*) di corsa, correndo: *he caught up his hat and coat on the* ~ afferrò di corsa cappello e soprabito; *in the* **short** ~ a breve scadenza.

runabout [ˈrʌnəbaut] *s.* **1** ⟨*Aut*⟩ automobile *f* scoperta a due posti; (*small car*) utilitaria *f*. **2** ⟨*Mar*⟩ piccolo motoscafo *m* da diporto. **3** (*one who roves, gadabout*) bighellone *m* (*f* –a), vagabondo *m* (*f* –a), girandolone *m* (*f* –a).

run-around *s.* ⟨*sl*⟩ (*evasive action or replies*) scuse *fpl*, pretesti *mpl*. □ *to give s.o. the* ~ menare qd. per il naso.

runaway [ˈrʌnəwei] **I** *s.* **1** fuggitivo *m* (*f* –a), fuggiasco *m* (*f* –a), evaso *m*; (*deserter*) disertore *m*. **2** (*runaway horse*) cavallo *m* che prende la mano; (*runaway vehicle*) veicolo *m* che sfugge al controllo. **II** *a.* **1** fuggitivo, fuggiasco: *a* ~ *slave* uno schiavo fuggitivo. **2** (*of a horse*) che prende la mano; (*of a vehicle*) che sfugge al controllo. **3** ⟨*sport*⟩ (*of a victory*) incontrastato, schiacciante. **4** ⟨*Econ*⟩ (*of prices*) in rapido aumento; (*of inflation*) galoppante.

runaway marriage *s.* matrimonio *m* clandestino.

runcinate [ˈrʌnsin(e)it] *a.* ⟨*Bot*⟩ roncinato, runcinato.

rundle [ˈrʌndl] *s.* **1** piolo *m*. **2** ⟨*Mar*⟩ (*of a capstan*) campana *f*, tamburo *m*. **3** (*rotating object*) rotella *f*.

'run-'down **I** *s.* **1** riduzione *f* (*o* rallentamento *m*) di attività. **2** (*review, summary*) rassegna *f*, resoconto *m*. **II** *a.* **1** (*physically weak*) debilitato, a terra. **2** (*dilapidated*) in rovina, in sfacelo, cadente. **3** (*of a battery, etc.*) scarico.

rune [ru:n] *s.* **1** ⟨*Paleogr*⟩ runa *f*. **2** *pl.* ⟨*Paleogr*⟩ (*runic script*) scrittura *f* runica. **3** ⟨*Paleogr*⟩ (*s.th. written in the runic alphabet*) iscrizione *f* runica. **4** (*magic sign o symbol*) simbolo *m* (*o* segno) magico. **5** (*Finnish or Nors poem*) poema *m* finlandese (*o* scandinavo).

rung¹ [rʌŋ] *s.* **1** (*of a ladder*) piolo *m*. **2** (*of a chair*) piole *m*, traversa *f*. **3** ⟨*fig*⟩ gradino *m*, scalino *m*: *to reach th top* ~ *on the ladder of fortune* raggiungere il gradino pi alto nella scala della fortuna. **4** (*of a wheel*) raggio *m*.

rung² → **ring²**.

runic [ˈru:nik] **I** *a.* ⟨*Paleogr*⟩ runico: ~ *characters* caratter runici. **II** *s.* ⟨*Tip*⟩ carattere *m* modellato sul caratter runico.

runlet [ˈrʌnlit] *s.* (*stream, rivulet*) ruscelletto *m*, rigagnolo *m*.

runnel [ˈrʌnl] *s.* **1** → **runlet**. **2** (*small channel*) piccolo canale *m*, canaletto *m*.

runner [ˈrʌnə] *s.* **1** chi corre: *a fast* ~ chi corre veloce. **2** ⟨*Sport*⟩ corridore *m*; (*in a foot race*) podista *m*. **3** ⟨*Equit*⟩ cavallo *m* iscritto a una corsa. **4** (*one who deliver messages*) messo *m*, fattorino *m*; (*bookmaker's agent*) agente *m* di allibratore. **5** ⟨*Mil*⟩ portaordini *m*, staffetta *f*. **6** (*smuggler*) contrabbandiere *m*; (*smuggling ship*) nave contrabbandiera. **7** ⟨*tecn*⟩ (*support on which s.th. slides*) guida *f* (di scorrimento). **8** (*of a sledge*) pattino *m*; (*of skate*) lama *f* di pattino. **9** (*of a sliding door*) guida *f* (rotaia) di scorrimento; (*of a drawer*) guida *f*. **10** ⟨*Mar*⟩ (*of a hoisting apparatus*) amante *m*. **11** (*of a slide rule*) cursore *m*. **12** (*long carpet*) passatoia *f*, guida *f*, corsia. **13** (*decorative cover for furniture*) striscia *f* ornamentale. **14** (*of a set of millstones*) macina *f* (*o* mola) corrente. **15** ⟨*Bot*⟩ (*stolon*) stolone *m*; (*climbing plant*) pianta rampicante. **16** ⟨*Bot*⟩ → **runner bean**. **17** ⟨*Ornit* (*cursorial bird*) uccello *m* corridore. **18** ⟨*Ornit* porciglione *m*. **19** ⟨*Mar*⟩ (*fast ship*) nave *f* veloce; (*shi that runs a blockade*) nave *f* che forza un blocco. **20** ⟨*am*⟩ (*ladder*) smagliatura *f*. **21** ⟨*am.Ferr*⟩ macchinist *m*. **22** ⟨*Stor*⟩ (*in London*) ufficiale *m* (*o* funzionario *m*) polizia.

runner bean *s.* **1** ⟨*Bot*⟩ fagiolo *m* americano (*o* d Spagna). **2** (*vegetable*) fagiolino *m*. **'**~**-'up** *s.* ⟨*Sport* secondo arrivato *m*.

running [ˈrʌniŋ] **I** *s.* **1** il correre, corsa *f*. **2** ⟨*Sport*⟩ cors *f*. **3** ⟨*Mecc*⟩ marcia *f*, corsa *f*, funzionamento *m*. (*management*) direzione *f*, gestione *f*, amministrazione *f*. (*discharge*) emissione *f*, efflusso *m*. **6** (*smuggling*) contrabbando *m*. **7** ⟨*Med*⟩ (*discharge of pu* suppurazione *f*. **II** *a.* **1** (*that runs*) che corre. **2** (*of horse*) da corsa. **3** (*that flows*) che scorre, corrente; (*flui liquid*) fluido, liquido. **4** (*of the nose*) che cola, ch gocciola, gocciolante. **5** (*continuous*) continuo, costant continuato; (*repeated continuously*) ricorrente, continuo: ~ *design* un disegno ricorrente. **6** ⟨*fig*⟩ (*flowin proceeding smoothly*) fluente, scorrevole. **7** (*of handwriting*) corsivo. **8** (*operating, functioning*) in mot in marcia, funzionante. **9** (*of measurements: linea* lineare: ~ *foot* piede lineare. **10** (*prevalent, curren* corrente: ~ *prices* prezzi correnti. **11** ⟨*Med*⟩ purulento: ~ *sore* una piaga purulenta. **12** ⟨*Bot*⟩ rampicante. **13** ⟨ *a rope*) scorrevole; (*of a knot, noose*) scorsoio. **III** *av* consecutivo, di seguito: *for four days* ~ per quattro giorni consecutivi; *he won three times* ~ ha vinto tre volte di seguito. □ *to be in the* ~: 1 〈*Sport*〉 essere in gara; 2 〈*estens*〉 (*having a chance of success*) avere probabilità di riuscita (*o* vittoria); *to make the* ~: 1 〈*Sport*〉 fare l'andatura, dare il passo; 2 〈*estens*〉 fare da battistrada; *to be out of the* ~: 1 〈*Sport*〉 (*not competing*) essere fuori gara; 2 〈*estens*〉 (*not having a chance of success*) non avere probabilità di riuscita (*o* vittoria); 〈*Sport*〉 *to finish out of the* ~ non piazzarsi; *to take up the* ~: 1 〈*Sport*〉 condurre la corsa; 2 〈*estens*〉 essere in testa.

running| account *s.* 〈*Econ*〉 conto *m* aperto. ~ **board** *s.* 〈*Aut,Ferr*〉 predellino *m.* ~ **commentary** *s.* 〈*Rad*〉 radiocronaca *f* diretta. ~ **costs** *s.pl.* costi *mpl* correnti. ~ **expenses** *s.pl.* **1** spese *fpl* correnti. **2** (*operating costs*) spese *fpl* di gestione. ~ **fight** *s.* 〈*Mar.mil*〉 combattimento *m* in ritirata. ~ **fire** *s.* **1** 〈*Mil*〉 fuoco *m* ⌐di fila¬ (*o* a volontà). **2** 〈*fig*〉 fuoco *m* di fila: *a* ~ *of questions* un fuoco di fila di domande. ~ **gear** *s.* 〈*Mecc*〉 parti *fpl* mobili di una macchina. ~ **'in 1** *s.* 〈*Aut*〉 rodaggio *m.* **II** *a.* in rodaggio. ~ **jump** *s.* salto *m* con rincorsa. ~ **light** *s.* 〈*Mar,Aer*〉 luce *f* di posizione. ~ **track** *s.* 〈*Sport*〉 pista *f.* ~ **water** *s.* acqua *f* corrente: *hot and cold* ~ *in every room* acqua corrente calda e fredda in ogni camera.

runny ['rʌni] *a.* **1** semiliquido. **2** (*of a nose*) che cola (*o* gocciola), gocciolante. **3** (*melting*) che si scioglie (*o* liquefà).

run-off *s.* 〈*Sport*〉 spareggio *m.*

'run-of-the-'mill; 'run-of-the-'mine *a.* comune, normale, 〈*fam*〉 niente di speciale.

runt [rʌnt] *s.* **1** animale *m* più piccolo del normale. **2** (*smallest of a litter*) l'animale più piccolo di una figliata. **3** 〈*spreg*〉 (*undersized person*) persona *f* piccola, 〈*spreg*〉 scampolo *m* d'uomo. **4** 〈*Zootecn*〉 bovino *m* di razza piccola. **5** (*breed of pigeons*) razza di piccioni domestici.

run-through *s.* **1** 〈*Teat*〉 prova *f.* **2** (*rapid summary*) rassegna *f*, resoconto *m.* **3** (*cursory reading*) lettura *f* affrettata, scorsa *f.*

run tracer *s.* 〈*Sport*〉 battipista *m.*

run-up *s.* **1** 〈*Sport*〉 rincorsa *f*; (*of a golf ball*) corsa *f* verso la buca. **2** 〈*Aer*〉 accelerazione *f* del motore a terra per collaudo. **3** 〈*Econ*〉 (*of prices*) aumento *m*, rialzo *m.*

runway ['rʌnwei] *s.* **1** 〈*Aer*〉 pista *f* (di decollo o atterraggio). **2** 〈*Strad*〉 rampa *f* (di carico, ecc.). **3** (*for rolling logs*) scivolo *m* (per tronchi).

rupee [ru:'pi:] *s.* 〈*Econ*〉 rupia *f.*

rupture ['rʌptʃə] **I** *s.* **1** rottura *f* (*anche fig.*). **2** 〈*Med*〉 ernia *f.* **II** *v.t.* **1** rompere. **2** 〈*Pol,fig*〉 provocare la rottura (*o* frattura) di. **3** 〈*Med*〉 provocare un'ernia in. **III** *v.i.* **1** rompersi. **2** 〈*Med*〉 essere affetto da ernia.

rural ['ruərəl] *a.* campestre, rurale, di campagna, agreste: ~ *life* vita campestre; *a* ~ *town* un centro rurale; (*characteristic of the country*) campagnolo, rustico: ~ *customs* usanze campagnole. □ ~ *population* popolazione *f* rurale. **,rurality** [-'ræliti] *s.* **1** carattere *m* rurale. **2** (*rural characteristic*) caratteristica *f* rurale. **,ruralization** [-ai'zeiʃən] *s.* ruralizzazione *f.* **ruralize** [-aiz] **I** *v.t.* ruralizzare. **II** *v.i.* (andare a) vivere in campagna.

ruse [ru:z] *s.* espediente *m*, stratagemma *m*, astuzia *f.*

rush[1] [rʌʃ] **I** *v.i.* **1** precipitarsi, (s)lanciarsi, slanciarsi: *she -ed out of the room* si precipitò fuori della stanza. **2** (*to act with haste*) affrettarsi, precipitarsi, accorrere: *everyone -ed to congratulate him* tutti si affrettarono a congratularsi con lui. **3** (*to flow rapidly*) scorrere (*o* fluire) veloce: *the river -es towards the sea* il fiume scorre veloce verso il mare. **4** (*of the wind*) soffiare con impeto (*o* violenza). **II** *v.t.* **1** portare (*o* trasportare) d'urgenza: *to* ~ *s.o. to the hospital* portare d'urgenza qd. all'ospedale; (*to cause to go rapidly*) far affluire rapidamente, mandare con urgenza: *to* ~ *troops to the front* far affluire rapidamente truppe al fronte. **2** (*to perform hastily*) fare (*o* eseguire) in fretta: *don't* ~ *your work* non fare in fretta il tuo lavoro. **3** (*to cause to move, act hastily*) fare fretta a, sollecitare: *don't* ~ *me* non farmi fretta. **4** (*to impel, force hastily*) forzare, costringere, spingere. **5** 〈*Parl*〉 (*of bills*) fare approvare con procedura d'urgenza. **6** 〈*Mil*〉 conquistare (con un

attacco improvviso): *to* ~ *an enemy position* conquistare una posizione nemica. **7** (*to enter at top speed*) entrare ⌐a precipizio¬ (*o* di volata) in. **8** 〈*sl*〉 (*to charge exorbitantly*) chiedere (*o* fare pagare) un prezzo eccessivo a. □ *to* ~ *about* correre ⌐qua e là¬ (*o* in giro); *to* ~ *at s.o.* scagliarsi (*o* avventarsi) contro (*o* addosso a) qd.; *to* ~ *back* ritornare indietro in tutta fretta; *to* ~ *down the stairs* scendere le scale a precipizio; *to* ~ *headlong* correre a rompicollo; *to* ~ *into an enterprise* lanciarsi a capofitto in un'impresa; 〈*fig*〉 *to* ~ *s.o.* **off** *his feet* (*o legs*) costringere qd. a prendere una decisione affrettata; *to* ~ *past* passare in fretta accanto (*o* davanti, vicino) a; *to* ~ **through:** 1 attraversare a tutta velocità; 2 (*to perform hastily*) fare (*o* compiere, eseguire) in fretta: *to* ~ *through one's work* fare in fretta il proprio lavoro; *blood -ed to his face* gli salì il sangue al viso; *to* ~ **up:** 1 salire ⌐di corsa¬ (*o* in fretta): *to* ~ *up the stairs* salire di corsa le scale; 2 〈*Mil*〉 fare arrivare (*o* giungere) in tutta fretta; *to* ~ **up to** accorrere da (*o* a, su).

rush[2] **I** *s.* **1** corsa *f* precipitosa: *there was a* ~ *for the door* ci fu una corsa precipitosa verso la porta. **2** (*burst of activity*) corsa *f* precipitosa, attività *f* febbrile; (*gold rush*) corsa *f* all'oro. **3** (*throng*) folla *f*, calca *f*, ressa *f*: *we pushed through the* ~ ci facemmo strada tra la folla. **4** (*busy activity, bustle*) trambusto *m*, attività *f* febbrile (*o* convulsa, frenetica): *the* ~ *of a great city* il trambusto di una grande città. **5** (*hurry*) fretta *f*, premura *f*: *I'm in a* ~ ho fretta; 〈*fam*〉 *what's your* ~? che fretta hai? **6** (*great demand*) forte richiesta *f*, grande ricerca *f.* **7** (*sudden access, surging*) afflusso *m*, ondata *f*: *a* ~ *of blood to the face* un afflusso di sangue al viso. **8** (*of emotion, etc.*) impeto *m*: *a* ~ *of tenderness* un impeto di tenerezza. **9** (*rapid flowing*) flusso *m* rapido, corrente *f* impetuosa, (*rapid blowing*) forte corrente *f*, raffica *f*: *a* ~ *of air* una forte corrente d'aria. **10** *pl.* 〈*Cin*〉 prima stampa *f*, copie *fpl* rapide. **II** *a.* **1** fatto in fretta, affrettato; (*requiring haste*) urgente: *a* ~ *order* un'ordinazione urgente. **2** (*characterized by intense activity*) di punta, d'intensa attività: *the* ~ *hour* l'ora di punta. □ *to make a* ~ *at* lanciarsi (*o* gettarsi) su; *there's no* ~ non c'è fretta, non c'è furia; *with a* ~ di slancio, d'impeto, a precipizio.

rush[3] **I** *s.* **1** 〈*Bot*〉 giunco *m*: *a basket made of -es* un cesto (fatto) di giunchi. **2** 〈*fig*〉 inezia *f*, bagattella *f*, bazzecola *f.* **II** *a.* (fatto) di giunchi. **III** *v.t.* **1** fare con giunchi. **2** (*to cover with rushes*) coprire di giunchi. **IV** *v.i.* raccogliere giunchi.

rush|-bearing *s.* 〈*Stor*〉 festa *f* dei giunchi (per l'anniversario della dedicazione di una chiesa). **~-bottomed** *a.* (*of a chair*) con (*o* che ha) il fondo di giunco. ~ **candle** *s.* candela *f* con lo stoppino (di midollo) di giunco.

rushed [rʌʃt] *a.* **1** occupato, indaffarato: *I'm rather* ~ sono molto occupato. **2** (*performed in haste*) eseguito in fretta, affrettato, precipitoso; (*spoiled by haste*) abborracciato, raffazzonato.

rushlight ['rʌʃlait] *s.* → **rush candle.**

rushlike ['rʌʃlaik] *a.* simile a giunco, flessibile come un giunco.

rushy ['rʌʃi] *a.* **1** che abbonda di giunchi. **2** (*made of rushes*) (fatto) di giunco. **3** (*resembling rushes*) simile a giunco. **4** (*covered with rushes*) coperto di giunchi.

rusk [rʌsk] *s.* **1** fetta *f* biscottata. **2** (*light sweet biscuit*) specie di biscotto.

Russ [rʌs] **I** *s.* (*pl. inv./-es* ['rʌsiz]) → **Russian. II** *a.* → **Russian.**

russet ['rʌsit] **I** *s.* **1** color *m* ruggine (*o* marrone rossiccio). **2** 〈*Tess*〉 stoffa *f* color ruggine (tessuta a mano). **3** 〈*Bot*〉 mela *f* ruggine. **II** *a.* di color ruggine.

Russia ['rʌʃə] *N.pr.* 〈*Geog*〉 Russia *f.* **russia** *s.* → **Russia leather.**

Russia leather *s.* 〈*Conc*〉 cuoio *m* di Russia.

Russian ['rʌʃən] **I** *a.* russo. **II** *s.* **1** russo *m* (*f* –a). **2** (*language*) russo *m.*

Russianization [,rʌʃənai'zeiʃən] *s.* russificazione *f.* **'Russianize** [-naiz] *v.t.* russificare.

Russian roulette *s.* roulette *f* russa.

Russification [,rʌsifi'keiʃən] *s.* → **Russianization.**

'**Russify** [-fai] *v.* → **Russianize.**
Russophile ['rʌso(u)fail] *s.* russofilo *m* (*f* –a).
,**Russophilia** [-'filiə], **Russophilism** [-'sɔfilizəm] *s.* russofilia *f.*
Russophobe ['rʌso(u)foub] *s.* russofobo *m* (*f* –a).
,**Russo'phobia** [-iə] *s.* russofobia *f.*
rust [rʌst] **I** *s.* **1** ruggine *f.* **2** (*colour*) color *m* ruggine. **3** ⟨*fig*⟩ inazione *f,* inattività *f,* inoperosità *f;* (*neglect*) negligenza *f,* trascuratezza *f,* incuria *f.* **4** ⟨*Agr*⟩ ruggine *f.* **II** *v.i.* **1** arrugginire, arrugginirsi, ricoprirsi di ruggine. **2** ⟨*fig*⟩ arrugginirsi. **3** (*to turn the colour of rust*) diventare color ruggine. **4** ⟨*Agr*⟩ essere attaccato dalla ruggine. **III** *v.t.* **1** (far) arrugginire, rendere rugginoso. **2** ⟨*fig*⟩ arrugginire. **3** (*to make the colour of rust*) far diventare color ruggine. **4** ⟨*Agr*⟩ disseccare, avvizzire.
rustic ['rʌstik] **I** *a.* **1** rustico, campestre, di campagna, dei campi, campagnolo, agreste. **2** ⟨*fig*⟩ (*unsophisticated, artless*) genuino, arrugginirsi, semplice, schietto, rustico. **3** ⟨*fig*⟩ (*coarse, uncouth*) rozzo, rustico, grezzo. **4** (*of furniture, etc.*) rustico. **II** *s.* **1** campagnolo *m* (*f* –a), rurale *m.* **2** ⟨*fig*⟩ (*unsophisticated person*) persona *f* semplice. **3** ⟨*fig*⟩ (*coarse person*) zoticone *m* (*f*–a), villano *m* (*f* –a).
rustically [-əli] *avv.* rusticamente.
rusticate ['rʌstikeit] **I** *v.i.* **1** andare in campagna, villeggiare. **2** (*to live in the country*) vivere in campagna. **3** ⟨*fig*⟩ essere inattivo. **II** *v.t.* ⟨*Univ*⟩ sospendere temporaneamente. ,**rustication** [-'keiʃən] *s.* **1** il ritirarsi in campagna. **2** ⟨*Univ*⟩ sospensione *f* (temporanea). **3** ⟨*Arch*⟩ bugnato *m,* bugnatura *f.* **rusticator** [-ə] *s.* chi si ritira in campagna. **rusticity** [-'tisiti] *s.* rustichezza *f,* rusticità *f.*
rustily ['rʌstili] *avv.* in modo rugginoso. **rustiness** [-tinis] *s.* rugginosità *f.*
rustle ['rʌsl] **I** *v.i.* **1** frusciare: *her dress –d* il suo vestito frusciava; (*of leaves*) stormire, frusciare. **2** ⟨*am*⟩ (*to move, act energetically;* spesso con *about, around*) essere attivo (*o* energico). **3** ⟨*am*⟩ (*to steal cattle*) rubare bestiame, commettere abigeato. **II** *v.t.* **1** far frusciare; (*of leaves*) far stormire (*o* frusciare). **2** ⟨*fam*⟩ (*to put together, procure hastily;* general. con *up*) mettere insieme, ⟨*fam*⟩ rimediare: *I'll ~ up something to eat* metterò insieme qualcosa da mangiare. **3** ⟨*am*⟩ (*of cattle, horses: to steal*) rubare. **III** *s.* fruscio *m:* *the ~ of silk* il fruscio della seta; (*of leaves*) lo stormire, fruscio *m.* **rustler** [-ə] *s.* **1** ⟨*am.fam*⟩ (*cattle thief*) ladro *m* di bestiame; (*horse thief*) ladro *m* di cavalli. **2** ⟨*am.fam*⟩ (*energetic person*) persona *f* energica (*o* attiva).

rustless ['rʌstlis] *a.* non arrugginito, senza ruggine.
rustling ['rʌsliŋ] **I** *s.* **1** fruscio *m,* lo stormire. **2** ⟨*am.fam*⟩ (*cattle stealing*) furto *m* di bestiame, abigeato *m.* **II** *a.* che fruscia, che stormisce.
rust| preventer, ~ preventive *s.* antiruggine *m.*
rust–proof ['rʌstpru:f] *a.* inossidabile, antiruggine.
rusty ['rʌsti] *a.* **1** arrugginito, rugginoso: *~ iron* ferro arrugginito. **2** ⟨*fam*⟩ (*impaired through disuse*) arrugginito: *my French is a little ~* il mio francese è un po' arrugginito; (*out of practice*) fuori esercizio. **3** (*rust–coloured*) rugginoso, color (della) ruggine. **4** (*discoloured*) scolorito, sbiadito, stinto. **5** ⟨*fig*⟩ (*of sound, voices*) rauco, roco.
rut[1] [rʌt] **I** *s.* **1** carreggiata *f,* rotaia *f,* solco *m.* **2** (*groove, furrow*) solco *m.* **3** ⟨*fig*⟩ routine *f,* solito corso *m* (*o* tran tran); (*constant habit*) abitudine *f* inveterata, consuetudine *f.* **II** *v.t.* (*pret., p.p.* '**rutted** [–id]) solcare, tracciare ur solco in. □ ⟨*fig*⟩ *to get* (*o sink*) *into a ~* fossilizzarsi.
rut[2] **I** *s.* ⟨*Zool*⟩ calore *m,* fregola *f.* **II** *v.i.* (*pret., p.p* '**rutted** [–id]) essere in calore. **III** *v.t.* accoppiarsi con.
Ruth [ru:θ] **I** *N.pr.* Rut *f* (*anche Bibl.*). **II** *s.* ⟨*Bibl*⟩ (*book* libro *m* di Rut.
Ruthenian [ru:'θi:niən] **I** *s.* **1** ruteno *m* (*f* –a). **2** (*language*) ruteno *m.* **3** ⟨*Rel.stor*⟩ membro *m* della chiesa rutena. **II** *a.* ruteno.
ruthenium [ru:'θi:niəm] *s.* ⟨*Chim*⟩ rutenio *m.*
ruthless ['ru:θlis] *a.* crudele, spietato, feroce. **ruthlessly** [–li] *avv.* spietatamente. **ruthlessness** [–nis] *s.* spie tatezza *f,* crudeltà *f.*
rutilant ['ru:tilənt] *a.* fulgido, splendente.
rutile ['ru:ti:l] *s.* ⟨*Min*⟩ rutilo *m.*
rutted ['rʌtid] *a.* segnato da solchi, solcato.
ruttish ['rʌtiʃ] *a.* **1** lussurioso, libidinoso. **2** ⟨*Zool*⟩ i calore, in fregola.
rutty[1] ['rʌti] *a.* → **rutted.**
rutty[2] *a.* → **ruttish.**
RV = ⟨*Astron*⟩ *Reentry Vehicle* veicolo di rientro.
r/w, RW = ⟨*Strad*⟩ *right of way* diritto di precedenza.
ry, Ry = *railway* ferrovia.
rye[1] [rai] **I** *s.* **1** ⟨*Bot*⟩ segale *f,* segala *f.* **2** → **rye whisky 3** ⟨*am*⟩ → **rye bread. II** *a.* di segale, segalino.
rye[2] **1** (*young gypsy*) giovane zingaro *m.* **2** ⟨*estens*⟩ (*gentleman*) gentiluomo *m,* signore *m.*
rye| bread *s.* pane *m* di segale. **~–grass** *s.* ⟨*Bot*⟩ logli *m* perenne (*o* inglese), loglierella *f.* **~ whisky** *s.* whisk *m* di segale, rye whisky *m.*
ryot ['raiət] *s.* (*in India*) contadino *m.*

S

S [es] *s.* (*pl.* **s's/ss, S's/Ss** ['esiz]) (*letter of the alphabet*)
s, S *f/m:* ⟨*Tel*⟩ S *for Sugar* s come Savona.
I *a.* (*S-shaped*) a (forma di) S. II *s.* (*s.th. S-shaped*)
oggetto *m* (fatto) a S.
. = 1 ⟨*Fis*⟩ *second* secondo (*abbr.* sec., s). 2 *section*
sezione (*abbr.* sez.). 3 *series* serie. 4 *shilling* scellino
(*abbr.* s). 5 *shillings* scellini. 6 *sign* segnale. 7 *signed*
firmato (*abbr.* f.to). 8 *south* sud (*abbr.* S).
. = 1 ⟨*Rel.ebr*⟩ *Sabbath* sabato. 2 *Saint* santo (*abbr.* S.).
3 *Saturday* sabato (*abbr.* sab., s.). 4 *September* settembre
(*abbr.* sett.). 5 *South* sud (*abbr.* S).
' [z] *contraz. di* is, has, does.
's [s] *contraz. di* us.
ab. = ⟨*Rel.ebr*⟩ *Sabbath* sabato.
abaean [sə'bi:ən] I *a.* ⟨*Stor*⟩ sabeo, di Saba. II *s.* 1
sabeo *m* (*f* –a). 2 (*language*) sabeo *m.*
abaoth ['sæbeiəθ] *s.pl.* ⟨*Bibl*⟩ eserciti *mpl.*
abbatarian [ˌsæbə'teəriən] I *s.* sabbatario *m,* sabbateo
m. II *a.* dei (*o* relativo ai) sabbatari. **Sabbatarianism**
[–izəm] *s.* dottrina *f* dei sabbatari.
abbath ['sæbəθ] *s.* 1 ⟨*Rel.ebr*⟩ sabato *m.* 2 (*Sunday*)
domenica *f.* 3 (*day of rest, worship*) giorno *m* festivo
(dedicato al riposo e alla preghiera): *the Moslem* ~ il
giorno festivo dei musulmani. □ *to break the* ~ non
osservare (*o* rispettare) il giorno festivo; *to keep the* ~
osservare il giorno festivo.
abbatic, Sabbatic [sə'bætik] *a.* → **sabbatical.**
sabbatical [–əl] I *a.* del (*o* relativo al) sabato.
Sabbatical *a.* (*of the Sabbath*) sabbatico. II *s.* anno *m*
sabbatico.
aber *am.* → **sabre.**
abine ['sæbain] I *a.* ⟨*Stor*⟩ sabino. II *s.* 1 sabino *m* (*f*
–a). 2 (*language*) lingua *f* dei sabini.
able ['seibl] I *s.* (*pl. inv./*–s [z]) 1 ⟨*Zool*⟩ zibellino *m.* 2
(*fur, pelt*) zibellino *m,* pelliccia *f* di zibellino. 3 ⟨*Pitt*⟩
pennello *m* di pelo di zibellino. 4 ⟨*Arald*⟩ nero *m,* colore
m nero. 5 *pl.* abiti *mpl* da lutto, gramaglie *fpl.* II *a.* 1 di
zibellino. 2 ⟨*Arald*⟩ nero. 3 (*fig*) satanico, diabolico.
able antelope *s.* ⟨*Zool*⟩ antilope *f* nera.
abot ['sæbou] *s.* ⟨*Calz*⟩ zoccolo *m;* (*wooden-soled shoe*)
scarpa *f* con la suola di legno.
abotage ['sæbətɑːʒ] I *s.* sabotaggio *m.* II *v.t.* sabotare.
saboteur [–'təː] *s.* sabotatore *m* (*f* –trice).
abre ['seibə] *s.* 1 sciabola *f* (di cavalleria). 2 ⟨*Mil*⟩
(*soldier*) soldato *m* di cavalleria, cavalleggero *m.* 3
⟨*Sport*⟩ sciabola *f* sportiva. □ (*fig*) *to rattle the* ~
minacciare la guerra, agitare la spada.
abretache ['sæbətæʃ] *s.* ⟨*Mil*⟩ giberna *f* di ufficiale di
cavalleria.
abuline ['sæbjulain], **sabulose** [–lous], **sabulous** [–ləs]
a. 1 sabbioso, arenoso. 2 ⟨*Bot*⟩ sabulicolo.
ac [sæk] *s.* ⟨*Anat,Biol*⟩ sacca *f,* sacco *m.*
accate ['sækeit], **saccated** [–id] *a.* ⟨*Biol*⟩ 1 fornito di
sacco. 2 (*having the form of a sac*) a (forma di) sacco,
saccato.
accharate ['sækəreit] *s.* ⟨*Chim*⟩ saccarato *m.* **sac-**

charated [–id] *a.* saccarinato. **saccharic** [sə'kærik] *a.*
saccarico.
sacchariferous [ˌsækə'rifərəs] *a.* saccarifero.
saccharification [səˌkærifi'keiʃən] *s.* ⟨*Chim*⟩ saccarificazione *f.* **sac'charify** [–fai] *v.t.* saccarificare.
saccharimeter [ˌsækə'rimitə] *s.* ⟨*Chim*⟩ saccarimetro *m.*
saccharin(e) ['sækərin] I *s.* ⟨*Chim*⟩ saccarina *f.* II *a.* 1 di
(*o* relativo allo) zucchero, zuccherino. 2 (*yielding,
containing sugar*) zuccherino. 3 (*fig*) zuccheroso,
sdolcinato, melato: *a* ~ *smile* un sorriso zuccheroso.
saccharinated [–eitid] *a.* saccarinato.
saccharoid ['sækərɔid] *a.* ⟨*Geol*⟩ saccaroide.
saccharometer [ˌsækə'rɔmitə] *s.* saccarimetro *m,*
saccarometro *m.*
saccharose ['sækərous] *s.* ⟨*Chim*⟩ saccarosio *m.*
sacciform ['sækifɔːm] *a.* ⟨*Anat*⟩ sacciforme.
saccule ['sækjuːl] *s.* ⟨*Anat*⟩ sacculo *m.*
sacerdocy ['sæsədousi] *s.* sacerdozio *m,* **sacerdotal**
[–'doutəl] *a.* sacerdotale. **sacerdotalism** [–'doutəlizəm] *s.*
1 sacerdozio *m.* 2 (*system of government*) governo *m*
pretino, clericalismo *m.*
sachem ['seitʃəm] *s.* 1 sachem *m.* 2 ⟨*am.fam*⟩ (*political
leader*) capopartito *m.*
sachet ['sæʃei, *am.* sæ'ʃei] *s.* 1 sacchetto *m* profumato. 2
→ **sachet powder.**
sachet powder *s.* polvere *f* profumata (in sacchetti).
sack[1] [sæk] I *s.* 1 sacco *m.* 2 → **sackful.** 3 ⟨*am*⟩ (*paper
bag*) sacchetto *m* di carta. 4 → **sacque.** 5 ⟨*sl*⟩ (*bed*) letto
m. II *v.t.* 1 insaccare. 2 ⟨*fam*⟩ (*to dismiss*) licenziare,
dare il benservito a, mandare a spasso. □ ⟨*fam*⟩ *to get
the* ~ essere licenziato, essere mandato a spasso; ⟨*fam*⟩ *to
give s.o. the* ~ licenziare qd., mandare a spasso qd., dare
il benservito a qd.; ⟨*sl*⟩ *to hit the* ~ andare a dormire (*o* a
letto).
sack[2] I *s.* 1 (*plundering*) sacco *m,* saccheggio *m.* 2
(*plunder, loot*) bottino *m,* preda *f.* II *v.t.* saccheggiare,
mettere a sacco.
sack[3] *s.* ⟨*Enol*⟩ vino *m* bianco secco (del Sud Europa).
sackbut ['sækbʌt] *s.* 1 ⟨*Stor*⟩ tipo *m* di trombone. 2 ⟨*Bibl*⟩
sambuca *f.*
sackcloth *s.* 1 sacco *m,* tela *f* di sacco. 2 (*garment*)
vestito *m* di tela di sacco; (*as a sign of mourning*) sacco
m; (*as a sign of penitence*) saio *m,* sacco *m.*
sacker ['sækə] *s.* saccheggiatore *m.*
sackful ['sækful] *s.* sacco *m,* saccata *f.*
sacking[1] ['sækiŋ] *s.* ⟨*Tess*⟩ tela *f* di sacco.
sacking[2] *s.* (*act of plundering*) sacco *m,* saccheggio *m.*
sacque [sæk] *s.* 1 ⟨*Mod*⟩ abito *m* a sacco. 2 (*for a baby*)
giacchettina *f* a sacchetto.
sacral[1] ['seikrəl] *a.* ⟨*Lit*⟩ sacrale.
sacral[2] I *a.* ⟨*Anat*⟩ sacrale. II *s.* nervo *m* sacrale; (*sacral
vertebra*) vertebra *f* sacrale.
sacrament ['sækrəmənt] I *s.* 1 ⟨*Rel*⟩ sacramento *m: the
seven* –*s* i sette sacramenti. 2 ⟨*Rel*⟩ (*consecrated element
of the Eucharist*) ostia *f* consacrata. 3 (*fig*) (*s.th. of sacred
character*) cosa *f* sacra (*o* misteriosa). 4 (*fig*) (*sign,*

symbol) simbolo *m*, segno *m*. **5** (*oath, solemn pledge*) promessa *f* (*o giuramento m*) solenne **Sacrament** *s*. ⟨*Rel*⟩ (*Eucharist*) Eucaristia *f*. **II** *v.t.* consacrare, rendere sacro.

sacramental [‚sækrə'mentl] **I** *a*. **1** ⟨*Rel*⟩ sacramentale. **2** ⟨*fig*⟩ sacro, consacrato. **II** *s*. ⟨*Rel.catt*⟩ sacramentale *m*. □ ~ **wine** vino eucaristico. **sacramentalism** [–ism] *s*. sacramentalismo *m*. **sacramentalist** [–ist] *s*. sacramentalista *m/f.* **sacramentally** [–i] *avv.* sacramentalmente.

sacrarium [sə'krɛːriəm] *s*. (*pl.* -**ria** [riə]) **1** santuario *m*. **2** ⟨*Rel.catt, Stor.rom*⟩ sacrario *m*.

sacred ['seikrid] *a*. **1** sacro, consacrato: *a* ~ *place* un luogo sacro; (*dedicated*) sacro, consacrato, dedicato (*to* a): *a temple* ~ *to Apollo* un tempio sacro ad Apollo. **2** (*holy*) santo, sacro: *the* ~ *name of Jesus* il santo nome di Gesù. **3** ⟨*fig*⟩ sacrosanto, sacro, inviolabile, santo: *a* ~ *right* un diritto sacrosanto. **sacredly** [–li] *avv.* in modo sacro. **sacredness** [–nis] *s*. carattere *m* sacro, sacralità *f.*

sacrifice ['sækrifais] **I** *s*. **1** sacrificio *m*, immolazione *f;* (*thing offered*) sacrificio *m*, offerta *f* sacrificale; (*victim*) vittima *f*, olocausto *m*. **2** ⟨*estens*⟩ sacrificio *m*, privazione *f,* rinuncia *f.* **3** ⟨*Comm*⟩ (*financial loss*) perdita *f.* **Sacrifice** *s*. ⟨*Rel*⟩ sacrificio *m*. **II** *v.t.* **1** sacrificare, immolare (*anche estens.*): *to* ~ *a lamb to God* sacrificare un agnello a Dio; ⟨*rifl*⟩ sacrificarsi, immolarsi. **2** ⟨*assol*⟩ sacrificare, offrire sacrifici. **3** (*to renounce*) rinunciare a, sacrificare. **4** ⟨*Comm*⟩ vendere in perdita, svendere, vendere sottocosto. □ *at the* ~ *of* a scapito di, a spese di; *at great* ~ : 1 con grande sacrificio; 2 ⟨*Comm*⟩ con grave perdita.

sacrificial [‚sækri'fiʃəl] *a*. sacrificale. **sacrificially** [–i] *avv.* in modo sacrificale.

sacrilege ['sækrilidʒ] *s*. sacrilegio *m*. ‚**sacri'legious** [–əs] *a*. sacrilego. ‚**sacri'legiously** [–əsli] *avv.* sacrilegamente.

sacring ['seikriŋ] *s*. ⟨*rar*⟩ consacrazione *f* (eucaristica). **sacring-bell** *s*. ⟨*Lit*⟩ campanello *m* dell'elevazione.

sacrist ['sækrist, 'seik–], **sacristan** ['sækristən] *s*. ⟨*Rel*⟩ sagrestano *m*. **sacristy** ['sækristi] *s*. sagrestia *f.*

sacrosanct ['sækro(u)sæŋkt] *a*. **1** sacrosanto. **2** ⟨*fam*⟩ (*inviolable*) sacrosanto, inviolabile, sacro: *a* ~ *right* un sacrosanto diritto. **sacrum** ['seikrəm,'sæk–] *s*. (*pl.* -**cra** [krə]) ⟨*Anat*⟩ sacro *m*, osso *m* sacro.

sad [sæd] *a*. (*compar.* '**sadder** [–ə], *sup.* '**saddest** [–ist]) **1** triste, malinconico, mesto, afflitto, addolorato: *to feel* ~ sentirsi triste; (*expressing sadness*) triste, mesto: *a* ~ *story* una storia triste; (*causing sadness*) triste, doloroso: ~ *news* notizie tristi. **2** (*deplorable*) increscioso, deplorevole: *a* ~ *defeat* un'incresciosa sconfitta. **3** (*of colours*) spento, smorto. **4** (*of bread, etc.*) mal lievitato. □ ⟨*fig*⟩ *a* ~ *dog* una canaglia; *to be* ~ *at heart* avere il cuore gonfio; *to look* ~ avere l'aria triste; *to make s.o.* ~ rattristare qd.

sadden ['sædn] **I** *v.t.* rattristare, affliggere, addolorare. **II** *v.i.* rattristarsi. **saddening** [–iŋ] *a*. rattristante, che rattrista, doloroso.

saddle ['sædl] **I** *s*. **1** sella *f.* **2** (*of a bicycle, tractor, etc.*) sella *f*, sellino *m*. **3** ⟨*Zool*⟩ sella *f.* **4** ⟨*Macell*⟩ sella *f*, schienale *m*. **5** ⟨*Mecc*⟩ slitta *f*, carrello *m*. **6** ⟨*Ginn*⟩ sella *f.* **7** ⟨*Geog*⟩ sella *f*, valico *m*. **II** *v.t.* **1** sellare. **2** ⟨*fam*⟩ addossare a, accollare a: *to* ~ *s.o. with the responsibility* addossare la responsabilità a qd. **3** ⟨*Sport*⟩ (*to train*) allenare. **III** *v.i.* (general. con *up*) sellare i cavalli (*o* un cavallo): *we –d up and rode away* sellammo i cavalli e ci allontanammo. □ *in the* ~ in sella; ⟨*fig*⟩ in posizione di comando, in sella, al potere.

saddlebacked ['sædlbækt] *a*. **1** concavo, a forma di sella. **2** ⟨*Zool*⟩ (*of a horse*) insellato. **3** (*of an animal*) con macchie a forma di sella sul dorso. **4** ⟨*Arch*⟩ (*of a roof*) a due spioventi, a capanna.

saddle|-**bag** *s*. **1** bisaccia *f.* **2** (*of a bicycle*) borsa *f.* ~ **blanket** *s*. coperta *f* da sella. ~ **bow** [bou] *s*. arcione *m*. ~–**cloth** *s*. gualdrappa *f.* ~–**horse** *s*. cavallo *m* da sella.

saddler ['sædlə] *s*. sellaio *m*.

saddle roof *s*. ⟨*Arch*⟩ tetto *m* a capanna (*o* due spioventi).

saddlery ['sædləri] *s*. selleria *f.*

Sadduc(a)ean [‚sædju'siːən] *a*. ⟨*Stor*⟩ dei (*o* relativo ai) sadducei. '**Sadducee** [–siː] *s*. sadduceo *m*.

sad-iron ['sædaiən] *s*. ferro *m* da stiro pesante.

sadism ['seidizəm] *s*. ⟨*Psic*⟩ sadismo *m* (*anche estens*). **sadist** [–dist] *s*. sadico *m* (*f* –a) (*anche estens.*). **sadist** [sə'distik] *a*. sadico (*anche estens.*). **sadistical** [sə'distikəli] *avv.* sadicamente.

sadly ['sædli] *avv.* **1** tristemente, mestamente. (*deplorably*) deplorevolmente, incresciosamente. **3** (*ve much so*) molto, di grosso: *you are* ~ *mistaken* ti sbagli grosso. **sadness** [–dnis] *s*. tristezza *f*, mestizia malinconia *f.*

safari [sə'fɑːri] **I** *s*. safari *m*: *to go on* (*a*) ~ fare un safa **II** *v.i.* partecipare a un safari.

safe [seif] **I** *a*. **1** sicuro: *we're* ~ *here* qui siamo sicuri. (*freed from harm, danger*) (in) salvo, fuori pericolo, sicuro. **3** (*secure from loss*) (al) sicuro: *a* ~ *investment* investimento sicuro. **4** (*unable to do harm*) innoc inoffensivo, non pericoloso. **5** (*cautious, prude* prudente, cauto: *a* ~ *economic policy* una cauta politi economica. **6** (*accurate*) accurato, diligente, preciso: *a* ~ *estimate* una stima accurata. **II** *s*. **1** cassaforte *f.* **2** (*food*) armadietto *m*. □ *at a* ~ *distance a* (una) distan di sicurezza; *in* ~ *hands* in buone mani; *it is* ~ *to* s *that* si può affermare con sicurezza che; *to be on the* ~ **side** (per) essere più sicuro, non correre rischi; ~ *a* **sound** sano e salvo, illeso, indenne.

safe| **breaker** *s*. → **safe cracker**. ~ **conduct** *s*. s vacondotto *m*, lasciapassare *m*. ~ **cracker** *s*. sc: sinatore *m* (*f* –trice) di casseforti. ~ **deposit box** *s*. c setta *f* di sicurezza. □ *holder of a* ~ cassettista *m/f.*

safeguard ['seifgɑːd] **I** *s*. **1** salvaguardia *f*, difesa protezione *f*, tutela *f*; (*safety–measure*) misura *f* sicurezza. **2** (*safe conduct*) salvacondotto *m*, lasciapassa *m*. **II** *v.t.* tutelare, salvaguardare.

safe keeping [seif'kiːpiŋ] *s*. custodia *f.* □ *to leave s..* *with s.o. for* ~ lasciare qc. in custodia a qd.; *to have s..* *in* ~ avere qc. in custodia; *to be in* ~ essere al sicuro in buone mani.

safe limit *s*. **1** limite *m* di sicurezza. **2** ⟨*fig*⟩ limite *m* guardia.

safely ['seifli] *avv.* **1** in salvo, al sicuro. **2** (*without dang risk*) in modo sicuro, senza correre rischi, senza pericol *to invest one's money* ~ investire il proprio denaro modo sicuro. □ *I can* ~ *say that* posso tranquillamer dire che; *we arrived* ~ arrivammo sani e salvi. **safene** [–fnis] *s*. sicurezza *f.*

safe room *s*. → **safe vault**.

safety ['seifti] **I** *s*. **1** salvezza *f*, scampo *m*. **2** (*being sa* sicurezza *f*: *the car's chief virtue is* ~ *rather than speed* pregio principale della vettura è la sicurezza più che velocità. **II** *a*. di sicurezza: ~ *measures* misure sicurezza. □ ⟨*tecn*⟩ **factor** (*o coefficient*) *of* ~ coefficien *m* di sicurezza; ~ **first!** prudenza innanzi tutto!; *in* **place** *of* ~ in luogo sicuro, al sicuro; *to* **play** *for* ~: ⟨*Sport*⟩ fare un gioco difensivo; 2 ⟨*fig*⟩ andare sul sicu *to* **seek** ~ *in flight* cercare scampo nella fuga. Pro *there's* ~ *in numbers* l'unione fa la forza.

safety| **barrier** *s*. ⟨*Aer*⟩ barriera *f* (*o* rete) di sicurezza. **belt** *s*. ⟨*Aut,Aer,tecn*⟩ cintura *f* di sicurezza. ~ **catch** s. ⟨*Artigl,Mecc*⟩ sicura *f.* **2** ⟨*Mecc*⟩ (*of a lift, etc.*) arresto di sicurezza. ~ **curtain** *s*. ⟨*Teat*⟩ sipario *m* di sicurezz ~ **device** *s*. ⟨*Met*⟩ congegno *m* (*o* dispositivo) sicurezza. ~ **footwear** *s*. calzature *fpl* di sicurezza. –**glass** *s*. ⟨*Aut*⟩ vetro *m* di sicurezza. ~ **lamp** *s*. ⟨*Minier*⟩ lampada *f* di sicurezza (*o* Davy). ~ **level** limite *m* di guardia (*anche fig.*). ~ **lock** *s*. serratura *f* sicurezza, controserratura *f.* ~ **match** *s*. fiammifero *m* sicurezza (*o* svedese). ~ **measure** *s*. misura *f* sicurezza. ~ **net** *s*. rete *f* di sicurezza. ~–**pin** *s*. spilla di sicurezza (*o* da balia). ~ **rail** *s*. ⟨*tecn*⟩ guardrail guardavia *m*. ~ **razor** *s*. rasoio *m* di sicurezza. ~ **rod** *s*. ⟨*Atom*⟩ barra *f* di sicurezza. ~ **rule** *s*. regola *f* sicurezza. ~ **standards** *s.pl.* norme *fpl* di sicurezz ~–**valve** *s*. ⟨*Mecc*⟩ valvola *f* di sicurezza (*anche fig.*). **vault** *s*. → **safe vault**.

safe vault *s*. camera *f* blindata, caveau *m*.

safflower ['sæflauə] *s*. **1** ⟨*Bot*⟩ cartamo *m* (officinale zafferanone *m*. **2** ⟨*Chim*⟩ cartamina *f.*

affron ['sæfrən] **I** *s.* **1** ⟨*Bot*⟩ → **saffron crocus. 2** ⟨*Gastr*⟩ zafferano *m.* **3** (*colour*) giallo *m* zafferano. **II** *a.* zafferano.

affron crocus *s.* ⟨*Bot*⟩ croco *m*, zafferano *m*.

affrony ['sæfrəni] *a.* giallastro.

ag[1] [sæg] *v.* (*pret., p.p.* **sagged** [-d]) **I** *v.i.* **1** incurvarsi, piegarsi (al centro), insellarsi: *the bridge –ged dangerously* il ponte s'incurvò in modo pericoloso. **2** (*to hang loosely*) afflosciarsi: *her cheeks were beginning to ~ with age* le sue guance cominciavano ad afflosciarsi con l'età; (*to hang unevenly*) pendere, inclinarsi: *the tent –ged on one side* la tenda pendeva da una parte. **3** (*to sink gradually*) cedere, abbassarsi, avvallarsi; (*to settle*) assestarsi. **4** ⟨*Comm*⟩ ribassare, calare, diminuire: *prices are –ging* i prezzi calano. **II** *v.t.* **1** far incurvare, piegare al centro. **2** (*to cause to hang loosely*) far afflosciare. **3** ⟨*Mar*⟩ (*of a ship, timber*) insellare. □ ⟨*Mar*⟩ *to ~ to leeward* scarrocciare; ⟨*Econ*⟩ *the market is –ging* il mercato è al ribasso.

ag[2] *s.* **1** incurvatura *f*, abbassamento *m*. **2** (*of a road–bed*) cedimento *m*. **3** ⟨*Comm*⟩ cedimento *m*, flessione *f*. **4** ⟨*Geog*⟩ (*saddle*) sella *f*; (*depression*) depressione *f*.

aga ['sɑ:gə] *s.* ⟨*Lett*⟩ saga *f* (*anche fig.*).

agacious [sə'geiʃəs] *a.* avveduto, sagace, perspicace.

agaciously [-li] *avv.* avvedutamente, sagacemente.

agaciousness [-nis], **sagacity** [-'gæsiti] *s.* avvedutezza *f*, sagacia *f*.

age[1] [seidʒ] **I** *a.* **1** saggio, assennato: *a ~ answer* una risposta saggia. **2** (*solemn, grave*) dall'aria solenne, grave (*anche iron.*). **II** *s.* saggio *m*.

age[2] *s.* ⟨*Bot*⟩ salvia *f*.

age|-brush *s.* ⟨*Bot*⟩ artemisia *f* tridentata. **~ cheese** *s.* ⟨*Alim*⟩ formaggio *m* alla salvia. **~-green** *s.* verde *m* salvia.

agely ['seidʒli] *avv.* saggiamente, saviamente. **sageness** [-dʒnis] *s.* saggezza *f*.

agging ['sægin] *s.* **1** incurvatura *f*, incurvamento *m*. **2** ⟨*Mar*⟩ insellamento *m*. **saggy** [-gi] *a.* **1** che s'incurva, che si piega. **2** (*flabby*) cascante, floscio.

agittarius [ˌsædʒi'tɛəriəs] *N.pr.* **1** ⟨*Astr*⟩ Sagittario *m*. **2** (*person*) Sagittario *m*, persona *f* nata sotto il segno del Sagittario.

ago ['seigou] *s.* (*pl.* **-s** [z]) **1** ⟨*Gastr*⟩ sagù *m*, sago *m*. **2** ⟨*Bot*⟩ → **sago palm. sago palm** *s.* ⟨*Bot*⟩ palma *f* da sagù (*o* sago).

agy ['seidʒi] *a.* aromatizzato con salvia, profumato alla salvia.

ahara [sə'hɑ:rə] **I** *N.pr.* Sahara *m*. **II** *s.* ⟨*fig*⟩ deserto *m*. **Saharan** [-n], **Saharian** [-riən] *a.* sahariano.

ahel [sə'hi:l] *N.pr.* ⟨*Geog*⟩ Sahel *m*: *~ region* zona del Sahel.

id[1] [sed] → **say**[1].

id[2] *a.* ⟨*Dir,burocr*⟩ suddetto, predetto.

il[1] [seil] *s.* **1** vela *f*. **2** ⟨*collett*⟩ velatura *f*, velame *m*. **3** (*sailing-ship*) nave *f* a vela, veliero *m*. **4** (*trip in a sailing-boat*) gita *f* (*o* giro *m*) in barca a vela; (*voyage by ship*) viaggio *m* per mare. **5** (*of a windmill*) pala *f*, ala *f*. **6** ⟨*Zool*⟩ ⟨*fin*⟩ pinna *f*. □ *to go for a ~* andare a fare un giro in barca a vela; *to hoist the –s* issare le vele; *in full ~* a vele spiegate; *to make ~* aumentare la velatura; *to set ~* spiegare le vele, fare vela, salpare, partire (*for* per); *to strike ~* ammainare le vele (in segno di resa o saluto); ⟨*fig*⟩ *to take in ~* arrivare alla conclusione; *to trim ~* orientare le vele; ⟨*fig*⟩ *to trim one's –s* fare economia, ridurre le spese.

il[2] **I** *v.i.* **1** navigare; (*to travel in a sailing-ship*) veleggiare, navigare a vela; (*of a sailing-ship*) veleggiare, andare (*o* navigare) a vela. **2** (*to begin a voyage*) salpare, fare vela: *we –ed at dawn* salpammo all'alba. **3** ⟨*fig*⟩ librarsi in volo, volare. **4** ⟨*fig*⟩ (*to move gracefully*) muoversi con grazia. **II** *v.t.* **1** condurre, governare, far navigare: *to ~ a fishing-boat* condurre una barca da pesca. **2** (*to travel over or through in a vessel*) percorrere navigando. □ *to ~ across the Atlantic* attraversare l'Atlantico; *to ~ along the coast* costeggiare; *to ~ around the Cape of Good Hope = to sail round the Cape of Good Hope*; *to ~ down a river* discendere (*o* navigare lungo) un fiume; *to go –ing* andare in barca a vela; ⟨*fam*⟩ *to ~*

into: **1** intraprendere con (grande) slancio; **2** (*to attack verbally*) inveire contro, assalire; *to ~ into port* entrare nel porto; *the plane –ed over the city* l'aeroplano sorvolò lentamente la città; *to ~ round the Cape of Good Hope* doppiare il Capo di Buona Speranza; *to ~ the seas* correre i mari, navigare; *to ~ through:* **1** attraversare; **2** ⟨*fam*⟩ superare 'senza difficoltà'. (*o* facilmente): *to ~ through an exam* superare un esame senza difficoltà; *to ~ up a river* risalire un fiume; ⟨*fig*⟩ *to ~ with the wind* navigare secondo il vento; *to ~ against the wind:* **1** ⟨*Mar*⟩ navigare controvento; **2** ⟨*fig*⟩ andare controcorrente (*o* controvento).

sailable ['seiləbl] *a.* navigabile.

sail| arm *s.* (*of a windmill*) pala *f*, ala *f*. **~-boat** *am. s.* → **sailing-boat. ~cloth** *s.* tela *f* per vele (*o* tende), olona *f*, tela olona.

sailer ['seilə] *s.* veliero *m*, nave *f* a vela.

sail–fish *s.* ⟨*Itt*⟩ istioforo *m*.

sailing ['seilin] *s.* **1** navigazione *f*. **2** ⟨*Sport*⟩ vela *f*, sport *m* della vela. **3** (*departure*) partenza *f* (di nave): *a list of the –s from Southampton* un elenco delle partenze da Southampton. □ ⟨*fig*⟩ *plain ~* facile, senza complicazioni.

sailing|-boat *s.* barca *f* a vela. **~–ship**, **~–vessel** *s.* nave *f* a vela, veliero *m*.

sailor ['seilə] *s.* marinaio *m*. □ *to be a bad ~* soffrire il (mal di) mare; *to be a good ~* non soffrire il (mal di) mare.

sailoring ['seilərin] *s.* vita *f* (*o* lavoro *m*) da marinaio. **sail~ly** [-ləli] *a.* di (*o* da) marinaio.

sailor-man ['seiləmən] *s.irr.* marinaio *m*.

sailor suit *s.* ⟨*Mod*⟩ marinara *f*.

sail|plane I *s.* ⟨*Aer*⟩ veleggiatore *m*, aliante *m*. **II** *v.i.* veleggiare. **~ yard** *s.* ⟨*Mar*⟩ antenna *f*.

saint [seint] **I** *s.* **1** ⟨*Rel.catt*⟩ santo *m* (*f* –a). **2** ⟨*Rel*⟩ (*one of the dead in heaven*) beato *m* (*f* –a). **3** ⟨*fig*⟩ persona *f* molto virtuosa, santo *m* (*f* –a). **II** *v.t.* **1** santificare, dichiarare santo, canonizzare. **2** ⟨*fig*⟩ santificare, onorare, venerare. □ *he would try the patience of a ~* farebbe scappare la pazienza a un santo.

Saint *a.* ⟨*Rel*⟩ san, santo: *~ Matthew* san Matteo.

Saint| Andrew's cross *s.* croce *f* di sant'Andrea. **~ Anthony's fire** *s.* ⟨*Med*⟩ fuoco *m* di sant'Antonio. **~ Bernard (dog)** *s.* ⟨*Zool*⟩ sanbernardo *m*, cane *m* di san Bernardo.

saintdom ['seintdəm], **sainthood** [-thud] *s.* ⟨*Rel*⟩ santità *f*.

Saint James *N.pr.* san Giacomo *m*. □ *the Court of ~* la corte inglese (*o* di san Giacomo).

saintliness ['seintlinis] *s.* santità *f*. **saintly** [-li] *a.* santo, pio.

saint's day *s.* giorno *m* dedicato a un santo, festa *f* di un santo.

saintship ['seintʃip] *s.* santità *f*.

Saint| Valentine's Day *s.* giorno *m* di san Valentino. **~ Vitus's dance** *s.* ⟨*Med*⟩ ballo *m* di san Vito.

saith [seθ] → **say**[1].

sake[1] [seik] *s.* **1** scopo *m*, fine *m*, intento *m*; (*account, cause*) causa *f*, motivo *m*, ragione *f*. **2** (*benefit, interest*) interesse *m*, utilità *f*, vantaggio *m*. □ *art for art's ~* l'arte per l'arte; *for both our –s* nell'interesse di entrambi; ⟨*esclam*⟩ *for God's* (*o heaven's, goodness', Christ's*) *~* per (l')amor di Dio; *for my ~ as well as yours* nel mio interesse oltre che nel vostro, nel mio e nel vostro interesse; *for the ~ of:* **1** per il bene di, nell'interesse di: *I only did it for your ~* l'ho fatto soltanto per il tuo bene; **2** (*for the purpose of*) per, a scopo di, per amore di; *for old time's ~* in memoria dei tempi passati.

sal [sæl] *s.* ⟨*Farm,Chim*⟩ sale *m*.

salaam [sə'lɑ:m] **I** *s.* saluto *m* orientale, salamelecco *m*. **II** *v.t.* salutare con un inchino cerimonioso. **III** *v.i.* fare un inchino cerimonioso.

salability *am. e der.* → **saleability** *e der.*

salacious [sə'leiʃəs] *a.* lascivo, osceno. **salaciously** [-li] *avv.* lascivamente. **salaciousness** [-nis], **salacity** [-'læsiti] *s.* lascivia *f*, oscenità *f*.

salad ['sæləd] *s.* **1** ⟨*Gastr*⟩ insalata *f*: *a mixed ~*

un'insalata mista. **2** (*lettuce*) lattuga *f.*
salad| **bowl** *s.* insalatiera *f.* **~ cream** *s.* tipo di maionese.
~ days *s.pl.* (*fam*) anni *mpl* verdi, giovinezza *f.*
~–dressing *s.* condimento *m* per insalata. **~–oil** *s.* olio
m da tavola. **~ spinner** *s.* scolainsalata *m.*
salamander ['sæləmændə] *s.* **1** ⟨*Zool,Mitol*⟩ salamandra *f.*
2 ⟨*fig*⟩ chi sopporta bene un grande calore. **3** (*portable
stove*) fornello *m* portatile. **4** (*hot iron plate used in
baking*) piastra *f* di ferro (arroventata) usata per rosolare.
salami *it.* [sə'lɑːmi] *s.* ⟨*Gastr*⟩ salame *m.*
salariat [sə'lɛəriæt] *s.* classe *f* di lavoratori stipendiati.
salaried ['sælərid] *a.* stipendiato. **salary** ['sæləri] ·**I** *s.*
stipendio *m,* retribuzione *f.* **II** *v.t.* stipendiare.
salary earner *s.* salariato *m* (*f* –a).
sale [seil] *s.* **1** vendita *f,* smercio *m.* **2** ⟨*Comm*⟩ svendita
f, liquidazione *f,* saldo *m: I bought it at a ~* l'ho
comprato a una svendita. **3** (*auction*) asta *f,* incanto *m,*
vendita *f* all'asta: *to put s.th. up for ~* mettere qc. all'asta.
4 *pl.* ⟨*Comm*⟩ vendite *fpl.* □ ⟨*Comm*⟩ **~ by description**
vendita *f* su descrizione; *–s are* **down** le vendite sono in
ribasso; **~ under execution** vendita *f* giudiziale; **for ~** in
vendita; *not for* **~** non in vendita; ⟨*Comm,Mar*⟩ **~ on
landed** *terms* vendita *f* allo sbarco; **~ by number** vendita *f*
a pezzo; **on ~** in vendita: *tickets are on ~ at the
box-office* i biglietti sono in vendita al botteghino;
⟨*Comm*⟩ **~ on ~ or return** da vendere o rimandare; *–s are*
up le vendite sono buone; **~ by weight** vendita *f* a
peso.
saleability [,seilə'biliti] *s.* vendibilità *f,* smerciabilità *f.*
'saleable [–bl] *a.* vendibile, smerciabile. **'saleably** [–bli]
avv. in modo vendibile (*o* smerciabile).
sale price *s.* ⟨*Comm*⟩ prezzo *m* di liquidazione.
sales| **account** *s.* ⟨*Comm*⟩ conto *m* vendite. **~ agency** *s.*
agenzia *f* di vendita. **~ agent** *s.* agente *m* per le vendite.
~ analysis *s.* analisi *f* delle vendite. **~ assistant** *s.*
assistente *m* di vendita. **~ budget** *s.* bilancio *m* delle
vendite. **~ channel** *s.* canale *m* di vendita. **~ clerk** *s.*
→ **sales assistant. ~ contract** *s.* contratto *m* di vendita.
~ coverage *s.* copertura *f* di mercato. **~ department** *s.*
reparto *m* vendite. **~ engineer** *s.* tecnico *m* delle
vendite. **~girl** *s.* commessa *f.*
Salesian [sə'liːʒən] **I** *s.* ⟨*Rel.catt*⟩ salesiano *m.* **II** *a.*
salesiano.
sales| **incentive** *s.* incentivo *m* di vendita. **~lady** *am. s.*
→ **saleswoman. ~man** [mən] *s.irr.* **1** commesso *m.* **2**
(*travelling salesman*) commesso *m* viaggiatore, piazzista
m. **~ manager** *s.* direttore *m* commerciale (*o* delle
vendite).
salesmanship ['seilzmənʃip] *s.* **1** tecnica *f* della vendita,
arte *f* del vendere. **2** (*ability in selling*) abilità *f* nel
vendere, capacità *f* di vendita.
sales| **manual** *s.* manuale *m* di vendita. **~ organization**
s. organizzazione *f* di vendita. **~ outlet** *s.* sbocco *m* di
vendita. **~ personnel** *s.* personale *m* di vendita. **~
policy** *s.* politica *f* delle vendite. **~ promotion** *s.*
promozione *f* delle vendite. **~ promotion campaign** *s.*
campanga *f* di promozione delle vendite. **~ range** *s.*
campionario *m.* **~ test** *s.* ⟨*Comm*⟩ lancio *m* in una zona
campione. **~ training** *s.* addestramento *m* alle vendite.
~ talk *s.* **1** imbonimento *m.* **2** ⟨*fig*⟩ argomenti *mpl*
persuasivi. **~woman** *s.irr.* **1** commessa *f.* **2**
(*representative*) rappresentante *f,* propagandista *f.*
Salian ['seiliən] **I** *a.* ⟨*Stor*⟩ salico. **II** *s.* franco *m* salico.
salicin(e) ['sælisi(ː)n] *s.* ⟨*Farm*⟩ salicina *f.*
Salic law ['sælik] *s.* ⟨*Stor*⟩ legge *f* salica.
salicyl ['sælisil] *s.* ⟨*Chim*⟩ salicile *m.* **salicylate** [–eit] *s.*
salicilato *m.* ,**sali'cylic** [–ik] *a.* salicilico: **~ acid** acido
salicilico.
salience ['seiliəns], **saliency** [–i] *s.* **1** sporgenza *f,*
prominenza *f.* **2** ⟨*fig*⟩ importanza *f,* rilievo *m;* (*s.th.
prominent*) cosa *f* importante (*o* di rilievo). **salient** [–nt]
I *a.* **1** sporgente, prominente, saliente. **2** ⟨*fig*⟩ saliente,
importante, rilevante, notevole. **3** (*of an animal: jumping*)
che salta, saltatore. **II** *s.* **1** ⟨*Mil,Geog*⟩ saliente *m.* **2**
⟨*Geom*⟩ angolo *m* sporgente. **saliently** [–ntli] *avv.* in
modo notevole (*o* saliente).

saliferous [sə'lifərəs] *a.* ⟨*Geog*⟩ salifero. **salify** ['sælifa
v.t. **1** ⟨*Chim*⟩ salificare. **2** (*to combine with a sal*
salare.
saline ['seilain] **I** *a.* salino (*anche Chim.*). **II** *s.*
⟨*Med,Fisiol*⟩ soluzione *f* salina. **2** (*salt spring*) sorgente
d'acqua salsa. **3** (*deposit of salt*) salina *f,* giacimento *m* ·
sale. **4** (*saline marsh*) palude *f* salata; (*lake*) lago *m* salat·
5 ⟨*Chim*⟩ sale *m* di un metallo. **salinity** [sə'liniti] *s.*
salsedine *f.* **2** (*concentration of salt*) salinità *f.*
salinometer [,sæli'nomitə] *s.* ⟨*Chim*⟩ salinometro *m.*
Salique [sə'liːk] *a.* → **Salian.**
saliva [sə'laivə] *s.* ⟨*Fisiol*⟩ saliva *f.* **salival** [–l], **saliva**
['sælivəri] *a.* salivare, salivale.
salivate ['sæliveit] **I** *v.i.* salivare. **II** *v.t.* causa·
un'eccessiva salivazione in. ,**salivation** [–'veiʃən] *s.*
salivazione *f.* **2** ⟨*Med*⟩ ptialismo *m,* ptialorrea *f.*
sallow[1] ['sælou] **I** *a.* giallastro, giallognolo: **~ skin** pel·
giallastra. **II** *v.t.* rendere giallastro.
sallow[2] *s.* ⟨*Bot*⟩ salice *m.*
sallowish ['sælouiʃ] *a.* tendente al giallastro. **sallownes**
[–lounis] *s.* l'essere giallastro.
sallowy ['sæloui] *a.* ricco (*o* pieno) di salici.
sally ['sæli] **I** *s.* **1** ⟨*Mil*⟩ sortita *f.* **2** (*trip*) gita
escursione *f: a ~ into the country* una gita in campagna.
⟨*fig*⟩ (*outburst*) scoppio *m: a ~ of anger* uno scopp·
d'ira. **4** ⟨*fig*⟩ (*witty remark*) battuta *f,* frase *f* spiritos·
sortita *f.* **II** *v.i.* **1** ⟨*Mil*⟩ (spesso con *out*) fare una sortit·
2 (*to set out;* spesso con *forth*) partire, mettersi i·
viaggio.
salmagundi [,sælmə'gʌndi] *s.* **1** ⟨*Gastr*⟩ insalata *f* di carn·
acciughe, uova, ecc. **2** ⟨*fig*⟩ guazzabuglio *m,* miscuglio *n·
pot–pourri *m.*
salmi ['sælmi] *s.* ⟨*Gastr*⟩ salmì *m.* **salmis** *s.inv.* ·
salmi.
salmon ['sæmən] **I** *s.* (*pl. inv./-s* [z]; il pl.inv. si u·
general. con valore collett.) **1** ⟨*Itt*⟩ salmone *m.* **2** (*colou·
salmone *m,* color *m* salmone. **II** *a.* color salmone.
'salmon|**-'pink I** *s.* rosa *m* salmone, color *m* rosa salmon·
II *a.* (color) rosa salmone. **~ trout** *s.* ⟨*Itt*⟩ trota ·
comune.
salon *fr.* ['sælɔːŋ] *s.* **1** salone *m.* **2** ⟨*fig*⟩ salotto *m: litera·
~ salotto letterario. **3** (*art show*) mostra *f,* salone *·
esposizione *f.*
saloon [sə'luːn] *s.* **1** sala *f,* salone *m.* **2** ⟨*Mar*⟩ salone *·
(*first–class accommodation*) cabina *f* di prima classe. **3** ·
saloon bar. 4 ⟨*Aut*⟩ berlina *f.* **5** (*fam*) (*bar*) saloon *·
bar *m.*
saloon| **bar** *s.* sala *f* interna elegantemente arredata di u·
pub. **~ car** *s.* **1** ⟨*Ferr*⟩ → **saloon carriage. 2** ⟨*Au·
berlina *f.* **~ carriage** *s.* ⟨*Ferr*⟩ vettura *f* (*o* carrozz·
salone. **~ deck** *s.* ⟨*Mar*⟩ ponte *m* di prima classe.
Salop ['sæləp] *N.pr.* ⟨*Geog*⟩ Shropshire *m.* **Salopia**
[sə'loupiən] *s.* **1** abitante *m/f* dello Shropshire. **2** ⟨*Scc*
salopiano *m.*
salsoda, sal soda ['sæl'soudə] *s.* ⟨*Chim*⟩ carbonato *m* ·
sodio.
salt[1] [sɔːlt] **I** *a.* **1** sale *m.* **2** *pl.* ⟨*Farm*⟩ sale *m;* (*smellin·
salts*) sali *mpl.* **3** ⟨*Chim*⟩ sale *m,* cloruro *m* di sodio. ·
⟨*fig*⟩ sapore *m,* gusto *m.* **5** (*fam*) (*experienced sailo·
lupo *m* di mare. **II** *a.* **1** salato, salso. **2** (*preserved, cur·
with salt*) salato, conservato (*o* messo) sotto sale. ·
⟨*Stor*⟩ *to sit* **above** *the ~* sedere tra i convitati ·
riguardo; ⟨*Stor*⟩ *to sit* **below** *the ~* sedere in fondo a·
tavola coi servi; ⟨*fig*⟩ *the ~ of the* **earth** il sale della terr·
⟨*fig*⟩ *to eat s.o.'s ~* ricevere l'ospitalità di qd.; ⟨*fig*⟩ *to e·
~ with s.o. essere ospite di qd., pranzare con qd.; ⟨*fa·
an **old ~** un lupo di mare; ⟨*fig*⟩ *to take s.th. with a gra·
(*o pinch*) *of ~* prendere (*o* accettare) qc. con un grano ·
sale; ⟨*fig*⟩ *he is* **worth** *his ~* vale il pane che mangia.
salt[2] *v.t.* **1** salare, condire con sale. **2** (*to preserve with sa.·
salare, conservare (*o* mettere) sotto sale. **3** ⟨*fig*⟩ (*to gi·
piquancy to*) rendere sapido, dare sapore a. **4** (*of a min·
far apparire più ricco (apportandovi minerali). □ *to*
away (*o* **down**): **1** conservare (*o* mettere) sotto sale: *to*
away meat conservare la carne sotto sale; **2** (*fam*) (*·
save*) mettere da parte, mettere via, risparmiare; ⟨*Ind*⟩
~ out salare.

altation [sæl'teiʃən] s. **1** salto m, il saltare. **2** (dancing) danza f, ballo m. **3** ⟨Biol⟩ mutazione f.

altatorial [ˌsæltə'tɔ:riəl], **'saltatory** [-təri] a. **1** della (o relativo alla) danza. **2** ⟨Zool⟩ saltatore.

alt| beef s. ⟨Alim⟩ carne f di manzo salata. **~ cake** s. ⟨Chim⟩ solfato m di sodio commerciale. **~-cellar** s. saliera f.

alted ['sɔ:ltid] a. **1** salato, conservato (o messo) sotto sale: ~ fish pesce salato. **2** (fam) (experienced) esperto, pratico. **salter** [-tə] s. **1** produttore m (o venditore) di sale. **2** (one who salts meat, etc.) salatore m (f -trice).

altern ['sɔ:ltən] s. salina f.

alt-free a. senza sale: a ~ diet una dieta senza sale.

altiness ['sɔ:ltinis] s. **1** salsedine f, salinità f. **2** ⟨fig⟩ mordacità f, arguzia f. **salting** [-tiŋ] s. **1** salatura f. **2** → salt marsh.

altire ['sæltaiə] s. ⟨Arald⟩ croce f di sant'Andrea, croce decussata.

altish ['sɔ:ltiʃ] a. piuttosto salato, salaticcio.

altless ['sɔ:ltlis] a. insipido, scialbo, scipito (anche fig.).

altly ['sɔ:ltli] avv. **1** in modo salato. **2** ⟨fig⟩ mordacemente, in modo pungente.

alt|–lick s. luogo m ricco di sale (dove gli animali vanno a leccare il terreno). **~–marsh** s. palude f d'acqua salata. **~–mine** s. miniera f di salgemma.

altness ['sɔ:ltnis] s. → saltiness.

alt-pan s. **1** largo contenitore m per l'estrazione del sale (mediante evaporazione). **2** ⟨Geol⟩ salina f.

altpeter am., **saltpetre** [ˌsɔ:lt'pi:tə] s. ⟨Chim⟩ **1** salnitro m, nitrato m di potassio. **2** (Chile saltpetre) nitrato m ˈdel Cileˈ (o di sodio).

alt| pit s. salina f. **~ pork** s. ⟨Alim⟩ carne f di maiale salata. **~ spoon** s. cucchiaino m per il sale. **~-water** a. ⟨ d'acqua salata: a ~ lake un lago d'acqua salata; ~ fish pesce d'acqua salata. **2** (of salt water) d' (o relativo ad) acqua salata. **~ water 1** acqua f salata. **2** (ocean or sea-water) acqua f di mare. **~ well** s. pozzo m d'acqua salata. **~–works** s.pl. (costr. sing. o pl.) salina f.

alty ['sɔ:lti] a. **1** salato, salso, salino, salmastro. **2** ⟨fig⟩ mordace, arguto, pungente; (risqué, racy) piccante, spinto.

alubrious [sə'lu:briəs] a. salubre, salutare, sano. **salubriously** [-li] avv. in modo salubre. **salubriousness** [-nis], **salubrity** [-briti] s. salubrità f.

aluretic [ˌsælju'retik] a. ⟨Farm⟩ saluretico.

lutarily ['sæljutərili] avv. in modo salutare, salutarmente. **salutariness** [-rinis] s. l'essere salutare. **salutary** [-təri] a. **1** salutare, salubre. **2** (wholesome, beneficial) salutare, giovevole, benefico.

lutation [ˌsælju'teiʃən] s. **1** saluto m. **2** pl. (greetings) saluti mpl. **3** ⟨epist⟩ formula f iniziale. **salutatory** [sə'ljutətəri] I a. **1** di saluto. **2** (of welcome) di benvenuto. II s. ⟨am.Univ⟩ discorso m inaugurale pronunciato da uno studente (all'inizio del corso).

lute [sə'l(j)u:t] I v.t. **1** salutare: to ~ s.o. with a bow salutare qd. con un inchino. **2** ⟨Mil⟩ salutare, fare il saluto militare a: to ~ the flag salutare la bandiera. **3** ⟨Mar⟩ salutare con la bandiera. **4** ⟨fig⟩ (to welcome) salutare, accogliere: applause -d his entry un applauso salutò il suo ingresso. **5** ⟨fig⟩ (to pay honour to) rendere onore (o omaggio) a, salutare: let us ~ our heroes rendiamo onore ai nostri eroi. II v.i. **1** salutare. **2** ⟨Mil⟩ fare (o eseguire) il saluto, salutare. III s. **1** saluto m. **2** ⟨Mil⟩ saluto m (militare): to give a ~ fare il saluto; (discharge of guns) salva f: to fire a ten-gun ~ sparare una salva di dieci colpi di cannone. **3** ⟨Mar⟩ saluto m con la bandiera. □ ⟨Mil⟩ to stand at the ~ fare il saluto militare).

lvable ['sælvəbl] a. **1** salvabile. **2** (salvageable) ricuperabile.

lvador ['sælvədɔ:] N.pr. ⟨Geog⟩ (El Salvador) Salvador ⟨. **Salvador(i)an** [-riən] I a. salvadoregno. II s. salvadoregno m (f -a).

lvage ['sælvidʒ] I s. **1** ⟨Mar⟩ salvataggio m; (goods saved) merci fpl salvate da un naufragio, ricupero m marittimo; (compensation paid) premio m di salvataggio.

2 ⟨estens⟩ salvataggio m: the ~ of works of art from a flood il salvataggio di opere d'arte da un'alluvione. **3** ⟨Ind⟩ (property saved) materiale m di ricupero, ricupero m. II v.t. **1** ⟨Mar⟩ salvare, trarre in salvo. **2** ⟨estens⟩ salvare, mettere in salvo. **3** ⟨fig⟩ salvare: to ~ a marriage salvare un matrimonio. **salvageable** [-əbl] a. salvabile, ricuperabile.

salvage| boat s. → salvage tug. **~ company** s. società f di ricuperi marittimi.

salvaged glass collection ['sælvidʒd] s. raccolta f di vetro usato.

salvage| tug, ~ vessel s. ⟨Mar⟩ nave f (o rimorchiatore m) di salvataggio.

salvation [sæl'veiʃən] s. **1** salvamento m. **2** (state of being saved) salvezza f, salvamento m: to give thanks for one's ~ rendere grazie per la propria salvezza. **3** (s.th., s.o. that saves) salvezza f: he was the ~ of his country è stato la salvezza del suo paese. **4** ⟨Teol⟩ salvazione f, salvezza f, redenzione f. □ to find ~ trovare scampo, salvarsi; to seek ~ in s.th. cercare scampo (o la salvezza) in qc.

Salvation Army s. ⟨Rel⟩ esercito m della salvezza.

Salvationism [sæl'veiʃənizəm] s. ⟨Rel⟩ dottrina f dei salutisti. **Salvationist** [-nist] s. salutista m/f.

salve¹ [sɑ:v] I s. **1** ⟨Farm⟩ unguento m, linimento m, balsamo m. **2** ⟨fig⟩ balsamo m, conforto m, lenimento m, sollievo m: a ~ to his wounded pride un balsamo per il suo orgoglio ferito. II v.t. **1** placare, acquietare, lenire: to ~ one's conscience placare la propria coscienza. **2** ⟨rar⟩ (to apply a salve to) applicare un unguento su.

salve² [sælv] v.t. (to save, salvage) salvare, ricuperare.

salve³ lat. ['sælvi] I s. ⟨Lit⟩ salveregina f, Salve Regina f. II intz. salve.

salver ['sælvə] s. vassoio m.

salvia ['sælviə] s. ⟨Bot⟩ salvia f.

salvo¹ ['sælvou] s. (pl. -s/-es [z]) **1** ⟨Mil⟩ salva f (anche estens.): a ~ of cheers una salva di applausi. **2** ⟨Aer.mil⟩ rastrelliera f di bombe sganciate contemporaneamente.

salvo² s. (pl. -s [z]) ⟨Dir⟩ clausola f (condizionale).

salvor ['sælvə] s. chi salva, chi ricupera.

Salzburg ['sæltsbə:g] N.pr. ⟨Geog⟩ Salisburgo f.

Sam¹ [sæm]: ⟨sl⟩ to stand ~ pagare il conto (di una bevuta), offrire da bere; upon my ~! parola d'onore!

Sam² (dim. di Samuel) N.pr. Sam m.

SAM = ⟨Aer.mil⟩ surface-to-air missile missile terra-aria.

Samaritan [sə'mæritən] I s. **1** samaritano m (f -a). **2** ⟨fig⟩ persona f buona e caritatevole, (buon) samaritano m. II a. samaritano.

samba ['sæmbə] I s. samba f/m. II v.i. ballare la samba.

sambo ['sæmbou] s. (pl. -s [z]) **1** ⟨fam⟩ ⟨Negro⟩ negro m (f -a). **2** (zambo) zambo m.

same [seim] I a. **1** stesso, medesimo, identico: the ~ amount la stessa somma. **2** (being the one under discussion) stesso: this ~ man was soon to regret his words questo stesso uomo doveva ben presto pentirsi delle sue parole. **3** (unchanged) solito, stesso: it's the ~ old story è sempre ˈla solita vecchia storiaˈ (o lo stesso discorso). II pron. **1** stesso, stessa cosa: I would do the ~ again farei di nuovo la stessa cosa. **2** (s.th., s.o. previously mentioned) stesso, medesimo, often translated with a pronoun: I bought ten watches and sold the ~ at a profit ho comprato dieci orologi e ˈli ho rivendutiˈ (o ho rivenduto gli stessi) con un guadagno. III avv. ⟨fam⟩ allo stesso modo, nella stessa maniera: they both feel the ~ about it la pensano tutti e due allo stesso modo. □ all the ~: 1 ciò nonostante, nondimeno, tuttavia, malgrado tutto; 2 (indifferent) lo stesso, indifferente, uguale: it's all the ~ to me per me fa lo stesso; to come (o amount) to the ~ thing fare (o essere) lo stesso, equivalere, non fare differenza alcuna; exactly the ~ esattamente lo stesso; the ~ goes for lo stesso vale per; ⟨fam⟩ ~ here anch'io: I think he's wrong – ~ here penso che si sbagli – anch'io; of the ~ kind dello stesso genere (o tipo); much the ~ più o meno lo stesso, pressoché uguale, su per giù identico: the patient's condition is much the ~ as yesterday le condizioni del paziente sono più o meno le stesse di ieri; it's the ~ thing è la stessa cosa, è lo stesso; at the ~ time:

1 contemporaneamente, nello stesso tempo; 2 (*nevertheless*) tuttavia, nondimeno, ciò nonostante: *at the ~ time, we must not ignore the dangers* tuttavia non dobbiamo ignorare i pericoli; *the ~ to you!* altrettanto (a te)!; *the very ~* lo stesso (medesimo), proprio (*o* esattamente) lo stesso.

samel ['sæməl] **I** *a.* poco cotto (di mattoni). **II** *s.* mattone *m* poco cotto.

samely ['seimli] *a.* (*monotonous*) monotono, uniforme, noioso. **sameness** [-mnis] *s.* **1** identicità *f*, identità *f*. **2** (*monotonousness*) monotonia *f*, uniformità *f*.

samlet ['sæmlit] *s.* salmone *m* giovane.

Samnite ['sæmnait] **I** *s.* ⟨Stor⟩ sannita *m/f*. **II** *a.* sannitico. **Samnium** [-mniəm] *N.pr.* ⟨Geog,Stor⟩ Sannio *m*.

Samoa [sə'mouə] *N.pr.* ⟨Geog⟩ Samoa *fpl*. **Samoan** [-n] **I** *a.* samoano. **II** *s.* **1** samoano *m* (*f* –a). **2** (*language*) samoano *m*.

Samos ['seiməs] *N.pr.* ⟨Geog⟩ Samo *f*.

samovar ['sæmovɑ:] *s.* samovar *m*.

Samoyed(e) [,sæmɔi'ed, sə'mɔied] **I** *s.* (*pl. inv./*-s [z]) **1** samoiedo *m* (*f* –a). **2** (*language*) samoiedo *m*. **II** *a.* samoiedo. **Samo'yedic** [-ik] **I** *s.* **1** gruppo *m* linguistico samoiedo. **2** (*language*) samoiedo *m*. **II** *a.* → **Samoyed(e)**.

sampan ['sæmpæn] *s.* ⟨Mar⟩ sampan(g) *m*.

sample ['sɑ:mpl] **I** *s.* **1** saggio *m*, campione *m* (*anche* Comm.). **2** (*specimen*) esemplare *m*, modello *m*, esempio *m*. **3** ⟨Statist⟩ campione *m*. **4** ⟨Met⟩ saggio *m*. **II** *a.* **1** che serve da campione, come campione. **2** (*serving as an example*) che serve da modello, come esempio. **3** (*experimental*) sperimentale. **III** *v.t.* **1** campionare, prelevare un campione di. **2** ⟨fig⟩ (*to try*) saggiare, provare; (*of food*) assaggiare, gustare; (*of drink*) degustare. **3** ⟨fig⟩ (*to show an example of*) dare un esempio di. **4** ⟨Statist⟩ campionare. □ ⟨Comm⟩ *to buy from ~* comprare su campione; ⟨Post⟩ *-s only* campione *m* senza valore; ⟨Comm⟩ *up to ~* conforme a campione.

sample| book *s.* ⟨Comm⟩ campionario *m*. **~ card** *s.* cartella *f* dei campioni. **~ fair** *s.* fiera *f* campionaria. **~ mean** *s.* ⟨Statist⟩ media *f* campionaria.

sampler ['sɑ:mplə] *s.* **1** campionarista *m/f*, campionatore *m* (*f* –trice). **2** ⟨Lav.femm⟩ saggio *m* di ricamo. **3** ⟨Minier⟩ sonda *f* campionatrice.

sample survey *s.* indagine *f* campionaria.

sampling ['sɑ:mpliŋ] *s.* **1** campionatura *f*, prelievo *m* di un campione. **2** (*testing, assessment*) prova *f*, saggio *m*. **sampling| distribution** *s.* distribuzione *f* campionaria. **~ frame** *s.* schema *m* di campionamento.

Sampson ['sæmpsn], **Samson** [-msn] *N.pr.* ⟨Bibl⟩ Sansone *m* (*anche fig.*).

Samuel ['sæmjuəl] *N.pr.* Samuele *m* (*anche Bibl.*).

sanative ['sænətiv] *a.* **1** benefico, ristoratore. **2** (*curative*) curativo.

sanatorium [,sænə'tɔ:riəm] *s.* (*pl.* -s [z]/-ria [riə]) **1** sanatorio *m*. **2** (*for convalescents*) casa *f* di salute. **'sanatory** [-təri] *a.* risanatore.

sanctification [,sæŋktifi'keiʃən] *s.* santificazione *f* (*anche* Teol.). **'sanctified** [-faid] *a.* **1** santificato. **2** (*consecrated*) consacrato. **3** (*sanctimonious*) santocchio, bigotto. **'sanctifier** [-faiə] *s.* santificatore *m* (*f* –trice). Sanctifier *s.* ⟨Rel⟩ Spirito *m* Santo. **'sanctify** [-fai] *v.t.* **1** santificare; (*to consecrate*) consacrare. **2** ⟨fig⟩ consacrare, sancire, sanzionare.

sanctimonious [,sæŋkti'mouniəs] *a.* santocchio, bigotto. **sanctimoniously** [-li] *avv.* da santocchio, con santimonia. **sanctimoniousness** [-nis] *s.* santimonia *f*, bigotteria *f*, bigottismo *m*, bacchettoneria *f*. **'sanctimony** [-məni] *s.* santimonia *f*, bigotteria *f*, bigottismo *m*, bacchettoneria *f*.

sanction ['sæŋkʃən] **I** *s.* **1** benestare *m*, approvazione *f*, consenso *m*, permesso *m*. **2** (*justification*) giustificazione *f*. **3** ⟨Dir,Econ,Pol⟩ sanzione *f*: *to apply economic -s* applicare sanzioni economiche. **II** *v.t.* **1** sancire, sanzionare; (*to ratify*) ratificare, confermare, convalidare. **2** (*to authorize*) autorizzare, permettere, consentire. **3** (*to approve of, agree to*) approvare, essere d'accordo su.

sanctitude ['sæŋktitju:d] *s.* santità *f*.

sanctity ['sæŋktiti] *s.* **1** santità *f*. **2** (*quality of bei sacred, inviolate*) inviolabilità *f*, santità *f* (*anche estens the ~of individual freedom* l'inviolabilità della liber individuale. **3** *pl.* (*sacred obligations, etc.*) diritti *mpl* doveri, principi, ecc.) sacri.

sanctuary ['sæŋktjuəri] *s.* **1** luogo *m* sacro, santuario *m* tempio *m*; (*church*) chiesa *f*. **2** ⟨Rel⟩ tabernacolo sancta sanctorum *m*. **3** ⟨Stor⟩ (*place affording immun from arrest*) asilo *m* (in un tempio o chiesa) che garanti l'immunità del rifugiato; (*immunity*) immunità *f*. **4** ⟨f (*place of protection*) rifugio *m*, asilo *m*. **5** (*for bir animals*) parco *m* nazionale, riserva *f* forestale. □ ⟨Sto *right of ~* diritto *m* d'asilo.

sanctum ['sæŋktəm] *s.* (*pl.* -s [z]/-ta [tə]) **1** luogo *m* saci santuario *m*, tempio *m*. **2** ⟨fig⟩ studio *m* privato, stanza privata.

sanctum sanctorum *lat.* [sæŋk'tɔ:rəm] *s.* ⟨Rel.ebr,Bi sancta sanctorum *m*.

Sanctus *lat.* ['sæŋktəs] *s.* ⟨Lit,Bibl⟩ sanctus *m*.

sand [sænd] **I** *s.* **1** sabbia *f*, arena *f*, rena *f*. **2** *pl.* (*tra region*) terreno *m* sabbioso; (*beach*) spiaggia *f*; (*sandban secca *f*, banco *m* di sabbia. **3** (*in an hourglass*) sabbia *f* *pl.* ⟨fig⟩ (*time*) tempo *m*. **II** *v.t.* **1** cospargere di sabbia. (*to add sand to*) aggiungere sabbia a, mettere sabbia in. (*to rub, smooth with sandpaper*) levigare con la ca. vetrata, scartavetrare. **III** *v.i.* (*spesso con up*) insabbiar colmarsi di sabbia: *the river–mouth has –ed up* la foce fiume si è insabbiata. □ ⟨fig⟩ *built on ~* destinato a n durare, costruito sulla sabbia; *a grain of ~* un granello sabbia; ⟨fig⟩ *the –s are running out* il tempo è qu trascorso, siamo agli sgoccioli.

sandal[1] ['sændl] *s.* ⟨Calz⟩ sandalo *m*.

sandal[2] *s.* **1** (*wood*) sandalo *m*, legno *m* di sandalo. ⟨Bot⟩ sandalo *m*.

sandaled *am.*, **sandalled** ['sændld] *a.* che porta (*o* cal sandali.

sandbag ['sændbæg] **I** *s.* sacchetto *m* di sabbia (*o* terr *to line a river bank with ~s* rinforzare la sponda di fiume con sacchetti di sabbia. **II** *v.t.* **1** rinforzare proteggere) con sacchetti di sabbia. **2** (*to hit with sandbag*) colpire con un sacchetto di sabbia.

sand|bank *s.* secca *f*, banco *m* di sabbia. **~-bar** *s.* barr di sabbia. **~-bath** *s.* ⟨Chim⟩ bagnosabbia *m*. **2** sabbiatura *f*. **~-bed** *s.* strato *m* di sabbia. **~-blast I** ⟨tecn⟩ getto *m* di sabbia. **2** (*apparatus*) sabbiatrice *f*. *v.t.* sabbiare. **~-blaster** *s.* **1** sabbiatore *m*. **2** (*machi* sabbiatrice *f*. **~-blasting** *s.* sabbiatura *f*. **~-box** *s.* recipiente *m* per la sabbia. **2** ⟨Ferr⟩ sabbiera *f*. **3** ⟨St (*sprinkler*) polverino *m*. **~-boy** *as happy (o jolly) as a contento come una pasqua. **~-castle** *s.* castello *m* sabbia. **~ drift** *s.* ⟨Geog⟩ cumulo *m* di sabbia mobile. **dune** *s.* duna *f* di sabbia.

sanded ['sændid] *a.* **1** insabbiato. **2** (*sandpaper* smerigliato.

sander ['sændə] *s.* **1** ⟨Fal⟩ smerigliatore *m*, levigatore (*apparatus*) smerigliatrice *f*, levigatrice *f*. **2** ⟨M sabbiatore *m*; (*apparatus*) sabbiatrice *f*. **3** ⟨Fe lanciasabbia *m*.

sand|-flea *s.* ⟨Zool⟩ → **sand–hopper**. **~-fly** *s.* ⟨Ento flebotomo *m*. **~-glass** *s.* clessidra *f*. **~-hill** *s.* duna **~-hopper** *s.* ⟨Zool⟩ pulce *f* di mare.

sandiness ['sændinis] *s.* l'essere sabbioso, arenosità *f*.

sanding disk ['sændiŋ] *s.* ⟨tecn⟩ disco *m* abrasivo.

sandiver ['sændivə] *s.* ⟨Vetr⟩ schiuma *f* di vetro.

sand|man [mən] *s.irr.* ⟨Folcl⟩ omino *m* del sonno (sparge sabbia negli occhi dei bambini per f addormentare). **~-martin** *s.* ⟨Ornit⟩ moscone *m*, top *m*, bigino *m*. **~-paper I** *s.* carta *f* vetrata (*o* smeriglia carta smeriglio. **II** *v.t.* scartavetrare, trattare con la ca vetrata, smerigliare. **~-pit** *s.* **1** cava *f* di sabbia (*o* ren **2** (*for children's games*) buca *f* di sabbia per i giochi bambini. **~-shoe** *s.* scarpa *f* di tela. **~-spit** *s.* lingua terra. **~ spreader** *s.* spandisabbia *m*. **~-stone** *s.* ⟨G arenaria *f*, pietra *f* arenaria. **~-storm** *s.* ⟨Mete tempesta *f* di sabbia.

sandwich ['sænwidʒ, -witʃ] **I** *s.* **1** tramezzino

andwich *m.* **2** ⟨*Dolc*⟩ dolce *m* ripieno, torta *f* farcita. **3** ⟨*Edil*⟩ strutture *fpl* (a) sandwich. **II** *v.t.* intramezzare, nframezzare, interporre, porre in mezzo.

andwich|–board *s.* cartellone *m* pubblicitario portato da n uomo sandwich. **~–man** [mən] *s.irr.* uomo *m* andwich.

ndy ['sændi] *a.* **1** sabbioso, arenoso: *a ~ beach* una piaggia sabbiosa. **2** (*colour*) color sabbia; (*of hair*) biondo ossiccio. **3 → sandy-haired.**

andy **I** *N.pr.* Sandro *m.* **II** *s.* ⟨*fam*⟩ (*Scotchman*) cozzese *m.*

ndy-'haired *a.* dai (*o* che ha i) capelli biondo rossicci.

ne [sein] *a.* **1** sano di mente, in piene facoltà mentali. **2** *of people: having o showing good judgement*) equilibrato, ensato, assennato; (*of things*) sensato. 'sanely [–li] *avv.* aggiamente, sensatamente. 'saneness [–nis] *s.* sanità *f* nentale.

anforise, sanforize ['sænfəraiz] *v.t.* ⟨*Tess*⟩ sanforizzare.

ng [sæŋ] → sing[1].

ng–froid *fr.* [sã'frwa] *s.* sangue *m* freddo, padronanza *f* li sé.

angraal, Sangrail [sæŋ'greil], 'Sangreal [–griəl] *s.* Rel⟩ (sacro) Gra(a)l *m.*

anguiferous [sæŋ'gwifərəs] *a.* ⟨*Anat*⟩ sanguifero.

sanguification [–fi'keiʃən] *s.* ⟨*Biol*⟩ sanguificazione *f.*

anguinarily ['sæŋgwinərili] *avv.* in modo sanguinoso (*o* anguinario). **sanguinariness** [–rinis] *s.* l'essere anguinario. **sanguinary** [–ri] *a.* **1** sanguinoso. **2** (*bloodthirsty*) sanguinario.

anguine ['sæŋgwin] *a.* **1** ottimista, ottimistico, fiducioso, peranzoso. **2** (*of the colour of blood*) (di) color sangue, osso sangue, sanguigno. **3** (*ruddy*) rubicondo. **4** (*bloody*, anguinary) sanguinoso. **sanguinely** [–li] *avv.* in modo ottimistico, fiduciosamente, con speranza. **sanguineness** [–nis] *s.* → **sanguinity. san'guineous** [–iəs] *a.* **1** anguigno, ematico. **2** (*blood–red*) (di) color sangue, rosso angue, sanguigno. **san'guinity** [–iti] *s.* ottimismo *m,* iducia *f.*

anguinolent [sæŋ'gwinələnt] *a.* sanguinolento.

anhedrim ['sænidrim], **Sanhedrin** [–drin] *s.* ⟨*Stor*⟩ Sinedrio *m.*

nicle ['sænikl] *s.* ⟨*Bot*⟩ sanicola *f.*

anify ['sænifai] *v.t.* risanare, bonificare, rendere sano.

anitarian [sæni'teəriən] **I** *s.* igienista *m/f.* **II** *a.* sanitario, gienico.

anitarily ['sænitərili] *avv.* sotto il profilo sanitario.

sanitariness [–rinis] *s.* l'essere igienico.

anitarium [sæni'teəriəm] *s.* → **sanatorium.**

anitary ['sænitəri] *a.* igienico, sanitario.

anitary| inspector *s.* ufficiale *m* (*o* ispettore) sanitario. **~ napkin** *am.,* **~ pad, ~ towel** *s.* assorbente *m* igienico).

anitation [sæni'teiʃən] *s.* **1** misure *fpl* sanitarie, igiene *f.* **2** (*drainage, sewer system*) fognature *fpl.*

anity ['sæniti] *s.* **1** sanità *f* mentale. **2** (*soundness of udgement*) saggezza *f,* buonsenso *m,* ragionevolezza *f,* quilibrio *m* (mentale).

ank [sæŋk] → **sink[1].**

anscrit *s./a.* → **Sanskrit.**

ansculotte [sænzkju'lɔt] *s.* **1** ⟨*Stor*⟩ sanculotto *m.* **2** fig⟩ rivoluzionario *m* (*f* –a).

anskrit ['sænskrit] **I** *s.* sanscrito *m.* **II** *a.* sanscrito. **San'skritic** [–ik] *a.* → **Sanskrit. Sanskritist** [–ist] *s.* anscritista *m/f.*

anta (Claus) ['sæntə(klɔ:z)] *N.pr.* san Nicola *m,* santa Klaus *m,* Babbo Natale *m.*

antonin ['sæntonin], **santonine** [–ni:n] *s.* ⟨*Chim*⟩ antonina *f.*

ap[1] [sæp] **I** *s.* **1** ⟨*Anat,Bot*⟩ linfa *f.* **2** ⟨*fig*⟩ vitalità *f,* vigore *m,* forza *f,* energia *f,* linfa *f* vitale. **3** ⟨*Bot*⟩ → apwood. **II** *v.t.* (*pret., p.p.* sapped [–t]) **1** estrarre la infa da, privare della linfa. **2** ⟨*fig*⟩ indebolire, fiaccare, vigorire.

ap[2] **I** *s.* ⟨*Mil*⟩ trincea *f* d'approccio. **II** *v.t.* (*pret., p.p.* apped [–t]) **1** ⟨*Mil*⟩ attaccare scavando gallerie otterranee. **2** ⟨*fig*⟩ (*to undermine*) minare, insidiare. **3** fig⟩ (*of strength, vitality, etc.*) fiaccare, prostrare,

---

logorare, spossare.

sap[3] ⟨*fam*⟩ *s.* (*fool, simpleton*) sciocco *m* (*f* –a), cretino *m* (*f* –a), semplicotto *m* (*f* –a).

saphead[1] ['sæphed] *s.* ⟨*Mil*⟩ testa *f* di trincea.

saphead[2] *s.* ⟨*sl*⟩ → **sap[3].**

sapid ['sæpid] *a.* **1** saporito, sapido, gustoso, saporoso. **2** ⟨*fig*⟩ arguto, spiritoso, gustoso. **sapidity** [sə'piditi] *s.* gustosità *f,* saporosità *f.*

sapience ['seipiəns] *s.* sapienza *f,* saggezza *f* (*anche iron.*).

sapient [–nt] *a.* sapiente, saggio, savio (*anche iron.*).

sapiential [–pi'enʃəl] *a.* sapienziale: ⟨*Bibl*⟩ ~ *books* libri sapienziali. **sapiently** [–ntli] *avv.* sapientemente, saggiamente (*anche iron.*).

sapless ['sæplis] *s.* **1** ⟨*Bot*⟩ privo di linfa, secco, avvizzito. **2** ⟨*fig*⟩ privo di vigore (*o* vitalità), fiacco.

sapling ['sæpliŋ] *s.* **1** ⟨*Bot*⟩ alberello *m,* arboscello *m.* **2** ⟨*fig*⟩ adolescente *m/f,* giovinetto *m* (*f* –a). **3** (*greyhound*) levriero *m* nel primo anno di vita.

sapodilla plum [sæpo(u)'dilə] *s.* sapotiglia *f.*

saponaceous [sæpo(u)'neiʃəs] *a.* saponoso, saponaceo.

saponifiable [sə'ponifaiəbl] *a.* ⟨*Chim*⟩ saponificabile. **sa,ponification** [–fi'keiʃən] *s.* saponificazione *f.* **saponify** [–fai] **I** *v.t.* saponificare. **II** *v.i.* subire un processo di saponificazione.

sapor *am. s.* → **sapour.**

saporific [sæpə'rifik] *a.* che dà sapore. 'saporous [–rəs] *a.* sapido, saporoso, saporito, gustoso. **sapour** ['seipə, –pɔ:] *s.* sapore *m,* gusto *m.*

sapper ['sæpə] *s.* ⟨*Mil*⟩ zappatore *m.*

Sapphic ['sæfik] **I** *a.* ⟨*Metr*⟩ saffico, di Saffo. **sapphic** *a.* ⟨*Psic*⟩ saffico, lesbico. **II** *s.* ⟨*Metr*⟩ verso *m* saffico.

sapphire ['sæfaiə] **I** *s.* **1** ⟨*Min*⟩ zaffiro *m.* **2** (*colour*) zaffiro *m.* **II** *a.* di zaffiro, del colore dello zaffiro, zaffirino. **sapphirine** [–fərain] *a.* **1** zaffirino, di zaffiro. **2** (*of the colour sapphire*) zaffirino, del colore dello zaffiro.

sappiness ['sæpinis] *s.* **1** ⟨*Bot*⟩ succulenza *f,* succosità *f,* abbondanza *f* di linfa. **2** ⟨*fig*⟩ vigore *m,* vitalità *f,* energia *f.*

sappy[1] ['sæpi] *a.* **1** ⟨*Bot*⟩ ricco di linfa, succoso. **2** ⟨*fig*⟩ energico, vigoroso, pieno di vitalità (*o* energia).

sappy[2] *a.* ⟨*fam*⟩ (*foolish*) sciocco, cretino.

saprophyte ['sæpro(u)fait] *s.* ⟨*Biol*⟩ saprofito *m,* saprofita *m.* 'saprophytic [–'fitik] *a.* saprofito, saprofita.

sap rot *s.* ⟨*Agr*⟩ marciume *m* secco.

sapsago ['sæpsəgou] *s.* ⟨*Alim*⟩ formaggio *m* alle erbe.

sapwood ['sæpwud] *s.* ⟨*Bot*⟩ alburno *m.*

saraband(e) ['særəbænd] *s.* ⟨*Mus*⟩ sarabanda *f.*

Saracen ['særəsən] **I** *s.* ⟨*Stor*⟩ saraceno *m.* **II** *a.* → **Saracenic.** ,**Saracenic** [–'senik], ,**Saracenical** [–'senikəl] *a.* saraceno: ~ *architecture* architettura saracena.

Sarah ['seə·ə] *N.pr.* Sara *f* (*anche Bibl.*).

Sarajevo [særə'jeivou] *N.pr.* ⟨*Geog*⟩ Saraievo *f,* Seraievo *f.*

sarcasm ['sa:kæzəm] *s.* sarcasmo *m.* **sarcastic** [–'kæstik], **sarcastical** [–'kæstikəl] *a.* sarcastico. **sarcastically** [–'kæstikəli] *avv.* sarcasticamente, con sarcasmo.

sarcoma [sa:'koumə] *s.* (*pl.* **-s** [z]/**-mata** [mətə]) ⟨*Med*⟩ sarcoma *m.* **sar,comatosis** [–'tousis] *s.* (*pl.* **-ses** [si:z]) sarcomatosi *f.* **sarcomatous** [–təs] *a.* sarcomatoso.

sarcophagus [sa:'kɔfəgəs] *s.* (*pl.* **-gi** [dʒai]/**-guses** [–iz]) ⟨*Archeol*⟩ sarcofago *m.*

sarcous ['sa:kəs] *a.* (*fleshy*) carnoso.

sard [sa:d] *s.* ⟨*Min*⟩ sarda *f.*

Sardanapalian [sa:dənə'peiliən] *a.* lussuoso, opulento, sfarzoso. **Sardanapalus** [–'næpələs] *N.pr.* ⟨*Stor*⟩ Sardanapalo *m.*

sardine[1] [sa:'di:n] *s.* (*pl. inv./*-**s** [z]; il pl.inv. si usa general. con valore collett.) ⟨*Itt*⟩ sardina *f,* sarda *f,* sardella *f.* ☐ *packed like* ~*s* pigiati (*o* stretti) come sardine (*o* acciughe).

sardine[2] ['sa:d(a)in] *s.* → **sard.**

Sardinia [sa:'diniə] *N.pr.* ⟨*Geog*⟩ Sardegna *f.* **Sardinian** [–n] **I** *s.* **1** sardo *m* (*f* –a). **2** (*language*) sardo *m.* **II** *a.* sardo.

sardonic [sa:'dɔnik] *a.* sardonico, maligno, beffardo: ~

sneer ghigno sardonico. **sardonically** [-əli] *avv.* sardonicamente.

sardonyx ['sɑ:dəniks] *s.* ⟨*Min*⟩ sardonica *f.*

sargasso [sɑ:'gæsou] *s.* (*pl.* -s [z]) ⟨*Bot*⟩ sargasso *m.*

Sargasso Sea *N.pr.* ⟨*Geog*⟩ Mar *m* dei Sargassi.

sarge [sɑ:dʒ] *s.* ⟨*fam*⟩ (*sergeant*) sergente *m.*

sari ['sɑ:ri] *s.* ⟨*Vest*⟩ sari *m.*

Sarmatia [sɑ:'meiʃjə] *N.pr.* ⟨*Geog.stor*⟩ Sarmazia *f.* **Sarmatian** [-ʃən] **I** *a.* sarmatico. **II** *s.* **1** sarmata *m/f.* **2** (*language*) sarmatico *m.*

sarong [sə'rɔŋ] *s.* ⟨*Vest*⟩ sarong *m.*

sarsaparilla [ˌsɑ:səpə'rilə] *s.* ⟨*Bot*⟩ salsapariglia *f.*

sarsenet [sɑ:snit] *s.* ⟨*Tess*⟩ ermisino *m.*

sartorial [sɑ:'tɔ:riəl] *a.* **1** sartoriale, di sarti, di sartoria. **2** (*of clothes*) di abbigliamento, di abiti, di vestiti.

sash[1] [sæʃ] *s.* fascia *f* (*o* sciarpa) ⌐a tracolla⌐ (*o* intorno alla vita).

sash[2] **I** *s.* (*pl. inv./*sashes ['sæʃiz]) **1** (*of a window, etc.*) telaio *m.* **2** (*movable frame*) parte *f* mobile (di telaio scorrevole). **II** *v.t.* intelaiare.

sash| bar *s.* listello *m* (*o* sbarra *f*) fermavetro. **~-cord**, **~-line** *s.* corda *f* del contrappeso. **~-window** *s.* finestra *f* a ghigliottina.

sassafras ['sæsəfræs] *s.* ⟨*Bot*⟩ sassofrasso *m*, sassafrasso *m.*

Sassanian [sæ'seiniən] **I** *a.* ⟨*Stor*⟩ sas(s)anide, sas(s)anidico. **II** *s.* → **Sassanid. Sassanid** ['sæsənid] **I** *s.* (*pl.* -s [z]/-idae [sæ'sænidi:]) sassanide *m.* **II** *a.* → **Sassanian.**

Sassenach *scozz., irl.* ['sæsənəx, -næk] *s.* **1** inglese *m*, (anglo)sassone *m.* **2** (*Lowland Scot*) scozzese *m* meridionale.

sassy *am.* ['sæsi] *a.* ⟨*dial, fam*⟩ insolente, impertinente.

sat [sæt] → **sit**[1].

Sat. = *Saturday* sabato (*abbr.* sab.).

Satan ['seitən] **I** *N.pr.* Satana *m.* **II** *s.* ⟨*fig*⟩ satanasso *m*; (*devil*) diavolo *m*, demonio *m.* **Satanas** ['sætənæs] *N.pr.* → **Satan.**

satanic [sə'tænik] *a.* **1** satanico, di Satana, demoniaco. **2** (*diabolical, devilish*) satanico, perfido, perverso, diabolico. ▢ ⟨*scherz*⟩ *His ~ Majesty* il diavolo, il principe dei demoni, Satana. **satanically** [-əli] *avv.* diabolicamente.

Satanism ['seitənizəm] *s.* satanismo *m.* **Satanist** [-nist] *s.* adoratore *m* (*f* -trice) di Satana.

satchel ['sætʃəl] *s.* **1** borsa *f* a tracolla. **2** ⟨*Scol*⟩ cartella *f*, borsa *f.*

sate [seit] *v.* → **satiate.**

sateen [sæ'ti:n] *s.* ⟨*Tess*⟩ rasatello *m*, rasato *m.*

satellite ['sætəlait] **I** *s.* **1** ⟨*Astr*⟩ satellite *m* (*anche fig.*). **2** → **satellite town. II** *a.* satellite (*anche fig.*). ▢ ⟨*Pol*⟩ *to make into a ~* satellizzare.

satellite| broadcasting *s.* ⟨*TV*⟩ trasmissione *f* via satellite. **~ state** *s.* stato *m* (*o* paese) satellite, nazione *f* satellite. **~ town** *s.* città *f* satellite.

satellitic [ˌsætə'litik] *a.* → **satellite.**

satelloid ['sætəlɔid] *s.* ⟨*Astr*⟩ satelloide *m.*

satiability [ˌseiʃiə'biliti] *s.* saziabilità *f.* **'satiable** [-bl] *a.* saziabile.

satiate ['seiʃieit] **I** *v.t.* **1** saziare, appagare, soddisfare: *to ~ one's appetite* saziare il proprio appetito. **2** (*to surfeit, glut*) saziare, soddisfare fino alla nausea. **II** *a.* ⟨*rar*⟩ → **satiated. satiated** [-id] *a.* sazio, soddisfatto fino alla nausea. ,**satiation** [-ʃi'eiʃən] *s.* **1** il saziare, soddisfacimento *m*, appagamento *m.* **2** (*state of being satiated*) sazietà *f*, appagamento *m.*

satiety [sə'taiəti] *s.* **1** sazietà *f.* **2** (*weariness caused by overfullness*) sazietà *f*, disgusto *m.* ▢ *to (the point of) ~* a sazietà.

satin ['sætin] **I** *s.* ⟨*Tess*⟩ raso *m*, satin *m.* **II** *a.* di raso. **III** *v.t.* satinare.

satinet(te) [ˌsæti'net] *s.* ⟨*Tess*⟩ rasatello *m.*

satin| finish *s.* ⟨*Mecc*⟩ finitura *f* satinata. **~-like** *s.* satinato. **~ paper** *s.* carta *f* satinata (*o* lucida). **~ stitch** *s.* ⟨*Lav.femm*⟩ punto *m* pieno.

satiny ['sætini] *a.* satinato, serico, lucido.

satire ['sætaiə] *s.* satira *f* (*anche Lett.*). **satiric** [sə'tirik], **satirical** [sə'tirikəl] satirico. **satirically** [sə'tirikəli] *avv.*

satiricamente. **satirist** [-tərist] *s.* satirico *m.* **satiri** [-təraiz] *v.t.* satireggiare.

satisfaction [ˌsætis'fækʃən] *s.* **1** soddisfazione *f*, soddisfacimento *m*, appagamento *m.* **2** (*state of be* *satisfied*) soddisfazione *f*, compiacimento *m: he felt a de* ~ *provò* una profonda soddisfazione. **3** (*cause contentment*) soddisfazione *f*, gioia *f*, contentezza *f* (*pleasure*) gusto *m*, piacere *m*, soddisfazione *f: you get* ~ *out of arguing with him* non c'è gusto a discutere c lui. **4** (*in a duel*) soddisfazione *f*, riparazione *f: to dema* ~ chiedere (*o* esigere) soddisfazione. **5** (*compensatio reparation*) soddisfazione *f*, riparazione *f*, indennizzo risarcimento *m.* **6** ⟨*Dir*⟩ (*of an obligation*) adempimen *m*, assolvimento *m;* (*of a debt*) pagamento *m*, regolamen *m.* **7** ⟨*Teol*⟩ penitenza *f*, soddisfazione *f* sacramenta espiazione *f.* ▢ *to find ~ in s.th.* trovare soddisfazione qc.; *to get ~* ottenere soddisfazione.

satisfactorily [ˌsætis'fæktərili] *avv.* soddisfacentemen **satisfactoriness** [-rinis] *s.* l'essere soddisfacen **satisfactory** [-ri] *a.* **1** soddisfacente, che soddisfa. (*adequate*) soddisfacente, *a ~ conclusion* una conclusio soddisfacente. **3** (*adequate*) soddisfacente, adegua (*convincing*) convincente, persuasivo.

satisfiable ['sætisfaiəbl] *a.* appagabile, che si p soddisfare, contentabile. **satisfied** [-faid] *a.* soddisfatto, compiaciuto, pago, contento: *to feel ~ senti* soddisfatto; *a ~ smile* un sorriso compiaciuto. (*convinced*) convinto, persuaso. **3** (*discharged, pa* soddisfatto, liquidato, regolato, pagato.

satisfy ['sætisfai] **I** *v.t.* **1** contentare, soddisfare, appaga rendere contento (*o* pago): *this explanation does not ~ r* questa spiegazione non mi soddisfa. **2** (*to convinc* convincere, persuadere. **3** (*of desires, needs, et* soddisfare (a), appagare. **4** (*of doubts, etc.: to disp* scacciare, dissipare. **5** (*of questions: to answer full* rispondere esaurientemente a. **6** (*to fulfil, comply wit* soddisfare, adempiere (a), assolvere, fare fronte a: *to the conditions for a loan* soddisfare le condizioni per prestito. **7** (*to make reparation to*) dare soddisfazione indennizzare, risarcire. **8** (*of a debt, creditor, et* soddisfare, pagare. **9** ⟨*Teol*⟩ espiare, fare penitenza p soddisfare. **II** *v.i.* soddisfare, essere soddisfacente. ⟨*Scol*⟩ *to ~ the examiners* superare un esame con sufficienza. **satisfying** [-iŋ] *a.* soddisfacen **satisfyingly** [-iŋli] *avv.* soddisfacentemente.

satrap ['sætrəp, *am.* 'seitræp] *s.* ⟨*Stor*⟩ satrapo *m* (*anc fig.*). **satrapy** [-trəpi] *s.* ⟨*Stor*⟩ satrapia *f.*

saturability [ˌsætʃərə'biliti] *s.* saturabilità *f.* **'saturab** [-bl] *a.* saturabile.

saturate **I** *v.t.* ['sætʃəreit] **1** inzuppare, impregnare. ⟨*fig*⟩ gremire, riempire, saturare. **3** ⟨*Fis,Chim*⟩ saturare. *a.* ['sætʃər(e)it] → **saturated.**

saturated ['sætʃəreitid] *a.* **1** impregnato, saturo, inzuppa **2** ⟨*fig*⟩ saturo, pieno, colmo. **3** ⟨*Chim*⟩ saturo, satura **4** (*of colours*) puro, non diluito. ,**saturation** [-'reiʃən] **1** ⟨*Meteor,Chim,Fis*⟩ saturazione *f* (*anche fig.*). **2** (*of colour*) purezza *f.*

saturation| bombing *s.* ⟨*Aer.mil*⟩ bombardamento (aereo) a tappeto. **~ point** *s.* ⟨*Chim,Fis*⟩ punto *m* saturazione (*anche fig.*).

Saturday ['sætədi] *s.* sabato *m: on* -s di (*o* il) sabato.

Saturn ['sætə:n] *N.pr.* ⟨*Mitol,Astr*⟩ Saturno *m.*

Saturnalia [ˌsætə'neiliə] *s.pl.* ⟨*Stor.rom*⟩ saturnali *m*, **saturnalia** *s.* (*pl. inv./*-s [z]) festa *f* sfrenata, saturnale orgia *f.* **Saturnalian** [-n] *a.* ⟨*Stor.rom*⟩ saturnale, c saturnali. **saturnalian** *a.* orgiastico.

Saturnian [sə'tə:niən] **I** *a.* **1** ⟨*Astr*⟩ saturniano. **2** ⟨*Mito* del dio Saturno. **3** ⟨*fig*⟩ prospero, pacifico, felice. **II** *s.* **Saturnian verse.**

Saturnian verse *s.* ⟨*Metr*⟩ saturnio *m*, verso saturnio.

saturnine ['sætənain] *a.* **1** malinconico, triste, cupo. ⟨*Med*⟩ saturnino; (*suffering from lead poisoning*) affetto saturnismo. **saturnism** [-nizəm] *s.* ⟨*Med*⟩ saturnis *m.*

Saturn's rings *s.pl.* ⟨*Astr*⟩ anelli *mpl* di Saturno.

satyr ['sætə] *s.* **1** ⟨*Mitol*⟩ satiro *m.* **2** ⟨*fig*⟩ uomo

lascivo, satiro *m.* ,**satyriasis** [-'raiəsis] *s.* (*pl.* **-ses** [si:z])
⟨*Psic*⟩ satiriasi *f.*

satyric [sə'tirik], **satyrical** [-əl] *a.* satiresco.

sauce [so:s] **I** *s.* **1** ⟨*Gastr*⟩ salsa *f,* sugo *m,* intingolo *m:*
tomato ~ salsa di pomodoro. **2** ⟨*fig*⟩ cosa *f* che dà
sapore, condimento *m.* **3** ⟨*fam*⟩ (*impudence, cheek*)
impertinenza *f,* insolenza *f: none of your* ~! basta con le
tue impertinenze! **II** *v.t.* **1** condire (*anche fig.*). **2** ⟨*fam*⟩
dire impertinenze a. □ ⟨*fig*⟩ *to serve s.o. with the same* ~
rendere pan per focaccia a qd.; ⟨*fam*⟩ *what* ~! che
impertinenza!, che faccia tosta! *Prov.: what is* ~ *for the
goose is* ~ *for the gander* ciò che vale per l'uno deve
valere anche per l'altro.

sauce|-boat *s.* salsiera *f.* **~box** *s.* ⟨*fam*⟩ sfrontato *m* (*f*
-a), impudente *m/f,* sfacciato *m* (*f* -a), impertinente *m/f.*
~pan [pən, *am.* pæn] *s.* tegame *m,* casseruola *f.*

saucer ['so:sə] *s.* **1** sottocoppa *f,* piattino *m.* **2** ⟨*Geog*⟩
conca *f,* bacino *m.* □ *flying* ~ disco *m* volante.

saucer-eyed *a.* dagli occhi grandi e tondi¹ (*o* bovini).

saucily ['so:sili] *avv.* ⟨*fam*⟩ sfrontatamente,
impertinentemente, insolentemente. **sauciness** [-sinis] *s.*
⟨*fam*⟩ impertinenza *f,* insolenza *f,* impudenza *f,* faccia *f*
tosta. **saucy** [-si] *a.* ⟨*fam*⟩ **1** (*impudent, cheeky*)
impertinente, insolente, sfacciato, sfrontato, impudente. **2**
(*smart*) elegante, chic: *a* ~ *hat* un elegante cappello.

Saudi ['so:di] **I** *a.* saudita. **II** *s.* saudita *m/f.*

Saudi Arabia [,so:diə'reibjə] *N.pr.* ⟨*Geog*⟩ Arabia Saudita
f.

sauerkraut ['sauəkraut] *s.* crauti *mpl,* cavoli *mpl* all'agro.

sauna ['saunə] *s.* sauna *f.*

saunter ['so:ntə] **I** *v.i.* andare a zonzo (*o* spasso),
bighellonare, girellare, gironzolare: *to* ~ *through the town*
andare a zonzo per la città. **II** *s.* **1** passeggiatina *f,* giretto
m, quattro passi *mpl.* **2** (*leisurely gait*) andatura *f* lenta,
passo *m* lento. **saunterer** [-rə] *s.* bighellone *m* (*f* -a),
ciondolone *m* (*f* -a).

sausage ['sosidʒ] *s.* ⟨*Gastr*⟩ salsiccia *f.*

sausage| balloon *s.* ⟨*Aer*⟩ pallone *m* (frenato)
osservatore. **~ dog** *s.* ⟨*fam*⟩ (*dachshund*) bassotto *m.* **~
meat** *s.* carne *f* tritata per salsicce.

sauté *fr.* ['soutei] **I** *a.* ⟨*Gastr*⟩ saltato, rosolato a fuoco
vivo, sauté. **II** *v.t.* (*pret., p.p.* **sautéed/sautéd** [-d])
saltare, rosolare a fuoco vivo.

savable ['seivəbl] *a.* salvabile.

savage ['sævidʒ] **I** *a.* **1** selvaggio, feroce, selvatico: *a* ~
animal un animale selvaggio. **2** (*uncivilized*) selvaggio,
primitivo, barbaro, incivile: ~ *tribes* tribù selvagge. **3**
(*cruel, ferocious*) feroce, crudele, selvaggio, disumano: *a* ~
murder un feroce assassinio. **4** (*extremely angry*) fuori di
sé, furioso, furibondo, furente. **5** (*rugged, wild*) selvaggio,
incolto: *a* ~ *landscape* un paesaggio selvaggio. **II** *s.* **1**
selvaggio *m* (*f* -a). **2** (*cruel, ferocious person*) persona *f*
crudele, belva *f.* **III** *v.t.* **1** attaccare selvaggiamente,
assalire con ferocia; (*of a horse*) mordere e calpestare. **2**
⟨*fig*⟩ attaccare violentemente. **savagedom** [-dəm] *s.* **1**
stato *m* selvaggio, inciviltà *f,* primitività *f.* **2** (*savage
action*) ferocia *f,* crudeltà *f.* **3** ⟨*collett*⟩ selvaggi *mpl.*
savagely [-li] *avv.* selvaggiamente. **savageness** [-nis],
savagery [-(ə)ri] *s.* **1** stato *m* selvaggio, inciviltà *f,*
primitività *f.* **2** (*quality or state of being cruel*) ferocia *f,*
crudeltà *f,* brutalità *f.*

savanna(h) [sə'vænə] *s.* ⟨*Geog*⟩ savana *f.*

savant ['sævənt, *am.* sə'vænt] *s.* sapiente *m,* dotto *m.*

save¹ [seiv] **I** *v.t.* **1** salvare, scampare: *to* ~ *s.o. from
drowning* salvare qd. che sta per annegare; (*to preserve
from damage*) mettere al sicuro, salvare: *to* ~ *a painting*
mettere al sicuro un quadro. **2** (*to maintain intact*)
salvare, conservare, mantenere, salvaguardare: *to* ~ *one's
reputation* salvare la propria reputazione. **3** (*to put by,
economize*) risparmiare, economizzare. **4** (*to avoid*)
risparmiare, evitare: *take the short cut, you'll* ~ *at least a
mile* prendi la scorciatoia, risparmierai almeno un miglio.
5 (*to put aside, reserve*) mettere ⌐da parte¬ (*o* via),
riservare; (*to keep for another's use*) conservare, serbare,
tenere: *please* ~ *me a seat* conservami un posto per
favore. **6** ⟨*Sport*⟩ evitare, parare, salvare: *to* ~ *a goal*
evitare un gol; *to* ~ *a strong shot* parare un tiro forte. **7**

⟨*rifl*⟩ risparmiarsi, tenere in serbo le forze: *he is saving
himself for the final* si risparmia per la finale. **8** ⟨*Teol*⟩
salvare. **9** ⟨*Inform*⟩ memorizzare. **II** *v.i.* **1** (spesso con
up) economizzare, fare economia, risparmiare (*o* mettere
da parte) denaro; (*to economize*) fare economia,
economizzare (*on* su): *to* ~ *on food* fare economia sul
cibo. **2** ⟨*Sport*⟩ parare, fare una parata (*o* un
salvataggio). **III** *s.* ⟨*Sport*⟩ parata *f,* salvataggio *m: to
make a* ~ fare un salvataggio. □ *to* ~ *one's breath*
risparmiare il fiato, tacere; *to* ~ *s.o. from himself*
impedire a qd. di fare sciocchezze; ⟨*fam*⟩ *as I hope to be
-d!* com'è vero Iddio!; *to* ~ *the situation* salvare la
situazione.

save² **I** *prep.* salvo, eccetto, all'infuori di, a eccezione di,
tranne, fuorché: *everyone* ~ *you and me* tutti salvo te e
me. **II** *congz.* **1** (*except, were it not*) a parte il fatto,
salvo, eccetto, tranne: *everything went well* ~ *that we got
lost* tutto andò bene, a parte il fatto che ci perdemmo. **2**
(*unless*) salvo che, a meno che.

save-as-you-earn *s.* piccolo risparmio *m* mediante
detrazione dallo stipendio.

saveloy ['sævələi] *s.* ⟨*Gastr*⟩ cervellata *f.*

saver ['seivə] *s.* **1** salvatore *m* (*f* -trice). **2** (*one who
economizes*) risparmiatore *m* (*f* -trice), economizzatore *m*
(*f* -trice). **3** (*nei composti*) dispositivo *m* (*o* strumento)
che fa risparmiare, economizzatore *m: a time-*~ un
dispositivo che fa risparmiare tempo.

savin(e) ['sævin] *s.* ⟨*Bot*⟩ sabina *f.*

saving ['seiviŋ] *s.* **1** risparmio *m,* economia *f: a* ~ *on
clothing expenses* un risparmio sulle spese di vestiario. **2**
pl. risparmi *mpl,* economie *fpl.* **3** (*act of delivering from
danger, harm, etc.*) salvamento *m,* salvataggio *m,* salvezza
f. **II** *a.* **1** protettivo, che serve a proteggere (*o* preservare).
2 (*nei composti*) che fa risparmiare, che economizza:
labour-~ che fa risparmiare mano d'opera. **3** (*redeeming*)
che salva, che redime. **4** (*thrifty*) economo, parco, frugale,
parsimonioso. **III** *prep.* **1** (*except*) salvo, eccetto, fuorché,
tranne. **2** (*with all due respect to*) con ⌐tutto il¬ (*o* il
dovuto) rispetto: ~ *your presence* (*o reverence*) con tutto il
rispetto che vi devo. □ *to draw on one's -s* attingere ai
propri risparmi; *to live on one's -s* vivere dei propri
risparmi.

saving| clause *s.* ⟨*Dir*⟩ clausola *f* ⌐di protezione¬ (*o*
restrittiva). **~ grace** *s.* cosa *f* che salva, salvezza *f.*

savings| account ['seviŋz] *s.* ⟨*Econ*⟩ libretto *m* di
risparmio. **~ and loan association** *s.* cassa *f* di
mutuo risparmio. **~ bank** *s.* cassa *f* di risparmio. **~ bond**
s. buono *m* del tesoro. **~ certificate** *s.* certificato *m* di
risparmio. **~ deposit** *s.* deposito *m* a risparmio. **~ plan**
s. piano *m* di risparmio. **~ ratio** *s.* indice *m* di
risparmio.

savior *am.,* **saviour** ['seivjə] *s.* salvatore *m,* liberatore *m.*
Saviour *s.* ⟨*Rel*⟩ Salvatore *m,* Redentore *m.*

savoir-faire [,sævwa:'fɛ:r] *s.* savoir-faire *m.*

savor *am. e der.* → **savour** *e der.*

savory ['seivəri] *s.* ⟨*Bot*⟩ satureia *f.*

savour ['seivə] **I** *s.* **1** sapore *m,* gusto *m.* **2** ⟨*fig*⟩ tono *m,*
sapore *m,* carattere *m.* **II** *v.t.* **1** dare sapore a, insaporire.
2 (*to taste, smell with pleasure*) gustare, assaporare (*anche
fig.*). **III** *v.i.* sapere (*anche fig.*): *the agreement -s of
compromise* l'accordo sa di compromesso. **savourily**
[-rili] *avv.* in modo appetitoso (*anche fig.*). **savouriness**
[-rinis] *s.* saporosità *f,* gustosità *f.*

savourless ['seivəlis] *a.* insipido, scipito.

savoury ['seivəri] **I** *a.* **1** saporito, gustoso: *a* ~ *dish* un
piatto saporito. **2** ⟨*fig*⟩ edificante, esemplare. **II** *s.*
⟨*Gastr*⟩ piatto *m* appetitoso (servito al principio o alla
fine di un pranzo).

savoy [sə'vəi] *s.* ⟨*Bot*⟩ cavolo *m* verzotto.

Savoy [sə'vəi] **I** *N.pr.* ⟨*Geog*⟩ Savoia *f.* **II** *s.* (*member of
the House of Savoy*) Savoia *m/f,* membro *m* di casa
Savoia. **Savoyard** [-a:d] **I** *s.* savoiardo *m* (*f* -a). **II** *a.*
savoiardo, della Savoia.

savvy ['sævi] ⟨*sl*⟩ **I** *v.i.* capire, comprendere. **II** *s.*
buonsenso *m,* senso *m* pratico, ⟨*fam*⟩ sale *m* in zucca.

saw¹ [so:] *s.* **1** sega *f.* **2** ⟨*Itt*⟩ sega *f,* rostro *m* del pesce
sega.

saw² *v.* (*pret.* **-ed** [d]/*p.p.* **-ed/-n** [n]) **I** *v.t.* **1** segare: *to ~ a log* segare un tronco. **2** (*to cut through*) fendere, tagliare: *to ~ the air with one's hand* fendere l'aria con la mano. **3** (*to give the motion of a saw to*) muovere avanti e indietro. **II** *v.i.* **1** usare la sega; (*of a saw, sawing machine*) tagliare. **2** (*that can be sawn*) segarsi: *this wood -s easily* questo legno si sega facilmente. **3** (*to make sawing motions*) muoversi avanti e indietro. □ *to ~ a tree* **down** abbattere un albero (segandolo); *to ~ s.th.* **in half** tagliare (*o* segare, dividere) qc. a metà; *to ~* **off** *a branch* segare un ramo, staccare un ramo segandolo; *to ~ s.th.* **in two** tagliare (*o* segare) qc. in due; *to ~* **up** segare in più parti.

saw³ *s.* (*saying, maxim*) detto *m*, massima *f*, adagio *m*, proverbio *m*.

saw⁴ → **see¹**.

sawder ['sɔːdə]: ⟨*fam*⟩ *soft ~* adulazione *f*, lisciata *f*, lisciatina *f*.

sawdust ['sɔːdʌst] **I** *s.* segatura *f*. **II** *a.* ⟨*fig*⟩ (*of the circus*) da circo, del (*o* relativo al) circo.

sawed [sɔːd] → **saw²**.

sawed-off *a.* → **sawn-off**.

saw|fish *s.* ⟨*Itt*⟩ pesce *m* sega. **~fly** *s.* ⟨*Entom*⟩ tentredine *f*. **~-frame**, **~-gate** *s.* ⟨*tecn*⟩ telaio *m* della sega. **~ gin** *s.* ⟨*tecn*⟩ sgranatrice *f* con denti a sega. **~horse** *s.* cavalletto *m* per segare la legna.

sawing ['sɔːiŋ] **I** *s.* il segare, segatura *f*. **II** *a.* (*of sounds, voices*) stridente, stridulo, aspro.

saw|mill *s.* **1** segheria *f*. **2** (*machine*) segatrice *f*. **~milling** *s.* segatura *f*, il segare.

sawn [sɔːn] → **saw²**.

Sawney ['sɔːni] *s.* **1** ⟨*fam*⟩ scozzese *m*. **2** ⟨*sl*⟩ (*fool*) sciocco *m* (*f* -a), babbeo *m* (*f* -a).

sawn-off *a.* **1** (*of a shot-gun*) a canna mozza. **2** ⟨*fam*⟩ (*of a person: short*) basso.

saw|-pit *s.* fossa *f* del segatore. **~ set** *s.* ⟨*Mecc*⟩ licciaiola *f*. **~-toothed** *a.* seghettato, dentellato, a denti di sega.

sawyer ['sɔːjə] *s.* segantino *m*, segatore *m*.

sax¹ [sæks] *s.* **1** ⟨*Edil*⟩ utensile *m* (con un'estremità appuntita) per pareggiare le tegole. **2** ⟨*Stor*⟩ ascia *f* di guerra scandinava.

sax² (*accorc. di* saxophone) *s.* ⟨*fam*⟩ sassofono *m*, sax *m*.

saxatile ['sæksətil] *a.* ⟨*Biol*⟩ sassicolo, rupicolo, sassaiolo.

saxhorn ['sækshɔːn] *s.* ⟨*Mus*⟩ saxhorn *m*.

saxifrage ['sæksifreidʒ] *s.* ⟨*Bot*⟩ sassifraga *f*.

Saxon ['sæksən] **I** *s.* **1** ⟨*Stor*⟩ sassone *m/f*. **2** (*language*) sassone *m*. **II** *a.* **1** ⟨*Stor*⟩ anglosassone. **2** (*of Anglo-Saxon origin*) (anglo)sassone: *~ genitive* genitivo sassone. **Saxondom** [-dəm] *s.* ⟨*Stor*⟩ territorio *m* occupato dagli anglosassoni. **Saxonism** [-izəm] *s.* ⟨*Ling*⟩ parola *f* (*o* espressione idiomatica) di origine anglosassone.

saxony ['sæksəni] *s.* ⟨*Tess*⟩ **1** tessuto *m* di lana di Sassonia. **2** (*yarn*) filato *m* di lana di Sassonia. **Saxony** *N.pr.* ⟨*Geog*⟩ Sassonia *f*.

saxophone ['sæksəfoun] *s.* ⟨*Mus*⟩ sassofono *m*. **saxophonist** [-'sɔfənist] *s.* sassofonista *m/f*, sassofono *m*.

saxtuba ['sækstjuːbə] *s.* ⟨*Mus*⟩ bombardone *m*, saxhorn *m* basso.

say¹ [sei] *v.* (*pr. ind. 2ᵃ pers.sing. ant.* 'say(e)st [-(i)st], *3ᵃ pers.sing.* **says** [sez]/*ant.* **saith** [seθ]; *pret.* **said** [sed]/*ant.* **said(e)st** ['sed(i)st]; *p.p.* **said**) **I** *v.t.* **1** dire: *what did you ~?* che cosa hai detto?; *I said (that) we were late* ho detto che avevamo fatto tardi; (*to utter*) pronunciare, dire, proferire: *he didn't ~ a word* non pronunciò una parola. **2** (*to state an opinion*) dire, sostenere, affermare, dichiarare. **3** (*to order*) dire, comandare, ordinare: *do what I ~* fa' quel che ti dico. **4** (*to recite, repeat*) dire, recitare, ripetere: *to ~ one's prayers* dire le preghiere; *to ~ a poem* recitare una poesia. **5** (*to indicate*) segnare, indicare, fare: *my watch -s ten* il mio orologio segna le dieci; (*to indicate in writing*) dire, esserci scritto: *what does the notice ~* che cosa dice quell'avviso?; *it -s «Keep Out»* c'è scritto «vietato entrare». **6** (*to assume, suppose*) supporre, presupporre, ritenere, dire, ammettere: *let us ~ that you are right* supponiamo che tu abbia ragione. **7** (*to give*

expression to*) dire, esprimere, comunicare, raccontare: *he felt he had s.th. to ~* sentiva di avere qc. da dire. **II** *v.i.* dire, affermare, dichiarare: *did he really ~ so?* disse veramente così?; *a man, they ~, of great ability* un uomo, dicono, di grande abilità. □ *to ~* **again** ridire, ripetere, dire di nuovo; *when* (*o after*) *all is said and done* detto e fatto tutto, esaurito tutto quello che c'era da dire e da fare; *it's easier said than done* il dire è più facile del fare, è presto detto, è una parola; *to ~ a few words* (*at a meeting, etc.*) dire due parole, fare un breve discorso; *to ~ a good word for s.o.* dire (*o* mettere) una buona parola per qd.; **how** *do you ~ "car" in French?* come si dice «automobile» in francese?; (*even*) *if I ~ it myself* per quanto non spetti a me dirlo; *I'm a good driver even if I ~ it myself* modestia a parte, sono un buon guidatore; *you said it*: **1** l'hai detto (tu): *you think I'm a fool, don't you? - you said it* pensi che io sia uno sciocco, vero? - l'hai detto; **2** (*you're quite right*) hai proprio ragione, è proprio così (*o* vero), eccome, ben detto: *it's going to be difficult - you said it* sarà (una cosa) difficile - hai proprio ragione; *the less said the better* meno si parla meglio è; *~ no more!* non dire (*o* aggiungere) altro!, basta così!; *to ~ much for* deporre a favore di; ⟨*esclam*⟩ *I must ~* devo ammettere: *they didn't spare expense, I must ~* non hanno badato a spese, devo ammetterlo; **not** *to ~* per non dire: *it's difficult, not to ~ impossible* è difficile, per non dire impossibile; *to ~* **nothing** *of* per non parlare di, per non dire (nulla) di; *to ~ to o.s.* dire fra sé, dire a se stesso, pensare; *to ~* **out** dichiarare (*o* dire) apertamente, dire chiaro e tondo; **people** ~ si dice, corre voce, dicono; *sad to ~* mi spiace dire, spiacente di dover dire; *so you ~!* così mi dici!, veramente?, ah sì?, davvero?; *and so ~ all of us* anche noi siamo dello stesso parere, e così la pensiamo tutti noi; *no sooner said than done* detto fatto; *that is to ~* vale a dire, intendo dire, cioè, in altre parole; (*even*) *though I ~ it myself* = (*even*) *if I say it myself*; *to ~* **to** dire di: *what do you ~ to a game of cards?* che ne diresti di una partita a carte?; *who shall I ~?* chi devo annunciare (*o* dire)?; *to ~* **the word** chiedere, dire una parola. ‖ ⟨*esclam*⟩ *I ~*: **1** (*to express surprise, etc.*) ma no, davvero, perbacco: *I ~, do you really think so?* ma no, la pensi davvero così?; **2** (*to attract s.o.'s attention*) dico, senti, ehi: *I ~, do you mind getting out of the way?* dico, vuoi toglierti dai piedi?; ⟨*fam*⟩ *-s you!* se lo dici tu!, ha parlato l'oracolo!; ⟨*iron*⟩ *you don't ~ (so)!* ma va!, ma che dici!, non è possibile!; *you may well ~ so!* puoi ben dirlo!, altroché!, sfido!

say² **I** *s.* **1** ciò che uno ha da dire, opinione *f*. **2** (*right to exercise influence*) autorità *f*, potere *m*, diritto *m* di decidere (*o* parlare). **II** *avv.* **1** diciamo, circa, approssimativamente: *it is worth, ~, fifty pounds* vale, diciamo, cinquanta sterline. **2** (*for instance*) per esempio, si fa per dire, diciamo. **III** *intz.* non c'è che dire, davvero, veramente: *~, she looks quite pretty now* è molto carina ora, non c'è che dire. □ *to have the final* (*o last*) *~* avere l'ultima parola; *you have had your ~, now be quiet* hai detto la tua, ora sta' zitto; *to have a ~ in the matter* fare sentire il proprio parere (in merito), ⟨*scherz*⟩ avere voce in capitolo.

say³ *s.* ⟨*Tess*⟩ saia *f*.

SAYE → **save-as-you-earn**.

sayest ['seiist] → **say¹**.

saying ['seiiŋ] *s.* **1** adagio *m*, proverbio *m*, detto *m*. **2** (*witty, wise statement*) motto *m*, massima *f*, sentenza *f*. □ *as the ~ goes* (*o is*) come dice il proverbio, come suol dirsi; *there is no ~ when he will arrive* non si sa (*o* può dire) quando arriverà; *it goes without ~* è evidente, è ovvio, va da sé, è superfluo dire. Prov.: *~ is one thing and doing another* tra il dire e il fare c'è di mezzo il mare.

say-so *s.* (*pl.* -s [z]) ⟨*fam*⟩ **1** asserzione *f* (*o* affermazione) gratuita. **2** (*right of decision, say*) diritto *m* di decidere (*o* parlare). □ *on his ~* a quanto dice; *to have the ~* avere voce in capitolo.

sayst [seist] → **say¹**.

Sb = ⟨*Chim*⟩ *antimony* antimonio.

S.B. = *Savings Bank* Cassa di Risparmio.

c. = **1** *scene* scena. **2** *science* scienza.

S.C. = **1** *Security Council* consiglio di sicurezza. **2** ⟨*Mil*⟩ *Staff Corps* corpo di stato maggiore. **3** ⟨*SU*⟩ *Supreme Court* corte suprema.

scab [skæb] **I** *s.* **1** ⟨*Med*⟩ escara *f*, crosta *f*. **2** ⟨*Veter,Agr*⟩ scabbia *f*, rogna *f*. **3** ⟨*fam*⟩ (*strike breaker*) crumiro *m* (*f* –a). **4** ⟨*sl*⟩ (*scoundrel*) mascalzone *m* (*f* –a), canaglia *f*, furfante *m*. **II** *v.i.* (*pret.*, *p.p.* **scabbed** [–d]) **1** (spesso con *over*) formare (*o* fare) la crosta. **2** ⟨*fam*⟩ (*to act as a strike breaker*) fare il crumiro.

scabbard ['skæbəd] *s.* fodero *m*, guaina *f*. □ ⟨*fig*⟩ *to throw the ~ away* battersi all'ultimo sangue.

scabbily ['skæbili] *avv.* ⟨*fam*⟩ (*meanly*) ignobilmente, spregevolmente. **scabbiness** [–binis] *s.* **1** l'essere coperto di croste. **2** ⟨*fam*⟩ (*meanness*) meschinità *f*, grettezza *f*.

scabble ['skæbl] *v.t.* ⟨*Mur*⟩ sbozzare.

scabby ['skæbi] *s.* **1** crostoso, ricoperto di croste. **2** ⟨*Med,Veter,Agr*⟩ scabbioso, rognoso. **3** ⟨*fam*⟩ ignobile, spregevole, meschino.

scabies ['skeibii:z] *s.inv.* ⟨*Med,Veter*⟩ scabbia *f*, rogna *f*.

scabious[1] ['skeibiəs] *a.* **1** (*scabby*) crostoso, ricoperto di croste. **2** ⟨*Med,Veter*⟩ scabbioso, rognoso.

scabious[2] *s.* ⟨*Bot*⟩ scab(b)iosa *f*.

scabrous ['skeibrəs] *a.* **1** scabro, ruvido, scabroso. **2** ⟨*fig*⟩ scabroso: *a ~ problem* un problema scabroso. **scabrously** [–li] *avv.* indecentemente, in modo sconveniente (*o* spinto). **scabrousness** [–nis] *s.* scabrosità *f* (*anche fig.*).

scaffold ['skæfəld, –fould] **I** *s.* **1** ⟨*Edil*⟩ ponteggio *m*, impalcatura *f*, ponte *m*. **2** (*platform on which a criminal is executed*) patibolo *m*, palco *m*. **3** ⟨*fig*⟩ pena *f* 'di morte' (*o* capitale). **4** ⟨*Met*⟩ ponte *m*, volta *f*. **II** *v.t.* impalcare, armare. □ *to be sentenced to the ~* essere condannato alla pena capitale. **scaffolding** [–iŋ] *s.* ⟨*Edil*⟩ ponteggio *m*, impalcatura *f*; (*material for scaffolds*) materiale *m* per ponteggi.

scalable ['skeiləbl] *a.* che si può scalare.

scalar ['skeilə] **I** *a.* ⟨*Mat,Fis*⟩ scalare. **II** *s.* scalare *m*.

scalar product *s.* ⟨*Mat*⟩ prodotto *m* scalare (*o* interno). **~ quantity** *s.* grandezza *f* scalare, scalare *m*.

scalawag ['skæləwæg] *s.* **1** ⟨*fam*⟩ mascalzone *m*, farabutto *m*, furfante *m*. **2** ⟨*Stor.am*⟩ sudista *m* bianco repubblicano (dopo la guerra civile).

scald [skɔ:ld] **I** *v.t.* **1** scottare, bruciare, ustionare: *to ~ o.s. with boiling water* scottarsi con l'acqua bollente. **2** (*to subject to the action of boiling water or steam*) scaldare (*o* cuocere) con 'acqua bollente' (*o* vapore); (*to sterilize*) sterilizzare 'con acqua bollente' (*o* a vapore). **3** (*to heat almost to boiling*) scaldare, portare quasi a bollore. **II** *v.i.* scottarsi, bruciarsi, ustionarsi. **III** *s.* scottatura *f*, ustione *f*.

scalding ['skɔ:ldiŋ] **I** *a.* **1** bollente, che scotta, che brucia: *~ coffee* caffè bollente. **2** ⟨*estens*⟩ (*very hot*) bollente, cocente, caldissimo, rovente. **3** (*of tears*) cocente, rovente. **II** *s.* **1** scottata *f*, scottatura *f*. **2** ⟨*Tess*⟩ cottura *f*, lisciviazione *f*. **III** *avv.* (*extremely*) molto, assai: *~ hot* molto caldo, rovente.

scale[1] [skeil] **I** *s.* **1** squama *f*, scaglia *f* (*anche Zool.*). **2** (*platelike layer, lamina*) strato *m* sottile, lamella *f*, lamina *f*. **3** *pl.* ⟨*fig*⟩ benda *f*, velo *m*: *to remove the –s from s.o.'s eyes* togliere la benda dagli occhi a qd. **4** ⟨*tecn*⟩ (*in a boiler, etc.*) incrostazione *f*, concrezione *f*. **5** ⟨*Dent*⟩ tartaro *m*. **II** *v.t.* **1** squamare: *to ~ a fish* squamare un pesce. **2** (*to remove in thin layers*; spesso con *off*) scrostare, sfaldare: *to ~ off plaster from a wall* scrostare l'intonaco da un muro. **3** ⟨*tecn*⟩ (*of a boiler, etc.*) disincrostare, togliere le incrostazioni da (*o* a). **4** (*to peel off*) pelare, sbucciare, togliere la buccia a: *to ~ almonds* pelare le mandorle; (*of peas, etc.*) sgranare, sgusciare. **5** (*to form an incrustation over*) incrostare, formare un'incrostazione su. **III** *v.i.* **1** (spesso con *off*) squamarsi, scagliarsi, sfaldarsi. **2** (*to shed scales*) scrostarsi. **3** ⟨*tecn*⟩ (*of a boiler, etc.*) incrostarsi, ricoprirsi di incrostazioni, formare incrostazioni.

scale[2] **I** *s.* **1** (*pan of a balance*) piatto *m* della bilancia. **2** *pl.* bilancia *f*. **II** *v.t.* **1** pesare. **2** ⟨*rifl*⟩ pesarsi. □ *a pair of –s* una bilancia; *to tip the ~* (*o scales*) = *to* **turn** *the scale; to tip the –s at* = *to* **turn** *the scales at;* ⟨*fig*⟩ *to* **turn** *the ~* (*o scales*) far pendere la bilancia, mutare la situazione; ⟨*fam*⟩ *to turn the –s at* pesare.

scale[3] **I** *s.* **1** scala *f*, gamma *f*: *a ~ of taxation* una scala di tassazione; (*set of graduated rates*) scala *f*, gradazione *f*: *wage ~ scala* dei salari. **2** (*series of marks for measuring*) scala *f*: *the ~ of a barometer* la scala di un barometro; (*graduated line on a map*) scala *f* di riduzione. **3** (*measuring instrument*) strumento *m* di misura; (*ruler*) riga *f* graduata, regolo *m*, righello *m*. **4** (*relative size, extent, etc.*) scala *f*, misura *f*, dimensione *f*: *on an industrial ~* su scala industriale. **5** (*proportion*) scala *f*, grandezza *f*, rapporto *m*: *a map on a ~ of 1 to 10* una carta in scala di 1 a 10. **6** ⟨*Mus*⟩ scala *f*: *~ of C major* scala di do maggiore; (*compass of a voice, instrument*) gamma *f*, registro *m*. **7** ⟨*Mat*⟩ scala *f*. **8** ⟨*ant*⟩ (*ladder*) scala *f* (a pioli); (*staircase*) scalinata *f*, scala *f*. **II** *a.* in (*o* su) scala: *a ~ model* un modello in scala. □ *to draw s.th. to ~* disegnare qc. su scala; *in ~* proporzionato; *on a large ~* su vasta scala; *on a small ~* su scala ridotta; *out of ~* sproporzionato; *social ~* scala sociale.

scale[4] **I** *v.t.* **1** (*to climb up, over*) scalare, scavalcare, salire su: *to ~ a wall* scalare un muro. **2** (*to arrange in a scale*) disporre in scala, scalare. **3** (*to measure by a scale*) commisurare, adeguare, proporzionare. **4** (*to regulate according to a scale*) graduare: *to ~ wages* graduare i salari. **5** (*to measure*) misurare. **II** *v.i.* **1** salire, ascendere. **2** (*to progress in a scale*) progredire con un rapporto costante. □ *to ~ down* scalare, ridurre (*o* diminuire) proporzionalmente; *to ~ up* aumentare proporzionalmente.

scale| armor *am.,* **~ armour** *s.* ⟨*Mil.ant*⟩ armatura *f* a scaglie (*o* squame). **~board** *s.* ⟨*Fal*⟩ foglio *m* per impiallacciatura.

scaled [skeild] *a.* **1** squamoso, squamato, (ri)coperto di squame. **2** (*having had the scales removed*) squamato, privato delle squame.

scale| drawing *s.* ⟨*tecn*⟩ disegno *m* in scala. **~ model** *s.* modello *m* in scala.

scalene ['skeili:n, skei'li:n] *a.* ⟨*Geom,Anat*⟩ scaleno.

Scales [skeilz] *N.pr.pl.* ⟨*Astr*⟩ Bilancia *f*, Libra *f*.

scaliness ['skeilinis] *s.* l'essere squamoso (*o* scaglioso).

scaling ['skeiliŋ] *s.* **1** (*of fish*) desquamazione *f*. **2** ⟨*tecn*⟩ disincrostazione *f*. **3** ⟨*Dent*⟩ asportazione *f* del tartaro.

scaling–ladder *s.* scala *f* aerea (*o* retrattile).

scall [skɔ:l] *s.* ⟨*Med*⟩ dermatosi *f* desquamante.

scallawag *s.* → **scalawag**.

scallion ['skæljən] *s.* ⟨*Bot*⟩ scalogno *m*.

scallop ['skæləp] **I** *s.* **1** ⟨*Zool*⟩ pettine *m*. **2** *pl.* ⟨*Gastr*⟩ canestrelli *mpl.* **3** (*shell*) conchiglia *f* di pettine. **4** (*baking dish*) recipiente *m* da forno a forma di conchiglia. **5** ⟨*Gastr*⟩ scaloppina *f*. **6** *pl.* (*scalloping*) festonatura *f*, smerlatura *f*. **II** *v.t.* **1** smerlare, smerlettare. **2** ⟨*Gastr*⟩ gratinare. **scalloped** [–t] *a.* **1** ⟨*Mod*⟩ smerlato, a smerlo, smerlettato. **2** ⟨*Gastr*⟩ gratinato, al gratin. **scalloping** [–iŋ] *s.* smerlatura *f*.

scallywag ['skæliwæg] *s.* → **scalawag**.

scalp [skælp] **I** *s.* **1** ⟨*Anat*⟩ cuoio *m* capelluto. **2** ⟨*Etnol*⟩ (*as a victory trophy*) scalpo *m*. **3** ⟨*fig*⟩ (*victory*) vittoria *f*, trofeo *m*. **II** *v.t.* **1** ⟨*Etnol*⟩ scotennare, fare lo scalpo a. **2** ⟨*am.fam*⟩ (*of stocks*) comprare e rivendere rapidamente in modo da realizzare piccoli profitti. **3** ⟨*am.fam*⟩ (*of tickets*) fare il bagarinaggio di. **4** ⟨*am.fam*⟩ (*of a politician*) demolire, distruggere, mettere (*o* stendere) a terra. **III** *v.i.* ⟨*am.fam*⟩ **1** fare piccole speculazioni (*o* operazioni in borsa). **2** (*of tickets*) fare il bagarinaggio. □ ⟨*fig*⟩ *to be out for –s* avere intenzioni bellicose, essere sul sentiero di guerra.

scalpel ['skælpəl] *s.* ⟨*Chir*⟩ bisturi *m* (a un solo taglio).

scalper ['skælpə] *s.* **1** ⟨*Etnol*⟩ scotennatore *m*. **2** ⟨*am.fam*⟩ (*speculator*) speculatore *m*. **3** ⟨*am.fam*⟩ (*one who resells tickets as a speculation*) bagarino *m*. **4** ⟨*Chir*⟩ bisturi *m* da ossa.

scaly ['skeili] *a.* **1** squamoso, squamato: *~ fish* pesce squamoso. **2** (*composed of scales*) squamato, scaglioso. **3** ⟨*tecn*⟩ (*of a boiler, etc.*) incrostato, coperto d'incrostazioni.

scammony ['skæməni] *s.* ⟨*Bot*⟩ scamonea *f*.

scamp [skæmp] **I** s. birbante m, briccone m (f –a), furfante m; (mischievous child) monello m (f –a), birichino m (f –a). **II** v.t. **1** abborracciare, acciarpare, affastellare, raffazzonare. **2** (to leave half-finished) lasciare a metà.

scamper ['skæmpə] **I** v.i. **1** correre agile e veloce. **2** (to run playfully about) scorrazzare, sgambettare. **3** (to run away; general. con away, off) scappare, darsela a gambe. **II** s. scorrazzata f.

scampish ['skæmpiʃ] a. da furfante, birbantesco.

scan[1] [skæn] v. (pret., p.p. **scanned** [–d]) **I** v.t. **1** scrutare, esaminare: to ~ the horizon scrutare l'orizzonte. **2** (to look at briefly) scorrere, dare una scorsa (o un'occhiata) a: to ~ the headlines scorrere i titoli. **3** ⟨Metr⟩ scandire. **4** ⟨TV⟩ scandire, analizzare. **5** ⟨Rad⟩ esplorare: radar equipment –ned the southern sky il radar esplorò il cielo verso sud. **II** v.i. ⟨Metr⟩ potersi scandire: this line doesn't ~ questo verso non si può scandire.

scan[2] s. **1** ⟨Metr⟩ scansione f. **2** ⟨TV⟩ traccia f luminosa. **3** ⟨Rad⟩ esplorazione f.

scandal ['skændl] s. **1** scandalo m. **2** (defamatory talk) maldicenza f, pettegolezzi mpl, chiacchiere fpl, dicerie fpl: to talk ~ fare della maldicenza; to be the subject of ~ essere oggetto di pettegolezzi. **3** (damage to reputation, disgrace) onta f, vergogna f, ignominia f. **4** (feeling of indignation) sentimento m di sdegno, indignazione f. **5** ⟨Dir⟩ diffamazione f. □ to give rise to ~ sollevare (o provocare) uno scandalo.

scandalize ['skændəlaiz] v.t. scandalizzare, dare scandalo a: his conduct –d us all la sua condotta ci scandalizzò tutti..

scandal–monger ['skændəlmʌŋgə] s. maldicente m/f, malalingua f.

scandalous ['skændələs] a. **1** scandaloso, vergognoso: ~ conduct condotta scandalosa. **2** (defamatory) diffamatorio, denigratorio, scandalistico. **scandalously** [–li] avv. scandalosamente. **scandalousness** [–nis] s. l'essere scandaloso, vergogna f.

Scandinavia [ˌskændi'neiviə] N.pr. ⟨Geog⟩ Scandinavia f. **Scandinavian** [–n] **I** a. scandinavo. **II** s. **1** scandinavo m (f –a). **2** (group of languages) lingue fpl scandinave.

scanner ['skænə] s. **1** ⟨TV⟩ analizzatore m. **2** ⟨tecn⟩ antenna f radar. **3** (one who scans verse) chi scandisce versi. **scanning** [–niŋ] s. **1** ⟨TV⟩ esplorazione f, scansione f. **2** ⟨Metr⟩ scansione f.

scansion ['skænʃən] s. ⟨Metr⟩ scansione f.

scant [skænt] a. **1** scarso, esiguo, limitato: ~ provisions provviste scarse; to pay ~ attention to details prestare scarsa attenzione ai dettagli. **2** (limited, not much) poco, magro, scarso, limitato: there is ~ hope ci sono poche speranze; ~ consolation magra consolazione. **3** (in short supply) a corto, povero, scarso (of di). □ ⟨lett⟩ ~ of breath dal fiato corto. '**scantily** [–ili] avv. scarsamente, insufficientemente. '**scantiness** [–inis] s. scarsezza f, scarsità f, insufficienza f.

scantling ['skæntliŋ] s. **1** ⟨Fal,Edil⟩ travicello m; (dimensions of timber, stone) dimensioni fpl di materiale da costruzione. **2** (small portion) piccola parte f (o quantità), poco m. **3** (rough draft) abbozzo m, schizzo m. **4** ⟨ant⟩ (specimen) campione m, esemplare m.

scanty ['skænti] a. scarso, magro, limitato, esiguo; (inadequate) insufficiente, inadeguato, scarso.

scape[1] [skeip] s. ⟨Bot,Ornit,Arch⟩ scapo m.

scape[2] v.i. ⟨rar⟩ (to escape) fuggire, evadere.

scape|goat s. ⟨Bibl⟩ capro m espiatorio (anche fig.). ~**grace** s. scavezzacollo m, scapestrato m.

scapement ['skeipmənt] s. ⟨Orol⟩ scappamento m.

scape wheel s. ⟨Orol⟩ ruota f dentata dello scappamento.

scaphoid ['skæfɔid] **I** a. ⟨Anat⟩ scafoide. **II** s. scafoide m, osso m scafoide.

scapula ['skæpjulə] s. (pl. **-s** [z]/**-lae** [li:]) ⟨Anat⟩ scapola f.

scapular ['skæpjulə] **I** a. ⟨Anat,Ornit⟩ scapolare. **II** s. **1** ⟨Lit,Rel⟩ scapolare m. **2** ⟨Med⟩ benda f per la spalla. **scapulary** [–ri] s. ⟨Lit,Rel⟩ scapolare m.

scar[1] [ska:] s. **1** cicatrice f, sfregio m. **2** ⟨estens⟩ (mark of damage) graffio m, sfregio m. **3** ⟨fig⟩ cicatrice f, segno m,

impronta f.

scar[2] v. (pret., p.p. **scarred** [–d]) **I** v.t. **1** sfregiare. **2** ⟨fig⟩ lasciare il segno (o un'impronta) su: his war experience have –red him le sue esperienze di guerra hanno lasciato il segno su di lui. **II** v.i. cicatrizzarsi, cicatrizzare.

scar[3] s. ⟨Geog⟩ **1** (rocky eminence) rupe f scoscesa. **2** (isolated rock in the sea) scoglio m isolato.

scarab ['skærəb] s. → scarabaeus. ,**scara'baean** [–i:ən] ,**scara'baeid** [–i:id], ,**scara'baeoid** [–i:ɔid] a. ⟨Entom⟩ degli (o relativo agli) scarabeidi.

scarabaeus [ˌskærə'bi:əs] s. (pl. **-es** [iz]/**-baei** [bi:ai]) **1** ⟨Entom⟩ scarabeo m sacro. **2** (in ancient Egypt) scarabeo m. '**scaraboid** [–bɔid] **I** a. simile a uno scarabeo. **II** s. ⟨Archeol⟩ scaraboide m, gemma f scaraboide.

Scaramouch(e) ['skærəmautʃ, –mu:ʃ] N.pr. ⟨Teat⟩ Scaramuccia m. **scaramouch(e)** s. buono m a nulla.

scarce [skɛəs] **I** a. **1** scarso, insufficiente, poco, limitato. **2** (rare) raro: a ~ book un libro raro. **II** avv. ⟨poet⟩ → **scarcely**. □ ⟨fam⟩ to make o.s. ~: **1** tagliare la corda andarsene; **2** (to stay away) stare lontano (o alla larga). '**scarcely** [–li] avv. **1** appena, a malapena, sì e no, a stento: I ~ had time ebbi appena il tempo; it was ~ midnight era sì e no mezzanotte. **2** (certainly not) non .. certamente, non ... assolutamente: I could ~ ask him for a loan non potevo certamente chiedergli un prestito (probably not) difficilmente, probabilmente non: he will ~ find another job difficilmente troverà un altro lavoro. □ there is ~ any food in the house non c'è quasi cibo in casa; ~ anyone quasi nessuno; ~ ever quasi mai.

scarcement ['skɛəsmənt] s. ⟨Edil⟩ riduzione f di spessore, risega f.

scarceness ['skɛəsnis] s. scarsezza f, scarsità f, mancanza f, insufficienza f, penuria f. **scarcity** [–siti] s. **1** scarsità f, scarsezza f, mancanza f, insufficienza f, penuria f: ~ of food scarsità di cibo; ~ of good teachers mancanza di buoni insegnanti. **2** (lack of provisions) scarsità f di viveri, carestia f. **3** (rareness) rarità f.

scare[1] [skɛə] **I** v.t. spaventare, atterrire, sgomentare: you –d me mi hai spaventato. **II** v.i. spaventarsi, atterrirsi, sgomentarsi: I don't ~ easily non mi spavento facilmente. □ to ~ s.o. away fare fuggire qd. per lo spavento, mettere in fuga qd. spaventandolo; ⟨fam⟩ to ~ s.o. to death spaventare a morte qd.

scare[2] s. **1** spavento m, sgomento m, panico m: to give s.o. a ~ fare prendere uno spavento a qd. **2** (state, period of alarm) panico m, allarme m, terrore m: ~ on the Stock Exchange panico in borsa.

scarecrow ['skɛəkrou] s. **1** spaventapasseri m, spauracchio m. **2** ⟨fam⟩ straccione m, spaventapasseri m.

scaremonger ['skɛəmʌŋgə] s. allarmista m/f. **scaremongering** [–riŋ] s. allarmismo m.

scarf[1] [ska:f] s. (pl. **-s** [s]/**scarves** [ska:vz]) **1** sciarpa f, (headscarf) fazzoletto m da testa, foulard m; (loose necktie) cravattone m. **2** ⟨Mil⟩ fascia f.

scarf[2] **I** s. (pl. **-s** [s]) **1** ⟨Fal⟩ ammorsatura f. **2** ⟨Fal⟩ → **scarf joint**. **3** (of a whale) solco m inciso lungo il dorso; (strip of skin) striscia f di pelle. **II** v.t. **1** ⟨Fal⟩ congiungere ad ammorsatura; (to form a scarf on) formare un'ammorsatura su. **2** (of a whale) scoiare (incidendo), praticare un'incisione. **3** ⟨Mecc⟩ bisellare, smussare.

scarf joint s. ⟨Fal⟩ giunto m (o giunzione f) ad ammorsatura.

scarification [ˌskærifi'keiʃən, ˌskɛəri–] s. **1** ⟨Chir,Etnol⟩ scarificazione f. **2** ⟨Agr,Strad⟩ scarificatura f. '**scarificator** [–keitə] s. ⟨Chir⟩ scarificatore m. '**scarify** [–fai] v.t. **1** ⟨Chir,Agr,Strad⟩ scarificare. **2** ⟨fig⟩ criticare aspramente, stroncare.

scarious ['skɛəriəs] a. ⟨Biol⟩ scarioso.

scarlatina [ˌska:lə'ti:nə] s. ⟨Med⟩ → **scarlet fever**.

scarlet ['ska:lit] **I** s. **1** scarlatto m, rosso m scarlatto, porpora f. **2** (scarlet clothes) vesti fpl scarlatte. **3** ⟨Venat⟩ (red coat) giacca f scarlatta (per la caccia alla volpe). **4** ⟨Rel.catt⟩ porpora f (cardinalizia). **II** a. **1** scarlatto, porpora. **2** (wearing scarlet clothes) che indossa vesti scarlatte. **3** ⟨fig⟩ (heinous) atroce, scellerato, nefando. □ to turn ~ (with embarrassment) arrossire (o farsi rosso) per l'imbarazzo.

·arlet| fever s. ⟨Med⟩ scarlattina f. **~ hat** s. ⟨Rel.catt⟩ cappello m cardinalizio. **~ letter** s. lettera f scarlatta (marchio imposto un tempo alle adultere). **~ runner** (**bean**) s. ⟨Bot⟩ fagiolo m americano.

·aroid ['skɛərɔid] **I** a. ⟨Itt⟩ degli (o relativo agli) scaridi. **II** s. **1** pesce m pappagallo. **2** pl. scaridi mpl.

·arp [skɑ:p] **I** s. **1** pendio m ripido, scarpata f. **2** ⟨Mil⟩ scarpata f. **II** v.t. **1** tagliare a scarpata. **2** ⟨Mil⟩ munire di scarpata.

·arper ['skɑ:pə] v.i. ⟨sl⟩ (to leave hurriedly) svignarsela, squagliarsela.

·arred [skɑ:d], **scarry** ['skɑ:ri] a. sfregiato, segnato di cicatrici.

·arus ['skɛ(ə)rəs] s. ⟨Itt⟩ **1** scaride m. **2** (parrot fish) scaro m di Creta.

·arves → **scarf**[1].

·ary ['skɛ·ri] a. ⟨fam⟩ **1** spaventoso, pauroso. **2** (easily frightened) timido, pauroso; (frightened) spaventato, spaurito, sbigottito.

·athe [skeið] **I** v.t. **1** danneggiare, guastare, rovinare. **2** (to criticize severely) criticare aspramente, stroncare. **II** s. ⟨ant⟩ danno m, guasto m, deterioramento m. **'scatheless** [–lis] a. indenne, illeso.

·athing ['skeiðiŋ] a. aspro, severo, duro: ~ criticism aspra critica. **scathingly** [–li] avv. aspramente, severamente, duramente.

·atter ['skætə] **I** v.t. **1** spargere, spandere: to ~ gravel over an icy road spargere ghiaia su una strada ghiacciata. **2** (to place here and there) spargere, sparpagliare, disseminare, cospargere: sheets of paper were —ed all over the room per tutta la stanza erano sparsi fogli di carta. **3** (to diffuse) diffondere, spargere. **4** (to cause to disperse) disperdere, sparpagliare, sbaragliare: the police —ed the demonstrators la polizia disperse i dimostranti. **II** v.i. **1** disperdersi, sparpagliarsi: the crowd —ed la folla si disperse. **III** s. spargimento m; (act of dispersing) dispersione f, sparpagliamento m.

·atter|–brain s. persona f scervellata (o sbadata). **~ -brained** a. scervellato, sbadato.

·attered ['skætəd] a. **1** sparso, sparpagliato, disseminato. **2** (sporadic) sporadico: ~ rain showers sporadici rovesci di pioggia. **3** (of thoughts) confuso. **scattering** [–təriŋ] **I** s. **1** spargimento m; (act of dispersing) dispersione f, sparpagliamento m. **2** (s.th. scattered) ciò che è sparso (o sparpagliato). **3** (small number, quantity) numero m esiguo, piccola quantità f, pugno m: a ~ of spectators un pugno di spettatori. **II** a. **1** sparso, disseminato, sparpagliato. **2** ⟨am⟩ (of votes) dispersi.

·attily ['skætili] avv. ⟨fam⟩ da scervellato, sbadatamente.

·cattiness [–tinis] s. ⟨fam⟩ l'essere scervellato, sbadataggine f. **scatty** [–ti] a. ⟨fam⟩ scervellato, sbadato.

·auper ['skɔ:pə] s. ⟨tecn⟩ bulino m a lama piatta (o concava).

·aur scozz. [skɔ:] s. → **scar**[2].

·avenge ['skævindʒ] **I** v.t. **1** spazzare, scopare, pulire: to ~ the streets spazzare le strade. **2** ⟨Mot⟩ lavare. **3** ⟨Met⟩ deossidare. **II** v.i. **1** fare lo spazzino. **2** ⟨Entom,Zool⟩ cercare cibo. **scavenger** [–ə] s. **1** spazzino m, netturbino m. **2** ⟨Entom⟩ idrofilo m. **3** ⟨Zool⟩ animale m che si ciba di carogne.

·enario [si'nɑːriou, si'nɛ(ə)riou] s. **1** ⟨Teat⟩ (outline of a play; pl. **-ri** [ri]) canovaccio m, scenario m. **2** ⟨Cin⟩ pl. **-s** [z]: screenplay) soggetto m cinematografico, scenario m; (shooting script) sceneggiatura f, scenario m. **3** ⟨fig⟩ (plan of action; pl. **-s** [z]) piano m d'azione. **cenarist** [–rist] s. sceneggiatore m (f –trice).

·end [send] **I** v.i. ⟨Mar⟩ beccheggiare violentemente. **II** s. **1** movimento m verticale durante il beccheggio. **2** (of a wave) spinta f.

·ene [si:n] s. **1** scena f, luogo m: the ~ of the crime la scena del delitto. **2** (view, prospect) scena f, vista f, veduta f. **3** ⟨fam⟩ (display of anger, etc.) scenata f, scena f: to make a ~ in public fare una scenata in pubblico. **4** ⟨Teat,Lett⟩ scena f. **5** pl. ⟨Teat⟩ (scenery) scena f, scenario m. **6** ⟨sl⟩ (area, sphere of activity) mondo m, ambiente m: the drug ~ il mondo della droga. □ ⟨Teat⟩ behind the –s dietro le quinte (anche fig.); to go abroad

for a change of ~ andare all'estero per cambiare ambiente; on the ~ (present) presente, sul posto, sulla scena; to appear (o come) on the ~ entrare in scena (anche fig.); to set the ~: 1 ⟨Teat⟩ montare la scena; 2 ⟨fig⟩ preparare la messinscena.

scenery ['si:nəri] s. **1** paesaggio m, scenario m. **2** ⟨Teat⟩ scenario m, scena f.

scene|–shifter s. ⟨Teat⟩ macchinista m di scena. **~-shifting** s. ⟨Teat⟩ cambiamento m di scena. **~-stealer** s. ⟨teat⟩ attore m (f –trice) che ruba la scena agli altri attori.

scenic ['si:nik] a. **1** naturale, del paesaggio, del panorama: the ~ beauties of the Alps le bellezze naturali delle Alpi. **2** (panoramic) panoramico: a ~ road una strada panoramica; (of a landscape) pittoresco. **3** ⟨Teat⟩ scenico. **4** ⟨fig⟩ melodrammatico, teatrale. **scenical** [–əl] a. → scenic. **scenically** [–əli] avv. scenicamente, teatralmente.

scenic railway s. (in an amusement park) treno m che passa attraverso paesaggi di cartapesta.

scenographer [si'nɔɡrəfə] s. scenografo m (f –a). **scenographic** [ˌsi:nou'ɡræfik], **scenographical** [ˌsi:nou'ɡræfikəl] a. scenografico. **scenography** [–fi] s. scenografia f.

scent [sent] **I** s. **1** odore m, profumo m, fragranza f, aroma m: the ~ of new–mown hay l'odore del fieno appena falciato. **2** ⟨Cosmet⟩ profumo m. **3** ⟨Venat⟩ (trail,track) pista f, traccia f. **4** (sense of smell) olfatto m, odorato m, fiuto m, naso m: to have a keen ~ avere un olfatto fine. **5** ⟨fig⟩ (power of detection) fiuto m, naso m. **6** (in the game of hare and hounds) pezzetti mpl di carta lasciati cadere come traccia. **II** v.t. **1** fiutare, annusare: the dog —ed a rabbit il cane fiutò un coniglio. **2** ⟨fig⟩ fiutare, subodorare, avere sentore di, intuire: to ~ danger fiutare il pericolo. **3** (to make fragrant) profumare di: the air was —ed with honeysuckle l'aria profumava di caprifoglio. **4** (to put perfume on) profumare. □ ⟨Venat⟩ the ~ is cold la pista è vecchia (anche fig.); to follow the ~ seguire le tracce (anche fig.); the ~ is hot la pista è calda (anche fig.); to be on the ~ essere sulla traccia (anche fig.); ⟨fig⟩ to be on the ~ of an important discovery essere vicino a un'importante scoperta; to be on the wrong ~ seguire una falsa traccia (anche fig.); to throw off the ~ fare perdere le tracce, mettere su una falsa pista (anche fig.).

scent| bag s. **1** sacchetto m profumato. **2** ⟨Zool⟩ ghiandola f odorifera. **~ bottle** s. flacone m (o boccetta f) per profumo.

scented ['sentid] a. profumato, odoroso, fragrante: ~ flowers fiori profumati.

scent gland s. ⟨Zool⟩ ghiandola f odorifera.

scentless ['sentlis] a. **1** inodoro, inodore, senza profumo. **2** (having no sense of smell) che non ha fiuto (o odorato).

scepsis ['skepsis] s. ⟨Filos⟩ scepsi f.

scepter am. e der. → **sceptre** e der.

sceptic ['skeptik] s. scettico m (f –a) (anche Filos.,Teol.). **sceptical** [–əl] a. scettico m (anche Filos.,Teol.). **sceptically** [–əli] avv. scetticamente. **scepticism** [–tisizəm] s. scetticismo m (anche Filos.,Teol.).

sceptre ['septə] s. scettro m (anche fig.). **sceptred** [–d] a. munito di scettro, scettrato.

sched. = schedule programma.

schedule ['ʃedjuːl, am. 'skedʒul] **I** s. **1** programma m, piano m, progetto m: to draw up a ~ of production tracciare un programma di produzione; (body of items to be dealt with) programma m. **2** (detailed list) elenco m, lista f, prospetto m, tabella f. **3** (timetable) orario m: a railway ~ un orario ferroviario. **4** ⟨Comm⟩ inventario m. **II** v.t. **1** includere in una lista (o un elenco). **2** (to fix, plan for a certain date) fissare, programmare, stabilire: the meeting is –d for next week la riunione è fissata per la prossima settimana. **3** (to make a schedule of) elencare, fare un elenco (o un prospetto) di. **4** ⟨Inform⟩ schedulare, programmare. □ according to ~ ⌐secondo il⌐ (o come) previsto, secondo i piani; behind ~ in ritardo sul previsto; to arrive behind ~ arrivare in ritardo; to fall behind ~ essere indietro rispetto al previsto; on ~ in orario; to run ahead of ~ essere in anticipo rispetto al previsto. **scheduler** [-ə] s. pianificatore m.

schema ['ski:mə] s. (pl. **-mata** [-tə]) schema m, abbozzo m; (diagram) diagramma m. **schematic** [-'mætik] a. schematico. **schematically** [-'mætikəli] avv. schematicamente. **schematism** [-tizəm] s. schematismo m. ,**schematization** [-tai'zeiʃən] s. schematizzazione f. **schematize** [-taiz] v.t. schematizzare.

scheme [ski:m] **I** s. **1** piano m, progetto m, schema m, programma m: a ~ to develop industry un piano per lo sviluppo industriale. **2** (plot, intrigue) intrigo m, macchinazione f, trama f, congiura f. **3** (combination) combinazione f: a colour ~ una combinazione di colori; (arrangement) disposizione f, sistemazione f. **4** (outline) schema m, abbozzo m; (summary) compendio m. **II** v.t. **1** progettare. **2** (to plot) ordire, macchinare, tramare. **III** v.i. **1** fare progetti (o piani). **2** (to plot) complottare, cospirare, tramare: to ~ against the government complottare contro il governo. '**schemer** [-ə] s. cospiratore m (f –trice), intrigante m/f. '**scheming** [-iŋ] a. intrigante, che trama; (crafty) furbo, astuto, scaltro.

schilling ['ʃiliŋ] s. (Econ) scellino m austriaco.

schism ['sizəm, am. 's(k)i–] s. **1** scisma m (anche Rel.). **2** ⟨Rel⟩ (schismatic body) gruppo m scismatico, setta f. □ ⟨Stor⟩ Byzantine (o Greek) ~ lo scisma d'Oriente; Great (o Western) ~ il grande scisma d'Occidente.

schismatic [siz'mætik] **I** a. scismatico. **II** s. scismatico m (anche Rel.). **schismatical** [-əl] a. → schismatic. **schismatically** [-əli] avv. in modo scismatico.

schist [ʃist] s. ⟨Geol⟩ sc(h)isto m. '**schistic** [-ik], **schistose**, [-ous] **schistous** [-əs] a. sc(h)istoso.

schizo ['skitso(u), am. 'skizo(u)] (accorc. di schizophrenic) s. (pl. **-s** [z]) ⟨fam⟩ schizofrenico m (f –a). **schizoid** [-id] **I** a. ⟨Psic⟩ schizoide. **II** s. schizoide m/f.

schizomycete [,skitso(u)mai'si:t, am. ,skizo(u)–] s. ⟨Biol⟩ schizomiceto m, batterio m.

schizophrene ['skitsəfri:n, am. 'skizo–] s. ⟨Psic⟩ schizofrenico m (f –a). ,**schizo'phrenia** [-iə] s. schizofrenia f. ,**schizophrenic** [-'frenik] **I** a. schizofrenico. **II** s. schizofrenico m (f –a).

scholar ['skɔlə] s. **1** erudito m (f –a), dotto m (f –a); (expert in s.th.) studioso m (f –a): a ~ of Greek history uno studioso di storia greca. **2** ⟨Univ,Scol⟩ vincitore m (f –trice) di una borsa di studio, borsista m/f. **3** (student) studente m (f –essa), scolaro m (f –a). □ ⟨fam⟩ he's not much of a ~ sa appena leggere e scrivere. **scholarliness** [-linis] s. l'essere erudito (o dotto). **scholarly** [-li] a. **1** dotto, erudito. **2** (of a person) studioso, dedito agli studi. **scholarship** [-ʃip] s. **1** dottrina f, erudizione f, sapere m, cultura f. **2** ⟨Univ,Scol⟩ borsa f di studio. **scholarship recipient** s. borsista m/f.

scholastic [skə'læstik] **I** a. **1** scolastico (anche Filos.). **2** (formal, pedantic) formale, pedantesco, scolastico. **II** s. **1** pedante m/f, scolastico m. **2** ⟨Filos⟩ scolastico m. **3** pl. ⟨Filos⟩ scolastica f. □ the ~ profession l'insegnamento. **scholastical** [-əl] a. → scholastic. **scholastically** [-əli] avv. **1** scolasticamente. **2** (pedantically) pedantescamente.

scholasticism [skə'læstisizəm] s. **1** ⟨Filos⟩ scolasticismo m. **2** (pedantry) pedanteria f scolastica, ⟨spreg⟩ scolasticume m; (quibbling reasoning) ragionamento m cavilloso.

scholiast ['skouliæst] s. ⟨Filos⟩ scoliasta m, scoliaste m. **scholium** lat. [-iəm] s. (pl. **-s** [z]/**-lia** [liə]) **1** chiosa f, commento m, nota f (illustrativa). **2** ⟨Filol⟩ scolio m.

school¹ [sku:l] **I** s. **1** scuola f (anche fig.): to go to ~ andare a scuola; in the presence of the whole ~ alla presenza di tutta la scuola. **2** ⟨Univ⟩ scuola f (di perfezionamento), facoltà f: the ~ of medicine at Harvard la scuola di medicina a Harvard; (university, college) università f, college m. **3** pl. ⟨Univ⟩ (final examinations) esami mpl finali: to take –s sostenere gli esami finali; (honours course) corso m universitario per il conferimento della laurea con lode. **4** ⟨Univ⟩ (examination hall) aula f di esami. **5** (followers of a teacher) scuola f, discepoli mpl: the ~ of Plato la scuola di Platone. **6** ⟨Equit⟩ scuola f di equitazione. **7** ⟨Mil⟩ scuola f: flying ~ scuola di volo. **8** pl.

⟨Mediev,Filos⟩ scolastici mpl; (scholasticism) scolasticismo m. **II** a. scolastico, della (o relativo alla) scuola: ~ boo libri scolastici; the ~ library la biblioteca della scuola. **I** v.t. **1** insegnare a, istruire, educare; (to train) addestrar ammaestrare, educare: –ed in the art of metalwo addestrato nell'arte di lavorare i metalli. **2** (to bring una control) dominare, frenare, tenere a freno, disciplinare: ~ one's feelings dominare i propri sentimenti. **3** (t educate, cultivate) esercitare, coltivare, educare: to ~ one mind with study esercitare la mente con lo studio. ⟨Equit⟩ addestrare. □ to be at ~ essere a scuola; what were you at? che scuola hai frequentato?; ~of danci scuola f di danza; ⟨am⟩ to be in ~ = to be at school; of music scuola f di musica; the old ~ la vecchia scuola: politician of the old ~ un politico che appartiene a vecchia scuola (o di vecchio stampo); ~ of thought: scuola f; **2** (point of view) pensiero m, punto m di vist **school²** **I** s. (of fish, etc.) branco m: a ~ of whales ~ branco di balene. **II** v.i. andare (o nuotare) in branco.

school| age s. età f scolare. **~-age population** popolazione f in età scolare. **~ attendance** s. frequenz scolastica. ~ **board** s. comitato m scolastico loca **~book** s. libro m scolastico. **~boy** s. scolaro m. ~ **center** am., ~ **centre** s. centro m scolastico. **~day** giorno m di scuola. **~days** s.pl. giorni mpl di scuo periodo m scolastico. ~ **fees** s.pl. tasse fpl scolastic **~fellow** s. compagno m (f –a) di scuola. **~girl** s. scola f. **~house** s. scuola f, edificio m scolastico.

schooling ['sku:liŋ] s. **1** istruzione f, educazione f. ⟨Equit⟩ addestramento m.

school| inspector s. ispettore m scolastico. **~-leavi age** s. età f della frequenza scolastica obbligatoria, dell'adempimento dell'obbligo scolastico. **~ma'a** [mæm] s. → schoolmarm.

schoolmarm ['sku:lma:m] s. **1** maestra f, insegnante f. ⟨fig⟩ pedante f, formalista f. **schoolmarmish** [-iʃ] pedantesco, formalistico.

schoolmaster ['sku:lma:stə] s. maestro m, insegnante **schoolmastering** [-riŋ] s. insegnamento m.

school|mate s. → schoolfellow. **~mistress** s. maestra insegnante f. ~ **report** s. pagella f. **~room** s. aula (scolastica), classe f. **~ship** s. ⟨Mar⟩ nave f scuo **~teacher** s. insegnante m/f, docente m/f, maestro m –a). **~teaching** s. insegnamento m. **~time** s. ore fpl scuola (o lezione), lezioni fpl. ~ **year** s. **1** anno scolastico. **2** ⟨Univ⟩ anno m accademico.

schooner ['sku:nə] s. **1** ⟨Mar⟩ goletta f, schooner m. (tall glass) boccale m alto da birra.

schorl [ʃɔ:l] s. ⟨Min⟩ tormalina f nera.

schottische [ʃɔ'ti:ʃ, am. 'ʃætiʃ] s. (dance) scozzese f.

sciagram ['saiəgræm], **sciagraph** [-gra:f] **I** s. **1** ⟨Radi radiogramma m. **2** ⟨Edil⟩ sciografia f. **II** v.t. radiografa **sciagrapher** [sai'ægrəfə] s. radiologo m (f – ,**sciagraphic** [-'græfik], **sciagraphical** [-'græfikəl] radiografico. **sciagraphy** [sai'ægrəfi] s. **1** ⟨Radi radiografia f. **2** ⟨Edil,Astr⟩ sciografia f.

sciatic [sai'ætik] **I** a. ⟨Anat⟩ sciatico. **II** s. ⟨Anat⟩ **1** sciatic artery. **2** → sciatic nerve. **sciatica** [-ə] s. ⟨M sciatica f.

sciatic| artery s. ⟨Anat⟩ arteria f sciatica. ~ **nerve** nervo m sciatico.

science ['saiəns] s. **1** scienza f. **2** ⟨estens⟩ arte f: the ~ gardening l'arte del giardinaggio. **3** ⟨fig⟩ (skill) destrez f, abilità f; (technique) tecnica f (anche Sport.): in judo is more important than strength nello judo la tecnica è importante della forza. **Science** s. ⟨Rel⟩ (Christ Science) scienza f cristiana. □ the ~ of biology biologia; a man of ~ uno scienziato; natural ~ scienze (naturali); pure ~ scienza pura.

science| fiction s. fantascienza f. **~-fictional** fantascientifico. ~ **page** s. ⟨Giorn⟩ rubrica f scientif to run a ~ in a newspaper tenere una rubrica scientif in un giornale.

scienter lat. [sai'entə] **I** s. ⟨Dir⟩ intenzionalità f. **II** c scientemente, intenzionalmente.

sciential [sai'enʃəl] a. **1** che sa, che ha conoscenza. **2** science) scientifico; (of knowledge) conoscitivo.

cientific [saiən'tifik] *a.* 1 scientifico: ~ *research* ricerca scientifica. 2 ⟨*fig*⟩ preciso, rigoroso, esatto, scientifico; ⟨*skilled*⟩ esperto, abile. **scientifically** [-əli] *avv.* scientificamente.

cientific| committee *s.* comitato *m* scientifico. ~ **nature** *s.* scientificità *f.*

cientism ['saiəntizəm] *s.* 1 metodi *mpl* propri degli scienziati ⟨*anche spreg.*⟩. 2 ⟨*Filos*⟩ scientismo *m.*

scientist [-tist] *s.* scienziato *m* (*f* –a). **Scientist** *s.* ⟨*Rel*⟩ seguace *m/f* della scienza cristiana.

i-fi *am.* ['saifai] I *s.* fantascienza *f.* II *a.* fanta-scientifico.

cil. = *scilicet* cioè.

cilicet *lat.* ['sailiset] *avv.* (*namely*) cioè, vale a dire.

cillonian [si'louniən] I *a.* delle isole Scilly. II *s.* abitante *m/f* delle isole Scilly.

cilly Isles ['sili] *N.pr.pl.* ⟨*Geog*⟩ isole *fpl* Scilly.

cimitar, scimiter ['simitə] *s.* scimitarra *f.*

cintigram ['sintigræm] *s.* ⟨*Radiol*⟩ scintigramma *m.* **scintigraphic** [-'græfik] *a.* scintigrafico. **scintigraphy** [-'tigrəfi] *s.* scintigrafia *f.*

cintilla [sin'tilə] *s.* (*light trace*) briciolo *m*, barlume *m: not a* ~ *of truth* non un briciolo di verità; (*spark*) scintilla *f*, sprazzo *m.* **scintillant** [-nt] *a.* scintillante.

cintillate ['sintileit] *v.i.* 1 scintillare (*anche Rad.,Fis.*). 2 ⟨*fig*⟩ fare faville. **scintillating** [-iŋ] *a.* scintillante. **scintillation** [-'leiʃən] *s.* 1 lo scintillare. 2 ⟨*Astr,Fis,Rad*⟩ scintillazione *f.*

cintiscan [sinti'skæn] *s.* → **scintigram. scintiscanner** [-skænə] *s.* scintigrafo *m.*

iolism ['saiəlizəm] *s.* conoscenza *f* superficiale, infarinatura *f.* **sciolist** [-list] *s.* persona *f* che ha una cultura superficiale, saccente *m/f*, saputo *m* (*f* –a). **sciolistic** [-'listik], **sciolous** [-ləs] *a.* saccente, saputo.

cion ['saiən] *s.* 1 rampollo *m*, discendente *m.* 2 ⟨*Agr*⟩ marza *f.*

cirrhoid ['s(k)irɔid] *a.* ⟨*Med*⟩ scirroide. **scirrhosity** [-'rɔsiti] *s.* scirrosità *f.* **scirrhous** [-rous] *a.* scirroso. **scirrhus** [-rəs] *s.* (*pl.* **-rrhi** [rai]/**-rhuses** [rəsiz]) scirro *m.*

cissel ['sisl] *s.* ⟨*tecn*⟩ sbavatura *f.*

cissile ['sis(a)il] *a.* tagliabile, scissibile.

cission ['siʒən] *s.* scissione *f.*

cissor ['sizə] *v.t.* tagliare con le forbici, sforbiciare. **scissors** [-z] *s.pl.* 1 forbici *fpl: these* ~ *are blunt* queste forbici non tagliano. 2 ⟨*Ginn*⟩ (*costr. sing.*) forbice *f.* □ *a pair of* ~ un paio di forbici; ⟨*fig*⟩ ~ *and paste* fatto con le forbici, messo insieme con brani di altre opere. **scissors| case** *s.* astuccio *m* delle forbici. ~ **hold** *s.* ⟨*Sport*⟩ (*in wrestling*) forbice *f*, presa *f* a forbice. ~ **kick** *s.* ⟨*Sport*⟩ (s)forbiciata *f.*

cissure ['siʒə] *s.* fessura *f*, fenditura *f.*

ciurid [sai'ju(ə)rid], **'sciurine** [-rain] I *a.* ⟨*Zool*⟩ degli (*o* relativo agli) sciuridi. II *s.* scoiattolo *m.* 2 *pl.* sciuridi *mpl.* **'sciuroid** [-rɔid] *a.* 1 ⟨*Zool*⟩ degli (*o* relativo agli) sciuridi. 2 (*resembling a squirrel*) simile a uno scoiattolo.

clav [skla:v] *a./s.* ⟨*rar*⟩ → **Slav.**

clera ['skliərə] *s.* ⟨*Anat*⟩ sclera *f*, sclerotica *f.*

cleroma [skliə'roumə] *s.* (*pl.* **-s** [z]/**-mata** [mətə]) → **sclerosis.**

clerometer [skliə'rɔmitə] *s.* ⟨*Min*⟩ sclerometro *m.*

cleroscope ['skliəro(u)skoup] *s.* ⟨*tecn*⟩ scleroscopio *m.*

clerosed ['skliəroust] *a.* affetto da sclerosi, slerotico.

scle'rosis [-s] *s.* (*pl.* **-ses** [si:z]) ⟨*Med,Bot*⟩ sclerosi *f.*

lerotic [skliə'rɔtik] I *a.* 1 ⟨*Anat*⟩ sclerale. 2 ⟨*Med*⟩ sclerotico. II *s.* → **sclera. sclerotica** [-ə] *s.* → **sclera.**

clerotitis [skliəro(u)'taitis] *s.* sclerite *f.*

clerotome ['skliərətoum] *s.* ⟨*Biol,Chir*⟩ sclerotomo *m.* **sclerotomy** [-'rɔtəmi] *s.* ⟨*Chir*⟩ sclerotomia *f.*

clerous ['skliərəs] *a.* ⟨*Med*⟩ sclerotico.

c.M. = ⟨*am*⟩ *Scientiae Magister* dottore in scienze.

:obs [skɔbs] *s.pl.* 1 segatura *f.* 2 (*shavings*) trucioli *mpl.*

:off¹ [skɔf] I *s.* 1 scherno *m*, dileggio *m*, beffa *f*, derisione *f.* 2 (*object of mockery*) zimbello *m.* II *v.i.* farsi beffe, beffarsi (*at* di), deridere, dileggiare, schernire. III

v.t. deridere, dileggiare, schernire, beffarsi di.

scoff² ⟨*sl*⟩ I *v.t.* (*to eat greedily*) mangiare avidamente, ingozzare, ingollare. II *v.i.* mangiare avidamente, ingozzarsi. III *s.* cibo *m*, ⟨*fam*⟩ roba *f* da mangiare.

scoffer ['skɔfə] *s.* derisore *m*, dileggiatore *m* (*f* –trice), schernitore *m* (*f* –trice). **scoffing** [-fiŋ] I *s.* derisione *f*, scherno *m*, dileggio *m.* II *a.* derisorio, beffardo, di scherno. **scoffingly** [-fiŋli] *avv.* beffardamente, con scherno.

scold [skould] I *v.t./i.* rimproverare, riprendere, dare una lavata di capo a. II *s.* bisbetica *f*, brontolona *f*, borbottona *f.* **'scolding** [-iŋ] *s.* lavata *f* di capo, rimprovero *m*, sgridata *f*, rabbuffo *m: to give s.o. a* ~ dare una lavata di capo a qd.; *to get a* ~ prendersi una sgridata.

scolex ['skouleks] *s.* (*pl.* **-leces/-lices** ['skɔlisi:z]) ⟨*Zool*⟩ scolice *m.*

scoliosis [skouli'ousis] *s.* (*pl.* **-ses** [si:z]) ⟨*Med*⟩ scoliosi *f.* **scoliotic** [-li'ɔtik] *a.* scoliotico.

scollop ['skɔləp] *s./v.* → **scallop.**

scolopendrid [skɔlə'pendrid] *s.* ⟨*Zool*⟩ millepiedi *m*, scolopendra *f.* **scolopendrine** [-dr(a)in] *a.* degli (*o* relativo agli) scolopendridi.

scon *s.* → **scone.**

sconce¹ [skɔns] *s.* 1 candeliere *m* con manico. 2 (*bracket for candles, lights*) candelabro *m* (*o* portalampade) da parete.

sconce² *s.* 1 ⟨*Mil*⟩ fortino *m* (isolato); (*redoubt*) ridotta *f.* 2 (*shelter*) riparo *m*, protezione *f.*

sconce³ I *s.* ⟨*univ*⟩ multa *f* per infrazione ꜝdell'etichettaꜞ (*o* delle usanze studentesche). II *v.t.* multare (facendo pagare da bere).

scone [skɔn, skoun] *s.* ⟨*Dolc*⟩ focaccina *f* da tè.

scoop [sku:p] I *s.* 1 ramaiolo *m*, mestolo *m*; (*deep shovel*) paletta *f* (fonda); (*utensil for distributing ice cream, etc.*) cucchiaio *m* dosatore. 2 ⟨*Mecc*⟩ tazza *f*, secchia *f.* 3 ⟨*fam*⟩ colpo *m* di fortuna; (*large profit*) affare *m* vantaggioso, grosso affare, ⟨*fam*⟩ buon colpo *m: to make a* ~ *on the Stock Exchange* fare un buon colpo in borsa. 4 ⟨*Giorn*⟩ notizia *f* (in) esclusiva, colpo *m* (giornalistico). II *v.t.* 1 (spesso con *out, up*) prendere (*o* tirare su, raccogliere) con un mestolo. 2 (*to lift*; spesso con *up*) sollevare, raccogliere, tirare su: *the mother* –ed *up her child* la madre sollevò il suo bambino. 3 (*to empty with a scoop*) vuotare con un mestolo. 4 (spesso con *out: to make hollow*) scavare. 5 ⟨*Giorn*⟩ battere: *we* –ed *all the other papers with our article* battemmo tutti gli altri giornali con il nostro articolo; (*of a story: to obtain before others*) ottenere ꜝprima degli altriꜞ (*o* in esclusiva). 6 ⟨*fam*⟩ (*of a large profit, etc.*; general. con *in*) fare, assicurarsi. III *v.i.* raccogliere (qc.) con un mestolo. □ *at one* ~ d'un solo colpo. **'scooper** [-ə] *s.* 1 chi usa un mestolo. 2 ⟨*tecn*⟩ scalpello *m* da intagliatore. 3 ⟨*Ornit*⟩ avocetta *f.*

scoopful ['sku:pful] *s.* ramaiolo *m*, mestolo *m*, mestolata *f.*

scoot [sku:t] ⟨*fam*⟩ I *v.i.* 1 correre, precipitarsi. 2 (*to run off*; spesso con *away, off*) andarsene a precipizio, filar via di corsa. II *s.* fuga *f* precipitosa. III *intz.* fila.

scooter¹ ['sku:tə] *s.* 1 monopattino *m.* 2 (*motor scooter*) motoretta *f*, scooter *m.*

scooter² *s.* → **scoter.**

scop [skɔp, skoup] *s.* ⟨*Stor*⟩ bardo *m*, poeta *m* cantore.

scope [skoup] *s.* 1 portata *f*, estensione *f: the* ~ *of an inquiry* la portata di un'inchiesta; (*extent, compass*) ambito *m*, campo *m*, sfera *f.* 2 (*range of activity*) libertà *f* (*o* raggio *m*) d'azione: *he needs more* ~ *to display his talents* ha bisogno di maggiore libertà d'azione per dimostrare le sue capacità; (*opportunity*) opportunità *f*, possibilità *f*, campo *m.* 3 (*length*) lunghezza *f:* ~ *of cable* lunghezza di cavo. 4 ⟨*Mar*⟩ calumo *m* (di nave alla fonda). 5 ⟨*ant*⟩ (*intention, purpose*) intenzione *f*, proposito *m*; (*aim, object*) intento *m*, fine *m*, scopo *m.* □ *to give one's imagination full* ~ sbrigliare la fantasia; *it is outside* (*o beyond*) *my* ~ non è di mia competenza; *a mind of wide* ~ una mentalità larga; *an undertaking of wide* ~ un'impresa di grande portata; *it is within my* ~ è di mia competenza.

scorbutic [skɔː'bjuːtik], **scorbutical** [-əl] *a.* ⟨*Med*⟩ scorbutico.

scorch [skɔːtʃ] **I** *v.t.* **1** bruciacchiare, bruciare: *the flame -ed the butterfly's wings* la fiamma bruciacchiò le ali della farfalla. **2** (*to parch*) bruciare, seccare, inaridire, riardere: *the sun had -ed the grass* il sole aveva seccato l'erba. **3** ⟨*fig*⟩ ferire, offendere, urtare. **II** *v.i.* **1** bruciacchiarsi, bruciarsi. **2** ⟨*fam*⟩ guidare a velocità eccessiva, correre da matti. **III** *s.* **1** bruciatura *f* (superficiale), bruciacchiatura *f*, scottatura *f*. **2** ⟨*fam*⟩ corsa *f* pazza (*o* a velocità eccessiva). □ ⟨*fam*⟩ *to ~ down the road* sfrecciare giù per la strada; *to ~ off* sfrecciare via; *to ~ past* sfrecciare oltre.

scorched [-t] *a.* **1** bruciacchiato, bruciato. **2** (*parched*) bruciato, seccato, inaridito.

scorched earth *s.* ⟨*Mil*⟩ **1** (*policy*) tattica *f* della terra bruciata. **2** (*condition*) terra *f* bruciata.

scorcher ['skɔːtʃə] *s.* **1** chi brucia, chi bruciacchia; (*that which scorches*) ciò che brucia (*o* bruciacchia). **2** ⟨*fam*⟩ (*very hot day*) giornata *f* torrida (*o* canicolare). **3** ⟨*fam*⟩ (*person who rides, drives at excessive speed*) guidatore *m* (*f* –trice) che va a velocità eccessiva; (*vehicle*) veicolo *m* molto veloce. **4** ⟨*fam*⟩ (*caustic remark*) osservazione *f* pungente; (*severe rebuke*) aspro rimprovero *m*. **5** ⟨*fam*⟩ (*s.th. very startling*) cosa *f* sensazionale (*o* straordinaria); (*one that is startling*) tipo *m* in gamba. **6** ⟨*Sport*⟩ palla *f* (*o* servizio *m*, tiro *m*) molto veloce.

scorching ['skɔːtʃiŋ] **I** *a.* **1** che brucia, cocente, scottante: *a ~ sun* un sole che brucia. **2** ⟨*fig*⟩ pungente, caustico, scottante: *~ criticism* critica pungente. **II** *s.* bruciacchiatura *f*, bruciatura *f* (superficiale), scottatura *f*. **III** *avv.* terribilmente, estremamente: *~ hot* terribilmente caldo. **scorchingly** [-li] *avv.* **1** → **scorching**. **2** ⟨*fig*⟩ in modo caustico (*o* pungente).

score[1] [skɔː] *s.* **1** punti *mpl*, punteggio *m*: *to keep the ~* segnare i punti; *the ~ is three nil* il punteggio è di tre a zero; (*total count*) segnatura *f*. **2** (*scratch, line made by a sharp point*) frego *m*, graffio *m*, sfregio *m*; (*mark*) segno *m*; (*notch*) tacca *f*, incisione *f*. **3** ⟨*fig*⟩ (*account, reckoning*) conto *m*, conteggio *m*, calcolo *m*, computo *m*; (*amount due*) debito *m*: *to pay off a ~ at the grocer's* pagare un debito dal droghiere. **4** ⟨*fig*⟩ (*grudge*) rancore *m*, risentimento *m*, astio *m*. **5** (pl.inv.: *twenty*) venti *m*; (*about twenty*) ventina *f*: *a ~ of people* una ventina di persone. **6** *pl.* (*large number, quantity*) gran numero *m*, grande quantità *f*, ⟨*fam*⟩ mucchio *m*, ⟨*fam*⟩ sacco *m*: *I've told you -s of times not to do that* ti ho detto un sacco di volte di non farlo. **7** (*reason, ground*) motivo *m*, causa *f*, ragione *f*. **8** ⟨*Mus*⟩ partitura *f*, spartito *m*; (*film score*) colonna *f* (*o* commento *m*) musicale. **9** ⟨*fam*⟩ (*remark, etc., by which one gains advantage over s.o.*) punto *m* ⌐di vantaggio⌐ (*o* a favore): *to make -s off s.o.* segnare un punto di vantaggio a spese di qd. **10** ⟨*fam*⟩ (*situation*) situazione *f: what's the ~ on the economic crisis?* qual è la situazione della crisi economica? **11** ⟨*Ped,Psic*⟩ punto·*m*, voto *m*. □ *to go off* at ~: **1** ⟨*Sport*⟩ partire di scatto; **2** ⟨*fig*⟩ intraprendere con irruenza, partire in quarta; ⟨*sl*⟩ *to know the ~* conoscere la realtà dei fatti, sapere come stanno realmente le cose; *on the ~ of* per, a causa di, a motivo di; *on that ~:* **1** per questo (motivo), per quel motivo, per ciò; **2** (*so far as that is concerned*) al riguardo, su questo (*o* quel) punto; *on more -s than one* per più di un motivo; ⟨*fig*⟩ *to quit -s with s.o.* saldare i conti con qd.; ⟨*fig*⟩ *to settle an old ~ with s.o.* regolare un vecchio conto con qd.

score[2] **I** *v.t.* **1** segnare, fare: *to ~ a point* segnare un punto; *to ~ a goal* fare un gol; (*to keep score in*) segnare i punti di. **2** (*to gain, achieve*) ottenere, conseguire, riportare. **3** (*to mark with lines, scratches*) rigare, graffiare, scalfire, incidere; (*to notch*) fare delle tacche su, intaccare. **4** ⟨*Gastr*⟩ fare incisioni su. **5** (*to cancel: spesso con off, out, through*) tirare un frego (*o* una riga) su, cancellare. **6** ⟨*Mus*⟩ orchestrare; (*to compose music for*) comporre la musica per: *to ~ a film* comporre la musica per un film. **7** ⟨*Geol*⟩ erodere. **II** *v.i.* **1** segnare, fare un punto. **2** ⟨*fam*⟩ (*to have success*) avere successo, affermarsi, sfondare. **3** (*to make lines, scratches*) fare

graffi (*o* righe). □ *to ~ off:* **1** avere la meglio su; **2** (*outwit*) superare in astuzia, mettere nel sacco; **3** (*humiliate*) umiliare, mortificare; **4** (*to cancel*) cancellare (con una riga); *to ~ over:* **1** avere la meglio su; **2** (*to ʃ superior to*) battere, essere superiore a; *to ~ up s.th. s.o.* addebitare (*o* mettere in conto) qc. a qd.

score|–board *s.* tabellone *m* ⸱ segnapunti. **~-book** taccuino *m* segnapunti, segnapunti *m.* **~-card** cartoncino *m* segnapunti, segnapunti *m.*

scorekeeper ['skɔːkiːpə] *s.* segnapunti *m.*

scoreless ['skɔːlis] *a.* ⟨*Sport*⟩ zero a zero.

scorer ['skɔːrə] *s.* **1** ⟨*Sport*⟩ chi segna, marcatore *m* –trice). **2** (*one who keeps score*) segnapunti *m.*

scoresheet ['skɔːʃiːt] *s.* → **score-card**.

scoria ['skɔːriə] *s.* (*pl.* **-riae** [riː]) ⟨*Met,Geol*⟩ scoria *f,* **scoriaceous** [-ri'eiʃəs] *a.* scoriaceo.

scorification [ˌskɔːrifi'keiʃən] *s.* ⟨*Met*⟩ scorificazione *f,* '**scorifier** [-faiə] *s.* scorificatoio *m.* '**scorify** [-fai] *v.* scorificare.

scoring ['skɔːriŋ] *s.* **1** incisione *f,* rigatura *f,* segnatura *f.* ⟨*Sport*⟩ marcatura *f,* realizzazione *f* di punti. **3** ⟨*Geo* erosioni *fpl.* **4** ⟨*Mecc*⟩ rigatura *f.*

scorn [skɔːn] **I** *s.* **1** disprezzo *m,* disdegno *m,* sdegno *n* spregio *m.* **2** (*object of contempt*) oggetto *m* di disprezz (*object of derision*) zimbello *m,* ludibrio *m.* **II** *v.t.* sdegnare, disdegnare: *to ~ an offer of help* sdegnare un'offerta d'aiuto. **2** (*of a person: to regard with contemp* disprezzare, dileggiare, farsi scherno di. **III** *v.i.* ⟨*an* prendersi gioco, farsi beffe (*o* scherno) (*at* di). □ *to laug s.o. to ~* mettere in ridicolo qc.; (*to deride*) deridere qd beffare qd., schernire qd. '**scorner** [-ə] *s.* derisore *m* dileggiatore *m* (*f* –trice), schernitore *m* (*f* –trice).

scornful ['skɔːnful] *a.* sdegnoso, sprezzante: *a ~ look* un sguardo sdegnoso. **scornfully** [-i] *avv.* sdegnosament sprezzantemente. **scornfulness** [-nis] *s.* sdegnosità *f.*

Scorpio ['skɔːpiou] *N.pr.* **1** ⟨*Astr*⟩ Scorpione *m.* **2** (*person* Scorpione *m,* persona *f* nata sotto il segno dell Scorpione.

scorpion ['skɔːpiən] *s.* **1** ⟨*Zool*⟩ scorpione *m.* **2** ⟨*Itt*⟩ **scorpion fish.** **3** ⟨*Bibl*⟩ frusta *f* con punte di ferr⸱ **Scorpion** *N.pr.* → **Scorpio.**

scorpion fish *s.* ⟨*Itt*⟩ scorpena *f,* scorfano *m.*

scorzonera [ˌskɔːzo(u)'niərə] *s.* ⟨*Bot*⟩ scorzonera *f.*

scot [skɔt] *s.* ⟨*Stor*⟩ scotto *m,* tassa *f,* tributo *m.* □ ⟨*Stor* *~ and lot* tassa *f* comunale; *to pay ~ and lot* pagare saldo, saldare; *to pay one's ~* pagare lo scotto.

Scot *s.* **1** scozzese *m/f.* **2** ⟨*Stor*⟩ scoto *m.*

scotch[1] [skɔtʃ] **I** *v.t.* **1** soffocare, far cessare: *to ~ rumour* soffocare una diceria. **2** (*to wound*) ferire. **3** ⟨*rar* (*to cut, gash*) sfregiare. **II** *s.* incisione *f,* scalfittura *f.*

scotch[2] **I** *s.* (*block, wedge for a wheel*) cuneo *m,* zeppa *f,* **II** *v.t.* bloccare; (*to wedge into place*) incastrare incuneare.

Scotch **I** *a.* scozzese. **II** *s.* **1** (*Scottish people*; costr.pl. scozzesi *mpl.* **2** → **Scotch whisky.** **3** ⟨*Scottish language* scozzese *m.*

Scotch| broth *s.* ⟨*Gastr*⟩ zuppa *f* di carne, orzo e verdura **~ cap** *s.* berretto *m* scozzese. **~man** [mən] *s.irr.* scozzes *m.* **~mist** *s.* ⟨*Meteor*⟩ nebbia *f* molto densa simile *a* pioggerella finissima. **~ pine** *s.* ⟨*Bot*⟩ pino *m* silvestre (⸱ di Scozia). **~ terrier** *s.* scotch terrier *m,* terrier *n* scozzese. **~ thistle** *s.* ⟨*Bot*⟩ acanzio *m.* **~ whisky** *s* whisky *m* scozzese. **~woman** *s.irr.* scozzese *f.*

scoter ['skoutə] *s.* (*pl. inv./-s* [z]; (il pl.inv. si usa general con valore collett.) ⟨*Ornit*⟩ melanitta *f.*

scotfree ['skɔtfriː] *a./avv.* **1** senza danno, indenne, illeso. (*free of penalty*) impunito. □ *to get off ~* cavarsela, farl franca, passarla liscia.

scotia ['skouʃ(i)ə] *s.* ⟨*Arch*⟩ scozia *f.*

Scotism ['skoutizəm] *s.* ⟨*Filos*⟩ scotismo *m.*

Scotland ['skɔtlənd] *N.pr.* ⟨*Geog*⟩ Scozia *f.*

Scotland Yard *s.* sede *f* centrale della polizia londinese.

Scots [skɔts] **I** *a.* scozzese. **II** *s.* (*language*) scozzese *m.*

Scots|man [mən] *s.irr.* scozzese *m.* **~woman** *s.irr* scozzese *f.*

Scotticism ['skɔtisizəm] *s.* parola *f* (*o* frase idiomatica) scozzese. **Scotticize** [-saiz] *v.t.* dare un carattere scozzese a.

Scottie ['skɔti] *s.* ⟨*fam*⟩ **1** (*Scotsman*) scozzese *m.* **2** → **Scotch terrier**.

Scottish ['skɔtiʃ] **I** *a.* scozzese. **II** *s.* scozzese *m.*

scoundrel ['skaundrəl] *s.* furfante *m*, canaglia *f*, farabutto *m*, mascalzone *m*. **scoundreldom** [-dəm] *s.* ⟨*collett*⟩ canagliume *m*, canaglie *fpl*, furfanti *mpl*. **scoundrelism** [-izəm] *s.* furfanteria *f*. **scoundrelly** [-i] **I** *a.* furfantesco, canagliesco. **II** *avv.* in modo canagliesco.

cour¹ [skauə] **I** *v.t.* **1** pulire strofinando (*o* sfregando): *to ~ a saucepan with cleanser* pulire una pentola strofinandola col detersivo; (*to remove by rubbing;* spesso con *off*) raschiare, grattare (via). **2** (*to cleanse with water;* spesso con *out*) ripulire, lavare: *to ~ a drain* ripulire un tubo di scarico. **3** (spesso con *out: to dig by the action of water*) scavare. **4** ⟨*Veter*⟩ purgare drasticamente. **5** ⟨*Agr*⟩ svecciare. **II** *v.i.* strofinare (*o* sfregare) con un abrasivo (*at s.th.* qc.). **III** *s.* **1** strofinamento *m*, sfregamento *m*; (*act of running water*) pulizia *f*, lavaggio *m*. **2** (*material used for scouring*) detersivo *m*. **3** *pl.* ⟨*Veter*⟩ (costr. sing. o pl.) diarrea *f*.

cour² **I** *v.i.* **1** (*to move rapidly*) precipitarsi, affrettarsi. **2** (*to move rapidly in search of s.th.*) correre qua e là (*for* in cerca di). **3** (*to rove about*) girovagare, vagare, vagabondare. **II** *v.t.* **1** battere, perlustrare. **2** (*to make a search of*) rovistare, frugare: *to ~ a library for a book* rovistare una biblioteca per trovare un libro. **3** ⟨*fig*⟩ (*to make a thorough examination*) esaminare a fondo, vagliare.

courer ['skauərə] *s.* **1** chi pulisce strofinando (*o* sfregando). **2** ⟨*Agr*⟩ svecciatoio *m*. **3** (*material for scouring*) detersivo *m*. **4** (*abrasive pad*) paglietta *f* saponata.

courge [skə:dʒ] **I** *s.* **1** flagello *m* (*anche fig.*): *the ~ of war* il flagello della guerra. **2** (*whip, lash*) flagello *m*, frusta *f*, sferza *f*. **II** *v.t.* **1** tormentare, straziare. **2** (*to punish, chastise*) punire, castigare. **3** (*to whip, flog*) frustare, flagellare, fustigare. □ ⟨*Stor*⟩ *the ~ of God* il flagello di Dio, Attila *m*.

couse [skaus] *s.* ⟨*mar*⟩ pietanza *f* di carne con galletta e verdura. **Scouse** *s.* ⟨*fam*⟩ **1** abitante *m/f* di Liverpool. **2** (*Liverpool dialect*) dialetto *m* di Liverpool.

cout¹ [skaut] **I** *s.* **1** ⟨*Mil*⟩ esploratore *m*, ricognitore *m*, perlustratore *m*. **2** ⟨*Mar.mil*⟩ esploratore *m*. **3** ⟨*Aer.mil*⟩ ricognitore *m*, aeroplano *m* da ricognizione. **4** (*boy scout*) (giovane) esploratore *m*. **5** ⟨*am*⟩ (*girl scout*) (giovane) esploratrice *f*, guida *f*. **6** (*one sent out to obtain information*) persona *f* mandata in cerca di informazioni. **7** ⟨*Sport*⟩ scopritore *m* di giovani promesse dello sport. **8** ⟨*Univ*⟩ (*at Oxford*) domestico *m* di un college. **II** *v.i.* **1** ⟨*Mil*⟩ andare in ricognizione (*o* esplorazione). **2** ⟨*Sport*⟩ fare lo scopritore di giovani promesse dello sport, andare in cerca di nuovi atleti. **III** *v.t.* ⟨*Mil*⟩ esplorare, perlustrare, fare una ricognizione in (*o* di): *to ~ enemy territory* esplorare il territorio nemico. □ *to ~ (a)round* (*o about*) *for s.th.* andare in cerca di qc.; ⟨*fam*⟩ *a good ~* un brav'uomo, un buon diavolo.

cout² *v.t.* (*to reject scornfully*) respingere sdegnosamente, disdegnare, disprezzare: *to ~ advice* respingere sdegnosamente i consigli.

couting ['skautiŋ] *s.* **1** scoutismo *m*. **2** (*act of scouting, reconnoitring*) esplorazione *f*, ricognizione *f*,

coutmaster ['skautma:stə] *s.* capo *m* di un gruppo di giovani esploratori.

cow [skau] *s.* ⟨*Mar*⟩ chiatta *f*, bettolina *f*.

cowl [skaul] **I** *v.i.* **1** accigliarsi, corrucciarsi, aggrottare le sopracciglia, farsi cupo. **2** (*to have a threatening aspect*) avere un aspetto minaccioso. **II** *s.* cipiglio *m*, corruccio *m*; (*look of anger*) sguardo *m* minaccioso (*o* torvo). □ *to ~ at* (*o on*) *s.o.* guardare torvo qd.; *to look at s.o. with a ~* guardare accigliato qd.

crabble ['skræbl] *v.i.* **1** raspare, grattare. **2** (*to grope blindly*) cercare (a) tentoni (*o* tastoni) (*for s.th.* qc.). **3** (*to scribble, scrawl*) fare scarabocchi (*o* sgorbi).

crag [skræg] **I** *s.* **1** persona *f* scarna (*o* molto magra); (*scrawny animal*) animale *m* tutto pelle e ossa. **2** ⟨*Macell*⟩ magro *m* del collo di montone (*o* vitello). **3** ⟨*fam*⟩ (*thin*

neck) collo *m* magro. **II** *v.t.* (*pret., p.p.* **scragged** [-d]) **1** afferrare per il collo; (*to throttle*) strozzare, strangolare, torcere il collo a. **2** ⟨*scol*⟩ (*to give a beating to*) picchiare. **3** (*to hang*) impiccare. **'scragginess** [-inis] *s.* eccessiva magrezza *f*, magrezza scheletrica. **'scraggily** [-ili] *avv.* **1** irregolare, non uniforme. **2** (*ragged*) ruvido, scabro. **3** (*unkempt*) trascurato, disordinato. **'scraggy** [-i] *a.* scarno, molto magro.

scram [skræm] ⟨*fam*⟩ **I** *v.i.* (*pret., p.p.* **scrammed** [-d]) andarsene alla svelta, filar via. **II** *intz.* levati di torno (*o* mezzo), vattene, fila.

scramble ['skræmbl] **I** *v.i.* **1** inerpicarsi, arrampicarsi; (*to move on all fours*) andare (*o* avanzare) carponi. **2** (*to move hastily*) balzare, scattare: *to ~ to one's feet* balzare in piedi. **3** (*to scuffle*) azzuffarsi, accapigliarsi, fare una mischia (*for* per): *to ~ for the best seats* azzuffarsi per i posti migliori. **4** (*to get s.th. with difficulty*) darsi da fare, agitarsi, affannarsi (per). **5** ⟨*Aer.mil*⟩ decollare rapidamente per intercettare il nemico. **II** *v.t.* **1** (spesso con *together, up*) raccogliere ˈin frettaˈ (*o* alla rinfusa). **2** (*to mix confusedly*) confondere, mescolare (*o* mettere insieme) senza ordine. **3** ⟨*Gastr*⟩ (*of eggs*) cuocere rimestando. **4** (*to scale by scrambling*) inerpicarsi su per. **5** ⟨*Tel,Rad*⟩ (*of a message*) disturbare (la frequenza). **6** ⟨*Aer.mil*⟩ fare decollare rapidamente su allarme. **III** *s.* **1** arrampicata *f*, scalata *f*. **2** (*struggle for possession*) zuffa *f*, mischia *f*, baruffa *f*. **3** (*disorderly progress*) parapiglia *m*, tafferuglio *m*, confusione *f*. **4** (*disorderly mass*) ammasso *m*, mucchio *m* confuso, guazzabuglio *m*. **5** ⟨*Aer.mil*⟩ decollo *m* rapido su allarme. **6** ⟨*Sport*⟩ (*motorcycle hill climb*) arrampicata *f*. □ *to ~ into one's clothes* vestirsi in (gran) fretta; *to ~ over a wall* superare un muro scalandolo.

scrambled eggs ['skræmbld] *s.pl.* ⟨*Gastr*⟩ uova *fpl* strapazzate.

scrambler ['skræmblə] *s.* **1** ⟨*Rad,Tel*⟩ dispositivo *m* usato per disturbare. **2** ⟨*Sport*⟩ (*motorcyclist*) arrampicatore *m*.

scran [skræn] *s.* ⟨*fam*⟩ avanzi *mpl*, rimasugli *mpl*, resti *mpl*.

scrannel ['skrænl] *a.* **1** magro, scarno. **2** (*squeaky*) stridulo, stridente.

scrap¹ [skræp] **I** *s.* **1** pezzo *m*, pezzetto *m*, frammento *m*: *a ~ of paper* un pezzetto di carta. **2** (*smallest bit*) briciolo *m*, brandello *m*, frammento *m*: *he hasn't a ~ of honesty in him* non ha un briciolo d'onestà. **3** *pl.* (*leftover fragments of foods*) rimasugli *mpl*, avanzi *mpl*, resti *mpl*. **4** *pl.* (*fragments*) frammenti *mpl*, brani *mpl*: *-s of conversation* brani di conversazione. **5** (*newspaper cutting*) ritaglio *m* di giornale; (*picture*) fotografia *f* ritagliata. **6** ⟨*Ind*⟩ scarto *m*, sfrido *m*; (*in the rubber industry*) cascame *m*. **7** *pl.* (*of animal fat*) ciccioli *mpl*. **II** *v.t.* **1** demolire, smantellare, ridurre in rottami, rottamare: *to ~ a warship* demolire una nave da guerra. **2** ⟨*fig*⟩ mettere da parte, scartare: *it's time we -ped the old methods* è ora di mettere da parte i vecchi sistemi. □ *not a ~* niente affatto, neanche un briciolo.

scrap² ⟨*fam*⟩ **I** *s.* (*fight, quarrel*) litigio *m*, alterco *m*, rissa *f*. **II** *v.i.* (*pret., p.p.* **scrapped** [-t]) litigare, altercare, rissare.

scrap| book *s.* album *m* di ritagli (*o* fotografie ritagliate). **~ car** carcassa *f* di automobile.

scrape¹ [skreip] **I** *v.t.* **1** raschiare, grattare: *to ~ a ship's bottom* raschiare il fondo di una nave; (*to make smooth by scraping;* spesso con *down*) (ri)pulire (raschiando): *to ~ down a wardrobe* pulire un armadio; (*to remove by scraping;* spesso con *off*) raschiare (via), togliere (*o* asportare) raschiando, grattare via: *to ~ the mud off one's shoes* raschiare via il fango dalle scarpe. **2** (*to graze*) scorticare, sbucciare, spellare: *he fell and -d his knee* cadde e si scorticò il ginocchio; (*to damage*) strisciare, sfregare. **3** (*to cause to make a grating sound*) far stridere, far grattare; (*of feet*) stropicciare; (*to grate against*) stridere su. **4** (*to produce by scraping*) fare raschiando (*o* raspando). **5** ⟨*tecn*⟩ raschiettare. **6** ⟨*Conc*⟩ raschiare. **7** ⟨*Strad*⟩ spianare con una livellatrice. **II** *v.i.* **1** strisciare, sfregare: *the ship -d against the wharf* la nave strisciò contro il pontile. **2** (*to make a grating sound*) grattare, stridere. **3** ⟨*fig*⟩ risparmiare, fare economia, economizzare: *to ~ and save* risparmiare e mettere da parte. □ ⟨*fig*⟩ *to ~* (*an*) **acquaintance** *with s.o.* riuscire a insinuarsi presso qd.; ⟨*fig*⟩ *to ~* **along** tirare avanti, sbarcare il lunario, ⟨*fam*⟩ cavarsela: *the salary is not large but we ~ along on it* lo stipendio non è alto, ma ce la caviamo; *to ~* **away:** 1 (*to remove by scraping*) raschiare (o grattare) via; 2 (*to continue to scrape*) continuare a raschiare; *to bow and ~* comportarsi servilmente; *to ~* **by** = *to scrape* **along;** *to ~* **out:** 1 raschiare, togliere raschiando, grattare via; 2 (*to erase*) cancellare, raschiare via; *to ~* **through:** 1 strisciare attraverso: *to ~ through a hole in the hedge* strisciare attraverso un buco nella siepe; 2 ⟨*fig*⟩ cavarsela, passare per il rotto della cuffia: *to ~ through an examination* cavarsela in un esame; 3 = *to scrape* **along;** *to ~* **together** (o *up*) racimolare, raggranellare.

scrape[2] *s.* **1** raschiata *f*, raschiatura *f*. **2** (*sound of scraping*) raschio *m*, rumore *m* aspro (*o stridulo*), stridore *m*: *the ~ of a nib on paper* il raschio di un pennino sulla carta. **3** (*place damaged by scraping*) graffio *m*, strisciata *f*; (*on one's body*) scorticatura *f*, sbucciatura *f*, spellatura *f*. **4** ⟨*fam*⟩ (*awkward situation*) impiccio *m*, pasticcio *m*, guaio *m*: *I'm in a bit of a ~* mi trovo in un bel pasticcio. **5** ⟨*fam*⟩ (*thin layer of butter, margarine*) velo *m* di burro (*o* margarina). □ ⟨*fam*⟩ *to get into a ~* cacciarsi in un guaio; ⟨*fam*⟩ *to get out of a ~* trarsi d'impaccio.

scraper ['skreɪpə] *s.* **1** chi raschia. **2** (*tool*) raschietto *m*, raschino *m*. **3** (*kitchen utensil*) raschietto *m* da cucina. **4** ⟨*Agr,Strad*⟩ ruspa *f*.

scraper ring *s.* ⟨*tecn*⟩ fascia *f* (o anello *m*) raschiaolio, raschiaolio *m*.

scrap heap *s.* **1** mucchio *m* di rifiuti. **2** (*pile of scrap metal*) mucchio *m* di rottami di ferro. □ ⟨*fig*⟩ *to throw on the ~:* 1 buttare (o gettare) nella spazzatura; 2 (*of workers*) licenziare, mandare a spasso.

scraping ['skreɪpɪŋ] *s.* **1** raschiatura *f*, raschiata *f*. **2** (*sound of scraping*) raschio *m*, suono *m* aspro (*o stridulo*), stridore *m*. **3** *pl.* (*s.th. scraped off, out*) raschiatura *f*.

scrap-iron *s.* rottami *mpl* di ferro, ferraglia *f*. **~man** *s.* [mən] *s.irr.* → **scrap-merchant. ~-merchant** *s.* commerciante *m* di ferraglia. **~-metal** *s.* → **scrap-iron. ~metal dealer** *s.* ferravecchio *m*. **~-metal yard** *s.* parco *m* rottami.

scrappage ['skræpədʒ] *s.* rottamazione *f*, rottamaggio *m*.

scrapper ['skræpə] *s.* ⟨*fam*⟩ **1** attaccabrighe *m/f*. **2** (*boxer*) pugile *m* combattivo.

scrappily ['skræpili] *avv.* in modo frammentario. **scrappiness** [–pinis] *s.* frammentarietà *f*.

scrapping ['skræpɪŋ] *s.* → **scrappage.**

scrappy[1] ['skræpi] *a.* sconnesso, frammentario: *a ~ plot* un intreccio sconnesso.

scrappy[2] *a.* ⟨*fam*⟩ (*quarrelsome*) litigioso.

scrap yard *s.* cantiere *m* di demolizione.

scratch[1] [skrætʃ] **I** *v.t.* **1** graffiare, scalfire. **2** (*to scrape to relieve itching*) grattare, dare una grattata a. **3** (*to cancel by drawing a line through; general.* con *out*) cancellare con un tratto di penna, tirare un frego su. **4** (*to write by scratching*) incidere: *to ~ one's initials on a tree* incidere le proprie iniziali su un albero. **5** (*to write hastily, roughly*) scarabocchiare, scribacchiare, scrivere alla peggio. **6** (*to rub along a rough surface*) strofinare, fregare, sfregare: *to ~ a match on the wall* strofinare un fiammifero sul muro. **7** ⟨*Sport*⟩ ritirare; (*of a match*) annullare, cancellare. **II** *v.i.* **1** grattare, graffiare, raspare. **2** (*to rub o.s. to relieve itching*) grattarsi: *stop -ing!* smettila di grattarti! **3** (*to make a scratching noise*) grattare, scricchiolare, stridere: *this nib -es* questo pennino gratta. **4** ⟨*Sport*⟩ ritirarsi. □ ⟨*fam*⟩ *to ~* **along** tirare avanti, sbarcare il lunario, ⟨*fam*⟩ cavarsela; ⟨*fam*⟩ *to ~ s.o.'s* **back** grattare dove prude; ⟨*fam*⟩ (*you*) *~ my back and I'll ~ yours* una mano lava l'altra (e tutte e due lavano il viso); *to ~ one's* **head** grattarsi la testa; ⟨*fig*⟩ grattarsi il capo; *to ~* **off** grattare via, raschiare, togliere raschiando: *to ~ the paint off* grattare via la vernice; *to ~* **out:** 1 cavare con le unghie (*o* gli artigli); 2 (*to erase by scratching*) cancellare con un ᶜtratto di penna⁀ (*o* frego);

⟨*fig*⟩ *to ~ the* **surface** sfiorare, toccare appena; ⟨*fig*⟩ *to ~* **up** (o *together*) racimolare, raggranellare.

scratch[2] **I** *s.* **1** graffio *m*, graffiatura *f*, scalfittura *f*: *a ~ on one's leg* un graffio sulla gamba. **2** (*to relieve itching*) grattata *f*: *the dog gave himself a good ~* il cane si diede una bella grattata. **3** (*scratching sound*) suono *m* stridulo, stridore *m*. **4** (*written scribble*) scarabocchio *m*, sgorbio *m*. **5** ⟨*Sport*⟩ linea *f* di partenza. **II** *a.* **1** ⟨*Sport*⟩ che non ha punti di abbuono (*o* di penalizzazione). **2** ⟨*fam*⟩ (*assembled hurriedly, indiscriminately*) raccogliticcio, messo insieme alla meglio, raffazzonato: *a ~ team* una squadra raccogliticcia; (*of a meal*) improvvisato. **3** (*of uneven standard*) non uniforme, irregolare. □ ⟨*fig*⟩ *from ~* dal nulla, da zero; *to start from ~:* 1 ⟨*Sport*⟩ partire dalla linea di partenza; 2 ⟨*fig*⟩ cominciare (o partire) da zero; ⟨*fig*⟩ *a ~ of the pen:* 1 poche parole scritte in fretta; 2 (*signature*) una firma; *to come up to ~:* 1 ⟨*Sport*⟩ essere pronto sulla linea di partenza; 2 ⟨*fig*⟩ (*to be ready to do one's duty*) essere pronto a fare il proprio dovere; 3 ⟨*fig*⟩ (*to be as good as expected*) corrispondere alle aspettative.

Scratch *N.pr.* ⟨*fam*⟩ (*satan*) Satana *m*, ⟨*pop*⟩ Satanasso *m*.

scratch file *s.* ⟨*Inform*⟩ archivio *m* provvisorio, file *m* di lavoro.

scratchily ['skrætʃili] *avv.* **1** con uno scricchiolio (o stridore). **2** (*unevenly, irregularly*) in modo non uniforme o irregolarmente. **scratchiness** [–tʃinis] *s.* **1** l'essere stridulo. **2** (*unevenness, irregularity*) mancanza *f* di uniformità, l'essere irregolare. **3** (*quality of being marked with scratches*) l'essere graffiato (o scalfito). **4** (*itchiness*) prurito *m*, pizzicore *m*.

scratch| line *s.* ⟨*Sport*⟩ **1** linea *f* di partenza. **2** (*in the long jump, javelin, etc.*) linea *f* di battuta. **~ pad** *s.* blocco *m* notes, notes *m*. **~ pad memory** *s.* memoria *f* per registrazioni provvisorie. **~proof** *a.* resistente ai graffi. **~ race** *s.* ⟨*Sport*⟩ corsa *f* a pari condizioni per tutti i concorrenti. **~-resistant** *a.* antigraffio. **~-work** *s.* ⟨*Art*⟩ graffito *m*.

scratchy ['skrætʃi] *a.* **1** che scricchiola, che stride. **2** (*marked with scratches*) graffiato, scalfito. **3** (*itchy*) che provoca (o dà) prurito, pruriginoso: *~ wool* lana che provoca prurito. **4** (*uneven, irregular*) non uniforme, irregolare. **5** ⟨*Veter*⟩ affetto da malandre.

scrawl [skrɔ:l] **I** *v.t.* scarabocchiare, scrivere alla peggio: *~ one's signature* scarabocchiare la propria firma. **II** *v.i.* scrivere male (e in fretta). **III** *s.* **1** scrittura *f* illeggibile e piena di sgorbi. **2** (*s.th. scrawled*) scritto *m* buttato giù in fretta, scarabocchio *m*. **'scrawly** [–i] *a.* pieno di scarabocchi (o sgorbi); (*of writing*) illeggibile, tutto sgorbi.

scrawny ['skrɔni] *a.* (*molto*) magro, scarno, pelle e ossa: *~ animal* un animale pelle e ossa.

screak [skri:k] **I** *v.i.* cigolare, stridere, scricchiolare. **II** cigolio *m*, stridore *m*, scricchiolio *m*.

scream [skri:m] **I** *v.i.* **1** urlare, gridare, strillare: *to ~ with fright* urlare di paura; *to ~ with pain* gridare dal dolore. (*to make a high-pitched sound*) stridere, strillare; (*of siren*) urlare. **3** (*of wind, machines, etc.*) fischiare, sibilare. **4** ⟨*fig*⟩ (*to make a loud violent demand*) fare il diavolo a quattro, fare schiamazzo (*for* per): *the baby -ed for attention* il bambino faceva il diavolo a quattro per richiamare l'attenzione. **5** ⟨*fig*⟩ (*to laugh loudly*) sbellicarsi (o sganasciarsi) dalle risa. **II** *v.t.* **1** gridare, urlare, strillare: *to ~ one's protest* gridare la propria protesta. **2** ⟨*fig*⟩ (*to protest violently*) proclamare, gridare: *to ~ one's innocence* proclamare la propria innocenza. ⟨*fig*⟩ (*to announce violently*) strombazzare: *the newspaper -ed the news* i giornali hanno strombazzato la notizia. **III** *s.* **1** grido *m*, strillo *m*, urlo *m*: *a ~ of pain* un grido di dolore; *to let out a ~* cacciare un urlo. **2** (*shrill, piercing sound*) sibilo *m*, fischio *m*: *the ~ of a jet engine* il sibilo di un motore a reazione; (*of a siren*) urlo *m*. **3** ⟨*fam*⟩ persona *f* (o cosa) spassosa, ⟨*fam*⟩ spasso *m*: *that new comic is a ~* quel nuovo comico è uno spasso. □ *to ~ o.s. hoarse* strillare fino a diventare rauco; *to ~ with laughter* sbellicarsi dalle risa; *-s of laughter* risate sguaiate, **'screamer** [–ə] *s.* **1** chi grida, chi strilla, ⟨*fam*⟩ strillone *m* (*f* –a). **2** ⟨*fam*⟩ persona *f* (*o* cosa) spassosa, ⟨*fam*⟩ spasso *m*.

creaming ['skri:miŋ] *a.* **1** urlante, che urla, che strilla; (*emitting a high-pitched sound*) che stride, stridente: ∼ *tyres* pneumatici che stridono. **2** ⟨*fig*⟩ stridente: ∼ *colours* colori stridenti; (*sensational*) sensazionale: ∼ *headlines* titoli sensazionali. **3** (*hilariously funny*) buffissimo, che fa crepare dalle risa, comicissimo. **screamingly** [–li] *avv.* ⟨*fam*⟩ tremendamente, straordinariamente: ∼ *funny* tremendamente buffo.

cree [skri:] *s.* **1** ⟨*Geol*⟩ ghiaione *m*. **2** (*hillside covered with stones, etc.*) pendio *m* pietroso (*o* sassoso).

creech [skri:tʃ] **I** *v.i.* stridere: *the owl* –*ed* il gufo strideva. **II** *v.t.* strillare, urlare, gridare. **III** *s.* (*cry*) strido *m*, urlo *m*, grido *m*; (*sound*) stridore *m*: *the* ∼ *of brakes* lo stridore dei freni.

creech-owl *s.* ⟨*Ornit*⟩ **1** assiolo *m*. **2** (*barn owl*) barbagianni *m*.

creechy ['skri:tʃi] *a.* stridulo, stridente.

creed [skri:d] *s.* **1** tirata *f*, tiritera *f*; (*diatribe*) diatriba *f*. **2** ⟨*Edil*⟩ guida *f* dell'intonaco.

creen [skri:n] **I** *s.* **1** schermo *m*, schermatura *f*, riparo *m*, difesa *f*; (*hinged structure*) paravento *m*. **2** (*fireguard*) parafuoco *m*. **3** ⟨*estens*⟩ (*natural structure*) schermo *m*, riparo *m*. **4** ⟨*fig*⟩ muro *m*, cortina *f*, scudo *m*, velo *m*, riparo *m*. **5** (*for windows, doors*) zanzariera *f*. **6** (*coarse sieve*) vaglio *m*, crivello *m*. **7** ⟨*Mil*⟩ truppe *fpl* di copertura. **8** ⟨*Fot,Fis*⟩ schermo *m*. **9** ⟨*fig*⟩ (*cinema industry, art, etc.*) cinematografo *m*, cinema *m*, schermo *m*. **10** ⟨*TV*⟩ schermo *m* (televisivo). **11** ⟨*Fot,Tip*⟩ retino *m*. **12** ⟨*Aut*⟩ (*windscreen*) parabrezza *m*. **II** *a.* cinematografico, del cinema, dello schermo. **III** *v.t.* **1** riparare con uno schermo, schermare, fare schermo a; (*to conceal with a screen*) nascondere con uno schermo; (*to separate with a screen*; general. con *off*) separare con uno schermo (*o* un tramezzo, ecc.). **2** ⟨*fig*⟩ (*to protect, shield*) riparare, proteggere, difendere, schermare: *to* ∼ *one's eyes* ripararsi gli occhi; (*to conceal*) nascondere, celare, velare. **3** ⟨*fig*⟩ passare al vaglio, vagliare, setacciare: *immigrants are* –*ed* gli immigrati vengono passati al vaglio. **4** (*to censor*) censurare. **5** ⟨*Cin,Fot*⟩ proiettare. **IV** *v.i.* ⟨*Cin*⟩ essere proiettabile, essere adatto per lo schermo: □ ⟨*Cin*⟩ *to* ∼ *badly* non essere adatto per lo schermo; ⟨*fig*⟩ *under* ∼ *of night* col favore delle tenebre.

creening ['skri:niŋ] *s.* **1** schermatura *f*, schermaggio *m*. **2** ⟨*Cin*⟩ proiezione *f*. **3** (*act of passing through a screen*) vagliatura *f*, crivellatura *f*. **4** *pl.* (*material passed through a screen*; costr. sing. o pl.) materiale *m* vagliato, crivellatura *f*; (*undesirable material*) residui *mpl* (*o* scarti) di vagliatura. **5** ⟨*fig*⟩ (*act of passing through a screening process*) cernita *f*, vaglio *m*. **6** ⟨*Med*⟩ indagine *f* di massa, screening *m*.

creen|play *s.* ⟨*Cin*⟩ sceneggiatura *f*. ∼ **test** *s.* provino *m* (cinematografico). ∼ **writer** *s.* ⟨*Cin*⟩ sceneggiatore *m* (*f* –trice).

creeve [skri:v] *v.i.* disegnare (*o* fare disegni) sul marciapiede. **'screever** [–ə] *s.* chi disegna (*o* fa disegni) sul marciapiede.

crew[1] [skru:] *s.* **1** vite *f*. **2** (*corkscrew*) cavatappi *m*, cavaturaccioli *m*, sturabottiglie *m*. **3** (*screwing motion*) movimento *m* a vite; (*turn of a screw*) giro *m* di vite, avvitata *f*. **4** (*twist of paper*) cartoccio *m*; (*half-ounce of tobacco*) mezza oncia *f* di tabacco. **5** (*in billiards*) effetto *m*. **6** ⟨*Mar,Aer*⟩ → screw propeller. **7** ⟨*sl*⟩ (*salary, wages*) paga *f*, salario *m*, stipendio *m*. **8** ⟨*sl*⟩ (*look, glance*) occhiata *f*, guardata *f*, sguardo *m*: *to take a* ∼ *at s.th.* dare un'occhiata a qc. □ ⟨*fam*⟩ *he has a* ∼ *loose* è un po' svitato, gli manca una rotella (*o* un venerdì); ⟨*fig*⟩ *to put* (*o* *turn*) *the* ∼ *on s.o.* sottoporre qd. a forti pressioni; ⟨*fig*⟩ *a turn of the* ∼ un giro di vite.

crew[2] **I** *v.t.* **1** avvitare, serrare (*o* fissare) con viti (*o* una vite); (*to attach with a screwing motion*) avvitare: *to* ∼ *the lid on* avvitare il coperchio. **2** (*to unite with a screw;* spesso con *together*) avvitare, unire con una vite: *to* ∼ *two pieces of wood together* unire con una vite due pezzi di legno. **3** ⟨*fig*⟩ (*to twist, contort;* general. con *up*) torcere, storcere: *to* ∼ *one's face into a grimace* storcere la faccia

in una smorfia; (*of the eyes*) strizzare; (*of s.o.'s arm*) slogare, storcere. **4** ⟨*sl*⟩ (*to practise extortion on*) salassare, sfruttare; (*to extract by extortion*; general. con *out*) strappare, estorcere: *to* ∼ *a promise out of s.o.* strappare una promessa a qd. **5** (*in billiards*) dare l'effetto a. **II** *v.i.* **1** avvitarsi, girarsi. **2** ⟨*fig*⟩ girarsi, rivoltarsi. **3** (*in billiards*) dare l'effetto a una palla. □ *to* ∼ **down**: 1 avvitare, fissare (*o* chiudere) con viti: *to* ∼ *down the lid of a box* avvitare il coperchio di una scatola; 2 (*to induce to lower a price, rent, etc.*) farsi fare uno sconto da; ⟨*fam*⟩ *to have one's head* –*ed on* ⌐*the right way*⌐ (*o* well) avere la testa ⌐*sulle spalle*⌐ (*o* a posto); *to* ∼ *a sheet of paper* **into** *a ball* appallottolare un foglio di carta; *to* ∼ **off** svitare; *the top* –*s off* il coperchio si svita; *to* ∼ **on** avvitare; *to* ∼ **open** *a bottle* svitare il tappo di una bottiglia; *to* ∼ **out**: 1 svitare; 2 ⟨*sl*⟩ (*to extract by pressure or threat*) strappare, estorcere; *to* ∼ *water out of a sponge* strizzare una spugna; *to* ∼ *one's head* **round** girare (*o* voltare) la testa; *to* ∼ **up**: 1 (*to tighten*) stringere (*o* serrare) girando una vite; 2 (*to twist out of shape*) accartocciare: *to* ∼ *up a piece of paper* accartocciare un pezzo di carta; ⟨*fam*⟩ *to* ∼ *up one's courage* farsi coraggio.

screwable ['skru:əbl] *a.* che si può avvitare.

screw|ball *am. s.* **1** (*in baseball*) palla *f* a effetto. **2** ⟨*sl*⟩ tipo *m* strampalato, ⟨*fam*⟩ svitato *m* (*f* –a), ⟨*fam*⟩ testa *f* matta. ∼ **bolt** *s.* ⟨*tecn*⟩ bullone *m*. ∼ **cap** *s.* coperchio *m* a vite. ∼ **coupling** *s.* ⟨*tecn*⟩ collegamento *m* a vite. ∼ **cutter** *s.* filettatrice *f*. **~driver** *s.* cacciavite *m*, giravite *m*.

screwed [skru:d] *a.* **1** avvitato. **2** (*having a screw thread*) filettato. **3** ⟨*sl*⟩ (*drunk*) ubriaco, ⟨*fam*⟩ sbronzo, ⟨*pop*⟩ sborniato. **4** ⟨*sl*⟩ (*cheated*) truffato, ⟨*pop*⟩ fregato.

screw| eye *s.* ⟨*tecn*⟩ vite *f* a occhiello. ∼ **gear(ing)** *s.* coppia *f* elicoidale. ∼ **hook** *s.* gancio *m* a vite. **~-in** *a.* a vite: ∼ *hook* gancio a vite. ∼ **jack** *s.* martinetto *m* a vite. ∼ **pile** *s.* ⟨*Edil*⟩ palo *m* a vite. ∼ **propeller** *s.* ⟨*Mar,Aer*⟩ elica *f*. ∼ **spike** *s.* ⟨*Ferr*⟩ caviglia *f*. ∼ **tap** *s.* ⟨*tecn*⟩ maschio *m* per filettare. ∼ **thread** *s.* filettatura *f*, impanatura *f*. ∼ **top** *s.* → screw cap. **~-topped** *a.* con coperchio a vite. ∼ **wrench** *s.* chiave *f* inglese.

screwy *am.* ['skru:i] *a.* ⟨*sl*⟩ matto, pazzo, folle; (*strange, bizarre*) strambo, svitato, bizzarro, stravagante.

scribble[1] ['skribl] **I** *v.t.* scribacchiare, scarabocchiare, sgorbiare. **II** *v.i.* fare scarabocchi (*o* sgorbi). **III** *s.* **1** sgorbio *m*, scarabocchio *m*. **2** (*illegible handwriting*) scrittura *f* illeggibile, zampe *fpl* di gallina.

scribble[2] *v.t.* ⟨*Tess*⟩ cardare in grosso.

scribbler[1] ['skriblə] *s.* **1** chi scarabocchia, chi scribacchia. **2** (*writer with no talent*) imbrattacarte *m/f*, imbrattafogli *m/f*, scribacchino *m* (*f* –a).

scribbler[2] *s.* ⟨*Tess*⟩ carda *f* in grosso.

scribbling ['skribliŋ] *s.* scarabocchiatura *f*, sgorbiatura *f*.

scribe [skraib] **I** *s.* **1** ⟨*Stor*⟩ scrivano *m*, scritturale *m*, copista *m*; (*public clerk*) scriba *m*. **2** ⟨*Bibl*⟩ scriba *m*. **3** (*writer, author*) scrittore *m* (*f* –trice), autore *m* (*f* –trice). **4** ⟨*tecn*⟩ → scriber. **II** *v.t.* **1** ⟨*tecn*⟩ tracciare. **2** ⟨*rar*⟩ (*to inscribe*) inscrivere. **'scriber** [–ə] *s.* ⟨*tecn*⟩ punta *f* a tracciare, segnatoio *m*.

scrim [skrim] *s.* **1** ⟨*Tess*⟩ tela *f*. **2** ⟨*Teat*⟩ trasparente *m*.

scrimmage ['skrimidʒ] **I** *s.* **1** tafferuglio *m*, zuffa *f*, rissa *f*, mischia *f*. **2** ⟨*am.Sport*⟩ mischia *f*. **II** *v.i.* ⟨*am.Sport*⟩ prendere parte a una mischia. **III** *v.t.* ⟨*am.Sport*⟩ (*of the ball*) tirare nella mischia.

scrimmage line *am. s.* ⟨*Sport*⟩ linea *f* d'inizio del gioco.

scrimp [skrimp] **I** *v.t.* **1** lesinare (su), economizzare su, fare (grande) economia su: *to* ∼ *food* lesinare sul mangiare. **2** (*to keep on short allowance*) tenere (*o* fare stare) a stecchetto: *to* ∼ *o.s.* tenersi a stecchetto. **II** *v.i.* lesinare (*o* contare) il centesimo, essere spilorcio (*o* tirchio); (*to economize*) fare economia (con su). **'scrimpily** [–ili] *avv.* scarsamente, magramente. **'scrimpiness** [–inis] *s.* scarsezza *f*. **'scrimpy** [–i] *a.* **1** misero, scarso, magro. **2** (*niggardly*) tirchio, spilorcio, taccagno.

scrimshank ['skrimʃæŋk] *v.i.* ⟨*fam*⟩ sottrarsi ai propri doveri, fare il lavativo (*anche mil.*). **scrimshanker** [–ə] *s.* ⟨*fam*⟩ lavativo *m* (*anche mil.*).

scrimshaw ['skrimʃɔ:] **I** *s.* **1** intaglio *m* (*o* decorazione *f*) su conchiglie (*o* ossi di balena, avorio, ecc.). **2** ⟨*collett*⟩ lavori *mpl* intagliati su conchiglie (*o* ossi di balena, avorio, ecc.). **II** *v.t.* intagliare. **III** *v.i.* eseguire un intaglio su conchiglie (*o* ossi di balena, avorio, ecc.).

scrip[1] [skrip] *s.* **1** ⟨*Econ*⟩ certificato *m* (*o* titolo) provvisorio; (*temporary paper currency*) cartamoneta *f* provvisoria. **2** ⟨*Econ,collett*⟩ certificati *mpl* (*o* titoli) provvisori.

scrip[2] *s.* ⟨*rar*⟩ (*small bag*) bisaccia *f.*

script [skript] **I** *s.* **1** scritto *m;* (*text*) testo *m;* (*manuscript*) manoscritto *m.* **2** (*original document*) documento *m* originale. **3** (*handwriting*) scrittura *f,* calligrafia *f.* **4** ⟨*Cin,Rad,TV,Teat*⟩ copione *m.* **5** ⟨*Ped*⟩ elaborato *m* (*o* compito) d'esame. **6** ⟨*Tip*⟩ corsivo *m* inglese. **7** (*system of writing*) scrittura *f:* *the Cyrillic ~* la scrittura cirillica. **II** *v.t.* ⟨*Cin,Rad,TV,Teat*⟩ scrivere il copione di.

Script. = ⟨*Teol*⟩ Scripture Scrittura.

scriptorium [skrip'tɔ:riəm] *s.* (*pl.* **-ria** [riə]) **1** sala *f* di scrittura. **2** ⟨*Mediev*⟩ scrittorio *m.*

scriptural ['skriptʃərəl] *a.* ⟨*Teol*⟩ scritturale, biblico, scritturistico. **scripturalism, Scripturalism** [-izəm] *s.* scritturalismo *m.* **scripturalist** [-ist] *s.* ⟨*Teol*⟩ **1** scritturale *m.* **2** (*scriptural scholar*) scritturista *m/f.* **scripturally** [-i] *avv.* secondo la (sacra) Scrittura.

scripture ['skriptʃə] **I** *s.* **1** testo *m* sacro, sacra scrittura *f.* **2** (*fig*) vangelo *m.* **Scripture** *s.* **1** *pl.* (sacra) Scrittura *f,* (sacre) Scritture *fpl,* Bibbia *f.* **2** (*passage, text from the Bible*) passo *m* (*o* brano) delle Scritture, brano scritturale. **II** *a.* biblico, scritturale.

scripture| lesson *s.* lezione *f* di sacra Scrittura. **~ reader** *s.* lettore *m* (*f* –trice) della Bibbia (nelle case dei poveri).

scriptwriter ['skriptraitə] *s.* ⟨*Rad,TV,Cin*⟩ soggettista *m/f.*

scrivener ['skrivənə] *s.* **1** scrivano *m,* copista *m/f.* **2** (*notary*) notaio *m.*

scrivener's palsy *s.* ⟨*Med*⟩ crampo *m* (*o* spasmo) degli scrivani, grafospasmo *m.*

scrofula ['skrɔfjulə] *s.* ⟨*Med*⟩ scrofola *f.* **scrofulous** [-s] *a.* scrofoloso.

scroll [skroul] **I** *s.* **1** rotolo *m* di carta (*o* pergamena, ecc.). **2** (*scroll-shaped ornament*) riccio *m,* voluta *f;* (*spiral design*) voluta *f* (*anche Arch.*). **3** ⟨*Mus*⟩ riccio *m,* chiocciola *f,* voluta *f.* **4** ⟨*Arald*⟩ cartiglio *m.* **5** (*list, roster*) elenco *m,* lista *f,* ruolo *m.* **6** ⟨*Mecc*⟩ chiocciola *f,* coclea *f;* (*of a chuck*) corona *f* a spirale. **II** *v.t.* **1** ornare di ricci (*o* volute). **2** (*to form into scrolls*) arrotolare. **III** *v.i.* arrotolarsi. **scrolled** [–d] *a.* ornato di ricci (*o* volute).

scroll head *s.* ⟨*Mar*⟩ ornato *m* (*o* voluta *f*) del tagliamare.

scrolling ['skrouliŋ] *s.* ⟨*Inform*⟩ scorrimento *m: ~ down* scorrimento verso il basso; *~ up* scorrimento verso l'alto.

scroll| lathe *s.* ⟨*Mecc*⟩ tornio *m* per volute. **~ saw** *s.* ⟨*Fal*⟩ sega *f* a svolgere. **~ work** *s.* **1** volute *fpl,* ricci *mpl.* **2** ⟨*Fal*⟩ lavoro *m* di traforo.

scrooge, Scrooge [skru:dʒ] *s.* avaro *m,* arpagone *m.*

scroop [skru:p] **I** *s.* cigolio *m,* stridio *m,* scricchiolio *m.* **II** *v.i.* cigolare, stridere, scricchiolare.

scrotal ['skroutl] *a.* ⟨*Anat*⟩ scrotale. **scrotum** [–təm] *s.* (*pl.* **-ta** [tə]/**-s** [z]) scroto *m.*

scrounge [skraundʒ] *v.t./i.* ⟨*fam*⟩ scroccare, sbafare. **'scrounger** [–ə] *s.* ⟨*fam*⟩ scroccone *m* (*f* –a), scroccatore *m* (*f* –trice), sbafatore *m* (*f* –trice).

scrub[1] [skrʌb] *v.* (*pret., p.p.* **scrubbed** [–d]) **I** *v.t.* **1** pulire fregando (*o* strofinando) energicamente. **2** (*to remove by scrubbing*; spesso con *off*) togliere (*o* levare) a forza di fregare (*o* strofinare): *to ~ the dirt off one's hands* togliersi lo sporco dalle mani a forza di strofinare. **3** (*to rub vigorously*) sfregare, stropicciare, strofinare. **4** ⟨*fam*⟩ (*to cancel*) annullare, disdire: *to ~ a party* annullare un ricevimento. **5** ⟨*Mar*⟩ frettare. **II** *v.i.* **1** fare le pulizie strofinando (*o* fregando) energicamente. **2** (*of a surgeon;* spesso con *up*) lavarsi (prima dell'intervento). □ ⟨*fam*⟩ *to*

~ round s.th. passare sopra a qc.

scrub[2] *s.* **1** strofinata *f,* fregata *f: to give one's hands a* darsi una strofinata alle mani. **2** ⟨*Chir*⟩ → **scrub-up.** ⟨*Mar*⟩ frettazza *f,* frettazzo *m.* **4** (*one who scrubs*) uom *m* (*o* donna *f*) di fatica.

scrub[3] *s.* **1** (*low, stunted vegetation*) vegetazione *f* bassa stentata; (*area covered with shrubs*) boscaglia *f,* macchia **2** (*stunted bush*) arbusto *m* stentato. **3** ⟨*fam*⟩ (*undersize person*) piccoletto *m* (*f* –a), ⟨*scherz*⟩ tappo *m.* ⟨*am.Sport*⟩ (*player*) riserva *f,* rincalzo *m;* (*team*) squadra (composta) di riserve; (*contest*) incontro *m* (*o* partita *f*) t riserve.

scrubber ['skrʌbə] *s.* **1** chi pulisce strofinando. **2** – **scrubbing brush.** **3** ⟨*Chim*⟩ gorgogliatore *m* di lavaggio

scrubbing [–biŋ] *s.* **1** strofinata *f,* fregata *f.* **2** ⟨*Chim* lavaggio *m.*

scrubbing brush *s.* spazzolone *m,* bruschino *m.*

scrubby ['skrʌbi] *a.* **1** stentato: *~ trees* alberi stentati. (*undersized*) piccolo, basso. **3** (*covered with stunte vegetation*) coperto di arbusti, a macchia. **4** (*fig*) (*shabb mean*) squallido, misero.

scrub|land *s.* boscaglia *f,* macchia *f.* **~-up** *s.* ⟨*Chir* lavaggio *m* asettico.

scruff [skrʌf] *s.* collottola *f,* nuca *f: to pick up a cat by the* of its neck prendere un gatto per la collottola.

scruffily ['skrʌfili] *avv.* sciattamente, con sciatteria: dress ~ vestire sciattamente. **scruffiness** [–finis] sciatteria *f,* sciattezza *f,* trascuratezza *f.* **scruffy** [–fi] sciatto, trasandato.

scrum [skrʌm] *s.* ⟨*Sport*⟩ mischia *f.*

scrum-half *s.irr.* ⟨*Sport*⟩ mediano *m* di mischia.

scrummage ['skrʌmidʒ] *s.* → **scrum.**

scrumptious ['skrʌmpʃəs] *a.* ⟨*fam*⟩ ottimo, eccezionale, prim'ordine: *a ~ meal* un pasto ottimo. **scrumptiousl** [–li] *avv.* ⟨*fam*⟩ ottimamente, in modo eccezionale **scrumptiousness** [–nis] *s.* ⟨*fam*⟩ l'essere ottimo eccezionale).

scrunch [skrʌntʃ] **I** *v.t.* masticare rumorosamente sgranocchiare; (*to crush noisily*) fare scricchiola schiacciando (*o* calpestando). **II** *s.* scricchiolio *m,* cri *m.*

scruple ['skru:pl] **I** *s.* **1** scrupolo *m,* esitazione *f,* timor *m: to kill without ~* uccidere senza scrupoli. (*apothecaries' weight*) scrupolo *m* (pari a 1/24 di oncia). **II** *v.i.* farsi scrupolo, avere scrupolo, esitare: *to ~ abou s.th.* farsi scrupolo di qc. **scrupulosity** [–pju'lɔsiti] scrupolosità *f,* meticolosità *f,* precisione *f.*

scrupulous ['skru:pjuləs] *a.* **1** scrupoloso, precis meticoloso. **2** (*strict*) rigoroso, rigido, stretto: *~ mora rectitude* rigorosa dirittura morale. **scrupulously** [–li *avv.* **1** scrupolosamente, accuratamente. **2** (*strictly*) rigorosamente strettamente: *~ honest* rigorosamente onesto. **scru pulousness** [–nis] *s.* scrupolosità *f,* meticolosità *f,* pre cisione *f.*

scrutator [skru'teitə] *s.* osservatore *m* (*f* –trice).

scrutineer [,skru:ti'niə] *s.* scrutinatore *m* (*f* –trice), scrutatore *m* (*f* –trice).

scrutinize ['skru:tinaiz] *v.t.* scrutare, esaminar attentamente, indagare. **scrutiny** [–ni] *s.* **1** esame *n* accurato (*o* attento); (*careful investigation*) indagine minuziosa (*o* accurata). **2** ⟨*Parl*⟩ scrutinio *m,* spoglio *n* dei voti. **3** (*close watch*) (stretta) sorveglianza *f: to kee s.o. under ~* tenere qd. sotto sorveglianza. **4** (*searchin look*) sguardo *m* indagatore (*o* scrutatore).

scud [skʌd] **I** *v.i.* (*pret., p.p.* **scudded** [–id]) **1** correr (spinto dal vento): *clouds -ded across the sky* le nuvol correvano per il cielo (spinte dal vento). **2** ⟨*Mar*⟩ (*of ship*) fuggire la tempesta. **II** *s.* **1** corsa *f* rapida. (*clouds*) nuvole *fpl* spinte dal vento. **3** (*rain, spray, etc. driven by the wind*) spruzzi *mpl* di pioggia (*o* schiuma ecc.) spinti dal vento.

scudo *it.* ['skju:dou] *s.* (*pl.* **-di** [di:]) ⟨*Numism*⟩ scudo *m.*

scuff[1] [skʌf] **I** *v.i.* **1** camminare strasciando (i piedi strasciare i piedi, strusciare i piedi per terra. **2** (*t become spoilt by scraping*) consumarsi sfregando (*o* strisciando). **II** *v.t.* **1** (*of the feet: to drag*) strascicare strisciare. **2** (*to scrape with the feet*) strasciare i piedi su strisciare (*o* sfregare) i piedi su. **3** (*to spoil by repeated friction*) consumare strisciando (*o* sfregando).

cuff² *s.* → **scruff**.

cuffle ['skʌfl] **I** *v.i.* **1** azzuffarsi, accapigliarsi, fare baruffa. **2** (*to shuffle*) strascicare i piedi. **II** *s.* **1** baruffa *f*, mischia *f*, tafferuglio *m.* **2** (*shuffling sound*) strascichio *m*, stropiccio *m.*

cull [skʌl] **I** *s.* ⟨*Mar*⟩ (*stern oar*) remo *m* ⌈da bratto⌉ (*o di* coda); (*one of a pair of oars*) remo *m* a palelle, palella *f*. **II** *v.i.* **1** ⟨*Mar*⟩ brattare, vogare a bratto, sbrattare. **2** ⟨*Sport*⟩ vogare con remi a palelle. **'sculler** [-ə] *s.* ⟨*Mar*⟩ (*person*) rematore *m* (*o* vogatore) col remo da bratto; (*boat*) sandolino *m.*

cullery ['skʌləri] *s.* retrocucina *m/f*.

cullery| boy *s.* lavapiatti *m*, sguattero *m.* **~ maid** *s.* lavapiatti *f*, sguattera *f*.

culpt [skʌlpt] *v.* → **sculpture**.

culptor ['skʌlptə] *s.* scultore *m.* **sculptress** [-tris] *s.* scultrice *f*.

culptural ['skʌlptʃərəl] *a.* scultorio, scultoreo.

culpture ['skʌlptʃə] **I** *s.* scultura *f*. **II** *v.t.* scolpire. **III** *v.i.* fare lo scultore. **,sculpturesque** [-'resk] *a.* scultoreo, statuario.

cum¹ [skʌm] *s.* **1** schiuma *f*, spuma *f*. **2** ⟨*fig*⟩ feccia *f*, rifiuto *m*, rifiuti *mpl*, schiuma *f: the ~ of the earth* la feccia della terra. **3** ⟨*Met*⟩ scoria *f*.

cum² *v.* (*pret., p.p.* **scummed** [-d]) **I** *v.t.* **1** coprire di schiuma. **2** (*to remove the scum from*) schiumare, togliere la schiuma da (*o* a). **II** *v.i.* **1** coprirsi di schiuma. **2** (*to form scum*) schiumare, fare la schiuma.

cumble ['skʌmbl] **I** *v.t.* ⟨*Pitt*⟩ smorzare (*o* sfumare) con un velo di colore opaco. **II** *s.* smorzatura *f* delle tinte.

cumminess ['skʌminis] *s.* schiumosità *f*, spumosità *f*.

cummy [-mi] *a.* **1** schiumoso, simile a schiuma. **2** (*covered with scum*) coperto di schiuma. **3** ⟨*fig*⟩ basso, meschino, spregevole.

cupper ['skʌpə] **I** *s.* **1** ⟨*Mar*⟩ ombrinale *m.* **2** ⟨*Edil*⟩ sbocco *m* di scarico d'acqua. **II** *v.t.* **1** ⟨*fam*⟩ mettere ⌈nei guai⌉ (*o* in difficoltà). **2** ⟨*Mar*⟩ affondare aprendo delle falle, autoaffondare.

curf [skə:f] *s.* **1** ⟨*Med*⟩ squama *f* cutanea. **2** (*dandruff*) forfora *f*. **'scurfiness** [-inis] *s.* l'essere squamoso. **'scurfy** [-i] *a.* **1** scaglioso, squamoso. **2** (*dandruffy*) forforoso, pieno di forfora.

currility [skə'riliti] *s.* scurrilità *f*, trivialità *f*, volgarità *f*.

currilous ['skʌriləs] *a.* scurrile, triviale, volgare: **~ poems** poesie scurrili. **scurrilously** [-li] *avv.* scurrilmente, volgarmente, trivialmente. **scurrilousness** [-nis] *s.* scurrilità *f*, volgarità *f*, trivialità *f*.

curry ['skʌri] **I** *v.i.* affrettarsi, andare in fretta (a passi corti e rapidi). **II** *s.* **1** movimento *m* affrettato; (*noise of scurrying*) rumore *m* di passi frettolosi. **2** (*confused rush*) corsa *f* confusa (*o* disordinata): *a ~ of people* una corsa confusa di persone. **3** ⟨*Sport*⟩ (*short run, race*) corsa *f* breve. **4** (*flurry*) folata *f*, raffica *f*.

-curve *s.* ⟨*Strad*⟩ curva *f* a S, doppia curva.

curvily ['skə:vili] *avv.* spregevolmente, in modo abietto.

scurviness [-vinis] *s.* **1** → **scurfiness**. **2** ⟨*fig*⟩ meschinità *f*.

curvy ['skə:vi] **I** *s.* ⟨*Med*⟩ scorbuto *m.* **II** *a.* ⟨*fig*⟩ disprezzabile, spregevole, meschino. □ *a ~ trick* un tiro mancino.

curvy grass *s.* ⟨*Bot*⟩ coclearia *f*.

cut [skʌt] *s.* ⟨*Zool*⟩ coda *f* corta, codina *f*, codino *m.*

cutage ['skju:tidʒ] *s.* ⟨*Stor*⟩ imposta *f* pagata dal vassallo in sostituzione di prestazioni militari.

cutch [skʌtʃ] **I** *v.t.* ⟨*Tess*⟩ scotolare, gramolare, maciullare. **II** *s.* ⟨*Tess,Mur*⟩ → **scutcher**.

cutcheon ['skʌtʃən] *s.* **1** ⟨*Arald*⟩ scudo *m*, stemma *m* gentilizio, blasone *m.* **2** (*plate over a keyhole*) borchia *f*, bocchetta *f*; (*nameplate*) targhetta *f*.

cutcher ['skʌtʃə] *s.* **1** ⟨*Tess*⟩ operaio *m* (*f* -a) addetto alla gramolatura. **2** ⟨*Tess*⟩ (*machine*) gramola *f*; (*tool*) scotola *f*. **3** ⟨*Mur*⟩ scalpello *m* da muratore.

cute [skju:t] *s.* ⟨*Zool*⟩ scudo *m*, scuto *m.* **'scutellate** [-əleit], **scutellated** [-əleitid] *a.* ⟨*Zool*⟩ fornito di scudi.

scutter ['skʌtə] *v./s.* → **scurry**.

scuttle¹ ['skʌtl] *s.* **1** (*coal-box*) secchio *m* del carbone. **2** (*basket*) cesta *f*, cesto *m.*

scuttle² **I** *v.t.* **1** ⟨*Mar*⟩ autoaffondare, colare a fondo aprendo le falle. **2** ⟨*fig*⟩ fare naufragare, fare fallire, distruggere. **II** *s.* **1** ⟨*Mar*⟩ boccaportello *m*, portellino *m;* (*cover*) coperchio *m* di boccaportello. **2** ⟨*Edil*⟩ lucernario *m.*

scuttle³ **I** *v.i.* (*to scurry*) affrettarsi, andare in fretta (a passi corti e rapidi); (*to run hastily*) darsela a gambe, scappare. **II** *s.* passo *m* rapido; (*hurried run*) corsa *f* precipitosa, fuga *f*.

scutum ['skju:təm] *s.* (*pl.* **-ta** [tə]) **1** ⟨*Zool*⟩ (*scute*) scudo *m*, scuto *m.* **2** ⟨*Entom,Stor.rom*⟩ scudo *m.*

Scylla ['silə] *N.pr.* ⟨*Geog,Mitol*⟩ Scilla *f.* □ ⟨*fig*⟩ *to be between ~ and Charybdis* essere tra Scilla e Cariddi.

scythe [saið] **I** *s.* ⟨*Agr*⟩ falce *f*. **II** *v.t.* **1** ⟨*Agr*⟩ falciare. **2** ⟨*fig*⟩ (*spesso con down*) falciare, abbattere.

Scythia ['siθiə] *N.pr.* ⟨*Geog.stor*⟩ Scizia *f.* **Scythian** [-n] **I** *a.* scitico, della Scizia. **II** *s.* **1** scita *m/f*. **2** (*language*) lingua *f* degli sciti.

s.d. = **1** *sine data* senza data (*abbr.* s.d.). **2** *sine die* sine die.

s/d, S/D = ⟨*Comm*⟩ *sight draft* tratta a vista.

SDI = ⟨*Mil*⟩ *Strategic Defense Initiative* iniziativa di difesa strategica (*abbr.* IDS, SDI).

SDR = *Special Drawing Rights* diritti speciali di prelievo.

S.E. = **1** *South-East* sud-est (*abbr.* S E). **2** *south-eastern* sudorientale.

sea [si:] **I** *s.* **1** mare *m: open ~* mare aperto; (*ocean*) oceano *m: the seven -s* i sette oceani. **2** ⟨*Mar*⟩ mare *m: rough ~* mare grosso. **3** ⟨*fig*⟩ mare *m: a ~ of sand* un mare di sabbia. **II** *a.* **1** marino, marinaro, marittimo. **2** (*of ships, sailors*) marinaresco, marinaro; (*of navigation*) nautico. **3** ⟨*Mar.mil*⟩ navale, marittimo: *~ bases* basi navali. □ *to be at ~* essere in mare (*o* navigazione); ⟨*fig*⟩ *to be all at ~:* **1** essere confuso (*o* imbarazzato); **2** (*not to know how to act*) non sapere ⌈da che parte cominciare⌉ (*o* che pesci pigliare); *beyond the ~* (*o seas*): **1** oltremare, al di là del mare; **2** ⟨*Pol*⟩ all'estero; *by ~* per mare, via mare: *to travel by ~* viaggiare per mare; *to follow the ~* fare il marinaio; *the four -s* i quattro mari (che circondano l'Inghilterra); *between the four -s* in Inghilterra; ⟨*Dir,Mar*⟩ *freedom of the -s* libertà *f* dei mari; *to go to ~* imbarcarsi, prendere il mare, navigare; ⟨*fam*⟩ *to be half -s over* essere brillo (*o* alticcio); ⟨*fig*⟩ *to be mistress of the ~* (*o seas*) essere una potenza navale, dominare i mari; *on the ~:* **1** in mare, sul mare; **2** (*on the coast*) sul mare; *over the ~* (*o seas*) = *beyond the sea; to put* (*out*) *to ~* prendere il mare, salpare; *to stand out to ~* tenersi al largo; ⟨*Astr*⟩ *~ of Tranquillity* mare *m* della tranquillità.

sea| acorn *s.* ⟨*Zool*⟩ balano *m.* **~-air** *a.* ⟨*Mar.mil*⟩ aeronavale: *~ manoeuvres* manovre aeronavali. **~ air** *s.* aria *f* ⌈di mare⌉ (*o* marina). **~ anchor** *s.* ⟨*Mar*⟩ ancora *f* galleggiante. **~ anemone** *s.* ⟨*Zool*⟩ attinia *f*, anemone *m* di mare. **~ bathing** ['beiðiŋ] *s.* bagni *mpl* di mare. **~ bear** *s.* ⟨*Zool*⟩ **1** orso *m* bianco (*o* polare). **2** (*fur seal*) arctocefalo *m.* **~ bed** *s.* fondo *m* marino. **~ bird** *s.* uccello *m* marino. **~ biscuit** *s.* ⟨*Alim*⟩ galletta *f.* **~board I** *s.* litorale *m*, costa *f*. **II** *a.* litorale, litoraneo. **~ borne** *a.* marittimo, via (*o* per) mare: *~ trade* commercio marittimo. **~ bottom** *s.* fondo *m* del mare. **~ breeze** *s.* brezza *f* di mare. **~-calf** *s.* ⟨*Zool*⟩ foca *f* comune, vitello *m* marino. **~ canary** *s.* ⟨*Zool*⟩ beluga *f*, balena *f* bianca. **~ captain** *s.* capitano *m* marittimo (*o* di lungo corso). **~ change** *s.* metamorfosi *f* dovuta al mare. **~ chest** *s.* cassa *f* (*o* cassetta) da marinaio. **~ coast** *s.* costa *f*, litorale *m.* **~ compass** *s.* bussola *f* marina (*o* di navigazione). **~ cow** *s.* ⟨*Zool*⟩ **1** dugongo *m*, vacca *f* marina (*o* di mare). **2** (*manatee*) manato *m.* **3** (*walrus*) tricheco *m*, cavallo *m* marino. **4** (*rar*) (*hippopotamus*) ippopotamo *m* comune (*o* anfibio). **~craft** *s.* arte *f* navigatoria (*o* del navigare). **~ crow** *s.* ⟨*Ornit*⟩ **1** gracchio *m* corallino. **2** (*cormorant*) cormorano *m*, marangone *m.* **~ cucumber** *s.* ⟨*Zool*⟩ oloturia *f.* **~ devil** *s.* ⟨*Itt*⟩ manta *f*, diavolo *m* di mare. **~-dog** *s.* **1** marinaio

esperto, lupo *m* di mare. **2** (*pirate*) pirata *m*, corsaro *m*.
3 ⟨*Zool*⟩ → **sea calf. 4** ⟨*Itt*⟩ (*dogfish*) squalo *m*. ~
eagle *s.* ⟨*Ornit*⟩ aquila *f* di mare. **~-ear** *s.* ⟨*Zool*⟩
aliotide *f*, orecchia *f* di mare. ~ **elephant** *s.* ⟨*Zool*⟩
elefante *m* marino. ~ **fan** *s.* ⟨*Zool*⟩ specie di gorgonia.
~farer ['fɛərə] *s.* navigante *m*, navigatore *m*. **~faring**
['fɛriŋ] **I** *a.* **1** navigante, che naviga, che va per mare,
marittimo. **2** (*of travelling by sea*) di mare, marino: ~ *life*
vita di mare. **II** *s.* **1** mestiere *m* del marinaio. **2** (*sea
travelling*) il viaggiare per mare. ~ **fennel** *s.* ⟨*Bot*⟩
finocchio *m* marino. ~ **fight** *s.* ⟨*Mar.mil*⟩ scontro *m* (*o*
battaglia *f*) navale. ~ **flora** *s.* aloflora *f.* ~ **flower** *s.* →
sea anemone. ~ **foam** *s.* ⟨*Min*⟩ sepiolite *f*, schiuma *f* di
mare. ~ **fog** *s.* ⟨*Meteor*⟩ nebbia *f* marina (*o* di mare). ~
food *s.* **1** pesci *mpl* commestibili. **2** (*shellfish*) frutti *mpl*
di mare. **~fowl** *s.* → **sea-bird.** ~ **fox** *s.* ⟨*Itt*⟩ pesce *m*
volpe, volpe *f* di mare. **~front** *s.* lungomare *m.* ~ **gauge**
s. ⟨*Mar*⟩ **1** registratore *m* di profondità, ecometro *m.* **2**
(*draft*) pescaggio *m.* ~ **girt** *a.* ⟨*poet*⟩ circondato (*o* cinto)
dal mare. ~ **god** *s.* divinità *f* marina, dio *m* marino (*o*
del mare). ~ **goddess** *s.* dea *f* del mare. ~ **goer** *s.*
navigante *m/f*, navigatore *m* (*f* –trice). **~going** *a.* d'alto
mare, alturiero: *a* ~ *vessel* una nave d'alto mare. ~
green I *s.* verdemare *m.* **II** *a.* (color) verdemare. **~gull**
s. ⟨*Ornit*⟩ gabbiano *m.* ~ **hedgehog** *s.* → **sea urchin.** ~
hog *s.* ⟨*Zool*⟩ focena *f*, marsuino *m.* ~ **horse** *s.* **1** ⟨*Itt*⟩
cavalluccio *m* marino, ippocampo *m.* **2** ⟨*Mitol*⟩
ippocampo *m.* ~ **island** (**cotton**) *s.* ⟨*Bot*⟩ cotone *m*
peruviano. ~ **jelly** *s.* ⟨*Zool*⟩ medusa *f.* ~ **kale** *s.* ⟨*Bot*⟩
cavolo *m* marittimo (*o* marino). ~ **king** *s.* ⟨*Stor*⟩
capo–pirata *m* scandinavo.

seal[1] ['si:l] **I** *s.* (*pl. inv./-s* [z]; il pl.inv. si usa general. con
valore collett.) **1** ⟨*Zool*⟩ foca *f.* **2** ⟨*Conc*⟩ pelle *f* di foca.
II *v.i.* andare a caccia di foche.

seal[2] *s.* **1** sigillo *m.* **2** ⟨*fig*⟩ (*s.th. that confirms,
guarantees*) pegno *m*, garanzia *f*, suggello *m*: *a* ~ *of
friendship* un pegno d'amicizia. **3** ⟨*fig*⟩ (*mark, sign*)
impronta *f*, segno *m*, marchio *m.* **4** ⟨*tecn*⟩ chiusura *f* a
perfetta tenuta. **5** ⟨*Idr*⟩ sifone *m* (*o* pozzetto) a tenuta
idraulica. **6** ⟨*Fal*⟩ fissatore *m*, turapori *m.* **7** *pl.* (*tokens of
office*) sigilli *mpl* d'ufficio. □ ~ *of approval* marchio *m* di
qualità; ⟨*fig*⟩ *to put the* ~ *of one's approval on s.th.* dare
la propria approvazione a qc.; *to set one's* ~ *to:* **1** mettere
(*o* apporre) il proprio sigillo a; **2** ⟨*fig*⟩ approvare,
autorizzare; ⟨*fig*⟩ *to surrender the –s* dare le dimissioni;
under ~ con un sigillo di autenticazione, firmato e
sigillato; ⟨*fig*⟩ *under* ~ *of confession* sotto il sigillo della
confessione; *given under my hand and* ~ da me
sottoscritto e sigillato.

seal[3] *v.t.* **1** sigillare, chiudere con un sigillo, applicare i
sigilli (*o* un sigillo) a: *to* ~ *a letter with wax* sigillare una
lettera con la ceralacca. **2** (*to seal with lead*) piombare,
sigillare (con piombini); (*to mark with a stamp*) apporre
un marchio a. **3** (*to close tightly, hermetically;* spesso con
up) sigillare, chiudere ermeticamente. **4** ⟨*fig*⟩ (*to confirm,
assure*) suggellare, confermare (definitivamente): *to* ~ *a
bargain with a handshake* suggellare un affare con una
stretta di mano; (*to ratify*) convalidare, ratificare. **5** ⟨*fig*⟩
(*to decide irrevocably*) stabilire (*o* decidere) in modo
irrevocabile. **6** ⟨*Dir,Comm*⟩ sigillare, apporre i sigilli: *the
police –ed the warehouse* la polizia applicò i sigilli al
magazzino. □ *his* fate *is –ed* il suo destino è segnato;
⟨*fig*⟩ *to* ~ *s.o.'s* lips mettere il sigillo alle labbra di qd.; *to*
~ **off** isolare.

sea| **lace** *s.* ⟨*Bot*⟩ specie di corda. ~ **lane** *s.* via *f*
marittima. ~ **lawyer** *s.* ⟨*Mar*⟩ marinaio *m* polemico e
cavilloso.

sealed bid ['si:ld] *s.* ⟨*Comm*⟩ offerta *f* in busta chiusa.

sea legs *s.pl.* **1** ⟨*mar*⟩ capacità *f* di mantenere l'equilibrio
a bordo di una nave, ⟨*mar*⟩ piede *m* marino. **2** (*freedom
from seasickness*) il non essere soggetto al mal di mare.

sealer[1] ['si:lə] *s.* **1** (*seal hunter*) cacciatore *m* (*f* –trice) di
foche. **2** ⟨*Mar*⟩ fochiera *f.*

sealer[2] *s.* **1** (*one that seals*) sigillatore *m* (*f* –trice). **2**
(*weights and measures official*) ispettore *m* di pesi e
misure. **3** ⟨*Pitt,Fal*⟩ isolante *m*, mano *f* isolante.

sea| **letter** *s.* ⟨*Mar*⟩ patente *f* (*o* permesso *m*) di
navigazione, lettera *f* di mare. ~ **level** *s.* livello *m* del
mare: *above* ~ sopra il livello del mare; *below* ~ sotto il
livello del mare. ~ **line** *s.* linea *f* dell'orizzonte (su
mare).

sealing[1] ['si:liŋ] **I** *s.* **1** sigillatura *f.* **2** (*impression made b*
a seal) sigillo *m*, sigillatura *f.* **II** *a.* che sigilla.

sealing[2] *s.* (*seal hunting*) caccia *f* alla foca.

sealing wax *s.* ceralacca *f*, cera *f* di Spagna.

sea| **lion** *s.* ⟨*Zool*⟩ otaria *f.* ~ **Lord** *s.* ⟨*GB*⟩ lord *m*
membro dell'ammiragliato britannico.

seal| **ring** *s.* anello *m* con sigillo. **~skin I** *s.* pelle *f* di
foca. **II** *a.* di pelle di foca.

seam [si:m] **I** *s.* **1** ⟨*Lav.femm*⟩ cucitura *f*, costura *f: the* ~
of a dress le cuciture di un abito. **2** (*any line formed by
joining two things*) linea *f* di giunzione. **3** ⟨*Fal*⟩ giuntura
f, commessura *f.* **4** *pl.* ⟨*Mar*⟩ comento *m.*
⟨*Geol,Minier*⟩ banco *m*, filone *m.* **6** (*wrinkle*) ruga *f*
(*scar*) cicatrice *f: a face covered with –s* un volto coperto
di cicatrici. **7** ⟨*Met*⟩ paglia *f.* **II** *v.t.* **1** ⟨*Lav.femm*⟩
(spesso con *together*) cucire; (*to make the seams of*) fare i
cuciture di. **2** (*to join*) unire, congiungere. **3** (*to mark wit*
lines, furrow) rigare, segnare, solcare: *a face –ed with ol*
age un volto segnato dall'età. **4** ⟨*Mecc*⟩ aggraffar
(piegando gli orli). □ *to burst at the –s* (*of a garmen*
scucirsi; ⟨*fig*⟩ scoppiare.

seaman ['si:mən] *s.irr.* **1** marinaio *m.* **2** ⟨*Mar.mi*
marinaio *m* scelto. **seamanlike** [–laik], **seamanly** [–l
a. marinaresco, da marinaio. **seamanship** [–ʃip] *s.* arte
(*o* abilità) marinaresca, arte della navigazione.

sea|**mark** *s.* ⟨*Mar*⟩ segnale *m* marittimo (fisso), meda *f.* ~
mile *s.* miglio *m* marino (*o* marittimo).

seam(ing) lace *s.* gala *f* che nasconde una cucitura.

seamless ['si:mlis] *a.* **1** senza cucitura. **2** (*woven fu*
width) senza cuciture (*o* giunte).

sea|**-monster** *s.* mostro *m* marino. ~ **mouse** *s.* ⟨*Zoo*
afrodite *f.*

seam ripper *s.* ⟨*Lav.femm*⟩ scucitrice *f.*

seamster ['si:mstə] *s.* cucitore *m.* **seamstress** [–tris] *s.*
cucitrice *f.* **2** (*dressmaker*) sarta *f.*

seam|**-weld I** *s.* ⟨*Mecc*⟩ giuntura *f* fatta con saldatur
continua. **II** *v.t.* unire con saldatura continua. ~ **weldin**
s. saldatura *f* continua (*o* a punti ravvicinati).

seamy ['si:mi] *a.* **1** brutto, spiacevole: *the* ~ *side of life*
lato brutto della vita. **2** (*having seams*) provvisto di
cuciture; (*showing seams*) che mostra le cuciture. □ *the*
side (*of a dress*) il rovescio (di un abito).

séance *fr.* ['seiɑ̃s, 'seiɑ:ns] *s.* **1** seduta *f*, riunione *f.*
⟨*Occult*⟩ seduta *f* spiritica.

sea| **nettle** *s.* ⟨*Zool*⟩ mollusco *m* urticante. ~ **piece** *s.* -
seascape. ~ **pilot** *s.* ⟨*Mar*⟩ pilota *m* d'altura (*o* d'alt
mare). **~plane** *s.* idrovolante *m.* **~port** *s.* porto *m* di
mare. ~ **power** *s.* **1** potenza *f* marinara. **2** (*nava*
strength) potere *m* navale (*o* marittimo). **~quake** *s.*
maremoto *m.*

sear[1] [siə] **I** *v.t.* **1** scottare, ustionare, bruciare. **2** (*fig*
indurire, rendere duro (*o* insensibile). **3** (*to wither, parc*
seccare, inaridire. **4** ⟨*Med*⟩ cauterizzare. **II** *v.i.* seccars
inaridirsi, appassire, avvizzire. **III** *a.* secco, appassito.

sear[2] *s.* ⟨*Artigl*⟩ arresto *m* del cane.

search [sə:tʃ] **I** *v.t.* **1** perlustrare, rastrellare: *to* ~ *tʰ*
countryside for a lost child perlustrare la campagna i
cerca di un bambino smarrito. **2** (*to look through for s.t.*
concealed) perquisire, frugare; (*to look through tʰ*
contents of) frugare, rovistare, cercare in (*o* tra): *to* ~
one's pockets frugarsi le tasche. **3** (*to find by searchin*
general. con *out*) scoprire, scovare. **4** ⟨*fig*⟩ (*to penetrat*
penetrare in: *a cold wind –ed every corner of the house* v
vento freddo penetrava in ogni angolo della casa. **II** *v.i.*
frugare, rovistare, cercare: *to* ~ *in one's handbag for*
cigarette frugare nella borsa in cerca di una sigaretta. **II**
s. **1** ricerca *f* (anche *Inform.*): *the* ~ *for a person* la ricerc
di una persona. **2** (*close examination*) esame *m* accurat
rassegna *f.* **3** (*for s.th. concealed*) perquisizione *f.* □ *to*
one's conscience interrogare la propria coscienza; *to mak*
a ~ *for s.th.* fare ricerca di qc., ricercare qc.; *to* ~ *one*
heart interrogare il proprio cuore; ⟨*esclam,fam*⟩ ~ *me* no
lo so, lo ignoro, non ne ho la minima idea; *to* ~ *one*

memory frugare nella memoria.

searcher ['sɜːtʃə] *s.* **1** ricercatore *m* (*f* –trice). **2** ⟨*Med*⟩ sonda *f.* **3** ⟨*Mar*⟩ doganiere *m.* **searching** [–tʃiŋ] **I** *s.* ricerca *f*, indagine *f*, investigazione *f.* **II** *a.* **1** minuzioso, meticoloso: ~ *inspection* ispezione minuziosa. **2** (*observing carefully*) indagatore, scrutatore: *a* ~ *glance* uno sguardo indagatore. **3** (*piercing*) penetrante: *a* ~ *wind* un vento penetrante. **searchingly** [–tʃiŋli] *avv.* minuziosamente, meticolosamente.

search|light *s.* proiettore *m*, riflettore *m*; (*beam*) fascio *m* di luce (di un proiettore). ~ **party** *s.* squadra *f* di ricerca. ~ **warrant** *s.* ⟨*Dir*⟩ mandato *m* di perquisizione.

sea|-room *s.* ⟨*Mar*⟩ zona *f* di mare libera per manovrare. ~ **route** *s.* rotta *f*, via *f* marittima. ~ **rover** *s.* **1** pirata *m*, corsaro *m.* **2** (*ship*) nave *f* pirata (*o* corsara). ~ **salt** *s.* sale *m* marino. ~**scape** *s.* **1** vista *f* sul mare. **2** (*picture*) marina *f.* ~ **scout** *s.* scout *m* nautico. ~ **scouting** *s.* scoutismo *m* nautico. ~ **shell** *s.* conchiglia *f.* '~'**shore** *s.* costa *f*, litorale *m*, spiaggia *f.* ~**sick** *a.* che soffre il mal di mare. ~**sickness** *s.* mal *m* di mare.

seaside ['siːsaid] **I** *s.* spiaggia *f*, marina *f*, lido *m*, litorale *m.* **II** *a.* sul mare, situato sulla spiaggia (*o* sul litorale): *a* ~ *hotel* un albergo sul mare. □ *to spend a holiday at the* ~ trascorrere una vacanza al mare; ~ *resort* stazione *f* balneare.

season ['siːzn] **I** *s.* **1** stagione *f: the four –s* le quattro stagioni; *the rainy* ~ la stagione delle piogge; (*of fruit, flowers, etc.*) stagione *f*, periodo *m*, epoca *f*, tempo *m* (adatto): *the cherry* ~ la stagione delle ciliegie; *the planting* ~ la stagione della semina; (*of animals*) stagione *f*, periodo *m: the nesting* ~ la stagione dei nidi, il periodo della nidificazione. **2** (*particular period*) stagione : *the shooting* ~ la stagione della caccia; *the theatre* ~ la stagione teatrale; (*period before and after a holiday*) periodo *m* 'di festa' (*o* festivo): *the Christmas* ~ il periodo delle feste natalizie. **3** ⟨*Rel,Sport*⟩ stagione *f.* **4** (*time, period*) tempo *m*, periodo *m* (di tempo), ⟨*lett*⟩ stagione *f: in the* ~ *of one's youth* nel tempo della giovinezza; (*suitable time*) momento *m* adatto (*o* opportuno), tempo *m* adatto (*o* propizio): *this is not the* ~ *for frivolity* non è il momento adatto alle frivolezze. **5** → **season ticket. 6** *pl.* ⟨*rar*⟩ (*years*) anni *mpl*, ⟨*lett*⟩ primavere *fpl.* **II** *v.t.* **1** condire, rendere più saporito, insaporire. **2** ⟨*fig*⟩ (*to add spice, zest to*) condire, rendere più gradevole, dare sapore a. **3** ⟨*fig*⟩ (*to make more pleasant or tolerable*) addolcire, mitigare, condire. **4** (*of timber*) stagionare; (*to mature by exposure, etc.*) (fare) maturare. **5** ⟨*fig*⟩ (*to habituate*) abituare, assuefare, acclimatare, avvezzare. **III** *v.i.* stagionare, invecchiare. □ *at all –s* sempre, in ogni momento; *in good* ~: **1** (*at the right time*) al momento giusto; **2** (*early, in good time*) per tempo; ~'*s greetings* auguri di Natale e di Capodanno; *in* ~: **1** (*of fruit, vegetables, etc.*) di stagione; **2** ⟨*Venat,Pesc*⟩ aperto; **3** (*of a bitch, etc.*) in calore; ⟨*fig*⟩ *in* ~ *and out of* ~ in ogni momento, continuamente; *out of* ~: **1** fuori stagione; **2** ⟨*Venat,Pesc*⟩ chiuso; ⟨*fig*⟩ *a* **word** *in* ~ una parola detta al momento opportuno.

seasonable ['siːznəbl] *a.* **1** di stagione, normale (per la stagione in atto). **2** (*timely, opportune*) opportuno, provvidenziale, tempestivo. **seasonableness** [–nis] *s.* opportunità *f*, tempestività *f.* **seasonably** [–i] *avv.* opportunamente, tempestivamente.

seasonal ['siːzənl] *a.* stagionale, di stagione.

seasonal| credit *s.* credito *m* stagionale. ~ **down** *s.* crisi *f* stagionale. ~ **labour** *s.* manodopera *f* stagionale.

seasonally ['siːzənli] *avv.* secondo la stagione. □ ⟨*Econ*⟩ ~ *adjusted* destagionalizzato.

seasonal| trade *s.* commercio *m* stagionale. ~ **unemployment** *s.* disoccupazione *f* stagionale. ~ **worker** *s.* lavoratore *m* (*f* –trice) stagionale, stagionale *m/f.*

seasoned ['siːznd] *a.* **1** condito, insaporito: *a highly* ~ *dish* un piatto molto condito. **2** (*matured*) stagionato, invecchiato. **3** (*of timber*) stagionato. **4** ⟨*fig*⟩ abituato, assuefatto, avvezzo, avvezzato; (*experienced*) esperto, consumato. **seasoner** [–nə] *s.* **1** chi condisce, chi usa condimenti. **2** ⟨*Gastr*⟩ condimento *m.* **seasoning** [–niŋ] *s.* **1** ⟨*Gastr*⟩ condimento *m* (*anche fig.*). **2** (*process of*

becoming matured) stagionatura *f*, invecchiamento *m.* **3** (*of timber*) stagionatura *f.* **4** ⟨*fig*⟩ assuefazione *f*, acclimatazione *f.*

season ticket *s.* abbonamento *m.*

seat [siːt] **I** *s.* **1** sedile *m*, sedia *f: to use a box for a* ~ usare una cassa come sedile; (*bench, form*) panchina *f*, panca *f: a* ~ *in the park* una panchina nel parco; (*in a vehicle*) sedile *m: the front* ~ il sedile anteriore; (*chair*) sedia *f.* **2** (*place where one sits*) posto *m* (a sedere): *a* ~ *by the fire* un posto vicino al fuoco; *to book –s at the theatre* prenotare i posti a teatro. **3** (*part of a chair*) sedile *m*, piano *m*, fondo *m*; (*of a garment*) fondo *m.* **4** (*buttocks*) sedere *m*, deretano *m*, ⟨*fam*⟩ didietro *m.* **5** ⟨*Parl*⟩ seggio *m: the party lost ten –s* il partito perse dieci seggi. **6** ⟨*fig*⟩ (*place where s.th. is located*) sede *f: the* ~ *of government* la sede del governo; (*centre*) centro *m: a* ~ *of learning* un centro culturale; (*part of the body*) sede *f: the heart is the* ~ *of passion* il cuore è la sede delle passioni. **7** (*residence*) residenza *f*, dimora *f*, sede *f.* **8** ⟨*Rel*⟩ seggio *m*, trono *m.* **9** ⟨*tecn*⟩ basamento *m*, supporto *m*; (*of a valve*) sede *f.* **10** ⟨*Equit*⟩ modo *m* di stare in sella. **II** *v.t.* **1** mettere a sedere, far sedere: *she –ed the child on a chair* mise il bambino a sedere su una sedia. **2** ⟨*rifl*⟩ mettersi a sedere, sedersi. **3** (*to have seats for*) avere (*o* essere provvisto di) posti a sedere per: *this hall –s five hundred people* questa sala ha posti a sedere per cinquecento persone. **4** (*to provide with seats*) provvedere di posti a sedere. **5** (*of a chair: to provide with a seat*) fornire di sedile, mettere il sedile (*o* fondo) a. **6** (*of a garment*) riparare il fondo di. **7** (*to attach to a base*) collocare, installare. **8** ⟨*Mot*⟩ (*of a valve*) mettere in sede. □ *the car –s four* l'automobile ha quattro posti; *to keep one's* ~ rimanere seduto; ⟨*Equit*⟩ *he has a poor* ~ non sa stare bene in sella; *to take one's* ~ occupare il proprio posto; *to take a* ~ prendere posto, mettersi a sedere; *take your –s, please!*: **1** (accomodatevi) ai vostri posti, per favore!; **2** (*in a train, etc.*) in vettura!; ⟨*Mil*⟩ *the* ~ *of war* il teatro delle operazioni.

seat–belt *s.* ⟨*Aer,Aut*⟩ cintura *f* di sicurezza.

seated ['siːtid] *a.* seduto. □ *to be* ~ accomodarsi, mettersi a sedere, sedersi: *please be* ~, *gentlemen* prego accomodatevi, signori.

seater ['siːtə] *s.* ⟨*Aut*⟩ (nei composti) ... posti: *a four–*~ (*car*) una quattro posti.

seating ['siːtiŋ] *s.* **1** il provvedere di posti a sedere. **2** (*arrangement of seats*) disposizione *f* dei posti a sedere. **3** (*materials for seats*) imbottitura *f* (*o* tappezzeria) per sedili. **4** ⟨*tecn*⟩ basamento *m*, supporto *m*; (*of a valve*) sede *f.*

seating| accommodation, ~ **capacity** *s.* numero *m* di posti a sedere, capienza *f.* ~ **plan** *s.* pianta *f* dei posti a sedere.

SEATO, S.E.A.T.O. = *South-East Asia Treaty Organization* Organizzazione del trattato relativo al Sud–Est asiatico.

sea| toad *s.* ⟨*Itt*⟩ **1** rana *f* pescatrice comune. **2** (*sculpin*) cottide *m.* ~ **transport** *s.* trasporto *m* marittimo. ~ **trout** *s.* ⟨*Itt*⟩ trota *f* comune. ~ **turtle** *s.* ⟨*Zool*⟩ tartaruga *f* di mare. ~ **urchin** *s.* ⟨*Zool*⟩ riccio *m* di mare.

seaward ['siːwəd] **I** *avv.* → **seawards. II** *a.* **1** situato (*o* diretto, volto) verso il mare. **2** (*coming from the sea*) proveniente dal mare, di mare: *a* ~ *wind* un vento proveniente dal mare. **III** *s.* direzione *f* (*o* posizione) verso il mare. **seawards** [–z] *avv.* verso il mare.

sea|ware *s.* ⟨*Bot*⟩ alghe *fpl* gettate dal mare sulla riva (usate come fertilizzante). ~ **water** *s.* acqua *f* salata (*o* di mare). ~ **water course** *s.* via *f* di navigazione marittima. ~**weed** *s.* ⟨*Bot*⟩ alga *f.* ~ **wolf** *s.irr.* **1** pirata *m.* **2** ⟨*Itt*⟩ spigola *f.* **3** ⟨*Zool*⟩ elefante *m* marino. ~**worthiness** *s.* (*of a ship*) qualità *fpl* nautiche, idoneità *f* (*o* attitudine) alla navigazione. ~**worthy** *a.* atto a tenere il mare, atto alla navigazione.

sebaceous [si'beiʃəs] *a.* ⟨*Fisiol*⟩ sebaceo.

sebaceous gland *s.* ⟨*Anat*⟩ ghiandola *f* sebacea.

sebacic [si'bæsik] *a.* ⟨*Chim*⟩ sebacico: ~ *acid* acido sebacico.

Sebastian [si'bæstjən] *N.pr.* Sebastiano *m*.
seborrh(o)ea [,sebə'ri:ə] *s.* ⟨*Med*⟩ seborrea *f*.
sebum ['si:bəm] *s.* ⟨*Fisiol*⟩ sebo *m*.
sec. = **1** ⟨*Geom*⟩ *secant* secante (*abbr.* sec.). **2** ⟨*Fis*⟩ *second* secondo (*abbr.* s., sec). **3** *secretary* segretario.
Sec. = *Secretary* segretario.
secant ['si:kənt] **I** *s.* ⟨*Geom*⟩ secante *f*, retta *f* secante. **II** *a.* secante.
secateurs ['sekətə:z] *s.pl.* ⟨*Agr,Giard*⟩ cesoie *fpl*.
secede [si'si:d] *v.i.* staccarsi, separarsi, ritirarsi (*from* da): *to ~ from a federation* staccarsi da un'associazione. **seceder** [-ə] *s.* chi si stacca, secessionista *m/f*, separatista *m/f*.
secern [si'sə:n] **I** *v.t.* discernere, distinguere. **II** *v.i.* ⟨*Biol*⟩ secernere. **secernent** [-ənt] *a.* ⟨*Biol*⟩ che secerne, secernente. **secernment** [-mənt] *s.* secrezione *f*.
secession [si'seʃən] *s.* secessione *f*, separazione *f*. **Secession** *s.* ⟨*Stor.am*⟩ secessione *f*. □ ⟨*Rel*⟩ ~ *Church* (*of Scotland*) chiesa *f* dissidente (di Scozia). **secessionism** [-izəm] *s.* secessionismo *m*. **secessionist** [-ist] *s.* secessionista *m/f*.
seclude [si'klu:d] *v.t.* appartare, isolare, segregare. **secluded** [-id] *a.* **1** appartato, isolato: *a ~ house* una casa isolata. **2** (*withdrawn from human intercourse*) ritirato, appartato: *to live a ~ life* fare vita ritirata; (*living in seclusion*) solitario.
seclusion [si'klu:ʒən] *s.* **1** solitudine *f*, isolamento *m*: *to live in ~* vivere in solitudine. **2** (*secluded place*) ritiro *m*, luogo *m* appartato, clausura *f*. **seclusionist** [-ist] *s.* ⟨*Rel*⟩ fautore *m* (*f* –trice) del monachesimo.
second[1] ['sekənd] *s.* **1** secondo *m*, minuto *m* secondo: *it's a few ~s to ten* mancano pochi secondi alle dieci. **2** ⟨*Geom,Fis*⟩ secondo *m*. **3** ⟨*fig*⟩ secondo *m*, attimo *m*, istante *m*, momento *m*: *wait a ~!* aspetta un secondo!
second[2] **I** *a.* **1** secondo: *the ~ day of the week* il secondo giorno della settimana; *a ~ son* un secondo figlio; (*next in value, importance, etc.*) secondo, (*fam*) numero due: *he is now ~ man in the company* ora è il numero due della società. **2** (*another, a further*) altro, secondo, supplementare: *a ~ helping of food* un'altra porzione (di cibo). **3** ⟨*fig*⟩ (*another*) secondo, altro, nuovo, novello: *a ~ Cato* un secondo Catone. **4** ⟨*fig*⟩ (*inferior*) inferiore, secondo: *to be ~ to none* non essere inferiore a nessuno. **5** ⟨*Mus*⟩ secondo: ~ *violin* secondo violino. **II** *s.* **1** secondo *m* (*f* –a): *the ~ of five children* il secondo di cinque figli; *the ~ on the list* il secondo della lista; (*second day*) due *m*, secondo giorno *m*: *the ~ of May* il due di maggio. **2** (*of a duellist*) secondo *m*, padrino *m*; (*of a boxer*) secondo *m*: *–s out!* fuori i secondi! **3** ⟨*Mot*⟩ seconda *f*, seconda marcia *f*: *he put the car into ~* mise (o ingranò) la seconda. **4** *pl.* ⟨*Comm*⟩ merce *f* di seconda qualità. **5** *pl.* (*second helping of food*) seconda (o altra) porzione *f*. **6** ⟨*Parl*⟩ (*act of seconding*) l'appoggiare; (*declaration*) dichiarazione *f* a favore. **7** ⟨*Mus*⟩ seconda *f*; (*interval*) intervallo *m* di seconda. **8** ⟨*Mar*⟩ secondo *m*. **III** *avv.* **1** in secondo luogo, secondariamente. **2** (*with one exception; seguito da un sup.*) secondo: *the world's ~ largest telescope* il secondo telescopio del mondo per grandezza. **IV** *v.t.* **1** appoggiare, sostenere, spalleggiare, assecondare: *to ~ s.o.'s efforts* appoggiare gli sforzi di qd. **2** (*of a boxer, duellist*) fare da secondo a. **3** (*of a motion, etc.*) appoggiare, sostenere; (*of a speaker, etc.: to support in debate*) spalleggiare, sostenere. **4** ⟨*Mil*⟩ (*to attack temporarily;* [si'kɔnd, *am.* 'sekənd]) distaccare: *to be –ed to headquarters* essere distaccato al quartier generale. □ *every ~* uno sì e uno no, ogni due, alternato, alterno: *every ~ day* un giorno sì e uno no, ogni due giorni; ⟨*Univ*⟩ ~ *public examination* esame *m* finale per il baccellierato; ⟨*Econ*⟩ ~ *of exchange* seconda *f* di cambio; *to come in a good ~* ottenere un buon secondo posto (*anche Sport.*); ~ (*to*) *last* penultimo; ~ *in line*: 1 secondo in ordine di successione; 2 ⟨*fig*⟩ secondo in graduatoria; *in the ~ place* secondariamente, in secondo luogo; *to take ~ place*: 1 ottenere il secondo posto; 2 ⟨*fig*⟩ passare in seconda linea; *Charles the ~* Carlo II; *the ~ World War* la seconda guerra mondiale.
Second| **Adam** *s.* (*Jesus Christ*) Gesù Cristo *m*. ~

Advent *s.* ⟨*Rel*⟩ (secondo) avvento *m*. ~ **Adventist** *s.* avventista *m/f*.
secondary ['sekəndəri] **I** *a.* **1** secondario, secondo. **2** (*subordinate*) subordinato (*to* a): *everything must be ~ to economic stability* tutto deve essere subordinato alla stabilità economica; (*subsidiary*) accessorio, secondario. **3** ⟨*tecn,Geol,Ped,Fon*⟩ secondario: ~ *winding* avvolgimento secondario. **4** ⟨*Gramm*⟩ (*of a word*) derivato; (*of a tense*) passato. **5** ⟨*Ornit*⟩ (*of feathers*) secondario. **6** ⟨*Met*⟩ di seconda fusione. **II** *s.* **1** subordinato *m* (*f* –a), subalterno *m* (*f* –a). **2** ⟨*El*⟩ avvolgimento *m* secondario. **3** ⟨*Ornit*⟩ penna *f* secondaria. □ ⟨*Ped*⟩ ~ *modern school* scuola secondaria a indirizzo pratico.
secondary| **accent** *s.* → **secondary stress.** ~ **color** *am.*, ~ **colour** *s.* colore *m* secondario. ~ **education** *s.* ⟨*Ped*⟩ istruzione *f* secondaria. ~ **energy** *s.* energia *f* secondaria. ~ **road** *s.* strada *f* secondaria. ~ **school** *s.* scuola *f* secondaria. ~ **stress** *s.* ⟨*Fon*⟩ accento *m* secondario.
second| **ballot** *s.* ⟨*Parl*⟩ ballottaggio *m*. '~-'**best I** *a.* che viene dopo il migliore, secondo (per qualità). **II** *s.* il migliore dopo il primo, ciò che viene dopo la cosa migliore. ~ **birth** *s.* ⟨*Rel*⟩ rigenerazione *f*. ~ **childhood** *s.* seconda infanzia *f*, senilità *f*. '~-'**class I** *a.* **1** di seconda categoria (o classe). **2** ⟨*Ferr,Aer,Mar*⟩ di seconda (classe): *a ~ seat* un posto di seconda classe. **3** ⟨*fig*⟩ (*inferior*) di qualità inferiore, di second'ordine, scadente. **II** *avv.* in seconda (classe): *to travel ~* viaggiare in seconda. ~ **class** *s.* **1** seconda classe *f* (o categoria). **2** ⟨*Ferr,Mar,Aer*⟩ seconda (classe) *f*. '~-'**class degree** *s.* ⟨*Univ*⟩ laurea *f* conseguita con votazione inferiore alla massima. ~ **Coming** *s.* → **Second Advent.** ~ **cousin** *s.* cugino *m* (*f* –a) di secondo grado, secondo cugino. '~-'**degree burn** *s.* ⟨*Med*⟩ ustione *f* di secondo grado. '~-'**degree murder** *am. s.* ⟨*Dir*⟩ omicidio *m* di secondo grado.
seconde *fr.* [sə'kɔ:d] *s.* ⟨*Sport*⟩ (*in fencing*) seconda *f*.
seconder ['sekəndə] *s.* sostenitore *m* (*f* –trice), chi appoggia.
second| **fiddle** *s.* ⟨*fig*⟩ ruolo *m* secondario, parte *f* (o posizione) di secondo piano: *he plays ~ to his brother* ha un ruolo secondario rispetto al fratello. ~ **floor** *s.* **1** secondo piano *m*. **2** ⟨*am*⟩ primo piano *m*. ~ **gear** *s.* ⟨*Aut*⟩ seconda marcia *f*, seconda *f*.
'**second-'hand**[1] **I** *a.* **1** di seconda mano, usato: *a ~ car* un'automobile di seconda mano; ~ *furniture* mobili usati. **2** (*not original*) non originale, di seconda mano: ~ *ideas* idee non originali. **II** *avv.* **1** di seconda mano: *to buy s.th. ~* comprare qc. di seconda mano. **2** (*indirectly*) di seconda mano, indirettamente: *to hear a piece of news ~* avere una notizia di seconda mano.
'**second-hand**[2] *s.* ⟨*Orol*⟩ lancetta *f* dei secondi.
'**second**|-**in-'command** *s.* (*pl.* **seconds-in-command**) ⟨*Mil*⟩ vicecomandante *m*, comandante *m* in seconda. ~ **lieutenant** *s.* ⟨*Mil*⟩ sottotenente *m*.
secondly ['sekəndli] *avv.* in secondo luogo, secondariamente.
second| **mate** *s.* ⟨*Mar*⟩ secondo ufficiale *m*, ufficiale in seconda, secondo *m*. ~ **name** *s.* **1** secondo nome *m*. **2** (*surname*) cognome *m*. ~ **nature** *s.* seconda natura *f*. ~ **person** *s.* ⟨*Gramm*⟩ seconda persona *f*. '~-'**rate** *a.* di seconda qualità (o categoria), di second'ordine, scadente. ~-**rater** *s.* persona *f* di secondo piano, figura *f* marginale. ~ **sight** *s.* prescienza *f*. ~ **stor(e)y** *s.* → **second floor.** ~-**strike** *a.* ⟨*Mil*⟩ di secondo colpo. ~ **string** *s.* ⟨*Sport*⟩ riserva *f*. ~-**stringer** *s.* ⟨*fam*⟩ figura *f* marginale, persona *f* di secondo piano. ~ **thought** *s.* (general.pl.) ripensamento *m*. □ *on ~* ripensandoci meglio (o bene); *to have –s about s.th.* ripensarci, cambiare idea. ~ **wind** [wind] *s.* fiato *m*: *he got his ~ in the third lap* ritrovò il fiato nel terzo giro.
secrecy ['si:krəsi] *s.* **1** segretezza *f*: *the talks were held in complete ~* i colloqui si tennero nella più assoluta segretezza. **2** (*ability to keep a secret*) segretezza *f*, discrezione *f*, riserbo *m*. **3** (*privacy, seclusion*) isolamento *m*, solitudine *f*. □ ⟨*Dir*⟩ ~ *of correspondence* segreto *m* epistolare.
secret ['si:krit] **I** *a.* **1** segreto: ~ *negotiations* negoziati

segreti. 2 (*hidden*) segreto, nascosto, occulto, celato: *a ~ passage* un passaggio segreto. **II** *s.* segreto *m: to keep a ~* mantenere un segreto; *the –s of nature* i segreti della natura. **Secret** ⟨*Lit*⟩ secreta *f.* □ *to* **betray** *a ~* tradire un segreto; *in one's ~* **heart** nel segreto del proprio cuore; *in ~* in segreto, segretamente: *to get married in ~* sposarsi in segreto; *to be in the ~* essere a parte di un segreto; *to keep ~* mantenere segreto (*o* nascosto): *to keep one's real motives ~* mantenere segreti i veri motivi; *to keep s.th. a ~* tenere segreto qc.; *to let s.o. into* (*o in on*) *a ~* mettere qd. a parte di un segreto, confidare un segreto a qd.; *to* **make** *no ~ of s.th.* non fare mistero di qc.; *to have* **no** *–s from s.o.* non avere segreti per qd.; **open** *~* segreto *m* di Pulcinella.

ecret agent *s.* agente *m* segreto.

ecretaire *fr.* [ˌsekreˈteə] *s.* ⟨*Arred*⟩ scrittoio *m,* secrétaire *m.*

ecretarial [ˌsekrəˈteəriəl] *a.* segretariale.

ecretarial studies *s.pl.* corsi *mpl* per segretaria.

ecretary [ˈsekrətəri] *s.* **1** segretario *m* (*f* –a). **2** ⟨*am.Parl*⟩ ministro *m.* **3** ⟨*Arred*⟩ → **secretaire.** **4** ⟨*Ornit*⟩ → **secretary bird.** *~ of an embassy* segretario *m* d'ambasciata; *~ of State:* 1 ⟨*GB*⟩ ministro *m;* 2 ⟨*SU*⟩ segretario *m* di Stato, ministro *m* degli (affari) esteri. **~| bird** *s.* ⟨*Ornit*⟩ segretario *m,* sagittario *m.* **~-'general** *s.* (*pl.* **secretaries-general**) segretario *m* generale: *the ~ of the United Nations* il segretario generale delle Nazioni Unite.

ecretaryship [ˈsekrətəriʃip] *s.* **1** segretariato *m,* segreteria *f.* **2** ⟨*Parl*⟩ ministero *m.*

ecrete[1] [siˈkriːt] **I** *v.t.* ⟨*Biol*⟩ secernere. **II** *v.i.* produrre una secrezione.

ecrete[2] *v.t.* (*to conceal*) nascondere, celare, occultare.

ecretion[1] [siˈkriːʃən] *s.* ⟨*Biol*⟩ secrezione *f.*

ecretion[2] *s.* (*act of hiding*) occultamento *m.*

ecretionary [siˈkriːʃənəri] *a.* ⟨*Biol*⟩ secretivo.

ecretive[1] [siˈkriːtiv] *a.* → **secretory.**

ecretive[2] [ˈsiːkrətiv, siˈkriːtiv] *a.* (*given to secrecy*) riservato, reticente, poco comunicativo.

ecretively [ˈsiːkrətivli, siˈkriː–] *avv.* riservatamente, con reticenza. **secretiveness** [–vnis] *s.* riservatezza *f,* reticenza *f,* segretezza *f.* **secretly** [ˈsiːkritli] *avv.* segretamente, in segreto, di nascosto.

ecretor [siˈkriːtə] *s.* ⟨*Biol*⟩ secretore *m,* organo *m* secretore. **secretory** [–ri] *a.* secretorio, secretivo.

ecret| partner *s.* ⟨*Dir*⟩ socio *m* occulto. **~ police** *s.* (*costr.* pl.) polizia *f* segreta. **~ service** *s.* **1** servizio *m* segreto. **2** (*secret work*) spionaggio *m.* **~ society** *s.* società *f* segreta.

ect [sekt] *s.* **1** ⟨*Rel*⟩ setta *f* (religiosa). **2** (*estens*) setta *f,* fazione *f.*

ectarian [sekˈteəriən] **I** *a.* **1** settario. **2** (*partisan*) fazioso, settario, partigiano. **II** *s.* **1** membro *m* di una setta. **2** (*bigoted member of a sect*) settario *m,* fazioso *m* (*f* –a), partigiano *m* (*f* –a). **sectarianism** [–izəm] *s.* settarismo *m.* **sectarianize** [–aiz] *v.t.* rendere settario (*o* fazioso).

ectary [ˈsektəri] *s.* ⟨*Rel*⟩ settario *m.* **Sectary** *s.* ⟨*Rel.ev*⟩ dissidente *m/f.*

ection [ˈsekʃən] **I** *s.* **1** parte *f,* porzione *f,* pezzo *m: the –s of a fishing rod* le parti di una canna da pesca; *the lower ~ of the page* la parte inferiore della pagina. **2** (*geographical division*) parte *f,* zona *f,* regione *f;* (*district, quarter*) quartiere *m,* distretto *m,* zona *f: the business ~* il quartiere commerciale. **3** (*part of a writing*) sezione *f;* (*paragraph*) paragrafo *m.* **4** ⟨*Dir*⟩ paragrafo *m.* **5** ⟨*Tip*⟩ → **section mark.** **6** ⟨*Giorn*⟩ rubrica *f: the sports ~* la rubrica sportiva. **7** (*distinct group of people*) classe *f,* categoria *f.* **8** (*of an orchestra, a band*) sezione *f: the rhythm ~* la sezione ritmica. **9** (*of a department, office, etc.*) sezione *f,* reparto *m.* **10** ⟨*Chir,Scol,Mil*⟩ sezione *f.* **11** ⟨*Geom*⟩ sezione *f,* spaccato *m.* **12** (*in microscopy*) sezione *f.* **13** (*profile*) sezione *f,* profilo *m.* **14** ⟨*Met*⟩ profilato *m.* **15** ⟨*Ferr*⟩ (*length of track*) tronco *m,* tratto *m.* **II** *v.t.* **1** sezionare, dividere in sezioni. **2** (*of drawings*) rattteggiare. □ *in ~* in sezione.

ctional [ˈsekʃənl] **I** *a.* **1** sezionale; (*divided into sections*) diviso in sezioni. **2** (*of a group*) di una classe, di un gruppo; (*of an area*) settoriale, particolare: *~ interests* interessi settoriali. **3** (*local, regional*) locale, regionale, campanilistico. **4** (*of furniture, etc.*) componibile. **II** *s.* ⟨*Arred*⟩ mobile *m* componibile.

sectional| bookcase *s.* ⟨*Arred*⟩ libreria *f* componibile. **~ drawing** *s.* sezione *f,* profilo *m.*

sectionalism [ˈsekʃənəlizəm] *s.* campanilismo *m.*

sectionalize [–laiz] *v.t.* **1** dividere in sezioni, sezionare. **2** (*to cause to be parochial*) rendere campanilistico.

sectionally [–li] *avv.* in sezioni.

section| bar *s.* ⟨*Met*⟩ profilato *m.* **~ mark** *s.* ⟨*Tip*⟩ segno *m* di paragrafo, paragrafo *m.* **~ steel** *s.* ⟨*Met*⟩ profilato *m* di acciaio.

sector [ˈsektə] *s.* **1** ⟨*Geom*⟩ settore *m* (circolare). **2** ⟨*Mil*⟩ settore *m,* zona *f.* **3** ⟨*fig*⟩ settore *m: the private ~ of the economy* il settore privato dell'economia. **4** ⟨*fig*⟩ (*sphere of activity*) campo *m,* ambito *m,* settore *m,* sfera *f.* **5** ⟨*tecn*⟩ compasso *m* di proporzione.

sector gear *s.* ⟨*Mecc*⟩ settore *m* dentato.

sectorial [sekˈtɔːriəl] *a.* **1** settoriale. **2** ⟨*Zool*⟩ tagliente, adatto a tagliare.

sector planning *s.* pianificazione *f* settoriale.

secular [ˈsekjulə] **I** *a.* **1** secolare, mondano, terreno: *~ life* vita secolare. **2** (*civil*) temporale, secolare: *~ power* potere temporale. **3** (*of the laity, lay*) secolare, laico. **4** ⟨*Ped*⟩ laico. **5** (*continuing through ages*) secolare. **II** *s.* **1** (*layman*) laico *m.* **2** ⟨*Rel*⟩ secolare *m,* prete *m* secolare.

secular| arm *s.* ⟨*Stor*⟩ braccio *m* secolare. **~ games** *s.pl.* ⟨*Stor.rom*⟩ giochi *mpl* secolari.

secularism [ˈsekjulərizəm] *s.* ⟨*Pol,Ped,Filos*⟩ laicismo *m.* **secularist** [–rist] **I** *s.* laicista *m/f.* **II** *a.* → **secularistic.** **secularistic** [–ˈristik] *a.* laicistico. **secularity** [–ˈlæriti] *s.* **1** mondanità *f.* **2** (*secularism*) laicismo *m.*

secularization [ˌsekjuləraiˈzeiʃən] *s.* secolarizzazione *f.* **'secularize** [–raiz] *v.t.* secolarizzare. **'secularly** [–ləli] *avv.* laicamente, secolarmente.

secund [siˈkʌnd, *am.* ˈsiːkənd] *a.* ⟨*Biol*⟩ unilaterale.

securable [siˈkjuərəbl] *a.* che si può ottenere, conseguibile.

secure [–ˈkjuə] **I** *a.* **1** sicuro: *~ from one's enemies* sicuro dai nemici; *a ~ refuge* un rifugio sicuro. **2** (*firm, solid*) solido, saldo, robusto, sicuro, resistente: *~ foundations* fondamenta solide; (*firmly fastened*) fermo, assicurato, ben fermato. **3** (*free from care, anxiety*) sicuro, tranquillo: *to feel ~* sentirsi sicuro. **4** (*assured, certain*) certo, sicuro: *to be ~ in one's beliefs* essere sicuro delle proprie idee. **II** *v.t.* **1** mettere al sicuro, difendere, rendere sicuro: *to ~ a city against floods* difendere una città dalle alluvioni. **2** ⟨*Mil*⟩ fortificare: *to ~ a bridgehead* fortificare una testa di ponte. **3** (*to make fast*) assicurare, fermare: *to ~ the door* assicurare la porta; (*to fasten, fix*) fissare, assicurare: *to ~ a rope to a rock* fissare una corda a una roccia; (*of a lock, bolt*) chiudere, serrare. **4** (*of a person: to tie up*) legare; (*to capture*) catturare, fare prigioniero. **5** (*to get, obtain*) ottenere, procurarsi, assicurarsi: *to ~ a position* ottenere un impiego; *to ~ a loan* procurarsi un prestito. **6** (*to effect, produce*) provocare, cagionare: *to ~ s.o.'s dismissal* provocare il licenziamento di qd. **7** ⟨*Econ*⟩ garantire. **8** (*to put in safekeeping*) mettere al sicuro. **III** *v.i.* ⟨*Mar*⟩ **1** ormeggiarsi, andare all'ormeggio. **2** (*to make everything fast*) rizzare (*o* assicurare) tutto: *to ~ for sea* rizzare tutto per prendere il mare. □ *to make ~* fissare, fermare, assicurare.

secured| credit *s.* ⟨*Econ*⟩ credito *m* coperto da garanzie reali. **~ creditor** *s.* ⟨*Econ*⟩ creditore *m* garantito. **~ debt** *s.* credito *m* garantito. **~ loan** *s.* prestito *m* (*o* mutuo) garantito.

securely [siˈkjuəli] *avv.* **1** (*assuredly, safely*) sicuramente, in modo sicuro, senza pericolo. **2** (*firmly*) saldamente, fermamente. **3** (*certainly*) certamente, sicuramente.

security [–ˈkjuəriti] *s.* **1** sicurezza *f,* tranquillità *f: children need ~* i bambini hanno bisogno di sicurezza; (*financial security*) sicurezza *f* economica. **2** (*certainty*) sicurezza *f,* certezza *f.* **3** (*protection*) protezione *f,* difesa *f,* salvaguardia *f.* **4** (*guarantee*) garanzia *f: I can give you no ~* non posso darvi alcuna garanzia. **5** ⟨*Dir,Econ*⟩ garanzia *f*, cauzione *f*; (*guarantor*) garante *m/f*. **6** *pl*. ⟨*Econ*⟩ titoli *mpl*, obbligazioni *fpl*. **7** (*firmness, stability*) stabilità *f*, fermezza *f*, saldezza *f*. ☐ *in* ~ al sicuro, in salvo; *to lend money on* ~ prestare denaro dietro (*o* su) garanzia; ⟨*Econ*⟩ *securities on hand* titoli *mpl* di portafoglio; ~ *on property* garanzia *f* immobiliare.

security| adviser *s*. ⟨*Pol*⟩ consulente *m* per la sicurezza. **~ clearance** *s*. controllo *m* di sicurezza. **~ Council** *s*. (*of the United Nations*) consiglio *m* di sicurezza. **~ deposit** *s*. ⟨*Econ*⟩ deposito *m* cauzionale. **~ holding** *s*. ⟨*Econ*⟩ portafoglio *m* titoli. **~ officer** *s*. ⟨*Mil*⟩ ufficiale *m* addetto al controspionaggio. **~ risk** *s*. ⟨*Mil,Pol*⟩ chi può costituire un pericolo per la sicurezza dello stato. **~ transaction** *s*. operazione *f* su titoli.

sedan [si'dæn] *s*. **1** → **sedan chair**. **2** ⟨*am.Aut*⟩ berlina *f*.

sedan chair *s*. portantina *f*.

sedate [si'deit] **I** *a*. posato, calmo, contegnoso, pacato. **II** *v.t*. ⟨*Med*⟩ calmare. **sedately** [-li] *avv*. contegnosamente. **sedateness** [-nis] *s*. compostezza *f*.

sedation [si'deiʃən] *s*. ⟨*Med*⟩ **1** il calmare. **2** (*state*) l'essere calmo. ☐ *to be under* ~ essere sotto l'azione di un sedativo; *to put s.o. under* ~ sottoporre qd. all'azione di un sedativo.

sedative ['sedətiv] **I** *a*. sedativo, calmante (*anche Med.*). **II** *s*. ⟨*Med*⟩ sedativo *m*, calmante *m*.

sedentarily ['sedəntərili] *avv*. in modo sedentario. **sedentariness** [-rinis] *s*. l'essere sedentario. **sedentary** [-ri] *a*. **1** sedentario: ~ *work* lavoro sedentario. **2** ⟨*Zool*⟩ stanziale.

sedgy ['sedʒi] *a*. ⌐pieno di⌐ (*o* fiancheggiato da) falaschi.

sediment ['sedimənt] *s*. sedimento *m*, feccia *f*, posatura *f*, deposito *m*. **,sedimental** [-'mentəl] *a*. in modo sedimentario. **,sedimentary** [-'mentəri] *a*. sedimentario: ~ *rock* roccia sedimentaria. **sedimentation** [-'teiʃən] *s*. sedimentazione *f* (*anche Geol.*).

sedimentologist [,sedi,men'tɔlədʒist] *s*. ⟨*Geol,Paleont*⟩ sedimentologo *m*. **sedimentology** [-'tɔlədʒi] *s*. sedimentologia *f*.

sedition [si'diʃən] *s*. sedizione *f*. **seditious** [-ʃəs] *a*. sedizioso: ~ *activities* attività sediziose. **seditiously** [-ʃəsli] *avv*. sediziosamente. **seditiousness** [-ʃəsnis] *s*. l'essere sedizioso.

seduce [si'dju:s] *v.t*. **1** distogliere, allontanare: *to* ~ *s.o. from his duty* distogliere qd. dal suo dovere; (*to corrupt*) corrompere, sviare, allontanare dalla retta via. **2** (*to persuade into sexual intercourse*) sedurre. **3** (*to charm, coax*) sedurre, attirare, allettare, attrarre. **seducement** [-mənt] *s*. → **seduction**. **seducer** [-ə] *s*. seduttore *m* (*f* –trice). **seducible** [-ibl] *a*. che si può sedurre.

seduction [si'dʌkʃən] *s*. **1** seduzione *f*. **2** (*s.th. that seduces*) seduzione *f*, allettamento *m*: *the –s of city life* le seduzioni della vita di città. **seductive** [-ktiv] *a*. seducente, allettante. **seductively** [-ktivli] *avv*. in modo seducente. **seductiveness** [-ktivnis] *s*. seduzione *f*, fascino *m*. **seductress** [-ktris] *s*. seduttrice *f*.

sedulity [si'dju:liti] *s*. diligenza *f*, assiduità *f*.

sedulous ['sedjuləs, *am*. 'sedʒuləs] *a*. diligente, assiduo. **sedulously** [-li] *avv*. diligentemente, assiduamente. **sedulousness** [-nis] *s*. → **sedulity**.

see[1] [si:] *v*. (*pret*. **saw** [sɔ:], *p.p*. **seen** [si:n]) **I** *v.t*. **1** vedere: *I don't* ~ *you* non ti vedo. **2** (*to understand*) capire, intendere, comprendere, vedere: *if you* ~ *what I mean* se capisci cosa voglio dire. **3** (*to find out, ascertain*) vedere, accertarsi di: ~ *who's at the door will you?* vuoi vedere chi è alla porta?; (*to learn by reading*) leggere, vedere. **4** (*to recognize, be aware of*) vedere, accorgersi di, notare: *I don't* ~ *the problem* non vedo (quale sia) il problema. **5** (*to visit*) andare a trovare, visitare, fare una visita a. **6** (*to consult*) consultare: *you'd better* ~ *a lawyer* dovresti consultare un avvocato. **7** (*to accompany*) accompagnare: *he saw me to the station* mi accompagnò alla stazione. **8** (*to receive*) ricevere, vedere: *he is not –ing anyone today* oggi non riceve nessuno. **9** (*to meet*) vedere, incontrare: *I'll* ~ *you outside the church* ci vediamo davanti alla chiesa. **10** (*to keep company with*) amoreggiare con, ⟨*fam*⟩ filare con. **11** (*to take care*)

badare, controllare, prendersi cura di: ~ *that the work done* bada che il lavoro sia fatto. **12** (*to experienc undergo*) vedere, avere (*o* fare) esperienza d sperimentare, conoscere. **II** *v.i*. **1** vederci, vedere: *I don* ~ *very well with my right eye* non vedo molto ber dall'occhio destro. **2** (*to understand*) capire, comprender vedere. **3** (*to think, reflect*) pensare, riflettere, considerar vedere. ☐ *to* ~ **about**: 1 occuparsi di, prendersi cura d *he has come to* ~ *about the matter* è venuto per occupar della faccenda; 2 (*to think over*) pensarci; ~ **above** ved sopra; *to* ~ **after**: 1 badare a, occuparsi di; 2 (*to loc after, take care of*) prendersi cura di, occuparsi d ⟨*burocr*⟩ *–n and* **approved** visto e approvato; ⟨*fam*⟩ *k –ing you!* arrivederci!; ~ **below** vedi sotto; *as far* I *can* ~ a mio modo di vedere; *as far as the eye can* ~ vista d'occhio, fin dove l'occhio può giungere; *to* ~ **fit** *do s.th*. ritenere giusto fare qc.; ⟨*fam*⟩ *you are not fit to* ~ *–n* non sei presentabile; *to* ~ **for** *o.s*. vedere da sé: *if y don't believe me, go and* ~ *for yourself* se non mi cred va' a vedere da te; ⟨*esclam*⟩ ~ **here** sta' a sentire, sen *to* ~ **in** *the New Year* aspettare l'anno nuovo; *to* ~ **in** esaminare, studiare, considerare; *to* ~ *a* **joke** capire un barzelletta; *to* ~ **little** *of s.o*. vedere qd. raramente; *to* ~ **lot** *of s.o*. vedere spesso qd.; *not to* ~ **much** *of s.o*. nc vedere molto spesso qd.; *to* ~ *s.o*. **off** salutare qd. (al partenza); *to* ~ *s.o*. **off** *the premises* accompagnare qd. porta; *to* ~ **out**: 1 arrivare alla fine di, vedere la fine di; (*to accompany to the door*) accompagnare alla porta; *to* **over** vedere bene, esaminare, ispezionare; *it* **remains** *to –n* resta da vedere; *to* ~ **through**: 1 vedere attraverso: *t cloth is so worn you can* ~ *through it* la stoffa è così li che ci si vede attraverso; 2 (*to enable to overcome*) aiuta a superare (*o* sormontare); 3 (*to persevere until the en* portare a termine, finire, terminare; 4 (*to be undeceive* non lasciarsi ingannare da; *to* ~ *through a brick w* essere molto perspicace (*o* acuto); *to* ~ **to** pensare badare a, occuparsi di: *don't worry, I'll* ~ *to it n* preoccuparti, ci penso io; ~ *to it that you are punctu* bada di essere puntuale; *not to* ~ *the* **use** *of s.o*. non vede l'utilità di, non giudicare opportuno (*o* conveniente). || *shall* ~ vedremo; ~ *you tomorrow?* ci vediamo domani ⟨*scherz*⟩ *she will never* ~ *fifty again* ha passato da i pezzo i cinquant'annni.

see[2] *s*. ⟨*Rel*⟩ **1** (*seat of a bishop*) sede *f* vescovile, catted *f* episcopale. **2** (*rank, office*) vescovado *m*. **3** (*jurisdictio* diocesi *f*. ☐ ⟨*Rel.catt*⟩ *the* ~ *of Rome* la santa Sede.

seed [si:d] **I** *s*. **1** seme *m*: *the* ~ *of a flower* il seme di fiore. **2** (*collett*) semente *f*, sementa *f*, semenza *f*. (*semen, sperm*) seme *m*, sperma *m*. **4** ⟨*fg*⟩ (*germ, sourc* seme *m*, germe *m*, origine *f*, principio *m*: *the –s of disco* il seme della discordia. **5** ⟨*fg*⟩ (*offspring, progen* discendenza *f*, progenie *f*. **6** ⟨*Zool*⟩ seme *m* (da) bachi. ⟨*Sport*⟩ concorrente *m* selezionato, testa *f* di serie. **II** **1** ⟨*Agr,Giard*⟩ seminare. **2** (*to remove the seeds fror* togliere i semi a: *to* ~ *a* **melon** togliere i semi a u melone. **3** ⟨*Sport*⟩ (*of a player*) selezionare, designare; (*the draw*) designare. **4** ⟨*Meteor*⟩ (*of a cloud*) dissemina con cristalli per provocare la pioggia. **III** *v.i*. **1** ⟨*Bo* sementire, fare seme. **2** ⟨*Agr*⟩ (*to sow seed*) seminare. ⟨*Bibl*⟩ *the* ~ *of Abraham* il seme di Abramo, gli ebr ⟨*Agr,Giard*⟩ *to grow s.th. from* ~ ottenere qc. dal seme; *go to* ~: 1 ⟨*Bot*⟩ sementire, fare seme; 2 ⟨*fig*⟩ (*to deca* scadere, declinare, perdere pregio (*o* valore); 3 ⟨*fig*⟩ (*lose strength and vigour*) rammollirsi.

seed|bed *s*. ⟨*Agr*⟩ semenzaio *m*, vivaio *m* (*anche fig* **~cake** *s*. ⟨*Dolc*⟩ torta *f* che contiene semi aromatici. **cleaner-grader** *s*. ⟨*Agr*⟩ selezionatrice *f* per sementi. **control** *s*. controllo *m* delle sementi. **~ corn** *s*. ⟨*Agr*⟩ grano *m* da semina. **2** ⟨*am*⟩ granturco *m* da semina. **cotton** *s*. ⟨*Tess*⟩ cotone *m* non sgranato. **~ drill** seminatrice *f* a righe.

seeded ['si:did] *a*. **1** seminato. **2** (*having the see removed*) senza semi, a cui sono stati tolti i semi. ⟨*Sport*⟩ selezionato. ☐ ⟨*Sport*⟩ ~ *players* concorre selezionati, teste di serie. **seeder** [-də] *s*. **1** seminatore (*f* –trice). **2** ⟨*Agr*⟩ (*device*) seminatrice *f*. **3** ⟨*Bot*⟩ piant che produce semi. **4** (*device for removing seeds*) sgranato *m*, sgranatrice *f*.

eedily ['si:dili] *avv*. in modo malandato, in cattivo stato. **seediness** [–dinis] *s*. **1** l'essere pieno di semi. **2** ⟨*fam*⟩ (*shabbiness*) l'essere malandato (*o* in cattivo stato).

eeding ['si:diŋ] *s*. **1** ⟨*Agr*⟩ semina *f*. **2** ⟨*Sport*⟩ scelta *f* delle teste di serie.

eedless ['si:dlis] *a*. senza (*o* privo di) semi.

eedling ['si:dliŋ] *s*. **1** ⟨*Agr*⟩ semenzale *m*. **2** ⟨*Silv*⟩ giovane pianta *f*; (*nursery tree*) piantina *f* di semenzaio. **eedling nursery** *s*. ⟨*Agr*⟩ vivaio *m* forestale.

eed| oyster *s*. ostrica *f* da allevamento. **~ pearl** *s*. perla *f* molto piccola, semenza *f*. **~ plot** *s*. → seedbed. **~ pod** *s*. ⟨*Bot*⟩ baccello *m*.

eedsman ['si:dzmən] *s.irr*. venditore *m* (*o* mercante) di semi.

eed| time *s*. tempo *m* della semina. **~ vessel** *s*. ⟨*Bot*⟩ pericarp(i)o *m*.

eedy ['si:di] *a*. **1** pieno di semi. **2** ⟨*fam*⟩ (*shabby*) cadente, in cattivo stato, in rovina: *a ~ hotel* un albergo cadente; (*shabby in dress, appearance*) trasandato, trascurato, sciatto. **3** ⟨*fam*⟩ (*out of sorts*) indisposto, depresso, abbattuto.

eeing ['si:iŋ] **I** *s*. il vedere, vista *f*. **II** *a*. dotato d'intuito. **III** *congz*. (*since, considering*; general. con *that*) considerato che, dato che, visto che. □ **~ eye dog** cane *m* per ciechi; *a sight worth ~* uno spettacolo ⌜da vedere⌝ (*o* degno d'essere visto); *~ is believing* vedere per credere.

eek [si:k] *v*. (*pret., p.p.* **sought** [sɔ:t]) **I** *v.t*. **1** cercare, andare ⌜in cerca⌝ (*o* alla ricerca) di: *to ~ shelter from the storm* cercare un riparo dalla bufera; *to ~ one's fortune* andare in cerca di fortuna. **2** (*to try to discover*) ricercare, cercare (di trovare): *to ~ the truth* ricercare la verità; *to ~ the solution to a problem* cercare la soluzione di un problema. **3** (*to try to acquire*) cercare (di ottenere), perseguire: *to ~ power* cercare di ottenere il potere. **4** (*to ask for*) cercare, chiedere: *to ~ help* cercare aiuto; *to ~ s.o.'s opinion* chiedere il parere di qd. **5** (*to try, attempt*; seguito dall'inf.) cercare, tentare: *to ~ to influence s.o.* cercare d'influenzare qd. **II** *v.i*. **1** andare in cerca, andare alla ricerca (*for, after* di), cercare (qc.): ⟨*Bibl*⟩ *~ and ye shall find* cercate e troverete. **2** ⟨*Venat*⟩ (general. all'imperat.) cercare. □ *to be sought after* essere richiesto (*o* ricercato); *the reason is not far to ~* il motivo è ovvio. **'seeker** [–ə] *s*. cercatore *m* (*f* –trice).

eem [si:m] *v.i*. **1** sembrare, parere, apparire: *it –s easy* sembra facile. **2** (*to give an impression of*; seguito dall'inf.) sembrare che: *you do not ~ to believe me* sembra che tu non mi creda. **3** ⟨*impers*⟩ sembrare, parere: *it would ~ that* sembrerebbe che. **4** (*to appear to exist*) sembrare esserci: *there –s to be some mistake* sembra che ci sia un errore. □ *to ~ as if* (*o though*) sembrare che; *to act as –s best* agire come sembra meglio; *I can't ~ to find the right answer* non riesco a trovare la risposta giusta; *so it –s* così sembra, così pare; *it would ~ so* sembra (*o* sembrerebbe) di sì; *that's how it –s to me* io la vedo così.

eeming ['si:miŋ] **I** *a*. apparente: *with ~ nonchalance* con apparente indifferenza. **II** *s*. apparenza *f*. **seemingly** [–li] *avv*. apparentemente, in apparenza.

eemliness ['si:mlinis] *s*. decoro *m*, proprietà *f*. **seemly** [–li] *a*. **1** decoroso, proprio: *your language is hardly ~* il tuo linguaggio non è affatto decoroso. **2** (*suitable, fitting*) appropriato, conveniente, adatto.

een [si:n] → see¹.

eep [si:p] *v.i*. **1** filtrare, trapelare: *water was –ing through the walls* l'acqua filtrava attraverso le pareti. **2** ⟨*fig*⟩ (*of ideas, methods, etc.*) penetrare, introdursi, diffondersi. **3** ⟨*fig*⟩ (*to become lost gradually*; general. con *away*) svanire, dileguarsi, sfumare. **'seepage** [–idʒ] *s*. infiltramento *m*, infiltrazione *f*.

eer ['si:ə(r)] *s*. profeta *m*; (*divine*) veggente *m/f*. **seeress** [–ris] *s*. profetessa *f*.

eersucker ['siəsʌkə] *s*. ⟨*Tess*⟩ tela *f* crespa a strisce bianche e blu.

ee-saw ['si:sɔ:] **I** *s*. **1** altalena *f*. **2** ⟨*fig*⟩ (*up-and-down motion*) movimento *m* su e giù; (*backward-and-forward motion*) movimento *m* avanti e indietro. **3** ⟨*fig*⟩

(*uncertain contest*) altalena *f*, alterna vicenda *f*. **4** ⟨*Mecc*⟩ moto *m* alternativo. **II** *a*. che si muove ⌜su e giù⌝ (*o* avanti e indietro). **III** *v.i*. **1** oscillare, ondeggiare, fare avanti e indietro. **2** (*to play see-saw*) fare l'altalena.

seethe [si:ð] *v*. (*pret.,p.p.* **seethed** [–d]) **I** *v.t*. bollire, lessare. **II** *v.i*. **1** bollire, ribollire. **2** ⟨*fig*⟩ essere in subbuglio (*o* fermento); (*to be in a state of agitation*) fremere, bollire, ribollire, accendersi: *to ~ with rage* fremere di rabbia.

see-through *a*. ⟨*Mod*⟩ trasparente: *a ~ dress* un vestito trasparente.

seg. = ⟨*Geom*⟩ *segment* segmento.

segment ['segmənt] **I** *s*. **1** parte *f*, segmento *m*, porzione *f*; (*section, division*) parte *f*, sezione *f*; (*of an orange, etc.*) spicchio *m*; (*sector*) settore *m*. **2** ⟨*Geom,Biol*⟩ segmento *m*: *~ of a circle* segmento circolare. **II** *v.t*. segmentare, dividere in segmenti. **III** *v.i*. **1** segmentarsi, dividersi in segmenti. **2** ⟨*Biol*⟩ riprodursi per segmentazione.

segmental [seg'mentl], **segmentary** [–təri] *a*. **1** ⟨*Geom,Biol,Ling*⟩ segmentale: *~ apparatus* apparato segmentale. **2** (*of segmentation*) di (*o* relativo a) segmentazione. **segmentation** [ˌsegmen'teiʃən] *s*. ⟨*Geom, Biol*⟩ segmentazione *f*.

segregate **I** *v.t*. ['segrigeit] segregare, isolare, separare. **II** *v.i*. isolarsi, segregarsi. **III** *a*. ['segrig(e)it] → segregated. **segregated** [–geitid] *a*. segregato, isolato.

segregation [ˌsegri'geiʃən] *s*. separazione *f*, isolamento *m*, segregazione *f*. **segregationist** [–ist] *s*. segregazionista *m/f*. **'segregative** [–gətiv] *a*. che tende a segregare.

seigneur *fr*. [sein'jə:, 'si:n–], **seignior** ['seinjə:, 'si:n–] *s*. ⟨*Stor*⟩ feudatario *m*, signore *m* feudale.

seigniory ['seinjəri, 'si:n–] *s*. ⟨*Stor*⟩ **1** signoria *f*. **2** (*lord's domain*) dominio *m* di un signore feudale. **seignoral** [–rəl], **seignorial** [–'njɔ:riəl] *a*. signoresco.

seine [sein] **I** *s*. ⟨*Pesc*⟩ senna *f*. **II** *v.t./i*. pescare con la senna.

Seine *N.pr*. ⟨*Geog*⟩ Senna *f*.

seiner ['seinə] *s*. chi pesca con la senna.

seise [si:z] *v.t*. ⟨*Dir*⟩ immettere nel possesso: *to ~ s.o. of a property* immettere qd. nel possesso di un bene. **'seisin** *s*. proprietà *f* assoluta di un fondo.

seismal ['saizməl], **seismic** [–mik], **seismical** [–mikl] *a*. sismico: *~ wave* onda sismica. **seismicity** [–misiti] *s*. sismicità *f*.

seismogram ['saizməgræm] *s*. sismogramma *m*. **seismograph** [–grɑ:f] *s*. sismografo *m*. **seismographer** [–'mɔgrəfə] *s*. sismologo *m* (*f* –a). **,seismographic** [–'græfik], **,seismographical** [–'græfikl] *a*. sismografico. **seismography** [–'mɔgrəfi] *s*. sismografia *f*.

seismologic [ˌsaizmə'lɔdʒik], **seismological** [–l] *a*. sismologico. **seismologist** [–'mɔlədʒist] *s*. sismologo *m* (*f* –a). **seismology** [–'mɔlədʒi] *s*. sismologia *f*.

seismometer [saiz'mɔmitə] *s*. sismometro *m*. **,seismometric** [–mə'metrik], **seismometrical** [–mə'metrikl] *a*. sismometrico. **seismometry** [–tri] *s*. sismometria *f*.

seismoscope ['saizməskoup] *s*. sismoscopio *m*.

seizable ['si:zəbl] *a*. **1** afferrabile, prendibile. **2** ⟨*Dir*⟩ confiscabile.

seize [si:z] **I** *v.t*. **1** afferrare, prendere: *to ~ s.o.'s hand* afferrare la mano di qd.; *to ~ s.o. by the arm* afferrare qd. per un braccio. **2** (*to take by force*) prendere, impadronirsi di, impossessarsi di: *to ~ power* impadronirsi del potere. **3** (*to possess suddenly*) impadronirsi di, prendere: *panic –d the troops* il panico s'impadronì delle truppe; *to be –d with a desire to do s.th.* essere preso del desiderio di fare qc. **4** ⟨*fig*⟩ (*to understand*) afferrare, capire, comprendere. **5** (*to afflict suddenly*) colpire: *to be –d with rheumatism* essere colpito da reumatismo. **6** (*to take prisoner*) prendere, catturare, acciuffare. **7** ⟨*Dir*⟩ confiscare, sequestrare. **8** ⟨*Dir*⟩ → seise. **9** ⟨*Mar*⟩ legare. **II** *v.i*. **1** afferrarsi, aggrapparsi, appigliarsi (*on, at* a): *to ~ on a rope* afferrarsi a una fune. **2** ⟨*fig*⟩ ricorrere, appigliarsi, attaccarsi (*on, upon* a): *to ~ upon an excuse* ricorrere a una scusa. **3** ⟨*Mecc*⟩ (spesso con *up*) grippare, gripparsi: *the bearings –d* i cuscinetti hanno grippato. □ *to ~ hold of s.th.* afferrare qc.; *to ~ the opportunity* cogliere l'occasione.

seizin s. → seisin.

seizing ['si:ziŋ] s. **1** l'afferrare, il prendere, presa f. **2** ⟨Dir⟩ confisca f, sequestro m. **3** ⟨Mar⟩ legatura f. **4** ⟨Mecc⟩ grippaggio m.

seizure ['si:ʒə] s. **1** il prendere, presa f. **2** (possession by force) conquista f, presa f: the ~ of power la conquista del potere. **3** ⟨Dir⟩ confisca f, sequestro m. **4** ⟨Med⟩ attacco m, accesso m. **5** ⟨Mecc⟩ grippaggio m.

sejant ['si:dʒənt] a. ⟨Arald⟩ sedente.

seldom ['seldəm] avv. raramente, di rado, rare volte: I ~ drink beer raramente bevo birra. □ ~ if ever raramente, per non dire mai; ~ or never quasi mai; not ~ non di rado, talvolta.

select [si'lekt] **I** v.t. scegliere, selezionare, prescegliere. **II** v.i. scegliere. **III** a. **1** scelto, selezionato, prescelto: ~ passages from Shakespeare passi scelti dalle opere di Shakespeare. **2** (exclusive) esclusivo, chiuso, ristretto: a ~ club un circolo esclusivo. **3** (choosing carefully) esigente, di difficile contentatura. **IV** s. (select people; costr. pl.) gente f scelta (o selezionata), prescelti mpl.

select committee s. ⟨Parl⟩ comitato m ristretto.

selectee am. [si,lek'ti:] s. ⟨Mil⟩ recluta f, coscritto m.

selecting panel [si'lektiŋ] s. commissione f selezionatrice.

selection [si'lekʃən] s. **1** scelta f, selezione f. **2** (assortment) scelta f, assortimento m: a wide ~ of goods un'ampia scelta di merce. **3** ⟨Lett⟩ brano m scelto; (anthology) antologia f. **4** ⟨Sport,Biol⟩ selezione f: ~ for the Derby selezione per il derby.

selective [si'lektiv] a. selettivo (anche tecn.). **selectively** [-li] avv. selettivamente. **selectiveness** [-nis] s. selettività f. **selectivity** [,silek'tiviti] s. selettività f.

selectman am. [si'lektmən] s.irr. consigliere m comunale (nella Nuova Inghilterra).

selector [si'lektə] s. **1** selezionatore m (f –trice). **2** ⟨tecn⟩ selettore m. **3** ⟨Aut⟩ preselettore m.

selenic[1] [si'lenik] a. (of the moon) lunare.

selenic[2] a. ⟨Chim⟩ selenico: ~ acid acido selenico. **selenious** [-'li:niəs] a. selenioso: ~ acid acido selenioso.

selenium [si'li:niəm] s. ⟨Chim⟩ selenio m.

selenographer [,seli'nɔgrəfə] s. ⟨Astr⟩ selenografo m (f –a). **selenographic** [si,li:no(u)'græfik], **selenographical** [si,li:no(u)'græfikəl] a. selenografico: ~ chart carta selenografica. **selenography** [-fi] s. selenografia f.

self [self] **I** s. (pl. selves [selvz]) **1** io m, sé m, se m stesso: the study of the ~ lo studio dell'io; the consciousness of ~ la coscienza di sé. **2** (aspect of one's personality) lato m, aspetto m, io m: my better ~ il mio lato migliore; he showed his true ~ mostrò il suo vero io. **3** (self-interest) interesse m personale: to put State before ~ anteporre lo stato all'interesse personale; (selfishness) egoismo m. **4** (embodiment) personificazione f: mercy's ~ la personificazione della pietà. **5** ⟨Comm,ant⟩ (you,yourself) Voi m (stesso), Ella m (stessa). **6** ⟨Filos⟩ io m. **II** a. **1** uniforme, uguale. **2** (of the same kind) della stessa specie (o qualità). **III** pron. ⟨Comm,scherz⟩ (me, myself) me (stesso): pay ~ ten pounds pagate a me stesso dieci sterline; a room for ~ and wife una camera per me e per mia moglie. **IV** v.t. **1** ⟨Zootecn⟩ accoppiare tra consanguinei. **2** ⟨Bot⟩ autoimpollinare. □ to feel one's old ~ again sentirsi di nuovo quello di una volta; a suit with a ~same overcoat un abito con un soprabito della stessa stoffa.

self|-a'bandonment s. abnegazione f, rinuncia f di sé. **,~-a'basement** s. umiliazione f (o avvilimento m) di sé. **,~-ab'horrence** s. orrore m di sé. **,~-abne'gation** s. sacrificio m di sé, abnegazione f, altruismo m. **,~-ab'sorbed** a. assorto nei propri affari (o interessi), egoista. **,~-ab'sorption** s. l'essere assorto nei propri affari (o interessi), egoismo m. **,~-a'buse** s. **1** cattivo uso m del proprio ingegno (o delle proprie capacità). **2** (reproach of o.s.) il rimproverarsi. **3** (masturbation) masturbazione f. **,~,accu'sation** s. autoaccusa f.

self-'acting a. automatico. **self-'action** s. automatismo m.

self|-a'daptive a. ⟨tecn⟩ autoadattante. **~-ad'dressed** a. con il proprio indirizzo: a ~ envelope una busta con il proprio indirizzo. **,~-ad'hesive** a. autoadesivo. **~-admi'ration** s. ammirazione f di sé. **,~-ag'gression** ⟨Psic⟩ autoaggressione f. **~-alienation** s. ⟨Psic⟩ autoalienazione f. **,~-a'nalysis** s. ⟨Psic⟩ autoanalisi f. **~-apparent** a. evidente, palese, manifesto. **,~-ap'pointee** a. stabilito (o deciso) di propria iniziativa. **,~-ap'praisal** stima f di sé. **,~-as'serting** a. → self-assertive. **,~-as'sertion** s. **1** il fare valere i propri diritti, il fare valere. **2** ⟨Psic⟩ autoaffermazione f. **,~-as'sertive** a. si fa valere, che fa valere i propri diritti. **~-assessmen** s. autovalutazione f. **,~-as'sumed** a. (of a title, etc.) assunto senza averne il diritto. **,~-as'surance** s. sicurezza f di sé, fiducia f in se stesso. **,~-as'sured** a. sicuro di sé. **,~-a'wareness** s. consapevolezza f di sé. **,~-be'trayal** s. il tradirsi (da solo). **,~-'binder** s. ⟨Agr⟩ mietitrice legatrice. **~-censorship** s. autocensura f.

,self-'centered am. e der. → **self-centred** e der.

,self-'centred a. egocentrico, egoista. **,self-'centredly** avv. in modo egocentrico, egoisticamente. **,self-c'entredness** s. egocentrismo m, egoismo m.

,self|-'centring a. ⟨tecn⟩ autocentrante. **~-check** s. autoesame m. **~-checking** a. ⟨tecn⟩ a controllo automatico. **~-clean(s)ing** a. autopulente. **~-'closing** a. che si chiude automaticamente (o da sé), a chiusura automatica. **,~-'cocking** a. ⟨Artigl⟩ automatico. **,~-col'lected** a. controllato, composto, padrone di sé. **,~-'colored** am., **,~-'coloured** a. **1** monocolore, monocromo, in tinta unita. **2** (of a natural colour) di colore naturale. **,~-com'mand** a. → self-control. **,~-com'placence**, **,~-com'placency** s. autocompiacimento m. **,~-com'placent** a. che si compiace di sé. **,~-com'posed** a. composto, calmo. **,~-con'ceit** s. presunzione f, alto concetto m di sé. **,~-con'ceited** a. presuntuoso, pieno di sé. **,~-'concept** ⟨Psic⟩ concetto m di sé. **,~-condem'nation** s. autocondanna f. **,~-con'fessed** a. dichiarato, noto: a ~ reactionary un reazionario dichiarato. **,~-'confidence** s. sicurezza f di sé, fiducia f delle proprie capacità. (excessive confidence in o.s.) eccessiva sicurezza f di sé. **,~-'confident** a. **1** sicuro di sé. **2** (excessively confident in o.s.) troppo sicuro di sé. **,~-'conscious** a. **1** a disagio, imbarazzato, timido. **2** (conscious of o.s.) autocosciente, cosciente di sé (anche Filos.). **,~-'consciousness** s. **1** imbarazzo m. **2** ⟨Filos⟩ autocoscienza f. **3** (awareness of oneself) autoconsapevolezza f. **,~-con'sistency** s. coerenza f. **,~-con'sistent** a. coerente. **,~-con'stituted** a. che si è costituito da sé. **,~-con'tained** a. autosufficiente, autonomo, indipendente: a ~ economy un'economia autosufficiente. **2** (having self-control) controllato, padrone di sé; (reserved) riservato, discreto. (of a house, flat) indipendente. **,~-con'tainment** s. autonomia f, indipendenza f. **,~-con'tempt** s. disprezzo m di sé. **,~-con'tent** s. soddisfazione f di sé. **,~-con'tentee** a. soddisfatto di sé. **,~-con'tentment** s. → self-content. **,~-,contra'diction** s. contraddizione f in termini. **,~-,contra'dictory** a. che si contraddice (da solo), contraddittorio. **,~-con'trol** s. autocontrollo m, padronanza f (o dominio m) di sé. **,~-con'trolled** a. controllato, padrone di sé. **,~-de'ceit**, **,~-de'ception** s. (act) autoinganno m. **2** (state) illusione f. **~-defeating** a. controproducente. **,~-de'fence** s. **1** autodifesa f. **2** ⟨Dir⟩ legittima difesa f. □ the art of ~ il pugilato. **,~-de'fense** am. s. → self-defence. **,~-de'lusion** s. → self-deception. **,~-de'nial** s. rinuncia f a se stesso, autonegazione f. **,~-de,nunci'ation** s. autodenuncia f. **,~-de'nying** a. che rinuncia a se stesso. **,~-de'struction** s. autodistruzione f, suicidio m. **,~-de'structive** a. autodistruttivo. **,~-de,termi'nation** s. **1** autodeterminazione f, autodecisione f (anche Pol.). **2** ⟨Filos⟩ libero arbitrio m. **,~-de'termined** a. che si è determinato da sé. **,~-de'voted** a. caratterizzato da dedizione. **,~-de'votion** s. dedizione f, abnegazione f. **~-diagnosis** s. autodiagnosi f. **,~-'discipline** s. autodisciplina f. **,~-'disciplined** a. che si disciplina da sé. **,~-dis'trust** s. mancanza f di fiducia in se stesso. **,~-'doubting** a. incerto, irresoluto. **,~-'driven** a. ⟨Mecc⟩ semovente. **,~-'educated** a.

autodidatta. **,~-effacement** *s.* il tenersi in disparte (*o* ombra), modestia *f.* **,~-em'ployed** *a.* che lavora in proprio, autonomo. **,~ em'ployed person** *s.* libero professionista *m.* **,~-em'ployment** *s.* lavoro *m* autonomo (*o* indipendente). □ ~ *income* reddito *m* da lavoro autonomo. **,~-es'teem** *s.* stima *f* (*o* rispetto *m*) di sé. **,~-'evident** *a.* evidente, manifesto, ovvio, lapalissiano; (*axiomatic*) assiomatico. **,~-ex,ami'nation** *s.* **1** introspezione *f*, esame *m* di coscienza. **2** ⟨*Med*⟩ autoesame *m.* **~-examine** *v.t.* fare l'autoesame di. **,~-'executing** *a.* ⟨*Dir*⟩ immediatamente esecutivo. **~-exile** *s.* esilio *m* volontario. **~-feeding** *s.* ⟨*Inform*⟩ autoavanzamento *m.*

,self-fertile *a.* ⟨*Bot*⟩ autofertile. **,self-,fertili'zation** *s.* **1** ⟨*Bot*⟩ autofertilizzazione *f.* **2** ⟨*Biol*⟩ autofecondazione *f.* **,self,financing** *s.* ⟨*Econ*⟩ autofinanziamento *m.* **~-folding umbrella** *s.* ombrello *m* automatico. **~-for'getful** *a.* altruista, disinteressato, che non pensa a sé. **~-for'getfulness** *s.* altruismo *m*, disinteresse *m.* **,~-ful'filment** *s.* realizzazione *f* di sé, autorealizzazione *f.*

,self-'governed, **,self-'governing** *a.* ⟨*Pol*⟩ indipendente, autonomo. **,self-'government** *s.* ⟨*Pol*⟩ autogoverno *m*, autonomia *f* (di governo).

,elf-'hardening *a.* autotemprante. **,~-'help** *s.* **1** il fare da sé. **2** ⟨*Dir*⟩ autotutela *f.*

elfhood ['selfhud] *s.* **1** individualità *f.* **2** (*one's own character*) personalità *f.* **3** (*selfishness*) egoismo *m.*

,elf-ig'nition *s.* **1** ⟨*Fis*⟩ accensione *f* spontanea. **2** ⟨*Mecc*⟩ autoaccensione *f.* **,~-im'portance** *s.* presunzione *f*, boria *f.* **,~-im'portant** *a.* presuntuoso, borioso. **,~-im'posed** *a.* assunto volontariamente: *a ~ task* un compito assunto volontariamente. **,~-indu'ctance** *s.* ⟨*El*⟩ autoinduttanza *f.* **,~-in'duction** *s.* autoinduzione *f.* **,~-in'dulgence** *s.* l'indulgere alle proprie passioni, indulgenza *f* verso se stesso. **,~-in'dulgent** *a.* indulgente verso se stesso. **,~-in'flicted** *a.* inflitto da sé. □ *a ~ injury* un'autolesione. **,~-'injury** *s.* autolesione *f.* **,~-in'surance** *s.* autoassicurazione *f.* **,~-'interest** *s.* **1** egoismo *m.* **2** (*personal interest*) interesse *m* personale. **,~-'interested** *a.* caratterizzato (*o* motivato) da un interesse personale. **,~-in'vited** *a.* che si è invitato da sé.

elfish ['selfiʃ] *a.* **1** egoista: *a ~ person* una persona egoista. **2** (*characterized by selfishness*) egoistico, da egoista: *~ behaviour* comportamento egoistico. **selfishly** [-li] *avv.* egoisticamente. **selfishness** [-nis] *s.* egoismo *m.*

,elf-justifi'cation *s.* il giustificarsi. **,~-'knowledge** *s.* il conoscersi, conoscenza *f* di se stesso.

elfless ['selflis] *a.* altruista. **selflessly** [-li] *avv.* altruisticamente. **selflessness** [-nis] *s.* altruismo *m.*

,elf,limitation *s.* autolimitazione *f.* **,~-'loading** *a.* ⟨*Mecc*⟩ (a caricamento) automatico. **,~-'locking** *a.* autobloccante. **,~-'love** *s.* amore *m* di sé, egoismo *m*, egocentrismo *m.* **,~-'lubricating** *a.* autolubrificante. **~-lubrication** *s.* ⟨*Mecc*⟩ autolubrificazione *f.* **,~-'made** *a.* (che si è) fatto da sé: *a ~ man* un uomo che si è fatto da sé. **,~-'management** *s.* autogestione *f.* □ *~ of workers* autonomia operaia. **,~-'moving** *a.* semovente. **'~-neglect** *s.* trascuratezza *f*, trasandatezza *f.* **,~-o'pinion** *s.* stima *f* esagerata di sé, boria *f*, presunzione *f.* **,~-o'pinionated,** **,~-o'pinioned** *a.* **1** borioso, presuntuoso. **2** (*stubborn*) testardo, caparbio. **~-orientation** *s.* ⟨*Sociol*⟩ orientamento *m* verso la propria persona. **,~-'pity** *s.* autocommiserazione *f.* **,~-'portrait** *s.* autoritratto *m.* **,~-pos'sessed** *a.* controllato, padrone di sé; (*composed*) composto. **,~-pos'session** *s.* **1** padronanza *f* di sé. **2** (*composedness*) calma *f*, compostezza *f.* **,~-'praise** *s.* lode *f* (*o* elogio *m*) di sé. □ *Prov.: ~ is no recommendation* chi si loda s'imbroda. **,~-,preser'vation** *s.* autoconservazione *f*; (*instinct for individual preservation*) istinto *m* di autoconservazione.

,elf-pro'pelled, **,self-'propelling** *a.* **1** ⟨*Mecc*⟩ a propulsione autonoma, semovente (anche Mil.). **2** (*propelled by its own motor*) automotore. **,self-'pro'pulsion** *s.* autopropulsione *f*, propulsione *f* auto-noma.

,self-pro'tection *s.* **1** autodifesa *f.* **2** ⟨*Dir*⟩ autotutela *f.* **,~-,reali'zation** *s.* autorealizzazione *f.* **,~-re'cording** *a.* autoregistratore. **~-recrimination** *s.* autocalunnia *f.* **,~-re'gard** *s.* considerazione *f* di sé (e dei propri interessi). **,~-regeneration** *s.* ⟨*tecn*⟩ autorigenerazione *f.* **,~-'registering** *a.* a registrazione automatica. **,~-'regulating** *a.* autoregolatore. **,~-re'liance** *s.* fiducia *f* in se stesso. **,~-re'liant** *a.* che ha fiducia in se stesso. **,~-re'proach** *s.* rimprovero *m* (*o* biasimo) rivolto a se stesso, senso *m* di colpa, rimorso *m.* **,~-re'spect** *s.* rispetto *m* per se stesso. **,~-re'straint** *s.* **1** riserbo *m*, riservatezza *f.* **2** → **self-control**. **,~-'righteous** *a.* farisaico, ipocrita. **,~-'righteously** *avv.* farisaicamente, ipocritamente. **,~-'righteousness** *s.* fariseismo *m*, ipocrisia *f.* **,~-'sacrifice** *s.* sacrificio *m* di sé, abnegazione *f.* **,~-'sacrificing** *a.* che sacrifica se stesso. **~ 'same** *a.* che è proprio lo stesso, stesso identico. **,~-'sameness** *s.* identità *f.* **,~-,satis'faction** *s.* autocompiacimento *m.* **,~-'satisfied** *a.* (che è) compiaciuto di sé. **,~-'satisfying** *a.* che si compiace di sé. **,~-'seeker** *s.* chi cerca solo il proprio interesse, egoista *m/f.* **,~-'seeking I** *s.* egoismo *m.* **II** *a.* egoistico. **,~-'service I** *s.* autoservizio *m*, self-service *m.* **II** *a.* self-service: **~** *restaurant* ristorante self-service. **~-service pump** *s.* self-service *m* (di benzina). **,~-'sown** *a.* ⟨*Bot*⟩ spontaneo, cresciuto spontaneamente. **,~-'starter** *s.* ⟨*Mot*⟩ avviatore *m* automatico, motorino *m* d'avviamento. **,~-'starting** *a.* ad avviamento automatico. **~-steering** *a.* ⟨*Aut*⟩ autosterzante: **~** *gear* dispositivo autosterzante. **,~-'sticking** *a.* autoadesivo: **~** *paper* carta autoadesiva. **~-stick label** *s.* etichetta *f* autoadesiva, autoadesivo *m.* **,~-'styled** *a.* sedicente.

,self-sufficiency *s.* **1** autosufficienza *f.* **2** ⟨*Econ*⟩ autarchia *f.* **3** (*self-confidence*) sicurezza *f* di sé. **,self-sufficient,** **,self-sufficing** *a.* **1** autosufficiente. **2** ⟨*Econ*⟩ autarchico. **3** (*self-confident*) sicuro di sé.

self-sug'gestion *s.* autosuggestione *f.* **,~-sup'port** *s.* il mantenersi da sé (o solo), indipendenza *f* economica. **,~-sup'porting** *a.* che si mantiene da sé, economicamente indipendente. **,~-sur'render** *s.* accondiscendenza *f*, arrendevolezza *f.* **,~-sus'taining** *a.* → **self-supporting**. **~-system** *a.* ⟨*Psic*⟩ sistema *m* dell'Io. **~-tanning** *a.* ⟨*Cosmet*⟩ autoabbronzante. □ ~ *product* prodotto *m* autoabbronzante, autoabbronzante *m.* **,~-'taught** *a.* **1** che si è istruito da sé. **2** (*of a skill, etc.*) imparato da solo. □ *a ~ person* un autodidatta. **~-teaching** *s.* autodidattismo *m.* **~-threading** *a.* ⟨*Mecc*⟩ autofilettante. **,~-'torment** *s.* il tormentarsi. **~-treatment** *s.* ⟨*Med*⟩ autocura *f.* **,~-'will** *s.* ostinatezza *f*, caparbietà *f.* **,~-'willed** *a.* ostinato, caparbio.

sell¹ [sel] *v.* (*pret., p.p.* **sold** [sould]) **I** *v.t.* **1** vendere: *to ~ one's car* vendere la propria automobile; *to ~ s.o. a house* vendere una casa a qd. **2** (*to offer for sale*) vendere, mettere in vendita, smerciare, offrire; (*to deal in*) vendere, commerciare: *this shop ~s carpets* questo negozio vende tappeti. **3** ⟨*fig*⟩ (*to give into the power of another*) vendere, asservire: *to ~ one's soul to the devil* vendere l'anima al diavolo; (*to dispose of for profit*) vendere, dare per lucro: *to ~ one's vote* vendere il proprio voto; (*to exact a price for*) vendere: *to ~ one's life dear* vendere cara la vita. **4** ⟨*fig*⟩ (*to betray;* spesso con *out*) vendere, tradire: *to ~ one's country* vendere la propria patria; *one of the gang sold them out to the police* uno della banda li vendette alla polizia. **5** ⟨*fam*⟩ (*to cause to be accepted*) far accettare: *he sold his idea to the manager* fece accettare la sua idea al direttore; (*to cause to accept*) convincere, persuadere: *to ~ s.o. on s.th.* convincere qd. di qc. **6** (*to promote the sales of*) far vendere: *advertising ~s goods* la pubblicità fa vendere la merce. **7** ⟨*fam*⟩ (*to cause to make a purchase*) indurre all'acquisto, far comprare. **8** ⟨*fam*⟩ (*to trick, deceive*) imbrogliare, ingannare, truffare, ⟨*volg*⟩ fregare; (*to disappoint*) deludere. **II** *v.i.* **1** vendere: *is he thinking of ~ing?* pensa di vendere? **2** (*of goods: to find a buyer*) vendersi, avere (*o* trovare) smercio: *raincoats ~ easily at this time of year* gli impermeabili si vendono facilmente in questo periodo dell'anno. **3** (*to cost*) vendersi (*at, for* al prezzo di): *these pens ~ at a pound each* queste penne si vendono al prezzo di una sterlina l'una. **4** (*to promote sales*) promuovere le vendite. **5** (*to be employed in selling*) fare il venditore. **6** ⟨*fam*⟩ (*to win acceptance, etc.*) trovare credito, essere accettato (*o* accolto): *here's an idea that'll ~* ecco un'idea che troverà credito. □ *to ~ s.th.* at *a good price* vendere qc. a buon prezzo; *to ~ at auction* vendere all'asta; *to ~* **below** *cost* svendere, vendere sotto costo; *to ~* **off** liquidare, smerciare, svendere; *to ~* **o.s.**: 1 prostituirsi, vendersi; 2 ⟨*fig*⟩ (*to convince s.o. of one's worth*) saper vendere la propria merce; *to ~* **out**: 1 vendere, alienare; 2 (*to sell the complete stock of*) vendere interamente, esaurire; 3 (*to sell all the goods one has*) vendere tutta la merce; 4 (*to be completely sold*) essere esaurito: *the first edition is sold out* la prima edizione è esaurita; 5 ⟨*fig*⟩ (*to turn traitor*) tradire, vendere; *to be sold out of s.th.* avere esaurito (*o* venduto interamente) qc.; *to ~* **up**: 1 vendere, alienare; 2 (*to sell one's property to pay off debts*) mettere in liquidazione i propri beni per pagare i debiti.

sell² *s.* ⟨*fam*⟩ (*deception, hoax*) imbroglio *m*, truffa *f*, ⟨*pop*⟩ bidone *m*, ⟨*volg*⟩ fregatura *f*: *what a ~!* che fregatura!

sellanders ['seləndəz] *s.pl.* ⟨*Veter*⟩ (*sallenders*) solandre *fpl*.

seller ['selə] *s.* venditore *m* (*f* –trice); (*salesman*) commesso *m* (di negozio). □ *this product is a good ~* questo prodotto si vende bene; *a poor ~* un articolo che si vende male.

sellers' market *s.* ⟨*Econ*⟩ mercato *m* delle merci rare e pertanto costose.

selling ['seliŋ] **I** *s.* vendita *f*. **II** *a.* (nei composti) che si smercia ..., ... smerciabile: *a fast-~ product* un prodotto che si smercia rapidamente.

selling|**-in** *s.* vendite *fpl* al negoziante. **~-'out** vendite *fpl* al consumatore. **~ price** *s.* ⟨*Econ*⟩ prezzo *m* di vendita.

sellotape *s.* nastro *m* adesivo, ⟨*fam*⟩ scotch *m*.

sell-out *s.* **1** svendita *f*, liquidazione *f*. **2** ⟨*fam*⟩ (*betrayal*) tradimento *m*. □ *the show was a ~* lo spettacolo registrò un tutto esaurito.

seltzer (water) ['seltsə] *s.* **1** acqua *f* di selz, selz *m*. **2** (*soda water*) soda *f*.

selvage, selvedge ['selvidʒ] *s.* **1** ⟨*Tess*⟩ cimosa *f*, vivagno *m*. **2** ⟨*Mecc*⟩ bocchetta *f*.

selves [selvz] → **self**.

semantic [si'mæntik] *a.* semantico: *~ memory* memoria semantica; *~ processing* elaborazione semantica. **semantically** [–əli] *avv.* semanticamente. **semanticist** [–tisist] *s.* semantista *m/f*. **semantics** [–s] *s.pl.* (costr. sing.) semantica *f*.

semaphore ['seməfɔ:] **I** *s.* **1** ⟨*Mar,Ferr*⟩ semaforo *m*. **2** ⟨*Mar.mil*⟩ segnalazione *f* con bandiere (a mano). **3** ⟨*Ferr*⟩ → **semaphore telegraph**. **II** *v.i.* fare segnalazioni col semaforo (*o* con bandiere a mano). **III** *v.t.* segnalare per mezzo di un semaforo (*o* con bandiere a mano).

semaphore telegraph *s.* ⟨*Ferr*⟩ telegrafo *m* a braccia mobili, semaforo *m* a braccia.

semaphoric [seməˈfɔrik] *a.* ⟨*Mar*⟩ semaforico.

semasiological [si,meisiəˈlɔdʒikəl] *a.* ⟨*Ling*⟩ semasiologico. **semasiology** [–siˈɔlədʒi] *s.* semasiologia *f*.

semblable ['semblabl] *a.* ⟨*rar*⟩ **1** simile, somigliante. **2** (*seeming*) apparente.

semblance ['sembləns] *s.* **1** apparenza *f*, aspetto *m*. **2** (*specious appearance*) apparenza *f*, finzione *f*. **3** (*resemblance, similarity*) somiglianza *f*, rassomiglianza *f*; (*one that resembles another*) copia *f*, immagine *f*. □ *to bear the ~ of s.th.* (r)assomigliare a qc.

semeiologic [si:maio(u)ˈlɔdʒik], **semeiological** [–əl] *a.* ⟨*Ling*⟩ semiologico. **semeiology** [–maiˈɔlədʒi] *s.* semiologia *f*.

semeiotic [si:maiˈɔtik], **semeiotical** [–əl] *a.* ⟨*Med*⟩ semeiotico. **semeiotics** [–s] *s.pl.* (costr. sing.) semeiotica *f*.

semen ['si:mən] *s.* (*pl.* **-s** [z]/**semina** ['seminə]) ⟨*Biol*⟩ sperma *m*, seme *m*.

semester [si'mestə] *s.* **1** (*period of six months*) semestre *m*.

2 ⟨*Univ*⟩ (*in Germany and U.S.*) semestre *m* accademico
semestral [–trəl], **semestrial** [–triəl] *a.* semestrale.

semi ['semi] (*accorc. di semi–detached*) *s.* ⟨*fam*⟩ casa *f* co muro divisorio in comune con un'altra.

,semi-'annual *a.* semestrale. **,semi-'annually** *av* semestralmente.

,semi-,auto'matic **I** *a.* semiautomatico (*anche Artigl.*). **I** *s.* ⟨*Artigl*⟩ arma *f* da fuoco semiautomatica. **,sem -,auto'matically** *avv.* in modo semiautomatico.

,semi-bar'barian *a.* semibarbaro.

semibreve ['semibri:v] *s.* ⟨*Mus*⟩ semibreve *f*.

semicentenary [,semisen'ti:nəri], **semicentennia** [–'tenjəl] **I** *a.* del (*o* relativo al) cinquantenario. **II** cinquantenario *m*.

semicircle ['semisə:kl] **I** *s.* **1** semicerchio *m* (*anch Geom.*): *to stand in a ~* stare in semicerchio. **2** ⟨*tecr* goniometro *m*. **II** *v.t.* formare un semicerchio intorno **III** *v.i.* formare un semicerchio. **,semi'circular** [–kjul *a.* semicircolare.

semicircumference [,semisə'kʌmfərəns] *s.* ⟨*Geom* semicirconferenza *f*.

semicolon [,semiˈkoulən] *s.* ⟨*Gramm*⟩ punto e virgola *m*.

,semicon'ductor *s.* ⟨*El*⟩ semiconduttore *m*.

semiconductor diode *s.* ⟨*El*⟩ diodo *m* a sem conduttore.

,semi-'conscious *a.* parzialmente (*o* non del tutt cosciente. **,semi-'consciously** *avv.* in modo parzialmen cosciente. **,semi-'consciousness** *s.* l'essere parzialmen cosciente.

semicustody [,semiˈkʌstədi] *s.* ⟨*Dir*⟩ semilibertà *f*. □ *person convicted on ~* un detenuto in regime semilibertà.

,semi-'darkness *s.* penombra *f*, semioscurità *f*.

,semi-de'tached **I** *a.* con muro divisorio in comune cc un'altra. **II** *s.* casa *f* con muro divisorio in comune cc un'altra.

'semi-di'ameter *s.* ⟨*Geom*⟩ semidiametro *m*.

,semi-'final **I** *a.* ⟨*Sport*⟩ della (*o* relativo alla) semifina **II** *s.* semifinale *f*. **,semi-'finalist** *s.* semifinalista *m/f.

,semi-'finished *a.* **1** finito per metà. **2** ⟨*Ind*⟩ semifinit *~ goods* prodotti semifiniti.

,semi-'invalid **I** *a.* parzialmente invalido. **II** *s.* persona parzialmente invalida.

semiliquid [,semiˈlikwid] *a.* semiliquido.

semiliteracy [,semiˈlitərəsi] *s.* semianalfabetismo *m*.

,semi-'lunar *a.* semilunare, che ha forma di mezzaluna.

,semi-'monthly **I** *a.* quindicinale. **II** *s.* ⟨*Gior* quindicinale *m*.

seminal ['seminl] *a.* **1** ⟨*Agr,Fisiol*⟩ seminale. **2** ⟨*Bic* riproduttivo: *~ power* capacità riproduttiva. **3** ⟨*f* (*embryonic*) embrionale.

seminal| **duct** *s.* ⟨*Anat*⟩ dotto *m* deferente (*o* spermatic **~ fluid** *s.* liquido *m* seminale. **~ vesicle** *s.* vescicola seminale.

seminar ['semina:] *s.* **1** ⟨*Univ*⟩ seminario *m*. **2** ⟨*f* seminario *m*, riunione *f*, incontro *m*.

seminarian [,semi'neəriən], **'seminarist** [–nərist] ⟨*Rel.catt*⟩ seminarista *m*. **'seminary** [–nəri] *s.* **1** ⟨*R* seminario *m*. **2** (*institution of higher education*) scuola superiore; (*school for young women*) scuola *f* superic femminile. **3** ⟨*fig*⟩ semenzaio *m*, vivaio *m*, seminar *m*.

seminate ['semineit] *a.* ⟨*Bot*⟩ disseminato. **,seminatic** [–'neiʃən] *s.* disseminazione *f*.

seminiferous [semi'nifərəs] *a.* ⟨*Bot,Anat*⟩ seminifero.

,semi-official *a.* **1** ufficioso, semiufficiale. **2** (*havi partial official status*) semiufficiale: *a ~ post* una cari semiufficiale. **semi-officially** *avv.* in modo semiufficiale.

semiology *s.* → **semeiology**.

,semi-o'pacity *s.* l'essere semiopaco.

semiotics [,si:miˈɔtiks] *s.pl.* (costr. sing.) ⟨*Ling*⟩ semioti *f*.

semiperimeter [,semipəˈrimitə] *s.* ⟨*Geom*⟩ semiperimet *m*.

,semi-'precious *a.* (*of a stone*) semiprezioso.

semiprocessed [,semiˈprousest] *a.* ⟨*Ind*⟩ semilavorato.

semiprofessional [,semiprəfeʃənl] *a.* semiprofessionale.

semi-'public *a.* semipubblico.

semiquaver ['semikweivə] *s.* ⟨*Mus*⟩ semicroma *f.*

Semiramis [se'mirəmis] *N.pr.* ⟨*Stor*⟩ Semiramide *f.*

semirigid [ˌsemi'ridʒid] *a.* semirigido (*anche Aer.*).

semi-'skilled *a.* (*of a worker*) parzialmente qualificato.

Semite ['si:mait] *s.* semita *m/f* (*anche Bibl.*). **Semitic** [si'mitik] *a.* semitico.

Semitism ['semitizəm] *s.* carattere *m* semitico. **Semitist** [-tist] *s.* semitista *m/f.*

semitonal [ˌsemi'tounəl] *a.* → **semitonic.** **'semitone** [-'toun] *s.* ⟨*Mus*⟩ semitono *m.* **semitonic** [-'tonik] *a.* semitonato.

semitrailer [ˌsemi'treilə] *s.* ⟨*Aut*⟩ semirimorchio *m.*

semi-'tropical *a.* subtropicale.

semivowel ['semivauəl] *s.* semivocale *f.*

semi-'weekly **I** *a.* bisettimanale. **II** *s.* ⟨*Giorn*⟩ pubblicazione *f* bisettimanale.

semi-'yearly *a.* che avviene due volte all'anno.

semolina [ˌseməˈliːnə] *s.* ⟨*Alim*⟩ semolino *m.*

sempiternal [ˌsempi'tə:nl] *a.* perpetuo, sempiterno.

sempster ['sempstə] *s.* → **seamster. sempstress** [-tris] *s.* → **seamstress.**

senarius [si'neəriəs] *s.* (*pl.* **-rii** [riai]) ⟨*Metr*⟩ senario *m.*

senate ['senit] *s.* **1** ⟨*Stor.rom,Parl*⟩ senato *m.* **2** ⟨*Univ*⟩ senato *m* accademico.

senate house *s.* senato *m*, palazzo *m* (*o* sede *f*) del senato.

senator ['senətə] *s.* senatore *m* (*f* –trice). **,senatorial** [-'tɔːriəl] *a.* **1** senatoriale. **2** ⟨*Stor.rom*⟩ senatorio.

senatorial district *am.* [ˌsenə'tɔːriəl] *s.* ⟨*Parl*⟩ circoscrizione *f* elettorale che elegge un senatore.

senatorship ['senətəʃip] *s.* dignità *f* (*o* ufficio *m*) di senatore.

senatus *lat.* ['se'neitəs] *s.* ⟨*Univ*⟩ senato *m* accademico.

send[1] [send] *v.* (*pret., p.p.* **sent** [sent]) **I** *v.t.* **1** mandare, inviare: *to ~ troops to the front* inviare truppe al fronte; *to ~ a child to bed* mandare un bambino a letto. **2** (*to cause to be carried, conveyed*) spedire, mandare, inviare: *to ~ a letter* spedire una lettera; *I sent her some flowers* le ho mandato dei fiori. **3** (*to drive, impel*) costringere, spingere: *the rain sent us rushing for shelter* la pioggia ci costrinse a cercare precipitosamente un riparo. **4** (*to propel, hit*) mandare, lanciare; (*to kick*) calciare; (*to throw*) scagliare, mandare, lanciare; (*of a blow*) assestare. **5** (*to cause to become*) far diventare: *to ~ s.o. mad* fare diventare matto qd. **6** (*to emit; spesso con forth, out*) mandare (fuori), emettere: *the flowers sent forth a sweet odour* i fiori mandavano un profumo dolce. **7** (*to utter; spesso con out, forth*) mandare, emettere: *to ~ out a cry* mandare un grido. **8** (*to bestow*) concedere, dare, mandare: *Heaven sent him many blessings* il cielo gli concesse molte benedizioni. **9** ⟨*sl*⟩ (*to excite, enthuse*) mandare in visibilio, entusiasmare: *Negro spirituals ~ me* i canti negri mi mandano in visibilio. **10** ⟨*El,Rad*⟩ trasmettere. **II** *v.i.* **1** mandare qd.: *he sent to inquire after my health* mandò qd. a informarsi sulla mia salute. **2** ⟨*Rad*⟩ trasmettere. □ *to ~* **after** mandare a chiamare; *to ~* **along** mandare, dire di andare (*o* venire) a: *~ him along to me* mandalo da me; *to ~* **away:** 1 congedare, mandare via; 2 (*to dismiss*) licenziare, mandare via; *to ~ away for s.th.* far venire qc. (scrivendo); *to ~* **back:** 1 rimandare, mandare indietro, restituire, rinviare: *if unsatisfied, please ~ the product back* se non siete soddisfatti, potete restituirci il prodotto; 2 (*to hit, throw back*) rimandare, rinviare; 3 ⟨*Sport*⟩ eliminare; *to ~ s.o. about his business* mandare qd. al diavolo (*o* a quel paese); *to ~ to one's death* mandare a morte; *to ~* **down:** 1 mandare giù (dalla città in provincia): *I'll ~ you down my secretary* ti manderò giù la mia segretaria; 2 (*to cause to fall*) far calare, far scendere: *to ~ down the prices* far calare i prezzi; 3 ⟨*Univ*⟩ (*to expel*) espellere; *to ~* **for:** 1 mandare a chiamare, far venire: *to ~ for a doctor* mandare a chiamare un medico; 2 (*to cause to be brought*) mandare a prendere: *to ~ for a drink* mandare a prendere una bibita; 3 (*to cause to be dispatched*) richiedere: *please ~ for our illustrated catalogue* si prega richiedere il nostro catalogo illustrato; 4 ⟨*Parl*⟩ convocare; *to ~* **forth:** 1

emettere, mandare fuori, emanare: *to ~ forth steam* emettere vapore; 2 (*to yield, produce*) produrre, dare; 3 (*of leaves, buds*) mettere; *to ~* **in:** 1 far entrare, introdurre; 2 (*to cause to be delivered*) presentare, inoltrare, spedire; 3 (*of a bill*) trasmettere, inviare, presentare; 4 (*of one's card*) farsi precedere da; (*of one's name*) fare annunciare; *to ~ in one's resignation* presentare (*o* dare) le dimissioni; *to ~ off:* 1 spedire, inviare: *to ~ off a parcel* spedire un pacco; 2 (*to send away*) mandare via, congedare; 3 ⟨*Sport*⟩ espellere; 4 (*to see off on a journey*) salutare (alla partenza), accomiatarsi da; *to ~* **on** inoltrare, spedire: *I had my luggage sent on* mi feci inoltrare il bagaglio; *to ~* **out:** 1 mandare fuori; 2 (*to issue, distribute*) diramare, distribuire, inviare, spedire: *to ~ out an invitation* diramare un invito; 3 (*to emit*) mandare (fuori), emettere, emanare; *to ~ out for a sandwich* mandare a prendere un tramezzino; *to ~* **over** spedire, mandare, inviare; *to ~* **round:** 1 mandare, inviare: *will you ~ a man round to look at the television?* mi mandereste qualcuno a dare un'occhiata al televisore?; 2 (*to circulate*) far circolare, mettere in circolazione; *to ~* **through** trasmettere; *to ~ through a forwarding agent* spedire a mezzo corriere; *to ~* **up:** 1 mandare su: *ask the bar to ~ up four cups of coffee* di' al bar di mandare su quattro tazze di caffè; 2 (*to cause to go up*) far salire, far andare su; 3 ⟨*sl*⟩ (*to send to prison*) mandare in galera; ⟨*fam*⟩ mettere dentro; 4 ⟨*fam*⟩ (*to ridicule*) mettere in ridicolo.

send[2] *s.* ⟨*Mar*⟩ **1** spinta *f* dell'onda. **2** (*scend*) movimento *m* verticale durante il beccheggio.

sender ['sendə] *s.* **1** chi manda, chi spedisce. **2** ⟨*Post*⟩ mittente *m/f*: *~'s name and address* nome e indirizzo del mittente. **3** ⟨*Rad,Tel*⟩ apparecchio *m* trasmittente.

sending [-diŋ] *s.* **1** invio *m*, spedizione *f.* **2** ⟨*Rad,Tel*⟩ emissione *f*; (*s.th. transmitted*) trasmissione *f.*

send-off *s.* ⟨*fam*⟩ **1** saluto *m*, commiato *m.* **2** ⟨*fig*⟩ spinta *f*, impulso *m*, avvio *m.* **3** ⟨*giorn*⟩ recensione *f* favorevole, ⟨*gerg*⟩ soffietto *m.*

Senegal [ˌseni'gɔːl] *N.pr.* ⟨*Geog*⟩ Senegal *m.* **Senegalese** [-gə'liːz] **I** *a.* senegalese. **II** *s.inv.* **1** (*people; costr.* pl.) senegalesi *mpl.* **2** (*person*) senegalese *m/f.*

senescence [si'nesns] *s.* senescenza *f.* **senescent** [-nt] *a.* senescente.

seneschal ['seniʃəl] *s.* ⟨*Mediev*⟩ siniscalco *m.*

sengreen ['sengriːn] *s.* ⟨*Bot*⟩ semprevivo *m.*

senile ['siːnail] *a.* senile. **senility** [si'niliti] *s.* senilità *f.*

senior ['siːnjə] **I** *a.* **1** più vecchio, maggiore, più anziano: *he is ~ to me by two years* è più vecchio di me di due anni. **2** (*opposed to junior*) senior: *Mr. Brown, ~* il signor Brown senior. **3** (*of service, membership, etc.*) anziano: *the ~ member of a club* il membro anziano di un circolo. **4** (*of higher standing, rank*) più autorevole, di grado più elevato: *the ~ members of the government* i membri più autorevoli del governo; (*of things*) più importante, più elevato: *a ~ post* un posto più importante. **5** (*old, elderly*) anziano, vecchio: *~ citizens* cittadini anziani. **II** *s.* **1** persona *f* più anziana (rispetto a un'altra): *he has respect for his –s* rispetta le persone più anziane di lui. **2** (*superior*) superiore *m.* **3** (*old, elderly person*) anziano *m* (*f* –a). **4** ⟨*Univ*⟩ studente *m* anziano. **5** ⟨*Scol*⟩ studente *m* (*f* –essa) dell'ultimo anno di scuola secondaria. **6** ⟨*am.Univ*⟩ laureando *m* (*f* –a). □ *he is my ~ by three years* è di tre anni più vecchio di me.

senior| citizens *s.pl.* anziani *mpl.* □ ⟨*Ferr*⟩ *–s pass* carta *f* d'argento. *~* **high-school** *am. s.* liceo *m.*

seniority [ˌsiːni'ɔriti] *s.* **1** anzianità *f*, maggiore età *f.* **2** (*superior length of service, etc.*) anzianità *f*: *promotion is given on ~* la promozione è data per anzianità.

senior| member *s.* membro *m* più anziano; (*higher-ranking*) membro *m* di grado superiore; (*executive*) dirigente *m.* *~* **school** *s.* ⟨*GB*⟩ scuola *f* secondaria (per ragazzi dai quattordici ai diciassette anni). *~* **service** *s.* ⟨*GB*⟩ (la) Marina *f.*

senna ['senə] *s.* **1** ⟨*Bot*⟩ sen(n)a *f.* **2** ⟨*farm*⟩ sena *f.*

senr. = *senior* senior.

sensation [sen'seiʃən] *s.* **1** sensazione *f*: *~ of thirst* sensazione di sete; (*power of feeling*) sensibilità *f*: *to lose* *all* ~ *in one's legs* perdere la sensibilità nelle gambe. **2** (*state of excitement*) scalpore *m*, sensazione *f*, effetto *m*, impressione *f: the news created a* ~ la notizia fece scalpore; (*cause of excitement*) cosa *f* sensazionale, avvenimento *m* (*o* fatto) sbalorditivo. ☐ *to make* (*o cause, create*) *a* ~ fare (*o* destare) scalpore. **sensational** [-l] *a.* sensazionale: ~ *news* notizia sensazionale; (*exceptional*) eccezionale, fantastico, sensazionale. **sensationalism** [-ʃnəlizəm] *s.* sensazionalismo *m*. **sensationalist** [-ʃnəlist] *s.* **1** chi tende a sbalordire (*o* impressionare), chi vuole far colpo.

sense [sens] **I** *s.* **1** senso *m: the five* -*s* i cinque sensi; *the* ~ *of smell* il senso dell'odorato; *to have a good* ~ *of direction* avere un buon senso dell'orientamento. **2** (*feeling, sensation*) senso *m*, impressione *f*, sensazione *f*. **3** *pl.* (*bodily pleasure*) sensi *mpl*, sensualità *f: to gratify one's* -*s* appagare i sensi. **4** (*mental discernment*) senso *m*, capacità *f* di discernere. **5** (*sound mental capacity*) buonsenso *m*, buon senso *m*, senno *m*, giudizio *m: a man of* ~ un uomo di buonsenso. **6** *pl.* (*sanity*) ragione *f*, senno *m: to lose one's* -*s* perdere la ragione. **7** (*meaning*) senso *m*, significato *m*. **II** *v.t.* sentire, avvertire, intuire, percepire: *to* ~ *danger* sentire il pericolo. ☐ *in the* **best** ~ (*of the word*) nel senso migliore (della parola); *to* **bring** *s.o. to his* -*s* riportare qd. alla ragione, far rinsavire qd.; *to* **come** *to one's* -*s* tornare in senno, rinsavire; ~ *of* **duty** senso *m* del dovere; *in* **every** ~ in tutti i sensi; *in the* **figurative** ~ (*of the word*) nel senso figurato (della parola); ~ *of* **hearing** senso *m* dell'udito; ~ *of* **humour** senso *m* dell'umorismo; *in a* (*certain*) ~ in un certo senso: *in a* ~, *you are right* in un certo senso, hai ragione; *to be in one's* (*right*) -*s* essere nel pieno possesso delle proprie facoltà mentali; *in the* **literal** ~ (*of the word*) nel senso letterale (della parola); *to* **make** ~ avere senso, avere significato (logico); *to* **make** ~ *of s.th.* capire (il senso di) qc., trovare un senso in qc.; *to be* **out** *of one's* -*s* essere pazzo; *to* **frighten** *s.o.* **out** *of his* -*s* terrorizzare qd. fino a farlo uscire di senno; *not to* **see** *the* ~ *of s.th.* non capire il senso di qc.; ~ *of* **sight** senso *m* della vista; *to have a keen* ~ *of* **smell** avere un odorato fine; *in the* **strict** ~ (*of the word*) nel senso stretto (della parola); *to* **take** *leave of one's* -*s* perdere il lume della ragione; *to* **talk** ~ parlare assennatamente; ~ *of* **taste** senso *m* del gusto; ~ *of* **touch** senso *m* del tatto.

senseless ['senslis] *a.* **1** privo di sensi (*o* conoscenza): *to fall* ~ *to the ground* cadere a terra privo di sensi. **2** (*lacking good sense*) sciocco, stolto, insensato, privo di buon senso: *a* ~ *idea* un'idea insensata. **3** (*lacking meaning*) privo di senso (*o* significato), vuoto di senso: *a* ~ *argument* una discussione priva di senso. **senselessly** [-li] *avv.* **1** scioccamente. **2** (*meaninglessly*) senza senso (*o* significato). **senselessness** [-nis] *s.* **1** incoscienza *f*. **2** (*foolishness*) stupidità *f*, stoltezza *f*, insensatezza *f*. **3** (*meaninglessness*) mancanza *f* di significato.

sensibility [ˌsensi'biliti] *s.* **1** sensibilità *f*: ~ *to physical pain* sensibilità al dolore fisico. **2** (*capacity for emotion, feeling*) sensibilità *f*, sensitività *f*, emotività *f: person with great* ~ persona di grande sensibilità. **3** *pl.* sensibilità *f*, suscettibilità *f*.

sensible ['sensəbl] *a.* **1** assennato, sensato, ragionevole, saggio: *a* ~ *young woman* una ragazza assennata; *a* ~ *decision* una decisione sensata; (*practical*) pratico: ~ *walking shoes* scarpe pratiche da passeggio. **2** (*responsive*) sensibile: *to be* ~ *to pain* essere sensibile al dolore; *to be* ~ *to the needs of others* essere sensibile ai bisogni altrui; (*aware*) consapevole, cosciente, conscio: *to be* ~ *of one's mistakes* essere consapevole dei propri errori. **sensibleness** [-nis] *s.* sensatezza *f*, assennatezza *f*, ragionevolezza *f*; (*practical quality*) praticità *f*. **sensibly** [-i] *avv.* assennatamente, sensatamente: *to behave* ~ comportarsi assennatamente.

sensism ['sensizəm] *s.* (*Filos*) sensismo *m*, sensualismo *m*. **sensist** [-sist] *s.* sensista *m/f*.

sensitive ['sensitiv] *a.* **1** sensibile, sensitivo, emotivo: *to be* ~ *to criticism* essere sensibile alla critica. **2** (*easily pained, annoyed, etc.*) suscettibile, permaloso, sensibile. **3** (*Bot,tecn*) sensibile: *a* ~ *balance* una bilancia sensibile. **4**

(*Econ*) instabile, oscillante. **sensitively** [-li] *avv.* sensitivamente. **sensitiveness** [-nis] *s.* → **sensitivity**.

sensitive| paper *s.* (*Fot*) carta *f* sensibile. ~ **plant** *s.* (*Bot*) sensitiva *f*.

sensitivity [ˌsensi'tiviti] *s.* **1** sensibilità *f*, emotività *f*, sensitività *f*. **2** (*susceptibility*) suscettibilità *f*, permalosit... *f*. **3** (*tecn*) sensibilità *f*.

sensitization [ˌsensitai'zeiʃən] *s.* sensibilizzazione *f* (*anch*... Fot.,Med.). **'sensitize** [-taiz] *v.t.* sensibilizzare (*anch*... Fot.,Med.). **sensitizing** [-taiziŋ] **I** *a.* (*Fot*) sensi... bilizzante. **II** *s.* sensibilizzazione *f* (*anche fig.*).

sensitometer [ˌsensi'tomitə] *s.* (*Fot,Acu*) sensitometro *m*. **sensitometric** [-to(u)'metrik] *a.* sensitometrico. **sen... sitometry** [-tri] *s.* sensitometria *f*.

sensor ['sensə] *s.* (*tecn*) sensore *m*.

sensorial [sen'sɔːriəl] *a.* → **sensory**.

sensorium *lat.* [sen'sɔːriəm] *s.* (*pl.* -**s** [z]/-**ria** [riə]) **1** cervello *m*, materia *f* grigia. **2** (*Anat*) (*sensory apparatus*) sensorio *m*.

sensory ['sensəri] *a.* sensorio, sensoriale, sensitivo.

sensual ['sensjuəl] *a.* **1** sensuale, carnale; (*devoted to th*... *appetites*) sensuale, voluttuoso: *a* ~ *man* un uom... sensuale; (*lewd, lascivious*) dissoluto, lascivo, licenzioso. **2** (*sensory*) sensorio, sensoriale, sensitivo. **sensualism** [-izəm] *s.* **1** sensualità *f*. **2** (*Filos,Art,Lett*) sensualism... *m*. **sensualist** [-ist] *s.* **1** persona *f* sensuale. **2** (*Filos,Art,Lett*) sensualista *m/f*. **ˌsensua'listic** [-istik] *a* sensualistico. **ˌsensuality** [-sju'æliti] *s.* sensualità *f*. **sensualize** [-aiz] *v.t.* rendere sensuale. **sensually** [-i *avv.* sensualmente.

sensuous ['sensjuəs] *a.* **1** sensorio, sensoriale, sensitivo; (*o*... *sensible objects*) sensibile. **2** (*pleasing to the senses* gradevole ai sensi. **3** (*eufem*) (*sensual*) sensuale voluttuoso. **sensuously** [-li] *avv.* in modo sensuale sensualmente. **sensuousness** [-nis] *s.* sensualità *f*.

sent [sent] → **send**[1].

sentence ['sentəns] **I** *s.* **1** (*Gramm*) proposizione *f*, fras... *f*, periodo *m*. **2** (*Dir*) condanna *f*, pena *f*: ~ *of deat*... pena di morte; (*decision*) sentenza *f*. **II** *v.t.* (*Dir* condannare. ☐ (*Dir*) *to pass* a ~ condannare, emettere (*o* pronunciare) una sentenza; *to serve a* ~ scontare un... pena.

sententious [sen'tenʃəs] *a.* **1** sentenzioso, aforistico conciso, epigrammatico. **2** (*moralizing*) moraleggiante **sententiously** [-li] *avv.* sentenziosamente. **senten...tiousness** [-nis] *s.* sentenziosità *f*.

sentience ['senʃəns], **sentiency** [-i] *s.* facoltà *f* d... sentire.

sentient ['senʃənt] *a.* **1** senziente, dotato di senso (... sensibilità): ~ *beings* essere senzienti. **2** (*aware* consapevole, conscio (*of* di). **3** (*sensitive*) sensitivo sensibile.

sentiment ['sentimənt] *s.* **1** sentimento *m*, stato *n*... d'animo. **2** (*opinion, view*) opinione *f*, parere *m*, modo *n*... di pensare (*o* sentire), sentimenti *mpl*: *those are my* -... ecco la mia opinione. **3** (*romantic feeling* sentimentalismo *m*, sentimentalità *f*.

sentimental [ˌsenti'mentl] *a.* **1** sentimentale: ~ *poem* poesie sentimentali; *it has* ~ *value only* ha solo un valor... sentimentale. **2** (*romantic, of tender emotions* sentimentale, romantico, tenero. **3** (*mawkishly emotiona*... sdolcinato, stucchevole. **sentimentalism** [-təlizəm] *s*... sentimentalismo *m*. **sentimentalist** [-təlist] *s.* senti... mentale *m/f*. **ˌsentimentality** [-'tæliti] *s.* sentimenta... lità *f*, sentimentalismo *m*. **sentimentalize** [-təlaiz] *v.t.* **1** rendere sentimentale. **2** (*to look upon with sentiment* fare del sentimentalismo (*o* romanticismo) su. **II** *v.i.* fa... re il sentimentale. **sentimentally** [-təli] *avv.* sentimen... talmente.

sentinel ['sentinl] **I** *s.* sentinella *f* (*anche Mil.*). **II** *v*... (*pret., p.p.* **sentinelled**/*am.* **sentineled** [-d]) **1** fare ... guardia (*o* sentinella) a. **2** (*to furnish with a sentine*... mettere una sentinella a. ☐ *to stand* ~ stare di sentinella fare la guardia.

sentry ['sentri] *s.* (*Mil*) sentinella *f*, soldato *m* di guardia ☐ *to come off* ~ smontare di guardia; *to go on* ~ montare la (*o* di) guardia; *to* ⌐*be on*⌐ (*o* **stand**) ~ stare ...

entinella, fare la guardia; *to relieve a* ~ rilevare (*o* dare il
ambio a) una sentinella.
ntry| box *s.* garitta *f.* **~-go** *s.* ⟨*Mil*⟩ servizio *m* di
entinella (*o* guardia).
ep. = *September* settembre (*abbr.* sett.).
pal ['sepǝl] *s.* ⟨*Bot*⟩ sepalo *m.*
parability [ˌsepǝrǝ'biliti] *s.* separabilità *f,* divisibilità *f.*
separable [–bl] *a.* separabile, divisibile. **'separably**
–bli] *avv.* in modo separabile (*o* divisibile).
parate I *v.t.* ['sepǝreit] **1** separare, dividere, disgiungere,
lisunire: *to* ~ *two things* separare due cose; *to* ~ *the good
rom the bad* separare il bene dal male; (*to distinguish
between*) distinguere: *the twins are so alike no one can* ~
hem i gemelli sono così somiglianti che non è possibile
listinguerli. **2** (*to extract;* spesso con *out*) separare,
estrarre: *to* ~ *the cream from the milk* separare la panna
dal latte. **II** *v.i.* **1** dividersi, staccarsi, separarsi. **2** (*to end
in association*) separarsi, staccarsi: *to* ~ *from the church*
separarsi dalla chiesa. **3** (*to become separated, extracted*)
essere separato (*o* estratto). **III** *a.* ['seprit] **1** separato,
staccato, disunito, disgiunto: *four* ~ *flats* quattro
appartamenti separati. **2** (*not shared*) separato, diviso,
listinto. **3** (*individual, single*) singolo, separato,
ndividuale: *he marked each* ~ *box* contrassegnò ogni
singola scatola; (*isolated*) isolato, separato, segregato. **4**
(*existing independently*) indipendente, autonomo, a sé
stante: *the country was divided into two* ~ *states* il paese
era diviso in due stati indipendenti. **5** (*distinct, different*)
distinto, diverso, differente, separato: *the two problems are
quite* ~ i due problemi sono ben distinti. **IV** *s.* **1** *pl.*
⟨*Vest*⟩ capi *mpl* di vestiario che si possono indossare
separatamente. **2** ⟨*Tip*⟩ estratto *m.* □ *as* ~ *from* (*as
distinct from*) per distinguerlo ⟨*Post*⟩ *under* ~ *cover* in
busta (*o* plico) a parte.
parated milk ['sepǝreitid] *s.* latte *m* scremato (*o*
magro).
parate estate ['sep(ǝ)rit] *s.* ⟨*Dir*⟩ proprietà *f* della
moglie in regime di separazione dei beni.
parately ['sep(ǝ)ritli] *avv.* separatamente, a parte,
ndipendentemente. **separateness** [–tnis] *s.* l'essere
separato (*o* diviso), separazione *f.*
paration [ˌsepǝ'reiʃǝn] *s.* **1** separazione *f,* divisione *f,*
distacco *m.* **2** (*separateness, isolation*) isolamento *m,*
separazione *f,* segregazione *f.* **3** (*distinction*) separazione *f,*
distinzione *f,* differenza *f,* diversità *f.* **4** ⟨*Dir*⟩ separazione
f; (*judicial separation*) separazione *f* legale. **5** (*line, point
of division*) separazione *f,* divisione *f,* demarcazione *f*;
gap, space) intervallo *m,* spazio *m* intercorrente.
paratism ['sep(ǝ)rǝtizǝm] *s.* **1** ⟨*Pol*⟩ separatismo *m.* **2**
Rel⟩ dissidenza *f.* **separatist** [–tist] *s.* **1** ⟨*Pol*⟩
separatista *m/f.* **2** ⟨*Rel*⟩ dissidente *m/f.*
parative ['sepǝrǝtiv] *a.* → **separatory. separator**
–reitǝ] *s.* **1** separatore *m* (*f* –trice). **2** ⟨*Agr*⟩ (*threshing
machine*) trebbiatrice *f.* **3** ⟨*Ind,Minier,Dent*⟩ separatore
m. **4** (*device for separating cream from milk*) scrematrice
f. **separatory** [–tǝri] *a.* separatore, divisorio.
pia ['si:piǝ] *s.* **1** seppia *m.* **2** (*drawing*) disegno *m* in
ero di seppia. **3** ⟨*Fot*⟩ copia *f* (in) seppia. **4** ⟨*Zool*⟩
seppia *f.*
poy ['si:pɔi] *s.* ⟨*Mil*⟩ sepoy *m.*
psis ['sepsis] *s.* (*pl.* **-ses** [si:z]) ⟨*Med*⟩ sepsi *f.*
pt[1] [sept] *s.* **1** (*in Ireland*) clan *m.* **2** ⟨*Etnol*⟩ gruppo
n.
pt[2] *s.* ⟨*Arch*⟩ tramezzo *m.*
pt. = *September* settembre (*abbr.* sett.).
ptal ['septl] *a.* ⟨*Biol*⟩ settale.
ptate ['septeit] *a.* ⟨*Biol*⟩ settato.
ptember [sep'tembǝ] *s.* settembre *m.*
ptenary ['septinǝri] **I** *a.* **1** che forma un gruppo di sette.
2 (*septennial*) settennale. **3** (*septuple*) settuplo. **II** *s.* **1**
settennio *m.* **2** ⟨*Metr*⟩ settenario *m.*
ptennial [sep'teniǝl] *a.* settennale. **septennially** [–i]
avv. ogni sette anni. **septennium** [–niǝm] *s.* (*pl.* **-s**
z]/-**nia** [niǝ]) settennio *m.*
ptentrion [sep'tentriǝn] *s.* (*pl.* **-s** [z]/-**ones** ['ouni:z])
ant⟩ settentrione *m.* **septentrional** [–l] *a.* set-
entrionale.

septet(te) [sep'tet] *s.* **1** gruppo *m* di sette. **2** ⟨*Mus*⟩ (*group*)
settetto *m*; (*composition*) settimino *m.*
septic ['septik] *a.* ⟨*Med*⟩ settico. □ *to go* ~ infettarsi.
septic(a)emia [ˌsepti'si:miǝ] *s.* ⟨*Med*⟩ setticemia *f.*
septic(a)emic [–mik] *a.* setticemico.
septicidal [ˌsepti'saidl] *a.* ⟨*Bot*⟩ setticida.
septicity [sep'tisiti] *s.* ⟨*Med*⟩ l'essere settico.
septic tank *s.* fossa *f* settica, pozzo *m* nero.
septuagenarian [ˌseptjuǝdʒi'neǝriǝn] **I** *a.* settuagenario. **II**
s. settuagenario *m* (*f* –a).
Septuagesima (Sunday) [ˌseptjuǝ'dʒesimǝ] *s.* ⟨*Lit*⟩
settuagesima *f,* domenica *f* di settuagesima.
Septuagint ['septjuǝdʒint] *s.* ⟨*Bibl*⟩ bibbia *f* dei settanta.
septum ['septǝm] *s.* (*pl.* **septa** ['septǝ]) ⟨*Biol*⟩ setto *m.*
septuple ['septjupl] **I** *a.* settuplo. **II** *s.* settuplo *m.*
sepulcher *am. s./v.* → **sepulchre.**
sepulchral [si'pʌlkrǝl] *a.* sepolcrale (*anche fig.*).
sepulchrally [–i] *avv.* in modo sepolcrale.
sepulchre ['sepǝlkǝ] **I** *s.* **1** sepolcro *m,* tomba *f.* **2** ⟨*Lit*⟩
reliquiario *m.* **II** *v.t.* seppellire, dare sepoltura a.
sepultural [si'pʌltʃǝrǝl] *a.* sepolcrale. **sepulture** ['sepǝltʃǝ]
s. sepoltura *f,* seppellimento *m.*
sequacious [si'kweiʃǝs] *a.* **1** conseguente, coerente. **2**
(*imitative*) privo di originalità, pedissequo. **3** (*obsequious*)
ossequioso, servile. **sequaciously** [–li] *avv.* **1**
coerentemente. **2** (*obsequiously*) servilmente, in modo
servile. **sequaciousness** [–nis] *s.* **sequacity** [–'kwæsiti] *s.*
1 coerenza *f.* **2** (*obsequiousness*) servilismo *m,* servilità
f.
sequel ['si:kwǝl] *s.* **1** ⟨*Lett*⟩ seguito *m,* continuazione *f.* **2**
(*subsequent event*) seguito *m*; (*consequence, result*)
conseguenza *f,* effetto *m,* risultato *m: famine arose as a* ~
to the disastrous harvest la carestia sorse come
conseguenza del raccolto disastroso. □ *to have a* ~ avere
un seguito; *to have s.th. as a* ~ avere come conseguenza
qc.; *in the* ~ in seguito, successivamente.
sequence ['si:kwǝns] *s.* **1** serie *f,* sequela *f,* successione *f,*
sequenza *f,* catena *f: a* ~ *of air disasters* una serie di
disastri aerei. **2** (*order*) ordine *m,* successione *f: in
alphabetical* ~ in ordine alfabetico. **3** (*result, sequel*)
risultato *m,* conseguenza *f,* effetto *m.* **4** (*in cards*)
sequenza *f,* scala *f.* **5** ⟨*Lit,Mus,Cin,Mat*⟩ sequenza *f.* **6**
⟨*Lett*⟩ raccolta *f,* corona *f: a sonnet* ~ una raccolta di
sonetti. **7** (*in dancing*) sequenza *f.* □ *in* ~ in ordine
successivo, l'uno dopo l'altro, successivamente: *in* ~ *to* in
seguito a; ⟨*tecn*⟩ ~ *of operation* sequenza *f* di manovra;
⟨*Gramm*⟩ ~ *of tenses* correlazione *f* dei tempi.
sequence check *s.* ⟨*Inform*⟩ controllo *m* di sequenza.
sequent ['si:kwǝnt] *a.* **1** seguente, successivo, consecutivo,
susseguente. **2** (*consequent*) conseguente, consequenziale.
sequential [si'kwenʃǝl] *a.* **1** che forma una successione (*o*
serie ininterrotta). **2** (*consequent*) conseguente, derivante,
risultante. **3** (*continuous*) continuo, ininterrotto. **4**
⟨*Med,Psic,Inform*⟩ sequenziale.
sequential| access *s.* ⟨*Inform*⟩ accesso *m* sequenziale. **~
analysis** *s.* ⟨*Statist*⟩ analisi *f* sequenziale. **~ file** *s.*
archivio *m* sequenziale.
sequentiality [si'kwenʃǝliti] *s.* sequenzialità *f.* **sequen-
tially** [–i] *avv.* consecutivamente, di seguito.
sequester [si'kwestǝ] *v.t.* **1** segregare, isolare, appartare. **2**
(*to separate*) separare, allontanare. **3** ⟨*Dir*⟩ sequestrare,
mettere (*o* porre) sotto sequestro; (*to confiscate*)
confiscare. **sequestered** [–d] *a.* **1** ritirato, isolato,
appartato: *to lead a* ~ *life* fare vita ritirata. **2** ⟨*Dir*⟩
sequestrato; (*confiscated*) confiscato.
sequestrate [si'kwestreit] *v.t.* ⟨*Dir*⟩ sequestrare; (*to
confiscate*) confiscare. **sequestration** [ˌsi:kwes'treiʃǝn] *s.*
1 isolamento *m,* segregazione *f.* **2** ⟨*Dir*⟩ sequestro *m*;
(*confiscation*) confisca *f.* **sequestrator** ['si:kwestreitǝ] *s.*
⟨*Dir*⟩ sequestratario *m.*
sequin ['si:kwin] *s.* **1** ⟨*Mod*⟩ lustrino *m,* paillette *f.* **2**
⟨*Numism*⟩ zecchino *m.* **sequined** [–d] *a.* adorno di
lustrini: *a* ~ *dress* un abito adorno di lustrini.
sequoia [si'kwɔiǝ] *s.* ⟨*Bot*⟩ sequoia *f.*
seraglio [si'rɑːljou] *s.* (*pl.* **-s** [z]/-**gli** [lji:]) **1** harem *m.* **2**
(*sultan's palace*) serraglio *m.*
serai [se'rɑːi] *s.* caravanserraglio *m.*

seraph ['serəf] *s.* (*pl.* **-s** [s]/**-im** [im]) ⟨*Teol*⟩ serafino *m.*
seraphic [si'ræfik], **seraphical** [–l] *a.* serafico (*anche fig.*).
Serb [sə:b] *s.* → **Serbian.**
Serbian ['sə:biən] **I** *a.* serbo. **II** *s.* **1** serbo *m* (*f* –a). **2** (*language*) serbo *m.*
Serbo-Cro'atian [sə:bo(u)] **I** *s.* **1** serbocroato *m* (*f* –a). **2** (*language*) serbocroato *m.* **II** *a.* serbocroato.
Serbonian [sə'bouniən] *a.* della palude di Serbonis. ☐ ~ **bog** senza via d'uscita.
sere[1] *a.* → **sear**[1].
serenade [,seri'neid] **I** *s.* **1** serenata *f.* **2** ⟨*Mus*⟩ → serenata. **II** *v.t.* fare una serenata a. **III** *v.i.* fare una serenata. **serenader** [–ə] *s.* chi fa una serenata.
serenata *it.* [,seri'nɑ:tə] *s.* (*pl.* **-s** [z]/**-te** [tə]) ⟨*Mus*⟩ serenata *f.*
serendipity [,serən'dipiti] *s.* il fare casualmente piacevoli e inattese scoperte.
serene [si'ri:n, sə–] **I** *a.* **1** sereno, calmo, tranquillo: *a ~ smile* un sorriso sereno. **2** (*of weather, skies*) sereno, limpido, chiaro. **Serene** *a.* (*as a title*) serenissimo: *His ~ Highness* Sua Altezza serenissima. **II** *s.* **1** (*serene sea*) mare *m* calmo. **2** ⟨*poet,rar*⟩ (*expanse of serene sky*) sereno *m*, cielo *m* sereno. **III** *v.t.* ⟨*poet,rar*⟩ rasserenare, tranquillizzare. **serenely** [–li] *avv.* serenamente, tranquillamente. **sereneness** [–nis], **serenity** [sə'reniti] *s.* serenità *f*, tranquillità *f*, calma *f.* **Serenity** *s.* (*as a title*) Serenità *f*: *your ~* Vostra Serenità.
serf [sə:f] *s.* **1** ⟨*Mediev*⟩ servo *m* (*f* –a) della gleba. **2** ⟨*fig*⟩ schiavo *m* (*f* –a). **'serfage** [–idʒ], **'serfdom** [–dəm], **'serfhood** [–hud] *s.* **1** ⟨*Mediev*⟩ servitù *f* della gleba. **2** ⟨*fig*⟩ schiavitù *f.*
serge [sə:dʒ] *s.* ⟨*Tess*⟩ serge *f.*
sergeancy ['sɑ:dʒənsi] *s.* ⟨*rar*⟩ funzione *f* (*o* grado *m*) di sergente.
sergeant ['sɑ:dʒənt] *s.* **1** ⟨*Mil*⟩ sergente *m.* **2** (*in the police*) brigadiere *m.* **3** → **sergeant-at-arms.** **4** → **serjeant-at-law.** **5** ⟨*Itt*⟩ → **sergeant fish.**
sergeant|-at-arms *s.* (*pl.* **sergeants-at-arms**) **1** ⟨*Parl*⟩ questore *m* d'assemblea legislativa. **2** (*of a royal household*) cerimoniere *m* di corte. **~-at-law** *s.* → **serjeant-at-law.** **~ fish** ⟨*Itt*⟩ **1** specie di rachicentro. **2** (*snook*) specie di centropoma. **~-major** *s.* ⟨*Mil*⟩ maresciallo *m.*
sergeantship ['sɑ:dʒəntʃip] *s.* funzione *f* (*o* ufficio *m*) di sergente.
sergt., Sergt. = *sergeant* sergente (*abbr.* serg.).
serial ['siəriəl] **I** *s.* **1** romanzo *m* (*o* racconto) a puntate. **2** ⟨*Rad,TV*⟩ opera *f* a puntate (*o* episodi). **3** ⟨*Cin*⟩ film *m* a episodi (*o* puntate). **4** ⟨*Edit,Bibliot*⟩ pubblicazione *f* periodica. **II** *a.* **1** a puntate, a episodi; (*in instalments*) a fascicoli, a puntate. **2** ⟨*Ind*⟩ di (*o* in) serie. **3** ⟨*Inform,Mus*⟩ seriale. ☐ ⟨*Inform*⟩ ~ *transmission* trasmissione *f* seriale.
serial| access *s.* ⟨*Inform*⟩ accesso *m* seriale. **~ interface** *s.* interfaccia *f* seriale.
serialism ['siəriəlizm] *s.* ⟨*Mus*⟩ serialismo *m.*
,serialization [–ai'zeiʃən] *s.* pubblicazione *f* di un lavoro a puntate. **serialize** [–aiz] *v.t.* **1** pubblicare a puntate (*o* dispense): *to ~ a novel* pubblicare un romanzo a puntate. **2** ⟨*Rad,TV,Cin*⟩ trasmettere a puntate (*o* episodi). **3** ⟨*Cin*⟩ (*of a film*) girare a episodi. **serially** [–i] *avv.* in serie, in successione.
serial| music *s.* musica *f* seriale. **~ number** *s.* numero *m* di serie. **~ printer** *s.* ⟨*Inform*⟩ stampante *f* ⌐per carattere⌐ (*o* seriale). **~ processing** *s.* elaborazione *f* in serie. **~ rights** *s.pl.* diritti *mpl* per la pubblicazione a puntate.
seriate [siəriit] **I** *a.* ordinato (*o* disposto) in serie. **II** *v.t.* **1** disporre in serie. **2** ⟨*Statist*⟩ seriare.
seriatim [,siəri'eitim] *avv.* in serie, in successione.
seriation [,siəri'eiʃən] *s.* **1** disposizione *f* di serie. **2** ⟨*Statist*⟩ seriazione *f* (statistica).
sericeous [si'riʃəs] *a.* **1** di seta. **2** (*silky*) simile alla seta.
sericultural [,seri'kʌltʃərəl] *a.* sericolo. **'sericulture** [–tʃə] *s.* sericoltura *f.* **sericulturist** [–rist] *s.* sericoltore *m* (*f* –trice).

series ['siəri:z] *s.* **1** serie *f*, successione *f*, sequela *f*, cate f: *a ~ of bad harvests* una serie di cattivi raccolti. ⟨*Rad,TV*⟩ serie *f*, programma *m* a puntate: *a ~ documentaries* una serie di documentari. **3** ⟨*Edit*⟩ colla f, serie *f*. ☐ *in ~* in serie (*anche El.*).
series| circuit *s.* ⟨*El*⟩ circuito *m* in serie. **~ connectic** *s.* collegamento *m* in serie. **~-parallel** *a.* ⟨*El*⟩ in ser parallelo.
serif ['serif] *s.* ⟨*Tip*⟩ terminazione *f.*
serin ['serin] *s.* ⟨*Ornit*⟩ crespolino *m*, verzellino *m.*
serio-'comic, serio-comical [,siərio(u)] *a.* semiserio.
serious ['siəriəs] *a.* **1** serio: *a ~ face* un viso serio; *plea be ~* per favore sii serio; (*thoughtful*) pensieroso, grave. (*being in earnest*) che non scherza, che fa sul ser (*sincere*) sincero. **3** (*weighty, important*) serio, grav importante: *a ~ matter* una faccenda seria; *a ~ error* grave errore. **4** (*causing preoccupation*) serio, grave: *a illness* una malattia seria. ☐ *to get ~* farsi (*o* diventa serio: *the situation is getting ~* la situazione si fa seria; *look ~* avere un'aria seria. ‖ *are you ~?* dici sul seri **seriously** [–li] *avv.* **1** seriamente, con serietà. **2** (*earnest*) sul serio, seriamente: *I ~ believe you a mistaken* credo sul serio che ti sbagli. **3** (*severely, to serious extent*) gravemente, seriamente: ~ *ill gravemer ammalato*. **4** (*esclam*) (*to be serious, joking apart*) sche a parte, sul serio. ☐ *to take s.th. ~* prendere qc. serio.
'serious|-minded *a.* serio, di carattere serio. **~-minded** *avv.* seriamente, con serietà. **~-mindedness** *s.* seriet (di carattere).
seriousness ['siəriəsnis] *s.* **1** serietà *f*. **2** (*importar gravity*) serietà *f*, importanza *f*, gravità *f*: *the ~ of situation* la gravità della situazione. ☐ *in all ~* con tu serietà, molto seriamente.
seriph *s.* → **serif.**
serjeant *s.* → **sergeant.**
serjeant-at-law *s.* (*pl.* **serjeants-at-law**) ⟨*Stor*⟩ avvoc *m* di prima classe.
sermon ['sə:mən] *s.* ⟨*Rel*⟩ sermone *m*, predica *f* (*an estens.*).
sermonet(te) [,sə:mə'net] *s.* sermoncino *m.*
sermonize ['sə:mənaiz] **I** *v.i.* **1** predicare. **2** ⟨ predicare, fare discorsi moraleggianti, ⟨*iron*⟩ serm neggiare. **II** *v.t.* predicare a (*anche fig.*); (*to preach* predicare. **sermonizer** [–ə] *s.* **1** predicatore *m.* **2** ⟨ chi sermoneggia, ⟨*scherz*⟩ predicatore *m.*
seropositive [,siəro(u)'pozətiv] *a.* ⟨*Med*⟩ sieropositivo.
serosity [si'rositi] *s.* sierosità *f.*
serotherapy [,siəro(u)'θerəpi] *s.* sieroterapia *f.*
serotine ['serətain] *s.* ⟨*Zool*⟩ pipistrello *m* serotino.
serotonin [,sirə'tounin] *s.* ⟨*Biol*⟩ serotonina *f.*
serotinous ['serətinəs] *a.* serotino, tardivo.
serotyping [,siərə'taipiŋ] *s.* ⟨*Med*⟩ sierotipizzazione *f.*
serous ['siərəs] *a.* sieroso.
serpent ['sə:pənt] *s.* **1** serpente *m.* **2** ⟨*fig*⟩ persona *f* inf serpente *m*, serpe *f.* **3** ⟨*Bibl*⟩ demonio *m*, diavolo (antico) serpente *m.* **4** ⟨*Mus*⟩ serpente *m*, serpentone
serpentiform [sə'pentifo:m] *a.* serpentiforme.
serpentine ['sə:pəntain, –ti:n] **I** *a.* **1** simile a un serpe serpentino, serpentesco. **2** (*winding*) serpeggiante, sinu tortuoso: *a ~ path* un sentiero serpeggiante. **3** ⟨*fig*⟩ fur astuto, scaltro; (*treacherous*) perfido, infido, subdolo (*relating to a serpent*) di serpente, serpentino. **II** *s.* ⟨*M* serpentino *m.* the **Serpentine** (*lake in Hyde Park*) Serpentina. **III** *v.i.* serpeggiare.
serpiginous [sə'pidʒinəs] *a.* **1** strisciante. **2** ⟨*M* serpiginoso.
serpigo [sə:'paigou] *s.* (*pl.* **-es** [z]/**-gines** [dʒini:z]) ⟨*M* serpigine *f.*
serrate ['serit], **serrated** [–'reitid] *a.* dentellato, seghet (*anche Biol., Zool.*). **serration** [–'reiʃən], **serrat** [–'reitʃuə] *s.* **1** dentellatura *f*, seghettatura *f* (*an Biol.,Zool.*). **2** (*tooth*) dentello *m*, dente *m.*
serried ['serid] *a.* serrato, compatto, fitto: ~ *ranks soldiers* file serrate di soldati.
serum ['siərəm] *s.* (*pl.* **-s** [z]/**-ra** [rə]) **1** ⟨*Biol*⟩ siero *n ⟨Bot⟩* linfa *f.*

serum therapy s. ⟨Med⟩ sieroterapia f.

erval ['sə:val] s. ⟨Zool⟩ gattopardo m (africano).

ervant ['sə:vənt] s. **1** domestico m (f –a), servo m (f –a), persona f di servizio, servitore m (f –trice). **2** (civil servant) impiegato m (f –a) statale, dipendente m/f statale. **3** ⟨fig⟩ servo m (f –a), servitore m (f –trice): a ~ of Christ un servo di Cristo. □ ⟨fig⟩ a good ~ but a bad master buon servitore ma cattivo padrone; ⟨epist⟩ your (most) humble ~ vostro umilissimo servo; to keep a ~ avere un domestico.

ervant girl s. domestica f, ragazza f di servizio.

erve[1] [sə:v] **I** v.i. **1** stare (o essere) a servizio, servire. **2** (to wait at table) servire a tavola; (to wait on customers) fare il commesso, servire (i clienti) in un negozio. **3** (to serve food) servire. **4** (to be of use) servire, essere utile, giovare: the notes ~ to clarify the text le note servono a chiarire il testo; (to be used as) servire, fungere da: this box will ~ as a seat questa cassetta servirà da sedia. **5** (to do duty, service) servire, prestare servizio. **6** ⟨Mil⟩ servire, fare il servizio militare: to ~ in the Navy servire in marina. **7** ⟨Rel⟩ (to officiate) officiare; (to act as server) servire messa. **8** ⟨Sport⟩ servire, effettuare il servizio. **9** ⟨Zootecn⟩ accoppiarsi (with con). **II** v.t. **1** servire, essere a servizio di: he has –d several noble families ha servito diverse famiglie nobili. **2** (to wait on at table) servire (a tavola); (in a shop) servire: are you being –d, sir? La stanno servendo? **3** (of food; spesso con up, out) servire: dinner is –d il pranzo è servito. **4** ⟨Mil⟩ servire: to ~ one's country servire il proprio paese. **5** (to perform the duties of) adempiere i doveri di, fare: to ~ one's chairmanship adempiere i doveri di presidente; (of a term of service; spesso con out) fare, compiere, prestare: to ~ an apprenticeship fare tirocinio. **6** (of a term of imprisonment) scontare, espiare: to ~ ten years for robbery scontare dieci anni (di carcere) per rapina. **7** (to suffice for) bastare, essere sufficiente a: it isn't much but it will ~ me non è molto ma mi basterà. **8** (to help to bring about, contribute to) servire a, giovare a, essere utile a: his support will ~ our plan il suo appoggio servirà al nostro progetto. **9** (to satisfy) soddisfare: to ~ s.o.'s wants soddisfare le necessità di qd. **10** (to treat, deal with) trattare, comportarsi con: to ~ s.o. shamefully trattare in maniera vergognosa qd. **11** (of a trick) giocare, fare. **12** (of a blow) dare, assestare, appioppare. **13** ⟨Rel⟩ servire; (of mass) celebrare, dire. **14** ⟨Dir⟩ (of a summons, writ) notificare; (of a person) notificare a: to ~ s.o. with a summons notificare a qd. una citazione. **15** ⟨Sport⟩ servire, battere. **16** ⟨Zootecn⟩ coprire, montare. □ ⟨fig⟩ to ~ two masters servire due padroni; if my memory –s me (right) se la memoria non m'inganna, se ben ricordo; to ~ on a jury fare parte di una giuria; to ~ on the staff of an embassy fare parte del personale di un'ambasciata; to ~ out (of food: to distribute) servire, distribuire; to ~ s.o. out for s.th. far pagare qc. a qd.; to ~ its (o the) purpose servire al proprio scopo: it is falling to pieces but it has –d its purpose sta cadendo a pezzi, ma è servito al suo scopo; to ~ s.o. right trattare qd. come si merita; it –s him right! ben gli sta!, se l'è meritata!; the tide –s la marea è favorevole.

erve[2] s. ⟨Sport⟩ servizio m: whose ~ is it? a chi tocca il servizio?, chi serve?

erver ['sə:və] s. **1** chi serve a tavola, cameriere m (f –a). **2** (salver) vassoio m. **3** ⟨Sport⟩ battitore m. **4** ⟨Rel⟩ chierico m ministrante, serviente m.

ervian ['sə:viən] a./s. → **Serbian**.

ervice ['sə:vis] **I** s. **1** servizio m (domestico): to be in s.o.'s ~ essere a servizio presso qd. **2** (occupation, work) servizio m, attività f lavorativa. **3** (branch of government) servizio m: the intelligence ~ il servizio informazioni. **4** ⟨Mil⟩ arma f, corpo m: which ~ were you in? in quale corpo hai prestato servizio?; (armed forces) forze fpl armate; (military duty) servizio m (militare): to see ~ in a foreign land esperienza nelle forze armate in un paese straniero. **5** (s.th. done on behalf of s.o.) servizio m, servigio m, prestazione f: to do s.o. a ~ fare un servizio a qd.; (favour) favore m, cortesia f, piacere m, servizio m. **6** (public utility) servizio m: the telephone ~ il servizio telefonico. **7** (provision of maintenance and repair) assistenza f, servizio m: after–sales ~ assistenza dopo l'acquisto; (organization) servizio m: a tyre–repair ~ un servizio di riparazione dei pneumatici; (maintenance, repair) riparazione f, manutenzione f. **8** (bringing of food to the table) servizio m. **9** (dishes, plates, etc.) servizio m: a forty–piece dinner ~ un servizio da tavola di quaranta pezzi. **10** pl. ⟨Econ⟩ servizi mpl. **11** ⟨Rel⟩ servizio m, ufficio m, funzione f, cerimonia f: morning ~ servizio mattutino. **12** ⟨Lit.Mus⟩ ufficio m. **13** ⟨Sport⟩ servizio m. **14** ⟨Dir⟩ notifica f, notificazione f. **15** ⟨Zootecn⟩ monta f. **16** ⟨Mar⟩ fasciatura f. **II** v.t. **1** provvedere alla manutenzione di, riparare: to ~ a car provvedere alla manutenzione di un'automobile. **2** (to provide assistance for) dare assistenza a. □ ⟨Mil⟩ active ~ servizio attivo; at s.o.'s ~ a disposizione di qd., al servizio di qd.: I am at your ~ sono a tua disposizione; to place s.th. at s.o.'s ~ mettere qc. a disposizione di qd.; ⟨Sport⟩ to break ~ battere l'avversario sul servizio; to enter s.o.'s ~ entrare al servizio di qd.; to go into (domestic) ~ andare a servizio; to be in (domestic) ~ essere a servizio; ⟨Post⟩ on her Majesty's ~ al servizio di Sua Maestà, in franchigia postale, servizio m di stato; of ~ utile, d'aiuto: no doubt it will be of ~ sarà certamente utile; I am happy to be of ~ to you sono felice di esserti d'aiuto; for –s rendered per servizi resi.

service[2] s. **1** ⟨Bot⟩ → **service tree**. **2** (fruit) sorba f.

serviceability [,sə:visə'biliti] s. **1** utilità f, praticità f, funzionalità f. **2** (durability) durata f, resistenza f. **3** ⟨Mecc⟩ stato m d'efficienza. **'serviceable** [–bl] a. **1** utile, pratico, funzionale. **2** (durable) che dura a lungo, resistente. **3** (helpful) servizievole. **4** ⟨Mecc⟩ efficiente. **'serviceableness** [–blnis] s. → **serviceability**. **'serviceably** [–bli] avv. utilmente.

service| area s. area f di servizio (di autostrada). **~ book** s. ⟨Lit⟩ rituale m. **~ brake** s. ⟨Aut⟩ freno m ⌐di esercizio⌐ (o a pedale). **~ cap** s. ⟨Mil⟩ berretto m di ordinanza. **~ center** am. s. → **service area**. **~ charge** s. compenso m (o sovrapprezzo) per il servizio, servizio m. **~ company** s. ⟨Econ⟩ società f di servizi. **~ elevator** am. s. → **service lift**. **~ entrance** s. ingresso m (o entrata f) di servizio. **~ handbook** s. → **service manual**. **~ hatch** s. passavivande m. **~ life** s. ⟨tecn⟩ durata f di vita utile. **~ lift** s. ascensore m di servizio, montacarichi m. **~man** [mən] s.irr. **1** ⟨Mil⟩ membro m delle forze armate. **2** ⟨am⟩ (repairman) tecnico m addetto alla manutenzione (o riparazione). **~ manual** s. ⟨tecn⟩ manuale m di manutenzione. **~-oriented** a. ⟨Econ⟩ orientato alla produzione di servizi. **~ regulation** s. ⟨burocr⟩ norma f di servizio. **~ station** s. **1** ⟨Ferr⟩ posto m (o stazione f) di rifornimento. **2** (place supplying maintenance and repair) stazione f di servizio. **~ tree** s. ⟨Bot⟩ sorbo m. **~woman** s.irr. ⟨Mil⟩ donna f appartenente alle forze armate.

servicing ['sə:visiŋ] s. manutenzione f, assistenza f.

serviette [,sə:vi'et] s. tovagliolo m, salvietta f.

servile ['sə:vail, am. 'sə:v(ə)l] a. **1** servile, strisciante, adulatore: ~ flattery adulazione servile. **2** (befitting a servant, subject) servile, basso, vile, privo di dignità: a ~ manner un contegno servile. **3** (lacking in originality) servile, pedissequo: a ~ imitation of Picasso un'imitazione servile di Picasso. **4** (of a slave, slaves) di uno schiavo, di schiavi: a ~ revolt una rivolta di schiavi; (of a servant, servants) di un servo, di servi, servile. **5** ⟨Rel.catt⟩ servile, manuale: ~ work lavoro servile. **servilely** [–li] avv. servilmente. **servilism** [–vilizəm] s. servilismo m, servilità f. **servility** [–'viliti] s. **1** servilismo m, servilità f. **2** (condition of a slave) schiavitù f, servitù f.

serving ['sə:viŋ] s. ⟨Dir⟩ notifica f, notificazione f: ~ of legal papers notifica degli atti giudiziari.

serving| board s. ⟨Mar⟩ paletta f per fasciare (cavi). **~ dish** s. piatto m di portata. **~ girl** s. domestica f, ragazza f di servizio. **~ hatch** s. → **service hatch**.

Servite ['sə:vait] s. ⟨Rel.catt⟩ servita m.

servitor ['sə:vitə] s. ⟨ant⟩ **1** servitore m, domestico m. **2** ⟨Univ⟩ (at Oxford) studente m che prestava servizio in cambio di una borsa di studio parziale.

servitude ['sə:vitju:d] *s.* **1** servitù *f,* schiavitù *f,* soggezione *f.* **2** ⟨*Dir*⟩ servitù *f.* **3** ⟨*Dir*⟩ (*penal servitude*) lavori *mpl* forzati.

servo| brake ['sə:və] *s.* ⟨*Aut*⟩ servofreno *m.* '**~con'trol** *s.* **1** ⟨*tecn*⟩ servocomando *m.* **2** ⟨*El*⟩ servocontrollo *m.* **~mechanism** *s.* ⟨*tecn*⟩ servomeccanismo *m,* servocomando *m.* **~motor** *s.* servomotore *m.*

sesame ['sesəmi] *s.* **1** ⟨*Bot*⟩ sesamo *m.* **2** → **sesame seed. 3** ⟨*fig*⟩ (*open sesame*) aiuto *m* miracoloso, apriti sesamo *m.*

sesame| oil *s.* olio *m* di sesamo. **~ seed** *s.* seme *m* di sesamo.

sesamoid ['sesəmɔid] **I** *a.* ⟨*Anat*⟩ sesamoide. **II** *s.* osso *m* sesamoide, sesamoide *m.*

sesquioxide [ˌseskwi'ɔksaid] *s.* ⟨*Chim*⟩ sesquiossido *m.*

sesquipedal [ses'kwipidl] *a.* → **sesquipedalian.**

sesquipedalian [ˌseskwipi'deiliən] **I** *a.* lunghissimo, ⌈che ha⌉ (*o* di) molte sillabe: *~ technical terms* termini tecnici lunghissimi. **II** *s.* parola *f* lunghissima (*o* con molte sillabe).

sessile ['ses(a)il] *a.* ⟨*Biol*⟩ sessile.

sessile-eyed *a.* ⟨*Zool*⟩ dall'occhio sessile.

session ['seʃən] *s.* **1** sessione *f,* seduta *f.* **2** ⟨*Univ*⟩ anno *m* accademico; (*term*) trimestre *m.* **3** ⟨*am.Univ*⟩ semestre *m.* **4** ⟨*estens*⟩ seduta *f: a recording ~* una seduta di registrazione. **5** *pl.* ⟨*Dir*⟩ udienza *f.* □ *to be in ~* tenere (*o* essere in) seduta, sedere. **sessional** [–l] *a.* **1** di (*o* relativo a) una sessione (*o* seduta). **2** (*recurring at each session*) che avviene a ogni sessione (*o* seduta).

sessional| order, ~ rule *s.* ⟨*Parl*⟩ ordinanza *f* valida per una sola sessione.

sestet [ses'tet] *s.* **1** ⟨*Mus*⟩ sestetto *m.* **2** ⟨*Metr*⟩ le due terzine di un sonetto.

set[1] [set] *v.* (*pret., p.p.* set) **I** *v.t.* **1** posare, mettere, porre, collocare: *to ~ a cup on the table* posare una tazza sul tavolo; *to ~ a chair in front of the window* mettere una sedia di fronte alla finestra. **2** (*to regulate*) regolare, mettere a punto: *to ~ the alarm clock* regolare la sveglia; (*to prepare for use*) preparare, sistemare: *to ~ a trap* preparare una trappola; *to ~ the men on a chess board* sistemare le pedine su una scacchiera. **3** (*to bring into a specified condition*) mettere (in una determinata condizione), *general. translated with the corresponding verb: to ~ s.o. free* liberare (*o* mettere in libertà) qd.; *to ~ a house on fire* incendiare (*o* dare fuoco a) una casa; *to ~ s.o.'s mind at rest* tranquillizzare qd.; *to ~ things right* (*o to rights*) ⌈mettere a posto⌉ (*o* sistemare) le cose. **4** (*to allot as a task, impose*) assegnare a, dare a: *he was ~ twenty pages to study* gli furono assegnate venti pagine da studiare; (*of a test, examination*) dare, assegnare. **5** (*to establish*) stabilire, fissare: *to ~ a record* stabilire un primato; *to ~ a limit* fissare un limite. **6** (*to place firmly*) piantare, conficcare: *to ~ a pole in the ground* piantare un palo nel terreno. **7** ⟨*fig*⟩ (*of the face, etc.*) irrigidire; (*of a muscle*) indurire, rassodare. **8** (*to post*) collocare, piazzare: *to ~ sentries* piazzare sentinelle. **9** (*to situate*) situare, porre: *the house was ~ on a high hill* la casa era situata su un'alta collina. **10** (*of a story, etc.*) ambientare, porre, collocare: *the novel is ~ in Scotland* il romanzo è ambientato in Scozia. **11** (*of the hair*) mettere in piega. **12** (*to cause to do*) mettere, *general. translated with the corresponding verb: I ~ him to sweeping the drive* gli feci spazzare il viale, lo misi a spazzare il viale; *the news ~ the whole town talking* la notizia fece parlare tutta la città. **13** ⟨*rifl*⟩ (*to resolve to do*) proporsi, prefiggersi: *he ~ himself to finish the book in a month* si propose di finire il libro in un mese. **14** (*to fix at an amount*) fissare: *to ~ the price at fifty pounds* fissare il prezzo in cinquanta sterline; (*to estimate*) stimare, calcolare, valutare; (*to value*) valutare, dare un valore a. **15** (*to affix*) apporre: *to ~ one's seal to a document* apporre il proprio sigillo a un documento; (*to apply*) avvicinare, accostare, applicare: *to ~ a match to s.th.* avvicinare un fiammifero a qc. **16** (*to adorn*) adornare, ornare: *her dress was ~ with sequins* il suo vestito era adorno di lustrini; (*to encrust*) incrostare. **17** (*to cause to sit*) far sedere; (*to place on a seat*) mettere a sedere. **18** (*to cause to become solid*) solidificare,

rendere solido, rassodare. **19** (*of a dye, colour*) fissare. **2** (*of a cutting edge, knife, etc.*) affilare. **21** ⟨*Chir*⟩ (*of broken bone*) aggiustare, mettere a posto. **22** ⟨*Ore,* incastonare, montare: *to ~ a diamond* incastonare u diamante. **23** ⟨*Mus*⟩ adattare: *to ~ words to mus.* adattare le parole alla musica. **24** ⟨*Teat*⟩ (*of the stag* attrezzare; (*of a scene*) montare. **25** ⟨*Mar*⟩ (*of sail* spiegare. **26** ⟨*Mar*⟩ (*to bring in a direction*) spinger portare: *the current ~ us towards the coast* la corrente spinse verso la costa; (*to face in a direction*) volger dirigere: *we ~ our ship for shore* volgemmo l'imbarcazion verso riva. **27** ⟨*Tip*⟩ (*of type, copy: to compose*) spess con *up*) comporre. **28** ⟨*Zootecn*⟩ (*of a hen*) mettere covare; (*of eggs*) far covare. **29** ⟨*Bot*⟩ (*of fruit, seec* produrre. **30** ⟨*Venat*⟩ puntare (in ferma): *the dog ~ th* *pheasant* il cane puntò il fagiano. **31** ⟨*tecn,Fal*⟩ (*of a saw* allicciare; (*of a plane*) fissare la lama di. **II** *v.i.* tramontare, calare: *the sun ~s in the west* il sole tramon a occidente. **2** ⟨*fig*⟩ tramontare, declinare, svanire: *th Empire is ~ting* l'impero sta tramontando. **3** (*to app. o.s.*) mettersi di buona lena, mettersi sotto (*to* a): *to ~ work* mettersi al lavoro di buona lena. **4** (*to become solia* solidificarsi, rapprendere, rapprendersi: *this jam never ~* questa marmellata non si rapprende mai; (*of concrete, etc* fare presa, indurirsi. **5** (*of the face, etc.: to assume a rig expression*) irrigidirsi, indurirsi. **6** (*of a dye, colou* fissarsi. **7** ⟨*fig*⟩ (*to show a trend*) orientarsi. **8** ⟨*Med*⟩ (*of a broken bone*) saldarsi. **9** ⟨*Zootecn*⟩ covare: *the hen ~ting* la gallina sta covando. **10** ⟨*Mar*⟩ (*of current*) fluir muoversi; (*of wind*) tirare, soffiare. **11** ⟨*Venat*⟩ cadere ferma. □ *to ~* **about:** 1 cominciare a, mettersi accingersi a: *we ~ about looking for a house* c minciammo a cercare una casa; 2 (*to attempt*) cercare tentare) di, provare a; 3 (*fam*) (*to attack*) attaccar assalire; 4 ⟨*Mar*⟩ virare di bordo; *to ~ a ship about* vira di bordo; *to ~ a rumour about* diffondere (*o* far circolar una voce, mettere in giro una diceria; *to ~* **above** mette (*o* porre) al di sopra, attribuire maggiore importanza dare maggior valore a; *to ~* **after:** 1 inseguire, dare caccia a, mettersi all'inseguimento di; 2 (*to cause pursue*) mettere all'inseguimento di, far dare la caccia *to ~* **against:** 1 appoggiare, mettere: *to ~ a ladder again the wall* appoggiare una scala al muro; 2 (*to cause to hostile*) mettere contro, aizzare (*o* istigare) contro: *to friend against friend* mettere l'amico contro l'amico; ⟨*rifl*⟩ (*to oppose*) opporsi; *to ~* **apart** distinguere: *h talent ~s him apart* il suo ingegno lo distingue; *to ~* **asid** 1 scartare, eliminare; 2 (*to reserve*) accantonare, mette ⌈da parte⌉ (*o* in serbo), risparmiare: *to ~ aside a sum money* accantonare una somma di denaro; 3 (*to pay attention to*) lasciare (*o* mettere) da parte, mettere disparte; 4 ⟨*Dir*⟩ annullare: *to ~ aside a will* annullare testamento; *to ~* **back:** 1 rimettere (*o* ricollocare) a post 2 (*to move back*) allontanare, spingere (*o* metter indietro; 3 (*of a watch, clock*) mettere indietro; 4 (hinder, impede*) ostacolare, impedire, intralciare; *to* **before:** 1 mettere (*o* porre) davanti; 2 (*to give preference t* anteporre, preferire: *to ~ business before pleasu* anteporre gli affari al piacere; *to ~* **by:** 1 mettere ⌈ parte⌉ (*o* in serbo), conservare; 2 (*to hold in regar* tenere in conto (*o* considerazione): *to ~ little by hones* tenere in poco conto l'onestà; *to ~ s.o.'s doubts at re* dissipare i dubbi di qd.; *to ~* **down:** 1 mettere gi scaricare, deporre, posare; 2 (*to allow to alight*) fa scendere; 3 ⟨*Aer*⟩ (far) atterrare, (far) ammarare; 4 (*to p in writing*) scrivere, mettere per iscritto; 5 (*to attribut* attribuire, ascrivere; *to ~* **forth:** 1 esporre, esprimer manifestare: *he ~ forth his ideas* espose le sue idee; 2 (set out*) mettersi in viaggio, partire; *to ~* **forward:** mettere avanti, spostare (in) avanti; 2 ⟨*fig*⟩ (*to advanc further*) favorire, incoraggiare, promuovere; 3 (*to p forward, propose*) proporre, avanzare, presentare; *to ~* 1 inserire, introdurre, infilare; 2 ⟨*Sart*⟩ applica attaccare; 3 (*to become prevalent*) avere il sopravvent prevalere: *despair soon ~ in* la disperazione ebbe presto sopravvento; 4 (*to begin to function*) cominciare funzionare; 5 ⟨*Mar*⟩ (*of wind*) soffiare verso terra; *to*

off: 1 far esplodere, far scoppiare; 2 (*to cause to begin*) dare inizio (*o* l'avvio) a, mettere in ·moto; 3 (*to offset*) compensare, (contro)bilanciare; 4 (*to show up by contrast*) far risaltare, mettere in risalto (*o* rilievo), dare risalto a; 5 (*to adorn*) ornare, adornare; 6 (*to start a journey*) mettersi in viaggio, partire: *to* ~ **on:** 1 attaccare, assalire; 2 (*to cause to attack*) aizzare, incitare ⌐all'attacco⌐ (*o* all'inseguimento): *to* ~ *a dog on s.o.* aizzare un cane contro qd.; 3 (*to incite, instigate*) incitare, istigare, aizzare, spingere; 4 (*to put on the trail of*) mettere sulle tracce; 5 (*to set to work*) mettere ⌐a lavorare⌐ (*o* al lavoro); *to* ~ **out:** 1 mettere fuori; 2 (*to lay out*) sistemare, disporre ordinatamente: *the plumber* ~ *out his tools* l'idraulico sistemò i suoi attrezzi; 3 (*to make known*) esporre, esprimere, rendere noto: *they* ~ *out their reasons* esposero le loro ragioni; 4 (*to intend, engage*) proporsi, prefiggersi; 5 (*to begin a journey*) partire, mettersi in viaggio; *to* ~ **pen** *to paper* mettere mano alla penna, cominciare a scrivere; *to* ~ *a* **place** *at table* mettere un coperto; *to* ~ *the* **table** apparecchiare, preparare la tavola; *to* ~ *s.o.* **thinking** fare pensare (*o* riflettere) qd.; *to* ~ **to:** 1 mettersi all'opera, cominciare di buona lena; 2 (*to begin fighting*) cominciare a battersi, attaccare battaglia; *to* ~ **together:** 1 mettere insieme; 2 (*to compare*) confrontare, paragonare, mettere a confronto; *to* ~ **up:** 1 alzare, innalzare, erigere: *to* ~ *up a tent* alzare una tenda; 2 (*to put up in a high place*) mettere in alto; 3 (*to assemble*) montare: *to* ~ *up a machine* montare una macchina; 4 (*to found, establish*) fondare, istituire: *to* ~ *up a religious order* fondare un ordine religioso; 5 (*to provide with the opportunity to make a living*) avviare: *to* ~ *one's son up in business* avviare il proprio figlio negli affari; 6 (*to bring about*) provocare, causare, determinare: *the harsh measures* ~ *up a swift reaction* le severe misure provocarono una pronta reazione; 7 (*to plan, arrange*) organizzare, preparare, predisporre; 8 (*to propound, advance*) proporre, avanzare: *to* ~ *up a plan* proporre un piano; 9 (*rifl*) (*to claim to be*) farsi passare per spacciarsi per; 10 (*fam*) (*to restore to health, prosperity*) rimettere in sesto, tirare su: *a holiday will* ~ *you up* una vacanza ti rimetterà in sesto; *to* ~ *up as a lawyer* cominciare a esercitare l'avvocatura; (*am.sl*) *to* ~ *s.o. up to a drink* offrire da bere a qd.

et[2] **I** *s.* 1 serie *f*, assortimento *m*: *a* ~ *of cutlery* un assortimento di coltelli; *a* ~ *of drills* una serie di punte da trapano; (*service*) servizio *m*: *a* ~ *of dishes* un servizio di piatti. 2 (*of books*) collana *f*, collezione *f*: *a* ~ *of novels by Scott* una collana di romanzi di Scott. 3 (*of people*) cricca *f*, gruppo *m*: *a* ~ *of smugglers* una cricca di contrabbandieri; (*sphere, circle*) mondo *m*, ambiente *m*, società *f*: *the smart* ~ il bel mondo. 4 (*manner of being placed, arranged*) modo *m* di portare (*o* mettere): *the* ~ *of a hat* il modo di portare un cappello. 5 (*of the hair*) messa *f* in piega. 6 (*carriage, posture*) atteggiamento *m*, portamento *m*. 7 (*fig*) (*trend*) orientamento *m*, tendenza *f*, inclinazione *f*: *the* ~ *of public opinion* l'orientamento della pubblica opinione. 8 (*of buildings*) fila *f*, serie *f*, infilata *f*. 9 (*Cin,TV,Teat*) scenario *m*, allestimento *m* (*o* apparato) scenico, scene *fpl*. 10 (*of horses*) attacco *m* a due (*o* più coppie). 11 (*El,Rad,TV*) apparecchio *m*: *a radio* ~ un apparecchio radioricevente. 12 (*Sport*) partita *f*, set *m*. 13 (*Mar*) direzione *f*, corso *m*: *the* ~ *of the current* la direzione della corrente. 14 (*Agr,Giard*) (*young plant*) piantina *f*; (*small tuber*) piccolo tubero *m*; (*slip*) talea *f*. 15 (*trap, snare*) trappola *f*, laccio *m*. 16 (*of a badger*) tana *f* (di tasso). 17 (*clutch of eggs*) covata *f*. 18 (*Mecc*) deformazione *f* permanente. 19 (*Mat*) insieme *m*. 20 (*Venat*) ferma *f*. 21 (*Mur*) stabilitura *f*, ultima mano *f* d'intonaco. 22 (*Strad*) selce *f*, blocchetto *m* squadrato. **II** *a.* 1 (pre) stabilito, determinato: *at the* ~ *time* all'ora stabilita. 2 (*preconceived, premeditated*) studiato, preparato: *a* ~ *speech* un discorso preparato; (*intentional*) intenzionale. 3 (*resolved, determined*) deciso, risoluto, determinato (*on, upon* a): *to be* ~ *on doing s.th.* essere deciso a fare qc.; (*obstinate*) ostinato, caparbio, pertinace: ~ *determination* ostinata determinazione. 4 (*rigid*) fisso, fermo, immobile: *a* ~ *stare* uno sguardo fisso. 5 (*fixed in place*) fissato, assicurato. 6 (*solidified*) solidificato. 7

(*ready*) pronto: *are you all* ~? siete tutti pronti?; (*ready for use*) pronto, approntato, preparato. 8 (*situated*) situato, collocato. 9 (*of a battle: pitched*) campale. □ *a* ~ *of false teeth* una dentiera; *to get* ~ prepararsi; (*Sport*) *get* ~! pronti!: *on your marks, get* ~, *go!* ai vostri posti, pronti, via!; ~ *phrases* frasi fatte, luoghi comuni; (*Mat*) ~ *theory* insiemistica *f*.

setaceous [si'teiʃəs] *a.* 1 setoloso. 2 (*resembling bristles*) setaceo, setoliforme.

set|-aside *am. s.* (*Econ*) accantonamento *m*. **~back** *s.* 1 arresto *m*, battuta *f* d'arresto; (*defeat, rebuff*) sconfitta *f*, insuccesso *m*, scacco *m*. 2 (*Econ*) recessione *f*. 3 (*Med*) ricaduta *f*. ~ **designer** *s.* (*Cin,Teat,TV*) scenografo *m* (*f* –a). **~-fair** *a.* (*of weather*) bello stabile.

setiferous [si'tifərəs] *a.* setoloso.

set|-out *s.* 1 inizio *m*, principio *m*. 2 (*arrangement*) disposizione *f*, ordinamento *m;* (*display*) esposizione *f*, mostra *f*. ~ **point** *s.* (*in tennis*) punto *m* che permette di vincere la partita. ~ **square** *s.* squadra *f* a triangolo.

sett [set] *s.* 1 (*Strad*) blocchetto *m* squadrato, selce *f*. 2 (*Minier*) (*timber frame*) quadro *m*, armamento *m*.

settee [se'ti:] *s.* (*Arred*) divano *m*, sofà *m*.

setter ['setə] *s.* 1 (*Zool*) cane *m* da ferma, setter *m*. 2 (*sl*) (*police spy*) informatore *m* (*f* –trice) della polizia.

setting ['setiŋ] *s.* 1 collocamento *m*, collocazione *f*, posa *f*, messa *f* in opera. 2 (*in instruments*) regolazione *f*, graduazione *f*. 3 (*of a narrative, film, etc.*) ambiente *m*, ambientazione *f*: *a novel with a Scottish* ~ un romanzo di ambiente scozzese. 4 (*Teat*) scenario *m*, messinscena *f*, messa *f* in scena. 5 (*Mus*) accompagnamento *m* musicale. 6 (*place at table*) coperto *m*. 7 (*Tip*) composizione *f*. 8 (*Mecc*) messa *f* a punto, registrazione *f*. 9 (*Mot*) taratura *f*. 10 (*process of solidifying*) solidificazione *f*; (*of concrete*) presa *f*. 11 (*Tip*) composizione *f*. 12 (*Zootecn*) covata *f*.

setting| board *s.* tavoletta *f* da entomologo (per farfalle, ecc.). ~ **box** *s.* cassetta *f* da entomologo. ~ **lotion** *s.* fissatore *m* (per la messa in piega). ~ **off,** **~-out** *s.* partenza *f*.

settle[1] ['setl] **I** *v.t.* 1 sistemare, mettere, posare: *to* ~ *a statue on its pedestal* sistemare una statua sul piedistallo. 2 (*to make comfortable*) sistemare, accomodare: *to* ~ *a baby for the night* sistemare un bambino per la notte. 3 (*to make calm*) calmare, acquietare. 4 (*fam*) (*to reduce to good behaviour*) mettere a posto, richiamare all'ordine: *a word from the headmaster –d him* una parola del preside lo mise a posto. 5 (*to fix, agree upon*) fissare, stabilire, concordare: *we can* ~ *the price later* possiamo fissare il prezzo in seguito; *the date has not been –d* la data non è stata stabilita. 6 (*to resolve*) appianare, risolvere, sistemare, comporre, definire: *the dispute has been –d* la controversia è stata appianata. 7 (*to put in order*) sistemare, mettere in ordine: *to* ~ *one's affairs* sistemare i propri affari. 8 (*to establish in residence*) sistemare, collocare, alloggiare, installare: *to* ~ *refugees in private homes* sistemare i profughi in abitazioni private. 9 (*to make firm, stable*) rendere stabile, stabilizzare: *a thunderstorm often –s the weather* spesso un temporale stabilizza il tempo. 10 (*rifl*) (*to apply o.s.*) mettersi di buona lena, mettersi sotto. 11 (*to make compact, firm*) consolidare; (*of a road*) sistemare. 12 (*of liquids*) decantare, lasciare sedimentare; (*of dregs, sediment*) precipitare. 13 (*Econ*) chiudere, liquidare; (*of a bill*) saldare, pagare, regolare. 14 (*Dir*) assegnare, costituire: *to* ~ *an annuity on s.o.* assegnare una rendita annua a qd.; (*of a case*) definire: *the suit was –d out of court* la causa fu definita in sede extragiudiziale. **II** *v.i.* 1 (spesso con *down*) stabilirsi, fissare il (proprio) domicilio: *we have decided to* ~ *in Switzerland* abbiamo deciso di stabilirci in Svizzera. 2 (*to become fixed in a location*) stabilizzarsi, diventare stabile: *the wind has –d in the east* il vento si è stabilizzato a est. 3 (*of a disease*) localizzarsi. 3 (*to take up a settled way of life*; spesso con *down*) sistemarsi: *it is time you married and –d down* è ora che ti sposi e ti sistemi. 4 (*to become calm*; spesso con *down*) calmarsi, acquietarsi: *the baby has –d down* il bambino si è calmato. 5 (*to apply o.s.*; spesso con *down*) mettersi sotto, mettersi di buona lena (*to* a): *he* –*d down to study* si mise sotto a studiare. **6** (*to take up a comfortable position*) sistemarsi, accomodarsi. **7** (*to alight, descend*) posarsi: *the bird* –*d on a branch* l'uccello si posò su un ramo; *mist has* –*d over the valley* la nebbia si è posata sulla valle. **8** (*of dregs, sediment*) depositarsi; (*of liquids*) decantare, sedimentare. **9** 〈*Edil*〉 abbassarsi, cedere, assestarsi. **10** 〈*Mar*〉 (*of a ship;* spesso con *down*) affondare lentamente: *to* ~ *by the stern* affondare lentamente di poppa. **11** (*of ground: to become compact*) consolidarsi. **12** (*to come to an agreement*) accordarsi, giungere a un accordo (*o* accomodamento). **13** 〈*Econ*〉 (spesso con *up*) regolare i conti, saldare un conto (*o* debito). **14** (*to decide, resolve*) decidersi, risolversi (*on, upon* per): *which one have you* –*d on?* per quale ti sei deciso? □ *to* ~ *for* contentarsi di: *to* ~ *for second place* contentarsi del secondo posto; *to* ~ *in* sistemarsi, assestarsi: *we haven't* –*d in yet* non ci siamo ancora sistemati; *things are beginning to* ~ *into shape* le cose cominciano a sistemarsi; *that* –*s it* questo risolve la faccenda.

settle[2] *s.* 〈*Arred*〉 (cassa)panca *f* con schienale alto.

settled ['setld] *a.* **1** stabile, fisso, fermo: *a* ~ *government* un governo stabile; (*of habits, etc.*) inveterato, radicato. **2** (*of people*) calmo, posato. **3** (*decided, determined*) stabilito, deciso, fissato: *our plans are* ~ i nostri programmi sono stabiliti; *your promotion is as good as* ~ la tua promozione è praticamente decisa; (*of prices*) fisso. **4** (*arranged*) sistemato, a posto: *everything is* ~ tutto è sistemato. **5** (*of weather*) stabile. **6** 〈*Econ*〉 saldato, pagato. □ ~ *convictions* saldi principi; ~ *order* ordine costituito.

settlement ['setlmənt] *s.* **1** composizione *f*, sistemazione *f*, risoluzione *f*, definizione *f*: *the* ~ *of a dispute* la composizione di una lite; *a* ~ *to the strike* una risoluzione dello sciopero. **2** (*agreement*) accordo *m*, accomodamento *m*. **3** (*act of making stable*) stabilizzazione *f*; (*stability*) stabilità *f*. **4** (*act of colonizing*) colonizzazione *f*, insediamento *m* di coloni; (*colony*) colonia *f*, insediamento *m*: *Greek* –*s in Magna Grecia* le colonie greche nella Magna Grecia. **5** (*religious community*) comunità *f* religiosa. **6** (*act of locating*) installazione *f*: *the* ~ *of a new factory* l'installazione di una nuova fabbrica. **7** 〈*Econ*〉 saldo *m*, liquidazione *f*, pagamento *m*, regolamento *m*: ~ *of a bill* il saldo di una fattura; (*on the Stock Exchange*) liquidazione *f* periodica. **8** 〈*Dir*〉 assegnazione *f* (*o* costituzione) legale; (*property settled*) assegnamento *m*, rendita *f*. **9** 〈*Edil*〉 cedimento *m* (di assestamento). □ 〈*Stor*〉 *Act of* ~ atto *m* di successione al trono; 〈*Econ*〉 *in* ~ *of your account* a saldo del vostro conto; 〈*Comm*〉 ~ *in full* liquidazione *f* a saldo; 〈*Comm*〉 *terms of* ~ condizioni *fpl* (*o* termini *mpl*) di pagamento.

settlement| **area** *s.* zona *f* di colonizzazione (*o* insediamento). ~ **worker** *s.* assistente *m/f* sociale di quartiere (povero o affollato).

settler ['setlə] *s.* **1** colonizzatore *m* (*f* –trice). **2** 〈*Stor*〉 colono *m*. **3** (*one who settles, resolves*) chi definisce, chi risolve. **4** 〈*fig*〉 argomento *m* decisivo. **settling** [–liŋ] *s.* **1** composizione *f*, sistemazione *f*, risoluzione *f*, definizione *f*. **2** (*act of colonizing*) colonizzazione *f*. **3** *pl.* (*dregs, sediment*) sedimenti *mpl*, feccia *f*. **4** (*act of establishing*) sistemazione *f*; (*of liquids*) decantazione *f*. **5** 〈*Edil*〉 cedimento *m* (di assestamento).

settling| **day** *s.* 〈*Econ*〉 (*on the Stock Exchange*) giorno *m* di liquidazione. ~ **tank** *s.* 〈*tecn*〉 pozzo *m* di decantazione.

set-to ['set'tu:] *s.* (*pl.* -**s** [z]) 〈*fam*〉 **1** zuffa *f*, baruffa *f*, rissa *f*. **2** (*verbal quarrel*) litigata *f*.

set-up *s.* **1** 〈*fam*〉 organizzazione *f*: *the company* ~ l'organizzazione aziendale; (*arrangement*) sistemazione *f*, disposizione *f*. **2** 〈*fam*〉 (*situation*) situazione *f*: *can you explain the* ~? mi puoi spiegare la situazione? **3** 〈*fam*〉 (*project, scheme*) progetto *m*, piano *m*.

setwall ['setwɔ:l] *s.* 〈*Bot*〉 valeriana *f* minore, silvestre.

seven ['sevn] **I** *a.* sette: ~ *years* sette anni. **II** *s.* (*pl. inv.*/-**s** [z]; il pl. in –*s* si usa general. con valore collett.) sette *m.* □ *by* –*s* per sette, a gruppi di sette; ~ *times out of ten* sette volte su dieci.

seven-fold I *a.* settuplo. **II** *avv.* sette volte tanto.

seven|-league boots *s.pl.* 〈*Lett*〉 stivali *mpl* delle set leghe. ~ **Sages** *s.pl.* 〈*Stor.gr*〉 sette savi *mpl.* ~ **seas**, **Seas** *s.pl.* sette mari *mpl*, oceani *mpl*.

seventeen ['sevn'ti:n] **I** *a.* diciassette. **II** *s.* (*pl. inv.*/-**s** [z il pl. in –*s* si usa general. con valore collett.) diciasset *m.* □ *sweet* ~ l'età più bella (delle ragazze **seventeenth** [–θ] **I** *s.* diciassettesimo: *the* ~ *century* diciassettesimo secolo. **II** *s.* diciassettesimo *m*.

seventh ['sevnθ] **I** *a.* settimo. **II** *s.* **1** settimo *m*, settim parte *f*. **2** 〈*Mus*〉 settima *f*, intervallo *m* di settima. 〈*Mus*〉 → **seventh chord. III** *avv.* al settimo post settimo.

seventh| **chord** *s.* 〈*Mus*〉 accordo *m* di settima. **heaven** *s.* 〈*Teol*〉 settimo cielo *m* (*anche fig.*): *to be* the ~ essere al settimo cielo.

seventhly ['sevnθli] *avv.* in settimo luogo, settimo.

seventieth ['sevntiiθ] **I** *a.* settantesimo. **II** *s.* settantesim *m*, settantesima parte *f*.

seventy ['sevnti] **I** *a.* settanta. **II** *s.* (*pl. inv.*/-**ties** [tiz]; pl. in -**ties** si usa general. con valore collett.) **1** settanta *m*. **2** *pl.* (*of age*) settantina *f*, settant'anni *mpl*: *to be in one seventies* avere passato la settantina; (*of time*) anni *m* settanta. □ *to be in one's early seventies* essere sul settantina; *to be in one's late seventies* essere vicino ai ottant'anni.

'seventy|-'eight *s.* disco *m* a settantotto giri, settantotto giri. **'~-'five** *s.* 〈*Mil*〉 pezzo *m* da settantacinqu settantacinque *m*.

,**seven-year 'itch** *s.* 〈*scherz*〉 crisi *f* del settimo anno (matrimonio).

sever ['sevə] **I** *v.t.* **1** tagliare (in due), dividere: *to* ~ *a ro* tagliare una corda; (*to separate by cutting*) recider troncare, mozzare. **2** 〈*fig*〉 troncare, romper interrompere: *he has* –*ed all connections with his fam* ha troncato tutti i rapporti con la famiglia. **3** 〈*fig*〉 *part, separate*) staccare, separare, dividere: *to* ~ *o.s. fro the Church* staccarsi dalla chiesa. **II** *v.i.* **1** separars dividersi. **2** 〈*Dir*〉 condurre un'azione legale sep ratamente (in una causa comune). **severable** [–rəbl] separabile, divisibile.

several ['sev(ə)rəl] **I** *a.* **1** diverso, vario, svariato: *I rang times* sonai diverse volte; *there are* ~ *ways of doing it* sono vari modi di farlo. **2** (*being a separate membe* singolo: *the* ~ *members of the council* i singoli membri d consiglio; (*individual*) individuale, personale; (*respectiv* rispettivo: *three heads of state and their* ~ *wives* tre ca di stato con le rispettive consorti. **3** (*separate, differen* diverso, differente, distinto: *we each went our* ~ *wa* ciascuno di noi andò per ⌐vie diverse⌐ (*o* la sua strada *two* ~ *charges* due distinti capi d'accusa. **4** 〈*Di* (*severable*) separato, distinto, individuale. **II** *pron.* (*som a few;* costr. pl.) alcuni, diversi, parecchi: ~ *of you* alc ni di voi. **severally** [–i] *avv.* **1** separatament individualmente, uno alla (*o* per) volta. **2** (*respectivel* rispettivamente. **severalty** [–ti] *s.* **1** l'essere distint individualità *f*. **2** 〈*Dir*〉 possesso *m* individuale; (*estat* proprietà *f* individuale.

severance ['sevərəns] *s.* **1** separazione *f*, disgiunzione *f*. 〈*fig*〉 rottura *f*: ~ *of diplomatic relations* rottura del relazioni diplomatiche.

severe [si'viə] *a.* **1** severo, rigoroso, duro: ~ *laws* leg severe. **2** (*of pain*) acuto, vivo, violento. **3** (*serious*) grav serio: *a* ~ *illness* una grave malattia; ~ *difficulties* ver difficoltà. **4** (*stern in appearance*) severo, serio, grav austero: *a* ~ *face* un volto severo. **5** (*of weather, climat etc.*) rigido, duro, inclemente: *a* ~ *winter* un inverr rigido. **6** (*trying, difficult*) impegnativo, arduo, gravos difficile: ~ *competition* gara impegnativa. **7** (*rigidly exac* rigoroso, preciso, esatto. **8** (*sarcastic, satirical*) sarcastic satirico: ~ *remarks* commenti sarcastici. □ *a* ~ *blow our hopes* un duro colpo alle nostre speranze. **severe** [–li] *avv.* **1** duramente, severamente: ~ *punish* severamente punito. **2** (*seriously*) gravemente, seriamen ~ *wounded* ferito gravemente. **3** (*sternly, strictl* severamente, rigidamente, rigorosamente: *to treat s.o.* trattare severamente qd. **severity** [–'veriti] *s.* **1** severità durezza *f*, rigore *m*. **2** (*seriousness*) gravità *f*, serietà *f*: *the* ~ *of a crisis* la gravità di una crisi. **3** (*sternness, strictness*) severità *f*, rigore *m*, rigorosità *f*. **4** (*of weather, climate*) rigore *m*, rigidezza *f*, inclemenza *f*. **5** (*exacting quality*) severità *f*, rigorosità *f*: *the* ~ *of an examination* la severità di un esame. **6** (*rigid exactness*) rigorosità *f*, precisione *f*, esattezza *f*, rigore *m*.

èvres (ware) ['se:vr] *s.* ⟨*Ceram*⟩ porcellana *f* di Sèvres.

ew [sou] *v.* (*pret.* **sewed** [–d], *p.p.* **sewn** [soun]/**sewed**) **I** *v.t.* **1** cucire: *to* ~ *two pieces of cloth together* cucire (insieme) due pezzi di stoffa; (*to attach by sewing*) spesso con *on*) cucire, attaccare: *to* ~ *on a button* attaccare un bottone; (*to make by sewing*) cucire: *to* ~ *a dress* cucire un vestito. **2** (*to mend by sewing*; spesso con *up*) rammendare, cucire, riparare, aggiustare: *to* ~ *up a hole in a sock* rammendare (un buco in) una calza. **3** (*to close by sewing*; spesso con *up*) cucire, chiudere cucendo: *to* ~ *up a cushion* cucire un cuscino. **II** *v.i.* cucire, lavorare di cucito. □ ⟨*sl*⟩ *to* ~ **up**: 1 concludere, condurre (*o* portare) a termine: *he –ed up the deal in five minutes* concluse l'affare in cinque minuti; 2 (*to have complete control of*) monopolizzare, accaparrarsi: *the company has got the copper market –ed up* la società ha monopolizzato il mercato del rame; 3 (*of votes, etc.*) accaparrarsi; 4 (*to tire out*) sfinire, stancare, spossare.

ewage ['sju:idʒ] *s.* acque *fpl* luride (*o* di scolo).
ewage works *s.* trattamento *m* delle acque di rifiuto.
ewer[1] ['sju:ə] *s.* fogna *f*, chiavica *f*, cloaca *f*.
ewer[2] ['souə] *s.* (*one who sews*) cucitore *m* (*f* –trice).
ewer[3] ['sju:ə] *s.* ⟨*Stor*⟩ valletto *m* che serviva a tavola.
ewerage ['sju:əridʒ] *s.* **1** → **sewage**. **2** (*removal of sewage*) rimozione *f* (*o* scarico *m*) delle acque luride. **3** (*system of sewers*) fognatura *f*.
ewer| **rat** *s.* **1** ⟨*Zool*⟩ ratto *m* delle chiaviche, surmolotto *m*. **2** (*fig*) topo *m* di fogna. ~ **system** *s.* rete *f* fognaria. ~ **water** *s.* acqua *f* di fogna.
ewing ['souiŋ] *s.* **1** cucire, cucitura *f*; (*occupation*) cucito *m*. **2** (*s.th. sewn, to be sewn*) cucito *m*, lavoro *m* di cucito.
ewing| **cotton** *s.* cotone *m* da cucire. ~ **machine** *s.* macchina *f* da cucire.
ewn [soun] → **sew**.
ex [seks] **I** *s.* **1** sesso *m*: *the male* ~ il sesso maschile; *a film full of blood and* ~ un film pieno di sangue e di sesso. **2** (*sexual intercourse*) rapporto *m* sessuale. **II** *a.* sessuale, del sesso. □ *clothes for both –es* abiti per entrambi i sessi (*o* unisex); (*fam*) *to have* ~ *with s.o.* avere rapporti sessuali con qd.; *the third* ~ il terzo sesso.
exagenarian [,seksədʒi'neəriən] **I** *a.* sessantenne, sessagenario. **II** *s.* sessantenne *m/f*, sessagenario *m* (*f* –a).
sexagenary [–'sædʒinəri] *a.* **1** sessantesimo. **2** → sexagenarian.
exagesima [,seksə'dʒesimə] *s.* ⟨*Lit*⟩ sessagesima *f*, domenica *f* di sessagesima. **sexagesimal** [–l] **I** *a.* ⟨*Mat*⟩ sessagesimale. **II** *s.* frazione *f* sessagesimale.
exangular [sek'sæŋgjulə] *a.* ⟨*Geom*⟩ esagonale.
ex| **antagonism** *s.* ⟨*Psic*⟩ antagonismo *m* sessuale. ~ **appeal** *s.* attrazione *f* (*o* fascino *m*) sessuale, attrattiva *f* fisica, sex-appeal *m*. ~ **discrimination** *s.* discriminazione *f* dei sessi.
exed [sekst] *a.* ⟨*Biol*⟩ sessuato.
ex education *s.* educazione *f* sessuale.
exennial [sek'seniəl] *a.* **1** che dura sei anni. **2** (*occurring every six years*) che avviene ogni sei anni.
exily ['seksili] *avv.* in modo conturbante. **sexiness** [–sinis] *s.* ⟨*fam*⟩ l'essere (eroticamente) conturbante.
sexism [–sism] *s.* sessismo *m*. **sexist** [–sist] *s.* sessista *m/f*.
ex kitten *s.* ⟨*fam*⟩ ragazzina *f* provocante, lolita *f*.
exless ['sekslis] *a.* **1** ⟨*Biol*⟩ asessuato; (*neuter*) neutro. **2** (*frigid*) frigido; (*impotent*) impotente.
ex| **life** *s.* vita *f* sessuale. ~ **maniac** *s.* **1** maniaco *m* (*f* –a) sessuale. **2** ⟨*fam*⟩ maniaco *m* (*f* –a) del sesso.
expartite [seks'pɑ:tait] *a.* **1** diviso in (*o* formato da) sei parti. **2** ⟨*Arch*⟩ a crociera gotica.
extain ['sekstein] *s.* ⟨*Metr*⟩ sestina *f*.

sextan ['sekstən] **I** *a.* ⟨*Med*⟩ che ricorre ogni sei giorni. **II** *s.* febbre *f* che ricorre ogni sei giorni.
sextant ['sekstənt] *s.* **1** ⟨*Astr*⟩ sestante *m*. **2** ⟨*Geom*⟩ sesta parte *f* di un cerchio.
sext [sekst] *s.* ⟨*Lit*⟩ sesta *f*.
sextet(te) [seks'tet] *s.* sestetto *m* (*anche Mus.*).
sex therapy *s.* terapia *f* sessuale.
sexto ['sekstou] *s.* (*pl.* **-s** [z]) ⟨*Tip*⟩ **1** sesto *m*. **2** (*book*) libro *m* in sesto.
sextodecimo [,sekstou'desimou] *s.* (*pl.* **-s** [z]) ⟨*Tip*⟩ **1** sedicesimo *m*. **2** (*book*) libro *m* in sedicesimo.
sexton ['sekstən] *s.* sagrestano *m*.
sexton beetle *s.* ⟨*Entom*⟩ necroforo *m*.
sextuple ['sekstjupl] **I** *a.* sestuplo. **II** *s.* sestuplo *m*. **III** *v.t.* sestuplicare. **IV** *v.i.* sestuplicarsi. **sex'tuplet** [–it] *s.* **1** uno di sei gemelli. **2** *pl.* sei gemelli *mpl*.
sexual ['seksjuəl, 'sekʃuəl] *a.* sessuale: ~ *instincts* istinti sessuali.
sexuality [,seksju'æliti, ,sekʃu–] *s.* sessualità *f* (*anche Fisiol.*). '**sexually** [–juəli] *avv.* in modo sessuale.
sexually transmitted disease *s.* ⟨*Med*⟩ malattia *f* (a trasmissione) sessuale.
sexual| **offence** *s.* delitto *m* a sfondo sessuale. ~ **pervert** *s.* pervertito *m* (*f* –a).
sexy ['seksi] *a.* ⟨*fam*⟩ **1** provocante, sexy. **2** (*of books, films, etc.*) erotico.
Seychelles [sei'ʃelz] *N.pr.pl.* ⟨*Geog*⟩ Seicelle *fpl*.
Sez [sez]: ⟨*sl*⟩ ~ *you!* (se) lo dici tu!, ha parlato l'oracolo!
SF = *Science Fiction* fantascienza.
S.G. = ⟨*Dir*⟩ *Solicitor General* procuratore generale.
sgd. = *signed* firmato (*abbr.* f.to.).
sh [ʃ] *intz.* (*to enjoin silence*) sss, st, ssh.
sh. = ⟨*Econ*⟩ *shilling* scellino.
shabbily ['ʃæbili] *avv.* **1** in modo trasandato, trascuratamente: *to dress* ~ vestire in modo trasandato. **2** (*shamefully*) in modo vergognoso (*o* indegno). **3** (*in an inferior way*) mediocremente, in modo scadente.
shabbiness [–binis] *s.* **1** trascuratezza *f*, trasandatezza *f*, cattivo stato *m*. **2** (*of places, etc.*) squallore *m*. **3** (*shameful, dishonourable quality*) l'essere vergognoso, indegnità *f*. **4** (*inferior quality*) mediocrità *f*. **shabby** [–bi] *a.* **1** consunto, malandato, frusto, logoro, dimesso. **2** (*wearing worn clothes*) scalcagnato, malvestito, trasandato, male in arnese. **3** (*of places*) squallido, desolante. **4** (*shameful, unfair*) vergognoso, ignobile, indegno: ~ *treatment* trattamento vergognoso. **5** (*inferior in quality*) mediocre, scadente.
'**shabby-gen'teel** *a.* povero ma dignitoso. '**shabby -gen'tility** *s.* povertà *f* dignitosa.
shabrack ['ʃæbræk] *s.* ⟨*Mil.ant*⟩ gualdrappa *f*.
shack [ʃæk] **I** *s.* baracca *f*, capanna *f*, tugurio *m*. **II** *v.t./i.* ⟨*sl*⟩ (*to cohabit*; general. con *up*) convivere (*with* con).
shackle ['ʃækl] **I** *s.* **1** (general. al pl.) ferri *mpl*, ceppi *mpl*, catene *fpl*. **2** *pl.* ⟨*fig*⟩ pastoie *fpl*, impedimenti *mpl*. **3** ⟨*tecn*⟩ anello *m* di trazione a U; (*of a padlock*) gambo *m*. **4** ⟨*Mar*⟩ maniglia *f*, maniglione *m*. **II** *v.t.* **1** mettere in ceppi (*o* catene), mettere ai ferri. **2** (*to fasten with a shackle*) incatenare: *the prisoner was –d to a tree* il prigioniero fu incatenato a un albero. **3** ⟨*fig*⟩ impedire, ostacolare, impastoiare. **4** ⟨*Mar*⟩ ammanigliare.
shackle|**bolt** *s.* ⟨*Mar,tecn*⟩ perno *m* di maniglia. ~ **joint** *s.* attacco *m* a maniglione.
shad [ʃæd] *s.* (*pl. inv./*-s [z]; il pl.inv. si usa general con valore collett.) ⟨*Itt*⟩ alosa *f*.
shaddock ['ʃædək] *s.* ⟨*Bot*⟩ pompelmo *m*.
shade [ʃeid] **I** *s.* **1** ombra *f*: *to sit in the* ~ sedere all'ombra. **2** (*s.th. that shades*) schermo *m*, difesa *f*, protezione *f*; (*eyeshade*) visiera *f*; (*lampshade*) paralume *m*. **3** *pl.* ⟨*fam*⟩ (*sunglasses*) occhiali *mpl* da sole. **4** ⟨*fig*⟩ (*obscurity*) ombra *f*, oscurità *f*. **5** (*of colours*) tonalità *f*, sfumatura *f*, gradazione *f*: *two –s of red* due tonalità di rosso. **6** ⟨*fig*⟩ (*small variation*) sfumatura *f*: *delicate –s of meaning* lievi sfumature di significato. **7** ⟨*fig*⟩ (*small quantity, degree*) tantino *m*, po' *m*, poco *m*, ombra *f*: *it is a* ~ *too big* è un tantino troppo grande. **8** ⟨*Pitt*⟩ ombra *f*, ombreggiatura *f*: *good use of light and* ~ buon uso di luce

e ombre⌐ (o del chiaroscuro). **9** (*ghost*) ombra *f,* fantasma *m,* spettro *m:* the ~ of Banquo l'ombra di Banco. **10** ⟨*am*⟩ (*window blind*) avvolgibile *m.* **II** *v.t.* **1** ombreggiare, fare ombra a: *the avenue was –d by trees* il viale era ombreggiato da alberi. **2** (*to protect from light, heat, etc.*) riparare, fare ombra a, proteggere: *to ~ one's eyes with one's hand* ripararsi gli occhi con la mano. **3** (*of a light, lamp*) schermare. **4** (*to change gradually*); spesso con *off, away*) sfumare: *blue that –s off into green* blu che sfuma nel verde. **5** ⟨*fig*⟩ (*to throw into the shade*) mettere in ombra, eclissare, offuscare. **6** ⟨*fig*⟩ (*to hide, screen*) adombrare, velare, celare, dissimulare; (*to darken*) offuscare, oscurare. **7** ⟨*Pitt*⟩ ombrare, ombreggiare: *to ~ a drawing* ombrare un disegno. **8** ⟨*Mus*⟩ variare (di un'ottava) il tono di. **III** *v.i.* (spesso con *off, away*) sfumare, mutarsi a poco a poco (*into* in). □ *to dwell among the –s* essere un'ombra tra la ombre, essere morto; *in the* ~: 1 all'ombra: 39° *in the* ~ 39° all'ombra; 2 ⟨*fig*⟩ nell'ombra; ⟨*fig*⟩ *to throw* (*o cast, put*) *into the* ~ fare sfigurare, sminuire, mettere in ombra; *to keep in the* ~: 1 restare all'ombra; 2 ⟨*fig*⟩ restare nell'ombra, non farsi notare.

shaded ['ʃeidid] *a.* **1** ombreggiato, ombrato, ombroso. **2** (*of a lamp, etc.*) schermato. **3** ⟨*Pitt*⟩ ombrato, ombreggiato.

shadeless ['ʃeidlis] *a.* privo d'ombra, senz'ombra.

shadily ['ʃeidili] *avv.* **1** in modo da fare ombra. **2** ⟨*fam*⟩ equivocamente, in modo losco. **shadiness** [–dinis] *s.* **1** ombrosità *f.* **2** ⟨*fam*⟩ l'essere losco (*o* equivoco).

shading ['ʃeidiŋ] *s.* **1** ombreggiamento *m,* ombreggiatura *f* (*anche Art.*). **2** (*of colour*) gradazione *f,* tonalità *f,* sfumatura *f.* **3** ⟨*fig*⟩ sfumatura *f,* lieve differenza *f.*

shadow ['ʃædou] **I** *s.* **1** ombra *f: the ~ of a hand on the wall* l'ombra di una mano sul muro; *the trees cast long –s* gli alberi proiettavano lunghe ombre. **2** ⟨*fig*⟩ (*s.th. unsubstantial, delusive*) ombra *f,* chimera *f,* vana illusione *f: to run after a* ~ correre dietro un'ombra. **3** ⟨*fig*⟩ (*attenuated form*) ombra *f,* parvenza *f: the ~ of a once-great empire* l'ombra di quello che un tempo fu un grande impero. **4** ⟨*fam*⟩ (*emaciated person*) persona *f* magra (*o* sparuta), larva *f.* **5** ⟨*fig*⟩ (*slightest degree, trace*) ombra *f,* traccia *f,* barlume *m: there is not a* ~ *of doubt* non c'è ombra di dubbio. **6** ⟨*fig*⟩ (*threat*) minaccia *f,* pericolo *m* (incombente), spauracchio *m: under the* ~ *of war* sotto la minaccia della guerra. **7** ⟨*fig*⟩ (*protection, shelter*) riparo *m,* protezione *f,* difesa *f,* ombra *f,* schermo *m.* **8** (*ghost, phantom*) fantasma *m,* spettro *m,* ombra *f.* **9** (*reflected image*) immagine *f* riflessa. **10** ⟨*fig*⟩ (*copy, imitation*) copia *f,* imitazione *f,* immagine *f.* **11** ⟨*fig*⟩ (*inseparable companion*) ombra *f,* compagno *m* (*f* –a) inseparabile. **12** ⟨*fig*⟩ (*detective*) investigatore *m* privato. **13** ⟨*fig*⟩ (*proximity*) pressi *mpl,* vicinanze *fpl,* ⟨*fam*⟩ ombra *f: he grew up in the* ~ *of the Tower of London* è cresciuto all'ombra della torre di Londra. **14** *pl.* ⟨*poet*⟩ (*darkness*) oscurità *f,* tenebre *fpl.* **15** ⟨*Pitt*⟩ scuro *m,* parte *f* scura. **II** *v.t.* **1** ombreggiare, ombrare, adombrare, fare ombra a; (*to darken*) oscurare, offuscare. **2** ⟨*fig*⟩ rattristare, oscurare, gettare un'ombra su. **3** (*to follow secretly*) pedinare, seguire come un'ombra, spiare. □ ⟨*fig*⟩ *to* **catch** *at* ~s correre dietro alle ombre; ~ *of* **death** l'ombra della morte; *to have* –s *under the* **eyes** avere le occhiaie; ⟨*fig*⟩ *may your* ~ *never* **grow** *less!* che Dio ti conservi in salute!

shadow|-box *v.i.* ⟨*Sport*⟩ allenarsi con l'ombra. ~ **boxing** *s.* ⟨*Sport*⟩ allenamento *m* con l'ombra. ~ **cabinet** *s.* ⟨*Pol*⟩ gabinetto *m* (*o* governo) ombra. ~ **economy** *s.* economia *f* sommersa. ~ **factory** *s.* fabbrica *f* facilmente convertibile alla produzione bellica. ~ **government** *s.* → **shadow cabinet.**

shadowiness ['ʃædouinis] *s.* **1** ombrosità *f.* **2** ⟨*fig*⟩ irrealtà *f;* (*vagueness, faintness*) vaghezza *f,* nebulosità *f.*

shadowless ['ʃædoulis] *a.* **1** privo di ombra, senz'ombra. **2** (*casting no shade*) che non fa ombra, senz'ombra.

shadow| pantomime, ~ **play** *s.* → **shadow show.** ~ **price** *s.* ⟨*Econ*⟩ prezzo *m* ombra. ~ **show** *s.* teatro *m* delle ombre.

shadowy ['ʃædoui] *a.* **1** indistinto, sfumato, vago: *a* ~

form una forma indistinta. **2** ⟨*fig*⟩ chimerico, illusori irreale, fantastico: ~ *dreams of power* sogni chimerici potere; (*vague, faint*) vago, nebuloso: *a* ~ *conception the truth* un concetto vago della verità. **3** (*shaa* ombreggiato, ombroso. **shady** ['ʃeidi] *a.* **1** ombreggiat ombroso, in ombra: *a* ~ *path* un sentiero ombreggiato; ~ *tree* un albero ombroso. **2** ⟨*fam*⟩ losco, equivoc ambiguo, di dubbia fama (*o* onestà): *a* ~ *deal* un affa losco; *a* ~ *character* un tipo equivoco. □ ⟨*fam*⟩ *to be* the ~ *side of fifty* avere passato (da un pezzo) cinquantina.

shaft [ʃɑ:ft] *s.* **1** asta *f: the* ~ *of a lance* l'asta di un lancia. **2** ⟨*estens*⟩ (*lance*) lancia *f,* asta *f;* (*arrow*) freccia dardo *m.* **3** ⟨*fig*⟩ strale *m,* dardo *m,* frecciata *f: the –s satire* gli strali della satira. **4** (*handle of a tool*) manico *r* impugnatura *f: the* ~ *of an axe* il manico di un'ascia. ⟨*Mecc*⟩ albero *m.* **6** *pl.* (*of a horse-drawn vehicle*) stang *fpl.* **7** ⟨*Arch*⟩ (*body of a column*) scapo *m,* fusto *m;* (*sm column*) colonnina *f;* (*obelisk*) obelisco *m.* **8** (*vertic passage or opening*) pozzo *m,* tromba *f: the lift* ~ il poz dell'ascensore. **9** (*ray, beam*) raggio *m: –s of sunlight* rag di sole. **10** (*of lightning: bolt*) fulmine *m,* saetta *f.* ⟨*Met*⟩ tino *m.*

shaft| drive *s.* ⟨*Mecc*⟩ trasmissione *f* ad alberi. **furnace** *s.* ⟨*Met*⟩ forno *m* a tino.

shafting ['ʃɑ:ftiŋ] *s.* ⟨*Mecc*⟩ sistema *m* di trasmissione alberi.

shag [ʃæg] *s.* **1** groviglio *m* di capelli. **2** (*coarse tobacc* tabacco *m* ordinario. **3** ⟨*Tess*⟩ tessuto *m* felpato peloso).

shagginess ['ʃæginis] *s.* **1** pelosità *f,* villosità *f.* **2** texture*) ruvidezza *f,* scabrosità *f.* **shaggy** [–gi] *a.* **1** pelo lungo e ispido, villoso, peloso: *a* ~ *dog* un cane d pelo lungo e ispido; (*of hair, etc.*) ispido, irto, arruffato. (*having a rough texture, surface*) ruvido, aspro, grezz scabro. **3** (*of countryside*) sterposo, coperto di sterp incolto.

shagreen [ʃæ'gri:n] *s.* ⟨*Conc*⟩ **1** zigrino *m.* **2** (*rou shark-skin*) zigrino *m,* pelle *f* ruvida di squalo.

shah, Shah [ʃɑ:] *s.* (*in Iran*) scià *m.*

shake[1] [ʃeik] *v.* (*pret.* **shook** [ʃuk]/*dial.* **shaked** [ʃeik *p.p.* **shaken** ['ʃeikən]/*dial.* **shaked/shook**) **I** *v.t.* **1** scuoter scrollare, agitare: *to* ~ *a tree to get the snow off* scuote un albero per fare cadere la neve. **2** (*to dislodge* *shaking;* spesso con *off, out*) scuotere (via), scrollare (vi rimuovere scrollando: *to* ~ *the dust off one's cloth* scuotersi la polvere dagli abiti. **3** (*to move briskly induce mixing;* con *up*) agitare, sbattere, scuoter ~ *the bottle well before use* agitare bene la bottiglia prin dell'uso. **4** (*to mix by shaking*) mescolare scuotendo. **5** brandish*) brandire, agitare: *to* ~ *one's sword at s.* brandire la spada contro qd. **6** (*of the head*) scuoter scrollare. **7** (*of s.o.'s hand*) stringere. **8** (*assol*) darsi stringersi) la mano. **9** (*to cause to quake, tremble*) f. tremare, far vibrare, ~ scuotere: *the explosion shook t entire town* l'esplosione fece tremare tutta la città. **1** *fig*⟩ (general. con *up: to upset, disturb*) scuotere, turba **11** ⟨*fig*⟩ (*to free o.s. from;* general. con *off*) liberarsi da di), scacciare, disfarsi di, cacciare via: *to* ~ *off a co* liberarsi da un raffreddore; *to* ~ *off one's sadne* scacciare la tristezza. **12** ⟨*fig*⟩ (*to elude, get away fro* general. con *off*) sfuggire (a), liberarsi da (*o* di sbarazzarsi di: *to* ~ *off one's pursuers* sfuggire ai prop inseguitori. **13** (*of dice*) agitare. **II** *v.i.* **1** tremar tremolare: *his hands were shaking* le sue mani tremavan **2** (*to vibrate*) vibrare, tremare: *we felt the bridge shakir* sentivamo il ponte vibrare. **3** ⟨*fig*⟩ (*to be unstabl* vacillare, traballare, barcollare. **4** (*to dance the shak* ballare lo shake. □ *to* ~ *s.o.* **awake** scuotere (*o* scrollar qd. dal sonno, svegliare qd. scuotendolo; *to* ~ **down:** 1 f cadere scuotendo (*o* scrollando) 2 (*to cause to descend k shaking*) far scendere scuotendo: *to* ~ *down the mercu in a thermometer* far scendere il mercurio in u termometro (scuotendolo); 3 ⟨*Mar,Aer*⟩ verificar collaudare; 4 (*to occupy an improvised bed*) sistemarsi un letto di fortuna; 5 (*to adjust to new condition* ambientarsi; 6 ⟨*fam*⟩ (*to go to bed*) andare a letto dormire); to ~ s.o. by the **hand** stringere (o dare) la mano a qd.; ~ to **pieces** spezzettare, sbriciolare; to ~ one's **sides** with laughter sbellicarsi dalle risa; to ~ **up**: 1 svegliare con una scrollata, scuotere dal sonno; 2 (to rouse from apathy) svegliare, scuotere ⌈dall'apatia⌉ (o dal torpore); 3 ⟨fam⟩ (to reorganize, rearrange) riorganizzare, risistemare, ristrutturare; ⟨fam⟩ to ~ it up sbrigarsi, spicciarsi.

hake² s. 1 scrollata f, scrollo m, scossa f, scossone m: to give a sleeping person a ~ dare una scrollata a una persona che dorme. 2 (act of shaking hands) il darsi la mano, stretta f di mano; (manner) stretta f (di mano): he has a strong ~ ha una stretta (di mano) vigorosa. 3 (quivering, vibrating motion) tremito m, tremolio m, vibrazione f. 4 pl. ⟨fam⟩ (costr. sing.: trembling due to fear) tremarella f, brividi mpl di paura: he got the ~s gli venne la tremarella; (trembling due to illness) tremore m, tremito m; (malaria) malaria f, febbre f malarica. 5 (milk shake) frullato m, frappé m. 6 (cast of the dice) lancio m (dei dadi). 7 ⟨fam⟩ (instant, moment) secondo m, attimo m, istante m: I'll be with you in a ~ sarò da te in un secondo. 8 (dance) shake m. □ ⟨fam⟩ in a **brace** of -s in un batter d'occhio, in un lampo; to **give** a bottle a ~ agitare una bottiglia; ⟨fam⟩ to **give** s.th. (o s.o.) the ~ sbarazzarsi di qc. (o qd.); a ~ of the **hand** una stretta di mano; ⟨fam⟩ **no great** ~s non una gran che, niente di speciale (o straordinario); in **two** -s of a lamb's (o duck's) tail = in a **brace** of shakes.

hakeable ['ʃeikəbl] a. agitabile, che si può scuotere (o scrollare).

hakedown ['ʃeikdaun] s. 1 letto m ⌈di fortuna⌉ (o improvvisato, di ripiego). 2 ⟨fam⟩ (reorganization) riorganizzazione f, ristrutturazione f. 3 ⟨am.sl⟩ (extortion) estorsione f. 4 ⟨am.sl⟩ (thorough search) perquisizione f.

haken¹ ['ʃeikən] → **shake¹**.

haker ['ʃeikə] s. 1 chi scuote, chi agita. 2 (cocktail shaker) sbattighiaccio m, shaker m; (for salt) spargisale m; (for sugar) spargizucchero m. 3 ⟨Mecc⟩ scotitoio m. 4 ⟨Agr⟩ scuotipaglia m.

hakespearean, Shakespearian [ʃeik'spi(ə)riən] a. shakespeariano, scespiriano.

hake-up s. 1 agitazione f, sconvolgimento m. 2 (drastic reorganization) riorganizzazione f drastica; (of personnel) movimento m del personale.

hakily ['ʃeikili] avv. in modo vacillante, instabilmente. **shakiness** [-kinis] s. 1 l'essere vacillante, instabilità f. 2 ⟨fig⟩ precarietà f, instabilità f, incertezza f; (unreliability) inattendibilità f. **shaking** [-kiŋ] I s. 1 scrollata f, scrollatura f, scossa f, scotimento m. 2 (vibrating movement) vibrazione f, scossa f; (trembling) tremito m, tremore m, vibrazione f. II a. tremante, tremolante: ~ hands mani tremanti.

hako ['ʃækou] s. (pl. -s/-es [z]) ⟨Mil.ant⟩ sciaccò m, chep(p)ì m.

haky ['ʃeiki] a. 1 tremolante, tremante, tremulo: a ~ old man un vecchio tremolante. 2 (rickety) traballante, vacillante, pencolante, malfermo: a ~ construction una costruzione traballante. 3 ⟨fig⟩ instabile, precario, traballante: a ~ coalition una coalizione instabile; (unreliable) dubbio, inattendibile, incerto: his allegiance is ~ la sua fedeltà è dubbia. 4 (unsound in health) di salute malferma (o precaria). 5 (of a ride, journey, etc.) pieno di scossoni.

hale [ʃeil] s. ⟨Geol,Minier⟩ roccia f scistosa, scisto m cristallino.

hall [ʃæl, ʃəl] v.aus. (pr. **shall**, negativo **shall not/shan't** [ʃɑ:nt], 2ª pers. sing. ant. **shalt** [ʃælt]; pret. **should** [ʃud, ʃəd]; manca dell'inf. e del p.p.) 1 (to express futurity) translated with the future of the following verb: I ~ arrive tomorrow arriverò domani; we ~ be late, shan't we? faremo tardi, non è vero?; I ~ only go if you come with me ci andrò soltanto se tu verrai con me; I ~ have finished it by tonight per questa sera l'avrò finito. 2 (to express determination) intendo, intendi, ecc., voglio, vuoi, ecc., often translated with the future of the following verb: he told me not to go, but I ~ mi ha detto di non andare, ma io ⌈intendo andarci⌉ (o andrò ugualmente); we ~

overcome vinceremo. 3 (to express the speaker's intention, will) devo, devi, ecc.: you ~ help me, whether you like it or not devi aiutarmi, che tu lo voglia o no; you say he won't do it, but I say he ~ tu dici che non lo farà, ma io dico che dovrà farlo. 4 (to express obligation, command) devo, devi, ecc., often translated with the future of the following verb: the prisoner ~ be taken and hanged by the neck il prigioniero deve essere preso e impiccato; ⟨Bibl⟩ thou shalt honour the Lord onorerai il Signore. 5 (to express prohibition) devo, devi, ecc., often not translated: no compensation ~ be given in such cases in casi simili non è dovuto alcun compenso; ⟨Bibl⟩ thou shalt not kill non uccidere. 6 (to express what is mandatory, legal, etc.) devo, devi, ecc., ho l'obbligo di, sono obbligato a: members ~ respect the traditions of the club i soci devono rispettare le tradizioni del circolo; all vehicles ~ be insured tutti i veicoli devono essere assicurati. 7 (to express a promise, threat) translated with the future of the following verb: be a good boy and you ~ have an ice cream sii bravo e avrai un gelato; you ~ pay for this! la pagherai per questo! 8 (to enquire about another's desire) devo, devi, ecc.: ~ I open the window? devo aprire la finestra? 9 (used as a subjunctive equivalent) translated with the subjunctive: he requests that it ~ be done immediately chiede che sia fatto immediatamente. 10 (to express possibility, capacity) posso, puoi, ecc., sono in grado di, è possibile (costr. impers.). □ ~ I attend to it? vuoi che me ne occupi io?, me ne occupo io?, ci penso io?; what ~ I answer? che cosa vuoi che risponda?, cosa devo rispondere?

shalloon [ʃæ'lu:n] s. ⟨Tess⟩ tessuto leggero di lana pettinata per fodere.

shallop ['ʃæləp] s. ⟨Mar⟩ scialuppa f.

shallot [ʃə'lɔt] s. ⟨Bot⟩ scalogno m, scalogna f.

shallow ['ʃælou] I a. 1 basso, poco profondo (o fondo): ~ water acqua bassa; a ~ pond uno stagno poco profondo; (of a dish) piano. 2 ⟨fig⟩ superficiale, vacuo, vuoto, futile, frivolo: ~ judgements giudizi superficiali. 3 (of breathing) debole. II s.pl. (costr. sing. o pl.) secca f, secche fpl, bassofondo m. III v.t. ridurre la profondità di. IV v.i. diventare meno profondo, abbassarsi. **shallowly** [-li] avv. 1 poco profondamente. 2 ⟨fig⟩ superficialmente, futilmente, frivolmente. **shallowness** [-nis] s. 1 l'essere ⌈poco profondo⌉ (o basso), poca profondità f. 2 ⟨fig⟩ superficialità f, vacuità f, futilità f, frivolezza f.

shalt [ʃælt] → **shall**.

sham¹ [ʃæm] I s. 1 falsità f, ipocrisia f, doppiezza f. 2 (s.th. false, fraudulent) falsità f, impostura f, menzogna f; (s.th. faked) finzione f, simulazione f, finta f, messinscena f. 3 (trick, hoax) frode f, imbroglio m, truffa f, mistificazione f. 4 (impostor) impostore m (f -a), imbroglione m (f -a), ciarlatano m (f -a). II a. 1 finto, falso, fasullo. 2 (feigned) finto, simulato, falso: a ~ fight un finto combattimento.

sham² v. (pret., p.p. **shammed** [-d]) I v.t. simulare, fingere: to ~ friendship simulare amicizia. II v.i. 1 fingere, fare la commedia: he is not asleep, he's only ~ming non dorme, finge soltanto. 2 (to pretend to be) fingersi, fare finta di essere: to ~ sick fingersi malato.

shaman ['ʃæmən] s. ⟨Rel⟩ sciamano m. **shamanic** [ʃə'mænik] a. → **shamanistic. shamanism** [-izəm] s. sciamanismo m. **,shamanistic** [-i'stik] a. sciamanico.

shamble ['ʃæmbl] I v.i. camminare dinoccolato. II s. andatura f dinoccolata.

shambles ['ʃæmblz] s.pl. (costr. sing. o pl.) 1 mattatoio m. 2 ⟨fig⟩ (place of slaughter, bloodshed; costr. sing. o pl.) luogo m di carneficina; (confusion, mess) confusione f, baraonda f, caos m, scompiglio m. □ ⟨fig⟩ to leave a place in ~ lasciare un luogo ⌈nel caos⌉ (o in disordine).

shame [ʃeim] I s. 1 vergogna f: to feel ~ at having done s.th. provare vergogna per avere fatto qc.; to hang one's head in (o for) ~ abbassare il capo per la vergogna. 2 (susceptibility to shame) senso m di pudore, vergogna f, pudore m, ritegno m: such people have no ~ gente simile non ha il senso del pudore. 3 (disgrace) vergogna f, onta f, disonore m, ignominia f. 4 ⟨fam⟩ (s.th. unfair) peccato m: what a ~! che peccato! II v.t. 1 far vergognare, far

provare vergogna a. **2** (*to disgrace*) disonorare, recare onta
a: *to ~ one's family* disonorare la propria famiglia. **3** (*to
compel by shame*) indurre (*o* costringere) per la vergogna. **4**
(*to put to shame by outdoing*) fare sfigurare con la propria
superiorità, eclissare, oscurare. □ *to* **blush** *with ~*
arrossire di vergogna; *to* **cry** *~ on s.o.* coprire qd. di
vergogna; *his words –d me into trying harder* le sue parole
mi fecero talmente vergognare che ritentai con maggior
accanimento; (*esclam*) *~ on you!* vergognati!; **out** *of ~*
per pudore; *to ~ s.o. out of doing s.th.* far vergognare qd.
tanto da dissuaderlo dal fare qc.; *to* **put** *to ~:* 1
svergognare; 2 (*to shame by outdoing*) far sfigurare con la
propria superiorità, eclissare, oscurare; **to** *my ~ I did not
answer* a mia vergogna non seppi rispondere. || (*for*) *~!*
(che) vergogna!

shamefaced ['ʃeimfeist] *a.* **1** che prova (*o* sente) vergogna,
vergognoso; (*marked by shame*) impacciato, imbarazzato,
confuso: *a ~ apology* una scusa impacciata. **2** (*bashful, modest*) timido, vergognoso, schivo, ritroso.
shamefacedly [–li] *avv.* **1** vergognosamente, in modo
pieno di vergogna. **2** (*bashfully*) timidamente, in modo
schivo, con ritrosia. **shamefacedness** [–nis] *s.* **1** l'essere
vergognoso (*o* pieno di vergogna). **2** (*bashfulness*) timidezza
f, riservatezza *f*, ritrosia *f*.

shameful ['ʃeimful] *a.* vergognoso, disonorevole, ignominioso, ignobile: *~ treatment* trattamento vergognoso.
shamefully [–i] *avv.* vergognosamente, in modo disonorevole. **shamefulness** [–nis] *s.* indegnità *f*, ignominia
f, infamia *f*.

shameless ['ʃeimlis] *a.* **1** spudorato, privo di pudore. **2**
(*immodest, brazen*) svergognato, spudorato, sfrontato.
shamelessly [–li] *avv.* spudoratamente. **shamelessness** [–nis] *s.* **1** spudoratezza *f*. **2** (*impudence*) sfrontatezza *f*, impudenza *f*, spudoratezza *f*.

shammer ['ʃæmə] *s.* impostore *m* (*f* –a), imbroglione *m* (*f*
–a).

shammy (leather) ['ʃæmi] *s.* (*fam*) (*chamois leather*)
pelle *f* di camoscio.

shamoy ['ʃæmɔi] *s.* → **shammy (leather)**.

shampoo [ʃæm'pu:] **I** *v.t.* **1** fare lo shampoo (*o* sciampo)
a. **2** (*of carpets, etc.*) lavare con schiuma di sapone (*o*
preparati appositi). **II** *s.* **1** shampoo *m*, sciampo *m*.
shampooer [–ə] *s.* sciampista *m/f*, shampista *m/f*.

shamrock ['ʃæmrɔk] *s.* **1** ⟨*Bot*⟩ specie di trifoglio. **2**
(*national emblem of Ireland*) trifoglio *m*.

shandrydan ['ʃændridæn] *s.* **1** calesse *m*. **2** ⟨*fig*⟩ veicolo
m sgangherato, carretta *f*, ⟨*scherz*⟩ trabiccolo *m*.

shandy(gaff) ['ʃændi(gæf)] *s.* bevanda *f* composta di birra
e gassosa (*o* limonata).

shanghai [ʃæɲ'hai] *v.t.* **1** ⟨*mar*⟩ ingaggiare (*o* fare
imbarcare) con raggiri (*o* mezzi illeciti). **2** ⟨*sl*⟩ (*to force,
trick into unwelcome work*) costringere (con l'inganno) a
un lavoro sgradito.

Shanghai *N.pr.* ⟨*Geog*⟩ Shanghai *f*, Sciangai *f*.

shank [ʃæŋk] **I** *s.* **1** ⟨*Anat*⟩ tibia *f*, stinco *m*. **2** ⟨*estens*⟩
(*leg*) gamba *f*. **3** ⟨*Macell*⟩ zampa *f*. **4** (*of a goblet, glass*)
stelo *m*, gambo *m*. **5** ⟨*Mar*⟩ (*of an anchor*) fuso *m*. **6** (*of
a nail, pin, etc.*) gambo *m*; (*of a key*) cannello *m*, fusto *m*,
canna *f*. **7** ⟨*Mecc*⟩ (*of a drill, etc.*) codolo *m*. **8** (*of a pipe*)
cannello *m*. **9** ⟨*Bot*⟩ (*stem*) stelo *m*, gambo *m*. **10** ⟨*Calz*⟩
fiosso *m*. **II** *v.i.* ⟨*Agr*⟩ cadere per malattia del gambo (*o*
peduncolo).

**Shank's mare, Shanks's mare, Shank's pony,
Shanks's pony** *s.* ⟨*scherz*⟩ le proprie gambe, i propri
piedi, ⟨*scherz*⟩ il cavallo di san Francesco: *to ride ~*
andare col cavallo di san Francesco.

shan't [ʃɑ:nt] (*contraz. di* shall not) → **shall**.

shantey *s.* → **shanty**[2].

shantung [ʃæn'tʌŋ] *s.* ⟨*Tess*⟩ sciantun(g) *m*, shantung *m*.

shanty[1] ['ʃænti] *s.* baracca *f*, capanna *f*, catapecchia *f*.

shanty[2] *s.* ⟨*mar*⟩ coro *m* di marinai, canto *m*
marinaresco.

shanty town *s.* baraccopoli *f*, bidonville *f*; (*town*) città *f*
di baracche.

shapable *a.* → **shapeable**.

shape[1] [ʃeip] *s.* **1** forma *f*, foggia *f*, sagoma *f*: *a stone of
unusual ~* una pietra di forma insolita; *geometrical –s*

forme geometriche. **2** (*s.th. seen in outline, indistinctly*)
figura *f* (indistinta), forma *f*, ombra *f*: *a sinister ~ loome*
through the fog una figura sinistra apparve tra la nebbi.
3 (*embodiment, expression*) forma *f*, corpo *m*, espression
f, concretezza *f*: *to give ~ to an idea* dare forma
un'idea. **4** (*assumed appearance*) veste *f*, forma *f*, aspett
m, apparenza *f*: *devil in angel's ~* demonio in vest
d'angelo. **5** ⟨*fam*⟩ (*figure*) personale *m*, corpo *m*, figura
linea *f*: *she has a perfect ~* ha un personale perfetto.
(*condition*) forma *f*, condizioni *fpl*: *the champion is i*
great ~ il campione è in gran forma. **7** (*mould, patter*
forma *f*, stampo *m*, modello *m*. □ *to* **cut** *to ~* tagliare s
misura; *in any ~ or* **form** di qualsiasi specie (*o* genere),
qualsiasi sorta; **in** *~:* 1 nella forma: *in ~ it resembles*
pear nella forma assomiglia a una pera; 2 (*having th*
correct shape) a posto, in ordine; 3 (*in good condition*) *i*
forma: *the team is in ~ for the match* la squadra è i
forma per la partita; *in the ~ of:* 1 a forma di: *a cake i*
the ~ of a cross un dolce a forma di croce; 2 (*in the for*
of) sotto forma di: *help came in the ~ of a large loa*
l'aiuto venne sotto forma di un grosso prestito; *to* **keep** *i*
~ tenere (*o* tenersi) in forma; *to* **knock** *s.th. into ~*
'mettere a posto' (*o* sistemare) qc. con un colpetto: *l*
knocked his hat into ~ con un colpetto si mise a posto
cappello; *to knock s.th. out of ~* sformare (*o* deformar
qc.; **out** *of ~* sformato, deformato; *to* **take** *~:* 1 prende
forma, definirsi, concretarsi: *our plans are beginning i*
take ~ i nostri programmi stanno prendendo forma; 2 (*i*
find expression) concretarsi, trovare espressione, tradurs
manifestarsi: *his ideas took ~ in a novel* le sue idee
concretarono in un romanzo.

shape[2] *v.* (*pret.* **shaped** [–t], *p.p.* **shaped**/*rar.* 'shape
[–ən]) **I** *v.t.* **1** foggiare, formare, sagomare: *to ~ a vase o*
a potter's wheel foggiare un vaso su un tornio; (*to moule*
plasmare, modellare, foggiare: *to ~ clay into a va:*
plasmare la creta per fare un vaso. **2** (*to devise, plar*
concepire, ideare, elaborare. **3** (*to adapt, adjust*) adattar
conformare, regolare: *to ~ a regulation to one's ow*
advantage adattare un regolamento a proprio vantaggio.
(*to make fit for*) formare, educare, plasmare: *to ~ a child*
character formare il carattere di un bambino. **5** (*of hai*
acconciare sfoltendo. **6** ⟨*Sart*⟩ modellare. **7** ⟨*Mecc*
limare. **II** *v.i.* **1** (spesso con *up*) concretarsi, prende
forma, definirsi. **2** (*to come to pass;* spesso con *u*
andare, mettersi: *how is the new secretary shaping u*
come va la nuova segretaria?; *if things ~ up right* se
cose si mettono bene. □ *to ~ one's course for:* 1 ⟨*fi*
indirizzarsi verso, orientarsi verso; 2 ⟨*Mar*⟩ fare rotta pe
⟨*fam*⟩ *to ~* **up** *to:* 1 avanzare a pugni chiusi; 2 (
challenge) sfidare.

SHAPE = *Supreme Headquarters of Allied Powers i*
Europe comando supremo delle truppe alleate in Europa

shapeable ['ʃeipəbl] *a.* formabile, plasmabile, modell
bile.

shaped [ʃeipt] *a.* **1** formato, foggiato, plasmato. **2** (n
composti) a forma (*o* foggia) di ...: *pear–~* a forma
pera. **3** (*of clothes*) modellato.

shapeless ['ʃeiplis] *a.* **1** senza forma, informe. **2** (*out*
shape) sformato, deformato. **shapelessly** [–li] *avv.* sen
forma.

shapeliness ['ʃeiplinis] *s.* **1** proporzione *f* di forme. **2** (
a woman, girl) grazia *f*. **shapely** [–li] *a.* **1** proporzionat
armonioso, armonico. **2** (*of a woman, girl*) aggraziat
benfatta.

shaper ['ʃeipə] *s.* **1** chi forma, plasmatore *m* (*f* –trice
modellatore *m* (*f* –trice). **2** ⟨*Mecc*⟩ limatrice *f*. **3** ⟨*Fa*
piallatrice *f*. **shaping** [–piŋ] **I** *s.* **1** formazione
foggiatura *f*, modellatura *f*. **2** (*s.th. shaped, creatur*
creatura *f*, creazione *f*. **II** *a.* che forma, formator
modellatore.

shard [ʃɑ:d] *s.* **1** coccio *m*, frammento *m* di vaso.
⟨*Entom*⟩ elitra *f*.

share[1] [ʃeə] **I** *s.* **1** quota *f*, parte *f*, porzione *f*: *his ~ of t*
inheritance la sua quota di eredità; *to take one's full ~*
blame assumersi interamente la propria parte di colpa.
(*contribution*) contributo *m*: *to pay one's ~* pagare
proprio contributo; *his ~ in the enterprise* il su

contributo all'impresa. **3** ⟨*Econ*⟩ azione *f.* **4** *pl.* ⟨*Econ*⟩ (*stock*) azioni *fpl,* titoli *mpl* (azionari): *oil –s* titoli petroliferi. **II** *v.t.* **1** (spesso con *out*) dividere, spartire, suddividere, ripartire, fare le parti di: *to ~ out a cake among the children* dividere un dolce fra i bambini; *to ~ out one's estate* spartire il (proprio) patrimonio. **2** (*to give a share of*) dividere, far partecipe di, spartire, dare una parte di: *he –d his snack with his companions* divise la merenda con i compagni; (*to receive a share of*) avere (*o* ricevere) una parte di. **3** (*to use, enjoy, etc., jointly*) dividere, usare (*o* avere) in comune[1] (*o* insieme): *to ~ a flat with s.o.* dividere un appartamento con qd. **4** (*to participate in*) partecipare a, condividere, prendere parte a, essere (*o* farsi) partecipe di: *to ~ s.o.'s grief* partecipare al dolore di qd.; *I do not ~ your opinion* non condivido la tua opinione. **III** *v.i.* **1** prendere parte, partecipare: *to ~ with s.o. in s.th.* prendere parte a qc. insieme a qd. **2** (*to take part*) partecipare, prendere parte (*in* a), condividere (qc.): *to ~ in s.o.'s joys and sorrows* partecipare ai dolori e alle gioie di qd. **3** ⟨*Econ*⟩ (general. con *out*) dare dividendi. □ *to ~ and ~ alike* dividere in parti esattamente uguali fra tutti; *to* **come** *in for one's ~ of criticism* meritarsi (*o* ricevere) la propria parte di critiche; *to* **do** *one's ~* fare la propria parte, fare (tutto) il dovuto; *to* **go** *–s in s.th.:* 1 dividere (equamente) qc., ripartire qc.: *let's go –s in the petrol costs* dividiamo le spese della benzina; 2 (*to become part owner*) divenire comproprietario di qc.; *to* **have** *a ~ in:* 1 avere una compartecipazione a (*o* in), avere una parte in: *I had a ~ in the profits* avevo una compartecipazione agli utili; 2 (*to be involved in*) essere coinvolto (*o* implicato) in.

hare[2] *s.* ⟨*Agr*⟩ (*ploughshare*) vomere *m.*

hare|broker *s.* agente *m* di cambio. **~ capital** *s.* capitale *m* azionario (*o* sociale): *reduction of ~* riduzione *f* del capitale sociale. **~ certificate** *s.* certificato *m* azionario. **~ coupon** *s.* cedola *f* azionaria. **~holder** *s.* azionista *m/f.* **~ holders' meeting** *s.* assemblea *f* degli azionisti. **~ holding** *s.* portafoglio *m* azionario. **~ list** *s.* listino *m* valori. **~-out** *s.* **1** (sud)divisione *f* in quote (*o* parti uguali). **2** (*of real estate*) lottizzazione *f.* **~ price** *s.* prezzo *m* (*o* corso) di un'azione. **~ quotation** *s.* quotazione *f* in borsa.

hark [ʃɑːk] **I** *s.* **1** ⟨*Itt*⟩ squalo *m.* **2** ⟨*Itt*⟩ (*man eater*) pescecane *m.* **3** ⟨*fig*⟩ persona *f* avida e rapace; (*swindler*) imbroglione *m* (*f* –a), truffatore *m* (*f* –trice). **4** ⟨*am.sl*⟩ (*one who excels in s.th.*) persona *f* abilissima (*o* in gamba), fenomeno *m,* cannone *m.* **II** *v.i.* **1** andare a pesca di squali. **2** ⟨*fig*⟩ imbrogliare il prossimo, truffare; (*to live by trickery*) vivere di truffe.

harp [ʃɑːp] **I** *a.* **1** affilato, tagliente: *a ~ knife* un coltello affilato; *a sword with a ~ edge* una spada dalla lama tagliente; (*having a fine point*) puntuto, aguzzo, appuntito, acuto, acuminato: *a ~ stick* un bastone puntuto. **2** (*of features, a face*) aguzzo, angoloso. **3** (*involving an abrupt change of direction*) brusco, improvviso: *a ~ bend in the road* una curva brusca della strada; (*making an acute angle*) ad angolo acuto; (*steep, abrupt*) rigido, erto, scosceso, a picco: *a ~ descent* una discesa ripida. **4** (*distinct*) nitido, distinto, netto, chiaro: *a ~ image* una immagine nitida; *~ outlines* contorni netti. **5** ⟨*fig*⟩ (*marked, distinct*) netto, spiccato, marcato. **6** (*intense, acute*) intenso, acuto, penetrante, pungente: *a ~ pain in the side* un intenso dolore al fianco. **7** (*brusque*) secco, brusco, reciso: *a ~ reply* una risposta secca. **8** (*mentally keen*) sveglio, perspicace, acuto, pronto: *a ~ young man* un ragazzo sveglio; (*smart, shrewd*) scaltro, accorto, furbo; *a ~ businessman* uno scaltro uomo d'affari. **9** (*unscrupulous, dishonest*) disonesto, privo di scrupoli: *~ methods* metodi disonesti. **10** (*quick*) veloce, svelto; (*brisk*) sbrigativo, energico. **11** (*of sounds*) lacerante, acuto, stridulo: *a ~ whistle* un fischio acuto. **12** ⟨*Mus*⟩ (in) diesis. **II** *s.* **1** ⟨*Mus*⟩ diesis *m.* **2** (*long sharp needle*) ago *m* lungo e appuntito. **3** ⟨*sl*⟩ → **sharper**. **4** ⟨*am.sl*⟩ (*expert*) esperto *m* (*f* –a), conoscitore *m* (*f* –trice). **III** *avv.* **1** bruscamente, di colpo, all'improvviso, tutt'a un tratto: *the taxi pulled up ~* il taxi si arrestò bruscamente. **2** (*quickly*) presto, sveltamente, alla svelta, con sveltezza. **3**

(*precisely, punctually*) in punto, con precisione, puntualmente: *at nine o'clock ~* alle nove in punto. **4** (*alertly, vigilantly*) attentamente, con attenzione, con occhio vigile, all'erta. **IV** *v.t.* **1** ⟨*Mus*⟩ alzare di un semitono; (*to add a sharp*) diesizzare, diesare. **2** ⟨*sl*⟩ (*to swindle*) raggirare, imbrogliare, truffare, ⟨*volg*⟩ fregare. **V** *v.i.* **1** ⟨*Mus*⟩ cantare in un tono più alto (di quello indicato). **2** ⟨*sl*⟩ (*to practise trickery*) imbrogliare il prossimo. □ *he is a ~ dresser* veste con eleganza; *to keep a ~ look–out* stare bene in guardia; *to have a ~ temper* avere un temperamento collerico; *he was too ~ for me* era troppo furbo (*o* astuto) per me, mi ha messo nel sacco.

sharpen [ˈʃɑːpən] **I** *v.t.* **1** affilare, arrotare: *to ~ a knife* affilare un coltello; (*of a point*) appuntire, aguzzare, fare la punta a, appuntare. **2** (*to make quicker in perception*) aguzzare, affinare, acuire: *to ~ one's wits* aguzzare l'ingegno. **3** (*of the appetite*) stimolare, aguzzare, acuire. **4** (*to make distinct*) mettere a fuoco, rendere netto (*o* nitido): *to ~ a microscopic image* mettere a fuoco un'immagine al microscopio. **5** (*to make more intense*) rendere più intenso, intensificare, acuire. **6** (*to make more harsh*) inasprire. **7** (*of sounds, voice*) rendere più acuto. **8** (*of food, drinks: to make more pungent*) rendere più forte (*o* aspro), dare un sapore più piccante a. **9** ⟨*Mus*⟩ elevare di un semitono. **II** *v.i.* **1** affilarsi, diventare più tagliente; (*of a point*) aguzzarsi, diventare più appuntito (*o* acuminato). **2** (*to become quicker in perceptions*) diventare più acuto (*o* sveglio). **3** (*of the appetite*) crescere, diventare più forte. **4** (*to become distinct*) diventare chiaro (*o* nitido). **5** (*to become more intense*) intensificarsi, acuirsi, diventare (*o* farsi) più intenso. **6** ⟨*Mus*⟩ cantare (*o* sonare) in un tono più alto (di quello indicato). □ ⟨*fig*⟩ *to ~ one's knife for s.o.* affilare le armi contro qd., prepararsi a combattere qd. **sharpener** [–ə] *s.* **1** (*machine*) affilatrice *f,* molatrice *f;* (*device*) mola *f.* **2** (*person that sharpens knives*) arrotino *m.* **3** (*pencil sharpener*) temperamatite *m.* **sharpening** [–iŋ] *s.* **1** affilamento *m.* **2** ⟨*fig*⟩ aggravamento *m,* peggioramento *m.*

sharper [ˈʃɑːpə] *s.* **1** imbroglione *m* (*f* –a), truffatore *m* (*f* –trice). **2** (*card–sharper*) baro *m.*

sharply [ˈʃɑːpli] *avv.* **1** nettamente, decisamente. **2** (*abruptly*) bruscamente, di colpo, all'improvviso, tutt'a un tratto. **3** (*harshly*) aspramente, duramente. **4** (*keenly*) acutamente, sottilmente, con acutezza. **5** (*piercingly, shrilly*) acutamente, in modo stridulo. **6** ⟨*sl*⟩ (*dressily*) elegantemente, con raffinatezza. **sharpness** [–pnis] *s.* **1** l'essere tagliente, taglio *m,* affilatezza *f.* **2** (*of features, a face*) angolosità *f,* l'essere aguzzo. **3** (*of a bend, turn*) l'essere brusco (*o* improvviso); (*abruptness, steepness*) ripidezza *f,* l'essere erto (*o* a picco). **4** (*distinctness*) nitidezza *f,* chiarezza *f.* **5** (*intensity*) intensità *f,* acutezza *f,* l'essere penetrante. **6** (*brusqueness*) secchezza *f* (di modi), modi *mpl* bruschi; (*harshness*) asprezza *f,* durezza *f.* **7** (*mental keenness*) acume *m,* acutezza *f,* perspicacia *f.* **8** (*keenness in perception*) acutezza *f,* sottigliezza *f,* finezza *f.* **9** (*of sounds*) acutezza *f,* l'essere stridulo (*o* lacerante). **10** (*pungency*) l'essere forte (*o* piccante).

sharp| practice *s.* astuzia *f,* furberia *f.* **~shooter** *s.* ⟨*Mil*⟩ tiratore *m* scelto. **'~-'sighted** *a.* **1** dalla vista acuta. **2** (*mentally keen*) sveglio, perspicace, acuto, lesto d'ingegno. **'~-'tongued** *a.* dalla lingua tagliente, mordace, pungente, caustico. **'~-'witted** *a.* di mente acuta, perspicace, sveglio.

shat [ʃæt] → **shit**.

shatter [ˈʃætə] **I** *v.t.* **1** mandare in frantumi, frantumare, fare a pezzi: *to ~ a pane of glass* mandare in frantumi una lastra di vetro. **2** ⟨*fig*⟩ distruggere, rovinare: *to ~ s.o.'s hopes* distruggere le speranze di qd.; *his health was –ed* la sua salute era rovinata; (*of nerves*) ridurre a (*o* in) pezzi, spezzare. **II** *v.i.* frantumarsi, andare in pezzi (*o* frantumi), rompersi (in frammenti); (*to disintegrate*) disintegrarsi. **III** *s.pl.* frantumi *mpl,* frammenti *mpl,* pezzi *mpl.* **shattering** [–riŋ] *a.* **1** disastroso, rovinoso, distruttivo: *a ~ blow to our hopes* un colpo disastroso per le nostre speranze. **2** ⟨*fig*⟩ straordinario, strepitoso, eccezionale.

shatterproof ['ʃætəpru:f] *a.* infrangibile.

shave[1] [ʃeiv] *v.* (*pret.* **shaved** [–d], *p.p.* **shaved**/**'shaven** [–n]) **I** *v.t.* **1** radere, rasare: *to ~ one's face* radersi la faccia; *he –d himself carefully* si è rasato accuratamente. **2** (*to remove by shaving;* general. con *off, away*) radere, rasare, tagliare: *to ~ off a beard* radere una barba. **3** (*to remove a thin layer from*) piallare: *to ~ the surface of a table* piallare la superficie di un tavolo; (*to remove in thin layers;* spesso con *off*) raschiare, scrostare: *to ~ paint from a door* raschiare la vernice da una porta. **4** (*to pass close to, graze*) sfiorare, rasentare, radere: *I –d the wall as I entered the garage* ho sfiorato il muro mentre entravo in garage. **II** *v.i.* rasarsi, radersi, farsi la barba, sbarbarsi.

shave[2] *s.* **1** il radere, il radersi, rasatura *f.* **2** ⟨*Fal*⟩ piallatura *f,* piallata *f.* **3** (*tool*) raschietto *m.* **4** (*narrow escape*) il cavarsela per ⸢un pelo⸣ (*o* il rotto della cuffia). **5** ⟨*sl*⟩ (*swindle*) imbroglio *m,* truffa *f,* ⟨*volg*⟩ fregatura *f.* □ *to give s.o. a ~* fare la barba a qd., sbarbare qd.; ⟨*fig*⟩ *to have a close ~* salvarsi per ⸢un pelo⸣ (*o* il rotto della cuffia).

shaven[1] ['ʃeivn] → **shave**[1].

shaven[2] *a.* **1** rasato, sbarbato. **2** (*tonsured*) tonsurato, con la tonsura.

shaver ['ʃeivə] *s.* **1** chi rade. **2** (*barber*) barbiere *m.* **3** (*electric razor*) rasoio *m* elettrico. **4** ⟨*fam*⟩ (*youngster, boy*) giovincello *m,* sbarbatello *m.*

Shavian ['ʃeiviən] **I** *a.* (caratteristico) di (G. B.) Shaw. **II** *s.* cultore *m* (*f* –trice) di (G. B.) Shaw.

shaving ['ʃeiviŋ] *s.* **1** il radere, il radersi, rasatura *f.* **2** ⟨*Fal*⟩ piallatura *f,* piallata *f.* **3** ⟨*Mecc*⟩ (*of gears*) sbarbatura *f,* rasatura *f.* **4** *pl.* trucioli *mpl:* *wood –s* trucioli (di legno).

shaving| **brush** *s.* pennello *m* da barba. **~ cream** *s.* crema *f* da barba. **~ lotion** *s.* lozione *f* da barba.

shawl [ʃɔ:l] *s.* ⟨*Vest*⟩ scialle *m.*

shawl collar *s.* ⟨*Sart*⟩ collo *m* sciallato.

shawm [ʃɔ:m] *s.* ⟨*Mus,Stor*⟩ cennamella *f,* cialamello *m,* piva *f.*

shay [ʃei] *s.* ⟨*dial*⟩ (*chaise*) calesse *m.*

she [ʃi:] **I** *pron.pers.* **1** ella, lei, essa, *often not translated:* *~ has arrived* è arrivata; *~ said it* l'ha detto lei. **2** (*of cars, ships, etc.*) *not translated or translated with the corresponding word:* *~'s the latest model* questa automobile è l'ultimo modello; *~'s sinking fast* la nave affonda rapidamente. **3** (*the one*) colei, quella: *~ to whom I address these lines* colei cui invio queste righe. **II** *s.* **1** femmina *f,* donna *f: the baby is a ~* il neonato è una femmina (*o* bambina); *hes and –s* uomini e donne. **2** (*female animal*) femmina *f.* **III** *a.* (nei composti: *female*) femmina, *often translated by the feminine noun:* *a ~-monkey* una scimmia femmina; *a ~-cat* una gatta.

shea [ʃi:] *s.* → **shea tree**.

sheading ['ʃi:diŋ] *s.* (*on the Isle of Man*) distretto *m* amministrativo.

sheaf [ʃi:f] **I** *s.* (*pl.* **sheaves** [ʃi:vz]) **1** ⟨*Agr*⟩ covone *m,* fastello *m.* **2** ⟨*fig*⟩ fascio *m,* mazzo *m,* fastello *m: a ~ of documents* un fascio di documenti. **3** (*of arrows*) frecce *fpl* contenute in una faretra. **II** *v.t.* legare in un fascio, accovonare, affastellare.

sheaf binder *s.* ⟨*Agr*⟩ accovonatore *m.*

shealing *s.* → **shieling**.

shear[1] [ʃiə] *v.* (*pret.* **sheared** [–d]/*dial.* **shore** [ʃɔ:], *p.p.* **sheared**/**shorn** [ʃɔ:n]) **I** *v.t.* **1** tosare: *to ~ a sheep* tosare una pecora; (*to remove by cutting*) tagliare, togliere recidendo. **2** (*to cut with shears*) tosare, rasare: *to ~ a hedge* tosare una siepe. **3** (*estens*) (*to cut*) tagliare, recidere, troncare. **4** ⟨*fig*⟩ (*to deprive*) privare: *to be shorn of one's power* essere privato del potere. **5** ⟨*fig*⟩ (*to travel through*) fendere, solcare: *the ship –ed the waves* la nave fendeva le onde. **6** ⟨*Tess*⟩ radere, cimare. **7** ⟨*Met*⟩ tranciare, tagliare. **II** *v.i.* **1** ⟨*Mecc*⟩ (spesso con *off*) spezzarsi; (*to suffer deformation*) torcersi. **2** ⟨*fig*⟩ fendere, solcare (*through s.th.* qc.).

shear[2] *s.* **1** *pl.* cesoie *fpl,* forbici *fpl* per giardinaggio: *a pair of –s* ⸢un paio di⸣ (*o* le) cesoie; (*for shearing sheep*) forbici *fpl* per tosare. **2** *pl.* ⟨*Met*⟩ cesoia *f,* trancia *f,* taglierina *f.*

sheared ['ʃiəd] *a.* **1** tosato: *a ~ sheep* una pecora tosat. **2** (*of a hedge, etc.*) rasato, tosato. **shearer** ['ʃiərə] *s.* chi tosa, tosatore *m* (*f* –trice). **2** → **shearing machine**.

shearing ['ʃiəriŋ] *s.* **1** tosatura *f.* **2** ⟨*Met*⟩ tranciatura *f.*

shearing| **force** *s.* ⟨*Fis*⟩ forza *f* di taglio. **~ machine** **1** ⟨*Mecc,Met*⟩ cesoia *f* meccanica, trancia *f.* **2** ⟨*Zootecr*⟩ tosatrice *f.*

shearling ['ʃiəliŋ] *s.* ⟨*Zootecn*⟩ pecora *f* tosata una sol volta.

shear| **pin** *s.* ⟨*tecn*⟩ spina *f* di sicurezza. **~ steel** *s.* ⟨*Me.* ferro *m* (da puddellaggio) saldato a pacchetto.

she-ass *s.* ⟨*Zool*⟩ asina *f.*

sheath [ʃi:θ] **I** *s.* (*pl.* **sheaths** [ʃi:ðz]) **1** fodero *m,* guain *f.* **2** (*estens*) involucro *m,* astuccio *m,* custodia *f,* guaina **3** ⟨*Biol,El,Fis*⟩ guaina *f.* **4** ⟨*Entom*⟩ elitra *f.* **II** *v.* - **sheathe**.

sheathe [ʃi:ð] *v.t.* **1** inguainare, rinfoderare, porre rimettere) nel fodero: *to ~ one's sword* inguainare spada. **2** (*to cover with sheathing*) rivestire, ricoprire.

sheathing ['ʃi:ðiŋ] *s.* rivestimento *m,* copertura *f.*

sheath| **knife** *s.irr.* coltello *m* a lama fissa (con foder **~-winged** *a.* ⟨*Entom*⟩ munito di elitra (*o* ali chitinose)

shea tree *s.* ⟨*Bot*⟩ albero *m* del burro.

sheave[1] [ʃi:v] *v.* → **sheaf**.

sheave[2] [ʃi:v, ʃiv] *s.* ⟨*Mecc*⟩ **1** carrucola *f.* **2** (*pulle* puleggia scanalata.

sheaves [ʃi:vz] → **sheaf**.

Sheba ['ʃi:bə] *N.pr.* ⟨*Stor,Bibl*⟩ Saba *f: the Queen of ~* regina di Saba.

shebang [ʃəˈbæŋ] *s.* ⟨*sl*⟩ **1** faccenda *f,* affare *m,* cosa *f: t whole ~* tutta la faccenda; (*structure of an organizatio etc.*) ⟨*fam*⟩ baracca *f: the whole ~ fell apart* tutta baracca andò all'aria. **2** (*crude hut*) baracca *f,* capanna

shed[1] [ʃed] *v.* (*pret.,.p.p.* **shed**) **I** *v.t.* **1** versare, sparger spandere: *to ~ tears* versare lacrime; *to ~ one's blood f one's country* spargere il (proprio) sangue per la patria. ⟨*fig*⟩ (*to diffuse*) diffondere, spargere, spandere: *the lam ~ a soft light* la lampada diffondeva una luce riposante. ⟨*Biol*⟩ perdere, mutare. **4** ⟨*Bot*⟩ perdere, spogliarsi di. (*to take off*) togliere, levare: *to ~ one's clothes* togliersi g abiti. **6** ⟨*fig*⟩ (*to rid o.s. of*) perdere, liberarsi di, spogliar di. **II** *v.i.* **1** ⟨*Biol*⟩ spogliarsi, gettare la spoglia, muta pelle, fare la muta; (*to shed hair*) perdere (*o* lasci cadere) il pelo. **2** ⟨*Bot*⟩ sfogliarsi, diventare spogli perdere le foglie. □ *to ~ blood* spargere sangue; ⟨*fig*⟩ *~ light on s.th.* fare luce su qc.

shed[2] *s.* **1** capannone *m.* **2** (*hut, cabin*) capanna *f,* barac *f.* **3** (*for cows, etc.*) stalla *f.* **4** ⟨*Aer*⟩ aviorimessa *f,* hang *m.*

she'd [ʃi:d] *contraz. di* **she had,** **she would.**

shedder ['ʃedə] *s.* **1** chi sparge, chi versa. **2** ⟨*Itt*⟩ salmo *m* che ha deposto le uova.

she-devil *s.* **1** diavolessa *f.* **2** ⟨*fig*⟩ donna *f* diabolica maligna).

sheen [ʃi:n] *s.* lucentezza *f,* lustro *m.*

sheeney *am. s.* → **sheeny**[2].

sheeny[1] ['ʃi:ni] *a.* lucente, radioso, splendente; (*lustrou* lustro.

sheeny[2] *am. s.* ⟨*spreg*⟩ (*Jew*) giudeo *m* (*f* –a), ebreo *m* –a).

sheep [ʃi:p] *s.inv.* **1** ⟨*Zool*⟩ pecora *f.* **2** (costr. pl.) ⟨*Zoo* pecore *fpl.* **3** ⟨*fig*⟩ persona *f* sottomessa (*o* docile), peco *f;* ⟨*fig*⟩ (*meek person*) persona *f* mite, agnello *m,* pecora **4** ⟨*Rel,Bibl*⟩ pecorella *f: a lost ~* una pecorella smarrit **5** ⟨*Rel*⟩ (costr. pl.) gregge *m* (*anche fig.*). □ ⟨*fig*⟩ *to ca* (o *make*) *~'s eyes at s.o.* fare ⸢gli occhi dolci⸣ (*o* l'occh di triglia) a qd.; *a flock of ~* un gregge di pecore; ⟨*fig* *one may as well hang* (o *be hanged*) *for a ~ as a lam* perso per perso, tanto vale andare fino in fondo.

sheep|**dog** *s.* ⟨*Zool*⟩ **1** cane *m* da pastore, pastore *m.* (*collie*) collie *m,* cane *m* da pastore scozzese. **~ farm** ⟨*Zootecn*⟩ allevamento *m* di pecore. **~ farmer** allevatore *m* (*f* –trice) di pecore; ovinicoltore *m.* **farming** *s.* allevamento *m* di pecore, pastorizia ovinicoltura *f.* **~ fold** *s.* ovile *m,* chiuso *m.* **~ herd** *am. s.* pastore *m* (*f* –a), pecoraio *m* (*f* –a). **~ hook** bastone *m* da pastore.

sheepish ['ʃi:piʃ] *a.* **1** timido, vergognoso, ritroso; (*embarrassed*) imbarazzato, confuso, impacciato. **2** (*meek, docile*) docile, mansueto, mite, remissivo. **sheepishly** [-li] *avv.* **1** timidamente, con ritrosia. **2** (*meekly*) mitemente, mansuetamente. **sheepishness** [-nis] *s.* **1** timidezza *f,* ritrosia *f.* **2** (*meekness*) mitezza *f,* mansuetudine *f,* docilità *f.*

sheep| pen *s.* → sheep fold. **~ raiser** *s.* → sheep farmer. **~ raising** *s.* → sheep farming. **~ run** *s.* pascolo *m,* pastura *f.*

sheepshank ['ʃi:pʃæŋk] *s.* **1** ⟨*Mar*⟩ nodo *m* (a) margherita, margherita *f.* **2** ⟨*scozz.fig*⟩ cosa *f* da nulla, nonnulla *m,* bazzecola *f,* inezia *f.*

sheep-shearer *s.* **1** tosatore *m* (*f* –trice) (di pecore). **2** (*machine*) tosatrice *f.* **sheep-shearing** *s.* tosatura *f.*

sheepskin ['ʃi:pskin] **I** *s.* **1** pelle *f* (*o* vello *m*) di pecora. **2** (*leather*) pelle *f* conciata di pecora; (*parchment*) pergamena *f,* cartapecora *f.* **3** ⟨*am.fam*⟩ (*diploma*) diploma *m,* pergamena *f.* **II** *a.* di pelle di pecora.

sheep's milk *s.* latte *m* di pecora.

sheer¹ [ʃiə] **I** *a.* **1** ⟨*fig*⟩ vero (e proprio), assoluto, completo, bell'e buono: *a ~ waste of money* un vero spreco di denaro. **2** (*unmixed*) puro, liscio, non diluito. **3** (*of fabric*) trasparente, velato, sottile: *~ stockings* calze trasparenti. **4** (*precipitous, almost vertical*) a picco, a perpendicolo, perpendicolare. **II** *avv.* **1** del tutto, completamente, totalmente; (*directly*) dritto dritto, direttamente. **2** (*perpendicularly*) a perpendicolo, a picco, perpendicolarmente.

sheer² **I** *v.i.* **1** ⟨*Mar*⟩ (spesso con *off, away*) deviare, scostarsi, allargare. **2** ⟨*fig*⟩ (*to go away*; general. con *off*) scappare, prendere il largo. **II** *v.t.* ⟨*Mar*⟩ deviare, far deviare. **III** *s.* ⟨*Mar*⟩ **1** deviazione *f,* guinata *f.* **2** (*of a hull*) cavallino *m,* insellatura *f.*

sheer-hulk *s.* ⟨*Mar*⟩ pontone *m* a biga, pontone–biga *m.*

sheet¹ [ʃi:t] **I** *s.* **1** lenzuolo *m: to change the –s* cambiare le lenzuola; *clean –s* lenzuoli puliti. **2** (*of metal*) foglio *m,* foglia *f,* lamina *f,* lamiera *f: ~ of copper* foglio di rame; (*of glass, ice, etc.*) lastra *f;* (*of paper*) foglio *m.* **3** (*wide expanse*) distesa *f,* estensione *f,* (*of water*) specchio *m.* **4** ⟨*fam,spreg*⟩ (*newspaper*) giornale *m,* foglio *m.* **5** (*baking sheet*) lastra *f* del forno. **6** (*winding-sheet*) lenzuolo *m* funebre, sudario *m.* **7** ⟨*Mar*⟩ (*sail*) vela *f.* **8** ⟨*Geom*⟩ falda *f.* **9** ⟨*Geol*⟩ strato *m* (*o* falda *f*) sottile. **II** *a.* (*of metals*) in fogli. **III** *v.t.* **1** fornire di lenzuoli. **2** (*to wrap in, cover with a sheet*) 'avvolgere in⁷ (*o* coprire con) un lenzuolo. **3** ⟨*Met*⟩ foderare di lamiera, blindare. □ **blank ~**: 1 foglio bianco, pagina bianca; 2 ⟨*fig*⟩ mente pronta ad acquistare ogni conoscenza, tabula rasa, foglio bianco; *–s of fire* cortina *f* di fuoco; *the rain came down in –s* la pioggia veniva giù a torrenti; *as white as a ~* bianco come un panno lavato.

sheet² **I** *s.* ⟨*Mar*⟩ scotta *f.* **II** *v.t.* tesare, bordare. □ *to ~ home* tesare, bordare.

sheet| anchor *s.* **1** ⟨*Mar*⟩ ancora *f* di tonneggio (*o* speranza). **2** ⟨*fig*⟩ ultima speranza *f,* ancora *f* di salvezza. **~ copper** *s.* ⟨*Met*⟩ lamierino *m* di rame. **~ glass** *s.* ⟨*Vetr*⟩ cristallo *m* (in lastra), vetro *m* tirato. **~ ice** *s.* ghiaccio *m* superficiale.

sheeting ['ʃi:tiŋ] *s.* **1** tela *f* per lenzuoli. **2** ⟨*Edil*⟩ tavolame *m* da rivestimento. **3** ⟨*Ind*⟩ (*material in sheets*) materiale *m* in fogli. **4** ⟨*Mecc*⟩ copertura *f* con lamiera, blindatura *f.*

sheet| iron *s.* ⟨*Met*⟩ lamiera *f* nera. **~ lightning** *s.* ⟨*Meteor*⟩ lampo *m* diffuso, lampeggio *m.* **~ metal** *s.* ⟨*Met*⟩ lamiera *f* sottile. **~ music** *s.* musica *f* stampata su fogli sciolti. **~ renewal** *s.* ⟨*Econ*⟩ affogliamento *m.* **~ steel** *s.* ⟨*Met*⟩ lamierino *m* di acciaio.

she-goat *s.* capra *f.*

sheik *am.* *s.* → sheikh. **sheikdom** *am.* *s.* → sheikhdom.

sheikh [ʃeik, ʃi:k] *s.* **1** sceicco *m.* **2** ⟨*fam*⟩ rubacuori *m,* dongiovanni *m.* **'sheikhdom** [-dəm] *s.* sceiccato *m.*

shekel ['ʃekl] *s.* (*pl.* **-s** [z]/**-elim** [-im]) **1** ⟨*Stor*⟩ siclo *m.* **2** *pl.* ⟨*sl*⟩ (*money*) denaro *m,* quattrini *mpl,* ⟨*gerg*⟩ grana *f.*

shelf [ʃelf] *s.* (*pl.* **shelves** [ʃelvz]) **1** scaffale *m* (a muro),

mensola *f: to put up a ~* montare uno scaffale; *kitchen shelves* mensole di cucina. **2** (*in a bookcase, etc.*) ripiano *m,* piano *m,* scaffale *m.* **3** (*contents*) scaffalata *f: a ~ of books* una scaffalata di libri. **4** (*ledge*) prominenza *f,* sporgenza *f.* **5** (*sandbank*) banco *m* di sabbia; (*reef*) scogliera *f.* **6** ⟨*Geol*⟩ piattaforma *f,* platea *f.* □ ⟨*fig*⟩ *on the ~*: 1 in disparte, in un angolo, in un canto; 2 (*of a women*) senza prospettive matrimoniali, che non ha trovato ancora marito.

shell¹ [ʃel] *s.* **1** ⟨*Zool*⟩ guscio *m,* conchiglia *f,* corazza *f: the ~ of a tortoise* il guscio di una tartaruga. **2** (*of an egg*) guscio *m.* **3** (*of a fruit, seed*) buccia *f,* guscio *m,* scorza *f,* involucro *m*; (*of a nut*) guscio *m*; (*of peas*) baccello *m,* guscio *m.* **4** (*estens*) (*outer covering*) rivestimento *m* esterno, involucro *m.* **5** ⟨*Mil*⟩ granata *f*; (*cartridge*) proiettile *m,* proietto *m.* **6** ⟨*fig*⟩ (*outward show*) aspetto *m* esteriore, apparenza *f.* **7** (*hollow structure, framework*) scheletro *m,* ossatura *f,* struttura *f,* carcassa *f: the ~ of a bombed building* lo scheletro di un edificio bombardato. **8** (*of a coffin*) cassa *f* interna. **9** ⟨*Geol*⟩ (*crust of the earth*) crosta *f* terrestre. **10** ⟨*Gastr*⟩ fondo *m* di pastafrolla. **11** ⟨*Mar*⟩ (*exterior hull*) guscio *m,* ossatura *f.* **12** ⟨*Arch*⟩ conchiglia *f.* **13** ⟨*Sport*⟩ (*light racing boat*) imbarcazione *f* leggera da regata. **14** ⟨*tecn*⟩ (*of a boiler*) corpo *m.* **15** ⟨*Met*⟩ conchiglia *f.* □ ⟨*fig*⟩ *to retire into one's ~* chiudersi nel proprio guscio; ⟨*fig*⟩ *to come out of one's ~* uscire dal proprio guscio.

shell² **I** *v.t.* **1** sgusciare, sgranare, sbaccellare: *to ~ nuts* sgusciare le noci; *to ~ peas* sgranare i piselli; (*of Indian corn, etc.*) sgranare; (*of oysters, etc.*) aprire. **2** ⟨*Mil*⟩ bombardare, cannoneggiare. **3** (*to cover with shells*) ricoprire di conchiglie. **II** *v.i.* **1** sgusciarsi, sgranarsi, sbaccellarsi; (*of oysters*) aprirsi. **2** (*to fall off like a shell;* spesso con *off*) squamarsi. **3** (*to gather shells*) raccogliere conchiglie. □ ⟨*fam*⟩ *it's as easy as –ing peas* è facile come bere un bicchiere d'acqua; ⟨*sl*⟩ *to ~ out:* 1 (*to pay out, hand over*) sborsare, tirare fuori; 2 ⟨*assol*⟩ tirare fuori i soldi, pagare.

she'll [ʃi:l] *contraz. di* she will, she shall.

shellac [ʃe'læk, ʃə–] **I** *s.* ⟨*Chim*⟩ shellac *m,* (gomma)lacca *f.* **II** *v.t.* (*pret., p.p.* -ed/-ked [-t]) trattare (*o* verniciare) con gommalacca.

shell| bait *s.* ⟨*Mecc*⟩ punta *f* a sgorbia. **~burst** *s.* ⟨*Mil*⟩ scoppio *m* di granata. **~ case** *s.* bossolo *m.*

shelled [ʃeld] *a.* **1** sgusciato, sgranato: *~ nuts* noci sgusciate; (*of corn, etc.*) sgranato; (*of oysters, etc.*) aperto. **2** (*having a shell*) col guscio, che ha un guscio.

sheller ['ʃelə] *s.* **1** sgranatore *m* (*f* –trice), sbucciatore *m* (*f* –trice). **2** (*machine, device*) sgusciatrice *f,* sgranatrice *f,* sgranatoio *m.*

shell|fire *s.* ⟨*Mil*⟩ bombardamento *m,* cannoneggiamento *m.* **~fish** *s.* ⟨*Zool*⟩ **1** mollusco *m.* **2** (*crustacean*) crostaceo *m.* **~ hole** *s.* ⟨*Mil*⟩ cratere *m.*

shelling ['ʃeliŋ] *s.* **1** sgranatura *f,* sgranamento *m,* sgusciatura *f,* sbucciatura *f.* **2** ⟨*Mil*⟩ bombardamento *m,* cannoneggiamento *m.*

shell jacket *s.* ⟨*Vest,Mil*⟩ giubbotto *m.*

shell|proof *a.* ⟨*Mil*⟩ a prova di bomba. **~shock** *s.* ⟨*Med*⟩ psicosi *f* traumatica da guerra. **~work** *s.* decorazione *f* di conchiglie.

shelly ['ʃeli] *a.* **1** ricco di conchiglie, conchilifero. **2** (*resembling a shell*) a conchiglia, conchiliforme.

shelter ['ʃeltə] **I** *s.* **1** protezione *f,* riparo *m,* difesa *f,* schermo *m*; (*structure*) riparo *m,* ricovero *m,* rifugio *m.* **2** ⟨*Mil*⟩ (*air-raid shelter*) rifugio *m* antiaereo; (*dug-out*) ricovero *m,* rifugio *m.* **3** ⟨*fig*⟩ (*protection from blame, etc.*) protezione *f,* appoggio *m,* sostegno *m,* difesa *f.* **4** (*dwelling place*) asilo *m,* tetto *m,* alloggio *m*; (*for the homeless*) ospizio *m,* ricovero *m.* **II** *v.t.* **1** riparare, offrire rifugio a, proteggere, essere un riparo per: *the cave –ed us from the storm* la grotta ci riparò dal temporale. **2** ⟨*fig*⟩ difendere, proteggere, riparare, mettere al riparo (*o* sicuro). **3** (*to provide with a refuge*) dare rifugio (*o* asilo) a, offrire ricovero a: *to ~ an escaped convict* dare rifugio a un evaso. **III** *v.i.* ripararsi, rifugiarsi, trovare riparo, mettersi al riparo. □ *to afford ~* offrire rifugio (*o* asilo) a; *to find ~*: 1 trovare riparo (*o* asilo); 2 ⟨*fig*⟩ trovare protezione (*o* appoggio); *to get under* ~ rifugiarsi, ripararsi, mettersi al coperto (*o* riparo); *to take* (o *seek*) ~ rifugiarsi, riparare, ripararsi.

shelter tent *am. s.* ⟨*Mil*⟩ tenda *f* a due teli.

sheltie, shelty ['ʃelti] → **Shetland pony.**

shelve[1] [ʃelv] *v.t.* **1** collocare su una mensola (*o* uno scaffale). **2** (*to provide with shelves*) scaffalare, munire di scaffali (*o* ripiani). **3** ⟨*fig*⟩ (*to put aside*) accantonare, rimandare, mettere da parte; *to* ~ *a case* accantonare una pratica. **4** ⟨*fig*⟩ (*to dismiss*) licenziare, congedare.

shelve[2] *v.i.* (*to slope*) digradare, scendere gradatamente, essere in declivio.

shelves [ʃelvz] → **shelf.**

shelving[1] ['ʃelviŋ] *s.* ⟨*collett*⟩ scaffalatura *f*, scaffali *mpl.*

shelving[2] **I** *s.* **1** (*slope*) pendenza *f*, inclinazione *f.* **2** (*sloping surface, place*) pendio *m*, declivio *m.* **II** *a.* digradante, in declivio, in pendio.

shepherd ['ʃepəd] **I** *s.* **1** pastore *m* (*f* –a), pecoraio (*f* –a). **2** ⟨*fig*⟩ pastore *m.* **II** *v.t.* **1** custodire, guardare. **2** ⟨*fig*⟩ guidare, accompagnare, scortare: *to* ~ *a party of tourists* guidare un gruppo di turisti. □ ⟨*Bibl*⟩ *the Good* ~ il buon Pastore, Gesù *m.*

shepherd| boy *s.* pastorello *m.* ~ **dog** *s.* ⟨*Zool*⟩ cane *m* da pastore.

shepherdess ['ʃepədis] *s.* pastora *f*, pastorella *f.*

shepherd's| crook *s.* bastone *m* da pastore. ~ **pie** *s.* ⟨*Gastr*⟩ carne *f* tritata ricoperta di purè di patate. ~ **purse** *s.* ⟨*Bot*⟩ borsa *f* da pastore.

sherbet ['ʃəːbət] *s.* **1** bibita *f* ghiacciata a base di succo di frutta. **2** ⟨*am*⟩ (*kind of water ice*) sorbetto *m.*

sherd [ʃəːd] *s.* → **shard.**

shereef, sherif [ʃeˈriːf] *s.* sceriffo *m.*

sheriff ['ʃerif] *s.* **1** ⟨*GB,US*⟩ sceriffo *m.* **2** ⟨*Stor*⟩ rappresentante *m* del re in varie contee, sceriffo *m.*

sheriffalty [–əlti], **sheriffdom** [–dəm] *s.* → **shrievalty.**

sherry ['ʃeri] *s.* ⟨*Enol*⟩ sherry *m.*

she's [ʃiːz] *contraz. di* **she is, she has.**

Shetland ['ʃetlənd] *N.pr.* → **Shetland Islands. Shetlander** [–ə] *s.* abitante *m/f* delle isole Shetland.

Shetland| Islands *N.pr.pl.* ⟨*Geog*⟩ isole *fpl* Shetland. ~ **pony** *s.* ⟨*Zool*⟩ Shetland pony *m*, cavallino *m* delle Shetland. ~ **sheepdog** *s.* piccolo cane *m* da pastore delle Shetland. ~ **wool** *s.* lana *f* Shetland.

shew[1] *v.* ⟨*rar*⟩ → **show**[1].

shew[2] *s./a.* ⟨*rar*⟩ → **show**[2].

shibboleth ['ʃibələθ] *s.* **1** segno *m* di riconoscimento. **2** (*catchword*) parola *f* d'ordine, slogan *m.* **3** (*common saying*) detto *m* comune. **4** ⟨*Bibl*⟩ shibboleth *m.*

shield [ʃiːld] **I** *s.* **1** ⟨*Mil,Arald,Zool*⟩ scudo *m.* **2** ⟨*fig*⟩ difesa *f*, scudo *m*, riparo *m*, protezione *f*; (*protector*) protettore *m* (*f* –trice). **3** ⟨*am*⟩ (*policeman's badge*) scudetto *m.* **4** ⟨*Sport*⟩ scudetto *m.* **5** ⟨*Mecc*⟩ riparo *m.* **6** ⟨*El*⟩ schermo *m*, schermaggio *m.* **7** ⟨*Atom*⟩ schermo *m.* **II** *v.t.* **1** riparare, proteggere, difendere, mettere al riparo (*o* sicuro) (*anche fig.*): *to* ~ *one's eyes from the sun* ripararsi gli occhi dal sole; *to* ~ *s.o. from blame* difendere qd. dalle critiche. **2** (*to ward off;* spesso con *off*) scacciare, tenere lontano, cacciare via. **3** (*to hide, conceal*) nascondere, celare. □ *to* ~ *o.s. behind s.th.* farsi schermo con qc.; ⟨*fig*⟩ *the other side of the* ~ ⸢l'altra faccia⸣ (*o* il rovescio) della medaglia.

shield bearer *s.* ⟨*Mil.ant*⟩ scudiero *m.*

shieling *scozz.* ['ʃiːliŋ] *s.* **1** pascolo *m*, pastura *f.* **2** (*hut for shepherds, sportsmen*) capanna *f* per pastori (*o* cacciatori). **3** (*sheep shelter*) ricovero *m* per pecore.

shier ['ʃaiə], **shiest** ['ʃaiist] → **shy**[1]

shift [ʃift] **I** *v.t.* **1** cambiare, mutare, variare, modificare; *to* ~ *one's position* cambiare posizione; (*to transfer, move*) spostare, trasferire: *to* ~ *a load* spostare un peso. **2** ⟨*fig*⟩ scaricare, riversare, far ricadere: *to* ~ *the blame on to s.o. else* scaricare la colpa su qd. altro. **3** ⟨*fam*⟩ (*to cause to change opinion*) far cambiare opinione a, smuovere: *you'll never* ~ *him* non gli farai mai cambiare opinione. **4** (*to get rid of*) togliere, rimuovere, levar via: *to* ~ *the dirt* togliere lo sporco. **5** ⟨*Teat*⟩ (*of scenery*) cambiare. **6** ⟨*am.Aut*⟩ (*of gears*) cambiare. **II** *v.i.* **1** spostarsi,

muoversi, mutare (*o* cambiare) posizione (*o* posto): *the cargo has –ed* il carico si è spostato. **2** (*to change direction;* spesso con *round*) voltarsi, cambiare (*o* mutare) direzione: *the wind –ed to the north* il vento si è voltato a tramontana. **3** (*to be transferred*) spostarsi, portarsi, trasferirsi. **4** (*to get along, make shift*) arrangiarsi, cavarsela, arrabattarsi. **5** ⟨*fam*⟩ (*to go fast*) andare veloce, correre. **6** ⟨*am.Aut*⟩ cambiare (la marcia). **III** *s.* **1** spostamento *m*, mutamento *m* (*o* cambiamento) di posizione (*o* posto). **2** (*change of direction*) mutamento *m* (*o* cambiamento) di direzione; (*of the wind*) salto *m.* **3** (*change in emphasis, etc.*) cambiamento *m*, svolta *f*, mutamento *m*: *a* ~ *in public opinion* un cambiamento dell'opinione pubblica. **4** (*group of* ⸢*people, workmen taking turns*⟩ squadra *f* di turno; (*period of work*) turno *m* (di lavoro): *the morning* ~ *starts at six* il turno della mattina comincia alle sei. **5** (*expedient, device*) espediente *m*, risorsa *f.* **6** (*trick, stratagem*) trucco *m*, stratagemma *m*, sotterfugio *m.* **7** ⟨*Agr*⟩ rotazione *f*, avvicendamento *m.* **8** ⟨*Vest*⟩ abito *m* diritto e sciolto; (*slip*) sottoveste *f.* **9** ⟨*Fis*⟩ effetto *m*; (*Doppler shift*) effetto *m* Doppler. **10** ⟨*am.Aut*⟩ cambio *m.* **11** ⟨*Inform*⟩ spostamento *m*, scorrimento *m. to* ~ **about** trasferirsi, muoversi, spostarsi; *to* ~ **for** *o.s.* arrangiarsi (*o* cavarsela) da solo, far da sé; ⟨*fam*⟩ *to* **get** *a* ~ **on** mettersi a lavorare di buon lena; ⟨*Mar*⟩ *to* ~ **the helm** cambiare la barra; *to* **make** ~ arrangiarsi, arrabattarsi, cavarsela; *to* **make** ~ **with** *s.th.* contentarsi di qc., adattarsi con qc.; *to* ~ **the** *furniture* **round** cambiare la disposizione dei mobili; *to* **work** (*in* –*s*) lavorare ⸢a turni⸣ (*o* a squadre). || ⟨*fam*⟩ ~ *yourself*, muoviti!, datti da fare!

shift differential *s.* indennità *f* di turno.

shifter ['ʃiftə] *s.* **1** chi sposta, chi cambia. **2** ⟨*Teat*⟩ macchinista *m.* **3** (*device for shifting s.th.*) dispositivo *m* spostatore.

shiftily ['ʃiftili] *avv.* **1** ambiguamente, in modo sfuggente. **2** (*trickily*) con furberia. **shiftiness** [–tinis] *s.* **1** l'essere equivoco, ambiguità *f.* **2** (*dishonesty*) disonestà *f.* **3** (*trickery*) furberia *f*, scaltrezza *f.* **3** (*resourcefulness*) l'essere pieno di risorse, ingegnosità *f.*

shifting ['ʃiftiŋ] *a.* **1** mobile, movibile. **2** (*transformable*) trasformabile, convertibile. **3** ⟨*fig*⟩ mutevole, variabile, incostante, instabile: ~ *public opinion* la mutevole opinione pubblica.

shifting sand *s.* sabbia *f* mobile.

shift key *s.* ⟨*Tip*⟩ tasto *m* delle maiuscole.

shiftless ['ʃiftlis] *a.* inetto, inefficiente, incapace. **shiftlessly** [–li] *avv.* inettamente, in modo inefficiente. **shiftlessness** [–nis] *s.* inettitudine *f*, incapacità *f*, inefficienza *f.*

shift| lock *s.* ⟨*Tip*⟩ tasto *m* fissamaiuscole. ~ **premium** *s.* → **shift differential.** ~ **register** *s.* ⟨*Inform*⟩ registro *m* di scorrimento. ~ **work** *s.* lavoro *m* a squadre.

shifty ['ʃifti] *a.* **1** sfuggente, ambiguo, equivoco: ~ *eyes* occhi sfuggenti; *a* ~ *character* un tipo ambiguo. **2** (*given to deception*) disonesto, ingannevole; (*given to trickery*) furbo, scaltro. **3** (*resourceful*) pieno di risorse, accorto, ingegnoso. **4** (*changeable*) mutevole, variabile, incostante, instabile.

Shiite ['ʃiːait] *s.* ⟨*Rel*⟩ sciita *m/f.*

shillala(h), shillelagh *irl.* [ʃiˈleilə] *s.* randello *m*, clava *f.*

shilling ['ʃiliŋ] *s.* ⟨*Econ*⟩ scellino *m.* □ *to cut s.o. off without a* ~ diseredare qd.; ⟨*Econ*⟩ *to pay one* ~ *in the pound* pagare il cinque per cento; ⟨*Mil*⟩ *to take the Queen's* (*o King's*) ~ arruolarsi nell'esercito.

shillingsworth ['ʃiliŋzwəːθ] *s.* scellino *m*, valore *m* di uno scellino: *a* ~ *of sweets* uno scellino di caramelle.

shilly-shally ['ʃiliʃæli] ⟨*fam*⟩ **I** *s.* indecisione *f*, esitazione *f*, tentennamento *m*, tiremmolla *m.* **II** *a.* indeciso, irresoluto, esitante, tentennante. **III** *v.i.* esitare, essere indeciso, tentennare, titubare.

shim [ʃim] **I** *s.* zeppa *f.* **II** *v.t.* (*pret., p.p.* **shimmed** [–d]) mettere una zeppa a.

shimmer ['ʃimə] **I** *vi.* luccicare, brillare, scintillare. **II** *s.* brillio *m*, scintillio *m*, luccicore *m.* **shimmery** [–ri] *a.* brillante, luccicante, scintillante.

shimmy ['ʃimi] **I** s. **1** (dance) shimmy m. **2** ⟨Aut⟩ shimmy m. **3** ⟨Vest,ant⟩ (slip) sottoveste f. **II** v.i. **1** ballare lo shimmy. **2** (to quiver, vibrate) oscillare, vibrare. **3** ⟨Aut⟩ fare lo shimmy.

shin[1] [ʃin] s. **1** ⟨Anat⟩ cresta f tibiale. **2** ⟨Anat⟩ → **shin bone**. **3** ⟨Zool⟩ metacarpo m. **4** ⟨Macell⟩ zampa f.

shin[2] v.t./i. (pret., p.p. **shinned** [-d]) **1** arrampicarsi (a forza di gambe e braccia): to ~ up a tree arrampicarsi su un albero. **2** (to kick on the shins) tirare calci negli stinchi a. □ to ~ down a drainpipe lasciarsi scivolare giù lungo un tubo di scarico.

shinbone ['ʃinboun] s. ⟨Anat⟩ tibia f, stinco m.

shindig ['ʃindig] s. ⟨fam⟩ **1** festa f chiassosa, ricevimento m rumoroso. **2** (noisy quarrel) rissa f, baruffa f, alterco m.

shindy ['ʃindi] s. ⟨fam⟩ **1** schiamazzo m, gazzarra f, baccano m. **2** → **shindig**. □ ⟨fam⟩ to kick up a ~ fare un gran baccano.

shine[1] [ʃain] v. (pret., p.p. **shone** [ʃɔn]/**shined** [-d]) **I** v.i. **1** risplendere, brillare, splendere, raggiare: the sun was shining il sole risplendeva; a light shone in the distance una luce brillava in lontananza; her eyes shone with happiness gli occhi le splendevano di felicità. **2** ⟨fig⟩ brillare, farsi notare, spiccare: to ~ in society brillare in società. **II** v.t. **1** lucidare, lustrare, pulire: to ~ shoes lucidare le scarpe. **2** (to direct the light of) fare luce con, dirigere la luce di: ~ your torch over here fa' un po' di luce qui con la torcia. □ to ~ on: 1 brillare costantemente; 2 = to shine upon; to ~ out saltare fuori, emergere; to ~ upon risplendere su, brillare su: the moon shone upon the lake la luna risplendeva sul lago; ⟨am.sl⟩ to ~ up to s.o.: 1 (to seek to impress) ingraziarsi qd.; 2 (to court) corteggiare qd.

shine[2] s. **1** splendore m, fulgore m lucentezza f. **2** (brightness, lustre) luminosità f, lucentezza f, lucido m. **3** (act of polishing) lucidata f, lustrata f: to give the furniture a ~ dare una lucidata ai mobili. **4** (polish, gloss) lucido m, lustro m. **5** (fair weather) bel tempo m. **6** ⟨am.fam⟩ (prank, trick) beffa f, burla f. □ ⟨am.fam⟩ to take a ~ to s.o. prendere qd. in simpatia; to take the ~ out of: 1 offuscare, togliere la lucentezza a, appannare; 2 ⟨fig⟩ (to spoil the newness of) togliere la freschezza a; 3 ⟨fig⟩ (to throw into the shade) oscurare, eclissare.

shiner ['ʃainə] s. **1** ⟨sl⟩ (black eye) occhio m nero (o pesto). **2** ⟨sl⟩ (new, shiny coin) monetina f nuova di zecca. **3** ⟨sl⟩ (diamond) diamante m.

shingle[1] ['ʃiŋgl] **I** s. **1** ⟨Edil⟩ assicella f di copertura. **2** ⟨Mod⟩ (hairstyle) taglio m alla garçonne (o maschietta). **3** ⟨am.fam⟩ (professional nameplate) targhetta f. **II** v.t. **1** ⟨Edil⟩ coprire con assicelle. **2** ⟨Mod⟩ (of hair) tagliare i capelli alla garçonne (o maschietta). □ ⟨am.fam⟩ to hang out one's (o a) ~ aprire uno studio professionale.

shingle[2] s. **1** ciottoli mpl (su una spiaggia). **2** (shingly beach) spiaggia f piena di ciottoli.

shingles ['ʃiŋglz] s.pl. (costr. sing. o pl.) ⟨Med⟩ herpes m zoster, fuoco m di sant'Antonio.

shingly ['ʃiŋgli] a. ciottoloso, pieno (o cosparso) di ciottoli: a ~ beach una spiaggia ciottolosa.

shin guard s. ⟨Sport⟩ parastinchi m.

shinily ['ʃainili] avv. brillantemente, in modo splendente (o lucente). **shininess** [-ninis] s. splendore m, lucentezza f, fulgore m.

shining ['ʃainiŋ] a. **1** brillante, splendente, fulgido. **2** (reflecting light) lucente, risplendente: ~ eyes occhi vivi risplendenti. **3** ⟨fig⟩ brillante, fulgido; (conspicuously fine) luminoso, insigne.

shinny v.i. (to shin, climb) arrampicarsi (a forza di braccia e gambe).

Shinto ['ʃintou], **Shintoism** [-izəm] s. ⟨Rel⟩ scintoismo m. **Shintoist** [-ist] s. scintoista m/f.

shiny ['ʃaini] a. **1** lucente, risplendente, scintillante, lucido. **2** (of clothes) consunto, logoro, liso, frusto.

ship[1] [ʃip] s. **1** nave f, bastimento m. **2** ⟨Mar.mil⟩ unità f, mezzo m. **3** (ship's company or crew) equipaggio m, ciurma f. **4** ⟨fam⟩ (boat) barca f, battello m. **5** ⟨Astron⟩ (spaceship) veicolo m (o nave f) spaziale. **6** ⟨Mar.ant⟩ vascello m. **7** ⟨am⟩ (airship) dirigibile m, aeronave f;

(aeroplane) aeroplano m. □ ⟨fig⟩ ~ of the desert nave f del deserto, cammello m; ⟨Stor⟩ ~ of the line nave f da combattimento; ⟨Assic⟩ ~ lost or not lost a tutto rischio; ⟨fig⟩ when my ~ comes in (o home) quando farò fortuna.

ship[2] v. (pret., p.p. **shipped** [-t]) **I** v.t. **1** imbarcare, caricare, prendere (o mettere) a bordo. **2** (to transport by ship) spedire a mezzo nave, spedire via mare. **3** ⟨Comm⟩ (to transport) spedire, inoltrare. **4** ⟨Mar⟩ (to put in place for use) fissare, sistemare, mettere a posto. **5** ⟨Mar⟩ (to engage for service on a ship) imbarcare, ingaggiare, arruolare, assoldare. **6** (to take aboard) prendere a bordo; (of oars) disarmare; (of water) imbarcare. **II** v.i. **1** imbarcarsi, prendere il mare. **2** (to go by ship) andare via nave, viaggiare per mare. **3** (to engage to serve on a ship) imbarcarsi, arruolarsi (come marinaio). □ ⟨fam⟩ to ~ off mandare via, trasferire; to ~ out: 1 mandare (o trasferire) in un altro paese; 2 (to leave one's country) lasciare il (proprio) paese; ⟨Mar⟩ to ~ a sea imbarcare 'un'ondata' (o acqua).

ship| biscuit s. galletta f da marinai. **~board** s. fiancata f, murata f della nave. □ on ~ a bordo. **~ breaker** s. demolitore m navale (o di navi). **~ broker** s. sensale m marittimo. **~builder** s. costruttore m (o ingegnere) navale. **~building** s. costruzione f di navi. **~ canal** s. canale m navigabile. **~chandler** s. fornitore m marittimo. **~ fever** s. ⟨Med⟩ tifo m. **~load** s. carico m di una nave. **~master** s. capitano m marittimo (o mercantile). **~mate** s. compagno m di bordo.

shipment ['ʃipmənt] s. ⟨Comm⟩ **1** imbarco m, operazioni fpl di carico. **2** (consignment) spedizione f, partita f, carico m.

ship| money s. ⟨Stor.brit⟩ tassa f imposta su città e porti per la difesa costiera. **~owner** s. armatore m.

shipper ['ʃipə] s. ⟨Comm⟩ spedizioniere m marittimo.

shipping ['ʃipiŋ] s. **1** ⟨collett⟩ naviglio m. **2** ⟨Comm⟩ imbarco m, spedizione f. **3** (passage on a ship) imbarco m.

shipping| agent s. agente m marittimo. **~ articles** s.pl. ⟨Mar⟩ clausole fpl d'ingaggio. **~ company** s. società f di navigazione, compagnia f di trasporti marittimi. **~ conference** s. conferenza f marittima. **~ department** s. ufficio m spedizioni. **~ documents** s.pl. documenti mpl d'imbarco. **~ line** s. linea f di navigazione. **~ office** s. ufficio m (o agenzia f) di navigazione. **~ weight** s. ⟨Mar⟩ peso m all'imbarco.

ship's| articles s.pl. → **shipping articles**. **~ company** s. equipaggio m, ciurma f.

shipshape ['ʃipʃeip] a./avv. in perfetto ordine, ben assettato. □ ~ and Bristol fashion ben assettato, in ordine.

ship's|-husband s. ⟨Mar⟩ raccomandatario m. **~ papers** s.pl. documenti mpl (o carte fpl) di bordo.

'ship|-to-land a. acqua-terra. **~-to-ship** a. acqua-acqua. **~-to-'shore I** a./avv. da bordo a terra. **II** s. ⟨Rad⟩ radio f per le comunicazioni da bordo a terra. **~way** s. scalo m di varo, scivolo m.

shipwreck ['ʃiprek] **I** s. **1** naufragio m. **2** (wreckage) relitto m. **3** ⟨fig⟩ rovina f. **II** v.t. **1** far naufragare. **2** ⟨fig⟩ far naufragare (o fallire), mandare in rovina. **III** v.i. **1** naufragare, fare naufragio. **2** ⟨fig⟩ naufragare, fallire, andare in rovina. **shipwrecked** [-t] a. che ha fatto naufragio, naufragato.

ship|wright s. ⟨Mar⟩ carpentiere m navale, maestro m d'ascia. **~yard** s. cantiere m navale.

shire [ʃaiə] s. **1** contea f inglese. **2** pl. (Midland counties) contee fpl dell'Inghilterra centrale; (districts in which hunting is popular) regioni fpl (dell'Inghilterra) dove si pratica la caccia alla volpe. **Shire** s. (breed of horses) razza f di cavalli da tiro.

shire| horse s. robusto cavallo m da tiro. **~ town** s. capoluogo m di una contea inglese.

shirk [ʃə:k] **I** v.t. sottrarsi a, evitare, sfuggire a, eludere: to ~ an unpleasant task sottrarsi a un compito spiacevole. **II** v.i. **1** tirarsi indietro, sottrarsi ai propri obblighi. **2** ⟨mil⟩ imboscarsi. **III** s. → **shirker**. □ to ~ school marinare la scuola. **'shirker** [-ə] s. **1** scansafatiche m/f, lavativo m (f

–a). **2** ⟨*mil*⟩ imboscato *m.*

shirr [ʃəː] **I** *v.t.* increspare con filze parallele. **II** *s.* → **shirring**. **'shirring** [–riŋ] *s.* increspatura *f,* filze *fpl* increspate.

shirt [ʃəːt] *s.* ⟨*Vest*⟩ (*for men*) camicia *f;* (*for women*) camicetta *f.* □ ⟨*sl*⟩ **keep** *your* ∼ **on!** sta' calmo!; ⟨*fam*⟩ *to* **lose** *one's* ∼ rimetterci anche la camicia, rovinarsi; ⟨*sl*⟩ *to* **get** *s.o.'s* ∼ **out** far arrabbiare qd., far perdere le staffe a qd.; ⟨*sl*⟩ *to* **have** *one's* ∼ **out** (*to be in a bad temper*) essere di cattivo umore; ⟨*fam*⟩ *to* **put** *one's* ∼ **on** *a horse* puntare tutto il proprio denaro su un cavallo.

shirt| collar *s.* collo *m* di camicia. ∼ **dress** *s.* ⟨*Mod*⟩ chemisier *m.* ∼ **front** *s.* sparato *m* (di camicia).

shirting [ʃəːtiŋ] *s.* stoffa *f* per camicie.

shirt|maker *s.* camiciaio *m* (*f* –a). ∼**waist** *s.* ⟨*Vest*⟩ camicetta *f* di taglio maschile.

shirty [ʃəːti] *a.* ⟨*sl*⟩ (*bad–tempered*) di cattivo umore, arrabbiato. □ *to get* ∼ stizzirsi, irritarsi.

shit [ʃit] **I** *s.* ⟨*volg*⟩ merda *f,* ⟨*volg*⟩ cacca *f.* **II** *v.i.* (*pret.* **shit/shat** [ʃæt], *p.p.* **shit/shitten** [ʃitn]) ⟨*volg*⟩ cacare. **III** *intz.* ⟨*sl*⟩ merda.

shiver[1] [ʃivə] **I** *v.i.* **1** rabbrividire, tremare, avere i brividi: *to* ∼ *with cold* rabbrividire per il freddo; *to* ∼ *with fear* tremare di paura. **2** ⟨*Mar*⟩ fileggiare. **II** *v.t.* **1** far rabbrividire, far tremare, far venire i brividi a. **2** ⟨*Mar*⟩ far fileggiare. **III** *s.* **1** brivido *m,* tremito *m,* tremore *m.* **2** *pl.* brividi *mpl,* tremiti *mpl,* ⟨*fam*⟩ tremarella *f: to get the* –*s* avere i brividi. **3** *pl.* ⟨*fam*⟩ (*feeling of fear, horror*) tremarella *f,* brividi *mpl,* fifa *f: to give s.o. the* –*s* far venire la tremarella a qd. □ *to be* (*all*) *in a* ∼ essere tutto un brivido; *a* ∼ *ran down my spine* un brivido mi corse lungo la schiena.

shiver[2] **I** *s.* (*fragment*) frantume *m,* frammento *m,* scheggia *f.* **II** *v.t.* fare a pezzi, fracassare, frantumare. **III** *v.i.* frantumarsi, andare in pezzi. □ ⟨*scherz*⟩ ∼ *my timbers!* perbacco!, caspiterina!

shivering [ʃivəriŋ] **I** *s.* brivido *m,* tremito *m,* tremore *m.* **II** *a.* che rabbrividisce, che è colto da brividi, tremante.

shivery[1] [ʃivəri] *a.* tremante, tremebondo.

shivery[2] *a.* (*brittle*) fragile, facile a rompersi.

shoal[1] [ʃoul] **I** *s.* **1** bassofondo *m,* fondale *m* basso. **2** (*sandbank, sandbar*) secca *f,* banco *m* di sabbia. **II** *a.* (*shallow*) poco profondo (*o* fondo), basso. **III** *v.i.* diventare 'poco profondo' (*o* basso), diminuire di profondità.

shoal[2] **I** *s.* **1** (*large number of fish*) banco *m* (*o* branco) di pesci. **2** ⟨*fig*⟩ moltitudine *f,* folla *f,* massa *f;* (*large quantity*) grande quantità *f,* gran numero *m,* ⟨*fam*⟩ sacco *m,* ⟨*fam*⟩ mucchio *m.* **II** *v.i.* riunirsi in branchi. □ *in* –*s* in massa, a valanga.

shoaliness [ʃoulinis] *s.* **1** poca profondità *f.* **2** (*condition of being filled with sandbanks*) abbondanza *f* di secche. **shoaly** [–li] *a.* pieno di secche.

shock[1] [ʃɔk] **I** *s.* **1** urto *m* (violento), colpo *m,* cozzo *m: the* ∼ *of waves on the rocks* l'urto delle onde sugli scogli. **2** (*disturbance to the mind, emotions*) colpo *m,* shock *m,* choc *m,* violenta emozione *f: the* ∼ *of unexpected defeat* il colpo di un'inattesa sconfitta. **3** (*unpleasant surprise*) (brutto) colpo *m,* brutta sorpresa *f: he'll get a* ∼ riceverà un brutto colpo. **4** ⟨*Med*⟩ collasso *m* circolatorio, shock *m.* **5** (*electric shock*) scossa *f* (elettrica). **II** *v.t.* **1** scuotere, colpire, scioccare; (*to offend*) indignare, scandalizzare, suscitare l'indignazione di: *his dishonesty* –*ed me deeply* la sua disonestà mi ha profondamente indignato. **2** (*to give a physical shock to*) scioccare. **3** (*to give an electric shock to*) dare una scossa elettrica. **III** *v.i.* **1** provocare scandalo, scandalizzare: *the author's purpose is to* ∼ lo scopo dell'autore è quello di provocare scandalo. **2** (*to meet with a shock, collide*) scontrarsi, urtarsi, cozzare. □ *to give s.o. a* ∼ dare una violenta emozione a qd.; *to get the* ∼ *of one's life* prendersi un colpo.

shock[2] **I** *s.* ⟨*Agr*⟩ bica *f.* **II** *v.t.* abbicare.

shock[3] *s.* (*bushy mass of hair*) massa *f* arruffata e folta di capelli.

shock| absorber *s.* ⟨*Mecc*⟩ ammortizzatore *m.* ∼ **absorption** *s.* ammortizzamento *m,* ammortizzazione *f.* ∼ **action** *s.* ⟨*Mil*⟩ azione *f* d'urto, assalto *m.*

shocked [ʃɔkt] *a.* scandalizzato, indignato, scioccato.

shocker [ʃɔkə] *s.* **1** persona *f* che sconvolge (*o* colpisce, scuote); (*person that outrages*) persona *f* che scandalizza. ⁚ (*book, novel that shocks*) libro *m* . (*o* romanzo scandalistico; (*magazine*) periodico *m* scandalistico.

shock| head *s.* testa *f* dai capelli folti e arruffati. ∼ **headed** *a.* dai capelli folti e arruffati, zazzeruto.

shocking [ʃɔkiŋ] **I** *a.* **1** che colpisce, che scuote, scioccante, traumatizzante: ∼ *news* notizie che colpiscono (*causing moral outrage*) scandaloso, oltraggioso: ∼ *language* linguaggio scandaloso. **2** (*causing astonishment*) sbalorditivo, stupefacente: ∼ *disclosures* rivelazion sbalorditive. **3** ⟨*fam*⟩ (*very bad*) infame, pessimo: ∼ *weather* tempo infame; (*horrifying, disgusting*) disgustoso orribile. **II** *avv.* → **shockingly. shockingly** [–li] *avv.* in maniera che scuote (*o* colpisce), in mod traumatizzante. **2** (*scandalously*) scandalosamente. **3** ⟨*fam*⟩ (*badly*) in maniera infame, pessimamente: *he sings* ∼ canta in maniera infame. **4** ⟨*fam*⟩ (*extremely*) eccessivamente, esageratamente, scandalosamente: ∼ *expensive* eccessivamente costoso.

'shock| 'proof *a.* antiurto: *a* ∼ *watch* un orologio antiurto. ∼ **tactics** *s.pl.* **1** ⟨*Mil*⟩ tattica *f* d'urto. **2** ⟨*fig*⟩ manier *fpl* forti. ∼ **troops** *s.pl.* ⟨*Mil*⟩ truppe *fpl* d'assalto. ∼ **wave** *s.* ⟨*Fis*⟩ onda *f* d'urto. ∼ **workers** *s.* lavoratori *m* d'assalto, stacanovisti *mpl.*

shod[1] [ʃɔd] → **shoe.**

shod[2] *a.* **1** calzato, provvisto di calzature (*o* scarpe). **2** (*a horse*) ferrato.

shoddily [ʃɔdili] *avv.* mediocremente, in modo scadente **shoddiness** [–dinis] *s.* **1** qualità *f* mediocre (*o* scadente **2** ⟨*estens*⟩ mediocrità *f,* qualità *f* scadente.

shoddy [ʃɔdi] **I** *s.* **1** ⟨*Tess*⟩ lana *f* rigenerata. **2** ⟨*fig*⟩ rob *f* 'di scarto' (*o* scadente, dozzinale). **II** *a.* **1** scadente, *scarto:* ∼ *workmanship* lavorazione scadente. **2** ⟨*fig* (*mean, base*) meschino, gretto. **3** (*made of shoddy*) fatto c lana rigenerata.

shoe [ʃuː] **I** *s.* **1** scarpa *f: a pair of* –*s* un paio di scarpe. (*horseshoe*) ferro *m* di cavallo. **3** (*metal ferrule, socke* puntale *m.* **4** ⟨*Mecc*⟩ (*device to retard motion*) cuneo *m* scarpa *f;* (*brake shoe*) ganascia *f* (*o* ceppo *m*) del fren (*channel, groove in which s.th. slides*) pattino *m* c scorrimento. **5** (*of a sled, etc.*) pattino *m.* **6** ⟨*Mar*⟩ (*of ship's keel*) falsa chiglia *f.* **7** ⟨*am.Aut*⟩ (*of a tyre* copertone *m.* **II** *v.t.* (*pret.* **shod** [ʃɔd]/**shoed** [ʃud], *p.* **shod/shoed/shodden** [ʃɔdn]) **1** calzare, fornire provvedere) di scarpe. **2** (*of an animal*) ferrare: *to* ∼ *horse* ferrare un cavallo. **3** (*to provide with a metal ferrule* munire di puntale. **4** ⟨*am.Aut*⟩ munire di copertone. □ *to cast a* ∼ perdere un ferro; ⟨*fig*⟩ *dead man's* –*s* eredi *f* (*o* posto *m*) cui aspira un successore impaziente; ⟨*fig*⟩ *fill s.o.'s* –*s* prendere (*o* occupare) il posto di qd.; ⟨*fam* *the* ∼ *is on the other* **foot** la situazione si è capovolt ⟨*fig*⟩ *I wouldn't like to be in his* –*s* non vorrei essere n suoi panni; *to put on one's* –*s* mettersi (*o* infilarsi) scarpe; ⟨*fam*⟩ *to* **shake** *in one's* –*s* avere la tremarell ⟨*fig*⟩ *to* **step** *into s.o.'s* –*s* prendere il posto di qd.; *to tak off one's* –*s* sfilarsi (*o* togliersi) le scarpe.

shoe|black *s.* lustrascarpe *m.* ∼**brush** *s.* spazzola *f* per scarpe. ∼ **buckle** *s.* fibbia *f* di scarpa. ∼ **cream** lucido *m* (*o* crema *f*) per scarpe. ∼**horn** *s.* calzatoio *m* calzante *m.*

shoeing [ʃuːiŋ] *s.* ferratura *f.*

shoe| industry *s.* industria *f* calzaturiera. ∼ **knife** *s.i* trincetto *m.* ∼**lace** *s.* stringa *f* (*o* laccio *m*) per scarp ∼**last** *s.* → **shoe tree.** ∼ **leather** *s.* cuoio *m* p scarpe.

shoeless [ʃuːlis] *a.* **1** senza scarpe. **2** (*of an animal*) no ferrato.

shoe|maker *s.* calzolaio *m.* ∼**making** *s.* arte *f* d calzolaio.

shoer [ʃuːə] *s.* maniscalco *m.*

shoe| rack *s.* scarpiera *f.* ∼**shine** *s.* **1** lucidatura *f* dell scarpe. **2** (*polish given to the shoes*) lucido *m.* **3** ⟨*am*⟩ → **shoeblack.** ∼**shine boy** *am. s.* lustrascarpe *m.* ∼ **stretcher** *s.* forma *f* per scarpe.

shoestring [ʃuːstriŋ] **I** *s.* **1** → **shoelace. 2** ⟨*fig*⟩ capital *m* ridottissimo, ⟨*fam*⟩ quattro soldi *mpl: the film was made on a* ~ il film fu girato con quattro soldi. **II** *a.* **1** esiguo, con pochi fondi: *a* ~ *budget* un bilancio esiguo. **2** (*made with or operating on little money*) con mezzi limitati, (fatto) con pochi mezzi.

hoe tree *s.* forma *f* per scarpe.

hone [ʃɔn] → **shine**[1].

hoo [ʃuː] **I** *intz.* sciò, via. **II** *v.t.* ⌐cacciare via⌐ (*o* allontanare) facendo sciò. **III** *v.i.* gridare (*o* fare) sciò.

hook[1] [ʃuk] → **shake**[1].

hook[2] *s.* **1** fascio *m* di doghe. **2** ⟨*am.Agr*⟩ (*shock*) bica *f.*

hoot[1] [ʃuːt] *v.* (*pret., p.p.* **shot** [ʃɔt]) **I** *v.t.* **1** sparare (a): *to* ~ *a mad dog* sparare a un cane rabbioso; (*to injure by shooting*) ferire (*o* colpire) con un'arma da fuoco; (*to kill*) uccidere con un'arma da fuoco; (*to execute with a bullet*) fucilare, passare per le armi: *he was tried and shot* fu processato e fucilato. **2** (*of a weapon*) sparare (con), scaricare: *to* ~ *a gun* sparare un fucile. **3** ⟨*Venat*⟩ cacciare, andare a caccia di. **4** (*to send forth, direct*) lanciare, gettare: *to* ~ *a glance at s.o.* lanciare un'occhiata a qd. **5** ⟨*fig*⟩ (*to throw forcefully, suddenly*) sbalzare, scaraventare (fuori): *the collision shot me out of my seat* l'urto mi sbalzò dal sedile. **6** ⟨*fig*⟩ (*to carry swiftly*) portare velocemente (*o* rapidamente): *the lift shot me to the top floor* l'ascensore mi portò velocemente all'ultimo piano. **7** ⟨*fig*⟩ (*to utter rapidly*) dire rapidamente, snocciolare. **8** ⟨*fig*⟩ (*to thrust forward;* spesso con *out*) protendere, sporgere: *I shot out a hand* protesi una mano. **9** (*to emit;* spesso con *out*) mandare (fuori), emettere: *the building was* ~*ing out flames* l'edificio mandava fiamme. **10** (*of plants: to put forth;* general. con *forth, out*) mettere (fuori): *to* ~ *forth leaves* mettere le foglie. **11** (*to go quickly through, over, etc.*) passare (*o* superare) rapidamente. **12** (*to streak with another colour*) striare, screziare, venare. **13** ⟨*Sport*⟩ tirare (forte), sparare; (*to score*) segnare: *to* ~ *a goal* segnare una rete. **14** ⟨*Cin*⟩ girare, filmare, riprendere: *to* ~ *a scene* girare una scena. **15** ⟨*Fot*⟩ riprendere, fotografare. **16** ⟨*Astr,Mar*⟩ misurare l'altezza di: *to* ~ *the sun with a sextant* misurare l'altezza del sole con un sestante. **17** (*of a bolt: to slide*) far scorrere, tirare. **18** ⟨*am*⟩ (*of dice*) tirare; (*of a bet*) puntare. **II** *v.i.* **1** sparare, tirare, fare fuoco: *the soldiers began* ~*ing* i soldati cominciarono a sparare. **2** (*of a weapon*) sparare; (*to have a range*) tirare: *this gun* ~*s from more than a mile* questo fucile tira a più di un miglio (di distanza). **3** ⟨*Venat*⟩ andare a caccia. **4** ⟨*fig*⟩ (*to move at speed*) sfrecciare. **5** (*to be emitted*) guizzare, venire fuori: *flames were* ~*ing from the roof* le fiamme guizzavano dal tetto. **6** (*to protrude, project;* spesso con *out*) sporgere, protendersi, essere sporgente. **7** (*to grow forth*) spuntare. **8** (*of pain*) dare fitte. **9** ⟨*Sport*⟩ tirare. **10** ⟨*Cin*⟩ girare: *silence, please, we're* ~*ing* silenzio, per favore, si gira. **11** ⟨*Fot*⟩ fotografare, fare fotografie. **12** (*of a bolt*) scorrere. **13** ⟨*am.fam*⟩ (*to speak out;* general. all'imperat.) parlare: ~, *gentlemen, I'm ready* parlate, signori, sono pronto. □ *to* ~ **across** passare velocemente in, attraversare velocemente: *a meteor shot across the sky* una meteora passò velocemente nel cielo; *to* ~ **ahead** balzare ⌐in testa⌐ (*o* avanti); *to* ~ **along** sfrecciare, passare sfrecciando; *to* ~ *an* **arrow** scoccare una freccia; *to* ~ **at:** 1 sparare a, fare fuoco su; 2 = *to shoot* **for;** *to* ~ **away:** 1 spazzare via a colpi d'arma da fuoco; 2 (*to shoot continuously*) continuare a sparare, fare fuoco a volontà; 3 (*to move away rapidly*) sfrecciare via; *he had two fingers shot away* un colpo di arma da fuoco gli asportò due dita; *to* ~ **back** *the bolt* tirare il chiavistello; *to* ~ **by** = *to shoot* **past;** *to* ~ **dead** uccidere con un colpo d'arma da fuoco; *to* ~ **down:** 1 uccidere (a colpi d'arma da fuoco); 2 (*of a plane, etc.*) abbattere (a colpi d'arma da fuoco); 3 (*of game*) abbattere; ⟨*fig*⟩ *to* ~ *s.o.'s theory down* demolire la teoria di qd.; *to* ~ **for** (*to aim at*) mirare a, aspirare a: *we are* ~*ing for a ten per cent increase* miriamo a un aumento del dieci per cento; *to* ~ **forth** emettere, cacciare fuori; *to* ~ **forward** ⌐fare un balzo⌐ (*o* balzare) in avanti; *to* ~ *to* **kill** sparare con l'intenzione di uccidere; ⟨*sl*⟩ *to* ~ *a* **line** (*to boast*) vantarsi, gloriarsi; *to* ~ **off:** 1 sparare, scaricare: *to*

~ **off** *a gun* sparare un fucile; 2 (*to use up by shooting*) consumare (sparando), esaurire sparando; 3 (*to remove by shooting*) asportare con un colpo di arma da fuoco; 4 (*to go off, leave rapidly*) andarsene di corsa, allontanarsi velocemente; ⟨*sl*⟩ *to* ~ **off** *one's mouth* (*o face*): 1 (*to talk indiscreetly*) chiacchierare in modo indiscreto; 2 (*to exaggerate*) spararle grosse; *to* ~ **out:** 1 cacciare (*o* tirare) fuori: *to* ~ *out one's tongue* cacciare fuori la lingua; 2 (*to project out*) sporgere (in avanti), protendersi; *to* ~ *it out* regolare i conti ⌐a colpi di arma da fuoco⌐ (*o* con una sparatoria); *to* ~ **past** passare sfrecciando: *an ambulance shot past* un'ambulanza passò sfrecciando; *to* ~ **on sight** sparare a vista; *to* ~ *to the* **surface** risalire rapidamente in superficie; *to* ~ **through** sfrecciare in (*o* attraverso), passare velocemente per (*o* attraverso); *to* ~ **up:** 1 innalzarsi (*o* levarsi in alto) rapidamente; 2 (*to increase rapidly*) salire alle stelle, aumentare vertiginosamente: *prices have shot up* i prezzi son saliti alle stelle; 3 ⟨*fam*⟩ (*of a place, town, etc.*) terrorizzare (*o* mettere a soqquadro) sparando all'impazzata; *to* ~ **wide** fallire (*o* mancare) il bersaglio (*anche Sport.*); *to* ~ *the* **works** puntare il massimo.

shoot[2] *s.* **1** ⟨*Venat*⟩ battuta *f* di caccia; (*piece of land*) riserva *f* di caccia. **2** (*shooting match*) gara *f* di tiro. **3** ⟨*Bot*⟩ germoglio *m.* **4** (*of a stream*) cascata *f,* rapida *f;* (*of water*) zampillo *m,* getto *m.* **5** (*of pain*) fitta *f,* puntura *f.* **6** (*chute*) scivolo *m.*

shooter ['ʃuːtə] *s.* **1** tiratore *m* (*f* –trice). **2** ⟨*Venat*⟩ (spesso nei composti) cacciatore *m* (*f* –trice) (di ...): *a duck-*~ un cacciatore di anatre. **3** ⟨*fam*⟩ (*firearm*) arma *f* da fuoco; (*repeating pistol*) pistola *f* a ripetizione.

shooting ['ʃuːtiŋ] **I** *s.* **1** tiro *m,* il tirare; (*sport, occupation*) tirassegno *m.* **2** ⟨*Venat*⟩ caccia *f;* (*piece of land*) terreno *m* di caccia, bandita *f;* (*game preserve*) riserva *f* di caccia. **3** ⟨*Cin*⟩ lavorazione *f.* **II** *a.* **1** che spara. **2** ⟨*Venat*⟩ da caccia, da cacciatore: *a* ~ *rifle* un fucile da caccia. **3** (*of pain*) lancinante, acuto.

shooting| angle *s.* ⟨*Cin*⟩ angolo *m* di presa. ~ **box** *s.* capanno *m* da caccia. ~ **brake** *s.* ⟨*Aut*⟩ giardinetta *f.* ~ **gallery** *s.* sala *f* di tiro. ~ **iron** *am. s.* ⟨*sl*⟩ (*firearm*) arma *f* da fuoco; (*pistol*) rivoltella *f,* pistola *f.* ~ **pain** *s.* dolore *m* lancinante. ~ **range** *s.* poligono *m* (di tiro), tirassegno *m.* ~ **script** *s.* ⟨*Cin*⟩ sceneggiatura *f.* ~ **star** *s.* ⟨*Astr*⟩ stella *f* cadente (*o* filante).

shop[1] [ʃɔp] *s.* **1** negozio *m,* bottega *f: a clothing* ~ un negozio di abbigliamento; *the corner* ~ il negozio all'angolo. **2** (*workshop*) officina *f: a mechanic's* ~ un'officina meccanica. **3** ⟨*fig*⟩ i propri affari, il proprio lavoro: *stop talking* ~ *all the time* smettila di parlare sempre dei tuoi affari. **4** ⟨*am*⟩ (*department of a large store*) reparto *m* (di un grande magazzino). **5** ⟨*am.Scol*⟩ (*course*) lezioni *fpl* di applicazioni tecniche; (*room*) aula *f* (*o* laboratorio *m*) di applicazioni tecniche. □ ⟨*fam*⟩ *all over the* ~: 1 in disordine, sottosopra, a soqquadro; 2 (*in every direction*) in ogni direzione, a destra e a manca, dappertutto; *to* **keep** *the* ~ badare al negozio (mentre il proprietario è assente); *to keep a* ~ gestire un negozio; *to* **set** *up a* ~: 1 aprire un negozio; 2 ⟨*fig*⟩ stabilire il quartier generale; ⟨*fig*⟩ *to set up* ~ ⌐mettere su⌐ (*o* aprire) bottega; *to* **shut** *up the* ~: 1 chiudere il negozio; 2 ⟨*fig*⟩ chiudere bottega; ⟨*fam*⟩ *to go* (*o come*) *to the* **wrong** ~ capitare male, sbagliare indirizzo.

shop[2] *v.* (*pret., p.p.* **shopped** [–t]) **I** *v.i.* **1** fare spese (*o* acquisti, compere). **2** (*to examine the whole market before buying;* general. con *around*) fare il giro dei negozi (prima di comprare). **II** *v.t.* **1** esaminare per acquistare; (*to buy*) acquistare, comprare. **2** ⟨*sl*⟩ (*to inform against*) tradire, fare la spia contro. **3** ⟨*sl*⟩ (*to imprison*) mettere in prigione (*o* galera), ⟨*fam*⟩ mettere dentro (*o* al fresco).

shop| assistant *s.* commesso *m* (*f* –a), venditore *m* (*f* –trice). ~ **boy** *s.* ragazzo *m* di negozio, fattorino *m.* ~ **committee** *s.* commissione *f* interna (di una fabbrica). ~**girl** *s.* commessa *f.* ~**keeper** *s.* negoziante *m/f,* bottegaio *m* (*f* –a). ~**keeping** *s.* attività *f* di negoziante. ~**lifter** *s.* taccheggiatore *m* (*f* –trice). ~**lifting** *s.* taccheggio *m.*

shopper ['ʃɔpə] *s.* chi va in giro a fare compere,

compratore *m* (*f* –trice), acquirente *m/f.*

shopping ['ʃɔpiŋ] **I** *s.* spese *fpl,* acquisti *mpl,* shopping *m.* **II** *a.* di (*o* relativo a) compere: *a ~ trip* un giro di compere. ☐ *to go ~* fare compere; *to take s.o. ~* portare qd. a fare compere.

shopping| bag, ~ basket *s.* borsa *f* per la spesa. **~ center** *am.,* **~ centre** *s.* centro *m* commerciale. **~ cheque** *s.* buono *m* spesa. **~ mall** *am. s.* centro *m* commerciale. **~ trolley** *s.* carrello *m* di supermercato.

shop|-soiled *a.* **1** sciupato per la lunga esposizione in vetrina. **2** ⟨*fig*⟩ logoro, sciupato. **~ steward** *s.* **1** membro *m* della commissione interna. **2** (*union official*) rappresentante *m/f* sindacale. **~walker** *s.* caporeparto *m/f.* **~window** *s.* vetrina *f.*

shore[1] [ʃɔ:] *s.* **1** costa *f,* sponda *f,* riva *f,* spiaggia *f.* **2** ⟨*fig*⟩ terra *f,* paese *m: one's native ~* la terra natia; *to sail for foreign –s* salpare per paesi stranieri. **3** ⟨*Mar*⟩ (*land*) terra *f: to be assigned to a post on ~* essere destinato a terra. ☐ ⟨*Mar*⟩ *from ~ to ~* dal porto di partenza a quello di arrivo; *to go on ~* sbarcare, scendere a terra; *the ship hugged the ~* la nave costeggiava; *in ~* vicino alla costa (*o* riva); *off ~* al largo.

shore[2] **I** *s.* (*supporting beam*) puntello *m.* **II** *v.t.* (general. con *up*) puntellare, armare: *to ~ up the side of a house* puntellare il fianco di una casa.

shore[3] → **shear**[1].

shoreless ['ʃɔ:lis] *a.* ⟨*fig*⟩ illimitato, sconfinato.

shore| line *s.* linea *f* costiera, litorale *m,* costa *f.* **~ patrol** *s.* ⟨*Mar.mil*⟩ pattuglia *f* costiera.

shoreward ['ʃɔ:wəd] **I** *a.* diretto verso ˈla spiaggiaˈ (*o* terra). **II** *avv.* → **shorewards. shorewards** [–z] *avv.* verso la spiaggia, verso terra.

shoring ['ʃɔ:riŋ] *s.* puntellamento *m.*

shorn [ʃɔ:n] → **shear**[1].

short [ʃɔ:t] **I** *a.* **1** corto: *~ legs* gambe corte; *~ hair* capelli corti; (*not tall*) piccolo, basso: *a ~ man* un uomo piccolo. **2** (*of distance*) breve, corto: *a ~ journey* un viaggio breve. **3** (*of time*) breve, di breve durata, corto: *a ~ illness* una breve malattia; *life is ~* la vita è breve. **4** (*brief, concise*) breve, conciso: *a ~ speech* un breve discorso. **5** (*not extending far enough*) corto, di lunghezza scarsa (*o* insufficiente): *this dress is ~ for me* quest'abito mi va corto. **6** (*distant*) da lontano, distante (*of* da): *we were still three miles ~ of our destination* eravamo ancora distanti tre miglia dalla nostra destinazione. **7** (*below required amount, etc.*) scarso: *~ measure* misura scarsa; (*scanty*) scarso, insufficiente: *~ rations* razioni scarse. **8** (*lacking*) a corto, scarso (*of, in* di): *to be ~ of ready money* essere a corto di liquido. **9** (*abrupt, curt*) brusco, secco, spiccio: *a ~ reply* una risposta brusca. **10** (*abbreviated*) abbreviato: *don't is the ~ form of do not* don't è la forma abbreviata di do not. **11** ⟨*fam*⟩ (*weak*) scarso (*on* di), debole (in): *he is ~ on originality* è scarso di originalità. **12** ⟨*fam*⟩ (*lacking money*) a corto di quattrini: *I'm a bit ~* sono piuttosto a corto di quattrini. **13** (*of a drink*) liscio. **14** (*of clay, dough*) friabile, frollo. **15** (*of waves, seas*) corto. **16** ⟨*Fisiol*⟩ (*of breath*) corto. **17** ⟨*Fon*⟩ breve. **18** ⟨*Comm,Econ*⟩ a breve scadenza. **19** ⟨*Econ*⟩ allo scoperto. **20** ⟨*Met*⟩ fragile. **II** *s.* **1** *pl.* ⟨*Vest*⟩ calzoncini *mpl,* shorts *mpl;* (*short underpants*) mutande *fpl* corte (da uomo). **2** ⟨*El*⟩ → **short circuit. 3** (*drink*) liquore *m* (liscio). **4** ⟨*Cin*⟩ cortometraggio *m.* **5** ⟨*Metr*⟩ sillaba *f* breve, breve *f.* **III** *avv.* **1** bruscamente, di colpo, di botto: *to stop ~* fermarsi bruscamente. **2** (*not reaching the intended point*) corto, lontano dall'obiettivo: *the first shell landed ~* la prima granata cadde corta. **3** (*nei composti: for a brief time*) di breve ...: *~-lived* di breve durata. **4** (*curtly*) bruscamente, seccamente. **IV** *v.t.* ⟨*El*⟩ cortocircuitare, mettere in corto circuito. **V** *v.i.* ⟨*El*⟩ formare un cortocircuito. ☐ *to be ~ of* **breath** respirare affannosamente, avere il fiato corto (*o* grosso); *to bring up ~:* 1 fermare (*o* arrestare) di colpo: *he brought his horse up ~* fermò il cavallo di colpo; 2 = *to* **take** *up short; to be* **caught** *~* essere colto ˈalla sprovvistaˈ (*o* di sorpresa); ⟨*fig*⟩ *to* **come** *~ of* non essere all'altezza di, essere inferiore a; *the holiday came ~ of our hopes* la vacanza ci ha delusi; **for** *~* abbreviato in, per brevità: *his name is*

Anthony, Tony for ~ il suo nome è Antonio, abbreviato i Tonio; *to* **get** *~* accorciarsi: *the days are getting –er* giornate si accorciano; *to* **go** *~ of s.th.* privarsi di qc.; *l never lets his wife go ~* non fa mai mancare nulla a su moglie; **in** *~:* 1 per farla breve, in breve, insomma: *in ~ I cannot help you* per farla breve, non posso aiutarti; ⟨*Econ*⟩ allo scoperto; *to be* **little** *~ of* essere quasi (*o* poc meno di): *his recovery is little ~ of miraculous* la su guarigione è quasi miracolosa; ⟨*fig*⟩ *the* **long** *and the ~* succo del discorso; *to make a long story ~* per tagliar corto, a (*o* per) farla breve; *to have a ~* **memory** avere memoria corta; **nothing** *~ of* addirittura, senz'altr nient'altro che: *his reply was nothing ~ of an insult* la su risposta fu addirittura un insulto; *~ of* fuorché, eccetto: *see no means of escape ~ of surrender* non vedo altra v d'uscita fuorché la resa; *to* **pull** *up ~* fermare (*o* fermars di colpo (*o* botto); *to* **run** *~* scarseggiare, essere scarso (insufficiente): *supplies are running ~* le provvis scarseggiano; *to run ~ of* rimanere a corto di; ⟨*fam*⟩ *to* **sell** *s.o. ~* sottovalutare qd.; *to be in ~* **suppl** scarseggiare; *~ and* **sweet:** 1 breve e piacevole; 2 ⟨*fig* (*brief and pertinent*) conciso e pertinente: *his speech was and sweet* il suo discorso fu conciso e pertinente; *to mak it ~ and sweet, the answer is no* per farla breve, la risposta è no; *to* **take** *up ~* interrompere; *to have a temper* essere irascibile (*o* collerico); *for a ~* **time** p poco tempo; *a ~* **time** *ago* poco (tempo) fa; *a ~* **way** *o* poco lontano (*o* distante).

shortage ['ʃɔ:tidʒ] *s.* carenza *f,* scarsità *f,* scarsezza *f.* ⟨*Comm*⟩ *~ in cash* ammanco *m* di cassa; *to make up the* colmare il deficit.

short| bill *s.* ⟨*Econ*⟩ effetto *m* a breve scadenza. **~brea** *s.* ⟨*Dolc*⟩ biscotto *m* di pasta frolla. **~cake** *s.* ⟨*Dolc* dolce *m* di pasta frolla. **,~-'change** *v.t.* ⟨*fam*⟩ imbrogliare sul resto. **2** (*to cheat*) frodare, truffare, (*vol* fregare. **~ change** *s.* resto *m* inferiore a quello dovut **~-circuit I** *v.t.* ⟨*El*⟩ cortocircuitare, mettere in cor circuito. **II** *v.i.* fare cortocircuito. **~ circuit** *s.* ⟨*E* cortocircuito *m.* **~-coming** *s.* **1** manchevolezza *f,* difet *m.* **2** (*deficiency*) deficienza *f,* mancanza *f.* **~ cut** scorciatoia *f* (*anche fig.*). **'~-'dated** *a.* ⟨*Econ*⟩ a brev scadenza.

shorten ['ʃɔ:tn] **I** *v.t.* **1** accorciare, scorciare, ridurr abbreviare: *to ~ a rope* accorciare una fune; *to ~ a essay* ridurre un saggio. **2** (*to reduce in duration, amoun* ridurre, diminuire. **3** ⟨*Gastr*⟩ rendere frollo (*o* friabile). ⟨*Mar*⟩ (*of sail*) ridurre. **II** *v.i.* **1** accorciarsi, diventa (più) corto, abbreviarsi: *the days are –ing* le giornate accorciano. **2** ⟨*Mar*⟩ (general. con *down*) ridurre velatura. **shortening** [–iŋ] *s.* **1** accorciatura *f;* (*process becoming short, shorter*) accorciamento *m.* **2** ⟨*Fon,Lin* abbreviazione *f.* **3** ⟨*Gastr*⟩ grasso *m* per pasticceria.

short|fall *s.* ammanco *m,* deficit *m.* **~ form** *s.* ⟨*Gramm* accorciativo *m.* **~hand I** *s.* stenografia *f.* **II** stenografico, stenografato. ☐ *to take s.th. down in* stenografare qc. **'~-'handed** *a.* a corto di personale manodopera. **~hand-typist** *s.* stenodattilografo *m* (*f* –a *~* **head** *s.* **1** ⟨*Sport*⟩ (*in a horse race*) margine *m* vittoria ˈper meno di una testaˈ (*o* a corta testa). **2** ⟨*fi* margine *m* stretto.

shortish ['ʃɔ:tiʃ] *a.* piuttosto corto.

short|-legged *a.* dalle gambe corte. **~-list** *v.t.* mette nella rosa dei candidati. **~ list** *s.* rosa *f* dei candidat **'~-'lived** *a.* **1** dalla vita breve. **2** ⟨*fig*⟩ di breve durat effimero, passeggero: *his triumph was ~* il suo trionfo di breve durata.

shortly ['ʃɔ:tli] *avv.* **1** tra poco, tra breve, presto: *he is to retire* tra poco andrà in pensione; (*for a short time*) po poco tempo; (*at a short interval of time*) un po', poco: *~ arrived ~ before me* arrivò un po' prima di me; *afterwards* poco dopo. **2** (*in a few words*) brevement concisamente, in (*o* con) poche parole. **3** (*curtl* bruscamente.

short| measure *s.* misura *f* scarsa. **~ meter** *am.,* **metre** *s.* ⟨*Metr*⟩ quartina *f.*

shortness ['ʃɔ:tnis] *s.* **1** l'essere corto, cortezza *f* (*time*) brevità *f.* **3** (*bluntness*) bruschezza *f,* asprezza *f.*

(scantiness**)** scarsezza *f*, scarsità *f*. **5** (*conciseness*) concisione *f*, brevità *f*. □ ~ *of breath* respiro affannoso (*o* corto); ~ *of memory* l'avere la memoria corta, poca memoria; ⟨*Med*⟩ ~ *of sight* miopia *f*; ~ *of temper* irascibilità *f*.

hort| pastry *s.* ⟨*Gastr*⟩ pasta *f* frolla. **'~-'range** *a.* **1** a distanza breve (*o* ravvicinata). **2** ⟨*Artigl*⟩ a breve gittata. **3** ⟨*Econ*⟩ a medio termine: ~ *forecast* previsione a medio termine. **~-range weapons** *s.pl.* ⟨*Mil*⟩ armi *fpl* a corto raggio. ~ **ribs** *s.pl.* ⟨*Macell*⟩ lombata *f*, lombo *m*. ~ **sale** *s.* ⟨*Econ*⟩ vendita *f* allo scoperto. ~ **sea** *s.* ⟨*Mar*⟩ mare *m* corto. ~ **sight** *s.* miopia *f*. **'~-'sighted** *a.* ⟨*Med*⟩ miope (*anche fig.*). **,~-'sightedness** *s.* miopia *f* (*anche fig.*). **'~-'spoken** *a.* di poche parole, laconico. **~stop** *s.* ⟨*Sport*⟩ (*in baseball*) interbase *f*. ~ **story** *s.* ⟨*Lett*⟩ novella *f*, racconto *m*. **'~-'tempered** *a.* irascibile, collerico, iroso, iracondo. **'~-'term** *a.* **1** di (*o* a) breve durata. **2** ⟨*Econ*⟩ → short-dated.

hort-'term| credit *s.* ⟨*Econ*⟩ credito *m* a breve scadenza (*o* termine). ~ **financing** *s.* ⟨*Econ*⟩ finanziamento *m* a breve (termine). ~ **loan** *s.* prestito *m* a breve scadenza. ~ **memory** *s.* memoria *f* a breve termine.

hort| ton *s.* tonnellata *f* americana (pari a circa 908 kg). **'~-'waisted** *a.* **1** che ha la vita corta, corto di vita. **2** ⟨*Sart*⟩ a vita alta. ~ **wave I** *s.* **1** ⟨*El*⟩ onda *f* corta. **2** → short wave radio. **II** *a.* a onde corte.

hort wave radio ['ʃɔ:tweiv] *s.* apparecchio *m* radio a onde corte.

hort| weight *s.* peso *m* scarso. **'~-'winded** *a.* **1** dal fiato corto, affannato. **2** ⟨*fig*⟩ breve, conciso, stringato.

horty ['ʃɔ:ti] *s.* ⟨*fam*⟩ **1** persona *f* di bassa statura, ⟨*scherz*⟩ mezza cartuccia *f* (*o* porzione). **2** (*short raincoat*) impermeabile *m* corto.

hot[1] [ʃɔt] → **shoot**[1]

hot[2] *s.* **1** sparo *m*, colpo *m*, tiro *m*: *a* ~ *was heard* si udì uno sparo; *he fired three –s* sparò tre colpi; (*range of a missile*) portata *f*, gittata *f*: *out of* ~ fuori portata. **2** ⟨*Sport*⟩ colpo *m*, tiro *m*, palla *f*: *a forehand* ~ un colpo diritto; *good* ~ palla buona; *a* ~ *at goal* un tiro ʿin portaʾ (*o* a rete). **3** ⟨*fig*⟩ (*try, go*) tentativo *m*, prova *f*: *I'll have a* ~ farò una prova. **4** ⟨*fig*⟩ (*guess at s.th.*) tentativo *m* di cogliere nel segno; (*conjecture*) supposizione *f*, congettura *f*. **5** (*lead pellet for a cartridge*) pallottola *f*, proiettile *m*; ⟨*projectile for a cannon*⟩ palla *f* di cannone. **6** (*pellets*; costr. pl.) pallini *mpl*: *to fire* ~ sparare a pallini. **7** ⟨*marksman*⟩ tiratore *m* (*scelto*): *he is an excellent* ~ è un eccellente tiratore. **8** ⟨*fam*⟩ (*injection*) iniezione *f*. **9** ⟨*drink, portion of liquor*⟩ bicchierino *m*, ⟨*fam*⟩ goccio *m*: *a* ~ *of whisky* un goccio di whisky. **10** ⟨*fig*⟩ (*telling remark*) frecciata *f*, stoccata *f*, battuta *f*: *a parting* ~ una battuta finale. **11** (*change at odds*) probabilità *f*, possibilità *f*: *a ten to one* ~ una probabilità su dieci. **12** ⟨*Sport*⟩ peso *m*: *to put the* ~ lanciare il peso. **13** ⟨*Astron*⟩ lancio *m*: *the Apollo 12 moon –* ~ il lancio dell'Apollo 12 sulla luna. **14** ⟨*Fot*⟩ ripresa *f*; (*snapshot*) istantanea *f*. **15** ⟨*Cin,TV*⟩ ripresa *f*; (*scene*) inquadratura *f*. **16** (*charge of explosive*) carica *f* (esplosiva) (*anche Minier.*); (*explosion*) esplosione *f*, scoppio *m*. **17** ⟨*Tess*⟩ (*throw of the shuttle*) lancio *m*. **18** ⟨*Met*⟩ iniezione *f*. □ ⟨*fig*⟩ *a* ~ *in the* **arm** spinta *f*, incoraggiamento *m*, stimolo *m*; *to be successful at the first* ~ riuscire al primo colpo; **bad** ~: 1 colpo fallito (*o* non andato a segno), colpo a vuoto; 2 ⟨*fig*⟩ tentativo fallito; ⟨*fig*⟩ *to make a bad* ~ non sapere indovinare, sbagliare; ⟨*fig*⟩ *a* ~ *in the* **dark** il tirare a indovinare; *to have a* ~ *at* = *to* **take** *a shot at; like a* ~: 1 come un razzo (*o* fulmine), in un lampo, velocemente; 2 (*without hesitation*) all'istante, subito, difilato, immediatamente; *to take a* ~ *at* sparare un colpo a; ⟨*fig*⟩ fare un tentativo di.

hot[3] *v.t.* (*pret., p.p.* **'shotted** [-id]) **1** caricare a (*o* con) pallini (di piombo). **2** (*to weight with shot*) appesantire con pallini (di piombo).

hot[4] *a.* **1** ⟨*Tess*⟩ cangiante: ~ *silk* seta cangiante; (*variegated*) venato, screziato, variegato (*with* di). **2** ⟨*estens*⟩ (*streaked*) striato (di): *his black hair was now* ~ *with grey* i suoi capelli neri erano ormai striati di grigio. □ ⟨*sl*⟩ *to get* ~ *of* sbarazzarsi di, liberarsi di.

shot[5] *s.* (*one's share of expenses*) quota *f*, parte *f*: *to pay the* ~ pagare la propria quota.

shot|-blasting *s.* ⟨*Mecc*⟩ sabbiatura *f* metallica. ~ **cartridge** *s.* cartuccia *f* ʿa palliniʾ (*o* da caccia).

shotgun *s.* fucile *m* ʿa palliniʾ (*o* da caccia), schioppo *m*.

shotgun wedding *s.* matrimonio *m* riparatore.

shot| proof *a.* a prova di proiettile. ~ **put** *s.* ⟨*Sport*⟩ lancio *m* del peso. **~-putter** *s.* lanciatore *m* (*f* –trice) del peso.

should [ʃud, ʃəd] (*pret. di* shall) *v.aus.* (*2ª pers.sing.ant.* **'shouldest** ['ʃudəst]/**shouldst** [ʃudst]; *negativo* **should not**, **'shouldn't** [-nt]) **1** (*to express duty, obligation, etc.*) translated with the conditional of the verb dovere: *you* ~ *wash more often* dovresti lavarti più spesso; *he –n't work so hard* non dovrebbe lavorare così tanto; *you* ~ *have told me* avresti dovuto dirmelo. **2** (*to express expectation, probability*) translated with the conditional of the verb dovere, essere probabile: *that* ~ *be enough* questo dovrebbe bastare; *he* ~ *have arrived by now* ormai dovrebbe essere arrivato. **3** (*to express future in the past*) translated with the conditional of the verb: *I told you I* ~ *be late* ti avevo detto che sarei arrivato tardi. **4** (*to express condition*) translated with the subjunctive of the verb dovere: *if he* ~ *arrive early, ask him to wait* se dovesse arrivare in anticipo digli di aspettare; ~ *anything happen to me, contact the police* se dovesse accadermi qualcosa rivolgiti alla polizia. **5** (*used as a subjunctive equivalent*) translated with the subjunctive of the verb: *he hid so that I –n't see him* si nascose in modo che io non lo vedessi. **6** (*used to make a statement or question less blunt*) translated with the conditional of the verb: *I* ~ *like that* mi piacerebbe; *I* ~ *advise you to confess* ti consiglierei di confessare. □ *how* ~ *I know!* come potrei (*o* faccio a) saperlo?, che ne so io?

shoulder ['ʃouldə] **I** *s.* **1** ⟨*Anat,Macell,Gastr*⟩ spalla *f*: *to dislocate one's* ~ slogarsi una spalla; *a* ~ *of mutton* una spalla di montone. **2** *pl.* spalle *fpl* (*anche fig.*): *to carry a pack on one's –s* portare un pacco sulle spalle; *the responsibility rests on his –s* la responsabilità grava sulle sue spalle. **3** ⟨*Strad*⟩ bordo *m* (*o* margine) della strada; (*for emergency stopping, hard shoulder*) corsia di emergenza *f*. **4** (*of a hill, mountain*) spalla *f*, fianco *m*. **5** ⟨*Mecc*⟩ spallamento *m*. **6** ⟨*Tip*⟩ spalla *f*. **7** (*of a tyre*) spalla *f* (di sicurezza). **II** *v.t.* **1** mettersi (*o* caricarsi) sulle spalle. **2** ⟨*fig*⟩ addossarsi, assumersi, accollarsi: *to* ~ *the blame* addossarsi la colpa; *to* ~ *the cost of s.th.* accollarsi le spese di qc. **3** (*to push with the shoulders*) spingere con le spalle. **4** ⟨*Mil*⟩ mettere a spalla, spalleggiare: *to* ~ *a rifle* mettere un fucile a spalla. □ *to wear s.th. slung* **across** *the* ~ portare qc. a tracolla (*o* tracolla); ⟨*esclam,Mil*⟩ ~ **arms!** spallarm!; *to* ~ **arms** mettere in posizione di spallarm; ~ **to** ~: 1 fianco a fianco, spalla a spalla; 2 ⟨*fig*⟩ in stretta collaborazione, aiutandosi reciprocamente; *to* ~ *one's* **way** *through the crowd* farsi strada a spallate fra la folla.

shoulder| bag *s.* borsa *f* (*o* borsetta) a tracolla, tracolla *f*. ~ **belt** *s.* **1** ⟨*Mil*⟩ bandoliera *f*, tracolla *f*. **2** ⟨*Aut*⟩ cintura *f* di sicurezza trasversale. ~ **blade** *s.* ⟨*Anat*⟩ scapola *f*.

shouldered ['ʃouldəd] *a.* (nei composti) dalle (*o* con le) spalle ...: *broad –~* dalle spalle larghe.

shoulder knot *s.* **1** ⟨*Stor*⟩ nodo *m* ornamentale (portato sulla spalla). **2** ⟨*Mil*⟩ cordellina *f*.

shouldest ['ʃudəst] → **should**.

shouldn't ['ʃudnt] *contraz. di* **should not**.

shouldst [ʃudst] → **should**.

shout [ʃaut] **I** *v.i.* gridare, urlare, strillare: *there's no need to* ~ non c'è nessun bisogno di gridare. **II** *v.t.* (spesso con *out*) gridare: *to* ~ *an order* gridare un ordine; (*to express in a loud voice*) esprimere gridando, gridare: *to* ~ *one's approval* esprimere gridando la propria approvazione. **III** *s.* urlo *m*, grido *m*, strillo *m*: *to give a* ~ cacciare un urlo. □ ⟨*fam*⟩ *that's nothing to* ~ **about** non è niente di speciale; *to* ~ **at** *s.o.* urlare a qd., dire gridando a qd.; *to* ~ *a speaker* **down** zittire un oratore ʿa forza di gridaʾ (*o* gridando); ⟨*fam*⟩ *to* ~ *one's* **head** *off* spolmonarsi, sgolarsi, gridare a squarciagola.

shouting ['ʃautiŋ] *s.* urlìo *m*, strilli *mpl*, gridìo *m*. □

⟨fam⟩ *it's all over bar* (o *but*) *the* ~ è praticamente finito, siamo quasi alla fine.

shove [ʃʌv] **I** *v.t.* **1** spingere, spostare (spingendo): *he –d the table against the wall* spinse il tavolo contro il muro; *to* ~ *s.o. out of the way* spingere qd. da una parte. **2** (*to jostle*) spingere, dare spinte (*o* una spinta, uno spintone) a, urtare. **3** (*to drive, force*) far entrare a forza, ficcare. **II** *v.i.* **1** spingere, dare spinte (*o* spintoni): *stop shoving* smettila di spingere. **2** (*to move by pushing*) spingere, muovere (spingendo). **3** ⟨*sl*⟩ (*to leave*; general. con *off*) andarsene. **III** *s.* spinta *f,* spintone *m,* urto *m.* □ *to* ~ *s.o.* **along** spingere qd. in avanti; *to* ~ **around**: 1 spostare: *to* ~ *furniture around* spostare i mobili; 2 (*o jostle*) spingere, dare una spinta (*o* uno spintone) a; 3 ⟨*fam*⟩ (*to boss*) essere autoritario (*o* tirannico); *to* ~ *s.o.* **aside** spingere qd. da parte; *to* ~ **back** spingere indietro; *to* ~ **forward** spingere avanti; *to* ~ **off**: 1 (*of people*) scostarsi dalla riva: *I –d off and rowed out to open sea* mi scostai dalla riva e remai verso il largo; 2 (*of a boat*) scostare, portare al largo; *to* ~ **out** spingere (all')infuori; *to* ~ **past** *s.o.* dare una spinta a qd. passandogli vicino; *to* ~ **through** *a crowd* farsi largo a spintoni tra la folla.

shove|-halfpenny, ~-ha'penny *s.* gioco *m* delle piastrelle.

shovel[1] [ʃʌvl] *s.* **1** pala *f,* badile *m.* **2** ⟨*Mecc,Agr*⟩ cucchiaia *f.* **3** ⟨*Mecc*⟩ escavatore *m* a cucchiaio (*o* pala).

shovel[2] *v.* (*pret., p.p.* **shovelled**/*am.* **shoveled** [–d]) **I** *v.t.* **1** spalare, levare via (*o* togliere) con la pala: *to* ~ *snow* spalare la neve. **2** (*to make by shovelling*) aprire spalando, spalare: *to* ~ *a path through the snow* aprire spalando un sentiero nella neve. **II** *v.i.* lavorare con la pala. □ *to* ~ *food into one's mouth* mangiare a quattro palmenti.

shovelful [ʃʌvlful] *s.* palata *f,* badilata *f.*

shovel hat *s.* cappello *m* a larghe tese (portato dal clero anglicano).

show[1] [ʃou] *v.* (*pret.* **showed**/**shewed** [–d], *p.p.* **shown**/**shewn** [–n]/**showed**) **I** *v.t.* **1** far vedere, mostrare: ~ *me what you have bought* fammi vedere cosa hai comprato; (*to offer for inspection*) esibire, mostrare, far vedere: *to* ~ *one's ticket to the conductor* esibire il biglietto al controllore; (*to present the likeness of*) raffigurare, rappresentare: *the photograph –s him as a young man* la fotografia lo raffigura da giovane; (*to make display of*) mettere in mostra, mostrare, ostentare: *to* ~ *one's legs* mettere in mostra le gambe. **2** (*to exhibit*) esporre: *his paintings have been –n in several galleries* i suoi quadri sono stati esposti in diverse gallerie. **3** ⟨*Cin,Teat,TV*⟩ (*to present*) presentare, rappresentare. **4** (*to display*) mostrare, rivelare: *he –ed no pity* non mostrò alcuna pietà. **5** ⟨*rifl*⟩ farsi vedere, apparire, mostrarsi; (*to prove to be*) dimostrarsi, mostrarsi, rivelarsi: *to* ~ *o.s. courageous* dimostrarsi coraggioso; (*to be revealed*) apparire, rivelarsi: *consideration for others –ed itself in all his actions* il rispetto per gli altri appariva in ogni sua azione. **6** (*to prove, demonstrate*) dimostrare, provare: *the figures* ~ *the loss* le cifre dimostrano la perdita; (*to set forth, describe*) descrivere, presentare, illustrare, esporre: *his article –ed the corruption in high circles* il suo articolo descriveva la corruzione delle alte sfere. **7** (*of instruments*) segnare, indicare: *the thermometer –ed 39⁰* il termometro segnava 39⁰. **8** (*to register*) registrare: *exports –ed an increase* le esportazioni registravano un aumento. **9** (*to make visible*) lasciar vedere, mostrare: *dark clothes do not* ~ *the dirt* gli abiti scuri non lasciano vedere lo sporco. **10** (*to escort*) accompagnare, scortare: *to* ~ *s.o. to his seat* accompagnare qd. al suo posto; (*to guide, conduct*) guidare, fare da guida (*o* cicerone) a. **11** (*to instruct*) far vedere a, (di)mostrare a, spiegare a, insegnare a: ~ *me how to do it* fammi vedere come si fa. **12** (*of disposition: to exhibit towards*) avere, mostrare: *to* ~ *mercy to s.o.* avere pietà di qd. **II** *v.i.* **1** vedersi, essere visibile: *fear –ed in her eyes* nei suoi occhi si vedeva la paura; (*to be apparent*) rivelarsi, mostrarsi, vedersi, apparire: *good breeding –ed in all his actions* la buona educazione si rivelava in ogni sua azione. **2** (*to appear*) apparire, mostrarsi, presentarsi. **3** ⟨*Cin,Teat,TV*⟩ essere presentato (*o* rappresentato). **4** ⟨*fam*⟩ (*to come, turn up*) farsi vedere,

comparire: *we waited but he didn't* ~ (*up*) abbiam aspettato ma non si è fatto vedere. **5** ⟨*Sport*⟩ (*of racehorse*) arrivare al terzo posto. □ *to* ~ *to* **advantag** fare buona figura; *to* ~ *one's* **face** presentarsi, far vedere, mostrare la faccia; *to have nothing to* ~ **for** *it* no avere niente in mano per dimostrare ciò che si è fatto; **go** *to* ~ dimostrare, provare; *to* ~ *an* **improveme** mostrare un miglioramento; *to* ~ **in** far entrare; *to* ~ *a* **interest** *in s.th.* mostrare interesse per qc.; *to* ~ *n interest* non mostrare alcun interesse; *to* ~ **off**: 1 mette in risalto, fare risaltare, valorizzare; 2 (*to displa ostentatiously*) sciorinare, ostentare, mettere in mostr fare mostra di; 3 (*to seek to attract attention*) esibirsi, far notare, mettersi in mostra, pavoneggiarsi; *to* ~ *o* accompagnare alla porta, fare uscire; *to* ~ **over** *f* visitare (*o* vedere): *my host –ed me over his estate* il mi ospite mi fece visitare la sua tenuta; *to* ~ *s.o. his* **plac** mostrare (*o* indicare) il posto a qd.; ⟨*fig*⟩ mettere a post qd.; *to* ~ *s.o.* **round** *the town* far visitare la città a qd.; ~ **signs** *of wear* dare segni di logorio, cominciare a esse logoro; *to* ~ *a* **tendency** *to do s.th.* avere una tendenza fare qc.; *to* ~ **up**: 1 mettere in risalto (*o* evidenza), fa risaltare; 2 (*to expose, unmask*) smascherare, svelar mettere a nudo: *to* ~ *up a fraud* smascherare una frode; (*to escort up*) accompagnare, scortare; 4 (*to arriv* presentarsi, farsi vedere, comparire: *they didn't* ~ *up n* si presentarono; ~ *s.o.* **upstairs** accompagnare qd. sopra, far salire qd.; *to* ~ *s.o. the* **way** mostrare la strad a qd.; ⟨*fig*⟩ dare l'esempio a qd.; *to* ~ **willing** dare prov di buona volontà. || *I'll* ~ *you!* ti farò vedere io!, la farò vedere io!; ⟨*fam*⟩ *that'll* ~ *him!* ben gli sta!; *l drinks heavily, and it –s* beve molto e si vede.

show[2] **I** *s.* **1** dimostrazione *f,* manifestazione *f: a* ~ *strength* una dimostrazione di forza; *a* ~ *of grief* un manifestazione di dolore. **2** (*appearance, semblanc* parvenza *f,* apparenza *f,* mostra *f: with some* ~ *of legali* con qualche parvenza di legalità. **3** (*ostentatio* ostentazione *f,* esibizione *f: a* ~ *of coura* un'ostentazione di coraggio; (*pretence*) finta *f,* mostra finzione *f,* commedia *f: his contrition was, all* ~ il su pentimento era tutta una finta. **4** (*exhibition, expositio* mostra *f,* esposizione *f: a flower* ~ una mostra di fiori. (*spectacle, sight*) spettacolo *m,* vista *f.* **6** ⟨*Teat*⟩ spettacol *m,* rappresentazione *f: we shall be late for the* ~ farem tardi allo spettacolo; (*cabaret-type entertainmen* spettacolo *m* di varietà, show *m.* **7** ⟨*Rad,TV*⟩ show *t* spettacolo *m.* **8** ⟨*fam*⟩ (*enterprise*) impresa *f,* azienda ⟨*fam*⟩ baracca *f: I've been put in charge of the whole* mi è stata affidata tutta la baracca. **9** ⟨*fam*⟩ (*performanc of s.th.*) spettacolo *m: the team put up a poor* ~ squadra ha dato un pessimo spettacolo. **II** *a.* (*of sho business*) (del mondo) dello spettacolo: ~ *people* gente d mondo dello spettacolo. □ *give him a* **fair** ~ dateg modo di mostrare quello che 'sa fare' (*o* vale); ⟨*fam*⟩ **give** *the* ~ *away* scoprire gli altarini; *to vote by* (*a*) ~ **hands** votare per alzata di mano; **on** ~ esposto (pubblico), in mostra; *to put s.th. on* ~ esporre qc., mette in mostra qc.; ⟨*fam*⟩ *to* **put** *up a good* ~ fare una bel figura; ⟨*fam*⟩ *to* **run** *the* ~ mandare avanti la baracca.

show| biz *s.* ⟨*fam*⟩ → **show business. ~boat** *am.* battello *m* teatro, showboat *m.* ~ **business** *s.* industria dello spettacolo. ~ **card** *am. s.* cartellone pubblicitario. **~case** *s.* **1** vetrina *f,* bacheca *f.* **2** ⟨*fi* dimostrazione *f.* **~down** *s.* **1** (*in cards*) il mettere le car in tavola. **2** ⟨*fam*⟩ (*trial of strength*) prova *f* di forza.

shower[1] [ʃauə] **I** *s.* **1** acquazzone *m,* scroscio *m* rovescio) di pioggia. **2** ⟨*estens*⟩ pioggia *f: a* ~ *of ston* una pioggia di sassi. **3** ⟨*fig*⟩ rovescio *m,* scarica *f,* pioggia tempesta *f: a* ~ *of insults* un rovescio d'improperi. **4** **shower bath. 5** ⟨*sl*⟩ (*inefficient, undisciplined grou* ciurma *f,* ciurmaglia *f,* marmaglia *f.* **6** ⟨*am*⟩ (*party for th giving of gifts*) ricevimento *m* per la consegna di doni. *v.t.* **1** bagnare con un rovescio (*o* acquazzone). **2** (*to po down in a shower*) riversare, lanciare (*o* rovesciare) in gra quantità. **3** (*to bestow liberally*) coprire di, riempire inondare: *to* ~ *gifts on s.o.* coprire qd. di doni. **III** *v.i.* piovere a dirotto. **2** (*to take a shower bath*) fare doccia.

hower² ['ʃouə] s. (one that shows) chi mostra.

hower bath ['ʃauə] s. doccia f.

howery ['ʃauəri] a. temporalesco, piovoso.

how|folk am. s.pl. gente f del mondo dello spettacolo. **~girl** s. ballerina f di fila.

howily ['ʃouili] avv. 1 ostentatamente, con ostentazione. 2 (gaudily) vistosamente, in modo vistoso. **showiness** ['ʃouinis] s. 1 ostentazione f, pompa f. 2 (gaudiness) vistosità f, appariscenza f.

howing ['ʃouiŋ] s. 1 esposizione f, presentazione f; (exhibition) esibizione f. 2 (Cin) spettacolo m, rappresentazione f. 3 (Comm) stato m, condizione f, situazione f.

how jumping s. (Equit) sfoggio m di abilità nel superare gli ostacoli.

howman ['ʃoumən] s.irr. 1 (Teat) impresario m. 2 (one skilled at dramatizing) showman m. **showmanship** [-ʃip] s. 1 abilità f d'impresario, bravura f nell'allestire spettacoli. 2 (fig) il saper vendere la propria merce.

hown [ʃoun] → show¹.

how|-off s. esibizionista m/f, ostentatore m (f –trice). ~ **piece** s. 1 oggetto m (o pezzo) d'esposizione. 2 (fine example of its kind) pezzo m forte. ~ **place** s. 1 teatro m (anche fig.). 2 (fig) luogo m (o edificio, ecc.) d'interesse turistico. **~room** s. sala f d'esposizione. ~ **window** am. s. vetrina f (di negozio).

howy ['ʃoui] a. 1 pomposo, ostentato. 2 (loud) appariscente, vistoso.

hrank [ʃræŋk] → shrink¹.

hrapnel ['ʃræpnəl] s. (Artigl) 1 shrapnel m. 2 (collett) proiettili mpl shrapnel.

hred¹ [ʃred] s. 1 brandello m, pezzo m (strappato), ritaglio m: a ~ of cloth un brandello di stoffa. 2 (threadlike piece) filamento m, filo m. 3 (fig) briciolo m, frammento m, pezzetto m, atomo m: not a ~ of truth neanche un briciolo di verità. □ in –s a brandelli; to tear s.th. to –s sbrindellare qc., ridurre qc. a brandelli; (fig) to tear s.o.'s reputation to –s rovinare la reputazione di qd.

hred² v.t. (pret., p.p. 'shredded [-id]/shred) 1 fare a brandelli, ridurre in brandelli, sbrindellare: to ~ cloth fare a brandelli della stoffa. 2 (of food) trinciare, sminuzzare, tagliuzzare.

hredder ['ʃredə] s. 1 chi riduce a brandelli. 2 (utensil) grattugia f (per verdure, ecc.). 3 (Agr) trinciatrice f, spezzettatrice f. 4 (Ind) trituratore m.

hredding machine ['ʃrediŋ] s. truciolatrice f.

hrew¹ [ʃru:] s. (scolding woman) bisbetica f, brontolona f.

hrew² s. (Zool) toporagno m, sorice m.

hrewd [ʃru:d] a. 1 scaltro, astuto, accorto, avveduto: a ~ businessman un uomo d'affari scaltro; (of a guess, etc.) abile, sottile, acuto. 2 (severe, hard) duro, doloroso: a ~ blow un duro colpo. 3 (piercing sharp) pungente, penetrante: a ~ cold un freddo pungente. '**shrewdly** [-li] avv. scaltramente, astutamente. '**shrewdness** [-nis] s. astuzia f, scaltrezza f, sagacia f, accortezza f. 2 (acumen) acume m, perspicacia f.

hrewish ['ʃru:iʃ] a. bisbetica, brontolona. **shrewishly** [-li] avv. in maniera bisbetica. **shrewishness** [-nis] s. carattere m bisbetico, indole f bisbetica.

hriek [ʃri:k] I v.i. 1 strillare, urlare, gridare; (to laugh shrilly) fare una risata stridula. 2 (of wind, a siren, etc.) urlare. 3 (of birds, animals) stridere. II v.t. 1 (spesso con out) gridare, dire con voce stridula. 2 (fig) dare grande risalto (o rilievo) a. III s. 1 grido m, strillo m, urlo m: a ~ of pain un grido di dolore. 2 (of birds, animals) strido m. 3 (of wind, etc.) urlo m. □ to ~ o.s. hoarse strillare fino a diventare rauco; –s of laughter risate stridule.

hrieval ['ʃri:vəl] a. di (o relativo a) uno sceriffo.

hrievalty [-ti] s. 1 (office) carica f di sceriffo. 2 (term of office) durata f in carica di uno sceriffo. 3 (jurisdiction) giurisdizione f di uno sceriffo.

hrift [ʃrift] s. (rar) 1 (Rel) confessione f; (absolution) assoluzione f; (imposition of penance) penitenza f. 2 (fig) riconoscimento m, ammissione f. □ to give s.o. short ~ trattare qd. in modo sgarbato.

shrike [ʃraik] s. (Ornit) laniere m, averla f.

shrill [ʃril] I a. 1 acuto, stridulo, stridente: a ~ scream un grido acuto; ~ laugh risata stridula; (of a whistle, etc.) acuto, lacerante, penetrante. 2 (fig) insistente, petulante: ~ protests proteste insistenti. II avv. → shrilly. III v.i. dare (o mandare) un suono stridulo, stridere. IV v.t. dire (o esprimere) con voce stridula. '**shrillness** [-nis] s. l'essere stridulo, acutezza f. '**shrilly** [-i] avv. 1 in maniera stridula. 2 (fig) in modo petulante, insistentemente, con insistenza.

shrimp [ʃrimp] I s. (pl. inv./-s [s]; il pl.inv. si usa general. con valore collett.) 1 (Zool) gamberetto m. 2 (fig) omiciattolo m, scampolo m d'uomo, nanerottolo m, mezza cartuccia f. II v.i. (Pesc) pescare (o andare a pesca di) gamberetti.

shrimp salad s. (Gastr) insalata f di gamberetti.

shrine [ʃrain] s. 1 reliquiario m, teca f; (church, building) santuario m, tempio m. 2 (estens) (holy place) santuario m, luogo m sacro. 3 (fig) santuario m. 4 (Arch) tabernacolo m.

shrink¹ [ʃriŋk] v. (pret. shrank [ʃræŋk]/shrunk [ʃrʌŋk], p.p. shrunk/shrunken ['ʃrʌŋkən]) I v.i. 1 ritrarsi, indietreggiare, rinculare, tirarsi (o farsi) indietro, arretrare: he shrank in horror si ritrasse inorridito. 2 (to hold back, refrain from fear, etc.) rifuggire: he shrank from assuming the responsibility rifuggiva dall'assumersi la responsabilità. 3 (to contract) stringersi, ritirarsi, accorciarsi, contrarsi: this garment will not ~ when washed quest'indumento non si restringerà al lavaggio; (to grow smaller) rimpiccolire. 4 (fig) (to reduce) ridursi: our profits have shrunk i nostri utili si sono ridotti. II v.t. 1 fare restringere (o ritirare). 2 (fig) ridurre, restringere, limitare. 3 (Tess) rendere irrestringibile, decatizzare. □ to ~ away: 1 sgusciare via; 2 (to contract) contrarsi; to ~ into o.s. rinchiudersi in se stesso; (tecn) to ~ on calettare a caldo; to ~ in the wash restringersi al lavaggio.

shrink² s. → shrinkage.

shrinkable ['ʃriŋkəbl] a. che si può restringere. **shrinkage** [-kidʒ] s. 1 restringimento m. 2 (fig) contrazione f, diminuzione f, calo m. 3 (Zootecn,Macell) perdita f di peso, calo m. 4 (Met) ritiro m.

shrinking ['ʃriŋkiŋ] a. timido, esitante. **shrinkingly** [-li] avv. timidamente, con esitazione.

shrinkproof ['ʃriŋkpruf] a. irrestringibile.

shrive [ʃraiv] v. (pret. shrived [-d]/shrove [ʃrouv], p.p. shriven ['ʃrivn]/shrived) I v.t. (Rel) 1 confessare. 2 (to grant absolution to) assolvere. II v.i. confessarsi.

shrivel ['ʃrivl] v. (pret., p.p. shrivelled/am. shriveled [-d]) I v.i. (spesso con up) raggrinzirsi, raggrinzarsi, avvizzire: his face has –led with age con gli anni il suo volto si era raggrinzito; (to dry up) seccare, seccarsi, avvizzire; (to curl up) accartocciarsi. II v.t. (spesso con up) raggrinzare, avvizzire; (to wither) (dis)seccare, inaridire, bruciare. 2 (fig) guastare, rovinare.

shriven ['ʃrivn] → shrive.

shroud [ʃraud] I s. 1 lenzuolo m funebre, sudario m. 2 (fig) velo m, coltre f, manto m: a ~ of mist un velo di nebbia. 3 (Mar) sartia f. II v.t. 1 avvolgere in un lenzuolo funebre. 2 (fig) nascondere, celare.

shrove [ʃrouv] → shrive.

Shrove| Sunday s. (Lit) quinquagesima f. **~tide** s. ultimi tre giorni mpl di carnevale. ~ **Tuesday** s. martedì m grasso.

shrub¹ [ʃrʌb] s. (Bot) arbusto m, frutice m.

shrub² s. (drink) bevanda f a base di succo di agrumi e rum.

shrubbery ['ʃrʌbəri] s. 1 piantagione f di arbusti. 2 (collett) arbusti mpl. **shrubby** [-bi] a. coperto di arbusti; (resembling a shrub) simile a un arbusto.

shrug¹ [ʃrʌg] v.i. (pret., p.p. shrugged [-d]) scrollare (o alzare) le spalle, stringersi nelle spalle, fare spallucce: he –ged scrollò le spalle. □ to ~ off: 1 passare sopra a, prendere alla leggera, minimizzare: to ~ off an insult passare sopra a un insulto; 2 (to get rid of, shake off) scrollarsi (o scuotersi) di dosso, liberarsi (o da): to ~ off one's apathy scrollarsi di dosso l'apatia; 3 (of clothes: to remove by wriggling) sfilarsi, liberarsi di; to ~ one's

shoulders alzare le spalle, fare spallucce.
shrug[2] *s.* scrollata *f* di spalle, spallucciata *f.* □ *to give a* ~ *(of the shoulders)* fare spallucce.
shrunk [ʃrʌŋk],'**shrunken**[1] [-ən] → **shrink**[1].
shrunken[2] *a.* rattrappito, raggrinzito, contratto: *a* ~ *old man* un vecchio rattrappito.
shuck [ʃʌk] I *s.* 1 guscio *m,* buccia *f; (of maize)* cartoccio *m; (pod)* baccello *m.* 2 *(of an oyster, etc.)* conchiglia *f,* guscio *m.* II *v.t.* 1 sgusciare, sbucciare; *(of maize)* scartocciare. 2 *⟨am.fam⟩* togliere, levare, sfilare. 3 *⟨am.fam⟩ (to get rid of:* spesso con *off)* liberarsi di *(o* da*),* scrollarsi di dosso. **shucks** *am.* [-s] *intz.* balle, stupidaggini.
shudder [ʃʌdə] I *v.i.* 1 rabbrividire, tremare, avere i brividi: *to* ~ *with cold* rabbrividire per il freddo. 2 *⟨fig⟩* rabbrividire, raccapricciare, fremere: *I* ~ *to think of it* rabbrividisco al pensiero di ciò. 3 *(to vibrate)* vibrare. II *s.* fremito *m,* brivido *m,* tremito *m.* □ *⟨fam⟩ it gives me the* ~*s* mi fa rabbrividire, mi fa accapponare la pelle. **shuddering** [-riŋ] *a.* raccapricciante, che fa rabbrividire, che dà i brividi.
shuffle[1] [ʃʌfl] I *v.t.* 1 mescolare, mischiare; *(of cards)* mescolare, scozzare. 2 *(to change the position of:* spesso con *around, about)* spostare, cambiare di posto, cambiare il posto di. 3 *(to mix confusedly)* mettere in disordine, scompigliare. 4 *(of feet)* strascicare, strisciare, stropicciare. 5 *(of a dance)* ballare con lo striscio, eseguire a passo strisciato. II *v.i.* 1 strascicare i piedi, strisciare i piedi per terra. 2 *(in dancing)* ballare con lo striscio. 3 *(to mix cards)* mescolare, mischiare, scozzare. 4 *(to act evasively)* tergiversare, equivocare, giocare sull'equivoco. □ *to* ~ *along* trascinarsi, strascicarsi, muoversi a fatica *(o* stento*); to* ~ *around:* 1 ciabattare per, strascicarsi per; 2 *(to change the position of)* spostare, cambiare di posto; 3 *(to reorganize, rearrange)* rimaneggiare, riordinare, riorganizzare; *to* ~ *away* svignarsela, sgattaiolare; *to* ~ *in* infilarsi, introdursi, intrufolarsi; *to* ~ *into one's overcoat* infilarsi maldestramente il cappotto; *to* ~ *off* sfilarsi *(o* togliersi*)* maldestramente; *⟨fig⟩* sbarazzarsi di, liberarsi di *(o* da*): to* ~ *off a responsibility* sbarazzarsi di una responsabilità; *to* ~ *on one's clothes* buttarsi addosso i vestiti, infilarsi alla meglio gli abiti; *to* ~ *through s.th.* abborracciare qc.
shuffle[2] *s.* 1 mescolata *f,* mischiata *f; (of cards)* mescolata *f,* scozzata *f.* 2 *(dragging walk)* andatura *f* strascicata. 3 *(in dancing)* striscio *m,* passo *m* strisciato; *(dance)* ballo *m* con lo striscio. 4 *(rearrangement)* rimpasto *m,* rimaneggiamento *m,* riordinamento *m: a Cabinet* ~ un rimpasto del gabinetto. 5 *(jumble)* miscuglio *m,* guazzabuglio *m,* accozzaglia *f.* 6 *⟨fig⟩* pretesto *m,* scusa *f,* scappatoia *f,* sotterfugio *m; (trick)* trucco *m,* imbroglio *m,* inganno *m.* □ *it's your* ~ tocca a te mescolare le carte.
shuffler [ʃʌflə] *s.* 1 chi mescola le carte. 2 *(one who drags his feet)* chi strascica i piedi, ciabattone *m* (*f* –a).
shuffling [-liŋ] *a.* 1 strascicato. 2 *⟨fig⟩* evasivo, esclusivo, ambiguo.
shun[1] [ʃʌn] *v.t. (pret., p.p.* **shunned** [-d]) (s)fuggire, evitare, scansare, eludere: *to* ~ *publicity* sfuggire la pubblicità
shun[2] *(accorc. di attention) intz. ⟨Mil⟩* attenti.
shunless [ʃʌnlis] *a.* inevitabile, ineluttabile, senza scampo.
shunt [ʃʌnt] I *v.t.* 1 *⟨Ferr⟩* smistare, deviare, instradare: *to* ~ *carriages to a siding* smistare le vetture su un binario di raccordo. 2 *⟨El⟩* shuntare, collegare in parallelo. 3 *⟨fig⟩ (to get rid of: of things)* mettere da parte, scartare, abbandonare; *(of people)* mettere in disparte. II *v.i. ⟨Ferr⟩* essere smistato, cambiare binario. III *s.* 1 *⟨Ferr⟩* smistamento *m; (points)* scambio *m.* 2 *⟨El⟩* shunt *m.* '**shunter** [-ə] *s. ⟨Ferr⟩ (worker)* deviatore *m,* manovratore *m* di scambi; *(locomotive)* locomotiva *f* da manovra *(o* smistamento*).* '**shunting** [-iŋ] *s. ⟨Ferr⟩* smistamento *m,* instradamento *m.*
shunting yard *am. s. ⟨Ferr⟩* scalo *m* di smistamento.
shush [ʃʌʃ] I *intz.* st, sss, ssh. II *v.t.* zittire, far tacere. III *v.i.* stare zitto.
shut[1] [ʃʌt] *v. (pret., p.p.* **shut**) I *v.t.* 1 chiudere: *to* ~

the door chiudere la porta; *to* ~ *one's eyes* chiudere g[...] occhi; *(of a building:* spesso con *up)* chiude[...] (temporaneamente): *to* ~ *up the shop for the nig[...]* chiudere il negozio per la notte. 2 *(to block, obstruc[...]* spesso con *up)* chiudere, serrare, bloccare, ostruir[...] sbarrare: *to* ~ *up the opening of a cave* chiudere l'apertu[...] di una grotta. 3 *(to trap)* chiudere, intrappolare: *I've[...] my finger in the door* mi sono chiuso il dito nella port[...] II *v.i.* chiudersi, serrarsi: *the door* ~ *with a bang* la por[...] si chiuse con un botto. □ *to* ~ *away* segregare, isolare; ~ **down:** 1 chiudere, abbassare: *to* ~ *down the l[...]* chiudere il coperchio; 2 *(to suspend operation)* chiudere battenti, interrompere l'attività: *the factory has* ~ *down* fabbrica ha chiuso i battenti; *to* ~ *in:* 1 chiudere in dentro): *I* ~ *myself in the bedroom* mi chiusi nella stan[...] da letto; 2 *(to enclose)* chiudere, rinchiudere, circonda[...] racchiudere; *to* ~ **off:** 1 bloccare, fermare, chiudere impedire) il passaggio di; 2 *(to stop the operation c[...]* fermare, arrestare; 3 *(to cease operating)* fermar[...] arrestarsi; *to* ~ **out:** 1 chiudere *(o* lasciare*)* fuori, imped[...] di entrare a, non lasciare entrare, vietare l'accesso a: *to[...] s.o. out of the house* chiudere qd. fuori di casa; 2 *(f[...]* tagliare fuori, escludere; 3 *(to hide from sight)* impedire vista di, nascondere (alla vista), coprire: *the house oppos[...]* ~*s out the view* la casa di fronte impedisce la vista d[...] paesaggio; *to* ~ **up:** 1 chiudere, rinchiudere, confina[...] relegare; 2 *⟨fam⟩ (to stop talking)* stare zitto, tacere, fa[...] silenzio; 3 *(to put away in safety)* mettere al sicur[...] rinchiudere; *⟨fam⟩* ~ *up!* sta' zitto!, taci!, *⟨fam⟩* chiud[...] becco!
shut[2] *a.* (ben) chiuso, serrato. II *s. ⟨tecn⟩ (in weldin[...]* saldatura *f,* linea *f (o* cordolo *m)* della saldatura. □ *⟨s[...] to be* ~ *of* essersi liberato *(o* sbarazzato*)* di; *⟨sl⟩ to get[...] of* liberarsi di, sbarazzarsi di.
shut|-down *s.* chiusura *f,* interruzione *f (o* sospension[...] dell'attività. **~-eye** *s. ⟨sl⟩ (short sleep)* sonnellino *[...]* pisolino *m: to get some* ~ schiacciare un sonnellino. **~[...]** *a.* chiuso, segregato, rinchiuso. **~-off** *s. ⟨tecn⟩* arresto **~-out** *s.* serrata *f.*
shutter [ʃʌtə] I *s.* 1 persiana *f,* imposta *f,* battente *m.* *⟨Fot⟩* otturatore *m.* 3 *(lid for an opening)* chiusura coperchio *m.* 4 *⟨Mar⟩* portello *m.* 5 *⟨Mus⟩ (of an org[...]* griglia *f.* 6 *(one that shuts)* chi chiude. 7 *⟨Me[...]* parzializzatore *m.* II *v.t.* 1 chiudere le persiane serrande, imposte) di. 2 *(to provide with shutters)* mun[...] di persiane, mettere le serrande a. 3 *⟨fig⟩* chiudere. *⟨fig⟩ to put up the* ~*s* chiudere bottega.
shuttle [ʃʌtl] I *s.* 1 *⟨Tess⟩* spola *f,* navetta *f[...] (sewing–machine bobbin)* spoletta *f.* 2 *⟨Ferr⟩* → **shutt[...] service.** 3 *⟨Astron⟩ (space shuttle)* navetta *f* spaziale. *v.t.* 1 far fare la spola a, far fare su e giù a, muove[...] avanti e indietro. 2 *(to ferry)* trasportare avanti e indiet[...] *to* ~ *passengers across a river* trasportare avanti e indie[...] i passeggeri attraverso un fiume. III *v.i.* fare la spo[...] andare avanti e indietro.
shuttle| service *s.* 1 servizio *m* pendolare. 2 *⟨Fe[...]* servizio *m* di navetta. ~ **train** *s. ⟨Ferr⟩* treno navetta.
shy[1] [ʃai] I *a. (compar.* 'shyer/'shier [-ə], *sup[...]* 'shyest/'shiest [-ist]1 timido, vergognoso, ritroso, schi[...] *a* ~ *child* un bambino timido; *(reserved)* riserva[...] *(expressive of bashfulness)* timido, che rivela timidezza[...] ~ *smile* un timido sorriso. 2 *(easily frightened)* timoro[...] pauroso. 3 *(of a horse)* ombroso. 4 *(distrustful)* sospett[...] diffidente, guardingo *(of* verso*): to be* ~ *of strangers* ess[...] sospettoso verso gli estranei. 5 *(reluctant)* riluttante, res[...] (a): *to be* ~ *of doing s.th.* essere riluttante a fare o[...] *(chary)* prudente, cauto, attento, guardingo. II *s. ⟨f[...] horse⟩* scarto *m,* scartata *f.* III *v.i.* 1 fare uno sca[...] scartare *(at, from* davanti a*).* 2 *⟨fig⟩* rifuggire, ess[...] alieno *(at, from* da*),* essere contrario *(o* riluttante*) a.* □ *fight* ~ *of* evitare, sfuggire, scansare; *⟨fam⟩ I was a f[...] shilling* ~ mi mancavano pochi scellini.
shy[2] I *v.t.* tirare, lanciare, gettare, scagliare: *to* ~ *stones[...] a dog* tirare pietre a un cane. II *s.* 1 tiro *m,* lancio getto *m; (target)* bersaglio *m,* obiettivo *m.* 2 *(fa[...]* (attempt) prova *f,* tentativo *m.* □ *⟨fam⟩ to have a* ~ *[...]*

s.th. tentare (d'ottenere) qc.; *to have a ~ at s.o.* schernire qd.

hyer¹ ['ʃaiə] → **shy¹**.

hyer² *s.* (*horse that shies*) cavallo *m* ombroso.

Shylock ['ʃailɔk] **I** *N.pr.* ⟨*Lett*⟩ Shylock *m.* **II** *s.* ⟨*fig*⟩ strozzino *m*, usuraio *m*.

shyly ['ʃaili] *avv.* timidamente, con timidezza. **shyness** ['ʃainis] *s.* **1** timidezza *f*, vergogna *f*, ritrosia *f*. **2** (*diffidence*) diffidenza *f*, sospettosità *f*.

shyster *am.* ['ʃaistə] *s.* ⟨*fam*⟩ **1** (*unscrupulous lawyer*) avvocato *m* privo di scrupoli. **2** (*trickster*) imbroglione *m*, truffatore *m*.

si [si:] *s.* ⟨*Mus*⟩ si *m*.

Siam ['saiæm] *N.pr.* ⟨*Geog*⟩ Siam *m.* **Siamese** [ˌsaiə'mi:z] **I** *a.* siamese. **II** *s.inv.* **1** (*people; costr. pl.*) siamesi *mpl.* **2** (*person*) siamese *m/f*. **3** (*language*) siamese *m.* **4** ⟨*Zool*⟩ → **Siamese cat**.

Siamese| cat *s.* ⟨*Zool*⟩ siamese *m*, gatto *m* siamese. **~ twin** *s.* **1** fratello *m* siamese. **2** *pl.* siamesi *mpl*, fratelli *mpl* siamesi.

Siberia [sai'biəriə] *N.pr.* ⟨*Geog*⟩ Siberia *f.* **Siberian** [-n] **I** *a.* siberiano. **II** *s.* siberiano *m* (*f* –a).

sibilance ['sibiləns], **sibilancy** [-i] *s.* **1** sibilo *m.* **2** ⟨*Fon*⟩ l'essere sibilante; (*sibilant sound*) suono *m* sibilante. **sibilant** [-nt] **I** *a.* sibilante (*anche Fon.*). **II** *s.* ⟨*Fon*⟩ sibilante *f*, consonante *f* sibilante. **sibilate** [-leit] **I** *v.i.* **1** fischiare, sibilare. **2** ⟨*Fon*⟩ pronunciare con un suono sibilante. **II** *v.t.* **1** dire fischiando. **2** ⟨*Fon*⟩ pronunciare con un suono sibilante. **sibilation** [-'leiʃən] *s.* **1** sibilo *m.* **2** ⟨*Fon*⟩ (*act*) il pronunciare con un suono sibilante; (*sound*) suono *m* sibilante.

sibyl ['sibil] *s.* ⟨*Stor*⟩ sibilla *f* (*anche fig.*). **Sibyl** *N.pr.* Sibilla *f.* **sibylline** [-(a)in] *a.* **1** sibillino, misterioso, oscuro, enigmatico. **2** ⟨*fig*⟩ profetico.

siccative ['sikətiv] **I** *a.* essiccativo, essicante, siccativo. **II** *s.* essiccante *m*, sostanza *f* essiccante.

Sicel ['sisəl] *s.* ⟨*Stor*⟩ **1** siculo *m* (*f* –a). **2** (*language*) siculo *m*.

Sicilian [si'siljən] **I** *a.* siciliano. **II** *s.* **1** siciliano *m* (*f* –a). **2** (*dialect*) siciliano *m*.

sick¹ [sik] **I** *a.* **1** (GB attr., ant. e Bibl. anche pred., di uso non comune; am. attr. e pred., di uso corrente) malato, ammalato, infermo: *he's a ~ man* è un uomo malato; ⟨*am*⟩ *I am not ~* non sono ammalato. **2** (*of, for sick people*) di (*o* per) malati, di (*o* da) malato: *a ~ diet* una dieta per malati. **3** (*affected with nausea*) che ha la nausea, sofferente di nausea: *to feel* (*o be*) *~* provare nausea. **4** ⟨*fig*⟩ (*affected to the point of nausea*) nauseato, disgustato. **5** ⟨*fam*⟩ (*tired, fed up*) stufo, stanco, seccato, ⟨*fam*⟩ scocciato: *I am ~ of your complaints* sono stufo delle tue lamentele. **6** ⟨*fig*⟩ (*spiritually, morally unsound*) malato, guasto, corrotto: *a ~ mind* una mente malata; (*unsound*) instabile, malfermo, poco solido: *the economy is ~* l'economia è instabile. **7** (*feeling nostalgia*) malato di nostalgia, che soffre di nostalgia (*for* per): *to be ~ for one's homeland* essere malato di nostalgia per la propria terra. **8** ⟨*fam*⟩ (*disappointed*) addolorato, rattristato, deluso (*at* per): *to be ~ at failing an exam* essere addolorato per una bocciatura. **9** (*of food, wine*) guasto, andato a male. **10** (*macabre*) macabro: *~ jokes* barzellette macabre. **II** *s.* **1** (*those who are ill; costr. pl.*) malati *mpl*, infermi *mpl.* **2** (*vomit*) vomito *m.* **III** *v.t./i.* ⟨*fam*⟩ (general. con *up*) vomitare, rimettere, rigettare. □ ⟨*fam*⟩ **as ~ as a dog** molto malato; *I was ~ at the thought* mi sentivo rivoltare lo stomaco al pensiero; *to be ~*: 1 essere malato, stare male; 2 (*to vomit*) vomitare; ⟨*fam*⟩ *to be ~ to death of s.th.* essere stanco da morire di qc., ⟨*pop*⟩ averne piene le tasche di qc.; *to make ~*: 1 rendere furioso, far infuriare, mandare in bestia: *that sort of behaviour makes me ~* quel genere di condotta mi rende furioso; 2 (*to disgust*) disgustare, nauseare; 3 (*to cause to vomit*) fare vomitare; ⟨*Mil*⟩ *to report ~* darsi malato, marcare visita; *to take ~* ammalarsi; *to be ~ and tired of s.th.* essere stanco e stufo di qc.

sick| bay *s.* **1** ⟨*Mar*⟩ → **sick berth**. **2** (*in a school, etc.*) infermeria *f.* **~ bed** *s.* letto *m* di ammalato. **~ berth** *s.* ⟨*Mar*⟩ infermeria *f* di bordo.

sicken ['sikn] **I** *v.t.* **1** far stare male, far ammalare. **2** (*to nauseate*) nauseare, stomacare. **3** ⟨*fig*⟩ (*to disgust*) disgustare, rivoltare, nauseare, schifare. **4** ⟨*fig*⟩ (*to weaken*) debilitare, indebolire, infiacchire, svigorire. **II** *v.i.* **1** ammalarsi; (*to show the early symptoms*) mostrare i primi sintomi, stare per ammalarsi (*for* di), ⟨*fam*⟩ covare: *you must be ~ing for measles* credo che tu stia covando il morbillo. **2** ⟨*fig*⟩ (*to become satiated*) averne abbastanza, essere stufo; (*to become disgusted*) disgustarsi, nausearsi, stomacarsi, schifarsi (*of* di). **sickener** [-ə] *s.* cosa *f* ⌐che disgusta⌐ (*o* nauseante). **sickening** [-iŋ] *a.* **1** che mostra i primi sintomi di (una) malattia; (*causing illness*) che fa stare male. **2** (*nauseating*) nauseante, nauseabondo. **3** ⟨*fam*⟩ (*causing disgust*) disgustante, disgustoso, nauseante, rivoltante. **4** ⟨*fam*⟩ (*annoying*) seccante, ⟨*fam*⟩ scocciante. **sickeningly** [-iŋli] *avv.* in modo disgustoso (*o* nauseante).

sick| flag *s.* ⟨*Mar*⟩ bandiera *f* gialla (*o* di quarantena). **~ headache** *s.* ⟨*Med*⟩ **1** mal *m* di capo accompagnato da nausea. **2** (*migraine*) emicrania *f*.

sickish ['sikiʃ] *a.* **1** piuttosto nauseato. **2** (*somewhat ill*) malaticcio.

sickle ['sikl] *s.* ⟨*Agr*⟩ falce *f*, falcetto *m*.

sick leave *s.* congedo *m* (*o* licenza *f*) per malattia.

sicklily ['siklili] *avv.* → **sickly**. **sickliness** [-linis] *s.* **1** salute *f* malferma (*o* cagionevole). **2** (*unhealthiness*) l'essere malsano, insalubrità *f*.

sick list *s.* ⟨*Mil*⟩ elenco *m* (*o* lista *f*) degli ammalati. □ *to be on the ~*: 1 ⟨*Mil*⟩ essere sulla lista degli ammalati; 2 ⟨*fig*⟩ essere malato, stare male.

sickly ['sikli] **I** *a.* **1** malaticcio, di salute malferma (*o* cagionevole), malsano. **2** (*of the complexion*) malsano, pallido. **3** (*causing sickness*) insalubre, malsano, nocivo alla salute: *a ~ climate* un clima malsano. **4** (*nauseating*) nauseante, nauseabondo: *~ food* cibo nauseante. **5** (*weak, languid*) debole, fiacco, languido; (*of light, flame, etc.*) debole, smorto, pallido. **6** (*mawkish*) sdolcinato, lezioso, svenevole. **II** *avv.* in modo malsano, da malato.

sickness ['siknis] *s.* **1** malattia *f*, infermità *f.* **2** (*particular illness*) malattia *f*, male *m*, malanno *m.* **3** (*nausea*) nausea *f*.

sickness| benefit *s.* ⟨*Assic*⟩ indennità *f* di malattia. **~ insurance** *s.* assicurazione *f* malattia. **~ rate** *s.* tasso *m* di assenteismo per malattia.

Siculian [si'kju:l(i)ən] **I** *a.* ⟨*Stor*⟩ siculo *m.* **II** *s.* siculo *m* (*f* –a).

side [said] **I** *s.* **1** lato *m*, fianco *m*: *the four –s of a box* i quattro lati di una scatola; (*as distinguished from the front, back and ends*) lato *m*, parte *f* laterale, fianco *m*, fiancata *f*: *the –s of a house* i lati di una casa. **2** (*of a thin object*) facciata *f*, faccia *f*, parte *f*; (*of a coin*) faccia *f.* **3** (*of the body*) fianco *m.* **4** (*place with respect to a centre*) parte *f*, lato *m*, zona *f*, settore *m*: *on this ~ of the town* in questa parte della città; (*position away from the centre*) lato *m*: *to step to one ~* mettersi di (*o* da un) lato. **5** (*space near s.o.*) fianco *m*: *she is always at his ~* è sempre al suo fianco. **6** (*bounding line, edge*) lato *m*, orlo *m*, bordo *m*, margine *m*: *the ~ of a road* il lato di una strada. **7** (*land bordering water*) riva *f*, sponda *f*, argine *m*: *the ~ of a lake* la riva di un lago. **8** (*of a hill*) versante *m*, fianco *m.* **9** ⟨*fig*⟩ (*aspect*) lato *m*, aspetto *m*, faccia *f*, apparenza *f*: *to look on the bright ~ of things* vedere il lato bello delle cose. **10** ⟨*fig*⟩ (*position as regards an antagonist*) parte *f*: *whose ~ are you on?* da che parte stai? **11** (*one of the parties in a dispute, etc.*) gruppo *m*, parte *f*, partito *m*, fazione *f*: *our ~ won* ha vinto il nostro gruppo. **12** ⟨*Sport*⟩ parte *f* in gara; (*team*) squadra *f.* **13** (*of a sheet of paper*) facciata *f*, pagina *f*: *I have filled two –s* ho riempito due facciate. **14** (*line of descent*) parte *f*, lato *m*, ramo *m.* **15** ⟨*fam*⟩ (*boastful attitude*) boria *f*, arie *fpl.* **16** *pl.* ⟨*Teat*⟩ parte *f.* **17** (*in billiards*) effetto *m* (dato alla palla colpendola di lato). **II** *a.* **1** laterale: *a ~ road* una strada laterale. **2** (*at, from one side*) di lato (*o* fianco), di traverso, di sbieco: *a ~ blow* un colpo di lato; (*indirect*) indiretto, obbliquo. **3** ⟨*fig*⟩ secondario, accessorio, incidentale. **4** (*made separately, on the side*) a parte, concluso separatamente: *a ~ agreement* un accordo

' a parte. **5** (*of the side of a person*) del (*o* relativo al) fianco, dei fianchi. **III** *v.i.* parteggiare (*with* per), essere dalla parte, prendere le parti (di), schierarsi (con): *to* ~ *with the rebels* parteggiare per i ribelli. □ *to* ~ **against** *s.o.* = *to* **take** *sides against s.o.;* **by** *the* ~ *of:* 1 a fianco di, a lato di; 2 ⟨*fig*⟩ (*compared with*) a confronto di, in confronto a, rispetto a; ~ **by** ~ fianco a fianco, vicino; ⟨*fig*⟩ insieme, assieme, unitamente, di comune accordo; **from** ⌐*all* –s⌐ (*o every side*) da tutte le parti (*o* i lati); ⟨*fig*⟩ sotto ogni aspetto (*o* riguardo), da tutti i punti di vista; ⟨*fam*⟩ *to have* **no** ~ essere moderato; ⟨*Sport*⟩ **off** ~ fuori gioco *m;* **on** ⌐*all* –s⌐ (*o every side*) da ogni lato, da tutte le parti; ⟨*fig*⟩ ovunque, da tutte le parti, dappertutto; *on the* ~: 1 (*as an extra*) come attività (*o* lavoro) extra: *he works in a garage on the* ~ lavora in un garage come attività extra; 2 (*secretly*) di nascosto, segretamente; *the* **other** ~ *of town* l'altra parte della città; ⟨*fam*⟩ *to* **put** *on* ~ darsi arie; *to put on one* ~: 1 mettere da ⌐un lato⌐ (*o* parte), accantonare; 2 ⟨*fig*⟩ (*to defer*) rimandare, differire, rinviare; 3 (*to save up*) mettere ⌐da parte⌐ (*o* via), risparmiare; *to be on the* **right** ~ *of fifty* essere al disotto della cinquantina; ⟨*fam*⟩ *to* **shake** *one's* –s (*with laughter*) sbellicarsi dalle risa; ⟨*fam*⟩ *to* **split** *one's* –s (*with laughter*) scoppiare dalle risa, ridere a crepapelle; *to* **take** –s: 1 parteggiare (*with* per), schierarsi (con), essere dalla parte (di): *to take* –s *with s.o.* parteggiare per qd.; 2 ⟨*assol*⟩ prendere posizione (*o* partito); *to take* –s *against s.o.* schierarsi contro qd.; *to take s.o. on* (o *to*) *one* ~ prendere qd. ⌐da parte⌐ (*o* in disparte); **this** ~ *of next week* prima della prossima settimana; *this* ~ *up* (*on a package*) alto!; *to be on the* **wrong** ~ *of forty* avere passato la quarantina.

side| arms *s.pl.* ⟨*Mil*⟩ armi *fpl* portate ⌐al fianco⌐ (*o* alla cintura). ~ **bet** *s.* scommessa *f* marginale, puntata *f* accessoria. ~**board** *s.* **1** ⟨*Arred*⟩ credenza *f,* buffet *m,* buffè *m.* **2** *pl.* ⟨*fam*⟩ (*sideburns*) basette *fpl.* ~**bone** *s.* ⟨*Ornit*⟩ forchetta *f,* ⟨*pop*⟩ forcella *f.* ~**burns** *s.pl.* **1** basette *fpl.* **2** → **side-whiskers**. ~**car** *s.* **1** motocarrozzetta *f,* sidecar *m.* **2** (*cocktail*) cocktail *m* a base di brandy, liquore all'arancio e succo di limone. ~ **chapel** *s.* ⟨*Arch*⟩ cappella *f* laterale.

sided ['saidid] *a.* (nei composti) che ha ... lati (*o* facce), a ... lati (*o* facce): *many*–~ che ha molti lati, multilaterale.

side|dish *s.* ⟨*Gastr*⟩ contorno *m.* ~ **door** *s.* porta *f* laterale (*o* secondaria). ~ **drum** *s.* ⟨*Mus*⟩ piccolo tamburo *m.* ~ **effect** *s.* ⟨*Farm*⟩ effetto *m* collaterale (*o* secondario) (*anche fig.*). ~ **entrance** *s.* entrata *f* laterale (*o* secondaria). ~**face** *avv.* di profilo. ~ **glance** *s.* occhiata *f* ⌐di traverso⌐ (*o* in tralice). ~ **horse** *s.* ⟨*Ginn*⟩ cavallo *m.* ~ **issue** *s.* questione *f* marginale (*o* secondaria). ~**kick** *am. s.* ⟨*fam*⟩ amico *m* intimo.

sidelight ['saidlait] *s.* **1** luce *f* (*o* illuminazione) laterale. **2** ⟨*Aut*⟩ luce *f* d'ingombro. **3** ⟨*Mar*⟩ luce *f* (*o* fanale *m*) di via. **4** ⟨*fig*⟩ informazione *f* (*o* notizia) aggiuntiva.

sideline ['saidlain] *s.* **1** linea *f* laterale (*anche Sport.*). **2** *pl.* ⟨*Sport*⟩ bordi *mpl,* margini *mpl.* **3** (*second activity, occupation, etc.*) attività *f* secondaria, occupazione *f* sussidiaria (*o* collaterale). **4** ⟨*Comm*⟩ attività *f* collaterale. **5** (*rope attached to the side of s.th.*) fune *f* legata al fianco di qc. □ *on the* –s: 1 ⟨*Sport*⟩ in panchina; 2 ⟨*fig*⟩ relegato a fare la parte dello spettatore.

sidelong ['saidlɔŋ] **I** *a.* **1** di traverso, laterale, obliquo, di fianco; (*of a glance*) furtivo. **2** ⟨*fig*⟩ indiretto: ~ *reference* riferimento indiretto. **II** *avv.* di traverso, obliquamente, di sbieco: *to look* ~ *at s.o.* guardare qd. di traverso.

sidenote ['saidnout] *s.* nota *f* in margine.

sideral ['sidərəl], **sidereal** [sai'diəriəl] *a.* ⟨*Astr*⟩ sidereo, siderale: ~ *year* anno sidereo.

siderite ['sidərait] *s.* ⟨*Min*⟩ siderite *f.*

side|-saddle I *s.* sella *f* da donna (*o* amazzone). **II** *avv.* all'amazzone: *to ride* ~ cavalcare all'amazzone. ~**show** *s.* **1** spettacolo *m* secondario; (*at a circus, fair*) numero *m* minore. **2** ⟨*fig*⟩ evento *m* marginale, avvenimento *m* secondario. ~**slip I** *v.i.* **1** ⟨*Aut*⟩ sbandare. **2** ⟨*Aer*⟩ scivolare d'ala. **II** *s.* **1** sbandata *f.* **2** ⟨*Aer*⟩ scivolata *f* d'ala.

sidesman ['saidzmən] *s.irr.* ⟨*Rel*⟩ aiuto *m* sagrestano.

side|spin *s.* moto *m* (*o* effetto) rotatorio orizzontale ~**-splitter** *s.* ⟨*fam*⟩ barzelletta *f* molto divertente ~**-splitting** *a.* ⟨*fam*⟩ che fa scoppiare (*o* schiantare) da ridere, divertentissimo.

sidestep ['saidstep] **I** *s.* **1** passo *m* laterale (*o* di fianco). ⟨*Sport*⟩ passo *m* a scala (*o* scalinata). **II** *v.t.* **1** schivare (scansare) facendo un passo laterale. **2** ⟨*fig*⟩ eludere scansare, sottrarsi a: *to* ~ *an issue* eludere un problema **III** *v.i.* **1** fare un passo laterale, spostarsi di lato, farsi d parte. **2** ⟨*fig*⟩ tenersi da parte, rimanere ⌐al di fuori⌐ (estraneo).

side| street *s.* via *f* trasversale. ~**stroke** *s.* nuoto *m* all. marinara. ~**track I** *s.* ⟨*Ferr*⟩ binario *m* di raccordo. **1** *v.t.* **1** ⟨*Ferr*⟩ smistare su un binario di raccordo. **2** ⟨*fig* distrarre, distogliere, sviare il pensiero (*o* l'attenzione) di (*to postpone consideration of*) allontanarsi da, divagare da ~**-view** *s.* veduta *f* di profilo, profilo *m.* ~**walk** *am. s.* marciapiede *m.*

sideward ['saidwəd] **I** *a.* di fianco, laterale, obliquo trasversale. **II** *avv.* verso il lato, di fianco, lateralmente obliquamente. **sidewards** [–z] *avv.* → **sideward**.

sideways ['saidweiz] **I** *a.* di sbieco, di traverso, laterale obliquo. **II** *avv.* **1** di fianco, di lato, lateralmente, d traverso: *to turn* ~ girarsi di fianco. **2** (*towards one side* a (*o* di) sghembo, di traverso, verso un fianco: *to walk* ~ camminare a sghembo.

side|-whiskers *s.pl.* fedine *fpl,* basettoni *mpl,* favoriti *mpl* ~ **wind** *s.* **1** vento *m* di traverso. **2** ⟨*fig*⟩ metodo *n* indiretto, via *f* traversa.

siding ['saidiŋ] *s.* **1** ⟨*Ferr*⟩ binario *m* di raccord raccordo *m.* **2** ⟨*rar*⟩ (*act of taking sides*) partigianeria *f* faziosità *f.*

sidle ['saidl] *v.i.* **1** muoversi (*o* procedere) di fianco camminare a sghembo, andare storto. **2** (*to move furtively* procedere furtivamente. □ *to* ~ *away* allontanars furtivamente; *to* ~ *in* entrare furtivamente; *to* ~ *out o* *the room* sgusciare dalla stanza; *to* ~ *up to s.o.* avvicinar qd. servilmente.

siege [si:dʒ] *s.* **1** ⟨*Mil*⟩ assedio *m.* **2** ⟨*fig*⟩ insistenza *f* pressioni *fpl.* □ *to lay* ~ *to:* 1 ⟨*Mil*⟩ assediare, stringer (*o* cingere) d'assedio; 2 ⟨*fig*⟩ assediare, importunare assillare; ⟨*Mil*⟩ *to raise the* ~ levare l'assedio.

siege| artillery *s.* ⟨*Mil*⟩ artiglieria *f* pesante. ~ **gun** *s* ⟨*Mil*⟩ pezzo *m* di artiglieria pesante.

Siegfried ['si:gfri:d] *N.pr.* ⟨*Mitol.nord*⟩ Sigfrido *m.*

Sienese [si:ə'ni:z] **I** *s.inv.* **1** senese *m/f.* **2** (*people;* constr pl.) senesi *mpl.* **3** (*dialect*) senese *m.* **II** *a.* senese (*anche Art.*).

sienna [si'enə] *s.* terra *f* di Siena.

sierra *sp.* [si'erə] *s.* ⟨*Geog*⟩ sierra *f.*

siesta *sp.* [si'estə] *s.* siesta *f.*

sieve [siv] **I** *s.* **1** setaccio *m,* crivello *m,* staccio *m,* vagli *m.* **2** ⟨*fam*⟩ (*one who cannot keep a secret*) chiacchierone *m* (*f* –a), ⟨*fam*⟩ spifferone *m* (*f* –a). **II** *v.t.* **1** setacciare, stacciare, passare al crivello. **2** esaminare minuziosamente, vagliare, passare al vaglio. **III** *v.i.* fare la cernita (*o* il vaglio). □ ⟨*fam*⟩ *to have a memory* (o *head, mind*) *like a* ~ essere uno smemorato, non avere memoria.

sift [sift] **I** *v.t.* **1** setacciare, stacciare, passare al crivello: *to* ~ *flour* setacciare la farina. **2** (*to separate with a sieve*) general. con *out*) vagliare, cernere, mondare. **3** (*to sprinkle through a sieve*) spolverizzare, spolverare (attraverso un setaccio). **4** ⟨*fig*⟩ (*spesso con through*) setacciare, esaminare minuziosamente, vagliare, passare al vaglio: *to* ~ (*through*) *the evidence* setacciare le prove; (*to separate by careful examination*) spesso con *out*) fare una scelta di, fare una scelta accurata di, selezionare. **II** *v.i.* **1** usare un setaccio. **2** (*to do sifting*) fare la cernita (*o* il vaglio). **3** ⟨*fig*⟩ filtrare, passare, infiltrarsi. '**sifter** [–ə] *s.* **1** (*sieve*) setaccio *m,* staccio *m.* **2** (*shaker*) spolverizzatore *m.* '**sifting** [–iŋ] *s.* **1** cernita *f,* setacciatura *f,* stacciatura *f.* **2** *pl.* (*sifted material*) scarto *m,* vagliatura *f,* mondiglia *f.* **3** ⟨*fig*⟩ vaglio *m,* cernita *f.*

sigh [sai] **I** *v.i.* **1** sospirare. **2** ⟨*fig*⟩ rimpiangere, sospirare (*for s.th.* qc.), avere rimpianti (per): *to* ~ *for one's lost youth* rimpiangere la gioventù perduta; (*to long, yearn for*) sospirare, agognare (*after s.th.* qc.). **3** (*of wind, etc.*) gemere. **II** *s.* **1** (*act*) il sospirare; (*sound*) sospiro *m.* **2** (*similar sound*) lamento *m*, gemito *m: the ~ of the wind* il lamento del vento. □ *to breathe a ~* mandare un sospiro; *to ~ over s.th.* sospirare per qc.

sighingly ['saiiŋli] *avv.* sospirando.

sight [sait] **I** *s.* **1** vista: *to have one's ~ tested* farsi misurare (*o* controllare) la vista. **2** (*range of view*) vista *f*, campo *m* visivo, veduta *f: he disappeared out of ~* scomparve alla vista. **3** (*s.th. seen*) vista *f*, visione *f*, veduta *f*; (*s.th. worth seeing*) spettacolo *m: the sunset was quite a ~* il tramonto era un vero spettacolo. **4** *pl.* (*places, etc., worth visiting*) luoghi *mpl* d'interesse turistico, cose *fpl* ⌐da vedere⌐ (*o* interessanti): *to see the ~s* visitare i luoghi d'interesse turistico; (*monuments*) monumenti *mpl.* **5** ⟨*fam*⟩ (*s.th. ridiculous, etc., in appearance*) cosa *f* ridicola, spettacolo *m* (comico): *her hair was a ~ after the rain* dopo la pioggia i suoi capelli erano uno spettacolo. **6** ⟨*fig*⟩ giudizio *m*, opinione *f*, parere *m*, punto *m* di vista, vedute *fpl.* **7** ⟨*Artigl,tecn*⟩ mirino *m.* **8** *pl.* ⟨*Artigl*⟩ alzo *m.* **9** (*aim*) mira *f.* **10** ⟨*Mar,Astr*⟩ traguardo *m.* **II** *v.t.* **1** avvistare, giungere in vista di: *to ~ land* avvistare terra. **2** ⟨*Mar,Astr*⟩ traguardare. **3** ⟨*Artigl*⟩ (*to aim by means of sights*) puntare; (*to equip with sights*) munire di alzo; (*to adjust the sights of*) regolare l'alzo di; (*of a target*) mirare a. **III** *v.i.* prendere la mira. □ *at ~*: 1 a vista: *to shoot at ~* sparare a vista; 2 ⟨*Econ*⟩ a vista, alla presentazione: *payable at ~* pagabile a vista; *to translate s.th. at ~* tradurre qc. ⌐all'impronta⌐ (*o* a prima vista); *at the ~ of* alla vista di, al vedere, vedendo: *to faint at the ~ of blood* svenire alla vista del sangue; **by** *~* di vista, superficialmente: *I only know him by ~* lo conosco solo di vista; *to* **get** *back one's ~* ricuperare la vista; *get out of my ~!* levati di torno!, sparisci!; *to* **hate** *the ~ of s.o.* non poter vedere (*o* soffrire) qd., detestare qd.; **in** *~* in vista, vicino, prossimo, imminente: *the end is in ~* la fine è vicina; *in ~ of* = **within** *sight of: to* **keep** *in ~* non perdere (*o* perdersi) di vista; *to keep out of s.o.'s ~* tenersi lontano da qd., stare alla larga da qd.; ⟨*fam*⟩ *he never lets her out of his ~* non la perde mai di vista, le sta sempre dappresso; *to have* **long** *~:* 1 avere la vista lunga; 2 (*to be long-sighted*) essere presbite; ⟨*fam*⟩ *not by a long ~* no di certo, certamente no, niente affatto; ⟨*fam*⟩ *to* **look** *a ~* essere proprio ridicolo, essere uno spettacolo (comico), essere uno spasso; *to* **lose** *~ of* perdere di vista; ⟨*fig*⟩ perdere di vista, trascurare; *to lose one's ~* perdere la vista, diventare cieco; *to have* **near** *~:* 1 avere la vista corta; 2 (*to be near-sighted*) essere miope; **on** *~* = *at sight;* **out** *of ~:* 1 fuori del campo visivo; 2 (*hidden*) nascosto; *a ~* to see una cosa che merita di essere vista; ⟨*fig*⟩ *to* **set** *one's ~s on s.th.* mettere gli occhi su qc.; **within** *~ of* in vista di, vicino a. *Prov.: out of ~, out of mind* lontan dagli occhi lontan dal cuore.

sight‖ bill, ~ draft *s.* ⟨*Econ*⟩ tratta *f* a vista.

sighted ['saitid] *a.* **1** che vede, che ha la vista. **2** (nei composti) dalla vista ..., che vede ...: *clear-~* dalla vista acuta. **sighting** [-tiŋ] *s.* **1** ⟨*Mil*⟩ avvistamento *m.* **2** ⟨*Artigl*⟩ puntamento *m.* **3** ⟨*Mar,Astr*⟩ osservazione *f*, rilevamento *m.*

sighting shot *s.* ⟨*Artigl*⟩ colpo *m* (*o* tiro) di prova.

sightless ['saitlis] *a.* **1** cieco, privo della vista. **2** ⟨*poet*⟩ (*invisible*) invisibile. **sightlessly** [-li] *avv.* ciecamente, alla cieca. **sightlessness** [-nis] *s.* cecità *f.*

sightliness ['saitlinis] *s.* avvenenza *f*, bellezza *f.* **sightly** [-li] *a.* **1** piacevole a vedersi, avvenente, bello. **2** (*affording a fine view*) che offre una bella vista, panoramico.

sight-read [ri:d] *v.t./i.irr.* ⟨*Mus*⟩ sonare a prima vista. **sight-reader** *s.* ⟨*Mus*⟩ chi suona a prima vista.

sightseeing ['saitsi:iŋ] **I** *s.* giro *m* turistico. **II** *a.* turistico: *a ~ tour* un giro turistico. □ *to go ~* visitare una località, vedere le bellezze artistiche (*o* naturali) di un luogo.

sightseeing guide *s.* guida *f* turistica.

sightseer ['saitsi:ə] *s.* turista *m/f.*

sigma ['sigmə] *s.* sigma *m.*

sign[1] [sain] *s.* **1** segno *m*, prova *f*, attestazione, testimonianza *f: as a ~ of respect* in segno di rispetto;

(*indication*) segno *m: ~s of violence* segni di violenza; (*portent, presage*) presagio *m*, segno *m*, indizio *m*, presentimento *m: a ~ of trouble to come* un presagio di guai futuri. **2** (*gesture*) segno *m*, cenno *m*, gesto *m: he made a ~ to me to keep hidden* mi fece segno di stare nascosto; (*in sign language*) segno *m.* **3** ⟨*Mus*⟩ accidente *m*, segno *m* accidentale. **4** (*in braille*) carattere *m.* **5** (*lettered or pictorial board*) insegna *f*, targa *f*, cartello *m.* **6** (*prominently-displayed notice*) cartello *m*, avviso *m*, manifesto *m: there was a ~ saying "Keep Out"* c'era un cartello con la scritta "Vietato l'ingresso". **7** ⟨*Strad*⟩ segnale *m*; (*signpost*) cartello *m* indicatore, segnale *m* verticale. **8** (*password*) parola *f* d'ordine (*anche Mil.*). **9** (*trace, vestige*) traccia *f*, segno *m: there was no ~ of the jewels* non c'era alcuna traccia dei gioielli; *no ~ of life* nessun segno di vita. **10** ⟨*Mat,Gramm,Astrol*⟩ segno *m.* **11** ⟨*Bibl,rar*⟩ (*miracle*) miracolo *m*, segno *m.* □ *to make the ~ of the cross* farsi il segno della croce, segnarsi; *in ~ of* in segno di; *to show no ~ of* non accennare a, non dare (*o* mostrare) alcun segno di: *the weather shows no ~ of improving* il tempo non accenna a migliorare; *a ~ of the times* un segno dei tempi.

sign[2] **I** *v.t.* **1** firmare, sottoscrivere: *to ~ a letter* firmare una lettera; *to ~ a petition* sottoscrivere una petizione. **2** ⟨*rifl*⟩ firmarsi. **3** (*to ratify, attest*) firmare, ratificare, sottoscrivere, sanzionare. **4** (*to signal*) fare segno (*o* cenno), comunicare con un gesto (*o* cenno), accennare: *he –ed that he was ready* fece segno che era pronto. **5** (*to mark with a sign*) segnare, contrassegnare. **6** ⟨*rifl*⟩ segnarsi, farsi il segno della croce. **7** (*to engage with a contract;* spesso con *on, up*) ingaggiare, firmare un contratto con, assumere con contratto: *the club has –ed on two new players* la società ha ingaggiato due nuovi giocatori. **8** ⟨*Teat,Cin*⟩ (spesso con *on, up*) scritturare. **II** *v.i.* **1** firmare, sottoscrivere. **2** (*to sign a contract*) firmare un contratto, impegnarsi per contratto. **3** (*to make a signal*) fare un cenno (*o* segno), accennare. □ *to ~ away* cedere (*o* alienare) firmando un documento; *to ~ one's name* fare la propria firma; *to ~ off:* 1 ⟨*Rad,TV*⟩ dare il segnale di fine della trasmissione; 2 ⟨*fam*⟩ concludere; *to ~ on:* 1 assumere, ingaggiare; 2 (*to bind o.s. to work*) impegnarsi a prestare servizio; *to ~ over = to sign away; to ~ up:* 1 far firmare un contratto a, far impegnare per iscritto; 2 (*to sign a contract*) impegnarsi per contratto.

signal[1] ['signl] **I** *s.* **1** segnale *m* (convenuto): *the ~ for the attack* il segnale per l'attacco. **2** ⟨*fig*⟩ spunto *m*, occasione *f*, motivo *m.* **3** (*gesture, act, etc., conveying meaning*) segno *m*, avvertimento *m*, avviso *m.* **4** (*device, object for communicating at a distance*) segnale *m*, segnalatore *m* (anche Ferr.): *a distress ~* un segnale di soccorso. **5** ⟨*Strad*⟩ semaforo *m*, segnale *m* semaforico. **6** ⟨*Rad,Tel,El,Fis*⟩ segnale *m.* **II** *a.* **1** ⟨*fig*⟩ notevole, rilevante, cospicuo: *a ~ success* un notevole successo. **2** (*distinctive*) particolare, distintivo, caratteristico.

signal[2] *v.* (*pret., p.p.* **signalled**/*am.* **signaled** [-d]) **I** *v.t.* **1** fare segno (*o* cenno) a, fare un segnale a, accennare a. **2** (*of a message, an order*) segnalare, trasmettere, comunicare. **II** *v.i.* fare segnali (*o* segnalazioni).

signal‖ book *s.* ⟨*Mil,Mar*⟩ codice *m* (*o* libro) dei segnali. **~ box** *s.* ⟨*Ferr*⟩ cabina *f* di manovra.

signaler *am.s.* → **signaller.**

signal flag *s.* ⟨*Mar*⟩ bandiera *f* di segnalazione.

signaling *am.s./a.* → **signalling.**

signalize ['signəlaiz] *v.t.* **1** distinguere, far notare, far emergere (*o* spiccare): *to ~ o.s. by one's wit* distinguersi per la propria intelligenza. **2** (*to indicate the remarkableness of*) segnalare, mettere in evidenza.

signal lamp *s.* lampada *f* di segnalazione.

signaller ['signələ] *s.* **1** chi segnala, segnalatore *m.* **2** → **signalman.**

signal light *s.* segnalazione *f* luminosa.

signalling ['signəliŋ] **I** *s.* segnalazione *f*, segnalamento *m.* **II** *a.* di (*o* da) segnalazione.

signally ['signəli] *avv.* notevolmente, in modo spiccato (*o* rilevante).

signalman ['signəlmən] *s.irr.* ⟨*Ferr,Mar,Mil*⟩ segnalatore *m.*

signal| rocket s. ⟨Mil⟩ razzo m di segnalazione. **~ station** s. ⟨Mar⟩ semaforo m. **~-to-noise ratio** s. ⟨Rad⟩ rapporto m segnale-disturbo.

signatory ['signətəri, am. –təri] **I** a. firmatario. **II** s. firmatario m (f –a). □ the signatories to a treaty i firmatari di un trattato.

signature ['signətʃə] s. **1** firma f: to affix one's ~ apporre la propria firma; to authenticate a ~ autenticare una firma. **2** ⟨fig⟩ segno m (caratteristico), impronta f. **3** ⟨Tip,Mus,Med⟩ segnatura f. □ to collect –s raccogliere firme; to put one's ~ to s.th.: 1 firmare qc., sottoscrivere qc.; 2 ⟨fig⟩ accettare volentieri (o subito), ⟨fam⟩ metterci la firma; ⟨Rad,TV⟩ ~ tune sigla f musicale.

signboard ['sainbɔːd] s. cartello m, insegna f.

signer ['sainə] s. chi firma, firmatario m (f –a).

signet ['signit] s. **1** sigillo m. **2** → **signet ring.** □ ⟨scozz⟩ Writer to the ~ procuratore m legale.

signet ring s. anello m con sigillo.

significance [sig'nifikəns], **significancy** [–i] s. **1** significato m, senso m: what is the ~ of that remark? che significato ha quell'osservazione? **2** (quality of conveying meaning) l'essere significativo, significato m, espressività f. **3** (importance) importanza f, rilevanza f, significato m: a decision of great ~ una decisione di grande importanza. □ a glance of deep ~ uno sguardo molto significativo.

significant [–nt] a. **1** importante, rilevante, significante. **2** (having meaning) significativo, che ha un senso: a ~ remark un'osservazione significativa; (conveying meaning) eloquente, significante, espressivo: a ~ look uno sguardo eloquente. **significantly** [–ntli] avv. significativamente.

signification [ˌsignifi'keiʃən] s. **1** significato m, portata f, senso m, valore m; (sense) significato m, senso m. **2** (act of making known) il manifestare, l'indicare.

sig'nificative [–kətiv], **significatory** [–'keitəri] a. **1** significativo, che ha un senso. **2** (suggestive) significante, espressivo.

signifier ['signifaiə] s. chi significa; (sign) segno m.

signify [–fai] v.t. **1** manifestare, esprimere (mediante segni o gesti): to ~ one's consent manifestare il proprio consenso. **2** (to denote) essere indizio (o segno) di, significare: some chest pains may ~ heart trouble certi dolori al petto possono essere indizio di disturbi cardiaci. **3** (to imply) implicare, comportare, portare con sé. **4** (to mean) significare, importare: it doesn't ~ non ha importanza, non importa.

sign|-in s. raccolta f di firme. **~ language** s. linguaggio m mimico. **~ manual** s. (pl. **signs manual**) **1** firma f (autografa). **2** (royal signature) firma f reale. **~ painter** s. pittore m d'insegne. **~post** **I** s. **1** ⟨Strad⟩ cartello m indicatore, segnale m verticale; (traffic sign) segnale m stradale. **2** ⟨fig⟩ guida f, indicazione f. **II** v.t. **1** ⟨Strad⟩ munire di segnaletica. **2** ⟨fig⟩ guidare, indirizzare. **~ writer** s. grafico m (f –a) di cartelli (o manifesti) pubblicitari.

Sikh [siːk] **I** s. ⟨Rel⟩ chi segue la religione dei sikh. **II** a. dei (o relativo ai) sikh. **'Sikhism** [–izəm] s. religione f dei sikh.

silage ['sailidʒ] s. ⟨Agr⟩ silaggio m, insilamento m.

silence ['sailəns] **I** s. **1** silenzio m, tacere m: to sit in ~ sedere in silenzio. **2** (absence of sound) silenzio m: the ~ of the night il silenzio della notte; (stillness) silenzio m, quiete f. **3** (period of being silent) silenzio m, periodo m di silenzio: a short ~ un breve silenzio. **4** (oblivion, obscurity) oblio m, silenzio m, oscurità f, dimenticanza f. **5** (secrecy) silenzio m, segretezza f, discrezione f. **II** v.t. **1** fare tacere, mettere (o costringere) al silenzio, legare la lingua a: to ~ an opponent fare tacere un avversario; (to stop the noise of) eliminare (o far cessare) il rumore di, rendere silenzioso. **2** ⟨fig⟩ reprimere, soffocare, ridurre al silenzio. **3** ⟨Mil⟩ (of enemy guns) ridurre al silenzio. □ to call for ~ invitare al silenzio, chiedere il silenzio; the ~ of the grave il silenzio della morte; to keep ~ mantenere il silenzio; to pass over s.th. in ~ passare qc. sotto silenzio, non 'fare menzione' (o parlare) di qc.; ⟨fig⟩ to reduce s.o. to ~ costringere qd. al silenzio. Prov.: ~ gives consent chi tace acconsente.

silencer ['sailənsə] s. **1** chi fa silenzio, chi sta zitto. **2** ⟨Mot⟩ silenziatore m, marmitta f. **3** ⟨Artigl⟩ silenziatore m.

silent ['sailənt] a. **1** zitto, in silenzio, che tace, tacito (taciturn) silenzioso, taciturno, poco loquace: a ~ child un bambino silenzioso; (reticent) reticente. **2** (free from noise) silenzioso, quieto, tranquillo: a ~ house una casa silenziosa. **3** (performed, done without speech) muto, senza parole, inespresso, tacito: a ~ prayer una preghiera muta. **4** ⟨Fon, Cin⟩ muto: ~ film film muto. □ as ~ as the tomb (o grave) muto come una tomba (o un pesce); be ~ zitto!, taci!, fa' silenzio!; to be ~ stare zitto, tacere; to keep ~: 1 tacere, stare zitto; 2 (to refrain from mentioning) non dire nulla, tacere (about su), non rivelare (qc.), stare zitto (su); the law is ~ on this point la legge non contempla questo punto. **silently** [–li] avv. silenziosamente, in silenzio.

silent majority s. ⟨Pol⟩ maggioranza f silenziosa.

Silenus [sai'liːnəs] N.pr. ⟨Mitol⟩ Sileno m. **silenus** s. (pl. -ni [nai]) **1** ⟨Mitol⟩ sileno m, satiro m. **2** ⟨fig⟩ vecchio m beone.

Silesia [sai'liːzjə] N.pr. ⟨Geog⟩ Slesia f. **silesia** s. ⟨Tess⟩ silesia f. **Silesian** [–n] **I** a. slesiano. **II** s. abitante m/f della Slesia.

silex ['saileks] s. → **silica.**

silhouette [ˌsilu'et] **I** s. **1** ⟨Art⟩ silhouette f, siluetta f, siloetta f. **2** (outline, profile) sagoma f, profilo m, contorno m, linea f: the ~ of a crane against the sky la sagoma di una gru contro il cielo. **II** v.t. **1** proiettare su uno sfondo (come una silhouette). **2** ⟨Fot⟩ ritrarre di profilo e controluce. **III** v.i. stagliarsi, profilarsi, fare spicco.

silica ['silikə] s. **1** ⟨Min⟩ silice f. **2** ⟨Chim⟩ anidride f silicica, silice f.

silicate ['silikeit] s. ⟨Min,Chim⟩ silicato m.

siliceous [si'liʃəs] a. ⟨Min,Chim⟩ siliceo. **silicic** [–'lisik] a. **1** silicico, di silicio: ~ acid acido silicico. **2** (of silica) siliceo, di silice.

silicon ['silikən] s. ⟨Chim⟩ silicio m.

silicone ['silikoun] s. ⟨Chim⟩ silicone m.

silicon oxide s. ⟨Chim⟩ ossido m di silicio.

silicosis [ˌsili'kousis] s. (pl. **-ses** [siːz]) ⟨Med⟩ silicosi f.

silk [silk] **I** s. **1** ⟨Tess⟩ seta f, filo m di seta; (cloth) seta f, tessuto m di seta. **2** (garments) seta f, indumenti mpl di seta: to be dressed in ~ essere vestito di seta. **3** ⟨fig⟩ avvocato m patrocinante per la corona. **4** pl. ⟨Sport⟩ (of jockey) colori mpl. **II** a. **1** (fatto) di seta: a ~ dress un abito di seta. **2** (resembling silk) come la seta, simile alla seta. □ ⟨Dir⟩ to take ~ diventare avvocato patrocinante per la corona. **'silken** [–n] a. **1** (fatto) di seta. **2** (resembling silk) simile alla seta, come la seta. **3** ⟨fig⟩ (ingratiating) suadente, soave, carezzevole: ~ words parole suadenti. **4** ⟨fig⟩ (delicate, gentle) delicato, dolce: a ~ touch un tocco delicato.

silk| breeder s. → **silk grower. ~ breeding** s. → **silk growing. ~ grower** s. bachicoltore m, sericoltore m. **~ growing** s. bachicoltura f, sericoltura f. **~ hat** s. cilindro m, cappello m a cilindro.

silkily ['silkili] avv. **1** come seta. **2** ⟨fig⟩ (ingratiatingly) in modo suadente (o carezzevole). **silkiness** [–kinis] s. **1** aspetto m serico, apparenza f di seta. **2** ⟨fig⟩ (ingratiating quality) l'essere suadente (o carezzevole).

silk moth s. → **silkworm caterpillar.**

silk reeling s. ⟨Tess⟩ filatura f della seta.

'silk-'screen **I** s. ⟨Tip⟩ **1** matrice f per serigrafia. **2** → **silk-screen process. II** a. serigrafico. **III** v.t. stampare in serigrafia.

'silk-'screen process s. ⟨Tip⟩ serigrafia f.

silk| stocking s. calza f di seta. **~ thrower, ~ throwster** s. ⟨Tess⟩ torcitore m (f –trice). **~ worm** s. → **silkworm caterpillar.**

silkworm| caterpillar, ~ moth s. ⟨Entom⟩ baco m da seta, bombice m (del gelso), filugello m.

silky ['silki] a. **1** di seta, serico. **2** (resembling silk) simile alla seta, come la seta. **3** ⟨fig⟩ suadente, soave, carezzevole. **4** ⟨Bot⟩ sericeo, setiforme.

sill [sil] s. **1** ⟨Edil⟩ (windowsill) davanzale m; (of a door) soglia f. **2** ⟨Geol⟩ filone–strato m, dicco–strato m. **3**

⟨Minier⟩ (floor of a deposit) letto m. 4 ⟨Idr⟩ soglia f, soletta f. 5 ⟨Geog⟩ soglia f: glacial ~ soglia glaciale.
sillabub ['sɪləbʌb] s. ⟨Gastr⟩ latte m rappreso con vino e zucchero.
sillily ['sɪlɪlɪ] avv. stupidamente, scioccamente, insulsamente. **silliness** [–lɪnɪs] s. stupidità f, stupidaggine f, stoltezza f, insulsaggine f. □ stop your ~! smettila di fare lo stupido! **silly** [–lɪ] I a. 1 sciocco, stupido, stolto, insulso: ~ schoolgirls scolarette sciocche. 2 (absurd) assurdo, insensato, scriteriato: ~ ideas idee assurde. 3 (trifling) futile, frivolo: ~ stories storie futili. II s. ⟨fam⟩ sciocco m (f –a), stupido m (f –a); (silly child) sciocchino m (f –a). □ to knock s.o. ~ stordire qd.
silly| billy s. ⟨fam⟩ sciocco m (f –a), stupido m (f –a). ~ **season** s. ⟨giorn⟩ stagione f morta (general. da agosto a settembre).
silo ['saɪlou] I s. (pl. -s [z]) 1 ⟨Agr⟩ silo m; (underground pit) fossa f sotterranea per la conservazione di cereali. 2 ⟨Mil⟩ postazione f sotterranea per missili balistici. II v.t. ⟨Agr⟩ insilare.
silt[1] [sɪlt] s. ⟨Geol⟩ limo m.
silt[2] v. (general. con up) I v.i. interrarsi, insabbiarsi: the harbour –ed up il porto si è interrato. II v.t. interrare, insabbiare.
siltation [sɪl'teɪʃən] s. insabbiamento m, interramento m. **'silty** [–tɪ] a. limaccioso, melmoso.
silvan ['sɪlvən] a./s. → **sylvan**.
silver ['sɪlvə] I s. 1 argento m. 2 ⟨collett⟩ (silver money) monete fpl d'argento. 3 (silverware) argenteria f, argenti mpl. 4 (colour) color m argento. II a. 1 d'argento; (silver–plated) argentato, inargentato. 2 (of the colour silver) argenteo, argentato, inargentato, di color argento. 3 ⟨fig⟩ (of sounds) argentino. 4 ⟨fig⟩ (eloquent) eloquente. III v.t. 1 argentare, inargentare. 2 (to make the colour of silver) inargentare, rendere argento: time had –ed her hair il tempo aveva inargentato i suoi capelli. IV v.i. inargentarsi, diventare color argento. □ to have a ~ tongue essere molto eloquente.
Silver Age s. 1 età f dell'argento. 2 ⟨fig⟩ periodo m argenteo, età f dell'argento.
silver| anniversary s. venticinquennale m, venticinquesimo anniversario m. ~ **bath** s. ⟨Fot⟩ bagno m di nitrato d'argento. ~ **fish** s. ⟨Entom⟩ acciughina f, pesciolino m d'argento. ~ **foil** s. argento m (o metallo color argento) in lamina (o foglia), foglia f (o lamina) d'argento. ~ **fox** s. ⟨Zool⟩ volpe f argentata. '~-'**gilt** a. d'argento dorato. ~ **gilt** s. argento m dorato, vermeil m. '~-'**gray** am. a./s. → **silver-grey**. '~-'**grey** I s. grigio m argento. II a. grigio argento. '~-'**haired** a. dai capelli argentei (o d'argento).
silveriness ['sɪlvərɪnɪs] s. aspetto m argenteo. **silvering** [–rɪŋ] s. argentatura f.
silver| jubilee s. → **silver anniversary**. ~ **leaf** s. ⟨Met⟩ lamina f d'argento, argento m in lamina. ~ **lining** s. 1 (of a cloud) contorno m argenteo (di una nuvola). 2 ⟨fig⟩ lato m buono (o positivo). □ Prov.: every cloud has a ~ non 'tutto il' (o ogni) male vien per nuocere. ~ **nitrate** s. ⟨Chim⟩ nitrato m d'argento. ~ **paper** s. carta f argentata (o d'argento), stagnola f. ~~**plate** v.t. argentare, placcare in argento. ~ **plate** s. 1 argentatura f, placcatura f in argento. 2 (tableware) posate fpl (argentate, d'argento). '~~'**plated** a. argentato, placcato in argento. '~~'**plating** s. argentatura f, placcatura f in argento. ~ **point** s. ⟨Art⟩ (technique) tecnica f di disegno con (una) punta d'argento. ~ **poisoning** s. ⟨Med⟩ argirismo m. ~ **poplar** s. ⟨Bot⟩ pioppo m bianco. ~ **sand** s. sabbia f bianca. ~ **screen** s. 1 schermo m (cinematografico). 2 ⟨fig⟩ cinematografia f, industria f cinematografica, cinema m. ~**side** s. ⟨Macell,Gastr⟩ culaccio m di manzo.
silversmith ['sɪlvəsmɪθ] s. argentiere m, orafo m.
silver| spoon s. cucchiaio m d'argento. □ ⟨fig⟩ to be born with a ~ in one's mouth essere nato con la camicia. '~-'**tongued** a. molto eloquente. ~**ware** s. argenteria f, argenti mpl. ~ **wedding** s. nozze fpl d'argento.
silvery ['sɪlvərɪ] a. 1 come l'argento, simile all'argento. 2 (of the colour silver) argenteo, argentato, di color argento. 3 (of sounds) argentino.

silvicultural [ˌsɪlvi'kʌltʃərəl] a. della (o relativo alla) selvicoltura. '**silviculture** [–tʃə] s. selvicoltura f, silvicoltura f. '**silviculturist** [–rɪst] s. selvicoltore m (f –trice), silvicoltore m (f –trice).
simian ['sɪmɪən] I a. ⟨Zool⟩ scimmiesco. II s. scimmia f.
similar ['sɪmɪlə] I a. 1 similare, simile, affine, (ras)somigliante, analogo (to a). 2 ⟨Geom,Mat⟩ simile: ~ triangles triangoli simili. II s. equivalente m, corrispondente m. ,**similarity** [–'lærɪtɪ] s. 1 (ras)somiglianza f, affinità f, similarità f, analogia f. 2 ⟨Geom⟩ similitudine f. **similarly** [–lɪ] avv. similmente, analogamente, allo stesso modo.
simile ['sɪmɪlɪ] s. ⟨Ret⟩ similitudine f.
similitude [sɪ'mɪlɪtjuːd] s. 1 (ras)somiglianza f, affinità f, similarità f, analogia f. 2 (counterpart) equivalente m, corrispondente m.
similize ['sɪmɪlaɪz] v.t. illustrare con similitudini.
simmer ['sɪmə] I v.i. 1 cuocere (o bollire) a fuoco lento, sobbollire. 2 ⟨fig⟩ ribollire, essere in subbuglio (o fermento): to ~ with anger ribollire 'di rabbia' (o per lo sdegno). II v.t. tenere a bollore, far cuocere a fuoco lento: to ~ meat tenere a bollore la carne. III s. bollore m a fuoco lento, lenta ebollizione f. □ to ~ down: 1 restringersi; 2 ⟨fig⟩ calmarsi, quietarsi, placarsi.
simnel (cake) ['sɪmnl] s. torta f di frutta ricoperta di pasta di mandorle.
Simon ['saɪmən] N.pr. Simone m.
simoniac [sɪ'mouniæk] s. simoniaco m (f –a). **simoniacal** [ˌsaɪmə'naɪəkəl] a. simoniaco. **simonist** ['saɪmənist] s. → **simoniac**. **simony** ['s(a)ɪmənɪ] s. simonia f.
simper ['sɪmpə] I v.i. sorridere in modo sciocco e affettato. II s. sorriso m sciocco e affettato. **simpering** [–rɪŋ] a. smorfioso, affettato, lezioso. **simperingly** [–rɪŋlɪ] avv. smorfiosamente, affettatamente, leziosamente.
simple ['sɪmpl] I a. 1 semplice, chiaro, elementare, facile, piano: a ~ problem un problema semplice; a ~ explanation una spiegazione chiara. 2 (modest) semplice, modesto, senza pretese, alla buona: a ~ cottage in the woods una casetta semplice nel bosco. 3 (plain) semplice, privo di ricercatezza, naturale, alla buona: ~ food cibo semplice; (unadorned) sobrio, inadorno, semplice: a building with a ~ façade un edificio con una facciata sobria; (of style) semplice, sobrio. 4 (unassuming) semplice, modesto, senza superbia (o sussiego). 5 (credulous, gullible) credulone, sempliciotto, ingenuo; (half-witted) stupido, sciocco. 6 (common) semplice, comune: a ~ soldier un soldato semplice; ~ people gente comune. 7 (pure, sheer) vero (e proprio), puro, (puro e) semplice. II s. (simple people; costr. pl.) semplici mpl. □ it's as ~ as ABC è semplice come l'uovo di Colombo, è facile come bere un bicchier d'acqua.
simple| equation s. ⟨Mat⟩ equazione f di primo grado. ~ **fraction** s. ⟨Mat⟩ frazione f semplice. ~ **fracture** s. ⟨Med⟩ frattura f semplice. ~ **interest** s. ⟨Econ⟩ interesse m semplice.
'**simple-'minded** a. 1 semplice, naturale, spontaneo, privo di malizia. 2 (foolish) sciocco, stupido; (mentally deficient) deficiente, scemo. 3 (credulous) credulone, credulo, ingenuo, sempliciotto, semplicione. ,**simple-'mindedness** s. 1 candore m, semplicità f. 2 (foolishness) stupidità f, stoltezza f; (subnormal intelligence) deficienza f. 3 (credulity) semplicioneria f, dabbenaggine f.
simpleness ['sɪmplnɪs] s. ⟨rar⟩ → **simplicity**.
simpleton ['sɪmpltən] s. sempliciotto m (f –a), semplicione m (f –a), babbeo m (f –a), gonzo m (f –a).
simplicity [sɪm'plɪsɪtɪ] s. 1 semplicità f, facilità f, comprensibilità f, chiarezza f: the ~ of a problem la semplicità di un problema. 2 (lack of complication) semplicità f: the ~ of primitive society la semplicità di una società primitiva. 3 (freedom from guile) ingenuità f, innocenza f, candore m. □ it is ~ itself è la cosa più semplice del mondo.
simplification [ˌsɪmplɪfɪ'keɪʃən] s. semplificazione f. '**simplify** [–faɪ] v.t. semplificare.
simplism ['sɪmplɪzəm] s. semplicismo m. **simplistic**

[-'plistik] *a.* semplicistico.

Simplon *fr.* ['sɛ̃plɔ̃] *N.pr.* ⟨*Geog*⟩ Sempione *m.*

simply ['simpli] *avv.* **1** semplicemente. **2** (*plainly*) semplicemente, con semplicità alla buona, senza pretese. **3** (*candidly*) semplicemente, schiettamente, candidamente. **4** (*merely*) semplicemente, solamente, unicamente. **5** ⟨*fam*⟩ (*absolutely*) semplicemente, veramente, davvero, proprio. □ ⟨*intens*⟩ ~ *and solely* solo ed esclusivamente.

simulacrum [,simju'leikrəm] *s.* (*pl.* **-cra** [krə]) simulacro *m,* immagine *f,* effigie *f.*

simulate ['simjuleit] *v.t.* **1** fingere, simulare: *to ~ ignorance* fingere ignoranza. **2** (*to assume the appearance of*) assumere l'aspetto di, imitare. **simulated** [-id] *a.* finto, simulato. ,**simulation** [-'leiʃən] *s.* **1** simulazione *f,* finzione *f,* finta *f.* **2** (*act of imitating*) imitazione *f,* l'imitare. **3** ⟨*tecn*⟩ simulazione *f: computer ~* simulazione al calcolatore. **simulator** [-ə] *s.* **1** simulatore *m* (*f* –trice). **2** ⟨*tecn*⟩ simulatore *m.*

simultaneity [,siməltə'ni:əti] *s.* simultaneità *f,* **simultaneous** [,siməl'teiniəs] *a.* simultaneo: ~ *translation* traduzione simultanea.

simultaneously [,siməl'teiniəsli] *avv.* simultaneamente. **simultaneousness** [-snis] *s.* → **simultaneity.**

simultaneous translator *s.* simultaneista *m/f.*

sin[1] [sin] *s.* **1** ⟨*Rel*⟩ peccato *m: the ~ of adultery* il peccato di adulterio; *to confess one's –s* confessare i propri peccati. **2** ⟨*estens*⟩ delitto *m,* peccato *m,* offesa *f.* □ ⟨*fam*⟩ *for my –s!* parola mia!; *to live in ~* vivere nel peccato; ⟨*sl*⟩ *like ~* a tutto spiano, a tutta forza, furiosamente; *it is raining like ~* piove a dirotto; *as ugly as ~* brutto come la peste.

sin[2] *v.i.* (*pret., p.p.* **sinned** [-d]) **1** ⟨*Rel*⟩ peccare. **2** ⟨*estens*⟩ peccare, macchiarsi di una colpa, commettere un errore. □ *to ~ against:* 1 ⟨*Rel*⟩ peccare contro: *to ~ against God* peccare contro Dio; 2 ⟨*estens*⟩ offendere: *to ~ against good taste* offendere il buon gusto.

sin = ⟨*Mat*⟩ *sine* seno (*abbr.* sin, sen).

Sinai ['sainiai] *N.pr.* ⟨*Geog*⟩ Sinai *m.* ,**Sinaitic** [-ni:'itik] *a.* sinaitico, del Sinai.

since [sins] **I** *avv.* **1** da allora, dopo, poi: *nothing has been heard of him –* da allora non si è saputo più niente di lui. **2** (*ago*) fa, or sono: *some time ~* tempo fa. **3** (*from a certain time until the present*) da allora (in poi). **II** *prep.* **1** da, (fin) da quando: *I have been here ~ ten o'clock* sono qui dalle dieci. **2** (*in the period after*) da ... (in poi), da quando: *I have been abroad several times ~ Christmas* sono stato parecchie volte all'estero da Natale in poi. **III** *congz.* **1** da quando, dal tempo in cui, dopo che: *he has lived here ~ he got married* abita qui da quando si è sposato. **2** (*in the period after the time when*) dall'ultima volta che, da quando, dal tempo in cui: *things have changed ~ I was last here* le cose sono cambiate dall'ultima volta che sono stato qui. **3** (*as, because*) dato che, poiché, giacché, siccome: ~ *you're so rich, you can easily lend me ten pounds* dato che sei così ricco, puoi ben prestarmi dieci sterline. □ *ever ~* da allora (in poi); *long ~* molto tempo fa, da molto (*o* lungo) tempo; ~ *then* da allora (in poi); ~ *when?* da quando?; da quando in qua?

sincere [sin'siə] *a.* sincero, franco, schietto; (*genuine, real*) sincero, vero, genuino, autentico: *a ~ friend* un amico sincero. **sincerely** [-li] *avv.* sinceramente, francamente, con sincerità. □ ⟨*epist*⟩ *Yours ~* cordiali (*o* distinti) saluti. **sincerity** [-'seriti] *s.* sincerità *f,* franchezza *f,* schiettezza *f.* □ *in all ~* con tutta sincerità.

sine [sain] *s.* ⟨*Mat*⟩ seno *m.*

sinecure ['sinikjuə] *s.* **1** sinecura *f,* posto *m* comodo (*o* di tutto riposo). **2** ⟨*Rel*⟩ sinecura *f.* **sinecurism** [-rizəm] *s.* ⟨*Rel*⟩ consuetudine *f* di concedere sinecure. **sinecurist** [-rist] *s.* chi gode di una sinecura.

sinew ['sinju:] *s.* **1** ⟨*Anat*⟩ tendine *m.* **2** *pl.* ⟨*fig*⟩ forza *f* muscolare, muscoli *mpl.* **3** ⟨*fig*⟩ (*strength, power*) forza *f,* energia *f,* vigore *m,* vigoria *f: a man of great moral ~* un uomo di grande forza morale. □ ⟨*fig*⟩ *the –s of war* il denaro. **sinewiness** [-inis] *s.* **1** muscolosità *f.* **2** ⟨*fig*⟩ forza *f,* vigorosità *f,* energia *f,* robustezza *f.*

sinewless ['sinju:lis] *a.* **1** senza tendini. **2** ⟨*fig*⟩ senza

forza (*o* vigore).

sinewy ['sinju:i] *a.* **1** che ha tendini; (*having well–developed sinews*) muscoloso, nerboruto: ~ *arms* braccia muscolose. **2** ⟨*fig*⟩ forte, vigoroso, robusto. **3** (*of meat*) fibroso, tiglioso.

sinful ['sinful] *a.* **1** peccaminoso: *a ~ life* una vita peccaminosa. **2** ⟨*fam*⟩ deplorevole: *a ~ waste of time* una deplorevole perdita di tempo. □ *a ~ man* un peccatore. **sinfully** [-i] *avv.* peccaminosamente. **sinfulness** [-nis] *s.* peccaminosità *f.*

sing [siŋ] *v.* (*pret.* **sang** [sæŋ]/*non com.* **sung** [sʌŋ], *p.p.* **sung**/*non com.* **sang**) **I** *v.i.* **1** cantare: *to ~ out of tune* cantare stonato; *will you ~ for us?* vuoi cantare per noi? **2** (*of the wind, etc.*) fischiare, sibilare; (*of a kettle, etc.*) borbottare, brontolare; (*of the ears*) ronzare. **3** ⟨*fig*⟩ (*to echo, resound*) risonare, echeggiare: *his words sang in my ears* le sue parole mi risonavano negli orecchi. **4** ⟨*fig*⟩ (*to rejoice*) rallegrarsi, gioire. **5** ⟨*poet*⟩ (*to tell in verse*) cantare, celebrare in versi (*of s.th.* qc.); (*to compose poetry*) comporre versi. **6** ⟨*sl*⟩ (*to act as an informer*) fare la spia, ⟨*gerg*⟩ soffiare, ⟨*gerg*⟩ cantare. **II** *v.t.* **1** cantare, intonare: *to ~ a song* cantare una canzone. **2** ⟨*Rel*⟩ cantare: *to ~ mass* cantare messa. **3** ⟨*poet*⟩ cantare, celebrare, narrare. □ ⟨*fig*⟩ *to ~ another song* (*o* *tune*) cambiare tono; ⟨*sl*⟩ *to ~ on s.o.* fare una soffiata contro qd.; *to ~ out:* 1 cantare a voce alta; 2 (*to shout*) gridare; 3 (*to call in a loud voice*) chiamare ad alta voce; *to ~ s.o.'s praises* cantare (*o* tessere) le lodi di qd.

sing. = **1** *single* singolo. **2** ⟨*Gramm*⟩ *singular* singolare (*abbr.* sing.).

singable ['siŋəbl] *a.* cantabile.

Singapore [,siŋgə'pɔ:] *N.pr.* ⟨*Geog*⟩ Singapore *f.*

singe [sindʒ] **I** *v.t.* **1** bruciacchiare, bruciare superficialmente; (*in hairdressing*) strinare, bruciare le punte di. **2** (*to scorch*) scottare, bruciacchiare. **3** (*of a fowl, etc.*) strinare. **4** ⟨*Tess*⟩ (*to remove by singeing; spesso con off*) bruciare (il pelo a). **II** *v.i.* bruciacchiarsi, strinarsi. **III** *s.* leggera bruciatura *f,* bruciacchiatura *f.* □ ⟨*fig*⟩ *to ~ one's feathers* (*o* *wings*) bruciarsi le ali.

singer ['siŋə] *s.* **1** cantante *m/f.* **2** ⟨*poet*⟩ cantore *m,* poeta *m.* **3** (*songbird*) uccello *m* canoro (*o* canterino).

Singhalese [,siŋhə'li:z] **I** *s.inv.* **1** (*people;* costr. pl.) singalesi *mpl.* **2** singalese *m/f.* **3** (*language*) lingua *f* singalese, singalese *m.* **II** *a.* singalese.

singing ['siŋiŋ] **I** *s.* **1** il cantare, canto *m.* **2** (*whistling sound*) sibilo *m,* fischio *m.* **3** (*in the ears*) ronzio *m.* **II** *a.* che canta, canoro, canterino.

singing| bird *s.* uccello *m* canoro (*o* canterino). ~ **group** *s.* complesso *m* di musica leggera. ~ **lesson** *s.* lezione *f* di canto. ~ **master** *s.* maestro *m* di canto.

single ['siŋgl] **I** *a.* **1** solo, unico, singolo: *a ~ mistake* un solo errore; *a ~ dose* una singola dose. **2** ⟨*intens*⟩ solo: *he did not say a ~ word* non disse una sola parola. **3** (*uniform*) unico, solo: *a ~ world language* un'unica lingua mondiale. **4** (*individual, separate*) singolo, individuale, separato: *each ~ citizen* ogni singolo cittadino. **5** (*of, used by only one person*) singolo, per una (sola) persona: *a ~ room* una stanza singola; (*of a bed*) singolo, a una piazza. **6** (*of a railway ticket, journey, etc.*) di (sola) andata. **7** (*not married*) non sposato, solo; (*of men*) celibe, scapolo; (*of women*) nubile; (*of the unmarried state*) da scapolo: ~ *life* vita da scapolo. **8** (*consisting of only one part*) semplice. **9** (*alone, solitary*) solo, solitario. **10** (*sincere*) sincero, leale, onesto. **II** *s.* **1** singolo *m,* individuo *m.* **2** (*one–way ticket*) biglietto *m* di (sola) andata. **3** (*room, cabin, etc., for one person*) camera *f* singola. **4** ⟨*Sport*⟩ (*in tennis*) singolo *m,* singolare *m: the final of the men's –s* la finale del singolo maschile. **III** *v.t.* **1** (*general. con out*) scegliere, selezionare: *to ~ s.o. out as heir* scegliere qd. come (proprio) erede. **2** ⟨*Agr*⟩ (*of seedlings;* spesso con *out*) sfrondare. □ *he examined every ~ one* li esaminò tutti quanti; *not a ~ one* non uno, nemmeno uno.

'**single|-'acting** *a.* ⟨*Mecc*⟩ a semplice effetto: ~ *pump* pompa a semplice effetto. '~-'**barreled** *am.,* '~-'**barrelled** *a.* ⟨*Mil*⟩ (*of a firearm*) singolo, a una canna. ~ **bed** *s.* letto *m* singolo (*o* a una piazza). ~-**blade** *a.* ⟨*Mecc*⟩ monolama. '~-'**breasted** *a.* ⟨*Mod*⟩ a ın petto, monopetto: ~ **suit** abito a un petto. ~ **column** s. ⟨Giorn⟩ colonnino m. ~ **combat** s. duello m, ⟨lett,scherz⟩ singolar tenzone f. '~-'**cut file** s. ⟨Mecc⟩ ima f a un solo taglio. ~-**cylinder** a. ⟨Mot⟩ monocilindrico. ~-**decker bus** s. autobus m a un (solo) piano. ~ **density** s. ⟨Inform⟩ densità f singola. ~ **dose** s. dose f unica, monodose f. ~ **entry** s. ⟨Comm⟩ partita f semplice. '~-'**entry journal** s. ⟨Comm⟩ giornale m tenuto in partita semplice. ~ **file** s. fila f indiana: to walk n ~ camminare in fila indiana. ~ **game** s. ⟨Sport⟩ singolo m.

ngle-'handed a. **1** che ha solo una mano; (using only one hand) che usa una sola mano; (requiring the use of only one hand) che richiede l'uso di una mano sola. **2** (working alone) che lavora ⌐da solo⌐ (o senza aiuto). **3** (accomplished alone) ottenuto senza aiuto (o aiuti), da solo, da sé: a ~ victory una vittoria ottenuta senza aiuto. **single-'handedly** avv. **1** con (o usando) una mano sola. **2** (without help) da solo, senza aiuto, da sé.

ngle-'hearted a. sincero, devoto, leale. **,single'heartedly** avv. sinceramente, con lealtà. **,single'heartedness** s. sincerità f, lealtà f, devozione f.

ngle| line a. ⟨Ferr⟩ binario unico. ~ '**loader** s. fucile m a un solo colpo. '~-'**minded** a. che persegue un unico scopo.

ngleness ['sɪŋglnɪs] s. **1** singolarità f, unicità f. **2** (state of being unmarried: of men) celibato m; (of women) essere nubile. **3** (sincerity, honesty) sincerità f, lealtà f, onestà f. □ ~ of purpose fermezza f di propositi, (grande) decisione f.

ngle|-'phase a. ⟨El⟩ monofase. ~ **quotes** s.pl. ⟨Tip⟩ virgolette fpl francesi.

ngles court [sɪŋglz] s. ⟨Sport⟩ campo m per incontri singoli.

ngle| sculler s. ⟨Sport⟩ (in rowing) singolo m (da corsa). '~-'**seater** I s. **1** (aeroplane) aereo m monoposto. **2** (automobile) vettura f monoposto. II a. monoposto. ~-**sided** a. a singola faccia. ~-**stage** a. ⟨tecn⟩ monostadio, a un solo stadio.

nglet ['sɪŋglɪt] s. ⟨Vest⟩ **1** camiciola f (o maglia) da uomo. **2** (for an athlete) maglietta f a giro collo.

ngleton ['sɪŋgltən] s. (in bridge) singleton m.

ngle|-'track a. **1** ⟨Ferr⟩ a un solo binario. **2** ⟨fig⟩ limitato, ristretto, che ha orizzonti limitati. '~-'**track mind** s. mente f ristretta (o limitata).

ngly ['sɪŋglɪ] avv. **1** singolarmente, separatamente, individualmente, a uno a uno. **2** (single-handedly) da solo, senza aiuto, da sé.

ngsong ['sɪŋsɒŋ] I s. **1** concerto m vocale improvvisato. **2** (monotonous voice delivery) tono m monotono, voce f monotona. **3** (jingling verse, song) cantilena f, canto m monotono. II a. monotono, cantilenante: to speak in a ~ voice parlare con voce monotona. III v.i. cantilenare, parlare (o cantare) in modo monotono. IV v.t. dire (o cantare) in modo monotono.

ngular ['sɪŋgjʊlə] I a. **1** eccezionale, straordinario, singolare. **2** (odd, strange) singolare, originale, strano, eccentrico, bizzarro: a person of very ~ tastes una persona di gusti assai singolari. **3** (unique) unico (nel suo genere), singolare, a sé. **4** ⟨Gramm,Dir,Filos,Mat⟩ singolare. II s. ⟨Gramm⟩ singolare m. **,singularity** [-'lærɪti] s. **1** eccezionalità f, singolarità f. **2** (oddness) singolarità f, stranezza f, bizzarria f. **3** (s.th. singular, separate) particolarità f, caratteristica f. **singularize** [-raɪz] v.t. ridurre al singolare. **singularly** [-lɪ] avv. **1** eccezionalmente, straordinariamente, singolarmente. **2** (oddly) stranamente, singolarmente.

nhalese [,sɪnhə'li:z] ˈs./a. → **Singhalese**

ister ['sɪnɪstə] a. **1** minaccioso, sinistro, infausto: ~ troop movements movimenti minacciosi di truppe. **2** (evil, wicked) infame, scellerato, malvagio: a ~ plot un complotto infame. **3** ⟨Arald⟩ sinistro. **sinisterly** [-lɪ] avv. minacciosamente, sinistramente. **sinistral** [-trəl] a. **1** sinistro, a (o sulla) sinistra, di (o sulla) sinistra. **2** (left-handed) mancino.

inistrorsal [,sɪnɪs'trɔ:səl], **sinistrorse** [-'trɔ:s] a. ⟨Bot⟩ sinistrorso.

sink[1] [sɪŋk] v. (pret. **sank** [sæŋk]/non com. **sunk** [sʌŋk], p.p. **sunk**/non com. **sunken** ['sʌŋkən]) I v.i. **1** scendere, abbassarsi, calare: the level of the lake had sunk il livello del lago era sceso. **2** (to become submerged) affondare, sprofondare: our feet sank into the mud i nostri piedi affondarono nel fango; (to go to the bottom of the sea, etc.) affondare, colare a picco, andare a fondo: the ship is –ing la nave sta affondando. **3** (to subside) cedere, abbassarsi, avvallarsi: the foundations have sunk le fondamenta hanno ceduto; (to settle) assestarsi. **4** (to disappear below the horizon) tramontare, calare, scendere: the sun was –ing il sole tramontava. **5** (to slope down, dip) scendere, declinare, digradare, essere in pendio (o pendenza). **6** (of the voice, sounds) abbassarsi, diminuire, ridursi, calare: her voice sank to a whisper la sua voce si ridusse a un bisbiglio. **7** (to fall or collapse slowly) (lasciarsi) cadere: to ~ into an armchair lasciarsi cadere in poltrona. **8** ⟨fig⟩ (to diminish, decline) scendere, diminuire, calare, ridursi: exports have sunk le esportazioni sono scese. **9** (to lose courage or hope) sentirsi mancare, venire meno: her heart sank si sentì mancare il cuore. **10** (to fail in strength, health) deperire, indebolire: the patient is –ing fast il paziente deperisce rapidamente. **11** ⟨fig⟩ (to lower o.s.) abbassarsi, umiliarsi, scendere. II v.t. **1** (far) calare, (far) abbassare. **2** (to submerge) sommergere, far affondare; (to send to the bottom) (far) affondare, colare (o mandare) a picco. **3** (to cause to become embedded) affondare, conficcare, far penetrare: to ~ a stake into the ground affondare un palo nel terreno. **4** (of a well, shaft, etc.) scavare, perforare. **5** ⟨fam⟩ (to bring to ruin, defeat) rovinare, perdere. **6** (of the voice) abbassare. **7** ⟨Econ⟩ (of money, capital: to invest) investire; (to invest unprofitably) investire a fondo perduto; (of a debt) ammortare. **8** ⟨Sport⟩ mandare in buca. **9** ⟨Met⟩ incidere. □ ~ your **differences** dimenticate le vostre divergenze; to ~ **into**: 1 (of liquids) penetrare; 2 ⟨fig⟩ (to become comprehended) imprimersi in: his words sank into my mind le sue parole si impressero nella mia mente; 3 ⟨fig⟩ (to become absorbed) essere assorto (o immerso) in; to ~ to one's **knees** cadere in ginocchio; to ~ like a **stone** affondare come un sasso; ⟨fig⟩ ~ or **swim** bere o affogare.

sink[2] s. **1** acquaio m, lavandino m, lavello m: put the dishes in the ~ metti i piatti nell'acquaio. **2** ⟨fig⟩ tana f, covo m, ricettacolo m. **3** ⟨Geol⟩ lago m salato; (sinkhole) foiba f, dolina f. **4** ⟨Minier⟩ scavo m preliminare.

sinkable ['sɪŋkəbl] a. affondabile. **sinker** [-kə] s. **1** affondatore m. **2** ⟨Pesc,Mar⟩ piombo m, peso m. **3** ⟨Minier⟩ (worker) scavatore m, perforatore m; (sinking pump) pompa f perforatrice.

sinking ['sɪŋkɪŋ] I s. **1** sprofondamento m, affondamento m. **2** (submersion) immersione f, sommersione f. **3** ⟨Mar⟩ affondamento m: the ~ of the Lusitania l'affondamento del Lusitania. **4** (subsidence) cedimento m, abbassamento m, avvallamento m. **5** ⟨Econ⟩ (of money, capital) investimento m; (of a debt) ammortamento m. **6** ⟨Minier⟩ trivellazione f. **7** ⟨Met⟩ impronta f, incisione f. II a. **1** che sprofonda. **2** ⟨Mar⟩ che affonda. □ to have a ~ feeling: 1 avere un senso di vuoto (allo stomaco); 2 (of the heart, spirits) avere un brutto presentimento.

sinking| fund s. ⟨Econ⟩ fondo m d'ammortamento. ~ **pump** s. ⟨Minier⟩ pompa f perforatrice.

sinless ['sɪnlɪs] a. ⟨Rel⟩ senza peccato, innocente. **sinlessly** [-lɪ] avv. senza peccato. **sinlessness** [-nɪs] s. l'essere senza peccato, innocenza f.

sinner ['sɪnə] s. **1** peccatore m (f –trice). **2** ⟨estens⟩ trasgressore m (f trasgreditrice); (criminal) delinquente m/f, criminale m/f.

sin offering s. ⟨Rel⟩ sacrificio m espiatorio.

Sino-Japanese [,saɪnəʊ,dʒæpə'ni:z] s. cino-giapponese m/f.

Sinological [,saɪnəʊ'lɒdʒɪkəl, ,sɪ-] a. sinologico. **Sinologist** [-'nɒlədʒɪst] s. sinologo m (f –a). **Sinology** [-'nɒlədʒɪ] s. sinologia f.

sinter ['sɪntə] I s. **1** ⟨Geol⟩ deposito m siliceo (o calcareo). II v.t. ⟨Met⟩ sinterizzare.

sinuosity [,sɪnjʊ'ɒsɪti] s. **1** sinuosità f, tortuosità f. **2** ⟨fig⟩

flessuosità *f.*, agilità *f.*

sinuous ['sinjuəs] *a.* **1** tortuoso, sinuoso, serpeggiante: *a ~ road* una strada tortuosa. **2** ⟨*fig*⟩ agile, flessuoso: *a ~ dancer* un'agile danzatrice. **sinuously** [–li] *avv.* **1** sinuosamente. **2** ⟨*fig*⟩ agilmente, flessuosamente. **sinuousness** [–nis] *s.* → **sinuosity**.

sinus ['sainəs] *s.* (*pl. inv./-nuses* [–iz]) **1** ⟨*Anat,Biol*⟩ seno *m.* **2** ⟨*Med*⟩ fistola *f.*

sinus rhythm *s.* ⟨*Med*⟩ ritmo *m* sinusale.

sinusitis [ˌsainəˈsaitis] *s.* ⟨*Med*⟩ sinusite *f.*

sinusoid ['sainəsɔid] *s.* ⟨*Geom,Anat*⟩ sinusoide *f.* **sinu'soidal** [–l] *a.* sinusoidale.

Sion ['saiən] *N.pr.* ⟨*Geog*⟩ ⟨*Zion*⟩ Sion *f.*

sip[1] [sip] *v.* (*pret., p.p.* **sipped** [–t]) **I** *v.t.* sorseggiare, centellinare: *to ~ a glass of brandy* sorseggiare un bicchiere di brandy. **II** *v.i.* bere a piccoli sorsi (*o* centellini).

sip[2] *s.* sorso *m*, centellino *m.* □ *to take a ~* bere un sorso.

siphon ['saifən] **I** *s.* **1** ⟨*Idr,Biol,Geol*⟩ sifone *m.* **2** (*bottle for soda water, etc.*) sifone *m* (da seltz). **II** *v.t.* travasare con un sifone: *to ~ petrol out of the tank* travasare con un sifone la benzina dal serbatoio.

siphon| barometer *s.* barometro *m* a sifone. **~ bottle** *am. s.* sifone *m* da seltz.

sippet ['sipit] *s.* ⟨*Gastr*⟩ crostino *m* (da inzuppare, inzuppato).

sir [sə:] **I** *s.* **1** signore *m: can I help you, ~?* posso esserle utile, signore? **2** ⟨*fam*⟩ (*knight*) cavaliere *m.* **Sir** *s.* **1** (*title*) Sir *m: Sir James Jones* Sir James Jones. **2** ⟨*epist*⟩ signore *m*, *often not translated: Dear Sir* egregio signore; *I remain, Sir, your humble servant* La prego gradire i miei più distinti ossequi. **II** *v.t.* (*pret., p.p.* **sirred** [–d]) chiamare signore, chiamare col titolo di sir: *don't ~ me!* non chiamatemi signore! □ ⟨*iron,spreg*⟩ *my dear ~!* (mio) caro signore!; *no, ~:* 1 no, signore; 2 ⟨*esclam*⟩ (*to express refusal, etc.*) nossignore; *yes, ~:* 1 sì, signore; 2 ⟨*esclam*⟩ (*to express acceptance, enthusiasm, etc.*) sissignore.

sire [saiə] **I** *s.* **1** genitore *m*; (*stallion*) stallone *m.* **2** ⟨*rar,poet*⟩ (*father*) padre *m*; (*male ancestor*) antenato *m.* **3** (*form of address to a king, etc.*) sire *m*, maestà *f.* **II** *v.t.* generare.

siren ['saiərin] **I** *s.* **1** ⟨*Mitol,Acu*⟩ sirena *f* (*anche fig.*). **2** ⟨*Zool*⟩ sirenide *m.* **II** *a.* **1** di (*o* simile a) una sirena. **2** ⟨*fig*⟩ incantatore, affascinante, ammaliatore.

sirenian [sai'ri:niən] **I** *a.* ⟨*Zool*⟩ dei (*o* relativo ai) sireni. **II** *s.* sirene *m.*

Sirius ['siriəs] *N.pr.* ⟨*Astr*⟩ Sirio *m.*

sirloin ['sə:lɔin] *s.* ⟨*Macell*⟩ lombata *f* di manzo.

sirocco [si'rɔkou] *s.* (*pl.* **-s** [z]) ⟨*Meteor*⟩ scirocco *m.*

sirup ['sirəp] *s.* → **syrup**.

SIS = *Secret Intelligence Service* servizio segreto.

sisal ['saisəl] **I** *s.* **1** → **sisal hemp**. **2** ⟨*Bot*⟩ sisal *f*, agave *f* sisalana. **II** *a.* di fibra d'agave.

sisal hemp *s.* sisal *f*, fibra *f* d'agave.

siskin ['siskin] *s.* ⟨*Ornit*⟩ lucherino *m.*

sissy ['sisi] *s.* ⟨*fam*⟩ **1** ragazzo *m* (*o* uomo) effeminato, donnicciola *f*, femminuccia *f.* **2** (*cowardly person*) vigliacco *m* (*f* –a), codardo *m* (*f* –a). **sissyish** [–si:iʃ] *a.* ⟨*fam*⟩ da donnicciola, da femminuccia.

sister ['sistə] **I** *s.* **1** sorella *f* (*anche fig.*). **2** ⟨*Rel*⟩ suora *f*, sorella *f*, monaca *f.* **3** (*head nurse of a ward*) infermiera *f* caposala, caposala *f.* **II** *a.* gemella: *~ cities* città gemelle. □ ⟨*Rel.catt*⟩ *~ of Charity* suora *f* di carità; *~ of Mercy* suora *f* della misericordia; *the two ships are –s* le due navi sono gemelle. **sisterhood** [–hud] *s.* **1** sorellanza *f.* **2** (*state of being a sister*) monacato *m*, stato *m* monacale. **3** ⟨*Rel*⟩ congregazione *f* di suore, comunità *f* di suore.

sister-in-law *s.* (*pl.* **sisters-in-law**) cognata *f.*

sisterliness ['sistəlinis] *s.* atteggiamento *m* (*o* affetto) da sorella. **sisterly** [–li] *a.* di (*o* da) sorella.

Sistine Chapel ['sistain] *s.* cappella *f* Sistina.

Sisyphean [ˌsisi'fi:ən] *a.* di (*o* relativo a) Sisifo. □ ⟨*fig*⟩ *~ task* fatica (*o* lavoro) di Sisifo. **'Sisyphus** [–fəs] *N.pr.* ⟨*Mitol*⟩ Sisifo *m.*

sit [sit] *v.* (*pret., p.p.* **sat** [sæt]) **I** *v.i.* **1** sedere, sedersi, mettersi a sedere (*o* seduto): *please, ~ here* prego, sieda

qui; *come and ~ on my knee* siediti qui sulle m ginocchia; (*to be seated*) stare (*o* essere) seduto: *he w –ting in front of the fire* stava seduto davanti al fuoco. (*of animals*) accovacciarsi, accosciarsi; (*of dogs*) sedere; (*of birds*) appollaiarsi, stare (*o* essere) appollaiato; (*of her* covare. **3** ⟨*fig*⟩ pesare (*on, upon* a, su), gravare (s *responsibility –s easily on him* la responsabilità non pesa; (*to be suitable to*) addirsi, confarsi (a): *his n dignity –s well on him* la sua nuova dignità gli si add bene. **4** (*of clothing*) cadere, stare: *the jacket –s well* giacca cade bene. **5** (*to remain*) rimanere, restare. **6** *occupy a place, have a seat*) sedere, avere un seggio: *to in Parliament* sedere in parlamento; (*to act, be*) sedere: *~ in court as a judge* sedere come giudice in (u tribunale. **7** (*to be in session*) sedere, tenere una sedu essere in seduta: *the committee sat for a long time* comitato sedette a lungo. **8** ⟨*Pitt,Scult,Fot*⟩ posare: *for a sculptor* posare per uno scultore. **9** (*of wind*) spira tirare. **II** *v.t.* **1** mettere a sedere, far sedere: *she sat baby on the bed* mise il bambino a sedere sul letto. (*rifl*) sedersi, mettersi a sedere. **3** (*to provide seating ro for*) avere (*o* offrire) posti a sedere per: *the hall –s hundred* la sala ha posti a sedere per cinquecento perso **4** (*of a hen*) covare. **5** (*of an examination*) sosten dare. □ *to ~ down:* 1 sedersi, mettersi a sedere, prend posto, accomodarsi: *please ~ down* prego, si sieda; 2 *cause to take a seat*) far sedere, far prendere posto a, accomodare; 3 ⟨*Mil*⟩ accamparsi (per assediare); ⟨*fam* **~ down under** subire, incassare, non reagire a: *I refuse ~ down under his insults* mi rifiuto di subire i s insulti; *to ~ for:* 1 ⟨*Parl*⟩ rappresentare (in parlamen essere il rappresentante di; 2 (*of an examinatio* sostenere, dare; *to ~ in:* 1 (*in cards*) giocare una mano (*to baby-sit*) fare la baby-sitter; *to ~* **in for** sostitu rimpiazzare, prendere il posto di; *to ~* **in on:** 1 assist a: *parents are not allowed to ~ in on classes* ai genit non è permesso assistere alle lezioni; 2 (*to participate* prendere parte a, partecipare a; *to ~* **on:** 1 discute considerare: *the committee is –ting on the problem* comitato sta discutendo la questione; 2 (*of corone* indagare, investigare; 3 ⟨*fam*⟩ (*to suppress*) non divulga tacere; *to ~ on a committee* fare parte di una commissione; *to ~* **out:** 1 restare (*o* rimanere) fino a fine di: *we may as well ~ out the show* tanto vale restiamo fino alla fine dello spettacolo; 2 (*to outsi* trattenersi (in visita) più a lungo di; 3 (*to sit outside*) st seduto all'aperto (*o* fuori); 4 (*to take no part in a dan* non prendere parte a un ballo; ⟨*fam*⟩ *to be –ting pre* passarsela bene; ⟨*fig*⟩ *to ~ on the throne* sedere sul tro regnare; *to ~* **through** restare fino alla fine di; *I had to through a two–hour lecture* dovetti sorbirmi una confere di due ore; *to ~* **tight:** 1 tenere duro, mantenere proprie posizioni, 2 (*to remain in hiding*) restare tenersi) nascosto; 3 ⟨*Equit*⟩ stare saldo in se ⟨*Pitt,Scult,Fot*⟩ *to ~* **to** posare per; *to ~* **up:** 1 tirarsi a sedere; 2 (*to be in sitting position after lying*) st seduto (a letto); 3 (*to sit upright, correctly*) stare sed bene, sedere con la schiena eretta; 4 (*to delay the time going to bed*) stare alzato fino a tardi, coricarsi tardi.

sit down strike *s.* sciopero *m* bianco (*o* a brac incrociate).

site [sait] **I** *s.* **1** area *f*, posto *m*, località *f*, sito *m: for a new school* l'area per una nuova scuola; (*buila plot*) lotto *m*, area *f* fabbricabile. **2** (*position*) ubicazi *f*, posizione *f: the ~ of a prehistoric village* l'ubicazione un villaggio preistorico. **3** ⟨*estens*⟩ luogo *m*, posto *m: ~ of the murder* il luogo del delitto. **II** *v.t.* **1** situ collocare, porre. **2** ⟨*Artigl*⟩ postare, disporre sul terre mettere in batteria. **'sited** [–id] *a.* situato, posto.

sit-in *s.* **1** sit-in *m*, manifestazione *f* di protesta occupazione di luoghi pubblici. **2** → **sit-down strike.**

siting ['saitin] *s.* ⟨*Arch*⟩ ubicazione *f.*

sitter ['sitə] *s.* **1** chi siede, chi sta seduto. ⟨*Pitt,Scult,Fot*⟩ chi posa, modello *m* (*f* –a). **3** (*baby-* baby-sitter *m/f.* **4** ⟨*fam,sport*⟩ (*s.th. easy, easy shot, e* colpo *m* facile: *to miss a ~* mancare un colpo facile ⟨*fam*⟩ (*easy target*) facile bersaglio *m.*

itting ['sitiŋ] **I** s. **1** il sedere; (*period of continuous sitting*) seduta f. **2** ⟨Pitt,Scult,Fot⟩ seduta f, posa f. **3** (*session*) seduta f, sessione f: a ~ of the House una seduta della Camera. **4** ⟨Zootecn⟩ cova f. **II** a. **1** seduto: in a ~ position in posizione seduta. **2** ⟨Parl,Dir⟩ in carica. **3** (*of a hen*) che cova. ☐ to read a book at one ~ leggere un libro d'un fiato.

itting| duck s. ⟨fam⟩ (*easy target*) facile bersaglio m. ~ **member** s. ⟨Parl⟩ membro m in carica. **~–room** s. stanza f di soggiorno, soggiorno m. ~ **tenant** s. affittuario m attuale.

ituate ['sitjueit] v.t. **1** collocare, situare, dare una collocazione a, porre. **2** (*to place in a situation*) mettere, porre. **situated** [–id] a. **1** situato, collocato, posto: our house is ~ on a hill la nostra casa è situata su una collina. **2** (*placed in specific circumstances*) sistemato.

ituation [sitju'eiʃən] s. **1** situazione f, condizione f, stato m: the economic ~ la situazione economica. **2** (*location*) posizione f, ubicazione f, collocazione f. **3** (*position, job*) impiego m, posto m: to apply for a ~ fare domanda per un impiego. **4** ⟨Teat,Lett⟩ situazione f drammatica. ☐ the ~ called for determination la situazione richiedeva risolutezza; to meet the (*demands of*) the ~ essere all'altezza della situazione; ⟨Giorn⟩ –s vacant offerte fpl di impiego (o lavoro); ⟨Giorn⟩ –s wanted richieste fpl di impiego (o lavoro).

ituation comedy s. commedia f di situazione.

ix [siks] **I** a. sei: ~ people sei persone; he is ~ years old ha sei anni. **II** s. (*pl. inv./sixes* ['siksiz]; il pl. **sixes** si usa general. con valore collett.) **1** sei m. **2** (*six years*) sei anni mpl: a child of ~ un bambino di sei anni. ☐ at –es and sevens: **1** in disordine, sottosopra; **2** (*in disagreement*) in disaccordo.

ixain ['siksein] s. ⟨Metr⟩ sestina f.

ix–Day War s. guerra f dei sei giorni.

ixfold ['siksfould] **I** a. **1** sestuplice. **2** (*being six times as great*) sestuplo. **II** avv. sei volte tanto.

ix|–foot a. che misura sei piedi. '–'**footer** s. ⟨fam⟩ persona f alta sei piedi. **~–gun** s. → sixshooter. **~pence** [pəns] s. **1** sei penny mpl. **2** (*coin*) moneta f da sei penny. **~penny** [pəni] a. **1** da (o che vale) sei penny. **2** ⟨fig⟩ di (o da) poco prezzo, da pochi soldi. **3** ⟨tecn⟩ (*of a nail*) lungo circa due pollici. **~pennyworth** s. quantità f acquistabile con sei penny. **~shooter** s. revolver m a sei colpi.

ixteen [siks'ti:n] **I** a. sedici. **II** s. (*pl. inv./*–s [z]; il pl. in –s si usa general. con valore collett.) sedici m.

ixteenmo [siks'ti:nmou] s. (*pl.* –s [z]) ⟨Tip⟩ formato m in sedicesimo.

ixteenth [siks'ti:nθ] **I** a. sedicesimo. **II** s. sedicesimo m. ☐ the ~ of the month il sedici del mese.

ixth [siksθ] **I** a. sesto. **II** s. **1** sesto m. **2** ⟨Mus⟩ sesta f. **3** → sixth form.

ixth| chord s. ⟨Mus⟩ accordo m di sesta. ~ **form** s. ⟨Scol⟩ (*in Great Britain*) sesta classe f. ~ **sense** s. sesto senso m, intuito m.

ixtieth ['sikstiiθ] **I** a. sessantesimo (*anche Mat.*). **II** s. sessantesimo m.

ixty ['siksti] **I** a. sessanta. **II** s. (*pl. inv./*–ties [tiz]; il pl. in –ties si usa general. con valore collett.) **1** sessanta m. **2** pl. (*of age*) sessantina f, sessant'anni mpl: to be in one's sixties avere passato la sessantina; (*of time*) anni mpl sessanta.

izable ['saizəbl] a. considerevole, piuttosto grande: a ~ sum of money una considerevole somma di denaro. **sizably** [–i] avv. considerevolmente.

izar ['saizə] s. ⟨Univ⟩ (*at Cambridge and Dublin*) beneficiario m di una borsa di studio. **sizarship** [–ʃip] s. borsa f di studio.

ize¹ [saiz] **I** s.t. **1** dimensione f, grandezza f, misura f: of all shapes and –s di tutte le forme e dimensioni; (*bigness*) grossezza f, grandezza f. **2** (*amount*) ammontare m, totale m complessivo: the ~ of a reward l'ammontare di una ricompensa. **3** (*of articles of clothing, etc.*) taglia f, misura f; (*of shoes, etc.*) numero m, misura f. **4** ⟨Univ,ant⟩ (*allowance of food*) porzione f di cibo. **II** a. → sized. ☐ of a ~ della grandezza (o misura); ⟨fam⟩ that's about the

~ of it le cose stanno più o meno così.

size² v.t. **1** classificare (o graduare) secondo la misura (o grandezza). **2** (*to make of a specific size*) portare (o ridurre) a una data misura. **3** ⟨Mil⟩ allineare per ordine di statura. ☐ to ~ up: **1** calcolare la grandezza di, prendere le misure di; **2** ⟨fam⟩ (*to form an opinion*) giudicare, farsi un'idea di, valutare.

size³ **I** s. **1** ⟨Tess⟩ bozzima f. **2** ⟨Legat,Ceram⟩ colla f, turapori m. **II** v.t. (im)bozzimare.

sizeable e der. → sizable e der.

sized [saizd] a. (nei composti) di ... dimensioni, di ... grandezza, di ... proporzioni: large–~ di grandi dimensioni.

sizer¹ ['saizə] s. **1** cernitore m (f –trice), classificatore m (f –trice) (*per grandezza*). **2** (*machine*) calibratrice f. **3** (*of coal, etc.*) pezzatrice f.

sizer² s. ⟨Tess⟩ imbozzimatore m (f –trice).

sizer³ s. → sizar.

sizing¹ ['saiziŋ] s. **1** classificazione f. **2** (*allowance of food*) porzione f di cibo.

sizing² s. ⟨tecn⟩ incollatura f, collaggio m.

sizzle ['sizl] **I** v.i. **1** (s)friggere, sfrigolare: fat was sizzling in the pan il grasso friggeva nella padella. **2** ⟨fam⟩ (*to be very hot;* costr. impers.) fare molto caldo: it's sizzling today fa molto caldo oggi. **3** ⟨fam⟩ (*to be in a state of suppressed anger*) rodersi di rabbia, friggere. **II** v.t. far sfrigolare, far (s)friggere. **III** s. sfrigolio m. **sizzling** [–iŋ] a. **1** sfrigolante, che frigge. **2** ⟨fam⟩ (*very hot*) molto caldo, rovente. **3** ⟨fam⟩ (*startling*) sorprendente, sbalorditivo.

skate¹ [skeit] s. **1** (*ice skate*) pattino m da ghiaccio. **2** (*roller skate*) pattino m a rotelle, schettino m. **3** (*act, period of skating*) corsa f sui pattini.

skate² **I** v.i. **1** ⟨Sport⟩ praticare il pattinaggio, pattinare. **2** ⟨fig⟩ scivolare, slittare. **II** v.t. percorrere pattinando. ☐ ⟨fig⟩ to ~ over (o round) s.th. prendere alla leggera qc.; ⟨fig⟩ to ~ over (o on) thin ice camminare (o essere) sul filo del rasoio.

skate³ s. (*pl. inv./*–s [s]; il pl.inv. si usa general. con valore collett.) ⟨Itt⟩ razza f.

skateboard ['skeitbɔd] s. ⟨Sport⟩ skateboard m. **skateboarder** [–də] s. chi pattina con lo skateboard.

skater ['skeitə] s. pattinatore m (f –trice). **skating** [–tiŋ] s. **1** pattinaggio m (sul ghiaccio). **2** (*roller skating*) pattinaggio m a rotelle, schettinaggio m.

skating rink s. pista f di pattinaggio.

skedaddle [ski'dædl] ⟨fam⟩ **I** v.i. scappare, andarsene in fretta. **II** s. fuga f precipitosa, ⟨fam⟩ fugone m.

skeet (shooting) am. [ski:t] s. ⟨Sport⟩ tiro m al piattello.

skegger ['skegə] s. ⟨Itt⟩ salmone m giovane.

skein [skein] s. **1** matassa f. **2** (*flock of wild geese, ducks*) stormo m.

skeletal ['skelitl] a. **1** scheletrico, di scheletro. **2** ⟨fig⟩ (*being a framework, outline*) schematico, scheletrico: ~ plan piano schematico. **3** ⟨fig⟩ (*emaciated*) scheletrico, emaciato, magrissimo, ⟨fam⟩ pelle e ossa.

skeleton ['skelitn] **I** s. **1** ⟨Anat,Bot⟩ scheletro m. **2** ⟨fig⟩ (*framework*) scheletro m, ossatura f, struttura f (di sostegno); (*outline*) schema m, trama f, scheletro m, intelaiatura f. **3** ⟨fig⟩ (*emaciated person*) persona f magrissima, ⟨pop⟩ scheletro m. **4** ⟨Edil⟩ scheletro m, intelaiatura f, ossatura f muraria. **5** ⟨Mar,Aer⟩ scheletro m, ossatura f. **II** a. **1** scheletrico. **2** ⟨fig⟩ (*existing as a framework*) che costituisce la struttura (o l'ossatura); (*existing in outline*) schematico, scheletrico. **3** ⟨fig⟩ (*reduced to its essential parts*) ridotto al minimo (o all'essenziale). ☐ ⟨fig⟩ the ~ in the closet (o cupboard) la vergogna segreta di una famiglia; ⟨fig⟩ a ~ at the feast un guastafeste.

skeleton| construction s. ⟨Edil⟩ struttura f a telai. ~ **crew** s. ⟨Mar⟩ equipaggio m in armamento ridotto.

skeletonize ['skelitənaiz] v.t. **1** scheletrire. **2** ⟨fig⟩ ridurre alla sola ossatura; (*to reduce to an outline*) schematizzare. **3** (*of personnel*) ridurre al minimo.

skeleton| key s. chiave f universale, passe–partout m, comunella f. ~ **staff** s. personale m (o organico) ridotto.

skep [skep] *s.* **1** cesta *f* di legno (*o* vimini) (usata nelle fattorie). **2** (*straw beehive*) alveare *m* di paglia (*o* vimini).

skepsis ['skepsis] *s.* ⟨*Filos*⟩ scepsi *f.*

skeptic *am. e der.* → **sceptic** *e der.*

skerry *scozz.* ['skeri] *s.* **1** scogliera *f,* banco *m* di scogli. **2** (*rocky island*) isola *f* rocciosa.

sketch [sketʃ] **I** *s.* **1** ⟨*Art*⟩ schizzo *m,* abbozzo *m,* disegno *m,* bozzetto *m.* **2** (*scheme, plan*) schema *m,* abbozzo *m,* schizzo *m.* **3** (*short composition*) bozzetto *m;* (*short description*) schizzo *m,* profilo *m.* **4** ⟨*Teat,Rad,TV*⟩ scenetta *f* comica, sketch *m.* **5** ⟨*fam*⟩ (*amusing person*) persona *f* buffa, ⟨*fam*⟩ macchietta *f,* ⟨*fam*⟩ spasso *m.* **II** *v.t.* **1** ⟨*Art*⟩ (spesso con *in, out*) abbozzare, schizzare, sbozzare. **2** ⟨*fig*⟩ (spesso con *in, out*) descrivere brevemente, abbozzare, delineare, schizzare: *let me ~ out the situation for you* lascia che ti descriva brevemente la situazione. **III** *v.i.* ⟨*Art*⟩ fare un abbozzo (*o* uno schizzo).

sketch book *s.* **1** album *m* per schizzi. **2** ⟨*Lett*⟩ antologia *f* (*o* raccolta) di bozzetti.

sketcher ['sketʃə] *s.* disegnatore *m* (*f* –trice) di schizzi, bozzettista *m/f.*

sketchily ['sketʃili] *avv.* a grandi linee. **sketchiness** [–tʃinis] *s.* incompletezza *f;* (*superficiality*) superficialità *f.*

sketch| map *s.* ⟨*Geog*⟩ carta *f* muta. **~ plan** *s.* progetto *m* schematico. **~writing** *s.* bozzettistica *f.*

sketchy ['sketʃi] *a.* **1** abbozzato, delineato, schizzato. **2** ⟨*fig*⟩ lacunoso, incompleto; (*superficial*) superficiale.

skew [skju:] **I** *v.i.* **1** deviare, prendere una direzione obliqua; (*to twist around;* spesso con *round*) rotare. **2** (*to look askance*) guardare 'di traverso' (*o* storto). **II** *a.* obliquo, sghembo, fuori squadra. **III** *s.* **1** direzione *f* (*o* posizione) obliqua. **2** ⟨*Edil*⟩ (*coping*) cimasa *f,* copertina *f.* □ *on the ~* obliquamente, a sghembo.

skew| arch *s.* ⟨*Arch*⟩ arco *m* obliquo. **~bald** *a.* (*of a horse*) pezzato.

skewer ['skjuə] **I** *s.* spiedo *m,* schidione *m.* **II** *v.t.* **1** infilzare in uno spiedo. **2** ⟨*fam*⟩ trapassare, trafiggere, infilzare.

skew-eyed *a.* strabico.

skewness ['skju:nis] *s.* **1** l'essere obliquo (*o* sghembo). **2** (*asymmetry*) asimmetria *f* (*anche Statist.*).

skew-whiff ⟨*fam*⟩ **I** *avv.* di traverso, a sghembo, obliquamente. **II** *a.* obliquo, sghembo.

ski [ski:] **I** *s.* (*pl. inv./-s/-es* [z]) **1** sci *m.* **2** (*water ski*) sci *m* nautico (*o* d'acqua). **3** ⟨*Aer*⟩ pattino *m.* **II** *v.i.* sciare.

ski| boot *s.* scarpone *m* da sci. **~-center** *am.,* **~ centre** *s.* centro *m* sciistico. **~ club** *s.* sciclub *m.*

skid[1] [skid] *s.* **1** ⟨*Aut*⟩ slittamento *m;* (*sideskid*) sbandamento *m,* sbandata *f.* **2** ⟨*Aer,Aut*⟩ derapata *f.* **3** ⟨*Aer*⟩ (*of a landing gear*) pattino *m* (di coda). **4** ⟨*Mar*⟩ scivolo *m.* □ ⟨*Aut*⟩ *to go into a ~* slittare; ⟨*am.sl*⟩ *to be on the –s* (*on the way to defeat, failure, etc.*) essere sulla strada della rovina; ⟨*sl*⟩ *to put the –s under:* 1 (*to send away*) mandare via (bruscamente), cacciare via, scacciare; 2 (*to cause to fail*) mandare all'aria, far bollire.

skid[2] *v.* (*pret., p.p.* '**skidded** [–id]) **I** *v.i.* **1** ⟨*Aut*⟩ slittare; (*to slip sideways*) sbandare. **2** ⟨*estens*⟩ scivolare, slittare: *my feet –ded on the ice* i miei piedi scivolarono sul ghiaccio. **3** (*of a wheel*) slittare, scivolare. **4** ⟨*Aer,Aut*⟩ derapare. **II** *v.t.* **1** ⟨*Aut*⟩ far slittare. **2** (*of a wheel*) provvedere di freno a scarpa.

skid chain *s.* ⟨*Aut*⟩ catena *f* da neve.

skidding ['skidiŋ] *s.* ⟨*Aut*⟩ slittamento *m.*

skier ['ski:ə] *s.* sciatore *m* (*f* –trice).

skiff [skif] *s.* ⟨*Mar*⟩ **1** schifo *m,* skiff *m.* **2** (*light sculling boat*) piccola barca *f* a remi.

skiing ['ski:iŋ] *s.* ⟨*Sport*⟩ sci *m,* lo sciare.

ski(ing) instructor *s.* maestro *m* di sci.

ski jump *s.* **1** trampolino *m.* **2** (*act, instance*) salto *m* con gli sci.

skilful ['skilful] *a.* **1** abile, capace, esperto, destro, bravo, provetto: *a ~ driver* un abile guidatore. **2** (*showing, done*

with skill) abile, fatto con abilità: *~ use of colour in painting* abile uso del colore in un dipinto. **skilfully** [–avv. abilmente, destramente, con bravura. **skilfulnes** [–nis] *s.* abilità *f,* bravura *f,* capacità *f,* destrezza *f.*

ski lift *s.* sciovia *f,* ski-lift *m.*

skill [skil] *s.* **1** esperienza *f,* pratica *f,* abilità *f.* (*expertness, proficiency*) abilità *f,* perizia *f,* destrezza maestria *f,* capacità *f: he showed considerable ~ as negotiator* dimostrò considerevole abilità con negoziatore; *he drives a tractor with ~* guida il tratto con destrezza. **3** (*craft*) mestiere *m.* **skilled** [–d] *a.* esperto, competente, capace, bravo, pratico: *to be ~ in at*) *s.th.* essere esperto in qc. **2** (*of workers*) qualific to, specializzato: *~ labour* manodopera qualificata; (*work*) da specialista.

skillet ['skilit] *s.* **1** pentola *f* con il manico lungo. **2** ⟨*ar* (*frying pan*) padella *f* (per friggere).

skillful *am. e der.* → **skilful** *e der.*

skilly ['skili] *s.* ⟨*Gastr*⟩ farinata *f* semiliquida d'aver (*thin broth*) brodo *m* lungo.

skim[1] [skim] *v.* (*pret., p.p.* **skimmed** [–d]) **I** *v.t.* schiumare, togliere la schiuma a; (*to remove by skimmir* spesso con *off*) togliere (schiumando): *to ~ the scum boiling jam* togliere la schiuma dalla conserva di fru mentre bolle. **2** (*of milk*) scremare, sburrare, spannare. ⟨*fig*⟩ (*to remove the best of*) scegliere il meglio selezionare, scremare. **4** (*to pass lightly over*) sfiora rasentare, passare rasente a, radere: *the bird –med surface of the lake* l'uccello sfiorò la superficie del lago. ⟨*fig*⟩ (*to read superficially;* general. con *through*) legge superficialmente (*o* rapidamente), scorrere, sfogliare. *v.i.* (general. con *over*) sfiorare, rasentare, passare rasen □ *to ~ along* (*o over*) sfiorare, passare rasente a: *to along the ground* sfiorare il terreno.

skim[2] *s.* lo sfiorare, il rasentare.

ski mask *s.* passamontagna *m.*

skimmed milk *s.* → **skim milk.**

skimmer ['skimə] *s.* **1** chi schiuma. **2** (*perforated scoc* schiumaiola *f.* **3** (*of milk*) scrematrice *f,* spannatoia *f.* ⟨*Ornit*⟩ rincope *m.*

skim milk *s.* latte *m* scremato.

skim-milk powder *s.* latte *m* scremato in polvere.

skimming ['skimiŋ] *s.* scrematura *f,* spannatura *f.*

skimp [skimp] **I** *v.t.* **1** lesinare, fare economia di, es re avaro di: *don't ~ the butter* non lesinate il burro. (*to cause to go short*) tenere a stecchetto (*o* corto): to *one's family* tenere a stecchetto la (propria) famig **II** *v.i.* essere parsimonioso, fare economie, risparmia (*to be stingy*) essere tirchio (*o* avaro). '**skimpi** [–ili] *avv.* magramente, insufficientemente, scarsamen '**skimpiness** [–inis] *s.* scarsezza *f,* insufficienza *f,* penu *f.* '**skimpy** [–i] *a.* **1** magro, scarso, insufficiente: *a meal* un pasto insufficiente. **2** (*of a garment*) mise striminzito. **3** (*of people*) avaro, spilorcio, taccagno.

skin[1] [skin] *s.* **1** pelle *f,* cute *f: she has soft ~* ha una pe morbida. **2** (*pelt, hide*) pelle *f: a rabbit ~* una pelle coniglio. **3** (*of fruit*) buccia *f,* pelle *f: a banana ~* u buccia di banana. **4** ⟨*Zool*⟩ (*of snakes*) pelle *f,* buccia *f. cast one's ~* mutare la pelle. **5** (*outer layer, surfa* superficie *f* esterna, buccia *f,* pelle *f,* crosta *f.* **6** (*fi pellicle*) pellicola *f,* strato *m* leggero, velo *m: a ~ l formed on the surface of the paint* sulla superficie de vernice si era formata una pellicola. **7** (*of a sausage*) pel *f;* (*of milk*) tela *f.* **8** ⟨*Mar*⟩ (*of a hull*) fasciame *m.* ⟨*Met*⟩ pelle *f.* **10** ⟨*Aer,Astron*⟩ rivestimento *m.* □ ⟨*fa to be (all) ~ and* **bone(s)** essere (tutto) pelle e ossa; ⟨*fa I wouldn't like to be in his ~* non vorrei essere nella su panni' (*o* nella sua pelle); ⟨*fam*⟩ *by the ~ of one's tee* per un pelo, per il rotto della cuffia; ⟨*fam*⟩ *to have* **thick** ~ essere poco sensibile, avere la pelle dura; ⟨*fa to have a* **thin** ~ essere ipersensibile (*o* permaloso); *to soaked* (*o* wet) **to** *the ~* bagnarsi fino all'osso; ⟨*fam*⟩ *get* **under** *s.o.'s* ~: 1 irritare qd., infastidire qd.; 2 affect deeply) commuovere (*o* colpire) profondamente

skin[2] *v.* (*pret., p.p.* **skinned** [–d]) **I** *v.t.* **1** scoiare, spella scorticare: *to ~ a rabbit* scoiare un coniglio. **2** (*to scr the skin off*) sbucciare, spellare: *I –ned my elbow when I*

adendo mi sono sbucciato il gomito. **3** ⟨*sl*⟩ (*to strip of ioney*) truffare, derubare, spogliare; (*in gambling, etc.*) elare, spolpare, spellare. **II** *v.i.* **1** (spesso con *over*) icatrizzarsi, rimarginarsi: *the cut has –ned over* il taglio si cicatrizzato. **2** (*to become covered with a film;* spesso on *over*) ricoprirsi di una pellicola. ▭ *to ~ alive:* 1 corticare (*o* spellare) vivo; 2 ⟨*sl*⟩ (*to reprimand*) punire (*o* gridare) severamente, ⟨*fam*⟩ scorticare vivo; 3 ⟨*sl*⟩ (*to efeat easily*) sconfiggere facilmente, dare una bella atosta a; ⟨*fam*⟩ *to ~ o.s.* spogliarsi.

in|-'deep *a.* superficiale (*anche fig.*): *the wound was ~* la rita era superficiale. **~ disease** *s.* ⟨*Med*⟩ malattia *f* ella pelle⌝ (*o* cutanea), dermatosi *f.* **~diver** *s.* pescatore subacqueo. **~diving** *s.* sport *m* subacqueo. **~ effect** *s.* El⟩ effetto *m* pelle. **~flint** *s.* taccagno *m* (*f* –a), spilorcio (*f* –a), tirchio *m* (*f* –a).

inful ['skinful] *s.* otre *m: a ~ of wine* un otre di vino. ▭ *he's had a ~* è ubriaco fradicio.

in| graft *s.* ⟨*Chir*⟩ innesto *m* epidermico (*o* cutaneo), apianto *m* cutaneo. **~ grafting** *s.* dermatoplastica *f.*

ink [skiŋk] *s.* ⟨*Zool*⟩ scinco *m.*

inless ['skinlis] *a.* senza (*o* privo di) pelle.

inned [skind] *a.* **1** (nei composti) dalla (*o* con la) pelle , che ha la pelle ...: *dark–~* dalla pelle scura. **2** (*having ad the pelt removed*) scoiato, scorticato, spellato: *a ~ bbit* un coniglio scoiato. ▭ ⟨*fam*⟩ *to keep one's eyes ~* nere gli occhi bene aperti, stare attento (*o* in guardia).

inner ['skinə] *s.* **1** scoiatore *m.* **2** (*one who dresses kins*) conciatore *m* di pelli, conciapelli *m;* (*one who deals skins*) pellaio *m.* **skinnery** [–ri] *s.* conceria *f.*

kinniness [–ninis] *s.* estrema magrezza *f.* **skinny** [–ni] **1** molto magro, scarno, pelle e ossa. **2** (*of, resembling kin*) di (*o* simile a) pelle.

in-tight ['skintait] *a.* aderente, a pelle.

ip[1] [skip] *v.* (*pret., p.p.* **skipped** [–t]) **I** *v.i.* **1** saltare, alzare: *to ~ over a puddle* saltare una pozzanghera; (*to roceed with slight jumps*) salterellare, saltellare, balzellare: *he child –ped down the garden path* il bimbo salterellava ngo il viale del giardino; (*to jump about, gambol*) ltellare, saltare qua e là, fare capriole (*o* salti). **2** (*with a kipping rope*) saltare la corda. **3** (*to move hurriedly*) orrere, spostarsi velocemente, scappare. **4** ⟨*fam*⟩ (*to leave urriedly*) scappare, tagliare la corda. **5** ⟨*Scol*⟩ saltare una asse. **II** *v.t.* **1** saltare, superare con un balzo. **2** (*to pass ver, omit*) tralasciare, saltare, omettere, sorvolare, non ffermarsi su: *let's ~ the preliminaries and get down to usiness* tralasciamo i preliminari e veniamo al sodo; (*to il to do, attend, take, etc.*) saltare: *I usually ~ breakfast* solito salto la prima colazione. **3** ⟨*Scol*⟩ saltare: *to ~ grade* saltare una classe. ▭ *to ~ school* marinare scuola; *to ~ through a book* leggere un libro saltan- o alcune parti; ⟨*fam*⟩ *to ~ town* lasciare in fretta e nascosto la città.

ip[2] *s.* **1** (*light jump*) saltello *m,* balzo *m,* salto *m.* **2** *kipping gait, movement*) salterello *m,* saltello *m.* **3** *am*⟩ (*informal dance*) quattro salti *mpl.*

ip[3] *s.* **1** ⟨*Minier*⟩ elevatore *m* a benna, skip *m.* **2** ⟨*Edil*⟩ nna *f* di carico (*o* caricamento).

ip[4] **I** *s.* **1** ⟨*Sport*⟩ capitano *m* di una squadra di curling bocce). **2** ⟨*fam*⟩ (*skipper*) capitano *m,* comandante *m.* *v.t.* (*pret., p.p.* **skipped** [–t]) ⟨*Sport*⟩ essere il capitano

pants *s.pl.* ⟨*Vest*⟩ pantaloni *mpl* da sci.

ipper[1] ['skipə] **I** *s.* **1** ⟨*Mar*⟩ capitano *m,* comandante *m.* ⟨*sport*⟩ capitano *m* di squadra. **II** *v.t.* ⟨*Mar,sport*⟩ es- re il capitano di.

ipper[2] *s.* **1** (*one that skips*) chi salta, chi balza. **2** *Entom*⟩ esperide *m.* **3** ⟨*Itt*⟩ luccio *m* sauro.

ipping ['skipiŋ] *s.* il saltare, salto *m.*

ipping rope *s.* corda *f* per saltare.

irl [skə:l] **I** *v.i.* **1** emettere un suono acuto (*o* stridulo). (*to play the bagpipe*) sonare la cornamusa. **II** *s.* suono acuto (*o* stridulo).

irmish ['skə:miʃ] **I** *s.* **1** ⟨*Mil*⟩ scaramuccia *f.* **2** ⟨*fig*⟩ hermaglia *f.* **II** *v.i.* **1** ⟨*Mil*⟩ battersi in una scaramuccia. ⟨*fig*⟩ impegnarsi in una schermaglia (*o* polemica).

kirmisher [–ə] *s.* ⟨*Mil*⟩ **1** chi si batte in una scaramuccia. **2** (*soldier of an advanced guard*) soldato *m* di pattuglia, esploratore *m.*

skirt [skə:t] **I** *s.* **1** gonna *f,* sottana *f;* (*part of a garment*) gonna *f: the ~ of a dress* la gonna di un abito; (*of a coat, cloak*; general. al pl.) falde *fpl,* orlo *m.* **2** *pl.* ⟨*fig*⟩ margine *m,* bordo *m,* orlo *m: on the –s of the wood* ai margini del bosco; (*outskirts*) periferia *f,* sobborghi *mpl.* **3** ⟨*sl*⟩ (*woman, girl*) donna *f,* ragazza *f,* gonnella *f,* ⟨*scherz*⟩ sottana *f: to chase after a* (*bit of*) *~* correre dietro a una sottana. **4** ⟨*Edil*⟩ → **skirting board.** **5** ⟨*Macell*⟩ soccoscio *m* di manzo. **II** *v.t.* **1** fiancheggiare, bordare: *the avenue was –ed with poplars* il viale era fiancheggiato da pioppi; (*to lie along the edge of*) correre lungo, fiancheggiare, costeggiare, rasentare: *a road –ed the lake* una strada correva lungo il lago. **2** (*to pass around*) girare intorno a: *we –ed the town* girammo intorno alla città. **III** *v.i.* costeggiare, rasentare (*around, along s.th.* qc.).

skirt hanger *s.* appendigonna *m.*

skirting ['skə:tiŋ] *s.* **1** stoffa *f* per gonne. **2** ⟨*Edil*⟩ materiale *m* per zoccolature.

skirting-board *s.* ⟨*Edil*⟩ zoccolo *m,* zoccolatura *f,* battiscopa *m.*

skirt stretcher *s.* tendigonna *m.*

ski| run *s.* pista *f* da sci. **~ stick** *s.* bastone *m* da sci, racchetta *f.*

skit [skit] *s.* **1** ⟨*Teat*⟩ scenetta *f* (comica), sketch *m.* **2** ⟨*Lett*⟩ breve componimento *m* satirico; (*parody*) parodia *f.*

skitter ['skitə] *v.i.* **1** sfiorare (*o* rasentare) una superficie; (*of ducks landing in water*) svolazzare sull'acqua. **2** ⟨*Pesc*⟩ pescare trascinando l'esca a fior d'acqua.

skittish ['skitiʃ] *a.* **1** (*of a horse*) ombroso. **2** (*lively, sprightly*) vivace, animato, allegro. **3** (*frivolous*) frivolo, superficiale, vacuo. **4** (*fickle*) volubile, capriccioso, incostante, mutevole, instabile. **skittishly** [–tiʃli] *avv.* **1** vivacemente, con animazione. **2** (*frivolously*) frivolamente, superficialmente. **3** (*in a fickle way*) volubilmente. **skittishness** [–tiʃnis] *s.* **1** ombrosità *f.* **2** (*liveliness*) vivacità *f,* animazione *f.* **3** (*frivolousness*) frivolezza *f,* superficialità *f,* vacuità *f.* **4** (*fickleness*) volubilità *f,* incostanza *f,* mutevolezza *f,* instabilità *f.*

skittle ['skitl] **I** *s.* **1** birillo *m.* **2** *pl.* (*game;* costr. sing. o pl.) birilli *mpl,* gioco *m* dei birilli. **II** *v.i.* giocare ai birilli. **III** *v.t.* **1** ⟨*Sport*⟩ (*in cricket: of batsmen*; general. con *out*) sbarazzarsi in breve tempo di, eliminare in rapida successione. **2** ⟨*fam*⟩ (*to squander*; spesso con *away*) sperperare, scialacquare, dilapidare. **skittler** [–ə] *s.* giocatore *m* (*f* –trice) di birilli.

skive[1] [skaiv] *v.t.* **1** (*of leather, rubber*) tagliare ⌜in strati⌝ (*o* a strisce) sottili. **2** (*of gems*) molare. **3** (*of hides*) raschiare.

skive[2] *v.i.* ⟨*sl*⟩ (*to shirk*) tirarsi indietro, sottrarsi ai propri obblighi, fare il lavativo.

skiver[1] ['skaivə] *s.* ⟨*Conc*⟩ **1** sottile striscia *f* di cuoio conciata con il sommacco (per rilegature, ecc.). **2** (*one that skives*) chi taglia cuoio (*o* gomma) in strati sottili. **3** (*tool*) trincetto *m.*

skiver[2] *s.* ⟨*sl*⟩ (*shirker*) scansafatiche *m/f,* lavativo *m* (*f* –a).

skivvy ['skivi] *s.* ⟨*sl*⟩ (*maidservant*) serva *f,* tuttofare *f.*

skivy ['skaivi] *a.* ⟨*sl*⟩ **1** (*dishonest*) disonesto, sleale. **2** (*shirking*) che si tira indietro.

skulduggery [skʌl'dʌgəri] *s.* ⟨*fam*⟩ **1** disonestà *f,* furfanteria *f.* **2** (*dishonest activities*) disonestà *fpl.*

skulk [skʌlk] **I** *v.i.* **1** appiattarsi, nascondersi, rintanarsi: *to ~ in the shadows* appiattarsi nell'ombra. **2** (*to move furtively*) muoversi furtivamente, strisciare. **3** ⟨*fam*⟩ (*to shirk*) tirarsi indietro, fare il lavativo. **II** *s.* → **skulker.**

'skulker [–ə] *s.* **1** chi si appiatta, chi si nasconde. **2** (*shirker*) scansafatiche *m/f,* lavativo *m* (*f* –a).

skull [skʌl] *s.* **1** ⟨*Anat*⟩ cranio *m,* teschio *m.* **2** ⟨*fam*⟩ (*mind*) testa *f,* mente *f,* cervello *m: get this into your ~!* ficcatelo in testa! **3** (*death's head*) teschio *m.* ▭ *~ and cross–bones*: 1 teschio e tibie incrociate; 2 (*pirate's flag*) bandiera pirata; ⟨*fam*⟩ *to have a thick ~* avere la testa dura, essere un testone.

skull cap *s.* ⟨*Mod*⟩ papalina *f,* zucchetto *m.*

skunk [skʌŋk] *s.* (*pl. inv./*-s [s]; il pl.inv. si usa general. con valore collett.) **1** ⟨*Zool*⟩ moffetta *f.* **2** (*fur*) pelliccia *f* di moffetta. **3** ⟨*fam*⟩ (*despicable person*) farabutto *m,* canaglia *f,* mascalzone *m.*

sky [skai] **I** *s.* **1** cielo *m: the* ~ *was overcast* il cielo era coperto. **2** ⟨*fig*⟩ (*heaven*) cielo *m,* paradiso *m.* **3** *pl.* (*climate*) cielo *m,* clima *m: the rainy skies of England* il cielo piovoso dell'Inghilterra. **II** *v.t.* ⟨*fam*⟩ **1** (*of a ball*) tirare a campanile (*o* candela). **2** (*of a painting*) attaccare troppo in alto. □ ⟨*fam*⟩ *the* ~ *is the limit* non ha limite; ⟨*fig*⟩ *out of the clear* (*blue*) ~ inaspettatamente, senza preavviso, a ciel sereno; ⟨*fig*⟩ *to raise s.o. to the skies* portare qd. 'alle stelle' (*o* al settimo cielo). *Prov.: red* ~ *at night, shepherd's delight, red* ~ *in the morning, shepherd's warning* rosso di sera, bel tempo si spera, rosso di mattina, la pioggia si avvicina.

'**sky**/-'**blue I** *s.* azzurro *m* (cielo), celeste *m.* **II** *a.* azzurro (cielo), celeste. **~borne** *a.* aviotrasportato. **~ diving** *s.* il lanciarsi con un paracadute ad apertura ritardata.

'**sky-**'**high I** *avv.* **1** molto in alto. **2** (*to a high level*) alle stelle: *prices have gone* ~ i prezzi sono saliti alle stelle. **II** *a.* **1** altissimo, fino (*o* che arriva) al cielo. **2** (*of prices, etc.*) altissimo, esorbitante, eccessivo. □ *the bridge was blown* ~ il ponte fu fatto saltare in aria.

sky|**jack I** *v.t.* (*of an aircraft*) dirottare. **II** *s.* **1** dirottamento *m.* **2** → **skyjacker.** **~jacker** *s.* dirottatore *m,* pirata *m* dell'aria. **~jacking** *s.* dirottamento *m* aereo. **~lark I** *s.* ⟨*Ornit*⟩ allodola *f.* **II** *v.i.* far baldoria, far chiasso; (*to frolic*) ruzzare, sgambettare. **~light** *s.* **1** ⟨*Edil*⟩ lucernario *m;* (*window in a roof*) lanterna *f* (di lucernario). **2** ⟨*Mar*⟩ spiraglio *m,* osteriggio *m.* **~line** *s.* **1** orizzonte *m,* linea *f* dell'orizzonte. **2** (*outline of s.th. against the sky*) profilo *m,* sagoma *f* (contro il cielo); (*of rooftops*) profilo *m* dei tetti (contro il cielo).

skyrocket ['skairɔkit] **I** *s.* razzo *m* (pirotecnico). **II** *v.i.* ⟨*fam*⟩ salire alle stelle.

sky|**sail** *s.* ⟨*Mar*⟩ controvelaccio *m.* **~scape** *s.* **1** panorama *m* (*o* veduta *f*) in cui il cielo ha parte predominante. **2** ⟨*Pitt*⟩ quadro *m* in cui il cielo ha parte predominante. **~scraper** *s.* grattacielo *m.*

skyward ['skaiwəd] **I** *a.* (ri)volto verso il cielo. **II** *avv.* → **skywards. skywards** [-z] *avv.* verso il cielo.

sky|**way** *s.* **1** ⟨*Aer*⟩ rotta *f* aerea. **2** ⟨*am.Strad*⟩ autostrada *f* soprelevata. **~writing** *s.* pubblicità *f* aerea.

S.L. = *sea level* livello del mare (*abbr.* l.m.).

slab [slæb] **I** *s.* **1** piastra *f,* lastra *f,* lastrone *m;* (*of wood*) piastra *f,* lastra *f.* **2** (*of bread, cake, etc.*) fetta *f.* **3** ⟨*Strad*⟩ pavimentazione *f* in calcestruzzo. **4** ⟨*Edil*⟩ piastra *f* di calcestruzzo. **5** ⟨*sl*⟩ (*mortuary table*) tavolo *m* mortuario; (*operating table*) tavolo *m* operatorio. **6** ⟨*Fal*⟩ sciavero *m.* **II** *v.t.* (*pret., p.p.* **slabbed** [-d]) **1** ridurre (*o* tagliare) in lastre. **2** ⟨*Fal*⟩ squadrare. **3** ⟨*Strad*⟩ lastricare.

slab|-**sided** *a.* ⟨*fam*⟩ **1** dai fianchi lunghi e stretti. **2** (*lean, thin*) alto e magro, allampanato. **~stone** *s.* pietra *f* da lastre.

slack[1] [slæk] **I** *a.* **1** lento, allentato: *a* ~ *rope* una corda lenta; *to keep the reins* ~ tenere le redini allentate. **2** ⟨*fig*⟩ debole, irresoluto: *to rule with a* ~ *hand* governare con mano debole. **3** (*dull, inactive*) fiacco, stanco, inattivo: *the market is* ~ il mercato è fiacco. **4** (*careless, negligent*) trascurato, negligente; (*lazy*) lento, indolente, pigro. **5** (*slow, sluggish*) lento, stanco, fiacco, svogliato: *a* ~ *pace* un passo lento. **6** (*of wind*) debole; (*of tide*) in stanca. **II** *s.* **1** lentezza *f,* mollezza *f;* (*of a garment*) lentezza *f,* sciolterza *f.* **2** *pl.* ⟨*Vest*⟩ calzoni *mpl* larghi; (*women's trousers*) pantaloni *mpl* da donna. **3** ⟨*Comm*⟩ (*period of inactivity*) periodo *m* di ristagno (*o* inattività). (*decrease in activity*) ristagno *m.* **4** ⟨*Mar*⟩ → **slack water. 5** ⟨*Mar*⟩ imbando *m.* **6** ⟨*Mecc*⟩ gioco *m.* **III** *v.t.* **1** (spesso con *off, out, away*) allentare, diminuire la tensione di, mollare: *to* ~ *off a rope* allentare una fune. **2** (*to cause to lessen;* spesso con *up*) diminuire, ridurre, scemare. **3** (*to be remiss in*) trascurare, trattare con negligenza. **IV** *v.i.* **1** (spesso con *up, off*) diminuire, calare, scemare, ridursi; (*of speed;* spesso con *off*) rallentare, diminuire. **2** (*to loosen;* spesso con *off*) allentarsi. **3** (*to be remiss in one's work, etc.*) essere indolente (*o* pigro), lavorare di malavoglia.

slack[2] *s.* ⟨*Minier*⟩ (*coal dust*) polvere *f* di carbone.

slacken ['slækən] **I** *v.t.* **1** allentare, diminuire la tensio di, mollare. **2** ⟨*fig*⟩ ridurre, diminuire: *to* ~ *one's sp*· ridurre la velocità; *to* ~ *one's efforts* diminuire gli sfo **II** *v.i.* **1** allentarsi. **2** ⟨*fig*⟩ rallentare, ridursi, cala diminuire, scemare.

slacker ['slækə] *s.* scansafatiche *m/f,* fannullone *m* (*f* –

slackly ['slækli] *avv.* **1** in modo sciolto (*o* lento). (*negligently*) negligentemente, trascuratamente. **slackne** [-knis] *s.* **1** lentezza *f,* mollezza *f,* scioltezza *f.* (*carelessness*) negligenza *f,* trascuratezza *f.* **3** (*idlene* svogliatezza *f,* pigrizia *f.* **4** ⟨*Comm*⟩ fiacchezza *f,* ristag *m,* inattività *f.*

slack| **rope** *s.* corda *f* poco tesa (per acrobati). ~ **wa** *s.* marea *f* ferma, stanca *f* di marea.

slag[1] [slæg] *s.* **1** ⟨*Met*⟩ scoria *f,* loppa *f.* **2** (*of a volca* scoria *f* vulcanica. **3** ⟨*Minier*⟩ scorie *fpl.*

slag[2] *v.* (*pret., p.p.* **slagged** [-d]) **I** *v.t.* ⟨*Met*⟩ **1** liber dalla scoria. **2** (general. con *off*) scorificare. **II** eseguire la scorificazione.

slain [slein] → **slay.**

slake [sleik] *v.t.* **1** estinguere, spegnere. **2** (*to satis* appagare, soddisfare: *to* ~ *one's desire for reve* appagare il proprio desiderio di vendetta. **3** ⟨*tecn*⟩ *lime*) spegnere.

slalom ['sleiləm, 'slɑ:ləm] *s.* ⟨*Sport*⟩ slalom *m.*

slalom racer *s.* ⟨*Sport*⟩ slalomista *m/f.*

slam[1] [slæm] *v.* (*pret., p.p.* **slammed** [-d]) **I** *v.t.* sbattere, chiudere violentemente (*o* con forz sbatacchiare: *don't* ~ *the door* non sbattere la porta. (*to put, place violently*) sbattere, gettare con violen **3** ⟨*fam*⟩ (*to criticize brutally*) stroncare, critic aspramente. **4** ⟨*am.fam*⟩ (*to hit violently*) colpire violenza. **II** *v.i.* sbattere, chiudersi con forza. □ *to* down *on the brake pedal* schiacciare il pedale del fre ⟨*fam*⟩ *to* ~ *the door on a proposal* respingere proposta.

slam[2] *s.* **1** forte rumore *m,* colpo *m* violento (*o* secco) (*noisy, violent closing*) sbatacchiamento *m.*

slander ['slɑ:ndə] **I** *s.* **1** calunnia *f,* diffamazione infamia *f.* **2** ⟨*Dir*⟩ diffamazione *f.* **II** *v.t.* calunnia diffamare. **slanderer** [-rə] *s.* calunniatore *m* (*f* –tri diffamatore *m* (*f* –trice). **slanderous** [-rəs] *a.* calunnioso, diffamatorio. **2** (*of a person*) calunniato diffamatore, infamatore. **slanderously** [-rəsli] calunniosamente.

slang [slæŋ] **I** *s.* gergo *m,* slang *m.* **II** *a.* gergale, gergo: *a* ~ *expression* un'espressione gergale. **III** insultare, ingiuriare, apostrofare con linguaggio ingiuri **'slangily** [-ili] *avv.* in gergo. **'slanginess** [-inis] l'essere gergale, carattere *m* gergale.

slanging match ['slæŋiŋ] *s.* ⟨*fam*⟩ violento scambio d'insulti.

slangy ['slæŋi] *a.* **1** gergale, del gergo. **2** (*using slang*) parla in (*o* in) gergo.

slank [slæŋk] → **slink.**

slant [slɑ:nt] **I** *v.i.* **1** essere in pendenza, pend inclinarsi: *the roof* –*s steeply* il tetto è in forte pende **2** (*to take a slanting course*) prendere una direzi obliqua, andare di sbieco, sbiecare. **3** ⟨*fig*⟩ av disposizione (*o* propensione), avere inclinazion attitudine (*toward* per). **II** *v.t.* **1** dare pendenza inclinare, far pendere; (*to give a slanting course to*) ⟨ una direzione obliqua a. **2** ⟨*giorn*⟩ (*to angle*) presen in modo tendenzioso, alterare, deformare, travisare: t· *the news* presentare le notizie in modo tendenzioso; *direct towards a particular group*) adattare a. **III** *s* pendenza *f,* inclinazione *f.* **2** (*sloping surface*) chin pendio *m,* declivio *m,* discesa *f.* **3** ⟨*giorn*⟩ modo *m* vedere, punto *m* di vista, opinione *f,* angolazione *f* ⟨*fam*⟩ (*bias*) disposizione *f,* propensione *f,* inclinazio tendenza *f.* **5** ⟨*fam*⟩ (*glance*) occhiata *f,* rapido sgua *m.* □ *on a* (*o the*) ~ obliquamente, di traverso.

'**slant-**'**eyed** *a.* ⟨*spreg*⟩ mongolide.

slanting ['slɑ:ntiŋ] *a.* inclinato, obliquo, sbi **slantingly** [-li] *avv.* in pendenza.

slantways ['slɑ:ntweiz], **slantwise** [-waiz] **I** *a.* obliq di traverso. **II** *avv.* obliquamente, di traverso.

lap¹ [slæp] **I** *s.* manata *f,* pacca *f;* (*on s.o.'s face*) schiaffo *m,* ceffone *m,* sventola *f.* **II** *avv.* ⟨*fam*⟩ in pieno, direttamente, diritto: *he ran ~ into the wall* andò a sbattere in pieno contro il muro.

lap² *v.t.* (*pret., p.p.* **slapped** [-t]) **1** schiaffeggiare, dare uno schiaffo (*o* un ceffone) a; (*to strike with the open hand*) dare una pacca a, colpire di piatto. **2** (*to strike with a slapping sound*) colpire facendo un rumore secco. □ *to ~ down*: **1** posare (giù) con un rumore secco; **2** (*to put down roughly*) posare in malo modo, metter giù senza tanti riguardi; **3** ⟨*fam*⟩ (*to suppress*) stroncare, reprimere, soffocare; **4** ⟨*fam*⟩ (*to reprimand*) rimproverare (aspramente), sgridare; *to ~ s.o. on the shoulder* dare una pacca sulla spalla a qd.

lap-bang *avv.* ⟨*fam*⟩ **1** improvvisamente, di colpo. **2** (*roughly*) rudemente, sgarbatamente.

lapdash ['slæpdæʃ] **I** *a.* **1** abborracciato, fatto alla meglio: *~ work* lavoro abborracciato. **2** (*rushed*) frettoloso. **II** *avv.* **1** in modo abborracciato, alla meno peggio, alla meglio. **2** (*rashly*) frettolosamente, in fretta e furia.

lap-happy *a.* ⟨*fam*⟩ **1** stordito, tramortito; (*of a boxer*) sonato. **2** (*cheerful*) allegro, contento, di buonumore; (*cheerfully reckless*) incosciente, irresponsabile.

lapjack *am.* ['slæpdʒæk] *s.* ⟨*Gastr*⟩ frittella *f.*

lapstick ['slæpstik] **I** *s.* **1** ⟨*Teat,Cin*⟩ farsa *f* grossolana; (*wooden device used in farce*) spatola *f* di Arlecchino, slapstick *m.* **2** ⟨*Cin*⟩ (*clapper*) ciac *m.* **II** *a.* grossolano.

lap-'up *a.* ⟨*fam*⟩ eccellente, di prima qualità, ⟨*fam*⟩ coi fiocchi: *a ~ dinner* un pranzo coi fiocchi.

lash [slæʃ] **I** *v.t.* **1** tagliare, squarciare, sfregiare. **2** (*to hit with a slashing stroke, lash*) sferzare, frustare. **3** (*to hit, drive forcibly*) colpire con forza: *he -ed the ball out of the court* colpì con forza la palla mandandola fuori campo. **4** ⟨*fig*⟩ (*to reduce drastically*) ridurre (*o* diminuire) drasticamente, decurtare, tagliare: *to ~ prices* ridurre drasticamente i prezzi. **5** ⟨*fig*⟩ (*to reduce the length of*) ridurre, accorciare, tagliare. **6** ⟨*fig*⟩ (*to criticize cuttingly*) criticare sarcasticamente, stroncare. **7** ⟨*Sart*⟩ fare dei tagli ornamentali in. **II** *v.i.* **1** dare colpi (di striscio) (*at* a): *he -ed at the weeds with his stick* dava colpi alle erbacce con il suo bastone; (*with a lash*) dare frustate. **2** ⟨*Sport*⟩ (*to wield a stick, bat, etc., over vigorously*) maneggiare una mazza con troppo vigore. **III** *s.* **1** taglio *m,* sfregio *m,* squarcio *m.* **2** (*slashing stroke*) colpo *m* di striscio, fendente *m;* (*with a lash*) frustata *f,* sferzata *f.* **3** ⟨*Sart*⟩ taglio *m* ornamentale. '**slashing** [-iŋ] *a.* **1** di taglio: *a ~ blow* un colpo di taglio. **2** ⟨*fig*⟩ tagliente, sferzante: *~ wit* spirito tagliente. **3** (*of rain, wind*) sferzante. **4** ⟨*fam*⟩ (*excellent*) eccellente, ⟨*fam*⟩ coi fiocchi: *a ~ criticism* una stroncatura; ⟨*fam*⟩ *a ~ success* un successo strepitoso.

lat [slæt] *s.* assicella *f,* stecca *f;* (*for a blind, etc.*) stecca *f.*

late¹ [sleit] **I** *s.* **1** ⟨*Geol*⟩ ardesia *f,* lavagna *f.* **2** ⟨*Edil*⟩ tegola *f* (d'ardesia). **3** (*for writing on*) lavagna *f* portatile. **4** → **slate-grey.** **II** *a.* **1** d'ardesia. **2** (*containing slate*) contenente ardesia. **3** → **slate-grey.** **4** ⟨*am.Pol*⟩ lista *f* dei candidati. **III** *v.t.* **1** ricoprire d'ardesia: *to ~ a roof* ricoprire un tetto d'ardesia. **2** ⟨*fig*⟩ (*to schedule*) fissare, programmare, mettere in programma. **3** ⟨*am.fig*⟩ (*to propose for elections, etc.*) proporre la candidatura di, mettere in lista. □ ⟨*fig*⟩ *to have a clean ~* avere la fedina penale pulita; ⟨*fam*⟩ *to have a ~ loose* essere un po' tocco, non avere tutte le rotelle a posto.

late² *v.t.* ⟨*fam*⟩ **1** (*to censure severely*) criticare aspramente, stroncare. **2** (*to scold, rebuke*) sgridare, rimproverare aspramente.

slate|-black I *s.* nero *m* ardesia. **II** *a.* (*color*) nero ardesia. '**~-'blue I** *s.* color *m* celeste lavagna, azzurro *m* (*o* celeste) ardesia. **II** *a.* celeste ardesia (*o* lavagna). '**~-'gray** *am.,* '**~-'grey I** *s.* color *m* grigio ardesia (*o* lavagna). **II** *a.* grigio ardesia, ardesiaco. **~ pencil** *s.* matita *f* d'ardesia. **~ quarry** *s.* cava *f* d'ardesia.

later¹ ['sleitə] *s.* operaio *m* che copre i tetti con tegole (*o* lastre) d'ardesia.

slater² *s.* ⟨*fam*⟩ (*harsh critic*) critico *m* molto esigente (*o* severo).

slating¹ ['sleitiŋ] *s.* **1** copertura *f* (di tetti) con lastre d'ardesia. **2** (*material for slating*) lastre *fpl* (*o* tegole) d'ardesia (per copertura).

slating² *s.* ⟨*fam*⟩ **1** (*brutal criticism*) critica *f* aspra (*o* dura), stroncatura *f.* **2** (*severe reprimand*) lavata *f* di capo.

slattern ['slætən] *s.* donna *f* trasandata (*o* sciatta), sciattona *f,* sciamannona *f.* **slatternliness** [-linis] *s.* sciatteria *f,* trascuratezza *f,* sciatteria *f.* **slatternly** [-li] **I** *a.* trasandato, trascurato, sciatto, sciamannato. **II** *avv.* sciattamente, in maniera trasandata (*o* trascurata).

slaty ['sleiti] *a.* **1** d'ardesia. **2** (*containing slate*) che contiene ardesia: *~ soil* terreno che contiene ardesia. **3** (*slate-coloured*) di color ardesia, ardesiaco.

slaughter ['slɔ:tə] **I** *s.* **1** macello *m.* **2** ⟨*Macell*⟩ macellazione *f,* mattazione *f.* **3** ⟨*fig*⟩ uccisione *f* brutale; (*carnage*) strage *f,* massacro *m,* carneficina *f: the ~ of the innocents* la strage degli innocenti. **II** *v.t.* **1** ⟨*Macell*⟩ macellare, scannare. **2** ⟨*fig*⟩ uccidere brutalmente, trucidare, scannare; (*to kill in large numbers*) sterminare, massacrare, fare strage di. **3** ⟨*fam*⟩ (*to defeat utterly*) sbaragliare, schiacciare, distruggere. **slaughterer** [-rə] *s.* **1** massacratore *m* (*f* -trice). **2** → **slaughterman.**

slaughterhouse ['slɔ:təhaus] *s.* **1** macello *m,* mattatoio *m.* **2** ⟨*fig*⟩ luogo *m* di carneficina (*o* strage).

slaughtering ['slɔ:təriŋ] *s.* ⟨*Macell*⟩ macellazione *f,* mattazione *f.*

slaughterman ['slɔ:təmən] *s.irr.* macellatore *m,* macellaio *m.*

slaughterous ['slɔ:tərəs] *a.* micidiale, mortale; (*destructive*) distruttivo. **slaughterously** [-li] *avv.* in modo micidiale.

Slav [slɑ:v] **I** *s.* slavo *m* (*f* -a). **II** *a.* slavo.

slave [sleiv] **I** *s.* **1** schiavo *m* (*f* -a) (*anche fig.*): *he is a ~ to tobacco* è schiavo del tabacco. **2** ⟨*fig*⟩ (*drudge*) chi fa un lavoro duro (*o* ingrato), bestia *f* da soma. **II** *a.* **1** ridotto in schiavitù, schiavo, asservito, assoggettato: *a ~ population* un popolo ridotto in schiavitù. **2** (*of slaves*) di (*o* relativo a) schiavi. **III** *v.i.* (spesso con *away*) lavorare come uno schiavo, ⟨*fam*⟩ sfacchinare, ⟨*fam*⟩ sgobbare.

slave|born *a.* nato in schiavitù. **~ Coast** *N.pr.* ⟨*Geog,Stor*⟩ Costa *f* degli Schiavi. **~ driver** *s.* **1** sorvegliante *m* di schiavi. **2** ⟨*fig*⟩ aguzzino *m* (*f* -a), negriero *m,* negriere *m;* ⟨*estens*⟩ schiavista *m.* **~ labor** *am.,* **~ labour** *s.* **1** lavori *mpl* forzati. **2** (*work done by slaves*) lavoro *m* fatto da schiavi.

slaver¹ ['sleivə] *s.* **1** schiavista *m,* negriere *m,* negriero *m,* mercante *m* di schiavi. **2** ⟨*Mar*⟩ **~ slave ship.**

slaver² ['slævə] **I** *v.i.* **1** sbavare, fare (la) bava. **2** ⟨*fig*⟩ (*to fawn*) essere servile e adulatore, ⟨*fam*⟩ essere un leccapiedi. **3** ⟨*fig*⟩ (*to foam with rage*) essere furioso, schiumare dalla (*o* di) rabbia, avere la schiuma alla bocca. **II** *v.t.* sporcare di bava, sbavare. **III** *s.* **1** bava *f.* **2** ⟨*fig*⟩ sciocchezze *fpl,* stupidaggini *fpl.*

slavery ['sleivəri] *s.* **1** schiavitù *f* (*anche fig.*): *to be held in ~* essere tenuto in schiavitù. **2** (*custom of owning slaves*) schiavismo *m.* □ *to reduce a people to ~* ridurre un popolo in schiavitù; *to sell s.o. into ~* vendere qd. come schiavo.

slave| ship *s.* nave *f* negriera. **~ State** *s.* ⟨*Stor.am*⟩ stato *m* schiavista. **~ trade** *s.* tratta *f* degli schiavi. **~ trader** *s.* mercante *m* (*o* trafficante) di schiavi. **~ traffic** *s.* → **slave trade.**

Slavic ['slɑ:vik, 'slævik] **I** *a.* slavo. **II** *s.* slavo *m* (*f* -a). **Slavicism** [-visizəm] *s.* → **Slavism.**

slavish ['sleiviʃ] *a.* **1** di (*o* da) schiavo, servile. **2** (*submissive*) servile. **3** (*mean, base*) vile, basso, servile. **4** (*lacking originality*) pedissequo, servile, privo di originalità: *a ~ imitation* un'imitazione pedissequa. **5** (*requiring hard work*) da schiavo, faticoso, pesante, duro. **slavishly** [-li] *avv.* **1** servilmente. **2** (*imitatively*) pedissequamente, servilmente. **slavishness** [-nis] *s.* **1** servilismo *m.* **2** (*imitativeness*) imitazione *f* pedissequa (*o* servile).

Slavism ['slɑ:vizəm, 'slævizəm] *s.* slavismo *m.*

Slavonia [slə'vouniə] *N.pr.* ⟨*Geog*⟩ Slavonia *f.* **Slavonian** [-n] **I** *a.* **1** della (*o* relativo alla) Slavonia. **2** (*Slavic*) slavo. **II** *s.* **1** abitante *m/f* della Slavonia, slavo *m* (*f* –a). **2** (*Slavic languages*) lingue *fpl* slave, slavo *m.* **Slavonic** [-'vɔnik] **I** *a.* → **Slavic. II** *s.* (*Slavic languages*) lingue *fpl* slave, slavo *m.*

Slavophil ['slɑ:vo(u)fil, 'slæv-], **Slavophile** [-fail] **I** *s.* slavofilo *m* (*f* –a). **II** *a.* slavofilo.

slaw *am.* [slɔ:] *s.* ⟨*Gastr*⟩ insalata *f* di cavoli.

slay [slei] *v.t.* (*pret.,* **slew** [slu:], *p.p.* **slain** [slein]) ammazzare, trucidare, assassinare, uccidere. **'slayer** [-ə] *s.* **1** chi uccide, uccisore *m.* **2** ⟨*fam*⟩ (*murderer*) assassino *m* (*f* –a).

SLBM = *submarine-launched ballistic missile* missile balistico lanciato da un sottomarino.

sleaziness ['sli:zinis] *s.* **1** l'essere sottile, mancanza *f* di consistenza. **2** ⟨*fam*⟩ (*shabbiness*) l'essere male in arnese; (*sordidness*) sordidezza *f.* **sleazy** [-zi] *a.* **1** privo di consistenza, sottile. **2** ⟨*fam*⟩ sciatto, trasandato.

sled[1] [sled] *s.* **1** slittino *m,* slitta *f.* **2** ⟨*Agr*⟩ treggia *f.*

sled[2] *v.* (*pret., p.p.* **'sledded** [-id]) **I** *v.i.* andare in slitta. **II** *v.t.* trasportare su una slitta.

sledge [sledʒ] **I** *s.* slitta *f.* **II** *v.i.* andare in slitta. **III** *v.t.* trasportare su una slitta.

sledge hammer ['sledʒhæmə] **I** *s.* mazza *f,* martello *m* da fabbro. **II** *a.* poderoso, potente: *a* ~ *blow* un colpo poderoso. **III** *v.t.* battere con la mazza. **IV** *v.i.* dare colpi con la mazza.

sleek [sli:k] **I** *a.* **1** lucido, lucente; (*smooth*) liscio. **2** ⟨*fig*⟩ (*well–fed*) florido, prosperoso, fiorente. **3** ⟨*fig*⟩ (*suave, unctuous*) mellifluo, untuoso, ipocrita. **4** ⟨*fig*⟩ (*well–groomed*) azzimato, lisciato. **II** *v.t.* **1** lisciare, pettinare lisci: *to* ~ *one's hair* lisciarsi i capelli. **2** (*to make smooth*) levigare, rendere liscio, lisciare, allisciare. □ *a* ~ *sports car* un'automobile sportiva dalla linea slanciata. **'sleekly** [-li] *avv.* in modo scorrevole (*o* liscio), scorrevolmente. □ *the car glided* ~ *away* l'automobile scivolò via dolcemente. **'sleekness** [-knis] *s.* **1** lucentezza *f.* **2** (*smoothness*) l'essere liscio, levigatezza *f.* **3** ⟨*fig*⟩ (*unctuousness*) untuosità *f,* mellifluità *f.*

sleep[1] [sli:p] *s.* **1** sonno *m,* dormire *m;* (*period*) dormita *f,* sonno *m: a long* ~ una lunga dormita. **2** ⟨*fig*⟩ (*apathy*) torpore *m,* pigrizia *f,* sonnolenza *f,* inerzia *f.* **3** ⟨*fig*⟩ (*death*) sonno *m* (*o* riposo) eterno, morte *f.* □ *the* ~ *of the* **dead** il sonno della morte; *to* **drop** *off to* ~ addormentarsi; *to* **fall** *into a deep* ~ cadere in un sonno profondo; *to* **get** *to* ~ prendere sonno; *to* **get** *little* ~ dormire poco; *to* **get** *some* ~ farsi un sonnellino (*o* una dormitina); *in* **one's** ~ nel sonno ⟨*fig*⟩ a occhi chiusi: *I could do it in my* ~ lo potrei fare a occhi chiusi; *to* **walk** *in one's* ~ essere sonnambulo; *to* **put** *to* ~: **1** (*fare*) addormentare, far dormire: *to put a child to* ~ addormentare un bambino; **2** ⟨*eufem*⟩ far addormentare per sempre, uccidere.

sleep[2] *v.* (*pret., p.p.* **slept** [slept]) **I** *v.i.* **1** dormire, riposare: *to* ~ *well* dormire bene; (*to go to sleep*) addormentarsi: *he turned out the light and slept* spense la luce e si addormentò; (*to pass the night*) dormire, passare la notte, alloggiare. **2** ⟨*fig*⟩ (*to lie in apathy*) dormire, essere inattivo (*o* in uno stato di apatia): *work, don't* ~ lavora, non dormire. **3** (*to have sexual relations*) andare a letto, dormire (*with* con). **II** *v.t.* **1** dormire: *to* ~ *a dreamless sleep* dormire un sonno senza sogni. **2** (*to accomodate*) poter ospitare, alloggiare: *the hotel* ~*s sixty people* l'albergo può ospitare sessanta persone. □ *to* ~ **away** passare (*o* trascorrere) dormendo; *to* ~ **in:** **1** lavorare a tutto servizio, alloggiare nel posto di lavoro; **2** (*to stay in bed later than usual*) rimanere a letto più (*a lungo*) del solito; *to* ~ **lightly** avere il sonno leggero; *to* ~ **off** ¬far passare¬ (*o* liberarsi di) dormendoci sopra (*o* su); *to* ~ **on** continuare a dormire; *to* ~ *on a question* rimandare una questione al giorno dopo, dormirci su; *to* ~ **out: 1** (*of a servant*) lavorare a mezzo servizio, non alloggiare nel posto di lavoro; **2** (*to sleep out of doors*) dormire ¬all'aperto¬ (*o* all'albergo della luna); **3** (*to sleep away from home*) dormire fuori (di) casa; *to* ~ **soundly: 1** dormire (*o* dormirsela) saporitamente, dormire sodo; **2**

⟨*fig*⟩ dormire tranquillo (*o* tra due guanciali).

sleeper ['sli:pə] *s.* **1** chi dorme, dormiente *m/f.* **2** ⟨*Fal*⟩ (*horizontal supporting timber*) travetto *m.* **3** ⟨*Ferr*⟩ traversina *f.* **4** ⟨*Edil*⟩ dormiente *m.* **5** ⟨*Ferr*⟩ → **sleepin car.** □ *to be a heavy* ~ avere il sonno pesante, essere une che dorme sodo; *to be a light* ~ avere il sonno leggero

sleepily [-pili] *avv.* con aria assonnata (*o* sonnolenta)

sleepiness [-pinis] *s.* sonnolenza *f,* sonno *m.* **sleepin** [-piŋ] **I** *s.* sonno *m,* riposo *m.* **II** *a.* **1** addormentato dormiente, che dorme: *a* ~ *child* un bambin addormentato. **2** (*of, used in sleep*) da notte: ~ *clothe* indumenti da notte; (*used to induce or aid sleep* soporifero. **3** ⟨*Econ*⟩ inattivo.

sleeping| accommodation *s.* sistemazione *f* per la notte ~ **bag** *s.* sacco *m* a pelo. ~ **Beauty** *s.* ⟨*Lett*⟩ Bella Addormentata nel bosco. ~–**car,** ~–**carriage** *s.* ⟨*Ferr* vagone *m* letto, carrozza *f* letto. ~ **partner** *s.* ⟨*Econ* socio *m* inattivo (*o* accomandante), socio occulto. ~–**pi** *s.* ⟨*Farm*⟩ sonnifero *m* (in pillole), pillola *f* per dormire. ~ **sickness** *s.* ⟨*Med*⟩ tripanosomiasi *f* africana. ~ **tablet** *s* → **sleeping-pill.**

sleepless ['sli:plis] *a.* **1** insonne, in bianco: *a* ~ *night* un notte insonne. **2** ⟨*fig*⟩ (*always active*) instancabile dall'attività febbrile, insonne; (*always alert*) sempre vigil (*o* pronto, sveglio). **sleeplessly** [-li] *avv.* **1** senza dormire **2** ⟨*fig*⟩ senza posa (*o* sosta), instancabilmente **sleeplessness** [-nis] *s.* insonnia *f.*

sleepwalk ['sli:pwɔ:k] *v.i.* essere sonnambulo. **sleep walker** [-ə] *s.* sonnambulo *m* (*f* –a). **sleep walking** [-iŋ] *s.* sonnambulismo *m.*

sleepy ['sli:pi] *a.* **1** assonnato, sonnolento: *the baby was* ~ il bimbo era assonnato. **2** ⟨*fig*⟩ tranquillo, quieto. □ *t feel* ~ avere sonno.

'sleepy|-'eyed *a.* dagli occhi assonnati (*o* pieni di sonno) ~**head** *s.* ⟨*fam*⟩ dormiglione *m* (*f* –a).

sleet [sli:t] **I** *s.* ⟨*Meteor*⟩ nevischio *m;* (*hail mixed wit rain*) grandine *f* mista a pioggia. **II** *v.i.* (costr. impers. venir giù nevischio; (*to hail*) grandinare. **'sleety** [-i] *a* con (*o* accompagnato da) nevischio.

sleeve [sli:v] *s.* **1** manica *f.* **2** ⟨*Mecc*⟩ manicotto *m.* **3** ⟨*fo a gramophone record*⟩ copertina *f.* **4** ⟨*Meteor*⟩ manica *f* vento. □ *to roll up one's* ~*s* rimboccarsi (*o* tirarsi su) maniche (*anche fig.*); ⟨*fig*⟩ *up one's* ~ di riserva; ⟨*fig*⟩ *t have an ace* (*o* *a card*) *up one's* ~ avere un asso nell manica.

sleeve| board *s.* stiramaniche *m.* ~ **brick** *s.* ⟨*Edil* mattone *m* refrattario tubolare.

sleeved [sli:vd] *a.* **1** con (le) maniche. **2** (nei composti ¬con le¬ (*o* dalle) maniche ...: *a short*–~ *dress* un abito co le maniche corte.

sleeveless ['sli:vlis] *a.* senza maniche.

sleeve| link *s.* ⟨*Mod*⟩ gemello *m* per polsino. ~ **nut** ⟨*tecn*⟩ dado *m* con filettatura doppia. ~ **valve** *s.* ⟨*Mecc* valvola *f* a fodero.

sleigh [slei] **I** *s.* slitta *f* (tirata da cavalli). **II** *v.i.* andare i slitta. **III** *v.t.* trasportare su una slitta.

sleigh bell *s.* bubbolo *m,* sonaglio *m.*

sleighing ['sleiiŋ] *s.* l'andare in slitta.

sleigh ride *s.* passeggiata *f* (*o* giro *m*) in slitta.

sleight [slait] *s.* stratagemma *m,* trucco *m.*

'sleight of 'hand *s.* **1** (*conjuring trick*) gioco *m* ¬ prestigio (*o* destrezza). **2** (*manual dexterity*) destrezza manuale (*o* di mano).

slender ['slendə] *a.* **1** sottile: *a* ~ *rod* un bastone sottile. (*graceful, slim*) snello, sottile, esile: ~ *girls* fanciull snelle. **3** (*limited, slight*) scarso, esiguo, piccolo, poco: *t pay* ~ *attention* prestare scarsa attenzione. **4** (*feeble scanty*) tenue, fragile, inconsistente, esile: *a* ~ *hope* un tenue speranza. □ ~ *means* scarsezza di mezz **slenderly** [-li] *avv.* **1** in modo snello. **2** (*to a sma degree*) esiguamente, scarsamente. □ *a* ~ *built* gi una ragazza di corporatura snella. **slenderness** [-nis *s.* **1** sottigliezza *f.* **2** (*of people*) snellezza *f,* sottigliez za *f,* esilità *f.* **3** (*inadequacy, scantiness*) scarsezza *f,* es guità *f,* pochezza *f.* **4** (*lack of justification*) fragilità *f,* i consistenza *f.*

slept [slept] → **sleep**[2].

leuth [slu:θ] 〈fam〉 **I** s. → **sleuth hound. II** v.i. investigare. **III** v.t. **1** investigare su. **2** (to track) seguire le tracce di.

leuth hound ['slu:θhaund] s. **1** 〈Zool〉 bloodhound m. **2** (detective) poliziotto m (o agente) investigativo, 〈fam〉 segugio m.

lew[1] [slu:] → **slay.**

lew[2] **I** v.i. **1** girarsi, voltarsi, volgersi. **2** (to swing round; spesso con round, around) girare, rotare. **II** v.t. **1** (spesso con round, around) girare, rotare. **2** 〈Mar〉 straorzare, guinare, guizzare. **III** s. **1** giro m, torsione f. **2** 〈Mar〉 straorzata f, guinata f, guizzata f.

lice [slais] **I** s. **1** fetta f: a ~ of bread una fetta di pane; (of fish) trancia f, fetta f. **2** 〈fig〉 (part) pezzo m, porzione f, parte f, fetta f. **3** (instrument for scraping) raschietto m, raschiatore m; (cooking instrument) paletta f. **4** 〈Sport〉 (in golf) colpo m falciato. **5** 〈Minier〉 trancia f. **II** v.t. **1** affettare, tagliare (o fare) a fette: to ~ salami affettare salame. **2** (to divide into parts; spesso con up) dividere, suddividere, spartire. **3** 〈fig〉 fendere, tagliare: the ship –d the sea la nave fendeva le onde. **4** (to cut off cleanly; spesso con off, away) tagliare nettamente, troncare. **5** 〈Sport〉 tagliare, colpire di taglio. **III** v.i. **1** tagliare (into, through s.th. qc.). **2** 〈Sport〉 tagliare (o colpire di taglio) la palla. □ a ~ of (good) luck un pizzico di fortuna.

licer ['slaisə] s. affettatrice f.

lick [slik] **I** a. **1** lucido, lustro, lucente. **2** (smooth) liscio, levigato; (slippery) scivoloso, sdrucciolevole. **3** 〈fam〉 (insincere) untuoso, falso, insincero; (clever, shrewd) abile, ingegnoso, astuto, scaltro. **4** 〈fam〉 (of language, style, etc.: glib) scorrevole, agile, sciolto, disinvolto, spigliato. **5** 〈am.fam〉 (excellent) di prima qualità, eccellente, ottimo, superlativo. **II** s. chiazza f (o macchia) d'olio. **III** avv. **1** abilmente, ingegnosamente. **2** (directly, straight) diritto, proprio, con precisione, esattamente: to hit s.o. ~ on the chin colpire qd. diritto al mento. **IV** v.t. **1** lustrare, lucidare, lisciare; (to plaster; spesso con down) impomatare: to ~ one's hair down impomatarsi i capelli. **2** 〈am.fam〉 (to make smart, elegant; spesso con up) agghindare, azzimare.

licker ['slikə] s. **1** 〈Calz〉 bussetto m, bisegolo m. **2** 〈am.Vest〉 (raincoat) impermeabile m. **3** 〈am.fam〉 (swindler) imbroglione m (f –a), 〈fam〉 dritto m (f –a). □ city ~ cittadino m ricercato (o azzimato). **slickly** [–kli] avv. **1** in modo liscio (o scorrevole). **2** 〈fam〉 (insincerely) in modo untuoso (o falso); (slyly) astutamente, in maniera furba (o scaltra). **3** 〈fam〉 (glibly) in maniera scorrevole (o disinvolta). **slickness** [–knis] s. **1** lucentezza f, lucidezza f, splendore m. **2** 〈fam〉 (unctuousness) untuosità f; (slyness) astuzia f, furberia f, scaltrezza f. **3** 〈fam〉 (glibness) disinvoltura f, spigliatezza f.

lid [slid] → **slide**[1].

lide[1] [slaid] v. (pret. **slid** [slid], p.p. slid/non com. **slidden** ['slidn]) **I** v.i. **1** scivolare. **2** (to slip) scivolare, sdrucciolare. **3** 〈fig〉 scivolare, cadere (lentamente): to ~ into sin scivolare nel peccato. **4** 〈Mecc〉 scorrere. **5** 〈Econ,Pol〉 slittare: the party was sliding to the left il partito slittava verso sinistra. **II** v.t. far scivolare: he slid the book across the table fece scivolare il libro sulla tavola; to ~ a coin into s.o.'s hand far scivolare una moneta nella mano di qd. □ to ~ **down** scivolar giù, scendere sdruccioloni; 〈fig〉 to let ~ trascurare, tralasciare; 〈fig〉 to let things ~ lasciar correre; 〈fam〉 to ~ **out** defilarsi; to ~ **over:** 1 scivolare su; 2 〈fig〉 sorvolare su, scivolare su, non insistere su: to ~ over a subject sorvolare su un argomento.

lide[2] s. **1** scivolata f, scivolone m, sdrucciolata f. **2** (track for sliding or sledging) pista f (di discesa). **3** (chute) scivolo m, piano m inclinato; (for children) scivolo m, toboga m, scivolarella f; (in a swimming pool) scivolo m. **4** (hair clip) fermaglio m per capelli. **5** (timber slide) risina f. **6** (in microscopy) vetrino m. **7** 〈Fot〉 diapositiva f, lastrina f. **8** 〈tecn〉 (sliding part, mechanism) slitta f, cursore m; (track, channel in which s.th. slides) corsoio m; (runner) guida f di scorrimento, contatto m scorrevole. **9** 〈Mus〉 (of a trombone) tiro m; (tube to adjust pitch)

ritorta f per l'intonazione.

slide|-action a. (of a firearm) con otturatore scorrevole (o a scorrimento). **~ caliper** s. 〈tecn〉 calibro m a cursore. **~ fastener** s. (zip) chiusura f lampo. **~ file store** s. diapoteca f. **~ lecture** s. conferenza f con proiezione di diapositive. **~ projector** s. proiettore m per diapositive, diaproiettore m. **~ show** s. proiezione f di diapositive. **slider** ['slaidə] s. **1** chi scivola, chi sdrucciola. **2** 〈Mecc〉 cursore m.

slide| rule s. regolo m calcolatore. **~ valve** s. 〈tecn〉 valvola f a cassetto. **~way** s. guida f (o piano m) di scorrimento.

sliding ['slaidiŋ] **I** s. **1** scivolata f, scivolone m, sdrucciolata f. **2** 〈Mecc〉 scorrimento m. **3** 〈Econ,Pol〉 slittamento m. **II** a. **1** scorrevole, mobile. **2** 〈fig〉 mobile, variabile.

sliding| door s. porta f scorrevole. **~ gear** s. 〈Mecc〉 ingranaggio m scorrevole. **~ keel** s. 〈Mar〉 deriva f mobile, chiglia f di deriva. **~ panel** s. pannello m scorrevole. **~ scale** s. 〈Econ〉 scala f mobile. **~ seat** s. (in a racing shell) sedile m scorrevole. **~ window** s. finestra f scorrevole.

slight [slait] **I** a. **1** leggero, lieve, piccolo, tenue, esiguo: a ~ headache un leggero mal di testa; a ~ increase un lieve aumento; (scanty, meagre) scarso, insufficiente, inadeguato. **2** (in superlatives) minimo, il più piccolo: without the –est difficulty senza la minima difficoltà. **3** (flimsy) poco solido, inconsistente, debole; (of people) snello, sottile, esile, smilzo; (having a delicate build) delicato, debole. **4** (trivial) irrilevante, insignificante, di poca importanza: a ~ error un errore irrilevante. **II** s. affronto m, offesa f, mancanza f di rispetto (o riguardo). **III** v.t. **1** trattare con indifferenza (o disprezzo), snobbare; (to insult) mancare di rispetto a, offendere, fare un affronto a. **2** (to treat as unimportant) tenere in poco conto, disprezzare, non dare importanza a. □ in the –est affatto, minimamente: I am not offended in the –est non sono affatto offeso; to put a ~ on s.o. trattare qd. con disprezzo (o ostentata indifferenza); the –est thing upsets her la minima cosa la sconvolge. **'slighting** [–iŋ] a. offensivo, irriguardoso, (molto) scortese, sprezzante: ~ remarks commenti offensivi. **'slightingly** [–iŋli] avv. in modo offensivo (o scortese), sprezzantemente. **'slightish** [–iʃ] a. **1** alquanto leggero (o lieve). **2** (rather slim) alquanto esile, piuttosto sottile (o snello). **'slightly** [–li] avv. leggermente, lievemente, un po', 〈fam〉 un pochino: ~ better leggermente meglio; (not very well) non molto bene, un po': I know him ~ non lo conosco molto bene. □ ~ built di costituzione delicata. **'slightness** [–nis] s. **1** irrilevanza f, scarsa (o poca) importanza f: the ~ of a mistake l'irrilevanza di un errore. **2** (flimsiness) fragilità f, inconsistenza f; (of people) esilità f, snellezza f.

slily avv. → **slyly.**

slim[1] [slim] a. (compar. **'slimmer** [–ə], sup. **'slimmest** [–ist]) **1** esile, sottile, snello, smilzo, magro: a ~ girl una ragazza esile. **2** 〈fig〉 (small, poor) poco, esiguo, tenue, debole: his chances are ~ ha poche probabilità; (inadequate) magro, insufficiente: a ~ excuse una magra scusa.

slim[2] v. (pret., p.p. **slimmed** [–d]) **I** v.i. dimagrire, smagrirsi, smagrire. **II** v.t. snellire, dimagrire.

slime [slaim] s. **1** limo m, melma f, fanghiglia f, mota f; (dirty, sticky substance) roba f viscida, viscidume m. **2** 〈Zool〉 (of snails, etc.) bava f, sbavatura f. **3** 〈Bot〉 secrezione f viscosa. **'slimily** [–ili] avv. 〈fam〉 in modo untuoso (o viscido). **'sliminess** [–inis] s. **1** viscosità f, vischiosità f. **2** 〈fam〉 (servileness) untuosità f, viscidità f.

slimmer ['slimə] s. chi segue una dieta dimagrante: the perfect food for –s l'alimento perfetto per chi segue una dieta dimagrante. **slimming** [–miŋ] **I** s. il seguire una cura dimagrante. **II** a. che dimagrisce, che snellisce. □ to be on a ~ diet seguire una dieta dimagrante. **slimmish** [–miʃ] a. **1** piuttosto esile (o snello, sottile). **2** 〈fig〉 piuttosto scarso (o esiguo). **slimness** [–mnis] s. **1** esilità f, magrezza f, sottigliezza f, snellezza f. **2** 〈fig〉 scarsezza f, esiguità f.

slimy ['slaimi] *a.* **1** vischioso, viscoso, viscido, appiccicoso. **2** (*covered in slime*) melmoso, limaccioso, fangoso. **3** ⟨*fam*⟩ (*servile*) strisciante, untuoso, viscido. **4** ⟨*fam*⟩ (*highly distasteful*) ripugnante, rivoltante.

sling¹ [sliŋ] **I** *s.* **1** fionda *f.* **2** (*act of slinging*) tiro *m* (*o* colpo) di fionda. **3** ⟨*Med*⟩ fascia *f,* benda *f* (per sospendere un arto, ecc.). **4** (*hoisting rope, net*) imbraca *f,* imbraga *f,* braca *f.* **5** ⟨*Calz*⟩ cinturino *m.* **6** (*of a rifle, etc.*) cinghia *f.* **7** ⟨*Mar*⟩ braca *f,* braga *f.* **II** *v.t.* (*pret., p.p.* **slung** [slʌŋ]) **1** lanciare, gettare, tirare, scagliare. **2** (*to throw from a sling*) lanciare con la fionda. **3** (*to place, suspend in a sling*) imbracare, imbragare; (*to hoist in a sling*) alzare (*o* issare) con una braca. **4** (*to suspend*) appendere, sospendere: *to ~ a hammock* appendere un'amaca. □ *to have one's arm in a ~* avere il braccio (appeso) al collo; ⟨*fig*⟩ *to ~ ink* scrivere, fare il giornalista (*o* lo scrittore); ⟨*fam*⟩ *to ~ out* (*to throw out*) buttar fuori.

sling² *s.* (*drink*) bevanda *f* alcolica ghiacciata con zucchero, acqua e limone.

slinger ['sliŋə] *s.* **1** ⟨*Mecc*⟩ imbracatore *m,* imbragatore *m.* **2** ⟨*tecn*⟩ lanciaterra *m.* **3** ⟨*Mil.ant*⟩ fromboliere *m.*

sling|shot *am. s.* fionda *f.* **~stone** *s.* sasso *m* (*o* pietra *f*) per fionda.

slink [sliŋk] *v.* (*pret.* **slunk** [slʌŋk]/*rar.* **slank** [slæŋk], *p.p.* **slunk**) **I** *v.i.* **1** camminare (*o* muoversi) furtivamente, aggirarsi di soppiatto: *to ~ into the shadows* camminare furtivamente nell'oscurità. **2** ⟨*fam*⟩ (*of a woman: to walk provocatively*) camminare in modo provocante, avere un'andatura provocante. **II** *v.t.* ⟨*Zootecn*⟩ partorire prematuramente. □ *to ~ away* sgattaiolare via, svignarsela, squagliarsela; *to ~ in* sgattaiolare dentro; *to ~ off = to slink away; to ~ out* sgattaiolare fuori. **'slinkily** [-ili] *avv.* **1** furtivamente, di nascosto. **2** ⟨*fam*⟩ (*provocatively*) in modo provocante. **'slinky** [-i] *a.* **1** furtivo. **2** ⟨*fam*⟩ che ha molte curve, sinuoso; (*of women's clothes*) che ⸢mette in evidenza⸣ (*o* sottolinea) le curve.

slip¹ [slip] *v.* (*pret., p.p.* **slipped** [-t]/*rar.* **slipt** [-t]) **I** *v.i.* **1** scivolare, fare uno scivolone (*o* una scivolata), sdrucciolare, slittare: *he -ped and fell* scivolò e cadde. **2** (*to slide out of place, from one's grasp, etc.*) sfuggire, scivolare: *the hammer -ped from his hand* il martello gli sfuggì di mano; *his hat -ped over his eyes* il cappello gli era scivolato sugli occhi. **3** (*to move smoothly*) scivolare: *the canoe -ped over the lake* la canoa scivolava sul lago. **4** ⟨*fig*⟩ (spesso con *away*) venir meno (*from* a), abbandonare (qd.): *his faculties were -ping away from him* le sue facoltà mentali lo abbandonavano; (*to escape the mind, memory*) sfuggire, scappare dalla mente. **5** (*to make a mistake; general.* con *up*) sbagliarsi, sbagliare, commettere (*o* fare) un errore: *he -ped (up) badly* si è sbagliato di grosso. **6** (*to become uttered inadvertently*) sfuggire, scappare (*from* da, di): *the secret -ped from his lips* il segreto gli sfuggì di bocca. **7** (*to duck*) chinarsi (*o* piegarsi) improvvisamente per schivare un colpo. **8** ⟨*Geol*⟩ scorrere. **9** ⟨*Mar*⟩ filare per occhio, mollare tutto. **10** ⟨*Aer*⟩ scivolare d'ala. **II** *v.t.* **1** far scivolare, far scorrere; (*to insert smoothly, quickly*) far scivolare, infilare, introdurre: *to ~ s.th. into s.o.'s hand* far scivolare qc. in mano a qd.; *to ~ one's hand through a crack in the wall* infilare la mano in una fessura del muro. **2** (*of a lock, bolt, etc.*) tirare, far scorrere; (*of a knot*) disfare, sciogliere. **3** (*to get away from*) sfuggire a, sottrarsi a: *to ~ one's pursuers* sfuggire ai propri inseguitori; (*of bonds, fetters, etc.*) liberarsi da (*o* di), sfilarsi: *the prisoner -ped his chains* il prigioniero si liberò dalle catene. **4** (*of the memory, etc.*) sfuggire a. **5** (*to utter inadvertently*) lasciarsi sfuggire (*o* scappare). **6** (*of a domestic animal*) partorire prematuramente. **7** ⟨*sl*⟩ (*to give, hand over surreptitiously*) allungare (*o* dare) di nascosto, ⟨*fam*⟩ sganciare di nascosto: *I -ped him a pound* gli allungai di nascosto una sterlina. **8** (*of a blow: to duck*) schivare, evitare. **9** ⟨*Mar*⟩ filare per occhio: *to ~ the anchor* filare per occhio l'ancora. □ *to ~ away:* **1** andarsene alla chetichella, svignarsela, squagliarsela; **2** ⟨*fig*⟩ (*to pass away, vanish*) sparire, svanire, sfumare: *hope is -ping away* sta svanendo ogni speranza; **3** ⟨*eufem*⟩ (*to die*) spegnersi, andarsene, morire; *to be ~-ping*

peggiorare, essere in declino; *to ~ by:* **1** passare ⸢all⸣ chetichella⸣ (*o* di nascosto); **2** (*of time*) passare, scorrere: *the years are -ping by* gli anni passano; *to ~ in:* **1** entrar di soppiatto (*o* straforo), scivolare dentro, intrufolarsi; (*to introduce casually*) buttar là, introdurre casualmente; *~ into:* **1** scivolare in, introdursi inosservato in: *the thi -ped into the apartment* il ladro scivolò nell'appartamento **2** (*of clothes*) infilarsi, infilare, mettersi; **3** ⟨*fig*⟩ (*to laps into*) cadere (lentamente) in, scivolare verso: *to ~ in bad habits* cadere nelle cattive abitudini; *to ~ into be* infilarsi a letto; *to let ~:* **1** lasciarsi sfuggire (*o* scappare *to let ~ a secret* lasciarsi sfuggire un segreto; **2** (*to allo to fall accidentally*) lasciarsi sfuggire, lasciar cadere; **3** (*allow to escape*) lasciarsi sfuggire; **4** (*to release*) sciogliere slegare, liberare; **5** (*to fail to take*) lasciarsi sfuggire scappare), perdere, sciupare: *to let ~ an opportunit* lasciarsi sfuggire un'occasione; *to ~ off:* **1** allontanarsi all chetichella, scivolare via, svignarsela, squagliarsela; **2** (*clothes, etc.*) levare, sfilare, togliere: *to ~ a ring off one finger* sfilarsi un anello dal dito; *to ~ on* infilare, infilars mettere, indossare; *to ~ out:* **1** scivolar via, allontanar alla chetichella, svignarsela, squagliarsela; **2** (*to go o quickly*) fare un salto (*o* una scappata): *to ~ out for som cigarettes* fare un salto a prendere le sigarette; **3** (*to l uttered inadvertently*) venir fuori, sfuggire; *to let s.th. out* lasciarsi sfuggire qc.; *to ~ out of:* **1** usci furtivamente (*o* alla chetichella) da, sgattaiolare fuori da di): *to ~ out of the room* sgattaiolare fuori dalla stanza; (*of clothes*) sfilarsi, levarsi, togliersi; ⟨*sl*⟩ *to ~ s.th.* (*o i over on s.o.* imbrogliare qd., truffare qd., ⟨*fam*⟩ farla qd.

slip² **I** *s.* **1** scivolata *f,* scivolone *m,* sdrucciolone *m.* (*mistake*) errore *m,* sbaglio *m;* (*oversight*) svista *f;* (*fal. step*) passo *m* falso. **3** ⟨*Vest*⟩ (*underskirt*) sottoveste sottabito *m.* **4** (*pillow slip*) federa *f.* **5** *pl.* ⟨*Teat*⟩ (*of t upper gallery*) posti *mpl* (*o* file *fpl*) laterali; (*wings*) quin *fpl.* **6** ⟨*Mar*⟩ scalo *m.* **7** ⟨*Aer*⟩ scivolone *m* d'al (*slipway*) scivolo *m.* **8** ⟨*Mecc*⟩ slittamento *m,* scorrimen *m.* **9** ⟨*Veter*⟩ aborto *m.* **II** *a.* scorrevole, mobile. ⟨*fam*⟩ *to give s.o. the ~* evitare qd., sfuggire qd.; *a ~ the pen* un errore di scrittura, un lapsus calami; *a ~ the tongue* un errore nel parlare, un lapsus linguae. *Pro there is many a ~ 'twixt cup and lip* tra il dire e il fa c'è di mezzo il mare.

slip³ *s.* **1** ⟨*Giard*⟩ talea *f;* (*graft, scion*) innesto *m,* marza **2** (*narrow strip of thin wood, paper, etc.*) striscia *f: a ~ land* una striscia di terra. **3** (*small piece of paper, not scontrino *m,* tagliando *m: he gave me a ~ in receipt* r dette uno scontrino come ricevuta. **4** (*young, slend person*) persona *f* giovane e snella, silfide *f.* **5** ⟨*Tip*⟩ bozz *f* in colonna.

slip⁴ *s.* **1** ⟨*Ceram*⟩ impasto *m* liquido di argilla. **2** ⟨*Vet* smalto *m.*

slip|board *s.* ⟨*tecn*⟩ asse *f* scorrevole. **~ carriage** ⟨*Ferr*⟩ vagone *m* sganciabile in corsa. **~cover** *s.* **1** (*of furniture*) fodera *f,* foderina *f,* copertina *f.* **2** (*book jacke* sovraccoperta *f,* coprilibro *m.* **~ knot** *s.* nodo *m* scorsoi **~ noose** *s.* cappio *m.*

slippage ['slipidʒ] *s.* **1** ⟨*Mecc*⟩ scorrimento *m;* (*loss work*) perdita *f* per scorrimento. **2** ⟨*Minier*⟩ slittamen *m.*

slipper ['slipə] **I** *s.* **1** ⟨*Calz*⟩ pantofola *f,* pianella ciabatta *f;* (*woman's evening shoe*) scarpa *f* da sera. **2** (*a coursing event*) chi scioglie i levrieri alle corse. ⟨*Mecc*⟩ pattino *m;* (*gib*) lardone *m.* **4** ⟨*Ferr*⟩ → **slipp brake.** **II** *v.t.* colpire (*o* picchiare) con una pantofol prendere a ciabattate.

slipper| bath *s.* vasca *f* a sedile. **~ brake** *s.* ⟨*Ferr*⟩ fren *m* sulla rotaia, scarpa *f* d'arresto.

slippered ['slipəd] *a.* in pantofole, che porta le pantofol

slipperiness ['slip(ə)rinis] *s.* **1** l'essere sdrucciolevo scivolosità *f.* **2** ⟨*fig*⟩ instabilità *f,* precarietà *f.* **3** ⟨*fam (shiftiness*) disonestà *f,* mancanza *f* di scrupoli.

slippery ['slipəri] *a.* **1** sdrucciolevole, scivoloso; (*tending slip from the grasp*) scivoloso, viscido, che sfugge a presa: *a ~ rope* una fune scivolosa; *~ fish* pesce viscid **2** ⟨*fig*⟩ precario, malsicuro, instabile: *~ situatio*

situazione precaria. 3 ⟨*fam*⟩ (*tricky, deceitful*) ingannevole, infido, disonesto: *a ~ customer* un tipo disonesto. □ ⟨*fam*⟩ *as ~ as an eel* viscido come un'anguilla; ⟨*Strad*⟩ *~ road* strada *f* sdrucciolevole; *a ~ subject* un argomento scabroso.
lip proof *s.* ⟨*Tip*⟩ bozza *f* in colonna.
lippy ['slipi] *a.* **1** ⟨*fam*⟩ sdrucciolevole, scivoloso. **2** ⟨*fig*⟩ (*fast*) rapido, veloce.
lip| resistant *a.* antisdrucciolevole. **~ road** *s.* **1** strada *f* traversa, traversa *f.* **2** (*for a motor way*) strada *f* (*o* rampa) di accesso. **~ rope** *s.* ⟨*Mar*⟩ bozza *f* rompente.
lipshod ['slipʃod] *a.* **1** scalcagnato. **2** ⟨*fig*⟩ sciatto, trascurato, trasandato: *a ~ style* uno stile sciatto; *~ work* lavoro trasandato. **slipshodness** [–nis] *s.* trascuratezza *f,* sciatteria *f.*
lipstream *s.* ⟨*Aer*⟩ flusso *m* (*o* scia *f*) dell'elica.
lipt [slipt] → **slip**[1].
lip|-up *s.* ⟨*fam*⟩ sbaglio *m,* errore *m.* **~way** *s.* **1** ⟨*Mar*⟩ scalo *m* di alaggio; (*building slip*) scalo *m* di costruzione. **2** ⟨*Aer*⟩ scivolo *m.*
lit[1] [slit] *v.* (*pret., p.p.* **slit**) **I** *v.t.* **1** tagliare per il lungo. **2** (*to make a slit, long cut in*) fendere, squarciare, sfregiare; (*to sever, cut off*) tagliare, recidere: *to ~ s.o.'s throat* tagliare la gola a qd. **3** (*to cut into strips*) tagliare a strisce. **II** *v.i.* fendersi, spaccarsi.
lit[2] **I** *s.* **1** fenditura *f,* apertura *f* (*o* taglio *m*) longitudinale. **2** (*narrow rectangular opening*) feritoia *f,* fessura *f.* **3** ⟨*Mod*⟩ spacco *m.* **II** *a.* **1** che ha una fessura. **2** ⟨*Mod*⟩ con (*o* che ha) lo spacco: *a ~ skirt* una gonna con lo spacco. □ *~ eyes* occhi a mandorla.
lither ['sliðə] *v.i.* **1** sdrucciolare, scivolare. **2** (*to move with a sinuous motion*) strisciare: *the snake ~ed through the grass* il serpente strisciava sull'erba. **slithery** [–ri] *a.* scivoloso, viscido, sdrucciolevole.
lit trench *s.* ⟨*Mil*⟩ stretta trincea *f.*
liver ['slivə] **I** *s.* **1** scheggia *f,* pezzetto *m,* scaglia *f,* frammento *m: a ~ of wood* una scheggia di legno. **2** ⟨*Tess*⟩ teletta *f.* **3** ⟨*Pesc*⟩ pezzetto *m* di pesce usato come esca. **II** *v.t.* **1** scheggiare, fare a pezzetti (*o* pezzi). **2** ⟨*Tess*⟩ cardare in telette. **III** *v.i.* spezzarsi, scheggiarsi.
lob [slob] *s.* **1** ⟨*sl*⟩ (*clod, boor*) persona *f* rozza (*o* zotica), zoticone *m* (*f* –a). **2** (*muddy ground*) terreno *m* fangoso (*o* melmoso).
lobber ['slobə] **I** *v.i.* **1** sbavare. **2** ⟨*fig*⟩ fare il sentimentale (*o* lo svenevole); (*to gush sentimentally*) sdilinquirsi, profondersi in manifestazioni d'affetto (*over* per). **II** *v.t.* sbavare, bagnare di saliva. **III** *s.* **1** bava *f,* sbavatura *f.* **2** ⟨*fig*⟩ sdilinquimento *m,* sdolcinatura *f,* svenevolezza *f.* **slobbery** [–ri] *a.* **1** bavoso. **2** ⟨*fig*⟩ sentimentale, sdolcinato, svenevole.
loe [slou] *s.* **1** ⟨*Bot*⟩ prugno *m* selvatico, prugnolo *m.* **2** (*fruit*) prugnola *f,* prugna *f* selvatica.
loe|-eyed *a.* dagli occhi a mandorla. **~ gin** *s.* acquavite *f* (*o* distillato *m*) di prugnole, prunella *f.*
log[1] [slog] *v.* (*pret., p.p.* **slogged** [–d]) **I** *v.t.* **1** colpire forte (*o* duro), picchiare sodo (*o* con violenza). **2** ⟨*Sport*⟩ colpire forte. **II** *v.i.* **1** assestare colpi duri, picchiare sodo. **2** ⟨*Sport*⟩ colpire forte. **3** (*to move heavily, plod*) procedere faticosamente (*o* a fatica), trascinarsi. **4** (*to work hard, persistently;* spesso con *away*) faticare, ⟨*fam*⟩ sgobbare (*at* su).
log[2] *s.* **1** colpo *m* violento (*o* duro). **2** ⟨*Sport*⟩ colpo *m* forte. **3** (*hard or long walk, march*) camminata *f* (*o* marcia) estenuante. **4** (*hard dull work*) faticata *f,* ⟨*fam*⟩ sgobbata *f.*
logan ['slougən] *s.* **1** motto *m,* slogan *m.* **2** ⟨*Comm*⟩ (*in advertising or promotion*) slogan *m* (*pubblicitario*). **3** ⟨*Mil.ant*⟩ grido *m* di guerra. **sloganeer** [–iə] *s.* sloganista *m/f.* **sloganeering** [–iəriŋ] *s.* sloganistica *f.*
logger ['slogə] *s.* **1** ⟨*Sport*⟩ (*in cricket*) chi colpisce forte; (*hard-hitting boxer*) picchiatore *m.* **2** (*hard persistent worker*) lavoratore *m* indefesso (*o* accanito), ⟨*fam*⟩ sgobbone *m* (*f* –a).
loop [slu:p] *s.* ⟨*Mar*⟩ sloop *m.* □ ⟨*Mar.mil*⟩ *~ of war* corvetta *f.*
lop[1] [slop] *v.* (*pret., p.p.* **slopped** [–t]) **I** *v.t.* versare, spandere, rovesciare. **II** *v.i.* **1** versarsi. **2** (*to splash in*

water, mud, etc.; spesso con *about, around*) sguazzare. **3** ⟨*fam*⟩ (*to be unduly effusive;* spesso con *over*) perdersi in eccessive effusioni, essere esageratamente espansivo.
slop[2] *s.* **1** sbrodolamento *m,* il rovesciare, il versare. **2** (*quantity of spilt liquid*) quantità *f* di liquido versato. **3** *pl.* cibo *m* liquido per malati; (*watery food*) broda *f,* brodaglia *f,* ⟨*fam*⟩ sbobba *f.* **4** *pl.* (*dregs of tea*) fondi *mpl* di tè. **5** ⟨*Zootecn*⟩ pastone *m,* beverone *m,* intruglio *m.* **6** (*dirty water*) (ri)sciacquatura *f,* acqua *f* sporca.
slop[3] *s.* **1** *pl.* (*cheap clothing*) confezioni *fpl* (*o* abiti *mpl* confezionati) di poco prezzo. **2** *pl.* ⟨*Mar*⟩ corredo *m,* dotazione *f.*
slop[4] *s.* ⟨*sl*⟩ (*policeman*) poliziotto *m,* ⟨*fam*⟩ piedipiatti *m.*
slop| basin *s.* coppetta *f* per raccogliere i fondi del tè. **~ chest** *s.* ⟨*Mar*⟩ spaccio *m* di bordo.
slope [sloup] **I** *s.* **1** pendenza *f,* inclinazione *f,* pendio *m;* (*degree of inclination*) pendenza *f,* grado *m* d'inclinazione. **2** (*inclined ground*) pendio *m,* china *f,* declivio *m: a gentle ~* un leggero pendio. **3** *pl.* pendici *fpl: the –s of Mt. Everest* le pendici dell'Everest. **4** ⟨*Sport*⟩ (*in skiing*) pista *f.* **5** ⟨*Mil*⟩ spallarm *m.* **II** *v.i.* **1** declinare, essere in pendio (*o* pendenza). **2** (*to move in an oblique direction*) piegare, deviare: *they –d westward* piegarono a ovest. **3** (*to incline*) essere inclinato, pendere: *his handwriting –s backwards* la sua calligrafia è inclinata all'indietro. **4** ⟨*sl*⟩ (*to go away, leave;* spesso con *off*) andarsene, andar via, partire. **III** *v.t.* **1** inclinare, far pendere, dare pendenza a. **2** (*to bend*) piegare, flettere. **3** ⟨*Mil*⟩ (*of a weapon*) mettere a spallarm. □ ⟨*Mil*⟩ *to ~ arms* mettere il fucile a spallarm; *~ arms!* spallarm!; *to ~ down* scendere; *on the ~* in pendenza, in pendio; *to ~ up* salire.
sloppily ['slopili] *avv.* **1** in modo fangoso (*o* melmoso). **2** ⟨*fig*⟩ (*carelessly*) con negligenza, in modo trascurato, sciattamente. **3** ⟨*fam*⟩ (*slovenly*) in modo sciatto (*o* trasandato), sciattamente: *to dress ~* vestire in modo sciatto. **4** ⟨*fam*⟩ (*mawkishly*) sdolcinatamente, svenevolmente. **sloppiness** [–pinis] *s.* **1** fangosità *f.* **2** ⟨*fig*⟩ (*carelessness*) negligenza *f,* trascuratezza *f,* noncuranza *f.* **3** ⟨*fam*⟩ (*slovenliness*) sciatteria *f,* trascuratezza *f,* trasandatezza *f,* disordine *m.* **4** ⟨*fam*⟩ (*mawkishness*) stucchevolezza *f,* sdolcinatezza *f,* svenevolezza *f.*
sloppy ['slopi] *a.* **1** fangoso, melmoso. **2** (*splashed*) bagnato, spruzzato. **3** ⟨*fig*⟩ (*ill-contrived, careless*) sciatto, trascurato, trasandato. **4** ⟨*fam*⟩ (*of clothes*) sciatto, in disordine, trasandato; (*of a person*) trasandato, trascurato, sciatto: *a ~ dresser* una persona trasandata nel vestire. **5** ⟨*fam*⟩ (*mawkish*) sdolcinato, eccessivamente sentimentale; (*effusive, gushing*) svenevole, sdolcinato. **6** (*of food*) brodoso.
sloppy joe *s.* ⟨*fam*⟩ maglione *m* a sacco per ragazze.
slosh [sloʃ] ⟨*sl*⟩ **I** *s.* (*sentimentality*) sdolcinatezza *f,* sentimentalismo *m,* svenevolezza *f.* **II** *v.t.* (*to hit violently*) colpire violentemente, dare un colpo violento a: *I –ed him on the nose* lo colpii violentemente sul naso. **sloshed** [–t] *a.* ⟨*sl*⟩ (*drunk*) ubriaco, ⟨*fam*⟩ sbronzo, ⟨*pop*⟩ sborniato.
slot[1] [slot] **I** *s.* **1** fessura *f,* feritoia *f,* fenditura *f,* apertura *f* (*lunga e stretta*): *to put a coin in the ~* introdurre una moneta nella fessura. **2** ⟨*Teat*⟩ botola *f,* trabocchetto *m.* **3** ⟨*Mecc*⟩ scanalatura *f,* guida *f.* **4** ⟨*Inform*⟩ slot *m,* presa *f* (*o* fessura) a pettine. **II** *v.t.* (*pret., p.p.* 'slotted [–id]) **1** fare (*o* aprire) una fessura in, fare un'apertura in. **2** ⟨*tecn*⟩ stozzare. **3** ⟨*Mecc*⟩ scanalare.
slot[2] *s.* **1** (*track of an animal*) impronta *f,* orma *f,* traccia *f.* **2** (*estens*) (*track, trail*) pista *f,* traccia *f.*
slot[3] *s.* **1** (*door bolt*) catenaccio *m,* chiavistello *m.* **2** (*metal rod*) spranga *f,* traversa *f* (*o* sbarra) di ferro.
sloth [slouθ, *am.* sloθ] *s.* **1** pigrizia *f,* indolenza *f,* poltroneria *f.* **2** ⟨*Zool*⟩ bradipo *m.*
slothful ['slouθful] *a.* pigro, indolente, poltrone, accidioso. **slothfully** [–i] *avv.* pigramente, con indolenza. **slothfulness** [–nis] *s.* indolenza *f,* poltroneria *f,* pigrizia *f.*
slot machine *s.* **1** distributore *m* automatico. **2** (*gambling machine*) slot machine *f,* macchina *f* mangia-soldi.

slouch [slautʃ] **I** v.i. **1** stare scomposto. **2** (to walk with a loosely drooping body) camminare dinoccolato; (to move heavily, clumsily) avere un'andatura goffa (e pesante), camminare goffamente (e pesantemente). **3** (to hang down flaccidly) penzolare, pendere. **II** v.t. **1** curvare, piegare. **2** (to cause to hang down) far pendere (o penzolare). **III** s. **1** (bad posture) atteggiamento m scomposto. **2** (drooping posture) andatura f dinoccolata; (clumsy gait) andatura f goffa (e pesante). **3** ⟨Mod⟩ → slouch hat. **4** (of a hat brim) inclinazione f della tesa. **5** ⟨am.fam⟩ (lout) zoticone m, villano m, tanghero m; (slovenly person) incompetente m/f, incapace m/f, ⟨fam⟩ schiappa f, ⟨spreg⟩ scalzacane m/f; (loafer) ciondolone m (f –a), fannullone m (f –a). □ ⟨am.fam⟩ to be no ~ essere molto abile (o capace); to ~ one's hat over one's eyes calarsi il cappello sugli occhi.

slouch hat s. ⟨Mod⟩ cappello m ⌐a cencio⌐ (o floscio).

slough[1] [slau] s. palude f, pantano m, acquitrino m. □ ⟨fig⟩ the Slough of Despond gli abissi della disperazione.

slough[2] [slʌf] **I** s. **1** ⟨Zool⟩ (cast-off skin) spoglia f. **2** ⟨Med⟩ crosta f, escara f. **II** v.i. **1** (of a snake) spogliarsi (della pelle), gettare la spoglia, mutare pelle. **2** ⟨Med⟩ (spesso con off) staccarsi; (of skin) squamarsi. **III** v.t. **1** mutare, cambiare: the snake –ed its skin il serpente mutò pelle. **2** ⟨fig⟩ (general. con off) (lasciar) perdere, smettere, liberarsi di.

sloughy[1] ['slaui] a. paludoso, pantanoso, acquitrinoso.

sloughy[2] ['slʌfi] a. ⟨Med⟩ squamoso.

Slovak ['slo(u)væk] s./a. → **Slovakian. Slo'vakia** [–jə] N.pr. ⟨Geog⟩ Slovacchia f. **Slo'vakian** [–jən] **I** s. **1** slovacco m (f –a). **2** (language) slovacco m. **II** a. slovacco.

sloven ['slʌvn] s. **1** persona f disordinata (o sciatta), ⟨fam⟩ sciattone m (f –a). **2** (badly dressed person) persona f trascurata (o trasandata).

Slovene ['slouvi:n, slo(u)'vi:n] s./a. → **Slovenian. Slo've-nia** [–jə] s. ⟨Geog⟩ Slovenia f. **Slo'venian** [–jən] **I** s. **1** sloveno m (f –a). **2** (language) sloveno m. **II** a. sloveno.

slovenliness ['slʌvnlinis] s. **1** sciatteria f, trasandatezza f, trasandatezza f. **2** (carelessness) negligenza f, trascuratezza f. **slovenly** [–li] **I** a. **1** sciatto, trasandato, disordinato, trascurato. **2** (slipshod) tirato via, trascurato, negligente, trasandato: a ~ piece of work un lavoro tirato via. **II** avv. **1** in modo trasandato (o sciatto). **2** (in a negligent way) trascuratamente, con negligenza.

slow [slou] **I** a. **1** lento, tardo, poco veloce: a ~ runner un corridore lento; (marked by lack of speed) lento: ~ pulse polso lento. **2** (taking a long time for development, etc.) tardivo, lento: ~ growth crescita tardiva; ~ progress progresso lento; (slow-acting) ad azione lenta, lento: a ~ poison un veleno ad azione lenta. **3** (dull) tardo, ottuso, lento: a ~ pupil uno scolaro tardo. **4** (lacking in willingness) pigro, indolente, fiacco. **5** (of a watch, clock) che è (o va) indietro. **6** (boring) monotono, noioso, tedioso: the film is rather ~ il film è piuttosto monotono. **7** (slack, inactive) fiacco, calmo, stagnante: business is ~ gli affari sono fiacchi. **8** (of a fire) basso; (of an oven) basso, a bassa temperatura, lento. **9** ⟨Sport⟩ (of a track, pitch) pesante, poco scorrevole. **10** ⟨Fot⟩ (of film) lento, a bassa sensibilità. **II** avv. lentamente, piano, adagio: how ~ time passes! come passa lentamente il tempo! **III** v.t. (spesso con down, up) ritardare, rallentare, ridurre la velocità di: to ~ down the pace ritardare il passo; to ~ down development rallentare lo sviluppo. **IV** v.i. (spesso con down, up) rallentare, ridurre la velocità: ~ down at the corner rallentare all'angolo. □ to be ~ to anger non arrabbiarsi facilmente, non essere facile ad arrabbiarsi; to go ~: 1 andare piano (o adagio); 2 (to be cautious) essere (o andare) cauto; 3 (of workers) rallentare volontariamente (il ritmo di) lavoro, lavorare a ritmo ridotto; to be ~ of speech essere lento nel parlare; ~ but sure piano ma sicuro. Prov.: ~ and steady wins the race chi va piano, va sano e va lontano.

slow|coach s. **1** persona f lenta e pigra, ⟨scherz⟩ posapiano m/f. **2** (dull, old-fashioned person) persona f di idee arretrate, retrogrado m (f –a), ⟨fam⟩ matusa m. ~ **combustion** s. combustione f lenta. **~down** s. ⟨Econ⟩

rallentamento m della produzione. **~-down strike** s. no collaborazione f.

slowly ['slouli] avv. a rilento, lentamente, adagio, pianc the work is going ~ il lavoro va a rilento. □ ~ but sure piano ma sicuro.

slow|-motion a. ⟨Cin⟩ al rallentatore, rallentato. ~ **motion** s. ⟨Cin⟩ rallentatore m. □ in ~ al rallentatore to shoot a scene in ~ girare una scena al rallentatore.

slowness ['slounis] s. **1** lentezza f. **2** (dullness understanding) lentezza f (di mente), ottusità f. **3** (dullness monotonia f, noiosità f. **4** (of a clock, watch) ritardo m

slow| train s. ⟨Ferr⟩ treno m accelerato, accelerato m '~-'witted a. tardo, lento nel capire, ottuso. **~-worm** ⟨Zool⟩ orbettino m.

slub [slʌb] **I** s. ⟨Tess⟩ ringrosso m. **II** v.t. (pret., p. slubbed [–d]) torcere (o ritorcere) leggermente. **slubbe** [–d] a. leggermente ritorto. **'slubber** [–ə] s. ⟨Tess torcitoio m.

sludge [slʌdʒ] s. **1** fanghiglia f, fango m. **2** (deposit o sewage) detriti mpl di fogna, deposito m di fognatura. (deposit from silt) morchia f, morchiume m. **4** ⟨tecn⟩ (i a steam boiler) fanghi mpl.

sludge composting s. compostaggio m dei fanghi.

sludgy ['slʌdʒi] a. fangoso, limaccioso.

slue v./s. → **slew**[2].

slug[1] [slʌg] **I** s. ⟨Zool⟩ lumaca f. **II** v.i. (pret., p.p. slugge [–d]) poltrire nel letto.

slug[2] s. **1** (lump of metal) pezzo m (tondeggiante) d metallo. **2** (bullet) pallottola f, proiettile m. **3** ⟨Minier (nugget) pepita f; (half-roasted ore) massa f di material per metà arrostito. **4** ⟨Tip⟩ interlinea f. **5** ⟨am.fam⟩ (sho of liquor) bicchierino m, goccio m.

slug[3] v. (pret., p.p. slugged [–d]) ⟨fam⟩ **I** v.t. colpire (co forza): to ~ s.o. with a club colpire con forza qd. con u manganello; to ~ s.o. from behind colpire qd. alle spalle **II** v.i. colpire sodo, picchiare forte.

sluggard ['slʌgəd] s. fannullone m (f –a), pigrone m (f –a poltrone m (f –a). **sluggardly** [–li] a. indolente, poltrone pigro.

sluggish ['slʌgiʃ] a. **1** pigro, lento, neghittoso, indolente. (slow-moving) lento, pigro: a ~ river un fiume lento. ⟨Econ⟩ (stagnant) fiacco, stagnante. **sluggishly** [–li] av lentamente, pigramente, indolentemente. **sluggishnes** [–nis] s. lentezza f, pigrizia f, indolenza f.

sluice [slu:s] **I** s. **1** ⟨Idr⟩ chiusa f. **2** → **sluice gate.** ⟨Minier⟩ canale m artificiale (per lavare sabbie aurifere) **II** v.t. **1** inondare (o allagare) aprendo una chiusa. **2** (t flush, wash; spesso con down) lavare con molta acqua lavare abbondantemente. **3** ⟨Minier⟩ lavare in un canal artificiale.

sluice| gate s. saracinesca f, chiusa f, paratoia f. ~ **valv** s. valvola f a saracinesca. **~way** s. canale m di chiusa.

slum [slʌm] **I** s. **1** (general. al pl.) bassifondi mp quartieri mpl poveri, quartieri bassi: the ~s of the city bassifondi della città. **2** (street of squalid houses) vicolo m sporco e affollato; (squalid house) catapecchia f, tuguri m, stamberga f, topaia f. **II** v.i. (pret., p.p. slummed [–d] **1** ⌐visitare i⌐ (o curiosare nei) quartieri poveri. ⟨fam,scherz⟩ fare economie. □ to go –ming ⌐visitare i⌐ (c curiosare nei) quartieri poveri.

slumber ['slʌmbə] **I** v.i. **1** dormire; (to sleep lightly sonnecchiare, essere assopito. **2** ⟨fig⟩ essere in uno stat di apatia, dormire, stare inattivo (o inerte), sonnecchiare **II** v.t. (general. con away, out, through) passare dormend (o sonnecchiando). **III** s. sonno m, dormita f; (light sleep sonnellino m, pisolino m.

slumberland ['slʌmbəlænd] s. regno m del sonno.

slumberous ['slʌmbərəs] a. **1** assonnato, sonnolento. (inducing sleep) che fa dormire, sonnolento, che concilia i sonno. **slumberously** [–li] avv. in maniera assonnata (c sonnolenta), sonnacchiosamente. **slumberousness** [–nis s. sonnolenza f.

slum clearance s. risanamento m dei quartieri poveri.

slummy ['slʌmi] a. dei bassifondi.

slump [slʌmp] **I** v.i. **1** crollare, cadere pesantemente: h –ed to the floor crollò al suolo; to ~ into a chair lasciars cadere pesantemente su una sedia. **2** ⟨Econ,Comm rollare, subire un tracollo; (*to decrease*) contrarsi, ridursi, ꜫalare, essere in crisi: *sales have -ed* le vendite si sono ꜫntratte. **II** *s.* **1** crollo *m,* caduta *f.* **2** (*fig*) calo *m* 'interesse nel pubblico, perdita *f* di popolarità. **3** (*Econ*) ꜫngiuntura *f* sfavorevole, depressione *f,* crisi *f,* slump

ꜫng [slʌŋ] → **sling¹**.
ꜫnk [slʌŋk] → **slink¹**.
ꜫr¹ [slə:] *s.* **1** diffamazione *f,* calunnia *f,* denigrazione *f;* ꜫstain) macchia *f,* onta *f: a ~ on one's reputation* una ꜫacchia sull'onore. **2** (*Tip*) doppieggiatura *f.* □ *to cast a ~ on s.o.* diffamare qd.
ꜫr² *v.t.* (*pret., p.p.* **slurred** [-d]) calunniare, diffamare, ꜫenigrare.
ꜫr³ *v.* (*pret., p.p.* **slurred** [-d]) **I** *v.t.* **1** (*of speech*) ꜫronunciare in modo indistinto (*o* confuso), pronunciare ꜫifettosamente. **2** (*Mus*) legare; (*to mark with a slur*) ꜫegnare con una legatura (*o* un legamento). **3** (*to pass over ꜫghtly;* general. con *over*) sorvolare su, passare sopra a. **II** ꜫ.i. parlare in modo indistinto (*o* confuso), parlare male.
ꜫr⁴ *s.* **1** (*in speech*) pronuncia *f* difettosa. **2** (*Mus*) ꜫegatura *f.*
ꜫrp [slə:p] *v.t./i.* bere in modo rumoroso.
ꜫrry ['slʌri, *am.* 'slə:ri] *s.* (*Edil*) impasto *m* liquido, ꜫalta *f* liquida.
ꜫsh [slʌʃ] *s.* **1** neve *f* mista a fango. **2** (*soft mud*) ꜫoltiglia *f,* fanghiglia *f,* fango *m,* melma *f.* **3** (*fam*) (*sickly ꜫentiment*) sdolcinatezza *f,* svenevolezza *f;* (*rubbish, ꜫonsense*) sciocchezze *fpl,* stupidaggini *fpl.* □ (*Comm*) ~ ꜫoney fondi *mpl* neri. **'slushy** [-i] *a.* **1** coperto di ꜫanghiglia, fangoso. **2** (*fam*) sdolcinato, svenevole.
ꜫt [slʌt] *s.* **1** donna *f* trasandata (*o* sciatta), (*fam*) ꜫiattona *f.* **2** (*immoral woman*) donna *f* immorale, (*volg*) ꜫuttana *f.* **'sluttish** [-iʃ] *a.* **1** sciatto, trasandato, ꜫascurato. **2** (*immoral*) immorale, dissoluto. **'sluttish-ess** [-iʃnis] *s.* **1** sciatteria *f,* trasandatezza *f,* trascura-ꜫzza *f,* disordine *m.* **2** (*immorality*) immoralità *f.*
' [slai] *a.* (*compar.* **slyer** [-ə], *sup.* **slyest** [-ist]) **1** ꜫrbo, astuto, scaltro. **2** (*furtive*) furtivo, circospetto: *a ~ ꜫok* un'occhiata furtiva. **3** (*mischievous*) malizioso, ꜫirichino, sbarazzino: *a ~ smile* un sorriso malizioso. □ ꜫs *~ as a fox* astuto come una volpe; (*fam*) *on the ~* ꜫegretamente, furtivamente, di nascosto, di soppiatto.
ꜫboots ['slaibu:ts] *s.pl.* (costr. sing.) (*fam*) furbacchione ꜫ (*f* –a), volpe *f.*
ꜫly ['slaili] *avv.* **1** astutamente, scaltramente. **2** (*furtively*) ꜫurtivamente. **3** (*mischievously*) maliziosamente. **'slyness** ꜫ-nis] *s.* **1** astuzia *f,* furberia *f,* scaltrezza *f.* **2** (*secre-ꜫveness*) l'essere furtivo. **3** (*mischievousness*) malizia *f.*
ꜫM. = **1** (*Mil*) *Sergeant–Major* sergente maggiore. **2** ꜫEcon) *Stock Market* Borsa (valori), mercato azionario.
ꜫack¹ [smæk] **I** *s.* **1** (*slight flavour*) sapore *m,* gusto *m,* ꜫroma *m: a ~ of garlic* un sapore di aglio. **2** (*fig*) pizzico ꜫ, traccia *f,* punta *f: a ~ of recklessness* un pizzico ꜫ'avventatezza. **II** *v.t.* **1** sapere, odorare (*of* di). **2** (*fig*) ꜫvere una punta (*o* traccia) (di); (*to smell*) sapere, odorare, ꜫzzare (di): *the business –s of swindling* la faccenda sa ꜫimbroglio.
ꜫack² **I** *s.* **1** schiaffo *m,* scappellotto *m,* sventola *f,* ꜫeffone *m: a ~ on the face* uno schiaffo in faccia. **2** (*short ꜫarp sound*) schiocco *m: the ~ of a whip* lo schiocco di ꜫna frusta. **3** (*fam*) (*loud kiss*) bacio *m* con lo schiocco, ꜫacione *m.* **II** *avv.* (*fam*) diritto, in pieno, proprio: *the ꜫowball went ~ in my eye* la palla di neve mi arrivò ꜫiritto nell'occhio. **III** *v.t.* **1** schiaffeggiare, dare un ꜫeffone (*o* uno schiaffo) a. **2** (*of the hands*) battere, (*of the ꜫps*) schioccare, fare uno schiocco con. **3** (*of a whip*) far ꜫhioccare. **IV** *v.i.* fare uno schiocco, schioccare. □ *to ~ ꜫ child's bottom* sculacciare un bambino; (*fam*) *a ~ in ꜫe eye* uno smacco; (*fam*) *to have a ~ at s.th.* provare a ꜫre qc., fare un tentativo di fare qc., provarcisi.
ꜫack³ *s.* (*Mar*) peschereccio *m,* barca *f* da pesca.
ꜫacker ['smækə] *s.* **1** chi dà uno schiaffo (*o* ꜫappellotto). **2** (*fam*) (*loud slap*) schiaffo *m* sonoro; ꜫoisy kiss*) bacio *m* con lo schiocco, bacione *m.* **3** (*sl*) ꜫound) sterlina *f.* **4** (*am.sl*) (*dollar*) dollaro *m.*
ꜫacking ['smækiŋ] **I** *a.* **1** (*of a breeze*) forte, sostenuto,

teso. **2** (*fam*) (*excellent*) eccellente, ottimo, superlativo. **II** *s.* botte *fpl,* busse *fpl.*
smacksman ['smæksmən] *s.irr.* (*Mar*) marinaio *m* di un peschereccio.
small [smɔ:l] **I** *a.* **1** piccolo, piccino, *often translated with a diminutive: a ~ hotel* un piccolo albergo; *a ~ boy* un ragazzino; (*slender*) piccolo, minuto, sottile: *a ~ waist* una vita piccola; (*short*) piccolo, .basso: *a ~ man* un uomo basso. **2** (*young*) piccolo, giovane: *~ children* bambini piccoli. **3** (*little in amount, etc.*) piccolo, ristretto, esiguo, scarso: *a ~ increase* un piccolo aumento; (*in number*) ristretto, limitato, piccolo, ridotto: *a ~ band of followers* un ristretto gruppo di seguaci. **4** (*small - scale*) piccolo, modesto, su scala ridotta, in piccolo: *~ firms* piccole imprese. **5** (*of little importance*) di scarsa importanza, piccolo, insignificante, di poco conto: *~ mistakes* errori di scarsa importanza. **6** (*humble, modest*) umile, modesto. **7** (*petty, mean*) gretto, meschino, piccolo, piccino: *a ~ mind* una mente gretta. **8** (*of letters*) minuscolo: *a ~ z* una z minuscola. **9** (*of the voice*) basso, sommesso. **10** (*little, not much*) scarso, poco: *he gave ~ heed to my warning* prestò scarsa attenzione al mio avvertimento. **11** (*humiliated*) umiliato, offeso, mortificato: *he never felt so ~ in his life* non si era mai sentito così umiliato in vita sua. **12** (*Enol*) leggero, poco alcolico. **II** *s.* **1** parte *f* piccola; (*narrow part*) parte *f* stretta (*o* sottile). **2** (*humble, unimportant people;* costr. al pl.) umili *mpl,* piccoli *mpl: the great and the ~* i potenti e gli umili, i grossi e i piccoli. **3** (*middle part of the back*) reni *fpl.* **4** *pl.* (*underclothes*) biancheria *f* intima. **5** *pl.* (*Minier*) pula *f,* trito *m,* minuto *m.* **6** *pl.* (*univ*) primo esame *m* per conseguire il baccalaureato. **III** *avv.* **1** a pezzetti, a piccoli pezzi. **2** (*in a humble manner*) umilmente. □ *the ~ of the* **back** le reni; *he is a ~* **eater** non è un gran mangiatore; *the ~ of the* **leg** il garretto; *to* **make** *s.o. feel ~* umiliare qd.; (*fig*) *to be thankful for small* **mercies** essere grato per ogni piccolo beneficio; *on the ~* **side** piuttosto stretto (*o* piccolo); *to sing ~* diventare umile, abbassare la cresta; *in a ~* **way:** 1 nel suo piccolo: *in a ~ way, he has done as much as anyone for our cause* nel suo piccolo ha fatto quanto gli altri per la nostra causa; 2 (*in a humble way*) modestamente, umilmente: *to live in a ~ way* vivere modestamente.
smallage ['smɔ:lidʒ] *s.* (*Bot*) appio *m* (dolce, grande).
'small| 'arms *s.pl.* armi *fpl* leggere (*o* portatili). **~ beer** *s.* **1** birra *f* leggera. **2** (*fig*) bazzecola *f,* inezia *f,* sciocchezza *f: the fine is ~ to him* la multa è una bazzecola per lui. □ (*fig*) *to think no ~ of s.o.* tenere qd. in grande considerazione, stimare molto qd. **'~-'caliber** *am.,* **'~-'calibre** *a.* (*Artigl*) di piccolo calibro: *a ~ rifle* un fucile di piccolo calibro. **~ change** *s.* **1** spiccioli *mpl,* soldi *mpl* spiccioli, moneta *f* spicciola. **2** (*fig*) cosa *f* insignificante (*o* di scarsa importanza), roba *f* da poco; (*trivial talk*) insulsaggini *fpl.* **~ fry** *s.* (costr. pl.) **1** pesciolini *mpl,* pesci *mpl* minuti. **2** (*young children*) bambini *mpl,* piccoli *mpl.* **3** (*fig*) persone *fpl* qualsiasi, pesci *mpl* piccoli. **~ game** *s.* (*Venat*) selvaggina *f* di piccolo taglio. **'~-'holder** *s.* piccolo proprietario *m.* **'~-'holding** *s.* piccola azienda *f* agricola (a conduzione diretta). **~ hours** *s.pl.* ore *fpl* piccole. **~ intestine** *s.* (*Anat*) intestino *m* tenue.
smallish ['smɔ:liʃ] *a.* piuttosto piccolo, piccoletto.
small letter *s.* minuscola *f,* lettera *f* minuscola.
'small-'minded *a.* dalla mentalità ristretta, gretto, meschino. **,small-'mindedly** *avv.* in maniera meschina, meschinamente. **,small-'mindedness** *s.* grettezza *f* (d'animo), meschinità *f.*
smallness ['smɔ:lnis] *s.* **1** piccolezza *f.* **2** (*small–mind-edness*) grettezza *f* (d'animo), meschinità *f,* piccineria *f.* **3** (*humble quality*) umiltà *f.*
small|pox *s.* (*Med*) vaiolo *m.* **~ print** *s.* note *fpl.* **~-scale** *a.* **1** piccolo, modesto, su scala ridotta, in piccolo. **2** (*of a map, etc.*) su scala ridotta, in miniatura. **~ sword** *s.* (*Stor*) spadino *m.* **~talk** *s.* chiacchiere *fpl,* insulsaggini *fpl.* **~-time** *a.* (*fam*) **1** insignificante, banale, di scarsa importanza. **2** (*of amateur standing*) dilettantesco, da dilettante. **~-town** *am. a.* provinciale.

smalt [smɔ:lt] *s.* **1** blu *m* di Sassonia (*o* cobalto). **2** ⟨*Vetr*⟩ vetro *m* blu scuro (al cobalto).

smarm [smɑ:m] **I** *v.t.* ungere. **II** *v.i.* ⟨*fam*⟩ (spesso con *over, up to*) adulare servilmente, corteggiare. **'smarmy** [-i] *a.* ⟨*fam*⟩ untuoso, viscido, strisciante, servile.

smart [smɑ:t] **I** *a.* **1** (*of pain*) acuto, lancinante; (*of a blow, cut*) forte, duro. **2** (*brisk, vigorous*) svelto, vivace, energico, vigoroso: *at a ~ pace* con passo svelto. **3** (*mentally alert*) sveglio, acuto, pronto: *a ~ lad* un ragazzo sveglio; (*clever*) bravo, intelligente. **4** (*shrewd, sharp*) accorto, furbo, scaltro, astuto. **5** (*witty*) arguto, spiritoso, brillante: *a ~ saying* un detto arguto. **6** (*stinging, caustic*) aspro, mordace, caustico, pungente: *a ~ reproof* un aspro rimprovero. **7** (*impertinent*) impertinente, sfacciato, insolente, arrogante: *that's enough of your ~ answers* basta con le tue risposte impèrtinenti. **8** (*well-dressed, spruce*) elegante, attillato, azzimato; (*of clothes*) elegante, ben tagliato. **9** (*of vehicles, etc.*) bello, elegante. **10** (*fashionable*) elegante, alla moda: *a ~ restaurant* un ristorante elegante; (*showing fashion, elegance, etc.*) sofisticato, elegante. **II** *s.* **1** bruciore *m;* (*sharp pain*) dolore *m* acuto. **2** ⟨*fig*⟩ bruciore *m*, umiliazione *f* cocente: *the ~ of a defeat* il bruciore di una sconfitta. **III** *avv.* → **smartly. IV** *v.i.* **1** bruciare: *my eyes were -ing* mi bruciavano gli occhi. **2** (*to cause stinging*) bruciare, produrre bruciore: *iodine -s when applied to a wound* la tintura di iodio brucia quando viene applicata su una ferita; (*of a blow, etc.*) far male. **3** ⟨*fig*⟩ soffrire, provare dolore (*under, from, over, at* per): *she -ed under his reproof* soffriva per il suo rimprovero; (*to suffer as a penalty*) pagare (*for* per), subire le consequenze (di): *to make s.o. ~ for it* farla pagare a qd. □ *I am still -ing from my defeat* la (mia) sconfitta mi brucia ancora; *to look ~:* 1 avere un aspetto elegante, essere vestito con eleganza; 2 ⟨*fam*⟩ (*to hurry*) sbrigarsi, affrettarsi, spicciarsi; *to make o.s. ~* farsi bello, mettersi in ghingheri.

smart-alec(k) ['ælək] *s.* ⟨*fam*⟩ saccente *m/f*, sputasenno *m/f*, sputasentenze *m/f*.

smarten ['smɑ:tən] **I** *v.t.* (spesso con *up*) **1** fare bello, agghindare, azzimare: *to ~ o.s.* farsi bello, azzimarsi, attillarsi; (*of things*) abbellire, fare bello, adornare: *to ~ up the house* abbellire la casa. **2** (*to make more brisk*) rendere più vivace (*o* brioso), ravvivare. **II** *v.i.* (general. con *up*) **1** agghindarsi, mettersi in ghingheri, azzimarsi, farsi bello. **2** (*to become brisker*) diventare più vivace (*o* brioso), ravvivarsi.

smarting ['smɑ:tiŋ] *a.* **1** acuto, doloroso, pungente. **2** (*stinging*) che brucia: *~ eyes* occhi che bruciano. **3** ⟨*fig*⟩ bruciante, cocente: *~ humiliation* umiliazione bruciante.

smartly ['smɑ:tli] *avv.* **1** vivacemente, in modo svelto. **2** (*cleverly*) abilmente, efficientemente. **3** (*wittily*) spiritosamente, brillantemente, argutamente. **4** (*pertly*) sfacciatamente, con impazienza. **5** (*fashionably*) in maniera elegante, elegantemente, alla moda: *to dress ~* vestire con eleganza. **smartness** [-tnis] *s.* **1** vivacità *f*, sveltezza *f*. **2** (*mental alertness*) acutezza *f* (di mente), prontezza *f* (mentale). **3** (*shrewdness*) destrezza *f*, scaltrezza *f*, astuzia *f*. **4** (*wittiness*) spirito *m*, arguzia *f*. **5** (*elegance*) eleganza *f;* (*fashionableness*) l'essere alla moda.

smart| set *s.* bel mondo *m*, gente *f* elegante, alta società *f*. **~ weapons** *s.pl.* ⟨*Mil*⟩ armi *fpl* da taglio.

smarty ['smɑ:ti] *s.* ⟨*fam*⟩ → **smart-aleck.**

smash[1] [smæʃ] **I** *v.t.* **1** mandare in frantumi (*o* pezzi), frantumare, fracassare: *to ~ a flower pot* mandare in frantumi un vaso da fiori. **2** (*to throw violently*) scaraventare, scagliare: *to ~ a bottle against the wall* scaraventare una bottiglia contro il muro. **3** (*to crash, cause to collide*) far schiantare, mandare a fracassarsi; (*to destroy in a crash;* spesso con *up*) schiantare, fracassare, sfasciare: *the collision -ed up the car* l'urto ha schiantato l'automobile. **4** (*to destroy utterly;* spesso con *up*) annientare, schiacciare, distruggere, stroncare: *to ~ all opposition* annientare ogni opposizione. **5** (*to ruin financially*) far fallire, rovinare finanziariamente. **6** (*to defeat utterly*) sconfiggere, annientare, schiacciare. **7** (*to hit violently*) colpire con violenza, assestare un forte colpo

a, percuotere con forza. **8** ⟨*Sport*⟩ (*of a ball*) schiaccia **II** *v.i.* **1** frantumarsi, fracassarsi, andare in pezzi. **2** ⟨ *crash*⟩ (andare a) sbattere (violentemente), urtare c forza: *the car -ed into the lamp post* l'automobile andò sbattere contro il lampione. **3** (*to become ruined, wrecke* andare in rovina (*o* malora). **4** (*to go bankrupt;* spesso c *up*) fallire, fare bancarotta. **5** ⟨*Sport*⟩ fare una schiaccia **III** *s.* **1** il frantumare, il fracassare; (*state of bei smashed*) l'andare in frantumi, il fracassarsi. **2** (*sound shattering*) fracasso *m: the ~ of falling plates* il fracasso piatti che cadono (per terra). **3** (*violent crash*) scontro collisione *f: a train ~* uno scontro ferroviario. **4** (*r wreck*) rovina *f*, disastro *m*, crollo *m*, tracollo (*financial ruin,* bankruptcy) tracollo *m* finanziar fallimento *m*, bancarotta *f*. **5** ⟨*Sport*⟩ schiacciata *f*, tiro (*o* colpo) schiacciato, smash *m*. □ *to ~ down a d* 'buttar giù' (*o* sfondare) una porta; *to ~ one's fist ir s.o.'s face* mollare un pugno a qd. in pieno viso; *to ~ 1* fare irruzione (abbattendo la porta); 2 = *to smash do a door.*

smash[2] **I** *v.t.* (*of counterfeit coin*) spacciare. **II** *s.* (*counterfeit coin*) moneta *f* falsa. **2** (*coin*) moneta *f*. **3** ⟨ (*money*) denaro *m*, quattrini *mpl*, ⟨*gerg*⟩ grana *f*.

'smash-and-'grab *a.: a ~ raid* un furto compiu infrangendo una vetrina, ⟨*gerg*⟩ una spaccata.

smasher[1] ['smæʃə] *s.* **1** chi fracassa, chi frantuma. (*smashing blow*) forte colpo *m*. **3** ⟨*fam*⟩ (*s.th. excelle* cosa *f* eccezionale (*o* favolosa), ⟨*fam*⟩ cannonata *f: his n car is a ~* la sua nuova macchina è una cannona (*unusually pretty girl*) ragazza *f* molto bella, ⟨*fa* schianto *m* (di ragazza).

smasher[2] *s.* (*distributor of counterfeit coin*) spacciatore di monete false.

smash|hit I *s.* gran successo *m*, successone *m: the sh was a ~* lo spettacolo fu un gran successo. **~-hit** *a.* gran successo.

smashing ['smæʃiŋ] *a.* **1** che fracassa, che frantuma. ⟨*fam*⟩ (*excellent*) favoloso, stupendo, formidabile: *a party* una festa favolosa; (*unusually beautiful*) stupen bellissimo. □ *~ defeat* sconfitta schiacciante.

smash-up *s.* **1** rovina *f*, crollo *m;* (*financial ruin*) traco *m* (finanziario), fallimento *m*. **2** (*crash*) collisione scontro *m*.

smattering ['smætəriŋ] *s.* infarinatura *f*, conoscenza superficiale.

smear [smiə] **I** *v.t.* **1** ungere: *to ~ one's face with cre* ungersi la faccia di crema; (*of a substance*) spalmare: *to butter on bread* spalmare burro sul pane. **2** (*to make di with grease, etc.*) imbrattare, sporcare, ungere, macchia **3** ⟨*fig*⟩ diffamare, denigrare, calunniare. **4** (*to blur rubbing*) sbavare strisciando (*o* strofinando). **II** *s.* macchia *f* d'unto, ⟨*fam*⟩ patacca *f*. **2** ⟨*fig*⟩ calunnia denigrazione *f*, diffamazione *f*. **3** ⟨*Med*⟩ striscio *m*.

smear campaign *s.* campagna *f* diffamatoria.

smeariness ['smi(ə)rinis] *s.* **1** l'essere macchiato imbrattato. **2** (*greasiness*) untuosità *f*.

smear| sheet *s.* ⟨*giorn*⟩ giornale *m* scandalistico. **~ wo** *s.* epiteto *m* denigratorio.

smeary ['smi(ə)ri] *a.* **1** macchiato, imbrattato. (*smearing*) che unge, untuoso.

smell[1] [smel] *s.* **1** olfatto *m*, odorato *m*, fiuto *m*. (*odour*) odore *m: the ~ of petrol* l'odore della benzi (*scent*) profumo *m*, fragranza *f*, odore *m;* (*unpleas odour*) (cattivo) odore *m*, puzzo *m*, lezzo *m*. **3** (*act smelling*) annusata *f*, fiutata *f: to have* (*o* take) *a ~ s.th.* dare un'annusata a qc. **4** ⟨*fig*⟩ odore *m*, sentore puzzo *m*.

smell[2] *v.* (*pret., p.p.* **smelled** [-d]/**smelt** [-t]) **I** *v.t.* sentire (l')odore di: *I ~ gas* sento odore di gas. **2** (*to s at*) annusare, odorare, fiutare, sentire l'odore di: *~ t egg and tell me if it's bad* annusa quest'uovo e dimmi s marcio. **3** ⟨*fig*⟩ fiutare, odorare, intuire: *to ~ dan,* fiutare il pericolo. **4** ⟨*rar*⟩ (*to give off the odour* odorare di, emanare odore di. **II** *v.i.* **1** sentire gli od avere l'olfatto (*o* l'odorato): *I can't ~ when I have a c* quando sono raffreddato non sento gli odori. **2** (*to sn* dare un'annusata (*o* una fiutata), annusare. **3** (*to have* *dour*) odorare, avere (un) odore, mandare odore; (*to have specific odour*) odorare, sapere, avere odore, sentire (*of*): *to ~ of garlic* sapere d'aglio; (*to have an unpleasant odour*) puzzare. **4** ⟨*fig*⟩ sapere, odorare (di): *the greement ~s of collusion* l'accordo sa di collusione. **5** ⟨*fam*⟩ (*to appear dishonest*) puzzare (*o* sapere) 'imbroglio: *the plan ~s* il piano puzza d'imbroglio. □ ⟨*fam*⟩ *to ~* **around** (*o about*) (*to investigate*) investigare, ndare in cerca d'informazioni, annusare in giro, fiutare qua e là; ⟨*fig*⟩ *to ~ of the* **lamp** sapere di lucerna (*o* vvolino), essere frutto di lunghi studi; *to ~* **like** odorare ▸ sapere) di; *to ~* **out:** 1 scoprire (col fiuto): *the hounds ▸on ~ed out the fox* i cani (da caccia) scoprirono ben resto la volpe; 2 ⟨*fam*⟩ (*to detect, find*) scovare, scoprire; ▸ *~ a* rat sospettare un imbroglio.

elliness ['smelinis] *s.* l'avere un odore cattivo.

elling| bottle ['smeliŋ] *s.* boccetta *f* dei sali. **~ salts** *pl.* sali *mpl.*

ell-less *a.* **1** inodoro, inodore. **2** (*having no smell*) rivo di olfatto.

elly ['smeli] *a.* ⟨*fam*⟩ puzzolente, fetente.

elt[1] [smelt] *v.t.* ⟨*Met*⟩ **1** fondere: *to ~ ore* fondere il inerale grezzo. **2** (*to refine*) ridurre, affinare.

elt[2] *s.* (*pl. inv./-s* [s]; il pl. inv. si usa general. con alore collett.) ⟨*Itt*⟩ osmero *m*, sperlano *m*.

elt[3] → **smell**[2].

elter ['smeltə] *s.* ⟨*Met*⟩ **1** fonditore *m*. **2** → **smeltery**. **meltery** [–ri] *s.* fonderia *f.*

ew [smju:] *s.* ⟨*Ornit*⟩ pesciaiola *f*, smergo *m* bianco.

ile [smail] **I** *s.* **1** sorriso *m*. **2** ⟨*fig*⟩ aspetto *m* vorevole (*o* propizio). **II** *v.i.* **1** sorridere: *she ~d at me* ni sorrise. **2** (*to regard with amusement, contempt, etc.*) orridere, fare un sorrisetto (divertito, di disprezzo, ecc.): *~ ~ at s.o.'s ingenuousness* sorridere dell'ingenuità di qd. ▸ ⟨*fig*⟩ (*to look with favour*) arridere, sorridere (*on, upon* ▸): *fortune has ~d upon her* la fortuna le ha arriso. **4** ⟨*fig*⟩ *to have a pleasant appearance, aspect*) avere un aspetto idente (*o* piacevole), sorridere. **III** *v.t.* **1** esprimere (*o* ire) sorridendo (*o* con un sorriso). **2** (*with a cognate ccusative*) sorridere di: *to ~ an enigmatic smile* sorridere i un sorriso enigmatico. □ *to be all ~s* essere tutto orridente; *he enjoys fortune's ~* la fortuna gli arride.

iler ['smailə] *s.* chi sorride. **smiling** [–liŋ] *a.* **1** orridente, ridente: *a ~ face* un viso sorridente. **2** ⟨*fig*⟩ idente, allegro: *a ~ landscape* un paesaggio ridente. **milingly** [–liŋli] *avv.* sorridendo, con aria sorridente.

irch [smə:tʃ] **I** *v.t.* macchiare, insozzare (*anche fig.*): *to ~ s.o.'s reputation* macchiare il buon nome di qd. **II** *s.* **1** nacchia *f.* **2** ⟨*fig*⟩ onta *f*, disonore *m*, macchia *f.*

irk [smə:k] **I** *v.i.* **1** ridere con aria furba. **2** (*to smile vith self-satisfaction*) fare un sorriso compiaciuto. **II** *s.* **1** orriso *m* furbo. **2** (*self-satisfied smile*) sorriso *m* :ompiaciuto.

it [smit] → **smite**.

ite [smait] *v.* (*pret.* smote [smout]/*ant.* smit [smit], *p.p.* **mitten** ['smitn]/*ant.* smit [smit]) **I** *v.t.* **1** ⟨*poet*⟩ battere (con la nano): *to ~ one's breast* battersi il petto; (*to strike*) :olpire, battere, percuotere, picchiare. **2** ⟨*poet*⟩ (*to defeat*) :configgere, sbaragliare. **3** ⟨*poet*⟩ (*of light, sunlight*) rillare improvvisamente. **4** ⟨*poet*⟩ (*to chasten*) castigare,)unire: *the Lord will ~ thee* il signore ti castigherà; (*to kill*) uccidere. **5** (*to afflict*) colpire, affliggere: *to be mitten with the plague* essere colpito dalla peste. **6** (*to ffect deeply*) colpire, impressionare (profondamente). **7** scherz⟩ (*to enamour;* general. al pass.) fare innamorare: *he was smitten with her charm* il suo fascino lo fece nnamorare. **II** *v.i.* assestare (*o* vibrare) un forte colpo. □ *his conscience smote him* gli rimordeva la coscienza; poet⟩ *to ~ s.o. dead* uccidere qd.; *to be smitten with remorse* essere tormentato dai rimorsi. '**smiter** [–ə] *s.* chi :olpisce.

ith [smiθ] *s.* **1** artigiano *m* che lavora metalli. **2** *blacksmith*) fabbro *m* (ferraio).

ithereens [ˌsmiðə'ri:nz], **smithers** [–ðəz] *s.pl.* ⟨*fam*⟩ rantumi *mpl*, pezzetti *mpl*, frammenti *mpl*: *the vase was mashed to ~* il vaso fu ridotto in frantumi.

ithery ['smiθəri] *s.* **1** arte *f* del fabbro. **2** (*smithy*)

fucina *f.* **smithy** [–ði] *s.* **1** fucina *f.* **2** (*blacksmith*) fabbro *m* (ferraio).

smitten ['smitn] → **smite**.

smock [smɔk] **I** *s.* **1** ⟨*Vest*⟩ grembiule *m*. **2** ⟨*rar*⟩ (*chemise*) camicia *f.* **II** *v.t.* ⟨*Lav.femm*⟩ ricamare a nido d'ape. '**smocking** [–iŋ] *s.* ⟨*Lav.femm*⟩ nido *m* d'ape, punto *m* (a) smock.

smog [smɔg] *s.* smog *m*. '**smoggy** [–i] *a.* pieno di smog.

smoke[1] [smouk] *s.* **1** fumo *m: the ~ got in my eyes* il fumo mi andò negli occhi. **2** ⟨*estens*⟩ (*steam, vapour, etc.*) vapore *m*, ⟨*estens*⟩ fumo *m*. **3** ⟨*fig*⟩ fumo *m*, vana apparenza *f.* **4** (*act of smoking tobacco*) fumata *f*, fumatina *f: to have a ~* farsi una fumata. □ ⟨*sl*⟩ *the big ~* Londra *f*; ⟨*fig*⟩ *to end* (*up*) *in ~* andare in fumo; *to go up in ~* essere distrutto dal fuoco; ⟨*fig*⟩ andare in fumo, svanire, dileguarsi, finire in niente. *Prov.*: (*there is*) *no ~ without fire* non c'è fumo senza arrosto.

smoke[2] **I** *v.i.* **1** fumare, mandare (*o* emettere) fumo: *the chimney was smoking* il camino fumava; (*of a fireplace, stove, etc.*) fumare, fare fumo. **2** (*of tobacco*) fumare: *do you ~?* fumi? **3** (*to give off steam, vapour*) esalare vapore, ⟨*estens*⟩ fumare. **II** *v.t.* **1** fumare: *to ~ a cigarette* fumare una sigaretta. **2** (*Alim*⟩ (*to cure*) affumicare. **3** (*to fumigate*) sottoporre a fumigazione. □ ⟨*fam*⟩ *to ~ like a* **chimney** fumare come una ciminiera; *he ~s* **heavily** è un fumatore accanito; *to ~* **out:** 1 snidare (col fumo); 2 ⟨*fig*⟩ costringere a scoprirsi (*o* uscire allo scoperto); 3 ⟨*fig*⟩ (*to expose*) rivelare, svelare.

smoke bomb *s.* ⟨*Mil*⟩ bomba *f* fumogena.

smoked [smoukt] *a.* affumicato (*anche Alim.*): *~ cheese* formaggio affumicato; *~ glasses* occhiali affumicati.

smoke|-dried *a.* ⟨*Alim*⟩ affumicato. **~house** *s.* **1** ⟨*Alim*⟩ affumicatoio *m*. **2** ⟨*Conc*⟩ camera *f* di fumigazione.

smokeless ['smouklis] *a.* **1** (*of fuel*) senza fumo, che non dà (*o* fa) fumo. **2** (*of an area, a place, etc.*) senza (*o* privo di) fumo. **smokelessness** [–nis] *s.* mancanza *f* di fumo.

smoker ['smoukə] *s.* **1** fumatore *m* (*f* –trice): *a heavy ~* un fumatore accanito. **2** ⟨*Ferr*⟩ → **smoking compartment**. **3** → **smoking concert**.

smoker's heart *s.* ⟨*Med*⟩ cardionevrosi *f* da nicotinismo.

smoke| screen *s.* **1** ⟨*Mil*⟩ cortina *f* fumogena (*o* di fumo). **2** ⟨*fig*⟩ cortina *f* di fumo. **~ signal** *s.* fumata *f.* **~ stack** *s.* fumaiolo *m* (di fabbrica, nave, ecc.).

smokily ['smoukili] *avv.* in modo fumoso. **smokiness** [–kinis] *s.* fumosità *f.* **smoking** [–kiŋ] **I** *s.* **1** fumare, fumo *m*. **2** (*of tobacco*) fumo *m*. **3** ⟨*Alim*⟩ affumicatura *f.* **II** *a.* **1** fumante, che fuma, che emette (*o* fa) fumo: *~ ashes* ceneri fumanti. **2** (*of smoking tobacco*) da fumo.

smoking| compartment *s.* scompartimento *m* per fumatori. **~ concert** *s.* concerto *m* durante il quale è permesso fumare. **~ control campaign** *s.* campagna *f* antifumo. **~ jacket** *s.* ⟨*Vest*⟩ giacca *f* da camera. **~ room** *s.* sala *f* per fumatori.

smoky ['smouki] *a.* **1** che fa fumo, fumoso: *a ~ fireplace* un caminetto che fa fumo. **2** (*filled with smoke*) fumoso, pieno di fumo. **3** (*blackened by smoke*) affumicato, annerito dal fumo. **4** (*smoke-coloured*) che ha il colore del fumo. **5** ⟨*Alim*⟩ affumicato.

smolder *v.* → **smoulder**.

smooch [smu:tʃ] *am. v.i.* ⟨*fam*⟩ **1** sbaciucchiarsi, ⟨*pop*⟩ pomiciare. **2** (*to dawdle*) ciondolare, bighellonare, oziare.

smooth[1] [smu:ð] **I** *a.* **1** liscio, levigato: *~ cloth* tessuto liscio. **2** (*having an even surface*) piano, liscio, uniforme: *a ~ road* una strada piana; (*of the sea*) calmo. **3** (*worn down*) liscio, consumato: *~ tyres* gomme lisce. **4** (*free from shaking*) senza scosse, agevole: *a ~ crossing* una traversata agevole. **5** (*even, uniform*) monotono, uniforme: *a ~ flow of words* un flusso monotono di parole. **6** (*hairless*) senza peli, glabro, liscio. **7** (*of liquids, mixtures: free from lumps*) omogeneo, ben amalgamato. **8** ⟨*fig*⟩ (*free from difficulties*) facile, liscio, semplice. **9** (*of sounds*) armonioso; (*of speech, a speaker*) facile. **10** ⟨*fig*⟩ (*equable, serene*) calmo, tranquillo, sereno: *to be of a ~ disposition* essere calmo di carattere; (*suave, flattering*) mellifluo, melato, untuoso: *~ manners* modi melliflui. **11** (*of wine,* *etc.*) amabile. **II** *s.* **1** lisciata *f,* lisciatura *f.* **2** (*s.th. smooth, smooth part*) cosa *f* (*o* parte) liscia. **3** (*of a tennis racket*) diritto *m.* □ *as* ~ *as glass* (o *ice*) liscio come l'olio; *to have a* ~ *face* avere il viso glabro; ⟨*fig*⟩ avere un'aria melliflua; *to make things* ~ *for s.o.* rendere le cose facili a qd.; *to* ~ *s.o.'s path* spianare la via a qd.

smooth[2] **I** *v.t.* **1** lisciare, spianare: *to* ~ *one's hair* lisciarsi i capelli. **2** ⟨*fig*⟩ (*to refine*) rifinire, perfezionare, limare. **3** ⟨*fig*⟩ (*to free from difficulties*) spianare, facilitare, appianare: *to* ~ *s.o.'s way* spianare la strada a qd. **4** ⟨*fig*⟩ (*to soothe*) calmare, placare. **5** ⟨*Fal*⟩ limare. **II** *v.i.* (spesso con *down*) calmarsi, placarsi: *the waves* –*ed down* le onde si calmarono. □ *to* ~ *away:* 1 appianare, spianare; 2 (*of difficulties, etc.*) eliminare, appianare, spianare; *to* ~ *down* lisciare: *to* ~ *down one's hair* lisciarsi i capelli; *to* ~ *out* = *to smooth* **away;** *to* ~ **over** sminuire, attenuare, minimizzare.

smooth|**-bore** *a.* (*of a gun*) a canna liscia. **'~-'faced** *a.* **1** imberbe, dal viso glabro (*o* liscio). **2** ⟨*fig*⟩ (*flattering, insincere*) mellifluo, untuoso, insincero.

smoothing| **iron** [ˈsmuːðiŋ] *s.* ferro *m* da stiro (per pelli). ~ **plane** *s.* ⟨*Fal*⟩ pialla *f* per levigare.

smoothly [ˈsmuːðli] *avv.* **1** in modo liscio (*o* levigato). **2** (*uniformly*) in modo piano, uniformemente. **3** ⟨*fig*⟩ senza difficoltà, scorrevolmente, agevolmente. □ *everything went* ~ tutto andò liscio; *we came* ~ *to a stop* ci fermammo senza scosse. **smoothness** [-ðnis] *s.* **1** levigatezza *f.* **2** (*uniformity*) l'essere piano, uniformità *f.* **3** ⟨*fig*⟩ (*freedom from difficulties*) facilità *f,* agevolezza *f.* **4** ⟨*fig*⟩ (*suaveness*) soavità *f,* dolcezza *f.* **5** ⟨*Mecc*⟩ scorrevolezza *f.*

'smooth|**-'running** *a.* ⟨*Mecc*⟩ a marcia dolce. **~-shaven** *a.* sbarbato (*o* rasato) completamente. **'~-'spoken, '~-'talking, '~-'tongued** *a.* dalla parola lusinghevole, insinuante.

smote [smout] → **smite.**

smother [ˈsmʌðə] **I** *v.t.* **1** soffocare, asfissiare. **2** ⟨*estens*⟩ (*to stifle*) soffocare, strozzare, strangolare. **3** (*of a fire*) soffocare. **4** (*to cover*) (ri)coprire: *to* ~ *strawberries in cream* coprire le fragole di panna. **5** ⟨*fig*⟩ (spesso con *up:* *to suppress*) soffocare: *to* ~ *a scandal* soffocare uno scandalo; (*of feelings, impulses, etc.*) reprimere, soffocare, frenare; *to* ~ *one's anger* reprimere l'ira. **6** ⟨*fam*⟩ (*to overwhelm*) soffocare: *to* ~ *s.o. with kisses* soffocare qd. di baci. **II** *v.i.* **1** morire asfissiato. **2** (*to feel stifled*) soffocare, non poter respirare. **3** ⟨*fig*⟩ essere soffocato (*o* represso). **III** *s.* **1** fumo *m* soffocante. **2** (*dense cloud of dust*) nuvolone *m* di polvere, polverone *m.*

smothering [ˈsmʌðəriŋ], **smothery** [-ri] *a.* soffocante, asfissiante.

smoulder [ˈsmouldə] *v.i.* **1** covare sotto la cenere, bruciare senza fiamma: *the fire was* –*ing* il fuoco covava sotto la cenere. **2** ⟨*fig*⟩ covare (sotto la cenere): *his rage* –*ed* la sua rabbia covava. □ *to* ~ *out* consumarsi bruciando lentamente. **smouldering** [-riŋ] *a.* **1** lento, senza fiamma, che cova. **2** ⟨*fig*⟩ che cova, nascosto, sopito.

smudge [smʌdʒ] **I** *v.t.* **1** imbrattare, sporcare, macchiare, insudiciare: *his face was* -*d with soot* il suo viso era imbrattato di fuliggine. **2** (*of ink, paint, etc.*) far sbavare (*o* spandere). **3** ⟨*fig*⟩ (*to blur*) offuscare, rendere confuso (*o* indistinto). **4** ⟨*am*⟩ (*to smoke against insects*) affumicare contro gli insetti. **II** *v.i.* **1** imbrattarsi, sporcarsi, macchiarsi, insudiciarsi. **2** (*to become smudged*) spandersi, sbavare. **III** *s.* **1** macchia *f.* **2** (*blur, streak*) sbavatura *f.* **3** ⟨*am*⟩ (*outdoor fire*) fuoco *m* all'aperto (per tenere lontani gli insetti). **smudged** [-d] *a.* **1** pieno di macchie, macchiato. **2** (*smeared*) imbrattato, macchiato.

smudgily [ˈsmʌdʒili] *avv.* in modo sporco **smudginess** [-dʒinis] *s.* sporcizia *f,* sudiciume *m.* **smudgy** [-dʒi] *a.* **1** macchiato, pieno di macchie. **2** (*of writing*) sbavato. **3** (*smeared*) macchiato, imbrattato. **4** ⟨*am*⟩ (*smoked*) affumicato; (*smoky*) fumoso.

smug [smʌg] **I** *a.* (*compar.* **'smugger** [-ə], *sup.* **'smuggest** [-ist])* **1** compiaciuto, soddisfatto (di sé): *a* ~ *smile* un sorriso compiaciuto. **2** (*prim*) affettato, compito. **II** *s.* ⟨*univ*⟩ sgobbone *m* (*f* -a).

smuggle [ˈsmʌgl] **I** *v.t.* **1** contrabbandare, fare (il)

contrabbando di: *to* ~ *arms* contrabbandare armi. **2** ⟨*f* portare di nascosto (*o* contrabbando). **II** *v.i.* fare contrabbandiere, esercitare il contrabbando. **smuggl** [-ə] *s.* **1** contrabbandiere *m,* ⟨*gerg*⟩ spallone *m.* **2** ⟨*M* nave *f* contrabbandiera. **smuggling** [-iŋ] *s.* contrabban *m.*

smugly [ˈsmʌgli] *avv.* con compiacimento, con s disfazione. **smugness** [-nis] *s.* compiacimento *m,* s disfazione *f.*

smut[1] [smʌt] *s.* **1** macchia *f* di fuliggine (*o* sporco). (*piece of soot, dirt*) granellino *m* di fuliggine (*o* sporco) ⟨*fig*⟩ discorso *m* (*o* scritto) osceno, indecenze sconcezze *fpl.* **4** ⟨*Agr*⟩ carbone *m.* **5** ⟨*Bot*⟩ carbone fungo *m* del carbone. □ ⟨*fig*⟩ *to talk* ~ parl sboccatamente, dire sciocchezze.

smut[2] *v.* (*pret., p.p.* **'smutted** [-id]) **I** *v.t.* **1** sporcare imbrattare) di fuliggine; (*to stain with a black substan* imbrattare di nero, annerire. **2** ⟨*Agr*⟩ infettare carbone. **II** *v.i.* ⟨*Agr*⟩ essere colpito dal carbone.

smuttily [ˈsmʌtili] *avv.* **1** in modo fuligginoso. **2** ⟨ oscenamente, indecentemente. **smuttiness** [-tinis] *s.* l'essere fuligginoso (*o* annerito). **2** ⟨*fig*⟩ oscenità indecenza *f.* **smutty** [-ti] *a.* **1** fuligginoso, anneri affumicato. **2** ⟨*fig*⟩ sconcio, osceno, indecente: ~ *jo* barzellette sconce.

Smyrna [ˈsmɔːnə] *N.pr.* ⟨*Geog*⟩ Smirne *f.* **Smyrne** [-niən] **I** *a.* smirneo. **II** *s.* abitante *m/f* di Smirne.

S/N = ⟨*Comm*⟩ *shipping note* bolla di spedizione.

snack [snæk] *s.* spuntino *m.* □ *to have a* ~ fare u spuntino.

snack| **bar, ~ counter** *s.* tavola *f* calda, snack bar *m*

snaffle [ˈsnæfl] **I** *s.* ⟨*Equit*⟩ morso *m* snodato. **II** *v.t.* ⟨*Equit*⟩ mettere il morso snodato a; (*to control with snaffle*) tenere a freno col morso snodato. **2** ⟨*fam*⟩ pinch, steal*) rubare, ⟨*gerg*⟩ sgraffignare. □ ⟨*fig*⟩ *to r s.o. on the* ~ trattare qd. con delicatezza.

snaffle bit *s.* → **snaffle.**

snafu [ˌsnæˈfuː] *a.* ⟨*mil*⟩ sottosopra, caotico.

snag[1] [snæg] *s.* **1** ceppo *m,* troncone *m.* **2** ⟨*Mar*⟩ tro *m* (*o* grosso *ramo*) sommerso che ostacola la navigazio **3** (*of fabric*) piccolo strappo *m;* (*of a stocking: pu thread*) filo *m* tirato; (*run*) smagliatura *f.* **4** ⟨*fig*⟩ into *m,* intralcio *m,* ostacolo *m* imprevisto, difficoltà imprevista: *to iron out the* –*s* eliminare gli intoppi. ⟨*Dent*⟩ dente *m* sporgente; (*stump of a tooth*) radice *f* un dente.

snag[2] *v.* (*pret., p.p.* **snagged** [-d]) **I** *v.t.* **1** strapp rimanendo impigliato. **2** (*of a stocking*) tirare un filo di ⟨*Mar*⟩ spingere contro un ostacolo sommerso. **4** (*o river*) ripulire da tronchi sommersi. **5** ⟨*fig*⟩ ostacol intralciare, impedire. **II** *v.i.* ⟨*Mar*⟩ imbattersi in ostacolo sommerso.

snagged [ˈsnægid] *a.* pieno di sporgenze (*o* ostacoli, ec **snaggy** [-gi] *a.* **1** che è d'intoppo. **2** → **snagged.**

snail [sneil] *s.* **1** chiocciola *f,* lumaca *f.* **2** ⟨*fig*⟩ person lenta, lumacone *m;* (*sluggard*) persona *f* pigra, ⟨*sch* posapiano *m/f.* **3** ⟨*Mecc*⟩ camma *f* con pro spiraliforme.

snail's pace *s.* passo *m* di lumaca: *to walk* (*o* go) *at* camminare a passo di lumaca.

snake [sneik] **I** *s.* **1** serpente *m.* **2** ⟨*fig*⟩ persona *f* inf serpente *m.* **II** *v.i.* snodarsi, serpeggiare: *the road* –*d the side of the hill* la strada serpeggiava su per il fia della collina. □ ⟨*fam*⟩ (*great*) –*s alive!* accide maledizione!; ⟨*fig*⟩ *to cherish* (*o* nourish*) a* ~ *in o* **bosom** scaldare una serpe in seno; ⟨*fig*⟩ *a* ~ *in the gr* 1 un pericolo nascosto; 2 (*treacherous person*) una pers infida, una serpe; –*s and* **ladders** gioco simile a qu dell'oca; ⟨*fig*⟩ *to* **raise** –*s* fare (*o* provocare) una ri ⟨*fam*⟩ *to* **see** –*s* avere allucinazioni; *to* ~ *one's* through a crowd* farsi strada insinuandosi tra la folla.

snake|**bird** *s.* ⟨*Ornit*⟩ aninga *f.* **~bite** *s.* morso *m* serpente. ~ **bite serum** *s.* ⟨*Med*⟩ siero *m* antivipera **charmer** *s.* incantatore *m* (*f* -trice) di serpenti. ~ **da** *s.* ⟨*Folcl*⟩ danza *f* del serpente. **~skin** *s.* **1** pelle *f* serpente. **2** ⟨*Conc*⟩ serpente *m,* pelle *f* di serpe **~weed** *s.* ⟨*Bot*⟩ bistorta *f,* serpentaria *f.*

nakily ['snaikili] *avv.* in modo serpentino, sinuosamente. **snakiness** [–kinis] *s.* **1** l'essere serpentino (*o* sinuoso). **2** ⟨*fig*⟩ perfidia *f.* **snaking** [–kiŋ] *a.* serpeggiante, sinuoso, tortuoso, a zigzag. **snaky** [–ki] *a.* **1** serpentino. **2** (*abounding in snakes*) infestato da serpenti. **3** (*serpentine*) serpeggiante, sinuoso, tortuoso, a zigzag. **4** ⟨*fig*⟩ (*treacherous*) perfido, infido.

nap[1] [snæp] *v.* (*pret., p.p.* **snapped** [–t]) **I** *v.i.* **1** addentare, azzannare, (cercare di) mordere (*at s.th.* qc.). **2** ⟨*fig*⟩ parlare con asprezza (a). **3** (*to break with a cracking sound*) spezzarsi (*o* rompersi) con un rumore secco; (*to break suddenly*) spezzarsi improvvisamente. **4** (*to make a cracking sound*) scoppiettare, crepitare; (*to click*) scattare, fare uno scatto (*o* un colpo secco): *the lock –ped* la serratura scattò. **5** (*of the eyes: to sparkle, flash*) scintillare, sfavillare. **II** *v.t.* **1** addentare, azzannare, (cercare di) mordere. **2** (*to cause to make a cracking sound*) far schioccare; (*of the fingers, a whip*) schioccare. **3** (*to break with a cracking sound*) spezzare (*o* rompere) con un rumore secco; (*to break suddenly*) spezzare improvvisamente. **4** (*to utter curtly, sharply*; general. con *out*) dire seccamente (*o* con tono brusco). **5** ⟨*Fot*⟩ scattare un'istantanea di. □ *to ~ at* an invitation accettare un invito 'al volo' (*o* senza farselo dire due volte); ⟨*fig*⟩ *to ~ one's* **fingers** *at* infischiarsene di; ⟨*fam*⟩ ~ **into** *it!* sbrigati!, muoviti!; *his* **nerves** *–ped* i suoi nervi cedettero; *to ~* **off**: 1 staccare con un morso; 2 (*to break off with a cracking noise*) schiantare: *the storm –ped off the tree-tops* il temporale ha ·schiantato le cime degli alberi; ⟨*fig*⟩ *to ~ off s.o.'s head* parlare molto bruscamente a qd.; *to ~* **open** aprire con 'un colpo secco' (*o* uno scatto); ⟨*fam*⟩ *to ~* **out** of scuotersi da: *to ~ out of one's lethargy* scuotersi dal letargo; ⟨*fam*⟩ *to ~ out of it* riprendersi (*o* riaversi) rapidamente; *to ~ a* **photo** scattare una fotografia; *to ~* **shut** chiudere con 'un colpo secco' (*o* uno scatto); *to ~ one's* **teeth** *together* battere i denti; *to ~* **up** non lasciarsi sfuggire, assicurarsi, afferrare: *to ~ up a bargain* non lasciarsi sfuggire un buon affare.

nap[2] **I** *s.* **1** morso *m* improvviso, tentativo *m* di mordere (*o* addentare); (*sound*) colpo *m* secco (di denti). **2** (*sudden sharp breaking*) lo spezzarsi improvviso, brusca rottura *f:* *the ~ of a branch* lo spezzarsi improvviso di un ramo. **3** (*sharp cracking sound*) schianto *m*, colpo *m* secco; (*of a whip*) schiocco *m*; (*click*) scatto *m*. **4** (*of the fingers: act*) schioccata *f;* (*sound*) schiocco *m*. **5** (*catch, clasp*) fermaglio *m*, fibbia *f*, gancio *m*. **6** ⟨*Dolc*⟩ biscotto *m* croccante. **7** ⟨*Fot*⟩ → **snapshot**. **8** (*card game*) rubamazzo *m*. **9** (*cold snap*) ondata *f* di freddo intenso. **II** *a.* **1** improvviso, repentino, subitaneo: *a ~ decision* una decisione repentina. **2** ⟨*Parl*⟩ improvviso, inaspettato: *a ~ decision* una votazione improvvisa. **3** (*of a clasp, catch, etc.*) a scatto, automatico. **III** *avv.* di scatto, con un colpo secco, con uno schiocco. □ ⟨*fam*⟩ *I don't care a ~* non me ne importa un fico.

nap|-brim (hat) *s.* ⟨*Mod*⟩ cappello *m* a tesa floscia. **~dragon** *s.* ⟨*Bot*⟩ bocca *f* di leone, antirrino *m.* **~ fastener** *s.* bottone *m* automatico (*o* a pressione), automatico *m.* **~ judgement** *s.* giudizio *m* 'dato su due piedi' (*o* impulsivo). **~ lock** *s.* serratura *f* a scatto. **~-on lid** *s.* coperchio *m* a pressione.

nappily ['snæpili] *avv.* **1** bruscamente, seccamente. **2** ⟨*briskly*⟩ vivacemente, con animazione. **3** ⟨*fam*⟩ (*smartly, sharply*) elegantemente, con eleganza. **snappiness** [–pinis] *s.* **1** irritabilità *f*, umore *m* bisbetico. **2** ⟨*briskness*⟩ vivacità *f*, brio *m*. **3** ⟨*fam*⟩ eleganza *f*.

nappish ['snæpiʃ] *a.* **1** pronto a mordere, mordace. **2** ⟨*testy, irascible*⟩ irritabile, bisbetico; (*of speech*) brusco, secco, rude, sgarbato: *a ~ answer* una risposta brusca.

snappishly [–li] *avv.* con (*o* in) tono irritato, bisbeticamente. **snappishness** [–nis] *s.* irritabilità *f*, umore *m* bisbetico. **snappy** [–pi] *a.* **1** → **snappish**. **2** ⟨*brisk, lively*⟩ vivace, brioso; (*quick*) rapido, veloce. **3** ⟨*fam*⟩ (*smart*) elegante, alla moda. **4** ⟨*pop*⟩ (*of a car*) veloce e moderno. □ ⟨*fam*⟩ 'make it' (*o* look) ~ ! sbrigati!, spicciati!

nap| ring *s.* ⟨*Mecc*⟩ anello *m* elastico. **~shot I** *s.* **1** ⟨*Fot*⟩ istantanea *f.* **2** ⟨*Mil,Venat*⟩ colpo *m* sparato senza

---

prendere la mira. **II** *v.t.* scattare un'istantanea (di). □ *to take a ~* scattare un'istantanea, ⟨*fam*⟩ fare clic.

snare [snɛə] **I** *s.* **1** ⟨*Venat*⟩ trappola *f*, laccio *m.* **2** ⟨*fig*⟩ trappola *f*, insidia *f*, tranello *m: to set* (*o* lay) *a ~ for s.o.* tendere una trappola a qd. **II** *v.t.* ⟨*Venat*⟩ prendere al laccio, intrappolare (*anche fig.*).

snare drum *s.* ⟨*Mus*⟩ tamburo *m* militare.

snark [snɑ:k] *s.* animale *m* immaginario.

snarky ['snɑ:ki] *a.* ⟨*fam*⟩ irritabile, irascibile, stizzoso.

snarl[1] [snɑ:l] **I** *v.i.* **1** ringhiare. **2** (*of people*) parlare in tono iroso (*o* aspro, ostile), ringhiare. **II** *v.t.* dire in tono iroso. **III** *s.* **1** ringhio *m.* **2** ⟨*fig*⟩ parole *fpl* irose (*o* aspre).

snarl[2] **I** *s.* **1** (*tangle*) groviglio *m*, garbuglio *m.* **2** (*traffic jam*) ingorgo *m*, intasamento *m.* **3** ⟨*fig*⟩ confusione *f*, disordine *m.* **II** *v.t.* **1** aggrovigliare, ingarbugliare. **2** (*of traffic*; spesso con *up*) intasare: *the accident –ed up the traffic* l'incidente intasò il traffico. **III** *v.i.* **1** aggrovigliarsi, ingarbugliarsi. **2** (*of traffic*; spesso con *up*) ingorgarsi, intasarsi.

snarler ['snɑ:lə] *s.* **1** cane *m* 'che ringhia' (*o* ringhioso). **2** (*person*) persona *f* ringhiosa (*o* stizzosa). **snarling** [–liŋ], **snarly** [–li] *a.* **1** ringhioso. **2** (*of a person*) ringhioso, stizzoso, collerico.

snatch [snætʃ] **I** *v.t.* **1** strappare (con violenza), dare uno strappo a, dare di piglio a: *the thief –ed my handbag* il ladro mi strappò la borsa. **2** (*to take by surprise*) carpire, strappare: *to ~ a kiss* carpire un bacio. **3** (*to rescue by prompt action*) strappare, sottrarre: *to ~ s.o. from the jaws of death* strappare qd. dagli artigli della morte. **4** ⟨*sl*⟩ (*to kidnap*) rapire. **5** (*to remove by death*) strappare, portar via, ghermire: *he was –ed from us in the flower of his youth* ci fu strappato nel fiore della giovinezza. **II** *v.i.* **1** cercare di afferrare (*o* prendere), fare l'atto di afferrare (*at s.th.* qc.): *to ~ at a life preserver* cercare di afferrare un salvagente; afferrare, acchiappare (qc.). **2** ⟨*fig*⟩ afferrare (*o* cogliere) al volo (qc.): *to ~ at an offer* afferrare al volo un'offerta. **III** *s.* **1** atto *m* (*o* tentativo) di afferrare; (*grab*) presa *f*, stretta *f.* **2** (*brief spell, period*) breve periodo *m* (di lavoro, attività, ecc.); (*fragment*) frammento *m*, brano *m*, pezzo *m*, pezzetto *m: -es of conversation* frammenti di conversazione. **3** ⟨*sl*⟩ (*act of kidnapping*) rapimento *m;* (*robbery by snatching*) furto *m* con strappo, ⟨*fam*⟩ scippo *m.* □ *to ~ away* strappare: *he –ed the baby away from the fire* strappò il bambino dal fuoco; *to work in –es* lavorare in modo discontinuo; *to ~ off* portare via, strappare (via): *the wind –ed my hat off* il vento mi portò via il cappello; *to ~ up* afferrare, dare di piglio a. **'snatcher** [–ə] *s.* **1** chi afferra. **2** ⟨*sl*⟩ (*kidnapper*) rapitore *m* (*f–* trice); (*thief*) autore *m* (*f* –trice) di un furto con strappo, ⟨*fam*⟩ scippatore *m* (*f* –trice). **3** (*body snatcher*) dissotterratore *m* di cadaveri. **'snatchingly** [–iŋli] *avv.* in modo discontinuo, a strappi. **'snatchy** [–i] *a.* discontinuo, frammentario, fatto a sbalzi (*o* strappi).

sneak [sni:k] **I** *v.i.* **1** muoversi furtivamente, strisciare. **2** (*to act in an underhand or a mean way*) agire in modo subdolo (*o* vile); (*to act furtively*) lavorare sott'acqua, agire di nascosto. **3** ⟨*scol*⟩ (*to tell tales*) fare la spia. **II** *v.t.* **1** mettere (*o* portare) di nascosto: *he –ed the gun into his pocket* mise di nascosto la pistola in tasca. **2** ⟨*fam*⟩ (*to take, have, etc., surreptitiously*) *translated with the corresponding verb: to ~ a look at s.o.'s diary* dare un'occhiata furtiva al diario di qd. **3** ⟨*fam*⟩ (*to steal*) rubacchiare. **III** *s.* **1** persona *f* che agisce furtivamente (*o* di nascosto); (*mean person*) persona *f* ignobile (*o* spregevole). **2** ⟨*scol*⟩ (*tell-tale*) spia *f*, spione *m* (*f* –a). **3** → **sneak preview**. □ *to ~ about* aggirarsi furtivamente; *to ~ away* andarsene di soppiatto, svignarsela, svicolare; *to ~ back* tornare indietro di nascosto; *to ~ in* entrare (*o* introdursi) furtivamente, entrare di straforo; *to ~ off* svignarsela, sgattaiolare via; *to ~ out* uscire furtivamente (*o* di nascosto).

'sneaker ['sni:kə] *s.* **1** chi cammina furtivamente. **2** (*mean person*) persona *f* ignobile (*o* spregevole). **3** *pl.* ⟨*am.Calz*⟩ scarpe *fpl* da tennis (*o* ginnastica). **sneakily** [–ili] *avv.* furtivamente, di nascosto. **sneaking** [–iŋ] *a.* **1** che agisce furtivamente (*o* di nascosto). **2** (*mean*) spregevole, ignobile, vile. **3** (*secret*) inconfessato, segreto.

sneak| preview *am. s.* ⟨*cin*⟩ anteprima *f* non preannunciata (per saggiare l'accoglienza del pubblico). **~-thief** *s.irr. s.* ladruncolo *m.*

sneaky ['sni:ki] **I** *a.* spregevole, ignobile, vile. **II** *s.* ⟨*sl*⟩ mezzo *m* d'intercettazione, spia *f.*

sneer [sniə] **I** *v.i.* **1** ghignare, sogghignare. **2** ⟨*fig*⟩ deridere, dileggiare, schernire. **II** *s.* **1** ghigno *m,* sogghigno *m,* risata *f* beffarda. **2** (*sneering look*) sguardo *m* beffardo (*o* di scherno). **3** (*sneering utterance, remark*) osservazione *f* beffarda, commento *m* canzonatorio. **'sneerer** [-rə] *s.* beffeggiatore *m* (*f* –trice), schernitore *m* (*f* –trice). **'sneering** [-riŋ] *a.* beffardo, derisorio, canzonatorio, di scherno. **'sneeringly** [-riŋli] *avv.* in tono beffardo (*o* canzonatorio).

sneeze [sni:z] **I** *v.i.* starnutire, fare uno starnuto. **II** *s.* starnuto *m.* ☐ ⟨*fam*⟩ *not to be –d at* non disprezzabile.

sniffer dog ['snifə] *s.* cane *m* antidroga.

snick [snik] **I** *v.t.* **1** fare un piccolo taglio in, incidere (leggermente). **2** ⟨*Sport*⟩ (*to hit with a light deflection*) far deviare. **II** *s.* **1** taglietto *m,* piccolo taglio *m,* (leggera) incisione *f.* **2** ⟨*Sport*⟩ colpo *m* che fa deviare la palla. ☐ *to ~ o.s. with a razor* farsi un taglietto col rasoio.

snicker ['snikə] **I** *v.i.* **1** → **snigger**. **2** (*to neigh*) nitrire. **II** *s.* nitrito *m.*

snide [snaid] **I** *a.* ⟨*sl*⟩ **1** maligno, malizioso: ~ *remarks* osservazioni maligne; (*disparaging*) sprezzante; (*sneering*) beffardo, derisorio. **2** (*counterfeit*) falso, contraffatto, fasullo. **II** *s.* **1** persona *f* maligna. **2** (*s.th. counterfeit*) falso *m,* contraffazione *f.*

sniff [snif] *v.i.* **1** tirare su col naso, aspirare rumorosamente col naso: *don't ~, use your handkerchief* non tirare su col naso, usa il fazzoletto. **2** (*to smell*) fiutare, annusare (*at s.th.* qc.): *the dog stood –ing* il cane si fermò fiutando. **3** (*to express disdain by sniffing*) arricciare il naso. **4** ⟨*fig*⟩ dimostrare disprezzo (per). **II** *v.t.* **1** annusare, fiutare: *the hounds –ed the air* i segugi annusarono l'aria. **2** (*to take through the nose*) fiutare, aspirare (col naso): *to ~ snuff* fiutare tabacco. **3** ⟨*fig*⟩ (general. con *out*) fiutare, subodorare: *to ~ out a scandal* fiutare uno scandalo. **III** *s.* **1** fiutata *f,* annusata *f.* **2** (*that which is sniffed*) ciò che si fiuta (*o* annusa); (*smell*) odore *m: a ~ of roasting coffee* un odore di caffè tostato. ☐ ⟨*fam*⟩ *not to be –ed at* da non disprezzare.

sniffle ['snifl] **I** *v.i.* aspirare (*o* tirare su) leggermente col naso; (*to sniff repeatedly*) aspirare ripetutamente col naso. **II** *s.* **1** l'aspirare leggermente col naso. **2** *pl.* raffreddore *m* di testa.

sniffy ['snifi] *a.* ⟨*fam*⟩ **1** sprezzante, sdegnoso. **2** (*ill smelling*) puzzolente.

snifter ['sniftə] *s.* ⟨*sl*⟩ (*small strong drink*) goccio *m* (*o* bicchierino) di liquore forte.

snigger ['snigə] **I** *v.i.* reprimere il riso, ridere sotto i baffi; (*to titter, giggle*) ridacchiare. **II** *s.* riso *m* represso.

snip[1] [snip] *v.* (*pret., p.p.* **snipped** [–t]) *v.t.* **1** tagliuzzare: *to ~ cloth* tagliuzzare la stoffa. **2** (*to remove by cutting with scissors, etc.;* spesso con *off, away*) tagliare, recidere.

snip[2] *s.* **1** colpo *m* di forbice, taglio *m* (con le forbici), sforbiciatura *f.* **2** (*small cut with scissors*) (s)forbiciata *f.* **3** (*small piece snipped off*) ritaglio *m,* pezzetto *m* ritagliato. **4** ⟨*estens*⟩ (*fragment*) pezzetto *m,* frammento *m,* ritaglio *m.* **5** ⟨*fam*⟩ (*s.th. easy*) cosa *f* facile, scherzo *m,* gioco *m* da ragazzi: *this will be a ~ match* questo incontro sarà uno scherzo. **6** ⟨*fam*⟩ (*bargain*) (buon) affare *m,* occasione *f.*

snipe [snaip] **I** *s.* (*pl. inv./*-s [s]; il pl.inv. si usa general. con valore collett.) ⟨*Ornit*⟩ beccaccino *m.* **II** *v.i.* **1** ⟨*Venat*⟩ andare per (*o* a caccia di) beccaccini. **2** ⟨*Mil*⟩ sparare (*o* tirare) da un nascondiglio (*o* riparo). **III** *v.t.* ⟨*Mil*⟩ attaccare sparando da un nascondiglio (*o* riparo). ☐ *to go sniping* andare per (*o* a caccia di) beccaccini. **'sniper** [-ə] *s.* ⟨*Mil*⟩ franco tiratore *m,* cecchino *m.*

snippet ['snipit] *s.* **1** *pl.* frammenti *mpl.* **2** (*piece snipped off*) ritaglio *m,* frammento *m.* **3** ⟨*am.fam*⟩ (*insignificant person*) persona *f* da poco, mezza cartuccia *f.*

snitch [snitʃ] ⟨*fam*⟩ **I** *v.i.* fare la spia. **II** *v.t.* rubacchiare. **III** *s.* spia *f,* spione *m* (*f* –a), informatore *m* (*f* –trice).

snivel[1] ['snivl] *v.i.* (*pret., p.p.* **snivelled**/*am.* **sniveled** [–d]) **1** moccicare, avere il moccio (al naso). **2** (*to sniff repeatedly*) tirare su ripetutamente col naso. **3** (*to weep with sniffing*) piagnucolare tirando su col naso. **4** ⟨*fig*⟩ frignare, piagnucolare.

snivel[2] *s.* **1** il tirare su col naso. **2** (*whining, weeping*) piagnisteo *m,* piagnucolio *m,* frignio *m.* **3** (*mucus*) mocci *m,* muco *m,* catarro *m* nasale.

sniveler *am. e der.* → **sniveller** *e der.*

sniveller ['snivələ] *s.* **1** moccioso *m* (*f* –a), moccione *m* (*f* –a). **2** (*one who talks, behaves fretfully*) piagnucolone *m* (*f* –a), piagnone *m* (*f* –a), frignone *m* (*f* –a). **snivellin** [-liŋ] **I** *s.* **1** il tirar su col naso. **2** (*whining, weeping*) piagnucolio *m,* frignio *m,* piagnisteo *m.* **II** piagnucoloso, lamentoso.

snob [snɔb] *s.* **1** snob *m/f;* (*one who admires his suppose superiors*) chi ammira e imita quelli che ritiene superior (*one who despises his supposed inferiors*) chi disprezza *o* ignora) quelli che ritiene inferiori. **2** (*one convinced of h superior knowledge, taste, etc.*) chi ostenta superiorità *m* gusti, di cultura, ecc., snob *m/f.* **3** ⟨*ant,dial*⟩ (*cobbler* ciabattino *m.*

snobbery ['snɔbəri] *s.* snobismo *m.* **snobbish** [–biʃ] *a.* snobistico. **snobbishly** [–biʃli] *avv.* da snob, in mod snobistico. **snobbishness** [–biʃnis] *s.* snobismo *m.*

snog [snɔg] ⟨*sl*⟩ **I** *v.i.* (*pret., p.p.* **snogged** [–d]) (*to pe* sbaciucchiarsi, ⟨*pop*⟩ pomiciare. **II** *s.* sbaciucchiament *m,* ⟨*pop*⟩ pomiciata *f.*

snood [snu(:)d] *s.* reticella *f* ornamentale per i capel (*fillet*) nastro *m* per capelli.

snook [snu(:)k] *s.* ⟨*fam*⟩ marameo *m.* ☐ *to cock a ~ at:* fare marameo; 2 ⟨*fig*⟩ deridere, prendere in giro.

snooker ['snu:kə] **I** *s.* partita *f* a buca giocata con pal colorate. **II** *v.t.* **1** ostacolare (coprendo la palla). **2** ⟨*fam*⟩ (*to thwart*) ostacolare, impedire. ☐ *to be –ed:* 1 avere palla coperta da un'altra palla; 2 ⟨*scherz*⟩ essere difficoltà (*o* una posizione difficile).

snoop [snu:p] ⟨*fam*⟩ **I** *v.i.* spiare, curiosare, ficcare il nas nei fatti altrui. **II** *s.* ficcanaso *m/f,* curiosone *m* (*f* – spione *m* (*f* –a). **'snooper** [-ə] *s.* ficcanaso *m/f,* curioso *m* (*f* –a), spione *m* (*f* –a). **'snoopy** [-i] *a.* indiscret curioso.

snootiness ['snu:tinis] *s.* ⟨*fam*⟩ altezzosità *f,* boriosità superbia *f.* **snooty** [-ti] *a.* ⟨*fam*⟩ altezzoso, sprezzant sdegnoso.

snooze [snu:z] **I** *v.i.* sonnecchiare, fare un sonnellin schiacciare un pisolino. **II** *s.* sonnellino *m,* pisolino *m: have a ~* fare un pisolino. ☐ *to ~ away an afternoo* passare un pomeriggio dormendo.

snore [snɔ:] **I** *v.i.* russare. **II** *s.* il russare. ☐ *to ~ o.* *awake* russare tanto forte da svegliarsi; *he –d away i morning* ha passato la mattinata a dormire. **'snorer** [-r *s.* chi russa. **'snoring** [-riŋ] **I** *s.* **1** (*act*) il russare. (*sound*) suono *m* emesso da chi russa. **II** *a.* che russa.

snorkel ['snɔ:kəl] *s.* **1** presa *f* d'aria per sommergibili. (*for a skindiver*) respiratore *m* a tubo.

snort [snɔ:t] **I** *v.i.* sbuffare: *the horse –ed* il caval sbuffava; *he –ed with rage* sbuffò per la rabbia. **II** *v* (spesso con *out*) dire sbuffando; (*to express with a sno* esprimere (*o* manifestare) sbuffando. **III** *s.* **1** sbuffata sbuffo *m.* **2** (*snorkel*) presa *f* d'aria per sommergib **'snorter** [-ə] *s.* **1** chi sbuffa. **2** ⟨*fam*⟩ (*s.th. exception* cosa *f* eccezionale, ⟨*fam*⟩ cannonata *f;* (*s.th. exceptiona difficult*) grossa difficoltà *f,* ⟨*fam*⟩ osso *m* duro: *the exa was a ~* l'esame fu un osso duro. **3** ⟨*fam*⟩ (*violent win* vento *m* forte. **4** ⟨*fam*⟩ (*severe rebuke*) aspro rimprove *m;* (*angry letter*) letteraccia *f.* **5** ⟨*sl*⟩ (*small drink spirits*) bicchierino *m.* **'snorty** [-i] *a.* ⟨*fam*⟩ irascibi collerico.

snot [snɔt] *s.* ⟨*volg*⟩ **1** moccio *m,* ⟨*scherz*⟩ moccolo *m.* (*snotty person*) persona *f* altezzosa (*o* sprezzante).

snot rag *s.* ⟨*volg*⟩ (*handkerchief*) fazzoletto *m,* ⟨*p* moccichino *m.*

snotty ['snɔti] **I** *a.* ⟨*volg*⟩ **1** moccioso, sporco di mocc ~ *nose* naso moccioso. **2** (*supercilious*) altezzo sprezzante, sdegnoso. **3** (*contemptible, mean*) spregevo ignobile. **II** *s.* ⟨*mar*⟩ aspirante *m* guardiamarina.

notty-nosed *a.* ⟨*volg*⟩ **1** dal (*o* col) naso moccioso, col moccio al naso. **2** → snotty.

nout [snaut] *s.* **1** muso *m*, grugno *m*. **2** ⟨*sl*⟩ (*nose*) naso *m*. **3** ⟨*Entom*⟩ proboscide *f*. **4** ⟨*tecn*⟩ becco *m*, beccuccio *m*. **5** ⟨*Aut*⟩ muso *m*. **6** ⟨*Geol*⟩ lingua *f* glaciale.

nout beetle *s.* ⟨*Entom*⟩ curculione *m*.

now[1] [snou] *s.* **1** neve *f*: ~ *is forecast tomorrow* si prevede neve per domani; *the fields lay deep in* ~ i campi erano sepolti sotto la neve. **2** (*snowfall*) nevicata *f*. **3** *pl.* regione *f* delle nevi (perenni). **4** ⟨*Chim*⟩ neve *f* carbonica, ghiaccio *m* secco.

now[2] **I** *v.i.* **1** (costr. impers.) nevicare, cadere la neve: *it has been* –*ing all day* è nevicato tutto il giorno. **2** ⟨*fig*⟩ piovere: *leaflets* –*ed from the sky* volantini piovevano dal cielo. **II** *v.t.* **1** lasciar cadere in abbondanza. **2** (*to cover with snow;* spesso con *over, under*) coprire di neve. □ *to be* –*ed in* = *to be snowed* up; *to* ~ *under:* 1 ricoprire di neve, seppellire sotto la neve; 2 ⟨*fam*⟩ (*to inundate*) sommergere: –*ed under with requests* sommerso dalle richieste; 3 ⟨*am.sl*⟩ (*to defeat overwhelmingly*) battere clamorosamente, schiacciare; *to be* –*ed* up essere (*o* rimanere) bloccato (*o* isolato) dalla neve.

nowball ['snoubɔːl] **I** *s.* **1** palla *f* di neve. **2** ⟨*Bot*⟩ viburno *m*. **3** ⟨*Bot*⟩ → snowball tree. **4** ⟨*fig*⟩ valanga *f*. **5** (*snowball-contribution*) sottoscrizione *f* a catena. **II** *v.i.* **1** lanciare palle di neve, fare a palle (*o* pallate) di neve. **2** ⟨*fig*⟩ crescere a valanga, aumentare costantemente. **III** *v.t.* **1** colpire con palle di neve, prendere a pallate di neve. **2** ⟨*fig*⟩ far aumentare costantemente, far crescere a valanga.

now|**ball tree** *s.* ⟨*Bot*⟩ palla *f* di neve. **~bird** *s.* **1** ⟨*Ornit*⟩ → snow bunting. **2** ⟨*Ornit*⟩ junco *m*. '**~'blind** *a.* ⟨*Med*⟩ affetto da ambliopia da riflesso della neve. **~blindness** *s.* ambliopia *f* da riflesso della neve. **~ boot** *s.* scarpone *m* (*o* stivale) da neve. **~bound** *a.* isolato (*o* bloccato) dalla neve. **~ bunting** *s.* ⟨*Ornit*⟩ zigolo *m* delle nevi. **~cap** *s.* cappuccio *m* nevoso. '**~'capped** *a.* incappucciato di neve, con la cima coperta di neve. **~ chain** *s.* ⟨*Aut*⟩ catena *f* antineve. **~drift** *s.* **1** cumulo *m* di neve ammucchiata dal vento. **2** (*drifting snow*) raffica *f* di neve sospinta dal vento. **~drop** *s.* ⟨*Bot*⟩ bucaneve *m*. **~fall** *s.* nevicata *f*. **~flake** *s.* fiocco *m* (*o* falda *f*) di neve. **~ gauge** *s.* nevometro *m*, nivometro *m*. **~ goggles** *s.pl.* occhiali *mpl* da neve, occhiali *mpl* antineve. **~ goose** *s.* ⟨*Ornit*⟩ oca *f* delle nevi. **~house** *s.* iglò *m*.

nowiness ['snouinis] *s.* **1** nevosità *f*. **2** (*whiteness*) candore *m*.

now| **leopard** *s.* ⟨*Zool*⟩ leopardo *m* delle nevi. **~line** *s.* ⟨*Geog*⟩ limite *m* delle nevi perenni. **~man** [mæn] *s.irr.* fantoccio *m* (*o* pupazzo) di neve. □ *the Abominable* ~ l'abominevole uomo delle nevi. **~mobile** *s.* veicolo *m* a motore per la locomozione sulla neve. **~plough, ~plow** *am. s.* spazzaneve *m*, spartineve *m*. **~ pudding** *s.* ⟨*Dolc*⟩ budino *m* fatto con chiare d'uovo. **~report** *s.* bollettino *m* della neve. **~scape** *s.* paesaggio *m* nevoso. **~ shoe** *s.* racchetta *f* da neve. **~ shovel** *s.* badile *m* (*o* pala *f*) da neve. **~slide, ~slip** *s.* valanga *f* (di neve), (s)lavina *f*. **~storm** *s.* tempesta *f* di neve, tormenta *f*. '**~'white** *a.* bianco come la neve. **~ White** *N.pr.* ⟨*Lett*⟩ Biancaneve *f*: ~ *and the Seven Dwarfs* Biancaneve e i sette nani.

nowy ['snoui] *a.* **1** nevoso: ~ *weather* tempo nevoso. **2** (*covered with snow*) coperto di neve, nevoso. **3** (*of snow*) nevoso, nivale. **4** (*snow-white*) bianco come la neve.

nub[1] [snʌb] *v.* (*pret., p.p.* snubbed [–d]) *v.t.* **1** trattare con disprezzo, snobbare; (*to offend*) fare un affronto a, offendere; (*to ignore with disdain*) ignorare sdegnosamente; (*to reject contemptuously*) disprezzare, tenere in poco conto, sdegnare: *to* ~ *s.o.'s suggestions* disprezzare i consigli di qd. **2** (*to rebuke sharply*) rimproverare duramente, rimbrottare.

nub[2] *s.* **1** affronto *m*, offesa *f*. **2** (*rebuke*) rimprovero *m*, rampogna *f*. **3** (*sudden check to a rope, etc.*) arresto *m* improvviso. **4** ⟨*Mar*⟩ → snubbing post.

nub[3] *a.* (*of a nose*) camuso, rincagnato.

nubbing post ['snʌbiŋ] *s.* ⟨*Mar*⟩ palo *m* di ormeggio.

nub-'nosed *a.* **1** dal naso camuso. **2** (*of firearms*) a canna mozza.

snuff[1] [snʌf] **I** *s.* moccolaia *f*, fungo *m*. **II** *v.t.* **1** smoccolare. **2** (*to extinguish;* spesso con *out*) spegnere: *to* ~ *out a candle* spegnere una candela. **3** (*to suppress;* general. con *out*) domare, reprimere, estinguere, spegnere: *to* ~ *out a rebellion* domare una rivolta. **4** (*fam*) (*to kill*) uccidere, liquidare. **III** *v.i.* (spesso con *out*) **1** spegnersi, estinguersi. **2** ⟨*fam*⟩ (*to die*) morire, spegnersi. □ ⟨*sl*⟩ *to* ~ *it* (*to die*) morire, spegnersi.

snuff[2] **I** *s.* (*powdered tobacco*) tabacco *m* da fiuto; (*pinch of powdered tobacco*) presa *f* di tabacco. **II** *v.t.* **1** (spesso con *up, in*) fiutare, aspirare (col naso). **2** (*to perceive by smelling*) fiutare, annusare. **3** (*of an animal*) fiutare. **III** *v.i.* **1** tirare su col naso. **2** (*to take snuff*) fiutare tabacco, tabaccare. □ ⟨*sl*⟩ *up to* ~: 1 accorto, avveduto, scaltro; 2 (*good enough*) abbastanza buono, soddisfacente.

snuff-box ['snʌfbɒks] *s.* tabacchiera *f*.

snuffer[1] ['snʌfə] *s.* **1** spegnitoio *m*. **2** *pl.* (*for cropping the snuff of a candle;* costr. sing. o pl.) smoccolatoio *m*, smoccolatoie *fpl*.

snuffer[2] *s.* (*one who uses snuff*) chi fiuta tabacco.

snuffle ['snʌfl] **I** *v.i.* **1** tirare su ripetutamente col naso. **2** (*to breathe through an obstructed nose*) respirare col naso chiuso (*o* tappato). **3** (*to speak nasally*) parlare con ⌐voce nasale⌐ (*o* il naso). **II** *s.* **1** il tirare su col naso; (*sound*) rumore *m* prodotto tirando su col naso. **2** *pl.* raffreddore *m* di testa. '**snuffler** [–ə] *s.* **1** chi tira su col naso. **2** ⟨*fig*⟩ chi usa un linguaggio ipocrita. '**snuffling** [–iŋ] **I** *s.* il tirare su col naso. **II** *a.* **1** che tira su col naso. **2** ⟨*fig*⟩ bigotto, santocchio.

snuff mill *s.* macinino *m* per tabacco.

snuffy ['snʌfi] *a.* **1** simile al tabacco. **2** (*using, addicted to snuff*) che fiuta (*o* prende) tabacco. **3** (*dirty with snuff*) tabaccoso. **4** ⟨*fig*⟩ sgradevole.

snug[1] [snʌg] **I** *a.* (*compar.* 'snugger [–ə], *sup.* 'snuggest [–ist]) **1** accogliente, confortevole, comodo: *a* ~ *little room* una stanzetta accogliente; (*safe from cold*) riparato, caldo. **2** (*fitting closely*) attillato, aderente. **3** (*affording protection*) sicuro; (*affording concealment*) riparato; (*concealed*) nascosto, celato. **4** (*of income, fortune*) discreto, soddisfacente. **5** (*neat, trim*) lindo, ordinato. **6** (*marked by intimacy*) intimo: ~ *little dinners* pranzetti intimi. **II** *s.* (*in a pub, hotel*) salottino *m* privato.

snug[2] *v.i.* (*pret., p.p.* snugged [–d]) accoccolarsi, rannicchiarsi.

snuggery ['snʌgəri] *s.* **1** stanzetta *f* accogliente (*o* confortevole). **2** (*in a pub, hotel*) salottino *m* privato. **3** (*snug place*) cantuccio *m*, posto *m* comodo.

snuggle ['snʌgl] **I** *v.i.* (spesso con *up, down*) rannicchiarsi, accucciarsi, accovacciarsi: *we all* –*d up together to keep warm* ci rannicchiammo l'uno vicino all'altro per tenerci caldi. **II** *v.t.* **1** stringere, tenere stretto (*o* vicino). **2** (*to cuddle*) vezzeggiare, coccolare.

snugly ['snʌgli] *avv.* **1** comodamente, in modo confortevole. **2** (*of garments*) in modo aderente. **3** (*safely*) al sicuro, in salvo. **snugness** [–gnis] *s.* **1** l'essere confortevole, comodità *f*. **2** (*of garments*) l'essere aderente. **3** (*safety*) sicurezza *f*, salvezza *f*.

so[1] [sou] **I** *avv.* **1** così, tanto: *don't be* ~ *impatient* non essere così impaziente; (*to the same degree*) altrettanto, così, nello stesso modo: *he is confident of success but I am not* ~ *sure* ha fiducia nel successo, ma io non ne sono altrettanto sicuro; (*to a great degree*) tanto, talmente, così: *I love her* ~ l'amo tanto. **2** (*in the indicated way*) così, in questo (*o* tal) modo, in questa maniera: *he died and* ~ *the prophecy was fulfilled* morì e così si avverò la profezia; *do it* ~ fallo in questo modo; (*in the same way*) così, nello stesso modo, come, nella stessa maniera: *as this town votes,* ~ *votes the country* come vota questa città, così vota il paese; *as A is to B,* ~ *E is to D* A sta a B come E sta a D; (*in the following way*) così, nella seguente maniera: *the song goes* ~ la canzone fa così; (*in the preceding way*) così, in quel modo: ~ *spoke the oracle* così parlò l'oracolo. **3** (*also, too*) anche, e così, (così) pure: *I was tired and* ~ *was she* ero stanco e anche lei lo era. **4** (*to express agreement*) proprio così: *it's getting late –* ~ *it is* si sta facendo tardi – proprio così. **5** (*therefore*) così, perciò: *he insulted me, and* ~ *I hit him* mi insultò e così lo colpii; (*then, subsequently*) poi, dopo, successivamente: *and ~ to bed* e poi a letto. **6** (*used as a substitute for a preceding clause, idea, etc.*) così, *often translated with the corresponding object: they say there is still hope, but if ~ it is very slender* dicono che c'è ancora speranza, ma se così è, è molto tenue; *he promised to help us but failed to do ~* promise di aiutarci ma non lo fece; *I told you ~* te l'avevo detto; (*as a substitute for an adjective*) *not translated: he is talented, but not exceptionally* è dotato ma non in maniera eccezionale; (*as a substitute for a noun*) tale: *he was elected secretary and remained ~ for two years* fu eletto segretario e tale restò per due anni. **7** (*esclam*) (*to express approval, satisfaction, etc.*) così. **8** (*intens*) (*most certainly, indeed*) proprio, davvero: *I didn't do it on purpose – you did ~* non l'ho fatto apposta – invece l'hai fatto proprio apposta. **II** *congz*. **1** affinché, acciocché, perché: *turn the light on ~ I can see better* accendi la luce affinché io possa vedere meglio. **2** (*with the result that*) cosicché, così che, di (*o* in) modo che: *the light was on, ~ I could see clearly* la luce era accesa, cosicché potei vedere chiaramente. **3** (*therefore*) perciò, pertanto, così: *you won't believe me, ~ I won't waste my breath* non mi crederai, perciò non sprecherò il fiato. **4** (*as an introductory particle*) (e) così: *~ you came after all* e così, dopotutto sei venuto; (*to indicate indifference*) beh, ebbene: *but you promised! – ~ I broke my promise* ma ho promesso! – beh, ho rotto la promessa; (*to indicate a discovery*) allora, così: *~ that's what he meant* allora è questo che voleva dire. □ *I'm afraid ~* temo di sì; **~ as:** 1 affinché, acciocché, perché; 2 (*fam,dial*) (*provided that*) purché; 3 (*rar*) (*with the result that*) cosicché, di (*o* in) modo che; *~ ... as:* 1 così ... da: *it is ~ obvious as to need no explanation* è così ovvio da non aver bisogno di spiegazioni; 2 (*in such a way as to*) in modo tale da: *his words were ~ quoted as to lose their original meaning* le sue parole furono citate in modo tale da perdere il significato originale; **~ as to** in modo da, così da: *I went early ~ as to get a good seat* andai presto in modo da procurarmi un buon posto; *~ as to avoid* per non, così da evitare, per evitare: *we closed the door ~ as to avoid being seen* chiudemmo la porta per non essere visti; *~ as not to* per non: *he undressed in the dark ~ as not to wake his wife* si svestì al buio per non svegliare la moglie; *~* **be** *it!* così sia!; *~* **being** (*provided that*) purché, a condizione che; *I believe ~* credo di sì; *~* **far** *from* invece di, lungi da: *~ far from recovering, he is getting worse* invece di guarire, peggiora; *~* **far**, *~* **good** finora tutto (va) bene; *I* **fear** *~* temo di sì; *and ~* **forth** = *and so* **on**; *it ~* **happened** *that* accadde che, il caso volle che; *I* **hope** *~* spero di sì, lo spero; **if** *~* in caso affermativo; **like** *~* così, in questo modo; *~* **much** tanto; *~ much the worse for you* tanto peggio per te; *~ much as* (*even*) perfino, anche, finanche; *not ~ much ... as* non tanto ... quanto, più ... che: *I am not ~ much angry as disappointed* non sono tanto in collera quanto deluso, sono più deluso che in collera; *without ~ much as* senza neanche (*o* neppure, nemmeno); *~ much the better* tanto meglio, meglio così; *~ much for today, let's go* questo è tutto per oggi, andiamo; **not** *~* ma non, non così, no: *everyone else surrendered not ~ he* tutti si arresero ma non lui; *and ~* **on** e così via, eccetera; **quite** *~!* proprio così!; *~ it* **seems** così pare, a quanto pare; *~ to* **speak** per così dire; *I* **suppose** *~* suppongo di sì; *~* **that:** 1 affinché, di modo che, acciocché, perché; 2 (*with the result that*) cosicché, di (*o* in) modo che; *~ ... that:* 1 così ... che (*o* da), tanto ... da (*o* che): *he was ~ weak that he could hardly stand* era così debole che poteva appena reggersi in piedi; 2 (*in such a way that*) in modo tale da (*o* che); *that is ~* è così; *I* **think** *~* penso di sì, lo penso; *do you think ~?* pensi di sì?, lo pensi?; (*fam*) *~* **what?** e con questo?, e allora?, e così?; **why** *~?* ma perché?, perché mai?

so² *s.* (*pl.* **-s** [z]) (*Mus*) sol *m*.
So. = 1 *South* sud. 2 *southern* meridionale.
s.o. = 1 (*Econ*) *seller's option* opzione del venditore. 2 (*Comm*) *shipping order* ordine di spedizione.
S.O. = (*Mil*) *Staff Officer* ufficiale di stato maggiore.
S/O = (*Comm*) *Shipping Order* ordine di spedizione.

soak [souk] **I** *v.i.* **1** essere (*o* stare) a mollo (*o* bagno), ammollarsi, inzupparsi. **2** (*to pass through*) filtrare, infiltrarsi, passare: *blood had –ed through the bandage* sangue era filtrato attraverso la benda. **3** (*fig*) penetrare, entrare (*into* in): *his words –ed into my brain* le sue parole mi penetrarono nel cervello. **4** (*fam*) (*to drink heavily*) bere come una spugna, (*spreg*) sbevazzare. **II** *v.t.* mettere a bagno (*o* mollo), inzuppare, imbevere, ammollare: *to ~ clothes* mettere a bagno il bucato; *to ~ the sponge in water* imbevere la spugna d'acqua. **2** (*to w... thoroughly*) inzuppare, infradiciare: *our clothes were –ed* nostri vestiti erano inzuppati. **3** (*to remove by soakin...*) spesso con *out*, *off*) togliere (*o* asportare) mettendo bagno (*o* mollo): *to ~ out a stain on a shirt* togliere ur... macchia da una camicia mettendola a bagno. **4** (*fi...* imbevere, permeare. **5** (*rifl*) dedicarsi, immergersi, dar... completamente: *to ~ o.s. in classical literature* dedicar... alla letteratura classica. **6** (*spesso con up: to absor...* assorbire: *the napkin –ed up the spilt milk* il tovaglio... assorbì il latte versato; (*to remove by absorbing*) asciugar... *she –ed up the water with a cloth* asciugò l'acqua con u... panno. **7** (*sl*) (*to tax heavily*) tassare fortemente, grava... di tasse; (*to overcharge*) far pagare troppo... eccessivamente), (*fam*) pelare. **8** (*sl*) (*to paw...* impegnare, pignorare. **III** *s.* **1** ammollamento *n...*, l'inzuppare, bagnata *f.* **2** (*of laundry*) ammollo *m.* (*liquid in which s.th. is soaked*) bagno *m* (*anche Ind.*). (*sl*) (*one who drinks heavily*) ubriacone *m* (*f –*a), (*fam*... spugna *f;* (*period of heavy drinking*) bisboccia *f,* baldoria... **5** (*sl*) (*pawn*) pegno *m.* □ (*sl*) *to be in ~* esse... impegnato (*o* pignorato); (*sl*) *to put s.th. in ~* portare ... al monte di pietà; *she put the tablecloth to ~* mise a mol... la tovaglia; (*sport*) (*in boxing*) *to ~ up punishme...* assorbire i duri colpi.

soakage ['soukidʒ] *s.* (*liquid that soaks in*) liquido ... assorbito; (*liquid that seeps out*) liquido *m* filtrat... **soaked** [–kt] *a.* **1** bagnato. **2** (*very wet*) inzuppat... bagnato fradicio, zuppo: *we got ~* ci siamo inzuppati. ... *to be ~ to the skin* (*o through*) essere bagnato fino a... ossa. **soaker** [–kə] *s.* **1** chi mette a bagno, chi ammol... chi inzuppa. **2** (*fam*) (*heavy rainfall*) acquazzone ... rovescio *m.* **3** (*sl*) (*heavy drinker*) ubriacone *m* (*f –*... (*fam*) spugna *f.* **soaking** [–kiŋ] **I** *a.* che bagna, ch... inzuppa. **II** *s.* **1** ammollamento *m,* bagnata *f.* (*drenching*) bagnata *f,* inzuppata *f.* **3** (*of laundry*) ammol... *m.* □ (*fam*) *to get a ~* ricevere, (*o* subire) dei duri col... essere percosso; *~ wet* completamente bagnato, fradici... zuppo.

so-and-so ['souənsou] *s.* (*pl.* **-s** [z]) **1** tal *m/f* dei tali: *M...* *~* il signor tal dei tali. **2** (*eufem*) bastardo *m.*
soap [soup] **I** *s.* **1** sapone *m* (*anche Chim.*). **2** *(...* (*flattery*) adulazione *f,* lusinga *f,* (*pop*) saponata *f.* (*am.sl*) (*money for bribery*) denaro *m* per corrompe... (*fam*) bustarella *f.* **II** *v.t.* **1** insaponare: *to ~ one's han...* insaponarsi le mani. **2** (*sl*) (*to flatter, softsoap*) adula... lisciare, lusingare, insaponare. **3** (*sl*) (*to flatter*) lusinga... □ *a cake of ~* una saponetta; (*sl*) *no ~* niente da fa... non attacca.
soap| box *s.* **1** saponiera *f.* **2** (*fig*) podio *m* improvvisa... per chi 'fa discorsi' (*o* tiene comizi) sulla pubblica vi... **~-box orator** *s.* oratore *m* da comizi. **~ bubble** bolla *f* di sapone. **~ dish** *s.* portasapone *m,* saponiera **~ flakes** *s.pl.* sapone *m* in scaglie.
soapily ['soupili] *avv.* **1** in modo saponoso. **2** (*sl*) (*in flattering way*) lusinghevolmente, con adulazion... (*unctuously*) mellifluamente, in modo untuoso. **soapine** [–pinis] *s.* **1** l'essere saponoso. **2** (*sl*) adulazione... lisciata *f,* (*pop*) saponata *f;* (*unctuousness*) mellifluità untuosità *f.*
soap| opera *s.* (*TV,Rad,sl*) dramma *m* sentimentale puntate. **~-powder** *s.* detersivo *m,* sapone *m* in polver... **~stone** *s.* (*Min*) **1** steatite *f.* **2** (*French chalk*) gessetto (*o* pietra *f*) da sarti. **~suds** *s.pl.* saponata *f,* schiuma *f* sapone.
soapy ['soupi] *a.* **1** insaponato: *~ hands* mani insapona... (*containing soap*) saponato: *~ water* acqua saponata. (*resembling soap*) saponoso, saponaceo. **3** (*fa...*

(*flattering, servile*) adulatorio, strisciante.

oar [sɔ:] *v.i.* **1** volare in alto; (*to hover*) librarsi in volo. **2** ⟨*Aer*⟩ veleggiare. **3** (*of a mountain: to rise high*) torreggiare, ergersi. **4** (*of the voice, music*) salire, innalzarsi. **5** ⟨*fig*⟩ (*of the mind, etc.*) elevarsi. **6** ⟨*fig*⟩ (*to increase steeply*) aumentare vertiginosamente, andare alle stelle: *prices are –ing* i prezzi aumentano vertiginosamente. □ *his mind –s above such petty matters* la sua mente si leva al di sopra di tali meschinità. **'soaring** [–riŋ] **I** *a.* **1** che s'innalza, che si leva in alto. **2** (*of a voice, music*) che sale, che s'innalza. **II** *s.* **1** elevazione *f,* innalzamento *m.* **2** ⟨*Aer*⟩ il librarsi.

ob[1] [sɔb] *v.* (*pret., p.p.* **sobbed** [–d]) **I** *v.i.* **1** singhiozzare, piangere singhiozzando (*o a singhiozzi*). **2** (*to cry*) piangere. **II** *v.t.* (*spesso con out*) dire singhiozzando (*o tra i singhiozzi*). □ *to ~ one's heart out* piangere disperatamente; *to ~ o.s. to sleep* addormentarsi per il gran singhiozzare.

ob[2] *s.* **1** singulto *m,* singhiozzo *m.* **2** ⟨*fam*⟩ (*weep, cry*) pianto *m.*

ober ['soubə] **I** *a.* **1** non ubriaco, lucido, sobrio. **2** (*abstemious in food*) sobrio, temperante, temperato, parco; (*abstinent*) astemio. **3** (*solemn*) grave, solenne; (*serious, thoughtful*) serio, pensoso. **4** (*of colours*) smorzato, attenuato; (*of clothes*) sobrio. **5** (*restrained*) sobrio, moderato, contenuto: *a ~ style* uno stile sobrio; (*realistic*) concreto, realistico: *~ facts* fatti concreti. **6** (*rational, sane*) ragionevole, assennato, giudizioso. **II** *v.t.* **1** (*spesso con up*) far passare la sbornia a. **2** (*to make serious, thoughtful*) rendere (*o far diventare*) pensoso (*o serio*). **III** *v.i.* **1** (*spesso con up*) smaltire (*o farsi passare*) la sbornia. **2** (*to become serious, thoughtful*) diventare serio (*o pensoso*). **3** (*to become calm; spesso con down*) calmarsi, acquietarsi. □ *to be as ~ as a judge* avere la mente completamente lucida, non essere affatto ubriaco; *to be in ~ earnest* fare sul serio; *in ~ fact* in realtà, in effetti, stando ai fatti. **sobering** [–riŋ] *a.* che rende serio (*o pensoso*). **soberly** [–li] *avv.* **1** non da ubriaco, a mente lucida. **2** (*seriously*) seriamente, gravemente; (*solemnly*) solennemente. **3** (*of clothes, etc.*) con sobrietà, sobriamente: *to dress ~* vestire sobriamente. **4** (*realistically*) realisticamente, concretamente.

ober-'minded *a.* sensato, assennato, saggio.

oberness ['soubənis] *s.* → **sobriety**.

ober–sides ['soubəsaidz] *s.pl.* (costr. sing.) ⟨*fam*⟩ persona *f* seria e contegnosa.

obriety [so(u)'braiəti] *s.* **1** sobrietà *f.* **2** (*abstemiousness, temperance*) temperanza *f,* moderazione *f.* **3** (*seriousness*) serietà *f;* (*solemnity*) solennità *f.* **4** (*of clothes, etc.*) sobrietà *f.*

obriquet ['soubrikei] *s.* **1** soprannome *m,* nomignolo *m.* **2** (*assumed name*) pseudonimo *m.*

ob| **sister** *s.* ⟨*giorn*⟩ giornalista *f* specializzata in storie patetiche. **~ story** *s.* ⟨*sl*⟩ **1** racconto *m* patetico (*o sentimentale*). **2** (*excuse designed to arouse sympathy*) storia *f* (*o scusa*) che vuol suscitare comprensione. **~ stuff** *s.* ⟨*sl*⟩ sentimentalismo *m* esagerato; (*maudlin films, etc.*) film *mpl* (*o racconti, ecc.*) lacrimosi (*o sentimentali*).

oc. = *society* società.

o-'called *a.* **1** cosiddetto: *the ~ New Left* la cosiddetta nuova sinistra. **2** (*improperly named*) impropriamente chiamato; (*falsely called*) erroneamente chiamato.

occer ['sɔkə] *s.* ⟨*Sport*⟩ calcio *m.*

ociability [ˌsoufə'biliti] *s.* socievolezza *f,* affabilità *f.*

ociable ['soufəbl] **I** *a.* **1** socievole: *he is quite a ~ fellow* è un tipo abbastanza socievole. **2** (*friendly and informal*) socievole, amichevole, affabile, cordiale. **II** *s.* **1** ⟨*fam*⟩ riunione *f* alla buona. **2** ⟨*Arred*⟩ amorino *m.* **3** ⟨*Stor*⟩ (*tricycle*) triciclo *m* a due posti; (*carriage*) giardiniera *f.* **sociableness** [–nis] *s.* → **sociability. sociably** [–i] *avv.* socievolmente, affabilmente.

ocial ['soufəl] **I** *a.* **1** sociale: *~ legislation* legislazione sociale. **2** (*of fashionable society*) mondano: *~ life* vita mondana. **3** (*sociable*) socievole, amichevole, affabile, cordiale. **4** (*gregarious*) socievole, sociale: *man is a ~ animal* l'uomo è un animale socievole. **5** ⟨*Biol*⟩ sociale. **6**

⟨*Pol*⟩ socialistico, socialista. **II** *s.* ⟨*fam*⟩ riunione *f,* festa *f* (pubblica), trattenimento *m,* serata *f.* □ *one's ~ equal* una persona del proprio ceto.

social| **action** *s.* azione *f* sociale. **~ burdens** *s.pl.* oneri *mpl* sociali. **~ casework** *s.* assistenza *f* sociale individuale. **~ climber** *s.* ⟨*fam*⟩ arrampicatore *m* (*f* –trice) sociale, arrivista *m/f.* **~ climbing** *s.* ⟨*fam*⟩ arrivismo *m.* **~ compact, ~ contract** *s.* ⟨*Filos*⟩ contratto *m* sociale. **~ costs** *s.pl.* costi *mpl* sociali. **~ democracy** *s.* socialdemocrazia *f.* **~ Democrat** *s.* socialista *m* democratico, socialdemocratico *m* (*f* –a). **~ ecology** *s.* ecologia *f* sociale. **~ economics** *s.pl.* (costr. sing.) economia *f* sociale. **~ evil** *s.* **1** male *m* sociale. **2** (*prostitution*) prostituzione *f.* **~ evolution** *s.* evoluzione *f* sociale. **~ group work** *s.* assistenza *f* sociale di gruppo. **~ housing** *s.* edilizia *f* popolare. **~–imperialism** *s.* ⟨*Pol*⟩ socialimperialismo *m.* **~ insurance** *s.* assicurazione *f* sociale.

socialism ['soufəlizəm] *s.* ⟨*Pol*⟩ socialismo *m.* **socialist** [–list] *s.* socialista. **II** *s.* socialista *m/f.* **,socialistic** [–'listik] *a.* socialistico, socialista. **,socialistically** [–'listikəli] *avv.* da socialista.

Socialist Party *s.* partito *m* socialista.

socialite ['soufəlait] *s.* ⟨*fam*⟩ persona *f* mondana (*o che conduce vita di società*). **2** ⟨*am*⟩ (*socially prominent person*) persona *f* ⌐socialmente importante⌐ (*o in vista*).

sociality [ˌsoufi'æliti] *s.* **1** socialità *f* (*anche Biol.*). **2** (*sociability*) socievolezza *f,* affabilità *f.*

socialization [ˌsoufəlai'zeiʃən] *s.* **1** ⟨*Econ*⟩ socializzazione *f.* **2** (*of people*) integrazione *f* sociale, socializzazione *f.* **'socialize** [–laiz] **I** *v.t.* **1** ⟨*Econ*⟩ socializzare; (*to nationalize*) nazionalizzare. **2** ⟨*Psic*⟩ adattare all'ambiente sociale. **II** *v.i.* avere rapporti sociali (*with* con), socializzare.

social| **justice** *s.* giustizia *f* sociale. **~ legislation** *s.* diritto *m* sociale. **~ lion** *s.* ⟨*fig*⟩ **1** celebrità *f.* **2** (*person whose society is much sought after*) persona *f* molto popolare.

socially ['soufəli] *avv.* socialmente.

social|**-'minded** *a.* interessato al benessere della società. **~ mobility** *s.* mobilità *f* sociale. **~ order** *s.* ordine *m* sociale. **~ organization** *s.* organizzazione *f* sociale. **~ partners** *s.pl.* ⟨*Econ*⟩ parti *fpl* (*o partner mpl*) sociali. **~ psychology** *s.* psicologia *f* sociale. **~ science** *s.* scienze *fpl* sociali. **~ secretary** *s.* segretario *m* (*f* –a) particolare. **~ security** *s.* sicurezza *f* sociale. **~ Security** *am. s.* previdenza *f* sociale.

social security| **agency** *s.* ente *m* previdenziale. **~ benefit** *s.* prestazione *f* previdenziale. **~ system** *s.* sistema *m* previdenziale.

social| **service** *s.* servizio *m* sociale. **~ standing** *s.* prestigio *m.* **~ status** *s.* stato *m* (*o condizione f*) sociale. **~ studies** *s.pl.* **1** studi *mpl* sociali. **2** ⟨*Univ*⟩ sociologia *f.* **~ survey** *s.* inchiesta *f* sociale. **~ system** *s.* sistema *m* sociale. **~ therapist** *s.* socioterapista *m/f.* **~ therapy** *s.* socioterapia *f.* **~ War** *s.* ⟨*Stor*⟩ guerra *f* sociale. **~ welfare** *s.* assistenza *f* sociale. **~ work** *s.* servizio *m* sociale. **~ worker** *s.* assistente *m/f* sociale. □ *medical ~* assistente *m/f* medico-sociale.

society [sə'saiəti] *s.* **1** società *f: enemies of ~* nemici della società; (*social community*) collettività *f,* comunità *f.* **2** (*body of associated people*) compagnia *f,* associazione *f: an amateur dramatic ~* una compagnia di attori dilettanti. **3** (*part of a community*) società *f,* gruppo *m,* associazione *f: literary ~* società letteraria. **4** (*upper class*) alta società *f,* bel mondo *m.* **5** (*company*) compagnia *f,* società *f: I enjoy his ~* godo della sua compagnia.

society| **column** *s.* ⟨*Giorn*⟩ rubrica *f* (di cronaca) mondana. **~ life** *s.* vita *f* ⌐di società⌐ (*o mondana*).

sociobiological [ˌsousio/baiə'lɔdʒikəl] *a.* sociobiologico. **sociobiologist** [–ai'blədʒist] *s.* sociobiologo *m* (*f* –a). **sociobiology** [–ai'blədʒi] *s.* sociobiologia *f.*

socio-christian *a.* ⟨*Pol*⟩ cristianosociale.

sociogram ['sousiougræm] *s.* sociogramma *m.*

sociolinguist [ˌsousio(u)'liŋgwist] *s.* sociolinguista *m/f.* **sociolinguistic** [–liŋ'gwistik] *a.* sociolinguistico. **sociolinguistics** [–iks] *s.* (costr. sing.) sociolinguistica *f.*

sociologic [,sousiə'lɔdʒik, souʃ-], **sociological** [-əl] *a.* sociologico. **sociologically** [-əli] *avv.* in modo sociologico. **sociologism** [-si'ɔlədʒizəm] *s.* sociologismo *m.* **sociologist** [-si'ɔlədʒist] *s.* sociologo *m* (*f* -a). **sociology** [-si'ɔlədʒi] *s.* sociologia *f.* □ ~ *of education* sociologia *f* dell'educazione; ~ *of knowledge* sociologia *f* della conoscenza; ~ *of law* sociologia *f* del diritto; ~ *of religion* sociologia *f* della religione.

sociomedical [,sousio(u)'medikəl] *a.* sociosanitario.

sociometric [,sousiə'metrik] *a.* sociometrico: ~ *test* test sociometrico. **sociometry** [-si'ɔmitri] *s.* sociometria *f.*

sock[1] [sɔk] *s.* (*pl.* -s [s]/**sox** [sɔks]) **1** calza *f* corta, calzino *m.* **2** ⟨*Calz*⟩ (*inner sole*) soletta *f* (interna). **3** ⟨*Aer*⟩ (*wind sock*) manica *f* a vento. **4** ⟨*Stor*⟩ socco *m.* **5** ⟨*fig*⟩ (*comedy*) commedia *f.* □ ⟨*fam*⟩ *to pull up one's* -s darsi da fare, rimboccarsi le maniche.

sock[2] ⟨*fam*⟩ **I** *v.t.* **1** picchiare, colpire con forza: *to* ~ *s.o. on the nose* picchiare qd. sul naso. **2** (*to throw hard*) scagliare, tirare con forza: *to* ~ *a stone through a window* scagliare una pietra attraverso una finestra. **II** *s.* colpo *m* violento; (*punch*) pugno *m.* **III** *avv.* **1** (*directly, right*) diritto, in pieno: *I hit him* ~ *on the chin* l'ho colpito diritto al mento. □ ⟨*fam*⟩ *to give s.o.* -s picchiare qd., ⟨*fam*⟩ darle a qd.; ⟨*sl*⟩ *to* ~ *it to s.o.*: 1 (*to speak forcefully to s.o.*) parlare duramente a qd.; 2 (*to tell s.o. the unpleasant truth*) spiattellare la verità in faccia a qd.

socket ['sɔkit] **I** *s.* **1** cavità *f,* incavo *m,* incasso *m,* incassatura *f.* **2** ⟨*El*⟩ (*for a bulb*) portalampada *m;* (*on a wall*) presa *f* di corrente. **3** ⟨*Anat*⟩ cavità *f,* incavo *m.* **II** *v.t.* **1** provvedere di un incavo (*o* un'incassatura). **2** (*to insert into a socket*) incassare, inserire in una cavità.

socklet *am.* ['sɔklət] *s.* calzino *m* (corto).

socle [sɔkl, 'soukl] *s.* ⟨*Arch*⟩ zoccolo *m,* piedistallo *m.*

Socrates ['sɔkrəti:z] *N.pr.* ⟨*Stor.gr*⟩ Socrate *m.*

Socratic [sə'krætik] **I** *a.* ⟨*Filos*⟩ socratico. **II** *s.* socratico *m* (*f* -a). **Socratically** [-əli] *avv.* in modo socratico.

sod[1] [sɔd] **I** *s.* soprassuolo *m;* (*piece of turf*) zolla *f* erbosa, piota *f.* **II** *v.t.* (*pret., p.p.* '**sodded** [-id]) (general. con *over, up*) ricoprire di zolle erbose, piotare. □ ⟨*fig*⟩ *to lie under the* ~ essere (morto e) sepolto.

sod[2] *s.* ⟨*volg*⟩ **1** sodomita *m.* **2** (*term of abuse*) canaglia *f,* ⟨*spreg*⟩ bastardo *m.*

soda ['soudə] *s.* **1** ⟨*Chim*⟩ (*sodium carbonate*) carbonato *m* di sodio; (*sodium bicarbonate*) bicarbonato *m* di sodio; (*sodium hydroxide*) idrossido *m* di sodio, soda *f* caustica; (*sodium oxide*) ossido *m* di sodio; (*sodium*) sodio *m.* **2** ⟨*fam*⟩ (*soda water*) acqua *f* di selz. □ *whisky and* ~ whisky e soda.

soda|ash *s.* ⟨*Chim*⟩ carbonato *m* di soda. ~ **biscuit** *am. s.* **1** biscotto *m* lievitato. **2** → **soda cracker.** ~ **cracker** *am. s.* cracker *m* soda. ~ **fountain** *s.* banco *m* (di mescita) di bibite analcoliche. ~ **jerk(er)** *am. s.* ⟨*fam*⟩ chi prepara (e serve) bibite analcoliche. ~ **lime** *s.* ⟨*Chim*⟩ calce *f* sodata. **~-lime glass** *s.* (*crown glass*) ⟨*Vetr*⟩ vetro *m* crown.

sodality [so(u)'dæliti] *s.* **1** sodalizio *m.* **2** ⟨*Rel.catt*⟩ confraternita *f.*

soda| pop *s.* bibita *f* gassata. ~ **water** *s.* acqua *f* di seltz.

sodden ['sɔdn] *a.* **1** fradicio, zuppo, inzuppato: ~ *clothes* indumenti fradici. **2** (*of bread, etc.*) molle e umido, pesante. **3** (*of the face, etc.: bloated with drink*) gonfio per l'alcool.

soddy ['sɔdi] *a.* erboso, coperto di zolle erbose.

sodic ['soudik] *a.* ⟨*Chim*⟩ sodico.

sodium ['soudiəm] *s.* ⟨*Chim*⟩ sodio *m.*

sodium|amide *s.* ⟨*Chim*⟩ sodioammide *f.* ~ **bicarbonate** *s.* bicarbonato *m* di sodio. ~ **carbonate** *s.* carbonato *m* di sodio, soda *f.* ~ **chloride** *s.* cloruro *m* di sodio, salgemma *m.* ~ **hydroxide** *s.* idrato *m* di sodio, soda *f* caustica. ~ **lamp** *s.* lampada *f* al sodio. ~ **nitrate** *s.* nitrato *m* di sodio, nitro *m.* ~ **oxide** *s.* ossido *m* di sodio.

Sodom ['sɔdəm] **I** *N.pr.* ⟨*Bibl*⟩ Sodoma *f.* **II** *s.* ⟨*fig*⟩ luogo *m* di corruzione, bordello *m.* **sodomite** [-ait] *s.* sodomita *m.* **Sodomite** *s.* abitante *m/f* di Sodoma. **sodomy** [-i] *s.* **1** sodomia *f.* **2** (*bestiality*) bestialità *f.*

soever [so(u)'evə] *avv.* **1** (*of any kind*) di qualsiasi specie (*o* tipo). **2** (*in any way*) in qualsiasi modo, comunque sia □ *choose what thing* ~ *you please* scegli qualunque cosa ti piaccia.

sofa ['soufə] *s.* sofà *m,* divano *m,* canapè *m.*

soffit ['sɔfit] *s.* ⟨*Arch*⟩ intradosso *m.*

soft [sɔft] **I** *a.* **1** morbido, soffice: ~ *skin* pelle morbida; ~ *bed* un letto morbido. **2** (*not hard of its kind*) molle, tenero, morbido: ~ *cheese* formaggio molle; (*of ground*) molle, cedevole: *rain had made the ground* ~ la pioggia aveva reso molle il terreno. **3** ⟨*tecn*⟩ dolce, tenero. **4** (*subdued*) delicato, tenue, smorzato: ~ *colours* colori delicati; ~ *lights* luci tenui. **5** (*not strident, harsh*) basso, sommesso, attutito, smorzato: *a* ~ *voice* una voce bassa ~ *music* musica sommessa; (*gentle, melodious*) dolce, melodioso. **6** (*restful, quiet*) tranquillo, calmo, quieto, riposante: *a* ~ *slumber* un sonno tranquillo. **7** (*gentle, compassionate*) comprensivo, indulgente, benevolo. **8** (*mild, kind*) dolce, mite: ⟨*Bibl*⟩ *a* ~ *answer turns away wrath* una risposta dolce placa l'ira. **9** (*of weather*) mite, dolce, tiepido, temperato; (*of wind*) leggero, debole; (*of rain*) leggero. **10** (*lacking strength, health*) fiacco, debole, delicato; (*of muscles*) flaccido, cascante, floscio. **11** (*weak, easily influenced*) influenzabile, debole, suggestionabile; (*compliant*) condiscendente, compiacente. **12** ⟨*fam*⟩ (*stupid*) sciocco, stupido, stolto. **13** ⟨*fam*⟩ (*enamoured*) innamorato, cotto (*on* di): *I think he's* ~ *on my sister* credo che sia innamorato di mia sorella. **14** ⟨*fam*⟩ (*easy*) facile, comodo, agevole, leggero: *a* ~ *job* un lavoro facile; ~ *living* vita comoda. **15** (*of the eyes*) dolce, carezzevole. **16** (*bland in taste*) soave, delicato, dolce; (*of wine*) pastoso. **17** (*not sharp in outline*) sfumato: ~ *contours* contorni sfumati. **18** (*of water*) dolce. **19** (*of drinks*) analcolico, non alcolico. **20** ⟨*Fon*⟩ (*of a c, g*) dolce (*voiced*) sonoro; (*palatalized*) palatalizzato, molle. **21** ⟨*Comm*⟩ (*perishable*) deperibile, deteriorabile. **22** ⟨*Econ*⟩ (*of money*) cartaceo; (*of currency*) debole, (*of a loan*) agevolato. **II** *s.* **1** morbidezza *f.* **2** (*s.th. soft*) morbido *m,* molle *m.* **3** (*silly person*) sciocco *m* (*f* -a). **III** *avv.* **softly. IV** *intz.* ⟨*ant*⟩ (*to enjoin silence, less haste*) piano □ ⟨*fig*⟩ *to have a* ~ *heart* avere un cuore tenero; *as* ~ *silk* liscio come la seta; ⟨*sl*⟩ *a* ~ **thing:** 1 (*easy job*) un posto comodo, un lavoro facile e ben pagato; 2 (*profitable deal*) un affare vantaggioso, un affarone; ⟨*fam*⟩ *to have a* ~ *time of it* passarsela bene.

soft|back *am. s.* libro *m* tascabile, tascabile *m.* **~ball** ⟨*Sport*⟩ **1** (*game*) softball *m.* **2** (*ball*) palla *f* da softball **'~-boiled** *a.* **1** alla (*o* à la) coque, al guscio. **2** ⟨*fam*⟩ (*sentimental*) sentimentale, romantico. ~ **coal** *s.* carbone *m* bituminoso. ~ **contact-lens** *s.* ⟨*Ott*⟩ lente *f* a contatto morbida. **~-core** *a.* **1** (*of pornography*) soft-core. (*moderate*) moderato, misurato: *a* ~ *sports fan* un tifoso moderato.

soft corn[1] *am. s.* ⟨*Bot*⟩ granturco *m* tenero, mais quarantino.

soft corn[2] *s.* ⟨*Med*⟩ durone *m* (tra le dita dei piedi).

soft|currency *s.* ⟨*Econ*⟩ valuta *f* leggera, circolazione cartacea. **~-currency country** *s.* ⟨*Econ*⟩ paese *m* a valuta debole. ~ **drink** *s.* bibita *f* analcolica, analcolico *m.* ~ **drug** *s.* droga *f* leggera.

soften ['sɔfn] **I** *v.t.* **1** rendere molle (*o* morbido) ammorbidire, (r)ammollire. **2** (*to make less severe*) alleviare, mitigare, addolcire, attenuare: *to* ~ *a pain* alleviare un dolore. **3** (*to moderate*) mitigare, moderare *to* ~ *one's demands* mitigare le proprie pretese. **4** (*to make less glaring*) attenuare, smorzare. **5** (*to make less strident*) abbassare, smorzare: *to* ~ *one's voice* abbassare la voce. **6** (*to render mild, compassionate*) intenerire, ammorbidire, addolcire: *to* ~ *s.o.'s heart* intenerire il cuore di qd. **7** (*to weaken*) indebolire, infiacchire, snervare, rammollire: *luxurious living has* -ed *him* vivere nel lusso lo ha rammollito. **8** (*of water*) addolcire, rendere dolce. **9** ⟨*fam*⟩ (*to break the resistance of;* spec. con *up*) fiaccare la resistenza di, indebolire (*anche Mil e fig.*). **10** ⟨*Met*⟩ stemperare. **II** *v.i.* **1** ammorbidirsi, mollificarsi, intenerirsi. **2** (*to become less hard*) addolcirsi, ammorbidirsi. **softener** [-ə] *s.* **1**

ammorbidisce. **2** ⟨*Chim*⟩ rammollitore *m*, emolliente *m*; (*substance added to hard water*) ammorbidente *m*, addolcitore *m*. **softening** [-ɪŋ] *s.* **1** ammorbidimento *m*, ammollimento *m*, addolcimento *m*. **2** ⟨*Ling,tecn*⟩ addolcimento *m*. □ ~ *of the brain:* 1 ⟨*Med*⟩ encefalomalacia *f*, rammollimento *m* cerebrale; 2 ⟨*fig*⟩ rimbambimento *m*, rammollimento *m* (cerebrale).

soft| face *s.* ⟨*Aut*⟩ zona *f* di assorbimento degli urti, zona *f* deformabile. ~ **furnishings** *s.pl.* tappezzerie *fpl.* ~ **goods** *s.pl.* ⟨*Comm*⟩ tessili *mpl*, tessuti *mpl.* **~head** *s.* ⟨*fam*⟩ sciocco *m* (*f* –a), scemo *m* (*f* –a), rimbambito *m* (*f* –a), citrullo *m* (*f* –a). **'~-'headed** *a.* sciocco, stupido. **'~-'hearted** *a.* dal cuore tenero, sensibile; (*kind*) gentile.

softie *s.* → **softy.**

soft| iron *s.* ferro *m* dolce. ~ **line** *s.* ⟨*Pol*⟩ linea *f* morbida. ~ **liner** *s.* ⟨*Pol*⟩ fautore *m* (*f* –trice) della linea morbida.

softly ['sɔftli] *avv.* **1** delicatamente, morbidamente. **2** (*quietly*) silenziosamente, senza far rumore. **3** (*in a low, gentle tone*) piano, sommessamente. **4** (*mildly*) con dolcezza, dolcemente.

soft| maize *am. s.* → **soft corn**[1]. ~ **money** *s.* ⟨*Econ*⟩ moneta *f* cartacea, banconote *fpl.*

softness ['sɔftnɪs] *s.* **1** morbidezza *f*, mollezza *f*, tenerezza *f.* **2** (*of lights, colours*) tenuità *f*; (*quietness*) silenziosità *f*, quiete *f.* **3** (*gentleness, tenderness*) gentilezza *f*, dolcezza *f*, tenerezza *f.*

soft| palate *s.* ⟨*Anat*⟩ palato *m* molle, velo *m* pendulo. **,~-'pedal** *v.t./i.* **1** ⟨*Mus*⟩ sonare con la sordina. **2** (*fam*) (*to tone or play down*) minimizzare. ~ **pedal** *s.* **1** ⟨*Mus*⟩ pedale *m* del piano. **2** ⟨*fam*⟩ freno *m.* ~ **roe** *s.* ⟨*Itt*⟩ latte *m* di pesce. ~ **sawder** ['sɔ:də] *s.* adulazione *f*, lusinga *f.* ~ **science** *s.* scienza *f* sociale. ~ **sell** *s.* ⟨*Comm*⟩ tecnica *f* di vendita basata su sistemi di persuasione indiretta. **'~-'soap I** *v.t.* ⟨*fam*⟩ lusingare, adulare, lisciare. **II** *s.* **1** sapone *m* in pasta. **2** ⟨*fam*⟩ adulazione *f*, lusinga *f*, lisciata *f.* **~-solder** *v.t.* ⟨*tecn*⟩ saldare a dolce (*o* stagno). ~ **solder** *s.* ⟨*tecn*⟩ stagno *m* per saldatura a dolce. **'~-'spoken** *a.* **1** dalla voce dolce (*o* soave). **2** (*friendly*) affabile, cordiale. **3** (*of words*) carezzevole, dolce, suadente. ~ **spot** *s.* ⟨*fam*⟩ debole *m*, debolezza *f*, inclinazione *f*, propensione *f: she has a ~ for failed artists* ha un debole per gli artisti mancati. ~ **steel** *s.* ⟨*Met*⟩ acciaio *m* dolce. ~ **top** *s.* ⟨*Aut*⟩ capote *f*, mantice *m.* ~ **touch** *am. s.* ⟨*sl*⟩ (*s.o. easily persuaded to part with his money*) chi si lascia spremere (*o* mungere). **~ware** *s.* ⟨*Inform*⟩ software *m*, programmi *mpl.*

software| house *s.* società *f* di software, produttore *m* di software. ~ **package** *s.* ⟨*Inform*⟩ pacchetto *m* di software. ~ **program(me)** *s.* programma *m* di software. ~ **theft** *s.* furto *m* di software.

soft| wheat *s.* ⟨*Agr*⟩ grano *m* tenero. **~wood** *s.* legno *m* dolce. **~wood forest** *s.* bosco *m* di conifere.

softy ['sɔfti] *s.* ⟨*fam*⟩ **1** uomo *m* debole ed effeminato, ⟨*fam*⟩ femminuccia *f*; (*coward*) vigliacco *m*, codardo *m.* **2** (*sentimental person*) sentimentale *m/f*, romantico *m* (*f* –a). **3** (*fool*) sciocco *m* (*f* –a), tonto *m* (*f*–a).

sogginess ['sɔginis] *s* **1** l'essere fradicio (*o* zuppo). **2** (*of bread, etc.*) l'essere molle e umido, pesantezza *f.* **3** ⟨*fig*⟩ (*ponderosity*) tediosità *f*, monotonia *f.* **soggy** [–gi] *a.* **1** inzuppato, fradicio, zuppo. **2** (*of bread, etc.*) molle e umido, pesante.

Soho ['souhou, sou'hou] *N.pr.* ⟨*Geog*⟩ Soho *m.*

soi-disant *fr.* [swadi'zã] *a.* cosiddetto, sedicente.

soigné *fr.* [swa'ɲe, swæ'njiəi] *a.* **1** (*fashionable*) alla moda: *a ~ little club* un piccolo club alla moda. **2** (*of person*) elegante, alla moda.

soil[1] ['sɔil] *s.* **1** terra *f*, terreno *m*, suolo *m: to work the ~* lavorare la terra. **2** (*country, land*) terra *f*, regione *f*, paese *m: one's native ~* la terra natia. □ *barren ~* terreno *m* sterile; *rich ~* terreno *m* fertile.

soil[2] **I** *v.t.* **1** sporcare, insudiciare, imbrattare, macchiare, insozzare: *to ~ one's clothes* sporcarsi i vestiti. **2** ⟨*fig*⟩ (*to defile morally*) corrompere, depravare, contaminare; (*of a name, reputation, etc.*) macchiare, sporcare, infangare, lordare. **II** *v.i.* sporcarsi, insudiciarsi, insozzarsi,

macchiarsi, imbrattarsi. **III** *s.* **1** sporcizia *f*, sudiciume *m*, sozzume *m*, sozzura *f.* **2** ⟨*fig*⟩ corruzione *f*, contaminazione *f*, depravazione *f.* **3** (*manure*) letame *m*, concime *m* organico. **4** (*dung, excrement*) sterco *m*, escrementi *mpl.*

soil[3] *v.t.* ⟨*Zootecn*⟩ **1** alimentare con foraggio verde (*o* fresco). **2** (*to purge with green food*) purgare con foraggio verde.

soilage ['sɔilidʒ] *s.* ⟨*Zootecn*⟩ foraggio *m* verde (*o* fresco).

soil| analysis *s.* analisi *f* del terreno. ~ **contamination** *s.* inquinamento *m* (*o* contaminazione *f*) del suolo.

soiled [sɔild] *a.* **1** sporco, sudicio, sozzo. **2** ⟨*Comm*⟩ (*shop-soiled*) sciupato a forza di stare in vetrina.

soil| erosion *s.* erosione *f* del suolo (*o* terreno). ~ **management** *s.* lavori *mpl* del suolo. ~ **pollution** *s.* → **soil contamination.** ~ **scientist** *s.* pedologo *m.* ~ **specimen** *s.* campione *m* del terreno. ~ **structure** *s.* struttura *f* del terreno.

soirée *fr.* ['swa:rei, *am.* swa:'rei] *s.* serata *f*, soirée *f.*

soja (bean) ['sɔiə] *s.* → **soya (bean).**

sojourn ['sɔdʒə:n, *am.* sou'dʒen] **I** *s.* soggiorno *m*, dimora temporanea. **II** *v.i.* soggiornare. **sojourner** [–ə] *s.* chi soggiorna, ospite *m/f* temporaneo.

sol *it.* [sɔl] *s.* ⟨*Mus*⟩ **1** sol *m.* **2** (*tone G*) sol *m.*

solace ['sɔləs] **I** *s.* **1** conforto *m*, sollievo *m*, consolazione *f: to seek ~ in religion* cercare conforto nella religione. **2** (*source of comfort*) consolazione *f.* **II** *v.t.* confortare, consolare.

solan *s.* ⟨*Ornit*⟩ sula *f* (bassana).

solanaceous [,sɔlə'neiʃəs] *a.* ⟨*Bot*⟩ delle (*o* relativo alle) solanacee.

solar ['soulə] *a.* solare.

solar| battery *s.* batteria *f* solare. ~ **calculator** *s.* ⟨*Inform*⟩ calcolatore *m* solare (*o* a celle solari). ~ **cell** *s.* ⟨*Astr*⟩ cellula *f* solare. ~ **collector** *s.* collettore *m* solare. ~ **day** *s.* giorno *m* solare. ~ **eclipse** *s.* eclissi *f* solare. ~ **energy** *s.* energia *f* solare. ~ **generator** *s.* generatore *m* solare. ~ **heat** *s.* calore *m* solare. ~ **heating** *s.* riscaldamento *m* solare (*o* a energia solare). ~ **house** *s.* casa *f* a riscaldamento solare.

solarimeter [,soulə'rimi:tə] *s.* ⟨*Fis*⟩ solarimetro *m.*

solar installation *s.* impianto *m* solare.

solarium *lat.* [so(u)'leəriəm] *s.* (*pl.* **-ria** [riə]) solarium *m*, solario *m.*

solarization [,soulərai'zeiʃən] *s.* **1** alterazione *f* dovuta a un'eccessiva esposizione alla luce del sole. **2** ⟨*Fot,Bot*⟩ solarizzazione *f.* **'solarize** [–raiz] **I** *v.t.* **1** alterare (*o* sciupare) per un'eccessiva esposizione alla luce solare. **2** ⟨*Fot*⟩ sottoporre a solarizzazione, sovraesporre. **II** *v.i.* **1** alterarsi (*o* sciuparsi) per eccessiva esposizione alla luce del sole. **2** ⟨*Fot*⟩ subire la solarizzazione.

solar| lighter *s.* accendisigari *m* a celle solari. ~ **month** *s.* ⟨*Astr*⟩ mese *m* solare. ~ **panel** *s.* pannello *m* solare. ~ **plexus** *s.* **1** ⟨*Anat*⟩ plesso *m* solare, plesso (simpatico) celiaco. **2** ⟨*fam*⟩ stomaco *m*, ⟨*fam*⟩ bocca *f* dello stomaco. ~ **power** *s.* energia *f* solare.

solar power| plant, ~ **station** *s.* centrale *f* solare (*o* elioelettrica).

solar| protuberances *s.pl.* ⟨*Astr*⟩ protuberanze *fpl* solari. ~ **pump** *s.* pompa *f* solare. ~ **spectrum** *s.* ⟨*Fis*⟩ spettro *m* solare. ~ **spot** *s.* ⟨*Astr*⟩ (*sun spot*) macchia *f* solare. ~ **system** *s.* ⟨*Astr*⟩ sistema *m* solare. ~ **technology** *s.* tecnologia *f* solare. ~ **telegraph** *s.* eliografo *m.* ~ **time** *s.* ora *f* solare. ~ **watch** *s.* orologio *m* a celle solari.

solatium [sou'leiʃiəm] *s.* (*p.*-**tia** [ʃiə]) **1** compenso *m*, risarcimento *m.* **2** ⟨*Dir*⟩ risarcimento *m* di danni morali.

sold[1] [sould] → **sell**[1].

sold[2] *a.* venduto. □ ⟨*fam*⟩ *to be ~ on s.th.* essere pienamente convinto della bontà di qc.

solder ['sɔldə] **I** *s.* ⟨*tecn*⟩ lega *f* per saldatura. **II** *v.t.* saldare. **III** *v.i.* fare una saldatura. **solderer** [–rə] *s.* saldatore *m.* **soldering** [–riŋ] **I** *s.* **1** saldatura *f.* **2** (*soldered joint, place, etc.*) saldatura *f*, punto *m* di saldatura. **II** *a.* da (*o* per) saldatura, per saldare.

soldering| copper, ~ **iron** *s.* ⟨*Mecc*⟩ saldatoio *m*, saldatore *m.* ~ **paste** *s.* pasta *f* per saldatura.

soldier ['souldʒə] **I** *s.* **1** soldato *m,* militare *m; (private)* soldato *m* semplice. **2** *(person of military skill, experience)* soldato *m: Washington was a great* ~ Washington fu un gran soldato. **3** ⟨*fig*⟩ soldato *m,* difensore *m,* militante *m.* **4** ⟨*Entom*⟩ formica *f* soldato, soldato *m.* **II** *v.i.* fare il soldato. □ ⟨*fig*⟩ ~ *of* **Christ** soldato *m* di Cristo; ~ *of fortune* soldato *m* di ventura; ⟨*fig*⟩ avventuriero *m; an* **old** ~: **1** un vecchio soldato, un veterano; **2** ⟨*fig*⟩ uomo di ⸢grande esperienza⸣ *(o* molte risorse); ⟨*fam*⟩ *to come the old* ~ *over* darsi l'aria di saperla lunga; *to* ~ **on:** **1** ⟨*Mil*⟩ rinnovare la ferma; **2** ⟨*fam*⟩ *(to persist)* persistere, ostinarsi; *to* **play** *at* ~*s* giocare ⸢ai soldati⸣ *(o* alla guerra).

soldier| ant *s.* ⟨*Entom*⟩ formica *f* soldato. ~ **crab** *s.* ⟨*Zool*⟩ bernardo *m* l'eremita, paguro *m.*

soldiering ['souldʒəriŋ] *s.* vita *f (o* servizio *m)* militare. □ *to go* ~ andare soldato.

soldier–like ['souldʒəlaik], **soldierly** [–li] *a.* **1** soldatesco, militare, di *(o* da) soldato, militaresco. **2** *(bold, brave)* coraggioso, valoroso. **soldiership** [–dʒəʃip] *s.* stato *m* militare, condizione *f* di soldato. **soldiery** [–dʒəri] *s.* **1** corpo *m* militare. **2** ⟨*collett*⟩ *(soldiers)* soldati *mpl,* truppa *f,* soldatesca *f.*

sold-out *a.* esaurito.

sole[1] [soul] *a.* **1** solo, unico, singolo: *the* ~ *survivor* il solo superstite. **2** *(unique)* unico, incomparabile, impareggiabile. **3** *(exclusive: of things)* esclusivo: ~ *publication rights* diritti esclusivi di pubblicazione; *(of people)* solo, esclusivo. **4** ⟨*Dir*⟩ non sposato, solo. □ ~ *heir* erede *m/f* universale.

sole[2] **I** *s.* **1** ⟨*Anat*⟩ pianta *f* (del piede). **2** ⟨*Calz*⟩ suola *f.* **3** ⟨*fig*⟩ *(bottom, lower part)* fondo *m,* parte *f* inferiore, base *f.* **4** ⟨*Fal*⟩ suola *f* della pialla. **II** *v.t.* ⟨*Calz*⟩ mettere le suole a, risolare.

sole[3] *s.* ⟨*Itt*⟩ sogliola *f* vera *(o* volgare).

sole agent *s.* ⟨*Comm*⟩ rappresentante *m (o* agente) esclusivo.

solecism ['sɔlisizəm] *s.* **1** ⟨*Ret*⟩ solecismo *m.* **2** *(breach of good manners)* scorrettezza *f; (instance of ill–breeding)* scorrettezza *f,* atto *m* scorretto. **solecist** [–sist] *s.* chi fa solecismi. **solecistic** [–'sistik], **solecistical** [–'sistikəl] *a.* **1** (grammaticalmente) scorretto. **2** *(unseemly)* scorretto, sconveniente. **solecize** [–saiz] *v.i.* **1** fare solecismi, solecizzare. **2** *(to behave in an unseemly way)* comportarsi in modo sconveniente *(o* scorretto).

sole leather *s.* cuoio *m* per suole.

solely ['soulli] *avv.* **1** solamente, solo, soltanto, unicamente. **2** *(exclusively)* esclusivamente, soltanto.

solemn ['sɔləm] *a.* **1** solenne, grave, serio: *a* ~ *moment* un momento solenne; *don't be so* ~ non essere così serio. **2** *(of a promise, oath, etc.)* solenne. **3** ⟨*Dir*⟩ formale. **4** ⟨*Itt*⟩ solenne: ~ *blessing* benedizione solenne. □ ⟨*Lit*⟩ ~ *High Mass* messa solenne *(o* cantata). **solemnity** [sə'lemniti] *s.* **1** solennità *f,* gravità *f.* **2** ⟨*Lit*⟩ solennità *f.* **3** ⟨*Dir*⟩ formalità *f.* **solemnization** [–nai'zeiʃən] *s.* **1** solennizzazione *f,* celebrazione *f* solenne. **2** *(of a marriage)* celebrazione *f.* **solemnize** [–naiz] *v.t.* **1** solennizzare, celebrare solennemente. **2** *(of a marriage)* celebrare. **3** *(to make solemn)* rendere solenne *(o* grave). **solemnly** [–li] *avv.* **1** solennemente, gravemente. **2** *(formally)* formalmente. **solemnness** [–nis] *s.* solennità *f.*

solemn vow *s.* ⟨*Rel.catt*⟩ voto *m* solenne.

solenoid ['sɔlinɔid] *s.* ⟨*Fis*⟩ solenoide *m.*

sole selling rights *s.pl.* ⟨*Comm*⟩ esclusività *f* di vendita.

sol-fa [sɔl'faː] **I** *s.* ⟨*Mus*⟩ **1** sillabe *fpl* di solmisazione. **2** *(great scale)* scala *f* esacordale. **3** *(solmization)* solmisazione *f,* solmizzazione *f,* solfeggio *m.* **4** *(tonic sol–fa)* solfeggio *m* tonico. **II** *v.t./i.* solfeggiare.

solfatara *it.* [ˌsɔlfəˈtɑːrə] *s.* ⟨*Geol*⟩ solfatara *f.*

solfeggio *it.* [sɔlˈfedʒ(i)ou] *s. (pl.* **-gi** [dʒiː]*/*-s [z]) ⟨*Mus*⟩ solfeggio *m.*

solicit [sə'lisit] **I** *v.t.* **1** sollecitare, chiedere (con insistenza): *to* ~ *aid from s.o.* sollecitare l'aiuto di qd. **2** *(to pester by begging)* importunare *(o* infastidire) con questue. **3** *(of a prostitute)* adescare, invitare. **4** *(to*

corrupt) corrompere. **II** *v.i.* **1** fare una richiesta *(c* petizione). **2** *(of a prostitute)* offrirsi. □ *to* ~ *in the streets* esercitare la prostituzione, ⟨*fam*⟩ battere. **solicitation** [–eiʃən] *s.* **1** sollecitazione *f,* richiesta *f* insistente; *(petition, request)* richiesta *f,* istanza *f,* petizione *f.* **2** *(of a prostitute)* adescamento *m,* invito *m.* **3** ⟨*Dir*⟩ corruzione *f.*

solicitor [sə'lisitə] *s.* **1** ⟨*Dir*⟩ procuratore *m* legale. **2** ⟨*am.Dir*⟩ rappresentante *m* legale di una città *(o* un ministero, ecc.). **3** ⟨*am*⟩ *(one who solicits contributions)* chi fa questue *(o* collette); *(one who solicits business for a firm)* piazzista *m,* procacciatore *m; (one who solicits votes)* galoppino *m* elettorale.

solicitor general *s. (pl.* **solicitors general)** viceprocuratore *m* generale.

solicitous [sə'lisitəs] *a.* **1** in ansia, ansioso, preoccupato *(about, for* per): *he was* ~ *about his wife's health* era in ansia per la salute della moglie; *(expressing solicitude)* premuroso, sollecito. **2** *(eager)* desideroso, ansioso, bramoso: ~ *to please* desideroso di piacere. □ *to be* ~ *for s.o.'s welfare* avere a cuore il benessere di qd. **solicitously** [–li] *avv.* con ansia, ansiosamente. **solicitousness** [–nis] *s.* ansia *f,* apprensione *f,* preoccupazione *f.* **solicitude** [–tjuːd] *s.* **1** ~ **solicitousness. 2** *(attentive care)* sollecitudine *f,* premura *f.* **so,licitudinous** [–'tjuːdinəs] *a.* → **solicitous.**

solid ['sɔlid] **I** *a.* **1** ⟨*Geom,Fis*⟩ solido. **2** *(consisting entirely of one substance)* massiccio: *a table made of* ~ *oak* un tavolo di quercia massiccia; ~ *gold* oro massiccio **3** *(non–fluid)* solido, non fluido. **4** *(not hollow)* pieno non cavo: *a* ~ *sphere* una sfera piena. **5** *(compact, dense* compatto, denso, spesso, fitto: *a* ~ *mass of spectators* una massa compatta di spettatori; *(firm)* solido, duro compatto: ~ *ground* terreno solido. **6** *(firmly made)* solido forte, resistente, robusto: ~ *furniture* mobilia solida. **7** *(uninterrupted)* di fila, di seguito, senza interruzione ininterrotto: *it rained for five* ~ *hours* piovve per cinque ore di fila. **8** *(sound)* solido, (ben) fondato, valido: *he ha. a* ~ *grasp of the language* ha una solida padronanza della lingua. **9** *(serious)* solido, serio: *a* ~ *work of scholarship* una solida opera di erudizione. **10** *(serious–minded reliable)* fidato, sicuro, che dà affidamento: *a* ~ *friend* un amico fidato. **11** *(financially sound)* solido. **12** *(unanimous)* unanime, concorde: ~ *vote* unanime **13** *(of colours)* unito, uniforme. **14** *(of a compound word* che forma una parola sola, senza lineetta. **15** ⟨*Tip* sterlineato, senza interlineatura. **II** *s.* **1** ⟨*Geom*⟩ solido *m* **2** *(solid substance)* solido *m,* sostanza *f* solida *(anche Fis.* **3** *pl.* alimenti *mpl* solidi. **III** *avv.* unanimemente all'unanimità, concordemente. □ *we are* ~ *for peac* siamo tutti per la pace; ⟨*fam*⟩ *to be in* ~ *with s.o.* essere in ⸢buoni rapporti⸣ *(o* rapporti amichevoli) con qd. ⟨*Geom*⟩ ~ *of evolution* solido *m* di rivoluzione; ~ *roc* roccia viva.

solid angle *s.* ⟨*Geom*⟩ angolo *m* solido, sterangolo *m.*

solidarity [sɔli'dæriti] *s.* **1** solidarietà *f.* **2** *(community c interests)* comunanza *f* di interessi. **solidary** [–ri] *a.* solidale.

solid| compound *s.* ⟨*Ling*⟩ parola *f* composta (scritta senza lineetta. **~-drawn** *a.* ⟨*Met*⟩ trafilato da massello. **~ figure** *s.* ⟨*Geom*⟩ figura *f* solida. ~ **fuel** *s.* combustibil *m* solido. ~ **geometry** *s.* geometria *f* solida.

solidifiable [sə'lidifaiəbl] *a.* solidificabile. **so,lidification** [–fi'keiʃən] *s.* solidificazione *f.* **solidify** [–fai] **I** *v. solidificare, ridurre allo stato solido. **II** *v.i.* solidificarsi solidificare, diventare solido.

solidity [sə'liditi] *s.* **1** solidità *f.* **2** *(density, compactness* densità *f,* compattezza *f.* **3** *(reliability, moral soundness* fidatezza *f,* attendibilità *f.* **4** *(substantial quality)* solidità fondatezza *f,* validità *f.* **5** *(financial soundness)* solidità *(finanziaria).*

solid-looking *a.* dall'aspetto solido, che d un'impressione di solidità.

solidly ['sɔlidli] *avv.* **1** solidamente, saldamente: ~ *bui.* solidamente costruito. **2** *(unanimously)* unanimemente all'unanimità, concordemente. **3** *(reasonably, logically* ragionevolmente, logicamente.

olid|-propellent rocket *s.* razzo *m* a propellente solido. **~ solution** *s.* ⟨*Chim*⟩ soluzione *f* solida. **,~-'state** *a.* **1** ⟨*Fis*⟩ allo stato solido. **2** (*of electronics devices*) transistorizzato (senza valvole e senza parti meccaniche mobili). **~-state physics** *s.pl.* (costr. sing.) fisica *f* dello stato solido. **~ tire** *am.*, **~ tyre** *s.* ⟨*Aut*⟩ gomma *f* piena. **~ waste** *s* rifiuti *mpl* solidi.

oliloquist [sə'lɪləkwɪst] *s.* chi fa soliloqui. **soliloquize** [–kwaɪz] *v.i.* **1** parlare tra sé e sé, fare un soliloquio, monologare. **2** ⟨*Teat*⟩ recitare un monologo, monologare. **soliloquy** [–kwɪ] *s.* **1** il parlare tra sé e sé, il fare soliloqui. **2** ⟨*Teat*⟩ monologo *m*, soliloquio *m*.

oliped ['sɔlɪped] *I* *a.* ⟨*Zool*⟩ solipede. *II* *s.* solipede *m*.

olipsism ['sɔlɪpsɪzm] *s.* ⟨*Filos*⟩ solipsismo *m*. **solipsist** [–sɪst] *s.* solipsista *m/f.* **solipsistic** [–'sɪstɪk] *a.* solipsistico.

olitaire [ˌsɔlɪ'teə] *s.* **1** (*game*) solitario *m* (numerico). **2** (*patience*) solitario *m*. **3** ⟨*Oref*⟩ solitario *m*.

olitarily ['sɔlɪtərɪlɪ] *avv.* in modo solitario, solitariamente. **solitariness** [–rɪnɪs] *s.* solitudine *f*, isolamento *m*. **solitary** [–rɪ] *I* *a.* **1** solo, solo, appartato: *a ~ traveller* un viaggiatore solo; *a ~ existence* un'esistenza solitaria; (*done alone*) solitario, fatto da solo: *a ~ journey* un viaggio solitario. **2** (*given to solitude*) solitario, che ama la solitudine: *a ~ child* un bambino solitario. **3** (*of a place*) isolato, solitario, deserto. **4** (*single, sole*) solo, singolo, isolato. *II* *.* persona *f* solitaria; (*hermit*) eremita *m*, anacoreta *m*.

olitary confinement *s.* ⟨*Dir*⟩ segregazione *f* cellulare. **olitude** ['sɔlɪtjuːd] *s.* **1** solitudine *f*, isolamento *m*. **2** (*lonely place*) solitudine *f*, luogo *m* solitario.

olmizate ['sɔlmɪzeɪt] *v.t./i.* ⟨*Mus*⟩ solfeggiare. **,solmization** [–'zeɪʃən] *s.* solmisazione *f*, solmizzazione *f*, solfeggio *m*.

olo *it.* ['soulou] *I* *s.* (*pl.* **-s** [z]/**–li** [li]) **1** ⟨*Mus*⟩ assolo *m*, a solo *m* (anche *estens.*). **2** (*dance*) assolo *m* di danza. **3** ⟨*Aer*⟩ volo *m* (compiuto) da solo. **4** (*card game*) solo *m*. *II* *a.* ⟨*Mus*⟩ solista: **~ violin** violino solista. *III* *avv.* ⟨*Mus*⟩ senza accompagnamento. **soloist** [–ɪst] *s.* ⟨*Mus*⟩ solista *m/f.*

olomon ['sɔləmən] *I* *N.pr.* ⟨*Bibl*⟩ Salomone *m*. *II* *s.* persona *f* molto saggia (e sapiente), salomone *m*.

olon ['soulɔn] *N.pr.* ⟨*Stor.gr*⟩ Solone *m*. **solon** *s.* solone *m*.

o-'long *intz.* ⟨*fam*⟩ ciao, addio, arrivederci.

olstice ['sɔlstɪs] *s.* ⟨*Astr*⟩ solstizio *m*. **solstitial** [–'tɪʃəl] *a.* ⟨*Astr*⟩ solstiziale: **~ point** punto solstiziale.

olubility [ˌsɔlju'bɪlɪtɪ] *s.* ⟨*Chim*⟩ solubilità *f* (anche *fig.*). **solubilization** [–laɪ'zeɪʃən] *s.* ⟨*Fis,Chim*⟩ solubilizzazione *f*. **solubilize** [–laɪz] *v.t.* solubilizzare. **'soluble** [–bl] *a.* solubile (anche *fig.*). **solubly** [–ɪ] *avv.* in modo solubile.

olute ['sɔljuːt] *s.* ⟨*Chim*⟩ soluto *m*.

olution [sə'luːʃən] *s.* **1** soluzione *f* (anche *Chim., Farm., Mat.*). **2** ⟨*Med*⟩ (*of a disease*) (ri)soluzione *f*. ☐ ⟨*Med*⟩ **~ of continuity** soluzione *f* di continuità (anche *fig.*); ⟨*Chim*⟩ **in ~** in soluzione.

olvability [ˌsɔlvə'bɪlɪtɪ] *s.* **1** risolvibilità *f*, solubilità *f*. **2** ⟨*Comm*⟩ solvibilità *f*. **'solvable** [–bl] *a.* **1** solubile, risolvibile. **2** ⟨*Comm*⟩ solvibile.

olve [sɔlv] *v.t.* **1** sciogliere, risolvere, spiegare, chiarire: *to ~ a puzzle* sciogliere un enigma. **2** ⟨*Mat*⟩ risolvere, sciogliere.

olvency ['sɔlvənsɪ] *s.* ⟨*Comm*⟩ solvenza *f*, solvibilità *f*.

olvent ['sɔlvənt] *I* *a.* **1** ⟨*Econ*⟩ solvibile, solvente. **2** ⟨*Chim*⟩ solvente. *II* *s.* **1** ⟨*Chim*⟩ solvente *m*. **2** (*solution*) soluzione *f*.

olver [sɔlvə] chi riesce a trovare la soluzione di qc., risolutore *m* (*f* –trice).

omali [sou'mɑːlɪ] *s.* (*pl. inv.*/**-s** [z]) **1** (*people*; costr. pl.) somali *mpl*. **2** somalo *m* (*f* –a). **3** (*language*) somalo *m*. **Somalia** [–ljə] *N.pr.* ⟨*Geog*⟩ Somalia *f*. **Somalian** [–ljən] *I* *a.* somalo. *II* *s.* somalo *m* (*f* –a). **Somaliland** [–lænd] *N.pr.* ⟨*Geog*⟩ Somalia *f*.

omatic [sou'mætɪk] *a.* ⟨*Biol*⟩ somatico. **somatization** [–taɪ'zeɪʃən] *s.* ⟨*Psic*⟩ somatizzazione *f*.

omatologic [ˌsoumətə'lɔdʒɪk], **somatological** [–əl] *a.*

somatologico. **somatologist** [–'tɔlədʒɪst] *s.* studioso *m* (*f* –a) di somatologia. **somatology** [–'tɔlədʒɪ] *s.* somatologia *f*.

somber *am. e der.* → **sombre** *e der.*

sombre ['sɔmbə] *a.* **1** scuro, oscuro: **~ clothes** abiti scuri. **2** (*gloomy*) oscuro, buio, tenebroso, fosco. **3** (*dismal, melancholy*) tetro, cupo, malinconico, triste. **sombrely** [–lɪ] *avv.* **1** di scuro, con abiti scuri: *to dress ~* vestire di scuro. **2** (*gloomily*) oscuramente. **3** (*dismally*) malinconicamente, tristamente. **sombreness** [–nɪs] *s.* **1** l'essere scuro. **2** (*gloominess*) oscurità *f*, buio *m*. **3** (*melancholy*) malinconia *f*, tristezza *f*.

sombrero *sp.* [sɔm'breərou] *s.* (*pl.* **-s** [z]) sombrero *m*. **sombrous** ['sɔmbrəs] *a.* ⟨*rar,poet*⟩ → **sombre**.

some [sʌm, səm] *I* *a.* **1** (*as a partitive*) del, alcuno, qualche, *often not translated:* **~ eggs and ~ bread** delle uova e del pane; **~ girls were reading** alcune ragazze leggevano; *I met ~ interesting people today* oggi ho incontrato gente interessante; (*in invitations, requests*) del, un po' di, *often not translated:* *will you have ~ beer?* vuoi della birra?; *may I give you ~ help?* posso darti una mano?; (*in questions expecting an affirmative answer, in conditionals*) del, *often not translated: didn't he give you ~ money for me?* non ti ha dato del denaro per me?; *if I had ~ time to spare I'd do it* se avessi tempo lo farei. **2** (*with singular nouns: being one unspecified, undetermined*) un, (un) qualche: **~ girl at the office** una ragazza in ufficio; *I read it in ~ old newspaper* l'ho letto su qualche vecchio giornale. **3** (*with plural nouns: certain*) alcuni, qualche, certi, certuni, taluni: **~ children learn quicker than others** alcuni bambini apprendono più rapidamente di altri. **4** (*unspecified but considerable in quantity, degree, etc.*) diverso, parecchio, alquanto: **~ time ago** diverso tempo fa; *he was here ~ weeks* è stato qui (per) diverse settimane. **5** (*of a certain amount*) un certo, (un) qualche: *his advice was of ~ help* il suo consiglio fu di un certo aiuto; *to ~ extent* fino a un certo punto, in qualche misura. **6** ⟨*fam*⟩ (*remarkable of its kind*) grande, notevole, ragguardevole, ⟨*fam*⟩ grosso: *that was ~ game* è stata una grande partita. *II* *pron.* **1** (*a quantity of it, of them*) un po', alcuno, qualcuno, una partita: *I'll take ~ home, but not all* ne porterò un po' a casa, non tutto; *won't you have ~?* non ne vuoi qualcuno?; (*part*) parte *f*, un po': *I agree with ~ of what you say* concordo in parte con quello che tu dici. **2** (*certain ones*) alcuni, certuni, certi, taluni: **~ do, ~ don't** alcuni lo fanno, altri no *~ are better than others* certuni sono migliori di altri. **3** ⟨*am*⟩ (*some more*) e rotti, e qualcosa: *it'll cost you a hundred dollars and then ~* verrà a costarti cento dollari e rotti. *III* *avv.* **1** (*approximately*) all'incirca, circa, pressapoco: **~ six months ago** all'incirca sei mesi fa; *a village of ~ two thousand people* un villaggio di circa duemila abitanti. **2** ⟨*fam*⟩ (*to some degree*) un po', alquanto, piuttosto: *it rained ~* piovve un po'. ☐ **~ day** un giorno (*o* l'altro); ⟨*fam*⟩ **~ girl!** accidenti, che ragazza!; **~ more** un altro po', dell'altro, ancora (un po'): *would you like ~ more?* ne vuoi ancora un po'?; *I'll be there ~ time around noon* ci sarò verso mezzogiorno; *for ~ time to come* per qualche tempo ancora.

somebody ['sʌmbədɪ] *I* *pron.* qualcuno, qualcheduno, uno: **~ is knocking at the door** qualcuno bussa alla porta; *she's just ~ I met* è solo una che ho incontrato. *II* *s.* qualcuno *m*, persona *f* importante: *to think o.s. (a) ~* credersi qualcuno. ☐ **~ else** qualcun altro.

somehow ['sʌmhau] *avv.* **1** in qualche modo, in un modo o nell'altro: *I shall manage ~* in qualche modo ce la farò. **2** (*for some reason*) per un motivo o per l'altro, per qualche motivo: **~ it's always me who pays** per un motivo o per l'altro sono sempre io quello che paga. ☐ **~ or other** in un modo o nell'altro.

someone ['sʌmwʌn] *pron./s.* → **somebody**.

someplace ['sʌmpleɪs] *avv.* da qualche parte.

somersault ['sʌməsɔːlt] *I* *s.* **1** ⟨*Ginn*⟩ capriola *f*. **2** ⟨*Sport*⟩ salto *m* mortale. **3** ⟨*fig*⟩ (*completo*) rovesciamento *m*, capovolgimento *m*. *II* *v.i.* fare una capriola⌐ (*o* un salto mortale).

something ['sʌmθɪŋ] *I* *pron.* **1** qualche cosa, qualcosa: **~**

is wrong qualche cosa non va; *I have ~ to tell you* ho qualcosa da dirti. **2** (*some unspecified amount*) e qualcosa, e rotti: *he is six foot ~ tall* è alto sei piedi e qualcosa; *the train leaves at ten ~* il treno parte alle dieci e rotti. **II** *s.* **1** non so che *m*, qualche cosa *f: his paintings have a certain ~* i suoi quadri hanno un certo non so che. **2** (*fam*) (*thing of consequence, importance, etc.*) qualcosa *f*, qualche cosa *f: this writer has ~ to say* questo scrittore ha qualcosa da dire; (*person*) qualcuno *m*, persona *f* importante, qualcosa *f: he thinks he is ~* si ritiene qualcuno. **3** (*am.sl*) (*s.th. special*) qualcosa *m/f* di speciale (*o particolare*). **III** *avv.* **1** in una certa misura, un po', alquanto, piuttosto; (*a small amount*) un po': *~ under an hour* un po' meno di un'ora. **2** (*fam*) (*very*) estremamente, terribilmente. □ *he is ~ in the City* lavora (*o ha un impiego*) nella City; *there is ~ in what you say* c'è del vero (*o giusto*) in ciò che dici; *~ like*: 1 *un po'* (*o piuttosto*) simile a, che assomiglia a; 2 (*approximately*) circa, all'incirca, pressapoco; (*fam*) *now that's ~ like (it)* questo sì che è magnifico; (*fam*) *that's ~ like a cocktail* questo sì che è un cocktail; *to have ~ to live for* avere qualcosa per cui vivere, avere una ragione di vita; *to make ~ of o.s.* diventare qualcuno (*o qualcosa*); *we hope to see ~ of you* speriamo di vederti qualche volta; *or ~* o qualcosa del genere: *he works for an oil company or ~ like that* lavora per una compagnia petrolifera o qualcosa del genere; *~ or other* qualche cosa: *he said ~ or other about being late* ha detto qualche cosa a proposito del suo ritardo.

sometime ['sʌmtaim] **I** *avv.* **1** un giorno (imprecisato), un momento (imprecisato): *~ next week* un giorno della prossima settimana. **2** (*on a future occasion*) una volta o l'altra, presto o tardi, prima o poi: *you must come and see us ~* devi venire a trovarci una volta o l'altra. **II** *a.* (*former*) ex, già, un tempo: *the ~ mayor* l'ex sindaco. **sometimes** [-z] *avv.* qualche volta, talvolta, talora, a volte.

someway(s) ['sʌmwei(z)] *avv.* in qualche modo, in un modo o nell'altro.

somewhat ['sʌm(h)wɔt] *avv.* piuttosto, alquanto, un po': *I was ~ surprised* fui piuttosto sorpreso; *the patient had worsened ~* il paziente era alquanto peggiorato. □ *~ of* un po', piuttosto: *he is ~ of a liar* è un po' bugiardo.

somewhere ['sʌm(h)wɛə] *avv.* **1** in qualche parte (*o posto*): *~ in England* in qualche parte dell'Inghilterra; *I've left my bag ~* ho lasciato la mia borsa in qualche posto; (*to an unspecified place*) in qualche posto (*o luogo*), da qualche parte: *let's go ~ for lunch* andiamo in qualche posto a far colazione. **2** (*approximately*) circa, all'incirca, approssimativamente, più o meno: *the accident occurred ~ about midnight* l'incidente avvenne all'incirca verso mezzanotte. □ *~ else* in qualche altro posto, da qualche altra parte; *~ or other* in un posto o nell'altro, da qualche parte.

somnambulant [sɔm'næmbjulənt] *a.* che cammina nel sonno. **somnambular** [-lə] *a.* sonnambolico. **somnambulate** [-leit] *v.i.* camminare nel sonno. **som,nambulation** [-'leiʃən] *s.* il camminare nel sonno. **somnambulator** [-leitə] *s.* chi cammina nel sonno. **somnambulism** [-lizəm] *s.* (*Med*) sonnambulismo *m.* **somnambulist** [-list] *s.* sonnambulo *m* (*f* -a). **som,nambulistic** [-'listik] *a.* sonnambolico.

somniferous [sɔm'nifərəs], **somnific** [-fik] *a.* sonnifero, soporifero.

somnolence ['sɔmnələns], **somnolency** [-i] *s.* sonnolenza *f.* **somnolent** [-nt] *a.* sonnolento. **somnolently** [-ntli] *avv.* in modo sonnolento.

son [sʌn] *s.* **1** figlio *m*, figliolo *m: one ~ and two daughters* un figlio e due figlie; (*son-in-law*) genero *m.* **2** (*male descendent*) discendente *m*, figlio *m: the -s of the original colonists* i discendenti dei colonizzatori originari. **3** (*fig*) figlio *m: the -s of freedom* i figli della libertà. **Son** *s.* (*Rel*) Figlio *m: God the Father, God the Son and God the Holy Ghost* Dio padre, Dio Figlio e Dio Spirito Santo. □ *the -s of Abraham* i figli di Abramo, gli ebrei; *the ~ of Adam* il figlio di Adamo, l'uomo; (*sl*) *~ of a bitch*: 1 figlio *m* di puttana; 2 (*am.esclam*) figlio *m* d'un cane; *he*

is his **father's** *~* è tutto suo padre; (*Bibl*) *the ~ of* Go (*Jesus Christ*) il figlio di Dio, Gesù Cristo; (*fam*) *~ of* **gun**: 1 canaglia *f*, furfante *m*, mascalzone *m*; (*am.esclam*) figlio *m* d'un cane; (*Dir*) *~ and* **heir** figli ed erede *m*; *~ of* **man** essere umano, mortale *m*; (*Bib the ~ of* Man il figlio dell'Uomo, Gesù Cristo; *the -s* **men** gli uomini, gli esseri umani, l'umanità; *a ~ of tl* **soil** un figlio della terra, un contadino.

sonance ['sounəns], **sonancy** [-i] *s.* sonorità *f.* **sonar** [-nt] **I** *a.* **1** sonoro. **2** (*Fon*) sonante. **II** *s.* (*Fon*) sonante *f/m.* **2** (*voiced sound*) suono *m* sonoro.

sonar ['souna:] *s.* (*tecn*) sonar *m*, ecogoniometro *m.*

sonata *it.* [sə'na:tə] *s.* (*Mus*) sonata *f.*

sonatina *it.* [,sɔnə'ti:nə] *s.* (*pl.* **-s** [z]/**-ne** [ne]) (*Mu* sonatina *f.*

song [sɔŋ] *s.* **1** canzone *f*, canto *m: to sing a ~* canta una canzone; *traditional -s* canti tradizionali. **2** (*singin* canto *m: to burst into ~* intonare un canto. **3** (*of bir etc.*) canto *m.* **4** (*fig*) (*melodious sound*) suono *m* melodioso, canto *m*, melodia *f.* **5** (*poetical compositio* poesia *f*, versi *mpl: celebrated in ~* celebrato in poesia. (*fig*) (*habitual manner of speaking*) canzone *f*, musica *f: change one's ~* cambiare musica. □ *~ and* **dance**: (*Teat*) spettacolo misto di canti e danze; 2 (*fam*) storia fandonia *f*, balla *f*; (*fam*) *~ for a* (*o an old*) *~* per quatt soldi, per una sciocchezza (*o miseria*), per un pezzo pane; **give** *us a ~!* cantaci una canzone!; (*fam*) *tha nothing to make a ~ and dance about*: 1 (*it's not wor troubling about*) non ne vale la pena; 2 (*it's of* importance) non è niente d'importante, è una cosa nulla.

song|bird *s.* uccello *m* canoro (*o canterino*). **~-book** canzoniere *m.*

songster ['sɔŋstə] *s.* **1** cantante *m.* **2** (*song bird*) uccello canoro (*o canterino*). **songstress** [-stris] *s.* cantante (spec. di jazz).

song| thrush *s.* (*Ornit*) tordo *m.* **~-writer** *s.* canzonie *m.*

sonic ['sɔnik] *a.* **1** (*of sound*) del (*o relativo al*) suon sonico; (*of sound waves*) acustico, fonico. **2** (*Aer*) sonic sonoro.

sonic| bang, **~ boom** *s.* (*Aer*) scoppio *m* sonic esplosione *f* sonica. **~ mine** *s.* (*Mar.mil*) mina acustica.

soniferous [sə'nifərəs] *a.* sonoro, che produce (*o propag* il suono.

son-in-law *s.* (*pl.* **sons-in-law**) genero *m.*

sonnet ['sɔnit] *s.* (*Metr*) sonetto *m.* **,sonneteer** [-tiə] sonettista *m/f.*

sonny ['sʌni] *s.* (*term of address*) figlio *m* (*o ragazz* mio.

sonobuoy ['sɔnəbɔi] *s.* (*Mar*) boa *f* acustica di calizzazione subacquea.

sonographic [,sɔnə'græfik] *a.* (*Med*) sonografic ecografico. **so'nography** [-fi] *s.* sonografia *f*, ecogra *f.*

sonometer [so(u)'nɔmitə] *s.* audiometro *m.*

sonority [sə'nɔriti] *s.* sonorità *f* (*anche Fon.*).

sonorous [sə'nɔ:rəs, 'sɔnərəs] *a.* **1** sonoro (*anche Fon.*): *~ voice* una voce sonora. **2** (*of language, etc.*) sonor risonante. **sonorously** [-li] *avv.* sonoramente. **son rousness** [-nis] *s.* → **sonority**.

soon [su:n] *avv.* **1** fra poco, presto, fra breve: *he'll be h ~* sarà qui fra poco; *our hopes were ~ disappointed* nostre speranze furono presto deluse. **2** (*early*) presto, buonora: *must you go so ~?* dovete andarvene così prest **3** (*promptly, quickly*) presto, in fretta, rapidamente. (*willingly*) volentieri, di buon grado. □ *~ after* sub dopo; *all too ~* troppo presto; *as ~ as*: 1 (non) appe *we will leave as ~ as you are ready* partiremo non appe sarete pronti; 2 (*as early as*) (così) presto come, (tan presto quanto: *we didn't arrive as ~ as we hoped* w arrivammo (così) presto come speravamo; *as ~ ...* tanto volentieri ... quanto; (*just*) *as ~* volentieri: *I'd j as ~ walk* camminerei volentieri; *as ~ as not* preferenza, preferibilmente; *as ~ as possible* il più pres possibile, (non) appena possibile, quanto prima; *the ~*

the **better** quanto prima tanto meglio: *the -er you learn to behave the better it will be* (quanto) prima impari a comportarti bene, (tanto) meglio sarà; *how ~ will it be finished?* ⌐fra quanto tempo⌐ (*o* quando) sarà finito?; *-er or later* prima o poi, presto o tardi; **none too ~** appena in tempo, all'ultimo momento: *he got out none too ~* uscì appena in tempo; **quite ~** ben presto, quanto prima; *no -er said than done* detto fatto; **see you ~** a presto, arrivederci, a tra poco; **so ~ as** = as soon as; *-er than* piuttosto che: *I would -er resign than agree to such a proposal* preferirei dimettermi piuttosto che accettare una proposta simile; **too ~** troppo presto, in anticipo; **very ~** ben presto. ‖ *the -er you start the -er you will finish* prima cominci e prima finirai.

soot [sut] **I** *s.* fuliggine *f.* **II** *v.t.* (spesso con *up*) coprire (*o* sporcare) di fuliggine.

sooth [su:θ] *s.* ⟨*rar*⟩ verità *f*, vero *m*. ▯ ⟨*esclam*⟩ *in* (*good*) ~ davvero.

soothe [su:ð] *v.t.* **1** calmare, placare, tranquillizzare: *to ~ a restless child* calmare un bambino inquieto. **2** (*to alleviate*) lenire, mitigare, alleviare: *to ~ a pain* lenire un dolore. **3** (*to please by attention or concern*) blandire, lusingare. **'soothing** [-iŋ] *a.* calmante, lenitivo, che dà sollievo. **'soothingly** [-iŋli] *avv.* in modo calmante.

soothsay ['su:θsei] *v.i.irr.* fare predizioni, predire il futuro. **soothsayer** [-ə] *s.* **1** indovino *m* (*f* -a), veggente *m/f*, divinatore *m* (*f* -trice). **2** (*prophet*) profeta *m*. **soothsaying** [-iŋ] *s.* **1** divinazione *f*, predizione *f*. **2** (*prediction*) predizione *f*, profezia *f*.

sootiness ['sutinis] *s.* l'essere fuligginoso. **sooty** [-ti] *a.* **1** fuligginoso: ~ *houses* case fuligginose. **2** (*producing soot*) che produce (*o* fa) fuliggine. **3** (*of the colour of soot*) nero come la fuliggine.

sop[1] [sɔp] *s.* **1** ⌐pezzo *m* di pane⌐ (*o* boccone) inzuppato. **2** (*fig*) concessione *f* atta a placare, dono *m* propiziatorio. **3** ⟨*fam*⟩ (*weakling, milksop*) pappa *f* molle, smidollato *m* (*f* -a).

sop[2] *v.* (*pret., p.p.* **sopped** [-t]) **I** *v.t.* **1** intingere, immergere, inzuppare: *to ~ one's bread in milk* intingere il pane nel latte. **2** ⟨*estens*⟩ (*to wet thoroughly*) inzuppare, infradiciare. **3** (*to absorb, mop up;* spesso con *up*) asciugare, assorbire. **II** *v.i.* inzupparsi, infradiciarsi. ▯ *-ping wet* fradicio.

soph am. [sɔf] (*accorc. di* sophomore) *s.* ⟨*univ*⟩ studente *m* (*f* -essa) del secondo anno, ⟨*scherz*⟩ fagiolo *m*.

Sophia [sə'faiə], **Sophie** ['soufi] *N.pr.* Sofia *f*.

sophism ['sɔfizəm] *s.* sofisma *m* (*anche Filos.*). **sophist** [-fist] *s.* sofista *m/f* (*anche Filos.*). **sophister** [-fistə] *s.* **1** (*sophist*) sofista *m/f*, chi usa sofismi. **2** ⟨*Stor*⟩ (*at some American and English universities*) studente *m* universitario del secondo (*o* terzo) anno. **sophistic** [sə'fistik], **sophistical** [sə'fistikəl] *a.* **1** ⟨*Filos*⟩ sofistico. **2** (*of arguments*) falso e capzioso, sofistico, cavilloso. **sophistically** [sə'fistikəli] *avv.* sofisticamente, in modo sofistico.

sophisticate [sə'fistikeit] **I** *v.t.* **1** rendere sofisticato, privare della naturalezza. **2** (*to falsify*) alterare, snaturare, falsificare. **3** (*to adulterate*) adulterare, sofisticare. **II** *v.i.* sofisticare, usare sofismi. **sophisticated** [-id] *a.* **1** sofisticato, (*eccessivamente*) raffinato, (*eccessivamente*) ricercato: *a ~ young woman* una giovane donna sofisticata; *a ~ taste in food* un gusto raffinato per i cibi. **2** (*cynical, blasé*) cinico, che mostra indifferenza. **3** (*artificial in behaviour, tastes, etc.*) affettato, sofisticato, privo di naturalezza, artefatto. **4** (*complicated, complex*) complesso, complicato. **5** (*falsified*) falsificato, alterato. **6** (*adulterated*) adulterato, sofisticato. **7** ⟨*Mot,Mecc*⟩ sofisticato. **so,phistication** [-'keiʃən] *s.* **1** raffinatezza *f* (*o* ricercatezza) eccessiva. **2** (*act of falsifying*) falsificazione *f*, alterazione *f*. **3** (*act of adulterating*) adulterazione *f*, sofisticazione *f*. **4** (*sophistical argument*) sofisma *m*, ragionamento *m* sofistico, sofisticheria *f*.

sophistry ['sɔfistri] *s.* **1** sofisticheria *f*. **2** (*sophistical argument*) sofisma *m*, sofisticheria *f*.

Sophoclean [ˌsɔfə'kli:ən] *a.* ⟨*Stor*⟩ sofocleo. **'Sophocles** [-li:z] *N.pr.* Sofocle *m*.

sophomore am. ['sɔf(ə)mɔ:] *s.* ⟨*univ*⟩ studente *m* del secondo anno, ⟨*scherz*⟩ fagiolo *m*.

soporiferous [ˌsoupə'rifərəs, ˌsɔ-] *a.* soporifero. **soporific** [-fik] **I** *a.* soporifero. **II** *s.* ⟨*Farm*⟩ sonnifero *m*, ipnotico *m*.

soppily ['sɔpili] *avv.* ⟨*fam*⟩ scioccamente, stupidamente; (*mawkishly*) sdolcinatamente, in modo svenevole. **soppiness** [-pinis] *s.* **1** l'essere fradicio (*o* inzuppato), infradiciatura *f*. **2** ⟨*fam*⟩ (*foolishness*) sciocchezza *f*, stupidità *f*; (*mawkishness*) svenevolezza *f*, sdolcinatezza *f*. **sopping** [-piŋ] *a.* zuppo, fradicio. **soppy** [-pi] *a.* **1** (*thoroughly wet*) inzuppato, fradicio; (*of ground*) molle, bagnato, inzuppato. **2** ⟨*fam*⟩ (*foolish*) sciocco, stupido, tonto; (*mawkish*) svenevole, sdolcinato.

soprano it. [sə'prɑ:nou] **I** *s.* (*pl.* -s [z]/-ni [ni:]) ⟨*Mus*⟩ **1** soprano *m*. **2** (*singer*) soprano *m/f*. **II** *a.* di soprano, soprano.

sorb [sɔ:b] *s.* **1** ⟨*Bot*⟩ sorbo *m* (domestico). **2** → **sorb apple**.

sorb apple *s.* sorba *f*.

sorbefacient [ˌsɔ:bi'feiʃənt] **I** *a.* ⟨*Med*⟩ che favorisce l'assorbimento. **II** *s.* sostanza *f* che favorisce l'assorbimento.

sorbet ['sɔ:bət] *s.* → **sherbet**.

sorbitol ['sɔ:bitol] *s.* ⟨*Chim*⟩ sorbitolo *m*.

sorcerer ['sɔ:sərə] *s.* stregone *m*, mago *m*. **sorceress** [-ris] *s.* strega *f*, maga *f*. **sorcery** [-ri] *s.* magia *f*, stregoneria *f*.

sordid ['sɔ:did] *a.* **1** sudicio, sporco, lurido, sozzo, sordido: *a ~ kitchen* una cucina sudicia; (*squalid*) squallido, misero, miserabile: *a ~ district* un quartiere squallido. **2** (*base, vile*) basso, meschino, vile, ignobile. **3** (*indecent, obscene*) osceno, indecente, sconcio, turpe. **4** ⟨*Ornit,Itt*⟩ opaco, scuro. **sordidly** [-li] *avv.* **1** sordidamente, sozzamente, in modo sudicio. **2** (*basely*) bassamente, vilmente, ignobilmente, spregevolmente. **3** (*obscenely*) oscenamente, indecentemente, sconciamente. **sordidness** [-nis] *s.* **1** sporcizia *f*, sordidezza *f*, sozzurra *f*, sudiceria *f*; (*squalor*) squallore *m*. **2** (*baseness*) bassezza *f*, ignobiltà *f*. **3** (*obscenity*) oscenità *f*, turpitudine *f*, sconcezza *f*.

sordine ['sɔ:di:n] *s.* ⟨*Mus*⟩ sordina *f*.

sore [sɔ:] **I** *a.* **1** irritato, infiammato; (*causing pain*) doloroso, dolente, che fa male: *a ~ wound* una ferita dolorosa; (*suffering pain*) indolenzito, dolente, dolorante: ~ *from riding* indolenzito per il cavalcare. **2** (*causing mental distress*) doloroso, penoso, angoscioso; (*suffering mental distress*) afflitto, addolorato, triste, dolente. **3** ⟨*fam*⟩ (*vexed*) irritato, seccato, risentito, offeso: *he is ~ about not being promoted* è irritato per la mancata promozione. **4** (*causing annoyance*) irritante, seccante, che dà fastidio. **5** ⟨*intens*⟩ estremo, grave: *to be in ~ need of s.th.* avere estrema necessità di qc. **II** *s.* **1** ferita *f*, piaga *f*; (*boil*) foruncolo *m*. **2** (*fig*) (*painful memory*) ferita *f*, piaga *f*: *let us not reopen old -s* non riapriamo vecchie ferite. **III** *avv.* ⟨*rar*⟩ → **sorely**. ▯ *to be ~ at heart* essere desolato; *the smoke made my eyes ~* il fumo mi irritò gli occhi; ⟨*fig*⟩ *to touch on a ~ point* mettere il dito sulla (*o* nella) piaga, toccare (*o* pungere) nel vivo.

sorehead ['sɔ:hed] *s.* ⟨*sl*⟩ persona *f* scontenta (*o* di cattivo umore), brontolone *m* (*f* -a). **sorely** ['sɔ:li] *avv.* **1** dolorosamente, con dolore. **2** (*grievously*) dolorosamente, penosamente. **3** (*severely*) gravemente: ~ *wounded* gravemente ferito. **4** ⟨*intens*⟩ molto, assai, estremamente: *to miss s.o. ~* sentire molto la mancanza di qd. **soreness** ['sɔ:nis] *s.* **1** dolore *m*, male *m*. **2** (*s.th. sore*) dolore *m*, pena *f*. **3** (*distress*) pena *f*, sofferenza *f*, dolore *m*, afflizione *f*.

sorghum ['sɔ:gəm] *s.* ⟨*Bot*⟩ sorgo *m*.

sororal [sə'rourəl] *a.* di (*o* da) sorella.

sororicide [sə'rɔ:risaid] *s.* **1** sororicida *m/f*. **2** (*killing of one's sister*) sororicidio *m*.

sorority [sə'rɔriti] *s.* **1** comunità *f* di donne, associazione *f* femminile. **2** ⟨*am.Univ*⟩ associazione *f* studentesca femminile.

sorrel[1] ['sɔrəl] **I** *s.* **1** sauro *m*, rosso–castagno *m*. **2** (*horse*) sauro *m*, cavallo *m* sauro. **II** *a.* color sauro, rosso–castagno.

sorrel[2] *s.* ⟨*Bot*⟩ **1** acetosa *f* (maggiore), ossalida *f*. **2** (*wood sorrel*) acetosella *f*.

sorriness ['sɔrinis] *s.* **1** afflizione *f,* tristezza *f.* **2** (*wretchedness*) miserabilità *f.*

sorrow ['sɔrou] **I** *s.* **1** dolore *m,* dispiacere *m,* pena *f,* afflizione *f,* cordoglio *m:* ~ *at the loss of a friend* dolore per la perdita di un amico. **2** (*regret, repentance*) pentimento *m,* rammarico *m,* rincrescimento *m.* **3** (*cause of grief*) sventura *f,* afflizione *f,* dolore *m: he is a ~ to his parents* è una sventura per i suoi genitori. **II** *v.i.* **1** addolorarsi, crucciarsi, affliggersi, dolersi (*at, over, for* per). **2** (*to lament*) lamentarsi. □ *to ~ after s.o.* (rim)piangere qd.; *the Man of Sorrows* Gesù Cristo; *to my great ~* con mio grande dolore, con mio vivo rincrescimento.

sorrowful ['sɔrouful] *a.* **1** addolorato, afflitto, dolente. **2** (*distressing*) doloroso, penoso: *a ~ tale* un racconto doloroso. **3** (*plaintive*) malinconico, triste, mesto: *a ~ look* uno sguardo malinconico. **sorrowfully** [-i] *avv.* dolorosamente. **sorrowfulness** [-nis] *s.* dolore *m,* pena *f,* sofferenza *f.*

sorrowing ['sɔrouiŋ] *a.* dolente, afflitto, addolorato.

sorry ['sɔri] *a.* **1** ⟨*pred*⟩ addolorato, spiacente, dolente, afflitto: *we're ~ to hear of your father's death* siamo addolorati dalla notizia della morte di tuo padre; (*feeling regret*) spiacente, rammaricato, dispiaciuto: *he was ~ he could not help me* era spiacente di non potermi aiutare. **2** ⟨*pred*⟩ (*penitent*) pentito, rammaricato: *I cannot say I am ~ for what I did* non posso dire di essermi pentito di quello che ho fatto. **3** (*to express an apology*) spiacente: *I'm so ~* sono molto spiacente. **4** (*pitiful, wretched*) misero, meschino, pietoso: *a ~ excuse* una misera scusa; *a ~ effort* uno sforzo pietoso. **5** (*esclam*) scusa, scusate, scusi. □ *to be* (o *feel*) ~ *for o.s.* sentirsi una vittima, autocompatirsi; *to feel ~ for s.o.* dolersi (*o* rammaricarsi) per qd.; *don't feel ~ about it* non rammaricarti per questo, non prendertela; *to make s.o. ~ for s.th.* far pentire qd. di qc.; *I'll make you ~ for this!* te ne farò pentire!; *to say one is ~* scusarsi, chiedere scusa.

sort [sɔ:t] **I** *s.* **1** tipo *m,* sorta *f,* specie *f,* genere *m,* fatta *f: different ~s of soap* diversi tipi di sapone; *my ~ of film* il mio genere di film; *you shouldn't associate with that ~ of people* non dovresti frequentare gente di quella fatta; (*class*) classe *f,* categoria *f.* **2** (*nature, character*) natura *f,* carattere *m: a problem of a rather complex ~* un problema di natura piuttosto complessa. **3** ⟨*fam*⟩ (*person, individual*) persona *f,* individuo *m,* tipo *m: he's rather a good ~* è una brava persona. **4** (*manner, way*) modo *m,* maniera *f.* **5** ⟨*Tip*⟩ carattere *m* facente parte di un assortimento. **II** *v.t.* **1** smistare, dividere, separare, selezionare: *to ~ the mail* smistare la corrispondenza; (*to classify;* spesso con *out*) classificare: *to ~ stamps* classificare francobolli. **2** (*to separate from others;* spesso con *out*) separare, dividere: *to ~ out the good from the bad* separare il buono dal cattivo. **III** *v.i.* **1** frequentare (*with s.o.* qd.), fare lega (con). **2** ⟨*rar*⟩ (*to agree, suit*) andare d'accordo, essere in armonia (*with* con). □ *of all ~s* di tutti i tipi (*o* generi), d'ogni sorta (*o* specie), di tutte le sorte; *all ~s of people* gente *f* d'ogni sorta; ⟨*fam*⟩ *he's not a bad ~* non è cattivo; *nothing of the ~*: **1** niente del genere (*o* simile); **2** ⟨*esclam*⟩ nemmeno per sogno, assolutamente no; ⟨*fam*⟩ ~ *of:* **1** in un certo senso (*o* modo): *I ~ of expected it* in un certo senso me l'aspettavo; **2** (*quite, rather*) alquanto, piuttosto: *their conversation was ~ of tiresome* la loro conversazione era alquanto noiosa; *a ~ of* una specie di : *he is a ~ of government inspector* è una specie di ispettore governativo; *of ~s* (o *a sort*) cosiddetto, per così dire, una specie di: *he is a painter of ~s* è, per così dire, un pittore; *I suppose it was an apology of ~s* suppongo che fosse una specie di scusa; ⟨*Comm*⟩ *of ~s* assortito; *something of the* (o *that*) ~ qualcosa del genere: *he's a civil engineer or something of the ~* è un ingegnere civile o qualcosa del genere; *to be out of ~s*: **1** essere indisposto (*o* malandato in salute); **2** (*in low spirits*) essere depresso (*o* abbattuto), essere giù di corda; **3** (*in a bad temper*) essere di malumore; *a decent ~ of person* una brava persona.

sortable ['sɔ:təbl] *a.* selezionabile, che si può dividere (*o* separare). **sorter** [-ə] *s.* **1** chi separa, selezionatore *m* (*f*

–trice), cernitore *m* (*f* –trice). **2** ⟨*Post*⟩ chi smista la corrispondenza.

sortie ['sɔ:ti] *s.* **1** ⟨*Mil*⟩ sortita *f.* **2** ⟨*Aer.mil*⟩ missione *f* (o volo *m*) di un singolo apparecchio.

sortilege ['sɔ:tilidʒ] *s.* sortilegio *m.*

sorting ['sɔ:tiŋ] *s.* **1** cernita *f,* separazione *f,* selezione *f*; (*classifying*) classificazione *f.* **2** ⟨*Post*⟩ smistamento *m* della corrispondenza.

sorus ['sɔ:rəs] *s.* (*pl.* **sori** ['sɔ:rai]) ⟨*Bot*⟩ soro *m.*

S.O.S. ['esou'es] *s.* S.O.S. *m.*

so-so I *a.* ⟨*fam*⟩ mediocre, passabile, discreto. **II** *avv.* così così.

sot [sɔt] **I** *s.* beone *m* (*f* –a), ubriacone *m* (*f* –a). **II** *v.i.* (*pret., p.p.* **'sotted** [-id]) ubriacarsi, essere un beone.

sotted ['sɔtid] *a.* ubriaco, ebbro. **sottish** [-tiʃ] *a.* **1** → **sotted. 2** (*stupid*) stupido, sciocco. **sottishness** [-tiʃnis] *s.* **1** ubriachezza *f* abituale. **2** (*foolishness*) stupidità *f.*

sotto voce *it.* ['sɔtou'voutʃi, 'sotto'votʃe] *avv.* ⟨*Mus*⟩ sottovoce, sotto voce (*anche fig.*).

sou *fr.* [su:] *s.* **1** ⟨*Econ*⟩ soldo *m.* **2** (*fam*) soldo *m,* centesimo *m,* quattrino *m: I haven't a ~* non ho un soldo, non ho il becco di un quattrino.

soubrette *fr.* [su:'bret] *s.* ⟨*Teat*⟩ soubrette *f*; (*in opera*) soprano *m* leggero.

soubriquet ['su:brikei] *s.* → **sobriquet.**

Soudan [su:'dɑ:n] *N.pr.* ⟨*Geog*⟩ Sudan *m.* **Soudanese** [–dəni:z] **I** *s.* sudanese *m/f.* **II** *a.* sudanese.

souffle [su:fl] *s.* ⟨*Med*⟩ soffio *m.*

soufflé ['su:flei, *am.* su'flei] *s.* ⟨*Gastr*⟩ soffiato *m,* soufflé *m.*

sough [sau, sʌf] **I** *v.i.* mormorare, sussurrare: *the wind –ed in the trees* il vento sussurrava tra gli alberi. **II** *s.* sussurro *m,* mormorio *m.*

sought [sɔ:t] → **seek.**

sought-after *a.* richiesto, ricercato.

soul [soul] *s.* **1** anima *f: to commend one's ~ to God* raccomandare l'anima a Dio. **2** (*emotional, moral part of man's nature*) animo *m,* spirito *m,* anima *f: he has a ~ above such petty matters* il suo animo è superiore a tali meschinità. **3** (*warmth of human feeling*) calore *m* umano, umanità *f*; (*quality appealing to the emotions*) anima *f,* sentimento *m,* espressione *f: his paintings lack ~* i suoi quadri mancano d'anima. **4** ⟨*fig*⟩ (*human being*) anima *f,* essere *m,* persona *f: the ship was lost with fifty –s* la nave andò perduta con cinquanta anime; (*in negative constructions*) anima *f* (viva): *there was not a ~ to be seen* non c'era anima viva, non si vedeva un'anima. **5** ⟨*fig*⟩ (*animating, essential part*) anima *f,* spirito *m,* essenza *f*; (*inspirer, moving spirit*) anima *f,* ispiratore *m* (*f* –trice): *the ~ of the party* l'anima del partito. **6** ⟨*Mus*⟩ → **soul music. Soul** *s.* ⟨*Rel*⟩ Dio *m.* □ ⟨*fig*⟩ *he cannot call his ~ his own* non è padrone di sé, si lascia dominare dagli altri; ⟨*Rel*⟩ *to have cure of –s* avere cura delle anime; *I can't for the ~ of me remember his name* non riesco assolutamente a ricordare il suo nome; *in one's ~ of –s* nel profondo dell'anima; ⟨*esclam,rar*⟩ *upon* (o *'pon*) **my** ~ in fede mia, parola mia.

soul| brother *am. s.* fratello *m* negro. **~-destroying** *a.* che abbrutisce: *a ~ work* un lavoro che abbrutisce.

soulful ['soulful] *a.* pieno di sentimento. **soulfully** [–i] *avv.* con sentimento, con anima. **soulfulness** [–nis] *s.* l'essere pieno di sentimento.

soulless ['soullis] *a.* **1** senz'anima, privo di anima. **2** ⟨*fig*⟩ (*lacking human warmth, etc.*) senz'anima, privo di sentimento (*o* umanità); (*selfish*) egoistico; (*cruel*) crudele. **3** ⟨*fig*⟩ (*without spirit, courage*) che manca di animo (*o* coraggio). **soullessly** [–li] *avv.* senza sentimento. **soullessness** [–nis] *s.* **1** l'essere senz'anima. **2** ⟨*fig*⟩ l'essere privo di sentimento (*o* umanità).

soul| mate *s.* anima *f* gemella. **~ music** *s.* ⟨*Mus*⟩ musica *f* soul. **~ searching** *s.* esame *m* di coscienza. **~ sister** *am. s.* sorella *f* negra. **~-stirring** *a.* **1** commovente, toccante. **2** (*arousing emotion*) emozionante.

sound[1] [saund] *s.* **1** suono *m* (*anche Fis.,Ling.*): *the ~ of his voice* il suono della sua voce; *the speed of ~* la velocità del suono; *vowel ~* suono vocalico. **2** (*particular auditory effect*) rumore *m,* suono *m: the ~ of running* *water* il rumore dell'acqua che scorre. **3** (*recorded auditory effects*) effetti *mpl* sonori. **4** ⟨*Rad,TV*⟩ audio *m.* **5** ⟨*Cin*⟩ sonoro *m: the picture is clear but the* ~ *is bad* l'immagine è chiara, ma il sonoro non è buono. □ ⟨*fig*⟩ ~ *and fury* parole vuote (*o* prive di senso); ⟨*am.Cin*⟩ ~ *motion film* (*o picture*) film sonoro; *out of* ~ fuori del campo uditivo.

ound² **I** *v.i.* **1** sonare, emettere suoni: *a piano –ed in the next room* un pianoforte sonava nella stanza accanto; (*to resound*) risonare. **2** (*to make a sound as a summons, signal*) sonare, dare un segnale (sonando): *the bugle –ed* la tromba sonò; *the bell –ed for the end of the lesson* la campana diede il segnale della fine della lezione. **3** ⟨*fig*⟩ sembrare, sonare, dare un'impressione: *the whole thing –ed ridiculous* tutta la faccenda sembrava ridicola. **4** ⟨*Dir*⟩ essere (*in* in): *to* ~ *in contract* essere nel contratto. **II** *v.t.* **1** sonare: *to* ~ *a bell* sonare un campanello. **2** (*to order, announce by sound*) annunciare (col suono), sonare: *the gong –ed dinner* il gong annunciò il pranzo; *to* ~ *the retreat* sonare la ritirata. **3** (*to proclaim*) proclamare, annunciare, celebrare; (*to utter, voice*) esprimere (con parole), dare voce a. **4** (*to pronounce*) pronunciare: *he doesn't* ~ *his r's* non pronuncia la r. **5** (*to test by striking*) controllare battendo (*o* percuotendo): *to* ~ *the wheels of a locomotive* controllare le ruote di una locomotiva battendole. **6** ⟨*Med*⟩ (*to test by auscultation*) auscultare, ascoltare: *to* ~ *s.o.'s chest* auscultare il torace di qd. □ *to* ~ *the* **alarm** dare (*o* sonare) l'allarme; *to* ~ *as if* (*o though*) sembrare che: *it –s as if the crisis is getting worse* sembra che la crisi stia aggravandosi; *to* ~ *hollow:* 1 avere un suono cupo (*o* sordo); 2 (*of an excuse, etc.*) sonare falso; *to* ~ *like:* 1 ricordare, (r)assomigliare a; 2 (*to give the impression of*) sonare come, avere l'aria di, dare l'impressione di, sembrare.

ound³ **I** *a.* **1** sano: *the doctor says my heart is* ~ il medico dice che il mio cuore è sano; ~ *principles* sani principi. **2** (*solid, firm*) solido, saldo, resistente, forte: ~ *foundations* fondamenta solide; *a* ~ *friendship* una salda amicizia. **3** (*well-founded, valid*) buono, valido, ben fondato, efficace: ~ *advice* un buon consiglio; ~ *arguments* argomenti validi. **4** (*precise, accurate*) accurato, preciso: *a* ~ *investigation* un'indagine accurata. **5** (*financially strong or reliable*) solido, sicuro: *a* ~ *company* una ditta solida; *a* ~ *investment* un investimento sicuro. **6** (*reliable, trustworthy*) degno di fede (*o* fiducia), attendibile. **7** (*of sleep*) pesante. **8** ⟨*Rel,Pol*⟩ (*orthodox*) ortodosso: ~ *doctrines* dottrine ortodosse. **9** ⟨*Dir*⟩ legittimo, legalmente valido: *a* ~ *title* un titolo legittimo. **II** *avv.* sodo, profondamente: *to sleep* ~ dormire sodo (*o* della grossa). □ *as* ~ *as a bell* (*of a person*) sano come un pesce; *to give s.o. a* ~ *thrashing* dare una bella bastonata a qd., sonarle per bene a qd.; ~ *in wind and limb:* 1 (*of a horse*) perfettamente sano, che ha buon fiato e zampe robuste; 2 ⟨*scherz*⟩ (*of people*) sano come un pesce.

ound⁴ *s.* **1** ⟨*Geog*⟩ stretto *m* (di mare); (*long inlet*) lunga insenatura *f.* **2** ⟨*Itt*⟩ vescica *f* natatoria.

ound⁵ **I** *v.t.* **1** ⟨*Mar*⟩ scandagliare, sondare: *to* ~ *the bottom of a canal* scandagliare il fondo di un canale. **2** ⟨*fig*⟩ (spesso con *out*) sondare, scandagliare, saggiare, cercare di conoscere: *to* ~ *s.o.'s view* sondare le opinioni di qd.; (*to probe, feel out*) sondare (*o* saggiare) le intenzioni di, tastare. **3** ⟨*Chir*⟩ esplorare (*o* esaminare) con la sonda. **4** ⟨*Aer,Meteor*⟩ esaminare con palloni sonda. **II** *v.i.* (*of a whale*) immergersi rapidamente (puntando verso il fondo). **III** *s.* ⟨*Chir*⟩ sonda *f.*

ound| barrier *s.* ⟨*Fis,Aer*⟩ muro *m* del suono. ~ **box** *s.* fonorivelatore *m,* riproduttore *m* acustico. ~ **broadcasting** *s.* ⟨*Rad*⟩ trasmissioni *fpl* radiofoniche. ~ **cinecamera** *s.* cinepresa *f* sonora. ~ **deadener** *s.* **1** ⟨*Edil*⟩ materiale *m* per isolamento acustico. **2** ⟨*Aut*⟩ antirombo *m.* ~ **deadening** *a.* fonoassorbente: ~ *material* materiale fonoassorbente. ~ **dubbing** *s.* ⟨*Cin*⟩ doppiaggio *m* del sonoro. ~ **effects** *s.pl.* ⟨*Rad,TV,Cin*⟩ effetti *mpl* sonori. ~**-effects man** [mən] *s.* sonorizzatore *m.* ~ **engineer** *s.* tecnico *m* del suono, sonorista *m.*

ounder¹ ['saundə] *s.* ⟨*Tel*⟩ ricevitore *m* acustico.

sounder² *s.* ⟨*Mar*⟩ **1** (*person*) scandagliatore *m.* **2** (*device*) scandaglio *m.*

sound| fading *s.* ⟨*Cin*⟩ dissolvenza *f* sonora. ~ **film** *s.* ⟨*Cin*⟩ film *m* sonoro, sonoro *m.* ~ **head** *s.* ⟨*Acu*⟩ testina *f* magnetica. ~ **hole** *s.* ⟨*Mus*⟩ (*of a violin, etc.*) orecchia *f,* taglio *m* a *f.*

sounding¹ ['saundiŋ] *a.* **1** sonoro, sonante, che suona. **2** (*resounding*) risonante, sonoro. **3** (*high-sounding*) sonoro, altisonante.

sounding² *s.* **1** (*act of sounding;* spesso al pl.) scandaglio *m,* scandagliamento *m.* **2** (*depth measured by sounding*) profondità *f* misurata con lo scandaglio. **3** *pl.* (*place, area of water*) fondali *mpl* (*o* profondità *fpl*) scandagliabili. **4** *pl.* ⟨*fig*⟩ sondaggio *m,* indagine *f,* inchiesta *f.* **5** ⟨*Aer,Meteor*⟩ sondaggio *m* (atmosferico). □ ⟨*Mar*⟩ *to be in –s* essere a quota di scandaglio; *to be off –s* essere fuori dalla quota di scandaglio; *to take –s* scandagliare.

sounding| apparatus *s.* → **sounding machine.** ~ **balloon** *s.* ⟨*Aer,Meteor*⟩ pallone *m* sonda. ~ **board** *s.* **1** paracielo *m.* **2** ⟨*Mus*⟩ tavola *f* armonica. ~ **lead** [led] *s.* ⟨*Mar*⟩ piombino *m* (per scandaglio). ~ **line** *s.* sagola *f* per scandaglio. ~ **machine** *s.* ⟨*Mar*⟩ scandaglio *m* meccanico.

sound|-insulated *a.* isolato acusticamente (*o* contro i rumori). ~ **insulating** *a.* insonorizzante: ~ *material* materiale insonorizzante. ~ **insulation** *s.* isolamento *m* acustico. ~ **insulator** *s.* isolante *m* acustico. ~ **intensity** *s.* ⟨*Fis*⟩ intensità *f* acustica.

soundless¹ ['saundlis] *a.* senza suono, silenzioso, muto.

soundless² *a.* (*unfathomable*) insondabile.

soundlessly ['saundlisli] *avv.* silenziosamente, senza emettere alcun suono. **soundlessness** [–lisnis] *s.* silenzio *m.*

soundly ['saundli] *avv.* **1** profondamente, sodo. **2** (*solidly, securely*) saldamente, solidamente. **3** (*sensibly*) assennatamente, con buonsenso, giudiziosamente. **4** (*thoroughly*) completamente, del tutto. **5** (*severely*) duramente, ben bene: *to beat s.o.* ~ picchiare ben bene qd.

sound| mixer *s.* **I** ⟨*Cin*⟩ tecnico *m* del missaggio. **2** ⟨*Rad,TV*⟩ quadro *m* di commutazione. ~ **mixing** *s.* missaggio *m.* ~**movie camera** *am. s.* → **sound cinecamera.**

soundness ['saundnis] *s.* **1** buona salute *f,* sanità *f,* l'essere sano. **2** (*solidity*) solidità *f,* stabilità *f,* saldezza *f.* **3** (*financial security*) solidità *f,* solvibilità *f.* **4** (*validity*) validità *f,* bontà *f,* efficacia *f.* **5** ⟨*Rel,Pol*⟩ (*orthodoxy*) ortodossia *f.*

sound| post *s.* ⟨*Mus*⟩ anima *f.* ~ **processing** *s.* elaborazione *f* del suono. ~ **projector** *s.* proiettore *m* sonoro. ~**-proof** **I** *a.* isolato acusticamente, insonorizzato. **II** *v.t.* isolare acusticamente, insonorizzare. ~ **proofing** *s.* isolamento *m* acustico. ~ **recorder** *s.* ⟨*tecn*⟩ registratore *m* del suono. ~ **recording** *s.* registrazione *f* del suono. ~ **technician** *s.* fonico *m,* tecnico *m* del suono. ~**track** *s.* ⟨*Cin*⟩ colonna *f* sonora, sonoro *m.* ~ **waves** *s.pl.* ⟨*Fis*⟩ onde *fpl* sonore.

soup [su:p] **I** *s.* **1** ⟨*Gastr*⟩ minestra *f,* brodo *m,* zuppa *f.* **2** ⟨*sl*⟩ (*horsepower*) potenza *f.* **3** ⟨*am.sl*⟩ (*nitroglycerin*) nitroglicerina *f.* **II** *v.t.* ⟨*sl*⟩ (general. con *up*) truccare, aumentare la potenza di, migliorare le prestazioni di: *to* ~ *up a motor* truccare un motore. □ ⟨*fam*⟩ *to be in the* ~ trovarsi nei guai, essere nei pasticci.

soupçon *fr.* ['su:psɔ̃] *s.* **1** leggero gusto *m* (*o* sapore). **2** (*slight trace*) pizzico *m,* leggera traccia *f,* tocco *m.*

souped-up ['su:pt] *a.* ⟨*sl*⟩ (*of a motor, etc.*) truccato, spinto.

soup| kitchen *s.* **1** mensa *f* per i poveri. **2** ⟨*Mil*⟩ cucina *f* da campo. ~ **ladle** *s.* cucchiaione *m,* ramaiolo *m,* mestolo *m.* ~ **plate** *s.* scodella *f,* piatto *m* fondo. ~ **spoon** *s.* cucchiaio *m* da minestra. ~ **tureen** *s.* zuppiera *f.*

soupy ['su:pi] *a.* **1** simile a una zuppa, brodoso. **2** ⟨*fam*⟩ (*mawkish*) sdolcinato, svenevole, lezioso; (*of a voice*) vibrante (per l'emozione), tremante.

sour [sauə] **I** *a.* **1** aspro, agro, acerbo, acido: ~ *apples* mele aspre; (*tart, acid*) 'acido, inacidito: ~ *milk* latte acido. **2** (*characteristic of s.th. fermented*) acre, acido,

aspro: *a* ∼ *smell* un odore acre. **3** ⟨*fig*⟩ (*peevish, morose*) scontroso, irritabile, stizzoso, permaloso, bisbetico; (*embittered*) inacidito, inasprito, esacerbato. **4** ⟨*Agr,Chim*⟩ acido. **II** *s.* **1** sostanza *f* acida. **2** ⟨*fig*⟩ (*s.th. distasteful*) agro *m: to take the sweet with the* ∼ prendere il dolce con l'agro. **3** ⟨*Chim*⟩ soluzione *f* leggermente acida. **III** *v.i.* **1** inacidirsi, andare a male, guastarsi. **2** ⟨*fig*⟩ (*to become bitter*) inacidirsi, inasprirsi, esacerbarsi. **3** ⟨*fig*⟩ (*to go bad, deteriorate*) guastarsi, deteriorarsi: *relations between the two countries have –ed* i rapporti tra i due paesi si sono guastati. **4** ⟨*Agr*⟩ (*of land*) diventare (eccessivamente) acido. **IV** *v.t.* **1** inacidire. **2** (*to spoil*) guastare, mandare a male. **3** ⟨*fig*⟩ inasprire, inacerbire, esacerbare, inacidire. **4** ⟨*Agr*⟩ (*of soil*) rendere (troppo) acido. □ ∼ *breath* alito cattivo; *to have a* ∼ *face* essere imbronciato.

source [sɔːs] *s.* **1** sorgente *f*, fonte *f: the –s of the Tiber* le sorgenti del Tevere; *to trace a river to its* ∼ risalire un fiume fino alla fonte. **2** ⟨*fig*⟩ fonte *f*, sorgente *f*, origine *f*, causa *f*, principio *m: the –s of life* le fonti della vita; *the* ∼ *of all our troubles* l'origine di tutti i nostri guai. **3** ⟨*Giorn*⟩ fonte *f: a reliable* ∼ una fonte attendibile. □ ⟨*Med*⟩ ∼ *of infection* fonte *f* d'infezione; ∼ *of supply* fonte *f* di rifornimento; ⟨*Econ*⟩ *tax witheld at* (*the*) ∼ ritenuta *f* alla fonte.

source| book *s.* raccolta *f* di fonti (*o* documenti originali). ∼ **code** *s.* ⟨*Inform*⟩ codice *m* sorgente. ∼ **language** *s.* ⟨*Filol*⟩ lingua *f* di partenza. ∼ **material** *s.* **1** materiale *m* originale di documentazione. **2** ⟨*Atom*⟩ materia *f* prima.

sour| cream *s.* ⟨*Alim*⟩ panna *f* fermentata. ∼ **grapes** *s.pl.* **1** uva *f* acerba. **2** ⟨*fig*⟩ affettato disprezzo *m* per ciò che non si può avere (*o* raggiungere).

souring ['sauəriŋ] *s.* inacidimento *m.* **sourish** [–riʃ] *a.* **1** acidulo, asprigno, agretto. **2** ⟨*fig*⟩ piuttosto scontroso (*o* irritabile). **sourly** [–əli] *avv.* ⟨*fig*⟩ stizzosamente, con irritazione. **sourness** [–ənis] *s.* **1** acidità *f*, asprezza *f*. **2** ⟨*fig*⟩ irritabilità *f*, scontrosità *f*.

sour|puss *s.* ⟨*fam*⟩ brontolone *m* (*f* –a), musone *m* (*f* –a). ∼**-sweet** *a.* agrodolce.

souse [saus] **I** *v.t.* **1** mettere in salamoia. **2** (*to immerse, plunge in water*) immergere (*o* tuffare) nell'acqua. **3** (*to drench*) inzuppare, imbevere, impregnare. **II** *v.i.* **1** immergersi, tuffarsi. **2** (*to become drenched*) inzupparsi, imbeversi, impregnarsi. **3** ⟨*fam*⟩ (*to get drunk*) ubriacarsi, ⟨*fam*⟩ sbronzarsi, ⟨*pop*⟩ prendere una sbornia. **III** *s.* **1** salamoia *f*. **2** (*s.th. pickled*) cibo *m* in salamoia. **3** (*act of immersing*) immersione *f*, tuffo *m*. **4** (*act of drenching*) inzuppamento *m*, impregnazione *f*. **5** ⟨*fam*⟩ (*drunkard*) ubriacone *m* (*f* –a), beone *m* (*f* –a), ⟨*pop*⟩ sbornione *m* (*f* –a). **soused** [–t] *a.* **1** ⟨*Alim*⟩ in salamoia. **2** (*drenched*) inzuppato, imbevuto, impregnato. **3** ⟨*fam*⟩ (*drunk*) ubriaco, ⟨*fam*⟩ sbronzo, ⟨*pop*⟩ sborniato. □ *to get* ∼: **1** inzupparsi; **2** ⟨*fam*⟩ (*to get drunk*) prendere una sbornia.

soutache [suːˈtæʃ] *s.* ⟨*Mod*⟩ treccina *f*, gallone *m* (ornamentale).

soutane *fr.* [suːˈtɑːn] *s.* ⟨*Lit*⟩ veste *f* talare, talare *f*, tonaca *f*.

south [sauθ] **I** *s.* sud *m*, mezzogiorno *m*, meridione *m.* **II** *a.* **1** a sud, meridionale, verso sud: *the* ∼ *gate* il cancello a sud. **2** (*from the south*) del sud, proveniente dal sud, meridionale. **III** *avv.* **1** verso (il) sud, in direzione sud: *to travel* ∼ viaggiare verso il sud. **2** (*from the south*) da sud. **IV** *v.i.* **1** andare verso (il) sud, dirigersi a sud. **2** ⟨*Astr*⟩ passare il meridiano.

South I *s.* **1** sud *m: the* ∼ *of England* il sud dell'Inghilterra, l'Inghilterra meridionale. **2** ⟨*am*⟩ Sud *m*, Stati *mpl* del sud. **II** *a.* del sud, meridionale: ∼ *Wales* Galles ˹del sud˺ (*o* meridionale).

South| Africa *N.pr.* ⟨*Geog*⟩ Sudafrica *m.* ∼ **African I** *a.* sudafricano. **II** *s.* sudafricano *m* (*f* –a). ∼ **America** *N.pr.* ⟨*Geog*⟩ Sudamerica *m*, America *f* ˹del sud˺ (*o* meridionale). ∼ **American I** *a.* sudamericano. **II** *s.* sudamericano *m* (*f* –a).

southbound ['sauθbaund] *a.* ˹diretto a˺ (*o* verso) sud: ∼ *traffic* traffico diretto a sud.

South| Carolina *N.pr.* ⟨*Geog*⟩ Carolina *f* del sud. ∼ **Dakota** *N.pr.* Sud Dakota *m.*

south-east I *s.* sud-est *m.* **II** *a* **1** di sud–es sudorientale. **2** (*from the south–east*) da sud–es sudorientale. **III** *avv.* verso sud–est.

South-East Asia *N.pr.* ⟨*Geog*⟩ Asia *f* sudorientale.

southeaster [ˌsauθˈiːstə] *s.* sciroccata *f*, burrasca *f* d scirocco. **south-easterly** [–li] **I** *a.* **1** diretto a sud-est. (*from the south–east*) (proveniente) da sud–es sudorientale. **II** *avv.* **1** verso sud–est. **2** (*from t south–east*) da sud–est. **south-eastern, South-easter** [–n] *a.* **1** di sud–est, sudorientale. **2** (*from the south*) d sud–est, sudorientale.

souther ['sauðə] *s.* vento *m* ˹del sud˺ (*o* meridionale scirocco *m.*

southerly ['sʌðəli] **I** *a.* **1** del sud, meridionale. **2** (*fro the south*) del sud, meridionale. **II** *avv.* **1** verso (o i direzione) sud. **2** (*from the south*) da sud. **souther** [–ðən] *a.* del sud, meridionale. **Southern** *a.* meridional del sud: ∼ *Italy* Italia meridionale.

Southern Cross *s.* ⟨*Astr*⟩ Croce *f* del sud.

southerner ['sʌðənə] *s.* meridionale *m/f*, abitante *m/f* d sud. **Southerner** *am.* *s.* abitante *m/f* degli Stati del sud **southernmost** ['sʌðənmoust] *a.* il più ˹a sud˺ meridionale, che è all'estremo sud.

Southern Yemen *N.pr.* ⟨*Geog*⟩ Yemen *m* del sud.

southing ['sauθiŋ] *s.* **1** movimento *m* in direzione sud. ⟨*Astr*⟩ culminazione *f*.

South Korean I *a.* sudcoreano **II** *s.* sudcoreano *m* (f –a).

southland ['sauθlænd] *s.* sud *m*, meridione *m*, terra *f* paese *m*) meridionale. **southlander** [–ə] *s.* meridiona *m/f*, abitante *m/f* del sud.

southmost ['sauθmoust] *a.* → **southernmost.**

southpaw *am.* ['sauθpɔː] **I** *s.* ⟨*pop*⟩ **1** (*in boxing*) pug *m* mancino. **2** (*in baseball*) lanciatore *m* mancino. **II** mancino.

south point *s.* ⟨*Mar*⟩ punto *m* sud.

South| Pole *N.pr.* ⟨*Geog*⟩ polo *m* sud (*o* australe antartico *m.* **south pole** *s.* (*of a magnet*) polo *m* sud. **Tyrolean I** *a.* sudtirolese. **II** *s.* sudtirolese *m/f*.

southward ['sauθwəd] **I** *a.* diretto a sud. **II** *s.* sud *m.* **I** *avv.* → **southwards. southwardly** [–li] *a./avv.* **southward. southwards** [–z] *avv.* verso (*o* in direzion sud.

south-west [ˌsauθˈwest] **I** *s.* sud–ovest *m.* **II** *a.* **1** sud–ovest, sudoccidentale. **2** (*from the south–west*) sud–ovest, sudoccidentale. **III** *avv.* verso (*o* a) sud–oves **southwester** [–ə] *s.* **1** libecciata *f*, burrasca *f* libeccio. **2** → **sou'wester. south-westerly** [–əli] **I** *a.* diretto a sud–ovest. **2** (*from the south–west*) (provenient da sud–ovest. **II** *avv.* **1** verso sud–ovest. **2** (*from t south–west*) da sud–ovest. **south-western, Sou** **-western** [–ən] *a.* sudoccidentale, di sud–ovest.

souvenir [ˌsuːvəˈniə, ˈsuː–] *s.* ricordo *m*, ricordino ∼ souvenir *m.*

souvenir photo *s.* foto *f* ricordo.

sou'wester [sauˈwestə] *s.* **1** (*hat*) cappello *m* d'incerata. ⟨*gerg*⟩ sud–ovest *m.*

sovereign ['sɔvrin] **I** *s.* **1** sovrano *m* (*f* –a), monarca *m*, *m* (*f* regina). **2** ⟨*Econ*⟩ sovrana *f*. **II** *a.* **1** sovrano, pier assoluto. **2** ⟨*Pol*⟩ sovrano. **3** (*royal*) (da) sovrano, rea regale. **4** ⟨*fig*⟩ (*supreme, highest*) sommo, supremo: *hold s.o. in* ∼ *contempt* avere (*o* tenere) in somr disprezzo qd. **5** ⟨*fig*⟩ (*excellent*) eccellente, sovrano. ⟨*fig*⟩ (*potent, effective*) sovrano, potente, efficacissimo: ∼ *remedy* un rimedio sovrano.

sovereign state *s.* ⟨*Pol*⟩ stato *m* sovrano.

sovereignty ['sɔvrənti] *s.* sovranità *f*. □ ⟨*Pol*⟩ *external* sovranità esterna; *limited* ∼ sovranità limitata.

soviet ['souviet] **I** *s.* ⟨*Pol*⟩ soviet *m.* **II** *a.* sovietic **Soviet I** *s.* **1** soviet *m.* **2** *pl.* sovietici *mpl.* **II** sovietico: ∼ *foreign policy* la politica estera sovieti **sovietism, Sovietism** [–izəm] *s.* ⟨*Pol*⟩ comunismo ˌ**sovietization, ˌSovietization** [–aiˈzeiʃən] *s.* ⟨*P* sovietizzazione *f*. **sovietize, Sovietize** [–aiz] *v* sovietizzare. **Sovietologist** [–ˈtɔlədʒist] *s.* sovietologo **Sovietology** [–ˈtɔlədʒi] *s.* sovietologia *f*.

Soviet| Russia, ∼ **Union** *N.pr.* ⟨*Geog*⟩ Unione

Sovietica.

sow[1] [sou] v. (pret. **sowed** [-d], p.p. **sown** [-n]/**sowed**) **I** v.t. **1** seminare: to ~ a field with barley seminare un campo a orzo; to ~ corn seminare il grano. **2** (estens) spargere (qua e là), seminare, disseminare. **3** (fig) (to disseminate) seminare, spargere, diffondere, propagare: to ~ discontent seminare lo scontento. **II** v.i. seminare: it is time to ~ è tempo di seminare. □ to ~ seeds seminare; (Bibl,fig) to ~ the wind and reap the whirlwind seminare vento e raccogliere tempesta. Prov.: as you ~, so you reap ognuno raccoglie ciò che ha seminato.

sow[2] [sau] s. **1** (adult female) scrofa f. **2** (Met) canale m di colata (per lingotti). □ as drunk as a ~ ubriaco fradicio; (Zootecn) ~ in pig scrofa gravida.

sow-bug s. (Entom) tentredine m.

sower ['souə] s. (Agr) **1** (person) seminatore m (f –trice). **2** (machine) seminatrice f.

sowing ['souiŋ] s. semina f, seminagione f.

sown [soun] → **sow**[1].

soy [sɔi] s. **1** → **soy sauce**. **2** → **soya (bean)**.

soya (bean) ['sɔiə] s. **1** (Bot) soia f. **2** seme m di soia, soia f.

soya|-bean oil s. olio m di soia. ~ **flour** s. farina f di soia.

soy|bean meal s. soia f tritata, tritato m di soia. ~ **sauce** s. (Gastr) salsa f di soia.

sozzled ['sɔzld] a. (sl) (drunk) ubriaco, (fam) sbronzo, (pop) sborniato. □ to get ~ ubriacarsi, prendere una sbornia.

SP = Security Police pubblica sicurezza.

spa [spɑ:] s. **1** sorgente f ⌐d'acqua minerale⌐ (o termale), terme fpl. **2** (locality, resort) stazione f (o centro m) termale.

space [speis] **I** s. **1** spazio m: time and ~ tempo e spazio. **2** (extent, distance) distanza f, spazio m, intervallo m: the ~ between two buildings la distanza fra due edifici; (room,place) spazio m, posto m: ~ for the signature spazio per la firma; parking ~ posto di parcheggio. **3** (extent, duration of) arco m, lasso m di tempo, intervallo m, spazio m: in the ~ of three months nell'arco di tre mesi; (period of time) momento m, istante m: to wait a ~ aspettare un momento. **4** (Astr,Astron) spazio m: the conquest of ~ la conquista dello spazio. **5** (Tip) spazio m, intervallo m. **II** a. (Astr,Astron) spaziale: the U.S.A's ~ programme il programma spaziale americano. **III** v.t. **1** (spesso con out) intervallare, spazieggiare, disporre a intervalli: he –d the posts ten yards apart intervallò i pali a dieci iarde l'uno dall'altro. **2** (general. con out: to set further apart) distanziare: they are too close, ~ them out a bit sono troppo ravvicinati, distanziali un po'; (to cause to occur more rarely) limitare, diminuire. **3** (Tip) (general. con out: of letters, words) spaziare, spazieggiare; (of lines, pages) giustificare, mettere a giustezza. □ a blank ~ uno spazio (in) bianco; an open ~ uno spazio libero (o aperto).

space| age s. era f spaziale. ~**bar** s. (Tip) barra f spaziatrice. ~ **base** s. base f spaziale. ~**based** a. (Mil) basato nello spazio. ~ **capsule** s. capsula f spaziale. ~ **centre** s. centro m spaziale. ~**craft** s.inv. (Astron) veicolo m (o mezzo) spaziale.

spaced-out am. a. (sl) sotto l'influenza della droga, (gerg) fuori, (gerg) strippato.

space| electronics s.pl. (costr. sing.) elettronica f spaziale. ~ **fiction** s. romanzo m di fantascienza. ~**flight** s. volo m spaziale. ~**helmet** s. casco m spaziale. ~ **key** s. → **space-bar**. ~ **lab(oratory)** s. (Astron) laboratorio m spaziale. ~ **lattice** s. (Min) reticolo m spaziale. ~ **launching base** s. cosmodromo m. ~ **law** s. diritto m spaziale.

spaceless ['speislis] a. **1** illimitato, sconfinato. **2** (occupying no space) che non occupa spazio.

space| line s. (Tip) interlinea f. ~**man** [mən] s.irr. astronauta m, navigatore m spaziale, cosmonauta m. ~ **medicine** s. medicina f spaziale. ~ **platform** s. (Astron) piattaforma f spaziale. ~ **probe** s. sonda f spaziale. ~**programme** s. programma m spaziale.

spacer ['speisə] s. **1** (tecn) distanziale m, distanziatore m.

2 (Tip) → **space bar**. **3** (Tel) invertitore m di corrente.

space| race s. corsa f spaziale. ~ **research** s. ricerca f spaziale. ~ **rocket** s. missile m spaziale. ~ **saver** s. (fam) oggetto m poco ingombrante. ~**saving** a. che fa risparmiare spazio, d'ingombro ridotto. ~ **shield** s. (Mil) scudo m spaziale. ~**ship** s. astronave f, nave f spaziale. ~ **shot** s. (Astron) lancio m nello spazio. ~ **shuttle** s. (Astron) navetta f spaziale. ~ **station** s. stazione f spaziale. ~ **step-out** s. passeggiata f nello spazio. ~ **suit** s. tuta f spaziale, scafandro m astronautico. ~ **technology** s. tecnologia f spaziale. ~ **telescope** s. telescopio m spaziale. ~ **travel** s. viaggio m spaziale. ~ **traveller** s. astronauta m/f. ~ **vehicle** s. veicolo m spaziale. ~**walk** s. passeggiata f spaziale (o nello spazio). ~ **war** s. guerra f dello spazio. ~ **woman** s.irr. astronauta f, cosmonauta f. ~ **writer** am. s. (Giorn) giornalista m pagato un tanto la riga. ~ **writing** am. s. lo scrivere a un tanto la riga.

spacial a. → **spatial**.

spacing ['speisiŋ] s. **1** scaglionamento m, suddivisione f. **2** (Tip) (act) spaziatura f; (result) interlineatura f.

spacious ['speiʃəs] a. **1** spazioso, ampio, largo, vasto: a ~ room una stanza spaziosa. **2** (vast, extensive) esteso, ampio, vasto. **spaciously** [-li] avv. ampiamente, vastamente. **spaciousness** [-nis] s. spaziosità f, vastità f, ampiezza f.

spade[1] [speid] **I** s. vanga f, badile m, pala f. **II** v.t./i. vangare: to ~ a flower bed vangare un'aiuola. □ (fig) to call a ~ a ~ dire pane al pane (e vino al vino).

spade[2] s. **1** (in cards) picche fpl, seme m di picche; (card) picche fpl, carta f di picche. **2** (pop) (Negro) negro m.

spadeful ['speidful] s. vangata f, palata f.

spade work s. **1** vangatura f. **2** (fig) duro lavoro m preliminare.

spadix ['speidiks] s. (pl. **-dices** [di'si:z]) (Bot) spadice m.

spaghetti it. [spə'geti] s. (Alim) spaghetti mpl.

Spain [spein] N.pr. (Geog) Spagna f.

spake [speik] → **speak**.

spall [spɔ:l] **I** s. **1** scheggia f, frammento m. **2** (Geol) frammento m di roccia. **II** v.t. **1** (Minier) preparare per la scelta. **2** (Mur) scheggiare. **III** v.i. **1** (spesso con off, away) scheggiare, scheggiarsi. **2** (Atom) spallare.

span[1] [spæn] s. **1** (of the hand) spanna f, palmo m. **2** (unit of measure) spanna f, nove pollici mpl. **3** (extent of space, distance) estensione f, distanza f. **4** (period of time) periodo m, spazio m di tempo; (period of one's life) vita f: man's brief ~ la breve vita dell'uomo. **5** (fig) portata f, estensione f: the ~ of one's memory la portata della memoria. **6** (Arch) luce f, campata f. **7** (Aer) apertura f alare. **8** (Ornit) apertura f d'ali.

span[2] v.t. (pret., p.p. **spanned** [-d]) **1** attraversare, stendersi attraverso: a bridge –ned the river un ponte attraversava il fiume; (to build across) gettare su: to ~ a river with a bridge gettare un ponte su un fiume. **2** (fig) abbracciare. **3** (to measure with the extended hand) misurare a spanne.

span[3] s. (pair of matched horses, animals) pariglia f; (team of oxen) coppia f di buoi.

span[4] → **spin**[1].

spancel ['spænsəl] **I** s. pastoia f. **II** v.t. (pret., p.p. **spancelled**/am. **spanceled** [-d]) impastoiare.

spandrel ['spændrəl] s. (Arch) pennacchio m (di un arco).

spangle ['spæŋgl] **I** s. **1** (Mod) lustrino m, paillette f. **2** (small bright object) piccolo oggetto m scintillante. **II** v.t. **1** (Mod) ornare (o coprire) di lustrini. **2** (to sprinkle with glittering objects) cospargere (o disseminare) di piccoli oggetti scintillanti. **spangly** [-i] a. coperto di lustrini.

Spaniard ['spænjəd] s. spagnolo m (f –a).

spaniel ['spænjəl] s. **1** (Zool) spaniel m. **2** (fig) persona f servile (o strisciante), adulatore m (f –trice), (spreg) leccapiedi m/f.

Spanish ['spæniʃ] **I** a. spagnolo, di Spagna. **II** s.inv. **1** (people; costr. pl.) spagnoli mpl. **2** (language) spagnolo m, lingua f spagnola.

Spanish| America N.pr. (Geog) America f latina. ~

Armada s. ⟨Stor⟩ armata f spagnola, invincibile armata. **~ black** s. nero m di Spagna. **~ Civil War** s. ⟨Stor⟩ guerra f civile spagnola. **~ Inquisition** s. ⟨Stor⟩ inquisizione f spagnola. **~ Main** N.pr. ⟨Stor⟩ **1** terre fpl (o coste) sul mar dei Caraibi. **2** (Caribbean) mar m dei Caraibi. **~ onion** s. cipolla f ⌐di Spagna⌐ (o dolce).

spank¹ [spæŋk] **I** v.t. sculacciare. **II** s. sculaccione m, sculacciata f.

spank² v.i. ⟨fam⟩ (to move rapidly; spesso con along) muoversi velocemente (o con sveltezza).

spanker¹ ['spæŋkə] s. chi sculaccia.

spanker² s. **1** ⟨Mar⟩ randa f di mezzana. **2** (fast horse) cavallo m veloce. **3** ⟨fam⟩ (s.th. excellent of its kind) cosa f eccezionale, ⟨fam⟩ cannonata f.

spanking¹ ['spæŋkiŋ] s. sculacciata f.

spanking² ⟨fam⟩ **I** a. **1** (brisk, fast) svelto, vivace: ~ pace passo svelto; (moving, capable of moving fast) veloce, agile. **2** (of a breeze) gagliardo. **3** (excellent, fine) eccellente, magnifico, ottimo, di prim'ordine. **II** avv. ⟨intens⟩ eccezionalmente, estremamente.

spanner ['spænə] s. **1** ⟨tecn⟩ chiave f fissa; (wrench with a semi–circular head) chiave f a settore. **2** ⟨Edil⟩ trave f orizzontale. **3** ⟨Ferr⟩ traversa f. □ ⟨fam⟩ to throw a ~ in(to) the works mettere il bastone fra le ruote.

span| roof s. ⟨Arch⟩ tetto m a due spioventi. **~worm** s. ⟨Entom⟩ geometride m.

spar¹ [spɑ:] s. **1** ⟨Mar⟩ antenna f, albero m, pennone m. **2** ⟨Aer⟩ longherone m, longarone m. **3** ⟨Edil⟩ antenna f, stilo m.

spar² s. ⟨Min⟩ spato m. □ diamond ~ corindone m.

spar³ **I** v.i. (pret., p.p. **sparred** [–d]) **1** ⟨Sport⟩ (in boxing) allenarsi, fare allenamento (with con). **2** ⟨fig⟩ (to argue, dispute) litigare, bisticciare (with, against con). **3** (of gamecocks) combattere. **II** s. **1** ⟨Sport⟩ allenamento m di pugilato. **2** ⟨fig⟩ litigio m, diverbio m, disputa f. **3** (cockfight) combattimento m di galli.

sparable ['spærəbl] s. ⟨Calz⟩ chiodo m senza capocchia.

spare [spɛə] **I** a. **1** di ricambio, di riserva, di scorta: a ~ battery una batteria di ricambio. **2** (extra) d'avanzo, in più; (free) disponibile, libero. **3** (meagre, frugal) frugale, scarso, magro: a ~ diet una dieta frugale. **4** (lean, thin) smilzo, magro, snello, esile. **5** (sparing) parco, parsimonioso (of di), sobrio (in): ~ of speech parco di parole. **6** (of style, etc.) terso. **II** s. **1** pezzo m di ricambio. **2** (superfluous object) oggetto m in più. **3** (duplicate kept in reserve) doppione m (o duplicato) di riserva. **4** ⟨Aut⟩ → **spare tyre**. **5** (in bowling) il buttare giù tutti i birilli con due colpi consecutivi. **III** v.t. **1** risparmiare: to ~ s.o.'s life risparmiare la vita a qd. **2** (to deal gently with) aver riguardo per **3** ⟨rifl⟩ risparmiarsi. **4** (to relieve of, save) risparmiare, evitare: you can ~ me the gory details risparmiami i particolari cruenti. **5** (to leave undone, neglect) lasciare intentato, trascurare: we –d nothing in our efforts non abbiamo lasciato nulla d'intentato nei nostri sforzi. **6** (to use frugally) risparmiare, lesinare, economizzare. **7** (to do without, dispense with) fare a meno di, privarsi. **8** (to give or lend charitably) prestare, dare: can you ~ me ten pounds? puoi prestarmi dieci sterline? **9** (to make available) trovare, reperire: I can't ~ the time non riesco a trovare il tempo. **IV** v.i. **1** economizzare, risparmiare. **2** (to use mercy, leniency) essere indulgente. □ **and to** ~ in abbondanza: he has money and to ~ ha soldi in abbondanza; enough and to ~ più del necessario, d'avanzo, a usura; ~ cash denaro m contante (disponibile); to have **nothing** to ~ avere lo stretto necessario; there is no **time** to ~ non c'è tempo da perdere; **to** ~ d'avanzo. Prov.: ~ the rod and spoil the child chi ama bene castiga bene, il medico pietoso fa la piaga verminosa.

sparely ['spɛəli] avv. **1** con parsimonia. **2** (meagrely) scarsamente, frugalmente, parcamente. **spareness** ['spɛənis] s. **1** frugalità f, scarsità f, scarsezza f. **2** (leanness) magrezza f, esilità f.

spare| part s. ⟨tecn⟩ pezzo m di ricambio. **~-rib** s. ⟨Macell,Gastr⟩ spuntatura f (di maiale). **~ time** s. tempo m libero. **~ tire** am., **~ tyre** s. ⟨Aut⟩ pneumatico m (o gomma f) di scorta. **~ wheel** s. ⟨Aut⟩ ruota f di

scorta.

sparger ['spɑ:dʒə] s. ⟨tecn⟩ spruzzatore m, innaffiatore m.

sparing ['spɛəriŋ] a. **1** parco, parsimonioso (of, in di), che risparmia (qc.), che fa economia (su, di). **2** (scanty, meagre) scarso, povero. □ to be ~ of one's energies risparmiare energie. **sparingly** [–li] avv. **1** parcamente, con parsimonia.

spark¹ [spɑ:k] **I** s. **1** favilla f, scintilla f: –s flew from the fire dal fuoco sprizzavano faville. **2** ⟨El,Mot⟩ scintilla f. **3** ⟨fig⟩ (trace) traccia f, residuo m, un po': not a ~ of life remained non c'era traccia di vita; (trace of liveliness) scintilla f, sprazzo m, sprizzo m. **4** ⟨fig⟩ (s.th. that sets off) scintilla f, motivo m, causa f: the ~ that set off the revolt la scintilla che fece scoppiare la rivolta. **5** pl ⟨Mar,Aer⟩ (costr. sing.) radiotelegrafista m, marconista m. **II** v.i. **1** mandare (o fare) scintille, scintillare. **2** ⟨El⟩ scintillare. **III** v.t. (spesso con off) **1** ⟨fig⟩ accendere, infiammare, suscitare: to ~ s.o.'s enthusiasm accendere l'entusiasmo di qd. **2** ⟨fig⟩ provocare, suscitare: the bill –ed off a series of strikes la legge provocò una serie di scioperi. □ ⟨fig⟩ he hasn't a ~ of decency in him non ha un minimo di pudore.

spark² **I** s. **1** (lively young man) bellimbusto m, ganimede m: gay young ~ giovane bellimbusto. **2** (beau, lover) innamorato m; (suitor) corteggiatore m, ⟨fam⟩ filarino m. **II** v.t. ⟨am.fam⟩ corteggiare, ⟨fam⟩ fare il filo a. **III** v.i. ⟨am.fam⟩ filare.

spark|advance s. ⟨Mot⟩ anticipo m dell'accensione. **~ arrester** s. **1** ⟨tecn,Ferr⟩ parascintille m. **2** ⟨El⟩ dispositivo m antiscintillamento. **~ coil** s. ⟨Mot⟩ bobina f d'accensione. **~ gap** s. ⟨El, Mot⟩ distanza f tra gli elettrodi.

sparking plug ['spɑ:kiŋ] s. ⟨Mot⟩ candela f.

sparkish ['spɑ:kiʃ] a. **1** vivace, gaio, allegro. **2** (dapper) elegante, azzimato, attillato.

sparkle ['spɑ:kl] **I** v.i. **1** scintillare, sfavillare, luccicare, brillare: the ice –d in the sunlight il ghiaccio scintillava al sole. **2** (of wine, drinks) spumeggiare, spumare, essere effervescente. **3** ⟨fig⟩ essere frizzante (o animato, vivace): the conversation –d la conversazione era frizzante. **II** s. **1** sfavillio m, scintillio m, luccichio m. **2** (of wine) effervescenza f. **3** ⟨fig⟩ brio m, vivacità f, animazione f. **sparkler** [–ə] s. **1** cosa f che sfavilla, oggetto m scintillante. **2** (firework) stella f filante. **3** ⟨sl⟩ (diamond) diamante m.

sparklet ['spɑ:klit] s. piccola scintilla f.

sparkling ['spɑ:kliŋ] a. **1** scintillante, sfavillante, luccicante, brillante. **2** (of wines, drinks) effervescente, spumeggiante, spumante. **3** ⟨fig⟩ vivace, frizzante, animato, spumeggiante: ~ dialogue dialogo vivace. **sparklingly** [–li] avv. **1** in modo scintillante. **2** ⟨fig⟩ vivacemente, con brio.

sparkling| water s. acqua f frizzante. **~ wine** s. ⟨Enol⟩ spumante m, vino m spumante.

spark| plug s. ⟨Mot⟩ → **sparking plug**. **~-plug lead**, **~-plug wire** s. ⟨Mot⟩ cavo m di accensione.

sparling ['spɑ:liŋ] s. ⟨Itt⟩ sperlano m, eperlano m.

sparring ['spɑ:riŋ] s. **1** ⟨Sport⟩ pugilato m d'allenamento. **2** ⟨fig⟩ diverbio m, disputa f, litigio m.

sparring partner s. **1** ⟨Sport⟩ compagno m d'allenamento, sparring–partner m. **2** ⟨fig⟩ avversario m (f –a) in una disputa.

sparrow ['spærou] s. ⟨Ornit⟩ passero m. □ ⟨fig⟩ to eat like a ~ mangiare come un uccellino.

sparrow|grass s. ⟨dial⟩ (asparagus) asparago m. **~ hawk** s. ⟨Ornit⟩ sparviere m, sparviero m.

sparse [spɑ:s] a. **1** rado, sparso. **2** (scanty, rare) scarso, limitato. **'sparsely** [–li] avv. in modo sparso. **'sparseness** [–nis], **'sparsity** [–iti] s. **1** l'essere rado. **2** (scantiness) scarsità f, scarsezza f, insufficienza f.

Sparta ['spɑ:tə] N.pr. ⟨Geog,Stor,gr⟩ Sparta f.

Spartacist ['spɑ:təsist] **I** s. ⟨Stor⟩ spartachista m/f. **II** a. aderente alla lega di Spartaco.

Spartan ['spɑ:tən] **I** a. spartano (anche fig.): ~ living vita spartana. **II** s. **1** spartano m (f –a). **2** ⟨fig⟩ persona f dalle abitudini spartane.

spasm ['spæzəm] s. 1 ⟨Med⟩ spasmo m. 2 ⟨fig⟩ accesso m, scoppio m, attacco m: a ~ of coughing un accesso di tosse. □ to work in –s lavorare in modo discontinuo; ~ of pain dolore m lancinante, spasmo m.

spasmodic [spæz'mɔdik], **spasmodical** [–əl] a. 1 ⟨Med⟩ spasmodico. 2 ⟨fig⟩ (intermittent) intermittente, disontinuo: ~ progress progresso discontinuo. **spasmodically** [–əli] avv. spasmodicamente.

spasmodic asthma s. ⟨Med⟩ asma f bronchiale spastica.

spastic ['spæstik] I a. ⟨Med⟩ spastico. II s. ⟨Med⟩ spastico m (f –a). **spasticity** [–'tisiti] s. ⟨Med⟩ spasticità f.

spat¹ [spæt] → spit¹.

spat² s. ⟨Calz⟩ ghetta f.

spat³ I s. (pl. inv./-s [s]) uova fpl di molluschi. II v.i. (pret., p.p. 'spatted [–id]) deporre le uova.

spat⁴ am. I s. 1 (spattering noise) picchiettio m, crepitio m. 2 (brief quarrel) battibecco m, litigio m. 3 (light blow) scappellotto m, schiaffetto m. II v.t. (pret., p.p. 'spatted [–id]) 1 picchiettare su. 2 (to strike lightly) dare uno scappellotto a.

spatchcock ['spætʃkɔk] I s. ⟨Gastr⟩ volatile m cucinato alla griglia appena ucciso. II v.t. ⟨fam⟩ (to introduce as an afterthought) inserire frettolosamente (dopo un ripensamento).

spate [speit] s. 1 piena f: a river in (full) ~ un fiume in piena; (flood) inondazione f. 2 ⟨fig⟩ grande quantità f, diluvio m, fiume m: a ~ of articles una grande quantità di articoli.

spathe [speið] s. ⟨Bot⟩ spata f.

spathic ['spæθik] a. ⟨Min⟩ spatico, sfaldabile.

spatial ['speiʃəl] a. dello spazio, spaziale: ~ pioneers pionieri dello spazio. **spatiality** [–ʃi'æliti] s. spazialità f.

spatter ['spætə] I v.t. 1 schizzare, spruzzare: the passing cars –ed us with mud le macchine, passando, ci schizzavano di fango; (of liquids, etc.) schizzare. 2 (to cover with spots) macchiare, chiazzare, macchiettare. 3 ⟨fig⟩ (to defame, besmirch) diffamare, denigrare. II v.i. 1 schizzare. 2 (to make a spattering noise) crepitare, scrosciare, battere, picchiare: bullets –ed against the side of the car i proiettili crepitavano sul fianco della macchina. III s. 1 schizzo m, schizzata f, spruzzo m. 2 (sound) picchiettio m, crepitio m: the ~ of rain il picchiettio della pioggia. 3 (spot, splash) schizzo m, spruzzo m; (of mud) zacchera f. □ he –ed mud on his shoes s'inzaccherò le scarpe.

spatterdash s. ⟨Stor⟩ gambale m.

spatula ['spætjulə, am. 'spætʃulə] s. spatola f. **spatulate** [–lit] a. 1 a (forma di) spatola. 2 ⟨Bot⟩ spatolato. **spatule** [–tjuːl] s. ⟨Biol⟩ organo m (o parte f) a forma di spatola.

spawn [spɔːn] I s. 1 ⟨Zool⟩ uova fpl. 2 ⟨fig⟩ (product) prodotto m, frutto m, risultato m. 3 ⟨collett,spreg⟩ progenie f, prole f, stirpe f: the ~ of the Devil la progenie di Satana. 4 ⟨Bot⟩ micelio m. II v.i. 1 ⟨Zool⟩ deporre le uova. 2 ⟨fig,spreg⟩ figliare, procreare. III v.t. 1 ⟨Zool⟩ deporre. 2 ⟨fig⟩ generare, dare origine a, far sorgere. **'spawning** [–iŋ] s. deposizione f delle uova.

spawning ground s. luogo m in cui i pesci depongono le uova.

spay [spei] v.t. asportare le ovaie a, sterilizzare (asportando le ovaie).

speak [spiːk] v. (pret. spoke [spouk] /ant. spake [speik], p.p. spoken ['spoukən] /ant. spoke [spouk]) I v.i. 1 parlare: to learn to ~ imparare a parlare; to ~ calmly parlare con calma. 2 (to converse) parlare (to, with con, a), conversare (con), discorrere (con); (to communicate vocally) parlare (to a): I will ~ to the manager about it ne parlerò al direttore. 3 (to make a speech) parlare, tenere un discorso: who is –ing at the meeting? chi parlerà alla riunione?; (to address) parlare, rivolgere la parola (to a). 4 (to convey meaning) parlare, essere espressivo (o eloquente): she said nothing, but her eyes spoke for her non diceva nulla, ma i suoi occhi parlavano per lei. 5 ⟨fam⟩ (to be on speaking terms) parlarsi, rivolgersi la

parola (to, with con). 6 (to give a reprimand) fare un rimprovero, fare una ramanzina (to a), rimproverare (qd.). 7 (to appeal) appellarsi, fare appello, rivolgersi (to a): as a politician he –s to the masses come uomo politico si rivolge alle masse. 8 (to bear witness) parlare, testimoniare: to ~ in s.o.'s defence parlare in difesa di qd. 9 (to extend a greeting) rivolgere un saluto (to a), salutare (qd.): to ~ to s.o. on the street salutare qd. per strada. II v.t. 1 dire, pronunciare, esprimere: to ~ words of wisdom dire parole sagge. 2 (of a language) parlare, sapere, conoscere: to ~ six languages parlare sei lingue. 3 (to reveal) esprimere, dire, manifestare, rivelare: her eyes spoke her love i suoi occhi esprimevano il suo amore. 4 ⟨Mar⟩ (by voice) comunicare a voce con, parlare con il megafono a; (by signal) comunicare con segnali con. 5 ⟨rar⟩ (to demonstrate clearly) dimostrare chiaramente, provare. 6 ⟨rar⟩ (to converse with) conversare con. □ to ~ by the book parlare con cognizione di causa; to ~ like a book parlare come un libro stampato; to ~ down to parlare con (tono di) degnazione a; to ~ for: 1 parlare a nome di, essere il portavoce di; 2 (to speak in defence of) parlare a favore di; 3 (to reserve) riservare, prenotare, impegnare; to ~ for o.s.: 1 parlare per se stesso (o a nome proprio): I like it very much – ~ for yourself! mi piace molto – parla per te!; 2 (to be self-explanatory) essere significativo (o eloquente); his actions ~ for themselves le sue azioni parlano da sole; –ing for myself per parte mia; to ~ of: 1 parlare di: he spoke of his problems parlò dei suoi problemi; 2 (to be indicative of) denotare, indicare, rivelare: his tastes ~ of a substantial income i suoi gusti denotano un reddito cospicuo; 3 ⟨assol⟩ essere degno di nota, essere di qualche importanza; the country has no mineral resources to ~ of il paese non ha risorse minerali degne di nota; nothing to ~ of niente degno d'essere menzionato, nulla d'importante (o di speciale); to ~ out: 1 parlare chiaro (e tondo), dire ciò che si pensa; 2 (to declare openly) dichiarare apertamente, dire francamente; 3 (to speak loud enough to be heard) parlare ad alta voce; to ~ out against s.th. parlare a sfavore di qc., dichiararsi contrario a qc.; to ~ out for s.th. pronunciarsi a favore di qc., dichiararsi favorevole a qc.; to ~ sense parlare sensatamente; to ~ to attestare, testimoniare; to ~ up: 1 parlare forte (o ad alta voce): ~ up, I can't hear you parla forte, non ti sento; 2 (to speak frankly) parlare francamente (o chiaro).

speak easy ['spiːkiːzi] am. s. ⟨fam⟩ rivendita f clandestina di alcolici.

speaker ['spiːkə] s. 1 chi parla. 2 (orator) parlatore m (f –trice), oratore m (f –trice). 3 (spokesman) portavoce m. 4 ⟨TV,Rad⟩ annunciatore m (f –trice). 5 (loudspeaker) altoparlante m. **Speaker** s. ⟨Parl⟩ presidente m della Camera dei deputati, speaker m. □ ⟨GB⟩ ~ of the House (of Commons) presidente m della Camera dei comuni; ⟨US⟩ ~ of the House (of Representatives) presidente m della Camera dei rappresentanti. **speakership** [–ʃip] s. ⟨Parl⟩ presidenza f della Camera dei deputati.

speaking ['spiːkiŋ] I s. il parlare. II a. 1 che parla, parlante. 2 (nei composti) che parla ..., di lingua ...: English–~ che parla inglese. 3 (of a portrait, etc.) parlante, vivente. □ generally ~ generalmente parlando, in generale; roughly ~ pressappoco, all'incirca; strictly ~ a rigore (di termini), a dire il vero; not to be on ~ terms with s.o. non conoscere abbastanza qd. da rivolgergli la parola, conoscere qd. solo di vista.

speaking| trumpet s. megafono m, portavoce m. ~ **tube** s. portavoce m, tubo m portavoce.

spear¹ [spiə] I s. 1 lancia f, asta f. 2 (spearman) soldato m armato di lancia (o asta). 3 ⟨Pesc⟩ fiocina f, arp(i)one m. II v.t. 1 colpire (o trafiggere) con la lancia. 2 ⟨Pesc⟩ fiocinare, arpionare. III v.i. penetrare come una lancia.

spear² I s. ⟨Bot⟩ 1 germoglio m. 2 (sapling) alberello m, arboscello m. II v.i. germogliare.

spear| fishing s. pesca f con la fiocina. ~ **gun** s. ⟨Pesc⟩ fucile m subacqueo.

spearhead ['spiəhed] I s. 1 punta f della lancia. 2 ⟨Mil⟩ reparto m d'assalto. 3 ⟨fig⟩ capi mpl di un movimento. II v.t. 1 ⟨Mil⟩ condurre, essere alla testa di: to ~ an *attack* condurre un attacco. **2** ⟨*fig*⟩ capeggiare, essere alla testa di.

spear|man [mən] *s.irr.* soldato *m* armato di lancia (*o* asta). **~mint** *s.* **1** ⟨*Bot*⟩ menta *f* romana, menta verde. **2** (*chewing gum*) gomma *f* americana alla menta. **~ side** *s.* linea *f* (*o* ramo *m*) di discendenza maschile.

spec [spek] (*accorc. di speculation*) *s.* ⟨*fam*⟩ speculazione *f.* □ ⟨*fam*⟩ *on* ~ rischiando; *I bought the car on* ~ ho comprato l'automobile per fare un affare.

special ['speʃəl] **I** *a.* **1** speciale, eccezionale, straordinario. **2** (*peculiar, unique*) a sé, particolare, speciale, singolare: *this is a* ~ *case* questo è un caso a sé. **3** (*designed for a particular purpose, function, etc.*) adatto, apposito, fatto appositamente: *a* ~ *machine for the job* una macchina adatta per questo lavoro. **4** (*exceptional*) eccezionale, straordinario: *of* ~ *importance* di eccezionale importanza. **5** (*of a friend*) caro, intimo. **6** (*extra, supplementary*) straordinario, supplementare, extra: *a* ~ *bonus* un premio straordinario. **7** (*specific*) specifico. **II** *s.* **1** particolare *m: the general and the* ~ il generale e il particolare. **2** → **special constable**. **3** ⟨*Giorn*⟩ → **special edition**. **4** ⟨*am.TV*⟩ special *m.* □ *nothing* ~ niente di speciale.

special| case *s.* ⟨*Dir*⟩ caso *m* particolare (*o* speciale). **~ class** *s.* ⟨*Scol*⟩ classe *f* differenziale. **~ constable** *s.* tutore *m* volontario dell'ordine. **~ delivery** *s.* ⟨*Post*⟩ recapito *m* per espresso. **~-delivery letter** *s.* lettera *f* espresso, espresso *m.* **~ drawing rights** *s.pl.* ⟨*Econ*⟩ diritti *mpl* speciali di prelievo. **~ edition** *s.* ⟨*Giorn*⟩ edizione *f* straordinaria. **~ fund** *s.* ⟨*Econ*⟩ fondo *m* speciale.

specialism ['speʃəlizəm] *s.* specializzazione *f.* **specialist** [–list] **I** *s.* specialista *m/f* (*anche Med.*). **II** *a.* → **specialistic**.

specialist hospital *s.* ospedale *m* specializzato.

specialistic [ˌspeʃə'listik] *a.* specialistico.

specialist press *s.* ⟨*Giorn*⟩ stampa *f* specializzata.

speciality [ˌspeʃi'æliti] *s.* **1** specialità *f.* **2** (*of a restaurant, etc.*) specialità *f*, piatto *m* tipico, prodotto *m* caratteristico. **3** (*special character*) particolarità *f*, specialità *f*, singolarità *f.*

specialization [ˌspeʃəlai'zeiʃən] *s.* specializzazione *f.* **'specialize** [–laiz] **I** *v.i.* **1** essere specializzato, specializzarsi (*in* in): *he is* –*d in gynaecology* è specializzato in ginecologia. **2** (*to particularize*) specificare, particolareggiare. **3** ⟨*Biol*⟩ adattarsi. **II** *v.t.* **1** specializzare. **2** (*to adapt to a special use, function, etc.*) adattare (*o* restringere) a un determinato uso. **3** (*to specify, particularize*) specificare, indicare (*o* precisare) in dettagli, particolareggiare. **4** ⟨*Biol*⟩ adattarsi.

special| leave *s.* **1** ⟨*Mil*⟩ permesso *m* speciale. **2** ⟨*Dir*⟩ autorizzazione *f* del tribunale. **~ licence** *s.* ⟨*Dir*⟩ licenza *f* speciale.

specially ['speʃəli] *avv.* **1** specialmente, in special modo, soprattutto. **2** (*expressely, just*) appositamente, apposta, di proposito.

special| manager *s.* amministratore *m* straordinario. **~ steel** *s.* acciaio *m* speciale.

specialty ['speʃəlti] *s.* **1** specialità *f*, particolarità *f*, singolarità *f.* **2** (*speciality*) specialità *f.* **3** ⟨*Dir*⟩ contratto *m* solenne (*o* sigillato). **4** ⟨*Comm*⟩ articolo *m* speciale; (*novelty*) novità *f.*

specialty| food *s.* specialità *fpl* gastronomiche. **~ shop** *s.* negozio *m* specializzato.

special waste *s.* rifiuti *mpl* speciali.

specie ['spi:ʃi:] *s.* ⟨*Econ*⟩ moneta *f* metallica. □ *payment in* ~ pagamento in moneta.

species ['spi:ʃi:z] *s.inv.* **1** ⟨*Biol,Teol*⟩ specie *f.* **2** (*race of mankind*) specie *f* umana, genere *m* umano. **3** (*kind, sort*) specie *f*, tipo *m*, genere *m.* **4** ⟨*Filos,Mat*⟩ specie *f.* □ *protected* ~ specie *fpl* protette.

specifiable ['spesifaiəbl] *a.* specificabile.

specific [spi'sifik] **I** *a.* **1** specifico, particolare, determinato: *the* ~ *purpose* lo scopo specifico. **2** (*explicit, precise*) preciso, specifico, esplicito: *my orders were quite* ~ i miei ordini furono molto precisi. **3** (*peculiar*) caratteristico, peculiare, pronto, proprio (*to* di). **4** ⟨*Biol*⟩ specifico, della specie: ~ *differences* differenze specifiche.

5 ⟨*Med,Fis*⟩ specifico. **II** *s.* ⟨*Farm*⟩ specifico *m*, rimedio *m* specifico. **specifically** [–əli] *avv.* **1** specificamente. **2** (*particularly*) particolarmente, specificamente.

specification [ˌspesifi'keiʃən] *s.* **1** lo specificare, specificazione *f.* **2** (*detailed description*) specificazione *f* descrizione *f* dettagliata. **3** (*detailed list*) specifica *f*, lista dettagliata. **4** (*spesso al pl.*) ⟨*tecn,Mecc*⟩ dati *mp* caratteristici: *the* ~*s of a machine* i dati caratteristici d una macchina. **5** *pl.* (*of a proposed building, etc.*) capitolato *m* d'appalto. **6** ⟨*Dir*⟩ (*for a patent*) descrizione *f* dettagliata dell'invenzione; (*of a property*) specificazione *f.*

specific| character *s.* ⟨*Biol*⟩ carattere *m* specifico. **~ gravity** *s.* ⟨*Fis*⟩ peso *m* specifico.

specificity [ˌspesi'fisiti] *s.* **1** specificità *f*, precisione *f.* **2** ⟨*Biol,Med*⟩ specificità *f.*

specify ['spesifai] *v.t.* **1** specificare, precisare, indicare esattamente (*o* nei particolari). **2** (*to state as a condition*) stabilire, decretare, fissare.

specimen ['spesimin] *s.* **1** esemplare *m*, modello *m* (*sample*) campione *m:* ~*s of the new fabrics* campioni delle nuove stoffe. **2** (*s.th. preserved for testing*) campione *m*, saggio *m*, specimen, *m: a* ~ *of handwriting* un campione di scrittura; (*in microscopy*) preparato *m: botanical* ~ preparati botanici. **3** ⟨*Edit*⟩ specimen *m.* **4** ⟨*Filat*⟩ esemplare *m.* **5** ⟨*tecn*⟩ (*test piece*) provino *m*, campione *m.* **6** ⟨*fam*⟩ (*particular kind, sort*) esemplare *m: an ugly* ~ *of a bulldog* un brutto esemplare di bulldog; (*person*) tipo *m*, individuo *m: he's a queer* ~ è un tipo strano; (*odd person*) tipo *m* strano.

specimen| copy *s.* ⟨*Tip*⟩ copia *f* di saggio. **~ page** *s.* pagina *f* di prova.

speciosity [ˌspi:ʃi'ɔsiti] *s.* speciosità *f.*

specious ['spi:ʃəs] *a.* specioso: *a* ~ *argument* un argomento specioso. **speciously** [–li] *avv.* speciosamente **speciousness** [–nis] *s.* speciosità *f.*

speck [spek] **I** *s.* **1** macchiolina *f*, puntino *m*, piccolo segno *m*, ticchio *m.* **2** (*tiny particle*) granello *m*, particella *f: a* ~ *of dust in one's eye* un granello di polver nell'occhio. **3** ⟨*fig*⟩ briciolo *m*, filo *m: a* ~ *of interest* u briciolo d'interesse. **4** (*s.th. appearing tiny because of distance*) puntino *m*, punto *m.* **5** ⟨*Agr*⟩ ticchiolatura *f* (*specked fruit*) frutto *m* ticchiolato. **II** *v.t.* macchiettare picchiettare. **specked** [–t] *a.* **1** macchiettato, picchiettato **2** ⟨*Agr*⟩ ticchiolato.

speckle ['spekl] **I** *s.* **1** macchiolina *f*, puntino *m*, piccolo segno *m*, ticchio *m.* **2** (*small patch of colour or light*) macchia *f*, chiazza *f.* **II** *v.t.* **1** macchiettare, picchiettare **2** ⟨*fig*⟩ punteggiare: *little lakes* –*d the land* laghet punteggiavano il terreno.

speckless ['speklis] *a.* senza macchie (*anche fig.*).

specs [speks] *s.pl.* ⟨*fam*⟩ (*spectacles*) occhiali *mpl.*

spectacle ['spektəkl] *s.* **1** spettacolo *m.* **2** (*object o curiosity*) oggetto *m* di curiosità. **3** *pl.* (*glasses*) occhia *mpl.* **4** ⟨*Cin*⟩ film *m* spettacolare. **5** ⟨*Teat,TV*⟩ rappresentazione *f* spettacolare. □ *to make a* ~ *of o.* dare spettacolo.

spectacle case *s.* astuccio *m* (*o* fodero *m*) per occhiali.

spectacled ['spektəkld] *a.* **1** che porta gli occhiali occhialuto. **2** ⟨*Zool*⟩ dagli occhiali.

spectacular [spek'tækjulə] **I** *a.* **1** spettacolare, grandioso vistoso. **2** (*amazing*) straordinario, fantastico spettacoloso; (*daring*) spettacolare: *a* ~ *dive* un tuff spettacolare. **II** *s.* **1** cosa *f* spettacolare. **2** ⟨*Cin*⟩ film *r* spettacolare. **3** ⟨*Teat,TV*⟩ rappresentazione *f* spettacolar **spectacularly** [–li] *avv.* in modo spettacolare.

spectator [spek'teitə] *s.* spettatore *m.*

specter *am. s.* → **spectre**.

spectral ['spektrəl] *a.* **1** spettrale, di spettro. **2** ⟨*Fis*⟩ spettrale, dello spettro: ~ *colours* colori dello spettro *f.* **spectre** [–ktə] *s.* **1** spettro *m*, fantasma *m*, ombra *f.* ⟨*fig*⟩ spettro *m: the* ~ *of unemployment* lo spettro del disoccupazione.

spectrogram ['spektro(u)græm] *s.* ⟨*Fis*⟩ spettrogramma *m* **spectrograph** [–grɑ:f] *s.* spettrografo *m.* **spec trography** [–'trɔgrəfi] *s.* spettrografia *f.*

spectroscope ['spektrəskoup] *s.* ⟨*Fis*⟩ spettroscopio *n*

spectroscopic [-'skɔpik], **spectroscopical** [-'skɔpikəl] *a.* spettroscopico. **spectroscopist** [-'trɔskəpist] *s.* esperto *m* (*f* –a) di spettroscopia. **spectroscopy** [-'trɔskəpi] *s.* spettroscopia *f.*

spectrum ['spektrəm] *s.* (*pl.* -**tra** [trə]/-**s** [z]) **1** ⟨*Fis*⟩ spettro *m.* **2** ⟨*fig*⟩ gamma *f,* serie *f.* **3** ⟨*Rad*⟩ gamma *f* completa di frequenze.

spectrum| analysis *s.* ⟨*Fis,Chim*⟩ analisi *f* spettrale. ~ **colours** *s.pl.* colori *mpl* dello spettro.

specular ['spekjulə] *a.* speculare.

speculate ['spekjuleit] *v.i.* **1** fare congetture (*o* ipotesi), congetturare (*about, on, upon* su): *to* ~ *on the outcome of s.th.* fare congetture sull'esito di qc.; (*to meditate*) speculare, meditare. **2** ⟨*Econ*⟩ speculare, fare speculazioni: *to* ~ *in stocks* speculare in titoli. **speculation** [-'leiʃən] *s.* **1** congettura *f,* ipotesi *f,* supposizione *f.* **2** ⟨*Econ,Filos*⟩ speculazione *f.* **3** (*meditation*) speculazione *f,* meditazione *f.* □ ⟨*Econ*⟩ *to buy s.th. as a* ~ comprare qc. per speculazione; *on* ~ a titolo di speculazione, per speculare. **speculative** [-lətiv] *a.* **1** ipotetico, congetturale, presumibile; (*theoretical*) speculativo, teorico. **2** (*given to speculation*) speculativo, meditativo. **3** ⟨*Econ*⟩ speculativo, speculatorio; (*involving financial risk*) rischioso. **4** ⟨*Filos*⟩ speculativo. **speculatively** [-lətivli] *avv.* speculativamente. **speculativeness** [-lətivnis] *s.* l'essere speculativo.

speculator ['spekjuleitə] *s.* speculatore *m* (*f* –trice).

speculum ['spekjuləm] *s.* (*pl.* -**la** [lə]/-**s** [z]) **1** ⟨*Ott*⟩ specchio *m.* **2** ⟨*Med*⟩ specolo *m.* **3** ⟨*Ornit*⟩ specchio *m* dell'ala.

sped [sped] → **speed²**.

speech [spiːtʃ] *s.* **1** parola *f,* favella *f: to lose one's* ~ perdere la parola. **2** (*discourse*) discorso *m,* orazione *f: to make a* ~ tenere (*o* fare) un discorso. **3** (*manner of speaking*) modo *m* di parlare, parlata *f,* parlare *m: his* ~ *is rather indistinct* il suo modo di parlare è poco chiaro. **4** (*form of speaking, language*) linguaggio *m,* idioma *m,* parlata *f;* (*dialect*) dialetto *m.* □ ⟨*Parl*⟩ *closing* ~ discorso *m* di chiusura; *to* **deliver** *a* ~ tenere (*o* fare) un discorso; **figure** *of* ~ figura retorica; *to be* **quick** *of* ~ avere la parola facile, essere eloquente; *to be* **slow** *of* ~ essere lento nel parlare; ⟨*Parl*⟩ **opening** ~ discorso *m* inaugurale (*o* di apertura).

speech| command *s.* ⟨*Inform*⟩ comando *m* a voce. ~ **day** *s.* ⟨*Scol*⟩ giorno *m* della premiazione. ~ **defect,** ~ **disorder** *s.* ⟨*Med*⟩ difetto *m* di pronuncia. ~ **form** *s.* ⟨*Ling*⟩ forma *f* linguistica.

speechification [ˌspiːtʃifi'keiʃən] *s.* ⟨*fam,spreg*⟩ sproloquio *m,* concione *f.* **'speechifier** [-faiə] *s.* oratore *m* da strapazzo. **'speechify** [-fai] *v.i.* sproloquiare, concionare.

speechless ['spiːtʃlis] *a.* **1** senza parola, ammutolito, muto: *to be struck* (*o left*) ~ rimanere senza parola. **2** ⟨*fam*⟩ (*amazed*) di sasso, attonito, senza parola. **3** (*inexpressible*) inesprimibile, ineffabile, indicibile. **speechlessly** [-li] *avv.* mutamente, silenziosamente, senza parlare. **speechlessness** [-nis] *s.* **1** il restare senza parola. **2** (*quality of being silent*) mutismo *m.*

speech|maker *s.* oratore *m* (*f* –trice). ~**-making** *s.* il tenere discorsi. ~**-reading** *s.* il capire dal movimento delle labbra. ~ **therapist** *s.* ⟨*Med*⟩ logopedista *m/f.* ~ **therapy** *s.* logopedia *f.* ~**-therapy** *s.* ⟨*Med*⟩ cura *f* dei disturbi del linguaggio. ~**-training** *s.* esercizio *m* di dizione.

speed¹ [spiːd] **I** *s.* **1** velocità *f,* rapidità *f,* celerità *f,* sveltezza *f;* (*rate of moving*) velocità *f: a* ~ *of seventy miles per hour* una velocità di settanta miglia all'ora. **2** ⟨*Aut,Mecc*⟩ marcia *f,* velocità *f: a four-*~ *car* un'automobile a quattro marce. **3** ⟨*rar*⟩ (*fortune*) fortuna *f;* (*success*) successo *m.* **II** *a.* della (*o* relativo alla) velocità. □ *with* **all** (*possible*) ~: 1 a tutta velocità, con tutta la rapidità possibile, in tutta fretta; 2 (*as soon as possible*) al più presto, il più presto possibile; *at* **full** ~ a tutta velocità, in gran fretta, a (*o* di) gran carriera, di volata; ⟨*Mar*⟩ *full* ~ *ahead* avanti a tutta forza, avanti tutta; *to* **gather** ~ = *to* **pick** *up speed; to* **make** *all* ~ affrettarsi, correre, volare; *to* **pick** *up* ~ acquistare (*o* prendere) velocità; *at* **top** ~ = *at* **full** *speed.*

speed² *v.* (*pret., p.p.* **sped** [sped]/'**speeded** [-id]) **I** *v.i.* **1** affrettarsi, recarsi (*o* andare) rapidamente. **2** (*to drive at speed*) guidare velocemente; (*to exceed the speed limit*) eccedere (*o* oltrepassare) i limiti di velocità, andare a velocità eccessiva. **3** ⟨*rar*⟩ (*to fare, get on*) tirare avanti; (*to prosper*) riuscire, avere successo. **II** *v.t.* **1** (far) accelerare, affrettare. **2** ⟨*fig*⟩ (*to expedite*) facilitare, favorire, agevolare: *his help sped our efforts* il suo aiuto facilitò i nostri sforzi. **3** (*to expedite the going of*) far andare in fretta; (*of one's steps, way, etc.*) accelerare. **4** ⟨*Mot*⟩ (*to adjust to a definite speed*) regolare la velocità di. □ *to* ~ **along** = *to* **speed** on; *to* ~ **by** passare (*o* trascorrere) velocemente; *to* ~ **down** *the hill* scendere a rotta di collo dalla collina; *God* ~ *you!* Dio ti assista!; *to* ~ **off** partire a tutta velocità; *to* ~ **on:** 1 accelerare; 2 (*to proceed quickly*) procedere rapidamente; *to* ~ **past** passare velocemente (*o* a tutta velocità); *to* ~ **up** accelerare.

speed|ball *s.* ⟨*Sport*⟩ tipo di calcio (che ammette passaggi con le mani). ~**boat** *s.* ⟨*Mar*⟩ motoscafo *m* da corsa (*o* competizione). ~**-cop** *s.* ⟨*sl*⟩ agente *m* della polizia stradale. ~ **counter** *s.* ⟨*Mecc*⟩ contagiri *m.*

speeder ['spiːdə] *s.* **1** guidatore *m* (*f* –trice) veloce. **2** (*one who exceeds the speed limit*) chi eccede (*o* oltrepassa) i limiti di velocità. **3** ⟨*Mecc*⟩ regolatore *m* di velocità. **4** ⟨*Ferr*⟩ carrello *m* di servizio.

speedily ['spiːdili] *avv.* **1** velocemente, rapidamente. **2** (*promptly*) prontamente, con prontezza, senza indugio.

speed indicator *s.* ⟨*tecn*⟩ tachimetro *m.*

speediness ['spiːdinis] *s.* **1** velocità *f,* sveltezza *f,* celerità *f,* rapidità *f.* **2** (*promptness*) prontezza *f,* sollecitudine *f.* **speeding** [-diŋ] *s.* eccesso di velocità.

speeding ticket *am. s.* multa *f* per eccesso di velocità.

speed| limit *s.* ⟨*Strad*⟩ limite *m* di velocità. □ *to exceed the* ~ superare il limite di velocità; *exceeding the* ~ eccesso *m* di velocità. ~**-merchant** *s.* ⟨*sl*⟩ automobilista *m/f* amante della velocità.

speedometer [spiːˈdɔmitə] *s.* ⟨*Aut*⟩ **1** contachilometri *m.* **2** (*tachometer*) tachimetro *m.*

speed recorder *s.* registratore *m* di velocità.

speedster ['spiːdstə] *s.* ⟨*fam*⟩ **1** (*person*) chi guida a velocità eccessiva. **2** (*vehicle*) veicolo *m* velocissimo.

speed|-up *s.* **1** accelerazione *f.* **2** (*of production rate*) aumento *m* ⌐del ritmo di produzione¬ (*o* della produttività). ~**way** *s.* **1** ⟨*Sport*⟩ pista *f,* circuito *m* di gara. **2** (*am*) autostrada *f.* ~**way racing** *s.* ⟨*Sport*⟩ corse *fpl* motociclistiche su pista.

speedwell ['spiːdwel] *s.* ⟨*Bot*⟩ veronica *f.*

speedy ['spiːdi] *a.* **1** veloce, rapido, celere, svelto: *a* ~ *car* una macchina veloce; *a* ~ *recovery* una rapida guarigione. **2** (*quick, prompt*) pronto, rapido, sollecito: ~ *delivery* pronta consegna.

spel(a)ean [spiːˈliːən] *a.* delle caverne, speleo.

spel(a)eological [ˌspiːliːəˈlɔdʒikəl] *a.* speleologico. **spel(a)eologist** [-liˈɔlədʒist] *s.* speleologo *m* (*f* –a). **spel(a)eology** [-liˈɔlədʒi] *s.* speleologia *f.*

spell¹ [spel] *s.* **1** formula *f* magica, parole *fpl* magiche. **2** (*state of enchantment*) incantesimo *m,* incanto *m,* magia *f,* malia *f.* **3** ⟨*fig*⟩ fascino *m,* malia *f,* incanto *m: to fall under s.o.'s* ~ subire il fascino di qd. □ *to* **break** *the* ~ rompere l'incantesimo (*o* l'incanto) (*anche fig.*); *to* **cast** *a* ~ fare un incantesimo (*o* un sortilegio); *to* **put** (*o* **lay**) *s.o. under a* ~ stregare qd.

spell² *v.* (*pret., p.p.* **spelt** [-t]/**spelled** [-d]) **I** *v.t.* **1** scrivere (lettera per lettera), compitare: *how do you* ~ *your name?* come si scrive il tuo nome? **2** (*of letters, etc.: to make up, form*) formare, comporre. **3** (*to read with difficulty; spesso con* out, over) compitare, leggere con difficoltà. **4** ⟨*fig*⟩ rappresentare, significare, voler dire. **II** *v.i.* scrivere correttamente, conoscere l'ortografia. □ *to* ~ **out:** 1 (*to read letter by letter*) compitare; 2 ⟨*fam*⟩ (*to explain explicitly*) dire esplicitamente (*o* a chiare lettere). || *that would* ~ *disaster!* sarebbe la fine!

spell³ **I** *s.* **1** (*period of time*) periodo *m* di tempo, intervallo *m;* (*of occupation, activity*) periodo *m* (di lavoro, attività): *he did a* ~ *as a farmhand* lavorò per un periodo come bracciante; (*of weather*) periodo *m* di tempo (atmosferico): *a fine* ~ un periodo di bel tempo. **2** (*period of work,* *turn*) turno *m.* **II** *v.t.* 〈*am*〉 (*to relieve*) sostituire, dare il cambio a, prendere il posto di: *I'll ~ you* ti darò il cambio. □ *I'm going outside for a ~* vado fuori per un po'; *a long hot ~* un'ondata di caldo.

spell|binder *s.* oratore *m* (*f* –trice) che affascina l'uditorio. **~bound** *a.* affascinato, incantato, stregato, ammaliato: *the audience was ~* l'uditorio era affascinato. □ *to hold s.o. ~* affascinare qd.

speller ['spelə] *s.* **1** chi compita. **2** → **spelling book**. □ *a good ~* chi conosce bene l'ortografia, chi sa scrivere correttamente; *a poor ~* chi fa molti errori di ortografia.

spelling [–liŋ] *s.* **1** scomposizione *f* in lettere, compitazione *f.* **2** (*manner in which words are spelled*) modo *m* di scrivere, ortografia *f.* **3** (*ability to spell*) conoscenza *f* dell'ortografia.

spelling| bee *s.* gara *f* di ⸢abilità ortografica⸣ (*o* ortografia). **~ book** *s.* sillabario *m,* abbecedario *m.*

spelt[1] [spelt] → **spell**[2].

spelt[2] *s.* 〈*Bot*〉 farro *m,* spelta *f.*

spencer[1] ['spensə] *s.* 〈*Stor*〉 spencer *m.*

spencer[2] *s.* 〈*Mar*〉 randa *f.*

Spencerian [spen'siəriən] **I** *a.* 〈*Filos*〉 di (*o* relativo a) H. Spencer. **II** *s.* seguace *m/f* di H. Spencer. **Spencerianism** [–izəm] *s.* 〈*Filos*〉 sistema *m* filosofico di H. Spencer.

spend [spend] *v.* (*pret., p.p.* **spent** [spent]) **I** *v.t.* **1** spendere: *to ~ money* spendere soldi; *how much did you ~?* quanto hai speso? **2** (*of time*) passare, trascorrere, impiegare: *where did you ~ your holidays?* dove hai trascorso le vacanze? **3** (*to use up, exhaust*) esaurire, finire, consumare. **4** 〈*rifl*〉 esaurire le proprie energie (*o* forze), dare fondo alle proprie energie, esaurirsi. **5** (*to use, employ*) impiegare, usare, adoperare, utilizzare. **6** 〈*Mar*〉 perdere: *to ~ a mast* perdere un albero. **II** *v.i.* **1** spendere, fare spese: *she never stops –ing* non la smette mai di spendere. **2** (*to become expended*) essere speso. □ *to ~ freely* spendere e spandere, essere prodigo; 〈*eufem*〉 *to ~ a penny* fare pipì; *to ~ time on s.th.* dedicare tempo a qc.

spendable ['spendəbl] *a.* spendibile, che può essere speso.

spender [–də] *s.* **1** chi spende. **2** (*spendthrift*) spendaccione *m* (*f* –a), scialacquatore *m* (*f* –trice).

spending| money ['spendiŋ] *s.* denaro *m* per le piccole spese. **~ plan** *s.* 〈*Econ*〉 piano *m* di spesa.

spendthrift ['spendθrift] **I** *s.* scialacquatore *m* (*f* –trice), spendaccione *m* (*f* –a). **II** *a.* che spende e spande, scialacquatore.

Spenserian [spen'siəriən] **I** *a.* 〈*Lett*〉 spenseriano. **II** *s.* **1** imitatore *m* (*f* –trice) di E. Spenser.

spent[1] [spent] → **spend**.

spent[2] *a.* **1** esaurito, consumato. **2** (*exhausted*) esausto, sfinito, stremato. **3** (*of shells, cartridges*) esploso. **4** 〈*Zool*〉 svuotato, vuotato.

sperm[1] [spə:m] *s.* 〈*Biol*〉 **1** spermatozoo *m,* spermio *m,* zoospermio *m.* **2** → **spermatic fluid.**

sperm[2] *s.* **1** 〈*Zool*〉 → **sperm whale. 2** 〈*Biol*〉 → **spermaceti.**

spermaceti [ˌspə:mə'seti] *s.* 〈*Biol*〉 spermaceti *m,* cetina *f.*

spermary ['spə:məri] *s.* **1** 〈*Biol*〉 organo *m* produttore di sperma. **2** 〈*Anat*〉 testicolo *m,* ghiandola *f* seminale.

spermatic [spə:'mætik] *a.* 〈*Biol*〉 spermatico.

spermatic fluid *s.* 〈*Biol*〉 (*semen*) sperma *m,* seme *m.*

spermatocidal [ˌspə:mətou'saidəl] *a.* → **spermicidal. spermatocide** [–said] *s.* → **spermicide.**

spermatozoon [ˌspə:mətə'zouən] *s.* (*pl.* -zoa ['zouə]) 〈*Biol*〉 spermatozoo *m.*

sperm| bank *s.* 〈*Med*〉 banca *f* dello sperma. **~ cell** *s.* 〈*Biol*〉 cellula *f* spermatica.

spermicidal [ˌspə:mi'saidəl] *a.* 〈*Farm*〉 spermicida. **spermicide** [–said] *s.* spermicida *m.*

sperm| killing *a.* → **spermicidal. ~ oil** *s.* 〈*Chim*〉 olio *m* di spermaceti. **~ whale** *s.* 〈*Zool*〉 capodoglio *m,* capidoglio *m.*

spew [spju:] **I** *v.i.* **1** vomitare. **2** 〈*fig*〉 (*to gush, flood*) sgorgare, scaturire, zampillare. **II** *v.t.* **1** vomitare, rigurgitare. **2** 〈*fig*〉 (*spesso con out, forth*) vomitare, eruttare: *the volcano –ed lava* il vulcano eruttava lava. **III**

s. vomito *m.*

sp.gr. = 〈*Fis*〉 *specific gravity* peso specifico.

sphacelate ['sfæsileit] **I** *v.i.* 〈*Med*〉 andare in cancrena, incancrenire, cancrenare. **II** *v.t.* far incancrenire. **ˌsphacelation** [–'leiʃən] *s.* l'andare in cancrena. **sphacelism** [–lizəm] *s.* processo *m* cancrenoso.

sphagnum ['sfægnəm] *s.* 〈*Bot*〉 sfagno *m.*

sphenoid ['sfi:nɔid] **I** *a.* **1** cuneiforme. **2** 〈*Anat*〉 sfenoidale. **II** *s.* 〈*Anat*〉 → **sphenoid bone. sphe'noidal** [–əl] *a.* → **sphenoid.**

sphenoid bone *s.* 〈*Anat*〉 sfenoide *m.*

sphere [sfiə] *s.* **1** 〈*Geom*〉 sfera *f.* **2** (*globular body*) sfera *f,* globo *m,* palla *f.* **3** 〈*Astr*〉 astro *m,* corpo *m* celeste; (*celestial sphere*) sfera *f* celeste. **4** 〈*Stor,Astr*〉 sfera *f* celeste (*o* armillare). **5** 〈*fig*〉 campo *m,* settore *m,* sfera *f,* ambito *m.* □ 〈*fig*〉 *to extend one's ~ of activity* allargare la propria sfera di attività.

spheric ['sferik] *a.* 〈*non com*〉 → **spherical. spherical** [–əl] *a.* sferico. **spherically** [–əli] *avv.* sfericamente.

sphericity [sfe'risiti] *s.* sfericità *f,* rotondità *f,* globosità *f.*

spheroid ['sfiərɔid] **I** *s.* 〈*Geom,Astr*〉 sferoide *m.* **II** *a.* → **spheroidal. sphe'roidal** [–əl] *a.* sferoidale.

spherometer [sfiə'rɔmitə] *s.* 〈*tecn*〉 sferometro *m.*

spherular ['sferjulə] *a.* che ha la forma di⸣ (*o* simile a) una piccola sfera. **spherule** [–ju:l] *s.* piccola sfera *f.*

sphincter ['sfiŋktə] *s.* 〈*Anat*〉 sfintere *m.*

sphinx [sfiŋks] *s.* (*pl.* 'sphinxes [–iz]/**sphinges** ['sfindʒi:z]) sfinge *f* (*anche fig.*).

sphinx-like ['sfiŋkslaik] *a.* sfingeo, enigmatico, misterioso.

sphragistic [sfrə'dʒistik] *a.* sfragistico. **sphragistics** [–s] *s.pl.* (*costr. sing.*) sfragistica *f,* sigillografia *f.*

sphygmograph ['sfigmo(u)grɑ:f] *s.* sfigmografo *m.*

sphygmomanometer [ˌsfigmo(u)mə'nɔmitə] *s.* 〈*Med*〉 sfigmomanometro *m.*

sphygmus ['sfigməs] *s.* 〈*Fisiol*〉 pulsazione *f,* polso *m.*

spica ['spaikə] *s.* (*pl.* **-cae** [si:]/**-s** [z]) **1** 〈*Med*〉 fasciatura *f* a spica. **2** 〈*Bot*〉 spiga *f.* **spicate** [–keit] *a.* 〈*Bot*〉 spigato.

spice [spais] **I** *s.* **1** spezie *fpl,* droghe *fpl,* aromi *mpl* (da cucina) (*anche collett.*): *a dealer in ~* un commerciante in spezie. **2** 〈*fig*〉 sapore *m,* gusto *m,* interesse *m: variety is the ~ of life* la varietà dà sapore alla vita. **3** (*small amount*) pizzico *m,* punta *f,* tocco *m: a ~ of malice* un pizzico di malizia. **II** *v.t.* **1** aromatizzare, drogare, insaporire con spezie. **2** 〈*fig*〉 rendere gustoso (*o* interessante), dare sapore a: *to ~ a story with anecdotes* rendere gustoso un racconto con degli aneddoti.

spice rack *s.* portaspezie *m.*

spicery ['spaisəri] *s.* **1** 〈*collett*〉 spezie *fpl,* droghe *fpl.* **2** (*spicy flavour*) sapore *m* piccante; (*spicy fragrance*) aroma *m* di spezie. **3** 〈*rar*〉 (*storage, place for spices*) deposito *m* per spezie.

spicily ['spaisili] *avv.* in modo piccante (*anche fig.*). **spiciness** [–sinis] *s.* **1** gusto *m* (*o* sapore) piccante. **2** 〈*fig*〉 l'essere piccante.

spick-and-span ['spikən'spæn] *a.* **1** pulito come uno specchio, pulitissimo, lindo, netto. **2** (*smart, spruce*) attillato, elegante.

spicular ['spikjulə], **spiculate** [–lit] *a.* **1** 〈*Zool*〉 che ha spicole. **2** 〈*Bot*〉 che ha spighe secondarie. **3** (*having the form of a spicule*) aguzzo, appuntito. **spicule** [–kju:l] *s.* **1** 〈*Zool*〉 spicola *f.* **2** 〈*Bot*〉 spiga *f* secondaria, spighetta *f.* **3** (*needlelike body*) punta *f,* ago *m.*

spicy ['spaisi] *a.* **1** piccante, drogato, aromatizzato, pepato: *~ food* cibi piccanti. **2** (*fragrant, aromatic*) aromatico, fragrante. **3** 〈*fig*〉 piccante, salace, spinto: *~ gossip* pettegolezzi piccanti.

spider ['spaidə] *s.* **1** 〈*Zool*〉 ragno *m.* **2** 〈*Mecc*〉 crociera *f.* **3** 〈*Met*〉 armatura *f,* lanterna *f.* **4** 〈*am*〉 (*frying pan*) padella *f* per cucinare sulla brace (originariamente con piedini).

spider| line *s.* 〈*Ott*〉 filo *m* di ragno. **~ man** [mən] *s.irr.* ponteggiatore *m.* **~ monkey** *s.* 〈*Zool*〉 atele *m,* scimmia *f* ragno.

spider's web *s.* ragnatela *f.*

spider wasp *s.* 〈*Entom*〉 pompilide *m.*

dery ['spaidəri] a. 1 simile a un ragno. 2 (of ndwriting) molto sottile.

ed [spaid] → spy.

egel(eisen) (iron) ['spi:gəl(aizən)] s. ⟨Met⟩ ghisa f eculare.

el [spi:l] ⟨sl⟩ I s. 1 (speech, story) discorso m, raccon- m. 2 (glib sales talk) imbonimento m. II v.i. chiacchie- re, cianciare. III v.t. dire, raccontare. 'spieler [-ə] s. chiacchierone m (f –a). 2 ⟨sl⟩ (card sharper) baro m; vindler) imbroglione m (f –a), truffatore m (f –trice). ⟨sl⟩ (gambling den) covo m di giocatori d'azzar- . 4 ⟨am.sl⟩ (barker) imbonitore m.

'fing ['spifiŋ] a. ⟨fam⟩ splendido, stupendo, mera- lioso, magnifico.

'(f)licate ['spliflikeit] v.t. ⟨scherz,sl⟩ 1 (to beat) battere, pire, picchiare. 2 (to crush) annientare, schiacciare. if(f)lication [-'keiʃən] s. bastonatura f, botte fpl.

got ['spigət] s. 1 zipolo m, zaffo m, tappo m. 2 n.dial) rubinetto m. 3 ⟨tecn⟩ (of a pipe) raccordo m.

ke¹ [spaik] I s. 1 arpione m (per fissare) (anche Ferr.). (on top of a wall) lancia f, punta f; (for filing papers) ntone m. 3 ⟨Calz,Sport⟩ chiodo m. 4 pl. ⟨Calz,Sport⟩ rpe fpl chiodate: to run in –s correre con le scarpe odate. 5 ⟨tecn⟩ (of a graph, etc.) punta f. II v.t. nire di punte. 2 ⟨Calz⟩ munire di chiodi, chiodare. 3 fasten with a spike) inchiodare, fissare con chiodi. 4 pierce) infilzare, infilare. 5 ⟨fig⟩ porre fine a, mettere tacere, far cessare: to ~ a rumour mettere a tacere un tegolezzo; (to make ineffective) vanificare, mandare a oto, frustrare. 6 ⟨fam⟩ (of a drink) correggere: to ~ 's tea with rum correggere il tè con rum. 7 ⟨Sport⟩ (to ure with one's spikes) ferire con le scarpe chiodate. 8 rtigl,Mil.ant⟩ inchiodare. □ ⟨fig⟩ to ~ s.o.'s guns ndare all'aria i piani di qd.

ke² s. ⟨Bot⟩ spiga f.

ke| heel s. ⟨Calz⟩ tacco m a spillo. ~ lavender s. ot) nardo m, spigo m.

kelet ['spaiklit] s. ⟨Bot⟩ spighetta f.

ky ['spaiki] a. 1 appuntito, acuminato, aguzzo. 2 (having kes) munito di punte. 3 ⟨Rel,fig⟩ intransigente, rigido. ⟨fam⟩ (touchy) permaloso, ombroso.

e [spail] I s. 1 zaffo m, zipolo m, tappo m. 2 (stake) o m, paletto m. 3 ⟨Edil⟩ palafitta f, palo m. II v.t. 1 are, tappare, zaffare. 2 (to furnish with a spile) munire zipolo. 3 (to draw off through a spile) spillare. 'spiling ŋ] s. ⟨collett⟩ (piles) palafitte fpl, pali mpl.

l¹ [spil] v. (pret., p.p. spilled [-d]/spilt [-t]) I v.t. 1 sare, rovesciare, spargere, spandere: to ~ tea on the lecloth versare il tè sulla tovaglia. 2 (of blood) versare, rgere. 3 ⟨fam⟩ (to cause to fall, throw) far cadere, tare a terra, rovesciare: the horse –ed him il cavallo lo tò a terra. 4 ⟨Mar⟩ (of a sail) sventare. II v.i. 1 esciarsi, versarsi. 2 ⟨fig⟩ (spesso con over: to spread, rflow) riversarsi, spargersi (in massa). □ ⟨fam⟩ to ~ beans rivelare un segreto, spiattellare tutto.

l² s. ⟨fam⟩ (fall) caduta f, capitombolo m.

l³ s. 1 (for lighting candles, etc.) ¹striscia f di carta¹ (o netto m) per accendere ¹una candela¹ (o la pipa). 2 le) zipolo m, zaffo m.

er ['spilə] s. ⟨Pesc⟩ 1 lenza f a più ami. 2 (net) rete f uta immersa nell'acqua per mantenere vivi i pesci.

ikin ['spilikin] s. 1 bastoncino m dello sciangai. 2 pl. me; costr. sing.) sciangai m.

–over [,spil'ouvə] s. eccesso m (di popolazione) lway ['spilwei] s. ⟨Idr⟩ sfioratore m.

t [spilt] → spill¹.

¹ [spin] v. (pret. spun [spʌn]/span [spæn], p.p. spun) I 1 filare: to ~ wool filare la lana; (of fibres) ridurre in . 2 ⟨Zool⟩ filare, tessere: the spider was –ning its web agno filava la sua tela. 3 ⟨fig⟩ (spesso con out: to draw , prolong) tirare ¹per le lunghe¹ (o in lungo), protrarre, lungare: I spun out the interview ho tirato per le lunghe tervista. 4 ⟨fig⟩ (of stories, etc.) raccontare (tirando per lunghe); (of articles, etc.) produrre, comporre. 5 (to se to rotate; spesso con round, around) fare girare (o are), rotare: to ~ a top fare girare una trottola. 6 (of a) imprimere l'effetto a. 7 (of a record) sonare. 8

⟨Pesc⟩ pescare al lancio in. II v.i. 1 filare. 2 ⟨Zool⟩ filare, fare la tela. 3 (to revolve) girare, rotare: the earth –s round the sun la terra gira intorno al sole. 4 ⟨fam⟩ (of the head) girare. 5 (to turn on one's heel; spesso con round, around) piroettare, fare giravolte. 6 ⟨fam⟩ (to move swiftly on wheels, in a vehicle; spesso con along) andare a tutta birra, correre, filare. 7 ⟨Pesc⟩ pescare al lancio. □ to ~ a coin lanciare in aria una moneta (per fare testa o croce); to send s.o. –ning mandare qd. a gambe all'aria.

spin² s. 1 rotazione f, movimento m rotatorio; (whirl) piroetta f. 2 (of a ball, etc.) effetto m: to put ~ on a ball dare l'effetto a una palla. 3 ⟨fam⟩ (trip in a vehicle) giretto m, gita f: to go for a ~ fare un giretto. 4 ⟨Aer⟩ vite f, avvitamento m. 5 ⟨Pesc⟩ pesca f al lancio. □ everything depended on the ~ of a coin tutto dipendeva dal lancio di una moneta; ⟨fam⟩ flat ~ (panic) panico m: to be in a flat ~ essere in preda al panico; to go into a flat ~ ¹lasciarsi prendere¹ (o essere colto) dal panico; ⟨Aer⟩ to go into a ~ discendere in vite.

spinach ['spinidʒ, am. –nitʃ] s. 1 spinaci mpl. 2 ⟨Bot⟩ spinacio m.

spinal ['spainl] a. ⟨Anat⟩ spinale.

spinal| anaesthesia s. ⟨Med⟩ anestesia f spinale (o endorachidea). ~ column s. colonna f vertebrale, spina f dorsale. ~ cord s. midollo m spinale. ~ curvature s. ⟨Med⟩ deviazione f spinale. ~ nerve s. nervo m spinale.

spindle ['spindl] s. 1 ⟨Tess⟩ fuso m. 2 ⟨Mecc⟩ (axis, shaft) alberino m; (of a lathe) mandrino m, fuso m. 3 (of a turntable) alberino m. 4 ⟨Fis⟩ (hydrometer) idrometro m. 5 ⟨Tess⟩ (unit of length) unità di misura (pari a circa 14 iarde per il cotone e 15 iarde e mezzo per il lino).

spindle|-legged a. = spindle-shanked. ~-legs s.pl. = spindle shanks. ~-shanked a. dalle gambe lunghe e sottili. ~shanks s.pl. 1 gambe fpl lunghe e sottili. 2 (person; costr. sing.) spilungone m (f –a). ~ tree s. ⟨Bot⟩ berretta f da prete, fusaggine f.

spindly ['spindli] a. lungo ed esile: ~ legs gambe lunghe ed esili; (tall and thin) alto e magro.

spin–drier s. centrifuga f.

spindrift ['spindrift] s. ⟨Mar⟩ spruzzo m, spruzzaglia f.

spin-dry v.t. asciugare con la centrifuga, centrifugare.

spine [spain] s. 1 ⟨Anat⟩ spina f dorsale, colonna f vertebrale. 2 ⟨Biol⟩ spina f. 3 ⟨Zool⟩ aculeo m. 4 ⟨Legat⟩ costa f, dorso m.

spine-chilling a. agghiacciante, raccapricciante, che fa rabbrividire.

spinel [spi'nel, 'spinəl] s. ⟨Min⟩ spinello m.

spineless ['spainlis] a. 1 ⟨Zool⟩ ¹privo di¹ (o senza) colonna vertebrale. 2 ⟨Bot⟩ privo di spine. 3 ⟨fig⟩ smidollato, debole, senza (o privo di) spina dorsale. □ ⟨fig⟩ a ~ person uno smidollato, una pasta frolla. spinelessly [-li] avv. ⟨fig⟩ da smidollato, senza forza di carattere. spinelessness [-nis] s. ⟨fig⟩ debolezza f, mancanza f di carattere.

spinet [spi'net, am. 'spinit] s. ⟨Mus⟩ spinetta f.

spin fishing s. ⟨Pesc⟩ pesca f al lancio.

spininess ['spaininis] s. spinosità f.

spinnaker ['spinəkə] s. ⟨Mar⟩ fiocco m a pallone, spinnaker m.

spinnaker boom s. ⟨Mar⟩ boma f di fiocco a pallone, buttafuori m di spinnaker.

spinner ['spinə] s. 1 filatore m (f –trice). 2 ⟨Tess⟩ → spinning machine. 3 (one who tells yarns) chi racconta lunghe storie. 4 ⟨Pesc⟩ mosca f artificiale. 5 ⟨Sport⟩ (in cricket: bowled ball) palla f lanciata con effetto; (bowler) lanciatore m che dà l'effetto alla palla. 6 ⟨Zool⟩ (spinneret) filiera f.

spinneret ['spinəret] s. 1 ⟨Zool⟩ filiera f. 2 ⟨Tess⟩ → spinnerette, ,spinnerette [-'ret] s. ⟨Tess⟩ filiera f.

spinnery ['spinəri] s. filanda f.

spinney ['spini] s. boschetto m.

spinning ['spiniŋ] I s. 1 ⟨Tess⟩ filatura f. 2 (rotation) rotazione f, movimento m rotatorio. 3 ⟨Pesc⟩ pesca f al lancio. II a. 1 ⟨Tess⟩ usato per ¹la filatura¹ (o filare). 2 (rotating) rotante, che gira.

spinning| frame s. ⟨Tess⟩ filatoio m, filatrice f. ~ **jenny**

s. ⟨Tess⟩ giannetta f, filatoio m meccanico. ~ **machine** s. filatoio m, filatrice f. ~ **reel** s. ⟨Pesc⟩ mulinello m. ~ **rod** s. ⟨Pesc⟩ canna f da lancio. ~ **wheel** s. filarello m.

spinoff am. [spin'ɔf] **1** s. ⟨Ind⟩ prodotto m secondario, derivato m. **2** ⟨Comm⟩ idea f per nuovo prodotto.

spinose ['spainous] a. ⟨Bot⟩ spinoso. **spinosity** [-'nɔsiti] s. l'essere spinoso. **spinous** [-nəs] a. **1** ⟨Bot⟩ spinoso. **2** ⟨fig⟩ spinoso, difficile, irto di difficoltà. **3** ⟨Zool⟩ aculeato, appuntito.

Spinozism [spi'nouzizəm] s. ⟨Filos⟩ spinozismo m. **Spinozist** [-zist] s. spinozista m/f.

spinster ['spinstə] s. **1** (vecchia) zitella f; (old maid) signorina f anziana. **2** ⟨Dir⟩ nubile f. **spinsterhood** [-hud] s. stato m (o condizione f) di zitella.

spinule ['sp(a)inju:l] s. ⟨Biol⟩ piccola spina f.

spiny ['spaini] a. **1** (of a plant) spinoso. **2** (of an animal) coperto di spine (o aculei). **3** ⟨fig⟩ spinoso, difficile, irto di difficoltà.

spiracle ['spairəkl] s. **1** ⟨Zool⟩ (blow hole) sfiatatoio m. **2** ⟨Entom⟩ (tracheal aperture) stigma m. **spiracular** [-'rækjulə] a. **1** ⟨Zool⟩ di (o relativo a) sfiatatoio. **2** ⟨Entom⟩ di (o relativo a) stigma.

spiraea [spai'riə] s. ⟨Bot⟩ spirea f.

spiral[1] ['spaiərəl] **I** a. **1** (a) spirale, a spire; (helical) elicoidale. **2** (resembling a spiral) spiraliforme, spiroidale. **II** s. **1** ⟨Mat,Aer,Econ⟩ spirale f: wage price ~ spirale prezzi-salari. **2** (helix) elica f. **3** (single turn, coil) spira f, voluta f. □ ⟨Mecc⟩ ~ bevel gear ingranaggio conico spiroidale.

spiral[2] v. (pret., p.p. spiralled/am. spiraled [-d]) **I** v.i. muoversi a (o descrivendo una) spirale. **II** v.t. **1** dare forma di spirale a, avvolgere a spirale. **2** (to cause to take a spiral course) far muovere a spirale. □ the plane –led down l'aereo discese a spirale; ⟨Econ⟩ wages and prices –led upward salari e prezzi salivano a spirale.

spiral|-bound a. legato a spirale. ~ **galaxy** s. ⟨Astr⟩ galassia f spirale. ~ **gear(ing)** s. ⟨Mecc⟩ ruota f (o ingranaggio m) spiroidale.

spiral| nebula s. ⟨Astr⟩ nebulosa f spirale. ~ **notebook** s. quaderno a spirale. ~ **spring** s. ⟨tecn⟩ molla f a spirale.

spirant ['spaiərənt] s. ⟨Fon⟩ spirante f, costrittiva f.

spire[1] [spaiə] **I** s. **1** ⟨Arch⟩ guglia f, pinnacolo m. **2** (tapering point) apice m, cima f, vertice m. **3** ⟨Bot⟩ filo m (d'erba); (stalk) gambo m, stelo m. **II** v.i. **1** (spesso con up) svettare, innalzarsi a pinnacolo, ergersi a picco. **2** ⟨Bot⟩ spuntare, germogliare. **III** v.t. munire di guglie (o pinnacoli).

spire[2] s. spira f, spirale f.

spirit ['spirit] **I** s. **1** spirito m: in ~ if not in body in spirito se non materialmente. **2** (soul) anima f, spirito m; (ghost) spirito m, spettro m, fantasma m. **3** (supernatural being) spirito m, essere m immateriale: evil –s spiriti maligni; (sprite, elf) spirito m, folletto m, genio m. **4** (person as regards character) spirito m, anima f: a noble ~ uno spirito superiore; (temper) temperamento m, indole f, carattere m. **5** (attitude, frame of mind) spirito m, disposizione f, attitudine f: a ~ of optimism uno spirito di ottimismo; to do s.th. in the right ~ fare qc. nella disposizione adatta. **6** (vigorousness, energy) energia f, forza f, vigore m: he lacks ~ manca di energia; (courage) coraggio m, animo m: he hasn't the ~ of a mouse non ha il minimo coraggio. **7** pl. (mood, temper) umore m, stato m d'animo, condizioni fpl di spirito: to be in good –s essere di buon umore. **8** (prevailing tendency, atmosphere) spirito m: the ~ of the times lo spirito dei tempi. **9** (general intent, meaning) spirito m, essenza f, significato m sostanziale (o intimo): the ~, not the letter of the law (interpretare) una legge secondo lo spirito, non secondo la lettera. **10** pl. (strong alcoholic drinks) superalcolici mpl, acquaviti fpl. **11** ⟨Chim⟩ spirito m, alcool m. **Spirit** s. **1** ⟨God⟩ Dio m. **2** ⟨Holy Spirit⟩ Spirito m Santo. **II** a. **1** (of spiritual matters) spiritualista, spiritualistico. **2** (using alcohol as a fuel) a spirito, ad alcool. **III** v.t. **1** (general. con away, off) trafugare, sottrarre (o portar via) di nascosto: the evidence was –ed away le prove furono

trafugate; (to carry off mysteriously) far spa[misteriosamente. **2** (spesso con up: to infuse with ard[courage, etc.) incoraggiare, infondere coraggio a; (∎ energy) dare forza a, vivificare; (to stimulate) stimol∎ incitare. □ to enter into the ~ of s.th. entrare n∎ spirito di qc.; high –s buonumore m, allegria f, gaiezz∎ to be in –s essere ⌐di buonumore⌐ (o allegro); the poor i∎ i poveri di spirito; to keep one's –s up tenersi su∎ morale; low –s abbattimento m, depressione f, mo∎ basso; ⟨Occult⟩ to raise a ~ evocare uno spirito; ou∎ rose il nostro morale si sollevò; ⟨Chim⟩ ~ (o spirits∎ salt spirito m di sale, acido cloridrico; ⟨Bibl⟩ the ~ ∎ willing but the flesh is weak lo spirito è forte ma la c∎ è debole; to take s.th. in the wrong ~ prendere qc∎ mala parte. || that's the ~! così!, bravo!

spirit| blue s. ⟨Chim⟩ blu m di anilina. ~ **compas**∎ bussola f a spirito.

spirited ['spiritid] a. **1** vigoroso, energico, vivace, anim∎ a ~ defence una vigorosa difesa. **2** (of animals, a h∎ focoso, impetuoso. **3** (nei composti) generally transl∎ with the corresponding word: public–~ dotato di s∎ civico. **spiritedly** [-li] avv. vivacemente, animatame∎ energicamente. **spiritedness** [-nis] s. **1** vivacit∎ animazione f, energia f. **2** (nei composti) gene∎ translated with the corresponding word: mea∎ meschinità.

spirit-gum s. soluzione f di gomma arabica in etere.

spiritism ['spiritizəm] s. ⟨Occult⟩ spiritismo m. **spiri**∎ [-tist] s. spiritista m/f. **spiritistic** [-'tistik] a. spiri∎ spiritistico.

spirit-lamp s. lampada f a spirito.

spiritless ['spiritlis] a. **1** fiacco, debole, molle. **2** (∎ ing liveliness) depresso, abbattuto, avvilito. **spiritle**∎ [-li] avv. debolmente, fiaccamente, senza ene∎ **spiritlessness** [-nis] s. **1** debolezza f, fiacchezza∎ (want of animation) abbattimento m, depression∎ avvilimento m.

spirit-level s. ⟨tecn⟩ livella f a bolla d'aria.

spiritual ['spiritjuəl, -tʃuəl] **I** a. **1** spirituale: ~ guide∎ da spirituale. **2** (ecclesiastical) ecclesiastico: ~ c∎ tribunali ecclesiastici. **II** s. ⟨Mus⟩ spiritual m.

spiritual director s. ⟨Rel.catt⟩ direttore m spirituale∎

spiritualism ['spiritjuəlizəm, 'spiritʃu–] s. **1** ⟨Oc∎ spiritismo m. **2** ⟨Filos⟩ spiritualismo m. **spiritual**∎ [-list] s. **1** ⟨Occult⟩ spiritista m/f. **2** ⟨Filos⟩ spiritua∎ m/f. **spiritualistic** [-'listik] a. **1** spirituale. **2** ⟨Oc∎ spiritistico, spiritico. **spirituality** [-tju'æliti]∎ spiritualità f. **2** pl. ⟨Rel⟩ beni mpl ecclesias∎ **spiritualization** [-lai'zeiʃən] s. spiritualizzazion∎ **spiritualize** [-laiz] v.t. **1** spiritualizzare. **2** (to inte∎ spiritually) dare un significato spirituale a, idealiz∎ **spiritually** [-li] avv. spiritualmente.

spirituell(le) fr. [spiritju'el, -tʃu'el] a. delicato (f –a)∎

spirituosity [,spiritʃu'ɔsiti] s. l'essere alcolico. '**spirit**∎ [-tʃuəs] a. alcolico.

spiritus lat. ['spiritəs] s. ⟨Gramm⟩ spirito m.

spirochaete [,spaiəro(u)'ki:t] s. spirocheta f.

spirometer [spaiə'rɔmitə] s. ⟨Med⟩ spirometro m.

spirt s./v. → **spurt**.

spiry ['spaiəri] a. **1** simile a una guglia, sottile e appu∎ **2** (abounding in spires) ricco di guglie.

spit[1] [spit] v. (pret., p.p. spit/spat [spæt]) **I** v.i. **1** spu∎ espettorare. **2** (to sputter) scoppiettare, crepi∎ sfrigolare. **3** (of cats, etc.) soffiare (minaccioso)∎ contro). **4** (of rain) cadere a gocce rade; (to dr∎ piovigginare. **II** v.t. **1** (spesso con out) sputare: to ∎ a cherry stone sputare un nocciolo di ciliegia. **2** (to∎ as if by spitting: spesso con out) dire con disprez∎ malignità). **3** ⟨fig⟩ sputare, gettar fuori: his gun spat ∎ suo fucile sputò fuoco. □ ⟨fig⟩ to ~ at (o on) s.o. sp∎ (in faccia) a qd.; ⟨fam⟩ ~ it out! parla! sputa fuori!

spit[2] **I** s. **1** sputo m. **2** (act of spitting) lo sputare. **3** ∎ rain) spruzzata f. **4** ⟨Entom⟩ schiuma f. **2** ⟨fam⟩ ∎ the (dead) ~ and image of s.o. essere il ritratto (viv∎ di qd.; ⟨fig⟩ ~ and polish pulizia accuratissima e pe∎ ordine.

spit[3] **I** s. **1** (for cooking) spiedo m, schidione m. **2** ∎

projecting into the sea) lingua *f* di terra. **II** *v.t.* (*pret., p.p.* **'spitted** [–id]) **1** infilzare sullo spiedo, schidionare; (*to cook on a spit*) cuocere allo spiedo. **2** ⟨*fig*⟩ (*to impale*) infilzare, trafiggere.

spit⁴ *s.* (*spade's depth of earth*) profondità *f* raggiunta con una vangata; (*quantity of earth*) vangata *f.*

pitchcock ['spitʃkɔk] **I** *s.* ⟨*Gastr*⟩ anguilla *f* arrostita sulla graticola. **II** *v.t.* arrostire sulla graticola.

pite [spait] **I** *s.* **1** dispetto *m*, ripicco *m*, ripicca *f: to do s.th. from* (*o out of*) ~ fare qc. per dispetto. **2** (*grudge*) rancore *m*, risentimento *m*, astio *m*, ruggine *f*, malanimo *m: to have a* ~ *against s.o.* serbare rancore a qd. **II** *v.t.* **1** fare dispetto a. **2** (*to thwart, annoy*) indispettire, irritare, contrariare, seccare. □ *in* ~ *of* nonostante, malgrado.

piteful ['spaitful] *a.* **1** dispettoso. **2** (*malicious*) maligno, velenoso. **spitefully** [–i] *avv.* dispettosamente. **spitefulness** [–nis] *s.* l'essere dispettoso.

pitter ['spitə] *s.* chi sputa.

pitting image ['spitiŋ] *s.* ⟨*fam*⟩ ritratto *m: the baby is the* ~ *of his father* il bambino è il ritratto del padre.

pittle ['spitl] *s.* **1** sputo *m*, saliva *f.* **2** ⟨*Entom*⟩ schiuma *f.*

pittoon [spi'tu:n] *s.* sputacchiera *f.*

pitz (dog) [spits] *s.* ⟨*Zool*⟩ **1** cane *m* di razza nordica. **2** (*pomeranian*) cane *m* pomere, pomere *m.*

piv [spiv] *s.* ⟨*sl*⟩ (*petty criminal*) chi vive di espedienti, ⟨*pop*⟩ chi si arrangia.

planchnic ['splæŋknik] *a.* ⟨*Anat*⟩ splancnico, intestinale: ~ *nerve* nervo splancnico.

plash [splæʃ] **I** *v.t.* **1** spruzzare, schizzare: *to* ~ *one's face with water* spruzzarsi acqua sul viso; (*with mud*) inzaccherare, infangare; (*of liquids*) (far) schizzare, schizzare di: *you've –ed paint all over the floor* hai fatto schizzare la vernice su tutto il pavimento. **2** (*to mark with patches of colour*) chiazzare: *the canvas was –ed with colour* la tela era chiazzata di colore. **3** ⟨*fam*⟩ (*to announce, print prominently*) annunciare con titoli a caratteri cubitali, dare grande risalto a: *to* ~ *a piece of news* annunciare una notizia con titoli a caratteri cubitali. **4** (*of money; general.* con *about*) scialacquare, sperperare. **II** *v.i.* **1** (spesso con *about*) sguazzare, diguazzare: *the children were –ing in the pool* i bambini sguazzavano nella piscina. **2** (*to move with splashing*) procedere (*o* avanzare) sguazzando: *the troops –ed through the mud* le truppe avanzavano sguazzando nel fango. **3** (*of liquids*) schizzare. **4** ⟨*Astron*⟩ (general. con *down*) ammarare. **III** *s.* **1** schizzo *m*, spruzzo *m: –es of paint* schizzi di vernice; (*of mud*) zacchera *f*, schizzo *m* di fango. **2** (*sound*) tonfo *m.* **3** (*patch of colour, light*) macchia *f.* **4** (*short swim, dip*) tuffo *m*, nuotatina *f*, bagno *m.* **5** ⟨*fam*⟩ (*soda water*) spruzzo *m* di soda. **6** ⟨*fam*⟩ (*showy display*) sfoggio *m.* **7** ⟨*giorn*⟩ titolone *m*, titolo *m* a caratteri cubitali (*o* di scatola). □ *to give one's face a* ~ spruzzarsi il viso; ⟨*fam*⟩ *to make a* ~ fare colpo (*o* furore).

plash|-board *s.* **1** schermo *m* paraspruzzi. **2** ⟨*Aut*⟩ parafango *m.* **~-down** *s.* ⟨*Astron*⟩ ammaraggio *m.*

plasher ['splæʃə] *s.* **1** → **splash-board. 2** (*splash board*) schermo *m* paraspruzzi. **splashy** [–ʃi] *a.* **1** fangoso, limaccioso, pieno di fanghiglia (*o* fango). **2** (*making the sound of splashing*) che fa un tonfo. **3** (*of, covered with patches of colours*) a chiazze, chiazzato.

platter ['splætə] *s./v.* → **spatter.**

play [splei] **I** *v.t.* **1** (spesso con *out*) estendere, aprire, allargare, distendere. **2** ⟨*Arch,Edil*⟩ strombare. **3** ⟨*Med*⟩ (*to dislocate*) slogare, lussare. **4** ⟨*Veter*⟩ (*of a horse*) spallare. **II** *v.i.* **1** (spesso con *out*) aprirsi, allargarsi, estendersi, distendersi. **2** (*to slant*) pendere, essere inclinato. **3** ⟨*Arch,Edil*⟩ essere strombato. **III** *a.* aperto, allargato, disteso. **IV** *s.* ⟨*Arch,Edil*⟩ strombatura *f*, strombo *m.* **splayed** [–d] *a.* **1** aperto, allargato, disteso. **2** ⟨*Arch,Edil*⟩ strombato: ~ *arch* arco strombato.

play|-foot *s.irr.* ⟨*Med*⟩ piede *m* piatto (volto all'infuori). **~-footed** *a.* ⟨*Med*⟩ che ha i piedi piatti.

pleen [spli:n] *s.* **1** ⟨*Anat*⟩ milza *f*, splene *m.* **2** ⟨*fig*⟩ (*ill-humour*) malumore *m: to vent one's* ~ *on s.o.* sfogare il proprio malumore su qd.; (*anger, spite*) rabbia *f*, stizza *f*, collera *f*, bile *f.* **3** ⟨*rar*⟩ (*melancholy*) malinconia *f*,

tristezza *f.* **'spleenful** [–ful] *a.* bilioso, stizzoso, irascibile, collerico, iroso.

spleenwort ['spli:nwɔ:t] *s.* ⟨*Bot*⟩ asplenio *m.*

spleeny ['spli:ni] *a.* → **spleenful.**

splendid ['splendid] *a.* **1** splendido, fastoso, sontuoso, sfarzoso, lussuoso. **2** (*glorious, distinguished*) magnifico, splendido, brillante: *a* ~ *victory* una magnifica vittoria. **3** (*fine, excellent*) eccellente, splendido, ottimo, magnifico. **splendidly** [–li] *avv.* **1** fastosamente, splendidamente, sontuosamente. **2** ⟨*fam*⟩ (*excellently*) ottimamente, in modo eccellente, magnificamente. **splendidness** [–nis] *s.* splendore *m*, magnificenza *f*, sfarzo *m*, fasto *m.*

splendiferous [splen'difərəs] *a.* ⟨*fam*⟩ splendido, magnifico, bellissimo, stupendo.

splendor *am. e der.* → **splendour** *e der.*

splendour ['splendə] *s.* **1** fasto *m*, splendore *m*, sfarzo *m*, magnificenza *f: the* ~ *of the imperial court* il fasto della corte imperiale. **2** (*glory, grandeur*) grandezza *f*, magnificenza *f*, splendore *m.* **3** (*excellence*) eccellenza *f.* **4** (*great brightness*) splendore *m*, fulgore *m*, radiosità *f.*

splendorous [–drəs] *a.* splendido.

splenetic [spli'netik] *a.* **1** ⟨*Anat*⟩ → **splenic. 2** ⟨*Med*⟩ malato di milza, splenico. **3** ⟨*fig*⟩ stizzoso, irritabile, bilioso, irascibile. **II** *s.* **1** ⟨*Med*⟩ splenetico *m* (*f* –a), splenico *m* (*f* –a). **2** ⟨*fig*⟩ persona *f* stizzosa.

splenial ['spli:niəl] *a.* **1** ⟨*Zool*⟩ spleniale. **2** ⟨*Anat*⟩ dello (*o* relativo allo) splenio.

splenic ['splenik, 'spli:nik] *a.* ⟨*Anat,Med*⟩ splenico.

splenitis [spli(:)'naitis] *s.* ⟨*Med*⟩ splenite *f.*

splenius ['spli:niəs] *s.* (*pl.* **-nii** [niai]) ⟨*Anat*⟩ splenio *m.*

splenotomy [spli'nɔtəmi] *s.* ⟨*Chir*⟩ splenotomia *f.*

splice [splais] **I** *v.t.* **1** ⟨*Mar*⟩ impiombare due cavi; (*of timbers, spars*) congiungere a ganasce. **2** (*of magnetic tape, film*) giuntare. **3** ⟨*fam*⟩ (*to unite in marriage*) sposare, unire in matrimonio. **II** *s.* **1** ⟨*Mar*⟩ impiombatura *f*; (*of timbers*) giunto *m* a ganasce. **2** (*of tape, film*) giuntura *f.* □ ⟨*Sport*⟩ *to sit on the* ~ chiudersi in difesa. **spliced** [–t] *a.* **1** ⟨*Mar*⟩ impiombato. **2** (*of hose*) rinforzato. **3** ⟨*fam*⟩ (*married*) sposato. □ ⟨*fam*⟩ *to get* ~ sposarsi. **'splicing** [–iŋ] *s.* **1** ⟨*Mar*⟩ impiombatura *f.* **2** (*of a film, tape*) giuntaggio *m.* **3** (*of hose*) rinforzo *m.* **4** ⟨*Mecc*⟩ giunto *m.*

splicing table *s.* ⟨*Cin*⟩ tavolo *m* di montaggio.

spline [splain] **I** *s.* **1** striscia *f* di metallo, linguetta *f.* **2** (*flexible wood or rubber strip*) striscia *f* flessibile (di legno o gomma) usata per disegnare curve. **3** ⟨*Mecc*⟩ chiavetta *f*, linguetta *f*; (*longitudinal groove*) scanalatura *f.* **II** *v.t.* ⟨*Mecc*⟩ **1** montare una linguetta in. **2** (*to provide with a key-way*) fare un alloggiamento per chiavetta in; (*to slot*) scanalare.

splint [splint] **I** *s.* **1** ⟨*Med*⟩ stecca *f* (per fratture). **2** (*in basket-making, etc.*) listello *m*, assicella *f*, stecca *f.* **3** ⟨*Veter*⟩ soprosso *m.* **II** *v.t.* ⟨*Med*⟩ steccare, immobilizzare con una stecca.

splint bone *s.* **1** ⟨*Anat*⟩ fibula *f*, perone *m.* **2** ⟨*Zool*⟩ (*of a horse*) osso *m* metacarpale.

splinter ['splintə] **I** *s.* **1** scheggia *f*, frammento *m*, scaglia *f: –s of wood* schegge di legno; ~ *of bone* frammento d'osso; *to have a* ~ *in one's finger* avere una scheggia nel dito. **2** ⟨*Pol*⟩ → **splinter group. II** *v.t.* **1** scheggiare, scagliare, ridurre in schegge (*o* scaglie). **2** ⟨*fig*⟩ dividere, spaccare, provocare una scissione in. **III** *v.i.* **1** scheggiarsi, scagliarsi, ridursi in schegge (*o* scaglie). **2** ⟨*fig*⟩ dividersi, spaccarsi; (*to break away as a group*) scindersi, separarsi, staccarsi.

splinter| group *s.* ⟨*Pol*⟩ gruppo *m* scissionista. **~ guard** *s.* ⟨*Mil*⟩ paraschegge *m.* **~-proof glass** *s.* vetro *m* infrangibile.

splinterless ['splintəlis] *a.* ⟨*Vetr*⟩ infrangibile.

splinter party *s.* → **splinter group.**

splintery ['splintəri] *a.* **1** pieno di schegge. **2** (*like a splinter*) simile a scheggia.

split¹ [split] *v.* (*pret., p.p.* **split/'splitted** [–id]) **I** *v.t.* **1** spaccare, fendere, rompere: *to* ~ *logs* spaccare tronchi; (*to remove by splitting;* spesso con *off*) staccare (rompendo). **2** (*to tear*) strappare, lacerare, stracciare: *to* ~ *one's trousers* strapparsi i pantaloni. **3** ⟨*fig*⟩ lacerare, fendere: *a scream*

~ *the air* un urlo lacerò l'aria. **4** (*to divide, separate;* spesso con *up*) dividere, scindere, separare: *to ~ the country into two* dividere il paese in due. **5** (*to share*) dividere, spartire. **6** (*to divide into opposing factions*) dividere, spaccare, provocare una scissione in: *to ~ a party* dividere un partito. **7** ⟨*sl*⟩ (*to betray*) tradire, rivelare, ⟨*pop*⟩ soffiare: *to ~ on s.o.* tradire qd. **8** ⟨*Mar*⟩ (*of a sail*) sfondare, sventrare; (*of a ship*) infrangere. **9** ⟨*Econ*⟩ (spesso con *up*) frazionare. **II** *v.i.* **1** spaccarsi, fendersi, rompersi: *soft wood –s easily* il legno dolce si spacca facilmente; (*to become separated by splitting; general.* con *off*) staccarsi (per rottura). **2** (*to become rent, torn*) strapparsi, lacerarsi, stracciarsi, rompersi. **3** (*to break apart, burst*) rompersi, infrangersi, schiantarsi. **4** (*to become divided;* spesso con *up*) dividersi, separarsi, frazionarsi, scindersi: *we ~ up into two teams* ci dividemmo in due squadre; *they ~ after five years of marriage* si sono separati dopo cinque anni di matrimonio; (*to sever connections*) tagliare i ponti, rompere (*with, from* con). **5** (*to share s.th.*) dividere qc. (*with* con). **6** ⟨*sl*⟩ (*to betray a secret*) fare la spia, tradire (o rivelare) un segreto, ⟨*pop*⟩ soffiare. **7** ⟨*Mar*⟩ (*of a ship*) infrangersi, schiantarsi. □ ⟨*pop*⟩ *to ~ **hairs*** spaccare in quattro un capello, cavillare; *to ~ in **half*** spaccarsi in due, rompersi a metà; ⟨*fig*⟩ *my **head** is –ting* la testa mi scoppia; *to ~ down the **middle**:* **1** spaccare in due, spezzare a metà; **2** ⟨*fig*⟩ dividersi: *the party was ~ down the middle on foreign policy* il partito si divise sulla politica estera; *to ~ **open**:* **1** (*to cut open*) aprire, fendere, spaccare; **2** (*to crack open*) aprirsi, fendersi, spaccarsi; ⟨*pop*⟩ *to ~ one's **sides*** sbellicarsi dalle risa; ⟨*Ferr*⟩ *to ~ **up** a train* scomporre un treno; ⟨*am.Pol*⟩ *to ~ one's **vote*** (o *ticket*) dividere il proprio voto tra più candidati.

split² **I** *s.* **1** spaccatura *f,* fenditura *f,* fessura *f;* (*tear*) spacco *m,* strappo *m,* lacerazione *f.* **2** *pl.* (*in basket work*) assicelle *fpl,* listelli *mpl.* **3** ⟨*fig*⟩ scissione *f,* separazione *f,* scissura *f,* scisma *m: the party is heading for a ~* il partito va incontro a una scissione. **4** (*share*) porzione *f,* parte *f,* quota *f.* **5** ⟨*fam*⟩ (*half–size bottle of soft drink*) mezza bottiglia *f;* (*half – glass of liquor*) bicchierino *m.* **6** ⟨*Dolc*⟩ focaccia *f* ripiena di crema (o marmellata). **7** *pl.* ⟨*Ginn*⟩ spaccata *f.* **8** ⟨*Conc*⟩ striscia *f* di pelle tagliata nello spessore. **II** *a.* **1** spaccato, lacerato. **2** ⟨*fig*⟩ (*divided*) diviso, in disaccordo. □ ⟨*Ginn*⟩ *to do the –s* fare la spaccata; ⟨*Econ*⟩ *~ risks* ripartizione *f* dei rischi.

split| decision *s.* ⟨*Sport*⟩ (*in boxing*) decisione *f* che riflette una divergenza d'opinione tra l'arbitro e i giudici. **~ infinitive** *s.* ⟨*Gramm*⟩ infinito *m* con un avverbio intercalato tra «to» e il verbo. **~ peas** *s.pl.* ⟨*Alim*⟩ piselli *mpl* secchi divisi a metà. **~ personality** *s.* sdoppiamento *m* della personalità. **~ second** *s.* ⟨*fam*⟩ frazione *f* di secondo, istante *m,* attimo *m.*

splitter ['splitə] *s.* **1** chi spacca, chi fende. **2** ⟨*fig*⟩ (*hairsplitter*) chi spacca il capello in quattro, pedante *m/f,* cavillatore *m* (*f* –trice). **splitting** [–tiŋ] **I** *a.* **1** che spacca, che fende. **2** ⟨*fam*⟩ (*of a headache*) che fa soffrire molto. **3** ⟨*fam*⟩ (*extremely amusing*) che fa ridere a crepapelle, da spanciarsi dalle risate. **II** *s.* **1** spaccatura *f,* fenditura *f.* **2** ⟨*fig*⟩ scissione *f,* separazione *f,* scisma *m.* **3** ⟨*Atom*⟩ fissione *f.*

splodge [splɔdʒ] *s./v.* → **splotch.** **'splodgy** [–i] *a.* → **splotchy.**

splosh [splɔʃ] **I** *s.* **1** tonfo *m.* **2** ⟨*sl*⟩ (*money*) denaro *m,* soldi *mpl,* ⟨*gerg*⟩ grana *f.* **II** *v.t.* schizzare, spruzzare. **III** *v.i.* sguazzare, diguazzare.

splotch [splɔtʃ] **I** *s.* macchia *f,* chiazza *f: –es of paint* macchie di vernice. **II** *v.t.* (spesso con *with*) macchiare, chiazzare. **'splotchy** [–i] *a.* chiazzato, pieno di macchie.

splurge [splə:dʒ] ⟨*fam*⟩ **I** *s.* **1** sfoggio *m,* ostentazione *f,* esibizionismo *m.* **2** (*showy display of wealth*) sfoggio *m* (di ricchezze), ostentazione *f* di lusso. **II** *v.t.* sprecare, spendere a piene mani, buttare via. **III** *v.i.* sfoggiare, fare sfoggio. □ *the garden was a ~ of colour* il giardino era una festa di colori.

splutter ['splʌtə] **I** *v.i.* **1** scoppiettare, crepitare. **2** (*to talk confusedly*) farfugliare, barbugliare, borbottare: *to ~ with rage* farfugliare per la rabbia. **3** (*to splash, spatter*)

schizzare, spruzzare. **II** *v.t.* **1** (spesso con *out, forth*) borbottare, barbugliare, farfugliare: *to ~ out an apology* borbottare una scusa. **2** (*to spatter*) schizzare, spruzzare. **III** *s.* **1** scoppiettio *m,* crepitio *m.* **2** (*incoherent talking*) borbottìo *m.* **3** (*splashing, spattering*) spruzzo *m,* schizzo *m.*

spoffish ['spɔfiʃ] *a.* ⟨*sl*⟩ pieno di trambusto.

spoil¹ [spɔil] *v.* (*pret., p.p.* **spoiled** [–d]/**spoilt** [–t]) **I** *v.t.* **1** rovinare, sciupare, guastare. **2** (*to cause to decay*) rovinare, deteriorare, danneggiare: *the crops were –ed by weeks of rain* i raccolti furono rovinati da settimane di pioggia. **3** (*to impair the character of*) viziare: *an only child is often –t* un figlio unico è spesso viziato; (*to pamper, coddle*) coccolare, vezzeggiare, viziare. **4** ⟨*rar*⟩ (*to despoil*) saccheggiare, depredare. **II** *v.i.* **1** guastarsi, rovinarsi, deteriorarsi, alterarsi. **2** (*to plunder*) compiere saccheggi. □ *to ~ one's appetite* guastarsi l'appetito; ⟨*fig*⟩ *to ~ the Egyptians* spogliare il nemico vinto; *to be –ing for* avere una gran voglia di, essere ansioso di.

spoil² *s.* **1** saccheggio *m,* sacco *m,* razzia *f.* **2** *pl.* bottino *m,* preda *f: the –s of war* il bottino di guerra. **3** ⟨*fig*⟩ profitto *m,* utile *m,* guadagno *m.* **4** (*refuse earth or rock*) sterro *m.* □ *the –s of office* cariche *fpl* che si distribuiscono ai seguaci del partito vincente.

spoilage ['spɔilidʒ] *s.* **1** scarto *m.* **2** ⟨*Tip*⟩ fogli *mpl* di scarto. **spoiler** [–ə] *s.* **1** chi guasta, chi rovina. **2** (*plunderer*) saccheggiatore *m* (*f* –trice), predone *m.* **3** ⟨*Aer*⟩ spoiler *m.*

spoilsman ['spɔilzmən] *s.irr.* ⟨*Pol*⟩ chi aderisce a un partito per ottenere cariche.

spoil–sport ['spɔilspɔ:t] *s.* guastafeste *m/f.*

spoils system *s.* ⟨*Pol*⟩ sistema *m* di distribuire cariche ai seguaci del partito vincente.

spoilt¹ [spɔilt] → **spoil¹.**

spoilt² *a.* **1** rovinato, sciupato, guastato, danneggiato. **2** (*of food*) deteriorato, avariato, guasto, andato a male. **3** (*overindulged*) viziato: *a ~ child* un bambino viziato. □ *to get ~* rovinarsi, guastarsi, sciuparsi.

spoke¹ [spouk] → **speak.**

spoke² **I** *s.* **1** (*of a wheel*) raggio *m.* **2** (*rung*) piolo *m.* **3** (*bar acting as a brake*) calzatoia *f,* zeppa *f.* **4** ⟨*Mar*⟩ (*of helm*) maniglia *f.* **II** *v.t.* munire di raggi. □ ⟨*fig*⟩ *to put a ~ in s.o.'s wheel* mettere il bastone tra le ruote a qd.

spoken¹ ['spoukən] → **speak.**

spoken² *a.* **1** orale, detto a voce: *a ~ message* un messaggio orale. **2** (*of a language*) parlato: *~ English* inglese parlato. **3** (nei composti) che parla ..., often *translated with the corresponding word: well–~* che parla bene; *plain–~* sincero. □ *his ~ French is excellent* il suo francese (parlato) è perfetto; *the ~ word* la parola.

spokeshave ['spoukʃeiv] *s.* ⟨*Fal*⟩ pialletto *m* per arrotondare.

spokes|man ['spouksmən] *s.irr.* portavoce *m.* **~woman** *s.irr.* portavoce *f.*

spoliate ['spoulieit] *v.t.* spogliare, saccheggiare, depredare, **,spoliation** [–li'eiʃən] *s.* **1** saccheggio *m.* **2** ⟨*Dir*⟩ (*of document*) distruzione *f.* **spoliator** [–ə] *s.* saccheggiatore *m* (*f* –trice), predatore *m* (*f* –trice). **spoliatory** [–liətəri] *a.* di (o relativo a) saccheggio.

spondaic [spɔn'deiik] *a.* ⟨*Metr*⟩ spondaico. **'sponde** [–di:] *s.* spondeo *m.*

spondyl(e) ['spɔndil] *s.* vertebra *f.* **,spon'dylitis** [–laitis] *s.* ⟨*Med*⟩ spondilite *f.*

sponge [spʌndʒ] **I** *s.* **1** spugna *f.* **2** ⟨*Zool*⟩ spugne *fpl.* **3** (*wash with a sponge*) lavata *f* con una spugna. **4** ⟨*sl*⟩ (*habitual drinker*) ubriacone *m* (*f* –a), beone *m* (*f* –a). **5** ⟨*sl*⟩ (*sponger*) parassita *m/f,* scroccone *m* (*f* –a), sbafatore *m* (*f* –trice). **6** ⟨*Alim*⟩ (*raised bread dough*) pasta *f* (per pane) lievitata. **7** ⟨*Dolc*⟩ → **sponge cake.** **8** ⟨*Met*⟩ spugna *f.* **9** ⟨*Chir*⟩ tampone *m* di garza. **10** ⟨*Artigl*⟩ scovolo *m.* **II** *v.t.* **1** pulire (o lavare) con una spugna, spugnare: *to ~ one's hands* pulirsi le mani con una spugna. **2** (*to remove, erase with a sponge;* spesso con *out, off, away*) cancellare (o eliminare) con una spugna: *to ~ words off the blackboard* cancellare con una spugna le parole dalla lavagna. **3** (*to absorb;* spesso con *up*) assorbire (con una spugna). **4** ⟨*fam*⟩ (*to cadge*) scroccare, sbafare. **III** *v.i.* **1** assorbire, impregnarsi, imbeversi. **2** (*to gather sponges*) pescare (*o raccogliere*) spugne. **3** ⟨*fam*⟩ (*to live at the expense of another*) vivere alle spalle (*on, upon, off* di). □ *to throw in* (*o up*) *the* ~: **1** ⟨*Sport*⟩ (*in boxing*) gettare la spugna; **2** ⟨*sl*⟩ (*to concede defeat*) gettare la spugna, darsi (*per*) vinto, arrendersi.

ponge| bag *s.* borsa *f* per oggetti da toletta. **~ bath** *s.* spugnatura *f.* **~ cake** *s.* ⟨*Dolc*⟩ pan *m* di Spagna. **~ cloth** *s.* ⟨*Tess*⟩ spugna *f*, tessuto *m* di spugna.

ponger ['spʌndʒə] *s.* **1** pescatore *m* (*f* –trice) di spugne. **2** ⟨*fam*⟩ (*cadger*) parassita *m/f*, scroccone *m* (*f* –a), sbafatore *m* (*f* –trice).

ponge| rubber *s.* gomma–spugna *f.* **~ tree** *s.* ⟨*Bot*⟩ gaggia *f.*

ponginess ['spʌndʒinis] *s.* spugnosità *f.*

ponging house ['spʌndʒiŋ] *s.* ⟨*Stor*⟩ prigione *f* provvisoria per debitori.

pongy ['spʌndʒi] *a.* **1** spugnoso; (*porous, absorbent*) spugnoso, poroso, assorbente; (*elastic*) elastico. **2** (*saturated*) impregnato, inzuppato. **3** ⟨*fig*⟩ (*lacking in firmness, solidity*) molle, cedevole.

ponsion ['spɒnʃən] *s.* ⟨*Dir*⟩ garanzia *f*, malleveria *f.*

ponson ['spɒnsn] *s.* ⟨*Mar*⟩ **1** piattaforma *f* sporgente; (*gun platform*) piattaforma *f* d'armamento. **2** (*of a canoe*) pinna *f.* **3** (*of a flying boat*) cassa *f* d'aria (laterale) stabilizzatrice.

ponsor ['spɒnsə] *I* *s.* **1** garante *m/f*, mallevadore *m* (*f* –trice). **2** ⟨*Rel*⟩ padrino *m* (*f* madrina). **3** ⟨*Parl*⟩ chi presenta un disegno di legge. **4** ⟨*TV,Rad*⟩ finanziatore *m* (*f* –trice) di un programma (a scopo pubblicitario), sponsor *m* (*anche Sport.*). **II** *v.t.* **1** garantire per, fare da mallevadore (*o garante*). **2** (*to lend support, aid to*) patrocinare, sostenere, concedere il proprio patrocinio (*o sostegno*) a, appoggiare: *the charity is –ed by the Queen* 'istituto di beneficienza è patrocinato dalla regina. **3** ⟨*Rel*⟩ fare da padrino (*o madrina*) a. **4** ⟨*Parl*⟩ presentare: *o ~ a bill* presentare un disegno di legge. **5** ⟨*Rad,TV*⟩ finanziare (a scopo pubblicitario), sponsorizzare (*anche Sport.*). □ *to act as a ~ for s.th.* sponsorizzare qc.; *to be a ~ to a programme* sponsorizzare un programma.

ponsorial [–'sɔːriəl] *a.* di (*o relativo a*) un garante.

ponsorship [–ʃip] *s.* **1** garanzia *f*, malleveria *f.* **2** ⟨*Rel*⟩ 'essere padrino (*o madrina*). **3** ⟨*TV,Rad*⟩ finanziamento *m* di programmi (a scopo pubblicitario).

pontaneity [,spɒntə'niːiti] *s.* spontaneità *f.*

pontaneous [spɒn'teiniəs] *a.* **1** spontaneo, istintivo: *~ augh* risata spontanea. **2** (*voluntary*) spontaneo, volontario. **3** (*automatic*) involontario, automatico. **4** ⟨*Biol,Med*⟩ spontaneo: *~ recovery* guarigione spontanea.

pontaneously [–li] *avv.* spontaneamente, con pontaneità. **spontaneousness** [–nis] *s.* spontaneità *f.*

oof [spuːf] ⟨*fam*⟩ **I** *s.* beffa *f*, burla *f*, tiro *m.* **II** *a.* also, fasullo. **III** *v.t.* **1** imbrogliare, ingannare, truffare, pop⟩ fregare. **2** (*to make fun of*) prendere in giro, mettere in ridicolo. **'spoofer** [–ə] *s.* ⟨*fam*⟩ imbroglione *m* *f* –a), truffatore *m* (*f* –trice).

ook [spuːk] *s.* ⟨*fam*⟩ fantasma *m*, spettro *m.* **'spookily** –ili] *avv.* ⟨*fam*⟩ in modo spettrale (*o* sinistro). **pookiness** [–inis] *s.* ⟨*fam*⟩ l'essere spettrale (*o* sinistro).

spookish [–iʃ], **'spooky** [–i] *a.* ⟨*fam*⟩ **1** sinistro, pettrale: *a ~ old castle* un vecchio castello sinistro. **2** haunted⟩ visitato (*o* frequentato) da fantasmi.

ool [spuːl] **I** *s.* **1** rocchetto *m*, bobina *f.* **2** ⟨*Tess*⟩ (*for arn*) bobina *f*, spola *f*, spoletta *f*; (*for sewing thread*) occhetto *m.* **II** *v.t.* incannare.

oon [spuːn] **I** *s.* **1** cucchiaio *m.* **2** (*spoonful*) cucchiaiata cucchiaio *m.* **3** ⟨*Sport*⟩ mazza *f* da golf a cucchiaio (*o* aletta). **4** ⟨*Pesc*⟩ → **spoon bait.** **II** *v.t.* **1** (*spesso con up*) accogliere con il cucchiaio, prendere su con il cucchiaio; *to distribute with a spoon*; spesso con *out*) distribuire (*o* ervire) con il cucchiaio. **2** ⟨*Sport*⟩ (*to hit gently into the ir*) colpire (troppo) debolmente; (*to hit with a spoon*) olpire con una mazza a paletta. **III** *v.i.* **1** ⟨*fam*⟩ (*of overs*) sbaciucchiarsi, amoreggiare. **2** ⟨*Sport*⟩ colpire troppo) debolmente la palla. **3** ⟨*Pesc*⟩ pescare col ucchiaino.

oon| bait *s.* ⟨*Pesc*⟩ cucchiaino *m.* **~bill** *s.* ⟨*Ornit*⟩

mestolone *m.*

Spoonerism ['spuːnərizəm] *s.* papera *f* consistente nello scambio delle iniziali di due parole.

spooney *a./s.* → **spoony.**

spoon|-fed *a.* **1** nutrito con il cucchiaio, imboccato. **2** ⟨*fig*⟩ che ha sempre avuto la pappa scodellata. **3** ⟨*Scol*⟩ (*of students*) che ha ricevuto un insegnamento troppo semplificato. **4** (*of industries, etc.*) sovvenzionato dallo stato. **~-feed** *v.t.irr.* **1** nutrire con il cucchiaio. **2** ⟨*fig*⟩ scodellare la pappa a. **3** ⟨*Scol*⟩ insegnare in modo troppo semplificato. **4** (*of industries, etc.*) sovvenzionare.

spoonful ['spuːnful] *s.* cucchiaiata *f*, cucchiaio *m.*

spoon| meat *s.* cibo *m* liquido (*o* semiliquido). **~ oar** *s.* remo *m* a cucchiaio (*o* pala ricurva).

spoony ['spuːni] ⟨*fam*⟩ **I** *a.* **1** stupido, sciocco. **2** (*foolishly amorous*) svenevole, sentimentale. **3** (*enamoured*) innamorato (cotto) (*over, on* di). **II** *s.* cascamorto *m.*

spoor [spuə, spɔː] **I** *s.* ⟨*Venat*⟩ traccia *f*, pista *f.* **II** *v.t.* seguire la traccia (*o* pista) di.

sporadic [spə'rædik] *a.* sporadico (*anche Med.*). **sporadical** [–əl] *a.* (*non com*) → **sporadic. sporadically** [–əli] *avv.* sporadicamente.

spore [spɔː] *s.* **1** ⟨*Biol*⟩ spora *f.* **2** ⟨*estens*⟩ (*seed, germ*) seme *m*, germe *m.*

sporran ['spɒrən] *s.* borsa *f* ricoperta di pelo (accessorio del costume scozzese).

sport [spɔːt] **I** *s.* **1** sport *m: the ~ of boxing* lo sport del pugilato. **2** (*athletic activity*) sport *m*, attività *f* sportiva; (*athletic exercise*) esercizio *m* fisico: *the doctor advised plenty of ~* il medico consigliò molto esercizio fisico. **3** *pl.* (*athletics meeting*) gare *fpl* atletiche, incontri *mpl* (sportivi): *school –s* gare scolastiche. **4** (*pastime, recreation*) divertimento *m*, passatempo *m*, svago *m*, sport *m.* **5** (*pleasantry, jesting*) scherzo *m*, burla *f*, celia *f: to say s.th. in ~* dire qc. per scherzo. **6** (*mockery*) beffa *f*, gioco *m: to make ~ of s.o.* farsi beffe (*o* gioco) di qd. **7** ⟨*fig*⟩ (*s.th. driven about, plaything*) trastullo *m*; (*laughing stock*) zimbello *m*, trastullo *m.* **8** (*sportsman*) sportivo *m.* **9** ⟨*Biol*⟩ individuo *m* anomalo; (*mutation*) mutazione *f.* **II** *a.* ⟨*am*⟩ → **sports. III** *v.i.* **1** divertirsi, svagarsi. **2** (*to frolic, gambol*) saltellare, ruzzare. **3** (*to take part in a sport*) praticare (*o* impegnarsi in) uno sport. **4** (*to joke*) scherzare, celiare. **5** ⟨*Biol*⟩ presentare un'anomalia (*o* una mutazione). **6** ⟨*Bot*⟩ produrre una varietà. **IV** *v.t.* **1** sfoggiare, ostentare: *to ~ one's learning* sfoggiare la propria cultura; *to ~ a flower in one's buttonhole* ostentare un fiore all'occhiello. **2** (*of time: to spend in amusement*) passare nei divertimenti. **3** ⟨*Bot*⟩ produrre come varietà. □ *be a ~ and do it for me* sii bravo, fallo per me; *a good ~:* **1** una persona corretta e leale, uno sportivo; **2** (*one who accepts defeat well*) chi sa perdere; *fighting –s* sport *m* di combattimento; ⟨*Venat,Pesc*⟩ *to have good ~* far buona caccia (*o* pesca).

sportily ['spɔːtili] *avv.* sportivamente. **sportiness** [–tinis] *s.* **1** sportività *f*, spirito *m* sportivo. **2** (*of dress*) l'essere sportivo. **sporting** [–tiŋ] *a.* **1** sportivo: *the ~ public* il pubblico sportivo; *~ equipment* attrezzatura sportiva. **2** (*sportsmanlike*) sportivo, leale: *~ conduct* condotta sportiva. **3** (*given to, concerned with hunting, fishing, shooting*) di (*o* relativo a) caccia (*o* pesca).

sporting chance *s.* possibilità *f* di successo.

sportingly ['spɔːtiŋli] *avv.* sportivamente.

sporting offer *s.* giusta offerta *f*, proposta *f* equa.

sportive ['spɔːtiv] *a.* giocoso, allegro, gaio. **sportively** [–li] *avv.* giocosamente, scherzosamente. **sportiveness** [–nis] *s.* giocosità *f*, gaiezza *f.*

sports [spɔːts] *a.* sportivo: *a ~ meeting* un incontro sportivo.

sports| car *s.* automobile *f* sportiva. **~ coat** *s.* → **sports jacket. ~ column** *s.* ⟨*Giorn*⟩ rubrica *f* sportiva. **~ day** *s.* ⟨*Scol*⟩ giorno *m* delle gare scolastiche. **~ editor** *s.* ⟨*Giorn*⟩ redattore *m* sportivo. **~ event** *s.* manifestazione *f* sportiva. **~field** *s.* campo *m* sportivo. **~ jacket** *s.* giacca *f* sportiva. **~man** [mən] *s.irr.* **1** sportivo *m*; (*hunter*) cacciatore *m*; (*fisherman*) pescatore *m.* **2** (*one who behaves well in defeat or victory*) sportivo *m*, persona *f* corretta e leale. **~manlike** [mənlaik] *a.* (degno d'uno) sportivo, leale. **~manship** [mənʃip] s. **1** abilità f nello sport. **2** (*qualities of a sportsman*) spirito m sportivo, lealtà f. **~ medicine** s. medicina f sportiva (*o dello sport*). **~ page** s. ⟨*Giorn*⟩ pagina f sportiva. **~ physician** s. medico m sportivo. **~ psychology** s. psicologia f dello sport. **~ riots** s.pl. disordini mpl negli stadi. **~ science** s. scienza f dello sport. **~-shirt** s. camicia f sportiva. **~ stadium** s. stadio m sportivo. **~wear** s. abiti mpl sportivi. **~woman** s.irr. sportiva f.

sporty ['spɔ:ti] a. ⟨*fam*⟩ **1** appassionato di sport, sportivo. **2** (*of clothes*) sportivo.

sporule ['spɔrju:l] s. ⟨*Biol*⟩ sporula f.

spot¹ [spɔt] s. **1** pallino m, punto m, puntino m: *a green tie with white ~s* una cravatta verde a pallini bianchi; (*patch*) macchia f, chiazza f: *a Dalmatian's ~s* le macchie di un cane dalmata. **2** (*blot, stain*) macchia f: *~s of grease* macchie di grasso. **3** ⟨*fig*⟩ (*taint, blemish*) macchia f, neo m: *to be without a ~ on one's reputation* avere una reputazione senza macchia. **4** (*pimple*) (piccolo) foruncolo m, pustoletta f. **5** (*small quantity, bit*) briciolo m, traccia f, punta f, pizzico m: *a ~ of dust* un briciolo di polvere; (*small amount, a little*) po' m, poco m: *he did a ~ of gardening* fece un po' di giardinaggio; (*small drink*) goccio m, goccetto m. **6** (*place, locality*) posto m, luogo m, punto m: *a suitable ~ for a picnic* un posto adatto per un picnic. **7** ⟨*fam*⟩ (*difficulty*) guaio m, pasticcio m, difficoltà f: *to be in a* (*nasty*) *~* trovarsi in un (brutto) guaio. **8** (*position, situation*) posizione f in graduatoria, posto m. **9** (*drop*) goccia f: *~s of rain* gocce di pioggia. **10** ⟨*fam*⟩ (*spotlight*) riflettore m lenticolare, ⟨*gerg*⟩ occhio m di bue. **11** ⟨*Teat,Rad,TV*⟩ posto m (in un programma). **12** ⟨*Sport*⟩ (*penalty spot*) punto m di penalizzazione. **13** ⟨*Radiol,Med*⟩ ombra f: *a ~ on the lungs* un'ombra sui polmoni. **14** pl. ⟨*Comm*⟩ merce f venduta per contanti. **15** ⟨*Astr*⟩ (*sunspot*) macchia f solare. **16** ⟨*am.fam*⟩ (*building used for a particular purpose*) locale m: *a gambling ~* un locale da gioco; *night ~* locale notturno. **17** ⟨*am.sl*⟩ (nei composti: *dollar bill*) banconota f, biglietto m: *a five-~* una banconota da cinque dollari. □ ⟨*fam*⟩ *to have a ~ of bother with:* 1 avere noie con; 2 (*to have a slight quarrel with*) bisticciare con; ⟨*fig*⟩ *to hit the ~* venire a puntino; ⟨*fam*⟩ *to knock ~s off* dare dei punti a, essere superiore a; *a ~ of s.th. to eat* qualcosa da mangiare; *on the ~:* 1 sul posto; 2 (*at once, there and then*) su due piedi, immediatamente, lì per lì: *he refused to make a decision on the ~* rifiutò di prendere una decisione su due piedi; 3 ⟨*fam*⟩ (*alert, wide-awake*) vigile, all'erta; 4 ⟨*fam*⟩ (*in a difficult position*) nei guai, in imbarazzo.

spot² v. (pret., p.p. **'spotted** [-id]) **I** v.t. **1** punteggiare, macchiettare, chiazzare. **2** (*to stain with spots*) macchiare. **3** (*to appear as spots on*) punteggiare: *tiny figures ~ted the mountainside* minuscole figure punteggiavano il fianco della montagna. **4** (*to make out with the eye*) individuare, distinguere, scorgere; (*to detect*) scoprire, trovare. **5** ⟨*Artigl*⟩ localizzare. **II** v.i. ⟨*fam*⟩ (*to rain slightly*) piovigginare.

spot| cash s. ⟨*Comm*⟩ pronta cassa f. **~ check** s. controllo m saltuario. **~ contract** s. ⟨*Comm*⟩ contratto m per merce pronta (*o esistente sul mercato*). **~ delivery** s. consegna f immediata.

spot| market s. mercato m a pronti. **~ news** s.pl. (costr. sing.) ⟨*Giorn*⟩ notizia f dell'ultima ora. **~-on** a. ⟨*fam*⟩ **1** ben centrato, preciso: *the shot was ~* il colpo fu ben centrato. **2** (*exact, accurate*) fedele, preciso, accurato. **~**

price s. ⟨*Comm*⟩ prezzo m del pronto. **~ purchase** s. acquisto m a pronti. **~ rate** s. cambio m a pronti. **~ remover** s. smacchiatore m.

spotted ['spɔtid] a. **1** a pallini, a puntini: *~ materia* stoffa a pallini. **2** (*stained with spots*) macchiato, chiazzato.

spotted| dog s. **1** (*Dalmatian*) cane m dalmata. **2** ⟨*Dolc*⟩ budino m all'uva passa. **~ fever** s. ⟨*Med*⟩ tifo n petecchiale.

spottedness ['spɔtidnis] s. l'essere macchiato (*o pezzato*)

spotter ['spɔtə] s. **1** ⟨*Artigl,Mar.mil*⟩ osservatore m. ⟨*Aer.mil*⟩ aereo m da ricognizione, ricognitore m. **3** (*am.fam*) (*one who keeps watch on employees*) sorvegliante m/f; (*private detective* investigatore m privato.

spottiness ['spɔtinis] s. **1** → **spottedness**. **2** ⟨*fig* irregolarità f, discontinuità f. **spotting** [-tiŋ] s. **1** ⟨*Artig* rilevamento m; (*location*) localizzazione f. **2** ⟨*Aer.mi* ricognizione f. *aircraft ~* ricognizione aerea. **3** (*ac* practice of noticing trains, cars, etc.*) l'identificare po divertimento tipi (*o targhe*) di veicoli. **spotty** [-ti] a. **1** puntini, a pallini. **2** (*stained*) macchiato. **3** (*pimply* foruncoloso, pieno di pustolette. **4** ⟨*fam*⟩ (*irregula uneven*) discontinuo, ineguale.

spot|-weld I s. ⟨*tecn*⟩ saldatura f a punti. **II** v.t. saldare punti. **~ welding** s. → **spot-weld**.

spouse [spauz] s. **1** sposo m (f -a). **2** ⟨*Dir*⟩ consort m/f.

spout [spaut] **I** v.t. **1** (spesso con *out*) versare a fiott gettare, far sgorgare: *the wound ~ed blood* la ferita versav sangue a fiotti. **2** ⟨*fam*⟩ (*to talk at length*) dire a gett continuo: *to ~ nonsense* dire sciocchezze a getto continu (*to declaim*) declamare: *to ~ poetry* declamare versi. **I** v.i. **1** (spesso con *out*) sgorgare, zampillare, scaturire: *~ed out of the pipe* il petrolio sgorgò dal tubo. **2** (*discharge*) gettare, sgorgare: *the well began to ~* il pozz cominciò a gettare. **3** ⟨*fam*⟩ (*to talk at length*) parlare getto continuo; (*to declaim*) declamare, recitare, ⟨*spre* concionare. **III** s. **1** beccuccio m, becco m, cannella f: t *~ of a teapot* il beccuccio di una teiera; (*tube, pipe*) tub m di scarico; (*of a fountain, pump*) getto m, zampillo r **2** ⟨*Edil*⟩ grondaia f. **3** (*discharge, jet of liquid*) getto r spruzzo m. **4** ⟨*Zool*⟩ (*of a whale*) getto m. **5** (*spring water*) sorgente f, fonte f. **6** (*waterspout*) tromba f marin **7** ⟨*Stor*⟩ (*in a pawnshop*) montacarichi m. □ ⟨*fam*⟩ dov *the ~:* 1 (*lost*) perduto; 2 (*ruined*) in rovina; ⟨*fam*⟩ *up t ~* (*in pawn*) impegnato, al monte di pegni.

spout-hole s. ⟨*Zool*⟩ sfiatatoio m.

sprag [spræg] **I** s. **1** ⟨*tecn,Minier*⟩ puntello m. **2** (*of cart, wagon*) puntone m d'arresto. **II** v.t. (pret., p **spragged** [-d]) **1** ⟨*Minier*⟩ puntellare. **2** (*to check with sprag*) trattenere con un puntone d'arresto.

sprain [sprein] **I** v.t. ⟨*Med*⟩ storcere: *to ~ one's ank* storcersi una caviglia. **II** s. distorsione f, storta f.

sprang [spræŋ] → **spring¹**.

sprat [spræt] s. **1** ⟨*Itt*⟩ spratto m. **2** ⟨*fam*⟩ (*small perso* persona f minuta (*o piccola*); (*insignificant person*) perso f insignificante, nullità f. □ ⟨*fig*⟩ *to throw a ~ to catch mackerel* dare poco per avere molto.

sprawl [sprɔ:l] **I** v.i. **1** sedere scompostamente, sta sdraiato (*o disteso*) (in modo scomposto): *to ~ in armchair* sprofondarsi in una poltrona. **2** ⟨*fig*⟩ (*to spre untidily*) espandersi (*o estendersi*) disordinatamente. **3** scramble*) arrampicarsi, salire aiutandosi con le mani con i piedi. **II** v.t. (*of the arms, legs*) distende allungare. **III** s. **1** posizione f scomposta; (*instance sprawling*) movimento m scomposto. **2** ⟨*fig*⟩ massa disordinata, insieme m disordinato. □ *to go ~ing* anda a gambe levate; *to send s.o. ~ing* mandare qd. a gam levate.

spray¹ [sprei] **I** s. **1** spruzzi mpl, spruzzo m: *~ w coming off the sea* arrivavano spruzzi dal mare; *watered the lawn with a fine ~* annaffiò il prato con sottile spruzzo (d'acqua); (*of the sea*) spruzzaglia f. **2** of liquid, vapour from an atomizer*) getto m vaporizza spruzzo m, spray m; (*instrument, atomizer*) spruzzatore nebulizzatore *m*, spray *m*. **3** ⟨*fig*⟩ scarica *f*, sventagliata *f*: ~ *of bullets* una scarica di proiettili. **II** *v.t./i.* **1** spruzzare, irrorare: *to ~ a plant* irrorare una pianta. **2** (*to cover by means of a sprayer, atomizer*) spruzzare, vaporizzare: *to ~ one's hair with lacquer* spruzzarsi i capelli con la lacca. **3** ⟨*fig*⟩ spargere, sparpagliare, disseminare. □ *to ~ paint* verniciare a spruzzo.

ray² *s.* **1** (*small branch, shoot*) ramoscello *m*, fronda *f*, frasca *f*: *a ~ of cherry blossoms* un ramoscello di fiori di ciliegio. **2** (*cluster of cut flowers*) mazzetto *m*, mazzo *m*. **3** ⟨*Oref*⟩ ornamento *m* a forma di ramo.

ray | **can** *s.* bombola *f* spray. ~ **carburettor** *s.* ⟨*Mot*⟩ carburatore *m* a getto. ~ **deodorant** *s.* deodorante *m* spray. ~ **drain** *s.* canale *m* di scolo fatto di rami interrati.

rayer ['spreiə] *s.* **1** chi spruzza. **2** (*spray, atomizer*) spruzzatore *m*, nebulizzatore *m*, spray *m*. **3** → **spray** gun.

ray | **gun** *s.* ⟨*tecn*⟩ pistola *f* a spruzzo. ~ **irrigation** *s.* ⟨*Agr*⟩ pioggia *f* artificiale, irrigazione *f* a pioggia. ~ **painting** *s.* verniciatura *f* a spruzzo. ~ **varnish** *s.* ⟨*Pitt*⟩ vernice *f* a spruzzo (*o* spray).

read¹ [spred] *v.* (*pret., p.p.* spread) **I** *v.t.* **1** (spesso con *out*) stendere, distendere, spiegare: *to ~ a blanket on the grass* stendere una coperta sull'erba. **2** (*to distribute over an area*; spesso con *out*) spandere, spargere, sparpagliare, disseminare: *to ~ manure* spandere il concime; (*to distribute*) ripartire, distribuire in; (*to distribute over a period of time*; spesso con *out*) scaglionare, distribuire lungo un certo periodo): *withdrawal of troops is to be ~ out over two years* il ritiro delle truppe sarà scaglionato in due anni. **3** (*to apply*) spalmare, stendere: *to ~ butter on bread* spalmare il burro sul pane. **4** (*to overlay*) coprire, ricoprire: *to ~ a table with a cloth* coprire un tavolo con una tovaglia. **5** (*to diffuse, disseminate*) diffondere, divulgare, propagare. **6** ⟨*rifl*⟩ (*to occupy much room*) stare comodo (*o* largo), distendersi (*to be lavish, generous*) essere prodigo (*o* generoso). **7** ⟨*rifl*⟩ (*to talk, write effusively*) dilungarsi, diffondersi. **II** *v.i.* **1** estendersi, propagarsi. **2** (*to become dispersed*) spargersi, sparpagliarsi, disseminarsi. **3** (*to become known, circulate*) diffondersi, propagarsi, spargersi, circolare. **4** (*to become diffused*) diffondersi, propagarsi: *a smile ~ over his face* un sorriso si diffuse sul suo volto. **5** (*to be capable of being spread, applied*) stendersi, spalmarsi: *this paint ~s easily* questa vernice si stende facilmente. **6** (*to be, lie extended*) stendersi, estendersi, aprirsi: *a green valley ~ before us* una verde valle si stendeva davanti a noi. **7** (*of plants*) propagarsi. □ *to ~ abroad* divulgare, propalare, diffondere: *to ~ the sails* spiegare le vele; *to ~ the table* apparecchiare la tavola; ⟨*fig*⟩ *to ~ o.s. thin* mettere troppa carne al fuoco; *to ~ one's arms wide* spalancare le braccia.

read² *s.* **1** espansione *f*, estensione *f*. **2** (*act of being diffused*) diffusione *f*, propagazione *f*: *the ~ of revolutionary ideas* la diffusione di idee rivoluzionarie. **3** (*extent of expanding*) estensione *f*, ampiezza *f*, larghezza *f*: *the ~ of a sail* l'estensione di una vela. **4** ⟨*Aer,Ornit*⟩ apertura *f*: *the ~ of a bird's wings* l'apertura d'ali di un uccello. **5** (*surface area, expanse*) distesa *f*, estensione *f*. **6** (*gap, distance between two points*) distanza *f*, intervallo *m*. **7** (*bedspread*) copriletto *m*. **8** ⟨*fam*⟩ (*sumptuous meal*) banchetto *m*, lauto pasto *m*. **9** ⟨*Alim*⟩ pasta *f*: *shrimp ~* pasta di gamberetti. **10** ⟨*Giorn*⟩ articolo *m* su più colonne (*o* pagine); (*in advertising*) doppia pagina *f*. **11** ⟨*Mecc*⟩ distanza *f*. **12** ⟨*Comm*⟩ differenza *f* fra costo di produzione e prezzo al consumo. **13** ⟨*Comm*⟩ opzione *f* doppia. **14** ⟨*Mat*⟩ scarto *m*.

read city *am. s.* sviluppo *m* urbanistico incontrollato.

read-eagle **I** *s.* **1** ⟨*Arald*⟩ aquila *f* con le ali spiegate. **2** ⟨*fam*⟩ (*chicken split open*) pollo *m* alla diavola. **II** *a.* ⟨*am.fam*⟩ (*bombastic*) altisonante, pomposo; (*chauvinistic*) sciovinistico. **III** *v.t.* stendere a braccia e gambe aperte. **IV** *v.i.* **1** stare a braccia e gambe aperte. **2** (*to fall with limbs wide apart*) cadere a braccia e gambe aperte.

spread-eagleism *am.* ['i:glizəm] *s.* nazionalismo *m* fanatico, sciovinismo *m*.

spreader ['spredə] *s.* **1** chi stende, chi spiega. **2** (*one who diffuses*) chi diffonde, propagatore *m* (*f* –trice). **3** (*one who applies*) chi spalma. **4** (*knife*) coltello *m* per spalmare; (*spatula*) spatola *f*. **5** ⟨*Agr*⟩ concimatrice *f*.

spreading [–iŋ] *s.* diffusione *f*: ~ *false news* diffusione *f* di notizie false.

spreadsheet ['spredʃi:t] *s.* ⟨*Inform*⟩ foglio *m* elettronico a espansione.

spree [spri:] **I** *s.* baldoria *f*; (*bout of drinking, binge*) bisboccia *f*, baldoria *f*, gozzoviglia *f*, bagordi *mpl*. **II** *v.i.* fare baldoria, gozzovigliare. □ *to be* (*o go*) *on a ~* fare baldoria.

sprig [sprig] **I** *s.* **1** ramoscello *m*, fronda *f*, frasca *f*. **2** (*ornament*) ornamento *m* a forma di ramoscello. **3** ⟨*scherz*⟩ (*offspring*) rampollo *m*, discendente *m/f*; (*young fellow*) giovincello *m*, ragazzo *m*. **4** ⟨*Agr,Giard*⟩ stolone *m*. **5** ⟨*tecn*⟩ (*headless nail*) chiodo *m* senza testa. **II** *v.t.* (*pret., p.p.* sprigged [–d]) **1** decorare a ramoscelli. **2** ⟨*tecn*⟩ fissare con chiodi senza testa. **'spriggy** [–i] *a.* pieno di ramoscelli, frondoso.

sprightliness ['spraitlinis] *s.* vivacità *f*, brio *m*. **sprightly** [–li] **I** *a.* vivace, brioso, brillante. **II** *avv.* vivacemente, con brio.

spring¹ [spriŋ] *v.* (*pret.,* sprang [spræŋ], *p.p.* sprung [sprʌŋ]) **I** *v.i.* **1** scattare, fare un balzo, balzare, saltare: *to ~ to one's feet* scattare in piedi; *the lion sprang* il leone fece un balzo. **2** ⟨*fig*⟩ (*to arise*; spesso con *up*) sorgere, spuntare, apparire, nascere: *new towns were –ing up all over the country* nuove città sorgevano in tutto il paese. **3** (*of a breeze, wind*) general. con *up*) alzarsi, levarsi. **4** ⟨*fig*⟩ (*to proceed, result*) derivare, provenire, venire, discendere (*from* da): *his protest ~s from an acute social conscience* la sua protesta deriva da una viva coscienza sociale. **5** (*to issue, pour forth*) sgorgare, scaturire, zampillare: *tears sprang from* (*o* to) *his eyes* lacrime sgorgarono dai suoi occhi; *water sprang from the rock* l'acqua zampillava dalla roccia. **6** (*to issue by birth*) discendere, provenire, trarre origine: *to ~ from an ancient family* discendere da un'antica famiglia. **7** (spesso con *up*: *to appear from the ground*) spuntare, nascere; (*to grow*) crescere. **8** (*to move by elastic force*) scattare: *the trap sprang* la trappola scattò. **9** (*of a mine*) esplodere, brillare. **10** (*to become cracked*) incrinarsi, fendersi; (*to become split*) spaccarsi; (*to become warped*) (in)curvarsi, storcersi. **11** ⟨*Mar*⟩ (*to develop a leak*) fare aprire una falla. **II** *v.t.* **1** far scattare: *to ~ a lock* far scattare una serratura. **2** (*to cause to issue, flow*) far scorrere. **3** (*to cause to explode*) far brillare, far esplodere: *to ~ a mine* far brillare una mina. **4** (*to cause to crack*) incrinare, fendere; (*to cause to split*) spaccare, fendere; (*to cause to warp*) piegare, (in)curvare. **5** ⟨*fam*⟩ (*to produce unexpectedly*) tirar fuori, presentare inaspettatamente (*o* all'improvviso), lanciare. **6** ⟨*sl*⟩ (*to release from confinement, etc.*) tirar fuori, rilasciare. **7** ⟨*tecn*⟩ (*to equip with springs*) provvedere di molle, molleggiare. **8** ⟨*Venat*⟩ levare. **9** ⟨*Arch*⟩ (*of an arch*) impostare. □ *to ~ aside* balzare da una parte; *to ~ back*: **1** scattare all'indietro, tornare a posto di scatto: *the lid sprang back* il coperchio scattò all'indietro; **2** (*to jump back*) saltare (*o* balzare) indietro; *to ~ down* saltar giù; *to ~ forward* balzare in avanti; *to ~ a leak*: **1** ⟨*Mar*⟩ aprire una falla; **2** (*of pipes, etc.*) perdere; *to ~ open* aprire a scatto; *to ~ out of bed* saltare fuori del letto; *to ~ over* saltare: *the horse sprang over the fence* il cavallo saltò lo steccato; *to ~ shut* chiudere a scatto; *to ~ a surprise on s.o.* fare una sorpresa a qd.; *to ~ up* saltar su.

spring² **I** *s.* **1** salto *m*, balzo *m*, scatto *m*. **2** ⟨*tecn*⟩ molla *f*; (*of a car, etc.*) balestra *f*. **3** (*bedspring*) rete *f* del letto. **4** (*elasticity*) elasticità *f*; (*action of flying back from a sprung state*) il tornare a posto di scatto. **5** (*issue, source of water*) sorgente *f*, fonte *f*. **6** *pl.* sorgenti *fpl*, acque *fpl*: *mineral ~s* sorgenti minerali. **7** ⟨*fig*⟩ (*source*) fonte *f*, sorgente *f*: *a ~ of inspiration* una fonte d'ispirazione; (*motive*) causa *f*, motivo *m*. **8** ⟨*Arch*⟩ linea *f* (*o* piano *m*) d'imposta. **9** ⟨*Mar*⟩ → **spring line**. **II** *a.* **1** ⟨*tecn*⟩ a molla, a scatto. **2** (*equipped with springs*) molleggiato, a molle: *a ~ seat* un sedile molleggiato. **3** (nei composti) molleggiato: *a well-sprung car* un'automobile ben molleggiata. □ *to make a ~ at s.o.* slanciarsi su qd.; *to take a ~* fare un salto.

spring³ **I** *s.* **1** primavera *f.* **2** ⟨*fig*⟩ (*youth*) giovinezza *f*, anni *mpl* verdi, primavera *f* (della vita). **II** *a.* primaverile, di primavera.

spring| balance *s.* bilancia *f* a molla. **~ binder** *s.* raccoglitore *m* a molla. **~board** *s.* **1** ⟨*Sport*⟩ (*for diving*) trampolino *m.* **2** ⟨*Ginn*⟩ asse *f* elastica. **3** ⟨*fig*⟩ punto *m* di partenza. **~ bolt** *s.* ⟨*tecn*⟩ bloccaggio *m* a molla. **~-clean I** *v.t.* fare le pulizie generali (*o* di primavera) in, pulire a fondo. **II** *s.* → **spring cleaning.** **~ cleaning** *s.* pulizie *fpl* generali (*o* di primavera). □ *to give the house a ~* pulire a fondo la casa.

springe [sprindʒ] **I** *s.* ⟨*Venat*⟩ (*noose*) laccio *m*, cappio *m*; (*trap*) trappola *f*, tagliola *f*. **II** *v.t.* prendere al laccio, accalappiare.

springer ['spriŋə] *s.* **1** chi balza, chi salta, saltatore *m* (*f* –trice). **2** ⟨*Arch*⟩ imposta *f.* **3** ⟨*Zool*⟩ → **springer spaniel.**

springer spaniel *s.* ⟨*Zool*⟩ varietà di spaniel.

spring fever *s.* stanchezza *f* (*o* irrequietezza) causata dall'inizio della primavera.

springily ['spriŋili] *avv.* elasticamente. **springiness** [–ŋinis] *s.* elasticità *f.*

springing ['spriŋiŋ] *s.* **1** salto *m*, balzo *m*, scatto *m.* **2** ⟨*Mecc,Aut*⟩ molleggio *m.* **3** ⟨*Arch*⟩ (*of an arch*) piano *m* (*o* linea *f*) d'imposta.

springless ['spriŋlis] *a.* **1** senza sorgenti, arido. **2** ⟨*Mecc,Aut*⟩ senza molle. **3** (*lacking elasticity*) privo di elasticità, non elastico.

springlike ['spriŋlaik] *a.* primaverile. ~ *weather* tempo primaverile.

spring| line *s.* ⟨*Mar*⟩ cavetto *m* di tonneggio (*o* ormeggio), spring *m.* **~-load** *v.t.* caricare a molla. **~-loaded** *a.* caricato a molla. **~ mattress** *s.* materasso *m* a molle. **~ onion** *s.* ⟨*Bot*⟩ cipollina *f*, cipolletta *f.* **~tide** *s.* → **springtime. ~tide** *s.* ⟨*Mar*⟩ marea *f* equinoziale (*o* delle sigizie). **~time** *s.* **1** primavera *f*, stagione *f* primaverile. **2** ⟨*fig*⟩ (*youth*) giovinezza *f*, anni *mpl* verdi, primavera *f* (della vita). **3** ⟨*fig*⟩ (*early stage*) inizio *m*, principio *m.* **~ water** *s.* acqua *f* di sorgente.

springy ['spriŋi] *a.* **1** elastico, molleggiato: *a ~ step* un passo elastico. **2** (*of land*) ricco di sorgenti.

sprinkle ['spriŋkl] **I** *v.t.* **1** spruzzare, spargere, cospargere; (*of powder*) spolverizzare di, cospargere: *to ~ sugar on a cake* spolverizzare una torta di zucchero. **2** (*to scatter*) sparpagliare, disseminare, spargere (qua e là), cospargere. **3** ⟨*fig*⟩ (*to vary*) rendere vario, variare; (*to intersperse*) (in)frammezzare: *to ~ a speech with anecdotes* frammezzare un discorso con aneddoti. **II** *v.i.* **1** spruzzare un liquido. **2** (*to become sprinkled*) essere spruzzato. **3** (*to rain slightly*) piovigginare. **III** *s.* **1** spruzzata *f*, schizzata *f*, schizzo *m.* **2** (*light rain*) pioggerella *f*, spruzzata *f.*

sprinkler [–ə] *s.* **1** (*one that sprinkles*) chi spruzza; (*one who scatters powder*) chi spolverizza. **2** (*device for sprinkling*) spruzzatore *m*; (*for powders*) spolverino *m.* **3** ⟨*Agr,Giard*⟩ annaffiatore *m.* **4** ⟨*Lit*⟩ aspersorio *m.* **5** ⟨*Strad*⟩ innaffiatrice *f*, annaffiatrice *f*, innaffiatore *m* stradale.

sprinkler| head *s.* nebulizzatore *m.* **~ system** *s.* **1** impianto *m* (fisso) di nebulizzazione contro gli incendi. **2** ⟨*Agr*⟩ impianto *m* di irrigazione a pioggia.

sprinkling ['spriŋkliŋ] *s.* **1** spruzzata *f*, schizzata *f*, schizzo *m.* **2** ⟨*fig*⟩ pizzico *m*, piccola quantità *f*: *a ~ of salt* un pizzico di sale. □ *there was only a ~ of people present* ben poche persone erano presenti.

sprint [sprint] **I** *v.i.* **1** correre a tutta velocità. **2** ⟨*Sport*⟩ prendere la volata, scattare, fare uno scatto, sprintare. **II** *v.t.* percorrere a tutta velocità. **III** *s.* ⟨*Sport*⟩ (*race*) corsa *f* breve e veloce; (*burst of speed*) sprint *m*, scatto *m*, volata *f*, spunto *m.* *the final* ~ lo scatto finale.

'sprinter [–ə] *s.* ⟨*Sport*⟩ scattista *m/f*, velocista *m/f.*

sprite [sprait] *s.* elfo *m*, folletto *m*, spiritello *m.*

sprocket ['sprɔkit] *s.* ⟨*Mecc*⟩ dente *m* per catena.

sprocket wheel *s.* ⟨*Mecc*⟩ ruota *f* di catena.

sprout [spraut] **I** *v.i.* **1** germogliare, mettere le gemme (*o* i germogli), germinare: *the rose trees are beginning to ~* le

piante di rose cominciano a germogliare. **2** ⟨*fig,scher*⟩ spuntare. **II** *v.t.* **1** mettere, produrre: *to ~ buds* mette... gemme. **2** ⟨*fig,scherz*⟩ far crescere: *to ~ a moustache* fa... crescere i baffi. **III** *s.* **1** germoglio *m*, getto *m.* **2** ⟨*fa...* (*scion, offspring*) rampollo *m*, discendente *m/f*; (*you... person*) giovane *m/f.* **3** *pl.* ⟨*Bot*⟩ (*Brussels sprou...* cavoletti *mpl* di Bruxelles.

spruce¹ [spru:s] **I** *a.* **1** lindo, netto, pulito. **2** (*sma...* accurato, ben vestito, attillato, elegante, azzimato. **II** *... (*spesso con *up*) mettere in ghingheri, agghindare... azzimare, attillare: *to ~ o.s. up* mettersi in ghinghe... agghindarsi, azzimarsi, attillarsi.

spruce² *s.* **1** ⟨*Bot*⟩ abete *m.* **2** (*wood*) abete *m.* **3** ... **spruce beer.**

spruce| beer *s.* bevanda *f* fermentata fatta con un estra... di foglie e ramoscelli di abete rosso. **~fir** *s.* ⟨*Bot*⟩ **1** abe... *m.* **2** (*red fir*) abete *m* rosso.

sprucely ['spru:sli] *avv.* elegantemente. **sprucenes...** [–snis] *s.* eleganza *f*, attillatura *f.*

sprue¹ [spru:] *s.* ⟨*Met*⟩ **1** canale *m* (*o* foro) di colata. ... (*waste metal*) colame *m.*

sprue² *s.* ⟨*Med*⟩ sprue *f*, dissenteria *f* catarrale.

sprung [sprʌŋ] → **spring**¹.

spry [sprai] *a.* (*compar.* **spryer** ['spraiə], *sup.* **sprye...** ['spraiist]) vivace, vivo, sveglio, attivo. □ *a ~ old m...* un vecchietto arzillo.

spud¹ [spʌd] *s.* **1** ⟨*Agr*⟩ sarchio *m*, sarchietto *m*, sarchie... *m*, zappetto *m.* **2** (*fam*) (*potato*) patata *f.* **3** ⟨*sl*⟩ (*frien... mate*) amico *m* (*f* –a), compagno *m* (*f* –a).

spud² *v.t.* (*pret., p.p.* **'spudded** [–id]) ⟨*Agr*⟩ (spesso con *... out*) sarchiare, rimuovere col sarchio.

spue *v.* → **spew.**

spume [spju:m] **I** *s.* spuma *f*, schiuma *f.* **II** *v.i.* spumar... spumeggiare, schiumare. **spu'mescence** [–esns] ... spumosità *f*, schiumosità *f.* **spu'mescent** [–esnt] ... spumoso, spumeggiante. **'spumous** [–əs], **'spumy** [–i] ... spumoso, schiumoso.

spun [spʌn] → **spin**¹.

spunk [spʌŋk] *s.* **1** fungo *m* da esca. **2** (*fam*) (*pluc... courage*) coraggio *m*, audacia *f*, fegato *m.* **3** (*fam*) (*h... temper*) irascibilità *f.* **4** (*dial*) (*small fire*) focherello *... (*match*) fiammifero *m.* **'spunky** [–i] *a.* (*fam*) ... coraggioso, audace, di (*o* che ha) fegato. **2** (*hot-tempere...* irascibile, collerico.

spur¹ [spə:] *s.* **1** ⟨*Equit*⟩ sperone *m*, sprone *m.* **2** ⟨*fi...* (*incentive*) sprone *m*, stimolo *m*, incitamento *m*, incentiv... *m*, impulso *m.* **3** (*sharp projection*) sperone *m*, par... *f* sporgente. **4** (*climbing iron*) rampone *m.* ... ⟨*Ornit,Geog,Arch*⟩ sperone *m.* **6** ⟨*Edil*⟩ sperone *... contrafforte *m.* **7** ⟨*Ferr*⟩ → **spur track.** □ *on the ~ ... the moment* d'impulso, lì per lì, su due piedi; *to set ... put*) *one's –s to a horse* dar di sprone al (proprio) caval... *to win one's –s:* **1** ⟨*Stor*⟩ essere investito cavaliere; **2** ⟨*fi...* farsi un nome, affermarsi.

spur² *v.* (*pret., p.p.* **spurred** [–d]) **I** *v.t.* **1** spronare, da... sprone a: *to ~ a horse* spronare un cavallo. **2** ⟨*fi... (*spesso con *on*) spronare, incitare, stimolare: *to be ~red o... by ambition* essere spronato dall'ambizione. **3** (*to furnis... with spurs*) provvedere di speroni. **II** *v.i.* **1** spronare ... cavallo, dar di sprone. **2** ⟨*fig*⟩ (*to proceed quickly*) correr... andare a spron battuto.

spurge [spə:dʒ] *s.* ⟨*Bot*⟩ euforbia *f.*

spur gear *s.* ⟨*Mecc*⟩ ingranaggio *m* cilindrico (a den... diritti).

spurge| flax *s.* ⟨*Bot*⟩ erba *f* corza. **~ laurel** *s.* ⟨*Bot*⟩ erb... *f* laurina.

spurious ['spjuəriəs] *a.* **1** apocrifo, spurio: *a ~ text u...* testo apocrifo. **2** (*counterfeit*) falso, falsificato, fasull... spurio. **3** (*illegitimate*) spurio, illegittimo. **spurious...** [–li] *avv.* in modo spurio. **spuriousness** [–nis] *s.* l'esser... spurio.

spurn [spə:n] **I** *v.t.* **1** rifiutare sdegnosamente (*o* co... disprezzo), sdegnare, respingere: *to ~ s.o.'s offer of he...* rifiutare sdegnosamente l'offerta di aiuto di qd. **2** (*to ki... away*) respingere col piede (*o* a calci), calciare via. **II** *... 1** rifiuto *m* sdegnoso, ripulsa *f.* **2** ⟨*rar*⟩ (*kick*) calcio *m.*

spurred [spə:d] *a.* **1** fornito di speroni, che porta sp...

speroni. 2 〈*Bot,Ornit*〉 speronato.

purrey *s.* → **spurry.**

purrier ['spəːriə, 'spʌriə] *s.* chi fabbrica (*o* vende) speroni.

purry ['spʌri, *am.* 'spəːri] *s.* 〈*Bot*〉 spergola *f.*

purt [spəːt] **I** *v.i.* **1** (spesso con *out, forth*) sgorgare, scaturire, zampillare, sprizzare. **2** (*to make a sudden, violent effort*) fare uno sforzo improvviso e violento; (*to increase speed suddenly*) scattare. **II** *v.t.* (spesso con *out, forth*) espellere, cacciar fuori. **III** *s.* **1** getto *m*, zampillo *m.* **2** (*sudden, violent effort*) sforzo *m* improvviso e violento; (*sudden increase in speed*) scatto *m*, volata *f*, spunto *m*, allungo *m.* **3** (*sudden outburst*) accesso *m*, impeto *m*: *a* ~ *of anger* un accesso d'ira. □ 〈*fam*〉 *to put a* ~ *on* affrettarsi; *put a* ~ *on!* sbrigati!, fa' presto!

purk track *am. s.* 〈*Ferr*〉 raccordo *m* ferroviario. ~ **wheel** *s.* → **spur gear.**

putter ['spʌtə] **I** *v.i.* **1** scoppiettare, crepitare: *the engine –ed* il motore scoppiettava. **2** (*to speak confusedly*) borbottare, barbugliare, farfugliare. **3** (*to spray particles of saliva, food from the mouth*) sputacchiare. **II** *v.t.* **1** borbottare, barbugliare, dire in modo confuso. **2** (*of particles of food, saliva*) spruzzare. **III** *s.* **1** scoppiettio *m*, crepitio *m*, sfrigolio *m.* **2** (*confused speech*) borbottio *m*, farfugliamento *m.* **sputtering** [–riŋ] **I** *a.* scoppiettante, crepitante. **II** *s.* scoppiettio *m*, crepitio *m.*

putum *lat.* ['spjuːtəm] *s.* (*pl.* -ta [tə]/-s [z]) sputo *m*, escreato *m*, espettorato *m* (*anche Med.*).

py [spai] **I** *s.* **1** spia *f.* **2** (*informer*) spia *f*, informatore *m* (*f* –trice) (della polizia), delatore *m* (*f* –trice). **II** *v.t.* **1** spiare. **2** (*of a place; spesso con out*) esplorare, perlustrare: *to* ~ *out the land* esplorare il terreno. **3** (*to catch sight of*) avvistare, scorgere. **4** (*to discover by close examination; spesso con out*) scoprire (osservando). **III** *v.i.* **1** essere una spia, spiare, fare la spia. **2** (*to watch secretly*) spiare (*into, on, upon s.o.* qd.): *to* ~ *on one's wife* spiare la (propria) moglie. **3** (*to look out, keep watch*) stare in guardia (*for* contro). □ *to be arrested on* ~ *charges* essere arrestato per spionaggio.

py| glass *s.* cannocchiale *m.* ~ **hole** *s.* spioncino *m*, spia *f.* ~ **network** *s.* rete *f* di spionaggio. ~ **satellite** *s.* 〈*Astron*〉 satellite *m* spia.

q. = **1** 〈*Aer.mil*〉 *squadron* squadriglia. **2** *square* quadrato.

Sq. = **1** 〈*Aer.mil*〉 *Squadron* squadriglia. **2** *Square* piazza (*abbr.* P.za).

q.cm. = *square centimetre* centimetro quadrato (*abbr.* cmq).

qd. = *squad* squadra.

q.ft. = *square foot* piede quadrato.

q.in. = *square inch* pollice quadrato.

q.km. = *square kilometre* chilometro quadrato (*abbr.* kmq).

q.m(i). = *square mile* miglio quadrato.

q.mm. = *square millimetre* millimetro quadrato (*abbr.* mmq).

quab [skwɔb] **I** *s.* (*pl. inv.*/-**s** [z]) **1** (*young pigeon;* il pl.inv. si usa general. con valore collett.) piccioncino *m.* **2** (*short plump person*) persona *f* piccola e grassoccia, 〈*fam*〉 bombolotto *m.* **3** (*couch, sofa*) divano *m*, sofà *m*, canapè *m.* **4** (*cushion*) cuscino *m.* **II** *a.* **1** (*of a bird*) implume. **2** (*plump and squat*) grassoccio e tozzo. **III** *avv.* (*plump*) di peso, di schianto.

quabble ['skwɔbl] **I** *s.* **1** bisticcio *m*, battibecco *m*, litigio *m*, alterco *m.* **2** (*minor dispute*) controversia *f*, discussione *f*, disputa *f.* **II** *v.i.* **1** litigare, altercare. **2** 〈*Tip*〉 scomporsi. **III** *v.t.* 〈*Tip*〉 scomporre. **squabbler** [–ə] *s.* persona *f* litigiosa, attaccabrighe *m/f.*

quab pie *s.* 〈*Gastr*〉 **1** pasticcio *m* di piccione. **2** (*pie of mutton*) pasticcio *m* di montone.

quad [skwɔd] *s.* **1** 〈*Mil*〉 squadra *f*, drappello *m.* **2** (*of workmen*) squadra *f*, gruppo *m.* **3** (*group, party*) gruppo *m*, comitiva *f.* **4** 〈*am.Sport*〉 squadra *f.*

quad car *s.* automobile *f* della polizia.

quadron ['skwɔdrən] **I** *s.* **1** 〈*Aer.mil*〉 squadriglia *f.* **2** 〈*Mar.mil*〉 squadra *f.* **3** 〈*Mil*〉 squadrone *m.* **4** 〈*fig*〉

gruppo *m*, comitiva *f.* **II** *v.t.* disporre in squadriglie (*o* squadre).

squadron leader *s.* 〈*Aer.mil*〉 comandante *m* di squadriglia.

squalid ['skwɔlid] *a.* **1** sordido, lurido, sozzo, sporco: *a* ~ *hovel* un sordido tugurio. **2** (*wretched, miserable*) squallido, misero, desolato. **squalidity** [–iti] *s.* sordidezza *f*, sudiciume *m.* **squalidly** [–li] *avv.* sordidamente. **squalidness** [–nis] *s.* → **squalidity.**

squall[1] [skwɔːl] **I** *v.i./t.* strillare, urlare: *the baby began to* ~ il bambino cominciò a strillare. **II** *s.* grido *m*, urlo *m*, strillo *m.*

squall[2] I *s.* **1** 〈*Meteor*〉 groppo *m*, piovasco *m.* **2** 〈*fig*〉 (*quarrel*) litigio *m*, baruffa *f*, lite *f.* **II** *v.i.* fare burrasca. □ 〈*fig*〉 *to look out for* –*s* stare in guardia, tenere gli occhi ben aperti.

squally ['skwɔːli] *a.* **1** tempestoso, burrascoso. **2** (*of wind*) (che soffia) a raffiche, turbinoso. **3** 〈*fig*〉 tempestoso, burrascoso.

squalor ['skwɔlə] *s.* squallore *m*, desolazione *f.*

squama ['skweimə] *s.* (*pl.* -**mae** [miː]) 〈*Anat*〉 squama *f*, scaglia *f.* **squamose** [–mous], **squamous** [–s] *a.* squamoso, scaglioso.

squander ['skwɔndə] *v.t.* dissipare, sciupare, sperperare. **squanderer** [–rə] *s.* sprecone *m* (*f* –a), sciupone *m* (–a). **squandering** [–riŋ] *s.* sperpero *m*, spreco *m*, sciupio *m.*

squandermania [ˌskwɔndəˈmeiniə] *s.* 〈*fam*〉 mania *f* di spendere (*o* sprecare denaro).

square[1] [skwɛə] **I** *s.* **1** 〈*Geom,Mat,Mil*〉 quadrato *m: the* ~ *of 4 is 16* il quadrato di 4 è 16; *a* ~ *of chocolate* un quadrato di cioccolata. **2** (*on a chessboard, etc.*) scacco *m.* **3** (*area enclosed by buildings*) piazza *f* (a quattro lati). **4** 〈*fam*〉 (*unsophisticated or old-fashioned person*) tradizionalista *m/f*, conservatore *m* (*f* –trice). **5** 〈*Vest*〉 fazzoletto *m* da collo. **6** 〈*tecn*〉 (*instrument*) squadra *f.* **II** *a.* **1** quadrato, quadro: *a* ~ *sheet of paper* un foglio di carta quadrata. **2** (*forming, formed by a right angle*) (*ad angolo*) retto, ⌜che forma⌝ (*o* formato da) un angolo retto: ~ *corners* angoli retti; (*at right angles*) ad angolo retto, a squadra (*to* con); (*perpendicular*) perpendicolare, ortogonale (*to* a), a squadro (con). **3** (*of parts of the body*) quadrato, robusto: ~ *shoulders* spalle quadrate (*of the frame*) tarchiato, tozzo. **4** (*of a unit of length*) quadrato, quadro. **5** 〈*fam*〉 (*honest, fair*) onesto, retto, leale. **6** 〈*fam*〉 (*direct, unequivocal*) netto, franco, schietto: *a* ~ *refusal* un secco rifiuto. **7** 〈*fam*〉 (*satisfying*) soddisfacente, abbondante: *a* ~ *meal* un pasto soddisfacente. **8** (*of an account*) saldato; (*having all accounts settled*) pari (*e* patta): *I'll give you the rest tomorrow and then we'll be* ~ ti darò il resto domani, così saremo pari. **9** (*in scoring*) pari. **10** 〈*fam*〉 (*conservative, old-fashioned*) tradizionalista, conservatore, (di) vecchio stampo (*o* stile). **III** *avv.* **1** ad angolo retto: *to cut s.th.* ~ tagliare qc. ad angolo retto. **2** (*so as to face directly*) di fronte, dirimpetto: *the houses stood* ~ *to the road* le case erano di fronte alla strada. **3** 〈*fam*〉 (*directly, straight*) diritto, proprio, esattamente, in pieno: *I hit him* ~ *on the chin* lo colpii diritto sul mento. **4** 〈*fam*〉 (*honestly*) onestamente, lealmente: *to play* ~ giocare lealmente. □ 〈*fam*〉 *to get things* ~ sistemare le cose; 〈*fam*〉 *to get* ~ *with s.o.* regolare i conti con qd.; *on the* ~: **1** ad angolo retto: *to cut s.th. on the* ~ tagliare qc. ad angolo retto; **2** 〈*fam*〉 (*honest*) onesto, leale; **3** (*honestly*) lealmente, onestamente: *to treat s.o. on the* ~ trattare qd. lealmente; **4** (*on terms of equality*) da pari a pari. ‖ *a room ten feet* ~ una stanza dieci piedi quadrati.

square[2] I *v.t.* **1** (s)quadrare: *to* ~ *stones* squadrare pietre; *to* ~ *the end of a log* squadrare l'estremità di un tronco. **2** (*to mark into squares; spesso con off*) dividere in quadrati, quadrettare. **3** (*of one's shoulders*) raddrizzare, drizzare. **4** 〈*Mat*〉 elevare al quadrato, quadrare: *to* ~ *a number* elevare un numero al quadrato; (*to find the square equivalent of*) fare la quadratura di, quadrare. **5** (*of an account*) regolare, pagare, saldare. **6** (*to even the score of*) pareggiare. **7** 〈*fig*〉 (*to bring into harmony*) conciliare, accordare: *how can he* ~ *it with his conscience?* come può conciliare ciò con la sua coscienza? **8** ⟨*fam*⟩ (*to persuade*) persuadere, convincere; (*to persuade by bribery*) corrompere, comprare; (*to obtain the connivance of*) ottenere la complicità di. **9** ⟨*tecn*⟩ (*to test with a try-square*) controllare con la squadra fissa. **II** *v.i.* **1** quadrare, coincidere (*with* con), corrispondere (a): *his story does not ~ with the facts* la sua storia non quadra con i fatti. **2** (*to settle matters*) sistemare le cose (con). **3** ⟨*Sport*⟩ pareggiare. ⬜ *to ~ off* squadrare; *to ~ up*: 1 (*to adopt a fighting stance*) assumere un atteggiamento bellicoso; 2 (*to prepare to fight*) mettersi in guardia (*to* contro); 3 (*to settle matters*) sistemare le cose; 4 (*to pay the bill*) pagare (*o* saldare) il conto, pagare; 5 (*to place at right angles*) mettere ad angolo retto; 6 ⟨*fam*⟩ (*to face*) affrontare (*to s.th.* qc.).

square| bashing [bæʃiŋ] *s.* ⟨*mil*⟩ esercitazione *f* militare. **~ bracket** *s.* ⟨*Tip*⟩ parentesi *f* quadra. **'~-'built** *a.* tarchiato, tozzo. **~ dance** *s.* quadriglia *f.* **~ dancing** *s.* il prendere parte a una square dance. **~ deal** *s.* ⟨*fam*⟩ giusto trattamento *m.* ⬜ *to give s.o. a ~* trattare qd. onestamente. **~ inch** *s.* pollice *m* quadrato. **~ kilometer** *am.,* **~ kilometre** *s.* chilometro *m* quadrato.

squarely ['skwɛəli] *avv.* **1** a modo (*o* forma) di quadrato. **2** ⟨*fig*⟩ (*directly, straight*) diritto, in pieno, esattamente. **3** ⟨*fam*⟩ (*honestly*) onestamente, lealmente.

square| measure *s.* misura *f* di superficie. **~ meter** *am.,* **~ metre** *s.* metro *m* quadrato. **~ mile** *s.* miglio *m* quadrato. **~ millimeter** *am.,* **~ millimetre** *s.* millimetro *m* quadrato.

squareness ['skwɛənis] *s.* **1** l'essere quadrato, l'avere forma quadrata. **2** ⟨*fig*⟩ (*honesty*) lealtà *f,* onestà *f,* correttezza *f.*

square| number *s.* ⟨*Mat*⟩ quadrato *m.* **~ one** *s.* ⟨*fig*⟩ (*starting point*) punto *m* di partenza: *to be back to ~* tornare al punto di partenza. **~-rigged** *a.* con attrezzatura a vele quadre. **~ rigger** *s.* nave *f* con attrezzatura a vele quadre. **~ root** *s.* ⟨*Mat*⟩ radice *f* quadrata. **~ shooter** *am.* *s.* ⟨*fam*⟩ (*honest person*) persona *f* onesta (*o* leale), galantuomo *m.* **'~-'shouldered** *a.* dalle spalle quadrate. **~ yard** *s.* iarda *f* quadrata.

squaring ['skwɛəriŋ] *s.* **1** squadratura *f.* **2** ⟨*Mat*⟩ quadratura *f.* **3** (*act of settling*) pagamento *m.*

squarish ['skwɛəriʃ] *a.* approssimativamente (*o* quasi) quadrato.

squarrose ['skwærous, 'skwɔrous] *a.* ⟨*Biol*⟩ squamoso, scaglioso.

squash[1] [skwɔʃ] **I** *v.t.* **1** schiacciare, spiaccicare: *to ~ a beetle under one's foot* schiacciare uno scarafaggio con il piede; (*of fruit*) spremere, pigiare. **2** ⟨*fig*⟩ (*to suppress*) reprimere, soffocare, stroncare: *to ~ a rebellion* reprimere una ribellione. **3** (*to press, squeeze too tight*) schiacciare, comprimere, pigiare: *move over, you're -ing me* spostati, mi stai schiacciando. **4** ⟨*fam*⟩ (*to reduce to silence*) far tacere, ridurre al silenzio, chiudere la bocca a: *I -ed him with a glance* lo feci tacere con un'occhiata. **II** *v.i.* **1** schiacciarsi, spiaccicarsi. **2** (*to move with a splashing sound*) diguazzare, sguazzare: *to ~ through the mud* diguazzare nel fango. **3** (*to squeeze, crowd*) pigiarsi, spingersi a forza: *we -ed into the back seat* ci pigiammo sul sedile posteriore. **III** *s.* **1** schiacciamento *m.* **2** (*squashed mash*) poltiglia *f.* **3** (*drink made of crushed fruit*) spremuta *f.* **4** (*tightly-packed crowd*) calca *f,* ressa *f,* folla *f,* pigia pigia *m.* **5** ⟨*Mod*⟩ → **squash hat. 6** ⟨*Sport*⟩ → **squash rackets.**

squash[2] *s.* ⟨*Bot*⟩ zucca *f.*

squash hat *s.* ⟨*Mod*⟩ cappello *m* floscio.

squashily ['skwɔʃili] *avv.* mollemente. **squashiness** [-ʃinis] *s.* l'essere floscio, mollezza *f.*

squash rackets *s.pl.* (costr. sing.) ⟨*Sport*⟩ gioco di palla e racchetta praticato su un campo chiuso, squash.

squashy ['skwɔʃi] *a.* **1** molle, floscio, molliccio. **2** (*of ground, etc.*) pantanoso, acquitrinoso.

squat[1] [skwɔt] *v.i.* (*pret., p.p.* **'squatted** [-id]) **1** (spesso con *down*) accovacciarsi, accosciarsi, accoccolarsi; (*to sit cross-legged*) sedere a gambe incrociate. **2** (*of an animal*) acquattarsi, accucciarsi. **3** (*to occupy property illegally*)

occupare abusivamente.

squat[2] **I** *s.* **1** l'accoccolarsi, l'accovacciarsi. **2** (*squatting posture*) posizione *f* accoccolata. **II** *a.* **1** (*of people, the body, etc.*) tarchiato, tracagnotto, tozzo; (*of things*) tozzo. **2** (*in a squatting position*) accovacciato.

squatter ['skwɔtə] *s.* **1** chi si accovaccia. **2** (*an animal*) animale *m* che si accuccia (*o* acquatta). **3** (*one who occupies property illegally*) occupatore *m* abusivo. **4** ⟨*austral*⟩ (*sheep farmer*) allevatore *m* di pecore.

squatter's right *s.* diritto *m* dell'occupante di un suolo pubblico al possesso del terreno occupato.

squatting ['skwɔtiŋ] *s.* occupazione *f* abusiva.

squatty ['skwɔti] *a.* alquanto tozzo, tarchiato.

squaw [skwɔ:] *s.* squaw *f.*

squawk [skwɔ:k] **I** *v.i.* **1** emettere strida rauche. **2** ⟨*fam*⟩ (*to complain loudly*) lamentarsi (*o* protestare) ad alta voce strillare. **II** *s.* **1** strido *m* rauco. **2** ⟨*fam*⟩ protesta rumorosa, strilli *mpl.* **'squawker** [-ə] *s.* **1** chi emette strida rauche. **2** ⟨*fam*⟩ chi ʿsi lamentaʾ (*o* protesta) ad alta voce.

squaw man [mən] *s.* uomo *m* bianco sposato a una pellerossa.

squeak [skwi:k] **I** *v.i.* **1** (*of animals*) squittire, stridere strillare; (*of puppies*) guaire; (*of pigeons, etc.*) pigolare. **2** (*of persons*) emettere piccoli gridi striduli; ⟨*scherz,spreg*⟩ squittire: *she -ed with excitement* squittiva per l'eccitazione. **3** (*of things*) cigolare, stridere, scricchiolare. **4** ⟨*sl*⟩ (*to turn informer, squeal*) fare la spia, ⟨*gerg*⟩ soffiare. **II** *v.t.* dire con voce stridula. **III** *s.* **1** (*of animals*) squittio *m,* stridio *m,* strillo *m*; (*of a puppy*) guaito *m*; (*of pigeons, etc.*) pigolio *m.* **2** (*of persons*) strillo *m.* **3** (*of things*) cigolio *m,* stridio *m,* scricchiolio *m.* ⬜ ⟨*fam*⟩ *to have a narrow ~ close, near*) ~ cavarsela per un pelo. **'squeaker** [-ə] *s.* **1** animale *m* che squittisce (*o* stride). **2** (*toy*) giocattolo *m* che fa un verso stridulo. **3** ⟨*sl*⟩ (*informer*) spia *f,* delatore *m* (*f* -trice), ⟨*gerg*⟩ soffiatore *m* (*f* -trice). **'squeakiness** [-inis] *s.* l'essere stridulo (*o* stridente). **'squeakingly** [-iŋli] *avv.* in modo stridulo (*o* stridente). **'squeaky** [-i] *a.* stridulo, stridente, cigolante scricchiolante: *a ~ voice* una voce stridula.

squeal [skwi:l] **I** *v.i.* **1** (*of animals*) stridere, strillare squittire. **2** (*of people*) emettere piccoli gridi striduli, ⟨*scherz,spreg*⟩ squittire. **3** (*to emit a shrill noise*) stridere *the brakes -ed* i freni stridevano. **4** ⟨*fam*⟩ (*to complain loudly*) protestare rumorosamente, lamentarsi ad alta voce. **5** (*to turn informer*) fare la spia (*on* a). **II** *v.t.* gridare con voce stridula. **III** *s.* **1** squittio *m,* stridio *m: the ~ of pigs* lo squittio dei maiali. **2** (*shrill noise*) stridore *m: a ~ of brakes* uno stridore di freni. **'squealer** [-ə] *s.* **1** chi stride. **2** ⟨*sl*⟩ (*informer*) spia *f,* delatore *m* (*f* -trice), ⟨*gerg*⟩ soffiatore *m* (*f* -trice). **3** (*young pig*) maialino *m,* lattonzolo *m.*

squeamish ['skwi:miʃ] *a.* pudibondo; (*fastidious*) schizzinoso, schifiltoso. **squeamishly** [-li] *avv.* schifiltosamente. **squeamishness** [-nis] *s.* l'essere schizzinoso (*o* schifiltoso): *to be ~* fare lo schifiltoso (*o* schizzinoso).

squeegee ['skwi:'dʒi:] *s.* **1** ⟨*Fot*⟩ seccatoio *m.* **2** ⟨*Aut*⟩ racchetta *f* (del tergicristallo).

squeezable ['skwi:zəbl] *a.* **1** che si può premere (*o* comprimere). **2** ⟨*fam*⟩ (*susceptible to extortion*) che si può spremere.

squeeze [skwi:z] **I** *v.t.* **1** stringere, premere: *to ~ s.o.'s hand* stringere la mano a qd.; (*to compress*) schiacciare, pigiare, comprimere; (*in order to extract s.th.*) strizzare spremere: *to ~ a lemon* strizzare un limone. **2** (*to force by pressure*) spingere (*o* premere) con forza, calcare, pigiare. **3** (*to embrace closely, hug*) abbracciare strettamente stringere (in un abbraccio). **4** (*to crowd, find room for*) spesso con *in* far posto a, trovare spazio (*o* tempo) per far entrare: *we can ~ another one in* possiamo far posto un altro. **5** (*to obtain by extortion*) spremere, estorcere spillare: *to ~ money out of s.o.* spremere denari a qd. (*to exert financial or other pressure on*) fare (*o* esercitare pressioni su, costringere, forzare. **7** (*of a trigger*) premere far scattare. **8** (*to take an impression of*) prendere l'impronta di. **II** *v.i.* **1** spingere. **2** (*to force one's way* trodursi a forza, aprirsi un varco. **III** *s.* **1** stretta *f: she ave my hand a* ~ mi dette una stretta di mano. **2** (*close mbrace, hug*) abbraccio *m*, stretta *f.* **3** (*quantity squeezed ut of s.th.*) spremuta *f*, strizzata *f.* **4** (*tightly-packed owd*) ressa *f*, calca *f*, folla *f*, pigia pigia *m.* **5** ⟨*fam*⟩ *xtortion*) estorsione *f*; (*extortionary pressure*) pressione *f* scopo di estorsione. **6** (*economic hardship*) difficoltà *fpl* onomiche, ristrettezze *fpl.* **7** ⟨*Econ*⟩ restrizione *f: credit* restrizione creditizia. **8** (*impression*) impronta *f*, calco *.* **9** (*in bridge*) compressione *f.* ▢ *he was –d to death in e crowd* morì schiacciato dalla folla; ⟨*fam*⟩ *to have a arrow* (o *near*) ~ scamparla per un pelo (o miracolo); *am*) *to be in a tight* ~ essere pigiati come sardine; *to* ~ *p* (o *together*) stringersi, accostarsi, serrarsi.

eezer ['skwi:zə] *s.* **1** chi spreme, spremitore *m* (*f trice*). **2** (*for fruit, vegetables*) spremitoio *m*, remilimoni *m.* **3** (*playing card*) carta *f* da gioco il cui alore è indicato in alto a sinistra. **4** ⟨*Agr*⟩ torchio *m* (a te), strettoio *m.* **5** ⟨*Met*⟩ formatrice *f* a compressione.

elch [skwelt∫] **I** *v.i.* **1** fare ciac(che) (o tonfete). **2** (*to ove with a sucking, splashing noise*) diguazzare, sguazza-: *to* ~ *through the mud* diguazzare nel fango. **II** *v.t.* **1** far re ciac(che) (o tonfete) a. **2** (*to crush, squash*) schiaccia-, spiaccicare. **3** ⟨*fam*⟩ (*to suppress*) reprimere, soffocare, roncare; (*to reduce to silence*) ridurre al silenzio, far cere, chiudere la bocca a. **III** *s.* **1** tonfo *m*, tonfete *m*, ciac-e *m.* **2** (*squelched mass*) poltiglia *f*, cosa *f* spiaccicata.

ib [skwib] *s.* **1** petardo *m*, piccolo razzo *m.* **2** ⟨*tecn*⟩ (*or a charge*) innesco *m*; (*for a rocket*) detonatore *m.* **3** *ig*⟩ (*short satiric writing or speech*) pasquinata *f*, satira *f.*

id [skwid] **I** *s.* (*pl. inv./-s* [z]; il pl.inv. si usa general. n valore collett.) **1** ⟨*Itt*⟩ calamaro *m.* **2** ⟨*Pesc*⟩ esca *f* tificiale a forma di calamaro. **II** *v.i.* (*pret., p.p.* '**squidded**) andare a pesca di calamari. **2** ⟨*Pesc*⟩ pescare usando 'esca artificiale a forma di calamaro.

iffer ['skwifə] *s.* ⟨*sl*⟩ (*concertina*) concertina *f.*

iffy ['skwifi] *a.* ⟨*fam*⟩ **1** brillo, alticcio. **2** (*askew, ooked*) storto, sghembo, di traverso. **3** (*silly*) sciocco.

iggle ['skwigl] **I** *v.i.* **1** contorcersi, torcersi, dimenarsi. (*to write in squiggles*) fare scarabocchi, scrivere in modo eggibile. **II** *v.t.* scarabocchiare, sgorbiare: *to* ~ *one's gnature* scarabocchiare la propria firma. **III** *s.* **1** olazzo *m*, ghirigoro *m*, voluta *f.* **2** (*squiggly ndwriting*) scarabocchi *mpl.* **squiggly** [-i] *a.* a olazzi, a volute.

ill [skwil] *s.* **1** ⟨*Bot*⟩ scilla *f* marittima, cipolla *f* arina, squilla *f.* **2** ⟨*Zool*⟩ squilla *f.*

illa ['skwilə] *s.* (*pl. -s* [z]/*-llae* [li:]) ⟨*Zool*⟩ **1** squilla *f.* (*mantis shrimp*) cicala *f* di mare, canocchia *f.*

int [skwint] **I** *v.i.* **1** ⟨*Med*⟩ essere strabico. **2** (*to look bliquely, askance*) guardare ⸢di traverso⸣ (o storto). **3** *ig*⟩ (*to look suspiciously, maliciously, etc.*) guardare con spetto (o maliziosamente, ecc.). **4** ⟨*fig*⟩ (*to tend, incline*) ndere, inclinare (a). **II** *v.t.* (*of the eyes*) socchiudere, nere socchiuso. **III** *s.* **1** ⟨*Med*⟩ strabismo *m.* **2** (*oblique ok*) sguardo *m* di traverso, il guardare storto. **3** ⟨*fig*⟩ urtive look*) sguardo *m* furtivo, sbirciata *f.* **4** ⟨*fam*⟩ lance, look*) sguardo *m*, occhiata *f*, guardata *f: to have a ick* ~ *at s.th.* dare un rapido sguardo a qc. **5** ⟨*fig*⟩ ndirect reference*) riferimento *m* indiretto. **6** ⟨*fig*⟩ endency, inclination*) tendenza *f*, inclinazione *f.*

int-eyed *a.* **1** strabico, guercio. **2** ⟨*fig*⟩ maligno, alizioso.

ire ['skwaiə] **I** *s.* **1** gentiluomo *m* di campagna, gnorotto *m*; (*principal landowner in a village*) principale ossidente *m*; (*country landowner*) possidente *m* terriero. ⟨*Stor*⟩ scudiero *m.* **3** ⟨*fig*⟩ (*lady's escort*) cavaliere *m* ervente). **4** ⟨*fam*⟩ (*sir*) signore *m.* **5** ⟨*am*⟩ (*justice of the ace*) giudice *m* di pace; (*local judge*) giudice *m* locale. *v.t.* accompagnare, scortare, fare da cavaliere a.

uirearchy [-ra:ki] *s.* **1** classe *f* dei possidenti (o roprietari terrieri). **2** (*power*) potere *m* dei proprietari rrieri. **3** (*government by landed gentry*) governo *m* dei roprietari terrieri. **squiredom** [-dəm] *s.* **1** condizione *f* possidente (o proprietario terriero). **2** ⟨*collett*⟩ (*landed ntry of a country*) possidenti *mpl*, proprietari *mpl* rrieri.

squireen *irl.* [skwaiə'ri:n] *s.* piccolo possidente *m.*
squirehood ['swaiəhud], **squireship** [-∫ip] *s.* → **squiredom.**

squirm [skwə:m] **I** *v.i.* **1** dimenarsi, contorcersi, agitarsi: *to* ~ *in the dentist's chair* dimenarsi sulla poltrona del dentista. **2** ⟨*fig*⟩ (*to feel embarrassed*) stare sulle spine, sentirsi ⸢a disagio⸣ (*o* in imbarazzo); (*to feel humiliated*) essere umiliato, vergognarsi. **3** ⟨*fig*⟩ (*to extricate o.s.; spesso con* out) liberarsi, districarsi: *to* ~ *out of a commitment* liberarsi da un impegno. **II** *s.* contorcimento *m*, contorsione *f.*

squirrel ['skwirəl] **I** *s.* **1** ⟨*Zool*⟩ sciuro *m*, scoiattolo *m.* **2** (*fur, pelt*) pelle *f* di scoiattolo. **3** (*one who hoards objects of small value*) chi raccoglie e conserva oggetti di nessun valore. **II** *a.* di (pelle di) scoiattolo: *a* ~ *coat* un cappotto di scoiattolo.

squirt [skwə:t] **I** *v.i.* **1** schizzare, zampillare, sprizzare: *the lemon –ed in my eye* il limone mi è schizzato nell'occhio: *the hose began to* ~ il tubo (di gomma) cominciò a schizzare. **II** *v.t.* schizzare, spruzzare: *to* ~ *water on s.o.* schizzare (l') acqua addosso a qd. **III** *s.* **1** schizzo *m*, spruzzo *m.* **2** ⟨*Med*⟩ (*syringe*) siringa *f* (per lavature), schizzetto *m.* **3** ⟨*sl*⟩ (*insignificant but bumptious person*) persona *f* insignificante ma piena di boria; (*mean, untrustworthy person*) canaglia *f*, mascalzone *m.*

squirt| can *am. s.* oliatore *m* a mano a pressione. ~ **gun** *s.* **1** → **spray gun.** **2** ⟨*am*⟩ (*water pistol*) schizzetto *m*, pistola *f* ad acqua.

squish [skwi∫] ⟨*fam*⟩ **I** *v.i.* fare il rumore d'un tonfo, fare ciac(che). **II** *v.t.* far ciac(che) a. **III** *s.* **1** tonfo *m*, tonfete *m*, ciacche *m.* **2** (*soft wet mud*) melma *f*, mota *f*, fanghiglia *f*, poltiglia *f.* **3** ⟨*sl*⟩ (*clammily viscous*) viscoso, appiccicoso, molliccio, attaccaticcio.

squit [skwit] *s.* **1** ⟨*sl*⟩ (*unimportant person*) persona *f* insignificante; (*mean, untrustworthy person*) canaglia *f*, mascalzone *m.* **2** ⟨*volg*⟩ (*nonsense, rubbish*) sciocchezze *fpl*, balle *fpl*, ⟨*pop*⟩ fesserie *fpl.*

sq.yd. = *square yard* iarda quadrata.

Sr. = *Senior* anziano.

SS = **1** *steamship* motonave (*abbr.* M/N). **2** ⟨*Naz*⟩ *Schutzstaffel* milizia nazista.

SS. = *Saints* santi (*abbr.* SS., ss., Ss).

S.S. = **1** *Secret Service* servizio segreto. **2** *steamship* motonave (*abbr.* M/N).

SSE, S.S.E. = *south–south-east* sud-sud-est (*abbr.* SSE).

SSW, S.S.W. = *south–south-west* sud-sud-ovest (*abbr.* SSO).

ST = *standard time* ora ufficiale.

st. = **1** *stanza* stanza. **2** *statute* statuto. **3** *stone* stone. **4** *street* via.

St. = **1** *Saint* Santo (*abbr.* S.). **2** *Street* via (*abbr.* v.).

s.t. = ⟨*Econ*⟩ *short ton* piccola tonnellata.

stab[1] [stæb] *v.* (*pret., p.p.* **stabbed** [-d]) **I** *v.t.* **1** pugnalare: *to* ~ *s.o. in the chest* pugnalare qd. al petto; (*with a knife*) accoltellare. **2** (*to pierce with s.th. pointed*) pungere, trafiggere, bucare. **3** ⟨*fig*⟩ (*to cause a piercing pain to*) dare fitte a; (*to cause mental pain to*) rimordere, pungere: *my conscience –bed me* la coscienza mi rimordeva. **4** ⟨*Mur*⟩ martellinare, scalpellare. **5** ⟨*Aut*⟩ aderizzare. **II** *v.i.* dar colpi di pugnale, dare pugnalate (*at* a). **2** (*to thrust with s.th. pointed*) pungere, trafiggere, bucare (*at s.th.* qc.). ▢ *to* ~ *s.o. in the back* pugnalare qd. alle spalle (*anche fig.*).

stab[2] *s.* **1** pugnalata *f*, stoccata *f*; (*with a knife*) coltellata *f.* **2** (*wound*) ferita *f* d'arma da taglio. **3** ⟨*fig*⟩ (*sudden sharp pain*) fitta *f*, trafittura *f*, stilettata *f: a* ~ *of rheumatism* una fitta di reumatismi. **4** ⟨*fam*⟩ (*attempt, try*) tentativo *m*, prova *f: I'll have* (o *make*) *a* ~ *at it* farò un tentativo. ▢ *a* ~ *in the back* una pugnalata alle spalle (*anche fig.*).

stabber ['stæbə] *s.* **1** chi ferisce con un'arma da taglio, chi pugnala; (*with a knife*) accoltellatore *m* (*f* –trice). **2** (*knife*) pugnale *m*, stiletto *m*; (*pointed instrument*) strumento *m* appuntito.

stabbing[1] ['stæbiŋ] *a.* (*of pain*) lancinante, acuto.
stabbing[2] *s.* ⟨*Aut*⟩ aderizzazione *f.*

stability [stə'biliti] *s.* **1** stabilità *f,* solidità *f: the ~ of the economy* la stabilità dell'economia. **2** (*steadfastness*) stabilità *f,* costanza *f,* fermezza *f,* saldezza *f: emotional ~* stabilità emotiva. **3** ⟨*Chim,Aer,Fis*⟩ stabilità *f.*

stabilization [,steibilai'zeiʃən] *s.* stabilizzazione *f.*

stabilize ['steibilaiz] *v.t.* **1** stabilizzare, rendere fermo (*o* stabile). **2** ⟨*Econ,Aer,Chim*⟩ stabilizzare. **stabilizer** [–ə] *s.* **1** chi stabilizza, stabilizzatore *m* (*f* –trice). **2** ⟨*Aer,Mar,Artigl*⟩ stabilizzatore *m.* **stabilizing** [–iŋ] *a.* stabilizzante, stabilizzatore.

stable[1] ['steibl] **I** *s.* **1** (*for horses*) stalla *f,* scuderia *f;* (*for cattle*) stalla *f.* **2** (*horse establishment*) scuderia *f.* **3** ⟨*collett*⟩ (*horses under one owner, trainer etc.*) scuderia *f.* **4** ⟨*fig*⟩ (*of people*) gruppo *m* (legato da interessi comuni), scuderia *f;* (*of things*) scuderia *f: a ~ of racing cars* una scuderia di macchine da corsa. **II** *v.t.* mettere (*o* tenere) nella scuderia, stallare. **III** *v.i.* stare nella stalla (*o* scuderia).

stable[2] *a.* **1** saldo, stabile, solido, fermo: *a ~ structure* una solida struttura; *a ~ government* un governo stabile; (*abiding, permanent*) stabile, permanente, duraturo, durevole: *a ~ job* un impiego stabile; *~ peace* pace duratura. **2** ⟨*Econ*⟩ stabile, saldo, solido: *~ currency* moneta stabile. **3** (*steadfast, constant*) stabile, costante, fermo, saldo; (*mentally sound*) equilibrato. **4** ⟨*Fis,Aer, Chim*⟩ stabile.

stable|boy *s.* garzone *m* (*o* mozzo) di stalla. **~ companion** *s.* **1** (*of a racehorse*) cavallo *m* della medesima scuderia. **2** ⟨*fig*⟩ (*of a club*) membro *m* dello stesso circolo; (*of a school, etc.*) compagno *m* di scuola (*o* studi). **~man** [mən] *s.irr.* stalliere *m.*

stabling ['steibliŋ] *s.* **1** stallaggio *m.* **2** ⟨*collett*⟩ (*stables*) stalle *fpl;* (*for horses*) scuderie *fpl.*

stably ['steibli] *avv.* stabilmente.

staccato *it.* [stə'ka:tou] **I** *a.* **1** ⟨*Mus*⟩ staccato. **2** ⟨*fig*⟩ intermittente, discontinuo: *the ~ sound of gunfire* il rumore intermittente degli spari. **II** *avv.* ⟨*Mus*⟩ staccatamente, in (modo) staccato.

stack[1] [stæk] *s.* **1** catasta *f,* pila *f,* mucchio *m,* cumulo *m: a ~ of logs* una catasta di tronchi; *to pile books in –s* fare delle pile di libri. **2** ⟨*Agr*⟩ (*of grain*) bica *f,* barca *f;* (*of hay*) pagliaio *m.* **3** ⟨*fam*⟩ (*large quantity, lot;* spesso al pl.) grande quantità *f,* cumulo *m,* ⟨*fam*⟩ mucchio *m,* ⟨*fam*⟩ sacco *m: I have a ~ of work to do* ho un mucchio di lavoro da fare; *they have –s of money* hanno un sacco di soldi. **4** (*group of chimneys*) gruppo *m* di camini. **5** (*tall chimney*) ciminiera *f.* **6** ⟨*Mar,Ferr*⟩ (*smokestack*) fumaiolo *m.* **7** (*unit of measure for firewood*) unità *f* di misura (inglese) per legna da ardere (pari a 3,05 m³). **8** ⟨*Mil*⟩ fascio *m* di fucili. **9** ⟨*Aer*⟩ gruppo *m* di aerei in volo in attesa di atterrare. **10** (*in card games*) posta *f.*

stack[2] *v.t.* **1** accatastare, ammucchiare, ammassare: *to ~ firewood* accatastare legna (da ardere). **2** ⟨*Agr*⟩ accovonare, accatastare: *to ~ hay* accovonare il fieno; (*of grain*) abbiccare. **3** (*to fill with stacks of s.th.*) riempire, caricare: *to ~ the shelves with books* riempire gli scaffali di libri. **4** ⟨*Mil*⟩ mettere in fascio. **5** ⟨*sl*⟩ (*of cards*) preparare ad arte (a proprio favore). **6** ⟨*Aer*⟩ assegnare la quota a (per l'atterraggio). □ *to ~ up:* 1 impilare, ammucchiare; 2 (*to accumulate*) accumularsi, ammucchiarsi: *a lot of work had –ed up* un mucchio di lavoro si era accumulato.

stacte ['stækti:] *s.* ⟨*Bibl*⟩ mirra *f* usata per preparare l'incenso.

stadia ['steidiə] *s.* ⟨*Topogr*⟩ **1** → **stadia rod. 2** rilievo *m* topografico a mezzo stadia. **stadia rod** *s.* ⟨*Topogr*⟩ stadia *f.*

stadium ['steidiəm] *s.* (*pl* -**s** [z]/-**dia** [diə]) **1** ⟨*Sport*⟩ (*pl.* -**s**) stadio *m: a football ~* uno stadio di calcio. **2** ⟨*Stor.gr*⟩ (*course for footraces; pl.* -**dia**) stadio *m;* (*unit of length*) stadio *m* (pari a circa 192 m). **3** ⟨*Stor.rom*⟩ (*unit of length; pl.* -**dia**) stadio *m* (pari a circa 185 m). **4** ⟨*Biol*⟩ stadio *m,* fase *f.*

staff[1] [sta:f] **I** *s.* (*pl.* **staffs** [sta:fs]/**staves** [steivz]) **1** bastone *m;* (*pilgrim's staff*) bordone *m;* (*supporting bar, rod*) staffa *f,* barra *f* di sostegno. **2** ⟨*fig*⟩ (*s.th. that supports, upholds; pl.* **staffs**) bastone *m,* sostegno *m,*

appoggio *m.* **3** (*pl.* **staffs:** *group of assistants, aides*) st* m,* gruppo *m* di assistenti (*o* funzionari): *the President's* lo staff del presidente; (*personnel*) personale *m,* impieg* mpl,* dipendenti *mpl,* staff *m: the editorial ~ of* newspaper* 'il personale di'¹ (*o* la) redazione di un giorna* (*of a hospital*) personale *m* medico dirigente, dirigenti *n* sanitari; (*of a school*) personale *m* docente amministrativo; (*of a factory*) personale *m* con funzio* direttive. **4** ⟨*Mil*⟩ (*pl.* **staffs**) stato *m* maggiore. (*flagstaff*) asta *f* della bandiera. **6** (*rod of office*) basto* m* (di comando). **7** (*graduated stick, rod*) asta *f* gradua* **8** ⟨*Rel*⟩ bastone *m* pastorale. **9** ⟨*Mus*⟩ (*pl.* **stav** pentagramma *m,* rigo *m* (musicale). **II** *a.* **1** del persona* dei dipendenti, aziendale: *~ canteen* mensa aziendale. ⟨*Mil*⟩ con funzioni (solo) esecutive: *a ~ job* un incar* con funzioni esecutive. **III** *v.t.* **1** fornire (*o* provvede* di personale. **2** (*to be the personnel of*) essere *a* dipendenze di. □ ⟨*fig*⟩ *the ~ of life* il pane; *to be on ~ of* far parte del personale di.

staff[2] *s.* ⟨*Mur*⟩ materiale *m* da decorazione composto gesso, sostanze fibrose, ecc.

staff| angle *s.* ⟨*Mur*⟩ paraspigolo *m.* **~ assistant** assistente *m* del personale. **~ college** *s.* ⟨*Mil*⟩ scuola *f* guerra. **~ corps** *s.pl.* (costr. sing.) corpo *m* di st* maggiore.

staff| management *s.* gestione *f* del personale. **manager** *s.* direttore *m* del personale. **~ mobility** mobilità *f* del personale. **~-officer** *s.* ⟨*Mil*⟩ ufficiale *m* stato maggiore. **~ training** *s.* addestramento *m* personale.

stag[1] [stæg] *s.* **1** ⟨*Zool*⟩ cervo *m.* **2** ⟨*fam*⟩ → **stag par** **3** ⟨*am.fam*⟩ (*one who attends a party unaccompanied*) va a un ricevimento senza accompagnatore. **4** ⟨*Econ*⟩ compra nuovi titoli a fine speculativo.

stag[2] *v.i.* (*pret., p.p.* **stagged** [–d]) **1** ⟨*Econ*⟩ acquist* nuovi titoli a fine speculativo. **2** ⟨*am.fam*⟩ (*to atten* party unaccompanied*) andare a un ricevimento 'da solo senza accompagnatore.

stag beetle *s.* ⟨*Entom*⟩ cervo *m* volante.

stage [steidʒ] **I** *s.* **1** ⟨*Teat*⟩ palcoscenico *m,* scena *f.* ⟨*fig*⟩ (*dramatic art, profession*) palcoscenico *m,* teatro scene *fpl: stars of ~ and screen* stelle del palcoscenic* dello schermo. **3** ⟨*fig*⟩ (*place where s.th. is do* exhibited, etc.*) teatro *m,* ambiente *m,* scenario *m.* (*raised platform*) palco *m,* podio *m.* **5** (*step in a proc* an activity, etc.*) fase *f,* stadio *m: experimental ~* sta* sperimentale. **6** *pl.* (*period of time, moment*) battute fasi *fpl,* stadio *m: the closing –s of a match* le batt* finali di un incontro; *the opening –s of a historical proc* le fasi iniziali di un processo storico. **7** ⟨*Med*⟩ fase stadio *m,* periodo *m: the critical ~ of a disease* la f* critica di una malattia; (*of operations*) tempo *m;* anaesthesia*) grado *m.* **8** (*regular stopping place of a pul* vehicle*) fermata *f,* sosta *f,* stazione *f,* tappa *f;* (*dista* between two stopping places*) tappa *f,* posta *f.* **9** ⟨*St* (*stagecoach*) diligenza *f,* postale *m;* (*stopping place*) po* f.* **10** ⟨*Astron,Aer.mil*⟩ stadio *m: a three-~* rocket razzo a tre stadi. **11** (*platform supported by scaffoldi* ponteggio *m,* piattaforma *f,* impalcatura *f,* palco *m.* ⟨*Mar*⟩ pontile *m.* **13** (*of a microscope*) piatto *m* tavolino) portaoggetti. **14** ⟨*Geol*⟩ stadio *m,* era *f,* epoc* **15** ⟨*Econ,Sociol*⟩ tappa *f,* periodo *m,* fase *f: the –s* civilization* le tappe della civiltà. **16** ⟨*Sport*⟩ tappa *f.* ⟨*Biol,Rad*⟩ stadio *m.* **18** ⟨*tecn*⟩ (*distance between hoist* levels*) fase *f.* **19** ⟨*Mecc*⟩ salto *m: pressure ~* salto pressione. **20** ⟨*rar*⟩ (*story*) piano *m;* (*landing*) nerottolo *m.* **II** *a.* ⟨*Teat*⟩ teatrale, di (*o* da) teatro. *v.t.* **1** mettere (*o* portare) in scena, allestire, rappresenta* to ~ a new drama* mettere in scena un nuovo dramma* (*to produce for public view*) allestire, organizzare, mett* su: *to ~ an exhibition* allestire una mostra. **3** ⟨*fam*⟩ contrive, fake*) simulare, inscenare, fingere: *to ~* accident* simulare un incidente. **4** ⟨*fam*⟩ (*to do, arran* etc.*) organizzare, preparare, promuovere: *to ~ a str* organizzare uno sciopero. **IV** *v.i.* essere adatto pe* palcoscenico (*o* le scene), essere rappresentabile: *the p* does not ~ well* la commedia non è adatta per palcoscenico. □ **by** –*s*: 1 a (*o* per) tappe: *to travel by –s* viaggiare a tappe; 2 ⟨*fig*⟩ per gradi, gradatamente, gradualmente: *to disarm by –s* disarmare per gradi; *to* **hold** *the* ~: 1 ⟨*Teat*⟩ tenere il cartellone; 2 ⟨*fig*⟩ essere ˈdi scenaˈ (*o* alla ribalta); ⟨*Teat*⟩ **on** ~ in scena, di scena, sul palcoscenico; ⟨*fig*⟩ *to be on the* ~ lavorare in teatro, fare l'attore (*o* l'attrice); ⟨*fig*⟩ *to go on the* ~ ˈcalcare leˈ (*o* darsi alle) scene; *to* **quit** *the* ~: 1 ⟨*Teat*⟩ abbandonare il teatro; 2 ⟨*fig*⟩ uscire dalla scena, ritirarsi.

stage| coach *s.* ⟨*Stor*⟩ postale *m*, diligenza *f*. **~craft** *s.* ⟨*Teat*⟩ arte *f* scenica, tecnica *f* teatrale, scenotecnica *f*. **~ designer** *s.* ⟨*Teat*⟩ architetto *m* scenografo (*o* teatrale). **~ direction** *s.* ⟨*Teat*⟩ didascalie *fpl*. **~ director** *s.* 1 regista *m/f* (teatrale). 2 → **stage manager**. **~ door** *s.* ingresso *m* ˈdegli artistiˈ (*o* del personale di scena). **~-door Johnny** *am. s.* ⟨*fam*⟩ chi va a teatro per corteggiare le attrici (*o* ballerine). **~ effect** *s.* effetto *m* scenico. **~ fright** *s.* paura *f* del pubblico, panico *m* che assale gli attori prima di andare in scena. **~ hand** *s.* macchinista *m*. **~ lighting** *s.* luci *fpl* (*o* illuminazione *f*) di scena. **~ manage** *v.t.* 1 ⟨*Teat*⟩ mettere in scena, allestire. 2 ⟨*fig*⟩ dirigere dietro le quinte; (*to arrange from behind the scenes*) architettare, macchinare. **~ management** *s.* direzione *f* artistica (*o* di scena). **~ manager** *s.* direttore *m* artistico (*o* di scena). **~ name** *s.* nome *m* d'arte. **~ play** *s.* opera *f* teatrale, commedia *f*. **tager** [ˈsteidʒə] *s.* (*old stager*) veterano *m*, esperto *m* (del mestiere).

stage| rights *s.pl.* diritti *mpl* di rappresentazione teatrale. **~-struck** *a.* affascinato (*o* attratto) dal teatro. **~-whisper** *s.* 1 ⟨*Teat*⟩ a parte *m*. 2 ⟨*estens*⟩ sussurro *m* perfettamente udibile.

tagey *a.* → **stagy**.

tagflation [stægˈfleiʃən] *s.* ⟨*Econ*⟩ stagflazione *f*, stagnazione *f* e inflazione.

tagger [ˈstægə] **I** *v.i.* 1 barcollare, traballare, vacillare, ondeggiare: *the injured man –ed and fell* l'uomo ferito barcollò e cadde. 2 (*to move with a stagger*; general. con *along*) muoversi barcollando (*o* traballando), andare vacillando. 3 ⟨*fig*⟩ (*to waver, hesitate*) esitare, vacillare, essere incerto, tentennare, titubare. **II** *v.t.* 1 far barcollare (*o* vacillare). 2 ⟨*fig*⟩ (*to shock, amaze*) lasciare di stucco, sbalordire, sconcertare: *the price he asked –ed me* il prezzo che mi chiese mi lasciò di stucco; (*to cause to waver*) far tentennare (*o* titubare). 3 (*to arrange at intervals of time*) scaglionare, distribuire nel tempo: *to* ~ *holidays* scaglionare le ferie. 4 (*to place on either side of a centre line*) sfalsare; (*to arrange in a zigzag order*) disporre a zigzag. 5 ⟨*Aer*⟩ scalare. **III** *s.* 1 traballamento *m*, barcollamento *m*, vacillamento *m*. 2 (*staggered arrangement*) sfalsamento *m*. 3 ⟨*Aer*⟩ scalamento *m*. 4 *pl.* (*giddiness*) vertigini *fpl*, capogiro *m*. 5 *pl.* ⟨*Veter*⟩ vermocane *m*, capostorno *m*, capogatto *m*. **staggered** [–d] *a.* scaglionato, distribuito nel tempo: ~ *opening hours* orari di apertura scaglionati. □ ~ *holidays* scaglionamento *m* delle ferie; ~ *strike* sciopero a scacchiera. **staggerer** [–rə] *s.* ⟨*fam*⟩ (*staggering questions, remark, etc.*) quesito *m* (*o* osservazione *f*) che lascia di stucco, domanda *f* sconcertante. **staggering** [–riŋ] *a.* incredibile, sbalorditivo, sconcertante: *a* ~ *increase in productivity* un incredibile incremento di produttività. □ ~ *blow* un colpo da far barcollare (*anche fig.*). **staggeringly** [–riŋli] *avv.* in modo sbalorditivo (*o* incredibile).

taghound [ˈstæghaund] *s.* ⟨*Venat*⟩ segugio *m* da cervi. **tagily** [ˈsteidʒili] *avv.* teatralmente. **staginess** [–dʒinis] *s.* teatralità *f*.

taging [ˈsteidʒiŋ] *s.* 1 ⟨*Teat*⟩ arte *f* scenica, allestimento *m* scenico, messa *f* in scena. 2 (*stage, scaffolding*) impalcatura *f*, palco *m*, ponteggio *m*, piattaforma *f*. 3 ⟨*Stor*⟩ (*business of running a stagecoach*) viaggio *m* in diligenza (*o* postale). 4 ⟨*Astron*⟩ sganciamento *m*.

Stagira [stəˈdʒaiərə] *N.pr.* ⟨*Geog*⟩ Stagira *f*. **Stagirite** [ˈstædʒirait] **I** *s.* stagirita *m/f*. **II** *N.pr.* ⟨*Stor.gr.*⟩ (*Aristotle*) Aristotele *m*, Stagirita *m*.

tagnancy [ˈstægnənsi] *s.* stagnazione *f*, ristagno *m*, stasi *f*, arresto *m*. **stagnant** [–nt] *a.* 1 stagnante, immobile. 2 ⟨*Econ,fig*⟩ stagnante, in ristagno: *a* ~ *economy* un'economia stagnante. 3 ⟨*fig*⟩ (*lifeless, dull*) morto, privo di vita (*o* animazione). **stagnate** [–neit] *v.i.* 1 stagnare, ristagnare. 2 ⟨*Econ,fig*⟩ stagnare, ristagnare, essere in ristagno. 3 ⟨*fig*⟩ (*to lead a dull, sluggish life*) vegetare. **stagnation** [–ˈneiʃən] *s.* 1 stasi *f*, ristagno *m* (*anche Econ.*). 2 ⟨*fig*⟩ stasi *f*, arresto *m*, sosta *f*.

stag party *s.* ⟨*fam*⟩ 1 riunione *f* per soli uomini. 2 (*party given by bachelor before his marriage*) festa *f* di addio al celibato.

stagy [ˈsteidʒi] *a.* teatrale, non spontaneo; (*artificial*) teatrale, artificioso, che fa scena.

staid [steid] *a.* contegnoso, posato, serio, grave. **ˈstaidly** [–li] *avv.* con posatezza, contegnosamente. **ˈstaidness** [–nis] *s.* posatezza *f*, serietà *f*, gravità *f*.

stain [stein] **I** *s.* 1 macchia *f*, chiazza *f*: *wine –s* macchie di vino. 2 ⟨*fig*⟩ macchia *f*, onta *f*, disonore *m*: *a* ~ *on the reputation* una macchia sulla reputazione. 3 (*dye for wood*) mordente *m*; (*for textiles*) colorante *m*. **II** *v.t.* 1 macchiare: *–ed with blood* macchiato di sangue. 2 ⟨*fig*⟩ macchiare, disonorare. 3 (*tecn*) (*of wood*) trattare con un mordente; (*of glass*) colorare; (*of cloth*) trattare con un colorante, colorare, tingere. **III** *v.i.* 1 macchiarsi: *this cloth will not* ~ questo tessuto non si macchia. 2 (*to take stain*) tingersi, colorarsi. **ˈstainable** [–əbl] *a.* 1 macchiabile. 2 (*capable of being stained*) colorabile, che si può tingere.

stained-glass [steind] **I** *s.* vetro *m* colorato. **II** *a.* di vetro colorato.

stainer [ˈsteinə] *s.* 1 chi macchia. 2 (*pigment*) pigmento *m*, colore *m*.

staining [ˈsteiniŋ] *s.* tintura *f*, colorazione *f*; (*for microscopic examination*) colorazione *f*.

stainless [ˈsteinlis] *a.* 1 senza macchia. 2 (*resistant to staining*) antimacchia. 3 ⟨*fig*⟩ senza macchia (*o* colpa), incontaminato, puro.

stainless steel *s.* acciaio *m* inossidabile.

stain resistant *a.* antimacchia.

stair [steə] *s.* 1 gradino *m*, scalino *m*. 2 (*flight of steps*; general. al pl.) scale *fpl*, scala *f*, scalinata *f*: *to fall down the –s* cadere giù per le scale. 3 *pl.* ⟨*Mar*⟩ pontile *m*. □ *below –s*: 1 nel sottoscala, nell'interrato; 2 (*in the servant's quarters*) negli alloggi della servitù; *the head of the –s* caposcala *m*, capo *m* di scala.

stair| carpet *s.* guida *f*, passatoia *f*. **~case** *s.* 1 scala *f*, scalinata *f*. 2 ⟨*Arch*⟩ scalea *f*. **~case landing** *s.* caposcala *m*. **~ rail** *s.* appoggiatoio *m*, ringhiera *f* delle scale. **~ rod** *s.* asta *f* metallica per fissare una guida. **~way** *s.* scale *fpl*. **~well** *s.* tromba *f* delle scale.

staith(e) [steið] *s.* ⟨*Mar*⟩ 1 pontile *m* da sbarco. 2 (*for loading coal vessels*) calata *f* (*o* banchina) per il carico (*o* scarico) del carbone.

stake [steik] **I** *s.* 1 palo *m*, piolo *m*, picchetto *m*: *the boundary was marked with –s* il confine era segnato con pali. 2 (*post to which s.o. is bound for execution by burning*) palo *m* del rogo. 3 ⟨*fig*⟩ (*execution by burning*) rogo *m*, pira *f*: *to suffer the* ~ morire sul rogo. 4 (*sum of money staked*) posta *f*, puntata *f*, scommessa *f*. 5 *pl.* (*amount that may be staked*) puntata *f* (*o* posta) massima: *what are the –s?* qual è la punta massima? 6 ⟨*fig*⟩ (*interest, share*) interesse *m*, quota *f*, posta *f* in gioco: *we all have a* ~ *in the country's welfare* tutti abbiamo un interesse nel benessere del paese. 7 *pl.* (*prize in a contest*) premio *m*. 8 *pl.* ⟨*Sport*⟩ (*race*) corsa *f* ippica a premi, premio *m*. 9 (*of a cart, truck*) montante *m*. **II** *v.t.* 1 (*spesso con out, off*) picchettare, segnare (*o* delimitare) con picchetti: *to* ~ *out a claim* picchettare una concessione. 2 (*to venture, bet*) scommettere, azzardare, rischiare, giocare, giocarsi: *he has –d a lot of money on that horse* ha scommesso molto denaro su quel cavallo; *I have –d everything on this deal* ho rischiato tutto in quest'affare. 3 (*to tether*) legare a un palo. 4 ⟨*Agr*⟩ palettare. 5 ⟨*Stor*⟩ (*to impale on a stake*) impalare. □ *at* ~ in gioco, in palio, in ballo: *a lot of money is at* ~ è in gioco un mucchio di denaro; *your future is at* ~ è in ballo il tuo avvenire; *to be burned at the* ~ essere bruciato sul rogo; *to play for* **high** *–s*: 1 (*in cards*) giocare forte (*o* una posta molto alta); **2** ⟨*fig*⟩ giocare una posta molto alta, azzardare molto; ⟨*fig*⟩ *I'd ~ my* life *on it* ci giocherei la vita; ⟨*fam*⟩ *to* **pull** *up one's* –*s* andarsene, ⟨*fam*⟩ far fagotto.

Stakhanovism [stəˈkɑːnəvizəm] *s.* ⟨*Stor*⟩ stacanovismo *m.*

Stakhanovite [–vait] *s.* stacanovista *m/f.*

stalactic [stəˈlæktik] *a.* ⟨*Geol*⟩ stalattitico.

stalactite [ˈstæləktait, *am.* stəˈlæ–] *s.* ⟨*Geol*⟩ stalattite *f.* **,stalactitic** [–ˈtitik] *a.* → **stalactic**.

stalagmite [ˈstæləgmait, *am.* stəˈlæ–] *s.* ⟨*Geol*⟩ stalagmite *f,* stalammite *f.* **,stalagmitic** [–ˈmitik] *a.* stalagmitico.

stale¹ [steil] **I** *a.* **1** stantio, non fresco, vecchio: *~ biscuits* biscotti stantii. **2** (*of air*) viziato. **3** ⟨*fig*⟩ stantio, frusto, vieto, superato, vecchio: *~ news* notizia stantia; (*of a joke*) trito (e ritrito), risaputo, vecchio. **4** (*having lost vitality due to overstrain, monotony, etc.*) esaurito, stanco, spossato. **5** ⟨*Sport*⟩ in superallenamento, esaurito. **6** ⟨*Dir*⟩ (*of a claim*) caduto in prescrizione, prescritto; (*of a cheque*) scaduto. **II** *v.t.* **1** rendere stantio, perdere la freschezza, avvizzire. **2** ⟨*fig*⟩ (*to make uninteresting, monotonous*) rendere monotono (*o* noioso). **III** *v.i.* **1** avvizzire, perdere la freschezza, diventare stantio. **2** ⟨*fig*⟩ (*to become uninteresting, monotonous*) diventare monotono (*o* noioso). □ *~ bread* pane raffermo; *to go ~*: 1 diventare stantio, perdere la freschezza; 2 ⟨*fam*⟩ (*of people, sportsmen, etc.*) esaurirsi, stancarsi.

stale² **I** *s.* (*of a domestic animal: urine*) urina *f.* **II** *v.i.* urinare.

stalemate [ˈsteilmeit] **I** *s.* **1** (*in chess*) stallo *m.* **2** ⟨*fig*⟩ punto *m* morto, situazione *f* di stallo, stasi *f.* **II** *v.t.* **1** (*in chess*) mettere in stallo. **2** ⟨*fig*⟩ portare a un punto morto.

staleness [ˈsteilnis] *s.* **1** l'essere stantio. **2** (*of people, sportsmen, etc.*) stanchezza *f,* spossatezza *f,* esaurimento *m.* **3** ⟨*fig*⟩ l'essere sorpassato (*o* superato), l'essere vieto (*o* trito).

Stalinism [ˈstɑːlinizəm] *s.* ⟨*Pol*⟩ stalinismo *m.* **Stalinist** [–nist] **I** *s.* stalinista *m/f.* **II** *a.* stalinista.

stalk¹ [stɔːk] *s.* **1** ⟨*Bot*⟩ gambo *m,* stelo *m*; (*petiole*) picciolo *m*; (*peduncle*) peduncolo *m.* **2** ⟨*Zool*⟩ peduncolo *m.* **3** (*slender supporting shaft*) fusto *m,* gambo *m,* stelo *m*; (*of a wine glass*) stelo *m,* gambo *m.* **4** (*of a chimney*) fusto *m.*

stalk² **I** *v.i.* **1** ⟨*Venat*⟩ cacciare in appostamento. **2** (*to walk with long steps*) camminare a lunghi passi; (*to walk haughtily*) camminare impettito (*o* con sussiego), incedere solennemente. **3** ⟨*fig*⟩ (*to move in an ominous, silent manner*) avanzare (*o* muoversi) silenziosamente e in modo sinistro. **II** *v.t.* **1** ⟨*Venat*⟩ (*of game*) cacciare in appostamento. **2** ⟨*estens*⟩ inseguire furtivamente (e con ostinazione). **3** ⟨*fig*⟩ (*to move through in an ominous manner*) muoversi (*o* avanzare) sinistramente in. **III** *s.* **1** ⟨*Venat*⟩ caccia *f* in appostamento. **2** ⟨*estens*⟩ inseguimento *m* furtivo. **3** (*stalking gait*) andatura *f* impettita, incedere *m* solenne.

stalker [ˈstɔːkə] *s.* ⟨*Venat*⟩ cacciatore *m* all'agguato.

stalking horse [ˈstɔːkiŋ] *s.* **1** ⟨*Venat*⟩ cavallo *m* dietro cui si nasconde un cacciatore in appostamento. **2** ⟨*fig*⟩ pretesto *m.*

stalkless [ˈstɔːklis] *a.* **1** privo di gambo (*o* stelo). **2** ⟨*Bot*⟩ sessile.

stalklet [ˈstɔːklit] *s.* ⟨*Bot*⟩ stelo *m* secondario.

stalky [ˈstɔːki] *a.* **1** ⟨*Bot*⟩ a forma di stelo. **2** (*resembling a stalk*) lungo, esile, sottile, simile a uno stelo.

stall¹ [stɔːl] **I** *s.* **1** box *m* di stalla. **2** ⟨*estens*⟩ (*stable*) stalla *f,* scuderia *f*; (*cattle shed*) stalla *f* per bovini. **3** (*booth, stand*) chiosco *m,* bancarella *f*: *to set up a ~ in the market* mettere su un chiosco al mercato; (*bookstall*) bancarella *f*; (*news-stand*) edicola *f,* chiosco *m.* **4** ⟨*Teat*⟩ poltrona *f.* **5** *pl.* ⟨*Teat*⟩ pubblico *m* delle poltrone, platea *f.* **6** ⟨*Rel*⟩ stallo *m,* scanno *m.* **7** ⟨*Med*⟩ ditale *m,* salvadito *m.* **8** ⟨*Mot*⟩ arresto *m* del motore (per ingolfamento o mancanza di carburante). **9** ⟨*Aer*⟩ stallo *m.* **10** ⟨*am*⟩ (*space in a car park*) posto *m* macchina (in un parcheggio). **II** *v.t.* **1** (*of animals*) mettere all'ingrasso nella stalla. **2** ⟨*Mot*⟩ far spegnere. **3** ⟨*Aer*⟩ far andare in stallo. **III** *v.i.* **1** ⟨*Mot*⟩ spegnersi, fermarsi. **2** ⟨*Aer*⟩

andare in stallo. **3** (*to come to a standstill*) giungere a u▪ punto morto.

stall² **I** *s.* **1** (*pickpocket's assistant*) complice *m* di u▪ borsaiolo (*o* ladro), ⟨*gerg*⟩ palo *m.* **2** ⟨*fam*⟩ (*pretext use▪ to delay*) espediente *m,* stratagemma *m,* scappatoia *f* (*trick used to deceive*) inganno *m,* sotterfugio *m,* trucco *n* **II** *v.t.* ⟨*fam*⟩ (*spesso con off*) tirare per le lungh▪ ritardare deliberatamente (*o* con sotterfugi): *to ~ payment* tirare per le lunghe un pagamento; (*to avo▪ acting, speaking, etc.*) tenere a bada con sotterfugi; (*to g▪ rid of by evasion*) sbarazzarsi (con l'inganno) di. **III** *v.▪* ⟨*fam*⟩ prender tempo, cercare pretesti (*o* cavilli), mena▪ il can per l'aia.

stallage [ˈstɔlidʒ] *s.* ⟨*Dir.mediev*⟩ **1** diritto *m* di erigere u▪ chiosco (in una fiera o un mercato). **2** (*rent paid* plateatico *m.*

stall‖-fed *a.* ⟨*Zootecn*⟩ messo all'ingrasso nella stalla. **holder** *s.* bancarellista *m/f*; (*of a news-stand*) edicolan▪ *m/f.*

stallion [ˈstæljən] *s.* ⟨*Zootecn*⟩ stallone *m* (da monta).

stalwart [ˈstɔːlwət] **I** *a.* **1** robusto, vigoroso, fort▪ gagliardo. **2** (*valiant*) animoso, coraggioso, valoros▪ intrepido; (*resolute*) risoluto, deciso. **II** *s.* **1** persona robusta e vigorosa. **2** (*valiant person*) persona coraggiosa; (*resolute person*) persona *f* risoluta. **3** ⟨*Pol*⟩ (*o▪ a party, etc.*) membro *m* fidato. **stalwartly** [–li] *av▪* (*valiantly*) coraggiosamente; (*resolutely*) risolutamente, c▪ decisione. **stalwartness** [–nis] *s.* **1** forza *f,* robustezza vigore *m,* gagliardia *f.* **2** (*courage*) coraggio *m,* audacia intrepidezza *f*; (*resolution*) risolutezza *f,* decisione *f.*

stamen [ˈsteimən] *s.* (*pl.* -**s** [–z]/-**mina** [minə]) ⟨*Bot*⟩ stam▪ *m.*

stamina¹ [ˈstæminə] *s.* **1** forza *f* di resistenza, resistenza fibra *f,* energia *f,* vigore *m.* **2** ⟨*fig*⟩ forza *f* sopportazione, tenacia *f.*

stamina² → **stamen**.

staminal [ˈstæminəl] *a.* ⟨*Bot*⟩ staminale, staminea **staminate** [–nit] *a.* ⟨*Bot*⟩ **1** stamineo, che ha stam▪ **2** (*having stamens but no pistils*) staminifer▪ **,staminiferous** [–ˈnifərəs] *a.* ⟨*Bot*⟩ stamineo, che ▪ stami.

stammer [ˈstæmə] **I** *v.i.* **1** balbettare, tartagliare, esser▪ balbuziente. **2** (*to speak haltingly, confusedly*) farfugliar▪ balbettare, borbottare, bofonchiare. **II** *v.t.* (spesso con *ou▪* pronunciare balbettando, balbettare, tartagliare. **III** *s.* balbuzie *f.* **2** (*stammered utterance*) balbettamento *m* tartagliamento *m.* **stammerer** [–rə] *s.* balbuziente *m/* **stammering** [–riŋ] *a.* **1** balbettato, pronunciato con u▪ balbettio. **2** (*having a stammer*) balbuziente, tartaglion▪ **stammeringly** [–riŋli] *avv.* balbettando, tartagliando.

stamp¹ [stæmp] *s.* **1** francobollo *m*: *a five-penny ~* u▪ francobollo da cinque penny; *to collect* –*s* collezionare ▪ fare collezione di) francobolli; (*postmark*) timbro *m* (▪ bollo) postale. **2** (*device for impressing, imprinting*) timb▪ *m,* bollo *m,* stampo *m,* stampiglia *f*; (*impression, mar▪ made*) bollo *m,* stampigliatura *f.* **3** (*mark signifyi▪ payment of duty*) bollo *m*; (*mark certifying genuinenes▪ etc.*) bollo *m,* marchio *m.* **4** (*trading stamp*) bollo ▪ premio. **5** ⟨*fig*⟩ (*distinguishing characteristic*) impronta ▪ segno *m*: *to leave one's ~ on s.th.* lasciare la propri▪ impronta su qc. **6** ⟨*fig*⟩ (*character, type*) stampo *m,* indol▪ *f,* carattere *m,* tempra *f*: *men of his ~* uomini del su▪ stampo. **7** (*act of stamping*) il battere i piedi, scalpitio *m* (*downward stroke*) pestata *f.* **8** ⟨*Minier*⟩ mazza *f* battent▪ **9** ⟨*Legat*⟩ bulino *m.* **10** ⟨*Tip*⟩ (*engraving*) incisione *f.*

stamp² **I** *v.t.* **1** battere, pestare: *to ~ one's foot wi▪ impatience* battere il piede con impazienza; (*to strik▪ forcibly with the bottom of the foot*) battere (*o* pestare▪ piedi su. **2** (*to impress, mark wih an official stamp* timbrare, bollare. **3** (*to impress, mark with words, design, etc.*) imprimere su, marcare, contrassegnar▪ stampigliare. **4** (*to affix a postage stamp to*) affrancare. ⟨*fig*⟩ (*to characterize, distinguish*) caratterizzar▪ distinguere, contrassegnare. **6** ⟨*fig*⟩ (*to impress deepl▪* imprimere: *the sight remained* –*ed on his mind la visio▪* rimase impressa nella sua mente. **7** ⟨*Minier*⟩ frantumar▪ **8** ⟨*tecn*⟩ stampare, punzonare. **II** *v.i.* **1** pestare ▪

battere) i piedi, scalpitare: *to* ~ *with rage* pestare i piedi per la rabbia. **2** (*to move with a pounding tread*) muoversi con passo pesante (e rumoroso). □ *to* ~ *about* (*o around*) camminare rumorosamente (*o* battendo i piedi); *to* ~ *s.th.* flat schiacciare qc., calpestare qc.; *to* ~ in entrare camminando rumorosamente; *to* ~ out: 1 schiacciare (per spegnere), spegnere pestando con i piedi; 2 ⟨*fig*⟩ soffocare, schiacciare, estinguere; 3 ⟨*Met*⟩ punzonare.

tamp| Act *s.* ⟨*Stor*⟩ atto *m* del parlamento britannico che sanciva l'introduzione dei bolli nelle colonie americane. ~ **album** *s.* album *m* per francobolli. ~ **collecting** *s.* filatelia *f.* ~ **collection** *s.* collezione *f* di francobolli. ~ **collector** *s.* collezionista *m/f* di francobolli, filatelico *m* (*f* –a), filatelista *m/f.* ~ **duty** *s.* tassa *f* di bollo.

ampede [stæm'piːd] **I** *s.* **1** fuga *f* precipitosa (di animali spaventati o in preda al panico). **2** ⟨*fig*⟩ (*headlong rush*) fuggi fuggi *m*, fuga *f* precipitosa: *there was a* ~ *for the exit* ci fu un fuggi fuggi verso l'uscita. **3** ⟨*Pol*⟩ convergenza *f* di voti. **II** *v.i.* **1** fuggire (o darsi a fuga precipitosa) in preda al panico. **2** (*of people*) fuggire in disordine, correre via tumultuosamente. **III** *v.t.* **1** far fuggire in preda al panico. **2** (*of an army*) sbaragliare, mettere in rotta. **3** ⟨*fig*⟩ (*to hustle into rash action*) indurre a un'azione precipitosa.

amped paper ['stæmpt] *s.* → **stamp paper.**

amper ['stæmpə] *s.* **1** bollatore *m*, timbratore *m*. **2** (*device for stamping*) timbro *m*; (*machine*) bollatrice *f.* **3** ⟨*Met*⟩ stampatore *m*. **4** ⟨*tecn*⟩ stampo *m*; (*for records*) matrice *f.* **5** ⟨*Minier*⟩ frantumatrice *f.* **stamping** [–piŋ] *s.* **1** timbratura *f*, impressione *f.* **2** (*of mail*) affrancatura *f.* **3** ⟨*Mecc*⟩ punzonatura *f.* **4** ⟨*Minier*⟩ frantumatura *f.*

amping ground *s.* **1** (*of animals*) rifugio *m* (*o* covo) favorito. **2** ⟨*fam*⟩ (*of people*) luogo *m* di ritrovo (preferito).

amp paper *s.* carta *f* da bollo.

ance [stæns, stɑːns] *s.* **1** posizione *f*, atteggiamento *m* del corpo. **2** ⟨*Sport*⟩ posizione *f* (del corpo o dei piedi): *to take up one's* ~ mettersi in posizione (per giocare).

anch[1] [stɑːntʃ] *v.t.* **1** (*of blood*) stagnare; (*of a wound*) stagnare il sangue di. **2** (*estens*) (*of liquids*) arrestare il flusso di, stagnare; (*of a leak, hole, etc.*) tamponare. **3** ⟨*fig*⟩ arrestare, fermare.

anch[2] *a.* → **staunch**[2].

anchion ['stɑːnʃən] **I** *s.* **1** sostegno *m*, puntello *m*. **2** ⟨*El*⟩ montante *m* (in ferro). **3** ⟨*Mar*⟩ puntale *m*. **4** ⟨*Zootecn*⟩ coppia *f* di sbarre che limita i movimenti della testa dei bovini. **II** *v.t.* **1** munire di montanti, sostenere con puntelli. **2** ⟨*Zootecn*⟩ (*of a cow*) tener fermo con una coppia di sbarre.

and[1] [stænd] *v.* (*pret., p.p.* **stood** [stud]) **I** *v.i.* **1** stare in piedi, (re)stare ritto (*o* eretto), reggersi (*o* tenersi) in piedi: *there are no chairs, we'll have to* ~ non ci sono sedie, dobbiamo stare in piedi; *he was too weak to* ~ era troppo debole per reggersi in piedi; (*to rise to one's feet; general.* con *up*) alzarsi (in piedi): ~ *up when I speak to you!* alzati quando ti parlo. **2** (*to be or remain in a specified position*) stare, restare, mantenersi: ~ *still* sta' fermo. **3** (*of things: to be, remain upright*) stare (ritto, in piedi), stare su, reggersi: *a vase stood on the mantelpiece* un vaso stava (ritto) sulla mensola del camino, **4** (*to occupy a place*) essere (situato), trovarsi, stare: *the house* –*s on a hill* la casa è su una collina; **5** (*to be in a specific state, or, etc.*) essere, stare, *often translated with the corresponding verb: it may be wrong, but print it as it is* può darsi che sia sbagliato, ma stampalo così com'è. **6** (*to occupy a position*) essere, stare, occupare un posto: *to* ~ *first on the list* essere il primo della lista. **7** (*to remain stationary*) stare fermo, fermarsi: ~, *who goes there?* fermi, chi va là?; (*to remain inactive, unused*) restare (*o* rimanere) fermo: *the car stood in the garage for several weeks* la macchina restò ferma in garage per diverse settimane. **8** (*of liquids*) stare fermo, riposare: *let the tea* ~ *before you pour it* lascia posare il tè prima di versarlo. **9** (*to remain without change*) restare immutato: *the agreement must* ~ l'accordo deve restare immutato; (*to remain valid*) valere, restare valido (*o* in vigore). **10** (*to*

hold one's ground) resistere, tener duro, tenere (*o* mantenere) le proprie posizioni: *to* ~ *and fight* resistere e combattere. **11** (*of a height*) essere alto: *he* –*s six feet in his bare feet* è alto circa un metro e ottanta senza scarpe. **12** (*to act as*) fare da, *often translated with the corresponding verb: to* ~ *godfather to a child* fare da padrino a un bambino; *to* ~ *sponsor for s.o.* garantire per qd. **13** ⟨*Parl*⟩ presentarsi, concorrere, partecipare: *he will not* ~ *at the next election* non si presenterà alle prossime elezioni. **14** ⟨*Mar*⟩ tenere una rotta, salpare; (*of the wind*) soffiare, spirare, tirare. **II** *v.t.* **1** mettere (in piedi, ritto), poggiare (*o* posare) in piedi, porre (verticalmente): *to* ~ *a ladder against the wall* mettere una scala contro il muro; (*to move to a place*) spostare, mettere: ~ *it over by that tree* mettilo vicino a quell'albero. **2** (*to resist, withstand*) resistere a, sopportare, reggere (a): *to* ~ *torture* resistere alla tortura. **3** (*to bear, undergo successfully*) reggere a, resistere a, superare: *your theory will not* ~ *close examination* la tua teoria non reggerà a un esame accurato. **4** (*to tolerate*) tollerare, sopportare, resistere a, reggere: *I can't* ~ *this heat* non posso tollerare questo caldo. **5** ⟨*fam*⟩ (*of people*) sopportare, soffrire, tollerare: *I can't* ~ *him* non posso sopportarlo. **6** (*to submit to*) subire, sostenere, sottoporsi a: *to* ~ *trial* subire un processo. **7** (*to perform the duty of*) fare (da): *to* ~ *watch over s.th.* fare la guardia a qc.; *to* ~ *witness* fare da testimone. **8** ⟨*fam*⟩ (*to pay as a treat*) offrire: *he stood me a drink* mi offrì da bere. **9** ⟨*Mar*⟩ dirigere: *to* ~ *a ship out to sea* dirigere una nave al largo. □ *to* ~ **alone:** 1 essere 'senza pari⸣ (*o* unico); 2 (*to be without friends*) essere solo (*o* senza amici); (*without supporters*) non avere sostenitori; *to buy a property* **as** *it* –*s* acquistare una proprietà così com'è (senza modifiche); *to* ~ **by:** 1 stare (*o* mettersi) vicino a: *to* ~ *by the window* stare vicino alla finestra; 2 (*to be present*) essere presente, assistere; 3 (*to remain loyal to*) stare vicino a, sostenere, appoggiare: *to* ~ *by s.o. in time of trouble* essere vicino a qd. nelle avversità; 4 (*to maintain*) mantenere, tener fede a, stare a: *to* ~ *by one's word* mantenere la parola; 5 (*to remain aloof*) stare (lì) a guardare, non intervenire, non far nulla; 6 (*to be ready to act*) tenersi (*o* essere) pronto, stare pronto; ⟨*non com*⟩ ~ *and* **deliver** o la borsa o la vita; *to* ~ **down:** 1 lasciare il comando (*o* un posto direttivo); 2 (*to withdraw one's candidature*) ritirare la propria candidatura, ritirarsi; 3 (*of a witness*) ritirarsi, lasciare il banco dei testimoni; 4 ⟨*Mil*⟩ (*to go off duty*) smontare di guardia; 5 ⟨*Mil*⟩ (*to release without disbanding*) smobilitare; 6 ⟨*Mar*⟩ salpare con il vento in poppa, prendere il vento; *to* ~ **for:** 1 rappresentare, indicare, stare per: *white* –*s for purity* il bianco rappresenta la purezza; 2 ⟨*Parl*⟩ concorrere per, presentarsi come candidato a, presentare la propria candidatura a; 3 ⟨*fam*⟩ (*to tolerate*) tollerare, ammettere, sopportare: *I will not* ~ *for any more of this insolence* non tollererò un'altra impertinenza simile; 4 (*to be steadfast in supporting*) battersi per, sostenere strenuamente; 5 ⟨*Mar*⟩ dirigersi verso, fare rotta per: *to* ~ *for port* dirigersi verso il porto; *to* ~ **in:** 1 sostituire, fare le veci di, supplire; 2 ⟨*Cin*⟩ fare la controfigura di; *to* ~ **off:** 1 (*to hold off, repel*) tener lontano, respingere, allontanare, tenere a distanza; 2 (*to stall*) tenere a bada con sotterfugi; 3 (*to be stand–offish*) stare sulle sue, fare il sostenuto; 4 (*of workers: to lay off*) sospendere temporaneamente (dal lavoro); 5 ⟨*Mar*⟩ portarsi (*o* dirigersi) al largo; ⟨*Mar*⟩ *to* ~ *off and on* bordeggiare, incrociare; *to* ~ **on:** 1 essere (*o* stare) su; 2 (*to have an opinion regarding*) avere un'opinione su; 3 (*to have a basis in, rest on*) basarsi su, fondarsi su, reggersi su; 4 (*to insist on*) insistere su (*o* in), non rinunciare a, essere irremovibile su: *to* ~ *on one's rights* insistere sui propri diritti; 5 ⟨*Mar*⟩ continuare (*o* mantenere) la rotta; *to* ~ *on ceremony* fare complimenti; *to* ~ **out:** 1 sporgere; 2 (*to be prominent, conspicuous*) spiccare, risaltare, distinguersi; 3 (*to be silhouetted*) stagliarsi, profilarsi: *the mountains stood out against the sky* le montagne si stagliavano contro il cielo; 4 (*to be persistent*) insistere, tener duro, essere irremovibile; ⟨*Mar*⟩ ⸢mettere la prua⸣ (*o* dirigersi) al largo, prendere il largo; *to* ~ **over:** 1 stare dietro a, sorvegliare, controllare; 2 (*to postpone*) rinviare, rimandare, differire; 3 (*to be adjourned*) essere rinviato (*o* rimandato, differito); ~ *over there, will you?* mettiti lì, per favore; *to* ~ **to**: 1 potere, avere probabilità di; 2 (*to persist in*) stare a, mantenere, tenere fede a: *to* ~ *to terms* stare ai patti; 3 (*to stand by*) essere (*o* tenersi) pronto, prepararsi, stare pronto (*anche Mil.*); 4 ⟨*Mar*⟩ far rotta per, dirigersi (*o* portarsi) verso; *to* ~ **up**: 1 alzarsi (in piedi): *no one stood up when he came in* nessuno si alzò quando entrò; 2 (*to remain sound, intact*) reggere, resistere; *he was stood up against a wall and shot* fu messo contro un muro e fucilato; ⟨*fig*⟩ *to* ~ *up and be counted* rendere conto delle proprie azioni; *to* ~ **up for**: 1 (*of a person*) stare dalla parte di, parteggiare per, sostenere, prendere le parti di; 2 (*of a cause, an idea, etc.*) sostenere, battersi per; ⟨*fam*⟩ *he has only the clothes he* ~*s* **up in** possiede solo gli abiti che indossa; *to* ~ **upon** = *to stand on*; *to* ~ **up to**: 1 resistere a, sopportare, tollerare, reggere (a): *this plant* ~*s up well to cold weather* questa pianta resiste bene al freddo; 2 (*of a danger, etc.: to face boldly*) far fronte a, fronteggiare, affrontare coraggiosamente; 3 (*of a person*) tener testa a, resistere a, fronteggiare: *he'll respect you if you* ~ *up to him* ti rispetterà se gli terrai testa; *to* ~ **up with**: 1 (*to be best man for*) essere il testimone dello sposo, fare da testimone allo sposo; 2 (*to be bridesmaid for*) fare da damigella d'onore alla sposa, essere la damigella d'onore della sposa.

stand² *s.* **1** sosta *f*, pausa *f*, fermata *f*, arresto *m: to come to a* ~ fare una sosta. **2** ⟨*fig*⟩ (*firm resistance*) resistenza *f* risoluta, opposizione *f* decisa (*o* ferma) (*anche Mil.*): *to make a* ~ opporre una resistenza risoluta. **3** ⟨*Sport*⟩ difesa *f*. **4** (*station, position*) posto *m*, posizione *f: the umpire's* ~ *at cricket* il posto dell'arbitro nel cricket. **5** ⟨*fig*⟩ (*position, attitude*) posizione *f*, atteggiamento *m*, presa *f* di posizione: *to take a* ~ *on an issue* prendere posizione su un problema. **6** (*podium*) podio *m*, tribuna *f*, palco *m: the conductor's* ~ il podio del direttore d'orchestra; (*bandstand*) palco *m* (*o* tribuna *f*) della banda. **7** (*structure for spectators*) tribuna *f*. **8** *pl.* (*people*) pubblico *m* della tribuna, tribuna *f*. **9** (*stall, booth*) bancarella *f*, chiosco *m*; (*at an exhibition, trade fair*) stand *m*, reparto *m*; (*news-stand*) edicola *f*, chiosco *m*. **10** (*parking place for public vehicles*) fermata *f*; (*taxi stand*) posteggio *m*, stazione *f*. **11** (*frame, support for holding s.th.*) supporto *m*, sostegno *m*. **12** (*small table*) tavolinetto *m*. **13** ⟨*teat*⟩ sosta *f* (di una compagnia teatrale in tournée); (*town*) città *f* dove una compagnia in tournée si ferma per una rappresentazione. **14** ⟨*Mar*⟩ (*of the tide*) stanca *f*, marea *f* ferma (*o* stanca). **15** ⟨*Agr,Silv*⟩ zona *f* coltivata: *a* ~ *of timber* una zona coltivata ad alberi da legname. **16** ⟨*am*⟩ (*witness box*) banco *m* dei testimoni. □ ⟨*Mil*⟩ *to make a* ~ opporre resistenza; ⟨*fig*⟩ *to make a* ~ *against s.th.* assumere un atteggiamento contrario a qc., prendere posizione contro qc.; ⟨*am.Dir*⟩ *to take the* ~ testimoniare, deporre.

standard ['stændəd] **I** *s.* **1** standard *m*, modello *m*, campione *m*. **2** (*level, degree*) grado *m*, livello *m*: ~ *of knowledge* grado di conoscenza; (*level of quality*) livello *m* (qualitativo), qualità *f*, standard *m: his work is of a good* ~ il suo lavoro è di buon livello; *to reach the required* ~ raggiungere il livello richiesto; (*proper, normal level*) media *f*, norma *f*, livello *m* normale (*o* medio): *the consignment is not up to* ~ la consegna è di qualità inferiore alla media. **3** (*criterion, test*) criterio *m*, metro *m*, norma *f*, principio *m*, regola *f: to apply strict* ~*s to s.th.* applicare criteri rigidi a qc.; *to judge everyone by the same* ~ giudicare tutti con lo stesso metro. **4** *pl.* (*established moral, social values*) valori *mpl* (spirituali), principi *mpl* (morali), senso *m* morale (*o* sociale): *the country's* ~*s are in decline* i valori del paese sono in declino. **5** ⟨*tecn*⟩ campione *m*. **6** ⟨*Scol*⟩ classe *f*. **7** ⟨*Mil,Mil.ant*⟩ insegna *f*, stendardo *m*, vessillo *m: the Roman* ~*s* le insegne romane. **8** ⟨*fig*⟩ insegna *f*, vessillo *m*, bandiera *f: to flock to the* ~*s of the New Left* raggrupparsi all'insegna della nuova sinistra. **9** (*flag of monarch, head of state*) stendardo *m*, insegna *f*. **10** (*upright support*) montante *m*, supporto *m* (*o* sostegno) verticale. **11** (*vertical water pipe, gas pipe*) colonna *f*, tubazione *f* verticale. **12** ⟨*tecn*⟩ (*specificatio* caratteristiche *fpl*. **13** ⟨*Mus*⟩ classico *m* di repertorio: *t piece has become a jazz* ~ il pezzo è diventato un classi del jazz. **14** *pl.* ⟨*Tip*⟩ campione *m*, modello *m*. **II** *a* standard, tipo, campione: ~ *weights and measures* pesi misure standard. **2** (*being of the normal or establish type*) normale, tipico, tipo, standard: *a* ~ *size tyre u* gomma di misura normale. **3** (*normal, usual*) norma usuale, solito, consueto: ~ *practice* procedura normale. (*of recognized worth, authority*) classico, base, autorevol esemplare: *a* ~ *work of reference* un testo di riferimen classico. **5** ⟨*Gramm,Ling,Fon*⟩ corrente e corret universalmente adottato, ufficiale. □ *to be above* essere sopra la media; *to be below* ~ essere sotto media; ~ *of living* tenore *m* di vita; ⟨*Zootecn*⟩ ~ **perfection** norme *fpl* per stabilire l'eccellenza di u razza; ⟨*Econ*⟩ ~ *of* **value** corso *m* legale.

standard| **bearer** *s.* **1** vessillifero *m*, portabandiera *r* alfiere *m*. **2** ⟨*fig*⟩ antesignano *m* (*f* –a), alfiere *m*. ~ **charge** *s.* ⟨*Comm*⟩ tariffa *f* fissa. ~ **contracts** *s,* ⟨*Dir*⟩ contratti *mpl* unificati (*o* tipici). ~ **deviation** *s* ⟨*Statist*⟩ scarto *m* tipo, deviazione *f* standard. ~ **dollar** *s* dollaro *m* USA (legale). ~ **English** *s.* inglese *m* corren e corretto.

standardization [,stændədai'zeiʃən] *s.* **1** standardizzazio *f*, tipizzazione *f*, unificazione *f*, normalizzazione *f*. **2** ⟨*In* costruzione *f* in serie. **3** ⟨*Chim*⟩ ricerca *f* del titol 'standardize [–daiz] *v.t.* **1** standardizzare, tipizzar unificare, normalizzare: *to* ~ *military equipme* standardizzare l'equipaggiamento militare. **2** (*to compar test with a standard*) confrontare con un campione. ⟨*Ind*⟩ costruire in serie. **4** ⟨*Chim*⟩ titolare.

standard| **lamp** *s.* lampada *f* a stelo. ~ **model** modello *m* di serie. ~ **money** *s.* ⟨*Econ*⟩ moneta *f* legale. **rate** *s.* retribuzione *f* minima, salario *m* base. ~ **sampl** *s.* ⟨*Ind,Comm*⟩ campione *m* unificato. ~**size** *a* dimensioni standard, unificato. ~ **time** *s.* ora *f* ufficial ~ **version** *s.* versione *f* normale.

stand-by I *s.* **1** cosa *f* (*o* persona) su cui si può contar appoggio *m*, sostegno *m*. **2** (*s.th. held in reserve for c emergency*) riserva *f*, scorta *f*. **3** (*state of waiting readiness*) il tenersi pronto. **II** *a.* **1** di riserva, di scort di emergenza. **2** (*of a waiting period*) d'attesa.

stand-by credit *s.* ⟨*Econ*⟩ credito *m* ⸢di riserva⸣ stand-by). ~ **easy** *s.* ⟨*Mil*⟩ riposo *m*.

standee *am.* [stæn'di:] *s.* ⟨*fam*⟩ persona *f* in piedi.

standfast ['stændfɑ:st] *s.* posizione *f* solida (*o* sicura).

stand-in *s.* **1** sostituto *m* (*f* –a). **2** ⟨*Cin,Teat*⟩ controfigu *f*.

standing ['stændiŋ] **I** *s.* **1** rango *m*, condizione (economica e sociale), posizione *f*, livello *m: a person high* ~ una persona di alto rango. **2** (*reputation*) fama reputazione *f*, stima *f*, credito *m*. **3** (*maintenance position, condition*) durata *f*. **4** (*experience, length service*) anzianità *f* di servizio, permanenza *f* in servizi **5** *pl.* ⟨*am.Sport*⟩ graduatoria *f*, classifica *f*. **II** *a.* **1** piedi, eretto. **2** (*erect*) eretto, d(i)ritto, verticale. (*continuing in force, use, etc.*) che resta in vigore, (sempr valido, permanente: *a* ~ *agreement* un contratto che res in vigore; *a* ~ *rule* una regola sempre valida. (*stationary, not movable*) fisso, permanente (*anche Mar* **5** ⟨*Mil*⟩ permanente. **6** ⟨*Agr*⟩ (*of crops*) non raccolto, n mietuto: ~ *corn* granoturco non raccolto. **7** ⟨*Tip*⟩ piedi, fisso, che resta composto. □ *friends of long* ~ ami *mpl* di lunga data; *to lose one's* ~ essere declassato; ⟨*an no* ~ divieto di sosta.

standing| **army** *s.* ⟨*Mil*⟩ esercito *m* permanente regolare). ~ **committee** *s.* ⟨*Parl*⟩ commissione permanente. ~ **joke** *s.* scherzo *m* tradizionale classico. ~ **jump** *s.* ⟨*Sport*⟩ salto *m* ⸢da fermo⸣ (*o* sen rincorsa). ~ **order** *s.* **1** ⟨*Mil*⟩ disposizione *f* permanent **2** ⟨*Comm*⟩ ordinazione *f* (*o* ordine *m*) permanente. **3** *r* ⟨*Parl*⟩ norme *fpl* permanenti, regolamento *m* (procedura parlamentare. ~ **ovation** *s.* ovazione *f* fat stando in piedi. ~ **room** *s.* posto *m* in piedi. □ ~ *on* solo posti in piedi.

'**stand-'offish** *a.* scostante, riservato, freddo; (*haught* sdegnoso, altezzoso. **'stand-'offishly** *avv.* in modo scostante, freddamente; (*haughtily*) altezzosamente. **'stand-'offishness** *s.* riserbo *m*, freddezza *f*; (*haughtiness*) altezzosità *f*.

standpat *am.* ['stændpæt] **I** *a.* ⟨*fam*⟩ conservatore, tradizionalista (*anche Pol.*). **II** *s.* → **standpatter**. **'stand'patter** *am.* [-ə] *s.* ⟨*fam*⟩ conservatore *m*, tradizionalista *m/f* (*anche Pol.*).

standpoint ['stændpɔint] **1** punto *m* di vista, prospettiva *f*, angolazione *f*, visuale *f*. **2** ⟨*concr*⟩ posto *m* di osservazione.

standstill ['stændstil] *s.* **1** arresto *m*, fermata *f*, sosta *f*, pausa *f*. **2** ⟨*fig*⟩ (*state of deadlock*) punto *m* morto, stasi *f*, ristagno *m*, battuta *f* d'arresto: *negotiations are at a* ~ i negoziati sono giunti a un punto morto. □ *to come to a* ~ giungere a un punto morto; *the train came to a* ~ il treno si fermò.

stand-up *a.* **1** eretto, ritto, in piedi. **2** (*of a meal*) in piedi. **3** (*of a fight*) accanito, senza risparmio di colpi. **4** (*of a collar*) alto e rigido.

stang [stæŋ] → **sting¹**.

stanhope ['stænəp, 'stænhoup] *s.* specie di carrozza leggera.

stank [stæŋk] → **stink¹**.

stannary ['stænəri] *s.* **1** miniera *f* di stagno. **2** (*tin-mining district*) zona *f* stannifera.

stannate ['stæneit] *s.* ⟨*Chim*⟩ stannato *m*.

stannel ['stænl] *s.* ⟨*Ornit*⟩ gheppio *m*.

stannic ['stænik] *a.* ⟨*Chim*⟩ stannico. **stanniferous** [stæ'nifərəs] *a.* stannifero.

stannite ['stænait] *s.* ⟨*Min*⟩ stannite *f*, stannina *f*.

stannous ['stænəs] *a.* ⟨*Chim*⟩ stannoso.

stanza *it.* ['stæntsə] *s.* (*pl.* **-s** [z]/**-ze** [tse]) ⟨*Metr*⟩ stanza *f*, strofa *f*.

staphylococcus [,stæfilo(u)'kɔkəs] *s.* (*pl.* **-cci** [ksai]) stafilococco *m*.

staple¹ ['steipl] **I** *s.* **1** ⟨*Mecc*⟩ chiodo *m* a U, grappa *f*, forcella *f*, ponticello *m*. **2** (*for paper*) punto *m* metallico. **3** ⟨*Fal*⟩ cambretta *f*, cavallottino *m*. **4** ⟨*Met*⟩ supporto *m* (*o chiodo*) di formatura. **5** ⟨*tecn*⟩ (*socket for a bolt*) graffa *f*, agraffa *f*. **6** ⟨*Mus*⟩ fermaglio *m* dell'ancia. **II** *v.t.* **1** fermare (*o assicurare*) con ⸢un chiodo a U⸣ (*o una graffa, ecc.*) **2** (*of paper*) spesso con *together*) cucire, spillare.

staple² **I** *s.* **1** ⟨*Econ*⟩ prodotto *m* principale, materia *f* prima: *wool is one of the* -*s of this country* la lana è uno dei principali prodotti di questo paese. **2** ⟨*Comm*⟩ genere *m* di maggior richiesta, articolo *m* (*o merce f*) di prima necessità. **3** (*chief ingredient, item of food*) ingrediente *m* (*o alimento*) base: *potatoes are the* ~ *of their diet* le patate sono l'ingrediente base della loro dieta. **4** (*raw material*) materiale *m* grezzo. **5** ⟨*fig*⟩ pezzo *m* base: *old films are one of the* -*s of television* i vecchi film sono uno dei pezzi base della televisione; (*principal element, core*) nocciolo *m*, cuore *m*, centro *m*. **6** ⟨*Tess*⟩ fiocco *m*; (*fibre*) fibra *f*; (*length*) lunghezza *f*. **II** *a.* **1** ⟨*Econ*⟩ di prima necessità, di maggior consumo: ~ *commodities* generi di prima necessità. **2** ⟨*fig*⟩ corrente, comune: ~ *industries* industrie di base. **3** ⟨*Tess*⟩ di fiocco. **III** *v.t.* ⟨*Tess*⟩ classificare (*o assortire*) secondo la qualità del fiocco.

staple gun *s.* cucitrice *f*.

stapler¹ ['steiplə] *s.* cucitrice *f* meccanica, spillatrice *f*.

stapler² *s.* **1** ⟨*Comm*⟩ chi commercia in prodotti tipici di un paese. **2** ⟨*Tess*⟩ classificatore *m* (*f* -trice), cernitore *m* (*f* -trice).

staple remover *s.* macchinetta *f* per rimuovere i punti metallici.

stapling machine ['steipliŋ] *s.* cucitrice *f*.

star¹ [stɑː] **I** *s.* **1** ⟨*Astr*⟩ stella *f*, astro *m*. **2** *pl.* (*in astrology*) astri *mpl*, stelle *fpl*, pianeti *mpl*: *to consult the* -*s* consultare gli astri. **3** ⟨*fig*⟩ (*destiny, fortune*) destino *m*, stella *f*, sorte *f*. **4** (*star-shaped ornament, medal*) stella *f*: *a sheriff's* ~ una stella da sceriffo; (*as a mark of excellence*) stelletta *f*, stella *f*: *the film rates four* -*s* il film è contrassegnato con quattro stellette. **5** (*principal actor, actress*) vedette *f*, attore *m* (*f* -trice) principale, protagonista *m/f*: *the* ~ *of the show* la vedette dello spettacolo; (*celebrated actor*) divo *m*; (*celebrated actress*)

stella *f*, star *f*, diva *f*: *a Hollywood* ~ una stella di Hollywood. **6** (*pre-eminent athlete*) asso *m*, fuoriclasse *m/f*, campione *m* (*f* -essa). **7** ⟨*fig*⟩ (*s.th. that attracts attention*) centro *m* di attrazione. **8** (*on a horse's forehead*) stella *f*, chiazza *f* a forma di stella. **9** ⟨*Tip*⟩ (*asterisk*) stella *f*, asterisco *m*, stelletta *f*. **10** ⟨*Mar*⟩ (*racing sloop*) stella *f*, star *f*. **II** *a.* **1** ⟨*Astr*⟩ (*of a star*) stellare, astrale; (*composed of stars*) (composto) di stelle. **2** (*star-shaped*) stellato, a (forma di) stella. **3** (*pre-eminent, outstanding*) di primordine, di primo piano, di prima grandezza: *a* ~ *tennis player* un tennista di primordine. **4** (*principal, chief*) chiave, principale, fondamentale: *the defence's* ~ *witness* il testimone chiave della difesa. □ ⟨*fig*⟩ *his* ~ *is in the* **ascendant** la sua stella è in ascesa; ⟨*Bibl*⟩ ~ *of* **Bethlehem** la stella *f* ⸢di Betlemme⸣ (*o dei re* Magi); ⟨*Rel.ebr*⟩ ~ *of* **David** stella *f* di David; ⟨*fam*⟩ *to have* ~ *in one's* eyes vedere il mondo tutto rosa; ⟨*fig*⟩ *to* **reach** *for the* ~*s* mirare molto in alto; ⟨*fam*⟩ *to* **see** -*s* vedere le stelle; ⟨*fam*⟩ *to* **make** *s.o. see* -*s* far vedere le stelle a qd.; ⟨*am*⟩ *the* **Stars** *and* **Stripes** la bandiera stellata; ⟨*fam*⟩ *to* **thank** *one's* (*lucky*) -*s* ringraziare la propria buona stella.

star² *v.* (*pret., p.p.* **starred** [-d]) **I** *v.t.* **1** cospargere (*o ornare*) di stelle. **2** (*to award a star to*) conferire una stella a. **3** ⟨*estens*⟩ cospargere, costellare. **4** ⟨*Tip*⟩ stellettare, segnare con un asterisco. **5** (*as a sign of excellence*) segnare (*o contrassegnare*) con una stelletta. **6** (*to feature as a star*) dare una parte di primo piano a; (*to present as a star*) presentare come una stella. **II** *v.i.* essere il protagonista, avere la parte di primo attore: *to* ~ *in a film* essere il protagonista di un film.

starboard ['stɑːbəd, -bɔːd] **I** *s.* ⟨*Mar*⟩ dritta *f*, destra *f*, tribordo *m*. **II** *a.* di dritta, di tribordo. **III** *avv.* a dritta, a tribordo. **IV** *v.t./i.* virare (*o mettere*) a dritta. □ *to* ~ *the helm* accostare a dritta.

starch [stɑːtʃ] **I** *s.* **1** ⟨*Chim*⟩ amido *m*. **2** (*for stiffening laundry*) amido *m*, appretto *m*, salda *f*. **3** ⟨*fig*⟩ rigidezza *f*, sostenutezza *f*. **4** ⟨*fam*⟩ (*vitality, energy*) energia *f*, vigore *m*, vitalità *f*. **II** *v.t.* inamidare, apprettare: *to* ~ *a shirt* inamidare una camicia.

Star Chamber *s.* ⟨*Stor*⟩ (*in England*) tribunale *m* d'inquisizione.

star chart *s.* ⟨*Astr*⟩ carta *f* (*o mappa*) siderale.

starched [stɑːtʃt] *a.* **1** inamidato, apprettato: *a* ~ *shirt* una camicia inamidata. **2** ⟨*fig*⟩ rigido, sostenuto. **'starcher** [-tʃə] *s.* **1** (*worker*) apprettatore *m* (*f* -trice). **2** (*machine*) apprettatrice *f*.

starch gum *s.* ⟨*Chim*⟩ destrina *f*.

starchily ['stɑːtʃili] *avv.* ⟨*fig*⟩ in modo rigido (*o sostenuto*). **starchiness** [-tʃinis] *s.* **1** l'essere inamidato. **2** (*of food*) ricchezza *f* d'amido. **3** ⟨*fig*⟩ rigidezza *f*, sostenutezza *f*.

starch-reduced *a.* ⟨*Chim*⟩ povero d'amido.

starchy ['stɑːtʃi] *a.* **1** amidaceo, amilaceo: ~ *foods* cibi amidacei. **2** (*stiffened with starch*) inamidato, apprettato. **3** ⟨*fig*⟩ rigido, sostenuto.

star connexion *s.* ⟨*tecn*⟩ collegamento *m* a stella.

stardom ['stɑːdəm] *s.* celebrità *f*, notorietà *f*, popolarità *f*: *to achieve* ~ conquistare la celebrità.

star dust *s.* **1** nebulosa *f* stellare. **2** (*cosmic dust*) polvere *f* cosmica. **3** ⟨*fig*⟩ atmosfera *f* sognante.

stare [stɛə] **I** *v.i.* **1** fissare, guardare fissamente (*o fisso*) (*at s.o.* qd.): *I* -*d at him in amazement* lo fissai sbalordito. **2** ⟨*fig*⟩ (*to be conspicuous*) essere evidente, saltare agli occhi, risaltare, spiccare. **II** *v.t.* fissare, guardare fissamente (*o fisso*). **III** *s.* **1** il fissare, il guardare fisso. **2** (*staring gaze*) sguardo *m* fisso. □ *to* ~ *after s.o.* seguire con lo sguardo qd.; *to* ~ *s.o. out of* **countenance** mettere in imbarazzo qd. a forza di fissarlo; *to* ~ *s.o.* **down** far abbassare gli occhi a qd. (fissandolo); ⟨*fig*⟩ *to* ~ *in the* **face**: 1 essere ovvio (*o evidente*), saltare agli occhi; 2 (*to be imminent*) incombere su, essere imminente, sovrastare: *disaster* -*d him in the face* su di lui incombeva la catastrofe; *to* ~ *s.o. into* **silence** far tacere qd. fissandolo, fissare qd. fino a farlo tacere; *to* ~ *s.o.* **up** *and down* squadrare qd. da capo a piedi.

starfish ['stɑːfiʃ] *s.* ⟨*Zool*⟩ stella *f* di mare.

star gazer *s.* **1** chi guarda (*o osserva*) le stelle. **2** ⟨*spreg*⟩

(*astronomer*) astronomo *m;* (*astrologer*) astrologo *m.* **3** ⟨*fig*⟩ (*daydreamer*) sognatore *m* (*f* –trice). **star gazing** *s.* **1** il guardare le stelle, osservazione *f* delle stelle. **2** ⟨*spreg*⟩ (*astronomy*) astronomia *f;* (*astrology*) astrologia *f.* **3** ⟨*fig*⟩ sogni *mpl* a occhi aperti.

staring ['stɛəriŋ] **I** *a.* **1** fisso: ~ *eyes* occhi fissi. **2** (*of colours*) sgargiante, vistoso, chiassoso: ~ *yellow* giallo sgargiante. **II** *avv.* (*completely*) completamente, del tutto, totalmente. **staringly** [–li] *avv.* fisso, fissamente, con lo sguardo fisso.

stark [stɑːk] **I** *a.* **1** rigido, duro. **2** (*bleak, barren*) desolato, brullo: *a* ~ *landscape* un paesaggio desolato; (*bare, empty*) spoglio, nudo. **3** (*harsh, blunt*) crudo, aspro: ~ *realism* crudo realismo. **4** (*strict, unbending*) rigido, inflessibile, severo, rigoroso: ~ *discipline* disciplina rigida. **5** (*sheer, utter*) completo, totale, bell'e buono: ~ *stupidity* stupidità bell'e buona. **7** → **stark-naked. II** *avv.* **1** → **starkly. 2** (*absolutely*) totalmente, completamente, del tutto. □ ⟨*fam*⟩ ~ *mad* matto da legare; ~ *madness* pura follia. '**starkly** [–li] *avv.* crudamente, in modo crudo.

stark-naked *a.* completamente nudo, nudo come un verme.

starkness ['stɑːknis] *s.* **1** rigidità *f,* durezza *f.* **2** (*bleakness*) desolazione *f.* **3** (*bluntness, harshness*) crudezza *f,* asprezza *f.*

starless ['stɑːlis] *a.* senza (*o* privo di) stelle: *a* ~ *sky* un cielo senza stelle.

starlet ['stɑːlit] *s.* **1** ⟨*Cin, Teat*⟩ attricetta *f,* stellina *f,* divetta *f,* starlet *f.* **2** (*small star*) piccola stella *f,* stellina *f.*

starlight ['stɑːlait] **I** *s.* luce *f* (*o* chiarore *m*) stellare. **II** *a.* → **starlit.**

star-like ['stɑːlaik] *a.* **1** simile a una stella. **2** (*star-shaped*) stellato, stellare, a forma di stella. **3** (*shining like a star*) luminoso come una stella, brillante, splendente.

starling ['stɑːliŋ] *s.* ⟨*Ornit*⟩ storno *m.*

starlit ['stɑːlit] *a.* illuminato dalle stelle. □ *a* ~ *night* una notte stellata.

star| map *s.* ⟨*Astr*⟩ carta *f* ⌈delle costellazioni⌉ (*o* del cielo), carta celeste. ~ **network** *s.* rete *f* stellare. '~**-of-'Bethlehem** *s.* ⟨*Bot*⟩ latte *m* di gallina. ~ **pine** *s.* ⟨*Bot*⟩ pino *m* marittimo (*o* selvatico), pinastro *m.*

starrily ['stɑːrili] *avv.* come le stelle. **starriness** [–rinis] *s.* splendore *m* (*o* fulgore *m*) delle stelle.

starring role ['stɑːriŋ] *s.* ⟨*Cin, Teat*⟩ ruolo *m* di protagonista.

starry ['stɑːri] *a.* **1** stellato, pieno di stelle: *the* ~ *heavens* i cieli stellati. **2** (*of stars, stellar*) stellare, delle (*o* relativo alle) stelle. **3** (*resembling a star*) simile a una stella; (*shining like stars*) luminoso come una stella, brillante, splendente.

'**starry-'eyed** *a.* **1** eccessivamente sentimentale (*o* romantico); (*romantically enamoured*) innamorato in modo romantico. **2** (*naïve*) ingenuo, candido; (*visionary*) visionario, utopistico, (da) sognatore.

star|-shaped *a.* stellato, stellare. ~ **shell** *s.* razzo *m* luminoso (*anche Mil.*). ~**-spangled** *a.* stellato, trapunto di stelle. ~**-Spangled Banner** *am. s.* **1** bandiera *f* stellata. **2** (*national anthem*) inno *m* nazionale americano. ~**-studded** *a.* **1** → **star-spangled. 2** ⟨*Cin*⟩ con attori ⌈di richiamo⌉ (*o* famosi).

start[1] [stɑːt] **I** *v.i.* **1** (in)cominciare, iniziare: *what time does the film* ~? a che ora comincia il film? **2** (*to begin a journey*) partire, mettersi in viaggio, incamminarsi: *we –ed at dawn* partimmo all'alba. **3** (*to range from an initial point*) partire (*at, with* da), cominciare (da, con): *prices –ed at two pounds* i prezzi partivano da due sterline. **4** (*to make a sudden startled movement*) sobbalzare, trasalire, sussultare, fare un balzo: *to* ~ *with surprise* trasalire per la sorpresa; (*to move suddenly*) balzare, scattare: *a rabbit –ed from the bush* un coniglio balzò dal cespuglio. **5** (*to awaken suddenly*) svegliarsi di soprassalto. **6** (*of liquids: to flow, spurt out*) sgorgare, prorompere, scaturire, zampillare: *blood –ed from the wound* il sangue sgorgava dalla ferita. **7** (*of the eyes: protrude*) sporgere. **8** ⟨*Sport*⟩ partecipare, concorrere. **9** ⟨*Mot*⟩ (spesso con *up*) mettersi in moto,

avviarsi, partire. **10** ⟨*tecn*⟩ (*to work free, become loose*) allentarsi. **11** ⟨*Mar*⟩ (*of a ship*) staccarsi, sconnettersi: *some timbers in the hull have –ed* alcune assi dello scafo si sono staccate. **II** *v.t.* **1** cominciare, dare inizio a, principiare, iniziare: *to* ~ *work* cominciare il lavoro. **2** (*to give the starting signal to*) dare il segnale di partenza a, dare il via a (*anche Sport.*). **3** (*to bring into being*) avviare, iniziare, dare inizio a, impostare; (*to found, establish*) istituire, fondare, creare: *to* ~ *a new political party* istituire un nuovo partito politico. **4** (*to cause to act, operate, etc.*) avviare, *generally translated with the corresponding verb: to* ~ *s.o. in business* avviare qd. negli affari; *his remarks –ed me thinking* le sue osservazioni mi diedero da pensare; *the cold air –ed me sneezing* l'aria fredda mi fece starnutire. **5** (*to bring up*) sollevare; (*to introduce*) introdurre. **6** ⟨*Mot*⟩ (spesso con *up*) avviare, mettere in moto: *to* ~ (*up*) *the engine* avviare il motore. **7** ⟨*Venat*⟩ stanare. □ *to* ~ **all** *over again* ricominciare tutto da capo; *to get –ed:* 1 iniziare, cominciare; 2 (*to begin a journey*) partire, mettersi in viaggio: *it's time we got –ed* è tempo di partire; ⟨*fam*⟩ *to* ~ **in** cominciare, iniziare; *to* ~ **off:** 1 incamminarsi, partire, mettersi in cammino; 2 (*to begin*) cominciare, principiare: *the evening –ed off badly* la serata cominciò male; *to* ~ **on** *a new novel* cominciare un nuovo romanzo; *to* ~ **out:** 1 partire (*for, per*); 2 (*to begin a career*) cominciare (una carriera): *he –ed out as an office boy* cominciò come fattorino; 3 (*to take on*) assumere: *the company –ed him out at the same salary he had been getting in his previous job* la società l'assunse con lo stesso stipendio che aveva nel posto precedente; 4 (*to begin with a specific intent*) avere l'intenzione di, accingersi a; *his eyes were –ing out of his head* aveva gli occhi fuori dalle orbite; *to* ~ **up:** 1 balzare (*o* saltare) in piedi; 2 (*to begin to function*) cominciare, avere inizio; 3 (*of an engine*) mettere in moto, avviare; 4 (*to come suddenly into existence*) saltar fuori, venir fuori.

start[2] *s.* **1** inizio *m,* avvio *m,* principio *m,* fase *f* iniziale, primo passo *m: the* ~ *of a long process* l'inizio di un lungo processo. **2** (*of a journey*) partenza *f.* **3** ⟨*Sport*⟩ partenza *f;* (*signal to begin a race*) via *m,* segnale *m* di partenza: *to give the* ~ dare il via. **4** (*lead, advantage*) vantaggio *m* (*anche Sport.*): *to give s.o. a hundred yards'* ~ dare a qd. un vantaggio di cento iarde. **5** (*act of coming into existence*) inizio *m,* nascita *f.* **6** (*sudden involuntary movement*) sobbalzo *m,* balzo *m,* sussulto *m,* soprassalto *m,* salto *m.* **7** (*slight shock, surprise*) sorpresa *f.* **8** ⟨*Mot*⟩ avviamento *m,* messa in moto. □ *at the* ~: 1 all'inizio, in principio; 2 ⟨*Sport*⟩ alla partenza: *to line up at the* ~ allinearsi alla partenza; *to make an* **early** ~ partire di buon'ora; *from the* ~ dall'inizio, dal principio; *from* ~ *to finish:* 1 ⌈dall'inizio⌉ (*o* dal principio) alla fine: *the story is gripping from* ~ *to finish* la storia è avvincente dall'inizio alla fine; 2 ⟨*Sport*⟩ dalla partenza all'arrivo; *to give a* ~ sobbalzare; *to give s.o. a* ~ far trasalire qd.; *to* **make** *a* ~ iniziare, cominciare (*on s.th.* qc.); *to make a late* ~ partire in ritardo; *to make a new* ~ ricominciare daccapo; *to get* (*o be*) **off** *to a good* ~: 1 ⟨*Sport*⟩ partire bene, fare una buona partenza; 2 ⟨*fig*⟩ iniziare bene, cominciare bene.

starter ['stɑːtə] *s.* **1** chi comincia. **2** (*one who initiates s.th.*) iniziatore *m* (*f* –trice). **3** (*one who begins a journey*) chi si mette in viaggio. **4** ⟨*Sport*⟩ partente *m/f:* there were only five –s c'erano soltanto cinque partenti. **5** ⟨*Sport*⟩ (*starting official*) starter *m.* **6** ⟨*Equit*⟩ mossiere *m.* **7** ⟨*Mot*⟩ (*self-starter*) avviatore *m* automatico, motorino *m* d'avviamento.

starter battery *s.* ⟨*El*⟩ batteria *f* d'avviamento.

starting ['stɑːtiŋ] **I** *s.* **1** inizio *m,* principio *m.* **2** (*act of initiating*) avvio *m,* avviamento *m.* **3** ⟨*Mot*⟩ avviamento *m,* messa *f* in moto. **II** *a.* iniziale, d'inizio. □ ⟨*Aut*⟩ *to have* ~ *trouble* mettere in moto la macchina con difficoltà.

starting| block *s.* ⟨*Sport*⟩ blocco *m* di partenza. ~ **handle** *s.* ⟨*Mot*⟩ manovella *f* d'avviamento. ~ **lever** *s.* ⟨*Mecc*⟩ leva *f* d'avviamento. ~ **line** *s.* ⟨*Sport*⟩ linea *f* di partenza. ~ **motor** *s.* ⟨*Mot*⟩ motorino *m* d'avviamento. ~ **pistol** *s.* ⟨*Sport*⟩ pistola *f* dello starter. ~ **point** *s.* pun to *m* di partenza. **~ post** *s.* ⟨*Sport*⟩ palo *m* di partenza. **~ price** *s.* **1** ⟨*Sport*⟩ quotazione *f* alla partenza. **2** ⟨*Comm*⟩ offerta *f* iniziale. **~ salary** *s.* stipendio *m* iniziale.

startle ['stɑːtl] **I** *v.t.* far trasalire, far sobbalzare, far sussultare; (*to shock slightly*) sbigottire, spaventare. **II** *v.i.* trasalire, sobbalzare, sussultare. □ *to ~ s.o. out of his sleep* svegliare qd. di soprassalto. **startled** [–d] *a.* sbigottito, spaventato, impressionato, allarmato. **startler** [–ə] *s.* **1** chi allarma, allarmista *m.* **2** ⟨*fam*⟩ (*s.th. startling*) cosa *f* che sbigottisce (*o* spaventa). **startling** [–iŋ] *a.* **1** sorprendente, sbalorditivo: *a ~ discovery* una scoperta sorprendente. **2** (*alarming*) allarmante, impressionante: *~ news* notizie allarmanti.

start-'up *s.* **1** messa *f* in moto, avviamento *m.* **2** ⟨*fig*⟩ avviamento *m.*

start-up expenses *s.pl.* ⟨*Comm*⟩ spese *fpl* di avviamento.

star turn *s.* ⟨*Teat,TV*⟩ attrazione *f* principale.

starvation [stɑːˈveiʃən] *s.* **1** il morire di fame. **2** (*state of being starved*) inedia *f: to die of ~* morire d'inedia.

starvation| diet *s.* dieta *f* da fame. **~ wages** *s.pl.* salari *mpl* di fame.

starve [stɑːv] **I** *v.i.* **1** morire di fame⌉ (*o* d'inedia). **2** (*to suffer extreme hunger*) soffrire (*o* patire) la fame. **3** ⟨*fig*⟩ soffrire per mancanza (*for* di): *the child –d for affection* il bambino soffriva per mancanza d'affetto. **4** ⟨*fam*⟩ (*to be very hungry*) morire di fame, avere una fame da lupo. **II** *v.t.* **1** far morire di fame, affamare. **2** (*to cause to suffer extreme hunger*) far patire la fame a. **3** ⟨*fig*⟩ far soffrire per mancanza di qc. □ *to ~ to death* (far) morire di fame; *to ~ the garrison out* prendere la guarnigione per fame. **'starveling** [–liŋ] **I** *s.* **1** (*person*) persona *f* affamata (*o* mal nutrita); (*animal*) animale *m* famelico (*o* affamato). **2** (*plant*) pianta *f* mal nutrita. **II** *a.* affamato, mal nutrito. **'starving** [–iŋ] *a.* **1** affamato, mal nutrito: *~ children* bambini affamati. **2** ⟨*fam*⟩ (*very hungry*) affamato, che muore di fame.

star wars *s.pl.* guerre *fpl* stellari.

stash [stæʃ] ⟨*fam*⟩ **I** *v.t.* (spesso con *away*) riporre, mettere da parte: *the squirrels –ed away nuts for the winter* gli scoiattoli riponevano le noci per l'inverno. **II** *v.i.* fermarsi, smettere.

stasis ['steisis, 'stæsis] *s.* (*pl.* **-ses** [si:z]) ⟨*Med*⟩ stasi *f.*

statable ['steitəbl] *a.* dichiarabile, enunciabile.

state [steit] **I** *s.* **1** stato *m,* condizione *f,* condizioni *fpl,* situazione *f: ~ of health* stato di salute; *to be in no ~ to do s.th.* non essere in condizioni di fare qc.; *with things in their present ~* nella situazione attuale; (*of the mind or emotions*) stato *m* d'animo: *a ~ of melancholy* uno stato d'animo malinconico. **2** ⟨*fam*⟩ (*anxiety, tension*) agitazione *f,* tensione *f,* ansietà *f: don't get into a ~* non metterti in agitazione. **3** (*mode of being*) stato *m; married ~* stato coniugale; *gaseous ~* stato gassoso. **4** ⟨*Biol*⟩ stadio *m,* stato *m: larval ~* stadio larvale. **5** (*social status, rank*) posizione *f* sociale, stato *m,* ceto *m,* rango *m: as befits his ~* come si addice alla sua posizione sociale. **6** (*nation*) stato *m,* nazione *f: affairs of ~* affari di stato; (*form of government, society*) regime *m,* stato *m: the totalitarian ~* il regime totalitario. **7** (*splendour, luxury*) lusso *m,* sfarzo *m,* fasto *m: to live in ~* vivere nel lusso; (*pomp*) pompa *f,* parata *f,* sfoggio *m.* **II** *a.* **1** di (*o* dello) stato, statale, pubblico: *~ property* proprietà di stato. **2** (*of, for ceremonial use*) di rappresentanza, di (*o* da) cerimonia: *the ~ apartments* gli appartamenti di rappresentanza; (*characterized by ceremony*) solenne, ufficiale: *a ~ occasion* un'occasione solenne. **III** *v.t.* **1** specificare, dichiarare, indicare: *please ~ name and address* si prega di specificare (il) nome e (l')indirizzo; (*to express in proper form*) esporre, enunciare, formulare: *to ~ the facts* esporre i fatti. **2** (*to declare*) dichiarare, affermare, asserire: *the government –d that there was no economic crisis* il governo dichiarò che non c'era crisi economica. □ *~ of the* **art** livello *m* delle conoscenze tecnico-scientifiche; **chair** *~ of* trono *m;* *~ of* **decay** stato *m* di decomposizione; ⟨*Pol*⟩ *~ of* **emergency** stato *m* d'emergenza; **fit** *~* condizioni adatte; *the patient is not in a fit ~ to undergo an operation* il paziente non è in

condizione di subire un intervento; ⟨*Rel*⟩ *~ of* **grace** stato *m* di grazia; *to lie in ~* (*of a dead person*) essere esposto solennemente in pubblico; *~ of* **mind** stato *m* d'animo, condizioni *fpl* di spirito; *he was in a confused ~ of mind* era confuso; ⟨*Parl*⟩ **minister** *of ~* ministro *m* di stato; *~ of* **repair** stato *m,* condizioni *fpl: to be in a good ~ of repair* essere in buono stato; **robes** *of ~* abiti *mpl* ⌈da parata⌉ (*o* di gala); ⟨*Pol*⟩ *~ of* **war:** 1 stato *m* di guerra; 2 (*duration*) durata *f* della guerra, stato *m* di guerra; *what a ~ you are* (*in*)! in che stato ti sei ridotto!

State *s.* **1** stato *m: the ~ of Madras* lo stato di Madras; *the fifty –s of the USA* i cinquanta stati degli Stati Uniti d'America. **2** (*supreme civil authority*) stato *m: Church and ~* chiesa e stato. **3** *pl.* ⟨*fam*⟩ (*United States*) Stati *mpl* Uniti d'America, ⟨*fam*⟩ stati *mpl.* **4** ⟨*am.fam*⟩ (*Department of State*) ministero *m* degli esteri, dipartimento *m* di stato.

state| archives *s.pl.* archivi *mpl* di stato. **~ carriage** *s.* carrozza *f* ⌈di gala⌉ (*o* da parata). **~ control** *s.* controllo *m* statale. □ *to bring under ~* statalizzare. **~-controlled** *a.* controllato dallo stato, sotto il controllo statale (*o* dello stato). **~craft** *s.* arte *f* di governare, politica *f.* **~ criminal** *s.* delinquente *m* politico.

stated ['steitid] *a.* **1** stabilito, fissato, determinato: *at ~ times* a intervalli stabiliti; *~ prices* prezzi fissati. **2** (*declared*) dichiarato, indicato, asserito. **3** (*mentioned, said*) indicato, detto: *as ~ below* come indicato sotto.

State| Department *s.* ⟨*SU*⟩ ministero *m* degli esteri, dipartimento *m* di stato. **~ flower** *am. s.* fiore *m* scelto come emblema di uno stato. **~ forest** *s.* foresta *f* demaniale.

stateless ['steitlis] *a.* ⟨*Dir*⟩ apolide. □ *a ~ person* un apolide. **statelessness** [–nis] *s.* apolidia *f.*

stateliness ['steitlinis] *s.* **1** splendore *m,* magnificenza *f.* **2** (*dignity*) dignità *f,* nobiltà *f,* elevatezza *f.* **3** (*majesty*) maestosità *f,* grandiosità *f,* imponenza *f.* **stately** [–li] *a.* **1** maestoso, imponente, grandioso. **2** (*dignified*) solenne, dignitoso, maestoso, regale.

stately home *s.* casa *f* signorile.

statement ['steitmənt] *s.* **1** esposizione *f,* enunciazione *f.* **2** (*s.th. stated*) esposto *m;* (*assertion*) asserzione *f,* affermazione *f,* dichiarazione *f: that ~ is false* quell'asserzione è falsa; (*account, recital*) relazione *f,* resoconto *m,* rapporto *m.* **3** ⟨*Parl*⟩ dichiarazione *f: to make a ~ to the House* fare una dichiarazione in parlamento. **4** ⟨*Dir*⟩ deposizione *f.* **5** ⟨*Econ*⟩ estratto *m* conto. **6** ⟨*Comm*⟩ rendiconto *m: annual ~* rendiconto di gestione. **7** ⟨*Inform*⟩ istruzione *f,* frase *f.* □ ⟨*Comm*⟩ *~ of account* estratto *m* conto; ⟨*Econ*⟩ *~ of affairs* situazione *f* (*o* bilancio *m*) di un fallimento; *~ of assets and liabilities* stato *m* patrimoniale; *~ of charges* nota *f* spese; *monthly ~* rendiconto *m* mensile.

state| monopoly *s.* monopolio *m* di stato. **~-owned** *a.* statale, (di proprietà) dello stato, pubblico. **~-registered nurse** *s.* infermiera *f* diplomata. **~room** *s.* **1** salone *m* ⌈per cerimonie⌉ (*o* di rappresentanza). **2** ⟨*Mar*⟩ cabina *f* privata. **3** ⟨*Ferr*⟩ scompartimento *m* privato.

State's| Attorney *am. s.* ⟨*Dir*⟩ (*prosecuting attorney*) pubblico ministero *m.* **~ evidence** *am. s.* testimonianza *f* per l'accusa. □ *to turn ~* denunciare i complici.

States-General *s.* ⟨*Stor*⟩ stati *mpl* generali.

stateside *am.* ['steitsaid] *avv.* negli Stati Uniti.

statesman ['steitsmən] *s.irr.* statista *m,* uomo *m* di stato. **statesmanlike** [–laik], **statesmanly** [–li] *a.* da statista, da uomo di stato. **statesmanship** [–ʃip] *s.* arte *f* di governare, politica *f.*

States'| righter *am. s.* ⟨*Pol*⟩ federalista *m/f.* **~ rights** *am. s.pl.* diritti *mpl* dei singoli stati.

stateswoman ['steitswumən] *s.irr.* statista *f.*

state| terrorism *s.* terrorismo *m* di stato. **~-trading country** *s.* paese *m* a commercio di stato. **~ trial** *s.* processo *m* politico. **~ university** *am. s.* università *f* di uno stato.

statewide *am.* ['steitwaid] *avv.* in tutto lo stato.

static ['stætik] **I** *a.* **1** ⟨*Fis,Econ*⟩ statico (anche *fig.*). **2** ⟨*Rad*⟩ di (*o* relativo a) disturbi atmosferici. **3** ⟨*El*⟩ elettrostatico: *~ charge* carica elettrostatica. **II** *s.* **1** ⟨*El*⟩

elettricità *f* statica. **2** *pl.* ⟨*Rad*⟩ disturbi *mpl* atmosferici, scariche *fpl.* **statically** [-əli] *avv.* staticamente.

static| balance *s.* ⟨*Fis*⟩ equilibrio *m* statico. ~ **balancing** *s.* ⟨*Mecc*⟩ equilibratura *f* statica, bilanciamento *m* statico. ~ **converter** *s.* ⟨*El*⟩ convertitore *m* statico. ~ **electricity** *s.* elettricità *f* statica.

statics ['stætiks] *s.pl.* (costr. sing.) ⟨*Fis*⟩ statica *f.*

static test *s.* ⟨*Met*⟩ prova *f* statica.

station ['steiʃən] **I** *s.* **1** posto *m* (assegnato): *sentry's* ~ posto di guardia. **2** (*stopping place*) stazione *f: a railway* ~ una stazione ferroviaria. **3** (*headquarters of a public service*) stazione *f,* posto *m;* (*police station*) stazione *f* di polizia; (*fire station*) caserma *f* dei pompieri; (*place providing a service*) stazione *f,* posto *m: a first–aid* ~ un posto di pronto soccorso; *a petrol* ~ una stazione di rifornimento. **4** (*place for observation,research, etc.*) stazione *f,* osservatorio *m: an agricultural* ~ una stazione agricola. **5** (*rank, social position*) condizione *f* sociale, rango *m,* ceto *m.* **6** ⟨*Rad,TV*⟩ stazione *f.* **7** ⟨*Mar.mil*⟩ (*naval base*) base *f* navale. **8** ⟨*Lit*⟩ stazione *f* (della Via Crucis). **9** (*austral*) (*ranch*) allevamento *m.* **II** *v.t.* **1** appostare, mettere, collocare, disporre, piazzare: *policemen were –ed at strategic points* furono appostati poliziotti nei punti strategici; *I –ed myself at the head of the queue* mi misi all'inizio della fila. **2** ⟨*Mil*⟩ (*of troops*) postare. □ ⟨*Mar.mil*⟩ **action** –*s* posti *mpl* di combattimento; ⟨*Mil*⟩ **to be** –*ed at* essere di stanza a; ⟨*Mar*⟩ **to be in** ~ essere al proprio posto nella formazione; ⟨*Mar*⟩ **to be out of** ~ essere fuori formazione; ⟨*Mar*⟩ **every man to his** ~ tutti ai posti di manovra.

stationarily ['steiʃənərili] *avv.* in modo stazionario. **stationariness** [-rinis] *s.* stazionarietà *f.* **stationary** [-ri] **I** *a.* **1** fermo, fisso, immobile: *to remain* ~ rimanere fermo. **2** (*unchanging, stable*) stazionario, stabile, costante: *the temperature remained* ~ la temperatura rimase stazionaria. **3** (*not movable*) non portatile, fisso; (*having no movable parts*) fisso: *a* ~ *crane* una gru fissa. **4** ⟨*Mil*⟩ di stanza: *the* ~ *troops* le truppe di stanza. **5** ⟨*Econ,Fis*⟩ stazionario. **II** *s.* (*s.o.* stationary) persona *f* sedentaria. □ ~ *diseases* malattie endemiche; *a* ~ *train* un treno in sosta.

stationer ['steiʃənə] *s.* cartolaio *m* (*f* –a).

Stationers'| Company *s.* ⟨*GB*⟩ corporazione *f* dei librai. ~ **Hall** *s.* palazzo *m* della corporazione dei librai. □ *to enter a book at* ~ depositare un libro presso la corporazione dei librai (per la tutela dei diritti di autore).

stationery ['steiʃənəri, *am.* –neri] *s.* **1** cancelleria *f,* articoli *mpl* di cancelleria. **2** (*writing paper*) carta *f* da lettere.

station| master *s.* ⟨*Ferr*⟩ capostazione *m.* ~ **pointer** *s.* ⟨*Topogr*⟩ staziografo *m,* rapportatore *m* a tre aste. ~ **roof** *s.* ⟨*Ferr*⟩ pensilina *f.* ~ **wagon** *s.* ⟨*Aut*⟩ giardinetta *f,* giardiniera *f.*

statism ['steitizəm] *s.* ⟨*Pol*⟩ statalismo *m.*

statist[1] ['steitist] **I** *s.* ⟨*Pol*⟩ statalista *m/f.* **II** *a.* ⟨*Pol*⟩ statalistico.

statist[2] *s.* → **statistician.**

statistic [stə'tistik] **I** *s.* dato *m* statistico. **II** *a.* → **statistical. statistical** [-əl] *a.* statistico: ~ *series* serie statistica. **statistically** [-əli] *avv.* statisticamente. **statistician** [,stætis'tiʃən] *s.* statistico *m.* **statistics** [-s] *s.pl.* **1** statistiche *fpl.* **2** (*science;* costr. sing.) statistica *f.*

stator ['steitə] *s.* ⟨*El*⟩ statore *m.*

statuary ['stætjuəri] **I** *s.* **1** collezione *f* (*o* raccolta) di statue. **2** (*collett*) statue *fpl.* **3** (*branch of sculpture*) arte *f* statuaria, statuaria *f.* **4** (*sculptor*) scultore *m.* **II** *a.* statuario: ~ *marble* marmo statuario.

statue ['stætju:] *s.* statua *f: a bronze* ~ una statua di bronzo. **statued** [-d] *a.* ornato di statue, con statue.

statuesque [,stætju'esk] *a.* **1** simile a una statua. **2** (*well–proportioned*) ben proporzionato, statuario. **3** (*massive and imposing*) statuario, scultoreo, solenne, maestoso. **statuesquely** [-li] *avv.* in maniera statuaria. **statuesqueness** [-nis] *s.* l'essere statuario.

statuette [,stætju'et] *s.* statuetta *f,* statuina *f.*

stature ['stætʃə] *s.* **1** statura *f,* altezza *f.* **2** ⟨*fig*⟩ levatura *f*

(morale), statura *f: a politician of great* ~ un uomo politico di grande levatura. □ *to be short of* ~ essere basso.

status ['steitəs, 'stæ–] *s.* **1** posizione *f,* stato *m,* condizione *f* sociale. **2** (*prestige, recognition*) prestigio *m,* credito *m,* reputazione *f: his new job has given him* ~ il suo nuovo lavoro gli ha conferito prestigio. **3** ⟨*Dir*⟩ stato *m,* condizione *f* giuridica: *marital* ~ stato coniugale.

status| quo *lat. s.* status quo *m.* ~ **symbol** *s.* simbolo *m* di condizione sociale (*o* economica).

statutable ['stætjutəbl] *a.* **1** legalmente punibile. **2** (*prescribed by statute*) stabilito (*o* prescritto) dalla legge.

statute ['stætju:t] *s.* **1** ⟨*Dir*⟩ legge *f* (del parlamento); (*of a corporation, an association*) statuto *m: the –s of a university* gli statuti di un'università. **2** ⟨*Dir,Pol*⟩ statuto *m.* □ ~ *of limitations* (*o* repose) legge *f* sulla prescrizione. ⟨*Stor*⟩ ~ *of Westminster* statuto *m* di Westminster.

statute| barred *a.* ⟨*Dir*⟩ prescritto, in prescrizione. ~ **book** *s.* raccolta *f* di leggi. ~ **mile** *s.* miglio *m* terrestre (pari a 1,609 km).

statutorily ['stætju:tərili] *avv.* per legge, disposto dalla legge. **statutory** [-ri] *a.* **1** statutario. **2** (*prescribed, regulated by statute*) stabilito (*o* prescritto) dalla legge. **3** (*of an offence*) legalmente punibile.

statutory| auditor *s.* ⟨*Econ*⟩ sindaco *m.* □ *board of* ~ collegio *m* sindacale. ~ **books** *s.pl.* libri *mpl* contabili (obbligatori). ~ **crime** *s.* → **statutory offence.** ~ **law** *s.* ⟨*Dir*⟩ legge *f* scritta (*o* parlamentare). ~ **offence,** ~ **offense** *am.* *s.* infrazione *f* della legge.

staunch[1] ['stɔ:ntʃ] *v.* → **stanch**[1].

staunch[2] *a.* **1** fedele, devoto, fidato, leale: *a* ~ *ally* un alleato fedele. **2** (*of a ship: watertight*) impermeabile.

staunchly ['stɔ:ntʃli] *avv.* fedelmente, lealmente. **staunchness** [-tʃnis] *s.* **1** fedeltà *f,* lealtà *f,* devozione *f.* **2** (*watertightness*) impermeabilità *f.*

stave[1] [steiv] *s.* **1** doga *f.* **2** (*strip of wood*) striscia *f,* lista *f.* **3** (*rung*) piolo *m.* **4** (*staff*) bastone *m.* **5** ⟨*Metr*⟩ stanza *f,* strofa *f.* **6** ⟨*Mus*⟩ pentagramma *m,* rigo *m* (musicale).

stave[2] *v.* (*pret., p.p.* **staved** [-d]/**stove** [stouv]) **I** *v.t.* **1** (general. con *in*) fare un buco in, sfondare, rompere. **2** (*to furnish with staves*) fornire di doghe, dogare. **II** *v.i.* (*of a cask, boat, etc.*) sfondarsi. □ *to* ~ **off:** 1 (*fig*) (*to keep at a distance*) sfuggire a, evitare, sottrarsi a: *to* ~ *off creditors* sfuggire ai creditori; 2 (*fig*) (*to avert*) evitare, prevenire.

staves [steivz] → **staff**[1].

stay[1] [stei] **I** *v.i.* **1** rimanere, stare, restare, trattenersi, fermarsi: *how long did you* ~ *there?* quanto tempo sei rimasto là?; *I'll* ~ *with you till the bus comes* starò con te fino all'arrivo dell'autobus; *I –ed to see what would happen* mi trattenni per vedere che cosa sarebbe successo (*to continue in a condition, unchanged*) restare, rimanere: *we can* ~ *friends* possiamo restare amici. **2** (*to lodge*) alloggiare, essere alloggiato, stare, essere ospite: *to* ~ *in the best hotel* alloggiare nel miglior albergo; *to* ~ *with friends* essere ospite di amici. **3** (*to satisfy the appetite*) soddisfare l'appetito, saziare. **4** (*to stop*) fermarsi, arrestarsi. **5** (*to stop doing s.th., cease*) interrompere, smettere di fare (*from s.th.* qc.). **6** (*to endure*) reggere, resistere: *the favourite is –ing well* il favorito regge bene. **II** *v.t.* **1** resistere (fino) a, reggere (fino) a: *the horse failed to* ~ *the last mile* il cavallo non riuscì a resistere fino all'ultimo miglio. **2** (*to hold back, restrain*) trattenere, fermare, arrestare: *if your mind is set I cannot* ~ *you* se hai deciso non posso trattenerti. **3** ⟨*Dir*⟩ (*to suspend*) sospendere: *to* ~ *execution* sospendere l'esecuzione; (*to delay*) rinviare, rimandare: *to* ~ *a decision* rinviare una decisione. **4** (*of hunger, thirst, etc.*) calmare, placare, soddisfare. □ *to* ~ **away** rimanere lontano, assentarsi (*from* da): *to* ~ *away from school* assentarsi da scuola; *to* ~ **behind** rimanere (*o* restare) a casa; *he –ed behind a rock out of sight* restò nascosto dietro una roccia; *to* **come** *to* ~: 1 (*of visitors*) venire a passare qualche giorno; 2 (*fam*) prendere piede (definitivamente); affermarsi; *to* ~ **for** fermarsi per, restare per, rimanere per: *I didn't* ~ *for tea* non mi fermai per il tè; *to* ~ **in:** 1 rimanere (*o* restare) in (*o* a) casa, non uscire; 2 ⟨*Scol*⟩ restar ¨in classe (*o a scuola*) dopo la fine delle lezioni; 3 (*to remain in place*) rimanere a posto; *to* ~ **on** rimanere, restare, trattenersi; *to* ~ **out**: 1 rimanere fuori (di casa), non rientrare: *to* ~ *out late* rimanere fuori fino a tardi; 2 (*to remain out of s.th.*) tenersi fuori da; 3 (*to remain until the end of*) rimanere (*o* fermarsi) fino alla fine di: *to* ~ *out a lecture* rimanere fino alla fine di una conferenza; ⟨*fam*⟩ *to* ~ **put**: 1 tenere, restare fermo (*o* fisso): *the lid won't* ~ *put* il coperchio non tiene; 2 (*of people*) stare fermo, non muoversi; *to* ~ **up**: 1 rimanere alzato (*o* in piedi): *he* –*ed up till after midnight* rimase alzato fin dopo la mezzanotte; 2 (*to remain erected, assembled, etc.*) restare in piedi; *to* ~ *up late* restare alzato fino a tarda ora, fare tardi

stay² *s.* 1 permanenza *f*, soggiorno *m: a month's* ~ *at the best hotels* un soggiorno di un mese nei migliori alberghi; (*in a hospital, etc.*) degenza *f*. 2 (*halt, pause*) arresto *m*, fermata *f*, pausa *f*, sosta *f*. 3 ⟨*Dir*⟩ sospensione *f: he was granted a* ~ *of execution* gli fu concessa una sospensione dell'esecuzione. 4 (*check, restraint*) ostacolo *m*, impedimento *m*, freno *m*.

stay³ I *s.* 1 (*support, prop*) sostegno *m*, puntello *m*. 2 (*fig*) sostegno *m*, bastone *m*, appoggio *m: the* ~ *of his old age* il sostegno della sua vecchiaia. 3 *pl.* (*corset*) busto *m*, corsetto *m*; (*bones of a corset*) stecche *fpl* (di busto). II *v.t.* 1 (spesso con *up*) sostenere, reggere. 2 ⟨*fig*⟩ sostenere, sorreggere, aiutare.

stay⁴ I *s.* ⟨*Mar*⟩ (*for a mast*) straglio *m*, strallo *m*. II *v.t.* 1 fissare con uno straglio (*o* strallo). 2 (*to put on the other tack*) virare (di bordo in prora). III *v.i.* virare (di bordo in prora). □ *in* –*s:* 1 che vira (di bordo in prora); 2 (*heading into the wind*) con la prora al vento.

stay|-at-home I *a.* casalingo, che ama stare in casa. II *s.* tipo *m* casalingo. ~ **bar** *s.* ⟨*Arch*⟩ montante *m*. ~**-down strike** *s.* (*of miners*) sciopero *m* con occupazione del posto di lavoro.

stayer ['steɪə] *s.* 1 chi resta, chi rimane. 2 ⟨*Sport*⟩ persona *f* (*o* animale *m*) che ha doti di resistenza.

stay| foresail *s.* ⟨*Mar*⟩ trinchettina *f*. ~**-in** *s.* → stay-in-strike.

staying power ['steɪɪŋ] *s.* resistenza *f*, capacità *f* di resistenza.

stay|-in strike *s.* sciopero *m* con occupazione del posto di lavoro. ~**-lace** *s.* stringa *f* (*o* laccio *m*) per busto. ~**maker** *s.* bustaio *m* (*f* –a).

S.T.D. = 1 *Sanctae Theologiae Doctor* dottore in teologia. 2 ⟨*Tel*⟩ *Subscriber Trunk Dialling* teleselezione.

stead [sted] *s.* 1 vece *f*, veci *fpl*, posto *m: I came in his* ~ sono venuto io in sua vece. 2 (*bedstead*) letto *m*, fusto *m* del letto. 3 (*farmstead*) fattoria *f*. □ *to stand s.o. in good* ~ essere (*o* tornare) molto utile a qd.

steadfast ['stedfɑːst] *a.* 1 fermo, saldo, risoluto. 2 (*of a gaze, etc.*) fermo, fisso. 3 (*firmly fixed, established*) ben saldo. 4 (*immutable*) invariabile, immutabile. **steadfastly** [–li] *avv.* fermamente, con fermezza: *he* ~ *refused to co-operate* si rifiutò fermamente di collaborare. **steadfastness** [–nis] *s.* fermezza *f*, saldezza *f*.

steadily ['stedɪli] *avv.* 1 fermamente, stabilmente. 2 (*unfalteringly*) fisso, fissamente: *to gaze* ~ *at s.o.* guardare fisso qd. 3 (*uniformly, regularly*) uniformemente, regolarmente; (*gradually, continuously*) costantemente, in modo continuo: *the patient is improving* ~ il paziente migliora continuamente. 4 (*calmly*) con calma, tranquillamente. **steadiness** [–dinis] *s.* 1 fermezza *f*, saldezza *f*, stabilità *f*. 2 (*uniformity, regularity*) uniformità *f*, regolarità *f*. 3 (*calmness*) calma *f*, tranquillità *f*.

steady ['stedi] I *a.* 1 stabile, fermo, saldo: *the tripod was not* ~ il treppiedi non era stabile; (*not shaking*) fermo: *a surgeon must have* ~ *hands* un chirurgo deve avere le mani ferme. 2 (*sober, responsible*) giudizioso, serio, posato. 3 (*uniform, regular*) costante, regolare, uniforme: *a* ~ *speed* una velocità costante; (*continuous*) incessante, ininterrotto, continuo: ~ *rain* pioggia incessante. 4 (*constant, habitual*) abituale, regolare: *a* ~ *customer* un cliente abituale. 5 (*consistent, dependable*) fidato, sicuro: *a* ~ *worker* un lavoratore fidato. 6 ⟨*fam*⟩ (*of a girl friend, boy friend*) fisso. II *s.* ⟨*fam*⟩ ragazzo *m* fisso, amico *m*

del cuore, innamorato *m;* (*regular girl friend*) ragazza *f* fissa, amica *f* del cuore, innamorata *f*. III *avv.* → **steadily.** IV *v.t.* 1 fissare, tenere fermo, reggere: *ropes were used to* ~ *the pole* per fissare il palo furono usati dei cavi. 2 ⟨*rifl*⟩ reggersi, tenersi fermo (*o* saldo). 3 (*to make calm, composed*) calmare, distendere: *a stiff drink steadied his nerves* un liquore forte gli calmò i nervi. 4 (*to make serious, responsible*) far mettere giudizio (*o* la testa a partito) a. 5 ⟨*Mar*⟩ tenere (*o* mantenere) in rotta. V *v.i.* 1 fermarsi, stabilizzarsi. 2 (*to become sober, responsible;* spesso con *down*) mettere giudizio (*o* la testa a partito). 3 (*to become calm*) calmarsi, distendersi. 4 ⟨*Mar*⟩ rimettersi in rotta. VI *intz.* 1 calma, attenzione, piano. 2 ⟨*Mar*⟩ alla via, via (così). □ ⟨*fam*⟩ *to go* ~ fare coppia fissa, filare, amoreggiare (*with con*); ⟨*Mar*⟩ *as she goes* via così; *to hold* ~: 1 tenere fermo; 2 ⟨*Mar*⟩ mantenere in rotta; *to have a* ~ *job* avere un impiego fisso; *not to be* ~ *on one's legs* ⌐reggersi male⌐ (*o* non essere saldo) sulle gambe.

steady-state|growth *s.* crescita *f* a tasso costante. ~ **universe** *s.* ⟨*Astr*⟩ universo *m* stazionario.

steak [steik] *s.* 1 bistecca *f*. 2 (*of fish*) trancia *f*, fetta *f*.

steal¹ [stiːl] *v.* (*pret.*, **stole** [stoul], *p.p.* **stolen** ['stoulən]) I *v.t.* 1 rubare, sottrarre: *to* ~ *s.o.'s watch* rubare l'orologio a qd.; *to* ~ *s.th. from s.o.* rubare qc. a qd.; *to* ~ *customers from a rival* sottrarre clienti a un concorrente. 2 ⟨*fig*⟩ (*to appropriate*) rubare, appropriarsi di: *to* ~ *s.o.'s ideas* rubare le idee a qd.; (*to plagiarize*) plagiare, rubare. 3 (*to take without permission*) rubare, carpire: *to* ~ *a kiss from s.o.* rubare un bacio a qd. 4 (*of time*) rubare: *to* ~ *a few hours from one's work* rubare qualche ora al lavoro. II *v.i.* 1 rubare: ⟨*Bibl*⟩ *thou shalt not* ~ non rubare. 2 ⟨*fig*⟩ (*to move, go secretly*) muoversi furtivamente. □ *to* ~ **along** procedere quatto quatto, camminare furtivamente; ⟨*fig*⟩ *to* ~ **away** andarsene ⌐alla chetichella⌐ (*o* di nascosto), allontanarsi con passo furtivo; *to* ~ **by** (*of time*) passare (lentamente); *a tear stole* **down** *her cheek* una lacrima le scese lentamente sulla guancia; *to* ~ **a glance** *at s.o.* dare un'occhiata furtiva a qd., guardare qd. di sottecchi (*o* soppiatto); *to* ~ **in** entrare di soppiatto; *I stole* **out** *of the house* uscii di casa alla chetichella.

steal² *s.* 1 ⟨*fam*⟩ furto *m*. 2 ⟨*fam*⟩ (*s.th. stolen*) cosa *f* rubata, furto *m*. 3 ⟨*am.fam*⟩ (*bargain*) (buon) affare *m*, occasione *f*.

stealer ['stiːlə] *s.* ladro *m* (*f* –a). **stealing** [–liŋ] *s.* 1 furto *m*. 2 *pl.* (*things stolen*) refurtiva *f*, oggetti *mpl* rubati.

stealth [stelθ] *s.* azione *f* furtiva (*o* clandestina); (*furtiveness*) l'essere furtivo, clandestinità *f*. □ *by* ~ furtivamente, di soppiatto, di nascosto. **'stealthily** [–ili] *avv.* furtivamente, di nascosto, di soppiatto, ⟨*fam*⟩ alla chetichella. **'stealthiness** [–inis] *s.* l'essere furtivo, clandestinità *f*. **'stealthy** [–i] *a.* furtivo, clandestino, nascosto.

steam¹ [stiːm] I *s.* 1 vapore *m: it works by* ~ funziona a vapore. 2 ⟨*estens*⟩ (*vapour, exhalation*) vapore *m*, esalazione *f*, emanazione *f*. 3 ⟨*fam*⟩ (*power, energy*) energia *f*, carica *f*. II *a.* a vapore. □ ⟨*Mar*⟩ *full* ~ *ahead* avanti a tutto vapore; *to get up:* ~ 1 ⟨*tecn*⟩ = *to* **raise** *steam;* 2 ⟨*fam*⟩ (*to collect one's strength*) raccogliere le (proprie) forze; 3 ⟨*fam*⟩ (*to get angry*) arrabbiarsi, infuriarsi; 4 ⟨*fam*⟩ (*to get excited*) bollire, fremere; ⟨*fam*⟩ *to let off* ~ sfogarsi; *under* (*o on*) *one's own* ~: 1 ⟨*Mar*⟩ con i propri mezzi; 2 ⟨*fam*⟩ (*without help from others*) da solo, senza aiuto; ⟨*tecn*⟩ *to* **raise** ~ aumentare la pressione.

steam² I *v.i.* 1 fumare, esalare vapore (*o* fumo): *a pot was* –*ing on the stove* una pentola fumava sul fornello; (*to give off vapour*) fumare: *the horse was* –*ing after the gallop* dopo il galoppo il cavallo fumava. 2 (*to move by steam-produced power*) andare a vapore. 3 ⟨*fam*⟩ (*to move rapidly, powerfully;* spesso con *along*) muoversi rapidamente e con molta energia. 4 ⟨*fam*⟩ (*to show anger*) ribollire d'ira, fremere di rabbia. II *v.t.* 1 cuocere al vapore. 2 (*to treat with steam*) trattare con vapore. 3 ⟨*Tess*⟩ passare al vapore. 4 ⟨*tecn,Cosmet*⟩ vaporizzare. □ *to* ~ **away:** 1 (*of a ship, train*) partire; 2 (*to evaporate*) evaporare; ⟨*fam*⟩ *to* **get** –*ed up* montare (*o* andare) in collera, arrabbiarsi; *the ship* –*ed* **into** *port* il piroscafo entrò nel porto; *the train –ed into the station* il treno entrò in stazione; *to ~ open an envelope* aprire una busta con il vapore; *to ~ over:* 1 appannarsi, coprirsi di vapore; 2 *(fam)* *(to make angry)* far arrabbiare, far andare in collera.

steam| bath *s.* bagno *m* di vapore *(anche tecn.).* **~boat** *s.* nave *f* a vapore, vapore *m,* piroscafo *m.* **~ boiler** *s.* *(tecn)* caldaia *f* a vapore. **~ box** *s.* → **steam chest.** **~ brake** *s.* freno *m* a pressione. **~ chest** *s.* *(Mecc)* camera *f* (di distribuzione) del vapore. **~ cooking** *s.* *(Gastr)* cottura *f* a vapore.

steamed [sti:md] *a.* *(Gastr)* (cotto) al vapore.

steam engine *s.* 1 macchina a vapore. 2 *(Ferr)* locomotiva *f* a vapore.

steamer ['sti:mə] *s.* 1 *(Mar)* piroscafo *m,* nave *f* a vapore, vapore *m.* 2 *(Mecc)* macchina *f* a vapore. 3 *(cooking vessel)* pentola *f* a vapore. 4 *(tecn)* autoclave *f.*

steam| gauge *s.* *(tecn)* manometro *m* (per la pressione del vapore). **~ generator** *s.* generatore *m* di vapore. **~ hammer** *s.* maglio *m* a vapore. **~ heat** *s.* calore *m* prodotto dal vapore. **~-heated** *a.* riscaldato a vapore. **~ heater** *s.* riscaldatore *m* a vapore. **~ heating** *s.* riscaldamento *m* a vapore.

steaminess ['sti:minis] *s.* 1 l'essere pieno di vapore. 2 *(fam)* *(sensuality)* sensualità *f.* **steaming** [–miŋ] I *a.* fumante: *~ coffee* caffè fumante. II *avv.* *(intens)* fino a fumare. □ *~ hot* fumante, bollente.

steam| iron *s.* ferro *m* da stiro a vapore. **~ ironing** *s.* stiratura *f* a vapore. **~ jacket** *s.* *(tecn)* camicia *f* di vapore. **~ locomotive** *s.* *(Ferr)* locomotiva *f* a vapore. **~ point** *s.* *(Fis)* punto *m* di ebollizione dell'acqua. **~ power** *s.* forza *f* (motrice del) vapore. **~ pressing** *s.* → **steam iron.** **~ pressure** *s.* *(Fis)* tensione *f* di vapore. **~ pump** *s.* pompa *f* a vapore.

steamroller [,sti:m'roulə] I *s.* 1 compressore *m* (stradale) a vapore, rullo *m* compressore a vapore. 2 *(fig)* forza *f* irresistibile *(o* travolgente). II *v.t.* 1 passare sotto il rullo compressore. 2 *(fig)* travolgere, schiacciare, sopraffare.

steamroller operator *s.* compressorista *m.*

steam|ship *s.* motonave *f,* piroscafo *m,* nave *f* a vapore, vapore *m.* **~ tug** *s.* *(Mar)* rimorchiatore *m* a vapore. **~ turbine** *s.* turbina *f* a vapore. **~ whistle** *s.* sirena *f* a vapore.

steamy ['sti:mi] *a.* 1 pieno *(o* coperto) di vapore; *(misty)* nebbioso. 2 *(giving off steam)* fumigante, che emette vapore. 3 *(fam)* *(sensual)* sensuale.

stearate ['sti:əreit] *s.* *(Chim)* stearato *m.*

stearic [sti'ærik] *a.* *(Chim)* stearico: *~ acid* acido stearico.

stearin ['sti(:)ərin], **stearine** [–ri:n] *s.* *(Chim)* stearina *f.*

steatite ['sti(:)ətait] *s.* *(Min)* steatite *f.*

steed [sti:d] *s.* *(poet,scherz)* *(horse)* cavallo *m;* *(nag)* rozza *f,* brenna *f.*

steel [sti:l] I *s.* 1 acciaio *m.* 2 *(for sharpening knives)* acciai(u)olo *m.* 3 *(for striking from flint)* acciarino *m.* 4 *(fig)* *(extreme hardness)* estrema durezza *f;* *(firm resolution)* risolutezza *f,* decisione *f,* fermezza *f.* 5 *(lett)* *(sword)* spada *f,* *(lett)* acciaio *m.* 6 *(in a corset)* stecca *f* d'acciaio. II *a.* 1 d'acciaio. 2 *(of the steel industry)* dell'*(o* relativo all') industria dell'acciaio. 3 *(fig)* *(resembling, hard as steel)* d'acciaio, forte, saldo. III *v.t.* 1 ricoprire *(o* rivestire) d'acciaio; *(of an electrotype)* acciaiare. 2 *(to point, edge with steel)* arrotare con l'acciaiolo. 3 *(fig)* indurire, rendere insensibile. 4 *(rifl,fig)* diventare insensibile, indurirsi. □ *(fig)* *to have a grip of ~* avere un pugno *(o* una presa) d'acciaio; *muscles of ~* muscoli *mpl* d'acciaio; *nerves of ~* nervi *mpl* d'acciaio; *as true as ~ (of a friend, etc.)* provato, fedele, sicuro; *an opponent worthy of one's ~* un degno avversario.

steel| band *s.* 1 banda *f* di strumenti a percussione. 2 *(Orol)* bracciletto *m* in acciaio. **'~-'blue** I *s.* blu *m* acciaio. II *a.* blu acciaio. **~ bodywork** *s.* *(Aut)* lastratura *f,* lastroferratura *f.* **~-clad** *a.* rivestito in *(o* di) acciaio. **~ engraving** *s.* *(Art)* incisione *f* su acciaio. **~ girder** *s.* *(Edil,Ferr)* trave *f* d'acciaio, longherina *f.* **'~-'gray** *am.,* **'~-'grey** I *s.* grigio *m* scuro, acciaio *m.* II *a.* grigio scuro, color (dell') acciaio. **~-hearted** *a.* dal

cuore di pietra.

steelify ['sti:lifai] *v.t.* acciaiare. **steeliness** [–nis] *s.* 1 l'essere d'acciaio. 2 *(fig)* durezza *f,* inflessibilità *f.*

steel| making *s.* fabbricazione *f* dell'acciaio. **~ mill** *s.* acciaieria *f.* **~-plated** *a.* ricoperto d'acciaio, corazzato. **~ section** *s.* profilato *m* in acciaio. **~ wool** *s.* *(Ind)* lana *f* d'acciaio.

steelwork ['sti:lwə:k] *s.* 1 oggetto *m* d'acciaio. 2 *(Edil)* struttura *f* d'acciaio. **steelworker** [–ə] *s.* chi lavora l'acciaio. **steelworks** [–s] *s.pl.* (costr. sing. o pl.) acciaieria *f.*

steely ['sti:li] *a.* 1 (fatto) d'acciaio. 2 *(hard as steel)* duro come l'acciaio; *(resembling steel in colour)* del colore dell'acciaio. 3 *(fig)* ferreo, d'acciaio, inflessibile.

steelyard[1] ['sti:lja:d] *s.* stadera *f.*

steelyard[2] *s.* → **steelworks.**

steen [sti:n] *v.t.* *(Edil,Minier)* rivestire internamente.

steenbok ['sti:nbɔk] *s.* *(pl. inv./-s* [s]; il pl. inv. si usa general. con valore collett.) *(Zool)* raficero *m* campestre.

steep[1] [sti:p] I *a.* 1 ripido, scosceso, dirupato, erto: *a ~ hill* una collina ripida. 2 *(fig)* precipitoso: *a ~ drop in production* un calo precipitoso della produzione. 3 *(fam)* *(of a price)* esorbitante, eccessivo; *(of a story, etc. incredible)* incredibile, assurdo, inverosimile; *(exaggerated)* esagerato. II *s.* pendio *m,* china *f.* III *avv.* → **steeply.**

steep[2] I *v.t.* 1 immergere, bagnare, mettere a bagno: *to ~ cloth in dye* immergere la stoffa nella tintura; *(to infuse)* mettere in infusione. 2 *(to saturate)* imbevere, impregnare, intridere, inzuppare. 3 *(fig)* imbevere, permeare, pervadere: *to ~ o.s. in classical literature* imbeversi di letteratura classica. 4 *(Ind)* macerare. II *v.i.* essere in infusione. III *s.* 1 immersione *f,* bagno *m.* 2 *(infusion)* infusione *f.*

steepen ['sti:pən] I *v.i.* farsi (più) ripido, diventare (più) scosceso. II *v.t.* rendere (più) ripido *(o* scosceso).

steeper ['sti:pə] *s.* 1 chi immerge, chi bagna. 2 *(Ind)* vasca *f* *(o* recipiente *m)* di macerazione, maceratoio *m.*

steepish ['sti:piʃ] *a.* piuttosto ripido *(o* scosceso).

steeple ['sti:pl] *s.* *(Arch)* 1 guglia *f.* 2 *(tower)* torre campanaria, campanile *m.*

steeplechase ['sti:pltʃeis] *s.* 1 *(Equit)* corsa *f* a ostacoli, steeplechase *m.* 2 *(Sport)* corsa *f* campestre a ostacoli. □ *3,000 metres ~* 3.000 metri a ostacoli. **steeplechaser** [–ə] *s.* 1 *(Equit)* cavallo *m* allenato per corse a ostacoli. 2 *(Sport)* podista *m* di corsa campestre a ostacoli. **steeplechasing** [–iŋ] *s.* 1 *(Equit)* corse *fpl* a ostacoli. 2 *(Sport)* corse *fpl* campestri a ostacoli.

steepled ['sti:pld] *a.* 1 con *(o* fornito di) guglia. 2 *(having the form of a steeple)* a forma di guglia.

steeplejack ['sti:pldʒæk] *s.* addetto *m* alla manutenzione di campanili, camini, ecc.

steeply ['sti:pli] *avv.* 1 ripidamente. 2 *(fig)* vertiginosamente, precipitosamente: *prices rose ~* i prezzi aumentarono vertiginosamente. **steepness** [–pnis] *s.* ripidezza *f.*

steer[1] [stiə] I *v.t.* 1 *(Mar)* governare, guidare, manovrare: *to ~ a ship* governare una nave. 2 *(estens)* guidare, condurre, pilotare: *to ~ a car* guidare una macchina. 3 *(fig)* guidare, dirigere, indirizzare, rivolgere: *to ~ the conversation in the desired direction* indirizzare la conversazione nella direzione voluta. II *v.i.* 1 *(Mar)* governare (una nave): *to ~ by the wind* governare secondo il vento. 2 *(estens)* guidare, stare al volante. 3 *(Mar)* *(to admit of being steered)* governarsi, rispondere al timone: *the ship –s well* la nave si governa bene. 4 *(Aut)* guidare, rispondere allo sterzo. 5 *(fig)* dirigersi, andare *(for a verso):* *to ~ for home* dirigersi a casa. □ *to ~ clear of:* *(Mar)* tenersi al largo di: *to ~ clear of the rocks* tenersi al largo degli scogli. 2 *(fig)* evitare, scansare; *to ~ a course* 1 *(Mar)* seguire una rotta; 2 *(fig)* seguire una via.

steer[2] *s.* *(Zootecn)* manzo *m;* *(young steer)* giovenco *m.*

steerage ['stiəridʒ] I *s.* 1 *(Mar)* governo *m.* 2 *(fig)* *(guidance, direction)* guida *f,* direzione *f.* 3 *(Mar)* *(effectiveness of the helm)* effetto *m* *(o* governo) del timone; *(steering apparatus)* comandi *mpl* del timone. 4 *(Mar)* *(stern of a ship)* poppa *f;* *(cheap accommodation)* alloggio *m* in terza classe. II *avv.* in terza classe: *to sail ~*

viaggiare in terza classe.

steerage| passenger s. passeggero m (f –a) di terza classe. **~way** s. ⟨Mar⟩ abbriv(i)o m (sufficiente per governare): to lose ~ perdere l'abbrivio.

steering ['stiəriŋ] s. **1** ⟨Mar⟩ governo m. **2** ⟨Mecc⟩ sterzo m, comando m sterzo.

steering| column s. piantone m ⌈dello sterzo⌉ (o di guida). **~ committee** s. comitato m direttivo. **~ gear** s. **1** ⟨Mecc⟩ sterzo m, comando m sterzo. **2** ⟨Mar⟩ apparato m del timone, agghiaccio m. **~ lock** s. ⟨Aut⟩ massimo angolo m di sterzata. **~ oar** s. ⟨Mar⟩ remo m di governo. **~ wheel** s. **1** ⟨Aut⟩ volante m (di guida), sterzo m. **2** ⟨Mar⟩ ruota f del timone.

steersman ['stiəzmən] s.irr. ⟨Mar⟩ timoniere m.
steersmanship [–ʃip] s. abilità f di timoniere.

steeve [sti:v] **I** v.t. ⟨Mar⟩ stivare: to ~ cotton stivare cotone. **II** s. barra f di stivaggio.

steinbock ['stainbɔk] s. (pl. inv./-s [s]; il pl.inv. si usa general. con valore collett.) ⟨Zool⟩ stambecco m delle Alpi.

steinbok s. → steenbok.

stele ['sti:li:] s. (pl. -lai [lai]/-s [z]) ⟨Archeol⟩ stele f.

stellar ['stelə] a. **1** ⟨Astr⟩ stellare, delle stelle: ~ light luce stellare. **2** (adorned, set with stars) ornato di stelle, stellato.

stellar| evolution s. ⟨Astr⟩ evoluzione f stellare. **~ populations** s.pl. popolazioni fpl stellari.

stellate ['steleit], **stellated** [–id] a. stellare, a stella.

stelliferous [ste'lifərəs] a. ⟨Biol⟩ a forma di stella, stellare, stellato. **'stelliform** [–fɔ:m] a. fatto a stella.

stem[1] [stem] s. **1** ⟨Bot⟩ stelo m, fusto m; (stalk) gambo m; (peduncle, pedicel) peduncolo m, pedicello m; (petiole) picciolo m. **2** (of a glass) gambo m, stelo m. **3** (of a pipe) cannello m, cannuccia f. **4** (of a spoon) manico m. **5** ⟨Ling⟩ tema m. **6** ⟨Mus⟩ gambo m della nota. **7** ⟨Mar⟩ dritto m (o ruota f) di prora; (bows) prua f, prora f. **8** ⟨rar,fig⟩ (line of ancestry) ceppo m. □ from ~ to stern: **1** ⟨Mar⟩ da prua a poppa, da un capo all'altro della nave; **2** ⟨fig⟩ da cima a fondo, completamente.

stem[2] v. (pret., p.p. **stemmed** [–d]) **I** v.t. **1** staccare il gambo a. **2** (of artificial flowers) fornire di gambo, fare il gambo a. **3** ⟨Mar⟩ (to make headway against) andare (o procedere) contro: to ~ the tide andare contro la corrente. **4** ⟨fig⟩ opporre resistenza a, lottare contro. **II** v.i. **1** provenire, derivare, aver origine, essere causato (from da). **2** (to descend) discendere, provenire (from a).

stem[3] v. (pret., p.p. **stemmed** [–d]) **I** v.t. **1** (to stop, check; spesso con back) contenere, arginare, frenare, porre freno a: to ~ the enemy's attack contenere l'attacco nemico. **2** (to stanch) stagnare. **3** (of a river, etc.) arginare. **II** v.i. **1** stagnare. **2** ⟨Sport⟩ (in skiing) fare lo spazzaneve.

stem[4] s. ⟨Sport⟩ (in skiing) spazzaneve m.

stemless ['stemlis] a. ⟨Bot⟩ privo di stelo (o gambo).

stemlet ['stemlit] s. ⟨Bot⟩ piccolo gambo m (o stelo).

stemma ['stemə] s. (pl. -s [z]/-mata [mətə]) **1** ⟨Entom,Zool⟩ ocello m. **2** ⟨Filol⟩ stemma m dei codici.

stemmed [stemd] a. ⟨Bot⟩ **1** provvisto di gambo. **2** (nei composti) dal gambo ...: long–~ dal gambo lungo.

stempel, stemple ['stempl] s. ⟨Minier⟩ puntello m.

stench [stentʃ] s. puzzo m, fetore m.

stencil ['stensl] **I** s. **1** stampino m, mascherina f. **2** (lettering, design) marchio m, stampinatura f. **3** (for duplication) matrice f. **II** v.t. (pret., p.p. **stencilled**/am. **stenciled** [–d]) **1** stampinare, riprodurre con uno stampino. **2** (to mark with a stencil) marcare (o contrassegnare) con uno stampino. **3** (to duplicate) ciclostilare. **stenciler** am., **stenciller** [–ə] s. stampinatore m (f –trice). **stencilling** [–iŋ] s. stampinatura f.

Sten gun [sten] s. ⟨Mil⟩ pistola f mitragliatrice leggera, sten f/m.

steno ['steno(u)] s. ⟨fam⟩ **1** → stenographer. **2** → stenography.

stenograph ['steno(u)grɑ:f] **I** s. **1** stenogramma m. **2** (machine) macchina f stenografica. **II** v.t. stenografare. **stenographer** [–'nɔgrəfə] s. stenografo m (f –a). **,steno'graphic** [–'græfik], **,steno'graphical** [–'græfikəl] a. stenografico. **stenographist** [–'nɔgrəfist] s. → sten-

ographer. **stenography** [–'nɔgrəfi] s. stenografia f.

stenotype ['steno(u)taip] s. **1** carattere m di stenotipia. **2** (machine) macchina f per stenotipia. **stenotypist** [–ist] s. chi scrive con una macchina per stenotipia. **stenotypy** [–i] s. stenotipia f.

Stentor ['stentɔ:] N.pr. ⟨Mitol⟩ Stentore m. **sten'torian** [–riən], **sten'torious** [–riəs] a. potente, forte, stentoreo.

step[1] [step] s. **1** passo m (anche fig.): to take a ~ forward fare un passo avanti. **2** (footprint) orma f, impronta f, passo m: –s in the sand orme sulla sabbia; (sound) passo m, rumore m di un passo. **3** (manner of walking) passo m, andatura f, modo m di camminare: a heavy ~ un passo pesante. **4** pl. (course, way) passi mpl: to retrace one's –s tornare sui propri passi. **5** (short distance) passo m, due passi mpl: within a ~ of the house a un passo dalla casa. **6** (in dancing) passo m (di danza). **7** ⟨Mil,Sport⟩ passo m. **8** ⟨fig⟩ (measure, action) mossa f, passo m, iniziativa f, azione f: what is your next ~? qual è la vostra prossima mossa? **9** (of a flight of stairs) gradino m, scalino m; (of a step ladder) gradino m; (of a ladder) piolo m. **10** pl. (flight of steps) scala f, scalinata f. **11** pl. → **step ladder**. **12** ⟨fig⟩ (grade, degree) gradino m, scalino m, grado m: the first ~ in one's career il primo scalino della carriera. **13** ⟨Aut⟩ predellino m, montatoio m. **14** ⟨Alp⟩ gradino m, scalino m. **15** ⟨Geog,Agr⟩ terrazza f, ripiano m, gradino m: the hillside was cultivated in –s la collina era coltivata a terrazze. **16** ⟨Mus⟩ (of the scale) grado m; (interval) intervallo m. **17** ⟨Inform⟩ passo m di elaborazione. □ ⟨Mil⟩ to break ~ perdere il passo; ~ by ~ passo passo, a passo a passo, per gradi; ⟨Mil⟩ to change ~ cambiare il passo; at every ~ a ogni passo (anche fig.); in ~: **1** al passo; **2** ⟨fig⟩ in armonia, in accordo; **3** ⟨El⟩ in fase; ⟨Mil⟩ to be in ~ andare al passo; to keep ~: **1** ⟨Mil⟩ marciare al passo (with con); **2** ⟨fig⟩ andare ⌈di pari⌉ (o dello stesso) passo, stare al passo, tenere il passo (with con); out of ~: **1** ⟨Mil⟩ non al passo; **2** ⟨fig⟩ in disaccordo, non in armonia; ⟨Mil⟩ to be out of ~ non andare al passo, perdere il passo; a pair of –s una scala a libro; to take –s prendere provvedimenti (o misure), fare i passi necessari; ⟨fig⟩ to watch one's ~ stare attento, essere cauto. Prov.: the first ~ is the hardest il passo più difficile è quello dell'uscio, tutto sta nel cominciare.

step[2] v. (pret., p.p. **stepped**/poet. **stept** [–t]) **I** v.i. **1** fare un passo: to ~ forward fare un passo avanti. **2** (to walk, go on foot) andare a piedi, camminare; (to go) andare: he asked me to ~ along to his office mi chiese di andare al suo ufficio; (to come) venire. **II** v.t. **1** fare, muovere. **2** (of a dance) ballare, danzare; (of the foot) muovere. **3** (to measure with steps) general. con off, o(o) misurare con i passi. **4** ⟨Agr⟩ tagliare a terrazze (o gradini). **5** ⟨Mar⟩ (of a mast) sistemare nella cassa; (of a ship) alberare. □ to ~ across a stream attraversare un ruscello; to ~ along (to leave, go) andarsene; to ~ ashore sbarcare, scendere a terra; to ~ aside: **1** farsi da parte (o un lato), fare un passo di lato: he –ped aside to let me pass si fece da parte per lasciarmi passare; **2** ⟨fig⟩ (to retire) mettersi (o tirarsi) da parte; to ~ back fare un passo indietro, indietreggiare; to ~ down: **1** (di)scendere (from da); **2** ⟨fig⟩ ritirarsi, dimettersi, dare le dimissioni (da); **3** ⟨El⟩ trasformare in bassa tensione; to ~ in: **1** entrare; **2** (to intervene) intervenire, intromettersi; **3** (to make a brief visit) fare una breve visita (on a), fare un salto (da); to ~ into mettere il piede (o i piedi) in: to ~ into a puddle mettere il piede in una pozzanghera; to ~ into a taxi salire su un tassì; ⟨fam⟩ ~ lively! sbrigati!, spicciati!, muoviti!; to ~ off: **1** scendere; **2** (to leave, depart) andarsene, andar via; **3** (to measure with steps) misurare con i passi; to ~ on: **1** pestare, calpestare: to ~ on the cat's tail pestare la coda al gatto; **2** (to press with the foot) premere, schiacciare, pigiare: to ~ on the accelerator premere l'acceleratore; ⟨fam⟩ to ~ on it (o the gas) sbrigarsi, affrettarsi, far presto; ⟨fam⟩ ~ on it! svelto!, muoviti!; to ~ out: **1** scendere: the taxi stopped and they –ped out il tassì si fermò ed essi scesero; **2** (to go out for a short time) uscire un momento, fare due passi, andare fuori per un po'; **3** (to walk briskly) allungare (o affrettare) il passo, affrettarsi; 4 ⟨*fam*⟩ (*to go out to have a good time*) andare a divertirsi; 5 ⟨*sl*⟩ (*to be unfaithful*) tradire (*on s.o.* qd.), essere infedele, ⟨*volg*⟩ mettere (*o* fare) le corna (a); 6 ⟨*sl*⟩ (*to die*) morire, ⟨*volg*⟩ crepare; *to* ~ **up**: 1 salire; 2 (*to be promoted*) ottenere una promozione (*o* un avanzamento); 3 (*to increase*) aumentare: *to* ~ *up production* aumentare la produzione; 4 (*to increase the rate, speed of*) accelerare, affrettare; 5 ⟨*El*⟩ trasformare in alta tensione; ~ *this* way, *please* da questa parte, prego.

step|brother *s.* fratellastro *m.* **~-by-step strategy** *s.* ⟨*Pol*⟩ strategia *f* del passo dopo passo. **~child** *s.irr.* figliastro *m* (*f* –a). **~daughter** *s.* figliastra *f.* **~father** *s.* patrigno *m.*

Stephanie ['stefəni] *N.pr.* Stefania *f.*

Stephen ['sti:vn] *N.pr.* Stefano *m.*

step| ladder *s.* scala *f* a libro (*o* libretto). **~mother** *s.* matrigna *f.* **~motherly** *a.* di (*o* da) matrigna, ⟨*spreg*⟩ matrignesco.

step–parent *s.* 1 (*stepfather*) patrigno *m.* 2 (*stepmother*) matrigna *f.*

steppe [step] *s.* ⟨*Geog*⟩ steppa *f.*

stepped [stept] *a.* a gradini, a scalini: ~*pyramid* piramide a gradini.

stepping stone ['stepiŋ] *s.* 1 pietra *f* di un guado. 2 ⟨*fig*⟩ passo *m*, gradino *m: a first* ~ *to success* un primo passo verso il successo.

step|sister *s.* sorellastra *f.* **~son** *s.* figliastro *m.*

stept [stept] → **step².**

stercoraceous [,stə:kə'reiʃəs] *a.* ⟨*Med*⟩ stercoraceo. **'stercoral** [–rəl] *a.* 1 ⟨*Med*⟩ → **stercoraceous.** 2 ⟨*Zool*⟩ che si nutre di sterco.

stere [stiə] *s.* stero *m* (pari a 1 m³).

stereo ['stiəriou, 'steriou] **I** *s.* ⟨*fam*⟩ 1 riproduzione *f* stereofonica; (*sound system*) sistema *m* stereofonico. 2 (*stereotype*) stereotipia *f.* 3 (*stereoscopic photography*) fotografia *f* stereoscopica, stereofotografia *f.* **II** *a.* 1 → **stereophonic.** 2 → **stereotyped.** 3 → **stereoscopic.** **III** *v.t.* ⟨*fam*⟩ (*to stereotype*) stereotipare.

stereo camera *s.* ⟨*Fot*⟩ apparecchio *m* (fotografico) stereoscopico.

stereochemistry ['stiəriə'kemistri] *s.* stereochimica *f.*

stereogram [,stiəriəgræm] *s.* 1 stereogramma *m.* 2 → **stereograph. stereograph** [–grɑ:f] *s.* stereografo *m.* **,stereographic** [–'græfik], **,stereographical** [–'græfikəl] *a.* stereografico. **,stereography** [–ri'ɔgrəfi] *s.* ⟨*Geom*⟩ stereografia *f.*

stereo| headphone *s.* cuffia *f* stereo(fonica). **~ image** *s.* ⟨*Acu*⟩ immagine *f* stereo.

stereometric [,stiəriə'metrik], **stereometrical** [–əl] *a.* ⟨*Geom*⟩ stereometrico. **,stereometry** [–ri'ɔmitri] *s.* stereometria *f.*

stereophonic [,stiəriə'fɔnik] *a.* ⟨*Acu*⟩ stereofonico. □ ~ *sound system* sistema stereofonico. **stereophony** [,stiəri'ɔfəni] *s.* stereofonia *f.*

stereophotography ['stiəriə,fɔtɔgrəfi] *s.* stereofotografia *f.*

stereoscope ['stiəriəskoup] *s.* ⟨*Ott*⟩ stereoscopio *m.* **,stereoscopic** [–'skɔpik], **,stereoscopical** [–'skɔpikəl] *a.* stereoscopico.

stereoscopic| camera *s.* → **stereo camera. ~ microscope** *s.* microscopio *m* stereoscopico.

stereoscopy [,stiəri'ɔskəpi] *s.* ⟨*Ott*⟩ stereoscopia *f.*

stereotape ['stiəriəteip] *s.* nastro *m* magnetico stereofonico.

stereotomy [,steri'ɔtəmi, ,stiəri–] *s.* ⟨*Geom*⟩ stereotomia *f.*

stereotype ['stiəriətaip] **I** *s.* 1 ⟨*Tip*⟩ (*process*) stereotipia *f;* (*plate*) lastra *f* stereotipa, stereotipia *f.* 2 ⟨*fig*⟩ stereotipo *m.* **II** *v.t.* 1 ⟨*Tip*⟩ stereotipare. 2 ⟨*fig*⟩ uniformare secondo un modello, rendere convenzionale; (*to repeat without changes*) ripetere senza variazioni. **stereotyped** [–t] *a.* 1 ⟨*Tip*⟩ stereotipo, stereotipico, stereotipato. 2 ⟨*fig*⟩ stereotipato, convenzionale, ⟨*trite*⟩ trito, banale. **stereotyper** [–ə], **stereotypist** [–ist] *s.* ⟨*Tip*⟩ stereotipista *m.* **stereotypy** [–i] *s.* ⟨*Tip*⟩ stereotipia *f.*

sterile ['sterail, *am.* 'ster(ə)l] *a.* 1 sterile, infecondo (*anche fig.*). 2 ⟨*Med*⟩ sterile, sterilizzato, asettico: ~ *gloves* guanti sterili. **sterilely** [–li] *avv.* sterilmente (*anche fig.*). **sterility** [–'riliti] *s.* sterilità *f*, infecondità *f*, infruttuosità *f*

(*anche fig.*).

sterilization [,sterilai'zeiʃən] *s.* 1 sterilizzazione *f;* (*state of having become sterile*) isterilimento *m.* 2 ⟨*Med*⟩ sterilizzazione *f.* **'sterilize** [–laiz] *v.t.* 1 ⟨*Med*⟩ sterilizzare. 2 (*to make incapable of reproduction*) sterilizzare, isterilire, sterilire, rendere sterile. **'sterilized** [–laizd] *a.* 1 sterilizzato, reso infecondo. 2 ⟨*Med*⟩ sterile, sterilizzato, reso asettico. **'sterilizer** [–laizə] *s.* (*apparatus*) sterilizzatore *m.*

sterlet ['stə:lit] *s.* ⟨*Itt*⟩ sterlet(t)o *m*, sterlatto *m.*

sterling ['stə:liŋ] **I** *a.* 1 ⟨*Econ*⟩ della (*o* relativo alla) sterlina, (calcolato) in sterline. 2 (*of silver*) al titolo di 925/1000. 3 (*made of sterling silver*) d'argento al titolo di 925/1000. 4 ⟨*fig*⟩ genuino, schietto, autentico: ~ *qualities* qualità genuine. **II** *s.* ⟨*Econ,collett*⟩ sterlina *f*, lira *f* sterlina.

sterling| area, ~ bloc *s.* ⟨*Econ*⟩ area *f* della sterlina.

stern¹ [stə:n] *a.* 1 severo, rigido, inflessibile, duro: *a* ~ *parent* un genitore severo; ~ *discipline* disciplina rigida. 2 (*severe, harsh*) severo, duro, aspro: ~ *criticism* critica severa. 3 (*austere*) austero, severo, serio, grave; (*grim in aspect*) arcigno, severo. 4 (*resolved, stout*) fermo, saldo, tenace, risoluto: *a* ~ *resolution* un fermo proponimento. 5 (*hard, demanding*) duro, aspro, arduo, impegnativo: *the battle was* ~ la battaglia fu dura.

stern² [stə:n] **I** *s.* 1 ⟨*Mar*⟩ poppa *f.* 2 ⟨*estens*⟩ (*back, rear*) parte *f* posteriore, (di)dietro *m*, retro *m.* 3 ⟨*venat*⟩ coda *f* (di cane da caccia). 4 ⟨*fam*⟩ (*buttocks*) deretano *m*, sedere *m*, ⟨*fam*⟩ didietro *m.* **II** *a.* ⟨*Mar*⟩ poppiero, di poppa. □ ⟨*Mar*⟩ *by the* ~ di poppa: *to sink by the* ~ affondare di poppa; *to bring down by the* ~ far appoppare; ~ *on* (*o foremost*) con la poppa in avanti.

sternal ['stə:nl] *a.* ⟨*Anat,Med*⟩ sternale.

stern| board *s.* ⟨*Mar*⟩ abbriv(i)o *m* indietro. □ *to make a* ~ far retrocedere la nave. **~ chase** *s.* ⟨*Mar*⟩ inseguimento *m* sulla scia. **~ chaser** *s.* cannone *m* ⌐di caccia⌐ (*o* cacciatore).

sterner sex ['stə:nə] *s.* sesso *m* forte.

sternfast ['stə:nfɑ:st] *s.* ⟨*Mar*⟩ ormeggio *m* di poppa, poppese *f.*

sternforemost [,stə:n'fɔ:moust] *avv.* 1 ⟨*Mar*⟩ con la poppa in avanti. 2 ⟨*fig*⟩ goffamente, in modo impacciato.

sternly ['stə:nli] *avv.* severamente, rigidamente, inflessibilmente.

sternmost ['stə:nmoust] *a.* ⟨*Mar*⟩ il più prossimo alla poppa.

sternness ['stə:nnis] *s.* 1 severità *f*, rigore *m*, rigorosità *f*, inflessibilità *f.* 2 (*firmness*) fermezza *f*, risolutezza *f*, saldezza *f.*

stern|post *s.* ⟨*Mar*⟩ dritto *m* (*o* ruota *f*) di poppa. **~ rudder** *s.* timone *m* di poppa. **~ sheets** *s.pl.* camera *f* di poppa, poppetta *f.*

sternum ['stə:nəm] *s.* (*pl.* **-na** [nə]) ⟨*Anat*⟩ sterno *m.*

sternutation [,stə:nju'teiʃən] *s.* starnuto *m.* **sternutative** [–'nju:tətiv], **sternutatory** [–'nju:tətəri] **I** *a.* starnutatorio. **II** *s.* starnutatorio *m.*

sternward ['stə:nwəd] **I** *a.* ⟨*Mar*⟩ a poppa, verso poppa. **II** *avv.* → **sternwards. sternwards** [–z] *avv.* verso poppa.

stern|way *s.* ⟨*Mar*⟩ abbriv(i)o *m* indietro. **~ wheel** *s.* ruota *f* poppiera a pale. **~ wheeler** *s.* piroscafo *m* con ruota poppiera a pale.

steroid ['steroid] *s.* ⟨*Chim*⟩ steroide *m.*

stertorous ['stə:tərəs] *a.* 1 ⟨*Med*⟩ stertoroso. 2 (*breathing loudly*) che respira rumorosamente; (*of breathing*) rumoroso. **stertorously** [–li] *avv.* con un respiro rumoroso. **stertorousness** [–nis] *s.* ⟨*Med*⟩ stertore *m.*

stet *lat.* [stet] **I** *intz.* ⟨*Tip*⟩ vive. **II** *v.t.* (*pret., p.p.* **'stetted** [–id]) annullare la correzione di (scrivendo vive a margine).

stethoscope ['steθəskoup] *s.* ⟨*Med*⟩ stetoscopio *m.* **,stethoscopic** [–'skɔpik], **,stethoscopical** [–'skɔpikəl] *a.* stetoscopico. **stethoscopy** [–θəskəpi] *s.* stetoscopia *f.*

stetson, Stetson ['stetsən] *s.* ⟨*Mod*⟩ cappello *m* da uomo a tesa larga e a cupola alta.

stevedore ['sti:vidɔ:] *s.* ⟨*Mar*⟩ stivatore *m*, scaricatore *m* di porto.

ew[1] [stju:, *am.* stu:] **I** *v.t.* stufare, cuocere a fuoco lento (o in umido): *to ~ beef* stufare il manzo. **II** *v.i.* **1** cuocere a fuoco lento (o in umido). **2** ⟨*fam*⟩ (*to suffer from heat*) essere oppresso dal caldo, soffocare (per l'afa). **3** ⟨*sl*⟩ (*to worry, be anxious*) essere in ansia (o agitazione) (*over, about* per), preoccuparsi (per, di). **III** *s.* **1** ⟨*Gastr*⟩ stufato *m*, umido *m*. **2** ⟨*fam*⟩ (*state of agitation, worry*) preoccupazione *f*, inquietudine *f*, agitazione *f*, turbamento *m*. □ ⟨*fam*⟩ *to get* (*o.s.*) *into a ~ about* (o *over*) *s.th.* mettersi in agitazione per qc.; ⟨*fam*⟩ *to be in a ~ about s.th.* essere agitato per qc.; ⟨*fig*⟩ *to ~ in one's own juice* cuocere nel proprio brodo.

ew[2] *s.* **1** (*tank, pond for fish*) peschiera *f*, vivaio *m* per pesci. **2** (*artificial oyster bed*) vivaio *m* per la coltura delle ostriche.

eward ['stju:əd, *am.* 'stu:-] *s.* **1** amministratore *m*, economo *m*; (*manager of an estate*) fattore *m*, castaldo *m*; (*manager of a manor*) maggiordomo *m*. **2** (*catering manager*) dispensiere *m*. **3** ⟨*Mar*⟩ (*catering officer*) dispensiere *m* di bordo, cambusiere *m;* (*cabin attendant*) cameriere *m* (o assistente) di bordo, steward *m*. **4** ⟨*Aer*⟩ assistente *m* di volo, steward *m*. **5** ⟨*am*⟩ (*on a bus, train*) assistente *m* addetto al servizio passeggeri. **6** (*official at a meeting, dance, etc.*) maestro *m* di cerimonie. **7** (*shop steward*) membro *m* della commissione interna. **8** ⟨*Sport*⟩ (*organizing official*) commissario *m* sportivo. **9** ⟨*Mediev*⟩ castaldo *m*. **stewardess** [–is] *s.* **1** dispensiera *f.* **2** ⟨*Mar*⟩ assistente *f* di bordo. **3** ⟨*Aer*⟩ assistente *f* di volo, hostess *f*. **stewardship** [–ʃip] *s.* **1** amministrazione *f*, gestione *f.* **2** (*office of steward*) carica *f* di amministratore. **3** ⟨*Mediev*⟩ castalderia *f.*

ewed [stju:d, *am.* stu:d] *a.* **1** stufato, in umido. **2** (*of fruit*) cotto (a fuoco lento); *~ apples* mele cotte. **3** (*of tea*) troppo carico. **4** ⟨*sl*⟩ (*drunk*) ubriaco, ⟨*fam*⟩ sbronzo, ⟨*pop*⟩ sborniato. **stewing** ['stju:iŋ] *a.* per stufato, per umido; (*of fruit*) da cuocere.

ew|pan *s.* casseruola *f* per stufato. **~pot** *s.* stufaiola *f.*

t.Ex. = ⟨*Econ*⟩ *Stock Exchange* borsa valori.

g. = ⟨*Econ*⟩ *sterling* sterlina.

ibial ['stibiəl] *a.* ⟨*Chim*⟩ antimoniale. **stibine** [–bain, –bi:n] *s.* stibina *f.* **stibium** [–biəm] *s.* antimonio *m.* **stibnite** [–bnait] *s.* ⟨*Min*⟩ stibnite *f*, antimonite *f.*

ich [stik] *s.* ⟨*Metr*⟩ stico *m*, verso *m*, rigo *m*, versetto *m.*

ick[1] [stik] **I** *s.* **1** stecco *m*, ramoscello *m* (secco), legnetto *m*, sterpo *m: to gather ~s for a fire* raccogliere stecchi per accendere un fuoco. **2** (*slender piece of wood*) stecco *m*, bastoncino *m: he skewered the meat on a ~* infilzò la carne su uno stecco. **3** (*for beating*) bastone *m*, bacchetta *f*; (*club, cudgel*) bastone *m*, randello *m*, mazza *f;* (*beating*) bastonate *fpl*, legnate *fpl*, busse *fpl: to get the ~* prendere delle bastonate. **4** (*walking stick*) bastone *m* da passeggio, canna *f*, mazza *f.* **5** (*rod-shaped piece*) bastoncino *m*, stecchetto *m: a ~ of sealing wax* un bastoncino di ceralacca; (*of plants*) gambo *m: a ~ of celery* un gambo di sedano. **6** ⟨*Mus*⟩ (*baton*) bacchetta *f* (di direttore d'orchestra); (*drumstick*) bacchetta *f* (di tamburo); (*fiddlebow*) archetto *m* (di violino). **7** ⟨*Sport*⟩ (*in hockey*) bastone *m*, stecca *f*; (*in lacrosse*) mazza *f.* **8** *pl.* ⟨*Sport*⟩ (*cricket stumps*) paletti *mpl* da cricket. **9** (*billiard stick*) stecca *f.* **10** *pl.* ⟨*Equit*⟩ ostacoli *mpl: a fast horse over the ~s* un cavallo veloce nel salto degli ostacoli. **11** ⟨*fam*⟩ (*person*) persona *f*, tipo *m*, ⟨*fam*⟩ diavolo *m: a clumsy ~* un tipo buffo; (*stiff, formal person*) tipo *m* contegnoso, uno che ha mangiato il manico della scopa; (*dull person*) allocco *m* (*f* –a), ⟨*fam*⟩ baccalà *m.* **12** *pl.* ⟨*fam*⟩ (*legs*) gambe *fpl.* **13** ⟨*Aer*⟩ barra *f* di comando, cloche *f.* **14** ⟨*Tip*⟩ (*composing stick*) compositoio *m.* **15** ⟨*Mar*⟩ (*mast*) albero *m;* (*yard, spar*) pennone *m.* **16** ⟨*Aer.mil*⟩ (*of bombs*) grappolo *m.* **17** *pl.* ⟨*am.fam*⟩ (*rural districts*) zone *pl* rurali; (*country*) campagna *f;* (*back country*) entroterra *m.* **II** *v.t.* **1** mettere bastoncini a sostegno di, sostenere con bastoncini. **2** ⟨*Tip*⟩ comporre. □ ⟨*fig*⟩ *any ~ is good to beat a dog* ogni mezzo è buono per colpire il nemico; *a ~ of dynamite* un candelotto di dinamite; *we have only a few ~s of furniture* abbiamo soltanto quattro mobili sgangherati; *to give s.o. the ~* prendere qd. a legnate, fare

assaggiare il bastone a qd.; *the short end of the ~* trattamento ingiusto: *to get the short end of the ~* subire un trattamento ingiusto; *to give s.o. the short end of the ~* trattare ingiustamente qd.; ⟨*fig*⟩ *the wrong end of the ~* il fraintendere, malinteso *m; he's got hold of the wrong end of the ~* ha capito fischi per fiaschi.

stick[2] *v.* (*pret., p.p.* stuck [stʌk]) **I** *v.t.* **1** conficcare, ficcare, infilare, infiggere: *to ~ a pin in a hat* conficcare uno spillone in un cappello; *to ~ a finger into one's eye* ficcarsi un dito in un occhio. **2** (*to fix by thrusting*) conficcare, piantare, infiggere: *to ~ a tent-peg in the ground* conficcare un picchetto nel terreno. **3** (*to impale on a point*) infilzare, infilare: *to ~ a chicken on a spit* infilzare un pollo su uno spiedo; (*of a specimen*) fissare con uno spillo, infilzare. **4** (*to pierce with s.th. pointed*) pungere, trafiggere: *to ~ one's finger with a needle* pungersi il dito con un ago; (*of a pig*) sgozzare, scannare; (*of a wild pig*) infilzare con la lancia; (*of a fish*) arpionare. **5** (*to cause to protrude;* general. con *out*) sporgere, protendere, tirar fuori: *to ~ one's head out of the window* sporgere la testa dal finestrino; *to ~ out one's tongue* tirar fuori la lingua. **6** ⟨*fam*⟩ (*to place by pushing, thrusting*) ficcare, infilare, cacciare, mettere: *to ~ one's hands in one's pockets* ficcarsi le mani in tasca. **7** (*to cause to adhere*) attaccare, appiccicare, incollare: *to ~ a stamp on a letter* attaccare un francobollo a una lettera. **8** (*to attach with pins, etc.*) affiggere, attaccare: *to ~ a notice on a board* affiggere un avviso su un tabellone. **9** (*to bring to a halt;* general. al pass.) bloccare, fermare, arrestare. **10** ⟨*fam*⟩ (*to stand, bear*) sopportare, tollerare, reggere, resistere a: *he couldn't ~ that job* non poteva sopportare quel lavoro. **11** ⟨*fam*⟩ (*to confuse;* general. al pass.) confondere, rendere perplesso. **12** ⟨*sl*⟩ (*to obtain money from*) scroccare a, cavare (o spremere, spillare) denaro a: *to ~ s.o. for the price of a drink* scroccare da bere a qd. **13** ⟨*sl*⟩ (*to impose with s.th.;* spesso al pass.) appioppare a, caricare, oberare, gravare: *recruits are usually stuck with the dirty jobs* i lavori ingrati vengono di solito appioppati alle reclute. **II** *v.i.* **1** conficcarsi, penetrare, ficcarsi: *the arrow stuck in the tree* la freccia si conficcò nell'albero. **2** (*to adhere*) attaccare, appiccicare, aderire, tenere: *the stamp won't ~* il francobollo non attacca; *the wet shirt stuck to his skin* la camicia bagnata gli si appiccicò alla pelle. **3** (*to become fixed, blocked*) incepparsi, bloccarsi: *the key stuck in the lock* la chiave s'inceppò nella serratura. **4** (*to be brought to a halt*) restare bloccato (o fermo): *the car stuck in the snow* l'auto restò bloccata nella neve. **5** ⟨*fig*⟩ rimanere, restare: *to ~ to one's room* restare in camera. **6** (*to protrude;* general. con *out, through, from*) sporgere: *a handkerchief was ~ing out of his pocket* un fazzoletto gli sporgeva dalla tasca. **7** ⟨*fam*⟩ (*to remain valid*) reggere, stare in piedi: *the charge didn't ~* l'accusa non reggeva. **8** (*in cards*) passare. □ ⟨*fam*⟩ *to ~ around* non allontanarsi, restare nei paraggi; *to ~ at:* **1** perseverare in, tener duro in, persistere in, insistere in: *to ~ at it* persistere; **2** ⟨*fam*⟩ (*to stop short of*) esitare (o indietreggiare) davanti a, tirarsi indietro davanti a; ⟨*fam*⟩ *he would ~ at nothing* è completamente privo di scrupoli; *~ no bills* (è) vietata l'affissione; *to ~ by* restar fedele a; *to ~ down:* **1** incollare, chiudere incollando: *to ~ down the flap of an envelope* incollare i lembi di una busta; **2** ⟨*fam*⟩ (*to put down*) posare, poggiare, deporre, porre (o mettere) giù: *~ it down in the corner* posalo nell'angolo; **3** (*to write down*) buttar giù, annotare, scrivere: *he stuck down the details* buttò giù i dettagli; **4** (*to remain attached*) stare attaccato, reggere, tenere; *to ~ one's head round the door* far capolino dalla porta; *to ~ to s.o.'s heels* stare alle calcagna di qd.; ⟨*fam*⟩ *to ~ in:* **1** incollare, attaccare, appiccicare: *to ~ in photographs* incollare fotografie; (*to put in, insert*) inserire, introdurre, metter dentro: *to ~ in a few statistics* inserire alcune statistiche; ⟨*fam*⟩ *to ~ to s.o. like glue* (o *a bur, a leech*) stare attaccato a qd. come una mignatta; *to ~ on* appiccicare, incollare, attaccare: *to ~ on a label* appiccicare un'etichetta; *to ~ out:* **1** saltare agli occhi, essere evidente: *the mistakes ~ out a mile away* gli errori saltano agli occhi (a un miglio di distanza); **2** (*to* *persevere*) perseverare, persistere, insistere, resistere, tener duro: *to* ~ *out till the end* perseverare fino alla fine; ~ *it (out)!* resisti!, tieni duro!; ⟨*fam*⟩ *to* ~ *it out* sopportare fino alla fine qc., andare fino in fondo a qc.; *to* ~ *out one's chest* stare impettito; *to* ~ **out for** insistere (*o* tener duro) per avere, battersi per avere: *he stuck out for better terms* insistette per avere condizioni migliori; *to* ~ *to the* **point** restare in argomento; *to* ~ **to:** 1 tenersi a, attenersi a, stare a, non divagare da; (*to persevere with*) perseverare in, persistere in, tener duro in; 3 (*to remain loyal to*) restar fedele a, tener fede a; 4 (*of a translation, etc.*) attenersi a, aderire a, essere fedele (*o* conforme) a; ~ *to it!* tieni duro!, non mollare!; *to* ~ *to one's work* lavorare sodo, darci dentro; *to* ~ **together:** 1 attaccarsi, appiccicarsi, incollarsi: *the pages had stuck together* le pagine si erano attaccate; 2 ⟨*fam*⟩ (*of people*) restare insieme (*o* uniti); 3 ⟨*fam*⟩ (*to remain loyal to e.o.*) restare uniti, sostenersi a vicenda: *we'll win if we* ~ *together* vinceremo se restiamo uniti; *to* ~ **up:** 1 affiggere, attaccare; 2 (*to raise*) alzare, levare: *to* ~ *one's hand up* alzare la mano; 3 (*to cause to stand upright*) rizzare, alzare: *to* ~ *up a flagpole* rizzare un'asta di bandiera; 4 ⟨*fam*⟩ (*to rob at gunpoint*) compiere una rapina (a mano armata) in, assaltare; ⟨*fam*⟩ *to* ~ **up for** difendere, battersi per, sostenere; *to* ~ **with** stare alle costole di.

sticker ['stikə] *s.* **1** chi infigge, chi conficca. **2** (*piercing instrument*) arnese *m* per forare (*o* pungere). **3** ⟨*Macell*⟩ coltello *m* da macellaio. **4** ⟨*Bot*⟩ (*bur*) lappola *f;* (*bramble*) rovo *m.* **5** (*bill poster*) attacchino *m.* **6** (*gummed label*) etichetta *f* gommata, cartellino *m* adesivo. **7** ⟨*fam*⟩ (*one who perseveres*) chi tiene duro, chi resiste, chi non si dà per vinto; (*one who remains constant*) persona *f* fedele (*o* fidata).

stickful ['stikful] *s.* ⟨*Tip*⟩ insieme *m* dei caratteri disposti sul compositoio.

stickily ['stikili] *avv.* in modo appiccicoso (*o* attaccaticcio).

stickiness [–kinis] *s.* **1** aderenza *f,* adesione *f.* **2** (*viscousness*) vischiosità *f,* viscosità *f.* **3** (*humidity, mugginess*) afosità *f,* umidità *f.*

sticking plaster ['stikiŋ] *s.* cerotto *m* adesivo.

'stick-in-the-'mud ⟨*fam*⟩ **I** *s.* **1** pigrone *m* (*f* –a), posapiano *m/f.* **2** (*old fogey*) persona *f* dalle idee antiquate, parruccone *m* (*f* –a), ⟨*scherz*⟩ matusa *m/f.* **II** *a.* **1** lento e privo d'iniziativa. **2** (*unprogressive*) arretrato, retrogrado, conservatore.

stick jaw ['stikdʒɔ:] *s.* ⟨*sl*⟩ caramella *f* gommosa che si attacca ai denti.

stickleback ['stiklbæk] *s.* ⟨*Itt*⟩ spinarello *m.*

stickler ['stiklə] *s.* **1** pedante *m/f,* pignolo *m* (*f* –a). **2** ⟨*fam*⟩ (*puzzling problem, question*) questione *f* (*o* faccenda) difficile. □ *to be a* ~ *for procedure* essere attaccato (*o* ligio) alla procedura.

stick|-on *a.* gommato, da incollare: ~ *label* etichetta gommata. **~pin** *am. s.* (*tie pin*) spilla *f* da cravatta. **~-resistant** *a.* antiaderente. **~-up I** *s.* ⟨*sl*⟩ (*hold-up*) rapina *f* a mano armata. **II** *a.* (*of a collar*) montante, rialzato.

sticky ['stiki] *a.* **1** adesivo, collante: ~ *paper* carta adesiva. **2** (*viscous*) appiccicoso, attaccaticcio, viscoso, colloso, vischioso: ~ *hands* mani appiccicose; (*of ground, etc.*) viscido. **3** (*humid, muggy*) umido, afoso, pesante. **4** ⟨*fam*⟩ (*difficult*) difficile (da trattare), complicato, complesso: *a* ~ *question* una questione difficile; (*awkward, uncomfortable*) imbarazzante, che mette a disagio: *a* ~ *talk* una conversazione imbarazzante. **5** ⟨*fam*⟩ (*fussy, particular*) pignolo, meticoloso, pedante. **6** ⟨*sl*⟩ (*unpleasant, painful*) spiacevole, doloroso, ⟨*fam*⟩ brutto: *I had a* ~ *ten minutes* ho passato un brutto quarto d'ora. □ *he was very* ~ *about giving me leave* ha fatto un sacco di storie per darmi il permesso; ⟨*sl*⟩ *he will come to a* ~ *end* farà una brutta fine; ⟨*fam*⟩ *to have* ~ *fingers* essere lesto di mano, avere le mani lunghe.

sticky wicket *s.* **1** ⟨*Sport*⟩ (*in cricket*) terreno *m* viscido. **2** ⟨*fam*⟩ (*awkward situation*) situazione *f* difficile (*o* imbarazzante).

stiff [stif] **I** *a.* **1** rigido, duro: ~ *cardboard* cartone rigido; *a* ~ *collar* un colletto duro; (*of the body*) rigido,

irrigidito, legato, indolenzito: *to have a* ~ *leg* avere u gamba rigida; (*of a dead body*) rigido, irrigidito, stecchi 3 (*not moving easily*) duro, che funziona male: *the lo was* ~ il lucchetto era duro. **4** (*firm, resolute*) ferm risoluto, deciso, inflessibile. **5** (*stubborn*) ostina testardo, caparbio. **6** (*formal, cold*) sostenuto, forma freddo, rigido: ~ *manners* modi sostenuti. **7** (*hard, toug* difficile, duro, arduo, gravoso: *a* ~ *assignment* compito difficile; (*exacting*) impegnativo: *a* ~ *examination* un esame impegnativo. **8** (*harsh, sever* severo, duro, pesante, gravoso, oneroso: *a* ~ *fine* una mul severa. **9** (*thick, of firm consistency*) consistente, spess compatto, denso. **10** (*of wind*) teso, forte. **11** (*of a drin* forte, (molto) alcolico. **12** ⟨*fam*⟩ (*of prices, etc.*) mol alto, ⟨*fam*⟩ salato. **II** *s.* **1** ⟨*sl*⟩ (*corpse*) cadavere *m.* ⟨*sport*⟩ (*racehorse certain to lose*) cavallo *m* da cor (certamente) perdente. **III** *avv.* ⟨*fam*⟩ totalmen estremamente, ⟨*fam*⟩ a morte: *bored* ~ annoiato a more □ *big* ~ idiota, imbecille; *to have a* ~ *neck:* 1 avere torcicollo; 2 (*fig*) essere ostinato (*o* caparbio).

stiffen ['stifn] **I** *v.t.* **1** irrigidire, indolenzire: *the cold h –ed my legs* il freddo mi ha irrigidito le gambe. **2** (*make thick*) ispessire, addensare, infittire. **3** ⟨*Sart*⟩ (*reinforce*) rinforzare; (*to starch*) dare l'appretto inamidare. **4** (*fig*) (*to bolster, support*) consolida rinsaldare, rafforzare. **5** (*fig*) (*of an examination, et* rendere più difficile (*o* impegnativo, duro). **II** *v.i.* irrigidirsi. **2** (*to become thick, dense*) ispessir addensarsi, infittirsi. **3** (*fig*) (*to become more resolut* rafforzarsi, rinsaldarsi. **4** (*fig*) (*to increase in difficul etc.*) diventare più difficile (*o* impegnativo, dur

stiffener [–ə] *s.* **1** chi dà l'appretto, chi inamida. ⟨*Sart*⟩ rinforzo *m,* sostegno *m,* teletta *f.* **3** ⟨*fam*⟩ (*stro drink*) tonico *m,* stimolante *m.* **'stiffening** [–iŋ] *s.* irrigidimento *m.* **2** (*stiffening material*) materiale *m* rinforzo (*o* sostegno). **II** *a.* (*of a breeze, etc.*) che diver più forte, che rinforza. **'stiffish** [–fiʃ] *a.* **1** piuttos rigido, alquanto duro. **2** ⟨*fig*⟩ (*somewhat formal*) piuttos formale (*o* sostenuto). **3** ⟨*fig*⟩ (*somewhat difficu* alquanto difficile (*o* arduo). **4** ⟨*fam*⟩ (*of prices, et* piuttosto alto, ⟨*fam*⟩ alquanto salato. **'stiffly** [–fli] *avv.* tutto d'un pezzo, rigidamente: *to walk* ~ camminare tu to d'un pezzo. **2** ⟨*fig*⟩ (*resolutely*) risolutamen fermamente; (*stubbornly*) caparbiamente, testardamen ostinatamente. **3** ⟨*fig*⟩ (*formally, coldly*) con freddezz freddamente, in modo formale.

'stiff-'necked *a.* ⟨*fig*⟩ ostinato, caparbio, cocciu testardo.

stiffness ['stifnis] *s.* **1** rigidità *f.* **2** ⟨*fig*⟩ (*resolutio* determinatezza *f,* decisione *f,* risolutezza *f,* fermezza *f.* ⟨*fig*⟩ (*stubbornness*) caparbietà *f,* ostinazione testardaggine *f,* cocciutaggine *f.* **4** ⟨*fig*⟩ (*formalit* freddezza *f,* formalità *f,* riserbo *m.* **5** (*density*) densità fierezza *f.*

stifle[1] [staifl] **I** *v.t.* **1** soffocare, togliere il fiato (*o* respi a, asfissiare: *the heat –d us* il caldo ci soffocava; (*to kill depriving of breath*) soffocare (anche *fig.*): *the victim h been –d* la vittima era stata soffocata; *they –d his cr with a gag* soffocarono le sue grida con un bavaglio. ⟨*fig*⟩ (*to repress*) soffocare, reprimere, trattenere: *to* ~ *yawn* soffocare uno sbadiglio; (*to suppress*) reprime domare, soffocare, stroncare: *to* ~ *a rebellion* reprime una rivolta; *to* ~ *a fire* domare un incendio. **II** *v.i.* soffocare, sentirsi mancare il respiro, non poter respira **2** (*to die by suffocation*) morire per soffocamento.

stifle[2] *s.* **1** ⟨*Zool*⟩ → **stifle joint.** **2** (*Veter*) malattia della grassella.

stifle| bone *s.* ⟨*Zool*⟩ rotula *f.* ~ **joint** *s.* ⟨*Zool*⟩ grasse *f,* grasciola *f.*

stifling ['staifliŋ] *a.* soffocante, asfissiante: ~ *heat* cal soffocante.

stigma ['stigmə] *s.* (*pl.* **-s** [z]/**-mata** [–tə]) **1** stigma marchio *m.* **2** (*identifying mark*) stigma *m,* impronta segno *m* caratteristico. **3** *pl.* ⟨*Rel*⟩ stimmate *fpl.* **4** ⟨*Bi* stigma *m.*

stigmatic [stig'mætik] *a.* **1** ⟨*Rel,Med*⟩ che ha le stimma **2** ⟨*Bot,Ott*⟩ stigmatico.

stigmatism ['stigmətizəm] s. 1 ⟨Ott⟩ stigmatismo m. 2 ⟨Med⟩ presenza f di stimmate. **stigmatist** [–tist] s. ⟨Med,Rel⟩ chi ha (o porta) le stimmate. **,stigmatization** [–tai'zeiʃən] s. 1 stigmatizzazione f, biasimo m. 2 ⟨Rel⟩ stigmatizzazione f. **stigmatize** [–taiz] v.t. 1 stigmatizzare, biasimare. 2 (to mark with a stigma, brand) contrassegnare con un marchio, bollare. 3 ⟨Rel⟩ produrre le stimmate in.

stile[1] [stail] s. 1 scaletta f (o gradini mpl) per superare una siepe (o uno steccato, ecc.). 2 (turnstile) tornello m, tornella f.

stile[2] s. ⟨Fal⟩ montante m verticale (di porta, finestra, ecc.).

stiletto it. [sti'letou] s. (pl. **-s/-es** [z]) 1 stiletto m, stilo m. 2 ⟨Lav.femm⟩ punteruolo m.

stiletto heel s. ⟨Calz⟩ tacco m a spillo.

still[1] [stil] **I** a. 1 fermo, immobile, quieto, inerte: to keep ~ stare fermo. 2 (of water) fermo, stagnante; (of air) fermo, calmo, immobile. 3 (free from noise) silenzioso, quieto, calmo: ~ streets strade silenziose; (calm, peaceful) tranquillo, calmo, quieto, sereno. 4 ⟨Enol⟩ non frizzante, non effervescente, non spumante. **II** s. 1 silenzio m, quiete f, calma f: in the ~ of the night nel silenzio della notte. 2 ⟨Fot,Cin⟩ posa f. 3 ⟨Cin⟩ fotogramma m. **III** v.t. 1 calmare, quietare, acquietare, tranquillizzare: to ~ s.o.'s fears calmare i timori di qd. 2 (to silence) far tacere, ridurre al silenzio. 3 (to appease, allay) placare, appagare, soddisfare: to ~ the appetite placare l'appetito. **IV** v.i. ⟨lett⟩ quietarsi, placarsi, tranquillizzarsi, calmarsi. ▢ to sit ~ sedere quieto (o tranquillo); to stand ~: 1 stare fermo, non muoversi; 2 ⟨fig⟩ fermarsi, arrestarsi: science cannot stand ~ la scienza non può fermarsi; time stood ~ il tempo si fermò; ⟨fig⟩ the ~ small voice la voce della coscienza.

still[2] avv. 1 ancora, tuttora: there is ~ time c'è ancora tempo; (in negatives) ancora, per ora: I ~ haven't finished non ho ancora finito. 2 (nevertheless) tuttavia, ciò nonostante, (ciò) nondimeno: it is obvious, but it ~ needs saying è ovvio, tuttavia bisogna dirlo. 3 (with a comparative: even, yet) ancora, persino, anche, pure: higher and ~ higher più in alto e ancora più in alto. 4 (in addition) ancora, in aggiunta: ~ another case of misunderstanding ancora un altro caso d'incomprensione. 5 ⟨rar⟩ (continuously, always) sempre, continuamente. ▢ ~ less ancor meno; ~ more ancor più, anche più.

still[3] **I** s. 1 ⟨Chim⟩ alambicco m, storta f. 2 (distillery) distilleria f. **II** v.t. ⟨non com⟩ (to distil) distillare.

still| birth s. parto m di un feto morto. **~birthrate** s. ⟨Statist⟩ natimortalità f. **~born** a. 1 nato morto. 2 ⟨fig⟩ abortito, fallito, mancato, non riuscito. ▢ ⟨fig⟩ the project was ~ il progetto fu un fallimento.

still-life **I** s. (pl. **-s** [s]/**lives** [laivz]) ⟨Pitt⟩ natura f morta. **II** a. di (o relativo a) una natura morta.

stillness ['stilnis] s. 1 immobilità f. 2 (absence of sound) silenzio m, quiete f. 3 (calmness, tranquillity) quiete f, tranquillità f, pace f.

still water s. acqua f ferma (o stagnante). ▢ Prov.: -s run deep l'acqua cheta rovina i ponti.

stilly ['stili] ⟨poet⟩ **I** a. calmo, quieto, cheto, silente. **II** avv. quietamente, chetamente.

stilt [stilt] s. 1 trampolo m: to walk on -s camminare sui trampoli. 2 ⟨Edil⟩ palafitta f, palo m. 3 ⟨Ornit⟩ → stilt plover. ▢ on -s sui trampoli; ⟨fig⟩ pomposo, ampolloso, elevato.

stilted ['stiltid] a. 1 montato su trampoli. 2 ⟨fig⟩ pomposo, ampolloso, elevato; (artificial) artificiale, artefatto. 3 ⟨Arch⟩ a sesto rialzato: ~ arch arco a sesto rialzato. **stiltedness** [–nis] s. ⟨fig⟩ ampollosità f, pomposità f.

Stilton (cheese) ['stilt(ə)n] s. ⟨Alim⟩ stilton m, formaggio m stilton.

stilt| plover s. ⟨Ornit⟩ imantopo m. **~ walker** s. 1 chi cammina sui trampoli. 2 ⟨Ornit⟩ → stilt plover.

stimulant ['stimjulənt] **I** s. 1 ⟨Fisiol,Farm⟩ stimolante m, stimolatore m, eccitante m. 2 (s.th. that incites to action) stimolo m, sprone m, incentivo m, incitamento m. **II** a. ⟨Fisiol,Farm⟩ stimolante, eccitante.

stimulate ['stimjuleit] v.t. 1 stimolare, spronare, spingere, incitare: the setback only -d him to greater efforts la sconfitta non fece che stimolarlo a intensificare i suoi sforzi. 2 (to arouse) suscitare, provocare, destare, stimolare: to ~ s.o.'s interest suscitare l'interesse di qd. 3 ⟨Fisiol⟩ stimolare. **stimulating** [–iŋ] a. stimolante. **,stimulation** [–'leiʃən] s. 1 stimolazione f, incitamento m. 2 ⟨Fisiol,Med⟩ stimolazione f, eccitazione f. **stimulative** [–lətiv] a. stimolante, eccitante. **stimulator** [–ə] s. 1 stimolatore m (f –trice). 2 ⟨Med⟩ stimolatore m.

stimulus ['stimjuləs] s. (pl. **-li** [lai]) 1 stimolo m, pungolo m, sprone m, incitamento m, incentivo m. 2 ⟨Fisiol⟩ stimolo m.

stimy s./v. → **stymie.**

sting[1] [stiŋ] v. (pret. **stung** [stʌŋ]/ant. **stang** [stæŋ], p.p. **stung**) **I** v.t. 1 pungere, pizzicare: the wasp stung me la vespa mi punse; the nettles stung our legs le ortiche ci pizzicavano le gambe. 2 (to cause smarting) bruciare: the smoke stung our eyes il fumo ci bruciava gli occhi. 3 ⟨fig⟩ (to cause sharp mental pain to) ferire, pungere, offendere: my reproach stung him to the quick il mio rimprovero lo ferì sul vivo. 4 ⟨fig⟩ (to incite, goad) spronare, stimolare, pungolare, incitare: to ~ s.o. into action spronare qd. all'azione. 5 ⟨sl⟩ (to obtain money from) far tirare fuori a, ⟨pop⟩ scucire a: he stung me for five pounds mi ha scucito cinque sterline. **II** v.i. 1 pungere, pizzicare. 2 (to feel a smarting pain) bruciare (anche fig.).

sting[2] s. 1 puntura f, punzecchiatura f. 2 (wound, pain caused) puntura f, trafittura f. 3 (sharp pain) fitta f (di dolore). 4 ⟨fig⟩ (sharp mental pain) tormento m, morso m, tarlo m: the ~ of remorse il tormento del rimorso; the ~ of jealousy il morso della gelosia. 5 ⟨fam⟩ (force, vigour) forza f, vigore m, energia f. 6 ⟨fig⟩ (stimulus) stimolo m, pungolo m, sprone m, incentivo m. 7 ⟨Zool⟩ pungiglione m, aculeo m: the ~ of a scorpion il pungiglione di uno scorpione. 8 ⟨Bot⟩ pelo m urticante. ▢ the ~ of the wind il soffio gelido del vento.

stingaree [,stiŋə'ri:] s. → **sting-ray.**

stinger ['stiŋə] s. 1 ⟨Zool⟩ insetto m (o animale) provvisto di pungiglione; (stinging organ) pungiglione m, aculeo m. 2 ⟨Bot⟩ pianta f urticante. 3 ⟨fam⟩ (stinging remark) frecciata f, stoccata f. 4 ⟨fam⟩ (sharp blow) forte colpo m.

stingily ['stindʒili] avv. 1 avaramente, con tirchieria, grettamente. 2 (meagrely) magramente, scarsamente. **stinginess** [–dʒinis] s. 1 avarizia f, tirchieria f, grettezza f, spilorceria f. 2 (meagreness) magrezza f, scarsezza f.

stinging ['stiŋiŋ] a. 1 pungente, bruciante. 2 ⟨fig⟩ pungente, mordace: ~ criticism critica pungente. 3 ⟨Bot⟩ orticante.

stinging| hair s. ⟨Bot⟩ pelo m urticante. **~ nettle** s. ⟨Bot⟩ urtica f, ortica f (comune).

stingless ['stiŋlis] a. 1 ⟨Zool⟩ senza pungiglione (o aculeo). 2 ⟨Bot⟩ senza peli urticanti.

stingo ['stiŋgou] s. (pl. **-s** [z]) ⟨sl⟩ 1 forza f, vigore m, energia f. 2 (strong beer, ale) birra f forte.

sting-ray s. ⟨Itt⟩ pastinaca f comune.

stingy ['stindʒi] a. 1 avaro, spilorcio, tirchio, taccagno, gretto. 2 (meagre) magro, scarso: a ~ wage una magra paga.

stink[1] [stiŋk] v. (pret. **stank** [stæŋk]/**stunk** [stʌŋk], p.p. **stunk**) **I** v.i. 1 puzzare, mandare cattivo odore (o puzzo). 2 ⟨fam⟩ (to be dishonest, offensive to morality, etc.) puzzare: the deal ~s of corruption l'affare puzza di corruzione. 3 ⟨sl⟩ (to be extremely bad) essere uno schifo (o una porcheria), fare schifo: the film ~s il film è uno schifo. **II** v.t. 1 (spesso con up, out) appestare, ammorbare, impuzzolentire, impuzzire: you're ~ing up the room with that pipe stai appestando la stanza con quella pipa. 2 (to drive out with a stinking substance; general. con out) cacciar via per mezzo di una sostanza puzzolente. ▢ ⟨sl⟩ to ~ of money essere ricco sfondato.

stink[2] s. 1 puzzo m, fetore m, cattivo odore m. 2 ⟨sl⟩ (fuss, to-do) putiferio m, baccano m, trambusto m, chiasso m; (scandal) scandalo m, scalpore m. 3 pl. ⟨scol⟩ (chemistry) chimica f. ▢ ⟨sl⟩ to raise (o make, cause) a ~

far scoppiare una grana.
stink bomb s. bombetta f puzzolente.
stinker ['stiŋkə] s. **1** persona f (o cosa) che puzza. **2** ⟨sl⟩ (*despicable person*) fetente m/f, carogna f. **3** ⟨sl⟩ (*s.th. very difficult*) cosa f molto difficile; (*s.th. very bad*) porcheria f, schifo m, schifezza f. □ ⟨sl⟩ *I wrote him a real* ~ gliene ho scritte di tutti i colori.
stinking ['stiŋkiŋ] a. **1** puzzolente, fetente, fetido. **2** ⟨fam⟩ (*repulsive*) ripugnante, disgustoso. **3** ⟨sl⟩ (*very unpleasant*) molto sgradevole, assai spiacevole. **4** ⟨sl⟩ (*very drunk*) ubriaco fradicio; (*very rich*) ricco sfondato, straricco. **stinkingly** [–li] avv. **1** in modo puzzolente (o fetido). **2** (*extremely*) moltissimo, terribilmente.
stink|pot s. **1** ⟨Mil.ant⟩ pentola f con zolfo acceso (che veniva lanciata sul ponte di una nave nemica). **2** ⟨sl⟩ (*stinker*) fetente m/f, carogna f. **~stone** s. ⟨Min⟩ pietra f (calcarea) fetida.
stint[1] [stint] **I** v.t. **1** tenere a stecchetto, imporre restrizioni a. **2** ⟨rifl⟩ fare economia, stare a stecchetto, risparmiare, tirare la cinghia: *we have to* ~ *ourselves to pay the rent* dobbiamo fare economia per pagare l'affitto. **3** (*to distribute sparingly*) lesinare, dare con parsimonia, risparmiare su. **II** s. **1** limitazione f, restrizione f. **2** (*allotted amount of work*) lavoro m (assegnato), compito m (assegnato), dovere m: *to do one's daily* ~ fare il proprio lavoro quotidiano. **3** (*period of work*) periodo m di lavoro (o servizio): *he did a* ~ *as a waiter* ha fatto un periodo di servizio come cameriere. **4** ⟨Minier⟩ quantità f di carbone da estrarre assegnata a un minatore. □ *without* ~ senza restrizioni (o limiti), senza risparmio, abbondantemente; *to labour without* ~ lavorare senza risparmiarsi.
stint[2] s. ⟨Ornit⟩ piovanello m pancianera.
stintless ['stintlis] a. **1** abbondante, senza risparmio (o restrizioni). **2** (*ceaseless, unending*) incessante, continuo.
stipe [staip] s. **1** ⟨Bot⟩ stipite m, gambo m. **2** ⟨Zool⟩ peduncolo m.
stipel ['staipl] s. ⟨Bot⟩ stipola f. **stipellate** [stai'pelit, 'staipəlit] a. stipolato.
stipend ['staipənd] s. **1** stipendio m, retribuzione f. **2** ⟨Rel⟩ prebenda f. **stipendiary** [–'pendjəri] a. stipendiato, che percepisce uno stipendio, retribuito.
stipendiary magistrate s. ⟨GB⟩ giudice m stipendiato.
stipes ['staipi:z] s. (pl. **stipites** ['stipiti:z]) ⟨Biol⟩ stipite m.
stipiform [–pifɔ:m] a. a forma di gambo. **stipitate** ['stipiteit] a. stipitato. **stipitiform** ['stipitifɔ:m] a. → **stipiform**.
stipple ['stipl] **I** v.t. **1** ⟨Pitt⟩ disegnare (o dipingere) con la tecnica del puntinismo, punteggiare. **2** ⟨Tip⟩ incidere a retino. **II** s. **1** ⟨Pitt⟩ puntinismo m; (*stippled work*) lavoro m eseguito con la tecnica del puntinismo. **2** ⟨Tip⟩ → **stipple engraving**.
stipple engraving s. ⟨Tip⟩ incisione f a retino.
stippler ['stiplə] s. puntinista m. **stippling** [–liŋ] s. → **stipple**.
stipulate[1] ['stipjuleit] **I** v.i. ⟨Dir⟩ **1** concordare, pattuire, stabilire, stipulare (*for s.th.* qc.). **2** (*to make a demand in an agreement*) esigere come condizione essenziale (qc.), richiedere con contratto (qc.). **II** v.t. prevedere, stabilire, prescrivere.
stipulate[2] ['stipjulit] a. ⟨Bot⟩ stipolato.
stipulated[1] ['stipjuleitid] a. ⟨Dir⟩ convenuto, stabilito, pattuito. □ *as* ~ come stipulato; *as* ~ *by law* come previsto dalla legge.
stipulated[2] a. → **stipulate**[2].
stipulation [‚stipju'leiʃən] s. ⟨Dir⟩ **1** contratto m, accordo m, patto m, stipulazione f, stipula f. **2** (*condition, requirement in a contract*) disposizione f, condizione f, clausola f. □ *with* (o *on, under*) *the* ~ *that* a condizione (o patto) che. **'stipulator** [–leitə] s. stipulante m/f. **'stipulatory** [–lətəri] a. contrattuale.
stipule ['stipju:l] s. ⟨Bot⟩ stipola f.
stir[1] [stə:] v. (*pret., p.p.* **stirred** [–d]) **I** v.t. **1** mescolare, rimestare, rimescolare: *your tea is not* ~*red* il tuo tè non è mescolato. **2** (*to agitate, disturb;* spesso con *up*) smuovere, muovere, agitare. **3** (*of the fire;* general. con *up*) attizzare, sbraciare. **4** (*to cause to move*) muovere, agitare: *the*

breeze hardly ~*red the leaves* la brezza muoveva appena le foglie. **5** ⟨rifl⟩ muoversi, darsi da fare: *come on,* ~ *yourself* su muoviti. **6** (spesso con *up: to excite, inflame*) eccitare, infiammare, stimolare: *to* ~ *s.o.'s imagination* eccitare la fantasia di qd.; (*to wake up, rouse*) scuotere (dal torpore), svegliare; (*to instigate*) incitare, istigare, aizzare: *to* ~ *up a people to rebellion* incitare un popolo alla ribellione. **7** (*to arouse, evoke;* spesso con *up*) risvegliare, destare, provocare, suscitare: *to* ~ *nostalgic memories* risvegliare ricordi nostalgici. **II** v.i. **1** muoversi, agitarsi (lievemente): *not a leaf* ~*red* non si moveva una foglia. **2** (*to move, budge*) muoversi, spostarsi: *I haven't* ~*red out of the house all day* non mi sono mosso da casa tutto il giorno. **3** (*to be active, move around*) muoversi, darsi d'attorno (o da fare), affaccendarsi; (*to be awake and up*) essere in piedi (o già alzato). □ *to* ~ *abroad* andare fuori, uscire; ⟨fig⟩ *to* ~ *s.o.'s blood* far rimescolare il sangue a qd.; ⟨fig⟩ *not to* ~ *an eyelid* non battere ciglio, restare impassibile.
stir[2] s. **1** mescolata f, rimescolata f, rimestamento m. **2** (*slight movement*) lieve movimento m: *the* ~ *of leaves in the wind* il lieve movimento delle foglie al vento. **3** (*state of agitation, disturbance*) agitazione f, confusione f, trambusto m, scompiglio m. **4** (*public interest, excitement*) scalpore m, chiasso m, rumore m, clamore m.
stir[3] s. ⟨sl⟩ (*prison*) prigione f, ⟨pop⟩ gattabuia f. □ ⟨sl⟩ *he's in* ~ è al fresco.
stirabout ['stə:rəbaut] **I** s. **1** ⟨Gastr⟩ farinata f d'avena. **2** (*bustling person*) persona f indaffarata. **II** a. (*bustling*) indaffarato, affaccendato.
stirpiculture ['stə:pikʌltʃə] s. selezione f genetica del bestiame.
stirps [stə:ps] s. (pl. **stirpes** ['stə:pi:z]) **1** capostipite m/f, progenitore m (f –trice). **2** ⟨Zool⟩ famiglia f. **3** ⟨Bot⟩ razza f.
stirrer ['stə:rə] s. **1** incitatore m (f –trice), istigatore m (f –trice). **2** (*instrument*) agitatore m. □ *to be an early* ~ essere mattiniero; *to be a late* ~ essere un dormiglione.
stirring ['stə:riŋ] a. **1** eccitante, emozionante, entusiasmante, stimolante: ~ *events* avvenimenti eccitanti; *a* ~ *speech* un discorso entusiasmante. **2** (*bustling, active*) attivo, indaffarato, affaccendato. **stirringly** [–li] avv. in modo eccitante (o entusiasmante).
stirrup ['stirəp, *am.* 'stɛəp] s. **1** ⟨Equit,Edil,Mecc⟩ staffa f. **2** ⟨Mar⟩ staffa f, reggitoio m, penzolo m.
stirrup| bone s. ⟨Anat⟩ staffa f. **~ cup, ~ glass** s. bicchiere m della staffa. **~ iron** s. occhio m della staffa. **~ leather** s. cinghia f della staffa, staffile m.
stitch [stitʃ] **I** s. **1** ⟨Lav.femm⟩ (*in sewing*) punto m; (*in knitting*) maglia f: *to drop a* ~ perdere una maglia; *to pick up a* ~ riprendere una maglia. **2** ⟨Chir⟩ punto m. **3** ⟨Med⟩ fitta f (o trafittura) al fianco: *to get* (*a, the*) ~ sentire una fitta al fianco. **4** ⟨Legat⟩ cucitura f. **5** ⟨fig⟩ briciolo m, briciola f, filo m: *she hasn't done a* ~ *of work all day* non ha fatto (neanche) un briciolo di lavoro per tutto il giorno. **II** v.t. **1** attaccare, cucire: *to* ~ *a button on a shirt* attaccare un bottone a una camicia; *to* ~ *two pieces of cloth* cucire due pezzi di stoffa; (*to mend,* general. con *up*) rammendare, cucire. **2** (*to embroider*) ricamare. **3** (*to sew after puncturing*) impunturare. **4** ⟨Chir⟩ (spesso con *up*) suturare, cucire: *to* ~ *up a wound* suturare una ferita. **5** ⟨Legat⟩ cucire insieme. **III** v.i. cucire, fare lavori di cucito. □ *she hadn't a* ~ *on* non aveva nulla addosso, era completamente nuda. *Prov.: a* ~ *in time saves nine* un punto in tempo ne salva cento.
stitcher ['stitʃə] s. **1** cucitore m (f –trice). **2** (*stapler*) cucitrice f. **stitching** [–tʃiŋ] s. **1** cucitura f. **2** (*embroidery*) ricamo m; (*mending*) rammendo m. **3** ⟨Med⟩ sutura f.
stithy ['stiði] s. ⟨ant,poet⟩ fucina f.
stiver ['staivə] s. soldo m, centesimo m, lira f. □ ⟨fig⟩ *it is not worth a* ~ non vale un soldo.
stoa ['stouə] s. (pl. **stoae** ['stoui:]/-s [z]) ⟨Archeol⟩ stoà f.
stoat [stout] s. ⟨Zool⟩ **1** ermellino m. **2** (*weasel*) donnola f.
stoating ['stoutiŋ] s. ⟨Sart⟩ cucitura f invisibile.
stochastic [stɔ'kæstik] a. ⟨Statist⟩ stocastico, probabi-

listico. **stochastics** [–s] *s.pl.* (costr. sing.) stocastica *f.*

stock [stɔk] **I** *s.* **1** provvista *f*, scorta *f*, riserva *f: fuel –s* provviste di carburante; *to lay in a ~ of food* fare una scorta di viveri. **2** ⟨*Comm*⟩ merce *f* (*o* scorte *fpl*) in magazzino, giacenza *f*, scorta *f*, assortimento *m*, stock *m.* **3** ⟨*Econ*⟩ capitale *m* sociale (*o* azionario); (*shares*) titoli *mpl*, azioni *fpl*; (*government stock*) titoli *mpl* di stato. **4** (*tree stump*) ceppo *m*; (*trunk*) tronco *m* d'albero. **5** (*supporting framework*) base *f*, sostegno *m*, supporto *m.* **6** ⟨*Agr,Giard*⟩ marza *f*, innesto *m*; (*stock plant*) pianta *f* da cui si prelevano le marze (*o* gli innesti). **7** (*line of descent*) stirpe *f*, famiglia *f*, schiatta *f: of Scottish ~* di stirpe scozzese; *she comes of good ~* è di buona famiglia. **8** ⟨*Dir*⟩ capostipite *m/f*, progenitore *m* (*f* –trice). **9** ⟨*Etnol*⟩ razza *f.* **10** ⟨*Ling*⟩ stipite *m*; (*family*) famiglia *f.* **11** ⟨*Biol*⟩ colonia *f.* **12** ⟨*Mar*⟩ (*of an anchor*) ceppo *m*; (*of a rudder*) anima *f*, asta *f.* **13** *pl.* ⟨*Mar*⟩ (*in shipbuilding*) taccate *fpl.* **14** ⟨*Artigl*⟩ (*of a rifle, shotgun*) cassa *f*; (*of a hand–gun*) impugnatura *f*, calcio *m*; (*of a field gun*) affusto *m.* **15** (*handle of a whip, fishing rod*) impugnatura *f.* **16** ⟨*Fal*⟩ (*plane stock*) ceppo *m* (*o* corpo) della pialla. **17** (*of a plough, an anvil, a bell*) ceppo *m.* **18** ⟨*Mecc*⟩ (*of a bit*) menarola *f*; (*of a die, set of dies*) portacuscinetti *m.* **19** (*hub*) mozzo *m.* **20** *pl.* ⟨*Stor*⟩ ceppi *mpl.* **21** ⟨*fig*⟩ (*dull stupid person*) ceppo *m*, ciocco *m*, stupido *m* (*f* –a). **22** ⟨*fig*⟩ (*estimation*) credito *m*, valutazione *f*, stima *f*, quotazione *f*, apprezzamento *m: his ~ with the boss is high* gode di molto credito presso il capo. **23** ⟨*Bot*⟩ violacciocca *f.* **24** ⟨*Agr,Zootecn*⟩ (*livestock*) bestiame *m*, scorte *fpl* vive; (*supply of seeds, plants, etc.*) scorte *fpl* orticole. **25** ⟨*Ferr*⟩ impianti *mpl*; (*rolling stock*) materiale *m* rotabile. **26** ⟨*Gastr*⟩ brodo *m.* **27** ⟨*Vest*⟩ (*wide band, scarf*) cravattona *f*; (*of a clerical collar*) collarina *f.* **28** ⟨*Teat*⟩ repertorio *m*; (*stock company*) compagnia *f* di repertorio. **29** ⟨*Rel.catt*⟩ ampolla *f.* **II** *a.* **1** in magazzino, di scorta, di riserva. **2** (*of the normal, general size, type, etc.*) comune, di formato normale, di tipo corrente, standard. . **3** ⟨*estens*⟩ consueto, usuale, tipo, abituale, comune: *a ~ joke on such occasions* una barzelletta consueta in occasioni simili; *the ~ answer to all queries of this type* la risposta tipo a tutte le domande di questo genere. **4** ⟨*fig*⟩ (*commonplace, trite*) banale, trito, ovvio. **5** ⟨*Econ*⟩ azionario. **III** *v.t.* **1** rifornire, fornire, provvedere, approvvigionare: *to ~ one's cellar with wine* rifornire la (propria) cantina di vino. **2** ⟨*Comm*⟩ avere in magazzino, avere una scorta di, tenere: *we do not ~ it but we can order it* non lo abbiamo in magazzino ma possiamo ordinarlo. **3** ⟨*Zootecn*⟩ fornire di bestiame (*o* scorte vive). **4** ⟨*Venat*⟩ popolare. **5** ⟨*Artigl*⟩ (*of a rifle, shotgun*) applicare la cassa a; (*of a hand–gun*) munire di calcio (*o* impugnatura); (*of a field–gun*) munire di affusto. **6** (*of a plough, a bell*) munire di ceppo. **7** ⟨*Mar*⟩ (*of an anchor*) acceppare, inceppare. **8** ⟨*Stor*⟩ (*to put in the stocks*) mettere in ceppi. **IV** *v.i.* **1** (general. con *up*) fare provvista, fare una scorta (*on, with* di): *to ~ up with firewood for the winter* fare provvista di legna (da ardere) per l'inverno. **2** ⟨*Comm*⟩ fare una scorta di merce. □ ⟨*Comm*⟩ ~ *on* hand giacenza *f*, scorta *f*; ⟨*Comm*⟩ **in** ~ in magazzino, disponibile (per la vendita), in stock; *to have s.th. in ~* avere qc. disponibile per la vendita; **off** *the* –*s*: 1 ⟨*Mar*⟩ varato, che è stato varato; 2 ⟨*fig*⟩ completato, portato a buon fine, varato; **on** *the* –*s*: 1 ⟨*Mar*⟩ in cantiere, sulle taccate; 2 ⟨*fig*⟩ in cantiere, in preparazione, in allestimento; ⟨*Comm*⟩ ~ *on* **order** ordinazioni *fpl* in arrivo; *out of* ~ esaurito, non disponibile; *we are out of ~ of that article* siamo sprovvisti di quell'articolo; ⟨*fig*⟩ *to* **put** *little* ~ *in s.th.* riporre (*o* avere) poca fiducia in qc.; –*s and* **stones**: 1 (*lifeless things*) cose inanimate; 2 ⟨*fig*⟩ (*stupid, lazy people*) gente ottusa e pigra; *to* **take** ~: 1 ⟨*Comm*⟩ fare l'inventario (*of* di); 2 ⟨*fig*⟩ valutare attentamente (qc.); ⟨*fig*⟩ *to take no ~ in s.th.* non riporre (*o* avere) alcuna fiducia in qc.; *the lake is* **well** –*ed with fish* il lago è molto pescoso.

tock| account *s.* ⟨*Comm*⟩ conto *m* inventari. ~ **accounting** *s.* contabilità *f* di magazzino.

tockade [stɔ'keid] **I** *s.* palizzata *f*, steccato *m*, stacciona

f, stecconata *f.* **II** *v.t.* steccare, recintare con una palizzata.

stock| allotment warrant *am. s.* ⟨*Econ*⟩ certificato *m* di sottoscrizione. ~ **bonus** *s.* gratifica *f* in azioni. ~ **book** *s.* ⟨*Comm*⟩ libro *m* inventari (*o* magazzino), schedario *m* di magazzino. ~**breeder** *s.* ⟨*Zootecn*⟩ allevatore *m* (*f* –trice) di bestiame. ~**breeding** *s.* allevamento *m* di bestiame. ~**broker** *s.* ⟨*Econ*⟩ agente *m* di cambio. ~**brokerage**, ~**broking** *s.* lavoro *m* d'agente di cambio, mediazione *f* nella compravendita di titoli. ~ **company** *s.* ⟨*Econ*⟩ società *f* per azioni. ~ **control** *s.* controllo *m* delle scorte. ~ **coupon** *s.* → **share coupon**.

stocker ['stɔkə] *s.* **1** chi fa le casse dei fucili. **2** ⟨*Zootecn*⟩ animale *m* da ingrasso.

stock exchange *s.* ⟨*Econ*⟩ borsa *f* valori. **Stock Exchange** *s.* borsa *f* valori di Londra, Stock Exchange *m.* □ ~ *list* listino *m* di borsa; *listed on the* ~ quotato in borsa.

stock| farm *s.* fattoria *f* per l'allevamento del bestiame. ~ **farmer** *s.* allevatore *m* (*f* –trice) di bestiame. ~ **farming** *s.* allevamento *m* di bestiame. ~**fish** *s.* ⟨*Gastr*⟩ stoccafisso *m.* ~**holder** *s.* ⟨*Econ*⟩ azionista *m/f.* ~**holders' meeting** *s.* assemblea *f* degli azionisti.

Stockholm ['stɔkhoulm] *N.pr.* ⟨*Geog*⟩ Stoccolma *f.*

stockily ['stɔkili] *avv.* in modo massiccio. □ ~ *built* di corporatura massiccia. **stockiness** [–kinis] *s.* robustezza *f*, l'essere massiccio (*o* tozzo).

stockinet(te) [,stɔki'net] *s.* ⟨*Tess*⟩ tessuto *m* di maglia leggermente elastico.

stocking ['stɔkiŋ] *s.* **1** calza *f: nylon* –*s* calze di nylon; *a pair of* –*s* un paio di calze; (*reaching to the knees*) calzettone *m: football* –*s* calzettoni da calcio. **2** (*elastic stocking*) calza *f* elastica. **3** (*on a horse*) balza *f*, balzana *f.* **stockinged** [–d] *a.* con (indosso) le calze. □ *in one's* ~ *feet* con le calze infilate (senza scarpe).

stockingless ['stɔkiŋlis] *a.* che non ha (*o* senza) calze, a piedi nudi.

stock-in-trade *s.* **1** attrezzatura *f* necessaria per la conduzione di un'impresa; (*of a shop*) merce *f* in vendita. **2** ⟨*Dir*⟩ beni *mpl* strumentali. **3** ⟨*fig*⟩ ferri *mpl* del mestiere.

stockish ['stɔkiʃ] *a.* **1** tonto, stupido, balordo, ottuso, stolto. **2** (*somewhat stocky*) alquanto tozzo (*o* tarchiato).

stockist ['stɔkist] *s.* grossista *m.*

stock|jobber *s.* ⟨*Econ*⟩ **1** speculatore *m* di borsa. **2** → **stockbroker**. ~**jobbery**, ~**jobbing** *s.* speculazione *f* di borsa. ~ **list** *s.* ⟨*Econ*⟩ listino *m* di borsa. ~**market** *s.* borsa *f* valori, mercato *m* azionario (*o* finanziario). ~ **ownership** *s.* possesso *m* di azioni.

stockpile ['stɔkpail] **I** *s.* **1** riserva *f* (di generi di prima necessità). **2** ⟨*Mil*⟩ scorta *f: a nuclear* ~ una scorta nucleare. **II** *v.t.* **1** accumulare riserve di. **2** ⟨*Mil*⟩ fare una scorta di. **III** *v.i.* fare scorte. **stockpiling** [–iŋ] *s.* l'accumulare riserve (*o* scorte).

stock| raising *s.* allevamento *m* di bestiame. ~**-room** *s.* magazzino *m.* ~ **split** *s.* frazionamento *m* azionario. ~ **still** *a.* immobile, impalato. □ *to stand* ~ stare piantato come un piolo. ~ **subscription warrant** *s.* certificato *m* di sottoscrizione. ~**taking** *s.* **1** ⟨*Comm*⟩ inventario *m*, inventariazione *f.* **2** ⟨*fig*⟩ attenta valutazione *f.* ~ **turnover** *s.* rotazione *f* delle scorte.

stocky ['stɔki] *a.* tarchiato, tozzo, tracagnotto.

stockyard ['stɔkjɑːd] *s.* recinto *m* per il bestiame.

stodge [stɔdʒ] **I** *s.* ⟨*fam*⟩ **1** cibo *m* pesante e poco appetitoso. **2** (*tedious written material*) scritto *m* noioso e privo di fantasia, ⟨*fam*⟩ mattone *m.* **II** *v.i.* rimpinzarsi, ingozzarsi. **'stodgily** [–ili] *avv.* pesantemente. **'stodginess** [–inis] *s.* pesantezza *f.* **'stodgy** [–i] *a.* **1** pesante, indigesto. **2** (*dull, uninteresting*) noioso, tedioso, tedioso.

stoep [stuːp] *s.* (*in South Africa*) veranda *f.*

stoic ['stouik] **I** *s.* ⟨*Filos,fig*⟩ stoico *m* (*f* –a). **II** *a.* stoico. **stoical** [–əl] *a.* stoico, impassibile: *a ~ person* una persona stoica. **stoically** [–əli] *avv.* stoicamente. **stoicism** ['stouisizəm] *s.* **1** ⟨*Filos*⟩ stoicismo *m.* **2** ⟨*fig*⟩ stoicismo *m*, impassibilità *f.*

stoichiometric [,stɔikiou'metrik] *a.* ⟨*Chim*⟩ stechiometrico. **stoichiometry** [-'ɔmitri] s. stechiometria f.

stoke [stouk] **I** v.t. **1** alimentare, rifornire: to ~ the furnace alimentare la fornace. **2** (of a fire: to stir up) attizzare. **3** ⟨fam⟩ (to feed abundantly) rimpinzare, ingozzare, inzeppare, imbottire. **II** v.i. **1** fare il fochista. **2** ⟨fam⟩ (to eat abundantly; spesso con up) rimpinzarsi, ingozzarsi.

stoke|hold s. ⟨Mar⟩ locale m (o sala f) delle caldaie. **~hole** s. **1** bocca f ⌐del forno⌐ (o della caldaia). **2** ⟨Mar⟩ → stokehold.

stoker ['stoukə] s. **1** ⟨Ind,Mar,Ferr⟩ fochista m. **2** (machine) alimentatore m (automatico).

stola lat. ['stoulə] s. (pl. -lae [li:]/-s [z]) ⟨Stor⟩ stola f.

stole[1] [stoul] → steal[1].

stole[2] s. ⟨Mod,Lit⟩ stola f.

stolen ['stoulən] → steal[1].

stolid ['stɔlid] a. flemmatico, impassibile, imperturbabile. **sto'lidity** [-iti] s. flemma f, impassibilità f, imperturbabilità f. **stolidly** [-li] avv. flemmaticamente, in modo imperturbabile (o impassibile). **stolidness** [-nis] s. → stolidity.

stolon ['stoulən] s. ⟨Biol⟩ stolone m.

stoma ['stoumə] s. (pl. -mata [mətə]/-s [z]) ⟨Biol⟩ stoma m.

stomach ['stʌmək] **I** s. **1** ⟨Anat⟩ stomaco m. **2** (central part of the body) stomaco m, pancia f, addome m, ventre m: to hit s.o. in the ~ colpire qd. allo stomaco. **3** ⟨fig⟩ (appetite) fame f, appetito m: to stay one's ~ calmare la fame. **4** ⟨fig⟩ (desire, inclination) voglia f, desiderio m; (courage) fegato m, cuore m: he has no ~ for a fight non ha il fegato di battersi; (capacity for enduring) capacità f di sopportazione, ⟨fam⟩ stomaco m. **5** ⟨rar⟩ (pride) orgoglio m, fierezza f. **II** v.t. **1** ritenere: the patient could not ~ anything solid il paziente non poteva ritenere niente di solido; (to digest) digerire. **2** ⟨fam⟩ sopportare, digerire, mandare giù. □ to lie heavy on the ~ rimanere sullo stomaco; to turn the ~ rivoltare lo stomaco, nauseare, stomacare (anche fig.).

stomach-ache s. mal m di stomaco (o pancia).

stomachal ['stʌməkl] a. → stomachic.

stomached ['stʌməkt] a. (nei composti) dallo stomaco ...: strong-~ dallo stomaco forte.

stomacher ['stʌməkə] s. ⟨Stor⟩ pettino m, pettorina f.

stomachful ['stʌməkful] s. quantità f contenuta nello stomaco. □ ⟨fam⟩ I've had a ~ of your complaints ne ho fin sopra i capelli delle tue lamentele.

stomachic [stə'mækik] **I** a. **1** gastrico. **2** ⟨Med,Farm⟩ stomachico, stomacale. **II** s. ⟨Med,Farm⟩ stomachico m, farmaco m stomachico.

stomach| pump s. ⟨Med⟩ pompa f gastrica. **~ tube** s. ⟨Med⟩ sonda f gastrica.

stomatitis [ˌstɔmə'taitis] s. ⟨Med⟩ stomatite f.

stomatological [ˌstɔmətə(u)'lɔdʒkəl] a. stomatologico.

stomatologist [-'tɔlədʒist] s. stomatologo m. **stomatology** [ˌstɔmə'tɔlədʒi] s. stomatologia f.

stone [stoun] **I** s. **1** pietra f (anche Edil.): built of ~ costruito di pietra; (block) macigno m, masso m. **2** (small piece of stone, pebble) pietra f, sasso m, ciottolo m: he threw a ~ at the dog scagliò una pietra contro il cane. **3** (precious stone, gem) pietra f preziosa, gemma f. **4** (paving stone) lastra f di pietra per pavimentazione. **5** (monument) cippo m, colonna f di pietra. **6** (gravestone) lastra f tombale, lapide f, pietra f sepolcrale. **7** (tecn) (grindstone) mola f (per affilare); (whetstone) cote f; (millstone) mola f, macina f. **8** (hailstone) chicco m di grandine. **9** ⟨Med⟩ calcolo m: kidney ~ calcolo renale. **10** (of a fruit) nocciolo m, osso m; (of a date, etc.) seme m. **11** (pl.inv.: unit of weight) stone m (pari a circa 6,35 kg). **12** (colour) colore m grigiastro. **13** ⟨Tip⟩ pietra f litografica; (in lithography) matrice f (o lastra) litografica. **II** a. **1** di pietra, pietroso: a ~ hut una capanna di pietra. **2** (made of stoneware) di terraglia. **III** v.t. **1** scagliare pietre contro (o a), prendere a sassate; (to pelt to death with stones) lapidare. **2** (to face with stone) rivestire di pietra; (to pave with stone) lastricare, pavimentare (con pietra). **3** (of fruit) snocciolare, togliere il nocciolo a. **4** (to sharpen with a whetstone) affilare. **5** (to rub, polish with a

stone) molare, levigare. □ ⟨fig⟩ to cast the first ~ scagliare la prima pietra; to ~ s.o. to death lapidare qd. as hard as (a) ~ duro come la pietra; ⟨fig⟩ to leave no ~ unturned non lasciare nulla d'intentato, tentare tutte le strade; ⟨fig⟩ to throw -s s.o. criticare (o attaccare) aspramente qd.

Stone Age s. ⟨Geol⟩ età f della pietra.

stone| ax am., **~-axe** s. ⟨Mur⟩ mazza f da spaccapietre **~-blind** a. completamente cieco, cieco come una talpa **~-breaker** s. **1** spaccapietre m. **2** (machine) frantoio m (da pietre). **~chat** s. ⟨Ornit⟩ saltimpalo m. **~ chisel** s ⟨Edil⟩ scalpello m da muratore. **'~-'cold** a. freddissimo freddo come il marmo. **~-crusher** s. → stone-breaker **~ curlew** s. ⟨Ornit⟩ occhione m, regino m. **~-cutter** s **1** scalpellino m, tagliapietre m. **2** (machine) mola f **~-cutting** s. lavorazione f della pietra.

stoned [stound] a. **1** (of fruit) senza nocciolo, snocciolato **2** ⟨sl⟩ (drunk) ubriaco, ⟨fam⟩ sbronzo, ⟨pop⟩ sborniato. ⟨sl⟩ (exhilarated by drugs) su di giri per l'effetto d droghe.

'stone-'dead a. morto stecchito. **'~-'deaf** a. comple tamente sordo, sordo come una campana. **~-fruit** s. frut to m a nocciolo, drupa f.

stoneless ['stounlis] a. **1** senza pietre. **2** (of fruit) senza nocciolo.

stone|mason s. **1** muratore m. **2** (one who dresses stone scalpellino m, tagliapietre m. **~ masonry** s. muratura di pietra. **~ pit** s. cava f di pietre.

stone's|-cast, **~-throw** s. **1** distanza f percorsa (raggiunta) da un sasso tirato a mano. **2** (short distance due (o quattro) passi mpl, tiro m di schioppo: it is only ~ from our house è a due passi da casa nostra.

'stone| 'sucker s. ⟨Itt⟩ lampreda f. **,~'wall** v.i. **1** ⟨Sport (in cricket) fare un gioco di difesa. **2** ⟨Parl⟩ far ostruzionismo. **3** ⟨fig⟩ tergiversare, rispondere eva sivamente. **,~'waller** s. **1** ⟨Sport⟩ battitore m che f un gioco di difesa. **2** ⟨Parl⟩ ostruzionista m/f. **,~'wallin** s. **1** gioco m di difesa. **2** ⟨Parl⟩ ostruzionismo m. **~ war** s. ⟨Ceram⟩ terraglia f; (gres) gres m. **~work** s. **1** lavor m in pietra; (masonry) muratura f (di pietra). **2** (proces of working in stone) lavorazione f della pietra. **~worke** s. scalpellino m, tagliapietre m.

stonily ['stounili] avv. con durezza, con insensibilità **stoniness** [-ninis] s. **1** l'essere pietroso (o sassoso). ⟨fig⟩ durezza f, insensibilità f.

stoning ['stounin] s. snocciolatura f.

stony ['stouni] a. **1** pietroso, sassoso: ~ ground terren pietroso; (rocky) roccioso. **2** (resembling stone) simile pietra; (as hard as stone) duro come la pietra. **3** ⟨fig (lacking pity) di pietra, duro, insensibile: a ~ heart u cuore di pietra; (hard-hearted) duro, crudele, spietato. ⟨fig⟩ (expressionless) inespressivo: a ~ face un volt inespressivo.

'stony-'broke a. ⟨fam⟩ senza un soldo, ⟨fam⟩ in bolletta ⟨fam⟩ al verde, ⟨fam⟩ a secco.

stood [stud] → stand[1].

stooge [stu:dʒ] **I** s. **1** ⟨teat⟩ spalla f. **2** ⟨fam⟩ (underling tirapiedi m, ⟨spreg⟩ scagnozzo m. **3** ⟨fam⟩ (decoy persona f che fa da esca, adescatore m; (stool pigeon informatore m, spia f. **4** ⟨fam⟩ (dupe) burattino n fantoccio m, marionetta f. **5** ⟨Aer⟩ allievo m pilota. **I** v.i. **1** ⟨teat⟩ fare da spalla. **2** ⟨fam⟩ (to act as a stooge fare lo scagnozzo (o il tirapiedi). **3** ⟨Aer⟩ (general. co around) volare a velocità di crociera.

stook [stuk] **I** s. ⟨Agr⟩ bica f. **II** v.t. abbicar ammucchiare.

stool [stu:l] **I** s. **1** sgabello m, seggiolino m: a three-legge ~ uno sgabello a tre piedi. **2** (footstool) poggiapiedi m sgabello m (poggiapiedi); (for kneeling) inginocchiatoio m **3** (window-sill) davanzale m (di finestra). **4** (commode seggetta f. **5** (act of defecating) defecazione f, evacuazion f; (faeces) feci fpl. **6** ⟨Bot⟩ (stump) troncone m, ceppaia ceppo m. **7** ⟨Venat⟩ uccello m da richiamo. **8** → sto pigeon. **II** v.i. **1** ⟨Bot⟩ germogliare. **2** ⟨Venat rispondere al richiamo. **3** ⟨sl⟩ (to turn informer) fare spia (on contro); (to act as a decoy) fare da esca (a). ⟨rar⟩ (to defecate) defecare. □ ⟨fig⟩ to fall between two avere due occasioni e lasciarsele scappare entrambe per indecisione, fare come l'asino di Buridano; ⟨ant⟩ *to go to* ~ evacuare, defecare.

stool pigeon *s.* **1** ⟨Venat⟩ piccione *m* da richiamo. **2** ⟨sl⟩ (*informer*) spia *f*, informatore *m*; (*decoy*) persona *f* che fa da esca, adescatore *m*.

stoop[1] [stu:p] **I** *v.i.* **1** (spesso con *down*) chinarsi, abbassarsi, curvarsi, piegarsi: *he –ed to pick up the baby* si chinò per sollevare il bambino; *to ~ over one's desk* curvarsi sulla scrivania. **2** (*to walk with a stoop*) camminare curvo; (*to stand with a stoop*) stare con la schiena curva. **3** ⟨fig⟩ (*to condescend, lower o.s.*) abbassarsi, accondiscendere, scendere (*to a*): *he would never ~ to such mean tactics* non si abbasserebbe mai a espedienti così meschini. **4** ⟨fig⟩ (*to humble o.s., submit*) umiliarsi, abbassarsi, sottomettersi, curvare la schiena. **II** *v.t.* **1** curvare, chinare, piegare: *age had –ed his shoulders* la vecchiaia aveva curvato le sue spalle. **2** ⟨fig⟩ degradare, umiliare. **III** *s.* **1** (*act of stooping*) curvatura *f* (del corpo). **2** (*posture*) posizione *f* curva. **3** ⟨fig⟩ condiscendenza *f*, sottomissione *f*. □ *to walk with a* ~ camminare curvo.

stoop[2] *s.* → **stoup**.

stoop[3] *s.* **1** → **stoep**. **2** ⟨am⟩ (*porch, veranda*) portico *m*, (piccola) veranda *f*.

stooping ['stu:pɪŋ] *a.* curvo, arcuato. **stoopingly** [–li] *avv.* in modo curvo.

stop[1] [stɔp] *v.* (*pret., p.p.* **stopped** [–t]/*rar.* **stopt** [–t] **I** *v.t.* **1** cessare, smettere, finire: *we –ped work at noon* cessammo il lavoro a mezzogiorno; *the baby –ped crying* il bambino smise di piangere; (*to discontinue*) sospendere, interrompere; (*to cause to cease*) far cessare, interrompere, mettere fine a: *to ~ the children's noise* far cessare il chiasso dei bambini. **2** (*to check, halt*) arrestare, fermare, trattenere, contenere: *to ~ the flight of capital out of the country* arrestare la fuga di capitali dal paese. **3** (*to bring to a standstill*) arrestare, fermare: *to ~ traffic* arrestare il traffico. **4** (*to restrain, prevent*) impedire, trattenere, fermare. **5** (*to prevent the flow, passage of*) impedire il passaggio di, arrestare, fermare; (*of the blood*) stagnare, fermare. **6** (*to prevent the payment of*) bloccare, fermare, mettere il fermo a: *to ~ a cheque* bloccare un assegno. **7** (*to accost*) avvicinare, rivolgersi a. **8** (*to deduct, withhold*) detrarre, trattenere: *income tax –ped at source* imposta sul reddito trattenuta alla fonte. **9** (spesso con *up: to close, block*) otturare, chiudere, bloccare: *to ~ a leak* otturare una falla; (*of a body orifice*) tappare, turare: *to ~ one's ears* turarsi le orecchie; (*of a bottle, etc.*) otturare, tappare. **10** ⟨Dent⟩ otturare. **11** ⟨fam⟩ (*of a blow: to receive*) ricevere, incassare. **12** (*to parry*) parare, schivare, scansare: *to ~ a blow* parare un colpo. **13** ⟨Sport⟩ (*in boxing*) mettere fuori combattimento, battere per k.o.; (*to defeat*) sconfiggere, battere, vincere (in una gara); (*of the ball*) bloccare, stoppare, fermare; (*to save*) parare, salvare. **14** ⟨Mus⟩ (*of a string*) premere, toccare; (*of a fingerhole of a wind instrument*) chiudere. **15** ⟨Gramm⟩ punteggiare, mettere i segni d'interpunzione in. **II** *v.i.* **1** cessare, finire, smettere: *the rain has –ped* la pioggia è cessata. **2** (*to come to a halt*) fermarsi, arrestarsi. **3** (*to make a scheduled halt*) fermare, fare una fermata: *the train doesn't ~ at this station* il treno non ferma a questa stazione. **4** (*to interrupt a journey*) fermarsi, sostare, fare una sosta; (*to halt for a brief stay*; spesso con *off, over*) fare una breve sosta, fermarsi brevemente. **5** (*of a machine, etc.*) fermarsi, smettere (*o* cessare) di funzionare: *my watch has –ped* il mio orologio si è fermato. **6** (*to stay, remain*) restare, trattenersi, rimanere, fermarsi: *to ~ at home* restare a casa. **7** (*to make a brief visit*; spesso con *by, off, over*) fare un salto (*o* una scappata). **8** (*to cease to extend*) terminare, finire: *the path –ped at the gate* il sentiero terminava al cancello. **9** (*to become blocked*; spesso con *up*) ostruirsi, intasarsi, otturarsi. □ ⟨fig⟩ *to ~ one's ears* non voler ascoltare, tapparsi (*o* turarsi) le orecchie; *his heart –ped* il suo cuore si fermò; *to ~ out all night* stare fuori tutta la notte; *to ~ short* fermarsi di colpo (*o* bruscamente); *to ~ to think* riflettere, (fermarsi a) pensare; *to ~ up* (*late*) stare alzato fino a tardi; ⟨fig⟩ *to ~ the way* ostruire il passaggio; ⟨fig⟩ sbarrare la strada. ‖ ~

it! finiscila!, smettila!, piantala!; *the matter will not ~ here* la faccenda non finirà qui; *once he starts, there's no –ping him* una volta che incomincia non c'è modo di fermarlo.

stop[2] *s.* **1** termine *m*, fine *f*. **2** (*halt*) sosta *f*, fermata *f*; (*scheduled stopping place of a bus, etc.*) fermata *f*. **3** (*signal, notice, etc., to stop*) segnale *m* di arresto. **4** ⟨Mecc⟩ arresto *m*, fermo *m*, scontro *m*, ritegno *m*. **5** (*doorstop*) fermaporta *m*. **6** (*plug, stopper*) tappo *m*, turacciolo *m*. **7** ⟨Mus⟩ registro *m*; (*stop knob*) tasto *m* di registro. **8** ⟨Sport⟩ (*in hockey*) deviazione *f* di tiro; (*in soccer: save*) parata *f*, salvataggio *m;* (*in boxing*) posizione *f* di guardia. **9** ⟨Gramm⟩ segno *m* d'interpunzione. **10** ⟨Tel⟩ stop *m*. **11** ⟨Fon⟩ consonante *f* esplosiva, esplosiva *f*. **12** (*in cards*) carta *f* che ferma il gioco. **13** ⟨Fal⟩ → **stop bead**. □ *to bring to a* ~ arrestare, fermare; *to come to a* ~ fermarsi, arrestarsi; *to make a* ~ fermarsi, fare una sosta; *to put a* ~ *to s.th.* porre (*o* mettere) fine a qc., far cessare qc.

stop| bath *s.* ⟨Fot⟩ bagno *m* d'arresto. ~ **bead** *s.* ⟨Fal⟩ (*in a window*) listello *m* d'arresto. ~ **card** *s.* (*in canasta, etc.*) carta *f* che congela il mazzo. **~cock** *s.* rubinetto *m* di arresto (*o* regolazione).

stope [stoup] **I** *s.* ⟨Minier⟩ scavo *m* d'estrazione, cantiere *m* d'abbattimento (a gradini). **II** *v.t./i.* coltivare (una miniera) a gradini.

stope drill *s.* ⟨Minier⟩ fucile *m* perforatore.

stop|gap I *s.* **1** soluzione *f* provvisoria, espediente *m* temporaneo, ripiego *m*. **2** (*of a person*) sostituto *m* (temporaneo), ⟨fam⟩ tappabuchi *m*. **II** *a.* provvisorio, temporaneo. **~-go** *a.* oscillante: *a ~ economic policy* una politica economica oscillante. ~ **key** *s.* **1** ⟨Mus⟩ → **stop knob**. **2** ⟨Mecc⟩ chiave *f* d'arresto. ~ **knob** *s.* ⟨Mus⟩ tasto *m* di registro. **~light** *s.* **1** ⟨Aut⟩ indicatore *m* (*o* fanale) d'arresto. **2** ⟨Strad⟩ luce *f* rossa (del semaforo). ~ **nut** *s.* ⟨Mecc⟩ dado *m* di bloccaggio. **~-off, ~-over** *s.* **1** breve sosta *f* (*o* fermata); (*stop with the privilege of continuing on the same ticket*) fermata *f* intermedia. **2** ⟨Aer⟩ scalo *m* intermedio. **3** (*stopping place*) luogo *m* di sosta, fermata *f*.

stoppage ['stɔpɪdʒ] *s.* **1** fermata *f*, sosta *f*, arresto *m*. **2** (*state of being stopped*) sospensione *f*, interruzione *f*. **3** (*deduction from pay*) detrazione *f*, trattenuta *f*. **4** (*strike*) sciopero *m*; (*suspension*) astensione *f* dal lavoro. **5** ⟨Econ⟩ sospensione *f* (*o* interruzione) di pagamento. **6** (*of a firearm*) inceppamento *m*. **7** ⟨Med⟩ ostruzione *f*, blocco *m*. **8** ⟨Dir⟩ fermo *m*: ~ *in transit* fermo durante il viaggio. □ ⟨Mil⟩ ~ *of leave* consegna *f*.

stop payment *s.* ⟨Econ⟩ sospensione *f* di pagamento.

stopper ['stɔpə] *s.* **1** chi ferma, chi arresta. **2** (*bung, cork, plug, etc.*) tappo *m*, turacciolo *m*; (*for a bottle*) zaffo *m*, zipolo *m*. **3** (*plastic material*) stucco *m*. **4** ⟨Sport⟩ (*in soccer*) stopper *m*, mediano *m*. **II** *v.t.* **1** tappare, turare. **2** (*to fill with a plastic material*) stuccare, dare lo stucco a. □ ⟨fam⟩ *to put the* (*o a*) ~ *on s.th.* mettere (*o* porre) fine a qc. **stopping** [–pɪŋ] **I** *s.* **1** arresto *m*, fermata *f*. **2** (*act of closing, blocking up*) otturazione *f*, ostruzione *f*, intasamento *m*. **3** ⟨Dent⟩ otturazione *f*; (*material*) amalgama *m*, cemento *m*. **4** ⟨Gramm⟩ punteggiatura *f*. **5** ⟨Econ⟩ sospensione *f* dei pagamenti. **II** *a.* ⟨Ferr⟩ che fa fermate lungo il percorso. □ ⟨Strad⟩ *no* ~ divieto *m* di fermata; ⟨Aut⟩ ~ *time* tempo *m* d'arresto.

stopple ['stɔpl] **I** *s.* tappo *m*, turacciolo *m*. **II** *v.t.* tappare, turare.

stop|-press I *s.* ⟨Giorn⟩ ultimissime *fpl*, notizie *fpl* dell'ultima ora. **II** *a.* ultimissimo, recentissimo, dell'ultima ora. □ ~ *news* ultimissime *fpl*. ~ **price** *s.* prezzo *m* limite. ~ **ring** *s.* ⟨Mecc⟩ anello *m* di bloccaggio. ~ **screw** *s.* ⟨Mecc⟩ vite *f* di bloccaggio. ~ **sign** *s.* ⟨Strad⟩ segnale *m* di stop. ~ **signal** *s.* ⟨Ferr⟩ segnale *m* d'arresto. **~-smoking program** *am.s.* programma *m* per la disassuefazione dal fumo.

stopt [stɔpt] → **stop**[1].

stop| thrust *s.* ⟨Sport⟩ (*in fencing*) contro-offesa *f*. ~ **valve** *s.* ⟨tecn⟩ valvola *f* d'arresto. ~ **volley** *s.* ⟨Sport⟩ (*in tennis*) smorzata. *f*. **~watch** *s.* cronometro *m* (a scatto).

storable ['stɔːrǝbl] *a.* **1** conservabile, che si può conservare. **2** ⟨*Inform*⟩ memorizzabile.

storage ['stɔːridʒ] *s.* **1** immagazzinamento *m*, magazzinaggio *m*, deposito *m*. **2** (*storage capacity*) capienza *f* di magazzino. **3** (*storing place*) deposito *m*, magazzino *m*. **4** (*price charged for storing*) ⌐prezzo *m* del⌐ (*o* spese *fpl* di) magazzinaggio. **5** ⟨*tecn*⟩ accumulazione *f*: ~ *of heat* accumulazione di calore. **6** ⟨*tecn*⟩ (*in computers: memory*) memoria *f*. **7** ⟨*El,Chim*⟩ carica *f*. □ *to put a plan into cold* ~ accantonare un progetto.

storage| battery *s.* ⟨*El*⟩ batteria *f* di accumulatori. **~ capacity** *s.* ⟨*Inform*⟩ capacità *f* di memoria (*o* memorizzazione). **~ cell** *s.* ⟨*El*⟩ pila *f* secondaria. **~ charges** *s.pl.* ⟨*Post*⟩ tassa *f* di custodia. **~ unit** *s.* unità *f* di memoria.

storax ['stɔːræks] *s.* ⟨*Chim,Bot*⟩ storace *m*.

store [stɔː] **I** *s.* **1** provvista *f*, riserva *f*, scorta *f*: *a* ~ *of candles* una provvista di candele. **2** *pl.* rifornimenti *mpl*, scorte *fpl* (*anche Mil.*): *fuel* ~*s* scorte di carburante. **3** (*place of storage*) magazzino *m*, deposito *m*. **4** (*large shop*) grandi magazzini *mpl*; (*shop*) bottega *f*, negozio *m*: *the village* ~ *la* bottega del paese. **5** (*large quantity*) grande quantità *f*, abbondanza *f*. **II** *v.t.* **1** (spesso con *up*, *away*) fare provvista di, mettere ⌐in serbo⌐ (*o* da parte), conservare: *to* ~ *fruit for the the winter* fare provvista di frutta per l'inverno; (*to accumulate*) accumulare. **2** (*to deposit in a place for keeping*) depositare, mettere in magazzino, immagazzinare. **3** (*to furnish, supply*) fornire, rifornire, provvedere, approvvigionare. **4** ⟨*tecn*⟩ (*of computer information*) memorizzare. □ *in* ~: **1** in deposito, in magazzino; **2** (*in reserve*) da parte, in serbo, di scorta, di riserva; **3** ⟨*fig*⟩ (*destined to happen*) in vista, imminente: *there are troubles in* ~ ci sono guai in vista; *I wonder what the future has in* ~ *for us* mi chiedo che cosa ci riservi il futuro; ⟨*fig*⟩ *to set* ~ *by* dare (*o* attribuire) importanza a, tener conto di, tenere in considerazione.

store|-bought *am. a.* confezionato, pronto. **~ clothes** *s.pl.* ⟨*fam*⟩ abiti *mpl* confezionati, confezioni *fpl*. **~house** *s.* **1** magazzino *m*, deposito *m*. **2** ⟨*fig*⟩ miniera *f: that book is a* ~ *of information* quel libro è una miniera d'informazioni. **~keeper** *s.* **1** magazziniere *m* (*anche Mil.*). **2** ⟨*Mar*⟩ cambusiere *m*. **3** (*shopkeeper*) negoziante *m/f*, bottegaio *m* (*f* –a). **~room** *s.* **1** ripostiglio *m*, stanzino *m*. **2** ⟨*Mar*⟩ cambusa *f*.

storey ['stɔːri] *s.* piano *m* (di edificio): *I live on the fifth* ~ abito al quinto piano; *a house of three storeys* una casa a tre piani. **storeyed** [–d] *a.* (spesso nei composti) a ... piani: *six*–~ *building* un edificio a sei piani.

storey post *s.* ⟨*Arch*⟩ pilastro *m*, colonna *f* di sostegno.

storiated ['stɔːrieitid] *a.* (*historiated*) istoriato.

storied[1] ['stɔːrid] *a.* storico, famoso nella storia; (*celebrated in legend*) leggendario, mitico.

storied[2] *a.* → **storeyed**.

stork [stɔːk] *s.* (*pl. inv./*–*s* [s]; il pl.inv. si usa general. con valore collett.) ⟨*Ornit*⟩ cicogna *f*.

storm [stɔːm] **I** *s.* **1** ⟨*Meteor*⟩ tempesta *f*, uragano *m*, burrasca *f*, temporale *m*; (*heavy fall of rain, snow, hail*) bufera *f*, tormenta *f*, tempesta *f*; (*strong wind*) fortunale *m*. **2** ⟨*fig*⟩ (*violent disturbance*) tumulto *m*, subbuglio *m: the bill's passage was accompanied by many a* ~ il passaggio del disegno di legge fu accompagnato da molti tumulti; (*violent outburst*) scroscio *m*, uragano *m*, esplosione *f*, scoppio *m: a* ~ *of cheering* uno scroscio di applausi; *a* ~ *of protests* un uragano di proteste. **3** ⟨*fig*⟩ (*hail, shower*) scarica *f*, pioggia *f*, tempesta *f: a* ~ *of arrows* una scarica di frecce. **4** ⟨*Mil*⟩ assalto *m*, attacco *m* (violento e improvviso). **II** *v.i.* **1** ⟨*Meteor*⟩ imperversare, infuriare: *it* –*ed all night* la tempesta imperversò tutta la notte. **2** ⟨*fig*⟩ (*to rage*) infuriarsi, dare in escandescenze, montare su tutte le furie. **3** ⟨*fig*⟩ (*to rush violently, angrily*) precipitarsi (con violenza e rabbia): *he* –*ed out of the house* si precipitò fuori di casa. **III** *v.t.* **1** ⟨*Mil*⟩ prendere d'assalto: *to* ~ *a city* prendere d'assalto una città. **2** ⟨*fig*⟩ aggredire, tempestare, assalire: *to* ~ *s.o. with questions* tempestare qd. di domande. □ *to* ~ *at s.o.* fare una scenata a qd.; *to take* **by** ~: **1** ⟨*Mil*⟩ prendere d'assalto; **2** ⟨*fig*⟩ conquistare di colpo, affascinare immediatamente;

⟨*fig*⟩ *to take the audience by* ~ trascinare l'uditorio; ⟨*fig*⟩ *a* ~ *in a* **teacup** una tempesta in un bicchier d'acqua.

storm|-beaten *a.* flagellato dalla tempesta. **~ belt** *s.* ⟨*Meteor*⟩ zona *f* dei cicloni. **~bird** *s.* → **stormy petrel**. **~-bound** *a.* bloccato (*o* isolato) dalla tempesta. **~ center** *am.*, **~ centre** *s.* **1** ⟨*Meteor*⟩ zona *f* di minima pressione atmosferica, centro *m* (*o* occhio) del ciclone. **2** ⟨*fig*⟩ focolaio *m* di disordini. **~ cloud** *s.* **1** nube *f* temporalesca. **2** ⟨*fig*⟩ minaccia *f* di disordini.

stormer ['stɔːmǝ] *s.* ⟨*Mil*⟩ soldato *m* di un reparto d'assalto.

stormily ['stɔːmili] *avv.* tempestosamente, burrascosamente.

storminess [–minis] *s.* **1** tempestosità *f*, burrascosità *f*. **2** ⟨*fig*⟩ violenza *f*, impeto *m*, furia *f*. **storming** [–miŋ] *s.* ⟨*Mil*⟩ assalto *m*.

storming party *s.* ⟨*Mil*⟩ reparto *m* d'assalto.

storm| jib *s.* ⟨*Mar*⟩ mangiavento *m*. **~ lamp, ~ lantern** *s.* lanterna *f* a vento.

stormless ['stɔːmlis] *a.* calmo, placido, senza tempeste.

storm|proof *a.* resistente alle tempeste. **~ signal** *s.* **1** ⟨*Mar*⟩ segnale *m* di tempesta. **2** ⟨*fig*⟩ presagio *m* di tempesta. **~-tossed** *a.* ⟨*Mar*⟩ sballottato dalla tempesta (*anche fig.*). **~ trooper** *s.* ⟨*Mil*⟩ soldato *m* delle truppe d'assalto. **Storm Trooper** *s.* ⟨*Stor*⟩ camicia *f* bruna. **~ troops** *s.pl.* ⟨*Mil*⟩ truppe *fpl* d'assalto. **Storm Troops** *s.pl.* ⟨*Stor*⟩ squadre *fpl* d'assalto. **~ warning** *s.* **1** avviso *m* di tempesta. **2** ⟨*Rad*⟩ annuncio *m* (*o* comunicazione *f*) di tempesta. **3** ⟨*fig*⟩ presagio *m* di tempesta. **~ wind** *s.* ⟨*Meteor*⟩ vento *m* tempestoso. **~ window** *s.* doppia finestra *f*, controfinestra *f*.

stormy ['stɔːmi] *a.* burrascoso, tempestoso (*anche fig.*).

stormy petrel *s.* **1** ⟨*Ornit*⟩ uccello *m* delle tempeste, procellaria *f*. **2** ⟨*fig*⟩ uccello *m* del malaugurio.

story[1] ['stɔːri] *s.* **1** favola *f*, storia *f*, fiaba *f*. **2** ⟨*Lett*⟩ narrazione *f*, racconto *m;* (*short story*) novella *f*, racconto *m*, romanzo *m* breve; (*plot*) intreccio *m*, trama *f*. **3** (*description of a person's life, facts of s.th., etc.*) storia *f: the* ~ *of Ulysses* la storia di Ulisse. **4** (*anecdote*) aneddoto *m*, storiella *f*. **5** (*version*) versione *f* (dei fatti), esposizione *f* (degli avvenimenti): *I'd like to hear your brother's* ~ *now* ora vorrei sentire la versione di tuo fratello. **6** ⟨*fig*⟩ (*information*) storia *f*, faccenda *f*, questione *f: I must have the whole* ~ devo conoscere tutta la storia. **7** (*rumour*) voce *f*, diceria *f: the* ~ *goes that* corre voce che. **8** ⟨*fam*⟩ (*lie, fib*) storia *f*, fandonia *f*, frottola *f*, bugia *f: don't tell stories* non raccontare storie. **9** ⟨*Giorn*⟩ articolo *m*, servizio *m*. □ *that is* (*quite*) *another* ~: **1** questa è un'altra storia; **2** ⟨*fig*⟩ questo è un altro paio di maniche; *it's a long* ~ è una lunga storia; ⟨*fig*⟩ *to cut* (*o make*) *a long* ~ *short* per farla breve, in poche parole; ⟨*fam*⟩ *it's the same old* ~ è sempre la solita storia; ⟨*fam*⟩ *that's your* ~*!* questa è la tua versione!

story[2] *s.* → **storey**.

story-book ['stɔːribuk] *s.* libro *m* di racconti (*o* fiabe).

story-book ending *s.* ⟨*fig*⟩ lieto fine *m*.

story line *s.* (*plot*) intreccio *m*, trama *f*.

storyteller ['stɔːritelǝ] *s.* **1** narratore *m* (*f* –trice). **2** ⟨*fam*⟩ (*liar, fibber*) chi racconta fandonie (*o* storie), bugiardo *m* (*f* –a). **storytelling** [–liŋ] *s.* il narrare storie.

stoup [stuːp] *s.* **1** ⟨*Rel*⟩ acquasantiera *f*. **2** (*flagon*) caraffa *f*, bricco *m*.

stout [staut] **I** *a.* **1** corpulento, grasso, pingue. **2** (*valiant*) valoroso, coraggioso, intrepido, prode. **3** (*firm, resolute*) fermo, risoluto, deciso: ~ *opposition* ferma opposizione. **4** (*physically strong*) forte, gagliardo, robusto; (*of things*) robusto, resistente, solido: ~ *shoes* scarpe robuste. **II** *s.* tipo di birra forte e scura.

'stout-'hearted *a.* intrepido, valoroso, coraggioso. **,stout-'heartedly** *avv.* intrepidamente, valorosamente, coraggiosamente. **,stout-'heartedness** *s.* coraggio *m*, ardimento *m*, valore *m*.

stoutish ['stautiʃ] *a.* piuttosto corpulento (*o* grasso).

stoutly [–tli] *avv.* **1** valorosamente, coraggiosamente. **2** (*resolutely*) risolutamente, decisamente, fermamente. **3** (*solidly*) solidamente: ~ *built* solidamente costruito.

stoutness [–tnis] *s.* **1** corpulenza *f*, pinguedine *f*. **2** (*courage*) ardimento *m*, coraggio *m*, valore *m*. **4**

esolution) fermezza *f,* risolutezza *f,* decisione *f.* **4** *olidness*) solidità *f,* resistenza *f.*

ve[1] [stouv] **I** *s.* **1** stufa *f.* **2** (*cooking apparatus*) cucina fornello *m.* **3** ⟨*tecn*⟩ (*kiln*) essiccatoio *m,* camera *f* 'essiccazione. **4** ⟨*Agr,Giard*⟩ serra *f* calda. **II** *v.t.* **1** sicare. **2** ⟨*Agr,Giard*⟩ coltivare in una serra calda.

ve[2] → **stave**[2].

ve|pipe *s.* **1** tubo *m* da stufa. **2** ⟨*fam*⟩ → **stovepipe at.** **~pipe hat** *s.* ⟨*fam*⟩ cappello *m* a cilindro.

w [stou] **I** *v.t.* **1** ⟨*Mar*⟩ stivare; (*of gear*) assicurare; (*of sail*) serrare, imbrogliare. **2** (*to put away, store;* spesso *n away*) riporre, mettere via (*o* da parte): *to ~ away* *e's football boots for the summer* riporre le scarpe da otball per l'estate. **3** ⟨*sl*⟩ (*to stop*) smettere, cessare, *nire:* ~ *the chatter* smettila di chiacchierare. **4** ⟨*fam*⟩ (*to t greedily;* spesso con *away*) rimpinzarsi di. **II** *v.i.* *eneral.* con *away*) imbarcarsi clandestinamente. □ ⟨*sl*⟩ *it!* chiudi il becco!

wage ['stouidʒ] *s.* **1** ⟨*Mar*⟩ stivaggio *m,* stivamento *m; tate of being stowed*) l'essere stivato; (*manner of stowing*) stemazione *f,* assetto *m;* (*charge for stowing*) spese *fpl* di ivaggio. **2** (*place for storing*) deposito *m,* magazzino *m; torage capacity*) capienza *f* (di magazzino).

waway ['stouəwei] *s.* passeggero *m* clandestino.

wer ['stouə] *s.* ⟨*Mar*⟩ stivatore *m.*

abismal [strə'bizməl], **strabismic** [–mik] *a.* ⟨*Med*⟩ rabico. **strabismus** [–məs] *s.* ⟨*Med*⟩ strabismo *m.*

addle ['strædl] **I** *v.i.* **1** stare (*o* sedere) a gambe varicate; (*to walk with legs apart*) camminare a gambe rghe; (*to sit astride*) sedere (*o* stare) a cavalcioni. **2** (*of the gs: to spread apart*) divaricare le gambe. **3** (*fig*) tendersi disordinatamente. **II** *v.t.* **1** stare (*o* mettersi a) valcioni di: *to ~ a wall* stare a cavalcioni di un muro; *f a horse*) montare, inforcare. **2** (*of the legs*) divaricare. ⟨*Artigl*⟩ centrare con una forcella. **III** *s.* **1** posizione *f* cavalcioni (*o* gambe divaricate). **2** ⟨*Econ*⟩ contratto *m* a oppio premio, doppia opzione *f,* stellaggio *m.* □ ⟨*fam*⟩ *~ an issue* non prendere partito.

adivarius [,strædi'vɑːriəs, –'veəriəs] *s.* ⟨*Mus*⟩ stradivario

afe [strɑːf] **I** *v.t.* **1** ⟨*Aer.mil.*⟩ mitragliare a bassa quota; *ɔ bomb heavily*) bombardare pesantemente. **2** ⟨*fam*⟩ (*to nish severely*) punire severamente; (*to censure severely*) asimare (*o* criticare) aspramente. **II** *s.* **1** ⟨*Aer.mil*⟩ itragliamento *m* a bassa quota. **2** ⟨*fam*⟩ punizione *f* vera.

aggle ['strægl] *v.i.* **1** sbandarsi, disperdersi; (*to lag hind*) rimanere indietro. **2** (*to wander about in a attered fashion*) muoversi disordinatamente (*o* in ordine arso*), andare alla spicciolata; (*to ramble*) vagare, errare, gabondare. **3** (*to spread irregularly*) estendersi sordinatamente; (*of branches, etc.*) crescere in modo sordinato. **4** (*to occur here and there*) accadere (*o* rificarsi*) sporadicamente. **straggler** [–ə] *s.* **1** sbandato (*f* –a); (*one who lags behind*) chi resta indietro. **2** ⟨*Mil*⟩ andato *m.* **straggling** [–iŋ] *a.* sparso, straggly [–i] *a.* sparso, arpagliato: ~ *houses* case sparse. □ ~ *beard* barba da.

aight [streit] **I** *a.* **1** diritto, dritto: *a ~ road* una strada ritta; (*of people*) eretto, diritto, non curvo. **2** ⟨*Geom*⟩ tto: *a ~ line* una linea retta. **3** (*vertical*) diritto, rticale, a piombo: *that picture isn't ~* quel quadro non è ritto; (*horizontal, level*) orizzontale, piano. **4** (*of hair: t curly*) liscio, diritto. **5** (*fig*) (*frank*) franco, schietto, erto, leale: *a ~ answer to a ~ question* una franca sposta a una franca domanda; (*proceeding directly*) eciso, esatto: *what the problem needs is ~ thinking* ciò e il problema richiede è un ragionamento preciso. **6** *g*) (*upright, honest*) retto, onesto, diritto. **7** (*in the oper order*) a posto, in ordine, ordinato, sistemato: *ings are ~ now* le cose sono a posto adesso. **8** ⟨*fam*⟩ (*of formation, etc.: reliable*) attendibile, sicuro, di fonte cura. **9** ⟨*Teat*⟩ convenzionale: ~ *part* ruolo nvenzionale; (*of acting*) semplice, spontaneo, non cercato. **10** (*of whisky, drinks: undiluted*) liscio, non uito, puro. **II** *s.* **1** l'essere diritto. **2** (*straight line*) ea *f* retta; (*straight part*) rettilineo *m,* rettifilo *m;* (*level*

part) piano *m,* superficie *f* piana. **3** ⟨*Sport*⟩ (*straight part of a track*) dirittura *f* d'arrivo. **4** (*in poker*) scala *f.* **III** *avv.* **1** diritto, in linea retta: *to walk ~* camminare diritto; *to throw ~* lanciare in linea retta. **2** (*directly*) direttamente, diritto: *he went ~ home* andò direttamente a casa. **3** (*straightaway, immediately*) immediatamente, subito. **4** (*perfectly vertically*) diritto, verticalmente, a piombo; (*horizontally, evenly*) orizzontalmente, in piano. **5** (*with the body erect*) con il corpo eretto, diritto, dritto. **6** ⟨*fig*⟩ (*honestly*) onestamente, rettamente. **7** ⟨*fig*⟩ (*without hesitation, equivocation*) senza esitazione, senza tergiversare; (*openly*) apertamente, francamente. □ ~ **ahead** avanti diritto; ~ **down** direttamente giù; ⟨*fam*⟩ *to* **go** ~ rigare diritto; ⟨*fam*⟩ *to have it ~* bere grosso, il fatto suo; ⟨*fig*⟩ *the* ~ **and narrow** la retta via: *to keep to the* ~ *and narrow* seguire la retta via, comportarsi con rettitudine; ~ **off:** 1 immediatamente, subito; 2 (*without hesitation, equivocation*) senza esitazione, senza tergiversare; ~ **on** (sempre) diritto; *your hat isn't on* ~ hai il cappello di sghimbescio; ~ **out** chiaro e tondo, esplicito; *to come* (*o go*) ~ *to the* **point** venire (*o* andare) direttamente al punto; *to put* (*o set*) *s.o.* ~ dire a qd. come stanno veramente le cose, chiarire le idee a qd.

straight| angle *s.* ⟨*Geom*⟩ angolo *m* piatto. ~ **arch** *s.* ⟨*Edil*⟩ piattabanda *f.* **~away I** *avv.* immediatamente, subito, senza indugio. **II** *a.* diritto, rettilineo. **III** *s.* **1** rettifilo *m,* rettilineo *m.* **2** ⟨*Sport*⟩ dirittura *f.* **~edge** *s.* ⟨*tecn*⟩ regolo *m,* riga *f.*

straighten ['streitən] **I** *v.t.* **1** (spesso con *out*) raddrizzare, drizzare: *to ~ an iron bar* raddrizzare una barra di ferro. **2** (*to put in order;* spesso con *out, up*) mettere ⌐in ordine⌐ (*o* a posto), assettare, sistemare. **3** (*to put on the correct road;* general. con *out*) correggere, raddrizzare. **II** *v.i.* **1** drizzarsi, raddrizzarsi. **2** (*to reform o.s.;* spesso con *out, up*) raddrizzarsi, correggersi; (*of things*) accomodarsi, aggiustarsi. **straightening** [–iŋ] *s.* **1** raddrizzamento *m,* raddrizzatura *f.* **2** (*of hair*) stiratura *f.*

straightening press *s.* ⟨*Mecc*⟩ pressa *f* raddrizzatrice.

straight| face *s.* viso *m* serio (*o* impassibile). □ *to keep a* ~ *star* serio, riuscire a trattenere il riso. **~-faced** *a.* impassibile, imperturbabile. ~ **fight** *s.* **1** lotta *f* accanita. **2** ⟨*Pol*⟩ campagna *f* elettorale tra due soli candidati. ~ **flush** *s.* (*in poker*) scala *f* reale.

straightforward [,streit'fɔːwəd] *a.* **1** diritto, rettilineo. **2** (*frank*) franco, schietto, leale, aperto: *a ~ explanation* una franca spiegazione. **3** (*honest, upright*) retto, onesto, tutto d'un pezzo. **4** (*without complications, simple*) semplice, chiaro, lineare. **straightforwardly** [–li] *avv.* **1** francamente, schiettamente, lealmente, apertamente. **2** (*honestly*) rettamente, onestamente. **3** (*simply*) semplicemente, in modo lineare, chiaramente. **straightforwardness** [–nis] *s.* **1** franchezza *f,* schiettezza *f,* lealtà *f.* **2** (*honesty*) rettitudine *f,* onestà *f.* **3** (*simplicity*) semplicità *f,* linearità *f.*

straight|-life insurance *s.* assicurazione *f* per il caso di morte. **~-line** *a.* **1** ⟨*Mot*⟩ in linea. **2** ⟨*Fis,Mat,tecn*⟩ rettilineo. ~ **line** *s.* ⟨*Geom*⟩ linea *f* retta. **~-lined** *a.* rettilineo. ~ **man** [mən] *s.irr.* ⟨*Teat*⟩ spalla *f.*

straightness ['streitnis] *s.* **1** l'essere diritto (*o* rettilineo). **2** ⟨*fig*⟩ rettitudine *f,* onestà *f,* dirittura *f* morale. **straightway** [–twei] *avv.* ⟨*ant*⟩ subito, senza indugio.

strain[1] [strein] **I** *v.t.* **1** tendere, tirare. **2** (*to damage by excessive tension*) deformare (per eccessiva tensione), sformare. **3** (*to exert to the utmost*) sforzare, sottoporre a sforzo. **4** ⟨*Med*⟩ sforzare, affaticare: *to ~ one's heart* affaticare il cuore; (*to sprain*) slogare, storcere. **5** ⟨*rifl*⟩ sforzarsi, affaticarsi. **6** (*to make excessive demands on*) abusare di, pretendere (*o* esigere) troppo da, chiedere troppo a: *to ~ s.o.'s goodwill* abusare della benevolenza di qd. **7** ⟨*fig*⟩ (*to stretch beyond the proper limit*) forzare, travisare, svisare: *to ~ the meaning of a word* forzare il significato di una parola. **8** (*to filter*) filtrare, colare: *to ~ coffee* filtrare il caffè; (*of solid matter*) passare: *to ~ the potatoes* passare le patate. **9** ⟨*lett*⟩ (*to embrace closely*) stringere, serrare, abbracciare (stretto): *to ~ s.o. to one's breast* stringere al petto qd. **II** *v.i.* **1** dare strattoni (*at* a), tirare (qc.): *the hounds were ~ing at the leash* i segugi davano strattoni al guinzaglio. 2 (to make violent efforts) sforzarsi (moltissimo), fare sforzi violenti: she –ed to lift the heavy suitcase si sforzava di sollevare la pesante valigia. 3 ⟨fig⟩ (to balk) esitare, indietreggiare, tirarsi indietro (at davanti a). 4 (to become filtered; spesso con off, away) filtrare. III s. 1 sforzo m, tensione f, sollecitazione f: the rope parted under the ~ la corda si spezzò sotto lo sforzo; (damage, distortion caused by tension, stress) deformazione f (per eccessiva tensione). 2 (condition of being tight) tensione f, l'essere teso. 3 (physical, mental tension) logorio m, tensione f: the ~ of modern life il logorio della vita moderna. 4 ⟨Med⟩ strappo m (muscolare); (sprain) distorsione f, storta f. 5 (excessive demand) il chiedere troppo, pretesa f eccessiva: a ~ on the nation's resources il chiedere troppo alle risorse della nazione. 6 ⟨Mecc,tecn⟩ sollecitazione f. 7 ⟨Edil,Ind⟩ deformazione f. 8 pl. (tune, melody) motivo m (musicale), aria f, melodia f. 9 (piece, passage of poetry) brano m, passo m. 10 (tone, tenor) tono m, tenore m: a speech in a lofty ~ un discorso in tono elevato. □ to ~ after fare di tutto per, fare grandi sforzi per, sforzarsi di; the writer –s too much after effect lo scrittore è troppo teso a cercare l'effetto; to ~ one's authority abusare della propria autorità; to ~ one's ears stare con le orecchie tese; to ~ one's eyes: 1 aguzzare gli occhi (o lo sguardo), sforzarsi di vedere meglio; 2 ⟨Med⟩ affaticarsi la vista, affaticarsi gli occhi; to ~ every nerve in one's body to do s.th. fare ogni sforzo per fare qc.; to ~ one's rights abusare dei propri diritti; to ~ one's voice: 1 alzare la voce; 2 ⟨Med⟩ (s)forzare la voce.

strain² s. 1 (lineage) lignaggio m, schiatta f, stirpe f, ceppo m. 2 ⟨Biol⟩ razza f. 3 (hereditary quality, character) predisposizione f, tendenza f.

strainable ['streinəbl] a. che si può tendere.

strained [streind] a. 1 forzato, innaturale, artificioso: a ~ smile un sorriso forzato. 2 (subjected to tension) teso: ~ relations rapporti tesi. 3 ⟨Med⟩ affaticato: a ~ heart un cuore affaticato. 4 (distorted, forced in meaning) distorto, svisato, travisato. 5 (filtered) filtrato: ~ grape juice succo d'uva filtrato; (of solids) passato. strainer [-nə] s. 1 (device that stretches, tightens) dispositivo m per stringere (o tendere). 2 (filter, sieve, etc.) colino m, passino m, filtro m.

strainometer [strei'nɔmitə] s. ⟨tecn⟩ estensimetro m.

strait [streit] I s. 1 ⟨Geog⟩ (spesso al pl.) stretto m: the Straits of Messina lo stretto di Messina. 2 pl. (situation of difficulty, need) strettezze fpl, difficoltà fpl, stato m di necessità: to be in financial –s trovarsi in strettezze (finanziarie). II a. ⟨rar⟩ 1 (narrow) stretto, angusto; (confined, restricted) limitato, ristretto. 2 ⟨rar⟩ (strict) severo, rigoroso.

straitened ['streitnd] a. impoverito, immiserito. □ to be in ~ circumstances trovarsi in strettezze; ~ for s.th. scarsamente provvisto di qc.

strait| jacket s. 1 camicia f di forza. 2 ⟨fig⟩ costrizione f. '~'laced a. rigido, rigoroso, severo.

Straits| Question s. ⟨Stor⟩ questione f degli Stretti. ~ Settlements N.pr.pl. ⟨Geog,Stor⟩ colonia f britannica malese, stabilimenti mpl dello stretto.

strake [streik] s. ⟨Mar⟩ corso m di fasciame.

stramonium [strə'məuniəm], stramony ['stræməni] s. ⟨Bot,Farm⟩ stramonio m.

strand¹ [strænd] I s. ⟨poet⟩ sponda f, riva f, spiaggia f. II v.t. ⟨Mar⟩ incagliare, mandare in secca. 2 ⟨estens⟩ lasciare senza mezzi di trasporto, lasciare a piedi. 3 ⟨fig⟩ mettere 'nei guai' (o in difficoltà). III v.i. ⟨Mar⟩ arenarsi, incagliarsi.

strand² I s. 1 (of a rope) trefolo m. 2 ⟨estens⟩ (rope, cable, etc.) fune f, cavo m, corda f. 3 (lock of hair) ciocca f (di capelli). 4 (of pearls, beads, etc.) filo m. II v.t. 1 fare intrecciando i trefoli; to ~ a rope fare una fune intrecciando i trefoli. 2 (to break a strand of) spezzare un trefolo di.

stranded ['strændid] a. 1 arenato, incagliato. 2 ⟨estens⟩ lasciato 'senza mezzi di trasporto' (o a piedi). 3 ⟨fig⟩ nei guai, in difficoltà.

strange [streindʒ] I a. 1 strano, insolito, inconsueto: ~

customs abitudini strane; a ~ sight una vista insol (odd, curious) bizzarro, strano, strambo, singolare. (unknown, unfamiliar) sconosciuto, estraneo: his nam ~ to me il suo nome mi è sconosciuto. 3 (unaccustom non pratico, nuovo: I am ~ to this town non sono prat di questa città. 4 (unaccountable) inspiegab inesplicabile: he showed a ~ unwillingness dimos un'inspiegabile riluttanza. 5 ⟨rar⟩ (foreign) strani forestiero. II avv. stranamente, insolitamente, in me strano (o insolito). □ to feel ~: 1 essere come un pe fuor d'acqua, sentirsi sperduto; 2 (not to feel well) sent strano (o male); it feels ~ to be at home again è strana sensazione essere di nuovo a casa; ~ to say str a dirsi; it may seem ~ but può sembrare strano ma, sound ~ sonare strano. 'strangely [-li] avv. stranamen insolitamente. 'strangeness [-nis] s. 1 stranezza stramberia f, bizzarria f, singolarità f. 2 (unfamiliar estraneità f: the ~ of the surroundings l'estran dell'ambiente.

stranger ['streindʒə] s. 1 sconosciuto m (f –a), estranec (f –a). 2 (one from another country) straniero m (f forestiero m (f –a). 3 (outsider) estraneo m (f –a). 4 (f terzo m. 5 ⟨am.fam⟩ (as a vocative) signore m. □ ⟨fe little ~ neonato m (f –a); to make a ~ of s.o. trattare da estraneo; a perfect (o total) ~ un perfetto sconosci ⟨Parl⟩ I spy (o see) –s noto la presenza di estra chiedo un dibattito a porte chiuse; to be a ~ to s.o. es un estraneo per qd.; he is a ~ to me non lo cono affatto; I am a ~ to this town non sono pratico di qu città; ⟨fig⟩ he is a ~ to deceit non conosce l'ingar ⟨fig⟩ he is no ~ to sorrow ha conosciuto il dolore: become a ~ to s.o. diventare un estraneo per qd. || ⟨f you're quite a ~ non ti fai mai vedere, ti si vede cos rado.

strangle ['stræŋgl] I v.t. strangolare, strozzare, soffoc (anche fig.): this collar is strangling me questo colletto strangola; the motorcar is strangling our cities motorizzazione sta soffocando le nostre città. II soffocare, sentirsi soffocare. stranglehold [-həuld] s stretta f alla gola. 2 ⟨Sport⟩ presa f di gola. 3 ⟨fig⟩ str f mortale. □ to get a ~ on s.o. strangolare qd.; to put on trade strangolare il commercio. strangler [-ə strangolatore m (f –trice).

strangles ['stræŋglz] s.pl. (costr. sing.) ⟨Veter⟩ adeni equina, ⟨pop⟩ stranguglione m.

strangulate ['stræŋgjuleit] v.t. 1 ⟨Med⟩ strozzare. 2 strangle) strangolare, strozzare.

strangulated hernia ['stræŋgjuleitid] s. ⟨Med⟩ erni strozzata.

strangulation [stræŋgju'leiʃən] s. 1 strangolamento strozzamento m. 2 ⟨Med⟩ strozzamento m. □ death b morte f per strangolamento.

strangury ['stræŋgjuri] s. ⟨Med⟩ stranguria f.

strap [stræp] I s. 1 cinghia f, correggia f: a leather ~ cinghia di cuoio; (of a wristwatch) cinturino m (bootstrap) linguetta f (per calzare gli stivali). 3 (shou strap) spallina f, bretella f. 4 (looped band in a bus, maniglia f (a pendaglio), sostegno m: to hang on to th sorreggersi alla maniglia. 5 (razor strop) coramella (punishment by flogging with a strap) il prender cinghiate. 7 (of adhesive tape) striscia f. 8 ⟨Fal,M moietta f, reggetta f, piattina f. 9 ⟨El⟩ (in a bank piattina f. 10 ⟨Mar⟩ (strop) stroppo m. 11 ⟨Edil⟩ gutters) staffa f. II v.t. (pret., p.p. strapped [-t]) 1 (sp con up) legare con una cinghia; (to attach with a sr fissare con una cinghia: to ~ a suitcase to the roof– fissare una valigia al portabagagli con una cinghia. 2 flog with a strap) frustare con una cinghia, prende cinghiate. 3 ⟨Med⟩ (spesso con up) mettere un cer adesivo a. 4 (to sharpen with a strop) affilare co coramella. 5 ⟨Mar⟩ stroppare. □ to get the ~ assagg la cinghia.

strap|-hang v.i.irr. ⟨fam⟩ viaggiare in piedi (in auto ecc.) sorreggendosi alla maniglia. ~hanger s. ⟨fam⟩ viaggia in piedi sorreggendosi alla maniglia.

strapless ['stræplis] a. 1 senza (o privo di) cinghia ⟨Mod⟩ senza spalline.

rappado [strə'peidou, -'pɑ:dou] **I** *s.* (*pl.* **-s** [z]) ⟨*Stor*⟩ upplizio *m* della corda. **II** *v.t.* sottoporre al supplizio della corda.

rapper ['stræpə] *s.* **1** ⟨*fam*⟩ persona *f* robusta (*o* ben iantata). **2** ⟨*Fal,Mecc*⟩ macchina *f* per legatura con noietta. **strapping** [-piŋ] **I** *a.* robusto, ben piantato, rande e grosso. **II** *s.* **1** materiale *m* per cinghie. **2** ⟨*collett*⟩ cinghie *fpl.* **3** (*flogging*) cinghiate *fpl.* **4** ⟨*Med*⟩ pplicazione *f* di cerotto adesivo; (*material used*) cerotto *n* adesivo.

rasbourg ['stræzbə:g] *N.pr.* ⟨*Geog*⟩ Strasburgo *f.*

rass[1] [stræs] *s.* ⟨*Vetr*⟩ strass *m.*

rass[2] *s.* ⟨*Tess*⟩ strass *m.*

ratagem ['strætədʒəm] *s.* ⟨*Mil*⟩ stratagemma *m* (*anche stens.*).

rategic [strə'ti:dʒik], **strategical** [-əl] *a.* ⟨*Mil*⟩ trategico (*anche fig.*): ~ *retreat* ritirata strategica. □ ⟨*Mil*⟩ ~ *defense initiative* iniziativa *f* di difesa strategica. **strategically** [-əli] *avv.* strategicamente.

rategic| balance *s.* ⟨*Mil*⟩ equilibrio *m* strategico. ~ **nuclear weapons** *s.pl.* armi *fpl* nucleari strategiche. **rategics** [strə'ti:dʒiks] *s.pl.* (costr. sing.) → **strategy**. **rategic| warning** *s.* allarme *m* strategico. ~ **withdrawal** *s.* ritirata *f* strategica (*anche fig.*). **rategist** ['strætidʒist] *s.* stratega *m*, stratego *m.* **strategy** -dʒi] *s.* ⟨*Mil*⟩ strategia *f* (*anche fig.*).

rathspey *scozz.* [stræθ'spei] *s.* una danza scozzese.

ratification [ˌstrætifi'keiʃən] *s.* ⟨*Geol*⟩ stratificazione *f* (*anche fig.*): *the* ~ *of society* la stratificazione della ocietà.

ratified sample ['strætifaid] *s.* ⟨*Statist*⟩ campione *m* tratificato.

ratiform ['strætifɔ:m] *a.* ⟨*Geol,Anat,Meteor*⟩ stratiforme. **stratify** [-fai] **I** *v.t.* ⟨*Geol,Sociol*⟩ stratificare. **II** *v.i.* tratificarsi.

ratigrapher [strə'tigrəfə] *s.* ⟨*Geol*⟩ stratigrafo *m.* **stratigraphic** [ˌstræti'græfik] *a.* stratigrafico. **stratig-raphy** [-fi] *s.* stratigrafia *f.*

ratocirrus [ˌstræto(u)'sirəs] *s.* (*pl. inv./-cirri* ['sirai]) *Meteor*⟩ cirrostrato *m.*

ratocracy [strə'tɔkrəsi] *s.* ⟨*Pol*⟩ stratocrazia *f.*

ratocruiser ['stræto(u)kru:zə] *s.* ⟨*Aer*⟩ aereo *m* tratosferico.

ratocumulus [ˌstræto(u)'kju:mjələs] *s.* (*pl. inv./-li* [lai]) *Meteor*⟩ stratocumulo *m.*

ratosphere ['stræto(u)sfiə] *s.* ⟨*Astr*⟩ stratosfera *f.* **stratospheric** [-'sferik] *a.* stratosferico.

ratum ['strɑːtəm] *s.* (*pl.* **-ta** [tə]/**-s** [z]) **1** ⟨*Geol*⟩ strato *n*, falda *f.* **2** ⟨*Sociol*⟩ strato *m* (sociale), ceto *m*, classe *f.*

ratus ['streitəs] *s.* (*pl. inv./-ti* [tai]) ⟨*Meteor*⟩ strato *m.*

raw [strɔ:] **I** *s.* **1** paglia *f*, filo *m* di paglia, festuca *f.* **2** ⟨*collett*⟩ paglia *f: a mattress stuffed with* ~ un materasso imbottito) di paglia. **3** (*drinking straw*) cannuccia *f*, aglia *f.* **4** ⟨*Mod*⟩ → **straw hat**. **5** ⟨*fig*⟩ cosa *f* di poco valore, inezia *f*, piccolezza *f.* **II** *a.* **1** (fatto) di paglia; *stuffed with straw*) (imbottito) di paglia. **2** *straw-coloured*) color paglia, (giallo) paglierino. □ ⟨*fig*⟩ *not to care a* ~ *about s.th.* infischiarsene di qc.; ⟨*fig*⟩ *it's he last* ~! ci mancava solo questo!, è il colmo!; ⟨*fig*⟩ *to* **split** -s spaccare un capello in quattro; ⟨*fig*⟩ *a* ~ *in the* **wind** un segno premonitore; ⟨*fig*⟩ *it is not* **worth** *a* ~ non vale una cicca (*o* un fico secco). *Prov.: a drowning man will catch* (*o clutch*) *at a* ~ chi sta per affogare si afferra anche a una paglia.

rawberry ['strɔ:bəri] **I** *s.* **1** ⟨*Bot*⟩ fragola *f.* **2** (*colour*) rosso *m* (*o* rosa) fragola. **II** *a.* **1** di fragole: ~ *jam* marmellata di fragole. **2** (*of the colour strawberry*) rosso (*o* rosa) fragola.

rawberry| blonde *s.* bionda *f* tizianesca. ~ **mark** *s.* ⟨*Med*⟩ neo *m* angiomatoso, ⟨*pop*⟩ voglia *f* di fragola. **raw| board** *s.* cartone *m* (di pasta) di paglia. ~**-coloured** *a.* color paglia, giallo paglierino. ~ **hat** *s.* ⟨*Mod*⟩ cappello *m* di paglia, paglia *f*, paglietta *f.* ~ **mat** *s.* stuoia *f*, stoino *m.* ~ **mattress** *s.* pagliericcio *m.* ~ **vote** *s.* ⟨*Pol*⟩ votazione *f* di sondaggio.

rawy ['strɔ:i] *a.* **1** di paglia; (*like straw*) simile a paglia.

2 (*strewed with straw*) ricoperto di paglia.

straw| yard *s.* ⟨*Agr*⟩ cortile *m* ricoperto di paglia. ~ **yellow** *s.* giallo *m* paglierino.

stray [strei] **I** *v.i.* **1** allontanarsi, deviare (*from* da): *they* -*ed from the path* si allontanarono dal sentiero; (*to lose one's way*) smarrirsi, perdersi, perdere la strada; (*of animals*) sbrancarsi, disperdersi. **2** ⟨*fig*⟩ allontanare, deviare (da): *to* ~ *from the Church* allontanarsi dalla Chiesa; (*to go astray, err*) sviarsi, allontanarsi dalla retta via; (*of thoughts*) distrarsi. **II** *s.* **1** animale *m* randagio. **2** (*person that strays*) disperso *m* (*f* -a); (*lost child*) bambino *m* smarrito. **3** ⟨*Rad*⟩ onda *f* parassita (*o* accidentale). **4** *pl.* ⟨*Rad*⟩ disturbi *mpl* atmosferici, scariche *fpl.* **5** ⟨*Biol*⟩ esemplare *m* isolato. **III** *a.* **1** (*of an animal*) disperso, sbrancato; (*of a domestic animal*) randagio. **2** (*of a person, child*) smarrito. **3** (*of things: lost*) smarrito, perduto. **4** (*sporadic*) sporadico, isolato: ~ *shots* colpi sporadici; (*occasional*) occasionale, casuale: ~ *customers* clienti occasionali; (*incidental*) incidentale, fortuito. **5** ⟨*tecn,El,Rad*⟩ vagante: ~ *current* corrente vagante. □ *to be hit by a* ~ *bullet* essere colpito da un proiettile vagante.

streak [stri:k] **I** *s.* **1** striscia *f*, riga *f*, stria *f: there were* -*s of blood on the wall* sulla parete c'erano strisce di sangue. **2** ⟨*Zool,Ornit*⟩ striscia *f.* **3** (*of lightning*) lampo *m.* **4** (*layer*) strato *m*, striscia *f.* **5** ⟨*Minier*⟩ filone *m*, vena *f*, strato *m.* **6** ⟨*fig*⟩ (*trace, strain*) vena *f*, venatura *f*, traccia *f*, filo *m: a* ~ *of humour* una vena d'umorismo. **7** ⟨*fam*⟩ (*temporary manifestation*) momento *m*, periodo *m: a* ~ *of bad luck* un momento di sfortuna; (*consecutive series*) serie *f*, sequela *f: a long winning* ~ una lunga serie di vittorie. **II** *v.t.* striare, screziare, rigare; (*of wood, etc.*) venare. **III** *v.i.* ⟨*fam*⟩ correre come un fulmine, muoversi a grande velocità. □ *a* ~ *of genius* un lampo di genio; ⟨*fam*⟩ *like a* ~ (*of lightning*) a tutta velocità, come un fulmine (*o* razzo). **streaked** [-t] *a.* **1** striato, screziato. **2** (*of wood, etc.*) venato. **'streakily** [-ili] *avv.* a striature. **'streakiness** [-inis] *s.* l'essere striato, striatura *f.* **'streaky** [-i] *a.* **1** striato, screziato. **2** (*of bacon*) a strati (alterni) di grasso e magro.

stream [stri:m] **I** *s.* **1** corso *m* d'acqua, ruscello *m*, torrente *m.* **2** (*current*) corrente *f.* **3** (*flow of liquid*) flusso *m*, getto *m.* **4** ⟨*fig*⟩ fiume *m*, flusso *m*, marea *f: a* ~ *of words* un fiume di parole. **5** ⟨*fig*⟩ (*trend*) tendenza *f*, corrente *f: the* ~ *of modern philosophical thought* la tendenza del pensiero filosofico moderno. **6** ⟨*fig*⟩ (*linked succession of events*) corso *m*, svolgimento *m: the* ~ *of history* il corso della storia. **7** ⟨*Scol*⟩ classe *f* formata secondo il rendimento. **8** ⟨*Geol*⟩ (*glacier*) ghiacciaio *m;* (*of lava*) colata *f.* **II** *v.t.* **1** grondare, versare (a fiotti), far fluire: *the wound* -*ed blood* la ferita grondava sangue. **2** (*of a flag*) far sventolare. **III** *v.i.* **1** scorrere, fluire, uscire a fiotti. **2** (*to emit in a stream*) grondare, colare abbondantemente: *his body was* -*ing with sweat* il suo corpo grondava sudore. **3** ⟨*fig*⟩ (*to pour in large numbers*) riversarsi, spargersi in massa, fluire: *the crowd* -*ed into the streets* la folla si riversò nelle strade. **4** (*to trail out, float*) ondeggiare, fluttuare. □ *against the* ~ controcorrente (*anche fig.*); -*s of blood* fiotti *mpl* di sangue; *the* ~ *of thought* l'opinione corrente; *with the* ~ seguendo la corrente (*anche fig.*).

stream anchor *s.* ⟨*Mar*⟩ ancora *f* di corrente (*o* stretto, costa).

streamer ['stri:mə] *s.* **1** bandiera *f* al vento; (*pennant*) pennello *m*, guidone *m*, fiamma *f.* **2** (*long strip of paper*) stella *f* filante; (*of cloth, ribbon*) nastro *m.* **3** ⟨*Giorn*⟩ (*banner*) titolo *m* a tutta pagina, titolone *m.*

streaming ['stri:miŋ] *a.* fluente, che scorre: ~ *tears* lacrime fluenti; (*suffused with streams*) grondante. □ *to have a* ~ *cold* avere il naso che cola per il raffreddore.

streamlet ['stri:mlit] *s.* ruscelletto *m*, torrentello *m.*

streamline ['stri:mlain] **I** *s.* **1** ⟨*Mecc,Aer*⟩ linea *f* (*o* forma) aerodinamica. **2** ⟨*Fis*⟩ linea *f* di flusso (*o* corrente). **II** *v.t.* **1** ⟨*Mecc,Aer*⟩ dare (una) forma (*o* linea) aerodinamica a. **2** ⟨*fig*⟩ sveltire, semplificare. **streamlined** [-d] *a.* **1** ⟨*Mecc,Aer*⟩ aerodinamico, affusolato. **2** ⟨*fig*⟩ sveltito, semplificato.

street [stri:t] **I** *s.* **1** strada *f,* via *f: a busy* ~ una strada piena di traffico; *to cross the* ~ attraversare la strada. **2** (*inhabitants*) abitanti *mpl* di una strada. **Street** *s.* **1** (*Fleet Street*) Fleet Street *f.* **2** ⟨*am*⟩ (*Wall Street*) Wall Street *f.* **II** *a.* **1** stradale, di strada: ~ *lighting* illuminazione stradale. **2** (*living on the streets*) di strada; (*working in the streets*) ambulante: ~ *salesmen* venditori ambulanti. **3** (*of clothes*) da passeggio. □ **across** *the* ~ dall'altra parte della strada; ⟨*fig*⟩ *the* **man** *in the* ~ l'uomo ⌐della strada⌐ (*o* comune), il cittadino qualunque; *to* **turn** *s.o. out into the* ~ mettere qd. sulla (*o* in mezzo a una) strada, gettare qd. sul lastrico; ⟨*fam*⟩ **up** *one's* ~: 1 di proprio gusto (*o* gradimento); 2 (*within one's ability*) di propria competenza; *to* **walk** *the* –*s*: 1 passeggiare per le strade; 2 ⟨*fam*⟩ (*of a woman*) battere il marciapiede.

street| **Arab** *s.* monello *m.* **~car** *am. s.* **1** (*tram*) tram *m.* **2** (*trolley bus*) filobus *m;* (*bus*) autobus *m.* **~-cleaner** *s.* spazzino *m.* ~ **door** *s.* porta *f* che dà sulla strada, portone *m.* ~ **fighting** *s.* rissa *f.* ~ **guide** *s.* elenco *m* stradale, stradario *m.* ~ **lamp,** ~ **light** *s.* lampione *m.* ~ **market** *s.* ⟨*Econ*⟩ dopoborsa *m.*

streets [stri:ts] *avv.* ⟨*fam*⟩ di gran lunga: ~ *better* di gran lunga migliore. □ ⟨*fig*⟩ ~ *ahead of* in gran vantaggio su.

street| **seller** *s.* venditore *m* (*f* –trice) ambulante. ~ **sweeper** *s.* **1** → **street cleaner.** **2** (*machine*) spazzatrice *f.* **~walker** *s.* prostituta *f,* donna *f* di strada, passeggiatrice *f.*

strength [streŋθ] *s.* **1** forza *f,* forze *fpl,* vigoria *f,* gagliardia *f: his* ~ *failed him* gli mancarono le forze; *by sheer* ~ a viva forza. **2** (*moral courage*) coraggio *m,* forza *f* morale (*o* d'animo): *he lacked the* ~ *to protest* gli mancò il coraggio di protestare. **3** (*effectiveness, power*) potere *m,* potenza *f,* forza *f,* efficacia *f: the* ~ *of propaganda* il potere della propaganda; (*source of power*) forza *f,* potenza *f: his* ~ *is in his optimism* la sua forza sta nel suo ottimismo. **4** (*degree of credibility*) validità *f,* forza *f,* solidità *f: the* ~ *of an argument* la validità di un argomento; (*asset*) pregio *m,* merito *m.* **5** (*toughness*) resistenza *f,* robustezza *f: to test the* ~ *of steel* collaudare la resistenza dell'acciaio; (*solidity*) solidità *f.* **6** (*intensity*) forza *f,* intensità *f,* impeto *m: the* ~ *of his passion* la forza della sua passione. **7** ⟨*Mil*⟩ effettivo *m,* forza *f: a* ~ *of 10,000* un effettivo di 10.000 uomini. **8** ⟨*estens*⟩ (*number of personnel*) dipendenti *mpl,* personale *m,* forze *fpl* di lavoro. **9** (*of alcohol*) gradazione *f* (alcolica), forza *f.* **10** ⟨*Chim*⟩ concentrazione *f,* titolo *m.* **11** ⟨*Fis*⟩ (*of sound, etc.*) intensità *f.* **12** ⟨*Econ*⟩ (*of prices*) tendenza *f* al rialzo; (*of the market*) resistenza *f.* □ ⟨*Mil*⟩ **below** ~ con gli effettivi ridotti; ~ *of* **character** forza *f* di carattere; ⟨*Mil*⟩ *at* **full** ~ con gli effettivi al completo; *to* **go** *from* ~ *to* ~ fare grandi progressi, andare di bene in meglio; ⟨*Bibl*⟩ **God** *is our* ~ Dio è la nostra forza; ~ *of* **mind** forza *f* d'animo; **on** *the* ~ *of* contando su, basandosi su.

strengthen ['streŋθən] **I** *v.t.* **1** rinforzare, rafforzare, consolidare; (*to give vigour to*) fortificare, irrobustire, rinvigorire. **2** (*to corroborate*) convalidare, confermare, corroborare, avvalorare. **3** (*to encourage, hearten*) incoraggiare, rincorare. **4** (*to intensify*) rafforzare, intensificare. **5** ⟨*Chim*⟩ (*of a solution*) rinforzare. **II** *v.i.* **1** rafforzarsi, rinforzarsi. **2** (*to become more intense*) intensificarsi, rafforzarsi. **strengthening** [–iŋ] **I** *s.* rinforzamento *m,* rinforzo *m,* rafforzamento *m.* **II** *a.* **1** che rinforza, fortificante. **2** (*increasing in intensity*) che aumenta d'intensità, che si rafforza. **3** ⟨*Med*⟩ corroborante.

strenuous ['strenjuəs] *a.* **1** attivo, energico, vigoroso: *a* ~ *person* una persona attiva. **2** (*arduous, laborious*) duro, faticoso, pesante. **strenuously** [–li] *avv.* vigorosamente, energicamente, con vigore. **strenuousness** [–nis] *s.* energia *f,* vigore *m.*

streptococcus [‚strepto(u)'kɔkəs] *s.* (*pl.* -cci [ksai]) ⟨*Med*⟩ streptococco *m.*

streptomycin [‚strepto(u)'maisin] *s.* ⟨*Farm*⟩ streptomicina *f.*

stress [stres] **I** *s.* **1** ⟨*Fis,Mecc*⟩ tensione *f,* sollecitazione *f,* sforzo *m.* **2** ⟨*Fisiol*⟩ tensione *f,* sforzo *m,* stress *m.* **3** (*pressure*) spinta *f,* pressione *f: under* (*the*) ~ *circumstances* sotto la spinta delle circostanze. **4** ⟨*Lin*⟩ accento *m* (tonico). **5** ⟨*Metr,Mus*⟩ accento *m.* **6** ⟨*fi*⟩ accento *m,* rilievo *m,* risalto *m,* enfasi *f: the report lays on the abnormality of the situation* la relazione po▮ l'accento sull'anormalità della situazione. **II** *v.t.* **1** ⟨*Lin*⟩ accentare, mettere (*o* segnare) l'accento su: *to* ~ *the la* *syllable* accentare l'ultima sillaba. **2** ⟨*fig*⟩ sottolineare, f rilevare, mettere in evidenza (*o* rilievo): *I must* ~ *th* tengo a sottolineare che. **3** (*to subject to physical strai* sottoporre a tensione. **4** ⟨*Mecc*⟩ sollecitare, sottoporre sollecitazioni. □ *times of* ~ tempi duri (*o* difficili); *to p* *under* ~ mettere sotto sforzo; ⟨*Mar*⟩ ~ *of weath* violenza *f* del tempo, fortunale *m.*

stress| accent *s.* ⟨*Ling*⟩ accento *m* tonico. ~ **diagram** ⟨*Fis*⟩ diagramma *m* reciproco (*o* cremoniano). **~induce** *a.* ⟨*Med*⟩ da stress. **~inducing** *a.* stressante. ~ **mark** ⟨*Ling*⟩ accento *m* (grafico), segnaccento *m.*

stressor ['stresə] *s.* fattore *m* di stress.

stretch [stretʃ] **I** *v.t.* **1** stendere, distendere, tendere allungare: *to* ~ *one's arms above one's head* stendere braccia sopra la testa; *to* ~ *one's neck* allungare il col (*of wings*) stendere, allargare, aprire. **2** ⟨*rifl*⟩ stiracchiar stirarsi, stendersi: *the cat –ed itself* il gatto si stiracchiò. ⟨*rifl*⟩ (*to extend o.s. in a prone position;* general. con ov distendersi, stendersi, allungarsi. **4** (*to put out, hold on* spesso con *out, forth*) allungare, tendere, stendere: *he –* *out a hand* allungò una mano. **5** (*to pull taut*) tende allungare (*o* allargare) tirando: *to* ~ *a rubber band* tende un elastico. **6** ⟨*fig*⟩ forzare, travisare, svisare: *to* ~ *t* *truth* forzare la verità. **7** ⟨*fam*⟩ (*to cause to be sufficier* far bastare: *she –ed the omelette to feed five of us* fe bastare la frittata per cinque di noi. **8** ⟨*fam*⟩ (*to kno* *flat*) stendere, abbattere, tramortire. **9** ⟨*Stor*⟩ (*on t* *rack*) stendere. **10** ⟨*sl*⟩ (*to hang*) impiccare. **II** *v.i.* estendersi, stendersi: *the desert –es for hundreds of miles* deserto si estende per centinaia di miglia. **2** (*to straight* *o.s. after lying, sitting, etc.*) stirarsi, stiracchiarsi. **3** ⟨ *reach out*) allungare la mano. **4** (*to extend o.s., lie dow* spesso con *out*) stendersi, distendersi, sdraiarsi, allungar **5** (*to become extended by tension*) allungarsi, allarga (sotto tensione): *rubber –es easily* la gomma si allun facilmente. **6** ⟨*fig*⟩ forzare la verità, svisare i fatti. **7** ⟨ *(to be hanged*) essere impiccato. **III** *s.* **1** stirata stiratina *f.* **2** (*act of extending*) estensione *f,* il tendere; (*length*) allungamento *m.* **3** (*extent, length*) tratto ▮ lunghezza *f: a long* ~ *of road* un lungo tratto di strad (*expanse*) distesa *f,* estensione *f: a wide* ~ *of wa* un'ampia distesa d'acqua. **4** (*continuous period of tim* periodo *m* ininterrotto. **5** ⟨*fam*⟩ (*period of employmer* periodo *m* di impiego (*o* servizio). **6** ⟨*sl*⟩ (*term imprisonment*) carcerazione *f,* detenzione *f.* **7** (*state tension*) tensione *f.* **8** ⟨*fig*⟩ abuso *m,* eccesso *m:* ~ *authority* abuso di potere. **9** (*elasticity*) elasticità *f.* ▮ ⟨*Sport*⟩ dirittura *f,* rettilineo *m: the home* ~ il rettilin finale, la dirittura d'arrivo. **11** ⟨*Mar*⟩ bordata *f.* ▮ ⟨*Met*⟩ stiramento *m.* **13** ⟨*Mecc*⟩ deformazione *f.* ▮ ⟨*Tess*⟩ (*of yarn*) gugliata *f.* **IV** *a.* ⟨*fam*⟩ (*elastic*) elastic □ *at a* ~ di fila, ininterrottamente, di seguito, difila *ten hours at a* ~ dieci ore di fila; *a* ~ *of the* **imaginati** uno sforzo d'immaginazione; *by no* ~ *of the imaginati* neanche per sogno; *by a* ~ *of* **language** in senso lato; *to the* **law** violare la legge; *to* ~ *one's* **legs**: 1 distendere allungare) le gambe; 2 ⟨*fig*⟩ sgranchirsi le gambe: *I going out to* ~ *my legs* esco per sgranchirmi le gambe; ~ *a* **point** fare uno strappo (*o* un'eccezione) alla regola; ~ *one's* **powers** abusare del proprio potere.

stretcher ['stretʃə] *s.* **1** barella *f,* lettiga *f.* **2** (*one th stretches*) chi tende. **3** (*device for stretching*) dispositivo per allargare, forma *f;* (*shoe stretcher*) allargascarpe *m* (*glove–stretcher*) allargaguanti *m.* **4** ⟨*Mur*⟩ mattone *m* p piano. **5** ⟨*Mar*⟩ puntapiedi *m,* pedagna *f.*

stretcher bearer *s.* **1** barellante *m,* portantino *m* (*f –* **2** ⟨*Mil*⟩ portaferiti *m.*

stretchiness ['stretʃinis] *s.* **1** elasticità *f.* **2** (*deformabili* deformabilità *f.* **stretching** [–tʃiŋ] *s.* **1** stiramento *m.* (*extension in length*) allungamento *m.* **3** ⟨*Met*⟩ stiratu▮

f.

tretch mark *s.* ⟨*Med*⟩ smagliatura *f.*

tretchy ['stretʃi] *a.* **1** elastico, estensibile. **2** (*deformable*) deformabile.

tretch yarn *s.* ⟨*Tess*⟩ filo *m* elastico.

trew [stru:] *v.t.* (*pret.* **strewed**, *p.p.* **strewed** [stru:d]/**strewn** [stru:n]) **1** spargere, sparpagliare, disseminare: *to ~ seed* spargere semi. **2** (*to cover by scattering*) cospargere, (ri)coprire: *the lawn was ~n with leaves* il prato era cosparso di foglie.

trewn [stru:n] → **strew.**

trewth [stru:θ] *intz.* ⟨*fam*⟩ → **struth.**

tria ['straiə] *s.* (*pl.* **striae** ['straii:]) **1** stria *f,* (piccolo) solco *m;* (*tiny stripe, streak*) stria *f,* riga *f.* **2** ⟨*Anat,Geol,Vetr*⟩ stria *f.*

triate ['straieit], **stri'ated** [–id] *a.* **1** striato, cosparso di strie. **2** ⟨*Anat,Geol,Min*⟩ striato. ,**striation** [–'eiʃən], **striature** [–aiətʃə] *s.* striatura *f* (*anche Min.*).

tricken[1] ['strikən] → **strike**[1].

tricken[2] *a.* **1** colpito, ferito: *the ~ beast fell* l'animale colpito cadde. **2** (*afflicted*) provato, colpito; (*deeply affected*) affranto. **3** (*of things: incapacitated*) (messo) fuori uso: *a ~ ship* una nave fuori uso.

trickle ['strikl] *s.* **1** ⟨*Agr*⟩ rasiera *f.* **2** (*tool for sharpening scythes*) arnese *m* per affilare le falci. **3** ⟨*Met*⟩ sagoma *f.*

trict [strikt] *a.* **1** severo, rigoroso, rigido, stretto: *a ~ parent* un genitore severo; *~ discipline* disciplina rigida. **2** (*exact, precise*) preciso, stretto, esatto: *~ orders* ordini precisi; *in the ~ sense of the word* nel senso stretto della parola. **3** (*thorough, total*) assoluto, totale, completo, pieno, perfetto: *~ impartiality* assoluta imparzialità. □ *in ~ confidence* in confidenza, in gran segreto. '**strictly** [–li] *avv.* **1** rigorosamente, severamente. **2** (*exactly, precisely*) precisamente, strettamente. **3** ⟨*fam*⟩ (*exclusively*) esclusivamente, solo, soltanto: *~ for men* solo per uomini. □ *~ speaking* a rigor di termini, strettamente parlando, in senso stretto. '**strictness** [–nis] *s.* **1** severità *f,* rigore *m,* rigorosità *f.* **2** (*precision*) precisione *f,* esattezza *f.*

tricture ['striktʃə] *s.* **1** critica *f,* biasimo *m,* censura *f.* **2** ⟨*Med*⟩ restringimento *m.* □ *to pass –s (up)on s.o.* trovare da ridire sul conto di qd.

tride[1] [straid] *v.* (*pret.* **strode** [stroud], *p.p.* **stridden** [stridn]) **I** *v.i.* **1** (spesso con *along*) camminare (*o* muoversi) a grandi passi. **2** (*to take a long step*) fare un passo lungo. **3** (*to stand astride*) stare a cavalcioni. **II** *v.t.* **1** camminare (*o* andare) a grandi passi su (*o* per). **2** (*to pass over with a long step*) scavalcare con un solo passo. **3** (*to straddle*) stare a cavalcioni di. □ *he strode out of the room* uscì a grandi passi dalla stanza.

tride[2] *s.* **1** andatura *f* a passi lunghi, buona andatura. **2** (*long step*) passo *m* lungo, gran passo; (*distance*) buon passo *m,* passo lungo (*o* abbondante): *she walked a couple of –s behind me* camminava a un paio di passi buoni dietro di me. **3** ⟨*fig*⟩ passo *m* avanti, progresso *m,* avanzamento *m: the company made enormous –s* la società faceva enormi passi avanti. **4** (*of animals*) passo *m* (completo). **5** ⟨*Sport*⟩ falcata *f.* □ ⟨*fam*⟩ *to 'get into'* (*o hit*) *one's ~* trovare il ritmo giusto; ⟨*fig*⟩ *to take s.th. in one's ~:* 1 fare qc. con grande facilità; 2 (*to adjust o.s. without fuss*) prendersela con calma di fronte a qc.

tridency ['straidənsi] *s.* l'essere stridulo. **strident** [–dənt] *a.* **1** stridulo, stridente, acuto. **2** ⟨*fig*⟩ energico, forte: *~ protests* energiche proteste. **stridently** [dəntli] *avv.* in modo stridulo. **stridor** [–də] *s.* stridore *m.*

tridulant ['stridjulənt] *a.* ⟨*Entom*⟩ stridulante, stridulatore. **stridulate** [–leit] *v.i.* stridulare. ,**stridulation** [–'leiʃən] *s.* stridulazione *f.* **stridulous** [–ləs] *a.* stridulo, stridente, acuto.

rife [straif] *s.* lotta *f,* conflitto *m,* guerra *f;* (*discord*) discordia *f.*

rigose ['straigous] *a.* **1** ⟨*Bot*⟩ ⌈fornito di⌉ (*o* che ha) setole rigide. **2** ⟨*Zool*⟩ striato.

rike[1] [straik] *v.* (*pret.* **struck** [strʌk], *p.p.* **struck/stricken** 'strikən]) **I** *v.t.* **1** colpire, battere, percuotere: *he struck ne* mi colpì; (*of a blow: to deliver*) dare, affibbiare, sferrare, tirare, assestare. **2** (*of natural agencies*) flagellare,

colpire, abbattersi su: *the storm struck the coast* la tempesta flagellò la costa; (*to bring suffering on*) affliggere, tormentare. **3** (*to thrust forcefully*) (con)ficcare, piantare, cacciare, configgere: *to ~ a stake into the ground* conficcare un paletto nel terreno. **4** ⟨*fig*⟩ (*of fear, etc.: to implant*) infondere, inculcare, istillare. **5** (*to collide with*) urtare, entrare in collisione con: *the ship struck the sandbank* la nave urtò il banco di sabbia; (*to bump, bang*) sbattere, picchiare, battere. **6** (*of light*) battere, colpire: *the sun struck him full in the face* il sole gli batteva in pieno sul volto; (*of sound*) colpire. **7** (*to occur to the mind of*) venire in mente a, passare per la mente (*o* testa) a, venir fatto di pensare a: *it struck me that* mi venne in mente che; (*to appear to the judgement of*) parere a, sembrare a, apparire a: *how does my plan ~ you?* che te ne pare del mio piano? **8** (*to make a strong impression on*) impressionare, colpire, far colpo (*o* effetto) su: *I was struck by her beauty* rimasi colpito dalla sua bellezza. **9** (*to indicate by sounding*) battere, sonare, scoccare: *the clock struck ten* l'orologio batté le dieci. **10** (*to produce by percussion or friction*) far sprizzare, far sprigionare, far scoccare: *to ~ sparks out of a flint* far sprizzare scintille da una pietra focaia; (*of a match*) accendere (strofinando). **11** (*of an attitude, a pose*) assumere, darsi, prendere. **12** (*to reach, come to*) raggiungere, arrivare a, giungere a: *we struck the road after a few miles cross–country* raggiungemmo la strada dopo (aver fatto) qualche miglio attraverso i campi. **13** (*to make a discovery of*) trovare, scoprire (*anche Minier.*): *to ~ water* trovare l'acqua. **14** (*to come up against*) incontrare, imbattersi in: *they struck various difficulties* incontrarono varie difficoltà. **15** (*to dismantle*) smontare: *to ~ a tent* smontare una tenda. **16** (*to efface, cancel*) spesso con *out, off*) cancellare, depennare, tirare un frego su. **17** ⟨*Mar*⟩ (*of sails, flags, etc.*) ammainare, calare, abbassare; (*of a cargo;* spesso con *down*) stivare. **18** ⟨*Numism*⟩ coniare, battere: *to ~ a commemorative medal* coniare una medaglia commemorativa. **19** ⟨*Bot*⟩ (*of roots*) buttare, gettare. **20** ⟨*Mil*⟩ attaccare: *to ~ a target* attaccare un bersaglio. **21** (*of a measure of grain, etc.*) rasierare. **22** ⟨*Mur*⟩ lisciare. **23** (*tecn*) (*to level, smooth*) spianare, lisciare, levigare, appianare. **24** ⟨*Pesc*⟩ prendere all'amo dando uno strappo alla lenza; (*of a whale*) arpionare. **25** (*of a bird of prey*) artigliare; (*of a snake*) mordere, morsicare, pungere. **26** ⟨*Arch*⟩ far assestare. **27** ⟨*Met*⟩ stampare. **28** ⟨*Dir*⟩ (*of a jury*) formare, costituire. **29** ⟨*El*⟩ (*of an arc*) far scoccare. **II** *v.i.* **1** dare (*o* sferrare, tirare) un colpo, colpire; (*to knock, rap*) picchiare, battere. **2** (*of natural agencies*) colpire, abbattersi. **3** (*to collide*) scontrarsi, entrare in collisione. **4** (*to take a course*) prendere, piegare, avviarsi (in una certa direzione): *we struck into the woods* prendemmo per i boschi; *he struck south* si avviò verso sud. **5** (*to chime*) rintoccare, sonare; (*to become sounded*) sonare: *midnight had just struck* era appena sonata la mezzanotte. **6** (*to become ignited*) accendersi, prendere fuoco. **7** (*to pulsate, throb*) battere, pulsare, palpitare: *his heart struck heavily* il cuore gli batteva forte. **8** (*to abstain from work*) scioperare, far sciopero: *to ~ for higher wages* scioperare per ottenere salari più alti. **9** (*to fight, contend*) battersi, lottare, combattere (*for* per): *to ~ for one's rights* battersi per i propri diritti; (*to strive*) sforzarsi di raggiungere (*o* ottenere) (*for s.th.* qc.). **10** (*to pierce, penetrate*) trapelare, filtrare, penetrare: *the sun-rays struck through the fog* i raggi del sole filtravano attraverso la nebbia. **11** ⟨*Mar*⟩ (*to run aground*) arenare, arenarsi, incagliarsi, dare in secco. **12** ⟨*Sport*⟩ (*with an oar*) dare un colpo di remo; (*in swimming*) fare (*o* dare) una bracciata. **13** ⟨*Mar*⟩ (*to down a flag*) ammainare la bandiera, fare l'ammainabandiera; (*as a signal of surrender*) arrendersi, ammainare la bandiera. **14** ⟨*Mil*⟩ attaccare, sferrare un attacco. **15** ⟨*Agr,Bot*⟩ (*to take root*) mettere radici, attecchire, radicare. **16** ⟨*Pesc*⟩ dare uno strappo alla lenza (per far abboccare il pesce); (*of a fish*) abboccare. **17** ⟨*Geol*⟩ avere una direzione. □ *to ~ at:* 1 cercare (*o* tentare) di colpire: *he struck at the ball* cercò di colpire la palla; 2 ⟨*fig*⟩ mirare (*o* tendere) a colpire, attentare a; *to ~ back* reagire, rispondere (con un colpo), restituire il colpo (*at* a); ⟨*Comm*⟩ *to* ~ *a* **balance** fare un bilancio (*anche fig.*); *to* ~ *s.o.* **dead** fulminare qd.; *to* ~ **down** gettare a terra, abbattere, atterrare; ⟨*fig*⟩ rovinare, mandare in rovina; *to* ~ *one's* **eye** dare ⸢nell'occhio⸣ (*o* all'occhio); *to* ~ *the* **first** *blow* colpire per primo; ⟨*fig*⟩ attaccare per primo; ⟨*fig*⟩ *his* **hour** *has struck* è arrivata la sua ora; *to* ~ **in**: 1 ⟨*Tip*⟩ stampare; 2 (*of line*) tirare; 3 (*to interrupt*) interrompere, interloquire; *to* ~ *a* **note**: 1 ⟨*Mus*⟩ far vibrare una nota; 2 ⟨*fig*⟩ avere un certo tono, dare una certa impressione; *he struck a note of warning in his speech* il suo discorso aveva il tono di un avvertimento; *to* ~ **off**: 1 tagliar via (con un colpo), mozzare, troncare; 2 (*to erase, cancel*) cancellare, depennare, tirare un frego su: *to* ~ *off s.o.'s name* cancellare il nome di qd.; 3 (*of a person*) radiare: *to be struck off the membership list* essere radiato dall'elenco dei soci; 4 (*to take a diversionary course*) deviare, piegare: *the rest of the party struck off towards the hills* il resto della comitiva deviò verso le colline; 5 ⟨*Tip*⟩ tirare, stampare; *to* ~ **oil**: 1 ⟨*Minier*⟩ trovare il petrolio; 2 ⟨*fig*⟩ (*to grow rich*) arricchire, arricchirsi; *to* ~ **out**: 1 menare (*o* dare) botte da orbi, tirare colpi; 2 (*to cancel, efface*) cancellare, depennare, tirare un frego su; 3 (*to set out in a vigorous manner*) partire difilato: *they struck out for the hills* partirono difilato verso le colline; 4 (*of a swimmer*) nuotare ⸢di buona lena⸣ (*o* con forti bracciate), dirigersi con forti bracciate (*for* verso); 5 (*to make a vigorous beginning*) lanciarsi (*o* buttarsi) a capofitto (*o* corpo morto) (*on* in, su); (*fam*) *to* ~ *it* **rich**: 1 trovare (*o* scoprire) un ricco giacimento; 2 ⟨*estens*⟩ trovare una miniera d'oro; *to* ~ **root** attecchire, mettere radici; *a* **thought** *struck me* mi colpì un pensiero; *to* ~ **through** depennare, tirare un frego su, cancellare; *to* ~ **together** battere ⸢l'uno contro l'altro⸣ (*o* insieme): *to* ~ *the hands together* battere le mani l'una contro l'altra; *to* ~ **up**: 1 attaccare, intonare: *the band struck up a waltz* l'orchestra attaccò un valzer; 2 (*to begin*) attaccare, cominciare, attaccare: *to* ~ *up a conversation with s.o.* attaccare discorso con qd.; ~ *up the band!* forza con l'orchestra!, via all'orchestra!; **without** *striking a blow* senza colpo ferire.

strike[2] *s.* 1 colpo *m*, battuta *f.* 2 (*ceasing work*) sciopero *m*: *general* ~ sciopero generale. 3 ⟨*Mil*⟩ attacco *m.* 4 ⟨*Aer.mil*⟩ attacco *m* aereo. 5 ⟨*Minier*⟩ scoperta *f* (di un giacimento). 6 ⟨*Sport*⟩ (*in bowling*) massa *f*, strike *m.* 7 ⟨*Geol*⟩ direzione *f* di uno strato (*o* una vena). 8 (*tecn*) sagoma *f*; (*for grain*) rasiera *f.* 9 ⟨*Edil*⟩ spianatoio *m.* 10 ⟨*Pesc*⟩ l'abboccare. □ *to* **break** *a* ~ interrompere uno sciopero; *to* **call** *off a* ~ revocare uno sciopero; *a* ~ **committee** un comitato d'agitazione; ⟨*fam*⟩ *to have a* **lucky** ~ fare un bel colpo; **official** ~ sciopero *m* ufficiale; *to be* **on** ~ essere in sciopero; *to come out on* ~ mettersi in sciopero; *to go on* ~ fare sciopero; **protest** ~ sciopero *m* di protesta; **sit-down** ~ sciopero bianco; **teachers'** ~ sciopero *m* degli insegnanti; ⟨*am.fam*⟩ *to have* **two** –s *against one* essere in posizione di svantaggio, ⟨*pop*⟩ essere fregato in partenza. **unofficial** ~ sciopero spontaneo.

strike| **action** *s.* azione *f* di sciopero. ~ **aircraft** *s.inv.* ⟨*Aer.mil*⟩ aereo *m* da combattimento. ~**-a-light** *intz.* ⟨*fam*⟩ accidenti, ⟨*fam*⟩ per la miseria. ~ **benefit** *s.* → **strike-pay.** ~**-bound** *a.* bloccato dallo (*o* per lo) sciopero, fermo per sciopero. ~**-breaker** *s.* crumiro *m* (*f* –a). ~ **pay** *s.* indennità *f* di sciopero.

striker ['straikə] *s.* 1 chi colpisce, chi batte. 2 (*person on strike*) scioperante *m/f.* 3 ⟨*Sport*⟩ (*in cricket*) battitore *m*; (*in soccer*) attaccante *m*, avanti *m.* 4 ⟨*Orol*⟩ batacchio *m*; (*clock, watch that strikes*) orologio *m* a soneria. **striking** [–kiŋ] *a.* evidente, manifesto, lampante: ~ *discrepancies* discrepanze evidenti; (*noticeable*) notevole, considerevole; (*impressive*) che fa colpo, impressionante: ~ *beauty* bellezza che fa colpo. □ *to be within* ~ *distance of s.th.*: 1 avere qc. a (*o* sotto) tiro, essere alla distanza giusta per colpire qc.; 2 ⟨*fig*⟩ avere qc. a portata di mano.

striking capability ['straikiŋ] *s.* ⟨*Mil*⟩ capacità *f* offensiva (*o* d'offesa).

strikingly ['straikiŋli] *avv.* straordinariamente, eccezionalmente: ~ *beautiful* straordinariamente bello. **striking-**

ness [–kiŋnis] *s.* singolarità *f*, straordinarietà *f*, eccezionalità *f.*

string[1] [striŋ] *s.* 1 spago *m*, corda *f*: *a piece of* ~ un pezzo di spago; (*piece, length*) spago *m*, corda *f*, cordicella *f*, cordella *f*, cordoncino *m.* 2 (*cord for closing a bag, garment, etc.*) laccio *m*, cordella *f*, nastrino *m*, legaccio *m.* 3 (*of a puppet*) filo *m.* 4 ⟨*Mus*⟩ (*wire cord*) corda *f* (*bowstring*) corda *f* d'archetto. 5 *pl.* ⟨*Mus*⟩ (*section of an orchestra*) strumenti *mpl* ⸢a corda⸣ (*o* ad arco), archi *mpl.* 6 (*group of objects threaded on a string*) filza *f*; (*of onions*) resta *f*, treccia *f.* 7 (*of a necklace*) filo *m*, filza *f.* 8 (*group of things arranged in line*) fila *f*: *a* ~ *of cases* una fila di case; (*series, sequence*) sequela *f*, (s)filza *f*, sequenza *f*, (lunga) serie *f*, catena *f*: *a long* ~ *of failure* una lunga sequela di fallimenti; *a* ~ *of lies* una filza di bugie. 9 (*train of animals, vehicles*) fila *f*, coda *f*, colonna *f.* 10 ⟨*Econ*⟩ catena *f*, serie *f*: *a* ~ *of supermarkets* una catena di supermercati. 11 *pl.* ⟨*fam*⟩ (*conditions, limitations*) condizioni *fpl* accessorie, clausole *fpl* restrittive. 12 ⟨*Bot*⟩ fibra *f*, filo *m*; (*of a pod*) filo *m.* 13 ⟨*Inform*⟩ stringa *f*, sequenza *f.* □ *a ball of* ~ un gomitolo di spago; ⟨*fam*⟩ *to have s.o. on a* ~ tenere qd. in pugno, dominare qd.; ⟨*fam*⟩ *to keep s.o. on a* ~ tenere qd. sulla corda; ⟨*fam*⟩ *to pull* –s ottenere con raccomandazioni (*o* amicizie influenti); ⟨*fig*⟩ *to pull the* –s esercitare nascostamente la propria influenza (*o* autorità), manovrare dietro le quinte.

string[2] *v.* (*pret.* **strung** [strʌŋ], *p.p.* **strung**/*rar.* **stringed** [striŋd]) **I** *v.t.* 1 munire di spago (*o* corda), mettere uno spago (*o* una corda) a; (*to tie with a string*) legare con uno spago. 2 (*of a bow*) incordare, mettere la corda a, munire di corda; (*of a tennis racket, etc.*) mettere le corde a, incordare, munire di corde. 3 ⟨*Mus*⟩ (*of a stringed instrument*) incordare. 4 (*to thread on a string*) infilare, infilzare: *to* ~ *beads* infilare perline. 5 (*to extend, stretch*) tendere, stendere: *to* ~ *a clothes line between two trees* tendere una corda per i panni fra due alberi. 6 (*to arrange, hang on a string*) appendere, attaccare: *to* ~ *paper lanterns round the terrace* appendere dei lampioncini intorno al terrazzo. 7 ⟨*fig*⟩ (*to arrange in a succession*) mettere insieme, collegare, connettere: *to* ~ *words together* mettere insieme le parole. 8 (*of beans*) togliere il filo (*o* fili) a, ⟨*fam*⟩ pulire. **II** *v.i.* 1 essere in fila. 2 (*to form into strings*) diventare fibroso (*o* filaccioso); (*of a viscous substance*) filare. 3 (*in billiards, etc.*) tirare per stabilire l'ordine di gioco. □ *to* ~ **along**: 1 ⟨*fam*⟩ tenere (*o* lasciare) sulla corda; 2 ⟨*fam*⟩ (*to be in agreement with*) essere d'accordo (*with* con); *to* ~ **out**: 1 disporsi (*o* allargarsi) di fianco; 2 (*to extend linearly*) mettersi ⸢in fila⸣ (*o* per lungo), allungarsi formando una fila; *to* ~ **up**: appendere a una corda (*o* uno spago); 2 ⟨*fam*⟩ (*to put to death by hanging*) impiccare; 3 ⟨*fig*⟩ (*to make tense, nervous*) agitare, mettere in agitazione; ⟨*fam*⟩ ~ *him up* alla forca!, impiccatelo!

string| alphabet *s.* alfabeto *m* per ciechi. ~ **bag** *s.* borsa *f* a rete, rete *f.* ~ **band** *s.* complesso *m* ⸢di strumenti a corda⸣ (*o* d'archi). ~ **bean** *s.* 1 fagiolino *m.* 2 ⟨*fam*⟩ (*tall, thin person*) spilungone *m* (*f* –a). ~ **board** *s.* ⟨*Edil*⟩ montante *m* delle scale.

stringed [striŋd] *a.* 1 a corda, munito di corde: ~ *instrument* strumento a corda. 2 (*nei composti*) a ... corde: *an eight-*~ *guitar* una chitarra a otto corde.

stringency ['strindʒənsi] *s.* 1 severità *f*, rigore *m*, rigidezza *f.* 2 (*urgency*) urgenza *f*, impellenza *f.* 3 (*convincing quality*) forza *f* di persuasione. 4 (*want, scarcity*) penuria *f*, scarsità *f*, mancanza *f.* **stringent** [–dʒənt] *a.* 1 severo, rigido, rigoroso, stretto: ~ *laws* leggi severe. 2 (*compelling*) stringente, impellente, urgente, imperioso: ~ *necessity* necessità stringente. 3 (*convincing*) convincente, persuasivo: ~ *arguments* argomenti convincenti. 4 ⟨*Econ*⟩ caratterizzato da mancanza di denaro circolante. **stringently** [–dʒəntli] *avv.* rigorosamente, rigidamente, severamente.

stringer ['striŋə] *s.* 1 chi munisce di spago (*o* corda). 2 (*one who threads s.th. on a string*) chi infila, chi infilza. 3 ⟨*Edil*⟩ traversa *f*, corrente *m.* 4 ⟨*Edil*⟩ → **string board.** 5 ⟨*Edil,Ferr*⟩ longherina *f*, longarina *f.*

ringiness ['striɲinis] s. **1** l'essere filamentoso (o fibroso), fibrosità f. **2** (of a glutinous substance) viscosità f, ischiosità f.

ring| line s. (in billiards, etc.) corda f. **~ orchestra** s. ⟨orchestra f ⟨di strumenti a corda⟩ (o d'archi). **~piece** s. ⟨Edil⟩ trave f orizzontale di rinforzo. **~ quartet** s. ⟨Mus⟩ quartetto m d'archi. **~ variable** s. ⟨Inform⟩ variabile f di stringa.

ringy ['striɲi] a. **1** simile a spago (o corda); (long and thin) lungo e rado: **~** hair capelli lunghi e radi. **2** (fibrous) filaccioso, fibroso: **~** meat carne fibrosa; (of beans) filamentoso. **3** (viscous) vischioso, viscoso.

rip¹ [strip] v. (pret., p.p. **stripped** [-t]/rar. **stript** [-t]) **I** v.t. **1** svestire, spogliare. **2** (of clothes; spesso con off) togliere, levare: to **~** off one's shirt togliersi la camicia. **3** (of an outer covering) staccare, togliere, rimuovere, levar via: to **~** wallpaper from the walls staccare la tappezzeria dalle pareti. **4** (to remove the bark from) scortecciare. **5** ⟨Aut,Mecc⟩ (spesso con down) smontare. **6** (to remove the contents of) svuotare, vuotare: the house was **~**-ped of furniture la casa fu svuotata dei mobili. **7** (to dispossess, rob) derubare, depredare, spogliare. **8** (to deprive of a uniform, insignia of rank, etc.) spogliare. **9** ⟨Mil⟩ degradare. **10** ⟨Mar⟩ disarmare. **11** ⟨Mil,Mar,Mecc⟩ smantellare. **12** ⟨Mecc⟩ (of a bolt, screw, gear) spanare. **II** v.i. **1** spogliarsi, svestirsi; (to perform a striptease) fare uno spogliarello. **2** (of bark) scortecciarsi. **3** ⟨Mecc⟩ spanarsi. □ to **~** a bed disfare un letto; to **~** paint from a door sverniciare una porta; to **~** s.o. (naked) spogliare completamente qd., denudare qd.

rip² s. **1** striscia f, lista f: a **~** of paper una striscia di carta. **2** (narrow length of land, water) striscia f. **3** (comic strip) striscia f, fumetto m. **4** ⟨fam⟩ → **striptease**. **5** ⟨Aer⟩ (airstrip) pista f di atterraggio. **6** ⟨Fal⟩ (piece of wood) listello m; (for securing boxes, crates, etc.) reggetta f, moietta f. **7** ⟨Met⟩ piattina f, nastro f. **8** ⟨Filat⟩ banderuola f. □ ⟨pop⟩ to tear person off a **~** rimproverare severamente, ⟨pop⟩ lavare il pelo a.

ripe¹ [straip] s. **1** striscia f, riga f, banda f, stria f, lista f: white with blue **~**s bianco a strisce blu. **2** ⟨Mil⟩ gallone m. **II** v.t. rigare, striare.

ripe² s. (stroke with a whip, rod, etc.) frustata f, sferzata f, staffilata f.

riped [straipt] a. a strisce, a righe, rigato.

riper am. ['straipə] s. ⟨mil⟩ graduato m, sottufficiale m.

rip light(ing) s. illuminazione f al neon.

ripling ['striplin] s. adolescente m, giovanetto m.

ripped [stript] a. **1** svestito, spogliato; (naked) nudo, denudato. **2** (of machines, etc.) smontato. **3** (of a tree, wood) scortecciato. **'stripper** [-pə] s. **1** chi spoglia, chi sveste. **2** (stripteaser) spogliarellista f. **3** ⟨Pitt⟩ (paint stripper) sverniciatore m. **4** ⟨Chim,Ind⟩ estrattore m. **tripping** [-pin] s. **1** lo svestire, lo spogliare. **2** ⟨Aut,Mecc⟩ smontaggio m.

rip|search s. perquisizione f personale. **~-search** v.t.irr. perquisire. **~tease I** s. spogliarello m. **II** v.i. fare lo spogliarello. **~teaser** s. spogliarellista f. **~ wax** s. ⟨Cosmet⟩ ceretta f depilatoria a strappo.

ripy ['straipi] a. a righe, a strisce, rigato, striato.

rive [straiv] v.i. (pret. **strove** [strouv] p.p. **striven** [strivn]) **1** sforzarsi, fare sforzi, adoperarsi: he strove to keep his temper si sforzò di mantenere la calma; (to devote o.s., work) lottare, impegnarsi, adoperarsi, battersi (for, after ⟨er⟩): to **~** for peace lottare per la pace. **2** (to contend) lottare, battersi, combattere (against, with contro, con): to **~** against fate lottare contro il destino.

robe light [stroub] s. lampeggio m.

roboscope ['strɔbəskoup] s. ⟨Fis⟩ stroboscopio m. **troboscopic** [-'skɔpik], **stroboscopical** [-'skɔpikəl] a. **troboscopio. stroboscopy** [-'bɔskəpi] s. stroboscopia f.

rode [stroud] → **stride¹**.

roke¹ [strouk] **I** s. **1** colpo m: a **~** of a whip un colpo di frusta; a **~** of a hammer un colpo di martello; (with the hand) botta f, percossa f. **2** (single movement of a pen, etc.) tratto m, segno m, linea f. **3** ⟨fig⟩ lampo m, colpo m: a **~** of genius un lampo di genio; a **~** of luck un colpo

di fortuna. **4** (of a bird's wing) colpo m d'ala. **5** (of lightning) colpo m. **6** (sound of a bell, clock) rintocco m, il battere. **7** (heartbeat) battito m cardiaco. **8** ⟨Med⟩ (apoplexy) colpo m (apoplettico). **9** ⟨lett⟩ tocco m: the **~** of a master il tocco d'un maestro. **10** ⟨Art⟩ tocco m, colpo m di pennello, pennellata f. **11** ⟨Sport⟩ colpo m, tiro m, lancio m: a forehand **~** un colpo diretto; (in golf) colpo m, tiro m: to win by thirty **~**s vincere con trenta colpi di vantaggio; (in swimming) bracciata f, colpo m: to swim with quick **~**s nuotare con bracciate veloci; (manner of swimming) modo m di nuotare, nuoto m. **12** ⟨Sport,Mar⟩ vogata f, palata f, remata f; (manner of pulling on the oar) voga f, vogata f, remata f: a long **~** una voga lunga; (oarsman who sets the stroke) capovoga m. **13** ⟨Mus⟩ (movement of the baton) colpo m di bacchetta; (movement of the bow) arcata f. **14** ⟨Mot,Mecc⟩ corsa f: the piston completed its **~** lo stantuffo completò la sua corsa; (of an engine) tempo m. **15** ⟨Tip⟩ sbarra f, lineetta f (obliqua o verticale); (one of the lines of a letter) tratto m. **16** (in typewriting) battuta f. **17** (in musical notation) linea f. **II** v.t. **1** ⟨Sport,Mar⟩ fare da capovoga per; (of a boat, crew) dare la voga (o il tempo) a. **2** ⟨Sport⟩ (of a ball) tirare (accompagnando il tiro). **III** v.i. ⟨Sport,Mar⟩ fare da capovoga; (to row at a specific rate) remare (o vogare) a un ritmo determinato. □ **at** a (o one) **~** in un attimo, in un battibaleno, d'un tratto; at the **~** of = **on** the stroke of: a good **~** of business un buon affare; ⟨Mecc⟩ **end** of **~** finecorsa m; ⟨Sport,Mar⟩ to **keep ~** vogare ⟨a un tempo⟩ (o in cadenza), regolare la voga; ⟨fam⟩ **on** the **~** (precisely on time) puntualmente, in perfetto orario, spaccando il minuto; on the **~** of allo scoccare di, al battere di: he arrived on the **~** of twelve arrivò allo scoccare delle dodici; a **~** of the **pen**: 1 un tratto di penna; 2 ⟨fig⟩ una firma; ⟨Sport,Mar⟩ to **set** the **~** dare la voga (o il tempo); not to do a **~** of **work** non lavorare neanche un po', non alzare un dito.

stroke² **I** v.t. **1** accarezzare, lisciare: to **~** the cat accarezzare il gatto. **2** ⟨tecn⟩ (to whet) affilare. **II** s. lisciata f, carezza f: to give one's beard a **~** darsi una lisciata alla barba. □ to **~** s.o. the wrong way prendere qd. per il verso sbagliato.

stroking ['stroukin] s. **1** lisciata f, carezza f. **2** ⟨Mot,Mecc⟩ (of a piston) movimento m; (of an engine) funzionamento m.

stroll [stroul] **I** v.i. andare a zonzo (o spasso), passeggiare senza meta, girellare, gironzolare, bighellonare: to **~** around the town andare a zonzo per la città; (to take a walk) passeggiare: to **~** up and down the road passeggiare su e giù per la strada. **II** v.t. vagabondare per, andare a zonzo per: to **~** the streets vagabondare per le strade. **III** s. passeggiatina f, giro m, giretto m. □ to take (o go for) a **~** fare due passi. **'stroller** [-ə] s. **1** chi va a zonzo (o spasso), chi gira senza meta; (one that walks in a leisurely manner) chi passeggia. **2** ⟨am⟩ (push chair) passeggino m. **'strolling** [-in] a. girovago, ambulante.

stroma ['stroumə] s. (pl. **-mata** [-mətə]) ⟨Biol⟩ stroma m. **stromal** [-l], **stromatic** [stro(u)'mætik], **stromatous** [-təs] a. stromatico.

strong [strɔn] **I** a. **1** forte, robusto, vigoroso, valido, gagliardo: a **~** man un uomo forte; (done, accomplished with strength) forte, energico, vigoroso, robusto: a **~** blow un forte colpo; a **~** handshake un'energica stretta di mano. **2** (of things) solido, resistente, forte, robusto: **~** furniture mobili solidi; (firm, stable) stabile, fermo, saldo. **3** (robust, healthy) robusto, forte, sano. **4** (powerful in authority, influence, etc.) forte, energico: a **~** government un governo forte; a **~** headmaster un preside energico; (powerful) potente, forte: a **~** nation una nazione potente. **5** (having special competence, ability) forte, valido (in, on in): **~** in attack, weak in defence forte in attacco, debole in difesa; (clever) forte, bravo, abile, valente (in): I am not **~** in mathematics non sono forte in matematica. **6** (moving forcefully, swiftly) impetuoso, violento, potente, forte: a **~** wind un vento impetuoso; **~** currents forti correnti. **7** (intense) violento, impetuoso, veemente, forte, intenso: **~** passions passioni violente; (uncompromising, firm) rigido, intransigente, inflessibile: to have **~** views on *s.th.* avere idee rigide su qc. **8** (*of light, colour*) forte, vivido, intenso, vivo; (*of a voice*) potente, forte. **9** (*distinct, vivid*) marcato, spiccato, forte, accentuato: *a ~ resemblance* una marcata somiglianza. **10** (*valid, convincing*) valido, forte, convincente: *~ reasons* validi motivi. **11** (*having a high content of s.th.*) forte: *~ coffee* caffè forte; *~ tobacco* tabacco forte; (*having a high alcohol content*) alcolico, forte: *~ beer* birra alcolica. **12** (*having an offensive smell*) male odorante, (*fam*) puzzolente; (*having an extremely intense smell*) forte, penetrante; (*of butter*) rancido; (*of cheese*) piccante. **13** ⟨Econ⟩ in rialzo, sostenuto: *the market is ~* il mercato è in rialzo; (*of an economy*) forte. **14** ⟨Mil⟩ inespugnabile, invincibile: *a ~ position* una posizione inespugnabile. **15** (*being of a specified number*) forte di ...: *an army one hundred thousand ~* un esercito forte di centomila uomini. **16** ⟨Gramm,Fon⟩ forte. **II** *avv.* (*fam*) forte, fortemente, vigorosamente. □ *as ~ as a lion* (o *a horse, an ox*) forte come un toro; ⟨fam⟩ *to come it ~* esagerare, oltrepassare i limiti, passare il segno; ⟨fam⟩ *to be ~ for* dare grande importanza a; ⟨fam⟩ *to be going ~*: 1 andare (sempre) forte (o a gonfie vele): *the company was founded forty years ago and is still going ~* la compagnia fu fondata quarant'anni fa e va ancora forte; 2 (*running, moving vigorously*) correre, muoversi velocemente, andare forte; *to have a ~ head* (*for drink*) reggere bene l'alcool; ⟨fig⟩ *~ meat* ciò che richiede ingegno e animo forti.

strong|-arm I *a.* forte, violento, energico: *to use ~ methods* usare la maniera forte. **II** *v.t.* (*fam*) usare la maniera forte con. **~ box** *s.* cassaforte *f.* **~ breeze** *s.* ⟨Meteor⟩ vento *m* fresco.

stronghold ['strɔŋhould] *s.* **1** ⟨Mil⟩ fortezza *f*, roccaforte *f.* **2** ⟨fig⟩ roccaforte *f.*

strongish ['strɔŋiʃ] *a.* alquanto forte, piuttosto robusto.

strong language *s.* **1** bestemmie *fpl*, imprecazioni *fpl.* **2** (*forcible expressions*) parole *fpl* forti.

strongly ['strɔŋli] *avv.* **1** impetuosamente, con forza, fortemente. **2** (*emphatically*) vigorosamente, energicamente; (*intensely*) vivamente, fortemente: *to be ~ against s.th.* essere vivamente contrario a qc.

strong| man [mən] *s.irr.* uomo forte (*anche fig.*). **'~-'minded** *a.* **1** intelligente, di forte ingegno. **2** (*able to resist temptation, etc.*) d'animo forte e virile; (*firm*) risoluto, deciso. **~ point** *s.* forte *m*: *mathematics is not my ~* la matematica non è il mio forte. **~-room** *s.* camera *f* blindata (o di sicurezza). **~ verb** *s.* ⟨Gramm⟩ verbo *m* forte. **'~-'willed** *a.* **1** risoluto, deciso. **2** (*stubborn*) ostinato, testardo, cocciuto.

strontium ['strɔnfiəm] *s.* ⟨Chim⟩ stronzio *m.*

strop [strɔp] **I** *s.* **1** coramella *f.* **2** ⟨Mar⟩ stroppo *m.* **II** *v.t.* (*pret., p.p.* **stropped** [-t]) affilare sulla coramella.

strophanthin [stro(u)'fænθin] *s.* ⟨Chim⟩ strofantina *f.*

strophe ['stroufi] *s.* ⟨Metr⟩ strofa *f*, strofe *f.* **strophic** ['strɔfik] *a.* ⟨Metr,Mus⟩ strofico.

strove [strouv] → **strive.**

struck[1] [strʌk] → **strike**[1].

struck[2] *a.* ⟨fam⟩ innamorato, ⟨fam⟩ cotto (*on, with* di); (*charmed, bewitched*) incantato, stregato.

structural ['strʌktʃərəl] *a.* **1** strutturale, di struttura: *~ defects* difetti strutturali. **2** ⟨Ling⟩ strutturale.

structural| crisis *s.* ⟨Econ⟩ crisi *f* strutturale. **~ engineering** *s.* tecnica *f* delle costruzioni. **~ formula** *s.* ⟨Chim⟩ formula *f* di struttura. **~ geology** *s.* geologia *f* strutturale, tettonica *f.* **~ iron** *s.* ⟨Edil⟩ profilati *mpl* di ferro.

structuralism ['strʌktʃərəlizəm] *s.* ⟨Ling⟩ strutturalismo *m.* **structuralist** [-list] *s.* strutturalista *m/f.* **structuralistic** [-'listik] *a.* strutturalistico.

structural| linguistics *s.pl.* (costr. sing.) linguistica *f* strutturale. **~ metal** *s.* metallo *m* strutturale. **~ reform** *s.* riforma *f* strutturale. **~ steel** *s.* acciaio *m.* strutturale **~ unemployment** *s.* ⟨Econ⟩ disoccupazione *f* strutturale.

structure ['strʌktʃə] *s.* **1** struttura *f*, composizione *f*, costituzione *f*: *the ~ of modern society* la struttura della società moderna. **2** (*s.th. composed of many parts*) organizzazione *f*, organismo *m*: *a vast international ~* una vasta organizzazione internazionale. **3** (*construction*)

struttura *f*, costruzione *f*, fabbricato *m*, edificio *m*: *simple wooden ~* una semplice struttura in legno. ⟨Biol,Geol,Chim,Econ⟩ struttura *f.* **5** ⟨Ling,Gram⟩ struttura *f: the ~ of a sentence* la struttura di una fras □ *to alter the ~ of s.th.* destrutturare qc. **structure** [-d] *a.* strutturato.

structureless ['strʌktʃəlis] *a.* privo di struttura.

struggle ['strʌgl] **I** *v.i.* **1** lottare, combattere, battersi: *to to survive* lottare per sopravvivere. **2** (*to make gre efforts*) fare grandi sforzi, sforzarsi, affannarsi. **3** (*to fig vigorously, tussle*) dimenarsi, dibattersi, contorcer divincolarsi: *the prisoner ~d and kicked* il prigioniero dimenava e dava calci. **4** (*to proceed with difficulty*) fa strada a fatica, avanzare 'a stento' (o con difficoltà): *to through the snow* farsi strada a fatica nella neve; (*of light*) passare (o penetrare) a stento. **II** *s.* combattimento *m*, lotta *f.* **2** (*act of striving*) lotta *f: the for freedom* la lotta per la libertà. **3** (*great effort*) gran sforzo *m.* □ ⟨Biol⟩ *the ~ for existence* la lotta p l'esistenza. **struggler** [-ə] *s.* lottatore *m.* **strugglir** [-iŋ] *a.* **1** che lotta, che si batte. **2** (*striving to overcom poverty, obscurity*) che lotta per emergere (o affermarsi

strum[1] [strʌm] *v.t./i.* (*pret., p.p.* **strummed** [-d strimpellare: *to ~ (on) a guitar* strimpellare una chitar

strum[2] *s.* **1** (*act*) strimpellamento *m.* **2** (*sound*) strimpel *m*, strimpellata *f.*

struma ['stru:mə] *s.* (*pl.* **-mae** [mi:]) ⟨Med⟩ scrofolosi struma *f*; (*goitre*) gozzo *m.*

strummer ['strʌmə] *s.* strimpellatore *m* (*f* -trice).

strumose ['stru:mous], **strumous** [-məs] *a.* ⟨Me scrofoloso.

strumpet ['strʌmpit] *s.* prostituta *f*, sgualdrina *f*, ⟨vo puttana *f.*

strung [strʌŋ] → **string**[2].

strut[1] [strʌt] *v.i.* (*pret., p.p.* **'strutted** [-id]) avanz impettito, incedere con sussiego.

strut[2] *s.* incedere *m* impettito (o tronfio).

strut[3] **I** *s.* **1** ⟨Edil⟩ puntone *m.* **2** ⟨Fal⟩ contropalo *m.* ⟨Aer⟩ montante *m.* **II** *v.t.* (*pret., p.p.* **'strutted** [-i rinforzare (o sostenere) con puntoni.

struth [stru:θ] *intz.* ⟨sl⟩ perdinci, perdiana.

strutter ['strʌtə] *s.* chi cammina impettito, chi pavoneggia. **struttingly** [-tiŋli] *avv.* in modo tronf pavoneggiandosi.

strychnin ['striknin], **strychnine** [-ni:n] *s.* ⟨Chi stricnina *f.* **strychninism** [-izəm], **strychnis** [-nizəm] *s.* ⟨Med⟩ stricninismo *m.*

Stuart ['stju:ət] *N.pr.* Stuart *m: Mary ~* Maria Stuarda.

stub [stʌb] **I** *s.* **1** troncone *m*, ceppo *m*, ceppaia *f.* **2** (*o pencil, cigarette, etc.*) mozzicone *m*; (*of a candle*) mocce *m.* **3** (*of a ticket, cheque*) matrice *f*, madre *f.* **II** *v.t.* (*pr p.p.* **stubbed** [-d]) **1** (*of one's foot, toe*) urtare, (s)batte **2** (*of a cigarette*; general. con *out*) spegnere (schiaccian schiacciare. **3** (*to dig up, root out*; spesso con *out* sradicare, estirpare; (*of land*) sgombrare dai tronconi ceppi). □ *to ~ one's toe against the table leg* inciamp nella gamba del tavolo.

stubble ['stʌbl] *s.* **1** ⟨Agr⟩ stoppia *f.* **2** (*short growth beard*) barba *f* corta; (*of hair*) capelli *mpl* a spazzola.

stubble field *s.* ⟨Agr⟩ campo *m* di stoppie.

stubbly ['stʌbli] *a.* **1** coperto di stoppie. **2** (*bristly*) (co e) ispido, irsuto.

stubborn ['stʌbən] *a.* **1** testardo, caparbio, ostina cocciuto: *a ~ child* un bambino testardo. **2** (*determin resolute*) deciso, fermo, risoluto. **3** (*enduring, persiste* ostinato, pervicace: *~ prejudices* pregiudizi ostinati. **4** things*) difficile da trattare (o a lavorare). **5** ⟨Med⟩ croni persistente. □ *as ~ as a mule* (o *donkey*) testardo (o un mulo; *unpleasant but ~ facts* fatti spiacevoli indiscutibili. **stubbornly** [-li] *avv.* **1** in modo testar ostinatamente, caparbiamente. **2** (*resolutely*) risolut mente, con decisione. **stubbornness** [-nis] *s.* **1** test daggine *f*, caparbietà *f*, cocciutaggine *f*, ostinazione *f.* (*resolution*) determinazione *f*, risolutezza *f*, decisione *f.*

stubby ['stʌbi] *a.* **1** tozzo: *~ fingers* dite tozze; (*o person: short and thickset*) tarchiato. **2** (*abounding in stubs*) coperto di tronconi.

stucco ['stʌkou] **I** s. (pl. **-s/-es** [z]) stucco m. **II** v.t. stuccare.

stucco work ['stʌkouwə:k] s. decorazione f (o lavoro m) a stucco.

stuck[1] [stʌk] → **stick**[2].

stuck[2] a. **1** bloccato, inceppato: *the drawer was* ~ il cassetto era bloccato. **2** (*perplexed*) perplesso, confuso, imbarazzato. **3** ⟨*fam*⟩ (*infatuated*) infatuato, cotto (*o* di). □ *to get* ~: **1** bloccarsi; **2** (*to become perplexed*) essere confuso (*o* perplesso); ⟨*sl*⟩ *he got* ~ *with a dirty job* gli fu appioppata una rogna; *the car was* ~ *in the mud* la macchina si era impantanata.

stuck-'up a. ⟨*fam*⟩ borioso, presuntuoso, pieno di sé.

stud[1] [stʌd] **I** s. **1** (*for a collar*) bottoncino m. **2** (*large headed nail, boss, etc.*) borchia f: *his leather jacket was decorated with* ~*s* la sua giacca di pelle era guarnita di borchie. **3** ⟨*Strad*⟩ chiodo m. **4** ⟨*Mecc*⟩ perno m (sporgente), colonnetta f. **5** ⟨*Edil*⟩ montante m, trave f verticale. **6** ⟨*Calz*⟩ bulletta f. **II** v.t. (pret., p.p. 'studded [-id]) **1** ornare (*o* guarnire) di borchie. **2** ⟨*fig*⟩ punteggiare, costellare: *the sky was* ~*ded with stars* il cielo era punteggiato di stelle. **3** ⟨*Edil*⟩ munire di montanti.

stud[2] **I** s. **1** (*group of horses for breeding*) cavalli mpl da allevamento, allevamento m di cavalli; (*group of animals for breeding*) allevamento m, animali mpl da allevamento. **2** (*group of horses for racing*) cavalli mpl da corsa, scuderia f. **3** (*farm, establishment*) allevamento m, scuderia f. □ *at* (*o* *in*) ~ per la riproduzione, da monta; *to stand at* ~ essere destinato alla riproduzione.

stud. = **student** studente

stud| bolt s. ⟨*Mecc*⟩ vite f prigioniera, prigioniero m. ~ **book** s. ⟨*Zootecn*⟩ libro m genealogico, registro m di allevamento.

studded ['stʌdid] a. ⟨*Edil*⟩ (nei composti) dai montanti ...: *low-*~ dai montanti bassi. **studding** [-diŋ] s. **1** ⟨*collett*⟩ montanti mpl. **2** (*wood for studs*) legname m per montanti.

studding sail s. ⟨*Mar*⟩ coltellaccio m, vela f di coltellaccio.

student ['stju:dənt, am. 'stu:dənt] s. **1** studente m (f –essa) *university* ~*s* studenti universitari. **2** (*studious person*) studioso m (f –a): *a* ~ *of law* uno studioso di diritto. **3** ⟨*Univ*⟩ (*one receiving a grant, scholarship*) borsista m/f.

student| body s. corpo m studentesco, studenti mpl. ~ **interpreter** s. funzionario m che si prepara per la carriera diplomatica. ~ **lamp** s. lampada f da tavolo (a braccio mobile). ~ **loan** s. ⟨*Univ*⟩ presalario m. ~ **movement** s. movimento m studentesco. ~ **number** s. ⟨*Univ*⟩ numero m di matricola. ~ **organization** s. organizzazione f studentesca. ~ **protest** s. contestazione f studentesca. ~ **revolution** s. rivoluzione f (o rivolta) studentesca.

studentship ['stju:dəntʃip] s. **1** condizione f di studente. **2** ⟨*Univ*⟩ borsa f di studio.

student| unrest s. disordini mpl studenteschi. ~ **uprising** s. → **student revolution**.

stud| farm s. scuderia f di allevamento (di cavalli). ~ **horse** s. stallone m (da monta).

studied ['stʌdid] a. **1** studiato, intenzionale, deliberato, voluto: ~ *indifference* studiata noncuranza. **2** (*affected*) affettato, studiato, ricercato: ~ *gestures* gesti affettati. **studiedly** [-li] avv. **1** deliberatamente, studiatamente, di proposito. **2** (*affectedly*) affettatamente.

studio it. ['stju:diou] s. (pl. **-s** [z]) **1** studio m. **2** ⟨*Rad,TV*⟩ studio m; (*auditorium*) auditorio m. **3** ⟨*Cin*⟩ studio m, teatro m di posa.

studio couch s. divano m letto.

studious ['stju:diəs] a. **1** studioso, diligente: *a* ~ *boy* un ragazzo studioso. **2** (*of, concerned with study*) di (*o* relativo a) studio: *the* ~ *life of a scientist* la vita di studio di uno scienziato. **3** (*diligent*) diligente, attento. **4** (*eager, zealous*) premuroso, sollecito, zelante. **5** → **studied**.

studiously [-li] avv. **1** attentamente, diligentemente. **2** → **studiedly**. **studiousness** [-nis] s. **1** l'essere studioso. **2** (*care, diligence*) cura f, premura f, diligenza f.

study[1] ['stʌdi] s. **1** studio m: *a life devoted to* ~ una vita dedicata allo studio. **2** (*examination, analysis*) indagine f,

ricerca f, studio m, esame m: *to make a* ~ *of s.th.* svolgere un'indagine su qc. **3** (*written account, paper*) studio m, lavoro m, scritto m, trattato m: *to publish a* ~ *of s.th.* pubblicare uno studio su qc. **4** (*room devoted to study, writing, etc.*) studio m. **5** ⟨*Lett,Mus*⟩ studio m. **6** ⟨*Art*⟩ studio m, schizzo m, bozzetto m. □ *to complete one's studies* finire (*o* completare) gli studi; ⟨*Teat*⟩ *a fast* ~ chi impara presto la parte; *to be in a* (*brown*) ~ essere assorto nei propri pensieri; *to pursue one's studies* proseguire gli studi; ⟨*Teat*⟩ *a slow* ~ chi è lento a imparare la parte.

study[2] **I** v.i. **1** studiare, essere studente: *to* ~ *at university* studiare all'università. **2** (*to deliberate*) pensare a lungo, meditare: *he studied before replying* pensò a lungo prima di rispondere. **II** v.t. **1** studiare: *to* ~ *medicine* studiare medicina. **2** (*to examine, analyze*) esaminare, analizzare, studiare, indagare. **3** (*to read carefully*) leggere attentamente, esaminare: *to* ~ *an application form* leggere attentamente un modulo di domanda. **4** (*to scrutinize*) scrutare, esaminare (accuratamente), studiare: *I studied his face* scrutai la sua faccia. **5** (*to think out carefully*) studiare con grande attenzione, meditare a lungo, ponderare. **6** (*to be solicitous for, give attention to*) curarsi di, interessarsi di, attendere a, curare: *to* ~ *one's own interests* curarsi dei propri interessi. **7** ⟨*Teat*⟩ (*of a part*) studiare, imparare. □ *to* ~ **out** progettare; *to* ~ **up** approfondire, studiare ben bene.

study travel s. viaggio m di studio.

stuff [stʌf] **I** s. **1** materia f, sostanza f, materiale m: *a statue made of hard greenish* ~ una statua fatta di una materia dura verdastra. **2** (*material to be worked, manufactured, used*) materiale m: *building* ~ materiale da costruzione. **3** (*possessions, things*) cose fpl, roba f: *I gathered my* ~ *together and left* raccolsi le mie cose e me ne andai; (*equipment, materials*) materiale m, attrezzatura f: *the shop sells artists'* ~ il negozio vende materiale per artisti. **4** (*cloth*) stoffa f, tessuto m; (*woollen cloth*) tessuto m (*o* stoffa f) di lana. **5** (*s.th. of which the name is unspecified or unknown*) roba f, cosa f: *a cushion filled with some soft* ~ un cuscino imbottito di roba morbida. **6** (*worthless matter, things*) ciarpame m, robaccia f, cianfrusaglie fpl; (*worthless ideas, talk, etc.*) sciocchezze fpl, stupidaggini fpl. **7** ⟨*fam*⟩ (*literary, artistic productions*) lavori mpl, opere fpl: *he's been turning out some good* ~ *lately* recentemente ha tirato fuori dei buoni lavori. **8** ⟨*fig*⟩ (*fundamental component, essence*) essenza f, componente f fondamentale: *the* ~ *of life* l'essenza della vita; (*basic qualities, character*) stoffa f. **9** ⟨*fam*⟩ (*one's subject, field*) campo m, ramo m, materia f. **II** v.t. **1** imbottire, riempire: *the mattress is* ~*ed with horsehair* il materasso è imbottito di crine di cavallo. **2** (*to cram*) stipare, inzeppare: *to* ~ *a case with clothes* stipare una valigia di vestiti. **3** ⟨*fam*⟩ (*to fill with food*) rimpinzare, riempire, ingozzare: *to* ~ *s.o. with cakes* rimpinzare qd. di dolci; (*of a goose*) ingozzare. **4** ⟨*rifl*⟩ (*to eat too much*) rimpinzarsi, riempirsi lo stomaco. **5** ⟨*Gastr*⟩ farcire, infarcire: *to* ~ *a pheasant with rice* farcire un fagiano di riso. **6** (*of a dead animal, bird*) impagliare, imbalsamare. **7** (*of a person's mind, etc.*) imbottire, infarcire, riempire. **8** (*to press, thrust*) ficcare, cacciare, comprimere: *he* ~*ed the money into his wallet* ficcò il denaro nel portafoglio. **9** (spesso con *up*: *to plug, stop up*) turare, tappare, otturare: *to* ~ *a hole with putty* turare un buco con lo stucco. **III** v.i. ⟨*fam*⟩ (*to eat too much*) rimpinzarsi, imbottirsi, abbuffarsi. □ ⟨*fam*⟩ *the gymnast was doing his* ~ il ginnasta fece vedere quello che sapeva fare; ~ *and nonsense* sciocchezze fpl, stupidaggini fpl, balle fpl (*anche esclam.*); ⟨*fam*⟩ *that's the* ~ questo è quello che ci vuole; ⟨*fam*⟩ *that's the* ~ *to give 'em* (*o* *the troops*)! così vanno trattati!

stuffed [stʌft] a. **1** imbottito: *a* ~ *pillow* un cuscino imbottito, pieno. **2** ⟨*Gastr*⟩ ripieno, farcito: ~ *peppers* peperoni ripieni.

stuffed shirt s. ⟨*fam*⟩ pallone m gonfiato.

stuffer ['stʌfə] s. **1** impagliatore m (f –trice), imbalsamatore m (f –trice). **2** (*one that fills himself with food*) chi si rimpinza, mangione m (f –a). **stuffily** [-fili] *avv.* ⟨*fam*⟩ **1** in modo pretensioso, con boria. **2** (*boringly*) in modo noioso. **stuffiness** [–finis] *s.* **1** (*of a room, etc.*) il sapere di chiuso; (*of air*) l'essere viziato. **2** ⟨*fam*⟩ (*tediousness*) noiosità *f*, uggiosità *f*. **3** ⟨*fam*⟩ (*pompousness*) boria *f*, presunzione *f*. **4** ⟨*fam*⟩ (*narrow -mindedness*) ristrettezza *f* d'idee, grettezza *f*.

stuffing [–fiŋ] *s.* **1** imbottitura *f*. **2** ⟨*Gastr*⟩ ripieno *m*. **3** (*of a dead animal, bird*) impagliatura *f*, imbalsamatura *f*. ☐ ⟨*fam*⟩ **to knock** (o *beat*) *the ~ out of s.o.*: 1 fare scendere dal piedistallo qd.; 2 (*to defeat utterly*) battere in modo schiacciante qd.; 3 (*to upset, unnerve*) sconcertare, sconvolgere.

stuffing box *s.* **1** ⟨*Mecc*⟩ premistoppa *m*. **2** ⟨*Mar*⟩ premibaderna *m*.

stuffy ['stʌfi] *a.* **1** (*of a room, etc.*) dall'aria viziata (o chiusa), che sa di (rin)chiuso; (*ill–ventilated*) mal ventilato. **2** ⟨*fam*⟩ (*dull, tedious*) noioso, barboso. **3** ⟨*fam*⟩ (*pompous*) borioso, presuntuoso, pieno di sé. **4** ⟨*fam*⟩ (*narrow–minded*) provinciale, gretto, ristretto di mente.

stull [stʌl] *s.* ⟨*Minier*⟩ **1** sbatacchio *m*, puntello *m*. **2** (*platform*) palchetto *m*.

stultification [ˌstʌltifi'keiʃən] *s.* **1** (*act of stultifying*) il mettere in ridicolo. **2** (*state of being stultified*) l'essere messo in ridicolo. **3** ⟨*Dir*⟩ il dichiarare infermo di mente. **'stultify** [–fai] *v.t.* **1** mettere in ridicolo, far apparire ridicolo; (*to cause to appear illogical*) fare apparire (o sembrare) illogico. **2** (*to make stupid*) istupidire: *repetitive jobs ~ the mind* i lavori monotoni istupidiscono la mente. **3** (*to frustrate*) frustrare, rendere vano (o inutile). **4** ⟨*Dir*⟩ dichiarare infermo di mente.

stum [stʌm] **I** *s.* ⟨*Enol*⟩ **1** mosto *m*. **2** (*wine*) vino *m* conciato con il mosto. **II** *v.t.* (*pret., p.p.* **stummed** [–d]) conciare con il mosto.

stumble[1] ['stʌmbl] *v.i.* **1** inciampare, incespicare: *the horse –d and fell* il cavallo inciampò e cadde; *to ~ over a stone* inciampare in una pietra. **2** ⟨*fig*⟩ errare, sbagliare. **3** (*to make a slip in speaking*) incespicare, impuntare, impuntarsi: *to ~ over one's words* incespicare nel parlare. ☐ *to ~* **across** *= to stumble* **on**; *to ~* **along** avanzare con passo incerto, procedere (o muoversi) incespicando: *we –d along in the dark* avanzammo al buio con passo incerto; ⟨*fig*⟩ *to ~* **at** avere dubbi (o perplessità) su, esitare di fronte a; *to ~* **into** cadere (inciampando) in: *to ~ into a ditch* cadere in un fosso; *to ~ into error* errare, sbagliare; *to ~* **on** trovare (per caso), imbattersi in: *to ~ on the truth* imbattersi nella verità; *to ~* **through:** 1 percorrere (o attraversare) con passo incerto (o malsicuro, malfermo); 2 ⟨*fig*⟩ (*in speaking*) incespicare nel dire, impuntare, impuntarsi: *to ~ through a prayer* incespicare nel dire una preghiera.

stumble[2] *s.* **1** l'incespicare, inciampata *f*. **2** ⟨*fig*⟩ (*error, slip*) sbaglio *m*, errore *m*. **3** ⟨*fig*⟩ (*moral lapse*) peccato *m*, errore *m*.

stumbling ['stʌmbliŋ] **I** *a.* **1** che inciampa, che incespica. **2** ⟨*fig*⟩ (*of speech*) esitante, che manca di speditezza. **II** *s.* l'incespicare, inciampata *f*.

stumbling block *s.* **1** ostacolo *m*, intoppo *m*, incaglio *m*. **2** (*impediment to understanding*) difficoltà *f*, scoglio *m*.

stumer ['stju:mə] *s.* ⟨*sl*⟩ **1** assegno *m* falso; (*forged coin*) moneta *f* falsa (o fasulla); (*forged note*) banconota *f* falsa. **2** (*s.th. worthless*) cosa *f* di nessun valore, patacca *f*. **3** (*horse that fails to win*) cavallo *m* perdente, perdente *m*. **4** (*ruin, bankruptcy*) fallimento *m*, crac *m*.

stump[1] [stʌmp] *s.* **1** troncone *m*, ceppaia *f*, ceppo *m*. **2** (*of a limb*) moncone *m*, troncone *m*, moncherino *m*. **3** ⟨*Biol,Anat*⟩ organo *m* (o arto) rudimentale. **4** *pl.* ⟨*fam*⟩ (*legs*) gambe *fpl.* **5** (*small remnant, stub*) mozzicone *m*, moncone *m*, ⟨*estens*⟩ troncone *m*. **6** ⟨*Dent*⟩ radice *f*; (*broken tooth*) dente *m* rotto. **7** ⟨*Sport*⟩ (*in cricket*) piolo *m*, paletto *m*. **8** ⟨*Art*⟩ sfumino *m*. **9** ⟨*Pol*⟩ podio *m*, tribuna *f*. ☐ (*Sport*) *to draw –s* smettere di giocare; ⟨*Pol*⟩ *to* 'go on' (o *take to*) *the ~* fare un giro di comizi; ⟨*fam*⟩ *to stir one's –s* affrettarsi, spicciarsi, sbrigarsi; ⟨*fam*⟩ *stir your –s!* muoviti!, spicciati!; ⟨*am.sl*⟩ *up a ~* (*perplexed*) perplesso, imbarazzato.

stump[2] **I** *v.t.* **1** camminare pesantemente (o con passo pesante) su. **2** ⟨*fam*⟩ (*to perplex*) lasciare perplesso,

sconcertare, imbarazzare: *the last question –ed me* l'ultima domanda mi lasciò perplesso. **3** ⟨*Sport*⟩ mettere fuori gioco colpendo la porta. **4** ⟨*Pol*⟩ tenere comizi in, percorrere tenendo comizi: *to ~ the whole district* tenere comizi in tutta la regione. **5** ⟨*Art*⟩ sfumare. **II** *v.i.* (*general.* con *along*) camminare pesantemente (o con passo pesante). **2** ⟨*Pol*⟩ fare un giro di comizi. ☐ ⟨*fam*⟩ *to ~* **up** 'tirar fuori' (o *cacciare, scucire*) i soldi: *you lost the bet, now ~ up* hai perso la scommessa, adesso tira fuori i soldi.

stumper ['stʌmpə] *s.* **1** ⟨*fam*⟩ domanda *f* sconcertante. **2** ⟨*Sport*⟩ (*in cricket: wicket keeper*) guardiano *m*.

stumpiness ['stʌmpinis] *s.* l'essere tozzo (o tarchiato).

stump| mast *s.* ⟨*Mar*⟩ albero *m* tronco. **~ orator, ~ speaker** *s.* ⟨*Pol*⟩ chi tiene comizi.

stumpy ['stʌmpi] *a.* tozzo, grosso e corto; (*of a person*) tozzo, tracagnotto, tarchiato.

stun [stʌn] *v.t.* (*pret., p.p.* **stunned** [–d]) **1** stordire, tramortire, far perdere i sensi a: *the blow on the head –ned him* la botta in testa lo stordì. **2** (*to astonish, stupefy*) sbalordire, sbigottire, stupire; (*to daze with noise*) frastornare, stordire, rintronare; (*to bewilder, benumb*) intontire, istupidire. **3** ⟨*sl*⟩ (*to delight*) estasiare, mandare in estasi (o visibilio).

stung [stʌŋ] → **sting**[1].
stunk [stʌŋk] → **stink**[1].

stunner ['stʌnə] *s.* **1** cosa *f* che stordisce. **2** (*stunning blow*) colpo *m* (o botta *f*) che stordisce. **3** ⟨*sl*⟩ (*s.th. that amazes*) evento *m* clamoroso, bomba *f*: *the announcement was a ~* l'annuncio fu una bomba; (*s.o., s.th. o extraordinary attractiveness*) persona *f* (o cosa *f*) meravigliosa, ⟨*fam*⟩ cannonata *f*. **stunning** [–niŋ] *a.* **1** che stordisce, che tramortisce. **2** (*deafening*) assordante. **3** (*astonishing*) sbalorditivo, stupefacente, sorprendente. **4** ⟨*sl*⟩ (*excellent*) fantastico, favoloso, formidabile (*extremely attractive*) splendido, stupendo, ⟨*fam*⟩ che è uno schianto: *a ~ blonde* una bionda che è uno schianto.

stunningly [–niŋli] *avv.* ⟨*sl*⟩ favolosamente, fantasticamente, in modo formidabile.

stunsail ['stʌnseil], **stuns'l** ['stʌnsl] *s.* → **studding sail.**

stunt[1] [stʌnt] *v.t.* arrestare (o fermare) la crescita (o lo sviluppo) di.

stunt[2] **I** *s.* **1** (*feat of skill*) prodezza *f*, acrobazia *f* esibizione *f*, numero *m* acrobatico. **2** ⟨*Aer*⟩ acrobazia (aerea). **3** (*s.th. done to gain publicity*) montatura pubblicitaria. **II** *v.i.* **1** fare prodezze (o acrobazie). **2** ⟨*Aer*⟩ fare acrobazie (aeree).

stunted ['stʌntid] *a.* rachitico, stentato, striminzito: ~ *plants* piante rachitiche; *~ growth* crescita stentata.

stunt| flying *s.* ⟨*Aer*⟩ volo *m* acrobatico. **~-man** [mən] *s.irr.* ⟨*Cin*⟩ cascatore *m*, stuntman *m*.

stupe[1] [stju:p] **I** *s.* ⟨*Med*⟩ panno *m* per impacchi caldi. **II** *v.t.* applicare un impacco caldo su.

stupe[2] *am. s.* ⟨*sl*⟩ (*stupid person*) stupido *m* (*f* –a), sciocco *m* (*f* –a).

stupefacient [ˌstju:pi'feiʃənt] **I** *a.* che istupidisce stupefacente. **II** *s.* ⟨*Farm*⟩ stupefacente *m*. **stupefaction** [–'fækʃən] *s.* **1** intontimento *m*, stordimento *m*. **2** (*state of being stupefied*) torpore *m*, stordimento *m*. **3** ⟨*Med*⟩ stupore *m*. **4** (*astonishment*) sbalordimento *m*, stu pefazione *f*. **stupefactive** [–'fæktiv] *a.* ⟨*rar*⟩ → **stu pefacient. 'stupefier** [–faiə] *s.* → **stupefacient.**

stupefy ['stju:pifai] *v.t.* **1** istupidire, inebetire, intontire. **2** (*to deaden the faculties, perception of*) intorpidire ottundere, ottenebrare, offuscare. **3** (*to astonish* sbalordire, stupefare, stupire, sorprendere. **stupefyin** [–iŋ] *a.* **1** che istupidisce, che inebetisce. **2** (*astonishing* sbalorditivo, stupefacente, sorprendente.

stupendous [stju:'pendəs] *a.* **1** stupendo, mirabile prodigioso, portentoso. **2** (*of astonishing size*) enorme **stupendously** [–li] *avv.* mirabilmente, stupendament **stupendousness** [–nis] *s.* l'essere stupendo (mirabile).

stupid ['stju:pid] **I** *a.* **1** stupido, ottuso: *the child is laz but not ~* il bambino è pigro ma non stupido; (*foolish* stolto, scemo, sciocco, stupido: *you've been very ~ s* stato proprio stolto; (*marked by foolishness*) stupide sciocco, scemo, cretino, stolto: ~ *behaviour* comportamento sciocco. 2 (*lacking point, meaning*) insulso, sciocco, futile, balordo: *a ~ book* un libro insulso; (*boring, dreary*) noioso, barboso, tedioso. II *s.* ⟨*fam*⟩ stupido *m* (*f* –a), sciocco *m* (*f* –a), stolto *m* (*f* –a), scimunito *m* (*f* –a). □ *to drink o.s.* ~ istupidirsi a forza di bere; *to get* (o *become*) ~ istupidire, istupidirsi.

stupidity [stju:'piditi] *s.* 1 stupidità *f*, stupidaggine *f.* 2 (*stupid act, idea, etc.*) stupidaggine *f*, stupidità *f*, scemenza *f*, cretinata *f.* '**stupidly** [–dli] *avv.* stupidamente, scioccamente.

stupor ['stju:pə] *s.* 1 ⟨*Med*⟩ stupore *m.* 2 (*mental torpor, apathy*) torpore *m*, stordimento *m.* **stuporose** [–rous], **stuporous** [–rəs] *a.* 1 intorpidito, intontito. 2 ⟨*Med*⟩ in stato di stupore.

sturdily ['stə:dili] *avv.* 1 solidamente, in modo robusto (o forte), robustamente: ~ *built* costruito solidamente. 2 ⟨*fig*⟩ risolutamente, con decisione. **sturdiness** [–dinis] *s.* 1 robustezza *f*, forza *f*, vigore *m*, gagliardia *f.* 2 (*of things*) robustezza *f*, solidità *f*, resistenza *f.* 3 ⟨*fig*⟩ fermezza *f*, risolutezza *f*, decisione *f.*

sturdy[1] ['stə:di] *a.* 1 robusto, forte, vigoroso, gagliardo. 2 (*of things*) solido, robusto, resistente: ~ *walls* muri solidi. 3 ⟨*fig*⟩ saldo, fermo, risoluto.

sturdy[2] *s.* ⟨*Veter*⟩ capostorno *m*, capogatto *m.*

sturgeon ['stə:dʒən] *s.* (*pl. inv./*-s [z]; il pl.inv. si usa general. con valore collett.) ⟨*Itt*⟩ storione *m.*

stutter ['stʌtə] I *v.i.* balbettare, tartagliare. II *v.t.* (spesso con *out*) balbettare, dire balbettando. III *s.* 1 balbettamento *m*, balbettio *m.* 2 (*speech defect*) balbuzie *f.* **stutterer** [–rə] *s.* chi balbetta, tartaglione *m* (*f* –a). **stuttering** [–riŋ] I *a.* che balbetta, balbettante. II *s.* → **stutter. stutteringly** [–riŋli] *avv.* balbettando, tartagliando.

sty[1] [stai] *s.* 1 porcile *m*, stabbiolo *m.* 2 ⟨*fig*⟩ porcile *m*, porcaio *m.*

sty[2], **stye** *s.* ⟨*Med*⟩ orzaiolo *m.*

Stygian ['stidʒiən] *a.* 1 ⟨*Mitol*⟩ stigio. 2 ⟨*fig*⟩ scuro, tetro, cupo. 3 (*of an oath, vow*) sacro, inviolabile.

style [stail] I *s.* 1 stile *m: he is not a strong swimmer, but he has a good* ~ non è un forte nuotatore, ma ha un buono stile. 2 (*manner, method*) maniera *f*, modo *m*, foggia *f: chicken cooked Spanish* ~ pollo cotto alla (maniera) spagnola. 3 (*mode of living, behaving, etc.*) stile *m*, modo *m* di vivere (o agire); (*luxurious mode of living*) tenore *m* di vita elevato. 4 ⟨*Mod,Vest*⟩ linea *f*, stile *m*, foggia *f*, taglio *m: the new summer* –s la nuova linea per l'estate; (*fashionable elegance*) stile *m* (nel vestire), eleganza *f*, classe *f: she dresses with* ~ veste con stile. 5 ⟨*Lett*⟩ stile *m*, maniera *f: a florid* ~ uno stile fiorito; (*as opposed to content*) forma *f: in his works,* ~ *is everything* nelle sue opere, la forma è tutto. 6 ⟨*Arch,Art,Mus*⟩ stile *m: the Norman* ~ lo stile normanno. 7 (*sort, type*) genere *m*, tipo *m*, sorta *f*, specie *f: that* ~ *of house does not appeal to me* quel genere di casa non mi attira. 8 (*manner of speaking*) stile *m* (nel parlare), modo *m* di esprimersi (o parlare). 9 (*title*) titolo *m*, nome *m*, appellativo *m.* 10 (*method of reckoning dates*) modo *m* di computare il tempo, stile *m.* 11 (*tecn*) (*engraving tool*) bulino *m*; (*etching needle*) punta *f* per incidere. 12 (*gramophone needle*) puntina *f.* 13 (*gnomon*) gnomone *m*, stilo *m.* 14 ⟨*Stor,Biol*⟩ stilo *m.* 15 ⟨*Comm*⟩ ragione *f* sociale. II *v.t.* 1 chiamare, denominare, designare. 2 ⟨*Mod*⟩ disegnare, dare uno stile (o una linea) a. □ *in the grand* ~ in grande stile; *in* ~ come si deve, in perfetto stile; *in the* ~ *of* alla maniera di; *he* –s *himself a count* si fa chiamare conte; *he lacks* ~ non ha stile; *in the latest* ~ all'ultima moda; ~ *of living* stile *m* di vita. *that's the* ~*!* così va bene!

style book *s.* trattato *m* di stilistica *f.*

styler ['stailə] *s.* pettine *m* elettrico.

styliform ['stailifɔ:m] *a.* ⟨*Anat*⟩ stiliforme.

styling comb ['stailiŋ] *s.* → **styler.**

stylish ['stailiʃ] *a.* 1 elegante, alla moda. 2 (*of people*) che ha stile (o classe), distinto. **stylishly** [–li] *avv.* in modo elegante, elegantemente. **stylishness** [–nis] *s.* eleganza *f*, stile *m*, classe *f.*

stylist ['stailist] *s.* 1 stilista *m/f.* 2 (*designer*) stilista *m/f*, designer *m.* 3 (*of hair*) acconciatore *m* (*f* –trice). **stylistic** [–ik], **stylistical** [–ikəl] *a.* stilistico. **stylistically** [–ikəli] *avv.* stilisticamente. **stylistics** [–iks] *s.pl.* ⟨*Lett*⟩ (costr. sing.) stilistica *f.*

stylite ['stailait] *s.* ⟨*Rel*⟩ stilita *m*, stilite *m.*

stylization [ˌstailai'zeiʃən] *s.* stilizzazione *f.* '**stylize** [–laiz] *v.t.* stilizzare. '**stylized** [–zd] *a.* stilizzato.

stylo ['stailou] *s.* (*pl.* -s [z]) ⟨*fam*⟩ stilografica *f*, penna *f* stilografica.

stylobate ['stailəbeit] *s.* ⟨*Archeol*⟩ stilobate *m.*

stylograph ['stailəgra:f] *s.* → **stylographic pen.** ˌ**stylographic** [–'græfik] *a.* stilografico.

stylographic pen *s.* stilografica *f*, penna *f* stilografica.

stylus ['stailəs] *s.* (*pl.* -li [lai]/-luses [ləsiz]) 1 stilo *m.* 2 (*of a gramophone*) puntina *f*; (*cutting stylus*) punta *f* ⌐da registrazione⌐ (o d'incisione). 3 ⟨*Biol*⟩ stilo *m.*

stymie ['staimi] I *s.* 1 ⟨*Sport*⟩ (*in golf*) posizione *f* in cui la palla di un giocatore ostacola l'entrata in buca della palla avversaria. 2 ⟨*fig*⟩ situazione *f* irta di ostacoli. II *v.t.* 1 ⟨*Sport*⟩ ostacolare mettendo la propria palla tra quella avversaria e la buca. 2 ⟨*fig*⟩ ostacolare, contrastare, intralciare.

styptic ['stiptik] I *a.* ⟨*Med*⟩ 1 (*astringent*) astringente. 2 (*checking bleeding*) emostatico: ~ *pencil* matita emostatica. II *s.* astringente *m.*

Styria ['stiriə] *N.pr.* ⟨*Geog*⟩ Stiria *f.* **Styrian** [–n] I *s.* abitante *m/f* della Stiria. II *a.* stiriano.

styrol ['staiərɔl] *s.* ⟨*Chim*⟩ stirolo *m.*

Styx [stiks] *N.pr.* ⟨*Mitol*⟩ Stige *m.*

suability [ˌsju:ə'biliti] *s.* ⟨*Dir*⟩ l'essere perseguibile (o processabile). '**suable** [–bl] *a.* perseguibile, processabile.

suasion ['sweiʒən] *s.* persuasione *f.* **suasive** ['sweisiv] *a.* persuasivo, convincente.

suave [swɑ:v] *a.* 1 cortese, affabile, gentile, garbato. 2 (*of wine*) amabile. '**suavely** [–li] *avv.* affabilmente, cortesemente. '**suavity** [–iti] *s.* 1 soavità *f*, affabilità *f*, cortesia *f*, gentilezza *f*, garbo *m.* 2 (*of wine*) amabilità *f.*

sub[1] [sʌb] *s.* ⟨*fam*⟩ 1 (*submarine*) sottomarino *m.* 2 (*subscription*) sottoscrizione *f.* 3 (*substitute*) sostituto *m* (*f* –a). 4 (*subscriber*) abbonato *m* (*f* –a). 5 (*subeditor*) redattore *m* aggiunto. 6 (*subaltern*) subalterno *m* (*f*–a).

sub[2] *v.i.* (*pret., p.p.* **subbed** [–d]) ⟨*fam*⟩ fare le veci (*for* di), sostituire, supplire (qd.): *to* ~ *for s.o.* fare le veci di qd.

sub. = 1 *subaltern* subalterno. 2 *submarine* sottomarino. 3 *subscription* sottoscrizione. 4 *substitute* sostituto.

subacid [sʌb'æsid] *a.* 1 leggermente acido. 2 ⟨*Chim*⟩ subacido.

subacute [ˌsʌbə'kju:t] *a.* ⟨*Med*⟩ subacuto.

subagency [sʌb'eidʒensi] *s.* subagenzia *f* **subagent** [–nt] *s.* subagente *m.*

subalpine [sʌb'ælpain] *a.* ⟨*Geog,Biol*⟩ subalpino.

subaltern ['sʌbəltən, *am.* sə'bʌltərn] I *a.* 1 subalterno, subordinato. II *s.* 1 subalterno *m*, sottoposto *m*, subordinato *m.* 2 ⟨*Mil*⟩ subalterno *m*, ufficiale *m* subalterno. 3 ⟨*Filos*⟩ proposizione *f* subalterna.

subaquatic [ˌsʌbə'kwætik] *a.* 1 ⟨*Biol*⟩ parzialmente acquatico. 2 (*subaqueous*) subacqueo. **subaqueous** [–'eikwiəs] *a.* ⟨*Geol*⟩ subacqueo, sottomarino.

subarctic [sʌb'a:ktik] *a.* ⟨*Geog,Biol*⟩ subartico.

subaudition [ˌsʌbɔ:'diʃən] *s.* l'intendere ciò che non è detto, il leggere tra le righe.

subcategory [sʌb'kætigəri] *s.* sottocategoria *f.*

subclass ['sʌbkla:s] *s.* sottoclasse *f* (anche Biol.).

subcommission [ˌsʌbkə'miʃən] *s.* sottocommissione *f.*

subcommittee ['sʌbkəmiti] *s.* sottocomitato *m.*

subconscious [sʌb'kɔnʃəs] I *a.* ⟨*Psic*⟩ subcosciente. II *s.* subcosciente *m.* **subconsciousness** [–nis] *s.* subcosciente *m.*

subcontinent [sʌb'kɔntinənt] *s.* ⟨*Geog*⟩ subcontinente *m.*

subcontract I *s.* [sʌb'kɔntrækt] ⟨*Dir*⟩ subappalto *m.* II *v.t.* [ˌsʌbkən'trækt] subappaltare. III *v.i.* dare lavoro in subappalto. **subcontracting** [–iŋ] *s.* subappalto *m.* ˌ**subcontractor** [–kən'træktə] *s.* subappaltatore *m* (*f* –trice).

subculture [sʌb'kʌltʃə] s. 1 ⟨Biol⟩ subcoltura f. 2 ⟨Sociol⟩ sottocultura f, subcultura f.
subcutaneous [ˌsʌbkju'teinjəs] a. 1 ⟨Anat⟩ sottocutaneo. 2 (of an injection) ipodermico, sottocutaneo. **subcutaneously** [–li] avv. ⟨Med⟩ sottocute.
subdeacon [sʌb'di:kən] s. ⟨Rel⟩ suddiacono m. **subdeaconate** [–it], **subdeaconship** [–ʃip] s. → subdiaconate.
subdean ['sʌbdi:n] s. sottodecano m.
subdiaconate [ˌsubdai'ækənit] s. ⟨Rel⟩ subdiaconato m.
subdistributor [ˌsʌbdis'tribjutə] s. subdistributore m.
subdivide [ˌsʌbdi'vaid] I v.t. suddividere. II v.i. suddividersi. **subdivisible** [–'vizibl] a. suddivisibile. **subdivision** [–'viʒən] s. suddivisione f.
subdominant [sʌb'dɔminənt] s. ⟨Mus⟩ sottodominante f.
subduable [sʌb'dju:əbl] a. assoggettabile, che si può sottomettere. **subdual** [–'dju:əl] s. assoggettamento m, sottomissione f.
subdue [səb'dju:] v.t. 1 sottomettere, soggiogare, assoggettare, asservire: to ~ a nation sottomettere una nazione. 2 (to make submissive) domare, sottomettere. 3 (to control, curb) dominare, controllare, domare: to ~ a passion dominare una passione. 4 (of light, sound, etc.) attenuare, diminuire, mitigare. 5 (of land), coltivare. **subdued** [–d] a. 1 sottomesso, assoggettato, soggiogato. 2 (of a person) calmo, controllato. 3 (of light, colours, etc.) attenuato, mitigato, diminuito, smorzato; (of sound, tone, etc.) pacato, sommesso, smorzato. **subduedness** [–dnis] s. 1 sottomissione f, asservimento m. 2 (of colours sound, etc.) attenuazione f, smorzamento m.
sub-'edit v.t. 1 essere il redattore aggiunto di. 2 (of copy) fare la revisione di, revisionare. **sub-'editor** s. redattore m aggiunto, secondo redattore m.
subereous [sju'biəriəs], **suberic** [–'berik] a. ⟨Bot⟩ sugheroso.
subfamily ['sʌb'fæmili] s. ⟨Biol,Ling⟩ sottofamiglia f.
subfusc [sʌb'fʌsk] I a. 1 scuro, spento. 2 ⟨sl⟩ (insignificant) insignificante, scialbo. II s. abiti mpl scuri.
subgeneric [ˌsʌbdʒi'nerik], **subgenerical** [–əl] a. del (o relativo al) sottogenere.
subgenus [sʌb'dʒi:nəs] s. ⟨Biol⟩ sottogenere m.
subglacial [sʌb'gleisjəl, –'gleiʃəl] a. ⟨Geol⟩ subglaciale, posto sotto un ghiacciaio.
subgroup ['sʌbgru:p] s. sottogruppo m (anche Chim.).
subhead ['sʌbhed] s. 1 ⟨Tip,Giorn,Edit⟩ → **subheading**. 2 ⟨Scol⟩ vicedirettore m. **sub'heading** [–iŋ] s. ⟨Tip,Edit,Giorn⟩ sottotitolo m.
subhuman [sʌb'hju:mən] a. 1 subumano; (almost human) quasi umano. 2 (subnormal) subnormale. 3 (almost bestial) disumano.
subirrigate [sʌb'irigeit] v.t. ⟨Agr⟩ irrigare per drenaggio. **subirrigation** [–'geiʃən] s. subirrigazione f, irrigazione f sotterranea (o per drenaggio).
subj. = 1 ⟨Gramm⟩ subject soggetto. 2 ⟨Gramm⟩ subjunctive congiuntivo.
subjacent [sʌb'dʒeisənt] a. sottostante, inferiore.
subject I s. ['sʌbdʒikt] 1 cittadino m (f –a), suddito m (f –a): a British ~ un cittadino britannico; (one subject to a monarch, ruler) suddito m (f –a): the king's –s i sudditi del re. 2 (theme, topic) argomento m, soggetto m, tema m: the ~ of a speech il tema di un discorso. 3 (motive, ground) motivo m, causa f, occasione f: a ~ for concern un motivo di preoccupazione. 4 (one that is acted upon) oggetto m: he became the ~ of much criticism divenne oggetto di molte critiche. 5 (one that is studied, tested) oggetto m, soggetto m: the ~ of an experiment l'oggetto di un esperimento. 6 ⟨Ped⟩ materia f. 7 ⟨Pitt,Med,Gramm⟩ soggetto m. 8 ⟨Med⟩ (cadaver for dissection) cadavere m (per sala anatomica). 9 ⟨Agr,Giard⟩ esemplare m. 10 ⟨Filos⟩ (thinking mind) soggetto m; (self, ego) io m; (substance) sostanza f. 11 ⟨Filat⟩ vignetta f, soggetto m del francobollo. II a. 1 assoggettato, sottomesso, soggetto (to a): a ~ people un popolo assoggettato. 2 (owing allegiance, obedience) soggetto, sottomesso, sottoposto (a). 3 (liable) soggetto, esposto (a), passibile, suscettibile (di); (prone, disposed) soggetto, predisposto (a): to be ~ to

severe headaches andare soggetto a forti emicranie. (conditional, contingent) soggetto, condizionato, subordinato (a): ~ to official approval soggetto all'approvazione ufficiale. III v.t. [səb'dʒekt] 1 soggiogare, sottomettere, assoggettare. 2 (to make submissive) sottomettere, rendere sottomesso. 3 ⟨rifl⟩ sottomettersi. (to cause to undergo) sottoporre: to ~ s.o. to great hardship sottoporre qd. a grandi privazioni. 5 (to expose) esporre: to ~ o.s. to ridicule esporsi al ridicolo. 6 ⟨Med⟩ predisporre. □ ~ to alteration salvo modifica; ⟨Comm⟩ ~ to approval salvo approvazione (o benestare); to keep to the ~ non divagare, tenersi al tema, restare in argomento; ⟨Dir⟩ ~ of law soggetto m di diritto; on the ~ of a proposito di; ⟨Dir⟩ ~ to the provisions of Regulation 10 fatte salve le disposizioni della norma 10; ⟨Comm⟩ ~ to sale salvo venduto; to wander (o stray) from the ~ uscire dall'argomento, andare fuori tema.
subject| catalogue ['sʌbdʒikt] s. catalogo m per materie. ~ **heading** s. titolo m di indice.
subjection [səb'dʒekʃən] s. 1 assoggettamento m, sottomissione f. 2 (state of being subjected) servitù f, soggezione f, schiavitù f, sudditanza f: to hold (o keep) nation in ~ tenere una nazione in servitù. 3 (submission, dependence) soggezione f, dipendenza f.
subjective [səb'dʒektiv] I a. soggettivo: a ~ impression un'impressione soggettiva; (fanciful) immaginario. II s. ⟨Gramm⟩ nominativo m. **subjectively** [–li] avv. soggettivamente. **subjectiveness** [–nis] s. soggettività f.
subjectivism [səb'dʒektivizəm] s. ⟨Filos⟩ soggettivismo m. **subjectivist** [–vist] I s. soggettivista m/f. II a. → subjectivistic. **subjectivistic** [–'vistik] a. soggettivistico. **subjec'tivity** [–viti] s. 1 soggettività f. 2 ⟨Filos⟩ subjectivism.
subject matter ['sʌbdʒikt] s. 1 soggetto m, argomento m, tema m, materia f. 2 ⟨Lett,Art⟩ contenuto m. 3 ⟨Dir⟩ materia f del contendere.
subjoin [sʌb'dʒɔin] v.t. aggiungere, soggiungere. **subjoinder** [–də] s. appendice f, aggiunta f.
sub judice lat. [sʌb'dʒu:disi:] avv. ⟨Dir⟩ in discussione.
subjugate ['sʌbdʒugeit] v.t. 1 soggiogare, assoggettare. (to make submissive) sottomettere, rendere sottomesso. (to dominate) dominare, domare. **subjugation** [–'geiʃən] s. 1 (act) assoggettamento m. 2 (state) soggezione f, sottomissione f. **subjugator** [–ə] s. chi soggioga, soggiogatore m (f –trice).
subjunctive [səb'dʒʌŋktiv] I a. ⟨Gramm⟩ congiuntivo, soggiuntivo. II s. 1 (mood) congiuntivo m, modo m congiuntivo. 2 (verb) congiuntivo m, soggiuntivo m. **subjunctively** [–li] avv. con un congiuntivo.
sublease I s. ['sʌb'li:s] ⟨Dir⟩ subaffitto m, sublocazione f. II v.t. [sʌb'li:s] subaffittare. **sublessee** [–le'si:] s. ⟨Dir⟩ subaffittuario m (f –a), sublocatario m (f –a). **sublessor** [–'lesɔ:] s. chi subaffitta, sublocatore m (f –trice).
sublet ['sʌb'let] s./v.t.irr. → sublease.
sublieutenancy [ˌsʌble(f)'tenənsi, am. ˌsʌblu:'t–] ⟨Mar.mil⟩ posizione f (o carica) di sottotenente di vascello. **sublieutenant** [–nt] s. 1 ⟨Mar.mil⟩ sottotenente m di vascello. 2 ⟨Mil⟩ sottotenente m.
sublimate I v.t. ['sʌblimeit] 1 ⟨Psic,Chim,Fis⟩ sublimare. 2 ⟨fig⟩ affinare, purificare, sublimare. II v.i. 1 ⟨Psic⟩ sublimarsi. 2 ⟨Chim,Fis⟩ sublimare. III s. ['sʌblim(e)it] ⟨Chim⟩ sublimato m. IV a. ⟨Chim⟩ sublimato. ~ corrosive ~ sublimato corrosivo. **sublimation** [–'meiʃən] s. sublimazione f.
sublime [sə'blaim] I a. 1 sublime, eccelso, altissimo, nobile. 2 ⟨fam⟩ (extreme) sommo, massimo, ⟨scherz⟩ sublime: ~ disregard sommo disprezzo. 3 (in titles) supremo, sublime. II s. sublime m. III v.t. 1 rendere sublime, sublimare, elevare. 2 ⟨Chim,Fis⟩ sublimare. IV v.i. 1 sublimarsi, elevarsi. 2 ⟨Chim,Fis⟩ sublimar **sublimely** [–li] avv. 1 sublimemente, in modo sublime. 2 ⟨fam⟩ (utterly) totalmente, completamente, del tutto: ignorant totalmente ignorante. **sublimeness** [–nis] s. → sublimity.
Sublime Porte [sə'blaimpɔ:t] s. ⟨Stor⟩ sublime Porta f.
subliminal [sʌb'liminl] a. ⟨Psic,Med⟩ subliminale, subliminare.

subliminal advertising s. ⟨Comm⟩ pubblicità f occulta.
sublimity [sə'blimiti] s. sublimità f.
sublunary [sʌb'l(j)u:nəri] a. ⟨Astr⟩ sottolunare, sublunare.
sub-ma'chine-gun s. ⟨Mil⟩ fucile m mitragliatore.
submarine I a. [ˌsʌbməri:n] subacqueo, sottomarino. II s. ['sʌbməri:n] ⟨Mar.mil⟩ sommergibile m, sottomarino m.
submarine| cable ['sʌbməri:n] s. ⟨Tel⟩ cavo m sottomarino. **~ chaser** s. ⟨Mar.mil⟩ cacciasommergibile m.
ubmariner [sʌb'mærinə] s. sommergibilista m.
submerge [səb'mə:dʒ] I v.t. 1 immergere, tuffare. 2 (to cover with water) sommergere, allagare, inondare. 3 ⟨fig⟩ sommergere. II v.i. immergersi, sommergersi. **submerged** [-d] a. 1 sommerso, allagato, inondato; (of a submarine) in immersione. 2 ⟨Bot⟩ subacqueo.
submerged| running s. ⟨Mar⟩ navigazione f in immersione. **~ tenth** s. classe f sociale più povera, diseredati mpl.
ubmergence [səb'mə:dʒəns] s. → submersion. **submergibility** [-dʒə'biliti] s. → submersibility. **sub'mergible** a. → submersible.
submerse [səb'mə:s] v. → submerge. **submersed** [-t] a. → submerged. **sub,mersibility** [-ə'biliti] s. l'essere sommergibile. **submersible** [-əbl] a. sommergibile. **submersion** [-'mə:ʃən] s. sommersione f; (of a submarine) immersione f.
submission [səb'miʃən] s. 1 presentazione f, il sottoporre: the ~ of a proposal la presentazione di una proposta. 2 (s.th. submitted) cosa f sottoposta (o presentata); (application) domanda f, richiesta f. 3 (theory) teoria f, tesi f. 4 (submissiveness) sottomissione f, remissività f; (deference) rispetto m, deferenza f: with all due ~ con tutto il dovuto rispetto. 5 (act of yielding to another's power) sottomissione f; (surrendering) resa f, capitolazione f. 6 ⟨Dir⟩ compromesso m arbitrale. **submissive** [-'misiv] a. remissivo, sottomesso; (meek, humble) sottomesso, umile. **submissively** [-'misivli] avv. in modo sottomesso, remissivamente. **submissiveness** [-'misivnis] s. sottomissione f, remissività f.
ubmit [səb'mit] v. (pret., p.p. submitted [-id]) I v.t. 1 presentare, sottoporre, sottomettere: to ~ a proposal presentare una proposta; to ~ s.th. to s.o. for approval sottoporre qc. all'approvazione di qd. 2 ⟨rifl⟩ sottomettersi, sottoporsi. 3 (to suggest) proporre, suggerire; (to maintain, argue) affermare, asserire, sostenere. 4 ⟨Dir⟩ rimettere, demandare: to ~ a question to a higher court rimettere una controversia a un tribunale superiore. II v.i. 1 sottomettersi, cedere, arrendersi (to a). 2 (to acquiesce uncritically) piegarsi, rassegnarsi, accondiscendere. 3 (to allow o.s. to be subjected) sottoporsi (a): to ~ to medical treatment sottoporsi a un trattamento medico. 4 (to grant precedence) rimettersi (a).
ubmultiple [sʌb'mʌltipl] I s. ⟨Mat⟩ sottomultiplo m. II a. sottomultiplo.
ubnormal [sʌb'nɔ:məl] I a. 1 al di sotto della norma. 2 ⟨Med⟩ subnormale. II s. 1 ⟨Geom⟩ sottonormale f. 2 ⟨Med⟩ subnormale m/f.
uborbital [sʌb'ɔ:bitəl] a. ⟨Astr, Anat⟩ suborbitale.
ub'order ['sʌbɔ:də] s. ⟨Biol⟩ sottordine m.
ubordinate I a. [sə'bɔ:dinit] 1 subalterno, subordinato: a ~ officer un ufficiale subalterno. 2 (of less importance) subordinato, secondario. 3 (subject, dependent) subordinato, sottoposto, soggetto, dipendente. 4 ⟨Gramm⟩ subordinato, dipendente, secondario. II s. subalterno m, subordinato m, sottoposto m. III v.t. [sə'bɔ:dineit] 1 subordinare, mettere su un piano secondario (o inferiore). 2 (to make dependent) far dipendere, subordinare: you must not ~ your decisions to his non devi far dipendere le tue decisioni dalle sue. **sub,ordinating** [-'neitiŋ] a. ⟨Gramm⟩ subordinativo, subordinante: ~ conjunction congiunzione subordinativa. **sub,ordination** [-'neiʃən] s. 1 subordinazione f, dipendenza f. 2 (submission) sottomissione f, subordinazione f. **subordinative** [-nətiv] a. → subordinating.
uborn [sʌ'bɔ:n] v.t. 1 istigare, sobillare. 2 ⟨Dir⟩ subornare: to ~ a witness subornare un teste.
,subor'nation [-ei ʃən] s. 1 istigazione f. 2 ⟨Dir⟩

subornazione f. **suborner** [-ə] s. 1 istigatore m (f -trice). 2 ⟨Dir⟩ subornatore m (f -trice).
subpoena [səb'pi:nə] I s. ⟨Dir⟩ ordine m (o mandato) di comparizione (in giudizio), citazione f. II v.t. notificare un ordine di comparizione a, citare in giudizio.
subpolar [sʌb'poulə] a. ⟨Geog⟩ subpolare.
subprogramme [ˌsʌb'prougræm] s. ⟨Inform⟩ sottoprogramma m.
subreption [səb'repʃən] s. ⟨Dir.can⟩ surrezione f.
subreptitious [ˌsʌbrep'tiʃəs] a. surrettizio.
subrogate ['sʌbro(u)geit] v.t. surrogare (anche Dir.).
,subrogation [-'geiʃən] s. surrogazione f (anche Dir.).
subroutine [sʌbru:'ti:n] s. ⟨Inform⟩ subroutine f, sottoprogramma m.
subscribe [səb'skraib] I v.t. 1 contribuire con, dare come contributo, sottoscrivere per, dare un'offerta di: to ~ fifty pounds to a charity contribuire con cinquanta sterline a un'opera di beneficenza. 2 ⟨Econ⟩ sottoscrivere. 3 (to consent by signing) sottoscrivere, firmare. II v.i. 1 dare un contributo, dare (o versare) denaro (to per). 2 ⟨Econ⟩ sottoscrivere (for per). 3 (to be a subscriber) abbonarsi (to a): I ~ to several weeklies sono abbonato a diversi settimanali. 4 (to consent by signing) sottoscrivere (to s.th. qc.). 5 (to agree) aderire (a), sottoscrivere (to a): to ~ to a doctrine aderire a una dottrina. **subscriber** [-ə] s. 1 abbonato m (f -a). 2 ⟨Tel⟩ abbonato m (f -a), utente m/f. 3 (to a charity, etc.) sottoscrittore m (f -trice) (anche Econ.). □ -s only riservato agli abbonati.
subscript ['sʌbskript] a. scritto sotto, sottoscritto.
subscription [səb'skripʃən] s. 1 contribuzione f, sottoscrizione f; (sum subscribed) contributo m. 2 (of a periodical, theatre, etc.) abbonamento m: to renew one's ~ rinnovare l'abbonamento. 3 (of a club, society) quota f di associazione. 4 ⟨Econ,Edit⟩ sottoscrizione f. 5 (signing, signature) sottoscrizione f, firma f. □ to start a ~ fare un abbonamento; to withdraw one's ~ disdire l'abbonamento.
subscription concert s. concerto m in abbonamento.
subsection ['sʌbsekʃən] s. sottosezione f.
subsequence ['sʌbsikwəns], s. l'essere susseguente. **subsequent** [-nt] a. 1 successivo, susseguente, seguente (to a): ~ events proved me right gli avvenimenti successivi mi diedero ragione. 2 (following as a result) susseguente, conseguente (to, on a). □ ~ to my letter of the 5th ult. facendo seguito alla mia lettera del 5 scorso. **subsequently** [-ntli] avv. successivamente, in seguito, susseguentemente.
subserve [səb'sə:v] v.t. servire a, giovare a, contribuire a, promuovere, favorire: to ~ the purpose servire allo scopo.
subservience [səb'sə:viəns], **subserviency** [-i] s. 1 giovamento m, utilità f. 2 (submissiveness) sottomissione f, remissività f; (servility) servilismo m. **subservient** [-nt] a. 1 utile, giovevole. 2 (submissive) sottomesso, remissivo; (servile) servile. **subserviently** [-ntli] avv. 1 utilmente, in modo giovevole. 2 (submissively) in modo sottomesso, remissivamente; (servilely) servilmente.
subside [səb'said] v.i. 1 (of land) avvallarsi, abbassarsi, cedere; (of buildings) affondare, sprofondare, cedere. 2 (of flood water) decrescere, calare, abbassarsi; (of waves, wind) abbassarsi, calare. 3 ⟨fig⟩ placarsi, quietarsi, calmarsi. 4 ⟨fam⟩ (to lower o.s., collapse) sprofondarsi, abbandonarsi, lasciarsi andare: he ~d into an armchair si sprofondò in una poltrona. 5 (to settle, precipitate) depositarsi, sedimentare.
subsidence [səb'saidəns, 'sʌbsidəns] s. 1 cedimento m, avvallamento m, abbassamento m. 2 (of waters, wind) abbassamento m. 3 ⟨fig⟩ il calmarsi, il quietarsi.
subsidiary [səb'sidjəri] I a. 1 sussidiario, ausiliario; (supplementary) supplementare. 2 (secondary, minor) secondario, accessorio. 3 (of a subsidy) di (o relativo a) un sussidio; (being a subsidy) sotto forma di sussidio. II s. 1 cosa f ausiliaria (o accessoria). 2 (assistant) assistente m/f, aiuto m/f. 3 ⟨Econ⟩ → subsidiary company.
subsidiary company s. società f sussidiaria (o consociata).
subsidization [ˌsʌbsid(a)i'zeiʃən] s. il sussidiare, il

sovvenzionare. **'subsidize** [–daiz] *v.t.* sovvenzionare, sussidiare: *to ~ agriculture* sovvenzionare l'agricoltura. **'subsidy** [–di] *s.* **1** sovvenzione *f,* sussidio *m,* aiuto *m* finanziario. **2** ⟨*Stor*⟩ appannaggio *m.*

subsist [sǝb'sist] *v.i.* **1** vivere (*on* di), sostenersi, tenersi in vita (con): *to ~ on charity* vivere d'elemosina. **2** (*to exist*) esistere, essere, sussistere. **3** ⟨*Filos*⟩ sussistere. **subsistence** [–ǝns] *s.* **1** mezzi *mpl* di sussistenza (*o* sostentamento). **2** → **subsistence allowance.** **3** (*existence*) esistenza *f,* vita *f.* **4** ⟨*Filos*⟩ sussistenza *f.* **subsistence| agriculture** *s.* agricoltura *f* di sussistenza. **~ allowance** *s.* indennità *f* di viaggio (*o* trasferta). **~ farming** *s.* → **subsistence agriculture. ~ level** *s.* livello *m* minimo di vita. **~ money** *s.* → **subsistence allowance.**

subsoil ['sʌbsɔil] *s.* sottosuolo *m.*
subsonic [sʌb'sɔnik] *a.* ⟨*Aer*⟩ subsonico.
subspecies [sʌb'spi:ʃi:z] *s.inv.* ⟨*Biol*⟩ sottospecie *f.*
subst. = **1** ⟨*Gramm*⟩ *substantive* sostantivo. **2** *substitute* sostituto.

substance ['sʌbstǝns] *s.* **1** sostanza *f,* materia *f,* materiale *m: a hard ~* una sostanza dura; *chalky ~* materiale gessoso. **2** (*essential part, quality*) sostanza *f,* essenza *f,* succo *m: the ~ of a proposal* la sostanza di una proposta. **3** (*meaning, import*) significato *m,* senso *m,* portata *f,* valore *m.* **4** (*solidity*) consistenza *f,* solidità *f: claims lacking in ~* richieste prive di consistenza; (*consistency, body*) consistenza *f,* corpo *m.* **5** (*possessions, property*) sostanze *fpl,* patrimonio *m,* beni *mpl,* averi *mpl: to waste one's ~* dilapidare le proprie sostanze. **6** ⟨*Filos*⟩ essenza *f.* □ *in ~*: **1** sostanzialmente, fondamentalmente; **2** (*really*) in effetti, in sostanza, in realtà; *a man of ~* un uomo agiato.

sub-'standard *a.* **1** al di sotto della norma, sotto la norma. **2** (*of goods*) scadente, di qualità inferiore.

substantial [sǝb'stænʃǝl] *a.* **1** solido, stabile, consistente: *a ~ building* un edificio solido. **2** (*stout, strong*) robusto, forte, ben piantato, solido. **3** (*of meals, food*) sostanzioso. **4** (*considerable*) considerevole, grande, notevole: *a ~ profit* un guadagno considerevole. **5** (*of arguments, evidence, etc.*) solido, ben fondato, valido. **6** (*wealthy*) ricco, agiato. **7** (*as regards the essential part*) sostanziale. **8** (*real*) reale, effettivo. **9** (*of substance, matter*) materiale. **10** (*essential*) essenziale, fondamentale, sostanziale. **11** ⟨*Filos*⟩ sostanziale. **12** ⟨*Dir*⟩ materiale: *~ right* diritto materiale. □ *we are in ~ agreement* siamo sostanzialmente d'accordo. **substantialism** [–izǝm] *s.* ⟨*Filos*⟩ sostanzialismo *m.* **substantialist** [–ist] *s.* sostanzialista *m/f.* **sub,stantiality** [–ʃi'æliti] *s.* **1** corporeità *f,* materialità *f.* **2** (*solid quality*) stabilità *f,* solidità *f,* consistenza *f.* **3** (*real value*) importanza *f,* (effettivo) valore *m,* sostanzialità *f.* **4** ⟨*Filos*⟩ sostanzialità *f.* **substantialize** [–aiz] *v.t.* rendere sostanziale (*o* reale), concretare. **substantially** [–i] *avv.* **1** sostanzialmente, fondamentalmente. **2** (*as regards essentials*) sostanzialmente, per ciò che concerne la sostanza: *it is ~ correct* è sostanzialmente corretto. **substantiate** [–ʃieit] *v.t.* **1** dimostrare la fondatezza di, comprovare, convalidare, confermare. **2** (*to give reality to*) rendere sostanziale (*o* reale), concretare. **sub,stantiation** [–ʃi'eiʃǝn] *s.* prova *f.*

substantival [,sʌbstǝn'taivǝl] *a.* ⟨*Gramm*⟩ sostantivale. **'substantive** [–tiv] **I** *s.* ⟨*Gramm*⟩ sostantivo *m.* **II** *a.* **1** ⟨*Gramm*⟩ sostantivato. **2** (*real*) reale, effettivo. **'substantively** [–tivli] *avv.* ⟨*Gramm*⟩ sostantivamente.

substation ['sʌbsteiʃǝn] *s.* **1** stazione *f* secondaria (*o* sussidiaria). **2** ⟨*El*⟩ sottostazione *f.*

substitute ['sʌbstitju:t] **I** *s.* **1** sostituto *m* (*f* –a), delegato (*f* –a), supplente *m/f.* **2** ⟨*Alim*⟩ surrogato *m,* succedaneo *m.* **II** *v.t.* sostituire, rimpiazzare, mettere al posto di: *to ~ one thing for another* sostituire una cosa con un'altra. **III** *v.i.* sostituire, fare da sostituto (*for* a), prendere il posto, fare le veci (di): *to ~ for s.o. on a committee* sostituire qd. in un comitato. □ *to act as ~ for s.o.* fare le veci di qd.

substitution [,sʌbsti'tju:ʃǝn] *s.* sostituzione *f.* **substitutional** [–l], **substitutionary** [–ǝri] *a.* **1** sosti-

tutivo, di sostituzione. **2** (*substitute*) supplente, che sostituisce. **'substitutive** [–tju:tiv] *a.* **1** sostitutivo, di sostituzione. **2** (*serving as a substitute*) supplente, che sostituisce.

substratum [sʌb'stra:tǝm, –'streitǝm] *s.* (*pl.* **-ta** [–tǝ]) **1** sostrato *m,* strato *m* sottostante. **2** ⟨*fig*⟩ fondo *m.* **3** ⟨*Geol,Agr*⟩ sostrato *m;* (*subsoil*) sottosuolo *m.*

substruction [sʌb'strʌkʃǝn] *s.* ⟨*Edil*⟩ sostruzione *f.* **substructural** [–ktʃǝrǝl] *a.* delle (*o* relativo alle) fondamenta. **substructure** [–ktʃǝ] *s.* **1** ⟨*Edil*⟩ fondazion *fpl,* fondamenta *fpl.* **2** ⟨*Edil*⟩ → **substruction.** **3** ⟨*fig* fondamento *m,* base *f.* **4** ⟨*Ferr*⟩ piano *m* di posa.

subsume [sǝb'sju:m] *v.t.* **1** includere in una categoria più vasta. **2** ⟨*Filos*⟩ sussumere. **subsumption** [–'sʌmpʃǝn] *s* **1** inclusione *f* in una categoria più vasta. **2** ⟨*Filos* sussunzione *f.*

subsystem [sʌb'sistǝm] *s.* ⟨*Inform*⟩ sottosistema *m.*
subtangent [sʌb'tændʒǝnt] *s.* ⟨*Geom*⟩ sottotangente *f.*
subtenancy [sʌb'tenǝnsi] *s.* subaffitto *m.* **subtenant** [–nt *s.* subaffittuario *m* (*f* –a).
subtend [sǝb'tend] *v.t.* ⟨*Geom*⟩ sottendere. **subtense** [–ns] *s.* corda *f* che sottende un arco.

subterfuge ['sʌbtǝfju:dʒ] *s.* **1** raggiro *m,* maneggio *m* inganno *m.* **2** (*deceptive device, stratagem*) sotterfugio *m* stratagemma *m,* astuzia *f.*

subterrain, subterrane ['sʌbtǝrein] *s.* sotterraneo *m* **,subter'ranean** [–iǝn], **,subter'raneous** [–iǝs] *a.* sotterraneo. **2** ⟨*fig*⟩ segreto, celato, nascosto.

subtile ['sʌtl, 'sʌbtil] *a.* ⟨*rar*⟩ → **subtle.**
subtilization [,sʌtilai'zeiʃǝn] *s.* sottigliezza *f,* sofisma *m* cavillo *m.* **'subtilize** [–laiz] **I** *v.t.* **1** sottilizzare su cavillare su. **2** (*of the mind, senses*) acuire, affinare. **I** *v.i.* sottilizzare, cavillare, sofisticare.

subtitle ['sʌbtaitl] **I** *s.* **1** sottotitolo *m,* titolo *m* alternativo. **2** ⟨*Cin*⟩ sottotitolo *m,* didascalia *f.* **II** *v.t.* **1** dare un sottotitolo a. **2** ⟨*Cin*⟩ mettere sottotitoli a provvedere di didascalia.

subtle ['sʌtl] *a.* **1** tenue, sottile, debole: *a ~ perfume* un profumo tenue. **2** (*difficult to perceive*) impercettibile inafferrabile, sottile: *a ~ difference* una differenz impercettibile. **3** (*perceptive*) sottile, acuto, perspicace penetrante: *a ~ observer* un osservatore acuto; (*sensitive* sensibile. **4** (*skilful*) abile, destro: *a ~ negotiator* un abil negoziatore. **5** (*devious, cunning*) astuto, scaltro, accorto furbo. **subtlety** [–ti] *s.* **1** tenuità *f,* sottigliezza *f.* 2 (*quality of being difficult to perceive*) impercettibilità *f* inafferrabilità *f,* (*obscurity*) austerità *f,* oscurità *f.* (*fine-drawn distinction*) sottigliezza *f,* sofisticheria *f.* (*mental acuteness*) acutezza *f,* sottigliezza *f,* finezza *j* perspicacia *f: a writer of great ~* uno scrittore di grand acutezza; (*sensitivity*) sensibilità *f.* **5** (*skilfulness*) abilità *f* destrezza *f.* **6** (*deviousness*) astuzia *f,* scaltrezza *f,* furberi *f.* **subtly** [–i] *avv.* **1** sottilmente, argutamente. 2 (*skilfully*) abilmente, destramente. **3** (*deviously*) fur bamente, scaltramente.

subtract [sǝb'trækt] **I** *v.t.* **1** sottrarre, detrarre, levar via togliere. **2** ⟨*Mat*⟩ sottrarre: *to ~ six from ten* sottrarre se da dieci. **II** *v.i.* fare una sottrazione. **sub'traction** [–kʃǝn] *s.* **1** sottrazione *f,* detrazione *f.* **2** ⟨*Mat,Filos* sottrazione *f.* **subtractive** [sǝb'træktiv] *a.* ⟨*Mat,Fot,Fis* sottrattivo.

subtrahend ['sʌbtrǝhend] *s.* ⟨*Mat*⟩ sottraendo *m.*
subtropic [sʌb'trɔpik], **subtropical** [–ǝl] *a.* ⟨*Geog* subtropicale. **subtropics** [–s] *s.pl.* regioni *fpl* sub tropicali.

suburb ['sʌbǝ:b] *s.* **1** sobborgo *m,* zona *f* periferic periferia *f.* **2** *pl.* periferia *f,* sobborghi *mpl,* suburbio *m: t live in the –s* vivere in periferia.

suburban [sǝ'bǝ:bǝn] **I** *a.* **1** suburbano. **2** ⟨*fig* provinciale, gretto. **II** *s.* → **suburbanite. suburbanit** [–ait] *s.* abitante *m/f* dei sobborghi. **suburbia** [–biǝ] *s.* **1** suburbio *m,* periferia *f,* sobborghi *mpl.* **2** (*suburbanites* abitanti *mpl* dei sobborghi. **3** (*suburban manners, etc.*) u e costumi *mpl* (tipici) degli abitanti dei sobborghi.

subvention [sǝb'venʃǝn] *s.* sovvenzione *f,* sussidio *m.*
subversion [sʌb'vǝ:ʃǝn, sǝb–] *s.* sovversione *f* sovvertimento *m,* rovesciamento *m.* **subversionar**

[-əri], **subversive** [-'və:siv] **I** *a.* sovversivo, sovvertitore. **II** *s.* sovversivo *m* (*f* –a), sovvertitore *m* (*f* –trice).
subversively [-'və:sivli] *avv.* in modo sovversivo (*o* sovvertitore).

subvert [sʌb'və:t, səb–] *v.t.* **1** sovvertire, rovesciare, abbattere: *to* ~ *the established order* sovvertire l'ordine costituito. **2** (*to corrupt*) corrompere, pervertire, sovvertire.

subway ['sʌbwei] *s.* **1** ⟨*Strad*⟩ sottopassaggio *m.* **2** ⟨*am*⟩ (*underground*) metropolitana *f,* ferrovia *f* sotterranea.

succade [sʌ'keid] *s.* ⟨*Dolc*⟩ frutta *f* candita.

succeed [sək'si:d] **I** *v.i.* **1** riuscire, avere successo: *the plot* –*ed* la congiura riuscì; (*to be sucessful, prosper*) riuscire, avere successo, prosperare: *to* ~ *at school* riuscire a scuola; *to* ~ *in one's career* avere successo nella (propria) carriera. **2** (*to follow in order, time*) seguire, subentrare, venire dopo. **3** (*to be the successor*) succedere, subentrare (*to* a). **II** *v.t.* **1** seguire a, succedere a, venire dopo. **2** (*to come after in an office, etc.*) succedere a, subentrare a.

succeeding [–iŋ] *a.* successivo, seguente: *the* ~ *weeks* le settimane successive.

success [sək'ses] *s.* **1** successo *m,* (buona) riuscita *f,* affermazione *f:* ~ *and failure* successo e fallimento. **2** (*s.th. that succeeds*) successo *m,* cosa *f* ben riuscita. **3** (*achievement of wealth, fame, etc.*) successo *m.* ▢ *to* **achieve** ~ affermarsi, avere successo; *to* **make** *a* ~ *of s.th.* fare di qc. un successo; *to* **meet** *with* ~: 1 avere successo; 2 (*of people*) affermarsi, avere successo, riuscire; *to* **wish** *s.o.* ~ augurare a qd. buona fortuna; **with** ~ con successo; **without** ~ invano, senza successo, inutilmente. *Prov.: nothing succeeds like* ~ un successo ne chiama un altro.

successful [sək'sesful] *a.* **1** riuscito, coronato da successo: *a* ~ *experiment* un esperimento riuscito. **2** (*of people*) che ha successo; (*having attained wealth, fame, etc.*) di successo, arrivato: *a* ~ *writer* uno scrittore di successo. ▢ *we were* ~ *in persuading him* riuscimmo a persuaderlo.
successfully [–i] *avv.* con successo.

succession [sək'seʃən] *s.* **1** il susseguirsi, successione *f: the* ~ *of events* il susseguirsi degli avvenimenti. **2** (*group of things, events succeeding e.o.*) serie *f,* sequenza *f,* sequela *f,* successione *f: a* ~ *of fine days* una serie di belle giornate. **3** (*act of following s.o. in an office, etc.*) successione *f: the* ~ *to the throne* la successione al trono; (*order*) ordine *m* di successione, successione *f.* **4** ⟨*Dir*⟩ successione *f;* (*estate*) eredità *f.* **5** (*series of descendants, heirs*) eredi *mpl,* discendenti *mpl.* ▢ ⟨*Agr*⟩ ~ *crops* successione *f* delle colture, rotazione *f; in* ~ di seguito, in successione; *in rapid* (*o close*) ~ in rapida successione; ⟨*Pol*⟩ ~ *of States* successione *f* tra stati. **successional** [–əl] *a.* **1** della (*o* relativo alla) successione. **2** (*in a regular order*) consecutivo, successivo.

succession duty ⟨*Dir*⟩ imposta *f* di successione.

successive [sək'sesiv] *a.* successivo, consecutivo: *it rained for the sixth* ~ *day* è piovuto per il sesto giorno consecutivo. **successively** [–li] *avv.* consecutivamente, di seguito, successivamente.

successor [sək'sesə] *s.* successore *m: Henry VIII's* ~ il successore di Enrico VIII; (*heir*) erede *m/f,* successore *m.*

succinct [sək'siŋkt] *a.* conciso, breve, succinto. **succinctly** [–li] *avv.* succintamente. **succinctness** [–nis] *s.* succintezza *f,* concisione *f,* brevità *f.*

succinic [sʌ'sinik] *a.* **1** d'ambra. **2** ⟨*Chim*⟩ succinico: ~ *acid* acido succinico.

succor *am.* → **succour.**

succotash *am.* ['sʌkətæʃ] *s.* ⟨*Gastr*⟩ piatto *m* di granturco e fagioli.

succour ['sʌkə] **I** *s.* soccorso *m,* aiuto *m,* assistenza *f.* **II** *v.t.* aiutare, soccorrere.

succuba ['sʌkjubə] *s.* (*pl.* -**bae** [bi:]), **succubus** [–s] *s.* (*pl.* -**bi** [bai]) **1** ⟨*Folcl*⟩ succube *m.* **2** (*estens*) demone *m,* spirito *m* demoniaco.

succulence ['sʌkjuləns], **succulency** [–i] *s.* succulenza *f,* succosità *f.* **succulent** [–nt] *a.* **1** succulento, succoso, sugoso. **2** ⟨*Bot*⟩ succulento, grasso. **succulently** [–ntli] *avv.* in modo succulento.

succumb [sə'kʌm] *v.i.* **1** cedere, soccombere, soggiacere (*to* a): *to* ~ *to temptation* cedere alla tentazione. **2** (*to die*) soccombere, morire.

succursal [sə'kə:səl] *a.* succursale.

such [sʌtʃ] **I** *a.* **1** simile, tale, siffatto, di tal fatta, del genere: ~ *people are dangerous* gente simile è pericolosa; *he would never stoop to* ~ *a trick* non si abbasserebbe mai a un trucco del genere; (*similar*) simile, del genere, similare: *is there* ~ *a book in English?* c'è un libro simile in inglese? **2** (*of the degree to be indicated: used correlatively with that*) tale, tanto: *he spoke with* ~ *passion that he convinced us all* parlò con tanta passione da convincerci tutti. **3** (*being as indicated*) tale, così, siffatto: ~ *was the situation* tale era la situazione; (*used to avoid repetition*) tale: *his arrogance, if it is* ~, *has a very simple explanation* la sua arroganza, se è tale, ha una spiegazione molto semplice. **4** (*intens*) così grande, tale, tanto: *I have never heard* ~ *nonsense* non ho mai sentito sciocchezze così grandi. **5** (*not specified, such and such*) certo, tale, determinato (ma non specificato): *in* ~ *a place and at* ~ *a time* in un certo posto e a una certa ora. **II** *pron.* **1** questo, tale: ~ *was not my intention* questa non era la mia intenzione. **2** → **suchlike. 3** (*fam*) (*the thing or person mentioned*) *not translated: he claims to be a friend but he is not* ~ si proclama amico ma non lo è. ▢ **all** ~: 1 simile, siffatto: *all* ~ *injustices must be removed* simili ingiustizie devono scomparire; 2 (*used pronominally*) tutti quelli che: *all* ~ *as believe in justice* tutti quelli che credono nella giustizia; **and** ~ e simili, e così via: *tea and coffee and* ~ tè, caffè e simili; ~ *and* ~: 1 tale, certo, determinato (ma non specificato): *at* ~ *and* ~ *time* alla tale ora; ~ *and* ~ *a kind of people* un certo tipo di persone; 2 (*used pronominally*) quella tal cosa: *he maintained that* ~ *and* ~ *was not true* sosteneva che quella tal cosa non era vera; 3 (*s.o. not specified*) il tale, il tal dei tali; **another** ~ uno del genere, uno così (*o* uguale): *another* ~ *mistake could be fatal* un altro errore del genere potrebbe essere fatale; ~ **as:** 1 (*like*) come; 2 (*of the kind that*) come, del genere che; 3 (*for example*) per esempio; 4 (*those things which*) quelle (*o* le) cose che; 5 (*those people who*) quelli che, coloro che; *this is my house,* ~ *as it is* questa è la mia casa, se così si può chiamare; *the offer,* ~ *as it was, was refused* l'offerta, così com'era, fu respinta; ~ *as to* tale da (*o* che); ~ *being the* **case** stando così le cose; **no** ~ niente (*o* nessuno) del genere; ~ *a* **one:** 1 un tale; 2 ⟨*rar*⟩ (*such and such*) il tale, il tal dei tali; *ink, paper and other* ~ *items* inchiostro, carta e altre cose del genere; **some** ~ di questo genere, più o meno come questo; ~ **that** tale che (*o* da). ‖ ~ *is the world!* così va il mondo!

suchlike ['sʌtʃlaik] ⟨*fam*⟩ **I** *a.* simile, siffatto, di tal sorta. **II** *pron.* (*people*) persone *fpl* simili (*o* del genere); (*things*) cose *fpl* simili (*o* del genere).

suck¹ [sʌk] **I** *v.t.* **1** succhiare: *insects* ~ *honey from flowers* gli insetti succhiano il miele dai fiori; (*from a breast, an udder*) succhiare, poppare. **2** (*to draw by suction*) aspirare: *the pumps* –*ed the water out of the hold* le pompe aspiravano l'acqua dalla stiva; (*to draw by absorption*) assorbire, succhiare; (*of air*) inspirare. **3** (*fig*) prendere, trarre: *to* ~ *strength from s.o.'s presence* trarre forza dalla presenza di qd. **II** *v.i.* **1** succhiare. **2** (*to draw milk from the breast, udder*) poppare, succhiare il latte. **3** ⟨*tecn*⟩ (*of a pump*) aspirare aria. ▢ (*fam*) *to* ~ *s.o.'s* **brains** sfruttare le idee di qd.; *to* ~ **dry:** 1 succhiare sino ⸢in fondo⸣ (*o* all'ultima goccia); 2 (*fig*) esaurire, sfinire; *to* ~ **in:** 1 aspirare; 2 (*fig*) imbeversi di, assorbire, assimilare: *to* ~ *in knowledge* imbeversi di sapere; 3 ⟨*sl*⟩ (*to swindle*) imbrogliare, raggirare, truffare, ⟨*pop*⟩ fregare; *to* ~ **up:** 1 aspirare; 2 (*to absorb*) assorbire; ⟨*sl*⟩ *to* ~ **up to** (*to flatter, fawn on*) adulare sfacciatamente, ⟨*fam,scherz*⟩ sviolinare.

suck² *s.* **1** succhiamento *m,* succhiata *f.* **2** (*sucking force*) risucchio *m;* (*sound of sucking*) gorgoglio *m.* **3** (*sip*) sorso *m.* **4** (*milk from the breast*) poppata *f.* **5** ⟨*sl*⟩ (*obsequious person*) adulatore *m* (*f* –trice) servile, leccapiedi *m.* ▢ *to be at* ~ (*of a baby*) poppare; *to give* ~ (*to*) dare il latte (a), allattare.

sucker ['sʌkə] **I** *s.* **1** succhiatore *m* (*f* –trice). **2** (*suckling*) poppante *m/f*, lattante *m/f.* **3** ⟨*fam*⟩ ⟨*dupe*⟩ sempliciotto *m* (*f* –a), babbeo *m* (*f* –a), citrullo *m* (*f* –a). **4** ⟨*fam*⟩ ⟨*lollipop*⟩ lecca lecca *m;* (*boiled sweet*) caramella *f* (dura). **5** (*rubber disk that adheres by suction*) ventosa *f.* **6** ⟨*Zool*⟩ ventosa *f.* **7** ⟨*Entom*⟩ succhiatoio *m.* **8** (*pipe, tube through which s.th. is sucked*) tubo *m* di aspirazione. **9** ⟨*Mecc*⟩ pistone *m* (valvolato); (*valve*) valvola *f* di pistone. **10** ⟨*Bot*⟩ pollone *m,* succhione *m.* **Sucker** *am. s.* ⟨*fam*⟩ (*Illinoisan*) abitante *m/f* dell'Illinois. **II** *v.t.* ⟨*Bot*⟩ togliere i polloni (*o* succhioni) a. **III** *v.i.* ⟨*Bot*⟩ mettere polloni (*o* succhioni). □ ⟨*fam*⟩ *to be a ~ for* essere un patito di, avere il pallino di, avere una passione (*o* un debole) per; ⟨*fam*⟩ *to play s.o. for a ~* imbrogliare qd., ⟨*pop*⟩ far fesso qd., ⟨*pop*⟩ fregare qd.

suckfish ['sʌkfiʃ] *s.* ⟨*Itt*⟩ remora *f.*

sucking ['sʌkiŋ] *a.* **1** lattante, poppante. **2** (*very young*) molto giovane, ⟨*fam*⟩ lattante. **3** ⟨*fig*⟩ inesperto, alle prime armi, novellino.

sucking‖ lamb *s.* ⟨*Zootecn*⟩ agnello *m* da latte. **~ pig** *s.* ⟨*Zootecn*⟩ lattonzolo *m,* porcellino *m* da latte.

suckle ['sʌkl] *v.t.* allattare, dare il latte a. **suckling** [–iŋ] *s.* **1** lattante *m/f,* poppante *m/f.* **2** (*young animal*) animale *m* da latte. **3** ⟨*fig*⟩ inesperto *m* (*f* –a), novellino *m* (*f* –a).

sucrose ['sjuːkrous] *s.* ⟨*Chim*⟩ saccarosio *m.*

suction ['sʌkʃən] *s.* **1** succhiamento *m.* **2** ⟨*Mot*⟩ aspirazione *f.*

suction‖ apparatus *s.* ⟨*tecn*⟩ aspiratore *m.* **~ chamber** *s.* ⟨*tecn*⟩ camera *f* d'aspirazione. **~ cup** *s.* coppetta *f* di suzione, ventosa *f.* **~ fan** *s.* ventilatore d'aspirazione, aspiratore *m.* **~ head** *s.* (*of a pump*) altezza *f* di aspirazione. **~ plate** *s.* ⟨*Dent*⟩ palato *f* (di protesi) a ventosa. **~ pump** *s.* ⟨*Mecc*⟩ pompa *f* aspirante. **~ valve** *s.* ⟨*tecn*⟩ valvola *f* d'aspirazione.

Sudan [suːdɑːn] *N.pr.* ⟨*Geog*⟩ Sudan *m.* **Sudanese** [ˌsuːdəˈniːz] **I** *s.inv.* **1** (*people;* costr. pl.) sudanesi *mpl.* **2** (*person*) sudanese *m/f.* **II** *a.* sudanese.

sudarium [s(j)uːˈdeəriəm] *s.* (*pl.* **-ria** [riə]) ⟨*Stor.rom*⟩ sudario *m.* ˌ**sudatorium** [–dəˈtɔːriəm] *s.* (*pl.* **-ria** [–riə]) **1** stanza *f* riscaldata per la sudorazione. **2** ⟨*Archeol*⟩ sudatorio *m.* ˈ**sudatory** [–dətəri] **I** *a.* sudorifero, sudorifico. **II** *s.* → **sudatorium**.

sudden ['sʌdn] **I** *a.* **1** improvviso, subitaneo, repentino: *a ~ noise* un rumore improvviso. **2** (*unexpected*) improvviso, imprevisto, inaspettato. **III** *avv.* ⟨*poet*⟩ immediatamente, subito. □ ⌐*all of*⌐ (o *on*) *a ~* improvvisamente, all'improvviso, tutt'a un tratto, repentinamente; ⟨*scherz*⟩ *this is so ~* mi prendi alla sprovvista.

sudden death *s.* **1** morte *f* improvvisa. **2** ⟨*Sport*⟩ spareggio *m* che termina non appena una squadra segna il punto decisivo.

suddenly ['sʌdnli] *avv.* **1** improvvisamente, all'improvviso, d'un tratto, tutt'a un tratto, repentinamente: *I ~ realized my mistake* improvvisamente mi resi conto del mio errore. **2** (*abruptly*) bruscamente, improvvisamente, di colpo: *the road curved ~* la strada voltava bruscamente. **suddenness** [–nnis] *s.* **1** subitaneità *f,* repentinità *f.* **2** (*abruptness*) l'essere brusco (o improvviso).

sudoral ['s(j)uːdərəl] *a.* ⟨*Med*⟩ sudorale. ˌ**sudoriferous** [–ˈrifərəs] *a.* ⟨*Anat*⟩ sudorifero, sudoriparo. ˌ**sudorific** [–ˈrifik] **I** *a.* ⟨*Med*⟩ sudorifero, diaforetico. **II** *s.* sudorifero *m,* diaforetico *m.*

suds [sʌdz] *s.pl.* **1** saponata *f,* schiuma *f;* (*soapy water*) saponata *f.* **2** ⟨*sl*⟩ (*beer*) birra *f.*

sue [s(j)uː] **I** *v.t.* **1** ⟨*Dir*⟩ citare (in giudizio), chiamare in giudizio: *to ~ s.o. for libel* citare qd. per diffamazione; (*of a court*) adire; (*of an action*) intentare. **2** (*to make petition to*) supplicare, implorare. **3** ⟨*ant*⟩ (*to pay court to*) corteggiare, fare la corte a. **II** *v.i.* **1** ⟨*Dir*⟩ intentare (una) causa: *to ~ for damages* intentare una causa per danni. **2** (*to make a request, petition*) chiedere, sollecitare. □ ⟨*Dir*⟩ *to ~ out* (*of a writ, etc.*) ottenere dietro istanza.

Sue *N.pr.* dim. di **Susan**.

suede, suède [sweid] **I** *s.* ⟨*Conc*⟩ pelle *f* scamosciata. **II** *a.* di pelle scamosciata: *~ shoes* scarpe di pelle scamosciata.

suet ['s(j)uːit] *s.* ⟨*Alim*⟩ grasso *m* di rognone di bue (o pecora).

Suez ['s(j)uːiz] *N.pr.* ⟨*Geog*⟩ Suez *f:* *~ Canal* canale *m* di Suez.

suff. = **1** *sufficient* sufficiente. **2** ⟨*Ling*⟩ *suffix* suffiso.

suffer ['sʌfə] **I** *v.i.* **1** soffrire, patire: *the patient –ed terribly* il paziente soffriva terribilmente. **2** (*to be afflicted*) soffrire (*from* di, a causa di): *to ~ from headaches* soffrire di mal di testa. **3** (*to sustain injury, damage*) soffrire, subire danno, essere danneggiato. **4** (*to be object of action*) subire. **5** (*to be punished*) essere punito. **6** (*of a condemned man*) essere giustiziato. **II** *v.t.* **1** soffrire, patire: *to ~ hunger* soffrire la fame; (*to be forced to undergo*) subire, patire: *to ~ imprisonment* subire la prigione; *to ~ a wrong* patire un torto. **2** (*to tolerate*) sopportare, tollerare: *how can you ~ such insolence?* come puoi sopportare una simile insolenza? **3** (*to allow*) lasciare, permettere: ⟨*Bibl*⟩ *~ little children to come unto me* lasciate che i fanciulli vengano a me. □ *to ~ death* morire (martire o giustiziato); *to ~ defeat* subire una sconfitta; *to ~ fools gladly* sopportare pazientemente le persone moleste.

sufferable ['sʌfərəbl] *a.* sopportabile, tollerabile. **sufferably** [–i] *avv.* sopportabilmente. **sufferance** [–rəns] *s.* **1** tacito consenso *m* (o assenso), acquiescenza *f;* (*tolerance*) tolleranza *f.* **2** ⟨*Econ*⟩ lettera *f* di esenzione dai diritti doganali. **3** ⟨*rar*⟩ (*act of suffering*) sofferenza *f.* □ *beyond ~* intollerabile, insopportabile; *on ~* (*of people*) tollerato, sopportato. **sufferer** [–rə] *s.* **1** vittima *f.* **2** (*one afflicted with s.th.*) chi soffre, sofferente *m/f,* malato *m* (*f* –a) (*from* di). **suffering** [–riŋ] **I** *s.* **1** sofferenza *f.* **2** (*affliction*) dolore *m,* sofferenza *f,* patimento *m: to endure great ~* sopportare grandi dolori. **II** *a.* sofferente.

suffice [səˈfais] **I** *v.i.* essere sufficiente, bastare: *a hundred pounds will ~* cento sterline saranno sufficienti; *~ it to say that* basti dire che. **II** *v.t.* essere sufficiente a, bastare a; (*of a want*) soddisfare, appagare. □ *your word will ~* basta la tua parola.

sufficiency [səˈfiʃənsi] *s.* **1** sufficienza *f,* l'essere sufficiente; (*state of being adequate*) adeguatezza *f.* **2** (*s.th. that is enough*) quantità *f* sufficiente: *to eat a ~* mangiare in quantità sufficiente; (*adequate financial means*) necessario *m* (o mezzi *mpl* sufficienti) per vivere: *his job gives him a ~* il suo lavoro gli dà il necessario per vivere. **3** ⟨*at*⟩ (*capacity*) abilità *f,* capacità *f.* **sufficient** [–nt] *a.* **1** sufficiente, bastante. **2** ⟨*ant*⟩ (*competent*) competente. **II** *s.* sufficiente *m,* quantita *f* sufficiente. □ *Prov.*: *~ unto the day is the evil thereof* basta a ogni giorno la sua pena. **sufficiently** [–ntli] *avv.* sufficientemente, a sufficienza, abbastanza.

suffix ['sʌfiks] **I** *s.* ⟨*Ling*⟩ suffisso *m.* **II** *v.t.* ⟨*Ling*⟩ suffigere.

suffocate ['sʌfəkeit] **I** *v.t.* **1** soffocare, asfissiare, privare dell'aria; (*to kill by depriving of air*) soffocare, strangolare, strozzare. **2** ⟨*fig*⟩ soffocare, domare, reprimere: *to ~ opposition* soffocare l'opposizione. **II** *v.i.* **1** sentirsi soffocare, boccheggiare. **2** (*to die by suffocation*) morire per soffocamento (o asfissia). **suffocating** [–iŋ] *a.* soffocante, asfissiante, opprimente; *~ heat* caldo soffocante. ˌ**suffocation** [–ˈkeiʃən] *s.* **1** soffocamento *m,* soffocazione *f.* **2** ⟨*Med*⟩ asfissia *f: death by ~* morte per asfissia.

suffragan ['sʌfrəgən] **I** *a.* ⟨*Dir.can*⟩ suffraganeo. **II** *s.* → **suffragan bishop**.

suffragan bishop *s.* ⟨*Dir.can*⟩ vescovo *m* suffraganeo.

suffraganship ['sʌfrəgənʃip] *s.* ⟨*Dir.can*⟩ suffraganeità *f.*

suffrage ['sʌfridʒ] *s.* **1** suffragio *m,* diritto *m* di voto; (*vote*) suffragio *m,* voto *m.* **2** (*approval*) approvazione *f,* parere *m* favorevole, suffragio *m.* **3** *pl.* ⟨*Teol*⟩ suffragio *m.*

suffragette *fr.* [ˌsʌfrəˈdʒet] *s.* suffragetta *f.* '**suffragist** [–dʒist] *s.* suffragista *m/f.*

suffumigate [səˈfjuːmigeit] *v.t.* suffumicare, suffumigare.

suffuse [səˈfjuːz] *v.t.* **1** colorire (delicatamente), cospargere, ⟨*lett*⟩ soffondere: *the cold light of dawn –d the sky* la fredda luce dell'alba colorì il cielo; *her cheeks were –d* *with blushes* le sue guance erano soffuse di rossore. **2** (*to pour over, overspread*) bagnare, inondare. **suffusion** [-'fju:ʒən] *s.* **1** il cospargere, coloritura *f* (leggera). **2** ⟨*Med*⟩ soffusione *f.* **3** (*colouring spread over a surface*) colore *m* diffuso; (*over the face*) rossore *m.*

sugar ['ʃugə] **I** *s.* **1** zucchero *m.* **2** ⟨*fam*⟩ (*beautiful girl*) bella ragazza *f*, bellezza *f*; (*as a term of address*) dolcezza *f* (mia). **3** ⟨*fig*⟩ (*flattery*) adulazione *f*, lusinga *f.* **4** ⟨*sl*⟩ (*money*) denaro *m*, soldi *mpl*, ⟨*gerg*⟩ grana *f.* **II** *v.t.* **1** zuccherare, inzuccherare. **2** ⟨*fig*⟩ inzuccherare, (r)addolcire: *to ~ the pill* inzuccherare la pillola. **III** *v.i.* **1** formare zucchero. **2** ⟨*sl*⟩ (*to be idle*) oziare, stare in ozio. □ ⟨*Chim*⟩ *~ of lead* acetato *m* di piombo; *~ of milk* lattosio *m.*

sugar| basin *s.* → **sugar bowl.** **~ beet** *s.* ⟨*Bot*⟩ barbabietola *f* zuccherina (*o* da zucchero). **~ bowl** *s.* zuccheriera *f.* **~ candy** *s.* **1** ⟨*Dolc*⟩ caramella *f* di zucchero. **2** ⟨*fig*⟩ cosa *f* piacevole, delizia *f.* **~ cane** *s.* ⟨*Bot*⟩ canna *f* da zucchero. **~-coated** *a.* **1** ricoperto di zucchero. **2** ⟨*fig*⟩ addolcito, raddolcito, inzuccherato. **~ daddy** *s.* ⟨*sl*⟩ vecchio *m* danaroso che colma di doni l'amante giovane. **~ disease** *s.* ⟨*Med*⟩ diabete *m* mellito.

sugared ['ʃugəd] *a.* **1** zuccherato, inzuccherato. **2** (*sugar-coated*) ricoperto di zucchero.

sugar-free *a.* senza zucchero.

sugariness ['ʃugərinis] *s.* **1** l'essere zuccherino. **2** ⟨*fig*⟩ sdolcinatezza *f.*

sugar| loaf I *s.* **1** pan *m* di zucchero. **2** ⟨*Geog*⟩ montagna *f* a forma di pan di zucchero. **II** *a.* a pan di zucchero. **~ maple** *s.* **1** ⟨*Bot*⟩ acero *m* ⌐da zucchero⌐ (*o* del Canada). **2** (*wood*) acero *m* del Canada. **~ mill** *s.* zuccherificio *m* (per zucchero di canna). **~ plum** *s.* ⟨*Dolc*⟩ zuccherino *m.* **~ refinery** *s.* raffineria *f* di zucchero. **~ spoon** *s.* cucchiaino *m* da zucchero. **~-tongs** *s.pl.* mollette *fpl* da zucchero. **~ tree** *s.* → **sugar maple.** **~works** *s.pl.* (costr. sing. o pl.) zuccherificio *m.*

sugary ['ʃugəri] *a.* **1** zuccherino. **2** ⟨*fig*⟩ (*excessively sweet*) zuccheroso, zuccherato, sdolcinato; (*flattering*) zuccheroso, mellifluo, melato.

suggest [sə'dʒest] *v.t.* **1** proporre, suggerire: *to ~ a walk* proporre una passeggiata. **2** (*to hint*) far capire, lasciare intendere. **3** (*to give rise to the idea of*) far venire in mente, suggerire. **4** ⟨*rifl*⟩ prospettarsi, presentarsi. **5** (*to imply*) insinuare. □ *an idea -ed itself to his mind* gli venne in mente un'idea; ⟨*Dir*⟩ *I ~ that* sostengo che.

suggestibility [sə,dʒesti'biliti] *s.* **1** suggestionabilità *f.* **2** ⟨*Med*⟩ suggestionabilità *f.* **sug'gestible** [-bl] *a.* **1** suggestionabile. **2** (*that may be suggested*) proponibile, che può essere suggerito. **3** ⟨*Med*⟩ suggestionabile.

suggestion [sə'dʒestʃən] *s.* **1** suggerimento *m*, proposta *f*, consiglio *m*: *his -s are always sensible* i suoi suggerimenti sono sempre sensati. **2** (*hint, intimation*) accenno *m*, allusione *f.* **3** ⟨*fig*⟩ traccia *f*, pizzico *m*, ombra *f*: *a ~ of a foreign accent* una traccia di accento straniero. **4** ⟨*Psic*⟩ suggestione *f.* **5** (*in hypnosis*) suggestione *f* (ipnotica). □ *to do s.th. at* (*o* on) *s.o.'s ~* fare qc. su consiglio di qd.; *full of ~* suggestivo; *what a ~!* che razza di proposta!, ma che idea!

suggestion box *s.* cassetta *f* dei suggerimenti.

suggestive [sə'dʒestiv] *a.* **1** indicativo (*of* di), che significa, che denota (qc.). **2** (*full of suggestions*) che richiama alla mente, evocativo, suggestivo: *~ poetry* poesia evocativa. **3** (*suggesting s.th. indecent, improper*) provocante, spinto, sfacciato: *a ~ look* uno sguardo provocante. □ *the decision was ~ of panic rather than foresight* la decisione denotava panico più che prudenza.

suggestively [-li] *avv.* **1** significativamente. **2** (*so as to suggest s.th. indecent*) in modo provocante (*o* spinto).

suggestiveness [-nis] *s.* **1** l'essere significativo (*o* indicativo). **2** (*evocativeness*) l'essere evocativo, suggestività *f.* **3** (*intimation of s.th. indecent*) l'essere provocante (*o* spinto).

suicidal [,su:i'saidl] *a.* **1** suicida, di suicidio: *~ insanity* mania suicida. **2** ⟨*fig*⟩ funesto, rovinoso, suicida, deleterio: *a ~ economic policy* una politica economica funesta. **suicidally** [-i] *avv.* da suicida. **'suicide** [-said]

s. **1** suicidio *m* (*anche fig.*): *to commit ~* suicidarsi; *political ~* suicidio politico. **2** (*person who kills himself*) suicida *m/f.*

suit [s(j)u:t] **I** *s.* **1** ⟨*Vest*⟩ (*for men*) abito *m*, vestito *m*, completo *m*: *a three-piece ~* un abito a tre pezzi; (*for women*) giacca e gonna *f*, completo *m*, tailleur *m.* **2** (*special garment*) completo *m*, costume *m*: *a diving ~* un completo da subacqueo. **3** (*of cards*) seme *m*, colore *m*; (*aggregate of cards of the same suit held*) carte *fpl* dello stesso seme in mano a un giocatore. **4** ⟨*Dir*⟩ processo *m*, azione *f* legale, causa *f*, lite *f.* **5** (*act of petitioning*) istanza *f*, richiesta *f*, appello *m*, petizione *f.* **6** ⟨*lett*⟩ (*courtship, wooing*) corte *f*, corteggiamento *m*: *to press one's ~ with s.o.* fare una corte serrata a qd. **7** ⟨*Mar*⟩ (*set of sails*) muta *f* (*o* gioco *m*) di vele. **II** *v.t.* **1** andar bene a (*o* per), soddisfare, contentare, proprio al caso di: *I think this room will ~ you* penso che questa stanza vi andrà bene. **2** (*to be appropriate for*) essere adatto (*o* appropriato) a, convenirsi a, confarsi a, addirsi a. **3** (*to look well on*) star bene a, adattarsi a, confarsi a. **III** *v.i.* **1** andar bene, essere accettabile: *will ten o'clock tomorrow ~ you?* va bene domani alle dieci? **2** (*to be appropriate*) convenire, convenirsi, addirsi, adattarsi, essere adatto (*o* appropriato). **3** (*to be in accordance, agreement*) convenire, essere d'accordo, concordare (*with* con). □ *to ~ the action to the words* fare quello che si è detto, far seguire alle parole i fatti; ⟨*Vest*⟩ *~ of clothes* completo *m*; *to follow ~*: **1** (*in cards*) rispondere a colore; **2** ⟨*fig*⟩ seguire l'esempio (di un altro), fare altrettanto (*o* lo stesso); ⟨*Dir*⟩ *~ at law* procedimento giudiziario; *to ~ o.s.* fare il proprio comodo; *~ yourself* fa come credi (*o* ti pare).

suitability [,s(j)u:tə'biliti] *s.* **1** opportunità *f*, convenienza *f*, adeguatezza *f.* **2** (*quality of being adapted, fit*) rispondenza *f*, adattabilità *f*, idoneità *f.* **3** (*propriety*) proprietà *f*: *~ of style* proprietà di stile. **'suitable** [-bl] *a.* **1** appropriato, opportuno, adatto, adeguato. **2** (*meeting requirements*) adatto, qualificato. **'suitableness** [-blnis] *s.* → **suitability. 'suitably** [-bli] *avv.* **1** in modo adatto, adeguatamente. **2** (*fitly, properly*) in modo appropriato (*o* opportuno), convenientemente.

suit|case *s.* valigia *f.* **~ dress** *s.* ⟨*Vest*⟩ completo *m* a giacca.

suite [swi:t] *s.* **1** ⟨*Arred*⟩ mobilia *f*, mobilio *m*, arredo *m*: *a bedroom ~* mobilia per una camera da letto; (*set of two armchairs and a sofa*) salotto *m.* **2** (*group of rooms*) appartamento *m.* **3** ⟨*am.Ferr*⟩ due cabine *fpl* letto comunicanti. **4** (*company of followers*) seguito *m*, scorta *f*: *the Minister and his ~* il ministro e il suo seguito. **5** ⟨*Mus*⟩ suite *f.*

suited ['s(j)u:tid] *a.* **1** adatto, confacente, conveniente, adeguato: *the climate is not ~ to vine growing* il clima non è adatto alla viticoltura. **2** (*qualified*) adatto, qualificato. **3** (*compatible, conformable*) che è in armonia, che concorda, che si accorda, compatibile. □ *the couple seems well ~* la coppia sembra (essere) bene assortita.

suiting ['s(j)u:tiŋ] *s.* ⟨*Tess,Sart*⟩ tessuto *m* per vestiti.

suitor ['s(j)u:tə] *s.* **1** corteggiatore *m*, pretendente *m*, ⟨*scherz*⟩ spasimante *m.* **2** ⟨*Dir*⟩ (*plaintiff*) attore *m* (*f* –trice). **3** (*applicant*) richiedente *m/f.*

sulcate ['sʌlkeit] *a.* solcato, scanalato. **sulcus** [-kəs] *s.* (*pl.* -ci [sai]) **1** solco *m*, scanalatura *f.* **2** ⟨*Anat*⟩ solco *m.*

sulfa *am. e der.* → **sulpha** *e der.*

sulk [sʌlk] **I** *v.i.* tenere (*o* fare) il broncio, tenere (*o* allungare) il muso, fare lo scontroso. **II** *s.* **1** broncio *m*, muso *m.* **2** *pl.* malumore *m.* □ *to be in the -s* tenere il muso; *to have the -s* avere le lune (*o* la luna) (di traverso). **'sulkily** [-ili] *avv.* in modo imbronciato (*o* scontroso), da musone. **'sulkiness** [-inis] *s.* musoneria *f*, scontrosità *f*, scontrosaggine *f.* **'sulky** [-i] **I** *a.* **1** imbronciato, di malumore, immusonito: *a ~ child* un bambino imbronciato. **2** (*suggestive of sulkiness*) corrucciato, accigliato, cupo, aggrondato. **3** (*of weather, etc.: gloomy*) tetro, fosco, cupo. **II** *s.* ⟨*Sport*⟩ sulky *m*, sediolo *m.*

Sulla ['sʌlə] *N.pr.* ⟨*Stor.rom*⟩ Silla *m.*

sullage ['sʌlidʒ] *s.* **1** immondizia *f*, spazzatura *f*, rifiuti *mpl*; (*sewage*) acque *fpl* luride. **2** ⟨*Met*⟩ scoria *f.*

sullen ['sʌlən] *a.* **1** accigliato, imbronciato, di cattivo umore, scontroso. **2** (*resentful*) ostile, astioso, torvo. **3** (*of weather, etc.*) cupo, scuro, fosco. **sullenly** [–li] *avv.* scontrosamente, in modo accigliato. **sullenness** [–nis] *s.* tetraggine *f*, aspetto *m* accigliato. **sullens** [–z] *s. pl.* ⟨*dial*⟩ (*sullen mood, sulk*) broncio *m*, muso *m*.

sully ['sʌli] *v.t.* macchiare, insudiciare, sporcare (*anche fig.*): *to ~ s.o.'s reputation* macchiare l'onore di qd.

sulpha ['sʌlfə] **I** *a.* ⟨*Chim,Med*⟩ sulfamidico. **II** *s.* → **sulpha drug**.

sulpha drug *s.* ⟨*Farm*⟩ sulfamidico *m*.

sulphate ['sʌlfeit] **I** *s.* ⟨*Chim*⟩ solfato *m*. **II** *v.t.* ⟨*Chim*⟩ solfonare. **III** *v.i.* ⟨*El*⟩ solfatizzarsi. □ *~ of ammonia* solfato *m* di ammonio; *~ of copper* solfato *m* di rame; *~ of iron* solfato *m* di ferro.

sulphid ['sʌlfid], **sulphide** [–faid] *s.* ⟨*Chim*⟩ solfuro *m*.

sulphite ['sʌlfait] *s.* ⟨*Chim*⟩ solfito *m*.

sulphonamid [sʌl'fɒnəmid], **sulphonamide** [–maid] *s.* ⟨*Farm*⟩ sulfamidico *m*, solfamidico *m*, solfonamidico *m*.

sulphur ['sʌlfə] **I** *s.* **1** ⟨*Chim*⟩ zolfo *m*: *flowers of ~* fiori di zolfo. **2** (*colour*) giallo *m* citrino, color *m* zolfo. **3** ⟨*Entom*⟩ colia *f*, coliade *m*. **II** *a.* sulfureo, solforeo. **III** *v.t.* solforare, solfare, zolfare.

sulphurate ['sʌlfjəreit] *v.* → **sulphurize. sulphurated** [–id] *a.* solforato, trattato con zolfo. **,sulphuration** [–'reiʃən] *s.* ⟨*Chim,Agr*⟩ solforazione *f*. **sulphurator** [–ə] *s.* ⟨*Agr*⟩ solforatrice *f*.

sulphur dioxide *s.* ⟨*Chim*⟩ biossido *m* di zolfo.

sulphureous [sʌl'fjuəriəs] *a.* **1** ⟨*Chim*⟩ sulfureo, solforeo. **2** (*sulphur-coloured*) sulfureo, del color dello zolfo.

sulphuretted ['sʌlfjəretid] *a.* ⟨*Chim*⟩ solforato: *~ hydrogen* idrogeno solforato.

sulphuric [sʌl'fjuərik] *a.* ⟨*Chim*⟩ solforico: *~ acid* acido *m* solforico.

sulphurization [,sʌlfjurai'zeiʃən] *s.* → **sulphuration. 'sulphurize** [–raiz] *v.t.* zolfare, solfare, solforare.

sulphurous ['sʌlfjərəs] *a.* **1** ⟨*Chim*⟩ solforoso: *~ acid* acido solforoso. **2** (*fig*) (*diabolic*) infernale, diabolico. **3** ⟨*fig*⟩ (*fiery, passionate*) appassionato, di fuoco, ardente.

sulphur| oxide *s.* ossido *m* di zolfo. **~ rain, ~ shower** *s.* pioggia *f* di zolfo. **~ spring** *s.* sorgente *f* solfurea. **~ water** *s.* acqua *f* sulfurea.

sulphury ['sʌlfəri] *a.* sulfureo, solforeo.

sultan ['sʌltən] *s.* **1** sultano *m*. **2** ⟨*Ornit*⟩ → **sultana bird.**

sultana [sʌl'tɑ:nə] *s.* **1** sultana *f*. **2** ⟨*Alim*⟩ uva *f* sultanina. **3** ⟨*Ornit*⟩ → **sultana bird.**

sultana bird *s.* ⟨*Ornit*⟩ cimandorlo *m*, pollo *m* sultano, porfirione *m*.

sultanate ['sʌltəneit] *s.* sultanato *m*. **sultaness** [–nis] *s.* ⟨*rar*⟩ sultana *f*.

sultrily ['sʌltrili] *avv.* **1** in modo afoso (*o* soffocante). **2** ⟨*fig*⟩ con ardore. **sultriness** [–trinis] *s.* **1** afosità *f*, pesantezza *f*. **2** ⟨*fig*⟩ passionalità *f*, ardore *m*. **sultry** [–tri] *a.* **1** afoso, soffocante, opprimente, pesante. **2** ⟨*fig*⟩ appassionato, ardente.

sum¹ [sʌm] *s.* **1** somma *f*, totale *m*: *the ~ of two numbers* la somma di due numeri; (*addition*) somma *f*, addizione *f*. **2** (*scol*) (*arithmetical problem*) problema *m* (*o* esercizio) d'aritmetica. **3** *pl.* ⟨*scol*⟩ (*arithmetic*) aritmetica *f*, matematica *f*: *to be good at –s* essere bravo in aritmetica. **4** (*amount*) somma *f*, importo *m*, ammontare *m*: *a small ~ of money* una piccola somma di denaro. **5** (*totality*) complesso *m*, somma *f*, insieme *m*, quantità *f* complessiva: *the ~ of human knowledge* il complesso delle conoscenze umane. **6** ⟨*fig*⟩ (*gist, substance*) essenza *f*, somma *f*, sostanza *f*, succo *m*, nocciolo *m*: *the ~ of an argument* la somma di un ragionamento. **7** (*epitome*) riassunto *m*, compendio *m*, epitome *f*. □ *in ~* insomma, in breve, in sintesi, sommariamente; ⟨*fig*⟩ *the ~ and substance* la somma delle somme, il succo, l'essenza.

sum² *v.t.* (*pret., p.p.* **summed** [–d]) (*spesso con up*) sommare, addizionare. □ *to ~ up:* **1** riassumere, ricapitolare, riepilogare; **2** ⟨*Dir*⟩ riassumere: *the judge -med up the evidence* il giudice riassunse le testimonianze; **3** (*fam*) (*of a person*) valutare, giudicare: *the interviewer -med him up in less than a minute* l'intervistatore lo valutò in meno di un minuto; **4** (*to add up*) sommare,

addizionare.

summarily ['sʌmərili] *avv.* in modo sbrigativo, sommariamente, sbrigativamente. □ *he was ~ dismissed from his job* fu licenziato in tronco. **summariness** [–rinis] *s.* sommarietà *f*.

summarization [,sʌmərai'zeiʃən] *s.* sommario *m*, riassunto *m*, sunto *m*, capitolazione *f*. **'summarize** [–raiz] **I** *v.t.* ricapitolare, riepilogare, riassumere, compendiare. **II** *v.i.* fare un riassunto (*o* riepilogo). **'summary** [–ri] **I** *s.* riassunto *m*, sommario *m*, sunto *m*, ricapitolazione *f*: *to make a ~ of a speech* fare il riassunto di un discorso. **II** *a.* **1** sbrigativo, senza eccessiva formalità, sommario. **2** ⟨*Dir*⟩ sommario. **3** (*summarizing*) riassuntivo, fatto per sommi capi, sommario.

summary| judgement *s.* ⟨*Dir*⟩ giudizio *m* per direttissima. **~ procedure** *s.* procedura *f* sommaria. **~ sheet** *s.* prospetto *m* riepilogativo.

summat ['sʌmət] *s.* ⟨*fam,dial*⟩ (*something*) qualcosa *f*.

summation [sʌ'meiʃən] *s.* **1** ⟨*Mat*⟩ sommatoria *f*, sommazione *f*. **2** ⟨*Fisiol*⟩ sommazione *f*.

summer¹ ['sʌmə] **I** *s.* **1** estate *f*. **2** ⟨*fig*⟩ (*prime*) estate *f*, maturità *f*: *the ~ of life* l'estate della vita. **3** ⟨*fig*⟩ (*year of one's life*) anno *m*, primavera *f*: *a youth of sixteen –s* un giovane di sedici anni. **II** *a.* estivo, da estate, d'estate: *~ clothes* abiti estivi. **III** *v.i.* passare l'estate: *to ~ in the south of France* passare l'estate nel sud della Francia. **IV** *v.t.* ⟨*Zootecn*⟩ portare ai pascoli estivi, estivare. □ *in ~* d'estate, durante l'estate, in estate.

summer² *s.* ⟨*Edil*⟩ **1** trave *f* principale. **2** (*breastsummer*) architrave *m*.

summer| camp *am.* ~ campeggio *m* estivo. **~ coat** *s.* mantello *m* estivo (*anche Zool.*). **~ course** *s.* ⟨*Scol*⟩ corso *m* estivo. **~ house** *s.* **1** chiosco *m* (in un giardino), padiglione *m*. **2** (*country house*) casa *f* di campagna. **~ lightning** *s.* ⟨*Meteor*⟩ lampeggi *mpl* estivi.

summerlike ['sʌməlaik] *a.* estivo.

summer| pruning *s.* potatura *f* estiva. **~ resort** *s.* luogo *m* di villeggiatura estiva, soggiorno *m* estivo.

summersault ['sʌməsɔ:lt] *s./v.* → **somersault.**

summer| savory *s.* ⟨*Bot*⟩ satureia *f*. **~ school** *s.* (*course*) corso *m* estivo. **2** (*school*) scuola *f* estiva.

summerset ['sʌməsit] *s./v.* → **somersault.**

summer| solstice *s.* ⟨*Astr*⟩ solstizio *m* d'estate. **~ stone** *s.* ⟨*Edil*⟩ architrave *m.* **~ term** *s.* semestre *m* estivo. **~ time** *s.* **1** stagione *f* estiva, periodo *m* estivo, tempo *m* d'estate. **2** (*of clocks*) ora *f* legale (*o* estiva). **~ tree** *s.* ⟨*Edil*⟩ trave *f* principale.

summery ['sʌməri] *a.* estivo, dell'estate.

summing–up ['sʌmiŋ] *s.* (*pl.* **summings-up** ['sʌmiŋz]) **1** riepilogo *m*, ricapitolazione *f*. **2** ⟨*Dir*⟩ ricapitolazione *f* de processo.

summit ['sʌmit] *s.* **1** cima *f*, vetta *f*, sommità *f*; (*highest point of elevation*) sommità *f*, vertice *m*, sommo *m*, culmine *m*. **2** ⟨*fig*⟩ apice *m*, sommità *f*, massimo *m*, sommo *m*, vertice *m*: *the ~ of one's fame* l'apice della fama. **3** ⟨*Pol,Geom*⟩ vertice *m*. **4** ⟨*Pol*⟩ → **summit conference.**

summit| conference *s.* ⟨*Pol*⟩ conferenza *f* al vertice summit *m*. **~ level** *s.* ⟨*Pol*⟩ vertice *m*, sommità *f*: *talks at ~* colloqui al vertice. **~ meeting** *s.* → **summit conference.**

summon ['sʌmən] *v.t.* **1** chiamare, convocare, far venire invitare: *to ~ the fire brigade* chiamare i vigili del fuoco **2** ⟨*Dir*⟩ citare (in giudizio): *to ~ a witness* citare un testimone. **3** (*to convene*) convocare, radunare, riunire adunare: *to ~ Parliament* convocare il parlamento. **4** ⟨*fig*⟩ (*spesso con up*) fare appello a, raccogliere. **5** (*to request, call upon*) intimare a, ordinare a, ingiungere a: *to ~ the enemy to surrender* intimare la resa al nemico. □ *to ~ up one's strength* farsi coraggio (*o* animo).

summoner [–ə] *s.* **1** chi convoca. **2** ⟨*Dir*⟩ (*plaintiff*) attore *m* (*f* –trice). **3** ⟨*Dir,ant*⟩ usciere *m*.

summons ['sʌmənz] *s.* **1** convocazione *f*, chiamata *f* invito *m*. **2** ⟨*Dir*⟩ citazione *f*, ordine *m* (*o* mandato) d comparizione. **3** ⟨*Mil*⟩ precetto *m*, chiamata *f* alle armi **II** *v.t.* ⟨*Dir*⟩ citare (in giudizio). □ *to serve a ~ on s.o.* notificare una citazione a qd.; *to take out a ~ against s.o.*

citare in giudizio qd.

sump [sʌmp] s. **1** pozzo m di scarico, scolo m. **2** ⟨Mot,Mecc⟩ coppa f, carter m. **3** ⟨Minier⟩ pozzo m di scarico; (pilot shaft) bacino m di pompaggio. **4** (cesspit) pozzo m nero, fogna f, fossa f biologica; (open drain) fogna f. **5** ⟨dial⟩ (swamp, bog) pantano m, palude f.

sump pump s. ⟨Mecc⟩ idrovora f.

sumpter ['sʌmptə] s. ⟨rar⟩ **1** bestia f da soma. **2** (saddlebag) basto m.

sumptuary ['sʌmptjuəri] a. suntuario.

sumptuary law s. ⟨Stor⟩ legge f suntuaria.

sumptuosity [sʌmptju'ɔsiti] s. → **sumptuousness**.

sumptuous ['sʌmptjuəs] a. sontuoso, splendido, lussuoso, sfarzoso. **sumptuously** [-li] avv. sontuosamente.

sumptuousness [-nis] s. sontuosità f, sfarzosità f.

sum total s. **1** somma f, totale m. **2** ⟨fig⟩ insieme m, totalità f, complesso m, somma f.

sun[1] [sʌn] s. **1** sole m (anche Astr.). **2** ⟨Astr⟩ (star) astro m, stella f. **3** (sunlight, sunshine) sole m, luce f solare, calore m del sole: the ~ came in through the window il sole entrò dalla finestra; a week of ~ una settimana di sole. **4** ⟨fig⟩ (of a person) astro m, sole m. **5** ⟨fig,poet⟩ (day) giorno m, ⟨poet⟩ sole m; (year) anno m, ⟨poet⟩ sole m. □ ⟨fig⟩ in the ~ senza un pensiero al mondo, senza preoccupazioni, tranquillamente, in pace; ⟨fig⟩ a place in the ~ un posto al sole; ⟨fig⟩ his ~ is set la sua stella è tramontata; ⟨Mar⟩ to shoot the ~ prendere l'altezza meridiana; to take the ~: 1 prendere il sole, fare la cura del sole; 2 ⟨Mar⟩ = to shoot the sun; ⟨fig⟩ under the ~ sotto il sole, su questa terra: the most beautiful city under the ~ la città più bella sotto il sole. Prov.: nothing new under the ~ niente di nuovo sotto il sole.

sun[2] v. (pret., p.p. **sunned** [-d]) **I** v.t. scaldare al sole, esporre al sole (o alla luce solare), soleggiare: to ~ o.s. on the terrace scaldarsi al sole sulla terrazza. **II** v.i. crogiolarsi al sole, prendere il sole.

Sun. = Sunday domenica (abbr. dom.).

sun[**angel** s. ⟨Ornit⟩ eliangelo m. **~-baked** a. cotto dal sole. **~ bath** s. bagno m di sole. **~bathe** v.i. prendere il (o un bagno di) sole, fare la cura del sole. **~bather** s. chi fa ῐ bagni di ῐ sole (o la cura del sole). **~bathing** s. cura f del sole, elioterapia f. **~beam** s. raggio m di sole. **~ bed** s. lettino m abbronzante. **~ blind** s. tenda f da sole. **~block** s. ⟨Cosmet⟩ schermo m solare totale.

sunburn[1] ['sʌnbə:n] s. **1** ⟨Med⟩ eritema m solare, dermatite f attinica. **2** → **suntan**.

sunburn[2] v.irr. **I** v.t. **1** scottare, bruciare. **2** (to tan) (far) abbronzare. **II** v.i. **1** bruciarsi (o scottarsi) al sole. **2** (to become tanned) abbronzarsi (al sole).

sun[burned, **~burnt** a. **1** scottato (o bruciato) dal sole. **2** (tanned) abbronzato. **~burst** s. **1** sprazzo m di sole. **2** ⟨Oref⟩ gioiello m (a forma di disco) raggiato. **~ compass** s. bussola f solare. **~ cream** s. antisolare m, crema f antisolare. **~-cured** a. seccato al sole.

undae ['sʌndi] s. ⟨Dolc⟩ coppa f di gelato guarnita.

un dance s. ⟨Folcl⟩ danza f del sole.

Sunday ['sʌndi] **I** s. domenica f. **II** a. **1** domenicale, della domenica: a ~ newspaper un giornale domenicale. **2** ⟨fig⟩ dilettante, inesperto, ⟨fam⟩ della domenica: a ~ driver un guidatore della domenica. □ ⟨fam⟩ a month of ~s un periodo di tempo molto lungo, un secolo, un'eternità; on ~ di domenica, la domenica.

Sunday[**best** s., ~ **clothes** s.pl. ⟨fam⟩ vestito m della domenica (o festa), abito m buono. ~ **school** s. scuola f di catechismo.

un deck s. ⟨Mar⟩ ponte m di coperta.

under ['sʌndə] **I** v.t. dividere, separare, scindere, disunire. **II** v.i. dividersi, separarsi.

un[dew s. ⟨Bot⟩ drosera f. **~dial** s. meridiana f, orologio m solare. **~dog** s. **1** ⟨Astr⟩ parelio m. **2** ⟨Meteor⟩ piccolo alone m (sul cerchio parelico).

undown ['sʌndaun] s. **1** tramonto m. **2** (hat) cappello m a larga tesa. **sundowner** [-ə] s. **1** (drink at sunset) aperitivo m serale. **2** ⟨austral⟩ (tramp) vagabondo m in cerca di asilo per la notte.

un[-drenched a. inondato dal sole. **~dress** s. ⟨Vest⟩ prendisole m, abito m prendisole. **~-dried** a. seccato al

sole.

sundries ['sʌndriz] s.pl. **1** articoli mpl vari, oggetti mpl di vario genere. **2** ⟨Comm⟩ articoli mpl diversi; (sundry expenses) diversi mpl, spese fpl diverse.

sundry ['sʌndri] a. vari, diversi, svariati: ~ gardening tools vari utensili da giardino; on ~ occasions in diverse occasioni. □ all and ~ tutti (indistintamente), tutti quanti, ciascuno.

sunfish ['sʌnfiʃ] s. ⟨Itt⟩ **1** pesce m mola (o luna). **2** (opah) pesce m re.

sunflower ['sʌnflauə] s. ⟨Bot⟩ girasole m, eliotropio m.

sunflower[**seed** s. seme m di girasole. **~ State** am. N.pr. ⟨vezz⟩ Kansas m.

sung [sʌŋ] → **sing**[1].

sun[glasses s.pl. occhiali mpl da sole. **~glow** s. **1** bagliori mpl del sole (all'alba o al tramonto). **2** ⟨Meteor⟩ alone m. **~ god** s. dio m sole. **~ hat** s. cappello m ῐda sole῀ (o a falde larghe). **~ helmet** s. casco m coloniale.

sunk[1] [sʌŋk] → **sink**[1].

sunk[2] a. ⟨fam⟩ rovinato, perduto, finito, spacciato.

sunken[1] ['sʌŋkən] → **sink**[1].

sunken[2] a. **1** affondato, sommerso: a ~ ship una nave affondata; ~ treasure tesoro sommerso. **2** (hollow) infossato, incavato: ~ cheeks guance infossate. **3** (situated, built at a lower level) incassato.

sunk fly s. ⟨Pesc⟩ mosca f sommersa.

sun lamp s. lampada f ῐa raggi ultravioletti῀ (o al quarzo).

sunless ['sʌnlis] a. **1** senza sole, buio. **2** ⟨fig⟩ triste, tetro.

sun[light s. luce f solare, sole m. **~lit** a. illuminato dal sole, assolato, soleggiato. ~ **lotion** s. ⟨Cosmet⟩ lozione f antisolare. ~ **lounge** s. stanza f (con ampie vetrate) esposta al sole.

Sunni ['sʌni] s. → **Sunnite**.

sunnily ['sʌnili] avv. **1** in modo radioso (o sfolgorante), in modo splendente. **2** ⟨fig⟩ allegramente, gioiosamente.

sunniness [-ninis] s. **1** l'essere soleggiato. **2** ⟨fig⟩ allegria f, gioia f.

Sunnite ['sʌnait] s. ⟨Rel⟩ sunnita m/f.

sunny ['sʌni] a. **1** pieno di sole, splendente: a ~ day una giornata piena di sole. **2** (exposed to the sun) soleggiato, assolato, pieno di sole, esposto al sole. **3** ⟨fig⟩ allegro, gioioso, gaio.

sunny side s. **1** parte f soleggiata, lato m assolato: the ~ of the house la parte soleggiata della casa. **2** ⟨fig⟩ lato m bello: to look on the ~ of things vedere il lato bello delle cose. □ ⟨fam⟩ to be on the ~ of fifty essere al di sotto della cinquantina, avere meno di cinquant'anni.

sunny-side up a. ⟨fam⟩ (of a fried egg) all'occhio (di bue), al tegamino.

sun[**parlor** am., ~ **parlour** s. → **sun lounge**. ~ **porch** s. atrio m a vetrate, veranda f. ~ **power** s. energia f solare. '~'proof a. inalterabile al sole, che non sbiadisce (o scolorisce). ~ **protection** s. protezione f contro il sole. **~ray** s. raggio m di sole. **~-resistant** a. ⟨Tess⟩ inalterabile al sole. **~rise** s. alba f, aurora f, sorgere m (o levar) del sole. **~rise industry** s. industria f ad alta tecnologia. ~ **roof** s. ⟨Aut⟩ cappotta f, capote f, tetto m apribile. **~seeker** s. ⟨Astron⟩ cercasole m. **~set** s. **1** tramonto m, calar m del sole. **2** ⟨fig⟩ tramonto m, declino m. **~shade** s. **1** ombrello m da sole, parasole m. **2** (eye shade) visiera f. **3** (sun blind) tenda f da sole.

sunshine ['sʌnʃain] s. **1** luce f del sole, sole m; (sunny weather) tempo m bello, sole m. **2** ⟨fig⟩ allegria f, felicità f, gioia f, contentezza f.

sunshine[**roof** s. → **sun roof**. ~ **State** am. N.pr. ⟨vezz⟩ Florida f.

sun[spot s. ⟨Astr⟩ macchia f solare. **~stroke** s. ⟨Med⟩ colpo m di sole, insolazione f. **~suit** s. ⟨Vest⟩ prendisole m. **~tan** **I** s. abbronzatura f, ⟨fam⟩ tintarella f. **II** v.t. (pret., p.p. **suntanned**) abbronzare. **~tan lotion** s. crema f abbronzante, lozione f antisolare. **~tanned** a. abbronzato. **~trap** s. luogo m particolarmente assolato. **~-up** s. ⟨fam⟩ alba f, aurora f, sorgere m (o levar) del sole. ~ **visor** s. ⟨Aut⟩ aletta f parasole.

sunward ['sʌnwəd] **I** a. esposto al sole, volto verso il sole.

II *avv.* → **sunwards**. **sunwards** [–z] *avv.* verso il sole, in direzione del sole.

sunwise ['sʌnwaiz] *a./avv.* in senso orario.

sun| worship *s.* culto *m* (*o* adorazione *f*) del sole. **~ worshipper** *s.* adoratore *m* (*f* –trice) del sole.

sup[1] [sʌp] *v.i.* (*pret., p.p.* **supped** [–t]) cenare (*on, upon, off* con), mangiare a cena (qc.): *to ~ off cold meat* cenare con carne fredda.

sup[2] *v.* (*pret., p.p.* **supped** [–t]) **I** *v.t.* (*to sip*) sorseggiare, bere a piccoli sorsi. **II** *v.i.* bere a piccoli sorsi. □ *(fig) to ~ sorrow* provare rimorso.

sup[3] *s.* (*sip*) sorso *m*. □ *neither bite nor ~* senza mangiare né bere.

sup. = **1** *superior* superiore. **2** *(Gramm)* *superlative* superlativo (*abbr.* sup.).

super ['s(j)u:pə] **I** *a.* **1** *(fam)* super, eccellente, di prim'ordine, superiore. **2** *(of measurements)* di superficie. **3** *(superfine)* finissimo, extrafino, superfino. **II** *s.* **1** *(fam)* *(superintendent)* sovrintendente *m/f;* *(supervisor)* supervisore *m* (*f* –a). **2** *(Cin)* *(supernumerary)* comparsa *f.* **3** *(Comm)* articolo *m* di qualità superiore.

super. = **1** *superfine* finissimo. **2** *(Gramm)* *superlative* superlativo (*abbr.* sup.). **3** *superior* superiore.

superability [,s(j)u:pərə'biliti] *s.* → **superableness.** **'superable** [–bl] *a.* superabile. **'superableness** [–blnis] *s.* superabilità *f.* **'superably** [–bli] *avv.* in modo superabile.

superabound [,s(j)u:pərə'baund] *v.i.* sovrabbondare, abbondare. **superabundance** [–'bʌndəns] *s.* sovrabbondanza *f.* **superabundant** [–'bʌndənt] *a.* sovrabbondante, eccessivo. **superabundantly** [–'bʌndəntli] *avv.* sovrabbondantemente, eccessivamente.

,super|'acid *a.* *(Chim)* eccessivamente acido. **,~'add** *v.t.* aggiungere ancora (*o* in più). **,~ad'dition** *s.* **1** l'aggiungere in più (*o* soprappiù). **2** *(s.th. superadded)* aggiunta *f* in più in più (*o* soprappiù), soprappiù *m.*

superannuable [,s(j)u:pər'ænjuəbl] *a.* pensionabile.

superannuate [,s(j)u:pər'ænjueit] **I** *v.t.* **1** collocare (*o* mettere) a riposo (per raggiungimento dei limiti di età), mettere in pensione, giubilare. **2** *(to make out-of-date)* rendere superato, far cadere in disuso; *(to declare out-of-date)* dichiarare superato (*o* scaduto). **superannuated** [–id] *a.* **1** pensionato, messo in pensione, collocato a riposo. **2** *(too old for use)* disusato, andato in disuso; *(obsolete)* antiquato. **,superannuation** [–ju'eiʃən] *s.* **1** collocamento *m* a riposo. **2** *(pension)* pensione *f.*

superb [s(j)u:'pə:b] *a.* **1** superbo, eccellente, straordinario, splendido, magnifico. **2** *(grand, majestic)* superbo, grandioso, imponente, maestoso: *a ~ view* una visione superba. **superbly** [–li] *avv.* **1** superbamente, magnificamente, in modo eccellente. **2** *(majestically)* maestosamente, in modo imponente. **superbness** [–nis] *s.* **1** eccellenza *f,* superiorità *f.* **2** *(majesty)* maestosità *f,* grandiosità *f,* imponenza *f.*

,super|'calender *s.* *(Cart)* calandra *f* a più rulli. **,~'calendered paper** *s.* carta *f* superpatinata. **~cargo** *s.* *(Mar)* commissario *m* di bordo (che sovrintende al carico). **,~ce'lestial** *a.* divino.

supercharge [,s(j)u:pə'tʃɑ:dʒ] *v.t.* *(Mot)* sovralimentare. **supercharged engine** [,s(j)u:pə'tʃɑ:dʒd] *s.* *(Mot)* motore *m* sovralimentato.

supercharger ['s(j)u:pətʃɑ:dʒə] *s.* *(Mot)* compressore *m.* **supercharging** [–dʒiŋ] *s.* sovralimentazione *f.*

superciliary [,s(j)u:pə'siljəri] *a.* *(Anat)* sopracciliare, sopraorbitale.

supercilious [,s(j)u:pə'siliəs] *a.* **1** superbo, borioso, altezzoso. **2** *(expressing haughtiness)* sprezzante, sdegnoso. **superciliously** [–li] *avv.* arrogantemente, con alterigia. **superciliousness** [–nis] *s.* arroganza *f,* alterigia *f,* boria *f.*

supercompression [,s(j)u:pəkəm'preʃən] *s.* *(Mot)* surcompressione *f.*

superconductor [,s(j)u:pəkən'dʌktə] *s.* *(El)* superconduttore *m.*

supercool [,s(j)u:pə'ku:l] *v.t.* *(Fis)* surraffreddare. **supercooled** [–d] *a.* surraffreddato. **supercooling** [–iŋ]

s. surraffreddamento *m.*

,super|'critical *a.* *(Atom)* sovracritico, sopracritico, supercritico. **,~'dominant** *s.* *(Mus)* sopradominante *f.* **,~'dreadnought** *s.* *(Mar.mil)* supercorazzata *f.* **~-duper** *a.* *(sl)* *(super)* superiore, eccellente, super. **,~'ego** *s.* *(Psic)* super-io *m,* super-ego *m.*

superelevate [,s(j)u:pər'eliveit] *v.t.* *(Strad,Ferr)* sopr(a)elevare. **superelevated** [–id] *a.* sopr(a)elevato. **super,el'evation** [–li'veiʃən] *s.* sopr(a)elevazione *f.*

supererogation [,s(j)u:pərerə'geiʃən] *s.* **1** zelo *m* eccessivo. **2** *(Rel.catt)* supererogazione *f.* **supererogatory** [–'rɔgət(ə)ri] *a.* **1** troppo zelante. **2** *(Rel.catt)* super erogatorio.

,super|'excellence *s.* sovraeccellenza *f.* **,~'excellent** *a.* sovraeccellente. **,~'family** *s.* *(Biol)* superfamiglia *f.* **,~,fecun'dation** *s.* *(Biol)* superfecondazione *f.* **,~fe'tation** *s.* *(Biol)* superfetazione *f.*

superficial [,s(j)u:pə'fiʃəl] *a.* **1** superficiale (*anche fig.*): *~ wound* ferita superficiale; *a ~ explanation* una spiegazion superficiale. **2** *(of measurements)* di superficie, quadrato **super,ficiality** [–fi'æliti] *s.* superficialità *f* (*anche fig.*) **superficially** [–i] *avv.* superficialmente (*anche fig.*).

superficies [,s(j)u:pə'fiʃi:z] *s.inv.* superficie *f,* area *f.*

superfine ['s(j)u:pəfain] *a.* **1** *(Comm)* finissimo, extrafino superfino. **2** *(fig)* molto raffinato, sopraffino.

superfluity [,s(j)u:pə'flu:iti] *s.* **1** superfluità *f.* **2** *(superabundance)* eccesso *m,* eccedenza *f,* sovrabbondanz *f.*

superfluous [s(j)u'pə:fluəs] *a.* **1** superfluo, eccedente, che è in più, d'avanzo. **2** *(unnecessary)* superfluo, inuti le. **superfluously** [–li] *avv.* in modo superfluo **superfluousness** [–nis] *s.* superfluità *f.*

superheat [,s(j)u:pə'hi:t] *v.t.* *(Fis,tecn)* surriscaldare **superheater** [–ə] *s.* surriscaldatore *m.*

superhet [,sju:pə'het] *s.* *(fam)* supereterodina *f.*

super|heterodyne ['sju:pə'hetərədain] *s.* *(Rad)* ra dioricevitore *m* a supereterodina, supereterodina *f* **,~'high frequency** *s.* altissima frequenza *f.* **,~'highway** *s.* *(Strad)* (super)autostrada *f.*

superhuman [,s(j)u:pə'hju:mən] *a.* sovrumano.

superimpose [,s(j)u:pərim'pouz] *v.t.* sovrapporre, so vrimporre. **super,imposition** [–pə'ziʃən] *s.* sovrap posizione *f.*

superincumbent [,s(j)u:pərin'kʌmbənt] *a.* sovrastante incombente.

superinfection [,s(j)u:pərin'fekʃən] *s.* *(Med)* superin fezione *f.*

superintend [,s(j)u:pərin'tend] **I** *v.t.* **1** soprintendere a vigilare su, sorvegliare: *to ~ the work of reconstructior* soprintendere all'opera di ricostruzione. **2** *(of ar institution, etc.)* soprintendere a, dirigere. **II** *v.i* soprintendere, esercitare una supervisione. **superin tendence** [–əns] *s.* controllo *m,* supervisione *f.* **super intendency** [–ənsi] *s.* **1** soprintendenza *f.* **2** → **super intendence. superintendent** [–ənt] *s.* **1** soprin tendente *m/f,* supervisore *m.* **2** *(police officer)* com missario *m* (capo). **3** *(of a house, building)* custode *m.*

superior [s(j)u:'piəriə] **I** *a.* **1** superiore: *~ officer* ufficiale superiore; *his second novel is infinitely ~ to his first* il suc secondo romanzo è di gran lunga superiore al primo. **2** *(excellent)* superiore, eccellente, ottimo: *a ~ artist* ur artista superiore. **3** *(high-class)* di prim'ordine, superiore *a ~ residence* un alloggio di prim'ordine. **4** *(no susceptible)* immune (*to* da), non soggetto, superiore (a) *to be ~ to temptation* essere immune dalle tentazioni. **5** *(supercilious, haughty)* che si dà arie di superiorità altezzoso, borioso, sprezzante. **II** *s.* **1** superiore *m.* **2** *(Rel)* superiore *m.* □ *to have no ~ in s.th.* non essere inferiore a nessuno in qc.; *~ numbers* superiorità numerica.

superior court *s.* *(Dir)* **1** tribunale *m* di seconda istanza **2** *(am)* corte *f* d'assise.

superioress [s(j)u:'piəriəris] *s.* *(Rel)* superiora *f,* madre superiora.

superiority [s(j)u:,piəri'ɔriti] *s.* superiorità *f.*

superiority complex *s.* *(Psic)* complesso *m* d superiorità.

superlative [s(j)uːˈpəːlətiv] **I** a. **1** superlativo, sommo: a musician of ~ talent un musicista di talento superlativo; ~ wisdom somma saggezza; (excellent) eccellente, ottimo: ~ food cibo eccellente. **2** ⟨Gramm⟩ superlativo. **II** s. ⟨Gramm⟩ superlativo m (anche fig.). □ to speak in ~s fare largo uso di superlativi nel parlare.

superlative degree s. ⟨Gramm⟩ grado m superlativo, superlativo m.

superlatively [s(j)uːˈpəːlətivli] avv. superlativamente, in modo superlativo. **superlativeness** [–vnis] s. eccellenza f, l'essere superlativo.

super|man [mən] s.irr. superuomo m. **~market** s. supermercato m. '**~'medial** a. che si trova sopra il piano mediano.

supernaculum [ˌs(j)uːpəˈnækjuləm] **I** s. vino m squisito, nettare m. **II** avv. ⟨ant⟩ fino all'ultima goccia: to drink ~ bere fino all'ultima goccia.

supernal [s(j)uˈpəːnl] a. **1** del cielo, celeste. **2** ⟨fig⟩ celeste, spirituale, celestiale.

supernatant [ˌs(j)uːpəˈneitənt] a. galleggiante.

supernational [ˌs(j)uːpəˈnæʃənl] a. sopranazionale.

supernatural [ˌs(j)uːpəˈnætʃərəl] **I** a. soprannaturale. **II** s. soprannaturale m. **supernaturalism** [–izəm] s. **1** soprannaturalità f. **2** (belief in the supernatural) fede f nel soprannaturale. **3** ⟨Filos⟩ soprannaturalismo m. **supernaturalist** [–ist] s. seguace m/f del soprannaturalismo. **supernaturality** [–ˈræliti] s. ⟨Filos⟩ soprannaturalità f. **supernaturally** [–i] avv. in modo soprannaturale.

super|'normal a. che supera la norma, superiore al normale. **,~'nova** s. ⟨Astr⟩ supernova f. **,~'numerary I** a. **1** soprannumerario. **2** ⟨fig⟩ superfluo, eccedente, che è in più. **II** s. **1** impiegato m (f –a) straordinario (o soprannumerario). **2** ⟨Cin,Teat⟩ comparsa f. **~'nu'trition** s. superalimentazione f, supernutrizione f. **,~'order** s. ⟨Biol⟩ **1** superordine m. **2** (subclass) sottoclasse f. '**~'phosphate** s. ⟨Chim⟩ superfosfato m, perfosfato m.

superpose [s(j)uːpəˈpouz] v.t. sovrapporre (anche El., Geom.). **superposition** [–pəˈziʃən] s. sovrapposizione f.

superpower [ˌsuːpəˈpauə] s. ⟨Pol⟩ superpotenza f.

superprint [ˌs(j)uːpəˈprint] **I** v.t. ⟨Tip⟩ sovrastampare. **II** s. sovrastampa f.

supersaturate [ˌs(j)uːpəˈsætʃəreit] v.t. ⟨Chim,tecn⟩ soprasaturare, ipersaturare. **supersaturated** [–id] a. soprasaturo, ipersaturo. **super,saturation** [–ˈreiʃən] s. ipersaturazione f.

superscribe [ˌs(j)uːpəˈskraib] v.t. **1** scrivere (o incidere) sopra (o in cima a). **2** (to write at the head of) intestare. '**superscript** [–skript] **I** a. **1** scritto in alto. **2** ⟨Tip⟩ stampato sopra la riga. **II** s. **1** ⟨Tip⟩ carattere m stampato sopra la riga. **2** ⟨Mat⟩ indice m, esponente m. **superscription** [–ˈskripʃən] s. **1** lo scrivere sopra. **2** (on a letter, envelope) indirizzo m.

supersede [ˌs(j)uːpəˈsiːd] v.t. **1** sostituire, prendere il posto di, soppiantare: tractors have –d oxen in farm work i trattori hanno sostituito i buoi nei lavori agricoli. **2** (to replace in an office, position, etc.) surrogare, prendere il posto di, rimpiazzare, sostituire. **3** (to put in the place of) sostituire, rimpiazzare, surrogare. **4** (to make obsolete) rendere superato, far cadere in disuso.

supersensual [ˌs(j)uːpəˈsensjuəl] a. **1** estremamente sensuale. **2** (spiritual) spirituale.

supersession [ˌs(j)uːpəˈseʃən] s. sostituzione f, rimpiazzo m.

supersonic [ˌs(j)uːpəˈsɔnik] **I** a. **1** ⟨Aer⟩ supersonico: a ~ fighter un caccia supersonico. **2** (ultrasonic) ultrasonico, ultrasonoro, supersonico. **II** s. ⟨Fis,Rad⟩ onda f (o frequenza) ultrasonica. **supersonically** [–əli] avv. in modo supersonico.

supersonic| bang, ~ boom s. bang m supersonico.

supersonics [ˌs(j)uːpəˈsɔniks] s.pl. (costr. sing.) **1** ⟨Fis⟩ scienza f (o studio m) degli ultrasuoni. **2** ⟨Aer⟩ studio m del volo supersonico.

superstition [ˌs(j)uːpəˈstiʃən] s. **1** superstizione f. **2** ⟨fig⟩ pregiudizio m, preconcetto m. **superstitious** [–ʃəs] a. superstizioso. **superstitiously** [–ʃəsli] avv. superstiziosamente. **superstitiousness** [–ʃəsnis] s. supersti-

ziosità f.

superstratum [ˌs(j)uːpəˈstreitəm] s. (pl. -ta [tə]/-s [z]) ⟨Geol⟩ strato m sovrapposto (o superiore).

superstructural [ˌs(j)uːpəˈstrʌktʃərəl] a. di (o relativo a) una sovrastruttura. **,superstructure** [–tʃə] s. **1** ⟨tecn⟩ sovrastruttura f, soprastruttura f (anche fig.). **2** ⟨Ferr⟩ armamento m.

,super|'subtle a. troppo sottile. **,~'subtlety** s. eccessiva sottigliezza f. **~tax** s. ⟨Econ⟩ imposta f complementare.

superterranean [ˌs(j)uːpətəˈreiniən], **superterraneous** [–niəs], **superterrene** [–ˈriːn] a. ultraterreno.

supertonic [ˌs(j)uːpəˈtɔnik] s. ⟨Mus⟩ sopratonica f.

supervene [ˌs(j)uːpəˈviːn] v.i. sopravvenire, sopraggiungere. **supervenient** [–iənt] a. che sopravviene, che sopraggiunge.

supervise ['s(j)uːpəvaiz] v.t. soprintendere a, vigilare su, dirigere, sorvegliare. **,supervision** [–ˈviʒən] s. **1** supervisione f, soprintendenza f. **2** (direction, inspection) sorveglianza f, controllo m, vigilanza f. **3** ⟨Ped⟩ ispezione f scolastica. □ under the ~ of sotto la supervisione di. **supervisor** [–ə] s. **1** soprintendente m/f, supervisore m, sorvegliante m/f. **2** (inspector) ispettore m (f –trice). **,super'visory** [–əri] a. di supervisore, di supervisione, di sorveglianza.

supervisory| body s. ⟨Dir⟩ organo m di vigilanza. **~ committee** s. commissione f di vigilanza.

supinate ['sjuːpineit] v.t. mettere supino. **,supination** [–ˈneiʃən] s. supinazione f. **supinator** [–ə] s. ⟨Anat⟩ muscolo m supinatore, supinatore m.

supine[1] [sjuːˈpain] a. **1** supino, sdraiato, sul dorso: to lie ~ giacere supino. **2** ⟨fig⟩ indolente, pigro; (passive, inert) inerte, passivo, indifferente, apatico.

supine[2] ['sjuːpain] s. ⟨Gramm⟩ supino m.

supinely [sjuːˈpainli] avv. supinamente (anche fig.). **supineness** [–nnis], **supinity** [–ˈpiniti] s. **1** posizione f supina. **2** ⟨fig⟩ indolenza f, pigrizia f; (inertness) inerzia f, passività f, indifferenza f, apatia f.

supper ['sʌpə] s. cena f. □ to have ~ cenare; the Last ~ l'Ultima Cena.

supperless ['sʌpəlis] a. senza cena, che non ha cenato: to go to bed ~ andare a letto senza cena.

supper–time ['sʌpətaim] s. ora f di cena.

suppl. = supplement supplemento (abbr. suppl.).

supplant [səˈplɑːnt] v.t. soppiantare, scalzare, fare lo sgambetto a. **supplantation** [ˌsʌplɑːnˈteiʃən] s. sostituzione f, rimpiazzo m.

supple ['sʌpl] a. **1** flessibile, agile, pieghevole: a ~ body un corpo flessibile; (of a person) agile, flessibile: a ~ gymnast un ginnasta agile. **2** ⟨fig⟩ (adaptable, flexible) duttile, agile, svelto, pronto, elastico: to have a ~ mind avere una mente duttile. **3** ⟨fig⟩ (yielding) cedevole, arrendevole, flessibile, docile; (obsequious) ossequioso, servile. **II** v.t. **1** rendere flessibile. **2** ⟨fig⟩ rendere docile (o arrendevole).

supplement I s. ['sʌplimənt] **1** supplemento m, integrazione f, aggiunta f. **2** ⟨Edit⟩ supplemento m, aggiornamento m. **3** ⟨Giorn,Geom⟩ supplemento m. **II** v.t. [ˌsʌpliˈment] integrare, completare: to ~ one's diet with mineral salts integrare la dieta con sali minerali; (of salary, income, etc.) arrotondare, integrare.

supplemental [ˌsʌpliˈmentl] a. **1** → supplementary. **2** ⟨Dir⟩ supplementare. **supplementarily** [–tərili] a. suppletivamente, in aggiunta, in più. **supplementary** [–təri] a. **1** supplementare, addizionale, integrativo, suppletivo, suppletorio. **2** ⟨Mat,Geom⟩ supplementare.

supplementary| angles s.pl. ⟨Geom⟩ angoli mpl supplementari. **~ pension** s. pensione f integrativa.

supplementation [ˌsʌplimenˈteiʃən] s. **1** integrazione f, completamento m. **2** (that which supplements) supplemento m.

suppleness ['sʌplnis] s. agilità f, flessibilità f, elasticità f.

suppletory ['sʌplitəri] a. supplementare, addizionale, integrativo, suppletivo.

suppliance [səˈplaiəns] s. supplica f, preghiera f, implorazione f. **suppliant** ['sʌpliənt] **I** s. → supplicant. **II** a. supplice, supplicante, implorante, supplichevole.

supplicant ['sʌplikənt] s. supplice m/f, supplicante m/f.

supplicate [–keit] *v.t./i.* supplicare, implorare, scongiurare: *to ~ s.o. for s.th.* supplicare qd. di qc. **supplicatingly** [–keitiŋli] *avv.* supplichevolmente. **,supplication** [–'keiʃən] *s.* **1** supplica *f,* implorazione *f,* preghiera *f.* **2** ⟨*Rel*⟩ supplica *f.* **supplicatory** [–kətəri] *a.* implorante, supplichevole.

supplier [sə'plaiə] *s.* ⟨*Comm*⟩ fornitore *m* (*f* –trice).

supplier country *s.* ⟨*Econ*⟩ paese *m* fornitore.

supply[1] [sə'plai] **I** *v.t.* **1** fornire, rifornire, provvedere, dotare: *to ~ a town with water* fornire una città d'acqua. **2** (*of a need, lack*) soddisfare, far fronte a, appagare, sopperire a. **3** (*to furnish with supplies*) approvvigionare, vettovagliare: *to ~ an army* approvvigionare un esercito. **4** (*to serve as a substitute in*) occupare: *to ~ a vacancy* occupare un posto vacante. **II** *v.i.* fare da sostituto. **III** *s.* **1** fornitura *f,* rifornimento *m,* approvvigionamento *m,* provvista *f.* **2** (*that which is supplied*) dotazione *f,* rifornimento *m,* fornitura *f: the town's water ~* la dotazione d'acqua di una città. **3** (*amount of s.th. available*) disponibilità *f: ~ of skilled labour* disponibilità di manodopera specializzata. **4** *pl.* (*provisions*) rifornimenti *mpl,* provviste *fpl: to lay in supplies* fare rifornimenti. **5** *pl.* ⟨*Mil*⟩ approvvigionamenti *mpl,* rifornimenti *mpl.* **6** *pl.* ⟨*Econ,Pol*⟩ stanziamenti *mpl.* **7** *pl.* ⟨*fam*⟩ (*allowance*) assegno *m* personale, ⟨*fam*⟩ viveri *mpl: my father is threatening to cut off my supplies* mio padre minaccia di tagliarmi i viveri. **8** ⟨*Econ*⟩ offerta *f.* **9** (*temporary substitute*) sostituto *m* temporaneo, supplente *m/f.* **10** ⟨*Scol*⟩ → **supply teacher.** **11** ⟨*Rel*⟩ vicario *m* temporaneo, facente *m* funzioni. **IV** *a.* che fa le veci, supplente, interino. □ ⟨*Econ*⟩ *~ and demand* domanda e offerta; *to have a good ~ of s.th.* avere una buona provvista di qc.; *to be in short ~* essere scarso, scarseggiare.

supply[2] ['sʌpli] *avv.* (*in a supple manner*) flessuosamente, agilmente.

supply| curve [sə'plai] *s.* ⟨*Econ*⟩ curva *f* dell'offerta. **~price** *s.* ⟨*Comm*⟩ prezzo *m* d'offerta. **~ teacher** *s.* ⟨*Scol*⟩ supplente *m/f.*

support [sə'pɔːt] *v.t.* **1** sostenere, reggere, sopportare: *the roof was –ed by four pillars* il tetto era sostenuto da quattro pilastri. **2** ⟨*fig*⟩ (*to sustain, comfort*) sostenere, aiutare, confortare. **3** (*to uphold the interests of*) sostenere, appoggiare, aiutare: *to ~ a political party* sostenere un partito politico; (*to uphold as valid, advocate*) sostenere, patrocinare, difendere: *to ~ a proposal* sostenere una proposta. **4** ⟨*Mil*⟩ sostenere (logisticamente), appoggiare: *to ~ an attack* sostenere un attacco. **5** (*to maintain*) mantenere, sostenere, provvedere a: *he has a wife and three children to ~* ha moglie e tre figli da mantenere. **6** (*to maintain financially*) sovvenzionare, finanziare, aiutare finanziariamente: *the hospital is –ed by voluntary contributions* l'ospedale è sovvenzionato da contributi volontari. **7** (*to bear, tolerate*) sopportare, tollerare, sostenere: *he could ~ the pain no longer* non poteva più sopportare il dolore. **8** (*to verify, corroborate*) suffragare, corroborare, confermare, sostenere. **9** ⟨*Sport*⟩ fare il tifo per, essere sostenitore di: *which team do you ~?* per quale squadra fai il tifo? **10** ⟨*Econ*⟩ (*of prices*) sostenere. **II** *s.* **1** sostegno *m,* appoggio *m,* puntello *m.* **2** (*backing, assistance*) aiuto *m,* appoggio *m,* sostegno *m.* **3** ⟨*Mil*⟩ sostegno *m,* appoggio *m.* **4** (*means of livelihood*) sostentamento *m,* mezzi *mpl* di sostentamento; (*maintenance*) mantenimento *m,* sostentamento *m;* (*person that provides maintenance*) sostegno *m: to be the ~ of the family* essere il sostegno della famiglia. **5** (*corroboration*) convalida *f,* convalidamento *m,* conferma *f,* sostegno *m.* **6** ⟨*Pitt,Fot,tecn*⟩ supporto *m.* **7** ⟨*Econ*⟩ sostegno *m: ~ price* sostegno dei prezzi. □ *to give ~ to:* 1 dare sostegno a, appoggiare, sostenere; 2 ⟨*Mil*⟩ sostenere, appoggiare; ⟨*Mil*⟩ *in ~* di rincalzo; *in ~ of* a favore di, a sostegno di; *to argue in ~ of a proposal* caldeggiare una proposta; ⟨*Dir*⟩ *without visible means of ~* senza mezzi di sussistenza apparenti. **supportable** [–əbl] *a.* tollerabile, sopportabile, sostenibile. **supporter** [–ə] *s.* **1** sostenitore *m* (*f* –trice): *a government ~* un sostenitore del governo; (*one who advocates*) sostenitore *m* (*f* –trice), fautore *m* (*f* –trice), difensore *m* (*f* difenditrice), propugnatore *m* (*f*

–trice). **2** (*elastic support*) fascia *f* elastica; (*garter* giarrettiera *f;* (*jock strap*) sospensorio *m.* **3** ⟨*Sport*⟩ tifos *m* (*f* –a), sostenitore *m* (*f* –trice). **4** ⟨*Arald*⟩ sostegno *m,* supporto *m.* **supporting** [–iŋ] *a.* **1** di sostegno, d rinforzo, portante. **2** ⟨*Cin,Teat*⟩ di secondo piano secondario. **3** ⟨*Mil*⟩ di rincalzo.

supporting| document *s.* ⟨*Dir*⟩ documento *m* giustificativo. **~ role** *s.* ⟨*Teat,Cin*⟩ parte *f* secondaria. **~ stockings** *s.pl.* calze *fpl* elastiche.

support purchase *s.* ⟨*Econ*⟩ acquisto *m* di sostegno.

supposable [sə'pouzəbl] *a.* supponibile, che si pu supporre. **supposal** [–zəl] *s.* → **supposition.**

suppose [sə'pouz] *v.t.* **1** supporre, ammettere (per ipotesi) *let's ~* (*that*) *things are as you say* supponiamo che l cose stiano come dici tu. **2** (*to believe, imagine*) credere pensare, immaginare; (*to think probable, assume as likely* supporre, ritenere, presumere, pensare (come probabile). **:** (*to imply, presuppose*) presupporre, implicare: *imperfectio, –s perfection* l'imperfezione presuppone la perfezione. □ *~ somebody came* metti (caso) che venga qualcuno; *~ w leave it till tomorrow* se lo rimandassimo a domani?; *I ~ so:* 1 credo di sì, suppongo (o direi) di sì; 2 (*to indicat reluctant agreement*) sarà ..., può darsi; *I don't ~ so* pens di no, non credo, non direi. **supposed** [–d] *a.* **1** presunto, supposto, ritenuto: *the ~ murderer* il presunt assassino. **2** (*assumed, hypothetical*) ipotetico, presunto supposto. **3** (*imagined*) presunto, immaginario: *~ benefit* i presunti benefici. □ *policemen are not ~ to smoke whe in uniform* agli agenti di polizia non è consentito fumar quando sono in divisa; *referees are ~ to know the rules gl* arbitri sono tenuti a conoscere il regolamento **supposedly** [–idli] *avv.* **1** presumibilmente, stando all supposizioni. **2** (*apparently*) apparentemente, stando all apparenze. **supposing** [–iŋ] *congz.* ammesso che, se (pe ipotesi), supponendo che, nel caso che.

supposition [,sʌpə'ziʃən] *s.* supposizione *f,* ipotesi *f* congettura *f: a gratuitous ~* una supposizione gratuita. **2** *a theory based on ~ rather than fact* una teoria basata s congettura piuttosto che su fatti; *on the ~ that* nell'ipotes che. **suppositional** [–əl] *a.* ipotetico, presunto, supposto **supposititious** [–ʃəs] *a.* **1** → **suppositional. 2** → **supposititious.**

supposititious [sə,pɒzi'tiʃəs] *a.* **1** falso, spurio. **2** (*hypothetical*) ipotetico, presunto, supposto. **3** (*imaginar* immaginario, fantastico. **supposititiously** [–li] *avv.* **1** falsamente. **2** (*hypothetically*) ipoteticamente.

suppositive [sə'pɒzitiv] *a.* ⟨*Gramm*⟩ condizionale.

suppository [sə'pɒzitəri] *s.* ⟨*Farm*⟩ suppositorio *m* supposta *f.*

suppress [sə'pres] *v.t.* **1** reprimere, soffocare: *to ~ a revo* reprimere una rivolta; *to ~ freedom* soffocare la libertà. **2** (*of a practice, custom, etc.*) abolire, eliminare, sopprimer **3** (*to hold back*) trattenere, soffocare, reprimere: *to ~ one's laughter* trattenere il riso. **4** (*to leave undisclosed* tenere segreto (*o* nascosto), tacere, non divulgare occultare: *to ~ the truth* tacere la verità; (*to prohib publication of*) sopprimere, togliere dalla circolazione. **5** ⟨*Med*⟩ (*of a haemorrhage*) arrestare; (*of a cough*) sedare **6** ⟨*Psic,El*⟩ sopprimere. **suppressed** [–t] *a.* **1** represso soffocato, trattenuto. **2** (*abolished*) soppresso, abolito. **3** ⟨*Psic*⟩ soppresso. **4** ⟨*Silv*⟩ soffocato. **suppressible** [–əbl *a.* che può essere soppresso (*o* represso). **suppressio** [–reʃən] *s.* **1** repressione *f,* soffocamento *m.* **2** (*of practice, custom, etc.*) soppressione *f,* abolizione *f.* **3** (*concealment, failure to disclose*) occultamento *m,* il tener nascosto: *~ of the truth* occultamento della verità. **4** ⟨*Dir,Psic,Med*⟩ soppressione *f: ~ of evidence* soppression delle prove. **5** ⟨*Bot,Silv*⟩ soffocamento *m.* **suppresso** [–ə] *s.* **1** repressore *m* (*f* reprimitrice). **2** ⟨*Rad,TV,tecn* soppressore *m.*

suppurate ['sʌpjuəreit] *v.i.* ⟨*Med*⟩ suppurare. **,suppura tion** [–'reiʃən] *s.* suppurazione *f.* **suppurative** [–rətiv **I** *a.* suppurativo. **II** *s.* ⟨*Farm*⟩ suppurativo *m.*

supranational [,s(j)u:prə'næʃən(ə)l] *a.* sopran(n)azionale supernazionale.

supranatural [,s(j)u:prə'nætʃərəl] *a.* soprannaturale.

supraprotest [,s(j)u:prə'proutest] *s.* ⟨*Econ,Dir*⟩ accetta zione *f* per intervento.

supremacy [s(j)u:'preməsi] *s.* primato *m,* supremazia *f,* preminenza *f: the political ~ of a country* il primato politico di una nazione; *naval ~* supremazia navale.

supreme [s(j)u'pri:m] *a.* **1** supremo, altissimo, massimo, sommo: *~ goodness* somma bontà; *~ contempt* supremo disprezzo. **2** (*being the best, greatest*) il più grande, il migliore. **3** (*fig*) (*crucial*) cruciale, supremo: *the ~ hour in the nation's history* l'ora cruciale nella storia della nazione.

Supreme| Being *s.* Ente *m* Supremo, Dio *m.* **~ command** *s.* ⟨*Mil*⟩ comando *m* supremo. **~ commander** *s.* comandante *m* supremo. **~ Court** *s.* ⟨*SU*⟩ corte *f* suprema.

supremely [s(j)u'pri:mli] *avv.* estremamente, sommamente, in sommo grado: *~ happy* estremamente felice.

Supreme| Pontiff *s.* ⟨*Rel.catt*⟩ sommo pontefice *m.* **~ sacrifice** *s.* sacrificio *m* supremo. □ *to make the ~* sacrificare la vita. **~ Soviet** *s.* soviet *m* supremo.

supremo [s(j)u'prei:mou] *s.* capo *m* supremo. □ *~ Presidium* presidium *f* del soviet supremo.

sural ['sjuərəl] *a.* ⟨*Med*⟩ surale.

surbase ['sə:beis] *s.* ⟨*Arch*⟩ modanatura *f* di basamento.

surcharge **I** *s.* ['sə:tʃɑ:dʒ] **1** soprattassa *f,* sovrimposta *f*; (*additional cost, charge, etc.*) supplemento *m,* sovrapprezzo *m.* **2** (*excessive load*) carico *m* eccessivo, sovraccarico *m.* **3** ⟨*Filat*⟩ (*overprint*) sovrastampa *f* (che modifica il valore); (*stamp*) francobollo *m* sovrastampato. **II** *v.t.* [sə:'tʃɑ:dʒ] **1** mettere un soprapprezzo a. **2** (*to overcharge*) far pagare troppo a. **3** (*to overload; general. al pass.*) sovraccaricare. **4** ⟨*Filat*⟩ sovrastampare (per modificare il valore).

surcingle ['sə:siŋgl] **I** *s.* **1** (*for a horse*) sopraccinghia *f.* **2** (*of a cassock*) cintura *f,* cinghia *f.* **II** *v.t.* (*of a horse*) mettere la sopraccinghia a.

surd [sə:d] **I** *a.* **1** ⟨*Fon*⟩ sordo, aspro. **2** ⟨*Mat*⟩ irrazionale. **II** *s.* ⟨*Fon*⟩ consonante *f* sorda. **2** ⟨*Mat*⟩ numero *m* irrazionale.

sure [ʃuə] **I** *a.* **1** ⟨*pred*⟩ sicuro, certo: *I am ~ you are wrong* sono sicuro che hai torto; (*convinced*) convinto, persuaso, sicuro, certo: *he is ~ of her innocence* è convinto della sua innocenza. **2** (*unfailing*) infallibile, sicuro: *a ~ cure* una cura infallibile; (*reliable, dependable*) fidato, attendibile, sicuro: *a ~ friend* un amico fidato. **3** (*firm, stable*) saldo, solido, fermo, sicuro: *a ~ hold* una presa salda. **4** (*steadfast, enduring*) incrollabile, saldo: *~ faith* fede incrollabile. **5** (*steady, unfaltering*) fermo, sicuro, deciso, non esitante: *he made the incision with a ~ hand* eseguì l'incisione con mano ferma. **II** *avv.* ⟨*fam*⟩ certo, indubbiamente, di sicuro, senza dubbio. **III** *intz.* senz'altro, certo, sicuro, senza dubbio. □ *to be ~ to* (*o and*) non mancare di, avere cura di: *be ~ to lock the door* non mancare di chiudere la porta; *to be ~ of o.s. = to feel sure of o.s.*; ⟨*fam*⟩ *as ~ as* **eggs** *is* **eggs** com'è certo che due più due fa quattro; *~* **enough** e infatti, naturalmente, com'era prevedibile: *I expected him to disapprove and, ~ enough, he did* mi aspettavo che non fosse d'accordo, e infatti così è stato; *to* **feel** *~:* **1** essere certo (*o* sicuro): *do you feel ~ about it?* ne sei sicuro?; **2** (*to feel confident*) sentirsi sicuro, avere fiducia: *we felt ~ of success* ci sentivamo sicuri del successo; *to feel ~ of o.s.* essere sicuro di sé; ⟨*fam*⟩ (*and that's*) **for** *~* di sicuro, certamente, per certo: *it's going to rain again, for ~* pioverà di nuovo, di sicuro; *I do not know for ~* non ne sono sicuro; *to* **make** *~:* **1** accertarsi, assicurarsi; **2** (*in imperatives*) badare, vedere; *to make ~ of:* **1** (*to remove all doubt about*) assicurarsi di, accertarsi di; **2** (*to secure possession of*) procurarsi, assicurarsi; *he tied another knot, just to make ~* fece un altro nodo, per sicurezza; *to be ~:* **1** dobbiamo ammetterlo (*o* riconoscerlo): *it costs a lot, to be ~* è caro, dobbiamo ammetterlo; **2** (*without doubt*) certamente, certo, senza dubbio; *to be ~ of a welcome* essere sicuro di ricevere una buona accoglienza. ‖ *you may be ~ I shall back you up* puoi contare sul mio appoggio; *it's not my fault, I'm ~* non è davvero colpa mia; *well, I'm ~!* ma davvero!, però!, perbacco!, perdinci!

sure|-fire *a.* ⟨*fam*⟩ infallibile, sicuro, certo: *a ~ way to make money* un modo infallibile per fare quattrini. **'~-'footed** *a.* **1** dal passo sicuro, che ha il piede fermo. **2** ⟨*fig*⟩ che non fa passi falsi.

surely ['ʃuəli] *avv.* **1** certamente, sicuramente, senza dubbio, di sicuro: *he will ~ succeed* avrà certamente successo. **2** (*in emphatic sentences*) certo, indubbiamente, di sicuro: *~ you don't intend giving up now* certo non vorrai arrenderti ora. **3** (*undoubtedly, definitely*) senza dubbio, decisamente: *the news is ~ encouraging* la notizia è senza dubbio incoraggiante. **4** (*firmly*) fermamente, saldamente; (*unerringly*) infallibilmente.

sureness ['ʃuənis] *s.* **1** sicurezza *f,* certezza *f,* fiducia *f.* **2** (*firmness, steadiness*) fermezza *f,* risolutezza *f,* decisione *f.* **3** (*infallibility*) infallibilità *f.*

sure thing *am.* ⟨*fam*⟩ **I** *s.* cosa *f* sicura (*o* su cui si può contare). **II** *intz.* certamente, senza dubbio, sì, senz'altro.

surety ['ʃuəti] *s.* **1** garanzia *f,* avallo *m,* malleveria *f.* **2** ⟨*Dir*⟩ garante *m/f,* mallevadore *m* (*f* –trice), fideiussore *m*; (*money given as a guaranty*) cauzione *f,* caparra *f.* **3** (*certainty*) certezza *f,* sicurezza *f.* □ *to stand* (o *go*) *~ for s.o.* farsi garante per qd.

surety bond *s.* ⟨*Dir*⟩ cauzione *f.*

suretyship ['ʃuətiʃip] *s.* ⟨*Dir*⟩ fideiussione *f.*

surf [sə:f] **I** *s.* **1** spuma *f* dei marosi (*o* frangenti). **2** (*breaking waves*) cavalloni *mpl,* frangenti *mpl*; (*undertow*) risacca *f.* **3** (*dance*) surf *m.* **II** *v.i.* praticare il surfing.

surface ['sə:fis] **I** *s.* **1** superficie *f: the ~ of a lake* la superficie di un lago; (*face*) faccia *f: the six –s of a cube* le sei facce di un cubo. **2** ⟨*fig*⟩ (*outward aspect*) superficie *f,* esteriorità *f,* apparenza *f,* aspetto *m* esteriore, scorza *f.* **3** ⟨*Geom,Aer,Minier*⟩ superficie *f.* **4** ⟨*Strad*⟩ manto *m* di usura. **II** *a.* **1** superficiale, di superficie, esteriore. **2** ⟨*fig*⟩ superficiale, non profondo: *a ~ judgement* un giudizio superficiale. **3** (*of transport*) di superficie. **4** ⟨*Post*⟩ ordinario, non aereo. **5** ⟨*Minier*⟩ (*of mining*) a cielo aperto; (*of miners*) che lavora in superficie. **III** *v.t.* **1** ⟨*Mur,Edil*⟩ rifinire: *the house was –d with pebbledash* la casa fu rifinita con intonaco a pinocchino. **2** ⟨*Strad*⟩ dotare di manto d'usura. **3** ⟨*Fal*⟩ spianare, rendere liscio, piallare; (*to polish*) lucidare. **4** (*of a submarine*) far emergere, far affiorare. **IV** *v.i.* risalire alla superficie, emergere, venire a galla, affiorare: *the diver –d* il tuffatore risalì alla superficie. □ ⟨*Minier*⟩ *at the ~* a cielo aperto; *on the ~:* **1** sulla (*o* in) superficie; **2** ⟨*fig*⟩ apparentemente, in apparenza; **3** ⟨*Minier*⟩ a cielo aperto.

surface|-active *a.* ⟨*Chim*⟩ tensioattivo. **~-activity** *s.* tensioattività *f.* **~ craft** *s.* ⟨*Mar*⟩ naviglio *m* di superficie. **~ mail** *s.* ⟨*Post*⟩ posta *f* ordinaria (*o* non aerea). **~man** [mən] *s.irr.* **1** ⟨*Ferr*⟩ operaio *m* addetto alla manutenzione della linea. **2** ⟨*Minier*⟩ minatore *m* che lavora in superficie. **~ water** *s.* acqua *f* di scolo.

surfactant [sə:'fæktənt] *s.* ⟨*Chim*⟩ surfactante *m,* tensioattivo *m.*

surf|board *s.* tavola *f* per surfing. **~boat** *s.* barca *f* piatta per ⌐l'approdo⌐ (co la messa in mare) in zona di frangenti.

surfeit ['sə:fit] **I** *s.* **1** eccesso *m,* sovrabbondanza *f,* quantità *f* eccessiva. **2** (*excess of food, drink*) eccesso *m* nel mangiare (*o* bere). **3** (*disgust caused by excess*) sazietà *f,* nausea *f,* disgusto *m.* **II** *v.t.* **1** rimpinzare. **2** ⟨*fig*⟩ disgustare, nauseare, saziare. **III** *v.i.* rimpinzarsi (*with* di).

surfer ['sə:fə] *s.* ⟨*Sport*⟩ surfista *m/f.* **surfing** [–fiŋ] *s.* → **surf riding.**

surf|-ride *v.i.irr.* praticare il surfing. **~ rider** *s.* → **surfer. ~ riding** *s.* surfing *m.*

surfy ['sə:fi] *a.* **1** pieno di frangenti. **2** (*resembling surf*) spumoso, spumeggiante.

surge [sə:dʒ] **I** *s.* **1** (*strong swelling rush*) ondata *f* travolgente. **2** (*large, rolling wave*) cavallone *m,* maroso *m,* flutto *m,* (grossa) ondata *f.* **3** ⟨*fig*⟩ (*of emotions*) impeto *m,* impulso *m,* slancio *m: a ~ of anger* un impeto di collera; (*violent rising and falling*) ondata *f: a ~ of enthusiasm* un'ondata di entusiasmo. **4** ⟨*El*⟩ sovracorrente *f* momentanea, colpo *m* di corrente. **II** *v.i.* **1** ondeggiare, fluttuare: *the crowd –d forward* la folla avanzò ondeggiando. **2** (*of the sea*) gonfiarsi. **3** ⟨*fig*⟩ sollevarsi (come un'ondata). **4** ⟨*Mar*⟩ (*of a rope*) allentarsi, allascare. **5** ⟨*El*⟩ aumentare improvvisamente d'intensità; (*to oscillate violently*) oscillare violentemente. **6** ⟨*Aut*⟩ (*of a wheel*) girare a vuoto. **III** *v.t.* ⟨*Mar*⟩ (*of a rope*) allentare, allascare. □ *the waves –d over the breakwater* le onde si sollevavano sul frangiflutti; *the blood –d to his cheeks* il sangue gli affluì al viso.

surgeon ['sɔːdʒən] *s.* **1** chirurgo *m,* medico *m* chirurgo. **2** ⟨*Mil,Mar.mil*⟩ ufficiale *m* medico. **3** ⟨*Mar*⟩ medico *m* di bordo. **4** ⟨*Itt*⟩ → **surgeon fish.**

surgeon fish *s.* ⟨*Itt*⟩ acanturo *m.*

surgery ['sɔːdʒəri] *s.* **1** chirurgia *f.* **2** (*surgical treatment*) intervento *m* chirurgico: *to undergo* ~ sottoporsi a un intervento chirurgico. **3** (*doctor's consulting office*) gabinetto *m* medico, ambulatorio *m,* dispensario *m;* (*surgery hours*) orario *m* ⌐delle visite⌐ (*o* di consultazione).

surge tank *s.* ⟨*Idr*⟩ serbatoio *m* di compensazione.

surgical ['sɔːdʒikəl] *a.* **1** chirurgico: ~ *instruments* strumenti chirurgici. **2** (*resulting from surgery*) postoperatorio: ~ *fever* febbre postoperatoria.

surgical‖ instruments *s.pl.* strumenti *mpl* chirurgici. ~ **knife** *s.* bisturi *m.*

surgically ['sɔːdʒikəli] *avv.* chirurgicamente.

surging ['sɔːdʒiŋ] *a.* **1** agitato, ondoso, ondeggiante. **2** ⟨*fig*⟩ (*of emotions*) impetuoso. **surgy** [–dʒi] *a.* ⟨*rar*⟩ (*surging*) ondoso, agitato.

suricate ['sjuərikeit] *s.* ⟨*Zool*⟩ suricata *f.*

surlily ['sɔːlili] *avv.* in modo arcigno (*o* scontroso). **surliness** [–linis] *s.* scontrosità *f.* **surly** [–li] *a.* arcigno, burbero, scontroso, scorbutico.

surmise I *v.t.* [sɔ'maiz, 'sɔːmaiz] supporre, congetturare. **II** *v.i.* fare una supposizione (*o* congettura). **III** *s.* ['sɔːmaiz, sɔ'maiz] congettura *f,* ipotesi *f,* supposizione *f.*

surmount [sɔ'maunt] *v.t.* **1** valicare: *to* ~ *a height* valicare un'altura; (*to climb over*) scavalcare, sormontare: *to* ~ *a fence* scavalcare uno steccato. **2** ⟨*fig*⟩ superare, sormontare: *to* ~ *all obstacles* superare tutti gli ostacoli. **3** (*to be situated at the top of*) essere (situato) in cima a, essere appollaiato su; (*to place on the top of*) collocare su (*o* in cima a): *to* ~ *a pedestal with a bust* collocare un busto su un piedistallo. **4** (*to rise above in height*) sovrastare, dominare. **surmountable** [–əbl] *a.* **1** sormontabile. **2** ⟨*fig*⟩ superabile, sormontabile: ~ *difficulties* difficoltà superabili.

surmullet [sɔ:'mʌlit] *s.* ⟨*Itt*⟩ triglia *f.*

surname ['sɔːneim] **I** *s.* **1** cognome *m,* casato *m,* nome *m* di famiglia. **2** (*name added to an original name*) soprannome *m,* nomignolo *m.* **II** *v.t.* **1** chiamare con il cognome. **2** (*to call, nickname*) soprannominare, dare un soprannome a: *Richard I –d Lionheart* Riccardo I soprannominato (*o* detto) Cuor di Leone.

surpass [sɔ'pɑːs] *v.t.* **1** superare, essere superiore a, sorpassare, essere più bravo (*o* valente) di: *to* ~ *s.o. in cunning* superare qd. in astuzia. **2** (*to exceed*) superare, eccedere: *to* ~ *all expectations* superare tutte le aspettative. **surpassable** [–əbl] *a.* superabile, sorpassabile. **surpassing** [–iŋ] **I** *a.* incomparabile, senza uguale, straordinario: *of* ~ *beauty* di una bellezza incomparabile. **II** *avv.* ⟨*rar,poet*⟩ → **surpassingly.** **surpassingly** [–iŋli] *avv.* incomparabilmente, senza pari.

surplice ['sɔːplis] *s.* ⟨*Lit*⟩ cotta *f.* **surpliced** [–t] *a.* che indossa la cotta, in cotta.

surplus ['sɔːpləs] **I** *s.* **1** soprappiù *m,* eccedenza *f,* eccesso *m.* **2** ⟨*Econ*⟩ surplus *m: a balance of payments* ~ un surplus nella bilancia dei pagamenti; (*excess of net value over capital stock value*) eccedenza *f* attiva. **3** ⟨*Comm*⟩ residuo *m* attivo, avanzo *m,* eccedente *m.* **4** ⟨*Agr*⟩ sovrapproduzione *f.* **II** *a.* **1** eccedente, in eccedenza, in soprappiù, d'avanzo; (*superfluous*) superfluo. **2** ⟨*Mil*⟩ residuato. **surplusage** [–idʒ] *s.* **1** eccedenza *f,* soprappiù *m,* eccesso *m,* soprannumero *m.* **2** ⟨*Dir*⟩ materia *f* superflua.

surplus‖ area *s.* regione *f* eccedentaria. ~ **disposal** *s.* smaltimento *m* delle eccedenze. ~ **labour** *s.* eccesso *m* di

manodopera. ~ **population** *s.* eccesso *m* di popolazione. ~ **product** *s.* prodotto *m* eccedentario. ~ **value** *s.* ⟨*Econ*⟩ plusvalore *m.*

surprisal [sə'praizəl] *s.* sorpresa *f.*

surprise [sə'praiz] **I** *v.t.* **1** sorprendere, meravigliare, stupire: *the price –d me* il prezzo mi sorprese. **2** (*to take, catch in the act*) sorprendere, cogliere ⌐di sorpresa⌐ (*o* sul fatto): *I –d him dipping into the jam jar* lo sorpresi a rubare la marmellata. **3** ⟨*Mil*⟩ sorprendere, attaccare (*o* prendere) di sorpresa. **II** *s.* sorpresa *f: an unpleasant* ~ una spiacevole sorpresa; (*emotion aroused*) stupore *m,* sorpresa *f,* meraviglia *f: I gasped in* ~ restai senza fiato per lo stupore. **III** *a.* **1** inaspettato, a sorpresa: *a* ~ *announcement* un annuncio inaspettato. **2** ⟨*Mil*⟩ di sorpresa: *a* ~ *attack* un attacco di sorpresa. □ *to be agreeably –d* essere gradevolmente sorpreso; *to feel* ~ essere stupito; *to* ~ *s.o. into* (*doing*) *s.th.* far fare qc. a qd. prendendolo alla sprovvista; **much** *to my* ~ con mia grande sorpresa; *to take by* ~: **1** sorprendere, meravigliare, stupire: *his resignation took us all by* ~ le sue dimissioni ci sorpresero tutti; **2** (*to catch unprepared*) cogliere ⌐di sorpresa⌐ (*o* alla sprovvista), sorprendere; **3** ⟨*Mil*⟩ sorprendere, cogliere di sorpresa; *to my great* ~, *he agreed* con mia grande sorpresa, acconsentì; *what a* ~! che sorpresa! ‖ ⟨*scherz*⟩ ~, ~! sorpresa, sorpresa!

surprisedly [sə'praizidli] *avv.* con sorpresa, con stupore.

surprise‖ package *am.,* ~ **packet** *s.* pacchetto *m* a sorpresa.

surprising [sə'praiziŋ] *a.* sorprendente, stupefacente: ~ *revelations* rivelazioni sorprendenti. **surprisingly** [–li] *avv.* in modo sorprendente.

surrealism [sə'riːəlizəm] *s.* ⟨*Art*⟩ surrealismo *m.* **surrealist** [–list] **I** *s.* surrealista *m/f.* **II** *a.* → **surrealistic. sur‚realistic** [–'listik] *a.* surrealistico, surrealista.

surrender [sə'rendə] **I** *v.t.* **1** consegnare, cedere, abbandonare: *the city was –ed to the enemy* la città fu consegnata al nemico. **2** (*to relinquish*) cedere, rinunciare a, lasciare: *to* ~ *one's seat to a lady* cedere il posto a una signora; *to* ~ *a privilege* rinunciare a un privilegio. **3** ⟨*rifl*⟩ arrendersi, capitolare, cedere. **4** ⟨*rifl,fig*⟩ abbandonarsi, darsi: *to* ~ *o.s. to despair* abbandonarsi alla disperazione. **5** (*of hopes, etc.*) abbandonare, rinunciare a. **6** ⟨*Dir*⟩ (*of rights*) rinunciare a; (*of an estate*) cedere. **7** ⟨*Assic*⟩ riscattare: *to* ~ *an insurance policy* riscattare una polizza di assicurazione. **II** *v.i.* **1** arrendersi (*to* a): *to* ~ *to the police* arrendersi alla polizia. **2** ⟨*fig*⟩ abbandonarsi, darsi (a). **III** *s.* **1** resa *f,* capitolazione *f.* **2** (*act of relinquishing*) abbandono *m,* rinuncia *f,* cessione *f.* **3** ⟨*fig*⟩ resa *f,* cedimento *m,* capitolazione *f.* **4** ⟨*Dir*⟩ (*of rights*) rinuncia *f;* (*of an estate*) cessione *f.* **5** ⟨*Assic*⟩ riscatto *m.* □ ⟨*Dir*⟩ *to* ~ *o.s. to justice* costituirsi. **sur‚renderee** [–'riː] *s.* ⟨*Dir*⟩ cessionario *m* (*f* –a). **surrenderor** [–rə] *s.* ⟨*Dir*⟩ cedente *m/f.*

surrender value *s.* ⟨*Assic*⟩ valore *m* di riscatto di una polizza.

surreptitious [ˌsʌrəp'tiʃəs] *a.* **1** furtivo, di nascosto: *a* ~ *glance* uno sguardo furtivo. **2** (*acting stealthily*) clandestino, che agisce furtivamente (*o* di nascosto). **3** (*sly, shifty*) subdolo, falso. □ ~ *edition* edizione clandestina. **surreptitiously** [–li] *avv.* furtivamente, di nascosto.

surrey *am.* ['sʌri, *am.* 'sɔːri] *s.* carrozza *f* leggera a quattro ruote e due posti.

surrogate ['sʌrəgit] *s.* **1** sostituto *m* (*f* –a). **2** ⟨*Rel*⟩ delegato *m.* **surrogateship** [–ʃip] *s.* ufficio *m* di sostituto. **‚surrogation** [–'geiʃən] *s.* sostituzione *f.*

surround [sə'raund] **I** *v.t.* **1** circondare, attorniare, cingere, racchiudere: *the garden was –ed by a wall* il giardino era circondato da un muro. **2** ⟨*fig*⟩ circondare: *to be –ed by dangers* essere circondato da pericoli. **3** (*to place round*) cingere, circondare, mettere attorno a: *to* ~ *a garden with a hedge* cingere un giardino con una siepe. **4** ⟨*rifl*⟩ circondarsi, attorniarsi. **5** ⟨*Mil*⟩ circondare, accerchiare. **II** *s.* bordo *m,* bordatura *f.* **surrounding** [–iŋ] **I** *a.* **1** circostante: *the* ~ *countryside* la campagna circostante. **2** (*enclosing, encircling*) che circonda, che cinge. **II** *s.* **1** ciò che circonda. **2** *pl.* dintorni *mpl.* **3** *pl.* ⟨*fig*⟩ ambiente *m*: *cultured –s* ambiente colto.

surtax ['sɔ:tæks] **I** *s.* ⟨*Econ*⟩ soprattassa *f,* imposta *f* addizionale. **II** *v.t.* imporre una soprattassa su.

surtout *fr.* [sə'tu:] *s.* ⟨*Vest*⟩ **1** (*for men*) soprabito *m.* **2** (*for women*) mantello *m* con cappuccio.

surveillance [sə'veiləns] *s.* sorveglianza *f,* vigilanza *f,* controllo *m: under police* ~ sotto sorveglianza speciale. **surveillant** [–nt] *s.* sorvegliante *m/f.*

survey **I** *v.t.* [sɔ:'vei] **1** guardare, osservare, contemplare. **2** (*to make a general examination of*) esaminare, prendere in esame, considerare, studiare, osservare. **3** (*to inspect, assess*) valutare, stimare, fare la perizia di: *an architect –ed the house* un architetto valutò la casa. **4** ⟨*Topogr*⟩ misurare, rilevare, fare il rilievo topografico di. **5** ⟨*Statist*⟩ fare un'indagine (*o* uno studio) su. **II** *s.* ['sɔ:vei] **1** sguardo *m* (generale), veduta *f,* vista *f,* colpo *m* d'occhio. **2** (*general consideration, exposition*) studio *m,* esame *m,* indagine *f: a* ~ *of trade-union history* uno studio sulla storia dei sindacati. **3** (*official examination, inspection*) ispezione *f,* controllo *m,* esame *m.* **4** (*report, document containing a survey*) stima *f,* perizia *f.* **5** ⟨*Statist*⟩ indagine *f.* **6** ⟨*Topogr*⟩ rilevamento *m,* rilievo *m* topografico; (*survey map*) mappa *f* catastale, carta *f* topografica; (*organization*) catasto *m.* **surveying** [sɔ:'veiiŋ] *s.* ⟨*Topogr*⟩ **1** (*science, occupation*) agrimensura *f.* **2** (*act*) misurazione *f.* **surveyor** [sɔ:'veiə] *s.* **1** ispettore *m,* controllore *m,* perito *m:* ~ *of roads* ispettore delle strade. **2** ⟨*Topogr*⟩ agrimensore *m,* topografo *m.* **3** (*architect*) architetto *m.* **4** ⟨*am*⟩ (*customs officer*) doganiere *m.*

surveyor's| chain *s.* ⟨*Topogr*⟩ catena *f* metrica (*o* da topografo). ~ **compass,** ~ **dial** *s.* bussola *f* topografica (*o* azimutale).

surveyorship [sɔ:'veiəʃip] *s.* ufficio *m* d'ispettore, ispettorato *m.*

surveyor's level *s.* ⟨*Topogr*⟩ livella *f* a cannocchiale.

survival [sə'vaivəl] *s.* **1** sopravvivenza *f: their chances of* ~ *are slim* le loro possibilità di sopravvivenza sono esigue. **2** (*surviving remnant, individual*) avanzo *m,* reliquia *f,* resto *m,* vestigio *m.* **3** (*of a custom, etc.*) sopravvivenza *f;* (*surviving custom, belief, etc.*) usanza *f* (*o* credenza, ecc.) sopravvissuta. □ ⟨*Biol*⟩ *the* ~ *of the fittest* la selezione naturale.

survival value *s.* ⟨*Biol*⟩ valore *m* di sopravvivenza.

survive [sə'vaiv] **I** *v.i.* sopravvivere, restare in vita: *the custom still –s* l'usanza sopravvive tuttora. **II** *v.t.* **1** sopravvivere a: *he –d the operation* sopravvisse all'operazione; *she –d her husband by five years* sopravvisse cinque anni al marito. **2** (*to escape danger, etc.*) scampare a. **surviving** [–iŋ] *a.* **1** sopravvivente, ancora in vita, superstite. **2** (*still existing*) superstite, che resta, che rimane. **survivor** [–ə] *s.* superstite *m/f,* sopravvissuto *m* (*f* –a): *the sole* ~ l'unico superstite. □ ⟨*Assic*⟩ *–s pension* pensione *f* superstiti. **survivorship** [–əʃip] *s.* **1** ⟨*Dir*⟩ diritto *m* del comproprietario superstite alla quota lasciata dal defunto. **2** (*survival*) sopravvivenza *f.*

Susan ['su:zn], **Susanna(h)** [su:'zænə] *N.pr.* Susanna *f.*

susceptibility [səseptə'biliti] *s.* **1** suscettibilità *f.* **2** ⟨*Med*⟩ predisposizione *f,* ricettività *f.* **3** (*sensitive, impressionable nature*) sensibilità *f,* impressionabilità *f.* **4** *pl.* (*feelings*) suscettibilità *f,* sentimenti *mpl: to offend s.o.'s susceptibilities* offendere la suscettibilità di qd. **5** ⟨*El*⟩ suscettività *f.*

susceptible [sə'septəbl] *a.* **1** suscettibile (*of* di): ~ *of improvement* suscettibile di miglioramento. **2** (*easily offended*) ombroso, permaloso, suscettibile. **3** (*easily affected, influenced*) sensibile (*to* a): ~ *to flattery* sensibile all'adulazione. **4** (*sensitive, impressionable*) sensibile, impressionabile. **5** ⟨*Med*⟩ predisposto, soggetto, ricettivo (*to* a). **susceptibly** [–i] *avv.* in modo suscettibile.

susceptive [–tiv] *a.* **1** ricettivo. **2** (*susceptible*) suscettibile. **susceptiveness** [–tivnis], **susceptivity** [–'tiviti] *s.* **1** (*susceptibility*) suscettibilità *f.* **2** (*receptiveness*) ricettività *f.*

suspect **I** *v.t.* [sə'spekt] **1** sospettare (di): *to* ~ *s.o. of a crime* sospettare qd. di un delitto. **2** (*to have doubts about*) dubitare di, diffidare di: *I* ~ *his honesty* dubito della sua onestà. **3** (*to have an intuition*) subodorare, intuire, presentire, avere sentore di: *to* ~ *danger* subodorare il pericolo. **4** (*to have a suspicion, feeling*) avere il sospetto (*o* la sensazione, l'impressione) che: *I* ~ *you are making fun of me* ho il sospetto che ti stia burlando di me; (*to imagine, surmise*) sospettare, immaginare, presumere, supporre, credere. **II** *v.i.* avere (*o* nutrire) sospetti. **III** *s.* ['sʌspekt] persona *f* sospetta, sospetto *m: a murder* ~ una persona sospetta di omicidio. **IV** *a.* ['sʌspekt] sospetto, che desta diffidenza (*o* sospetto). **suspected** [səs'pektid] *a.* sospetto, sospettato.

suspend [sə'spend] *v.t.* **1** sospendere, attaccare (in alto), appendere. **2** (*to hold fixed, floating*) sospendere, tenere sospeso (*o* appeso). **3** ⟨*fig*⟩ sospendere, lasciare in sospeso: *to* ~ *judgement* sospendere il giudizio. **4** (*to set aside temporarily*) mettere temporaneamente da parte, sospendere. **5** (*to interrupt*) sospendere, interrompere, cessare (temporaneamente). **6** (*to stay, adjourn*) sospendere, aggiornare, rinviare, rimandare; (*to postpone*) differire. **7** ⟨*Scol*⟩ (*to debar temporarily*) sospendere: *to* ~ *a boy from school* sospendere un alunno dalla scuola. **8** ⟨*Mus*⟩ ritardare. **9** ⟨*Chim,Fis*⟩ sospendere. **suspended** [–id] *a.* **1** appeso, sospeso, pendente. **2** ⟨*Scol*⟩ sospeso. **3** ⟨*Chim*⟩ in sospensione. **4** ⟨*Mus*⟩ ritardato.

suspended animation *s.* ⟨*Med*⟩ morte *f* apparente.

suspender [sə'spendə] *s.* **1** chi sospende; (*that which suspends*) sospensore *m.* **2** (*to hold up stockings*) giarrettiera *f.* **3** *pl.* → **suspender belt. 4** *pl.* ⟨*am*⟩ (*braces*) bretelle *fpl.*

suspender belt *s.* reggicalze *fpl.*

suspense [sə'spens] *s.* **1** ansia *f,* apprensione *f,* stato *m* di ansia (*o* attesa): *the* ~ *became unbearable* l'ansia divenne intollerabile; (*excited expectation*) suspense *m.* **2** (*state of being undecided, unconcluded*) incertezza *f,* sospensione *f,* indecisione *f.* **3** ⟨*Dir*⟩ sospensione *f.* □ *to hold* (*o keep*) *s.o. in* ~ tenere qd. 'sulla corda' (*o* con l'animo in sospeso); *to hold a decision in* ~ tenere in sospeso una decisione; *the affair hung in* ~ l'affare rimase in sospeso.

suspense account *s.* ⟨*Econ*⟩ conto *m* provvisorio (*o* in sospeso).

suspensibility [səspensi'biliti] *s.* possibilità *f* di sospendere (*o* lasciare in sospeso). **sus'pensible** [–bl] *a.* che si può sospendere (*o* lasciare in sospeso).

suspension [səs'penʃən] *s.* **1** sospensione *f.* **2** (*interruption*) sospensione *f,* interruzione *f,* differimento *m,* dilazione *f.* **3** (*temporary withdrawal from office, etc.*) sospensione *f.* **4** ⟨*Econ,Chim,Fis*⟩ sospensione *f:* ~ *of payment* sospensione dei pagamenti. **5** ⟨*Aut,Mecc*⟩ sospensione *f,* molleggio *m.* **6** ⟨*Dir*⟩ sospensione *f,* dilazione *f.* **7** ⟨*Mus*⟩ ritardo *m.* □ ⟨*Dir*⟩ ~ *of decision* aggiornamento *m* della decisione; ~ *of execution* sospensione *f* dell'esecuzione; ⟨*Fis,Chim*⟩ *in* ~ in sospensione; ⟨*Mil*⟩ ~ *of military operations* tregua *f* d'armi, sospensione *f* delle ostilità.

suspension| bridge *s.* ponte *m* sospeso. ~ **periods,** ~ **points** *s.pl.* ⟨*Tip*⟩ punti *mpl* di sospensione.

suspensory [sə'spensəri] **I** *a.* che serve a sospendere (*o* tenere sollevato). **2** ⟨*Anat*⟩ sospensorio. **II** *s.* **1** → **suspensory bandage. 2** ⟨*Anat*⟩ → **suspensory ligament. 3** ⟨*Anat*⟩ → **suspensory muscle.**

suspensory| bandage *s.* sospensorio *m.* ~ **ligament** *s.* ⟨*Anat*⟩ legamento *m* sospensorio. ~ **muscle** *s.* muscolo *m* sospensorio.

suspicion [sə'spiʃən] **I** *s.* **1** sospetto *m,* diffidanza *f,* dubbio *m: to regard s.o. with* ~ guardare qd. con sospetto. **2** (*belief in s.o.'s guilt*) sospetto *m,* presunzione *f* di colpevolezza. **3** (*slight feeling*) vaga idea *f,* sentore *m,* impressione *f,* sospetto *m.* **4** ⟨*fig*⟩ accenno *m,* traccia *f,* punta *f,* pizzico *m: a* ~ *of a smile* un accenno di sorriso. **II** *v.t.* ⟨*dial*⟩ sospettare. □ *above* ~ al di sopra di ogni sospetto, insospettabile; ~ *fell on the butler* i sospetti caddero sul maggiordomo; *to lay o.s. open to* ~ dare adito a sospetti; ⟨*Dir*⟩ *imprisonment on* ~ detenzione preventiva; *under* ~ sospettato.

suspicionless [sə'spiʃənlis] *a.* ⌐privo di⌐ (*o senza*) sospetto.

suspicious [sə'spiʃəs] *a.* **1** sospetto, che desta sospetto: *a ~ character* un tipo sospetto. **2** (*given to suspicion*) diffidente, sospettoso (*of* con): *he is ~ of strangers* è diffidente con gli estranei. **3** (*indicative of suspicion*) diffidente, sospetto: *a ~ look* uno sguardo diffidente. □ *under ~ circumstances* in circostanze sospette; *to feel* (*o be*) *~ of* (*o about*) *s.o.* nutrire sospetti nei riguardi di qd. **suspiciously** [-li] *avv.* **1** in modo sospetto. **2** (*with suspicion*) con sospetto, con diffidenza. **suspiciousness** [-nis] *s.* sospettosità *f*, diffidenza *f*.

suspiration [ˌsʌspi'reiʃən] *s.* (*poet,lett*) sospiro *m*. **suspire** [sə'spaiə] *v.i.* sospirare.

Sussex ['sʌsiks] *N.pr.* (*Geog*) Sussex *m*.

sustain [sə'stein] *v.t.* **1** sostenere, sorreggere, reggere, sopportare. **2** (*to withstand*) sostenere, resistere a: *to ~ the hardship of imprisonment* resistere ai disagi della prigionia. **3** (*to give support, aid to*) sostenere, sorreggere, essere di aiuto a. **4** (*to give moral strength to*) confortare, sorreggere, aiutare. **5** (*to maintain*) mantenere, provvedere al sostentamento di, sostenere. **6** (*to keep going*) sostenere: *to ~ a conversation* sostenere una conversazione. **7** (*to suffer, undergo*) subire, patire, soffrire: *to ~ heavy losses* subire gravi perdite. **8** (*to argue in favour of*) sostenere: *to ~ one's innocence* sostenere la propria innocenza. **9** (*to corroborate*) confermare, corroborare, convalidare. **10** (*Dir*) accogliere, ammettere, accettare (come valido): *the judge –ed his objection* il giudice accolse la sua obiezione. **11** (*Mus*) filare, prolungare. **12** (*Teat*) (*of a role, character*) sostenere, interpretare. **sustainable** [-əbl] *a.* sostenibile. **sustained** [-d] *a.* **1** sostenuto, prolungato: *a ~ effort* uno sforzo prolungato. **2** (*Mus*) sostenuto. **sustaining** [-iŋ] *a.* **1** che sostiene, di sostegno. **2** (*of food*) nutriente, sostanzioso. □ *~ member* membro *m* sostenitore. **sustainment** [-mənt] *s.* il sostenere.

sustenance ['sʌstinəns] *s.* **1** sostentazione *f*, nutrimento *m*; (*food*) cibo *m*. **2** (*nourishing quality*) sostanza *f*: *their diet lacks ~* la loro dieta è priva di sostanza. **3** (*livelihood, living*) mezzi *mpl* di sussistenza (*o sostentamento*), sostentamento *m*.

sustentation [ˌsʌsten'teiʃən] *s.* mantenimento *m*, sostentamento *m*; (*means of sustaining life*) sostentazione *f*, nutrimento *m*.

sutler ['sʌtlə] *s.* (*Mil.ant*) vivandiere *m*.

sutural ['sjuːtʃərəl] *a.* (*Anat,Chir*) suturale. **suture** [-tʃə] **I** *s.* (*Chir,Anat,Bot*) sutura *f*. **II** *v.t.* (*Chir*) suturare.

suture needle *s.* (*Chir*) ago *m* da sutura.

suzerain ['suːzərein] *s.* **1** (*Mediev*) signore *m* feudale. **2** (*Pol*) stato *m* avente diritto di sovranità su un altro stato. **suzerainty** [-ti] *s.* **1** (*Mediev*) potere *m* di un signore feudale. **2** (*Pol*) sovranità *f*.

svelte [svelt] *a.* snello, sottile, svelto, slanciato.

SW = **1** (*Rad*) *short wave* onda corta. **2** *south–west* sud–ovest (*abbr.* SO).

swab [swɔb] **I** *s.* **1** strofinaccio *m* per pavimenti, straccio *m*. **2** (*Mar*) redazza *f*, radazza *f*. **3** (*Med*) tampone *m*, zaffo *m*, stuello *m*; (*specimen*) tampone *m*. **4** (*Artigl*) scovolo *m*. **5** (*sl*) (*clumsy fool*) individuo *m* goffo e maldestro. **II** *v.t.* (*pret., p.p.* swabbed [-d]) **1** passare lo straccio su, pulire con lo straccio. **2** (*Mar*) (*spesso con down*) redazzare, radazzare: *to ~ the deck* redazzare il ponte; (*to take up with a swab;* spesso con *up*) togliere (*o rimuovere*) con una redazza. **3** (*Med*) pulire con un tampone. **'swabber** [-ə] *s.* **1** chi pulisce con lo straccio. **2** (*Mar*) marinaio *m* addetto alla pulizia dei ponti. **3** (*sl*) (*swab, clumsy fool*) persona *f* goffa e maldestra.

Swabia ['sweibjə] *N.pr.* (*Geog*) Svevia *f*. **Swabian** [-n] **I** *a.* svevo. **II** *s.* **1** svevo *m* (*f* -a). **2** (*dialect*) svevo *m*.

swaddle ['swɔdl] *v.t.* fasciare. **swaddling| bands, ~ clothes** ['swɔdliŋ] *s.pl.* fasce *fpl* (da neonato), pannolini *mpl.* □ (*fig*) *to be still in ~* essere ancora in fasce.

swag [swæg] *s.* **1** festone *m* (*anche Arch.*). **2** (*sl*) (*booty*) refurtiva *f*, bottino *m*, (*gerg*) malloppo *m*. **3** (*swaying movement*) ondeggiamento *m*, barcollamento *m*. **4**

(*austral*) (*swagman's pack*) fagotto *m*.

swag-bellied *a.* panciuto.

swage [sweidʒ] **I** *s.* (*Mecc*) **1** stampo *m*. **2** → **swag block**. **II** *v.t.* foggiare con uno stampo.

swage block *s.* (*Mecc*) chiodaia *f*.

swagger ['swægə] **I** *v.i.* (*spesso con along*) **1** camminar con aria tracotante (*o burbanzosa*). **2** (*to talk boastfully* vantarsi, fare lo spaccone, millantarsi. **II** *s.* **1** andatura burbanzosa. **2** (*cockiness*) tracotanza *f*, arroganza spavalderia *f*. **3** (*swaggering behaviour*) millanteria vanteria *f*, boria *f*. **III** *a.* (*fam*) elegante, alla moda. □ *~ s.o. out of his money* ottenere del denaro da qd. con prepotenza.

swagger| cane *s.* (*Mil*) canna *f* da ufficiale. **~ coat** (*Vest*) trequarti *m* di linea ampia.

swaggerer ['swægərə] *s.* smargiasso *m*, spaccone *n* fanfarone *m*. **swaggering** [-riŋ] *a.* **1** millantator vanaglorioso. **2** (*haughty*) tracotante, arrogante, spavaldo

swagger stick *s.* → **swagger cane**.

swagman *austral.* ['swægmən] *s.irr.* vagabondo *m* (*f* -a).

Swahili [swaː'hiːli] *s.* (*Ling*) swahili *m*.

swain [swein] *s.* (*poet,scherz*) **1** innamorato *m* corteggiatore *m*. **2** (*country youth*) contadinello *m*.

swallow[1] ['swɔlou] *s.* (*Ornit*) rondine *f*. □ *Prov.: one does not make a summer* una rondine non fa primavera

swallow[2] **I** *v.t.* **1** inghiottire, deglutire, mandar giù: *to a pill* inghiottire una pillola. **2** (*to gulp down*) ingoiar ingozzare, ingollare, ingurgitare, tranguiare. **3** (*fig* (*general.* con *up; to engulf*) inghiottire, ingoiare, f scomparire: *the ship was –ed up by the waves* la nave f inghiottita dalle onde; (*to use up*) inghiottire, esaurir consumare: *their savings were –ed up by devaluation* i lo risparmi furono inghiottiti dalla svalutazione. **4** (*to acce submissively*) mandar giù, inghiottire, ingoiare: *to ~ a insult* inghiottire un insulto; *to ~ a bitter pill* ingoiare u boccone amaro; (*to believe credulously*) creder (ingenuamente) a, bere: *he has –ed the whole tale h bevuto tutta la storia. **5** (*fig*) (*to retract, recant*) ritrarr rimangiarsi. **6** (*fig*) (*to repress*) soffocare, reprimer trattenere, tenere a freno. **II** *v.i.* inghiottire. **III** *s.* inghiottimento *m*, deglutizione *f*. **2** (*amount swallowe boccone *m*; (*of liquid*) sorso *m*. **3** (*gullet*) gola *f*. **4** (*Geo* → **swallow hole**. □ (*mar*) *to ~ the anchor* sbarcar lasciare il mare; (*fig*) *to ~ the bait* abboccare, cadere trappola.

swallowable ['swɔlouəbl] *a.* che si può inghiottire.

swallow|-dive I *s.* (*Sport*) tuffo *m* a rondine. **II** *v.i.ir* tuffarsi a rondine. **~ fish** *s.* (*Itt*) cappone *m* imperial **~ hole** *s.* (*Geol*) inghiottitoio *m*. **~ tail** *s.* **1** (*Zoo* coda *f* forcuta. **2** (*Vest*) → **swallow-tail coat**. **3** (*Entom* → **swallow-tail butterfly**.

swallow-tail| butterfly *s.* (*Entom*) macaone *m*. **~ coa** *s.* (*Vest*) abito *m* a coda di rondine, marsina *f*, frac *m*.

swallow-tailed *a.* a coda di rondine.

swam [swæm] → **swim**[1].

swamp [swɔmp] **I** *s.* pantano *m*, palude *f*, acquitrino *n* **II** *a.* palustre, di palude. **III** *v.t.* **1** sommerger inondare, allagare: *the boat was –ed by a huge wave* barca fu sommersa da un'enorme ondata; (*to sink*) colar a picco, affondare. **2** (*fig*) sommergere, inondare: *to b –ed with work* essere sommerso dal lavoro. **3** (*fam*) (*t defeat utterly*) schiacciare, annientare, travolgere. **IV** *v.i.* allagarsi; (*of a boat*) imbarcare acqua. **2** (*to sink into swamp*) impantanarsi.

swamp fever *s.* (*Med*) malaria *f*.

swampy ['swɔmpi] *a.* paludoso, acquitrinoso, pantanoso: *land* terreno paludoso.

swan [swɔn] *s.* **1** (*Ornit*) cigno *m*. **2** (*fig*) (*poet*) cign *m*, poeta *m*, cantore *m*. **Swan** *N.pr.* (*Astr*) Cigno *m*.

swang [swæŋ] → **swing**[1].

swank [swæŋk] (*fam*) **I** *v.i.* **1** mettersi in mostr pavoneggiarsi. **2** (*to boast*) vantarsi, fare lo spaccone millantarsi, darsi delle arie. **II** *s.* **1** il pavoneggiarsi, mettersi in mostra. **2** (*boasting*) vanto *m*, vanteria millanteria *f*. **3** (*dashing elegance*) eleganza *f* vistos **'swanker** [-ə] *s.* **1** borioso *m* (*f* -a), spaccone *m* (*f* -a). (*elegant, posh person*) elegantone *m* (*f* -a), persona sciccosa. **'swankily** [–ili] *avv.* ⟨*fam*⟩ vanagloriosamente, con boria. **'swankiness** [–inis] *s.* ⟨*fam*⟩ **1** boria *f,* arie *fpl.* **2** (*boastfulness*) millanteria *f.* **'swanky** [–i] *a.* ⟨*fam*⟩ **1** borioso, pieno di arie. **2** (*boastful*) vanaglorioso, millantatore. **3** (*ostentatious, showy*) appariscente, vistoso, sgargiante. **4** (*elegant, posh*) elegante, ⟨*pop*⟩ sciccoso.

swanlike ['swɔnlaik] *a.* simile a un cigno, cignoide.

swan| mark *s.* marchio *m* di proprietà sul becco dei cigni. **~ neck** *s.* ⟨*tecn*⟩ collo *m* d'oca. **~-necked** *a.* a collo d'oca.

swannery ['swɔnəri] *s.* allevamento *m* di cigni.

swansdown, swan's-down ['swɔnzdaun] *s.* **1** piuma di cigno. **2** ⟨*Tess*⟩ mollettone *m.*

swan| shot *s.* ⟨*Venat*⟩ pallettone *m.* **~skin** *s.* ⟨*Tess*⟩ flanella *f* spigata. **~ song** *s.* canto *m* del cigno (*anche fig.*). **~ upping** *s.* **1** marcatura *f* dei cigni reali. **2** (*annual ceremony*) cerimonia *f* annuale sul Tamigi per la marcatura dei cigni reali.

swap[1] [swɔp] *v.* (*pret., p.p.* **swapped** [–t]) ⟨*fam*⟩ **I** *v.t.* cambiare, scambiare, dare in cambio, barattare: *I'd like to ~ my ring for yours* vorrei cambiare il mio anello con il tuo. **II** *v.i.* fare uno scambio. □ *to ~ yarns* raccontarsi storie a vicenda. *Prov.: never ~ horses in midstream* non fare mai cambiamenti in un momento critico.

swap[2] *s.* ⟨*fam*⟩ **1** scambio *m,* baratto *m,* cambio *m.* **2** (*object swapped*) oggetto *m* barattato (*o* scambiato). **3** ⟨*Econ*⟩ swap *m,* operazione *f* a pronto contro termine.

swap| in *v.t.* ⟨*Inform*⟩ trasferire (informazioni) dalla memoria di massa a quella centrale. **~ meet** *am. s.* ⟨*fam*⟩ riunione *f* per 'lo scambio' (*o* la vendita) di oggetti usati. **~ out** *v.t.* ⟨*Inform*⟩ trasferire (informazioni) dalla memoria centrale a quella di massa.

swapping ['swɔpiŋ] *s.* ⟨*Inform*⟩ scambio *m* (*o* permuta *f*) di programmi (tra le memorie).

sward [swɔːd] *s.* terreno *m* erboso, prato *m,* tappeto *m* verde.

sware [swɛə] → **swear**[1].

swarf [swɔːf] *s.* ⟨*Mecc*⟩ sfridi *mpl.*

swarm[1] [swɔːm] **I** *s.* **1** (*of bees*) sciame *m.* **2** ⟨*estens*⟩ sciame *m,* frotta *f: a ~ of locusts* uno sciame di locuste. **3** ⟨*fig*⟩ sciame *m,* moltitudine *f,* folla *f,* frotta *f.* **II** *v.i.* **1** (*of bees*) sciamare. **2** ⟨*fig*⟩ sciamare, muoversi a frotte, allontanarsi in massa: *the crowd –ed out of the stadium* la folla sciamò fuori dallo stadio; (*to mass, mill about*) formicolare, pullulare, brulicare: *people were –ing in the streets* la gente formicolava per le strade; (*to seethe, teem*) brulicare, essere gremito (*o* pieno) (*with* di).

swarm[2] *v.t./i.* arrampicarsi (su): *to ~ (up) a palm tree* arrampicarsi su (per) una palma.

swarm spore *s.* ⟨*Biol*⟩ zoospora *f.*

swarthiness ['swɔːðinis] *s.* l'essere di colorito scuro, carnagione *f* bruna. **swarthy** [–ði] *a.* di colorito scuro, dalla carnagione bruna.

swash [swɔʃ] **I** *v.i.* **1** (*of liquids*) agitarsi rumorosamente, sciabordare. **2** (*to splash through a liquid*) sguazzare, diguazzare: *he was –ing around in the flooded cellar* sguazzava nella cantina allagata. **II** *v.t.* sciabordare, rimescolare. **III** *s.* sciacquio *m,* sciabordio *m*; (*sound*) sciabordio *m.*

swashbuckler ['swɔʃbʌklə] *s.* fanfarone *m,* smargiasso *m,* spaccone *m.* **swashbuckling** [–liŋ] **I** *a.* **1** di (*o* da) smargiasso. **2** ⟨*fig*⟩ (*of a novel, etc.*) caratterizzato da spaccate. **II** *s.* spacconata *f,* fanfaronata *f,* smargiassata *f.*

swashing ['swɔʃiŋ] *a.* (*of a blow*) sonoro.

swash| letter *s.* ⟨*Tip*⟩ lettera *f* maiuscola ornata. **~ plate** *s.* ⟨*Mecc*⟩ disco *m* inclinato.

swastica, swastika ['swæstikə,'swɔ–] *s.* svastica *f,* croce *f* uncinata.

swat[1] [swɔt] *v.t.* (*pret., p.p.* **'swatted** [–id]) schiacciare: *to ~ a fly* schiacciare una mosca.

swat[2] *s.* **1** colpo *m* secco. **2** (*fly swatter*) acchiappamosche *m,* pigliamosche *m.*

swatch [swɔtʃ] *s.* **1** campione *m.* **2** (*collection of samples*) campionario *m.*

swath [swɔ(ː)θ] *s.* ⟨*Agr*⟩ (*sweep of a scythe, mower*) falciata *f*; (*strip, path cut*) vuoto *m* lasciato dalle spighe falciate;

(*line of grain, grass left after cutting*) fila *f* di spighe falciate.

swathe[1] [sweið] *s.* → **swath.**

swathe[2] **I** *v.t.* **1** fasciare, bendare. **2** (*to wrap tightly*) avvolgere, avviluppare. **II** *s.* **1** fasciatura *f,* bendaggio *m.* **2** (*wrapping*) rivestimento *m,* copertura *f.*

swathing| bands, ~ clothes ['sweiðiŋ] *s.pl.* ⟨*rar*⟩ → **swaddling bands.**

swatter ['swɔtə] *s.* (*fly swatter*) acchiappamosche *m,* pigliamosche *m.*

sway [swei] **I** *v.i.* **1** ondeggiare, oscillare, dondolare: *the tree –ed in the wind* l'albero ondeggiava al vento; (*of people*) vacillare, barcollare, traballare, ondeggiare; *the drunkard –ed and fell* l'ubriaco vacillò e cadde. **2** (*to incline, lean*) inclinarsi, pendere, pendolare. **II** *v.t.* **1** fare oscillare (*o* ondeggiare). **2** (*to cause to incline*) far inclinare (*o* pendere). **3** ⟨*fig*⟩ influenzare: *to be –ed by another's opinions* essere influenzato dalle opinioni altrui; (*to cause to swerve*) distogliere, deviare: *to ~ s.o. from his plans* distogliere qd. dai suoi piani. **4** (*to rule, govern*) imperare su, dominare. **5** ⟨*rar*⟩ (*of a mast, etc.*: spesso con *up*) issare. **6** ⟨*rar*⟩ (*of a symbol of authority*) reggere. **III** *s.* **1** ondeggiamento *m,* oscillazione *f,* dondolio *m.* **2** (*inclination, deflection*) inclinazione *f,* pendenza *f.* **3** ⟨*fig*⟩ influenza *f,* potere *m,* potestà *f.* **4** (*control, rule*) dominio *m,* impero *m.* □ *to ~ one's hips* ancheggiare, sculettare; *to hold ~ over s.o.* esercitare il proprio impero su qd., dominare qd.; *to refuse to be –ed* essere inflessibile; *under the ~ of:* 1 sotto l'influenza di; 2 ⟨*lett,poet*⟩ sotto l'impero di: *under the ~ of ancient Rome* sotto l'impero dell'antica Roma.

sweal [swiːl] ⟨*dial*⟩ **I** *v.i.* (*of a candle*) sciogliersi, liquefarsi. **II** *v.t.* (*to burn*) bruciare, dar fuoco a.

swear[1] [swɛə] *v.* (*pret.* **swore** [swɔː]/*ant.* **sware** [swɛə], *p.p.* **sworn** [swɔːn]) **I** *v.i.* **1** prestare giuramento, giurare: *the witness refused to ~* il testimone rifiutò di prestare giuramento; *to ~ on the Bible* giurare sulla Bibbia. **2** (*to use profane language*) imprecare, bestemmiare: *there's no need to ~!* non c'è bisogno d'imprecare! **II** *v.t.* **1** (*of an oath*) prestare giuramento. **2** (*to affirm with an oath, solemnly*) giurare, affermare con giuramento: *he swore that he was innocent* giurò di essere innocente; (*to promise solemnly*) giurare, promettere solennemente: *to ~ to tell the truth* giurare di dire la verità. **3** (*to administer an oath to;* spesso con *in*) far prestare giuramento a, far giurare. □ *to ~ at* imprecare (*o* inveire) contro; *to ~ by:* 1 giurare su: *to ~ by all the saints* giurare su tutti i santi; 2 ⟨*fam*⟩ (*to have faith, confidence in*) avere piena fiducia in, credere ciecamente in: *to ~ by one's doctor* avere piena fiducia nel proprio medico; *to ~ for* rispondere di, garantire per; *to ~ in:* 1 insediare (facendo prestare giuramento); 2 ⟨*Dir*⟩ (*of a witness*) far giurare, far prestare giuramento a; ⟨*fam*⟩ *to ~ off* giurare di smettere (*o* rinunciare a): *to ~ off smoking* giurare di smettere di fumare; *to ~ to* giurare: *to ~ to the truth* giurare il vero; *to ~ s.o. to secrecy* vincolare qd. al silenzio con un giuramento.

swear[2] *s.* ⟨*fam*⟩ imprecazione *f,* bestemmia *f.*

swearer ['swɛərə] *s.* **1** chi presta giuramento. **2** (*one who uses profane language*) chi impreca, bestemmiatore *m* (*f* –trice). **swearing** [–riŋ] *s.* l'imprecare, il bestemmiare.

swear word *s.* ⟨*fam*⟩ imprecazione *f,* bestemmia *f.*

sweat[1] [swet] *s.* (*pret., p.p.* **'sweated** [–id]/**sweat**) **I** *v.i.* **1** sudare, traspirare: *to ~ profusely* sudare abbondantemente. **2** ⟨*fam*⟩ (*to labour, work hard*) lavorare sodo, faticare molto, sudare, sfacchinare, sgobbare. **3** (*of green plants*) trasudare, stillare; (*of tobacco*) fermentare; (*of cheese*) trasudare. **II** *v.t.* **1** trasudare, sudare. **2** (*of weight;* spesso con *off, away*) perdere sudando (*o* con una sudata). **3** ⟨*fam*⟩ (*to force to work hard*) far lavorare sodo, far sudare (*o* sfacchinare), far sgobbare; (*to exact work from for low wages*) sfruttare. **4** (*to wet with sweat*) bagnare di sudore. **5** (*to cause to sweat*) far sudare, far fare una sudata a. **6** ⟨*sl*⟩ (*to worry about*) preoccuparsi di, prendersela per. **7** ⟨*sl*⟩ (*to subject to severe questioning*) sottoporre a un interrogatorio serrato, mettere (*o* tenere) sotto il torchio. **8** (*of tobacco*) far fermentare. **9** ⟨*Met*⟩ (*to join by heating* *and melting;* spesso con *in, on*) saldare con fusione parziale. **10** (*of gold coins*) tosare. □ ⟨*sl*⟩ *to* ~ **blood** sudare sette camicie, sudare sangue; ⟨*sl*⟩ *to* ~ **out:** 1 (*to endure till the end of*) sopportare fino alla fine; 2 (*of a problem*) riuscire a risolvere; 3 (*of a solution*) trovare con fatica; *to* ~ *out a cold* farsi passare il raffreddore con una sudata.

sweat² *s.* **1** sudore *m*, traspirazione *f.* **2** (*act, spell of sweating*) sudata *f: to have a good* ~ farsi una bella sudata. **3** (*condition of sweating*) bagno *m* di sudore: *to be in a* ~ essere in un bagno di sudore. **4** ⟨*fam*⟩ (*state of anxiety*) agitazione *f*, sudore *m* freddo. **5** ⟨*fam*⟩ (*hard work*) faticata *f*, faticaccia *f*, sgobbata *f*, sfacchinata *f.* **6** (*moisture exuded from a substance*) trasudazione *f.* **7** (*exercise given to a horse*) corsa *f* (*o* giro *m*) di allenamento. □ ⟨*fam*⟩ *to be all of a* ~ grondare sudore, essere in un bagno di sudore; *by the* ~ *of one's brow* con il sudore della (propria) fronte; ⟨*sl*⟩ *no* ~ senza fatica, facilmente.

sweat band *s.* **1** striscia *f* di pelle all'interno di un cappello. **2** (*band tied around the head or wrist*) fascia *f* che assorbe il sudore.

sweated ['swetid] *a.* **1** sfruttato: ~ *labour* manodopera sfruttata. **2** (*of goods*) prodotto da maestranze sfruttate.

sweater [–tə] *s.* **1** chi suda. **2** (*one who employs sweated labour*) sfruttatore *m.* **3** ⟨*Farm*⟩ diaforetico *m*, sudorifero *m.* **4** maglione *m* di lana. •

sweater girl *s.* ⟨*fam*⟩ ragazza *f* procace (*o* tutta curve).

sweat| gland *s.* ⟨*Anat*⟩ ghiandola *f* sudoripara. **~house** *s.* ⟨*Etnol*⟩ capanna *f* sudatoria.

sweatily ['swetili] *avv.* con sudore. **sweatiness** [–tinis] *s.* l'essere sudato. **sweating** [–tiŋ] *s.* **1** sudore *m*, traspirazione *f.* **2** ⟨*fig*⟩ sfruttamento *m.* **3** ⟨*Fisiol*⟩ sudorazione *f*, diaforesi *f.*

sweating| iron *s.* striglia *f.* ~ **room** *s.* stanza *f* per il bagno turco. ~ **sickness** *s.* ⟨*Med*⟩ febbre *f* eruttiva.

sweat| pants *am. s.pl.* pantaloni *mpl* di tuta sportiva. ~ **shirt** *am. s.* blusa *f* di tuta sportiva. **~shop** *s.* azienda *f* che sfrutta la manodopera. **~soaked** *a.* madido di sudore.

sweaty ['sweti] *a.* **1** che suda. **2** (*wet, stained with sweat*) bagnato (*o* coperto) di sudore, sudato (fradicio). **3** ⟨*fam*⟩ (*laboured, laborious*) faticoso, laborioso, duro, che fa sudare.

Swede [swi:d] *s.* svedese *m/f.* **swede** *s.* → **Swedish turnip.** **'Sweden** [–ən] *N.pr.* ⟨*Geog*⟩ Svezia *f.* **'Swedish** [–iʃ] **I** *a.* svedese. **II** *s.* **1** (*people;* costr. pl.) svedesi *mpl.* **2** (*language*) svedese *m.*

Swedish| fir *s.* ⟨*Bot*⟩ pino *m* silvestre. ~ **turnip** *s.* rapa *f* svedese.

sweeny *am.* ['swi:ni] *s.* ⟨*Veter*⟩ (*of a horse*) atrofia *f* del muscolo della spalla.

sweep¹ [swi:p] *v.* (*pret., p.p.* swept [swept]) **I** *v.t.* **1** spazzare, scopare: *to* ~ *the floor* spazzare il pavimento; *to* ~ *the streets* spazzare le strade. **2** ⟨*fig*⟩ (spesso con *away*) spazzar via, eliminare, distruggere, togliere di mezzo: *to* ~ *away prejudice* spazzar via i pregiudizi; (*to clear, purge*) liberare, spazzare, ripulire: *to* ~ *the seas of pirates* liberare il mare dai pirati; (*to drive away*) portar via, spazzare: *the wind has swept the clouds away* il vento ha portato via le nuvole. **3** (*to remove with a sweeping motion*) spazzare via: *he swept the books off the table with his hand* spazzò via con la mano i libri dal tavolo. **4** (*to carry forcibly*) trascinare: *the current swept him midstream* la corrente lo trascinò in mezzo al fiume. **5** (*to pass swiftly across, along, etc.*) percorrere rapidamente, passare velocemente attraverso (*o* lungo, ecc.): *her eyes swept the room* il suo sguardo percorse rapidamente la stanza. **6** (*to pass over*) spazzare: *high winds swept the plain* forti venti spazzavano la pianura. **7** (*to pass, draw with a continuous movement*) passare, far scorrere: *he swept his hand over the child's hair* passò la mano sui capelli del bambino; (*of the eyes, gaze*) far spaziare. **8** (*to move round in a circular path;* spesso con *round*) far fare un movimento circolare a, far descrivere un'ampia curva a. **9** (*to come into contact with*) spazzare, strisciare su (*o* per): *her dress swept the floor* il suo abito spazzava il pavimento. **10** (*of a river, etc.*)

dragare (*anche Mar.mil.*). **11** ⟨*Sport*⟩ (*to win all the games of*) vincere tutte le gare di: *to* ~ *the tournament* vincere tutte le gare del torneo. **12** ⟨*fam*⟩ (*of a contest, election, etc.*) vincere con largo margine, stravincere. **13** ⟨*Mus*⟩ (*of the fingers over a stringed instrument*) passare leggermente, sfiorare con; (*of a stringed instrument*) sfiorare, toccare leggermente; (*of music*) far scaturire sfiorando le corde. **14** ⟨*Mil*⟩ battere col tiro, spazzare. **II** *v.i.* **1** spazzare, scopare. **2** (*to move swiftly*) spazzare: *the fierce winds swept through the valley* i forti venti spazzavano la vallata. **3** (*to rush past*) sfrecciare: *a couple of sports cars swept past me* due macchine sportive mi sfrecciarono accanto; (*to move proudly, majestically*) camminare con andatura solenne e maestosa. **4** (spesso con *round: to move in a wide curve*) muoversi descrivendo un'ampia curva; (*to extend in a wide curve*) allargarsi in un'ampia curva. **5** (*of garments: to trail*) strascicare, strusciare. **6** ⟨*Aer*⟩ sfrecciare. □ ⟨*fig*⟩ *to* ~ **all** *before one* travolgere ogni ostacolo; *to* ~ **along** trascinare via, portare con sé; *to* ~ **aside** spingere da parte (con un ampio gesto): *he swept aside the papers to clear a space on his desk* spinse da parte le carte per fare spazio sul suo scrittoio; *to* ~ **away** spazzare (via): *to* ~ *snow away* spazzar via la neve; *to* ~ *the* **board:** 1 (*in card games*) fare cappotto; 2 ⟨*fig*⟩ vincere tutti i premi, fare piazza pulita; *to* ~ **down:** 1 scendere: *the Normans swept down from Normandy to Southern Italy* i Normanni scesero dalla Normandia nell'Italia meridionale; 2 (*of hills*) digradare: *the mountains swept down to the sea* le montagne digradavano verso il mare; *the soldiers swept down on the enemy* i soldati si precipitarono sul nemico; ⟨*fig*⟩ *to* ~ **over** (*of emotions*) sopraffare, invadere: *pity swept over her* fu sopraffatta dalla pietà; *to* ~ *the* **table =** *to sweep the* **board;** *to* ~ **up:** 1 raccogliere (con la scopa), spazzare; 2 ⟨*tecn*⟩ (*of a mould*) sagomare.

sweep² *s.* **1** spazzata *f*, scopata *f: to give a room a* ~ dare una spazzata a una stanza. **2** (*of waves, wind, etc.*) colpo *m*; (*of tide*) flusso *m*; (*of oars*) palata *f*, cadenza *f.* **3** ⟨*fig*⟩ (*strong forward movement, progress*) avanzata *f* impetuosa: *the* ~ *of the Mongol invasions of Europe* l'avanzata impetuosa dei mongoli in Europa. **4** (*extent, unbroken area*) distesa *f: a* ~ *of meadows* una distesa di prati. **5** (*curve*) curva *f;* (*of a building*) curvatura *f.* **6** (*curved driveway*) viale *m* ricurvo. **7** (*of a telescope*) portata *f.* **8** ⟨*fig*⟩ portata *f*, campo *m*, ambito *m: within the* ~ *of human intelligence* alla portata dell'intelligenza umana. **9** (*chimney-sweep*) spazzacamino *m.* **10** ⟨*fam*⟩ (*overwhelming victory*) vittoria *f* schiacciante, grande successo *m.* **11** ⟨*Mil*⟩ azione *f*, operazione *f.* **12** ⟨*Mar.mil*⟩ (*minesweeping operation*) dragaggio *m* di mine. **13** (*sail of a windmill*) pala *f.* **14** ⟨*Mar*⟩ (*long oar*) remo *m* sensile. **15** (*water raising device*) mazzacavallo *m* (di pozzo). **16** ⟨*fam*⟩ (*sweepstake*) lotteria *f* abbinata a una gara sportiva. **17** ⟨*Aer*⟩ angolo *m* di freccia. □ *with a* ~ *of his arm* con un ampio gesto del braccio; ⟨*fam*⟩ *to make a clean* ~ *of* fare piazza pulita di.

sweeper ['swi:pə] *s.* **1** chi spazza, chi scopa; (*street cleaner*) spazzino *m.* **2** (*device for sweeping*) spazzatrice *f;* (*carpet sweeper*) spazzola *f* per tappeti. **3** ⟨*Mar.mil*⟩ (*minesweeper*) dragamine *m*, nave *f* dragamine. **4** (*carpet sweeper*) scopatappeto *m.*

sweeping ['swi:piŋ] **I** *a.* **1** ampio (*o* circolare): *a* ~ *movement of the hand* un ampio gesto della mano. **2** (*passing over a wide area*) che spazia. **3** ⟨*fig*⟩ (*generalized*) generico, di carattere generale: ~ *accusations* accuse generiche; (*extensive, of wide range*) vasto, ampio, molto esteso: ~ *reforms* vaste riforme. **4** ⟨*fig*⟩ (*of a victory, etc.*) totale, schiacciante, travolgente. **5** (*making vigorous changes*) radicale. **6** (*driving forcefully*) impetuoso, travolgente, irresistibile: ~ *winds* venti impetuosi. **II** *s. pl.* spazzatura *f*, scopatura *f.* **sweepingly** [–li] *avv.* **1** genericamente. **2** (*extensively*) estesamente, ampiamente.

sweep| net *s.* **1** ⟨*Pesc*⟩ → **sweep seine.** **2** ⟨*Entom*⟩ retino *m.* ~ **seine** *s.* ⟨*Pesc*⟩ (grande) rete *f* a strascico. **~stake** *s.* **1** (*race*) corsa *f* di cavalli con lotteria. **2** (*lottery*) lotteria *f* abbinata a una corsa di cavalli: *–s ticket* biglietto

m di lotteria abbinata a una corsa di cavalli.
weet [swi:t] **I** *a*. **1** dolce: *this pudding is too ~* questo budino è troppo dolce. **2** (*sentimental*) sdolcinato, sentimentale, svenevole. **3** (*pleasant, agreeable*) dolce, piacevole, gradevole: *~ memories* dolci ricordi. **4** (*pleasing to the ear*) dolce, melodioso, soave: *the ~ sound of a lark* il dolce canto di un'allodola. **5** (*pleasing to the eye*) dolce, delicato, soave, gradevole (alla vista); (*pretty*) grazioso, bello: *a ~ face* un viso grazioso. **6** (*fragrant*) profumato, fragrante, odoroso. **7** (*gracious, charming*) attraente, grazioso, leggiadro: *a ~ girl* una ragazza attraente; (*kind, nice*) gentile, cortese: *it was ~ of you* è stato gentile da parte tua. **8** (*characterized by gentleness, etc.*) dolce, mite: *to have a ~ temper* avere un carattere dolce. **9** (*fresh*) non andato a male, fresco; (*not salted*) dolce, non salato, non piccante. **10** (*of wine*) dolce. **11** (*of air*) puro; (*of breath*) fresco. **12** ⟨*Agr*⟩ (*of land, soil*) non acido. **13** ⟨*sl*⟩ (*skilful*) abile, capace, bravo: *a ~ pilot* un pilota abile. **14** ⟨*rar,poet*⟩ (*dear, beloved*) dolce, amato, diletto: *goodnight, ~ prince* buona notte, dolce principe. **II** *s*. **1** dolce *m*: *~ and sour* il dolce e l'agro. **2** (*piece of sweet confectionery*) caramella *f*, bonbon *m*: *a packet of ~s* un pacchetto di caramelle. **3** (*dessert*) dolce *m*, dessert *m*. **4** *pl*. ⟨*fig*⟩ gioie *fpl*, dolcezze *fpl*, piaceri *mpl*, delizie *fpl*: *the ~s of success* le gioie del successo. **5** (*beloved, darling*) dolcezza *f*, caro *m* (*f* –a), tesoro *m*: *my ~!* dolcezza mia! **6** ⟨*am*⟩ (*sweet potato*) patata *f* dolce, batata *f*. □ *as ~ as honey* dolce come il miele; ⟨*sl*⟩ *to keep s.o. ~* tenersi buono (*o* caro) qd.; ⟨*fam*⟩ *to be ~ on s.o.* essere innamorato di qd.; *to smell ~* avere un buon profumo; *to sound ~* avere un suono dolce; *to taste ~* avere un sapore dolce; ⟨*fam*⟩ *in his own ~ time* quando gli pare (*o* fa comodo).
weet|-and-sour *a*. ⟨*Gastr*⟩ **1** agrodolce. **2** (*in Oriental cooking*) agrodolce con salsa di soia. **~bread** *s*. ⟨*Gastr*⟩ animelle *fpl*. **~ briar, ~brier** *s*. ⟨*Bot*⟩ rosa canina o di macchia. **~ corn** *s*. **1** ⟨*Bot*⟩ varietà di granturco dolce. **2** (*vegetable*) granturco *m* dolce.
weeten ['swi:tn] **I** *v.t.* **1** addolcire, dolcificare; (*to add sugar to*) zuccherare. **2** ⟨*fig*⟩ addolcire, ingentilire: *age –ed his caustic tongue* l'età ha addolcito la sua lingua mordace; (*to mollify*) addolcire, placare, rabbonire. **3** ⟨*sl*⟩ (*to bribe*) corrompere, comprare. **4** (*to make fresh*) rendere fresco; (*to purify*) purificare. **5** ⟨*Agr*⟩ (*of soil*) ridurre l'acidità di. **6** (*of water*) rendere potabile. **II** *v.i.* addolcirsi, diventare (più) dolce. **sweetener** [–ə] *s*. **1** dolcificante *m*. **2** ⟨*sl*⟩ (*bribe*) denaro *m* per corrompere, ⟨*fam*⟩ bustarella *f*. **sweetening** [–iŋ] *s*. **1** addolcimento *m*, dolcificazione *f*. **2** (*s.th. that sweetens*) dolcificante *m*.
weetheart ['swi:thɑ:t] *s*. **1** innamorato *m* (*f* –a), (a)moroso *m* (*f* –a). **2** (*term of endearment*) tesoro *m*, dolcezza *f*, caro *m* (*f* –a).
weet herbs *s.pl.* ⟨*Gastr*⟩ erbe *fpl* aromatiche.
weetie ['swi:ti] *s*. ⟨*fam*⟩ **1** caramella *f*, bonbon *m*. **2** → sweetheart.
weeting ['swi:tiŋ] *s*. ⟨*Agr*⟩ varietà di mela dolce.
weetish ['swi:tiʃ] *a*. dolcetto, dolciastro. **sweetly** [–tli] *avv*. **1** dolcemente, soavemente. **2** (*graciously, charmingly*) in modo grazioso (*o* attraente). **3** (*smoothly*) scorrevolmente.
weetmeat ['swi:tmi:t] *s*. **1** caramella *f*, bonbon *m*. **2** (*candied fruit*) frutta *f* candita.
weetness ['swi:tnis] *s*. **1** dolcezza *f*, sapore *m* dolce. **2** (*pleasantness to the ear*) dolcezza *f*, soavità *f*: *the ~ of her voice* la dolcezza della sua voce. **3** (*fragrance*) fragranza *f*, profumo *m*, aroma *m*. **4** (*gracefulness*) grazia *f*, leggiadria *f*. **5** (*pleasantness*) piacevolezza *f*, dolcezza *f*.
weet| nothings *s.pl.* ⟨*fam*⟩ paroline *fpl* dolci: *to whisper ~ in a girl's ear* sussurrare paroline dolci all'orecchio di una ragazza. **~ oil** *s*. olio *m* d'oliva. **~ pea** *s*. ⟨*Bot*⟩ pisello *m* odoroso. **~ potato** *s*. ⟨*Bot*⟩ patata *f* dolce, batata *f*. **~root** *s*. (*licorice*) liquirizia *f*. '**~-'scented** *a*. → **sweet-smelling**. **~shop** *s*. negozio *m* di dolciumi, pasticceria *f*. '**~-'smelling** *a*. profumato. **~-talk** ⟨*fam*⟩ *v.t.* convincere con (le) ⌐belle parole⌐ (*o* moine, lusinghe): *he –ed me into doing overtime* mi convinse con belle

parole a fare lo straordinario. **~ talk** *s*. ⟨*fam*⟩ lusinghe *fpl*, moine *fpl*, belle parole *fpl*. '**~-'tempered** *a*. di (*o* dal) carattere dolce (*o* mite). **~ tooth** *s*. l'essere goloso di dolciumi. □ *to have a ~* avere un debole per i dolci. **~ water** *s*. **1** acqua *f* potabile. **2** ⟨*Chim*⟩ soluzione *f* diluita di glicerolo. **~ william** *s*. ⟨*Bot*⟩ garofano *m* a mazzetti.
swell¹ [swel] *v*. (*pret.* **swelled** [–d], *p.p.* **swelled/swollen** ['swoulən]) **I** *v.i.* **1** (*spesso con up*) gonfiarsi, dilatarsi, ingrossarsi: *the balloon –ed slowly* il pallone si gonfiò lentamente; (*to become turgid*) inturgidire; (*to tumefy*) tumefarsi. **2** (*to have a curved surface; spesso con out*) gonfiarsi, sporgere, essere protuberante (*o* sporgente): *the sails –ed out in the wind* le vele si gonfiavano al vento. **3** ⟨*fig*⟩ (*to become filled with emotion*) gonfiarsi, essere gonfio (*o* pieno, traboccante) di: *he –ed with pride* si gonfiò d'orgoglio; (*to become puffed up*) insuperbirsi, inorgoglirsi, gonfiarsi, gonfiare. **4** ⟨*fig*⟩ (*to increase*) aumentare, crescere, salire, ingrossare. **5** (*of sounds*) crescere, salire. **6** (*of a river, etc.: to rise*) ingrossarsi, gonfiarsi. **II** *v.t.* **1** (far) gonfiare, ingrossare. **2** (*of a body of water*) ingrossare, gonfiare. **3** ⟨*fig*⟩ gonfiare, riempire; (*to increase*) ingrossare, aumentare, far salire, accrescere: *inflation –ed the ranks of the unemployed* l'inflazione ingrossò le file dei disoccupati. **4** (*to increase in loudness*) aumentare. □ ⟨*fig*⟩ *to ~ like a turkey cock* ⌐andare tronfio⌐ (*o* gonfiarsi) come un tacchino.
swell² **I** *s*. **1** (*act*) gonfiatura *f*, ingrossamento *m*; (*state*) gonfiezza *f*. **2** (*bulge*) gonfio *m*, rigonfiamento *m*, protuberanza *f*. **3** (*increase*) aumento *m*, crescita *f*, ingrossamento *m*, accrescimento *m*. **4** (*of sound*) aumento *m* d'intensità. **5** ⟨*Mus*⟩ crescendo *m* seguito da (un) diminuendo. **6** ⟨*Mar*⟩ mare *m* lungo (*o* morto). **7** ⟨*fam*⟩ (*fashionably dressed person*) damerino *m*, elegantone *m;* (*person of high social standing*) gran signore *m*, signorone *m;* (*person of importance*) persona *f* importante, pezzo *m* grosso. **8** ⟨*Geog*⟩ altura *f*. **II** *a*. ⟨*fam*⟩ **1** vestito alla moda, elegante. **2** (*socially prominent*) dell'alta società, del bel mondo. **3** (*excellent*) magnifico, eccellente, ottimo: *a ~ party* una magnifica festa. **4** (*kind, nice*) gentile, cortese, amabile.
swelldom ['sweldəm] *s*. ⟨*fam*⟩ bel mondo *m*, società *f* elegante.
swelled| head *s*. ⟨*fam*⟩ presuntuoso *m* (*f* –a). □ *to get a ~* montarsi la testa. '**~-'headed** *a*. ⟨*fam*⟩ presuntuoso, borioso, pieno di sé.
swellfish ['swelfiʃ] *s*. ⟨*Itt*⟩ pesce *m* palla.
swelling ['sweliŋ] **I** *s*. **1** gonfiatura *f*, ingrossamento *m*. **2** (*condition of being swollen*) gonfiezza *f*. **3** (*s.th. swollen, swollen part*) rigonfiamento *m*, gonfio *m*, protuberanza *f*. **4** ⟨*Med*⟩ gonfiore *m*, edema *m*, tumefazione *f*. **II** *a*. **1** gonfio, rigonfio. **2** (*of sound, music*) che aumenta d'intensità, in crescendo. **swellish** [–liʃ] *a*. ⟨*fam*⟩ alla moda, elegante.
swell| mobsman ['mɔbzmən] *s.irr.* ⟨*sl*⟩ borsaiolo *m* ben vestito, ladro *m* in guanti gialli. **~ organ** *s*. ⟨*Mus*⟩ organo *m* d'espressione.
swelter ['sweltə] **I** *v.i.* **1** soffocare (dal caldo), essere oppresso dal caldo: *the cooks –ed in the hotel kitchen* i cuochi soffocavano dal caldo nella cucina dell'albergo. **2** (*to sweat profusely*) sudare abbondantemente. **II** *s*. caldo *m* soffocante, afa *f*. **sweltering** [–riŋ] *a*. **1** soffocante, oppressivo, afoso: *~ heat* caldo soffocante; *~ weather* tempo afoso. **2** (*suffering from oppressive heat*) che soffoca dal caldo. **sweltry** [–tri] *a*. afoso, opprimente, soffocante.
swept [swept] → **sweep¹**.
swept|-back *a*. (*of hair*) raccolto sulla nuca. **~wing** *s*. ⟨*Aer*⟩ ala *f* a freccia.
swerve [swɔ:v] **I** *v.i.* **1** deviare (bruscamente), scartare, sterzare: *I –d to avoid a hole in the road* deviai bruscamente per evitare una buca sulla strada; (*of things*) piegare, deviare, svoltare: *the highway –s south* l'autostrada piega verso sud; (*of a ball*) deviare (in volo). **2** ⟨*fig*⟩ deviare, allontanarsi, scostarsi: *to ~ from one's principles* deviare dai propri principi. **II** *v.t.* **1** deviare; (*of a ball*) deviare (in volo). **2** ⟨*fig*⟩ distogliere, (far) deviare, allontanare. **III** *s*. scarto *m*, scartata *f*, deviazione

_f_ brusca, sterzata _f._

swift [swift] **I** _a._ **1** rapido, veloce, celere, lesto: _a ~ current_ una corrente rapida; _a ~ race_ una corsa veloce. **2** (_brief, rapid_) rapido: _~ changes_ rapidi cambiamenti; _a ~ glance_ una rapida occhiata; (_sudden_) improvviso, subitaneo, repentino. **3** (_ready, prompt_) immediato, pronto, lesto, sollecito, svelto: _a ~ reaction_ una reazione immediata. **II** _s._ **1** ⟨Ornit⟩ rondone _m_ (comune). **2** ⟨Zool⟩ sceloporo _m._ **3** ⟨Zool⟩ (_newt_) tritone _m_, trituro _m._ **4** (_Tess_) aspo _m_, arcolaio _m;_ (_of a carding machine_) tamburo _m._ **III** _avv._ → **swiftly.** □ _as ~ as an arrow_ veloce come una freccia; _to be ~ of foot_ essere lesto di piede; _as ~ as thought_ rapido come il pensiero; _to be ~ to action_ agire prontamente; _to be ~ to anger_ essere irascibile (_o_ facile ad adirarsi).

swifter ['swiftə] _s._ **1** ⟨Mar⟩ cavo _m_ di ritenuta delle aspe, passerino _m._ **2** ⟨Mar.ant⟩ cintura _f_ d'imbarcazione.

swift| foot _s._ ⟨Ornit⟩ corrione _m_ biondo. **~-footed** _a._ dal piede veloce.

swiftly ['swiftli] _avv._ velocemente, rapidamente, celermente, lestamente. **swiftness** [–tnis] _s._ rapidità _f_, celerità _f_, velocità _f_, sveltezza _f_, lestezza _f._

swig[1] [swig] _v._ (_pret., p.p._ **swigged** [–d]) ⟨fam⟩ **I** _v.t._ tracannare, bere a gran sorsi (_o_ tutto d'un fiato). **II** _v.i._ bere a gran sorsi.

swig[2] _s._ ⟨fam⟩ gran sorso _m_, sorsata _f._

swill [swil] **I** _v.t._ **1** lavare (con molta acqua): _to ~ the decks_ lavare i ponti; (_to rinse;_ spesso con _out_) sciacquare, risciacquare, lavare: _to ~ out a milk can_ sciacquare un bidone del latte. **2** (_of liquid in a container;_ spesso con _round, around_) agitare, scuotere. **3** (_to drink greedily_) tracannare, bere ingordamente. **II** _v.i._ (_to drink greedily_) bere avidamente, ⟨fam⟩ attaccarsi al fiasco (_o_ alla bottiglia) ⟨spreg⟩ sbevazzare. **III** _s._ **1** (_liquid pig food_) broda _f_ per maiali. **2** (_food refuse_) rifiuti _mpl_, avanzi _mpl._ **3** ⟨fam⟩ (_unappetizing food_) broda _f_, brodaglia _f_, ⟨spreg⟩ porcheria _f._ **4** ⟨fam⟩ (_long drink_) abbondante bevuta _f._ **5** (_act of washing with copious water_) lavatura _f_ con acqua abbondante; (_act of rinsing_) lavata _f_, risciacquata _f._ □ ⟨fam⟩ _to take a ~ at a bottle of beer_ attaccarsi a una bottiglia di birra. **'swiller** [–ə] _s._ ⟨fam⟩ chi sbevazza, beone _m_ (_f_ –a). **'swillings** [–iŋz] _s.pl._ **1** broda _f_ per maiali. **2** (_liquid refuse_) risciacquatura _f._

swim[1] [swim] _v._ (_pret._ **swam** [swæm], _p.p._ **swum** [swʌm]) **I** _v.i._ **1** nuotare: _can you ~?_ sai nuotare?; (_to have a swim, bathe_) fare il bagno, nuotare: _it's dangerous to ~ in this lake_ è pericoloso fare il bagno in questo lago. **2** (_to float_) galleggiare, nuotare. **3** ⟨fig⟩ (_to hover_) librarsi, nuotare. **4** ⟨fig⟩ (_to move smoothly_) scivolare, muoversi silenziosamente: _he swam into the room_ scivolò dentro la stanza. **5** (_to be immersed, drenched_) essere immerso: _the mushrooms were –ming in butter_ i funghi nuotavano nel burro. **6** (_to become covered with a liquid_) essere inondato (_o_ coperto): _her eyes swam with tears_ i suoi occhi erano inondati di lacrime; (_to overflow_) traboccare: _her heart swam with joy_ il suo cuore traboccava di gioia. **7** (_to reel_) girare (vorticosamente), roteare: _the room swam before her eyes_ la stanza girava davanti ai suoi occhi; (_of the head_) girare. **II** _v.t._ **1** percorrere (_o_ fare) a nuoto; (_to cross by swimming_) attraversare a nuoto: _to ~ a river_ attraversare a nuoto un fiume. **2** ⟨Sport⟩ (_of a race_) partecipare a; (_of a stroke_) nuotare a: _to ~ the butterfly_ nuotare a farfalla. **3** (_to cause to swim_) far nuotare, far percorrere a nuoto; (_to cause to swim across_) far attraversare a nuoto. □ _to ~ across the lake_ attraversare a nuoto il lago; _to ~ against the stream_ (_o tide_) nuotare contro (la) corrente; ⟨fig⟩ andare controcorrente; _to ~ away_ andarsene via a nuoto; _to ~ back_ ritornare a nuoto; _to ~ on one's back_ nuotare sul dorso; _to ~ like a brick_ nuotare come un mattone; _to ~ like a fish_ nuotare come un pesce; ⟨fam⟩ _to ~ for it_ salvarsi a nuoto; _to make s.o.'s head ~_ far girare la testa a qd.; _to ~ out to sea_ nuotare al largo; ⟨fam⟩ _he can't ~ a stroke_ non sa dare neanche una bracciata; _to ~ up to_ raggiungere a nuoto; ⟨fig⟩ _to ~ with the stream_ (_o tide_) seguire la corrente.

swim[2] _s._ **1** il nuotare, nuoto _m._ **2** (_spell of swimming_)

nuotata _f_, nuotatina _f: to go for a ~_ andare a fare una nuotata. **3** (_distance_) nuotata _f._ **4** ⟨Pesc⟩ tonfano _m_ ricc di pesci. **5** ⟨Itt⟩ → **swimming bladder.** □ _to be_ _the ~_ essere al corrente, essere nel giro; ⟨fam⟩ _to be ou of the ~_ essere fuori del giro.

swimmer ['swimə] _s._ nuotatore _m_ (_f_ –trice).

swimmeret ['swimərət] _s._ ⟨Zool⟩ appendice _f_ natatoria.

swimming ['swimiŋ] **I** _s._ **1** nuoto _m_, il nuotare. **2** ⟨fig (_dizziness_) capogiro _m_, vertigini _fpl._ **II** _a._ **1** per il nuot da bagno. **2** ⟨Zool⟩ natante: _a ~ animal_ un anima natante. **3** ⟨fig⟩ (_immersed, drenched_) che nuot immerso.

swimming| bath _s._ **1** piscina _f_ (general. coperta). **2** **swimming pool. ~ belt** _s._ cintura _f_ di salvataggi salvagente _m_ (a cintura). **~ bladder** _s._ ⟨Itt⟩ vescica natatoria. **~ costume** _s._ → swim-suit. **~ instructor** istruttore _m_ (_o_ maestro) di nuoto.

swimmingly ['swimiŋli] _avv._ ⟨fam⟩ liscio, bene, sen intoppi: _everything went ~_ tutto andò liscio.

swimming| pool _s._ piscina _f_ (general. all'aperto). **~ sto** _s._ ⟨Min⟩ quarzo _m_ poroso e spugnoso. **~ stroke** posizione _f_ (_o_ stile _m_) di nuoto. **~ trunks** _s.pl._ calzonci _mpl_ da bagno.

swimsuit ['swims(j)u:t] _s._ costume _m_ da bagno.

swindle ['swindl] **I** _v.t._ frodare, imbrogliare, truffa raggirare, turlupinare. **II** _s._ **1** truffa _f_, frode _f_, inganno _m_ imbroglio _m_, raggiro _m._ **2** (_s.th. fraudulent_) truffa _f._ □ _~ s.o. out of his money_ estorcere denaro a qd. c l'inganno. **swindler** [–ə] _s._ truffatore _m_ (_f_ –trice imbroglione _m_ (_f_ –a), turlupinatore _m_ (_f_ –trice).

swine [swain] _s.inv._ **1** maiale _m_, porco _m._ **2** ⟨colle (costr. pl.) suini _mpl_, maiali _mpl_, porci _mpl._ **3** ⟨fig,spre maiale _m_, porco _m._

swine| fever _s._ ⟨Veter⟩ peste _f_ suina. **~herd** _s._ porca _m_, porcaio _m._

swinery ['swainəri] _s._ **1** porcile _m._ **2** ⟨collett⟩ porci _mpl._ ⟨fig⟩ porcheria _f._

swing[1] [swiŋ] _v._ (_pret._ **swung** [swʌŋ]/_dial._ **swang** [swæ _p.p._ **swung**) **I** _v.t._ **1** (far) rotare, (far) roteare, far girare _~ an axe_ roteare un'ascia; (_to cause to turn on an ax_ far girare (_o_ rotare) su un'asse; (_of a gate, door_) far rota (_o_ girare) sui cardini. **2** (_to cause to sway or roc_ dondolare, far oscillare, ciondolare: _to ~ one's arm_ dondolare le braccia. **3** (_to cause to turn in anoth direction_) far fare una giravolta a, far girare (in un'alt direzione): _he swung me round_ mi fece fare una giravol **4** ⟨Mil⟩ far fare una conversione a. **5** (_in dancing_) girare (ballando). **6** (_of a person: to give a ride on a swi etc._) far dondolare (su un'altalena, ecc.). **7** (_to suspend as to permit swinging_) sospendere, appendere, penzolare (_o_ pendere): _to ~ a hammock between two tree_ sospendere un'amaca tra due alberi. **8** (_to convey_ _moving through the air_) sollevare (con un movimen rotatorio). **9** ⟨fam⟩ (_to bring off, accomplish_) (riuscire portare a termine, riuscire a fare (_o_ compiere): _to ~ deal_ portare a termine un affare. **10** ⟨fam⟩ (_to influen decisively_) avere un'influenza determinante su, influenza in modo determinante. **11** ⟨Mar⟩ girare sull'ancora. ⟨Aer⟩ imbardare; (_of a propeller_) far girare, mettere moto. **II** _v.i._ **1** oscillare, dondolare, ondeggia ciondolare: _the pendulum is –ing_ il pendolo oscilla; (_to suspended, hang_) pendolare, pendere, ciondolare. **2** _turn on hinges, a pivot, etc._) girare (_o_ rotare) sui cardi (_o_ su un perno, ecc.). **3** (_to turn in a circle, an arc;_ spe con _round_) roteare, rotare, girare. **4** (_to turn to fa another direction;_ spesso con _round_) girarsi, voltarsi, f una giravolta. **5** ⟨Mil⟩ fare una conversione. **6** (_to take curving course_) girare, curvare: _a road swung round edge of the lake_ una strada girava attorno alla riva lago; (_of a car_) fare una curva stretta (_o_ brusca). **7** (_to a a blow_) colpire (_at s.o._ qd.), sferrare un colpo (a). **8** _walk in a free, easy manner;_ spesso con _along_) cammina con passo sciolto. **9** (_to ride on a swing_) altalenare, f l'altalena, dondolarsi. **10** (_in dancing_) fare un giro, gir **11** ⟨Mus⟩ sonare musica swing. **12** ⟨fam⟩ (_to play, s in a lively rhythm_) sonare (_o_ cantare) con ritmo viva **13** ⟨sl⟩ (_to be modern_) essere all'ultimissima moda.

⟨*sl*⟩ (*to die by hanging*) essere impiccato. **15** ⟨*Mar*⟩ girare sull'ancora. **16** ⟨*Aer*⟩ imbardare. □ *to* ~ **aboard** *a train* balzare su un treno in corsa; *to* ~ **back** tornare indietro; ⟨*sl*⟩ *to* ~ **for** essere impiccato per; ⟨*fam*⟩ *to* ~ **into** *action* entrare in azione risolutamente; *to* ~ *into the saddle* balzare in sella; *the pianist swung into a tune* il pianista attaccò un motivo; ⟨*fam*⟩ *to* ~ **the** *lead* fingersi malato, simulare una malattia; *to* ~ **open** spalancarsi; *to* ~ **shut** (o *to*) chiudersi.

swing[2] *s.* **1** oscillazione *f: one* ~ *of the pendulum* un'oscillazione del pendolo; (*distance, arc through which s.th. swings*) ampiezza *f* dell'oscillazione. **2** (*swaying or rocking movement*) dondolamento *m*, dondolio *m*. **3** (*free, easy motion*) movimento *m* sciolto; (*in marching*) andatura *f* sciolta. **4** (*swinging shot*) colpo *m* dato con un movimento rotatorio del braccio. **5** ⟨*Sport*⟩ (*in golf*) slancio *m*, swing *m*; (*in boxing*) sventola *f: to take a* ~ *at s.o.* tirare una sventola a qd. **6** (*seat suspended by two ropes, etc.*) altalena *f.* **7** (*fig*) (*shift of opinion, etc.*) cambiamento *m* (o mutamento) di opinione. **8** ⟨*Econ*⟩ fluttuazione *f* (periodica). **9** (*lively rhythm*) ritmo *m* sostenuto: *to go with a* ~ avere un ritmo sostenuto. **10** ⟨*Mus*⟩ → swing music. **11** ⟨*Mecc*⟩ diametro *m* massimo eseguibile. □ ⟨*fig*⟩ *to give full* ~ *to s.o.* dare piena libertà d'azione a qd.; *to have free* ~ avere carta bianca; *in full* ~ in pieno fervore, in piena attività.

swing| **arm** *s.* ⟨*tecn*⟩ braccio *m* regolabile. **~-arm lamp** *s.* lampada *f* a braccio regolabile. ~ **bar** *s.* ⟨*tecn*⟩ stadera *f.* ~ **boat** *s.* (*at a fair*) altalena *f* (a forma di barca). ~ **bridge** *s.* ponte *m* girevole. ~ **door** *s.* porta *f* a vento.

swingeing ['swindʒiŋ] *a.* **1** (*of a blow*) forte, violento. **2** ⟨*fam*⟩ (*enormous*) enorme, stragrande: ~ *damages* danni enormi. **3** ⟨*am*⟩ (*very good*) eccellente, ottimo.

swing| **gate** *s.* cancello *m* oscillante (o a vento). ~ **hoist** *s.* ⟨*tecn*⟩ paranco *m* a bandiera.

swinging ['swiŋiŋ] **I** *s.* **1** dondolamento *m*, oscillazione *f.* **2** ⟨*fig*⟩ (*fluctuation*) fluttuazione *f.* **II** *a.* **1** dondolante, oscillante. **2** (*of rhythm, music, etc.*) cadenzato, ritmico. **3** ⟨*sl*⟩ (*modern*) all'ultimissima moda.

swinging| **boom** *s.* ⟨*Mar*⟩ asta *f* di posta. ~ **door** *s.* → swing door.

swingingly ['swiŋiŋli] *avv.* **1** con ritmo vivace. **2** ⟨*sl*⟩ (*animatedly*) in modo vivace (o animato). **3** ⟨*sl*⟩ (*in a modern way*) all'ultimissima moda, in modo moderno: *to dress* ~ vestirsi all'ultimissima moda.

swingle ['swiŋgl] **I** *s.* **1** ⟨*Tess*⟩ stigliatrice *f.* **2** ⟨*Agr*⟩ parte *f* mobile (del correggiato). **II** *v.t.* stigliare.

swingle| **bar**, **~tree** *s.* bilancino *m.*

swing| **music** *s.* ⟨*Mus*⟩ musica *f* swing, swing *m.* ~ **voters** *s.pl.* ⟨*Pol*⟩ elettorato *m* fluttuante.

swinish ['swainiʃ] *a.* maialesco, da maiale. **swinishly** [-li] *avv.* da maiale. **swinishness** [-nis] *s.* l'essere maialesco.

swipe [swaip] **I** *s.* ⟨*fam,sport*⟩ forte colpo *m.* **II** *v.t.* **1** ⟨*fam*⟩ colpire con forza, battere forte, dare un forte colpo a. **2** ⟨*sl*⟩ (*to steal, pinch*) rubacchiare, ⟨*gerg*⟩ sgraffignare. **III** *v.i.* ⟨*fam*⟩ dare un forte colpo (*at* a), battere forte, colpire con forza (qc.).

swipes [swaips] *s.pl.* ⟨*fam*⟩ (*weak beer*) birra *f* leggera.

swirl [swə:l] **I** *v.i.* **1** turbinare, mulinare, fare mulinello: *dust –ed in the streets* la polvere turbinava nelle strade. **2** (*to move with a spinning motion*) girare vorticosamente, roteare. **3** (*to be dizzy*) girare. **II** *v.t.* **1** far turbinare. **2** (*to carry with a whirling motion*) trasportare con moto vorticoso. **III** *s.* **1** turbinio *m*, movimento *m* vorticoso, mulinello *m.* **2** (*swirling mass*) turbine *m*, vortice *m.* **3** (*coil, convolution*) spira *f*, voluta *f.*

swirl chamber *s.* ⟨*Fis*⟩ camera *f* a turbolenza.

swirly ['swə:li] *a.* vorticoso, turbinoso.

swish [swiʃ] **I** *v.i.* sibilare, fischiare: *the cane –ed as it cleft the air* la verga sibilava frustando l'aria; (*to rustle*) frusciare. **II** *v.t.* **1** far sibilare, far fischiare. **2** (*to flourish with a swishing sound*) agitare (o brandire) facendo sibilare. **3** ⟨*fam*⟩ (*to thrash with a cane, whip*) sferzare, fustigare. **III** *s.* **1** sibilo *m*, fischio *m*; (*rustle*) fruscio *m.* **2** (*swishing movement*) sferzata *f.* **3** (*cane, birch*) canna *f*, verga *f.* **IV** *a.* ⟨*fam*⟩ elegante, alla moda.

Swiss [swis] **I** *a.* svizzero. **II** *s.inv.* **1** svizzero *m* (*f* –a). **2** (*people; costr. pl.*) svizzeri *mpl.*

Swiss| **cheese** *s.* ⟨*Alim*⟩ formaggio *m* svizzero, emmenthal *m.* ~ **guard** *s.* guardia *f* svizzera. ~ **muslin** *s.* ⟨*Tess*⟩ mussola *f* (o mussolina) svizzera. ~ **roll** *s.* ⟨*Dolc*⟩ rotolo *m* (di pan di Spagna) ripieno di marmellata.

switch[1] [switʃ] *s.* **1** ⟨*El*⟩ interruttore *m*, chiavetta *f*, commutatore *m.* **2** ⟨*Ferr*⟩ scambio *m*, deviatoio *m.* **3** (*changing, switching*) cambiamento *m*, mutamento *m: a last-minute* ~ un cambiamento all'ultimo momento. **4** (*slender rod for whipping, etc.*) bacchetta *f*, verga *f*, sferza *f.* **5** (*of hair*) treccia *f* di capelli finti.

switch[2] **I** *v.t.* **1** fustigare, sferzare, battere con una verga. **2** (*to twitch, jerk*) dare uno strattone a: *to* ~ *a fishing rod* dare uno strattone a una canna da pesca; (*of an animal's tail, etc.: to flick*) sferzare l'aria con, agitare violentemente: *the lion –ed its tail* il leone sferzava l'aria con la coda. **3** ⟨*Ferr*⟩ smistare, instradare. **4** ⟨*fig*⟩ (*to change abruptly*) cambiare (o mutare) all'improvviso: *to* ~ *direction* cambiare all'improvviso direzione; (*to shift, turn*) cambiare, mutare, volgere (in altra direzione): *to* ~ *the conversation* cambiare discorso; (*to exchange*) scambiare, cambiare: *to* ~ *over seats with s.o.* scambiarsi i posti. **II** *v.i.* **1** ⟨*fig*⟩ (*to change course;* spesso con *over*) passare (*to* a), spostarsi (su): *to* ~ *to a new brand of cigarettes* passare a una nuova marca di sigarette. **2** (*in bridge*) dichiarare un colore diverso da quello dichiarato in precedenza. □ ⟨*El*⟩ *to* ~ **off** spegnere, disinserire: *to* ~ *off the light* spegnere la luce; ⟨*El*⟩ *to* ~ **on** accendere, inserire: *to* ~ *on the light* accendere la luce.

switch|**back** *s.* **1** ⟨*Strad,Ferr*⟩ tracciato *m* a ˈstretti tornanti˥ (o rampe). **2** (*at a funfair*) montagne *fpl* russe. **3** ⟨*fig*⟩ (*series of abrupt changes*) serie *f* di cambiamenti improvvisi (o repentini). **~blade knife** *s.* coltello *m* a serramanico (o molla). **~board** *s.* **1** ⟨*El*⟩ quadro *m* di comando (o ˉdistribuzione). **2** ⟨*Tel*⟩ tavolo *m* ˈdi commutazione˥ (o intermediario). **~board operator** *s.* ˈcommutatorista *m.*

switching ['switʃiŋ] *s.* **1** ⟨*El*⟩ commutazione *f.* **2** ⟨*Ferr*⟩ smistamento *m.*

switching rail *s.* ⟨*Ferr*⟩ rotaia *f* di smistamento.

switch|**man** [mən] *s.irr.* ⟨*Ferr*⟩ deviatore *m*, scambista *m.* **~-over** *s.* passaggio *m*, cambiamento *m: the* ~ *to the decimal system* il passaggio al sistema decimale. **~yard** *am. s.* ⟨*Ferr*⟩ piazzale *m* di smistamento.

Switzerland ['switsələnd] *N.pr.* ⟨*Geog*⟩ Svizzera *f.*

swivel[1] ['swivl] *s.* **1** ⟨*tecn*⟩ parte *f* girevole; (*of a chain*) anello *m* girevole (o imperniato), mulinello *m.* **2** ⟨*Artigl,Mecc*⟩ piattaforma *f* girevole. **3** ⟨*Artigl*⟩ → swivel gun. **4** ⟨*Artigl*⟩ girevole.

swivel[2] *v.* (*pret., p.p.* swivelled/*am.* swiveled [-d]) *v.t./i.* (spesso con *round*) girare, rotare.

swivel| **block** *s.* ⟨*Mar*⟩ bozzello *m* a mulinello. ~ **chair** *s.* sedia *f* girevole. ~ **eye** *s.* ⟨*fam*⟩ (*squinting eye*) occhio *m* strabico. **~-eyed** *a.* strabico. ~ **gun** *s.* ⟨*Artigl*⟩ cannone *m* girevole.

swiz(z) [swiz] *s.* ⟨*fam*⟩ **1** delusione *f*, disappunto *m.* **2** (*swindle, fraud*) imbroglio *m*, raggiro *m*, ⟨*pop*⟩ fregatura *f.*

swizzle[1] ['swizl] ⟨*fam*⟩ **I** *s.* → swiz(z). **II** *v.t.* imbrogliare, raggirare, truffare, ⟨*pop*⟩ fregare.

swizzle[2] *s.* (*mixed drink*) miscela *f* di liquori, cocktail *m* (con ghiaccio).

swizzle stick *s.* bacchetta *f* per mescolare cocktail.

swob I *s.* → swab. **II** *v.* (*pret., p.p.* swobbed) → swab.

swobber *s.* → swabber.

swollen ['swoulən] → swell[1].

swollen|**-head** *s.* → swelled-head. **~-headed** *a.* → swelled-headed.

swoon [swu:n] **I** *v.i.* **1** svenire, venir meno, perdere i sensi. **2** ⟨*fig*⟩ (*of sound: to fade*) affievolirsi, attutirsi, morire. **3** ⟨*fam*⟩ (*to go into ecstasies*) andare in estasi, delirare: *the singer had his fans –ing* il cantante fece andare in estasi i suoi ammiratori. **II** *s.* **1** svenimento *m*, deliquio *m.* **2** ⟨*fam*⟩ (*ecstasy*) delirio *m*, estasi *f*, rapimento *m.*

swoop [swu:p] **I** *v.i.* **1** scendere (*o* gettarsi) a capofitto, precipitarsi: *the seagull –ed* il gabbiano scese a capofitto; (*of birds of prey;* spesso con *down*) piombare, calare a precipizio (*on* su): *the hawk –ed down on its prey* il falco piombò sulla preda. **2** ⟨*estens*⟩ (*to descend in attack;* spesso con *down*) piombare, gettarsi, lanciarsi, avventarsi (su): *the bandits –ed down on the village* i banditi piombarono sul villaggio. **II** *v.t.* **1** (spesso con *up*) afferrare (*o* sollevare) di colpo. **2** (*to carry off abruptly;* spesso con *off, away*) portar via bruscamente. **III** *s.* **1** (*of a bird*) il piombare sulla preda, il calarsi a precipizio, balzo *m.* **2** ⟨*estens*⟩ (*incursion*) incursione *f.* ▢ *at one* (*fell*) ~ d'un sol colpo.

swop[1] *v.* (*pret., p.p.* **swopped**) → **swap**[1].

swop[2] *s.* → **swap**[2].

sword [sɔ:d] *s.* **1** spada *f* (*anche fig.*): *the ~ of justice* la spada della giustizia. **2** ⟨*fig*⟩ (*military power*) forza *f* militare, armi *fpl;* (*war*) guerra *f.* **3** ⟨*Itt*⟩ (*of a swordfish*) spada *f.* ▢ *to* **draw** *the* (o *one's*) ~ trarre (*o* snudare) la spada; ⟨*fig*⟩ dare inizio alle ostilità; ~ *of* **honour** spada *f* d'onore; *to be at –s' points* essere ai ferri corti; ⟨*fig*⟩ riporre la spada, cessare le ostilità; *to* **put** *a village to the* ~ mettere un villaggio a ferro e fuoco; *to* **sheathe** *one's* (o *the*) rinfoderare la spada; ⟨*GB*⟩ ~ *of* **State** spada *f* ⌐del sovrano⌐ (*o* delle cerimonie). *Prov.: he who lives by the* ~ *dies by the* ~ chi di spada ferisce di spada perisce.

sword| arm *s.* braccio *m* destro. ~ **bayonet** *s.* ⟨*Mil.ant*⟩ spada *f* baionetta. ~ **bearer** *s.* ⟨*GB*⟩ chi porta la spada del sovrano. **~belt** *s.* cinturone *m.* ~ **dance** *s.* danza *f* delle spade.

sword|fish [ˈsɔ:dfiʃ] *s.* ⟨*Itt*⟩ pesce *m* spada. ~ **guard** *s.* guardia *f* della spada. ~ **knot** *s.* ⟨*Mil*⟩ dragona *f.*

swordless [ˈsɔ:dlis] *a.* (che è) senza spada.

sword| lily *s.* ⟨*Bot*⟩ gladiolo *m*, fil *m* di spada. ~ **play** *s.* **1** abilità *f* nel maneggiare la spada. **2** (*fencing*) scherma *f* (con la spada). **3** ⟨*fig*⟩ schermaglia *f*: *verbal* ~ schermaglia verbale.

swordsman [ˈsɔ:dzmən] *s.irr.* **1** spadaccino *m.* **2** (*fencer*) schermitore *m.* **swordsmanship** [–ʃip] *s.* abilità *f* nella scherma (con la spada).

sword|stick *s.* bastone *m* animato (*o* da stocco). ~ **swallower** *s.* mangiatore *m* di spade.

swordswoman [ˈsɔ:dzwumən] *s.irr.* schermitrice *f.*

swore [swɔ:] → **swear**[1].

sworn[1] [swɔ:n] → **swear**[1].

sworn[2] *a.* **1** vincolato da giuramento; (*of officials*) giurato: ~ *interpreter* interprete giurato; (*of evidence*) giurato, fatto sotto giuramento. **2** ⟨*fig*⟩ giurato, accanito: ~ *enemies* nemici giurati. ▢ ~ *friends* amici per la pelle.

swot[1] [swɔt] *v.* (*pret., p.p.* ˈ**swotted** [–id]) ⟨*fam,scol*⟩ **I** *v.i.* studiare molto, sgobbare: *to* ~ *for an examination* sgobbare per un esame. **II** *v.t.* (spesso con *up*) studiare molto, sgobbare su.

swot[2] *s.* ⟨*scol*⟩ **1** sgobbone *m* (*f* –a), secchia *f*, secchione *m* (*f* –a). **2** (*hard study*) sgobbata *f.*

swum [swʌm] → **swim**[1].

swung [swʌŋ] → **swing**[1].

swung dash *s.* ⟨*Tip*⟩ tilde *m/f.*

Sybaris [ˈsibəris] *N.pr.* ⟨*Geog.stor*⟩ Sibari *f.* **Sybarite** [–rait] *s.* ⟨*Stor*⟩ sibarita *m/f* (*anche fig.*). ˌ**Sybaritic** [–ˈritik], ˌ**Sybaritical** [–ˈritikəl] *a.* ⟨*Stor*⟩ sibaritico (*anche fig.*). ˌ**sybaritically** [–ˈritikəli] *avv.* in modo sibaritico. **sybaritism** [–raitizəm] *s.* l'essere dedito ai piaceri e al lusso.

Sybil [ˈsibil] *N.pr.* Sibilla *f.*

sycamine [ˈsikəm(a)in] *s.* ⟨*ant*⟩ gelso *m* nero (*o* moro).

sycamore [ˈsikəmɔ:] *s.* **1** ⟨*Bot*⟩ loppone *m*, acero *m* fico (*o* pseudoplatano). **2** (*plane*) platano *m* d'America. **3** (*wood*) sicomoro *m*, platano *m.* **4** → **sycamore fig.**

sycamore fig *s.* ⟨*Bot*⟩ sicomoro *m*, fico *m* d'Egitto.

sycomore (fig) [ˈsikəmɔ:] *s.* → **sycamore fig.**

syconium [saiˈkouniəm] *s.* (*pl.* **-nia** [niə]) ⟨*Bot*⟩ siconio *m.*

sycophancy [ˈsikəfənsi] *s.* bassa adulazione *f*, servilismo *m.* **sycophant** [–nt] *s.* adulatore *m* (*f* –trice) servile, ⟨*spreg*⟩ leccapiedi *m*, ⟨*spreg*⟩ lacchè *m.* ˌ**sycophantic** [–ˈfæntik], **sycophantical** [–ˈfæntikəl] *a.* servile, adula-

torio. ˌ**sycophantically** [–ˈfæntikəli] *avv.* servilmente.

sycosis [saiˈkousis] *s.* (*pl.* **-ses** [si:z]) ⟨*Med*⟩ sicosi *f.*

syenite [ˈsaiənait] *s.* ⟨*Min*⟩ sienite *f.* ˌ**syenitic** [–ˈnitik] *a.* sienitico.

syllabary [ˈsiləbəri] *s.* **1** sillabario *m.* **2** (*list of syllables*) tavola *f* di sillabogrammi.

syllabic [siˈlæbik] *a.* **1** sillabico (*anche Fon.,Metr.,Mus.*). **2** (*pronounced with careful separation of syllables*) sillabato. **syllabically** [–əli] *avv.* in sillabe.

syllabicate [siˈlæbikeit] *v.* → **syllabify.** **sylˌlabication** [–ˈkeiʃən], **sylˌlabification** [–bifiˈkeiʃən] *s.* sillabazione *f.* **syllabify** [–bifai], **syllabize** [ˈsiləbaiz] *v.t.* sillabare.

syllable [ˈsiləbl] **I** *s.* sillaba *f* (*anche fig.*): *I didn't understand one* ~ non ho capito una sillaba. **II** *v.t.* sillabare. **syllabled** [–d] *a.* (nei composti) di ... sillabe: *a five–*~ *word* una parola di cinque sillabe.

syllabus [ˈsiləbəs] *s.* (*pl.* **-buses** [bəsiz]/**-bi** [bai]) **1** sommario *m*, raccolta *f.* **2** ⟨*Ped,Scol*⟩ programma *m* (di un corso di studi). **3** ⟨*Rel.catt*⟩ sillabo *m.* ▢ ⟨*Rel.catt*⟩ ~ *of Errors* sillabo *m.*

syllepsis [siˈlepsis] *s.* (*pl.* **-ses** [si:z]) ⟨*Gramm,Ret*⟩ sillessi *f*, sillepsi *f.* **sylleptic** [–ptik], **sylleptical** [–ptikəl] *a.* della (*o* relativo alla) sillessi. **sylleptically** [–ptikəli] *avv.* con una sillessi.

syllogism [ˈsilədʒizəm] *s.* **1** ⟨*Filos*⟩ sillogismo *m.* **2** (*deductive reasoning*) ragionamento *m* deduttivo. **3** ⟨*estens*⟩ ragionamento *m* cavilloso (*o* sottile), cavillo *m*, sofisma *m*, sillogismo *m.* ˌ**syllogistic** [–ˈdʒistik], ˌ**syllogistical** [–ˈdʒistikəl] *a.* sillogistico. ˌ**syllogistically** [–ˈdʒistikəli] *avv.* sillogisticamente. **syllogize** [–dʒaiz] *v.i./t.* ⟨*Filos*⟩ sillogizzare.

sylph [silf] *s.* **1** ⟨*Mitol.nord*⟩ silfo *m.* **2** ⟨*fig*⟩ donna *f* (*o* ragazza) snella e graziosa, silfide *f.* **3** ⟨*Ornit*⟩ trichilo *m* codaverde. ˈ**sylphid** [–id] *s.* ⟨*Mitol.nord*⟩ silfide *f.*

sylphlike [ˈsilflaik] *a.* simile a una silfide, snella e graziosa.

sylvan [ˈsilvən] **I** *a.* dei boschi, silvestre, silvano. **II** *s.* ⟨*Mitol*⟩ divinità *f* silvana.

Sylvester [silˈvestə] *N.pr.* Silvestro *m.*

Sylvia [ˈsilviə] *N.pr.* Silvia *f.*

sylviculture [ˌsilviˈkaltʃə] *s.* silvicoltura *f*, selvicoltura *f.*

symbion(t) [ˈsimbiɔn(t)] *s.* ⟨*Biol*⟩ simbionte *m.*

symbiosis [ˌsimbiˈousis] *s.* (*pl.* **-ses** [si:z]) ⟨*Biol*⟩ simbiosi *f.* ˌ**symbiotic** [–biˈɔtik], **symbiotical** [–biˈɔtikəl] *a.* simbiotico. ˌ**symbiotically** [–biˈɔtikəli] *avv.* in simbiosi.

symbol [ˈsimbəl] *s.* **1** simbolo *m.* **2** ⟨*Tip,Mat,Chim*⟩ simbolo *m*, segno *m.* **3** ⟨*Rel*⟩ simbolo *m* (della fede) credo *m.* ˌ**symbolic** [–ˈbɔlik], ˌ**symbolical** [–ˈbɔlikəl] *a.* simbolico. ˌ**symbolically** [–ˈbɔlikəli] *avv.* simbolicamente **symbolism** [–izəm] *s.* simbolismo *m.* **symbolist** [–ist *s.* simbolista *m/f.* **Symbolist** *s.* ⟨*Rel,Lett,Art*⟩ simbolista *m/f.* ˌ**symbolistic** [–istik] *a.* simbolistico. ˌ**symbolistically** [–istikəli] *avv.* in modo simbolistico.

symbolization [ˌsimbəlaiˈzeiʃən] *s.* simbolizzazione *f* ˈ**symbolize** [–laiz] *v.t.* **1** simboleggiare. **2** (*to represent by a symbol*) rappresentare con un simbolo, simbolizzare. **3** (*to treat as symbolic*) interpretare simbolicamente.

symbology [simˈbɔlədʒi] *s.* simbologia *f.*

symmetric [siˈmetrik], **symmetrical** [–əl] *a.* simmetrico **symmetrically** [–əli] *avv.* simmetricamente.

symmetrization [ˌsimitraiˈzeiʃən] *s.* il rendere simmetrico ˈ**symmetrize** [–traiz] *v.t.* rendere simmetrico.

symmetry [ˈsimitri] *s.* **1** simmetria *f.* **2** (*harmony o proportion*) simmetria *f*, armonia *f*, equilibrio *m* (perfetto).

sympathetic [ˌsimpəˈθetik] **I** *a.* **1** comprensivo indulgente, tollerante: *the teacher was very* ~ il maestro fu molto comprensivo; (*characterized by friendly, fellov feelings*) affettuoso, cordiale, amichevole: ~ *words* parol affettuose. **2** (*congenial*) che va a genio, congeniale adatto. **3** (*favouring, not antagonistic*) favorevole (*to* a) ben disposto (verso), d'accordo (con): *to be* ~ *to c proposal* essere favorevole a una proposta. **4** ⟨*Anat,Acu*⟩ simpatico. **5** ⟨*Fisiol*⟩ simpatico, riflesso. **II** *s.* ⟨*Anat*⟩ → **sympathetic nerve. 2** → **sympathetic nervous system** **sympathetically** [–əli] *avv.* in modo comprensivo.

sympathetic| ink *s.* inchiostro *m* simpatico. ~ **nerve** *s*

⟨*Anat*⟩ nervo *m* simpatico. ~ **nervous system** *s.* sistema *m* nervoso simpatico, (gran) simpatico *m.* ~ **strike** *s.* sciopero *m* di solidarietà.

ympathize ['simpǝθaiz] *v.i.* **1** commiserare, compatire, compiangere (*with s.o.* qd.); (*to condole*) condolersi (*with s.o.* con qd.). **2** (*to be in approving accord*) approvare, vedere di buon occhio (*with s.th.* qc.), essere d'accordo (su). **3** (*to share the same feelings*) simpatizzare (per). **4** (*to accord, correspond*) essere conforme, corrispondere (a). **sympathizer** [-ǝ] *s.* **1** persona *f* comprensiva. **2** (*one who acts in sympathy*) sostenitore *m* (*f* –trice), fautore *m* (*f* –trice), simpatizzante *m/f.*

ympathy ['simpǝθi] *s.* **1** commiserazione *f,* compassione *f,* pietà *f.* **2** *pl.* (*expression of condolence*) condoglianze *fpl.* cordoglio *m: you have my sympathies* ti faccio le mie condoglianze. **3** (*capacity for sharing the feelings of another*) comprensione *f,* indulgenza *f,* tolleranza *f.* **4** (*agreement in feeling, emotional accord*) comunione *f* di sentimenti, armonia *f.* **5** *pl.* (*feelings of support, loyalty*) simpatie *fpl,* solidarietà *f,* comprensione *f.* **6** ⟨*Psic,Fisiol,Fis*⟩ simpatia *f.* ☐ *in* ~ *with* d'accordo con: *I am in* ~ *with your proposal* sono d'accordo con la tua proposta; *to have no* ~ *for s.o.* non avere compassione di qd.; *to have no* ~ *with s.o.'s ideas* non condividere le idee di qd.

ympathy strike *s.* → **sympathetic strike.**

ympetalous [sim'petǝlǝs] *a.* ⟨*Bot*⟩ simpetalo.

ymphonic [sim'fɔnik] *a.* ⟨*Mus*⟩ sinfonico.

ymphonic poem *s.* ⟨*Mus*⟩ poema *m* sinfonico.

ymphonious [sim'founiǝs] *a.* armonioso, armonico.

ymphony ['simfǝni] *s.* **1** ⟨*Mus*⟩ sinfonia *f.* **2** ⟨*fig*⟩ sinfonia *f,* armonia *f.*

ymphony orchestra *s.* ⟨*Mus*⟩ orchestra *f* sinfonica.

ymphysis ['simfisis] *s.* (*pl.* **-ses** [si:z]) ⟨*Anat,Bot*⟩ sinfisi *f.* ☐ ⟨*Anat*⟩ ~ *of the chin* sinfisi mentoniera.

ymposium *lat.* [sim'pouziǝm] *s.* (*pl.* **-sia** [ziǝ]/**-s** [z]) **1** simposio *m,* convegno *m.* **2** (*collection of opinions*) raccolta *f* di opinioni su un dato argomento. **3** ⟨*Stor.gr*⟩ simposio *m.*

ymptom ['simptǝm] *s.* **1** ⟨*Med*⟩ sintomo *m: the –s of scarlet fever* i sintomi della scarlattina. **2** ⟨*estens*⟩ sintomo *m,* segno *m,* indizio *m: the –s of social discontent* i sintomi del malcontento sociale. **symptoˈmatic** [-ætik], **symptoˈmatical** [-ætikǝl] *a.* **1** ⟨*Med*⟩ sintomatico. **2** ⟨*estens*⟩ sintomatico, indicativo. **symptoˈmatically** [-ætikǝli] *avv.* in modo sintomatico.

ymptomatology [simptǝmǝ'tɔlǝdʒi] *s.* sintomatologia *f.*

ynaeresis [si'niǝrisis] *s.* (*pl.* **-ses** [si:z]) ⟨*Gramm*⟩ sineresi *f.*

ynagogal [sinǝ'gɔgǝl], **synagogical** [-'gɔdʒikǝl] *a.* ⟨*Rel.ebr*⟩ sinagogale. **ˈsynagogue** [-gɔg] *s.* sinagoga *f.*

ynalepha [sinǝ'li:fǝ], **synalephe** [-fi:], **synaloepha** [-fǝ] *s.* ⟨*Metr*⟩ sinalefe *f.*

yncarp ['sinkɑ:p] *s.* ⟨*Bot*⟩ sincarpio *m.*

ynchroflash ['sinkro(u)flæʃ] **I** *a.* ⟨*Fot*⟩ fornito di sincrolampo. **II** *s.* sincrolampo *m,* fotolampo *m* sincronizzato.

ynchromesh ['sinkro(u)meʃ] **I** *a.* ⟨*Aut*⟩ sincronizzato. **II** *s.* → **synchromesh gear.**

ynchromesh gear *s.* ⟨*Aut*⟩ cambio *m* sincronizzato.

ynchronal ['sinkrǝnǝl], **synchronic** [-'krɔnik], **synchronical** [-'krɔnikǝl] *a.* → **synchronous.**

ynchronism ['sinkrǝnizǝm] *s.* **1** sincronismo *m.* **2** (*chronological table*) tavola *f* sincronica. **synchronization** [-nai'zeiʃǝn] *s.* sincronizzazione *f* (*anche Cin.*).

ynchronize ['sinkrǝnaiz] **I** *v.i.* **1** essere contemporaneo (*with* a), essere sincrono (con). **2** ⟨*Cin*⟩ essere sincronizzato. **II** *v.t.* **1** sincronizzare. **2** (*to cause to happen, be done, etc., at the same time*) sincronizzare, rendere contemporaneo.

ynchronized shifting *am. s.* ['sinkrǝnaizd] ⟨*Aut*⟩ cambio *am* sincronizzato.

ynchronizer ['sinkrǝnaizǝ] *s.* ⟨*tecn*⟩ sincronizzatore *m.*

ynchronous ['sinkrǝnǝs] *a.* **1** contemporaneo (*with* a), sincrono (con). **2** (*recurring together*) simultaneo, contemporaneo. **3** ⟨*Fis,El*⟩ sincrono. **4** (*of synchronism*) sincronistico.

synchronous| motor *s.* motore *m* sincrono. ~ **speed** *s.* velocità *f* di sincronismo.

synchrony ['sinkrǝni] *s.* sincronia *f,* sincronismo *m.*

synchrotron ['sinkrǝtrǝn] *s.* ⟨*Atom*⟩ sincrotrone *m.*

synclinal [sin'klainl] **I** *a.* ⟨*Geol*⟩ sinclinale: ~ *axis* asse sinclinale. **II** *s.* → **syncline.** **'syncline** [-klain] *s.* sinclinale *f.*

syncopate ['sinkǝpeit] *v.t.* ⟨*Mus,Ling*⟩ sincopare. **syncopated** [-id] *a.* sincopato. **ˌsyncoˈpation** [-'peiʃǝn] *s.* ⟨*Mus,Ling*⟩ → **syncope.**

syncope ['sinkǝpi] *s.* ⟨*Ling,Mus,Med*⟩ sincope *f.*

syncretic [sin'kretik] *a.* ⟨*Rel,Filos*⟩ → **syncretistic.** **'syncretism** [-kritizǝm] *s.* sincretismo *m.* **'syncretist** [-kritist] *s.* sincretista *m/f.* ˌ**syncreˈtistic** [-kri'tistik] *a.* sincretistico, sincretico. **'syncretize** [-kraitaiz] **I** *v.t.* far subire un processo di sincretismo a. **II** *v.i.* subire un processo di sincretismo.

syndetic [sin'detik], **syndetical** [-ǝl] *a.* ⟨*Ling*⟩ sindetico.

syndic ['sindik] *s.* **1** chi cura gli interessi di un ente. **2** ⟨*Univ*⟩ (*in Cambridge*) membro *m* di uno speciale comitato del senato universitario. **3** ⟨*Dir*⟩ (*administrative official*) sindaco *m.* **syndical** [-ǝl] *a.* di (*o* relativo a) sindaco. **syndicalism** [-ǝlizǝm] *s.* sindacalismo *m.* **syndicalist** [-ǝlist] *s.* sindacalista *m/f.* ˌ**syndicaˈlistic** [-ǝ'listik] *a.* sindacalistico.

syndicate I *s.* ['sindikit] **1** ⟨*Econ*⟩ sindacato *m.* **2** (*of organized crime*) sindacato *m,* racket *m.* **3** ⟨*Giorn*⟩ agenzia di stampa. **4** (*group of syndics*) sindaci *mpl.* **5** (*council, senate*) assemblea *f,* consiglio *m,* senato *m.* **II** *v.t.* ['sindikeit] **1** ⟨*Econ*⟩ costituire (*o* riunire) in sindacato. **2** ⟨*Giorn*⟩ vendere tramite un'agenzia di stampa. **III** *v.i.* ['sindikeit] costituirsi in sindacato.

syndication [ˌsindi'keiʃǝn] *s.* **1** ⟨*Econ*⟩ organizzazione *f* in sindacato. **2** ⟨*Giorn*⟩ diffusione *f* tramite un'agenzia stampa.

syndrome ['sindroum] *s.* ⟨*Med*⟩ sindrome *f.*

syne *scozz.* [sain] **I** *avv.* (*ago*) fa, or sono. **II** *congz.* (*since*) da quando, dacché.

synecdoche [si'nekdɔki] *s.* ⟨*Ret*⟩ sineddoche *f.*

synergy ['sinǝdʒi] *s.* **1** cooperazione *f,* sinergismo *m.* **2** ⟨*Fisiol,Med*⟩ sinergia *f,* sinergismo *m.*

synesis ['sinisis] *s.* ⟨*Gramm*⟩ sinesi *f.*

synfuel *am.* ['sinfjuǝl] *s.* carburante *m* sintetico.

synizesis [ˌsini'zi:sis] *s.* ⟨*Metr*⟩ sinizesi *f.*

synod ['sinǝd] *s.* **1** ⟨*Rel*⟩ sinodo *m.* **2** ⟨*estens*⟩ (*meeting*) convegno *m,* riunione *f.* **synodal** [-ǝl] *a.* sinodale, sinodico. **synodic** [-'nɔdik], **synodical** [-ǝl] *a.* **1** → **synodal.** **2** ⟨*Astr*⟩ sinodico: ~ *month* mese sinodico. ˌ**synodically** [-'nɔdikǝli] *avv.* sinodicamente.

synonym ['sinǝnim] *s.* ⟨*Ling,Biol*⟩ sinonimo *m.* ˌ**synoˈnymic** [-ik], **synonymical** [-ǝl] *a.* sinonimico. ˌ**synoˈnymity** [-miti] *s.* sinonimia *f.*

synonymous [si'nɔnimǝs] *a.* sinonimo (*with* di) (*anche fig.*). **synonymy** [-mi] *s.* sinonimia *f.*

synop. = *synopsis* sinopsi.

synopsis [si'nɔpsis] *s.* (*pl.* **-ses** [si:z]) **1** ⟨*Cin*⟩ sinopsi *f.* **2** (*summary*) compendio *m,* riassunto *m,* sinossi *f* sommario *m.*

synoptic [si'nɔptik], **synoptical** [-ǝl] *a.* sinottico (*anche Meteor,Bibl.*). **synoptically** [-ǝli] *avv.* in modo sinottico.

synoptic| chart *s.* ⟨*Meteor*⟩ carta *f* sinottica. ~ **Gospels** *s.pl.* ⟨*Bibl*⟩ vangeli *mpl* sinottici, sinottici *mpl.* ~**meteorology** *s.* meteorologia *f* sinottica.

synoptist [si'nɔptist] *s.* ⟨*Bibl*⟩ autore *m* di un vangelo sinottico.

synovia [si'nouviǝ] *s.* ⟨*Anat*⟩ sinovia *f.* **synovial** [-l] *a.* sinoviale. ˌ**synovitis** [-nǝ'vaitis] *s.* sinovite *f.*

syntactic [sin'tæktik], **syntactical** [-ǝl] *a.* ⟨*Ling*⟩ sintattico. **syntactically** [-ǝli] *avv.* secondo la sintassi, dal punto di vista sintattico.

syntax ['sintæks] *s.* ⟨*Ling*⟩ sintassi *f.*

synthesis ['sinθisis] *s.* (*pl.* **-ses** [si:z]) sintesi *f* (*anche fig.*). **synthesist** [-t] *s.* chi segue metodi sintetici. **synthesize** [-saiz] *v.t.* **1** sintetizzare, ordinare in forma sintetica. **2** ⟨*Chim*⟩ sintetizzare.

synthetic [sin'θetik] **I** *a.* **1** ⟨*tecn,Ind*⟩ sintetico, artificiale (*anche fig.*). **2** ⟨*Ling,Chim*⟩ sintetico. **II** *s.* ⟨*Chim*⟩ prodotto *m* sintetico. □ ~ *detergents* detersivi sintetici. **synthetical** [-əl] *a.* → **synthetic.** **.synthetically** [-əli] *avv.* sinteticamente.

synthetic| fiber *am.,* ~ **fibre** *s.* fibra *f* sintetica. ~ **geometry** *s.* geometria *f* sintetica. ~ **rubber** *s.* gomma *f* sintetica.

synthetize ['sinθətaiz] *v.* → **synthesize.**

syntonic [sin'tɔnik], **syntonical** [-əl] *a.* ⟨*Rad*⟩ sintonico.

syntonization [,sintənai'zeiʃən] *s.* ⟨*Rad*⟩ sintonizzazione *f.* **'syntonize** [-aiz] *v.t.* sintonizzare. **'syntony** [-ni] *s.* sintonia *f.*

syphilis ['sifilis] *s.* ⟨*Med*⟩ sifilide *f,* lue *f.* **.syphilitic** [-'litik] **I** *a.* sifilitico, luetico. **II** *s.* sifilitico *m* (*f* –a), luetico *m* (*f* –a).

syphon *s.* → **siphon.**

syr. = ⟨*Farm*⟩ *syrup* sciroppo.

Syr. = **1** ⟨*Geog*⟩ *Syria*, Siria. **2** *Syrian* siriano.

Syracusan [,saiərə'kju:zən] **I** *s.* siracusano *m* (*f* –a). **II** *a.* siracusano. **'Syracuse** [-kju:z] *N.pr.* ⟨*Geog*⟩ Siracusa *f.*

Syria ['siriə] *N.pr.* ⟨*Geog*⟩ Siria *f.*

Syriac ['siriæk] **I** *s.* (*language*) siriaco *m.* **II** *a.* siriaco.

Syrian ['siriən] **I** *s.* siriano *m* (*f* –a). **II** *a.* siriano.

syringa [si'ringə] *s.* ⟨*Bot*⟩ **1** siringa *f.* **2** (*mock orange*) fior *m* d'arancio (*o* d'angelo).

syringe ['sirindʒ, si'r–] **I** *s.* **1** ⟨*Med*⟩ (*hypodermic syringe*) siringa *f* per iniezioni. **2** ⟨*tecn,Chim*⟩ schizzatoio *m.* **II** *v.t.* **1** ⟨*Med*⟩ (*spesso con out*) sottoporre a lavaggio con una siringa. **2** ⟨*Agr,Giard*⟩ spruzzare, schizzare.

syringeal [si'rindʒiəl] *a.* ⟨*Ornit*⟩ della (*o* relativo alla) siringe.

syringitis [,sirin'dʒaitis] *s.* ⟨*Med*⟩ salpingite *f* eustachiana.

syrinx ['sirinks] *s.* (*pl.* **-ringes** ['rindʒi:z]/**-es** [iz]) **1** ⟨*Ornit*⟩ siringe *f.* **2** ⟨*Mus*⟩ (*panpipe*) siringa *f.* **3** ⟨*Anat*⟩ tromba *f* di Eustachio. **4** ⟨*Chir*⟩ fistola *f.* **5** ⟨*Archeol*⟩ (*in Egyptian tombs*) stretta galleria *f.*

syrup ['sirəp] *s.* **1** ⟨*Alim*⟩ sciroppo *m; (golden syrup*) melassa *f* (raffinata). **2** ⟨*Farm*⟩ sciroppo *m.* **3** ⟨*fig*⟩ l'essere sciropposo, sdolcinatezza *f.* □ *peaches in* ~ pesche sciroppate. **syrupy** [-i] *a.* **1** sciropposo. **2** ⟨*fig*⟩ sdolcinato, sciropposo.

syst. = *system* sistema.

systaltic [sis'tæltik] *a.* ⟨*Fisiol*⟩ pulsante.

system ['sistim] *s.* **1** sistema *m: a mountain* ~ un sistema montuoso; (*network*) rete *f: a railway* ~ una rete ferroviaria; (*group of devices*) sistema *m,* impianto *m: the*

ignition ~ *of a car* il sistema di accensione di una macchina. **2** (*of knowledge, etc.*) sistema *m: a philosophi* ~ un sistema filosofico. **3** (*form of organization, order* ordinamento *m,* sistema *m,* organizzazione *f,* struttura *social* ~ ordinamento sociale; ~ *of government* sistema d governo. **4** (*method, scheme*) sistema *m,* metodo *m.* (*structure or organized society*) sistema *m: to be against the* ~ essere contro il sistema. **6** ⟨*Astr,Chim,Mus,Geol* sistema *m: the solar* ~ il sistema solare. **7** ⟨*Fisiol* sistema *m,* apparato *m: nervous* ~ sistema nervoso; (*whol body*) organismo *m; (health)* salute *f.*

systematic [,sisti'mætik], **systematical** [-əl] *a.* sistematico, metodico: *a* ~ *worker* un lavorator metodico. **2** (*consistent, regular*) sistematico, regolare: ~ *opposition* opposizione sistematica. **3** (*comprehensive thorough*) globale, completo: *a* ~ *examination of th situation* un esame globale della situazione. **4** ⟨*Biol* sistematico, tassonomico. **5** ⟨*Med,Fisiol*⟩ sistemico, si stematico. **systematically** [-kəli] *avv.* sistematica mente.

systematics [,sisti'mætiks] *s.pl.* (*costr. sing.*) sistematica *f.*

systematism ['sistimətizəm] *s.* il seguire un sistema **systematist** [-tist] *s.* chi segue un sistema **.systematization** [-tai'zeiʃən] *s.* organizzazione *f* i sistema, sistematizzazione *f.* **systematize** [-taiz] *v.* ordinare (*o* organizzare) in sistema, sistematizzare.

system| disk *s.* ⟨*Inform*⟩ disco *m* di sistema. ~ **flowchart** *s.* diagramma *m* di flusso.

systemic [sis'temik] *a.* ⟨*Med,Fisiol*⟩ sistemico: ~ *diseas* malattia sistemica; ~ *insecticide* insetticida sistemico **systemically** [-əli] *avv.* in modo sistemico.

systemization [,sistimai'zeiʃən] *s.* → **systematization 'systemize** [-maiz] *v.* → **systematize.**

system| language *s.* ⟨*Inform*⟩ linguaggio *m* di sistema. ~ **output** *s.* dati *mpl* di emissione. ~ **program** *s.* ⟨*Inform* programma *m* di sistema.

systems| analysis *s.* ⟨*Inform*⟩ analisi *f* sistemica (*o* de sistemi). ~ **analyst** *s.* analista *m* dei sistemi. ~ **management** *s.* gestione *f* dei sistemi.

system software *s.* ⟨*Inform*⟩ software *m* di base.

systems| planning *s.* pianificazione *f* dei sistemi. ~ **theory** *s.* teoria *f* dei sistemi.

systole ['sistəli(:)] *s.* ⟨*Fisiol*⟩ sistole *f.* **systolic** [-'tɔlik] *a* sistolico.

systyle ['sistail] **I** *a.* ⟨*Archeol*⟩ sistilo. **II** *s.* sistilo *m* tempio *m* sistilo.

syzygetic [,sizi'dʒetik], **sy'zygial** [-dʒiəl] *a.* ⟨*Astr* sizigiale, sizigio. **'syzygy** [-dʒi] *s.* ⟨*Astr*⟩ sizigia *f.*

T

t, T [ti:] *s.* (*pl.* **t's/ts, T's/Ts** [ti:z]) (*letter of the alphabet*) t, T *f/m:* ⟨*Tel*⟩ T *for Tommy,* ⟨*am*⟩ T *for Tare* t come Torino. □ ⟨*fam*⟩ *to a* T benissimo, perfettamente, a pennello, alla perfezione: *this flat would suit us to a* T questo appartamento ci andrebbe benissimo.

T *a.* (*T–shaped*) a (forma di) T.

t. = 1 *table* tabella (*abbr.* tab.). 2 ⟨*Mus*⟩ *tempo* tempo. 3 ⟨*Mus*⟩ *tenor* tenore. 4 ⟨*Gramm*⟩ *tense* tempo. 5 *territory* territorio. 6 ⟨*Fis*⟩ *time* tempo (*abbr.* t.). 7 *ton* tonnellata (*abbr.* t).

T. = *Tuesday* martedì (*abbr.* mar., mart.).

't [t] *contraz. di* the.

t *contraz. di* it.

ta [tɑ:] *intz.* ⟨*infant,sl*⟩ (*thank–you*) grazie: *you must say* ~ devi dire grazie.

tab [tæb] **I** *s.* **1** linguetta *f:* *pull the* ~ *to open the packet* tirare la linguetta per aprire il pacco. **2** (*small label, tag*) etichetta *f,* cartellino *m.* **3** (*for hanging up a garment*) laccetto *m.* **4** (*of a thumb index*) scanalatura *f;* (*of a filing card*) linguetta *f.* **5** ⟨*fam*⟩ (*tabulator*) tabulatore *m.* **6** ⟨*Aer*⟩ aletta *f.* **7** ⟨*Mil*⟩ (*collar insignia*) mostrina *f.* **8** ⟨*am.fam*⟩ (*bill*) conto *m: to pick up the* ~ pagare il conto. **II** *v.t.* (*pret., p.p.* **tabbed** [–d]) **1** munire di linguetta. **2** ⟨*fam*⟩ (*to tabulate*) disporre (*o* ordinare) in tabelle, catalogare, classificare. **3** ⟨*am.fam*⟩ (*to name, designate*) qualificare, etichettare, catalogare: *to* ~ *s.o. as a troublemaker* qualificare qd. come un agitatore. □ ⟨*fam*⟩ *to keep* –*s* (*o a tab*) *on:* 1 sorvegliare (*o* controllare) attentamente, tenere d'occhio; 2 (*to keep an account of*) tenere il conto di, registrare.

TAB = *Technical Assistance Board* ufficio assistenza tecnica.

tabard ['tæbəd] *s.* ⟨*Stor*⟩ **1** cotta *f* d'arme. **2** (*heavy coat*) tabarro *m.*

tabaret ['tæbərit] *s.* ⟨*Tess*⟩ qualità di raso rigato.

tabby ['tæbi] **I** *s.* **1** gatto *m* tigrato (*o* soriano), soriano *m;* (*female cat*) gatta *f.* **2** ⟨*fam*⟩ (*female gossip*) pettegola *f,* ciarlona *f.* **3** ⟨*Tess*⟩ (*watered silk*) seta *f* marezzata. **4** ⟨*Tess,rar*⟩ (*silk taffeta*) tabì *m.* **II** *v.t.* (*of silk*) marezzare.

tabefaction [ˌtæbiˈfækʃən] *s.* ⟨*Med*⟩ consunzione *f.*

tabernacle ['tæbəˌnækl] **I** *s.* **1** ⟨*Rel.ebr*⟩ tabernacolo *m.* **2** (*place of worship*) luogo *m* di culto, chiesa *f,* tempio *m;* (*chapel*) cappella *f.* **3** ⟨*Arch*⟩ tabernacolo *m.* **4** ⟨*Lit*⟩ tabernacolo *m;* (*ciborium*) ciborio *m.* **5** (*the body as the temporary abode of the soul*) corpo *m* (come sede temporanea dell'anima). **II** *v.i.* risiedere temporaneamente. **III** *v.t.* mettere in un tabernacolo.

tabernacle work *s.* ⟨*Arch*⟩ ornamentazione *f* merlettata.

tabernacular [ˌtæbəˈnækjuːlə] *a.* **1** di (*o* simile a) un tabernacolo. **2** ⟨*Arch*⟩ caratterizzato da ornamentazione merlettata.

tabes ['teibiːz] *s.* ⟨*Med*⟩ **1** tabe *f.* **2** → **tabes dorsalis.**
tabescent [təˈbesnt] *a.* tabescente.

tabes dorsalis [dɔːˈseilis] *s.* ⟨*Med*⟩ tabe *f* dorsale.

tabetic [təˈbetik] **I** *a.* ⟨*Med*⟩ tabetico, tabico. **II** *s.* tabetico

m. **tabid** ['tæbid] *a.* ⟨*rar*⟩ → **tabetic.**

table ['teibl] **I** *s.* **1** tavolo *m,* tavolino *m,* tavola *f.* **2** ⟨*fig*⟩ (*meal*) pasto *m,* tavola *f.* **3** ⟨*fig*⟩ (*group of people at a table*) commensali *mpl,* tavolata *f,* tavola *f: the* ~ *rose* i commensali si alzarono. **4** (*in negotiations*) tavolo *m: the conference* ~ il tavolo della conferenza. **5** ⟨*Geog*⟩ tavola *f:* (*tableland*) tavolato *m,* altopiano *m.* **6** (*index, catalogue*) tabella *f,* tavola *f,* quadro *m,* prospetto *m: a* ~ *of distances* una tabella delle distanze; (*list*) tabella *f,* prospetto *m,* elenco *m: a* ~ *of prices* una tabella dei prezzi. **7** *pl.* ⟨*Scol*⟩ tabelline *fpl: to learn one's* –*s* imparare le tabelline. **8** (*tablet for inscriptions*) tavola *f,* tavoletta *f;* (*of stone*) lastra *f,* lastrone *m.* **9** ⟨*Stor*⟩ (*laws inscribed on a tablet*) tavola *f: the Twelve Tables of Rome* le dodici tavole di Roma. **10** *pl.* ⟨*Stor*⟩ (*backgammon*) tavola *f* reale, tric-trac *m,* sbaraglino *m.* **II** *v.t.* **1** mettere su un tavolo. **2** (*to tabulate*) ordinare (*o* sistemare) in tabelle, dare sistemazione tabellare a. **3** ⟨*Parl*⟩ (*to propose*) presentare, proporre, porre: *to* ~ *a motion* presentare una mozione; (*to lay aside indefinitely*) rinviare (*o* rimandare, differire) a tempo indeterminato. **4** ⟨*Fal*⟩ incastrare, congiungere a incastro. □ *to clear the* ~ sparecchiare (la tavola); ~ *of* **contents** elenco *m* del contenuto, indice *m;* **dinner** ~: 1 tavola *f* da pranzo; 2 ⟨*fig*⟩ (*dinner*) pranzo *m; to keep a* **good** ~ (dar da) mangiare bene; **head** *of the* ~ capotavola *m: to sit at the head of the* ~ sedere a capotavola; ⟨*Bibl*⟩ *Tables of the* **Law** tavole *fpl* della legge; *to* **lay** *the* ~ apparecchiare, preparare la tavola; ⟨*Parl*⟩ *to* **lay** *on the* ~: 1 presentare, proporre, porre; 2 (*to postpone indefinitely*) rinviare (*o* rimandare) a tempo indeterminato; ⟨*Parl*⟩ *to* **lie** *on the* ~ essere rinviato (*o* differito) a tempo indeterminato; ⟨*Mat*⟩ ~ *of* **logarithms** tavola *f* dei logaritmi; *to* **sit** *at* ~ sedere a tavola; *to* **spread** *the* ~ = *to* **lay** *the* **table;** ⟨*fig*⟩ *to* **turn** *the* –*s on s.o.* capovolgere la situazione a danno di qd.; ⟨*fam*⟩ **under** *the* ~: 1 (*drunk*) in stato di ubriachezza, ubriaco, ⟨*fam*⟩ sbronzo; 2 (*under the counter*) sottobanco, di nascosto: *to sell under the* ~ vendere sottobanco; ⟨*fam*⟩ *to* **drink** *s.o. under the* ~ ubriacare qd.; ~ *of* **weights** *and* **measures** tabella *f* dei pesi e delle misure.

tableau ['tæblou] *s.* (*pl.* **-s/-x** [z]) **1** quadro *m,* scena *f,* figura *f,* immagine *f.* **2** (*grouping, arrangement*) gruppo *m,* quadro *m.* **3** ⟨*Teat*⟩ → **tableau vivant.**

tableau| curtain *s.* ⟨*Teat*⟩ sipario *m* all'italiana. ~ **vivant** *fr.* [taˈblovi'vɑ̃] *s.* (*pl.* **tableaux vivants**) quadro *m* vivente.

table| board *am. s.* vitto *m* senza alloggio. **~cloth** *s.* tovaglia *f.* **~-cut** **I** *s.* ⟨*Oref*⟩ taglio *m* in tavola. **II** *a.* tagliato in tavola.

table d'hôte *fr.* ['tɑ:bl'dout] *s.* (*pl.* **tables d'hôte/table d'hôtes**) **1** table d'hôte *f,* pasto *m* comune (a prezzi e ore stabiliti). **2** (*full–course meal*) menu *m* a prezzo fisso.

table| flap *s.* → **table leaf. ~-hop** *v.i.* (*pret., p.p.* **-hopped**) andare di tavolo in tavolo (per salutare gli amici). ~ **knife** *s.irr.* coltello *m* da tavola. ~ **lamp** *s.* lampada *f* (*o* lume *m*) da tavola. **~land** *s.* ⟨*Geog*⟩ tavolato *m,* altopiano *m*. **~ leaf** *s.irr.* ribalta *f* della tavola. **~ linen** *s.* biancheria *f* da tavola. **~ manners** *s.pl.* buone maniere *fpl* a tavola. □ *he has no* ~ non sa stare a tavola. **~ mat** *s.* sottopiatto *m*. **~ money** *s.* ⟨*Mil*⟩ indennità *f* di mensa. **~ Mountain** *N.pr.* ⟨*Geog*⟩ Montagna *f* della Tavola. **~ napkin** *s.* tovagliolo *m*, salvietta *f.* **~ salt** *s.* sale *m* da tavola.

tablespoon ['teiblspu:n] *s.* **1** cucchiaio *m* da tavola. **2** → **tablespoonful.** **tablespoonful** [-ful] *s.* (*pl.* -s [z]/**tablespoonsful** ['teiblspu:n3ful]) cucchiaiata *f*.

tablet ['tæblit] *s.* **1** (*plaque*) targa *f;* (*slab*) lastra *f,* piastra *f.* **2** (*slab of slate, etc., for writing*) tavola *f,* tavoletta *f.* **3** (*writing pad*) blocco *m* di carta da scrivere. **4** (*cake, bar*) pane *m*, tavoletta *f,* barra *f: a* ~ *of soap* un pane di sapone. **5** ⟨*Farm*⟩ compressa *f,* pasticca *f,* tavoletta *f.*

table| talk *s.* conversazione *f* familiare (a tavola). **~ tennis** *s.* ⟨*Sport*⟩ tennis *m* da tavolo, ping–pong *m*. **~top** *s.* (ri)piano *m* della tavola. **~ware** *s.* servizio *m* da tavola, articoli *mpl* per la tavola. **~ water** *s.* acqua *f* minerale (da tavola). **~ wine** *s.* vino *m* da tavola (*o* pasto).

tabling ['teibliŋ] *s.* **1** ⟨*Edil*⟩ cimasa *f,* copertina *f.* **2** ⟨*Mur*⟩ incastro *m* orizzontale. **3** ⟨*Fal*⟩ congiunzione *f* a incastro. **4** ⟨*Mar*⟩ (*of a sail*) guaina *f.*

tabloid ['tæblɔid] **I** *s.* **1** ⟨*Giorn*⟩ giornale *m* in formato ridotto che presenta le notizie in forma concisa; (*sensational newspaper*) giornale *m* scandalistico, tabloid *m*. **2** ⟨*Farm*⟩ compressa *f,* tavoletta *f,* tabloide *m*. **II** *a*. condensato, succinto, per sommi capi, conciso. □ *in ~ form* in formato ridotto.

taboo [tə'bu:, tæ'bu:] **I** *a.* **1** ⟨*Folcl,Sociol*⟩ tabù, sacro. **2** ⟨*fig*⟩ (*banned, prohibited*) tabù, vietato, proibito, interdetto: ~ *subjects of conversation* argomenti di conversazione tabù. **II** *s.* **1** ⟨*Folcl,Sociol*⟩ tabù *m*, interdizione *f* sacrale. **2** ⟨*fig*⟩ tabù *m*, cosa *f* vietata. **III** *v.t.* **1** ⟨*Folcl,Sociol*⟩ tabuizzare. **2** ⟨*fig*⟩ vietare, proibire, interdire. **tabooing** [-iŋ] *s.* tabuizzazione *f.*

tabor ['teibə] *s.* ⟨*Mus*⟩ tamburino *m*.

tabouret ['tæbərit] *s.* **1** ⟨*Arred*⟩ sgabello *m* rotondo, tabouret *m*. **2** (*embroidery frame*) piccolo telaio *m* da ricamo.

tabu *a./s./v.* → **taboo. tabuing** *s.* → **tabooing.**

tabular ['tæbjulə] *a.* **1** di tabella, di tabelle, tabellare: *to list s.th. in ~ form* elencare qc. sotto forma di tabella; (*computed from a table*) calcolato in base a una tabella. **2** (*having a flat surface*) piatto, appiattito, tabulare. **3** ⟨*Geog,Min,Bot*⟩ tabulare.

tabulate I *v.t.* ['tæbjuleit] **1** disporre in tabelle (*o* tavole), dare sistemazione tabellare a; (*to catalogue*) catalogare, classificare. **2** (*to give a flat surface to*) spianare, appianare, appiattire. **II** *a.* ['tæbjul(e)it] a forma di tabella, tabellare; (*ascertained from a table*) calcolato in base a una tabella.

tabulating machine ['tæbjuleitiŋ] *s.* tabulatrice *f.*

tabulation [ˌtæbju'leiʃən] *s.* **1** disposizione *f* in tabelle (*o* tavole). **2** (*result*) tabulato *m*. **3** ⟨*Mat,Statist*⟩ tabulazione *f.* '**tabulator** [-leitə] *s.* **1** (*machine*) tabulatrice *f.* **2** (*of a typewriter*) tabulatore *m*.

tabulator key *s.* tasto *m* incolonnatore.

tach(e) [tætʃ] *s.* ⟨*rar*⟩ (*buckle, clasp*) fibbia *f,* fermaglio *m*.

tacheometer [ˌtæki'ɔmitə] *s.* → **tachymeter.**

tachometer [tæ'kɔmitə] *s.* **1** ⟨*tecn*⟩ tachimetro *m*. **2** ⟨*Aut*⟩ contagiri *m*. **tachometry** [-tri] *s.* ⟨*Fis*⟩ tachimetria *f.*

tachycardia [ˌtæki'kɑ:diə] *s.* ⟨*Med*⟩ tachicardia *f.*

tachymeter [tæ'kimitə] *s.* ⟨*Topogr*⟩ tacheometro *m*. **tachymetry** [-tri] *s.* tacheometria *f.*

tachyon ['tækiɔn] *s.* ⟨*Fis*⟩ tachione *m*.

tacit ['tæsit] *a.* **1** tacito, implicito, sottinteso: ~ *renewal of a contract* rinnovo tacito di un contratto. **2** (*unspoken*) muto, tacito, non espresso: *a ~ prayer* una muta preghiera. **tacitly** [-li] *avv.* tacitamente.

taciturn ['tæsitə:n] *a.* taciturno, silenzioso. ˌ**taci'turnity** [-iti] *s.* taciturnità *f.* **taciturnly** [-li] *avv.* in modo taciturno.

tack[1] [tæk] **I** *s.* **1** bulletta *f;* (*carpet tack*) bulletta *f* per tappeti; (*drawing pin*) puntina *f* da disegno. **2** ⟨*Lav.femm*⟩ (*temporary stitch*) punto *m* lungo (*o* d'imbastitura). **3** (*sticky quality*) adesività *f,* viscosità *f.* **4** ⟨*Mar*⟩ (*for holding a sail*) mura *f.* **5** ⟨*Mar*⟩ (*direction*) bordo *m*, bordata *f.* (*change of direction*) virata *f* di bordo. **6** ⟨*fig*⟩ linea *f* ⌐d'azione⌐ (*o* di condotta): *to change one's* ~ cambiare la propria linea di condotta. **7** ⟨*zigzag movement*⟩ movimento *m* a zigzag. **II** *v.t.* **1** attaccare (*o* fissare) con bullette, imbullettare; (*of a carpet; general.* con *down*) fissare con bullette. **2** ⟨*Lav.femm*⟩ imbastire: *to ~ the hem of a curtain* imbastire l'orlo di una tenda. **3** (*to attach slightly, temporarily*) fissare provvisoriamente. **4** ⟨*fig*⟩ (spesso con *on*) aggiungere, attaccare: *to ~ on a summarizing paragraph at the end* aggiungere un paragrafo riassuntivo alla fine. **5** ⟨*Mar*⟩ far virare di bordo in prua (*to navigate by a series of tacks*) far bordeggiare. **III** *v.i.* **1** ⟨*Mar*⟩ virare di bordo in prua; (*to sail by a series of tacks*) bordeggiare. **2** (*to zigzag*) muoversi a zigzag, zigzagare. **3** ⟨*fig*⟩ cambiare opinione (*o* tattica). □ ⟨*fam*⟩ *to ~ on to s.o.* seguire ⌐da vicino⌐ (*o* passo passo) qd. stare alle calcagna di qd.; ⟨*Mar*⟩ *on the* **port** ~ con l⌐ mura a sinistra; ⟨*fig*⟩ *to be on the* **right** ~ essere sulla strada buona; ⟨*fig*⟩ *to get* (*o* start) *off on the right* ~ prendere una buona strada; ⟨*Mar*⟩ *on the* **starboard** ~ con le mura a dritta.

tack[2] *s.* ⟨*mar*⟩ (*food*) cibo *m*.

tack board *am.* *s.* tabella *f,* albo *m* (per affissioni).

tackily ['tækili] *avv.* in modo viscoso. **tackiness** [-kinis] *s.* adesività *f,* viscosità *f.*

tacking ['tækiŋ] *s.* **1** l'imbullettare. **2** ⟨*Lav.femm*⟩ imbastitura *f.* **3** ⟨*Mar*⟩ virata *f* di bordo in prua.

tackle ['tækl] **I** *s.* **1** attrezzatura *f,* equipaggiamento *m fishing* ~ attrezzatura da pesca. **2** ⟨*Mar*⟩ paranco *m*. ⟨*Mecc*⟩ (*hoisting device*) taglia *f,* paranco *m* (a fune). **3** ⟨*Sport*⟩ (*in soccer*) tackle *m*, carica *f,* contrasto *m;* (*in rugby*) placcaggio *m*. **II** *v.t.* **1** affrontare, esaminare (cominciare a) trattare: *let's ~ the easier part firs*⌐ affrontiamo prima la parte più facile. **2** (*of a person: to confront*) affrontare. **3** ⟨*fam*⟩ (*of food*) attaccare. **4** (*t*⌐ *seize*) afferrare, abbrancare; (*to grapple with*) venire all⌐ prese con. **5** ⟨*Sport*⟩ (*in soccer, etc.*) caricare, contrastare (*in rugby*) placcare. **III** *v.i.* ⟨*Sport*⟩ (*in soccer, etc.*⌐ effettuare una carica; (*in rugby*) placcare.

tackle| block *s.* ⟨*Mar*⟩ bozzello *m* del paranco. **~ fall** ~ cavo *m* del paranco.

tackling ['tækliŋ] *s.* **1** ⟨*Sport*⟩ il caricare, carica *f;* (*in rugby*) placcaggio *m*. **2** ⟨*rar*⟩ (*tackle, equipmen*⌐ attrezzatura *f,* equipaggiamento *m*. **3** ⟨*Mar,rar*⟩ paranc⌐ *m*.

tacky ['tæki] *a.* viscoso, colloso, appiccicaticcio.

tact [tækt] *s.* tatto *m*, delicatezza *f,* riguardo *m*.

tactful ['tæktful] *a.* pieno di tatto (*o* riguardo), delicat⌐ discreto. **tactfully** [-i] *avv.* con tatto, con delicatezz⌐ con discrezione. **tactfulness** [-nis] *s.* delicatezza *f,* ta⌐ to *m*, discrezione *f.*

tactical ['tæktikəl] *a.* **1** ⟨*Mil*⟩ tattico (*anche fig*.): *a* ~ *error* un errore tattico. **2** ⟨*fig*⟩ (*skilful*) abile, destr⌐ **tactically** [-i] *avv.* ⟨*Mil*⟩ tatticamente (*anche fig*.).

tactician [tæk'tiʃən] *s.* **1** ⟨*Mil*⟩ tattico *m*. **2** ⟨*fig*⟩ person⌐ *f* abile e scaltra, tatticone *m*, manovriero *m*.

tactics ['tæktiks] *s.pl.* ⟨*Mil*⟩ (costr. sing.) tattica *f* (anch⌐ fig.).

tactile ['tæktail] *a.* **1** tattile, del tatto. **2** (*possessing th*⌐ *sense of touch*) che ha il senso del tatto. **3** (*tangibl*⌐ tangibile. **tactility** [tæk'tiliti] *s.* **1** tattilità *f.* **2** (*tangibility*) tangibilità *f.*

tactless ['tæktlis] *a.* che manca di tatto, indiscret⌐ indelicato. **tactlessly** [-li] *avv.* senza tatto (*o* riguardo⌐ **tactlessness** [-nis] *s.* mancanza *f* di tatto, indiscrezio⌐ *f.*

tactual ['tæktjuəl] *a.* tattile, del tatto.

tad *am.* [tæd] *s.* **1** ⟨*fam*⟩ bambino *m*. **2** (*small amoun*⌐ poco *m*, po' *m: it needs a ~ more seasoning* ha bisogno ⌐ un po' più di condimento.

tadpole ['tædpoul] *s.* ⟨*Zool*⟩ girino *m*.

taenia ['ti:niə] *s.* (*pl.* -**niae** [nii:]) **1** ⟨*Arch,Stor.gr,Zoo*⌐ tenia *f.* **2** ⟨*Anat*⟩ tenia *f,* benderella *f.*

taffeta ['tæfitə], **taffety** [-ti] *s.* ⟨*Tess*⟩ taffettà *m*.

taffrail ['tæfreil] s. ⟨Mar⟩ **1** coronamento m. **2** (rail) ringhiera f del coronamento.
taffy am. ['tæfi] s. ⟨Dolc⟩ caramella f morbida.
Taffy s. ⟨scherz⟩ (Welshman) gallese m.
tafia ['tæfiə] s. specie di rum (ricavato da melassa di scarto).
tag[1] [tæg] s. **1** (of a shoe lace, etc.) puntale m (di stringa), aghetto m. **2** (of a boot) tirante m. **3** (tatter, hanging piece) brandello m, straccio m. **4** (loop of material for hanging a garment) laccetto m. **5** (small label) etichetta f, cartellino m: price ~ etichetta con il prezzo. **6** (identifying description, epithet) qualifica f, etichetta f, epiteto m. **7** (brief quotation, dictum) citazione f: Latin –s citazioni latine; (hackneyed saying) espressione f trita, frase f fatta; (catchword) slogan m. **8** ⟨Teat⟩ (curtain line) conclusione f, fine f, finale m. **9** ⟨fig⟩ (concluding part) parte f finale (o conclusiva). **10** ⟨Mus⟩ ritornello m. **11** (tip of the tail) punta f della coda (special. di volpe). **12** (lock of matted wool) fiocco m di lana arruffata (o infeltrita).
tag[2] v. (pret., p.p. **tagged** [–d]) **I** v.t. **1** munire di etichetta, etichettare. **2** (to identify, brand) bollare, tacciare; (to label) etichettare, classificare, qualificare (sommariamente). **3** ⟨fig⟩ (to append; spesso con on) aggiungere, apporre. **4** ⟨fam⟩ (to follow closely) seguire ⌐passo passo⌐ (o da vicino), pedinare, stare dietro a. **5** (of sheep) tagliare i fiocchi di lana arruffata a. **II** v.i. ⟨fam⟩ (general. con along) seguire ⌐da vicino⌐ (o passo passo), pedinare (with s.o. qd.), stare dietro (a), stare alle calcagna (di).
tag[3] s. (children's game) acchiappino m, chiapparello m.
tagalong [tægə'lɔŋ] s. inseguitore m (f –trice).
tag| day am. s. giornata f dedicata alla raccolta di fondi a scopo di beneficenza. **~ end** s. ⟨fam⟩ **1** parte f finale, fine f, conclusione f. **2** (random fragment, remnant) resto m, residuo m.
tagger ['tægə] s. **1** chi attacca ⌐un'etichetta⌐ (o un cartellino). **2** pl. ⟨Met⟩ lamierino m sottilissimo.
tagmeme ['tægmi:m] s. ⟨Ling⟩ tagmema m.
Tagus ['teigəs] N.pr. ⟨Geog⟩ Tago m.
Tahiti [tɑː'hiːti:] N.pr. ⟨Geog⟩ Tahiti f. **Tahitian** [–ən] **I** a. tahitiano, di Tahiti. **II** s. **1** tahitiano m (f –a). **2** (language) lingua f di Tahiti.
taiga ['taigə] s. ⟨Geog⟩ taiga f.
tail[1] [teil] s. **1** coda f (anche fig.). **2** (hindmost, trailing part) coda f, estremità f, parte f finale (o estrema): the ~ of a kite la coda di un aquilone. **3** ⟨fig⟩ (concluding part) parte f conclusiva, conclusione f, chiusa f. **4** ⟨Aer⟩ coda f. **5** pl. ⟨Vest⟩ → **tail coat. 6** ⟨fam⟩ (person who follows closely) chi segue passo passo, chi pedina. **7** (retinue, train) seguito m, corteo m. **8** (of a letter, type character) coda f: the ~ of the q la coda della q. **9** (braid of hair) treccia f; (pigtail) codino m. **10** (reverse of a coin) rovescio m (di moneta). □ **heads** or –s? testa o croce?; ⟨fam⟩ to retreat with one's ~ between one's **legs** andarsene con la coda tra le gambe; ⟨fig⟩ to **turn ~** voltare la schiena, volgere le spalle, fuggire; ⟨fam⟩ to **twist** s.o.'s ~ pestare i piedi a qd., molestare qd., infastidire qd.; ⟨fam⟩ to **be** –s **up** essere ⌐su di giri⌐ (o di buonumore); ⟨fam⟩ to **keep one's ~ up** non abbattersi, non scoraggiarsi, stare su di morale; to **wag one's ~** (of a dog, etc.) scodinzolare, dimenare la coda.
tail[2] **I** v.t. **1** mettere una coda a, munire di coda: to ~ a kite mettere la coda a un aquilone. **2** (to join end to end) unire le estremità di. **3** (to form the end part of) formare la coda di: our group –ed the procession il nostro gruppo formava la coda della processione; (to terminate) chiudere. **4** (to follow, come behind) seguire, venir dietro; (to terminate) chiudere. **5** ⟨fam⟩ (to follow, trail) pedinare, seguire da vicino, tenere sotto sorveglianza. **6** (of an animal: to dock) tagliare (o mozzare) la coda a. **II** v.i. **1** muoversi in fila, formare una colonna; (to straggle; spesso con out) muoversi (o andare) alla spicciolata. **2** ⟨fig⟩ (to subside, dwindle; spesso con off, away) affievolirsi, diminuire gradatamente, scemare: her voice –ed off into a whisper la sua voce si affievolì in un sussurro; (to merge gradually; spesso con off, away, out) sfumare, disperdersi (gradualmente). **3** ⟨fam⟩ (to deteriorate; general. con off) peggiorare, scadere: his work has –ed off badly il suo

lavoro è molto peggiorato. **4** (to follow closely; general. con along) seguire ⌐da vicino⌐ (o passo passo), pedinare (with s.o. qd.), stare dietro (a), stare alle calcagna (di).
tail[3] **I** s. ⟨Dir⟩ proprietà f limitata ⌐a una persona⌐ (o ai suoi eredi diretti). **II** a. soggetto a proprietà limitata.
tail| assembly s. ⟨Aer⟩ piani mpl di coda, impennaggi mpl. **~ board** s. (of a wagon) ribalta f. **~ coat** s. ⟨Vest⟩ marsina f, abito m a coda di rondine.
tailed [teild] a. **1** fornito di coda, caudato. **2** (nei composti) dalla coda ...: long–~ dalla coda lunga.
tail| end s. **1** coda f, estremità f, parte f finale. **2** (concluding part) parte f conclusiva (o finale), conclusione f, fine f, chiusura f: the ~ of a conference la parte conclusiva di una conferenza. **~ fin** s. **1** ⟨Itt⟩ pinna f caudale, ala f di coda. **2** ⟨Aer⟩ deriva f. **~gate** s. **1** (of a wagon, lorry) porta f posteriore, ribalta f. **2** ⟨Idr⟩ paratoia f di fondo chiusa. **~-heavy** a. ⟨Aer,Mar⟩ appoppato.
tailing ['teiliŋ] s. **1** ⟨Mur⟩ parte f incastrata di un mattone in aggetto. **2** ⟨fam⟩ (act of following) pedinamento m. **3** pl. ⟨Ind⟩ (refuse, residue) residui mpl, scarto m. **4** pl. ⟨Minier⟩ sterile m.
tail lamp s. → **tail light.**
tailless ['teillis] a. senza (o privo di) coda.
tail light s. ⟨Aut⟩ fanale m ⌐di coda⌐ (o posteriore).
tailor ['teilə] **I** s. sarto m. **II** v.t. **1** confezionare (o fare) su misura: to ~ a suit confezionare un abito su misura. **2** ⟨Mod⟩ (of women's garments) dare una linea maschile a. **3** ⟨fig⟩ adeguare, adattare, fare su misura: to ~ an army to modern military requirements adeguare un esercito alle esigenze belliche moderne. **4** (to furnish with clothing) fornire gli abiti a, provvedere di vestiti. **III** v.i. fare il sarto. □ at the ~'s in sartoria, dal sarto.
tailor bird s. ⟨Ornit⟩ ortotomo m.
tailored ['teiləd] a. fatto da un sarto. □ well-~ di buon taglio. **tailoress** [–lɔris] s. sarta f (da uomo). **tailoring** [–lɔriŋ] s. **1** mestiere m di sarto. **2** (skill of a tailor) abilità f di sarto, sartoria f. **3** (style) stile m (di un abito).
'tailor-'made a. **1** confezionato su misura. **2** ⟨Mod⟩ (of women's garment) di linea maschile. **3** ⟨fig⟩ fatto su misura, adatto.
tailor's| chair s. sgabello m da sarto. **~ tack** s. imbastitura f da sarto.
tail|piece s. **1** appendice f. **2** ⟨Tip⟩ finale m, finalino m. **3** ⟨fig⟩ conclusione f, finale m, parte f conclusiva. **4** ⟨Mus⟩ cordiera f. **~ pipe** s. **1** (of a pump) tubo m di aspirazione. **2** ⟨Fis⟩ tubo m barometrico. **3** ⟨Aut⟩ tubo m di scappamento. **4** ⟨Aer⟩ ugello m di uscita. **~ plane** s. ⟨Aer⟩ stabilizzatore m, piano m stabilizzatore (o di coda) orizzontale. **~race** s. ⟨Idr⟩ canale m di scarico. **2** ⟨Minier⟩ galleria f di scarico.
tails [teilz] s.pl. ⟨fam⟩ **1** → **tail coat. 2** (dress suit) completo m da cerimonia (o gran sera).
tail| skid s. ⟨Aer⟩ pattino m di coda. **~slide** s. scivolata f di coda. **~ spin** s. **1** ⟨Aer⟩ avvitamento m (o vite f) di coda. **2** ⟨fig⟩ caos m, panico m, confusione f. **~stock** s. ⟨Mecc⟩ (of a lathe) contropunta f. **~ twisting** s. ⟨fam⟩ fastidio m, molestia f. **~wind** s. ⟨Aer,Mar⟩ vento m di coda.
tain [tein] s. stagnola f (per specchi, ecc.).
taint [teint] **I** s. macchia f (anche fig.); (trace of decay) segno m di decomposizione; (of infection) traccia f (o segno m) d'infezione. **II** v.t. **1** guastare, alterare, inquinare. **2** ⟨fig⟩ corrompere, contaminare, guastare; (to sully, tarnish) macchiare, disonorare. **III** v.i. guastarsi, alterarsi, inquinarsi. **'tainted** [–id] a. **1** guasto. **2** ⟨fig⟩ (contaminated) contaminato, corrotto; (sullied) macchiato. **'taintless** [–lis] a. senza macchia, puro, immacolato.
take[1] [teik] v. (pret. **took** [tuk], p.p. **taken** ['teikən/dial. **took**) **I** v.t. **1** prendere, ⟨fam⟩ pigliare: he took his pen and began to write prese la penna e cominciò a scrivere; (to grasp) prendere, afferrare, agguantare, abbrancare: to ~ s.o. by the shoulders prendere qd. per le spalle. **2** (to remove) togliere, levare: to ~ a book from the shelf togliere un libro dallo scaffale; (to remove by death) strappare, prendere: he was –n from us at an early age la morte ce l'ha strappato in giovane età; (of a life) togliere.

3 (*to deduct, subtract*) sottrarre, detrarre, togliere: *to* ~ *six from ten* sottrarre sei da dieci. **4** (*to bring into relation*) prendere, scegliersi: *to* ~ *a wife* prendere moglie; *to* ~ *a partner* scegliersi un socio; (*to receive into one's household*) ospitare, prendere (in casa), accogliere: *we were asked to* ~ *three evacuees* ci fu chiesto di ospitare tre sfollati. **5** (*to receive by subscription*) ricevere (in abbonamento): *we* ~ *two daily papers* riceviamo due quotidiani. **6** (*to rent*) affittare, prendere in affitto: *to* ~ *a seaside cottage for the summer* affittare un cottage al mare per l'estate; (*to buy*) acquistare, comprare, prendere: *we have decided to* ~ *the house* abbiamo deciso di acquistare la casa. **7** (*to eat, drink, etc.*) prendere, ingerire: *to* ~ *an aspirin* prendere un'aspirina; *I'll just* ~ *a little wine* prenderò solo un po' di vino; (*of a meal*) fare, consumare, prendere: *to* ~ *breakfast* fare colazione. **8** (*of the sun, air*) prendere, esporsi a. **9** (*to make, perform*) fare: *to* ~ *a step forward* fare un passo avanti; *to* ~ *a bath* fare un bagno. **10** (*to indulge in*) prendere, prendersi, concedersi, fare, permettersi: *to* ~ *a holiday* prendersi una vacanza; *let's* ~ *a break* facciamo una pausa. **11** (*to perform, conduct*) tenere, fare: *to* ~ *a course* tenere un corso; (*of a part, role*) avere, interpretare, rappresentare, eseguire: *he took an important part in the negotiations* ebbe una parte importante nei negoziati; *to* ~ *the role of the heroine* interpretare la parte dell'eroina. **12** (*to convey, accompany*) condurre, portare: *will you* ~ *me to the station?* mi porti alla stazione?; *to* ~ *the dog for a walk* portare a spasso il cane; *his business* ~*s him all over the country* i suoi affari lo portano in tutto il paese; (*to carry with one*) portare (con sé), prendere: *you had better* ~ *your umbrella* faresti bene a portare l'ombrello. **13** (*to convey to a higher or lower degree*) portare: *the increase took his salary to one hundred pounds* l'aumento portò il suo stipendio a cento sterline. **14** (*of a road, etc.*) portare, condurre. **15** (*of a means of transport*) prendere: *shall we* ~ *a taxi?* prendiamo un tassì?; (*of a medium*) prendere: *the plane took the air* l'aereo prese quota. **16** (*to occupy*) prendere, occupare: *to* ~ *one's place at the head of the table* prendere posto a capotavola. **17** (*of space*) occupare, prendere: *her luggage took a lot of room* il suo bagaglio occupava molto spazio; (*to have room for*) contenere, accogliere, avere spazio sufficiente per: *the runway was rebuilt to* ~ *the jumbo jet* la pista fu ricostruita per accogliere il jumbo. **18** (*of time*) volerci, metterci, richiedere, impiegare: *it doesn't* ~ *long* non ci vuole molto (tempo); *how long will it* ~ *you?* quanto tempo ci metterai?; *it will only* ~ *me five minutes* impiegherò soltanto cinque minuti. **19** (*to need, require*) volere, richiedere, occorrere, bisognare: *it took two men to lift the bed* ci vollero due uomini per sollevare il letto; *this sort of thing* ~*s time* una cosa del genere richiede tempo. **20** (*to need with respect to size*) calzare, prendere. **21** (*to avail o.s. of*) approfittare di, avvalersi di, cogliere: *he* ~*s every opportunity to insult me* approfitta di ogni occasione per insultarmi. **22** (*to appropriate*) prendere, impossessarsi di, appropriarsi di: *someone has* ~*n my umbrella* qualcuno mi ha preso l'ombrello; (*to steal*) rubare; (*to arrogate to o.s.*) prendersi, attribuirsi, assumersi, addossarsi: *to* ~ *all the credit* prendersi tutto il merito; *I* ~ *the blame for what happened* mi assumo la colpa dell'accaduto. **23** (*to draw, derive*) prendere, derivare: *the place* ~*s its name from an ancient abbey* il posto ha preso il nome da un'antica abbazia; (*to extract*) trarre, prendere: *a quotation* ~*n from Shakespeare* una citazione tratta da Shakespeare. **24** (*to choose*) scegliere, prendere: ~ *whichever you want* scegli quello che vuoi. **25** (*to proceed along*) prendere, imboccare, incamminarsi per: ~ *the first road to the left* prendi la prima strada a sinistra. **26** (*to adopt, have recourse to*) prendere, adottare, ricorrere a: *to* ~ *immediate action* prendere un provvedimento immediato; *to* ~ *stern measures* adottare severe misure; (*as an instrument*) ricorrere a, fare ricorso a: *he took his belt to his son* ricorse alla cinghia per suo figlio. **27** (*to understand*) capire, comprendere: *I don't* ~ *your meaning* non capisco cosa vuoi dire; *if I* ~ *you correctly* se ti capisco bene; (*to interpret*) interpretare, intendere: *how am*

I to ~ *this passage?* come devo interpretare questo brano?; (*to assume, suppose*) prendere, ritenere, supporre: *I took his silence to indicate consent* ho preso il suo silenzio come un segno d'approvazione. **28** (*to feel, experience*) provare, sentire: *to* ~ *pleasure in s.th.* provare piacere in qc.; (*to form in the mind*) avere, formarsi. **29** (*to ascertain*) prendere, rilevare, misurare: *to* ~ *s.o.'s measurements* prendere le misure di qd.; *to* ~ *s.o.'s temperature* misurare la temperatura a qd. **30** (*to consider as an example*) prendere, porre, mettere: ~ *the case of my mother, for example* prendi il caso di mia madre, per esempio. **31** (*of lessons*) prendere, ricevere; (*of a course, subject*) studiare, seguire un corso di, prendere: *I took French at university* ho studiato francese all'università. **32** (*to deal with*) affrontare, trattare: *to* ~ *the easier problem first* affrontare prima il problema più facile. **33** (*to surmount*) superare, *often translated with the corresponding verb*: *to* ~ *a hill in bottom gear* superare una collina in prima (marcia); *to* ~ *two stairs at a time* salire due scalini alla volta. **34** (*to contract*) prendere, contrarre: *to* ~ *pneumonia* prendere la polmonite. **35** (*to attack, have an effect on*) cogliere, prendere, assalire: *to be* ~*n with a fit of depression* essere colto da una crisi di depressione. **36** (*to come upon, catch*) prendere, cogliere, sorprendere: *to* ~ *s.o. unawares* prendere qd. alla sprovvista. **37** (*of the attention, fancy, etc.*) attrarre, affascinare, incatenare, avvincere. **38** (*to capture*) prendere, conquistare, catturare; (*of people*) catturare, fare prigioniero, prendere: *to be* ~*n by the enemy* essere catturato dal nemico. **39** (*in chess*) mangiare. **40** (*of fish, game*) prendere, catturare. **41** (*to win*) ottenere, prendere, vincere, conquistare: *to* ~ *first prize* ottenere il primo premio; *to* ~ *three games in a row* vincere tre partite di fila. **42** (*to assume*) prendere, acquistare, assumere: *our plans are beginning to* ~ *shape* i nostri progetti cominciano a prendere forma. **43** (*to undertake*) assumersi, addossarsi, prendere: *he refused to* ~ *responsibility* rifiutò di assumersi la responsabilità. **44** (*to bind o.s. by*) vincolarsi con, obbligarsi con: *to* ~ *an oath* vincolarsi con un giuramento. **45** (*to accept*) accettare, prendere: *to* ~ *s.o.'s help* accettare l'aiuto di qd.; *to* ~ *things as they come* prendere le cose come vengono. **46** (*to follow*) seguire: *to* ~ *s.o.'s advice* seguire il consiglio di qd.; (*to believe*) credere a, prestar fede a: *you must* ~ *my word* devi credere alla mia parola. **47** (*to endure, undergo*) subire, sopportare, incassare: *he took his punishment like a man* subì la punizione da uomo; (*to stand, bear*) sopportare, tollerare, soffrire. **48** (*to withstand*) sostenere, resistere a, reggere: *this pillar has to* ~ *the whole weight of the construction* questo pilastro deve sostenere l'intero peso della costruzione; *to* ~ *a stress* resistere a uno sforzo. **49** (*to react to*) prendere, reagire a: *he took the news calmly* prese la notizia con calma. **50** (*to write down*) prendere, scrivere: *to* ~ *notes* prendere appunti. **51** ⟨*Fot*⟩ scattare, prendere: *to* ~ *a photograph* scattare una fotografia. **52** ⟨*Cin*⟩ riprendere, girare. **53** (*of a blow: to direct*) tirare, vibrare, assestare, mollare, sferrare: *to* ~ *a swing at s.o.* tirare una sventola a qd. **54** ⟨*fam*⟩ (*to defeat*) sconfiggere, battere: *the champion took him in two rounds* il campione lo sconfisse in due riprese. **55** ⟨*sl*⟩ (*to cheat*) ingannare, imbrogliare, truffare, raggirare, ⟨*pop*⟩ fregare. **56** ⟨*Dir*⟩ intentare, promuovere: *to* ~ *legal action against s.o.* intentare un'azione legale contro qd. **57** ⟨*tecn*⟩ prendere: *glass does not* ~ *paint well* il vetro non prende bene la vernice. **58** ⟨*Gramm*⟩ reggere, prendere, richiedere: *this verb* ~*s the gerund* questo verbo regge il gerundio; *most English nouns* ~ *s in the plural* la maggior parte dei sostantivi inglesi prende la s al plurale. **II** *v.i.* **1** fare presa, prendere: *the anchor took* l'ancora fece presa. **2** ⟨*Bot*⟩ attecchire, prendere: *the seedlings have* ~*n well* i semenzali hanno attecchito bene. **3** ⟨*Med*⟩ (*of a vaccination*) agire, avere effetto. **4** ⟨*tecn*⟩ (*of paint, dye, etc.*) attaccare, prendere, fare presa. **5** (*to catch fire*) prendere fuoco, accendersi: *the wettish leaves didn't* ~ le foglie umidicce non presero fuoco. **6** ⟨*Pesc*⟩ abboccare. **7** ⟨*fam*⟩ (*to be successful, to find favour*) avere successo, incontrare il favore: *despite the* *advertising, the film didn't* ~ nonostante la pubblicità il film non ebbe successo; *the actor took with the public* l'attore incontrò il favore del pubblico. **8** (*to detract*) detrarre, sottrarre, togliere (*from* da). **9** (*to fall*) cadere: *to* ~ *sick* cadere ammalato; (*to become*) divenire, diventare. **10** (*to come out well in a photograph*) essere fotogenico, ⟨*fam*⟩ venire bene (in fotografia). □ *to* ~ **aback** prendere alla sprovvista, cogliere di sorpresa, sorprendere; *to* ~ **aboard** prendere a bordo, far salire; *to* ~ **about** portare (*o* condurre) in giro; *to* ~ **after** assomigliare a, prendere da: *the baby* –*s after his mother* il bambino assomiglia alla madre; *to* ~ (*out*) *after a thief* inseguire un ladro; ⟨*fam*⟩ *I'm not taking* **any** no, grazie!, non ci sto!; *to* ~ **apart**: 1 smontare; 2 (*to admit of being dismantled*) smontarsi, essere smontabile; 3 ⟨*fig*⟩ sviscerare, trattare a fondo, analizzare accuratamente; *to* ~ *s.th.* **as** considerare (*o* ritenere) qc.: *I* ~ *the matter as settled* considero chiusa la questione; *to* ~ **aside** prendere ⸢da parte⸣ (*o* in disparte); *to* ~ **away**: 1 portare via: ~ *him away!* portatelo via!; 2 (*to remove*) togliere: *the child was* –*n away from school* il bambino fu tolto dalla scuola; 3 (*to take off the premises*) portare via, asportare: *two beers to* ~ *away* due birre da portare via; 4 (*to remove by death*) strappare, prendere; 5 (*to deprive*) privare di, togliere: *to* ~ *away s.o.'s right to vote* privare qd. del diritto di voto; *to* ~ **back**: 1 riportare, portare indietro; 2 (*to accept the return of*) prendere (*o* accettare) indietro, riprendere, ripigliare: *goods that have left the premises cannot be* –*n back* non si prende indietro la merce una volta uscita dal negozio; 3 (*to allow to come back*) assumere di nuovo, riprendere; 4 (*to retract*) ritirare, ritrattare: *I do not* ~ *back a word of what I said* non ritiro una sola parola di quello che ho detto; *to* ~ **down**: 1 tirare giù, prendere: *to* ~ *down a picture* tirare giù un quadro; 2 (*to remove by lifting down*) togliere, tirar giù: *it is time to* ~ *down the Christmas decorations* è ora di togliere le decorazioni natalizie; 3 (*of a flag*) abbassare, ammainare; 4 (*to escort to a lower place*) accompagnare giù (*o* da basso); 5 (*to dismantle*) smontare: *to* ~ *down the engine* smontare il motore; 6 ⟨*fam*⟩ (*to diminish the pride of*) far abbassare la cresta a, dare una lezione di modestia a: *to* ~ *s.o. down a peg or two* far abbassare la cresta a qd.; 7 (*to cause to submerge*) sommergere, immergere: *to* ~ *a submarine down* sommergere un sottomarino; 8 (*to become attacked*) prendersi (*with s.th.* qc.), essere colpito (da): *to be* –*n down with measles* prendersi il morbillo; *to* ~ *one's* **eyes** *off* togliere gli occhi da, distogliere lo sguardo da; *to* ~ **for**: 1 prendere per, considerare, ritenere, stimare, credere: *do you* ~ *me for a fool?* mi prendi per uno stupido?; 2 (*to mistake for*) prendere per, scambiare per; *to* ~ **in**: 1 contenere, accogliere, ospitare: *the stadium cannot* ~ *in any more spectators* lo stadio non può contenere altri spettatori; 2 (*to receive into one's household*) prendere, accogliere, ricevere, ospitare: *to* ~ *in lodgers* prendere pensionanti; 3 (*to carry inside*) portare dentro: *to* ~ *in the harvest* portare dentro il raccolto; 4 (*to escort into a room*) accompagnare in una stanza; 5 (*to take into custody*) arrestare, mettere dentro: *the police took him in for attempted homicide* la polizia lo arrestò per tentato omicidio; 6 (*of work*) prendere a domicilio: *to* ~ *in sewing* prendere lavori di cucito a domicilio; 7 (*to comprise*) comprendere, includere: *all* –*n in* tutto compreso; 8 (*to comprehend*) capire, comprendere, afferrare; 9 ⟨*fam*⟩ (*to deceive*) abbindolare, ingannare, imbrogliare: *I wasn't* –*n in by his smooth manner* non mi sono lasciato abbindolare dal suo modo di fare mellifluo; 10 ⟨*am.fam*⟩ (*to go to*) andare: *we took in a movie after supper* dopo cena andammo al cinema; *to* ~ **it**: 1 supporre, presumere, ritenere: *I* ~ *it you have no objections* suppongo che non abbiate obiezioni; 2 (*to believe*) credere, prestar fede a: *you can* ~ *it from me* puoi credermi; 3 ⟨*sl*⟩ (*to endure s.th.*) sopportare stoicamente, non batter ciglio; *to* ~ *a* **look** *at s.th.* dare uno sguardo a qc.; *to* ~ **off**: 1 (*of clothes*) togliere, levare, cavare; 2 (*to remove*) togliere, rimuovere, levare: *to* ~ *off import restrictions* rimuovere le restrizioni alle importazioni; 3 (*to be removable*) togliersi: *the top* –*s off* il coperchio si toglie; 4 (*to discontinue*) sospendere,

interrompere: *the show was* –*n off* lo spettacolo fu sospeso; 5 (*to allow as a discount*) fare uno sconto di: *to* ~ *twenty per cent off the list price* fare uno sconto del venti per cento sul prezzo di listino; 6 (*to amputate*) amputare, tagliare: *he had his leg* –*n off* gli fu amputata una gamba; 7 (*to carry away*) portare via: *he was* –*n off in an ambulance* fu portato via con l'ambulanza; 8 ⟨*fam*⟩ (*to leave suddenly*) andarsene improvvisamente, filare via; 9 (*to distract*) distogliere, distrarre, allontanare: *music helps to* ~ *my mind off my troubles* la musica mi aiuta a distogliere il pensiero dai guai; 10 (*to take the life of*) uccidere, togliere la vita a; 11 ⟨*fam*⟩ (*to imitate, mimic*) imitare, fare il verso a, scimmiottare; 12 ⟨*Aer*⟩ decollare, alzarsi in volo; *to* ~ **on**: 1 intraprendere: *to* ~ *a job on* intraprendere un lavoro; 2 (*to assume*) addossarsi, prendersi, assumersi: *you are taking on a heavy responsibility* ti stai addossando una grande responsabilità; 3 (*to face up to*) sfidare, competere con, affrontare: *to* ~ *on the champion* sfidare il campione; 4 (*to engage*) prendere, assumere, impiegare: *to* ~ *on more hands* prendere altra manodopera; 5 (*to take aboard*) far salire, prendere su (*o* a bordo); 6 (*to load*) caricare, fare un carico di; 7 (*to assume, acquire*) assumere, prendere, acquistare: *the incident took on the character of a crisis* l'incidente assunse il carattere di una crisi; 8 (*to adopt, take over*) adottare, prendere: *to* ~ *on new ways of life* adottare nuovi sistemi di vita; 9 ⟨*fam*⟩ (*to show distress*) disperarsi, affliggersi, dolersi; *to* ~ **out**: 1 tirare fuori: *he took out his wallet* tirò fuori il portafoglio; 2 (*to take outside*) portare fuori, far uscire: *perfect weather for taking the children out* un tempo eccellente per portare fuori i bambini; 3 (*to escort*) portare (*o* accompagnare) fuori: *I'd like to* ~ *you out some evening* mi piacerebbe portarti fuori una sera; 4 (*to remove*) togliere, asportare: *to have one's tonsils* –*n out* farsi togliere le tonsille; 5 (*to withdraw*) ritirare, togliere: *to* ~ *a coin out of circulation* ritirare una moneta dalla circolazione; 6 (*to deduct*) detrarre, sottrarre, togliere; 7 (*to obtain by application*) prendere, ottenere, conseguire; 8 (*to give vent to*) sfogare, riversare, scaricare; ⟨*fam*⟩ *to* ~ **out of** spossare, estenuare, fiaccare; ⟨*fam*⟩ *to* ~ *it* **out on** sfogare la propria collera su, sfogarsi con; *to* ~ **over**: 1 assumere la direzione di: *to* ~ *over another company* assumere la direzione di un'altra società; 2 (*to assume control*) prendere ⸢il comando⸣ (*o* la direzione): *the army took over* l'esercito prese il comando; 3 (*to adopt, borrow*) prendere, adottare: *to* ~ *over a custom* prendere un'usanza; 4 (*to carry, escort to a distance*) portare, trasportare, accompagnare, condurre: *he took me over to the bar* mi portò al bar; 5 (*to transport across a river, etc.*) traghettare; 6 (*to prevail, get the upper hand*) prendere il sopravvento, prevalere; 7 ⟨*Comm*⟩ rilevare, subentrare in: *to* ~ *over a shop* rilevare un negozio; ⟨*fam*⟩ ~ *that!* prendi questa!, ⟨*fam*⟩ beccati questa!; *to* ~ **to**: 1 ricorrere a, fare uso di: *to* ~ *to the lifeboats* ricorrere alle scialuppe di salvataggio; 2 (*to begin the habit of*) prendere l'abitudine di, cominciare a: *to* ~ *to drink* cominciare a bere; 3 (*to respond to, react to*) prendere, accogliere, reagire a; 4 (*to conceive a liking for*) prendere in simpatia, prendere gusto a; 5 (*to take charge of*) prendersi cura di, curarsi di; *to* ~ **up**: 1 prendere (su), raccogliere, raccattare: *to* ~ *up one's pen* prendere la penna; 2 (*to remove by lifting*) tirare su, togliere (*o* rimuovere) sollevando: *to* ~ *up the carpet* tirare su il tappeto; 3 (*to carry to a higher place*) portare (su), condurre (su); 4 (*of space: to occupy*) occupare, prendere: *this piano* –*s up too much room* questo pianoforte occupa troppo spazio; 5 (*of time*) occupare, prendere, assorbire: *reading* –*s up all my spare time* la lettura occupa tutto il mio tempo libero; 6 (*to accept*) accettare, accogliere: *to* ~ *up a challenge* accettare una sfida; 7 (*to form the habit of*) prendere l'abitudine di, mettersi a, darsi a: *to* ~ *up smoking* prendere l'abitudine di fumare; 8 (*to enter upon, begin practising*) intraprendere, dedicarsi a: *to* ~ *up a career* intraprendere una carriera; 9 (*to deal with*) occuparsi di, trattare, prendere in mano; 10 (*to take on o.s., assume*) prendere, assumere; 11 (*to take aboard*) far salire, raccogliere, prendere su; 12 (*of a cause: to espouse*) abbracciare, aderire a, sposare; 13 (*to begin again*) riprendere, ripigliare, ricominciare: *to ~ up a story* riprendere un racconto; 14 (*to make a beginning*) iniziare, cominciare; 15 ⟨*Econ*⟩ contrarre: *to ~ up a new loan* contrarre un nuovo prestito; (*of a mortgage*) accendere; (*of shares*) sottoscrivere; *to ~ up arms* prendere le armi; *to ~ up one's residence in a hotel* prendere dimora in albergo; *to ~ up with*: 1 mettersi con, iniziare una relazione con: *she has -n up with a married man* si è messa con un uomo sposato; 2 (*to become interested in*) prendere interesse a, cominciare a interessarsi di (*o* a); 3 (*to adopt, espouse*) abbracciare, aderire a, sposare; *to ~ it upon o.s.* assumersi l'incarico (*o* il compito) di, incaricarsi di.

take² *s.* **1** presa *f.* **2** (*money received, takings*) incasso *m*, introito *m*, entrata *f*. **3** ⟨*Cin,TV*⟩ ripresa *f*, presa *f*: *a ten-minute ~* una ripresa di dieci minuti. **4** (*of a musical performance*) registrazione *f*. **5** (*thief's haul*) bottino *m*, refurtiva *f*. **6** ⟨*Pesc*⟩ retata *f*, pesca *f*. **7** ⟨*Venat*⟩ cacciagione *f*. **8** ⟨*Tip,Giorn*⟩ parte *f* di una copia data al compositore. □ ⟨*am.sl*⟩ *on the ~*: 1 (*ready to take the most of an opportunity to take*) pronto a cogliere l'occasione favorevole; 2 (*taking bribes*) che si fa corrompere, che prende bustarelle.

takeaway ['teikəwei] *a.* (*of prepared food, drinks, etc.*) da portar via, da asporto.

takedown ['teikdaun] **I** *s.* **1** smontaggio *m*. **2** ⟨*fam*⟩ umiliazione *f*, mortificazione *f*. **II** *a.* smontabile.

take-home pay *s.* paga *f* netta, stipendio *m* (*o* salario) netto.

take-in *s.* ⟨*fam*⟩ inganno *m*, imbroglio *m*, truffa *f*, raggiro *m*, ⟨*pop*⟩ fregatura *f*.

taken ['teikən] → **take¹**.

take-off *s.* **1** ⟨*Aer*⟩ decollo *m*, involo *m*. **2** ⟨*Sport*⟩ scatto *m*. **3** ⟨*Sport*⟩ → **take-off board**. **4** ⟨*fig*⟩ punto *m* di partenza. **5** ⟨*fam*⟩ (*imitation*) imitazione *f*, caricatura *f*; (*parody*) parodia *f*.

take-off board *s.* ⟨*Sport*⟩ trampolino *m*, pedana *f*. **~ country** *s.* ⟨*Pol*⟩ paese *m* emergente. **~ distance** *s.* percorso *m* di decollo (*o* partenza). **~ run** *s.* ⟨*Aer*⟩ corsa *f* di decollo.

takeout *am.* ['teikaut] *a.* → **takeaway**.

take-over *s.* **1** assunzione *f* di direzione. **2** ⟨*Comm*⟩ rilevamento *m*, rilievo *m*.

take-over bid *s.* ⟨*Comm*⟩ offerta *f* pubblica di acquisto.

taker ['teikə] *s.* **1** chi prende, chi afferra. **2** (*one who accepts bets*) chi accetta scommesse. **3** (*one who accepts an offer*) chi accetta un'offerta. □ *I put my house up for sale but there were no -s* misi in vendita la mia casa ma non ebbi nessuna offerta.

'taker-'in *s.* ⟨*fam*⟩ imbroglione *m* (*f* –a), truffatore *m* (*f* –trice), impostore *m* (*f* –a).

take-up *s.* **1** ⟨*Mecc*⟩ dispositivo *m* per l'eliminazione del gioco. **2** ⟨*Fot,Cin*⟩ avvolgimento *m* della pellicola; (*device*) avvolgitore *m*.

taking ['teikiŋ] **I** *s.* **1** il prendere, presa *f*. **2** (*capture*) presa *f*, cattura *f*. **3** *pl.* incasso *m*, introito *m*, entrata *f*. **4** ⟨*fam*⟩ (*state of agitation*) stato *m* di agitazione, agitazione *f*. **II** *a.* attraente, seducente, affascinante. **takingly** [–li] *avv.* in maniera attraente. **takingness** [–nis] *s.* attrattiva *f*, fascino *m*.

talc [tælk] **I** *s.* **1** ⟨*Min*⟩ talco *m*. **2** → **talcum powder**. **II** *v.t.* (*pret., p.p.* **talc(k)ed** [–t]) trattare con talco. **'talcky** [–li], **'talcose** [–ous], **'talcous** [–əs] *a.* **1** talcoso. **2** (*resembling talc*) simile a talco. **'talcum** [–əm] *s.* → **talc**.

talcum powder *s.* talco *m*, polvere *f* di talco.

tale [teil] *s.* **1** racconto *m*, storia *f*: *-s for children* racconti per bambini; (*fable*) favola *f*. **2** ⟨*Lett*⟩ racconto *m*, novella *f*: *Canterbury Tales* i racconti di Canterbury. **3** (*report, account*) resoconto *m*, relazione *f*; (*justification, excuse*) storia *f*, scusa *f*, pretesto *m*. **4** (*piece of gossip*) pettegolezzo *m*, diceria *f*, chiacchiera *f*, maldicenza *f*. **5** (*falsehood, lie*) storia *f*, fandonia *f*, bugia *f*, frottola *f*. □ *old wives' ~* racconto *m* di vecchie comari, storia *f* inverosimile (*o* fantastica); ⟨*fig*⟩ *to tell its own ~* parlare da sé (*o* solo), non aver bisogno di commenti; ⟨*fig*⟩ *to tell one's own ~* raccontarla a modo proprio, dare la propria

versione; ⟨*fig*⟩ *to tell –s* (*out of school*): 1 fare pettegolezz (*o* della maldicenza); 2 (*to give away a secret*) svelare u segreto; ⟨*fig*⟩ *his ~ is* **told** è finito, è (bell'e) spacciato; *all -s be* **true** se è vero quel che si dice in giro.

tale|bearer *s.* **1** pettegolo *m* (*f* –a), maldicente *m/f* linguaccia *f*. **2** (*one who reports secrets*) chiacchierone *m* (–a), ⟨*fam*⟩ spifferone *m* (*f* –a), ⟨*scherz*⟩ spione *m* (*f* –a) **~bearing** *s.* pettegolezzi *mpl*, chiacchiere *fpl*, maldicenz *f*.

talent ['tælənt] *s.* **1** talento *m*, ingegno *m*, capacità *f*: *th child has ~* il bambino ha talento; *an artist of ~* u artista di talento. **2** (*special ability, aptitude*) talento *m* attitudine *f*, disposizione *f*, tendenza *f*: *to have a ~ fo music* avere talento musicale; *to develop one's ~* sviluppare le proprie attitudini. **3** (*talented person*) talente *m*, persona *f* d'ingegno (*o* di talento). **4** (*collett*) person *fpl* d'ingegno (*o* di talento), talenti *mpl*. **5** ⟨*iron*⟩ don *m*, talento *m*: *he has a ~ for saying the wrong thing at th wrong time* ha il dono di dire la cosa sbagliata a momento sbagliato. **6** ⟨*Bibl,Numism*⟩ talento *m* **talented** [–id] *a.* (dotato) di talento, d'ingegno, capace: *~ actor* un attore di talento.

talentless ['tæləntlis] *a.* privo di talento (*o* d'ingegno) incapace.

talent| money *s.* ⟨*Sport*⟩ premio *m* (in denaro) per un partita vinta, premio di rendimento (in denaro). **~ scou** *s.* scopritore *m* di talenti, talent scout *m*.

taler ['tɑ:lə] *s.* (*pl. inv./-s* [z]) → **thaler**.

tales ['teili:z] *s.pl.* ⟨*Dir*⟩ **1** giurati *mpl* supplenti. **2** (*wri order*; costr. sing.) mandato *m* di convocazione dei giurat supplenti. **talesman** [–mən] *s.irr.* giurato *m* supplente.

tale| teller *s.* **1** chi racconta, narratore *m* (*f* –trice). **2** → **talebearer**. **~ telling** *s.* **1** il raccontare, narrazione *f*. **2** → **talebearing**.

talion ['tæliən] *s.* ⟨*Stor*⟩ taglione *m*.

taliped ['tæliped] *a.* ⟨*Med*⟩ **1** (*of a foot*) talo. **2** (*of person*) talipede, dal piede talo. **talipes** [–pi:z] *s.* piede *m* talo, talismo *m*.

talisman ['tælizmən] *s.* talismano *m* (*anche fig*). **,talismanic** [–'mænik], **,talismanical** [–'mænikəl] *a* talismanico, di talismano, magico.

talk¹ [tɔ:k] **I** *v.i.* **1** parlare, discorrere, conversare chiacchierare: *we -ed for several hours* parlammo pe diverse ore; *to ~ to* (*o* with) *s.o. about s.th.* parlare a (con) qd. di qc.; *to ~ to s.o. on the telephone* parlare a telefono con qd. **2** (*to have the power of speech*) parlare *the baby can't ~ yet* il bambino non sa ancora parlare; (*t employ speech*) parlare: *don't ~ so loudly* non parlare cos forte. **3** ⟨*fig*⟩ parlare, esprimersi, comunicare, farsi capire *to ~ with one's eyes* parlare con gli occhi; *to ~ by sign* esprimersi a segni. **4** (*to consult*) parlare (*to* con consultare (qd.): *you had better ~ to a lawyer about* faresti meglio a parlarne con un avvocato. **5** (*to deliver discourse, lecture, etc.*) parlare, tenere un discorso (*o* un conferenza, ecc.): *he often ~s on the radio* parla spesso all radio. **6** (*to speak idly*) chiacchierare, cianciare, ciarlare cicalare. **7** (*to gossip*) fare pettegolezzi, spettegolare. **8** (*t reveal secrets*) parlare, rivelare segreti, fare rivelazioni: *th spy refused to ~* la spia si rifiutò di parlare. **II** *v.t.* **1** parlare di, discutere di, ragionare di, trattare: *to ~ business* parlare di affari; *to ~ politics* discutere d politica. **2** (*of a language*) parlare. **3** (*to express, utter* dire, esprimere: *to ~ sense* dire cose sensate; *to ~ nonsense* dire stupidaggini. □ *to be -ed* **about** essere oggetto di chiacchiere (*o* pettegolezzi), essere chiac chierato; *what are you -ing about?*: 1 di che cosa stai par lando?; 2 (*to indicate disagreement, etc.*) che dici mai ma che stai dicendo?; *to know what one is -ing abou sapere ciò di cui si parla; *to ~ about one thing an another* parlare del più e del meno; *to ~* **around** = *to tall* **round**; *to ~* **at** *s.o.*: 1 parlare a qd. senza prestar attenzione alle sue risposte; 2 (*to address one's remark indirectly to*) parlare ad altri perché qd. intenda; *to ~* **away**: 1 continuare a parlare; 2 (*of time*) passare (* trascorrere a parlare (*o* parlando): *we -ed the night awa* passammo tutta la notte a parlare; *to ~* **back** ribatter (con arroganza), rimbeccare (*to s.o.* qd.); *to ~* **big** spararl grosse; *to* ~ **down**: 1 far tacere a furia di parlare; 2 (*to disparage*) sminuire, svilire, deprezzare; 3 ⟨*Aer*⟩ dare istruzioni per l'atterraggio a; *to* ~ **down to** *s.o.* rivolgersi (*o* parlare) a qd. con condiscendenza (usando parole semplici); *it's easy to* ~*!* si fa presto a parlare!; *to* ~ *o.s.* **hoarse** parlare fino a diventare rauco, sgolarsi a furia di parlare; *to* ~ **into** persuadere (*o* convincere) a furia di parlare; ⟨*fam*⟩ **now** *you're* ~*ing!* così va bene!, adesso ci siamo!; *to* ~ **of** parlare di, progettare di: *they are* ~*ing of opening a new factory* parlano di aprire una nuova fabbrica; *to* ~ **on**: 1 parlare su, tenere un discorso (*o* una conferenza) su; 2 (*to continue talking*) continuare a parlare; *to* ~ **out** : 1 discutere a fondo; 2 ⟨*Parl*⟩ ostacolare l'approvazione di (protraendo la discussione); *to* ~ **out of** dissuadere, far desistere, distogliere; *to* ~ **over** discutere; **people** *will* ~ la gente è pettegola; *to* ~ **round**: 1 persuadere (*o* convincere) a furia di parlare; 2 (*of a subject*) girare intorno a; *to* ~ **for the sake** *of* ~*ing* parlare tanto per parlare, parlare (solo) per il gusto di parlare; *to* ~ *in one's* **sleep** parlare nel sonno; ⟨*fam*⟩ ~ **to** (*to reprimand*) rimproverare, sgridare, fare una ramanzina a; *to* ~ **up**: 1 parlare chiaro (*o* schietto), dire le cose chiaramente (*o* come stanno), non avere peli sulla lingua; 2 (*to discuss enthusiastically*) discutere con entusiasmo di; 3 (*to commend*) raccomandare; *that's no* **way** *to* ~ non è questo il modo di parlare, non si parla così; ⟨*fam*⟩ **who** *do you think you're* ~*ing to?* con chi credi di parlare?

alk² *s.* 1 conversazione *f*, colloquio *m*, discorso *m*: *I had an interesting* ~ *with your brother* ho avuto un'interessante conversazione con tuo fratello; (*way of speaking*) parlare *m*, modo *m* di parlare, parlata *f*; (*language, jargon, etc.*) linguaggio *m*, gergo *m*: *their* ~ *was very technical* il loro linguaggio era molto tecnico. 2 (*idle speech, chatter*) chiacchiere *fpl*, parole *fpl*, ciarle *fpl*: *less* ~ *and more work* meno chiacchiere e più lavoro; *that's only* ~ non sono altro che parole. 3 (*discourse, lecture, etc.*) (breve) conferenza *f*, conversazione *f*, discorso *m*. 4 *pl.* colloqui *mpl*, negoziati *mpl*, trattative *fpl*: *peace* ~*s* colloqui di pace. 5 (*gossip, rumour*) diceria *f*, voce *f*, chiacchiera *f*, pettegolezzo *m*; (*topic of gossip*) oggetto *m* di chiacchiere (*o* dicerie), favola *f*: *his wife is the* ~ *of the neighbourhood* sua moglie è la favola del vicinato. □ *she's all* ~ non fa che chiacchierare, è una chiacchierona; *all your* ~ *didn't convince anyone* il tuo sproloquio non ha convinto nessuno; *there was much* ~ *of another government crisis* si fece un gran parlare di un'altra crisi di governo.

alkative ['tɔːkətiv] *a.* loquace, di molte parole, chiacchierone, ciarliero. **talkatively** [-li] *avv.* loquacemente, con loquacità. **talkativeness** [-nis] *s.* loquacità *f*, ⟨*fam*⟩ parlantina *f*.

alked-about [tɔːkt] *a.* di cui si parla, chiacchierato: *a much* ~ *film star* un'attrice di cui si parla molto.

alker ['tɔːkə] *s.* 1 chi parla. 2 (*conversationalist*) conversatore *m* (*f* –trice). 3 (*lecturer, speaker*) oratore *m* (*f* –trice), conferenziere *m* (*f* –a), parlatore *m* (*f* –trice). 4 ⟨*fam*⟩ (*one who talks a lot*) chiacchierone *m* (*f* –a), ciarlone *m* (*f* –a).

alkie ['tɔːki] *s.* ⟨*fam*⟩ → **talking picture**.

alk-in *s.* 1 (*protest demonstration*) comizi *mpl* di protesta. 2 (*informal talk, lecture*) chiacchierata *f*, discorsetto *m*. 3 (*conference, discussion*) colloquio *m*, conversazione *f*.

alking ['tɔːkin] I *s.* 1 il parlare, parlare *m*, il conversare. 2 (*instance*) conversazione *f*. II *a.* 1 che parla, parlante: *a* ~ *doll* una bambola che parla. 2 ⟨*fig*⟩ (*expressive*) espressivo, eloquente, parlante. □ ~ *of* a proposito di, parlando di.

alking‖ book *s.* audiolibro *m*. ~ **film** *s.* → **talking picture**. ~ **machine** *s.* fonografo *m*. ~ **picture** *s.* film *m* sonoro. ~ **point** *s.* 1 argomento *m* di conversazione (*o* discussione). 2 (*topic*) argomento *m* di attualità. ~ **show** *s.* ⟨*TV,Rad*⟩ trasmissione *f* con interviste di ospiti celebri. **~-to** *s.* ⟨*fam*⟩ ramanzina *f*, paternale *f*, ⟨*fam*⟩ predica *f*.

alky ['tɔːki] *a.* 1 → **talkative**. 2 (*containing too much talk*) prolisso, verboso.

all [tɔːl] I *a.* 1 (*of people*) alto: *he is* ~ *for his age* è alto per la sua età; (*of things*) elevato, alto: *a* ~ *hill* una collina elevata; (*having a specific height*) alto, di altezza: *he is six foot* ~ è alto sei piedi. 2 ⟨*fam*⟩ (*large, high*) elevato, alto, considerevole, rilevante: ~ *prices* prezzi elevati. 3 ⟨*fam*⟩ (*unlikely*) inverosimile, assurdo, incredibile. II *avv.* 1 (*upstandingly*) in modo eretto. 2 (*incredibly*) incredibilmente, inverosimilmente. □ *to talk* ~ vantarsi, millantarsi.

tallage ['tælidʒ] *s.* ⟨*Stor*⟩ taglia *f*.

tall‖boy *s.* ⟨*Arred*⟩ cassettone *m* alto. ~ **drink** *s.* bevanda *f* servita in un bicchiere alto.

tallish ['tɔːliʃ] *a.* piuttosto alto. **tallness** [-lnis] *s.* altezza *f*, statura *f* (alta).

tallow ['tælou] I *s.* sego *m*. II *v.t.* 1 ingrassare (*o* ungere) con sego. 2 (*to fatten*) ingrassare.

tallow‖ candle *s.* candela *f* di sego. ~ **chandler** *s.* fabbricante *m* di candele (di sego). **~-faced** *a.* pallido, terreo.

tallowy ['tæloui] *a.* 1 sebaceo. 2 (*resembling tallow in colour*) giallognolo, del colore del sego.

tall‖ story, ~ tale *s.* ⟨*fam*⟩ frottola *f*, panzana *f*, ⟨*scherz*⟩ pallonata *f*. □ *to tell tall stories* dire pallonate. ~ **talk** *s.* spacconata *f*, millanteria *f*.

tally ['tæli] I *s.* 1 ⟨*Stor*⟩ taglia *f*; (*notch, mark*) tacca *f* (di contrassegno), taglia *f*. 2 (*reckoning, account*) conto *m*, conteggio *m*, computo *m*. 3 ⟨*Sport*⟩ punteggio *m*, punti *mpl*. 4 ⟨*Comm*⟩ registrazione *f*, riscontro *m*. 5 ⟨*fig*⟩ (*corresponding half*) equivalente *m*, corrispondente *m*. 6 (*label, tag*) etichetta *f*, cartellino *m*, contrassegno *m*. II *v.t.* 1 registrare, annotare. 2 (*to make a count of:* spesso con *up*) contare, fare il conto di, calcolare. III *v.i.* 1 fare una registrazione. 2 (*to balance numerically*) corrispondere, essere uguale (*with* a). 3 ⟨*fig*⟩ corrispondere, concordare, coincidere (con): *their stories do not* ~ i loro racconti non concordano.

tally-ho ['tæli'hou] I *intz.* ⟨*venat*⟩ dalli. II *s.* grido *m* di dalli. III *v.i.* gridare dalli. IV *v.t.* incitare con il grido di dalli.

tally‖man [mən] *s.irr.* 1 ⟨*Sport*⟩ chi segna i punti. 2 (*one who owns or runs a tally shop*) proprietario *m* (*o* commesso) di un negozio che vende a credito. ~ **sheet** *s.* ⟨*Comm*⟩ foglio *m* di riscontro. ~ **shop** *s.* negozio *m* che vende a credito. ~ **stick** *s.* ⟨*Stor*⟩ mantello *m* lungo.

talmi gold ['tælmi, 'taːlmi] *s.* ottone *m* dorato (*o* placcato d'oro).

Talmud ['tælmud, -mʌd] *s.* ⟨*Rel.ebr*⟩ Talmud *m*. **Tal'mudic** [-ik], **Talmudist** [-ist] *s.* talmudista *m/f*.

talon ['tælən] *s.* 1 ⟨*Ornit*⟩ artiglio *m*, grinfia *f*: *an eagle's* ~*s* gli artigli di un'aquila. 2 ⟨*fam*⟩ (*long fingernail*) unghia *f* lunga, artiglio *m*. 3 ⟨*Arch*⟩ modanatura *f* a S. 4 (*of a lock*) dente *m*. 5 (*in cards: stock*) mazzo *m* non distribuito; (*in solitaire*) mazzo *m* degli scarti. 6 ⟨*Econ*⟩ cedola *f*, tallone *m*, tagliando *m*. **taloned** [-d] *a.* artigliato, munito di artigli.

talus¹ ['teiləs] *s.* (*pl.* **tali** ['teilai]) ⟨*Anat*⟩ (*ankle bone*) astragalo *m*; (*ankle*) caviglia *f*.

talus² *s.* ⟨*Geol*⟩ 1 scarpata *f*, scoscendimento *m* detritico. 2 (*scree*) ghiaione *m*.

tamability [,teiməˈbiliti] *s.* l'essere domabile, addomesticabilità *f*. **'tamable** [-bl] *a.* domabile, addomesticabile, addomesticabile, addomesticabile, addomesticabile, addomesticabile, addomesticabile, addomestichevole.

tamarack ['tæmæræk] *s.* ⟨*Bot*⟩ larice *m* americano.

tamarind ['tæmərind] *s.* ⟨*Bot*⟩ tamarindo *m*.

tamarisk ['tæmərisk] *s.* ⟨*Bot*⟩ tamarice *f*, tamerice *f*, tamarisco *m*.

tambour ['tæmbuə] I *s.* 1 ⟨*Mus,Arch*⟩ tamburo *m*. 2 ⟨*Lav.femm*⟩ telaio *m* da ricamo, tamburello *m*. 3 ⟨*Lav.femm*⟩ → **tambour lace**. II *v.t./i.* ⟨*Lav.femm*⟩ ricamare con il telaio.

tambourin *fr.* [tãbuˈrɛ̃, 'tæmbuərin] *s.* ⟨*Mus*⟩ tambourin *m*.

tambour lace *s.* ⟨*Lav.femm*⟩ merletto *m* a telaio.

tamburine [,tæmbəˈriːn] *s.* ⟨*Mus*⟩ tamburello *m*, tamburo *m* basco.

tame [teim] I *a.* 1 addomesticato, mansuefatto, mansueto: *a* ~ *chimpanzee* uno scimpanzè addomesticato; (*lacking natural ferocity or shyness*) domestico, mansueto: *pigeons* *are rather* ~ *birds* i piccioni sono uccelli abbastanza domestici. **2** ⟨*fig*⟩ (*submissive, docile*) mansueto, sottomesso, docile, remissivo. **3** ⟨*fig*⟩ (*spiritless*) scialbo, piatto, insulso, banale, insipido: *a* ~ *speech* un discorso scialbo; (*dull*) noioso, barboso, uggioso. **4** ⟨*Bot,Agr*⟩ coltivato, addomesticato. **II** *v.t.* **1** domare, addomesticare, mansuefare. **2** ⟨*fig*⟩ sottomettere, domare. **3** (*of natural resources*) utilizzare, sfruttare; (*of rivers*) imbrigliare. **4** (*of land*) coltivare, addomesticare.

tameability, tameable → **tamability, tamable.**

tame cat *s.* ⟨*fig*⟩ tipo *m* servizievole.

tameless ['teimlis] *a.* ⟨*lett*⟩ indomabile, ⟨*lett*⟩ indomito.

tamely ['teimli] *avv.* supinamente, arrendevolmente, con sottomissione. **tameness** [-mnis] *s.* **1** domestichezza *f,* domesticità *f.* **2** ⟨*fig*⟩ (*submissiveness, docility*) sottomissione *f,* arrendevolezza *f,* mitezza *f,* docilità *f.* **3** ⟨*fig*⟩ (*dullness*) insipidezza *f,* banalità *f,* insulsaggine *f.*

tamer ['teimə] *s.* domatore *m* (*f* –trice).

Tamil ['tæmil] **I** *s.* (*pl. inv./-s* [z]) **1** (*people;* costr. pl.) tamil *mpl.* **2** (*person*) tamil *m/f.* **3** (*language*) tamil *m.* **II** *a.* tamilico. **Tamilian** [tə'miliən] *a.* → **Tamil.**

taming ['teimiŋ] *s.* addomesticamento *m.*

tamis ['tæmis] *s.* staccio *m,* buratto *m.*

Tammany *am.* ['tæməni] **I** *a.* ⟨*fig*⟩ corrotto. **II** *s.* **1** ⟨*SU*⟩ → **Tammany Hall. 2** ⟨*fig*⟩ corruzione *f* politica.

Tammany Hall *s.* ⟨*SU*⟩ Tammany Hall *f.*

tammy ['tæmi] *s.* ⟨*fam*⟩ → **tam-o'-shanter.**

tam-o'-shanter [,tæmə'fæntə] *s.* berretto *m* scozzese.

tamp [tæmp] *v.t.* **1** (spesso con *down*) pigiare, comprimere, pressare, premere, pestare: *to* ~ *down the tobacco in the pipe* pigiare il tabacco dentro la pipa. **2** ⟨*Minier*⟩ (*of a drill hole*) borrare, intasare. **3** ⟨*Edil*⟩ pigiare, pestare.

tamper[1] ['tæmpə] *s.* **1** chi pigia, chi comprime. **2** ⟨*Minier*⟩ calcatoio *m.* **3** ⟨*Edil*⟩ mazzeranga *f,* mazzapicchio *m;* (*machine*) compressore *m,* cilindratrice *f.*

tamper[2] *v.i.* **1** immischiarsi, interferire, intromettersi (*with* in), impicciarsi (di): *don't* ~ *with my things* non immischiarti nei miei affari. **2** (*to interfere with harmfully*) manomettere (*with s.th.* qc.): *someone –ed with the lock* qualcuno ha manomesso la serratura; (*to make unlawful changes*) falsificare, adulterare, manomettere (qc.). **3** (*to influence improperly*) subornare, corrompere, comprare (qd.): *to* ~ *with a witness* subornare un testimone.

tamping ['tæmpiŋ] *s.* **1** pestatura *f,* pigiatura *f* (*anche Edil.*); (*of ground*) costipamento *m.* **2** ⟨*Minier*⟩ borraggio *m.*

tampon ['tæmpɔn] **I** *s.* ⟨*Med*⟩ tampone *m,* stuello *m,* zaffo *m.* **II** *v.t.* ⟨*Chir*⟩ tamponare, zaffare, stuellare.

tamponade [,tæmpə'neid], **'tamponage** [-nidʒ] *s.* ⟨*Chir*⟩ tamponatura *f,* tamponamento *m.*

tam-tam ['tæmtæm] *s.* ⟨*Mus*⟩ tam-tam *m.*

tan[1] [tæn] **I** *s.* **1** abbronzatura *f,* ⟨*fam*⟩ tintarella *f.* **2** (*light brown colour*) marrone *m* chiaro. **3** → **tanbark. 4** ⟨*Chim*⟩ tannino *m.* **II** *a.* marrone chiaro.

tan[2] *v.* (*pret., p.p.* **tanned** [-d]) **I** *v.t.* **1** abbronzare, dare la tintarella a. **2** ⟨*Conc*⟩ conciare, tannare. **3** ⟨*fam*⟩ (*to thrash, beat*) battere, picchiare, ⟨*fam*⟩ sonarle a. **II** *v.i.* abbronzarsi, prendere la tintarella. □ ⟨*fam*⟩ *to* ~ *s.o.'s hide* conciare qd. per le feste, picchiare qd. di santa ragione.

tan. = ⟨*Mat*⟩ *tangent* tangente (*abbr.* tang).

Tanagra (figurine) ['tænəgrə] *s.* ⟨*Archeol*⟩ tanagra *f,* tanagrina *f,* statuetta *f* di Tanagra.

tanbark ['tænbɑːk] *s.* corteccia *f* di quercia, concino *m.*

Tancred ['tænkrid] *N.pr.* ⟨*Stor*⟩ Tancredi *m.*

tandem ['tændəm] **I** *s.* **1** carrozza *f* (leggera) tirata da due cavalli in fila; (*team of horses*) tiro *m* di due cavalli uno dietro l'altro. **2** → **tandem bicycle. II** *a./avv.* in fila, uno dietro l'altro.

tandem| bicycle *s.* tandem *m.* ~ **connection** *s.* ⟨*Mot*⟩ collegamento *m* in tandem.

tang[1] [tæn] **I** *s.* **1** sapore *m* forte (*o* piccante); (*sharp odour*) odore *m* acuto (*o* penetrante). **2** (*faint suggestion*) punta *f,* pizzico *m,* traccia *f,* ombra *f: a* ~ *of irony* una punta d'ironia. **3** ⟨*Mecc*⟩ linguetta *f.* **4** (*of a knife, chisel, etc.*) codolo *m.* **II** *v.t.* munire di codolo.

tang[2] **I** *s.* suono *m* metallico. **II** *v.i./t.* risonare.

tang[3] *s.* ⟨*Bot*⟩ fuco *m.*

Tanganyika [,tæŋgə'njiːkə] *N.pr.* ⟨*Geog*⟩ Tanganica *m* **Tanganyikan** [-n] **I** *a.* tanganicano. **II** *s.* tanganicane *m* (*f* –a).

tangency ['tændʒənsi] *s.* ⟨*Geom*⟩ tangenza *f.* **tangent** [-nt] **I** *a.* ⟨*Geom*⟩ tangente (*to* a). **II** *s.* ⟨*Geom,Mus*⟩ tangente *f.* □ ⟨*fig*⟩ *to go* (*o fly*) *off at* (*o on*) *a* ~ mutare improvvisamente opinione (*o* atteggiamento), fare un vol tafaccia. **tangential** [-'dʒenʃəl] *a.* **1** ⟨*Geom*⟩ tangenziale **2** ⟨*fig*⟩ marginale, secondario: *a* ~ *remark* un'osserva zione marginale. **tangentially** [-'dʒenʃəli] *avv.* tangen zialmente.

tangent| plane *s.* ⟨*Geom*⟩ piano *m* tangente (*o* di contatto). ~ **screw** *s.* ⟨*Mecc*⟩ **1** vite *f* senza fine. **2** (*for precision instruments*) vite *f* micrometrica. ~ **wheel** *s.* ⟨*Mecc*⟩ ruota *f* elicoidale.

Tangerine [,tændʒə'riːn] **I** *a.* di Tangeri. **II** *s.* abitante *m/f* di Tangeri. **tangerine** *s.* ⟨*Bot*⟩ mandarino *m.*

tangibility [,tændʒi'biliti] *s.* tangibilità *f.* **'tangible** [-bl] *a.* **1** tangibile, palpabile. **2** (*real, actual*) tangibile, concreto reale, effettivo: ~ *results* risultati tangibili; *a* ~ *advantage* un vantaggio concreto. **3** ⟨*fig*⟩ tangibile, sicuro, evidente manifesto: ~ *proof* prova tangibile.

tangible| assets *s.pl.* ⟨*Econ*⟩ patrimonio *m* reale. ~ **property** *s.* beni *mpl* materiali.

tangibly ['tændʒibli] *avv.* tangibilmente.

Tangier [tæn'dʒiə] *N.pr.* ⟨*Geog*⟩ Tangeri *f.*

tangle ['tæŋgl] **I** *s.* **1** groviglio *m,* intrico *m,* garbuglio *m,* viluppo *m: a* ~ *of weeds* un groviglio di erbacce. **2** ⟨*fig* groviglio *m,* confusione *f,* guazzabuglio *m;* (*state o confusion*) pasticcio *m,* impiccio *m,* imbroglio *m.* **II** *v.t* **1** aggrovigliare, ingarbugliare, arruffare, imbrogliare: *the kitten had –d her wool* la gattina le aveva aggrovigliato la lana. **2** ⟨*fig*⟩ ingarbugliare, imbrogliare, complicare. **3** (*to catch in a net*) intrappolare, prendere con la rete. **III** *v.i.* **1** aggrovigliarsi, imbrogliarsi, ingarbugliarsi. **2** ⟨*fam*⟩ (*to engage in an argument*) litigare (*with* con). **3** ⟨*sl*⟩ (*to embrace*) abbracciare (qd.).

tangly ['tæŋgli] *a.* **1** intricato, aggrovigliato, ingarbugliato **2** ⟨*fig*⟩ confuso, intricato, imbrogliato.

tango ['tæŋgou] **I** *s.* (*pl. -s* [z]) tango *m.* **II** *v.i.* ballare il tango.

tangram ['tæŋgrəm] *s.* rompicapo *m* cinese.

tangy ['tæŋi] *a.* **1** piccante, forte: *a* ~ *flavour* un sapore piccante; (*of scent*) penetrante, intenso, forte. **2** ⟨*fig* caratteristico, tipico.

tank [tæŋk] **I** *s.* **1** cisterna *f,* serbatoio *m,* vasca *f.* **2** ⟨*Aut* serbatoio *m.* **3** ⟨*Ferr*⟩ carro *m* botte, carro *m* cisterna. **4** ⟨*Aer*⟩ tanica *f,* serbatoio *m* ausiliario. **5** ⟨*Mar*⟩ tanca *f,* tanica *f.* **6** (*test tank*) vasca *f* navale, bacino *m.* **7** ⟨*Fot* vasca *f.* **8** ⟨*Mil*⟩ carro *m* armato, tank *m.* **9** (*in India. reservoir*) serbatoio *m* d'acqua. **10** ⟨*am.sl*⟩ (*prison cell* cella *f.* **II** *v.i.* ⟨*Aut*⟩ (spesso con *up*) fare il pieno. **'tankage** [-idʒ] *s.* **1** capacità *f* di un serbatoio. **2** (*act o putting in tanks*) riempimento *m* dei serbatoi. **3** (*storage fee*) prezzo *m* di noleggio dei serbatoi. **4** ⟨*Agr*⟩ scarti *mp* di animali macellati usati nei fertilizzanti.

tankard ['tæŋkəd] *s.* boccale *m* con coperchio.

tank| buster *s.* ⟨*mil*⟩ aeroplano *m* munito di cannoncino anticarro. ~ **car** *s.* ⟨*Ferr*⟩ vagone *m* (*o* carro) cisterna. ~ **destroyer** *s.* ⟨*Mil*⟩ semovente *m* anticarro. ~ **engine** *s.* ⟨*Ferr*⟩ locomotiva *f* con scorta autonoma di combustibile e acqua.

tanker ['tæŋkə] *s.* **1** ⟨*Mar*⟩ nave *f* cisterna; (*for oil*) petroliera *f.* **2** ⟨*Aer*⟩ aerocisterna *f.* **3** ⟨*Aut*⟩ autobotte *f,* autocisterna *f.*

tankful ['tæŋkful] *s.* contenuto *m* di un serbatoio, serbatoio *m,* pieno *m.*

tank| iron *s.* ⟨*Met*⟩ lamiera *f* media. ~ **locomotive** *s.* → **tank engine. ~man** [mən] *s.irr.* ⟨*Mil*⟩ carrista *m.* ~**ship,** ~**steamer** *s.* nave *f* cisterna. ~ **top** *am. s.* ⟨*Vest*⟩ maglietta *f* scollata senza maniche. ~ **town** *am. s.* **1** ⟨*Ferr*⟩ stazione *f* dove i treni fermano solo per rifornirsi d'acqua. **2** ⟨*fig*⟩ cittadina *f* di provincia. ~ **truck** *am. s.* autobotte *f,* autocisterna *f.*

tannable ['tænbl] *a.* conciabile. **tannage** [-nidʒ] *s.* **1**

concia *f*, conciatura *f*. **2** (*product*) pelli *fpl* conciate.
tannate [–neit] *s*. ⟨*Chim*⟩ tannato *m*.
anned [tænd] *a*. **1** (*sun–tanned*) abbronzato. **2** ⟨*Conc*⟩ conciato.
anner[1] ['tænə] *s*. conciatore *m* (*f* –trice).
anner[2] *s*. ⟨*fam*⟩ (*sixpence*) moneta *f* da sei penny, mezzo scellino *m*.
annery ['tænəri] *s*. **1** conceria *f*. **2** (*tannage*) conciatura *f*, concia *f*.
annic ['tænik] *a*. ⟨*Chim*⟩ tannico; ~ *acid* acido tannico.
tanniferous [–'nifərəs] *a*. tannifero. **tannin** [–nin] *s*. tannino *m*.
anning ['tæniŋ] *s*. **1** ⟨*Conc*⟩ concia *f*, conciatura *f*. **2** (*tan*) abbronzatura *f*, ⟨*fam*⟩ tintarella *f*. **3** ⟨*fam*⟩ (*thrashing*) legnate *fpl*, botte *fpl*, busse *fpl*.
anning lotion *s*. ⟨*Cosmet*⟩ lozione *f* abbronzante.
ansy ['tænzi] *s*. ⟨*Bot*⟩ tanaceto *m*.
antalic [tæn'tælik] *a*. ⟨*Chim*⟩ tantalico; ~ *acid* acido tantalico.
antalite ['tæntəlait] *s*. ⟨*Min*⟩ tantalite *f*.
antalization [,tæntəlai'zeiʃən] *s*. tormento *m*, supplizio *m* di Tantalo. **'tantalize** [–laiz] *v.t.* **1** tormentare, stuzzicare. **2** (*to alternate promises and disappointments*) allettare e poi deludere. **'tantalizer** [–zə] *s*. chi tormenta, chi stuzzica. **'tantalizing** [–ziŋ] *a*. allettante, tentatore. **'tantalizingly** [–ziŋli] *avv*. in modo allettante (*o* tentatore).
antalum ['tæntələm] *s*. ⟨*Chim*⟩ tantalio *m*.
'antalus ['tæntələs] *N.pr.* ⟨*Mitol*⟩ Tantalo *m*. **tantalus** *s*. portabottiglie *m* chiuso a chiave con le bottiglie in vista.
antamount ['tæntəmaunt] *a*. equivalente, uguale, pari (*to* a). □ *that is* ~ *to saying that* è come dire che.
antrum ['tæntrəm] *s*. collera *f*, stizza *f*, ⟨*fam*⟩ nervi *mpl*; (*fit of bad temper*) accesso *m* d'ira. □ *to get* (*o* go) *into a* ~ andare in collera.
'anzania [tæn'zeinjə] *N.pr.* ⟨*Geog*⟩ Tanzania *f*. **Tanzanian** [–n] **I** *a*. tanzaniano. **II** *s*. tanzaniano *m* (*f* –a).
ao, Tao [tɑ:o(u), tau] *s*. ⟨*Filos,Rel*⟩ tao *m*. **Taoism** [–izəm] *s*. taoismo *m*. **'Taoist** [–ist] **I** *s*. taoista *m/f*. **II** *a*. taoistico. **Taoistic** [–'istik] *a*. → **Taoist**.
ap[1] [tæp] **I** *s*. **1** rubinetto *m*: *don't leave the* ~ *running* non lasciare aperto il rubinetto; *the hot–water* ~ il rubinetto dell'acqua calda. **2** (*plug in a cask*) tappo *m*, zipolo *m*, zaffo *m*, spina *f*. **3** (*liquor drawn through a tap*) bevanda *f* alcolica alla spina. **4** → **tap room**. **5** ⟨*Mecc*⟩ maschio *m* per filettare. **6** ⟨*Tel*⟩ controllo *m*, intercettazione *f*: *to put a* ~ *on a telephone* tenere un telefono sotto controllo. **7** ⟨*sl*⟩ (*request for a loan*) richiesta *f* di un prestito. **8** ⟨*El*⟩ spina *f* d'intercettazione. **9** ⟨*Met*⟩ spillata *f*. **10** ⟨*El*⟩ → **taphole**. **II** *v.t.* (*pret., p.p.* **tapped** [–t]) **1** spillare: *to* ~ *a barrel* spillare una botte. **2** (*to furnish with a tap*) munire di un rubinetto; (*of a barrel, etc.*) munire di uno zipolo (*o* una spina), mettere una spina a. **3** ⟨*Chir*⟩ fare la paracentesi a, estrarre liquido da. **4** ⟨*Agr*⟩ incidere (per estrarre il lattice); (*of rubber, sap, etc.*) estrarre. **5** ⟨*fig*⟩ attingere a (*o* da), sfruttare, utilizzare: *to* ~ *the country's resources* attingere alle risorse del paese. **6** ⟨*sl*⟩ (*to extract money from*) spillare, cavare: *he –ped me for five pounds* mi ha spillato cinque sterline. **7** ⟨*Met*⟩ spillare. **8** ⟨*Mecc*⟩ maschiare; (*of nuts, etc.*) filettare. **9** ⟨*Tel*⟩ mettere sotto controllo per intercettare. **10** ⟨*El*⟩ inserire (su un altro circuito). □ ⟨*Tel*⟩ *to* ~ *a line* (*o* wire) controllare una linea telefonica; *on* ~: 1 (*of beer, etc.*) alla spina; 2 ⟨*fam*⟩ (*always available*) pronto, a disposizione, a portata di mano.
ap[2] *s*. **1** colpetto *m*, busso *m* leggero: *to give s.o. a* ~ *on the shoulder* dare un colpetto sulla spalla a qd. **2** ⟨*Calz*⟩ (*partial sole*) mezza suola *f*; (*metal plate*) rinforzo *m* (*o* salvatacco) metallico, placchetta *f* di metallo. **3** (*step in tap dancing*) passo *m* di tip tap; (*tap dancing*) tip tap *m*, punta *f* e tacco. **4** *pl*. ⟨*Mil*⟩ silenzio *m*: *to sound* –*s* sonare il silenzio. □ *we heard a* ~ *at the door* sentimmo bussare alla porta.
ap[3] *v*. (*pret., p.p.* **tapped** [–t]) **I** *v.t.* **1** battere (*o* picchiare) leggermente, dare un colpetto a. **2** (*to cause to tap*) battere, picchiettare, picchiare, ticchettare: *to* ~ *one's feet*

battere i piedi. **3** (*general*. con *out: to type*) battere a macchina. **4** ⟨*Calz*⟩ mettere le mezze suole a; (*to reinforce the heel of*) mettere un salvatacco a. **II** *v.i.* **1** bussare, battere, picchiare: *to* ~ *on the door* bussare alla porta. **2** (*to make a tapping sound*) picchiettare, battere, picchiare, ticchettare: *the rain was –ping against the window panes* la pioggia picchiettava sui vetri della finestra. □ *to* ~ *a nail into the wall* piantare un chiodo nel muro; ⟨*Tel*⟩ *to* ~ *off a message* trasmettere (*o* inviare) un messaggio in alfabeto Morse; *to* ~ *out*: 1 svuotare con piccoli colpi; 2 ⟨*Tel*⟩ trasmettere in alfabeto Morse.
tap| bolt *s*. ⟨*tecn*⟩ vite *f* mordente. **~ dance I** *s*. tip tap *m*, punta *f* e tacco. **II** *v.i.* ballare il tip tap. **~ dancer** *s*. ballerino *m* (*f* –a) di tip tap. **~ dancing** *s*. il ballare il tip tap.
tape [teip] **I** *s*. **1** nastro *m*, fettuccia *f*: *to edge curtains with* ~ bordare le tende con un nastro. **2** (*magnetic tape*) nastro *m* magnetico. **3** (*adhesive tape*) nastro *m* adesivo. **4** (*strip of paper, metal, etc.*) nastro *m*. **5** (*ticker tape*) nastro *m* ˈdel telegrafoˈ (*o* di telescrivente). **6** ⟨*Sport*⟩ filo *m* del traguardo, traguardo *m*: *to breast the* ~ tagliare il traguardo. **7** → **tape measure**. **8** ⟨*El*⟩ (*insulating tape*) nastro *m* isolante. **II** *v.t.* **1** mettere ˈun nastroˈ (*o* nastri) a. **2** (spesso con *up: to fasten with tape*) legare (*o* assicurare, fissare) con un nastro: *to* ~ *up a parcel* legare un pacco con un nastro; (*to fasten with adhesive tape*) fermare (*o* assicurare) con un nastro adesivo. **3** (*to record on magnetic tape*) registrare (su nastro magnetico). **4** (*to measure with a tape-measure*) misurare con un metro a nastro. **5** ⟨*El*⟩ fasciare con nastro isolante. □ *I managed to get the programme down on* ~ sono riuscito a registrare il programma; ⟨*fig*⟩ *red* ~ burocrazia *f*, formalismo *m* burocratico.
tape| cartridge *s*. ⟨*tecn*⟩ cartuccia *f* a nastro magnetico. **~ counter** *s*. contanastro *m*.
taped [teipt] *a*. **1** legato (*o* assicurato, fissato) con un nastro. **2** (*tape-recorded*) registrato. □ ⟨*fam*⟩ *to have* (*o* get) ~ rendersi conto di, farsi un'idea (chiara) di: *it only took him a week to get the work* ~ gli ci volle soltanto una settimana per rendersi conto del lavoro; *I soon had him* ~ mi ero fatto ben presto un'idea chiara di lui.
tape| deck *s*. piastra *f* di registrazione. **~ head** *s*. ⟨*Acu*⟩ testina *f* di registrazione. **~ library** *s*. nastroteca *f*. **~ machine** *s*. ⟨*Tel*⟩ telescrivente *f*. **~ measure** *s*. metro *m* a nastro, nastro *m* metrico, rotella *f* metrica. **~ player** *s*. fonoriproduttore *m* a nastro magnetico, mangianastri *m*. **~ punch** *s*. ⟨*Inform*⟩ perforatore *m* di nastro.
taper ['teipə] **I** *s*. **1** candela *f* sottile. **2** (*wax–coated wick*) accenditoio *m*. **3** ⟨*Mat,Mecc*⟩ conicità *f*. **4** ⟨*Arch*⟩ rastremazione *f*. **II** *a*. → **tapering**. **III** *v.i.* **1** (spesso con *down, off*) assottigliarsi, affusolarsi. **2** ⟨*fig*⟩ (*to grow less*; spesso con *down, off*) diminuire, ridursi, scemare. **3** ⟨*Arch*⟩ rastremarsi. **IV** *v.t.* **1** affusolare, assottigliare. **2** ⟨*Arch*⟩ rastremare. **3** (*general*. con **down**) diminuire, ridurre: *to* ~ *one's smoking* ridurre il fumo.
tape| record *v.t.* registrare (su nastro magnetico). **~ recorder** *s*. registratore *m* (a nastro), magnetofono *m*. **~ recording** *s*. registrazione *f* (su nastro magnetico).
tapered ['teipəd], **tapering** [–pəriŋ] *a*. **1** affusolato, a punta: ~ *fingers* dita affusolate; (*conical*) conico. **2** ⟨*fig*⟩ che diminuisce (*o* cala) gradatamente. **taperness** [–pənis] *s*. forma *f* affusolata (*o* a punta).
taper| pin *s*. ⟨*tecn*⟩ spina *f* conica, perno *m* conico. **~stick** *s*. bugia *f*, portacandela *m*.
tapestry ['tæpistri] **I** *s*. **1** arazzo *m*. **2** (*tapestry work*) arazzeria *f*. **3** ⟨*Tess*⟩ tappezzeria *f*. **II** *v.t.* coprire (*o* ornare) di arazzi, tappezzare.
tapestry| carpet *s*. arazzo *m*. **~ needle** *s*. ago *m* per arazzi.
tapeworm ['teipwə:m] *s*. ⟨*Zool*⟩ verme dei cestodi.
tap|hole *s*. **1** spina *f*. **2** ⟨*Met*⟩ foro *m* di spillatura (*o* colata). **~house** *s*. osteria *f*, taverna *f*, bettola *f*.
tapioca [,tæpi'oukə] *s*. ⟨*Alim*⟩ tapioca *f*.
tapir ['teipə] *s*. (*pl. inv./*–**s** [z]; il pl.inv. si usa general. con valore collett.) ⟨*Zool*⟩ tapiro *m*.
tapis *fr*. ['teipi:, *am*. tæ'pi] *s.inv.* ⟨*rar*⟩ tappeto *m*. □ ⟨*fig*⟩ *on the* ~ (*under discussion*) sul tappeto, in discussione.

tapper¹ ['tæpə] *s.* **1** chi batte, chi picchia. **2** ⟨*Tel*⟩ tasto *m.*

tapper² *s.* **1** chi spilla un liquido. **2** ⟨*Mecc*⟩ maschiatore *m;* (*of nuts, etc.*) filettatore *m.* **3** ⟨*Mecc*⟩ (*machine*) maschiatrice *f;* (*for nuts, etc.*) filettatrice *f.*

tappet ['tæpit] *s.* **1** ⟨*Mecc*⟩ punteria *f.* **2** ⟨*Tess*⟩ (*in a power loom*) eccentrico *m.*

tappet| rod, ~ stem *s.* ⟨*Mecc*⟩ asta *f* della punteria.

tapping¹ ['tæpiŋ] *s.* **1** bussata *f* leggera, colpetto *m.* **2** (*sound*) (leggero) busso *m,* colpetto *m.*

tapping² *s.* **1** spillatura *f* (*anche Met.*). **2** ⟨*Agr*⟩ incisione *f.* **3** ⟨*Mecc*⟩ maschiatura *f;* (*of nuts, etc.*) filettatura *f.* **4** ⟨*Tel*⟩ intercettazione *f.* **5** ⟨*Chir*⟩ paracentesi *f.*

tap| room *s.* bar *m,* mescita *f* (d'alcolici). **~ root** *s.* ⟨*Bot*⟩ fittone *m,* radice *f* a fittone.

tapster ['tæpstə] *s.* chi mesce alcolici, mescitore *m,* barista *m.* **tapstress** [–tris] *s.* barista *f,* mescitrice *f.*

tap water *s.* acqua *f* di rubinetto.

tar¹ [tɑ:] **I** *s.* catrame *m,* pece *f* liquida. **II** *a.* **1** di catrame. **2** (*covered, smeared with tar*) incatramato, catramato. **III** *v.t.* (*pret., p.p.* **tarred** [–d]) incatramare, catramare, impeciare. □ *to ~ and feather s.o.:* 1 spalmare di catrame e ricoprire di penne qd. (come punizione); 2 ⟨*fig*⟩ punire severamente qd.

tar² (*accorc. di tarpaulin*) *s.* ⟨*fam*⟩ marinaio *m.*

taradiddle ['tærədidl] *s.* ⟨*fam*⟩ piccola bugia *f,* frottola *f,* fandonia *f.*

tarantella *it.* [ˌtærən'telə] *s.* tarantella *f.*

tarantism ['tærəntizəm] *s.* ⟨*Med*⟩ coreomania *f,* tarantismo *m,* tarantolismo *m.* **tarantist** [–tist] *s.* tarantolato *m* (*f* –a).

tarantula [tə'ræntjulə] *s.* (*pl.* **-s** [z]/**-lae** [li:]) ⟨*Zool*⟩ tarantola *f.*

taraxacum [tə'ræksəkəm] *s.* **1** ⟨*Bot*⟩ tarassaco *m.* **2** ⟨*Farm*⟩ radici *fpl* di tarassaco.

tar board *s.* cartone *m* catramato.

tar brush *s.* **1** pennello *m* (o spazzola *f*) da catrame. **2** ⟨*Mar*⟩ lanara *f.* □ ⟨*sl,spreg*⟩ *to have a touch* (o *dash, lick*) *of the ~* avere un pizzico (o po') di sangue negro nelle vene.

tardily ['tɑ:dili] *avv.* **1** lentamente. **2** (*late*) tardi, in ritardo: *help came ~* l'aiuto arrivò tardi. **tardiness** [–dinis] *s.* **1** lentezza *f,* mancanza *f* di prontezza. **2** (*lateness*) ritardo *m.* **3** (*reluctance*) riluttanza *f.* **tardy** [–di] *a.* **1** lento, tardo. **2** (*delayed*) in ritardo, tardivo; (*late*) tardo, avanzato, inoltrato; (*dilatory*) lento, tardivo, tardo. **3** (*reluctant*) riluttante.

tare¹ [teə] *s.* **1** ⟨*Bot*⟩ veccia *f.* **2** (*vetch*) veccia *f* comune (o nera).

tare² **I** *s.* ⟨*Comm*⟩ tara *f.* **II** *v.t.* tarare.

targe [tɑ:dʒ] *s.* ⟨*Mil.ant*⟩ targa *f.*

target ['tɑ:git] *s.* **1** bersaglio *m,* segno *m.* **2** ⟨*Mil*⟩ obiettivo *m,* bersaglio *m.* **3** ⟨*fig*⟩ oggetto *m: he is a ~ for scorn* è oggetto di scherno; (*object of action*) obiettivo *m,* bersaglio *m: the new government chose public expenditure as its first ~* il nuovo governo scelse la spesa pubblica come suo primo obiettivo. **4** ⟨*fig*⟩ (*s.th. aimed at, goal*) meta *f,* traguardo *m,* obiettivo *m,* scopo *m.* **5** ⟨*Sport*⟩ (*in fencing*) bersaglio *m.* **6** ⟨*Ferr*⟩ semaforo *m,* disco *m.* **7** ⟨*Topogr*⟩ scopo *m.* **8** ⟨*Arald*⟩ ancile *m,* parma *f.* **9** ⟨*Mil.ant*⟩ targa *f.* □ *on ~* (*on the right track*) sulla pista giusta, sulla buona strada.

target| area *s.* ⟨*Mil*⟩ zona *f* in cui si trovano gli obiettivi da colpire. **~ date** *s.* data *f* stabilita (o prescritta). **~ language** *s.* ⟨*Filol*⟩ lingua *f* di arrivo. **~-oriented** *a.* orientato al fine. **~ practice** *s.* ⟨*Mil*⟩ esercitazioni *fpl* di tiro al bersaglio, tiro *m* al bersaglio. **~ price** *s.* ⟨*Econ*⟩ prezzo *m* d'obiettivo. **~ ship** *s.* ⟨*Mar.mil*⟩ nave *f* bersaglio. **~ shooting** *s.* tirassegno *m,* tiro *m* a segno.

tariff ['tærif] **I** *s.* **1** ⟨*Econ*⟩ tariffe *fpl* doganali; (*duty, rate of duty*) dazio *m,* tariffa *f* doganale. **2** (*table of charges, prices*) tariffe *fpl,* listino *m* prezzi, tariffario *m: hotel ~s* tariffe alberghiere. **II** *v.t.* tariffare.

tariff| acts *s.pl.* ⟨*Econ*⟩ leggi *fpl* tariffarie. **~ barrier** *s.* barriera *f* doganale. **~ listing** *s.* ⟨*Econ*⟩ tariffazione *f.* **~ negotiations** *s.pl.* negoziati *mpl* tariffari. **~ quota** *s.* ⟨*Econ*⟩ contingente *m* tariffario. **~ reform** *s.* **1** ⟨*GB*⟩

politica *f* di protezione doganale. **2** ⟨*SU*⟩ politica *f* ◄ libero scambio. **~ wall** *s.* → **tariff barrier.**

tarmac ['tɑ:mæk] *s.* **1** ⟨*Strad*⟩ strato *m* di macadam ◄ catrame; (*surface, road*) superficie *f* (o strada) in macadar al catrame. **2** ⟨*Aer*⟩ pista *f* (in macadam al catrame catrame. **'tar-macadam** [–mə'kædəm] *s.* ⟨*Strad*⟩ macadam *m* ◄ catrame.

tarn [tɑ:n] *s.* laghetto *m* di montagna.

tarnal *am.* ['tɑ:nl] *a./intz.* ⟨*dial*⟩ (*damned*) dannat◄ maledetto. **,tarnation** [–'neiʃən] **I** *intz.* dannazione maledizione, accidenti. **II** *s.* dannazione *f,* maledizione

tarnish ['tɑ:niʃ] **I** *v.t.* **1** (*far*) annerire, far perdere lucido a, appannare. **2** ⟨*fig*⟩ infangare, macchiar◄ sporcare: *the scandal ~ed his name* lo scandalo h◄ infangato il suo nome. **II** *v.i.* **1** annerirsi, appannarsi. ⟨*fig*⟩ macchiarsi, sporcarsi. **III** *s.* **1** annerimento *n* appannamento *m;* (*tarnished coating*) patina *f.* **2** ⟨*fig* onta *f,* macchia *f.* **tarnishable** [–əbl] *a.* che si pu◄ annerire, ossidabile.

tar oil *s.* ⟨*Chim*⟩ olio *m* di catrame.

tarot ['tærou] *s.* tarocco *m.*

tar paper *s.* carta *f* catramata.

tarpaulin [tɑ:'pɔ:lin] *s.* **1** incerata *f,* tela *f* incerat◄ copertone *m* impermeabile. **2** *pl.* (*garments*) abiti *m,* d'incerata. **3** ⟨*fig,rar*⟩ (*sailor*) marinaio *m.*

Tarpeia [tɑ:'pi:ə] *N.pr.* ⟨*Mitol*⟩ Tarpea *f.* **Tarpeian** [– *a.* ⟨*Stor.rom*⟩ tarpeo: **~ Rock** rupe tarpea.

tarpon ['tɑ:pən] *s.* (*pl. inv./*-**s** [z]; il pl.inv. si usa genera con valore collett.) ⟨*Itt*⟩ tarpone *m* atlantico.

tarradiddle *s.* → **taradiddle.**

tarragon ['tærəgən] *s.* ⟨*Bot*⟩ dragoncella *f,* dragoncello *m* ◄

tarred [tɑ:d] *a.* incatramato. □ ⟨*fig*⟩ *~ with the sam◄ brush* della stessa razza.

tarry¹ ['tæri] *v.i.* ⟨*lett*⟩ **1** indugiare, temporeggiare; (*to b late*) essere in ritardo. **2** (*to sojourn*) trattenersi, fermar◄ (o sostare) in un luogo, soggiornare.

tarry² ['tɑ:ri] *a.* **1** catramoso. **2** (*covered with ta◄* incatramato, catramato.

tarsal ['tɑ:sl] *a.* ⟨*Anat*⟩ tarsale.

tarsia ['tɑ:siə] *s.* ⟨*Art*⟩ tarsia *f.*

tarsus ['tɑ:səs] *s.* (*pl.* **-si** [sai]) ⟨*Anat,Entom*⟩ tarso *m.*

Tarsus *N.pr.* ⟨*Geog*⟩ Tarso *f.*

tart¹ [tɑ:t] *a.* **1** acido, aspro, agro. **2** ⟨*fig*⟩ aspro, acid◄ mordace, caustico.

tart² **I** *s.* **1** ⟨*Dolc*⟩ (*uncovered pie*) crostata *f;* (*small pastry* pasta *f,* pasticcino *m: jam ~s* paste alla marmellata. **2** ⟨*s* (*woman of loose morals*) sgualdrina *f;* (*prostitute* prostituta *f,* ⟨*volg*⟩ puttana *f.* **II** *v.i.* ⟨*sl*⟩ (general. con *u* *to make gaudy, showy*) ornare in modo vistoso; (*to clea◄ up superficially*) pulire superficialmente, dare una pulitin a.

tartan¹ ['tɑ:tən] **I** *s.* **1** ⟨*Tess*⟩ tartan *m,* tessuto *m* di lar◄ scozzese. **2** ⟨*Vest*⟩ indumento *m* di tessuto scozzese. **II** ◄ scozzese: *a ~ skirt* una gonna scozzese; **~ trouse◄** pantaloni scozzesi.

tartan² *s.* ⟨*Mar*⟩ tartana *f.*

tartar ['tɑ:tə] *s.* ⟨*Dent,Chim*⟩ tartaro *m.*

Tartar I *s.* ⟨*Stor*⟩ tartaro *m.* **tartar** *s.* energumeno *m* ◄ –a), individuo *m* violento (e irascibile). **II** *a.* tartar◄ tataro, tartaresco. □ ⟨*fig*⟩ *to catch a ~* trovare pane per propri denti.

Tartarean [tɑ:'teəriən] *a.* **1** ⟨*Mitol*⟩ tartareo. **2** ⟨*fig* infernale, tartareo.

tartar emetic *s.* ⟨*Chim,Farm*⟩ tartaro *m* emetico.

tartare| sauce ['tɑ:tə, tɑr'tar] *s.* → **tartar sauce. ~ stea◄** *s.* tartara *f,* bistecca *f* alla tartara.

Tartarian [tɑ:'teəriən] *a.* tartaro, tataro, tartaresco.

tartaric [tɑ:'tærik] *a.* ⟨*Chim*⟩ tartarico: **~ acid** acid◄ tartarico.

tartarization [ˌtɑ:tərai'zeiʃən] *s.* ⟨*Chim*⟩ il sottopor◄ all'azione del tartaro. **'tartarize** [–raiz] *v.t.* sottopor◄ all'azione del tartaro. **'tartarous** [–rəs] *a.* tartarico.

tartar sauce *s.* ⟨*Gastr*⟩ salsa *f* tartara.

Tartarus ['tɑ:tərəs] *N.pr.* ⟨*Mitol*⟩ Tartaro *m.*

Tartary ['tɑ:təri] *N.pr.* ⟨*Geog.stor*⟩ Tartaria *f.*

tartlet ['tɑ:tlit] *s.* ⟨*Dolc*⟩ tortina *f.*

tartly ['tɑ:tli] *avv.* **1** aspramente, acidamente. **2** ⟨*fig*

aspramente, acidamente, causticamente. **tartness** [–tnis]
s. **1** acidità *f,* agro *m.* **2** ⟨*fig*⟩ asprezza *f,* acidità *f,*
causticità *f.*

artrate ['tɑːtr(e)it] *s.* ⟨*Chim*⟩ tartrato *m,* tartarato *m.*

'artuf(f)e [tɑː'tuf] *s.* ⟨*fig*⟩ tartufo *m,* ipocrita *m,* bigotto
m. **Tartuffery** [–əri], **Tartuffism** [–izəm] *s.* ipocrisia *f,*
fariseismo *m,* bigottismo *m.*

ask [tɑːsk] **I** *s.* **1** compito *m,* lavoro *m: to set s.o. a* ~
assegnare un compito a qd. **2** (*duty*) incarico *m,* compito
m, mansione *f,* dovere *m,* incombenza *f.* **II** *v.t.* **1**
affaticare, sforzare, sottoporre a uno sforzo. **2** (*to impose
a task on*) incaricare, imporre (*o* assegnare) un compito a.
□ *to take to* ~: 1 richiamare (all'ordine), rimproverare,
riprendere; 2 (*to find fault with*) trovare da ridire su,
criticare.

ask⏐ force *am. s.* **1** ⟨*Mil*⟩ unità *f* operativa. **2** (*group of
experts*) task-force *f,* gruppo *m* di esperti (incaricato di
formulare strategie operative). **~master** *s.* chi
sovraccarica gli altri di lavoro; (*strict overseer*) sorvegliante
m severo. □ *the new manager proved a hard* ~ il nuovo
direttore si rivelò un vero aguzzino. **~mistress** *s.*
sorvegliante *f* severa. **~work** *s.* (*piece work*) lavoro *m* a
cottimo.

'asmania [tæz'meinjə] *N.pr.* ⟨*Geog*⟩ Tasmania *f.*
Tasmanian [–n] **I** *a.* tasmaniano. **II** *s.* **1** tasmaniano *m*
(*f* –a). **2** (*language*) lingua *f* tasmanide.

ass *scozz.* [tæs] *s.* **1** coppa *f.* **2** (*small drink*) sorso *m,*
goccio *m.*

assel[1] ['tæsəl] *s.* **1** nappa *f,* fiocco *m.* **2** (*silk bookmark*)
segnalibro *m* di seta con nappina. **3** ⟨*Bot*⟩ barba *f* (di
pannocchia).

assel[2] *v.* (*pret., p.p.* **tasselled**/*am.* **tasseled** [–d]) **I** *v.t.* **1**
munire (*o* provvedere) di nappe. **2** ⟨*Agr*⟩ cimare. **II** *v.i.*
⟨*Agr*⟩ (spesso *con out*) fiorire.

astable ['teistəbl] *a.* gustabile.

aste [teist] **I** *v.t.* **1** assaggiare, degustare, gustare: *she* –*d
the dish* assaggiò la pietanza; *to* ~ *wine* degustare il vino;
(*to perceive the flavour of*) sentire (il sapore di), gustare: *I
couldn't* ~ *the brandy in the sauce* non sono riuscito a
sentire il sapore del brandy nella salsa. **2** (*to eat, drink a
small quantity of*) assaggiare, toccare, mangiare pochissimo
di: *you've hardly* –*d your dinner* non hai quasi assaggiato
il pranzo. **3** ⟨*fig*⟩ provare, sentire, gustare, sperimentare:
to ~ *the joys of victory* provare le gioie della vittoria. **II**
v.i. **1** sentire (*o* distinguere) i sapori, avere il senso del
gusto: *it's difficult to* ~ *when you have a cold* è difficile
sentire i sapori quando si è raffreddati. **2** (*to have a
flavour*) sapere, avere un sapore (*o* gusto): *this salad* –*s of
garlic* quest'insalata sa di aglio; *it* –*s terrible* ha un sapore
orribile. **3** ⟨*fig,lett*⟩ assaporare, provare (qc.), fare
esperienza (di): *to* ~ *of success* assaporare il successo. **III**
s. **1** gusto *m,* palato *m.* **2** (*flavour*) sapore *m,* gusto *m*
(*anche fig.*): *the bitter* ~ *of defeat* il sapore amaro della
sconfitta. **3** (*small quantity, sample*) (un) po', assaggio *m,*
assaggino *m: give me a* ~ *of your ice-cream* dammi un
po' del tuo gelato. **4** ⟨*fig*⟩ saggio *m,* campione *m,* assaggio
m: he gave us a ~ *of his abilities* ci diede un saggio delle
sue capacità; (*slight trace, tinge*) pizzico *m,* traccia *f,*
ombra *f.* **5** (*liking, inclination*) inclinazione *f,* gusto *m,*
tendenza *f,* propensione *f: to have a* ~ *for music* avere
un'inclinazione per la musica; (*preference in food, drink*)
predilezione *f,* preferenza *f: to have a* ~ *for spicy food*
avere una predilezione per i cibi piccanti. **6** (*appreciation
of aesthetic, artistic excellence*) gusto *m,* senso *m* estetico:
her ~ *in clothes is perfect* ha un gusto perfetto nella scelta
degli abiti; (*good, correct discernment*) (buon) gusto *m: a
person of* ~ una persona ⌜che ha⌝ (*o* di buon) gusto. **7**
(*tact*) tatto *m,* senso *m* dell'opportunità, delicatezza *f,*
garbo *m.* □ *to have* **expensive** –*s* avere gusti dispendiosi;
the film was too violent **for** *my* ~ il film era troppo
violento per i miei gusti; **in** *bad* ~ di cattivo gusto; *in
extremely bad* ~ di pessimo gusto; *in good* ~ di buon
gusto; *to* ~ **like** sapere di, avere sapore di: *this wine* –*s
like vinegar* questo vino sa di aceto; *what does it* ~ *like?*
di che cosa sa?; *to leave a bad* (*o nasty*) ~ *in one's* **mouth**
lasciare la bocca amara (*anche fig.*); **to** ~ *a* piacere, come
si preferisce (*o* gradisce), a proprio gusto: *add milk and*

sugar to ~ aggiungete latte e zucchero a piacere; *modern
music is not to my* ~ la musica moderna non ⌜mi piace⌝ (*o*
è di mio gusto); *everyone to his* ~ ognuno ha i suoi gusti;
to give s.o. a ~ *of the* **whip** fare assaggiare la frusta a qd.
Prov.: –*s differ* tutti i gusti sono gusti.

tasteable *a.* → **tastable.**

taste bud *s.* ⟨*Anat*⟩ organo *m* gustativo.

tasteful ['teistful] *a.* di (buon) gusto, raffinato, fine: ~
furniture mobili di gusto. **tastefully** [–i] *avv.* con (buon)
gusto, raffinatamente. **tastefulness** [–nis] *s.* (buon) gusto
m, raffinatezza *f.*

tasteless ['teistlis] *a.* **1** insapore, senza sapore, insaporo,
insipido: ~ *food* cibo insaporo. **2** (*lacking aesthetic taste*)
di cattivo gusto, ⌜privo di⌝ (*o* senza) gusto. **tastelessly**
[–li] *avv.* **1** scipitamente, insipidamente, senza sapore. **2**
(*without aesthetic taste*) senza (*o* con cattivo) gusto,
dozzinale. **tastelessness** [–nis] *s.* **1** insipidità *f,*
scipitezza *f,* insipidezza *f.* **2** (*lack of aesthetic taste*)
cattivo gusto *m,* dozzinalità *f.*

taster ['teistə] *s.* **1** assaggiatore *m* (*f* –trice), degustatore *m*
(*f* –trice). **2** (*instrument for taking samples of cheese*)
saggiatore *m.* **3** ⟨*fam*⟩ (*publisher's reader*) lettore *m* (*f*
–trice) di manoscritti.

tastily ['teistili] *avv.* gustosamente, saporitamente,
saporosamente. **tastiness** [–tinis] *s.* gustosità *f,*
saporosità *f.* **tasty** [–ti] *a.* **1** saporito, di buon sapore,
gutoso, di gusto gradevole: *a* ~ *dish* un piatto saporito. **2**
⟨*sl*⟩ (*tasteful*) di (buon) gusto, raffinato, fine.

tat[1] [tæt] *v.* (*pret., p.p.* '**tatted** [–id]) **I** *v.i.* ⟨*Lav.femm*⟩ fare
il chiacchierino. **II** *v.t.* (*to make by tatting*) fare a
chiacchierino.

tat[2] *s.* ⟨*Tess*⟩ stuoia *f.*

ta-ta ['tæ'tɑː] *intz.* ⟨*infant,fam*⟩ (*good–bye*) ciao.

ta-tas ['tæ'tɑːz] *s.pl.* ⟨*infant,fam*⟩ (*walk*) passeggiatina *f,*
spasso *m,* ⟨*infant*⟩ spassino *m: to go* ~ andare a
spassino.

tater ['teitə] *s.* ⟨*dial,sl*⟩ (*potato*) patata *f.*

tatter ['tætə] *s.* **1** straccio *m,* cencio *m.* **2** *pl.* abiti *mpl*
sbrindellati, stracci *mpl,* cenci *mpl.*

tatterdemalion [ˌtætədə'meiljən] *s.* straccione *m* (*f* –a).

tattered ['tætəd] *a.* **1** cencioso, stracciato, sbrindellato,
lacero, a brandelli: ~ *clothes* abiti cenciosi. **2** ⟨*fig*⟩
rovinato, malridotto, malconcio, malandato. **tattily** [–tili]
avv. in cattivo stato, in disordine. **tattiness** [–tinis] *s.*
cattivo stato *m.*

tatting ['tætiŋ] *s.* ⟨*Lav.femm*⟩ **1** (*act*) il fare il
chiacchierino. **2** (*result*) chiacchierino *m.*

tattle ['tætl] **I** *v.i.* **1** chiacchierare, ciarlare, cianciare,
· blaterare; (*to gossip*) (s)pettegolare, fare pettegolezzi. **2** (*to
reveal secrets*) rivelare (*o* spifferare) segreti. **II** *v.t.* **1** dire
scioccamente. **2** (*to make known by foolish talk*) divulgare
chiacchierando scioccamente. **III** *s.* **1** chiacchiera *f,* ciarla
f, cicalata *f,* discorso *m* sciocco (*o* futile). **2** (*gossip*)
pettegolezzi *mpl,* chiacchiere *fpl,* maldicenza *f.* **tattler**
[–ə] *s.* chiacchierone *m* (*f* –a), ciarlone *m* (*f* –a), pettegolo
m (*f* –a), ⟨*fam*⟩ spiferone *m* (*f* –a).

tattoo[1] [tə'tuː, tæ'tuː] **I** *s.* **1** ⟨*Mil*⟩ (*signal*) ritirata *f: to beat
the* ~ sonare la ritirata; (*military pageant, entertainment*)
parata *f* serale accompagnata da musica. **2** (*drumming,
beating*) picchiettio *m,* ticchettio *m,* il tamburellare, il
picchiettare: *the* ~ *of rain on the roof* il picchiettio della
pioggia sul tetto. **II** *v.i.* **1** tamburellare, picchiettare,
picchierellare. **2** ⟨*Mil*⟩ sonare la ritirata. **III** *v.t.*
tamburellare su, picchiettare su, picchierellare su, battere
su. □ *to beat the devil's* ~ tamburellare con le dita (in
segno d'impazienza o distrattamente).

tattoo[2] **I** *s.* ⟨*Etnol*⟩ tatuaggio *m.* **II** *v.t.* tatuare.

tattooer ['tæ'tuːə] *s.* → **tattooist. tattooing** [–'tuːiŋ] *s.*
⟨*Etnol*⟩ tatuaggio *m.* **tattooist** [–'tuːist] *s.* chi esegue
tatuaggi.

tatty ['tæti] *a.* **1** maltenuto, in cattivo stato, in disordine.
2 (*tattered*) stracciato, cencioso, lacero, a brandelli,
sbrindellato: ~ *clothes* abiti stracciati.

tau [tɔː, tau] *s.* (*letter of the Greek alphabet*) tau *m/f.*

tau cross *s.* croce *f* di Sant'Antonio, tau *f,* croce a tau.

taught [tɔːt] → **teach.**

taunt[1] [tɔːnt] **I** *v.t.* **1** beffarsi di, prendersi gioco di, deridere, schernire, beffare: *to ~ s.o. for his timidity* beffarsi di qd. per la sua timidezza. **2** (*to reproach sarcastically*) rimproverare (*o* criticare) con sarcasmo. **3** (*to provoke by taunts*) provocare (con lo scherno), stuzzicare, punzecchiare. **II** *s.* **1** beffa *f*, dileggio *m*, scherno *m*, derisione *f*. **2** (*bitter, stinging remark*) osservazione *f* sarcastica, battuta *f* pungente, stoccata *f*. □ *to ~ s.o. into doing s.th.* spingere qd. a fare qc. schernendolo.

taunt[2] *a.* ⟨*Mar*⟩ (*of a mast*) dritto e molto alto.

taunter ['tɔːntə] *s.* chi fa osservazioni sarcastiche, stoccatore *m* (*f* –trice). **tauntingly** [–tiŋli] *avv.* sarcasticamente.

tauriform ['tɔːrifɔːm] *a.* tauriforme, tauromorfo.

taurine ['tɔːr(a)in] *a.* **1** taurino. **2** (*of the zodiacal sign Taurus*) del segno del Toro.

tauromachy [ˌtɔːˈrɔməki] *s.* tauromachia *f*.

Taurus ['tɔːrəs] *N.pr.* **1** ⟨*Astr*⟩ Toro *m*. **2** (*person*) Toro *m*, persona *f* nata sotto il segno del Toro.

taut [tɔːt] *a.* **1** teso, rigido, tirato: *to keep a rope ~* tenere tesa una corda; *~ nerves* nervi tesi. **2** ⟨*Mar*⟩ (*of a ship*) in ordine. **'tauten** [–n] **I** *v.t.* tendere, tirare: *to ~ a rope* tendere una corda. **II** *v.i.* tendersi. **'tautly** [–li] *avv.* in modo teso (*o* tirato). **'tautness** [–nis] *s.* l'essere teso, tensione *f*.

tautologic [ˌtɔːtəˈlɔdʒik], **tautological** [–əl] *a.* ⟨*Filos, Ling*⟩ tautologico. **tautologically** [–əli] *avv.* in modo tautologico. **tautologize** [–ˈtɔlədʒaiz] *v.i.* fare uso di tautologie. **tautology** [–ˈtɔlədʒi] *s.* tautologia *f*.

tavern ['tævən] *s.* **1** locanda *f*, alberghetto *m*. **2** (*place where liquors are sold*) osteria *f*, bettola *f*, taverna *f*. **taverner** [–ə] *s.* oste *m*, taverniere *m*.

taw[1] [tɔː] *s.* **1** bi(g)lia *f*, pallina *f*. **2** (*game*) gioco *m* delle bi(g)lie. **3** → **tawline**.

taw[2] *v.t.* ⟨*Conc*⟩ trattare con allume, allumare.

tawdrily ['tɔːdrili] *avv.* in modo pacchiano, con cattivo gusto. **tawdriness** [–drinis] *s.* vistosità *f*, pacchianeria *f*. **tawdry** [–dri] *a.* **1** appariscente, vistoso, pacchiano, di cattivo gusto. **2** (*worthless*) da due soldi, di scarso valore, da poco.

tawer ['tɔːə] *s.* ⟨*Conc*⟩ conciatore *m* (che usa l'allume). **tawery** [–ri] *s.* conceria *f* (in cui si usa l'allume). **tawing** ['tɔːiŋ] *s.* concia *f* con allume.

tawline ['tɔːlain] *s.* linea *f* da cui si lanciano bi(g)lie.

tawnily ['tɔːnili] *avv.* in una sfumatura bruno fulva. **tawniness** [–ninis] *s.* l'essere di color bruno fulvo. **tawny** [–ni] **I** *a.* bruno fulvo. **II** *s.* color *m* bruno fulvo.

tax [tæks] **I** *s.* **1** ⟨*Econ*⟩ tassa *f*, imposta *f*, gravame *m*, tributo *m*: *to pay one's –es* pagare le tasse; *to collect –es* riscuotere le imposte. **2** (*fig*) carico *m*, onere *m*, peso *m*, gravame *m*. **II** *v.t.* **1** ⟨*Econ*⟩ tassare, sottoporre a tassazione (*o* imposta). **2** (*fig*) (*to place under a burden*) affaticare, gravare, sforzare; (*to make demands on*) mettere alla prova: *to ~ s.o.'s patience* mettere alla prova la pazienza di qd. **3** (*fig*) (*to accuse*) accusare, tacciare, incolpare: *to ~ s.o. with laziness* accusare qd. di pigrizia. □ *the last lap was a terrible ~ on his stamina* l'ultimo giro mise a dura prova la sua forza di resistenza; ⟨*fig*⟩ *a ~ on one's strength* una cosa che richiede un dispendio di forze; ⟨*fig*⟩ *to ~ s.o.'s strength* affaticare molto qd.; ⟨*Econ*⟩ *~ on value added* imposta *f* sul valore aggiunto.

taxability [ˌtæksəˈbiliti] *s.* tassabilità *f*, imponibilità *f*. **'taxable** [–bl] *a.* tassabile, imponibile, soggetto a tassazione.

taxable| income *s.* reddito *m* imponibile, imponibile *m*. **~ profit** *s.* utile *m* imponibile. **~ value** *s.* valore *m* fiscale.

tax adviser *s.* fiscalista *m/f*.

taxation [tækˈseiʃən] *s.* ⟨*Econ*⟩ **1** tassazione *f*. **2** ⟨*collett*⟩ tasse *fpl*, imposte *fpl*. **taxational** [–əl] *a.* tributario, fiscale, della (*o* relativo alla) tassazione.

taxation| power *s.* autonomia *f* impositiva. **~ schedule** *s.* → **tax schedule**. **~ system** *s.* sistema *m* tributario.

tax| bracket *s.* categoria *f* fiscale. **~ burden** *s.* carico *m* fiscale. **~ capitalization** *s.* capitalizzazione *f* di un'imposta. **~ collector** *s.* esattore *m* delle imposte. **~**

concession *s.* agevolazioni *fpl* (*o* sgravi *mpl*) fiscali. **credit** *s.* credito *m* d'imposta. **~ cut** *s.* riduzione fiscale. **~-deductible** *a.* detraibile dall'imposta. **deduction** *s.* detrazione *f* fiscale. **~ discrimination** discriminazione *f* fiscale. **~ dodger** *s.* ⟨*fam*⟩ → t evader. **~-dodging** *s.* ⟨*fam*⟩ → tax evasion.

taxeme [tækˈsiːm] *s.* ⟨*Ling*⟩ tassema *m*.

tax| equity *s.* giustizia *f* fiscale. **~ evader** *s.* evasore fiscale. **~ evasion** *s.* evasione *f* fiscale. **~-exempt** *a.* tax-free. **~ exile** *s.* chi ripara all'este per evadere le tasse. '**~-'free** *a.* esentasse, esente imposte. **~ haven** *s.* paradiso *m* fiscale.

taxi ['tæksi] **I** *s.* (*pl.* -s/-es* [z]) tassì *m*, taxi autopubblica *f*. **II** *v.i.* **1** andare in tassì. **2** ⟨*Aer*⟩ rullare; (*of a seaplane*) far flottare.

taxi| cab *s.* → taxi. **~ dancer** *s.* entraineuse *f*.

taxidermal [ˌtæksiˈdɔːməl], **taxidermic** [–mik] *a.* della (relativo alla) tassidermia. '**taxidermist** [–mist] *s.* tassidermista *m/f*. '**taxidermy** [–mi] *s.* tassidermia *f*.

taxi| driver *s.* tassista *m*. **~meter** *s.* tassametro *m*. **rank** *s.* posteggio *m* di autopubbliche.

taxis ['tæksis] *s.* (*pl.* -xes [si:z]) **1** ⟨*Biol*⟩ tactismo *m*, tattismo *m*, tassia *f*; (*classification*) classificazione tassonomia *f*. **2** ⟨*Chir*⟩ riduzione *f* di un'ernia median manipolazione (*o* manovra manuale), taxis *f*.

tax| loophole *s.* scappatoia *f* fiscale. **~ offence** *s.* rea *m* tributario.

taxology [tækˈsɔlədʒi] *s.* → taxonomy.

taxonomic [ˌtæksəˈnɔmik], **taxonomical** [–əl] *a.* ⟨*Bi* tassonomico. **taxonomy** [–ˈsɔnəmi] *s.* tassonomia *f*.

tax| payer *s.* contribuente *m/f*. □ *list of –s* ruolo *m* d contribuenti. **~ progression** *s.* progressione *f* fiscale. **rate** *s.* aliquota *f* contributiva. **~ reduction** *s.* riduzio *f* delle tasse. **~ reform** *s.* riforma *f* tributaria. **~ refur** *s.* rimborso *m* d'imposta. **~ relief** *s.* agevolazioni *fpl* sgravi *mpl*) fiscali. **~ return** *s.* dichiarazione *f* d redditi. **~-ridden** *a.* tartassato dal fisco. **~roll** *s.* ruo *m* delle imposte. **~ schedule** *s.* categoria *f* d'imposta. **shelter** *s.* espediente *m* per ridurre l'imponibile. **voucher** *s.* certificato *m* di credito d'imposta. **~yield** entrate *fpl* fiscali.

TB *s.* ⟨*Med*⟩ tuberculosis tubercolosi (*abbr.* TBC).

T-bar *s.* ⟨*tecn*⟩ trave *f* (*o* ferro *m*) a T.

T.B.D. = ⟨*Mar.mil*⟩ *torpedo–boat destroyer* cacciatorp diniere.

T-bevel *s.* ⟨*Fal*⟩ squadra *f* a T.

T-bolt *s.* ⟨*tecn*⟩ vite *f* con testa a T.

T-bone (steak) *s.* ⟨*Macell,Gastr*⟩ bistecca *f* con l'osso.

T.C. = *Town Councillor* consigliere comunale.

T.D. = ⟨*SU*⟩ *Treasury Department* ministero del tesoro.

tea [tiː] **I** *s.* **1** ⟨*Bot*⟩ tè *m*, the *m*. **2** (*leaves, drink*) tè *m: packet of ~* un pacchetto di tè; *a cup of ~* una tazza tè. **3** (*estens*) (*vegetable infusion*) infuso *m*, tè *m*. (*afternoon refreshments*) tè *m*, ricevimento *m* (*o* rinfresc pomeridiano. **5** ⟨*sl*⟩ (*marijuana*) marijuana *f*, ⟨*gerg*⟩ er *f*. **II** *a.* di (*o* relativo a) tè. □ *to be at ~* stare prendend il tè; *to have ~* prendere il tè; *to make* (*the*) *~* fare preparare) il tè; *to ask* (*o* *invite*) *s.o. to ~* invitare qd. un⁷ (*o* per il) tè.

tea| bag *s.* bustina *f* di tè. **~ biscuits** *s.pl.* biscotti *m* da tè. **~ break** *s.* intervallo *m* (*o* interruzione *f*) per il **~ caddy** *s.* barattolo *m* (*o* scatola *f*) per il tè. **~cake** ⟨*Dolc*⟩ focaccia *f* dolce imburrata (servita calda). **~ ca** *s.* carrello *m*.

teach [tiːtʃ] *v.* (*pret., p.p.* **taught** [tɔːt]) **I** *v.t.* **1** insegna istruire in: *to ~ English* insegnare l'inglese. **2** (*to g instruction to*) istruire, impartire un'istruzione a: *to backward children* istruire i bambini ritardati. **3** (*to cau to know*) insegnare a, far apprendere a, ammaestrare: *to a child* (*how*) *to swim* insegnare a nuotare a un bambin **4** ⟨*fam*⟩ (*to cause to know the undesirable consequence an action*) insegnare a, far imparare a: *I'll ~ you* answer me back! ti insegnerò io a rispondermi! **5** (*preach*) predicare, insegnare: *Jesus taught forgiveness* Ge predicò il perdono. **II** *v.i.* **1** insegnare, essere *insegnante, fare l'insegnante. **2** (*to give instructi lessons*) dare lezioni, insegnare. □ *he –es for a living* guadagna la vita insegnando; ⟨fam⟩ that will ~ him not to *interfere* così imparerà a non ficcare il naso negli affari altrui; ⟨am.fam⟩ to ~ school fare l'insegnante.

achability [ˌti:tʃəˈbiliti] s. **1** il potersi insegnare con facilità, comprensibilità f. **2** (aptness to learn) capacità f di apprendimento, ricettività f. **'teachable** [-bl] a. **1** (of a subject) che si può insegnare con facilità, comprensibile. **2** (of a person) ricettivo, che apprende facilmente. **teachableness** [-blnis] s. → **teachability. 'teacher** [-tʃə] s. insegnante m/f, maestro m (f –a), professore m (f -essa), docente m/f: a ~ of English un insegnante d'inglese; a university ~ un docente universitario. □ –s' college magistero m. **'teachership** [-tʃəʃip] s. professione d'insegnante, insegnamento m.

acher's pet s. beniamino m (f –a) dell'insegnante.

ach-in s. manifestazione f di protesta tenuta in un'università (consistente in una serie di discorsi, dibattiti, ecc.).

aching ['ti:tʃiŋ] **I** s. **1** insegnamento m, istruzione f; ⟨profession⟩ insegnamento m, professione f d'insegnante: to take up ~ darsi all'insegnamento. **2** pl. insegnamenti mpl, dottrina f, precetti mpl: the –s of the Church gli insegnamenti della chiesa. **II** a. docente, insegnante.

aching| aids s.pl. materiale m didattico (o d'insegnamento). ~ **hospital** s. clinica f universitaria. ~ **methods** s. metodo m didattico. ~ **staff** s. corpo m docente.

a| clipper s. ⟨Mar⟩ clipper m per il trasporto del tè. ~ **cloth** s. **1** canovaccio m (o strofinaccio) per asciugare i piatti. **2** (small tablecloth) tovaglietta f da tè. ~ **cosy, ~ cozy** s. copriteiera m/f. **~cup** s. **1** tazza f da tè. **2** → **teacupful. ~cupful** s. (pl. -s/teacupsful) tazza f da tè, contenuto m di una tazza da tè. ~ **dance** s. tè m danzante. ~ **fight** s. ⟨sl⟩ (tea party) tè m, trattenimento m (o ricevimento) pomeridiano. ~ **garden** s. **1** ristorante m all'aperto. **2** (tea plantation) piantagione f di tè. ~ **gown** s. ⟨Vest⟩ abito m da pomeriggio. ~ **house** s. (in the East) casa f da tè.

ak [ti:k] **I** s. ⟨Bot⟩ te(a)k m, teck m. **II** a. di te(a)k.

a kettle s. teiera f, bollitore m da tè.

al (duck) [ti:l] s. ⟨Ornit⟩ alzavola f.

a leaf s.irr. foglia f di tè.

am [ti:m] **I** s. **1** ⟨Sport⟩ squadra f, formazione f: a football ~ una squadra di calcio. **2** (of scientists, doctors, etc.) gruppo m di lavoro, team m. **3** (of workmen) squadra f. **4** (of draught animals) tiro m, attacco m. **II** a. di squadra: ~ games giochi di squadra. **III** v.t. **1** (of horses) attaccare; (of oxen) aggiogare. **2** ⟨fig⟩ (to cause to join) mettere in squadra (o coppia), accoppiare, mettere insieme. **IV** v.i. **1** (spesso con up) mettersi insieme (o in squadra), formare una squadra (o un gruppo). **2** (to join forces, collaborate; spesso con up) collaborare, cooperare, unire le forze, mettersi (with con): we must all ~ up dobbiamo collaborare tutti.

am| leader s. capogruppo m/f. **~mate** s. compagno m (f –a) di squadra. ~ **spirit** s. spirito m di squadra (o corpo). ~ **sport** s. sport m a squadre.

amster ['ti:mstə] s. **1** chi guida un tiro (di cavalli). **2** ⟨am⟩ (truckdriver) camionista m.

amwork ['ti:mwə:k] s. **1** lavoro m di squadra. **2** ⟨cooperative effort⟩ sforzo m combinato, lavoro m di squadra (o in collaborazione).

a| party s. **1** tè m, ricevimento m (o trattenimento) pomeridiano. **2** ⟨sl⟩ (s.th. easy, without danger) scherzo m, giochetto m, bazzecola f, bagatella f, inezia f. ~ **plantation** s. piantagione f di tè. ~ **planter** s. piantatore m (o coltivatore) di tè. **~pot** s. teiera f.

apoy ['ti:pɔi] s. tavolinetto m a tre gambe.

ar¹ [tiə] s. **1** lacrima f, lagrima f: her eyes filled with –s i suoi occhi si riempirono di lacrime; to burst into –s scoppiare in lacrime. **2** pl. ⟨fig⟩ (grief, sorrow) lacrime fpl, dolore m, afflizione f. **3** (drop of liquid) lacrima f, goccio m, goccia f; (globule of transparent matter) goccia f, gocciola f, stilla f, lacrima f. □ to shed bitter –s versare (o spargere) lacrime amare, piangere amaramente; to bring –s to the eyes far piangere (o lacrimare), far venire le lacrime agli occhi.

tear² [tɛə] v. (pret. **tore** [tɔ:]/rar. **tare** [tɛə], p.p. **torn** [tɔ:n]/rar. **tare**) **I** v.t. **1** strappare, stracciare, lacerare, squarciare: to ~ a piece of cloth in two strappare un pezzo di stoffa in due; to ~ a letter into pieces stracciare una lettera. **2** (to pull violently, wrench) strappare, tirare (o togliere) via: he tore the newspaper out of my hands mi strappò il giornale di mano; I could not ~ my eyes from that scene non potevo staccare gli occhi da quella scena. **3** (to make by rending) fare (lacerando): to ~ a hole in one's trousers farsi un buco nei pantaloni. **4** ⟨fig⟩ (to disrupt, divide) dividere, lacerare, spaccare, dilaniare. **5** ⟨fig⟩ (to affect deeply) tormentare, lacerare, straziare: to be torn by suspicion essere tormentato dal sospetto. **6** ⟨Med⟩ (of a muscle) strappare. **II** v.i. **1** strapparsi, lacerarsi, stracciarsi: the coat tore at the elbow il cappotto si strappò al gomito. **2** (to move rapidly, forcefully) passare (o andare) a tutta velocità, correre velocemente, precipitarsi. □ the children were –ing about in the road i bambini correvano eccitati per la strada; to ~ **apart**: 1 separare, dividere, staccare; 2 ⟨fam⟩ (to destroy utterly) distruggere (completamente): the bomb tore the house apart la bomba distrusse la casa; to ~ **around** correre all'impazzata; to ~ **at**: 1 dare uno strappo a, tirare con forza; 2 (to try to tear) cercare di strappare (o staccare); to ~ **away**: 1 strappare, tirar via, togliere; 2 ⟨rifl⟩ lasciare (o abbandonare) a malincuore, staccarsi; 3 (to depart at speed) partire a gran velocità, andarsene ⌐di gran carriera⌐ (o in fretta e furia); to be torn **between** hope and despair essere combattuto tra la speranza e la disperazione; to ~ **down**: 1 staccare, tirare giù (o via): to ~ down a poster staccare un manifesto; 2 (to demolish) demolire, abbattere, distruggere; 3 (to descend rapidly) precipitarsi giù per, scendere ⌐in fretta e furia⌐ (o di gran carriera): she tore down the stairs si precipitò giù per le scale; ⟨fam⟩ to ~ **into**: 1 (to attack violently) attaccare energicamente (o con violenza), aggredire, assalire; 2 (to attack verbally) aggredire, investire con ingiurie; to ~ **it** guastare (o sciupare) tutto; ⟨fam⟩ that's torn it! è finita!, non ci mancava altro!; to ~ **off**: 1 strappare, staccare, tirare (o togliere) via: to ~ off a cheque staccare un assegno; 2 ⟨fam⟩ (to produce, compose rapidly) buttar giù, comporre rapidamente; 3 (to depart at speed) partire (o andarsene) in fretta; to ~ a letter **open** aprire una lettera lacerando la busta; to ~ **round** = to tear **around**; to ~ **up**: 1 strappare, fare a pezzi, stracciare; 2 (to pull up violently) strappare, svellere, sradicare; 3 ⟨fig⟩ rompere, annullare: to ~ up an agreement rompere un accordo; 4 (to go up rapidly) salire rapidamente (su per), precipitarsi su per.

tear³ [tɛə] s. strappo m, lacerazione f, rottura f, squarcio m: he had a ~ in his sleeve aveva uno strappo nella manica. □ at full ~ a precipizio, a spron battuto, di gran carriera.

tearaway ['tɛərəwei] s. ⟨sl⟩ (young hooligan) giovane teppista m/f.

tear| bomb [tiə] s. bomba f lacrimogena. **~drop** s. **1** lacrima f. **2** ⟨Oref⟩ goccia f, gemma f a goccia. ~ **duct** s. ⟨Anat⟩ condotto m lacrimale.

tearful ['tiəful] a. **1** piangente, lacrimoso, in lacrime. **2** (inclined to weep) che ha il pianto facile, ⟨fam⟩ che ha le lacrime in tasca. **3** (causing tears) lacrimoso, lacrimevole, doloroso, triste. **tearfully** [-i] avv. lacrimevolmente. **tearfulness** [-nis] s. l'essere lacrimoso.

tear| gas [tiə] s. gas m lacrimogeno. ~ **gland** s. ⟨Anat⟩ ghiandola f lacrimale.

tearing ['tɛəriŋ] **I** a. ⟨fam⟩ terribile, tremendo, furioso, furibondo: to be in a ~ hurry avere una fretta terribile; (violent) violento, furioso, furibondo: to be in a ~ rage essere in preda a un'ira violenta. **II** s. lacerazione f, strappo m.

tear jerker [tiə] s. ⟨fam⟩ film m (o storia f, ecc.) lacrimevole.

tea| room s. sala f da tè. ~ **rose** s. ⟨Bot⟩ rosa f tea (o tè).

tearproof ['tɛəpru:f] a. che non si strappa, a prova di strappo.

tear| shell [tiə] s. → **tear bomb. ~-stained** a. bagnato (o rigato) di lacrime, lacrimoso: ~ cheeks guance bagnate di lacrime.

tease [ti:z] **I** *v.t.* **1** canzonare, beffare, burlare; (*to make fun of playfully*) prendere in giro, canzonare: *she used to ~ her husband about his bald head* prendeva sempre in giro il marito per la sua testa pelata. **2** (*to importune persistently*) infastidire, importunare, seccare, dar noia a, stuzzicare; (*to torment*) tormentare: *stop teasing your little sister* smettila di tormentare la (tua) sorellina. **3** ⟨*Tess*⟩ (*of wool, etc.;* spesso con *out*) cardare, sottoporre a cardatura; (*of cloth*) garzare, scardassare. **II** *v.i.* essere molesto (*o* importuno). **III** *s.* **1** beffatore *m* (*f* –trice), canzonatore *m* (*f* –trice), burlone *m* (*f* –a). **2** (*irritating person*) persona *f* importuna (*o* molesta), stuzzichino *m*.

teasel ['ti:zl] **I** *s.* **1** ⟨*Bot*⟩ cardo *m*. **2** ⟨*Tess*⟩ garzo *m;* (*mechanical device*) scardasso *m*, cardo *m*. **II** *v.t.* (*pret., p.p.* **teaselled**/*am.* **teaseled** [–d]) ⟨*Tess*⟩ scardassare, garzare.

teaser ['ti:zə] *s.* **1** → tease. **2** ⟨*fam*⟩ (*difficult problem, question*) rompicapo *m*, enigma *m*. **3** ⟨*Tess*⟩ (*worker*) scardassatore *m* (*f* –trice), garzatore *m* (*f* –trice); (*machine*) garzatrice *f*.

tea| service, ~ set *s.* servizio *m* da tè. **~ shop** *s.* sala *f* da tè.

teasingly ['ti:ziŋli] *avv.* **1** per burla, scherzosamente, per scherzo. **2** (*annoyingly*) in modo importuno (*o* molesto).

tea|spoon *s.* **1** cucchiaino *m* da tè. **2** → teaspoonful. **~spoonful** *s.* (*pl.* -s/teaspoonsful) cucchiaino *m* da tè, contenuto *m* di un cucchiaino da tè. **~ strainer** *s.* passino *m* (*o* colino) per il tè.

teat [ti:t] *s.* **1** ⟨*Anat*⟩ capezzolo *m*. **2** (*of baby's bottle*) tettarella *f*.

tea| table *s.* tavolino *m* da tè. **~ taster** *s.* assaggiatore *m* (*f* –trice) di tè. **~time** *s.* ora *f* del tè. **~ towel** *s.* strofinaccio *m* (*o* canovaccio) per asciugare i piatti. **~ tray** *s.* vassoio *m* da tè. **~ trolley** *s.* carrello *m* da tè. **~ urn** *s.* grosso bollitore *m* da tè. **~ wagon** *s* → tea trolley.

teazel, teazle *s./v.* → teasel.

tec [tek] *s.* ⟨*sl*⟩ **1** (*detective*) investigatore *m* privato, detective *m*. **2** ⟨*Scol*⟩ (*technical college*) politecnico *m*.

tech. = **1** *technical* tecnico. **2** *technology* tecnologia.

technic ['teknik] **I** *a.* → technical. **II** *s.* **1** tecnica *f*. **2** *pl.* (*technology;* costr. sing. o pl.) tecnologia *f*, tecnica *f*.

technical [–əl] *a.* **1** tecnico: *~ language* linguaggio tecnico; *~ skill* abilità tecnica. **2** (*according to a strict interpretation of the rules*) tecnico: *it was a ~ defeat* fu una sconfitta tecnica. **3** ⟨*Dir*⟩ secondo una stretta interpretazione della legge.

technical| college *s.* ⟨*Scol*⟩ politecnico *m*. **~ cooperation** *s.* ⟨*Pol*⟩ cooperazione *f* tecnica.

technicality [,tekni'kæliti] *s.* **1** tecnicità *f: the ~ of a language* la tecnicità di un linguaggio. **2** (*technical point, detail*) dettaglio *m* (*o* elemento) tecnico, tecnicità *f*. **3** (*use of technical methods*) tecnicismo *m*.

technicalization [,teknikəlai'zeiʃən] *s.* tecnicizzazione *f*. **technicalize** [–laiz] *v.t.* tecnicizzare.

technical knockout *s.* ⟨*Sport*⟩ knockout *m* (*o* fuoricombattimento) tecnico.

technically ['teknikəli] *avv.* **1** tecnicamente. **2** (*with technical language*) con una terminologia tecnica: *to write ~* scrivere con una terminologia tecnica.

technical manager *s.* direttore *m* tecnico.

technician [tek'niʃən] *s.* tecnico *m*, perito *m*. **'technicist** [–nisist] *s.* ⟨*non com*⟩ → technician.

Technicolor ['teknikələ] *s.* ⟨*Cin*⟩ technicolor *m*.

technique [tek'ni:k] *s.* **1** tecnica *f: a violinist's ~* la tecnica di un violinista. **2** (*skill in technique*) abilità *f* tecnica, perizia *f*, maestria *f*. **3** (*technical methods*) tecnica *f*, metodo *m* (*o* procedimento) tecnico. □ ⟨*fam*⟩ *he has the greatest ~ with women* ci sa veramente fare con le donne.

technocracy [tek'nɔkrəsi] *s.* tecnocrazia *f*. **'technocrat** [–no(u)kræt] *s.* tecnocrate *m/f*. **,technocratic** [–no(u)'krætik] *a.* tecnocratico.

technological [,teknə'lɔdʒikəl] *a.* tecnologico: *~ gap* divario tecnologico. **technologically** [–i] *avv.* in modo tecnologico.

technologist [tek'nɔlədʒist] *s.* tecnologo *m*, esperto *m* –a) in tecnologia. **technology** [–dʒi] *s.* **1** tecnologia *f*. (*technical terminology*) terminologia *f* tecnica, linguagg *m* tecnico. □ *hard ~* tecnologia dura; *soft ~* tecnolog morbida.

technostructure [,tekno(u)'strʌktʃə] *s.* tecnostruttura *f*.

tectonic [tek'tɔnik] *a.* **1** architettonico. **2** ⟨*Geol*⟩ tettonic tectonico. **tectonics** [–s] *s.pl.* (costr. sing.) **1** architettu *f*. **2** ⟨*Geol*⟩ tettonica *f*, tectonica *f*.

tectorial [tek'tɔ:riəl] *a.* ⟨*Biol*⟩ tettorio, tectorio, tettor copritore.

tectorial membrane *s.* ⟨*Anat*⟩ lamina *f* (*o* membran tettoria.

tectrix ['tektriks] *s.* (*pl.* -trices ['traisi:z]) penna *f* copritri (*o* tettrice).

ted [ted] *v.t.* (*pret., p.p.* **'tedded** [–id]) ⟨*Agr*⟩ (*of ha* stendere (*o* spargere) ad asciugare.

Ted **I** *N.pr. dim.* di **Edward, Theodore. II** *s.* ⟨*sl*⟩ Teddy boy.

tedder ['tedə] *s.* ⟨*Agr*⟩ **1** chi stende il fieno ad asciugare. (*machine*) voltafieno *m*.

teddy *s.* → teddy bear.

Teddy ['tedi] *N.pr. dim.* di **Edward, Theodore.**

teddy| bear *s.* orsacchiotto *m* (di pezza). **~ boy** *s.* ted boy *m*, (giovane) teppista *m*. **~ girl** *s.* (giovane) teppis *f*.

Te Deum *lat.* [ti:'di:əm] *s.* ⟨*Lit*⟩ Te Deum *m*.

tedious ['ti:djəs] *a.* noioso, tedioso, uggioso: *a ~ speech* discorso noioso. **tediously** [–li] *avv.* noiosament tediosamente. **tediousness** [–nis], **tedium** [–diəm] noia *f*, tedio *m*.

tee[1] [ti:] **I** *s.* **1** (*letter T*) ti *f/m*. **2** (*s.th. T-shaped*) cosa *f* forma di T. **3** ⟨*tecn*⟩ (*T-shaped pipe joint*) raccordo *m* T; (*T-bar*) trave *f* (*o* ferro *m*) a T. **II** *a.* (*T-shaped*) (forma di) T. □ ⟨*fam*⟩ *to a ~* a pennello, perfettamen *it suits me to a ~* mi va a pennello.

tee[2] *s.* ⟨*Sport*⟩ **1** (*in golf*) tee *m*. **2** → teeing ground. (*in curling*) bersaglio *m*.

tee[3] *v.t.* ⟨*Sport*⟩ (*in golf;* general. con *up*) collocare sul te □ *to ~ off:* 1 lanciare la palla dal tee, cominciare partita; 2 ⟨*fig*⟩ cominciare, dare il via, iniziare; *to ~ u* 1 collocare sul tee; 2 ⟨*fam*⟩ prepararsi, approntarsi.

teeing ground ['ti:iŋ] *s.* ⟨*Sport*⟩ (*in golf*) piazzola *f* partenza.

teem[1] [ti:m] *v.i.* brulicare, abbondare, essere affollato pieno, pullulare, formicolare (*with* di): *the streets were –i with tourists* le strade brulicavano di turisti.

teem[2] [*rar*] **I** *v.t.* **1** (*to pour*) versare. **2** (*to pour o discharge*) vuotare, scaricare. **3** ⟨*Met*⟩ colare. **II** *v* piovere a dirotto (*o* secchie).

teeming[1] ['ti:miŋ] *a.* **1** affollato, pieno, brulican formicolante, pullulante. **2** (*fruitful*) fertile, fecondo.

teeming[2] *a.* (*of rain*) che cade a dirotto (*o* secchie). □ *i ~ with rain* piove a dirotto.

teen-age [ti:n] *a.* di (*o* relativo ad) adolescenti (fra i 13 e 19 anni), giovanile, di (*o* da) teen-ager: *~ probler* problemi degli adolescenti. **teen-aged** *a.* di età fra i 13 i 19 anni. **teen-ager** *s.* adolescente *m/f* (fra i 13 e i anni), teen-ager *m/f*.

teens [ti:nz] *s.pl.* età *f* fra i 13 e i 19 anni, adolescenza □ *to be in one's ~* essere un adolescente.

teeny(-weeny) ['ti:ni('wi:ni)] *a.* ⟨*fam*⟩ piccolino, piccin minuscolo.

teepee *s.* → tepee.

tee-shirt *s.* → T-shirt.

teeter ['ti:tə] **I** *v.i.* ⌐avere un⌐ (*o* camminare con) pas malfermo. **2** (*to stand, balance unsteadily*) barcolla vacillare, traballare, pencolare. **3** ⟨*am*⟩ (*to seesaw*) anda in altalena. **II** *s.* ⟨*am*⟩ (*seesaw*) altalena *f*.

teeth [ti:θ] → tooth.

teethe [ti:ð] *v.i.* mettere i denti: *the baby is teething* bambino mette i denti. **'teething** [–iŋ] *s.* dentizione *f*.

teething| ring *s.* dentar(u)olo *m*. **~ troubles** *s.pl.* disturbi *mpl* della dentizione. **2** ⟨*fam*⟩ (*initial difficultie* difficoltà *fpl* (*o* problemi *mpl*) iniziali.

teethridge ['ti:θridʒ] *s.* ⟨*Anat,Fon*⟩ arcata *f* alveolare.

teetotal [ti:'toutl] *a.* **1** antialcolico, antialcolista:

movement movimento antialcolico. **2** (*completely abstaining from alcoholic drinks*) astemio. **teetotaler** *am. s.* → **teetotaller**. **teetotalism** [-izəm] *s.* astinenza *f* dalle bevande alcoliche, antialcolismo *m.* **teetotaller** [-ə] *s.* astemio *m* (*f* –a).

teetotum [‚tiː'toutʌm] *s.* piccola trottola *f*, trottolino *m.*

tegument ['tegjumənt] *s.* **1** copertura *f*, rivestimento *m.* **2** ⟨*Anat,Bot*⟩ tegumento *m.* **,tegumental** [-'mentl], **,tegumentary** [-'məntəri] *a.* tegumentale, tegumentario.

tehee, te-hee [tiː'hiː] **I** *s.* risatina *f* sommessa. **II** *intz.* hi, hi. **III** *v.i.* ridacchiare, ridere sommessamente.

teil (tree) [tiːl] *s.* ⟨*Bot*⟩ tiglio *m.*

tel. = **1** *telegraph* telegrafo. **2** *telephone* telefono (*abbr.* tel.).

telaesthesia *s.* → **telesthesia**.

telamon ['teləmən, -mɔn] *s.* (*pl.* **-mones** [‚telə'mouniːz]) ⟨*Arch*⟩ telamone *m*, atlante *m.*

telary ['teləri] *a.* delle (*o* relativo alle) ragnatele.

telautogram [tel'ɔːtəgræm] *s.* ⟨*Tel*⟩ messaggio *m* trasmesso per telautografo. **telautograph** [-grɑːf] *s.* teleautografo *m.* **,telautography** [-'tɔgrəfi] *s.* teleautografia *f.*

tele-archics [‚teli'ɑːkiks] *s.pl.* (costr. sing.) ⟨*Aer*⟩ scienza *f* dei telecomandi.

telebreaker ['telibreikə] *s.* ⟨*El*⟩ teleruttore *m.*

telecamera [‚teli'kæmərə] *s.* ⟨*TV*⟩ telecamera *f.*

telecast ['telikɑːst] **I** *s.* ⟨*TV*⟩ trasmissione *f* televisiva, teletrasmissione *f.* **II** *v.t.irr.* trasmettere per televisione, teletrasmettere.

telecaster ['telikɑːstə] *s.* annunciatore *m* televisivo, annunciatore *m* (*f* –trice) della televisione.

telecenter *am.*, **telecentre** ['telisentə] *s.* ⟨*Inform*⟩ centro *m* di teletrattamento.

telecommunication ['telikə‚mjuːni'keiʃən] *s.* **1** telecomunicazione *f.* **2** *pl.* (*science; costr. sing.*) scienza *f* delle telecomunicazioni.

teleconference [‚teli'kɔnfərəns] **I** *s.* ⟨*Tel*⟩ teleconferenza *f.* **II** *v.i.* tenere una teleconferenza.

telecontrol ['telikən'troul] *s.* ⟨*tecn*⟩ telecomando *m.* □ *to operate by* ~ telecomandare. **telecontrolled** [-d] *a.* telecomandato.

telecopier [‚teli'kɔpiə] *s.* telecopiatore *m.* **'telecopy** [–kəpi] **I** *v.t.* telecopiare. **II** *s.* telecopia *f.*

telecourse [‚teli'kɔːs] *s.* corso *m* di studi televisivi.

telefilm ['telifilm] *s.* telefilm *m.*

telegenic [‚teli'dʒenik] *a.* telegenico.

telegram ['teligræm] *s.* telegramma *m.*

telegraph ['teligrɑːf] **I** *s.* **1** telegrafo *m.* **2** (*telegram*) telegramma *m.* **3** ⟨*Mar*⟩ telegrafo *m* di macchina. **II** *v.t.* **1** telegrafare: *to* ~ *a message* telegrafare un messaggio; (*of flowers, money*) mandare telegraficamente; (*of a person*) telegrafare a, mandare un telegramma a. **2** ⟨*fig*⟩ far capire a segni (*o* gesti, ecc.); (*of a punch*) far prevedere (inavvertitamente). **III** *v.i.* inviare (*o* mandare) un telegramma. □ *to* ~ *one's congratulations* mandare un telegramma di congratulazioni.

telegraph| board *s.* ⟨*Sport*⟩ tabellone *m.* ~ **boy** *s.* fattorino *m* (*o* ragazzo) dei telegrammi.

telegrapher [ti'legrəfə] *s.* telegrafista *m/f.*

telegraphese [‚teligrɑː'fiːz] *s.* stile *m* telegrafico (*anche fig.*).

telegraphic [‚teli'græfik] *a.* telegrafico: ~ *address* indirizzo telegrafico. **telegraphically** [-əli] *avv.* telegraficamente.

telegraphic| money order *s.* vaglia *m* telegrafico. ~ **transfer** *s.* bonifico *m* telegrafico.

telegraphist [ti'legrəfist] *s.* → **telegrapher**.

telegraph| key *s.* tasto *m* (del telegrafo), manipolatore *m.* ~ **line** *s.* → **telegraph wire**. ~ **pole**, ~ **post** *s.* palo *m* telegrafico (*o* del telegrafo). ~ **wire** *s.* cavo *m* telegrafico.

telegraphy [ti'legrəfi] *s.* telegrafia *f.*

telekinesis [‚teliki'niːsis] *s.* ⟨*Occult*⟩ telecinesi *f.*

Telemachus [ti'leməkəs] *N.pr.* ⟨*Mitol*⟩ Telemaco *m.*

telemark, Telemark ['telimɑːk] *s.* ⟨*Sport*⟩ (*in skiing*) telemark *m.*

telematics [teli'mætiks] *s.pl.* (costr. sing.) telematica *f.*

telemechanics [‚telimi'kæniks] *s.pl.* (costr. sing.) telemeccanica *f.*

telemedicine [‚teli'medisin] *s.* telemedicina *f.*

telemeter [ti'lemitə] **I** *s.* ⟨*Ott*⟩ telemetro *m.* **II** *v.t.* telemetrare. **tele'metering** [-riŋ] *s.* telemetraggio *m.* **telemetric** [‚teli'metrik] *a.* telemetrico. **telemetrist** [-trist] *s.* telemetrista *m/f.* **telemetry** [-tri] *s.* telemetria *f.*

teleobjective [‚teliɔb'dʒektiv] *s.* ⟨*Fot*⟩ teleob(b)iettivo *m.*

teleologic [‚teliə'lɔdʒik], **teleological** [-əl] *a.* ⟨*Filos*⟩ teleologico.

telepathic [‚teli'pæθik] *a.* telepatico. **telepathically** [-əli] *avv.* per telepatia. **telepathist** [ti'lepəθist] *s.* **1** chi crede nella telepatia. **2** (*student of telepathy*) studioso *m* (*f* –a) di telepatia. **3** (*one having telepathic powers*) chi ha poteri telepatici, soggetto *m* telepatico. **telepathy** [ti'lepəθi] *s.* telepatia *f.*

telephone ['telifoun] **I** *s.* telefono *m.* **II** *v.t.* **1** telefonare, trasmettere per telefono: *to* ~ *a message* telefonare un messaggio. **2** (*of a person*) telefonare a, fare una telefonata a, chiamare: *I'll* ~ *you tomorrow* ti telefono domani. **III** *v.i.* telefonare, parlare al telefono. □ *to send a message by* ~ mandare un messaggio per telefono, telefonare un messaggio; *written* ~ *message* fonogramma *m*; *on the* ~ al telefono; *to be wanted on the* ~ essere desiderato al telefono; *to be on the* ~: **1** essere (*o* stare parlando) al telefono; **2** (*to have a telephone*) avere il telefono: *we aren't on the* ~ *yet* non abbiamo ancora il telefono.

telephone| answering service *s.* segreteria *f* telefonica. ~ **book** *s.* → **telephone directory**. ~ **booth**, ~ **box** *s.* cabina *f* telefonica. ~ **call** *s.* comunicazione *f* telefonica, telefonata *f.* □ ~ *person to person* conversazione *f* con avviso di chiamata. ~ **conference** *s.* conferenza *f* telefonica, teleconferenza *f.* ~ **connection** *s.* collegamento *m* telefonico. ~ **directory** *s.* elenco *m* del telefono (*o* telefonico), elenco degli abbonati. ~ **exchange** *s.* centralino *m* telefonico. ~ **lead** *s.* cordone *m* telefonico (*o* del telefono). ~ **modem** *s.* ⟨*Inform*⟩ modem *m.* ~ **number** *s.* numero *m* telefonico (*o* di telefono). ~ **operator** *s.* telefonista *m/f*, centralinista *m/f.* ~ **receiver** *s.* ricevitore *m* telefonico (*o* del telefono). ~ **research** *s.* indagine *f* telefonica. ~ **set** *s.* apparecchio *m* telefonico. ~ **subscriber** *s.* abbonato *m* (*f* –a) (al telefono).

telephonic [‚teli'fɔnik] *a.* telefonico. **telephonically** [-əli] *avv.* telefonicamente, per telefono. **telephonist** [ti'lefənist] *s.* → **telephone operator**. **telephony** [ti'lefəni] *s.* telefonia *f.*

telephote ['telifout] *s.* apparecchio *m* telefotografico.

telephoto [‚teli'foutou] **I** *s.* (*pl.* **-s** [z]) ⟨*Rad,Fot*⟩ telefoto(grafia) *f.* **II** *a.* → **telephotographic**. **telephotograph** [-təgrɑːf] *s.* telefoto(grafia) *f.* **tele,photographic** [-təˈgræfik] *a.* telefotografico. **telephotography** [-fəˈtɔgrəfi] *s.* telefotografia *f.*

telephoto lens *s.* ⟨*Fot*⟩ teleob(b)iettivo *m.*

teleplay ['teliplei] *s.* ⟨*TV*⟩ originale *m* televisivo, teledramma *m.*

teleprint ['teliprint] **I** *v.t.* trasmettere per telescrivente, telescrivere. **II** *v.i.* usare la telescrivente. **teleprinter** [-ə] *s.* telescrivente *f.*

teleprinter operator *s.* telescriventista *m/f.*

teleprocess [‚teli'prouses] *v.t.* elaborare (*o* trattare) a distanza. **teleprocessing** [-'prousesiŋ] *s.* teletrattamento *m*, elaborazione *f* a distanza, teleelaborazione *f.*

teleprompter ['teliprɔmptə] *s.* ⟨*TV*⟩ gobbo *m.*

telerecord [‚teli'rikɔːd] *v.t.* registrare per la televisione. **telerecording** [-iŋ] *s.* registrazione *f* televisiva.

telescope ['teliskoup] **I** *s.* **1** ⟨*Astr*⟩ telescopio *m.* **2** ⟨*Ott,Mar*⟩ cannocchiale *m.* **II** *a.* a cannocchiale, a telescopio, telescopico, rientrante, a incastro. **III** *v.i.* **1** rientrare (come le parti di un cannocchiale), essere a cannocchiale. **2** (*of cars, etc.*) incastrarsi l'uno nell'altro. **IV** *v.t.* **1** incastrare, rientrare (come le parti di un cannocchiale). **2** (*of cars, etc.*) incastrarsi in. **,telescopic** [-'skɔpik] *a.* **1** telescopico. **2** (*constructed of parts sliding into e.o.*) rientrante, a incastro, a cannocchiale, a telescopio: *a* ~ *aerial* un'antenna rientrante. **,telescopically** [-'skɔpikəli] *avv.* per mezzo del telescopio.

telescopic| dumper s. ⟨Aut⟩ ammortizzatore m telescopico. **~ fork** s. ⟨Mecc⟩ forcella f telescopica. **~ sight** s. ⟨Mil⟩ mira f a cannocchiale.

telescopist [ti'leskəpist] s. chi usa il telescopio. **telescopy** [-pi] s. telescopia f.

telescreen ['teliskri:n] s. ⟨TV⟩ schermo m televisivo, video m, teleschermo m.

telescriptor [,teli'skriptə] s. telescrivente f.

telespectroscope [,teli'spektro(u)skoup] s. ⟨Astr⟩ tele-spettroscopio m.

telesthesia [,telis'θi:ziə] a. della (o relativo alla) tele-stesia.

teletype ['telitaip] v. → teleprint.

teletype writer am. s. → teleprinter.

teletypist ['telitaipist] s. telescriventista m/f.

teleview ['telivju:] I v.i. guardare uno spettacolo televisivo. II v.t. vedere in (o alla) televisione. **televiewer** [-ə] s. telespettatore m (f –trice).

televise ['telivaiz] v. → telecast. **televising** [-iŋ] s. ripresa f televisiva.

television ['teliviʒən] s. **1** televisione f. **2** (apparatus) televisore m, televisione f. □ on ~ alla televisione: to see s.th. on ~ vedere qc. alla televisione; to appear on ~ apparire alla televisione.

television| broadcast s. programma m televisivo, trasmissione f televisiva, teletrasmissione f. **~ comedy** s. telecommedia f. **~ film** s. telefilm m. **~ licence fee** s. canone m d'abbonamento televisivo. **~ message** s. messaggio m televisivo, telemessaggio m. **~ network** s. rete f televisiva. **~ play** s. originale m televisivo. **~ programme** s. programma m televisivo, teleprogramma m. **~ receiver, ~ set** s. televisore m, televisione f. **~ subscriber** s. teleutente m/f. **~ team** s. troupe f televisiva. **~ transmitter** s. trasmettitore m televisivo.

televisor ['telivaizə] s. apparecchio m televisivo, televisione f.

telex ['teleks] I s. telex m. II v.t. trasmettere (o inviare) per telex.

TELEX = Teleprinter Exchange trasmissione per te-lescrivente.

telex subscriber s. abbonato m telex.

telfer s. → telpher.

tell [tel] v. (pret., p.p. told [tould]) I v.t. **1** dire: to ~ s.th. to s.o. dire qc. a qd.; can you ~ me the time puoi dirmi l'ora; (to say positively) dire (di certo), sapere, conoscere: no one can ~ what will happen nessuno può dire cosa accadrà. **2** (of a person: to inform) dire a, far sapere a: you will be told where to go ti sarà detto dove devi andare; (to inform positively) assicurare a, dire (con certezza) a: it's suicidal, I ~ you è un suicidio, te lo assicuro (o dico io); (to order) dire, ordinare, comandare: do as I told you fate come vi ho detto. **3** (to narrate, recount) raccontare, narrare, dire: to ~ a story raccontare una storia; (to utter) dire, raccontare: to ~ a lie dire una bugia. **4** (to express in words) dire, esprimere a parole: I cannot ~ you how sorry I am non so dirti quanto mi dispiaccia. **5** (to divulge) svelare, rivelare, dire: to ~ a secret to s.o. svelare un segreto a qd.; one glance told me everything uno sguardo mi svelò tutto. **6** (to see, discern) vedere, scorgere, distinguere, discernere: it is difficult to ~ what it is at this distance a questa distanza è difficile vedere cos'è; (to recognize, distinguish) riconoscere, discernere, distinguere: I don't know much about music but I can ~ a good tune non m'intendo molto di musica ma so riconoscere un buon motivo; to ~ good from evil discernere il bene dal male; (to judge) giudicare, valutare; (to decide, choose) decidere, scegliere: she can't ~ which is best non sa decidere qual è il migliore. **7** ⟨ant⟩ (to count, number) contare, numerare. II v.i. **1** raccontare, riferire (of s.th. qc.), parlare (di): he told of his many misfortunes raccontò le sue innumerevoli disgrazie. **2** (to be evidence, indication) testimoniare, provare (qc.), essere una prova (di): the ruined temples told of an ancient culture i templi in rovina testimoniavano un'antica civiltà. **3** (to have effect) farsi sentire, avere effetto: the government's economic policy is beginning to ~ la politica economica del governo comincia a farsi sentire. **4** (to produce a

marked effect, wear out) logorare (on, upon s.o. qd.): her troubles have told on her i dispiaceri l'hanno logorata. **5** ⟨fam⟩ (to disclose s.th.) parlare: you promised not to ~ avevi promesso di non parlare; (to report the misdeeds of) fare la spia (on contro, a): to ~ on s.o. to the teacher fare la spia al maestro contro qd. □ I shall not ~ you again è l'ultima volta che te lo dico, non te lo ripeterò più; to ~ against nuocere a, danneggiare, recare danno a; all told in tutto, in totale, nel complesso, nell'insieme; to ~ apart distinguere (o riconoscere) l'uno dall'altro; ⟨Rel⟩ to ~ one's beads recitare il rosario; blood will ~ buon sangue non mente; don't ~ me! non me ne parlare!, non venire a dirlo a me!; don't ~ me you won't be coming non dirmi che non verrai; to ~ s.o.'s fortune predire il futuro a qd.; to ~ s.o. good-bye dire addio a qd.; to hear ~ sentir dire; to ~ off: **1** distaccare, designare: five soldiers were told off for kitchen duties cinque soldati furono distaccati alle cucine; **2** ⟨fam⟩ (to reprimand) sgridare, rimproverare aspramente, fare una ramanzina (o lavata di capo) a; ⟨fam⟩ I told you so! te lo dicevo io!, te l'avevo detto!; so I've been told così (o questo) mi è stato detto (o riferito); that –s a tale la cosa si commenta da sé; the child is learning to ~ the time il bambino impara a 'dire l'ora' (o leggere le ore); to ~ the truth, I forgot all about it a dire la verità, me ne sono completamente dimenticato; ⟨sl⟩ to ~ the world dire ai quattro venti. || ⟨sl⟩ you're –ing me! a chi lo dici!, e lo dici a me?

tellable ['teləbl] a. raccontabile, narrabile, che si può raccontare (o dire). **teller** [-lə] s. **1** narratore m (f –trice), chi racconta. **2** ⟨Pol⟩ scrutinatore m (f –trice), scrutatore m (f –trice). **3** (bank clerk) sportellista m/f, operatore m (f –trice) di sportello. **tellership** [-ləʃip] s. ⟨Pol⟩ ufficio m (o carica f) di scrutinatore.

telling ['teliŋ] I s. **1** racconto m, il raccontare, narrazione f. **2** (of a secret, etc.) rivelazione f. II a. **1** efficace, forte, energico: a ~ phrase una frase efficace; a ~ blow un forte colpo. **2** (revealing) espressivo, significativo. □ the story loses a lot in the ~ a raccontarla la storia perde molto; no ~ impossibile sapere; there is no ~ what may happen non si sa cosa può succedere. **tellingly** [-li] avv. **1** efficacemente, energicamente, con forza. **2** (in a revealing manner) espressivamente.

telling-off s. ⟨fam⟩ rimprovero m (severo), sgridata f, ⟨fam⟩ lavata f di capo, ⟨fam⟩ svegliarino m.

telltale ['telteil] I s. **1** spia f, spione m (f –a), ⟨fam⟩ spiffero m (f –a). **2** (gossip, prattler) pettegolo m (f –a), malalingua f. **3** ⟨tecn⟩ dispositivo m di controllo, spia f; (time clock) orologio m di controllo, segnatempo m. **4** ⟨Ferr⟩ segnale m di pericolo. **5** ⟨Mar⟩ (on a steering wheel) assiometro m; (compass in the captain's cabin) bussola f nella cabina del capitano; (on a sailing boat) indicatore m della direzione del vento. II a. **1** significativo, rivelatore, indicativo: a ~ blush un rossore significativo; ~ sign segno rivelatore. **2** ⟨tecn⟩ rivelatore, spia, indicatore.

telltale lamp s. ⟨Aut⟩ spia f luminosa.

tellural [te'ljuərəl] a. ⟨non com⟩ → **tellurian. tellurian** [-riən] a. terrestre, della (o relativo alla) terra. II s. terrestre m/f, abitante m/f della terra.

telluric[1] [te'ljuərik] a. ⟨Geol⟩ tellurico, terrestre.

telluric[2] a. ⟨Chim⟩ tellurico: ~ acid acido tellurico.

tellurium [te'ljuəriəm] s. ⟨Chim⟩ tellurio m.

tellurous ['teljurəs] a. ⟨Chim⟩ telluroso: ~ acid acido telluroso.

telly ['teli] s. ⟨fam⟩ televisione f, ⟨fam⟩ tivù f.

telpher ['telfə] I s. ⟨tecn⟩ carrello m di teleferica. II a. di teleferica. **telpherage** [-ridʒ] s. teleferaggio m.

telpher| man, ~ operator s. teleferista m.

telson ['telsən] s. ⟨Zool⟩ telson m.

temerarious [,temə'reəriəs] a. temerario, audace. **temerariously** [-li] avv. temerariamente, audacemente. **temerity** [ti'meriti] s. audacia f, temerarietà f, temerità f.

temper ['tempə] I s. **1** umore m, disposizione f d'animo: to be in a bad ~ essere di cattivo umore. **2** (tendency to anger) carattere m (o temperamento) irascibile, caratteraccio m, ⟨iron⟩ caratterino m; (anger) ira f, collera f, rabbia f, stizza f: a fit of ~ uno scatto d'ira. 3 (disposition) indole f, temperamento m, carattere m: she has a sweet ~ ha un'indole dolce. 4 ⟨Met⟩ tempra f, tempera f; (tempering) rinvenimento m; (mixture of metals added to an alloy) miscela f (di metalli) legante. 5 ⟨Vetr⟩ tempra f, tempera f. II v.t. 1 moderare, attenuare, temperare, mitigare: to ~ one's words moderare i termini (o le parole). 2 (to adjust, modify) modificare, cambiare, trasformare, adattare: to ~ a regulation modificare un regolamento. 3 ⟨Met⟩ rinvenire. 4 ⟨Vetr,Met⟩ temprare. 5 ⟨fig⟩ temprare, fortificare, rendere più forte: work has –ed his character il lavoro ha temprato il suo carattere. 6 ⟨tecn⟩ mescolare, mischiare, miscelare: to ~ clay mescolare l'argilla. 7 (of colours: to mix oil with) (s)temperare. 8 ⟨Mus⟩ temprare. 9 ⟨fig⟩ (to attune) intonare, armonizzare, accordare, sintonizzare. III v.i. ⟨Met⟩ prendere la tempra, temprarsi. ▢ to be in a ~ essere in collera┐ (o adirato); to be in an ill ~ essere ┌di malumore┐ (o irritabile); to fly (o get) into a ~ adirarsi, montare in collera; to keep one's ~ mantenere la calma, mantenersi (o rimanere) calmo; to lose one's ~ perdere le staffe, andare in collera, uscire dai gangheri; to be out of ~ essere in collera, essere fuori dei gangheri; to put s.o. out of ~ far scappare la pazienza a qd., far andare in collera qd.; to try s.o.'s ~ mettere a dura prova la pazienza di qd.

tempera it. ['tempərə] s. ⟨Pitt⟩ tempera f, pittura f a tempera.

temperable ['tempərəbl] a. ⟨Met⟩ che può essere temprato.

temperament ['tempərəmənt] s. 1 temperamento m, carattere m, indole f, natura f, tempra f: she has an artistic ~ ha (un) temperamento artistico. 2 (excessive sensitivity) ipersensibilità f, (eccessiva) emotività f; (excessive irritability) eccessiva irritabilità f. 3 ⟨Stor,Mus⟩ temperamento m. **,temperamental** [–'mentl] a. 1 capriccioso, instabile, mutevole: a ~ actress un'attrice capricciosa; (easily excited) emotivo, ipersensibile. 2 (of temperament) innato, costituzionale, congenito, connaturato. **,temperamentally** [–'mentəli] avv. per temperamento, costituzionalmente.

temperance ['tempərəns] s. 1 temperanza f, moderazione f. 2 (moderation in drink) sobrietà f (o moderazione, temperanza) nel bere; (abstinence) astinenza f ┌dall'alcol┐ (o da bevande alcoliche).

temperance| hotel s. albergo m dove non si vendono alcolici. ~ **society** s. lega f antialcolica.

temperate ['tempərit] a. 1 misurato, sobrio, moderato, temperato: a ~ answer una risposta misurata. 2 (moderate in drinking habits) misurato (o moderato, sobrio) nel bere; (abstinent) astemio. 3 ⟨Meteor,Mus⟩ temperato. **temperately** [–li] avv. temperatamente, moderatamente. **temperateness** [–nis] s. 1 temperanza f, moderazione f, misura f, sobrietà f. 2 (of climate) l'essere temperato, mitezza f.

Temperate Zone s. ⟨Geog⟩ zona f temperata.

temperature ['tempərətʃə] s. 1 ⟨Fis,Meteor⟩ temperatura f: a ~ of 30° una temperatura di 30°. 2 ⟨Med⟩ temperatura f: to take s.o.'s ~ misurare la temperatura a qd.; (excess) febbre f, temperatura f febbrile: to run (o have) a ~ avere la febbre. ▢ ⟨Meteor⟩ ~–Humidity Index indice m temperatura–umidità; to have a slight ~ avere qualche linea di febbre; to take one's ~ misurarsi la febbre.

temperature| chart s. ⟨Med⟩ tabella f termometrica (o della temperatura). ~ **curve** s. ⟨Meteor⟩ curva f termometrica.

tempered ['tempəd] a. 1 (nei composti) di carattere ..., d'indole ..., di temperamento ...: good-~ di carattere buono. 2 (temperate, moderate) moderato, misurato, sobrio, temperato. 3 ⟨Met⟩ rinvenuto. 4 ⟨Vetr,Met⟩ temprato. 5 ⟨Mus⟩ temperato. **temperer** [–pərə] s. 1 chi attenua, chi mitiga. 2 ⟨Met⟩ rinvenitore m. **tempering** [–pəriŋ] s. 1 ⟨Met⟩ rinvenimento m. 2 ⟨Vetr,Met⟩ tempra f, tempera f.

tempest ['tempist] s. 1 bufera f di vento, tempesta f; (violent storm) tempesta f, burrasca f. 2 ⟨fig⟩ tempesta f,

esplosione f: a ~ of protests una tempesta di proteste.

tempestuous [tem'pestjuəs] a. 1 tempestoso, burrascoso. 2 ⟨fig⟩ tempestoso, agitato, violento, turbolento: a ~ meeting una riunione tempestosa. **tempestuously** [–li] avv. 1 tempestosamente, burrascosamente. 2 ⟨fig⟩ tempestosamente, in maniera agitata. **tempestuousness** [–nis] s. 1 l'essere tempestoso (o burrascoso). 2 ⟨fig⟩ turbolenza f, agitazione f.

Templar ['templə] s. ⟨Stor⟩ Templare m. **templar** s. (member of the Temple: barrister) avvocato m del Temple di Londra; (student) studente m in legge del Temple di Londra.

template ['templit] s. 1 ⟨Mecc⟩ sagoma f, calibro m sagomato. 2 ⟨Arch⟩ architrave m. 3 ⟨Edil⟩ cuscino m d'appoggio. 4 ⟨Mar⟩ sagoma f, garbo m. 5 ⟨Met⟩ calibro m, dima f.

temple¹ ['templ] s. 1 tempio m (anche fig.): the ~ of Vesta il tempio di Vesta; a ~ of music un tempio della musica. 2 ⟨Bibl,fig⟩ (place in which God resides) tempio m. Temple s. 1 (in Jerusalem) tempio m di Gerusalemme. 2 (in London) Temple m. 3 ⟨Stor⟩ (of the Templars) Tempio m. ▢ ⟨Stor⟩ Knights of the ~ Templari mpl.

temple² s. ⟨Anat⟩ tempia f.

templet ['templit] s. → **template.**

tempo it. ['tempou] s. (pl. -s [z]/-pi [pi]) 1 ⟨Mus⟩ tempo m. 2 ⟨fig⟩ ritmo m: the ~ of modern life il ritmo della vita moderna.

temporal¹ ['tempərəl] a. 1 temporale, del (o relativo al) tempo. 2 (temporary, transitory) temporaneo, transitorio, provvisorio. 3 (worldly) terreno, mondano, temporale: ~ interests interessi terreni. 4 (secular, lay) secolare, laico. 5 ⟨Gramm⟩ temporale, di tempo: ~ adverb avverbio temporale.

temporal² a. ⟨Anat⟩ temporale: ~ bone osso temporale.

temporality [,tempə'ræliti] s. 1 temporalità f. 2 pl. ⟨Rel⟩ beni mpl temporali (o terreni), temporalità fpl. **'temporally** [–rəli] avv. 1 dal punto di vista temporale. 2 (with regard to time) nel tempo, con riguardo al tempo. **'temporalty** [–rəlti] s. 1 ⟨GB⟩ laici mpl. 2 ⟨ant⟩ (temporality) temporalità f.

temporarily ['tempərərili] avv. temporaneamente, provvisoriamente: ~ out of order temporaneamente guasto. **temporariness** [–rinis] s. temporaneità f, transitorietà f, provvisorietà f. **temporary** [–ri] I a. temporaneo, provvisorio, transitorio: a ~ solution una soluzione temporanea; a ~ job un lavoro provvisorio; (of an employee, etc.) avventizio. II s. avventizio m. ▢ ⟨Assic⟩ ~ cover note polizza provvisoria; ~ life annuity vitalizio temporaneo.

temporary| contract s. contratto m a tempo definito. ~ **personnel** s. personale m a tempo (definito).

temporization [,tempərai'zeiʃən] s. temporeggiamento m.

temporize ['tempəraiz] v.i. 1 temporeggiare, prendere (o guadagnare) tempo. 2 (to act in accordance with circumstances) adeguarsi (o adattarsi) alle circostanze. 3 (to come to terms) accordarsi, giungere a un accordo (with con). **temporizer** [–ə] s. temporeggiatore m (f –trice).

tempt [tempt] v.t. 1 tentare, cercare di corrompere, indurre in tentazione. 2 (to attract) allettare, tentare, invogliare, attrarre, attirare: he was strongly –ed by the offer era molto allettato dall'offerta. 3 (to induce, persuade) indurre, persuadere, convincere. 4 ⟨Bibl⟩ (to put to the test) mettere alla prova, provare: God did ~ Abraham Dio mise alla prova Abramo; (to provoke) provocare, sfidare: to ~ the Lord provocare il Signore. ▢ to be –ed essere tentato, essere propenso (o incline): I was –ed to forget the whole thing fui tentato di dimenticare tutto; to ~ Providence sfidare la provvidenza, correre un grosso rischio. **'temptable** [–əbl] a. che può essere tentato. **temp'tation** [–eiʃən] s. 1 tentazione f: to yield to ~ cedere alla tentazione. 2 (s.th. that tempts) tentazione f, attrazione f, lusinga f, allettamento m: the –s of the city le tentazioni della città. ▢ ⟨Lit⟩ lead us not into ~ non c'indurre in tentazione. **'tempter** [–ə] s. tentatore m (f –trice). the Tempter s. ⟨Satan⟩ il grande tentatore, Satana m. **'tempting** [–iŋ] a. allettante, seducente, attraente. **'temptingly** [–iŋli] avv. in modo (o maniera) allettante.

'**temptress** [–ris] *s.* tentatrice *f.*

ten [ten] **I** *a.* dieci: ~ *men* dieci uomini. **II** *s.* (*pl. inv.*/-**s** [z]; il pl. in -s si usa general. con valore collett.) **1** dieci *m.* **2** (*ten objects, units*) decina *f: about* ~ *years ago* una decina d'anni fa. **3** (*ten o'clock*) dieci *fpl.* **4** (*playing card*) dieci *m.* **5** ⟨*am*⟩ (*ten-dollar note*) banconota *f* (*o* biglietto *m*) da dieci dollari. **6** *pl.* ⟨*Mat*⟩ decine *fpl.* □ *by* (*o in*) –*s* dieci a dieci; ⟨*fam*⟩ ~ *times* dieci (*o* cento) volte ⌐di più⌐ (*o* più grande, ecc.); ~ *times better* dieci volte migliore; ~ *to one he wins* scommetto dieci contro uno che vince.

tenability [ˌtenə'biliti] *s.* **1** sostenibilità *f.* **2** ⟨*Mil*⟩ difendibilità *f.* '**tenable** [–bl] *a.* **1** sostenibile, che può essere affermato (*o* asserito): *a* ~ *theory* una teoria sostenibile. **2** (*of an office, post*) che può essere ricoperto (*o* occupato), ricopribile: *the chair is* ~ *for two years* la cattedra può essere ricoperta per due anni. **3** ⟨*Mil*⟩ difendibile, che può essere mantenuto.

tenacious [ti'neiʃəs] *a.* **1** tenace: *a* ~ *grip* una stretta tenace. **2** ⟨*fig*⟩ tenace, fermo, saldo, costante; (*stubborn*) ostinato, caparbio, cocciuto. **3** (*of memory: retentive*) ritentivo. **4** (*holding together*) compatto, tenace, coesivo; (*sticky*) tenace, viscoso, adesivo, che fa presa. **tenaciously** [–li] *avv.* tenacemente. **tenaciousness** [–nis], **tenacity** [–'næsiti] *s.* **1** l'essere tenace. **2** ⟨*fig*⟩ tenacia *f,* fermezza *f,* determinazione *f.* **3** (*retentiveness*) ritentività *f.* **4** (*cohesiveness*) compattezza *f,* tenacia *f,* coesione *f;* (*adhesiveness*) adesività *f,* viscosità *f.*

tenancy ['tenənsi] *s.* affitto *m,* locazione *f: our* ~ *expires next year* il nostro affitto scade l'anno prossimo; (*period*) periodo *m* ⌐d'affitto⌐ (*o* di locazione), durata *f* ⌐dell'affitto⌐ (*o* della locazione).

tenant ['tenənt] **I** *s.* **1** inquilino *m* (*f* –a), affittuario *m* (*f* –a), locatario *m* (*f* –a): *to give a* ~ *notice to quit* dare la disdetta a un inquilino. **2** (*occupant, inhabitant*) abitante *m/f,* occupante *m/f.* **II** *v.t.* avere (*o* tenere) in affitto, occupare come inquilino. **tenantable** [–əbl] *a.* affittabile, che si può affittare. **tenanted** [–id] *a.* affittato, preso in affitto.

tenant farmer *s.* affittuario *m* (*f* –a) di terreni, fittaiolo *m* (*f* –a), fittavolo *m* (*f* –a).

tenantless ['tenəntlis] *a.* sfitto, non affittato, libero.

tenant right *s.* ⟨*Dir*⟩ diritto *m* d'affittanza.

tenantry ['tenəntri] *s.* **1** ⟨*collett*⟩ inquilini *mpl,* affittuari *mpl.* **2** (*condition of being a tenant*) affittanza *f,* inquilinato *m.* **3** (*property tenanted*) proprietà *f* affittata (*o* in affitto).

'**ten-'cent** *am. a.* ⟨*fam*⟩ di nessun valore, ⟨*fam*⟩ da due (*o* quattro) soldi, da poco.

tench [tentʃ] *s.* (*pl. inv.*/'**tenches** [–iz]; il pl.inv. si usa general. con valore collett.) ⟨*Itt*⟩ tinca *f.*

tend[1] [tend] *v.i.* **1** tendere, essere incline, avere tendenza, essere portato: *he* –*s to exaggerate* tende a esagerare. **2** (*to lead*) portare, condurre; (*of a course, road, etc.*) portare, condurre, dirigersi.

tend[2] **I** *v.t.* **1** prendersi (*o* avere) cura di, badare a, occuparsi di, attendere a: *to* ~ *a sick child* prendersi cura di un bambino malato. **2** (*of things*) controllare, sorvegliare, badare a: *to* ~ *a machine* controllare una macchina; *to* ~ *the fire* sorvegliare il fuoco; (*of a shop, etc.*) badare a, occuparsi di. **II** *v.i.* **1** fare attenzione, badare (*to* a). **2** (*to attend by care, etc.*) curarsi (di), occuparsi (di), badare (a).

tendencious *a.* → **tendentious.**

tendency ['tendənsi] *s.* tendenza *f,* inclinazione *f* (naturale); (*direction towards an effect*) tendenza *f.*

tendentious [ten'denʃəs] *a.* tendenzioso. **tendentiously** [–li] *avv.* tendenziosamente.

tender[1] ['tendə] *a.* **1** tenero, morbido, molle: *cook until* ~ fate cuocere finché diventa tenero. **2** (*delicate, fragile*) fragile, delicato. **3** (*young, immature*) tenero, giovane: *a child of* ~ *years* un bambino in tenera età. **4** (*loving, affectionate*) tenero, affettuoso, amoroso, dolce: ~ *words* parole tenere. **5** (*soft, gentle*) lieve, gentile, dolce, delicato: *a* ~ *touch* un tocco lieve. **6** (*solicitous*) premuroso, sollecito: *with* ~ *care* con premurosa cura. **7** (*touchy*) suscettibile, permaloso; (*easily moved*) tenero, sensibile,

che si commuove facilmente: *a* ~ *heart* un cuore tenero. **8** (*painfully sensitive*) indolenzito. **9** (*of a delicate nature*) scabroso, difficile, delicato: *a* ~ *subject* un argomento scabroso. **10** (*of colours*) pallido, tenero, delicato. □ *to have a* ~ *conscience* essere troppo scrupoloso; *to be* ~ *of one's honour* essere geloso del proprio onore.

tender[2] **I** *v.t.* **1** porgere, offrire, presentare: *to* ~ *one's thanks* porgere i propri ringraziamenti. **2** (*to present formally*) presentare (formalmente): *to* ~ *one's resignation* presentare le proprie dimissioni. **3** (*to offer in payment, satisfaction*) offrire ⌐in pagamento⌐ (*o* a saldo). **II** *v.i.* ⟨*Comm*⟩ concorrere a un appalto, fare un'offerta. **III** *s.* **1** offerta *f.* **2** (*money*) denaro *m,* valuta *f,* moneta *f: legal* ~ valuta legale. **3** ⟨*Comm*⟩ offerta *f: to make a* ~ *for a contract* fare un'offerta per un appalto. **4** ⟨*Dir*⟩ offerta *f* reale.

tender[3] *s.* **1** (*one who tends*) chi bada, chi ha cura; (*keeper, watchman*) guardiano *m,* sorvegliante *m.* **2** ⟨*Mar*⟩ imbarcazione *f* (*o* nave) ausiliaria (*o* appoggio); (*for ship to shore communications*) lancia *f.* **3** ⟨*Mar.mil*⟩ nave *f* appoggio. **4** ⟨*Ferr*⟩ carro *m* (di) scorta, tender *m.* **5** (*of a fire engine*) autopompa *f* ausiliaria.

tenderable ['tendərəbl] *a.* ⟨*Econ,Dir*⟩ che può essere offerto in pagamento. **tenderer** [–rə] *s.* ⟨*Comm*⟩ offerente *m/f.*

tenderfoot ['tendəfut] *s.* (*pl.* -**feet** [fi:t]/-**s** [s]) **1** novizio *m* (*f* –a), novellino *m* (*f* –a), principiante *m/f,* ⟨*fam*⟩ pivello *m.* **2** (*newcomer to frontier life*) nuovo arrivato *m* non abituato alla vita dura del pioniere. **3** (*in the Scout movement*) piede *m* tenero.

'**tender-'hearted** *a.* dal cuore tenero, sensibile. ˌ**tender-'heartedly** *avv.* con sensibilità. ˌ**tender-'heartedness** *s.* l'avere il cuore tenero, sensibilità *f.*

tenderizer ['tendəraizə] *s.* ⟨*Macell*⟩ tenerizzatore *m.*

tenderloin ['tendəlɔin] *s.* **1** ⟨*Macell,Gastr*⟩ filetto *m.* **2** ⟨*am.sl*⟩ (*vice district*) quartiere *m* malfamato.

tenderly ['tendəli] *avv.* **1** delicatamente, gentilmente, dolcemente. **2** (*lovingly, fondly*) teneramente, amorosamente, dolcemente, affettuosamente. **3** (*solicitously*) premurosamente, sollecitamente. **tenderness** [–dənis] *s.* **1** tenerezza *f.* **2** (*fondness*) tenerezza *f,* affettuosità *f,* dolcezza *f,* amorevolezza *f.* **3** (*gentleness, softness*) gentilezza *f,* delicatezza *f,* dolcezza *f.* **4** (*solicitousness*) premurosità *f,* sollecitudine *f.* **5** (*sensitiveness*) sensibilità *f.*

tendinitis [ˌtendi'naitis] *s.* ⟨*Med*⟩ tendinite *f.*

tendinous ['tendinəs] *a.* **1** tendineo; (*like a tendon*) tendinoso, simile a un tendine. **2** (*consisting of tendons*) tendinoso. **tendon** [–dən] *s.* ⟨*Anat*⟩ tendine *m.*

tendril ['tendril] *s.* ⟨*Bot*⟩ viticcio *m.* □ ⟨*fig*⟩ *a* ~ *of hair* un capello riccio. **tendriled** *am.,* **tendrilled** [–d] *a.* viticcioso.

tenebrous ['tenibrəs] *a.* **1** (*dark*) tenebroso, buio, oscuro. **2** (*gloomy*) cupo, tetro.

tenement ['tenimənt] *s.* **1** (*flat*) appartamento *m.* **2** (*dwelling house*) casa *f* d'abitazione. **3** → **tenement house. 4** ⟨*Dir*⟩ proprietà *f* in affitto. ˌ**tenemental** [–'mentl], ˌ**tenementary** [–'mentəri] *a.* (dato) in affitto: ~ *lands* terre in affitto.

tenement house *s.* **1** casa *f* divisa in appartamenti. **2** (*for poorer people*) casa *f* popolare, casamento *m.*

tenet ['ti:net, 'tenit] *s.* principio *m,* credo *m,* dottrina *f,* dogma *m.*

tenfold ['tenfould] **I** *a.* decuplo. **II** *avv.* dieci volte (tanto).

ten-gallon hat *am. s.* ⟨*Mod*⟩ cappello *m* da cow boy.

tenner ['tenə] *s.* **1** ⟨*fam*⟩ biglietto *m* da dieci sterline. **2** ⟨*am.fam*⟩ biglietto *m* da dieci dollari.

tennis ['tenis] *s.* ⟨*Sport*⟩ tennis *m.*

tennis| ball *s.* palla *f* da tennis. ~ **court** *s.* campo *m* di (*o* da) tennis. ~ **elbow** *s.* ⟨*Med*⟩ gomito *m* da tennis, epicondilalgia *f.* ~ **player** *s.* tennista *m/f.* ~ **racket,** **racquet** *s.* racchetta *f* da tennis. ~ **shoes** *s.pl.* scarpe *fpl* da tennis.

tenon ['tenən] **I** *s.* ⟨*Fal*⟩ tenone *m.* **II** *v.t.* **1** fare un tenone in. **2** (*to join by a tenon*) unire a tenone, congiungere mediante tenone. **tenoner** [–ə] *s.* tenonatrice

f.

tenon saw *s.* ⟨*Fal*⟩ sega *f* per tenoni.

tenor ['tenə] **I** *s.* **1** tenore *m,* tono *m: the ~ of a speech* il tenore di un discorso. **2** (*direction*) tenore *m,* andamento *m,* corso *m,* procedimento *m: the ~ of one's life* il proprio tenore di vita. **3** ⟨*Mus*⟩ (*part, singer*) tenore *m;* (*voice*) voce *f* di tenore, tenore *m.* **4** ⟨*Dir*⟩ copia *f* conforme, trascrizione *f.* **II** *a.* ⟨*Mus*⟩ (di) tenore; (*of a voice*) tenorile, di (*o* da) tenore.

tenor| clef *s.* ⟨*Mus*⟩ chiave *f* di tenore. **~ horn** *s.* flicorno *m* tenore.

ten|pence [pəns] *s.* (*sum*) dieci penny *mpl;* (*coin*) moneta *f* da dieci penny. **~penny** [pəni] *a.* da dieci penny. **~-percenter** *am. s.* agente *m* teatrale. **~pin** *s.* ⟨*Sport*⟩ **1** birillo *m.* **2** *pl.* (*game;* costr. sing.) gioco *m* dei dieci birilli. **~-pounder** *s.* **1** cosa *f* che pesa dieci libbre. **2** ⟨*Stor.brit*⟩ elettore *m* che occupava una proprietà il cui reddito annuo era di dieci sterline.

tense[1] [tens] **I** *a.* **1** teso, tirato. **2** ⟨*fig*⟩ teso, ansioso, inquieto: *a ~ atmosphere* un'atmosfera tesa. **II** *v.t.* tendere: *to ~ one's muscles* tendere i muscoli. **III** *v.i.* tendersi, irrigidirsi.

tense[2] *s.* ⟨*Gramm*⟩ tempo *m.*

tensely ['tensli] *avv.* **1** in modo teso (*o* tirato). **2** ⟨*fig*⟩ in (stato di) tensione. **tenseness** [-snis] *s.* tensione *f* (*anche fig.*).

tensibility [ˌtensi'biliti] *s.* l'essere assoggettabile a tensione. **'tensible** [-bl] *a.* assoggettabile a tensione; (*ductile*) duttile, elastico. **'tensile** [-sail, *am.* -sil] *a.* **1** di (*o* relativo a) tensione. **2** → **tensible**.

tensile| strength *s.* ⟨*tecn*⟩ resistenza *f* alla rottura. **~ stress** *s.* sollecitazione *f* alla trazione. **~ structure** *s.* ⟨*Arch*⟩ tensostruttura *f.* **~ test** *s.* prova *f* di trazione.

tensility [ten'siliti] *s.* duttilità *f,* elasticità *f.*

tensimeter [ten'simitə], **tensiometer** [-si'ɔmitə] *s.* ⟨*Fis,tecn*⟩ tensiometro *m.* **tensiometric** [-siɔ'metrik] *a.* tensiometrico. **tensiometry** [-si'ɔmitri] *s.* tensiometria *f.*

tension ['tenʃən] **I** *s.* **1** tensione *f* (*anche fig.*): *to subject a rope to ~* sottoporre una corda a tensione. **2** ⟨*Fisiol,Mecc,Fis*⟩ tensione *f: arterial ~* tensione arteriosa. **3** ⟨*El*⟩ tensione *f,* potenziale *m.* **II** *v.t.* sottoporre a tensione. **tensional** [-əl] *a.* di (*o* relativo a) tensione.

tensity ['tensiti] *s.* → **tenseness**.

tent[1] [tent] **I** *s.* tenda *f.* **II** *v.t.* **1** sistemare in tende. **2** (*to cover as with a tent*) coprire a mo' di tenda. **III** *v.i.* **1** vivere in tenda. **2** (*to encamp*) accamparsi. □ ⟨*Med*⟩ *oxygen ~* tenda *f* a ossigeno; *to pitch one's ~* piantare le tende (*anche fig.*).

tent[2] **I** *s.* ⟨*Chir*⟩ tampone *m,* zaffo *m,* stuello *m.* **II** *v.t.* stuellare.

tent[3] *s.* ⟨*Enol*⟩ vino spagnolo rosso scuro.

tentacle ['tentəkl] *s.* ⟨*Biol*⟩ tentacolo *m* (*anche fig.*). **tentacled** [-d] *a.* munito di tentacoli. **tentacular** [-'tækjulə] *a.* tentacolare.

tentative ['tentətiv] **I** *a.* **1** sperimentale, di prova; (*provisional*) provvisorio: *a ~ proposal* una proposta provvisoria. **2** (*uncertain, hesitant*) esitante, incerto, titubante: *a ~ smile* un sorriso esitante. **II** *s.* esperimento *m,* prova *f,* tentativo *m.* **tentatively** [-li] *avv.* sperimentalmente, a titolo di prova.

tent bed *s.* **1** branda *f,* letto *m* da campo. **2** (*canopy bed*) letto *m* a baldacchino.

tenter[1] ['tentə] *s.* ⟨*Tess*⟩ stenditoio *m,* allargatrice *f.*

tenter[2] *s.* (*machine minder*) addetto *m* a un macchinario.

tenterhook ['tentəhu:k] *s.* ⟨*Tess*⟩ uncino *m* di stenditoio. □ ⟨*fig*⟩ *to be on ~s* stare (*o* essere) sulle spine (*o* sui carboni ardenti).

tenth [tenθ] **I** *a.* decimo (*anche Mat.*). **II** *s.* **1** decimo *m.* **2** (*tenth member*) decimo *m* (*f* -a). **3** ⟨*Mus*⟩ decima *f.* **'tenthly** [-li] *avv.* in decimo luogo.

tent| peg *s.* picchetto *m* (*o* paletto *m*) da tenda. **~ pole** *s.* palo *m* della tenda. **~ stitch** *s.* ⟨*Lav.femm*⟩ mezzo punto *m.* **~ town** *s.* tendopoli *f.*

tenuis ['tenjuis] *s.* (*pl.* **-nues** [n'jui:z]) ⟨*Fon*⟩ tenue *f.*

tenuity [ten'juiti] *s.* **1** tenuità *f,* sottigliezza *f,* esilità *f.* **2** (*lack of substance*) inconsistenza *f,* leggerezza *f,* tenuità *f.* **3** (*lack of density*) l'essere rarefatto.

tenuous ['tenjuəs] *a.* **1** sottile, esile, tenue. **2** (*flimsy*) inconsistente, tenue: *~ arguments* argomenti inconsistenti. **3** (*rarefied*) rarefatto, non denso: *a ~ atmosphere* un'aria rarefatta. **4** (*vague, hazy*) vago, incerto, indefinito. **tenuously** [-li] *avv.* tenuemente. **tenuousness** [-nis] *s.* → **tenuity**.

tenure ['tenjuə] *s.* **1** ⟨*Dir*⟩ possesso *m,* occupazione *f;* (*right*) diritto *m* di possesso. **2** (*period of holding*) durata *f* di un possesso. **3** (*period of holding office*) durata *f* (di una carica). □ *~ of an office* permanenza *f* in carica.

tepee ['ti:pi:] *s.* tepee *m,* tenda *f* (conica) dei pellerossa.

tepid ['tepid] *a.* tiepido (*anche fig.*).

tepidarium [ˌtepi'deəriəm] *s.* (*pl.* **-ria** [riə]) ⟨*Archeol*⟩ tepidario *m.*

tepidity [te'piditi] *s.* → **tepidness**. **'tepidly** [-dli] *avv.* t(i)epidamente (*anche fig.*). **'tepidness** [-dnis] *s.* t(i)epidezza *f* (*anche fig.*).

tequila *sp.* [tei'ki:la] *s.* tequila *f.*

teratogen [ˌterəto(u)'dʒən] *s.* ⟨*Med*⟩ agente *m* teratogeno.

teratological [ˌterəto(u)'lɔdʒikəl] *a.* ⟨*Biol*⟩ teratologico. **teratology** [-'tɔlədʒi] *s.* teratologia *f.*

terbium ['tə:biəm] *s.* terbio *m.*

tercentenary [ˌtə:sen'ti:nəri, *am.* tə'sentəneri], **tercentennial** [-'tenjəl] **I** *a.* del (*o* relativo al) terzo centenario. **II** *s.* terzo centenario *m.*

tercet ['tə:sit] *s.* ⟨*Metr,Mus*⟩ terzina *f.*

terebinth ['terəbinθ] *s.* ⟨*Bot*⟩ terebinto *m,* scornabecco *m.*

terebinth pistache *s.* ⟨*Bot*⟩ terebinto *m.*

Terence ['terəns] *N.pr.* Terenzio *m.*

tergal ['tə:gəl] *a.* ⟨*Zool*⟩ **1** del (*o* relativo al) tergite. **2** (*dorsal*) dorsale.

tergiversate ['tə:dʒivə:seit] *v.i.* **1** fare un voltafaccia, tradire. **2** (*to equivocate*) tergiversare, rispondere ambiguamente. **tergiversation** [-'seiʃən] *s.* **1** tradimento *m,* voltafaccia *m.* **2** (*equivocation*) tergiversazione *f.* **tergiversator** [-ə] *s.* chi fa un voltafaccia, traditore *m* (*f* –trice).

term [tə:m] **I** *s.* **1** termine *m,* parola *f,* vocabolo *m: technical ~* termine tecnico; *to describe a holiday in enthusiastic -s* parlare di una vacanza in termini entusiastici. **2** (*duration, period*) periodo *m* (di tempo), durata *f: a ~ of imprisonment* un periodo di prigionia. **3** ⟨*Scol*⟩ trimestre *m.* **4** ⟨*Dir*⟩ (*of a law court*) sessione *f.* **5** (*end*) fine *f,* termine *m.* **6** (*of an elected official*) durata *f* di una carica. **7** (*time, date agreed upon*) scadenza *f,* termine *m.* **8** ⟨*Econ*⟩ scadenza *f.* **9** *pl.* (*conditions, stipulations*) condizioni *fpl,* clausole *fpl,* termini *mpl: -s of sale* condizioni di vendita; *the -s of a treaty* le clausole di un trattato. **10** *pl.* (*conditions as regard prices, wages, etc.*) prezzi *mpl,* tariffe *fpl: the hotel's -s* i prezzi dell'albergo. **11** *pl.* (*relationship*) rapporti *mpl,* relazioni *fpl,* termini *mpl: to be on excellent -s with s.o.* essere in ottimi rapporti con qd. **12** *pl.* (*agreement*) patti *mpl,* accordo *m: to come to -s with s.o.* venire a patti con qd. **13** ⟨*Mat,Filos*⟩ termine *m: the -s of an equation* i termini di un'equazione. **14** (*boundary post*) pietra *f* di confine, termine *m.* **15** ⟨*Archeol*⟩ termine *m,* erma *f.* **16** (*rar*) (*boundary, limit*) termine *m,* limite *m.* **II** *v.t.* definire, chiamare: *behaviour which a psychiatrist would ~ pathologic* comportamento che uno psichiatra definirebbe patologico. □ ⟨*Dir*⟩ *by the -s of article two* ai sensi dell'articolo due; *by the -s of the treaty* secondo i termini del trattato; *to come to -s* venire a patti, raggiungere (*o* trovare) un accordo (*with* con); ⟨*fig*⟩ rassegnarsi, adattarsi (*a*); **contradiction** *in -s* contraddizione *f* in termini; ⟨*Comm*⟩ *-s of* **delivery** condizioni *fpl* (*o* termini *mpl*) di consegna; ⟨*Mil*⟩ *to* **dictate** *-s* dettare (*o* stabilire) le condizioni (*anche estens.*); ⟨*Comm*⟩ **easy** *-s* facilitazioni *fpl* (di pagamento); *on* **even** *-s* alla pari, in condizioni di parità; *to talk about s.th. in* **glowing** *-s* parlare con entusiasmo di qc.; *~ of* **office** periodo *m* di permanenza in carica, mandato *m; not on any -s* a nessun patto, a nessuna condizione; *to be on bad -s* essere in cattivi rapporti (*with* con); *to be on good -s* essere in buoni rapporti (*with* con); ⟨*Comm*⟩ *-s of* **payment** condizioni *fpl* di pagamento; ⟨*Econ*⟩ *in* **real** *-s* in termini reali; *to serve* *a* ~ essere in prigione, scontare una condanna; *not to be on* **speaking** *–s* non rivolgersi la parola (*with* con); ⟨*Econ*⟩ *–s of trade* ragioni *fpl* di scambio; *in no* **uncertain** *–s* senza mezzi termini, senza tanti giri di parole; **under** *the –s of the contract* secondo le clausole del (*o* quanto disposto dal) contratto.

termagancy ['tə:məgənsi] *s.* l'essere bisbetico. **termagant** [–gənt] *s.* bisbetica *f*, virago *f*, brontolona *f*.

term‖ bond *s.* ⟨*Econ*⟩ obbligazione *f* a termine. ~ **day** *s.* ⟨*Dir,Econ*⟩ giorno *m* di scadenza.

terminability [,tə:minə'biliti] *s.* l'essere terminabile. **'terminable** [–bl] *a.* **1** terminabile, a cui si può porre termine. **2** ⟨*Comm*⟩ a termine. **'terminableness** [–blnis] *s.* → **terminability**. **'terminably** [–bli] *avv.* terminabilmente.

terminal ['tə:minl] **I** *a.* **1** finale, terminale: *the* ~ *speech* il discorso finale. **2** (*of a boundary*) terminale, di confine; (*of; being the end of a transport route*) (di) capolinea, terminale. **3** (*occurring each term*) trimestrale (*anche Scol.,Univ.*): ~ *payments* pagamenti trimestrali. **4** ⟨*Med,Bot*⟩ terminale. **II** *s.* **1** (*of buses*) capolinea *m*. **2** ⟨*Ferr*⟩ stazione *f* di testa (*o* capolinea, terminale). **3** ⟨*Aer*⟩ aerostazione *f* (urbana), terminal *m*. **4** ⟨*Arch*⟩ dettaglio *m* (ornamentale) di finitura. **5** ⟨*El*⟩ morsetto *m*; (*end of a circuit*) terminale *m*, capocorda *m*.

terminal‖ board *s.* ⟨*El*⟩ morsettiera *f*. ~ **bud** *s.* ⟨*Bot*⟩ gemma *f* terminale (*o* apicale).

terminally ['tə:minəli] *avv.* **1** alla fine, finalmente, da ultimo. **2** (*by terms*) trimestrale, a trimestre.

terminate ['tə:mineit] **I** *v.t.* **1** terminare, porre termine (*o* fine) a, finire, portare a termine: *to* ~ *one's work* terminare il proprio lavoro. **2** (*to bring to a close*) concludere, terminare, finire: *to* ~ *a conversation* concludere una conversazione. **3** (*to set a limit*) limitare, fare da confine a. **II** *v.i.* **1** concludersi, finire, terminare; (*to expire*) scadere, terminare, finire. **2** (*to form an ending*) terminare, finire (*in* in): *the plural –s in s* il plurale termina in s. **3** (*to come to a limit*) terminare, finire (*in, at* in, con). □ *to* ~ *a contract* rescindere un contratto. **,termination** [–'neiʃən] *s.* **1** fine *f*, conclusione *f*. **2** (*extremity*) fine *f*, termine *m*, estremità *f*; (*limit*) confine *m*, limite *m*. **3** ⟨*Ling*⟩ desinenza *f*. **,terminational** [–'neiʃənəl] *a.* **1** conclusivo, finale. **2** ⟨*Ling*⟩ formato da suffissi flessionali. **terminative** [–nətiv] *a.* **1** che pone termine, che serve a terminare. **2** ⟨*Ling*⟩ terminativo, perfettivo. **terminatively** [–nətivli] *avv.* in modo conclusivo. **terminator** [–ə] *s.* **1** chi termina. **2** ⟨*Astr*⟩ terminatore *m*. **terminatory** [–əri] *a.* finale, terminale.

terminism ['tə:minizəm] *s.* ⟨*Filos*⟩ terminismo *m*. **terminist** [–nist] *s.* terminista *m*.

terminological [,tə:minə'lɔdʒikəl] *a.* della (*o* relativo alla) terminologia.

terminological inexactitude *s.* **1** inesattezza *f* di termini. **2** ⟨*scherz*⟩ (*lie*) bugia *f*.

terminology [,tə:mi'nɔlədʒi] *s.* terminologia *f*.

terminus ['tə:minəs] *s.* (*pl.* **-nuses** [–iz]/**-ni** [nai]) **1** ⟨*Ferr*⟩ stazione *f* di testa (*o* capolinea, terminale). **2** (*of a bus route, etc.*) capolinea *m*. **3** (*end, goal*) scopo *m*, fine *m*, obiettivo *m*. **4** (*boundary post*) pietra *f* di confine. **5** ⟨*Archeol*⟩ termine *m*, erma *f*.

termitarium [,tə:mi'teəriəm] *s.* (*pl.* **-ria** [riə]) ⟨*Entom*⟩ termitaio *m*. **'termitary** [–təri] *s.* → **termitarium**. **'termite** [–mait] *s.* **1** termite *f*. **2** *pl.* termiti *fpl*, isotteri *mpl*, formiche *fpl* bianche. **termitic** [–'mitik] *a.* delle (*o* relativo alle) termiti.

termor ['tə:mə] *s.* ⟨*Dir*⟩ usufruttuario *m* (*f* –a).

tern[1] [tə:n] *s.* ⟨*Ornit*⟩ sterna *f* comune, rondine *f* di mare.

tern[2] **I** *s.* **1** terna *f*, gruppo *m* di tre. **2** ⟨*am*⟩ (*in a lottery*) terno *m*. **II** *a.* → **ternate**.

ternal ['tə:nl] *a.* triplice, disposto a gruppi di tre. **ternary** [–nəri] *a.* **1** ternario, triplice. **2** ⟨*Mat,Chim,Met,Astr*⟩ ternario, di tre n(e)it *f*. **ternate** [–n(e)it] *a.* **1** disposto a gruppi di tre, triplice. **2** ⟨*Bot*⟩ ternato, trifogliato, trifogliolato.

terne [tə:n], **'terneplate** [–pleit] *s.* ⟨*Met*⟩ lamiera *f* (di ferro) piombata.

Terpsichore [tə:p'sikəri] *N.pr.* ⟨*Mitol*⟩ Tersicore *f*.

terra *lat.* ['terə] *s.* ⟨*Geol*⟩ terra *f*.

terrace ['terəs] **I** *s.* **1** terrazza *f*, terrazzo *m* (*anche Agr.,Geol.*): *to have lunch on the* ~ fare colazione in terrazza. **2** (*raised embankment*) terrapieno *m*. **3** (*row of attached houses*) fila *f* di case a schiera; (*street*) strada *f* con file di case a schiera. **II** *v.t.* **1** ⟨*Agr*⟩ terrazzare, sistemare a terrazze. **2** ⟨*Arch*⟩ fornire di terrazza (*o* terrazzo).

terrace cultivation *s.* ⟨*Agr*⟩ coltura *f* a terrazze.

terraced ['terəst] *a.* **1** ⟨*Agr*⟩ terrazzato, sistemato a terrazze. **2** ⟨*Arch*⟩ fornito di terrazza (*o* terrazzo).

terracotta *it.* ['terə'kɔtə] **I** *s.* **1** ⟨*Ceram*⟩ terracotta *f*. **2** (*object*) figurina *f* (*o* vaso *m*) di terracotta. **3** (*colour*) color *m* terracotta. **II** *a.* **1** di terracotta. **2** (*having the colour of terracotta*) color terracotta.

terra firma *lat.* ['tɜ:mə] *s.* terraferma *f*.

terrain [te'rein] *s.* terreno *m*; (*features of an area of land*) caratteristiche *fpl* di un terreno.

terra incognita *lat.* [in'kɔgnitə] *s.* (*pl.* **terrae incognitae** ['teri:in'kɔgniti:]) terra *f* sconosciuta.

terrapin ['terəpin] *s.* ⟨*Zool*⟩ tartaruga *f* d'acqua dolce.

terrazzo *it.* [tə'rætsou, –'ræzou] *s.* (*pl.* **-s** [z]) ⟨*Edil*⟩ terrazzo *m*.

terrene [tə'ri:n] *a.* terreno, terrestre, mondano.

terreplein ['teəplein] *s.* ⟨*Mil*⟩ terrapieno *m*.

terrestrial [ti'restriəl] *a.* terrestre. □ ⟨*Fis*⟩ ~ *magnetic field* campo magnetico terrestre.

terrestrial‖ globe *s.* globo *m* terrestre. ~ **latitude** *s.* latitudine *f* terrestre. ~ **longitude** *s.* longitudine *f* terrestre. ~ **magnetism** *s.* magnetismo *m* terrestre.

terret ['terit] *s.* anello *m* metallico attraverso cui passano le redini.

terrible ['terəbl] *a.* **1** terribile, tremendo: ~ *pain* dolore terribile. **2** ⟨*fam*⟩ (*very bad*) pessimo, orribile, bruttissimo, terribile, orrendo: ~ *food* cibo pessimo. **3** ⟨*fam*⟩ (*extreme, great*) tremendo, enorme, terribile: *a* ~ *hurry* una fretta tremenda. **4** (*terrifying*) spaventoso, terribile, pauroso, terrificante. **terribleness** [–nis] *s.* l'essere terribile. **terribly** [–i] *avv.* **1** terribilmente, tremendamente. **2** ⟨*fam*⟩ (*extremely*) terribilmente, estremamente, tremendamente: ~ *cold* terribilmente freddo. **3** (*terrifyingly*) spaventosamente, terribilmente.

terricolous [te'rikələs] *a.* ⟨*Biol*⟩ terricolo, terrestre.

terrier[1] ['teriə] *s.* ⟨*Zool*⟩ terrier *m*.

terrier[2] *s.* ⟨*Dir*⟩ catasto *m* (fondiario).

terrific [tə'rifik] *a.* **1** terrificante, spaventoso, terribile, pauroso. **2** ⟨*fam*⟩ (*extreme*) pazzesco, formidabile: ~ *speed* velocità pazzesca. **3** ⟨*fam*⟩ (*extremely good*) favoloso, eccezionale, stupendo: *a* ~ *party* una festa favolosa. **4** ⟨*fam*⟩ (*extremely violent*) fortissimo, violento.

terrifically [–əli] *avv.* **1** spaventosamente, terribilmente, paurosamente. **2** ⟨*fam*⟩ (*extremely*) eccezionalmente, straordinariamente.

terrified ['terifaid] *a.* terrorizzato, spaventato, atterrito. **terrify** [–fai] *v.t.* terrorizzare, spaventare, atterrire, terrificare. □ *to* ~ *s.o. into doing s.th.* indurre qd. a fare qc. atterrendolo.

terrigenous [te'ridʒinəs] *a.* terrigeno (*anche Geol.*).

terrine [te'ri:n] *s.* **1** tegame *m* (*o* recipiente) di terracotta. **2** ⟨*Gastr*⟩ pietanza *f* preparata e servita in un recipiente di terracotta.

territorial [,teri'tɔ:riəl] *a.* **1** territoriale: ~ *claims* rivendicazioni territoriali. **2** (*of private property*) terriero. **Territorial** *s.* ⟨*Mil*⟩ soldato *m* della milizia territoriale.

Territorial Army *s.* ⟨*GB*⟩ milizia *f* territoriale, territoriale *f*.

territoriality [,teri,tɔ:ri'æliti] *s.* territorialità *f*. **,terri'torialize** [–riəlaiz] *v.t.* territorializzare. **,terri'torially** [–riəli] *avv.* riguardo al territorio.

territory ['teritəri] *s.* **1** territorio *m* (*anche Biol.*): *this island is British* ~ quest'isola è territorio britannico. **2** (*geographical area, region*) territorio *m*, regione *f*; (*colonial possession*) colonia *f*. **3** (*administrative division*) territorio *m*. **4** ⟨*fig*⟩ (*field, sphere*) campo *m*, sfera *f*, territorio *m*. **5** ⟨*Comm*⟩ zona *f*, distretto *m*.

terror ['terə] *s.* **1** terrore *m*, forte paura *f* (*o* spavento *m*), vivo sgomento *m*, orrore *m*. **2** ⟨*fam*⟩ (*extremely annoying child*) bambino *m* pestifero, ⟨*fam*⟩ peste *f*. **Terror** *s*. ⟨*Stor*⟩ (*Reign of Terror*) Terrore *m*, regno *m* del Terrore, Terrorismo *m*. □ *to be* (o *go*) *in* ~ *of one's life* temere molto per la propria vita; *to be in* ~ *of s.o.* avere una tremenda paura di qd.; *he is a holy* (o *perfect*) ~ è una peste.

terror commando *s*. commando *m* terroristico.

terrorism ['terərizəm] *s*. terrorismo *m*. **terrorist** [–rist] **I** *s*. terrorista *m/f*. **II** *a*. → **terroristic**.

terrorist| act *s*. atto *m* terroristico (o di terrorismo). ~ **assault**, ~ **attack** *s*. attacco *m* terroristico. ~ **group** *s*. gruppo *m* terroristico.

terroristic [,terə'ristik] *a*. terroristico.

terrorist| movement *s*. movimento *m* terroristico. ~ **suspect** *s*. presunto terrorista *m*.

terrorization [,terərai'zeiʃən] *s*. il terrorizzare. **terrorize** [–raiz] *v.t.* terrorizzare, atterrire.

terror| organization *s*. organizzazione *f* terroristica. ~ **stricken** *a*. terrorizzato, atterrito, pieno di terrore. ~ **wave** *s*. ondata *f* terroristica.

terry ['teri] *s*. ⟨*Tess*⟩ **1** riccio *m*. **2** → **terry cloth**. **Terry** (*dim. di T(h)eresa*) *N.pr.* Teresina *f*.

terry cloth *s*. ⟨*Tess*⟩ tessuto *m* di spugna, spugna *f*.

terse [tə:s] *a*. succinto, conciso, essenziale; (*polished*) terso, forbito. **'tersely** [–li] *avv*. succintamente, concisamente. **'terseness** [–nis] *s*. l'essere succinto, concisione *f*, essenzialità *f*.

tertian ['tə:ʃən] **I** *a*. ⟨*Med*⟩ terzana. **II** *s*. ⟨*Med*⟩ terzana *f*, febbre *f* terzana.

tertiary ['tə:ʃəri] **I** *a*. **1** terziario, terzo. **2** ⟨*Chim, Rel,El,Med*⟩ terziario. **3** ⟨*Econ*⟩ terziario: ~ *sector* settore terziario, terziario. **II** *s*. ⟨*Rel.catt*⟩ terziario *m* (*f* –a). **Tertiary I** *a*. ⟨*Geol*⟩ terziario. **II** *s*. era *f* terziaria (o cenozoica), terziario *m*.

tertiary| industry *s*. attività *f* terziaria, terziario *m*. ~**-oriented market** *s*. terziario *m* di mercato.

tertius ['te:ʃiəs] *a*. terzo: *Smith* ~ Smith terzo.

tervalent [tə:'veilənt] *a*. ⟨*Chim*⟩ trivalente.

Tess [tes], **'Tessa** [–ə] (*dim. di T(h)eresa*) *N.pr.* Teresina *f*.

tessellate ['tesileit] *v.t.* decorare con mosaico a scacchiera. **tessellated** [–id] *a*. **1** decorato con mosaico a scacchiera. **2** ⟨*Archeol*⟩ tessellato. **,tessellation** [–'leiʃən] *s*. decorazione *f* con mosaico a scacchiera.

tessera ['tesərə] *s*. (*pl.* **-rae** [ri:]) tessera *f* (musiva). **tesseral** [–l] *a*. a forma di tessera.

Tessie ['tesi] (*dim. di T(h)eresa*) *N.pr.* Teresina *f*.

test[1] [test] **I** *s*. **1** prova *f*, saggio *m*, esperimento *m*, test *m*: *the machine was given an endurance* ~ la macchina fu sottoposta a una prova di resistenza. **2** (*standardized examination, trial*) esame *m*, prova *f*: *driving* ~ esame di guida. **3** (*s.th. that aids evaluation*) criterio *m* (o metro) di valutazione: *box–office success is not the best* ~ *of a film* il successo di cassetta non è il migliore criterio di valutazione per un film. **4** ⟨*Scol*⟩ test *m*, breve esame *m*: *a spelling* ~ un test di ortografia. **5** ⟨*Psic*⟩ test *m*, reattivo *m* (psicologico), saggio *m* reattivo. **6** ⟨*Med*⟩ esame *m*, analisi *f*: *eye* ~ esame degli occhi; *blood* ~ analisi del sangue. **7** ⟨*Atom*⟩ esperimento *m*: *atomic* –*s* esperimenti atomici. **8** ⟨*Chim*⟩ analisi *f*; (*reagent used*) reagente *m*, reattivo *m*. **9** ⟨*Cin*⟩ (*screen test*) provino *m*. **10** ⟨*Mecc*⟩ collaudo *m*. **11** ⟨*Met*⟩ coppella *f*. **II** *a*. **1** di prova, che costituisce una prova. **2** (*subjected to a test*) sperimentale. **III** *v.t.* **1** sottoporre a 'un esame¹ (o una prova), esaminare: *to* ~ *applicants* esaminare i candidati. **2** ⟨*Scol*⟩ esaminare. **3** (*to put to the test*) saggiare, mettere alla prova, provare, verificare: *this assignment will* ~ *your ability* questo incarico saggerà la tua capacità; *to* ~ *a theory* verificare una teoria. **4** ⟨*Med*⟩ fare un esame di, esaminare: *to* ~ *one's hearing* fare un esame dell'udito. **5** ⟨*Chim*⟩ analizzare, fare l'analisi di. **6** ⟨*Mecc*⟩ collaudare. **7** ⟨*Met*⟩ coppellare. □ *to put to the* ~ sperimentare, mettere alla prova, saggiare; *to stand the* ~ reggere alla prova, sostenere la prova.

test[2] *s*. ⟨*Zool*⟩ guscio *m*, conchiglia *f*.

test. = *testament* testamento.

testable[1] ['testəbl] *a*. saggiabile.

testable[2] *a*. ⟨*Dir*⟩ che può essere oggetto di testamento.

testacean [tes'teiʃən] **I** *a*. ⟨*Zool*⟩ testaceo. **II** *s*. testaceo *m*. **testaceous** [–ʃəs] *a*. **1** ⟨*Zool*⟩ testaceo. **2** ⟨*Biol*⟩ (*of a brick colour*) rossiccio, rosso mattone.

testacy ['testəsi] *s*. ⟨*Dir*⟩ condizione *f* di testatore.

testament ['testəmənt] *s*. ⟨*Dir*⟩ testamento *m*. **Testament** *s*. ⟨*Bibl*⟩ (*Old, New Testament*) vecchio (o nuovo) testamento *m*. □ ⟨*Dir*⟩ *last will and* ~ testamento *m*. **,testamentary** [–'mentəri] *a*. ⟨*Dir*⟩ testamentario.

testamentary capacity *s*. ⟨*Dir*⟩ capacità *f* di testare.

testamur [tes'teimə] *s*. ⟨*Univ*⟩ certificato *m* 'di promozione¹ (o d'esame).

testate ['test(e)it] **I** *a*. ⟨*Dir*⟩ che ha fatto testamento, che ha testato. **II** *s*. → **testator**. **testator** [–'teitə] *s*. testatore *m*. **testatrix** [–'teitriks] *s*. (*pl.* **-trices** [trisi:z]) testatrice *f*.

test| bed *s*. ⟨*Mot*⟩ banco *m* di prova. ~ **case** *s*. **1** ⟨*Dir*⟩ causa *f* che crea un precedente per casi analoghi. **2** ⟨*estens*⟩ azione *f* legale volta a ottenere una decisione sulla costituzionalità di uno statuto. ~**-drive** *v.t. irr.* collaudare. ~ **drive** *s*. **1** collaudo *m*. **2** (*before purchasing*) prova *f*. ~ **driver** *s*. collaudatore *m* (d'automobili).

tested ['testid] *a*. sperimentato, collaudato: *a* ~ *remedy* un rimedio sperimentato.

tester[1] ['testə] *s*. **1** collaudatore *m*, verificatore *m*. **2** ⟨*El*⟩ apparecchio *m* di misura universale, tester *m*. **3** ⟨*Met*⟩ saggiatore *m*.

tester[2] *s*. (*canopy of a bed*) baldacchino *m*.

testicle ['testikl] *s*. ⟨*Anat*⟩ testicolo *m*. **tes'ticular** [–kjulə] *a*. testicolare.

testification [,testifi'keiʃən] *s*. ⟨*Dir*⟩ il testificare, testimonianza *f*. **'testifier** [–faiə] *s*. testimone *m/f*, teste *m/f*. **'testify** [–fai] *v.t./i.* **1** attestare, testimoniare: *I can* ~ *to his honesty* posso attestare la sua onestà. **2** ⟨*Dir*⟩ testimoniare, deporre: *to* ~ *against s.o.* testimoniare contro qd. **3** (*to serve as evidence*) provare, testimoniare, dimostrare, attestare (*to s.th.* qc.), essere una prova (di).

testimonial [,testi'mouniəl] *s*. **1** benservito *m*, referenze *fpl*, certificato *m* di servizio. **2** (*gift in token of gratitude, esteem*) dono *m* offerto in segno di gratitudine e stima.

testimony ['testiməni] *s*. **1** ⟨*Dir*⟩ testimonianza *f*, deposizione *f*. **2** (*evidence, proof*) prova *f*, dimostrazione *f*, testimonianza *f*: *to produce* ~ *of* (o *to*) *s.th.* fornire la prova di qc. **3** (*profession*) dichiarazione *f*, affermazione *f*, professione *f*. **4** ⟨*Bibl*⟩ testimonianza *f*, tavole *fpl* della legge. □ *to bear* ~: **1** ⟨*Dir*⟩ deporre, testimoniare, fare una deposizione; **2** (*to serve as proof*) provare, testimoniare, attestare, essere prova di: *his resignation bears* ~ *to his wisdom* le sue dimissioni provano la sua saggezza; *to give* ~ deporre, testimoniare, fare una deposizione; *in* ~ (*whereof*) (e) in fede di ciò.

testiness ['testinis] *s*. irritabilità *f*.

testing ['testiŋ] **I** *s*. prova *f*, collaudo *m*. **II** *a*. difficile, duro, severo: *a* ~ *examination* un esame difficile.

testing laboratory *s*. laboratorio *m* sperimentale.

testis *lat.* ['testis] *s*. (*pl.* **-tes** [ti:z]) ⟨*Anat*⟩ testicolo *m*.

test| market *s*. mercato *m* di prova. ~ **match** *s*. ⟨*Sport*⟩ (*in cricket*) partita *f* internazionale. ~ **meter** *s*. ⟨*tecn*⟩ analizzatore *m*.

teston ['testən], **testoon** [–'tu:n] *s*. ⟨*Numism*⟩ scellino *m* di Enrico VIII.

test| paper *s*. **1** ⟨*Scol*⟩ foglio *m* con il testo d'esame. **2** ⟨*Chim*⟩ carta *f* reattiva. ~ **pattern** *s*. ⟨*TV*⟩ monoscopio *m*. ~ **pilot** *s*. ⟨*Aer*⟩ collaudatore *m* d'aeroplani. ~ **plant** *s*. impianto *m* sperimentale. ~ **program** *s*. ⟨*Inform*⟩ programma *m* di prova. ~ **set** *s*. → test meter. ~ **tube** *s*. provetta *f*, tubo *m* di saggio. ~**-tube baby** *s*. ⟨*fam*⟩ bambino *m* nato per inseminazione artificiale.

testudinal [tes'tju:dinl], **tes,tudinarious** [–di'nɛəriəs] *a*. ⟨*Zool*⟩ testuggineo. **testudinate** [–n(e)it] *a*. **1** ⟨*Zool*⟩ dei (o relativo ai) testudinati. **2** ⟨*Archeol*⟩ testudinato, testugginato. **testudo** [–dou] *s*. (*pl.* **-s** [z]/**-dines** [dini:z]) **1** ⟨*Stor.rom*⟩ testuggine *f*, testudo *f*. **2** ⟨*Archeol,Zool*⟩ testuggine *f*.

testy ['testi] *a*. irritabile, stizzoso.

tetanic [ti'tænik] *a.* ⟨*Med*⟩ **1** tetanico: ~ *contraction* contrazione tetanica. **2** (*producing tetanus*) che provoca il tetano. **tetanus** ['tetənəs] *s.* tetano *m.* **tetany** ['tetəni] *s.* ⟨*Med*⟩ tetania *f.*

tetchily ['tetʃili] *avv.* stizzosamente. **tetchiness** [–tʃinis] *s.* irritabilità *f.* **tetchy** [–tʃi] *a.* irritabile, stizzoso.

tête-à-tête *fr.* ['teitɑ:'teit] **I** *s.* (*pl.* **-s** [s]/têtes-à-têtes) **1** colloquio *m* a quattrocchi, tête-à-tête *m.* **2** ⟨*Arred*⟩ amorino *m.* **II** *a.* intimo, privato, confidenziale. **III** *avv.* a quattrocchi, in privato.

tether ['teðə] **I** *s.* pastoia *f,* catena *f,* cavezza *f.* **II** *v.t.* impastoiare, legare, mettere la cavezza a. □ *to be at the end of one's* ~ non poterne più, essere stremato.

tetrachloride [,tetrə'klɔ:raid] *s.* ⟨*Chim*⟩ tetracloruro *m.*

tetracycline [,tetrə'saikli:n] *s.* ⟨*Farm*⟩ tetraciclina *f.*

tetrad ['tetræd] *s.* **1** tetrade *f* (*anche Biol.*). **2** ⟨*Chim*⟩ elemento *m* quadrivalente.

tetragon ['tetrəgɔn] *s.* ⟨*Geom*⟩ quadrangolo *m,* tetragono *m.* **tetragonal** [–'trægənəl] *a.* quadrangolare, tetragonale.

tetragram ['tetrəgræm] *s.* tetragramma *m.*

tetrahedral [,tetrə'hi:drəl] *a.* ⟨*Geom*⟩ tetraedrico. **tetrahedron** [–drən] *s.* (*pl.* **-s** [z]/**-dra** [drə]) tetraedro *m.*

tetralogy [te'trælədʒi] *s.* ⟨*Lett,Teat,Mus*⟩ tetralogia *f.*

tetraplegia [,tetrə'pli:dʒiə] *s.* ⟨*Med*⟩ tetraplegia *f.* **tetraplegic** [–dʒik] **I** *a.* tetraplegico. **II** *s.* tetraplegico *m* (*f* –a).

tetrarch ['ti:trɑ:k, 'tet–] *s.* ⟨*Stor*⟩ tetrarca *m.* **tetrarchate** [–eit], **tetrarchy** [–i] *s.* **1** tetrarchia *f.* **2** (*office of a tetrarch*) tetrarcato *m.*

tetrasyllabic [,tetrəsi'læbik], **tetrasyllabical** [–bəl] *a.* ⟨*Metr*⟩ quadrisillabo. **tetrasyllable** [–'siləbl] *s.* quadrisillabo *m.*

tetravalent [,tetrə'veilənt] *a.* tetravalente.

tetrode ['tetroud] *s.* ⟨*El,Rad*⟩ tetrodo *m.*

tetter ['tetə] *s.* ⟨*Med*⟩ malattia *f* cutanea.

Teucer ['tju:sə] *N.pr.* ⟨*Mitol*⟩ Teucro *m.* **Teucrian** ['tju:kriən] **I** *a.* ⟨*Stor,Mitol*⟩ troiano, teucro. **II** *s.* troiano *m* (*f* –a), teucro *m* (*f* –a).

Teuton ['tju:tən] *s.* **1** ⟨*Stor*⟩ teutone *m.* **2** ⟨*fam*⟩ (*German*) tedesco *m* (*f* –a). **Teutonic** [–'tɔnik] **I** *a.* **1** ⟨*Stor*⟩ teutonico. **2** (*German*) tedesco, germanico. **3** ⟨*Ling*⟩ (*Germanic*) germanico. **II** *s.* ⟨*Ling*⟩ lingua *f* germanica. **Teutonicism** [–'tɔnisizəm] *s.* germanismo *m,* germanesimo *m* (*anche Ling.*). **Teutonism** [–izəm] *s.* civiltà *f* (*o* cultura) germanica. **Teutonist** [–ist] *s.* germanista *m/f.* ,**Teutonization** [–ai'zeiʃən] *s.* germanizzazione *f.* **Teutonize** [–aiz] *v.t./i.* germanizzare.

Texan ['teksən] **I** *a.* texano. **II** *s.* texano *m* (*f* –a). **Texas** [–səs] *N.pr.* ⟨*Geog*⟩ Texas *m.*

text [tekst] *s.* **1** testo *m*: *too many pictures and little* ~ troppe illustrazioni e un testo striminzito; *to study the original* ~ studiare il testo originale; (*edited copy*) edizione *f*: *a new* ~ *of the Divine Comedy* una nuova edizione della Divina Commedia. **2** ⟨*fig*⟩ tema *m,* argomento *m,* soggetto *m*: *to stick to one's* ~ tenersi al tema. **3** (*passage*) testo *m,* passo *m.* **4** ⟨*Rel*⟩ passo *m* biblico (*o* delle Sacre Scritture). **5** ⟨*Tip*⟩ carattere *m.* **6** ⟨*Tip,Mus*⟩ testo *m.*

text|book *s.* **1** ⟨*Scol*⟩ libro *m* di testo, testo *m.* **2** (*manual*) manuale *m,* testo *m.* **3** ⟨*Mus*⟩ libretto *m* (d'opera). ~ **edition** [–'Edit⟩ edizione *f* scolastica. ~ **hand** *s.* scrittura *f* grossa (e chiara).

textile ['tekstail] **I** *s.* **1** tessuto *m.* **2** (*material, fibre, etc.*) tessile *m,* materiale *m* tessile. **II** *a.* **1** (*woven*) tessuto. **2** (*of weaving*) tessile: ~ *industry* industria tessile.

text| processing *s.* ⟨*Inform*⟩ elaborazione *f* dei testi. ~ **processor** *s.* elaboratore *m* di testi.

textual ['tekstjuəl] *a.* **1** testuale, del testo: ~ *criticism* critica testuale. **2** (*conforming to the text*) testuale, aderente al testo, letterale. **textualism** [–izəm] *s.* **1** stretta aderenza *f* al testo. **2** ⟨*Bibl*⟩ stretta aderenza *f* al testo delle Sacre Scritture. **textualist** [–ist] *s.* **1** chi si attiene strettamente al testo. **2** ⟨*Bibl*⟩ buon conoscitore *m* dei testi biblici. **textually** [–i] *avv.* **1** riguardo al testo. **2** (*verbatim*) testualmente, alla lettera.

textural ['tekstʃərəl] *a.* **1** ⟨*Tess*⟩ della (*o* relativo alla) tessitura. **2** ⟨*fig*⟩ strutturale. **texture** [–ʃə] *s.* **1** ⟨*Tess*⟩ tessitura *f*; (*weave*) trama *f.* **2** (*physical structure*) struttura *f*: *the* ~ *of soil* la struttura del suolo. **3** ⟨*fig*⟩ struttura *f,* composizione *f,* tessitura *f*: *the* ~ *of a poem* la struttura di un poema. **4** ⟨*Biol*⟩ tessuto *m.* **5** ⟨*Fal*⟩ (*grain*) venatura *f,* andamento *m* delle fibre.

textureless ['tekstʃəlis] *a.* privo di struttura, amorfo.

T girder *s.* ⟨*Edil*⟩ trave *f* a T.

Th. = *Thursday* giovedì (*abbr.* giov.).

Thaddaeus [θæ'di:əs] *N.pr.* Taddeo *m.*

Thai [tai] **I** *s.* (*pl. inv.*/**-s** [z]) **1** (*people;* costr. pl.) tailandesi *mpl.* **2** tailandese *m/f.* **3** (*language*) tailandese *m.* **II** *a.* tailandese. **Thailand** [–lænd] *N.pr.* ⟨*Geog*⟩ Tailandia *f.*

thalamus ['θæləməs] *s.* (*pl.* **-mi** [mai]) ⟨*Anat,Bot*⟩ talamo *m.*

thalassemia [,θælə'si:miə] *s.* ⟨*Med*⟩ talassemia *f.*

thalassic [θə'læsik] *a.* **1** del (*o* relativo al) mare, talassico. **2** ⟨*Biol*⟩ talassicolo.

thalassography [,θælə'sɔgrəfi] *s.* talassografia *f,* oceanografia *f.*

thalassotherapy [,θæləsə'θerəpi] *s.* ⟨*Med*⟩ talassoterapia *f.*

thaler ['tɑ:lə] *s.* (*pl. inv.*/**-s** [z]) ⟨*Numism*⟩ tallero *m.*

Thalia [θə'laiə] *N.pr.* ⟨*Mitol*⟩ Talia *f.*

thallous ['θæləs] *a.* ⟨*Chim*⟩ talloso.

thallus ['θæləs] *s.* (*pl.* **-luses** [ləsiz]/**-lli** [lai]) ⟨*Bot*⟩ tallo *m,* talloma *m.*

Thames [temz] *s.* ⟨*Geog*⟩ Tamigi *m.* □ ⟨*fig*⟩ *to set the* ~ *on fire* fare qc. di straordinario (*o* eccezionale).

than [ðæn, ðən] **I** *congz.* **1** (*after comparatives*) di, che (non), di quello che (non), di quanto (non): *he is bigger* ~ *I* (*am*) è più grande di me; *it was better* ~ *I expected* è stato meglio di quanto non pensassi. **2** (*after no: other than*) altro ... che: *we had no alternative* ~ *to agree* non avevamo altra alternativa che accettare. **3** (*after scarcely, hardly, barely: when*) quando: *he had hardly spoken* ~ *I entered* aveva appena finito di parlare quando io entrai. **II** *prep.* (*in comparison with*) al cui confronto, paragonato a, in confronto a. □ *a man* ~ *whom no one is more appreciated* un uomo che è apprezzato più di qualsiasi altro al mondo.

thanage ['θeinidʒ] *s.* ⟨*Stor.brit*⟩ **1** ufficio *m* (*o* rango) di thane. **2** (*land held*) territorio *m* di un thane.

thane [θein] *s.* ⟨*Stor.brit*⟩ membro *m* di una classe intermedia fra la nobiltà e i liberi cittadini, thane *m;* (*in Scotland*) chi riceveva terre dal re; (*noble*) nobile *m/f* (scozzese); (*chief of a clan*) capo *m* di un clan. '**thanedom** [–dəm] *s.* → **thanage**. '**thanehood** [–hud], '**thaneship** [–ʃip] *s.* dignità *f* (*o* rango) *m*) di thane.

thank [θæŋk] **I** *v.t.* **1** ringraziare, rendere (*o* dire) grazie a: *to* ~ *s.o. for a gift* ringraziare qd. per (*o* di) un regalo. **2** ⟨*iron*⟩ (*in peremptory requests*) pregare, invitare: *I'll* ~ *you to mind your own business* sei pregato di farti gli affari tuoi. **3** ⟨*iron*⟩ (*to hold responsible*) considerare responsabile, ⟨*iron*⟩ ringraziare: *he has only himself to* ~ *if he lost his job* deve ringraziare solo se stesso se ha perso il posto. **II** *s. pl.* gratitudine *f,* riconoscenza *f,* grazie *m*: *to express one's* –*s* esprimere la propria gratitudine; (*expression of gratitude*) ringraziamenti *mpl,* grazie *m,* ringraziamento *m.* □ –*s be* (*to God*)! (sia) grazie a Dio!; *to give* –*s* (*before or after a meal*) ringraziare Dio; **God!** grazie a Dio, fortunatamente; ~ **Heaven(s)!** grazie al cielo!; –*s a lot* grazie mille, mille grazie, tante (*o* molte) grazie; ⟨*fam*⟩ **no** –*s to* non (certo) per merito (di): *he was successful, no* –*s to your intervention* ci riuscì non certo per merito tuo; ⟨*iron*⟩ –*s* (*o thank you*) *for nothing!* grazie tante!; **small** –*s to* = **no** *thanks to; small* –*s for my pains* bel ringraziamento per il disturbo che mi sono preso; –*s to* grazie a; ~ *you* **very** *much* grazie molte (*o* tante); **with** –*s* con (i) ringraziamenti: *returned with* –*s* restituito con (i) ringraziamenti. ‖ ~ *you!* grazie!, grazie, sì!; *no,* '~ *you* (*o thanks*) no, grazie!

thankful ['θæŋkful] *a.* **1** grato, riconoscente: *we are* ~ *to you for your help* vi siamo grati per il vostro aiuto; *a* ~ *smile* un sorriso riconoscente. **2** (*glad, relieved*) contento, sollevato, confortato; (*expressive of relief*) di sollievo: *a ~ sigh* un sospiro di sollievo. □ *you should be ~ you were not hurt* dovresti ringraziare il cielo di non esserti fatto male. **thankfully** [–i] *avv.* **1** con gratitudine, con riconoscenza. **2** (*in a relieved manner*) con sollievo. **thankfulness** [–nis] *s.* gratitudine *f,* riconoscenza *f.* **hankless** ['θæŋklis] *a.* **1** ingrato, che non sente (*o* dimostra) gratitudine (*o* riconoscenza). **2** (*unlikely to be appreciated*) ingrato, sgradevole: *a ~ task* un compito ingrato. **thanklessness** [–nis] *s.* **1** ingratitudine *f,* mancanza *f* di riconoscenza (*o* gratitudine). **2** (*state, quality of being unappreciated*) l'essere ingrato, sgradevolezza *f.*

hanksgiver ['θæŋksgivə] *s.* chi rende grazie. **,thanks'giving** [–viŋ] *s.* **1** rendimento *m* di grazie, ringraziamento *m* (a Dio). **2** (*expression of thanks*) ringraziamento *m,* grazie *m,* ringraziamenti *mpl;* (*before or after a meal*) preghiera *f* di ringraziamento.

Thanksgiving Day *s.* ⟨*SU*⟩ giorno *m* del ringraziamento.

hankworthy ['θæŋkwə:ði] *a.* ⟨*ant*⟩ meritevole (*o* degno) di riconoscenza (*o* gratitudine).

hat[1] [ðæt, ðət] **I** *a.* (*pl.* those [ðouz]) **1** quello: *give me ~ newspaper* dammi quel giornale; *those friends of yours* quei tuoi amici; *who are those people?* chi è quella gente?; (*contrasted with this*) quello (là): *this bed is mine and ~ one is yours* questo è il mio letto e quello è il tuo. **2** (*being the one specified*) il, quello: *those sly animals, foxes* quegli animali furbi, le volpi. **3** ⟨*spreg*⟩ quello: *~ James ought to be shot!* quel Giacomo dovrebbe essere fucilato! **II** *pron.* **1** (*the one predicated*) quello, quella, questo, questa: *~'s mine* quello è mio; *~ is not what I said* questo non è quello che ho detto; *is ~ what you really think?* è proprio quello che pensi?; *those are my ideas* queste sono le mie idee; (*contrasted with this*) quello (là), quella (là): *this is better than ~* questo è migliore di quello. **2** (*referring to persons*) quello, quella, *often not translated: ~ is my wife, the one with the red hair* mia moglie è quella con i capelli rossi; *who was ~ on the phone?* chi era al telefono? **3** (*as the antecedent of a relative clause*) ciò, quello: *~ which I believe* ciò che credo. **4** (*such a one, such ones, such a thing*) questo, questa: *~'s life* questa è la vita. **III** *avv.* **1** così, tanto: *he was only ~ tall at the time* a quei tempi era solo alto così. **2** ⟨*dial,fam*⟩ (*to such an extent*) fino a quel (*o* questo) punto, così, talmente: *he's stupid, but not ~ stupid* è stupido ma non fino a questo punto; *it's not ~ important* non è così importante. **3** ⟨*dial,fam*⟩ (*very*) molto, tanto: *I was ~ angry* ero molto arrabbiato. □ **after** ~ dopo di che (*o* ciò); **all** ~: **1** e via dicendo, e così via, eccetera eccetera: *he's studied chemistry and physics and all ~* ha studiato chimica, fisica e via dicendo; **2** (*the indicated degree*) così, tanto: *it's not as expensive as all ~* non è così caro; ⟨*fam*⟩ **and** ~ (*and so on*) eccetera eccetera, e così via (*o* di seguito); **at** ~: **1** così (come stanno), a quel punto lì: *we'll leave things at ~* lasceremo le cose così come stanno; **2** (*besides*) per di più, inoltre, anche, per giunta: *badly made and expensive at ~* fatto male e per di più caro; **3** (*even so, nevertheless*) nonostante tutto (*o* ciò), ciò nonostante: *it's still worth it at ~* nonostante tutto ne vale ancora la pena; **4** (*whereupon*) al che, dopo di che: *at ~ Mother got really angry* al che mamma si arrabbiò sul serio; *what do you mean* **by** *~?* che vuoi dire con questo; *have things* **come** *to ~?* le cose sono arrivate a questo punto?; *in those* **days** a quei tempi; **except** ~ a parte quello; **for** *all ~* malgrado ciò, nonostante tutto, ciò nonostante, con tutto ciò; *he takes after his father* **in** *~* he likes music ha preso da suo padre nella passione per la musica; ~ **is** ~ ecco tutto, (e) questo è quanto: *I can't lend you even a penny, and ~ is ~* non ti posso prestare neanche una lira, ecco tutto; ~ *is* (*to say*) cioè, vale a dire; ⟨*esclam*⟩ ~'s **it**: **1** questo è tutto, tutto qui, e basta; **2** (*exactly, precisely*) esattamente, precisamente, proprio; **like** ~ così, in quel (*o* questo) modo: *why are you shouting like ~?* perché urli così?; ⟨*esclam*⟩ ~'s **right** giusto, bene, è proprio così, sta bene, d'accordo; ~ *is* **so** le cose stanno così, questo è tutto; *is ~*

so? è così?, davvero?, le cose stanno così?, è giusto?; ⟨*fam*⟩ **take** ~ beccati questo; **this** *and ~* (*and the other*) questo e quello (*e* quell'altro); *to talk about this and ~ and the other* parlare di tutto un po'; *at ~* **time** in quel periodo, allora; *with ~* dopo di che, al che: *with ~ he went out* dopodiché se ne uscì. ‖ *are you hungry? I am ~* hai fame? io sì; *eat your dinner, ~'s a good boy* mangia la tua cena, (su) da bravo.

that[2] **I** *congz.* **1** (*to introduce a subordinate clause*) che: *I hear ~ you are to be married* ho saputo che ti sposi; *it was clear ~ he did not approve* era chiaro che non era d'accordo. **2** (*to introduce purpose clauses;* general. preceduto da *in order, so*) perché, per, affinché: *he died in order ~ we might live* morì perché noi vivessimo; *they went there so ~ they might see it* andarono là per vederlo. **3** (*to introduce a clause expressing result, reason*) che: *he is so strong ~ he can lift a horse* è così forte che può sollevare un cavallo; *you should be thankful ~ you are still alive* dovresti ringraziare il cielo che sei ancora vivo. **4** (*with it as a subject*) che: *it was then ~ I understood* fu allora che capii; *it is not ~ I disagree but* non è che non sia d'accordo, ma. **5** (*to modify an adverb, adverbial expression*) *not translated: everywhere ~* Mary went ovunque Maria andasse. **6** (*to introduce an exclamation*) che: *~ I should live to see such a day!* che io possa vivere per vedere quel giorno!; (*to introduce wishes*) se: *oh ~ I knew the truth* oh, se potessi sapere la verità. **II** *pron.rel.* **1** che: *the house ~ Jack built* la casa che Jack costruì; *the man ~ came to dinner* l'uomo che è venuto a cena. **2** (*with prepositions*) che, il quale, la quale: *the girl ~ he was talking to* la ragazza con la quale stava parlando. **3** (*with time expressions: in which, on which*) in cui, quando: *since the day ~ he was born* sin dal giorno in cui nacque. **4** (*so far as*) che, per quanto, per quello: *she has never been married ~ I know* non è mai stata sposata che io sappia. □ *not* ~ non che: *not ~ it matters* non che abbia importanza; *fool ~ he is!* pazzo che non è altro!; ⟨*fam*⟩ *Mrs. Green, Mary Brown ~ was* la signora Green, Maria Brown da ragazza.

thatch [θætʃ] **I** *s.* **1** paglia *f* (*o* canne, stoppie, ecc.) per ricoprire tetti; (*covering*) copertura *f* (*o* tetto *m*) di paglia. **2** ⟨*fig*⟩ (*thick hair*) capigliatura *f* folta. **II** *v.t.* ricoprire di paglia: *to ~ a roof* ricoprire un tetto di paglia. **'thatcher** [–ə] *s.* chi fa tetti di paglia. **'thatching** [–iŋ] *s.* **1** copertura *f* di tetti con paglia (*o* canne, stoppie, ecc.). **2** (*material used*) paglia *f* (*o* canne, stoppie, ecc.) per ricoprire tetti.

thaumaturge ['θɔ:mətə:dʒ] *s.* taumaturgo *m.* **,thauma'turgic** [–ik], **,thauma'turgical** [–ikəl] *a.* taumaturgico. **thaumaturgist** [–ist] *s.* → thaumaturge. **thaumaturgy** [–i] *s.* taumaturgia *f.*

thaw [θɔ:] **I** *v.i.* **1** sciogliersi, squagliarsi, sgelarsi, disgelarsi: *the snow is –ing* la neve si sta sciogliendo. **2** (*to be warm enough to melt ice or snow;* costr. impers.) sgelare, disgelare: *it –ed last night* la scorsa notte ha sgelato. **3** (*to become free of the effects of cold;* spesso con *out*) sgelarsi, disgelarsi: *the pipes have –ed out* le tubazioni si sono sgelate. **4** ⟨*fig*⟩ diventare più cordiale: *he –ed somewhat as the interview progressed* diventava più cordiale man mano che l'intervista andava avanti. **II** *v.t.* **1** sciogliere, squagliare, sgelare, disgelare. **2** (*to free of the effects of cold;* spesso con *out*) (far) sgelare, (far) disgelare. **3** ⟨*fig*⟩ rendere più cordiale. **III** *s.* **1** disgelo *m,* sgelo *m:* *the ~ set in* è venuto il disgelo. **2** ⟨*fig*⟩ il diventare più cordiale. **3** ⟨*Pol,fig*⟩ disgelo *m,* distensione *f.*

the[1] [*before consonants:* ðə; *before vowels:* ði; *used emphatically:* ði:] *art.* **1** il, lo, la, i, gli, le: *~ boy in ~ white shirt* il ragazzo con la camicia bianca; *~ girl I married* la ragazza che ho sposato; (*with superlatives*): *~ best that you can find* il meglio che tu possa trovare; *~ longest day of the year* il giorno più lungo dell'anno; (*with substantivized adjectives*): *~ beautiful* il bello; *~ poor* i poveri; *~ English* gli inglesi. **2** (*used with names: the famous, prominent, etc.*) il famoso: *I dined with J. Gielgud – ~ Gielgud?* ho cenato con J. Gielgud – il famoso J. Gielgud? **3** (*each*) il, lo, la, al, ciascuno: *two dollars ~ packet* due dollari il pacchetto.

the[2] *avv.* **1** (*used before comparatives*) tanto, *often not translated:* so much ~ worse for him tanto peggio per lui. **2** (*in double comparatives*) quanto ... tanto: ~ sooner ~ better quanto prima tanto meglio.

theater *am.*, **theatre** ['θiːətə] *s.* **1** teatro *m;* (*cinema theatre*) cinema *m* teatro. **2** (*drama as an art*) teatro *m*, prosa *f.* **3** ⟨*collett*⟩ (*plays*) teatro *m*, opere *fpl* teatrali: the ~ of Shaw il teatro di Shaw. **4** (*dramatic art*) arte *f* drammatica. **5** ⟨*Med*⟩ (*operating room*) sala *f* operatoria. **6** (*fig*) luogo *m* d'azione, teatro *m.* ▢ ⟨*Mil*⟩ ~ of operations teatro *m* delle operazioni; ~ of war teatro *m* della guerra⁷ (o delle ostilità).

theatre| goer *s.* (assiduo) frequentatore *m* di teatri. **~ going I** *s.* il frequentare i teatri. **II** *a.* che va a teatro, che frequenta i teatri. **~-in-the-round** *s.* (*arena theatre*) teatro *m* con palcoscenico centrale, arena *f.* **~ nurse** *s.* ferrista *m/f.*

theatrical [θi'ætrikəl] *a.* **1** teatrale: ~ company compagnia teatrale. **2** ⟨*fig*⟩ teatrale, istrionico, artificioso, melodrammatico; (*extravagant, showy*) appariscente, vistoso. **theatricalism** [-izəm], **the‚atricality** [-ri'kæliti] *s.* teatralità *f.* **theatrically** [-i] *avv.* in modo teatrale. **theatricals** [-z] *s.pl.* (costr. sing.) rappresentazione *f* teatrale, recita *f.*

Theban ['θiːbən] **I** *s.* ⟨*Geog.stor*⟩ tebano *m* (*f* –a). **II** *a.* tebano. **Thebes** [θiːbz] *N.pr.* ⟨*Geog.stor*⟩ Tebe *f.*

theca ['θiːkə] *s.* (*pl.* **-cae** [siː]) ⟨*Biol,Zool*⟩ teca *f.*

thee [ðiː] *pron.* ⟨*rar,poet,dial*⟩ **1** (*objective case of thou*) te, ti; (*after prepositions*) te: sweet land of liberty, of ~ I sing dolce terra della libertà, di te io canto. **2** (*thou*) tu, *often not translated:* ~ still thinks of going to Rome (tu) pensi ancora di andare a Roma.

theft [θeft] *s.* furto *m.*

theftproof ['θeftpruːf] **I** *a.* antifurto. **II** *s.* antifurto *m.*

theine ['θiːiːn] *s.* ⟨*Chim*⟩ teina *f.*

their [ðeə] *a.poss.* **1** loro, di loro: ~ children i loro bambini; ~ problem il loro problema; ~ house la loro casa. **2** (*fam*) (*his or her*) suo, sua: everyone brought ~ own food ciascuno portò la sua roba da mangiare. ▢ ~ of ~ own di (loro) proprietà, loro proprio: a house of ~ own una casa di loro proprietà. **theirs** [-z] *pron.poss.* **1** loro, di loro: this house is not ~ questa casa non è la loro; an old friend of ~ un loro vecchio amico. **2** (*fam*) (*his or hers*) suo, sua.

theism[1] ['θiːizəm] *s.* ⟨*Teol,Filos*⟩ teismo *m.*

theism[2] *s.* ⟨*Med*⟩ teismo *m.*

theist [θiːist] *s.* ⟨*Teol,Filos*⟩ teista *m/f.* **the'istic** [-ik] *a.* teistico.

them [ðem, ðəm] **I** *pron.* **1** (*direct object*) loro, li, le: I saw ~, not you ho visto loro non te; take ~ home portali a casa. **2** (*indirect object*) loro: I gave ~ my name and address ho dato loro il mio nome e indirizzo. **3** (*after prepositions*) loro: I have never heard of ~ non ho mai sentito parlare di loro; (*in comparatives*) loro: we are richer than ~ siamo più ricchi di loro. **4** (*reflexive*) se, loro: they took the dog with ~ portarono il cane con sé. **5** ⟨*fam*⟩ (*in absolute constructions*) loro: you'd better ask the Browns, ~ being the owners è meglio che tu chieda al Brown, essendo loro i proprietari. **6** ⟨*dial,sl*⟩ (*those*) quelli, quelle: ~ that want to can leave quelli che vogliono possono andarsene. **II** *a.* ⟨*dial,sl*⟩ (*those*) quei, quegli: give me ~ plates dammi quei piatti. ▢ (*fam*) if anyone rings tell ~ I'm out se telefona qualcuno, digli che sono uscito; I'll take two of them ne prenderò due.

thematic [θi'mætik] *a.* ⟨*Ling,Mus,Lett*⟩ tematico. **thematically** [-əli] *avv.* dal punto di vista tematico.

theme [θiːm] *s.* **1** tema *m*, argomento *m*, soggetto *m:* the ~ of a conference il tema di una conferenza. **2** ⟨*Scol*⟩ tema *m*, componimento *m.* **3** ⟨*Mus,Ling*⟩ tema *m.*

theme song *s.* **1** tema *m* (o motivo) musicale ricorrente (o di base). **2** (*signature tune*) sigla *f* (musicale).

Themistocles [θi'mistəkliːz] *N.pr.* ⟨*Stor.gr*⟩ Temistocle *m.*

themselves [ðəm'selvz] *pron. pl.* **1** (*used reflexively*) si, se stessi: they hurt ~ badly si fecero molto male. **2** (*as an emphatic appositive*) loro stessi, loro in persona, proprio loro: they ~ told me me l'hanno detto loro stessi. **3**

(*alone*) da soli: they went by ~ andarono da soli; (*withou help*) da soli, senza l'aiuto di nessuno. **4** (*for emphas after prepositions*) sé, se stessi: they kept all the food for ~ tennero tutto il cibo per sé. ▢ the facts speak for ~ i fat parlano da soli, non sono necessarie spiegazioni.

then [ðen, ðən] **I** *avv.* **1** allora, a quell'epoca, a (o in) quel tempo, a quei tempi: I was ~ only ten years old allor avevo solo dieci anni; they will be on holiday ~ quell'epoca saranno in vacanza. **2** (*next, after that*) po dopo, in seguito: he shut the door and ~ bolted it chius la porta e poi tirò il chiavistello; and ~ I went to bed dopo andai a letto. **3** (*consequently*) allora: if that is true ~ you have nothing to worry about se è vero, allora no hai nulla di che preoccuparti. **4** (*in that case*) allora, i questo (o tale) caso: if you didn't do it, ~ who did? se no l'hai fatto tu, allora chi è stato? **5** (*besides*) poi, inoltre and ~ there's another problem e poi c'è un altr problema. **6** (*apparently, therefore*) allora, dunque, quind perciò: it's all settled, ~ allora tutto è sistemato. **II** *s* quel momento *m*, quel giorno *m*, quell'epoca *f:* they wer friends from ~ onwards divennero amici da quel moment in poi. **III** *a.* di allora, di quel tempo, di quell'epoca: th ~ President il Presidente di allora. **IV** *congz.* (*therefore* perciò, dunque, quindi. ▢ before ~ prima di allora; by ~ per allora, per quel giorno, per quel tempo, pe quell'epoca: we shall be back by ~ per allora saremo d ritorno; now ~: 1 dunque, allora: now ~, what's next o the agenda? dunque, qual è il punto seguente all'ordin del giorno?; 2 (*to imply a warning, protest, etc.*) ehi, orsù suvvia, via: now ~, children, less noise ehi, bambini, men chiasso; I have not seen her since ~ non la vedo d allora; ⟨*fam*⟩ and ~ some e non basta, e molto di più, ancora; ~ and there immediatamente, senza indugio, s due piedi, all'istante; ~ this, ~ that ora questo, or quello; until (o till) ~ fino (ad) allora, fino a que momento (o giorno); not until (o till) ~ non prima d allora, non fino (ad) allora; well ~ ebbene, allora; wha ~? e con ciò?, e allora?

thence [ðens] *avv.* **1** (*from that place*) di là, di lì, da qu luogo. **2** (*from that time*) da allora, da quel momento. **3** (*therefore*) quindi, perciò, pertanto. **'thenceforth** [-'fɔːθ] **'thenceforward(s)** [-'fɔːwəd(z)] *avv.* da allora (in poi).

Theobald ['θiːəbɔːld] *N.pr.* Teobaldo *m.*

theocentric [‚θiːo(u)'sentrik] *a.* ⟨*Filos,Rel*⟩ teocentrico **theocentrism** [-izəm] *s.* teocentrismo *m.*

theocracy [θiː'ɔkrəsi] *s.* ⟨*Pol*⟩ teocrazia *f.*

theocrat ['θiːəkræt] *s.* ⟨*Pol*⟩ teocratico *m.* **‚theo'cratic** [-ik] *a.* teocratico. **‚theo'cratically** [-ikəli] *avv.* in mod teocratico.

Theocritus [θiː'ɔkritəs] *N.pr.* ⟨*Stor*⟩ Teocrito *m.*

theodolite [θiː'ɔdəlait] *s.* ⟨*Topogr*⟩ teodolite *m.*

Theodora [‚θiːə'dɔːrə] *N.pr.* Teodora *f.* **'Theodore** [-dɔː *N.pr.* Teodoro *m.*

Theodosian [‚θiːə'dousjən] *a.* ⟨*Stor*⟩ teodosiano.

theogonic [‚θiːə'gɔnik] *a.* teogonico. **theogonis** [θiː'ɔgənist] *s.* esperto *m* di teogonia. **theogony** [θiː'ɔgən *s.* teogonia *f.*

theologian [‚θiːə'loudʒiən] *s.* teologo *m.* **‚theologi** [-'lɔdʒik], **‚theological** [-'lɔdʒikəl] *a.* **1** teologico: ~ seminary seminario teologico. **2** ⟨*Rel*⟩ teologale: ~ virtue virtù teologali. **‚theologically** [-'lɔdʒikəli] *avv.* teolo gicamente. **theology** [θiː'ɔlədʒi] *s.* teologia *f.*

theophany [θiː'ɔfəni] *s.* teofania *f.*

theorem ['θiːərəm] *s.* **1** ⟨*Mat,Filos*⟩ teorema *m.* **2** ⟨*fig* teoria *f*, idea *f*, principio *m.* **‚theorematic** [-ri'mætik] *a* teorematico.

theoretic [‚θiːə'retik], **theoretical** [-əl] *a.* **1** ⟨*Filos* teoretico. **2** (*existing only in theory*) teorico: a ~ advantage un vantaggio teorico. **3** (*speculative*) teorico speculativo. **theoretically** [-əli] *avv.* teoricamente, i teoria.

theoretician [‚θiːəre'tiʃən] *s.* **1** teorico *m.* **2** → **theorist theo'retics** [-tiks] *s.pl.* (costr. sing.) ⟨*Filos*⟩ **1** teoresi *f.* **2** (*theoretical philosophy*) teoretica *f*, filosofia *f* teoretica.

theoric [θiː'ɔrik], **theorical** [-əl] *a.* ⟨*Stor.gr*⟩ degli (o relativo agli) spettacoli pubblici.

theorist ['θiːərist] *s.* ⟨*Filos*⟩ teoreta *m/f.* **‚theorization**

[-rai'zeiʃən] s. teorizzazione f. **theorize** [-raiz] v.i. teorizzare. **theorizer** [-raizə] s. chi teorizza.

heory ['θi:əri] s. **1** teoria f, dottrina f: a ~ of the universe una teoria sull'universo. **2** (principles underlying a branch of knowledge, art) teoria f: music ~ teoria musicale. **3** (hypothesis) ipotesi f, congettura f, supposizione f: my explanation is no more than a ~ at the moment la mia spiegazione al momento non è che un'ipotesi. **4** (fam) (idea, notion) teoria f, idea f, modo m di pensare, opinione f. **5** (Mat) teoria f. □ (Econ) ~ of comparative costs teoria f dei costi comparati; (Biol) ~ of evolution teoria f dell'evoluzione; in ~ in teoria, teoricamente.

heosoph ['θi:əsɔf], **theosopher** [θi'ɔsəfə] s. → theosophist.

heosophic [,θi:ə'sɔfik], **theosophical** [-əl] a. (Rel) teosofico. **theosophist** [θi'ɔsəfist] s. teosofo m. **theosophize** [-faiz] v.i. speculare in maniera teosofica. **theosophy** [-fi] s. teosofia f.

nerapeutic [,θerə'pju:tik], **therapeutical** [-əl] a. terapeutico. **therapeutically** [-əli] avv. dal punto di vista terapeutico. **therapeutics** [-s] s.pl. (costr. sing.) terapeutica f. **therapeutist** [-tist], **'therapist** [-pist] s. **1** terapista m/f, terapeuta m/f. **2** (physiotherapist) fisioterapista m/f. **'therapy** [-pi] s. terapia f; (physical therapy) fisioterapia f.

here [ðɛə] **I** avv. **1** là, lì, costà, costì: here and ~ qui e là; put it ~ mettilo lì. **2** (to, into that place) ci, vi, là, lì, colà: I shall be going ~ next year ci andrò l'anno prossimo. **3** (in, at the place indicated) là, lì: ~, where your left foot is là, dove hai il piede sinistro. **4** (used to direct attention to s.th.) ecco, ecco che (o là): ~ goes the bell ecco che suona la campana. **5** (at that point) a quel punto, là: he paused ~ and asked if it was clear a quel punto si fermò e chiese se (tutto) era chiaro. **6** (in that matter) lì, là, in questo, su ciò, in quel punto: I must admit you're right ~ devo ammettere che lì hai ragione. **II** pron. **1** (used to introduce a verb) ci, vi: ~ was nothing more to do non c'era altro da fare; ~ seems to be some mistake sembra che ci sia un errore. **2** (fam) (used as a substitute for a name) lì, là: hey, you ~, you with the glasses! ehi, tu lì, tu con gli occhiali! **III** s. **1** quel luogo m, quel posto m: he comes from ~ too anche lui viene ⌐da quel luogo⌐ (o di lì). **2** (that point) quel punto m: we'll begin from ~ cominceremo da quel punto. **IV** a. **1** (used for emphasis after a demonstrative pronoun or noun) lì, là, often not translated: I'll have that one ~ prenderò quello (lì). **2** (existent, present) esistente, presente, often translated with the corresponding verb: the problem is ~ and there's nothing we can do to solve it il problema esiste e non possiamo fare nulla per risolverlo. **V** intz. **1** ecco: ~, look what you've done ecco, guarda cosa hai fatto. **2** (to express satisfaction,etc.) ecco, là, finalmente: ~, it's finished ecco, è finito. **3** (to express consolation) su, coraggio, suvvia, via: ~, ~, you'll feel better in a minute su, su, tra un minuto ti sentirai meglio. □ he is not all ~ gli manca ⌐qualche rotella⌐ (o un venerdì); ~ you are: 1 eccoti: ~ you are, I've been looking all over for you eccoti, ti ho cercato dappertutto; 2 (here is what you wanted) eccoti accontentato (o servito), ecco quello che volevi; 3 (fam) (I told you so) te l'avevo detto; you just plug it in and ~ you are! devi solo infilare la spina ed ecco fatto!; it takes an hour ~ and back ci vuole un'ora per andare e tornare; we went ~ and back in less than a day siamo andati e tornati in meno di una giornata; to be ~: 1 (to have arrived) essere lì (o là), arrivare: we shall soon be ~ saremo lì tra breve; 2 (to be available, present) essere lì (o presente, a disposizione): the nurse was always ~ when I wanted her l'infermiera era sempre lì quando avevo bisogno di lei; (fam) to have been ~ conoscere per esperienza, averne fatto esperienza; I have been ~ ne so qualcosa, so di che si tratta; to get ~: 1 arrivare, giungere: we got ~ late arrivammo tardi; 2 (fam) (to succeed, make it) farcela, riuscire: it was a struggle but we got ~ in the end è stata dura ma alla fine ce l'abbiamo fatta; in ~ lì (o là) dentro; (fam) he was still in ~ fighting stava ancora combattendo; he has failed four times but is still in ~ trying non ci è riuscito per ben

quattro volte ma è ancora lì che prova; ~ and then subito, lì per lì, là per là, sul momento.

there|about(s) avv. **1** da quelle parti, nei dintorni, nei pressi, nelle vicinanze, là (o lì) vicino. **2** (near that time, number, etc.) giù di lì, pressappoco, all'incirca, circa: at midnight or ~ a mezzanotte o giù di lì; ten pounds or ~ dieci sterline o giù di lì. **~'after** avv. **1** (lett) da allora in poi, in seguito, dopo di ciò, dopodiché. **2** (ant) (accordingly) di conseguenza, quindi, perciò. **,~'at** avv. **1** di conseguenza, perciò, quindi. **2** (at that) al che, a ciò. **3** (rar) (at that place) in quel luogo, là, colà. **,~'by** avv. **1** quindi, perciò, a causa di ciò, con ciò. **2** (in that connection) al riguardo, in merito: ~ hangs a tale c'è (tutta) una storia al riguardo. **3** (scozz) (nearby, thereabouts) da quelle parti, nei dintorni (o pressi), nelle vicinanze, là (o lì) vicino.

there'd [ðɛəd] contraz. di there had, there would.

therefor [ðɛə'fɔ:] avv. in cambio di ciò, come corrispettivo, per questo.

therefore ['ðɛəfɔ:] avv. perciò, quindi, dunque, di conseguenza, indi: the problem, ~, does not exist il problema, perciò, non esiste.

there|'from avv. (lett) da ciò, indi, quindi. **~'in** avv. (Dir) **1** ivi, (là) dentro, vi, ci: enclosed ~ ivi allegato. **2** (in that respect) in ciò, riguardo a ciò, al riguardo, in merito: ~ lies your mistake in ciò sta il tuo errore. **,~in'after** avv. (Dir) più avanti, in seguito, oltre. **,~inbe'fore** avv. (Dir) precedentemente, prima, già. **~'into** avv. (ant) là (o lì) dentro, dentro.

there'll [ðɛəl] contraz. di there will, there shall.

there|'of avv. **1** di ciò, di questo, al riguardo. **2** (because of that) perciò, per questo, a causa di ciò, di conseguenza. **~'on** avv. (ant) **1** su ciò, al riguardo, in merito. **2** → thereupon.

there's [ðɛəz] contraz. di there is, there has.

Theresa [ti'ri:zə] N.pr. Teresa f.

there|'to avv. (ant) **1** a ciò, vi, ci. **2** (rar) (besides) inoltre, per giunta, oltre a ciò, per di più. **,~to'fore** avv. fino ad allora, fino a quel momento. **~'under** avv. (ant) sotto (ciò). **,~un'to** avv. (ant) → thereto. **,~up'on** avv. **1** subito (o immediatamente) dopo, al che, a ciò. **2** (on that matter) su ciò, in merito, al riguardo, a quel proposito. **3** (because of that) di conseguenza, indi, quindi, perciò. **,~'with** avv. **1** con ciò, con questo, insieme. **2** (in addition to that) in aggiunta, inoltre, in più. **3** (rar) (thereupon) subito (o immediatamente) dopo. **,~with'al** avv. (ant) **1** con ciò, con questo. **2** (immediately after that) subito (o immediatamente) dopo, al che, a ciò.

therm [θə:m] s. (Fis) (small calorie) (piccola) caloria f; (large calorie) grande caloria f, chilocaloria f.

thermae lat. ['θə:mi:] s.pl. (Archeol) terme fpl.

thermal ['θə:məl] **I** a. **1** → thermic. **2** (Fis, Atom) termico. **3** (of thermae) termale. **II** s. (Meteor) corrente f ascendente d'aria calda.

thermal| barrier s. (Aer) barriera f termica (o del calore). **~ conduction module** s. (Inform) modulo m di conduzione termica. **~ energy** s. energia f termica. **~ insulation** s. (tecn) isolamento m termico. **~ power station** s. (El) centrale f termoelettrica. **~ printer** s. (Inform) stampante f termica. **~ spring** s. sorgente f (d'acqua) termale.

thermic ['θə:mik] a. termico: ~ rays raggi termici. **thermically** [-əli] avv. dal punto di vista termico.

Thermidor fr. ['θə:midɔ:] s. (Stor) termidoro m.

thermion ['θə:m(a)iən] s. (Fis) termoione m. **,thermionic** [-m(a)i'ɔnik] a. termoionico: ~ tube valvola termoionica. **,thermionics** [-m(a)i'ɔniks] s.pl. (costr. sing.) (Fis) termoionica f.

thermistor ['θə:mistə] s. (El) termistore m.

thermit ['θə:mit], **thermite** [-mait] s. (Chim) termite f.

thermochemical [,θə:mo(u)'kemikəl] a. termochimico. **thermochemistry** [-mistri] s. termochimica f.

thermocouple ['θə:mo(u)kʌpl] s. (Fis, El) termocoppia f, coppia f termoelettrica.

thermodynamic [,θə:mo(u)dai'næmik] a. (Fis) termodinamico. **thermodynamics** [-s] s.pl. (costr. sing.) termodinamica f: the laws of ~ le leggi della termodinamica.

thermoelectric ['θə:mo(u)i'lektrik] *a.* termoelettrico. **thermoelectricity** [–'trisiti] *s.* termoelettricità *f.*

thermoelectric| multiplier *s.* ⟨*El*⟩ termomoltiplicatore *m*, moltiplicatore *m* termoelettrico. **~ pair** *s.* termocoppia *f*, coppia *f* termoelettrica.

thermogram ['θə:məgræm] *s.* termogramma *m*. **thermograph** [–gra:f] *s.* termografo *m*. **thermography** [–'məgrəfi] *s.* termografia *f.*

thermoluminescence [,θə:mo(u),lju:mi'nesns] *s.* termoluminescenza *f.*

thermomagnetic [,θə:mo(u)mæg'netik] *a.* termomagnetico. **thermomagnetism** [–tizəm] *s.* termomagnetismo *m.*

thermometer [θə'mɔmitə] *s.* termometro *m* (*anche fig.*): *a ~ of public opinion* un termometro dell'opinione pubblica. **thermometric** [,θə:mə'metrik] *a.* termometrico. **thermometry** [–tri] *s.* termometria *f.*

thermomotive ['θə:mo(u)'moutiv] *a.* ⟨*Fis*⟩ del (*o* relativo al) movimento prodotto dal calore.

thermonuclear [,θə:mo(u)'nju:kliə] *a.* ⟨*Atom*⟩ termonucleare.

thermopane ['θə:moupein] *s.* vetro *m* termico.

thermopile ['θə:mo(u)pail] *s.* ⟨*Fis*⟩ termopila *f*, pila *f* termoelettrica.

thermoplastic ['θə:mo(u)'plæstik] **I** *a.* ⟨*Chim*⟩ termoplastico. **II** *s.* sostanza *f* termoplastica.

Thermopylae [θə:'mɔpili:] *N.pr.* ⟨*Geog.stor*⟩ Termopili *fpl*, Termopile *fpl.*

thermoregulation ['θə:mo(u),regju'leiʃən] *s.* ⟨*Biol*⟩ termoregolazione *f.* **thermo'regulator** [–leitə] *s.* termoregolatore *m.*

thermos ['θə:mɔs] *s.* termos *m.*

thermoscope ['θə:məskoup] *s.* ⟨*Fis*⟩ termoscopio *m.*

thermosensitive [,θə:mo(u)'sensitiv] *a.* termosensibile.

thermosetting ['θə:mo(u)'setiŋ] *a.* ⟨*tecn*⟩ termoindurente.

thermos flask *s.* → **thermos.**

thermosphere [,θə:mo(u)'sfiə] *s.* termosfera *f.*

thermostat ['θə:mo(u)stæt] *s.* ⟨*tecn*⟩ termostato *m*. **,thermo'static** [–ik] *a.* ⟨*Fis*⟩ termostatico. **,thermo'statically** [–ikəli] *avv.* per mezzo di un termostato. **,thermo'statics** [–iks] *s.pl.* (costr. sing.) termostatica *f.*

thermotherapy [,θə:mo(u)'θerəpi] *s.* termoterapia *f.*

thesaurus [θi'sɔ:rəs] *s.* (*pl.* **-ri** [rai]/**-ruses** [rəsiz]) ⟨*Lett*⟩ tesoro *m*, opera *f* enciclopedica; (*dictionary of synonyms*) dizionario *m* dei sinonimi.

these [ði:z] → **this.**

Thesean [θi'si:ən] *a.* ⟨*Mitol*⟩ di Teseo. **Theseus** ['θi:sju:s] *N.pr.* Teseo *m.*

thesis ['θi:sis] *s.* (*pl.* **-ses** [si:z]) **1** tesi *f*, proposizione *f.* **2** ⟨*Univ*⟩ tesi *f* (*o* dissertazione) di laurea. **3** ⟨*Filos,Metr,Mus*⟩ tesi *f.*

Thespian ['θespiən] *a.* di Tespi. **thespian I** *a.* drammatico. **II** *s.* (*tragedian*) tragediografo *m;* (*actor, actress*) attore *m* (*f* –trice). **Thespis** [–pis] *N.pr.* ⟨*Stor.gr*⟩ Tespi *m.*

Thessalian [θe'seiliən] **I** *a.* tessalico, tessalo. **II** *s.* tessalo *m* (*f* –a).

Thessalonian [,θesə'louniən] **I** *s.* **1** tessalonicese *m/f.* **2** *pl.* ⟨*Bibl*⟩ (costr. sing.) lettere *fpl* ai Tessalonicesi. **II** *a.* tessalonicese. **Thessalonica** [–'lɔnikə] *N.pr.* ⟨*Geog.stor*⟩ Tessalonica *f.*

Thessaly ['θesəli] *N.pr.* ⟨*Geog*⟩ Tessaglia *f.*

theta ['θi:tə] *s.* (*letter of the Greek alphabet*) t(h)eta *m/f.*

thewed [θju:d] *a.* (nei composti) dai muscoli ...: *strong-~* dai muscoli forti. **thews** [θju:z] *s.pl.* **1** muscoli *mpl*, forza *f* muscolare. **2** (*strength*) forza *f*, vigore *m*. **thewy** ['θju:i] *a.* muscolare.

they [ðei] *pron.* **1** essi, esse, loro, *often not translated:* ~ *are late* sono in ritardo; ~ *said it* l'hanno detto loro; *who are ~?* chi sono? **2** (*people, one*) si, la gente, uno: ~ *say he is very ill* si dice che sia molto malato. **3** ⟨*fam*⟩ (*he or she*) egli, ella, *often not translated:* everyone must attend *whether ~ like it or not* tutti devono partecipare, lo vogliano o no. **4** ⟨*lett*⟩ (*those*) quelli, coloro: ⟨*Bibl*⟩ *blessed are ~ that mourn* beati quelli che piangono.

they'd [ðeid] *contraz. di* **they had, they would, they should.**

they'll [ðeil] *contraz. di* **they will, they shall.**

they're [ðeiə] *contraz. di* **they are.**

they've [ðeiv] *contraz. di* **they have.**

thick [θik] **I** *a.* **1** spesso, grosso: *a ~ slice of bread* un« fetta di pane spessa; ~ *strokes of a pen* grossi tratti d penna. **2** (*in measurements*) spesso: *the plank is tw* *inches ~* l'asse è spessa due pollici; (*compact*) compatto fitto: *a ~ crowd* una folla compatta. **3** (*dense, close*) fitto folto, spesso, denso: ~ *snow* neve fitta; (*of hair*) folto. ◄ (*crowded, filled*) denso, pieno, fitto (*with* di): *a tree ~* *with leaves* un albero pieno di foglie; (*covered*) copert« (*with* di): *his hands were ~ with soot* le sue mani eran coperte di fuliggine. **5** (*of the atmosphere in a room* stuffy) · viziato; (*heavy*) pesante. **6** (*of fog, smoke*) fitto denso, spesso, (*of weather*) coperto, offuscato, fosco. **7** (*o liquids*) denso, spesso: *a ~ soup* una minestra spessa **8** (*of voice, speech: indistinct*) indistinto, poco chiaro (*hoarse*) rauco, roco; (*of an accent*) molto marcato. **9** (*o parts of the body*) grosso: ~ *fingers* dita grosse; (*of lips* spesso, grosso, carnoso. **10** (*of people: thickset*) tarchiato tozzo. **11** ⟨*fam*⟩ (*obtuse, dull*) ottuso, tardo, duro di com« prendonio, grosso (di cervello), tonto. **12** ⟨*fam*⟩ (*intimate on friendly terms*) intimo, legato da stretti rapporti d amicizia. **II** *s.* **1** fitto *m*, folto *m* (*anche fig.*): *in the ~ o* *the wood* nel fitto del bosco; *he was really in the ~ of th* fight era proprio nel folto della mischia. **2** ⟨*fam*⟩ (*obtus* person) stupido *m* (*f* –a), ⟨*fam*⟩ testone *m* (*f* –a). **III** *avv.* **1** a strati grossi. **2** (*close together*) fitto, fitto fitto: *th* roses grew ~ *along the path* le rose crescevano fitte lung« il sentiero. □ ⟨*fam*⟩ *it's a* **bit** ~ questo è troppo; *a wee.* *of rain is a bit ~* una settimana di pioggia è un p troppo; ~ *and* **fast** fitto come la grandine; ⟨*fam*⟩ *to hav a ~* **head**: 1 (*after drinking*) avere la testa pesante; 2 (*t* be obtuse) essere ottuso (*o* duro di comprendonio); ⟨*fam* *to* **lay** *it on ~*: 1 esagerare, caricare le tinte; 2 (*to us* excessive flattery) adulare eccessivamente, lisciare; *th* snow lay ~ *on the ground* il terreno era coperto da un spessa coltre di neve; ⟨*fam*⟩ *to have a ~* **skin** esser insensibile (*o* indifferente), non prendersela; *to be as ~ a* (*two*) **thieves** essere amici per la pelle, essere inseparabil (*o* pane e cacio); **through** ~ *and thin* nella buona e nell cattiva sorte: *he had been his friend through ~ and thi* gli era stato amico nella buona e nella cattiva sorte.

thick ear *s.* orecchio *m* livido e gonfio. □ *to give s.o.* ~ fare una faccia di schiaffi a qd.

thicken ['θikən] **I** *v.t.* **1** ispessire, aumentare lo spessor di, ingrossare. **2** (*of liquids*) ispessire, rendere più dens *to ~ gravy with flour* ispessire il sugo con la farina. **3** (*t* make compact) infittire, infoltire. **II** *v.i.* **1** ingrossars ispessirsi. **2** (*of liquids*) condensarsi, addensarsi: *stir th* mixture until it ~ agitare la miscela fino a che non s condensa. **3** (*to become more dense*) infittirsi, addensars infoltire: *the fog is –ing* la nebbia s'infittisce; (*of weather* offuscarsi, oscurarsi. **4** (*fig*) complicarsi, imbrogliars ingarbugliarsi: *the plot –s* l'intreccio si complica. **thick ner** [–ə] *s.* ⟨*Cart*⟩ addensatore *m*. **thickening** [–iŋ] **I** *s.* **1** ispessimento *m*, ingrossamento *m*. **2** (*thickened part* ispessimento *m*, parte *f* ispessita. **3** (*s.th. used to thicke a liquid*) sostanza *f* usata per condensare (*o* ispessire). **I** *a.* che si infittisce (*o* addensa): ~ *fog* nebbia che si infi tisce.

thicket ['θikit] *s.* **1** boschetto *m*, folto *m* d'alberi. **2** ⟨*fig* selva *f*, moltitudine *f*: *the ~ of Government regulation* l selva delle disposizioni governative.

thickhead ['θikhed] *s.* ⟨*fam*⟩ persona *f* ottusa, stupido *n* (*f* –a), testone *m* (*f* –a).

thickish ['θikiʃ] *a.* piuttosto spesso (*o* fitto). **thickl** [–kli] *avv.* **1** fitto, fittamente: *the snow fell ~* la nev cadde fitta. **2** (*in speaking*) indistintamente, in mod confuso. □ *to spread butter ~* spalmare il burro in un strato spesso. **thickness** [–knis] *s.* **1** grossezza *f.* **2** (*i measurements*) spessore *m: the ~ of a wall* lo spessore d un muro. **3** (*layer*) strato *m*, foglio *m*, spessore *m: sh* covered the cake with several *–es of icing* ricoprì il dolc con diversi strati di glassa. **4** (*denseness, compactness* fittezza *f*, compattezza *f*, densità *f*, foltezza *f.* **5** (*o liquids*) densità *f*, consistenza *f.* **6** (*of speech*) l'esser indistinto. **7** ⟨*fam*⟩ (*obtuseness*) ottusità *f*, stupidità *f.*

thickness gauge s. ⟨tecn⟩ spessimetro m.
thickset ['θik'set] a. 1 (of a hedge, wood, etc.) folto, fitto. 2 (of people: stocky, burly) tarchiato, tozzo.
thick-skinned a. ⟨fig⟩ poco sensibile.
thief [θi:f] s. (pl. **thieves** [θi:vz]) 1 ladro m (f –a). 2 ⟨Chim⟩ → **thief tube**. □ ⟨fig⟩ to set a ~ to catch a ~ a un furbo un furbo e mezzo; stop ~! al ladro! Prov.: once a ~, always a ~ il lupo perde il pelo ma non il vizio.
thief tube s. ⟨Chim⟩ sonda f per campionatura.
thieve [θi:v] I v.t. 1 rubare. 2 ⟨Chim⟩ (of a sample) prelevare con una sonda. II v.i. rubare, fare il ladro.
'thievery [–əri] s. furto m.
thieves'| kitchen [θi:vz] s. covo m di ladri. ~ **Latin** s. lingua f furbesca (o furfantina), furbesco m.
thieving ['θi:viŋ] I s. il rubare. II a. dedito al furto, che ruba, ladro: The ~ **Magpie** La gazza ladra.
thievish ['θi:viʃ] a. 1 → **thieving**. 2 (characteristic of a thief) ladresco, di (o da) ladro; (stealthy) furtivo, circospetto. **thievishly** [–li] avv. da ladro. **thievishness** [–nis] s. tendenza f al furto.
thigh [θai] s. ⟨Anat⟩ 1 coscia f. 2 → **thigh bone**.
thigh| bone s. ⟨Anat⟩ femore m. ~ **guard**, ~ **pad** s. ⟨Sport⟩ cosciale m.
thill [θil] s. (of a vehicle) stanga f.
thimble ['θimbl] s. 1 ditale m. 2 ⟨Mecc⟩ manicotto m, bussola f. 3 ⟨Mar⟩ redancia f. 4 ⟨Mecc⟩ (tubular cone) mandrino m conico; (wall box) cassa f a muro. **thimble ful** [–ful] s. 1 quantità f contenuta in un ditale. 2 ⟨fig⟩ piccola quantità f (di liquido), goccio m, gocciolo m.
thimblerig¹ ['θimblrig] s. → **thimblerigging**.
thimblerig² v. (pret., p.p. **thimblerigged** [–d]) I v.t. 1 imbrogliare facendo un gioco di bussolotti. 2 ⟨estens⟩ ingannare. II v.i. fare il gioco dei bussolotti.
thimblerigger ['θimblrigə] s. chi fa il gioco dei bussolotti.
thimblerigging [–giŋ] s. 1 gioco m dei bussolotti. 2 ⟨estens⟩ inganno m, gioco m di bussolotti.
thin¹ [θin] a. (compar. **'thinner** [–ə], sup. **'thinnest** [–ist]) 1 sottile, leggero, fino, fine: ~ slices fette sottili; ~ cloth tessuto leggero; (small in cross section) sottile, tenue: a ~ stick un bastone sottile. 2 (having not much flesh) esile, sottile, magro, snello: a ~ girl una ragazza esile; ~ legs gambe sottili. 3 (not dense, sparse) rado, poco fitto: ~ hair capelli radi. 4 (not abundant) scarso, limitato, modesto: attendance was ~ la partecipazione fu scarsa; stocks of food scorte limitate di cibo. 5 (of liquids) fluido: a ~ solution una soluzione fluida; (watery) brodoso, acquoso, lungo: ~ soup minestra brodosa; (of wine) leggero, non corposo. 6 (of air: rarefied) rarefatto, fine, leggero. 7 ⟨fig⟩ magro, debole, fiacco: a ~ excuse una magra scusa. 8 (of a voice) sottile, esile, fievole; (of reproduced sound) sottile, acuto e leggero. 9 (of light) fioco, debole, pallido. 10 (of colours) sbiadito, smorto. 11 ⟨Fot⟩ debole. 12 (of soil) sterile, infecondo, magro. 13 ⟨Econ⟩ fiacco. □ ⟨fig⟩ out of ~ **air** dal nulla: she is clever at creating delicious dishes out of ~ air è bravissima nel creare piatti deliziosi dal nulla; a ~ disguise un travestimento trasparente; to be ~ in the **face** avere il viso magro; to **grow** (o get) ~ assottigliarsi, dimagrire; ⟨fam⟩ to have a ~ **time** (of it) passarsela male; ⟨fam⟩ to be ~ on **top** essere stempiato.
thin² v. (pret., p.p. **thinned** [–d]) I v.t. 1 (spesso con down) assottigliare, rendere sottile, ridurre lo spessore di: to ~ down a stick assottigliare un bastone. 2 (to make thin, lean; spesso con down) smagrire, rendere magro, far dimagrire. 3 (spesso con out, down: to make less dense) diradare, rendere meno fitto, sfoltire; (to make less numerous) ridurre, far diminuire. 4 (of liquids; spesso con down, out) diluire, allungare. 5 ⟨Agr,Giard⟩ (spesso con out) sfoltire, diradare to ~ out a flower bed sfoltire un'aiola; (to prune) potare. 6 (of hair) sfoltire. II v.i. 1 (spesso con down) smagrirsi, smagrire, dimagrire, diventare magro. 2 (to become less dense; spesso con down, out) diradarsi, diventare rado, sfoltirsi, infecondo, magro: his hair is –ning i suoi capelli si stanno diradando; the crowd began to ~ out la folla cominciava a diradarsi.
thine [ðain] ⟨poet,rar⟩ I a. tuo: ~ honour il tuo onore. II pron. (yours) tuo, tua: is this mine or ~? è mio o tuo?

thing [θiŋ] s. 1 cosa f: it's a ~, not a person è una cosa, non una persona; (unspecified object) affare m, arnese m, aggeggio m, ⟨fam⟩ coso m: what's that ~ you're holding? cos'è quell'affare che hai in mano?; it's a ~ for stoning cherries è un aggeggio per snocciolare le ciliege. 2 (affair, matter) cosa f, faccenda f, affare m: perjury is a serious ~ lo spergiuro è una cosa seria; (task) cosa f, lavoro m, faccenda f: I have a lot of –s to do today ho tante cose da fare oggi.' 3 pl. (state of affairs) cose fpl, situazione f, affari mpl: –s are going well le cose vanno bene. 4 (point, detail) cosa f, punto m, dettaglio m. 5 (deed, accomplishment) cosa f, impresa f, azione f. 6 (word, utterance) parola f, verbo m: he didn't say a ~ non ha detto una parola. 7 (being, person) creatura f, essere m (vivente), persona f: what a pretty ~ she is! che graziosa creatura!; (animal) bestiola f, animale m. 8 (food, substance, etc.) roba f, cosa f, cibo m: she is mad about sweet –s va pazza per le cose dolci. 9 (article of clothing) vestito m, abito m: I haven't got a ~ to wear to the party non ho un vestito da mettere per la festa. 10 pl. (possessions, effects) cose fpl, roba f: he got his –s together and left raccolse le sue cose e se ne andò; (equipment, gear) equipaggiamento m, roba f, arnesi mpl, cose fpl: where are my skiing –s? dov'è il mio equipaggiamento da sci? 11 ⟨fam⟩ (way of acting) modo m d'agire. 12 ⟨sl⟩ (irrational fear) paura f (irrazionale): she has a ~ about cats ha paura dei gatti; (obsession) mania f, fissazione f: he has a ~ about punctuality ha la mania della puntualità. 13 ⟨Dir⟩ bene m: –s real beni immobili. □ **above** all –s soprattutto, sopra ogni cosa, ⟨fam⟩ **and** –s e così via, eccetera eccetera; (and) **another** ~ e inoltre, e per di più; **as** –s are stando così le cose, così come stanno le cose; **as** –s go così come vanno le cose; **dumb** –s gli animali; the **essential** ~ is to be honest l'essenziale è essere onesti; **for** one ~ tanto per cominciare (o dirne una); as a **general** ~ generalmente, di solito; ⟨fam⟩ a **good** ~: 1 (profitable enterprise) un buon affare; 2 (lucky circumstances) fortuna f, circostanza f fortunata: it was a good ~ no one was hurt è stata una fortuna che nessuno si sia fatto male; to do the **honest** ~ comportarsi onestamente; a **near** ~: 1 (a narrow escape) lo scamparla per miracolo (o un pelo); 2 (almost too late) il farcela 'per un pelo' (o a malapena); **neither** one ~ (n)or another indeciso, tra il sì e il no; **not** a ~ niente, (proprio) nulla: there wasn't a ~ to eat non c'era niente da mangiare; **of** all –s addirittura; well, of all –s! questa poi!; just **one** of those –s qualcosa 'd'inevitabile' (o a cui non c'è rimedio); what with **one** ~ and another tra una cosa e l'altra; let's hurry up and get the ~ **over** with sbrighiamoci e facciamola finita; ⟨Dir⟩ –s **personal** beni mobili; **put** your ~ s on and come along vestiti e vieni con me; to say the **right** ~ parlare a proposito; ⟨fam⟩ to **see** –s 'soffrire di' (o avere le) allucinazioni; no **such** ~ nient'affatto, certamente no; to **take** –s as they come prendere le cose come vengono; the ~: 1 la cosa giusta (o da farsi), quello che ci vuole: the ~ to do in that case is to rush to the hospital la cosa da farsi in questo caso è correre all'ospedale; a week's holiday is 'the very' (o just the) ~ una settimana di vacanza è proprio quello che ci vuole; 2 (that which is polite) ciò che 'è corretto' (o sta bene); 3 (that which is fashionable) la moda, ciò che è di moda: leather hats are the ~ this year i cappelli di pelle sono la moda di quest'anno; the latest ~ in boots l'ultima moda in fatto di stivali; it is not the ~ to ask a lady her age non sta bene chiedere l'età a una signora; that's not at all the ~ to do non è una cosa da farsi, non sta bene; to **think** –s over pensare (o riflettere) a lungo; it is no good trying to do two –s at once non si possono fare due cose 'a un tempo' (o alla volta); an understood ~ una cosa sottintesa (o che va da sé); to **make** –s **worse** peggiorare 'le cose' (o la situazione): his presence only made –s **worse** la sua presenza non fece altro che peggiorare le cose; to say the **wrong** ~ parlare a sproposito. ‖ she adores all –s Italian adora tutto ciò che è italiano; the ~ is, can we afford it? il punto è: possiamo permettercelo?

thingamabob ['θiŋəmibɔb], **thingamajig** [–midʒig], **thingumabob** [–mibob], **thingumajig** [–midʒig],

thingummy [–mi] s. ⟨fam⟩ **1** aggeggio m, affare m, arnese m, ⟨fam⟩ coso m. **2** (person) tizio m (f –a), coso m.

think [θiŋk] v. (pret., p.p. thought [θɔːt]/dial. thunk [θʌŋk]) **I** v.t. **1** pensare: to ~ badly of s.o. pensare male di qd. **2** (to reflect on) pensare a, riflettere su: he thought what might happen pensò a ciò che poteva accadere; (to intend) pensare, avere in animo, proporsi: I thought to ask s.o. for help pensai di chiedere aiuto a qd. **3** (to hold as an opinion) pensare, credere, ritenere, supporre: I ~ you are wrong credo che tu abbia torto. **4** (to consider, regard) ritenere, credere, pensare, considerare: we thought it right to tell you ritenemmo (che fosse) giusto dirvelo; do what you ~ proper fa' ciò che credi giusto. **5** (to form a conception of, imagine) immaginare, pensare, figurarsi, raffigurarsi. **6** (to be obsessed with the idea of) non fare altro che pensare a, avere l'idea fissa di: he ~s revolution non fa altro che pensare alla rivoluzione. **7** (to remember; seguito dall'inf.) ricordare, rammentare, pensare a: I didn't ~ to invite him non mi sono ricordato d'invitarlo, non ho pensato a invitarlo. **8** (to expect) aspettarsi, pensare: I didn't ~ to find you here non mi aspettavo di trovarti qui. **II** v.i. **1** pensare: ~, boy, ~! pensa, ragazzo, pensa!; (to reflect) riflettere, meditare, ponderare. **2** (to have opinions) ragionare, pensare. **3** (to suppose) pensare, supporre, ritenere: it is easier than you ~ è più facile di quanto (tu non) pensi. □ to ~ **about:** 1 pensare a: what are you –ing about? a che cosa stai pensando?; try not to ~ about it cerca di non pensarci; 2 (to entertain the idea of) avere in mente (o animo), pensare, proporsi, intende re: I am –ing about resigning ho in mente di dare le dimissioni; to ~ **again** riflettere (o pensare) ancora; to ~ **aloud** pensare ad alta voce; to ~ **better** of it cambiare idea, ripensarci; to ~ **for** o.s. pensare con la propria testa; to ~ **highly** of s.o. = to think **well** of s.o.; to ~ **ill** of s.o. pensare male di qd.; I thought as **much** me lo aspettavo, lo pensavo; I ~ **not** = I don't think so; to ~ **nothing** of considerare una cosa da nulla (o niente); to ~ **nothing** of s.o. non avere alcuna stima di qd.; ~ nothing of it! non c'è di che!; to ~ **of:** 1 pensare a; 2 (to bring to mind) pensare a, farsi venire in mente; 3 (to remember) ricordare, richiamare alla mente (o memoria): I can't ~ of his name non riesco a ricordare i suo nome; 4 (to imagine, conceive) raffigurarsi, pensare, immaginare: it is difficult to ~ of him as a father è difficile raffigurarselo come padre; 5 (to have in mind, think about) pensare, avere in mente (o animo), proporsi, intendere: we're –ing of going to the beach pensiamo di andare al mare; 6 (to make a mental discovery) escogitare, trovare, pensare: I thought of the plan first io per primo ho escogitato il piano; 7 (to suggest, propose) suggerire, proporre: can you ~ of a good place for the holidays? puoi suggerire un buon posto per le vacanze?; 8 (to have regard for) pensare a, avere riguardo (o considerazione) per: ~ of your reputation pensa alla tua reputazione; you never ~ of my feelings non hai mai riguardo per i miei sentimenti; to ~ **over** riflettere su, pensarci: I'll ~ over your offer rifletterò sulla tua offerta; to ~ o.s. **silly** pensare e ripensare fino a non capire più nulla, diventare stupido a furia di pensare; I ~ **so** credo di sì; I don't ~ **so** credo di no, non credo; to ~ **through** riflettere a fondo su; to ~ **to** o.s. pensare tra sé e sé; to ~ **twice** pensarci due volte; to ~ **up** ideare, escogitare, inventare: to ~ up a scheme ideare un piano; to ~ **well** of s.o. avere una buona opinione di qd., pensare bene di qd.; to ~ the **world** of s.o. pensare un gran bene di qd.

thinkable ['θiŋkəbl] a. **1** pensabile, immaginabile. **2** (possible, likely) probabile, possibile: it is hardly ~ that è poco probabile che. **thinker** [–kə] s. pensatore m (f –trice). **thinking** [–kiŋ] **I** s. **1** il pensare, pensiero m. **2** (opinion, judgement) parere m, opinione f, avviso m: to my (way of) ~ a mio parere; to be of s.o.'s (way of) ~ condividere l'opinione di qd. **3** (system of thought, theory) dottrina f, pensiero m: recent economic ~ la moderna dottrina economica. **II** a. **1** che pensa, pensan te, ragionevole, dotato di raziocinio. **2** (serious–minded, reflective) serio, riflessivo, ponderato.

thinking cap ['θiŋkiŋ]: ⟨fam⟩ to put one's ~ on mettersi a pensare.

think tank s. (institute for theoretical studies) istituto m (o centro) di ricerca.

thinly ['θinli] avv. **1** sottilmente, finemente, in modo sottile. **2** (sparsely) in modo rado. □ to slice bread ~ tagliare il pane a fette sottili; to spread jam ~ spalmare la marmellata in uno strato sottile.

thinner[1] ['θinə] → **thin**[1].

thinner[2] s. solvente m, diluente m.

thinness ['θinnis] s. **1** sottigliezza f, tenuità f, finezza f. **2** (leanness) magrezza f, sottigliezza f, esilità f. **3** (sparseness) l'essere rado, radezza f. **4** (of hair) radezza f. **5** (of liquids) diluizione f. **6** ⟨fig⟩ debolezza f, fiacchezza f. **7** (of a voice) sottigliezza f, esilità f.

thinnest ['θinist] → **thin**[1].

thinnish ['θiniʃ] a. piuttosto sottile (o fine).

'**thin-'skinned** a. ⟨fig⟩ permaloso, suscettibile, molto sen sibile.

third [θəːd] **I** a. terzo: the ~ day il terzo giorno. **II** s. **1** terzo m. **2** (one next after the second) terzo m (f –a). **3** ⟨Aut⟩ terza f. **4** ⟨Mus⟩ (interval) terza f, intervallo m di terza. **5** pl. ⟨Dir⟩ (of a widow) terza f; (widow's dower) do(v)ario m. □ every ~ uno su tre: every ~ tree was chopped down un albero su tre fu abbattuto; the ~ of May il tre maggio.

third| base s. ⟨Sport⟩ terza base f. '~-'class **I** a. di terza classe: a ~ railway carriage uno scompartimento ferrovia rio di terza classe. **II** avv. in terza classe: to travel ~ viaggiare in terza classe. ~ **degree** s. ⟨fam⟩ interrogato rio m di terzo grado. □ ⟨fam⟩ to put s.o. through the ~ fare il terzo grado a qd. ~**-degree burn** s. ⟨Med⟩ ustione f di terzo grado. ~ **dimension** s. **1** terza dimensione f. **2** ⟨fig⟩ dimensione f reale. ~ **estate** s. ⟨Pol⟩ terzo stato m, borghesia f. ~ **finger** s. anulare m, dito m anulare.

thirdly ['θəːdli] avv. in terzo luogo, per terza cosa, terzo.

third| party I s. **1** ⟨Dir⟩ terzo m. **2** ⟨Pol⟩ terzo partito m. **II** a. di (o relativo a) un terzo. □ ⟨Assic⟩ ~ cover polizza f di responsabilità civile; ~ risks rischi mpl contro terzi. ~ **party motor (vehicle) insurance** s. assicura zione f responsabilità civile auto. ~ **person** s. ⟨Gramm⟩ terza persona f. '~-'rate a. di scarso valore, scadente, di terz'ordine. ~ **states** s.pl. ⟨Pol⟩ stati mpl terzi. ~ **World** s. ⟨Pol⟩ terzo mondo m. ~ **World countries** s.pl. paesi mpl del terzo mondo. ~ **Worlder** s. terzo mondista m/f. ~ **Worldism** s. terzomondismo m.

thirst [θəːst] **I** s. **1** sete f: to suffer from ~ soffrire la sete; to die of ~ morire di sete. **2** ⟨fig⟩ sete f, desiderio m ardente, bramosia f: ~ for knowledge sete di sapere. **II** v.i. **1** avere sete, essere assetato. **2** ⟨fig⟩ essere assetato, avere sete, essere bramoso (o avido) (for di): to ~ for revenge essere assetato di vendetta. □ ⟨fam⟩ to have a ~ avere sete. '**thirstily** [–ili] avv. ⟨fig⟩ bramosamente, avi damente. '**thirstiness** [–inis] s. l'essere assetato. '**thirst y** [–i] a. **1** assetato: a ~ horse un cavallo assetato. **2** (of land) arido, secco, assetato, riarso. **3** (that causes thirst) che 'fa venire' (o mette) sete. **4** ⟨fig⟩ assetato, avido, bramoso: to be ~ for adventure essere assetato di avventure. □ to be ~ avere sete.

thirteen ['θəː'tiːn] **I** a. tredici. **II** s. (pl. inv./-s [z]; il pl. in -s si usa general. con valore collett.) tredici m. **thir teenth** [–θ] **I** a. tredicesimo. **II** s. **1** tredicesimo m. **2** ⟨Mus⟩ tredicesima f.

thirtieth ['θəː'tiiθ, –tiəθ] **I** a. trentesimo. **II** s. trentesimo m. □ the ~ of April il trenta aprile. **thirty** [–ti] **I** a. trenta. **II** s. (pl. inv./-ties [tiz]; il pl. in -ties si usa general. con valore collett.) **1** trenta m. **2** pl. trentina f: to be in one's thirties essere sulla trentina; (of time) anni mpl trenta: the thirties of this century gli anni trenta di questo secolo. □ to be in one's early thirties essere sulla trentina; to be in one's late thirties essere sulla quarantina; the temperature was in the thirties la temperatura era tra i trenta e i quaranta gradi; ⟨Stor⟩ ~ Years' War guerra f dei trent'anni. **thirtyfold** [–tifould] **I** a. (che è) trenta volte tanto. **II** avv. trenta volte tanto (o tanti).

'**thirty-'twomo** ['tuːmou] **I** s. (pl. -s [z]) ⟨Edit,Tip⟩

trentaduesimo *m.* **II** *a.* in trentaduesimo.

this [ðis] **I** *a.* (*pl.* **these** [ði:z]) **1** questo, codesto: *is ~ dog yours?* è tuo questo cane?; *these people are with me* queste persone sono con me; *~ time tomorrow* domani a quest'ora. **2** (*in contrast to that*) questo: *~ car is faster than that one* questa macchina è più veloce di quella. **3** (*with days: the next, ensuing*) questo, prossimo: *I am leaving ~ Sunday* parto questa domenica. **II** *pron.* (*pl.* **these**) **1** questo, questa, codesto, ciò: *~ is yours, I believe* credo che questo sia tuo; *these are more expensive* questi sono più costosi; (*of persons*) questo, questa, codesto, codesta: *~ is my wife* questa è mia moglie. **2** (*in contrast to that*) questo. **III** *avv.* così: *I never expected it to be ~ difficult* non mi sarei mai aspettato che fosse così difficile. □ **after ~** dopo questo, dopo ciò; **at ~** = **with** *this;* **before ~** prima d'ora; **by ~** (*time*) ormai, a quest'ora; **~ day** *last year* un anno fa (come oggi), oggi è un anno; **~ day week** oggi a otto; *now we've come ~* **far** *we may as well continue* arrivati a questo punto, tanto vale continuare; *these* **last** *six months* questi ultimi sei mesi; **~ morning** questa mattina, stamattina; *I know ~* **much**, *I won't invite him again* so soltanto questo, che non lo inviterò più; **~ is** *Mr.Jones* **speaking** parla il signor Jones, qui il signor Jones; **~ and that** questo e quello; **~,** *that or the other* questo, quello o quell'altro; **what's** (*all*) **~?** che succede qui?, che cosa c'è?; **with ~** al che, (e) con ciò, con questo: *with ~, he put down his glass and left the room* al che mise giù il bicchiere e lasciò la stanza. ‖ **~** *won't do!* così non va!

Thisbe [ˈθizbi] *N.pr.* Tisbe *f* (*anche Mitol.*).

thistle [ˈθisl] *s.* (*Bot*) cardo *m.* **Thistle** *s.* (*scozz*) appartenente *m* all'ordine del Cardo. □ (*scozz*) *Order of the ~* ordine *m* del Cardo.

thistle|bird *s.* (*Ornit*) lucarino *m.* **~down** *s.* (*Bot*) pappo *m* del cardo.

thistly [ˈθisli] *a.* pieno (*o* ricco) di cardi.

thither [ˈðiðə] *avv.* (*lett*) là, laggiù, in quel luogo. □ *the ~ bank of the stream* l'altra riva del fiume.

tho, tho' *congz./avv.* (*fam*) → **though.**

thole [θoul], **'tholepin** [–pin] *s.* (*Mar*) scalmo *m.*

Thomas [ˈtɔməs] *N.pr.* Tommaso *m.*

Thomism [ˈtoumizəm] *s.* (*Filos,Teol*) tomismo *m.* **Thomist** [–mist] *s.* tomista *m/f.* **Thomistic** [–ˈmistik] *a.* to mistico.

thong [θɔŋ] *s.* **1** cinghia *f* (di cuoio), correggia *f.* **2** (*leather lash*) staffile *m.* **3** (*of a sandal, etc.*) cinturino *m.*

Thor [θɔ:] *N.pr.* (*Mitol.nord*) Thor *m.*

thoracic [θɔ:ˈræsik] *a.* (*Anat*) toracico.

thorax [ˈθɔ:ræks] *s.* (*pl.* **-raxes** [–iz]/**-races** [rəsi:z]) **1** (*Anat*) torace *m,* cavità *f* toracica. **2** (*Entom,Zool*) torace *m.*

thorium [ˈθɔ:riəm] *s.* (*Chim*) torio *m.*

thorn [θɔ:n] *s.* **1** (*Bot,Zool*) spina *f,* aculeo *m.* **2** (*Bot*) (*hawthorn*) biancospino *m.* **3** (*fig*) spina *f,* angustia *f,* cruccio *m.* □ (*fig*) *a ~ in one's flesh* (o *side*) una spina nel cuore; (*fig*) *to sit* (o *be*) *on –s* stare (o essere) sulle spine.

thorn|back *s.* (*Itt*) **1** razza *f* chiodata. **2** (*spider crab*) grancevola *f.* **~bush** *s.* **1** (*Bot*) cratego *m.* **2** (*thorny shrub*) pianta *f* spinosa, spino *m.* **3** (*growth of thorny shrubs*) roveto *m.*

thornily [ˈθɔ:nili] *avv.* in modo pungente, come una spina.

thorniness [–ninis] *s.* **1** spinosità *f.* **2** (*fig*) spinosità *f,* difficoltà *f,* scabrosità *f.*

thorn tree *s.* (*Bot*) **1** albero *m* spinoso. **2** (*hawthorn*) biancospino *m.* **3** (*honey locust*) spino *m* di Giuda.

thorny [ˈθɔ:ni] *a.* **1** spinoso, pieno (o irto) di spine. **2** (*fig*) spinoso, difficile, scabroso, irto di difficoltà: *~ problems* problemi spinosi.

thoro *a./avv.* → **thorough.**

thorough [ˈθʌrə, *am.* ˈθərou] **I** *a.* **1** completo, intero, totale, esauriente; (*of search*) minuzioso, accurato; (*of knowledge, etc.*) profondo. **2** (*of a person: attentive to detail*) preciso, accurato, minuzioso, meticoloso, scrupoloso: *to be ~ in one's work* essere preciso nel proprio lavoro. **3** (*utter, perfect*) perfetto, assoluto, vero e proprio,

bell'e buono: *a ~ scoundrel* un perfetto mascalzone. **II** *prep.* (*ant*) (*through*) attraverso, per. **Thorough** *s.* (*Stor.brit*) politica *f* intransigente di Lord Strafford e dell'arcivescovo Laud (al tempo di Carlo I). □ *to give a room a ~ cleaning* pulire a fondo una stanza.

thorough| bass *s.* (*Mus*) basso *m* continuo. **~ brace** *s.* (*of a coach*) bandella *f.*

thoroughbred [ˈθʌrəbred] **I** *a.* **1** (*Zootecn*) purosangue, di razza. **2** (*fig*) aristocratico, nobile. **II** *s.* **1** (*Zootecn*) purosangue *m,* animale *m* purosangue. **2** (*fig*) persona *f* raffinata (o colta).

thoroughfare [ˈθʌrəfɛə] *s.* (*Strad*) strada *f* transitabile; (*major road*) strada *f* principale. □ (*Strad*) *no ~* divieto *m* di transito, circolazione vietata.

thorough-going *a.* **1** deciso, risoluto. **2** (*thorough*) completo, intero, totale, esauriente. **3** (*utter, perfect*) perfetto, assoluto, vero e proprio, bell'e buono.

thoroughly [ˈθʌrəli] *avv.* **1** interamente, in modo esauriente, completamente. **2** (*utterly, in all respects*) completamente, sotto tutti i punti di vista, totalmente: *he is ~ immoral* è completamente immorale. □ *to learn a language ~* imparare bene una lingua. **thoroughness** [–rənis] *s.* **1** completezza *f.* **2** (*accuracy*) precisione *f,* accuratezza *f.*

'thorough|-'paced *a.* **1** (*of a horse*) addestrato a tutte le andature. **2** (*fig*) perfetto, vero e proprio, bell'e buono. **~pin** *s.* (*Veter*) vescicone *m.*

thorp(e) [θɔ:p] *s.* (*dial,rar*) (*village*) villaggio *m.*

those [ðouz] → **that¹.**

thou¹ [ðau] *pron.* (*Bibl,rar,poet*) tu, *generally not translated:* ~ *shalt not kill* non ammazzare.

thou² [θau] (*sl*) *s.* (*pl. inv.*/**-s** [z]; il pl. in **-s** si usa general. con valore collett.) (*thousandth part*) millesimo *m: a tolerance of five ~* una tolleranza di cinque millesimi.

though [ðou] **I** *congz.* **1** benché, sebbene, quantunque: ~ *it was raining, the match went on* benché piovesse, l'incontro proseguì. **2** (*even though, even if*) anche se: *strange ~ it may seem* anche se può sembrare strano. **3** (*and yet, but*) ma, però, tuttavia: *he will probably win, ~ it's not certain* è probabile che vinca, ma non è certo. **II** *avv.* comunque, ciò nonostante, tuttavia, nondimeno: *it's not as easy as it looks ~* comunque non è così facile come sembra. □ *as ~* come se: *he talks as ~ he were drunk* parla come se fosse ubriaco; (*rar*) *what ~?* che importa se?

thought¹ [θɔ:t] *s.* **1** il pensare, pensiero *m;* (*meditation, contemplation*) pensiero *m,* meditazione *f,* riflessione *f: to be lost in ~* essere assorto nei propri pensieri. **2** (*s.th. that is thought*) pensiero *m: a frivolous ~* un pensiero frivolo. **3** (*body of ideas, principles, etc.*) pensiero *m,* dottrina *f: Greek ~* il pensiero greco. **4** (*attention, regard*) considerazione *f,* attenzione *f: to give serious ~ to a problem* prendere in seria considerazione un problema. **5** (*intention, plan*) intenzione *f,* proposito *m,* pensiero *m: we had some ~ of going to Alaska* avevamo intenzione di andare in Alasca. **6** (*expectation, hope*) speranza *f,* aspettazione *f: to give up all ~ of winning* abbandonare ogni speranza di vittoria. **7** (*opinion, judgement*) opinione *f,* pensiero *m,* parere *m.* **8** (*imagination, conception*) immaginazione *f,* raffigurazione *f: rich beyond ~* ricco oltre ogni immaginazione. **9** (*small amount, trifle*) poco *m,* po' *m,* tantino *m,* pizzico *m: he was a ~ too crafty* è stato un po' troppo furbo. □ *after much ~* dopo lunga riflessione, pensa e ripensa; *as quick as ~* rapido come il pensiero; *his –s were* **elsewhere** i suoi pensieri erano altrove; *to* **keep** *one's –s to o.s.* non rivelare i propri pensieri a nessuno, tenere per sé i propri pensieri; *to give* **no ~** *to* non pensare (affatto) a, non curarsi di, non darsi pensiero per; *to have no ~ of* non avere (alcuna) intenzione di, non pensare di, non intendere; *to* **read** *s.o.'s. –s* leggere nel pensiero di qd.; *on* **second ~** (o *thoughts*) ripensandoci, pensandoci meglio; *to speak one's –s* rivelare i propri pensieri, dire ciò che si pensa; **what** *are your –s on the matter?* che ne pensi della questione?; *to act* **without ~** agire senza pensare (o riflettere), agire d'impulso.

thought² → **think.**

thoughtful ['θɔːtful] *a.* **1** pensoso, pensieroso, soprappensiero, meditabondo: *he was ~ for a moment* rimase pensoso un istante; (*characterized by thought, meditation*) pensoso, assorto, pensieroso: *a ~ look* un'aria assorta. **2** (*characterized by careful thought*) ponderato, meditato, serio: *a ~ book* un libro ponderato. **3** (*considerate*) premuroso, sollecito, pieno di attenzioni (*o* riguardi), riguardoso: *a ~ husband* un marito premuroso. □ *to be ~ of the feelings of others* avere riguardo per i sentimenti altrui. **thoughtfully** [–i] *avv.* **1** pensosamente, pensierosamente. **2** (*in a manner showing careful thought*) con ponderazione, meditatamente. **3** (*considerately*) premurosamente, sollecitamente. **thoughtfulness** [–nis] *s.* **1** pensosità *f,* pensierosità *f,* meditazione *f,* raccoglimento *m.* **2** (*careful thought*) ponderazione *f.* **3** (*consideration*) riguardo *m,* premura *f,* sollecitudine *f.*

thoughtless ['θɔːtlis] *a.* **1** avventato, sconsiderato, irriflessivo, sbadato; (*heedless*) incurante (*of di*): *to be ~ of danger* essere incurante del pericolo. **2** (*inconsiderate*) irriguardoso, scortese, privo di tatto: *a ~ remark* un'osservazione irriguardosa. **3** (*stupid*) stupido, ottuso. □ *to be ~ for the future* non pensare al futuro. **thoughtlessly** [–li] *avv.* **1** irriflessivamente, sconsideratamente; (*heedlessly*) senza cura, in modo incurante. **2** (*inconsiderately*) irriguardosamente. **thoughtlessness** [–nis] *s.* **1** sbadataggine *f,* sconsideratezza *f,* irriflessività *f.* **2** (*inconsiderateness*) mancanza *f* di riguardo.

thought| reader *s.* chi legge nel pensiero. **~ reading** *s.* lettura *f* del pensiero. **~ transference** *s.* trasmissione *f* del pensiero, telepatia *f.*

thousand ['θauzənd] **I** *a.* **1** mille: *a ~ men* mille uomini. **2** (*fig*) mille, moltissimi: *a ~ thanks* mille grazie, grazie mille; *I have a ~ things to do today* ho moltissime cose da fare oggi. **II** *s.* (*pl. inv./-s* [z]; il pl. in -s si usa general. con valore collett.) **1** mille *m.* **2** *pl.* migliaia *fpl:* *–s of people* migliaia di persone. □ *by the ~* (*o thousands*) a migliaia: *applications came in by the ~* le domande arrivarono a migliaia; *a few ~ people* poche migliaia di persone; *in a ~* su mille: *one person in a ~* una persona su mille; *⟨Lett⟩ the ~ and One* Nights le mille e una notte; *⟨fig⟩ one in a ~* eccezionale, che non ha rivali; *his wife is one in a ~* sua moglie è una mosca bianca; (*a*) *~ and one* innumerevoli; *out of a ~* = **in a** *thousand;* *some ~ men* circa mille uomini, un migliaio di uomini. **thousandfold** [–fould] **I** *a.* mille volte tanto. **II** *avv.* mille volte tanto (*o* tanti). **thousandth** [–θ] **I** *a.* millesimo. **II** *s.* millesimo *m.*

Thrace [θreis] *N.pr.* ⟨*Geog*⟩ Tracia *f.* **Thracian** ['θreiʃ(j)ən] **I** *a.* tracio, tracico, trace. **II** *s.* **1** trace *m/f.* **2** (*language*) lingua *f* tracia, tracio *m.*

thraldom ['θrɔːldəm] *s.* schiavitù *f,* soggezione *f,* servitù *f,* servaggio *m.* **thrall** [θrɔːl] *s.* **1** ⟨*Stor*⟩ schiavo *m* (*f* –a) (*anche fig.*): *to be a ~ to one's passions* essere schiavo delle proprie passioni. **2** → **thraldom.** □ *⟨fig⟩ to be in ~ to* essere schiavo di.

thrash [θræʃ] **I** *v.t.* **1** battere, percuotere, picchiare, ⟨*fam*⟩ pestare: *to ~ s.o. with a stick* battere qd. con un bastone; (*to flog*) sferzare, frustare, fustigare. **2** ⟨*fam*⟩ (*to defeat utterly*) battere, sconfiggere. **3** ⟨*Agr*⟩ (*to thresh*) trebbiare, battere. **4** (*to flail*) agitare: *to ~ one's arms* agitare le braccia. **II** *v.i.* **1** battere, percuotere, colpire (*at s.o.* qd.). **2** (*to toss, move the limbs wildly;* spesso con *about*) dimenarsi, dibattersi, agitarsi. **3** ⟨*Mar*⟩ navigare controvento. **4** ⟨*Agr*⟩ trebbiare. □ *to ~ the life out of s.o.* ridurre qd. in fin di vita a furia di botte; *⟨fig⟩ to ~ out:* **1** dibattere (*o* discutere) a fondo, sviscerare; **2** (*of a problem: to clear up*) chiarire, definire.

thrasher ['θræʃə] *s.* **1** chi batte. **2** ⟨*Agr*⟩ (*person*) trebbiatore *m* (*f* –trice); (*machine*) trebbiatrice *f,* trebbia *f.* **3** ⟨*Itt*⟩ → **thresher shark.**

thrasher shark *s.* → **thresher shark.**

thrashing ['θræʃiŋ] *s.* **1** bastonatura *f,* botte *fpl,* percosse *fpl,* legnate *fpl;* (*flogging*) fustigazione *f.* **2** ⟨*fam*⟩ (*overwhelming defeat*) sconfitta *f,* ⟨*fam*⟩ batosta *f:* *to take a ~* subire una batosta. **3** ⟨*Agr*⟩ trebbiatura *f,* trebbia *f.* □ *to give s.o. a ~* picchiare ben bene qd., bastonare qd. di santa ragione.

thrasonical [θrei'sɔnikəl] *a.* vanaglorioso, borioso.

thread [θred] **I** *s.* **1** filo *m: needle and ~* ago e filo; *silk ~* filo di seta. **2** ⟨*Tess*⟩ filo *m,* filato *m.* **3** (*filament*) filamento *m: fibre glass ~* filamento di fibra di vetro; (*natural filament*) filo *m,* filamento *m: the –s of a cobweb* i fili di una ragnatela. **4** (*anything threadlike*) filo *m: a ~ of light* un filo di luce. **5** ⟨*fig*⟩ filo *m,* svolgimento *m* logico: *to lose the ~ of a speech* perdere il filo del discorso. **6** ⟨*Mecc*⟩ (*of a screw*) filettatura *f,* filetto *m,* impanatura *f.* **II** *v.t.* **1** infilare, far passare un filo in, infilzare: *to ~ a needle* infilare un ago. **2** (*to place on a thread*) infilare: *to ~ beads* infilare perline. **3** ⟨*Fot*⟩ caricare. **4** (*of hair, etc.*) striare. **5** ⟨*fig*⟩ pervadere: *a sense of despair ~s his later works* un senso di disperazione pervade i suoi ultimi lavori. **6** (*to move one's way through, between*) infilarsi tra (*o* in), farsi strada tra. **7** ⟨*Mecc*⟩ filettare: *to ~ a screw* filettare una vite. **III** *v.i.* farsi strada (*through* tra), infilarsi (*tra,* in). □ *⟨fig⟩ to hang by a ~* essere appeso a un filo: *his life hung by a thread* la sua vita era appesa a un filo; *to ~ one's way* infilarsi (*through* in, tra), farsi strada (tra): *we –ed our way through the crowd* ci infilammo tra la folla; *his clothes were worn to a ~* i suoi vestiti mostravano la corda.

threadbare ['θredbeə] *a.* **1** logoro, consunto, liso, frusto: *~ clothes* abiti logori. **2** (*shabbily dressed*) male in arnese, stracciato, cencioso. **3** ⟨*fig*⟩ debole, magro, fiacco: *a ~ plot* una trama debole. **4** ⟨*fig*⟩ (*hackneyed*) trito, fritto e rifritto, vieto, vecchio: *a ~ argument* un argomento trito. **threadbareness** [–nis] *s.* **1** l'essere logoro (*o* frusto). **2** ⟨*fig*⟩ l'essere trito, banalità *f.*

thread| cutter, ~-cutting machine *s.* filettatrice *f.*

threader ['θredə] *s.* **1** chi infila, chi infilza. **2** (*device for threading a needle*) infilaago *m.* **3** ⟨*Mecc*⟩ → **thread cutter.**

threading lathe ['θrediŋ] *s.* ⟨*Mecc*⟩ tornio *m* per filettare.

thread lace *s.* pizzo *m* di filo (di lino).

threadlike ['θredlaik] *a.* filiforme.

thread| mark *s.* (*in paper money*) filigrana *f.* **~ roller** *s.* ⟨*Mecc*⟩ rullo *m* per filettare. **~worm** *s.* ⟨*Zool*⟩ nematodo *m.*

threat [θret] *s.* **1** minaccia *f: to utter a ~ against s.o.* fare una minaccia a qd.; *to carry out a ~* mettere in atto una minaccia. **2** (*indication of s.th. undesirable*) minaccia *f,* sintomo *m: ~ of rain* minaccia di pioggia. □ *under* (*the*) *~ of* sotto la minaccia di.

threaten ['θretn] **I** *v.t.* minacciare: *he –ed me with instant dismissal* minacciò di licenziarmi in tronco; *the sky –s a storm* il cielo minaccia tempesta. **II** *v.i.* **1** proferire minacce. **2** (*to be threatening*) essere minaccioso. **3** (*to be imminent*) essere imminente (*o* incombente). **threatening** [–iŋ] *a.* minatorio, minaccioso: *a ~ letter* una lettera minatoria. **threateningly** [–iŋli] *avv.* minacciosamente.

three [θriː] **I** *a.* tre: *~ men* tre uomini. **II** *s.* (*pl. inv./-s* [z]; il pl. in -s si usa general. con valore collett.) **1** tre *m.* **2** (*three o' clock*) tre *fpl.* **3** (*playing card, die, etc.*) tre *m.* □ *~ of a kind* (*in poker, etc.*) tris *m;* ⟨*Rel.catt*⟩ *~ Kings' Day* epifania *f,* giorno *m* dell'epifania; ⟨*Rel*⟩ *~ in One* Trinità *f;* *~ times* ~ tre volte tre evviva.

three|-act play *s.* commedia *f* in tre atti. '**~-'color** *am.,* '**~-'colour** *a.* ⟨*Tip*⟩ a tre colori. '**~-'cornered** *a.* **1** a (*o* con) tre angoli, triangolare. **2** (*involving three participants*) a tre: *a ~ discussion* una discussione a tre. □ *~ election fight* battaglia elettorale fra tre candidati. '**~-'cornered contest, ~-'cornered fight** *s.* scontro *m* a tre. '**~-'cornered hat** *s.* ⟨*Mod*⟩ cappello *m* a tre punte, tricorno *m.* '**~-'decker** *s.* **1** ⟨*Mar*⟩ nave *f* a tre ponti. **2** (*s.th. with three layers, floors, etc.*) ciò che ha tre strati (*o* piani, ecc.). '**~-di'mensional** *a.* **1** tridimensionale (*anche Cin.*). **2** (*of literary characters*) realistico.

threefold ['θriːfould] **I** *a.* triplice. **2** (*being three times as much*) triplo, tre volte tanto. **II** *avv.* tre volte tanto (*o* tanti). □ *to increase ~* triplicare.

'**three|-'four time** *s.* ⟨*Mus*⟩ tempo *m* di tre quarti. **~-lane** *a.* ⟨*Strad*⟩ a tre corsie. '**~-'legged** *a.* a tre ambe: *a ~ stool* uno sgabello a tre gambe. **~-legged ace** *s.* corsa *f* a tre gambe in coppie (in cui la gamba di n corridore è legata a quella dell'altro partecipante). **~-'master** *s.* ⟨*Mar*⟩ trealberi *m.* **~-mile limit** *s.* *Mar,Pol*⟩ limite *m* di tre miglia (delle acque territoria-).

reepence ['θrepəns, 'θri-, 'θrʌ-] *s.* **1** tre penny *mpl.* **2** → **threepenny bit. threepenny** [-pəni] *a.* **1** che costa o vale) tre penny, da tre penny. **2** ⟨*fig*⟩ da quattro soldi, li poco valore.

reepenny| bit, ~ piece *s.* moneta *f* da tre penny. **ree|-phase** *a.* ⟨*El*⟩ trifase: *~ motor* motore trifase. **~-piece** *a.* **1** di (*o* a) tre pezzi, di tre parti. **2** ⟨*Mod*⟩ composto) di tre pezzi. **~-pin** *a.* ⟨*El*⟩ tripolare. **~-ply** . **1** ⟨*Tess*⟩ a tre capi (*o* fili). **2** ⟨*Fal*⟩ a tre strati. **~-point 'landing** *s.* ⟨*Aer*⟩ atterraggio *m* su tre punti (*o* on il carrello).

ree-'quarter I *a.* **1** ⟨*Mod*⟩ (a) tre quarti: *a ~ coat* una iacca tre quarti. **2** ⟨*Pitt,Fot*⟩ di tre quarti. **II** *s.* ⟨*Sport*⟩ → **three-quarter back.**

ree-'quarter| back *s.* ⟨*Sport*⟩ (*in rugby*) trequarti *m.* **~ ime** *s.* → **three-four time.**

reescore ['θri:'skɔ:] **I** *a.* sessanta. **II** *s.* sessanta *m.* □ *~ ears and ten* settant'anni.

reesome ['θri:səm] *s.* **1** gruppo *m* di tre persone, scherz*⟩ terzetto *m.* **2** ⟨*Sport*⟩ (*in golf*) partita *f* a tre. **ree|-speed gear** *s.* ⟨*Aut*⟩ cambio *m* a tre velocità. **~-way** *a.* **1** a tre. **2** ⟨*tecn*⟩ a tre vie: *~ cock* rubinetto a re vie. **~-wheeler** *s.* **1** ⟨*Aut*⟩ veicolo *m* a tre ruote. **2** *tricycle*⟩ triciclo *m.*

resh [θreʃ] **I** *v.t.* **1** ⟨*Agr*⟩ trebbiare, battere: *to ~ corn* rebbiare il grano. **2** (*to beat repeatedly*) battere, percuote-e. **II** *v.i.* **1** ⟨*Agr*⟩ trebbiare. **2** (*to deliver blows*) battere, ercuotere (*at s.o.* qd.). □ ⟨*fig*⟩ *to ~ out:* 1 dibattere (*o* liscutere) a fondo, sviscerare; 2 (*of a problem: to clear* p) chiarire, definire.

resher ['θreʃə] *s.* **1** ⟨*Agr*⟩ trebbiatore *m* (*f* –trice). **2** → **hreshing machine. 3** ⟨*Itt*⟩ → **thresher shark.**

resher shark *s.* ⟨*Itt*⟩ pesce *m* volpe, pavone *m* di ma-e.

reshing ['θreʃiŋ] *s.* ⟨*Agr*⟩ trebbiatura *f*, trebbia *f.* **reshing| floor** *s.* ⟨*Agr*⟩ aia *f.* **~ machine** *s.* trebbiatrice *;* trebbia *f.*

reshold ['θreʃhould] *s.* **1** soglia *f*, limitare *m.* **2** ⟨*fig*⟩ oglia *f*, inizio *m*, principio *m*: *on the ~ of old age* alla oglia della vecchiaia. **3** ⟨*Psic,Fisiol*⟩ soglia *f.* □ ⟨*Psic*⟩ *~ f consciousness* soglia *f* della coscienza; ⟨*Fisiol*⟩ *~ of ain* soglia *f* del dolore.

reshold price *s.* ⟨*Comm*⟩ prezzo *m* di soglia.

rew [θru:] → **throw**[1].

rice [θrais] *avv.* ⟨*lett*⟩ **1** tre volte: *~ daily* tre volte al iorno. **2** ⟨*fig*⟩ molto, assai.

rift [θrift] *s.* **1** economia *f*, parsimonia *f*, frugalità *f.* **2** *Bot*⟩ armeria *f.* **'thriftily** [-ili] *avv.* parsimoniosamente, on frugalità. **'thriftiness** [-inis] *s.* economia *f*, parsimo-ia *f*, frugalità *f.*

riftless ['θriftlis] *a.* scialacquatore, prodigo. **thriftless-y** [-li] *avv.* prodigalmente, senza parsimonia. **thriftless-ess** [-nis] *s.* prodigalità *f*, scialacquamento *m*, spreco n.

rifty ['θrifti] *a.* economo, parsimonioso, frugale: *a ~ ousewife* una massaia economa.

rill [θril] **I** *v.t.* entusiasmare, eccitare, elettrizzare; (*to make one shiver*) far rabbrividire, far trasalire; (*to affect motionally*) commuovere, far fremere (*o* palpitare). **II** .*i.* entusiasmarsi, eccitarsi, elettrizzarsi: *he –ed at the ood news* si entusiasmò alla buona notizia; (*to be stirred y a tingling sensation*) fremere, palpitare, rabbrividire: *to ~ with delight* fremere di gioia. **III** *s.* **1** brivido *m*, remito *m*, palpito *m*: *a ~ of fear* un brivido di paura. **2** *thrilling experience*) esperienza *f* eccitante (*o* entusia-mante). □ *a car race packed with –s* una corsa utomobilistica molto entusiasmante. **'thriller** [-ə] *s.* fam*⟩ racconto *m* (*o* spettacolo, film) che dà i brividi; book of crime, mysteries, etc.*) romanzo *m* giallo (*o* poli-iesco).

rilling ['θriliŋ] *a.* **1** entusiasmante, eccitante, elettrizzan-

te: *a ~ race* una gara entusiasmante. **2** (*vibrating*) vibrante. **3** (*of sound*) squillante, acuto. **thrillingly** [-li] *avv.* in modo eccitante.

thrippence ['θripəns] *s.* → **threepence.**

thrive [θraiv] *v.i.* (*pret.* **throve** [θrouv]/**thrived** [-d], *p.p.* **thriven** ['θrivn]/**thrived**) **1** crescere robusto (*o* rigogliosa mente): *children ~ on fresh air* i bambini crescono robusti all'aria aperta; (*of plants*) attecchire, allignare. **2** (*to prosper*) prosperare, fiorire, essere fiorente: *industry –d under the new regime* l'industria prosperò sotto il nuovo regime. **'thriving** [-iŋ] *a.* prosperoso, prospero, florido: *~ industries* industrie prosperose.

thro, thro' [θru:] (*accorc. di* **through**) *prep.* ⟨*rar,fam*⟩ attraverso, per.

throat [θrout] **I** *s.* **1** gola *f*: *to grip s.o. by the ~* afferrare qd. per la gola; *to have a sore ~* avere mal di gola; (*windpipe*) trachea *f.* **2** (*narrow part, passage*) strozzatura *f*, gola *f.* **3** (*of a fireplace*) gola *f.* **4** (*of a tennis racket*) collo *m.* **II** *v.t.* ⟨*Arch*⟩ scanalare. □ *to* **catch** *s.o. by the ~* prendere qd. per la gola; ⟨*scherz*⟩ **clergyman's** (*sore*) *~* mal *m* di gola tipico degli oratori; *to* **cut** *one's ~* tagliarsi la gola; ⟨*fig*⟩ darsi la zappa sui piedi; ⟨*fam*⟩ *to* **jump** *down s.o.'s ~* saltare addosso a qd.; ⟨*lett*⟩ *he* **lies** *in his ~* mente per la gola (*o* sfacciatamente); ⟨*fig*⟩ *to* **ram** *s.th. down s.o.'s ~* imporre qc. a qd., costringere qd. ad accettare qc.; *to* **stick** *in one's ~* fermarsi (*o* restare) in gola.

throated ['θroutid] *a.* (nei composti) dalla gola ..., con la gola ...: *a white–~ bird* un uccello dalla gola bianca.

throatily ['θroutili] *avv.* gutturalmente, di gola. **throati-ness** [-tinis] *s.* l'essere gutturale. **throaty** [-ti] *a.* **1** gutturale, di gola: *a ~ laugh* una risata gutturale. **2** (*of persons*) dalla voce gutturale (*o* di gola). **3** (*of an animal*) dalla gola larga e flaccida.

throb [θrɔb] *v.i.* (*pret., p.p.* **throbbed** [-d]) **1** battere, palpitare, pulsare: *her heart –bed wildly* il suo cuore batteva all'impazzata. **2** (*to vibrate*) vibrare: *the engine –bed smoothly* il motore vibrava dolcemente; (*to pulsate*) pulsare. **2** ⟨*fig*⟩ palpitare, fremere, vibrare. **II** *s.* **1** battito *m*, palpito *m*, pulsazione *f*: *a ~ of the heart* un battito del cuore. **2** (*vibration*) vibrazione *f.* **3** ⟨*fig*⟩ palpito *m*, fremito *m.* **'throbbing** [-iŋ] **I** *a.* palpitante, pulsante; (*of pain*) lancinante. **II** *s.* palpitazione *f*, pulsazione *f*, palpito *m.*

throe [θrou] *s.* **1** fitta *f* (di dolore), spasimo *m.* **2** *pl.* (*labour pains*) doglie *fpl*; (*death struggle*) agonia *f*, spasimi *mpl* dell'agonia. □ *in the –s of* alle prese con.

thrombosis [θrɔm'bousis] *s.* (*pl.* **-ses** [si:z]) ⟨*Med*⟩ trom-bosi *f.* **thrombotic** [-'bɔtik] *a.* trombotico.

thrombus ['θrɔmbəs] *s.* (*pl.* **-bi** [bai]) ⟨*Med*⟩ trombo *m*, embolo *m.*

throne [θroun] **I** *s.* **1** trono *m* (*anche fig.*): *to be raised to the ~* essere elevato al trono; *to accede to the ~* salire al trono. **2** ⟨*Rel*⟩ cattedra *f*, soglio *m.* **3** *pl.* ⟨*Rel*⟩ (*order of angels*) troni *mpl.* **II** *v.t.* mettere sul trono, elevare al trono. □ *to lose one's ~* essere detronizzato, perdere il trono.

throng [θrɔŋ] **I** *s.* folla *f*, ressa *f*, calca *f*, moltitudine *f.* **II** *v.t.* gremire, affollare, stipare, riempire: *demonstrators –ed the streets* i dimostranti gremivano le strade. **III** *v.i.* affollarsi, accalcarsi, stiparsi. **thronged** [-d] *a.* affollato, pieno di gente, gremito.

throstle ['θrɔsl] *s.* **1** ⟨*Tess*⟩ filatoio *m.* **2** ⟨*Ornit*⟩ tordo *m.*

throttle ['θrɔtl] **I** *v.t.* **1** strozzare, strangolare, soffocare. **2** ⟨*fig*⟩ reprimere, soffocare. **3** ⟨*Mot*⟩ (spesso con *down*) ridurre la velocità, far rallentare. **4** ⟨*Mecc*⟩ (*of steam, fuel, etc.*) strozzare. **II** *s.* **1** ⟨*Mot*⟩ valvola *f* a farfalla. **2** (*throat*) gola *f.*

throttle| control *s.* ⟨*Mot*⟩ comando *m* (*o* regolazione *f*) del gas. **~ lever** *s.* pedale *m* (*o* leva *f*) del gas. **~ valve** *s.* ⟨*Mecc*⟩ valvola *f* a farfalla.

through [θru:] **I** *prep.* **1** in, attraverso, *often translated with the corresponding verb*: *to drill a hole ~ the wall* fare un buco nel muro; *the bullet went ~ his leg* il proiettile gli attraversò la gamba; (*to indicate passage*) per, attraver-so, *often translated with the corresponding verb*: *to go ~*

the city passare per la città; *the Tiber flows ~ Rome* il Tevere attraversa Roma; (*over the surface of*) attraverso: *a path ~ the woods* un sentiero attraverso i boschi. **2** (*of an opening*) da, per, attraverso: *I came in ~ the window* entrai dalla finestra. **3** (*pass, without stopping for*) oltre, al di là di: *to go ~ a stop sign* andare oltre un segnale di stop. **4** (*of time*) per, durante, per (tutta) la durata di: *all ~ the year* per tutto l'anno; *the whole day ~* durante tutto il giorno. **5** (*by means of*) tramite, per mezzo di, grazie a: *I got the job ~ a friend* ottenni il posto tramite un amico; *to speak ~ an interpreter* parlare per mezzo di un interprete. **6** (*because of*) per, a causa di: *they hid ~ fear of reprisal* si nascosero per timore di una rappresaglia. **7** (*to indicate descent from, relationship with*) da parte di: *we are related ~ our mother* siamo parenti da parte di madre. **8** (*throughout*) per tutto: *the houses were scattered ~ the valley* le case erano sparpagliate per tutta la valle. **9** (*to, at the end of*) (fino) alla fine di, fino in fondo, *often translated with the corresponding verb: I am nearly ~ the book* sono quasi alla fine del libro; *he won't live ~ the night* non supererà la notte, non arriverà a domattina; *to sit ~ a lecture* ascoltare una conferenza fino in fondo. **10** (*to indicate successful result, achievement*) *translated with the corresponding verb: he was finally ~ the examination* ha superato finalmente l'esame. **11** ⟨*am*⟩ (*up to and including*) (fino) a ... compreso: *from Tuesday ~ Friday* da martedì (fino) a venerdì compreso. **II** *avv.* **1** attraverso, da parte a parte, da una parte all'altra, *often translated with the corresponding verb: a train steamed ~* un treno passò sbuffando. **2** (*all the distance*) direttamente: *the bus goes straight ~ to London* l'autobus va direttamente a Londra. **3** (*from beginning to end*) da cima a fondo, dal principio alla fine, tutto: *I've not read it ~* non l'ho letto da cima a fondo. **4** (*completely*) completamente, interamente: *to be wet ~* essere completamente bagnato. **III** *a.* **1** che attraversa, che va da una parte all'altra; (*of a road*) con uscita. **2** (*going the whole distance*) diretto: *a ~ train* un treno diretto. **3** ⟨*fam*⟩ (*finished, done for*) finito, spacciato. □ *all ~* (*all the time*) per tutto il tempo, sempre; *it was all ~ you that we were late* abbiamo fatto tardi per colpa tua; *~ and ~* completamente, assolutamente; *he is reactionary ~ and ~* è (un) reazionario fino al midollo; ⟨*Tel*⟩ *to be ~* essere in comunicazione.

through| bolt *s.* ⟨*tecn*⟩ bullone *m* passante. **~ carriage** *s.* ⟨*Ferr*⟩ vettura *f* diretta.

throughly ['θru:li] *avv.* ⟨*rar*⟩ → **thoroughly**.

throughout [θru:'aut] **I** *prep.* **1** per (*o* in) tutto, dovunque in (*o* per), dappertutto in (*o* per): *~ the country* per tutto il paese. **2** (*of time*) per (*o* durante) tutto: *~ one's life* per tutta la vita. **II** *avv.* **1** interamente, completamente, dappertutto, dovunque, in ogni parte: *the house was painted white ~* la casa era interamente dipinta di bianco. **2** (*from beginning to end*) sempre, dal principio alla fine, in ogni momento.

through|put ['θrn:put] *s.* **1** ⟨*tecn,Ind*⟩ materiale *m* di lavorazione. **2** ⟨*Inform*⟩ capacità *f* di trasporto. **~ road** *s.* ⟨*Strad*⟩ strada *f* con uscita. □ *no ~* strada senza uscita.

throve [θrouv] → **thrive**.

throw[1] [θrou] *v.* (*pret.* **threw** [θru:], *p.p.* **thrown** [θroun]) **I** *v.t.* **1** lanciare, tirare, gettare, buttare, scagliare: *to ~ a ball* lanciare una palla; *to ~ a bone to a dog* tirare un osso a un cane. **2** ⟨*rifl*⟩ buttarsi, gettarsi, lanciarsi: *to ~ o.s. under a train* buttarsi sotto un treno; *to ~ o.s. into s.o.'s arms* gettarsi tra le braccia di qd. **3** (*to put abruptly, roughly*) sbattere, gettare, schiaffare: *to ~ s.o. into prison* sbattere qd. in galera; *to ~ a cloak around one's shoulders* gettarsi un mantello sulle spalle. **4** (*to drive violently, dash*) scaraventare, sbattere, scagliare: *I was -n against the barrier* fui scaraventato contro la barriera. **5** ⟨*Sport*⟩ lanciare, scagliare: *to ~ the javelin* lanciare il giavellotto; (*in wrestling*) gettare a terra. **6** (*to direct: of a glance*) lanciare; (*of words*) rivolgere, indirizzare. **7** (*of a blow*) tirare (con forza), sferrare: *he threw me a right to the chin* mi tirò un destro al mento. **8** (*to bring to bear*) mettere, dedicare: *to ~ all one's energy into a job* mettere tutta la

propria energia in un'impresa. **9** ⟨*rifl*⟩ (*to devote ?? energetically*) buttarsi, dedicarsi con impeto (*o* energi (*to commit o.s.*) affidarsi, raccomandarsi, rimettersi: *to o.s. on s.o.'s mercy* affidarsi alla clemenza di qd. **10** *unseat*) disarcionare: *he was -n at the first fence* disarcionato al primo steccato. **11** ⟨*fam*⟩ (*to confu* confondere, imbarazzare, sconcertare: *his question thr me* la sua domanda mi confuse. **12** ⟨*fam*⟩ (*of a par* dare, fare. **13** ⟨*fam*⟩ (*of a contest, etc.: to lose delibera ly*) perdere deliberatamente. **14** ⟨*Edil*⟩ (*of a brid* gettare. **15** ⟨*Zool*⟩ (*to cast, slough*) mutare. **16** (*to she* perdere: *my horse has -n a shoe* il mio cavallo ha per un ferro. **17** ⟨*Zootecn*⟩ (*to give birth to*) figlia partorire. **18** (*of dice*) gettare, tirare; (*of a cast*) fare. ⟨*Pesc*⟩ (*to cast*) lanciare, gettare. **20** ⟨*Ceram*⟩ formare tornio: *to ~ a pot* formare un vaso al tornio. **21** ⟨*Te* torcere, avvolgere; (*to double and twist*) ritorcere. ⟨*Met*⟩ gettare, fondere. **23** ⟨*tecn*⟩ (*of a lever, swite* azionare, muovere. **II** *v.i.* **1** fare un lancio (*o* tiro), tira **2** ⟨*Artigl*⟩ tirare. □ *to ~* **about**: 1 gettare ⌜qua e là⌝ (*o* giro): *don't ~ your clothes about* non gettare qua e là vestiti; 2 ⟨*Mar*⟩ virare di bordo in prua; *to ~ on money about* buttare via i soldi, gettare il denaro dal finestra, spendere e spandere; *the raft was -n about huge waves* la zattera fu sbattuta da onde gigantesche; *~ o.s.* **at**: 1 gettarsi (*o* lanciarsi) su (*o* contro); 2 (*fa* (*of a woman*) buttarsi nelle braccia di; *to ~* **away**: buttare (*o* gettare) via; 2 (*in cards: to discard*) scartare (*to squander*) buttare (*o* gettare) via, scialacquare, sper rare, dilapidare; 4 (*of an opportunity, one's life*) spreca sciupare, buttare via; *to ~* **back**: 1 rilanciare, rigettare *it back to me* rilanciamelo; 2 (*to throw backwar* rovesciare, gettare (all')indietro; 3 (*to cause to go ba* ritornare con, rivolgere: *he threw his mind back to t day* ritornò col pensiero a quel giorno; 4 (*to refle* riflettere, rimandare: *the wet pavements threw back lights* i marciapiedi bagnati riflettevano le luci; 5 (*to de the progress of*) (far) ritardare; *to ~ o.s.* **backward** gettarsi (*o* buttarsi) all'indietro; *to ~* **down**: 1 gettare terra), tirare (*o* gettare) giù; 2 ⟨*fig*⟩ gettarsi, butta lasciarsi cadere: *to ~ o.s. down on the grass* getta sull'erba; ⟨*fig*⟩ *to ~ down one's arms* gettare le ar arrendersi; *to ~ a fit* avere ⌜una crisi⌝ (*o* un attacco) nervi; *to ~* **in**: 1 gettare (dentro): *his manager decided ~ in the towel* il suo manager decise di gettare la spug 2 ⟨*Sport*⟩ (*in soccer*) rimettere in gioco; 3 (*to* d gratuitously) dare in più (*o* aggiunta), aggiungere; 4 ⟨*A* (*of gears*) ingranare, innestare, mettere; (*of a clut* innestare; 5 (*in cards*) passare; *if I may ~ in a word* posso parlare (*o* interloquire); ⟨*fam*⟩ *to ~ in with* mette con; *to ~* **into** *s.o.'s company* capitare in compag di qd.; *to ~ s.th. into confusion* mettere qc. in disordi scompigliare qc.; *to ~ s.o. a kiss* gettare un bacio a q ⟨*fig*⟩ *to ~* **light** *on s.th.* far luce su qc.; *to ~* **off**: 1 (*clothes*) levarsi, togliersi (di dosso), liberarsi di; 2 (*to ? o.s. from*) gettare via, liberarsi di, sbarazzarsi di, disf di: *to ~ off all restraint* gettare via ogni ritegno; *to ~* a cold liberarsi di un raffreddore; 3 ⟨*fam*⟩ (*to shake* lose) lasciare indietro, ⟨*fam*⟩ seminare: *we managed to off our pursuers* riuscimmo a seminare i nostri insegui 4 ⟨*fam*⟩ (*to produce in a casual manner*) mettere insie ⌜in fretta⌝ (*o* sbrigativamente); 5 ⟨*fam*⟩ (*in writing*) butt giù: *he threw off a couple of articles* buttò giù un paio articoli; *to ~ o.s.* **on** *one's knees* buttarsi (*o* gettarsi) ginocchio; *to ~* **open** aprire, permettere l'accesso a: *villa was -n open to the public* la villa fu aperta pubblico; *to ~ open a door* spalancare una porta; *to* **out**: 1 (*to get rid of*) sbarazzarsi di, buttare (*o* gettare) disfarsi di; 2 (*to remove, dismiss*) buttare fuori, cacci via: *~ him out* buttalo fuori; 3 (*to reject*) respinge rifiutare, scartare: *his proposal was -n out* la sua propo fu respinta; 4 (*to confuse, disarrange*) scombussola scompigliare, mandare all'aria: *this has -n my wh schedule out* questo ha scombussolato tutto il mio p gramma; 5 (*to emit*) emettere, mandare (fuori); 6 ⟨*A* (*of a clutch*) disinnestare; *to ~ out one's chest* gonfiar petto; *to ~* **over** (*board*): 1 (*to reject*) rifiutare, resping scartare; 2 ⟨*fam*⟩ (*to jilt*) abbandonare, piantare, ⟨*gerg*⟩ scaricare; *to be* ~*n upon one's own* **resources** essere abbandonato a se stesso; *to* ~ **round** cingere, gettare (*o* buttare) intorno; *to* ~ *one's arms round s.o.'s neck* gettare le braccia al collo di qd.; *to* ~ **together**: 1 raccogliere (alla meno peggio), racimolare, radunare come viene; 2 (*to produce, etc., hurriedly*) mettere insieme in fretta e furia, abborracciare, raffazzonare; 3 (*to cause to associate*) far frequentare; *to* ~ **up**: 1 tirare (in alto), gettare alto (*o* in su): *to* ~ *a ball up in the air* tirare in aria un pallone; 2 (*to relinquish, give up*) lasciare, abbandonare, piantare: *to* ~ *up a good job* lasciare un buon posto; 3 (*to produce*) dare, produrre; 4 ⟨*fam*⟩ (*to vomit*) vomitare, rigettare, ⟨*volg*⟩ rimettere.

hrow[2] *s.* **1** tiro *m*, getto *m*, lancio *m*, gettata *f*. **2** (*of dice*) tiro *m* (*o* getto) dei dadi; (*number, combination thrown*) punto *m*, punti *mpl*. **3** ⟨*Sport*⟩ (*in wrestling*) l'atterrare. **4** ⟨*Artigl*⟩ gittata *f*, portata *f*. **5** ⟨*Mecc*⟩ (*maximum stroke*) corsa *f* massima; (*radius*) raggio *m*. **6** ⟨*Mecc*⟩ (*of a crankshaft*) gomito *m*, manovella *f*; (*of a cam*) eccentricità *f*, alzata *f*. **7** ⟨*Geol*⟩ rigetto *m* verticale. □ *it's your* ~ tocca a te tirare.

hrowaway ['θrouǝwei] **I** *a*. **1** ⟨*Teat*⟩ (*of a line, etc.*) detto con finta noncuranza, lasciato cadere. **2** (*not reusable*) monouso. **II** *s*. ⟨*fam*⟩ (*leaflet*) volantino *m*. □ ~ *society* società dello spreco.

hrowback ['θroubæk] *s*. ⟨*Biol*⟩ regresso *m; (s.o. exhibiting throwback*) individuo *m* regredito.

hrower ['θrouǝ] *s*. **1** lanciatore *m* (*f* –trice) (*anche Sport.*). **2** ⟨*Ceram*⟩ formatore *m*, tornitore *m*. **3** ⟨*Tess*⟩ → **throwster**.

hrow-in *s*. ⟨*Sport*⟩ rimessa *f* (in gioco).

hrown[1] ['θroun] → **throw**[1].

hrown[2] *a*. ⟨*Tess*⟩ ritorto: ~ *silk* seta ritorta.

hrow|-off *s*. **1** ⟨*Venat*⟩ inizio *m* (della caccia). **2** ⟨*tecn*⟩ dispositivo *m* di arresto. **~-out** *s*. **1** (*reject*) reietto *m* (*f* –a). **2** ⟨*Aut*⟩ dispositivo *m* di disinnesto. **~ rug** *am. s*. tappetino *m*.

hrowster ['θroustǝ] *s*. ⟨*Tess*⟩ torcitore *m* (*f* –trice) di seta.

hru *am. prep./avv./a.* → **through**.

hrum[1] [θrʌm] *v*. (*pret., p.p.* **thrummed** [–d]) **I** *v.i.* **1** strimpellare (strumenti a corda). **2** (*to tap idly with the fingers*) tamburellare con le dita. **II** *v.t.* **1** strimpellare. **2** (*of the fingers*) tamburellare su.

hrum[2] *s*. **1** strimpellamento *m*. **2** (*monotonous sound*) suono *m* monotono e smorzato.

hrum[3] **I** *s*. ⟨*Tess*⟩ filo *m* di ordito che rimane sul telaio; (*fringe*) frangia *f* di fili rimasti sul telaio, filaccia *f*; (*tuft of threads*) ciuffo *m* di fili; (*loom waste*) cascame *m*. **II** *v.t.* (*pret., p.p.* **thrummed** [–d]) fornire di filacce.

hrummer ['θrʌmǝ] *s*. strimpellatore *m* (*f* –trice).

hrummy ['θrʌmi] *a*. **1** ⟨*Tess*⟩ filaccioso. **2** (*having a downy surface*) peloso, lanuginoso.

hrush[1] [θrʌʃ] *s*. ⟨*Ornit*⟩ tordo *m*.

hrush[2] *s*. **1** ⟨*Med*⟩ mughetto *m*, moniliasi *f* orale. **2** ⟨*Veter*⟩ infiammazione *f* ⌐della forchetta⌐ (*o* del fettone).

hrust[1] [θrʌst] *v*. (*pret., p.p.* **thrust**) *v.t.* **1** spingere (con forza), cacciare: *to* ~ *s.o. to one side* spingere qd. da (una) parte; *to* ~ *one's hand into one's pocket* cacciare una mano in tasca. **2** (*of a dagger, etc.*) ficcare, piantare, conficcare, cacciare. **3** (*to extend, throw out*) stendere, distendere, allungare. **4** (*to impose the acceptance of*) costringere ad accettare, imporre: *the chairmanship was* ~ *upon him* fu costretto ad accettare la presidenza. **5** (*to introduce improperly*) intromettere, interporre. **6** ⟨*rar*⟩ (*to stab*) trafiggere, infilzare. **II** *v.i.* **1** farsi largo, aprirsi un varco, spingersi (*o* avanzare) a forza: *to* ~ *through the crowd* farsi largo tra la folla. **2** (*to extend, project*) protendersi, spingersi: *a promontory* ~*s into the sea* un promontorio si protende nel mare. **3** (*to make a thrust*) dare un colpo (con un'arma appuntita) (*at* a); (*to stab*) pugnalare (qd.), dare una pugnalata (a). □ *to* ~ **aside** spingere da parte, scansare; *to* ~ **away** respingere, allontanare; *to* ~ **back** spingere indietro, respingere, ributtare, ricacciare; *to* ~ *o.s.* **forward**: 1 spingersi (*o* lanciarsi) avanti; 2 (*to make one's way by pushing*) farsi

largo a gomitate (*o* spinte) (*anche fig.*); 3 ⟨*fig*⟩ mettersi in evidenza (*o* vista), farsi avanti; *to* ~ **out** stendere, allungare, distendere: *to* ~ *out one's hand* stendere la mano; *to* ~ *one's chest out* gonfiare il petto; *to* ~ **past** *s.o.* passare davanti a qd. dandogli una spinta; *to have greatness* ~ **upon** *one* essere chiamato a grandi cose.

thrust[2] *s*. **1** colpo *m*, botta *f*; (*stab wound*) pugnalata *f*. **2** (*violent push*) forte spinta *f*, spintone *m*. **3** ⟨*Mil*⟩ attacco *m*, offensiva *f*. **4** ⟨*fig*⟩ (*verbal attack*) critica *f* violenta, attacco *m*; (*hostile remark*) frecciata *f*, stoccata *f*. **5** ⟨*fam*⟩ (*unscrupulous determination*) arrivismo *m*, ambizione *f* sfrenata. **6** ⟨*Mecc,Mar,Arch*⟩ spinta *f*. **7** ⟨*Aer*⟩ trazione *f*, spinta *f* (del propulsore).

thrust| bearing, **~ block** *s*. ⟨*Mecc*⟩ supporto *m* (*o* cuscinetto) reggispinta, reggispinta *m*. **~ equalizer** *s*. ⟨*Mecc*⟩ equilibratore *m* di spinta.

thruster ['θrʌstǝ] *s*. **1** chi spinge. **2** ⟨*fam*⟩ (*unscrupulous businessman*) arrivista *m/f*. **3** ⟨*venat*⟩ cacciatore *m* (*f* –trice) che si spinge troppo vicino alla muta. **4** ⟨*Aer,Astron*⟩ propulsore *m*.

thrust fault *s*. ⟨*Geol*⟩ falda *f* di carreggiamento (*o* ricoprimento), falda tettonica.

thrustful ['θrʌstful] *a*. vigoroso, forte, energico, potente. **thrustfully** [–i] *avv*. vigorosamente, fortemente, energicamente. **thrustfulness** [–nis] *s*. vigore *m*, forza *f*, energia *f*.

Thucydides [θju:'sididi:z] *N.pr.* ⟨*Stor.gr*⟩ Tucidide *m*.

thud[1] [θʌd] *s*. tonfo *m*, rumore *m* sordo (e cupo): *the parachutist landed with a* ~ il paracadutista atterrò con un tonfo.

thud[2] *v.i.* (*pret., p.p.* 'thudded [–id]) **1** colpire (*o* battere) con un tonfo: *the ball* ~*ded against the crossbar* il pallone colpì la traversa con un tonfo. **2** (*to fall with a thud*) ⌐cadere con⌐ (*o* fare) un tonfo.

thug [θʌg] *s*. **1** criminale *m/f*, gangster *m*, delinquente *m/f*. **2** (*in India*) thug *m*. 'thuggee [–i:] *s*. (*in India*) crimine *m* (*o* delitto) dei thug. 'thuggery [–ǝri] *s*. criminalità *f*, delinquenza *f*. 'thuggish [–iʃ] *a*. criminoso, criminale, di (*o* da) criminale.

Thule ['θju:li(:)] **I** *N.pr.* ⟨*Geog.stor*⟩ Tule *f*. **II** *s*. **1** mitica terra *f* lontana. **2** ⟨*fig*⟩ meta *f* lontana.

thumb [θʌm] **I** *s*. **1** ⟨*Anat*⟩ pollice *m*. **2** ⟨*Zool*⟩ primo dito *m* della zampa. **3** (*of a glove*) pollice *m* (di un guanto). **4** ⟨*Arch*⟩ ovolo *m*. **II** *v.t.* **1** (*of pages*) sciupare (*o* sporcare) a forza di sfogliare. **2** (*to mark with a thumbprint*) lasciare l'impronta del pollice su. **3** ⟨*Mus*⟩ strimpellare. **III** *v.i.* sfogliare, scartabellare, scorrere (*through s.th.* qc.). □ ⟨*fam*⟩ ~*s* **down**! abbasso!; ⟨*fam*⟩ *to be all* **fingers** *and* ~*s* essere goffo (*o* maldestro); ⟨*fam*⟩ *to* ~ *a* **lift** (*o* *ride*) fare l'autostop; **rule** *of the* ~ regola empirica (*o* pratica); *to* **twiddle** *one's* ~*s* girarsi i pollici (*anche fig.*); ⟨*fig*⟩ **under** *one's* ~ in proprio potere, in pugno; ⟨*fam*⟩ ~*s* **up!** evviva!, viva!

thumb| index *s*. indice *m* con marginatura a scaletta. **~ latch**, **~ lock** *s*. saliscendi *m* a linguetta che si aziona con il pollice. **~mark** *s*. ditata *f* lasciata dal pollice, impronta *f* del pollice.

thumb nail I *s*. unghia *f* del pollice. **II** *a*. (*brief, concise*) breve, conciso.

thumb-nail sketch *s*. descrizione *f* sommaria, schizzo *m*.

thumb| nut *s*. ⟨*tecn*⟩ dado *m* ad alette. **~print** *s*. impronta *f* digitale del pollice. **~screw** *s*. **1** ⟨*Stor*⟩ serrapollici *m*. **2** ⟨*tecn*⟩ vite *f* ad alette. **~ stall** *s*. cappuccio *m* per proteggere il pollice. **~ tack** *am*. puntina *f* da disegno.

thump [θʌmp] **I** *s*. **1** forte colpo *m* (*o* botta *f*), percossa *f*; (*with the fist*) pugno *m*. **2** (*dull heavy sound*) tonfo *m*, rumore *m* sordo (e cupo). **II** *v.t.* **1** battere su, dare dei colpi su, picchiare su: *to* ~ *the* **table** battere sul tavolo; (*with the fist*) dare pugni su. **2** (*to cause to make a thumping sound*) battere con un tonfo (*o* rumore sordo). **3** ⟨*fam*⟩ (*to hit, beat*) picchiare, ⟨*fam*⟩ sonare, ⟨*fam*⟩ sonarle a. **4** (*to play in an unmusical way; general. con out*) strimpellare. **III** *v.i.* **1** picchiare, battere (*o* dare) dei colpi (*at* a, *on* su): *to* ~ *at the* **door** picchiare all'uscio. **2** (*to pound, throb*) battere forte, martellare. □ *he put on* *his boots and* –ed *out* si mise gli stivali e uscì con passo pesante; *to* ~ *a pillow* sprimacciare un guanciale. **'thumper** [–ə] *s.* **1** chi batte, chi picchia. **2** ⟨*fam*⟩ (*s.th. very large of its kind*) cosa *f* enorme (*o* colossale). **'thumping** [–iŋ] *a.* **1** che batte, che picchia. **2** ⟨*fam*⟩ enorme, colossale.

thunder ['θʌndə] **I** *s.* **1** tuono *m.* **2** ⟨*fig*⟩ rombo *m,* fragore *m,* tuono *m,* strepito *m: the* ~ *of cannon* il rombo del cannone; *the* ~ *of applause* il fragore degli applausi. **II** *v.i.* **1** (costr. impers.) t(u)onare: *it* –ed *the whole night* tonò per tutta la notte. **2** ⟨*fig*⟩ tonare, rimbombare, rombare. **3** (*to move with a resounding noise*) muoversi ⌐con un rombo¬ (*o* rombando), muoversi con fragore. **4** (*to utter vehement denunciations*) tonare, inveire, parlare con veemenza, scagliare fulmini; (*to speak loudly*) gridare, urlare, sbraitare, tonare. □ ⟨*fam*⟩ *what in* ~ *do you want?* che diavolo vuoi?; *the train* –ed *through the tunnel* il treno passò con fragore nella galleria.

thunderbolt ['θʌndəboult] *s.* **1** fulmine *m,* folgore *f* (*anche Mitol.*)*: the* –s *of Jove* i fulmini di Giove. **2** ⟨*fig*⟩ (*s.th. very startling*) fulmine *m* a ciel sereno: *the news was a* ~ la notizia fu un fulmine a ciel sereno. **3** ⟨*fig*⟩ (*s.th., s.o. that moves very fast*) fulmine *m,* saetta *f,* lampo *m.*

thunder|clap *s.* **1** rombo *m* di tuono. **2** (*resounding noise*) rombo *m,* fragore *m,* tuono *m,* strepito *m.* **3** ⟨*fig*⟩ fulmine *m* a ciel sereno. **~cloud** *s.* ⟨*Meteor*⟩ nube *f* temporalesca.

thunderer ['θʌndərə] *s.* **1** chi tuona, chi scaglia fulmini (*o* invettive); (*powerful orator*) oratore *m* travolgente. **2** ⟨*Mitol*⟩ (*Jupiter*) Giove *m* tonante; (*Thor*) Thor *m.* **thundering** [–riŋ] **I** *a.* **1** che tuona, tonante. **2** ⟨*fig*⟩ rimbombante, tonante, fragoroso, strepitoso. **3** ⟨*fam*⟩ (*very large, remarkable*) strepitoso, enorme, colossale, stragrande: *a* ~ *success* un successo strepitoso. **II** *s.* tuono *m.* **thunderingly** [–riŋli] *avv.* in modo tonante. **thunderous** [–s] *a.* **1** che tuona, tonante; (*of weather*) temporalesco. **2** ⟨*fig*⟩ fragoroso, strepitoso, tonante: ~ *applause* applausi fragorosi. **thunderously** [–sli] *avv.* come un tuono.

thunder|peal *s.* → **thunderclap. ~shower** *s.* precipitazione *f* temporalesca, acquazzone *m* con tuoni e fulmini. **~squall** *s.* groppo *m* accompagnato da tuoni e fulmini. **~storm** *s.* temporale *m.* **~struck** *a.* **1** (*astounded*) sbalordito, sbigottito. **2** ⟨*rar*⟩ (*struck by a thunderbolt*) fulminato, folgorato.

thundery ['θʌndəri] *a.* **1** temporalesco: ~ *showers* precipitazioni temporalesche. **2** ⟨*fig*⟩ minaccioso.

thunk [θʌŋk] → **think.**

Thur. = *Thursday* giovedì (*abbr. giov.*).

thurible ['θjuəribl] *s.* ⟨*Lit*⟩ turibolo *m,* incensiere *m.*

thurifer ['θjuərifə] *s.* ⟨*Lit*⟩ turiferario *m.* **thu'riferous** [–rəs] *a.* che produce incenso.

Thursday ['θəːzdi] *s.* giovedì *m: on* ~ giovedì; *on* –s di giovedì, il giovedì, tutti i giovedì; ~ *week* giovedì a otto.

thus [ðʌs] *avv.* **1** così, in questo modo. **2** (*consequently*) quindi, di conseguenza, conseguentemente, perciò. **3** (*to this extent, so*) così, fino a questo punto. □ ~ *far* fin qui.

thwack [θwæk] **I** *v.t.* **1** battere (con qc. di piatto): *to* ~ *a carpet* battere un tappeto. **2** (*to whack*) colpire, battere, picchiare, percuotere. **II** *s.* **1** botta *f,* battuta *f,* colpo *m.* **2** (*sound*) botta *f,* botto *m.*

thwart [θwɔːt] **I** *v.t.* ostacolare, impedire, contrastare, tagliare la strada a: *he was* –ed *in his attempt to seize power* fu ostacolato nel suo tentativo di prendere il potere; (*of plans, etc.*) sventare, far fallire, frustrare, mandare a vuoto. **II** *s.* ⟨*Mar*⟩ sedile *m* del rematore.

thy [ðai] *a.poss.* ⟨*Bibl,poet*⟩ tuo: ~ *kingdom come* venga il tuo regno.

thyme [taim] *s.* ⟨*Bot*⟩ timo *m.*

thymol ['θaiməl] *s.* ⟨*Chim*⟩ timolo *m.*

thymus ['θaiməs] *s.* (*pl.* -mi [mai]/-muses [–iz]) ⟨*Anat*⟩ timo *m.*

thymus gland *s.* → **thymus.**

thyristor [θai'ristə] *s.* ⟨*El*⟩ tiristore *m.*

thyroid ['θairɔid] *a.* ⟨*Anat*⟩ → **thyroid gland. thyroidal**

[–əl] *a.* ⟨*Anat,Med*⟩ tiroideo.

thyroid| artery *s.* ⟨*Anat*⟩ arteria *f* tiroidea. **~ cartilage** *s.* cartilagine *f* tiroide. **~ gland** *s.* ⟨*Anat*⟩ ghiandola *f* tiroide, tiroide *f.*

thyroidism ['θairɔidizəm] *s.* ⟨*Med*⟩ tiroidismo *m.*

thyrsus ['θəːsəs] *s.* (*pl.* -si [sai]) ⟨*Bot,Mitol*⟩ tirso *m.*

thyself [ðai'self] *pron.pers.* ⟨*Bibl,poet*⟩ **1** te stesso: *know* ~ conosci te stesso. **2** (*emphatic form of thou*) tu stesso.

ti [tiː] *s.* ⟨*Mus*⟩ si *m.*

tiara [ti'ɑːrə] *s.* **1** diadema *m,* corona *f: a diamond* ~ u diadema di brillanti. **2** ⟨*Lit,Stor*⟩ tiara *f.*

Tiber ['taibə] *N.pr.* ⟨*Geog*⟩ Tevere *m.*

Tiberias [tai'biəriæs] *N.pr.* ⟨*Geog*⟩ Tiberiade *f.*

Tiberius [tai'biəriəs] *N.pr.* ⟨*Stor.rom*⟩ Tiberio *m.*

Tibet [ti'bet] *N.pr.* ⟨*Geog*⟩ Tibet *m.* **Tibetan** [–ən] **I** *a* tibetano. **II** *s.* **1** tibetano *m* (*f* –a). **2** (*language*) tibetan *m.*

tibia ['tibiə] *s.* (*pl.* -biae [bii:]/-s [z]) ⟨*Anat*⟩ tibia *f.* **tibia** [–l] *a.* tibiale.

tic [tik] *s.* ⟨*Med*⟩ tic *m.*

tic douloureux *fr.* [tikdulu'rø] *s.* ⟨*Med*⟩ nevralgia facciale (*o* del trigemino).

tich [titʃ] *s.* ⟨*sl*⟩ (*small man*) ometto *m,* omino *m.*

tick[1] [tik] *s.* **1** tic tac *m,* ticche tacche *m,* tictac *m* ticchettio *m,* battito *m: the* ~ *of a clock* il tic tac di u orologio; *the* ~ *of a metronome* il ticchettio di u metronomo. **2** ⟨*fam*⟩ (*moment*) minuto *m,* attimo *m* istante *m,* momento *m,* secondo *m.* **3** (*mark of approva notation, etc.*) segno *m* (di spunta, richiamo, ecc.); ⟨*burocr* spunta *f.* □ ⟨*fam*⟩ *on* (*o* to) *the* ~ in perfetto orario puntualmente; *to put a* ~ *against a name* spuntare un no me.

tick[2] **I** *v.i.* **1** fare tic tac, ticchettare, battere: *the clock* –e l'orologio faceva tic tac. **2** ⟨*sl*⟩ (*to grumble*) borbottare brontolare, bofonchiare. **II** *v.t.* **1** (general. con *off* spuntare, fare un segno accanto a, segnare a margine: *t* ~ *off the names on a list* spuntare i nomi di una lista. **2** (*to mark the passing of;* spesso con *away, off*) segnare (*i* indicare) con un ticchettio. □ *to* ~ *by* (*o away*) passare trascorrere, scorrere: *the seconds* –ed *by* i secondi passava no; *to* ~ *off:* 1 (*to count off*) contare; 2 ⟨*fam*⟩ (*to rebuke* sgridare, dare una ripassata (*o* lavata di capo) a; ⟨*Tel*⟩ *t* ~ **out** *news* battere le notizie; *to* ~ **over:** 1 ⟨*Mot*⟩ ⌐andare al¬ (*o* tenere il) minimo; 2 ⟨*fam*⟩ (*to be relatively inactive* ristagnare, segnare il passo.

tick[3] *s.* **1** (*case for a mattress, etc.*) fodera *f* di traliccio. **2** → **ticking**[2].

tick[4] *s.* **1** ⟨*Entom*⟩ zecca *f.* **2** ⟨*sl*⟩ (*despicable person* persona *f* spregevole, verme *m.*

tick[5] *I s.* **1** ⟨*credit*⟩ credito *m: to buy goods on* ~ comprare merce a credito. **II** *v.i.* comprare (*o* vendere) credito. **III** *v.t.* **1** comprare (*o* vendere) a credito. **2** (*t give credit to*) fare credito a.

ticker ['tikə] *s.* **1** ⟨*Tel*⟩ telescrivente *f.* **2** ⟨*sl*⟩ (*watch orologio m.* **3** ⟨*sl*⟩ (*heart*) cuore *m.*

ticker tape *s.* nastro *m* di telescrivente.

ticket ['tikit] **I** *s.* **1** biglietto *m: a theatre* ~ un bigliett per il teatro; *a railway* ~ un biglietto ferroviario. **2** (*check, receipt*) scontrino *m,* tagliando *m.* **3** (*label, tag, cartellino m,* etichetta *f;* (*price label*) cartellino *m* (*c* etichetta *f*) del prezzo. **4** (*summons for a traffic offence* multa *f: a parking* ~ una multa per divieto di sosta. **5** (*pawnbroker's receipt*) polizza *f* di pegno. **6** ⟨*Mar* (*master's certificate*) patente *f* di comandante (*o* capitan marittimo). **7** ⟨*Aer*⟩ (*pilot's licence*) brevetto *m* di pilota (*o* pilotaggio). **8** ⟨*mil*⟩ (*discharge*) congedo *m.* **9** (*princi ples of a political party*) programma *m* politico. **10** ⟨*sl* (*the proper, desirable thing*) quello *m* che ci vuole, cosa *f* adatta (*o* che va bene): *just the* ~ proprio quello che c vuole. **11** ⟨*am.Pol*⟩ lista *f* di candidati. **II** *v.t.* **1** etichettare, mettere l'etichetta (*o* il cartellino) a. **2** (*t serve with a traffic summons*) multare, fare la multa a. □ ⟨*mil*⟩ *to get one's* ~ essere congedato; ⟨*Stor*⟩ ~ *of leav* documento *m* attestante la concessione della libertà ⌐sulla parola¬ (*o* vigilata); *that's the* ~*!* così (sì che) va bene!; ⟨*Mar*⟩ *to work one's* ~ pagarsi le spese di viaggio lavo rando.

icket| agency s. agenzia f di vendita di biglietti. **~ agent** s. chi gestisce un'agenzia di vendita di biglietti. **~ broker** am. s. venditore m di biglietti. **~ collector** s. bigliettaio m. **~ day** s. ⟨Econ⟩ giorno m prima della liquidazione.

icketing counter am. ['tikitiŋ] s. biglietteria f.

icket| inspector s. ⟨Ferr⟩ controllore m. **~ machine** s. distributore m automatico di biglietti. **~ office** s. biglietteria f. **~-of-leave man** [mən] s.irr. ⟨Stor⟩ detenuto m (f –a) a cui veniva concessa la libertà ⌐sulla parola¬ (o vigilata). **~ punch** s. pinza f per forare i biglietti. **~ tout(er)** s. bagarino m. **~ touting** s. bagarinaggio m. **~ window** s. biglietteria f.

icking¹ ['tikiŋ] s. ticchettio m, tictac m, tic tac m: _the ~ of a clock_ il ticchettio di un orologio.

icking² s. ⟨Tess⟩ traliccio m.

ickle ['tikl] I v.t. **1** fare il solletico a, solleticare, titillare, vellicare: _you're tickling me_ mi fai il solletico. **2** ⟨fig⟩ stuzzicare, lusingare, stimolare piacevolmente, sollecitare, eccitare: _to ~ s.o.'s fancy_ stuzzicare la fantasia di qd. **3** ⟨fam⟩ (to amuse) divertire, deliziare, sollazzare; (to please) far piacere a, fare (o rendere) contento. **4** (of fish: to capture with the hands) prendere (o catturare) con le mani. **II** v.i. **1** sentire prurito (o pizzicore), pizzicare, formicolare, sentire solletico: _my feet are tickling_ mi pizzicano i piedi. **2** (to cause tickling) dare prurito (o pizzicore), dare (o fare) solletico: _woollen vests ~_ le maglie di lana danno prurito. **III** s. **1** solletico m, pizzicorino m. **2** (act of tickling) solleticamento m, titillamento m. □ _to ~ the palate_ stuzzicare il palato; ⟨sl⟩ _to ~ pink_: 1 mandare in solluchero (o brodo di giuggiole), fare contento come una pasqua; 2 (to amuse greatly) divertire ⌐un mondo¬ (o da matti).

ickler ['tiklə] s. **1** chi solletica, chi fa il solletico. **2** ⟨fam⟩ (difficult problem) problema m difficile, rompicapo m. **3** ⟨Comm⟩ scadenzario m.

icklish ['tikliʃ] a. **1** sensibile al solletico, che soffre il solletico. **2** ⟨fig⟩ permaloso, ipersensibile, suscettibile. **3** ⟨fam⟩ (requiring delicate handling) delicato, scabroso, difficile: _the situation is rather ~_ la situazione è piuttosto delicata. **ticklishness** [–nis] s. **1** sensibilità f al solletico, il soffrire il solletico. **2** ⟨fig⟩ permalosità f, ipersensibilità f, suscettibilità f. **3** ⟨fam⟩ (of a situation, problem) scabrosità f, delicatezza f.

ick mark s. spunta f.

idal ['taidl] a. ⟨Mar⟩ **1** di (o della) marea. **2** (subject to the tide) che dipende dalla marea, soggetto alla marea.

idal| basin s. ⟨Mar⟩ bacino m di marea. **~ current** s. corrente f di marea. **~ power station** s. ⟨El⟩ centrale f mareomotrice. **~ wave** s. **1** cavallone m enorme; ⟨seismic sea wave⟩ onda f di maremoto. **2** ⟨fig⟩ ondata f: _a ~ of protest_ un'ondata di proteste.

idbit s. → titbit.

iddler ['tidlə] s. **1** (small fish) pesciolino m, pescetto m. **2** ⟨Itt⟩ spinarello m.

iddl(e)y ['tidli] a. **1** ⟨fam⟩ (slightly drunk) alticcio, brillo, ⟨fam⟩ un po' bevuto (o sbronzo). **2** ⟨mar⟩ in perfetto ordine, ben assestato.

iddl(e)y-wink ['tidliwiŋk] s. **1** pl. (game; costr. sing. o pl.) gioco m delle pulci, pulce f. **2** (counter) pulce f.

ide¹ [taid] s. **1** ⟨Geog⟩ marea f: _high ~_ alta marea; _low ~_ bassa marea. **2** ⟨Mar⟩ (flood tide) marea f montante (o crescente, ascendente), flusso m: _to sail on the ~_ salpare con la marea montante. **3** ⟨fig⟩ orientamento m, corrente f, indirizzo m, corso m, tendenza f: _the ~ of public opinion_ l'orientamento dell'opinione pubblica. **4** ⟨ant⟩ (period of time) periodo m, tempo m, ⟨poet⟩ stagione f. □ _turn of the ~_ cambiamento m di marea; ⟨fig⟩ rovesciamento m, capovolgimento m, svolta f completa; ⟨fig⟩ _to turn the ~_ rovesciare (o capovolgere) le sorti, segnare una svolta completa.

ide² v.i. ⟨Mar⟩ navigare con la marea. □ ⟨fig⟩ _to ~ over_: 1 (to surmount, cope with) superare, sormontare; 2 ⌐(to enable to surmount s.th.)¬ far superare (o sormontare); 3 (to surmount a difficulty) farcela, spuntarla; ⟨Mar⟩ _to ~ one's way_ avanzare (o procedere) con la marea.

ide| gate s. ⟨Idr⟩ porta f di conca ad alta marea. **~**

gauge s. ⟨Mar⟩ scala f di marea, mareometro m (a scala). **~mark** s. **1** ⟨Mar⟩ linea f di marea. **2** ⟨scherz⟩ (around the neck) striscia f (o segno m) di sporco intorno al collo. **~ race** s. forte corrente f di marea. **~rip** s. frangente m di marea, increspatura f. **~ waiter** s. funzionario m di dogana che controlla lo sbarco delle merci. **~ water** s. acqua f di (o soggetta a) marea. **~way** s. letto m di marea.

tidily ['taidili] avv. in (bell')ordine, ordinatamente. **tidiness** [–dinis] s. lindezza f, ordine m, pulizia f.

tidings ['taidiŋz] s.pl. (costr. sing. o pl.) ⟨lett⟩ notizie fpl, nuove fpl, novità fpl: _good ~_ buone notizie. □ ⟨Bibl⟩ _~ of great joy_ la buona novella.

tidology [tai'dɔlədʒi] s. scienza f delle maree.

tidy ['taidi] I a. **1** lindo, pulito e ordinato (o in ordine), ben tenuto: _a ~ room_ una stanza linda. **2** (of a person) ordinato, pulito. **3** (of clothes, dress) in ordine, curato. **4** (systematic, well-ordered) ordinato, sistematico: _to have a ~ mind_ avere una mente ordinata. **5** ⟨fam⟩ (considerable) considerevole, notevole, grosso, rispettabile: _a ~ sum of money_ una considerevole somma di denaro. **II** s. **1** scatola f per riporre ordinatamente piccoli oggetti. **2** (sink tidy) gratella f (o filtro m estraibile) del lavandino. **3** (antimacassar) poggiacapo m, coprischienale m. **III** v.t. (spesso con up) **1** riordinare, (r)assettare, mettere ⌐in ordine¬ (o a posto): _to ~ a room_ riordinare una stanza. **2** ⟨rifl⟩ (ri)mettersi ⌐in ordine¬ (o a posto), ravviarsi, rassettarsi. **IV** v.i. (general. con up) (ri)mettere tutto ⌐in ordine¬ (o a posto), dare una riordinata. □ _to ~ one's hair_ ravviarsi i capelli.

tie¹ [tai] v. (pret., p.p. **tied** [–d], p.pr. **tying** ['taiiŋ]) **I** v.t. **1** (spesso con up) legare, allacciare, attaccare: _to ~ a horse to a pole_ legare un cavallo a un palo; _to ~ up a parcel_ legare un pacco. **2** (of clothes) allacciare, affibbiare: _to ~ one's dressing gown_ allacciarsi la vestaglia; (of shoes) legare, allacciare, annodare. **3** (of a string, etc.) annodare, allacciare: _to ~ a rope round one's waist_ annodarsi una corda intorno alla vita; _to ~ one's tie_ annodarsi la cravatta; (of a knot) fare (legando): _to ~ a knot_ fare un nodo. **4** (estens) (to join, connect) unire, collegare, congiungere. **5** ⟨fig⟩ (to confine, limit) confinare, relegare: _illness –d him to the house_ la malattia lo confinava in casa; (to constrain, obligate) impegnare, legare, vincolare, obbligare: _to ~ s.o. to a contract_ impegnare qd. con un contratto. **6** ⟨Sport⟩ pareggiare con. **7** ⟨Mus⟩ legare. **II** v.i. **1** allacciarsi, annodarsi, legarsi: _this dress –s down the side_ questo vestito si allaccia di fianco. **2** ⟨Sport⟩ finire alla pari, pareggiare: _to ~ for first place_ finire primi alla pari. □ _to ~ **down**_: 1 assicurare (o fissare) con una corda, legare (ben) bene; 2 ⟨fig⟩ legare (mani e piedi): _she is –d down by two small children_ è legata mani e piedi da due bambini piccoli; ⟨fam⟩ _my hands are –d_ ho le mani legate; _to ~ **in**_: 1 collegarsi strettamente (with, to a, con), avere uno stretto rapporto, essere strettamente collegato (o connesso) (con); 2 (to be consistent) concordare, accordarsi (con): _your theory does not ~ in with the facts_ la tua teoria non concorda con i fatti; _to ~ **off** (of a vein, etc.)_ allacciare, eseguire la legatura di; _to ~ **on**_ legare, fissare con lacci, allacciare: _to ~ on a label_ legare un cartellino; _to ~ on a bonnet_ allacciare una cuffia; _to ~ two things_ **together** legare (insieme) due cose; _to ~ **up**_: 1 legare; 2 (to bind, bandage) fasciare, bendare: _to ~ up a wound_ fasciare una ferita; 3 ⟨fig⟩ (to keep occupied) occupare, impegnare, prendere: _I'm sorry I'm late, I got –d up at the office_ mi spiace di essere in ritardo, ma sono stato impegnato in ufficio.

tie² s. **1** legaccio m, laccio m, legame m, cordella f. **2** (that which is tied) legatura f. **3** (knot) nodo m, annodatura f; (bow) fiocco m. **4** ⟨Vest⟩ cravatta f: _a silk ~_ una cravatta di seta. **5** ⟨fig⟩ legame m, vincolo m: _–s of friendship_ legami di amicizia; (s.th. that restrains) catena f, impaccio m, ostacolo m, impedimento m. **6** ⟨Sport⟩ pareggio m, risultato m di parità. **7** ⟨Parl,Pol⟩ parità f di voti. **8** ⟨Edil,Fal⟩ cravatta f. **9** ⟨Mar⟩ amante m. **10** ⟨Mus,Legat⟩ legatura f. **11** ⟨El⟩ collegamento m, connessione f. **12** ⟨Ferr⟩ traversa f, traversina f. **13** ⟨am⟩ (shoelace) stringa f, laccio m da scarpe.

tie| bar s. 1 ⟨Mecc⟩ tirante m. 2 ⟨Ferr⟩ traversa f, traversina f. **~ beam** s. ⟨Edil⟩ catena f. **~ break** s. ⟨Sport⟩ (in tennis) tempi mpl supplementari di spareggio. **~ clasp, ~ clip** s. fermacravatta m, fermacravatte m.

tied| credit ['taid] s. ⟨Econ⟩ credito m vincolato. **~ -house** s. locale m pubblico vincolato per contratto a rifornirsi presso una sola fabbrica di birra.

tie|-on a. che si allaccia, da allacciare. **~-on label** s. etichetta f volante. **~ pin** s. spillo m (o spilla f) da cravatta.

tier¹ [tiə] I s. 1 fila f: -s of seats file di posti (a sedere). 2 ⟨Teat⟩ (of boxes) ordine m (di palchi); (of a gallery) fila f (di galleria). 3 (layer) piano m, strato m: a three-~ wedding–cake una torta nuziale a tre piani. 4 (of cable) duglia f. 5 ⟨Mar⟩ (of moored ships) andana f. II v.t. (to arrange in tiers; spesso con up) disporre in file. III v.i. (to rise in tiers) sorgere (o ergersi) in file.

tier² ['taiə] s. 1 (one that ties) chi lega, chi allaccia. 2 ⟨am⟩ (child's apron) grembiulino m (per bambini).

tie rack s. portacravatte m.

tierce [tiəs] s. 1 ⟨Lit,Sport,Mus⟩ terza f. 2 (in cards) sequenza f di tre carte dello stesso seme.

tiercet ['tiəsit] s. ⟨Mus,Metr⟩ (tercet) terzina f.

tiered ['tiəd] a. in (o a) file.

tie| rod s. 1 ⟨Aut⟩ barra f di accoppiamento. 2 ⟨Edil⟩ catena f. **~-up** s. 1 blocco m, bloccamento m, bloccaggio m. 2 (of traffic) ingorgo m. 3 (connection, link) rapporto m, relazione f, legame m.

tiff¹ [tif] I s. (slight quarrel) battibecco m, piccolo litigio m, scaramuccia f. II v.i. avere un battibecco (o una scaramuccia).

tiff² I s. ⟨rar⟩ 1 (alcoholic liquor) alcolico m. 2 (small drink of liquor) sorso m di liquore. II v.t. sorseggiare, centellinare.

tiffany ['tifəni] s. ⟨Tess⟩ garza f.

tiger ['taigə] s. 1 ⟨Zool⟩ tigre f. 2 ⟨fig⟩ (fierce cruel person) persona f crudele, tigre f; (ruthless aggressive opponent) avversario m spietato. 3 ⟨fig⟩ (fierce quality) furia f, furore m, violenza f: to rouse the ~ in s.o. scatenare la furia di qd. 4 ⟨am⟩ (extra yell after three cheers) grido m finale dopo tre evviva.

tiger cat s. ⟨Zool⟩ 1 gattopardo m americano, ozelot m, ocelot m. 2 ⟨margay⟩ gatto–tigre m.

tigerish ['taigəriʃ] a. 1 tigresco, di (o da) tigre. 2 ⟨fig⟩ (fierce) feroce, spietato, crudele.

tiger's eye s. ⟨Min⟩ occhio m di tigre.

tiger shark s. ⟨Itt⟩ squalo m tigre.

tight¹ [tait] I a. 1 ben fissato (o fisso, fermo, saldo, solido, assicurato: a ~ nut un dado ben fissato. 2 (taut) teso, tirato: a ~ rope una corda tesa; the skin was ~ over his cheekbones aveva la pelle tirata sugli zigomi. 3 (of a knot) stretto, serrato. 4 (fitting closely) attillato, aderente: ~ clothes abiti attillati; (fitting too closely) stretto, troppo aderente, tirato: ~ shoes scarpe strette. 5 (firm, solid) solido, saldo, di ferro: a ~ defence una solida difesa. 6 (having the separate elements closely positioned) serrato, chiuso, stretto: to fly in ~ formation volare in formazione serrata. 7 (dense, compact) compatto, serrato. 8 (proof against leaks) a tenuta, ermetico; (watertight) stagno, a tenuta d'acqua. 9 (packed full) zeppo, strapieno, stipato, gremito. 10 ⟨fam⟩ (difficult, trying) difficile, arduo: to be in a ~ situation essere in una situazione difficile. 11 ⟨fam⟩ (stingy, miserly) avaro, taccagno, spilorcio, tirato. 12 ⟨fam⟩ (drunk) ubriaco, ⟨fam⟩ sbronzo, ⟨pop⟩ sborniato. 13 (of a match, race, etc.: evenly contested) bilanciato, equilibrato. 14 ⟨fig⟩ (strict) fermo, forte, energico: to rule with a ~ hand governare con mano ferma. 15 ⟨Econ,Comm⟩ (of money, commodities) scarso. II avv. 1 saldamente, fissamente, fermamente. 2 (so as to be full) completamente, del tutto, ben bene: to pack a suitcase ~ riempire completamente una valigia. □ ⟨fam⟩ a ~ corner (o spot) una brutta situazione; ⟨fam⟩ to get ~ sborniarsi, ⟨pop⟩ prendere (o prendersi) una scuffia; a ~ smile un sorriso forzato.

tight² → tie¹.

tighten ['taitn] I v.t. 1 stringere, serrare: to ~ a knot stringere un nodo; (of nuts, screws, etc.) avvitare a fondo,

serrare, stringere. 2 (to make taut) tendere, tesare: to ~ rope tendere una fune. 3 (to make more secure, mo strict; spesso con up) rafforzare, rinforzare, rinsalda consolidare: to ~ up immigration controls rafforzare controlli sull'immigrazione. II v.i. 1 stringersi, serrarsi. (to become taut) diventare teso (o tirato), tendersi. 3 (become more secure) rafforzarsi, rinforzarsi, rinsaldarsi. to ~ one's grip stringere più forte. **tightener** [-ə] s. chi stringe, chi serra. 2 ⟨Mecc⟩ → **tightening pulle**

tightening [-iŋ] a. che serra, che stringe.

tightening pulley s. ⟨Mecc⟩ galoppino m.

'tight|-'fisted a. avaro, taccagno, tirchio. **~-fitting** attillato, aderente. **~-knit** a. ben organizzato (o cong gnato): a ~ defence una difesa ben organizzata. **~-lippe** a. 1 a denti stretti: a ~ smile un sorriso a denti stretti. ⟨fig⟩ poco loquace, taciturno, reticente.

tightly ['taitli] avv. 1 fissamente, saldamente, fermamen ben bene. 2 (tautly) in modo teso (o tirato). **tightnes** [-tnis] s. 1 s'dezza f, solidità f, fermezza f. 2 (tautnes tensione f, l'essere teso (o tirato). 3 (retaining qualit tenuta f, ermeticità f. 4 ⟨Econ⟩ scarsità f (o scarsezza) denaro.

tightrope ['taitroup] s. corda f dell'acrobata (o d funamboli). □ to walk a ~ camminare sulla corda; ⟨fi camminare sul filo del rasoio.

tightrope| dancer, ~ walker s. acrobata m/f, funambo m (f –a).

tights [taits] s.pl. ⟨Vest⟩ calzamaglia f.

tight| scrum(mage) s. ⟨Sport⟩ (in rugby) mischia chiusa. **~wad** s. ⟨fam⟩ avaro m (f –a), taccagno m (f –a tirchio m (f –a).

tigress ['taigris] s. ⟨Zool⟩ tigre f femmina, femmina f del tigre.

tike [taik] s. 1 cane m bastardo. 2 (mischievous chil monello m. 3 ⟨fam⟩ (illbred fellow) persona f maleducat zoticone m.

til [til] s. ⟨Bot⟩ sesamo m: ~ oil olio di sesamo.

tilbury ['tilbəri] s. ⟨Stor⟩ calesse m leggero, tilbury m.

tilde ['tildə] s. ⟨Fon,Tip⟩ tilde f/m.

tile [tail] I s. 1 ⟨Edil⟩ (for a roof) tegola f; (for a floc wall) mattonella f, piastrella f, formella f; (pipe, tube) tu m (o condotto) di terracotta. 2 pl. ⟨collett⟩ (tiles, tilin laterizi mpl. 3 ⟨fam⟩ (hat) cappello m; (top hat) cappe m a cilindro, cilindro m. II v.t. 1 coprire con tegole; (a floor, etc.) piastrellare, coprire (o rivestire) con piastrel (o mattonelle). 2 ⟨fig⟩ (of a lodge meeting) guardare, fa la guardia a; (of a member of a secret society) vincolare segreto. □ ⟨fam⟩ to have a ~ loose essere un po' tes (o picchiato); ⟨sl⟩ to go out on the –s andare a folleggia ⟨sl⟩ a night on the –s una notte di follia (o baldoria).

tiler ['tailə] s. 1 conciatetti m; (for floors, etc.) piastrellis m, piastrellaio m. 2 (worker in a tilery) operaio m fornace (di laterizi). 3 (doorkeeper of a lodge) portinaio di una loggia. **tilery** [-ri] s. fornace f (o fabbrica) laterizi. **tiling** [-liŋ] s. 1 copertura f di tegole, tegola m; (for floors, etc.) rivestimento m a piastrelle mattonelle), ammattonato m. 2 ⟨collett⟩ laterizi mpl.

till¹ [til] I prep. fino a, sino a: ~ next week fino al settimana ventura; ~ the end fino alla fine; (wr negatives) prima di: he won't be back ~ Tuesday ne sarà di ritorno prima di martedì. II congz. finch fintantoché, fino (o sino) a quando: wait ~ we get hor aspetta finché arriviamo a casa; he ran ~ he could run more corse fino a quando non ne poté più. □ ~ dea us do part finché morte non ci separi; ~ the end of tir per sempre; from morning ~ night dal mattino alla ser ~ then fino (ad) allora; goodbye ~ tomorrow arrivede a domani.

till² v.t. ⟨Agr⟩ lavorare, coltivare: to ~ the so lavorare la terra.

till³ s. 1 cassetto m (del denaro); (cash register) registra re m di cassa; (ready money) contante m. 2 (ester (place where money is kept) cassa f; (money) denaro m cassa.

tillable ['tiləbl] a. (of land) coltivabile, dissodabile.

tillage ['tilidʒ] s. ⟨Agr⟩ 1 coltivazione f, coltura f lavorazione f. 2 (tilled land) terreno m coltivato (o lavor to).

ller¹ ['tilə] s. coltivatore m agricolo, agricoltore m.

ller² s. ⟨Mar⟩ barra f del timone.

ller³ I s. ⟨Bot⟩ germoglio m. II v.i. accestire, tallire.

ller| chain s. ⟨Mar⟩ frenello m (a catena). ~man [mən] s.irr. timoniere m. ~ rope s. frenello m (a cavo).

lling ['tiliŋ] s. ⟨Agr⟩ lavorazione f, coltivazione f, coltura f.

ll money s. ⟨Econ⟩ fondo m (di) cassa.

illy ['tili] N.pr. dim. di **Matilda**.

lt¹ [tilt] I v.t. 1 inclinare: he -ed the table to let the water run off inclinò il tavolo per far scorrere l'acqua. 2 ⟨to empty by inclining; spesso con up⟩ scaricare (inclinando): to ~ a dump truck scaricare un autocarro a cassone ribaltabile. 3 ⟨Met⟩ battere con il maglio a leva. II v.i. 1 inclinarsi, piegarsi, piegare: the plank -ed la tavola s'inclinò. 2 ⟨fig⟩ combattere, scagliarsi (contro), attaccare (qc.). 3 ⟨Stor⟩ giostrare (con, contro). III s. 1 inclinazione f, pendenza f: to give s.th. a ~ dare un'inclinazione a qc. 2 (slope) pendio m, piano m ⌈in pendenza⌉ (o inclinato). 3 ⟨Met⟩ → tilt hammer. 4 ⟨Stor⟩ giostra f, torneo m. □ ⟨Stor⟩ at ~ (of a lance) in resta; (at) full ~ di gran carriera, come un razzo (o fulmine).

lt² I s. 1 (canvas) copertone m, telone m. 2 (awning) tenda f. II v.t. coprire con un telone.

lt| angle s. ⟨Aer,Astron⟩ angolo m d'inclinazione. ~ cart s. carro m ribaltabile.

lter ['tiltə] s. 1 ⟨Stor⟩ giostratore m. 2 ⟨Met⟩ operaio m (f -a) addetto al maglio a leva.

lth [tilθ] s. ⟨Agr⟩ → tillage.

lt hammer s. ⟨Met⟩ maglio m meccanico a leva.

lting ['tiltiŋ] s. 1 inclinazione f, pendenza f. 2 ⟨Stor⟩ il giostrare.

lt yard s. ⟨Stor⟩ lizza f.

im [tim] N.pr. dim. di **Timothy**.

mbal ['timbəl] s. ⟨Mus⟩ timballo m, timpano m.

mber ['timbə] I s. 1 legname m. 2 (growing trees) alberi mpl da legname. 3 ⟨Edil,Fal⟩ tavolone m, assone m. 4 ⟨Mar⟩ ordinata f, quinto m, costa f. 5 ⟨Equit,Venat⟩ steccati mpl, palizzate fpl. 6 ⟨am.fig⟩ (personal qualities) stoffa f, tempra f: a man of executive ~ un uomo che ha la stoffa del dirigente. II v.t. 1 rafforzare (o sostenere) con legname. 2 (to afforest) imboschire. III intz. ⟨lumberjack's call⟩ cade. □ to fell ~ abbattere alberi; to put land under ~ rimboscare un terreno.

mber beam s. trave f di legno.

mbered ['timbəd] a. 1 (of a buiding) in (o di) legno. 2 (of land) alberato, coperto di alberi.

mber| forest s. fustaia f, bosco m d'alto fusto. ~ frame s. tavolato m. ~head s. ⟨Mar⟩ bitta f.

mbering ['timbəriŋ] s. 1 legname m (da costruzione). 2 → timberwork. 3 ⟨Minier⟩ armamento m.

mber|jack s. tagliaboschi m. ~ line s. limite m della vegetazione arborea. ~ mill s. segheria f. ~ toe s. ⟨scherz⟩ (wooden leg) gamba f di legno. ~ wolf s. ⟨Zool⟩ specie di lupo nordamericano. ~work s. costruzione f (o opera) in legno. ~yard s. deposito m di legname.

mbre fr. [tɛ̃mbr, am. 'timbə] s. 1 ⟨Acu,Mus⟩ timbro m, tempra f. 2 ⟨Fon⟩ timbro m.

mbrel ['timbrəl] s. ⟨Mus⟩ tamburello m, tamburo m basco.

me [taim] I s. 1 tempo m: ~ and space il tempo e lo spazio. 2 (period) tempo m, periodo m (o lasso) di tempo, spazio m, tratto m (di tempo): a long ~ un lungo periodo di tempo. 3 (period set apart, distinct) tempo m, periodo m: my childhood was a happy ~ la mia infanzia è stata un tempo felice; (part of the year, season) stagione f, tempo m: summer is a busy ~ for us l'estate è per noi una stagione piena d'impegni; holiday ~ tempo di vacanze; (part of the day) ora f, momento m: the worst ~ for traffic l'ora peggiore per il traffico. 4 (moment as fixed by a clock, etc.) ora f, often not translated: what ~ is it? che ora è?; the ~ is ten o'clock sono le dieci. 5 (appointed, customary moment) ora f, tempo m: it's ~ to go to bed è ora di andare a letto; (moment of arrival or departure) orario m: what is the ~ of the next train? qual è l'orario del prossimo treno? 6 (moment of death) ora f,

tempo m (della morte): his ~ has come è venuta la sua ora; (of childbirth) tempo m (di partorire). 7 (moment when s.th. occurs) momento m: at the ~ of the accident al momento dell'incidente. 8 (system of measuring time) ora f, tempo m: Greenwich mean ~ tempo medio di Greenwich. 9 (age, era; spesso al pl.) tempo m, tempi mpl, epoca f, periodo m, età f: in the ~ of the Borgias al tempo dei Borgia; -s have changed i tempi sono cambiati; (contemporary era) tempo m, epoca f: the greatest artists of the ~ i più grandi artisti del tempo. 10 (lifetime) vita f: I have seen great changes in my ~ ho visto grandi cambiamenti durante la mia vita. 11 (duration) tempo m: the ~ for the examination is three hours il tempo concesso per l'esame è di tre ore. 12 ⟨Sport, Fis,Mus,Metr⟩ tempo m: the winner's ~ il tempo del vincitore. 13 (sufficiently long period) tempo m: there was no ~ for polite greetings non ci fu tempo per i convenevoli. 14 (favourable opportunity) momento m (giusto), tempo m (adatto), occasione f, ora f: the ~ has come to make a decision è arrivato il momento di prendere una decisione. 15 (instance) volta f: several -s parecchie volte. 16 (used to indicate multiplication) volte fpl: three -s as expensive tre volte più caro; four -s four equals sixteen quattro volte quattro fa sedici. 17 (fam) (term of imprisonment) periodo m in galera, carcere m: to do ~ passare un periodo in galera. 18 (rate of pay) paga f, tariffa f salariale. II a. 1 di (o del) tempo, orario. 2 (recording time) che registra il tempo, di registrazione del tempo. 3 (of an explosive device) a orologeria, a tempo. 4 ⟨Comm⟩ (payable at a stated time) a scadenza (determinata); (payable in instalments) a rate, rateizzato. III v.t. 1 stabilire il momento di (o per), disporre (o progettare) tenendo conto del tempo: he -d his arrival to coincide with mine stabilì il momento del suo arrivo in modo che coincidesse con il mio. 2 (to do, say at the best moment) fare (o dire) al momento buono (o giusto). 3 (to fix the duration of) fissare (o calcolare) la durata di: I -d my lecture to finish at midday calcolai la durata della mia conferenza in modo che finisse a mezzogiorno. 4 (to ascertain the time, rate of) cronometrare (anche Sport.). 5 (to regulate the speed, rate, rhythm of) regolare la velocità (o il ritmo) di: to ~ one's strokes regolare la velocità delle bracciate; (to set the rhythm, rate for) dare il ritmo (o tempo) a. 6 (of a clock, watch) regolare (sull'ora giusta), rimettere. 7 ⟨Ind⟩ determinare i tempi di lavorazione di. 8 ⟨Mecc⟩ mettere in fase. □ to be abreast of the -s andare coi tempi, essere al passo coi tempi; after a ~ dopo un po', dopo un certo tempo; against ~ contro il tempo: to work against ~ lavorare contro il tempo; ⟨fig⟩ to be ahead of one's ~ essere in anticipo sul proprio tempo, essere un precursore; at all -s sempre; all the ~: 1 sempre, per tutto il tempo, dall'inizio alla fine: I knew it all the ~ l'ho sempre saputo; 2 (at all times) sempre; all the ~ that per tutto il tempo ⌈in cui⌉ (o che): for all ~ per sempre; at -s talvolta, talora, a volte, ogni tanto; at a ~ alla (o per) volta: one at a ~ uno alla volta; he took the stairs three at a ~ fece le scale a tre gradini per volta; at any ~: 1 mai: did you at any ~ suspect him? hai mai avuto dei sospetti su di lui?; 2 (at whatever time) in qualunque (o qualsiasi) momento: come at any ~ vieni in qualunque momento; at no ~ mai, in nessuna occasione; at one ~: 1 un tempo, una volta, in passato: at one ~ I trusted him un tempo mi fidavo di lui; 2 (at the same time) insieme, contemporaneamente, nello stesso tempo (o momento); at the ~ allora, in quel tempo; at that ~ in quel momento, allora; at this ~: 1 allora: he was not married at this ~ allora non era (ancora) sposato; 2 (now) adesso, ora, in questo momento; ⟨Mus⟩ to beat ~ battere (o marcare) il tempo; before ~ prima del tempo, anzitempo, in anticipo; to be born before one's ~ essere un precursore, essere in anticipo sul proprio tempo; the ~ before last la penultima volta; behind ~: 1 in ritardo, tardi; 2 (in arrears) in arretrato, indietro; to be behind the -s essere antiquato (o superato); at the best of -s quando tutto ⌈va bene⌉ (o fila liscio come l'olio): it is difficult enough at the best of -s è già abbastanza difficile quando tutto va bene; between -s negli intervalli; by that ~

allora, a quel punto, in quel momento; *by this* ~ ormai, a questo punto; ~ *of* **day** ora *f; to ask s.o. the* ~ *of day* domandare l'ora a qd.; *at this* ~ *of day:* 1 a quest'ora: *are you still in bed at this* ~ *of day?* a quest'ora sei ancora a letto?; 2 ⟨*estens*⟩ ormai, stando così le cose, (giunti) a questo punto; ⟨*fam*⟩ *to give s.o. the* ~ *of day* salutare qd.; ⟨*fam*⟩ *you're experienced enough to know the* ~ *of day* ormai ne sai abbastanza da poterti dare una regolata; *to pass the* ~ *of day with s.o.* fermarsi a fare quattro chiacchiere con qd., scambiare due parole con qd.; *to* **die** *before one's* ~ morire prematuramente; *the* **first** ~ (*that*) la prima volta che; *for the first* ~ per la prima volta; *to* **give** *s.o.* ~ dare (del) tempo a qd.: *you must give me* ~ *to recover* devi darmi il tempo di riprendermi; *to give it* ~ lasciare tempo al tempo; *as* ~ **goes** on (o *by*) con il passare del tempo, con l'andare del tempo; **half** *the* ~: 1 metà del tempo, metà tempo: *I could have finished it in half the* ~ avrei potuto finirlo nella metà del tempo; 2 ⟨*fam*⟩ (*almost always*) spesso, quasi sempre, per lo più; ⟨*fam*⟩ *to* **have** (*o.s.*) *a* ~: 1 (*to enjoy o.s.*) divertirsi, spassarsela, spassarsi; 2 (*to have a hard time*) passarsela male; **in** ~: 1 in tempo: *did you arrive in* ~? sei arrivato in tempo?; 2 = with *time*; 3 (*in correct tempo, rhythm*) a tempo, tenendo il tempo; *in no* ~ in un momento, in un batter d'occhio; *in one's* ~ ai propri tempi; *things were different in his* ~ ai suoi tempi era tutto diverso; *in three hours'* ~ fra tre ore; *in* ~*s of old* nei tempi antichi, ai tempi andati; *to* **keep** ~: 1 andare a tempo (*with* con): *to keep* ~ *with the music* andare a tempo con la musica; 2 (*of a clock, watch*) segnare l'ora: *my watch keeps good* ~ il mio orologio ⌈segna l'ora esatta⌉ (o spacca il minuto); 3 (*to act as timekeeper*) cronometrare i tempi; *we'd better keep an eye on the* ~ faremo bene a ⌈tener d'occhio l'orologio⌉ (o stare attenti all'ora); *to* **kill** ~ ammazzare (o ingannare, passare) il tempo; *the* **last** ~ (*that*) l'ultima volta che; *for the last* ~ per l'ultima volta; *to be a* **long** ~ (*in*) *doing s.th.* metterci molto tempo a fare qc.; *to* **lose** ~: 1 perdere tempo; 2 (*of a watch*) andare indietro; *to* **make** ~: 1 affrettarsi (o fare in fretta) per ricuperare il tempo perduto; 2 (*to travel at a particular speed*) andare (a una certa velocità), fare (un certo tempo): *to make good* ~ fare un buon tempo; *the rain caused us to make poor* ~ ci mettemmo parecchio tempo (a coprire il percorso) a causa della pioggia; *what* ~ *do you make it?* che ora fai?; ~ **marches** on il tempo passa presto (o in fretta); *to* **mark** ~ segnare il passo (*anche fig.*); ~ *and* **motion** *study* → **time study**; *to* **move** *with the* ~*s* andare (o tenere il passo) coi tempi; *in* **next** *to no* ~ in un attimo, in un minuto, in poco tempo; *to* **have** *no* ~ non avere tempo; ⟨*fam*⟩ *to have no* ~ *for* non sopportare, non poter soffrire (o mandar giù); *there is no* ~ *to lose* non c'è tempo da perdere; *this is no* ~ non è (questo) il momento; **on** ~: 1 puntuale, puntualmente, con puntualità; 2 (*on schedule*) in orario, puntuale: *the train was on* ~ il treno era in orario; 3 ⟨*sl*⟩ (*on hire purchase*) a rate, ratealmente; *on one's own* ~ gratis, gratuitamente, senza compenso; **one** ~ già, un tempo, ex: *the author, a* **one** ~ *Professor of Greek* l'autore, già professore di greco; *at* **other** ~*s* altre volte, in altre occasioni; **since** ~ *out of mind* da tempo immemorabile; ⟨*Econ*⟩ ~ *to* **run** (*of bills, etc.*) scadenza *f*; ~ *will* **show** (o *tell*) chi vivrà vedrà; **take** *your* ~ fate con comodo; **this** ~ *tomorrow* domani a quest'ora; ⟨*fam*⟩ ~*'s* **up** è ora; *to be up to* ~ essere in orario; ⟨*poet,scherz*⟩ **was**, *when* un tempo, una volta, ⟨*scherz*⟩ è passato il tempo in cui; (*at*) **what** ~? quando?: *what* ~ *does the film start?* quando comincia il film?; *what a* (**long**) ~ *he's been!* quanto (tempo) ci ha messo!, ce ne ha messo di tempo!; **with** ~ col tempo, con ⌈il passar⌉ (o l'andar) del tempo; ~ *without* **number** tempo infinito; ~*s without number* innumerevoli volte, mille (o infinite) volte; ~ *of* **year** stagione *f*, periodo *m* dell'anno: *it's cold for this* ~ *of year* fa freddo per questa stagione. *Prov.*: ~ *is the great* **healer** il tempo è un gran medico; ~ *is* **money** il tempo è denaro (o moneta); *there is no* ~ *like the present* chi ha tempo non aspetti tempo. ‖ ⟨*fam*⟩ *and* **about** (o *high*) ~ *too!* e sarebbe pure ora!; *it is* ~ *to go* è ora di andare (o

partire); ~ *gentlemen please!* signori, si chiude!; *a man* ⌐ *the* ~*s* un uomo del suo tempo.

time| and method study *s.* studio *m* tempi e metodi. **bill** *s.* ⟨*Econ*⟩ effetto *m* a termine. ~ **bomb** *s.* bomba *a* orologeria. ~ **card** *s.* cartellino *m* marcatempo (o presenza). ~ **clause** *s.* ⟨*Gramm*⟩ proposizione *f* tempora⌐ le. ~ **clock** *s.* orologio *m* marcatempo. ☐ *to punch t⌐* ~ timbrare il cartellino. ~ **code** *s.* ⟨*Inform*⟩ codice *m* ⌐ tempo. ~**-consuming** *a.* che richiede molto tempo. (*wasteful of time*) che fa sprecare il tempo. ~ **control** ⟨*Mecc*⟩ comando *m* a tempo.

timed [taimd] *a.* che avviene in un dato tempo. ☐ *ill-* inopportuno, a sproposito; *well-*~ opportuno, a propos⌐ to.

time| exposure *s.* ⟨*Fot*⟩ posa *f*, esposizione *f*. ~ **fact⌐** *s.* fattore *m* tempo. ~ **freight** *s.* ⟨*Comm*⟩ nolo *m* tempo (o termine). ~ **fuse** *s.* ⟨*Artigl*⟩ spoletta *f* a temp⌐ ~**-honored** *am.*, ~**-honoured** *a.* consacrato dal temp⌐ venerabile (per l'età).

timekeeper ['taimki:pə] *s.* 1 (*timepiece*) orologio ⌐ (*chronometer*) cronometro *m.* 2 ⟨*Sport*⟩ cronometris⌐ *m/f.* 3 ⟨*Ind*⟩ addetto *m* al controllo delle ore di lavor⌐ **timekeeping** [–piŋ] *s.* 1 cronometraggio *m.* 2 ⟨*In⌐* rilevamento *m* dei tempi.

time lag *s.* 1 intervallo *m.* 2 (*delay*) ritardo *m.*

timeless ['taimlis] *a.* 1 eterno, infinito, senza tempo. (*not restricted to a particular time*) d'ogni tempo, sen⌐ tempo. **timelessly** [–li] *avv.* eternamente. **timelessnes⌐** [–nis] *s.* eternità *f*.

time limit *s.* limite *m* di tempo.

timeliness ['taimlinis] *s.* tempestività *f*, opportunità *f*.

time| loan *s.* ⟨*Econ*⟩ prestito *m* a scadenza fissa. ~ **loc⌐** *s.* serratura *f* (con sblocco) a tempo.

timely ['taimli] *a.* 1 tempestivo, (che giunge) opportuno: ~ *intervention* un intervento tempestivo. 2 (*opportun⌐* adatto al momento, opportuno, che capita (o arriva) proposito, provvidenziale.

time| machine *s.* macchina *f* del tempo. ~ **manage⌐** **ment** *s.* gestione *f* del tempo.

timepiece ['taimpi:s] *s.* orologio *m*; (*chronometer*) cr⌐ nometro *m.*

timer ['taimə] *s.* 1 cronometrista *m/f.* 2 (*stopwatc⌐* cronografo *m* (a scatto). 3 (*device that signals the elap⌐ of time*) contasecondi *m.* 4 ⟨*Mot*⟩ ruttore *m* d'accension⌐ 5 ⟨*Mecc*⟩ sincronizzatore *m.*

time|saving *a.* che fa risparmiare tempo. ~ **saving** risparmio *m* di tempo. ~ **scale** *s.* scala *f* cronologica. **series** *s.* ⟨*Statist*⟩ serie *f* cronologica. ~**server** conformista *m/f.* ~**serving** I *a.* conformistico. II conformismo *m.* ~ **sharing** *s.* ⟨*Inform*⟩ partizione *f* tempo, time sharing *m.* ~ **sheet** *s.* foglio *m* del presenze. ~ **sign** *s.* ⟨*Mat*⟩ segno *m* di moltiplicazione. **signal** *s.* ⟨*El,Rad*⟩ segnale *m* orario. ~ **study** *s.* ⟨*In⌐* analisi *f* dei tempi (di lavorazione), cronotecnica *f.* **study engineer** *s.* cronotecnico *m.* ~ **switch** *s.* ⟨*E⌐* interruttore *m* orario (o a tempo). ~**table** *s.* 1 orario ⌐ *a railway* ~ un orario ferroviario. 2 (*estens*) programm⌐ *m*, tabella *f* di marcia. '~'**tested** *a.* che ha retto al prova del tempo, (ben) collaudato dal tempo. ~ **work** lavoro *m* retribuito a ore. ~**worn** *a.* 1 consumato logorato) dal tempo. 2 (*hackneyed*) vecchio, trito ritrito), frusto. ~ **zone** *s.* ⟨*Geog*⟩ fuso *m* orario.

timid ['timid] *a.* 1 timido, timoroso. 2 (*lacking boldnes⌐* esitante, timido, incerto: *a* ~ *answer* una risposta esita⌐ te. **ti'midity** [–iti] *s.* timidezza *f*. **timidly** [–li] *av⌐* timidamente, timorosamente. **timidness** [–nis] *s.* → **midity**.

timing ['taimiŋ] *s.* 1 scelta *f* del momento opportun⌐ tempestività *f*, tempismo *m.* 2 (*relative occurrence events*) collocazione *f* (o distribuzione) nel tempo. ⟨*Teat*⟩ sincronismo *m* di tono e di gesti, coordinazion⌐ tra movimento e recitazione; (*of dramatic action*) sincr⌐ nizzazione *f.* 4 ⟨*Sport*⟩ ritmo *m*, tempo *m.* 5 (*recordi⌐ of elapsed time*) cronometraggio *m.* 6 ⟨*Ind*⟩ determinazi⌐ ne *f* dei tempi. 7 ⟨*Mot*⟩ messa *f* in fase.

timing gear *s.* distribuzione *f*.

timorous ['timərəs] *a.* timoroso, pauroso, (*of* di). **timorou**

ly [–li] *avv.* timorosamente, paurosamente. **timorous-ness** [–nis] *s.* l'essere timoroso, timore *m*.

Timothy ['timəθi] *N.pr.* Timoteo *m*.

timpani ['timpəni:] *s.pl.* ⟨*Mus*⟩ timpani *mpl.* **timpanist** [–nist] *s.* timpanista *m/f*.

tin [tin] **I** *s* **1** ⟨*Chim*⟩ stagno *m*. **2** (*container*) scatola *f*, barattolo *m*, latta *f*, lattina *f*: *a ~ of peaches in syrup* una scatola di pesche sciroppate. **3** (*for baking*) teglia *f*. **4** ⟨*sl*⟩ (*money*) denaro *m*, quattrini *mpl*, soldi *mpl*, ⟨*gerg*⟩ grana *f*. **II** *a.* **1** di latta. **2** ⟨*fig*⟩ che non vale nulla. **III** *v.t.* (*pret., p.p.* **tinned** [–d]) **1** inscatolare, conservare (*o* mettere) in scatola. **2** ⟨*Met*⟩ stagnare. **3** ⟨*fam*⟩ (*of music, etc.: to can*) registrare (su dischi).

tin can *s.* scatola *f*, barattolo *m*, latta *f*, lattina *f*.

tinct [tiŋkt] *s.* ⟨*poet*⟩ (*tinge*) sfumatura *f*; (*colour, die*) colore *m*, tinta *f*. **tinc'torial** [–ɔ:riəl] *a.* tintoriale, tintorio. **'tincture** [–tʃə] **I** *s.* **1** ⟨*Farm*⟩ tintura *f*. **2** (*tinge, tint*) sfumatura *f*, tinta *f*, colore *m*. **3** ⟨*fig*⟩ sfumatura *f*, colore *m*, impronta *f*; (*smattering, trace*) tocco *m*, traccia *f*, pizzico *m*. **4** ⟨*Arald*⟩ (general. al pl.) smalti *mpl.* **II** *v.t.* **1** tingere (*o* colorare) leggermente. **2** ⟨*fig*⟩ impregnare, permeare, pervadere.

tinder ['tində] *s.* stoppaccio *m* infiammabile, esca *f*.

tinder box *s.* **1** scatola *f* contenente l'esca, l'acciarino e la pietra focaia. **2** ⟨*fig*⟩ polveriera *f*.

tindery ['tindəri] *a.* infiammabile.

tine [tain] *s.* **1** punta *f*, rebbio *m*, dente *m*. **2** ⟨*Zool*⟩ (*of a deer's antler*) pugnale *m*.

tinea ['tiniə] *s.* ⟨*Med,Veter*⟩ tigna *f*.

tin fish *s.* ⟨*mar*⟩ (*torpedo*) siluro *m*.

tinfoil ['tinfoil] *s.* **1** stagnola *f*. **2** (*silver paper*) carta *f* argentata.

ting [tiŋ] **I** *s.* drindrin *m*, tintinnio *m*: *the ~ of a bicycle bell* il drindrin del campanello di una bicicletta. **II** *v.i.* tintinnare. **III** *v.t.* far tintinnare.

ting-a-ling *s.* drindrin *m*, tintinnio *m*.

tinge[1] [tindʒ] *v.t.* (*pret., p.p.* **tinged** [–d], *p.pr.* 'tinging/'tingeing [–iŋ]) **1** tingere (*o* colorare) leggermente, tinteggiare, colorare. **2** ⟨*fig*⟩ (general. al pass.) pervadere, permeare: *his work is –d with pessimism* la sua opera è permeata di pessimismo.

tinge[2] *s.* **1** lieve tinta *f*, colore *m* leggero, mezzatinta *f*, sfumatura *f*. **2** (*slight smell*) leggero odore *m*; (*slight taste*) leggero sapore *m*. **3** ⟨*fig*⟩ sfumatura *f*, pizzico *m*, traccia *f*, punta *f*: *a ~ of irony* una sfumatura d'ironia.

ting(e)ing ['tindʒiŋ] → **tinge**[1].

tingle ['tiŋgl] **I** *v.i.* **1** pizzicare, formicolare, pungere: *my fingers were tingling with cold* le dita mi pizzicavano per il freddo. **2** ⟨*fig*⟩ fremere, agitarsi: *the audience was tingling with excitment* il pubblico fremeva dall'eccitazione. **II** *v.t.* far formicolare, dare una sensazione di formicolio (*o* pizzicore) a, pizzicare. **III** *s.* **1** pizzicore *m*, formicolio *m*. **2** ⟨*fig*⟩ fremito *m*, brivido *m*: *a ~ of pleasure* un fremito di piacere.

tin| god *s.* ⟨*fig*⟩ persona *f* che si crede un superuomo, pallone *m* gonfiato. **~ hat** *s.* ⟨*mil*⟩ elmetto *m*.

tinily ['tainili] *avv.* in modo minuto (*o* minuscolo). **tininess** [–ninis] *s.* l'essere minuscolo, minutezza *f*.

tinker ['tiŋkə] **I** *s.* **1** stagnaio *m* (*o* calderaio) ambulante. **2** (*unskilful worker*) lavoratore *m* maldestro, pasticcione *m* (*f* –a), abborracione *m* (*f* –a), ⟨*fam*⟩ schiappa *f*. **3** (*one who seeks to mend, improve s.th.*) abborracciatore *m* (*f* –trice), rappezzatore *m* (*f* –trice). **4** (*act of tinkering*) tentativo *m* di riparazione, rabberciamento *m*. **5** ⟨*dial*⟩ (*tramp*) vagabondo *m* (*f* –a); (*gypsy*) zingaro *m* (*f* –a). **6** ⟨*Itt*⟩ sgombro *m* goa. **II** *v.i.* **1** far ⸢lo stagnaio⸣ (*o* il calderaio). **2** (*to make an amateurish attempt to repair s.th.*) tentare di riparare (*o* aggiustare) (*with s.th.* qc.), armeggiare (intorno a). **3** (*to work unskilfully*) abborracciare, rabberciare (*with, at s.th.* qc.). **III** *v.t.* **1** aggiustare, riparare (come stagnaio). **2** (*to repair in an unskilful way*; spesso con *up*) rabberciare, aggiustare alla meglio, rappezzare.

tinker's| curse, ~ cuss, ~ damn: ⟨*fam*⟩ *not to give a ~ about s.th.* non curarsi affatto di qc., ⟨*pop*⟩ fregarsene altamente.

tinkle ['tiŋkl] **I** *v.i.* tintinnare, trillare; (*to ring*) squillare, scampanellare. **II** *v.t.* **1** fare tintinnare (*o* trillare); (*of a clock*) battere, sonare. **2** (*of a tune;* spesso con *out*) far risonare. **III** *s.* **1** tintinnio *m*, suono *m* argentino. **2** ⟨*fam*⟩ (*telephone call*) telefonata *f*, ⟨*fam*⟩ colpo *m* di telefono. **tinkler** [–ə] *s.* **1** chi fa tintinnare. **2** (*s.th. that tinkles*) cosa *f* che tintinna. **3** (*small bell*) campanellino *m*. **tinkling** [–iŋ] **I** *s.* tintin *m*, tintinno *m*, tintinnio *m*. **II** *a.* tintinnante, argentino, squillante.

tin| Lizzie *s.* ⟨*scherz*⟩ piccola automobile *f* economica, utilitaria *f*. **~ mine** *s.* miniera *f* di stagno.

tinned [tind] *a.* **1** stagnato. **2** (*of food*) in scatola, inscatolato, conservato: *~ milk* latte in scatola. **3** ⟨*fam*⟩ (*of music*) registrato, inciso. **'tinner** [–nə] *s.* **1** → **tinsmith**. **2** (*tin miner*) minatore *m* di una miniera di stagno. **3** (*canner*) operaio *m* di un conservificio, conserviere *m*; (*owner of a tinning factory*) conserviere *m*.

tinnily ['tinili] *avv.* con un suono metallico. **tinniness** [–ninis] *s.* l'avere un suono metallico.

tinning ['tiniŋ] *s.* **1** ⟨*Met*⟩ stagnatura *f*. **2** ⟨*Ind*⟩ inscatolamento *m*.

tinnitus [ti'naitəs] *s.* ⟨*Med*⟩ scampanellio *m* (*o* tinnito) auricolare.

tinny ['tini] *a.* **1** di (*o* simile a) stagno, di (*o* simile a) latta. **2** (*of sound*) metallico; (*sounding thin*) dal suono metallico. **3** (*of food*) che sa di scatola (*o* latta).

tin| opener *s.* apriscatole *m*. **~ ore** *s.* ⟨*Min*⟩ cassiterite *f*. **~-Pan Alley** *s.* **1** quartiere *m* ⸢dei compositori⸣ (*o* degli editori di canzonette). **2** ⟨*collett*⟩ mondo *m* delle canzonette (*o* della musica leggera). **~ plate** *s.* ⟨*Met*⟩ latta *f* (bianca), lamiera *f* stagnata, foglio *m* di latta. **~-plate** *v.t.* stagnare. **~-plated** *a.* stagnato. **~ plating** *s.* stagnatura *f*. **~ pot** *a.* ⟨*fam*⟩ scadente, da due soldi.

tinsel ['tinsəl] **I** *s.* **1** orpello *m* (usato per decorazioni). **2** ⟨*fig*⟩ orpello *m*, orpelli *mpl*, fronzoli *mpl*. **3** ⟨*Tess*⟩ lamé *m*, laminato *m*. **II** *a.* **1** di orpello. **2** ⟨*fig*⟩ vistoso, sgargiante, appariscente. **III** *v.t.* (*pret., p.p.* **tinselled**/*am.* **tinseled** [–d]) **1** decorare con orpelli. **2** ⟨*fig*⟩ caricare di orpelli, coprire di fronzoli. **tinselly** [–i] *a.* sgargiante, vistoso, appariscente.

tin|smith *s.* stagnaio *m*, lattoniere *m*. **~ soldier** *s.* soldatino *m* di latta (*o* stagno). **~stone** *s.* → **tin ore**.

tint [tint] **I** *s.* **1** colore *m*, tinta *f*: *the –s of autumn* i colori dell'autunno; (*hue*) tonalità *f*, gradazione *f* (di colore), sfumatura *f*. **2** ⟨*Tip*⟩ ombreggiatura *f*. **II** *v.t.* **1** colorare (leggermente), colorire lievemente, tinteggiare. **2** (*to dye*) tingere: *to ~ one's hair* tingersi i capelli.

tintack ['tintæk] *s.* bulletta *f* stagnata.

tint block *s.* ⟨*Tip*⟩ cliché *m* a mezzatinta.

tinting ['tintiŋ] *s.* **1** tinteggiatura *f*. **2** ⟨*Tip*⟩ ombreggiatura *f*.

tintinnabular [,tinti'næbjulə], **tintinnabulary** [–ri] *a.* di (*o* relativo a) campane (*o* campanelli). **tintin,nabulation** [–'leiʃən] *s.* scampanellio *m*, tintinnio *m*. **tintinnabulous** [–s] *a.* → **tintinnabular**. **tintinnabulum** [–m] *s.* (*pl.* -la [lə]) **1** campanello *m*, sonaglio *m*, campanellino *m*. **2** ⟨*Stor.rom*⟩ tintinnabolo *m*.

tin|type *s.* ⟨*Fot*⟩ ferrotipo *m*. **~ware** *s.* oggetti *mpl* di latta (*o* stagno). **~works** *s.pl.* (costr. sing. o pl.) stabilimento *m* per la lavorazione dello stagno.

tiny ['taini] *a.* minuscolo, minuto, molto piccolo, minimo.

tip[1] [tip] **I** *s.* **1** punta *f*, estremità *f*: *the ~ of the nose* la punta del naso. **2** (*top, summit*) cima *f*, vetta *f*, sommità *f*, apice *m*, punta *f*: *the ~ of a mountain* la cima d'una montagna. **3** (*small piece attached to the end of s.th.*) punta *f*, puntale *m*, calzuolo *m*: *a metal ~* una punta di metallo; (*of a billiard cue*) cuoio *m* (della stecca). **4** (*of asparagus*) punta *f*, cima *f*. **5** ⟨*Arch*⟩ cuspide *f*. **6** ⟨*Mecc*⟩ cresta *f*. **7** ⟨*Calz*⟩ salvapunte *m*. **II** *v.t.* (*pret., p.p.* **tipped**/*rar.* **tipt** [–t]) **1** fornire di punta (*o* puntale). **2** (*to cover the tip of*) coprire (*o* spalmare) la punta di: *to ~ a spear with poison* spalmare di veleno la punta di una lancia. **3** (*of a cigarette*) applicare il bocchino a. **4** ⟨*Agr,Giard*⟩ spuntare, cimare. ▫ ⟨*fig*⟩ *to have s.th. at the –s of one's fingers* conoscere (*o* sapere) qc. a menadito; *from ~ to ~* (*of birds*) da un'estremità dell'ala all'altra; *from ~ to toe* dalla testa ai piedi, da cima a fondo, completamente; *she was dressed in pink from ~ to toe* era tutta vestita di rosa.

tip² *v.* (*pret., p.p.* **tipped**/*rar.* **tipt** [–t]) **I** *v.t.* **1** (spesso con *over*) capovolgere, rovesciare, ribaltare: *the wave –ped the small boat* over l'onda capovolse la piccola imbarcazione. **2** (*to incline, tilt;* spesso con *up*) inclinare, piegare: *to ~ a bottle to empty it* inclinare una bottiglia per vuotarla. **3** (*to empty by tilting;* spesso con *out*) scaricare, far cadere, rovesciare, versare: *the lorry –ped the coal down the chute* l'autocarro scaricò il carbone nello scivolo. **4** (*of one's hat*) sollevare appena in segno di saluto. **II** *v.i* **1** (spesso con *over*) rovesciarsi, ribaltarsi, capovolgersi: *the lorry –ped over* l'autocarro si rovesciò. **2** (*to become tilted*) inclinarsi, piegarsi, pendere da una parte. □ (*fig*) *to ~ the* **balance** *of power* spostare (*o* mutare) l'equilibrio del potere; *to ~* **up**: 1 capovolgere, ribaltare, rovesciare; 2 (*to cause one end to rise*) far sollevare un'estremità: *his weight –ped up the plank* il suo peso fece sollevare l'estremità dell'asse.

tip³ *s.* **1** capovolgimento *m,* rovesciamento *m.* **2** (*tilting*) inclinazione *f,* pendenza *f.* **3** (*dump for refuse from a mine, etc.*) discarica *f.* **4** (*rubbish dump*) scarico *m,* immondezzaio *m.*

tip⁴ *s.* **1** mancia *f: to leave a ~ for the waiter* lasciare una mancia al cameriere. **2** (*useful information*) consiglio *m,* suggerimento *m: –s on gardening* consigli di giardinaggio. **3** (*advance inside information concerning gambling, etc.*) informazione *f* (*o* notizia) riservata. □ *to take s.o.'s ~* seguire i consigli (*o* suggerimenti) di qd.

tip⁵ *v.t.* (*pret., p.p.* **tipped**/*rar.* **tipt** [–t]) **1** dare la mancia a. **2** (*to give private information to;* general. con *off*) avvertire (*o* avvisare) in via riservata, dare un'informazione (*o* una notizia) riservata a; (*to warn beforehand*) avvertire in anticipo, mettere in guardia. □ *he has been –ped as the head of the new company* è stato fatto il suo nome per la presidenza della nuova società; (*fam*) *to ~ one's* **hand** scoprirsi, scoprire le proprie carte; *the police were –ped off about the robbery* la polizia aveva ricevuto una soffiata sulla rapina; (*fam*) *to ~ s.o. the* **wink** fare un cenno a qd., strizzare l'occhio a qd. (in segno d'intesa); *to ~ a* **winner** dare il nome del cavallo vincente.

tip⁶ **I** *s.* (*light blow*) colpetto *m,* tocco *m* (leggero), bottarella *f.* **II** *v.t.* (*pret., p.p.* **tipped**/*rar.* **tipt** [–t]) toccare, colpire leggermente.

'tip|-and-'run I *s.* 〈*Sport*〉 specie di cricket in cui il giocatore, appena colpita la palla, corre via. **II** *a.* 〈*Mil*〉 (*of tactics, a raid, etc.*) caratterizzato da un rapido attacco seguito da un'immediata ritirata. **~ cart** *s.* carro *m* (con pianale ribaltabile). **~ lorry** *s.* autocarro *m* a cassone ribaltabile. **~-off** *s.* 〈*sl*〉 (*useful warning*) suggerimento *m,* consiglio *m*; (*private information*) informazione *f* riservata.

tipped [tipt] *a.* **1** fornito di punta (*o* puntale). **2** (nei composti) dalla punta ..., dal puntale ...: *a rubber ~-cane* un bastone dal puntale di gomma. **3** (*of cigarettes*) col bocchino.

tipper¹ ['tipə] *s.* **1 → tip lorry. 2** 〈*Ferr*〉 carrello *m* ribaltabile (*o* a bilico).

tipper² *s.* (*one who gives tips*) chi dà mance. □ *a big ~* una persona generosa nelle mance.

tippet ['tipit] *s.* **1** 〈*Mod*〉 mantellina *f,* cappa *f.* **2** 〈*Lit*〉 stola *f.*

tipping ['tipiŋ] *s.* mancia *f.*

tipple ['tipl] **I** *v.i.* darsi al bere, alzare il gomito. **II** *s.* alcolico *m,* bevanda *f* alcolica. □ (*fam*) *what's your ~?* che cosa vuoi bere? **tippler** [–ə] *s.* chi beve abitualmente alcolici, forte bevitore *m.*

tipsily ['tipsili] *avv.* da brillo. **tipsiness** [–sinis] *s.* l'essere brillo (*o* alticcio), ubriachezza *f.*

tipstaff ['tipstɑ:f] *s.irr.* 〈*Dir*〉 ufficiale *m* giudiziario.

tipster ['tipstə] *s.* 〈*fam*〉 chi dà informazioni riservate (sulle corse, sull'andamento della borsa, ecc.).

tipsy ['tipsi] *a.* **1** brillo, alticcio. **2** (*characterized by drunkenness*) da ubriaco: *~ behaviour* comportamento da ubriaco.

tipsy cake *s.* 〈*Dolc*〉 torta *f* di mandorle imbevuta di vino e ricoperta di panna (*o* crema).

tip tilted *a.* con la punta all'insù.

tiptoe ['tiptou] **I** *a.* **1** che sta (*o* cammina) in punta di piedi. **2** 〈*fig*〉 eccitato, in attesa, impaziente. **II** *s.* punta *f* dei piedi. **III** *v.i.* camminare in punta di piedi. **IV** *avv.* in punta di piedi: *to walk ~* camminare in punta di piedi. □ *on ~* in punta di piedi.

tiptop ['tip'tɔp] **I** *a.* 〈*fam*〉 di prim'ordine, eccellente, perfetto. **II** *avv.* 〈*fam*〉 eccellentemente, ottimamente.

tirade [tai'reid] *s.* tirata *f,* filippica *f,* lunga invettiva *f,* diatriba *f.*

tire¹ ['taiə] **I** *v.t.* **1** stancare, affaticare: *the rush –d me* la corsa mi ha stancato. **2** 〈*fig*〉 stancare, annoiare, 〈*fam*〉 scocciare. **II** *v.i.* **1** stancarsi, affaticarsi. **2** 〈*fig*〉 stancarsi, annoiarsi, seccarsi (*of* di): *she soon –d of him* presto stancò di lui. □ 〈*fig*〉 *to ~* **out** fiaccare, spossare, sfinire.

tire² *s./v.* → **tyre.**

tire³ 〈*rar*〉 **I** *v.t.* **1** (*to attire*) abbigliare. **2** (*of the hair*) acconciare. **II** *s.* **1** (*attire*) abbigliamento *m.* **2** (*head dress*) acconciatura *f,* pettinatura *f.*

tired [taiəd] *a.* **1** stanco, affaticato: *to feel ~* sentirsi stanco. **2** (*bored, out of patience*) stanco, annoiato, seccato, stufo, 〈*fam*〉 scocciato (*of* di): *I am ~ of his complaints* sono stanco delle sue lamentele. □ *to grow ~ of s.th.* stancarsi di qc.; *to be ~ out* essere sfinito (*o* esausto). **'tiredly** [–li] *avv.* stancamente. **'tiredness** [–nis] *s.* **1** stanchezza *f.* **2** (*boredom*) stanchezza *f,* tedio *m,* noia *f.*

tireless¹ ['taiəlis] *a.* instancabile, indefesso: *a ~ worker* un lavoratore instancabile; *~ efforts* sforzi indefessi.

tireless² *a.* → **tyreless.**

tirelessly ['taiəlisli] *avv.* instancabilmente, indefessamente.

tirelessness [–snis] *s.* l'essere instancabile.

tiresome ['taiəsəm] *a.* noioso, seccante, tedioso, 〈*fam*〉 scocciante. **tiresomely** [–li] *avv.* noiosamente, tediosamente. **tiresomeness** [–nis] *s.* noiosità *f,* tediosità *f.*

tiring ['taiəriŋ] *a.* faticoso, che stanca, affaticante.

tiro *s.* → **tyro.**

tis [tiz] *contraz. ant., poet.* di **it is.**

tisane [ti'zæn] *s.* tisana *f.*

tissue ['tiʃuː] *s.* **1** 〈*Biol,Anat*〉 tessuto *m.* **2 → tissue paper. 3** 〈*Cosmet*〉 (*facial tissue*) velina *f* da trucco; (*toilet tissue*) velina *f* igienica. **4** 〈*Tess*〉 (*fine fabric*) tessuto *m* leggero; (*lamé*) lamé *m,* laminato *m.* **5** 〈*fig*〉 ordito *m,* tessuto *m,* intreccio *m: a ~ of lies* un ordito di menzogne.

tissue| holder *s.* portarotolo *m.* **~ paper** *s.* carta *f* velina.

tit¹ [tit] *s.* → **titmouse.**

tit² *s.* (*teat*) capezzolo *m.*

tit³: *~ for tat* colpo per colpo; *to give ~ for tat* ripagare della stessa moneta, rendere ⌐pan per focaccia⌐ (*o* la pariglia).

tit⁴ *s.* 〈*sl*〉 (*ineffectual fool*) stupido *m,* buono *m* a nulla.

Titan ['taitən] *s.* 〈*Mitol,Astr*〉 Titano *m.* **titan** *s.* 〈*fig*〉 titano *m,* colosso *m,* gigante *m.*

titanate ['taitəneit] *s.* 〈*Chim*〉 titanato *m.*

titanic [tai'tænik] *a.* 〈*Chim*〉 titanico: *~ acid* acido titanico.

Titanic *a.* 〈*Mitol*〉 titanico, dei titani. **titanic** *a.* colossale, gigantesco, titanico.

titanium [tai'teiniəm] *s.* 〈*Chim*〉 titanio *m.*

titbit ['titbit] *s.* **1** bocconcino *m,* ghiottoneria *f,* golosità *f,* leccornia *f.* **2** 〈*fig*〉 notizia *f* ghiotta. □ *–s of information* notizie ghiotte.

titer *am. s.* → **titre.**

titfer ['titfə] *s.* 〈*sl*〉 (*hat*) cappello *m.*

tithable ['taiðəbl] *a.* 〈*Rel,Stor*〉 soggetto alle decime.

tithe [taið] **I** *s.* **1** 〈*Rel,Stor*〉 decima *f,* tributo *m* decimale. **2** (*tenth part*) decimo *m,* decima parte *f.* **3** 〈*fig*〉 briciolo *m,* oncia *f,* pezzetto *m.* **II** *v.t.* **1** pagare la decima su. **2** (*to levy a tithe on*) imporre la decima su; (*to take tithe of*) riscuotere la decima su.

titian ['tiʃ(j)ən] *a.* (*of hair*) (biondo *o* rosso) tiziano, tizianesco, biondo rame (*o* fulvo).

Titian *N.pr.* 〈*Stor*〉 Tiziano *m.*

titillate ['titileit] *v.t.* titillare, solleticare (*anche fig.*).

,**titillation** [–'leiʃən] s. titillamento m, solleticamento m (anche fig.).

titivate ['titiveit] ⟨fam⟩ **I** v.t. **1** agghindare, ornare, adornare. **2** ⟨rifl⟩ farsi bello, agghindarsi, azzimarsi, attillarsi. **II** v.i. fare toletta. ,**titivation** [–'veiʃən] s. attillatura f, agghindamento m.

titlark ['titlɑ:k] s. ⟨Ornit⟩ pispola f.

title ['taitl] **I** s. **1** titolo m, intitolazione f: the ~ of a film il titolo di un film. **2** (descriptive appellation) titolo m, appellativo m, designazione f, nome m: to address s.o. by his correct ~ rivolgersi a qd. con il giusto titolo. **3** (appellation of nobility) titolo m (nobiliare). **4** ⟨Edit⟩ (book) titolo m (di libro), libro m, pubblicazione f. **5** ⟨Sport⟩ titolo m: the heavyweight ~ il titolo dei pesi massimi. **6** (just claim, right) diritto m (acquisito), titolo m: you have no ~ to my gratitude non hai diritto alla mia riconoscenza. **7** ⟨Dir⟩ titolo m (o diritto) di proprietà. **8** pl. ⟨Cin⟩ titoli mpl (di testa); (subtitle) sottotitolo m, didascalia f. **9** ⟨Rel⟩ titolo m, titulus canonicus m. **II** v.t. intitolare, dare un titolo a: to ~ a book intitolare un libro.

title| catalog am., ~ **catalogue** s. ⟨Bibliot⟩ catalogo m per titoli. ~ **character** s. ⟨Teat,Cin⟩ protagonista m/f.

titled ['taitld] a. titolato, nobile: a ~ family una famiglia titolata.

title| deed s. ⟨Dir⟩ titolo m di proprietà. ~**holder** s. **1** titolare m/f. **2** ⟨Sport⟩ campione m (f –essa), detentore m (f –trice) del titolo. ~ **page** s. ⟨Edit⟩ frontespizio m, titolo m. ~ **part** s. ⟨Teat,Cin⟩ parte f principale.

titler ['taitlə] s. ⟨Cin⟩ titolatrice f.

title role s. → **title part.**

titling[1] ['taitliŋ] s. **1** ⟨Legat⟩ impressione f del titolo sulla costa del libro. **2** ⟨Cin⟩ titolatura f.

titling[2] ['titliŋ] s. → **titlark.**

titmouse ['titmaus] s.irr. ⟨Ornit⟩ paro m, cincia f.

titrate ['t(a)itreit] v.t. ⟨Chim⟩ titolare. **titration** [–'treiʃən] s. titolazione f.

titre ['taitə, 'ti:tə] s. ⟨Chim⟩ titolo m.

titter ['titə] **I** v.i. ridacchiare. **II** s. risolino m, riso m soffocato.

tittle ['titl] s. **1** punto m. **2** ⟨fig⟩ oncia f, briciolo m, pezzettino m. ☐ ⟨fig⟩ not a ~ un bel niente.

tittle-tattle [tætl] **I** s. ciarle fpl, chiacchiere fpl, pettegolezzi mpl. **II** v.i. ciarlare, pettegolare, spettegolare.

tittup ['titəp] **I** v.i. (pret., p.p. **tittupped**/am. **tittuped** [–t]) saltellare, salterellare, sgambettare; (to behave in a lively way) comportarsi con vivacità (o gaiezza). **II** s. salto m, saltello m, capriola f.

titty ['titi] s. → **tit**[2].

titubate ['titjubeit] v.i. ⟨rar⟩ vacillare, barcollare. ,**titubation** [–'beiʃən] s. **1** ⟨Med⟩ titubazione f, atalassia f. **2** ⟨rar⟩ (act of staggering) vacillamento m, barcollamento m.

titular ['titjulə] **I** a. **1** di (o relativo a) un titolo, inerente al titolo; (arising from a title) per titolo, di diritto, che compete. **2** (having a title) che ha un titolo. **3** (nominal) titolare, nominale; (of the holder of an office) titolare (anche Rel.): ~ bishop vescovo titolare. **II** s. titolare m/f (anche Rel.). **titularly** [–li] avv. nominalmente.

titular saint s. santo m (f –a) titolare.

Titus ['taitəs] N.pr. Tito m (anche Stor.).

tizzy ['tizi] s. ⟨fam⟩ eccitazione f, agitazione f.

T-junction s. **1** ⟨Strad⟩ incrocio m a T. **2** ⟨tecn⟩ giunzione f a T.

TKO, T.K.O. = ⟨Sport⟩ technical knockout fuori combattimento tecnico.

tmesis ['tmi:sis] s. ⟨Gramm,Metr⟩ tmesi f.

tn. = ton tonnellata.

to [tu:, tu, tə] **I** prep. **1** (to indicate motion towards) a: to go ~ school andare a scuola; to turn ~ the right girare a destra; (used pleonastically with where) not translated: where are you going ~? dove stai andando?; (to indicate place) in, a: I have never been ~ America non sono mai stato in America. **2** (to introduce an indirect object) a: give it ~ Mummy dallo alla mamma; to show s.th. ~ s.o. mostrare qc. a qd. **3** (towards) a, verso: a tendency ~ cynicism una tendenza al cinismo. **4** (used with the

possessive 's to indicate a place) da: I've been ~ my aunt's sono stato da mia zia; let's go ~ Mario's for lunch andiamo a colazione da Mario. **5** (to indicate limit in extent) fino a, sino a, a: the road stretches ~ the edge of the desert la strada arriva fino al bordo del deserto; it's not far ~ the station da qui alla stazione non c'è molta strada. **6** (to indicate contact, proximity) a, su: to stick a poster ~ the wall attaccare un manifesto al muro; a blow ~ the chin un colpo sul mento. **7** (to indicate relative position) a, rispetto a: parallel ~ the river parallelo al fiume; the house is set at an angle ~ the road la casa è situata ad angolo rispetto alla strada. **8** (of time: before) a, prima di: twenty minutes ~ six venti minuti alle sei; (until) a, fino a, sino a: from Tuesday ~ Friday da martedì a venerdì; to stay ~ the end restare fino alla fine. **9** (to indicate a point in a series) a: they sell everything from salt ~ sealing wax vendono di tutto dal sale alla ceralacca. **10** (to extent of completeness) fino a, sino a, a: they were killed ~ the last man furono uccisi fino all'ultimo uomo. **11** (to indicate purpose) in, a, per: to come ~ the rescue venire in aiuto; (with a following infinitive: in order to) per, al fine di, a: he's come ~ mend the television è venuto per riparare il televisore. **12** (to indicate result) in, a: smashed ~ pieces andato in frantumi; (with the result of) con (il risultato di), a: ~ my great surprise con mia grande sorpresa. **13** (in accordance with) secondo, (in base) a, in conformità di: the work is going ~ schedule il lavoro procede secondo il programma; add sugar ~ taste aggiungete zucchero a piacere. **14** (in the opinion of) secondo, a, nell'opinione di: ~ my way of thinking secondo il mio modo di pensare, a mio parere. **15** (with respect to, regarding) di, relativo a, rispetto a, riguardo a: pretensions ~ learning pretese di cultura. **16** (in favour of) a favore di, per: the score was two to one ~ England il punteggio era di due a uno a favore dell'Inghilterra. **17** (in honour of) a, in onore di: to dedicate a temple ~ a god dedicare un tempio a una divinità. **18** (to the accompaniment of) con l'accompagnamento di, a: to sing ~ a guitar cantare con l'accompagnamento di una chitarra. **19** (to indicate belonging) di, per: where is the mate ~ this glove? dov'è il compagno di questo guanto?; (with reflexives: to indicate exclusiveness) (tutto) per, riservato a: we had the whole beach ~ ourselves avevamo l'intera spiaggia per noi. **20** (to indicate relationship) di: adviser ~ the President consigliere del presidente. **21** (in comparison with) rispetto a, in paragone a (o di), in confronto a: your troubles are nothing ~ mine i tuoi guai sono niente rispetto ai miei. **22** (to indicate proportion) con, a: the car does fifteen miles ~ the gallon la macchina fa quindici miglia con un gallone. **23** (used with a following infinitive) di: he decided ~ go decise di andare; (to express result) per: born ~ be king nato per essere re; made ~ last fatto per durare; (infinitive with adjectival function) da, a: we had little ~ do avevamo poco da fare; the first ~ arrive il primo ad arrivare; (infinitive with passive force) da: oysters are good ~ eat le ostriche sono buone da mangiare. **24** ⟨Mat⟩ (raised to the power of) (elevato) a, alla ... potenza: five ~ the tenth cinque alla decima. **II** avv. **1** (to an almost closed position) accostato, (quasi) chiuso, semichiuso: the door is ~ l'uscio è accostato. **2** (to its place) a posto, al suo posto.

TO = ⟨Aer⟩ take–off decollo.

T.O. = **1** Telegraph Office telegrafo. **2** Telephone Office telefono.

toad [toud] s. **1** ⟨Zool⟩ rospo m. **2** ⟨fig⟩ persona f sgradevole, ⟨fam⟩ rospo m.

toad|eater s. → **toady.** '~-in-the-'hole s. ⟨Gastr⟩ carne f passata alla pastella e cotta al forno.

toadish ['toudiʃ] a. di (o da) rospo.

toadstool ['toudstu:l] s. **1** fungo m (ombrelliforme). **2** ⟨pop⟩ (poisonous fungus) fungo m velenoso.

toady ['toudi] **I** s. adulatore m (f –trice) (servile), ⟨spreg⟩ leccapiedi m/f. **II** v.t. adulare, lusingare, incensare, liscia re. **toadyish** [–iʃ] a. adulatorio, servile. **toadyism** [–izəm] s. adulazione f (servile), servilità f.

'**to-and-'fro I** a./avv. avanti e indietro, su e giù. **II** s. va e vieni m, viavai m, andirivieni m.

toast[1] [toust] **I** *s.* pane *m* tostato (*o* abbrustolito), crostino *m*: ~ *and butter* pane tostato spalmato di burro. **II** *v.t.* **1** (*of bread*) tostare, abbrustolire; (*of cheese*) sciogliere (*o* fondere) al fuoco. **2** ⟨*fig*⟩ scaldare (*o* riscaldare) ben bene, abbrustolire: *to* ~ *o.s. in front of the fire* scaldarsi ben bene davanti al fuoco. **III** *v.i.* **1** abbrustolirsi, tostarsi. **2** ⟨*fig*⟩ abbrustolirsi, scaldarsi (*o* riscaldarsi) ben bene. □ ⟨*sl*⟩ *to have s.o. on* ~ avere qd. in pugno; *anchovies on* ~ crostini *mpl* di acciughe; *a piece of* ~ una fetta di pane tostato.

toast[2] **I** *s.* **1** brindisi *m*: *to drink a* ~ fare un brindisi. **2** (*person who is toasted*) persona *f* in onore della quale si brinda. **3** ⟨*fig*⟩ persona *f* oggetto di lode (*o* ammirazione). **II** *v.t.* brindare a (*o* in onore di), bere alla salute di, fare un brindisi a. **III** *v.i.* brindare, fare un brindisi.

toaster[1] ['toustə] *s.* **1** chi tosta, chi abbrustolisce. **2** (*device*) tostapane *m*; (*electric toaster*) tostapane *m* elettrico.

toaster[2] *s.* chi brinda, chi fa un brindisi.

toasting fork ['toustiŋ] *s.* forchettone *m* per ⌐tostare il pane⌐ (*o* arrostire sulla brace).

toast| master *s.* chi presiede ai brindisi in un banchetto. ~ **rack** *s.* portatoast *m.*

tobacco [tə'bækou] *s.* (*pl.* **-s/-es** [z]) **1** tabacco *m.* **2** ⟨*collett*⟩ tabacchi *mpl.* **3** (*use of tobacco*) fumo *m*: *to give up* ~ rinunciare al fumo. **4** ⟨*Bot*⟩ nicotina *f.*

tobacco| grower *s.* tabacchicoltore *m* (*f* –trice). ~ **heart** *s.* ⟨*Med*⟩ cardionevrosi *f* da nicotinismo.

tobacconist [tə'bækənist] *s.* tabaccaio *m* (*f* –a).

tobacco| pipe *s.* pipa *f.* ~ **pouch** *s.* borsa *f* del tabacco.

to-be *a.* (nei composti) futuro ..., prossimo ...: *bride-to-be* futura sposa.

Tobias [tə'baiəs] *N.pr.* Tobia *m* (*anche Bibl.*).

toboggan [tə'bɔgən] **I** *s.* toboga *m.* **II** *v.i.* andare in toboga. **tobogganer** [–ə] *s.* chi va in toboga. **tobogganing** [–iŋ] *s.* l'andare in toboga. **tobogganist** [–ist] *s.* → tobogganer.

toby ['toubi] *s.* **1** → toby jug. **2** ⟨*am.sl*⟩ (*long slender cigar*) lungo sigaro *m* (di qualità mediocre).

Toby *N.pr. dim. di* **Tobias.**

Toby| collar *s.* ⟨*Mod*⟩ collare *m* pieghettato (*o* increspato). ~ **jug**, ~ **jug** *s.* boccale *m* da birra (raffigurante un vecchio con tricorno).

toccata *it.* [tə'ka:tə] *s.* ⟨*Mus*⟩ toccata *f.*

tocsin ['tɔksin] *s.* **1** campana *f* d'allarme. **2** (*ringing of a warning bell*) campana *f* a martello. **3** ⟨*fig*⟩ segnale *m* d'allarme.

tod[1] [tɔd] *s.* **1** (*unit of weight for wool*) antica misura di peso per lana (pari a 12,70 kg). **2** (*of ivy*) cespuglio *m.*

tod[2]: ⟨*sl*⟩ *on one's* ~ solo, da solo.

today [tə'dei] **I** *avv.* **1** oggi, quest'oggi: *they arrive* ~ arrivano oggi. **2** ⟨*fig*⟩ al giorno d'oggi, oggigiorno, in questi tempi, oggidì: *it's impossible to find them* ~ è impossibile poterli trovare al giorno d'oggi. **II** *s.* **1** oggi *m*, quest'oggi *m:* ~ *is Tuesday* oggi è martedì. **2** ⟨*fig*⟩ oggi *m*, tempo *m* attuale, presente *m: the world of* ~ il mondo di oggi. □ ⟨*fam*⟩ *here* ~ *and gone tomorrow* oggi in figura, domani in sepoltura; ~ *week* oggi a otto.

toddle ['tɔdl] **I** *v.i.* **1** trotterellare, camminare a ⌐piccoli passi⌐ (*o* passi incerti), sgambettare. **2** ⟨*fam*⟩ (*to saunter*) fare quattro passi, fare ⌐una passeggiatina⌐ (*o* un giretto). **3** ⟨*fam*⟩ (*to take one's departure*; spesso con *off*) andarsene, andare via. **II** *s.* **1** andatura *f* incerta (*o* vacillante), passo *m* incerto. **2** ⟨*fam*⟩ (*stroll, saunter*) breve passeggiata *f*, passeggiatina *f*, giretto *m.* **toddler** [–ə] *s.* bambino *m* (*f* –a) che fa i primi passi.

toddy ['tɔdi] *s.* **1** specie di ponce. **2** (*sap of a toddy palm*) vino *m* di palma.

to-do [tə'du:] *s.* ⟨*fam*⟩ putiferio *m*, baccano *m*, finimondo *m.*

toe [tou] **I** *s.* **1** ⟨*Anat*⟩ dito *m* del piede. **2** ⟨*Zool*⟩ dito *m* ⌐della zampa⌐ (*o* del piede). **3** (*of a sock, etc.*) punta *f.* **4** ⟨*Sport*⟩ (*of a golf club*) punta *f* (della mazza). **5** ⟨*Mecc*⟩ perno *m.* **6** (*of a gunstock*) angolo *m* inferiore del calcio di un fucile. **II** *v.t.* **1** toccare (*o* spingere) con la punta del piede. **2** (*of a sock, etc.: to provide with a toe*) fare (*o*

rifare) la punta a. **3** ⟨*Sport*⟩ (*in golf*) colpire con la punta della mazza. **4** ⟨*Fal*⟩ (*of a nail*) piantare di traverso. □ *to* ~ **in** camminare (*o* stare) con i piedi rivolti all'indentro; ⟨*fam*⟩ **on** *one's* –*s* attento, pronto, sveglio, in gamba; *to be on one's* –*s* essere in gamba; *to* ~ **out** camminare (*o* stare) con i piedi rivolti all'infuori; *to* **tread** (*o* *step*) *on s.o.'s* –*s* pestare i piedi a qd. (*anche fig.*); ⟨*sl*⟩ *to* **turn up** *one's* –*s* (*to die*) morire, ⟨*volg*⟩ crepare, ⟨*volg*⟩ tirare le cuoia.

toe| cap *s.* ⟨*Calz*⟩ mascherina *f.* ~ **clip** *s.* (*on a bicycle*) fermapiedi *m*, puntapiedi *m.*

toed [toud] *a.* (nei composti) dalle ... dita dei piedi: *long-*~ dalle dita dei piedi lunghe.

toe| dance *v.i.* ballare (*o* danzare) sulle punte (dei piedi). ~**hold** *s.* appiglio *m*, spuntone *m.*

toeless ['toulis] *a.* **1** senza dita dei piedi. **2** (*of a sock, etc.*) che manca di punta.

toe|nail I *s.* **1** unghia *f* del piede. **2** ⟨*Fal*⟩ chiodo *m* piantato di traverso. **II** *v.t.* ⟨*Fal*⟩ fissare con un chiodo di traverso. ~**plate** *s.* ⟨*Calz*⟩ salvapunta *m.*

toff [tɔf] *s.* (*rich, upper class man*) persona *f* della buona società, signore *m*; (*well-dressed man*) elegantone *m*, damerino *m*, zerbinotto *m.*

toffee ['tɔfi] *s.* ⟨*Dolc*⟩ caramella *f* morbida, toffee *m.* □ ⟨*sl*⟩ *he cannot sing for* ~ come cantante non vale nulla.

toffee| apple *s.* ⟨*Dolc*⟩ mela *f* caramellata. ~**-nosed** *a.* ⟨*sl*⟩ (*stuck-up*) che si dà delle arie, tronfio, borioso.

tog[1] [tɔg] *s.* **1** *pl.* ⟨*sl*⟩ (*clothes, outfit*) abiti *mpl*, vestiti *mpl*, abbigliamento *m*, tenuta *f: one's best* –*s* gli abiti migliori; *football* –*s* tenuta da calciatore. **2** *pl.* ⟨*austral*⟩ (*swimming costume*) costume *m* da bagno.

tog[2] *v.* (*pret., p.p.* **togged** [–d]) **I** *v.t.* ⟨*fam*⟩ (spesso con *out, up*) vestire, abbigliare, agghindare. **II** *v.i.* (spesso con *out, up*) vestirsi, abbigliarsi, agghindarsi.

toga ['tougə] *s.* ⟨*Stor.rom*⟩ toga *f.* **togad, togaed** [–d] *a.* togato, in toga.

together [tə'geðə] *avv.* **1** insieme, assieme: *put them all* ~ mettili tutti insieme; *to walk* ~ camminare insieme; (*in, into contact*) insieme, unitamente: *to tie two things* ~ legare due cose insieme. **2** (*jointly, collectively*) insieme, unitamente, congiuntamente: ~ *we forced the door* for zammo la porta insieme. **3** (*taken as a whole, in aggregate*) insieme: *he earns more than his two brothers* ~ guadagna più dei suoi due fratelli (messi) insieme. **4** (*simultaneously*) contemporaneamente, simultaneamente, a un tempo, insieme. **5** (*consecutively, on end*) di seguito, consecutivamente, senza interruzione: *for weeks* ~ per settimane di seguito. □ *to strike two things* ~ sbattere due cose l'una contro l'altra; ~ *with* insieme a (*o* con), unitamente a: *he sent him a letter* ~ *with some money* gli mandò una lettera insieme a del denaro. **togetherness** [–nis] *s.* spirito *m* di solidarietà, solidarietà *f.*

toggle ['tɔgl] *s.* **1** (*of a rope, chain, etc.*) cavicchio *m.* **2** ⟨*Mar*⟩ bor(r)ello *m*, coccinello *m.* **3** (*peg of wood used as a button*) olivetta *f* di legno. **4** ⟨*Mecc*⟩ → **toggle joint.**

toggle| joint *s.* ⟨*Mecc*⟩ giunto *m* a ginocchiera, ginocchio *m.* ~ **link** *s.* trasmissione *f* articolata. ~ **press** *s.* pressa *f* a ginocchiera (*o* leva articolata). ~ **switch** *s.* ⟨*El*⟩ interruttore *m* a levetta.

toil[1] [tɔil] **I** *s.* duro lavoro *m*, fatica *f*, lavoro *m* faticoso, sfacchinata *f.* **II** *v.i.* lavorare duramente (e senza tregua), sgobbare, faticare, sudare sette camicie: *to* ~ *at a task* lavorare duramente per assolvere un compito. □ *to* ~ **along** arrancare, procedere a fatica; *we* –*ed* **up** *the hill* arrancammo su per la collina.

toil[2] *v.t.* ⟨*rar*⟩ (*to ensnare*) prendere in trappola, intrappolare.

toiler ['tɔilə] *s.* lavoratore *m* (*f* –trice).

toilet ['tɔilit] *s.* **1** toletta *f*, gabinetto *m*, ritirata *f*, latrina *f*; (*fixture*) latrina *f* con sciacquone, water-closet *m.* **2** (*process of dressing, preparing o.s., etc.*) toletta *f: to make one's* ~ fare toletta. **3** (*costume, outfit*) toletta *f*, abito *m*, acconciatura *f*, abbigliamento *m.* **4** ⟨*ant*⟩ (*dressing table*) tavolo *m* da toletta, toletta *f.*

toilet| bowl *s.* tazza *f* del water, vaso *m* della latrina. ~ **case** *s.* necessario *m* da toletta. ~ **paper** *s.* carta *f* igienica. ~ **powder** *s.* talco *m* borato. ~ **roll** *s.* rotolo *m* di carta igienica. **~ set** *s.* servizio *m* da toletta. **~ soap** *s.* sapone *m* da toletta. **~ table** *s.* tavolo *m* da toletta, toletta *f.* **~ water** *s.* acqua *f* da toletta, colonia *f*, lavanda *f*.

toilless ['tɔillis] *a.* agevole, facile, che non comporta fatica (*o* sforzo).

toils [tɔilz] *s.pl.* **1** ⟨*Venat*⟩ (*net*) rete *f*; (*trap*) trappola *f*, laccio *m*. **2** ⟨*fig*⟩ rete *f*, trappola *f*, insidia *f*, tranello *m*. □ *to be in the ~ of debt* essere indebitato fino al collo.

toilsome ['tɔilsəm] *a.* laborioso, gravoso, faticoso. **toilsomely** [–li] *avv.* laboriosamente, faticosamente, a fatica. **toilsomeness** [–nis] *s.* laboriosità *f*.

Tokay [tou'kei] *s.* ⟨*Enol*⟩ tocai *m*.

token ['toukən] **I** *s.* **1** pegno *m*, simbolo *m*, segno *m*, prova *f*: *let this ring be a ~ of my love for you* accetta questo anello quale pegno del mio amore (per te). **2** (*indication*) prova *f*, segno *m*, indizio *m*, indicazione *f*. **3** (*memento, souvenir*) ricordo *m*, souvenir *m*. **4** (*disk of metal, rubber, etc., having a designated value*) gettone *m*, contromarca *f*, contrassegno *m*. **5** (*voucher redeemable of goods*) buono *m*. **6** ⟨*Econ*⟩ → **token coin**. **II** *a.* **1** simbolico: *the enemy offered only ~ resistance* il nemico oppose solo una resistenza simbolica. **2** (*given as a token*) dato come pegno. □ *by the same ~*: **1** per lo stesso motivo, per la stessa ragione; **2** (*furthermore*) anche, pure, inoltre; *in* (*o as a*) *~ of* in segno di, quale prova di.

token| coin, ~ money *s.* ⟨*Econ*⟩ moneta *f* il cui valore intrinseco è inferiore a quello nominale. **~ payment** *s.* pagamento *m* simbolico. **~ strike** *s.* sciopero *m* dimostrativo.

Tokyo ['toukjou] *N.pr.* ⟨*Geog*⟩ Tokio *f*, Tokyo *f*.

told[1] [tould] → **tell**.

told[2] *a.* detto, raccontato. □ *all ~* in totale, in tutto.

Toledo [tɔ'li:dou, tɔ'leidou] **I** *N.pr.* Toledo *f*. **II** *s.* (*sword*) spada *f* (*o* lama) di Toledo.

tolerability [,tɔlərə'biliti] *s.* → **tolerableness**.

tolerable ['tɔlərəbl] *a.* **1** tollerabile, sopportabile: *the pain was ~* il dolore era sopportabile. **2** (*fairly good, not bad*) passabile, discreto, tollerabile: *a ~ performance* uno spettacolo passabile. **3** ⟨*fam*⟩ (*of health*) discreto. **tolerableness** [–nis] *s.* tollerabilità *f*. **tolerably** [–i] *avv.* **1** in maniera tollerabile, sopportabilmente. **2** (*fairly, reasonably*) discretamente, abbastanza: *~ well* abbastanza bene.

tolerance ['tɔlərəns] *s.* **1** tolleranza *f* (*anche Med.,Mecc.*): *religious ~* tolleranza religiosa. **2** ⟨*Numism*⟩ tolleranza *f* di coniazione (*o* zecca). **tolerant** [–nt] *a.* **1** tollerante, indulgente. **2** ⟨*Med,Biol*⟩ tollerante. □ *to be ~ of other people's mistakes* mostrare tolleranza per gli errori altrui. **tolerantly** [–ntli] *avv.* con tolleranza, con indulgenza.

tolerate ['tɔləreit] *v.t.* **1** tollerare, sopportare: *I will not ~ your insults* non intendo tollerare i tuoi insulti. **2** ⟨*Med*⟩ tollerare.

toleration [,tɔlə'reiʃən] *s.* **1** tolleranza *f*, indulgenza *f*, sopportazione *f*. **2** ⟨*Pol*⟩ tolleranza *f* religiosa. **tolerationist** [–ist] *s.* sostenitore *m* (*f* –trice) della tolleranza religiosa.

toll[1] [toul] *s.* **1** pedaggio *m*; (*import, export tax*) dazio *m* (doganale). **2** (*portion of grain taken by a miller*) quota *f* di macinato (spettante al mugnaio). **3** ⟨*Stor*⟩ (*right to take toll*) diritto *m* di pedaggio. □ ⟨*fig*⟩ *the earthquake ~ was very high* il terremoto fece molte vittime; *to take ~*: **1** esigere un tributo (*of da*); **2** ⟨*fig*⟩ costare (*la vita a*), portare via: *the flood took* (*a*) *heavy ~ of cattle* la piena costò la vita a molti animali; ⟨*fig*⟩ *to take ~ of s.o.* colpire (*o* provare) duramente qd.

toll[2] **I** *v.t.* sonare a rintocchi (*o* morto). **II** *v.i.* sonare a rintocchi, a morto), rintoccare: *who is the bell –ing for?* per chi suona la campana? **III** *s.* rintocco *m* di campana a morto.

tollage ['toulidʒ] *s.* **1** pedaggio *m*. **2** (*payment of toll*) pagamento *m* di pedaggio.

toll| bar *s.* barriera *f* di pedaggio. **~booth** *s.* **1** dazio *m*, casello *m* daziario. **2** ⟨*scozz*⟩ (*town jail*) prigione *f* municipale. **~ bridge** *s.* ponte *m* a pedaggio. **~ call** *s.* ⟨*Tel*⟩ telefonata *f* interurbana. **~-free** *am. a.* (*of a telephone call*) senza addebito. **~ gate** *s.* barriera *f* di pedaggio. **~ house** *s.* **1** (*of a road, bridge, etc.*) casello

m. **2** (*tollkeeper's house*) casa *f* del gabelliere.

tolling ['touliŋ] *s.* (*of a bell*) il sonare a rintocchi (*o* morto).

toll|keeper *s.* esattore *m* di pedaggi. **~ road** *s.* strada *f* a pedaggio. **~ thorough** *s.* pedaggio *m* municipale (per l'uso di un ponte, ecc.). **~ traverse** *s.* pedaggio *m* per attraversare una proprietà privata.

toluene ['tɔljui:n] *s.* ⟨*Chim*⟩ toluene *m*, toluolo *m*.

toluol ['tɔljuɔl], **toluole** [–juoul] *s.* → **toluene**.

tom [tɔm] *s.* **1** maschio *m* di animale. **2** (*tom cat*) gatto *m*.

Tom (*dim. di Thomas*) *N.pr.* Maso *m*. □ **~, Dick and Harry** Tizio, Caio e Sempronio; *any ~, Dick or Harry* il primo venuto, uno qualunque; ⟨*am*⟩ *~ and Jerry* zabaione *m* con rum e acqua.

tomahawk ['tɔməhɔ:k] **I** *s.* tomahawk *m*, ascia *f* di guerra. **II** *v.t.* **1** uccidere (*o* colpire) con il tomahawk. **2** ⟨*am.fig*⟩ (*to criticize savagely*) criticare (*o* attaccare) aspramente, stroncare. □ ⟨*fig*⟩ *to bury the ~* cessare le ostilità, seppellire l'ascia di guerra.

tomato [tə'mɑ:tou, *am.* tə'meitou] *s.* (*pl.* -es [z]) ⟨*Bot*⟩ pomodoro *m*.

tomato| ketchup *s.* ⟨*Gastr*⟩ salsa *f* agrodolce al pomodoro. **~ sauce** *s.* sugo *m* (*o* salsa *f*) di pomodoro.

tomb [tu:m] *s.* **1** tomba *f*, sepolcro *m*, fossa *f*. **2** ⟨*fig*⟩ (*death*) tomba *f*, morte *f*, fossa *f*.

tombac, tombak ['tɔmbæk] *s.* ⟨*Met*⟩ tombacco *m*.

tombless ['tu:mlis] *a.* che non ha tomba (*o* sepoltura), insepolto.

tombola *it.* ['tɔmbələ] *s.* tombola *f*.

tomboy ['tɔmbɔi] *s.* ragazza *f* dai modi sfrenati e rumorosi, ⟨*scherz*⟩ maschiaccio *m*.

tombstone ['tu:mstoun] *s.* pietra *f* tombale.

tom cat *s.* gatto *m*, micio *m*.

tome [toum] *s.* tomo *m*; (*large learned book*) grosso libro *m* dotto.

tomfool ['tɔmfu:l] **I** *s.* babbeo *m*, citrullo *m*, stupido *m*. **II** *a.* sciocco, stupido, da babbeo: *a ~ idea* un'idea da babbeo. **III** *v.i.* fare lo sciocco, comportarsi da citrullo. **,tom'foolery** [–əri] *s.* sciocchezze *fpl*, stupidaggini *fpl*, corbellerie *fpl*.

Tommy ['tɔmi] (*dim. di Thomas*) *N.pr.* Maso *m*. **tommy** *s.* **1** ⟨*fam*⟩ (*British soldier*) soldato *m* inglese. **2** ⟨*sl*⟩ (*provisions*) provviste *fpl*; (*ration of bread*) pagnotta *f*. **3** ⟨*tecn*⟩ → **tommy bar**.

Tommy Atkins ['ætkinz] *s.* ⟨*Mil*⟩ soldato *m* (semplice inglese), tommy *m*.

tommy| bar *s.* ⟨*tecn*⟩ spina *f*. **~ gun** *s.* ⟨*Mil*⟩ fucile *m* mitragliatore, mitra *m*. **~rot** *s.* ⟨*fam*⟩ (*nonsense*) sciocchezze *fpl*, stupidaggini *fpl*, corbellerie *fpl*.

tomograph ['toumo(u)græf] *s.* ⟨*Med*⟩ tomografo *m*. **tomography** [–'mɔgrəfi] *s.* tomografia *f*.

tomorrow, to-morrow [tə'mɔrou] **I** *avv.* **1** domani: *I'll see you ~* ci vediamo domani, a domani. **2** ⟨*fig*⟩ in futuro, domani, in un tempo futuro. **II** *s.* **1** domani *m*: *~ is Sunday* domani è domenica. **2** ⟨*fig*⟩ domani *m*, futuro *m*, avvenire *m*: *the stars of ~* le stelle di domani. □ *~ afternoon* domani pomeriggio; *~ evening* domani sera; *~ week* domani a otto. *Prov.*: *~ is another day* domani è un altro giorno.

tompion ['tɔmpiən] *s.* ⟨*Med*⟩ tampone *m*, zaffo *m*, stuello *m*.

Tom Thumb *s.* **1** ⟨*Lett*⟩ Pollicino *m*. **2** (*extremely small person*) nanetto *m*, nanerottolo *m*, pigmeo *m*.

tomtit ['tɔmtit] *s.* ⟨*Ornit*⟩ **1** paro *m*, cincia *f*. **2** (*bluetit*) cinciarella *f*.

tomtom ['tɔmtɔm] **I** *s.* ⟨*Etnol*⟩ tamtam *m*. **II** *v.i.* (*pret., p.p.* **tomtommed**/*am.* **tomtomed** [–d]) sonare il tamtam.

ton [tʌn] *s.* **1** (*in England: long, gross ton*) tonnellata *f* (pari a 1016,05 kg); (*in the USA, Canada: short, net ton*) tonnellata *f* (pari a 907,18 kg); (*metric ton*) tonnellata *f* metrica (pari a 1000 kg). **2** ⟨*Mar*⟩ (*displacement ton*) tonnellata *f* di dislocamento (*o* peso); (*register ton*) tonnellata *f* di stazza (*o* registro, volume) (pari a 100 piedi cubi). **3** (*freight ton*) tonnellata *f* d'ingombro (pari a 40 piedi cubi). **4** *pl.* ⟨*fam*⟩ (*large quantity*) gran quantità *f*, mucchio *m*, ⟨*fam*⟩ sacco *m*: *~s of money* un sacco di quattrini. **5** ⟨sl⟩ (speed of 100 m.p.h.) cento m (miglia) all'ora: to do the ~ fare i cento all'ora. □ -s coal equivalent tonnellate fpl equivalenti di carbone.

tonal ['tounl] a. ⟨Mus⟩ della (o relativo alla) tonalità, tonale.

tonality [to(u)'næliti] s. ⟨Mus,Pitt⟩ tonalità f.

to-name scozz. ['tu:neim] s. nomignolo m, soprannome m.

tone¹ [toun] s. **1** tono m: to speak in a harsh ~ (of voice) parlare in tono aspro. **2** ⟨Mus⟩ tono m, tonalità f; (note) nota f, tono m. **3** ⟨Fon⟩ tono m: rising ~ tono ascendente; (word stress) accento m (tonico). **4** (style of speaking, writing) tono m, carattere m stilistico. **5** ⟨fig⟩ tono m, stile m, carattere m. **6** ⟨fam⟩ (distinction, style) distinzione f, stile m, tono m. **7** (of colour) tonalità f, gradazione f. **8** ⟨Fot⟩ colore m della positiva. **9** ⟨Fisiol,Med⟩ tono m: muscular ~ tono muscolare. **10** ⟨Econ⟩ tendenza f. □ the ~ of the nation was very high il morale della nazione era molto alto; ⟨fig⟩ to set the ~ dare il tono a, regolare, guidare.

tone² I v.t. **1** dare un tono a. **2** ⟨Mus⟩ dare il tono a. **3** (of colours; general. con down) sfumare, smorzare. **4** ⟨Pitt⟩ dare il tono desiderato a. **5** ⟨Fot⟩ virare. **6** ⟨Med⟩ (spesso con up) tonificare, dare tono a, rinvigorire: to ~ up the muscles tonificare i muscoli. **II** v.i. **1** intonarsi, armonizzare. **2** ⟨Fot⟩ subire il viraggio. **3** (of colours; general. con down) smorzarsi, sfumare. □ ⟨fig⟩ to ~ down: 1 mitigare, calmare, addolcire, attenuare: to ~ down s.o.'s anger mitigare l'ira di qd.; 2 (to become less intense) attenuarsi, mitigarsi, addolcirsi: the virulence of his criticism has ~d down la virulenza della sua critica si è attenuata; to ~ in intonarsi, armonizzare, accordarsi (with con): the curtains do not ~ in with the carpet le tende non s'intonano con il tappeto; to ~ up (of colours) ravvivare.

tone| arm s. braccio m del giradischi. **~ color** am., **~-colour** s. ⟨Mus⟩ timbro m.

toned [tound] a. **1** (nei composti) dal tono...: a high-~ flute un flauto dal tono alto. **2** ⟨Fot⟩ virato.

tone|-deaf a. che non ha orecchio musicale. **~ language** s. ⟨Ling⟩ lingua f politonale.

toneless ['tounlis] a. **1** privo di tono. **2** (expressionless) inespressivo, scialbo, privo di espressione: ~ voice voce inespressiva. **tonelessly** [-li] avv. in modo inespressivo (o scialbo).

tone| painting s. ⟨Mus⟩ musica f descrittiva. **~ poem** s. poema m sinfonico.

toner ['touna] s. **1** ⟨Fot⟩ viraggio m. **2** ⟨Cosmet⟩ tonico m.

tone syllable s. ⟨Fon⟩ sillaba f accentata.

tong¹ [tɔŋ] s. → tongs.

tong² s. società f (o setta) segreta cinese.

tongs [tɔŋz] s.pl. (costr. sing. o pl.) **1** tenaglie fpl: a pair of ~ un paio di tenaglie. **2** (for sugar, ice, etc.) molle fpl, mollette fpl. **3** ⟨Met⟩ tenaglione m per crogiolo.

tongue [tʌŋ] I s. **1** ⟨Anat,Gastr⟩ lingua f (anche fig.): to have a fluent ~ avere la lingua sciolta; the Greek ~ la lingua greca. **2** (tongue-shaped object, part) lingua f, striscia f. **3** ⟨Calz,Sart,Fal⟩ linguetta f. **4** ⟨Geog⟩ (of land) lingua f di terra. **5** ⟨Geol⟩ (of an iceberg) lingua f glaciale (o di ablazione). **6** (of a bell) battaglio m, batacchio m. **7** ⟨Mus⟩ ancia f, linguetta f. **8** (of a buckle, brooch) puntale m. **9** ⟨Mecc⟩ linguetta f, aletta f, flangia f. **10** ⟨Ferr⟩ ago m. **11** ⟨Pesc⟩ ardiglione m. **II** v.t. **1** ⟨Mus⟩ (of notes, etc.) staccare (sonando uno strumento a fiato). **2** ⟨Fal⟩ fare una linguetta in; (to join with a tongue-and-groove joint) incastrare a linguetta. □ ⟨fam⟩ I could have bitten off my ~ avrei fatto meglio a 'stare zitto' (o tagliarmi la lingua); ⟨fig⟩ with ~ in cheek: 1 (ironically) ironicamente, con ironia; 2 (insincerely) falsamente, in modo insincero; ⟨fig⟩ keep a civil ~ in your head! parla educatamente!; ⟨fig⟩ to find one's ~ ritrovare la parola (o lingua); ~s of flame lingue fpl di fuoco; foreign ~ lingua straniera; to give ~: 1 parlare ad alta voce, gridare; 2 ⟨venat⟩ abbaiare (o latrare) seguendo la traccia; 3 ⟨lett⟩ (to utter one's thoughts) dar voce (to a), rivelare (qc.); ⟨fig⟩ to hold one's ~ stare zitto, tenere la

lingua a freno; ⟨fig⟩ to lose one's ~ ammutolire, perdere la lingua; to put (o stick) out one's 'tirar fuori' (o mostrare) la lingua; to put (o stick) one's ~ out at s.o. fare le linguacce a qd.; ⟨fig⟩ to have a **sharp** ~ avere una lingua tagliente; ⟨fig⟩ to **wag** one's ~ parlare 'a vanvera' (o volubilmente).

tongue| bone s. ⟨Anat⟩ (hyoid) ioide m, osso m ioide. **~ grafting** s. ⟨Agr⟩ copulazione f a linguetta.

tongued [tʌŋd] a. (nei composti) dalla lingua ..., che ha una lingua ...: a loose-~ woman una donna dalla lingua sciolta.

tongue| depressor s. ⟨Med⟩ abbassalingua m. **~ lashing** s. severo rimprovero m, lavata f di capo.

tongueless ['tʌŋlis] a. **1** senza lingua. **2** ⟨lett⟩ (speechless) muto, senza parola: the best grief is ~ il vero dolore è muto.

tonguelet ['tʌŋlit] s. piccola lingua f, linguetta f.

tongue| tie s. ⟨Med⟩ anchiloglossia f. **~-tied** a. **1** muto, ammutolito, ridotto (o costretto) al silenzio: to be ~ with embarrassment essere muto per l'imbarazzo. **2** ⟨Med⟩ affetto da anchiloglossia. **~ twister** s. scioglilingua m.

tonic ['tɔnik] I a. **1** tonificante, stimolante, corroborante, tonico: a ~ medicine una medicina tonificante. **2** ⟨Med,Mus,Fon⟩ tonico: ~ spasm spasmo tonico; ~ accent accento tonico. **II** s. **1** ⟨Farm⟩ tonico m, ricostituente m. **2** (tonic water) acqua f tonica. **3** (hair tonic) tonico m per capelli. **4** ⟨Mus⟩ tonica f, nota f tonica. **5** ⟨Fon⟩ tonica f. □ the cruise acted like a real ~ la crociera era veramente stimolante. **tonically** [-əli] avv. in modo tonificante.

tonicity [to(u)'nisiti] s. ⟨Med⟩ tonicità f, tono m.

tonic sol-fa s. ⟨Mus⟩ tonic solfa f, solfeggio m tonico.

tonight, to-night [tə'nait] avv. **1** questa notte, stanotte. **2** (this evening) questa sera, stasera.

toning ['touniŋ] s. **1** tonalità f, tono m. **2** ⟨Fot⟩ viraggio m.

tonk¹ [tɔŋk] v.i. ⟨sl⟩ **1** (to hit hard) colpire duramente. **2** (to defeat easily) sconfiggere facilmente.

tonk² I s. suono m (o colpo) di clacson. **II** v.t./i. sonare (il clacson).

Tonkin ['tɔn'kin] N.pr. ⟨Geog⟩ Tonchino m.

tonn. = **1** tonnage tonnellaggio. **2** metric ton tonnellata (metrica).

tonnage ['tʌnidʒ] s. **1** ⟨Mar⟩ tonnellaggio m, stazza f. **2** ⟨collett⟩ (ships) naviglio m, tonnellaggio m. **3** (duty on ships) diritto m di tonnellaggio (o stazza). □ ⟨Stor.brit⟩ ~ and poundage dazio m su ogni 'tonnellata di vino' (o libbra di merce) importata.

tonne [tʌn] s. (metric ton) tonnellata f metrica.

tonneau fr. ['tɔnou, am. tʌ'nou] s. (pl. -s/-x [z]) ⟨Aut⟩ parte f posteriore della carrozzeria (fornita di sedili).

tonsil ['tɔns(ə)l] s. ⟨Anat⟩ tonsilla f: to have one's -s out farsi togliere le tonsille. **tonsil(l)ar** [-silə] a. tonsillare. **,tonsil'lectomy** [-ektəmi] s. ⟨Chir⟩ tonsillectomia f. **,tonsil'litis** [-aitis] s. ⟨Med⟩ tonsillite f.

tonsorial [tɔn'sɔ:riəl] a. ⟨scherz⟩ di (o relativo a) un barbiere.

tonsure ['tɔnʃə] I s. ⟨Rel⟩ tonsura f, chierica f. II v.t. tonsurare.

ton-up [tʌn] a. ⟨fam⟩ che ha la passione di fare i cento all'ora con la moto(cicletta).

tony ['touni] a. ⟨fam⟩ elegante.

Tony ['touni] (dim. di Anthony) N.pr. Tonio m, Tonino m.

too [tu:] avv. **1** troppo, eccessivamente: ~ far troppo lontano; you're ~ old sei troppo vecchio. **2** (extremely, very) molto, assai, troppo: you are ~ kind sei troppo gentile. **3** (also) anche, pure: I'll take that one ~ prenderò anche quello; me ~! anch'io! **4** (moreover, what is more) per di più, per giunta, anche, inoltre: young, clever, and rich ~ giovane, intelligente e per di più ricco. **5** (used to contradict a negative sentence) invece, al contrario: you surely don't expect to win – I do ~! certo non ti aspetti di vincere – (e) invece sì! □ all ~ fin (o anche, perfino) troppo: all ~ true fin troppo vero; all ~ soon (o quickly) con eccessiva prontezza; (that's) ~ bad! che peccato!; not ~ bad abbastanza buono, non (c'è

male; ~ **good** *to be true* troppo bello per essere vero; ~ **many** troppi; *there are ~ many mistakes* ci sono troppi errori; ~ **much** troppo: *you eat ~ much bread* mangi troppo pane; *to be ~ much for* essere troppo (forte, grande) per: *the champion was ~ much for the challenger* il campione era troppo forte per lo sfidante; **none** ~ tutt'altro che, per niente, affatto. *Prov.*: ~ *much of a good thing is good for nothing* il troppo stroppia.

took [tuk] → **take**[1].

tool [tu:l] **I** *s.* **1** strumento *m*, arnese *m*, attrezzo *m*: *the carpenter's* ~*s* gli strumenti del falegname. **2** ⟨*Mecc*⟩ (*working part of a machine*) utensile *m*; (*machine tool*) macchina *f* utensile. **3** ⟨*estens,fig*⟩ strumento *m* di lavoro: *a dictionary is an indispensable ~ for a translator* il dizionario è uno strumento di lavoro indispensabile per un traduttore. **4** ⟨*fig*⟩ (*puppet, cat's paw*) burattino *m*, marionetta *f*, strumento *m*: *he was a mere ~ in their hands* era solo un burattino nelle loro mani. **5** ⟨*Legat*⟩ (*instrument*) bulino *m*; (*design, stamp*) figura *f* impressa con il bulino. **II** *v.t.* **1** foggiare (*o* lavorare) con un attrezzo. **2** (*to decorate with a hand tool*) decorare a mano. **3** (*of stone*) lavorare con lo scalpello, scalpellare. **4** ⟨*Legat*⟩ bulinare. **5** ⟨*Ind*⟩ (*to equip with tools, machines*) general. con *up* attrezzare, provvedere di macchinari. **6** ⟨*sl*⟩ (*of a vehicle*) guidare, condurre; (*to convey in a vehicle*) trasportare, scarrozzare. **III** *v.i.* **1** lavorare con 'un attrezzo' (*o* una macchina utensile). **2** ⟨*Ind*⟩ (general. con *up*) attrezzarsi, provvedersi di macchinari. **3** ⟨*sl*⟩ (*to drive, ride*; spesso con *along*) scarrozzare. □ ⟨*fig*⟩ *to make a ~ of s.o.* servirsi di qd.; *the* ~*s of the trade* i ferri del mestiere.

tool| box *s.* cassetta *f* portautensili (*o* degli attrezzi). ~ **engineering** *s.* ingegneria *f* industriale.

tooler ['tu:lə] *s.* **1** ⟨*Legat*⟩ bulinatore *m.* **2** ⟨*tecn*⟩ scalpello *m* a punta larga (per lavorare la pietra).

tool holder *s.* ⟨*Mecc*⟩ portautensili *m.*

tooling ['tu:liŋ] *s.* **1** ⟨*Mecc*⟩ lavorazione *f* con utensili. **2** (*of stone*) lavorazione *f* della pietra. **3** ⟨*Legat*⟩ bulinatura *f.* **4** ⟨*Ind*⟩ attrezzamento *m.*

tool| kit *s.* borsa *f* degli attrezzi (*o* arnesi). ~ **operator** *s.* utensilista *m.* ~**post** *s.* ⟨*Mecc*⟩ portautensili *m.* ~ **rest** *s.* barra *f* portautensili. ~**room** *s.* utensileria *f.*

toot [tu:t] **I** *v.i.* **1** (*of a horn*) sonare. **2** (*to sound a horn*) strombettare, sonare 'un clacson' (*o* una tromba, ecc.). **II** *v.t.* sonare: *to ~ the horn* sonare un corno. **III** *s.* (*sound*) di corno (*o* clacson, ecc.).

tooth [tu:θ] **I** *s.* (*pl.* **teeth** [ti:θ]) **1** ⟨*Anat,Bot,Mecc*⟩ dente *m.* **2** *pl.* ⟨*fig*⟩ (*effective force*) forza *f*, efficacia *f*: *the proposed amendment will put teeth into the law* l'emendamento proposto darà forza alla legge. **3** (*toothlike projection*) dente *m*, sporgenza *f.* **4** (*of a comb, rake, etc.*) dente *m.* **5** ⟨*Art,Cart*⟩ (*rough surface on paper, canvas*) grana *f.* **II** *v.t.* **1** provvedere (*o* fornire) di denti. **2** (*of a saw, etc.*) dentellare, seghettare. **III** *v.i.* ⟨*Mecc*⟩ (*of cogged wheels*) ingranare, ingranarsi, addentarsi. □ **armed to the teeth** armato fino ai denti; *to* **brush** *one's teeth* spazzolarsi i denti; ⟨*fig*⟩ *to* **cast** *s.th. in s.o.'s teeth* rinfacciare qc. a qd., buttare in faccia qc. a qd.; *to* **clean** *one's teeth* pulirsi i denti; **false** *teeth* denti falsi; ⟨*fig*⟩ **in** *the teeth of*: 1 di fronte a, in faccia a; 2 (*in defiance of*) nonostante, a dispetto di, in barba a, malgrado: *the bill was passed in the teeth of fierce opposition* la legge fu approvata nonostante l'accanita opposizione; ⟨*fam*⟩ *to be* **long** *in the teeth* essere anziano (*o* vecchiotto); *to* **fight** ~ *and* **nail** combattere con le unghie e coi denti; *to have a* ~ **out** farsi togliere un dente; *to* **pull** *a* ~ levare (*o* estrarre) un dente; ⟨*fig*⟩ *to* **pull** *s.o.'s teeth* rendere qd. inoffensivo (*o* innocuo); *a* **set** *of teeth* dentatura *f*; *a set of false teeth* dentiera *f*; *to* **set** *one's teeth* stringere i denti (*anche fig.*); *to* **show** *one's teeth* mostrare i denti (*anche fig.*); ⟨*fig*⟩ *to have a* **sweet** ~ essere ghiotto di dolci.

tooth|ache *s.* ⟨*Med*⟩ mal *m* di denti, odontalgia *f.* ~**-billed** *a.* ⟨*Ornit*⟩ dal becco dentellato. ~**brush** *s.* spazzolino *m* da denti. ~**brush moustache** *s.* ⟨*Mod*⟩ baffetti *mpl* (a spazzola). ~ **brush stand** *s.* portaspazzolino *m.* ~**comb** *s.* pettine *m* fitto, pettinina *f.* □ ⟨*fig*⟩ *with a* (*fine*) ~ al setaccio, molto accuratamente.

toothed [tu:θt, tu:ðd] *a.* **1** che ha denti, dentato. **2** (*nei composti*) dai denti ..., a denti ...: *a long-~ animal* un animale dai denti lunghi. **3** ⟨*Biol*⟩ dentato. **4** ⟨*Mecc*⟩ a denti, dentato.

tooth enamel *s.* ⟨*Anat*⟩ smalto *m* dentario.

toothing ['tu:θiŋ, 'tu:ðiŋ] *s.* **1** dentellatura *f*, seghettatura *f.* **2** (*toothed arrangement*) dentatura *f.* **3** ⟨*Mecc*⟩ addentatura *f.* **4** ⟨*Mur*⟩ addentellato *m*, ammorsatura *f.*

toothless ['tu:θlis] *a.* sdentato, senza denti.

tooth|paste *s.* dentifricio *m* in pasta, pasta *f* dentifricia. ~**pick** *s.* stuzzicadenti *m*, stecchino *m.* ~**powder** *s.* dentifricio *m* in polvere, polvere *f* dentifricia.

toothsome ['tu:θsəm] *a.* gustoso, gradevole. **toothsomeness** [-nis] *s.* gradevolezza *f*, gustosità *f.*

tootle ['tu:t] **I** *v.i.* emettere suoni flautati, sonare il flauto. **II** *s.* (*sound*) suono *m* (di clacson, flauto, ecc.).

too-too ⟨*fam*⟩ **I** *a.* **1** eccessivo, esagerato. **2** (*excessively affected*) affettato, ricercato, lezioso. **II** *avv.* eccessivamente, troppo, esageratamente.

toots am. [tu:ts] *s.* ⟨*sl*⟩ tesoro *m*, amore *m.*

tootsie, toots(y)-woots(y) ['tu:tsi ('wu:tsi)] *s.* **1** ⟨*infant*⟩ (*foot*) piede *m*, piedino *m.* **2** ⟨*am.sl*⟩ → **toots**.

top[1] [tɔp] **I** *s.* **1** cima *f*, sommità *f*, cocuzzolo *m*: *the* ~ *of a mountain* la cima di una montagna. **2** (*uppermost part, surface*) sopra *m*, piano *m* (*o* parte *f*) superiore; (*surface of the land, sea*) superficie *f.* **3** (*lid, cover*) coperchio *m*, copertura *f*; (*cap*) tappo *m*, cappuccio *m*: *a screw-on* ~ un tappo a vite. **4** ⟨*Bot*⟩ (*of a plant*) corna *f*, testa *f*; (*edible head*) cima *f*, punta *f*: *turnip* ~*s* cime di rapa. **5** ⟨*fig*⟩ (*highest position*) apice *m*, vertice *m*, culmine *m*: *the* ~ *of one's profession* l'apice della carriera. **6** ⟨*Scol*⟩ (*pupil*) il primo, il migliore. **7** ⟨*fig*⟩ (*best, choicest part*) il meglio, parte *f* migliore (*o* scelta): *the* ~ *of the crop* il meglio del raccolto. **8** *pl.* ⟨*fam*⟩ (*best example, specimen*; *costr. sing.*) il migliore, il meglio, quanto *m* di meglio ci può essere. **9** ⟨*fam*⟩ (*beginning*) inizio *m*, principio *m*: *we'll take the last movement from the* ~ *again* rifaremo l'ultimo movimento dall'inizio. **10** (*of a garment*) corpetto *m*; (*pyjama jacket*) giacca *f* del pigiama. **11** ⟨*Aut*⟩ (*top gear*) presa *f* diretta, marcia *f* (*o* velocità) più elevata; (*cover for a vehicle*) cappotta *f*, capote *f*, tettuccio *m*, tetto *m*: *to fold down the* ~ abbassare la cappotta. **12** (*circus tent, big top*) tendone *m* da circo. **13** ⟨*Sport*⟩ (*top spin*) effetto *m.* **14** (*in cards: best card*) carta *f* più alta di un seme. **15** ⟨*Mar*⟩ coffa *f*; (*topsail*) vela *f* di gabbia, seconda vela *f.* **16** ⟨*Calz*⟩ tomaia *f.* **17** ⟨*Tess*⟩ nastro *m* di pettinato, pettinato *m.* **18** ⟨*Oref*⟩ faccia *f* obliqua, sfaccettatura *f.* **19** *pl.* ⟨*Chim*⟩ prodotto *m* di testa. **20** *pl.* (*metal buttons plated only on face*) bottoni *mpl* di metallo placcati solo da una parte. **II** *a.* **1** più alto, più elevato, superiore: *the* ~ *branch of a tree* il ramo più alto di un albero. **2** (*foremost in importance, rank, etc.*) migliore, primo, più quotato: *the* ~ *class of a school* la classe migliore di una scuola; *Britain's* ~ *newspaper* il primo giornale inglese; (*high in rank, etc.*) di grado elevato, di prim'ordine, superiore: *a* ~ *diplomat* un diplomatico di grado elevato; ~ *people* gente di prim'ordine. **3** (*first*) primo: ~ *prize* primo premio. **4** (*of the highest degree, intensity, etc.*) massimo: ~ *prices* prezzi massimi. **5** (*of very high quality*) ottimo, buonissimo. □ ⟨*Teat*⟩ *the* ~ *of the* **bill** chi ha il primo posto sul cartellone; *from* ~ *to* **bottom** da cima a fondo; *to* **come** *to the* ~: 1 venire in superficie; 2 ⟨*fig*⟩ avere successo, sfondare, affermarsi; ⟨*fam*⟩ *to talk out of the* ~ *of one's* **head** parlare a vanvera, dire sciocchezze; *a room at the* ~ *of the* **house** una stanza all'ultimo piano della casa; *the* ~ *of the* **morning** *to you!* buongiorno!; **on** ~: 1 sopra, in cima, sulla parte superiore; 2 (*on the top-deck of a bus*) sull'imperiale: *to ride on* ~ viaggiare sull'imperiale; 3 ⟨*fig*⟩ (*in a state of predominance*) in una posizione di predominio (*o* sopravvento); *to come out on* ~ riuscire primo; *on* ~ *of*: 1 in cima (*o* vetta) a, sopra, su: *on* ~ *of a hill* in cima a una collina; *on* ~ *of a wall* su un muro; 2 (*very closely*) addosso a, sopra a, vicino a: *you're sitting on* ~ *of me* mi stai seduto addosso; 3 (*following closely on*) subito dopo, immediatamente) dopo; 4 (*in addition to*) oltre, per giunta; *one thing happens on* ~ *of another* gli eventi precipitano; *the champion was on the* ~ *of his form* il campione era in piena forma; *to be on* ~ *of one's job* avere una perfetta padronanza del proprio mestiere; *to sit at the* ~ *of the* **table** sedere a capotavola; *from* ~ *to* **toe** dalla testa ai piedi; ⟨*fig*⟩ *the* ~ *of the* **tree** il vertice, l'apice (di una carriera, ecc.), la posizione più elevata; *at the* ~ *of one's* **voice** a squarciagola, a perdifiato; ⟨*fam*⟩ *to be on* ~ *of the* **world** essere estasiato (*o* beato), essere al settimo cielo.

top² *v.t.* (*pret., p.p.* **topped** [–t]) **1** (*to provide with a covering*) fornire di (una) copertura; (*with a lid*) ⌐mettere un⌐ (*o* fornire di) coperchio, coprire; (*with a cap*) mettere un cappuccio (*o* tappo) a. **2** (*to replenish with liquid; spesso con up, off*) riempire (fino all'orlo), colmare: *to* ~ *up the petrol tank* riempire il serbatoio della benzina. **3** ⟨*fam*⟩ (*to add a finishing touch to; spesso con off*) finire, completare, coronare, dare l'ultimo tocco a: *we –ped off the dinner with brandy* finimmo il pranzo con un brandy. **4** (*to exceed in height*) superare, essere più alto di, sorpassare: *he –s me by three inches* è più alto di me di tre pollici. **5** (*to exceed*) superare, eccedere, oltrepassare, sorpassare: *exports have –ped the million mark* le esportazioni hanno superato il traguardo del milione. **6** (*to surpass*) superare, fare meglio di: *he –ped his previous performance* ha superato la sua precedente esecuzione. **7** (*to reach the summit of*) arrivare all'altezza di, raggiungere la vetta (*o* sommità) di; (*to rise, surmount*) alzarsi su, superare, passare su, sormontare: *the sun –ped the horizon* il sole si alzò sull'orizzonte. **8** (*to be at the top, head of*) essere in testa (*o* cima) a, capeggiare: *my name –ped the list* il mio nome era in testa all'elenco. **9** ⟨*Agr,Giard*⟩ cimare, spuntare. **10** ⟨*sl*⟩ (*to execute by hanging*) impiccare. **11** ⟨*Sport*⟩ (*to put a spin on*) dare l'effetto a; (*of a golf ball*) colpire alto.

top³ *s.* **1** (*child's toy*) trottola *f.* **2** ⟨*fam*⟩ (*form of familiar address*) vecchio *m*, amico *m*. □ *to sleep like a* ~ dormire come un ghiro.

topaz ['toupæz] *s.* **1** ⟨*Min*⟩ topazio *m*. **2** (*colour*) color *m* topazio, topazio *m*.

top| billing *s.* ⟨*Teat*⟩ posto *m* d'onore sul cartellone. ~ **boot** *s.* ⟨*Calz*⟩ stivale *m* alla scudiera. **~-bracket** *a.* ⟨*fam*⟩ → **top drawer**. ~ **casting** *s.* ⟨*Met*⟩ colata *f* dall'alto. ~ **coat** *s.* **1** ⟨*Vest*⟩ soprabito *m* (leggero). **2** ⟨*Pitt*⟩ ultima mano *f*. ~ **dog** *s.* **1** ⟨*fam*⟩ vincitore *m*, dominatore *m*, capo *m*. **2** (*at a dog show*) cane *m* vincente. ~ **drawer** *a.* ⟨*fam*⟩ di classe elevata, dell'alta società, bene. ~-**dress** *v.t.* ⟨*Agr,Giard*⟩ concimare (*o* fertilizzare) a spandimento. ~-**dressing** *s.* ⟨*Agr,Giard*⟩ concimazione *f* a spandimento; (*material used*) fertilizzante *m* usato per la concimazione a spandimento.

tope¹ [toup] *v.i.* (*to drink to excess*) essere un ubriacone, bere troppo.

tope² *s.* ⟨*Itt*⟩ cagnesca *f*, galeo *m*.

topee ['toupi, to(u)'pi:] *s.* casco *m* coloniale.

toper ['toupə] *s.* ubriacone *m* (*f* –a), beone *m* (*f* –a).

top| executive *s.* alto dirigente *m*. **~-flight** *a.* ⟨*fam*⟩ → **top drawer**. ~ **floor** *s.* ultimo piano *m*.

topgallant [,to(p)'gælənt] **I** *s.* ⟨*Mar*⟩ **1** → **topgallant mast**. **2** → **topgallant sail**. **II** *a.* di velaccio.

topgallant| mast *s.* albero *m* di velaccio. ~ **sail** *s.* velaccio *m*.

top| gear *s.* ⟨*Aut*⟩ velocità *f* (*o* marcia) più elevata, presa *f* diretta. **~-grade** *a.* di prima qualità.

toph [touf] *s.* ⟨*Geol*⟩ tufo *m*.

top| hat *s.* ⟨*Mod*⟩ cappello *m* a cilindro, cilindro *m*. **~-heavy** *a.* sbilanciato, che ha troppo peso nella parte superiore.

Tophet, Topheth ['toufet] *s.* **1** ⟨*Bibl*⟩ Tofet *m*. **2** ⟨*fig*⟩ (*hell, Gehenna*) inferno *m*, Geenna *f*.

'top-'hole *a.* ⟨*sl*⟩ (*excellent, first–rate*) di prim'ordine, eccellente.

tophus ['toufəs] *s.* (*pl.* -**phi** [fai]) ⟨*Dent*⟩ tartaro *m*.

topiarist ['toupiərist] *s.* ⟨*Giard*⟩ giardiniere *m* esperto nell'arte topiaria. **topiary** [–ri] **I** *s.* arte *f* topiaria. **II** *a.* topiario.

topic ['topik] *s.* **1** argomento *m*, tema *m*, soggetto *m*, materia *f*: *current* ~ *of conversation* tema attuale di

conversazione. **2** ⟨*Ret*⟩ topica *f*.

topical ['topikəl] *a.* **1** d'attualità, attuale. **2** ⟨*Med*⟩ locale, topico. **3** ⟨*Ret*⟩ topico. ,**topicality** [–'kæliti] *s.* attualità *f*. **topically** [–i] *avv.* attualmente, correntemente.

top knot *s.* **1** ciuffo *m*. **2** (*arrangement of hair*) acconciatura *f* alta (a nodo) con fiori (*o* nastri). **3** (*ornament worn on the head*) nastro *m*, fiocco *m*. **4** ⟨*Ornit*⟩ ciuffo *m*, cresta *f*. **5** ⟨*sl*⟩ (*head*) testa *f*, ⟨*pop*⟩ zucca *f*.

topless ['toplis] **I** *a.* ⟨*Mod*⟩ che lascia il seno scoperto, senza corpetto. **II** *s.* abito *m* che lascia il seno scoperto, topless *m*.

top|-level *a.* ⟨*fam*⟩ ad alto livello: ~ *talks* colloqui ad alto livello. ~ **light** *s.* ⟨*Mar*⟩ fanale *m* di gabbia. ~ **liner** *s.* ⟨*teat*⟩ divo *m* (*f* –a). ~ **management** *s.* alta dirigenza *f*, vertice *m* aziendale. **~mast** *s.* ⟨*Mar*⟩ albero *m* di gabbia.

topmost ['topmoust] *a.* **1** il più alto, il più elevato, eccelso. **2** (*uppermost*) superiore, il più alto: *the* ~ *layer* lo strato superiore.

top-notch ['topnotʃ] *a.* **1** ⟨*fam*⟩ di prim'ordine, eccellente, di prima qualità. **2** (*of the highest rank*) il più importante, il più alto (*o* elevato) in grado. '**top-'notcher** [–ə] *s.* ⟨*fam*⟩ asso *m* dello sport.

topographer [tə'pografə] *s.* topografo *m*.

topographic [,topə'græfik], **topographical** [–əl] *a.* topografico. **topographically** [–əli] *avv.* topograficamente.

topography [tə'pografi] *s.* topografia *f*.

topology [tə'polədʒi] *s.* topologia *f* (*anche Geom.*).

toponymy [tə'ponimi] *s.* toponomastica *f*. **toponym** ['topənim] *s.* toponimo *m*. **toponymy**. **→ toponomy**.

topper ['topə] *s.* **1** ⟨*Agr*⟩ cimatore *m*, spuntatore *m* (*f* –trice); (*tool*) svettatoio *m*. **2** ⟨*fam*⟩ (*top hat*) cappello *m* a cilindro, cilindro *m*. **3** ⟨*fam*⟩ (*s.o. excellent, first–rate*) persona *f* di prim'ordine, asso *m*; (*s.th. excellent*) cosa *f* di prim'ordine⌐ (*o* eccellente). **4** ⟨*fam*⟩ (*good fellow*) tipo *m* socievole (*o* cordiale).

topping ['topiŋ] **I** *s.* **1** ⟨*Dolc,Gastr*⟩ guarnizione *f*, decorazione *f*. **2** ⟨*Agr*⟩ cimatura *f*, svettatura *f*, spuntatura *f*; (*pl.*) fronde *fpl* tagliate, spuntatura *f*. **3** ⟨*Edil,Strad*⟩ manto *m* superficiale. **4** ⟨*Chim*⟩ predistillazione *f*. **5** ⟨*Tess*⟩ rifiuti *mpl* di pettinatura. **II** *a.* ⟨*fam*⟩ eccellente, di prim'ordine, di prima qualità.

topple ['topl] **I** *v.i.* **1** (*spesso con down, over*) capitombolare, rovesciarsi, ruzzolare: *he –d backwards* capitombolò all'indietro. **2** ⟨*fig*⟩ vacillare, traballare, barcollare. **II** *v.t.* **1** rovesciare, far ruzzolare, far cadere. **2** ⟨*fig*⟩ (*to overthrow*) rovesciare, abbattere, far cadere: *to* ~ *the government* rovesciare il governo.

tops [tops] *a.* ⟨*sl*⟩ (*best*) il migliore, quanto di meglio.

top|sail ['topsl] *s.* ⟨*Mar*⟩ vela *f* di gabbia. ~ **sawyer** *s.* **1** segatore *m* (*o* segantino) che sta in cima al trespolo. **2** ⟨*fam*⟩ (*eminent, dominant person*) personaggio *m* importante, pezzo *m* grosso. '~-'**secret** *a.* segretissimo, top secret.

topside ['topsaid] *s.* **1** parte *f* (*o* lato *m*) superiore. **2** *pl.* ⟨*Mar*⟩ opera *f* morta. **3** ⟨*Macell*⟩ controgirello *m*.

top|soil *s.* ⟨*Agr*⟩ terreno *m* di superficie; (*loam*) terriccio *m*. ~ **spin** *s.* ⟨*Sport*⟩ effetto *m*.

topsy-turvy ['topsi'tə:vi] *a./avv.* **1** (*upside down*) sottosopra. **2** (*in disorder*) sottosopra, a soqquadro: *to turn a room* ~ mettere una stanza sottosopra.

toque [touk] *s.* **1** ⟨*Stor*⟩ tocco *m*. **2** ⟨*Mod*⟩ toque *f*.

tor [to:] *s.* (*rocky peak*) punta *f* rocciosa.

torch [to:tʃ] *s.* **1** torcia *f*, fiaccola *f*. **2** ⟨*fig*⟩ fiaccola *f*, fiamma *f*: *the* ~ *of liberty* la fiaccola della libertà. **3** (*electric torch*) torcia *f* elettrica, lampadina *f* tascabile. **4** ⟨*tecn*⟩ cannello *m*; (*for soldering or heating*) lampada *f* a benzina. □ ⟨*am.sl*⟩ *to carry a* (*o* *the*) ~ (*to be in love*) essere innamorato (cotto) (*for* di); ⟨*fig*⟩ *to hand on the* ~ *of knowledge* tramandare la fiaccola della cultura.

torch|bearer *s.* chi porta una fiaccola (*anche fig.*). ~ **dance** *s.* ⟨*Folcl*⟩ danza *f* con le fiaccole. ~ **fishing** *am.* *s.* pesca *f* con la torcia.

torchlight ['to:tʃlait] **I** *s.* luce *f* di fiaccola (*o* torcia), luce *f* di fiaccole (*o* torce). □ *a* ~ *procession* una fiaccolata (in corteo). **torchlit** [–lit] *a.* illuminato da torce (*o* fiaccole).

torchon (lace) ['tɔːtʃən] *s.* pizzo *m* (*o* merletto) a trama grossa.

torch| singer *am. s.* chi canta canzoni d'amore non corrisposto. **~ song** *am. s.* canzone *f* d'amore non corrisposto.

tore[1] [tɔː] → **tear**[2].

tore[2] *s.* ⟨Arch,Mat⟩ toro *m.*

toreador *sp.* ['tɔriədɔ:] *s.* toreador *m.*

torero *sp.* [tɔ'rɛərou, to'rero] *s.* (*pl.* **-s** [z]) torero *m.*

toreutics [tə'ruːtiks] *s.pl.* (costr. sing.) ⟨Met⟩ toreutica *f.*

toric ['tɔrik] *a.* ⟨Ott⟩ torico: **~ lens** lente torica.

torment I *v.t.* [tɔː'ment] **1** tormentare, torturare, martoriare, affliggere. **2** (*to harass, worry*) tormentare, infastidire, molestare: *to be ~ed by mosquitoes* essere tormentato dalle zanzare; *to ~ s.o. with questions* infastidire qd. con domande. **II** *s.* ['tɔːment] **1** tormento *m*, tortura *f*, strazio *m*, pena *f*. **2** (*source of pain, anguish*) tormento *m*, patimento *m*, pena *f*, sofferenza *f*, agonia *f*. **3** (*person that harasses, vexes*) tormento *m*, pena *f*, croce *f*: *that child is a ~ to his mother* quel bambino è un tormento per sua madre. □ *to be in ~* essere tormentato; *to suffer ~* (*o* *torments*) soffrire le pene dell'inferno.

tormentil ['tɔːmentil] *s.* ⟨Bot⟩ tormentilla *f.*

tormenting [tɔː'mentiŋ] *a.* tormentoso, fastidioso, molesto.

tormentor [-tə] *s.* **1** chi tormenta, tormentatore *m.* **2** ⟨Stor,Bibl⟩ torturatore *m.* **tormentress** [-tris] *s.* tormentatrice *f.* ᐧ

tormina ['tɔːminə] *s.pl.* ⟨Med⟩ colica *f* intestinale.

torn [tɔːn] → **tear**[2].

tornado [tɔː'neidou] *s.* (*pl.* **-s/-es** [z]) **1** ⟨Meteor⟩ tornado *m*; (*whirlwind*) tromba *f* d'aria, turbine *m.* **2** ⟨fig⟩ uragano *m*: *a ~ of applause* un uragano di applausi.

toroid [tɔː'rɔid] *s.* ⟨Mat⟩ toroide *f.* **toroidal** [tə'rɔidl] *a.* ⟨Mat,El⟩ toroidale: **~ coil** bobina toroidale.

torpedo [tɔː'piːdou] *s.* (*pl.* **-es** [z]) **1** ⟨Mar.mil⟩ siluro *m*, torpedine *f.* **2** ⟨Aer.mil⟩ (*aerial torpedo*) siluro *m.* **3** (*fog signal*) segnale *m* da nebbia. **4** ⟨Ferr⟩ petardo *m.* **5** ⟨Itt⟩ → **torpedo fish. II** *v.t.* **1** ⟨Mar.mil⟩ silurare, attaccare con siluri. **2** ⟨fig⟩ silurare, bocciare, far fallire, far naufragare.

torpedo| aircraft *s.* → **torpedo bomber. ~ boat** *s.* ⟨Mar.mil⟩ torpediniera *f*, silurante *f.* **~-boat destroyer** *s.* cacciatorpediniere *m.* **~ bomber** *s.* ⟨Aer.mil⟩ aerosilurante *m.* **~ fish** *s.* ⟨Itt⟩ torpedine *f.* **~man** *am.* [mən] *s.irr.* ⟨Mar.mil⟩ torpediniere *m.* **~ plane** *s.* → **torpedo bomber. ~ tube** *s.* tubo *m* di lancio, lanciasiluri *m.*

torpid ['tɔːpid] *a.* **1** torpido, intorpidito. **2** (*apathetic*) apatico, indolente. **,tor'pidity** [-iti] *s.* **1** torpidezza *f*, torpore *m.* **2** ⟨fig⟩ apatia *f*, indolenza *f.* **torpidly** [-li] *avv.* **1** torpidamente. **2** ⟨fig⟩ apaticamente, con indolenza.

torpidness [-nis] *s.* → **torpidity. torpor** [-pə] *s.* **1** torpore *m*, torpidezza *f*, lentezza *f*, fiacca *f.* **2** ⟨fig⟩ apatia *f.*

torquate ['tɔːkw(e)it] *a.* ⟨Zool⟩ che ha un collare, dal collare.

torque [tɔːk] *s.* **1** ⟨Fis⟩ momento *m* torcente; (*rotating force*) forza *f* di torsione. **2** ⟨Mecc⟩ coppia *f.* **3** ⟨Aer⟩ coppia *f* di reazione.

torrefaction [,tɔri'fækʃən] *s.* torrefazione *f.* **'torrefy** [-fai] *v.t.* torrefare (*anche Farm., Met.*).

torrent ['tɔrənt] *s.* **1** torrente *m.* **2** (*downpour of rain*) acquazzone *m*, pioggia *f* torrenziale. **3** ⟨fig⟩ torrente *m*, fiume *m*, diluvio *m*: *a ~ of abuse* un torrente d'ingiurie. **,tor'rential** [-'renʃəl] *a.* **1** torrenziale: **~ river** fiume torrentizio. **2** (*of rain*) torrenziale.

torrid ['tɔrid] *a.* **1** torrido. **2** ⟨fig⟩ appassionato, ardente, focoso. **tor'ridity** [-iti], **torridness** [-nis] *s.* l'essere torrido.

Torrid Zone *s.* ⟨Geog⟩ zona *f* torrida.

torsel ['tɔːsl] *s.* **1** voluta *f*, spirale *f.* **2** ⟨Edil⟩ tassello *m.*

torsion ['tɔːʃən] *s.* **1** torsione *f*, contorsione *f.* **2** ⟨Mecc,Mat,Chir⟩ torsione *f.* **torsional** [-əl] *a.* di torsione, torsionale: **~ elasticity** elasticità di torsione.

torsion| balance *s.* ⟨Mecc⟩ bilancia *f* di torsione. **~ bar** *s.* barra *f* di torsione.

torso ['tɔːsou] *s.* (*pl.* **-s** [z]/**-si** [si]) **1** ⟨Anat⟩ torso *m*,

---

tronco *m.* **2** ⟨Scult⟩ torso *m* (di statua).

tort [tɔːt] *s.* ⟨Dir⟩ illecito *m* civile.

tort feasor ['tɔːtfiːzə] *s.* ⟨Dir⟩ chi compie un illecito civile.

torticollis [,tɔːti'kɔlis] *s.* ⟨Med⟩ torcicollo *m.*

tortile ['tɔːt(a)il] *a.* ritorto, a spire.

tortilla *sp.* [tɔː'tiːa] *s.* ⟨Gastr⟩ focaccia *f* di granturco, tortilla *f.*

tortious ['tɔːʃəs] *a.* ⟨Dir⟩ lesivo.

tortoise ['tɔːtəs] *s.* (*pl. inv./-ses* [siz]) **1** ⟨Zool⟩ tartaruga *f*, testuggine *f.* **2** ⟨Stor.rom⟩ testuggine *f.* **tortoiseshell** [-təʃel] **I** *s.* tartaruga *f.* **II** *a.* di tartaruga: *a ~ comb* un pettine di tartaruga.

tortuosity [,tɔːtju'ɔsiti] *s.* tortuosità *f* (*anche fig.*).

tortuous ['tɔːtjuəs] *a.* **1** tortuoso, serpeggiante: *a ~ path* un sentiero tortuoso. **2** ⟨fig⟩ contorto, tortuoso: *~ reasoning* ragionamento contorto; (*devious, treacherous*) ambiguo, subdolo, tortuoso. **tortuously** [-li] *avv.* tortuosamente (*anche fig.*). **tortuousness** [-nis] *s.* tortuosità *f* (*anche fig.*).

torture ['tɔːtʃə] **I** *s.* **1** tortura *f*, supplizio *m.* **2** ⟨fig⟩ (*extreme suffering*) tormento *m*, strazio *m*, tortura *f.* **II** *v.t.* **1** torturare, mettere alla tortura. **2** ⟨fig⟩ tormentare, torturare: *to be -d by doubts* essere tormentato dai dubbi. **3** (*to wrench out of shape*) torcere, contorcere, distorcere. **4** (*of language, meaning, etc.*) svisare, travisare. □ *instruments of ~* strumenti *mpl* di tortura; *to put s.o. to the ~* sottoporre (*o* mettere) qd. alla tortura. **torturer** [-rə] *s.* chi tortura, tormentatore *m* (*f* -trice). **torturous** [-rəs] *a.* che è una tortura, tormentoso, angoscioso, straziante.

torus ['tɔːrəs] *s.* (*pl.* **-ri** [rai]) ⟨Arch,Mat,Anat,Bot⟩ toro *m.*

Tory ['tɔːri] **I** *s.* **1** ⟨Pol⟩ membro *m* (*o* sostenitore) del partito conservatore, conservatore *m.* **2** ⟨Stor.brit⟩ tory *m.* **3** ⟨Stor.am⟩ lealista *m*, sostenitore *m* della corona britannica (durante la guerra d'indipendenza americana). **4** ⟨Stor.irl⟩ fuorilegge *m* realista. **II** *a.* **1** ⟨Pol⟩ dei (*o* relativo ai) conservatori, conservatore. **2** ⟨Stor.brit⟩ dei (*o* relativo ai) tories. **Toryism** [-izəm] *s.* ⟨Pol⟩ conservatorismo *m.*

Tory Party *s.* **1** ⟨Pol⟩ partito *m* conservatore. **2** ⟨Stor.brit⟩ partito *m* tory.

tosh [ɔʃ] *s.* ⟨sl⟩ sciocchezze *fpl*, stupidaggini *fpl*, ⟨pop⟩ fesserie *fpl.* **tosher** ['tɔʃə] *s.* ⟨univ⟩ studente *m* che non appartiene a un college.

toss[1] [tɔs] *v.* (*pret., p.p. tossed/rar. tost* [-t]) **I** *v.t.* **1** gettare, lanciare, buttare, tirare: *to ~ a bone to a dog* gettare un osso a un cane. **2** (*to cause to pitch*) sballottare, scuotere, agitare. **3** (*of a bull*) incornare e sbalzare in aria; (*of a horse*) disarcionare, sbalzare di sella. **4** (*of a coin*) lanciare (*o* tirare) in aria; (*to compete with at heads and tails*) fare a testa e croce con, sfidare a testa e croce. **5** (*of the head*) scuotere, scrollare. **6** ⟨fig⟩ (*to put forcefully, swiftly*) buttare, gettare: *to ~ s.o. into jail* gettare qd. in prigione. **7** ⟨fig⟩ (*to discuss, debate*; general. con *around*) discutere, dibattere, trattare: *we -ed the proposal around* discutemmo la proposta. **8** ⟨Gastr⟩ mescolare (*per condire*): *to ~ a salad* mescolare un'insalata. **II** *v.i.* **1** essere sballottato. **2** (*to twist, fling o.s. about*; spesso con *about*) dimenarsi, agitarsi, dibattersi. **3** (*to be agitated*) agitarsi, smaniare. □ *to ~ away* scartare, eliminare, liberarsi di; *to ~ off*: **1** (*of a drink*) bere avidamente (*o* tutto d'un fiato), tracannare; **2** (*to produce casually, swiftly*) fare alla meglio, improvvisare, allestire in fretta; **3** (*of an article, etc.*) buttare giù; **4** ⟨sl⟩ (*to masturbate*) masturbarsi; *to ~ s.th. out* buttare via qc., liberarsi di qc.; *to ~ a pancake* rivoltare una frittella facendola saltare in aria; *to ~ up*: **1** lanciare (*o* buttare) in aria; **2** (*to toss a coin*) fare a testa e croce, tirare ᐧa sorteᐟ (*o* la moneta).

toss[2] *s.* **1** lancio *m*, tiro *m*, getto *m.* **2** (*of the head*) scossa *f*, scrollata *f*, scotimento *m.* **3** (*act of tossing-up*) tiro *m* della moneta. □ *to take a ~* essere disarcionato, essere sbalzato di sella; *to win the ~* vincere a testa e croce.

toss-up *s.* **1** il tirare a sorte, tiro *m* ᐧdella monetaᐟ (*o* a sorte). **2** ⟨*fam*⟩ (*even chance*) probabilità *fpl* pari; (*matter of luck*) questione *f* di fortuna. □ *it's a ~ whether or not he'll come* è dubbio se verrà.

tost [tɔst] → **toss¹**.

tot¹ [tɔt] *s.* **1** (*small child*) bimbo *m* (*f* –a), bimbetto *m* (*f* –a), frugoletto *m* (*f* –a). **2** (*dram of liquor*) sorso *m*, goccio *m*: *a ~ of rum* un sorso di rum.

tot² *v.* (*pret., p.p.* **'totted** [–id]) **I** *v.t.* (general. con *up*) addizionare, sommare, fare la somma di: *to ~ up a column of figures* addizionare una colonna di cifre. **II** *v.i.* (general. con *up*) ammontare (*to* a).

tot³ *s.* (*sum, total*) somma *f*, totale *m*.

total¹ ['toutl] **I** *a.* **1** totale, complessivo, tutto: *the ~ amount* l'importo totale. **2** (*absolute, complete*) assoluto, totale, integrale, completo: *~ blindness* cecità assoluta; *a ~ failure* un fallimento totale. **3** (*of s.th. in its entirety*) complessivo, totale, globale, intero: *the ~ outcome* il risultato complessivo. **II** *s.* totale *m*, somma *f*. □ *to be in ~ ignorance of s.th.* ignorare totalmente qc.

total² *v.* (*pret., p.p.* **totalled**/*am.* **totaled** [–d]) **I** *v.t.* **1** addizionare, sommare. **2** (*to amount to*) ammontare a, giungere a un totale di. **II** *v.i.* (general. con *up*) ammontare (*to* a).

total| abstainer *s.* astemio *m* (*f* –a) (per principio). **~ eclipse** *s.* ⟨*Astr*⟩ eclissi *f* totale. **~ immersion course** *s.* ⟨*Ped*⟩ corso *m* a immersione totale.

totalisator *s.* → **totalizator**.

totalitarian [to(u)ˌtæliˈtɛəriən] *a.* ⟨*Pol*⟩ totalitario. **totalitarianism** [–izəm] *s.* totalitarismo *m*.

totality [to(u)ˈtæliti] *s.* totalità *f*. □ *in ~* nel complesso, in totale.

totalization [ˌtoutəlaiˈzeiʃən] *s.* il sommare, addizione *f*. **'totalizator** [–zeitə] *s.* totalizzatore *m* (*anche Sport.*). **'totalize** [–laiz] **I** *v.t.* sommare, addizionare. **II** *v.i.* (*in betting*) usare il totalizzatore. **totalizer** [–laizə] *s.* **1** → **totalizator**. **2** (*adding machine*) addizionatrice *f*.

totally ['toutəli] *avv.* completamente, totalmente, interamente, in tutto e per tutto: *~ wrong* completamente sbagliato.

total war *s.* ⟨*Pol*⟩ guerra *f* integrale.

tote¹ [tout] *s.* ⟨*sport*⟩ (*totalizator*) totalizzatore *m*.

tote² *am.* ⟨*fam*⟩ **I** *v.t.* **1** portare 'sulle spalle' (*o* a braccia). **2** (*of weapons*) portare. **3** (*to transport*) trasportare, portare. **II** *s.* carico *m*, fardello *m*, peso *m*.

totem ['toutəm] *s.* ⟨*Etnol*⟩ totem *m*. **totemic** [–'temik] *a.* totemico. **totemism** [–izəm] *s.* totemismo *m*. ˌ**totem'istic** [–istik] *a.* totemico.

totem| pole, ~ post *s.* ⟨*Etnol*⟩ palo *m* raffigurante un totem, totem *m*.

tother, t'other ['tʌðə] ⟨*dial,fam*⟩ **I** *pron.* quell'altro, l'altro: *this, that and ~* questo, quello e quell'altro. **II** *a.* altro.

totter ['tɔtə] **I** *v.i.* barcollare, vacillare, traballare (*anche fig.*): *the drunkard –ed and fell* l'ubriaco barcollò e cadde; *the regime is –ing* il regime vacilla. **II** *s.* barcollamento *m*, vacillamento *m*, traballamento *m*. **totterer** [–rə] *s.* chi barcolla, chi vacilla. **tottering** [–riŋ], **tottery** [–ri] *a.* barcollante, vacillante, traballante (*anche fig.*).

totting ['tɔtiŋ] *s.* (*collection of waste materials*) raccolta *f* di materiali usati.

toucan ['tu:kən] *s.* ⟨*Ornit*⟩ tucano *m*.

touch¹ [tʌtʃ] **I** *v.t.* **1** toccare: *to ~ s.o. on the shoulder* toccare qd. sulla spalla; (*to feel*) toccare, tastare: *he –ed the iron to see if it was hot* toccò il ferro per sentire se era caldo. **2** (*to come into, be in contact with*) toccare, essere (*o* venire) a contatto con: *the ship –ed the bottom* la nave toccò il fondo. **3** (*to reach*) toccare, raggiungere, giungere a, arrivare a: *the tower seemed to ~ the sky* la torre sembrava toccare il cielo. **4** ⟨*Geom*⟩ (*of a line, surface*) essere tangente a. **5** (*to bring into contact briefly*) accostare, far toccare appena: *to ~ one's lips with one's finger* accostarsi il dito alle labbra. **6** (*with expressed or implied negatives: to handle*) toccare: *please do not ~ the merchandise* si prega di non toccare la merce; *she hardly –ed her dinner* quasi non toccò il pranzo; (*to have to do with*) avere a che fare con. **7** (*to deal with, treat of*) occuparsi di, trattare: *everything I ~ turns out badly these*

days tutto quello di cui mi occupo di questi tempi va male. **8** (*to concern, affect*) riguardare, concernere, interessare, toccare: *the struggle for peace –es us all* la lotta per la pace riguarda tutti noi. **9** (*to affect the emotions of*) toccare (il cuore di), commuovere, impressionare, colpire: *I was deeply –ed* sono rimasto profondamente toccato. **10** (*to be efficacious in removing, etc.*) togliere, rimuovere: *water won't ~ grease spots* l'acqua non toglie le macchie di grasso. **11** ⟨*fam*⟩ (*with expressed or implied negatives: to compare with, equal*) uguagliare, essere pari a, competere con, reggere il confronto con: *no one can ~ him as a writer* nessuno può uguagliarlo come scrittore. **12** ⟨*sl*⟩ (*to get a loan from*) farsi prestare, chiedere in prestito a: *he –ed us for ten pounds* si è fatto pestare da noi dieci sterline. **II** *v.i.* **1** toccarsi, essere (*o* venire a contatto: *their estates ~* le loro proprietà si toccano. **2** (*to touch s.th.*) toccare: *she is always telling the baby not to ~* dice sempre al bambino di non toccare (nulla). □ ⟨*Mar*⟩ *to ~ at* toccare, fare scalo a; *to ~ down*: 1 ⟨*Aer*⟩ atterrare; 2 ⟨*Sport*⟩ (*in rugby*) fare una meta; *to ~ glasses* toccare i bicchieri (per fare un brindisi); *to ~ one's hat to s.o.* toccarsi il cappello in segno di saluto, salutare qd. toccandosi il cappello; ⟨*Art*⟩ *to ~ in* rifinire, dare gli ultimi tocchi a; *to ~ off*: 1 far esplodere; 2 ⟨*fig*⟩ sollevare, provocare, suscitare, far scoppiare; *to ~ on*: 1 sfiorare, toccare, accennare a, trattare brevemente; 2 (*to verge on*) rasentare, sfiorare: *he has only –ed on the main problem* ha appena sfiorato il problema principale; *to ~ up*: 1 (*of a photograph, etc.*) ritoccare, ripassare; 2 (*to stimulate, rouse*) stimolare, spronare, pungolare; 3 (*of a horse*) dare una frustatina a; *to ~ upon = to touch on*; *to ~ wood* toccare ferro (per scaramanzia); ⟨*esclam*⟩ *wood* tocca ferro.

touch² *s.* **1** tocco *m*. **2** (*sensation, sense*) tatto *m*: *this fabric is rough to the ~* questa stoffa è ruvida al tatto. **3** (*light tap, push, etc.*) tocco *m*, leggero colpo *m*, colpetto *m*. **4** (*of a disease, etc.*) leggero attacco *m*: *a ~ of rheumatism* un leggero attacco di reumatismi. **5** ⟨*fig*⟩ (*small quantity*) punta *f*, pizzico *m*, ombra *f*, tocco *m*: *a ~ of resentment* una punta di risentimento. **6** (*state of being in contact, communication*) contatto *m*, rapporto *m*, comunicazione *f*: *to get in ~ with s.o.* mettersi in contatto con qd. **7** ⟨*Mus*⟩ tocco *m*. **8** ⟨*fig*⟩ (*characteristic technique*) tocco *m*, impronta *f*, mano *f*: *a novelist with a lively ~* un romanziere dal tocco vivace; *the ~ of a master* la mano di un maestro. **9** (*detail, stroke*) tocco *m*, dettaglio *m*, rifinitura *f*: *to put the finishing –es to s.th* dare gli ultimi tocchi a qc. **10** ⟨*Sport*⟩ (*in fencing*) colpo *m* valido. **11** ⟨*Sport*⟩ (*in soccer, hockey, etc.*) parte *f* del campo fuori delle linee laterali. **12** (*children's game*) chiapparello *m*. **13** ⟨*sl*⟩ (*act, instance of asking for a loan*) molesta richiesta *f* di prestito, ⟨*pop*⟩ stoccata *f*; (*loan*) prestito *m*. **14** ⟨*Med*⟩ palpazione *f*. □ *at a ~* al minimo tocco; *to be in ~* essere in contatto (*with* con); *to get in ~* mettersi in contatto (*with* con); *to keep in ~ with s.o.* tenersi in contatto con qd.; *to keep in ~ with modern trends* tenersi al corrente delle tendenze moderne; *to lose ~* perdere i contatti (*with* con), perdere di vista (qd.); *to be out of ~ with s.o.* non sapere (più) nulla di qd., non avere (più) notizie di qd.; *to put to the ~* (*to the test*) mettere alla prova, saggiare. || *a ~* un po', un poco, un tantino.

touchable ['tʌtʃəbl] *a.* toccabile, tangibile.

'touch-and-'go *a.* dubbio, incerto, precario, insicuro: *it was ~ whether he would survive* era dubbio che potesse sopravvivere; (*risky*) rischioso, pericoloso.

touchdown ['tʌtʃdaun] *s.* **1** ⟨*Aer*⟩ il toccare terra, impatto *m*. **2** ⟨*Sport*⟩ (*in rugby, football*) meta *f*.

touché *fr.* [t'ʃei] *intz.* (*in fencing*) toccato (*anche fig.*).

touched [tʌtʃt] *a.* **1** commosso, toccato. **2** (*showing trace of colour*) tinto (*with* di): *the sky was ~ with pink* il cielo era tinto di rosa. **3** (*slightly crazy*) tocco, toccato. **~ in the wind** (*of a horse*) senza fiato, ansimante. **'toucher** [–tʃə] *s.* chi tocca. □ ⟨*fam*⟩ *to have a near ~* cavarsela per il rotto della cuffia.

touchily ['tʌtʃili] *avv.* in modo suscettibile. **touchiness** [–tʃinis] *s.* suscettibilità *f*, permalosità *f*, ombrosità *f*.

touching ['tʌtʃiŋ] **I** *a.* commovente, toccante. **II** *prep.* (*concerning*) circa, riguardo a, in merito a, con riferimento a. □ *as* ~ riguardo a, per quanto riguarda (*o* concerne). **touchingly** [–li] *avv.* in modo toccante (*o* commovente). **touchingness** [–nis] *s.* l'essere commovente (*o* toccante).

touch| line *s.* linea *f* laterale. ~ **paper** *s.* carta *f* nitrata (*o da innesco*). ~ **screen** *s.* schermo *m* tattile. **~stone** *s.* **1** ⟨*Min*⟩ lidite *f*, pietra *f* lidia (*o* di paragone). **2** ⟨*fig*⟩ metro *m*, pietra *f* di paragone, misura *f*, criterio *m* di confronto. **~-type** *v.i./t.* dattilografare a tastiera cieca. **~-typist** *s.* chi dattilografa a tastiera cieca (*o* con le dieci dita). **~wood** *s.* **1** fungo *m* da esca. **2** (*children's game*) gioco *m* del toccare legno.

touchy ['tʌtʃi] *a.* **1** suscettibile, permaloso; (*irritable*) irritabile. **2** (*precarious*) precario, incerto, insicuro: *a* ~ *situation* una situazione precaria; (*risky*) rischioso, pericoloso.

tough [tʌf] **I** *a.* **1** resistente, forte, tenace: ~ *plastic* plastica resistente. **2** (*of meat, food*) duro, tiglioso, stopposo. **3** (*of people*) robusto, resistente, duro, forte: *a* ~ *race of nomads* una razza robusta di nomadi. **4** (*determined, unyielding*) rigido, severo, duro, deciso. **5** (*arduous, severe*) duro, arduo, difficile, aspro: *a* ~ *fight* una dura battaglia; (*of climate*) aspro, crudo, inclemente. **6** ⟨*fam*⟩ (*hard to bear*) duro, doloroso, spiacevole, difficile da sopportare. **7** ⟨*fam*⟩ (*rowdy, ruffianly*) turbolento, violento, facinoroso, scalmanato. **II** *s.* ⟨*fam*⟩ **1** (*hooligan*) teppista *m/f*. **2** (*gangster*) gangster *m*, bandito *m*. □ *as* ~ *as leather* duro come il cuoio; *to get* ~: 1 usare la maniera forte, diventare rigido (*o* severo); 2 (*to become arduous*) diventare difficile; ⟨*fam*⟩ *to be in a* ~ *spot* essere (*o* trovarsi) in una situazione difficile; ⟨*fam*⟩ *to talk* ~ parlare severamente (*o* duramente).

tough customer *s.* ⟨*fam*⟩ persona *f* difficile, osso *m* duro.

toughen ['tʌfən] **I** *v.t.* **1** indurire, rendere (più) resistente, rinforzare. **2** (*to make sturdy, hardy*) temprare, irrobustire, indurire, fortificare. **II** *v.i.* indurirsi, indurire.

toughened glass ['tʌfənd] *s.* ⟨*Vetr*⟩ vetro *m* temprato.

toughish ['tʌfiʃ] *a.* piuttosto duro, duretto.

tough luck ⟨*fam*⟩ **I** *s.* malasorte *f*, disdetta *f*, ⟨*pop*⟩ scarogna *f*. **II** *intz.* che disdetta, che scarogna.

toughly ['tʌfli] *avv.* duramente, rigidamente, severamente.

toughness [–fnis] *s.* **1** resistenza *f*, solidità *f*, tenacità *f*. **2** (*of people*) robustezza *f*, resistenza *f*. **3** (*strictness*) rigidezza *f*, severità *f*, rigorosità *f*. **4** (*arduousness*) difficoltà *f*. **5** ⟨*tecn*⟩ tenacità *f*.

toupee ['tu:pei, *am.* tu'pei] *s.* ⟨*Mod*⟩ parrucchino *m*; (*piece of false hair*) tupè *m*, posticcio *m*.

tour [tuə] **I** *s.* **1** giro *m*, viaggio *m*, gita *f*, escursione *f*: *a round–the–world* ~ un giro intorno al mondo. **2** (*of a building, place*) visita *f*: *a conducted* ~ *of a museum* una visita guidata in un museo. **3** ⟨*Teat*⟩ tournée *f*. **4** ⟨*Mil*⟩ turno *m* (di servizio). **II** *v.t.* girare, viaggiare (per), fare il giro di, visitare: *to* ~ *Scotland by car* girare in macchina per la Scozia. **III** *v.i.* **1** viaggiare, fare un giro turistico, fare del turismo. **2** ⟨*Teat*⟩ andare in tournée, fare una tournée. □ *to go on* ~: 1 fare un viaggio; 2 ⟨*Teat*⟩ andare in tournée; ⟨*Teat*⟩ *to take a play on* ~ presentare un lavoro in una tournée.

tourer ['tu(ə)rə] *s.* → touring car.

touring ['tu(ə)riŋ] *a.* turistico, da turismo. □ *to go* ~ viaggiare per turismo; *a* ~ *party* una comitiva di turisti.

touring car *s.* ⟨*Aut*⟩ vettura *f* da turismo.

tourism ['tu(ə)rizəm] *s.* turismo *m*. **tourist** [–rist] **I** *s.* **1** turista *m/f*. **2** → **tourist class.** **II** *a.* turistico: ~ *facilities* attrezzature turistiche. **III** *avv.* in classe turistica: *to travel* ~ viaggiare in classe turistica.

tourist| agency *s.* agenzia *f* turistica, ufficio *m* viaggi. ~ **class** *s.* classe *f* turistica. ~ **industry** *s.* industria *f* turistica. ~ **resort** *s.* località *f* turistica. ~ **visa** *s.* visto *m* turistico.

tourmalin ['tuəməlin], **tourmaline** [–li:n] *s.* ⟨*Min*⟩ tormalina *f*.

tournament ['tuənəmənt] *s.* torneo *m* (*anche Sport., Stor.*): *a bridge* ~ un torneo di bridge.

tournay ['tu:ənei] *s.* ⟨*Tess*⟩ stoffa *f* stampata per tappezzerie.

tourney ['tuəni] **I** *s.* ⟨*Stor*⟩ torneo *m*. **II** *v.i.* torneare, giostrare.

tourniquet ['tuənikei, *am.* 'tənikit] *s.* ⟨*Med*⟩ laccio *m* emostatico.

tour operator *s.* operatore *m* turistico.

tousle ['tauzl] *v.t.* arruffare, scompigliare, scarmigliare, mettere in disordine: *to* ~ *s.o.'s hair* arruffare i capelli a qd.

tout [taut] ⟨*fam*⟩ **I** *v.i.* **1** fare il propagandista, andare in cerca di clienti, sollecitare ordinazioni. **2** (*in horse racing*; spesso con *round*) fare l'informatore. **II** *v.t.* **1** procacciare, sollecitare: *to* ~ *votes* procacciare voti; (*to solicit s.th. from*) sollecitare l'adesione di: *to* ~ *voters* sollecitare l'adesione dei votanti. **2** (*to peddle, hawk*) vendere per la strada, fare il venditore ambulante. **3** (*of a racehorse*: *to spy on*) osservare (durante gli allenamenti), spiare; (*to sell a tip on*) vendere un'informazione riservata su. **III** *s.* **1** procacciatore *m* (*f* –trice) di clienti. **2** (*one who sells s.th. importunately*) venditore *m* (*o* piazzista, propagandista) insistente. **3** (*in horse racing*) chi ottiene informazioni sui cavalli; (*tipster*) chi dà (*o* vende) informazioni (riservate) sulle corse.

touzle *v.* → tousle.

tow[1] [tou] **I** *v.t.* **1** trainare, rimorchiare: *the car was –ed to the nearest garage* l'auto fu trainata fino al garage più vicino. **2** ⟨*Mar*⟩ rimorchiare: *to* ~ *a ship astern* rimorchiare una nave di poppa; (*to haul*) alare. **3** ⟨*Aer*⟩ (*of a glider*) alare. **4** (*to pull behind one*) trascinare, tirarsi dietro, portarsi appresso (*anche fig.*). **5** ⟨*Pesc*⟩ (*of a net, etc.*) strascinare, portare a strascico. **II** *s.* **1** il rimorchiare, traino *m*, rimorchio *m*. **2** ⟨*Aer*⟩ alaggio *m*. **3** (*state of being towed*) l'essere trainato (*o* rimorchiato). **4** (*tow line, chain*) traina *f*, rimorchio *m*, cavo *m* (*o* gomena *f*) da rimorchio. □ *to have in* ~: 1 portare a rimorchio, trainare; 2 ⟨*fig*⟩ (*to have under one's guidance*) guidare, avere sotto la propria guida (*o* protezione); *to take in* ~: 1 rimorchiare, prendere a rimorchio, trainare; 2 ⟨*fig*⟩ (*to take under one's guidance*) prendere sotto la propria guida (*o* protezione).

tow[2] *s.* ⟨*Tess*⟩ stoppa *f* di lino (*o* canapa).

towage ['touidʒ] *s.* **1** rimorchio *m*, traino *m*. **2** ⟨*Mar*⟩ (*haulage*) alaggio *m*. **3** (*price paid*) spese *fpl* di rimorchio.

toward[1] [tə'wɔ:d] *prep.* → towards.

toward[2] ['touəd] *a.* ⟨*ant*⟩ prossimo, imminente, in programma; (*taking place*) in corso, in atto.

towards [tə'wɔ:dz] *prep.* **1** verso, in direzione di, alla volta di: *he walked* ~ *the house* camminava verso la casa; *to look* ~ *the hills* guardare in direzione delle colline. **2** (*of time*) verso, circa, poco prima di, vicino a: ~ *midday* verso mezzogiorno; ~ *the end* poco prima della fine. **3** (*near*) dalle parti di, verso, presso, vicino a, nelle vicinanze di: *he lives* ~ *the river* abita dalle parti del fiume. **4** (*facing*) verso, di fronte a, rivolto a. **5** (*in relation to*) verso, nei confronti di, nei riguardi di: *one's attitude* ~ *foreigners* il proprio atteggiamento verso gli stranieri. **6** (*with a view to obtaining*) per, al fine di ottenere, rivolto a ottenere: *efforts* ~ *peace* sforzi per la pace.

tow| away *s.* → towing away. ~ **bar** *s.* ⟨*Aut*⟩ barra *f* di rimorchio. ~ **barge** *s.* ⟨*Mar*⟩ chiatta *f*. ~ **boat** *s.* rimorchiatore *m*.

towel ['tau(ə)l] **I** *s.* asciugamano *m*, asciugatoio *m*. **II** *v.t.* (*pret., p.p.* **towelled**/*am.* **toweled** [–d]) **1** asciugare (con un asciugamano): *to* ~ *one's face* asciugarsi la faccia; *to* ~ *o.s.* asciugarsi. **2** ⟨*fam*⟩ (*to thrash*) battere, picchiare, bastonare. □ ⟨*Sport*⟩ *to throw in the* ~ gettare la spugna (*anche fig.*).

towel bar *s.* portasciugamani *m*.

towelette ['tauəlet] *s.* salviettina *f* rinfrescante. **toweling** *am.*, **towelling** [–liŋ] *s.* **1** asciugatura *f*. **2** ⟨*Tess*⟩ tela *f* per asciugamani. **3** ⟨*sl*⟩ (*thrashing*) botte *fpl*, bastonatura *f*, legnate *fpl*.

towel| pole *s.* portasciugamani *m* ad albero. **~rack, ~rail** *s.* portasciugamani *m*. ~ **ring** *s.* portasciugamani *m* ad anello.

tower[1] ['tauə] **I** *s.* **1** torre *f*; (*fortified castle*) fortezza *f*, rocca *f*, cittadella *f*, roccaforte *f*. **2** (*water tower*) serbatoio *m* idrico (a forma di torre). **3** ⟨*Aer*⟩ (*control tower*) torre *f* di controllo. **4** ⟨*Ferr*⟩ torre *f* (*o* cabina) degli scambi. **5** ⟨*Mar*⟩ torretta *f*. **6** ⟨*Rad*⟩ (*of an antenna*) pilone *m*, torre *f*. **Tower** *N.pr.* (*tower of London*) torre *f* di Londra. **II** *v.i.* **1** torreggiare, elevarsi, sovrastare, ergersi. **2** (*of a bird*) librarsi in alto. □ *to* ~ **above**: 1 torreggiare su, sovrastare, dominare; 2 ⟨*fig*⟩ sovrastare, elevarsi su, essere superiore a: *he –s above his contemporaries* sovrasta i suoi contemporanei; ⟨*Bibl*⟩ ~ *of* **Babel** torre *f* di Babele; ⟨*fig*⟩ *a* ~ *of* **strength** persona *f* forte come una torre, pilastro *m*, roccaforte *f*.

tower[2] ['touə] *s.* (*one who tows*) chi rimorchia, chi traina.

tower| block ['tauə] *s.* palazzo *m* (*o* edificio) a molti piani. ~ **crane** *s.* ⟨*Mecc*⟩ gru *f* a torre.

towered ['tauəd] *a.* turrito, munito di torri, cinto da torri.

tower garage *s.* autosilo *m*.

towering ['tauəriŋ] *a.* **1** altissimo, elevato: ~ *cypress trees* altissimi alberi di cipresso. **2** ⟨*fig*⟩ (*violent*) violento, furioso, intenso, smodato: *a* ~ *rage* un'ira violenta; ~ *ambition* ambizione smodata.

towheaded ['touhedid] *a.* dai capelli di stoppa.

towing away ['touiŋ] *s.* ⟨*Aut*⟩ rimozione *f*. □ ~ *zone* zona *f* rimozione autoveicoli.

towline ['toulain] *s.* traina *f*, rimorchio *m*, cavo *m* (*o* gomena *f*) da rimorchio.

town [taun] **I** *s.* **1** città *f*; (*small city*) cittadina *f*, paese *m*. **2** (*particular town*) città *f: to live on the outskirts of* ~ vivere alla periferia della città; *to be out of* ~ essere fuori città. **3** ⟨*collett*⟩ (*inhabitants of a town*) città *f*, abitanti *mpl* della città, cittadinanza *f: the whole* ~ *knows of it already* lo sa già tutta la città. **4** (*urban life*) città *f*, vita *f* urbana (*o* di città): *to prefer the* ~ *to the country* preferire la città alla campagna. **5** (*capital city of a country*) capitale *f*, metropoli *f: to go up to* ~ *for a conference* andare nella capitale per una conferenza. **6** (*market town*) città *f* sede di mercato. **7** (*district of a city*) città *f*, quartiere *m* di città: *the upper* ~ la città alta; *the old* ~ il quartiere vecchio della città; (*business district*) centro *m* commerciale. **Town** *s.* **1** (*London*) Londra *f*. **2** (*West End of London*) zona *f* occidentale di Londra. **II** *a.* cittadino, da (*o* di) città: ~ *customs* abitudini cittadine; ~ *clothes* abiti da città. □ *a man about* ~ un uomo di mondo; *cities and –s* città grandi e piccole; *I'm going down* ~ *to do some shopping* vado in centro a fare acquisti; *the news was all over (the)* ~ la notizia era risaputa (*o* sulla bocca di tutti).

town| bill *am. s.* ⟨*Comm*⟩ cambiale *f* su piazza. ~ **center** *am.*, ⟍ **centre** *s.* **1** centro *m* cittadino. **2** ⟨*Strad*⟩ centro *m* città. ~ **clerk** *s.* segretario *m* comunale. ~ **council** *s.* consiglio *m* municipale. ~ **councillor** *s.* consigliere *m* comunale.

townee [tau'ni:] *s.* ⟨*spreg*⟩ **1** (*townsman*) uomo *m* di città, cittadino *m*. **2** ⟨*univ*⟩ abitante *m/f* di una città universitaria, cittadino *m*.

town| gas *s.* gas *m* di città. ~ **hall** *s.* municipio *m*. ~ **house** *s.* casa *f* di città, residenza *f* cittadina. ~ **plan** *s.* piano *m* regolatore. ~ **planner** *s.* urbanista *m*. ~ **planning** *s.* urbanistica *f*.

townsfolk ['taunzfouk] *s.pl.* cittadini *mpl*, cittadinanza *f*.

township ['taunʃip] *s.* **1** municipalità *f*, distretto *m* amministrativo, circoscrizione *f* amministrativa, municipalità *f*. **2** ⟨*am,canad*⟩ suddivisione *f* (amministrativa) di una contea. **3** ⟨*Stor*⟩ parrocchia *f*.

towns|man ['taunzmən] *s.irr.* **1** cittadino *m*. **2** (*fellow–townsman*) concittadino *m*. ~**people** *s.* → townsfolk. ~ **planning policy** *s.* politica *f* urbanistica.

townward(s) ['taunwəd(z)] *avv.* verso la città.

tow|path [tou] *s.* alzaia *f*, strada *f* alzaia. ~ **rope** *s.* → towline.

toxic ['tɔksik] *a.* **1** tossico. **2** (*poisonous*) velenoso, tossico. **toxically** [-əli] *avv.* in modo tossico (*o* velenoso).

toxicant [-ənt] **I** *a.* tossico, velenoso, venefico. **II** *s.* tossico *m*, sostanza *f* velenosa. **,toxication** [-'keiʃən] *s.*

avvelenamento *m*, intossicazione *f*.

toxic cloud *s.* nube *f* tossica.

toxicity [tɔk'sisiti] *s.* tossicità *f*, velenosità *f*.

toxicological [ˌtɔksikə'lɔdʒikəl] *a.* ⟨*Farm*⟩ tossicologico. **toxicologist** [-'kɔlədʒist] *s.* tossicologo *m* (*f* –a). **toxicology** [-'kɔlədʒi] *s.* tossicologia *f*.

toxic waste *s.* rifiuti *mpl* tossici.

toxin ['tɔksin] *s.* ⟨*Biol*⟩ tossina *f*.

toy [tɔi] **I** *s.* **1** giocattolo *m*, balocco *m*. **2** ⟨*fig*⟩ bazzecola *f*, bagatella *f*, inezia *f*, quisquilia *f*. **II** *a.* **1** giocattolo, da bambino, per bambini: *a* ~ *gun* un fucile giocattolo. **2** (*of some breeds of animals*) molto piccolo, nano. **III** *v.i.* **1** giocherellare, trastullarsi, baloccarsi, gingillarsi (*with* con). *stop –ing with my pen* smetti di giocherellare con la mia penna. **2** (*to amuse o.s.*) trastullarsi. □ *to* ~ *with one's food* piluccare, mangiucchiare.

toy| box *s.* scatola *f* dei balocchi. ~ **dog** *s.* cagnolino *m*, cane *m* da salotto. ~ **gun** *s.* pistola *f* giocattolo. ~**land** *s.* paese *m* dei balocchi. ~ **shop** *s.* negozio *m* di giocattoli. ~ **soldier** *s.* **1** soldatino *m* di latta (*o* piombo). **2** ⟨*Mil,fig*⟩ soldato *m* di un esercito che non fa mai la guerra, ⟨*scherz*⟩ soldato del papa.

tr. = ⟨*Gramm*⟩ *transitive* transitivo (*abbr.* tr.).

trabeate ['treibieit], **trabeated** [-id] *a.* ⟨*Arch*⟩ a trabeazione, ad architrave. **,trabeation** [-bi'eiʃən] *s.* trabeazione *f*, architravata *f*.

trace[1] [treis] **I** *s.* **1** tracce *fpl*, vestigia *fpl*, resti *mpl: –s of a prehistoric village* tracce di un villaggio preistorico. **2** (*indication left behind*) traccia *f*, segno *m*, impronta *f*, indizio *m: to disappear without leaving a* ~ scomparire senza lasciare traccia di sé. **3** ⟨*fig*⟩ ombra *f*, pizzico *m*, punta *f*, traccia *f: a* ~ *of irony* un'ombra d'ironia. **4** *pl.* (*animal's footprints*) orme *fpl*, peste *fpl*, impronte *fpl*, traccia *f*. **5** ⟨*Chim,Med*⟩ traccia *f: –s of blood* tracce di sangue. **II** *v.t.* **1** seguire le orme (*o* la traccia) di, inseguire, essere sulle tracce di: *to* ~ *a wolf* seguire le orme di un lupo. **2** (*of a path, track, etc.*) seguire, percorrere: *to* ~ *a route* seguire un itinerario. **3** ⟨*fig*⟩ (*to ascertain by going backwards*) rintracciare (risalendo indietro): *to* ~ *the origin of s.th.* rintracciare l'origine di qc. **4** ⟨*fig*⟩ (*to study the course of*) approfondire, studiare a fondo: *to* ~ *the development of a political movement* approfondire lo sviluppo di un movimento politico; (*to ascertain by studying the past*) accertare la causa (*o* l'origine) di, risalire a, rintracciare: *to* ~ *the failure of an enterprise* accertare la causa del fallimento di un'impresa. **5** (*to find, discover*) rintracciare, scoprire, ritrovare. **6** (*to see with difficulty*) intravedere, scorgere appena: *in spite of the mist we could* ~ *the outline of an island* nonostante la nebbia potemmo intravedere il profilo di un'isola. **7** (*to draw in outline, sketch;* spesso *con* out) tracciare, tratteggiare. **8** (*to draw, write carefully, precisely*) scrivere accuratamente, disegnare (*o* tracciare) con precisione: *the child –d his name* il bambino scrisse accuratamente il suo nome. **9** (*to copy by means of transparent paper*) lucidare, calcare, ricalcare. **10** (*to make a tracing of*) registrare, fare un tracciato di. □ *to lose all* ~ *of s.o.* perdere ogni traccia di qd.; ⟨*Meteor*⟩ ~ *of precipitation* precipitazione minima.

trace[2] *s.* **1** (*of a harness*) tirella *f*. **2** ⟨*Mecc*⟩ biella *f*, asta *f* di accoppiamento. □ *to be in the –s* (*of a horse*) essere bardato; ⟨*fig*⟩ *to kick over the –s* scuotere il giogo.

traceability [ˌtreisə'biliti] *s.* **1** l'essere rintracciabile. **2** (*quality of being ascribable*) l'essere attribuibile, imputabilità *f*. **3** (*of a drawing, etc.*) l'essere ricalcabile. **'traceable** [-bl] *a.* **1** rintracciabile. **2** (*ascribable*) da attribuire, da ascrivere, attribuibile, imputable (*to* a). **3** (*of a drawing, etc.*) ricalcabile.

trace elements *s.pl.* ⟨*Biol*⟩ oligoelementi *mpl*.

tracer ['treisə] *s.* **1** chi rintraccia. **2** (*of missing property*) chi rintraccia oggetti smarriti (durante il trasporto). **3** (*one who traces designs, etc.*) lucidista *m*, ricalcatore *m*; (*device*) calcatoio *m*; (*tracing wheel*) rotella *f* dentata da ricalco. **4** ⟨*Mil*⟩ → **tracer bullet**. **5** ⟨*Atom,Biol*⟩ elemento *m* tracciante.

tracer| bullet, ~ **shell** *s.* ⟨*Mil*⟩ proiettile *m* tracciante.

tracery ['treisəri] *s.* **1** ⟨*Arch*⟩ intaglio *m*, traforo *m*. **2**

(*decorative network of lines*) disegno *m* (ornamentale), intreccio *m* decorativo.
tracery window *s.* ⟨*Arch*⟩ finestra *f* a traforo (*o* lobi).
trachea [trə'kiːə, *am.* 'treikiə] *s.* (*pl.* **-cheae** ['kiːi]/**-s** [z]) ⟨*Anat*⟩ trachea *f.* **tracheal** [–l] *a.* tracheale.
tracheitis [ˌtræki'aitis] *s.* ⟨*Med*⟩ tracheite *f.*
tracheotomy [ˌtræki'ɔtəmi] *s.* tracheotomia *f.*
trachoma [trə'koumə] *s.* ⟨*Med*⟩ tracoma *m.* **trachomatous** [–təs] *a.* tracomatoso.
tracing ['treisiŋ] *s.* **1** (*act*) tracciatura *f*, tracciamento *m*; (*result*) tracciato *m.* **2** (*act of tracing by means of transparent paper*) lucidatura *f*, ricalco *m*, ricalcatura *f*; (*result*) lucido *m.*
tracing| cloth, **~ linen** *s.* tela *f* da lucidi. **~ paper** *s.* carta *f* da lucidi (*o* ricalco).
track[1] [træk] *s.* **1** traccia *f*, striscia *f*: *the ~ of a sleigh in the snow* la traccia di una slitta sulla neve; (*of a ship*) scia *f*; (*of a wheel*) solco *m.* **2** (*footprint*) traccia *f*, orma *f*, impronta *f.* **3** (*path*) viottolo *m*, sentiero *m*, pista *f.* **4** ⟨*Sport*⟩ pista *f*; (*track events*) gare *fpl* su pista; (*track–and–field sports*) atletica *f* leggera. **5** (*course, route*) percorso *m*, traiettoria *f*, corso *m*, itinerario *m*: *the ~ of a hurricane* il percorso di un uragano; *the ~ of a meteor* la traiettoria di una meteora. **6** ⟨*Aut*⟩ (*width between wheels*) carreggiata *f*, scartamento *m*; (*thread of a tyre*) battistrada *m.* **7** ⟨*Mecc*⟩ (*of a bulldozer, etc.*) cingolo *m.* **8** ⟨*Ferr*⟩ rotaie *fpl*, binario *m.* **9** ⟨*Aer*⟩ rotta *f* effettiva. □ ⟨*Sport*⟩ **~ and field** atletica leggera; *to have a one–~ mind* avere un'idea fissa, pensare sempre a una sola cosa; ⟨*fam*⟩ **in one's –s**: 1 sul posto (dove uno si trova); 2 (*instantly*) su due piedi, lì per lì; *the explosion pulled me up in my –s* l'esplosione mi fece restare immobile dove mi trovavo; *to* **keep ~ of**: 1 (*of expenses*) tenere il conto di; 2 (*to have up–to–date information*) tenersi al corrente di, tenersi aggiornato su; 3 (*of friends*) tenersi in contatto con; ⟨*Ferr*⟩ *to* **leave** the ~ deragliare; ⟨*fam*⟩ *to* **make –s** andarsene, far fagotto; ⟨*fam*⟩ *to* **make –s for** andare dritto (dritto) a, dirigersi a; **off** *the ~* fuori strada (*anche fig.*); *to* **be on** *the ~ of* essere sulle tracce di: *the police are on the ~ of the criminal* la polizia è sulle tracce del delinquente.
track[2] *v.t.* **1** seguire le tracce di, inseguire, essere sulle tracce di. **2** ⟨*fig*⟩ rintracciare (risalendo indietro). **3** (*of a path, etc.*) seguire, percorrere. **4** (*to travel over, traverse*) percorrere, attraversare. **5** ⟨*Ferr*⟩ fornire di binario (*o* rotaie), posare il binario su. **6** ⟨*Artigl*⟩ puntare. **7** ⟨*Mecc*⟩ avere uno scartamento di. □ *to* **~ down** rintracciare, trovare; *to ~ down a criminal* catturare un delinquente; ⟨*Cin*⟩ *to* **~ in** carrellare in avanti; *to* **~ out** carrellare all'indietro; ⟨*Aut*⟩ *to* **~ up** correggere la convergenza delle ruote.
track[3] *v.t.* ⟨*Mar*⟩ rimorchiare, alare.
trackage *am.* ['trækidʒ] *s.* ⟨*Ferr, collett*⟩ binari *mpl*, rotaie *fpl.*
tracked [trækt] *a.* **1** (*of a vehicle*) cingolato. **2** ⟨*Ferr*⟩ (nei composti) a binario ...: *single–~ railway line* linea ferroviaria a binario unico.
tracker[1] ['trækə] *s.* **1** chi segue una traccia. **2** ⟨*Venat*⟩ cacciatore *m* (*f* –trice) abile nello stanare la selvaggina. **3** ⟨*Artigl*⟩ (*instrument*) strumento *m* di puntamento; (*person*) puntatore *m.*
tracker[2] *s.* (*one who tows*) chi rimorchia, chi ala.
tracker dog *s.* **1** ⟨*Venat*⟩ segugio *m.* **2** (*dog used to track fugitives*) cane *m* poliziotto.
tracking ['trækiŋ] *s.* **1** ⟨*Venat*⟩ inseguimento *m* della selvaggina. **2** ⟨*Artigl*⟩ puntamento *m.* **3** ⟨*Cin*⟩ → **tracking shot.**
tracking shot *s.* ⟨*Cin*⟩ carrellata *f.*
tracklayer ['trækleiə] *s.* ⟨*Ferr*⟩ operaio *m* addetto alla posa dei binari. **tracklaying** [–leiiŋ] *s.* posa *f* dei binari.
trackless ['træklis] *a.* **1** senza sentieri (*o* piste), impervio. **2** (*not leaving tracks, footprints*) che non lascia tracce (*o* impronte).
tract[1] [trækt] *s.* **1** tratto *m*, distesa *f*, estensione *f*, spazio *m*: *a ~ of arable land* un tratto di terreno arabile. **2** ⟨*Anat*⟩ apparato *m*, sistema *m.* **3** ⟨*poet*⟩ (*period of time*) periodo *m*, tratto *m* (*o* spazio) di tempo.

tract[2] *s.* ⟨*Rel,Pol*⟩ trattatello *m*, opuscolo *m*, fascicolo *m.*
tractability [ˌtræktə'biliti] *s.* docilità *f*, trattabilità *f*, arrendevolezza *f.* **tractable** [–bl] *a.* **1** docile, arrendevole. **2** (*of materials, metals*) trattabile, duttile. **tractably** [–bli] *avv.* docilmente, arrendevolmente.
tractate ['trækteit] *s.* (*treatise*) trattato *m*, saggio *m*, studio *m.*
traction ['trækʃən] *s.* **1** trazione *f* (*anche Fis.,Mecc.,Med.*). **2** (*adhesive friction of a wheel*) aderenza *f.*
traction| coefficient *s.* ⟨*Ferr*⟩ coefficiente *m* di aderenza. **~ engine** *s.* ⟨*Mecc*⟩ trattore *m.* **~ wheel** *s.* ruota *f* motrice.
tractive ['træktiv] *a.* di (*o* da) trazione, traente.
tractor ['træktə] *s.* **1** ⟨*Agr*⟩ trattore *m*, trattrice *f.* **2** ⟨*Aut*⟩ (*bodiless truck*) motrice *f.* **3** ⟨*Mecc*⟩ → **traction engine.**
tractor feed *s.* ⟨*Inform*⟩ alimentazione *f* a trattore.
trad [træd] ⟨*sl*⟩ **I** *a.* **1** (*traditional*) tradizionale. **2** (*of jazz*) classico. **II** *s.* jazz *m* classico.
trade[1] [treid] **I** *s.* **1** commercio *m*, scambio *m* di merci: *international ~* commercio internazionale; (*industry*) industria *f: the building ~* l'industria delle costruzioni. **2** (*traffic*) commercio *m*, attività *f* commerciale, traffico *m*, movimento *m* degli affari; (*market*) mercato *m*, piazza *f*, settore *m* di affari, commercio *m: souvenirs for the holiday ~* souvenirs per il mercato turistico. **3** (*occupation*) attività *f*, occupazione *f*, lavoro *m: to ply one's ~* esercitare la propria attività; (*craft*) mestiere *m.* **4** (*occupation of a retail merchant*) commercio *m* al dettaglio (*o* minuto): *to go into ~* mettersi nel commercio al dettaglio. **5** (*collett*) lavoratori *mpl*, mondo *m* del lavoro; (*merchant class*) commercianti *mpl.* **6** *pl.* (*trade–winds*) alisei *mpl.* **II** *a.* **1** del (*o* relativo al) commercio, commerciale. **2** (*of trade unions*) sindacale, dei sindacati. □ **by ~** di mestiere, di professione; *to do ~ with* intrattenere relazioni commerciali con; commerciare con; *to be in ~* essere nel commercio, fare il commerciante, esercitare il commercio.
trade[2] **I** *v.t.* (s)cambiare, permutare, barattare: *to ~ wheat for machinery* scambiare frumento con macchinari. **II** *v.i.* **1** commerciare, trafficare, esercitare il commercio: *our company –s all over the world* la nostra ditta commercia in tutto il mondo. **2** (*to traffic*) fare traffico (*in* di), ⟨*spreg*⟩ trafficare (qc.). **3** (*to deal as a customer*) avere rapporti d'affari, intrattenere relazioni commerciali, trattare (*with* con). □ *to* **~ in** dare in pagamento parziale; ⟨*fig*⟩ *to* **~ on** (*o upon*) sfruttare, approfittare di, speculare su.
trade| acceptance *s.* accettazione *f* commerciale. **~ agreement** *s.* accordo *m* commerciale. **~ association** *s.* associazione *f* di categoria. **~ barriers** *s.pl.* barriere *fpl* commerciali (*o* al commercio). **~ bill** *s.* titolo *m* di credito all'ordine. **~ cooperation** *s.* cooperazione *f* commerciale. **~ credit** *s.* credito *m* mercantile. **~ cycle** *s.* ciclo *m* economico. **~ fair** *s.* fiera *f* campionaria. **~ gap** *s.* disavanzo *m* (*o* squilibrio) della bilancia commerciale. **~–in** ⟨*fam*⟩ articolo *m* usato ceduto a parziale pagamento di uno nuovo. **~ journal** *s.* giornale *m* di categoria. **~ licence** *s.* licenza *f* d'esercizio. **~magazine** *s.* rivista *f* di categoria. **~mark, ~–mark** *s.* marchio *m* (di fabbrica). **~–name, ~ name** *s.* **1** (*of an article*) marca *f*, nome *m* depositato. **2** (*of a firm*) ragione *f* (*o* denominazione) sociale, nome *m* commerciale. **~–off** *s.* 1 scambio *m.* **2** (*compromise*) compromesso *m.*
trader ['treidə] *s.* **1** commerciante *m/f*, mercante *m*, trafficante *m/f.* **2** ⟨*Econ*⟩ scambista *m.* **3** ⟨*Mar*⟩ nave *f* mercantile, mercantile *m.*
trade| report *s.* bollettino *m* commerciale. **~ route** *s.* rotta *f* mercantile (*o* commerciale). **~ school** *s.* istituto *m* tecnico.
trades|folk ['treidz] *s.pl.* → **tradespeople. ~man** [mən] *s.irr.* **1** negoziante *m*, bottegaio *m*, esercente *m.* **2** (*skilled worker*) artigiano *m.* **3** (*merchant*) mercante *m*, commerciante *m*, trafficante *m.* **~man's entrance** [mənz] *s.* entrata *f* di servizio. **~people** *s.pl.* commercianti *mpl*, mercanti *mpl.* **~woman** *s.irr.* negoziante *f*, bottegaia *f*, esercente *f.*
trade talks *s.pl.* negoziati *mpl* commerciali.

trade union I s. sindacato m. II a. sindacale. □ *Trades Union Congress* congresso m dei sindacati; ~ *contributions* contributi sindacali; ~ *rights* diritti sindacali. **trade unionism** s. sindacalismo m. **trade unionist** s. sindacalista m/f.

trade| war s. guerra f commerciale. ~ **wind** s. aliseo m.

trading ['treidiŋ] I s. commercio m, negozio m, traffico m. II a. commerciale, mercantile.

trading| area s. area f commerciale. ~ **association** s. → **trade association**. ~ **block** s. blocco m commerciale. ~ **cheque** s. buono m spesa. ~ **company** s. società f commerciale. ~ **estate** s. zona f industriale. ~ **licence** s. licenza f commerciale. ~ **partner** s. partner m commerciale. ~ **post** s. base f (o stazione) commerciale. ~ **stamp** s. bollo m premio. ~ **vessel** s. ⟨Mar⟩ nave f mercantile, mercantile m.

tradition [trə'diʃən] s. tradizione f. **traditional** [-əl] a. tradizionale. **traditionalism** [-əlizəm] s. tradizionalismo m (anche Rel.,Filos.). **traditionalist** [-əlist] I s. tradizionalista m/f. II a. → **traditionalistic. traditionalistic** [-əlistik] a. tradizionalistico, tradizionalista. **traditionally** [-əli] avv. tradizionalmente.

traduce [trə'dju:s] v.t. 1 calunniare, diffamare. 2 (to misrepresent) denigrare, screditare. **traducement** [-mənt] s. calunnia f, diffamazione f. **traducer** [-ə] s. diffamatore m (f -trice), calunniatore m (f -trice).

traffic[1] ['træfik] s. 1 ⟨Strad,Ferr,Aer⟩ traffico m: the ~ was heavy and we were late il traffico era intenso e facemmo tardi. 2 (commercial activity) commercio m, attività f commerciale, traffico m. 3 (illegal, disreputable trade) traffico m, commercio m illecito, ⟨spreg⟩ mercato m: the slave ~ il traffico degli schiavi. 4 (transport business) trasporti mpl, trasporto m.

traffic[2] v. (pret., p.p. **-ked** [-t]) I v.i. 1 commerciare, trafficare, negoziare (in in). 2 (to carry on illegal commercial activity) fare traffico, ⟨spreg⟩ trafficare (qc.): to ~ in arms fare traffico di armi. II v.t. (s)cambiare, permutare, barattare.

trafficator ['træfikeitə] s. ⟨Aut⟩ lampeggiatore m (o freccia f) direzionale, indicatore m di direzione.

traffic| capacity s. capacità f di traffico. ~ **circle** am. s. ⟨Strad⟩ (rotary) isola f rotatoria. ~ **control** s. regolazione f del traffico. ~ **density** s. densità f di traffico. ~ **hold-up** s. imbottigliamento m. ~ **island** s. isola f pedonale, salvagente m. ~ **jam** s. intasamento m (o ingorgo) del traffico.

trafficker ['træfikə] s. 1 trafficante m, mercante m: an arms ~ un trafficante di armi. 2 ⟨ant⟩ (merchant, trader) commerciante m, mercante m. **trafficking** [-kiŋ] s. traffico m: dope ~ traffico di stupefacenti.

traffic| lane s. ⟨Strad⟩ corsia f di traffico. ~ **lights** s.pl. semaforo m. ~ **regulations** s.pl. norme fpl di circolazione. ~ **warden** s. vigile m urbano (addetto al traffico).

tragacanth ['trægəkænθ] s. ⟨Farm,Chim⟩ gomma f adragante.

tragedian [trə'dʒi:diən] s. 1 (actor) attore m tragico, tragico m. 2 (writer) tragico m, tragediografo m. **tragedienne** [-di'en] s. attrice f tragica.

tragedy ['trædʒidi] s. ⟨Lett⟩ tragedia f (anche collett.,fig.). □ (fig) to end in ~ finire ⌐in tragedia⌐ (o male).

tragic ['trædʒik], **tragical** [-əl] a. ⟨Lett⟩ tragico (anche fig.): ~ style stile tragico; (of tragedy) tragico, di tragedie: ~ actor attore tragico. **tragically** [-əli] avv. tragicamente.

tragicomedy [,trædʒi'komidi] s. ⟨Lett⟩ tragicommedia f (anche fig.). **tragicomic** [-mik], **tragicomical** [-mikəl] a. tragicomico (anche fig.). **tragicomically** [-mikəli] avv. in modo tragicomico.

tragopan ['trægopæn] s. ⟨Ornit⟩ tragopano m, fagiano m cornuto.

trail [treil] I v.t. 1 strascicare, trascinare, far strisciare, strascinare: to ~ one's skirt through the mud strascicare la gonna nel fango. 2 (to draw, drag behind one) trascinare, tirarsi dietro (o appresso): the child -ed his toy car il bambino trascinava l'automobilina. 3 (of smoke, dust,

etc.) lasciare una scia di. 4 ⟨Mil⟩ (of a firearm) tenere (o portare) a bilanciarm. 5 (to track, hunt) inseguire, seguire le orme di, cacciare: to ~ an animal inseguire un animale; (of a person) pedinare, seguire con circospezione. 6 ⟨fam⟩ (to be behind in a race, competition, etc.) restare (o rimanere) indietro a. II v.i. 1 strusciare, strascicare, strisciare: her dress was -ing through the dust il suo vestito strusciava nella polvere. 2 (to hang loosely, freely) pendere, penzolare. 3 (of smoke, dust, etc.) formare una scia. 4 (of plants) arrampicarsi, strisciare: ivy was -ing all over the wall l'edera si arrampicava su tutto il muro. 5 ⟨fig⟩ (to walk heavily, wearily) (s)trascinarsi, arrancare, camminare faticosamente (o a stento). 6 ⟨fam⟩ (to lag behind in a race, competition, etc.) rimanere (o restare) indietro, rimanere staccato (o in coda): he was already -ing at the end of the first lap alla fine del primo giro era già rimasto indietro. 7 (to become weak, etc.; general. con away, off) venir meno, affievolirsi, scemare: her voice -ed away in embarrassment la voce le venne meno per l'imbarazzo. III s. 1 traccia f, orma f, impronta f: a ~ of blood una traccia di sangue. 2 (path, track) viottolo m, sentiero m, tracciato m, pista f: a ~ up a mountain un viottolo di montagna. 3 (stream) scia f, striscia f: a ~ of smoke una scia di fumo. 4 ⟨Astr⟩ (of a meteor) traiettoria f (o striscia) luminosa. 5 (of a skirt, robe) strascico m; coda f. 6 ⟨Artigl⟩ coda f d'affusto. □ to ~ along after (o behind) s.o. seguire qd., stare alle calcagna di qd.; ⟨Mil⟩ to ~ arms bilanciare le armi; ⟨Mil⟩ at (the) ~ in posizione di bilanciarm; to follow a ~ seguire una traccia (o pista); to lose the ~ perdere ⌐la pista⌐ (o le tracce); on the ~ of sulle tracce di, all'inseguimento di; the police were hot on his ~ la polizia gli stava alle calcagna; to pick up the ~ rintracciare la pista, ritrovare la traccia.

trail| arms I s.pl. (costr. sing.) ⟨Mil⟩ (position) posizione f di bilanciarm. II intz. bilanciarm. **~blazer** s. 1 chi apre (o traccia) una nuova pista. 2 ⟨fig⟩ pioniere m (f -a), innovatore m (f -trice).

trailer ['treilə] s. 1 chi segue una traccia. 2 (hunter) cacciatore m (f -trice). 3 ⟨Bot⟩ pianta f rampicante, rampicante m. 4 ⟨Aut⟩ rimorchio m; (caravan) roulotte f, caravan m. 5 ⟨Cin⟩ presentazione f di un film.

trail| net s. ⟨Pesc⟩ rete f a strascico. ~ **rope** s. ⟨Aer⟩ cavo m guida (o moderatore).

train[1] [trein] s. 1 ⟨Ferr⟩ treno m: to take the ~ prendere il treno; to travel by ~ viaggiare in treno. 2 (line, file of people, vehicles, etc.) colonna f, corteo m, fila f, processione f, convoglio m; (caravan) carovana f. 3 ⟨Mil⟩ convoglio m, treno m. 4 (retinue, following) seguito m, scorta f, corteo m, codazzo m, accompagnamento m. 5 (line of gunpowder for exploding a charge) miccia f. 6 ⟨Mecc⟩ treno m d'ingranaggi, rotismo m. 7 ⟨fig⟩ (orderly linked sequence) serie f, sequenza f, sequela f, successione f: a ~ of reactions una serie di reazioni. 8 ⟨fig⟩ (aftermath, sequel) conseguenza f, seguito m, strascico m, coda f: the flood brought a famine in its ~ l'alluvione portò come conseguenza la carestia. 9 (of a skirt, robe) strascico m, coda f. 10 (of a peacock) coda f. 11 ⟨Astr⟩ (of a meteor) traiettoria f (o scia) luminosa; (of a comet) coda f. □ ⟨fig⟩ in ~ pronto; one's ~ of thought il filo dei propri pensieri.

train[2] I v.t. 1 educare, avvezzare, insegnare a, abituare: to ~ one's children to obedience educare i figli all'obbedienza; (to instruct in a skill, profession, etc.) educare, istruire, preparare, addestrare, formare. 2 (of animals) addestrare, istruire, ammaestrare; (of horses) scozzonare. 3 ⟨Sport⟩ allenare, addestrare, esercitare: to ~ an athlete allenare un atleta. 4 (of one's mind, judgement, etc.) coltivare, allenare, addestrare, esercitare. 5 ⟨Agr,Giard⟩ far crescere (nel modo voluto mediante potature, legature, ecc.): to ~ fruit trees as espaliers far crescere alberi da frutta a spalliera. 6 (to aim, point) puntare, dirigere: to ~ a camera on s.o. puntare una macchina fotografica su qd. II v.i. 1 addestrarsi, prepararsi, istruirsi. 2 ⟨Sport⟩ allenarsi, addestrarsi, esercitarsi: to ~ for the marathon allenarsi per la maratona. □ to ~ down perdere peso con l'allenamento; to ~ off (of weight) eliminare (o perdere) con

l'allenamento.
trainable ['treinəbl] *a.* addestrabile, ammaestrabile, educabile.
train bearer *s.* paggio *m* (*o* valletto) che regge lo strascico.
trained nurse [treind] *s.* infermiera *f* diplomata (*o* professionale).
trainee [trei'ni:] *s.* **1** tirocinante *m/f*, apprendista *m/f*. **2** (*animal being trained*) animale *m* che viene ammaestrato. **3** ⟨*am.Mil*⟩ recluta *f*. **4** ⟨*am.Univ*⟩ specializzando *m* (*f* –a) di corso di perfezionamento.
trainer ['treinə] *s.* **1** ⟨*Sport*⟩ allenatore *m* (*f* –trice), istruttore *m* (*f* –trice). **2** (*of animals*) ammaestratore *m* (*f* –trice), addestratore *m* (*f* –trice), domatore *m* (*f* –trice); (*of horses*) scozzone *m*. **3** ⟨*Artigl*⟩ puntatore *m*. **4** ⟨*Aer*⟩ apparecchio *m* scuola; (*simulator*) simulatore *m*.
train ferry *s.* ⟨*Mar*⟩ traghetto *m* ferroviario.
training ['treiniŋ] *s.* **1** istruzione *f*, preparazione *f*, educazione *f*, addestramento *m*. **2** (*practice in a profession, etc.*) esercizio *m*, pratica *f*, tirocinio *m*. **3** ⟨*Sport*⟩ allenamento *m*, preparazione *f* atletica. **4** (*of animals*) ammaestramento *m*, addestramento *m*. □ ⟨*Sport*⟩ *to break* ~ interrompere (*o* sospendere) l'allenamento; *to be in* ~: 1 fare il tirocinio; 2 ⟨*Sport*⟩ essere ⁀in forma⁀ (*o* ben allenato); ⟨*Sport*⟩ *to be out of* ~ essere fuori allenamento (*o* forma).
training| camp *s.* ⟨*Mil*⟩ campo *m* d'addestramento. **~ college**, **~ school** *s.* (*teachers college*) istituto *m* (*o* scuola *f*) magistrale. **~ ship** *s.* ⟨*Mar*⟩ nave *f* scuola.
train| man [mən] *s.irr.* ⟨*Ferr*⟩ ferroviere *m*. **~master** *s.* capotreno *m*. **~ oil** *s.* olio *m* di balena.
traipse *v./s.* → **trapse**.
trait [trei, treit] *s.* **1** tratto *m*, aspetto *m*, caratteristica *f*, peculiarità *f*. **2** (*facial feature*) tratti *mpl*, lineamenti *mpl*, fattezze *fpl*.
traitor ['treitə] *s.* traditore *m*: *a* ~ *to one's country* un traditore del proprio paese. **traitorous** [–rəs] *a.* traditore, proditorio, sleale. **traitorously** [–rəsli] *avv.* a tradimento, proditoriamente. **traitorousness** [–rəsnis] *s.* slealtà *f*, proditorietà *f*. **traitress** [–tris] *s.* traditrice *f*.
trajectory [trə'dʒektəri] *s.* ⟨*Aer,Astron,Geom*⟩ traiettoria *f*.
tram[1] [træm] *s.* **1** tram *m*, tranvai *m*, vettura *f* tranviaria. **2** ⟨*Minier*⟩ vagonetto *m*, vagoncino *m*.
tram[2] *v.i.* (*pret., p.p.* **trammed** [–d]) andare in tram.
tram[3] *s.* ⟨*Tess*⟩ trama *f* di seta.
tram| car *s.* vettura *f* tranviaria, tram *m*, tranvai *m*. **~line** *s.* **1** tranvia *f*. **2** (*route of a tram*) linea *f* tranviaria. **3** *pl.* ⟨*sport*⟩ (*in tennis*) corridoio *m*.
trammel ['træməl] **I** *s.* **1** ⟨*Pesc,Venat*⟩ tramaglio *m*. **2** (*for a horse*) pastoia *f*. **3** *pl.* ⟨*fig*⟩ pastoia *f*, catena *f*, impedimento *m*, impaccio *m*. **4** (*for a fireplace chain*) gancio *m*, uncino *m*. **5** ⟨*tecn*⟩ (*drawing instrument*) ellissografo *m*; (*beam compass*) compasso *m* a verga. **6** ⟨*Mecc*⟩ attrezzo *m* per l'allineamento (*o* centraggio, regolazione). **II** *v.t.* (*pret., p.p.* **trammelled**/*am.* **trammeled** [–d]) **1** impastoiare, inceppare, impedire, ostacolare, intralciare. **2** ⟨*Pesc*⟩ prendere (*o* impigliare) nel tramaglio.
tramp [træmp] **I** *v.i.* **1** camminare pesantemente (*o* con passo pesante). **2** (*to travel about*) camminare, andare a piedi, vagabondare, girare, girovagare, ⟨*fam,scherz*⟩ scarpinare. **3** (*to travel as a tramp*) vagabondare, fare il vagabondo. **II** *v.t.* **1** percorrere a piedi, fare un'escursione a piedi per, camminare per: *to* ~ *the hills* percorrere a piedi le colline; (*to go for long walks*) fare lunghe passeggiate (*o* camminate) in (*o* per). **2** (*to tramp over, through*) camminare (su e giù) per. **III** *s.* **1** passo *m* pesante, andatura *f* pesante: *the* ~ *of marching soldiers* il passo pesante dei soldati in marcia; (*sound*) calpestio *m*. **2** (*long walk, hike*) lunga passeggiata *f*, gita *f*, escursione *f*. **3** (*vagrant, vagabond*) vagabondo *m* (*f* –a), ⟨*gerg*⟩ barbone *m*. **4** ⟨*Mar*⟩ → **tramp ship**. **5** ⟨*am.fam*⟩ (*immoral woman, girl*) sgualdrina *f*; (*whore*) prostituta *f*, ⟨*volg*⟩ puttana *f*. □ *to* ~ *on* pestare, camminare su, calpestare: *to* ~ *on s.o.'s toe* pestare il piede a qd.
trample ['træmpl] **I** *v.i.* camminare pesantemente (*o* con passo pesante). **II** *v.t.* **1** calpestare, camminare su,

pestare. **2** ⟨*fig*⟩ calpestare, violare, offendere. **3** (*to extinguish by stamping*; general. con *out*) spegnere pestando con i piedi, schiacciare (per spegnere). **III** *s.* **1** il calpestare, pestata *f*, pestatura *f*. **2** (*sound*) calpestio *m*. □ *to* ~ *down*: 1 calpestare: *to* ~ *down the grass* calpestare l'erba; 2 ⟨*fig*⟩ violare, calpestare, offendere: *to* ~ *down the law* violare la legge; *to* ~ *on*: 1 camminare su, calpestare, pestare; 2 ⟨*fig*⟩ calpestare, violare, infrangere, mettersi sotto i piedi.
trampoline ['træmpəlin] *s.* ⟨*Ginn*⟩ trampolino *m*.
tramp| ship, **~ steamer** *s.* nave *f* da carico, ⟨*spreg*⟩ carretta *f*.
tram| rail *s.* rotaia *f* tramviaria. **~way** *s.* tranvia *f*.
trance [trɑːns] *s.* **1** ⟨*Occult*⟩ trance *f*. **2** ⟨*Med*⟩ catalessi *f*. **3** (*ecstasy*) estasi *f*, rapimento *m*.
tranquil ['træŋkwil] *a.* (*compar.* **tranquiller**/*am.* **tranquiler** [–ə], *sup.* **tranquillest**/*am.* **tranquilest** [–ist]) **1** tranquillo, sereno, calmo: *a* ~ *life* una vita tranquilla. **2** (*quiet, peaceful*) pacifico, quieto.
tranquility *e der.* → **tranquillity** *e der.*
tranquillity [træŋ'kwiliti] *s.* **1** tranquillità *f*, serenità *f*, calma *f*. **2** (*quietness*) tranquillità *f*, pace *f*, quiete *f*. **,tranquillization** [–lai'zeiʃən] *s.* il tranquillizzare. **'tranquillize** [–laiz] *v.t.* **1** tranquillizzare, tranquillare, rassicurare. **2** ⟨*Med*⟩ calmare (per mezzo di un tranquillante). **'tranquillizer** [–laizə] *s.* **1** chi rassicura, chi tranquillizza. **2** ⟨*Farm*⟩ tranquillante *m*.
trans. = ⟨*Gramm*⟩ *transitive* transitivo (*abbr.* trans.).
transact [træn'zækt] **I** *v.t.* sbrigare, trattare, fare, condurre, occuparsi di: *to* ~ *one's business* sbrigare i propri affari; *to* ~ *negotiations* condurre negoziati. **II** *v.i.* trattare, intrattenere relazioni (*with* con). **transaction** [–kʃən] *s.* **1** disbrigo *m*, trattazione *f*, conduzione *f*. **2** (*deal*) affare *m*, operazione *f*: *the* ~ *yielded a good profit* l'affare ha dato un buon utile. **3** *pl.* (*published record of proceedings*) atti *mpl*. **4** ⟨*Comm,Econ,Dir*⟩ transazione *f*.
transactional analysis [,træn'zækʃənəl] *s.* ⟨*Psic*⟩ analisi *f* transazionale.
transactive [træn'zæktiv] *a.* transattivo. **transactor** [–ə] *s.* ⟨*Comm*⟩ operatore *m* (*f* –trice).
transalpine [trænz'ælpain] *a.* transalpino.
transaminase [trænz'æmineis] *s.* ⟨*Fisiol*⟩ transaminasi *f*.
transatlantic [,trænzət'læntik] *a.* transatlantico.
transatlantic liner *s.* ⟨*Mar*⟩ transatlantico *m*.
transceiver [træns'si:və] *s.* ⟨*Rad*⟩ ricetrasmettitore *m*.
transcend [træn'send] *v.t.* **1** trascendere, oltrepassare, superare: *to* ~ *the limits of common sense* trascendere i limiti del buon senso. **2** ⟨*Filos*⟩ trascendere. **transcendence** [–əns], **transcendency** [–ənsi] *s.* ⟨*Filos,Mat*⟩ trascendenza *f*. **transcendent** [–ənt] *a.* **1** straordinario, eccezionale, eccelso, trascendentale. **2** ⟨*Filos,Mat*⟩ trascendente. **,transcen'dental** [–entl] *a.* **1** straordinario, eccelso, eccezionale, trascendentale. **2** (*abstract*) astratto; (*abstruse*) astruso, complicato, oscuro, trascendentale. **3** ⟨*Mat*⟩ trascendente. **4** ⟨*Filos*⟩ trascendentale.
transcendental meditation *s.* meditazione *f* trascendentale.
transcontinental [,trænzkɔnti'nentl] *a.* transcontinentale: *a* ~ *express* un rapido transcontinentale.
transcribe [træn'skraib] *v.t.* trascrivere (*anche Mus.*): *to* ~ *one's lecture notes* trascrivere gli appunti di una conferenza. **transcriber** [–ə] *s.* trascrittore *m* (*f* –trice).
transcript ['trænskript] *s.* copia *f* (trascritta), trascrizione *f* (*anche Dir.*). **tran'scription** [–pʃən] *s.* trascrizione *f* (*anche Mus.*). **tran'scriptional** [–pʃənəl] *a.* di (*o* relativo a) una trascrizione.
transducer [trænz'dju:sə] *s.* ⟨*Fis,Inform*⟩ trasduttore *m*.
transept [trænsept] *s.* ⟨*Arch*⟩ transetto *m*.
transfer[1] [træns'fə:] *v.* (*pret., p.p.* **transferred** [–d]) **I** *v.t.* **1** spostare, trasportare, passare: *to* ~ *s.th. from one hand to another* spostare qc. da una mano all'altra. **2** (*of an employee, etc.*) trasferire, spostare. **3** ⟨*Mil*⟩ trasferire, assegnare ad altra sede. **4** ⟨*Dir*⟩ trasferire, trasmettere, cedere. **5** (*of a drawing, design, etc.*) trasportare, riportare, decalcare. **II** *v.i.* **1** trasferirsi, spostarsi, traslocare, traslocarsi: *to* ~ *to a house in the suburbs* trasferirsi in

una casa in periferia. **2** ⟨*Mil,Scol*⟩ trasferirsi. **3** (*to change from one transport vehicle to another*) trasbordare, fare un trasbordo.

transfer[2] ['trænsfə:] *s.* **1** trasferimento *m* (*anche Mil.*): *to apply for a* ~ chiedere un trasferimento; (*person transferred*) militare *m* trasferito (*o* assegnato ad altra sede). **2** (*of prisoners*) trasporto *m* di detenuti, ⟨*burocr*⟩ traduzione *f.* **3** (*drawing that may be transferred*) disegno *m* da trasporto (*o* riporto); (*transferable embroidery pattern*) modello *m* da ricalcare; (*design transferable by soaking*) decalcomania *f.* **4** (*ticket enabling a passenger to change routes*) biglietto *m* cumulativo. **5** ⟨*Dir*⟩ trasferimento *m*, passaggio *m* di proprietà, cessione *f.* **6** ⟨*Econ*⟩ trapasso *m*, traslazione *f.* **7** ⟨*Econ*⟩ rimessa *f* telegrafica; (*of shares*) trasferimento *m.* □ ⟨*Psic*⟩ ~ *of training* transfert *m.*

transferability [,trænsfə:rə'biliti] *s.* **1** trasferibilità *f* (*anche Econ.*). **2** ⟨*Dir*⟩ trasferibilità *f*, cedibilità *f*, trasmissibilità *f.* **trans'ferable** [-bl] *a.* **1** trasferibile (*anche Econ.*). **2** ⟨*Dir*⟩ trasferibile, cedibile.

transfer book *s.* ⟨*Econ*⟩ libro *m* dei trasferimenti di azioni.

transferee [,trænsfə'ri:] *s.* **1** chi viene trasferito (*o* spostato) in altra sede. **2** ⟨*Mil*⟩ militare *m* trasferito (*o* assegnato ad altra sede). **3** ⟨*Dir*⟩ cessionario *m* (*f* -a).

transference [træns'fə:rəns] *s.* **1** trasferimento *m* (*anche Econ.*). **2** (*of a drawing, etc.*) riporto *m* mediante calco, trasporto *m.*

transfer ink *s.* inchiostro *m* ⌈da trasporto⌉ (*o* litografico).

transferor [træns'fə:rə] *s.* ⟨*Dir*⟩ cedente *m/f.*

transfer| paper *s.* carta *f* da trasporto. ~ **picture** *s.* decalcomania *f.* ~ **printing** *s.* decalcomania *f.* ~ **rate** *s.* ⟨*Inform*⟩ trasferimento *m* dati.

transfiguration [,trænsfigju'reiʃən] *s.* trasfigurazione *f*, metamorfosi *f.* **Transfiguration** *s.* ⟨*Lit,Art,Teol*⟩ trasfigurazione *f.* **trans'figure** [-gə] *v.t.* trasfigurare.

transfix [træns'fiks] *v.t.* **1** trafiggere, trapassare, infilzare: *to* ~ *s.o. with a sword* trafiggere qd. con una spada. **2** ⟨*fig*⟩ pietrificare, paralizzare, far restare di sasso. **transfixion** [-kʃən] *s.* **1** trafittura *f*, infilzamento *m*, infilzatura *f.* **2** ⟨*Chir*⟩ transfissione *f.*

transform [træns'fɔ:m] **I** *v.t.* **1** trasformare, mutare, cambiare: *the prince was -ed into a frog* il principe fu trasformato in un ranocchio. **2** ⟨*El*⟩ trasformare (elevando *o* abbassando la tensione). **3** ⟨*Fis*⟩ convertire. **4** ⟨*Mat*⟩ trasformare. **II** *v.i.* trasformarsi, cambiarsi, convertirsi (*into* in). **transformable** [-əbl] *a.* trasformabile, convertibile. **,transformation** [-fə'meiʃən] *s.* **1** trasformazione *f*, mutamento *m*, cambiamento *m.* **2** (*radical change*) mutamento *m* (*o* trasformazione *f*) radicale, metamorfosi *f: there has been a* ~ *in his attitude* c'è stato un mutamento radicale nel suo atteggiamento. **3** ⟨*Fis,Filos*⟩ conversione *f.* **4** ⟨*Teat*⟩ → **transformation scene.**

transformational [,trænsfə'meiʃənəl] *a.* ⟨*Ling*⟩ trasformazionale: ~ *grammar* grammatica trasformazionale. **transformationalism** [-izm] *s.* linguistica *f* trasformazionale. **transformationalist** [-ist] *s.* trasformazionalista *m/f.*

transformation| range *s.* ⟨*Met*⟩ intervallo *m* (termico) critico (*o* di trasformazione). ~ **scene** *s.* **1** ⟨*Teat*⟩ graduale cambiamento *m* di scena a sipario aperto. **2** ⟨*fam*⟩ (*of appearance of a place*) mutamento *m* sorprendente.

transformative [træns'fɔ:mətiv] *a.* trasformativo. **transformer** [-mə] *s.* **1** trasformatore *m* (*f* -trice). **2** ⟨*El*⟩ trasformatore *m.*

transformer room *s.* cabina *f* elettrica.

transformism [træns'fɔ:mizəm] *s.* ⟨*Biol,Pol*⟩ trasformismo *m*, evoluzionismo *m.* **transformist** [-mist] **I** *s.* trasformista *m/f*, evoluzionista *m/f.* **II** *a.* trasformistico.

transfuse [træns'fju:z] *v.t.* **1** ⟨*Med*⟩ (*of blood saline*) trasfondere; (*of a patient*) sottoporre a trasfusione. **2** ⟨*fig*⟩ infondere, instillare. **3** ⟨*rar*⟩ (*to transfer by pouring*) travasare. **transfusion** [-'fju:ʒən] *s.* ⟨*Med*⟩ trasfusione *f.* **transfusive** [-'fju:siv] *a.* che serve a trasfondere, di

trasfusione.

transgress [træns'gres] *v.t.* **1** trasgredire (a), violare, infrangere: *to* ~ *the law* trasgredire la legge. **2** (*to exceed*) oltrepassare, superare: *to* ~ *the bounds of decency* oltrepassare i limiti della decenza. **transgression** [-græʃən] *s.* **1** trasgressione *f*, violazione *f*, infrazione *f.* **2** (*sin*) peccato *m*, colpa *f*, errore *m.* **transgressor** [-ə] *s.* trasgressore *m* (*f* trasgreditrice), violatore *m* (*f* -trice).

tranship [træn'ʃip], **transhipment** [-mənt] → **trans-ship, trans-shipment.**

transhumance [træns'hju:məns] *s.* ⟨*Zootecn*⟩ transumanza *f.*

transience ['trænsiəns], **transiency** [-i] *s.* caducità *f*, labilità *f*, precarietà *f*, transitorietà *f.*

transient ['trænsiənt] **I** *a.* transitorio, caduco. **II** *s.* ⟨*am*⟩ (*transient guest, boarder*) cliente *m/f* di passaggio. **transiently** [-li] *avv.* transitoriamente, fuggevolmente, fugacemente.

transire [træn'saiə] *s.* ⟨*Mar*⟩ lasciapassare *m* doganale.

transistor [træn'zistə] *s.* **1** ⟨*El*⟩ transistor(e) *m.* **2** ⟨*fam*⟩ → **transistor radio. ,transistorization** [-rai'zeiʃən] *s.* transistorizzazione *f.* **transistorize** [-raiz] *v.t.* transistorizzare.

transistor radio *s.* radio *f* a transistor.

transit ['trænsit] **I** *s.* **1** passaggio *m*, transito *m.* **2** ⟨*Astr*⟩ (*across a meridian*) culminazione *f*, passaggio *m* al meridiano; (*across the sun*) transito *m.* **3** ⟨*Astr*⟩ (*transit instrument*) equatoriale *m.* **4** ⟨*Topogr*⟩ → **transit compass. II** *v.t./i.* ⟨*Astr*⟩ passare.

transit| bill *s.* ⟨*Comm*⟩ bolletta *f* di transito. ~ **circle** *s.* ⟨*Astr*⟩ bussola *f* di declinazione. ~ **compass** *s.* ⟨*Topogr*⟩ teodolite *m.* ~ **duty** *s.* ⟨*Econ*⟩ diritti *mpl* di transito.

transition [træn'siʒən] *s.* **1** passaggio *m*, transizione *f: the* ~ *from adolescence to adulthood* il passaggio dall'adolescenza all'età adulta; *a period of* ~ un periodo di transizione. **2** ⟨*Mus*⟩ modulazione *f.* **transitional** [-əl], **transitionary** [-əri] *a.* di transizione, di passaggio.

transitive ['trænsitiv] **I** *a.* ⟨*Gramm*⟩ transitivo. **II** *s.* verbo *m* transitivo, transitivo *m.* **transitively** [-li] *avv.* transitivamente.

transitorily ['trænsitərili] *avv.* transitoriamente, temporaneamente. **transitoriness** [-rinis] *s.* transitorietà *f*, temporaneità *f*, precarietà *f.* **transitory** [-ri] *a.* transitorio, temporaneo, precario, fuggevole, passeggero.

transit| time *s.* ⟨*Astr*⟩ ora *f* di passaggio al meridiano di un corpo celeste. ~ **visa** *s.* ⟨*Econ*⟩ visto *m* di transito.

translatable [træns'leitəbl, trænz-] *a.* traducibile.

translate [træns'leit, trænz-] **I** *v.t.* **1** tradurre: *to* ~ *an Italian novel into English* tradurre un romanzo italiano in inglese; *to* ~ *Shakespeare* tradurre Shakespeare. **2** (*to explain, interpret*) interpretare, spiegare, chiarire. **3** (*to transform, convert*) tradurre, trasformare, convertire: *to* ~ *ideas into action* tradurre le idee in azione. **4** (*to transfer*) trasferire, spostare. **5** ⟨*Rel*⟩ (*of a bishop*) trasferire; (*of a saint's relics*) effettuare la traslazione di. **6** ⟨*Tel*⟩ ritrasmettere. **7** ⟨*Bibl,Teol*⟩ assumere in cielo (con il corpo). **II** *v.i.* **1** fare il traduttore, tradurre. **2** (*to be translatable*) essere traducibile: *his poetry does not* ~ *easily* la sua poesia non è facilmente traducibile. □ ~ *word for word* tradurre alla lettera.

translation [træns'leiʃən, trænz-] *s.* **1** traduzione *f*, versione *f.* **2** ⟨*Rel,Fis,Astr*⟩ traslazione *f.* **3** ⟨*Tel*⟩ ritrasmissione *f.* **translational** [-əl] *a.* **1** di (*o* relativo a) traduzione. **2** ⟨*Mecc*⟩ traslatorio, di traslazione: ~ *motion* moto traslatorio. **translator** [-'leitə] *s.* **1** traduttore *m* (*f* -trice). **2** ⟨*Tel*⟩ translatore *m.*

transliterate [trænz'litəreit] *v.t.* traslitterare. **,transliteration** [-'reiʃən] *s.* traslitterazione *f.* **transliterator** [-ə] *s.* esperto *m* (*f* -a) in traslitterazione.

translucence [trænz'lu:səns], **translucency** [-i] *s.* traslucidità *f*, semitrasparenza *f.* **translucent** [-nt], **translucid** [-sid] *a.* traslucido, semitrasparente.

transmigrant [trænz'maigrənt] **I** *s.* emigrante *m/f* in transito. **II** *a.* trasmigrante. **transmigrate** [-greit] *v.i.* trasmigrare (*anche Rel.*). **,transmigration** [-'greiʃən] *s.* trasmigrazione *f* (*anche Rel.*). □ ~ *of souls* trasmigrazione *f* delle anime, metempsicosi *f.*

transmissibility [trænz,misə'biliti] *s.* trasmissibilità *f.* **trans'missible** [-bl] *a.* trasmissibile. **transmission** [-'miʃən] *s.* **1** trasmissione *f* (*anche Rad.,Mecc.,Fis.*). **2** ⟨*am*⟩ (*gearbox*) cambio *m* di velocità. **transmissive** [-'misiv] *a.* **1** che trasmette, trasmittente, trasmettitore. **2** (*capable of being transmitted*) trasmissibile, che può essere trasmesso.

transmit [trænz'mit] *v.t.* (*pret., p.p.* **transmitted** [-id]) **1** trasmettere, inviare, mandare. **2** (*of knowledge, news, etc.*) trasmettere, comunicare. **3** (*to hand down by inheritance*) trasmettere, tramandare. **4** ⟨*Fis*⟩ trasmettere, condurre. **5** ⟨*Rad,Mecc*⟩ trasmettere. **transmittable** [-əbl] *a.* trasmissibile, che si può trasmettere. **transmittal** [-əl] *s.* trasmissione *f.* **transmittance** [-əns] *s.* trasmissione *f* (*anche Fis.*). **transmitter** [-ə] *s.* **1** trasmettitore *m* (*f* –trice). **2** → **transmitting set. 3** → **transmitting station. 4** ⟨*Tel*⟩ trasmettitore *m* (telefonico).

transmitting| set [trænz'mitiŋ] *s.* ⟨*Rad*⟩ radiotrasmettitore *m.* ~ **station** *s.* trasmittente *f,* trasmettitore *m,* stazione *f* trasmittente, radiotrasmettitore *f.*

transmogrification [,trænzmɔgrifi'keiʃən] *s.* ⟨*scherz*⟩ trasformazione *f* magica. **trans'mogrify** [-fai] *v.t.* trasformare d'incanto.

transmutability [trænz,mju:tə'biliti] *s.* trasformabilità *f.* **trans'mutable** [-bl] *a.* trasformabile, trasmutabile.

transmutation [,trænzmju:'teiʃən] *s.* **1** trasformazione *f,* conversione *f.* **2** ⟨*Biol*⟩ mutazione *f.* **transmutational** [-əl] *a.* di (*o* relativo a) una trasformazione evolutiva. **trans'mutative** [-tətiv] *a.* trasformatore. **transmute** [-'mju:t] *v.t.* trasmutare, trasformare, mutare.

transnational [,trænz'næʃənl] *a.* transnazionale.

transoceanic [,trænz,ouʃi'ænik] *a.* transoceanico.

transom ['trænsəm] *s.* **1** ⟨*Arch*⟩ (*lintel*) architrave *f,* piattabanda *f;* (*crosspiece dividing a window*) traversa *f.* **2** ⟨*Arch*⟩ → **transom window. 3** ⟨*Mar*⟩ arcaccia *f.* **4** ⟨*Artigl*⟩ traversa *f.* **transomed** [-d] *a.* ⟨*Arch*⟩ a lunetta.

transom window *s.* ⟨*Arch*⟩ **1** (*above a transom*) sopraffinestra *f.* **2** (*divided by a transom*) finestra *f* a lunetta.

transonic [træn'sɔnik] *a.* ⟨*Fis,Aer*⟩ transonico.

transparence [træns'peərəns] *s.* trasparenza *f.* **transparency** [-i] *s.* **1** trasparenza *f.* **2** ⟨*fig*⟩ chiarezza *f,* trasparenza *f.* **3** ⟨*Fot*⟩ diapositiva *f.* □ ⟨*fig*⟩ ~ *of data* trasparenza *f* dei dati. **transparent** [-nt] *a.* **1** trasparente (*anche Fis.*). **2** ⟨*fig*⟩ chiaro, limpido, trasparente, evidente. **transparently** [-ntli] *avv.* **1** in modo trasparente. **2** ⟨*fig*⟩ chiaramente, limpidamente.

transpierce [træns'piəs] *v.t.* trafiggere, trapassare.

transpiration [,trænspi'reiʃən] *s.* **1** ⟨*Fisiol*⟩ traspirazione *f* cutanea, sudore *m.* **2** ⟨*Fis,Bot*⟩ traspirazione *f.* **transpiratory** [-'spairətəri] *a.* traspiratorio.

transpire [træn'spaiə] **I** *v.i.* **1** traspirare, trasudare. **2** ⟨*fig*⟩ (*to become known*) trapelare, manifestarsi, palesarsi. **3** ⟨*pop*⟩ (*to happen*) succedere, avvenire, accadere. **II** *v.t.* trasudare, stillare; (*of perfume*) esalare, effondere, emanare.

transplant [træns'plɑ:nt] **I** *v.t.* **1** ⟨*Agr,Chir*⟩ trapiantare. **2** (*to transfer, transport*) trasferire, trapiantare. **II** *v.i.* ⟨*Agr*⟩ sopportare il trapianto, essere trapiantabile **transplantable** [-əbl] *a.* trapiantabile. **,transplan'tation** [-eiʃən] *s.* ⟨*Agr,Chir*⟩ trapianto *m.* **transplanter** [-ə] *s.* ⟨*Agr*⟩ **1** persona *f* che effettua trapianti. **2** (*machine*) rapiantatrice *f;* (*tool*) trapiantatoio *m.*

transport I *v.t.* [træns'pɔ:t] **1** trasportare, spostare, trasferire. **2** ⟨*fig*⟩ rapire, estasaire, trasportare, entusiasmare. **3** ⟨*Stor*⟩ (*to send to a penal colony*) deportare. **II** *s.* ['trænspɔ:t] **1** trasporto *m.* **2** (*means of transportation*) mezzo *m* di trasporto. **3** ⟨*Mar.mil*⟩ nave *f* trasporto (truppe). **4** ⟨*Aer*⟩ → **transport plane. 5** ⟨*fig*⟩ estasi *f,* rapimento *m;* (*rush of emotion*) impeto *m,* trasporto *m,* impulso *m,* attacco *m: a* ~ *of rage* un impeto d'ira. □ *to be in* ~*s of joy* essere al colmo della gioia; *means of* ~ mezzo *m* di trasporto.

transportability [,trænspɔ:tə'biliti] *s.* l'essere trasportabile. **trans'portable** [-bl] *a.* **1** trasportabile. **2** ⟨*Stor*⟩ (*of a crime*) punibile con la deportazione. **transportation** [-'teiʃən] *s.* **1** trasporto *m.* **2** ⟨*am*⟩ (*means of conveyance*) mezzo *m* di trasporto. **3** ⟨*Stor*⟩ deportazione *f.* **trans'porter** [-tə] *s.* **1** trasportatore *m* (*f* –trice). **2** ⟨*Aut*⟩ autotreno *m* per il trasporto di autoveicoli. **3** ⟨*Mecc*⟩ (*travelling crane*) gru *f* mobile; (*conveyor belt*) nastro *m* trasportatore.

transport plane *s.* ⟨*Aer*⟩ aereo *m* da trasporto.

transposability [,trænspouzə'biliti] *s.* commutabilità *f,* permutabilità *f.* **trans'posable** [-bl] *a.* commutabile, permutabile. **trans'posal** [-zəl] *s.* trasposizione *f,* permutazione *f,* commutazione *f.* **transpose** [-'pouz] *v.t.* **1** trasporre, commutare, permutare, invertire. **2** ⟨*Mus*⟩ trasporre, trasportare. **transposer** [-'pouzə] *s.* ⟨*Mecc*⟩ traspositore *m.* **transposition** [-pə'ziʃən] *s.* **1** trasposizione *f,* permutazione *f,* commutazione *f.* **2** ⟨*Mat,Med,Mus*⟩ trasposizione *f.* **transpositional** [-pə'ziʃənəl], **transpositive** [-'pɔzitiv] *a.* commutativo.

transsexual [træns'seksʃuəl] **I** *a.* transessuale. **II** *s.* transessuale *m.* **transsexualism** [-izəm] *s.* transessualismo *m.*

trans-ship [træns'ʃip] *v.t./i.* trasbordare. **trans-shipment** [-mənt] *s.* trasbordo *m.*

trans-sonic *a.* → **transonic.**

transubstantiate [,trænsəb'stænʃieit] *v.t.* ⟨*Teol*⟩ transustanziare. **transub,stantiation** [-ʃi'eiʃən] *s.* transustanziazione *f.*

transudate ['trænsjudeit] *s.* ⟨*Med*⟩ trasudato *m.* **,transudation** [-'deiʃən] *s.* **1** trasudazione *f.* **2** ⟨*Med*⟩ → **transudate. transude** [-'sju:d] *v.t./i.* trasudare.

transversal [trænz'və:səl] **I** *a.* → **transverse. II** *s.* ⟨*Geom*⟩ retta *f* trasversale, trasversale *f.* **'transverse** [-və:s] **I** *a.* trasversale, obliquo, traverso. **II** *s.* **1** cosa *f* trasversale. **2** ⟨*Anat*⟩ muscolo *m* traverso. **3** ⟨*Edil*⟩ traversa *f.* **transversely** [-sli] *avv.* trasversalmente, obliquamente, di (*o* per) traverso.

transvestite [trænz'vestail] *s.* ⟨*Psic*⟩ travestito *m.*

Transylvania [,trænsil'veiniə] *N.pr.* ⟨*Geog*⟩ Transilvania *f.* **Transylvanian** [-n] **I** *a.* transilvanico. **II** *s.* abitante *m/f* della Transilvania.

trap[1] [træp] *s.* **1** trappola *f.* **2** ⟨*fig*⟩ trappola *f,* tranello *m,* trabocchetto *m,* inganno *m,* insidia *f.* **3** (*trap door*) trabocchetto *m,* botola *f.* **4** (*in clay-pigeon shooting*) lanciapiattello *m.* **5** ⟨*Sport*⟩ stoppata *f.* **6** (*light carriage*) calesse *m,* carrozzella *f.* **7** ⟨*Idr*⟩ pozzetto *m* intercettatore, sifone *m,* chiusino *m.* **8** ⟨*sl*⟩ (*mouth*) bocca *f,* ⟨*fam*⟩ becco *m: shut your* ~*!* chiudi il becco! **9** ⟨*sl*⟩ (*policeman*) poliziotto *m.* □ *to be caught in a* ~ essere preso in una trappola (*anche fig.*); *to fall into a* ~ cadere in una trappola; ⟨*fig*⟩ cadere in un trabocchetto (*o* tranello), cadere nella trappola; *to lay* (*o* set) *a* ~ tendere una trappola (*for* a).

trap[2] *v.* (*pret., p.p.* **trapped** [-t]) **I** *v.t.* **1** prendere in trappola, intrappolare (*anche fig.*). **2** ⟨*fig*⟩ (*to deceive*) intrappolare, ingannare, raggirare, imbrogliare. **3** (*to prevent from getting out*) intrappolare, imprigionare, chiudere in una trappola: *the lift broke down and they were* –*ped* l'ascensore si guastò e restarono intrappolati. **4** (*to catch, entangle*) chiudere, impigliare, intrappolare: *to* ~ *one's finger in a door* chiudersi il dito in una porta. **5** (*of a place: to set with traps*) mettere (*o* tendere) trappole in. **6** ⟨*Sport*⟩ stoppare. **7** (*to stop, hold*) trattenere, bloccare, fermare: *these mountains* ~ *fogs generated over the ocean* queste montagne trattengono le nebbie che si formano sull'oceano. **8** (*of a drain*) mettere chiusini in, fornire (*o* munire) di sifoni. **II** *v.i.* **1** mettere (*o* tendere) trappole. **2** (*to work as a trapper*) fare il cacciatore di animali da pelliccia.

trap[3] **I** *s.pl.* ⟨*fam*⟩ (*belongings*) effetti *mpl* personali, indumenti *mpl;* (*baggage*) bagagli *mpl.* **II** *v.t.* ⟨*rar*⟩ bardare, addobbare.

trap[4] *s.* ⟨*Geol*⟩ trappo *m.*

trapan[1] [trə'pæn] *s.* → **trepan**[1].

trapan[2] *v.* (*pret., p.p.* **trapanned** [-d]) → **trepan**[2].

trap-door *s.* **1** trabocchetto *m,* botola *f.* **2** ⟨*Teat*⟩ trabocchetto *m.*

trapes *v./s.* → **trapse.**

trapeze [trə'pi:z] *s.* ⟨*Ginn*⟩ trapezio *m.*

trapeze artist *s.* trapezista *m/f.*

trapeziform [trə'pi:zifɔːm] *a.* trapezoidale, trapezoide.

trapezium [-ziəm] *s.* (*pl.* **-s** [z]/**-zia** [ziə]) ⟨*Geom*⟩ trapezio *m.*

trapezoid ['træpizɔid] **I** *s.* ⟨*Geom*⟩ trapezoide *m.* **II** *a.* → **trapezoidal.** ,**trape'zoidal** [-əl] *a.* trapezoidale, trapezoide.

trapper ['træpə] *s.* **1** chi tende trappole. **2** (*fur hunter*) cacciatore *m* di animali da pelliccia. **trapping** [-piŋ] *s.* caccia *f* a mezzo di trappole.

trappings ['træpiŋz] *s.pl.* **1** decorazioni *fpl*, ornamenti *mpl*, guarnizioni *fpl*. **2** ⟨*fig*⟩ sfoggio *m*, pompa *f*, lusso *m*. **3** (*of a horse*) bardatura *f*.

Trappist ['træpist] **I** *s.* ⟨*Rel*⟩ trappista *m.* **II** *a.* dei (*o* relativo ai) trappisti. **Trappistine** [-in] *s.* trappistina *f.* **trappistine** *s.* (*liqueur*) liquore *m* dei trappisti.

trapse [treips] **I** *v.i.* ⟨*fam*⟩ andare in giro, vagare, girovagare: *we -d all over town* andammo in giro per tutta la città. **II** *s.* (*tiring walk*) passeggiata *f* faticosa (*o* stancante).

trapshoot ['træpʃuːt] *s.* ⟨*Sport*⟩ gara *f* di tiro al piattello. **trapshooter** [-ə] *s.* tiravolista *m/f.* **trapshooting** [-iŋ] *s.* tiro *m* al piattello.

trash [træʃ] **I** *s.* **1** immondizie *fpl*, rifiuti *mpl*, spazzatura *f.* **2** (*nonsense*) sciocchezze *fpl*, stupidaggini *fpl*, ⟨*pop*⟩ fesserie *fpl*. **3** (*worthless goods*) ciarpame *m*, paccottiglia *f*, ciarpe *fpl*, cianfrusaglie *fpl;* (*worthless literary, artistic material*) scritto *m* (*o* opera *f*) che non vale nulla, robaccia *f*, porcheria *f.* **4** (*worthless person*) persona *f* che non vale nulla, nullità *f.* **5** (*collett*) (*worthless persons*) gente *f* che non vale (*o* conta) nulla. **6** ⟨*am*⟩ (*beggar, destitute person*) povero *m* (*f* –a), diseredato *m* (*f* –a). **7** (*fallen vegetable matter*) sterpi *mpl*, sfogliatura *f*, ramaglia *f.* **8** ⟨*Agr*⟩ (*of sugar cane*) bagassa *f.* **II** *v.t.* ⟨*Agr*⟩ sfoltire, sfrondare.

trash| can *am. s.* pattumiera *f*, secchio *m* della spazzatura. ~ **compactor** *s.* ⟨*Mecc*⟩ compattatore *m* per rifiuti.

trashery ['træʃəri] *s.* cianfrusaglie *fpl*, ciarpame *m*, paccottiglia *f*, ciarpe *fpl*.

trashily ['træʃili] *avv.* in modo scadente. **trashiness** [-ʃinis] *s.* l'essere di nessun valore. **trashy** [-ʃi] *a.* **1** di nessun valore, scadente, di scarto. **2** (*strewn with trash*) pieno di sterpi (*o* foglie secche, ramaglie).

trauma ['trɔːmə] *s.* (*pl.* **-s** [z]/**-mata** [mətə]) ⟨*Med,Psic*⟩ trauma *m.* **traumatic** [-'mætik] *a.* traumatico. **traumatically** [-'mætikəli] *avv.* in modo traumatico. **traumatology** [,trɔːmə'tɔlədʒi] *s.* traumatologia *f.*

trav. = **1** *traveller* viaggiatore. **2** *travels* viaggi.

travail ['træveil, *am.* trə'veil] **I** *s.* **1** duro lavoro *m*, fatica *f*, faticata *f.* **2** (*pains of childbirth*) travaglio *m* di parto, doglie *fpl*. **II** *v.i.* **1** faticare, sgobbare, sfacchinare. **2** (*to be in labour*) avere le doglie, essere in travaglio.

travel[1] ['trævl] *v.* (*pret., p.p.* **travelled**/*am.* **traveled** [-d]) **I** *v.i.* **1** viaggiare, fare un viaggio: *to* ~ *through Europe* viaggiare per l'Europa; *to* ~ *by train* viaggiare in treno. **2** (*to advance, proceed*) procedere, andare, muoversi, viaggiare. **3** (*to be transmitted*) propagarsi, diffondersi: *news* ~ *fast in this town* le notizie si diffondono presto in questa città. **4** (*to work as a commercial traveller*) fare il 'commesso viaggiatore' (*o* rappresentante), viaggiare. **5** ⟨*fam*⟩ (*to move swiftly*) andare veloce, correre, volare. **6** ⟨*Mecc*⟩ compiere (*o* percorrere) la corsa. **II** *v.t.* **1** percorrere, coprire, fare: *to* ~ *fifty miles* percorrere cinquanta miglia. **2** (*to travel over, through*) viaggiare per (*o* in), percorrere, attraversare: *he has -led the whole country* ha viaggiato per tutto il paese. □ *to* ~ *at fifty miles an hour* fare (*o* andare a) cinquanta miglia all'ora; ⟨*Comm*⟩ *to* ~ *in* fare il rappresentante di, viaggiare in; *to* ~ **light** viaggiare con poco bagaglio; *to* ~ **over** percorrere, viaggiare per (*o* in); *to* ~ **round** viaggiare (*o* girare) per.

travel[2] *s.* **1** viaggi *mpl*, il viaggiare: *space* ~ viaggi spaziali. **2** *pl.* viaggi *mpl*, peregrinazioni *fpl:* *my* –*s in Southern Europe* i miei viaggi nell'Europa meridionale. **3** ⟨*Mecc*⟩ corsa *f*, escursione *f.* □ *to set out on one's* –*s* mettersi in viaggio.

travel| agency *s.* agenzia *f* 'di viaggi' (*o* turistica). ~ **agent** *s.* agente *m* di viaggi.

traveled *am. e der.* → **travelled** *e der.*

travel kit *s.* nécessaire *m* da viaggio.

travelled ['træv(ə)ld] *a.* **1** (*of a person*) che ha viaggiato: *he is much* ~ è uno che ha viaggiato molto. **2** (*of a road*) di gran traffico. **traveller** [-lə] *s.* **1** viaggiatore *m* (*f* –trice). **2** (*commercial traveller*) commesso *m* viaggiatore, viaggiatore *m* di commercio. **3** ⟨*Mecc*⟩ parte *f* mobile di una macchina. **4** ⟨*Tess*⟩ anellino *m*, cursore *m.*

traveller's| cheque *s.* ⟨*Econ*⟩ assegno *m* turistico, traveller's cheque *m.* ~ **joy** *s.* ⟨*Bot*⟩ vitalba *f.*

travelling ['træv(ə)liŋ] **I** *s.* il viaggiare, viaggi *mpl.* **II** *a.* **1** viaggiante, viaggiatore. **2** (*used by travellers*) da viaggio.

travelling| allowance *s.* indennità *f* di viaggio (*o* trasferta). ~ **bag** *s.* borsa *f* 'da viaggio' (*o* a mano). ~ **clock** *s.* sveglia *f* da viaggio. ~ **companion** *s.* compagno *m* di viaggio. ~ **crane** *s.* gru *f* mobile. ~ **expenses** *s.pl.* spese *fpl* di viaggio; (*reimbursement*) indennità *f* di trasferta. ~ **salesman** *am.* *s.irr.* commesso *m* viaggiatore, viaggiatore *m* di commercio.

travelog *am.*, **travelogue** ['trævəlɔg] *s.* **1** conferenza *f* su un viaggio accompagnata da proiezioni. **2** ⟨*Cin*⟩ documentario *m* che descrive un paese straniero.

travel| organization *s.* organizzazione *f* turistica (*o* di viaggi). ~ **shot** *s.* ⟨*Cin*⟩ carrellata *f.* ~ **sickness** *s.* ⟨*Med*⟩ cinetosi *f.*

traversable ['trævəsəbl] *a.* **1** percorribile, transitabile, praticabile. **2** ⟨*Dir*⟩ contestabile, confutabile. **traverse** [-vəs] **I** *v.t.* **1** attraversare, traversare: *to* ~ *the desert* attraversare il deserto; *to* ~ *a period of unrest* attraversare un periodo di disordini. **2** ⟨*fig*⟩ esaminare (a fondo), considerare (attentamente), vagliare. **3** ⟨*Alp*⟩ traversare: *to* ~ *a rock face* traversare una parete di roccia. **4** (*to oppose*) opporsi a, contrastare (con), contraddire. **5** ⟨*Dir*⟩ contestare, confutare. **6** (*to cause to move laterally*) mettere di traverso, spostare lateralmente. **7** ⟨*Artigl*⟩ brandeggiare. **II** *v.i.* **1** attraversare: *a point in the river where we could* ~ un punto del fiume dove potevamo attraversare. **2** ⟨*Alp*⟩ fare una traversata. **3** (*to move laterally*) spostarsi lateralmente, muoversi di traverso. **4** ⟨*Artigl*⟩ effettuare un brandeggio. **5** (*of a horse*) andare di sghembo. **6** ⟨*Sport*⟩ (*in skiing*) salire di traverso; '(*in fencing*) fare un legamento. **III** *s.* **1** ⟨*Geom*⟩ linea *f* trasversale. **2** ⟨*Alp*⟩ traversata *f.* **3** ⟨*Sport*⟩ (*in skiing*) salita *f* di traverso; (*in fencing*) legamento *m.* **4** ⟨*Mil*⟩ traversa *f*, riparo *m* (*o* parapetto) trasversale. **5** ⟨*Artigl*⟩ brandeggio *m.* **6** ⟨*Mecc*⟩ traslazione *f* (*o* corsa) trasversale. **7** ⟨*Arch*⟩ galleria *f* (*o* balconata) trasversale. **8** ⟨*Dir*⟩ contestazione *f*, confutazione *f.* **IV** *a.* (*transverse*) traverso, trasversale, obliquo. **V** *avv.* trasversalmente, obliquamente.

traverser ['trævəsə] *s.* **1** chi attraversa. **2** ⟨*Dir*⟩ chi confuta (*o* contesta). **3** ⟨*Ferr*⟩ trasversatore *m*, piattaforma *f* girevole.

travertin(e) ['trævəti(:)n] *s.* ⟨*Min*⟩ travertino *m.*

travesty ['trævisti] **I** *s.* **1** ⟨*Lett,Art*⟩ travestimento *m*, parodia *f.* **2** ⟨*fig*⟩ parodia *f*, caricatura *f*, imitazione *f* ridicola. **II** *v.t.* **1** ⟨*Lett*⟩ travestire, parodiare. **2** ⟨*fig*⟩ parodiare, ridicolizzare.

trawl [trɔːl] **I** *s.* ⟨*Pesc*⟩ **1** → **trawl net.** **2** → **trawl line.** **II** *v.t./i.* pescare a strascico, sciabicare. '**trawler** [-ə] *s.* **1** (*person*) chi pesca a strascico. **2** (*ship*) sciabica *f*, motopeschereccio *m* a strascico, trawler *m.* '**trawlerman** [-əmən] *s.irr.* pescatore *m* a strascico. '**trawling** [-iŋ] *s.* pesca *f* a strascico.

trawl| line *s.* ⟨*Pesc*⟩ palamite *m*, palamito *m*, palangaro *m.* ~ **net** *s.* rete *f* a strascico, sciabica *f*, trawl *m.*

tray [trei] *s.* **1** vassoio *m*, guantiera *f.* **2** (*low-sided box–like receptacle*) (s)compartimento *m*, ripiano *m* (con bordi rialzati); (*for liquids*) bacinella *f*, vaschetta *f*; (*for letters, papers*) cassetta *f.* **3** (*trayful*) vassoiata *f.*

treacherous ['tretʃərəs] *a.* **1** sleale, falso, infido, traditore: *a* ~ *ally* un alleato sleale. **2** (*of things: hazardous*) pericoloso: *a* ~ *stretch of water* un corso d'acqua pericoloso. **treacherously** [-li] *avv.* a tradimento, proditoriamente. **treacherousness** [-nis] *s.* slealtà *f*, falsità *f.* **treachery** [-ri] *s.* **1** tradimento *m.* **2** (*instance*) perfidia *f*, slealtà *f*, falsità *f.*

treacle ['triːkl] *s.* melassa *f*, sciroppo *m* di melassa.

treacly [–i] *a.* **1** stucchevole. **2** ⟨*fig*⟩ sdolcinato.

tread[1] [tred] *v.* (*pret.* **trod** [trɔd]/'**treaded** [–id]/*rar.* **trode** [troud], *p.p.* **trodden** ['trɔdn]/**trod**/*rar.* **tread**) **I** *v.t.* **1** camminare su, percorrere. **2** (*of a road, way: to follow*) percorrere, seguire, battere; (*to form by walking*) tracciare, fare (calpestando o pigiando): *to ~ a path through the snow* tracciare un sentiero nella neve. **3** (*to press down by trampling on*; spesso con *down*) calpestare, pestare, calcare, pigiare. **4** ⟨*Agr*⟩ (*of grain*; spesso con *out*) trebbiare, battere; (*of grapes*) pigiare, pestare. **5** ⟨*tecn*⟩ (*of a tyre*) applicare il battistrada a. **6** (*of a dance*) ballare, danzare, eseguire, fare. **7** (*of a male bird: to copulate with*) accoppiarsi con. **II** *v.i.* **1** (*to walk, step*) camminare, procedere, andare, muoversi. **2** (*of a male bird: to copulate*) accoppiarsi. □ ⟨*fig*⟩ *to ~ on air* toccare il cielo con un dito, essere al settimo cielo; *to ~ the boards = to tread the stage*; ⟨*fam*⟩ *to ~ on s.o.'s corns* pestare i calli (o piedi) a qd. (*anche fig.*); *to ~ down*: 1 pigiare, pressare, comprimere: *to ~ down the soil* pigiare il terreno; 2 ⟨*fig*⟩ opprimere, vessare, calpestare; *to ~ on s.o.'s heels* stare alle calcagna di qd., tallonare qd., seguire dappresso qd.; *to ~ lightly* camminare con passo leggero; ⟨*fig*⟩ andare coi piedi di piombo, procedere con cautela; *to ~ on*: 1 calpestare, pestare; 2 (*to press with the foot*) pigiare, premere col piede: *to ~ on the accelerator* premere sull'acceleratore; 3 ⟨*fig*⟩ (*to oppress*) opprimere, calpestare, vessare; *to ~ out a fire* spegnere un fuoco pestandolo con i piedi; ⟨*Teat*⟩ *to ~ the stage* calcare le scene, fare l'attore; ⟨*fig*⟩ *to ~ (in) the steps of* seguire ⌐le orme⌐ (o l'esempio) di; *to ~ s.o. under* schiacciare qd., calpestare qd.; ⟨*fig*⟩ distruggere qd.; *to ~ water* stare a galla quasi eretto agitando i piedi.

tread[2] *s.* **1** passo *m: I heard his ~ on the stairs* ho sentito il suo passo per le scale. **2** (*style of walking*) passo *m*, andatura *f: a heavy ~* un passo pesante. **3** (*mark left by treading*) orma *f*, impronta *f*, pesata *f*. **4** (*of a stair, step*) gradino *m*; (*width*) alzata *f*; (*covering*) pedata *f*. **5** ⟨*Aut*⟩ battistrada *m*; (*distance between the front or back wheels*) carreggiata *f*. **6** ⟨*Calz*⟩ suola *f*. **7** ⟨*Mecc*⟩ cingolo *m*. **8** ⟨*Mar*⟩ lunghezza *f* della chiglia.

treadle ['tredl] **I** *s.* ⟨*Mecc*⟩ pedale *m: the ~ of a sewing machine* il pedale di una macchina per cucire. **II** *v.i.* pedalare. **III** *v.t.* azionare il pedale di. **treadle loom** *s.* ⟨*Tess*⟩ telaio *m* a pedale.

treadmill *s.* **1** mulino *m* azionato a mano mediante una ruota. **2** ⟨*fig*⟩ ritmo *m* monotono di lavoro, routine *f*.

treason ['tri:zn] *s.* ⟨*Dir*⟩ tradimento *m*; (*high treason*) alto tradimento *m*. **treasonable** [–əbl] *a.* proditorio, di tradimento, traditore; *~ act* atto proditorio. **treasonably** [–əbli] *avv.* a tradimento, proditoriamente. **treasonous** [–əs] *a.* → **treasonable**.

treasure ['treʒə] **I** *s.* **1** tesoro *m: a buried ~* un tesoro sepolto. **2** ⟨*estens*⟩ (*wealth, riches*) (grande) ricchezza *f*, ricchezze *fpl*. **3** ⟨*fig*⟩ patrimonio *m*, tesoro *m: the country's artistic ~s* il patrimonio artistico del paese. **4** (*beloved person*) tesoro *m*, amore *m: my ~!* tesoro mio!; (*highly valued person*) persona *f* preziosa, gioiello *m*, perla *f*, tesoro *m*. **II** *v.t.* **1** tesaurizzare, tesoreggiare, accumulare: *to ~ gold* tesaurizzare oro. **2** ⟨*fig*⟩ (*to remember tenderly*; spesso con *up*) ricordare con tenerezza. **3** ⟨*fig*⟩ (*to cherish*) avere caro, tenere in gran conto, apprezzare molto.

treasure| house *s.* tesoreria *f*, tesoro *m*. **~ hunt** *s.* caccia *f* al tesoro.

treasurer ['treʒərə] *s.* **1** tesoriere *m* (*f* –a), cassiere *m* (*f* –a). **2** (*of a club, society*) tesoriere *m* (*f* –a), economo *m* (*f* –a). **treasurership** [–ʃip] *s.* ufficio *m* (o carica *f*) di tesoriere.

treasure trove *s.* tesoro *m* trovato (o scoperto) (*anche Dir.*).

treasury ['treʒəri] *s.* tesoro *m*; (*funds, revenue*) cassa *f*; (*public funds*) erario *m*. □ *a ~ of verse* un'antologia di versi. **Treasury** *s.* ministero *m* del tesoro, tesoro *m*, erario *m* pubblico.

Treasury| Bench *s.* ⟨*GB*⟩ banco *m* dei ministri. **~ bill** *s.* ⟨*Econ*⟩ buono *m* del tesoro (a breve scadenza). □ ⟨*am*⟩ *~ rate* tasso *m* ufficiale di sconto. **~ Board** *s.*

⟨*GB*⟩ ministero *m* del tesoro. **~ bond** *s.* ⟨*Econ*⟩ buono *m* (poliennale) del tesoro. **~ Department** *s.* ⟨*SU*⟩ ministero *m* (o dipartimento) del tesoro. **~ note** *s.* ⟨*Econ*⟩ biglietto *m* di banca.

treat [tri:t] **I** *v.t.* **1** trattare, comportarsi con (o verso): *they –ed me like a criminal* mi trattarono come un delinquente; *to ~ s.o. badly* comportarsi male con qd. **2** (*to use, handle in a particular way*) trattare, maneggiare, adoperare: *the child –s his toys carefully* il bambino tratta con cura i suoi giocattoli. **3** ⟨*Med*⟩ curare: *to ~ s.o. for a cold* curare qd. di un raffreddore. **4** (*to discuss, expound*) trattare, discutere, esporre; (*to deal with artistically*) trattare, elaborare, svolgere, sviluppare: *the subject is –ed realistically* il soggetto è trattato con realismo. **5** (*to regard, consider*) considerare, trattare: *to ~ s.th. as a joke* considerare qc. uno scherzo. **6** (*to subject to an action*) trattare: *to ~ a substance with acid* trattare una sostanza con acido. **7** (*to provide with s.th. at one's own expense*) offrire a, invitare, pagare: *next time we go out I'll ~ you* la prossima volta che usciamo offro io; *to ~ s.o. to the theatre* invitare qd. a teatro; *to ~ o.s. to s.th.* offrirsi (o permettersi il lusso di) qc. **8** ⟨*iron*⟩ far sorbire (o subire) a: *we were –ed to ten minutes of biting irony* abbiamo dovuto sorbirci dieci minuti di pungente ironia. **II** *v.i.* **1** trattare, negoziare, intavolare trattative: *he refused to ~ with us* rifiutò di negoziare con noi. **2** (*to deal with*) trattare, occuparsi (*of, with* di), considerare: *the book –s with the problem* il libro tratta del problema. **III** *s.* **1** festa *f*, ricevimento *m*, trattenimento *m: a ~ for the children* una festa per i bambini. **2** (*anything that gives pleasure*) piacere *m*, festa *f*, gioia *f*, godimento *m*. **3** (*one's turn to treat*) turno *m* di' offrire. □ ⟨*fam*⟩ *a ~ (excellently*) a meraviglia, in modo eccellente, che è un piacere: *he is getting on a ~* va a meraviglia; *to give o.s. a ~* offrirsi qc., concedersi (il lusso di) qc.; *I'll stand ~* offro io, pago io.

treatable ['tri:təbl] *a.* **1** trattabile. **2** ⟨*Med*⟩ curabile.

treater [–tə] *s.* **1** chi tratta. **2** (*negotiator*) negoziatore *m* (*f* –trice). **3** ⟨*Med*⟩ chi cura.

treatise ['tri:tiz] *s.* trattato *m*, dissertazione *f*, studio *m*, saggio *m*.

treatment ['tri:tmənt] *s.* **1** modo *m* di trattare, trattamento *m: his ~ of his wife is deplorable* il suo modo di trattare la moglie è deplorevole. **2** ⟨*Med*⟩ trattamento *m*, cure *fpl*, cura *f: the ~ of tumours* il trattamento dei tumori. **3** ⟨*tecn,Chim,Cosmet*⟩ trattamento *m: the ~ of leather* il trattamento della pelle. **4** (*as regards style*) interpretazione *f*, esecuzione *f*. **5** ⟨*Cin*⟩ trattamento *m*, treatment *m*. □ ⟨*Med*⟩ *to be under ~* essere in cura; ⟨*sl*⟩ *he threatened me with the full ~* minacciò di conciarmi per le feste.

treatment bath *s.* ⟨*Med*⟩ piscina *f* di rieducazione.

treaty ['tri:ti] *s.* **1** ⟨*Dir*⟩ trattato *m*, patto *m*. **2** (*negotiation*) trattativa *f*, negoziato *m*. □ *to be in ~ with s.o. for s.th.* essere in trattative con qd. per qc.; *~ of commerce* trattato *m* ⌐di commercio⌐ (o commerciale); *~ of Rome* Trattato *m* di Roma.

treble ['trebl] **I** *a.* **1** triplo, triplice. **2** ⟨*Mus*⟩ di soprano. **3** (*of sound: high-pitched, shrill*) acuto, alto. **II** *s.* ⟨*Mus*⟩ (*voice*) voce *f* di soprano; (*part*) parte *f* di soprano; (*singer*) soprano *m/f*. **III** *v.t.* triplicare. **IV** *v.i.* triplicarsi: *profits have –d* i profitti si sono triplicati.

treble| clef *s.* ⟨*Mus*⟩ chiave *f* di violino (o sol, soprano). **~ hook** *s.* ⟨*Pesc*⟩ ancoretta *f*. **~ staff** *s.* pentagramma *m* con chiave di violino.

trebly ['trebli] *avv.* **1** (*triply*) in modo triplice. **2** (*in a threefold manner*) in modo triplo, tre volte tanto.

tree [tri:] **I** *s.* **1** albero *m*; (*shrub*) arbusto *m*. **2** ⟨*Calz*⟩ forma *f* (per calzature). **3** (*Christmas tree*) albero *m* di Natale. **4** (*saddletree*) fusto *m* della sella. **5** (nei composti: *pole, post, etc.*) albero *m*, palo *m*, antenna *f*. **6** (*diagrammatical representation*) albero *m: genealogical ~* albero genealogico. **7** ⟨*rar*⟩ (*gallows*) patibolo *m*, forca *f*; (*Christ's cross*) croce *f* (della crocifissione). **II** *v.t.* **1** costringere a salire (o rifugiarsi) su un albero. **2** ⟨*fam*⟩ (*to put in a difficult position*) mettere ⌐in difficoltà⌐ (o con le spalle al muro). **3** (*of a shoe*) mettere in forma. **III** *v.i.*

rifugiarsi su un albero. □ ⟨*Bibl*⟩ ~ *of* **Jesse** albero *m* di Jesse; *the* ~ *of* **knowledge** (*of good and evil*) l'albero (della scienza) del bene e del male; ⟨*Stor*⟩ *the* ~ *of* **liberty** l'albero della libertà; ⟨*fam*⟩ **up** *a* ~ in difficoltà, in una situazione difficile, con le spalle al muro.

tree| death *s.* moria *f* di alberi. ~ **fen** *s.* ⟨*Bot*⟩ felce *f* arborea. ~ **frog** *s.* ⟨*Zool*⟩ raganella *f* (comune).

treeless ['triːlis] *a.* senza alberi, brullo.

tree|-lined *a.* alberato, fiancheggiato da alberi: *a* ~ *street* una strada alberata. ~ **planting** *s.* **1** il piantare alberi. **2** (*ceremony*) festa *f* degli alberi. ~ **sparrow** *s.* ⟨*Ornit*⟩ passero *m* mattugio. ~ **toad** *s.* → tree frog. **~top** *s.* cima *f* di (un) albero.

trefoil ['triːfɔil, 'trefɔil] **I** *s.* **1** ⟨*Bot*⟩ trifoglio *m.* **2** ⟨*Arch*⟩ decorazione *f* a (foglie di) trifoglio. **II** *a.* trilobato, trifogliato.

trefoil arch *s.* ⟨*Arch*⟩ arco *m* trilobato.

trek[1] [trek] *s.* **1** (*in South Africa*) viaggio *m* su un carro trainato da buoi; (*day's travel, stage*) tappa *f.* **2** (*hard journey*) viaggio *m* duro (*o* faticoso).

trek[2] *v.* (*pret., p.p.* **trekked** [-t]) **I** *v.i.* **1** viaggiare su un carro trainato da buoi; (*to migrate*) emigrare. **2** (*to travel slowly, arduously*) fare un viaggio faticoso e lento. **II** *v.t.* (*of a vehicle*) tirare, trainare.

trekker ['trekə] *s.* chi viaggia su un carro trainato da buoi.

trellis ['trelis] **I** *s.* **1** graticcio *m,* graticolato *m,* traliccio *m,* ingraticciata *f,* pergola *f.* **2** (*latticework structure*) pergolato *m* (di graticcio). **3** ⟨*Fal*⟩ traliccio *m.* **II** *v.t.* **1** ingraticciare, ingraticolare. **2** (*of plants*) far crescere su un graticcio; (*of a vine*) sostenere con una pergola.

trelliswork [-wɔːk] *s.* **1** ingraticciatura *f,* ingraticciata *f.* **2** ⟨*Fal*⟩ traliccio *m.*

tremble ['trembl] **I** *v.i.* **1** tremare, fremere, vibrare, palpitare: *to* ~ *with fear* tremare di paura. **2** (*of things*) tremare, vibrare, oscillare: *his hands were trembling* gli tremavano le mani. **3** (*to sound tremulous*) tremare, tremolare: *her voice –d* la voce le tremava. **4** (*to fear greatly*) tremare, aver paura, trepidare: *she –s for her children* trema per i suoi bambini. **II** *s.* tremito *m,* brivido *m,* fremito *m,* tremore *m.* □ ⟨*fam*⟩ *to be all of a* ~ essere tutto un tremito, tremare come una foglia; *his life –s in the balance* la sua vita è sospesa a un filo.

trembler [-ə] *s.* **1** chi trema. **2** ⟨*El*⟩ ruttore *m.* **3** ⟨*Mecc*⟩ vibratore *m.* **trembling** [-iŋ] **I** *s.* tremito *m,* tremore *m.* **II** *a.* **1** tremante, tremebondo, trepidante. **2** (*shaking*) tremante, tremolante. □ *in fear and* ~ tremante di paura.

trembling grass *s.* ⟨*Bot*⟩ tremolina *f.*

tremblingly ['trembliŋli] *avv.* in modo tremante, con tremore.

trembling| poplar, ~ **tree** *s.* ⟨*Bot*⟩ pioppo *m* tremolo.

trembly ['trembli] *a.* tremulo, tremante, tremolante.

tremendous [tri'mendəs] *a.* **1** tremendo, terrificante, spaventoso, terribile. **2** (*exciting wonder*) straordinario, meraviglioso, formidabile. **3** ⟨*fam*⟩ (*very large*) grandissimo, enorme, tremendo, immenso. **tremendously** [-li] *avv.* **1** tremendamente, spaventosamente, terribilmente. **2** ⟨*fam*⟩ (*extremely*) tremendamente, estremamente, straordinariamente; (*very much*) immensamente, terribilmente, moltissimo: *I enjoyed it* ~ mi è piaciuto immensamente. **tremendousness** [-nis] *s.* l'essere terribile (*o* spaventoso).

tremolant ['tremələnt] **I** *a.* ⟨*Mus*⟩ tremolante. **II** *s.* tremolo *m.*

tremolo *it.* ['tremələu] *s.* (*pl.* **-s** [z]) ⟨*Mus*⟩ tremolo *m.*

tremor ['tremə] *s.* **1** tremito *m,* tremore *m,* fremito *m.* **2** (*earth tremor*) tremito *m,* scossa *f* (sussultoria). **3** (*of the voice*) tremolio *m,* vibrazione *f.*

tremulous ['tremjuləs] *a.* **1** tremante, tremolante, tremulo, vacillante. **2** (*of the voice*) tremulo, tremante, tremolante. **3** ⟨*fig*⟩ (*timid, timorous*) timoroso, timido. **tremulously** [-li] *avv.* con tremore, tremando. **tremulousness** [-nis] *s.* l'essere tremante.

trench [trentʃ] **I** *s.* **1** fossa *f,* fosso *m,* scavo *m,* fossato *m.* **2** ⟨*Mil*⟩ trincea *f:* *to fight in the –es* combattere nelle trincee. **3** ⟨*Edil*⟩ scavo *m* a trincea, trincea *f.* **II** *v.t.* **1** scavare ⸢una fossa⸥ (*o* fosse) in. **2** ⟨*Mil*⟩ trincerare, proteggere con una trincea; (*to dig a trench in*) scavare una trincea in. **3** ⟨*Agr*⟩ (*to cut a drainage trench in*) scavare un fosso di drenaggio in. **4** (*to carve, make a cut in*) incidere, scolpire. □ ⟨*fig*⟩ *to* ~ (*up*)*on*: **1** (*to encroach on*) sconfinare in, entrare abusivamente in: *to* ~ *on s.o.'s land* sconfinare nel terreno di qd.; **2** (*to verge on*) rasentare, essere vicino a.

trenchancy ['trentʃənsi] *s.* l'essere tagliente (*anche fig.*). **trenchant** [-nt] *a.* **1** tagliente, affilato. **2** ⟨*fig*⟩ tagliente, mordace, pungente: ~ *words* parole taglienti. **3** (*penetrating, incisive*) incisivo, acuto, penetrante. **4** (*clear-cut*) netto, preciso, ben definito: ~ *distinctions* nette distinzioni. **5** (*vigorously effective*) energico, vigoroso. **trenchantly** [-ntli] *avv.* in modo tagliente (*anche fig.*).   •

trench|-coat *s.* ⟨*Vest*⟩ impermeabile *m,* trench *m.* ~ **digger** *s.* ⟨*Mecc*⟩ scavatrice *f.*

trencher[1] ['trentʃə] *s.* (*one who digs trenches*) scavafossi *m.*

trencher[2] *s.* tagliere *m* di legno.

trencher man ['trentʃəmən] *s.irr.* gran mangiatore *m.* □ *to be a good* ~ essere un gran mangiatore, essere una buona forchetta; *to be a poor* ~ mangiare poco, non essere una buona forchetta.

trench| excavator *s.* ⟨*Mecc*⟩ scavatrice *f,* scavafossi *m.* ~ **fever** *s.* ⟨*Med*⟩ febbre *f* delle trincee. ~ **silo** *s.* ⟨*Agr*⟩ silo *m* a fossa.

trend [trend] **I** *s.* **1** tendenza *f,* orientamento *m: literary –s* le tendenze della letteratura. **2** (*line of development*) corso *m,* andamento *m,* piega *f: the* ~ *of events* il corso degli eventi. **3** (*vogue*) moda *f,* voga *f.* **4** ⟨*Econ*⟩ tendenza *f,* andamento *m,* congiuntura *f.* **5** ⟨*Statist*⟩ tendenza *f.* **6** (*line of direction*) direzione *f: the* ~ *of a coastline* la direzione di una costa. **II** *v.i.* **1** tendere, avere una tendenza. **2** (*to extend in a direction*) volgere, dirigersi, tendere, volgere: *the coast –s south* la costa volge verso sud.

trend| analysis *s.* analisi *f* di tendenza. ~ **line** ⟨*Statist*⟩ linea *f* di tendenza **~setter** *s.* chi detta la moda. **~setting** *a.* che detta la moda.

trendily ['trendili] *avv.* alla moda. **trendiness** [-dinis] *s.* l'essere alla moda. **trendy** [-di] *a.* ⟨*fam*⟩ **1** di (*o* alla) moda. **2** (*of a person*) che segue l'ultima moda.

Trent [trent] *N.pr.* ⟨*Geog*⟩ **1** Trent *m.* **2** (*in Italy*) Trento *f.*

trepan[1] [tri'pæn] **I** *s.* **1** ⟨*Chir*⟩ trapano *m.* **2** ⟨*Mecc*⟩ sega *f* cilindrica. **3** ⟨*Minier*⟩ trivella *f.* **II** *v.t.* (*pret., p.p.* **trepanned** [-d]) **1** ⟨*Chir*⟩ trapanare. **2** ⟨*Mecc*⟩ tagliare mediante sega cilindrica; (*on a lathe*) tornire scanalature anulari in. **3** ⟨*Minier*⟩ trivellare.

trepan[2] **I** *s.* ⟨*rar*⟩ (*snare, trick*) trappola *f,* insidia *f.* **II** *v.t.* (*pret., p.p.* **trepanned** [-d]) **1** intrappolare, prendere in trappola; (*to lure*) adescare, allettare. **2** (*to swindle*) raggirare, imbrogliare, truffare.

trepanation [,tripə'neiʃən] *s.* ⟨*Chir*⟩ trapanazione *f.*

trepanning [tri'pæniŋ] *s.* **1** ⟨*Chir*⟩ trapanazione *f.* **2** ⟨*Mecc*⟩ foratura *f* con utensile tubolare.

trephination [,trefi'neiʃən] *s.* ⟨*Chir*⟩ trapanazione *f.* **trephine** [tri'fiːn, -'fain] **I** *s.* trapano *m.* **II** *v.t.* trapanare.

trepidation [,trepi'deiʃən] *s.* **1** trepidazione *f,* apprensione *f,* ansia *f.* **2** ⟨*Med*⟩ tremito *m.*

trespass ['trespəs] **I** *v.i.* **1** ⟨*Dir*⟩ sconfinare, entrare abusivamente (*on* in), invadere (qc.): *to* ~ *on s.o.'s property* sconfinare nella proprietà di qd. **2** (*estens*) abusare (*on, upon* di): *to* ~ *on s.o.'s time* abusare del tempo di qd.; (*to encroach*) usurpare, invadere (qc.). **3** (*to sin*) peccare (contro); (*to transgress*) trasgredire. **II** *s.* **1** ⟨*Dir*⟩ trasgressione *f,* contravvenzione *f;* (*wrongful entry on another's land*) sconfinamento *m,* ingresso *m* abusivo. **2** ⟨*estens*⟩ usurpazione *f,* invasione *f.* **3** (*transgression, sin*) peccato *m,* colpa *f,* trasgressione *f.* **trespasser** [-ə] *s.* trasgressore *m* (*f* trasgreditrice), contravventore *m* (*f* -trice).

tress [tres] *s.* **1** *pl.* capigliatura *f,* capelli *mpl.* **2** (*lock of hair*) ricciolo *m,* ciocca *f.* **3** ⟨*rar*⟩ (*plait, braid*) treccia *f.*

tressed [-t] *a.* **1** (*braided, plaited*) intrecciato. **2** (nei composti) dai capelli ...: *golden-~* dai capelli d'oro.

trestle ['tresl] *s.* **1** cavalletto *m*, trespolo *m*, supporto *m*, sostegno *m*. **2** → **trestle table.**

trestle| bridge *s.* (*Arch*) ponte *m* a traliccio. **~ table** *s.* tavolo *m* poggiato su cavalletti. **~tree** *s.* (*Mar*) barra *f* costiera. **~work** *s.* (*Edil*) **1** tralicci *mpl.* **2** (*structure*) travatura *f* a traliccio.

tret [tret] *s.* (*Comm*) abbuono *m* per calo della merce.

trews *scozz.* [tru:z] *s.pl.* (*Vest*) calzoni *mpl* corti e attillati scozzesi.

trey [trei] *s.* (*in cards and dice*) tre *m*.

triable ['traiəbl] *a.* **1** (*Dir*) processabile, perseguibile. **2** (*ant*) (*that may be tested*) sperimentabile, che si può sperimentare (*o* saggiare); (*that may be attempted*) tentabile, che si può tentare.

triad ['traiæd] *s.* **1** triade *f* (*anche Mus.,Metr.*). **2** (*Chim*) elemento *m* trivalente. **tri'adic** [-ik] *a.* triadico.

triage ['traiidʒ] *s.* caffè *m* di scarto.

trial ['traiəl] **I** *s.* **1** prova *f*, esperimento *f*, saggio *m.* **2** (*state of being tried*) prova *f*, collaudo *m: a ~ of one's patience* una prova della propria pazienza. **3** (*cause of affliction, trouble*) cruccio *m*, tribolazione *f*, croce *f: he has always been a great ~ to his parents* è seepre stato un gran cruccio per i suoi genitori. **4** (*affliction, trouble*) afflizione *f*, dolore *m*, sofferenza *f: the -s and tribulations of life* i dolori e le tribolazioni della vita; (*distressed, painful state*) prova *f*, momento *m* difficile (*o* doloroso): *a comfort in the hour of ~* un conforto nell'ora della prova. **5** (*act of trying out*) prova *f: the manager decided to give the boy a ~* il direttore decise di mettere alla prova il ragazzo. **6** (*Dir*) processo *m*, giudizio *m.* **7** (*Sport*) prova *f*, gara *f.* **8** *pl.* (*Sport*) prove *fpl*, gare *fpl: motor–cycle -s* prove di motociclismo. **9** (*Med*) sperimentazione *f* clinica. **II** *a.* **1** di prova, sperimentale. **2** (*used in testing*) di prova. **3** (*Dir*) processuale. □ (*Dir*) ~ *at* **bar** udienza *f* plenaria; (*Dir*) *to* **bring** *s.o. to* (*o up for*) ~ mettere qd. sotto processo; *by ~ and* **error** per tentativi; *to be* **on** ~: 1 (*Dir*) essere sotto processo; 2 (*fig*) essere in prova, fare un periodo di prova: *he was on ~ for three months with the company* è stato in prova tre mesi presso la società; (*Stor*) ~ *by* **ordeal** ordalia *f*, giudizio *m* di Dio; *to* **put** *s.o.* **on** ~ = *to* bring *s.o. to trial; a ~ of* **skill** una prova di abilità; (*Dir*) *to* **stand** (*one's*) ~ subire un processo, essere processato; *a ~ of* **strength** una prova di forza.

trial| balance *s.* (*Comm*) bilancio *m* di verifica. **~ balloon** *s.* (*giorn*) ballon d'essai *m.* **~ flight** *s.* (*Aer*) volo *m* di collaudo. **~ marriage** *s.* matrimonio *m* di prova. **~ match** *s.* (*Sport*) incontro *m* di selezione, eliminatoria *f.* **~ order** *s.* (*Comm*) ordinativo *m* di prova. **~ period** *s.* periodo *m* di prova. **~ run** *s.* collaudo *m* (*anche fig.*).

triangle ['traiæŋgl] *s.* **1** (*Geom,Mus*) triangolo *m.* **2** (*drawing instrument*) squadra *f.* **3** (*fam*) (*eternal triangle*) triangolo *m*, eterno (*o* classico) triangolo. □ (*Fis*) ~ *of forces* triangolo *m* delle forze. **tri'angular** [-gjulə] *a.* **1** (*Geom*) triangolare. **2** (*involving three elements, parts, etc.*) triangolare, triplice: ~ *agreement* accordo *m* triangolare.

triangularity [traiæŋgju'læriti] *s.* triangolarità *f.*

triangular trade *s.* (*Econ*) commercio *m* triangolare.

triangulate [trai'æŋgjuleit] *v.t.* **1** dividere in triangoli. **2** (*to make triangular*) rendere triangolare, dare forma triangolare a. **3** (*Topogr*) triangolare. **tri,angulation** [-'leiʃən] *s.* (*Topogr*) triangolazione *f.*

triannual [trai'ænjuəl] *a.* che ha luogo tre volte all'anno.

Trias ['traiəs], **Triassic** [trai'æsik] **I** *a.* (*Geol*) triassico. **II** *s.* trias *m*, triassico *m.*

tribal ['traibəl] *a.* tribale: ~ *customs* costumi tribali. **tribalism** [-izəm] *s.* organizzazione *f* tribale (*o* in tribù). **tribally** [-i] *avv.* **1** come una tribù. **2** (*into tribes*) in tribù.

tribasic [trai'beisik] *a.* (*Chim*) tribasico.

tribe [traib] *s.* **1** tribù *f* (*anche Biol.,Stor.rom.*): *a ~ of natives* una tribù di indigeni; *nomadic ~* tribù nomadi. **2** (*fig,spreg*) classe *f*, gruppo *m*, (*spreg*) genia *f.* **3** (*scherz,spreg*) (*family*) famiglia *f* (numerosa), tribù *f.* □

(*Bibl*) *the twelve -s of Israel* le dodici tribù d'Israele.

tribesman ['traibzmən] *s.irr.* membro *m* di una tribù.

tribology [tr(a)i'bo(u)lədʒi] *s.* (*tecn*) tribologia *f.*

tribulation [,tribju'leiʃən] *s.* tribolazione *f*, patimento *m*, pena *f*, sofferenza *f.*

tribunal [trai'bju:nl] *s.* **1** tribunale *m* (*anche fig.*): *the ~ of public opinion* il tribunale dell'opinione pubblica. **2** (*seat of a judge*) scranno *m* del giudice. **3** (*Teol*) (*judgement seat*) tribunale *m* divino. **4** (*Stor.rom*) tribuna *f.*

tribunate ['tribjunit] *s.* (*Stor.rom*) tribunato *m.*

tribune[1] ['tribju:n] *s.* **1** (*Stor.rom*) tribuno *m.* **2** (*fig*) tribuno *m*, demagogo *m.*

tribune[2] *s.* **1** (*raised platform*) tribuna *f*, podio *m.* **2** (*Rel*) (*bishop's throne*) sedia *f* episcopale; (*pulpit*) pulpito *m.*

tribunicial [,tribju'niʃəl], **tribunician** [-ʃən], **tribunitial** [-ʃəl] *a.* (*Stor.rom*) tribunizio.

tributary ['tribjutəri] **I** *a.* **1** ausiliario, sussidiario. **2** (*Geog*) (*of a stream*) tributario. **3** (*paying tribute*) tributario. **II** *s.* **1** (*Geog*) tributario *m*, affluente *m: a ~ of the Thames* un affluente del Tamigi. **2** (*tributary state*) stato *m* tributario; (*tributary person*) persona *f* soggetta al pagamento di un tributo.

tribute ['tribju:t] *s.* **1** tributo *m* (*anche fig.*). **2** (*fig*) (*praise, homage*) omaggio *m*, tributo *m: floral -s* omaggi floreali. **3** (*Stor,Minier*) minerale *m* (*o* equivalente in denaro) corrisposto a un minatore.

tricar ['traika:] *s.* (*Aut*) autoveicolo *m* a tre ruote, mototriciclo *m*, triciclo *m* a motore.

trice[1] [trais] *s.* attimo *m*, momento *m*, istante *m: in a ~* in un attimo.

trice[2] *v.t.* (*Mar*) (general. con *up*) issare e legare.

tricentenary [,traisen'ti:nəri], **tricentennial** [-'teniəl] **I** *a.* del (*o* relativo al) terzo centenario. **II** *s.* terzo centenario *m.*

triceps ['traiseps] *s.* (*pl. inv./*-**cepses** [-iz]) (*Anat*) tricipite *m*, muscolo *m* tricipite.

trichiasis [tri'kaiəsis] *s.* (*Med*) trichiasi *f.*

trichina [tri'kainə] *s.* (*pl.* -**nae** [ni:]) (*Zool*) trichina *f.* **,trichiniasis** [-ki'naiəsis], **,trichinosis** [-ki'nousis] *s.* (*pl.* -**ses** [si:z]) trichinosi *f.*

trichologist [tri'kolədʒist] *s.* tricologo *m.* **trichology** [-dʒi] *s.* tricologia *f.*

trichoma [tri'koumə] *s.* (*Bot*) tricoma *m.* **trichomatous** [-təs] *a.* (*Bot,Entom*) tricomatoso. **trichome** ['tr(a)ikoum] *s.* (*Bot,Entom*) tricoma *m.*

trichord ['traikɔ:d] *a.* (*Mus*) che ha tre corde, tricordo, tricorde.

trichotomy [tri'kotəmi] *s.* tricotomia *f*, tripartizione *f.*

trichromatic [,traikrou'mætik] *a.* (*Tip*) della (*o* relativo alla) tricromia. **tri'chromatism** [-mətizəm] *s.* tricromia *f.*

trick [trik] **I** *s.* **1** stratagemma *m*, trucco *m*, inganno *m.* **2** (*mischievous act, practical joke*) tiro *m* mancino, scherzo *m* di cattivo genere, beffa *f: to play a ~ on s.o.* giocare un tiro mancino a qd. **3** (*ingenious, clever device*) trucco *m.* **4** (*art of doing s.th.*) capacità *f*, abilità *f*, destrezza *f.* **5** (*feat of dexterity*) trucco *m*, gioco *m* di abilità: *the conjuror's -s* i trucchi del prestigiatore. **6** (*habitual peculiarity*) abitudine *f*, vezzo *m*, modo *m* (*o* maniera *f*) particolare: *he has a ~ of answering every question with another* ha l'abitudine di rispondere a ogni domanda con un'altra domanda. **7** (*in cards*) mano *f: to win the last ~* vincere l'ultima mano; (*scoring unit*) presa *f*; (*honour trick*) mano *f* d'onori. **8** (*Mar*) turno *m* di barra. **II** *a.* **1** che comporta un trucco, truccato. **2** (*being a trick*) che è un trucco; (*being an illusion*) illusorio, ingannevole. **III** *v.t.* ingannare, imbrogliare, raggirare; (*to cheat*) truffare, frodare, defraudare. **IV** *v.i.* usare inganni, imbrogliare, fare imbrogli. □ (*fam*) *to* **do** *the* ~ servire allo scopo, produrre l'effetto desiderato; *to* ~ *s.o.* **into** *doing s.th.* convincere con l'inganno qd. a fare qc.; (*fam*) *he* **knows** *a* ~ *or two* la sa lunga; *a* **mean** ~ un brutto tiro, (*fam*) uno scherzo da prete; *to* ~ **out**: 1 (*to dress ornately*) azzimare, agghindare; 2 (*to decorate, adorn*) addobbare, adornare; *the –s of the* **trade** i trucchi del mestiere; *to* ~ **up** = *to* trick **out**; (*fam*) *to be up to s.o.'s -s* (*to know what s.o. is planning*) scoprire i piani di qd.; *he's up to his*

–s again sta combinando di nuovo una delle sue.

trick cyclist *s.* **1** ciclista *m/f* acrobata. **2** ⟨*sl*⟩ (*psychiatrist*) psichiatra *m.*

tricker ['trikə] *s.* → **trickster. trickery** [–ri] *s.* **1** inganno *m,* impostura *f,* frode *f.* **2** (*trick*) tiro *m* mancino, scherzo *m* di cattivo genere.

trickily ['trikili] *avv.* astutamente, scaltramente, con furbizia. **trickiness** [–kinis] *s.* **1** astuzia *f,* scaltrezza *f,* furberia *f.* **2** (*difficult quality, ticklishness*) scabrosità *f,* delicatezza *f.* **3** (*intricacy, complexity*) complessità *f,* complicazione *f.*

trickish ['trikiʃ] *a.* ⟨*non com*⟩ → **tricky. trickishness** [–nis] *s.* ⟨*non com*⟩ → **trickiness.**

trickle ['trikl] **I** *v.i.* **1** (s)gocciolare, stillare, colare. **2** ⟨*fig*⟩ (*to move one by one*) andare (*o* venire) alla spicciolata. **II** *v.t.* **1** fare gocciolare, fare colare, far stillare. **2** ⟨*fig*⟩ fare andare alla spicciolata. **III** *s.* **1** (s)gocciolamento *m,* sgocciolatura *f,* stillicidio *m.* **2** (*thin slow stream*) rivolo *m: a ~ of blood* un rivolo di sangue. **3** ⟨*fig*⟩ flusso *m* irregolare: *a ~ of spectators* un flusso irregolare di spettatori. ▢ ⟨*fig*⟩ *to ~ away* andarsene (*o* uscire) alla spicciolata; *to ~ out:* 1 (s)gocciolare, stillare; 2 ⟨*fig*⟩ (*of news, etc.*) trapelare.

trickly ['trikli] *a.* gocciolante.

trick photography *s.* ⟨*Fot*⟩ trucco *m* fotografico.

trickster ['trikstə] *s.* **1** imbroglione *m* (*f* –a), truffatore *m* (*f* –trice). **2** (*one who plays tricks*) burlone *m* (*f* –a), tipo *m* ameno. **tricksy** [–si] *a.* **1** giocoso, scherzoso, burlone. **2** (*deceptive*) ingannevole, fallace, menzognero.

trick-track ['triktræk] *s.* (*variety of backgammon*) tric trac *m,* tavola *f* reale.

tricky ['triki] *a.* **1** scaltro, astuto, furbo; (*unreliable, deceitful*) ingannevole, infido. **2** (*difficult to deal with*) scabroso, delicato, difficile: *a ~ situation* una situazione scabrosa. **3** (*intricate, complicated*) complicato, complesso. **4** ⟨*estens*⟩ (*ingenious*) ingegnoso.

triclinium [trai'kliniəm] *s.* ⟨*Stor.rom*⟩ triclinio *m.*

tricolor *am.* ['traikʌlə], **tricolour** ['trikələ] **I** *a.* tricolore. **II** *s.* tricolore *m,* bandiera *f* tricolore.

tricorn ['traikɔ:n] **I** *a.* che ha tre corna, tricorne. **II** *s.* ⟨*Mod*⟩ → **tricorne. tricorne** [–kɔ:n] *s.* ⟨*Mod*⟩ tricorno *m.*

tricot *fr.* ['trikou] *s.* ⟨*Tess*⟩ tricot *m.*

tric-trac *s.* → **trick-track.**

tricuspid [trai'kʌspid] **I** *a.* ⟨*Anat*⟩ tricuspide, tricuspidale: *~ valve* valvola tricuspide. **II** *s.* **1** ⟨*Anat*⟩ organo *m* tricuspide. **2** ⟨*Dent*⟩ dente *m* tricuspide. **tricuspidal** [–əl], **tricuspidate** [–eit], **tricuspidated** [–eitd] *a.* tricuspide.

tricycle ['traisikl] **I** *s.* **1** triciclo *m.* **2** (*three–wheeled motor–cycle*) motociclo *m* a tre ruote, triciclo *m* a motore. **II** *v.i.* andare in triciclo. **tricyclist** [–ist] *s.* chi va in triciclo.

trident ['traidənt] *s.* **1** tridente *m* (*anche Mitol.*). **2** ⟨*Stor.rom*⟩ fuscina *f.* **tridentate** [–'denteit] *a.* ⟨*Bot*⟩ tridentato.

Tridentine [trai'dent(a)in] *a.* **1** ⟨*Geog*⟩ tridentino. **2** ⟨*Stor,Rel*⟩ tridentino, del concilio di Trento.

tridimensional [,traidi'menʃənl] *a.* tridimensionale, a tre dimensioni.

triduo *it.* ['tri:duou] *s.* (*pl.* **-s** [z]) → **triduum.**

triduum ['tridjuəm] *s.* ⟨*Rel.catt*⟩ triduo *m.*

tried[1] [traid] → **try**[1].

tried[2] *a.* sperimentato, provato, fidato, sicuro: *a ~ remedy* un rimedio sperimentato; *a ~ friend* un amico fidato.

'tried-and-'true *a.* a tutta prova, provato, sperimentato.

triennial [trai'enjəl] **I** *a.* triennale. **II** *s.* **1** terzo anniversario *m.* **2** (*s.th. done, occurring every three years*) triennale *f.* **triennially** [–i] *avv.* ogni tre anni. **triennium** [–niəm] *s.* (*pl.* **-s** [z]/**-nia** [niə]) triennio *m.*

trier ['traiə] *s.* **1** chi prova, chi tenta. **2** (*one who tests*) sperimentatore *m* (*f* –trice).

trifid ['traifid] *a.* ⟨*Bot*⟩ trifido.

trifle ['traifl] **I** *s.* **1** sciocchezza *f,* cosetta *f* (*da nulla*), ⟨*fam*⟩ carabattola *f.* **2** (*s.th. of little importance, worth*) sciocchezza *f,* bazzecola *f,* inezia *f,* bagattella *f,* quisquilia *f,* ⟨*fam*⟩ (s)carabattola *f: to waste one's time on –s* perdere

tempo in sciocchezze; *it costs only a ~* costa (soltanto) una sciocchezza. **3** ⟨*Dolc*⟩ zuppa *f* inglese. **4** (*kind of pewter*) specie di peltro. **5** *pl.* (*utensils made of trifle*) utensili *mpl* di peltro. **II** *v.i.* **1** scherzare (*with* con), non prendere sul serio, prendere alla leggera (qc.). **2** (*to toy, play*) giocherellare, trastullarsi, gingillarsi, baloccarsi (con): *to ~ with a pen* giocherellare con una penna. **3** (*to talk, behave jestingly*) scherzare, parlare (*o* agire) alla leggera. **4** (*to waste time*) sprecare il tempo, gingillarsi. **III** *v.t.* (*of time, money*; general. con *away*) sprecare, buttare via. ▢ *a ~* un po', piuttosto, alquanto: *a ~ annoyed* un po' seccato.

trifler ['traiflə] *s.* **1** persona *f* frivola. **2** (*idler*) fannullone *m* (*f* –a), sfaccendato *m* (*f* –a), ozioso *m* (*f* –a). **trifling** [–liŋ] *a.* **1** trascurabile, insignificante, da nulla: *~ details* particolari trascurabili. **2** (*of small amount*) esiguo, piccolo, irrilevante: *a ~ sum of money* una somma esigua. **3** (*frivolous*) frivolo, fatuo, superficiale. **triflingly** [–liŋli] *avv.* in modo insignificante (*o* trascurabile).

trifoliate [trai'fouliit], **trifoliated** [–lieitid] *a.* ⟨*Bot*⟩ che ha tre foglie, trifogliato.

triform(ed) ['traifɔ:m(d)] *a.* **1** che ha tre forme, triforme. **2** (*formed of three parts*) formato da tre parti.

trifurcate [trai'fɔ:k(e)it] *a.* triforcuto, a tre rami (*o* punte).

trig[1] [trig] **I** *a.* **1** (*neat, trim*) lindo, ordinato, pulito. **2** (*stylish, smart*) elegante, ben vestito, attillato, azzimato. **II** *v.t.* (*pret. p.p.* **trigged** [–d]) **1** (spesso con *up*) mettere in ordine, assettare, ordinare, sistemare. **2** (*to make smart* spesso con *up, out*) attillare, azzimare.

trig[2] **I** *s.* (*wedge for a wheel, etc.*) zeppa *f,* bietta *f.* **II** *v.t* (*pret., p.p.* **trigged** [–d]) bloccare con una zeppa. ▢ *to ~ up* puntellare.

trig[3] (*accorc. di* trigonometry) *s.* ⟨*fam*⟩ trigonometria *f.*

trigamist ['trigəmist] *s.* trigamo *m.* **trigamous** [–məs] *a* trigamo (*anche Bot.*). **trigamy** [–mi] *s.* trigamia *f.*

trigeminal [trai'dʒeminl] **I** *a.* ⟨*Anat*⟩ trigeminale. **II** *s.* → **trigeminal nerve.**

trigeminal‖ nerve *s.* ⟨*Anat*⟩ nervo *m* trigemino, trigemino *m.* **~ neuralgia** *s.* nevralgia *f* del trigemino.

trig function *s.* ⟨*Mat*⟩ funzione *f* trigonometrica.

trigger ['trigə] **I** *s.* **1** (*of a firearm*) grilletto *m: to pull the ~* premere il grilletto. **2** ⟨*tecn*⟩ levetta *f* di scatto (*o* sgancio), scatto *m.* **3** ⟨*Fot*⟩ scatto *m.* **II** *v.t.* **1** premere il grilletto di. **2** ⟨*fig*⟩ (*to initiate, precipitate*; spesso con *off*) dare l'avvio a, essere la causa immediata di: *the measure –ed off a wave of protest* il provvedimento diede l'avvio a un'ondata di proteste. ▢ *to be quick on the ~:* 1 essere svelto a sparare, ⟨*fam*⟩ avere la pistola facile; 2 ⟨*fam*⟩ (*to be quick to act*) essere svelto a reagire, reagire con estrema prontezza.

trigger‖ finger *s.* **1** dito *m* che preme il grilletto. **2** (*forefinger*) indice *m,* dito *m* indice. **~ guard** *s.* (*of firearm*) ponticello *m.* **~-happy** *a.* ⟨*fam*⟩ che spara con facilità, ⟨*fam*⟩ che ha la pistola facile.

triglyph ['tr(a)iglif] *s.* ⟨*Arch*⟩ triglifo *m.* **tri'glyphic** [–ik] **tri'glyphical** [–ikəl] *a.* a glifi.

trigon ['traigon] *s.* **1** ⟨*Astr,Mus*⟩ trigono *m.* **2** ⟨*ra* (*triangle*) triangolo *m.* **trigonal** ['trigənl] *a.* **1** triangolare, trigonale. **2** ⟨*Bot*⟩ trigono. **3** ⟨*Min,Astr*⟩ trigonale.

trigonometric [,trigənə'metrik], **trigonometrical** [–əl] *a.* ⟨*Mat*⟩ trigonometrico. **trigonometrically** [–əli] *av* trigonometricamente. **trigonometry** [–'nɔmitri] *s.* trigonometria *f.*

trihedral [trai'hi:drəl] *a.* ⟨*Geom*⟩ triedrico. **trihedro** [–rən] *s.* (*pl.* **-s** [z]/**-dra** [drə]) triedro *m.*

trike [traik] *s.* ⟨*fam*⟩ (*tricycle*) triciclo *m.*

trilateral [trai'lætərəl] **I** *a.* trilaterale (*anche fig.*): *~ agreement* accordo trilaterale. **II** *s.* ⟨*Geom*⟩ trilatero *m.*

trilby (hat) ['trilbi] *s.* ⟨*Mod*⟩ cappello *m* floscio (*o* feltro).

trilingual [trai'liŋwəl] *a.* trilingue.

trill [tril] **I** *s.* **1** ⟨*Mus*⟩ trillo *m.* **2** ⟨*Fon*⟩ consonante *f* fatta vibrare. **3** (*of birds, insects*) trillo *m,* suono *m* vibrante (*o* vibrato). **II** *v.t.* **1** ⟨*Mus*⟩ trillare su, fare trillo su. **2** (*to sing with a trill*) cantare col trillo. **3** ⟨*Fon* (far) vibrare: *to ~ one's rs* far vibrare le erre. **III** *v.i.*

⟨*Mus*⟩ trillare. **2** (*of birds, insects*) emettere trilli. **3** ⟨*scherz*⟩ (*to sing cheerfully in a high voice*) cantare trillando, gorgheggiare.

trilling ['triliŋ] *s.* ⟨*Min*⟩ cristallo *m* composto formato da tre individui cristallini.

trillion ['triljən] **I** *s.* (*pl. inv./*-s [z]; il pl. in -s si usa general. con valore collett.) **1** trilione *m*, dieci *m* alla diciottesima. **2** ⟨*am*⟩ bilione *m*, mille miliardi *mpl*, dieci *m* alla dodicesima. **II** *a.* **1** trilione. **2** ⟨*am*⟩ bilione.

trillionth [–θ] **I** *a.* trilionesimo. **II** *s.* trilionesimo *m.*

trilobate [trai'loubeit], **trilobated** [–id], **trilobed** [–bd] *a.* ⟨*Bot*⟩ trilobato.

trilogy ['triləʤi] *s.* ⟨*Lett,Mus*⟩ trilogia *f.*

trim[1] [trim] *v.* (*pret., p.p.* trimmed [–d]) **I** *v.t.* **1** (spesso con *up*) ordinare, mettere in ordine, assettare, rassettare, sistemare. **2** (*to make neat by cutting, clipping*) tagliare, spuntare: *to have one's hair –med* farsi tagliare i capelli. **3** ⟨*Agr*⟩ potare, cimare. **4** (*to remove by cutting, clipping;* spesso con *off, away*) togliere (tagliando), ritagliare, tagliar (via): *to ~ fat off meat* togliere il grasso dalla carne. **5** ⟨*fig*⟩ (spesso con *down: to reduce*) ridurre, diminuire: *to ~ overheads* ridurre le spese generali; (*to make slimmer*) sveltire, rendere più snello (*o* sottile): *gymnastics ~ the figure* la ginnastica sveltisce la figura. **6** (*of a lamp wick*) pulire e accorciare. **7** (*of a show animal*) preparare per la mostra (mettendo in ordine il mantello). **8** ⟨*Mod*⟩ guarnire, ornare, decorare: *to ~ a dress with lace* guarnire un vestito di merletto. **9** (*of a shop window, etc.*) addobbare, allestire. **10** ⟨*fig*⟩ (*of opinions, etc.*) cambiare, mutare. **11** ⟨*fam*⟩ (*to thrash, beat*) battere, percuotere, bastonare, picchiare, ⟨*fam*⟩ sonarle a; (*to defeat soundly*) dare una (bella) batosta a. **12** ⟨*fam*⟩ (*to rebuke, reprove*) rimproverare, dare una strigliata a. **13** ⟨*fam*⟩ (*to defraud, cheat*) imbrogliare, truffare, ⟨*pop*⟩ fregare. **14** ⟨*Met*⟩ sbavare. **15** ⟨*Fal*⟩ squadrare: *to ~ a board* squadrare un'asse. **16** ⟨*Mar*⟩ (*of sails*) orientare; (*of a ship*) assettare, assestare il carico su; (*of cargo*) assestare. **17** ⟨*Aer*⟩ equilibrare longitudinalmente, regolare l'assetto longitudinale di. **II** *v.i.* **1** ⟨*Mar*⟩ essere bilanciato (*o* in buon assetto). **2** ⟨*fig*⟩ essere un opportunista, destreggiarsi, barcamenarsi. □ ⟨*Mar*⟩ *to ~ by the bow* appruare; *to ~* holds stivare; *to ~ s.o.'s* jacket picchiare qd., ⟨*fam*⟩ dare una spolverata a qd.; ⟨*fig*⟩ *to ~ one's* sails (*to the wind*) navigare (*o* girare il mantello) secondo il vento, aver mantello per ogni acqua; ⟨*Mar*⟩ *to ~ by the stern* appoppare; *to ~ o.s.* up agghindarsi, azzimarsi, attillarsi; *to ~ the wick of a candle* smoccolare una candela.

trim[2] **I** *a.* (*compar.* 'trimmer [–ə], *sup.* 'trimmest [–ist]) **1** (*of things*) ben tenuto, ordinato, assettato, ben messo, in ordine: *a ~ garden* un giardino ben tenuto; (*of people*) curato, lindo, assettato. **2** (*suitably equipped*) bene attrezzato (*o* equipaggiato), in pieno assetto. **II** *s.* **1** (*state of readiness*) disposizione *f*, assetto *m*, ordine *m*, stato *m*: *the troops are in fighting ~* le truppe sono in assetto di guerra. **2** (*haircut*) taglio *m*, spuntata. *f.* **3** (*of a shop window*) addobbo *m.* **4** ⟨*Edil*⟩ finiture *fpl* interne in legno. **5** ⟨*Mar*⟩ assetto *m*; (*position of the sails*) orientamento *m* delle vele; (*of a submarine*) casse *fpl* di zavorra, trim *m.* **6** ⟨*Aer*⟩ assetto *m.* **7** ⟨*Cin*⟩ taglio *m.* □ *to be in ~* essere in assetto (*o* ordine); *to be out of ~* essere fuori assetto.

trimaran ['traiməræn] *s.* ⟨*Mar*⟩ trimarano *m.*

trimester [trai'mestə] *s.* trimestre *m* (*anche Scol.*).

trimestral [–strəl], **trimestrial** [–striəl] *a.* trimestrale.

trimly ['trimli] *avv.* con ordine, assestatamente.

trimmer ['trimə] *s.* **1** chi assetta, chi mette in ordine. **2** (*one who decorates*) guarnitore *m* (*f* –trice), decoratore *m* (*f* –trice). **3** (*window dresser*) vetrinista *m/f.* **4** ⟨*fig*⟩ opportunista *m/f*, voltagabbana *m/f.* **5** ⟨*Agr*⟩ (*worker*) potatore *m*, cimatore *m*; (*instrument*) forbici *fpl* per potare, svettatoio *m.* **6** ⟨*Fal*⟩ sega *f* circolare per rifinire il legname. **7** ⟨*Edil*⟩ trave *f* principale. **8** ⟨*Fot*⟩ taglierina *f.* **9** ⟨*Mar*⟩ stivatore *m.* **10** ⟨*Met*⟩ attrezzo *m* sbavatore.

trimming ['trimiŋ] *s.* **1** guarnizione *f*, ornamento *m*, decorazione *f.* **2** ⟨*Mod*⟩ rifinitura *f*, guarnizione *f:* lace –s rifiniture di merletto. **3** (*act of clipping*) il rifilare, rifilatura *f.* **4** *pl.* (*things trimmed away*) ritagli *mpl.* **5** *pl.* (*additional items, garnishings*) contorno *m*, guarnizione *f:* roast turkey and –s tacchino arrosto con contorno. **6** ⟨*Met*⟩ sbavatura *f.* **7** ⟨*fam*⟩ (*thrashing*) percosse *fpl*, legnate *fpl*, ⟨*pop*⟩ botte *fpl;* (*severe defeat*) sconfitta *f* clamorosa, (bella) batosta *f.* **8** ⟨*fam*⟩ (*rebuke*) rimprovero *m*, sgridata *f*, strigliata *f.*

trimming machine *s.* ⟨*Mecc*⟩ macchina *f* rifilatrice.

trimness ['trimnis] *s.* **1** l'essere ordinato (*o* assettato). **2** (*elegance*) eleganza *f.*

trinal ['trainl] *a.* triplice, trino. **trinary** [–nəri] *a.* **1** ternario. **2** (*threefold*) triplice. **trine** [train] **I** *a.* triplice. **II** *s.* gruppo *m* di tre, triade *f.*

tringle ['triŋgl] *s.* **1** ⟨*Arch*⟩ listello *m.* **2** (*curtain-rod*) bacchetta *f* per tende.

Trinidadian [,trini'dædiən] **I** *a.* di Trinidad. **II** *s.* abitante *m/f* di Trinidad.

trinitarian [,trini'tɛəriən] *a.* (*threefold*) triplice. **Trinitarian** **I** *a.* ⟨*Rel*⟩ **1** della (*o* relativo alla) dottrina della trinità. **2** (*of the Trinity*) trinitario. **II** *s.* **1** ⟨*Rel*⟩ chi crede nella dottrina della trinità. **2** ⟨*Rel.catt*⟩ trinitario *m*, monaco *m* trinitario. **Trinitarianism** [–izəm] *s.* ⟨*Rel*⟩ dottrina *f* della trinità.

trinitrotoluene [trai,naitro(u)'tɔljui:n], **trinitrotoluol** [–'tɔljuɔl] *s.* ⟨*Chim*⟩ trinitrotoluene *m*, tritolo *m.*

trinity ['triniti] *s.* **1** l'essere triplice. **2** (*s.th. threefold*) cosa *f* triplice. **Trinity** *s.* ⟨*Teol,Art*⟩ Trinità *f.*

Trinity| House *s.* ⟨*GB*⟩ corporazione *f* per la concessione di brevetti di pilota per la disciplina portuale di fari, fanali, ecc. **~ Sunday** *s.* ⟨*Lit*⟩ festa *f* della santissima Trinità.

trinket ['triŋkit] *s.* **1** ciondolo *m*, gingillo *m*, ninnolo *m.* **2** (*trifle*) bagattella *f*, inezia *f*, sciocchezza *f*, ⟨*fam*⟩ (s)carabattola *f.* **trinketry** [–ri] *s.* ⟨*collett*⟩ ciondoli *mpl*, gingilli *mpl.*

trinomial [trai'noumiəl] **I** *a.* trinomio (*anche Mat.*). **II** *s.* ⟨*Mat*⟩ trinomio *m.*

trio *it.* ['tri:ou] *s.* (*pl.* -s [z]) **1** ⟨*Mus*⟩ trio *m.* **2** (*group of three*) trio *m*, terzetto *m.* **3** (*of playing cards*) tris *m.*

triode ['traioud] *s.* ⟨*El*⟩ triodo *m.*

trioxid [trai'ɔksid], **trioxide** [–said] *s.* ⟨*Chim*⟩ triossido *m.*

trip[1] [trip] **I** *s.* **1** viaggio *m*, gita *f*, escursione *f: a business ~* un viaggio d'affari; *a ~ to the seaside* una gita al mare. **2** (*stumble, false step*) l'inciampare, passo *m* falso. **3** ⟨*fig*⟩ (*mistake*) errore *m*, sbaglio *m*, passo *m* falso. **4** (*act of tripping s.o.*) sgambetto *m* (*anche Sport.*). **5** (*light nimble step*) passo *m* agile e leggero. **6** ⟨*Mecc*⟩ disinnesto *m* (a scatto), rilascio *m.* **7** ⟨*Mar,Pesc*⟩ pescata *f.* **8** ⟨*sl*⟩ (*visionary experience produced by drugs*) esperienza *f* psichedelica, ⟨*gerg*⟩ viaggio *m*, trip *m.* **II** *a.* ⟨*Mecc*⟩ a scatto. □ ⟨*Aut*⟩ *~ mileage counter* (*o indicator*) contamiglia *m* parziale.

trip[2] *v.* (*pret., p.p.* tripped [–t]) **I** *v.i.* **1** (spesso con *up*) inciampare, incespicare, mettere un piede in fallo, fare un passo falso: *to ~ over the edge of the carpet* inciampare nel bordo del tappeto; *he –ped and fell over* mise un piede in fallo e cadde. **2** ⟨*fig*⟩ sbagliare, commettere un errore, fare un passo falso. **3** (*to stumble in speaking*) inciampare (nel parlare), incespicare. **4** (*to move or walk lightly*) muoversi (*o* camminare) con passi leggeri e agili. **5** ⟨*Mecc*⟩ scattare. **II** *v.t.* **1** (spesso con *up*) fare lo sgambetto a, far inciampare, far incespicare: *he –ped me up* mi fece lo sgambetto. **2** ⟨*fig*⟩ (spesso con *up*) cogliere in fallo: *to ~ up a witness by artful questions* cogliere in fallo un testimone con abili domande. **3** ⟨*Mecc*⟩ far scattare, liberare, disinnestare. **4** ⟨*Mar*⟩ (*of an anchor*) spedare. **5** ⟨*rar*⟩ (*of a dance*) ballare agilmente.

tripartite [trai'pɑ:tait] *a.* tripartito (*anche Bot.,Pol.*): *a ~ bloc* un blocco tripartito. **,tripartition** [–pɑ:'tiʃən] *s.* tripartizione *f.*

tripe [traip] *s.* **1** ⟨*Macell,Gastr*⟩ trippa *f.* **2** ⟨*fam*⟩ (*nonsense, rubbish*) sciocchezze *fpl*, stupidaggini *fpl*, ⟨*fam*⟩ fesserie *fpl.*

triphase ['traifeiz] *a.* ⟨*El*⟩ trifase.

triphthong ['trifθɔŋ] *s.* ⟨*Fon*⟩ trittongo *m.*

triplane ['traiplein] *s.* ⟨*Aer*⟩ triplano *m.*

triple ['tripl] **I** *a.* **1** triplo, tre volte maggiore. **2** (*having three elements, parts*) triplice, triplo. **3** ⟨*Mus*⟩ ternario. **II** *s.* triplo *m.* **III** *v.t.* triplicare: *the fine was –d* la multa fu triplicata. **IV** *v.i.* triplicarsi.

Triple| Alliance *s.* ⟨*Stor*⟩ triplice alleanza *f.* ~ **crown** *s.* (*Pope's tiara*) triregno *m.* ~ **Entente** *s.* ⟨*Stor*⟩ triplice intesa *f.*

triplet ['triplit] *s.* **1** bambino *m* (nato da un parto) trigemino. **2** *pl.* parto *m* trigemino. **3** (*group, set of three*) gruppo *m* di tre, triade *f,* terzetto *m.* **4** ⟨*Mus,Metr*⟩ terzina *f.*

triplex ['tripleks] **I** *a.* **1** triplice, triplo. **2** ⟨*Mus*⟩ ternario. **II** *s.* ⟨*Mus*⟩ tempo *m* ternario.

triplex glass *s.* vetro *m* di sicurezza (a tre strati).

triplicate I *a.* ['triplikit] triplice, triplo. **II** *s.* ['triplikit] terza copia *f.* **III** *v.t.* ['triplikeit] **1** triplicare. **2** (*to make in triplicate*) fare in triplice copia. □ *to type a letter in ~* dattilografare una lettera in triplice copia. **triplication** [,tripli'keiʃən] *s.* triplicazione *f.* **triplicity** [tri'plisiti] *s.* l'essere triplice. **triply** ['tripli] *avv.* in modo triplice.

tripod ['traipɔd] *s.* **1** treppiede *m.* **2** (*stool*) sgabello *m* a tre gambe; (*table*) tavolo *m* a tre gambe. **tripodal** ['tripədl] *a.* a tre gambe (*o* piedi).

trip odometer *s.* contachilometri *m* parziale.

tripolar [trai'poulə] *s.* ⟨*El*⟩ tripolare.

Tripoli ['tripəli] *N.pr.* ⟨*Geog*⟩ Tripoli *f.* **tripoli** *s.* ⟨*Geol*⟩ tripoli *m,* farina *f* fossile. **Tripolitan** [–'pɔlitən], **Tripolitanian** [–,pɔli'teinjən] **I** *a.* tripolitano. **II** *s.* tripolitano *m* (*f* –a).

tripos ['traipɔs] *s.* ⟨*Univ*⟩ (*at Cambridge*) esame *m* finale per ottenere la laurea con lode.

tripper ['tripə] *s.* gitante *m/f,* escursionista *m/f;* (*tourist*) turista *m/f.*

tripping ['tripiŋ] *a.* **1** (*of a step, pace*) agile, leggero, svelto. **2** (*of words*) dal ritmo svelto. **trippingly** [–li] *avv.* agilmente, con leggerezza.

triptych ['triptik] *s.* ⟨*Art,Stor*⟩ trittico *m.*

trireme ['trairi:m] *s.* ⟨*Mar.ant*⟩ trireme *f,* nave *f* trireme.

trisect [trai'sekt] *v.t.* **1** dividere in tre parti uguali, trisecare. **2** ⟨*Geom*⟩ trisecare. **trisection** [–kʃən] *s.* trisezione *f.*

Tristam ['tristæm], **Tristan** [–tən] *N.pr.* Tristano *m.*

tristful ['tristful] *a.* ⟨*rar*⟩ triste, afflitto, malinconico.

Tristram ['tristrəm] *N.pr.* → **Tristam.**

trisyllabic [,traisi'læbik] *a.* ⟨*Gramm*⟩ trisillabico, trisillabo. **tri'syllable** [–ləbl] *s.* trisillabo *m.*

trite [trait] *a.* banale, trito (e ritrito), stantio, risaputo: *a ~ sentence* una frase banale. **'tritely** [–li] *avv.* in modo trito. **'triteness** [–nis] *s.* l'essere trito (*o* stantio), banalità *f.*

Triton ['traitn] *N.pr.* ⟨*Mitol,Astr*⟩ Tritone *m.* **triton** *s.* ⟨*Zool*⟩ tritone *m.*

triturable ['tritjurəbl] *a.* triturabile. **triturate** [–reit] *v.t.* triturare, tritare. **,tritura'tion** [–'reiʃən] *s.* triturazione *f.*

triumph ['traiəmf] **I** *s.* **1** trionfo *m,* splendida vittoria *f;* (*great success, achievement*) vittoria *f,* grande successo *m,* trionfo *m.* **2** (*exultation*) esultanza *f,* tripudio *m: to shout in ~* gridare di esultanza. **3** ⟨*Stor.rom*⟩ trionfo *m.* **II** *v.i.* **1** trionfare, vincere, riportare una vittoria (*over* su): *to ~ over one's foes* trionfare sui (propri) nemici. **2** (*to prevail*) trionfare, prevalere, avere la meglio (*on, over* su): *mind –s over matter* lo spirito trionfa sulla materia. **3** (*to exult, express joy in victory*) trionfare, esultare (di gioia). **4** ⟨*Stor.rom*⟩ trionfare.

triumphal [trai'ʌmfəl] *a.* trionfale, di trionfo: ~ *arch* arco di trionfo. **,tri'umphalism** [–izm] *s.* trionfalismo *m.* **triumphalistic** [–istik] *a.* trionfalistico. **triumphant** [–fənt] *a.* **1** trionfante, esultante. **2** (*victorious*) trionfante, vittorioso. **triumphantly** [–fəntli] *avv.* trionfalmente, in modo trionfale.

triumvir [trai'ʌmvə] *s.* (*pl.* -s [z]/-viri [vərai]) ⟨*Stor.rom*⟩ triunviro *m,* triumviro *m* (*anche estens.*). **triumviral** [–rəl] *a.* triunvirale, triumvirale. **triumvirate** [–rit] *s.* ⟨*Stor.rom*⟩ triunvirato *m,* triumvirato *m* (*anche estens.*). **2** ⟨*fig*⟩ triade *f,* terzetto *m.*

triune ['traiju:n] *a.* ⟨*Teol*⟩ uno e trino, tre in uno.

trivalence [trai'veiləns], **trivalency** [–i] *s.* ⟨*Chim*⟩ trivalenza *f.* **trivalent** [–nt] *a.* trivalente.

trivalve ['traivælv] *a.* ⟨*Zool*⟩ trivalve.

trivet ['trivit] *s.* treppiedi *m.*

trivia ['triviə] *s.pl.* cose *fpl* banali, banalità *fpl.*

trivial ['triviəl] *a.* **1** futile, banale, frivolo, senza importanza: ~ *matters* questioni futili; *a ~ objection* un'obiezione banale. **2** (*of people*) frivolo, leggero, superficiale. **triviality** [–vi'æliti] *s.* futilità *f,* banalità *f,* frivolezza *f.* **trivially** [–i] *avv.* banalmente.

trivial| name *s.* ⟨*Biol*⟩ nome *m* volgare (*o* non scientifico). ~ **round** *s.* solito tran tran *m,* routine *f.*

trivium ['triviəm] *s.* (*pl.* **-via** [viə]) ⟨*Mediev*⟩ trivio *m.*

triweekly [trai'wi:kli] **I** *a.* **1** (*every three weeks*) che ha luogo (*o* si pubblica) ogni tre settimane. **2** (*three times a week*) che 'ha luogo⌐ (*o* si pubblica) tre volte alla settimana. **II** *avv.* tre volte alla settimana. **III** *s.* (*triweekly publication*) pubblicazione *f* che esce tre volte alla settimana.

troat [trout] **I** *v.i.* (*of a buck*) bramire. **II** *s.* bramito *m.*

trocar ['troukɑ:] *s.* ⟨*Chir*⟩ trequarti *m.*

trochaic [tro(u)'keiik] **I** *a.* ⟨*Metr*⟩ trocaico, trocheo. **II** *s.* trocheo *m.*

trochanter [tro(u)'kæntə] *s.* ⟨*Zool*⟩ trocantere *m.*

trochee ['trouki:] *s.* ⟨*Metr*⟩ trocheo *m.*

trod [trɔd], **trodden** ['trɔdn], **trode** [troud] → **tread**[1].

troglodyte ['trɔglədait] *s.* troglodita *m/f* (*anche fig.*). **,troglodytic** [–'ditik], **,troglodytical** [–'ditikəl] *a.* trogloditico (*anche fig.*). **troglodytism** [–izəm] *s.* trogloditismo *m.*

Troilus ['trɔiləs] *N.pr.* ⟨*Mitol*⟩ Troilo *m.*

Trojan ['troudʒən] **I** *a.* troiano, di Troia. **II** *s.* **1** troiano *m* (*f* –a). **2** ⟨*fig*⟩ persona *f* energica e coraggiosa. □ ⟨*fam*⟩ *to work like a ~* lavorare come un negro (*o* mulo).

Trojan| horse *s.* ⟨*Mitol*⟩ cavallo *m* di Troia. ~ **War** *s.* ⟨*Mitol*⟩ guerra *f* troiana (*o* di Troia).

troll[1] [troul] **I** *v.t./i.* **1** cantare allegramente a 'voce spiegata⌐ (*o* gran voce); (*of a round, catch*) cantare alternatamente. **2** ⟨*Pesc*⟩ pescare a traina (*for s.th.* qc.). **II** *s.* **1** canto *m* alternato, stornello *m.* **2** ⟨*Pesc*⟩ (*lure*) cucchiaino *m*; (*reel*) mulinello *m.*

troll[2] *s.* ⟨*Mitol.nord*⟩ troll *m.*

trolley ['trɔli] *s.* **1** carretto *m* (*o* carrettino) a mano. **2** (*small truck running on rails*) carrello *m* su rotaie. **3** ⟨*Minier*⟩ vagoncino *m* da miniera. **4** (*dinner wagon*) portavivande *m,* carrello *m* portavivande. **5** (*of a tram, trolley bus*) trolley *m,* presa *f* ad asta. **6** (*carriage running on an overhead track*) carrello *m* pensile. **7** ⟨*am*⟩ → **trolley car.**

trolley| bus *s.* filobus *m,* trolleybus *m.* ~ **car** *am. s.* tram *m,* vettura *f* tranviaria. ~ **pol** *s.* asta *f* di presa.

trolling ['trouliŋ] *s.* ⟨*Pesc*⟩ pesca *f* a traina.

trollop ['trɔləp] *s.* **1** donna *f* sciatta, sciattona *f,* sciamannona *f.* **2** (*woman of loose morals*) donnaccia *f,* prostituta *f,* sgualdrina *f.* **trollopy** [–i] *a.* sciatta, trascurata; (*immoral*) di facili costumi, di malaffare.

trolly *s.* → **trolley.**

trombone *it.* ['trɔmboun] *s.* ⟨*Mus*⟩ trombone *m.* **trombonist** [–ist] *s.* trombonista *m,* trombone *m.*

trommel ['trɔməl] *s.* ⟨*Minier*⟩ trommel *m* (*o* tamburo) sfangatore.

troop [tru:p] **I** *s.* **1** ⟨*Mil*⟩ truppa *f;* (*cavalry unit*) squadrone *m* (di cavalleria). **2** *pl.* truppe *fpl,* soldati *mpl: to raise –s* arruolare truppe. **3** (*collection of people, things*) gruppo *m,* truppa *f,* frotta *f.* **4** (*large number*) stuolo *m,* frotta *f,* schiera *f.* **5** (*Boy Scout unit*) reparto *m.* **6** ⟨*rar*⟩ (*theatrical troupe*) compagnia *f* (*o* troupe) teatrale. **II** *v.i.* **1** (*spesso con together*) radunarsi, raccogliersi, raggrupparsi, assembrarsi. **2** (*to move in a file;* spesso *con along*) muoversi in fila (ordinatamente); (*to flock*) muoversi a frotte (*o* gruppi). □ *to ~ away* andare via, andarsene; ⟨*Mil*⟩ *to ~ the colour(s)* far sfilare le bandiere, sfilare in parata con le bandiere in testa; *to ~ in* entrare a frotte; *to ~ off* andarsene a frotte; *to ~ out* uscire a frotte; *fans –ed to the stadium* i tifosi si dirigevano a frotte verso lo stadio.

troop carrier *s.* **1** ⟨*Aer.mil*⟩ aereo *m* per il trasporto di truppe. **2** ⟨*Mil*⟩ carro *m* per il trasporto di truppe.

trooper ['tru:pə] s. 1 ⟨Mil⟩ soldato m ⌐di cavalleria⌐ (o a cavallo); (paratrooper) paracadutista m. 2 ⟨Mar.mil⟩ → **troop ship**. 3 (am) (mounted policeman) poliziotto m a cavallo. □ to swear like a ~ bestemmiare come un turco (o carrettiere). **trooping** [-piŋ] s. ⟨Mil⟩ sfilata f: ~ʹthe colour sfilata con le bandiere in testa.

troop| ship s. ⟨Mar.mil⟩ nave f per il trasporto di truppe. ~ **withdrawal** s. ⟨Mil⟩ ritiro m delle truppe.

trope [troup] s. 1 ⟨Ret⟩ tropo m, traslato m. 2 ⟨Lit,Mus⟩ tropo m.

trophic ['trɔfik] a. ⟨Fisiol⟩ trofico, relativo alla nutrizione.

trophy ['troufi] s. 1 trofeo m (anche fig.). 2 (estens) trofeo m, premio m: bridge trophies trofei di bridge; (cup) coppa f.

tropic ['trɔpik] I s. 1 ⟨Geog,Astr⟩ tropico m. 2 pl. ⟨Geog⟩ tropici mpl, zone fpl (o paesi mpl) tropicali: to live in the –s vivere ai tropici. II a. → **tropical**. □ ~ of Cancer tropico m del Cancro; ~ of Capricorn tropico m del Capricorno. **tropical** [-əl] a. 1 tropicale, dei (o relativo ai) tropici: ~ regions regioni tropicali; ~ vegetation vegetazione tropicale. 2 (for use in the tropics) adatto ai tropici, usato nelle zone tropicali: ~ clothes abiti adatti ai tropici. 3 ⟨fig⟩ tropicale, torrido, caldissimo.

tropical| disease s. malattia f tropicale. ~ **fish** s. pesce m tropicale.

tropicalization [‚trɔpikəlaiʹzeiʃən] s. tropicalizzazione f. **tropicalize** [-laiz] v.t. tropicalizzare.

tropic bird s. ⟨Ornit⟩ uccello m ⌐del sole⌐ (o dei tropici, dell'oceano).

tropism ['troupizəm] s. ⟨Biol⟩ tropismo m.

tropologic [‚trɔpəʹlɔdʒik], **tropological** [-əl] a. tropologico, allegorico, figurato. **tropologically** [-əli] avv. tropologicamente, allegoricamente. **tropology** [tro(u)ʹpɔlədʒi] s. tropologia f, allegoria f.

tropopause ['trɔpəpɔ:z] s. tropopausa f.

troposphere ['trɔpəsfiə] s. ⟨Meteor⟩ troposfera f. **‚tropoʹspheric** [-'sferik] a. troposferico.

trot[1] [trɔt] v. (pret., p.p. 'trotted [-id]) I v.i. 1 (of a horse) trottare, andare al trotto. 2 (of people) trottare, camminare con passo veloce. II v.t. (of a horse) mettere (o far andare) al trotto. □ to ~ along: 1 andare via, andarsene, (fam) muoversi: it's time I was –ting along è ora che vada via; 2 (to go quickly) camminare con passo veloce, trottare; to ~ in entrare trotterellando; to ~ off: 1 partire al trotto; 2 (fam) (to run off, go off) andar via di corsa, (fam) scappare via; to ~ out: 1 (of a horse) far trottare (per mostrare l'andatura); 2 ⟨fig⟩ (to produce) presentare, (fam) tirar fuori.

trot[2] s. 1 trotto m. 2 (of a person) trotto m, andatura f svelta, passo m veloce. 3 (ride on horseback) trottata f: to go for a ~ fare una trottata. 4 (easy run) trottata f, corsetta f, camminata f veloce. 5 ⟨sl⟩ (whore) prostituta f, ⟨volg⟩ puttana f. 6 ⟨am.scol⟩ (crib) traduttore m, bigino m. □ (fam) on the ~ (one after the other) uno dopo l'altro, di fila; to keep s.o. on the ~ tenere qd. in movimento (o attività).

troth [trouθ] s. ⟨rar⟩ 1 fedeltà f, lealtà f. 2 (promise to marry s.o.) promessa f di matrimonio. 3 (pledged word) parola f (d'onore): by my ~ parola d'onore, sul mio onore.

trotter ['trɔtə] s. 1 (horse) trottatore m. 2 (person) camminatore m svelto, trottatore m (f –trice). 3 ⟨Macell,Gastr⟩ zampetto m. 4 pl. ⟨fam⟩ (feet) piedi mpl.

trotting race ['trɔtiŋ] s. ⟨Equit⟩ corsa f al trotto.

troubadour ['tru:bəduə] s. ⟨Stor⟩ trovatore m.

trouble ['trʌbl] I s. 1 preoccupazione f, agitazione f, ansia f. 2 (cause of worry) fastidio m, noia f, disturbo m, inconveniente m, ⟨fam⟩ seccatura f: we have been having ~ with the new machines abbiamo avuto dei fastidi con le nuove macchine. 3 (difficult, distressing position) guaio m, difficoltà f, pasticcio m, impiccio m: to help those in ~ aiutare chi è nei guai. 4 (distress, woe) sofferenza f, afflizione f, pena f: a life of ~ una vita di sofferenze. 5 (source of inconvenience) disturbo m, fastidio m, incomodo m, seccatura f: to be a ~ to s.o. recare disturbo

a qd. 6 (disorder, unrest) agitazione f, disordine m, tumulto m: labour –s agitazioni operaie. 7 (effort made, pains) disturbo m, pena f, briga f. 8 (physical disorder, ailment) disturbo m, indisposizione f (fisica). 9 ⟨Mecc⟩ guasto m, inconveniente m. II v.t. 1 preoccupare, agitare, turbare, tormentare, affliggere: is s.th. troubling you? qc. ti preoccupa?; (to annoy, bother) disturbare, infastidire, importunare, ⟨fam⟩ seccare, ⟨fam⟩ scocciare. 2 (to cause physical distress to) affliggere, tormentare: I was –d by the heat il caldo mi tormentava. 3 (to put to inconvenience) recare disturbo (o molestia) a, incomodare, scomodare, disturbare: she did not want to ~ her sister with the care of the children non voleva recare disturbo a sua sorella affidandole i bambini. 4 ⟨rifl⟩ preoccuparsi, agitarsi, darsi pensiero: don't ~ yourself about it non preoccuparti per questo. 5 (to agitate, make turbulent) agitare, turbare, muovere: a strong wind was troubling the lake un forte vento agitava le acque del lago. III v.i. 1 preoccuparsi, darsi pensiero, agitarsi. 2 (to inconvenience o.s.) disturbarsi, incomodarsi, scomodarsi: you needn't ~ to see me off non disturbarti ad accompagnarmi. □ ⟨fam⟩ to ask for ~ andare in cerca di guai; ⟨scherz⟩ ~ is brewing nell'aria c'è odore di tempesta; to ~ s.o. for s.th. incomodare qd. per qc., scomodare qd. per qc.; may I ~ you for a match? ti dispiace darmi un fiammifero?; to get into ~: 1 mettersi (o cacciarsi) nei guai, inguaiarsi: he is always getting into ~ si mette sempre nei guai; 2 (to put to inconvenience) mettere nei pasticci (o guai), inguaiare: his frankness will get him into ~ la sua franchezza lo metterà nei pasticci; 3 ⟨eufem⟩ (of an unmarried girl) inguaiare; to get out of ~ tirare (o tirarsi) fuori dai guai (o pasticci); to give ~ dare delle noie (o seccature), dare dei fastidi: the fuel pump is giving ~ la pompa del carburante sta dando delle noie; to go to much ~ darsi gran pena; to have ~ with avere delle noie (o seccature) con (o da); ʹ⟨fam⟩ don't ~ your head about it non darti pensiero per questo, non preoccuparti; to be in ~ avere ⌐delle noie⌐ (o dei fastidi), essere nei guai: he is in ~ with the police ha delle noie con la polizia; to look for ~ = to ask for trouble; to make ~ dare delle noie, creare fastidi; to take the ~ darsi (la) pena, preoccuparsi, darsi la briga: he did not even take the ~ to check the figures non si diede neanche la pena di controllare le cifre; what's the ~? cosa c'è che non va?; to be worth the ~ valere la pena. || the ~ is that il guaio è che; may I ~ you to pass the sugar? ti dispiacerebbe passarmi lo zucchero?

troubled ['trʌbld] a. turbato, preoccupato, inquieto, agitato: to be ~ in mind avere l'animo turbato; a ~ glance uno sguardo preoccupato. □ ~ times tempi difficili.

troubled waters s.pl. ⟨fig⟩ disordine m, confusione f, caos m.

troublemaker ['trʌblmeikə] s. 1 istigatore m (f –trice), fomentatore m (f –trice), sobillatore m (f –trice). 2 (one who causes trouble) chi provoca (o causa) guai.

trouble|-prone a. ⟨tecn⟩ sensibile ai guasti. ~**shoot** v. irr. I v.i. ⟨tecn⟩ localizzare (e riparare) guasti. II v.t. ⟨tecn⟩ localizzare (e riparare) guasti in. ~**shooter** am. ['trʌblʃu:tə] s. 1 chi svolge opera di mediazione nelle vertenze sindacali. 2 (worker) operaio m che localizza i guasti. ~**shooting** s. 1 ⟨Pol⟩ opera f di mediazione. 2 ⟨tecn⟩ localizzazione f (ed eliminazione) dei guasti.

troublesome ['trʌblsəm] a. importuno, fastidioso, seccante, molesto: a ~ cough una tosse fastidiosa; a ~ child un bambino molesto. **troublesomely** [-li] avv. importunamente, fastidiosamente. **troublesomeness** [-nis] s. fastidio m, noia f, seccatura f.

trouble spot s. ⟨pol⟩ zona f di tensione, punto m caldo.

troublous ['trʌbləs] a. ⟨poet⟩ agitato, inquieto: ~ times tempi agitati.

trough [trɔf] s. 1 (for feeding animals) trogolo m, mangiatoia f; (for water) abbeveratoio m. 2 (vessel for kneading dough) madia f. 3 (between two waves) solco m, cavo m. 4 ⟨Meteor⟩ saccatura f. 5 ⟨Geog,Geol⟩ avvallamento m, depressione f. 6 (channel, conduit for water) condotto m, canale m. 7 ⟨Edil⟩ (eaves trough) doccia f (di grondaia).

trounce [trauns] *v.t.* **1** battere, percuotere, bastonare, picchiare, ⟨*fam*⟩ sonarle a. **2** (*to defeat heavily*) sconfiggere duramente, sgominare, annientare. **3** (*to scold, censure*) sgridare, ⟨*fam*⟩ dare una lavata di capo a. **'trouncing** [–iŋ] *s.* **1** percosse *fpl*, botte *fpl*, busse *fpl*. **2** (*severe defeat*) dura sconfitta *f*, (bella) batosta *f*. **3** (*scolding*) sgridata *f*, ramanzina *f*, ⟨*fam*⟩ lavata *f* di capo.

troupe [tru:p] *s.* ⟨*Teat*⟩ **1** compagnia *f* (o troupe) teatrale. **2** (*travelling company*) compagnia *f* ambulante. **'trouper** [–ə] *s.* **1** membro *m* di una compagnia ambulante. **2** (*actor*) attore *m* (*f* –trice). □ (*fig*) to be a good ~ essere (un tipo) in gamba.

trousered ['trauzəd] *a.* che porta i calzoni. **trousering** [–zəriŋ] *s.* stoffa *f* per calzoni.

trouser press *s.* stirapantaloni *m*.

trousers ['trauzəz] *s.pl.* **1** calzoni *mpl*, pantaloni *mpl*, ⟨*fam*⟩ brache *fpl*: *a pair of* ~ un paio di calzoni. **2** ⟨*Stor*⟩ (*pantalets*) mutandoni *mpl* da donna guarniti di gale. □ (*fig*) *his wife wears the* ~ è sua moglie che porta i calzoni.

trouser| skirt *s.* ⟨*Mod*⟩ gonna *f* pantalone. **~ suit** *s.* ⟨*Sart*⟩ completo *m* pantalone.

trousseau ['tru:sou] *s.* (*pl.* -s [z]/**trousseaux** [–'sou]) corredo *m* da sposa.

trout [traut] **I** *s.* (*pl. inv./*-s [s]; il pl.inv. si usa general. con valore collett.) **1** ⟨*Itt*⟩ trota *f*. **2** ⟨*sl*⟩ (*ugly, stupid old woman*) stupida vecchiaccia *f*. **II** *v.i.* ⟨*Pesc*⟩ pescare trote, andare a pesca di trote.

trout| breeder *s.* troticoltore *m*. **~ breeding** *s.* troticoltura *f*. **~-colored** *am.*, **~-coloured** *a.* trotino, che presenta trotinature. **~ fishing** *s.* pesca *f* delle trote.

troutlet ['trautlit], **troutling** [–liŋ] *s.* piccola trota *f*.

trouvère [tru:'vɛər], **trouveur** [–'vœːr] *s.* ⟨*Stor*⟩ troviero *m*.

trove [trouv] *s.* **1** oggetto *m* trovato. **2** (*collection of things found*) collezione *f* (o raccolta) di cose trovate.

trover ['trouvə] *s.* ⟨*Dir*⟩ appropriazione *f* di un oggetto trovato.

trowel ['trauəl] **I** *s.* **1** ⟨*Mur*⟩ mestola *f*, cazzuola *f*. **2** ⟨*Giard*⟩ paletta *f* da giardiniere, trapiantatoio *m*. **II** *v.t.* (*pret. p.p.* **trowelled**/*am.* **troweled** [–d]) **1** ⟨*Mur*⟩ lisciare con una cazzuola (o mestola); (*to apply with a trowel*) applicare con una cazzuola (o mestola). **2** ⟨*Giard*⟩ scavare con una paletta. □ (*fam*) to lay it on with a ~ adulare esageratamente (o sfacciatamente), ⟨*fam,scherz*⟩ sviolinare.

troy [trɔi] **I** *a.* troy. **II** *s.* → **troy weight**.

Troy *N.pr.* ⟨*Geog.stor*⟩ Troia *f*.

troy| ounce *s.* oncia *f* troy. **~ weight** *s.* troy *m* (per pesare pietre e metalli preziosi).

truancy ['truənsi] *s.* assenza *f* ingiustificata ⌐da scuola⌐ (o dal lavoro). **truant** [–nt] **I** *s.* **1** scolaro *m* (*f* –a) che marina la scuola. **2** (*shirker*) scansafatiche *m/f*, pigrone *m* (*f* –a), fannullone *m* (*f* –a). **II** *a.* **1** che ha marinato la scuola. **2** (*neglectful of duty*) ozioso, infingardo, pigro. □ *to play* ~ (*from school*) marinare (o salare) la scuola; (*from work*) assentarsi ingiustificatamente dal lavoro.

truce [tru:s] *s.* **1** ⟨*Mil*⟩ tregua *f* (d'armi). **2** ⟨*fig*⟩ tregua *f*, pausa *f*, respiro *m*, sosta *f*. □ ⟨*Stor*⟩ ~ *of God* tregua *f* di Dio; ~ *bearer* parlamentario *m*.

truck[1] [trʌk] **I** *s.* **1** ⟨*Ferr*⟩ carro *m* merci aperto, pianale *m*. **2** ⟨*am*⟩ (*lorry*) autocarro *m*, camion *m*. **3** (*porter's barrow*) carrello *m* portabagagli; (*hand truck*) carrello *m* a mano. **4** (*heavy horse-drawn vehicle*) carro *m*. **5** ⟨*Mar*⟩ formaggetta *f*, galletta *f* (d'albero). **II** *v.t./i.* trasportare (merci) su un camion (o autocarro).

truck[2] *s.* **1** (*goods for barter*) merci *fpl* di scambio. **2** (*practice of bartering*) baratto *m*, scambio *m*. **3** ⟨*fam*⟩ rapporti *mpl*, relazioni *fpl*: *I will have no* ~ *with such people* non voglio avere rapporti con génte simile. **4** (*rubbish, trash*) ciarpame *m*, robaccia *f*. **5** ⟨*Econ*⟩ pagamento *m* dei salari ⌐in natura. **6** ⟨*Econ*⟩ → **truck system**. **7** ⟨*am*⟩ (*vegetables grown for market*) ortaggi *mpl* coltivati per la vendita.

truckage *am.* ['trʌkidʒ] *s.* **1** trasporto *m* su camion (o autocarro). **2** (*charge*) spese *fpl* di trasporto.

truck| crop *am. s.* ⟨*Agr*⟩ prodotti *mpl* orticoli, ortaggi *mpl*. **~-drawn** *s.* autotrainato *m*. **~-driver** *am. s.* camionista *m*.

trucker[1] *am.* ['trʌkə] *s.* **1** autotrasportatore *m*. **2** → truckdriver.

trucker[2] *am. s.* → **truck farmer**.

truck| farm *am. s.* fattoria *f* che produce ortaggi su grande scala. **~ farmer** *am. s.* orticoltore *m* (su grande scala). **~ farming** *am. s.* orticoltura *f* (su grande scala).

trucking[1] *am.* ['trʌkiŋ] *s.* trasporto *m* per mezzo di autocarri.

trucking[2] *s.* **1** (*bartering*) baratto *m*. **2** ⟨*am*⟩ → **truck farming**.

truckle ['trʌkl] **I** *v.i.* essere servile (*to* nei confronti di, verso, con), ⟨*fam*⟩ strisciare (davanti a). **II** *s.* → **truckle bed**.

truckle bed *s.* ⌐letto *m* basso⌐ (o branda *f*) su rotelle.

truckler ['trʌklə] *s.* persona *f* servile, individuo *m* strisciante.

truck|man *am.* [mən] *s.irr.* **1** autotrasportatore *m*. **2** → truckdriver. **~ mixer** *s.* ⟨*Edil*⟩ autobetoniera *f*. **~ system** *s.* sistema *m* di pagamento dei salari in natura. **~ trailer** *am. s.* rimorchio *m*.

truculence ['trʌkjuləns], **truculency** [–i] *s.* ferocia *f*, crudeltà *f*. **truculent** [–nt] *a.* **1** aggressivo, bellicoso, battagliero. **2** (*fierce, cruel*) feroce, crudele, ⟨*lett*⟩ truculento. **truculently** [–ntli] *avv.* con ferocia.

trudge [trʌdʒ] **I** *v.i.* camminare a fatica (o stento), camminare faticosamente, arrancare. **II** *s.* camminata *f* lunga e faticosa.

trudgen (stroke) ['trʌdʒən] *s.* ⟨*Sport*⟩ trudgen *m*.

Trudy ['tru:di] *N.pr. dim. di* Gertrude.

true [tru:] **I** *a.* **1** vero: *a* ~ *story* una storia vera; *is it* ~ *that you are to be married?* è vero che ti sposi? **2** (*real, genuine*) vero, effettivo, reale: *the* ~ *reason for his disappearance* la vera ragione della sua scomparsa. **3** (*sincere*) sincero, vero, verace: ~ *love* amore sincero; (*firm, steadfast*) fedele, leale, sincero: *a* ~ *friend* un amico fedele; (*honest, upright*) onesto, leale. **4** (*accurate, correct*) esatto, preciso, corretto, vero: *a* ~ *version of the incident* una versione esatta dell'incidente; (*conforming to an original*) conforme, fedele: ~ *copy* copia conforme. **5** (*legitimate, rightful*) legittimo, vero, reale: *the* ~ *owner* il legittimo proprietario. **6** (*typical*) vero (e proprio), tipico: *a* ~ *son of the Renaissance* un vero figlio del Rinascimento. **7** ⟨*tecn*⟩ preciso, accurato. **8** ⟨*Biol*⟩ vero e proprio: *a lizard is a* ~ *reptile* la lucertola è un vero e proprio rettile; (*typical*) tipico. **II** *s.* **1** vero *m*: *the* ~ *and the false* il vero e il falso. **2** ⟨*tecn*⟩ allineamento *m*, centratura *f*. **III** *avv.* **1** sinceramente: *he spoke* ~ parlava sinceramente. **2** (*exactly, accurately*) con precisione, precisamente, accuratamente (*spec. tecn.*). **IV** *v.t.* ⟨*tecn*⟩ allineare, centrare. □ *the* ~ **faith** la vera fede; *the* ~ **God** il vero Dio; *to* **hold** ~ essere valido, valere; *to be* ~ *of* valere, essere giusto (o vero); *to be* ~ *to* **oneself** restare fedele ai propri principi; ⟨*tecn*⟩ *to be* **out** *of* ~ essere fuori centro (o posto); *to* **prove** ~ avverarsi, divenire realtà, realizzarsi; *to* **ring** ~: 1 (*of a coin*) non avere un suono falso; 2 ⟨*fig*⟩ sonare sincero (o vero); *to be* ~ *to* *one's word* tenere fede alla parola data, essere di parola; *too* ~ fin troppo vero; ~ *to* **type**: 1 ⟨*Biol*⟩ conforme alla specie; 2 ⟨*fig*⟩ vero e proprio; ⟨*Anat*⟩ ~ **vocal cords** corde *fpl* vere (o inferiori). || ~, *I did not know him well* (è) vero, non lo conoscevo bene; *good men and* ~ persone *fpl* per bene.

true| airspeed *s.* ⟨*Aer*⟩ velocità *f* effettiva (o vera), velocità al suolo. **~ altitude** *s.* altezza *f* effettiva. **~ bearing** *s.* ⟨*Mar,Aer*⟩ rilevamento *m* vero. **~ bill** *s.* ⟨*Dir*⟩ incriminazione *f*. **'~-'blue I** *a.* fedele, leale, devoto: *a* ~ *Conservative* un fedele conservatore; (*genuine*) vero, genuino, autentico. **II** *s.* persona *f* fedele (o leale). **'~-'born** *a.* autentico, di razza pura, vero, genuino: *a* ~ *Englishman* un inglese autentico. **'~-'bred** *a.* di pura razza, (di) puro sangue. **~ course** *s.* ⟨*Mar,Aer*⟩ rotta *f* vera. **~-hearted** *a.* leale, sincero. **~-heartedness** *s.* lealtà *f*, sincerità *f*. **~ love** *s.* innamorato *m* (*f* –a), amoroso *m* (*f* –a); (*loved one*) amato *m* (*f* –a).

true-love knot ['tru:lʌv], **true-'lover's knot** [-əz] *s.* nodo *m* d'amore.

true meridian *s.* ⟨Geog⟩ meridiano *m* geografico.

trueness ['tru:nis] *s.* **1** verità *f.* **2** (*exactness, accuracy*) esattezza *f,* accuratezza *f,* precisione *f.*

true| north *s.* ⟨Geog⟩ nord *m* geografico. **~-to-life** *a.* realistico, naturale, che riproduce fedelmente la realtà.

truffle ['trʌfl] *s.* ⟨Bot⟩ tartufo *m.* **truffled** [-d] *a.* ⟨Gastr⟩ tartufato.

trug [trʌg] *s.* **1** cesto *m,* cestello *m.* **2** (*wooden milk pan*) ciotola *f* di legno per il latte.

truism ['tru:izəm] *s.* verità *f* ovvia (*o* lapalissiana), truismo *m.*

trull [trʌl] *s.* prostituta *f.*

truly ['tru:li] *avv.* **1** correttamente, giustamente, con esattezza: *it has been ~ said that* è stato giustamente detto che. **2** (*accurately*) accuratamente, con precisione. **3** (*genuinely, really*) veramente, sinceramente, realmente: *I am ~ sorry* sono veramente spiacente. **4** (*indeed*) davvero, in verità, proprio, realmente. **5** ⟨rar⟩ (*faithfully*) fedelmente. ☐ *yours ~* distinti saluti *mpl.*

trump[1] [trʌmp] *s.* **1** briscola *f,* trionfo *m,* atout *m.* **2** *pl.* briscole *fpl: diamonds are -s* le briscole sono i quadri. **3** ⟨fig⟩ ultima risorsa *f.* **4** ⟨fam⟩ (*fine, good-natured person*) tipo *m* in gamba, brav'uomo *m.* ☐ *to call for -s* (*in cards*) chiamare briscola; ⟨fig⟩ *to put s.o. to his -s* ridurre qd. agli estremi; ⟨fam⟩ *to turn up -s* (*of a person*) rivelarsi superiore all'aspettativa.

trump[2] **I** *v.t.* prendere con una briscola. **II** *v.i.* giocare una briscola. ☐ ⟨fam⟩ *to ~ up* inventare, architettare: *to ~ up an excuse* inventare una scusa.

trump[3] *s.* ⟨rar,poet⟩ tromba *f: the ~ of doom* la tromba del giudizio universale.

trump card *s.* **1** briscola *f,* atout *m.* **2** ⟨fig⟩ argomento *m* decisivo (*o* determinante). ☐ ⟨fig⟩ *to hold a ~* avere l'asso nella manica; *to play one's ~* giocare la carta buona.

trumped-up [trʌmpt] *a.* falso, inventato.

trumpery ['trʌmpəri] **I** *s.* **1** chincaglierie *fpl,* cianfrusaglie *fpl.* **2** (*nonsense, rubbish*) sciocchezze *fpl,* stupidaggini *fpl.* **3** ⟨rar⟩ (*worthless finery*) fronzoli *mpl,* orpelli *mpl.* **II** *a.* scadente, di nessun valore.

trumpet ['trʌmpit] **I** *s.* **1** ⟨Mus⟩ tromba *f.* **2** (*sound of a trumpet*) suono *m* di tromba. **3** (*of an elephant*) barrito *m.* **4** (*s.th. trumpet-shaped*) cosa *f* a forma di tromba (*o* imbuto). **5** (*ear trumpet*) cornetto *m* acustico; (*speaking trumpet*) megafono *m,* portavoce *m.* **6** ⟨Mecc⟩ tubo *m* svasato (*o* a tromba). **7** ⟨Tess⟩ imbuto *m.* **II** *v.i.* **1** sonare la tromba. **2** (*of an elephant*) barrire. **3** ⟨fig⟩ dar fiato alle trombe, sonare la tromba. **III** *v.t.* **1** (*spesso con forth*) divulgare (*o* annunciare) a suon di tromba. **2** ⟨fig⟩ strombazzare, divulgare. **3** ⟨Mecc⟩ svasare. ☐ ⟨fig⟩ *to blow one's own ~* tessere (*o* cantare) le proprie lodi.

trumpet call *s.* **1** squillo *m* (*o* segnale) di tromba. **2** ⟨fig⟩ invito *m* (*o* appello) all'azione.

trumpeter ['trʌmpitə] *s.* **1** sonatore *m* di tromba, tromba *f.* **2** ⟨Mil⟩ trombettiere *m,* tromba *f.* **3** ⟨Ornit⟩ agami *m,* agamì *m.* **4** ⟨Ornit⟩ cigno *m* trombetta. **5** ⟨Zootecn⟩ trombettiere *m.*

trumpet| flower *s.* ⟨Bot⟩ pianta *f* dai fiori a corolla imbutiforme. **~ lily** *s.* ⟨Bot⟩ calla *f.* **~ major** *s.* ⟨Mil⟩ primo trombettiere *m.* **~-shaped** *a.* **1** a forma di tromba (*o* imbuto). **2** ⟨Bot⟩ imbutiforme, campanulato.

truncal ['trʌŋkəl] *a.* ⟨Anat⟩ del (*o* relativo al) tronco.

truncate ['trʌŋkeit] **I** *v.t.* **1** mozzare, troncare, tagliare. **2** ⟨fig⟩ tagliare, ridurre, abbreviare. **II** *a.* **1 → truncated. 2** ⟨Biol⟩ troncato. **truncated** [-id] *a.* **1** troncato, mozzo, tronco. **2** ⟨fig⟩ abbreviato, ridotto. **3** ⟨Geom,Metr⟩ tronco. **truncation** [-'keiʃən] *s.* troncatura *f,* troncamento *m.*

truncheon ['trʌntʃən] *s.* **1** (*policeman's club*) bastone *m,* manganello *m.* **2** (*staff of authority, baton*) bastone *m* (di comando).

trundle ['trʌndl] **I** *v.t./i.* **1** (far) rotolare: *to ~ a hoop* far rotolare un cerchio. **2** (*of a cart, etc.*) spingere. **3** ⟨fam⟩ (*in cricket: to bowl*) lanciare. **II** *s.* **1** (*small wheel*) rotella *f;* (*roller*) curro *m.* **2** ⟨Mecc⟩ (*lantern pinion*) rocchetto *m*

(*o* pignone) a lanterna. **3** (*low truck, trolley*) carrello *m.* ☐ *to ~ along* arrancare, avanzare pesantemente.

trundle bed *s.* → **truckle bed.**

trundler ['trʌndlə] *s.* ⟨fam⟩ (*in cricket: bowler*) lanciatore *m.*

trunk [trʌŋk] *s.* **1** tronco *m.* **2** (*of a man*) tronco *m,* torso *m,* busto *m;* (*of an animal*) tronco *m.* **3** (*of an elephant*) proboscide *f,* ⟨pop⟩ tromba *f.* **4** ⟨Arch⟩ (*of a column*) fusto *m,* tronco *m;* (*of a pedestal*) tronco *m.* **5** ⟨Ferr,Strad⟩ linea *f* principale. **6** (*large case, chest*) baule *m.* **7** *pl.* ⟨Vest⟩ pantaloncini *mpl* da ginnastica; (*swimming trunks*) calzoncini *mpl* da bagno. **8** ⟨Mecc⟩ → **trunk engine. 9** ⟨am. Aut⟩ bagagliaio *m.* **10** *pl.* ⟨ant⟩ → **trunk hose.**

trunk| call *s.* ⟨Tel⟩ telefonata *f* (*o* chiamata) interurbana, interurbana *f.* **~ drawers** *s.* ⟨Vest⟩ calzoni *mpl* corti. **~ engine** *s.* ⟨Mecc⟩ motore *m* a pistoni cavi. **~ exchange** *s.* ⟨Tel⟩ centrale *f* interurbana.

trunkful ['trʌŋkful] *s.* **1** contenuto *m* di un baule, baule *m.* **2** ⟨fam⟩ (*large number*) gran numero *m,* ⟨fam⟩ mucchio *m,* ⟨fam⟩ sacco *m.*

trunk| hose *s.* ⟨Stor⟩ brache *fpl* a sbuffo. **~ line** *s.* linea *f* principale (*anche* Ferr.,Tel.). **~ piston** *s.* ⟨Mecc⟩ pistone *m* cavo. **~ road** *s.* strada *f* statale.

trunnion ['trʌnjən] *s.* ⟨Mecc⟩ perno *m* di articolazione.

truss [trʌs] **I** *v.t.* **1** (spesso con *up*) legare (stretto): *he was -ed and gagged* fu legato e imbavagliato. **2** ⟨Gastr⟩ (*of a chicken, etc.*) legare le ali a (prima di cucinarlo). **3** ⟨Edil⟩ sostenere con una travatura reticolare. **II** *s.* **1** ⟨Edil⟩ travatura *f* reticolare; (*of a roof*) capriata *f.* **2** ⟨Arch⟩ mensola *f,* modiglione *m.* **3** ⟨Med⟩ cinto *m* erniario. **4** ⟨Mar⟩ trozza *f.* **5** ⟨Bot⟩ grappolo *m* di fiori (*o* frutti). **6** (*bundle of hay*) fascio *m* di fieno (pari a 56 libbre); (*of straw*) fascio *m* di paglia (pari a 36 libbre).

truss bridge *s.* ponte *m* a travi reticolari.

trust [trʌst] **I** *s.* **1** fiducia *f,* confidenza *f: he inspires ~* ispira fiducia; *I have little ~ in him* ho poca fiducia in lui. **2** (*confident expectation of s.th.*) speranza *f,* aspettazione *f.* **3** (*responsibility imposed or accepted*) responsabilità *f: he has a position of great ~* ha un posto di grande responsabilità. **4** (*s.th. entrusted to s.o.*) compito *m,* incarico *m:* *to fulfil one's ~* assolvere il proprio compito; (*duty*) dovere *m.* **5** (*charge, custody*) cura *f,* custodia *f: to leave a child in s.o.'s ~* affidare un bambino alle cure di qd. **6** ⟨Comm⟩ (*credit*) credito *m: to sell goods on ~* vendere merci a credito. **7** ⟨Dir⟩ amministrazione *f* fiduciaria: *to hold a property in ~ for s.o.* avere l'amministrazione fiduciaria della proprietà di qd.; (*property*) patrimonio *m* fiduciario. **8** ⟨Econ⟩ consorzio *m* monopolistico, monopolio *m,* trust *m.* **II** *a.* ⟨Dir,Econ⟩ fiduciario. **III** *v.t.* **1** avere fiducia in, confidare in: *I ~ him implicitly* ho assoluta fiducia in lui; (*to rely on*) contare su, fare assegnamento su: *you may ~ me* puoi contare su di me. **2** (*to believe in the truthfulness of*) fidarsi di, credere a, dare credito a: *I shall never ~ him again* non mi fiderò mai più di lui; *to ~ s.o.'s word* credere alla parola di qd. **3** (*to hope, expect*) sperare, confidare, aver fiducia: *I ~ you will repay the money* spero che rimborserai il denaro. **4** (*to allow to have s.th., do s.th. without anxiety*) fidarsi di. **5** (*to confer as a trust*) affidare, dare in consegna (*o* custodia): *to ~ one's jewels to s.o.* affidare i propri gioielli a qd. **IV** *v.i.* **1** confidare, aver fiducia (*o* fede), riporre fiducia (*in, to* in), affidarsi (*a*): *to ~ in God* confidare in Dio. **2** (*to believe, have faith*) avere fede, credere. **3** (*to be confident*) essere fiducioso; (*to hope*) sperare: *your wife, I ~, is feeling better* spero che tua moglie stia meglio. **4** (*to rely on hopefully*) affidarsi (*to* a), fare assegnamento, contare (su), fidarsi (di): *to ~ to chance* affidarsi al caso. ☐ *to take s.th. on ~* accettare qc. per vero senza prove (*o* verifiche); *only ~!* abbi fede!; *a position of ~* un posto (*o* incarico) di fiducia. ‖ ⟨iron⟩ *~ him to let out the secret* conta su di lui perché la cosa si sappia; *he is not to be -ed* di lui non ci si può fidare.

trust| account *s.* ⟨Econ⟩ conto *m* fiduciario. **~ company** *s.* società *f* fiduciaria. **~ deed** *s.* ⟨Dir⟩ atto *m* fiduciario.

trustee [trʌs'ti:] s. 1 〈Dir〉 amministratore m fiduciario. 2 〈Econ〉 membro m del consiglio di amministrazione, amministratore m. □ 〈Dir〉 ~ in bankruptcy curatore m fallimentare. **trusteeship** [-ʃip] s. 1 〈Dir〉 carica f (o funzione) di amministratore fiduciario. 2 〈Pol,Dir〉 amministrazione f fiduciaria. 3 〈Pol〉 → trust territory.
trustful ['trʌstful]' a. fiducioso, confidente. **trustfully** [-i] avv. fiduciosamente, con fiducia. **trustfulness** [-nis] s. fiducia f, confidenza f.
trust fund s. 〈Econ〉 fondo m fiduciario.
trustily ['trʌstili] avv. in maniera fidata, fedelmente, lealmente. **trustiness** [-tinis] s. fedeltà f, fidatezza f, lealtà f. **trusting** [-tiŋ] a. fiducioso, confidente.
trustless ['trʌstlis] a. 1 infido, sleale. 2 (distrustful) diffidente, sospettoso.
trust territory s. 〈Pol〉 territorio m soggetto ad amministrazione fiduciaria.
trustworthily ['trʌstwə:ðili] avv. 1 in maniera fidata. 2 (reliably) in maniera attendibile. **trustworthiness** [-ðinis] s. 1 fidatezza f. 2 (reliability) attendibilità f. **trustworthy** [-ði] a. 1 fido, fidato, sicuro, (degno) di fiducia. 2 (reliable) attendibile, degno di fede.
trusty ['trʌsti] I a. fido, fidato, sicuro, (degno) di fiducia: a ~ servant un domestico fidato; (of things) fido, fedele. II s. detenuto m che merita fiducia e gode di speciali privilegi.
truth [tru:θ] s. 1 verità f, vero m: to find out the ~ appurare la verità. 2 (conformity with fact) verità f, giustezza f, esattezza f: the ~ of a statement la verità di un'affermazione. 3 (fidelity to an original) fedeltà f, conformità f all'originale. 4 (truthfulness) veridicità f, sincerità f. 5 〈tecn,Mecc〉 precisione f di regolazione (o posizione). □ to tell s.o. a few home –s dire a qd. delle verità spiacevoli; 〈lett〉 in ~ in verità; there is no ~ in the story non c'è nulla di vero nel racconto; there is some ~ in what you say c'è del vero in ciò che dici; to tell the ~: 1 dire la verità; 2 (truth to tell) a dire il vero, per dire la verità; there is not a word of ~ in what he says non c'è nulla (o una parola) di vero in ciò che dice.
truthful ['tru:θful] a. 1 sincero, veritiero, veridico: a ~ person una persona sincera. 2 (conforming to the truth) veritiero, vero, esatto, verace: a ~ account of the accident un resoconto veritiero dell'incidente. **truthfully** [-i] avv. sinceramente, con sincerità. **truthfulness** [-nis] s. sincerità f, veridicità f.
truthless ['tru:θlis] a. falso, menzognero, bugiardo.
truth serum s. siero m della verità.
try[1] [trai] I v.t. 1 cercare, provare, tentare: I tried not to laugh cercai di non ridere; you will see how easy it is if you ~ vedrai com'è facile se ci provi. 2 (to test by tasting) assaggiare, provare, degustare. 3 (to make a trial of) sperimentare, provare: to ~ a new technique sperimentare una nuova tecnica; (to test the operation of) verificare, provare, collaudare. 4 (to put to a severe test) mettere 'alla prova' (o a cimento), provare: to ~ s.o.'s patience mettere alla prova la pazienza di qd.; (of the eyes) sforzare, affaticare. 5 (of a door, etc.) provare ad aprire. 6 〈Dir〉 (of a case) giudicare; (of a person) processare. II v.i. 1 cercare, provare, tentare: ~ and get here on time cerca di arrivare in tempo. 2 〈Mar〉 stare alla cappa, cappeggiare. □ to ~ again riprovare, provare di nuovo; to ~ for: 1 cercare di ottenere; 2 (to aim at) mirare a; to ~ one's hand at s.th. tentare di fare qc., cimentarsi (o misurarsi) in qc.; to ~ one's hardest fare ogni sforzo (possibile), mettercela tutta; to ~ on (of clothes) provare; 〈fam〉 to ~ it on cercare di menare per il naso (with s.o. qd.), cercare di farla (a); to ~ out: 1 provare, collaudare, verificare; 2 (to test the ability of) provare, mettere alla prova; 3 〈Sport,Teat〉 sottoporsi a una prova per, concorrere a; 4 (of oil, fat, etc.) purificare mediante fusione; to ~ one's strength against s.o. misurare la propria forza contro qd.; to ~ up: 1 〈tecn〉 rifinire; 2 〈Fal〉 rifinire (con la pialla), piallare.
try[2] s. 1 tentativo m, prova f: I don't think I can do it but I'll have a ~ non credo di poterlo fare, ma farò un tentativo. 2 〈Sport〉 (in rugby) meta f. □ to have a ~ at s.th. provare a fare qc.

trying ['traiiŋ] a. 1 difficile, duro, logorante, pesante: a ~ situation una situazione difficile; a ~ day at the office una dura giornata in ufficio. 2 (irritating) snervante, che mette a dura prova.
trying plane s. 〈Fal〉 piallone m, pialla f lunga.
try|-on s. 1 (of clothes) prova f. 2 〈fam〉 (attempt at deceiving, outwitting) tentativo m d'ingannare. **~-out** s. 1 prova f (preliminare), esperimento m. 2 〈Sport〉 prova f. 3 〈Teat〉 rappresentazione f di prova.
trypsin ['tripsin] s. 〈Biol〉 tripsina f.
trysail ['traisl] s. 〈Mar〉 vela f di cappa.
try square s. squadra f 'a battente' (o da falegname).
tryst [tr(a)ist] I s. 1 appuntamento m, convegno m (amoroso): to keep ~ with s.o. andare a un appuntamento con qd. 2 → **trysting place**. II v.i. fissare un appuntamento.
trysting place ['tr(a)istiŋ] s. luogo m di appuntamento.
tsar [tsɑː, zɑː] s. 〈Stor〉 (czar) zar m. **'tsarevitch** [-rəvitʃ] s. zarevic m. **tsarina** [-'ri:nə] s. zarina f. **'tsarism** [-rizəm] s. zarismo m. **'tsarist** [-rist] I a. → tsaristic. II s. zarista m/f. **tsaristic** [-'ristik] a. zarista.
tsetse (fly) ['t(s)etsi] s. 〈Entom〉 mosca f tse-tse, glossina f.
T-shirt s. 〈Vest〉 maglietta f girocollo con maniche corte.
T-square s. riga f a T.
TT = 1 teletype(writer) telescrivente. 2 Telegraphic Transfer bonifico telegrafico.
T.U. = Trade Union sindacato.
tub[1] [tʌb] s. 1 tino m, mastello m, tinozza f. 2 〈fam〉 (bath tub) vasca f da bagno; (bath) bagno m (in vasca). 3 → **tubful**. 4 〈fam〉 (old slow boat) barcaccia f, tinozza f, sciabecco m. 5 〈Minier〉 vagonetto m da miniera. 6 〈Sport〉 (for training oarsmen) barca f per l'allenamento alla voga. 7 (keg) barilotto m.
tub[2] v. (pret., p.p. tubbed [-d]) I v.t. 1 mettere in un tino (o mastello). 2 (to wash in a tub) lavare in una tinozza. 3 〈Minier〉 (of a shaft; spesso con off) rivestire. 4 〈Sport〉 allenare alla voga. II v.i. 1 fare il bagno (in una tinozza). 2 〈Sport〉 allenarsi alla voga.
tuba it. ['tju:bə] s. 〈Mus,Stor〉 tuba f.
tubal ['tju:bəl] a. 〈Anat〉 tubarico: ~ pregnancy gravidanza tubarica.
tubate ['tju:beit] a. tubolare.
tubbiness ['tʌbinis] s. corpulenza f, grassezza f. **tubby** [-bi] a. 1 a forma di tino. 2 (of people) grasso e basso, piccolo e grassoccio. 3 〈Mus〉 (of a stringed instrument) dal suono cupo (o sordo).
tube [tju:b] I s. 1 tubo m, conduttura f; 〈estens〉 tubatura f. 2 (for dispensing a paste) tubetto m, tubo m: a ~ of toothpaste un tubetto di dentifricio. 3 (underground railway) metropolitana f, ferrovia f sotterranea, sotterranea f: to travel by ~ viaggiare in metropolitana; (tunnel) galleria f di 'ferrovia sotterranea' (o metropolitana). 4 〈Anat〉 tuba f, tromba f. 5 〈Mus〉 canna f, tubo m. 6 〈Aut〉 (inner tube) camera f d'aria (di pneumatico). 7 〈Chim〉 provetta f. 8 (electron tube) valvola f, tubo m elettronico. **Tube** s. (in London) metropolitana f di Londra. II v.t. 1 fornire di tubi (o un tubo). 2 (to enclose in a tube) chiudere in un tubo. III v.i. viaggiare in metropolitana.
tube expander s. 〈tecn〉 allargatubi m.
tubeless ['tju:blis] a. 〈Aut〉 senza camera d'aria.
tuber ['tju:bə] s. 1 〈Bot〉 tubero m. 2 〈Anat〉 tubercolo m.
tubercle ['tju:bəkl] s. 〈Biol,Anat,Med〉 tubercolo m.
tubercular [tju:'bə:kjulə] a. 〈Med〉 tubercolare; (tuberculous) tubercoloso, tubercolotico. **tuberculate** [-leit], **tuberculated** [-leitid] a. 1 〈Biol〉 tubercolato, tubercoloso. 2 〈Med〉 tubercolare. **,tuberculation** [-'leiʃən] s. 〈Med〉 sviluppo m di tubercoli.
tuberculin test [tju:'bə:kjulin] s. tubercolinoreazione f.
tuberculization [tju:,bə:kjulai'zeiʃən] s. 〈Med〉 tubercolizzazione f. **tu'berculize** [-laiz] v.t. tubercolizzare. **tu'berculoid** [-lɔid] a. simile a un tubercolo, tubercoloide. **tu'berculose(d)** [-lous(t)] a. → **tuberculate**. **tuberculosis** [-'lousis] s. tubercolosi f. **tu'berculous** [-ləs] a. tubercoloso, tubercolotico.

tuberose[1] ['tju:bərouz] s. ⟨Bot⟩ tuberosa f.
tuberose[2] ['tju:bərous] a. → **tuberous**.
tuberosity [,tju:bə'rɔsiti] s. ⟨Anat⟩ tuberosità f, eminenza f ossea. '**tuberous** [-rəs] a. 1 tuberoso, nodulare. 2 ⟨Bot⟩ tuberoso.
tuberous| **root** s. ⟨Bot⟩ radice f tuberizzata. **~-rooted** a. a radice tuberizzata.
tube| **train** s. treno m di ferrovia sotterranea. **~well** s. pozzo m tubolare.
tubful ['tʌbful] s. (contents of a tub) tino m, tinozza f.
tubing ['tju:biŋ] s. 1 tubo m: a roll of rubber ~ un rotolo di tubo di gomma. 2 ⟨collett⟩ (tubes) tubazione f, tubi mpl, tubatura f.
tub| **thumper** s. oratore m ampolloso (o teatrale). ~ **thumping I** s. ampollosità f. **II** a. teatrale, ampolloso.
tubular ['tju:bjulə] a. 1 tubolare. 2 (having tubes) tubolare, provvisto di tubi.
tubular| **boiler** s. caldaia f tubolare. ~ **bridge** s. ponte m tubolare. ~ **radiator** s. ⟨Aut⟩ radiatore m tubolare.
tubule ['tju:bju:l] s. tubulo m (anche Anat.,Biol.).
T.U.C. = Trades Union Congress congresso dei sindacati.
tuck[1] [tʌk] **I** v.t. 1 rimboccare, rincalzare: to ~ the sheet under the mattress rimboccare il lenzuolo sotto il materasso. 2 (to gather up in a fold, folds; general. con up) rimboccare, tirar su: she –ed up her sleeves si rimboccò le maniche. 3 (to gather up; spesso con up) raccogliere: she –ed her hair under her hat raccolse i capelli sotto il cappello. 4 (to place securely) riporre, mettere via; (to put into a snug place) nascondere: the bird –ed its head under its wing l'uccello nascose la testa sotto l'ala. 5 (to push into a little space, pocket, etc.) infilare, cacciare, metter dentro. 6 (of legs, knees; spesso con up) ripiegare, piegare. 7 ⟨Lav.femm⟩ fare una basta in. 8 ⟨Pesc⟩ vuotare (una rete grande) col bertuello. **II** v.i. 1 fare (delle) baste. 2 (to become puckered, drawn together) ripiegarsi, piegarsi. □ to ~ **away**: 1 riporre, mettere via; 2 (in passive constructions: to lie concealed) essere nascosto: the house was –ed away in the middle of a wood la casa era nascosta in mezzo a un bosco; 3 ⟨fam⟩ (to consume heartily) divorare, mangiare avidamente; to ~ s.o. into bed rimboccare le coperte a qd.; to ~ **in**: 1 mettere dentro, infilare: ~ in your shirt metti dentro la camicia; 2 (to become tucked in) ripiegarsi, piegarsi; 3 ⟨fam⟩ (to eat with a hearty appetite) fare una scorpacciata; ⟨fam⟩ to ~ **into** fare una scorpacciata di; to ~ **up**: 1 rimboccare, tirar su; 2 ⟨pop⟩ (to hang) impiccare.
tuck[2] s. 1 ⟨Lav.femm⟩ basta f: to put a ~ in a sleeve fare una basta in una manica. 2 ⟨scol⟩ (food) cibo m; (sweet foods) dolciumi mpl, dolci mpl. 3 ⟨Mar⟩ parte f inferiore della poppa (in cui si uniscono i corsi bassi del fasciame esterno). 4 ⟨Pesc⟩ → **tuck seine**. 5 ⟨Sport,Ginn⟩ posizione f raggruppata.
tuck box s. ⟨scol⟩ scatola f di dolciumi mandata da casa (a uno studente in collegio).
tucker[1] ['tʌkə] s. 1 ⟨Mod⟩ scialletto m, fisciù m; (chemisette) davantino m (di pizzo). 2 ⟨austral⟩ (food) cibo m.
tucker[2] am. v.t. ⟨fam⟩ (spesso con out) sfinire, estenuare, spossare.
tuck|**-in** s. ⟨fam⟩ gran mangiata f, scorpacciata f. ~ **net** s. → **tuck seine**. ~ **seine** s. ⟨Pesc⟩ bertovello m, bertuello m. ~ **shop** s. ⟨scol⟩ spaccio m di dolciumi.
Tudor ['tju:də] **I** a. 1 Tudor, (della dinastia) dei Tudor. 2 ⟨Arch⟩ (in stile) Tudor. **II** s. 1 appartenente m/f alla dinastia dei Tudor. 2 ⟨Arch⟩ stile m Tudor.
Tudor| **arch** s. ⟨Arch⟩ arco m Tudor. ~ **rose** s. ⟨Stor⟩ rosa f dei Tudor. ~ **style** s. stile m Tudor.
Tues. = Tuesday martedì (abbr. mar., mart.).
Tuesday ['tju:zdi] s. martedì m: on ~ di (o il) martedì.
tufa ['tju:fə] s. ⟨Geol⟩ 1 tufo m. 2 → **tuff. tufaceous** [-'feiʃəs] a. tufaceo, di tufo.
tuff [tʌf] s. ⟨Geol⟩ tufo m vulcanico. **tuffaceous** [-'feiʃəs] a. di tufo vulcanico.
tuft [tʌft] **I** s. 1 ciuffo m: ~s of grass ciuffi d'erba; a ~ of feathers un ciuffo di penne; (of hair) ciuffo m, ciocca f. 2

⟨Tess⟩ fiocco m. 3 ⟨Stor⟩ nappa f portata dagli studenti nobili; (titled undergraduate) studente m universitario di famiglia nobile. **II** v.t. 1 ornare di ciuffi. 2 (of a cushion, mattress) trapuntare. **III** v.i. crescere a ciuffi. '**tufted** [-id] a. 1 ornato di ciuffi. 2 (of a bird) dal ciuffo, crestato. 3 (growing in tufts) che cresce a ciuffi.
tuft hunter s. ⟨rar⟩ chi ricerca la compagnia di persone titolate.
tufty ['tʌfti] a. 1 che cresce a ciuffi. 2 (abounding in tufts) ricco (o pieno) di ciuffi.
tug[1] [tʌg] v. (pret., p.p. **tugged** [-d]) **I** v.t. 1 tirare (con forza), dare 'una stratta' (o uno strattone) a: to ~ a rope tirare una corda. 2 (to drag) tirare, trascinare (tirando): to ~ a car out of a ditch tirare una macchina fuori da un fosso. 3 ⟨Mar⟩ rimorchiare, trainare con un rimorchiatore. **II** v.i. tirare (con forza) (at s.th. qc.), dare uno strattone (a). □ to ~ s.th. along trascinare qc.
tug[2] s. 1 strattone m, tirata f, stratta f: he gave a ~ and the drawer flew open diede uno strattone e il cassetto si aprì. 2 (pulling force) forza f di trazione. 3 ⟨Mar⟩ → **tugboat. 4** (trace of a harness) tirella f.
tug[3] s. ⟨scol⟩ (at Eton: colleger) studente m.
tug|**boat** s. ⟨Mar⟩ rimorchiatore m. **~man** [mən] s.irr. ⟨Mar⟩ chi lavora su un rimorchiatore. **~-of-war** s. 1 tiro m alla fune. 2 ⟨fig⟩ prova f di forza, braccio m di ferro.
tuition [tju:'iʃən] s. 1 insegnamento m, istruzione f. 2 (tuition fees) tasse fpl scolastiche. **tuitional** [-əl], **tuitionary** [-əri] a. didattico, educativo: ~ films film didattici.
tulip ['tju:lip] s. ⟨Bot⟩ tulipano m.
tulle [tju:l] s. ⟨Tess⟩ tulle m.
tumble[1] ['tʌmbl] **I** v.i. 1 ruzzolare, fare un capitombolo (o ruzzolone), capitombolare, ⟨fam⟩ tombolare: to ~ down the stairs ruzzolare dalle scale. 2 (to fall headlong) precipitare, cadere a 'testa in giù' (o capofitto), ⟨fam⟩ tombolare: to ~ out of a window precipitare da una finestra; to ~ off a horse cadere a testa in giù da un cavallo; (to stumble) inciampare. 3 (to turn somersaults) fare acrobazie. 4 ⟨fig⟩ (to fall from power) perdere l'autorità (o il potere), ⟨fam⟩ fare un ruzzolone. 5 ⟨fig⟩ (to decline abruptly) crollare, subire un tracollo: prices –d i prezzi crollarono. 6 (spesso con about: to roll about) rotolarsi; (to toss about) agitarsi, dimenarsi: to ~ in one's sleep agitarsi nel sonno. 7 (to collapse; spesso con down) crollare, rovinare, franare: the old castle finally –d down alla fine il vecchio castello crollò. **II** v.t. 1 far ruzzolare, far capitombolare, far fare un ruzzolone (o capitombolo) a. 2 (to cause to fall headlong) far cadere a 'testa in giù' (o capofitto), far precipitare. 3 (to throw about in disorder) gettare disordinatamente, spargere qua e là. 4 (to rumple, dishevel) disordinare, scompigliare, mettere 'in disordine' (o sottosopra). 5 ⟨Mecc⟩ barilare; (to dry in a tumble dryer) asciugare in un essiccatoio a tamburo. □ to ~ **into** = to tumble **upon**; to ~ into bed gettarsi di schianto sul letto; to ~ into one's clothes vestirsi in fretta e furia; ⟨fam⟩ to ~ **to** capire, afferrare, cogliere: it took me some time to ~ to what he was up to mi ci volle un po' di tempo per capire quello che stava combinando; to ~ **upon** imbattersi in, incontrare per caso, inciampare in.
tumble[2] s. 1 capitombolo m, ruzzolone m, rotolone m, ⟨fam⟩ tombolo m, ⟨fam⟩ tombola f. 2 (headlong fall) caduta f a 'testa in giù' (o capofitto). 3 (acrobatic feats) acrobazie fpl, esercizi mpl acrobatici; (somersault) salto m mortale, capriola f. 4 (disorderly state) confusione f, disordine m, scompiglio m.
tumble| **down** a. cadente, in rovina, diroccato: a ~ old house una vecchia casa cadente. **~ dryer** s. ⟨Mecc⟩ essiccatoio m a tamburo.
tumbler ['tʌmblə] s. 1 (acrobat) chi esegue esercizi acrobatici, acrobata m/f. 2 (drinking glass) bicchiere m (senza piede). 3 (in a lock) meccanismo m di ritenuta. 4 ⟨Artigl⟩ (in a gunlock) blocco m. 5 ⟨Mecc⟩ (part of a tumbler gear) chiavetta f mobile; (on a rotating shaft) canna f. 6 ⟨Mecc⟩ → **tumble dryer. 7** → **tumbling barrel. 8** → **tumbler pigeon.**

tumblerful ['tʌmbləful] *s.* contenuto *m* di un bicchiere, bicchiere *m*.

tumbler| gear *s.* ⟨*Mecc*⟩ cambio *m* di velocità. **~ pigeon** *s.* ⟨*Ornit*⟩ colombo *m* tomboliere. **~ switch** *s.* interruttore *m* a levetta.

tumbling ['tʌmbliŋ] *s.* **1** capitombolo *m*, ruzzolone *m*. **2** (*acrobatic tumbles*) esecuzione *f* di esercizi acrobatici. **3** ⟨*Mecc*⟩ barilatura *f*.

tumbling barrel *s.* ⟨*Mecc*⟩ barilatrice *f*, tamburo *m*, botte *f*.

tumbrel ['tʌmbrəl], **tumbril** [–bril] *s.* **1** ⟨*Stor*⟩ carretta *f* per il trasporto dei condannati (durante la rivoluzione francese). **2** ⟨*Agr*⟩ carro *m* ribaltabile. **3** ⟨*Mil.ant*⟩ carro *m* per munizioni.

tumefacient [‚tju:mi'feiʃənt] *a.* tumescente. **tumefaction** [–'fækʃən] *s.* tumefazione *f*. '**tumefy** [–fai] **I** *v.t.* tumefare, gonfiare. **II** *v.i.* tumefarsi, gonfiarsi. **tumescence** [–'mesns] *s.* tumescenza *f*, turgore *m*. **tumescent** [–'mesnt] *a.* turgido, gonfio.

tumid ['tju:mid] *a.* **1** gonfio, turgido, enfiato. **2** ⟨*fig*⟩ (*of style, speech*) ampolloso, gonfio, ridondante. **tu'midity** [–iti] *s.* **1** tumidezza *f*, turgore *m*, gonfiore *m*, gonfiezza *f*. **2** ⟨*fig*⟩ ampollosità *f*, ridondanza *f*. **tumidly** [–li] *avv.* ampollosamente, in maniera ampollosa. **tumidness** [–nis] *s.* → **tumidity**.

tummy ['tʌmi] *s.* ⟨*fam*⟩ pancia *f*, ⟨*fam*⟩ stomaco *m*.

tumor *am.* ['tju:mə] *s.* → **tumour**. **tumorous** [–rəs] *a.* ⟨*Med*⟩ tumorale. **tumour** [–mə] *s.* tumore *m*. □ *to have a ~ on the brain* avere un tumore al cervello.

tumour prevention centre *s.* centro *m* antitumori.

tumular ['tju:mjulə], **tumulary** [–ri] *a.* di (*o* relativo a) un tumulo.

tumult ['tju:mʌlt] *s.* **1** tumulto *m*, agitazione *f*, fermento *m*, scompiglio *m*, trambusto *m*. **2** ⟨*fig*⟩ tumulto *m*, turbamento *m*, agitazione *f*. **3** (*violent uprising*) tumulto *m*, sommossa *f*, sollevazione *f*, rivolta *f*. **tu'multuous** [–juəs] *a.* **1** tumultuoso, turbolento: *~ shouting* grida tumultuose. **2** (*raising a great clatter*) tumultuante, agitato, tumultuoso: *a ~ crowd* una folla tumultuante. **tumultuously** [–juəsli] *avv.* tumultuosamente, in modo turbolento. **tumultuousness** [–juəsnis] *s.* l'essere tumultuoso, turbolenza *f*.

tumulus ['tju:mjuləs] *s.* (*pl.* **-li** [lai]) tumulo *m*.

tun [tʌn] **I** *s.* **1** botte *f*. **2** (*unit of liquid capacity*) botte *f* (pari a circa 954 l). **3** (*in brewing*) tino *m* (per fermentazione). **II** *v.t.* (*pret., p.p.* **tunned** [–d]) mettere in una botte, imbottare.

tuna ['t(j)u:nə] *s.* (*pl. inv./*-**s** [z]; il pl.inv. si usa general. con valore collett.) ⟨*Itt*⟩ tonno *m*.

tunable ['tju:nəbl] *a.* **1** ⟨*Mus*⟩ accordabile. **2** ⟨*Rad*⟩ sintonizzabile (*to* su). **3** (*melodious*) armonioso, melodioso, musicale.

tundra ['tʌndrə] *s.* ⟨*Geog*⟩ tundra *f*.

tune¹ [tju:n] *s.* **1** melodia *f*, motivo *m*, aria *f*: *the ~ is pleasant, but the words are trite* la melodia è piacevole ma le parole sono banali; *to play a ~ on the piano* sonare un motivo al pianoforte; (*song*) canzone *f*. **2** ⟨*Mus*⟩ tono *m*. **3** ⟨*fig*⟩ armonia *f*, sintonia *f*, tono *m*, accordo *m*. **4** ⟨*Rad*⟩ sintonia *f*. □ *give us a ~!* cantaci qualcosa!; *in ~*: **1** ⟨*Mus*⟩ intonato, in tono: *to be in ~* essere intonato; *to sing in ~* cantare ⌐in tono⌐ (*o* senza stonare); **2** ⟨*fig*⟩ in sintonia, in armonia, in tono (*with* con): *a speaker in ~ with his audience* un oratore in sintonia con il pubblico; ⟨*fam*⟩ *to the ~ of* (per) la somma di, ⟨*fam*⟩ (per) la bellezza di: *he paid for it to the ~ of ten pounds* l'ha pagato la bellezza di dieci sterline; *out of ~*: **1** ⟨*Mus*⟩ (*of a person*) stonato: *to sing out of ~* essere stonato; (*of a musical instrument*) scordato; **2** ⟨*fig*⟩ non in armonia, in contrasto, in disaccordo (*with* con); **3** ⟨*tecn*⟩ starato: *to put out of ~* starare; ⟨*fig*⟩ *to* **sing** *another* (*o* *a different*) *~* cambiare tono, mutare registro.

tune² **I** *v.t.* **1** ⟨*Mus*⟩ accordare: *to ~ a piano* accordare un pianoforte. **2** ⟨*fig*⟩ sintonizzare, armonizzare. **3** ⟨*Rad*⟩ sintonizzare, porre in sintonia. **4** ⟨*Mot*⟩ (spesso con *up*) mettere a punto. **II** *v.i.* ⟨*fig*⟩ essere in sintonia (*o* armonia), armonizzare (*with* con). □ ⟨*Rad*⟩ *to ~ in* sintonizzare: *to ~ a radio in* sintonizzare un apparecchio

radio; *to ~ up*: **1** ⟨*Mus*⟩ intonare, accordare: *to ~ up the orchestra* intonare l'orchestra; **2** (*to start singing*) incominciare a cantare; **3** ⟨*Mot*⟩ mettere a punto.

tuned amplifier ['tjund] *s.* ⟨*El*⟩ amplificatore *m* a risonanza.

tuneful ['tju:nful] *a.* armonioso, melodioso, musicale. **tunefully** [–i] *avv.* armoniosamente, melodiosamente. **tunefulness** [–nis] *s.* armoniosità *f*.

tuneless ['tju:nlis] *a.* **1** non melodioso, non armonico. **2** (*out of tune: of a person*) stonato; (*of a musical instrument*) scordato. **tunelessly** [–li] *avv.* senza melodia. **tunelessness** [–nis] *s.* mancanza *f* di melodia.

tuner ['tju:nə] *s.* **1** ⟨*Mus*⟩ accordatore *m* (*f* –trice). **2** ⟨*Rad*⟩ sintonizzatore *m*.

tune-up *s.* ⟨*Mot*⟩ messa *f* a punto.

tungstate ['tʌŋsteit] *s.* ⟨*Chim*⟩ tungstato *m*, wolframato *m*.

tungsten ['tʌŋstən] *s.* tungsteno *m*, wolframio *m*. **tungstenic** [–'stenik] *a.* tungstenico.

tungsten lamp *s.* ⟨*El*⟩ lampada *f* al tungsteno.

tunic ['tju:nik] *s.* **1** ⟨*Vest*⟩ tunica *f*; (*loose coat*) casacca *f*, sopravveste *f*. **2** ⟨*Mil*⟩ giubba *f*. **3** ⟨*Mil.ant*⟩ tunica *f*. **4** ⟨*Biol*⟩ tunica *f*.

tunicate ['tju:nikit] **I** *s.* ⟨*Zool*⟩ tunicato *m*, urocordato *m*. **II** *a.* **1** ⟨*Zool*⟩ provvisto di tunica. **2** ⟨*Bot*⟩ tunicato. **tunicated** [–keitid] *a.* → **tunicate**.

tunicle ['tju:nikl] *s.* ⟨*Lit*⟩ tunicella *f*, dalmatica *f* minore.

tuning ['tju:niŋ] *s.* **1** ⟨*Mus*⟩ accordatura *f*. **2** ⟨*Rad*⟩ sintonia *f*, sintonizzazione *f*. **3** ⟨*Mot*⟩ messa *f* a punto.

tuning| coil *s.* ⟨*Rad*⟩ bobina *f* di sintonia. **~ dial** *s.* scala *f* di sintonia. **~ fork** *s.* ⟨*Mus*⟩ diapason *m*, corista *m*. **~ indicator** *s.* indicatore *m* di sintonia. **~ pipe** *s.* zufolo *m*, corista *m*.

Tunis ['tju:nis] *N.pr.* ⟨*Geog*⟩ Tunisi *f*. **Tunisia** [–'nizia] *N.pr.* Tunisia *f*. **Tunisian** [–'niziən] **I** *a.* tunisino. **II** *s.* tunisino *m* (*f* –a).

tunnage *s.* → **tonnage**.

tunnel¹ ['tʌnl] *s.* **1** galleria *f*, passaggio *m* sotterraneo. **2** ⟨*Ferr,Strad*⟩ traforo *m*, tunnel *m*, galleria *f*: *the Mont Blanc ~* il traforo del Monte Bianco. **3** ⟨*Minier*⟩ galleria *f*. **4** ⟨*Aer*⟩ (*wind tunnel*) tunnel *m* aerodinamico, galleria *f* aerodinamica (*o* del vento).

tunnel² *v.* (*pret., p.p.* **tunnelled**/*am.* **tunneled** [–d]) **I** *v.i.* scavare una galleria. **II** *v.t.* **1** traforare, scavare una galleria in (*o* sotto). **2** (*of a passage, way*) scavare, aprire.

tunneler *am. e der.* → **tunneller e der.**

tunneller ['tʌnələ] *s.* chi trafora, chi scava gallerie. **tunnelling** [–liŋ] *s.* scavo *m* di una galleria, traforo *m* (di una montagna).

tunnel| net *s.* ⟨*Pesc*⟩ rete *f* a sacco. **~ vault** *s.* ⟨*Arch*⟩ volta *f* a botte.

tunny ['tʌni] *s.* → **tuna**.

tup¹ [tʌp] *s.* **1** (*ram*) ariete *m*, montone *m*. **2** ⟨*Mecc*⟩ mazza *f* battente.

tup² *v.t.* (*pret., p.p.* **tupped** [–t]) **1** (*of a ram*) coprire, montare. **2** ⟨*Mecc*⟩ battere con il maglio.

tuppence ['tʌpəns] *s.* due penny *mpl.* □ ⟨*fam*⟩ *not to care ~* infischiarsene. **tuppenny** [–ni] *a.* da (*o* del valore di) due penny.

turban ['tə:bən] *s.* **1** turbante *m* (anche *Mod.*). **2** ⟨*Zool*⟩ turbinide *m*. **turban(n)ed** [–d] *a.* che porta (*o* indossa) un turbante, col turbante (in testa).

turbid ['tə:bid] *a.* **1** torbido. **2** ⟨*fig*⟩ torbido, confuso. ,**tur'bidity** [–iti] *s.* torbidezza *f* (anche *fig.*). **turbidly** [–li] *avv.* torbidamente (anche *fig.*). **turbidness** [–nis] *s.* → **turbidity**.

turbine ['tə:b(a)in] *s.* ⟨*Mecc*⟩ turbina *f*.

turbine| boat *s.* ⟨*Mar*⟩ turbonave *f*. **~ locomotive** *s.* ⟨*Ferr*⟩ turbolocomotiva *f*, locomotiva *f* a turbina.

turbo|charger, **~compressor** ['tə:bo(u)] *s.* ⟨*Aer*⟩ turbocompressore *m*. **~dynamo** [–] ⟨*El*⟩ turbodinamo *f*. ‚**~'generator** *s.* ⟨*El*⟩ turbogeneratore *m*. **~jet** *s.* ⟨*Aer*⟩ → **turbojet engine**. **2** (*aircraft*) aereo *m* a turbogetto, turbogetto *m*, turboreattore *m*. **~jet engine** *s.* turbogetto *m*, motore *m* a turbogetto, turboreattore *m*. '**~'prop** *s.* **1** → **turbopropeller engine**. **2** (*aircraft*) aereo *m* a turboelica (*o* turbopropulsore). **'~pro'peller engine** *s.* turboelica *f*, turbopropulsore *m*.

turbot ['tɔ:bət] *s.* (*pl. inv./-s* [s]; il pl.inv. si usa general. con valore collett.) ⟨*Itt*⟩ **1** rombo *m* gigante (*o* maggiore, chiodato, grande). **2** (*halibut*) ippoglosso *m*, halibut *m*.

turbulence ['tɔ:bjuləns] *s.* **1** turbolenza *f*, agitazione *f*, disordine *m*. **2** ⟨*Fis,Chim,Meteor*⟩ turbolenza *f*.

turbulent [–nt] *a.* **1** turbolento, burrascoso: *a ~ period in the country's history* un periodo turbolento nella storia del paese. **2** ⟨*Fis,Meteor*⟩ turbolento. **turbulently** [–ntli] *avv.* turbolentemente.

Turco ['tɔ:kou] *s.* (*pl.* **-s** [z]) ⟨*Mil*⟩ turco *m*.

turd [tɔ:d] *s.* ⟨*volg*⟩ pezzo *m* di sterco, ⟨*volg*⟩ stronzo *m*.

turdiform ['tɔ:difɔ:m] *a.* ⟨*Ornit*⟩ simile a un tordo. **turdine** [–d(a)in] *a.* dei (*o* relativo ai) turdidi.

tureen [t(j)u'ri:n] *s.* zuppiera *f*.

turf [tɔ:f] **I** *s.* (*pl.* **-s** [s]/*ant.* **turves** [tɔ:vz]) **1** tappeto *m* (*o* terreno) erboso. **2** (*piece of turf*) zolla *f* (erbosa), piota *f*. **3** (*peat*) torba *f*; (*piece of peat*) zolla *f* di torba. **4** ⟨*fig*⟩ (*horse racing*) ippica *f*; (*horse-racing track*) ippodromo *m*, pista *f* per corse ippiche, turf *m*. **II** *v.t.* **1** coprire con un tappeto erboso, ricoprire di zolle erbose, piotare. **2** (*to eject forcefully;* general. con *out*) buttar fuori.

turf accountant *s.* allibratore *m*.

turfing ['tɔ:fiŋ] *s.* **1** il (ri)coprire di zolle erbose. **2** (*act of digging up peat*) estrazione *f* della torba.

turfite ['tɔ:fait], **turfman** [–fmən] *s.irr.* appassionato *m* di corse di cavalli, frequentatore *m* d'ippodromi.

turfy ['tɔ:fi] *a.* **1** erboso, coperto (*o* ricco) di zolle erbose. **2** (*abounding in peat*) ricco di torba.

turgescence [tɔ:'dʒesns], **turgescency** [–i] *s.* **1** turgore *m*, turgidezza *f*, turgidità *f*. **2** ⟨*Med,Bot*⟩ turgescenza *f*. **3** ⟨*fig*⟩ ampollosità *f*, pomposità *f*, turgidità *f*. **turgescent** [–nt] *a.* ⟨*Med*⟩ turgescente.

turgid ['tɔ:dʒid] *a.* **1** turgido, gonfio. **2** ⟨*fig*⟩ ampolloso, turgido, pomposo, enfatico: *a ~ style* uno stile ampolloso. **tur'gidity** [–iti] *s.* **1** turgidità *f*, turgidezza *f*, turgore *m*. **2** ⟨*fig*⟩ enfasi *f*, ampollosità *f*, pomposità *f*, magniloquenza *f*. **turgidly** [–li] *avv.* **1** in modo turgido (*o* gonfio). **2** ⟨*fig*⟩ enfaticamente, ampollosamente, pomposamente. **turgidness** [–nis] *s.* → **turgidity**.

Turin [tju'rin] *N.pr.* ⟨*Geog*⟩ Torino *f*.

turion ['tju:əriən] *s.* ⟨*Bot*⟩ turione *m*.

Turk [tɔ:k] *s.* turco *m* (*f* –a).

turkey ['tɔ:ki] *s.* (*pl. inv./-s* [z]; il pl. inv. si usa general. con valore collett.) **1** ⟨*Ornit,Gastr*⟩ tacchino *m*. **2** ⟨*am.sl*⟩ (*failure, flop*) insuccesso *m*, fallimento *m*, ⟨*fam*⟩ fiasco *m*. □ ⟨*am.sl*⟩ *to talk ~* parlare apertamente, dire le cose chiare.

Turkey *N.pr.* ⟨*Geog*⟩ Turchia *f*.

turkey| buzzard *s.* ⟨*Ornit*⟩ avvoltoio *m* dal collo rosso. **~ carpet** *s.* tappeto *m* turco. **~ cock** *s.* **1** tacchino *m* (maschio). **2** ⟨*fig*⟩ persona *f* piena di sé, presuntuoso *m*. □ *to turn as red as a* ~ diventare rosso come un tacchino. **~ hen** *s.* ⟨*Ornit*⟩ tacchina *f*. **~ red** *s.* **1** ⟨*Chim*⟩ alizarina *f*, robbia *f* di Turchia (*o* di Levante). **2** ⟨*Tess*⟩ tessuto *m* color rosso di robbia.

Turkish ['tɔ:kiʃ] **I** *a.* turco. **II** *s.* turco *m*, lingua *f* turca.

Turkish| bath *s.* bagno *m* turco. **~ carpet** *s.* → **Turkey carpet**. **~ Empire** *s.* impero *m* ottomano. **~ delight** *s.* ⟨*Dolc*⟩ cubetto *m* di gelatina ricoperto di zucchero. **~ tobacco** *s.* tabacco *m* turco. **~ towel** *s.* asciugamano *m* di spugna.

Turkism ['tɔ:kizəm] *s.* civiltà *f* turca, costumi *mpl* (*o* usanze *fpl*) del mondo turco.

Turkoman ['tɔ:kəmən] *s.* **1** turcomanno *m*, turkmeno *m*. **2** (*language*) turcomanno *m*.

turmaline ['tɔ:məli:n] *s.* → **tourmalin**.

turmeric ['tɔ:mərik] *s.* **1** ⟨*Bot*⟩ curcuma *f*, radice *f* gialla. **2** (*rhizome*) rizoma *m* di curcuma, radice *f* gialla. **3** (*powder*) curcumina *f*.

turmeric paper *s.* ⟨*Chim*⟩ carta *f* alla curcuma.

turmoil ['tɔ:mɔil] *s.* tumulto *m*, trambusto *m*, agitazione *f*, parapiglia *m*, subbuglio *m*: □ *to be in a* ~ essere in subbuglio.

turn[1] [tɔ:n] **I** *v.t.* **1** (far) girare, (far) rotare: *to ~ a wheel*

far girare una ruota. **2** (*to change the position, direction of*) voltare, girare, spostare, volgere: *he –ed his horse and made for home* voltò il cavallo e si avviò verso casa; *to ~ one's back on s.o.* voltare le spalle a qd. **3** (*to cause to take a circular course*) (far) girare (attorno), far svoltare: *he –ed the car* fece girare la macchina. **4** (*to go round*) girare, voltare: *to ~ the corner* voltare l'angolo. **5** (*to invert;* spesso con *over*) girare, capovolgere, rivoltare, rovesciare. **6** (*to cause to go, send;* general. con *out*) mandare. **7** (*to direct, bring to bear*) volgere, dirigere, rivolgere, girare: *to ~ one's glance on s.o.* volgere lo sguardo su qd.; (*of the mind*) rivolgere, volgere, indirizzare. **8** (*to divert, deflect*) (far) deviare, distogliere, sviare: *to ~ s.o. from his purpose* distogliere qd. dal suo proposito; (*to reverse the progress of*) respingere: *to ~ an attack* respingere un attacco. **9** (*of the eyes, face: to avert*) girare, volgere altrove. **10** (*to convert, transform*) mutare, convertire, trasformare: *to ~ water into ice* mutare l'acqua in ghiaccio; *the Prince was –ed into a frog* il principe fu trasformato in rana. **11** (*to cause to become*) far diventare: *the shock –ed his hair grey* lo spavento gli fece diventare i capelli grigi. **12** (*of leaves: to change the colour of*) mutare il colore di, far cambiare di colore. **13** (*to make sour*) far andare a male, inacidire, guastare. **14** (*to derange*) sconvolgere, turbare: *grief had –ed his mind* il dolore gli aveva sconvolto la mente. **15** (*of the stomach*) (far) rivoltare, nauseare, sconvolgere. **16** (*to render*) volgere, rendere, mettere: *to ~ prose into verse* volgere (della) prosa in versi; (*to translate*) tradurre, volgere. **17** (*to apply, make use of*) applicare, usare, impiegare; (*of a person*) impiegare, utilizzare, mettere ʼall'operaʼ (*o* al lavoro). **18** (*to pour out;* general. con *out*) rovesciare, versare: *she –ed out the contents of her bag* rovesciò il contenuto della borsetta. **19** (*of the soil*) rivoltare. **20** (*to twist, wrench*) (di)storcere, torcere: *to ~ one's ankle* storcersi la caviglia. **21** (*of an age, amount, time*) superare, passare, oltrepassare: *he has –ed eighty* ha superato l'ottantina; *it had just –ed midnight* era appena passata mezzanotte. **22** ⟨*Lav.femm*⟩ rivoltare, rovesciare. **23** ⟨*Mil*⟩ aggirare: *to ~ the enemy's flank* aggirare il fianco del nemico. **24** ⟨*Sport*⟩ tirare d'effetto. **25** (*of a gymnastic feat*) fare, eseguire: *to ~ a somersault* fare un salto mortale. **26** ⟨*Mecc,Fal*⟩ tornire, lavorare al tornio. **27** (*to fashion skilfully*) tornire, rifinire con cura: *to ~ a phrase* tornire una frase. **28** (*of the edge of a blade*) smussare. **II** *v.i.* **1** girare, rotare: *the wheels began to ~* le ruote cominciarono a girare. **2** (*to change one's position*) girarsi, voltarsi, volgersi, rivoltarsi: *to ~ in one's sleep* girarsi nel sonno. **3** (*to direct one's course*) girare, voltare, dirigersi, curvare, piegare: ~ *to the right* girate a destra; *to ~ towards home* dirigersi verso casa; (*to take a circular course*) fare un giro, girare; (*of a road, etc.*) girare, curvare, piegare. **4** (*to become reversed*) rivoltarsi, rovesciarsi, capovolgersi. **5** (*to become converted, transformed*) diventare, farsi (*into s.th.* qc.), trasformarsi, convertirsi, mutare (in): *the wine had –ed into vinegar* il vino era diventato aceto. **6** (*to become, grow*) farsi, diventare, divenire: *to ~ pale* farsi pallido; (*to become*) diventare: *he has –ed traitor* è diventato un traditore. **7** (*of leaves*) cambiare colore. **8** (*to become sour*) andare a male, inacidire, guastarsi. **9** (*to become deranged*) sconvolgersi, turbarsi. **10** (*of the stomach*) rivoltarsi, sconvolgersi. **11** (*of the head: to pin*) girare. **12** (*to desert, defect*) tradire, disertare, defezionare; (*to change one's religion*) convertirsi. **13** (*of the tide*) cambiare; (*of the wind*) girare, cambiare. **14** ⟨*Mar*⟩ (*to change direction by tacking*) virare. **15** (*of a balance, scales*) pendere, inclinarsi. □ *to ~ about*: 1 girare, voltare: *to ~ the car about* girare la macchina; 2 (*to turn round, face about*) girarsi, voltarsi; 3 (*to relate to, concern*) accentrarsi su, concentrarsi su, polarizzarsi su; *to ~ against*: 1 mettere contro, inimicare, rendere nemico: 2 (*to become hostile to*) diventare ostile a, (ri)voltarsi contro: *even his wife has –ed against him* perfino sua moglie gli è diventata ostile; 3 (*to recoil on*) ritorcersi contro, ricadere su: *his astuteness –d against him* la sua astuzia si ritorse contro di lui; *to ~ around = to turn round; to ~ aside*: 1 sviare, deviare; 2

(*to turn in a different direction*) girarsi, voltarsi; *to* ~ **away**: 1 mandar via, cacciare, scacciare, mettere alla porta; 2 (*to refuse admission to*) rifiutare l'accesso a, mandar via, non lasciar entrare; 3 (*to deflect, avert*) deviare, volgere altrove, sviare: *to* ~ *away a blow* deviare un colpo; 4 (*to divert*) sviare, girare, cambiare: *to* ~ *the conversation away* sviare la conversazione; 5 (*to turn o.s. so as not to face*) girarsi da un'altra parte; 6 (*to go away, leave*) andarsene, allontanarsi, andar via; *to* ~ **back**: 1 tornare indietro, tornare sui propri passi; 2 (*in reading*) ritornare, tornare (*to* a); 3 (*to cause to return*) far tornare indietro; 4 (*to fold back*) ripiegare, piegare su se stesso; *to* ~ **down**: 1 (*to fold down*) ripiegare, piegar giù, rivoltare: *to* ~ *down the corner of the page* ripiegare l'angolo della pagina; 2 (*of a card*) girare, rivoltare, mettere a faccia in giù; 3 (*to reduce in volume, intensity, etc.*) abbassare, attenuare, ridurre: *to* ~ *down the radio* abbassare la radio; 4 (*to decline, reject*) respingere, rifiutare; (*of a person, suitor*) respingere; 5 (*of a road*) imboccare, camminare per, prendere, percorrere; *to* ~ **in**: 1 girare in dentro, voltare in dentro: *to* ~ *one's toes in* girare in dentro i piedi; 2 (*to slant inwards*) piegare (*o* piegarsi) in dentro; 3 (*to hand, deliver*) consegnare, presentare: ~ *in your examination paper now* ora consegnate i temi d'esame; 4 (*to deliver to the police*) consegnare alla polizia, denunciare, tradire; 5 ⟨fam⟩ (*to go to bed*) andare a letto, coricarsi; *to* ~ **inside** out rivoltare, rovesciare; *to* ~ **loose**: 1 lasciare libero; 2 ⟨fig⟩ concedere la massima libertà a; *to* ~ *the gas* **low** abbassare il gas; *to* ~ **off**: 1 chiudere, spegnere: *to* ~ *off the tap* chiudere il rubinetto; 2 (*to deviate*) girare, deviare, voltare; 3 (*to deviate from*) deviare da, prendere una diversa direzione da, lasciare; 4 (*to go off, turn sour*) andare a male, guastarsi; *to* ~ **on**: 1 accendere, aprire: *to* ~ *on the radio* accendere la radio; *to* ~ *on the tap* aprire il rubinetto; 2 = *to turn* **upon**; *to* ~ **out**: 1 mandar via, cacciare, scacciare, espellere, mettere alla porta; 2 (*to cause to point outwards*) girare (*o* voltare) in fuori: *to* ~ *out one's toes* voltare i piedi in fuori; 3 (*to switch off*) spegnere, chiudere: *to* ~ *out the light* spegnere la luce; 4 (*to empty*) rovesciare, vuotare: *to* ~ *out one's pockets* rovesciarsi le tasche; *to* ~ *out a drawer* vuotare un cassetto; 5 ⟨Ind⟩ produrre, fabbricare: *the factory –s out two hundred cars a day* la fabbrica produce duecento macchine al giorno; 6 ⟨Mil⟩ far uscire: *to* ~ *out the guard* far uscire la guardia; 7 ⟨Mil⟩ (*of the guard*) uscire; 8 (*to present o.s., assemble*) riunirsi, radunarsi; *his son –ed out badly* suo figlio è finito male; *the weather –ed out fine* il tempo si è messo al bello; *to* ~ **over**: 1 (ri)voltare, girare, capovolgere, rovesciare: *to* ~ *a brick over* voltare un mattone; 2 (*to overturn*) capolvolgere, ribaltare, rovesciare; 3 (*to upset, capsize*) capovolgersi, ribaltarsi, rovesciarsi; 4 (*of an engine*) girare, rotare; 5 (*of a page*) girare, voltare; 6 (*to search through by lifting*) scartabellare, sfogliare; 7 ⟨fam⟩ (*of one's stomach*) rivoltarsi, sconvolgersi; 8 ⟨fam⟩ (*of one's heart*) battere fino a scoppiare, battere forte; 9 (*to hand over, deliver*) consegnare, presentare; 10 (*to transfer*) cedere, trasferire, passare: *he –ed over his business to his brother* cedette la ditta a suo fratello; 11 (*to think about*) riflettere su, pensarci su, meditare a lungo su; *to* ~ **round**: 1 voltare, girare, far mutare direzione a: *to* ~ *one's head round* voltare la testa; 2 (*to face about*) girarsi, voltarsi; *to* ~ **to**: 1 voltarsi verso, girarsi verso: *he –ed to me in surprise* si volse sorpreso verso di me; 2 (*to divert one's attention to, address o.s. to*) mettersi a, occuparsi di, rivolgere l'attenzione a; 3 (*to apply o.s.*) mettersi all'opera (*o* al lavoro); 4 (*of talk*) passare a: *the conversation –ed to politics* la conversazione passò alla politica; 5 (*to refer to*) ricorrere a, fare ricorso a: *he –ed to the dictionary when he was puzzled* quando era in dubbio ricorreva al dizionario; *to* ~ **under**: 1 piegare in sotto (*o* giù); 2 ⟨Agr⟩ (*of soil*) rivoltare; *to* ~ **up**: 1 rimboccare, tirare (in) su: *to* ~ *up one's sleeves* rimboccarsi le maniche; 2 (*of a hem, etc.*) ripiegare; 3 (*of a skirt*) accorciare, tirar su (facendo un risvolto); 4 (*of eyes, noses, etc.*) essere rivolto leggermente all'insù; 5 (*to discover by digging*) portare alla luce, scoprire scavando; 6 (*to increase the volume, intensity, etc., of*) aumentare il volume (*o* l'intensità) di: *to*

~ *up the radio* aumentare il volume della radio; 7 (*to look up in a book*) cercare in un libro; 8 (*of a card*) scoprire; 9 ⟨fam⟩ (*to cause to vomit*) far vomitare, dare il voltastomaco a; 10 (*to show up*) arrivare, giungere, presentarsi: *to* ~ *up late* arrivare tardi; 11 (*to appear, be found unexpectedly*) emergere, apparire, saltar fuori; 12 (*to happen*) capitare, succedere, accadere: *something is bound to* ~ *up* qualcosa deve assolutamente capitare; ⟨sl⟩ ~ *it up!* smettila!, sta' zitto!, ⟨fam⟩ piantala!; *to* ~ **upon** fondarsi su, poggiare su.

turn[2] *s.* **1** giro *m*, girata *f*, torsione *f*, volta *f*: *to give a handle a* ~ dare un giro a una manopola; *a* ~ *of the head* una torsione del capo; (*single revolution*) giro *m*, rivoluzione *f*, rotazione *f*. **2** (*act of taking a direction*) girata *f*, svolta *f*, svoltata *f*, voltata *f*: *a* ~ *to the right* una svolta a destra. **3** (*place where s.th. turns*) svolta *f*, curva *f*, curvatura *f*, voltata *f*: *a sharp* ~ *in the road* una svolta brusca nella strada. **4** (*direction, trend*) andamento *m*, corso *m*, piega *f*, tendenza *f*, indirizzo *m*: *the* ~ *of events* l'andamento degli eventi; *the conversation took an unexpected* ~ la conversazione prese una piega inaspettata. **5** (*alternation, change*) cambiamento *m*, mutamento *m*, svolta *f*: *a* ~ *in the weather* un cambiamento di tempo. **6** (*rightful time, opportunity to do s.th.*) turno *m*, volta *f*: *it's your* ~ è il tuo turno. **7** (*period of activity*) turno *m*: *a* ~ *at the helm* un turno al timone; (*period of work, shift*) turno *m* (di lavoro), periodo *m* di lavoro. **8** (*short walk*) giretto *m*, passeggiatina *f*, due (*o* quattro) passi *mpl*: *to take a* ~ *round the garden* fare un giretto in giardino. **9** (*expression, peculiarity of phrasing*) giro *m*, forma *f*: *the* ~ *of the sentence* il giro del periodo. **10** ⟨Sport⟩ (*in skiing*) voltata *f*; (*in a swimming race*) virata *f*; (*in golf*) mezzo percorso *m*. **11** ⟨Mil⟩ (*drill manoeuvre*) conversione *f*. **12** (*of the tide*) cambiamento *m*. **13** ⟨Mar⟩ virata *f*, accostata *f*. **14** ⟨Teat⟩ numero *m*, esibizione *f*: *a juggling* ~ un numero di prestidigitazione. **15** (*attack of illness, dizziness, etc.*) attacco *m*, crisi *f*. **16** *pl.* (*menses*) mestruazioni *fpl*. **17** ⟨fam⟩ (*fright, scare*) spavento *m*, paura *f*, colpo *m*: *you gave me quite a* ~ mi hai fatto prendere un vero spavento. **18** (*service rendered to s.o.*) servizio *m*, azione *f*: *to do s.o. a good* ~ rendere un buon servizio a qd. **19** (*single round of s.th. coiled*) giro *m*, volta *f*: *a* ~ *of the rope* un giro di corda. **20** (*curved, rounded form*) tondo *m*, forma *f* curva. **21** ⟨Mus⟩ fioritura *f*, abbellimento *m*, ornamento *m*; (*sign*) gruppetto *m*. **22** ⟨Tip⟩ lettera *f* rovesciata, rovescio *m*, carattere *m* capovolto. **23** ⟨Econ⟩ (*in the Stock Exchange*) differenza *f* (*o* scarto *m*) tra prezzo d'acquisto e prezzo di vendita. □ ~ *and* ~ **about** a turno, alternativamente, a vicenda; **at** *every* ~ costantemente, ogni volta, sempre, in ogni occasione; *to do s.o. a* **bad** ~ giocare un brutto tiro a qd.; *a* ~ *for the* **better** un cambiamento in meglio; *to take a* ~ *for the better* cambiare in meglio, prendere una buona piega; **by** ~*s* a turno, alternativamente, ora ... ora ...; *at the* ~ *of the* **century** alla svolta del secolo; **in** ~: 1 subito dopo, successivamente; 2 (*alternately*) alternativamente, ora ... ora ..., a turno; ~ *of* **mind** carattere *m*, temperamento *m*; ⟨Strad⟩ **no left** ~ divieto *m* di svolta a sinistra; **on the** ~: 1 prossimo a cambiare; 2 (*while turning*) girandosi, voltandosi; 3 (*about to turn sour*) prossimo ad andare a male, sul punto d'inacidirsi; *the tide is on the* ~ la marea sta per cambiare; **out of** ~: 1 fuori turno (*o* posto); 2 (*tactlessly*) in modo inopportuno; *this tool will* **serve** *my* ~ questo attrezzo ⌐mi sarà utile⌐ (*o* risponde al mio scopo); ~ *of* **speed** capacità *f* di andare veloce, doti *fpl* di corridore; *the horse has a fine* ~ *of speed* il cavallo può andare molto veloce; *to* **take** *one's* ~ (*at*) *doing s.th.* fare qc. quando tocca (*o* è la propria volta); *done* (*o* *cooked*) *to a* ~ cotto a puntino (*o* perfezione); **whose** ~ *is it?* a chi tocca?; *a* ~ *for the* **worse** un cambiamento in peggio.

turnabout ['tǝ:nǝbaut] *s.* **1** il voltarsi, mutamento *m* di direzione, dietrofront *m*, giravolta *f*. **2** ⟨fig⟩ voltafaccia *m*, cambiamento *m* di tendenze (*o* opinioni), giravolta *f*. **3** ⟨Mar⟩ inversione *f* di rotta.

'turn|-and-'bank indicator, '~-and-'slip indicator *s.* ⟨Aer⟩ indicatore *m* di virata e sbandamento. ~around *s.*

tempo *m* occorrente per un percorso di andata e ritorno. **~buckle** *s.* **1** ⟨*tecn*⟩ tenditore *m* (a doppia vite). **2** ⟨*Mar*⟩ tendisartie *m*. **~coat** *s.* **1** voltagabbana *m/f.* **2** (*renegade*) rinnegato *m*. **~cock** *s.* **1** ⟨*tecn*⟩ rubinetto *m* girevole. **2** (*person*) addetto *m* al servizio idrico, fontaniere *m*. **~down** *a.* ⟨*Mod*⟩ **1** rovesciabile. **2** (*folded, doubled down*) rovesciato: ~ *collar* colletto rovesciato.

turner ['tə:nə] *s.* **1** ⟨*Mecc,Fal*⟩ tornitore *m*. **2** ⟨*Ceram*⟩ vasaio *m*. **3** ⟨*Ornit*⟩ piccione *m* tomboliere. **turnery** [–ri] *s.* ⟨*Mecc,Fal*⟩ **1** tornitura *f*, arte *f* del tornio. **2** (*turned objects*) pezzi *mpl* torniti.

turning ['tə:niŋ] *s.* **1** girata *f*, rotazione *f*. **2** (*act of reversing direction*) inversione *f* di marcia, dietrofront *m*, giravolta *f*. **3** (*place where a road branches off*) svolta *f*, curva *f*: *take the next* ~ *to the right* prendi la prima svolta a destra. **4** ⟨*Mecc,Fal*⟩ tornitura *f*.

turning| chisel *s.* ⟨*Fal*⟩ scalpello *m* da tornitore. **~ gouge** *s.* sgorbia *f*, scalpello *m* concavo (da tornitore). **~ point** *s.* svolta *f* (decisiva).

turnip ['tə:nip] *s.* **1** ⟨*Bot*⟩ rapa *f*. **2** ⟨*fam*⟩ (*large pocket watch*) grosso orologio *m* da tasca, ⟨*fam*⟩ cipolla *f*. **turnipy** [–i] *a.* simile a una rapa, che sa di rapa.

turnkey ['tə:nki] *s.* **1** chi custodisce le chiavi di una prigione. **2** (*jailer, warder*) carceriere *m*, secondino *m*.

turnkey contract *s.* contratto *m* chiavi in mano.

turn-out *s.* **1** raduno *m*, riunione *f*, adunanza *f*, adunata *f*; (*attendance*) partecipazione *f*, affluenza *f*, afflusso *m*, presenza *f*: *the* ~ *at the meeting was rather low* la partecipazione al raduno fu piuttosto scarsa. **2** (*manner of dress*) abbigliamento *m*, modo *m* di vestire; (*set of clothes, outfit*) abbigliamento *m*, tenuta *f*; (*equipment*) attrezzatura *f*, equipaggiamento *m*. **3** ⟨*Mil*⟩ divisa *f*, uniforme *f*, tenuta *f*.

turnover ['tə:nouvə] *s.* **1** capovolgimento *m*, ribaltamento *m*, rovesciamento *m*. **2** ⟨*fig*⟩ voltafaccia *m*, giravolta *f*. **3** (*movement of customers, etc.*) movimento *m* di clienti; (*of a club, etc.*) frequenze *fpl*, presenze *fpl*. **4** (*of workers*) rotazione *f*, avvicendamento *m*, ricambio *m*. **5** ⟨*Econ,Comm*⟩ giro *m* (*o* volume) di affari, movimento *m* degli affari; (*rate at which stock is sold*) indice *m* di rotazione della merce, smercio *m*; (*of capital*) movimento *m*, giro *m*. **6** ⟨*Ind*⟩ produzione *f*, rendimento *m*, resa *f*; (*rate*) tasso *m* di produzione. **7** ⟨*am*⟩ (*reorganization of personnel*) riassetto *m*, riordinamento *m*. **8** ⟨*Gastr*⟩ focaccia *f* ripiena.

turnover tax *s.* ⟨*Econ*⟩ imposta *f* (generale) sull'entrata.

turnpike ['tə:npaik] *s.* **1** barriera *f* (*o* cancello *m*, sbarra *f*) di una strada a pedaggio. **2** ⟨*am*⟩ autostrada *f* a pedaggio.

turnpike road *s.* **1** strada *f* a pedaggio. **2** ⟨*am*⟩ (*expressway*) autostrada *f* (a pagamento).

turn|plate *s.* ⟨*Ferr*⟩ piattaforma *f* girevole. **~-round** *s.* → **turn-around.**

turnsole ['tə:nsoul] *s.* ⟨*Bot*⟩ **1** eliotropio *m*. **2** (*sunflower*) girasole *m*.

turn|spit *s.* **1** girarrosto *m*. **2** (*person*) chi fa girare uno spiedo. **3** ⟨*Stor*⟩ (*dog*) cane *m* che faceva girare lo spiedo. **~stile** *s.* tornello *m*, tornella *f*. **~table** *s.* **1** giradischi *m*. **2** ⟨*Ferr,Aer*⟩ piattaforma *f* girevole. **~-up** *s.* ⟨*Mod*⟩ risvolto *m* di pantaloni. **2** ⟨*fam*⟩ (*disturbance, fuss*) disordine *m*, confusione *f*, scompiglio *m*, trambusto *m*. □ ⟨*fam*⟩ *a* ~ *for the book* avvenimento imprevisto, colpo *m* di scena.

turpentine ['tə:pəntain] I *s.* **1** ⟨*Chim*⟩ trementina *f*. **2** → **turpentine oil.** II *v.t.* trattare alla trementina.

turpentine| oil *s.* essenza *f* di trementina, acquaragia *f*. **~ tree** *s.* ⟨*Bot*⟩ terebinto *m*.

turpitude ['tə:pitju:d] *s.* turpitudine *f*, depravazione *f*.

turps [tə:ps] *s.pl.* (costr. sing.) ⟨*fam*⟩ → **turpentine.**

turquoise ['tə:kwa:z, –kwɔiz] I *s.* **1** (*colour*) turchese *m*. **2** ⟨*Min,Oref*⟩ turchese *f*. II *a.* **1** (*colour*) turchese. **2** (*of turquoise*) di turchese.

turret ['tʌrit] *s.* **1** ⟨*Arch,Mil,Aer*⟩ torretta *f*. **2** ⟨*Mecc*⟩ torretta *f* rotante. **3** ⟨*Mar.mil*⟩ torre *f*. **turreted** [–id] *a.* ⟨*Arch*⟩ turrito.

turret| gun *s.* ⟨*Mil*⟩ mitragliatrice *f* installata in torretta, pezzo *m* in torre. **~head** *s.* ⟨*Mecc*⟩ torretta *f* rotante. **~**

lathe *s.* tornio *m* a revolver.

turriculate [tʌ'rikju:l(e)it], **turriculated** [–leitid] *a.* **1** → **turreted.** **2** ⟨*Zool*⟩ turricolato.

turtle[1] ['tə:tl] I *s.* ⟨*Zool*⟩ tartaruga *f* (acquatica). II *v.i.* andare a caccia di tartarughe. □ ⟨*pop*⟩ *to turn* ~ ribaltarsi, capovolgersi (*anche mar.*).

turtle[2] *s.* ⟨*rar*⟩ → **turtle dove.**

turtle|back *s.* ⟨*Mar*⟩ ponte *m* arcuato. **~ dove** *s.* **1** ⟨*Ornit*⟩ tortora *f*. **2** ⟨*fam*⟩ (*lover, sweetheart*) amato bene *m*, innamorato *m* (*f* –a). **~neck** *s.* ⟨*Mod*⟩ collo *m* alto (*o* alla ciclista).

turtler ['tə:tlə] *s.* cacciatore *m* (*f* –trice) di tartarughe.

turves [tə:vz] → **turf.**

Tuscan ['tʌskən] I *a.* toscano. II *s.* **1** toscano *m* (*f* –a). **2** (*straw*) paglia *f* di Firenze. **Tuscany** [–i] *N.pr.* ⟨*Geog*⟩ Toscana *f*.

tush[1] [tʌʃ] *intz.* puh, puah, zitto, st.

tush[2] *s.* ⟨*Zool*⟩ **1** dente *m* canino di cavallo. **2** (*tusk*) zanna *f*.

tusk [tʌsk] *s.* **1** ⟨*Zool*⟩ zanna *f*. **2** (*long protruding tooth*) dente *m* lungo e sporgente. **3** (*in a harrow, lock, etc.*) dente *m*, punta *f*. **tusked** [–t] *a.* zannuto. **'tusker** [–ə] *s.* elefante *m* (*o* cinghiale) dalle zanne grosse. **'tusky** [–i] *a.* → **tusked.**

tussis ['tʌsəs] *s.* ⟨*Med*⟩ tosse *f*. **tussive** [–siv] *a.* della (*o* causato dalla) tosse.

tussle ['tʌsl] I *v.i.* azzuffarsi, accapigliarsi, far baruffa. II *s.* **1** baruffa *f*, mischia *f*, tafferuglio *m*. **2** (*struggle*) lotta *f*, battaglia *f*.

tussock ['tʌsək] *s.* **1** ciuffo *m* (*o* cespo) d'erba. **2** ⟨*rar*⟩ (*tuft of hair*) ciuffo *m* di capelli, ciocca *f*. **tussocky** [–i] *a.* coperto di ciuffi d'erba.

tut[1] [tʌt] I *intz.* puah, vergogna. II *v.i.* (*pret., p.p.* 'tutted [–id]) dire puah, esprimere la propria disapprovazione.

tut[2] *s.* ⟨*dial*⟩ (*piece*) pezzo *m*. □ ⟨*Minier*⟩ *by* (*the*) ~ a cottimo.

tutelage ['tju:tilidʒ] *s.* **1** ⟨*Dir*⟩ tutela *f*. **2** (*state of being under a guardian*) l'essere sotto tutela. **tutelar** [–lə], **tutelary** [–ləri] *a.* ⟨*Dir*⟩ tutelare, tutorio: ~ *authority* autorità tutelare.

tutor ['tju:tə] I *s.* **1** istitutore *m*, ripetitore *m*, insegnante *m* privato, precettore *m*. **2** ⟨*Univ*⟩ docente *m* incaricato di assistere un gruppo di studenti, tutor *m*. **3** ⟨*am.Univ*⟩ assistente *m* (con incarico d'insegnamento). **4** ⟨*Dir*⟩ tutore *m*. II *v.t.* **1** fare l'istitutore di. **2** (*to teach, instruct*) insegnare, istruire, educare. **3** ⟨*fig*⟩ (*to discipline, school*) controllare, dominare, disciplinare. III *v.i.* **1** fare l'istitutore. **2** ⟨*am*⟩ (*to receive private instruction*) prendere ⌐lezioni private⌐ (*o* ripetizioni). **tutoress** [–ris] *s.* istitutrice *f*, ripetitrice *f*.

tutorial [tju:'tɔ:riəl] I *a.* d'istitutore, di precettore. II *s.* ⟨*Univ*⟩ corso *m* affidato a un tutor.

tutorial system *s.* ⟨*Univ*⟩ sistema *m* didattico in cui l'istruzione è impartita dai tutor.

tutorship ['tju:təʃip] *s.* **1** incarico *m* (*o* funzione *f*) d'istitutore. **2** ⟨*Dir*⟩ tutela *f*.

tutu ['tu:tu:] *s.* ⟨*Vest*⟩ tutù *m*.

tutwork ['tʌtwə:k] *s.* ⟨*Minier,dial*⟩ (*piecework*) lavoro *m* a cottimo.

tu-whit tu-whoo [tu'wittu'wu:] *s.* (*cry of an owl*) grido *m* della civetta.

tux *am.* [tʌks] *s.* ⟨*fam*⟩ → **tuxedo. tu'xedo** *am.* [–i:dou] *s.* (*pl* **-s** [z]) ⟨*Vest*⟩ abito *m* da sera, smoking *m*.

tuyère [twi:'jɛə] *s.* ⟨*Met*⟩ tubiera *f*, ugello *m*.

TV ['ti:'vi:] ⟨*fam*⟩ I *s.* (*television*) televisione *f*, ⟨*fam*⟩ TV *f*, ⟨*fam*⟩ tivù *f*: *to watch* ~ guardare la TV. II *a.* televisivo, della TV: *a* ~ *programme* un programma televisivo.

TV, T.V. = **1** *television* televisione. **2** *terminal velocity* velocità terminale.

twa *scozz.* [twa] I *a.* (*two*) due. II *s.* due *m*.

twaddle ['twɔdl] I *s.* scemenze *fpl*, sciocchezze *fpl*, stupidaggini *fpl*. II *v.i.* parlare a vanvera, dire (*o* scrivere) sciocchezze. **twaddler** [–ə] *s.* chiacchierone *m* (*f* –a), ciarlone *m* (*f* –a).

twain [twein] ⟨*poet,rar*⟩ I *a.* (*two*) due. II *s.* due *m*. □ *in* ~ in due, a metà: *to split in* ~ dividere in due, tagliare a metà.

twang [twæŋ] **I** *s*. **1** (*sound*) suono *m* metallico. **2** (*act of twanging*) pizzicata *f*. **3** (*nasal speech*) pronuncia *f* (*o* suono *m*, tono *m*) nasale. **II** *v.i.* **1** vibrare, risonare, dare un suono metallico. **2** (*to speak with a nasal twang*) parlare ⌐con⌐ un timbro nasale⌐ (*o* col naso). **III** *v.t.* **1** pizzicare (*o* far vibrare) le corde di: *to ~ a guitar* pizzicare le corde di una chitarra. **2** (*to utter with a nasal twang*) pronunciare con un suono nasale. **'twangy** [-i] *a*. **1** stridulo, vibrato. **2** (*of a voice*) nasale.

twas [twɔz, twəz] *contraz. di* it was.

twat [twɔt] *s*. ⟨*sl*⟩ (*fool*) idiota *m/f*, stupido *m* (*f* –a).

twayblade ['tweibleid] *s*. ⟨*Bot*⟩ specie di listera.

tweak [twi:k] **I** *v.t.* **1** stringere e tirare (torcendo), pizzicare. **2** (*of the nose*) dare un pizzico a. **II** *s*. pizzicata *f*.

tweaker ['twi:kə] *s*. ⟨*fam*⟩ fionda *f* (da ragazzi).

tweed [twi:d] **I** *s*. **1** ⟨*Tess*⟩ tweed *m*. **2** *pl*. indumenti *mpl* di tweed. **II** *a*. di tweed. **Tweed** *N.pr*. ⟨*Geog*⟩ Tweed *m*.

tweedledum and tweedledee ['twi:dl'dʌmənd'twi:dl'di:] *s*. ⟨*scherz*⟩ due cose *fpl* (*o* persone) quasi uguali.

'tween [twi:n] (*contraz. di between*) ⟨*poet*⟩ **I** *prep.* ⟨*Mar*⟩ tra, fra. **II** *avv.* in mezzo.

'tween-deck **I** *a*. ⟨*Mar*⟩ che è sottocoperta. **II** *s*. interpone *m*, ponte *m* di corridoio.

tweeny ['twi:ni] *s*. ⟨*ant*⟩ aiuto domestica *f*.

tweet [twi:t] **I** *s*. (*of a bird*) cinguettio *m*. **II** *v.i.* cinguettare.

tweeter ['twi:tə] *s*. ⟨*Rad*⟩ altoparlante *m* per alte frequenze.

tweezers ['twi:zəz] *s.pl.* pinzette *fpl: a pair of ~* un paio di pinzette.

twelfth [twelfθ] **I** *a*. dodicesimo. **II** *s*. dodicesimo *m*.

Twelfth| Day *s*. giorno *m* dell'Epifania, Epifania *f*. **~ man** [mæn] *s.irr.* ⟨*Sport*⟩ giocatore *m* di riserva. **~ Night** *s*. notte *f* dell'Epifania.

twelve [twelv] **I** *a*. dodici. **II** *s*. (*pl. inv./*-s [z]; il pl. in -s si usa general. con valore collett.) **1** dodici *m*. **2** (*group of twelve*) dozzina *f*. **3** (*twelve objects, units*) dodici *mpl*. **4** (*twelve o'clock*) dodici *fpl*. **Twelve** *s*. (costr. pl.) ⟨*Rel*⟩ i dodici apostoli.

twelvefold ['twelvfould] **I** *a*. **1** che ha dodici elementi (*o* aspetti, ecc.). **2** (*being twelve times as great*) dodici volte più grande. **II** *avv.* dodici volte tanto (*o* tanti).

twelvemo ['twelvmou] *a*. (*pl*. -s [z]) ⟨*Tip,Cart*⟩ dodicesimo *m*, formato *m* in dodicesimo.

twelve|month *s*. (*year*) anno *m*. **~-note** *a*. ⟨*Mus*⟩ dodecafonico.

twentieth ['twentiiθ] **I** *a*. ventesimo. **II** *s*. ventesimo *m*.

twenty ['twenti] **I** *a*. venti. **II** *s*. (*pl. inv./*-ties [tiz]; il pl. in -ties si usa general. con valore collett.) **1** venti *m*. **2** (*twenty objects, units*) venti *mpl*. **3** *pl*. (*of age*) vent'anni *mpl*, ventina *f: to be in one's twenties* avere passato la ventina, essere tra i venti e i ventinove anni; (*of time*) anni *mpl* venti. □ ⟨*fam*⟩ *I've told you ~ times* te l'ho detto mille volte.

twentyfold ['twentifould] **I** *a*. **1** che ha venti aspetti (*o* elementi, ecc.). **2** (*being twenty times as great*) venti volte più grande. **II** *avv.* venti volte tanto (*o* tanti). **'twenty-fourmo** [-'fɔ:mou] *s*. (*pl*. -s [z]) ⟨*Tip,Cart*⟩ formato *m* in ventiquattresimo, ventiquattresimo *m*.

'twenty|-'one *s*. (*card game*) ventuno *m*. **'~-'twenty vision** *s*. ⟨*Med*⟩ acuità *f* visiva normale (*o* di 10/10).

twere [twə:] *contraz. ant. di* it were.

twerp [twə:p] *s*. ⟨*sl*⟩ **1** buono *m* (*f* –a) a nulla, nullità *f*. **2** (*stupid person*) sciocco *m* (*f* –a), stupido *m* (*f* –a).

twice [twais] *avv.* due volte. □ *~ as* due volte più (*o* tanto), il doppio: *he is ~ as rich as me* è ricco due volte più di me; *~ as much* il doppio, due volte tanto; *to think ~ about s.th.* pensarci (su) due volte. ‖ *he did not have to be asked ~* non si faceva pregare.

'twice-'told *a*. **1** detto due volte. **2** ⟨*fig*⟩ detto e ridetto, trito (e ritrito), vecchio, risaputo.

twiddle ['twidl] **I** *v.t.* rigirare fra le dita, giocherellare con: *to ~ a pencil* rigirare fra le dita una matita. **II** *v.i.* **1** giocherellare, trastullarsi, gingillarsi (*with* con). **2** (*to turn,*

twirl) girare, rigirare. **III** *s*. il rigirare fra le dita.

twig[1] [twig] *s*. **1** ramoscello *m*, rametto *m*. **2** (*divining–rod*) bacchetta *f* da rabdomante.

twig[2] *v*. (*pret., p.p.* **twigged** [–d]) ⟨*fam*⟩ **I** *v.i.* capire, afferrare. **II** *v.t.* **1** capire, afferrare: *nobody ever ~s my jokes* nessuno capisce mai le mie barzellette. **2** (*to notice*) notare, osservare, accorgersi di.

twiggy ['twigi] *a*. **1** ricco di ramoscelli. **2** ⟨*rar*⟩ (*thin*) sottile, esile.

twilight ['twailait] **I** *s*. **1** crepuscolo *m*; (*light*) luce ⌐ crepuscolare. **2** ⟨*fig*⟩ crepuscolo *m*, tramonto *m*, fine *f: the ~ of life* il crepuscolo della vita. **II** *a*. **1** crepuscolare **2** ⟨*fig*⟩ vago, incerto, indistinto, crepuscolare. ⌐ ⟨*Mitol.nord*⟩ *~ of the Gods* il crepuscolo degli dei.

twilight| sleep *s*. ⟨*Med*⟩ stato *m* di dormiveglia provocato da morfina (*o* scopolamina). **~ state** *s*. stato *m* crepuscolare.

twilit ['twailit] *a*. crepuscolare; (*dim*) oscuro, fosco, buio.

twill [twil] **I** *s*. ⟨*Tess*⟩ **1** twill *m*, spigato *m*, diagonale *m* **2** → **twill weave**. **II** *v.t.* tessere in diagonale.

'twill [twil] *contraz. ant. di* it will.

twilled [twild] *a*. ⟨*Tess*⟩ (tessuto in) diagonale, spigato.

twill weave *s*. ⟨*Tess*⟩ tessitura *f* (*o* armatura) diagonale.

twin[1] [twin] **I** *s*. **1** gemello *m* (*f* –a): *my brother and I are –s* mio fratello e io siamo gemelli. **2** (*person, thing similar to another*) gemello *m* (*f* –a), cosa *f* (*o* persona) identica a un'altra. **3** ⟨*Min*⟩ cristallo *m* geminato, geminato *m*. **II** *a*. **1** gemello: *~ sisters* sorelle gemelle. **2** ⟨*fig*⟩ gemello uguale, identico. **3** ⟨*Min,Bot*⟩ geminato.

twin[2] *v*. (*pret., p.p.* **twinned** [–d]) **I** *v.i.* **1** partorire gemelli. **2** (*to be coupled*) accoppiarsi, appaiarsi. **II** *v.t.* accoppiare, appaiare.

twin| bed *s*. letto *m* gemello. **~ Brethren, ~ Brothers** *N.pr.pl.* **~ Twins**. **~ cable** *s*. ⟨*Tel*⟩ linea *f* bifilare **~-cylinder** *a*. ⟨*Mot*⟩ a due cilindri, bicilindrico.

twine [twain] **I** *s*. **1** spago *m*, cordicella *f*, funicella *f*. **2** (*s.th. twined*) groviglio *m*, viluppo *m*. **3** (*coil, convolution*) spira *f*, spirale *f*, voluta *f*. **II** *v.t.* **1** attorcigliare (assieme), attorcere; (*to interweave*) intrecciare, intessere: *to ~ a wreath* intrecciare una ghirlanda. **2** (*to cause to encircle by winding*) attorcigliare, avvolgere, avviluppare: *the snak–d itself round the branch* il serpente si attorcigliò intorno al ramo. **III** *v.i.* **1** avvolgersi (a spirale), attorcigliarsi (*around, about* intorno a). **2** ⟨*fig*⟩ serpeggiare, procedere con movimento tortuoso. □ *to ~ one's arms round s.o.* cingere le braccia al collo di qd.

twin-engine(d) *a*. ⟨*Aer*⟩ bimotore, a due motori.

twinge [twindʒ] **I** *s*. **1** fitta *f*, trafittura *f*, dolore *m* acuto *a ~ of toothache* una fitta di mal di denti. **2** (*pang*) fitta *f*. **II** *v.i.* avere (*o* sentire) ⌐una fitta⌐ (*o* un dolore acuto). □ *–s of conscience* rimorso *m* di coscienza.

twink [twiŋk] *v./s.* → **twinkle**.

twinkle ['twiŋkl] **I** *v.i.* **1** scintillare, brillare, luccicare, sfavillare: *the stars –d* le stelle scintillavano. **2** (*to move a flashes of light*) muoversi velocemente, guizzare. **3** (*to wink*) strizzare l'occhio, fare l'occhiolino, ammiccare; (*o the eyelids*) battere. **II** *v.t.* **1** far scintillare. **2** (*of light*) emettere a intervalli, far balenare. **3** (*of the eyes*) strizzare. **III** *s*. **1** scintillio *m*, luccichio *m*, sfavillio *m*. **2** (*of the eyes*) strizzatina *f*; (*of the eyelids*) il battere. **3** (*flashing movement*) movimento *m* rapido. **4** (*short period of time*) lampo *m*, attimo *m*, istante *m*. **twinkling** [–iŋ] *s*. **1** scintillio *m*, luccichio *m*, sfavillio *m*. **2** (*short period of time*) lampo *m*, attimo *m*, istante *m*. **3** ⟨*Astr,Fis*⟩ scintillazione *f*. □ *in the ~ of an eye* in un batte d'occhio.

Twins [twinz] *N.pr.pl.* ⟨*Astr*⟩ Gemelli *mpl*.

twin set *s*. ⟨*Mod*⟩ completo *m* di cardigan e maglietta.

twirl [twə:l] **I** *v.t.* **1** roteare, far girare (rapidamente), mulinare. **2** (*to twiddle*) girare, rigirare. **3** (*to twist, curl*) arricciare, attorcigliare, torcere. **II** *v.i.* roteare, girare vorticosamente, piroettare. **III** *s*. **1** giro *m* vorticoso, rotazione *f*, piroetta *f*. **2** (*in writing*) ghirigoro *m*, svolazzo *m*. **3** (*coil*) spira *f*, spirale *f*, giro *m*; (*of a rope*) volta *f*.

twirp *s*. → **twerp**.

twist [twist] *v.t.* **1** (spesso con *together*) attorcigliare, attorcere: *to ~ the strands of a rope* attorcigliare i trefoli di una fune; (*to plait*) intrecciare. **2** (*to turn forcibly*) torcere, strizzare: *to ~ a wet cloth* torcere un panno bagnato. **3** ⟨*Med*⟩ (di)storcere: *to ~ one's ankle* distorcersi la caviglia. **4** (*of the face, features*) (di)storcere, contorcere. **5** ⟨*fig*⟩ travisare, (di)storcere, svisare, alterare: *his words had been –ed* le sue parole erano state travisate; (*to deform, warp*) deformare: *their minds have been –ed by prejudice* le loro menti sono state deformate dai pregiudizi. **6** (*to turn, rotate*) girare, volgere, rotare: *he –ed his head to look at me* girò la testa per guardarmi. **7** (*to form into a coil, spiral*) avvolgere, attorcigliare: *to ~ the hair into a knot* avvolgere i capelli in un nodo. **8** (*to bend, distort by tension*) (s)torcere: *the force of the explosion had –ed the girders* la forza dell'esplosione aveva storto le travi. **9** ⟨*fam*⟩ (*to cheat*) ingannare, abbindolare. **10** ⟨*Mecc*⟩ sottoporre a torsione. **II** *v.i.* **1** (spesso con *about, around*) dimenarsi, contorcersi, torcersi: *stop –ing about in your chair* smettila di dimenarti sulla sedia. **2** (*to turn round*; spesso con *round, around*) girarsi, volgersi, voltarsi. **3** (*to take a winding, sinuous course*) serpeggiare, procedere tortuosamente: *the road –ed up the mountain-side* la strada serpeggiava su per il fianco della montagna; (*to curve, bend*) piegare, curvare, torcere. **4** (*to bend, under torsion*) (s)torcersi. **5** (*to coil*) attorcigliarsi, avvolgersi. **6** ⟨*fam*⟩ (*to act dishonestly*) imbrogliare, truffare. **7** ⟨*fam*⟩ (*to dance the twist*) ballare il twist. **III** *s.* **1** torcimento *m*, torsione *f*, storta *f*. **2** ⟨*Med*⟩ distorsione *f*, storta *f*. **3** (*thread, rope, etc.*) corda *f* ritorta, filo *m* (*o* spago) ritorto. **4** (*of tobacco*) rotolo *m*. **5** (*screw of paper*) cartoccio *m*, cartoccetto *m*. **6** ⟨*Gastr*⟩ filoncino *m*. **7** (*curve*) curva *f*, svolta *f*, voltata *f*, piega *f*: *a ~ in the road* una curva nella strada; (*of a river*) ansa *f*. **8** (*spiral, coil*) voluta *f*, spira *f*; (*of a rope*) volta *f*. **9** ⟨*fig*⟩ (*distortion of meaning*) travisamento *m*, distorsione *f* (*o* alterazione) del significato. **10** ⟨*fig*⟩ (*strong individual tendency*) forte inclinazione *f* (*o* tendenza); (*eccentricity*) eccentricità *f*, stravaganza *f*. **11** ⟨*fig*⟩ (*unexpected development*) sviluppo *m* imprevisto. **12** (*dance*) twist *m*. **13** ⟨*Sport*⟩ (*in swimming*) avvitamento *m*. **14** ⟨*Tess*⟩ torcitura *f*. **15** ⟨*Mecc*⟩ torsione *f*. □ *to ~ s.o.'s arm*: **1** storcere il braccio a qd.; **2** ⟨*fam*⟩ (*to compel*) costringere qd., forzare qd.

wistable ['twistəbl] *a.* che si può torcere (*o* attorcigliare).

twisted [–tid] *a.* **1** attorcigliato. **2** (*of the face, features*) contorto, distorto. **3** (*spiral, winding*) a spirale, attorcigliato. **4** ⟨*Tess*⟩ ritorto. □ *to be ~*: **1** (*of people*) essere storto; **2** (*to be puzzled*) essere confuso (*o* perplesso). **twister** [–tə] *s.* **1** torcitore *m* (*f* –trice). **2** ⟨*fam*⟩ (*dishonest person*) disonesto *m* (*f* –a); (*cheat, crook*) imbroglione *m* (*f* –a), truffatore *m* (*f* –trice). **3** ⟨*Sport*⟩ palla *f* con effetto. **4** ⟨*am.fam*⟩ (*tornado*) tornado *m*. **5** ⟨*Tess*⟩ ritorcitoio *m*. **twisting** [–tiŋ] *a.* serpeggiante, tortuoso: *a ~ road* una strada serpeggiante. **twisty** [–ti] *a.* **1** ~ **twisting**. **2** ⟨*fam*⟩ (*dishonest*) disonesto, corrotto.

wit [tit] **I** *v.t.* (*pret., p.p.* '**twitted** [–id]) **1** prendere in giro, canzonare, stuzzicare, punzecchiare: *to ~ s.o. about s.th.* prendere in giro qd. per qc. **2** (*to reproach*) rimproverare, sgridare. **II** *s.* **1** presa *f* in giro, canzonatura *f*. **2** (*reproach*) rimprovero *m*, sgridata *f*.

witch [twitʃ] **I** *v.t.* **1** tirare, dare uno strattone a: *to ~ s.o. by the sleeve* tirare qd. per la manica. **2** (*of a part of the body*) contrarre. **II** *v.i.* **1** dare uno strattone (*at* a), tirare (qd.). **2** (*of a part of the body*) contrarsi, contorcersi. **III** *s.* **1** strattone *m*, stratta *f*, strappo *m*. **2** (*of a part of the body*) spasmo *m*, contrazione *f* convulsa; (*of a muscle*) contrazione *f* involontaria, contrattura *f*. **3** (*restraining device for a horse*) stringilabbro *m*, torcinaso *m*, stringinaso *m*. '**twitchy** [–i] *a.* **1** nervoso, irrequieto. **2** (*irritable*) eccitabile, irritabile.

witter ['twitə] **I** *v.i.* **1** (*of birds*) cinguettare, pigolare. **2** (*of people*) cinguettare, chiacchierare animatamente. **II** *s.* **1** (*of birds*) cinguettio *m*, pigolio *m*. **2** (*of people*) cinguettio *m*, chiacchierio *m*. □ ⟨*fam*⟩ *to be all of a ~* essere in grande agitazione.

wixt [twikst] (*contraz. di betwixt*) *prep.* ⟨*poet,rar*⟩ tra, fra.

wo [tu:] **I** *a.* due. **II** *s.* (*pl. inv./*-**s** [z]; il pl. in -**s** si usa general. con valore collett.) **1** due *m.* **2** (*two objects, units*) due *mpl.* **3** (*two o'clock*) due *fpl.* □ *~ by ~* a due a due; *by –s =* in *twos; in ~* in due: *to cut s.th. in ~* tagliare qc. in due; *in –s* a due a due, due per volta: *we were interviewed in –s* fummo intervistati a due a due; ⟨*fig*⟩ *in ~ –s* in quattro e quatt'otto, in men che non si dica, in un batter d'occhio; *one or ~* uno o due, qualcuno; ⟨*fig*⟩ *to put ~ and ~ together* trarre le conseguenze logiche.

'**two**|–'**bit** *am. a.* ⟨*sl*⟩ da due soldi; (*of little importance*) insignificante, senza importanza. **~-bits** *am. s.* ⟨*fam*⟩ **1** venticinque cents *m.* **2** (*petty sum*) somma *f* irrisoria. '**~-'color** *am.*, '**~-'colour** *a.* **1** bicolore, a due colori. **2** ⟨*Fot*⟩ a due colori. **~-decker** *s.* ⟨*Mar*⟩ nave *f* a due ponti. **~-decker bus** *s.* autobus *m* 'a due piani (*o* con imperiale). **~-dimensional** *a.* bidimensionale. **~-dimensionality** *s.* bidimensionalità *f.* **~-edged** *a.* a doppio taglio (*anche fig.*). **~-edged sword** *s.* **1** spada *f* a doppio taglio. **2** ⟨*fig*⟩ arma *f* a doppio taglio. '**~-'engined** *a.* ⟨*Aer*⟩ bimotore, a due motori. '**~-'faced** *a.* **1** a due facce. **2** ⟨*fig*⟩ doppio, falso, finto, ipocrita. '**~-'fisted** *a.* ⟨*fam*⟩ **1** che sa tirare pugni. **2** (*clumsy*) goffo, impacciato.

twofold ['tu:fould] **I** *a.* **1** duplice. **2** (*being twice as great*) doppio. **II** *avv.* due volte tanto (*o* tanti).

'**two**|–'**four** *a.* ⟨*Mus*⟩ di due quarti: ~ *time* tempo di due quarti. '**~-'handed** *a.* **1** che richiede l'uso di entrambe le mani: *a ~ axe* un'ascia che richiede l'uso di entrambe le mani. **2** (*ambidextrous*) ambidestro. '**~-'legged** *a.* bipede. '**~-'masted** *a.* ⟨*Mar*⟩ a due alberi. '**~-'master** *s.* ⟨*Mar*⟩ nave *f* a due alberi, due alberi *m.*

twoness ['tu:nis] *s.* dualità *f*, duplicità *f.*

two|–**party line** *am. s.* ⟨*Tel*⟩ duplex *m.* **~pence** ['tʌpəns] *s.* **1** due penny *mpl.* **2** ⟨*fam*⟩ (*trifling sum*) sciocchezza *f*, stupidaggine *f.* □ *it's not worth ~* non vale niente, ⟨*fam*⟩ non vale un fico secco. **~penny** ['tʌp(ə)ni] *a.* **1** da (*o* del valore di) due penny. **2** ⟨*fam*⟩ (*cheap*) di poco valore, scadente; (*insignificant*) insignificante, trascurabile. **~penny-halfpenny** *a.* **1** da (*o* del valore di) due penny e mezzo. **2** ⟨*fam*⟩ (*insignificant*) insignificante, di poca importanza. '**~-'phase** *a.* ⟨*El*⟩ bifase: ~ *current* corrente bifase. **~-piece I** *a.* ⟨*Mod*⟩ in (*o* a) due pezzi. **II** *s.* **1** (*swimming costume*) costume *m* a due pezzi, duepezzi *m*, due pezzi *m.* **2** (*woman's suit*) abito *m* con giacca, gonna *f* e giacca, duepezzi *m*, due pezzi *m.* **~ply I** *a.* **1** (*of wood*) a due strati. **2** (*of wool, wire etc.*) a due capi. **3** ⟨*Tess*⟩ (*woven double*) doppio. **II** *s.* legno *m* a due strati, asse *f* formata da due strati di legno. **~-point landing** *s.* ⟨*Aer*⟩ atterraggio *m* a due punti. **~-seater** *s.* **1** ⟨*Aut*⟩ vettura *f* sportiva (*o* a due posti). **2** ⟨*Aer*⟩ aereo *m* biposto, biposto *m.* **~ Sicilies** *s.pl.* ⟨*Stor*⟩ due Sicilie *fpl*, regno *m* delle due Sicilie. '**~-'sided** *a.* **1** che ha due lati, bilaterale. **2** ⟨*fig*⟩ duplice, che presenta due aspetti.

twosome ['tu:səm] **I** *s.* **1** gruppo *m* di due, duo *m*, coppia *f*, paio *m.* **2** ⟨*Sport*⟩ (*in golf*) partita *f* tra due persone. **II** *a.* a due, in coppia.

two|–**speed** *a.* ⟨*Mot*⟩ a due velocità: ~ *gear* cambio a due velocità. **~-stage missile** *s.* ⟨*Mil*⟩ missile *m* a due stadi. **~-stroke engine** *s.* motore *m* a due tempi. **~-timer** *am. s.* ⟨*sl*⟩ (*doublecrosser*) ingannatore *m* (*f* –trice), traditore *m* (*f* –trice). **~-tone(d)** *a.* a due tonalità di colore. '**~-'tongued** *a.* doppio, falso, ipocrita. **~-twenty** *s.* ⟨*Sport*⟩ (*220–yard race*) duecentoventi iarde *fpl.*

twould [twud] *contraz. poet. di* it would.

two|–**way** *a.* **1** ⟨*Strad*⟩ a due sensi, a senso doppio (di circolazione): *a ~ street* una strada a due sensi. **2** (*involving two parties, groups*) bilaterale. **3** ⟨*tecn*⟩ (*of valve, cock*) a due vie. **~-way radio** *s.* ricetrasmettitore *m*, radio *f* ricevente e trasmittente. '**~-'wheeled** *a.* a due ruote.

Tyburn| **tippet** ['taibə(:)n] *s.* capestro *m.* ~ **tree** *s.* (*gallows*) forca *f*, patibolo *m.*

tycoon [tai'ku:n] *s.* **1** grande industriale *m*, magnate *m*, tycoon *m.* **2** ⟨*Stor*⟩ (*in Japan*) shogun *m.*

tying ['taiiŋ] → **tie**[1].

tyke [taik] *s.* **1** cane *m* bastardo. **2** (*child*) monello *m*,

birba *f.* **3** ⟨*fam*⟩ (*ill–bred fellow*) persona *f* maleducata, zoticone *m.*
tyler *s.* → **tiler.**
tymp [timp] *s.* **1** ⟨*Met*⟩ timpano *m.* **2** ⟨*Minier*⟩ trave *f* orizzontale.
tympan ['timpən] *s.* **1** membrana *f* (tesa). **2** ⟨*Arch,Mus,Anat*⟩ timpano *m.* **3** ⟨*Tip*⟩ (*sheet*) foglio *m* di maestra; (*frame*) timpano *m.*
tympani *it.* ['timpəni] *s.pl.* (costr. sing. o pl.) ⟨*Mus*⟩ timpani *mpl.*
tympanic [tim'pænik] *a.* ⟨*Anat*⟩ timpanico, del timpano: ~ *membrane* membrana timpanica.
tympanism ['timpənizəm] *s.* → **tympanites.**
tympanist ['timpənist] *s.* ⟨*Mus*⟩ timpanista *m/f.*
tympanites [,timpə'naiti:z] *s.* ⟨*Med*⟩ meteorismo *m.* **tympanitis** [–tis] *s.* ⟨*Med*⟩ timpanite *f.*
tympanum ['timpənəm] *s.* (*pl.* **-s** [z]/**-na** [nə]) **1** ⟨*Anat*⟩ timpano *m*, orecchio *m* medio. **2** ⟨*Zool,Arch,Mus,Idr*⟩ timpano *m.*
type [taip] **I** *s.* **1** tipo *m*, genere *m*, sorta *f*, specie *f*, razza *f*: *all –s of people* ogni tipo di gente; *music of a ~ I enjoy* musica di un genere che mi piace. **2** (*representative specimen*) tipo *m*, esemplare *m*, modello *m.* **3** ⟨*Biol*⟩ tipo *m.* **4** ⟨*Zootecn*⟩ tipo *m*, razza *f.* **5** ⟨*Tip*⟩ carattere *m* tipografico; ⟨*collett*⟩ caratteri *mpl* tipografici, tipi *mpl.* **6** ⟨*fam*⟩ (*person, fellow*) tizio *m*, tipo *m*, individuo *m.* **7** (*model, pattern*) tipo *m*, modello *m*, schema *m* ideale. **8** (*symbol*) simbolo *m*, figura *f*, emblema *m.* **9** ⟨*Numism*⟩ conio *m*, stampa *f.* **II** *v.t.* **1** (spesso con *out*) dattilografare, scrivere a macchina, battere (a macchina): *to ~ a letter* dattilografare una lettera. **2** ⟨*Biol*⟩ classificare secondo il tipo. **III** *v.i.* scrivere a macchina.
type|-approved *a.* ⟨*Ind*⟩ omologato. **~bar** *s.* **1** (*of a typewriter*) martelletto *m*, leva *f* porta–carattere. **2** ⟨*Tip*⟩ riga *f* intera (*o* in un solo blocco), riga *f* di composizione. **3** ⟨*Inform*⟩ barra *f* portacaratteri. **~cast** *v.t.irr.* ⟨*Cin,Teat*⟩ scritturare sempre per la stessa parte che richiede fisico e personalità simili a quelli del personaggio. **~-cast** *v.t.irr.* ⟨*Tip*⟩ fondere. **~face** ⟨*Tip*⟩ occhio *m.* ~ **gauge** *s.* tipometro *m.* **~holder** *s.* ⟨*Tip*⟩ compositoio *m.*
typer ['taipə] *s.* → **typist.**
type|script *s.* dattiloscritto *m.* **~setter** *s.* **1** (*person*) compositore *m* tipografico. **2** → **typesetting machine.** **~setting** *s.* tipocomposizione *f.* **~setting machine** *s.* compositrice *f.* ~ **specimen** *s.* **1** ⟨*Biol*⟩ tipo *m* di una specie. **2** ⟨*Tip*⟩ campione *m* d'una serie di caratteri.
typewrite ['taiprait] *v.irr.* **I** *v.t.* dattilografare, scrivere a macchina, battere (a macchina). **II** *v.i.* scrivere a macchina. **typewriter** [–ə] *s.* macchina *f* da scrivere. **typewriting** [–iŋ] *s.* dattilografia *f.* **typewritten** [–'ritən] *a.* dattiloscritto, scritto a macchina.
typhoid ['taifɔid] **I** *s.* ⟨*Med*⟩ febbre *f* tifoide, tifoidea *f.* **II** *a.* → **typhoidal. typhoidal** [–əl] *a.* tifoide, tifoideo.
typhoid| bacillus *s.* ⟨*Biol*⟩ bacillo *m* del tifo. ~ **fever** *s.*

→ **typhoid.**
typhonic [tai'fɔnik] *a.* ⟨*Meteor*⟩ di (*o* relativo a) un tifon ciclonico. **typhoon** [–'fu:n] *s.* tifone *m.*
typhous ['taifəs] *a.* ⟨*Med*⟩ tifoso.
typhus (fever) ['taifəs] *s.* ⟨*Med*⟩ tifo *m.*
typical ['tipikəl] *a.* **1** tipico, tipo: *a ~ Englishman* u inglese tipico; (*characteristic*) tipico, caratteristico, propri *he is ~ of his class* è tipico della sua classe. **2** ⟨*Bio* tipico. **typically** [–i] *avv.* tipicamente.
typification [,tipifi'keiʃən] *s.* **1** tipizzazione *f.* **2** (*s.th. th typifies*) tipo *m.* **'typify** [–fai] *v.t.* **1** tipizzare. **2** (*to typical of*) essere tipico di, caratterizzare. **3** (*to symbolize* simboleggiare, simbolizzare, rappresentare (simbolic mente).
typing| paper ['taipiŋ] *s.* carta *f* per dattilografia. ~ **po** *s.* centro *m* dattilografico. ~ **service** *s.* copisteria *f.*
typist ['taipist] *s.* dattilografo *m* (*f* –a).
typographer [tai'pɔgrəfə] *s.* tipografo *m* (*f* –a **,typographic** [–pə'græfik], **,typographical** [–pə'græfikə *a.* tipografico. **typography** [–fi] *s* tipografia *f.*
typologic [,taipə'lɔdʒik], **typological** [–əl] *a.* tipologic **typology** [–'pɔlədʒi] *s.* tipologia *f* (*anche Bibl.*).
tyrannical [ti'rænikəl] *a.* tirannico, di (*o* da) tirann **tyrannically** [–əli] *avv.* tirannicamente, in mod tirannico.
tyrannicide [ti'rænisaid] *s.* **1** (*act*) tirannicidio *m.* (*person*) tirannicida *m/f.*
tyrannize ['tirənaiz] *v.i.* tiranneggiare, opprimere (*over s.* qd.), agire da tiranno (con). **tyranny** [–ni] *s.* **1** tirannia tirannide *f.* **2** ⟨*fig*⟩ tirannia *f*, despotismo *m.* **tyra** ['taiərənt] *s.* **1** tiranno *m* (*anche Stor.gr.*). **2** ⟨*fig*⟩ tirann *m*, despota *m.*
tyre [taiə] **I** *s.* **1** ⟨*Aut*⟩ pneumatico *m.* **2** (*of a woode wheel*) cerchione *m.* **II** *v.t.* munire di pneumatic gommare.
Tyre [tair] *N.pr.* ⟨*Geog.stor*⟩ Tiro *f.*
tyred ['taiəd] *a.* ⟨*Aut*⟩ munito di pneumatico gommato.
tyreless ['taiəlis] *a.* ⟨*Aut*⟩ senza (*o* privo di) pneumatici.
tyre service *s.* gommista *m.*
Tyrian ['tiriən] **I** *a.* di Tiro. **II** *s.* abitante *m/f* di Tiro.
Tyrian purple *s.* **1** ⟨*Chim*⟩ porpora *f* di Tiro. **2** (*colou* color *m* porpora di Tiro.
tyro ['taiərou] *s.* (*pl* -s [z]) principiante *m/f*, novizio *m* –a), novellino *m* (*f* –a).
Tyrol ['tirəl, ti'roul] *N.pr.* ⟨*Geog*⟩ Tirolo *m.* **Tyrolea** [ti'roulian, tirə'li:ən] **I** *a.* tirolese. **II** *s.* tirolese *m* **Tyrolese** [tirə'li:z] **I** *a.* → **Tyrolean. II** *s.inv.* **1** (*peopl* costr. pl.) tirolesi *mpl.* **2** (*person*) tirolese *m* **Tyrolienne** [ti,rouli'en] *s.* ⟨*Mus*⟩ tirolese *f.*
Tyrrhenian Sea [ti'ri:niən] *N.pr.* ⟨*Geog*⟩ mar *m* Tirren Tirreno *m.*
tzar *e der.* → **tsar** *e der.*
tzetze (fly) *s.* → **tsetse (fly).**
tzigane, Tzigane [tsi'gɑ:n] **I** *a.* zingaresco. **II** *s.* zigar *m* (*f* –a), zingaro *m* (*f* –a) d'Ungheria.

U

u, U [juː] *s.* (*pl.* **u's/us, U's/Us** [–z]) (*letter of the alphabet*) u, U *f/m: a capital U* una u maiuscola; *a small u* una u minuscola; ⟨*Tel*⟩ *U for uncle* u come Udine.

U. I *a.* **1** (*U-shaped*) a (forma di) U. **2** ⟨*fam*⟩ (*characteristic of the upper classes*) delle (*o* relativo alle) classi elevate. **II** *s.* oggetto *m* a (forma di) U.

U = **1** *Union* unione. **2** *University* università.

UAR, U.A.R. = *United Arab Republic* Repubblica Araba Unita (*abbr.* RAU).

ubiety [juˈbaiiti] *s.* ubicazione *f,* collocazione *f.*

Ubiquarian [juːbiˈkwɛəriən], **'Ubiquist** [–kwist], **Ubiquitarian** [–kwiˈtɛəriən] **I** *a.* ⟨*Rel*⟩ ubiquista, ubiquitario. **II** *s.* ubiquista *m/f,* ubiquitario *m* (*f* –a). **u'biquitous** [–kwitəs] *a.* onnipresente. **u'biquity** [–kwiti] *s.* ubiquità *f* (*anche Teol.*).

U-boat *s.* ⟨*Mar.mil*⟩ sottomarino *m* (tedesco).

U-bolt *s.* ⟨*tecn*⟩ staffa *f* (filettata) a U (*o* cavallotto).

udal [ˈjuːdəl] **I** *s.* ⟨*Stor*⟩ allodio *m.* **II** *a.* allodiale.

udder [ˈʌdə] *s.* ⟨*Zool*⟩ poppa *f,* mammella *f.*

UEFA = *Union of European Football Associations* Unione europea delle federazioni di calcio.

U.F.O. [ˈjuːfou] = ⟨*Aer*⟩ *unidentified flying object* oggetto volante non identificato.

ufological [juːfo(u)ˈlɔdʒikəl] *a.* ufologico. **ufologist** [–ˈfələdʒist] *s.* ufologo *m.* **ufology** [–ˈfələdʒi] *s.* ufologia *f.*

ugh [uh, uːx] *intz.* (*to express disgust, horror, etc.*) puh, puah.

uglification [ˌʌglifiˈkeiʃən] *s.* imbruttimento *m.* **'uglify** [–fai] *v.t.* imbruttire.

ugliness [ˈʌglinis] *s.* bruttezza *f.* **ugly** [–li] *a.* **1** brutto: *an ~ girl* una ragazza brutta. **2** (*offensive, unpleasant*) sgradevole, disgustoso. **3** (*morally offensive*) turpe, infame, ignobile, brutto. **4** ⟨*fam*⟩ (*quarrelsome*) litigioso. **5** (*causing, threatening to cause trouble*) brutto, preoccupante, spiacevole: *an ~ situation* una brutta situazione. **6** (*of natural phenomena*) brutto, cattivo: *~ weather* brutto tempo. □ *~ as sin* brutto come il peccato.

ugly| customer *s.* ⟨*fam*⟩ brutto tipo *m* (*o* ceffo). **~ duckling** *s.* brutto anatroccolo *m* (*anche fig.*).

Ugrian [ˈ(j)uːgriən] **I** *a.* ugrico. **II** *s.* **1** ugro *m* (*f* –a). **2** → Ugric. **ugric** [–grik] **I** *s.* ⟨*Ling*⟩ ugrico *m.* **II** *a.* ugrico.

Ugro-Finnic [ˈ(j)uːgrouˈfinik] **I** *s.* ⟨*Ling*⟩ gruppo *m* ugro-finnico. **II** *a.* ugro-finnico, finno-ugrico.

U.H.F. = ⟨*El*⟩ *ultrahigh frequency* frequenza ultraelevata.

uhlan [ˈuːlaːn] *s.* ⟨*Mil.ant*⟩ ulano *m.*

U.K. = ⟨*Geog*⟩ *United Kingdom* Regno Unito (*abbr.* R.U.).

ukase [juːˈkeiz, ˈjuːkeis] *s.* ⟨*Stor*⟩ ukase *m.*

Ukraine [juːˈkrein] *N.pr.* ⟨*Geog*⟩ Ucraina *f.* **Ukrainian** [–iən] **I** *a.* ucraino. **II** *s.* **1** ucraino *m* (*f* –a). **2** (*language*) ucraino *m.*

ulcer [ˈʌlsə] *s.* **1** ⟨*Med*⟩ ulcera *f,* ulcerazione *f.* **2** ⟨*fig*⟩ cancrena *f,* corruzione *f.* **ulcerate** [–reit] **I** *v.t.* ulcerare. **II** *v.i.* ulcerare, ulcerarsi. **,ulceration** [–ˈreiʃən] *s.* **1**

ulcerazione *f.* **2** (*ulcer*) ulcera *f.* **ulcerative** [–rətiv] *a.* ulcerativo. **ulcered** [–d] *a.* ulcerato. **ulcerous** [–rəs] *a.* **1** ulceroso. **2** ⟨*fig*⟩ corrotto, guasto.

ulex [ˈjuːleks] *s.* ⟨*Bot*⟩ ulice *m.*

ullage [ˈʌlidʒ] **I** *s.* calo *m* dei liquidi, colaggio *m.* **II** *v.t.* **1** provocare un calo in; (*to fill up the ullage of*) compensare il calo di. **2** (*to reckon the ullage of*) calcolare il calo di.

ulna [ˈʌlnə] *s.* (*pl.* **-s** [z]/**-nae** [niː]) ⟨*Anat*⟩ ulna *f.* **ulnar** [–ə] *a.* ulnare: *~ nerve* nervo ulnare.

Ulster [ˈʌlstə] *N.pr.* ⟨*Geog*⟩ Ulster *m.* **ulster** *s.* ⟨*Mod*⟩ ulster *m.* **Ulsterman** [–mən] *s.irr.* abitante *m* dell'Ulster.

ult. = ⟨*Comm,epist*⟩ *ultimo* ultimo scorso (*abbr.* u.s.).

ulterior [ʌlˈtiəriə] *a.* **1** (*of time*) ulteriore, successivo. **2** (*of place*) ulteriore, più remoto. **3** ⟨*fig*⟩ recondito, nascosto, celato: *~ motives* motivi reconditi.

ultima *lat.* [ˈʌltimə] *a.* ultima: *~ ratio* ultima soluzione possibile.

ultimate [ˈʌltimit] **I** *a.* **1** ultimo, definitivo, finale: *~ analysis* ultima analisi. **2** (*highest*) massimo, sommo, supremo: *the ~ authority* la massima autorità; *our ~ goal* il nostro fine supremo. **3** (*basic*) basilare, fondamentale, primario, primo, ultimo: *~ truths* verità basilari. **II** *s.* **1** ultimo *m* stadio. **2** (*s.th. fundamental*) fondamento *m,* base *f.* **ultimately** [–li] *avv.* infine, finalmente, in definitiva.

ultimate| strength, ~ stress *s.* ⟨*Edil*⟩ carico *m* di rottura.

ultimatum [ˌʌltiˈmeitəm] *s.* (*pl.* **-s** [z]/**-ta** [tə]) ⟨*Mil,Pol*⟩ ultimatum *m* (*anche estens.*).

ultimo [ˈʌltimou] *avv.* ⟨*Comm,epist*⟩ ultimo scorso.

ultra [ˈʌltrə] **I** *a.* che supera (*o* eccede) la norma, estremo. **II** *s.* oltranzista *m/f,* estremista *m/f,* ultra *m/f.*

ultracentrifugation [ˌʌltrəsentifrjuˈgeiʃən] *s.* ⟨*Chim,Fis*⟩ ultracentrifugazione *f.* **ultra'centrifuge** [–fjuːdʒ] **I** *s.* ultracentrifuga *f.* **II** *v.t.* ultracentrifugare, sottoporre a ultracentrifugazione.

ultraconservative [ˈʌltrəkənˈsəːvətiv] **I** *a.* ⟨*Pol*⟩ ultraconservatore *m.* **II** *s.* ultraconservatore *m* (*f* –trice).

ultracritical [ʌltrəˈkritikl] *a.* ipercritico.

ultrafiltration [ˌʌltrəfilˈtreiʃən] *s.* ⟨*Chim,Fis*⟩ ultrafiltrazione *f.*

ultrahigh vacuum [ˈʌltrəhai] *s.* vuoto *m* spinto.

ultraism [ˈʌltrəizəm] *s.* radicalismo *m,* estremismo *m.* **ultraist** [–trəist] *s.* radicale *m/f,* estremista *m/f.*

ultraleft [ˈʌltrəleft] *s.* ⟨*Pol*⟩ ultrasinistra *f.*

ultraliberal [ˌʌltrəˈlibərəl] **I** *a.* ⟨*Pol*⟩ ultraliberale. **II** *s.* ultraliberale *m/f.*

ultramarine [ˌʌltrəməˈriːn] **I** *s.* (*pigment*) blu *m* oltremare. **II** *a.* **1** ultramarino, oltremare. **2** (*beyond the sea*) d'oltremare, oltremarino.

ultramicroscope [ˌʌltrəˈmaikrəskoup] *s.* ultramicroscopio *m.*

ultramodern [ˈʌltrəˈmɔdən] *a.* ultramoderno, modernissimo.

ultramontane [ˌʌltrə'mɒntein] **I** *a.* ⟨*Stor,Rel*⟩ ultramontano. **II** *s.* ultramontanista *m/f.* **ultramontanism** [-'tínizəm] *s.* ultramontanismo *m.*

ultramundane ['ʌltrə'mʌndein] *a.* oltremondano.

ultrarapid ['ʌltrə'ræpid] *a.* ⟨*Fot*⟩ ultrarapido.

'ultra-'short *a.* ⟨*Rad*⟩ ultracorto: ~ *waves* onde ultracorte.

ultrasonic ['ʌltrə'sɒnik] *a.* ⟨*Acu*⟩ ultrasonico, ultrasonoro.

ultrasonographic [ˌʌltrəsɒnɔ'græfik] *a.* ⟨*Med*⟩ ultrasonografico, ecografico. **ultrasonography** [-'nɔgrəfi] *s.* ultrasonografia *f,* ecografia *f.*

ultrasound ['ʌltrəsaund] *s.* ultrasuono *m.*

ultrasound detector *s.* ⟨*Rad*⟩ rivelatore *m* a ultrasuoni.

ultrastructure [ˌʌltrə'strʌktʃə] *s.* ⟨*Biol*⟩ ultrastruttura *f.*

'ultra-'violet *a.* ⟨*Fis*⟩ ultravioletto: ~ *rays* raggi ultravioletti.

ultravirus ['ʌltrə'vaiərəs] *s.* ⟨*Biol,Med*⟩ ultravirus *m.*

ululate ['ju:ljuleit] *v.i.* ululare. **,ululation** [-'leiʃən] *s.* ululato *m,* ululo *m.*

Ulyssean [ju:li'si:ən] *a.* di (*o* relativo a) Ulisse. **'Ulysses** [-si:z] *N.pr.* ⟨*Lett*⟩ Ulisse *m.*

umbel ['ʌmbəl] *s.* ⟨*Bot*⟩ umbella *f,* ombrella *f.* **umbellar** [-ə], **umbellate** [-(e)it], **umbellated** [-eitid] *a.* umbellato. **umbellet** [-it] *s.* → **umbellule.**

umbellifer [ʌm'belifə] *s.* ⟨*Bot*⟩ ombrellifera *f.* **,umbel'liferous** [-rəs] *a.* ombrellifero.

umbellule [ʌm'belju:l] *s.* ⟨*Bot*⟩ umbella *f* (*o* ombrella) secondaria.

umber[1] ['ʌmbə] **I** *s.* **1** ⟨*Min*⟩ terra *f* d'ombra. **2** (*colour*) terra *f* d'ombra. **II** *a.* color terra d'ombra. **III** *v.t.* colorare con terra d'ombra.

umber[2] *s.* **1** ⟨*Itt*⟩ temolo *m.* **2** ⟨*Ornit*⟩ → **umbrette.**

umbilical [ʌm'bilikəl] *a.* ⟨*Anat,Astron,Aer.mil*⟩ ombelicale: ~ *cor* cordone ombelicale. **umbilicus** [-kəs] *s.* (*pl.* -ci [sai]) ⟨*Anat*⟩ ombelico *m.*

umbles ['ʌmblz] *s.pl.* ⟨*Macell,Gastr*⟩ interiora *fpl* di cervo (*o* capriolo).

umbo ['ʌmbou] *s.* (*pl.* -s [z]/-bones ['bouni:z]) ⟨*Mil. ant,Biol*⟩ umbone *m.* **umbonate** [-neit], **umbonated** [-neitid] *a.* ⟨*Bot*⟩ umbonato.

umbra ['ʌmbrə] *s.* (*pl.* -s [z]/-brae [bri:]) ⟨*Astr*⟩ cono *m* d'ombra; (*of a sunspot*) parte *f* centrale di una macchia solare.

umbrage ['ʌmbridʒ] *s.* **1** offesa *f,* risentimento *m.* **2** (*slight suggestion*) ombra *f;* (*slight suspicion*) vago sospetto *m.* **3** (*shade, shadow*) ombra *f.* □ *to feel* ~ adombrarsi, impermalirsi, essere suscettibile; *to give* ~ *to s.o.* offendere qd.; *to take* ~ *at s.th.* impermalirsi di qc., adombrarsi di qc. **umbrageous** [-'breidʒəs] *a.* **1** permaloso, ombroso. **2** (*giving shade*) che dà ombra, ombroso.

umbrella [ʌm'brelə] *s.* **1** ombrello *m* (da pioggia), parapioggia *m;* (*sunshade, parasol*) ombrello *m* da sole, parasole *m,* ombrellino *m;* (*for the beach, garden, etc.*) ombrellone *m* (da giardino, spiaggia); (*in the East: portable canopy*) ombrello *m.* **3** ⟨*Aer.mil*⟩ ombrello *m* aereo.

umbrella stand *s.* portaombrelli *m.*

umbrette [ʌm'bret] *s.* ⟨*Ornit*⟩ umbretta *f,* uccello *m* martello.

Umbria ['ʌmbriə] *N.pr.* ⟨*Geog*⟩ Umbria *f.* **Umbrian** [-n] **I** *a.* umbro. **II** *s.* **1** umbro *m* (*f* -a). **2** (*Italic language*) umbro *m.* □ ⟨*Pitt*⟩ ~ *school* scuola umbra.

umbriferous [ʌm'brifərəs] *a.* che dà ombra, ombroso.

umbrine ['ʌmbri:n] *s.* ⟨*Itt*⟩ ombrina *f.*

umpirage ['ʌmpaiəridʒ] *s.* **1** arbitrato *m.* **2** (*act of umpiring*) arbitraggio *m.* **umpire** [-paiə] **I** *s.* **1** ⟨*Sport*⟩ arbitro *m,* fischietto *m.* **2** ⟨*Dir*⟩ arbitratore *m.* **II** *v.t.* arbitrare (*anche Sport.*). **III** *v.i.* fare da arbitro (*anche Sport.*).

umpteen ['ʌmp'ti:n] *a.* ⟨*fam*⟩ parecchi, decine e decine, molti. **umpteenth** [-θ] *a.* ⟨*fam*⟩ ennesimo: *for the* ~ *time* per l'ennesima volta.

un [ən] *pron.* ⟨*fam*⟩ (*one*) uno, una. □ *he's a bad* ~ è un brutto ceffo; *that's a good* ~ questa è buona.

UN, U.N. = *United Nations* Nazioni Unite (*abbr.* N.U.).

unabashed ['ʌnə'bæʃt] *a.* sfacciato, sfrontato. **una-**

bashedly [-li] *avv.* sfacciatamente.

unabated ['ʌnə'beitid] *a.* non diminuito. **unabatedly** [-li] *avv.* senza diminuire (*o* ridursi).

unabbreviated ['ʌnə'bri:vieitid] *a.* non abbreviato, non accorciato.

unable [ʌn'eibl] *a.* **1** non in grado, non in condizione, incapace, inabile: *I was* ~ *to attend* non fui in grado di partecipare. **2** (*incompetent, inefficient*) incapace, inabile, inesperto, incompetente.

unabridged ['ʌnə'bridʒd] *a.* integrale, non compendiato. □ ~ *signature* firma *f* per esteso.

unabrogated ['ʌn'æbrəgeitid] *a.* non abrogato, in vigore.

unacademic ['ʌnækə'demik], **unacademical** [-əl] *a.* non accademico.

unaccented ['ʌnæk'sentid] *a.* ⟨*Gramm*⟩ non accentato, atono.

unacceptability ['ʌnæk,septə'biliti] *s.* inaccettabilità *f.* **unac'ceptable** [-bl] *a.* inaccettabile. **unac'ceptableness** [-blnis] *s.* → **unacceptability. unac'ceptably** [-bli] *avv.* in modo inaccettabile.

unaccommodating [ˌʌnə'kɔmədeitiŋ] *a.* non accomodante, non condiscendente.

unaccompanied ['ʌnə'kʌmpənid] *a.* **1** non accompagnato, senza compagnia, solo. **2** ⟨*Mus*⟩ senza accompagnamento.

unaccomplished ['ʌnə'kʌmpliʃt] *a.* **1** non completato, incompiuto, non finito. **2** (*inexpert*) inesperto, poco pratico.

unaccountability ['ʌnə,kauntə'biliti] *s.* **1** inesplicabilità *f.* **2** (*irresponsibility*) irresponsabilità *f.* **unac'countable** [-bl] *a.* **1** inspiegabile, inesplicabile, incomprensibile: *for some* ~ *reason* per qualche ragione inspiegabile; (*strange*) strano, bizzarro. **2** (*not answerable*) non responsabile, irresponsabile. **,unac'countableness** [-blnis] *s.* → **unaccountability. unac'countably** [-bli] *avv.* inesplicabilmente, inspiegabilmente.

unaccounted-for ['ʌnə'kauntid] *a.* inspiegato, misterioso.

unaccredited ['ʌnə'kreditid] *a.* non accreditato; (*unauthorized*) non autorizzato.

unaccustomed ['ʌnə'kʌstəmd] *a.* **1** non abituato, non avvezzo: *I am* ~ *to speaking in public* non sono abituato a parlare in pubblico. **2** (*not customary*) strano, inconsueto, insolito.

unachievable ['ʌnə'tʃi:vəbl] *a.* irrealizzabile, irraggiungibile. **unachieved** [-vd] *a.* irrealizzato, non raggiunto.

unacknowledged ['ʌnək'nɔlidʒd] *a.* **1** (*of faults*) non riconosciuto, non ammesso, inconfessato; (*of people*) misconosciuto, non riconosciuto. **2** (*not answered*) senza risposta, ⟨*burocr*⟩ inevaso: *my letter went* ~ la mia lettera rimase senza risposta.

unacquainted ['ʌnə'kweintid] *a.* **1** che non ha fatto la conoscenza (*with* di), che non è stato presentato (a). **2** (*not acquainted*) non al corrente, non informato (di), che ignora (qc.).

unacquired ['ʌnə'kwaiəd] *a.* **1** non acquisito, non acquistato. **2** (*of abilities, etc.: innate*) innato, naturale, congenito.

unacquitted ['ʌnə'kwitid] *a.* ⟨*Dir*⟩ non assolto.

unacted ['ʌn'æktid] *a.* **1** non effettuato, non fatto, non eseguito. **2** (*of a play*) non rappresentato, non recitato.

unadaptability ['ʌnə,dæptə'biliti] *s.* inadattabilità *f.* **una'daptable** [-bl] *a.* inadattabile. **una'daptableness** [-blnis] *s.* → **unadaptability. una'dapted** [-tid] *a.* non adatto, inadatto.

unaddicted ['ʌnə'diktid] *a.* non dedito (*to* a).

unaddressed ['ʌnə'drest] *a.* non indirizzato, senza indirizzo.

unadjudged ['ʌnə'dʒʌdʒd] *a.* non aggiudicato, non assegnato.

unadjusted ['ʌnə'dʒʌstid] *a.* **1** non assestato, non sistemato. **2** (*not settled*) non appianato, non definito. **3** ⟨*Psic*⟩ spostato.

unadopted ['ʌnə'dɔptid] *a.* **1** non adottato. **2** (*of roads*) privato.

unadorned ['ʌnə'dɔ:nd] *a.* disadorno, ˈprivo diˈ (*o* senza) ornamenti.

unadulterated ['ʌnə'dʌltəreitid] *a.* **1** non adulterato, non sofisticato, genuino, schietto. **2** ⟨*fam*⟩ (*complete, utter*) assoluto, totale, completo, bell'e buono: ~ *nonsense* sciocchezze belle e buone.

unadventurous ['ʌnəd'ventʃərəs] *a.* non avventuroso.

unadvisable ['ʌnəd'vaizəbl] *a.* non consigliabile, sconsigliabile. **,unad'vised** [-z(i)d] *a.* **1** (*of an action*) avventato, sconsiderato, inconsulto: *an ~ investment* un investimento avventato. **2** (*of people*) imprudente, irriflessivo. **3** (*uninformed*) non informato, all'oscuro (*of* di). **unad'visedness** [-zidnis] *s.* avventatezza *f*, sconsideratezza *f*.

unaffected ['ʌnə'fektid] *a.* **1** non affettato, privo di affettazione, semplice, spontaneo, naturale. **2** (*genuine, sincere*) sincero, naturale, genuino. **3** (*not affected*) impassibile, imperturbabile; (*undergoing no change*) inalterabile, inattaccabile. **unaffectedly** [-li] *avv.* senza affettazione, con semplicità. **unaffectedness** [-nis] *s.* semplicità *f*, naturalezza *f*.

unaffiliated ['ʌnə'filietid] *a.* non affiliato, indipendente.

unafraid ['ʌnə'freid] *a.* senza paura, intrepido.

unaided ['ʌn'eidid] *a.* da solo, senza aiuto.

unalarmed ['ʌnə'la:md] *a.* non allarmato, tranquillo, imperturbato.

unalienable ['ʌn'eiljənəbl] *a.* ⟨*Dir*⟩ inalienabile. **unalienated** [-neitid] *a.* inalienato.

unalike ['ʌnə'laik] *a.* dissimile, diverso.

unallayed ['ʌnə'leid] *a.* non alleviato, implacato.

unalleviated ['ʌnə'li:vieitid] *a.* (*of pain*) non alleviato, non mitigato.

unalloyed ['ʌnə'ɔid] *a.* **1** ⟨*Met*⟩ non legato, senza lega, puro. **2** ⟨*fig*⟩ puro, schietto.

unalterability [ʌn,ɔ:ltərə'biliti] *s.* inalterabilità *f*, immutabilità *f*. **un'alterable** [-bl] *a.* inalterabile, immutabile. **un'alterableness** [-blnis] *s.* → **unalterability**. **un'alterably** [-bli] *avv.* inalterabilmente, immutabilmente. **'un'altered** [-təd] *a.* inalterato, immutato, costante.

unamazed ['ʌnə'meizd] *a.* che non prova stupore (*o* meraviglia), impassibile. □ *to be ~ at s.th.* non meravigliarsi di qc.

unambiguous ['ʌnəm'bigjuəs] *a.* non ambiguo, chiaro, inequivocabile. **unambiguousness** [-nis] *s.* l'essere inequivocabile, mancanza *f* di ambiguità, chiarezza *f*.

unambitious ['ʌnæm'biʃəs] *a.* ⌐privo di⌐ (*o* senza) ambizione. **unambitiousness** [-nis] *s.* mancanza *f* d'ambizione.

unamenable ['ʌnə'mi:nəbl] *a.* **1** ribelle, indomabile, intrattabile. **2** ⟨*Dir*⟩ non responsabile. □ *he is ~ to reason* non vuole intendere ragioni.

unamended ['ʌnə'mendid] *a.* non emendato, non corretto, senza emendamenti.

'un-A'merican *a.* **1** non americano, non caratteristico dell'America. **2** ⟨*Pol*⟩ antiamericano.

unamiable [,ʌn'eimjəbl] *a.* poco amabile, scontroso, burbero.

unamused ['ʌnə'mju:zd] *a.* non divertito. **unamusing** [-ziŋ] *a.* non divertente.

unanalysable ['ʌn'ænəlaizəbl] *a.* non analizzabile.

unanimated ['ʌn'ænimeitid] *a.* inanimato, senza (*o* privo di) vita.

unanimity [ju:nə'nimiti] *s.* unanimità *f*. **unanimous** [-'næniməs] *a.* unanime: *the jury was ~* la giuria fu unanime. **unanimously** [-'næniməsli] *avv.* all'unanimità, unanimemente. **unanimousness** [-'næniməsnis] *s.* → unanimity.

unannounced ['ʌnə'naunst] *a.* non annunciato, senza preavviso.

unanswerable [ʌn'a:nsərəbl] *a.* **1** cui non si può rispondere. **2** (*irrefutable*) irrefutabile, inoppugnabile, incontestabile, innegabile: *an ~ argument* un argomento irrefutabile. **unanswerably** [-i] *avv.* irrefutabilmente, incontestabilmente. **'unanswered** [-səd] *a.* **1** senza risposta: *my letter went ~* la mia lettera restò senza risposta. **2** (*not refuted*) incontestato, indiscusso. **3** (*unrequited*) non corrisposto, non contraccambiato.

unanticipated ['ʌnæn'tisipeitid] *a.* inatteso, imprevisto.

unappalled ['ʌnə'pɔ:ld] *a.* non intimidito, impavido,

intrepido.

unapparelled ['ʌnə'pærəld] *a.* non abbigliato, svestito.

unapparent ['ʌnə'pærənt] *a.* non evidente, non chiaro.

unappealable ['ʌnə'pi:ləbl] *a.* ⟨*Dir*⟩ inappellabile, non appellabile.

unappeasable ['ʌnə'pi:zəbl] *a.* implacabile. **unappeasably** [-i] *avv.* implacabilmente.

unappetizing ['ʌn'æpitaiziŋ] *a.* non appetitoso, non invitante.

unappreciable ['ʌnə'pri:ʃəbl] *a.* trascurabile, inapprezzabile. **unappreciated** [-ʃieitid] *a.* non apprezzato, sottovalutato. **unappreciative** [-ʃiətiv] *a.* che non apprezza, che sottovaluta (*of s.th.* qc.). □ *he was not ~ of my help* apprezzò il mio aiuto.

unapprehended ['ʌnæpri'hendid] *a.* **1** non compreso, non capito. **2** (*not captured*) non arrestato. **unapprehensive** [-nsiv] *a.* **1** lento (*o* tardo) nel comprendere, poco sveglio (*o* intelligente). **2** (*slow to recognize danger*) non apprensivo, calmo.

unapprised ['ʌnə'praizd] *a.* non avvertito, all'oscuro.

unapproachable ['ʌnə'proutʃəbl] *a.* **1** inaccessibile. **2** (*of a person*) inaccessibile, inavvicinabile. **3** (*unrivalled*) impareggiabile, ineguagliabile, senza rivali (*o* pari).

unappropriated ['ʌnə'prouprieitid] *a.* non assegnato, non stanziato.

unapproved ['ʌnə'pru:vd] *a.* non approvato.

unarguable ['ʌn'a:gjuəbl] *a.* indiscutibile. **unarguably** [-i] *avv.* indiscutibilmente. **unargued** [-gju:d] *a.* indiscusso.

unarm ['ʌn'a:m] **I** *v.t.* (*to disarm*) disarmare. **II** *v.i.* deporre le armi. **unarmed** [-d] *a.* **1** disarmato, inerme. **2** ⟨*Bot,Zool*⟩ inerme.

unarmored *am.*, **unarmoured** ['ʌn'a:məd] *a.* **1** ⟨*Mil*⟩ non corazzato. **2** (*of cables*) non armato.

unarranged ['ʌnə'reindʒd] *a.* **1** in disordine. **2** (*not planned*) non preparato, non preordinato, casuale.

unarrayed ['ʌnə'reid] *a.* **1** non (disposto) in ordine, in disordine. **2** (*not dressed up*) non abbigliato.

unarrested ['ʌnə'restid] *a.* **1** non arrestato, libero. **2** (*uninterrupted*) ininterrotto.

unarticulated ['ʌna:'tikjuleitid] *a.* inarticolato, indistinto.

unascertainable ['ʌnæsə'teinəbl] *a.* non accertabile, che non si può appurare. **unascertained** [-nd] *a.* non accertato.

unashamed ['ʌnə'ʃeimd] *a.* **1** che non si vergogna (*of* di). **2** (*unabashed*) sfacciato, sfrontato.

unasked ['ʌn'a:skt] *a.* **1** spontaneo, non sollecitato, non richiesto. **2** (*uninvited*) non invitato, senza invito.

unassailable ['ʌnə'seiləbl] *a.* **1** ⟨*Mil*⟩ inattaccabile. **2** (*of arguments, etc.*) incontestabile, inoppugnabile, irrefutabile.

unassayed ['ʌnə'seid] *a.* **1** intentato, non provato. **2** ⟨*Met,Chim*⟩ non saggiato.

unassertive [,ʌnə'sə:tiv] *a.* che non riesce ad affermarsi; (*reserved*) riservato, timido.

unassimilable ['ʌnə'similəbl] *a.* non assimilabile. **unassimilated** [-leitid] *a.* non assimilato.

unassisted ['ʌnə'sistid] *a.* senza aiuto, da solo, non assistito.

unassuming ['ʌnə'sju:miŋ] *a.* modesto, alla buona, senza pretese.

unattached ['ʌnə'tætʃt] *a.* **1** non legato, libero, sciolto. **2** (*not engaged or married*) privo di legami, libero. **3** (*independent of any group, organization, etc.*) indipendente, libero. **4** ⟨*Mil*⟩ non assegnato a un reggimento. **5** ⟨*Univ*⟩ (*of students*) non appartenente a un college.

unattainable ['ʌnə'teinəbl] *a.* irraggiungibile, inaccessibile.

unattempted ['ʌnə'temptid] *a.* intentato, non provato.

unattended ['ʌnə'tendid] *a.* **1** senza pubblico, senza uditorio. **2** (*lacking an escort, companion*) che non è accompagnato, solo. **3** (*unguarded*) incustodito, senza sorveglianza. **4** (*neglected*) trascurato, negletto.

unattentive ['ʌnə'tentiv] *a.* disattento, distratto.

unattested ['ʌnə'testid] *a.* non attestato, non comprovato.

unattired ['ʌnə'taied] *a.* svestito, non vestito.

unattractive ['ʌnə'træktiv] *a.* senza (*o* privo di) attrattiva, non attraente. **unattractively** [-li] *avv.* in modo non attraente. **unattractiveness** [–nis] *s.* mancanza *f* di attrattiva.

unauthentic [ˈʌnɔːˈθentik] *a.* non autentico, falso.

unauthorized [ˈʌnˈɔːθəraizd] *a.* non autorizzato, abusivo, arbitrario.

unavailable [ˈʌnəˈveiləbl] *a.* **1** non disponibile (*anche Comm.*). **2** (*not within reach*) non a portata di mano.

unavailing [ˌʌnəˈveiliŋ] *a.* vano, inutile, inefficace. **una'vailingly** [–liŋli] *avv.* in modo inefficiente, vanamente.

unavenged [ˈʌnəˈvendʒd] *a.* invendicato, non vendicato.

unavoidable [ˈʌnəˈvɔːidəbl] *a.* inevitabile, ineluttabile. **unavoidableness** [–nis] *s.* inevitabilità *f,* ineluttabilità *f.* **unavoidably** [–i] *avv.* inevitabilmente, ineluttabilmente.

unavowed [ˈʌnəˈvaud] *a.* non ammesso, inconfessato.

unawakened [ˈʌnəˈweikənd] *a.* **1** non sveglio, addormentato. **2** ⟨*fig*⟩ latente, potenziale.

unaware [ˈʌnəˈwɛə] **I** *a.* ignaro, inconscio, inconsapevole (*of* di): *he was ~ of the danger* era ignaro del pericolo. **II** *avv.* → **unawares**. **unawares** [–z] *avv.* **1** inavvertitamente, inconsapevolmente. **2** (*without warning*) alla sprovvista, inaspettatamente, di sorpresa: *the storm caught us ~* il temporale ci colse alla sprovvista.

unbacked [ˈʌnˈbækt] *a.* **1** privo di rinforzo (*o* sostegno). **2** (*of a chair*) privo di schienale (*o* spalliera). **3** (*unsupported*) senza appoggio (*o* aiuto), che non ha sostenitori. **4** (*not betted on*) su cui nessuno scommette, senza scommettitori. **5** (*of a horse*) che non è mai stato montato (*o* cavalcato), indomato.

unbaked [ˈʌnˈbeikt] *a.* non cotto, crudo.

unbalance [ˈʌnˈbæləns] *v.t.* **1** sbilanciare, squilibrare, scompensare: *the blow –d me* il colpo mi sbilanciò. **2** (*to derange mentally*) turbare l'equilibrio (psichico) di, squilibrare. **unbalanced** [–t] *a.* **1** sbilanciato, squilibrato, non equilibrato. **2** (*mentally deranged*) squilibrato. **3** (*of accounts*) non pareggiato.

unballast [ˈʌnˈbæləst] **I** *v.t.* ⟨*Mar*⟩ alleggerire della zavorra. **II** *v.i.* alleggerirsi della zavorra.

unbankable [ʌnˈbænkəbl] *a.* ⟨*Comm*⟩ non bancabile: ~ *papers* titoli non bancabili.

unbaptized [ˈʌnbæpˈtaizd] *a.* non battezzato.

unbar [ˈʌnˈbɑː] **I** *v.t.* togliere il catenaccio a, disserrare. **2** ⟨*fig*⟩ spalancare. **unbarred** [–d] *a.* aperto, non sbarrato.

unbearable [ʌnˈbɛərəbl] *a.* insopportabile, intollerabile. **unbearably** [–i] *avv.* insopportabilmente, intollerabilmente.

unbeatable [ˈʌnˈbiːtəbl] *a.* imbattibile, insuperabile, invincibile. **unbeaten** [–tən] *a.* **1** imbattuto, non battuto, insuperato: *an ~ record* un record imbattuto. **2** (*of a path, etc.*) non frequentato, non battuto. □ ⟨*fig*⟩ *the ~ paths of science* i sentieri inesplorati della scienza.

unbecoming [ˈʌnbiˈkʌmiŋ] *a.* **1** indecoroso, sconveniente: *conduct ~ to a doctor* condotta indecorosa per un medico. **2** (*not becoming*) che non dona, che non sta bene, non adatto. **unbecomingly** [–li] *avv.* indecorosamente, sconvenientemente. **unbecomingness** [–nis] *s.* sconvenienza *f,* indecorosità *f.*

unbefitting [ˈʌnbiˈfitiŋ] *a.* non adatto, che non s'addice.

unbefriended [ˈʌnbiˈfrendid] *a.* ⸢privo di⸣ (*o* senza) amici.

unbegotten [ˈʌnbiˈɡɔtən] *a.* **1** non generato, non procreato. **2** (*eternal*) eterno, sempiterno.

unbeknown(st) [ˈʌnbiˈnoun(st)] **I** *a.* non noto, sconosciuto (*to* a), ignorato (da). **II** *avv.* di nascosto, all'insaputa (di).

unbelief [ˈʌnbiˈliːf] *s.* scetticismo *m,* incredulità *f.*

unbelievable [ˈʌnbiˈliːvəbl] *a.* incredibile, inconcepibile. **unbelievably** [–i] *avv.* incredibilmente, inconcepibilmente. **unbeliever** [–və] *s.* **1** chi non crede, scettico *m* (*f* –a). **2** ⟨*Rel*⟩ ateo *m* (*f* –a), miscredente *m/f.* **unbelieving** [–viŋ] *a.* **1** incredulo, scettico. **2** ⟨*Rel*⟩ incredulo, miscredente. **'unbe'lievingly** [–viŋli] *avv.* in modo scettico, con incredulità.

unbeloved [ˈʌnbiˈlʌvd] *a.* non amato.

unbelt [ˈʌnˈbelt] *v.t.* togliere (*o* allentare) la cinghia a.

unbend [ˈʌnˈbend] *v.irr.* (*pret., p.p.* **unbent** [–nt]) **I** *v.t.* **1** tendere, stendere: *to ~ a bow* tendere un arco; (*to straighten*) raddrizzare. **2** ⟨*fig*⟩ rilassare, distendere. **3**

⟨*Mar*⟩ (*of a sail*) sciogliere; (*of a rope*) allascare. **II** *v.i.* **1** stendersi, tendersi; (*to become straight*) raddrizzarsi. **2** ⟨*fig*⟩ rilassarsi, distendersi.

unbending [ˈʌnˈbendiŋ] *a.* **1** inflessibile, intransigente, rigido; (*inflexible in opinion*) risoluto, deciso, fermo, inflessibile. **2** (*reserved, aloof*) riservato, distaccato. **3** (*not bending*) che non si piega, non pieghevole, rigido.

unbeneficed [ˈʌnˈbenifist] *a.* ⟨*Rel*⟩ che non gode di un beneficio ecclesiastico.

unbent[1] [ˈʌnˈbent] → **unbend**.

unbent[2] *a.* **1** non piegato, non curvo. **2** ⟨*fig*⟩ non sottomesso, non piegato.

unbesought [ˈʌnbiˈsɔːt] *a.* non sollecitato, non richiesto.

unbias(s)ed [ˈʌnˈbaiəst] *a.* imparziale, obiettivo, equo, spassionato.

unbidden [ˈʌnˈbidən] *a.* **1** non richiesto, spontaneo. **2** (*uninvited*) non invitato, senza invito.

unbind [ˈʌnˈbaind] *v.t.irr.* (*pret., p.p.* **unbound** [–ˈbaund]) **1** (*to free from bonds*) liberare, sciogliere. **2** (*of a bond, knot, etc.*) sciogliere, slegare.

unblamable [ˈʌnˈbleiməbl] *a.* ineccepibile, irreprensibile, non biasimevole. **unblamableness** [–nis] *s.* irreprensibilità *f.*

unblanched [ˈʌnˈblɑːntʃt], **unbleached** [–ˈbliːtʃt] *a.* non candeggiato.

unblemished [ˈʌnˈblemiʃt] *a.* **1** senza macchia, puro, incontaminato: *an ~ reputation* una reputazione senza macchia. **2** ⟨*non com*⟩ (*free from stains*) non macchiato, senza macchie.

unblended [ˈʌnˈblendid] *a.* non mischiato, non miscelato, puro.

unblinking [ˈʌnˈbliŋkiŋ] *a.* **1** che non batte le palpebre. **2** ⟨*fig*⟩ che non batte ciglio, imperturbabile.

unblock [ˈʌnˈblɔk] **I** *v.t.* **1** sturare, disintasare, sbloccare. **2** (*in bridge*) liberare (giocando una carta alta dello stesso seme). **II** *v.i.* (*in bridge*) liberare il gioco.

unblooded [ˈʌnˈblʌdid] *a.* (*of a horse*) non di razza, non purosangue.

unblushing [ˈʌnˈblʌʃiŋ] *a.* ⟨*fig*⟩ sfrontato, sfacciato, svergognato: ~ *corruption* corruzione sfrontata.

unbolt [ˈʌnˈboult] *v.t.* **1** levare il catenaccio a, disserrare, aprire. **2** ⟨*Mecc*⟩ sbullonare.

unbolted[1] [ˈʌnˈboultid] *a.* senza catenaccio.

unbolted[2] *a.* (*of flour*) non abburattato, non stacciato.

unboned [ˈʌnˈbound] *a.* **1** senza ossa, invertebrato. **2** ⟨*Gastr*⟩ non disossato.

unboot [ˈʌnˈbuːt] **I** *v.t.* togliere ⸢le scarpe⸣ (*o* gli stivali) a. **II** *v.i.* togliersi ⸢le scarpe⸣ (*o* gli stivali).

unborn [ˈʌnˈbɔːn] *a.* futuro, non ancora nato (*o* apparso), di là da venire: ~ *generations* le generazioni future.

unbosom [ʌnˈbuzəm] **I** *v.t.* **1** (*of sentiments, etc.*) rivelare, svelare, confidare. **2** ⟨*rifl*⟩ aprirsi, confidarsi, sfogarsi aprire il proprio cuore. **II** *v.i.* aprirsi, sfogarsi confidarsi.

unbound[1] [ˈʌnˈbaund] → **unbind**.

unbound[2] *a.* **1** sciolto, slegato: ~ *hair* capelli sciolti. **2** ⟨*Legat*⟩ non rilegato.

unbounded [ʌnˈbaundid] *a.* **1** illimitato, infinito sconfinato. **2** ⟨*fig*⟩ sfrenato, senza freno, incontrollabile ~ *enthusiasm* entusiasmo sfrenato.

unbowed [ˈʌnˈbaud] *a.* **1** non curvo, non piegato, diritto. **2** ⟨*fig*⟩ non sottomesso, indomito.

unbrace [ˈʌnˈbreis] *v.t.* **1** allentare; (*to untie*) sciogliere slacciare. **2** ⟨*fig*⟩ rilassare, distendere; (*to weaken*) indebolire, infiacchire.

unbraid [ʌnˈbreid] *v.t.* **1** dipanare, sbrogliare, districare. **2** (*of a rope*) separare i capi di.

unbreakable [ˈʌnˈbreikəbl] *a.* infrangibile: ~ *glass* vetro infrangibile.

unbreathable [ˈʌnˈbriːðəbl] *a.* irrespirabile.

unbred [ˈʌnˈbred] *a.* **1** inesperto, poco abile, non addestrato. **2** ⟨*ant*⟩ (*ill-bred*) ineducato.

unbreech [ˈʌnˈbriːtʃ] *v.t.* **1** togliere i calzoni a. **2** ⟨*Artigl*⟩ togliere la culatta a. **unbreeched** [–t] *a.* **1** senza calzoni **2** ⟨*Artigl*⟩ senza culatta.

unbribable [ʌnˈbraibəbl] *a.* incorruttibile.

unbridgeable [ʌnˈbridʒəbl] *a.* insuperabile, insormontabile.

unbridle ['ʌn'braidl] v.t. **1** liberare dalle briglie, sbrigliare. **2** ⟨fig⟩ sfrenare, lasciare libero, scatenare, sbrigliare. **unbridled** [-d] a. **1** senza briglia, sbrigliato. **2** ⟨fig⟩ sfrenato, sbrigliato, senza freno. □ ⟨fig⟩ to have an ~ tongue avere la lingua sciolta.

unbroken ['ʌn'broukən] a. **1** intero, integro, non rotto. **2** (uninterrupted, continuous) ininterrotto, continuo: ten hours of ~ sleep dieci ore di sonno ininterrotto. **3** (of a record) imbattuto, insuperato. **4** (of a horse) non domato. **5** ⟨Agr⟩ (of land) non arato.

unbrotherly ['ʌn'brʌðəli] a. non fraterno, non da fratello.

unbuckle ['ʌn'bʌkl] **I** v.t. sfibbiare, slacciare. **II** v.i. **1** slacciare (fibbie). **2** ⟨fam⟩ (to relax) rilassarsi, distendersi.

unbuilt ['ʌn'bilt] a. (spesso con on) non costruito, non occupato da fabbricati.

unburden ['ʌn'bə:dən] v.t. **1** togliere il carico a, scaricare, alleggerire. **2** ⟨fig⟩ alleggerire, sgravare, liberare da un peso: to ~ one's conscience alleggerire la propria coscienza; (to relieve o.s. by expressing) alleggerirsi di, sgravarsi di, liberarsi di. □ to ~ o.s. to s.o. sfogarsi con qd., confidarsi con qd.

unburied ['ʌn'berid] a. insepolto.

unburned ['ʌn'bə:nd], **unburnt** [-nt] a. **1** incombusto, non bruciato. **2** ⟨tecn⟩ crudo: ~ bricks mattoni crudi.

unbury ['ʌn'beri] v.t. disseppellire, esumare, dissotterrare.

unbusinesslike [ʌn'biznislaik] a. **1** poco pratico, non efficiente, privo di metodo. **2** ⟨Comm⟩ non conforme agli usi commerciali.

unbutton ['ʌn'bʌtn] v.t. **1** sbottonare: to ~ one's shirt sbottonarsi la camicia. **2** ⟨fam⟩ (to open up) aprire, svelare, palesare; (to relax, unbend) rilassare, distendere. **unbuttoned** [-d] a. **1** sbottonato; (not having buttons) senza bottoni. **2** ⟨fam⟩ a proprio agio, rilassato, disteso.

uncage ['ʌn'keidʒ] v.t. **1** togliere dalla gabbia. **2** ⟨fig⟩ mettere in libertà, liberare.

uncalculated ['ʌn'kælkju:leitid] a. **1** non calcolato. **2** ⟨fig⟩ inaspettato, inatteso, imprevisto.

uncalled ['ʌn'kɔ:ld] a. **1** non chiamato, non invitato. **2** ⟨Econ⟩ (of capital, etc.) non richiamato.

uncalled-for a. **1** non necessario, superfluo. **2** (unwarranted) gratuito, ingiustificato, arbitrario. **3** (impertinent) fuori luogo, non pertinente: an ~ remark un'osservazione fuori luogo.

uncannily [ʌn'kænili] avv. misteriosamente. **uncanniness** [-ninis] s. misteriosità f. **uncanny** [-ni] a. **1** misterioso, arcano. **2** (beyond what is normal) prodigioso, miracoloso, portentoso.

uncanonical ['ʌnkə'nɔnikəl] a. **1** ⟨Rel⟩ non conforme ai canoni della chiesa. **2** ⟨Bibl⟩ non canonico.

uncanonized ['ʌn'kænənaizd] a. **1** ⟨Rel⟩ non canonizzato. **2** ⟨Bibl⟩ non accettato nei canoni (della Sacra Scrittura).

uncap ['ʌn'kæp] **I** v.t. **1** togliere il coperchio (o tappo, cappuccio) a. **2** (of a person) togliere il berretto a, scoprire il capo a. **II** v.i. scoprirsi (il capo), togliersi il berretto.

uncared-for ['ʌn'kɛəd] a. trascurato, negletto, abbandonato.

uncarpeted ['ʌn'kɑ:pitid] a. senza tappeto (o tappeti, moquette).

uncase ['ʌn'keis] v.t. togliere ⌐dall'astuccio⌐ (o dal fodero).

uncatalogued ['ʌn'kætələgd] a. non catalogato.

uncate ['ʌŋkeit] a. uncinato, a uncino.

unceasing [ʌn'si:siŋ] a. continuo, incessante, ininterrotto. **unceasingly** [-li] avv. incessantemente, continuamente.

uncensored ['ʌn'sensəd] a. non censurato, non soggetto a censura.

uncensured ['ʌn'senʃəd] a. incensurato.

unceremonious ['ʌn‚seri'mounjəs] a. **1** senza cerimonie (o formalità), alla buona, semplice. **2** (abrupt, rude) che non fa cerimonie, brusco, spicciativo, sbrigativo. **unceremoniously** [-li] avv. **1** senza cerimonie. **2** (abruptly) bruscamente, senza tante cerimonie. **unceremoniousness** [-nis] s. **1** mancanza f di cerimonie, semplicità f. **2** (abruptness) mancanza f di cerimoniosità, bruschezza f.

uncertain [ʌn'sə:tən] a. **1** incerto, non sicuro, dubbio: the date is ~ la data è incerta. **2** (not certainly known) incerto, dubbio, non definito, vago; (questionable) discutibile. **3** (not having certain knowledge) incerto, dubbioso, indeciso, non sicuro: we were ~ (as to) what to do eravamo incerti sul da farsi. **4** (changeable) instabile, incerto, variabile: ~ weather tempo instabile. **5** (hesitant, not confident) timido, incerto, esitante: an ~ smile un sorriso timido. **uncertainly** [-li] avv. **1** in modo incerto. **2** (hesitantly) in modo esitante. **uncertainty** [-ti] s. **1** insicurezza f, incertezza f, dubbio m. **2** (s.th. uncertain) incerto m.

unchain ['ʌn'tʃein] v.t. **1** sciogliere dalla catena. **2** ⟨fig⟩ liberare, sciogliere dalle catene.

unchallengeable ['ʌn'tʃælindʒəbl] a. **1** che non si può sfidare. **2** (not to be disputed) incontestabile. **unchallenged** [-dʒd] a. **1** non sfidato. **2** (not disputed) incontestato.

unchancy ['ʌn'tʃa:nsi] a. **1** malaugurato, infausto, nefasto. **2** (clumsy, ill-judged) malaccorto, maldestro.

unchangeable [ʌn'tʃeindʒəbl] a. immutabile, invariabile. **unchangeableness** [-nis] s. immutabilità f, invariabilità f. **unchangeably** [-i] avv. invariabilmente. 'unchanged [-dʒd] a. immutato, invariato, uguale, identico. **unchanging** [-dʒiŋ] a. immutabile, costante, invariabile.

uncharacteristic [‚ʌnkærəktə'ristik] a. non caratteristico.

uncharged ['ʌn'tʃɑ:dʒd] a. **1** ⟨El⟩ scarico. **2** ⟨Comm⟩ gratuito. **3** ⟨Dir⟩ non formalmente accusato. **4** (of a gun) scarico.

uncharitable [ʌn'tʃæritəbl] a. duro, severo, aspro. **uncharitableness** [-nis] s. asprezza f, durezza f, severità f.

uncharted ['ʌn'tʃɑ:tid] a. non segnato sulle carte geografiche, sconosciuto, inesplorato: ~ seas mari sconosciuti.

unchaste ['ʌn'tʃeist] a. impudico, lascivo. **unchasteness** [-nis], **unchastity** [-'tʃæstiti] s. impudicizia f, lascivia f.

unchecked ['ʌn'tʃekt] a. **1** incontrollato, libero, senza freno (o controllo): the flight of capital abroad continued ~ la fuga di capitali all'estero continuò incontrollata. **2** (not tested) non controllato, non verificato. **3** (not disciplined) indisciplinato.

unchivalrous ['ʌn'ʃivəlrəs] a. che manca di cavalleria, scortese, sgarbato.

unchristian ['ʌn'kristiən] a. **1** non cristiano, non caritatevole, che non ha spirito cristiano. **2** (not Christian) non cristiano, pagano. **3** ⟨scherz⟩ (uncivilized) barbaro, incivile.

uncia ['ʌnsiə] s. (pl. -ciae [ʃii:]) ⟨Stor.rom⟩ oncia f. **uncial** [-l] **I** a. onciale. **II** s. **1** (uncial letter) lettera f onciale. **2** (uncial writing, manuscript) scrittura f (o manoscritto m) onciale.

unciform ['ʌnsifɔ:m], **uncinal** [-sinl], **uncinate** [-sin(e)it], **uncinated** [-sineitid] a. uncinato, a forma di uncino.

uncircumcised ['ʌn'sə:kəmsaizd] **I** a. **1** non circonciso, incirconciso. **2** ⟨Bibl⟩ (not Jewish, Gentile) non giudeo, gentile. **3** ⟨fig⟩ (heathen) pagano. **II** s. (costr.pl.) ⟨Bibl⟩ (Gentiles) gentili mpl. **un‚circumcision** [-'siʒən] s. **1** il non essere circonciso. **2** ⟨Bibl⟩ (Gentiles) gentili mpl.

uncircumscribed ['ʌn'sə:kəmskraibd] a. non circoscritto.

uncircumspect ['ʌn'sə:kəmspekt] a. imprudente, incauto.

uncircumstantial ['ʌn‚sə:kəm'stænʃəl] a. non circostanziato, non dettagliato, generico, sommario.

uncivil ['ʌn'sivl] a. sgarbato, scortese, maleducato, incivile. **uncivilized** [-vilaizd] a. incivile, barbaro, selvaggio. **uncivilly** [-vili] avv. scortesemente, senza educazione.

unclad ['ʌn'klæd] a. svestito, spogliato, nudo.

unclaimed ['ʌn'kleimd] a. **1** non reclamato, non rivendicato: ~ lands terre non reclamate. **2** (not called for) non ritirato.

unclasp ['ʌn'klɑ:sp] **I** v.t. **1** sfibbiare, togliere ⌐il fermaglio⌐ (o la fibbia) a, slacciare. **2** (to release from one's grasp) lasciare andare, mollare. **3** (of one's hand) allentare la stretta di. **II** v.i. allentare la stretta (o presa).

unclassifiable [ʌn'klæsifaiəbl] a. inclassificabile. **unclassified** [-faid] a. non classificato (anche

Mil.,Pol.).

uncle ['ʌŋkl] *s.* **1** zio *m.* **2** ⟨*sl*⟩ (*pawnbroker*) prestatore *m* su pegno, pignoratario *m.* □ *to talk like a Dutch* ~ *to s.o.* rimproverare qd. dolcemente ma fermamente.

unclean ['ʌn'kli:n] *a.* **1** sporco, sozzo, sudicio. **2** (*morally impure*) impuro, immondo. **3** ⟨*Rel,Etnol*⟩ (*of a food, etc.*) immondo. **uncleanliness** [–'klenlinis], **uncleanness** [–nis] *s.* **1** sporcizia *f,* sozzura *f,* sudiciume *m.* **2** (*impurity*) impurità *f,* mancanza *f* di purezza (morale). **3** ⟨*Rel,Etnol*⟩ l'essere immondo.

unclench ['ʌn'klentʃ] *v.t.* aprire, disserrare, schiudere.

Uncle Sam *s.* ⟨*scherz*⟩ (*personification of the U.S.*) lo zio Sam.

uncloak ['ʌn'klouk] **I** *v.t.* **1** togliere il mantello a. **2** ⟨*fig*⟩ scoprire, smascherare: *to* ~ *a plot* scoprire una congiura. **II** *v.i.* togliersi il mantello.

unclog ['ʌn'klɔg] *v.t.* liberare da intasamenti, stasare, sturare. □ *to* ~ *a road* decongestionare una strada, liberare una strada dal traffico.

unclose ['ʌn'klouz] **I** *v.t.* aprire, disserrare, dischiudere. **II** *v.i.* aprirsi, schiudersi.

unclothe ['ʌn'klouð] *v.t.irr.* spogliare, svestire, denudare.

unclouded ['ʌn'klaudid] *a.* **1** senza nubi, sereno; (*of liquids*) limpido. **2** ⟨*fig*⟩ non offuscato, chiaro; (*calm*) sereno, calmo.

uncock ['ʌn'kɔk] *v.t.* (*of a firearm*) abbassare il cane di, disarmare.

uncoil ['ʌn'kɔil] **I** *v.t.* srotolare, svolgere, snodare. **II** *v.i.* srotolarsi, svolgersi.

uncollected ['ʌnkə'lektid] *a.* **1** non raccolto, non radunato, sparso. **2** ⟨*Econ*⟩ (*of a debt, sum, etc.*) non riscosso, non incassato. **3** ⟨*fig*⟩ agitato, emozionato. **uncollectible** [–təbl] *a.* ⟨*Econ*⟩ non incassabile.

uncolored *am.*, **uncoloured** ['ʌn'kʌləd] *a.* **1** non colorato, incolore. **2** ⟨*fig*⟩ non colorito, obiettivo, senza abbellimenti.

uncombed ['ʌn'koumd] *a.* non pettinato, spettinato.

un-come-at-able ['ʌnkʌm'ætəbl] *a.* ⟨*fam*⟩ **1** inaccessibile. **2** (*not procurable*) irraggiungibile, non ottenibile.

uncomeliness ['ʌn'kʌmlinis] *s.* mancanza *f* di grazia (*o* avvenenza), bruttezza *f.* **uncomely** [–li] *a.* **1** non avvenente, brutto, sgraziato. **2** (*improper*) disdicevole, sconveniente.

uncomfortable [ʌn'kʌmfətəbl] *a.* **1** scomodo, non confortevole, disagevole: *an* ~ *chair* una sedia scomoda. **2** (*causing uneasiness*) sgradevole, spiacevole, fastidioso; (*not at ease*) a disagio, inquieto, agitato. □ *I feel* ~ *in these clothes* non mi sento a mio agio con questi vestiti. **uncomfortableness** [–nis] *s.* scomodità *f,* disagio *m.* **uncomfortably** [–i] *avv.* scomodamente, in modo scomodo (*o* disagevole).

uncommercial ['ʌnkə'mə:ʃəl] *a.* **1** senza (*o* privo di) attività commerciali. **2** (*not in accordance with commercial principles*) non conforme alle regole del commercio. **3** (*not seeking profit*) non commerciale, senza fini commerciali.

uncommitted [ˌʌnkə'mitid] *a.* **1** non legato, non vincolato (*to* a), non impegnato (con), libero, indipendente (da). **2** ⟨*Pol*⟩ non allineato, non impegnato. **3** ⟨*Econ*⟩ non vincolato. **4** ⟨*Parl*⟩ non rinviato a una commissione. **5** (*of a crime, etc.*) non commesso, non compiuto, non perpetrato.

uncommon [ʌn'kɔmən] **I** *a.* **1** raro, insolito, non comune: *an* ~ *animal* un animale raro. **2** (*exceptional*) straordinario, singolare, eccezionale, fuori del comune. **II** *avv.* → **uncommonly**. **uncommonly** [–li] *avv.* **1** insolitamente. **2** (*exceptionally*) eccezionalmente, straordinariamente. **uncommonness** [–nis] *s.* rarità *f,* singolarità *f.*

uncommunicable ['ʌnkə'mju:nikəbl] *a.* incomunicabile. **uncommunicative** [–kətiv] *a.* **1** taciturno, silenzioso. **2** (*reserved*) riservato, chiuso, non comunicativo. **uncommunicativeness** [–kətivnis] *s.* **1** taciturnità *f.* **2** (*reserve*) riservatezza *f,* riserbo *m.*

uncompanionable ['ʌnkəm'pænjənəbl] *a.* insocievole, che non è di compagnia.

uncomplaining ['ʌnkəm'pleiniŋ] *a.* che non si lamenta (*o*

lagna), paziente, rassegnato. **uncomplainingly** [–li] *avv.* senza lamentarsi, con rassegnazione, pazientemente. **uncomplainingness** [–nis] *s.* rassegnazione *f,* pazienza *f.*

uncomplaisant ['ʌnkəm'pleizənt] *a.* scompiacente, scortese.

uncompleted ['ʌnkəm'pli:tid] *a.* incompleto, non completato, non terminato, incompiuto.

uncomplicated ['ʌn'kɔmplikeitid] *a.* semplice, non complicato, senza complicazioni.

uncomplimentary ['ʌn,kɔmpli'mentəri] *a.* non complimentoso, poco lusinghiero.

uncomprehending ['ʌnkɔmpri'hendiŋ] *a.* che non capisce.

uncompromising [ʌn'kɔmprəmaiziŋ] *a.* intransigente, che non scende a compromessi, inflessibile, irriducibile. **uncompromisingly** [–li] *avv.* senza compromessi.

unconcealed ['ʌnkən'si:ld] *a.* non celato, manifestato, evidente, palese.

unconcern ['ʌnkən'sə:n] *s.* **1** indifferenza *f,* noncuranza *f,* disinteresse *m.* **2** (*lack of anxiety*) serenità *f,* tranquillità *f.* **unconcerned** [–d] *a.* **1** indifferente (*with* a), noncurante (di). **2** (*not involved*) non coinvolto, non implicato (*in* in), estraneo (a). **3** (*not worried*) sereno, tranquillo, senza pensieri (*o* preoccupazioni). □ *to be* ~ *about the future* non avere preoccupazioni per il futuro. **unconcernedly** [–dli] *avv.* con indifferenza, in modo noncurante.

unconciliatory ['ʌnkən'siliətəri] *a.* non conciliante.

uncondensed ['ʌnkən'denst] *a.* non condensato.

unconditional ['ʌnkən'diʃənəl] *a.* incondizionato, pieno, assoluto, senza riserve (*o* condizioni): ~ *surrender* resa incondizionata. **unconditionally** [–i] *avv.* incondizionatamente, senza riserve. **unconditioned** [–nd] *a.* **1** incondizionato, assoluto, senza riserve (*o* condizioni). **2** ⟨*Psic,Med*⟩ non condizionato, incondizionato. **3** ⟨*Mat*⟩ assoluto. **4** (*in poor physical condition*) in cattive condizioni fisiche, non in forma. **5** ⟨*Filos*⟩ assoluto.

unconfessed ['ʌnkən'fest] *a.* inconfessato, non ammesso.

unconfirmed ['ʌnkən'fə:md] *a.* **1** non confermato, non convalidato: ~ *rumours* voci non confermate. **2** ⟨*Rel*⟩ non cresimato.

unconformable ['ʌnkən'fɔ:məbl] *a.* **1** non conforme, non corrispondente (*to* a). **2** ⟨*Geol*⟩ che presenta discordanze. **unconformity** [–miti] *s.* **1** mancanza *f* di conformità (*o* corrispondenza); (*incongruity*) incongruenza *f.* **2** (*non–conformity*) nonconformismo *m.* **3** ⟨*Geol*⟩ discordanza *f.*

uncongenial ['ʌnkən'dʒi:njəl] *a.* **1** inadatto, non congeniale, non consono (*to* a). **2** (*not sympathetic*) non amichevole, non cordiale. **3** (*distasteful, disagreeable*) sgradevole, spiacevole, che non va a genio.

unconnected ['ʌnkə'nektid] *a.* **1** distaccato, separato, a sé (stante), disgiunto. **2** (*incoherent, disjointed*) sconnesso, incoerente, illogico. **3** (*having no ties*) senza legami di parentela; (*having no connection*) estraneo (*with* a).

unconquerable [ʌn'kɔŋkərəbl] *a.* **1** invincibile, indomabile. **2** (*insuperable*) insuperabile, insormontabile. **unconquered** [–kəd] *a.* non vinto, indomito.

unconscionable [ʌn'kɔnʃənəbl] **I** *a.* **1** ʼprivo diʼ (*o* senza) scrupoli, senza coscienza. **2** (*unreasonable*) irragionevole, illogico: ~ *conduct* condotta irragionevole; (*excessive, outrageous*) eccessivo, esorbitante, esagerato. **II** *avv.* → **unconscionably**. **unconscionably** [–i] *avv.* **1** senza scrupoli. **2** (*unreasonably*) irragionevolmente. **3** (*excessively*) eccessivamente, esageratamente.

unconscious [ʌn'kɔnʃəs] **I** *a.* **1** inconsapevole, inconscio, ignaro (*of* di). **2** (*having lost consciousness*) privo di sensi (*o* conoscenza), svenuto, incosciente. **3** (*unintentional*) involontario, non premeditato, non intenzionale: ~ *humour* umorismo involontario. **4** ⟨*Psic*⟩ inconscio; (*of the unconscious*) dell'inconscio. **II** *s.* ⟨*Psic*⟩ inconscio *m,* incosciente *m.* □ *he was* ~ *of the irony of the situation* non si rendeva conto dell'ironia della situazione. **unconsciously** [–li] *avv.* **1** inconsapevolmente, inconsapevolmente. **2** (*without intention*) inconsciamente, involontariamente, senza intenzione. **unconsciousness**

[-nis] *s.* **1** inconsapevolezza *f.* **2** (*lack of intention*) mancanza *f* d'intenzionalità. **3** 〈*Med*〉 stato *m* d'incoscienza, incoscienza *f.*

unconsecrated [ʌn'kɔnsikreitid] *a.* non consacrato.

unconsidered ['ʌnkɔn'sidəd] *a.* trascurato, ignorato, non preso in considerazione; (*negligible*) trascurabile, insignificante.

unconstitutional ['ʌn,kɔnsti'tju:ʃənl] *a.* 〈*Dir*〉 incostituzionale. ,**unconsti,tutionality** [-'næliti] *s.* incostituzionalità *f.*

unconstrained ['ʌnkɔn'streind] *a.* **1** non costretto, senza costrizione (*o* costrizioni), libero. **2** (*easy, natural*) disinvolto, naturale, spontaneo. **unconstrainedly** [-nidli] *avv.* senza costrizione, liberamente.

unconsumed [,ʌnkən'sju:md] *a.* non consumato, intatto, integro.

unconsummated ['ʌn'kɔnsəmeitid] *a.* 〈*Dir*〉 non consumato.

uncontaminated ['ʌnkɔn'tæmineitid] *a.* non contaminato, incontaminato.

uncontemplated ['ʌn'kɔntəmpleitid] *a.* imprevisto, inatteso.

uncontested ['ʌnkən'testid] *a.* **1** incontrastato, incontestato. **2** 〈*Pol*〉 (*of an election, seat, etc.*) non conteso, non disputato.

uncontradicted ['ʌn,kɔntrə'diktid] *a.* non contraddetto, non contrastato, non smentito.

uncontrollable ['ʌnkɔn'trouləbl] *a.* **1** incontrollabile. **2** (*irrepressible, uncontainable*) incontenibile, irreprimibile, irrefrenabile. **3** (*unmanageable*) indomabile, incontrollabile, irriducibile. **uncontrollably** [-i] *avv.* in modo incontrollabile. **uncontrolled** [-ld] *a.* **1** incontrollato, privo di controllo. **2** (*not restrained*) sfrenato, senza freno.

uncontroverted ['ʌn'kɔntrəvə:tid] *a.* non controverso, incontestato, indiscusso.

unconventional ['ʌnkən'venʃənl] *a.* **1** anticonformista, anticonformistico, non convenzionale: ~ *behaviour* condotta anticonformista. **2** (*free and easy*) disinvolto, di modi liberi. **uncon,ventionality** [-'næliti] *s.* **1** anticonformismo *m.* **2** (*free and easy manner*) disinvoltura *f,* modi *mpl* liberi. **unconventionally** [-i] *avv.* in modo non convenzionale.

unconversant ['ʌnkɔn'və:sənt] *a.* non pratico, non esperto, non versato (*with* in).

unconverted ['ʌnkɔn'və:tid] *a.* non convertito (*anche Rel.*).

unconvinced ['ʌnkən'vinst] *a.* scettico, non convinto, non persuaso. **unconvincing** [-siŋ] *a.* non convincente, non plausibile. **unconvincingly** [-siŋli] *avv.* in modo non convincente.

uncooked ['ʌn'kukt] *a.* non cucinato, non cotto, crudo.

'**unco-'operative** *a.* che non è disposto a cooperare, restio.

'**unco-'ordinated** *a.* non coordinato.

uncork ['ʌn'kɔ:k] *v.t.* **1** stappare, sturare. **2** 〈*fig*〉 dare libero sfogo a, dare la stura a, sfogare.

uncorrected ['ʌnkə'rektid] *a.* **1** non corretto, non riveduto. **2** (*not rebuked or punished*) non ammonito, non ripreso.

uncorroborated ['ʌnkə'rɔbəreitid] *a.* non corroborato, non convalidato, non avvalorato.

uncorrupted ['ʌnkə'rʌptid] *a.* incorrotto, incontaminato.

uncouple ['ʌn'kʌpl] *v.t.* **1** staccare, sganciare, disgiungere: *to* ~ *a railway car* staccare una vettura ferroviaria. **2** (*of hounds, etc.*) sciogliere (*o* slegare) dal guinzaglio.

uncourteous ['ʌn'kə:tjəs] *a.* scortese, sgarbato, maleducato. **uncourteously** [-li] *avv.* scortesemente, con sgarbo. **uncourteousness** [-nis] *s.* scortesia *f,* sgarbatezza *f,* sgarbo *m.*

uncouth [ʌn'ku:θ] *a.* **1** maleducato, rozzo, zotico, villano, grossolano. **2** (*awkward in manners*) goffo, sgraziato, impacciato. **3** (*unfamiliar, unusual*) insolito, inconsueto, strano. **4** 〈*poet*〉 (*desolate, deserted*) deserto, solitario. **uncouthly** [-li] *avv.* **1** rozzamente, villanamente. **2** (*clumsily*) goffamente. **3** (*strangely*) stranamente. **uncouthness** [-nis] *s.* **1** rozzezza *f,* villania *f,* maleducazione *f.* **2** (*clumsiness*) goffaggine *f.* **3**

(*strangeness*) stranezza *f.*

uncovenanted ['ʌn'kʌvinəntid] *a.* **1** non pattuito, non convenuto. **2** 〈*Rel*〉 non promesso (da Dio).

uncover [ʌn'kʌvə] **I** *v.t.* **1** scoprire; (*to remove the lid of*) scoperchiare, scoprire. **2** (*to expose to view*) riportare alla luce, scoprire: *the archaeologist* -*ed a vase* l'archeologo riportò alla luce un vaso. **3** 〈*fig*〉 svelare, rivelare, manifestare, scoprire, palesare. **4** (*of one's head*) scoprire. **5** 〈*Mil*〉 (*of soldiers, etc.*) portare allo scoperto. **II** *v.i.* **1** togliere una copertura. **2** 〈*ant*〉 (*to take off one's hat*) togliersi il cappello. **uncovered** [-d] *a.* **1** scoperto, senza copertura (*o* coperchio), scoperchiato. **2** (*bareheaded*) a capo scoperto, senza cappello. **3** 〈*Econ*〉 senza copertura, (allo) scoperto. **4** 〈*Assic*〉 non coperto da assicurazione.

uncreated ['ʌnkri:'eitid] *a.* non creato, increato.

uncritical ['ʌn'kritik(ə)l] *a.* **1** privo di senso critico, non critico, poco esigente. **2** (*disregarding the principles of criticism*) non conforme ai principi della critica.

uncropped ['ʌn'krɔpt] *a.* **1** (*of hair*) non rasato, non rapato. **2** 〈*Agr*〉 (*of land*) non piantato, non seminato; (*of crops*) non raccolto; (*of grass, etc.*) non pascolato.

uncross ['ʌn'krɔs] *v.t.* disincrociare: *to* ~ *one's legs* disincrociare le gambe. **uncrossed** [-t] *a.* **1** non incrociato. **2** 〈*Econ*〉 (*of a cheque*) non sbarrato. **3** 〈*fig*〉 non ostacolato.

uncrowned ['ʌn'kraund] *a.* **1** non ancora incoronato. **2** (*deprived of a crown*) detronizzato, privato della corona. **uncrowned king** *s.* re *m* senza corona (*anche fig.*).

UNCTAD = *United Nations conference on trade and development* conferenza delle Nazioni Unite sul commercio e lo sviluppo.

unction ['ʌŋkʃən] *s.* **1** l'ungere, unzione *f* (*anche Med.*). **2** 〈*Lit*〉 unzione *f* dei malati; (*Extreme Unction*) estrema unzione *f.* **3** (*ointment*) unguento *m,* pomata *f.* **4** 〈*fig*〉 (*s.th. that soothes*) balsamo *m,* conforto *m,* lenimento *m,* sollievo *m.* **5** 〈*fig*〉 (*religious fervour*) fervore *m* religioso; (*gusto, relish*) gusto *m,* compiacimento *m,* soddisfazione *f.* **6** 〈*fig*〉 (*assumed earnestness*) atteggiamento *m* affettato, ipocrisia *f,* unzione *f.*

unctuosity [,ʌŋktju:'ɔsiti] *s.* → **unctuousness.**

unctuous ['ʌŋktjuəs] *a.* **1** untuoso, grasso, viscoso. **2** 〈*fig*〉 untuoso, ipocrita, viscido. **unctuously** [-li] *avv.* untuosamente, con untuosità. **unctuousness** [-nis] *s.* **1** untuosità *f.* **2** 〈*fig*〉 untuosità *f,* ipocrisia *f,* affettazione *f.*

uncultivable ['ʌn'kʌltivəbl] *a.* incoltivabile. **uncultivated** [-veitid] *a.* **1** 〈*Agr*〉 (*of land*) non coltivato, incolto; (*of plants*) non coltivato, spontaneo. **2** 〈*fig*〉 incivile, barbaro, selvaggio; (*uneducated*) incolto, ignorante. **uncultured** [-tʃəd] *a.* **1** 〈*Agr*〉 non coltivato, incolto. **2** 〈*fig*〉 incolto, ignorante.

uncurbed ['ʌn'kə:bd] *a.* sfrenato, sregolato.

uncurl ['ʌn'kə:l] **I** *v.t.* **1** togliere i ricci a. **2** (*to unroll*) svolgere, srotolare. **II** *v.i.* svolgersi, diventare liscio.

uncurtailed ['ʌnkə:'teild] *a.* non accorciato, non ridotto, integro.

uncurtained ['ʌn'kə:tind] *a.* **1** che non ha tende, senza tende. **2** (*with curtains drawn back*) con le tende aperte.

uncut ['ʌn'kʌt] *a.* **1** non tagliato. **2** 〈*fig*〉 integrale, intero. **3** 〈*Legat*〉 intonso. **4** 〈*Oref*〉 non tagliato.

undamaged ['ʌn'dæmidʒd] *a.* indenne, intatto, non danneggiato.

undamped ['ʌn'dæmpt] *a.* **1** 〈*fig*〉 non smorzato, non attutito. **2** 〈*Mus*〉 senza sordina. **3** 〈*Fis*〉 (*of oscillations*) non smorzato, persistente.

undated ['ʌn'deitid] *a.* non datato, senza data.

undaunted [ʌn'dɔ:ntid] *a.* imperterrito, intrepido, coraggioso. **undauntedly** [-li] *avv.* intrepidamente, coraggiosamente. **undauntedness** [-nis] *s.* intrepidezza *f,* coraggio *m.*

undeceive ['ʌndi'si:v] *v.t.* disingannare, disincantare, disilludere. **undeceived** [-d] *a.* disingannato, disincantato.

undecided ['ʌndi'saidid] *a.* **1** indeciso, incerto, dubbioso. **2** (*irresolute*) indeciso, irresoluto, esitante. **3** (*of a question, issue, etc.*) non deciso, indeciso, in sospeso.

undecipherable ['ʌndi'saifərəbl] *a.* indecifrabile.

undecked [ʌn'dekt] *a.* **1** ⟨*Mar*⟩ senza (*o* privo di) ponte. **2** (*unadorned*) disadorno, ⌐privo di¬ (*o* senza) ornamenti, semplice.

undeclared ['ʌndi'klɛəd] *a.* non dichiarato (*anche Econ.*): ~ *war* guerra non dichiarata; (*kept secret*) tenuto segreto.

undefeatable ['ʌndi'fi:təbl] *a.* invincibile, imbattibile. **undefeated** [–tid] *a.* imbattuto, non sconfitto.

undefended ['ʌndi'fendid] *a.* **1** indifeso (*anche Mil.*). **2** ⟨*Dir*⟩ senza difesa (legale).

undefiled ['ʌndi'faild] *a.* puro, incontaminato, incorrotto.

undefinable ['ʌndi'fainəbl] *a.* indefinibile. **undefined** [–nd] *a.* indefinito, indeterminato.

undelivered ['ʌndi'livəd] *a.* **1** ⟨*Post*⟩ non recapitato, non consegnato. **2** (*of a speech, etc.*) non pronunciato. **3** (*not freed*) non liberato, non rilasciato. □ ⟨*Post*⟩ ~ *correspondence* corrispondenza inesitata.

undemocratic ['ʌndemə'krætik] *a.* antidemocratico.

undemonstrable ['ʌnde'mɔnstrəbl] *a.* indimostrabile, che non si può provare.

undemonstrative ['ʌndi'mɔnstrətiv] *a.* chiuso, non espansivo, riservato.

undeniable ['ʌndi'naiəbl] *a.* **1** innegabile, irrefutabile. **2** (*indisputable*) indiscutibile, incontestabile. **undeniably** [–i] *avv.* innegabilmente.

undenominational ['ʌndi,nɔmi'neiʃənl] *a.* ⟨*Rel*⟩ non confessionale.

undependable ['ʌndi'pendəbl] *a.* che non dà affidamento, di cui non ci si può fidare, inattendibile.

undepressed ['ʌndi'prest] *a.* **1** non depresso. **2** ⟨*Econ*⟩ fermo, stabile.

under ['ʌndə] **I** *prep.* **1** sotto: ~ *the bed* sotto il letto; ~ *a cloudless sky* sotto un cielo sereno; (*below the surface of*) sotto, sotto la superficie di: ~ *the water* sott'acqua; (*in the shelter of, at the foot of*) sotto, ai piedi di, al riparo di: *we camped* ~ *the castle walls* ci accampammo sotto le mura del castello. **2** (*at a point below*) sotto, al di sotto di: *bags* ~ *one's eyes* borse sotto gli occhi. **3** (*less than*) sotto, meno di: *children* ~ *the age of six* bambini sotto i sei anni; *he cannot do it in* ~ *an hour* non può farlo in meno di un'ora. **4** (*subject to*) sotto, in: ~ *stress* sotto sforzo; *to be* ~ *an obligation to s.o.* essere in obbligo verso qd.; ~ *a totalitarian regime* sotto un regime totalitario. **5** (*in the process of*) in (corso di): ~ *construction* in costruzione; ~ *consideration* in esame. **6** (*bound by*) sotto, legato da, vincolato con: ~ *oath* sotto giuramento. **7** (*according to*) secondo, in conformità a (*o* di): ~ *the terms of the treaty* secondo le clausole del trattato. **8** (*subject to the authority, direction of*) sotto, con: *he fought* ~ *Wellington* ha combattuto sotto Wellington; *he studied physics* ~ *Maxwell* ha studiato fisica con Maxwell. **9** (*during the reign, etc., of*) sotto (il regno di): *England* ~ *the Tudors* l'Inghilterra sotto i Tudor. **10** (*within the classification of, beneath the heading of*) sotto: *see* ~ *"hit"* vedere sotto "hit". **11** (*lower in rank, importance, etc., than*) di grado inferiore a. **12** (*bearing as a signature*) sotto: *he published his novel* ~ *a pen name* pubblicò il romanzo sotto uno pseudonimo. **13** (*Agr*) coltivato a: *the field is* ~ *wheat* il campo è coltivato a grano. **14** (*in astrology*) sotto: *born* ~ *the sign of Taurus* nato sotto il segno del toro. **II** *avv.* **1** (*in, to a position beneath s.th.*) (di) sotto. **2** (*in, to a lower position*) (di) sotto, abbasso. **3** (*below a surface, the horizon*) sotto. **4** (*in a condition of subjection*) in soggezione, in servitù: *they cannot keep the natives* ~ *for ever* non possono tenere gli indigeni in soggezione per sempre. **5** (*in writing: below*) in calce, sotto: *see* ~ vedere in calce. **III** *a.* **1** (*lower in position*) inferiore, (di) sotto. **2** (*lower in degree, amount, etc.*) scarso, insufficiente: *an* ~ *dose of medicine* una dose scarsa di medicina. **3** (*lower in rank, importance*) inferiore, subordinato. □ *from* ~ da sotto: *come out from* ~ *the bed!* esci da sotto il letto!

underachieve [,ʌndərə'tʃi:v] *v.i.* ⟨*Scol*⟩ presentare un rendimento inferiore al previsto. **underachievement** [–mənt] *s.* rendimento *m* inferiore al previsto.

under|act *v.t./i.* ⟨*Teat*⟩ recitare con scarsa forza drammatica. ~ **age** *a.* minorenne. '~**agent** *s.* ⟨*Comm*⟩ subagente *m.* ~**arm** *a.* **1** (*of the armpit*) dell' (*o* relativo all'*) ascella. **2** (*of a seam*) che va dall'ascella alla vita. **3** ⟨*Sport*⟩ (*of a pitch, etc.*) dato facendo rotare il braccio sotto la spalla, dal basso in alto. □ ⟨*Sport*⟩ *to bowl* ~ lanciare (una palla) dal basso in alto. '~-'**armed** *a.* insufficientemente armato.

underbed chest ['ʌndəbed] *s.* ⟨*Arred*⟩ cassettiera *f* (di letto).

underbid ['ʌndə'bid] *v.irr.* **I** *v.t.* **1** ⟨*Comm*⟩ offrire a minor prezzo. **2** (*in cards*) fare una dichiarazione troppo bassa rispetto a. **II** *v.i.* **1** ⟨*Comm*⟩ fare un'offerta inferiore. **2** (*in cards*) fare una dichiarazione troppo bassa (rispetto alle carte che si hanno in mano).

'**under|body** *s.* **1** ⟨*Zool*⟩ parte inferiore *f* del corpo. **2** ⟨*Aut*⟩ sottoscocca *f.* ~'**bred** *a.* **1** maleducato, rozzo, zotico. **2** (*of animals*) non di razza, bastardo. ~**brush** *s.* sottobosco *m.* ~**buy** *v.irr.* **I** *v.t.* **1** comprare a minor prezzo di. **2** (*to buy below cost price*) comprare sotto prezzo. **3** (*to buy insufficient quantities of*) comprare in quantità insufficiente. **II** *v.i.* comprare quantità insufficienti. '~'**capitalize** *v.t.* ⟨*Econ*⟩ sottocapitalizzare. ~ **capitalization** *s.* sottocapitalizzazione *f.* ~'**carriage** *s.* **1** ⟨*Aut*⟩ telaio *m.* **2** ⟨*Aer*⟩ carrello *m* (d'atterraggio). '~'**charge** **I** *v.t.* **1** far pagare meno del dovuto a. **2** ⟨*Artigl,El*⟩ caricare in modo insufficiente. **II** *s.* **1** ⟨*Comm*⟩ il far pagare meno del dovuto. **2** ⟨*El,Artigl*⟩ carica *f* insufficiente. ~**clay** *s.* ⟨*Geol*⟩ strato *m* di argilla sotto uno (strato) di carbone. ~**cliff** *s.* ⟨*Geol*⟩ terrazza *f* sotto una scogliera (formata dalla caduta di roccia). ~**clothes** *s.pl.* biancheria *f* personale (*o* intima). ~**clothing** *s.* → **underclothes**. ~**coat** *s.* **1** ⟨*Vest*⟩ giacca *f* indossata sotto un'altra. **2** ⟨*Zool*⟩ peluria *f.* **3** ⟨*Pitt*⟩ sottosmalto *m.* ~**cover** *a.* segreto, clandestino: ~ *agent* agente segreto. ~**current** *s.* **1** corrente *f* sottomarina. **2** ⟨*fig*⟩ tendenza *f* oculta. **3** ⟨*El*⟩ corrente *f* più debole della normale.

undercut[1] ['ʌndə'kʌt] *v.t.irr.* **1** tagliare (via) la parte inferiore di; (*to cut away material from under*) tagliare (di) sotto. **2** ⟨*Econ*⟩ vendere (*o* offrire) a minor prezzo di; (*to work for lower wages than*) lavorare per salari più bassi di. **3** ⟨*Sport*⟩ (*in golf*) colpire dal basso, dare un effetto inverso a; (*in tennis*) tagliare.

undercut[2] ['ʌndəkʌt] *s.* **1** il tagliare (da) sotto. **2** ⟨*Sport*⟩ (*in golf*) colpo *m* dal basso; (*in tennis*) taglio *m*; (*in boxing*) undercut *m.* **3** ⟨*Macell,Gastr*⟩ filetto *m.*

'**under|de'velop** *v.t.* ⟨*Fot*⟩ sviluppare insufficientemente. '~-**de'veloped** *a.* ⟨*Pol*⟩ sottosviluppato: ~ *countries* paesi sottosviluppati. **2** ⟨*Fot*⟩ sviluppato insufficientemente. **3** (*not developed physically*) non molto sviluppato, stentato; (*not developed mentally*) ritardato (mentale). '~**de'velopment** *s.* **1** ⟨*Pol*⟩ sottosviluppo *m.* **2** ⟨*Fot*⟩ sviluppo *m* insufficiente. ~**dog** *s.* ⟨*fig*⟩ **1** chi ha la peggio, perdente *m.* **2** (*victim of social injustice*) derelitto *m*, diseredato *m.* '~'**done** *a.* **1** (*undercooked*) poco cotto; (*of meat*) al sangue. **2** (*not thoroughly done*) fatto in modo insufficiente. ~**dose** *s.* ⟨*Farm*⟩ dose *f* scarsa. '~'**drain** **I** *s.* canale *m* sotterraneo di scolo. **II** *v.t.* drenare in profondità. ~**drawers** *s.pl.* biancheria *f* intima da uomo. '~'**dress** *v.i.* vestirsi in modo inadeguato. ~**emphasize** *v.t.* non mettere nel giusto rilievo, non dare il giusto rilievo a. '~**em'ployment** *s.* sottoccupazione *f.*

underestimate **I** *v.t.* ['ʌndər'estimeit] **1** sottovalutare: *to* ~ *the enemy strength* sottovalutare le forze del nemico. **2** ⟨*Comm*⟩ fare un preventivo troppo basso di. **II** *s.* ['ʌndər'estim(e)it] **1** sottovalutazione *f*, valutazione *f* inadeguata. **2** ⟨*Comm*⟩ preventivo *m* troppo basso. **underestimation** ['ʌndər,esti'meiʃən] *s.* sottovalutazione *f.*

under|-ex'pose *v.t.* ⟨*Fot*⟩ sottoesporre. ~**ex'posure** *s.* sottoesposizione *f.* '~'**fed** *a.* denutrito. '~'**feed** *v.t.irr.* **1** sottoalimentare. **2** (*tecn*) (*to feed with fuel from below*) alimentare da sotto. ~**felt** *s.* feltro *m* su cui poggia un tappeto. '~'**fired** *a.* ⟨*tecn*⟩ poco cotto, non cotto sufficientemente. '~'**floor** *a.* sottopavimento: ~ *heating* riscaldamento sottopavimento. '~'**flow** *s.* **1** flusso *m* sotterraneo. **2** ⟨*Inform*⟩ superamento *m* negativo della capacità. '~'**foot** *avv.* sotto i piedi: *to tread s.th.* ~ mettersi qc. sotto i piedi; *the ground was soft* ~ la terra era molle sotto i piedi. **~frame** s. ⟨Ferr⟩ telaio m (di carrozza ferroviaria). **~fund** v.t. ⟨Econ⟩ dotare di fondi insufficienti. **~funded** a. dotato di fondi insufficienti, finanziato inadeguatamente. **~ garment** s. capo m di biancheria personale, indumento m intimo.

undergo ['ʌndə'gou] v.t.irr. (pret. **underwent** [-went], p.p. **undergone** [-gɔn]) **1** sopportare, subire, soffrire, patire: to ~ much suffering sopportare molte sofferenze. **2** (to go through, experience) sottoporsi, essere sottoposto a, affrontare, subire: to ~ treatment sottoporsi a una cura. **'undergone** [-'gɔn] → **undergo.**

under,graduate ['ʌndə'grædjuit] **I** s. ⟨Univ⟩ studente m (universitario), non laureato m. **II** a. universitario. **under,graduette** [-'ju'et] s. ⟨scherz⟩ studentessa f (universitaria), non laureata f.

underground I avv. ['ʌndə'graund] **1** sotterra, sotto terra, nel sottosuolo. **2** ⟨fig,Pol⟩ in clandestinità, clandestinamente. **II** a. ['ʌndə'graund] **1** sotterraneo, sottoterra: an ~ stream una corrente sotterranea. **2** ⟨fig,Pol⟩ clandestino. **3** ⟨Minier⟩ sotto la superficie. **III** s. ['ʌndə'graund] **1** sotterraneo m, sottosuolo m, sottoterra m. **2** ⟨Ferr⟩ → **underground railway. 3** ⟨Pol,Mil⟩ movimento m clandestino. **IV** v.t. interrare: to ~ telephone wires interrare cavi telefonici.

underground| economy s. economia f sommersa. **~ garage** s. parcheggio m sotterraneo. **~ press** s. stampa f clandestina. **~ railway** s. ⟨Ferr⟩ ferrovia f sotterranea, metropolitana f. **~ repository** s. ⟨Atom⟩ scarico m sotterraneo di sostanze radioattive. **~ station** s. stazione f della metropolitana.

undergrown ['ʌndə'groun] a. non cresciuto normalmente, cresciuto male, poco sviluppato. **undergrowth** [-grouθ] s. **1** sottobosco m. **2** (condition of being undergrown) l'essere cresciuto male.

underhand ['ʌndə'hænd] **I** a. **1** furtivo, subdolo, segreto, clandestino, nascosto. **2** ⟨Sport⟩ dal basso all'alto. **II** avv. **1** di soppiatto, clandestinamente, di nascosto, subdolamente. **2** ⟨Sport⟩ dal basso all'alto. **'under'handed** [-id] a. **1** furtivo, subdolo, clandestino, segreto. **2** ⟨Ind,Comm⟩ a corto di personale (o manodopera). **'under'handedly** [-idli] avv. → **underhand.**

'under'hung a. **1** ⟨Anat⟩ (of the lower jaw) sporgente. **2** (having an underhung jaw) dalla mandibola sporgente. **3** ⟨tecn⟩ sostenuto da sotto; (of a sliding door) che poggia sulla rotaia inferiore. **~industrialized** a. insufficientemente (o scarsamente) industrializzato. **'~in'surance** s. sottoassicurazione f. **'~'king** s. re m vassallo.

underlay I v.t.irr. [ˌʌndə'lei] **1** ricoprire (o foderare) il fondo di. **2** (to support from underneath) sostenere da sotto. **3** ⟨Tip⟩ taccheggiare. **4** ⟨Minier⟩ (of a lode) essere inclinato. **II** s. ['ʌndəlei] **1** feltro m (o strato di gomma, ecc.) posto sotto un tappeto. **2** ⟨Tip⟩ alzo m, tacco m. **3** ⟨Minier⟩ (of a lode) inclinazione f; (inclined shaft) pozzo m inclinato.

under|lease I s. subaffitto m, sublocazione f. **II** v.t. subaffittare. **'~'lie** v.t.irr. **1** essere posto sotto a, essere al di sotto di, sottostare a. **2** ⟨fig⟩ essere alla base di, costituire il fondamento di.

underline I v.t. ['ʌndə'lain] **1** sottolineare: to ~ a mistake sottolineare uno sbaglio. **2** ⟨fig⟩ mettere in evidenza (o rilievo), sottolineare: the failure –d the importance of thorough preparation il fallimento mise in evidenza l'importanza di un'accurata preparazione. **3** ⟨Teat⟩ annunciare in calce a un cartellone. **II** s. ['ʌndə'lain] **1** sottolineatura f. **2** ⟨Tip⟩ didascalia f. **3** ⟨Teat⟩ annuncio m di una prossima rappresentazione (in calce a un cartellone).

underlinen ['ʌndəlinən] s. biancheria f personale (o intima).

underling ['ʌndəliŋ] s. ⟨spreg⟩ subalterno m, inferiore m, ⟨fam⟩ tirapiedi m.

under|lining s. sottolineatura f. **~lip** s. ⟨Anat,Mus⟩ labbro m inferiore. **~lying** a. **1** che sta (o posto) sotto, sottostante. **2** ⟨fig⟩ basilare, fondamentale: the ~ principles of a doctrine i principi basilari di una dottrina;

(innate, organic) implicito. **3** ⟨Dir,Econ⟩ che ha la precedenza (o priorità). **'~'man** [mən] v.t. equipaggiare scarsamente (o in modo insufficiente). **'~'manned** a. **1** a corto di personale (o manodopera). **2** ⟨Mar⟩ che ha un equipaggio scarso. **'~'mentioned** a. sotto menzionato, sotto indicato. **'~'mine** v.t. **1** scalzare, scavare dal di sotto; (of water) erodere, scalzare. **2** ⟨fig⟩ scalzare, indebolire, insidiare, minare. **~most** a. il più basso, infimo.

underneath ['ʌndə'ni:θ] **I** prep. sotto, al di sotto di: he wore a bullet–proof vest ~ his shirt sotto la camicia portava un farsetto a prova di proiettile. **II** avv. sotto, disotto, abbasso. **III** a. disotto, inferiore, sottostante: the part ~ la parte disotto. **IV** s. sotto m, disotto m.

'under'|nourished a. nutrito insufficientemente, denutrito. **~nutrition** s. denutrizione f. **'~'paid** a. mal retribuito, mal pagato: ~ workers operai mal retribuiti. **~pants** s.pl. ⟨Vest⟩ mutande fpl. **~pass** s. **1** ⟨Strad⟩ sottopassaggio m. **2** (am) (subway) sotterranea f, metropolitana f, ferrovia f sotterranea. **'~'pay** v.t.irr. sottopagare, pagare meno del dovuto. **'~'pin** v.t. **1** ⟨Mur⟩ sottomurare; (to prop) consolidare, rafforzare.

underplay I v.t./i. ['ʌndə'plei] **1** ⟨Teat⟩ recitare (una parte) con scarsa enfasi (o efficacia). **2** (in card games) giocare una carta più bassa (di). **II** s. ['ʌndəplei] **1** ⟨Teat⟩ il recitare con scarsa enfasi (o efficacia). **2** (in card games) il giocare una carta bassa (avendone una più alta in mano).

under|plot s. ⟨Lett⟩ intreccio m secondario. **'~'populated** a. scarsamente popolato. **'~'powered** a. ⟨Mecc⟩ spinto da un motore di potenza insufficiente. **~price** v.t. **1** ⟨Comm⟩ dare un prezzo più basso a. **2** (to undercut in price) offrire un prezzo più basso di. **'~'privileged I** a. dereditto, diseredato, non privilegiato. **II** s. (costr. pl.) diseredati mpl, derelitti mpl. **~pro'duction** s. produzione f scarsa (o insufficiente), sottoproduzione f. **'~'proof** a. (of alcoholic drinks) di gradazione inferiore (a quella stabilita per legge). **'~'prop** v.t. puntellare, sostenere dal di sotto. **'~'quote** v.t. ⟨Econ,Comm⟩ **1** offrire a un prezzo inferiore. **2** (of a competitor) offrire a minor prezzo di. **'~'rate** v.t. sottovalutare, svalutare, sminuire. **'~'ripe** a. (of fruit) non del tutto maturo, immaturo, (ancora) acerbo.

underrun ['ʌndə'rʌn] v.t.irr. **1** passare (o scorrere) sotto. **2** ⟨Mar⟩ (of a cable) passare sotto (per ispezionare); (of a net) tirare a bordo (per svuotare e rimettere a posto); (of a tackle) sartiare. **II** v.i. scorrere sotto.

underscore ['ʌndə'skɔ:] v. → **underline.**

under|sea a. sottomarino. **II** avv. → **underseas.** **,~'seas** avv. sotto la superficie del mare, in fondo al mare. **'~–'secretary** s. sottosegretario m, vicesegretario m. **'~–'Secretary** s. ⟨Parl⟩ sottosegretario m. **'~'secretaryship** s. sottosegretariato m (anche Parl.). **'~'sell** v.t.irr. (pret., p.p. **undersold** [-'sould]) **1** vendere a prezzi più bassi di. **2** (to sell for less than the actual value) vendere sottocosto, svendere. **'~'servant** s. domestico m (f –a) in sottordine.

underset¹ ['ʌndə'set] v.t.irr. **1** ⟨Edil⟩ puntellare. **2** (to sublet) subaffittare.

underset² ['ʌndəset] s. ⟨Mar⟩ corrente f sottomarina; (undertow) risacca f.

'under'|sheriff s. vicesceriffo m. **~shirt** s. ⟨Vest⟩ maglietta f. **~shot** a. **1** dalla mandibola sporgente. **2** ⟨Idr⟩ (of a mill wheel) azionato da sotto. **~side** s. **1** sotto m, parte f inferiore (o di sotto), disotto m. **2** (hidden side, part) parte f nascosta, rovescio m. **,~'sign** v.t. firmare in calce, sottoscrivere. **'~'signed I** a. sottoscritto, firmato in calce. **II** s. firmatario m (f –a); ⟨burocr⟩ sottoscritto m (f –a). **'~'size(d)** a. **1** di misura inferiore al normale (o alla media). **2** (dwarfish) nano. **3** ⟨tecn⟩ sottodimensionato. **~skirt** s. ⟨Vest⟩ sottogonna f, sottoveste f. **~sleeve** s. sottomanica f. **'~'slung** a. **1** sostenuto da sopra. **2** ⟨Aut⟩ montato sotto gli assi. **'~'soil** s. (subsoil) sottosuolo m. **'~'sold** → **undersell.** **'~'staffed** a. con personale insufficiente, a corto di personale.

understand ['ʌndə'stænd] v.irr. (pret., p.p. **understood** [-'stud]) **I** v.t. **1** capire, comprendere, intendere: did you ~ that article? hai capito quell'articolo?; I didn't ~ what *you said* non ho capito quello che hai detto. **2** (*of words, symbols*) capire, comprendere: *to ~ French* capire il francese. **3** (*to have a thorough knowledge of*) conoscere bene (*o* a fondo), intendersi di, essere competente di (*o* in): *to ~ economics well* conoscere bene l'economia. **4** (*to appreciate and sympathize with*) avere comprensione per, capire, essere comprensivo con. **5** (*to gather, infer*) ritenere, arguire, dedurre, desumere: *I ~ it will soon be finished* ritengo che sarà presto completato. **6** (*to consider, accept as a fact*) prendere per certo (*o* scontato), accettare come un dato di fatto; (*to get, hear knowledge of*) sentire, venire a sapere, apprendere: *I ~ you are to be married* sento che ti sposi. **7** (*to realize*) capire, rendersi conto di, comprendere. **8** (*to interpret*) vedere, intendere, interpretare. **9** (*to supply mentally*) sottintendere: *the subject of the verb is understood* il soggetto del verbo è sottinteso. **II** *v.i.* **1** capire, comprendere: *do you ~? capisci?* **2** (*to be sympathetic, indulgent*) avere comprensione. **3** (*to infer, take it*) ritenere, desumere, arguire, dedurre: *your objections are, I ~, purely formal* le tue obiezioni sono, ritengo, puramente formali. □ *to ~ e.o.* (*o o.a.*) capirsi, comprendersi; *to give s.o. to ~* lasciare intendere a qd., far capire a qd.; *to make o.s. understood* farsi capire; *to make s.o. ~* far sì che qd. capisca, far capire a qd.

understandable [ˌʌndəˈstændəbl] *a.* comprensibile. **understandably** [-bli] *avv.* comprensibilmente. **understanding** [-diŋ] **I** *s.* **1** l'intendere, comprensione *f.* **2** (*ability to understand*) capacità *f* d'intendere, comprensione *f*, intendimento *m.* **3** (*sympathy*) comprensione *f*, indulgenza *f*, tolleranza *f.* **4** (*knowledge, familiarity*) conoscenza *f*, familiarità *f.* **5** (*interpretation*) interpretazione *f*, modo *m* d'intendere: *what is your ~ of this passage?* qual è la tua interpretazione di questo brano?; (*informal agreement*) intesa *f*, patto *m*, accordo *m*: *to come to an ~ with s.o.* venire a un'intesa con qd.; (*informal engagement to marry*) fidanzamento *m* ufficioso. **II** *a.* comprensivo, indulgente, tollerante: *~ parents* genitori comprensivi. □ *on the ~ that* a condizione (*o* patto) che. **understandingly** [-diŋli] *avv.* con comprensione, con indulgenza.

'**under|state** *v.t.* minimizzare, attenuare. **II** *v.i.* dire meno del vero, essere reticente. '**~'statement** *s.* **1** (*act*) lo sminuire. **2** (*instance*) dichiarazione *f* attenuata (*o* incompleta). **~steer I** *v.i.* ⟨*Aut*⟩ sottosterzare. **II** *s.* sottosterzata *f*, sottosterzo *m.*

understood¹ [ˈʌndəˈstud] → **understand**.

understood² *a.* **1** compreso, capito. **2** (*agreed upon*) inteso, pattuito, convenuto. **3** (*implicit*) implicito, sottinteso. **4** ⟨*Gramm*⟩ sottinteso.

under|strapper *s.* → **underling**. '**~'stratum** *s.* ⟨*Geol*⟩ (*substratum*) sostrato *m*, substrato *m.* '**~'strength** *a.* **1** che manca di forza. **2** ⟨*Mil*⟩ che ha un organico inferiore a quello stabilito.

understudy I *s.* [ˈʌndəˈstʌdi] ⟨*Teat*⟩ attore *m* (*f* –trice) che studia la parte di un altro per un'eventuale sostituzione. **II** *v.i.* [ˌʌndəˈstʌdi] prepararsi a sostituire, studiare la parte di un altro per un'eventuale sostituzione. **III** *v.t.* [ˌʌndəˈstʌdi] **1** (*of a role*) studiare per un'eventuale sostituzione. **2** (*of an actor*) prepararsi a sostituire.

undertake [ˌʌndəˈteik] *v.irr.* (*pret.* **undertook** [-ˈtuk], *p.p.* **undertaken** [-ən]) **I** *v.t.* **1** intraprendere, accingersi a: *to ~ a task* intraprendere un compito; *to ~ to do s.th.* accingersi a fare qc. **2** (*to obligate o.s.*) impegnarsi a, assumersi l'impegno di, incaricarsi di: *the supplier –s to deliver the goods within six months* il fornitore si impegna a consegnare la merce entro sei mesi; (*to promise*) promettere. **3** (*to guarantee*) assicurare, garantire. **4** (*to accept as a charge*) assumersi, addossarsi: *to ~ a responsibility* assumersi una responsabilità. **II** *v.i.* ⟨*fam*⟩ fare l'impresario di pompe funebri.

undertaken [ˌʌndəˈteikən] → **undertake**.

undertaker [ˈʌndəteikə] *s.* **1** impresario *m* di pompe funebri. **2** ⟨*Comm*⟩ appaltatore *m*, imprenditore *m.*

undertaking [ˈʌndəˈteikiŋ] *s.* **1** impresa *f*, iniziativa *f.* **2** (*promise, pledge*) promessa *f*, impegno *m.* **3** (*business of an undertaker*) impresa *f* di pompe funebri.

'**under|tenancy** *s.* subaffitto *m.* '**~'tenant** *s.* subaffittuario *m* (*f* –a). '**~-the-'counter** *a.* ⟨*fam*⟩ *sales* vendite sottobanco. **~tint** *s.* colore *m* smorzato (*o* spento). **~tone** *s.* **1** tono *m* sommesso (*o* smorzato): *to speak in –s* parlare in tono sommesso. **2** ⟨*fig*⟩ senso *m* (*o* elemento) occulto: *an ~ of fear* un senso occulto di paura. **3** (*subdued colour*) colore *m* smorzato, tinta *f* tenue. **4** ⟨*Econ*⟩ fondo *m*, base *f.* '**~'took** → **undertake**. **~tow** *s.* ⟨*Mar*⟩ risacca *f.* **~,valu'ation** *s.* **1** sottovalutazione *f*, svalutazione *f.* **2** (*insufficient value*) valore *m* inferiore al dovuto. '**~'value** *v.t.* sottovalutare (*anche fig.*); (*to make of less value*) svalutare, deprezzare. **~vest** *s.* ⟨*Vest*⟩ maglietta *f*, camiciola *f.* **~water** *a.* **1** subacqueo, sott'acqua: *~ fishing* pesca subacquea. **2** ⟨*Mar*⟩ (*below the water line*) immerso.

underwater| environment *s.* ambiente *m* sottomarino. **~ photography** *s.* fotografia *f* subacquea.

under|'way *avv.* in moto. **~wear** *s.* biancheria *f* personale (*o* intima).

underweight I *s.* [ˈʌndəweit] peso *m* scarso (*o* inferiore al normale). **II** *a.* [ˈʌndəˈweit] di peso inferiore al normale, sottopeso.

underwood [ˈʌndəwud] *s.* sottobosco *m.*

underwork [ˈʌndəˈwəːk] **I** *v.t.* **1** lavorare troppo poco a. **2** (*to cause to work insufficiently*) far lavorare troppo poco. **3** (*to work for less wages than*) lavorare per un compenso minore di. **II** *v.i.* lavorare troppo poco.

underworld [ˈʌndəwəːld] *s.* **1** ⟨*Mitol*⟩ (*Hades*) Ade *m*, Inferi *mpl.* **2** (*criminal world*) malavita *f*, ⟨*gerg*⟩ mala *f.* **3** ⟨*collett*⟩ (*criminals*) malavita *f*, teppa *f.* **4** (*opposite side of the earth*) antipodi *mpl.*

underwrite [ˈʌndəˈrait] *v.irr.* (*pret.* **underwrote** [-ˈrout], *p.p.* **underwritten** [-ˈritən]) **I** *v.t.* **1** sottoscrivere, firmare. **2** ⟨*Assic*⟩ (*of a policy*) emettere; (*of a sum, risk*) coprire; (*of a shipment*) assicurare. **3** ⟨*Econ*⟩ (*of shares*) sottoscrivere. **4** (*to guarantee financially*) finanziare (*anche Econ.*). **5** ⟨*fig*⟩ garantire per. **II** *v.i.* fare l'assicuratore.

underwriter [-ə] *s.* **1** assicuratore *m* (*f* –trice). **2** ⟨*Econ*⟩ sottoscrittore *m* (*f* –trice) (di azioni).

underwriting [-iŋ] *s.* **1** assicurazione *f.* **2** ⟨*Econ*⟩ sottoscrizione *f.*

underwritten [ˈʌndəˈritən], **underwrote** [-ˈrout] → **underwrite**.

undescribable [ˈʌndiˈskraibəbl] *a.* indescrivibile, indicibile.

undeserved [ˈʌndiˈzəːvd] *a.* immeritato, ingiusto: *an ~ reward* una ricompensa immeritata. **undeservedly** [-ˈvidli] *avv.* immeritatamente, ingiustamente. **undeserving** [-viŋ] *a.* immeritevole, indegno (*of* di): *to be ~ of forgiveness* essere immeritevole del perdono.

undesigned [ˈʌndiˈzaind] *a.* involontario, non intenzionale, non premeditato. **undesignedly** [-ˈnidli] *avv.* involontariamente, senza volere. **undesigning** [-niŋ] *a.* sincero, leale, schietto. **undesigningly** [-niŋli] *avv.* lealmente, sinceramente.

undesirability [ˈʌndiˌzaiərəˈbiliti] *s.* indesiderabilità *f.* **unde'sirable** [-bl] **I** *a.* indesiderabile, sgradito, non grato. **II** *s.* persona *f* ⌐non grata⌐ (*o* indesiderabile), indesiderabile *m/f* (*anche Pol.*). **unde'sirableness** [-blnis] *s.* → **undesirability**. **unde'sirably** [-bli] *avv.* in modo indesiderabile. **undesired** [-ˈzaiəd] *a.* non desiderato, indesiderato, non voluto. **undesirous** [-rəs] *a.* non desideroso (*of* di).

undetectable [ˈʌndiˈtektəbl] *a.* che non si può scoprire, che sfugge all'osservazione. **undetected** [-ˈtid] *a.* non scoperto, non individuato.

undetermined [ˈʌndiˈtəːmind] *a.* **1** indeterminato, non stabilito, non fissato. **2** (*not precise*) vago, incerto, indefinito, indeterminato. **3** (*irresolute*) irresoluto, incerto, indeciso.

undeterred [ˈʌndiˈtəːd] *a.* non scoraggiato, imperterrito, imperturbato. □ *to be ~ by criticism* non lasciarsi scoraggiare dalle critiche.

undeveloped [ˈʌndiˈveləpt] *a.* **1** non sviluppato. **2** (*immature*) immaturo. **3** (*of land*) non edificato.

undeviating [ʌnˈdiːvieitiŋ] *a.* che non devia, perseverante, costante.

undevout [ˈʌndiˈvaut] *a.* non devoto.

undid ['ʌn'did] → **undo**.

undies ['ʌndiz] *s.pl.* ⟨*fam*⟩ biancheria *f* intima (da donna o bambino).

undifferentiated ['ʌn,difə'renʃieitid] *a.* non differenziato, uniforme.

undigested ['ʌndi'dʒestid] *a.* **1** non digerito. **2** ⟨*fig*⟩ non (*o male*) assimilato, non digerito. **3** ⟨*Econ*⟩ (*of securities*) non assorbito dal mercato. **undigestible** [–stibl] *a.* indigesto, non digeribile.

undignified [ʌn'dignifaid] *a.* non dignitoso, senza dignità.

undiluted ['ʌndai'lju:tid] *a.* **1** non diluito, puro. **2** ⟨*fig*⟩ bell'e buono, puro e semplice: ~ *nonsense* sciocchezze bell'e buone.

undiminished ['ʌndi'miniʃt] *a.* non diminuito, non sminuito, integro, intatto. □ *with* ~ *enthusiasm* con entusiasmo immutato.

undimmed ['ʌn'dimd] *a.* non offuscato, chiaro, limpido.

undine ['ʌndi:n] *s.* ⟨*Mitol.nord*⟩ ondina *f.*

undiplomatic ['ʌn,diplə'mætik] *a.* non diplomatico, privo di tatto (*o diplomazia*). **undiplomatically** [–əli] *avv.* senza tatto (*o diplomazia*).

undirected ['ʌndi'rektid] *a.* **1** non guidato, senza guida, senza direzione (*o direttive*). **2** ⟨*Post*⟩ senza indirizzo.

undiscerned ['ʌndi'sə:nd] *a.* inosservato, non scorto, non visto. **undiscerning** [–niŋ] *a.* senza discernimento, poco giudizioso.

undischarged ['ʌndis'tʃɑ:dʒd] *a.* **1** non compiuto, non finito, non terminato, incompiuto. **2** (*of a firearm*) carico, non scaricato; (*of bullets*) non ancora esploso. **3** (*not released from hospital*) non dimesso; (*from prison*) non rilasciato. **4** ⟨*Econ,Dir*⟩ (*of an account, claim*) non pagato, non liquidato; (*of a bankrupt*) non riabilitato. **5** (*of cargo*) non scaricato. **6** ⟨*Mil*⟩ non congedato.

undisciplined ['ʌn'disiplind] *a.* **1** indisciplinato. **2** (*untrained*) non esercitato, non addestrato, inesperto.

undisclosed ['ʌndis'klouzd] *a.* segreto, non rivelato, non svelato, nascosto: ~ *sources of information* fonti segrete d'informazioni.

undiscovered ['ʌndis'kʌvəd] *a.* **1** non scoperto, non trovato. **2** (*unknown*) sconosciuto.

undiscriminating ['ʌndis'krimineitiŋ] *a.* che non discrimina, che non distingue, che non fa discriminazioni. **undiscriminatingly** [–li] *avv.* indiscriminatamente.

undiscussed ['ʌndis'kʌst] *a.* indiscusso, non dibattuto.

undisguised ['ʌndis'gaizd] *a.* **1** non mascherato, non travestito. **2** ⟨*fig*⟩ aperto, dichiarato, manifesto: ~ *hostility* aperta ostilità.

undismayed ['ʌndis'meid] *a.* senza paura, intrepido, imperterrito.

undisputed ['ʌndis'pju:tid] *a.* indiscusso, incontrastato. **undisputedly** [–li] *avv.* indiscutibilmente, incontestabilmente.

undissolvable ['ʌndi'zɔlvəbl] *a.* indissolubile, non solubile. **undissolved** [–vd] *a.* non sciolto, non disciolto, non dissolto.

undistinguishable ['ʌndis'tiŋgwiʃəbl] *a.* indistinguibile. **undistinguished** [–ʃt] *a.* mediocre, modesto, medio.

undistracted ['ʌndis'træktid] *a.* non distratto, non sviato.

undistributed ['ʌndis'tribjutid] *a.* non distribuito.

undisturbed ['ʌndis'tə:bd] *a.* imperturbato, calmo, tranquillo.

undivided ['ʌndi'vaidid] *a.* **1** intero, non diviso, indiviso. **2** (*not shared*) non spartito, non suddiviso. **3** (*total, whole*) completo, assoluto.

undo ['ʌn'du:] *v.t.irr.* (*pret.* **undid** [–'did], *p.p.* **undone** [–'dʌn]) **1** disfare, sfare. **2** (*to ruin*) rovinare, distruggere, perdere: *his weakness for women finally undid him* la sua debolezza per le donne finì per rovinarlo. **3** (*to bring to nothing*) annientare, distruggere: *to* ~ *s.o.'s hopes* distruggere le speranze di qd. **4** (*to untie*) sciogliere, slacciare, slegare: *to* ~ *a knot* sciogliere un nodo; (*to unbutton, unfasten*) sbottonare, slacciare, sfibbiare. **5** (*to unwrap*) scartare, disfare.

undocumented ['ʌn'dɔkjumentid] *a.* non documentato.

undoer ['ʌn'du:ə] *s.* chi disfa, distruttore *m* (*f* –trice).

undoing [–'du:iŋ] *s.* **1** il disfare. **2** (*cause of ruin*) rovina

f, distruzione *f,* perdita *f: gambling will be his* ~ il gioco sarà la sua rovina. **3** (*unfastening, loosening*) lo sciogliere, lo slegare.

undomesticated ['ʌndə'mestikeitid] *a.* non addomesticato, selvaggio, selvatico.

undone[1] ['ʌn'dʌn] → **undo**.

undone[2] *a.* **1** (*not done*) non fatto, (ancora) da fare. **2** (*unfastened, untied*) slacciato, slegato, sciolto; (*unbuttoned*) sbottonato. **3** (*ruined*) rovinato, distrutto.

undoubted [ʌn'dautid] *a.* sicuro, certo, indubbio. **undoubtedly** [–li] *avv.* indubbiamente, senza dubbio, certamente. **undoubting** [–tiŋ] *a.* che non dubita, sicuro, convinto. **undoubtingly** [–tiŋli] *avv.* senza dubbio, sicuramente.

undramatic ['ʌndrə'mætik] *a.* non drammatico, privo di qualità drammatiche. **undramatically** [–əli] *avv.* in modo non drammatico.

undreamed(-of) ['ʌn'dri:md(ɔv)], **undreamt(-of)** [–'dremt(ɔv)] *a.* inaspettato, impensato: ~ *success* successo inaspettato.

undress[1] [ʌn'dres] **I** *v.t.* **1** spogliare, svestire. **2** (*of a wound*) sfasciare, togliere la benda a. **II** *v.i.* spogliarsi, svestirsi.

undress[2] ['ʌn'dres] **I** *s.* **1** vestiti *mpl* di tutti i giorni. **2** ⟨*Mil*⟩ → **undress uniform**. **3** (*robe*) veste *f* da camera. **II** *a.* di tutti i giorni.

undressed [ʌn'drest] *a.* **1** svestito, spogliato. **2** (*having removed day clothing*) in veste da camera. **3** (*of a wound*) non fasciato, senza bende. **4** (*of foods*) non condito. **5** ⟨*Conc*⟩ non conciato. **6** (*of stone, wood*) grezzo. □ *to get* ~ spogliarsi.

undress uniform ['ʌn'dres] *s.* ⟨*Mil*⟩ uniforme *f* ordinaria, tenuta *f* piccola.

undrinkable ['ʌn'driŋkəbl] *a.* imbevibile, non potabile.

undue ['ʌn'dju:] *a.* **1** eccessivo, immoderato, smodato, irragionevole. **2** (*improper, not fit*) improprio, non appropriato, non opportuno, non adatto; (*not seemly*) sconveniente. **3** ⟨*Econ*⟩ non scaduto. □ ⟨*Dir*⟩ ~ *influence* captazione *f.*

undulance ['ʌndjuləns] *s.* l'essere ondeggiante. **undulant** [–nt] *a.* **1** ondeggiante, fluttuante. **2** (*undulated*) ondulato.

undulant fever *s.* ⟨*Med*⟩ brucellosi *f,* febbre *f* ondulante (*o maltese*).

undulate I *v.i.* ['ʌndjuleit] **1** ondeggiare, fluttuare. **2** (*to have a wavy surface*) avere una superficie ondulata. **II** *a.* ['ʌndjul(e)it] → **undulated. undulated** [–leitid] *a.* ondulato. **undulating** [–leitiŋ] *a.* → **undulant.** **,undulation** [–'leiʃən] *s.* **1** ondulazione *f,* ondeggiamento *m.* **2** ⟨*Fis*⟩ movimento *m* ondulatorio. **undulatory** [–lətəri] *a.* **1** ondulatorio (*anche Fis.*). **2** (*wavelike*) ondulato.

unduly [ʌn'dju:li] *avv.* **1** ingiustamente. **2** (*excessively*) eccessivamente: ~ *optimistic* eccessivamente ottimista. **3** (*unreasonably*) irragionevolmente.

undutiful ['ʌn'dju:tiful] *a.* **1** che manca ai propri doveri. **2** (*disobedient*) disubbidiente, ribelle. **undutifully** [–i] *avv.* mancando ai propri doveri. **undutifulness** [–nis] *s.* mancanza *f* ai propri doveri.

undying [ʌn'daiiŋ] *a.* imperituro, eterno, immortale.

unearned ['ʌn'ə:nd] *a.* **1** non guadagnato. **2** (*unmerited*) immeritato, non meritato: ~ *victory* vittoria immeritata.

unearned income *s.* ⟨*Econ*⟩ reddito *m* ⌐di capitale⌐ (*o da investimento*), rendite *fpl.* ~ **increment** *s.* incremento *m* di valore patrimoniale.

unearth ['ʌn'ə:θ] *v.t.* **1** dissotterrare, disseppellire, riportare alla luce. **2** ⟨*fig*⟩ scoprire, portare alla luce: *to* ~ *new evidence* scoprire nuove prove. **3** (*of animals*) stanare.

unearthed [–t] *a.* ⟨*El*⟩ non messo a massa, senza collegamento a terra. **unearthly** [–θli] *a.* **1** non terreno, soprannaturale. **2** (*eerie*) misterioso, sinistro, strano, che ha del soprannaturale. **3** ⟨*fam*⟩ (*preposterous*) assurdo, irragionevole, ⟨*fam*⟩ impossibile.

uneasily [ʌn'i:zili] *avv.* **1** con apprensione. **2** (*with embarrassment*) con imbarazzo. **3** (*uncomfortably*) scomodamente, in modo scomodo (*o disagevole*).

uneasiness [–zinis] *s.* **1** inquietudine *f,* agitazione *f,* ansia *f*, turbamento *m*, malessere *m*. **2** (*embarrassment*) imbarazzo *m*, impaccio *m*. **3** (*uncomfortableness*) scomodità *f*, disagio *m*. **uneasy** [–zi] *a*. **1** inquieto, agitato, ansioso, turbato. **2** (*embarrassed*) imbarazzato, impacciato, a disagio. **3** (*restless*) agitato, inquieto, irrequieto: *I spent an ~ night* ho passato una notte agitata. **4** (*uncomfortable*) scomodo, disagevole.

uneatable ['ʌn'iːtəbl] *a*. immangiabile. **uneaten** [–tən] *a*. non mangiato, intatto.

uneconomic ['ʌniːkə'nɔmik], **uneconomical** [–əl] *a*. **1** non economico, dispendioso. **2** ⟨*Econ*⟩ antieconomico.

unedifying ['ʌn'edifaiiŋ] *a*. poco edificante, moralmente discutibile.

unedited ['ʌn'editid] *a*. **1** non revisionato, non riveduto. **2** (*not yet published*) inedito.

uneducated ['ʌn'edjukeitid] *a*. ignorante, incolto, illetterato, privo d'istruzione.

uneffected ['ʌni'fektid] *a*. non effettuato, non realizzato.

unembarrassed ['ʌnem'bærəst] *a*. **1** non imbarazzato, disinvolto, a proprio agio. **2** (*free of encumbrance*) senza gravami (*o* debiti).

unemotional ['ʌni'mouʃənl] *a*. impassibile, imperturbabile, calmo; (*unfeeling*) insensibile, indifferente, freddo. **unemotionally** [–nəli] *avv*. impassibilmente, imperturbabilmente.

unemployable ['ʌnem'plɔiəbl] *a*. **1** inabile al lavoro. **2** (*unusable*) inutilizzabile, inservibile. **unemployed** [–'plɔid] **I** *a*. **1** disoccupato, senza lavoro. **2** (*not used*) non usato, non utilizzato, inutilizzato. **3** ⟨*Econ*⟩ inutilizzato; ~ *capital* capitale inutilizzato. **II** *s*. ⟨*collett*⟩ (costr. pl.) disoccupati *mpl*. **unemployment** [–'plɔimənt] *s*. disoccupazione *f*.

unemployment| **benefit**, **~ compensation** *s*. sussidio *m* di disoccupazione. **~ fund** *s*. fondo *m* di assistenza per disoccupati. **~ insurance** *s*. assicurazione *f* contro la disoccupazione. **~ rate** *s*. tasso *m* di disoccupazione.

unenclosed ['ʌnen'klouzd] *a*. **1** non (re)cintato, non circondato. **2** ⟨*Rel*⟩ (*of nuns*) non di clausura.

unencumbered ['ʌnen'kʌmbəd] *a*. **1** non ingombro, libero, sgombro. **2** ⟨*Dir*⟩ non gravato da ipoteche.

unending [ʌn'endiŋ] *a*. **1** infinito, senza fine, eterno. **2** (*incessant*) incessante, continuo. **3** (*apparently interminable*) interminabile, ⟨*fam*⟩ eterno. **unendingly** [–li] *avv*. interminabilmente, senza fine.

unendorsed ['ʌnen'dɔːst] *a*. **1** non sottoscritto. **2** ⟨*Econ*⟩ non girato.

unendowed ['ʌnen'daud] *a*. non dotato, sprovvisto, privo (*with* di).

unendurable ['ʌnen'djuərəbl] *a*. insopportabile, intollerabile. **unendurably** [–i] *avv*. insopportabilmente.

unenforceable ['ʌnen'fɔːsəbl] *a*. ⟨*Dir*⟩ inapplicabile: *an ~ law* una legge inapplicabile.

unengaged ['ʌnen'geidʒd] *a*. **1** non fidanzato. **2** (*not pledged*) non impegnato. **3** (*not busy*) non occupato, libero. **4** (*of a taxi, etc.*) libero.

'un-'English *a*. non tipicamente inglese, non conforme al carattere inglese.

unenlightened ['ʌnen'laitənd] *a*. non illuminato, ottenebrato.

unentangle ['ʌnen'tæŋgl] *v.t.* districare, sbrogliare.

unenterprising ['ʌn'entəpraiziŋ] *a*. non intraprendente, senza (*o* privo di) iniziativa.

unentertaining ['ʌn,en'teitainiŋ] *a*. non divertente, noioso. **unentertainingness** [–nis] *s*. l'essere poco divertente, noiosità *f*.

unenthusiastic ['ʌnen,θju:zi'æstik] *a*. senza (*o* privo di) entusiasmo. **unenthusiastically** [–əli] *avv*. senza entusiasmo.

unenviable [ʌn'enviəbl] *a*. non invidiabile. **unenviably** [–i] *avv*. in modo non invidiabile. **unenvied** [–vid] *a*. non invidiato. **unenvious** [–viəs] *a*. non invidioso.

UNEP = *United Nations Environment Programme* programma delle Nazioni Unite per l'ambiente.

unequable ['ʌn'ekwəbl] *a*. **1** variabile, irregolare. **2** (*of temperament*) irrequieto, volubile.

unequal ['ʌn'iːkwəl] *a*. **1** diverso, differente, ineguale, disuguale: *~ sums of money* somme di denaro diverse. **2** (*not of the same worth, ability, etc.*) dissimile, diverso, differente, difforme. **3** (*involving badly matched parties*) impari, disuguale, ineguale: *an ~ contest* una lotta impari. **4** (*unjust, unfair*) ingiusto, iniquo. **5** (*inadequate*) non all'altezza (*to* di), inadeguato, inadatto (a): *~ to the task* non all'altezza del compito. **6** (*uneven, irregular*) irregolare, non uniforme.

unequaled *am.*, **unequalled** [ʌn'iːkwəld] *a*. **1** senza pari, ineguagliato, imbattuto, insuperato: *as a photographer he is ~* come fotografo è senza pari; *an ~ record* un record imbattuto. **2** (*unparalleled*) che non ha l'uguale, ineguagliabile, incomparabile, impareggiabile. **'unequally** [–li] *avv*. **1** diversamente. **2** (*unjustly*) ingiustamente. **3** (*unevenly*) irregolarmente, non uniformemente.

unequivocal ['ʌni'kwivəkəl] *a*. **1** inequivocabile. **2** (*plain, clear*) chiaro, esplicito. **unequivocally** [–i] *avv*. in modo inequivocabile.

unerring ['ʌn'ɔːriŋ] *a*. **1** infallibile, preciso: *an ~ aim* una mira infallibile. **2** (*certain, unfailing*) sicuro, infallibile: *~ taste* gusto sicuro. **unerringly** [–li] *avv*. infallibilmente.

unescapable ['ʌni'skeipəbl] *a*. inevitabile, ineluttabile. **unescapably** [–i] *avv*. inevitabilmente.

UNESCO [ju:'neskou] = *United Nations Educational Scientific and Cultural Organization* Organizzazione delle Nazioni Unite per l'educazione, la scienza e la cultura (*abbr*. UNESCO).

unethical [ʌn'eθikəl] *a*. privo di senso morale, disonesto, immorale.

uneven ['ʌn'iːvən] *a*. **1** ineguale, irregolare, scabroso: *~ ground* terreno ineguale; *~ teeth* denti irregolari. **2** (*variable, changeable*) volubile, variabile, incostante, mutevole: *to have an ~ temper* avere un carattere volubile. **3** (*of a contest, etc.: unequal*) impari, ineguale. **4** ⟨*Mat*⟩ (*odd*) dispari. **unevenly** [–li] *avv*. **1** irregolarmente, in modo non uniforme. **2** (*in unequal parts*) in parti disuguali. **3** (*on unequal terms*) in modo impari. **unevenness** [–nis] *s*. **1** irregolarità *f*, scabrosità *f*. **2** (*irregularity*) irregolarità *f*.

uneventful ['ʌni'ventful] *a*. non movimentato, privo di avvenimenti degni di nota, tranquillo. **uneventfully** [–i] *avv*. in modo tranquillo, senza avvenimenti degni di nota.

unexampled ['ʌnig'zɑːmpld] *a*. senza precedenti, unico, singolare.

unexcelled ['ʌnik'seld] *a*. insuperato, non sorpassato, senza pari.

unexceptionable ['ʌnik'sepʃənəbl] *a*. **1** ineccepibile, irreprensibile. **2** (*excellent*) eccellente, ottimo.

unexceptional ['ʌnik'sepʃənl] *a*. **1** non eccezionale, comune, ordinario. **2** (*admitting of no exception*) che non ammette eccezioni.

unexcised ['ʌn'eksaizd] *a*. ⟨*Comm*⟩ non soggetto a dazio.

unexcitable ['ʌnik'saitəbl] *a*. non eccitabile. **unexciting** [–tiŋ] *a*. non eccitante, non emozionante, banale.

unexecuted ['ʌn'eksikju:tid] *a*. **1** non eseguito, non fatto, non effettuato. **2** ⟨*Dir*⟩ non reso esecutivo.

unexemplified ['ʌnig'zemplifaid] *a*. non esemplificato, senza esempi.

unexhausted ['ʌnig'zɔːstid] *a*. non esaurito.

unexpected ['ʌniks'pektid] **I** *a*. inatteso, inaspettato, imprevisto: *an ~ guest* un ospite inatteso. **II** *s*. imprevisto *m*. **unexpectedly** [–li] *avv*. inaspettatamente, in modo imprevisto. **unexpectedness** [–nis] *s*. l'essere inaspettato.

unexpired ['ʌniks'paiəd] *a*. ⟨*Dir,Comm*⟩ non (ancora) scaduto.

unexplainable ['ʌniks'pleinəbl] *a*. inesplicabile, inspiegabile. **unexplained** [–nd] *a*. non spiegato, non chiarito.

unexploded ['ʌniks'ploudid] *a*. inesploso.

unexploited ['ʌniks'plɔitid] *a*. non sfruttato, non utilizzato.

unexplored ['ʌniks'plɔːd] *a*. inesplorato.

unexposed ['ʌniks'pouzd] *a*. **1** non svelato, non rivelato. **2** ⟨*Fot*⟩ non esposto.

unexpressed ['ʌniks'prest] *a*. tacito, sottinteso.

unexpurgated ['ʌn'ekspɔː'geitid] *a*. integrale, non

espurgato: *an ~ edition* un'edizione integrale.

unextended [ˌʌniks'tendid] *a.* **1** non esteso, non disteso. **2** (*not having extension*) che non ha estensione.

unfading [ʌn'feidiŋ] *a.* **1** che non appassisce. **2** (*of colours*) che non sbiadisce, che non scolorisce. **3** ⟨*fig*⟩ imperituro, immortale: *~ glory* gloria imperitura.

unfailing [ʌn'feiliŋ] *a.* **1** infallibile, sicuro, certo. **2** (*inexhaustible*) inesauribile: *a source of ~ pleasure* una fonte inesauribile di piacere. **3** (*reliable*) fidato, sicuro, fido. **unfailingly** [–li] *avv.* infallibilmente, sicuramente. **unfailingness** [–nis] *s.* infallibilità *f*, certezza *f*.

unfair [ʌn'feə] *a.* **1** ingiusto, non equo, sleale, disonesto: *~ treatment* trattamento ingiusto. **2** ⟨*Econ*⟩ sleale: *~ competition* concorrenza sleale. **unfairly** [–li] *avv.* ingiustamente, slealmente. **unfairness** [–nis] *s.* ingiustizia *f*, slealtà *f*, disonestà *f*.

unfaithful [ʌn'feiθful] *a.* **1** infedele. **2** (*inaccurate*) impreciso, inesatto, non fedele. **unfaithfully** [–i] *avv.* infedelmente. **unfaithfulness** [–nis] *s.* infedeltà *f*.

unfaltering [ʌn'fɔːltəriŋ] *a.* fermo, risoluto, deciso. **unfalteringly** [–li] *avv.* fermamente, con risolutezza.

unfamiliar [ˌʌnfə'miliə] *a.* **1** che non ha familiarità (*o* dimestichezza) (*with* con), non pratico, non esperto (di). **2** (*not known*) sconosciuto, non noto, ignoto (*to* a); (*not well known*) non familiare, poco familiare (*to* a): *his name is ~ to me* il suo nome non mi è familiare. **3** (*unusual, strange*) strano, inconsueto, insolito. **unfa,miliarity** [–li'æriti] *s.* **1** mancanza *f* di familiarità (*o* esperienza). **2** (*strangeness*) stranezza *f*.

UNFAO = *United Nations Food and Agriculture Organization* Organizzazione delle Nazioni Unite per l'alimentazione e l'agricoltura.

unfashionable [ʌn'fæʃnəbl] *a.* fuori moda, non alla moda. **unfashionably** [–i] *avv.* non alla moda.

unfashioned [ʌn'fæʃənd] *a.* non foggiato, informe.

unfasten [ʌn'fɑːsn] *v.t.* **1** slacciare, sciogliere, slegare: *to ~ one's belt* slacciarsi la cintura. **2** (*to unlock*) aprire con la chiave, aprire la serratura di.

unfathomable [ʌn'fæðəməbl] *a.* **1** insondabile, che non si può scandagliare. **2** ⟨*fig*⟩ impenetrabile, insondabile, imperscrutabile. **'unfathomed** [–md] *a.* **1** non scandagliato, insondato. **2** ⟨*fig*⟩ insondato, non penetrato.

unfavorable *am. e der.* → **unfavourable** *e der.*

unfavourable [ʌn'feivərəbl] *a.* **1** sfavorevole, non propizio, infausto: *~ omens* presagi sfavorevoli. **2** (*contrary, adverse*) contrario, avverso, sfavorevole, negativo: *the public was ~ to the measure* il pubblico era contrario al provvedimento. **3** (*disadvantageous*) svantaggioso, sfavorevole, sconveniente. **unfavourableness** [–nis] *s.* l'essere sfavorevole. **unfavourably** [–i] *avv.* sfavorevolmente.

unfeasible [ʌn'fiːzəbl] *a.* irrealizzabile, inattuabile, non fattibile.

unfeathered [ʌn'feðəd] *a.* senza penne, implume.

unfeeling [ʌn'fiːliŋ] *a.* **1** insensibile, indifferente, arido. **2** (*hard-hearted*) crudele, spietato, duro (di cuore). **unfeelingly** [–li] *avv.* insensibilmente. **unfeelingness** [–nis] *s.* insensibilità *f*, indifferenza *f*.

unfeigned [ʌn'feind] *a.* non finto, non simulato, sincero, genuino. **unfeignedly** [–nidli] *avv.* sinceramente, veramente.

unfelt [ʌn'felt] *a.* non sentito, insincero.

unfeminine [ʌn'feminin] *a.* non femminile, che non si addice a una donna.

unfenced [ʌn'fenst] *a.* non (re)cintato.

unfermented [ˌʌnfə'mentid] *a.* ⟨*Enol*⟩ non fermentato.

unfertile [ʌn'fɔːtail] *a.* non fertile, improduttivo, infecondo, sterile. **unfertilized** [–tilaizd] *a.* non fertilizzato.

unfetter [ʌn'fetə] *v.t.* **1** liberare ˹dai ceppi˺ (*o* dalle catene). **2** ⟨*fig*⟩ liberare, affrancare. **unfettered** [–d] *a.* **1** liberato ˹dai ceppi˺ (*o* dalle catene). **2** ⟨*fig*⟩ senza impedimenti (*o* limitazioni), libero.

unfilial [ʌn'filjəl] *a.* non filiale, indegno di un figlio.

unfilled [ʌn'fild] *a.* **1** non riempito, vuoto. **2** (*of a post, position*) libero, non occupato, vacante.

unfiltered [ʌn'filtəd] *a.* non filtrato.

unfinished [ʌn'finiʃt] *a.* **1** non finito, non terminato, incompiuto, incompleto. **2** (*of business, matters*) in sospeso, in pendenza. **3** ⟨*Ind*⟩ semilavorato. **4** ⟨*fig*⟩ grezzo, non rifinito: *an ~ style* uno stile grezzo. **5** ⟨*Tess*⟩ senza finissaggio. □ ⟨*Mus*⟩ *~ Symphony* l'Incompiuta.

unfit [ʌn'fit] *a.* **1** inadatto, non adatto, non idoneo, inidoneo. **2** (*not physically fit*) non in buona salute, malandato (in salute). **3** (*not qualified, incompetent*) inadatto, non qualificato, incompetente. □ *~ to eat* immangiabile; *~ for habitation* inabitabile; *to be ~ for military service* essere inabile al servizio militare. **unfitness** [–nis] *s.* **1** l'essere inadatto. **2** (*lack of physical fitness*) cattiva salute *f*, salute cagionevole. **3** (*incompetence*) incapacità *f*, incompetenza *f*. **unfitted** [–id] *a.* non idoneo, disadatto. **unfitting** [–iŋ] *a.* che non si addice, improprio, non appropriato.

unfix [ʌn'fiks] *v.t.* **1** slacciare, sciogliere, slegare; (*to detach*) staccare, scombaciare. **2** ⟨*fig*⟩ sconvolgere, agitare. **3** ⟨*Mil*⟩ (*of bayonets*) togliere. **unfixed** [–t] *a.* **1** slacciato, sciolto. **2** (*not fixed*) non fissato, staccato, libero. **3** (*undetermined*) non fissato (*o* stabilito), indeterminato.

unflagging [ʌn'flægiŋ] *a.* infaticabile, instancabile.

unflappable [ʌn'flæpəbl] *a.* imperturbabile, freddo.

unflattering [ʌn'flætəriŋ] *a.* **1** veritiero, non adulatorio. **2** (*of remarks, etc.*) poco lusinghiero. **unflatteringly** [–li] *avv.* senza adulazione.

unfledged [ʌn'fledʒd] *a.* **1** senza penne, implume. **2** ⟨*fig*⟩ immaturo, acerbo, in erba.

unflinching [ʌn'flintʃiŋ] *a.* che non indietreggia, risoluto.

unfold [ʌn'fould] **I** *v.t.* **1** spiegare, stendere, distendere: *to ~ a sheet* spiegare un foglio. **2** (*of one's arms, wings*) stendere, aprire, spiegare. **3** ⟨*fig*⟩ dischiudere, svelare, rivelare, scoprire, palesare; (*of a story, etc.*) narrare. **II** *v.i.* **1** spiegarsi, distendersi. **2** (*of buds*) aprirsi, schiudersi. **3** ⟨*fig*⟩ manifestarsi, rivelarsi, mostrarsi, palesarsi; (*to develop*) svilupparsi, svolgersi.

unforced [ʌn'fɔːst] *a.* spontaneo, volontario, non forzato.

unforeseeable [ˈʌnfɔː'siːəbl] *a.* imprevedibile. **unforeseen** [–'siːn] *a.* imprevisto, inaspettato, inatteso. □ *~ circumstances* forza *f* maggiore.

unforgettable [ˌʌnfə'getəbl] *a.* indimenticabile: *an ~ experience* un'esperienza indimenticabile. **unforgettably** [–i] *avv.* indimenticabilmente.

unforgivable [ˌʌnfə'givəbl] *a.* imperdonabile. **unforgivably** [–i] *avv.* imperdonabilmente. **unforgiving** [–viŋ] *a.* che non perdona, senza misericordia, inesorabile, implacabile. **unforgivingly** [–viŋli] *avv.* senza misericordia, inesorabilmente.

unforgotten [ˌʌnfə'gotn] *a.* non dimenticato.

unformatted [ˌʌnfɔː'mætid] *a.* ⟨*Inform*⟩ non formattato.

unformed [ʌn'fɔːmd] *a.* **1** non formato, non foggiato; (*formless, shapeless*) informe, senza forma, amorfo. **2** ⟨*fig*⟩ non sviluppato, non formato; (*immature*) immaturo, acerbo.

unformulated [ʌn'fɔːmjuleitid] *a.* non formulato.

unfortified [ʌn'fɔːtifaid] *a.* non fortificato (*anche Mil.*).

unfortunate [ʌn'fɔːtʃ(ə)nit] **I** *a.* **1** sfortunato, disgraziato, sventurato. **2** (*infelicitous*) infelice, inopportuno: *an ~ phrase* una frase infelice. **3** (*unfavourable, inauspicious*) poco propizio, sfavorevole. **4** (*regrettable*) deplorevole, increscioso, spiacevole. **II** *s.* persona *f* sfortunata. **unfortunately** [–li] *avv.* sfortunatamente, per disgrazia.

unfounded [ʌn'faundid] *a.* infondato, senza base, che non ha fondamento: *~ rumours* voci infondate.

unframed [ʌn'freimd] *a.* (*of a painting, photo, etc.*) senza cornice.

unfreeze [ʌn'friːz] *v.t.irr.* **1** disgelare, sgelare, scongelare. **2** ⟨*Econ*⟩ (*of prices, wages, etc.*) sbloccare.

unfrequented [ˌʌnfri'kwentid] *a.* non frequentato, solitario.

unfriended [ʌn'frendid] *a.* senza (*o* privo di) amici.

unfriendliness [ʌn'frendlinis] *s.* **1** ostilità *f*, inimicizia *f*. **2** (*unkind act*) scortesia *f*. **unfriendly** [–li] *a.* poco amichevole, ostile, contrario, mal disposto.

unfrock [ʌn'frɔk] *v.t.* sospendere dall'ufficio sacerdotale.

unfrozen ['ʌn'frouzən] *a.* non gelato, disgelato.

unfruitful ['ʌn'fru:tful] *a.* **1** infruttuoso, sterile, inutile: *our efforts were* ~ i nostri sforzi furono infruttuosi. **2** (*not bearing fruit*) infruttifero. **3** (*of land*) sterile, infecondo; (*barren*) arido, brullo, desolato. **unfruitfully** [-i] *avv.* infruttuosamente.

unfulfilled ['ʌnful'fild] *a.* **1** inesaudito: ~ *wishes* desideri inesauditi; (*of needs*) insoddisfatto, inappagato. **2** (*not carried out*) inadempiuto, incompiuto.

unfurl ['ʌn'fə:l] **I** *v.t.* spiegare, aprire, distendere, sciogliere: *to* ~ *the sails* spiegare le vele. **II** *v.i.* spiegarsi, distendersi, aprirsi.

unfurnished ['ʌn'fə:niʃt] *a.* **1** non ammobiliato, privo di mobili: *an* ~ *flat* un appartamento non ammobiliato. **2** (*not provided, supplied*) sfornito, sprovvisto, privo (*with* di).

ungainliness [ʌn'geinlinis] *s.* mancanza *f* di grazia, goffaggine *f.* **ungainly** [-li] *a.* goffo, impacciato, sgraziato; (*lacking dexterity*) maldestro.

ungallant [ʌn'gælənt] *a.* non cavalleresco, non galante.

ungarbled ['ʌn'gɑ:bld] *a.* fedele, esatto, non distorto, non alterato.

ungarnished ['ʌn'gɑ:niʃt] *a.* **1** sguarnito, disadorno. **2** *plain*) puro, semplice: *the* ~ *truth* la pura verità.

ungenerous ['ʌn'dʒenərəs] *a.* **1** non generoso, ingeneroso. **2** (*petty*) gretto, meschino. **ungenerously** [-li] *avv.* senza generosità.

ungenteel ['ʌndʒen'ti:l] *a.* rozzo, volgare, plebeo.

ungentle ['ʌn'dʒentl] *a.* rude, aspro, sgarbato, scortese.

ungentlemanliness ['ʌn'dʒentlmənlinis] *s.* mancanza *f* di signorilità (*o* distinzione). **ungentlemanly** [-li] *a.* non signorile, non distinto, non raffinato; (*ill-bred*) maleducato, sgarbato, villano.

un-get-at-able ['ʌnget'ætəbl] *a.* ⟨*fam*⟩ inaccessibile, irraggiungibile.

ungifted ['ʌn'giftid] *a.* senza ingegno, non dotato.

ungilded ['ʌn'gildid], **ungilt** [-'gilt] *a.* non dorato, senza doratura.

ungird ['ʌn'gə:d] *v.t.* **1** togliere una cinghia (*o* cintura) a. **2** (*to remove by undoing a belt*) togliere (slacciando una cinghia o cintura).

unglazed ['ʌn'gleizd] *a.* **1** ⟨*Ceram*⟩ non vetrinato. **2** (*lacking glass*) senza vetri, non invetriato: ~ *windows* finestre senza vetri. **3** ⟨*Cart*⟩ non calandrato.

unglove ['ʌn'glʌv] *v.t.* togliere i guanti a. **ungloved** [-d] *a.* che non porta guanti, senza guanti.

ungodlily [ʌn'gɔdlili] *avv.* empiamente. **ungodliness** [-linis] *s.* empietà *f.* **ungodly** [-li] *a.* **1** empio. **2** (*wicked*) malvagio, empio, scellerato. **3** ⟨*fam*⟩ (*outrageous*) irragionevole, assurdo.

ungovernable [ʌn'gʌvənəbl] *a.* **1** indisciplinato, indocile, ribelle; (*wild*) sfrenato. **2** ⟨*Pol*⟩ ingovernabile. **ungovernableness** [-nis] *s.* **1** indisciplina *f,* indocilità *f.* **2** ⟨*Pol*⟩ ingovernabilità *f.* **ungovernably** [-i] *avv.* in modo indisciplinato. **ungoverned** [-nd] *a.* ⟨*fig*⟩ sfrenato, senza freno.

ungraceful ['ʌn'greisful] *a.* sgraziato, goffo. **ungracefully** [-i] *avv.* senza grazia, goffamente. **ungracefulness** [-nis] *s.* mancanza *f* di grazia, goffaggine *f.*

ungracious [ʌn'greiʃəs] *a.* scortese, maleducato, sgarbato, villano: *it was* ~ *of you to refuse* è stato scortese da parte tua rifiutare. **ungraciously** [-li] *avv.* scortesemente, sgarbatamente. **ungraciousness** [-nis] *s.* scortesia *f,* sgarbatezza *f,* villania *f.*

ungrammatical ['ʌngrə'mætikəl] *a.* sgrammaticato, scorretto. **ungrammatically** [-i] *avv.* in modo sgrammaticato, scorrettamente.

ungrateful [ʌn'greitful] *a.* **1** ingrato, non riconoscente. **2** (*unpleasant*) ingrato, spiacevole. **3** (*of soil*) improduttivo, ingrato, che non rende. **ungratefully** [-i] *avv.* in modo ingrato, senza riconoscenza (*o* gratitudine). **ungratefulness** [-nis] *s.* ingratitudine *f.*

ungratified ['ʌn'grætifaid] *a.* inappagato, insoddisfatto.

ungrounded ['ʌn'graundid] *a.* → unfounded.

ungrudging [ʌn'grʌdʒiŋ] *a.* **1** concesso (*o* dato) di buon grado. **2** (*generous*) generoso, liberale, munifico. **ungrudgingly** [-li] *avv.* di buon grado.

ungual ['ʌŋgwəl] *a.* ⟨*Anat*⟩ ungueale.

unguarded ['ʌn'gɑ:did] *a.* **1** incustodito, indifeso, senza difesa. **2** (*not cautious*) imprudente, incauto. □ *in an* ~ *moment* in un momento di disattenzione.

unguent ['ʌŋgwənt] *s.* ⟨*Farm*⟩ unguento *m.* **unguentary** [-əri] *a.* di (*o* relativo a) unguento.

unguided ['ʌn'gaidid] *a.* **1** non guidato, senza guida. **2** ⟨*Aer.mil*⟩ non guidato.

unguiform ['ʌŋgwifɔ:m] *a.* ⟨*Zool*⟩ a forma di unghia (*o* artiglio).

ungula ['ʌŋgjulə] *s.* (*pl.* -**lae** [li:]) **1** ⟨*Geom*⟩ tronco *m* di cono (*o* cilindro). **2** ⟨*Zool*⟩ ungula *f.* **ungular** [-lə] *a.* ungueale. **ungulate** [-lit] **I** *a.* ⟨*Zool*⟩ ungulato. **II** *s.* ungulato *m.*

unhackneyed [ʌn'hæknid] *a.* non banale, non trito, originale.

unhair [ʌn'hɛə] *v.t.* ⟨*Conc*⟩ depilare.

unhallowed [ʌn'hæloud] *a.* **1** non consacrato, non sacro: ~ *ground* terra non consacrata. **2** (*profane*) profano, sacrilego, empio.

unhampered [ʌn'hæmpəd] *a.* **1** non ostacolato. **2** (*free, unrestricted*) libero, incontrollato.

unhand [ʌn'hænd] *v.t.* togliere le mani di dosso a; (*to let go*) lasciar andare.

unhandiness [ʌn'hændinis] *s.* **1** scarsa maneggevolezza *f.* **2** (*clumsiness*) goffaggine *f,* scarsa destrezza *f.*

unhandled [ʌn'hændld] *a.* **1** non toccato. **2** ⟨*fig*⟩ non trattato, non discusso.

unhandsome [ʌn'hænsəm] *a.* **1** brutto, sgraziato, privo di attrattiva. **2** (*rude*) scortese, sgarbato, maleducato. **3** (*ungenerous*) gretto, meschino. **unhandsomeness** [-nis] *s.* **1** mancanza *f* di grazia (*o* attrattiva). **2** (*rudeness*) scortesia *f,* sgarbatezza *f.* **3** (*meanness*) meschinità *f,* tirchieria *f.*

unhandy [ʌn'hændi] *a.* **1** poco maneggevole, difficile da maneggiare, scomodo. **2** (*clumsy*) maldestro, goffo.

unhang [ʌn'hæŋ] *v.t.irr.* staccare: *to* ~ *a picture from the wall* staccare un quadro dalla parete; (*of a door*) scardinare.

unhanged ['ʌn'hæŋd] *a.* non impiccato.

unhappily [ʌn'hæpili] *avv.* **1** infelicemente. **2** (*unfortunately*) sfortunatamente, per disgrazia. **unhappiness** [-pinis] *s.* infelicità *f.* **unhappy** [-pi] *a.* **1** infelice, triste, misero, miserabile; (*unlucky, ill-fated*) sfortunato, disgraziato, sventurato, infelice. **2** (*dissatisfied*) insoddisfatto, inappagato, scontento: *I was* ~ *with the result* fui insoddisfatto del risultato. **3** (*inauspicious*) infausto, avverso, sfavorevole. **4** (*infelicitous*) infelice, inadatto, inopportuno, fuori luogo: *an* ~ *choice* una scelta infelice.

unharmed ['ʌn'hɑ:md] *a.* incolume, illeso, indenne.

unharmful [-mful] *a.* non dannoso, non nocivo.

unharness ['ʌn'hɑ:nis] *v.t.* **1** togliere la bardatura (*o* i finimenti) a. **2** (*to divest of armour*) togliere l'armatura a. **unharnessed** [-t] *a.* **1** senza bardatura (*o* finimenti). **2** (*divested of armour*) senza armatura. **3** (*of natural resources, etc.*) inutilizzato, non sfruttato.

unhatched ['ʌn'hætʃt] *a.* **1** non covato; (*of a chick*) non uscito dall'uovo. **2** ⟨*fig*⟩ non (ancora) tramato (*o* ordito).

unhealthily [ʌn'helθili] *avv.* in modo poco salubre. **unhealthiness** [-θinis] *s.* **1** salute *f* malferma, cattiva salute. **2** (*unwhole someness*) insalubrità *f.* **unhealthy** [-θi] *a.* **1** di salute malferma, malaticcio, non (molto) sano, malsano. **2** (*harmful to health*) insalubre, malsano: *an* ~ *climate* un clima insalubre. **3** (*indicative of bad health*) malsano: *an* ~ *pallor* un pallore malsano. **4** (*morally harmful*) malsano, morboso; (*morally contaminated*) immorale, corrotto. **5** ⟨*fam*⟩ (*dangerous*) rischioso, azzardoso, pericoloso.

unheard ['ʌn'hə:d] *a.* **1** non udito, non sentito. **2** (*not given a hearing*) non ascoltato, inascoltato, senza essere sentito. **3** → unheard-of.

unheard-of *a.* **1** senza precedenti. **2** (*extraordinary*) straordinario, inaudito, incredibile.

unheated ['ʌn'hi:tid] *a.* non riscaldato.

unheeded ['ʌn'hi:did] *a.* ignorato, trascurato, cui non si fa caso, inosservato: *my warnings went* ~ i miei avvertimenti furono ignorati. **unheedful** [–dful] *a.* ⟨*rar*⟩ → unheeding. **unheeding** [–diŋ] *a.* disattento, sbadato, distratto.

unhelpful ['ʌn'helpful] *a.* inutile, di nessun aiuto, non giovevole, vano. **unhelpfully** [–i] *avv.* in modo poco utile.

unheroic ['ʌnhi'rouik] *a.* non eroico. **unheroically** [–li] *avv.* in modo non eroico.

unhesitating [ʌn'heziteitiŋ] *a.* che non esita, deciso, risoluto. **unhesitatingly** [–li] *avv.* senza esitazione, risolutamente.

unhewn ['ʌn'hju:n] *a.* **1** (*of stone, etc.*) non sbozzato, non sgrossato, grezzo; (*of wood*) non squadrato. **2** ⟨*fig*⟩ grezzo, non rifinito.

unhindered ['ʌn'hindəd] *a.* non intralciato, non ostacolato, senza impedimenti.

unhinge [ʌn'hindʒ] *v.t.* **1** scardinare. **2** ⟨*fig*⟩ sconvolgere: *grief –d his mind* il dolore gli sconvolse la mente.

unhistoric ['ʌnhis'tɔrik], **unhistorical** [–əl] *a.* non storico, leggendario. **unhistorically** [–əli] *avv.* non dal punto di vista storico.

unhitch ['ʌn'hitʃ] *v.t.* **1** staccare, distaccare: *to* ~ *a locomotive from a train* staccare una locomotiva da un treno. **2** (*of horses*) staccare. **3** (*to set loose*) sciogliere, liberare.

unholily [ʌn'houlili] *avv.* empiamente. **unholiness** [–linis] *s.* irreligiosità *f*, empietà *f.* **unholy** [–li] *a.* **1** empio, irreligioso; (*wicked, sinful*) malvagio, empio, scellerato. **2** ⟨*fam*⟩ (*unearthly*) irragionevole, assurdo, ⟨*fam*⟩ impossibile; (*awful*) tremendo, terribile, spaventoso: *an* ~ *mess* una confusione tremenda.

unhonored *am.*, **unhonoured** ['ʌn'ɔnəd] *a.* non onorato.

unhook ['ʌn'huk] *v.t.* **1** sganciare, staccare. **2** (*to undo the hook, hooks of*) sfibbiare.

unhoped-for [ʌn'houpt] *a.* insperato, inaspettato.

unhorse ['ʌn'hɔ:s] *v.t.* disarcionare.

unhouse ['ʌn'hauz] *v.t.* sloggiare. **unhoused** [–d] *a.* ˈprivo di˥ (*o* senza) alloggio; (*driven from a house*) sloggiato.

unhung [ʌn'hʌŋ] *a.* **1** non appeso. **2** (*of paintings*) non esposto.

unhurt ['ʌn'hə:t] *a.* incolume, illeso, sano e salvo.

unhygienic ['ʌnhai'dʒi:nik] *a.* non igienico.

uniaxial ['ju:ni'æksiəl] *a.* ⟨*Ott*⟩ monoassico, uniassico.

unicameral ['ju:ni'kæmərəl] *a.* ⟨*Pol*⟩ unicamerale.

UNICEF = *United Nations International Children's Emergency Fund* Fondo internazionale di emergenza per l'infanzia delle Nazioni Unite (*abbr.* UNICEF).

unicellular ['ju:ni'seljulə] *a.* ⟨*Biol*⟩ unicellulare: ~ *animal* protozoo *m.*

unicorn ['ju:nikɔ:n] *s.* **1** ⟨*Mitol*⟩ unicorno *m*, liocorno *m.* **2** ⟨*Zool*⟩ → **unicorn whale.**

unicorn| bird *s.* ⟨*Ornit*⟩ caimichi *m* cornuto, palameda *f* cornuta. ~ **fish** *s.* **1** ⟨*Zool*⟩ → **unicorn whale. 2** ⟨*Itt*⟩ teutide *f*, sigano *m.* ~ **whale** *s.* ⟨*Zool*⟩ monodonte *m*, narvalo *m.*

unicycle ['ju:nisaikl] *s.* monociclo *m.*

unideal ['ʌnai'diəl] *a.* **1** non ideale. **2** (*deficient in idealism*) prosaico, materialista.

unidentified ['ʌnai'dentifaid] *a.* non identificato. ☐ ~ *flying object* oggetto volante non identificato, disco volante.

unidirectional ['ju:nidai'rekʃənl] *a.* ⟨*Rad,El*⟩ unidirezionale.

unifiable ['ju:nifaiəbl] *a.* unificabile. ,**unification** [–fi'keiʃən] *s.* unificazione *f.* **unified** [–faid] *a.* unificato. **unifier** [–faiə] *s.* unificatore *m* (*f* –trice).

uniform ['ju:nifɔ:m] **I** *a.* **1** uniforme (*anche Fis.*). **2** (*unvarying*) costante, uguale, invariabile, uniforme: ~ *temperature* temperatura costante; (*of surfaces*) piano, uniforme. **II** *s.* uniforme *f*, divisa *f*, tenuta *f* (*anche Mil.*): *school* ~ uniforme scolastica. ☐ ⟨*Mil*⟩ *in full* ~ in alta uniforme; *in* ~ in uniforme (*anche Mil.*); ⟨*Mil*⟩ *out of* ~ in uniforme non regolamentare. **uniformed** [–d] *a.* in uniforme, in divisa.

uniformity [ju:ni'fɔ:miti] *s.* uniformità *f.* ☐ ⟨*Stor*⟩ *Act of* ~ Atto *m* di uniformità. ˈ**uniformly** [–mli] *avv.*

uniformemente.

unify ['ju:nifai] *v.t.* unificare, unire, riunire.

unilateral [ju:ni'lætərəl] *a.* **1** unilaterale (*anche Dir.,Pol.,Bot.*): ~ *disarmament* disarmo unilaterale. **2** ⟨*Mat*⟩ unilatero. **unilaterally** [–i] *avv.* in modo unilaterale, unilateralmente.

unimaginable [,ʌni'mædʒinəbl] *a.* inimmaginabile, inconcepibile, impensabile. **unimaginably** [–i] *avv.* inconcepibilmente.

unimaginative [ʌni'mædʒinətiv] *a.* ˈche manca˥ (*o* privo) di fantasia. **unimaginatively** [–i] *avv.* senza fantasia. **unimaginativeness** [–nis] *s.* mancanza *f* di fantasia.

unimpaired ['ʌnim'pɛəd] *a.* indenne, non danneggiato, non menomato. ☐ *his mind is* ~ la sua mente è lucida; *with faculties* ~ in pieno possesso delle proprie facoltà (mentali).

unimpassioned ['ʌnim'pæʃənd] *a.* calmo, padrone di sé, freddo, misurato.

unimpeachability ['ʌnim,pi:tʃə'biliti] *s.* irreprensibilità *f*, incensurabilità *f.* **unim'peachable** [–bl] *a.* **1** irreprensibile, incensurabile, inattaccabile. **2** (*not open to question*) indiscutibile, incontestabile, irrefutabile.

unimpeded ['ʌnim'pi:did] *a.* non impedito, senza ostacoli, senza impedimenti.

unimportance ['ʌnim'pɔ:təns] *s.* l'essere privo d'importanza. **unimportant** [–nt] *a.* senza importanza, trascurabile.

unimposed ['ʌnim'pouzd] *a.* non imposto, volontario, spontaneo.

unimposing ['ʌnim'pouziŋ] *a.* non imponente, che non incute soggezione.

unimpressed ['ʌnim'prest] *a.* **1** non impressionato, non colpito. **2** (*bearing no impress*) non impresso. ☐ *I was* ~ *by his achievements* le sue imprese non m'impressionarono. **unimpressionable** [–'preʃnəbl] *a.* non impressionabile, freddo, non emotivo. **unimpressive** [–siv] *a.* che non impressiona, che non colpisce.

unimproved ['ʌnim'pru:vd] *a.* **1** non migliorato. **2** (*of the mind*) non coltivato. **3** ⟨*Agr*⟩ (*of land*) non valorizzato, che non ha avuto migliorie.

unincorporated [,ʌnin'kɔ:pəreitid] *a.* ⟨*Comm*⟩ non registrato. ☐ ~ *company* società *f* irregolare.

uninfluenced ['ʌnin'influənst] *a.* non influenzato, non soggetto a influssi. **un,influential** [–flu'enʃəl] *a.* non influente, senza influenza (*o* autorità).

uninformed ['ʌnin'fɔ:md] *a.* **1** non informato, non al corrente, ignaro (*of* di). **2** (*ignorant*) ignorante, incolto.

uninhabitable ['ʌnin'hæbitəbl] *a.* inabitabile. **uninhabited** [–tid] *a.* (*of houses*) disabitato; (*of places*) deserto, disabitato, abbandonato.

uninhibited ['ʌnin'hibitid] *a.* non inibito, senza inibizioni, disinvolto.

uninitiated ['ʌni'nifieitid] *a.* non iniziato, non introdotto, profano.

uninjured ['ʌn'indʒəd] *a.* illeso, indenne, incolume.

uninspired ['ʌnin'spaiəd] *a.* che manca ˈd'ispirazione˥ (*o* di originalità), banale, non ispirato.

uninsured ['ʌnin'ʃuəd] *a.* non assicurato.

unintelligent ['ʌnin'telidʒənt] *a.* non intelligente, ottuso, stupido.

unintelligibility ['ʌnin,telidʒə'biliti] *s.* inintelligibilità *f*, incomprensibilità *f.* **unin'telligible** [–bl] *a.* inintelligibile, incomprensibile. **unin'telligibly** [–bli] *avv.* in modo inintelligibile.

unintended ['ʌnin'tendid] *a.* non voluto, non intenzionale. **unintentional** [–nʃənəl] *a.* **1** non intenzionale, involontario, non voluto, inavveduto. **2** ⟨*Dir*⟩ preterintenzionale. **unintentionally** [–nʃənəli] *avv.* non intenzionalmente, involontariamente, inavvertitamente.

uninterested ['ʌn'intristid] *a.* non interessato, indifferente (*in* a), incurante (di). **uninteresting** [–tiŋ] *a.* non interessante, privo d'interesse.

uninterrupted ['ʌnintə'rʌptid] *a.* **1** ininterrotto. **2** (*continuous*) continuo, incessante, ininterrotto. **uninterruptedly** [–li] *avv.* ininterrottamente.

uninvited ['ʌnin'vaitid] *a.* non invitato, senza invito. **uninviting** [–tiŋ] *a.* **1** non invitante, non allettante, non attraente. **2** (*of food*) non appetitoso.

union ['juːniən] **I** *s.* **1** unione *f*, associazione *f*, lega *f*, alleanza *f*. **2** (*tradeunion*) sindacato *m* (operaio, dei lavoratori), organizzazione *f* sindacale (*o* dei lavoratori). **3** ⟨*Pol*⟩ unione *f*. **4** ⟨*Univ*⟩ circolo *m* universitario; (*premises*) sede *f* (*o* locali *mpl*) del circolo universitario. **5** (*uniting in marriage*) unione *f*, matrimonio *m*. **6** (*harmony, agreement*) armonia *f*, accordo *m*, concordia *f*, unione *f*. **7** ⟨*Mecc*⟩ raccordo *m*, giunto *m*. **8** (*of a flag, ensign*) emblema *m* che simboleggia l'unione di due (*o* più) stati; (*upper inner corner*) quarto *m* superiore (vicino all'asta). **9** ⟨*Stor*⟩ (*for the administration of poor relief*) organizzazione *f* tra parrocchie per l'assistenza ai poveri; (*workhouse*) ricovero *m* di mendicità. **10** ⟨*Tess*⟩ tessuto *m* misto. **II** *a.* **1** (*of trade–unions*) sindacale. **2** ⟨*Tess*⟩ misto. □ the ~ *flag* la bandiera britannica; ⟨*Stor*⟩ ~ *of South Africa* Unione Sudafricana; ~ *of Soviet Socialist Republics* Unione *f* delle Repubbliche Socialiste Sovietiche; ⟨*Pol*⟩ ~ *of States* unione *f* di Stati.

Union I *s.* **1** ⟨*Stor.brit*⟩ unione *f* fra Inghilterra e Scozia. **2** ⟨*Stor.am*⟩ stati *mpl* dell'Unione. **II** *N.pr.* (*United States*) Stati *mpl* Uniti d'America.

union| agreement *s.* accordo *m* sindacale. **~ dues** *s.pl.* contributi *mpl* sindacali.

unionism ['juːnjənizəm] *s.* **1** ⟨*Pol,Rel*⟩ unionismo *m*. **2** (*tradeunionism*) sindacalismo *m*, unionismo *m*, tradunionismo *m*. **Unionism** *s.* **1** ⟨*Stor.brit*⟩ unionismo *m*. **2** ⟨*Stor.am*⟩ lealtà *f* agli stati dell'Unione. **unionist** [–nist] *s.* **1** unionista *m/f*. **2** (*tradeunionist*) sindacalista *m/f*, unionista *m/f*, tradunionista *m/f*. **Unionist** *s.* ⟨*Stor.am*⟩ sostenitore *m* degli stati dell'Unione. **,unionistic** [–'nistik] *a.* dell' (*o* relativo all') unionismo.

unionization [juːnjənai'zeiʃən] *s.* sindacalizzazione *f*. **'unionize** [–naiz] **I** *v.t.* **1** organizzare in sindacato. **2** (*to cause to join a labour union*) sindacalizzare. **II** *v.i.* sindacalizzarsi. **unionized** [–naizd] *a.* sindacalizzato: ~ *worker* lavoratore sindacalizzato.

Union| Jack *s.* bandiera *f* nazionale britannica. **~ militant** *s.* attivista *m/f* sindacale. **~ steward** *s.* rappresentante *m* sindacale. **~ suit** *am.* *s.* ⟨*Vest*⟩ combinazione *f*.

uniparous [juː'nipərəs] *a.* ⟨*Biol*⟩ uniparo.

unipersonal [juːni'pəːsənl] *a.* **1** che esiste come una sola persona (*anche Teol.*). **2** ⟨*Gramm*⟩ (*of verbs*) usato in una sola persona.

unipolar [juːni'poulə] *a.* **1** ⟨*El*⟩ unipolare. **2** ⟨*Anat*⟩ monopolare.

unique [juː'niːk] *a.* **1** unico, singolo, solo: *a ~ specimen of a butterfly* un esemplare unico di farfalla. **2** ⟨*fam*⟩ (*remarkable*) eccezionale, straordinario, singolare. **uniquely** [–li] *avv.* **1** unicamente, solamente, singolarmente. **2** ⟨*fam*⟩ (*remarkably*) eccezionalmente, straordinariamente. **uniqueness** [–nis] *s.* unicità *f* (*anche Mat.*).

unisex ['juːniseks] *a.* unisex.

unisex look *s.* ⟨*Mod*⟩ moda *f* unisex.

unisexual ['juːnise'kʃuəl, –sjuəl] *a.* ⟨*Biol*⟩ unisessuale, unisessuato. **,unisexuality** [–ksju'æliti] *s.* unisessualità *f*.

unison ['juːnizn] *s.* **1** ⟨*Mus*⟩ unisono *m*. **2** ⟨*fig*⟩ (*perfetto*) accordo *m*, (piena) armonia *f*, unisono *m*. □ *in ~*: 1 ⟨*Mus*⟩ all'unisono: *to sing in ~* cantare all'unisono; 2 ⟨*fig*⟩ in perfetto accordo, concordemente, in (piena) armonia, all'unisono: *we acted in ~* agivamo in perfetto accordo.

unisonal [juː'nisənl] *a.* ⟨*Mus*⟩ unisono. **unisonance** [–nəns] *s.* consonanza *f* di suoni unisoni. **unisonant** [–nənt] *a.* → **unisonal**. **unisonous** [–nəs] *a.* **1** unisono. **2** ⟨*fig*⟩ che è in perfetto accordo, unisono, in (perfetta) armonia, concorde.

unit ['juːnit] *s.* **1** unità *f* (*anche Mat.,Med.,Biol.*): ~ *of length* unità di lunghezza; *monetary ~* unità monetaria. **2** (*piece of apparatus, machinery*) elemento *m*; (*set*) gruppo *m*. **3** ⟨*Arred*⟩ elemento *m*: *a kitchen ~* un elemento per cucina. **4** ⟨*Mil*⟩ unità *f*, rapporto *m*. **5** ⟨*Tel*⟩ scatto *m*, unità *f*. □ ~ *of account* unità *f* di conto; ⟨*Fis*⟩ ~ *of heat* unità *f* di calore; ~ *of work* unità *f* di lavoro.

Unitarian [juːniˈtɛ(ə)riən] **I** *s.* ⟨*Rel*⟩ unitariano *m* (*f* –a),

unitario *m* (*f* –a). **II** *a.* unitariano. **Unitarianism** [–izəm] *s.* ⟨*Rel*⟩ unitarianismo *m*, unitarismo *m*.

unitary ['juːnitəri] *a.* unitario (*anche Mat.*).

unite [juː'nait] **I** *v.t.* **1** riunire, unire: *the two armies were –d under one commander* le due armate furono riunite sotto un unico comandante. **2** (*to connect, link*) collegare, congiungere, connettere, unire. **3** (*to relate, connect closely*) associare, riunire. **4** (*to join in marriage*) unire in matrimonio. **II** *v.i.* **1** unirsi. **2** (*to become linked, connected*) congiungersi, unirsi; (*to mix together*) mescolarsi, unirsi. **3** (*to act in concert*) unirsi, essere d'accordo, agire congiuntamente: *all the parties –d in condemning the bomb attempt* tutti i partiti si unirono nel condannare l'attentato dinamitardo.

united [juː'naitid] *a.* **1** unito, associato. **2** (*produced by joint action*) congiunto, unito: *a ~ effort* uno sforzo congiunto. **3** (*in agreement, harmony*) unito, d'accordo, in armonia: *a ~ party* un partito unito; *to be ~ in a decision* essere d'accordo su una decisione. **4** (*joined in marriage*) unito in matrimonio. □ ⟨*Geog*⟩ ~ *Arab Republic* Repubblica Araba Unita; ~ *States of America* Stati Uniti d'America. *Prov.*: ~ *we stand, divided we fall* l'unione fa la forza.

United| Arab Emirates *N.pr.pl.* ⟨*Geog*⟩ Emirati *mpl* Arabi Uniti. **~ Brethren** *s.pl.* ⟨*Rel*⟩ una setta *f* protestante. **~ Kingdom** *N.pr.* ⟨*Geog*⟩ Regno *m* Unito. **~ Nations** *s.pl.* Nazioni *fpl* Unite. □ ~ *Industrial Development Organization* organizzazione *f* delle Nazioni Unite per lo Sviluppo Industriale; ~ *specialized agency* organizzazione specializzata delle Nazioni Unite. **~ Provinces** *N.pr.pl.* ⟨*Stor*⟩ Province *fpl* Unite. **~ States** *N.pr.pl.* ⟨*Geog*⟩ Stati *mpl* Uniti d'America.

unit| factor *s.* ⟨*Biol*⟩ gene *m*. **~ furniture** *s.* mobili *mpl* componibili. **~ investment trust** *s.* ⟨*Econ*⟩ fondo *m* comune d'investimento. **~ price** *s.* ⟨*Econ*⟩ prezzo *m* unitario. **~ trust** *s.* ⟨*Econ*⟩ fondo *m* comune d'investimento.

unity ['juːniti] *s.* **1** unità *f*. **2** (*harmony, accord*) (perfetto) accordo *m*, (piena) armonia *f*, unione *f*: *to live in ~ with one's neighbours* vivere in perfetto accordo con i propri vicini. **3** ⟨*Mat,Lett,Art,Teat*⟩ unità *f*. □ ⟨*Lett,Teat*⟩ ~ *of action* unità *f* d'azione; ~ *of place* unità *f* di luogo; ~ *of time* unità *f* di tempo.

Univ. = *University* università.

univalence [juːni'veiləns], **univalency** [–i] *s.* ⟨*Chim*⟩ monovalenza *f*. **u'nivalent** [–vələnt] *a.* ⟨*Chim,Biol*⟩ monovalente.

univalve ['juːnivælv] **I** *a.* ⟨*Zool*⟩ univalve. **II** *s.* mollusco *m* univalve.

universal [juːni'vəːsəl] *a.* **1** universale, generale, totale: ~ *peace* pace universale. **2** ⟨*Mecc,Filos,Dir*⟩ universale: ~ *heir* erede universale. □ ⟨*Mil*⟩ ~ *military service* servizio militare obbligatorio; ~ *Postal Union* unione *f* postale universale.

universal| banking *s.* attività *f* bancaria universale. **~ coupling** *s.* → **universal joint**. **~ current** *s.* ⟨*El*⟩ corrente *f* universale. **~ grammar** *s.* ⟨*Ling*⟩ grammatica *f* universale.

universalism [juːni'vəːsəlizəm] *s.* ⟨*Rel,Filos,Pol*⟩ universalismo *m*. **universalist** [–list] *s.* universalista *m/f*. **universality** [–'sæliti] *s.* universalità *f*. **uni,versalization** [–lai'zeiʃən] *s.* universalizzazione *f*. **universalize** [–laiz] *v.t.* universalizzare.

universal joint *s.* ⟨*Mecc*⟩ giunto *m* universale (*o* cardanico).

universally [juːni'vəːsəli] *avv.* universalmente.

universal| motor *s.* ⟨*El*⟩ motore *m* universale. **~ proposition** *s.* proposizione *f* universale. **~ socket** *s.* ⟨*El*⟩ presa *f* universale. **~ suffrage** *s.* ⟨*Pol*⟩ suffragio *m* universale.

universe ['juːnivəːs] *s.* **1** universo *m*, cosmo *m*. **2** ⟨*fig*⟩ (*the whole world*) universo *m*, mondo *m* (intero); (*all mankind*) umanità *f*, universo *m*. **3** ⟨*fig*⟩ (*field of thought*) sistema *m* filosofico.

university [juː'nivəːsiti] **I** *s.* università *f*. **II** *a.* universitario: ~ *life* vita universitaria.

university| college *s.* college *m* universitario. **~**

hospital *s.* ospedale *m* universitario. ~ **press** *s.* stampa *f* universitaria. ~ **researcher** *s.* ricercatore *m* universitario. ~ **training center** *am.*, ~ **training centre** *s.* centro *m* di formazione universitaria.

univocal [ju:ni'voukəl] I *a.* univoco. II *s.* termine *m* univoco.

unjust [ʌn'dʒʌst] *a.* ingiusto, iniquo.

unjustifiable [ʌn'dʒʌstifaiəbl] *a.* ingiustificabile. **unjustifiably** [–i] *avv.* in modo ingiustificabile. **unjustified** [–faid] *a.* ingiustificato, immotivato, infondato. **unjustly** [–tli] *avv.* ingiustamente.

unkempt [ʌn'kempt] *a.* 1 scarmigliato, spettinato, scompigliato, arruffato. 2 (*untidy*) sciatto, disordinato, trascurato, trasandato: ~ *clothes* abiti sciatti.

unkind [ʌn'kaind] *a.* 1 scortese, sgarbato, non gentile. 2 (*harsh, cruel*) duro, cattivo, crudele. 3 (*of weather, climate*) rigido, aspro, inclemente. **unkindliness** [–linis] *s.* scortesia *f*, sgarbatezza *f*. **unkindly** [–li] I *a.* → **unkind.** II *avv.* 1 scortesemente, sgarbatamente. 2 (*cruelly*) duramente, crudelmente. **unkindness** [–nis] *s.* 1 scortesia *f*, sgarbatezza *f*. 2 (*unkind behaviour*) scortesia *f*, sgarbo *m.* 3 (*of weather, climate*) rigore *m*, asprezza *f*.

unkingly [ʌn'kiŋli] *a.* non regale, non degno di un re.

unknightly [ʌn'naitli] *a.* poco cavalleresco, indegno di un cavaliere.

unknit [ʌn'nit] *v.t.* 1 sciogliere, disfare, slegare. 2 (*to smooth out*) spianare. 3 (*fig*) indebolire.

unknot [ʌn'nɔt] *v.t.* snodare, slacciare, sciogliere.

unknowability [ʌnnouə'biliti] *s.* inconoscibilità *f.* **un'knowable** [–bl] *a.* inconoscibile.

unknowing [ʌn'nouiŋ] *a.* inconsapevole, ignaro. **unknowingly** [–li] *avv.* inconsapevolmente.

unknown [ʌn'noun] I *a.* 1 sconosciuto, ignoto, non noto: *an* ~ *writer* uno scrittore sconosciuto. 2 (*unidentified*) ignoto, sconosciuto, non identificato: *a crime committed by a person or persons* ~ un reato commesso da una o più persone ignote. 3 (*of regions: unexplored*) inesplorato, sconosciuto, ignoto. II *s.* 1 ignoto *m: fear of the* ~ paura dell'ignoto. 2 (*s.o. unknown*) sconosciuto *m* (*f* –a). 3 ⟨*Mat*⟩ incognita *f.* III *avv.* all'insaputa: *he did it* ~ *to anyone* lo fece all'insaputa di tutti.

unknown| quantity *s.* ⟨*Mat*⟩ incognita *f* (*anche fig.*): *the challenger is an* ~ lo sfidante rappresenta un'incognita. ~ **Soldier,** ~ **Warrior** *s.* milite *m* ignoto.

unlabeled *am.*, **unlabelled** [ʌn'leibəld] *a.* senza etichetta (*o* cartellino).

unlabored *am.*, **unlaboured** [ʌn'leibəd] *a.* non elaborato, spontaneo, naturale, non ricercato: *an* ~ *style* uno stile non elaborato.

unlace [ʌn'leis] *v.t.* slacciare, slegare, sciogliere: *to* ~ *one's shoes* slacciarsi le scarpe.

unlade [ʌn'leid] *v.t.irr.* scaricare.

unladylike ['ʌn'leidilaik] *a.* indegno di (*o* non adatto a) una signora.

unlaid ['ʌn'leid] *a.* 1 non posato, non posto. 2 (*of a table*) non apparecchiato. 3 (*of a ghost*) non esorcizzato. 4 (*of a rope*) disfatto. 5 (*of paper*) non vergato, senza vergatura.

unlash [ʌn'læʃ] *v.t.* sciogliere, slegare, allentare.

unlatch ['ʌn'lætʃ] *v.t.* aprire togliendo il chiavistello.

unlawful [ʌn'lɔ:ful] *a.* 1 ⟨*Dir*⟩ illecito, illegale. 2 (*morally wrong*) illecito. 3 (*born out of wedlock*) illegittimo. **unlawfully** [–i] *avv.* illegalmente, illecitamente. **unlawfulness** [–nis] *s.* illegalità *f.*

unlearn ['ʌn'lə:n] *v.t.irr.* dimenticare, disimparare.

unlearned[1] ['ʌn'lə:nid] *a.* che manca di cultura, ignorante, illetterato, non istruito. □ *to be* ~ *in philosophy* essere digiuno di filosofia.

unlearned[2] [ʌn'lə:nd] *a.* (*not learned*) non imparato.

unlearnt [ʌn'lə:nt] *a.* → **unlearned**[2].

unleash ['ʌn'li:ʃ] *v.t.* 1 liberare, slegare, sguinzagliare. 2 ⟨*fig*⟩ liberare, dare libero sfogo a, dare via libera a.

unleavened ['ʌn'levnd] *a.* 1 (*of bread*) azzimo, non lievitato, senza lievito. 2 ⟨*fig*⟩ non rinvigorito.

unless [ən'les, ʌn'les] *congz.* a meno che, tranne che, salvo che, eccetto che, se non.

unlettered ['ʌn'letəd] *a.* incolto, ignorante; (*illiterate*) analfabeta, illetterato.

unlicensed ['ʌn'laisənst] *a.* 1 senza licenza (*o* patente). 2 (*unauthorized*) non autorizzato, non permesso.

unlike ['ʌn'laik] I *a.* 1 non somigliante, dissimile, diverso. 2 (*unequal*) non uguale, diverso, differente, ineguale. II *prep.* 1 diverso da, differente da: *she is* ~ *her mother* è diversa da sua madre. 2 (*not characteristic of*) non da, non tipico di, non caratteristico di: *it is* ~ *him to lose his temper* non è da lui perdere la pazienza. 3 (*in a way different from*) diversamente da, a differenza di: ~ *his wife, he is quite broadminded* diversamente da sua moglie, lui è di larghe vedute.

unlikelihood [ʌn'laiklihud], **unlikeliness** [–linis] *s.* inverosimiglianza *f*, improbabilità *f.* **unlikely** [–li] I *a.* 1 improbabile, inverosimile, poco probabile: *it is* ~ *that he will come* è improbabile che venga; *an* ~ *excuse* una scusa inverosimile; *he is* ~ *to agree* è poco probabile che sia d'accordo. 2 (*unpromising*) poco promettente, che non promette bene. II *avv.* improbabilmente, inverosimilmente.

unlikeness ['ʌn'laiknis] *s.* differenza *f*, diversità *f*, dissomiglianza *f.*

unlimited [ʌn'limitid] *a.* 1 illimitato, senza limiti, assoluto: ~ *power* potere illimitato. 2 (*boundless*) sconfinato, immenso, illimitato. □ ⟨*Econ*⟩ ~ *company* società *f* a responsabilità illimitata.

unlined[1] ['ʌn'laind] *a.* (*not having a lining*) sfoderato, senza fodera.

unlined[2] *a.* 1 (*unruled*) non rigato, senza righe: ~ *paper* carta non rigata. 2 (*of a face*) senza rughe, non rugoso.

unlink ['ʌn'liŋk] *v.t.* 1 (*of a chain, etc.*) dividere ⌈gli anelli⌉ (*o* le maglie) di. 2 (*to detach, separate*) disgiungere, staccare.

unlisted ['ʌn'listid] *a.* 1 (*of a telephone number*) che non è sull'elenco. 2 ⟨*Econ*⟩ non quotato in borsa.

unlisted securities market *s.* ⟨*Econ*⟩ mercatino *m.*

unlit ['ʌn'lit] *a.* 1 non illuminato. 2 (*of a fire*) non acceso.

unload ['ʌn'loud] I *v.t.* 1 scaricare (*anche Artigl.*): *to* ~ *a cargo* scaricare un carico; (*to discharge*) scaricare, far scendere. 2 ⟨*fig*⟩ liberare, alleggerire scaricare. 3 ⟨*Econ*⟩ (*of shares*) vendere, disfarsi di. II *v.i.* 1 scaricare: *the ship is –ing* la nave sta scaricando. 2 ⟨*Artigl*⟩ scaricare un fucile.

unlocated ['ʌnlo(u)'keitid] *a.* non localizzato.

unlock [ʌn'lɔk] *v.t.* 1 aprire con la chiave. 2 (*to open*) aprire. 3 ⟨*fig*⟩ aprire, schiudere: *to* ~ *one's heart to s.o.* aprire il proprio cuore a qd.; (*to disclose, reveal*) svelare, rivelare, scoprire. 4 ⟨*Mecc*⟩ sbloccare. **'unlocked** [–t] *a.* non chiuso a chiave.

unlooked-for [ʌn'lukt] *a.* imprevisto, inaspettato, inatteso.

unloose ['ʌn'lu:s], **unloosen** [–n] *v.t.* 1 (*of a grasp, grip, etc.*) allentare. 2 (*of a knot, etc.*) sciogliere, disfare, slacciare, slegare.

unlovable ['ʌn'lʌvəbl] *a.* 1 non amabile, non simpatico. 2 (*unattractive*) sgradevole, spiacevole.

unloved ['ʌn'lʌvd] *a.* non amato.

unloveliness ['ʌn'lʌvlinis] *s.* bruttezza *f*, mancanza *f* di attrattive. **unlovely** [–li] *a.* brutto, non attraente.

unloving ['ʌn'lʌviŋ] *a.* non affettuoso.

unluckily [ʌn'lʌkili] *avv.* sfortunatamente, disgraziatamente, sventuratamente. **unluckiness** [–kinis] *s.* sfortuna *f*, disgrazia *f*, sventura *f*, ⟨*fam*⟩ scalogna *f.* **unlucky** [–ki] *a.* 1 sfortunato, disgraziato, (*fam*) scalognato. 2 (*of an event: ill-omened*) malaugurato, infausto, nefasto. 3 (*that brings bad luck*) che porta sfortuna, di malaugurio, ⟨*fam*⟩ scalognato: □ *it is* ~ *to spill salt* versare il sale porta sfortuna.

unmade [ʌn'meid] *a.* 1 disfatto, non (ancora) fatto, sfatto: *the beds were still* ~ i letti erano ancora disfatti. 2 (*uncreated*) non creato. 3 (*not manufactured*) non prodotto, non fabbricato; (*of dresses*) non confezionato.

unmaidenly ['ʌn'meidənli] *a.* che non si addice a una fanciulla.

unmake ['ʌn'meik] *v.t.irr.* 1 disfare, distruggere. 2 (*to deprive of rank, office*) deporre.

unmalleability ['ʌn,mæliə'biliti] *s.* mancanza *f* di

malleabilità. **un'malleable** [–bl] *a.* non malleabile, non duttile.

unman ['ʌn'mæn] *v.t.* **1** scoraggiare, prostrare, abbattere. **2** (*to deprive of virility*) evirare, castrare. **3** ⟨*Mar*⟩ (*of a ship*) privare dell'equipaggio, disarmare.

unmanageable [ʌn'mænidʒəbl] *a.* **1** ribelle, intrattabile, spigoloso, difficile, ⟨*fam*⟩ impossibile: *an ~ child* un bambino ribelle. **2** (*not handy*) non maneggevole, non manovrabile. **3** (*of material*) difficile da lavorare. **un'manageably** [–i] *avv.* in modo intrattabile.

unmanliness ['ʌn'mænlinis] *s.* **1** codardia *f,* viltà *f,* pusillanimità *f.* **2** (*effeminacy*) effeminatezza *f.* **unmanly** [–li] *a.* **1** vile, codardo, pusillanime; (*weak*) debole. **2** (*effeminate*) effeminato.

unmanned [ʌn'mænd] *a.* **1** (*of a ship, aircraft, etc.*) che è senza equipaggio (*o* uomini). **2** (*deprived of courage*) accasciato, prostrato, abbattuto. **3** (*deprived of virility*) evirato, castrato. **4** (*of a hawk*) non addestrato.

unmannerliness [ʌn'mænəlinis] *s.* grossolanità *f,* rozzezza *f,* sgarbatezza *f,* scortesia *f.* **unmannerly** [–li] *a.* grossolano, rozzo, sgarbato, scortese.

unmarked ['ʌn'mɑːkt] *a.* **1** non marcato, non segnato, non contrassegnato, senza dicitura. **2** (*having no stains*) non macchiato. **3** (*unnoticed*) inosservato, non notato. **4** (*not characterized*) non caratterizzato (*by* da). **5** ⟨*Scol*⟩ non classificato, senza voto.

unmarketable ['ʌn'mɑːkitəbl] *a.* ⟨*Comm*⟩ non commerciabile, invendibile, non negoziabile.

unmarred ['ʌn'mɑːd] *a.* **1** non sfigurato, non deturpato. **2** (*not damaged*) non danneggiato, non sciupato. **3** (*without blemish*) senza ombra (*o* macchia).

unmarriageable ['ʌn'mæridʒəbl] *a.* **1** troppo giovane per sposarsi. **2** (*unlikely to marry*) che difficilmente troverà un marito (*o* una moglie). **unmarried** [–rid] *a.* (*of a man*) scapolo, celibe, non sposato, non coniugato; (*of a woman*) nubile, non sposata, non coniugata.

unmask ['ʌn'mɑːsk] **I** *v.t.* **1** smascherare (*anche fig.*): *to ~ a plot* smascherare un complotto. **2** ⟨*Artigl*⟩ (*of batteries*) scoprire (aprendo il fuoco). **II** *v.i.* levarsi la maschera, smascherarsi (*anche fig.*).

unmatchable ['ʌn'mætʃəbl] *a.* **1** che non può essere appaiato (*o* accoppiato). **2** (*incomparable*) incomparabile, ineguagliabile, impareggiabile. **unmatched** [–tʃt] *a.* **1** spaiato, scompagnato: *~ gloves* guanti spaiati. **2** (*unequalled*) senza pari, senza uguali, ineguagliato. **unmated** ['ʌn'meitid] *a.* non accoppiato, non appaiato.

unmeaning [ʌn'miːniŋ] *a.* **1** privo di senso (*o* significato). **2** (*of the face, expressions*) inespressivo, senza espressione.

unmeant [ʌn'ment] *a.* non voluto, non intenzionale, involontario.

unmeasurable [ʌn'meʒərəbl] *a.* **1** non misurabile. **2** ⟨*fig*⟩ incommensurabile, infinito, illimitato, smisurato. **unmeasured** [–ʒəd] *a.* **1** non misurato. **2** (*measureless*) smisurato, illimitato, immenso, sterminato. **3** (*unrestrained*) smodato, sfrenato, senza freno.

unmeet ['ʌn'miːt] *a.* ⟨*ant*⟩ **1** inadatto, disadatto, non adatto (*for* a). **2** (*of behaviour, etc.*) sconveniente, indecoroso.

unmelodious ['ʌnmi'loudjəs] *a.* non melodioso, non musicale, inarmonico.

unmentionable [ʌn'menʃənəbl] **I** *a.* di cui non si può parlare, innominabile. **II** *s.* **1** (*s.th. unmentionable*) cosa *f* innominabile. **2** *pl.* ⟨*ant,scherz*⟩ (*underwear*) indumenti *mpl* intimi; (*trousers*) pantaloni *mpl*.

unmerchantable [ʌn'mɑː'tʃentəbl] *a.* → **unmarketable**.

unmerciful [ʌn'məːsiful] *a.* spietato, implacabile, inesorabile, crudele, senza pietà. **unmercifully** [–i] *avv.* spietatamente, inesorabilmente, crudelmente. **unmercifulness** [–nis] *s.* spietatezza *f,* inesorabilità *f,* crudeltà *f.*

unmeritable ['ʌn'meritəbl] *a.* immeritevole. **unmerited** [–tid] *a.* immeritato: *an ~ honour* un onore immeritato. **unmeriting** [–tiŋ] *a.* immeritevole.

unmethodical ['ʌnmi'θɔdikəl] *a.* non metodico, senza metodo. **unmethodically** [–i] *avv.* senza metodo (*o* metodicità).

unmindful [ʌn'maindful] *a.* **1** dimentico, immemore, incurante (*of* di). **2** (*heedless*) sbadato, disattento. **3** (*careless*) incurante, negligente.

unmingled [ʌn'miŋgld] *a.* non mescolato, puro.

unmistakable ['ʌnmis'teikəbl] *a.* **1** chiaro, lampante, evidente. **2** (*easily recognizable*) facilmente riconoscibile. **unmistakably** [–i] *avv.* chiaramente, inequivocabilmente.

unmitigated [ʌn'mitigeitid] *a.* **1** non mitigato, non attenuato, non moderato. **2** ⟨*fam*⟩ (*utter*) perfetto, vero e proprio, bell'e buono: *an ~ fool* un perfetto imbecille.

unmixed ['ʌn'mikst] *a.* **1** genuino, puro, non mescolato, schietto: *~ wine* vino genuino. **2** ⟨*fig*⟩ perfetto, totale.

unmodified ['ʌn'mɔdifaid] *a.* non modificato, invariato, tale e quale.

unmolested ['ʌnmo(u)'lestid] *a.* indisturbato, non molestato.

unmoor ['ʌn'muə] **I** *v.t.* ⟨*Mar*⟩ disormeggiare, togliere (*o* levare) gli ormeggi a. **II** *v.i.* togliere (*o* levare) gli ormeggi.

unmoral ['ʌn'mɔrəl] *a.* amorale. **unmorality** [–mə'ræliti] *s.* amoralità *f.*

unmortgaged ['ʌn'mɔːgidʒd] *a.* ⟨*Dir*⟩ non ipotecato.

unmounted ['ʌn'mauntid] *a.* **1** senza montatura, non montato, non incorniciato. **2** (*of a gem*) non incastonato, non montato. **3** (*not provided with horses*) non a cavallo, appiedato. **4** ⟨*Artigl*⟩ non in posizione di tiro.

unmourned ['ʌn'mɔːnd] *a.* non pianto, non compianto.

unmovable ['ʌn'muːvəbl] *a.* fisso, non movibile. **unmoved** [–vd] *a.* **1** fermo, fisso, non rimosso. **2** ⟨*fig*⟩ (*impassive*) impassibile, imperturbato, calmo, tranquillo. **unmoving** [–viŋ] *a.* fermo, immobile, fisso.

unmuffle ['ʌn'mʌfl] *v.t.* scoprire, togliere la copertura a.

unmurmuring ['ʌn'mə'məriŋ] *a.* **1** che non mormora (*o* sussurra). **2** (*uncomplaining*) che non si lamenta (*o* lagna), rassegnato, paziente.

unmusical ['ʌn'mjuːzikəl] *a.* **1** non musicale, disarmonico, discordante. **2** (*of a person*) non dotato per la musica, che non ha orecchio musicale.

unmuzzle ['ʌn'mʌzl] *v.t.* **1** togliere (*o* levare) la museruola a. **2** ⟨*fig*⟩ togliere il bavaglio a, dare piena libertà (d'espressione) a.

unnail ['ʌn'neil] *v.t.* schiodare.

unnam(e)able ['ʌn'neiməbl] *a.* innominabile. **unnamed** [–md] *a.* **1** anonimo, senza nome. **2** (*unspecified*) impreciso, innominato.

unnatural [ʌn'næt∫(ə)rəl] *a.* **1** innaturale, non insito nella natura. **2** (*affected, contrived*) innaturale, affettato, ricercato, artificioso. **3** (*abnormal*) anormale. **4** (*monstrous*) snaturato, inumano, disumano, mostruoso. **5** (*supernatural*) soprannaturale. **unnaturally** [–i] *avv.* in modo innaturale. **unnaturalness** [–nis] *s.* **1** innaturalezza *f.* **2** (*affectation*) mancanza *f* di naturalezza, artificiosità *f,* affettazione *f.* **3** (*abnormality*) anormalità *f.*

unnavigable ['ʌn'nævigəbl] *a.* non navigabile, innavigabile.

unnecessarily [ʌn'nesisərili] *avv.* senza necessità, inutilmente. **unnecessary** [–ri] *a.* non necessario, inutile, superfluo.

unneeded ['ʌn'niːdid] *a.* **unneedful** [–dful] *a.* non necessario, di cui non c'è bisogno, che non occorre.

unnegotiable ['ʌnni'gou∫əbl] *a.* non negoziabile (*anche Econ.*).

unneighborly *am.,* **unneighbourly** ['ʌn'neibəli] *a.* non da buon vicino, poco amichevole.

unnerve ['ʌn'nəːv] *v.t.* **1** snervare, infiacchire, fiaccare. **2** (*to make nervous*) innervosire, rendere nervoso, spaventare, snervare.

unnoted ['ʌn'noutid] *a.* → **unnoticed**. **unnoticeable** [–tisəbl] *a.* che passa inosservato, impercettibile. **unnoticed** [–tist] *a.* inosservato, non notato, inavvertito. □ *to leave a fact ~* passare sotto silenzio un fatto; *to let s.th. pass ~* non far caso a qc.

unnumbered ['ʌn'nʌmbəd] *a.* **1** non numerato. **2** (*innumerable*) innumerevole, innumerabile.

UNO, U.N.O. ['juː'nou] = *United Nations Organization* Organizzazione delle Nazioni Unite (*abbr.* ONU).

unobjectionable [ˌʌnəbˈdʒekʃnəbl] *a.* ineccepibile, irreprensibile.

unobjective [ˌʌnəbˈdʒektiv] *a.* non oggettivo, soggettivo.

unobliging [ˌʌnəˈblaidʒiŋ] *a.* non compiacente, non servizievole.

unobscured [ˌʌnəbˈskjuəd] *a.* non oscurato, chiaro.

unobservant [ˌʌnəbˈzɜːvənt] *a.* **1** inosservante, non osservante. **2** (*having little power of observation*) che ha poco spirito di osservazione. **'unob'served** [–vd] *a.* inosservato, non notato. **unobserving** [–viŋ] *a.* → unobservant.

unobstructed [ˌʌnəbˈstrʌktid] *a.* **1** non ostruito, non impedito, libero, sgombro. **2** ⟨*fig*⟩ non ostacolato, non impedito.

unobtainable [ˌʌnəbˈteinəbl] *a.* non ottenibile, inconseguibile.

unobtrusive [ˌʌnəbˈtruːsiv] *a.* discreto, riservato. **unobtrusively** [–li] *avv.* discretamente, in maniera riservata. **unobtrusiveness** [–nis] *s.* discrezione *f*, riservatezza *f*.

unoccupied [ˌʌnˈɔkjupaid] *a.* **1** non occupato, disoccupato; (*not busy*) libero, senza impegni. **2** (*of a house*) libero, non occupato, vuoto; (*of land*) disabitato; (*of a seat, etc.*) disponibile. **3** ⟨*Mil,Pol*⟩ non occupato.

unoffending [ˌʌnəˈfendiŋ] *a.* inoffensivo, innocuo.

unofficial [ˌʌnəˈfiʃəl] *a.* **1** non ufficiale, informale. **2** (*of news, etc.*) ufficioso, non ufficiale. **unofficially** [–i] *avv.* **1** non ufficialmente, in modo informale. **2** (*of news, etc.*) ufficiosamente.

unopened [ˌʌnˈoupənd] *a.* **1** non aperto, chiuso. **2** (*of a letter, etc.*) chiuso, non dissigillato. **3** (*of a book*) intonso.

unopposed [ˌʌnəˈpouzd] *a.* senza opposizione, non contrastato, incontrastato, incontestato.

unorganized [ˌʌnˈɔːgənaizd] *a.* **1** non organizzato, disorganizzato. **2** ⟨*Biol*⟩ inorganico. **3** ⟨*fig*⟩ disorganizzato, privo di organizzazione.

unoriginal [ˌʌnəˈridʒinl] *a.* **1** non originale. **2** (*incapable of original work*) non originale, privo d'originalità.

unorthodox [ˌʌnˈɔːθədɔks] *a.* non ortodosso, eterodosso (*anche Rel.*). **unorthodoxy** [–i] *s.* eterodossia *f*.

unostentatious [ˌʌnˌɔstenˈteiʃəs] *a.* modesto, non vistoso, semplice. **unostentatiously** [–li] *avv.* senza ostentazione, modestamente. **unostentatiousness** [–nis] *s.* modestia *f*, semplicità *f*, mancanza *f* di ostentazione.

unowned [ˌʌnˈound] *a.* **1** non posseduto, che non ha proprietario (*o* possessore). **2** (*unacknowledged*) non riconosciuto, inconfessato, non ammesso.

unpack [ˌʌnˈpæk] **I** *v.t.* **1** togliere da una valigia (*o* un baule, ecc.). **2** (*of a container*) svuotare, vuotare, disfare: *to ~ a trunk* svuotare un baule. **3** (*to remove a pack or load from*) scaricare. **II** *v.i.* disfare una valigia (*o* un baule, ecc.). **unpacked** [–t] *a.* **1** (*of clothes, etc.*) levato (*o* tolto) da una valigia (*o* un baule, ecc.); (*of a container*) svuotato, vuotato. **2** (*of food*) non impacchettato (*o* confezionato), sciolto, sfuso.

unpaid [ˌʌnˈpeid] *a.* **1** non retribuito, non pagato, non rimunerato. **2** (*of a bill, ecc.*) non pagato, non saldato, insoluto. **3** → unpaid-for.

unpaid-for *a.* ancora da pagare.

unpaired [ˌʌnˈpɛəd] *a.* non accoppiato, spaiato.

unpalatable [ˌʌnˈpælətəbl] *a.* **1** (*di gusto*) sgradevole. **2** ⟨*fig*⟩ spiacevole, sgradevole.

unparalleled [ˌʌnˈpærəleld] *a.* **1** ineguagliabile, incomparabile, impareggiabile. **2** (*unprecedented*) senza precedenti.

unpardonable [ˌʌnˈpɑːdnəbl] *a.* imperdonabile: *an ~ sin* un peccato imperdonabile.

unparliamentary [ˌʌnpɑːləˈmentəri] *a.* contrario al sistema parlamentare. □ *~ language* linguaggio scorretto (*o* grossolano), parolacce *fpl*, imprecazioni *fpl*.

unpatriotic [ˌʌnˌpætriˈɔtik] *a.* non patriottico, antipatriottico. **unpatriotically** [–əli] *avv.* in modo non patriottico.

unpaved [ˌʌnˈpeivd] *a.* non pavimentato, non lastricato; (*of roads*) non asfaltato, bianco.

unpeaceful [ˌʌnˈpiːsful] *a.* agitato, inquieto, turbato.

unpedantic [ˌʌnpiˈdæntik] *a.* non pedantesco.

unpeeled [ˌʌnˈpiːld] *a.* non pelato, non sbucciato: *~ tomatoes* pomodori non pelati.

unpeg [ˌʌnˈpeg] *v.t.* **1** levare (*o* togliere) rimuovendo i pioli. **2** ⟨*Econ*⟩ sbloccare: *to ~ prices* sbloccare i prezzi.

unpen [ˌʌnˈpen] *v.t.* **1** (*of sheep*) far uscire dal chiuso. **2** (*to let loose*) liberare, mettere in libertà.

unpensioned [ˌʌnˈpenʃənd] *a.* senza pensione, non pensionato.

unpeople [ˌʌnˈpiːpl] *v.t.* spopolare. **unpeopled** [–d] *a.* non popolato, spopolato.

unperceivable [ˌʌnpəˈsiːvəbl] *a.* impercettibile. **unperceived** [–vd] *a.* **1** non percepito. **2** (*unnoticed*) inosservato, inavvertito.

unperformed [ˌʌnpəˈfɔːmd] *a.* **1** non fatto, non eseguito, ineseguito. **2** ⟨*Teat*⟩ non rappresentato. **3** ⟨*Mus*⟩ non eseguito.

unpersuadable [ˌʌnpəˈsweidəbl] *a.* che non si lascia persuadere (*o* convincere). **unpersuaded** [–did] *a.* non persuaso, non convinto. **unpersuasive** [–ˈsweisiv] *a.* non persuasivo, non convincente.

unperturbed [ˌʌnpəˈtɜːbd] *a.* imperturbato, calmo, imperterrito, impassibile.

unphilosophic [ˌʌnˌfiləˈsɔfik], **unphilosophical** [–əl] *a.* non filosofico.

unpick [ˌʌnˈpik] *v.t.* scucire, sfilare, disfare. **unpicked** [–t] *a.* **1** non scelto, non selezionato. **2** (*of fruit, flowers*) non colto, non raccolto. **3** (*of sewing, etc.*) scucito, sfilato.

unpicturesque [ˌʌnˌpiktʃəˈresk] *a.* non pittoresco.

unpin [ˌʌnˈpin] *v.t.* spuntare, staccare togliendo gli spilli.

unpitied [ˌʌnˈpitid] *a.* non commiserato, non compatito, non compianto. **unpitying** [–tiiŋ] *a.* spietato, duro, senza pietà.

unplaced [ˌʌnˈpleist] *a.* **1** non a posto, fuori posto. **2** ⟨*Sport*⟩ non (*o* che non si è) piazzato.

unplait [ˌʌnˈplæt] *v.t.* (*of hair*) sciogliere.

unplanned [ˌʌnˈplænd] *a.* **1** non progettato, non pianificato. **2** (*haphazard*) casuale, accidentale, fortuito.

unplanted [ˌʌnˈplɑːntid] *a.* ⟨*Agr*⟩ non piantato, non coltivato.

unpleasant [ˌʌnˈpleznt] *a.* sgradevole, spiacevole. **unpleasantly** [–li] *avv.* spiacevolmente, sgradevolmente. **unpleasantness** [–nis] *s.* **1** spiacevolezza *f*, l'essere sgradevole, sgradevolezza *f*. **2** (*embarrassing incident*) incidente *m* (*o* fatto) spiacevole. **3** (*quarrel, argument*) discussione *f*, litigio *m*, lite *f*; (*resentment*) risentimento *m*; (*hostility*) dissenso *m*, disaccordo *m*. **'unpleased** [–ˈpliːzd] *a.* insoddisfatto, scontento. **'unpleasing** [–ˈpliːziŋ] *a.* spiacevole, sgradevole.

unpliable [ˌʌnˈplaiəbl], **unpliant** [–ˈplaiənt] *a.* **1** non flessibile, rigido. **2** ⟨*fig*⟩ non arrendevole, inflessibile, rigido.

unploughed [ˌʌnˈplaud] *a.* non arato.

unplucked [ˌʌnˈplʌkt] *a.* **1** non colto, non raccolto. **2** (*of poultry*) non spennato.

unplug [ˌʌnˈplʌg] *v.t.* **1** togliere il tappo a, stappare: *to ~ the bath* togliere il tappo alla vasca del bagno; *to ~ a cask* stappare una botte. **2** ⟨*El*⟩ staccare, togliere la spina a.

unplumbed [ˌʌnˈplʌmd] *a.* **1** ⟨*Mar*⟩ non scandagliato. **2** ⟨*fig*⟩ inesplorato, non scandagliato, non sondato. **3** (*having no plumbing installations*) privo d'impianto idraulico.

unpoetic [ˌʌnpo(u)ˈetik], **unpoetical** [–əl] *a.* non poetico, impoetico.

unpointed [ˌʌnˈpɔintid] *a.* **1** spuntato, senza punta. **2** (*not punctuated*) non punteggiato, senza (*o* privo di) punteggiatura. **3** ⟨*Fon*⟩ privo di segni diacritici.

unpolished [ˌʌnˈpɔliʃt] *a.* **1** non lucidato, non lustrato. **2** ⟨*fig*⟩ (*of style, etc.*) non rifinito, grezzo; (*of manners, people*) non raffinato, rozzo, grossolano.

unpolitical [ˌʌnpəˈlitikəl] *a.* **1** non politico, impolitico. **2** (*apolitical*) apolitico.

unpolled [ˌʌnˈpould] *a.* (*of a voter*) che non ha votato; (*of a vote*) non scrutinato.

unpolluted [ˌʌnpəˈl(j)uːtid] *a.* non inquinato, non contaminato.

unpopular [ˌʌnˈpɔpjulə] *a.* impopolare: *an ~ measure* un provvedimento impopolare. **'unpopularity** [–'læriti] *s.* impopolarità *f.*

unpopulated ['ʌn'pɔpjuleitid] *a.* non popolato, spopolato, disabitato.

unposted ['ʌn'poustid] *a.* **1** (*of a letter*) non impostato, non imbucato. **2** (*not informed*) non informato, non messo al corrente.

unpractical ['ʌn'præktikəl] *a.* **1** irrealizzabile, inattuabile. **2** (*of people*) privo di senso pratico. **un,practicality** [–'kæliti] *s.* mancanza *f* di praticità.

unpracticed *am.*, **unpractised** · [ʌn'præktist] *a.* **1** inesperto, poco pratico. **2** (*untried*) non sperimentato, non provato.

unprecedented [ʌn'presidəntid] *a.* senza (*o* che non ha) precedenti, nuovo.

unpre'dictable ['ʌnpri'diktəbl] *a.* imprevedibile.

unprejudiced [ʌn'predʒudist] *a.* che non ha pregiudizi (*o* preconcetti), non prevenuto, imparziale.

unpremeditated ['ʌnpri'mediteitid] *a.* non premeditato, spontaneo.

unprepared ['ʌnpri'pɛəd] *a.* **1** non preparato, improvvisato. **2** (*taken by surprise*) impreparato, preso (*o* colto) alla sprovvista. **3** (*happening unexpectedly*) inaspettato, imprevisto, inatteso. **unpreparedly** [–'pɛəridli] *avv.* senza preparazione. **unpreparedness** [–'pɛəridnis] *s.* impreparazione *f.*

unprepossessed ['ʌn,pri:pə'zest] *a.* non prevenuto, che non ha prevenzioni. **unprepossessing** [–siŋ] *a.* non attraente, poco simpatico.

unpresentable ['ʌnpri'zentəbl] *a.* impresentabile, indecoroso.

unpresuming ['ʌnpri'zju:miŋ], **unpresumptuous** [–'zʌmptʃuəs] *a.* modesto, non presuntuoso, senza presunzione. **unpresumptuously** [–'zʌmptʃuəsli] *avv.* modestamente, senza presunzione.

unpretending ['ʌnpri'tendiŋ], **unpretentious** [–ʃəs] *a.* semplice, modesto, poco pretenzioso, senza pretese. **unpretentiously** [–nʃəsli] *avv.* semplicemente, modestamente, senza pretese.

unpreventable ['ʌnpri'ventəbl] *a.* inevitabile, ineluttabile.

unpriced [ʌn'praist] *a.* il cui prezzo non è stato fissato, senza prezzo.

unprincipled [ʌn'prinsəpld] *a.* senza principi morali, privo di scrupoli, disonesto.

unprintable ['ʌn'printəbl] *a.* non pubblicabile.

unprivileged ['ʌn'privilidʒd] *a.* non privilegiato, senza privilegi.

unprized ['ʌn'praizd] *a.* non apprezzato.

unproclaimed ['ʌnpro(u)'kleimd] *a.* non proclamato.

unprocurable ['ʌnprə'kjuərəbl] *a.* introvabile, che non si può ottenere.

unproductive ['ʌnprə'dʌktiv] *a.* improduttivo, sterile, infecondo, infruttifero. **unproductiveness** [–nis] *s.* improduttività *f,* sterilità *f,* infecondità *f.*

unprofessional ['ʌnprə'feʃənl] *a.* **1** non professionale, contrario all'etica professionale. **2** (*amateurish*) dilettantesco, da dilettante, non da professionista. **unprofessionally** [–nəli] *avv.* **1** in modo non professionale, non professionalmente. **2** (*amateurishly*) in modo dilettantesco, non da professionista. **unprofitable** [ʌn'prɔfitəbl] *a.* **1** non redditizio, non rimunerativo, infruttuoso. **2** (*vain, idle*) inutile, vano: ~ *arguments* discussioni inutili. **unprofitableness** [–nis] *s.* **1** infruttuosità *f.* **2** (*vainness*) inutilità *f.* **unprofitably** [–i] *avv.* **1** non proficuamente, senza profitto. **2** (*vainly*) inutilmente, vanamente.

unprogressive ['ʌnprə'gresiv] *a.* retrogrado, conservatore, retrivo. **unprogressively** [–li] *avv.* in maniera retrograda. **unprogressiveness** [–nis] *s.* l'essere retrogrado (*o* conservatore).

unpromising ['ʌn'prɔmisiŋ] *a.* non (*o* poco) promettente, che non promette bene.

unprompted ['ʌn'prɔmptid] *a.* non suggerito, spontaneo.

unpronounceable ['ʌnprə'naunsəbl] *a.* impronunziabile.

unprop ['ʌn'prɔp] *v.t.* togliere i puntelli a.

unprophetic ['ʌnprə'fetik] *a.* non profetico.

unpropitious ['ʌnprə'piʃəs] *a.* non propizio, sfavorevole,

avverso. **unpropitiously** [–li] *avv.* sfavorevolmente, in modo non propizio.

unproportionable ['ʌnprə'pɔ:ʃənəbl], **unproportionate** [–nit], **unproportioned** [–nd] *a.* sproporzionato.

unproposed ['ʌnprə'pouzd] *a.* non proposto.

unprotected ['ʌnprə'tektid] *a.* **1** (*lacking shelter*) non protetto, non riparato. **2** (*undefended*) indifeso, non protetto.

unprovable ['ʌn'pru:vəbl] *a.* che non si può provare (*o* dimostrare), improvabile. **unproved** [–vd], **unproven** [–vən] *a.* non provato, non dimostrato.

unprovided ['ʌnprə'vaidid] *a.* sprovvisto, sfornito (*with* di).

unprovided-for *a.* **1** senza mezzi (*o* risorse), sprovvisto di mezzi: *to leave one's wife and children* ~ lasciare moglie e figli senza mezzi. **2** (*not prepared for*) imprevisto, inatteso, inaspettato.

unprovoked ['ʌnprə'voukt] *a.* non provocato: *an* ~ *attack* un attacco non provocato.

unpublished ['ʌn'pʌbliʃt] *a.* **1** inedito, non pubblicato. **2** (*not made known*) non reso noto (*o* pubblico), non divulgato.

unpunctual ['ʌn'pʌŋktʃuəl] *a.* non puntuale, che è in ritardo. **un,punctuality** [–tʃu'æliti] *s.* mancanza *f* di puntualità.

unpunctuated ['ʌn'pʌŋktʃueitid] *a.* non punteggiato, senza punteggiatura (*o* segni d'interpunzione).

unpunishable ['ʌn'pʌniʃəbl] *a.* impunibile, non punibile. **unpunished** [–ʃt] *a.* impunito, non punito.

unqualified [ʌn'kwɔlifaid] *a.* **1** non qualificato, incompetente. **2** (*not having requisite qualifications*) che non ha i requisiti necessari. **3** (*not limited*) incondizionato, illimitato, assoluto, pieno, senza riserve. **4** ⟨*fam*⟩ (*utter*) perfetto, vero e proprio, bell'e buono: *an* ~ *scoundrel* un perfetto farabutto.

unquenchable [ʌn'kwentʃəbl] *a.* **1** inestinguibile. **2** ⟨*fig*⟩ insaziabile.

unquestionable [ʌn'kwestʃənəbl] *a.* incontestabile, indiscutibile, indubbio. **unquestionably** [–i] *avv.* indiscutibilmente, incontestabilmente. **unquestioned** [–nd] *a.* **1** indiscusso, incontestato, incontrastato: *an* ~ *expert* un esperto indiscusso. **2** (*not interrogated*) non interrogato. **unquestioning** [–niŋ] *a.* **1** che non fa domande⌐ (*o* discute). **2** (*undoubted*) assoluto, pronto, senza discussione: ~ *loyalty* fedeltà assoluta. **unquestioningly** [–niŋli] *avv.* senza ⌐far domande⌐ (*o* discutere).

unquiet ['ʌn'kwaiət] **I** *a.* **1** turbolento, agitato, irrequieto, tumultuoso: ~ *times* tempi turbolenti. **2** (*uneasy*) inquieto, turbato, agitato. **II** *s.* inquietudine *f,* turbamento *m,* agitazione *f.*

unquotable [ʌn'kwoutəbl] *a.* **1** non citabile. **2** ⟨*Econ*⟩ non quotabile. **unquote** [–'kwout] *v.t.* chiudere le virgolette: *he said, quote, I am innocent,* ~ disse, aperte le virgolette, sono innocente, chiuse le virgolette.

unransomed ['ʌn'rænsəmd] *a.* non riscattato.

unratified ['ʌn'rætifaid] *a.* non ratificato.

unrationed ['ʌn'ræʃənd] *a.* non razionato.

unravel [ʌn'rævəl] *v.* (*pret., p.p.* **unravelled**/*am.* **unraveled** [–d]) **I** *v.t.* **1** dipanare, sbrogliare, districare: *to* ~ *a skein of wool* dipanare una matassa di lana; (*to undo the threads of*) disfare: *to* ~ *a stocking* disfare una calza. **2** ⟨*fig*⟩ chiarire, sbrogliare, districare, dipanare: *to* ~ *a mystery* chiarire un mistero. **II** *v.i.* districarsi, sbrogliarsi.

unreachable ['ʌn'ri:tʃəbl] *a.* irraggiungibile.

unread [ʌn'red] *a.* **1** non letto. **2** (*illiterate*) incolto, illetterato.

unreadable ['ʌn'ri:dəbl] *a.* **1** che non si legge facilmente, non piacevole a leggersi. **2** (*illegible*) illeggibile, indecifrabile.

unreadiness ['ʌn'redinis] *s.* **1** impreparazione *f.* **2** (*irresoluteness*) incertezza *f,* indecisione *f,* irresolutezza *f.* **unready** [–di] *a.* **1** non pronto; (*unprepared*) impreparato, preso (*o* colto) alla sprovvista. **2** (*irresolute*) irresoluto, esitante, incerto, indeciso.

unreal ['ʌn'riəl] *a.* **1** non reale, non effettivo. **2** (*imaginary*) illusorio, immaginario, irreale **un,rea'listic**

[–istik] *a.* non realistico. **un,rea'listically** [–istikəli] *avv.* in modo non realistico. **unreality** [–ri'æliti] *s.* **1** irrealtà *f.* **2** (*s.th. unreal*) cosa *f* irreale, chimera *f,* illusione *f.*

unrealizable [ʌnriə'laizəbl] *a.* **1** irrealizzabile, inattuabile. **2** (*incapable of being sensed*) di cui non ci si rende conto; (*incapable of being understood*) incomprensibile.

un'realized [–zd] *a.* **1** non realizzato, non attuato. **2** (*not recognized*) di cui non ci si è resi conto; (*not understood*) incompreso, non capito.

unreasonable [ʌn'ri:znəbl] *a.* **1** irragionevole, illogico, insensato: ~ *behaviour* comportamento irragionevole. **2** (*exorbitant*) irragionevole, eccessivo, smodato, esagerato: ~ *demands* pretese irragionevoli. **unreasonableness** [–nis] *s.* irragionevolezza *f.* **unreasonably** [–i] *avv.* irragionevolmente, in modo irragionevole. **unreasoned** [–zənd] *a.* non ragionato, non meditato, non ponderato. **unreasoning** [–zniŋ] *a.* **1** che non ragiona. **2** (*irrational*) irrazionale, incontrollato: ~ *fear* paura irrazionale.

unreceipted ['ʌnri'si:tid] *a.* ⟨*Comm*⟩ senza ricevuta, non quietanzato.

unreceived ['ʌnri'si:vd] *a.* **1** ⟨*Comm*⟩ non ricevuto. **2** (*not accepted*) non accettato.

unreceptive ['ʌnri'septiv] *a.* non ricettivo.

unreckonable ['ʌn'rekənəbl] *a.* incalcolabile, che non può essere calcolato. **unreckoned** [–nd] *a.* non calcolato, non computato.

unreclaimed ['ʌnri'kleimd] *a.* **1** (*of land*) non bonificato, non prosciugato. **2** (*unreformed*) non riformato, non corretto.

unrecognizable ['ʌn'rekəgnaizəbl] *a.* irriconoscibile. **unrecognizably** [–i] *avv.* in modo irriconoscibile, irriconoscibilmente. **unrecognized** [–zd] *a.* **1** non riconosciuto, non ravvisato. **2** (*not appreciated*) misconosciuto, non apprezzato.

unrecompensed ['ʌn'rekəmpenst] *a.* non ricompensato, senza compenso.

unreconciled ['ʌn'rekənsaild] *a.* non rassegnato (*to* a).

unrecorded ['ʌnri'kɔ:did] *a.* **1** non registrato, non annotato. **2** ⟨*Dir*⟩ non verbalizzato, non messo a verbale.

unrecoverable [,ʌnri'kʌvərəbl] *a.* non recuperabile (*of debt*) non recuperabile, inesigibile: ~ *credit* credito non recuperabile.

unrectified ['ʌn'rektifaid] *a.* non rettificato, non corretto.

unredeemed ['ʌnri'di:md] *a.* **1** non riscattato. **2** ⟨*Comm*⟩ non ammortizzato, non estinto.

unredressed ['ʌnri'drest] *a.* non riparato: *an* ~ *wrong* un torto non riparato.

unreel ['ʌn'ri:l] **I** *v.t.* srotolare, svolgere, sgomitolare: *to* ~ *a film* srotolare una pellicola. **II** *v.i.* srotolarsi, svolgersi, sgomitolarsi.

unrefined ['ʌnri'faind] *a.* **1** non raffinato, grezzo, greggio: ~ *sugar* zucchero non raffinato. **2** ⟨*fig*⟩ grossolano, rozzo, non raffinato: ~ *manners* maniere rozze.

unreflecting ['ʌnri'flektiŋ] *a.* irriflessivo, sventato.

unreformable ['ʌnri'fɔ:məbl] *a.* non riformabile, incorreggibile. **unreformed** [–md] *a.* non riformato, non corretto.

unrefuted ['ʌnri'fju:tid] *a.* inconfutato.

unregal ['ʌn'ri:gəl] *a.* non regale, non degno d'un re.

unregarded ['ʌnri'gɑ:did] *a.* ignorato, negletto, trascurato.

unregenerate ['ʌnri'dʒenərit] *a.* **1** non rinato spiritualmente, non rigenerato. **2** (*stubborn*) ostinato, testardo, caparbio.

unregistered ['ʌn'redʒistəd] *a.* **1** non registrato, non iscritto. **2** ⟨*Post*⟩ non raccomandato. **3** ⟨*Econ*⟩ non nominativo.

unregulated ['ʌn'regjuleitid] *a.* sregolato, disordinato.

unrehearsed ['ʌnri'hə:st] *a.* **1** ⟨*Teat*⟩ che non è stato provato, di cui non sono state fatte prove. **2** (*estens*) imprevisto, inaspettato: *the demonstration was quite* ~ la dimostrazione fu del tutto imprevista. **3** (*of a speech, etc.*) improvvisato, non preparato, spontaneo.

unrein ['ʌn'rein] *v.t.* sbrigliare (*anche fig.*).

unrelated ['ʌnri'leitid] *a.* **1** non parente (*to* di), non imparentato (con): *they have the same name but are* ~ hanno lo stesso cognome ma non sono parenti. **2** (*not

connected*) indipendente (da), non collegato, senza rapporto (*o* relazione) (con). **3** (*not narrated*) non raccontato, non narrato, non detto.

unrelaxed ['ʌnri'lækst] *a.* **1** teso, non rilassato. **2** (*not lessened*) non allentato, non diminuito, non ridotto. **unrelaxing** [–ksiŋ] *a.* non rilassante, non distensivo.

unrelenting ['ʌnri'lentiŋ] *a.* **1** implacabile, inesorabile, spietato. **2** (*not slackening*) non rallenta, accanito.

unreliability ['ʌnri,laiə'biliti] *s.* inaffidabilità *f.* **unre'liable** [–bl] *a.* che non dà affidamento, inaffidabile.

unrelieved ['ʌnri'li:vd] *a.* **1** non assistito, non aiutato, non soccorso. **2** (*of pain, etc.*) non alleviato. **3** (*not varied*) invariato, monotono, sempre uguale, uniforme.

unreligious ['ʌnri'lidʒəs] *a.* irreligioso, contrario alla religione.

unremarkable ['ʌnri'mɑ:kəbl] *a.* irrilevante, non degno di nota. **unremarked** [–kt] *a.* inosservato, non notato, non visto.

unremembered ['ʌnri'membəd] *a.* dimenticato, non ricordato.

unremitting ['ʌnri'mitiŋ] *a.* **1** incessante, ininterrotto, continuo. **2** (*assiduous*) assiduo, persistente.

unremunerated ['ʌnri'mju:nəreitid] *a.* non rimunerato, non pagato, non retribuito. **unremunerative** [–rətiv] *a.* non rimunerativo, non redditizio: *an* ~ *job* un lavoro non rimunerativo.

unrenewed ['ʌnri'nju:d] *a.* non rinnovato.

unrepaired ['ʌnri'pεəd] *a.* non riparato, non aggiustato.

unrepealed ['ʌnri'pi:ld] *a.* (*of a law*) non abrogato, non revocato.

unrepeatable ['ʌnri'pi:təbl] *a.* irripetibile.

unrepentant ['ʌnri'pentənt] *a.* impenitente, incorreggibile.

unreplenished ['ʌnri'pleniʃt] *a.* non riempito (di nuovo).

unreported ['ʌnri'pɔ:tid] *a.* non riferito, non comunicato.

unrepresentative ['ʌnrepri'zentətiv] *a.* non rappresentativo (*anche Pol.*). **unrepresented** [–tid] *a.* non rappresentato (*anche Pol.*).

unrequested ['ʌnri'kwestid] *a.* non (ri)chiesto, spontaneo.

unrequited ['ʌnri'kwaitid] *a.* **1** non corrisposto, non ricambiato: ~ *love* amore non corrisposto. **2** (*unavenged*) non vendicato, invendicato. **3** (*not recompensed*) non ricompensato, non ripagato.

unreserved ['ʌnri'zə:vd] *a.* **1** incondizionato, senza riserve, illimitato: ~ *support* appoggio incondizionato. **2** (*frank, open*) franco, aperto, espansivo, schietto. **3** (*not booked*) non prenotato, non riservato: ~ *seats* posti non prenotati. **unreservedly** [–vidli] *avv.* **1** incondizionatamente, senza riserve. **2** (*frankly*) francamente, schiettamente.

unresisted ['ʌnri'zistid] *a.* senza contrasti (*o* opposizioni), incontrastato. **unresisting** [–tiŋ] *a.* che non oppone resistenza, sottomesso, docile, remissivo.

unresolved ['ʌnri'zɔlvd] *a.* **1** insoluto, non risoluto: ~ *problems* problemi insoluti. **2** (*irresolute*) irresoluto, incerto, indeciso, esitante. **3** (*not separated into compound parts*) non scomposto.

unrespectable ['ʌnri'spektəbl] *a.* non rispettabile, indegno di rispetto. **unrespected** [–tid] *a.* non rispettato.

unresponsive ['ʌnri'spɔnsiv] *a.* insensibile (*to* a).

unrest ['ʌn'rest] *s.* tensione *f,* agitazione *f,* irrequietezza *f,* inquietudine *f.* **unrestful** [–ful] *a.* **1** non riposante. **2** (*restless*) agitato, irrequieto, inquieto. **unresting** [–iŋ] *a.* infaticabile.

unrestrained ['ʌnri'streind] *a.* non represso, libero, senza freno (*o* restrizioni), sfrenato. **unrestrainedly** [–nidli] *avv.* senza freno (*o* restrizioni).

unrestricted ['ʌnri'striktid] *a.* senza limitazioni (*o* restrizioni), illimitato.

unretarded ['ʌnri'tɑ:did] *a.* non ritardato, non rallentato.

unrevealed ['ʌnri'vi:ld] *a.* non rivelato, non reso noto.

unrevenged ['ʌnri'vendʒd] *a.* invendicato, non vendicato.

unrevised ['ʌnri'vaizd] *a.* non riveduto, non revisionato.

unrevoked ['ʌnri'voukt] *a.* non revocato.

unrewarded ['ʌnri'wɔ:did] *a.* non ricompensato. **unrewarding** [–diŋ] *a.* che non ripaga, ingrato.

unriddle ['ʌn'ridl] *v.t.* trovare la soluzione di.

unrig ['ʌn'rig] *v.t.* ⟨*Mar*⟩ disarmare, disattrezzare, sguarnire.

unrighteous [ʌn'raitʃəs] **I** *a.* **1** malvagio, cattivo, iniquo. **2** (*unjust*) ingiusto, iniquo. **II** *s.* (*unrighteous people*; costr. pl.) malvagi *mpl.* **unrighteously** [–li] *avv.* **1** malvagiamente, iniquamente. **2** (*unjustly*) ingiustamente, iniquamente. **unrighteousness** [–nis] *s.* **1** cattiveria *f,* malvagità *f,* iniquità *f.* **2** (*unjustness*) ingiustizia *f.*

unrip [ʌn'rip] *v.t.* lacerare, squarciare, aprire.

unripe ['ʌn'raip] *a.* acerbo, immaturo: ~ *fruit* frutto acerbo.

unrivaled *am.,* **unrivalled** [ʌn'raivəld] *a.* incomparabile, ineguagliabile, impareggiabile, senza pari.

unrivet ['ʌn'rivit] *v.t.* ⟨*tecn*⟩ schiodare.

unrobe ['ʌn'roub] **I** *v.t.* svestire, spogliare. **II** *v.i.* svestirsi, spogliarsi.

unroll ['ʌn'roul] **I** *v.t.* srotolare, svolgere, spiegare: *to ~ a carpet* srotolare un tappeto. **II** *v.i.* srotolarsi, svolgersi, spiegarsi.

unromantic [ˌʌnrə'mæntik] *a.* **1** non romantico. **2** (*commonplace*) banale, comune, ordinario, prosaico.

unroof ['ʌn'ruːf] *v.t.* scoperchiare, portare via il tetto a.

unroot ['ʌn'ruːt] *v.t.* sradicare, svellere, estirpare.

UNRRA, U.N.R.R.A. = *United Nations Relief and Rehabilitation Administration* Amministrazione delle Nazioni Unite per la riabilitazione e il soccorso dei paesi liberati (*abbr.* U.N.R.R.A.).

unruffled ['ʌn'rʌfld] *a.* **1** calmo, imperturbato, imperturbabile. **2** (*of water*) liscio, non increspato.

unruled ['ʌn'ruːld] *a.* **1** non controllato, non dominato. **2** (*not governed*) non governato. **3** (*of paper*) senza righe, non rigato.

unruliness [ʌn'ruːlinis] *s.* indisciplinatezza *f,* insubordinatezza *f.* **unruly** [–li] *a.* indisciplinato, insubordinato; (*turbulent*) turbolento.

unsaddle ['ʌn'sædl] **I** *v.t.* **1** (*of a horse*) dissellare. **2** (*of a person: to unhorse*) disarcionare. **II** *v.i.* dissellare un cavallo.

unsafe ['ʌn'seif] *a.* pericoloso, rischioso, malsicuro.

unsaid ['ʌn'sed] *a.* non detto, taciuto. □ *many things were left* ~ molte cose furono passate sotto silenzio.

unsalability, unsalable → **unsaleability, unsaleable.**

unsalaried ['ʌn'sælərid] *a.* **1** non retribuito, senza stipendio, non stipendiato. **2** (*honorary, unpaid*) onorario, a titolo onorifico.

unsaleability ['ʌnseilə'biliti] *s.* invendibilità *f,* incommerciabilità *f.* **un'saleable** [–bl] *a.* invendibile, incommerciabile.

unsalted ['ʌn'sɔːltid] *a.* senza sale, non salato.

unsanctified ['ʌn'sæŋktifaid] *a.* **1** non consacrato; (*not holy*) non sacro; (*profane*) profano. **2** ⟨*fig*⟩ malvagio, cattivo.

unsanctioned ['ʌn'sæŋkʃənd] *a.* non sanzionato, non sancito.

unsanitary ['ʌn'sænitəri] *a.* malsano, non igienico, antigienico.

unsated ['ʌn'seitid] *a.* insoddisfatto, non saziato, insaziato.

unsatisfactorily ['ʌnˌsætis'fæktərili] *avv.* in modo non soddisfacente. **unsatisfactoriness** [–rinis] *s.* il lasciare a desiderare, il non essere soddisfacente, manchevolezza *f.* **unsatisfactory** [–ri] *a.* **1** che lascia a desiderare. **2** (*not adequate*) insufficiente, non adeguato. **un'satisfied** [–faid] *a.* **1** insoddisfatto. **2** (*not convinced*) non convinto, non persuaso. **3** ⟨*Econ*⟩ non saldato, non pagato. **un'satisfying** [–faiiŋ] *a.* insoddisfacente, che non soddisfa, che lascia a desiderare.

unsaturable ['ʌn'sætʃərəbl] *a.* ⟨*Chim*⟩ insaturabile. **unsaturated** [–reitid] *a.* **1** non impregnato, non inzuppato. **2** ⟨*Chim*⟩ insaturo, non saturo.

unsaved ['ʌn'seivd] *a.* non salvato (*anche Teol.*).

unsavorily *am. e der.* → **unsavourily** *e der.*

unsavourily ['ʌn'seivərili] *avv.* in modo disgustoso (*o ripugnante*). **unsavouriness** [–rinis] *s.* **1** insipidezza *f,* scipitezza *f.* **2** ⟨*fig*⟩ l'essere disgustoso (*o ripugnante*). **unsavoury** [–ri] *a.* **1** insipido, scipito, senza sapore, non saporito. **2** ⟨*fig*⟩ disgustoso, nauseante, ripugnante.

unsay ['ʌn'sei] *v.t.irr.* ritrattare.

unscalable ['ʌn'skeiləbl] *a.* non scalabile, che è impossibile scalare.

unscared ['ʌn'skɛəd] *a.* imperterrito, intrepido, impavido.

unscarred ['ʌn'skaːd] *a.* non sfregiato, non segnato da cicatrici.

unscathed ['ʌn'skeiðd] *a.* illeso, incolume, sano e salvo, indenne.

unscheduled ['ʌn'ʃedjuːld, *am.* ʌn'skedʒuld] *a.* **1** non messo in lista, fuori programma. **2** ⟨*Aer*⟩ non di linea. **3** ⟨*Ferr*⟩ straordinario.

unscholarly ['ʌn'skɔləli] *a.* non dotto, non erudito.

unschooled ['ʌn'skuːld] *a.* **1** non addestrato, impreparato; (*inexperienced*) inesperto. **2** (*not educated*) non istruito, senza istruzione.

unscientific ['ʌnsaiən'tifik] *a.* **1** non scientifico, ascientifico. **2** (*of a person*) poco scientifico. □ ~ *character* ascientificità *f.*

unscramble ['ʌn'skræmbl] *v.t.* (*of signals*) decodificare.

unscratched ['ʌn'skrætʃt] *a.* **1** senza un graffio. **2** ⟨*estens*⟩ illeso, incolume.

unscreened ['ʌn'skriːnd] *a.* **1** non schermato, non protetto (*o riparato*) da uno schermo. **2** (*not sifted through a screen*) non vagliato, non crivellato. **3** ⟨*fig*⟩ non vagliato, non setacciato.

unscrew ['ʌn'skruː] **I** *v.t.* svitare. **II** *v.i.* svitarsi, allentarsi.

unscripted ['ʌn'skriptid] *a.* non preparato, senza copione (*o testo*), improvvisato, estemporaneo.

unscriptural ['ʌn'skriptʃərəl] *a.* ⟨*Teol*⟩ non scritturale, non biblico.

unscrupulous [ʌn'skruːpjuləs] *a.* senza scrupoli, privo di (*o che non ha*) scrupoli. **unscrupulously** [–li] *avv.* senza scrupoli. **unscrupulousness** [–nis] *s.* mancanza *f* di scrupoli.

unseal ['ʌn'siːl] *v.t.* dissigillare, togliere (*o levare*) i sigilli a, aprire. **unsealed** [–d] *a.* non sigillato; (*opened*) aperto.

unseam ['ʌn'siːm] *v.t.* scucire.

unsearchable [ʌn'sɔːtʃəbl] *a.* misterioso, imperscrutabile, impenetrabile. **'unsearched** [–tʃt] *a.* non perquisito.

unseasonable [ʌn'siːznəbl] *a.* **1** non normale per la stagione in atto, non di stagione; (*out of season*) fuori stagione, non di stagione: ~ *vegetables* verdure fuori stagione. **2** (*inopportune*) inopportuno, a sproposito, intempestivo. **unseasonableness** [–nis] *s.* **1** l'essere fuori stagione. **2** (*untimeliness*) inopportunità *f,* intempestività *f.*

unseasoned ['ʌn'siːzənd] *a.* **1** (*of food*) scondito, non condito. **2** (*of wood*) non stagionato. **3** ⟨*fig*⟩ inesperto, non abituato.

unseat ['ʌn'siːt] *v.t.* **1** togliere la sedia a, privare del posto (*a sedere*); (*to dislodge from a horse*) disarcionare, sbalzare di sella. **2** ⟨*fig*⟩ defenestrare. **3** ⟨*Parl*⟩ far perdere il seggio a, privare del seggio.

unseaworthiness ['ʌn'siːwəːðinis] *s.* ⟨*Mar*⟩ inabilità *f* (*o inidoneità*) alla navigazione. **unseaworthy** [–ði] *a.* non atto alla navigabilità.

unseconded ['ʌn'sekəndid] *a.* **1** non sostenuto, non spalleggiato. **2** (*of a motion, etc.*) non appoggiato, non sostenuto.

unsecured ['ʌnsi'kjuəd] *a.* **1** non assicurato, non chiuso, non fissato. **2** ⟨*Econ*⟩ non garantito; (*of a debt*) chirografario. □ ~ *loan* credito *m* allo scoperto.

unseeing ['ʌn'siːiŋ] *a.* che non vede, cieco; (*unobservant*) inosservante.

unseemliness [ʌn'siːmlinis] *s.* **1** sconvenienza *f,* indecorosità *f.* **2** (*unseasonableness*) inopportunità *f,* intempestività *f.* **unseemly** [–li] *a.* **1** sconveniente, indecoroso. **2** (*inopportune*) inopportuno, intempestivo.

unseen ['ʌn'siːn] *a.* **1** non visto, non veduto. **2** (*invisible*) invisibile. **3** (*unnoticed*) inosservato, non notato. **4** (*of a translation*) all'impronta, estemporaneo, a prima vista.

unseizable [ʌn'siːzəbl] *a.* **1** inafferrabile. **2** ⟨*Dir*⟩ non confiscabile.

unselfconscious ['ʌnself'kɔnʃəs] *a.* non impacciato, non imbarazzato, disinvolto, spigliato. **unselfconsciously** [–li] *avv.* disinvoltamente, con disinvoltura, spigliatamente. **unselfconsciousness** [–nis] *s.* disinvoltura *f,* spigliatezza *f.*

unselfish ['ʌn'selfiʃ] *a.* non egoista, altruista, disinteressato, generoso. **unselfishly** [-li] *avv.* con altruismo, disinteressatamente. **unselfishness** [-nis] *s.* altruismo *m*, generosità *f*.

unsensational ['ʌnsen'seiʃənl] *a.* non sensazionale.

unsent ['ʌn'sent] *a.* non spedito, non inviato, non mandato. □ *he came ~ for* venne senza essere stato chiamato.

unsentimental ['ʌn,senti'mentl] *a.* non sentimentale.

unserviceable ['ʌn'sɜ:visəbl] *a.* **1** inservibile, inutilizzabile, fuori uso. **2** (*not able to give service or aid*) inutile, di nessun aiuto; (*not helpful*) non servizievole. **unserviceableness** [-nis] *s.* l'essere inservibile (*o* inutilizzabile).

unset [ʌn'set] *a.* **1** non sistemato, non (messo) a posto. **2** (*not solidified*) non rappreso, non solidificato: ~ *concrete* cemento armato non rappreso. **3** (*Oref*) non montato, non incastonato.

unsettle ['ʌn'setl] *v.t.* **1** sconvolgere, scompaginare, scompigliare. **2** (*to disturb emotionally*) sconvolgere, scombussolare, turbare. **unsettled** [-d] *a.* **1** non sistemato, non a posto. **2** (*unresolved*) non definito, non deciso, non risolto: ~ *problems* questioni non definite. **3** (*disturbed*) scombussolato, sconvolto, turbato. **4** (*unstable, wavering*) instabile, incostante. **5** (*not staying in one place*) che non ha fissa dimora, nomade. **6** (*not populated*) disabitato, non popolato. **7** (*of weather*) variabile, mutevole, instabile. **8** (*Econ*) (*of debts*) non saldato, non pagato.

unsex ['ʌn'seks] *v.t.* **1** (*of a man*) rendere impotente; (*of a woman*) rendere frigida. **2** (*to deprive of sexual characteristics: of a man*) rendere effeminato, privare della mascolinità, svirilizzare; (*of a woman*) privare della femminilità, mascolinizzare. **unsexed** [-t] *a.* **1** impotente. **2** (*Biol*) non sessuato.

unshackle ['ʌn'ʃækl] *v.t.* **1** liberare dai ceppi, togliere le catene a. **2** (*fig*) togliere ogni costrizione (*o* limitazione) a.

unshaded ['ʌn'ʃeidid] *a.* **1** non riparato dal sole. **2** (*of a lamp*) non schermato. **3** (*Art,Pitt*) non ombreggiato, non sfumato.

unshadowed ['ʌn'ʃædoud] *a.* **1** non ombreggiato. **2** (*fig*) non offuscato.

unshak(e)able ['ʌn'ʃeikəbl] *a.* **1** fermo, saldo. **2** (*fig*) fermo, saldo, incrollabile, irremovibile: ~ *determination* ferma determinazione. **unshaken** [-kən] *a.* **1** non scosso. **2** (*fig*) fermo, saldo.

unshaped ['ʌn'ʃeipt] *a.* senza forma, informe. **unshapely** [-pli] *a.* informe, sgraziato, malfatto.

unshaved ['ʌn'ʃeivd], **unshaven** [-vn] *a.* **1** non rasato, non sbarbato. **2** (*with a beard*) che porta la barba, con la barba.

unsheathe ['ʌn'ʃi:ð] *v.t.* (*of a sword*) sguainare, sfoderare.

unshell ['ʌn'ʃel] *v.t.* sgusciare, sgranare.

unsheltered ['ʌn'ʃeltəd] *a.* non riparato, non protetto, esposto.

unship ['ʌn'ʃip] *v.t.* (*Mar*) **1** (*of a cargo*) scaricare; (*of passengers*) sbarcare. **2** (*to remove from its place of use*) smontare; (*of an oar*) disarmare.

unshod ['ʌn'ʃɔd] *a.* **1** senza scarpe, scalzo, a piedi nudi. **2** (*of a horse*) non ferrato.

unshrinkable ['ʌn'ʃriŋkəbl] *a.* irrestringibile. **unshrinking** [-kiŋ] *a.* **1** → **unshrinkable**. **2** (*fig*) che non indietreggia, risoluto.

unshutter ['ʌn'ʃʌtə] *v.t.* levare gli scuri a, tirare su le persiane (*o* saracinesche) di.

unsifted ['ʌn'siftid] *a.* **1** non setacciato, non passato al setaccio (*o* crivello). **2** (*fig*) non vagliato.

unsighted ['ʌn'saitid] *a.* **1** non in vista. **2** (*having one's view obscured*) che non può (*o* è in condizione di) vedere, che ha la vista impedita. **3** (*Artigl*) (*of a gun*) senza mirino; (*of a shot*) senza aver mirato.

unsightliness [ʌn'saitlinis] *s.* bruttezza *f*. **unsightly** [-li] *a.* brutto, sgradevole.

unsigned ['ʌn'saind] *a.* non firmato, senza firma.

unsinkable ['ʌn'siŋkəbl] *a.* inaffondabile.

unsisterly ['ʌn'sistəli] *a.* non da sorella, indegno di una

sorella.

unsized ['ʌn'saizd] *a.* (*Cart*) non imbozzimato.

unskilful ['ʌn'skilful] *a.* non abile, maldestro, inesperto. **unskilfulness** [-nis] *s.* imperizia *f*. **unskilled** [-ld] *a.* **1** non abile, inesperto. **2** (*of a worker*) non specializzato, non qualificato; (*of an occupation*) che non richiede specializzazione.

unskilled| labor *am.*, ~ **labour** *s.* manodopera *f* non specializzata, manovalanza *f*.

unskimmed ['ʌn'skimd] *a.* (*of milk*) non scremato, intero.

unslaked ['ʌn'sleikt] *a.* **1** (*of lime*) vivo. **2** (*of thirst*) non spento, non placato.

unsleeping ['ʌn'sli:piŋ] *a.* **1** che non dorme, desto, sveglio. **2** (*fig*) vigile, guardingo, attento, vigilante.

unsling ['ʌn'sliŋ] *v.t.irr.* togliersi (*o* sfilarsi) di tracolla.

unsmoked ['ʌn'smoukt] *a.* **1** (*of food, etc.*) non affumicato. **2** (*of a cigarette, etc.*) non fumato.

unsociability ['ʌn,souʃə'biliti] *s.* mancanza *f* di socievolezza *f*, scontrosità *f*. **un'sociable** [-bl] *a.* non socievole, insocievole.

unsocial ['ʌn'souʃəl] *a.* **1** asociale. **2** → **unsociable**. **unsocialized** [-aizd] *a.* **1** privo di senso sociale. **2** (*Econ*) non socializzato.

unsoiled ['ʌn'sɔild] *a.* **1** non insudiciato, non insozzato, non sporcato. **2** (*fig*) incontaminato, immacolato, puro.

unsold ['ʌn'sould] *a.* (*Comm*) invenduto, non venduto.

unsoldierly ['ʌn'souldʒəli] *a.* indegno di un soldato (*o* militare), non da soldato (*o* militare).

unsolicited ['ʌnsə'lisitid] *a.* non sollecitato, non richiesto.

unsolicitous ['ʌnsə'lisitəs] *a.* non sollecito, non premuroso.

unsolvable ['ʌn'sɔlvəbl] *a.* insolubile, irresolubile. **unsolved** [-vd] *a.* insoluto, non risolto.

unsophisticated ['ʌnsə'fistikeitid] *a.* **1** non sofisticato, non adulterato. **2** (*fig*) genuino, schietto, semplice.

unsorted ['ʌn'sɔ:tid] *a.* **1** non scelto, non selezionato. **2** (*not classified*) non classificato.

unsought ['ʌn'sɔ:t] *a.* non chiesto, non richiesto, non ricercato.

unsound ['ʌn'saund] *a.* **1** (*not physically sound*) non in buona salute, non sano, malsano, malato; (*mentally*) malato (*o* non sano) di mente; (*morally*) corrotto, pervertito, vizioso. **2** (*not well-founded*) che non regge, non valido, non ben fondato, poco solido: *an ~ reasoning* un ragionamento che non regge; (*fallacious*) falso, erroneo, fallace. **3** (*financially unreliable*) non (finanziariamente) solido, (economicamente) instabile. **4** (*of sleep*) agitato. **5** (*not solid, not firm*) instabile, poco solido, malfermo, pericolante. **6** (*of food*) andato a male, guasto, avariato. □ ~ *of mind* non sano di mente.

unsounded ['ʌn'saundid] *a.* non scandagliato, non sondato, inesplorato: ~ *depths* profondità non scandagliate.

unsoundness ['ʌn'saundnis] *s.* **1** (*lack of physical soundness*) cagionevolezza *f*, cattiva salute *f*; (*mental*) l'essere malato di mente. **2** (*fallaciousness*) erroneità *f*, falsità *f*, fallacia *f*. **3** (*of food*) l'essere guasto (*o* avariato).

unsown ['ʌn'soun] *a.* non seminato.

unsparing [ʌn'spɛəriŋ] *a.* **1** prodigo, generoso, liberale, munifico: *to be ~ in one's praise* essere prodigo di lodi. **2** (*showing no mercy*) spietato, inesorabile, crudele. **unsparingly** [-li] *avv.* **1** generosamente, con liberalità. **2** (*mercilessly*) spietatamente, inesorabilmente, crudelmente.

unspeakable [ʌn'spi:kəbl] *a.* **1** indescrivibile, indicibile, inesprimibile. **2** (*indescribably objectionable*) odioso, detestabile, abominevole. **unspeakably** [-i] *avv.* in modo indescrivibile, indicibilmente.

unspecialized ['ʌn'speʃəlaizd] *a.* **1** non specializzato, generico. **2** (*Biol*) non adattato.

unspecified ['ʌn'spesifaid] *a.* imprecisato, non specificato.

unspent ['ʌn'spent] *a.* **1** (*of money*) non speso. **2** (*not used up*) non consumato, non esaurito, non finito.

unspiritual ['ʌn'spiritjuəl] *a.* non spirituale, materiale, corporeo.

unspoiled ['ʌn'spɔild], **unspoilt** [-lt] *a.* **1** non rovinato, non guastato, non sciupato. **2** (*of a child*) non viziato.

unspoken [ʌnˈspoukən] *a.* tacito, non (apertamente) espresso: *an ~ agreement* un tacito accordo.

unsporting [ʌnˈspɔːtiŋ], **unsportsmanlike** [–tsmənlaik] *a.* non degno di uno sportivo, non (da) sportivo.

unspotted [ʌnˈspɔtid] *a.* **1** non macchiato, senza macchie. **2** ⟨*fig*⟩ senza macchia, puro, incontaminato. **3** ⟨*Zool*⟩ non pezzato.

unsprung [ʌnˈsprʌŋ] *a.* **1** ⟨*Aut,Mecc*⟩ non sospeso (elasticamente). **2** (*of a mattress, etc.*) non molleggiato. **3** (*of a trap*) che non è scattato.

unstable [ʌnˈsteibl] *a.* **1** instabile, malfermo, non solido. **2** (*not steadfast*) non saldo, non fermo, oscillante, instabile, incostante: ~ *convictions* convinzioni non salde; (*marked by emotional instability*) volubile, incostante, mutevole. **3** (*changeable*) instabile, incerto, mutevole, variabile. **4** ⟨*Chim,Fis,Econ*⟩ instabile.

unstained [ʌnˈsteind] *a.* **1** non macchiato, senza macchie, pulito. **2** ⟨*fig*⟩ immacolato, incontaminato, senza macchia.

unstamped [ʌnˈstæmpt] *a.* **1** non timbrato, non bollato. **2** (*of a letter*) senza francobollo, non affrancato.

unstatesmanlike [ʌnˈsteitsmənlaik] *a.* indegno di ⌐un uomo di stato⌐ (*o* uno statista).

unsteadfast [ʌnˈstedfɑːst] *a.* **1** vacillante, instabile, incostante. **2** (*unstable*) instabile, malfermo, non solido.

unsteadily [ʌnˈstedili] *a.* **1** in modo instabile (*o* malfermo). **2** (*irregularly*) irregolarmente, in modo non uniforme. □ *the drunken man walked* ~ l'ubriaco camminava con passo malfermo. **unsteadiness** [–dinis] *s.* **1** instabilità *f.* **2** (*irregularity*) irregolarità *f,* mancanza *f* di uniformità. **3** (*changeableness*) incostanza *f,* variabilità *f,* mutevolezza *f.* **unsteady** [–di] *a.* **1** poco solido, instabile, malsicuro, malfermo: *an ~ construction* una costruzione poco solida. **2** (*wavering, vacillating*) barcollante, traballante, vacillante. **3** (*emotionally unstable*) irresoluto, indeciso, instabile, incostante, mutevole. **4** (*irregular*) irregolare, non uniforme, incostante, variabile.

unsteel [ʌnˈstiːl] *v.i.* ⟨*fig*⟩ intenerire, addolcire, ammorbidire.

unstick [ʌnˈstik] *v.irr.* **I** *v.t.* staccare, scollare. **II** *v.i.* scollarsi.

unstinted [ʌnˈstintid] *a.* generoso, abbondante, copioso. **unstinting** [–tiŋ] *a.* **1** → **unstinted**. **2** (*unqualified*) incondizionato, illimitato, assoluto.

unstitch [ʌnˈstitʃ] *v.t.* scucire, disfare.

unstop [ʌnˈstɔp] *v.t.* **1** stappare, sturare. **2** (*to unblock*) sturare, stasare, disintasare. **unstoppable** [–əbl] *a.* ⟨*fam*⟩ inarrestabile. **unstopped** [–t] *a.* **1** non fermato, non arrestato. **2** (*not blocked up*) non otturato, non ostruito, non intasato, libero. **3** ⟨*Fon*⟩ aperto. **unstoppered** [–əd] *a.* senza tappo.

unstrained [ʌnˈstreind] *a.* **1** non filtrato, non passato attraverso un filtro. **2** (*not placed under a strain*) non sottoposto a sforzo, non sforzato. **3** (*not forced*) naturale, non forzato, spontaneo.

unstrap [ʌnˈstræp] *v.t.* slacciare.

unstressed [ʌnˈstrest] *a.* ⟨*Fon*⟩ atono, non accentato.

unstring [ʌnˈstriŋ] *v.t.irr.* **1** (*of a musical instrument*) togliere le corde a; (*to slacken*) allentare le corde di. **2** (*of a bow*) togliere la corda a; (*to loosen*) allentare la corda di. **3** (*to remove from a string*) sfilare. **unstrung** [–ˈstrʌŋ] *a.* **1** (*of a musical instrument*) senza corde; (*having the strings loosened*) con le corde allentate. **2** (*of a bow*) senza corda; (*having the string loosened*) con la corda allentata. **3** ⟨*fig*⟩ (*unnerved*) nervoso, innervosito, con i nervi tesi.

unstuck [ʌnˈstʌk] *a.* staccato, scollato. □ *to come* ~: **1** scollarsi, staccarsi; **2** ⟨*fig*⟩ fallire, andar male: *our plan has come* ~ il nostro piano è fallito.

unstudied [ʌnˈstʌdid] *a.* **1** naturale, spontaneo, non studiato. **2** (*unlearned*) non istruito, che manca di cultura, illetterato.

unsubdued [ʌnsʌbˈdjuːd] *a.* non sottomesso, non soggiogato.

unsubsidized [ʌnˈsʌbsidaizd] *a.* ⟨*Econ*⟩ non sovvenzionato.

unsubstantial [ʌnsʌbˈstænʃəl] *a.* **1** immateriale, incor-

poreo. **2** ⟨*fig*⟩ (*of an argument, etc.*) privo di fondamento, inconsistente, non solido; (*visionary, unreal*) immaginario, chimerico, illusorio. **3** (*weak, flimsy*) leggero, inconsistente. **4** (*of a meal*) non sostanzioso. ˌunsubˌstantiality [–ʃiˈæliti] *s.* **1** immaterialità *f,* incorporeità *f.* **2** ⟨*fig*⟩ inconsistenza *f,* mancanza *f* di fondamento (*o* solidità). **3** (*weakness, flimsiness*) leggerezza *f,* inconsistenza *f.* **unsubstantiated** [–ʃieitid] *a.* non provato, non dimostrato: *an ~ accusation* un'accusa non provata.

unsuccess [ʌnsəkˈses] *s.* insuccesso *m,* fallimento *m,* fiasco *m.* **unsuccessful** [–ful] *a.* **1** che non ha avuto successo, non riuscito, non coronato da successo, che ha fatto fiasco: *an ~ show* uno spettacolo che non ha avuto successo. **2** (*of people*) che non ha successo, non di successo. **unsuccessfully** [–fuli] *avv.* senza successo.

unsugared [ʌnˈʃugəd] *a.* non zuccherato, senza zucchero.

unsuitability [ʌns(j)uːtəˈbiliti] *s.* **1** l'essere inadatto. **2** (*unseasonableness*) inopportunità *f,* sconvenienza *f.* **un'suitable** [–bl] *a.* inadatto, non adatto, disadatto: *clothes ~ for the occasion* abiti non adatti all'occasione. **un'suitableness** [–blnis] *s.* → **unsuitability**. **un'suitably** [–bli] *avv.* in modo inadatto. **un'suited** [–tid] *a.* inadatto, non adatto, non idoneo (*to* a): *to be ~ to one's job* non essere adatto al proprio lavoro. □ *they are ~ to each other* non sono fatti l'uno per l'altro.

unsullied [ʌnˈsʌlid] *a.* **1** pulito, senza macchie, non macchiato. **2** ⟨*fig*⟩ incontaminato, senza macchia.

unsung [ʌnˈsʌŋ] *a.* **1** non cantato. **2** (*not celebrated in song, verse*) non cantato, non celebrato in versi.

unsupported [ʌnsəˈpɔːtid] *a.* **1** senza sostegni (*o* appoggi), non sorretto, non sostenuto. **2** (*not given support, backing*) senza appoggi (*o* aiuto), non appoggiato, non sostenuto. **3** (*unsubstantiated*) non provato, non dimostrato. □ *the roof was ~ except for a central pillar* il tetto poggiava soltanto su un pilastro centrale.

unsure [ʌnˈʃuə] *a.* **1** insicuro, non sicuro, incerto. **2** (*lacking certain knowledge*) incerto (*of* su), non certo (di): *I am ~ of the exact figures* sono incerto sulle cifre esatte. **3** (*unreliable*) che non dà affidamento, di cui non ci si può fidare, inattendibile.

unsurpassable [ʌnsəˈpɑːsəbl] *a.* insuperabile, che non si può sorpassare: ~ *skill* abilità insuperabile. **unsurpassed** [–st] *a.* insuperato, non sorpassato.

unsusceptible [ʌnsəˈseptibl] *a.* **1** non suscettibile (*of* di). **2** (*insensitive*) non sensibile, insensibile (*to* a).

unsuspected [ʌnsəsˈpektid] *a.* **1** insospettato, non sospettato. **2** (*unexpected*) imprevisto, inaspettato, inatteso: ~ *problems* problemi imprevisti. **unsuspecting** [–tiŋ] *a.* non sospettoso, senza diffidenza, fiducioso. **unsuspectingly** [–tiŋli] *avv.* senza diffidenza (*o* sospetto), fiduciosamente.

unsuspicious [ʌnsəsˈpiʃəs] *a.* **1** non sospettoso, senza diffidenza, fiducioso. **2** (*not arousing suspicion*) non sospetto, che non desta sospetti.

unsustainable [ʌnsəsˈteinəbl] *a.* insostenibile. **unsustained** [–nd] *a.* non sostenuto, non sorretto.

unswayed [ʌnˈsweid] *a.* **1** non influenzato. **2** (*unprejudiced*) non prevenuto.

unswear [ʌnˈsweə] *v.irr.* **I** *v.t.* rinnegare, abiurare. **II** *v.i.* fare abiura.

unsweetened [ʌnˈswiːtənd] *a.* non addolcito, non zuccherato.

unswept [ʌnˈswept] *a.* non spazzato, non scopato.

unswerving [ʌnˈswəːviŋ] *a.* **1** saldo, fermo, costante; (*loyal*) leale, fedele. **2** (*not swerving*) che non devia. **unswervingly** [–li] *avv.* **1** fermamente, saldamente, costantemente; (*loyally*) lealmente, fedelmente. **2** (*without swerving*) senza deviare, in linea retta.

unsworn [ʌnˈswɔːn] *a.* **1** (*of a witness*) che non ha prestato giuramento. **2** (*of testimony*) non sotto giuramento, non giurato.

unsymmetric [ʌnsiˈmetrik], **unsymmetrical** [–əl] *a.* asimmetrico, non simmetrico.

unsympathetic [ʌnˌsimpəˈθetik] *a.* insensibile, indifferente, non comprensivo. **unsympathetically** [–əli] *avv.* con indifferenza, senza comprensione. **un'sympathizing**

[-θaiziŋ] *a.* che non mostra comprensione, indifferente.

unsystematic ['ʌnˌsisti'mætik] *a.* non sistematico, ⌐privo di⌐ (*o* senza) metodo. **unsystematically** [-əli] *avv.* non sistematicamente, senza metodo.

untack ['ʌn'tæk] *v.t.* **1** staccare, disunire, disgiungere. **2** (*to detach by removing tacks*) sbullettare.

untainted ['ʌn'teintid] *a.* incontaminato, non corrotto.

untalented ['ʌn'tæləntid] *a.* non dotato, privo ⌐di talento⌐ (*o* d'ingegno).

untamable ['ʌn'teiməbl] *a.* indomabile, non addomesticabile. **untamed** [-md] *a.* non domato, non addomesticato, selvaggio.

untangle ['ʌn'tæŋgl] *v.t.* sbrogliare, districare (*anche fig.*).

untanned ['ʌn'tænd] *a.* **1** ⟨*Conc*⟩ non conciato. **2** (*of skin*) non abbronzato.

untapped ['ʌn'tæpt] *a.* **1** ⟨*Agr*⟩ non inciso (per estrarre il latice). **2** (*of a barrel*) non spillato. **3** ⟨*fig*⟩ non sfruttato, inutilizzato: ~ *resources* risorse non sfruttate.

untarnished ['ʌn'tɑːniʃt] *a.* **1** non appannato, non offuscato. **2** ⟨*fig*⟩ senza macchia, immacolato, incontaminato.

untasted ['ʌn'teistid] *a.* non assaggiato, non gustato.

untaught ['ʌn'tɔːt] *a.* **1** non istruito, incolto, ignorante. **2** (*natural*) non studiato, naturale, spontaneo.

untaxed ['ʌn'tækst] *a.* esente da imposte, non tassato.

unteachable ['ʌn'tiːtʃəbl] *a.* **1** non ricettivo, che non apprende facilmente. **2** (*of a subject, etc.*) che non si può insegnare.

untempered [ʌn'tempəd] *a.* **1** ⟨*Met*⟩ non rinvenuto (*o* temprato). **2** ⟨*fig*⟩ non temperato, non mitigato, non attenuato.

untenable ['ʌn'tenəbl] *a.* **1** insostenibile, che non si può sostenere (*o* affermare). **2** ⟨*Mil*⟩ indifendibile: *an* ~ *position* una posizione indifendibile.

untenanted ['ʌn'tenəntid] *a.* sfitto, non affittato.

untended ['ʌn'tendid] *a.* trascurato, non curato, negletto.

untested ['ʌn'testid] *a.* non provato, non sperimentato, non collaudato. **2** ⟨*Chim*⟩ non analizzato.

untether ['ʌn'teðə] *v.t.* togliere la pastoia a, liberare, slegare.

unthanked ['ʌn'θæŋkt] *a.* non ringraziato, che non ha avuto ringraziamenti. **unthankful** [-kful] *a.* **1** ingrato, sgradevole, spiacevole: *an* ~ *assignment* un compito ingrato. **2** (*ungrateful*) ingrato, privo di riconoscenza, non riconoscente.

unthinkable [ʌn'θiŋkəbl] *a.* **1** inconcepibile, inimmaginabile, assurdo, impensabile; (*incredible*) incredibile, inverosimile. **2** (*not to be considered*) inammissibile, fuori questione (*o* causa), impensabile: *surrender is* ~ la resa è fuori questione. **unthinking** [-kiŋ] *a.* **1** irriguardoso, privo di tatto (*o* premure). **2** (*without thinking, reflection*) irriflessivo, leggero, sbadato, sventato. **unthinkingly** [-kiŋli] *avv.* senza pensare.

unthoughtful ['ʌn'θɔːtful] *a.* **1** sconsiderato, avventato, sventato, sbadato. **2** (*thoughtless*) non premuroso, irriguardoso.

un'thought-of [ʌn'θɔːt] *a.* impensato, imprevisto, inatteso.

unthread ['ʌn'θred] *v.t.* **1** sfilare: *to* ~ *a needle* sfilare un ago. **2** ⟨*fig*⟩ (*to unravel*) sciogliere, districare, sbrogliare. **3** ⟨*fig*⟩ (*to thread one's way through*) farsi strada tra (*o* in).

unthrone ['ʌn'θroun] *v.t.* detronizzare.

untidily [ʌn'taidili] *avv.* disordinatamente, sciattamente. **untidiness** [-dinis] *s.* disordine *m*, sciattezza *f*, trascuratezza *f*, trasandatezza *f*. **untidy** [-di] *a.* disordinato, sciatto, trascurato, trasandato: *an* ~ *room* una stanza disordinata.

untie ['ʌn'tai] *v.t.* **1** sciogliere, disfare: *to* ~ *a knot* sciogliere un nodo; (*to undo the strings of*) slegare: *to* ~ *a parcel* slegare un pacco. **2** (*to untether*) sciogliere, slegare: *to* ~ *the dog* slegare il cane.

until [ən'til, ʌn'til] **I** *prep.* **1** fino a, sino a: ~ *next week* fino alla prossima settimana. **2** (*in negative constructions: before*) prima di: *he won't be here* ~ *tomorrow* non sarà qui prima di domani. **II** *congz.* **1** finché, fino a quando, fin al momento che: *I waited* ~ *everyone else had left* attesi finché tutti gli altri se ne furono andati. **2** (*to the point, degree that*) finché, fino al punto che: *he sang* ~ *his throat began to hurt* cantò finché cominciò a dolergli la gola. **3** (*in negative constructions: before*) prima di (*o* che): *we won't start dinner* ~ *you get here* non cominceremo a mangiare prima del tuo arrivo.

untile ['ʌn'tail] *v.t.* rimuovere le tegole da, scoperchiare.

untillable ['ʌn'tiləbl] *a.* ⟨*Agr*⟩ non coltivabile. **untilled** [-ld] *a.* non coltivato, incolto.

untimeliness [ʌn'taimlinis] *s.* **1** intempestività *f*, inopportunità *f*. **2** (*prematureness*) prematurità *f*. **untimely** [-li] **I** *a.* **1** intempestivo, inopportuno. **2** (*premature*) prematuro. **II** *avv.* **1** intempestivamente, inopportunamente. **2** (*prematurely*) prematuramente.

untiring [ʌn'taiəriŋ] *a.* instancabile, infaticabile. **untiringly** [-li] *avv.* instancabilmente.

untitled ['ʌn'taitld] *a.* **1** non titolato. **2** (*of a book, etc.*) senza (*o* privo di) titolo.

unto ['ʌntu(:)] *prep.* ⟨*Bibl,rar,poet*⟩ **1** (*to*) a, in: *they came* ~ *a village* giunsero a un villaggio. **2** (*towards*) verso, in direzione di. **3** (*until*) fino a, sino a. □ ⟨*Bibl*⟩ *suffer little children to come* ~ *me* lasciate che i pargoli vengano a me.

untold ['ʌn'tould] *a.* **1** non raccontato, non detto, taciuto. **2** (*not revealed*) non rivelato, non svelato, segreto. **3** (*innumerable, unlimited*) incalcolabile, innumerevole; (*not numbered*) non numerato, non contato.

untomb ['ʌn'tuːm] *v.t.* togliere dalla tomba, esumare, dissotterrare.

untorn ['ʌn'tɔːn] *a.* non lacerato, non lacero, intatto, integro.

untouchable [ʌn'tʌtʃəbl] **I** *a.* **1** intoccabile, intangibile. **2** (*forbidden to the touch*) intoccabile, che non si deve toccare. **3** (*inaccessible*) inaccessibile, fuori portata. **II** *s.* (*in Hinduism*) intoccabile *m/f*, paria *m*. **untouched** [-tʃt] *a.* **1** non toccato. **2** (*of food, drink*) intatto. **3** (*not damaged*) intatto, integro, intero. **4** (*unaffected*) non commosso, non toccato; (*unmoved*) imperturbato, impassibile, calmo. **5** (*unequalled*) senza pari (*o* uguali), insuperabile, ineguagliabile.

untoward [ʌn'touəd, 'ʌntu'wɔːd] *a.* **1** spiacevole, increscioso, deplorevole: *an* ~ *incident* uno spiacevole incidente. **2** (*improper*) sconveniente, scorretto, indecoroso: ~ *behaviour* comportamento sconveniente. **3** (*unruly*) intrattabile, ribelle, indisciplinato.

untraceable ['ʌn'treisəbl] *a.* irreperibile, introvabile.

untrained ['ʌn'treind] *a.* **1** non addestrato, non esercitato. **2** (*inexpert*) inesperto, impreparato. **3** (*uninstructed*) ignorante, incolto, non istruito. **4** ⟨*Sport*⟩ non allenato.

untrammeled *am.*, **untrammelled** ['ʌn'træməld] *a.* non impacciato, non impedito, non ostacolato.

untransferable ['ʌntræns'fəːrəbl] *a.* ⟨*Dir,Econ*⟩ non trasferibile.

untranslatability ['ʌntræns,leitə'biliti] *s.* intraducibilità *f*. **untrans'latable** [-bl] *a.* intraducibile, non traducibile. **untrans'latableness** [-blnis] *s.* → **untranslatability**.

untraveled *am.*, **untravelled** ['ʌn'trævəld] *a.* **1** (*of a person*) che non ha viaggiato. **2** (*of a road*) non battuto, non frequentato; (*of a region, etc.*) inesplorato, poco conosciuto.

untried ['ʌn'traid] *a.* **1** non provato, non sperimentato: *an* ~ *method* un metodo non provato; (*not attempted*) non tentato, intentato. **2** (*of a person*) inesperto. **3** ⟨*Dir*⟩ non processato.

untrimmed ['ʌn'trimd] *a.* **1** non spuntato, non tagliato: ~ *hair* capelli non spuntati. **2** ⟨*Agr*⟩ non spuntato, non cimato. **3** ⟨*Legat*⟩ non raffilato, non rifilato.

untrod ['ʌn'trɔd], **untrodden** [-ən] *a.* **1** non calpestato. **2** (*not traversed*) non battuto, non frequentato: ~ *paths* sentieri non battuti.

untroubled ['ʌn'trʌbld] *a.* **1** imperturbato, calmo, tranquillo, sereno. **2** (*of water*) non turbato, non agitato, limpido.

untrue ['ʌn'truː] *a.* **1** falso, non vero: *an* ~ *statement* un'affermazione falsa. **2** (*unfaithful*) infedele, sleale. **3** ⟨*tecn*⟩ non centrato. **untruly** [-li] *avv.* **1** falsamente. **2** (*unfaithfully*) infedelmente.

untruss ['ʌn'trʌs] *v.t.* ⟨*rar*⟩ slegare, sciogliere.
untrustworthiness ['ʌn'trʌstwɔːðinis] *s.* l'essere indegno di fiducia, mancanza *f* di probità; (*dishonesty*) disonestà *f.*
untrustworthy [–ði] *a.* indegno di fiducia, falso, sleale; (*dishonest*) disonesto.
untruth ['ʌn'truːθ] *s.* bugia *f,* menzogna *f,* falsità *f.*
untruthful [–ful] *a.* falso, menzognero, bugiardo.
untruthfully [–fuli] *avv.* falsamente. **untruthfulness** [–fulnis] *s.* falsità *f,* bugiardaggine *f.*
untuck ['ʌn'tʌk] *v.t.* spiegare, allargare. □ *to ~ one's legs* allungare (*o* distendere) le gambe.
untuned ['ʌn'tjuːnd] *a.* 1 ⟨*Mus*⟩ scordato. 2 ⟨*Rad*⟩ non sintonizzato.
unturned ['ʌn'təːnd] *a.* non rivoltato, non girato, non rovesciato.
untutored ['ʌn'tjuːtəd] *a.* 1 non istruito, incolto, ignorante. 2 ⟨*fig*⟩ semplice, schietto, non affettato, naturale, spontaneo.
untwine ['ʌn'twain], **untwist** [–'twist] I *v.t.* districare, sbrogliare, sciogliere. II *v.i.* sciogliersi, districarsi.
unusable ['ʌn'juːzəbl] *a.* inutilizzabile, inutile.
unused[1] ['ʌn'juːzd] *a.* non utilizzato, non usato; (*never having been used*) non ancora usato (*o* utilizzato), inutilizzato; (*new*) nuovo.
unused[2] ['ʌn'juːst] *a.* (*unaccustomed*) non abituato, non avvezzo (*to* a).
unusual [ʌn'juːʒuəl] *a.* 1 insolito, inusitato, inconsueto: *an ~ hobby* un hobby insolito. 2 (*exceptional*) eccezionale, straordinario, singolare. **unusually** [–i] *avv.* 1 insolitamente, in modo inconsueto. 2 (*exceptionally*) eccezionalmente, straordinariamente: *~ hot* eccezionalmente caldo. **unusualness** [–nis] *s.* 1 l'essere inconsueto (*o* insolito). 2 (*singularity*) eccezionalità *f,* singolarità *f.*
unutilized ['ʌn'juːtilaizd] *a.* inutilizzato.
unutterable [ʌn'ʌtərəbl] *a.* 1 inesprimibile, indicibile, ineffabile. 2 ⟨*fam*⟩ (*utter, absolute*) assoluto, completo, totale, bell'e buono. □ *an ~ scoundrel* un furfante matricolato. **unutterably** [–i] *avv.* indicibilmente: *~ tired* indicibilmente stanco. **unuttered** [–təd] *a.* 1 inespresso, non espresso. 2 (*not pronounced*) non pronunciato.
unvalued ['ʌn'væljuːd] *a.* 1 non valutato, non stimato. 2 (*not prized*) non stimato, non apprezzato, non valutato.
unvanquished ['ʌn'væŋkwiʃt] *a.* non vinto, invitto.
unvaried [ʌn'vɛərid] *a.* monotono, uniforme, senza varietà, non variato.
unvarnished ['ʌn'vaːniʃt] *a.* 1 non verniciato. 2 ⟨*fig*⟩ non abbellito, semplice. □ *the ~ truth* la verità nuda e cruda.
unvarying [ʌn'vɛəriiŋ] *a.* invariabile, costante. **unvaryingly** [–li] *avv.* invariabilmente.
unveil [ʌn'veil] I *v.t.* 1 togliere il velo a: *the bride –ed herself* la sposa si tolse il velo. 2 (*to disclose by removing a veil, cover*) scoprire, inaugurare: *to ~ a statue* scoprire una statua. 3 ⟨*fig*⟩ svelare, rivelare, scoprire: *to ~ a mystery* svelare un mistero. II *v.i.* svelarsi, scoprirsi. **unveiling** [–iŋ] *s.* cerimonia *f* inaugurale, scoprimento *m.*
unventilated ['ʌn'ventileitid] *a.* non ventilato, non aerato.
unverifiable ['ʌn'verifaiəbl] *a.* non verificabile, non controllabile, incontrollabile. **unverified** [–faid] *a.* non verificato, incontrollato.
unversed ['ʌn'vəːst] *a.* non versato, inesperto (*in* in), non pratico (di).
unviolated ['ʌn'vaiəleitid] *a.* inviolato.
unvisited ['ʌn'vizitid] *a.* non frequentato, non visitato.
unvoiced ['ʌn'vɔist] *a.* 1 inespresso, non espresso, non detto. 2 ⟨*Fon*⟩ sordo, aspro.
unvouched(-for) ['ʌn'vautʃt] *a.* non attestato, non confermato.
unwanted ['ʌn'wɔntid] *a.* non voluto, non desiderato, non richiesto.
unwarily [ʌn'wɛərili] *avv.* incautamente, imprudentemente. **unwariness** [–rinis] *s.* imprudenza *f,* sconsideratezza *f.*
unwarlike ['ʌn'wɔːlaik] *a.* 1 non militare, non bellico. 2 (*peaceable*) non bellicoso, pacifico.

unwarned ['ʌn'wɔːnd] *a.* non avvertito, non messo ⌐in guardia⌐ (*o* sull'avviso).
unwarrantable [ʌn'wɔrəntəbl] *a.* ingiustificabile: *~ interference* interferenza ingiustificabile. **unwarrantably** [–i] *avv.* ingiustificabilmente. **unwarranted** [–tid] *a.* 1 ingiustificato. 2 (*not guaranteed*) senza garanzia, non garantito.
unwary ['ʌn'wɛəri] *a.* 1 non circospetto, non guardingo. 2 (*rash*) incauto, imprudente, avventato.
unwashed ['ʌn'wɔʃt] *a.* non lavato, sporco, sudicio. □ ⟨*fam,ant*⟩ *the great ~* la plebaglia.
unwatched ['ʌn'wɔtʃt] *a.* 1 trascurato, negletto. 2 (*unattended*) non sorvegliato, non custodito, non vigilato. **unwatchful** [–ʃful] *a.* disattento, sbadato, non vigile.
unwatered ['ʌn'wɔːtəd] *a.* 1 non innaffiato. 2 (*of animals*) non abbeverato. 3 (*undiluted*) non diluito, puro.
unwavering [ʌn'weivəriŋ] *a.* non vacillante, saldo, fermo, incrollabile.
unweaned ['ʌn'wiːnd] *a.* non svezzato, non divezzato.
unwearable ['ʌn'wɛərəbl] *a.* 1 che non può essere indossato. 2 (*worn-out*) logoro, consunto.
unwearied ['ʌn'wiərid] *a.* 1 non stanco, non affaticato. 2 (*indefatigable*) infaticabile, instancabile. **unwearying** [–riiŋ] *a.* 1 infaticabile, instancabile. 2 (*persistent*) persistente, insistente.
unweave ['ʌn'wiːv] *v.t.irr.* stessere, disfare (il tessuto di).
unwed(ded) ['ʌn'wed(id)] *a.* (*of a man*) celibe, scapolo, non sposato, non coniugato; (*of a woman*) nubile, non sposata, non coniugata. □ *~ mother* ragazza madre.
unweighed ['ʌn'weid] *a.* 1 non pesato. 2 ⟨*fig*⟩ non soppesato, non vagliato, imponderato.
unwelcome [ʌn'welkəm] *a.* sgradito, malaccetto, male accolto.
unwell ['ʌn'wel] *a.* indisposto, ammalato.
unwhitened ['ʌn'waitənd] *a.* non imbiancato, non sbiancato.
unwholesome [ʌn'houlsəm] *a.* 1 malsano, insalubre. 2 (*indicative of ill-health*) malsano: *an ~ pallor* un pallore malsano. 3 (*morally harmful*) moralmente dannoso (*o* nocivo), malsano. 4 ⟨*fig*⟩ corrotto, guasto, pervertito, morboso. **unwholesomely** [–li] *avv.* in modo malsano. **unwholesomeness** [–nis] *s.* 1 insalubrità *f.* 2 ⟨*fig*⟩ l'essere corrotto (*o* guasto), morbosità *f.*
unwieldiness [ʌn'wiːldinis] *s.* 1 scarsa maneggevolezza *f.* 2 (*clumsiness, ungainliness*) goffaggine *f* di movimenti. **unwieldy** [–di] *a.* 1 poco maneggevole, scomodo; (*cumbersome*) ingombrante. 2 (*hard to control or handle*) difficile da controllare. 3 (*moving with difficulty, clumsy*) che si muove con difficoltà, tardo, goffo.
unwilling ['ʌn'wiliŋ] *a.* che non vuole, non disposto; (*reluctant*) riluttante, restio; (*averse*) contrario. □ *he was ~ to admit his error* non volle ammettere il suo errore. **unwillingly** [–li] *avv.* con riluttanza, malvolentieri. **unwillingness** [–liŋnis] *s.* riluttanza *f,* malavoglia *f.*
unwind ['ʌn'waind] *v.irr.* I *v.t.* 1 svolgere, spiegare, srotolare, sgomitolare. 2 ⟨*Tess*⟩ dipanare. 3 (*to untwist, disentangle*) districare, sbrogliare. 4 ⟨*Mar*⟩ (*of a rope*) mollare. II *v.i.* 1 svolgersi, sgomitolarsi. 2 ⟨*fam*⟩ (*to relax*) rilassarsi, distendersi.
unwinking ['ʌn'wiŋkiŋ] *a.* 1 (*of a look, stare*) fisso. 2 ⟨*fig*⟩ (*vigilant*) attento, vigile, all'erta.
unwise [ʌn'waiz] *a.* insensato, imprudente, stolto. **unwisely** [–li] *avv.* insensatamente, imprudentemente.
unwished(-for) [ʌn'wiʃt] *a.* non voluto, non desiderato, indesiderato.
unwitnessed ['ʌn'witnist] *a.* 1 non notato, non osservato, inosservato. 2 ⟨*Dir*⟩ (*of a document*) non sottoscritto da testimoni.
unwitting [ʌn'witiŋ] *a.* 1 involontario, non intenzionale, non voluto, non volontario. 2 (*unaware*) inconsapevole, ignaro, inconscio. **unwittingly** [–li] *avv.* involontariamente, inavvedutamente.
unwitty ['ʌn'witi] *a.* 1 ⌐privo di⌐ (*o* senza) spirito, non spiritoso. 2 (*silly*) sciocco, stupido, stolto.
unwomanliness [ʌn'wumənlinis] *s.* l'essere poco femminile. **unwomanly** [–li] *a.* non (*o* poco) femminile, che non è da donna.

unwonted [ʌn'wountid] *a.* **1** insolito, inconsueto, inusitato; (*rare*) raro. **2** (*unaccustomed*) non abituato, non avvezzo.

unwooded ['ʌn'wudid] *a.* senza boschi, diboscato.

unworkable ['ʌn'wɔːkəbl] *a.* **1** (*of a substance*) intrattabile, non lavorabile, difficile da lavorare. **2** (*impractical*) inattuabile, irrealizzabile, impossibile. **3** (*not exploitable*) non sfruttabile, non utilizzabile: *an ~ mine* una miniera non sfruttabile.

unworked ['ʌn'wɔːkt] *a.* **1** grezzo, greggio, non lavorato. **2** (*not exploited*) non sfruttato, non utilizzato.

unworkmanlike ['ʌn'wɔːkmənlaik] *a.* **1** inetto, incapace, inesperto. **2** (*badly done*) malfatto, male eseguito, abborracciato.

unworldly ['ʌn'wɔːldli] *a.* **1** spirituale. **2** (*naive, unsophisticated*) naturale, spontaneo, semplice, schietto. **3** (*unearthly*) non terreno.

unworn ['ʌn'wɔːn] *a.* **1** mai (*o* non) indossato, nuovo. **2** (*not damaged by use*) non logoro, non frusto.

unworthily [ʌn'wɔːðili] *avv.* indegnamente, in modo indegno. **unworthiness** [–ðinis] *s.* indegnità *f.* **unworthy** [–ði] *a.* **1** non degno, indegno, immeritevole (*of* di), che non merita (qc.): *he is ~ of your trust* non è degno della tua fiducia. **2** (*base, mean*) non degno, indegno, meschino: *it is ~ of you* non è degno di te. **3** (*not befitting*) che non si addice, non adatto, disdicevole (a), indegno (di): *language ~ of a girl* linguaggio che non si addice a una ragazza.

unwound ['ʌn'waund] *a.* **1** srotolato. **2** (*of a clock, etc.*) non caricato, scarico.

unwounded ['ʌn'wuːndid] *a.* non ferito, incolume, illeso.

unwoven ['ʌn'wouvən] *a.* ⟨*Tess*⟩ non tessuto.

unwrap ['ʌn'ræp] *v.t.* scartare, disfare, scartocciare: *to ~ a parcel* scartare un pacco.

unwrinkle ['ʌn'riŋkl] *v.t.* spianare, cancellare le rughe da. **unwrinkled** [–d] *a.* liscio, spianato, senza rughe.

unwritten ['ʌn'ritən] *a.* non scritto, orale.

unwritten| constitution *s.* ⟨*Dir*⟩ costituzione *f* consuetudinaria. **~ law** *s.* **1** legge *f* ⸢non scritta⸣ (*o* consuetudinaria). **2** ⟨*fig*⟩ codice *m* d'onore.

unwrought ['ʌn'rɔːt] *a.* **1** allo stato naturale. **2** (*unworked*) greggio, grezzo, non lavorato.

unwrung ['ʌn'rʌŋ] *a.* **1** non strizzato, non torto. **2** ⟨*fig*⟩ imperturbato, impassibile, calmo, tranquillo.

unyielding [ʌn'jiːldiŋ] *a.* **1** rigido, duro, non flessibile. **2** ⟨*fig*⟩ che non cede, fermo, inflessibile; (*obstinate*) ostinato, caparbio.

unyouthful ['ʌn'juːθful] *a.* non (*o* poco) giovanile.

unzealous ['ʌn'zeləs] *a.* che manca di zelo, non zelante.

unzip ['ʌn'zip] *v.t.* aprire la chiusura lampo di.

U. of S. Afr. = ⟨*Stor*⟩ *Union of South Africa* Unione sudafricana.

up[1] [ʌp] **I** *avv.* **1** (*to, toward a higher position*) su, (di) sopra, in alto, in su, insù: *to climb ~ on s.o.'s shoulders* arrampicarsi sulle spalle di qd.; (*in a high position*) su, in alto, *often not translated: we sat ~ on the roof* sedemmo sul tetto. **2** (*in an erect position*) diritto, in piedi, ritto, *often not translated: to stand ~* alzarsi (in piedi); (*out of bed*) in piedi, alzato: *to stay ~ all night* stare in piedi tutta la notte. **3** (*to the surface*) su, in superficie, *often translated with the corresponding verb: the diver came ~* il sommozzatore ⸢venne su⸣ (*o* risalì) in superficie. **4** (*from below the horizon*) dall'(*o* da dietro l') orizzonte, *often translated with the corresponding verb: the sun came ~* spuntò il sole. **5** (*so as to approach, arrive*) *translated with the corresponding verb: a policeman came ~ to me* un poliziotto mi si avvicinò. **6** (*to a place of importance*) su, *often not translated: to go ~ to town* andare in città. **7** (*to, towards the north*) su, verso il nord. **8** (*before a judge, court, etc.*) *not translated: the case was brought ~ before the Assizes* la causa fu portata in assise. **9** (*to a state of increased volume, brightness, etc.*) *translated with the corresponding verb: to turn the radio ~* alzare il volume della radio; *speak ~!* parla più forte! **10** (*to, in a greater degree, amount, etc.*) su, *often translated with the corresponding verb: prices have gone ~* i prezzi sono ⸢andati su⸣ (*o* saliti alle stelle). **11** (*to a state of*

completeness, finality) completamente, del tutto, *often not translated: the pipe is stopped ~* la conduttura è completamente ostruita. **12** (*in continuance*) in su: *prices run from ten shillings ~* i prezzi vanno da dieci scellini in su; *from the age of ten ~* dai dieci anni in su. **13** (*into existence or operation*) *translated with the corresponding verb: to work ~ a sales organization* sviluppare un'organizzazione di vendita. **14** (*in, into a condition of union, repair*) *translated with the corresponding verb: to glue ~ a broken vase* incollare un vaso rotto. **15** (*in, into a state of separation*) *translated with the corresponding verb: to tear ~ a sheet* strappare un foglio; *to divide ~ an estate* dividere una proprietà. **16** (*in, into a condition of closure*) *translated with the corresponding verb: to block ~ a hole* chiudere un buco. **17** (*in a place of importance*) *not translated: he is ~ in London* è a Londra. **18** (*under consideration*) all'esame, in esame: *the bill is ~ before the House of Lords* il progetto di legge è all'esame della camera dei lord. **19** (*to, in a state of expansion*) *translated with the corresponding verb: to pump a tyre ~* gonfiare un pneumatico. **20** (*in storage*) in magazzino: *all our furniture is ~* tutti i nostri mobili sono in magazzino. **21** (*so as to expose a surface*) scoperto, a faccia in su: *to deal cards face ~* dare le carte scoperte. **22** (*at a point on a river nearer the source*) alla sorgente. **23** ⟨*Mar*⟩ (*towards the wind*) in direzione del vento. **24** ⟨*fam*⟩ (*to prison*) in prigione, in galera, ⟨*fam*⟩ dentro: *to be sent ~ for eight years* andare dentro per otto anni. **II** *prep.* **1** su (per): *to run ~ the hill* correre su per il colle; (*at a higher point of*) in cima a, verso la cima di. **2** (*at, to a farther point of*) verso il fondo di, in fondo a. **3** (*at, towards a more northerly point of*) a nord di, verso il nord di. **4** (*at, towards a point nearer the source of*) alla (*o* verso la) sorgente di: *to go fishing ~ the river* andare a pescare alla sorgente del fiume. **5** (*in, towards the interior of*) all'interno di, nell'entroterra di: *he has an estate ~ country* ha una proprietà all'interno del paese. **6** (*in a direction contrary to*) contro, in direzione opposta a: *to sail ~ wind* veleggiare controvento. **III** *a.* **1** in piedi, alzato: *the boxer was ~ after the count of six* il pugile fu in piedi dopo sei secondi; *aren't you ~ yet?* non sei ancora alzato? **2** (*in a raised position*) alzato, sollevato; (*erected, constructed*) alzato, eretto. **3** (*of a heavenly body*) alto: *the moon is ~* la luna è alta. **4** (*visible above a surface*) visibile in superficie. **5** (*of a river, etc.*) in piena; (*of the tide*) alto. **6** (*in the air, aloft*) in aria. **7** (*moving upwards*) che sale, in salita, che va su, diretto verso l'alto: *the ~ escalator* l'ascensore che sale. **8** (*facing upwards*) rivolto verso l'alto. **9** (*on horseback*) in sella. **10** (*finished*) scaduto, finito: *time's ~* il tempo è scaduto; (*come to an undesirable end*) finito: *if help doesn't come it's all ~ with us* se non giungono aiuti per noi è tutto finito. **11** ⟨*Parl*⟩ chiuso, in vacanza. **12** (*increased*) aumentato, salito: *prices are ~* i prezzi sono aumentati. **13** (*in a state of rebellion*) in rivolta. **14** (*in good spirits*) di buonumore, su di giri. **15** (*in advance, ahead*) in vantaggio, avanti: *he was two laps ~* era in vantaggio di due giri. **16** (*on trial*) sotto processo: *to be ~ for larceny* essere sotto processo per furto. **17** ⟨*Mar*⟩ (*of wind*) alzato; (*of a ship: bound*) in rotta (*for* verso), diretto (a). **18** (*of money: wagered, at stake*) in gioco, scommesso, puntato. ☐ *to be ~ and* **about**: **1** essere in giro; **2** (*recovered from an illness*) essere guarito, essere di nuovo in piedi; *to be ~* **against** essere alle prese con; *~ and ~* sempre più in alto; *to be ~ and* **doing** darsi da fare, essere attivo; *~ and* **down**: **1** su e giù: *to walk ~ and down* camminare su e giù; **2** (*from head to foot*) da capo a piedi, da cima a fondo: *to look s.o. ~ and down* guardare qd. da capo a piedi; *–s and downs*: **1** alti e bassi *mpl*, alterne vicende *fpl*; **2** (*of a surface*) irregolarità *fpl*; **further ~** più su; *to be ~ and* **going** = *to be up and doing*; *to be ~* **in** (*informed about*) essere ⸢al corrente⸣ (*o* informato) di; ⟨*fam*⟩ *to be well ~ in s.th.* conoscere bene qc., essere ferrato in qc.; *to be ~* **on**: **1** (*informed about*) essere ⸢al corrente⸣ (*o* informato) di; **2** (*ahead of schedule in*) essere in anticipo su; ⟨*fam*⟩ *on the ~ (and ~)*: **1** sempre meglio, in continuo miglioramento; **2** (*honest*) onesto: *the* *deal was on the ~ and ~* l'affare era onesto; ⟨Strad⟩ **road ~** strada interrotta (per lavori in corso); **~ till** *now* finora, fino a ora; **~ to** fino a; *to be ~ to:* 1 arrivare a: *the water was ~ to her knees* l'acqua le arrivava al ginocchio; 2 ⟨fam⟩ *(capable of, equal to)* essere all'altezza di.

up² *v.* *(pret., p.p.* **upped** [ʌpt]*)* ⟨fam⟩ **I** *v.t.* **1** alzare, sollevare, tirare su: *he –ped his glass and swallowed the lot* alzò il bicchiere e ingollò tutto. **2** *(to increase)* aumentare, alzare, far salire: *to ~ prices* aumentare i prezzi. **3** *(of a swan)* afferrare per imprimere il marchio. **4** *(in betting: to raise)* aumentare, alzare. **II** *v.i.* **1** *(to do s.th. suddenly)* balzare su a fare qc. **2** *(to rise, get up)* alzarsi.

UP = ⟨SU⟩ *United Press* agenzia di stampa americana.

up-anchor *v.t.* ⟨Mar⟩ levare l'ancora.

'up-and-'coming *a.* ⟨fam⟩ intraprendente, attivo, sveglio.

'up-and-'down **I** *a.* **1** altalenante, che va su e giù: **~** *motion* moto altalenante. **2** *(hilly)* irregolare, accidentato. **II** *s.* oscillazione *f,* fluttuazione *f.*

upbear [ʌpˈbɛə] *v.t.irr.* sorreggere, sostenere.

upbeat [ˈʌpbi:t] *s.* ⟨Mus⟩ levare *m.*

upbound [ˈʌpˈbaund] *a.* (che è) diretto a nord.

upbraid [ʌpˈbreid] *v.t.* rimproverare, riprendere, sgridare. **upbraiding** [–iŋ] *s.* rimprovero *m,* rabbuffo *m,* sgridata *f.*

upbringing [ˈʌpbriŋiŋ] *s.* educazione *f: to have a strict ~* ricevere un'educazione severa.

upcast [ˈʌpkɑ:st] **I** *a.* **1** rivolto verso l'alto, in alto: *an ~ glance* uno sguardo rivolto verso l'alto. **2** ⟨Minier⟩ di ventilazione. **II** *s.* **1** lancio *m* in alto. **2** ⟨Minier⟩ pozzo *m* di ventilazione. **3** ⟨Geol⟩ *(of a seam)* dislocazione *f* verso l'alto.

'up-'country **I** *a.* **1** dell' *(o* relativo all'*)* interno di un paese, lontano dalla costa, (che è) nell'entroterra. **2** ⟨fam⟩ *(naive)* semplice, naturale, spontaneo; *(provincial)* provinciale. **II** *avv.* nell'interno, nell'entroterra; *(toward the hinterland)* verso l'interno, verso l'entroterra. **III** *s.* entroterra *m,* interno *m* (di un paese).

update [ʌpˈdeit] *v.t.* aggiornare. **updating** [–iŋ] *s.* aggiornamento *m.*

up-'end **I** *v.t.* **1** mettere diritto (*o* in posizione verticale). **2** ⟨fig⟩ sconvolgere, scompigliare. **II** *v.i.* stare diritto (*o* in piedi).

upfield [ʌpˈfi:ld] *avv.* ⟨Sport⟩ in avanti: *to send the ball ~* mandare il pallone in avanti.

up-front *a.* **1** franco, sincero. **2** *(required in advance)* anticipato: *~ cash* contante anticipato.

up-grade **I** *s.* **1** [ˈʌpgreid] salita *f.* **2** ⟨tecn⟩ potenziamento *m.* **II** *v.t.* [ʌpˈgreid] **1** promuovere. **2** ⟨Comm⟩ *(of a manufactured product)* migliorare la qualità di; *(to put a higher price on)* aumentare il prezzo di. **3** ⟨Zootecn⟩ migliorare mediante incroci (con animali di razza pura). □ *on the ~:* 1 in aumento: *production is on the ~* la produzione è in aumento; 2 ⟨fig⟩ in miglioramento.

upgrowth [ˈʌpgrouθ] *s.* crescita *f,* sviluppo *m.*

upheaval [ʌpˈhi:vəl] *s.* **1** ⟨Geol⟩ sollevamento *m*; *(earthquake)* terremoto *m,* sisma *m.* **2** ⟨fig⟩ sovvertimento *m,* sconvolgimento *m.* **upheave** [–ˈhi:v] *v.irr.* **I** *v.t.* sollevare, alzare (con sforzo). **II** *v.i.* sollevarsi.

uphill [ˈʌpˈhil] **I** *avv.* in salita, in su. **II** *a.* **1** in salita, che sale, ascendente, in ascesa: *an ~ road* una strada in salita. **2** ⟨fig⟩ arduo, difficile.

uphold [ʌpˈhould] *v.t.irr.* **1** sostenere, sorreggere. **2** ⟨fig⟩ sostenere, appoggiare: *to be upheld by one's faith* essere sostenuto dalla fede; *(to approve)* approvare: *I cannot ~ such conduct* non posso approvare una condotta simile. **3** *(to adjudge valid)* accogliere *(anche Dir.): to ~ an appeal* accogliere un ricorso; *(to maintain)* confermare. **upholder** [–ə] *s.* sostenitore *m* (*f* –trice), fautore *m* (*f* –trice).

upholster [ʌpˈhoulstə] *v.t.* **1** imbottire, ricoprire. **2** *(to provide with furnishing)* tappezzare. **upholstered** [–d] *a.* **1** imbottito, ricoperto. **2** *(furnished)* tappezzato. **3** ⟨fam⟩ *(plump)* grasso, grassoccio. **upholsterer** [–rə] *s.* tappezziere *m* (*f* –a). **upholstery** [–ri] *s.* **1** tappezzeria *f*; *(of a car, etc.)* rivestimento *m* (interno), tappezzeria *f.* **2** *(business of an upholsterer)* mestiere *m* di tappezziere.

UPI, U.P.I. = *United Press International* Stampa unita internazionale.

upkeep [ˈʌpˈki:p] *s.* **1** *(of a building, etc.)* manutenzione *f*; *(cost)* spese *fpl* di manutenzione. **2** *(of a person, family, etc.)* mantenimento *m,* sostentamento *m*; *(cost)* spese *fpl* di mantenimento.

upland [ˈʌplənd] **I** *s.* (spesso al pl.) territorio *m* montano, regione *f* montagnosa; *(upland plain)* altopiano *m.* **II** *a.* **1** montano, montuoso, montagnoso. **2** ⟨Biol⟩ montano, di montagna.

uplift **I** *v.t.* [ʌpˈlift] **1** sollevare, alzare, tirare su. **2** ⟨fig⟩ *(to improve spiritually, etc.)* elevare. **3** ⟨fig⟩ *(to cheer, encourage)* sollevare, incoraggiare, confortare. **II** *s.* [ˈʌplift] **1** sollevamento *m.* **2** ⟨fig,iron⟩ edificazione *f,* elevazione *f* morale. **3** ⟨fig⟩ *(encouragement)* incoraggiamento *m,* conforto *m.* **4** ⟨Geol⟩ sollevamento *m.*

upmost [ˈʌpmoust] *a.* → **uppermost**.

upon [əˈpɔn] *prep.* **1** su, sopra: *a house ~ the hill* una casa sulla collina. **2** *(in, into proximity)* su, vicino a: *disaster was ~ us* la sventura incombeva su di noi. **3** *(immediately following)* subito dopo. □ *God's blessing be ~ you* che Dio vi benedica.

upper [ˈʌpə] **I** *a.* **1** più alto, superiore, più elevato: *the ~ branches of a tree* i rami più alti di un albero. **2** *(higher in rank, importance, etc.)* (di grado) superiore. **3** *(of a river: farther from the mouth)* alto, superiore, più lontano dalla foce: *the ~ course of the Nile* l'alto corso del Nilo. **Upper** *a.* ⟨Geol⟩ superiore. **II** *s.* ⟨Calz⟩ tomaia *f.* □ ⟨fam⟩ *to be (down) on one's –s* essere senza una lira, ⟨fam⟩ essere 'al verde' *(o* in bolletta).

upper| arm *s.* parte *f* superiore del braccio. **~-case**, **~-case I** *a.* maiuscolo: *an ~ letter* una lettera maiuscola. **II** *s.* maiuscola *f,* lettera *f* maiuscola. **~ case** *s.* ⟨Tip⟩ alta cassa *f.* **~ chamber** *s.* ⟨Parl⟩ camera *f* alta. **~-class** *a.* d'alto ceto, di classe elevata: *~ people* persone di alto ceto. □ *~ districts* quartieri alti, ⟨fam⟩ quartieri *mpl* bene. **~ classes** *s.pl.* alti ceti *mpl.* **~-crust** *a.* ⟨sl⟩ *(upper–class)* d'alto ceto, di classe elevata. **~ crust** *s.* ⟨scherz⟩ crema *f (o* fior fiore *m)* della società.

upper-cut¹ *s.* ⟨Sport⟩ montante *m,* uppercut *m.*
upper-cut² *v.irr.* **I** *v.t.* ⟨Sport⟩ colpire con un montante. **II** *v.i.* tirare un montante.

upper| deck *s.* ⟨Mar⟩ ponte *m* ¹di coperta¹ *(o* superiore), coperta *f.* **~ dog** *s.* ⟨fam⟩ vincitore *m,* dominatore *m.* **~ hand** *s.* ⟨fig⟩ sopravvento *m,* predominio *m,* vantaggio *m: to have the ~* avere il sopravvento. **~ house** *s.* = **upper chamber**. **~ House** *s.* ⟨Parl⟩ *(House of Lords)* camera *f* dei lord *(o* pari). **~ jaw** *s.* ⟨Anat⟩ mascella *f* superiore. **~ lip** *s.* ⟨Anat⟩ labbro *m* superiore. □ *to keep a stiff ~ lip* tener duro, stringere i denti.

uppermost [ˈʌpəmoust] **I** *a.* **1** supremo, altissimo: *the ~ layer* lo strato supriore. **2** *(highest in rank, importance, etc.)* massimo, il più alto: *a subject of ~ importance* un argomento della massima importanza. **3** *(most prominent)* (pre)dominante, prevalente, preponderante: *the ~ thought* il pensiero predominante. **II** *avv.* più in alto di tutti, nel posto più elevato *(o* alto).

upper| stor(e)y *s.* **1** piano *m* superiore. **2** ⟨sl⟩ *(head, brains)* cervello *m,* testa *f: to be weak in the ~* avere il cervello di una gallina. **~ ten (thousand)** *s.* ⟨fam⟩ *(upper class, aristocracy;* costr. pl.) aristocrazia *f,* gran mondo *m.* **~ Volta** *N.pr.* ⟨Geog⟩ Alto Volta *m.* □ **~ works** *s.pl.* ⟨Mar⟩ opera *f* morta, accasellamento *m.*

uppish [ˈʌpiʃ] *a.* ⟨fam⟩ arrogante, presuntuoso, superbo, altezzoso, borioso.

upraise [ʌpˈreiz] *v.t.* alzare, tirare su, sollevare.

upright [ˈʌprait] **I** *a.* **1** d(i)ritto, eretto, verticale: *an ~ post* un palo diritto; *an ~ stance* un portamento eretto; *(perpendicular)* perpendicolare. **2** ⟨fig⟩ diritto, retto, onesto, integro. **II** *s.* **1** ⟨Edil⟩ montante *m,* stipite *m.* **2** ⟨Mus⟩ → **upright piano**. **3** *pl.* ⟨Sport⟩ pali *mpl* (della porta). **III** *avv.* d(i)ritto, verticalmente, in posizione verticale: *to sit ~* sedere diritto; *(perpendicularly)* perpendicolarmente. **uprightness** [–nis] *s.* **1** l'essere diritto, verticalità *f.* **2** ⟨fig⟩ dirittura *f,* rettitudine *f,* onestà *f.*

upright piano *s.* ⟨Mus⟩ pianoforte *m* verticale.

uprising [ˈʌpraiziŋ] *s.* insurrezione *f,* rivolta *f,* ribellione

f.

upriver ['ʌp'rivə] *a./avv.* → upstream.

uproar ['ʌprɔ:] *s.* **1** chiasso *m*, tumulto *m*, strepito *m*, frastuono *m*, baccano *m.* **2** (*commotion, disturbance*) scompiglio *m*, agitazione *f*, trambusto *m.* **up'roarious** [-riəs] *a.* **1** tumultuoso, chiassoso: *an ~ session* una seduta tumultuosa. **2** (*very loud*) fragoroso, rumoroso: *~ laughter* risate fragorose. **3** (*very funny*) molto divertente, spassosissimo. **up'roariously** [-riəsli] *avv.* **1** tumultuosamente, chiassosamente. **2** (*very loudly*) fragorosamente, rumorosamente. **3** (*very funnily*) in modo spassosissimo. **up'roariousness** [-riəsnis] *s.* chiassosità *f.*

uproot [ʌp'ru:t] *v.t.* **1** sradicare, svellere, estirpare. **2** ⟨fig⟩ (*to root out*) sradicare, estirpare.

uprush ['ʌprʌʃ] *s.* **1** (*of air, gas, etc.*) flusso *m* ascensionale. **2** (*of an emotion*) impeto *m*, accesso *m.*

upset[1] [ʌp'set] *v.irr.* **I** *v.t.* **1** rovesciare: *to ~ a jug of milk* rovesciare una brocca di latte; (*to capsize*) capovolgere, rovesciare: *the wave ~ the boat* l'onda capovolse la barca. **2** (*to throw into disorder*) scombussolare, sconvolgere, scompigliare: *the weather ~ our programme* il tempo ha scombussolato il nostro programma. **3** ⟨fig⟩ (*to disturb emotionally*) sconvolgere, turbare (profondamente), scombussolare. **4** (*to cause to feel ill*) far stare male, causare malessere a, scombussolare; (*of the stomach*) sconvolgere, scombussolare. **5** ⟨Mecc⟩ ricalcare. **II** *v.i.* rovesciarsi; (*to become capsized*) capovolgersi, rovesciarsi.

upset[2] ['ʌpset] **I** *a.* **1** rovesciato; (*capsized*) capovolto, rovesciato. **2** (*thrown into disorder*) scombussolato, sconvolto, scompigliato. **3** ⟨fig⟩ sconvolto, (profondamente) turbato, scombussolato. **4** (*of the stomach*) sconvolto, scombussolato. **II** *s.* **1** rovesciamento *m*; (*capsizing*) capovolgimento *m*, rovesciamento *m.* **2** (*state of disorder*) sconvolgimento *m*, scompiglio *m*, scombussolamento *m.* **3** ⟨fig⟩ turbamento *m* (profondo), sconvolgimento *m.* **4** ⟨fam⟩ (*quarrel*) lite *f*, litigio *m.* **5** (*physical disturbance*) sconvolgimento *m.* **6** (*unexpected defeat*) sconfitta *f* inaspettata. **7** ⟨Met⟩ (*swage*) stampo *m.*

upset price ['ʌpset] *s.* ⟨Comm⟩ (*at an auction*) prezzo *m* ⌈di base⌉ (*o* d'apertura).

upsetting [ʌp'setiŋ] **I** *a.* sconvolgente, che scombussola, che turba profondamente. **II** *s.* ⟨Mecc⟩ ricalcatura *f.*

upshot ['ʌpʃɔt] *s.* risultato *m*, esito *m*, conclusione *f.*

upside ['ʌpsaid] *s.* parte *f* superiore, sopra *m.*

'up,side-'down **I** *avv.* **1** a rovescio, alla rovescia. **2** ⟨fig⟩ a soqquadro, sottosopra, in disordine: *the thieves turned the house ~* i ladri misero a soqquadro la casa. **II** *a.* **1** rovesciato, capovolto, sottosopra. **2** (*confused, disordered*) sottosopra, disordinato, a soqquadro; (*marked by an inversion of the reasonable*) a rovescio: *~ logic* logica a rovescio. □ *to turn a glass ~* capovolgere un bicchiere.

upsides ['ʌpsaidz] *a./avv.* ⟨fam⟩ pari (e patta): *to be ~ with s.o.* essere pari e patta con qd. □ *to get ~ with s.o.* vendicarsi di qd.

upsilon ['ju:psilɔn] *s.* (*letter of the Greek alphabet*) ipsilon *m/f.*

upstage ['ʌp'steidʒ] **I** *avv.* ⟨Teat⟩ verso il fondo (della scena). **II** *a.* ⟨sl⟩ (*supercilious*) altezzoso, sprezzante, sdegnoso, altero. **III** *v.t.* **1** ⟨Teat⟩ (*of an actor*) spingere verso il fondo della scena. **2** ⟨estens⟩ (*to steal the limelight from*) superare, fare meglio di.

upstairs ['ʌp'steəz] **I** *avv.* al (*o* verso il) piano superiore, su, di sopra: *to go ~* salire al piano superiore; *your brother is ~* tuo fratello è di sopra. **II** *a.* al piano superiore: *an ~ room* una stanza al piano superiore. **III** *s.pl.* (costr. sing. o pl.) piano *m* superiore, piani *mpl* superiori. □ *he is not quite right ~* è un po' tocco; ⟨sl⟩ *to kick s.o. ~* promuovere qd. per sbarazzarsene, togliersi di torno qd. promuovendolo.

upstanding [ʌp'stændiŋ] *a.* **1** d(i)ritto, eretto. **2** (*tall and strong*) alto e robusto. **3** ⟨fig⟩ retto, onesto, diritto, tutto d'un pezzo.

upstart ['ʌpstɑ:t] **I** *s.* **1** persona *f* che ⌈si è fatta⌉ (*o* è venuta su) dal nulla. **2** (*parvenu*) nuovo ricco *m*, villano

m rifatto, asino *m* bardato. **II** *a.* **1** che ⌈si è fatto⌉ (*o* è venuto su) dal nulla. **2** (*characteristic of a parvenu*) da nuovo ricco, da villano rifatto.

upstate *am.* ['ʌp'steit] **I** *s.* parte *f* settentrionale (di uno stato). **II** *a.* ⌈situato nel⌉ (*o* caratteristico del) nord (di uno stato). **III** *avv.* nel (*o* verso il) nord (di uno stato).

upstream ['ʌp'stri:m] **I** *avv.* **1** a monte, su, verso l'alto. **2** (*against the current*) controcorrente. **II** *a.* **1** (posto) a monte. **2** (*moving against the current*) che va contro (la) corrente.

upstroke ['ʌpstrouk] *s.* **1** asta *f* (*o* tratto *m*) ascendente. **2** ⟨Tip⟩ asta *f* superiore. **3** ⟨Mot⟩ corsa *f* ascendente.

upsweep ['ʌpswi:p] *s.* **1** curvatura *f* verso l'alto. **2** (*slope*) pendio *m* ripido. **3** (*hairdo*) pettinatura *f* alta. **4** ⟨fig⟩ aumento *m* di attività.

upswing ['ʌpswiŋ] *s.* **1** oscillazione *f* verso l'alto. **2** ⟨Econ⟩ boom *m.*

uptake ['ʌpteik] *s.* **1** comprensione *f*, comprendonio *m.* **2** (*act of lifting*) sollevamento *m.* **3** ⟨tecn⟩ (*amount taken up by a machine*) quantità *f* presa da una macchina. **4** ⟨tecn⟩ (*pipe, flue, etc., leading upwards*) tubo *m* (*o* condotto) ascendente. □ *to be quick on the ~* essere pronto nel capire, essere intelligente (*o* sveglio); *to be slow on the ~* essere lento di comprendonio.

upthrow ['ʌpθrou] *s.* **1** ⟨Geol⟩ sollevamento *m.* **2** ⟨Minier⟩ dislocazione *f* verso l'alto (di uno strato, un filone).

upthrust ['ʌpθrʌst] *s.* ⟨Geol⟩ sollevamento *m.*

'up-to-'date *a.* **1** aggiornato: *an ~ edition of a dictionary* un'edizione aggiornata di un dizionario. **2** (*modern, current*) moderno, attuale, adatto al tempo; (*currently fashionable*) moderno, alla moda. □ *to be ~:* 1 (*of people*) essere aggiornato (*o* ben informato); 2 (*of things*) essere aggiornato; *to bring ~:* 1 (*of people*) mettere al corrente, aggiornare; 2 (*of things*) aggiornare.

'up-to-the-'minute *a.* **1** aggiornatissimo. **2** (*very modern*) modernissimo, all'ultima moda.

uptown *am.* ['ʌp'taun] **I** *avv.* nei (*o* verso i) quartieri alti (*o* residenziali) della città. **II** *a.* dei (*o* relativo ai) quartieri alti (*o* residenziali) della città. **III** *s.* quartieri *mpl* alti (*o* residenziali).

uptrend ['ʌptrend] *s.* ⟨Econ⟩ tendenza *f* al rialzo.

upturned [ʌp'tə:nd] *a.* **1** diretto verso l'alto, rivolto in alto; (*of a nose*) all'insù. **2** (*overturned*) rovesciato.

UPU = *Universal Postal Union* Unione postale universale (*abbr.* UPU).

upward ['ʌpwəd] **I** *avv.* → **upwards.** **II** *a.* **1** (diretto) verso l'alto, ascensionale, ascendente: *~ movement* movimento verso l'alto. **2** (*of a road, etc.*) in salita. **3** (*situated in a higher place*) in alto, elevato. **4** ⟨Econ⟩ al rialzo, in aumento: *~ trend* tendenza al rialzo. **upwards** [-z] *avv.* **1** in su, all'insù, in (*o* verso l') alto: *to look ~* guardare in su. **2** (*of a road, etc.*) in salita. **3** (*along the course of one's life*) in poi, in su: *from childhood ~* dalla fanciullezza in poi. □ *~ of* più di, oltre: *he spent ~ of a hundred pounds* spese più di cento sterline; *and ~* e più, e oltre.

upwind ['ʌpwind] *avv.* **1** controvento. **2** (*in a position from where the wind is blowing*) nella direzione del vento.

uraemia [ju(ə)'ri:mjə] *s.* ⟨Med⟩ uremia *f.* **uraemic** [-mik] *a.* uremico.

Ural ['ju(ə)rəl] **I** *N.pr.* ⟨Geog⟩ Ural *m.* **II** *a.* uralico.

Ural-Altaic [æl'teiik] *a.* ⟨Ling⟩ uralo–altaico.

Ural Mountains *N.pr.pl.* → **Urals.**

Urals ['ju(ə)rəlz] *N.pr.pl.* ⟨Geog⟩ Urali *mpl.*

uranic [ju(ə)'rænik] *a.* ⟨Chim⟩ uranico.

uranite ['ju(ə)rənait] *s.* ⟨Min⟩ uranite *f*, autunnite *f.*

uranium [ju(ə)'reiniəm] *s.* ⟨Chim⟩ uranio *m.*

uranium| dioxide *s.* ⟨Chim⟩ biossido *m* di uranio. **~ enrichment** ⟨Atom⟩ arricchimento *m* dell'uranio.

uranographer [ju(ə)rə'nɔgrəfə] *s.* ⟨Astr⟩ uranografo *m* (*f* –a). **uranographic** [-no(u)'græfik], **uranographical** [-no(u)'græfikəl] *a.* uranografico. **uranographist** [-fist] *s.* → **uranographer. uranography** [-fi] *s.* uranografia *f.*

uranous ['ju(ə)rənəs] *a.* ⟨Chim⟩ uranoso.

Uranus ['ju(ə)rənəs] *N.pr.* ⟨Mitol,Astr⟩ Urano *m.*

urate ['ju(ə)reit] s. ⟨Chim⟩ urato m.

urban ['ɔ:bən] a. **1** urbano. **2** (characteristic of cities) di città, cittadino.

urbane [ɔ:'bein] a. civile, cortese, urbano, educato.

urbanely [-li] avv. civilmente, cortesemente, urbanamente.

urban| development s. sviluppo m urbano. **~ environment** s. ambiente m urbano. **~ guerrilla** s. ⟨Pol⟩ guerriglia f urbana.

urbanism ['ɔ:bənizəm] s. **1** vita f cittadina (o di città). **2** (ton planning) urbanistica f. **urbanist** [-nist] s. urbanista m/f. **urbanistic** [-'nistik] a. urbanistico.

urbanity [ɔ:'bæniti] s. urbanità f, cortesia f, gentilezza f, civiltà f.

urbanization [ɔ:bənai'zeiʃən] s. urbanizzazione f. **'urbanize** [-naiz] v.t. urbanizzare.

urban| planning s. urbanistica f. **~ population** s. popolazione f urbana. **~ renewal** s. bonifica f urbana. **~ studies** s.pl. ⟨Univ⟩ urbanìstica f.

urchin ['ɔ:tʃin] s. **1** monello m, discolo m. **2** ⟨Zool⟩ (sea urchin) riccio m di mare, echino m. **3** ⟨Tess⟩ (of a carding machine) cilindro m. **4** ⟨dial⟩ (hedgehog) riccio m.

Urdu ['urdu:, ɔ:'du:] s. ⟨Ling⟩ urdu m, urdù m.

urea ['juəriə] s. ⟨Biol⟩ urea f.

ureter [juə'ri:tə] s. ⟨Anat⟩ uretere m.

urethra [juə'ri:θrə] s. (pl. -thrae [θri:]/-s [z]) ⟨Anat⟩ uretra f. **urethral** [-l] a. uretrale. **urethritis** [-'θraitis] s. uretrite f. **urethroscope** [-skoup] s. uretroscopio m. **urethroscopy** [-ri'θrɔskəpi] s. uretroscopia f. **urethrotomy** [-ri'θrɔtəmi] s. uretrotomia f.

uretic [juə'retik] a. ⟨Med⟩ **1** urinario. **2** (diuretic) diuretico.

urge [ɔ:dʒ] I v.t. **1** (spesso con on, along) spronare, stimolare, esortare, incitare, pungolare: to ~ on one's horse spronare il cavallo. **2** (to hasten, press) sollecitare, incalzare, spingere. **3** (to bring to notice in a persistent way) mettere in evidenza (con insistenza), far valere, insistere su. **4** (to advocate in a persistent way) chiedere con insistenza, sollecitare. II s. **1** impulso m, spinta f, stimolo m, sollecitazione f. **2** (strong, instinctive desire) forte desiderio m, passione f: an ~ to travel un forte desiderio di viaggiare. **3** (act of urging) incitamento m, esortazione f, stimolo m.

urgency ['ɔ:dʒənsi] s. **1** urgenza f, l'essere urgente (o pressante); (insistent quality) insistenza f; (importunateness) importunità f. **2** pl. (pressing needs, requirements) necessità fpl urgenti, bisogno m incalzante.

urgent [-nt] a. **1** urgente, pressante, impellente: to be in ~ need of s.th. avere urgente bisogno di qc. **2** (conveying urgency) insistente, pressante: an ~ request una richiesta insistente. **3** (of a person: importunate, insistent) insistente, importuno. □ to be ~ about (o for) s.th. insistere per qc.; to be ~ with s.o. fare pressioni su qd.

urgently [-ntli] avv. pressantemente, urgentemente.

uric ['juərik] a. ⟨Chim⟩ urico: ~ acid acido urico.

urinal ['juərinl] s. **1** (building) orinatoio m, vespasiano m; (bathroom fixture) orinatoio m. **2** (chamber pot) vaso m da notte, orinale m. **urinalysis** [-'næləsis] s. ⟨Med⟩ analisi f delle urine. **urinary** [-nəri] I a. **1** urinario, dell'urina. **2** ⟨Anat,Med⟩ urinario. II s. (urinal) orinatoio.

urinary| bladder s. ⟨Anat⟩ vescica f urinaria. **~ calculus** s. ⟨Med⟩ calcolo m urinario.

urinate ['juərineit] v.i. orinare, urinare. **urination** [-'neiʃən] s. orinata f. **urine** [-rin] s. orina f, urina f.

urinogenital [juərino(u)'dʒenitl] a. → **urogenital**.

urinologist [ju(ə)ri'nɔlədʒist] s. ⟨Med⟩ → **urologist**.
urinology [-dʒi] s. → **urology**.

urinometer [juəri'nɔmitə] s. ⟨Med⟩ urometro m.
urinometry [-'nɔmitri] s. urometria f.

urinose ['juərinous], **urinous** [-nəs] a. ⟨Fisiol,Med⟩ urinoso.

urn [ɔ:n] s. **1** urna f, vaso m (anche Archeol.). **2** (coffee-urn) caffettiera f; (tea urn) samovar m. **3** ⟨Bot⟩ urna f.

urogenital [juəro(u)'dʒenitl], **urogenitary** [-təri] a.

⟨Med⟩ urogenitale, genitourinario.

urologic [juəro(u)'lɔdʒik], **urological** [-əl] a. ⟨Med⟩ urologico. **urologist** [-'rɔlədʒist] s. urologo m (f –a). **urology** [-'rɔlədʒi] s. urologia f.

uroscopy [ju(ə)'rɔskəpi] s. uroscopia f, esame m delle urine.

ursine ['ɔ:s(a)in] a. **1** orsino. **2** (bearlike) simile a un orso.

Ursula ['ɔ:sjulə] N.pr. Orsola f.

Ursuline ['ɔ:sjul(a)in] I s. ⟨Rel.catt⟩ orsolina f. II a. delle (o relativo alle) orsoline.

urticaceous [ə:ti'keiʃəs] a. ⟨Bot⟩ urticaceo. **'urticant** [-kənt] a. ⟨Biol⟩ orticante.

urticaria [ə:ti'keəriə] s. ⟨Med⟩ orticaria f.

urticate ['ɔ:tikeit] I v.t. **1** pungere (come l'ortica). **2** (to whip with nettles) flagellare con ortiche. II v.i. **1** pungere come l'ortica. **2** (to produce urticaria) causare l'orticaria. **urtication** [-'keiʃən] s. **1** prurito m. **2** ⟨Med⟩ eruzione f dell'orticaria.

Uruguay ['juərəgwai] N.pr. ⟨Geog⟩ Uruguay m. **Uru'guayan** [-ən] I s. uruguaiano m (f –a), uruguayano m (f –a). II a. uruguaiano, uruguayano, dell'Uruguay.

us [ʌs, əs] pron. **1** (direct object) ci, noi: come and see ~ sometime venite a trovarci qualche volta. **2** (indirect object) ci, a noi: tell ~ what you want dicci che cosa vuoi; he gave it to ~ non ce l'ho ha dato a noi non a te. **3** (after prepositions) ci, noi: don't stand in front of ~ non stateci davanti; it's all right by ~ per noi va bene; (in comparison) noi: they're richer than ~ sono più ricchi di noi. **4** (nominative case) noi: it's ~ siamo noi. **5** (fam) (me) me, a me: give ~ a hand will you? vuoi darmi una mano?

US a. (fam) (useless, unserviceable) inutilizzabile, inservibile, fuori uso: our radio's ~ la nostra radio è inutilizzabile.

u.s. = ubi sopra come sopra.

U.S. = **1** ⟨Geog⟩ United States Stati Uniti. **2** Uncle Sam zio Sam.

USA = United States Army esercito degli Stati Uniti.

U.S.A. = **1** United States Army esercito degli Stati Uniti. **2** ⟨Geog⟩ United States of America Stati Uniti d'America (abbr. USA).

usability [ju:zə'biliti] s. l'essere usabile. **'usable** [-bl] a. usabile, adoperabile, che si può impiegare.

USAF, U.S.A.F. = ⟨Mil⟩ United States Air Force aeronautica statunitense.

usage ['ju:zidʒ] s. **1** uso m, consuetudine f, usanza f, costume m. **2** ⟨Gramm,Ling⟩ uso m. **3** (act of using, use) uso m: do you charge for the ~ of deckchairs? si paga per l'uso delle sedie a sdraio?; (manner of using) uso m, impiego m, utilizzazione f. **4** (treatment) trattamento m. **5** ⟨Dir⟩ consuetudine f, uso m. □ the furniture was given rough ~ i mobili erano stati tenuti male.

usance ['ju:zəns] s. **1** ⟨Comm⟩ scadenza f consueta, termine m consueto. **2** (customary practice, usage) consuetudine f, uso m.

use I s. [ju:s] **1** uso m: there is no charge for the ~ of the library l'uso della biblioteca è gratuito. **2** (manner of using) uso m, impiego m, utilizzazione f: the proper ~ of an instrument il giusto uso di uno strumento. **3** (right, benefit of using) uso m, diritto m d'usare: all students have the ~ of the library l'uso della biblioteca è consentito a tutti gli studenti; (ability to use) uso m, capacità f d'usare: to lose the ~ of one's right eye perdere l'uso dell'occhio destro. **4** (usefulness, utility) utilità f, vantaggio m, profitto m, pro m. **5** (occasion, need for using) opportunità f (o necessità) di usare: I have little ~ for a car ho poche opportunità di usare un'automobile. **6** (customary practice) uso m, usanza f; (custom, habit) abitudine f, consuetudine f, uso m. **7** ⟨Lit⟩ usanza f. **8** ⟨Dir⟩ (legal enjoyment of property) uso m, diritto m d'uso, godimento m; (of land) godimento m. II v.t. [ju:z] **1** usare, adoperare, fare uso di, utilizzare, servirsi di: may I ~ your telephone? posso usare il tuo telefono?; ~ a knife, it's quicker adopera un coltello, si fa prima; (to avail o.s. of) servirsi di, usare, approfittare di: you may ~ my office while I'm away puoi servirti del mio ufficio mentre sono fuori. **2** (*of a language*) usare; (*of a title, name*) usare, servirsi di: *to ~ a pseudonym* usare uno pseudonimo. **3** (*to consume*) consumare: *my car –s a lot of petrol* la mia automobile consuma molta benzina. **4** (*to expend, consume completely*; spesso con *up*) finire, consumare, esaurire: *I have –d up all the money* ho finito tutto il denaro; *to ~ up one's energies* esaurire le proprie forze. **5** (*to exhaust, tire*; general. con *up*) spossare, sfinire, esaurire. **6** (*of time: to pass, spend*) trascorrere, passare. **7** (*to exercise*) usare, adoperare, esercitare: *to ~ one's judgement* usare il proprio discernimento. **8** (*to behave towards, treat*) trattare, agire con, comportarsi con: *how did he ~ you?* come ti ha trattato?; *to ~ s.o. ill* comportarsi male con qd. **9** ⟨*fam*⟩ (*to benefit from*) trarre vantaggio (*o* profitto) da. **III** *v.i.* (usato al *pret.* used [juːst] seguito dall'inf.) essere solito, solere, usare, essere avvezzo, *often not translated: I –d to collect stamps when I was a boy* da ragazzo collezionavo francobolli; *you –d not to be so intolerant* non eri così intollerante una volta. □ *not to find* **any** *~ for s.th.* non sapere che fare di qc.; ⟨*fam*⟩ *to ~ one's* **brains** adoperare il cervello, usare la testa, ragionare; *to* **come** *into ~* venire in uso, entrare nell'uso; *in* **current** *~* d'uso corrente: *word in current ~* parola *f* d'uso corrente; *to* **find** *a ~ for s.th.* trovare un impiego per qc.; **fit** *for ~* usabile; **for** *the ~ of* per, a uso di: *ready for ~* pronto per l'uso; *instructions for ~* istruzioni *fpl* per l'uso; *to have no* **further** *~ for s.th.* non sapere più che fare di qc.; *to* **have** *one's –s* essere utile; *to be* **in** *~* essere usato (*o* in uso); *to ~ one's* **legs** andare a piedi, camminare; *to* **make** *~ of* usare, adoperare, servirsi di; *to make good ~ of* usare bene, far buon uso di; *to be* (*of*) **no** *~* essere inutile, non servire a niente: *to have no ~ for* non avere bisogno di; *to be* **of** *~* servire, essere utile (*o* di utilità); *to be put* **out** *of ~* essere fuori (d')uso, essere disusato; *to go out of ~* cadere in disuso; *to* **put** *s.th. to ~* usare qc., fare uso di qc., servirsi di qc.; *what is the ~?* a cosa serve?, a che pro?

used [juːzd] *a.* **1** usato, adoperato, utilizzato: *a frequently ~ expression* un'espressione usata spesso. **2** (*second–hand*) usato, di seconda mano: *a ~ car* un'automobile usata; (*of clothes*) smesso. **3** [juːst] (*habituated, accustomed*) abituato, avvezzo (*to* a): *I am not ~ to this climate* non sono abituato a questo clima; (*experienced*) esperto, navigato (*in* in). □ *to get ~ to* abituarsi a, fare l'abitudine a: *you can get ~ to anything in time* con il tempo ci si abitua a tutto; *it's easy once you get ~ to it* è facile una volta che hai fatto l'abitudine.

used-up [juːzd] *a.* **1** esaurito, consumato (completamente). **2** ⟨*fam*⟩ (*exhausted*) esausto, sfinito, spossato.

useful [ˈjuːsful] *a.* **1** utile, giovevole, vantaggioso, proficuo. **2** (*of practical use*) utile, pratico, funzionale: *a ~ tool* un attrezzo utile. **3** ⟨*fam*⟩ (*capable, efficient*) abile, bravo, capace, efficiente. □ *to come in ~* essere (*o* tornare) utile; *to make o.s. ~* rendersi utile.

useful| **life** *s.* ⟨*tecn*⟩ durata *f* utile. *~* **load** *s.* carico *m* utile.

usefully [ˈjuːsfuli] *avv.* utilmente, con vantaggio. **usefulness** [–lnis] *s.* utilità *f*, vantaggiosità *f*.

useless [ˈjuːslis] *a.* **1** inutile, non vantaggioso, non proficuo. **2** (*unserviceable*) inservibile, inutilizzabile. **3** (*in vain, unsuccessful*) vano, inutile: *all attempts were ~* tutti i tentativi furono vani. **4** ⟨*fam*⟩ (*incompetent*) incapace, incompetente. **uselessly** [–li] *avv.* inutilmente, invano. **uselessness** [–nis] *s.* inutilità *f*.

user[1] [ˈjuːzə] *s.* **1** chi usa, utente *m/f*. **2** (*of public utilities, etc.*) utente *m/f*: *telephone –s* utenti del telefono.

user[2] *s.* ⟨*Dir*⟩ godimento *m* di un diritto d'uso. □ *right of ~* diritto *m* basato sull'uso continuato.

user|**–friendly** *a.* di facile uso, maneggevole. *~* **program** *s.* programma *m* applicativo.

user's guide *s.* manuale *m* d'uso, guida *f* per l'utente.

usher [ˈʌʃə] **I** *s.* **1** maschera *f*. **2** (*officer, servant in charge of a door*) usciere *m*. **3** (*one who walks before a dignitary*) maestro *m* di cerimonie. **II** *v.t.* accompagnare, scortare: *to ~ s.o. to his seat* accompagnare qd. al suo posto. □ *to ~ in* far entrare, introdurre. **usherette** [–ˈret] *s.* maschera *f*, mascherina *f*.

U.S.N. = ⟨*Mil*⟩ *United States Navy* Marina militare statunitense.

USSR, U.S.S.R. = *Union of Soviet Socialist Republics* Unione delle Repubbliche Socialiste Sovietiche (*abbr.* U R S S).

usual [ˈjuːʒʊəl] **I** *a.* **1** solito, usuale, consueto, abituale: *the ~ procedure* la solita procedura; *the weather was better than ~* il tempo era migliore del solito. **2** (*commonplace, ordinary*) ordinario, solito. **II** *s.* **1** ⟨*fam*⟩ (*usual drink*) solita bibita *f* (*o* bevanda), ⟨*fam*⟩ solito *m*. **2** ⟨*fam*⟩ (*normal health*) salute *f* normale. □ *as ~* come al solito, come di consueto. **usually** [–li] *avv.* **1** usualmente, solitamente, di solito. **2** (*habitually*) abitualmente, d'abitudine. **usualness** [–nis] *s.* abitudine *f*, consuetudine *f*.

usucapion [juːzjuˈkeipiən], **usucaption** [–ˈkæpʃən] *s.* ⟨*Dir*⟩ usucapione *f*.

usufruct [ˈjuːzjuːfrʌkt] *s.* ⟨*Dir*⟩ usufrutto *m*. **,usuˈfructuary** [–juəri] **I** *s.* usufruttuario *m* (*f* –a). **II** *a.* usufruttuario.

usurer [ˈjuːʒərə] *s.* usuraio *m* (*f* –a), strozzino *m* (*f* –a).

usurious [juːˈʒuəriəs] *a.* **1** usurario, d'usura, da usuraio: *a ~ rate of interest* un tasso d'interesse usurario. **2** (*practising usury*) che esercita l'usura. **usuriousness** [–nis] *s.* l'essere usuraio.

usurp [juːˈzəːp] *v.t.* usurpare (*anche estens.*): *to ~ the throne* usurpare il trono; *to ~ power* usurpare il potere. □ *to ~ on* (*o* upon) invadere, usurpare. **,usurˈpation** [–eiʃən] *s.* usurpazione *f*. **usurper** [–ə] *s.* usurpatore *m* (*f* –trice).

usury [ˈjuːʒəri] *s.* **1** usura *f*. **2** ⟨*fig*⟩ interesse *m*.

utensil [juːˈtens(i)l] *s.* **1** utensile *m*: *kitchen –s* utensili di cucina. **2** (*article serving a useful purpose*) articolo *m*, attrezzo *m*, strumento *m*: *smoking –s* articoli per fumatori.

uterine [ˈjuːtərain] *a.* **1** ⟨*Anat*⟩ uterino, dell'utero. **2** (*related through the mother*) uterino: *~ brother* fratello uterino.

uterus [ˈjuːtərəs] *s.* (*pl.* **-ri** [rai]) ⟨*Anat*⟩ utero *m*.

utilitarian [juːtiliˈtɛəriən] **I** *a.* **1** funzionale, pratico, utilitario. **2** (*of people*) utilitarista. **3** ⟨*Filos*⟩ utilitaristico. **II** *s.* utilitarista *m/f* (*anche Filos.*). **utilitarianism** [–izəm] *s.* ⟨*Filos*⟩ utilitarismo *m*.

utility [juːˈtiliti] **I** *s.* **1** utilità *f*, vantaggiosità *f*. **2** (*s.th. useful*) cosa *f* utile (*o* pratica). **3** (*public service*) servizio *m* pubblico (*o* di pubblica utilità). **4** ⟨*Aut*⟩ = **utility car**. **II** *a.* **1** funzionale, pratico, utilitario. **2** (*adaptable for many uses*) che si può adibire a vari usi, pluriuso.

utility| **car** *s.* vettura *f* utilitaria, utilitaria *f*. *~* **cart** *s.* carrello *m* multiuso. *~* **man** *s.irr.* **1** ⟨*Teat*⟩ attore *m* secondario, generico *m*. **2** ⟨*sport*⟩ (*in baseball*) riserva *f* che può essere utilizzata in diversi ruoli. *~* **program** *s.* ⟨*Inform*⟩ programma *m* di utilità.

utilizable [ˈjuːtilaizəbl] *a.* utilizzabile. **,utilization** [–ˈzeiʃən] *s.* utilizzazione *f*, sfruttamento *m*. **utilize** [–laiz] *v.t.* utilizzare.

utmost [ˈʌtmoust] **I** *a.* **1** estremo, massimo, sommo: *a matter of the ~ importance* una questione d'estrema importanza. **2** (*being farther in space*) estremo: *the ~ ends of the earth* gli estremi limiti della terra. **3** (*final*) estremo, ultimo. **II** *s.* **1** massimo *m*, colmo *m*, estremo *m*: *the ~ in convenience* il massimo della comodità. **2** (*the extreme limit*) estremo limite *m*, estremo *m*. □ *to do one's ~* fare tutto il possibile.

utopia [juːˈtoupiə] *s.* utopia *f*. **Utopia** *s.* ⟨*Lett*⟩ Utopia *f*. **utopian** [–n] **I** *a.* **1** utopistico, chimerico, illusorio. **2** ⟨*Pol,Filos*⟩ utopistico, utopico. **II** *s.* utopista *m/f* (*anche Pol.,Filos.*). **Utopian I** *a.* di Utopia. **II** *s.* abitante *m/f* di Utopia. **utopianism** [–nizəm] *s.* idealismo *m* utopistico, utopismo *m*.

utricle [ˈjuːtrikl] *s.* **1** ⟨*Anat*⟩ otricolo *m*, utricolo *m*. **2** ⟨*Bot*⟩ otricolo *m*. **u'tricular** [–kjulə] *a.* otricolare, utricolare.

utter[1] [ˈʌtə] *v.t.* **1** emettere, mandare, lanciare: *to ~ a sigh of relief* emettere un sospiro di sollievo. **2** (*to express in words*) esprimere, dire, proferire, manifestare: *to ~ an opinion* esprimere un'opinione. **3** (*to publish, make* *publicly known*) divulgare, far conoscere, rivelare. **4** ⟨*Econ*⟩ (*of false coins, notes*) spacciare, mettere in circolazione.

utter² *a.* completo, assoluto, totale, bell'e buono: ~ *misery* completa miseria.

utterable ['ʌtərəbl] *a.* esprimibile.

utterance¹ [ˈʌtərəns] *s.* **1** espressione *f*, l'esprimersi. **2** (*manner, style of speaking*) modo di parlare, parlata *f*. **3** (*s.th. uttered*) cosa *f* detta; (*word, words uttered*) parola *f*, parole *fpl*. □ *his pulpit –s* le sue prediche, i suoi sermoni; *to give ~ to one's opinions* esprimere le proprie opinioni.

utterance² *s.* ⟨*rar*⟩ **1** (*utmost extremity*) estremo *m*, limite *m* estremo: *to fight to the ~* combattere fino all'estremo. **2** (*death*) morte *f*.

utterly [ˈʌtəli] *avv.* assolutamente, totalmente, completamente.

uttermost [ˈʌtəmoust] **I** *a.* **1** (*farthest, most remote*) il più

lontano. **2** (*utmost*) supremo, massimo, sommo. **II** *s.* (*utmost*) massimo *m*, colmo *m*, estremo *m*.

U|-tube *s.* ⟨*tecn*⟩ tubo *m* a U. **~-turn** *s.* ⟨*Aut*⟩ conversione *f* a U.

UV = *Ultraviolet* ultravioletto (*abbr.* UV, Uv).

uvula [ˈjuːvjulə] *s.* (*pl.* **-lae** [liː]/**-s** [z]) ⟨*Anat*⟩ ugola *f*, uvola *f*. **uvular** [–lə] **I** *a.* ⟨*Anat,Fon*⟩ uvulare. **II** *s.* ⟨*Fon*⟩ suono *m* uvulare.

u/w, U/w = ⟨*Assic*⟩ *underwriter* sottoscrittore.

uxorial [ʌkˈsɔːriəl] *a.* uxorio. **uxoricidal** [–risaidl] *a.* uxoricida. **uxoricide** [–risaid] *s.* **1** (*act*) uxoricidio *m*. **2** (*person*) uxoricida *m/f.* **uxorious** [–riəs] *a.* **1** troppo tenero con la moglie. **2** (*oversubmissive*) troppo sottomesso alla moglie, dominato dalla moglie. **uxoriousness** [–riəsnis] *s.* **1** eccessiva tenerezza *f* per la moglie. **2** (*oversubmission*) eccessiva sottomissione *f* alla moglie.

V

v, V [viː] *s.* (*pl.* **v's/vs, V's/Vs** [viːz]) **1** (*letter of the alphabet*) v, V *f/m: a capital V* una v maiuscola; *a small v* una v minuscola; ⟨*Tel*⟩ *V for Victor* V come Venezia. **2** (*V-sign*) segno *m* della vittoria.

v = **1** ⟨*Fis*⟩ *velocity* velocità (*abbr.* v, V). **2** ⟨*El*⟩ *volt* volt (*abbr.* V).

V *a.* (*V-shaped*) a (forma di) V.

V = **1** ⟨*Fis*⟩ *velocity* velocità (*abbr.* v, V). **2** ⟨*El*⟩ *volt* volt (*abbr.* V).

v. = **1** *valve* valvola. **2** ⟨*Mat,Fis*⟩ *vector* vettore. **3** ⟨*Gramm*⟩ *verb* verbo (*abb.* v.). **4** ⟨*Filol*⟩ *verse* verso (*abb.* v.). **5** *versus* verso (*abb.* v.).

V.A. = ⟨*Mar*⟩ *Vice–Admiral* viceammiraglio.

vac [væk] (*accorc. di vacation*) *s.* ⟨*fam*⟩ vacanza *f.*

vacancy ['veikənsi] *s.* **1** posto *m* libero (*o* vacante), vacanza *f.* **2** (*vacant room*) stanza *f* libera; (*vacant flat*) appartamento *m* libero. **3** (*state of being inactive, idle*) inoperosità *f*, oziosità *f*, inerzia *f.* **4** ⟨*fig*⟩ (*lack of intelligence, vacuity*) ottusità *f*, stupidità *f.* **5** (*empty space*) vuoto *m*, spazio *m* vuoto; (*gap, breach*) vuoto *m*, lacuna *f.*

vacant [–nt] *a.* **1** non occupato, libero, disponibile: *a ~ flat* un appartamento non occupato; *a ~ seat* un posto libero. **2** (*of a post, office*) libero, vacante. **3** (*empty*) vuoto. **4** (*of time*) libero, senza impegni. **5** (*devoid*) privo, mancante (*of* di). **6** (*of the mind*) vacuo, vuoto; (*of the eyes*) vacuo, assente, senza espressione. **7** ⟨*Dir*⟩ (*of land*) non occupato; (*of an estate: having no heir or claimant*) privo di proprietario. **vacantly** [–ntli] *avv.* **1** con aria assente (*o* inespressiva). **2** (*foolishly*) scioccamente.

vacate [və'keit, *am.* 'veikeit] *v.t.* **1** lasciar libero, sgomb(e)rare, liberare: *to ~ a flat* lasciar libero un appartamento. **2** (*of a post, office*) dare le dimissioni da, dimettersi da, lasciare. **3** (*to annul*) annullare, invalidare.

vacation [–'keiʃən] **I** *s.* **1** (*of a house*) sgombero *m*, trasloco *m.* **2** (*of an office, post*) dimissioni *fpl*, rinuncia *f.* **3** (*of a law court, a university*) vacanza *f*, vacanze *fpl.* **4** ⟨*am*⟩ (*holiday*) ferie *fpl*, vacanza *f*, vacanze *fpl: to be on ~* essere in ferie. **II** *v.i.* ⟨*am*⟩ **1** prendere le ferie (*o* una vacanza). **2** (*to pass one's vacation*) passare le vacanze (*in, at* in, a). **vacationer** *am.* [–'keiʃənə], **vacationist** *am.* [–'keiʃənist] *s.* chi è in vacanza, villeggiante *m/f*, turista *m/f.*

vaccinal ['væksinl] *a.* ⟨*Med*⟩ vaccinico, vaccinatore.

vaccinate [–neit] *v.t.* vaccinare. **,vaccination** [–'neiʃən] *s.* vaccinazione *f.* □ *oral ~ vaccination* f per via orale. **,vaccinationist** [–'neiʃənist] *s.* sostenitore *m* (*f* –trice) della vaccinazione. **vaccinator** [–neitə] *s.* **1** vaccinatore *m* (*f* –trice). **2** (*instrument*) lancetta *f* (per vaccinare).

vaccine ['væksiːn] **I** *s.* **1** ⟨*Med*⟩ vaccino *m* antivaiolo. **2** ⟨*estens*⟩ vaccino *m: the Salk ~ against polio* il vaccino Salk contro la poliomielite. **II** *a.* **1** ⟨*Med*⟩ (*of vaccination*) della (*o* relativo alla) vaccinazione; (*of vaccinia*) del (*o* relativo al) vaiolo vaccino, vaccinico. **2** (*of cows*) vaccino, di vacca. **vaccine point** *s.* ⟨*Med*⟩ vaccinostilo *m.*

vaccinia [væk'siniə] *s.* ⟨*Med*⟩ vaiolo *m* vaccino (*o* bovino).

vacillate ['væsileit] *v.i.* **1** esitare, tentennare, essere indeciso, titubare. **2** (*to totter, stagger*) vacillare, barcollare. **3** (*to fluctuate*) ondeggiare, oscillare. **vacillating** [–iŋ] *a.* **1** esitante, titubante, indeciso. **2** (*tottering*) vacillante, barcollante. **3** (*fluctuating*) ondeggiante, oscillante. **,vacillation** [–'leiʃən] *s.* **1** (*act of hesitating, wavering*) vacillamento *m*, incertezza *f.* **2** (*hesitation*) esitazione *f*, tentennamento *m*, indecisione *f.* **3** (*act of tottering*) vacillamento *m*, barcollamento *m.*

vacuity [væ'kjuːiti] *s.* **1** vuoto *m*, vacuità *f.* **2** (*empty space, gap*) vuoto *m*, lacuna *f*, spazio *m* vuoto. **3** ⟨*fig*⟩ (*mental emptiness*) vacuità *f*, vuotaggine *f*; (*lack of intelligence*) ottusità *f*, stupidità *f.*

vacuolar ['vækjuələ], **vacuolate** [–leit], **vacuolated** [–leitid] *a.* ⟨*Biol*⟩ vacuolare. **vacuole** [–kjuoul] *s.* ⟨*Biol*⟩ vacuolo *m.*

vacuometer [vækju'ɔmitə] *s.* ⟨*Fis*⟩ vacuometro *m.*

vacuous ['vækjuəs] *a.* **1** vuoto. **2** ⟨*fig*⟩ vacuo, vuoto: *a ~ mind* una testa vuota; (*inane, stupid*) sciocco, stupido. **3** ⟨*fig*⟩ (*of the eyes, an expression, etc.*) vacuo, assente; (*expressionless*) privo d'espressione, inespressivo. **4** ⟨*fig*⟩ (*idle, purposeless*) vuoto, senza scopo, inutile. **vacuously** [–li] *avv.* in modo vacuo. **vacuousness** [–nis] *s.* vacuità *f*, vacuo *m.*

vacuum ['vækjuəm] **I** *s.* (*pl.* **-s** [z]/**-cua** [kjuə]) **1** ⟨*Fis*⟩ vuoto *m.* **2** (*empty space*) vuoto *m*, spazio *m* vuoto. **3** ⟨*fig*⟩ (*void, emptiness*) vuoto *m*, mancanza *f*: *his death has left a ~* la sua morte ha lasciato un vuoto. **4** ⟨*fam*⟩ → **vacuum cleaner**. **II** *v.t.* passare l'aspirapolvere su.

vacuum| brake *s.* ⟨*Mecc*⟩ freno *m* a depressione. **~-clean** *v.t.* pulire con l'aspirapolvere. **~ cleaner** *s.* aspirapolvere *m.* **~ drier** *s.* ⟨*tecn*⟩ essiccatore *m* a vuoto. **~ feed** *s.* ⟨*Mecc*⟩ alimentazione *f* per depressione. **~ flask** *s.* termos *m.* **~ gauge** *s.* ⟨*Fis*⟩ vuotometro *m.* **~ pack** *s.* confezione *f* (*o* imballaggio *m*) sottovuoto. **~-packed** *a.* (*of a can, jar*) sottovuoto. **~ pump** *s.* **1** pulsometro *m.* **2** ⟨*Aer*⟩ depressore *m.* **~ treatment** *s.* ⟨*Med*⟩ vacuumterapia *f.* **~ tube, ~ valve** *s.* ⟨*El,Rad*⟩ tubo *m* (*o* valvola *f*) a vuoto.

vade mecum *lat.* ['veidi'miːkəm] *s.* manuale *m*, prontuario *m*, vademecum *m.*

vagabond ['vægəbɔnd, –bɔnd] **I** *a.* **1** vagabondo, vagante, errante, nomade. **2** (*characteristic of a vagabond*) (da) vagabondo, randagio. **3** (*shiftless, worthless*) buono a nulla, incapace, inetto. **II** *s.* **1** vagabondo *m* (*f* –a); (*nomad*) nomade *m/f*; (*tramp, vagrant*) vagabondo (*f* –a), girovago (*f* –a), giramondo *m/f.* **2** ⟨*fig*⟩ furfante *m*, canaglia *f*, briccone *m.* **III** *v.i.* vagabondare, vagare, girovagare, errare. **vagabondage** [–bɔndidʒ] *s.* vagabondaggio *m.* **vagabondish** [–bɔndiʃ] *a.* da vagabondo. **vagabondism** [–bɔndizəm] *s.* → **vagabondage**. **vagabondize** [–bɔndaiz] *v.* → **vagabond**.

vagal ['veigəl] *a.* ⟨*Anat*⟩ vagale.

vagary ['veigəri] *s.* **1** stravaganza *f*, bizzarria *f*, ghiribizzo *m.* **2** (*capricious notion*) idea *f* stravagante (*o* capricciosa).

vagina [vəˈdʒainə] s. (pl. -s [z]/-nae [niː]) 1 ⟨Anat⟩ vagina f. 2 ⟨Bot⟩ guaina f (fogliare). **vaginal** [-l] a. 1 ⟨Anat,Med⟩ vaginale. 2 ⟨Bot⟩ guainante.

vaginate [ˈvædʒinit], **vaginated** [-neitid] a. 1 ⟨Anat⟩ invaginato. 2 ⟨Bot⟩ guainato.

vagrancy [ˈveigrənsi] s. 1 il vagabondare, vagabondaggio m. 2 ⟨collett⟩ vagabondi mpl. 3 ⟨Dir⟩ vagabondaggio m.

vagrant [-nt] I s. 1 vagabondo m (f –a), girovago m (f –a), giramondo m/f; ⟨nomad⟩ nomade m/f. 2 ⟨Dir⟩ vagabondo m (f –a). II a. 1 vagabondo, errante, vagante, nomade. 2 (characteristic of a vagrant) vagabondo, randagio. 3 ⟨fig⟩ (wayward, inconstant) incostante, instabile, errante.

vague [veig] a. 1 vago, impreciso, generico: to be ~ about the source of one's income essere vago circa la fonte dei propri guadagni. 2 (of person) distratto, assente. **'vaguely** [-li] avv. 1 vagamente. 2 (somewhat, a little) vagamente, un po'. **'vagueness** [-nis] s. vaghezza f, indeterminatezza f, imprecisione f.

vagus [ˈveigəs] s. (pl. -gi [dʒai]) → vagus nerve.

vagus nerve s. ⟨Anat⟩ nervo m vago, vago m.

vain [vein] a. 1 inutile, vano. 2 (empty, idle) vano, vuoto, privo di fondamento: ~ promises vane promesse. 3 (unsuccessful) vano, infruttuoso, inutile. 4 (conceited) vanitoso, pieno di sé, presuntuoso: a ~ woman una donna vanitosa. □ in ~: 1 (uselessly) inutilmente, invano, vanamente; 2 (to no purpose) inutile, vano: all our efforts were in ~ tutti i nostri sforzi furono inutili.

vainglorious [veinˈglɔːriəs] a. 1 vanaglorioso. 2 (showing vainglory) vanitoso. **vaingloriously** [-li] avv. con vanagloria. **vaingloriousness** [-nis] s. vanagloria f. **vainglory** [-ri] s. 1 → vaingloriousness. 2 (vain display, show) vanità f.

vainly [ˈveinli] avv. 1 vanamente, inutilmente, invano. 2 (conceitedly) vanitosamente. **vainness** [-nnis] s. 1 vanità f, inutilità f. 2 (conceitedness) vanità f, presunzione f.

vair [vɛə] s. ⟨Stor,Arald⟩ vaio m. **'vairy** [-ri] a. vaiato.

valance [ˈvæləns] s. ⟨Arred⟩ 1 (of a bed) volant m, balza f. 2 (of a window) mantovana f. 3 (damask used for furniture) damasco m per tappezzeria. **valanced** [-t] a. che ha 'una balza' (o un volant).

vale[1] [veil] s. ⟨poet⟩ 1 (valley) valle f. 2 ⟨fig⟩ (earthly life) vita f terrena. □ ⟨fig⟩ this ~ of tears questa valle di lacrime.

vale[2] lat. [ˈveili] I intz. (farewell) addio. II s. addio m.

valediction [ˌvæliˈdikʃən] s. 1 commiato m, addio m. 2 (valedictory speech) discorso m 'di commiato' (o d'addio).

valedictorian am. [-kˈtɔːriən] s. ⟨Univ⟩ studente m (f –essa) che tiene il discorso di commiato. **valedictory** [-ktəri] I a. d'addio, di commiato. II s. 1 discorso m 'di commiato' (o d'addio). 2 ⟨am.Univ⟩ discorso m di commiato (al termine dell'anno accademico).

valence [ˈveiləns] s. ⟨Chim,Biol⟩ valenza f.

Valencia [vəˈlenʃiə] N.pr. ⟨Geog⟩ Valencia f.

Valenciennes (lace) [ˌvælənsiˈen] s. pizzo m Valenciennes.

valency [ˈveilənsi] s. → valence.

Valentine [ˈvæləntain] N.pr. Valentino m. **valentine** s. 1 (card sent on St. Valentine's Day) cartolina f mandata il giorno di san Valentino. 2 (sweetheart chosen) innamorato m (f –a), ragazzo m (f –a).

Valentine's Day s. giorno m (o festa f) di san Valentino (14 febbraio).

valerian [vəˈliəriən] s. ⟨Bot,Farm⟩ valeriana f. **valerianate** [-eit] s. ⟨Chim⟩ valerianato m. **va,lerianic** [-riˈænik], **valeric** [-rik] a. ⟨Chim⟩ valerianico.

valet [ˈvælit, -lei] I s. 1 cameriere m personale. 2 (of a hotel, ship, etc.) guardarobiere m. II v.i. servire come cameriere personale (o guardarobiere). III v.t. fare da cameriere personale (o guardarobiere) a.

valetudinarian [ˌvælitjuːdiˈnɛəriən] I a. 1 (sickly) cagionevole, malaticcio, valetudinario. 2 (excessively concerned about one's health) che si preoccupa troppo della propria salute. II s. 1 persona f di salute cagionevole, valetudinario m (f –a). 2 (one excessively concerned about his health) chi si preoccupa troppo della

propria salute. **valetudinarianism** [-izəm] s. salute f cagionevole (o malferma). **vale'tudinary** [-nəri] a./s. → valetudinarian.

valgus [ˈvælgəs] s. ⟨Med⟩ valgismo m, piede m valgo.

Valhall [vælˈhæl], **Valhalla** [-ə] N.pr. 1 ⟨Mitol.nord⟩ Walhall(a) m. 2 ⟨fig⟩ sacrario m, pantheon m.

valiance [ˈvæljəns], **valiancy** [-i] s. valore m, coraggio m. **valiant** [-nt] a. coraggioso, valoroso, prode, intrepido. **valiantly** [-ntli] avv. coraggiosamente, valorosamente.

valid [ˈvælid] a. 1 valido, valevole: this ticket is ~ for two persons questo biglietto è valido per due persone. 2 ⟨Dir⟩ (having legal force) valido, valevole, che ha efficacia giuridica: the law is no longer ~ la legge non è più valida. 3 (well-founded) solido, valido, (ben) fondato: a ~ theory una teoria solida. 4 (effective) valido, efficace: ~ help valido aiuto. □ ~ for all purposes valido a tutti gli effetti. **validate** [-eit] v.t. 1 ⟨Dir⟩ dare efficacia giuridica a, convalidare; (of papers, passports, etc.) convalidare. 2 (to corroborate, confirm) convalidare, rafforzare, avvalorare. **,vali'dation** [-eiʃən] s. convalidazione f, convalida f. **validity** [vəˈliditi] s. 1 validità f: the ~ of a ticket la validità di un biglietto. 2 ⟨Dir⟩ (legal force) validità f, efficacia f giuridica. 3 (quality of being well-founded) fondatezza f, validità f, solidità f. 4 (effectiveness) efficacia f, validità f. **validly** [-li] avv. 1 validamente, efficacemente. 2 ⟨Dir⟩ validamente.

valise [vəˈliːz, -ˈliːs] s. 1 valigia f. 2 ⟨Mil⟩ zaino m.

Valkyr [ˈvælkiə] s. → Valkyrie. **Val'kyrian** [-riən] a. ⟨Mitol.nord⟩ delle (o relativo alle) valchirie. **Val'kyrie** [-ri] s. valchiria f.

valley [ˈvæli] s. 1 ⟨Geog⟩ valle f, vallata f: the Thames ~ la valle del Tamigi. 2 ⟨Edil⟩ linea f di compluvio, compluvio m.

valley board s. ⟨Edil⟩ conversa f.

valor am. s. → valour.

valorization [ˌvælər(a)iˈzeiʃən] s. ⟨Econ⟩ 1 valorizzazione f. 2 (of prices) stabilizzazione f. **'valorize** [-raiz] v.t. ⟨Econ⟩ 1 valorizzare. 2 (of prices) stabilizzare.

valorous [ˈvælərəs] a. valoroso, coraggioso, prode. **valorously** [-li] avv. valorosamente, coraggiosamente. **valour** [-lə] s. valore m, coraggio m, prodezza f.

valuable [ˈvæljuəbl] a. 1 prezioso: my time is ~ il mio tempo è prezioso; (having monetary value) di (gran) valore, costoso, prezioso. 2 (valued, esteemed) prezioso, apprezzato, stimato: a ~ friend un amico prezioso. 3 (very useful) prezioso, molto utile. **valuableness** [-nis] s. preziosità f, valore m, pregio m. **valuables** [-z] s.pl. valori mpl, oggetti mpl di valore, preziosi mpl.

valuation [ˌvæljuˈeiʃən] s. 1 il valutare, valutazione f, stima f. 2 (value set on s.th.) prezzo m, valore m. 3 ⟨Comm⟩ valutazione f, stima f, perizia f. 4 ⟨fig⟩ apprezzamento m, stima f, considerazione f. **'valuator** [-ljueitə] s. stimatore m (f –trice).

value [ˈvæljuː] I s. 1 valore m, pregio m: the ~ of a literary work il valore di un'opera letteraria; (utility) utilità f: your advice was of great ~ to me il tuo consiglio mi è stato di grande utilità; (importance, significance) importanza f, significato m, valore m. 2 (monetary worth) valore m. 3 (assigned worth) valore m, prezzo m, costo m; (valuation) stima f, valutazione f. 4 (of a card, chessman, etc.) valore m. 5 ⟨Econ,Filos,Mat⟩ valore m. 6 (of words: precise meaning) valore m, significato m, portata f. 7 ⟨Mus,Metr⟩ valore m, durata f. 8 ⟨Chim⟩ valore m; (constant value) indice m, numero m: acid ~ indice di acidità. 9 pl. valori mpl, principi mpl: the traditional –s of Western society i valori tradizionali della società occidentale. II v.t. 1 tenere in gran conto, stimare, apprezzare, valutare: to ~ s.o.'s friendship tenere in gran conto l'amicizia di qd.; (to consider of value) apprezzare, dare valore a, valutare. 2 (to assess, appraise) valutare, dare un prezzo a, determinare il valore di. 3 ⟨rifl⟩ (to pride o.s.) vantarsi, andare fiero (o orgoglioso di. □ ⟨Econ⟩ ~ in account valuta f in conto; ⟨Comm⟩ at ~ al prezzo di mercato; to get good ~ for one's money spendere bene il proprio denaro; to give good ~ for one's money far fruttare (o rendere bene) il proprio denaro; in ~ di valore: the property will increase in ~ la proprietà aumenterà di valore; *of* **no** ~ di nessun valore; ⟨*Econ*⟩ *for* ~ **received** per valuta ricevuta; *to* **set** *a high* ~ *on* dare grande valore a.

value added *s.* ⟨*Econ*⟩ valore *m* aggiunto: ~ *tax* imposta sul valore aggiunto.

valued ['vælju:d] *a.* **1** stimato, apprezzato, tenuto in grande considerazione, prezioso. **2** (*appraised*) del prezzo (*at* di), che costa, valutato (qc.).

value judgment *s.* giudizio *m* di valore.

valueless ['væljulis] *a.* privo di[?] (*o* senza) valore. **valuelessness** [-nis] *s.* l'essere privo di valore, mancanza *f* di valore.

valuer ['væljuə] *s.* **1** stimatore *m* (*f* –trice), perito *m* (*f* –a), valutatore *m* (*f* –trice). **2** (*appraiser*) estimatore *m* (*f* –trice), chi apprezza.

valuta [və'lu:tə] *s.* ⟨*Econ*⟩ valuta *f.*

valval ['vælvəl], **valvar** [-və] *a.* → **valvular**. **valvate** [-v(e)it] *a.* **1** ⟨*Biol*⟩ munito di valva (*o* valve). **2** ⟨*Anat*⟩ provvisto di valvola (*o* valvole).

valve [vælv] **I** *s.* **1** ⟨*Mecc,Mus,Anat*⟩ valvola *f.* **2** ⟨*Biol*⟩ valva *f.* **3** ⟨*El,Rad*⟩ (*vacuum tube*) tubo *m* (*o* valvola *f*) a vuoto. **II** *v.t.* **1** ⟨*Mecc*⟩ munire di valvole. **2** (*of a flow*) regolare mediante valvole.

valve| **box**, ~ **chest** *s.* ⟨*Mecc*⟩ camera *f* (di distribuzione) del vapore.

valved [vælvd] *a.* **1** ⟨*Biol*⟩ → **valvate**. **2** ⟨*Mecc*⟩ munito di valvola (*o* valvole).

valve| **gear** *s.* ⟨*Mecc*⟩ meccanismo *m* della distribuzione, distribuzione *f.* '**~-in-'head engine** *s.* motore *m* a valvole in testa.

valveless ['vælvlis] *a.* **1** ⟨*Anat,Mecc*⟩ privo di valvola (*o* valvole). **2** ⟨*Biol*⟩ privo di valve.

valvelet ['vælvlit] *s.* **1** ⟨*Mecc*⟩ valvolina *f.* **2** ⟨*Anat,Biol*⟩ → **valvule**.

valvula ['vælvjulə] *s.* (*pl.* **-lae** [li:]) **1** ⟨*Biol*⟩ piccola valva *f.* **2** ⟨*Anat*⟩ valvola *f.* **valvular** [-lə] *a.* ⟨*Biol,Med*⟩ valvolare. **valvule** [-vju:l] *s.* **1** ⟨*Anat*⟩ piccola valvola *f.* **2** ⟨*Biol*⟩ piccola valva *f.*

valvulitis [ˌvælvju'laitis] *s.* ⟨*Med*⟩ valvulite *f.*

vamoose [væ'mu:s], **vamose** [-'mous] *v.i.* ⟨*sl*⟩ (*to depart hurriedly*) andarsene in fretta, filare via, tagliare la corda.

vamp[1] [væmp] **I** *s.* **1** ⟨*Calz*⟩ tomaia *f*; (*patch on footwear*) pezza *f*, rattoppo *m*, toppa *f.* **2** ⟨*fig*⟩ raffazzonatura *f*, raffazzonamento *m*, rabberciamento *m*, rappezzamento *m*, abborracciamento *m.* **3** ⟨*Mus*⟩ accompagnamento *m* improvvisato. **II** *v.t.* **1** ⟨*Calz*⟩ fare la tomaia a. **2** (*to patch up, repair*; spesso con *up*) rappezzare, rabberciare, accomodare alla meglio. **3** ⟨*fig*⟩ (spesso con *up, together*) raffazzonare, rabberciare, rappezzare, abborracciare. **4** ⟨*Mus*⟩ improvvisare. **III** *v.i.* ⟨*Mus*⟩ improvvisare (al pianoforte).

vamp[2] ⟨*fam*⟩ **I** *s.* (*woman who seduces men*) donna *f* fatale (*o* vampiro), vamp *f.* **II** *v.t.* adescare, sedurre. **III** *v.i.* fare la donna fatale, darsi atteggiamenti da vamp, ⟨*scherz*⟩ vampireggiare.

vamper ['væmpə] *s.* ⟨*Mus*⟩ improvvisatore *m* (*f* –trice).

vampire ['væmpaiə] *s.* **1** vampiro *m.* **2** ⟨*fig*⟩ vampiro *m*, strozzino *m*, dissanguatore *m*, sanguisuga *f.* **3** ⟨*Zool*⟩ → **vampire bat**. **4** ⟨*Teat*⟩ trabocchetto *m* (per far scomparire gli attori dalla scena).

vampire bat *s.* ⟨*Zool*⟩ vampiro *m.*

vampiric [væm'pirik], **'vampirish** [-paiəriʃ] *a.* **1** di (*o* da) vampiro. **2** ⟨*fig*⟩ da strozzino, da vampiro. '**vampirism** [-paiərizəm] *s.* **1** l'essere un vampiro. **2** (*belief in vampires*) credenza *f* nei vampiri. **3** ⟨*Psic*⟩ vampirismo *m.* **4** ⟨*fig*⟩ sfruttamento *m* vergognoso.

van[1] [væn] *s.* ⟨*Mil*⟩ avanguardia *f* (*anche fig.*): *to be in the* ~ *of progress* essere all'avanguardia del progresso.

van[2] **I** *s.* **1** furgone *m*, autofurgone *m*, camion *m*: *a furniture* ~ un furgone per il trasporto dei mobili. **2** (*small covered lorry*) furgoncino *m*: *the grocer's* ~ il furgoncino del droghiere. **3** ⟨*Ferr*⟩ (*baggage car*) bagagliaio *m*; (*freight car*) carro *m* merci. **4** (*police van*) furgone *m* (della polizia), cellulare *m.* **5** (*caravan used by gipsies*) carrozzone *m.* **II** *v.t.* (*pret., p.p.* **vanned** [-d]) trasportare con un furgone.

van[3] *s.* ⟨*Sport*⟩ (*in lawn tennis*) vantaggio *m* (dopo il pareggio).

van[4] **I** *s.* **1** (*fan*) vaglio *m*, crivello *m.* **2** ⟨*Minier*⟩ prova *f* (al crivello) della purezza di un minerale. **II** *v.t.* (*pret., p.p.* **vanned** [-d]) ⟨*Minier*⟩ provare la purezza di.

vanadate ['vænədeit], **vanadiate** [və'neidi(e)it] *s.* ⟨*Chim*⟩ vanadato *m.* **vanadic** [və'nædik] *a.* vanadico: ~ *acid* acido vanadico. **vanadious** [və'neidiəs] *a.* vanadoso.

vanadium [və'neidiəm] *s.* ⟨*Chim*⟩ vanadio *m.*

Vandal ['vændəl] **I** *s.* ⟨*Stor*⟩ vandalo *m* (*f* –a). **II** *a.* vandalico, vandalo. **vandal I** *s.* vandalo *m* (*f* –a), barbaro *m* (*f* –a), distruttore *m* (*f* –trice). **II** *a.* vandalico, degno di un vandalo. **Vandalic** [-'dælik] *a.* → **Vandal**. **vandalic** *a.* → **vandal**. **vandalism** [-izəm] *s.* vandalismo *m.*

van driver *s.* furgonista *m/f.*

Vandyke [væn'daik] **I** *N.pr.* ⟨*Stor*⟩ Van Dyck *m.* **II** *s.* **1** (*painting by Van Dyck*) dipinto *m* di Van Dyck. **2** (*zigzag border*) bordo *m* smerlato. **3** → **Vandyke beard**. **4** → **Vandyke collar**.

Vandyke| **beard** *s.* ⟨*Mod*⟩ pizzo *m*, barba *f* alla Van Dyck. ~ **brown** *s.* marrone *m* scuro. ~ **collar** *s.* ⟨*Mod*⟩ colletto *m* alla Van Dyck.

vane [vein] *s.* **1** (*weather vane*) banderuola *f*, segnavento *m.* **2** (*of a windmill*) pala *f*, ala *f.* **3** (*of a turbine, pump*) pala *f*, paletta *f*; (*of a propeller*) pala *f.* **4** ⟨*Aer*⟩ (*of a rocket, missile*) governale *m.* **5** ⟨*Aer,Mar*⟩ manica *f* a vento. **6** ⟨*Ornit*⟩ (*of a feather*) barbe *fpl* (libere). **7** (*of an arrow*) penna *f.* **8** ⟨*Mar*⟩ (*of a quadrant*) traguardo *m*, pinnula *f.* **9** ⟨*Topogr*⟩ mirino *m*, traguardo *m.* **vaned** [-d] *a.* munito di banderuola (*o* segnavento).

vanessa [və'nesə] *s.* ⟨*Entom*⟩ vanessa *f.*

vanguard ['vænga:d] *s.* → **van**[1].

vanilla [və'nilə] *s.* **1** ⟨*Bot*⟩ va(i)niglia *f.* **2** (*flavouring*) va(i)niglia *f.* **3** → **vanilla bean**.

vanilla| **bean** *s.* baccello *m* di vaniglia. ~ **ice-cream** *s.* ⟨*Dolc*⟩ gelato *m* alla vaniglia.

vanish ['væniʃ] *v.i.* **1** scomparire, svanire, dileguarsi; (*to disappear*) sparire, scomparire. **2** ⟨*Mat*⟩ annullarsi, diventare zero.

vanishing| **cream** ['væniʃiŋ] *s.* ⟨*Cosmet*⟩ crema *f* evanescente. ~ **line** *s.* (*in perspective*) retta *f* di fuga. ~ **point** *s.* **1** (*in perspective*) punto *m* di fuga. **2** ⟨*fig*⟩ punto *m* di estinzione (*o* esaurimento).

vanity ['væniti] *s.* **1** vanità *f*, vanagloria *f*, presunzione *f*; (*s.th. about which one is conceited*) vanità *f.* **2** (*worthlessness*) vanità *f*, futilità *f*, inutilità *f*; (*s.th. worthless*) vanità *f*, cosa *f* vana (*o* dappoco), futilità *f.* **3** → **vanity bag**. **4** ⟨*am*⟩ (*powder compact*) portacipria *m.* **5** ⟨*am*⟩ (*dressing table*) toletta *f.* **6** ⟨*Bibl*⟩ (*heathen deity*) divinità *f* pagana.

vanity| **bag**, ~ **case** *s.* valigetta *f* per cosmetici, beauty case *m.* ~ **mirror** *s.* ⟨*Aut*⟩ specchietto *m* di cortesia. ~ **press** *s.* pubblicazioni *fpl* a spese dell'autore. ~ **surgery** *s.* chirurgia *f* estetica.

vanner ['vænə] *s.* ⟨*Minier*⟩ **1** (*worker*) vagliatore *m*, crivellatore *m.* **2** (*device*) vaglio *m* (*o* tavola *f* d'arricchimento) a scossa.

vanquish ['væŋkwiʃ] *v.t.* **1** sgominare, sconfiggere completamente; (*to defeat in battle*) vincere. **2** (*of fears, passions, etc.*) vincere, dominare. **vanquishable** [-əbl] *a.* che si può vincere, vincibile. **vanquished** [-t] **I** *a.* vinto, sconfitto, domato. **II** *s.* (costr. pl.) vinti *mpl*: *the victors and the* ~ i vincitori e i vinti. **vanquisher** [-ə] *s.* vincitore *m*, dominatore *m*, conquistatore *m.*

vantage ['va:ntidʒ] *s.* **1** vantaggio *m*, superiorità *f.* **2** ⟨*Sport*⟩ (*in tennis*) vantaggio *m* (dopo il pareggio): ~ *in* vantaggio alla battuta; ~ *out* vantaggio alla rimessa.

vantage| **ground** *s.* ⟨*Mil*⟩ terreno *m* favorevole (*anche fig.*). ~ **point** *s.* ⟨*Mil*⟩ posizione *f* vantaggiosa (*o* di forza) (*anche fig.*).

vapid ['væpid] *a.* **1** insulso, scipito, sciocco, privo di spirito: *a* ~ *discussion* una discussione insulsa. **2** (*of food*) insipido, scipito; (*of drinks*) svaporato, svanito. **va'pidity** [-iti] *s.* → **vapidness**. **vapidly** [-li] *avv.* in modo insipido, insulsamente. **vapidness** [-nis] *s.* scipitezza *f*, insipidità *f*, insulsaggine *f.*

vapor *am. s./v.* → **vapour**.

vaporability [,veipərə'biliti] *s.* l'essere vaporizzabile (*o* evaporabile). **'vaporable** [-bl] *a.* vaporizzabile, evaporabile.

vaporiferous [,veipə'rifərəs] *a.* che porta vapori. **vaporific** [-'rifik] *a.* **1** che produce vapore. **2** (*of vapour*) di (*o* relativo a) vapore. **vaporimeter** [-'rimitə] *s.* ⟨*Fis*⟩ vaporimetro *m.*

vaporizable ['veipəraizəbl] *a.* → **vaporable.** ,**vaporization** [-'zeiʃən] *s.* **1** vaporizzazione *f,* evaporizzazione *f,* evaporazione *f.* **2** ⟨*Med*⟩ vaporizzazione *f.* **vaporize** [-raiz] **I** *v.t.* vaporizzare. **II** *v.i.* evaporare, vaporizzarsi. **vaporizer** [-zə] *s.* **1** vaporizzatore *m,* spruzzatore *m.* **2** ⟨*Mecc*⟩ iniettore *m.*

vaporous ['veipərəs] *a.* **1** di vapore: *a ~ cloud* una nube di vapore; (*resembling vapour*) simile a vapore, vaporoso. **2** (*misty, foggy*) nebbioso, nebuloso. **3** ⟨*fig*⟩ vago, indeterminato, fantastico. **vaporousness** [-nis] *s.* vaporosità *f.*

vapour ['veipə] *s.* **1** vapore *m* (*anche Fis.*). **2** ⟨*Med*⟩ vapore *m* per inalazioni, aerosol *m.* **3** ⟨*Mot*⟩ vapore *m* (acqueo). **4** ⟨*fig*⟩ fantasticheria *f,* stravaganza *f.* **5** ⟨*rar*⟩ depressione *f.*

vapour| bath *s.* bagno *m* di vapore. **~ density** *s.* ⟨*Fis*⟩ densità *f* di vapore. **~ engine** *s.* ⟨*Mot*⟩ macchina *f* a vapore.

vapourer ['veipərə] *s.* millantatore *m,* fanfarone *m,* spaccone *m.* **vapouring** [-riŋ] *s.* (spesso al pl.) millanteria *f,* spacconata *f,* fanfaronata *f.*

vapourish ['veipəriʃ] *a.* **1** simile a vapore, vaporoso. **2** (*of ideas, etc.*) fantastico, vago, indeterminato. **3** (*depressed*) abbattuto, depresso. **vapourishness** [-nis] *s.* **1** vaporosità *f.* **2** (*nervous depression*) depressione *f.*

vapour| lamp *s.* ⟨*tecn*⟩ lampada *f* al vapore. **~ pressure, ~ tension** *s.* ⟨*Fis*⟩ tensione *f* di vapore. **~ trail** *s.* ⟨*Aer*⟩ scia *f* di condensazione.

varec(h) ['værek] *s.* **1** ⟨*Bot*⟩ fuco *m.* **2** ⟨*Chim*⟩ vare(c)china *f.*

variability [,vɛəriə'biliti] *s.* **1** variabilità *f,* incostanza *f,* mutevolezza *f.* **2** ⟨*Biol,Fis*⟩ variabilità *f.* **variable** [-bl] **I** *a.* **1** (*of things*) variabile, incostante, mutevole, vario: *~ weather* tempo variabile; *~ mood* umore mutevole; (*of people*) incostante, volubile, variabile. **2** (*capable of being changed*) che varia, variabile. **3** ⟨*Meteor,Mat,Astr,Biol*⟩ variabile. **II** *s.* **1** ⟨*Meteor*⟩ (*variable wind*) vento *m* variabile. **2** ⟨*Mat*⟩ quantità *f* (*o* grandezza) variabile; (*symbol*) variabile *f.* **'variableness** [-blnis] *s.* variabilità *f,* incostanza *f.* **'variably** [-bli] *avv.* in modo variabile.

variance ['vɛəriəns] *s.* **1** variazione *f;* (*difference*) differenza *f,* discordanza *f.* **2** (*state of being in disagreement*) divergenza *f* (di opinioni), disaccordo *m,* discrepanza *f;* (*dispute*) lite *f,* disputa *f.* **3** ⟨*Dir*⟩ discordanza *f.* **4** ⟨*Fis,Mat,Statist*⟩ varianza *f.* □ *to be at ~:* **1** discostarsi (*with* da), non accordarsi, essere in disaccordo (con); **2** (*of people*) non andare d'accordo, essere in disaccordo (con); *to set two people at ~* mettere zizzania tra due persone.

variance analysis *s.* ⟨*Statist*⟩ analisi *f* di varianza.

variant ['vɛəriənt] **I** *a.* vario, diverso, differente; (*differing, disagreeing*) discordante, diverso, divergente: *~ interpretations* interpretazioni discordanti. **II** *s.* variante *f.*

variation [,vɛəri'eiʃən] *s.* **1** variazione *f,* cambiamento *m,* modifica *f,* mutamento *m: the timetable is subject to ~* l'orario è soggetto a variazioni; *–s in temperature* variazioni di temperatura. **2** (*variant*) variante *f: there are several –s of the model* il modello viene presentato in più varianti. **3** ⟨*Mus,Mat*⟩ variazione *f.* **4** ⟨*Mar*⟩ variazione *f* (*o* declinazione) magnetica. **5** ⟨*Biol*⟩ variazione *f;* (*variant*) variante *f,* variato *m.* **variational** [-l] *a.* **1** di (*o* relativo a) variazione. **2** (*characterized by variation*) caratterizzato da una variazione.

varicella [,væri'selə] *s.* ⟨*Med*⟩ varicella *f.*

varicocele ['væriko(u)si:l] *s.* ⟨*Med*⟩ varicocele *m.*

varicolored *am.,* **varicoloured** ['vɛərikʌləd] *a.* **1** multicolore, policromo. **2** ⟨*fig*⟩ diversificato, differenziato.

varicose ['værikous] *a.* ⟨*Med*⟩ varicoso. **2** (*affected with varicose veins*) affetto da vene varicose. ,**vari'cosis** [-is] *s.*

(*pl.* **-ses** [si:z]) varicosità *f.*

varied ['vɛərid] *a.* **1** svariato, vario, diverso, differente: *a man of ~ interests* un uomo che ha svariati interessi. **2** (*changing from time to time*) mutevole, movimentato, pieno di varietà; (*changed*) variato, mutato, cambiato. **3** (*variegated*) variegato, screziato. **variedly** [-li] *avv.* variamente, in modo vario.

variegate ['vɛərigeit] *v.t.* **1** screziare, rendere variegato. **2** (*to give variety to*) rendere vario (*o* variato). **variegated** [-id] *a.* **1** variegato, screziato. **2** (*varied*) variato, mutevole, non uniforme, pieno di varietà. ,**variegation** [-'geiʃən] *s.* variegatura *f,* screziatura *f,* aspetto *m* variegato (*o* screziato).

varietal [və'raiətl] *a.* ⟨*Biol*⟩ varietale.

variety [və'raiəti] **I** *s.* **1** varietà *f,* diversità *f,* molteplicità *f: the ~ of the scenery* la varietà dello scenario. **2** (*assortment*) varietà *f,* assortimento *m.* **3** (*different form of s.th.*) *several varieties of sandwiches* parecchie varietà di panini imbottiti. **4** (*sort, class*) sorta *f,* genere *m,* tipo *m: people of every ~* gente di ogni sorta. **5** ⟨*Teat*⟩ varietà *m.* **6** ⟨*Biol,Giard,Min*⟩ varietà *f.* **7** ⟨*Teat*⟩ → **variety show. 8** (*am*) → **variety store. II** *a.* ⟨*Teat*⟩ di varietà. □ *for a ~ of reasons* per molte ragioni.

variety| shop *am. s.* → **variety store. ~ show** *s.* ⟨*Teat*⟩ spettacolo *m* di varietà, varietà *m.* **~ store** *am. s.* grande magazzino *m.* **~ theatre** *s.* teatro *m* di varietà.

variform ['vɛərifɔ:m] *a.* multiforme.

variola [və'raiələ] *s.* ⟨*Med,Veter*⟩ vaiolo *m.* **variolar** [-lə] *a.* → **variolous.**

variolate ['vɛəriəleit] **I** *v.t.* ⟨*Med*⟩ inoculare contro il vaiolo. **II** *a.* **1** ⟨*Med*⟩ → **variolated. 2** ⟨*Met*⟩ vaiolato. **variolated** [-id] *a.* ⟨*Med*⟩ butterato. ,**variolation** [-'leiʃən] *s.* ⟨*Med*⟩ va(r)iolizzazione *f.* **variole** [-rioul] *s.* **1** ⟨*Med*⟩ buttero *m.* **2** ⟨*Min*⟩ variola *f.*

variolite ['vɛəriəlait] *s.* ⟨*Min*⟩ variolite *f.*

varioloid ['vɛəriəlɔid] **I** *a.* ⟨*Med*⟩ della (*o* relativo alla) vaioloide. **II** *s.* vaioloide *f.* **variolous** [və'raiələs] *a.* vaioloso.

variometer [,vɛəri'ɔmitə] *s.* ⟨*tecn*⟩ variometro *m.*

various ['vɛəriəs] *a.* **1** svariato, vario, diverso: *for ~ reasons* per svariate ragioni; *at ~ times and in ~ places* in tempi e luoghi diversi. **2** (*unlike*) differente, diverso. **3** (*marked by variety*) vario, variato, non uniforme. **4** (*fam*) (*several, many*) vari, parecchi, diversi, molti. □ *~ people left early* molta gente andò via presto. **variously** [-li] *avv.* variamente, in modo vario (*o* variato). **variousness** [-nis] *s.* ⟨*rar*⟩ varietà *f.*

varix ['vɛəriks] *s.* (*pl.* **-rices** [risi:z]) **1** ⟨*Med*⟩ varice *f.* **2** ⟨*Zool*⟩ solco *m* su una conchiglia.

varlet ['vɑ:lit] *s.* ⟨*ant*⟩ **1** (*scherz*) briccone *m,* canaglia *f.* **2** (*knight's page*) paggio *m,* valletto *m;* (*attendant*) servitore *m.*

varmint ['vɑ:mint] *s.* **1** ⟨*fam*⟩ canaglia *f,* furfante *m,* briccone *m.* **2** ⟨*sl*⟩ (*fox*) volpe *f.* **3** ⟨*am.dial*⟩ (*vermin*) parassita *m.*

varnish ['vɑ:niʃ] **I** *s.* **1** ⟨*Pitt*⟩ vernice *f;* (*lacquer*) lacca *f.* **2** ⟨*Cosmet*⟩ smalto *m* per unghie, lacca *f.* **3** ⟨*fig*⟩ apparenza *f* (superficiale), vernice *f,* verniciatura *f.* **II** *v.t.* **1** (*spesso con over*) verniciare, laccare: *to ~ a wardrobe* verniciare un armadio guardaroba. **2** ⟨*fig*⟩ (*to embellish*) far apparire migliore, abbellire; (*to disguise, gloss over*) mascherare, coprire. **varnished** [-t] *a.* verniciato, laccato. **varnisher** [-ə] *s.* verniciatore *m* (*f* –trice). **varnishing** [-iŋ] *s.* verniciatura *f,* laccatura *f.*

varnishing day ['vɑ:niʃiŋ] *s.* ⟨*Art*⟩ vernice *f.*

varsity ['vɑ:siti] *s.* ⟨*fam*⟩ università *f.*

varus ['vɛərəs] *s.* ⟨*Med*⟩ varismo *m,* piede *m* varo.

vary ['vɛəri] **I** *v.t.* variare, cambiare, mutare, modificare: *to ~ one's methods* cambiare metodo; (*to diversify*) rendere vario, variare, diversificare: *to ~ one's diet* variare la dieta. **II** *v.i.* **1** cambiare, variare, mutare: *his style never varies* il suo stile non cambia mai; (*to be different*) variare, essere diverso (*o* differente). **2** (*to change in succession*) variare, subire variazioni: *pressure varies with altitude* la pressione varia con l'altitudine. **3** (*to diverge, deviate*) discostarsi, divergere, deviare, allontanarsi (*from* da): *to ~ from the norm* discostarsi dalla norma. **varying** [-iŋ] *a.*

variabile, che varia.
vas *lat.* [væs] *s.* (*pl.* **vasa** ['veisə]) ⟨*Biol*⟩ vaso *m.*
vasal ['veisəl] *a.* ⟨*Anat*⟩ vasale.
vascular ['væskjulə] *a.* ⟨*Biol*⟩ vascolare. **,vascularity** [-'læriti] *s.* vascolarità *f.* **,vascularization** [-rai'zeiʃən] *s.* vascolarizzazione *f.* **vascularize** [-raiz] *v.t.* vascolarizzare.
vascular| plant *s.* ⟨*Bot*⟩ pianta *f* vascolare. **~ tissue** *s.* tessuto *m* vascolare.
vasculose ['væskjulous], **vasculous** [-ləs] *a.* → **vascular.**
vasculum ['væskjuləm] *s.* (*pl.* **-s** [z]/**-la** [lə]) ⟨*Bot*⟩ vascolo *m.*
vase [vɑːz, *am.* veiz] *s.* vaso *m.*
vasectomy [væ'sektəmi] *s.* ⟨*Chir*⟩ vasectomia *f.*
vaseline ['væsiliːn] *s.* ⟨*Chim*⟩ vase(l)lina *f.*
vasoactive [ˌvæso(u)ˈæktiv] *a.* ⟨*Med*⟩ vasoattivo.
vasoconstriction [ˌveiso(u)kən'strikʃən] *s.* ⟨*Med*⟩ vasocostrizione *f.* **vasoconstrictor** [-ktə] **I** *a.* vasocostrittore. **II** *s.* ⟨*Anat,Farm*⟩ vasocostrittore *m.*
vasodilatation ['veiso(u)dilə'teiʃən] *s.* ⟨*Med*⟩ vasodilatazione *f.* **vasodilator** [-dai'leitə] **I** *a.* vasodilatatore. **II** *s.* ⟨*Anat,Farm*⟩ vasodilatatore *m.*
vasomotion ['veiso(u)'mouʃən] *s.* vasomotilità *f.* **vasomotor** [-'moutə] *a.* ⟨*Anat*⟩ vasomotore, vasomotorio.
vassal ['væsəl] **I** *s.* **1** ⟨*Mediev*⟩ vassallo *m.* **2** ⟨*fig*⟩ (*dependent*) dipendente *m,* vassallo *m,* suddito *m;* (*servant*) servo *m,* servitore *m,* ⟨*spreg*⟩ vassallo *m.* **II** *a.* **1** ⟨*Mediev*⟩ di (*o* relativo a) un vassallo, vassallesco; (*having the status of a vassal*) vassallo. **2** ⟨*fig*⟩ servile, vassallesco.
vassalage [-idʒ] *s.* **1** ⟨*Mediev,Dir*⟩ vassallaggio *m.* **2** ⟨*collett*⟩ (*vassals*) vassalli *mpl.* **3** ⟨*fig*⟩ stato *m* di soggezione, vassallaggio *m,* servitù *f.* **vassalry** [-ri] *s.* ⟨*collett*⟩ vassalli *mpl.*
vast [vɑːst] **I** *a.* **1** vasto, ampio, esteso, immenso: *a ~ country* un paese vasto. **2** (*great in degree*) vasto, largo, ampio, grande: *~ experience* vasta esperienza. **II** *s.* ⟨*poet*⟩ vastità *f,* spazio *m* illimitato, immensità *f: the ~ of heaven* la vastità del cielo. **'vastly** [-li] *avv.* **1** ampiamente, immensamente. **2** ⟨*fam*⟩ (*very*) molto, assai, grandemente: *~ different* molto diverso. **'vastness** [-nis] *s.* vastità *f,* immensità *f.* **vasty** [-i] *a.* ⟨*poet,rar*⟩ vasto, immenso, esteso: *the ~ deep* il vasto mare.
vat [væt] **I** *s.* **1** (*for wine, etc.*) tino *m,* tinozza *f.* **2** ⟨*Conc*⟩ (*tan pit*) fossa *f* da concia. **II** *v.t.* (*pret., p.p.* **'vatted** [-id]) mettere in un tino (*o* una tinozza).
V.A.T. = ⟨*Econ*⟩ *Value Added Tax* imposta sul valore aggiunto (*abbr.* IVA).
vatic ['vætik] *a.* **1** (*caratteristico*) di un profeta. **2** (*prophetical*) profetico.
Vatican ['vætikən] **I** *N.pr.* **1** Vaticano *m.* **2** → **Vatican City. II** *s.* (*Papal authority, rule*) Vaticano *m.*
Vatican| City *N.pr.* ⟨*Geog*⟩ Vaticano *m,* Città *f* del Vaticano. **~ Council** *s.* ⟨*Rel.catt*⟩ concilio *m* vaticano.
vaticinate [və'tisineit] **I** *v.t.* profetare, profetizzare, vaticinare. **II** *v.i.* profetare. **vaticination** [ˌvætisi'neiʃən] *s.* **1** il vaticinare. **2** (*prophecy*) vaticinio *m,* profezia *f.* **vaticinator** [-ə] *s.* ⟨*rar*⟩ profeta *m,* vaticinatore *m.* **vaticinatress** [-ris] *s.* profetessa *f.*
vaudeville *am.* ['voud(ə)vil, 'vɔːd(ə)-] *s.* ⟨*Teat*⟩ commedia *f* musicale; (*variety show*) spettacolo *m* di varietà, varietà *m.*
Vaudois[1] [vou'dwaː] *s.inv.* **1** (*people; costr. pl.*) valdesi *mpl,* abitanti *mpl* del Vaud. **2** (*person*) valdese *m/f.* **3** (*language*) lingua *f* dei valdesi.
Vaudois[2] *s.pl.* ⟨*Rel*⟩ (*Waldenses; costr. sing.*) valdesi *mpl.*
vault[1] [vɔːlt] **I** *s.* **1** ⟨*Arch*⟩ volta *f.* **2** (*underground chamber*) sotterraneo *m* (*o* scantinato) a volta; (*cellar*) cantina *f.* **3** (*burial chamber*) tomba *f,* cripta *f: family ~* tomba di famiglia. **4** (*room for the safekeeping of valuables*) camera *f* blindata (*o* di sicurezza); (*strong box*) cassaforte *f.* **5** ⟨*fig*⟩ (*sky*) volta *f* celeste, cielo *m.* **6** ⟨*Anat*⟩ volta *f,* calotta *f: cranic ~* volta cranica. **II** *v.t.* **1** ⟨*Arch*⟩ costruire a volta. **2** (*to extend over in the form of a vault*) coprire a volta. **III** *v.i.* curvarsi a volta. □ ⟨*fig*⟩ *the ~ of heaven* la volta celeste.
vault[2] **I** *v.t.* saltare (aiutandosi con una pertica *o*

appoggiando le mani): *to ~ a fence* saltare uno steccato. **II** *v.i.* **1** saltare con un volteggio. **2** ⟨*Ginn*⟩ volteggiare. **3** ⟨*Sport*⟩ (*to pole-vault*) saltare con l'asta. **III** *s.* **1** salto *m,* balzo *m.* **2** ⟨*Ginn,Sport*⟩ volteggio *m.* **3** ⟨*Equit*⟩ (*curvet*) corvetta *f.*
vaulted ['vɔːltid] *a.* ⟨*Arch*⟩ coperto da una volta; (*arched*) (*costruito*) a volta.
vaulting[1] ['vɔːltiŋ] *s.* ⟨*Arch*⟩ **1** costruzione *f* di volte. **2** (*vaulted structure*) struttura *f* a volta, volta *f.*
vaulting[2] **I** *a.* **1** ⟨*Ginn,Sport*⟩ di (*o* usato per il) volteggio. **2** ⟨*fig*⟩ che mira in alto. **II** *s.* ⟨*Ginn*⟩ volteggio *m.* □ **~ ambition** ambizione sfrenata.
vaulting| capital *s.* ⟨*Arch*⟩ capitello *m* di un pilastro di volta. **~ horse** *s.* ⟨*Ginn*⟩ cavallo *m.* **~ pillar, ~ shaft** *s.* ⟨*Arch*⟩ pilastro *m* di (una) volta.
vaunt [vɔːnt] **I** *v.t.* vantarsi di, vantare: *to ~ one's successes* vantarsi dei propri successi. **II** *v.i.* vantarsi, gloriarsi. **III** *s.* vanto *m,* vanteria *f.*
'vaunt-'courier *s.* **1** (*forerunner*) precursore *m.* **2** ⟨*ant*⟩ (*avant-courier*) araldo *m,* messaggero *m.*
vaunted ['vɔːntid] *a.* celebrato, vantato, magnificato. **vaunter** [-ə] *s.* chi si vanta. **vaunting** [-tiŋ] **I** *s.* vanteria *f,* vanto *m.* **II** *a.* vanaglorioso, vanitoso.
vavasor *am.* ['vævəsɔː] *s.* → **vavasour. vavasory** [-səri] *s.* **1** (*tenure*) possesso *m* di un feudo da parte di un valvassore. **2** (*land held*) feudo *m* di un valvassore. **vavasour** [-suə] *s.* valvassore *m.*
V-block *s.* ⟨*Mecc*⟩ blocco *m* a V.
V.C. = **1** *Vice-Chairman* vicepresidente. **2** *Vice-Chancellor* vicecancelliere. **3** *Vice-Consul* viceconsole.
VCR = *Video Cassette Recorder* videoregistratore.
V-Day *s.* giorno *m* della vittoria.
VDT = ⟨*Inform*⟩ *Video Display Terminal* videoterminale.
VDU = ⟨*Inform*⟩ *Visual Display Unit* unità di visualizzazione.
ve [v] *contraz. di* **have**[1].
veal [viːl] *s.* ⟨*Macell,Gastr*⟩ carne *f* di vitello, vitella *f,* vitello *m: a ~ cutlet* una costoletta di vitello.
vector ['vektə] **I** *s.* **1** ⟨*Mat,Biol,Med*⟩ vettore *m.* **2** ⟨*Aer*⟩ direzione *f* di rotta. **3** ⟨*Astr*⟩ (*radius vector*) raggio *m* vettore. **II** *v.t.* ⟨*Aer*⟩ trasmettere da terra una direzione di rotta a.
vector field *s.* ⟨*Fis*⟩ campo *m* vettoriale.
vectorial [vek'tɔːriəl] *a.* ⟨*Mat,Fis*⟩ vettoriale.
vectorial angle *s.* ⟨*Mat*⟩ angolo *m* polare.
Veda ['veidə] *s.* (*pl. inv./-s* [z]) ⟨*Rel*⟩ Veda *m.*
V-E Day *s.* ⟨*Stor*⟩ giorno *m* della vittoria alleata in Europa (8 maggio 1943).
vedette *fr.* [vi'det] *s.* **1** ⟨*Mil*⟩ vedetta *f.* **2** ⟨*Mar.mil*⟩ → **vedette boat. 3** ⟨*Cin*⟩ stella *f* del cinema, divo *m* (*f* -a), vedette *f.*
vedette boat *s.* ⟨*Mar.mil*⟩ vedetta *f,* nave *f* vedetta.
Vedic ['veidik] *a.* ⟨*Rel*⟩ vedico.
veer[1] [viə] **I** *v.i.* **1** girare, voltare, cambiare direzione: *the road -s to the right* la strada gira a destra. **2** ⟨*fig*⟩ cambiare (*orientamento*), mutare parere. **3** ⟨*Mar*⟩ (*of the wind*) girare da sinistra a destra; (*of a ship*) virare di bordo, cambiare rotta. **II** *v.t.* **1** cambiare il corso di, far girare. **2** ⟨*Mar*⟩ (*of a ship*) far virare di bordo. **III** *s.* **1** cambiamento *m* di direzione. **2** ⟨*fig*⟩ cambiamento *m* di direzione, virata *f.* **3** ⟨*Mar*⟩ virata *f.*
veer[2] *v.t.* ⟨*Mar*⟩ (*of a rope, cable: to let out*; *general. con* out, away) filare.
veering ['viəriŋ] **I** *s.* **1** cambiamento *m* di direzione (del vento). **2** ⟨*Mar*⟩ cambiamento *m* di rotta, virata *f.* **3** ⟨*Meteor*⟩ vento *m* destrogiro. **II** *a.* (*of the wind*) che cambia.
vegan ['viːgən] *s.* vegetariano *m/f,* vegan *m/f.* **veganism** [-izəm] *s.* vegetarianismo *m.*
vegetable ['vedʒ(i)təbl] **I** *s.* **1** ortaggio *m,* verdura *f: to grow -s* coltivare ortaggi. **2** ⟨*estens*⟩ (*plant*) vegetale *m,* pianta *f.* **II** *a.* vegetale.
vegetable| fat *s.* grasso *m* vegetale. **~ growing** *s.* orticoltura *f: biological ~* orticoltura biologica; **~ under glass** orticoltura sotto vetro. **~ kingdom** *s.* regno *m*

vegetale. ~ **marrow** s. zucchino m, zucchina f. ~ **oil** s. olio m vegetale. ~ **silk** s. seta f vegetale.

vegetables slicer s. affettaverdure m.

vegetal ['vedʒitl] **I** a. **1** vegetale. **2** (*vegetative*) vegetativo. **II** s. ⟨ant⟩ (*vegetable*) vegetale m, pianta f.

vegetarian [ˌvedʒi'teəriən] **I** s. vegetariano m (f –a). **II** a. vegetariano. **vegetarianism** [–izəm] s. vegetarianismo m.

vegetate ['vedʒiteit] v.i. vegetare (*anche fig.*). ˌ**vegetation** [–'teiʃən] s. **1** vegetazione f. **2** ⟨fig⟩ il vegetare, vita f vegetale. **vegetative** [–'tətiv] a. **1** che vegeta; (*of vegetable growth*) vegetativo. **2** ⟨Bot,Biol,Fisiol⟩ vegetativo: ~ *reproduction* riproduzione vegetativa. **3** ⟨fig⟩ vegetale, ⟨estens⟩ vegetativo: *to lead a* ~ *existence* far vita vegetale (*o* vegetativa).

vehemence ['vi:iməns] s. impeto m, veemenza f, impetuosità f, violenza f. **vehemency** [–i] s. ⟨rar⟩ → **vehemence**. **vehement** [–nt] a. **1** veemente, ardente, impetuoso, violento: ~ *passions* passioni veementi. **2** (*impassioned*) appassionato, caloroso, veemente, ardente; (*bitter, violent*) violento, aspro, duro. **vehemently** [–ntli] avv. con veemenza, con impeto, violentemente.

vehicle ['vi:ikl] s. **1** veicolo m, mezzo m di ːrasporto; (*motor vehicle*) veicolo m a motore, motoveicolo m. **2** (*means of transmission*) mezzo m di trasmissione (*o* propagazione), veicolo m. **3** (*means of expression*) mezzo m di espressione (*o* comunicazione). **4** (*means, medium*) strumento m, mezzo m: *a newspaper is a powerful propaganda* ~ il giornale è un potente strumento di propaganda. **5** ⟨Med⟩ veicolo m d'infezione. **6** ⟨Farm⟩ veicolo m, eccipiente m. □ ~ *park* parco m veicolare.

vehicular [vi'(h)ikjulə] a. **1** veicolare, di (*o* per) veicoli: ~ *traffic* traffico veicolare. **2** (*serving as a vehicle*) che serve da veicolo. **3** (*carried on a vehicle*) trasportato su un veicolo.

veil [veil] **I** s. **1** velo m: *widow's* ~ velo vedovile. **2** ⟨fig⟩ (*s.th. that masks, cloaks*) velo m, schermo m: *a* ~ *of cynicism* un velo di cinismo; (*cover, haze*) velo m: *a* ~ *of mist* un velo di nebbia. **3** ⟨fig⟩ (*nun's life*) velo m, vita f monacale. **4** ⟨Lit,Fot⟩ velo m. **II** v.t. **1** velare, coprire con un velo. **2** ⟨fig⟩ (*to conceal*) velare, nascondere; (*to mask, disguise*) mascherare, celare, dissimulare, velare. □ ⟨fig⟩ *beyond the* ~ dopo la morte, nell'aldilà; ⟨fig⟩ *the* ~ *of death* il velo della morte; ⟨fig⟩ *to draw a* ~ *over* stendere (*o* tirare) un velo (pietoso) su; ⟨fig⟩ *to take the* ~ farsi monaca, prendere il velo. **veiled** [–d] a. **1** velato, coperto da (*o* di) un velo. **2** ⟨fig⟩ (*concealed*) velato, nascosto, non esplicito: ~ *threats* velate minacce; (*masked, disguised*) mascherato, coperto, velato. ˈ**veiling** [–iŋ] s. **1** il velare, velatura f. **2** (*material for veils*) stoffa f per veli. **3** (*veil*) velo m.

vein [vein] **I** s. **1** ⟨Anat⟩ vena f (*anche estens.*). **2** ⟨Bot,Entom⟩ vena f. **3** ⟨Minier,Geol⟩ vena f, filone m. **4** (*line of a different colour*) vena f, venatura f; (*streak, stripe*) striatura f, striscia f; (*in marble*) venatura f. **5** ⟨fig⟩ (*manner of expression*) forma f, maniera f, stile m: *in a satirical* ~ in forma satirica. **6** ⟨fig⟩ (*mood, temper*) vena f, disposizione f, umore m. **7** ⟨fig⟩ (*thread, strain*) venatura f, vena f, traccia f, filo m: *there was a* ~ *of sadness in his words* c'era una venatura di tristezza nelle sue parole. **II** v.t. segnare (*o* coprire) di venature; (*to striate*) striare. □ ⟨fig⟩ *to be in the* (*right*) ~ essere in vena; *to speak in a serious* ~ parlare seriamente. ˈ**veinage** [–idʒ] s. venatura f. **veined** [–d] a. **1** segnato da vene, venato: *a* ~ *forehead* una fronte segnata da vene. **2** (*streaked*) striato: *the sky was* ~ *with red* il cielo era striato di rosso. **3** ⟨Bot⟩ nervato. ˈ**veining** [–iŋ] s. **1** venatura f. **2** (*streak*) striatura f, striscia f. **3** ⟨Bot⟩ nervatura f.

veinlet ['veinlit] s. **1** venetta f, venula f, piccola vena f. **2** ⟨Bot⟩ venetta f, nervetto m.

veinstone ['veinstoun] s. ⟨Minier⟩ ganga f.

velar ['vi:lə] **I** a. ⟨Anat,Fon⟩ velare. **II** s. ⟨Fon⟩ suono m velare.

velleity [ve'li:iti] s. velleità f.

vellum ['veləm] s. **1** pergamena f, cartapecora f. **2** (*manuscript on vellum*) manoscritto m (*o* documento m) su pergamena, pergamena f.

vellum paper s. ⟨Cart⟩ carta f pergamenata.

velocimeter [ˌvelə'simitə] s. ⟨Mecc⟩ tachimetro m.

velocipede [vi'lɔsipi:d] s. **1** ⟨Stor⟩ velocipede m. **2** (*child'ː tricycle*) triciclo m. **velocipedist** [–ist] s. ⟨Stor⟩ velocipedista m/f.

velocity [vi'lɔsiti] s. **1** velocità f (*anche Fis.*): *the* ~ *oː light* la velocità della luce. **2** (*rapidity of action occurrence*) velocità f, rapidità f, celerità f. **3** ⟨Chim⟩ velocità f di reazione. □ ⟨Astron⟩ ~ *of escape* velocità di fuga.

velocity| **governor** s. ⟨Mecc⟩ regolatore m di velocità. ~ **ratio** s. ⟨Mecc⟩ rapporto m di trasmissione.

velour(s) fr. [və'luə] s. ⟨Tess⟩ **1** velour(s) m. **2** (*fur felt*) feltro–velluto m.

veloutine fr. [velu'ti:n] s. ⟨Cosmet⟩ cipria f vellutina.

velum ['vi:ləm] s. (*pl.* -la [lə]) **1** ⟨Biol⟩ velo m. **2** ⟨Anat⟩ velo m pendulo (*o* palatino).

velure [və'luə] **I** s. **1** ⟨Tess⟩ → **velour(s)**. **2** (*velvet*) velluto m; (*velvet fabric*) stoffa f vellutata. **3** (*hatter's instrument*) cuscinetto m di velluto per spazzolare i cappelli di seta. **II** v.t. (*of a hat*) spazzolare con un cuscinetto d velluto.

velutinous [vi'lju:tinəs] a. **1** vellutato. **2** ⟨Bot⟩ coperto d peluria, vellutato.

velveret [ˌvelvə'ret] s. ⟨Tess⟩ velluto m di cotonː stampato.

velvet ['velvit] **I** s. **1** ⟨Tess⟩ velluto m. **2** ⟨fig⟩ (*s.th. sof smooth*) cosa f vellutata (*o* morbida), velluto m; (*softnesː smoothness*) aspetto m vellutato, morbidezza f. **II** a. **1** d velluto: *a* ~ *suit* un abito di velluto. **2** (*velvety*) vellutatː (*anche fig.*). □ ⟨sl⟩ *to be on* ~: **1** (*to be in an eas position*) camminare sul velluto; **2** (*to live luxuriously* dormire tra due guanciali; **3** (*to have won money i gambling*) giocare sul velluto.

velveteen [ˌvelvi'ti:n] s. **1** ⟨Tess⟩ velluto m di cotone. ː *pl.* (*trousers*) calzoni mpl di velluto di cotone.

velvet glove s. guanto m di velluto (*anche fig.*): *the iro hand in the* ~ pugno di ferro in guanto di velluto.

velvety ['velviti] a. vellutato.

venal ['vi:nl] a. **1** venale, mercenario, corrotto; (*of thingː disonesto. **2** (*corrupt*) corrotto: *a* ~ *administratioː un'amministrazione corrotta. **venality** [–'næliti] ː venalità f. **venally** [–i] avv. in modo venale.

venatic [vi'nætik], **venatical** [–əl] a. venatorio.

venation [vi'neiʃən] s. **1** disposizione f delle vene. ⟨Bot⟩ venazione f, nervazione f. **3** ⟨Anat,Entom⟩ venatur f.

vend [vend] v.t. **1** vendere ˈper la strada (*o* di casa iː casa). **2** (*to sell*) vendere (*anche Dir.*). **venˈdee** [–i:] ⟨Dir⟩ acquirente m, compratore m. ˈ**vender** [–ə] ː venditore m (f –trice) (*anche Dir.*).

vendetta it. [ven'detə] s. **1** ⟨Etnol⟩ vendetta f di sangue. ⟨fig⟩ odio m implacabile.

vendibility [ˌvendə'biliti] s. ⟨Econ⟩ l'essere vendibilː vendibilità f. ˈ**vendible** [–bl] a. **1** vendibile. **2** ⟨anː (*venal*) venale, mercenario. ˈ**vendibles** [–blz] s.pl. articoː mpl vendibili.

vending ['vendiŋ] s. vendita f.

vending machine s. distributore m automatico ː moneta).

vendor ['vendɔː, –də] s. **1** → **vender**. **2** → **vendinː machine**.

veneer [və'niə] **I** s. **1** ⟨Fal⟩ foglio m per impiallacciatuː (*in cabinet–making*) impiallacciatura f, impellicciatura f ⟨fig⟩ vernice f, apparenza f (superficiale), verniciatura ː *he has a* ~ *of respectability* ha una vernice ː rispettabilità. **3** ⟨Mur⟩ rivestimento m esterno (in mattoː o pietra). **4** ⟨Ceram⟩ leggero strato m decorativo. **II** v. **1** ⟨Fal,Mur⟩ impiallacciare. **2** ⟨fig⟩ nascondere sotto u: vernice, orpellare. **veneering** [–riŋ] s. **1** ⟨Fa impiallacciatura f. **2** ⟨fig⟩ vernice f, verniciatura apparenza f (superficiale).

venerability [ˌvenərə'biliti] s. venerabilità f. ˈ**venerabl** [–bl] a. **1** venerando, venerabile, degno di venerazione: ~ *old man* un vecchio venerando. **2** (*of age*) venerabiː **3** ⟨fam⟩ (*old*) di età avanzata, venerando, vecchiː

(*antique*) antico, vecchio. **4** ⟨*Rel*⟩ venerabile. **'venerably** [-bli] *avv.* in modo venerabile.

venerate ['venəreit] *v.t.* venerare, onorare, riverire. **,veneration** [-'reiʃən] *s.* venerazione *f.* **venerator** [-ə] *s.* veneratore *m* (*f* -trice).

venereal [vi'niəriəl] *a.* ⟨*Med*⟩ venereo: ~ *diseases* malattie veneree; (*of venereal diseases*) di malattie veneree. **venereology** [-ri'ɔlədʒi] *s.* venereologia *f.*

venesect ['venisekt] *v.t.* ⟨*Chir*⟩ salassare, praticare la flebotomia a. **,venesection** [-'sekʃən] *s.* flebotomia *f,* salasso *m.*

Venetian [vi'ni:ʃən] **I** *a.* **1** veneziano. **2** ⟨*Art,Arch*⟩ alla veneziana, (in stile) veneziano. **II** *s.* veneziano *m* (*f* -a). **Venetian| blind** *s.* veneziana *f,* tenda *f* alla veneziana. ~ **chalk** *s.* steatite *f,* pietra *f* da sarto.

venetianed, Venetianed [vi'ni:ʃənd] *a.* che ha tende alla veneziana.

Venetian| glass *s.* ⟨*Vetr*⟩ vetro *m* di Murano. ~ **lace** *s.* ⟨*Tess*⟩ merletto *m* veneziano. ~ **school** *s.* ⟨*Pitt*⟩ scuola *f* veneziana. ~ **shade** *s.* veneziana *f.* ~ **window** *s.* ⟨*Arch*⟩ finestra *f* palladiana.

Venezuela [,venə'zweilə] *N.pr.* ⟨*Geog*⟩ Venezuela *m.* **Venezuelan** [-n] **I** *a.* venezuelano. **II** *s.* venezuelano *m* (*f* -a).

vengeance ['vendʒəns] *s.* vendetta *f.* □ *to lay o.s. open to* ~ esporsi alla vendetta; *to take* ~ *on s.o. for s.th.* vendicarsi con qd. di qc.; *with a* ~: 1 (*violently*) furiosamente, violentemente; 2 (*to an abundant, surprising degree*) estremamente, straordinariamente.

vengeful ['vendʒful] *a.* vendicativo. **vengefully** [-i] *avv.* vendicativamente. **vengefulness** [-nis] *s.* l'essere vendicativo.

V-engine *s.* ⟨*Mot*⟩ motore a V.

venial ['vi:niəl] *a.* **1** ⟨*Teol*⟩ veniale. **2** (*of errors, etc.: excusable*) perdonabile, scusabile, veniale. **,veniality** [-ni'æliti] *s.* ⟨*Teol*⟩ venialità *f.* **venially** [-i] *avv.* venialmente.

Venice ['venis] *N.pr.* ⟨*Geog*⟩ Venezia *f.*

venison ['venizn] *s.* carne *f* di cervo (*o* daino, ecc.).

venom ['venəm] *s.* **1** ⟨*Zool*⟩ veleno *m.* **2** ⟨*fig*⟩ veleno *m,* livore *m,* astio *m.* **venomed** [-d] *a.* **1** velenoso. **2** ⟨*fig*⟩ astioso, velenoso. **venomous** [-əs] *a.* **1** velenoso: ~ *snakes* serpenti velenosi. **2** (*of a spear, etc.*) avvelenato. **3** ⟨*estens*⟩ (*poisonous*) velenoso, tossico, venefico. **4** ⟨*fig*⟩ velenoso, astioso, pieno di livore. **venomously** [-əsli] *avv.* con velenosità, velenosamente (*anche fig.*). **venomousness** [-əsnis] *s.* velenosità *f* (*anche fig.*).

venose *a.* → **venous.**

venosity [vi'nɔsiti] *s.* venosità *f.* **venous** ['vi:nəs] *a.* **1** venoso (*anche Fisiol.*) **2** (*veiny, veined*) venato (*anche Biol.*).

vent [vent] **I** *s.* **1** foro *m,* apertura *f,* spiraglio *m,* orifizio *m,* buco *m*; (*for gases, liquids, etc.*) sfogo *m.* **2** ⟨*Edil*⟩ (*opening for ventilation*) foro *m* di ventilazione; (*flue*) canna *f* fumaria. **3** (*means of outlet or escape*) sfogo *m,* sbocco *m,* via *f* d'uscita. **4** ⟨*fig*⟩ sfogo *m,* espressione *f: to give* ~ *to one's anger* dare sfogo alla propria ira. **5** ⟨*Sart*⟩ spacco *m.* **6** ⟨*Artgl*⟩ focone *m.* **7** ⟨*Zool*⟩ ano *m.* **II** *v.t.* **1** divulgare, rendere noto, manifestare, palesare. **2** ⟨*fig*⟩ (*to release by expressing*) sfogare, dare sfogo a, esprimere: *to* ~ *one's anger on s.o.* sfogare la propria ira su qd. **3** (*to provide with a vent, outlet*) aprire un foro (*o* buco) in. **III** *v.i.* **1** sfogare; (*of a flue*) tirare. **2** (*of an otter*) salire alla superficie per respirare.

ventage ['ventidʒ] *s.* **1** (*vent*) foro *m,* buco *m,* apertura *f,* orifizio *m.* **2** ⟨*Mus*⟩ foro *m,* apertura *f.*

venter[1] ['ventə] *s.* (*one who vents*) divulgatore *m* (*f* -trice).

venter[2] *s.* **1** ⟨*Anat*⟩ (*abdomen*) addome *m*; (*belly*) ventre *m,* pancia *f.* **2** ⟨*Dir*⟩ (*womb*) grembo *m* materno, utero *m,* ventre *m*; (*mother*) madre *f: children of the same* ~ figli della stessa madre.

vent faucet *s.* succhiello *m* per botti.

vent hole *s.* **1** spiraglio *m,* foro *m.* **2** ⟨*Met*⟩ aria *f,* respiro *m.*

ventiduct ['ventidʌkt] *s.* ⟨*Edil*⟩ condotto *m* dell'aria, sfiatatoio· *m,* sfiato *m.*

ventil ['ventil] *s.* ⟨*Mus*⟩ ventilabro *m.*

ventilate ['ventileit] *v.t.* **1** arieggiare, dare aria a, ventilare: *to* ~ *a room* arieggiare una stanza. **2** ⟨*fig*⟩ esaminare, dibattere, ventilare, discutere: *the problem has been* -*d* il problema è stato esaminato; (*to give expression to*) divulgare, rendere noto, manifestare, palesare. **3** ⟨*Fisiol*⟩ (*of blood*) ossigenare. **4** ⟨*Agr*⟩ (*of grain, hay*) ventilare.

ventilating| fan ['ventileitiŋ] *s.* ⟨*tecn*⟩ ventilatore *m* elettrico. ~ **shaft** *s.* ⟨*Minier*⟩ pozzo *m* di ventilazione.

ventilation [,venti'leiʃən] *s.* **1** ventilazione *f,* areazione *f.* **2** (*means of ventilating*) impianto *m* di ventilazione. **3** ⟨*fig*⟩ esame *m,* discussione *f.* **4** ⟨*Fisiol*⟩ ossigenazione *f.* **'ventilative** [-leitiv] *a.* di ventilazione. **'ventilator** [-leitə] *s.* **1** ventilatore *m,* aeroforo *m.* **2** ⟨*fig*⟩ chi dibatte, chi discute.

vent| pipe *s.* tubo *m* di sfiato. ~ **plug** *s.* ⟨*Artgl*⟩ tappo *m* per focone.

ventral ['ventrəl] *a.* ⟨*Anat,Bot*⟩ ventrale.

ventricle ['ventrikl] *s.* ⟨*Anat*⟩ **1** ventricolo *m.* **2** (*of the heart*) ventricolo *m* cardiaco; (*of the brain*) ventricolo *m* cerebrale.

ventricose ['ventrikous] *a.* **1** ⟨*Biol*⟩ rigonfio 'nel mezzo⌐ (*o* lateralmente), ventricoso. **2** (*having a large abdomen*) panciuto.

ventricular [ven'trikjulə] *a.* ⟨*Anat*⟩ ventricolare. **ventriculus** [-s] *s.* (*pl.* -li [lai]) **1** ⟨*Anat*⟩ stomaco *m,* ventricolo *m.* **2** ⟨*Anat,Entom*⟩ ventricolo *m.* **3** ⟨*Ornit*⟩ ventriglio *m.*

ventriloquial [,ventri'loukwiəl] *a.* **1** ventriloquistico. **2** (*using ventriloquism*) ventriloquo. **ven'triloquism** [-ləkwizəm] *s.* ventriloquio *m,* ventriloquia *f.* **ven'triloquist** [-ləkwist] *s.* ventriloquo *m* (*f* -a). **ven'triloquize** [-ləkwaiz] *v.i.* essere ventriloquo. **ven'triloquous** [-ləkwəs] *á.* ventriloquistico. **ven'triloquy** [-ləkwi] *s.* → **ventriloquism.**

venture ['ventʃə] **I** *s.* **1** impresa *f* rischiosa, avventura *f,* azzardo *m,* rischio *m: the expedition was a* ~ la spedizione fu un'impresa rischiosa. **2** ⟨*Comm*⟩ speculazione *f.* **3** ⟨*rar*⟩ (*hazard, risk*) rischio *m,* azzardo *m.* **II** *v.t.* **1** rischiare, azzardare, arrischiare, avventurare: *to* ~ *one's life* rischiare la vita. **2** (*to face the risks, dangers of*) affrontare i rischi di, avventurarsi in. **3** (*to dare to propose, offer, etc.*) azzardare, avventurare: *if I may* ~ *a suggestion* se posso azzardare un suggerimento; (*to presume, have the courage*) osare, ardire, avere il coraggio di, avventurarsi a. **III** *v.i.* avventurarsi, arrischiarsi, azzardarsi: *to* ~ *into a den of thieves* avventurarsi in un covo di ladri. □ *at a* ~ alla cieca, a caso, a casaccio. *Prov.: nothing* -*d, nothing gained* chi non risica non rosica. **venturer** [-rə] *s.* **1** ⟨*Comm*⟩ speculatore *m* (*f* -trice). **2** (*adventurer*) avventuriero *m.*

venturès'ome ['ventʃəsəm] *a.* **1** (*of people*) avventuroso, audace, ardito. **2** (*of things*) arrischiato. **venturesomeness** [-nis] *s.* **1** coraggio *m,* audacia *f,* ardimento *m.* **2** (*riskiness*) l'essere rischioso.

venturous ['ventʃərəs] *a.* → **venturesome. venturousness** [-nis] *s.* → **venturesomeness.**

vent wing *s.* ⟨*Aut*⟩ finestrino *m* deflettore.

venue ['venju:] *s.* **1** ⟨*Dir*⟩ sede *f* di un processo. **2** (*scene of an action, event*) luogo *m,* scena *f.* **3** ⟨*fam*⟩ (*appointed meeting place*) luogo *m* di convegno (*o* riunione). **4** ⟨*Sport*⟩ località *f* designata per un incontro.

Venus ['vi:nəs] **I** *N.pr.* ⟨*Mitol,Astr*⟩ Venere *f.* **II** *s.* donna *f* bellissima, venere *f.*

'Venus's| 'flytrap *s.* ⟨*Bot*⟩ acchiappamosche *m,* dionea *f.* '~ **'hair (fern)** *s.* ⟨*Bot*⟩ capelvenere *m.*

ver. = **1** *verse* verso. **2** *version* versione.

veracious [və'reiʃəs] *a.* **1** (*truthful*) veritiero, veridico, sincero. **2** (*true*) vero, veritiero, esatto, che risponde al vero. **veracity** [-'ræsiti] *s.* **1** sincerità *f,* veridicità *f.* **2** (*conformity with truth*) esattezza *f,* fedeltà *f.* **3** (*s.th. true*) verità *f.* **4** (*accuracy, precision*) accuratezza *f,* precisione *f.*

veranda(h) [və'rændə] *s.* ⟨*Edil*⟩ veranda *f.*

verb [və:b] *s.* ⟨*Gramm*⟩ verbo *m.* **'verbal** [-l] **I** *a.* **1** verbale, di parole: *a purely* ~ *distinction* una distinzione puramente verbale. **2** (*using, based on the use of words*) verbale, a parole: *a ~ protest* una protesta verbale. **3** (*spoken, oral*) orale, verbale, a voce: *~ evidence* testimonianza orale; *a ~ agreement* un accordo verbale. **4** ⟨*Gramm*⟩ verbale, del verbo. **5** (*literal, verbatim*) letterale, alla lettera, parola per parola, testuale. **II** *s.* ⟨*Gramm*⟩ nome *m* verbale.

verbalism ['vɔːbəlizəm] *s.* **1** espressione *f* verbale; (*word*) termine *m*, parola *f*; (*phrase*) frase *f*. **2** (*meaningless words*) parole *fpl* vuote; (*verbiage, wordiness*) verbosità *f*, prolissità *f*. **3** (*acceptance of words as a substitute for reality*) verbalismo *m*. **verbalist** [–list] *s.* **1** persona *f* esperta nell'uso delle parole, parlatore *m* (*o* scrittore) ricercato. **2** (*one who accepts words in place of reality*) chi dà importanza solo alle parole.

verbalization [ˌvɔːbəlaiˈzeiʃən] *s.* **1** formulazione *f*. **2** ⟨*Gramm*⟩ trasformazione *f* (di un nome) in verbo. **'verbalize** [–laiz] **I** *v.t.* **1** esprimere (con parole), formulare: *he couldn't ~ his feelings* non sapeva esprimere i suoi sentimenti. **2** ⟨*Gramm*⟩ trasformare in verbo. **II** *v.i.* **1** esprimersi. **2** (*to speak, write verbosely*) esprimersi verbosamente, essere verboso.

verbally ['vɔːbəli] *avv.* **1** verbalmente, oralmente. **2** (*word for word*) letteralmente, parola per parola, testualmente.

verbal| noun *s.* ⟨*Gramm*⟩ nome *m* (*o* sostantivo) verbale. **~ phrase** *s.* ⟨*Gramm*⟩ frase *f* verbale.

verbatim [vɔːˈbeitim] **I** *avv.* alla lettera, letteralmente, parola per parola, testualmente: *to quote s.o. ~* citare alla lettera le parole di qd. **II** *a.* letterale, alla lettera, testuale, parola per parola.

verbena [vɔːˈbiːnə] *s.* ⟨*Bot*⟩ verbena *f*.

verbiage ['vɔːbiidʒ] *s.* **1** verbosità *f*, prolissità *f*. **2** (*manner of expression*) frasario *m*, modo *m* d'esprimersi.

verbose [vɔːˈbous] *a.* prolisso, verboso. **verbosely** [–li] *avv.* verbosamente, prolissamente. **verboseness** [–nis], **verbosity** [–ˈbɔsiti] *s.* verbosità *f*, prolissità *f*.

verdancy ['vɔːdənsi] *s.* **1** l'essere verde (*o* verdeggiante). **2** ⟨*fig*⟩ inesperienza *f*, ingenuità *f*, immaturità *f*. **verdant** [–nt] *a.* **1** verdeggiante, verde: *~ pastures* pascoli verdeggianti. **2** ⟨*fig*⟩ inesperto, ingenuo, immaturo.

verderer, verderor ['vɔːdərə] *s.* ⟨*Dir*⟩ guardaboschi *m* reale.

verdict ['vɔːdikt] *s.* **1** ⟨*Dir*⟩ verdetto *m*: *~ of not guilty* verdetto di non colpevolezza. **2** (*judgement, opinion*) giudizio *m*, opinione *f*, verdetto *m*.

verdigris ['vɔːdigri(ː)s] *s.* ⟨*Chim*⟩ **1** verderame *m*. **2** (*crystallized verdigris*) verderame *m* cristallizzato.

verditer ['vɔːditə] *s.* ⟨*Chim*⟩ verdeterra *m*.

verdure ['vɔːdʒə] *s.* **1** verde *m*: *the ~ of trees* il verde degli alberi. **2** (*green vegetation*) piante *fpl* verdi, verde *m*, vegetazione *f*. **3** ⟨*fig*⟩ freschezza *f*, rigoglio *m*, verde *m*. **verdured** [–d] *a.* coperto di piante verdi (*o* vegetazione). **verdurous** [–rəs] *a.* **1** → **verdured**. **2** (*of a rich green colour*) verdeggiante, verde. **verdurousness** [–rəsnis] *s.* l'essere verdeggiante.

verge[1] [vɔːdʒ] **I** *s.* **1** margine *m*, contorno *m*, bordo *m*, orlo *m*; (*limit*) limite *m*; (*edge*) orlo *m*, margine *m* estremo: *the ~ of a precipice* l'orlo di un precipizio; (*edge of a flower bed*) bordo *m*, bordatura *f*. **2** ⟨*Strad*⟩ banchina *f*, bordo *m* della strada; (*strip of vegetation along a road*) bordatura *f* di piante (*o* vegetazione) (lungo una strada). **3** ⟨*fig*⟩ orlo *m*, limite *m*, limitare *m*, soglia *f*: *we are on the ~ of war* siamo sull'orlo della guerra; (*marginal area*) (estremo) limite *m*, margine *m*: *the ~ of legality* il limite della legalità. **4** ⟨*Arch*⟩ (*of a sloping roof*) frontone *m*; (*of a column*) fusto *m*, stele *f*. **5** ⟨*Orol*⟩ asse *m* del bilanciere. **6** (*rod, staff of office*) verga *f*, bastone *m* (di comando). **7** ⟨*Dir*⟩ area *f* di giurisdizione. **II** *v.i.* **1** confinare (*on* con), essere contiguo (*o* adiacente) (a), delimitare (qc.). **2** ⟨*fig*⟩ rasentare (*on s.th.* qc.), essere sull'orlo (di), essere vicino (a), confinare (con): *his zealousness –s on fanaticism* il suo zelo rasenta il fanatismo; *to ~ on bankruptcy* essere sull'orlo del fallimento. □ ⟨*fig*⟩ *she was on the ~ of tears* era sul punto di piangere.

verge[2] *v.i.* **1** (*of the sun*) declinare, calare. **2** (*to incline, extend in a slope*) tendere, piegare, inclinare.

vergence ['vɔːdʒəns] *s.* ⟨*Ott*⟩ deviazione *f* della direzione dello sguardo. **vergency** [–i] *s.* vergenza *f*.

verger ['vɔːdʒə] *s.* **1** (*sacristan*) sagrestano *m*. **2** (*official carrying a verge before a bishop, etc.*) mazziere *m*. **3** ⟨*Univ*⟩ vicecancelliere *m*.

Vergil ['vɔːdʒil] *N.pr.* Virgilio *m* (*anche Stor.*). **Ver'gilian** [–iən] *a.* virgiliano.

veridical [veˈridikəl, vi–] *a.* veridico, veritiero. **ve,ridicality** [–ˈkæliti] *s.* veridicità *f*. **veridically** [–i] *avv.* in modo veritiero.

verifiability [ˌveriˌfaiəˈbiliti] *s.* verificabilità *f*. **'verifiable** [–bl] *a.* verificabile, controllabile. **verification** [–fiˈkeiʃən] *s.* **1** verificazione *f*, verifica *f*, accertamento *m*, controllo *m*. **2** (*s.th. that verifies*) prova *f*, conferma *f*, dimostrazione *f*. **'verifier** [–faiə] *s.* verificatore *m* (*f* –trice), controllore *m*. **'verify** [–fai] *v.t.* **1** verificare, accertare, appurare. **2** (*to confirm*) confermare, provare, dimostrare. **3** (*to check*) controllare, verificare.

verily ['verili] *avv.* ⟨*Bibl,rar*⟩ in verità: *~ I say unto you* in verità vi dico.

verisimilar [ˌveriˈsimilə] *a.* verosimile. **verisimilarly** [–li] *avv.* verosimilmente. **verisi'militude** [–litjuːd] *s.* **1** verosimiglianza *f*. **2** (*s.th. verisimilar*) cosa *f* verosimile.

verism ['viərizəm] *s.* ⟨*Art,Lett*⟩ verismo *m*. **verist** [–rist] *s.* verista *m/f*. **veristic** [–'ristik] *a.* veristico.

veritable ['veritəbl] *a.* **1** vero, autentico, genuino. **2** ⟨*intens*⟩ vero (*e proprio*), autentico, reale: *the election was a ~ landslide* l'elezione fu una vera e propria vittoria schiacciante. **veritably** [–i] *avv.* veramente, in effetti, in verità.

verity ['veriti] *s.* verità *f*: *the eternal verities* le verità eterne.

verjuice ['vɔːdʒuːs] *s.* agresto *m*.

vermeil ['vɔːm(e)il] *s.* ⟨*poet*⟩ **1** (*vermilion*) vermiglione *m*, cinabro *m*. **2** (*gilded silver*) argento *m* dorato, vermeil *m*.

vermian ['vɔːmiən] *a.* **1** dei (*o* relativo ai) vermi. **2** (*resembling worms*) simile a vermi.

vermicelli *it.* [ˌvɔːmiˈseli] *s.* ⟨*Alim*⟩ vermicelli *mpl*.

vermicidal [ˌvɔːmiˈsaidl] *a.* ⟨*Farm*⟩ vermicida, vermifugo, ant(i)elmintico. **'vermicide** [–said] *s.* vermicida *m*, ant(i)elmintico *m*.

vermicular [vɔːˈmikjulə] *a.* **1** vermicolare, simile a verme. **2** → **vermiculate**.

vermiculate [veˈmikjulit] *a.* **1** decorato con motivi vermicolari. **2** (*wormlike in shape*) vermiforme, a forma di verme. **ver,miculation** [–ˈleiʃən] *s.* **1** l'essere infestato dai vermi. **2** ⟨*Fisiol*⟩ moto *m* vermicolare; (*of the intestines*) peristalsi *f*. **3** ⟨*Art,Arch*⟩ motivo *m* (*o* disegno) vermicolare. **'vermicule** [–kjuːl] *s.* vermicolo *m*, vermiciattolo *m*.

vermiculite [vɔːˈmikjulait] *s.* ⟨*Min*⟩ vermiculite *f*.

vermiculture [vɔːˈmiˈkʌltʃə] *s.* vermicoltura *f*.

vermiform ['vɔːmifɔːm] *a.* vermiforme.

vermiform appendix *s.* ⟨*Anat*⟩ appendice *f* vermiforme.

vermifugal [vɔːˈmifjugəl] *a.* → **vermicidal**. **'vermifuge** [–fjuːdʒ] *s.* vermifugo *m*, ant(i)elmintico *m*.

vermilion [vɔˈmiljən] **I** *s.* **1** vermiglio *m*. **2** (*pigment*) vermiglione *m*. **II** *a.* vermiglio.

vermin ['vɔːmin] *s.inv.* **1** (costr. pl.: *harmful animals*) animali *mpl* nocivi; (*parasitic animals*) parassiti *mpl*, insetti *mpl* parassiti. **2** ⟨*fig*⟩ (costr. pl.) feccia *f* della società, criminali *mpl*, delinquenti *mpl*; (*parasites*) parassiti *mpl*. **verminate** [–eit] *v.i.* essere infestato da animali nocivi (*o* insetti parassiti). **,vermi'nation** [–eiʃən] *s.* l'essere infestato da animali nocivi (*o* insetti parassiti). **verminous** [–əs] *a.* **1** di (*o* relativo a) parassiti. **2** (*infested by vermin*) infestato da insetti parassiti. **verminousness** [–əsnis] *s.* l'essere infestato da insetti parassiti.

vermivorous [vɔːˈmivərəs] *a.* che si ciba di vermi.

verm(o)uth ['vɔːməθ, *am.* vɔˈmuːθ] *s.* vermut *m*.

vernacular [vɔˈnækjulə] **I** *a.* **1** vernacolo, locale, vernacolare. **2** (*of a writer, speaker*) vernacolare, vernacolo; (*of writing*) vernacolo, dialettale, in vernacolo. **3** ⟨*fig*⟩ (*colloquial*) colloquiale, familiare. **4** ⟨*Arch*⟩ indigeno, locale. **5** ⟨*Med,rar*⟩ endemico. **II** *s.* **1** vernacolo *m*, dialetto *m*, parlata *f* locale; (*vernacular expression,* *word*) espressione *f* vernacolare, parola *f* dialettale. **2** ⟨*fig*⟩ lingua *f* colloquiale (*o* familiare), linguaggio *m* corrente. **3** (*jargon*) gergo *m*. **4** (*profanity*) linguaggio *m* blasfemo. **vernacularism** [–rizəm], **ver,nacularity** [–'læriti] *s*. **1** espressione *f* vernacolare, parola *f* dialettale. **2** (*use of the vernacular*) uso *m* del vernacolo.

vernacularize [–raiz] *v.t.* esprimere in vernacolo, dire in dialetto; (*to translate into vernacular*) tradurre in vernacolo.

vernal ['və:nl] *a*. **1** primaverile, di primavera. **2** ⟨*fig*⟩ fresco, primaverile; (*youthful*) giovanile.

vernal equinox *s*. ⟨*Astr*⟩ equinozio *m* di primavera.

vernalization [,vənəlai'zeiʃən] *s*. ⟨*Agr*⟩ jarovizzazione *f*.

vernation [və:'neiʃən] *s*. ⟨*Bot*⟩ vernazione *f*.

vernier ['və:niə] **I** *s*. ⟨*tecn*⟩ **1** nonio *m*, verniero *m*. **2** → **vernier scale**. **II** *a*. con nonio, a verniero.

vernier| compass *s*. compasso *m* con nonio. **~ scale** *s*. scala *f* del nonio.

veronal ['verənl] *s*. ⟨*Farm*⟩ veronal *m*.

veronica[1] [və'rɔnikə] *s*. ⟨*Bot*⟩ veronica *f*.

veronica[2] *s*. ⟨*Rel*⟩ **1** Veronica *f*, sudario *m* (di Cristo). **2** ⟨*estens*⟩ (*sudarium*) sudario *m*.

verruca [ve'ru:kə] *s*. (*pl.* -cae [si:]) ⟨*Med*⟩ verruca *f*. **verrucose** [–kous] *a*. verrucoso. **verrucous** [–s] *a*. **1** ⟨*Med*⟩ → **verrucose**. **2** (*resembling a wart*) simile a una verruca.

versant[1] ['və:sənt] *s*. ⟨*Geog,Alp*⟩ versante *m*, pendio *m*.

versant[2] *a*. (*experienced*) pratico, esperto (*with* di).

versatile ['və:sətail, *am*. –til] *a*. **1** versatile, multiforme: *a ~ actor* un attore versatile; (*of tools, materials, etc.: capable of many uses*) che si presta a molti usi. **2** (*changeable*) variabile, mutevole, incostante. **3** (*capable of turning*) girevole: *a ~ spindle* un fuso girevole. **4** ⟨*Zool*⟩ mobile: *~ antennae* antenne mobili. **versatilely** [–li] *avv.* in modo versatile. **,versatility** [–'tiliti] *s*. **1** (*of people*) versatilità *f*. **2** (*of things*) varietà *f* d'impiego.

verse [və:s] **I** *s*. **1** versi *mpl*: *to write ~* scrivere versi; (*inferior poetry*) versi *mpl* scadenti. **2** (*metrical composition, poem*) poesia *f*, componimento *m* poetico: *elegiac ~* poesia elegiaca. **3** ⟨*collett*⟩ poesia *f*: *Elizabethan ~* poesia elisabettiana. **4** (*stanza*) stanza *f*; (*line of metrical writing*) verso *m*; (*of a song*) strofa *f*. **5** ⟨*Bibl*⟩ versetto *m*. **II** *v.t./i.* → **versify**.

versed[1] [və:st] *a*. (*experienced*) versato (*in* in), esperto, pratico (di).

versed[2] *a*. ⟨*Mat*⟩ inverso: *~ sine* seno inverso.

verselet ['və:slit] *s*. breve poesia *f*.

verset ['və:set] *s*. **1** ⟨*Bibl*⟩ versetto *m*. **2** ⟨*Mus*⟩ breve preludio *m* (*o* interludio) per organo.

versicle ['və:sikl] *s*. **1** versicolo *m*. **2** ⟨*Lit*⟩ versetto *m*, verso *m*.

versicolor(ed) *am.*, **versicolour(ed)** ['və:sikʌlə(d)] *a*. di colore cangiante, iridescente.

versicular [və:'sikjulə] *a*. **1** dei (*o* relativo ai) versi. **2** ⟨*Bibl*⟩ dei (*o* relativo ai) versetti.

versification [,və:sifi'keiʃən] *s*. **1** versificazione *f*, verseggiatura *f*. **2** (*metrical structure*) forma *f* metrica. **'versifier** [–faiə] *s*. **1** verseggiatore *m* (*f* –trice), versificatore *m* (*f* –trice). **2** (*one who turns prose into verse*) chi mette prosa in versi. **'versify** [–fai] **I** *v.t.* **1** dire (*o* narrare) in versi. **2** (*to turn into verse*) mettere in versi, versificare. **II** *v.i.* verseggiare, versificare, comporre versi.

version ['və:ʃən] *s*. **1** traduzione *f*, versione *f*. **2** ⟨*Bibl*⟩ versione *f* della Bibbia: *Authorized ~* versione autorizzata della Bibbia. **3** (*particular account, variant*) versione *f*: *what is your ~ of the accident?* qual è la tua versione dell'incidente? **4** ⟨*Lett,Mus*⟩ (*adaptation*) adattamento *m*. **5** ⟨*Med*⟩ versione *f*. **versional** [–l] *a*. ⟨*Bibl*⟩ di (*o* relativo a) una versione della Bibbia.

verso ['və:sou] *s*. (*pl.* -s [z]) **1** ⟨*Tip*⟩ verso *m*. **2** ⟨*Legat*⟩ pagina *f* a sinistra. **3** ⟨*Numism*⟩ rovescio *m*.

versus *lat.* ['və:səs] *prep.* ⟨*Sport,Dir*⟩ contro: *England ~ Australia* Inghilterra contro Australia; *Regina ~ Smith* la Regina contro Smith.

vert[1] [və:t] *s*. **1** ⟨*Stor*⟩ (*forest vegetation*) vegetazione *f*, verde *m*; (*right to cut living wood*) legnatico *m*. **2** ⟨*Arald*⟩

verde *m*.

vert[2] ⟨*sl*⟩ **I** *v.i.* (*to be converted to another religion*) convertirsi, abbandonare la propria fede per un'altra. **II** *s*. convertito *m* (*f* –a).

vert. = *vertical* verticale.

vertebra ['və:tibrə] *s*. (*pl.* -s [s]/-brae [bri:]) ⟨*Anat*⟩ **1** vertebra *f*. **2** *pl.* → **vertebral column. vertebral** [–l] *a*. ⟨*Anat*⟩ **1** vertebrale: *~ column* colonna vertebrale. **2** (*having vertebrae*) vertebrato.

vertebrate ['və:tibr(e)it] **I** *a*. ⟨*Zool*⟩ vertebrato. **II** *s*. vertebrato *m*. **vertebrated** [–breitid] *a*. → **vertebrate**.

vertex ['və:teks] *s*. (*pl.* -tices [tisi:z]/-texes [–iz]) **1** vertice *m*, apice *m*, sommità *f*. **2** ⟨*Geom*⟩ vertice *m*. **3** ⟨*Astr*⟩ zenit *m*. **4** ⟨*Anat*⟩ sommità *f* del capo, vertice *m*. **5** ⟨*Arch*⟩ chiave *f* (di un arco).

vertical ['və:tikəl] **I** *a*. **1** verticale: *~ lines* linee verticali; (*perpendicular*) perpendicolare. **2** ⟨*Astr*⟩ dello (*o* allo) zenit. **II** *s*. verticale *f*.

vertical| angle *s*. **1** ⟨*Geom*⟩ angolo *m* opposto al vertice. **2** ⟨*Astr*⟩ angolo *m* verticale. **~ concentration** *s*. ⟨*Econ*⟩ concentrazione *f* verticale. **~ engine** *s*. ⟨*Mecc*⟩ motore *m* verticale (*o* a cilindri verticali). **~ fin** *s*. ⟨*Itt*⟩ pinna *f* verticale.

verticality [,və:ti'kæliti] *s*. l'essere verticale, perpendicolarità *f*. **'vertically** [–kəli] *avv.* verticalmente, a perpendicolo.

verticil ['və:tisil] *s*. ⟨*Bot*⟩ verticillo *m*. **ver'ticillate** [–it], **ver'ticillated** [–eitid] *a*. verticillato.

vertiginous [və:'tidʒinəs] *a*. **1** che soffre di vertigini (*o* capogiro). **2** (*causing vertigo*) vertiginoso, che dà le vertigini: *~ heights* altezze vertiginose. **3** (*whirling*) vorticoso. **vertiginously** [–li] *avv.* vertiginosamente. **vertiginousness** [–nis] *s*. capogiro *m*, vertigini *fpl*.

vertigo ['və:tigou] *s*. (*pl.* -s [z]/**vertigines** [və:'tidʒini:z]) ⟨*Med*⟩ vertigine *f*.

vertu *s*. → **virtu**.

vervain ['və:vein] *s*. → **verbena**.

verve [və:v] *s*. **1** brio *m*, vivacità *f*, spigliatezza *f*. **2** (*energy, vigour*) vigore *m*, energia *f*, nerbo *m*.

very ['veri] **I** *avv.* **1** molto, assai, oltremodo: *it is ~ beautiful* è molto bello. **2** ⟨*intens*⟩ (*with superlatives*) proprio: *the ~ latest model* proprio l'ultimo modello; (*with words of identity or oppositeness*) proprio, esattamente, precisamente: *the ~ same man* proprio lo stesso uomo. **II** *a*. **1** (*precise, particular*) proprio, preciso, esatto, giusto: *you are the ~ man I need* sei proprio l'uomo di cui ho bisogno. **2** (*selfsame, identical*) preciso, identico, proprio, stesso: *at that ~ moment* in quel preciso istante. **3** (*mere*) solo, semplice: *the ~ thought of it makes me shiver* il solo pensiero mi fa rabbrividire. **4** ⟨*intens*⟩ (*to emphasize identity*) stesso, medesimo: *the ~ nature of the problem precludes solution* la natura stessa del problema ne impedisce la soluzione. **5** (*being such in the true sense of the term*) vero, reale, effettivo: *the ~ heart of the problem* il vero nocciolo della questione. □ *to be caught in the ~ act* essere colto in flagranza; *to do the ~ best one can* fare del proprio meglio; *the ~ idea of it!* questa è bella!; *at the ~ latest* al più tardi; *~ many mistakes* moltissimi errori; *~ much* moltissimo: *I like her ~ much* mi piace moltissimo; *we now have a house all of our ~ own* ora abbiamo una casa tutta 'per noi' (*o* nostra); *the ~ same* proprio lo stesso; *the ~ thing* (proprio) quello che ci vuole; *~ well* molto bene.

'very|-,high-'frequency *a*. ⟨*Fis*⟩ ad altissima frequenza. **~ high frequency** *s*. altissima frequenza *f*. **'~-,low-'frequency** *a*. a bassissima frequenza. **~ low frequency** *s*. bassissima frequenza *f*. **~ pistol** *s*. pistola *f* Very. □ *~ light* (*o* signal) razzo *m* (*o* segnale luminoso) Very.

vesica ['vesikə, vi'saikə] *s*. (*pl.* -cae [si:]) **1** ⟨*Anat*⟩ vescica *f*. **2** ⟨*Art,Rel*⟩ → **vesica piscis. vesical** ['vesikl] *a*. ⟨*Med*⟩ vescicale.

vesica piscis ['pis(k)əs] *s*. ⟨*Art,Rel*⟩ mandorla *f*.

vesicate ['vesikeit] **I** *v.t.* produrre vesciche su, riempire di vesciche. **II** *v.i.* coprirsi di vesciche. **,vesication** [–'keiʃən] *s*. vescicazione *f*.

vesicle ['vesikl] *s*. **1** ⟨*Anat,Biol*⟩ vescicola *f*. **2** ⟨*Med*⟩

vescicola *f*, vescichetta *f*. **vesicular** [vi'sikjulə] *a.* ⟨*Anat, Biol*⟩ vescicolare.

vesiculate [vi'sikjulit] *a.* vescicolare; (*covered with vesicles*) vescicoloso. **ve,siculation** [-'leiʃən] *s.* formazione *f* di vescicole.

Vespasian [ves'peiʒən] *N.pr.* ⟨*Stor.rom*⟩ Vespasiano *m.*

vesper ['vespə] *s.* **1** *pl.* ⟨*Lit*⟩ vespro *m.* **2** → **vesper bell**. **3** ⟨*rar*⟩ (*evening*) sera *f*. **Vesper** *N.pr.* ⟨*Astr*⟩ Venere *f*.

vesper bell *s.* campana *f* del vespro, vespro *m.*

vespertinal [,vespə'tainl], **'vespertine** [-t(a)in] *a.* **1** serale, della sera. **2** ⟨*Biol*⟩ notturno.

vespiary ['vespiəri] *s.* vespaio *m.* **vespid** [-pid] *s.* ⟨*Entom*⟩ vespa *f*. **vespine** [-p(a)in] *a.* **1** delle (*o* relativo alle) vespe. **2** (*resembling a wasp*) simile a una vespa.

vessel ['vesl] *s.* **1** vaso *m*, recipiente *m.* **2** ⟨*Mar*⟩ nave *f*, bastimento *m.* **3** ⟨*Anat,Biol*⟩ vaso *m.* **4** ⟨*Bibl,fig*⟩ vaso *m: chosen* ~ vaso d'elezione.

vest [vest] **I** *s.* ⟨*Vest*⟩ **1** maglia *f*, maglietta *f: a woollen* ~ una maglia di lana. **2** ⟨*am*⟩ (*waistcoat*) panciotto *m*, gilè *m; (dickey)* sparato *m*, pettino *m.* **II** *v.t.* **1** ⟨*Dir*⟩ (*of rights, etc.*) investire di; (*of a person, group*) conferire a, attribuire a, investire: *to* ~ *s.o. with authority* conferire autorità a qd.; (*of an estate*) assegnare. **2** (*to dress in ceremonial garments*) vestire degli abiti da cerimonia. **3** ⟨*Lit*⟩ vestire paramenti liturgici. **4** ⟨*rar*⟩ (*to dress*) vestire, abbigliare. **III** *v.i.* **1** essere conferito (*o* attribuito) (*in* a). **2** ⟨*Dir*⟩ (*of an estate*) essere assegnato (a). **3** (*to put on ceremonial garments*) vestire gli abiti da cerimonia. **4** ⟨*Lit*⟩ vestire i paramenti liturgici. **5** ⟨*rar*⟩ (*to dress oneself*) vestirsi, abbigliarsi.

Vesta ['vestə] *N.pr.* **1** ⟨*Mitol*⟩ Vesta *f*. **2** ⟨*Astr*⟩ Vesta *m.* **vesta** *s.* (*wax match*) cerino *m*; (*short match*) fiammifero *m.*

vestal ['vestl] **I** *a.* **1** ⟨*Mitol*⟩ di (*o* relativo a) Vesta. **2** ⟨*Stor.rom*⟩ di (*o* relativo a) vestale. **3** ⟨*fig*⟩ (*chaste*) casto, puro. **II** *s.* **1** ⟨*Stor.rom*⟩ → **vestal virgin**. **2** ⟨*fig*⟩ (*virgin*) vergine *f*; (*nun*) suora *f*, monaca *f*.

vestal virgin *s.* ⟨*Stor.rom*⟩ vestale *f* (*anche fig.*).

vested ['vestid] *a.* **1** (*of rights*) acquisito. **2** (*protected, established by law*) legittimo, assegnato legalmente (*o* per legge).

vested| interest *s.* **1** interesse *m* acquisito. **2** *pl.* ⟨*fig*⟩ persone *fpl* che godono di privilegi economici e politici. **~ right** *s.* diritto *m* acquisito.

vestibular [ves'tibjulə] *a.* **1** di (*o* relativo a) un vestibolo. **2** ⟨*Anat*⟩ vestibolare. **'vestibule** [-bju:l] *s.* **1** atrio *m*, vestibolo *m.* **2** ⟨*Anat,Archeol*⟩ vestibolo *m.* **3** ⟨*am.Ferr*⟩ mantice *m* tra due carrozze, intercomunicante *m.*

vestibule| car *am.* *s.* ⟨*Ferr*⟩ carrozza *f* (*o* vagone *m*) intercomunicante. **~ train** *am.* *s.* ⟨*Ferr*⟩ treno *m* composto di carrozze intercomunicanti.

vestige ['vestidʒ] *s.* **1** vestigio *m*, traccia *f*, orma *f: the* –*s of a Stone Age village* le vestigia di un villaggio dell'età della pietra; (*sign, trace*) traccia *f*, segno *m.* **2** ⟨*fig*⟩ traccia *f*, ombra *f*, residuo *m.* **3** ⟨*Biol*⟩ rudimento *m.* **ves'tigial** [-iəl], **ves'tigiary** [-iəri] *a.* **1** di (*o* relativo a) vestigia (*o* tracce). **2** ⟨*Biol*⟩ rudimentale.

vesting ['vestiŋ] *s.* ⟨*Tess*⟩ tessuto *m* per panciotti.

vestment ['vestmənt] *s.* **1** (*ceremonial, official garment*) abito *m* da cerimonia. **2** ⟨*Lit*⟩ paramento *m* liturgico; (*altar cloth*) tovaglia *f* d'altare.

vest-pocket *am.* *a.* tascabile.

vestry ['vestri] *s.* **1** (*sacristy*) sagrestia *f*; (*room used for meetings, etc.*) sala *f* (*o* cappella) per riunioni. **2** ⟨*Rel.ev*⟩ (*parish meeting*) assemblea *f* parrocchiale. **3** ⟨*Dir.can*⟩ (*administrative body of a parish*) fabbriceria *f*.

vestry| book *s.* **1** libro *m* dei verbali della fabbriceria. **2** (*parish registry*) registro *m* parrocchiale. **~man** [mən] *s.irr.* **1** ⟨*Rel.ev*⟩ membro *m* dell'assemblea parrocchiale. **2** ⟨*Dir.can*⟩ fabbriciere *m.*

vesture ['vestʃə] *s.* ⟨*poet*⟩ (*clothing*) vestiario *m*, abbigliamento *m.* **vesturer** [-rə] *s.* **1** (*sexton*) sagrestano *m*; (*one in charge of church vestments*) custode *m* dei paramenti sacri. **2** (*of a cathedral, etc.*) vicetesoriere *m.*

Vesuvian [vi'su:viən] *a.* **1** vesuviano, del Vesuvio. **2** ⟨*estens*⟩ (*volcanic*) vulcanico. **vesuvian** *s.* **1** ⟨*Min*⟩ → vesuvianite. **2** ⟨*ant*⟩ tipo di zolfanello. **vesuvianite**

[-ait] *s.* ⟨*Min*⟩ vesuvianite *f*.

vet[1] [vet] (*accorc. di veterinarian*) *s.* ⟨*fam*⟩ veterinario *m.*

vet[2] *v.t.* (*pret., p.p.* **'vetted** [-id]) ⟨*fam*⟩ **1** (*of an animal*) visitare, curare. **2** ⟨*fam,scherz*⟩ (*of a person*) curare visitare. **3** (*to examine, check*) esaminare, controllare rivedere.

vet[3] *s./a.* ⟨*fam*⟩ → **veteran**.

vetch [vetʃ] *s.* ⟨*Bot*⟩ veccia *f*. **'vetchling** [-liŋ] *s.* ⟨*Bot* erba *f* galletta. **'vetchy** [-i] *a.* veccioso.

veteran ['vetərən] **I** *s.* **1** ⟨*Mil*⟩ veterano *m* (*anche fig.*) *he's a* ~ *at his trade* è un veterano del (suo) mestiere. **2** ⟨*am.Mil*⟩ ex combattente *m*, reduce *m.* **II** *a.* **1** ⟨*Mil*⟩ de (*o* relativo ai) veterani. **2** ⟨*am.Mil*⟩ degli (*o* relativo agli ex combattenti. **3** ⟨*fig*⟩ veterano, esperto.

veterinarian [,vetəri'nɛəriən] *s.* veterinario *m.* **'veterinary** [-nəri] *a.* veterinario.

veterinary| hospital *s.* clinica *f* veterinaria. **~ medicine** *s.* veterinaria *f*, arte *f* (*o* medicina) veterinaria. **~ surgeon** *s.* → **veterinarian**.

veto ['vi:tou] **I** *s.* (*pl.* -s [z]) **1** ⟨*Pol*⟩ (*power*) diritto *m* d veto; (*exercise*) veto *m.* **2** ⟨*am.Pol*⟩ → **veto message**. **3** ⟨*estens*⟩ (*prohibition*) proibizione *f*, divieto *m*, ⟨*estens* veto *m.* **II** *v.t.* **1** ⟨*Pol*⟩ (op)porre (*o* mettere) il veto a. **2** ⟨*estens*⟩ respingere: *my scheme was* –*ed* il mio progetto fu respinto; (*to prohibit*) proibire, vietare, porre il veto a.

veto message *am.* *s.* ⟨*Pol*⟩ comunicazione *f* del veto.

vex [veks] *v.t.* **1** irritare, contrariare, infastidire, seccare (*to torment*) tormentare, molestare. **2** (*to make anxious* preoccupare, agitare, turbare. **vexation** [-'eiʃən] *s.* irritazione *f*, fastidio *m.* **2** (*s.th. that vexes*) contrarietà *f* fastidio *m*; (*affliction, distress*) afflizione *f*, dispiacere *m* cruccio *m.* **vexatious** [-'eiʃəs] *a.* **1** fastidioso, molesto irritante, seccante. **2** (*troubled, turbulent*) inquieto, agitato turbolento. **3** ⟨*Dir*⟩ vessatorio. **vexatiously** [-'eiʃəsli *avv.* in modo fastidioso (*o* irritante). **vexatiousnes** [-'eiʃəsnis] *s.* fastidio *m*, seccatura *f*. **vexed** [-t] *a.* **1** irritato, contrariato, infastidito, seccato. **2** (*tormented* tormentato, molestato. **3** (*anxious*) in ansia, preoccupato **4** (*of a question, etc.*) agitato, dibattuto. **5** ⟨*poet*⟩ (*of th* waves) agitato.

vexillary ['veksiləri] **I** *s.* ⟨*Stor.rom*⟩ vessillario *m* vessillifero *m.* **II** *a.* **1** ⟨*Stor.rom*⟩ di (*o* relativo a) un vessillo. **2** ⟨*Bot*⟩ di (*o* costituito da) un vessillo. **vexillate** [-l(e)it] *a.* ⟨*Bot*⟩ che ha un vessillo, vessillato **,vexillation** [-'leiʃən] *s.* vessillazione *f*. **vex'illum** [-ləm *s.* (*pl.* -la [lə]) **1** ⟨*Stor.rom,Ornit*⟩ vessillo *m.* **2** ⟨*Bot* vessillo *m*, stendardo *m.*

vexing ['veksiŋ] *a.* irritante, fastidioso, seccante.

VHF, V.H.F. = ⟨*Rad*⟩ *very high frequency* altissima frequenza.

v.i. = **1** ⟨*Gramm*⟩ *verb intransitive* verbo intransitivo (*abbr* v.i.). **2** *vide infra* vedi sotto (*abbr.* v.s.).

via *lat.* ['vaiə] **I** *prep.* **1** via, passando per: *a ticket t Rome* ~ *Paris* un biglietto per Roma via Parigi. **2** (*by th agency of*) per (mezzo di), tramite, via: ~ *air mail* pe posta aerea. **II** *s.* (*pl.* -s [z]/viae [vaii:]) via *f* (*anch Astr.*).

viability [,vaiə'biliti] *s.* **1** ⟨*Med,Biol*⟩ vitalità *f*. **2** ⟨*fig* attualità *f*, applicabilità *f*. **'viable** [-bl] *a.* **1** vitale. **2** ⟨*fig*⟩ (*practicable*) possibile, attuabile.

viaduct ['vaiədʌkt] *s.* ⟨*Strad,Ferr*⟩ viadotto *m.*

vial ['vaiəl] *s.* (*phial*) fiala *f*; (*small glass bottle*) bottiglietta *f*, boccetta *f*. □ ⟨*Bibl,fig*⟩ *to pour out the* –*s of one's wrat. upon s.o.* sfogare la propria ira su qd.

viand ['vaiənd] *s.* **1** vivanda *f*, pietanza *f*, piatto *m*, cibo *m.* **2** *pl.* (*food*) viveri *mpl*, vivande *fpl*, alimenti *mpl.*

viaticum [vai'ætikəm] *s.* (*pl.* -s [z]/-ca [kə]) ⟨*Rel,Mediev*⟩ viatico *m.*

vibes [vaibz] *s.pl.* ⟨*fam*⟩ (*vibraphone*) vibrafono *m.*

vibraculum [vai'brækjuləm] *s.* (*pl.* -la [lə]) vibraculo *m.*

vibrance ['vaibrəns], **vibrancy** [-i] *s.* vibrazione *f.*

vibrant ['vaibrənt] *a.* **1** che vibra, vibrante. **2** (*of sound* vibrante, risonante. **3** ⟨*Mus*⟩ (*of a voice*) sonoro, vibrante (*of strings*) vibrante. **4** ⟨*fig*⟩ pieno di vita, palpitante vivo.

vibraphone ['vaibrəfoun] *s.* ⟨*Mus*⟩ vibrafono *m.* **vibraphonist** [-ist] *s.* vibrafonista *m/f.*

vibrate [vai'breit] **I** *v.i.* **1** vibrare; (*to oscillate*) oscillare. **2** (*of sounds*) risonare. **3** ⟨*fig*⟩ (*to quiver*) fremere, vibrare: *to* ~ *with passion* fremere di passione. **II** *v.t.* **1** far vibrare, mettere in vibrazione; (*to cause to oscillate*) far oscillare. **2** (*of a sound*) emettere con una vibrazione. **3** (*of a pendulum*) misurare oscillando.

vibratile ['vaibrətail] *a.* vibratile. **vibratility** [–'tiliti] *s.* l'essere vibratile.

vibration [vai'breiʃən] *s.* **1** vibrazione *f* (*anche Fis.*). **2** (*oscillating motion*) oscillazione *f.* **3** ⟨*fig*⟩ vibrazione *f*, fremito *m.* **vibrational** [–əl] *a.* vibratorio, di vibrazione.

'vibrative [–brətiv] *a.* → **vibratory. vibrator** [–breitə] *s.* **1** ⟨*tecn,El*⟩ vibratore *m.* **2** ⟨*Mus*⟩ ancia *f*, linguetta *f.* **3** ⟨*Edil*⟩ vibratore *m* per calcestruzzo. **4** ⟨*Tip*⟩ rullo *m* prenditore, penna *f.* **'vibratory** [–brətəri] *a.* vibratorio.

vibromassage [ˌvaibrou'mæsɑːʒ] *s.* vibromassaggio *m.*

viburnum [vai'bəːnəm] *s.* ⟨*Bot*⟩ viburno *m.*

vicar ['vikə] *s.* **1** ⟨*Rel.ev*⟩ parroco *m* (di una parrocchia senza decime), vicario *m.* **2** ⟨*Rel.catt*⟩ vicario *m.* □ ⟨*fig*⟩ ~ *of Bray* opportunista *m/f*, banderuola *f*, girella *m*, voltagabbana *m/f*; ⟨*Rel.catt*⟩ *the* ~ *of* (*Jesus*) *Christ* il vicario di Cristo. **vicarage** [–ridʒ] *s.* **1** canonica *f*, casa *f* parrocchiale. **2** (*benefice*) beneficio *m* di parroco.

vicar|-apostolic *s.* (*pl.* **vicars apostolic**) ⟨*Rel.catt*⟩ vicario *m* apostolico. ~ **forane** [fo(u)'rein] *s.* (*pl.* **vicars forane**) ⟨*Rel.catt*⟩ vicario *m* foraneo. **'~-'general** *s.* (*pl.* **vicars-general**) ⟨*Rel.catt*⟩ vicario *m* generale.

vicarial [v(a)i'keəriəl] *a.* **1** ⟨*Rel.catt*⟩ vicariale. **2** ⟨*Rel.ev*⟩ parrocchiale, di parroco. **3** (*delegated*) delegato: ~ *powers* poteri delegati. **vicariate** [–ri(e)it] *s.* **1** ⟨*Rel.catt*⟩ vicariato *m.* **2** ⟨*Rel.ev*⟩ ufficio *m* di parroco; (*district*) parrocchia *f* (senza decime).

vicarious [v(a)i'keəriəs] *a.* **1** subìto (*o* sofferto) al posto di un altro: ~ *punishment* punizione subìta al posto di un altro. **2** (*delegated, deputed*) delegato, deputato, sostituto. **3** (*being a substitute*) facente funzioni, sostituto. **vicariously** [–li] *avv.* con funzione sostitutiva, in sostituzione. **vicariousness** [–nis] *s.* il fare (le) funzioni, il sostituire.

vicarship ['vikəʃip] *s.* vicariato *m.*

vice[1] [vais] *s.* **1** vizio *m*; (*depravity*) depravazione *f.* **2** (*bad habit*) vizio *m*, cattiva abitudine *f: his only* ~ *is smoking* il suo solo vizio è il fumo; (*fault, failing*) difetto *m*, vizio *m*, imperfezione *f.* **Vice** *s.* ⟨*Teat*⟩ vizio *m.*

vice[2] **I** *s.* ⟨*Mecc*⟩ morsa *f.* **II** *v.t.* serrare in una morsa.

vice[3] *s.* (*fam*) (*deputy*) vice *m/f*; (*substitute*) sostituto *m* (*f* –a), delegato *m* (*f* –a), supplente *m/f.*

vice[4] ['vaisi] *prep.* (*in place of*) in vece di, in luogo di, al posto di.

'vice|-'admiral *s.* ⟨*Mar*⟩ viceammiraglio *m.* **'~-'chairman** *s.irr.* vicepresidente *m.* **'~-'chairmanship** *s.* vicepresidenza *f.* **'~-'chancellor** *s.* **1** vicecancelliere *m.* **2** ⟨*Univ*⟩ vicerettore *m.* **'~-'consul** *s.* **1** viceconsole *m.* **2** (*proconsul*) proconsole *m.* **'~-'consulate** *s.* viceconsolato *m.* **'~-'governor** *s.* vicegovernatore *m.* **'~-'king** *s.* → **viceroy.**

vicennial [vai'seniəl] *a.* ventennale.

'vice-'presidency *s.* vicepresidenza *f* (*anche Pol.*). **'vice-'president** *s.* vicepresidente *m* (*anche Pol.*). **'vice-presi'dential** *a.* di (*o* relativo a un) vicepresidente.

'vice-'queen *s.* → **vicereine.**

viceregal [ˌvais'riːgəl] *a.* di (*o* relativo a) un vicerè.

'vice-'regency *s.* carica *f* di vicereggente. **'vice-'regent** *s.* vicereggente *m.*

vicereine ['vais'rein] *s.* viceregina *f.*

viceroy ['vaisrɔi] *s.* vicerè *m.* **ˌvice'royal** [–əl] *a.* → **viceregal.** **ˌvice'royalty** [–əlti], **ˌvice'royship** [–ʃip] *s.* **1** carica *f* di vicerè, vicereame *m.* **2** (*territory*) territorio *m* governato da un vicerè, vicereame *m.*

vice squad [vais] *s.* squadra *f* del buon costume.

vice versa *lat.* ['vaisi'vəːsə] *avv.* viceversa.

vichy water, Vichy water ['viːʃi] *s.* acqua *f* di Vichy.

vicinal ['visinəl] *a.* locale, vicinale.

vicinity [vi'siniti] *s.* **1** vicinanze *fpl*, vicinato *m: in the* ~ *of the town* nelle vicinanze della città. **2** (*state of being near*) vicinanza *f*, prossimità *f.* □ *in the* ~ *of* che si

aggira su, intorno a, dell'ordine di; *in the immediate* ~ *of* nelle immediate vicinanze di.

vicious ['viʃəs] *a.* **1** vizioso, degenerato, depravato, immorale, dissoluto: *a* ~ *life* una vita dissoluta. **2** (*spiteful, malicious*) maligno, malizioso, malevolo, cattivo; (*ferocious, violent*) feroce, violento: ~ *criticism* critica feroce. **3** (*savage*) selvaggio, feroce, selvatico: *a* ~ *animal* un animale selvaggio; (*given to biting*) mordace. **4** (*faulty, wrong*) errato, erroneo, vizioso, inesatto. **5** ⟨*Dir*⟩ vizioso, non valido.

vicious circle *s.* circolo *m* vizioso (*anche Filos.*).

viciously ['viʃəsli] *avv.* **1** viziosamente, in modo vizioso (*o* depravato). **2** (*spitefully*) malevolmente, malignamente. **3** (*ferociously*) ferocemente, selvaggiamente. **viciousness** [–snis] *s.* **1** depravazione *f*, immoralità *f.* **2** (*maliciousness*) malignità *f*, cattiveria *f*, malevolenza *f.* **3** (*ferociousness*) ferocia *f*, crudeltà *f.* **4** (*defectiveness*) vizio *m*, difetto *m.*

vicissitude [vi'sisitjuːd] *s.* **1** *pl.* vicissitudini *fpl*, traversie *fpl: the* –*s of a long career* le vicissitudini di una lunga carriera. **2** (*alternation, interchange*) alternanza *f*, vicenda *f*, avvicendamento *m.* **vi,cissi'tudinary** [–inəri], **vi,cissi'tudinous** [–inəs] *a.* pieno di vicissitudini.

Vicky ['viki] *N.pr. dim. di* **Victoria.**

Vict. = **1** *Victoria* Vittoria. **2** *Victorian* vittoriano.

victim ['viktim] *s.* **1** vittima *f.* **2** (*person deceived, badly used*) vittima *f*, preda *f*, succube *m.* **,victimization** [–ai'zeiʃən] *s.* **1** vittimizzazione *f.* **2** (*swindle, cheat*) imbroglio *m*, inganno *m*, raggiro *m.* **victimize** [–aiz] *v.t.* **1** perseguitare (*o* punire) ingiustamente; (*to make a victim of*) vittimizzare, rendere vittima. **2** (*to deceive, dupe*) ingannare, frodare, truffare. **3** (*to sacrifice*) sacrificare, offrire in sacrificio, immolare. **,victi'mology** [–ɔlədʒi] *s.* vittimologia *f.*

victor ['viktə] *s.* vincitore *m* (*f* –trice).

Victor *N.pr.* Vittorio *m.*

Victoria [vik'tɔːriə] *N.pr.* **1** Vittoria *f* (*anche Mitol.,Geog.*). **2** ⟨*Stor. brit*⟩ regina *f* Vittoria. **victoria** *s.* **1** (*carriage*) victoria *f.* **2** ⟨*Bot*⟩ victoria *f.*

Victoria| Cross *s.* ⟨*Mil*⟩ croce *f* della regina Vittoria. ~ **Day** *canad. s.* festa *f* nazionale canadese (24 maggio).

Victorian [vik'tɔːriən] **I** *a.* **1** vittoriano: ~ *age* età vittoriana. **2** ⟨*fig*⟩ (*prudish*) che ostenta pudore, pudibondo. **3** ⟨*Arch,Arred*⟩ (di stile) vittoriano. **II** *s.* **1** persona *f* vissuta nell'età vittoriana. **2** ⟨*Lett*⟩ scrittore *m* (*f* –trice) dell'età vittoriana. **Victorianism** [–izəm] *s.* **1** carattere *m* (*o* pensiero, gusto, ecc.) tipico dell'epoca vittoriana. **2** (*instance*) esempio *m* (*o* prodotto) tipico dell'epoca vittoriana.

victorious [vik'tɔːriəs] *a.* vittorioso, trionfante: *a* ~ *general* un generale vittorioso; *a* ~ *smile* un sorriso trionfante. □ *to be* ~ *over s.o.* riportare una vittoria su qd., vincerla (*o* spuntarla) su qd. **victoriously** [–li] *avv.* vittoriosamente. **victoriousness** [–nis] *s.* l'essere vittorioso.

victory ['viktəri] *s.* vittoria *f* (*anche estens.*): *to win* (*o* *gain*) *a* ~ *over the enemy* riportare una vittoria sul nemico; *moral* ~ vittoria morale.

victress ['viktris] *s.* vincitrice *f.*

victual[1] ['vitl] *s.pl.* provviste *fpl*, vettovaglie *fpl*, viveri *mpl*, provvigioni *fpl.*

victual[2] *v.* (*pret., p.p.* **victualled**/*am.* **victualed** [–d]) **I** *v.t.* approvvigionare, fornire di provviste (*o* viveri), vettovagliare. **II** *v.i.* approvvigionarsi, rifornirsi di provviste (*o* viveri).

victualer, victualing *am.* → **victualler, victualling.**

victualler ['vitlə] *s.* **1** chi approvvigiona, fornitore *m* (di viveri). **2** ⟨*Mar*⟩ nave *f* (di) rifornimento. **3** (*licensed victualler*) bettoliere *m*, locandiere *m.* **victualling** [–liŋ] *s.* approvvigionamento *m*, vettovagliamento *m.*

vicugna, vicuña *sp.* [vi'kjuːnə, –'kuːnjə] *s.* ⟨*Zool,Tess*⟩ vigogna *f.*

vide *lat.* ['vaidi] *v.* (*imperative form used to direct a reader*) vedi, vedasi: ~ *infra* vedasi sotto; ~ *supra* vedi sopra.

videlicet *lat.* [vi'diːliset] *avv.* cioè, vale a dire, in altre parole.

video ['vidiou] **I** *a.* ⟨*TV*⟩ del (*o* relativo al) video, video. **II** *s.* **1** video *m.* **2** (*fam*) (*television*) televisione *f.*

video| amplifier s. amplificatore m video. **~ art** s. arte f del mezzo televisivo. **~ camera** s. videocamera f. **~ cartridge**, **~cassette** s. ⟨TV⟩ videocassetta f. **~cassette recorder** s. videoregistratore m. **~ disc** s. videodisco m. **~disc player** s. lettore m (o riproduttore) di videodischi. **~ display unit** s. ⟨Inform⟩ unità f di visualizzazione. **~ doorphone** s. videocitofono m. **~ film** s. videofilm m. **~game** s. videogioco m, videogame m. □ **~ cartridge** cassetta f per videogiochi.

videogenic ['vidioudʒənik] a. telegenico.

videogram ['vidiougræm] s. videogramma m.

video| intercom s. videocitofono m. **~ monitor** s. monitor m video. **~phone** s. videotelefono m. **~ recorder** s. videoregistratore m. **~ recording** s. **1** programma m registrato. **2** (video tape recording) videoregistrazione f. **~ signal** s. segnale m video. **~tape I** s. **1** videonastro m, videotape m. **2** (recording on videotape) videoregistrazione f, videotape m. **II** v.t. videoregistrare, registrare mediante un videoregistratore. **~tape recorder** s. videoregistratore m. **~taping** s. videoregistrazione f. **~ telephone** s. → videophone. **~ terminal** s. terminale m video, videoterminale m. **~text** s. videotex m, videotel m.

vidicon ['vidicɒn] s. vidicon m, vidiconoscopio m.

vie [vai] v.i. (p.pr. **vying** ['vaiiŋ]) gareggiare, rivaleggiare, competere: to ~ with s.o. gareggiare con qd.

Vienna [vi'enə] N.pr. ⟨Geog⟩ Vienna f. **Viennese** [,viə'ni:z] **I** s.inv. **1** (people; costr. pl.) viennesi mpl. **2** (person) viennese m/f. **3** (dialect) viennese m. **II** a. viennese: ~ waltz valzer viennese.

Vietnam, Viet Nam [vjet'næm] N.pr. ⟨Geog⟩ Vietnam m. **Vietnamese** [−nə'mi:z] **I** s. **1** vietnamita m/f. **2** (people; costr. pl.) vietnamiti mpl. **3** (language) vietnamita m. **II** a. vietnamita, del Vietnam.

view [vju:] **I** s. **1** vista f, veduta f, panorama m: there is a wonderful ~ from the terrace c'è una magnifica vista dalla terrazza. **2** (pictorial representation) veduta f; (photograph) fotografia f; (sketch) schizzo m. **3** (act of seeing) il vedere, visione f, vista f. **4** (opportunity, occasion of seeing) mostra f: a private ~ of paintings una mostra privata di quadri; (of a film) visione f. **5** (range of vision, sight) vista f, veduta f, campo m visivo. **6** (manner of regarding s.th.) concezione f, modo m di vedere: you have a strange ~ of a father's responsibilities hai una strana concezione delle responsabilità di un padre. **7** (opinion, set of opinions) opinioni fpl, idee fpl, vedute fpl. **8** (prospect, outlook) prospettiva f, previsione f. **9** (aim, intention) intento m, mira f, scopo m. **10** (formal examination) ispezione f, controllo m, esame m minuzioso; (survey, review) rassegna f, esame m. **11** ⟨Dir⟩ sopralluogo m. **II** v.t. **1** osservare, guardare attentamente, scrutare. **2** (to examine, inspect) esaminare, ispezionare. **3** (to have an opinion about, regard) vedere, considerare, giudicare, reputare: does anyone ~ it differently? qualcuno vede la cosa in modo diverso? **4** (fam) (to see) vedere: to ~ a film vedere un film. **5** (fam) (to watch on television) vedere in televisione, guardare alla televisione. □ my flat affords a ~ of the whole town dal mio appartamento si gode la vista dell'intera città; at first ~ a prima vista; to come in ~ of giungere in vista di, arrivare vicino a; to come into ~ apparire, offrirsi (o presentarsi) alla vista; exposed to ~ esposto alla vista, visibile; to fall in with s.o.'s ~s trovarsi d'accordo con qd.; in full ~ ben visibile, ben in vista; to have in ~ avere in vista: who do you have in ~ for the job? chi hai in vista per il posto?; hidden from ~ nascosto alla vista; to hold extreme ~s avere (o essere di) idee estremiste; in ~: 1 in vista: there were several ships in ~ c'erano parecchie navi in vista; 2 (as a prospect) come prospettiva; 3 (under consideration) in esame, in considerazione; in ~ of considerato, visto, tenuto conto di, in considerazione di; in my ~ secondo me, a mio parere (o avviso); to keep in ~ = to have in view; on ~ esposto (al pubblico), in mostra: the Crown Jewels are on ~ i gioielli della Corona sono esposti al pubblico; order to ~ (in house buying) permesso m di visitare (una casa); to take the ~ that essere dell'opinione che; with a ~ to (o the view of): 1 (with the aim of) con

lo scopo di; 2 (in the hope of) con la speranza di.

viewable ['vju:əbl] a. **1** che si può osservare, osservabile. **2** (capable of being inspected) che si può esaminare (o ispezionare), esaminabile.

viewer ['vju:ə] s. **1** spettatore m (f −trice), chi scruta, osservatore m (f −trice). **2** (inspector) ispettore m (f −trice), esaminatore m (f −trice). **3** ⟨fam⟩ (televiewer) telespettatore m (f −trice).

view|finder s. ⟨Fot⟩ mirino m. **~-hallo(a)**, **~-halloo** intz. ⟨venat⟩ dalli.

viewing ['vju:iŋ] s. **1** lo scrutare, osservazione f. **2** (inspection) ispezione f, esame m. **3** ⟨TV, fam⟩ guardare.

viewless ['vju:lis] a. **1** senza vista (o panorama). **2** (expressing no opinions) che non esprime opinioni, che non si pronuncia; (having no opinions) che non ha opinioni (o idee). **3** (rar) (invisible) invisibile.

viewpoint ['vju:pɔint] s. **1** punto m di vista. **2** (fig) punto m di vista, parere m, avviso m, opinione f.

vigesimal [vai'dʒesiməl] a. **1** vigesimale. **2** (twentieth) ventesimo.

vigil ['vidʒil] s. **1** veglia f. **2** (act of watching, watch) veglia f, sorveglianza f: to keep ~ over a sick person fare la veglia a un ammalato. **3** ⟨Rel⟩ veglia f; (eve before a feast) vigilia f.

vigilance ['vidʒiləns] s. **1** vigilanza f, cautela f. **2** ⟨Med⟩ insonnia f.

vigilance committee am. s. comitato m di vigilanza (o salute pubblica).

vigilant ['vidʒilənt] a. vigile, vigilante, attento, guardingo. **,vigilante** am. [−'lænti] s. membro m d'un comitato di vigilanza. **vigilantly** [−li] avv. in modo vigilante (o guardingo).

vignette [vin'jet] **I** s. **1** ⟨Tip⟩ vignetta f, fregio m. **2** ⟨Fot, Tip⟩ ritratto m della sola testa scontornato e sfumato. **3** (fig) (brief pen portrait) descrizione f, schizzo m. **II** v.t. ⟨Fot⟩ scontornare e sfumare. **vignetter** [−ə] s. **1** → vignettist. **2** ⟨Fot⟩ dispositivo m per scontornare e sfumare, mascherina f. **vignettist** [−ist] s. autore m (f −trice) di vignette.

vigor am. s. → **vigour**.

vigorous ['vigərəs] a. **1** vigoroso, gagliardo, forte, robusto. **2** (forceful) energico, vigoroso, forte: a ~ protest un'energica protesta; a ~ personality una forte personalità. **3** ⟨Biol⟩ vigoroso. **vigorously** [−li] avv. **1** vigorosamente, gagliardamente. **2** (forcefully) energicamente, vigorosamente. **vigorousness** [−nis] s. **1** vigorosità f, gagliardia f, vigoria f. **2** (forcefulness) energia f, forza f.

vigour ['vigə] s. **1** vigore m, forza f, gagliardia f; (vitality) vitalità f, forza f vitale, vigore m. **2** (forcefulness) energia f, vigore m, forza f.

viking, Viking ['vaikiŋ] **I** s. ⟨Stor⟩ vichingo m (f −a). **II** a. vichingo.

vile [vail] a. **1** pessimo, orribile, detestabile: ~ food cibo pessimo; ~ weather tempo orribile. **2** (foul, repulsive) disgustoso, nauseante, ripugnante. **3** (morally despicable) vile, basso, spregevole, ignobile, abietto: ~ slanders vili calunnie. **4** (lowly, menial) umile, modesto: ~ tasks umili incombenze. **5** (of low condition) umile, basso, ⟨spreg⟩ vile. **vilely** [−li] avv. **1** in modo pessimo (o infame). **2** (foully) disgustosamente. **3** (despicably) vilmente, spregevolmente. **vileness** [−nis] s. **1** l'essere pessimo. **2** (foulness) l'essere disgustoso. **3** (despicable quality) viltà f, bassezza f, abiezione f.

vilification [,vilifi'keiʃən] s. diffamazione f, denigrazione f, vilipendio m. **'vilifier** [−faiə] s. diffamatore m (f −trice), calunniatore m (f −trice), maldicente m/f. **'vilify** [−fai] v.t. diffamare, calunniare.

vilipend ['vilipend] v.t. **1** sminuire, deprezzare. **2** (to despise) disprezzare, ⟨lett⟩ vilipendere.

villa ['vilə] s. villa f.

village ['vilidʒ] s. **1** villaggio m, paese m. **2** (inhabitants) abitanti mpl di un villaggio (o paese), paesani mpl, villaggio m, paese m. **II** a. di (o relativo a) un villaggio: the ~ doctor il medico del villaggio. **villager** [−ə] s. abitante m/f di villaggio (o paese), paesano m (f

–a).

villain ['vilən] s. **1** furfante m, canaglia f, farabutto m, mascalzone m. **2** (in a novel, play, etc.) personaggio m malvagio, (il) cattivo. **3** (uncouth person) villano m (f –a), zoticone m (f –a). **4** (scherz) (of a child) birichino m (f –a), birba f. **5** (ant) → villein. **villainage** [–idʒ] s. → villeinage. **villainess** [–is] s. **1** furfante f, canaglia f. **2** (in a novel, play) personaggio m femminile malvagio, (la) cattiva. **villainous** [–əs] a. **1** scellerato, infame, malvagio. **2** (characteristic of a villain) scellerato, malvagio, canagliesco, furfantesco: ~ behaviour condotta scellerata. **3** (fam) (extremely bad) pessimo, orribile, (scherz) infame: ~ weather tempo pessimo. **villainously** [–əsli] avv. **1** in modo infame (o scellerato). **2** (fam) (very badly) in modo pessimo, orribilmente. **villainousness** [–əsnis] s. scelleratezza f, malvagità f, infamia f. **villainy** [–i] s. **1** scelleratezza f, malvagità f, infamia f. **2** (villainous act) azione f scellerata, infamia f.

villein ['vilin] s. (Mediev) villano m, servo m della gleba. **villeinage** [–idʒ] s. condizione f di villano, servitù f della gleba.

villose ['viləus] a. → villous. **villosity** [–'lɔsiti] s. villosità f. **villous** [–ləs] a. **1** (Biol) villoso, peloso. **2** (Bot) villoso. **villus** [–ləs] s. (pl. -lli [lai]) (Biol) villo m.

vim [vim] s. (fam) forza f, energia f, vigore m.

vimen ['vaimen] s. (pl. vimina ['viminə]) (Bot) vimine m, vimini mpl. **viminal** ['viminl] a. di vimini, vimineo.

Viminal N.pr. (Geog) Viminale m.

vinaceous [vai'neiʃəs] a. del colore del vino rosso, rosso vino.

vinaigrette [,vinei'gret] I s. **1** boccetta f (o flaconcino m) per sali. **2** (Gastr) → vinaigrette sauce. II a. (Gastr) di salsa verde.

vinaigrette sauce s. (Gastr) salsa f verde.

Vince [vins], 'Vincent [–ənt] N.pr. Vincenzo m.

vincibility [,vinsi'biliti] s. l'essere vincibile. 'vincible [–bl] a. vincibile, battibile.

vindicability [,vindikə'biliti] s. **1** l'essere rivendicabile. **2** (justifiability) l'essere giustificabile. 'vindicable [–bl] a. **1** rivendicabile. **2** (justifiable) giustificabile.

vindicate ['vindikeit] v.t. **1** rivendicare, affermare: to ~ a claim rivendicare un diritto. **2** (to justify, defend) giustificare, difendere: to ~ one's acts giustificare le proprie azioni. **3** (to avenge) vendicare. ,**vindication** [–'keiʃən] s. **1** rivendicazione f, affermazione f. **2** (that which vindicates, justifies) giustificazione f, difesa f. **vin'dicative** [–kətiv] a. → vindicatory. **vindicator** [–ə] s. **1** rivendicatore m. **2** (assertor) assertore m, difensore m. **vindicatory** [–ɔri] a. **1** rivendicatore. **2** (that justifies) giustificativo, che serve a giustificare. **3** (punitive) punitivo. **vindicatress** [–ris] s. **1** rivendicatrice f. **2** (assertor) assertrice f, difensora f.

vindictive [vin'diktiv] a. **1** vendicativo. **2** (malicious) maligno, malevolo, astioso. **3** (punitive) punitivo. **vindictively** [–li] avv. vendicativamente. **vindictiveness** [–nis] s. l'essere vendicativo, carattere m vendicativo, spirito m di vendetta.

vine [vain] s. (Bot) **1** vite f. **2** (climbing plant) pianta f rampicante, rampicante m; (trailing plant) viticcio m, cirro m.

vine| borer s. (Entom) oziorrinco m della vite. **~ branch** s. (Bot) tralcio m, sarmento m. **~ disease** s. (Agr) fillossera f. **~ dresser** s. (Agr) vignaiolo m, viticoltore m.

vinegar ['vinigə] I s. **1** aceto m. **2** (fig) (sourness) acidità f, asprezza f, acredine f. II v.t. trattare con aceto, applicare aceto su.

vinegarish ['vinigəriʃ] a. **1** acidulo, acetoso. **2** (fig) acido, aspro.

vinegar| plant s. (Agr) fungo m della fermentazione acetica, madre f dell'aceto. **~ tree** s. (Bot) specie di rus.

vinegary ['vinigəri] a. **1** → vinegarish. **2** (fam) (irritable) irritabile, irascibile.

vine| grower s. (Agr) viticoltore m. **~ growing** s. viticoltura f.

vinery ['vainəri] s. serra f di viti.

vineyard ['vinjəd] s. vigna f, vigneto m.

vinic ['v(a)inik] a. **1** vinicolo, di vino. **2** (of alcohol) alcolico, di alcol.

vinicultural [,vini'kʌltʃərəl] a. viticolo. 'viniculture [–tʃə] s. viticoltura f. **viniculturist** [–rist] s. viticoltore m.

viniferous [vai'nifərəs] a. vinifero.

vinification [,vinifi'keiʃən] s. (Enol) vinificazione f.

vinometer [v(a)i'nɔmitə] s. (Chim) alcolometro m, alcolimetro m.

vinosity [vai'nɔsiti] s. vinosità f. 'vinous [–nəs] a. **1** vinoso, del vino, di (o relativo a) vino. **2** (caused by wine) causato dal (bere) vino. **3** (given to drinking wine) dedito al vino.

vint [vint] v.t. (of wine) produrre, fare.

vintage ['vintidʒ] I s. **1** annata f, produzione f: Bordeaux of the 1968 ~ Bordeaux dell'annata 1968. **2** (harvesting of grapes, season) vendemmia f. **3** (estens) (wine) vino m. **4** → vintage wine. **5** (fig) (output of a particular time) produzione f, fabbricazione f: a car of pre-war ~ un'automobile di produzione anteguerra; (date as a criterion of quality) data f di produzione (o fabbricazione). II a. **1** di annata. **2** (fig) (of the best, most typical quality) ottimo, della migliore qualità.

vintage car s. auto f d'epoca.

vintager ['vintidʒə] s. vendemmiatore m (f –trice).

vintage| wine s. vino m ⌜d'annata⌝ (o pregiato). **~ year** s. **1** annata f (vinicola). **2** (fig) anno m (o annata f) eccellente: a ~ for novels un anno eccellente per i romanzi.

vintner ['vintnə] s. vinaio m.

vinyl ['vainil] I s. (Chim) vinile m, radicale m vinilico. II a. vinilico.

vinyl| acetate s. (Chim) vinilacetato m. **~ alcohol** s. vinilalcole m, alcol m vinicolo. **~ chloride** s. (Chim) cloruro m di vinile. **~ resin** s. (Chim) resina f vinilica.

viol ['vaiəl] s. (Mus/Stor) viola f (general. a sei corde).

viola[1] [vi'əulə] s. (Mus) **1** viola f (moderna). **2** → viol.

viola[2] ['vaiələ, vai'əulə] s. (Bot) viola f.

violability [,vaiələ'biliti] s. → violableness. 'violable [–bl] a. violabile. 'violableness [–blnis] s. l'essere violabile.

violaceous [,vaiə'leiʃəs] a. **1** (Bot) delle (o relativo alle) violacee. **2** (colour) violaceo, violetto.

violate ['vaiəleit] v.t. **1** violare, infrangere, non osservare, contravvenire a, trasgredire. **2** (of an oath) venir meno a, non rispettare, mancare a. **3** (to interfere with) violare, non rispettare, offendere. **4** (to desecrate) profanare, violare: to ~ a temple profanare un tempio. ,**violation** [–'leiʃən] s. **1** violazione f, inosservanza f. **2** (infringement) violazione f, infrazione f, trasgressione f: ~ of a law violazione di una legge. **3** (desecration) violazione f, profanazione f. **4** (disturbance) disturbo m, turbamento m. **5** (rape) violenza f carnale, stupro m. ▢ in ~ of in violazione a. **violator** [–ə] s. **1** violatore m (f –trice), trasgressore m. **2** (raper) stupratore m, violentatore m.

violence ['vaiələns] s. **1** furia f, violenza f, forza f, veemenza f: the ~ of the wind la furia del vento; the ~ of a blow la violenza di un colpo. **2** (physical force) forza f, violenza f: to assume power by ~ assumere il potere con la forza. **3** (vehemence, passion) veemenza f, impeto m, passione f, irruenza f: a speech of exceptional ~ un discorso di eccezionale veemenza. **4** (damage, injury) danno m, offesa f, ingiuria f. ▢ to die by ~ morire di morte violenta; to do ~ to: 1 fare violenza a; 2 (of a text) alterare; 3 (fig) (to insult) insultare, oltraggiare.

violent ['vaiələnt] a. **1** violento, fortissimo, impetuoso, furioso: a ~ storm una violenta tempesta. **2** (characterized by violence) violento: a ~ attack un attacco violento. **3** (vehement) violento, veemente, impetuoso, appassionato. **4** (intense) intenso, violento. **5** (marked by distortion) alterato, distorto, travisato; (causing distortion) forviante. ▢ to lay ~ hands on s.o. percuotere brutalmente qd. **violently** [–li] avv. violentemente.

violet ['vaiəlit] I s. **1** (Bot) viola f. **2** (colour) violetto m, viola m. II a. viola, violetto.

Violet N.pr. Violetta f.

violin [,vaiə'lin] *s.* ⟨*Mus*⟩ **1** violino *m.* **2** (*violinist*) violino *m*, violinista *m/f*: *first* ~ primo violino. □ ~ *clef* chiave *f* di violino (*o* sol). **violinist** [-ist] *s.* violinista *m/f*, violino *m.*

violist ['vaiəlist] *s.* ⟨*Mus*⟩ violista *m/f.*

violoncellist [,vaiələn'tʃelist] *s.* ⟨*Mus*⟩ violoncellista *m/f.* **violoncello** *it.* [-lou] *s.* (*pl.* -s [z]) violoncello *m.*

VIP, V.I.P. ['viai'pi] *s.* ⟨*fam*⟩ persona *f* molto importante.

viper ['vaipə] *s.* **1** ⟨*Zool*⟩ vipera *f.* **2** ⟨*Zool*⟩ (*adder*) marasso *m.* **3** ⟨*fig*⟩ vipera *f*, persona *f* infida, serpe *f.* □ ⟨*Bibl*⟩ *generation of* -s razza *f* di vipere; ⟨*fig*⟩ *to nourish a* ~ *in one's bosom* scaldarsi la serpe in seno.

viperine ['vaipərain] *a.* di vipera, viperino. **viperish** [-riʃ] *a.* ⟨*fig*⟩ viperino, velenoso. **viperous** [-rəs] *a.* ⟨*fig*⟩ (*malignant*) viperino, maligno; (*treacherous*) viperino, velenoso, infido.

viper's bugloss *s.* ⟨*Bot*⟩ buglossa *f* selvatica, erba *f* viperina.

virago [vi'reigou] *s.* (*pl.* -s/-es [z]) **1** megera *f*, strega *f.* **2** ⟨*rar*⟩ (*woman of strength, spirit*) virago *f.*

viral ['vaiərəl] *a.* ⟨*Med*⟩ virale: ~ *hepatitis* epatite virale.

virescence [v(a)i'resns] *s.* ⟨*Bot*⟩ virescenza *f.* **virescent** [-nt] *a.* virescente.

virgate[1] ['və:g(e)it] *a.* (*rod-shaped*) a forma di verga (*o* bacchetta).

virgate[2] *s.* ⟨*Stor*⟩ misura inglese di superficie (pari a circa 30 acri).

Virgil ['və:dʒil] *N.pr.* Virgilio *m.* **Virgilian** *a.* → **Vergilian.**

virgin ['və:dʒin] **I** *s.* **1** vergine *f* (*anche Rel.*). **2** (*unmarried woman*) nubile *f*; (*chaste woman*) donna *f* casta, vergine *f.* **3** ⟨*Zool*⟩ animale *m* vergine. **II** *a.* **1** vergine. **2** (*of, characteristic of a virgin*) verginale, di (*o* da) vergine. **3** ⟨*fig*⟩ (*pure, untouched*) vergine, puro, incontaminato, verginale: ~ *snow* neve vergine. **4** ⟨*fig*⟩ (*never before used*) nuovo, vergine. **Virgin** *N.pr.* **1** ⟨*Rel,Bibl*⟩ Vergine Maria *f.* **2** ⟨*Astr*⟩ Vergine *f.*

virginal[1] ['və:dʒinl] *a.* **1** verginale. **2** ⟨*fig*⟩ verginale, puro, incontaminato, vergine.

virginal[2] *s.* ⟨*Mus*⟩ virginale *m.*

virginhood ['və:dʒinhud] *s.* verginità *f.*

Virginia [və:'dʒinjə] *N.pr.* Virginia *f* (*anche Geog.*).

Virginia| creeper *s.* ⟨*Bot*⟩ vite *f* del Canada. ~ **fence** *am. s.* recinto *m* a zig-zag.

Virginian [və'dʒinjən] **I** *a.* virginiano, della Virginia. **II** *s.* abitante *m/f* della Virginia.

Virgin Islander *s.* abitante *m/f* delle Isole Vergini. **Virgin Islands** *N.pr.pl.* ⟨*Geog*⟩ Isole Vergini *fpl.*

virginity [və:'dʒiniti] *s.* verginità *f.*

Virgin| Mary *N.pr.* ⟨*Rel*⟩ Vergine *f*, Vergine Maria *f.* ~ **Queen** *N.pr.* ⟨*Stor.brit*⟩ Regina *f* Vergine, Elisabetta I d'Inghilterra.

'virgin's 'bower *s.* ⟨*Bot*⟩ vitalba *f.*

virgin wool *s.* ⟨*Tess*⟩ lana *f* vergine.

Virgo ['və:gou] *N.pr.* **1** ⟨*Astr*⟩ Vergine *f.* **2** (*person*) Vergine *f*, persona *f* nata sotto il segno della Vergine.

viridescence [,viri'desns] *s.* l'essere verdastro (*o* verdognolo). **viridescent** [-nt] *a.* verdastro, verdognolo. **,vi'ridity** [-diti] *s.* **1** l'essere verde. **2** ⟨*fig*⟩ giovinezza *f*, verde età *f.*

virile ['virail, *am.* -ril] *a.* **1** virile, mascolino, maschio. **2** ⟨*fig*⟩ virile, forte, energico, vigoroso. **3** (*sexually potent*) virile. **,virility** [-'riliti] *s.* virilità *f* (*anche fig.*).

virology [,vaiə'rɔlədʒi] *s.* ⟨*Biol*⟩ virologia *f.*

virose ['vaiərous] *a.* **1** fetido, puzzolente. **2** ⟨*Bot*⟩ viroso.

virtu [və:'tu] *s.* ⟨*Art*⟩ **1** bellezza *f* (*o* rarità) di un oggetto d'arte, qualità *fpl* artistiche. **2** (*love of objects d'art*) amore *m* per gli oggetti d'arte. **3** ⟨*collètt*⟩ oggetti *mpl* d'arte.

virtual ['və:tjuəl, 'və:tʃuəl] *a.* **1** effettivo, in pratica, di fatto: *he is the* ~ *head of the company* è il capo effettivo della società. **2** ⟨*Fis*⟩ virtuale: ~ *focus* fuoco virtuale. □ ⟨*Fis*⟩ ~ *image* immagine *f* virtuale. **virtually** [-i] *avv.* potenzialmente, in potenza.

virtual memory *s.* ⟨*Inform*⟩ memoria *f* virtuale.

virtue ['və:tju:] *s.* **1** virtù *f*, rettitudine *f*, moralità *f.* **2** (*chastity*) purezza *f*, castità *f*, virtù *f.* **3** (*specific moral excellence*) virtù *f*: *forgiveness is a* ~ la clemenza è una virtù. **4** (*admirable quality*) pregio *m*, dote *f*, virtù *f*: *his speech had at least the* ~ *of being brief* il suo discorso ebbe per lo meno il pregio di essere breve; (*merit*) valore *m*, pregio *m*, merito *m.* **5** (*beneficial quality, power*) virtù *f*, efficacia *f*, potenza *f*, potere *m* attivo: *the healing* -s *of herbs* le virtù terapeutiche delle erbe. **6** *pl.* ⟨*Teol*⟩ (*order of angels*) virtù *fpl.* □ *by* (*o in*) ~ *of* in (*o* per) virtù di, in forza di, grazie a: *by* ~ *of authority conferred* in virtù dell'autorità conferita; *to make a* ~ *of necessity* fare di necessità virtù; *to make a* ~ *of s.th.* farsi vanto di qc.

virtuosity [,və:tju'ɔsiti] *s.* **1** virtuosismo *m*, virtuosità *f.* **2** (*taste, liking for the arts*) amore *m* per l'arte. **virtuoso** *it.* [-tju'ouzou] *s.* (*pl.* -s [z]/-si [zi:]) **1** virtuoso *m*, chi eccelle in un'arte. **2** ⟨*Mus*⟩ virtuoso *m*, esecutore *m* eccellente. **3** (*person interested in the arts*) conoscitore *m*, intenditore *m* (d'arte).

virtuous ['və:tjuəs] *a.* **1** onesto, retto: ~ *life* vita virtuosa; *a* ~ *man* un uomo onesto. **2** (*chaste*) virtuoso, casto, puro. **virtuously** [-li] *avv.* virtuosamente. **virtuousness** [-nis] *s.* **1** l'essere virtuoso, rettitudine *f.* **2** (*chastity*) castità *f*, purezza *f.*

virulence ['vir(j)uləns], **virulency** [-i] *s.* ⟨*Biol*⟩ virulenza *f* (*anche fig.*). **virulent** [-nt] *a.* **1** ⟨*Biol*⟩ virulento (*anche fig.*). **2** (*extremely poisonous*) molto tossico (*o* velenoso). **virulently** [-ntli] *avv.* in modo virulento.

virus ['vaiərəs] *s.* **1** ⟨*Biol*⟩ virus *m.* **2** ⟨*fig*⟩ influenza *f* nociva; (*poison*) veleno *m.*

virus| disease *s.* ⟨*Med*⟩ virosi *f*, malattia *f* virale (*o* da virus). ~ **infection** *s.* ⟨*Med*⟩ infezione *f* virale. ~ **pneumonia** *s.* polmonite *f* virale.

visa ['vi:zə] **I** *s.* visto *m*, vidimazione *f.* **II** *v.t.* vistare, vidimare, mettere il visto su; (*of people*) concedere il visto a.

visa application *s.* richiesta *f* di visto.

visage ['vizidʒ] *s.* **1** volto *m*, faccia *f*, viso *m.* **2** (*facial expression*) espressione *f*, faccia *f.* **3** ⟨*fig*⟩ aspetto *m*, sembiante *m*, apparenza *f.* **visaged** [-d] *a.* (nei composti) dal volto ..., dalla faccia ..., dal viso ...: *grim-*~ dal volto severo.

visard ['vizəd] *s.* ⟨*ant*⟩ **1** (*mask*) maschera *f.* **2** (*visor*) visiera *f.*

vis-à-vis *fr.* [,vi:zə'vi:] **I** *avv.* faccia a faccia, vis-à-vis, di faccia: *to sit* ~ sedere faccia a faccia. **II** *s.* **1** chi sta di fronte, dirimpettaio *m* (*f* -a). **2** (*one holding an equal position*) omologo *m.* **3** (*carriage*) vis-à-vis *m.* **4** ⟨*Arred*⟩ amorino *m*, vis-à-vis *m.* **III** *prep.* **1** rispetto a, nei riguardi di, relativamente a: *the value of the lira* ~ *the dollar* il valore della lira rispetto al dollaro. **2** (*opposite, facing*) di fronte a, dirimpetto a, in faccia a.

Visc. = **1** *Viscount* visconte. **2** *Viscountess* viscontessa.

viscera ['visərə] *s.pl.* ⟨*Anat*⟩ visceri *mpl.* **visceral** [-l] *a.* **1** viscerale. **2** (*profound*) viscerale, profondo: *a state of* ~ *anguish* uno stato di angoscia viscerale. **3** (*instinctive*) istintivo: ~ *needs* bisogni istintivi.

viscid ['visid] *a.* vischioso, viscoso. **vis'cidity** [-iti] *s.* viscosità *f*, vischiosità *f.*

viscin ['visin] *s.* ⟨*Chim*⟩ viscina *f.*

viscometer [vis'kɔmitə] *s.* ⟨*Fis*⟩ viscosimetro *m.*

viscose ['viskous] **I** *s.* ⟨*Ind*⟩ viscosa *f.* **II** *a.* viscoso, vischioso.

viscosimeter [,visko(u)'simitə] *s.* → **viscometer.**

viscosity [vis'kɔsiti] *s.* viscosità *f* (*anche Fis.*).

viscount ['vaikaunt] *s.* visconte *m.* **viscountcy** [-si] *s.* viscontado *m.* **viscountess** [-is] *s.* viscontessa *f.* **viscountship** [-ʃip], **viscounty** [-i] *s.* **1** viscontea *f.* **2** → **viscountcy.**

viscous ['viskəs] *a.* viscoso (*anche Fis.*). **viscousness** [-nis] *s.* → **viscosity.**

vise *am. s./v.* → **vice**[2].

visé[1] *am.* ['vi:zei, vi:'zei] *s.* → **visa.**

visé[2] *am. v.* (*pret., p.p.* viséd/viséed [-d]) → **visa.**

Vishnu ['viʃnu:] *N.pr.* ⟨*Rel*⟩ Visnù *m.*

visibility [,vizi'biliti] *s.* visibilità *f* (*anche Meteor., Fis.*): *fog had reduced* ~ *to a few yards* la nebbia aveva ridotto la visibilità a poche iarde.

visible ['vizibl] *a.* **1** visibile, distinguibile: *the tower was* ~

for many miles around la torre era visibile per molte miglia intorno. **2** (*discoverable, perceivable*) apparente, evidente, accertabile: *without ~ means of support* senza apparenti mezzi di sostentamento; (*manifest, obvious*) evidente, (ben) visibile, chiaro, manifesto, palese. **3** ⟨*fam*⟩ (*willing, able to receive visitors*) visibile, che si può incontrare: *the manager is not ~ today* il direttore oggi non è visibile. **4** ⟨*Econ*⟩ disponibile, visibile.

visible| balance *s.* ⟨*Comm*⟩ bilancia *f* delle partite visibili. **~ items** *s.pl.* partite *fpl* visibili.
visibleness ['viziblnis] *s.* l'essere visibile, visibilità *f.*
visibles ['vizibəlz] *s.pl.* ⟨*Comm*⟩ → **visible items.**
visible| spectrum *s.* ⟨*Fis*⟩ spettro *m* visibile. **~ supply** *s.* ⟨*Econ*⟩ scorta *f* disponibile.
visibly ['vizibli] *avv.* visibilmente, manifestamente, palesemente.
Visigoth ['vizigəθ] *s.* ⟨*Stor*⟩ visigoto *m.* ,**Visi'gothic** [–ik] *a.* visigotico, visigoto.
vision ['viʒən] **I** *s.* **1** visione *f,* veduta *f.* **2** (*power of seeing, sight*) vista *f,* visione *f,* capacità *f* visiva. **3** (*range of sight*) vista *f,* veduta *f,* campo *m* visivo. **4** (*supernatural apparition*) visione *f,* apparizione *f.* **5** ⟨*fig*⟩ (*vivid conception, expectation*) visione *f: -s of power* visioni di gloria. **6** ⟨*fig*⟩ (*mental perception, imagination*) immaginazione *f,* fantasia *f,* sogno *m,* visione *f.* **7** (*foresight, discernment*) sagacia *f,* discernimento *m,* acume *m: a man of great ~* un uomo di grande sagacia. **II** *v.t.* avere una visione di. □ *field of ~* campo visivo; ⟨*fam*⟩ *to see -s* avere visioni. **visional** [–əl] *a.* **1** di visioni, di visione. **2** (*based upon a vision*) irreale, immaginario, fantastico. **visionary** [–əri] **I** *a.* **1** irrealizzabile, inattuabile, da visionario, visionario: ~ *schemes* programmi irrealizzabili; (*of people*) visionario, sognatore. **2** (*unreal, illusory*) irreale, infondato, immaginario, illusorio. **II** *s.* **1** visionario *m* (*f* –a), idealista *m/f,* sognatore *m* (*f* –trice), utopista *m/f.* **2** (*one who sees visions*) visionario *m* (*f* –a).
visit ['vizit] **I** *v.t.* **1** visitare, fare (una) visita, andare a trovare: *to ~ relations* visitare i parenti; (*of places*) visitare, andare a vedere: *to ~ a museum* visitare un museo. **2** (*to frequent*) frequentare: *to ~ public houses* frequentare le osterie. **3** (*to inspect*) ispezionare, controllare: *to ~ the troops* ispezionare le truppe. **4** (*to consult*) consultare, andare da: *to ~ a doctor* consultare un dottore. **5** (*to inflict*) far subire, infliggere, imporre: *to ~ one's anger on s.o.* far subire la propria collera a qd. **6** (*of disease, grief, etc.: to come upon*) colpire, cogliere. **7** ⟨*am*⟩ (*to stay with*) essere ospite di: *to ~ a friend for the weekend* essere ospite di un amico per il fine settimana. **8** ⟨*Bibl*⟩ (*to punish*) punire. **II** *v.i.* **1** fare una visita, fare visite. **2** ⟨*am*⟩ (*to stay as a guest*) essere ospite. **III** *s.* **1** visita *f: a ~ to one's grandparents* una visita ai nonni. **2** (*brief stay*) gita *f,* viaggio *m.* **3** (*official call for inspection*) visita *f,* ispezione *f.* **4** ⟨*Mar*⟩ visita *f.* □ *to ~ in:* *he is -ing in London* sta visitando Londra; *to make a ~* fare una visita; *to ~ one's* **patients** (*of a doctor*) fare il giro delle visite, visitare i malati; *to* **pay** *s.o. a ~* fare una visita a qd.; ⟨*Mar*⟩ *right of ~ and* **search** diritto *m* di visita e perquisizione; *to ~ with a friend* far visita a un amico.
visitable ['vizitəbl] *a.* **1** aperto ai visitatori, che si può visitare, visitabile. **2** (*worth visiting*) degno di essere visitato (*o* visto). **3** (*liable to official inspection*) soggetto a ispezione.
visitant ['vizitənt] **I** *s.* **1** visitatore *m* (*f* –trice), ospite *m/f.* **2** (*apparition*) apparizione *f,* visione *f.* **3** ⟨*Ornit*⟩ uccello *m* migratore. **II** *a.* ⟨*rar,poet*⟩ che visita, visitante.
visitation [,vizi'teiʃən] *s.* **1** visita *f,* ispezione *f.* **2** ⟨*Rel*⟩ (*pastoral call*) visita *f* pastorale. **3** ⟨*Rel*⟩ (*special dispensation of favour*) dono *m* di Dio, benedizione *f* celeste; (*special dispensation of affliction*) castigo *m* divino, punizione *f* divina. **4** (*affliction, trial*) afflizione *f,* castigo *m,* punizione *f,* prova *f.* **5** ⟨*fam*⟩ (*long, unwelcome visit*) visita *f* particolarmente lunga e non gradita. **6** ⟨*Occult*⟩ apparizione *f* di uno spirito. **7** ⟨*Zool,Ornit*⟩ migrazione *f* eccezionale (*o* insolita). **Visitation** *s.* ⟨*Bibl*⟩ Visitazione *f.*
,**visitatorial** [–tə'tɔ:riəl] *a.* di visita, d'ispezione.

visiting ['vizitiŋ] **I** *s.* il fare visita, il visitare. **II** *a.* **1** a ore, volante. **2** ⟨*Ped*⟩ privato, che dà lezioni a domicilio. □ *to be on ~ terms with s.o.* essere in rapporti di amicizia con qd., scambiare visite con qd.
visiting| card *s.* biglietto *m* da visita. **~ day** *s.* giorno *m* di visite. **~ nurse** *am. s.* assistente *f* sanitaria visitatrice.
visitor ['vizitə] *s.* **1** ospite *m/f,* visitatore *m* (*f* –trice). **2** (*tourist*) turista *m/f,* visitatore *m* (*f* –trice): *-s from overseas* turisti d'oltreoceano. **3** (*official inspector*) ispettore *m* (*f* –trice) (*anche Scol.*). **4** ⟨*Univ*⟩ censore *m.* ,**visitorial** [–'tɔ:riəl] *a.* → **visitatorial.**
visitors'| book *s.* registro *m* dei visitatori. **~ tax** *s.* imposta *f* di soggiorno.
vis major *lat.* [vis'meidʒə] *s.* forza *f* maggiore.
visor ['vaizə] *s.* **1** ⟨*Mil.ant*⟩ visiera *f.* **2** (*of a cap, hat*) visiera *f.* **3** ⟨*ant*⟩ (*mask*) maschera *f.* **visored** [–d] *a.* **1** con la visiera abbassata. **2** (*equipped with a visor*) fornito di visiera.
vista *it.* ['vistə] *s.* **1** vista *f,* veduta *f,* prospettiva *f* (*attraverso un'apertura lunga e stretta*); (*long narrow avenue, row of trees, etc.*) viale *m* (*o* fila *f* di alberi, ecc.) che crea una prospettiva. **2** ⟨*Arch*⟩ fuga *f* prospettica. **3** (*mental view, prospect*) prospettiva *f,* orizzonte *m,* panorama *m: new -s of the future* nuove prospettive per il futuro. **4** (*long series of scenes, events, etc.*) memorie *fpl,* ricordi *mpl: -s of bygone times* memorie del passato.
visual ['vizjuəl] *a.* **1** visuale, visivo, della vista. **2** (*used in seeing, optical*) ottico: ~ *nerve* nervo ottico. **3** (*achieved by sight*) visivo: ~ *impressions* impressioni visive. **4** (*visible*) visibile.
visual| aids *s.pl.* ⟨*Ped*⟩ sussidi *mpl* (*o* ausili) visivi. **~ angle** *s.* ⟨*Ott*⟩ angolo *m* visuale. **~ arts** *s.pl.* arti *fpl* visive. **~ field** *s.* campo *m* visivo (*o* visuale). **~ hallucination** *s.* ⟨*Med*⟩ allucinazione *f* visiva.
visuality [,vizju'æliti] *s.* **1** immagine *f,* visione *f* fuggevole. **2** (*visibility*) visibilità *f,* visuale *f.*
visualization [,vizjuəlai'zeiʃən] *s.* **1** l'immaginare, immaginazione *f,* il vedere con l'occhio della mente. **2** (*s.th. visualized*) immagine *f.* '**visualize** [–laiz] **I** *v.t.* **1** immaginare, raffigurarsi, figurarsi: *I tried to ~ his face when he received the news* cercai d'immaginare la sua faccia quando ricevette la notizia. **2** (*to make visual, visible*) visualizzare, rendere visibile, dare forma visibile a. **II** *v.i.* vedere con l'occhio della mente, farsi un'idea di. '**visually** [–li] *avv.* **1** in modo visivo. **2** (*by visual means*) per mezzo d'immagini. **3** (*by sight*) di vista.
visually handicapped **I** *a.* ⟨*Med*⟩ minorato della vista. **II** *s.* minorato *m* (*f* –a) della vista.
visual| memory *s.* memoria *f* visiva. **~ point** *s.* ⟨*Ott*⟩ punto *m* visivo. **~ purple** *s.* ⟨*Biol*⟩ rodopsina *f,* porpora *f* retinica (*o* visiva). **~ ray** *s.* ⟨*Ott*⟩ raggio *m* visivo (*o* visuale). **~ signal(l)ing** *s.* telegrafo *m* ottico.
vital ['vaitl] *a.* **1** vitale, della vita. **2** (*necessary to life*) vitale, necessario alla vita. **3** (*essential*) d'importanza vitale, essenziale, fondamentale: *matters ~ to national security* questioni d'importanza vitale per la sicurezza nazionale. **4** ⟨*fig*⟩ (*lively, animated*) pieno di vitalità, vivo, vivace.
vital| force *s.* ⟨*Biol*⟩ forza *f* vitale. **~ function** *s.* ⟨*Biol*⟩ funzione *f* vitale.
vitalism ['vaitəlizəm] *s.* ⟨*Filos,Biol*⟩ vitalismo *m.* **vitalist** [–list] *s.* vitalista *m/f.* ,**vitalistic** [–'listik] *a.* vitalistico.
vitality [vai'tæliti] *s.* **1** vitalità *f,* vivacità *f,* brio *m,* vita *f.* **2** (*capacity to live, survive*) vitalità *f.*
vitalize ['vaitəlaiz] *v.t.* **1** infondere vita a, rendere vitale. **2** (*to give vitality to, animate*) animare, vivificare, infondere vita (*o* vitalità) a.
vitally ['vaitəli] *avv.* **1** vitalmente, con vitalità, in modo vitale. **2** (*very, extremely*) estremamente, molto: ~ *important* estremamente importante.
vitals ['vaitlz] *s.pl.* **1** ⟨*Anat*⟩ organi *mpl* vitali. **2** ⟨*fig*⟩ elementi *mpl* (*o* parti *fpl*) essenziali.
vital statistics *s.pl.* statistica *f* demografica.
vitamin ['vitəmin, *am.* 'vait–] **I** *s.* ⟨*Biol*⟩ vitamina *f.* **II** *a.* vitaminico, di vitamine: *the ~ content of a diet* il contenuto vitaminico di una dieta.

vitamin| complex *s.* complesso *m* vitaminico. ~ **deficiency** *s.* ⟨*Med,Veter*⟩ carenza *f* vitaminica, avitaminosi *f.*

vitaminic [ˌv(a)itəˈminik] *a.* → **vitamin.** **ˌvitaminization** [-ˈminizeiʃən] *s.* vitaminizzazione *f.* **ˈvitaminize** [-naiz] *v.t.* (*of food*) vitaminizzare.

vitellus [v(a)iˈteləs] *s.* (*pl.* **vitelluses** [v(a)iˈteləsiz]/**-lli** [lai]) ⟨*Biol*⟩ vitello *m,* tuorlo *m,* deutoplasma *m.*

vitiate [ˈviʃieit] *v.t.* **1** rovinare, guastare, viziare, rendere difettoso. **2** (*to corrupt, deprave*) viziare, guastare, corrompere, depravare. **3** ⟨*Dir*⟩ viziare, invalidare. **ˌvitiation** [-ʃiˈeiʃən] *s.* **1** (*act*) il rovinare, il guastare. **2** (*corruption*) corruzione *f,* depravazione *f.* **3** ⟨*Dir*⟩ invalidamento *m,* invalidazione *f.* **vitiator** [-ə] *s.* chi vizia, corruttore *m* (*f* –trice).

viticultural [ˌvitiˈkʌltʃərəl] *a.* viticolo. **ˈviticulture** [-tʃə] *s.* viticoltura *f.* **viticulturer** [-rə], **viticulturist** [-rist] *s.* viticoltore *m.*

vitreosity [ˌvitriˈɔsiti] *s.* l'essere vitreo (*o* vetroso). **ˈvitreous** [-riəs] *a.* **1** vitreo, vetroso. **2** ⟨*Ceram*⟩ vetrificato. **3** ⟨*Anat*⟩ vitreo.

vitreous| body *s.* → **vitreous humour.** ~ **china** *s.* ⟨*Ceram*⟩ ceramica *f* vetrificata. ~ **electricity** *s.* ⟨*Fis*⟩ elettricità *f* vitrea (*o* positiva, vetrosa). ~ **humor** *am.,* ~ **humour** *s.* ⟨*Anat*⟩ umore *m* (*o* corpo) vitreo.

vitreously [ˈvitriəsli] *avv.* in modo vitreo. **vitreousness** [-snis] *s.* → **vitreosity.**

vitrescence [viˈtresns] *s.* **1** vitrescenza *f.* **2** (*glassiness*) l'essere vitreo (*o* vetroso). **vitrescent** [-nt] *a.* **1** che tende ad assumere un aspetto vitreo. **2** (*capable of being formed into glass*) vetrificabile.

vitrifaction [ˌvitriˈfækʃən] *s.* vetrificazione *f.* **ˌvitrifiability** [-ˌfaiəˈbiliti] *s.* l'essere vetrificabile. **ˈvitrifiable** [-faiəbl] *a.* vetrificabile. **vitrification** [-fiˈkeiʃən] *s.* → **vitrifaction.**

vitriform [ˈvitrifɔːm] *a.* simile al vetro, vitreo.

vitrify [ˈvitrifai] **I** *v.t.* vetrificare. **II** *v.i.* vetrificare, vetrificarsi.

vitriol [ˈvitriəl] *s.* **1** ⟨*Chim*⟩ vetriolo *m.* **2** ⟨*fig*⟩ scritto *m* caustico, critica *f* caustica; (*sarcasm*) sarcasmo *m.* **vitriolate** [-eit] *v.t.* ⟨*Chim*⟩ ˈtrasformare inˈ (*o* trattare con) vetriolo. **ˌvitriolic** [-riˈɔlik] *a.* **1** ⟨*Chim*⟩ di (*o* relativo a) vetriolo; (*obtained from vitriol*) ottenuto dal vetriolo; (*resembling vitriol*) simile al vetriolo. **2** ⟨*fig*⟩ corrosivo, caustico, mordace: ~ *criticism* critica corrosiva. **ˌvitriolization** [-aiˈzeiʃən] *s.* **1** ⟨*Chim*⟩ il ˈtrattare conˈ (*o* trasformare in) vetriolo. **2** (*act of burning with vitriol*) il vetrioleggiare. **vitriolize** [-aiz] *v.t.* **1** ˈtrattare conˈ (*o* trasformare in) vetriolo. **2** (*to burn with vitriol*) vetrioleggiare.

Vitruvian [viˈtruːviən] *a.* ⟨*Arch*⟩ vitruviano.

vitta [ˈvitə] *s.* (*pl.* **-ttae** [tiː]) **1** ⟨*Bot,Stor.rom*⟩ vitta *f.* **2** ⟨*Zool*⟩ striscia *f* (*o* stria) di colore. **3** ⟨*Lit*⟩ infula *f* della mitra.

vituline [ˈvitjul(a)in] *a.* ⟨*Zool*⟩ di (*o* relativo a) un vitello.

vituperate [v(a)iˈtjuːpəreit] **I** *v.t.* vituperare, ingiuriare, insultare. **II** *v.i.* usare ˈparole ingiurioseˈ (*o* vituperi), avere un linguaggio offensivo. **vi,tuperation** [-ˈreiʃən] *s.* **1** il vituperare. **2** (*vituperative utterance*) vituperio *m,* parole *fpl* ingiuriose. **vituperative** [-iv] *a.* ingiurioso, offensivo, oltraggioso. **vituperator** [-ə] *s.* vituperatore *m* (*f* –trice).

viva¹ *it.* [ˈviː(ː)və] **I** *intz.* viva, evviva. **II** *s.* evviva *m,* acclamazione *f.*

viva² [ˈvaivə] ⟨*fam*⟩ **I** *s.* → **viva voce.** **II** *v.t.* sottoporre a un esame orale.

vivacious [viˈveiʃəs] *a.* **1** vivace, brioso, animato, vivo: a ~ *girl* una ragazza vivace. **2** ⟨*Bot*⟩ vivace, perenne. **vivaciously** [-li] *avv.* vivacemente, briosamente. **vivaciousness** [-nis], **vivacity** [-ˈvæsiti] *s.* vivacità *f,* animazione *f,* brio *m,* vita *f.*

vivarium [vaiˈvɛəriəm] *s.* (*pl.* **-s** [z]/**-ria** [riə]) **1** terrario *m.* **2** (*place where living animals are kept for food*) recinto *m* per animali; (*fish pond*) peschiera *f,* vivaio *m.*

viva voce *it.* [ˈvaivəˈvousi] **I** *avv.* a (viva) voce, verbalmente, oralmente. **II** *a.* orale, verbale. **III** *s.* esame *m* orale.

vivid [ˈvivid] *a.* **1** vivido, intenso, vivo: ~ *colours* colori vividi; a ~ *imagination* una vivida immaginazione. **2** (*distinct, clear*) distinto, chiaro. **vividly** [-li] *avv.* vividamente. **vividness** [-nis] *s.* **1** vivacità *f,* vivezza *f.* **2** (*clarity*) chiarezza *f.*

vivification [ˌvivifiˈkeiʃən] *s.* vivificazione *f.* **ˈvivifier** [-faiə] *s.* vivificatore *m* (*f* –trice), animatore *m* (*f* –trice). **ˈvivify** [-fai] *v.t.* **1** dotare di vita, animare, dare vita a. **2** (*to make vivid*) vivificare, rendere vivace (*o* vivo), animare.

vivipara [viˈvipərə] *s.pl.* ⟨*Zool*⟩ vivipari *mpl.* **ˌviviparity** [-ˈpæriti] *s.* ⟨*Biol*⟩ viviparità *f.* **viviparous** [-s] *a.* viviparo. **viviparously** [-sli] *avv.* in modo viviparo.

vivisect [ˌviviˈsekt] **I** *v.t.* vivisezionare. **II** *v.i.* praticare la vivisezione. **vivisection** [-kʃən] *s.* vivisezione *f.* **vivisectional** [-kʃnl] *a.* vivisettorio. **vivisectionist** [-kʃənist] *s.* **1** vivisezionista *m/f.* **2** → **vivisector.** **ˈvivisector** [-ə] *s.* chi pratica la vivisezione.

vixen [ˈviksn] *s.* **1** volpe *f* femmina. **2** ⟨*fig*⟩ donna *f* litigiosa, bisbetica *f,* attaccabrighe *f.* **vixenish** [-iʃ] *a.* (*of a woman*) bisbetica, litigiosa.

vizard [ˈvizəd] *s.* → **visard.**

vizier [viˈziə] *s.* visir *m.*

Vlach [vlæk] **I** *s.* valacco *m* (*f* –a). **II** *a.* valacco.

VLF = ⟨*Fis*⟩ *very low frequency* bassissima frequenza.

V-ˈneck [viː] *s.* ⟨*Mod*⟩ scollatura *f* a V.

vocable [ˈvoukəbl] *s.* vocabolo *m.* **vocabulary** [vəˈkæbjuləri] *s.* vocabolario *m,* lessico *m.*

vocal [ˈvoukəl] **I** *a.* **1** vocale. **2** (*oral*) orale. **3** (*having, exercising a voice*) dotato di voce; (*having, exercising the power of speech*) parlante. **4** ⟨*fig*⟩ (*expressive*) espressivo, parlante. **5** ⟨*Mus*⟩ vocale, di (*o* per) canto. **6** ⟨*Fon*⟩ vocalico; (*voiced*) sonoro. **II** *s.* ⟨*Fon*⟩ suono *m* vocalico.

vocal cords *s.pl.* corde *fpl* vocali.

vocalic [vouˈkælik] *a.* vocalico. **ˈvocalism** [-kəlizəm] *s.* **1** vocalizzazione *f.* **2** ⟨*Fon*⟩ vocalismo *m,* sistema *m* vocalico. **3** ⟨*Mus*⟩ canto *m*; (*vocal art, technique*) arte *f* (*o* tecnica) del canto. **ˈvocalist** [-kəlist] *s.* cantante *m/f* (di musica vocale). **vocality** [-liti] *s.* **1** ⟨*Fon*⟩ l'essere vocalico. **2** ⟨*Mus*⟩ vocalità *f.*

vocalization [ˌvoukəlaiˈzeiʃən] *s.* **1** (*act of vocalizing*) articolazione *f,* il pronunciare. **2** ⟨*Fon*⟩ vocalizzazione *f.* **3** ⟨*Mus*⟩ vocalizzo *m,* vocalizzazione *f.* **ˈvocalize** [-laiz] **I** *v.t.* **1** (*to sing*) cantare, intonare. **2** ⟨*Fon,Ling*⟩ vocalizzare. **II** *v.i.* **1** cantare; (*to sing without words*) vocalizzare. **2** ⟨*Fon*⟩ vocalizzarsi. **ˈvocally** [-li] *avv.* **1** a voce, verbalmente, oralmente. **2** ⟨*Fon*⟩ in modo vocalico. **3** ⟨*Mus*⟩ cantando.

vocation [vo(u)ˈkeiʃən] *s.* **1** ⟨*Rel*⟩ vocazione *f.* **2** (*estens*) vocazione *f,* inclinazione *f,* attitudine *f,* tendenza *f,* disposizione *f: he has a* ~ *for teaching* ha la vocazione dell'insegnamento. **3** (*trade, profession*) occupazione *f,* professione *f,* mestiere *m,* attività *f,* lavoro *m.* **vocational** [-l] *a.* **1** di (*o* per) vocazione, per disposizione, per attitudine. **2** ⟨*Ped*⟩ professionale.

vocational| bias *s.* deformazione *f* professionale. ~ **education** *s.* ⟨*Ped*⟩ istruzione *f* (*o* preparazione) professionale. ~ **guidance** *s.* orientamento *m* professionale, assistenza *f* nell'avviamento al lavoro. ~ **school** *s.* scuola *f* professionale.

vocative [ˈvɔkətiv] **I** *a.* ⟨*Gramm*⟩ vocativo. **II** *s.* → **vocative case. vocative case** *s.* ⟨*Gramm*⟩ caso *m* vocativo, vocativo *m.*

vociferance [vo(u)ˈsifərəns] *s.* → **vociferation. vociferant** [-nt] **I** *a.* urlante, strepitante, sbraitante, vociferante. **II** *s.* → **vociferator. vociferate** [-reit] **I** *v.i.* vociare, sbraitare, gridare, schiamazzare. **II** *v.t.* gridare, strillare, urlare: *to* ~ *a protest* gridare una protesta. **vo,ciferation** [-ˈreiʃən] *s.* clamore *m,* grida *fpl,* urla *fpl.* **vociferator** [-reitə] *s.* urlatore *m* (*f* –trice), urlone *m* (*f* –a), schiamazzatore *m* (*f* –trice). **vociferous** [-rəs] *a.* **1** rumoroso, chiassoso, strepitante. **2** (*of things*) clamoroso, chiassoso, strepitoso, fragoroso. **vociferously** [-rəsli] *avv.* chiassosamente, clamorosamente. **vociferousness** [-rəsnis] *s.* chiassosità *f,* clamorosità *f.*

vodka [ˈvɔdkə] *s.* vodka *f.*

vogue [voug] *s.* **1** voga *f*, popolarità *f*, moda *f*: *a style in* ~ *in the last century* uno stile in voga nel secolo scorso. **2** (*s.th. in fashion*) moda *f*, articolo *m* in voga. □ *to be all the* ~ essere molto in voga; *to come into* ~ venire in voga, diventare di moda; *to go out of* ~ non essere più di moda; *to be in* ~ essere ⌐in voga⌐ (*o* di moda).

voice [vɔis] **I** *s.* **1** voce *f*: *she has a pleasant* ~ ha una voce gradevole; (*of animals*) voce *f*, verso *m*, grido *m*. **2** (*in singing*) voce *f*: *a bass* ~ una voce di basso; *to be in good* ~ essere in voce. **3** (*faculty of uttering sounds, speech*) voce *f*: *to lose one's* ~ perdere la voce. **4** (*opinion, choice*) voce *f*, opinione *f*. **5** ⟨*Pol*⟩ voto *m*, diritto *m* di voto. **6** ⟨*fig*⟩ voce *f*, richiamo *m*, suggerimento *m*: *the* ~ *of reason* la voce della ragione; (*medium through which s.th. is expressed*) voce *f*, portavoce *m*: *Parliament is the* ~ *of the people* il parlamento è la voce del popolo. **7** ⟨*Gramm*⟩ voce *f*, forma *f* (verbale): *passive* ~ voce passiva. **8** ⟨*Fon*⟩ suono *m* sonoro. **II** *v.t.* **1** esprimere, formulare, dar voce a, manifestare, proclamare: *to* ~ *one's protest* esprimere il proprio dissenso. **2** ⟨*Mus*⟩ (*to adjust the tone of*) intonare, accordare. **3** ⟨*Fon*⟩ sonorizzare. □ *to give* ~ *to* manifestare, esprimere, dar voce a; *the* ~ *of God* ⌐la voce⌐ (*o* il comandamento) di Dio; *to hear* –*s* avere allucinazioni auditive, sentire le voci; *not to be in good* ~ essere giù di voce; *to lift up one's* ~ alzare la voce; *to lower one's* ~ abbassare la voce; *to have no* ~ *in a decision* non avere voce in capitolo in una decisione; *with one* ~ all'unanimità, a una voce; *to raise one's* ~: 1 = *to lift up one's voice*; 2 (*in anger*) fare la voce grossa, alzare la voce; *a* ~ (*crying*) *in the wilderness*: 1 ⟨*Bibl*⟩ vox clamans *f* in deserto; 2 ⟨*fig*⟩ chi parla (*o* predica) al deserto, voce *f* nel deserto.

voiced [vɔist] *a.* **1** (*nei composti*) dalla voce ...: *low-*~ dalla voce bassa. **2** ⟨*Fon*⟩ sonoro.

voiceful ['vɔisful] *a.* ⟨*lett*⟩ sonoro, risonante.

voiceless ['vɔislis] *a.* **1** senza voce, muto; (*uttering no words*) silenzioso, zitto. **2** (*unspoken*) silenzioso, tacito. **3** ⟨*Fon*⟩ sordo. **voicelessly** [–li] *avv.* silenziosamente, in silenzio. **voicelessness** [–nis] *s.* **1** silenziosità *f*. **2** ⟨*Fon*⟩ sordità *f*.

voice|-over *s.* ⟨*Cin,TV*⟩ voce *f* fuori campo (*o* quadro). ~ **part** *s.* ⟨*Mus*⟩ voce *f*, parte *f* melodica, canto *m*. **~print analyst** *s.* perito *m* fonico.

void [vɔid] **I** *a.* **1** disabitato, vuoto; (*deserted*) deserto. **2** (*of a post, position*) libero, vacante, non occupato. **3** (*lacking, devoid*) privo, mancante (*of* di): *a life* ~ *of meaning* una vita priva di significato. **4** (*vain, ineffectual*) vano, inutile. **5** ⟨*Dir*⟩ nullo, non valido: *the election was declared* ~ l'elezione fu dichiarata nulla. **II** *s.* **1** vuoto *m*, spazio *m* vuoto. **2** ⟨*fig*⟩ vuoto *m*, mancanza *f*: *his death has left a great* ~ la sua morte ha lasciato un grande vuoto. **III** *v.t.* **1** (s)vuotare, sgomb(e)rare, evacuare. **2** (*to discharge, evacuate*) evacuare, espellere, scaricare; (*to vomit*) vomitare. **3** ⟨*Dir*⟩ annullare, invalidare.

voidable ['vɔidəbl] *a.* ⟨*Dir*⟩ annullabile, invalidabile. **voidance** [–dəns] *s.* **1** ⟨*Dir*⟩ annullamento *m*, invalidamento *m*. **2** ⟨*Rel*⟩ (*of a benefice*) vacanza *f*. **voidness** [–dnis] *s.* **1** l'essere vuoto, vuotezza *f*. **2** ⟨*Dir*⟩ nullità *f*.

voile [vɔil] *s.* ⟨*Tess*⟩ voile *m*.

volant ['voulənt] **I** *a.* **1** capace di volare, atto al volo. **2** ⟨*fig*⟩ (*nimble*) agile, svelto, lesto. **3** ⟨*Arald*⟩ volante. **II** *s.* ⟨*Sart*⟩ volant *m*, balza *f*.

volatile ['vɔlətail, *am.* –til] *a.* **1** ⟨*Chim*⟩ volatile. **2** ⟨*fig*⟩ (*changeable*) mutevole, incostante, volubile, capriccioso; (*lively, light-hearted*) allegro, gaio, brioso. **3** ⟨*fig*⟩ (*of a situation, etc.: explosive*) esplosivo, pericoloso. **volatileness** [–nis] *s.* → **volatility**.

volatile storage *s.* ⟨*Inform*⟩ memoria *f* volatile.

volatility [,vɔlə'tiliti] *s.* **1** ⟨*Chim*⟩ volatilità *f*. **2** ⟨*fig*⟩ (*changeableness*) volubilità *f*, mutevolezza *f*, incostanza *f*; (*liveliness*) vivacità *f*, brio *m*. **3** ⟨*fig*⟩ (*explosiveness*) l'essere esplosivo, pericolosità *f*.

volatilizable [,vɔlə'tilizəbl] *a.* ⟨*Chim,Fis*⟩ volatilizzabile. **volatilization** [–'zeiʃən] *s.* volatilizzazione *f*. **volatilize** [–'lætilaiz] **I** *v.t.* volatilizzare. **II** *v.i.* volatilizzare,

volatilizzarsi.

volcanic [vɔl'kænik] *a.* ⟨*Geol*⟩ vulcanico (*anche fig.*): ~ *lava* lava vulcanica; *a* ~ *temper* un temperamento vulcanico.

volcanic| ash *s.* ⟨*Geol*⟩ cenere *f* vulcanica. ~ **bomb** *s.* bomba *f* vulcanica. ~ **eruption** *s.* eruzione *f* vulcanica. ~ **glass** *s.* ⟨*Min*⟩ vetro *m* vulcanico, ossidiana *f*.

volcanicity [,vɔlkə'nisiti] *s.* ⟨*Geol*⟩ l'essere vulcanico.

volcanism ['vɔlkənizəm] *s.* ⟨*Geol*⟩ vulcanismo *m*. **volcanist** [–nist] *s.* → **volcanologist**. **volcanize** [–naiz] *v.t.* ⟨*tecn*⟩ vulcanizzare.

volcano [vɔl'keinou] *s.* (*pl.* **-s/-es** [z]) ⟨*Geol*⟩ vulcano *m* (*anche fig.*). □ ⟨*fig*⟩ *to be sitting on top of a* ~ *star* seduto su un vulcano.

volcanologic [,vɔ:lkənə'lɔdʒik], **volcanological** [–əl] *a.* vulcanologico. **volcanologist** [–'nɔlədʒist] *s.* vulcanologo *m* (*f* –a). **volcanology** [–'nɔlədʒi] *s.* vulcanologia *f*.

vole **I** *s.* (*in bridge*) grande slam *m*; (*in other card games*) cappotto *m*. **II** *v.i.* fare cappotto. □ ⟨*fig*⟩ *to go the* ~: 1 (*to risk everything*) rischiare il tutto per tutto; 2 (*to try everything*) provare (di) tutto.

volet [vɔ'lei, vo(u)'let] *s.* ⟨*Pitt*⟩ pannello *m*, scomparto *m*.

volitant ['vɔlitənt] *a.* capace di volare, atto al volo.

volition [vo(u)'liʃən] *s.* atto *m* di volontà, volizione *f*; (*exercise of willing*) volontà *f*, volere *m*: *to do s.th. of one's own* ~ fare qc. di propria volontà. **volitional** [–əl] *a.* volitivo, della volontà. **volitive** ['vɔlitiv] **I** *a.* **1** volitivo, della volontà. **2** ⟨*Gramm*⟩ volitivo. **II** *s.* ⟨*Gramm*⟩ forma *f* verbale volitiva.

volley ['vɔli] **I** *s.* **1** (*of firearms*) raffica *f*, salva *f*; (*of missiles*) scarica *f*, salva *f*, sventagliata *f*, raffica *f*. **2** ⟨*fig*⟩ raffica *f*, scarica *f*, rovescio *m*, tempesta *f*: *a* ~ *of abuse* una raffica di insolenze. **3** ⟨*Sport*⟩ (*in tennis*) volata *f*, volée *f*, colpo *m* al volo; (*in soccer*) calcio *m* (*o* tiro) al volo; (*in cricket*) tiro *m* diretto. **4** ⟨*Minier*⟩ volata *f*. **II** *v.t.* **1** scaricare (*o* sparare) a raffica. **2** ⟨*fig*⟩ scaricare, scagliare: *to* ~ *curses* scaricare insulti. **3** ⟨*Sport*⟩ colpire al volo. **III** *v.i.* **1** sparare una raffica (*o* salva). **2** ⟨*Sport*⟩ colpire la palla al volo.

volleyball ['vɔlibɔ:l] *s.* ⟨*Sport*⟩ pallavolo *f*, palla *f* a volo.

volplane ['vɔlplein] **I** *s.* ⟨*Aer*⟩ volo *m* planato (*o* librato). **II** *v.i.* planare.

volt[1] [voult] *s.* ⟨*El*⟩ volt *m*.

volt[2] *s./v.* → **volte.**

voltage ['voultidʒ] *s.* ⟨*El*⟩ voltaggio *m*, tensione *f*.

voltage| amplifier *s.* ⟨*El*⟩ amplificatore *m* di tensione. ~ **divider** *s.* ⟨*El*⟩ partitore *m* di tensione. ~ **indicator** *s.* indicatore *m* di tensione.

voltaic [vɔl'teiik] *a.* ⟨*El*⟩ voltaico, galvanico.

voltaic| battery *s.* ⟨*El*⟩ batteria *f* galvanica. ~ **cell** *s.* cella *f* voltaica, elemento *m* elettrolitico. ~ **pile** *s.* pila *f* voltaica (*o* di Volta).

voltammeter [vɔl'tæmitə] *s.* ⟨*El*⟩ voltametro *m*.

volte [voult] **I** *s.* ⟨*Equit,Sport*⟩ volta *f*. **II** *v.i.* fare una volta.

volte-face *fr.* ['vɔlt'fɑ:s] *s.* dietrofront *m*, voltafaccia *m* (*anche fig.*).

voltmeter ['voultmi:tə] *s.* ⟨*El*⟩ volt(o)metro *m*, voltimetro *m*.

volubility [,vɔlju'biliti] *s.* **1** loquacità *f*, ⟨*fam*⟩ parlantina *f*. **2** ⟨*fig*⟩ volubilità *f*, incostanza *f*. **'voluble** [–bl] *a.* **1** loquace, chiacchierone, ciarliero; (*glib, fluent*) che ha la parola pronta (*e* facile), che ha la lingua sciolta. **2** ⟨*fig*⟩ volubile, incostante. **3** ⟨*Bot*⟩ volubile. **'volubleness** [–blnis] *s.* → **volubility**. **'volubly** [–bli] *avv.* loquacemente, con loquacità.

volume ['vɔlju(:)m] *s.* **1** ⟨*Edit*⟩ libro *m*, volume *m*: *a work in twelve* –*s* opera in dodici volumi. **2** ⟨*Geom,Chim*⟩ volume *m*: *the* ~ *of a box* il volume di una scatola; *molecular* ~ volume molecolare. **3** (*amount, quantity*) volume *m*, quantità *f* globale: *the* ~ *of business* il volume degli affari; (*large amount*) grande quantità *f*, volume *m*, mole *f*, massa *f*: *a* ~ *of mail* una grande quantità di posta. **4** ⟨*Acu,Rad,Mus*⟩ volume *m*. **5** (*of smoke*) voluta *f*. □ ⟨*fig*⟩ *to speak* –*s* dire tutto, essere molto espressivo: *the look she gave me spoke* –*s* lo sguardo che mi diede diceva tutto; ⟨*fig*⟩ *to speak* –*s for* stare a dimostrare, essere significativo di.

volume control s. ⟨Rad,TV⟩ regolatore m del volume.

volumeter [vɔ'lju:mitə] s. ⟨Fis⟩ 1 apparecchio m per la misura diretta (o mediante immersione in liquido) dei volumi. 2 (hydrometer) idrometro m, densimetro m.

volumetric [ˌvɔlju'metrik] a. ⟨Chim,Geom⟩ volumetrico.

voluminosity [vɔˌlju:mi'nɔsiti] s. voluminosità f.

voluminous [və'lju:minəs] a. 1 voluminoso, ingombrante: ~ furniture mobili voluminosi. 2 (of a writer) fecondo, prolifico. 3 (writing or speaking at length) prolisso: a ~ account un resoconto prolisso; (written at great length) che può riempire ⌐un volume⌐ (o molti volumi), troppo ampio (o prolisso). 4 (of clothes, etc.) ampio, abbondante, largo. 5 (coiled, convoluted) in volute, a spirale. **voluminously** [-li] avv. in gran quantità, abbondantemente. **voluminousness** [-nis] s. voluminosità f.

voluntarily ['vɔləntərili] avv. 1 volontariamente, spontaneamente. 2 (without payment) a titolo gratuito, gratuitamente. **voluntariness** [-rinis] s. volontarietà f, spontaneità f.

voluntarism ['vɔləntərizəm] s. ⟨Filos⟩ volontarismo m. **voluntarist** [-rist] s. seguace m/f del volontarismo.

voluntary ['vɔləntəri] I a. 1 volontario, spontaneo: ~ contributions contributi volontari; a ~ confession una confessione spontanea. 2 (not compulsory) facoltativo, non obbligatorio. 3 (proceeding from the will) volontario: a ~ act un atto volontario; (intentional) intenzionale, volontario. 4 (done or made without payment) (a titolo) gratuito, gratis. 5 ⟨Dir⟩ volontario: ~ liquidation liquidazione volontaria. 6 (of institutions) sostenuto ⌐da contributi volontari⌐ (o dall'iniziativa privata). II s. 1 ⟨Mus⟩ (at a religious service) assolo m estemporaneo d'organo. 2 ⟨Filos⟩ seguace m/f del volontarismo.

voluntary| contribution s. ⟨Assic⟩ contributo m volontario. ~ **insurance** s. assicurazione f volontaria.

voluntaryism ['vɔləntəriizəm] s. 1 principio m secondo cui la chiesa e le scuole dovrebbero essere sovvenzionate dai privati e non dallo stato. 2 ⟨Filos⟩ → **voluntarism**. **voluntaryist** [-riist] s. 1 sostenitore m (f –trice) del «voluntaryism». 2 ⟨Filos⟩ → **voluntarist**.

voluntary| manslaughter s. ⟨Dir⟩ omicidio m volontario (o intenzionale). ~ **muscle** s. ⟨Fisiol⟩ muscolo m volontario.

volunteer [ˌvɔlən'tiə] I s. volontario m (f –a) (anche Mil.). II a. 1 volontario: ~ helpers aiutanti volontari. 2 ⟨Agr⟩ spontaneo. III v.i. 1 offrirsi (o presentarsi) spontaneamente (o volontariamente): to ~ for a task offrirsi spontaneamente per un compito. 2 ⟨Mil⟩ arruolarsi volontario. 3 ⟨Agr⟩ crescere spontaneamente. IV v.t. offrire spontaneamente, dare (o prestare) volontariamente. **volunteerism** [-rizm] s. volontariato m.

voluptuary [və'lʌptjuəri] I s. libertino m (f –a), gaudente m/f, epicureo m (f –a). II a. voluttuoso, sensuale. **voluptuous** [-tjuəs] a. voluttuoso, sensuale. **voluptuously** [-tjuəsli] avv. voluttuosamente. **voluptuousness** [-tjuəsnis] s. voluttuosità f.

volute [və'lju:t] I s. 1 voluta f, spirale f, spira f. 2 ⟨Arch,Zool⟩ voluta f. 3 (tecn) (of a volute pump) chiocciola f. II a. → **voluted**. **voluted** [-id] a. 1 in volute, a spirale. 2 ⟨Arch⟩ ornato di volute. **volution** [-ju:ʃən] s. 1 spirale f, spira f, avvolgimento m. 2 (revolving motion) circonvoluzione f.

vomer ['voumə] s. ⟨Anat,Ornit⟩ vomere m.

vomit ['vɔmit] I v.i. 1 vomitare, rimettere. 2 ⟨fig⟩ uscire a fiotti, essere emesso con violenza: smoke –ed from the roof il fumo usciva a fiotti dal tetto. II v.t. 1 (spesso con up, out) vomitare, rimettere. 2 ⟨fig⟩ (spesso con out, forth) eruttare, vomitare, emettere con violenza, lanciare: the volcano –ed flames il vulcano eruttava fiamme. III s. 1 il vomitare, vomito m. 2 (matter vomited) vomiticcio m, vomito m. 3 ⟨Farm⟩ (emetic) emetico m. **vomiting** [-iŋ] s. 1 vomito m, il vomitare. 2 ⟨Med⟩ emetismo m.

vomitive [-iv] I a. ⟨Farm⟩ vomitativo, emetico, vomitivo. II s. emetico m. **vomitory** [-əri] I s. 1 → **vomitive**. 2 ⟨Archeol⟩ vomitorio m. II a. → **vomitive**.

vomiturition [-tju'riʃən] s. ⟨Med⟩ conati mpl di

vomito.

voodoo ['vu:du:] I s. 1 ⟨Etnol⟩ vodù m, vuduismo m. 2 (voodooist) vuduista m/f. II v.t. stregare, gettare il malocchio su. **voodooism** [-izəm] s. vuduismo m, vodù m. **voodooist** [-ist] s. vuduista m/f.

voracious [və'reiʃəs] a. 1 vorace, insaziabile: a ~ animal un animale vorace; ~ appetite appetito insaziabile. 2 ⟨fig⟩ insaziabile, avido, vorace, ingordo: a ~ reader un lettore insaziabile. **voraciously** [-li] avv. 1 voracemente. 2 ⟨fig⟩ avidamente, voracemente, con avidità. **voraciousness** [-nis], **voracity** [-'ræsiti] s. 1 voracità f, insaziabilità f. 2 ⟨fig⟩ voracità f, avidità f, ingordigia f.

vortex ['vɔ:teks] s. (pl. -texes [teksiz]/-tices [tisi:z]) vortice m (anche fig.): the ~ of war il vortice della guerra. **vortical** [-tikəl] a. vorticoso. **vortically** [-tikəli] avv. vorticosamente.

vorticella [ˌvɔ:ti'selə] s. (pl. -llae [li:]/-s [z]) ⟨Zool⟩ vorticella f.

vorticism ['vɔ:tisizəm] s. ⟨Art⟩ vorticismo m. **vorticist** [-sist] s. seguace m/f del vorticismo.

vorticity [vɔ:'tisiti] s. ⟨Fis,Mecc⟩ vorticosità f.

vorticose ['vɔ:tikous], **vortiginous** [-'tidʒinəs] a. → **vortical**.

votable ['voutəbl] a. che si può votare, soggetto a voto.

votaress ['voutəris] s. 1 ⟨Rel⟩ suora f, religiosa f, monaca f. 2 (advocate) seguace f, sostenitrice f, devota f. 3 (devotee) appassionata f. **votary** [-ri] s. 1 ⟨Rel⟩ religioso m, monaco m. 2 (advocate) seguace m, sostenitore m; (devout worshipper) devoto m.

vote [vout] I s. 1 voto m, suffragio m: a majority of –s una maggioranza di voti; the party increased its ~ at the last election il partito ha aumentato i suoi voti nelle ultime elezioni. 2 (right to vote) diritto m di voto (o suffragio). 3 → **voting paper**. 4 (act, method of voting) voto m, votazione f. 5 (voter) votante m/f, elettore m (f –trice). 6 (collett) elettorato m, votanti mpl, elettori mpl. II v.i. votare, dare il proprio voto. III v.t. 1 votare per, dare il proprio voto a. 2 (to approve, authorize by vote) votare, approvare (o deliberare) dando il proprio voto, decidere mediante votazione: to ~ a resolution votare una deliberazione. 3 ⟨fam⟩ (to declare by general agreement) convenire su, essere d'accordo su, riconoscere concordemente. 4 ⟨fam⟩ (to suggest, propose) suggerire, proporre. □ to ~ **against** votare contro; ~ of **confidence**: 1 ⟨Parl⟩ voto m di fiducia; 2 ⟨fig⟩ approvazione f, assenso m, parere m favorevole; ~ by **correspondence** voto m per corrispondenza; to ~ **down**: 1 respingere, bocciare: to ~ down a proposal respingere una proposta; 2 (of a person) bocciare alle elezioni; to ~ **for** votare per, votare a favore di, dare il proprio voto a; to ~ **in** eleggere, nominare con votazione; to ~ q candidate **out** bocciare un candidato (alle elezioni); to **proceed** to a (o the) ~ passare alla votazione; to **put** a question to the ~ mettere ai voti una questione; ~ by **show of hands** votazione f per alzata di mano; to **take** a ~ **on** s.th. mettere ai voti qc.; ⟨Parl⟩ to ~ a bill **through** votare (o approvare) un disegno di legge.

vote| abstention s. ⟨Pol⟩ astensione f dal voto. ~ **getter** s. 1 candidato m molto popolare. 2 (means of drawing votes) mezzo m per ottenere voti.

voteless ['voutlis] a. che non ha diritto di voto. □ ~ share (o stock) azione f senza diritto di voto.

voter ['voutə] s. votante m/f, elettore m (f –trice).

vote rigging s. manipolazione f elettorale.

voting ['voutiŋ] I s. voto m, votazione f, il votare: to abstain from ~ astenersi dal voto. II a. dell'elettorato, elettorale, di voto: ~ trends le tendenze dell'elettorato. □ ~ by post votazione f per corrispondenza.

voting| paper s. scheda f ⌐di voto⌐ (o elettorale). □ to return a blank ~ votare scheda bianca. ~ **power**, ~ **right** s. diritto m di voto. ~ **share**, ~ **stock** s. ⟨Econ⟩ azione f con diritto di voto.

votive ['voutiv] a. votivo: a ~ tablet una targa votiva.

votress ['voutris] s. ⟨rar⟩ → **votaress**.

vouch [vautʃ] v.t. 1 garantire, attestare, asserire, affermare: I can ~ that this is true posso garantire che (questo) è vero. 2 (to substantiate) corroborare, confermare, convalidare, avvalorare. **3** ⟨*Dir*⟩ garantire per (*o* di), rendersi garante per (*o* di). □ *to ~ for* garantire per, essere garante per.

voucher ['vautʃə] *s.* **1** buono *m*, tagliando *m*: *petrol* –*s* buoni (di) benzina; (*as a receipt*) ricevuta *f*, quietanza *f*. **2** (*one who vouches*) chi garantisce, garante *m/f*, mallevadore *m* (*f* –drice). **3** (*supporting evidence, proof*) prova *f*, documentazione *f*; (*documentary record*) giustificativo *m*.

vouchsafe [vautʃ'seif] *v.t.* **1** degnarsi di dare, concedere, accordare: *to ~ s.o. an answer* degnarsi di dare una risposta a qd. **2** (*to allow condescendingly*) consentire, concedere, permettere (con condiscendenza): *to ~ the return of prisoners* consentire il ritorno dei prigionieri. **3** (*to condescend*) (ac)condiscendere a, degnarsi di.

voussoir *fr.* ['vu:swɑ:] *s.* ⟨*Arch*⟩ concio *m* rastremato (*o* per archi).

vow [vau] **I** *s.* **1** voto *m*, promessa *f* (*o* impegno *m*) solenne, giuramento *m*: *he was under a ~ to smoke no more* aveva fatto voto di smettere di fumare. **2** ⟨*Rel*⟩ voto *m*: *to take a ~ of poverty* fare voto di povertà. **II** *v.t.* **1** promettere solennemente, giurare, fare voto di: *to ~ to keep a secret* promettere solennemente di mantenere un segreto; *to ~ revenge* giurare vendetta. **2** (*to declare solemnly*) giurare, dichiarare (*o* affermare) solennemente: *he* –*ed he would never forgive her* giurò che non l'avrebbe mai perdonata. **3** (*of a vow*) fare. **4** (*to dedicate by a vow*) votare, consacrare, dedicare: *to ~ o.s. to the service of God* votarsi al servizio di Dio. **III** *v.i.* fare, pronunciare un voto.

vowel ['vauəl] **I** *s.* ⟨*Gramm*⟩ vocale *f*. **II** *a.* vocalico.

vowel gradation *s.* ⟨*Ling*⟩ apofonia *f*.

vowelization [ˌvauəlai'zeiʃən] *s.* vocalizzazione *f*. **'vowelize** [–laiz] *v.t.* vocalizzare.

vowel| mark *s.* ⟨*Ling*⟩ segno *m* di puntazione. **~ mutation** *s.* metafonia *f*, metafonesi *f*. **~ point** *s.* → vowel mark.

vox *lat.* [vɔks] *s.* (*pl.* **voces** ['vousi:z]) voce *f*.

vox| humana [hju:'mɑ:nə] *s.* ⟨*Mus*⟩ voce *f* umana. **~ populi** *lat.* ['pɔpjulai] *s.* voce *f* del popolo, pubblica opinione *f*.

voyage ['vɔiidʒ] **I** *s.* **1** viaggio *m* (per mare), traversata *f*: *a transatlantic ~* un viaggio attraverso l'Atlantico. **2** ⟨*fig*⟩ viaggio *m*, cammino *m*: *the ~ of life* il viaggio della vita. **II** *v.i.* viaggiare, fare un viaggio (*o* una traversata): *to ~ to distant lands* viaggiare verso terre lontane. **III** *v.t.* attraversare, percorrere navigando: *to ~ the high seas* attraversare gli oceani. **voyageable** [–əbl] *a.* navigabile. **voyager** *fr.* [–ə] *s.* viaggiatore *m* (*f* –trice), passeggero *m* (*f* –a) di nave.

voyeur *fr.* [ˌvwɑ'jœr] *s.* ⟨*Psic*⟩ voyeur *m*.

V.R. = ⟨*Stor*⟩ *Queen Victoria* Regina Vittoria.

V.Rev. = *Very Reverend* reverendissimo (*abbr.* rev.mo).

v.s. = *vide supra* vedi sopra (*abbr.* v.s.).

VTR = *Video Tape Recorder* videoregistratore.

Vulcan ['vʌlkən] *N.pr.* ⟨*Mitol*⟩ Vulcano *m*. **vulcanic** [–'kænik] *a.* → volcanic. **vulcanism** [–izəm] *s.* →

volcanism. **vulcanist** [–ist] *s.* → volcanologist.

vulcanite ['vʌlkənait] *s.* ⟨*Ind*⟩ ebanite *f*.

vulcanizable ['vʌlkənaizəbl] *a.* ⟨*Ind*⟩ vulcanizzabile. **,vulcanization** [–'zeiʃən] *s.* vulcanizzazione *f*. **vulcanize** [–naiz] **I** *v.t.* vulcanizzare. **II** *v.i.* essere sottoposto a vulcanizzazione, subire il processo di vulcanizzazione. **vulcanizer** [–zə] *s.* ⟨*Ind*⟩ vulcanizzatore *m*.

vulcanology *s.* → volcanology.

Vulg. = ⟨*Bibl*⟩ *Vulgate* Vulgata.

vulgar ['vʌlgə] *a.* **1** volgare, grossolano, rozzo: *a most ~ person* una persona molto volgare. **2** (*indecent, obscene*) volgare, triviale, scurrile, osceno, sconcio: *~ language* linguaggio volgare. **3** (*of the common people*) popolare, ordinario, volgare, plebeo, del volgo (*anche spreg.*). **4** (*common, prevalent*) comune, volgare, corrente: *~ superstitions* superstizioni comuni. **5** (*widely known*) pubblico, noto, risaputo.

Vulgar| Era *s.* era *f* volgare. **~ fraction** *s.* ⟨*Mat*⟩ frazione *f* ordinaria. **~ herd** *s.* ⟨*spreg*⟩ volgo *m*, gente *f* comune, popolo *m*.

vulgarian [vʌl'gɛəriən] *s.* individuo *m* volgare. **'vulgarism** [–gərizəm] *s.* **1** → vulgarity. **2** ⟨*Ling*⟩ volgarismo *m*. **vulgarity** [–'gæriti] *s.* **1** volgarità *f*, grossolanità *f*. **2** (*vulgar act*) volgarità *f*, trivialità *f*; (*vulgar expression*) espressione *f* volgare, volgarità *f*.

vulgarization [ˌvʌlgərai'zeiʃən] *s.* **1** il rendere volgare. **2** (*act of popularizing*) volgarizzazione *f*, divulgazione *f*. **'vulgarize** [–raiz] *v.t.* **1** rendere volgare, degradare, svilire. **2** (*to popularize*) volgarizzare, divulgare.

Vulgar Latin *s.* ⟨*Ling*⟩ latino *m* volgare.

vulgarly ['vʌlgəli] *avv.* volgarmente.

vulgar tongue *s.* lingua *f* volgare, volgare *m*.

Vulgate ['vʌlg(e)it] *s.* ⟨*Bibl*⟩ Vulgata *f*.

vulgus ['vʌlgəs] *s.* (*pl.* **-guses** [gəsiz]) **1** volgo *m*, popolo *m*. **2** ⟨*Ped*⟩ esercizio *m* di composizione latina in versi.

vulnerability [ˌvʌlnərə'biliti] *s.* vulnerabilità *f*. **'vulnerable** [–bl] *a.* **1** vulnerabile (*anche Mil.*). **2** (*open to criticism, temptation, etc.*) esposto, soggetto (*to* a). **3** (*in bridge*) in zona vulnerabile. **'vulnerableness** [–blnis] *s.* → vulnerability. **'vulnerably** [–bli] *avv.* in modo vulnerabile.

vulnerary ['vʌlnərəri] **I** *a.* vulnerario, cicatrizzante: *~ herbs* erbe vulnerarie. **II** *s.* vulnerario *m*, sostanza *f* vulneraria (*o* cicatrizzante).

vulpine ['vʌlpain] *a.* **1** volpino. **2** ⟨*fig*⟩ astuto, furbo, scaltro, volpino.

vulture ['vʌltʃə] *s.* ⟨*Ornit*⟩ avvoltoio *m* (*anche fig.*). **vulturine** [–tʃurain] *a.* **1** di (*o* da) avvoltoio, rapace. **2** ⟨*fig*⟩ rapace, avido. **vulturous** [–tʃurəs] *a.* → vulturine.

vulva ['vʌlvə] *s.* (*pl.* **-s** [z]/**-vae** [vi:]) ⟨*Anat*⟩ vulva *f*. **vulval** [–l], **vulvar** [–və] *a.* vulvare. **vulvitis** [–'vaitis] *s.* ⟨*Med*⟩ vulvite *f*.

v.v. = *vice versa* viceversa.

vying[1] ['vaiiŋ] → vie.

vying[2] **I** *a.* (*competing*) contendente, concorrente. **II** *s.* competizione *f*.

W

w, W ['dʌblju] *s.* (*pl.* **w's/ws, W's/Ws** [-z]) (*letter of the alphabet*) w, W *f/m: a capital W* una w maiuscola; *a small w* una w minuscola; ⟨Tel⟩ *W for William* w come Waterloo.

W *a.* (*W-shaped*) a (forma di) W.

W = 1 *West* occidente (*abbr.* O). 2 *Western* occidentale.

w. = 1 ⟨El⟩ *watt* watt (*abbr.* W). 2 *week* settimana. 3 *weight* peso.

w/ = ⟨Comm⟩ *with* con.

W. = 1 *Wednesday* mercoledì (*abbr.* merc.). 2 *West* occidente (*abbr.* O). 3 *Western* occidentale.

Waac [wæk] *s.* ⟨Mil⟩ (*in Great Britain*) membro *m* del corpo ausiliario femminile dell'esercito.

WAAC, W.A.A.C. = ⟨Mil⟩ *Women's Army Auxiliary Corps* Corpo ausiliario femminile dell'esercito.

Waaf [wæf] *s.* ⟨Aer.mil⟩ (*in Great Britain*) membro *m* del corpo ausiliario femminile dell'aeronautica.

WAAF, W.A.A.F. = ⟨Aer.mil⟩ *Women's Auxiliary Air Force* Corpo ausiliario femminile dell'aeronautica.

wabble, wabbly → **wobble, wobbly.**

Wac *am.* [wæk] *s.* ⟨Mil⟩ membro *m* del corpo delle ausiliarie dell'esercito.

WAC, W.A.C. = ⟨am.Mil⟩ *Women's Army Corps* Corpo delle ausiliarie dell'esercito.

wacke ['wækə] *s.* ⟨Geol⟩ grovacca *f.*

wacky ['wæki] *a.* ⟨fam⟩ strambo, stravagante.

wad [wɔd] **I** *s.* **1** batuffolo *m,* tampone *m: -s of cotton wool* batuffoli di ovatta. **2** (*small mass, lump of s.th.*) mucchietto *m.* **3** (*flat bundle of papers, notes, etc.*) fascio *m.* **4** ⟨am⟩ (*roll*) rotolo *m: a ~ of banknotes* un rotolo di banconote. **5** ⟨am.sl⟩ (*large amount of money*) mucchio *m* di soldi; (*supply of money*) gruzzolo *m.* **6** ⟨Artigl⟩ borra *f.* **7** ⟨Mil.ant⟩ stoppaccio *m.* **II** *v.t.* (*pret., p.p.* 'wadded [-id]) **1** fare un batuffolo di: *to ~ cotton wool* fare un batuffolo di ovatta. **2** (*to put a wad into*) tappare, turare. **3** (*to stuff, pack with s.th. soft*) imbottire, ovattare.

wadable ['weidəbl] *a.* guadabile.

wadding ['wɔdiŋ] *s.* **1** materiale *m* per imbottitura, ovatta *f.* **2** (*pad of cotton wool*) batuffolo *m* di cotone.

waddle ['wɔdl] **I** *v.i.* camminare dondolandosi (*o* ondeggiando), camminare come un'anatra. **II** *s.* andatura *f* dondolante. **waddler** [-ə] *s.* chi cammina dondolandosi.

waddy *austral.* ['wɔdi] *s.* mazza *f* da combattimento degli aborigeni australiani.

wade [weid] **I** *v.i.* **1** camminare a stento (*o* fatica): *to ~ through the snow* camminare a stento nella neve; (*through water, mud*) diguazzare, sguazzare. **2** ⟨fig⟩ procedere a stento (*o* fatica), farsi strada faticosamente. **II** *v.t.* guadare, passare a guado: *to ~ a stream* guadare un torrente. □ *to ~ across a river* guadare un fiume, passare un fiume a guado; *to ~ in:* 1 passare a guado; 2 (*to set to work with vigour*) accingersi con energia a un lavoro; ⟨fam⟩ *to ~ into one's work* mettersi di buona lena al lavoro. 'wader [-ə] *s.* **1** chi guada. **2** *pl.* ⟨Calz⟩ stivali *mpl* da palude, stivaloni *mpl* impermeabili. **3** ⟨Ornit⟩ → **wading**

bird.

wadi ['wɑːdi, 'wɔdi] *s.* (*pl.* **-s/-es** [z]) (*in North Africa, etc.*) uadi *m.*

wading bird ['weidiŋ] *s.* ⟨Ornit⟩ trampoliere *m.*

Waf *am.* [wæf] *s.* ⟨Aer.mil⟩ ausiliaria *f* dell'aeronautica.

wafer ['weifə] **I** *s.* **1** ⟨Dolc⟩ wafer *m.* **2** ⟨Rel⟩ ostia *f.* **3** ⟨Med⟩ ostia *f,* cialda *f.* **4** (*for sealing letters*) cialda *f* per sigillare. **II** *v.t.* (*of a letter, etc.*) sigillare con una cialda. □ *as thin as a ~* sottile come un'ostia, sottilissimo.

waffle[1] ['wɔfl] *s.* ⟨Dolc⟩ cialda *f.*

waffle[2] ⟨fam⟩ **I** *v.i.* **1** cianciare, ciarlare, dire sciocchezze. **2** (*to talk incessantly*) parlare continuamente (*o* senza sosta). **II** *s.* ciance *fpl,* chiacchiere *fpl,* ciarle *fpl.*

waffle iron *s.* stampo *m* per cialde.

waft [wɑːft, *am.* wæft] **I** *v.t.* diffondere, spandere, spargere: *the breeze -ed the smoke down the valley* la brezza diffuse il fumo nella valle. **II** *v.i.* diffondersi, spandersi: *classical tunes -ed from loudspeakers* motivi classici si diffondevano dagli altoparlanti. **III** *s.* **1** (*odour wafted*) effluvio *m,* zaffata *f.* **2** (*light gust*) alito *m,* soffio *m.* **3** (*movement of a bird's wing*) battito *m* d'ala. 'wafter [-tə] *s.* ⟨Mecc⟩ ventola *f.*

wag[1] [wæg] *v.* (*pret., p.p.* **wagged** [-d]) **I** *v.t.* **1** dimenare, agitare, muovere: *the dog -ged its tail* il cane dimenava la coda; (*of the head*) scuotere, scrollare. **2** (*of a finger*) agitare (in segno di rimprovero). **3** ⟨fam⟩ (*of the tongue*) muovere senza sosta (spettegolando). **II** *v.i.* **1** agitarsi, scuotersi. **2** (*of an animal*) dimenare (*o* agitare) la coda, scodinzolare. **3** ⟨fam⟩ (*of the tongue*) muoversi senza sosta (spettegolando). □ *the dog's tail -ged* il cane scodinzolava; *to set tongues* (*o* *heads, beards*) *-ging* suscitare pettegolezzi, far parlare di sé.

wag[2] *s.* **1** dimenamento *m,* agitamento *m;* (*of the head*) scrollata *f,* scotimento *m.* **2** (*witty person*) tipo *m* ameno, spiritoso *m,* burlone *m.* □ *the dog gave a ~ of its tail* il cane dimenò la coda.

wage[1] [weidʒ] *s.* **1** (spesso al pl.) salario *m,* retribuzione *f,* paga *f: he gets a good ~* ha un buon salario. **2** *pl.* ⟨Econ⟩ (costr. sing. o pl.) salari *mpl.* **3** *pl.* ⟨fig⟩ (costr. sing. o pl.) paga *f,* retribuzione *f,* ricompensa *f:* ⟨Bibl⟩ *the -s of sin is death* la paga del peccato è la morte.

wage[2] *v.t.* intraprendere, iniziare, fare: *to ~ a campaign* intraprendere una campagna militare. □ *to ~ war* muovere (*o* fare) guerra.

wage| agreement *s.* accordo *m* salariale. **~ bargaining** *s.* contrattazioni *fpl* salariali. **~ bracket** *s.* categoria *f* salariale. **~ ceiling** *s.* salario *m* massimo, massimale *m.* **~ claim** *s.* rivendicazione *f* salariale. **~ cut** *s.* riduzione *f* salariale, taglio *m* al salario. **~ dynamics** *s.pl.* (costr. sing.) dinamica *f* salariale. **~ earner** *s.* salariato *m* (*f* -a). **~ incentive** *s.* incentivo *m* salariale. **~ increase** *s.* incremento *m* salariale. **~ indexation** *s.* indicizzazione *f* dei salari. **~ level** *s.* livello *m* salariale. **~ packet** *s.* busta paga *f.* **~-push inflation** *s.* inflazione *f* da salari.

wager ['weidʒə] **I** *s.* **1** scommessa *f.* **2** (*stake*) scommessa *f,* puntata *f,* posta *f.* **II** *v.t.* scommettere, puntare: *to ~ ten pounds on a horse* scommettere dieci sterline su un cavallo. **III** *v.i.* fare una scommessa. □ ⟨*Stor*⟩ *~ of battle* singolar tenzone *f* (come giudizio di Dio).

wage| rate *s.* tariffa *f* salariale. **~ scale** *s.* tabella *f* salariale. **~ squeeze** *s.* stretta *f* salariale. **~ stop** *s.* blocco *m* dei salari. **~worker** *am. s.* **~ wage earner.**

waggery ['wægəri] *s.* **1** spiritosaggine *f,* spiritosità *f,* scherzosità *f,* amenità *f.* **2** (*waggish act, joke*) scherzo *m,* burla *f,* celia *f.*

waggish ['wægiʃ] *a.* faceto, spiritoso, scherzoso, ameno. **waggishly** [–li] *avv.* spiritosamente. **waggishness** [–nis] *s.* spiritosaggine *f,* spiritosità *f,* scherzosità *f,* amenità *f.*

waggle ['wægl] **I** *v.* → **wag**[1] **II** *s.* dimenio *m,* dimenamento *m;* (*waggling motion*) scotimento *m,* scrollata *f.* □ *to ~ one's hips* ancheggiare; *~ of the tail* scodinzolio *m.* **waggly** [–i] *a.* (*unsteady*) dondolante, barcollante.

waggon *e der.* → **wagon** *e der.*

Wagnerian [vɑːgˈniəriən] **I** *a.* ⟨*Mus*⟩ wagneriano. **II** *s.* wagneriano *m* (*f* –a).

wagon ['wægən] *s.* **1** carro *m* (a quattro ruote). **2** ⟨*Ferr*⟩ carro *m* merci, vagone *m* (merci). **3** ⟨*Aut*⟩ (*station wagon*) giardinetta *f,* giardiniera *f.* **4** ⟨*am*⟩ (*patrol wagon*) furgone *m* cellulare (*o* della polizia), cellulare *m.* **5** ⟨*Stor.am*⟩ carro *m* coperto dei pionieri. **Wagon** *N.pr.* ⟨*Astr*⟩ Carro *m,* Orsa *f.* □ (*fig*) *to hitch one's ~ to a star* mirare in alto, avere grandi ambizioni; (*sl*) *to be on the* (*water*) *~* essere completamente astemio; *to be off the* (*water*) *~* bere alcolici; *to go on the* (*water*) *~* smettere di bere alcolici. **wagonage** [–idʒ] *s.* ⟨*rar*⟩ **1** trasporto *m* con carri. **2** (*fee paid*) spese *fpl* di trasporto con carri.

wagoner ['wægənə] *s.* carrettiere *m.* **Wagoner** *N.pr.* ⟨*Astr*⟩ Auriga *m.*

wagonette [ˌwægəˈnet] *s.* **1** carrozza *f* aperta a quattro ruote. **2** ⟨*Aut*⟩ giardinetta *f.*

wagon-head(ed) *a.* ⟨*Arch*⟩ dalla volta cilindrica (*o* a botte).

wagon-lit *fr.* [vagɔ̃ˈli:] *s.* (*pl.* **wagons-lit/wagon-lits**) ⟨*Ferr*⟩ vagone *m* (*o* vettura *f*) letto.

wagon| load *s.* **1** carrettata *f.* **2** ⟨*Ferr*⟩ vagone *m,* carico *m* di un vagone. **~ maker** *s.* carradore *m.* **~ master** *s.* ⟨*Ferr*⟩ addetto *m* ai vagoni. **~ roof** *s.* ⟨*Arch*⟩ volta *f* a botte. **~ seat** *am. s.* ⟨*Arred*⟩ sedile *m* a due posti.

wagtail ['wægteil] *s.* ⟨*Ornit*⟩ **1** motacilla *f.* **2** (*yellow wagtail*) cutrettola *f* (gialla). **3** (*pipit*) ballerina *f* gialla.

waif [weif] *s.* **1** vagabondo *m;* (*stray animal*) animale *m* randagio. **2** (*homeless child*) bambino *m* abbandonato. **3** ⟨*Dir*⟩ oggetto *m* smarrito (non reclamato). □ *–s and strays:* 1 ⟨*Dir*⟩ oggetti *mpl* smarriti; 2 (*homeless children*) infanzia *f* abbandonata.

wail [weil] **I** *v.i.* **1** gemere, lamentarsi, emettere (alti) lamenti. **2** (*to make a mournful sound*) gemere: *the wind –ed among the trees* il vento gemeva tra gli alberi. **3** ⟨*fam*⟩ (*to complain*) lamentarsi, lagnarsi. **II** *v.t.* **1** dire (*o* esprimere) gemendo. **2** ⟨*rar*⟩ (*to bewail*) lamentare, piangere. **III** *s.* gemito *m,* lamento *m;* (*mournful sound*) suono *m* triste (*o* lamentoso).

wailful ['weilful] *a.* lamentevole, lamentoso.

wailing ['weiliŋ] **I** *s.* lamento *m,* lamentazione *f.* **II** *a.* che si lamenta, che geme.

Wailing Wall *s.* ⟨*Rel.ebr*⟩ muro *m* ⌜delle lamentazioni⌝ (*o* del pianto).

wain [wein] *s.* **1** carro *m* agricolo. **2** ⟨*rar,poet*⟩ (*chariot*) cocchio *m.* **Wain** *N.pr.* ⟨*Astr*⟩ (*Charles's Wain*) Orsa *f* maggiore.

wainscot ['weinskət] **I** *s.* ⟨*Edil*⟩ zoccolo *m;* (*panelling for a wall*) rivestimento *m* a pannelli di legno. **II** *v.t.* (*pret., p.p.* **wainscot(t)ed** [–id]) rivestire con pannelli di legno.

wainscot(t)ed ['weinskətid] *a.* ⟨*Edil*⟩ rivestito di legno.

wainscot(t)ing [–tiŋ] *s.* **1** rivestimento *m* in legno. **2** ⟨*collett*⟩ rivestimenti *mpl* in legno. **3** (*material*) legno *m* per rivestimenti.

wainwright ['weinrait] *s.* → **wagon maker**.

waist [weist] *s.* **1** vita *f,* cintura *f,* cintola *f: to have a slender ~* avere la vita sottile; *naked to the ~* nudo fino alla cintola. **2** (*of a garment*) vita *f.* **3** ⟨*Mod,Ves*⟩

corpetto *m,* corpino *m;* (*blouse*) camicetta *f,* blusa *f.* **4** ⟨*fig*⟩ (*narrow, central part*) parte *f* centrale (*o* mediana); (*of a violin, etc.*) strozzatura *f.* **5** ⟨*Mar*⟩ parte *f* centrale di una nave. **6** ⟨*Calz*⟩ parte *f* mediana. □ *down to the* (*o one's*) *~* (giù) fino alla vita (*o* cintola); *up to the* (*o one's*) *~* (su) fino alla vita (*o* cintola): *the water came up to our –s* l'acqua ci arrivava fino alla vita.

waist|band *s.* ⟨*Vest*⟩ cintura *f.* **~cloth** *s.* **1** ⟨*Etnol*⟩ (*loin-cloth*) perizoma *m.* **2** *pl.* ⟨*Mar*⟩ pavese *m.* **~coat** *s.* ⟨*Vest*⟩ panciotto *m,* gilè *m.* '**~-'deep** *a.* (fino) alla vita (*o* cintola).

waisted ['weistid] *a.* **1** (nei composti) dalla vita ..., che ha la vita ...: *slim-~* dalla vita sottile. **2** ⟨*Sart*⟩ (nei composti) a vita ..., dalla vita ...: *a high-~ dress* un abito a vita alta.

'**waist|-'high** *a.* che arriva alla cintola, (fino) alla vita. **~-level finder** *s.* ⟨*Fot*⟩ mirino *m* a pozzo. **~line** *s.* **1** linea *f* della cintura. **2** ⟨*Sart*⟩ vita *f,* punto *m* (di) vita. **3** (*waist measurement*) circonferenza *f* della vita. □ *to watch one's ~* stare attento alla linea.

wait[1] [weit] **I** *v.i.* **1** aspettare, attendere, restare in attesa: *to keep s.o. –ing* far aspettare qd.; *the taxi is –ing outside* il tassì sta aspettando fuori. **2** (*to remain neglected, be postponed*) essere rimandato (*o* rinviato), aspettare: *the meeting will have to ~* la riunione dovrà essere rimandata; *the matter cannot ~* la questione non può aspettare. **3** (*to act as a waiter*) servire a tavola, fare il cameriere. **4** ⟨*Strad*⟩ sostare: *vehicles must not ~ here* qui i veicoli non possono sostare. **II** *v.t.* **1** aspettare, attendere: *you must ~ your turn* devi aspettare il tuo turno. **2** (*to delay in the hope of*) aspettare, attendere, essere (*o* restare) in attesa di. **3** (*of a meal*) ritardare, rimandare: *don't ~ dinner for me* non ritardate il pranzo per me. □ *to ~ s.o.'s* **convenience** aspettare i comodi di qd.; *to ~* **for** aspettare, attendere: *to ~ for the bus* aspettare l'autobus; *to ~ for s.o. to do s.th.* aspettare che qd. faccia qc.; *to ~ for s.th. to happen* aspettare che qc. accada; *to ~* **on:** 1 servire; 2 (*to serve at a meal*) servire a tavola; 3 (*to serve as an escort*) scortare, accompagnare; *to ~* **out** aspettare la fine di: *they –ed out the war before getting married* aspettarono, per sposarsi, la fine della guerra; *to ~ and* see stare a vedere (come vanno le cose); *to ~* (*at, on*) **table** servire a tavola; *to ~* **up** rimanere alzato, non andare a letto in attesa di: *he –ed up to hear the midnight news* rimase alzato per ascoltare il notiziario di mezzanotte; *to ~ up for s.o.* aspettare qd. in piedi; *to ~* **upon** = *to* **wait on.**

wait[2] *s.* **1** attesa *f,* periodo *m* di attesa: *we have a long ~ in front of us* abbiamo davanti a noi una lunga attesa. **2** *pl.* (*group of carollers at Christmas*) cantanti e sonatori *mpl* che vanno di casa in casa la notte di Natale. □ *to lie in ~* stare in agguato; *to ⌜lie in⌝* (*o* lay) *~ for s.o.* tendere un'imboscata a qd.

wait-and-see I *s.* attesa *f.* **II** *a.* di attesa. □ *a policy of ~* una politica di attesa, attendismo *m.*

waiter ['weitə] *s.* **1** chi aspetta, chi attende. **2** (*man who waits at table*) cameriere *m: ~, the bill, please!* il conto, per favore! **3** (*tray, salver*) vassoio *m.* **waitering** [–riŋ] *s.* lavoro *m* (*o* impiego) di cameriere.

waiting ['weitiŋ] *s.* **1** attesa *f,* l'aspettare. **2** ⟨*Strad*⟩ sosta *f: no ~* divieto di sosta. **3** → **waitering.** □ *in ~:* 1 ⟨*Mil*⟩ disponibile, a disposizione; 2 (nei composti) al servizio di.

waiting| game *s.* temporeggiamento *m.* □ *to play a ~* aspettare il momento propizio. **~ list** *s.* lista *f* di attesa. **~ maid** *s.* cameriera *f* personale. **~ man** [mən] *s.irr.* cameriere *m* personale. **~ period** *s.* ⟨*Assic*⟩ carenza *f,* periodo *m* di aspettativa. **~ room** *s.* sala *f* ⌜d'aspetto⌝ (*o* d'attesa).

waitress ['weitris] *s.* cameriera *f.*

waive [weiv] *v.t.* **1** rinunciare a (*anche Dir.*): *to ~ a right* rinunciare a un diritto. **2** (*to put aside*) mettere da parte: *to ~ formalities* mettere da parte le formalità. '**waiver** [–ə] *s.* ⟨*Dir*⟩ **1** rinuncia *f.* **2** (*document*) atto *m* di rinuncia.

wake[1] [weik] *v.* (*pret.* **woke** [wouk]/**waked** [–t], *p.p.* **woken** ['woukən]/**waked/woke**) **I** *v.i.* **1** (spesso con *up*) svegliarsi, destarsi, risvegliarsi: *I woke at dawn* mi svegliai all'alba; *to ~ up in a bad mood* svegliarsi di cattivo umore. **2** ⟨*fig*⟩ (spesso con *up: to return to alertness*) svegliarsi, scuotersi; (*to become aware of*) rendersi conto (*to* di), aprire gli occhi (su), prendere coscienza (di): *the country finally woke up to the danger* il paese finalmente si rese conto del pericolo. **3** (*to hold a wake*) vegliare un morto, fare una veglia funebre. **II** *v.t.* **1** (spesso con *up*) svegliare, destare: *I'll ~ you up at six* ti sveglierò alle sei. **2** ⟨*fig*⟩ (spesso con *up*) svegliare, scuotere, spronare; (*to cause to become aware of s.th.*) rendere consapevole, aprire gli occhi a. **3** (*to raise, revive*) rievocare, ridestare, suscitare: *to ~ sad memories* rievocare tristi ricordi. **4** (*to hold a wake over*) vegliare. ▢ ⟨*fam*⟩ *to make enough noise to ~ the dead* far tanto rumore da svegliare i morti; *to ~ an echo* sollevare un'eco.

wake² *s.* **1** veglia *f* funebre. **2** ⟨*Stor*⟩ (*festival in honour of the patron saint*) festa *f* in onore del santo patrono; (*on the anniversary of the dedication of a church*) festa *f* per l'anniversario della consacrazione di una chiesa. **3** *pl.* (*in the North of England;* costr. sing. o pl.) festa *f* annuale.

wake³ *s.* **1** ⟨*Mar,Astr*⟩ scia *f.* **2** ⟨*estens*⟩ orma *f,* traccia *f,* scia *f.* ▢ *in the ~ of:* **1** (*immediately behind*) subito dietro; **2** ⟨*fig*⟩ (*as a result of*) come conseguenza (o strascico) di.

wakeful ['weikful] *a.* **1** insonne, che non riesce a dormire. **2** ⟨*fig*⟩ vigile, vigilante, all'erta. **wakefully** [–i] *avv.* senza dormire, sveglio. **wakefulness** [–nis] *s.* **1** mancanza *f* di sonno, insonnia *f.* **2** ⟨*fig*⟩ lo stare vigile (o all'erta).

wakeless ['weiklis] *a.* (*of sleep*) profondo, pesante.

waken ['weikən] **I** *v.t.* **1** (ri)svegliare, destare. **2** ⟨*fig*⟩ (spesso con *up*) scuotere, svegliare. **II** *v.i.* **1** (spesso con *up*) (ri)svegliarsi, destarsi. **2** ⟨*fig*⟩ scuotersi, svegliarsi. **wakening** [–iŋ] *s.* risveglio *m.* **waking** [–kiŋ] **I** *a.* **1** che si desta. **2** (*awake*) sveglio, desto. **3** ⟨*fig*⟩ che si scuote. **II** *s.* lo svegliarsi, risveglio *m.* ▢ *in one's ~ hours* nelle ore di veglia.

Walach, Walachian → **Wallach, Wallachian.**

Waldenses [wɔl'densi:z] *s.pl.* ⟨*Rel*⟩ valdesi *mpl.* **Waldensian** [–siən] **I** *a.* valdese. **II** *s.* valdese *m/f.*

wale [weil] **I** *s.* **1** segno *m* lasciato da una frustata. **2** ⟨*Tess*⟩ costa *f.* **II** *v.t.* **1** segnare ⸢con la frusta⸣ (o a scudisciate). **2** ⟨*Tess*⟩ tessere a coste.

wale knot *s.* **→ wall knot.**

Wales [weilz] *N.pr.* ⟨*Geog*⟩ Galles *m: New South ~* Nuovo Galles del sud.

Walhalla [wæl'hælə] *s.* (*Valhalla*) Walhall(a) *m.*

waling ['weiliŋ] *s.* ⟨*Edil*⟩ **1** (*wale*) trave *f* orizzontale in legno. **2** ⟨*collett*⟩ travi *fpl* orizzontali in legno.

walk¹ [wɔːk] **I** *v.i.* **1** camminare: *the baby is learning to ~* il bambino impara a camminare; *~, don't run* cammina, non correre; (*to go on foot*) andare a piedi, camminare: *shall we ~ or take a bus?* andiamo a piedi o prendiamo l'autobus?; *to ~ home* andare a casa a piedi; (*to take a walk*) passeggiare, andare a spasso, fare una passeggiata. **2** (*of a horse, etc.*) andare al passo. **3** ⟨*fig*⟩ agire, comportarsi: *we must ~ carefully to avoid offending them* dobbiamo agire con cautela per non offenderli. **4** ⟨*Occult*⟩ (*of a spirit*) apparire. **II** *v.t.* **1** camminare su (o attraverso, per), percorrere: *to ~ the streets at night* camminare per le strade di notte. **2** (*of a distance*) percorrere (camminando): *to ~ ten miles* percorrere dieci miglia. **3** (*of an animal: to cause to walk*) far andare al passo. **4** (*to accompany on foot*) accompagnare (a piedi): *I'll ~ you home* ti accompagnerò a casa (a piedi). **5** (*to compel to walk*) fare (o costringere a) camminare. ▢ *to ~ about* gironzolare, andare ⸢in giro⸣ (o a spasso); *to ~ along a road* camminare lungo una strada; *to ~ around:* **1** *to walk about;* **2** camminare intorno a; **3** (*of an obstacle, etc.*) aggirare, girare attorno a; *to ~ away:* **1** andare via, andarsene; **2** (*of time*) passare (o trascorrere) camminando: *he –ed the whole afternoon away* passò tutto il pomeriggio a camminare; *to ~ away from* (*to outrun*) distanziare, staccare, superare facilmente; ⟨*fam*⟩ *to ~ away from an accident* uscire incolume (o senza gravi danni) da un incidente; *to ~ away with* vincere con facilità; *to ~ back* ritornare a piedi; *to ~ behind s.o.* camminare dietro qd.;

⟨*Teat*⟩ *to ~ the* **boards** calcare le scene, fare l'attore; *to ~* **down:** **1** scendere, discendere: *to ~ down the hill* scendere la collina; **2** (*of shoes, heels*) consumare (camminando); *to ~ on one's* **hands** camminare sulle mani; *to ~* **in** entrare: *he –ed in without knocking* entrò senza bussare; *to ~* **into:** **1** entrare in: *to ~ into a room* entrare in una stanza; **2** (*to collide with*) sbattere (o urtare contro) camminando: *to ~ into a lamp-post* sbattere contro un lampione camminando; *to ~ into a trap* cadere in una trappola; *to ~* **off** andarsene, andar via: *he –ed off in disgust* se ne andò disgustato; *to ~ off the edge of a precipice* cascare (o piombare giù) in un precipizio; *to ~ off one's dinner* camminare per ⸢smaltire il pranzo⸣ (o digerire); ⟨*fam*⟩ *~ s.o. off his feet* (o *legs*) stancare qd. a furia di farlo camminare; *to ~* **off with:** **1** = *to walk* **away with;** **2** ⟨*fam*⟩ (*to steal*) rubare, ⟨*gerg*⟩ sgraffignare; *to ~* **on:** **1** proseguire, andare avanti (camminando); **2** ⟨*Teat*⟩ fare la comparsa; *I asked him to help but he just –ed on* gli chiesi aiuto ma proseguì per la sua strada; *to ~* **out:** **1** uscire; **2** (*to leave as a sign of protest*) andarsene (o uscire) in segno di disapprovazione (o protesta); **3** (*to walk with long steps*) camminare a lunghi passi; **4** (*to go on strike*) scioperare, entrare in sciopero; **5** (*to engage in courtship*) fare (al)l'amore (*with* con); ⟨*sl*⟩ *to ~* **out on** piantare in asso; *to ~* **over:** **1** ⟨*Sport*⟩ (*in horse racing*) vincere una corsa per il ritiro degli altri concorrenti; **2** ⟨*Sport*⟩ (*to beat easily*) battere facilmente; **3** ⟨*fig*⟩ vincere facilmente, stravincere; ⟨*fam*⟩ *to ~ all over* (*to treat badly*) maltrattare; *to ~* **round** = *to walk* **around;** *to ~ in one's* **sleep** camminare nel sonno; *to ~* **through** camminare attraverso, attraversare camminando; *to ~* **up:** **1** salire (a piedi); **2** (*to approach, come up*) avvicinarsi, accostarsi (*to* a): *he –ed up to me* mi si avvicinò; **3** (*to walk upstairs*) salire al piano superiore, andare sopra; *~ up!* venite, venite!, avvicinatevi!; *to ~ up and down* camminare ⸢su e giù⸣ (o avanti e indietro).

walk² *s.* **1** passeggiata *f,* giro *m,* camminata *f: to go for a ~* fare una passeggiata. **2** (*distance to be walked*) cammino *m,* percorso *m: five minutes' ~ from the shop* cinque minuti di cammino dal negozio. **3** (*walking gait*) passo *m,* andatura *f* al passo; (*of a horse, etc.*) andatura *f* al passo. **4** (*manner of walking*) andatura *f,* camminata *f,* camminare *m,* passo *m: he has the ~ of a sailor* ha l'andatura di un marinaio; *I recognized him by his ~* lo riconobbi al passo. **5** (*path*) sentiero *m,* vialetto *m;* (*course for walking*) itinerario *m,* percorso *m: the map showed several –s over the hills* la carta mostrava diversi itinerari sulle colline. **6** (*am*) (*sidewalk*) marciapiede *m.* **7** (*rope walk*) corderia *f.* **8** ⟨*Sport*⟩ marcia *f: the 50–kilometre ~* la marcia dei 50 km. ▢ ⟨*fig*⟩ *~ of life:* **1** (*social rank*) ceto *m,* classe *f* (sociale); **2** (*vocation, profession*) professione *f,* occupazione *f.*

walkable ['wɔːkəbl] *a.* **1** (*of ground, a path, etc.*) praticabile, che si può percorrere (a piedi) **2** (*of distances*) percorribile a piedi.

walkaway ['wɔːkəwei] *s.* ⟨*fam*⟩ (*easily-won contest*) gara *f* (o corsa) vinta con facilità.

walker ['wɔːkə] *s.* **1** camminatore *m* (*f* –trice). **2** ⟨*Sport*⟩ podista *m/f,* marciatore *m* (*f* –trice). **3** ⟨*venat*⟩ (*hound trainer*) chi addestra i cuccioli alla caccia. **4** (*for babies*) girello *m.*

walker-on *s.* ⟨*Teat*⟩ comparsa *f.*

walkie-talkie ['wɔːki'tɔːki] *s.* ⟨*Rad*⟩ radiotelefono *m,* apparecchio *m* radiotelefonico portatile.

walking ['wɔːkiŋ] **I** *s.* il camminare, camminata *f,* passeggiata *f: ~ is my only exercise* camminare è la mia unica ginnastica. **II** *a.* **1** (*that walks*) che cammina. **2** (*used in, for walking*) da passeggio: *~ shoes* scarpe da passeggio. **3** (*characterized by walking*) caratterizzato da (molte) passeggiate: *a ~ holiday* una vacanza caratterizzata da molte passeggiate. **4** ⟨*fam*⟩ (*going around in human form*) ambulante: *he's a ~ encyclopedia* è un'enciclopedia ambulante. **5** ⟨*Agr*⟩ (*of a machine, implement*) a trazione animale. **6** ⟨*Mecc*⟩ oscillante, mobile.

walking| beam *s.* ⟨*Mecc*⟩ bilanciere *m.* **~ crane** *s.* gru *f* mobile. **~ gentleman, ~ lady** *s.* ⟨*Teat*⟩ comparsa *f.* ~

line *s.* ⟨*Edil*⟩ linea *f* di demarcazione delle scale. ~ **orders** *s.pl.* ⟨*fam*⟩ licenziamento *m.* ▢ *to give s.o. his* ~ licenziare qd., ⟨*fam*⟩ mandare a spasso qd. ~ **papers** *am. s.pl.* → walking orders. ~ **shoes** *s.pl.* scarpe *fpl* da passeggio. ~ **stick** *s.* bastone *m* da passeggio. ~ **ticket** *am. s.* → walking orders. ~ **tour** *s.* giro *m* turistico a piedi.

walk|-on *s.* ⟨*Teat*⟩ **1** (*part*) parte *f* da comparsa, comparsata *f.* **2** (*player*) comparsa *f.* ~**-out** *s.* **1** l'uscire in segno di disapprovazione (*o* protesta). **2** (*strike*) sciopero *m.* ~**-over** *s.* ⟨*Sport*⟩ (*unopposed victory*) vittoria *f* incontrastata; (*easy victory*) vittoria *f* facile; (*in horse racing*) corsa *f* a cui partecipa un solo concorrente. ~**-through** *s.* **1** ⟨*Teat*⟩ prova *f* senza costumi. **2** ⟨*TV*⟩ prova *f* senza telecamere. ~**-up (flat)** *s.* appartamento *m* di edificio senza ascensore. ~**way** *s.* **1** ⟨*Mar*⟩ passerella *f.* **2** (*path for pedestrians*) passaggio *m* pedonale.

Walkyrie [wæl'ki(ə)ri, væl'k–] *s.* (*Valkyrie*) valchiria *f.*

walky-talky *s.* → walkie-talkie.

wall [wɔːl] **I** *s.* **1** muro *m: a stone* ~ un muro di pietra; (*of a room, an interior*) parete *f*, muro *m.* **2** ⟨*Mil,Arch*⟩ muro *m*, muraglia *f.* **3** ⟨*Edil,Idr*⟩ muro *m* (di sostegno). **4** ⟨*fig*⟩ barriera *f*, muro *m: a* ~ *of silence* una barriera di silenzio. **5** *pl.* ⟨*fig*⟩ (*area of influence*) cerchia *f: there is a traitor within our* ~*s* c'è un traditore nella nostra cerchia. **6** (*defining surface of a cavity, vessel*) parete *f* ⟨*anche* Anat.⟩. **7** ⟨*Minier*⟩ parete *f*, muro *m.* **II** *v.t.* **1** fornire (*o* munire) di muro; (*to surround with a wall;* spesso con *in*) circondare con un muro; (*of a town, fort, etc.*) cingere di mura, proteggere con mura. **2** (*to partition with a wall;* spesso con *off*) dividere con un muro. **3** (*to seal with a wall;* spesso con *up*) murare, chiudere con un muro: *to* ~ *up a window* murare una finestra. ▢ ⟨*fam*⟩ *to be up against a* (*o the*) ~ essere (*o* trovarsi) con le spalle al muro; ⟨*fig*⟩ *to fight with one's* **back** *to the* ~ lottare con le spalle al muro; ⟨*fig*⟩ *to* **drive** *s.o. to the* ~ mettere qd. con le spalle al muro; ⟨*fig*⟩ *to* **go** *to the* ~: 1 (*in a competitive struggle*) avere la peggio; 2 (*to go bankrupt*) fallire, fare fallimento; *the Great* ~ *of China* la muraglia cinese, la grande muraglia; ⟨*fig*⟩ *to* **run** (*o bash*) *one's* **head** *against a* (*brick*) ~ battere il capo nel muro, dare la testa contro il muro; *the story must not be repeated* **outside** *these* (*four*) ~*s* la storia deve rimanere tra noi; ⟨*sl*⟩ *to go* **over** *the* ~ (*to break out of prison*) evadere; ⟨*fam*⟩ *to be able to* **see** *through a* (*brick*) ~ avere un grande intuito, essere molto perspicace; ⟨*fam*⟩ *talking to him is like talking to a* (*brick*) ~ parlare a lui è come parlare al muro; ⟨*fam*⟩ *to* **drive** *s.o.* **up** *the* ~ far arrabbiare qd., far uscire dai gangheri qd. *Prov.: ~s have ears i muri hanno orecchi, i muri parlano.*

walla ['wɔlə] *s.* **1** (*in India: employee*) impiegato *m;* (*servant*) servo *m.* **2** ⟨*fam*⟩ (*fellow*) individuo *m*, tipo *m*, tizio *m.*

wallaby ['wɔləbi] *s.* **1** ⟨*Zool*⟩ macropo *m.* **2** ⟨*fam*⟩ (*Australian*) australiano *m* (*f* –a).

Wallach ['wɔlək] *s.* valacco *m* (*f* –a). **Wallachia** [–'leikjə] *N.pr.* ⟨*Geog*⟩ Valacchia *f.* **Wallachian** [–'leikjən] **I** *a.* valacco. **II** *s.* **1** → Wallach. **2** (*language*) lingua *f* valacca.

wallah *s.* → walla.

wall| bars *s.pl.* ⟨*Ginn*⟩ spalliera *f* (svedese). ~ **bed** *s.* letto *m* ribaltabile. ~ **board** *s.* ⟨*Edil*⟩ pannello *m* di cartone per tramezzi. ~ **bracket** *s.* mensola *f* a muro.

walled [wɔːld] *a.* **1** circondato (*o* cinto) da un muro. **2** (nei composti) dalle (*o* con le) mura ...: *a white*-~ *house* una casa dalle mura bianche.

wallet ['wɔlit] *s.* **1** portafoglio *m.* **2** ⟨*ant*⟩ (*beggar's or pilgrim's bag*) bisaccia *f;* (*knapsack*) zaino *m.*

wall|-eyed *a.* **1** ⟨*Med*⟩ affetto da glaucoma corneale. **2** ⟨*fig*⟩ strabico. **3** ⟨*sl*⟩ con le pupille dilatate. **4** ⟨*sl*⟩ (*drunk*) ubriaco. ~ **fern** *s.* ⟨*Bot*⟩ felce *f* dolce, liquirizia *f* 'dei boschi' (*o* falsa). ~**flower** *s.* **1** ⟨*Bot*⟩ violacciocca *f* gialla. **2** ⟨*fam*⟩ (*girl not invited to dance*) ragazza *f* che fa da tappezzeria. ~ **fruit** *s.* frutto *m* di spalliera.

walling ['wɔːliŋ] *s.* **1** (*wall*) muro *m.* **2** (*material for walls*) materiale *m* per muri.

wall| knot *s.* ⟨*Mar*⟩ piede *m* di pollo. ~ **lizard** *s.* ⟨*Zool*⟩

lucertola *f* (muraiola). ~ **map** *s.* carta *f* murale.

Walloon [wɔ'luːn] **I** *s.* **1** vallone *m/f.* **2** (*dialect*) vallone *m*, dialetto *m* vallone. **II** *a.* vallone.

wallop ['wɔləp] **I** *v.t.* ⟨*fam*⟩ battere, percuotere, picchiare. **II** *s.* **1** ⟨*fam*⟩ colpo *m* violento, bastonata *f*, percossa *f.* **2** ⟨*fam*⟩ (*loud noise, crash*) fragore *m*, fracasso *m*, frastuono *m.* **3** ⟨*sl*⟩ (*beer*) birra *f.* **walloping** [–iŋ] ⟨*fam*⟩ **I** *s.* **1** bastonatura *f*, legnate *fpl*, percosse *fpl*, botte *fpl.* **2** (*decisive defeat*) sconfitta *f* decisiva. **II** *a.* enorme, grandissimo.

wallow ['wɔlou] **I** *v.i.* **1** sguazzare (*anche fig.*): *to* ~ *in the mud* sguazzare nel fango; (*to roll about*) rotolarsi, voltolarsi. **2** ⟨*fig*⟩ (*to indulge to excess, revel*) crogiolarsi, deliziarsi, trovare diletto (*in* in). **II** *s.* **1** lo sguazzare, il guazzare. **2** (*wallowing place*) pantano *m.*

wall| painting *s.* pittura *f* murale. ~**paper I** *s.* carta *f* da parati. **II** *v.t.* rivestire con carta da parati. ~ **plate** *s.* **1** ⟨*Edil*⟩ piano *m* di posa. **2** ⟨*Minier*⟩ trave *f* verticale di cunicolo. ~ **plug** *s.* ⟨*Edil*⟩ presa *f* di corrente a muro. ~ **Street I** *N.pr.* (*in New York City*) Wall Street *f.* **II** *s.* ⟨*fig*⟩ mercato *m* finanziario americano. ~ **unit** *s.* ⟨*Arred*⟩ pensile *m.*

Wally ['wɔli] *N.pr. dim. di* Walter.

walnut ['wɔːlnʌt] *s.* **1** ⟨*Bot*⟩ noce *m.* **2** (*fruit*) noce *f.* **3** (*wood*) noce *m*, legno *m* di noce.

Walpurgis night [vɑ'puəgis] *s.* notte *f* di santa Valpurga.

walrus ['wɔːlrəs] *s.* ⟨*Zool*⟩ odobeno *m*, tricheco *m.*

walrus m(o)ustache *s.* ⟨*Mod*⟩ baffi *mpl* spioventi.

Walt [wɔːlt] *N.pr. dim. di* Walter.

Walter ['wɔltə] *N.pr.* Gualtiero *m*, Walter *m.*

waltz [wɔːls, *am.* –lts] **I** *s.* valzer *m.* **II** *a.* di valzer. **III** *v.i.* **1** ballare il valzer. **2** ⟨*fam*⟩ (*to proceed without a hitch;* general. con *through*) superare facilmente, procedere senza intoppi: *to* ~ *through an examination* superare facilmente un esame. **IV** *v.t.* far ballare il valzer a. **'waltzer** [–ə] *s.* danzatore *m* (*f* –trice) di valzer.

waltz| measure, ~ **time** *s.* ⟨*Mus*⟩ tempo *m* di valzer.

wan [wɔn] *a.* (*compar.* **'wanner** [–ə], *sup.* **'wannest** [–ist]) **1** (*of a complexion*) pallido, cereo, smorto, scolorito, esangue; (*of a person*) pallido. **2** (*languid, feeble*) debole, languido, fiacco: *a* ~ *smile* un sorriso debole. **3** ⟨*ant*⟩ (*dark*) scuro, oscuro. ▢ *to grow* ~ impallidire.

wand [wɔnd] *s.* **1** bacchetta *f*, bastoncino *m: a magician's* ~ una bacchetta magica. **2** (*staff of authority*) bacchetta *f*, bastone *m* di comando. **3** (*conductor's baton*) bacchetta *f* (di direttore d'orchestra).

wander ['wɔndə] **I** *v.i.* **1** vagare, girovagare, errare, girare senza meta, vagabondare: *to* ~ *through the woods* vagare per i boschi. **2** (*to go idly about;* general. con *about*) gironzolare, girellare, girare (oziosamente). **3** (*of the eyes, glance, etc.*) vagare, errare. **4** ⟨*fig*⟩ (*to go astray morally*) allontanarsi dalla retta via, sviarsi. **5** ⟨*fig*⟩ (*to lose rationality*) delirare, vaneggiare, farneticare: *the fever caused his mind to* ~ la febbre lo faceva delirare. **6** ⟨*fig*⟩ (*to stray from the point*) divagare, scostarsi dall'argomento; (*of thoughts, etc.*) vagare. **II** *v.t.* vagare per, girovagare per, vagabondare per, girare senza meta per: *to* ~ *the streets* vagare per le strade. ▢ *to* ~ (*away*) *from the point* divagare (dal tema), scostarsi dall'argomento; *to* ~ *from the path of righteousness* allontanarsi dalla retta via; *to* ~ *in* fare una visitina (*o* capatina); *to* ~ *off* (*to stray from a group*) staccarsi (*o* allontanarsi) da un gruppo.

wanderer ['wɔndərə] *s.* vagabondo *m* (*f* –a), girovago *m* (*f* –a). **wandering** [–riŋ] **I** *s.* **1** il vagare, vagabondaggio *m.* **2** *pl.* (*aimless travels*) vagabondaggi *mpl.* **3** *pl.* ⟨*fig*⟩ (*mental vagrancies*) fantasticherie *fpl*, fantasie *fpl.* **4** *pl.* ⟨*fig*⟩ (*delirious speech*) vaneggiamento *m*, farneticamento *m*, delirio *m.* **II** *a.* **1** vagante, vagabondo, errante; (*nomadic*) nomade: ~ *tribes* tribù nomadi. **2** ⟨*fig*⟩ (*irrational*) delirante, farneticante.

wandering| dune *s.* ⟨*Geol*⟩ duna *f* mobile. ~ **Jew** *s.* ebreo *m* errante. ~ **star** *s.* ⟨*Astr*⟩ pianeta *m.*

wanderlust ['wɔndəlʌst] *s.* voglia *f* di girovagare (*o* viaggiare).

wane [wein] **I** *v.i.* **1** ⟨*Astr*⟩ calare, decrescere, declinare, scemare. **2** ⟨*fig*⟩ declinare, decrescere, scemare: *his glory* *was waning* la sua gloria declinava. **3** (*to come to a close*) volgere alla fine, finire, tramontare, declinare: *day began to* ~ il giorno volgeva alla fine. **II** *s.* **1** ⟨*Astr*⟩ il decrescere (*o* calare) della luna; (*period of waning*) fase *f* decrescente. **2** ⟨*fig*⟩ declino *m*, decadimento *m*. □ *to be on* (*o at, in*) *the* ~: 1 ⟨*Astr*⟩ essere in fase decrescente; 2 ⟨*fig*⟩ essere in declino.

wangle ['wæŋgl] **I** *v.t.* ⟨*fam*⟩ **1** falsificare, alterare: *to* ~ *the company's books* falsificare i libri sociali. **2** (*to achieve, obtain by trickery*) procurarsi (*o* ottenere) con l'astuzia (*o* l'inganno), ⟨*fam*⟩ rimediare: *to* ~ *a free ticket* rimediare un biglietto omaggio. **II** *s.* maneggio *m*, intrigo *m*, briga *f*. **wangler** [-ə] *s.* ⟨*fam*⟩ imbroglione *m* (*f* –a), ⟨*spreg*⟩ traffichino *m* (*f* –a).

waning moon ['weiniŋ] *s.* ⟨*Astr*⟩ luna *f* calante.

wanly ['wɔnli] *avv.* debolmente, fiaccamente: *to smile* ~ sorridere debolmente. **wanness** [-nis] *s.* pallore *m*, pallidezza *f.* **wannish** [-niʃ] *a.* palliduccio, piuttosto pallido.

want[1] [wɔnt] **I** *v.t.* **1** volere: *I* ~ *that one* voglio quello; *do you* ~ *to come with me?* vuoi venire con me?; *I* ~ *my steak underdone* voglio la mia bistecca al sangue. **2** (*to need*) avere bisogno di, necessitare di, abbisognare di: *the grass* –*s cutting* l'erba ha bisogno di essere tagliata. **3** (*to take, require;* costr. impers.) volerci, essere necessario: *it* –*ed all my strength to lift the box* c'è voluta tutta la mia forza per sollevare la scatola. **4** (*with infinitives: ought, should*) dovere, bisognare, occorrere: *you* ~ *to be more careful* dovresti stare più attento. **5** (*to request, require the presence of*) avere bisogno di, richiedere la presenza di: *you will not be* –*ed this afternoon* non avrem bisogno di te questo pomeriggio. **6** (*to demand, ask for*) chiedere, volere, esigere, pretendere; (*to request to see, speak to*) volere, chiedere di vedere (*o* parlare a): *the boss* –*s you in his office* il capo ti vuole nel suo ufficio. **7** (*to lack, be deficient in*) mancare di, essere privo di, difettare di: *to* ~ *politeness* mancare di educazione. **8** (*to fall short by*) mancare: *it* –*ed five minutes to midnight* mancavano cinque minuti a mezzanotte. **II** *v.i.* (*to be needy*) essere in miseria (*o* nell'indigenza). **III** *s.* **1** esigenza *f*, necessità *f*, bisogno *m*: *a person of few* –*s* una persona di poche esigenze. **2** (*state, quality of lacking*) mancanza *f*, carenza *f*: ~ *of funds* mancanza di fondi; *the crop was bad for* ~ *of rain* il raccolto non fu buono per mancanza di pioggia. **3** (*need, destitution*) povertà *f*, indigenza *f.* □ *to* ~ *back* volere indietro, rivolere: *you can borrow it but I* ~ *it back* puoi prenderlo in prestito ma lo voglio indietro; ⟨*fam*⟩ *it* –*s some* **doing** non è una cosa facile, richiede un bel daffare; *to* ~ **for**: 1 avere bisogno (*o* necessità) di, necessitare di: *with such a salary he should not* ~ *for anything* con uno stipendio simile non dovrebbe avere bisogno di niente; 2 (*to be deficient in*) mancare di, essere privo di: *he does not* ~ *for courage* non manca di coraggio; *to* ~ *for nothing* avere tutto quello che si desidera, non avere bisogno di nulla; *to be in* ~ essere in miseria; *to be in* ~ *of s.th.* avere bisogno di qc., necessitare di qc.; ⟨*Dir*⟩ ~ *of* **jurisdiction** incompetenza *f*; *what do you* ~ *with me?* che vuoi da me?

want ad *s.* offerta *f* d'impiego (*o* di lavoro).

wantage ['wɔntidʒ] *s.* ⟨*Comm*⟩ ammanco *m*, deficit *m*.

wanted ['wɔntid] *a.* **1** richiesto, che occorre, che serve: *your presence is* ~ è richiesta la vostra presenza. **2** (*in advertisements*) cercasi: ~*, gardener and odd–job man* cercasi giardiniere e tuttofare. **3** (*sought by the law*) ricercato: ~ *for robbery* ricercato per furto. **wanting** [-tiŋ] **I** *a.* **1** (*lacking, missing*) che manca, mancante. **2** (*deficient*) privo, mancante (*in* di), senza (qc.): *to be* ~ *in courage* essere privo di coraggio. **II** *prep.* **1** (*without*) senza: *a motor* ~ *a battery* un motore senza batteria. **2** (*minus*) meno: *a hundred pounds* ~ *a few shillings* cento sterline meno qualche scellino.

wanton ['wɔntən] **I** *a.* **1** deliberato, gratuito, senza motivo, arbitrario: *a* ~ *insult* un insulto deliberato. **2** (*unrestrained*) sfrenato, sregolato, smodato, senza freni: ~ *violence* violenza sfrenata. **3** (*licentious*) licenzioso, impudico, scostumato, lascivo. **4** (*extravagant, lavish*) eccessivo, esagerato, smodato: ~ *expenses* spese eccessive.

5 (*frolicsome*) giocoso, allegro, gaio; (*capricious*) capriccioso: ~ *breezes* brezze capricciose. **II** *s.* **1** libertino *m*, persona *f* licenziosa, dissoluto *m;* (*unchaste woman*) donna *f* scostumata, sgualdrina *f*, donnaccia *f.* **2** ⟨*rar*⟩ (*frolicsome child*) monello *m*. **III** *v.i.* **1** essere lascivo (*o* impudico). **2** (*to frolic*) scherzare, giocare, giocherellare. □ ~ *destruction* vandalismo *m*. **wantonly** [-li] *avv.* **1** sfrenatamente, smodatamente. **2** (*lasciviously*) licenziosamente. **3** (*frolicsomely*) gaiamente, allegramente, spensieratamente. **wantonness** [-tənnis] *s.* **1** sfrenatezza *f*, sregolatezza *f.* **2** (*lasciviousness*) licenziosità *f*, lascivia *f.* **3** (*frolicsomeness*) allegria *f*, gaiezza *f*, spensieratezza *f.*

wap[1] [wæp] *v.* (pret., p.p. **wapped** [-t]) → **whop**.

wap[2] *s.* → **whop**.

war [wɔː] **I** *s.* **1** guerra *f: the art of* ~ l'arte della guerra; *cold* ~ guerra fredda; (*state of armed hostility*) guerra *f*, ostilità *fpl*. **2** ⟨*fig*⟩ guerra *f*, lotta *f: the* ~ *against poverty* la guerra contro la povertà; *class* ~ lotta di classe. **II** *a.* **1** di guerra, bellico. **2** (*used in war*) bellico. **III** *v.i.* (*pret., p.p.* **warred** [-d]) **1** fare guerra, guerreggiare: *to* ~ *against a neighbouring country* fare guerra a un paese vicino. **2** ⟨*fig*⟩ combattere, muovere guerra a: *to* ~ *against evil* combattere il male. **3** ⟨*fig*⟩ (*to be in conflict*) essere in conflitto, contrastare (*with* con): *his greed* –*red with his conscience* la sua avidità era in conflitto con la sua coscienza. □ ~ *of* **aggression** guerra *f* di aggressione (*o* offesa); *to be at* ~ essere in guerra (*with* con) (*anche fig.*); ⟨*Mil*⟩ ~ *of* **attrition** guerra *f* di logoramento; *civil* ~ guerra *f* civile; *to* **declare** ~ dichiarare guerra (*on, upon* a); ~ *of* **extermination** guerra *f* di sterminio; *to* **go to** ~ entrare in guerra (*with, against* con, contro); *to go to the* ~ andare in guerra; *the* **great** ~ la grande guerra; ⟨*Stor*⟩ **holy** ~ guerra santa; ⟨*scherz*⟩ *you have been in the* –*s* come sei malconcio (*o* malridotto)!; ⟨*Stor*⟩ ~ *of* (*American*) **Independence** guerra *f* d'Indipendenza (americana); *on* **land** guerra *f* terrestre; *to* **make** ~ muovere guerra (*on, against* a, contro); ~ *of* **nerves** guerra *f* dei nervi; ~ *by* **proxy** guerra *f* per procura; ⟨*Stor.brit*⟩ *the* ~ *of the* **Roses** la guerra delle due rose; *to* **wage** ~ = *to* **make** war.

warble[1] ['wɔːbl] **I** *v.i.* **1** (*of birds*) trillare. **2** (*to sing*) cantare gorgheggiando, gorgheggiare. **II** *v.t.* **1** cantare gorgheggiando. **2** (*to express by warbling*) dire gorgheggiando. **III** *s.* **1** (*of birds*) trillo *m*, gorgheggio *m*. **2** (*of persons*) gorgheggio *m*. **3** (*warbled song, sound*) gorgheggi *mpl*, trilli *mpl*.

warble[2] *s.* **1** ⟨*Veter*⟩ callo *m* sul dorso del cavallo. **2** ⟨*Entom*⟩ larva *f* di tafano. **3** ⟨*Veter*⟩ tumore *m* provocato dalla larva del tafano.

warble fly *s.* ⟨*Entom*⟩ ipoderma *m*, tafano *m.*

warbler ['wɔːblə] *s.* **1** uccello *m* canoro. **2** *pl.* ⟨*Ornit*⟩ parulidi *mpl.* **warbling** [-liŋ] **I** *s.* **1** (*of birds*) trillo *m*, gorgheggio *m.* **2** (*of people*) gorgheggio *m.* **II** *a.* gorgheggiatore, che gorgheggia.

war|bond *s.* ⟨*Econ*⟩ obbligazione *f* di guerra. ~ **cloud** *s.* minaccia *f* di guerra. ~ **club** *s.* ⟨*Etnol*⟩ mazza *f* di guerra, clava *f.* ~ **correspondent** *s.* ⟨*Giorn*⟩ corrispondente *m* di guerra. ~ **criminal** *s.* criminale *m* di guerra. ~ **cry** *s.* grido *m* di guerra (*anche fig.*).

ward [wɔːd] **I** *s.* **1** (*act of guarding*) guardia *f*, difesa *f.* **2** (*state of being in custody*) custodia *f*, tutela *f* (*anche Dir.*). **3** ⟨*Dir*⟩ pupillo *m* (*f* –a), minore *m/f.* **4** (*administrative district*) distretto *m*, circoscrizione *f.* **5** (*of a hospital*) padiglione *m*, corsia *f: a* ~ *for twenty people* un padiglione per venti persone; (*division*) reparto *m: the maternity* ~ il reparto maternità. **6** (*of a prison*) reparto *m;* (*wing*) ala *f.* **7** ⟨*tecn*⟩ (*of a lock*) risalto *m* circolare; (*of a key*) intaglio *m*, seghettatura *f.* **8** ⟨*Sport*⟩ (*in fencing*) parata *f.* **II** *v.t.* **1** (general. con *off*) parare, scansare, evitare, schivare: *to* ~ *off a blow* parare un colpo; (*to avert*) scansare, scongiurare, allontanare, sventare: *to* ~ *off danger* scansare il pericolo. **2** (*to keep watch over*) sorvegliare, vigilare. □ ⟨*Dir*⟩ ~ *of the court* pupillo *m* sotto tutela d'ufficio; *to be made a* ~ *of the court* essere posto sotto la tutela d'ufficio.

war dance *s.* ⟨*Etnol*⟩ danza *f* di guerra.

ward block *s.* padiglione *m* letti (di ospedale).

warden ['wɔːdn] s. **1** guardiano m (f –a), custode m/f. **2** ⟨Univ⟩ (of certain Oxford colleges) presidente m, governatore m. **3** (game warden) guardacaccia m. **4** (air raid warden) addetto m alla protezione antiaerea. **5** (churchwarden) amministratore m laico di una parrocchia. **6** (traffic warden) vigile m urbano addetto al traffico. **7** (governor) governatore m. **8** ⟨am⟩ (of a prison) direttore m (di carcere).

warder[1] ['wɔːdə] s. guardia f carceraria, carceriere m, secondino m.

warder[2] s. ⟨Stor⟩ (staff of authority) bastone (di comando).

Wardour Street ['wɔːdɔː] **I** N.pr. (in London) Wardour Street f. **II** s. (film trade) industria f cinematografica inglese. **III** a. (of language) affettatamente arcaico.

wardress ['wɔːdris] s. carceriera f.

wardrobe ['wɔːdroub] s. **1** guardaroba m, armadio m guardaroba; (room for keeping clothes) guardaroba m (anche Teat.). **2** (clothes) guardaroba m, vestiario m, corredo m: to renew one's ~ rinnovare il guardaroba.

wardrobe| keeper s. ⟨Teat⟩ guardarobiere m (f –a). **~ mistress** s. ⟨Teat⟩ vestiarista f. **~ trunk** s. baule m (ad) armadio.

wardroom ['wɔːdruːm:] s. ⟨Mar⟩ quadrato m (degli) ufficiali.

wardship ['wɔːdʃip] s. ⟨Dir⟩ tutela f.

ware[1] [weə] s. **1** ⟨collett⟩ merci fpl, articoli mpl, mercanzie fpl. **2** ⟨collett⟩ (specific class of goods; spesso nei composti) prodotti mpl, articoli mpl: industrial ~ prodotti industriali. **3** ⟨Ceram⟩ ceramiche fpl.

ware[2] **I** v.t. (to beware; general. usato all'imperat.) stare attento a, guardarsi da. **II** a. **1** (aware) consapevole, conscio (of di). **2** (rar) (wary) vigile, attento, all'erta. □ ⟨venat⟩ ~ hounds! attenti ai cani!

warehouse I s. ['weəhaus] ⟨Comm⟩ magazzino m, deposito m; (wholesale shop) negozio m di vendita all'ingrosso. **II** v.t. ['weəhauz] immagazzinare, mettere in magazzino, depositare. □ ⟨Comm⟩ ex ~ franco deposito.

warehouse| bond s. ⟨Econ⟩ buono m di svincolo doganale. **~ certificate** s. ⟨Comm⟩ certificato m di deposito, nota f di magazzino. **~man** [mən] s.irr. **1** magazziniere m. **2** (wholesale merchant) commerciante m all'ingrosso, grossista m. **~ warrant** s. ⟨Comm⟩ fede f di deposito.

warehousing ['weəhauziŋ] s. **1** immagazzinamento m. **2** (warehouse facilities) magazzini mpl. **3** ⟨Econ⟩ deposito m doganale.

warfare ['wɔːfeə] s. **1** guerra f: nuclear ~ guerra nucleare. **2** (military operations) operazioni fpl militari. **3** (act of waging war) il guerreggiare, guerra f. **4** ⟨fig⟩ ostilità f, conflitto m.

war| footing s. l'essere pronto a dare inizio alle ostilità, l'essere sul piede di guerra. □ to put troops on a ~ mettere le truppe sul piede di guerra. **~ game** s. ⟨Mil⟩ gioco m di guerra. **~ hatchet** s. ⟨Etnol⟩ ascia f di guerra. **~ hawk** s. guerrafondaio m. **~head** s. ⟨Mil⟩ testata f, testa f esplosiva: nuclear –s testate nucleari. **~ horse** s. **1** (poet) cavallo m di battaglia. **2** ⟨fig⟩ (veteran) veterano m.

warily ['weərili] a. cautamente, con cautela, con circospezione. **wariness** [–rinis] s. cautela f, circospezione f.

warlike ['wɔːlaik] a. **1** guerriero, bellicoso, battagliero, marziale: a ~ people un popolo guerriero. **2** (characteristic of war) guerresco, di guerra, bellico, militare. **3** (threatening war) bellicoso: a ~ tone un tono (di voce) bellicoso.

war loan s. ⟨Econ⟩ prestito m di guerra.

warlock ['wɔːlɔk] s. ⟨ant⟩ stregone m, mago m.

warlord ['wɔːlɔːd] s. ⟨lett⟩ condottiero m, capo m militare.

warm [wɔːm] **I** a. **1** caldo: ~ weather tempo caldo; are you ~ enough? hai abbastanza caldo? **2** (producing, maintaining warmth) caldo, che produce calore, che tiene caldo: ~ cloth stoffa calda; (of activities) che scalda. **3** (of colours) caldo, intenso e luminoso. **4** ⟨fig⟩ (enthusiastic,

ardent) vivo, ardente, appassionato: a ~ interest un vivo interesse; a ~ advocate of a United Europe un ardente sostenitore dell'Europa unita; (animated, lively) animato, vivace, acceso: a ~ discussion una discussione animata; (cordial) caloroso, cordiale, caldo: a ~ welcome un'accoglienza calorosa. **5** (of a trail, scent) fresco, recente. **II** s. **1** scaldata f, scaldatina f: to give one's hands a ~ in front of the fire darsi una scaldata alle mani davanti al fuoco. **2** (British warm) (corto) soprabito m militare. **III** v.t. **1** (spesso con up) riscaldare, scaldare: the sun has –ed the sand il sole ha riscaldato la sabbia; to ~ up the broth scaldare il brodo. **2** ⟨fig⟩ riscaldare, dare calore a: his words –ed my heart le sue parole mi hanno riscaldato il cuore. **3** ⟨fig⟩ (to excite enthusiasm, zeal in) accendere, scaldare, infervorare; (to make lively, zestful) animare, ravvivare; (to make angry, resentful, etc.) scaldare, irritare. **IV** v.i. **1** (spesso con up) scaldarsi, riscaldarsi; (of weather) farsi caldo, (ri)scaldarsi. **2** ⟨fig⟩ (spesso con up) scaldarsi, entusiasmarsi, accendersi, accalorarsi, infervorarsi. □ to get ~: 1 (ri)scaldarsi, darsi una scaldata; 2 (of things) divenire caldo, (ri)scaldarsi; 3 (to cause to become warm) scaldare, riscaldare; 4 (fam) (to come near to the truth, be on the right track) avvicinarsi alla verità, essere sulla pista buona; you're getting ~ (in games) fuoco!, fuoco!; to grow ~: 1 (ri)scaldarsi; 2 ⟨fig⟩ (ri)scaldarsi, infervorarsi, accalorarsi; to keep ~: 1 (of people) stare caldo; 2 (of things) tenere in caldo; 3 (to cause to remain warm) tenere caldo; ⟨fam⟩ to make things ~ for s.o. rendere la vita impossibile a qd.; to ~ to (o towards): 1 (of people) affezionarsi a, prendere in simpatia (o a benvolere); 2 (of things) appassionarsi a: to ~ to one's work appassionarsi al proprio lavoro; to ~ up: 1 scaldare, riscaldare; 2 (of an engine) (far) scaldare; 3 ⟨Sport⟩ scaldarsi i muscoli; 4 ⟨fig⟩ (to increase in excitement, etc.) animarsi; 5 ⟨fig⟩ (to increase in tension, violence, etc.) infiammarsi, scaldarsi.

'warm-'blooded a. **1** ⟨Zool⟩ a sangue caldo. **2** ⟨fig⟩ (ardent) ardente, appassionato, pieno d'ardore; (hot –tempered) collerico, irascibile, infiammabile. **~ boot** s. ⟨Inform⟩ partenza f a caldo.

'warmed|-'over am., '~-'up [wɔːmd] a. (of food) riscaldato.

war memorial s. monumento m ai caduti in guerra.

warmer ['wɔːmə] s. arnese m per riscaldare, scaldino m.

warm| front s. ⟨Meteor⟩ fronte m caldo. **'~-'hearted** a. affettuoso, cordiale, caloroso. **,~-'heartedness** s. affettuosità f, cordialità f, calorosità f.

warming ['wɔːmiŋ] s. **1** lo scaldare, lo scaldarsi, riscaldamento m. **2** ⟨fam⟩ (thrashing) bastonatura f, percosse fpl, busse fpl, botte fpl. □ ⟨fam⟩ to give s.o. a ~ bastonare qd.

warming| pad s. termoforo m elettrico. **~ pan** s. scaldaletto m. **~-up** s. ⟨Sport⟩ riscaldamento m.

warmish ['wɔːmiʃ] a. piuttosto caldo.

warmly ['wɔːmli] avv. **1** in modo da tenere caldo. **2** ⟨fig⟩ calorosamente, caldamente: to thank s.o. ~ ringraziare qd. calorosamente.

war|monger s. guerrafondaio m, guerraiolo m. **~mongering** s. bellicismo m.

warmth [wɔːmθ] s. **1** calore m, caldo m. **2** ⟨fig⟩ calore m, cordialità f, calorosità f: the ~ of her smile il calore del suo sorriso; (intensity, vehemence) animazione f, vivacità f: he spoke with some ~ parlò con una certa animazione; (enthusiasm, zeal) calore m, ardore m, entusiasmo m, fervore m. **3** (of colours) intensità f, luminosità f.

warm-up s. **1** ⟨Sport⟩ → **warming up**. **2** ⟨tecn⟩ riscaldamento m.

warm-up suit am. s. tuta f da ginnastica.

warn [wɔːn] v.t. **1** avvertire, avvisare: to ~ s.o. of impending danger avvertire qd. di un pericolo imminente. **2** (to counsel) consigliare, ammonire, avvertire: I –ed her not to go le consigliai di non andare. **3** (to notify in advance) preannunciare, preavvisare. **4** ⟨Dir⟩ diffidare. ⊡ to ~ away tenere lontano: a sign –ed the drivers away from the traffic jam un segnale teneva lontano gli automobilisti dall'ingorgo stradale. || you have been –ed! sei stato avvertito! **'warning** [–iŋ] **I** s. **1** avvertimento m, ammonimento *m.* **2** (*s.th. that warns*) avvertimento *m*, avviso *m*, preavviso *m.* **3** (*notice, signal, etc., that warns*) allarme *m: air–raid* ~ allarme antiaereo. **4** (*notice of termination of a business relation*) preavviso *m: to dismiss s.o. without* ~ licenziare qd. ʿsenza preavvisoʾ (*o* in tronco); (*notice to quit*) lettera *f* di preavviso, preavviso *m.* **5** ⟨*Dir*⟩ diffida *f.* **II** *a.* d'avvertimento, ammonitore, di ammonimento: *a* ~ *look* uno sguardo d'avvertimento. □ *to give* ~: 1 avvertire, avvisare; 2 (*of an employee*) dare il preavviso a; 3 ⟨*Dir*⟩ diffidare.

warning| bell *s.* campanello *m* d'allarme. ~ **flasher** *s.* ⟨*Aut*⟩ lampeggiatore *m* d'emergenza. ~ **light** *s.* **1** ⟨*Mar*⟩ fanale *m* (*o* faro) di segnalazione. **2** ⟨*tecn*⟩ spia *f* luminosa. ~ **triangle** *s.* ⟨*Aut*⟩ triangolo *m.*

War| Office *s.* ⟨*Stor*⟩ ministero *m* della guerra. ~ **orphan** *s.* orfano *m* (*f* –a) di guerra.

warp [wɔ:p] **I** *v.t.* **1** deformare, curvare, (di)storcere, inarcare: *damp had –ed the wood panelling* l'umidità aveva deformato il rivestimento di legno. **2** ⟨*fig*⟩ distorcere, deformare: *his judgement was –ed by prejudice* il suo giudizio era distorto dai pregiudizi. **3** ⟨*Aer*⟩ svergolare, distorcere. **4** ⟨*Mar*⟩ tonneggiare. **5** ⟨*Agr*⟩ (*of low–lying land*) fertilizzare con sedimenti alluvionali; (*of a channel*) ostruire con sedimenti alluvionali. **6** ⟨*Tess*⟩ (*of yarn*) ordire. **II** *v.i.* **1** deformarsi, curvarsi, inarcarsi, storcersi: *the wood has –ed in the heat* con il calore il legno si è deformato. **2** ⟨*fig*⟩ deformarsi, distorcersi. **3** ⟨*Mar*⟩ (*of a ship*) tonneggiarsi; (*to warp a ship*) tonneggiare una nave. **4** ⟨*Tess*⟩ ordire. **III** *s.* **1** deformazione *f*, curvatura *f*, inarcamento *m*, distorsione *f*. **2** ⟨*fig*⟩ deformazione *f*, distorsione *f*. **3** ⟨*Mar*⟩ cavo *m* da tonneggio, tonneggio *m*. **4** ⟨*Aer*⟩ svergolamento *m*. **5** ⟨*Tess*⟩ ordito *m*; (*single thread*) filo *m* di ordito. **6** ⟨*Geol*⟩ sedimento *m* alluvionale.

war| paint *s.* ⟨*Etnol*⟩ pittura *f* di guerra. □ ⟨*fam*⟩ *to put on the* ~ truccarsi. ~**path** *s.* sentiero *m* di guerra: *to be on the* ~ essere sul sentiero di guerra (*anche fig.*).

warped [wɔ:pt] *a.* **1** deformato, curvato, storto, distorto. **2** ⟨*fig*⟩ deformato, distorto. **'warper** [–pə] *s.* ⟨*Tess*⟩ **1** orditore *m* (*f* –trice). **2** (*machine*) orditoio *m.* **'warping** [–piŋ] *s.* **1** deformazione *f*, distorsione *f* (*anche fig.*). **2** ⟨*Tess*⟩ orditura *f.*

war|plane *s.* aeroplano *m* militare. ~ **potential** *s.* potenziale *m* bellico.

warrant ['wɔrənt] **I** *s.* **1** autorizzazione *f*; (*right*) diritto *m*, autorità *f*, giustificazione *f: you have no* ~ *to make such an accusation* non hai il diritto di muovere un'accusa del genere. **2** (*s.th. that confirms, proves*) prova *f*, dimostrazione *f: his industry is a* ~ *of his goodwill* la sua diligenza è una prova della sua buona volontà; (*guarantee*) garanzia *f.* **3** ⟨*Dir*⟩ mandato *m.* **4** ⟨*Econ*⟩ nota *f* di pegno. **5** ⟨*Comm*⟩ mandato *m:* ~ *for delivery* mandato di consegna. **6** ⟨*Comm*⟩ (*warehouse receipt*) ricevuta *f* di magazzino, fede *f* di deposito. **7** ⟨*Mil*⟩ brevetto *m.* **II** *v.t.* **1** autorizzare: *the law –s this procedure* la legge autorizza questa procedura. **2** (*to justify*) giustificare, legittimare: *the crisis –ed extraordinary measures* la crisi giustificava misure straordinarie. **3** (*to guarantee*) garantire, assicurare: *this material is –ed* (*to be*) *unshrinkable* questa stoffa è garantita come irrestringibile; *to* ~ *immediate delivery* assicurare la consegna immediata. **4** ⟨*fam*⟩ (*to feel sure, bet*) scommettere, garantire, dare per certo: *I(᾿ll)* ~ *your mother has s.th. to do with this!* scommetto che c'entra tua madre! **5** ⟨*Comm*⟩ (*of goods sold*) garantire.

warrantable ['wɔrəntəbl] *a.* **1** giustificabile. **2** ⟨*venat*⟩ (*of a deer*) che può essere cacciato (avendo 5 o 6 anni d'età). **warrantableness** [–nis] *s.* l'essere giustificabile. **warrantably** [–i] *avv.* in modo giustificabile. **warrantee** [ˌwɔrən'ti:] *s.* ⟨*Dir*⟩ chi riceve una garanzia. **warranter** [–tə] *s.* → **warrantor.**

warrant officer *s.* ⟨*Mil*⟩ sottufficiale *m.*

warrantor ['wɔrəntə] *s.* ⟨*Dir*⟩ garante *m/f*, mallevadore *m* (*f* –drice).

warranty ['wɔrənti] *s.* **1** autorizzazione *f*; (*justification*) giustificazione *f.* **2** ⟨*Dir,Comm*⟩ garanzia *f.*

warren ['wɔrin] *s.* **1** terreno *m* infestato dai conigli. **2** ⟨*Zootecn*⟩ (*rabbit warren*) garenna *f.* **3** ⟨*fig*⟩ (*crowded*

district) quartiere *m* densamente popolato; (*maze–like mass of streets*) labirinto *m.*

warring ['wɔriŋ] *a.* guerriero: ~ *tribes* tribù guerriere.

warrior ['wɔriə] *s.* guerriero *m*, soldato *m.* □ *The Unknown* ~ il Milite Ignoto.

war-risk insurance *s.* assicurazione *f* contro i rischi di guerra.

Warsaw ['wɔ:sɔ:] *N.pr.* ⟨*Geog*⟩ Varsavia *f.*

Warsaw Pact *s.* ⟨*Pol*⟩ patto *m* di Varsavia.

warship ['wɔ:ʃip] *s.* nave *f* da guerra.

wart [wɔ:t] *s.* **1** ⟨*Med*⟩ verruca *f*, porro *m.* **2** ⟨*Bot*⟩ verruca *f.* □ ⟨*fig*⟩ *to paint s.o. with his –s* dipingere qd. così com'è (senza abbellimenti).

war|time ['wɔ:taim] **I** *s.* tempo *m* di guerra. **II** *a.* del tempo di guerra, del periodo bellico. ~**-torn** *a.* devastato dalla guerra.

warty ['wɔ:ti] *a.* **1** verrucoso, pieno di verruche. **2** (*resembling a wart*) simile a una verruca.

war| vessel *s.* → **warship.** ~**-weary** *a.* stanco della guerra. ~ **whoop** *s.* ⟨*Etnol*⟩ grido *m* di guerra (degli indiani d'America).

wary ['wɛəri] *a.* **1** diffidente, sospettoso, (*careful, cautious*) cauto, accorto, attento. **2** (*characterized by wariness*) circospetto, guardingo, cauto. □ *to be* ~ *of doing s.th.* guardarsi dal fare qc.; *to be* ~ *of strangers* diffidare degli estranei; *to give s.o. a* ~ *look* dare a qd. un'occhiata circospetta; *to keep a* ~ *eye on s.o.* sorvegliare qd.

was [wɒz, wəz] → **be.**

wash¹ [wɒʃ] **I** *v.t.* **1** lavare: *to* ~ *one's hands* lavarsi le mani; *to* ~ *the floor* lavare il pavimento. **2** ⟨*fig*⟩ (*to cleanse, purify*) lavare, purificare. **3** (*to bathe, moisten with a liquid*) inumidire, umettare, bagnare. **4** (*to flow along, against*) bagnare: *a beach –ed by the waters of the Mediterranean* una spiaggia bagnata dalle acque del Mediterraneo. **5** (*to move by the force of water*) trascinare, spazzare via, portare via. **6** (*to form by the action of water*) scavare. **7** ⟨*Geol*⟩ dilavare. **8** ⟨*Minier*⟩ (*of ore*) lavare; (*to separate out by washing*) separare mediante lavaggio. **9** ⟨*Pitt*⟩ lavare, sfumare ad acquerello. **10** ⟨*Met*⟩ metallizzare. **11** ⟨*Chim*⟩ lavare. **II** *v.i.* **1** lavarsi: *he –ed and got dressed* si lavò e si vestì; (*to wash clothes*) fare il bucato, lavare. **2** (*to undergo washing*) essere lavabile: *will this dress* ~*?* è lavabile questo vestito? **3** (*of soap, etc.*) lavare. **4** (*of waves*) infrangersi, frangersi. **5** ⟨*fam*⟩ (*to bear investigation*) reggere, essere valido, stare in piedi. □ *to be –ed* **ashore** essere gettato a riva; *to* ~ **away:** 1 spazzare via, portare via, trascinare; 2 ⟨*Geol*⟩ dilavare; 3 ⟨*Geol*⟩ (*to become eroded by water*) consumarsi per erosione, venire eroso; 4 (*to remove, obliterate by water*) cancellare (con l'acqua); 5 (*to become obliterated by water*) cancellarsi (con l'acqua); 6 ⟨*fig*⟩ lavare, purificare; *to* ~ **down:** 1 lavare (con un getto d'acqua): *to* ~ *down the car* lavare la macchina; 2 (*to bring down by the action of water*) trascinare, portare giù (per azione delle acqua); 3 (*of food*) mandare giù: *he –ed his lunch down with a pint of beer* mandò giù la colazione con una pinta di birra; *to* ~ **off:** 1 eliminare (*o* togliere) lavando; 2 (*to be removed by washing*) andare via, scomparire (con il lavaggio); *to* ~ **out:** 1 (ri)sciacquare: *to* ~ *out a bottle* sciacquare una bottiglia; 2 (*to remove by washing*) togliere (*o* eliminare) lavando, portar via lavando; 3 (*of clothes*) lavare; 4 ⟨*fam,sport*⟩ (*to cancel because of rain*) sospendere a causa della pioggia; *to* ~ **up** lavare i piatti.

wash² *s.* **1** lavata *f*, lavaggio *m*, lavatura *f*, lavatina *f: to give one's hands a* ~ darsi una lavata alle mani. **2** (*of clothes*) bucato *m: she does three –es a week* fa il bucato tre volte la settimana; *a week's* ~ il bucato di una settimana; (*laundry*) lavanderia *f.* **3** (*of waves, sea*) sciabordio *m*, sciacquio *m: the* ~ *of the waves* lo sciabordio delle onde. **4** ⟨*Cosmet*⟩ lozione *f.* **5** ⟨*Farm*⟩ medicamento *m* liquido. **6** (*watery, insipid drink*) broda *f*, ⟨*spreg*⟩ beverone *m*; (*liquid food*) brodaglia *f*; (*swill*) broda *f* per maiali. **7** (*thin liquid for coating, colouring, etc.*) colore *m*, coloritura *f.* **8** ⟨*Pitt*⟩ sfumatura *f* ad acquerello. **9** ⟨*Geol*⟩ (*erosion by water*) erosione *f.* **10** ⟨*Geol*⟩ deposito *m* alluvionale. **11** (*bog, marsh*) pantano *m*, palude *f.* **12** ⟨*Minier*⟩ lavaggio *m.* **13** ⟨*Mar*⟩ scia *f.* **14**

⟨*Aer*⟩ spostamento *m* d'aria. **15** ⟨*Met*⟩ metallizzazione *f.*
□ *to have a* ~ *and brush-up* fare toletta; ⟨*fam*⟩ *it will all
come out in the* ~ tutto verrà a galla; *to have a* ~
lavarsi.
washability [ˌwɔʃəˈbiliti] *s.* lavabilità *f.* **'washable** [–bl] *a.*
lavabile, che si può lavare.
'wash|-and-'wear *a.* che non richiede stiratura (dopo il
lavaggio), che si stira da sé. **~basin** *s.* **1** catino *m*,
catinella *f.* **2** (*bathroom fixture*) lavandino *m*, lavello *m*.
~board *s.* **1** asse *f* per lavare, lavatoio *m*. **2** ⟨*Mar*⟩
battente *m* di boccaporto. **~boiler** *s.* caldaia *f* del bucato.
~cloth *s.* **1** strofinaccio *m* da cucina. **2** ⟨*am*⟩ →
washrag. **~day** *s.* giorno *m* del bucato.
'washed|-'out [ˈwɔʃt] *a.* **1** sbiadito, scolorito, slavato,
stinto. **2** ⟨*Fot*⟩ indistinto. **3** (*fam*) (*exhausted*) sfinito,
stremato, esausto, distrutto; (*pale, wan*) slavato, smorto,
dilavato. **4** ⟨*Minier, Geol*⟩ dilavato. **'~-'up** *a.* ⟨*fam*⟩
rovinato, finito.
washer [ˈwɔʃə] *s.* **1** chi lava, lavatore *m* (*f* –trice). **2**
(*washing machine*) lavatrice *f*, lavabiancheria *f*; (*dish
washer*) lavastoviglie *m/f.* **3** ⟨*Mecc*⟩ rosetta *f*, rondella *f.*
4 ⟨*Fot*⟩ vaschetta *f* (*o* vasca) di lavaggio. **5** ⟨*Chim*⟩
gorgogliatore *m* di lavaggio.
washer|man [mən] *s.irr.* lavandaio *m*. **~-up** *s.* (*pl.*
washers-up) lavapiatti *m/f*, sguattero *m* (*f* –a). **~woman**
s.irr. lavandaia *f.*
wash|fast *a.* che ha colori resistenti al lavaggio. **~ hand
basin** *s.* → **wash-basin**. **~ house** *s.* lavanderia *f.*
washing [ˈwɔʃiŋ] *s.* **1** lavaggio *m*, lavatura *f*, lavata *f.* **2**
(*of clothes*) bucato *m*: *to do the* ~ fare il bucato; (*clothes
washed, to be washed*) bucato *m*, biancheria *f* (lavata, da
lavare): *to hang out the* ~ stendere il bucato. **3** ⟨*Minier*⟩
lavaggio *m*.
washing| machine *s.* lavabiancheria *f*, lavatrice *f.* **~
powder** *s.* detersivo *m* (in polvere). **~ soda** *s.* soda *f* per
lavare. **~-up** *s.* **1** rigovernatura *f.* **2** (*utensils washed*)
stoviglie *fpl* lavate. □ *to do the* ~ rigovernare.
washing-up| bowl *s.* catino *m* (per lavare i piatti). **~
water** *s.* rigovernatura *f* (dei piatti).
wash| leather *s.* pelle *f* di camoscio, camoscio *m*.
~'n'wear *a.* ⟨*fam*⟩ → **wash-and-wear**.
washout [ˈwɔʃavt] *s.* **1** ⟨*Geol*⟩ erosione *f* prodotta dalle
acque. **2** ⟨*Geol*⟩ canale *m* di erosione. **3** ⟨*fam*⟩ (*failure,
fiasco*) insuccesso *m*, fiasco *m*.
wash|rag *am. s.* pezzuola *f* per lavarsi. **~room** *am. s.*
gabinetto *m*. **~stand** *s.* lavabo *m*. **~tub** *s.* tinozza *f* per
il bucato, mastello *m*. **~woman** *s.* → **washerwoman**.
washy [ˈwɔʃi] *a.* **1** (*of liquids, drinks*) lungo, allungato,
diluito. **2** (*of colours*) pallido, smorto. **3** ⟨*fig*⟩ debole,
fiacco.
wasn't [ˈwɔznt] *contraz. di* was not.
wasp [wɔsp] *s.* ⟨*Entom*⟩ vespa *f.*
waspish [ˈwɔspiʃ] *a.* **1** irascibile, collerico, irritabile,
stizzoso. **2** (*spiteful*) velenoso, malevolo, astioso.
waspishly [–li] *avv.* con irritazione, stizzosamente.
waspishness [–nis] *s.* irascibilità *f*, irritabilità *f.*
wasp| waist *s.* vita *f* (*o* vitino *m*) di vespa. **~-waisted** *a.*
dal vitino da vespa.
wassail [ˈwɔs(ei)l] **I** *s.* **1** ⟨*Stor*⟩ (*toast*) brindisi *m*; (*drink
of spiced ale*) bevanda *f* a base di birra con spezie e
zucchero. **2** ⟨*fig*⟩ bevuta *f*, baldoria *f*, bisboccia *f.* **II** *v.i.*
fare baldoria (*o* bisboccia).
wassail| bowl, **~ cup** *s.* ⟨*Stor*⟩ coppa *f*, ⟨*lett*⟩ nappo
m.
wassailer [ˈwɔseilə] *s.* **1** chi va di casa in casa cantando
carole di Natale. **2** (*one that carouses*) chi fa baldoria,
bisboccione *m*.
Wassermann test [ˈwɑːsəmən] *s.* ⟨*Med*⟩ Wassermann *f.*
wastage [ˈweistidʒ] *s.* **1** spreco *m*, sciupio *m*. **2** (*s.th.
produced by wasting*) scarti *mpl*, rifiuti *mpl*.
waste [weist] **I** *a.* **1** (*left over, unwanted*) residuo, rimasto,
avanzato; (*superfluous*) superfluo; (*useless*) di scarto, di
rifiuto; (*not used*) inutilizzato: ~ *energy* energia
inutilizzata. **2** (*of land: unproductive*) improduttivo,
infruttifero, sterile; (*uncultivated*) incolto, deserto. **3** (*of
land, places: wild, barren*) deserto, arido, desolato. **4**
⟨*Fisiol*⟩ di scaro. **5** ⟨*tecn*⟩ di scarico, per (i) rifiuti. **II** *s.*

1 spreco *m*, sciupio *m*, sperpero *m: a* ~ *of time and
money* uno spreco di tempo e di denaro. **2** (*refuse,
rubbish*) immondizia *f*, spazzatura *f*, rifiuti *mpl*. **3** ⟨*Ind*⟩
scarti *mpl*, cascami *mpl*. **4** (*uninhabited stretch of land*)
deserto *m*, regione *f* (*o* landa) disabitata (*o* deserta);
(*barren stretch of land*) distesa *f* desolata. **5** (*empty
expanse*) distesa *f: ocean* –s distese oceaniche; (*of time*)
spazio *m*, estensione *f* (*o* periodo *m*) di tempo. **6**
⟨*Fisiol, Med*⟩ deperimento *m*. **7** ⟨*Geol*⟩ detriti *mpl*. **8**
(*excrement*) escrementi *mpl*. **9** ⟨*Dir*⟩ deperimento *m*,
deterioramento *m*. **III** *v.t.* **1** sciupare, sprecare: *to* ~ *time*
sciupare tempo; (*of money*) sperperare, dissipare, sciupare,
sprecare. **2** (*to fail to use*) sciupare, sprecare, perdere: *to*
~ *an opportunity* sprecare un'occasione. **3** (*to devastate,
destroy*) devastare, distruggere, rovinare. **4** ⟨*Med*⟩ far
deperire. **IV** *v.i.* **1** consumarsi, logorarsi. **2** (*to diminish,
decrease gradually*) essere in declino, declinare: *his power
is wasting* il suo potere è in declino. **3** ⟨*Med*⟩ (spesso con
away) deperire. **4** (*of a jockey*) fare dell'esercizio fisico
per perdere peso. **5** (*of time*) passare, trascorrere: *hurry
up, time is wasting* sbrigati che il tempo passa. **6** (*to cause
wastage*) causare spreco (*o* sciupio). **7** ⟨*tecn*⟩ (*to be
disposed of as waste*) andare sprecato (*o* perduto). **8** ⟨*Dir*⟩
(*of property*) deteriorarsi. □ *to* ~ *one's breath* = *to waste
one's words*; *to go to* ~: **1** sprecarsi, andare sprecato (*o*
sciupato); **2** (*of water, etc.*) sprecarsi, andare perduto; **3** (*of
land*) restare incoltivato; *to lay* ~ devastare, distruggere,
rovinare; *to lie* ~ (*of land, etc.*) restare incoltivato, essere
imroduttivo; *to run to* ~ = *to go to waste*; *to* ~ *time on* (*o
over*) sprecare (*o* sciupare) tempo in; *to* ~ *one's words*
sciupare il fiato, parlare al vento. *Prov.:* ~ *not, want not* il
risparmio è il miglior guadagno.
waste|basket *am. s.* → **wastepaper basket**. **~ book** *s.*
⟨*Comm*⟩ brogliaccio *m*, prima nota *f.* **~ compactor** *s.*
compattatore *m* per rifiuti. **~ disposal** *s.* eliminazione *f*
dei rifiuti. **~ dump** *s.* discarica *f* dei rifiuti.
wasteful [ˈweistful] *a.* **1** dispendioso, che implica
dispendio (*o* spreco): *a* ~ *process* un procedimento
dispendioso. **2** (*of people*) prodigo, dissipatore, sprecone,
scipone. **3** (*destructive*) devastante, distruttivo, rovinoso.
□ *to be* ~ *of public money* sprecare il denaro pubblico.
wastefully [–i] *avv.* **1** dispendiosamente. **2** (*prodigally*)
prodigalmente. **wastefulness** [–nis] *s.* **1** spreco *m*,
sciupio *m*. **2** (*prodigality*) prodigalità *f.*
wasteland [ˈweistlænd] *s.* **1** terra *f* incolta (*o* deserta). **2**
(*devastated area*) zona *f* devastata. **3** ⟨*fig*⟩ (*s.th. spiritually
barren*) epoca *f* (*o* fase dell'esistenza, ecc.) vuota (*o*
squallida).
wasteless [ˈweistlis] *a.* inesauribile, che non si consuma.
waste| management *s.* trattamento e smaltimento *m* dei
rifiuti. **~paper** *s.* carta *f* straccia. **~paper basket** *s.*
cestino *m* per la carta straccia. **~ pipe** *s.* ⟨*Idr*⟩ tubazione
f di scarico. **~ product** *s.* **1** ⟨*Ind*⟩ prodotto *m* di rifiuto.
2 ⟨*Biol*⟩ escrezioni *fpl*.
waster [ˈweistə] *s.* spendaccione *m* (*f* –a), dissipatore (*f*
–trice), scialacquatore *m* (*f* –trice), sprecone *m* (*f* –a);
(*good-for-nothing*) buono *m* a nulla, incapace *m/f*, inetto
m (*f* –a).
waste| recovery *s.* riutilizzo *m* dei rifiuti. **~ recycling** *s.*
riciclaggio *m* dei rifiuti. **~ water** *s.* acqua *f* di scarico (*o*
rifiuto). □ ~ *recycling* riutilizzo *m* delle acque di
rifiuto.
wasting [ˈweistiŋ] *s.* **1** spreco *m*, sciupio *m*. **2** ⟨*Med*⟩
deperimento *m*; (*atrophy*) atrofia *f.*
wastrel [ˈweistrəl] *s.* **1** → **waster**. **2** (*waif, vagabond*)
vagabondo *m* (*f* –a); (*abandoned child*) bambino *m*
abbandonato, derelitto *m*.
watch [wɔtʃ] **I** *v.t.* **1** guardare, osservare: *to* ~ *s.o. doing
s.th.* guardare qd. fare qc.; (*to look at as a spectator*)
guardare, stare a vedere, assistere a: *to* ~ *a football match*
guardare una partita di calcio. **2** (*to keep under
observation*) sorvegliare, tenere d'occhio, controllare: *the
police were* –*ing the airport* la polizia sorvegliava
l'aeroporto. **3** (*to take care of*) sorvegliare, custodire,
badare a, prendersi cura di: ~ *the baby while I'm out*
sorveglia il bambino mentre sono fuori; (*to be careful of*)
sorvegliare, stare attento a, badare a: *to* ~ *one's weight*

sorvegliare il proprio peso. **4** (*with clauses: to make sure*) accertare, accertarsi: *you must ~ that the pressure does not build up too much* devi accertarti che la pressione non salga troppo; (*to take care*) curare, fare attenzione a. **5** (*to follow mentally, remain informed about*) seguire: *to ~ a child's progress at school* seguire i progressi di un bambino a scuola. **II** *v.i.* **1** stare a guardare, osservare. **2** (*to look on*) (stare a) guardare, fare da spettatore: *I don't feel like playing, I'll just ~* non mi sento di giocare, starò solo a guardare. **3** (*to be on the alert, on one's guard*) stare all'erta⌐ (*o* in guardia), stare sul chi vive. **4** (*to keep guard*) fare la guardia, sorvegliare. **5** (*to keep vigil, wake*) vegliare. **III** *s.* **1** l'osservare, osservazione *f.* **2** (*surveillance*) sorveglianza *f*, vigilanza *f.* **3** (*alertness*) vigilanza *f.* **4** (*act of keeping vigil*) guardia *f*; (*wake*) veglia *f.* **5** (*person, group of persons that keep watch*) guardia *f*; ⟨*Mil*⟩ guardia *f*, corpo *m* di guardia. **6** (*portable timepiece*) orologio *m* da tasca (*o* polso). **7** ⟨*Mar*⟩ turno *m* di guardia, quarto *m: to take first* ~ fare il primo turno di guardia; (*part of a crew*) personale *m* di guardia. **8** ⟨*Stor*⟩ (*street patrol*) ronda *f.* □ *to ~* **for:** 1 spiare, aspettare, stare all'erta in attesa di: *to ~ for signs of weakness in an opponent* spiare i segni di debolezza in un avversario; *to ~ for the right moment* aspettare il 'momento opportuno; 2 (*to wait expectantly for*) attendere, aspettare, stare (*o* essere) in attesa di; ⟨*fam*⟩ *to ~* **it:** 1 stare attento, fare attenzione, tenere gli occhi (ben) aperti; 2 ⟨*esclam*⟩ attento, attenzione, bada, occhio; *to* **keep** ~ fare la guardia; *to keep ~ over* fare la guardia a, sorvegliare, tenere sotto sorveglianza: *to keep ~ over a prisoner* fare la guardia a un prigioniero; *to keep ~ and ward* stare in guardia; *to be on the ~* stare ⌐in guardia⌐ (*o* all'erta), dormire a occhi aperti, essere vigile; *to ~* **out:** 1 stare all'erta in attesa (*for* di), spiare, aspettare; 2 (*to be careful*) stare attento, fare attenzione (a): ~ *out for the cars as you cross the road* sta' attento alle macchine quando attraversi la strada; 3 ⟨*esclam*⟩ attento, attenzione, bada, occhio; *to ~* **over:** 1 sorvegliare, badare a; 2 (*to superintend*) soprintendere a; *to* **stand** ~ **:** 1 essere (*o* stare) di guardia; 2 ⟨*Mar*⟩ fare servizio di guardia, essere (*o* montare) di guardia. *Prov.: a -ed pot never boils* il desiderio rende lunga l'attesa.

watch|band *s.* cinturino *m* dell'orologio. **~ box** *s.* garitta *f.* **~case** *s.* cassa *f* dell'orologio. **~ chain** *s.* catena *f* dell'orologio. **~ committee** *s.* comitato *m* addetto alla supervisione dei servizi di polizia. **~dog** *s.* **1** cane *m* da guardia. **2** ⟨*fig*⟩ guardiano *m* (*f* –a), custode *m/f.*

watcher ['wɔtʃə] *s.* **1** osservatore *m* (*f* –trice). **2** (*watchman*) guardiano *m*, sentinella *f.*

watch| face *s.* quadrante *m* dell'orologio. **~ fire** *s.* fuoco *m* di guardia (*o* bivacco).

watchful ['wɔtʃful] *a.* vigile, guardingo, vigilante, attento: *to remain ~ even when danger is past* rimanere vigile anche quando il pericolo è passato; ~ *eye* occhio vigile. **watchfully** [–i] *avv.* in modo vigile, tenendo gli occhi ben aperti. **watchfulness** [–nis] *s.* l'essere vigile (*o* attento).

watching ['wɔtʃiŋ] *s.* **1** l'osservare, osservazione *f.* **2** (*surveillance*) sorveglianza *f*, vigilanza *f.* □ *to want* (*o need*) ~ avere bisogno di sorveglianza; *he's a man who wants ~* è un uomo che va tenuto d'occhio.

watch|maker *s.* orologiaio *m* (*f* –a). **~making** *s.* orologeria *f.* **~man** [mən] *s.irr.* **1** sorvegliante *m*, custode *m*, guardiano *m* (notturno). **2** (*sentinel*) sentinella *f*; (*guard*) guardia *f.* **3** ⟨*Mar*⟩ vedetta *f.* **~night** *s.* notte *f* di San Silvestro. **~ officer** *s.* ⟨*Mar*⟩ ufficiale *m* di guardia. **~ pen** *s.* penna–orologio *f.* **~ pocket** *s.* taschino *m* dell'orologio. **~spring** *s.* molla *f* dell'orologio. **~tower** *s.* torre *f* di osservazione (*o* controllo). **~word** *s.* **1** motto *m*, detto *m*, parola *f* d'ordine. **2** ⟨*rar*⟩ (*password*) parola *f* d'ordine.

water ['wɔːtə] **I** *s.* **1** acqua *f: to use* ~ *as a source of power* usare l'acqua come fonte di energia; *the still -s of a lake* le acque tranquille di un lago. **2** *pl.* (*territorial waters*) acque *fpl* territoriali, mare *m* territoriale: *to sail in British -s* navigare in acque territoriali inglesi. **3** ⟨*Mar*⟩ (*depth of water*) acqua *f: we were sailing in only two feet of ~*

navigavamo in due soli piedi d'acqua; (*tide*) marea *f: high* ~ *alta* marea. **4** ⟨*Fisiol*⟩ liquido *m* organico; (*fluid*) umore *m*, acqua *f*; (*urine*) urina *f*; (*tears*) lacrime *fpl.* **5** *pl.* (*mineral water*) acque *fpl*, acqua *f* termale: *to take the -s* fare la cura delle acque. **6** ⟨*Cosmet, Farm, Chim*⟩ acqua *f: lavender* ~ acqua di lavanda. **7** ⟨*Oref*⟩ (*of a diamond*) limpidezza *f*, acqua *f.* **II** *v.t.* **1** annaffiare, innaffiare, aspergere (*o* spruzzare) d'acqua: *to ~ the garden* annaffiare il giardino. **2** (*to moisten with water*) inumidire, bagnare. **3** (*to cause to drink*) abbeverare, dare da bere a, far bere: *to ~ one's horse* abbeverare il (*proprio*) cavallo. **4** (*of an army, ship: to supply with water*) rifornire (*o* approvvigionare) d'acqua. **5** (*of land*) bagnare, irrigare: *the plain was -ed by a muddy river* la pianura era bagnata da un fiume fangoso. **6** (*spesso con down: to dilute*) diluire, allungare; (*to dilute fraudulently*) annacquare. **7** ⟨*fig*⟩ (*to reduce in force, temper; general. con down*) moderare, temperare, mitigare, attenuare, annacquare: *he -ed down his remarks* moderò le sue osservazioni. **8** ⟨*Tess*⟩ marezzare. **9** ⟨*Econ*⟩ annacquare. **III** *v.i.* **1** (*of the eyes*) lacrimare, piangere. **2** (*of animals: to drink*) abbeverarsi. **3** (*to take on water*) fare acqua, rifornirsi (*o* approvvigionarsi) di acqua, fare provvista d'acqua: *the ship -ed at Port Said* la nave fece acqua a Porto Said. □ **above** ~**:** 1 sul pelo dell'acqua, a fior d'acqua, a galla; 2 ⟨*fam*⟩ (*out of financial difficulties*) fuori da difficoltà finanziarie; *it took him a year to get his head above ~ again* gli ci volle un anno per ⌐rimettersi in sesto finanziariamente⌐ (*o* tornare a galla); ⟨*Med*⟩ ~ **on the brain** idrocefalia *f*, idrocefalo *m;* ⟨*fig*⟩ *to cast one's* **bread** *upon the -s* fare del bene senza aspettarsi ricompensa; **by** ~ per via d'acqua, per mare, per via fluviale (*o* lacustre); *of the* **first** ~**:** 1 (*of a diamond*) d'acqua purissima; 2 (*of people*) eccellente, perfetto, di prima qualità: *a pianist of the first ~* un pianista eccellente; *a blunder of the first ~* un errore madornale; ⟨*fig*⟩ *-s of* **forgiveness** il fiume dell'oblio; ⟨*Mar*⟩ *to make* **foul** ~ intorbidare l'acqua; *to* **hold** ~**:** 1 ⟨*Mar*⟩ (*to be watertight*) essere a tenuta stagna (d'acqua); 2 (*in rowing*) agguantare; 3 ⟨*fam*⟩ reggere, essere valido, sostenersi; ⟨*Med*⟩ ~ *on the* **knee** sinovite *f* (del ginocchio); *to* **let** *in* ~ (*of shoes, etc.*) lasciar passare (*o* entrare) l'acqua, fare acqua; ~ *of* **life:** 1 fonte *f* di vita spirituale; 2 (*brandy*) acquavite *f; the champagne flowed* **like** ~ lo champagne scorreva a fiumi; *to spend money like* ~ spendere e spandere, avere le mani bucate; *to* **make** ~**:** 1 ⟨*Mar*⟩ fare (*o* imbarcare) acqua (per falle); 2 = *to* **pass** *water*; ⟨*scozz*⟩ **over** *the* ~ (*across the sea*) al di là del mare; *to* **pass** ~ (*to urinate*) orinare, ⟨*fam*⟩ fare acqua; ⟨*fig*⟩ *to be in* **smooth** *-s* navigare in acque tranquille, procedere senza ostacoli; **under** ~ sott'acqua; ⟨*fig*⟩ **written** *in* ~ (*of a name, reputation, etc.*) scritto sull'acqua (*o* sulla sabbia). *Prov.: still -s run deep* l'acqua cheta rovina i ponti.

waterage ['wɔːtəridʒ] *s.* ⟨*Comm*⟩ **1** trasporto *m* per via d'acqua. **2** (*fee paid*) spese *fpl* di trasporto per via d'acqua.

water| abstraction *s.* prelievo *m* idrico. **~ bailiff** *s.* guardapesca *m.* **~ balance** *s.* equilibrio *m* idrico. **~ barometer** *s.* ⟨*Fis*⟩ barometro *m* ad acqua. **~ bearer** *s.* portatore *m* (*f* –trice) d'acqua. **~ Bearer** *N.pr.* ⟨*Astr*⟩ Acquario *m.* **~ bed** *s.* **1** ⟨*Geol*⟩ falda *f* acquea. **2** (*bed filled with water*) materasso *m* ad acqua. **~ bird** *s.* uccello *m* acquatico. **~ biscuit** *s.* ⟨*Alim*⟩ galletta *f.* **~ blister** *s.* ⟨*Med*⟩ vescica *f* acquosa. **~ bloom** *s.* proliferazione *f* di alghe (in un corso d'acqua). **~-blue** *a.* blu acqua. **~ boat** *s.* ⟨*Mar*⟩ barca *f* cisterna. **~borne** *a.* **1** galeggiante, a galla. **2** (*transported by ship, boat*) trasportato via acqua; (*of goods*) imbarcato su navi (*o* barche). **~bottle** *s.* **1** bottiglia *f* dell'acqua. **2** (*portable container*) borraccia *f.* **~ boy** *s.* acquaiolo *m*, portaborracce *m.* **~ buffalo** *s.* ⟨*Zool*⟩ bufalo *m* indiano. **~ bus** *s.* vaporetto *m* che fa servizio su un fiume. **~ butt** *s.* botte *f* (*o* barile *m*) per l'acqua. **~ cannon** *s.* idrante *m* per disperdere dimostranti, ecc. **~ carrier** *s.* **1** portatore *m* (*f* –trice) d'acqua. **2** ⟨*Comm*⟩ chi trasporta per via d'acqua. **3** ⟨*Idr*⟩ conduttura *f* (*o* condotta) dell'acqua, acquedotto *m.* **4** ⟨*Meteor*⟩ nembo *m.* **~ Carrier** *N.pr.* ⟨*Astr*⟩

Acquario *m.* ~ **cart** *s.* autobotte *f*, idrante *m.* ~ **cell** *s.* ⟨*Biol*⟩ cellula *f* acquifera. ~ **chute** *s.* scivolo *m* d'acqua. ~ **clock** *s.* clessidra *f* (ad acqua), orologio *m* ad acqua. ~**closet** *s.* gabinetto *m*, latrina *f*, ritirata *f*. ~ **cock** *s.* ⟨*Idr*⟩ rubinetto *m* dell'acqua. ~**color** *am. s./a.* → water colour. ~**colorist** *am. s.* → water colourist. ~ **colour I** *s.* ⟨*Pitt*⟩ acquerello *m*. **II** *a.* ad acquerello. ~ **colourist** *s.* acquerellista *m/f*. ~ **conditioning** *s.* depurazione *f* delle acque. ~ **conservation** *s.* conservazione *f* delle risorse idriche. ~ **contamination** *s.* → water poisoning. ~**cooled** *a.* raffreddato ad acqua. ~**course** *s.* **1** letto *m*, alveo *m*. **2** (*stream, river*) corso *m* d'acqua. **3** (*natural or artificial channel*) canale *m*. **4** ⟨*Mar*⟩ ombrinale *m* (di stiva). ~ **crane** *s.* ⟨*Ferr*⟩ gru *f* d'alimentazione, colonna *f* idraulica. ~**cress** *s.* ⟨*Bot*⟩ crescione *m*. ~ **cure** *s.* **1** ⟨*Med*⟩ idroterapia *f*. **2** (*method of torture*) tormento *m* dell'acqua. ~ **cycle** *s.* imbarcazione *f* a pedali. ~ **demand** *s.* fabbisogno *m* idrico. ~ **diviner** *s.* rabdomante *m/f*. ~ **divining** *s.* rabdomanzia *f*. ~ **drain** *s.* scarico *m* dell'acqua. ~ **drinker** *s.* **1** chi beve acque termali. **2** (*teetotaller*) astemio *m* (*f* –a).

'**watered**/**-down** ['wɔːtəd] *a.* **1** diluito, annacquato, allungato. **2** ⟨*fig*⟩ attenuato, temperato, annacquato, moderato. ~ **steel** *s.* ⟨*tecn*⟩ acciaio *m* damascato.

waterer ['wɔːtərə] *s.* **1** chi annaffia, annaffiatore *m* (*f* –trice). **2** (*device*) innaffiatoio *m*, annaffiatoio *m*.

water|**fall** *s.* cascata *f*, cateratta *f* salto *m* d'acqua. ~ **feed(er)** *s.* ⟨*tecn*⟩ alimentatore *m* d'acqua. ~ **flow** *s.* flusso *m* (*o* massa *f*) d'acqua. ~**fowl** *s.inv.* **1** uccello *m* acquatico. **2** (*collett*) uccelli *mpl* acquatici. ~ **frame** *s.* ⟨*Tess*,*ant*⟩ rozzo filatoio *m* ad acqua. ~**front** *am. s.* **1** zona *f* antistante uno specchio d'acqua; (*sea front*) lungomare *m*. **2** (*wharf, dock section*) zona *f* portuale. ~ **gage** *s.* → water gauge. ~ **gate** *s.* ⟨*Idr*⟩ cateratta *f* (di chiusa).

Watergate (affair) ['wɔtəgeit] *s.* ⟨*SU*⟩ Watergate *m*.

water| **gauge** *s.* ⟨*tecn*⟩ indicatore *m* del livello dell'acqua. ~**glass** *s.* **1** ⟨*Mar*⟩ specchio *m* per esaminare il fondo del mare. **2** ⟨*tecn*⟩ (*in a boiler*) tubo di livello. **3** ⟨*Chim*⟩ silicato *m* di sodio (*o* potassio). ~ **green** *s.* verde *m* acqua. ~ **heater** *s.* scaldabagno *m*. ~ **hemp** *s.* ⟨*Bot*⟩ canapa *f* acquatica. ~ **hen** *s.* ⟨*Ornit*⟩ gallinella *f* d'acqua. ~ **hole** *s.* **1** (*in a river*) buca *f*. **2** (*in a desert*) sorgente *f*, pozzo *m*. ~ **hydrant** *s.* idrante *m* antincendio: ~ **ice** *s.* ⟨*Dolc*⟩ tipo di sorbetto.

wateriness ['wɔːtərinis] *s.* **1** acquosità *f*. **2** ⟨*fig*⟩ insipidità *f*.

watering ['wɔːtəriŋ] *s.* **1** annaffiata *f*, annaffiatura *f*: *to give the garden a good* ~ dar una buona annaffiata al giardino; ⟨*Agr*⟩ irrigazione *f*. **2** (*dilution*) annacquamento *m*, diluizione *f*. **3** (*act of supplying with water*) rifornimento *m* (*o* approvvigionamento) d'acqua. **4** (*of animals*) abbeveraggio *m*. **5** (*of the eyes*) il lacrimare, lacrimazione *f*. **6** (*of the mouth*) salivazione *f*. **7** ⟨*Econ*⟩ annacquamento *m*. **8** ⟨*Tess*⟩ marezzatura *f*.

watering| **can** *s.* ⟨*Giard*⟩ annaffiatoio *m*. ~ **cart** *am. s.* → water cart. ~ **place** *s.* **1** (*for animals*) abbeverata *f*, abbeveratoio *m*. **2** (*health resort*) stazione *f* termale; (*seaside resort*) stazione *f* balneare. ~ **pot** *am. s.* → watering can.

water| **jacket I** *v.t.* ⟨*tecn*⟩ fornire di una camicia d'acqua. **II** *s.* camicia *f* d'acqua. ~ **jet** *s.* getto *m* d'acqua, idrogetto *m.* ~ **jug** *s.* brocca *f*. ~ **jump** *s.* ⟨*Sport*⟩ fosso *m*.

waterless ['wɔːtəlis] *a.* secco, senz'acqua, arido.

water| **lettuce** *s.* ⟨*Bot*⟩ pistia *f*. ~**level** *s.* **1** superficie *f* (*o* pelo *m*) dell'acqua. **2** (*level*) livello *m* dell'acqua. **3** ⟨*Mar*⟩ (*waterline*) linea *f* di galleggiamento. **4** (*water content*) percentuale *f* d'acqua in una sostanza. ~**lily** *s.* ⟨*Bot*⟩ ninfea *f*. ~**line** *s.* **1** ⟨*Mar*⟩ linea *f* di galleggiamento. **2** (*shoreline*) litorale *m*. **3** (*stain left by flood water*) segno *m* lasciato ·dalle acque ritiratesi dopo un'inondazione. **4** (*waterlevel*) livello *m* dell'acqua. ~ **lizard** *s.* ⟨*Zool*⟩ varano *m*. ~**logged** *a.* **1** ⟨*Mar*⟩ che ha imbarcao tanta acqua da essere ingovernabile. **2** (*of timber*) impregnato d'acqua (tanto da essere privo di galleggiabilità). **3** (*of ground*) saturo d'acqua, acquitrinoso.

Waterloo [ˌwɔːtəˈluː] *N.pr.* ⟨*Geog*⟩ Waterloo *f*. □ ⟨*fig*⟩ *to meet one's* ~ subire una sconfitta definitiva.

water| **main** *s.* conduttura *f* (principale) dell'acqua. ~**man** [mən] *s.irr.* **1** barcaiolo *m*, battelliere *m*, traghettatore *m*. **2** (*oarsman*) rematore *m*.

watermanship ['wɔːtəmənʃip] *s.* **1** abilità *f* di barcaiolo. **2** (*in rowing*) abilità *f* nel remare.

water|**mark** *s.* **1** livello *m* di marea. **2** ⟨*Cart*⟩ filigrana *f*. ~**-melon** *s.* ⟨*Bot*⟩ melone *m* d'acqua, anguria *f*, cocomero *m*. ~ **meter** *s.* contatore *m* dell'acqua. ~**mill** *s.* mulino *m* ad acqua, idropittura *f*. ~ **motor** *s.* ⟨*Idr*⟩ ruota *f* idraulica. ~ **nymph** *s.* **1** ⟨*Mitol*⟩ ninfa *f* delle acque, naiade *f*. **2** ⟨*Bot*⟩ naiade *f*. ~ **organ** *s.* ⟨*Mus*,*Stor*⟩ organo *m* idraulico. ~ **paint** *s.* colore *m* ad acqua. ~ **pipe** *s.* conduttura *f* dell'acqua. ~ **pipit** *s.* ⟨*Ornit*⟩ spioncello *m*. ~ **pistol** *s.* (*toy pistol*) pistola *f* ad acqua, schizzetto *m*. ~**plane** *s.* **1** (*seaplane*) idrovolante *m*. **2** ⟨*Mar*⟩ piano *m* di galleggiamento. ~ **plant** *s.* ⟨*Bot*⟩ pianta *f* acquatica, idrofita *f*. ~ **plug** *am. s.* → water hydrant. ~ **poisoning**, ~ **pollution** *s.* inquinamento *m* idrico (*o* delle acque), contaminazione *f* delle acque. ~ **polo** *s.* ⟨*Sport*⟩ pallanuoto *f*, waterpolo *m*. ~ **power** *s.* forza *f* idrica, energia *f* idraulica. ~ **pox** *s.* ⟨*Med*⟩ varicella *f*. ~**proof I** *a.* impermeabile (*anche Tess.*). **II** *s.* **1** tessuto *m* impermeabile. **2** (*raincoat*) impermeabile *m*. **III** *v.t.* impermeabilizzare, rendere impermeabile. ~**proofing** *s.* **1** impermeabilizzazione *f*. **2** (*substance used*) impermeabilizzante *m*. ~ **pump** *s.* ⟨*Idr*⟩ pompa *f* dell'acqua. ~**quake** *s.* ⟨*Geol*⟩ acquemoto *m*. ~ **rat** *s.* **1** ⟨*Zool*⟩ arvicola *m*. **2** (*am.sl*) (*waterfront thief*) ladruncolo *m* di porto. ~ **rate** *s.* canone *m* (*o* tariffa *f*) per la fornitura dell'acqua. '~-**re'pellent** *a.* idrorepellente. **resistant** *a.* resistente all'acqua. ~ **resources** *s.pl.* risorse *fpl* idriche. ~ **ret** *v.t.* ⟨*Tess*⟩ macerare in acqua. ~ **right** *s.* diritto *m* d'utilizzazione dell'acqua. ~ **sapphire** *s.* ⟨*Min*⟩ zaffiro *m* d'acqua.

waterscape ['wɔːtəskeip] *s.* **1** veduta *f* (*o* panorama *m*) di mare (*o* lago, ecc.). **2** ⟨*Pitt*⟩ marina *f*.

water| **screw** *s.* ⟨*Mecc*⟩ vite *f* di Archimede, coclea *f*. ~**shed** *s.* ⟨*Geog*⟩ spartiacque *m*, linea *f* di displuvio; (*region, area*) bacino *m* idrico. ~ **ski** *v.i.* ⟨*Sport*⟩ fare dello sci acquatico (*o* d'acqua). ~ **ski** *s.* sci *m* acquatico (*o* d'acqua), idrosci *m*. ~ **skier** *s.* chi pratica lo sci acquatico, idrosciatore *m* (*f* –trice). ~ **skiing** *s.* → water ski. ~ **skin** *s.* ghirba *f*. ~ **snake** *s.* ⟨*Zool*⟩ natrice *f*. ~ **Snake** *N.pr.* ⟨*Astr*⟩ Idra *f*. ~ **softener** *s.* ⟨*Chim*⟩ addolcitore *m* (*o* depuratore) d'acqua. ~ **softening** *s.* addolcimento *m* (*o* depurazione *f*) dell'acqua. ~**soluble** *a.* idrosolubile. ~ **splash** *s.* guado *m* in un torrente poco profondo. ~ **sport** *s.* sport *m* acquatico. ~**spout** *s.* **1** ⟨*Edil*⟩ pluviale *m*. **2** ⟨*Meteor*⟩ tromba *f* marina (*o* d'acqua). ~ **supply** *s.* **1** approvvigionamento *m* (*o* rifornimento) idrico. **2** (*system*) impianto *m* idrico, acquedotto *m*. ~ **system** *s.* **1** ⟨*Geog*⟩ sistema *m* idrografico. **2** (*water supply*) impianto *m* idrico, acquedotto *m*. ~ **tank** *s.* cisterna *f*, cassa *f* d'acqua. ~**tight** *a.* **1** stagno, a tenuta (d'acqua). **2** ⟨*fig*⟩ (*irrefutable*) inoppugnabile, inconfutabile, che non fa una grinza: *a* ~ *contract* un contratto inoppugnabile. **3** ⟨*fig*⟩ (*entirely separate*) ben separato (*o* distinto). ~**tight compartment** *s.* **1** ⟨*Mar*⟩ compartimento *m* stagno. **2** *pl.* ⟨*fig*⟩ compartimenti *mpl* stagni. ~ **tower** *s.* **1** ⟨*Idr*⟩ serbatoio *m* piezometrico. **2** ⟨*Ferr*⟩ torre *f* serbatoio. ~ **trap** *s.* ⟨*Idr*⟩ sifone *m*, pozzetto *m*. ~ **treatment** *s.* trattamento *m* delle acque. ~ **turbine** *s.* ⟨*Mecc*⟩ turbina *f* idraulica. ~ **vapor** *am.*, ~ **vapour** *s.* ⟨*Filos*⟩ umidità *f* atmosferica. ~ **vole** *s.* ⟨*Zool*⟩ arvicola *f*. ~ **wagon** *s.* cisterna *f* per il rifornimento dell'acqua. □ ⟨*sl*⟩ *to be on the* ~ essere completamente astemio, *to go on the* ~ smettere di bere alcolici. ~ **wagtail** *s.* ⟨*Ornit*⟩ motacilla *f*. ~ **waving** *s.* **1** (*of hair*) ondulazione *f* ad acqua. **2** ⟨*Tess*⟩ marezzatura *f*. ~**way** *s.* **1** canale *m* (*o* corso d'acqua) navigabile, via *f* d'acqua. **2** ⟨*Mar*⟩ trincarino *m*. ~ **wheel** *s.* **1** ⟨*Idr*⟩ ruota *f* idraulica. **2** ⟨*Idr*⟩ (*water-operated turbine*) turbina *f* idraulica. **3** ⟨*Mar*⟩ (*of a paddle steamer*) ruota *f*. **4** (*wheel for lifting water*) noria *f*. ~ **wings** *s.pl.* cintura *f* ad alette per imparare a nuotare. ~

witch s. 1 ⟨Folcl⟩ maga f (o strega) che vive in uno specchio d'acqua. 2 ⟨am⟩ → **water diviner**. **~works** s.pl. 1 (costr. sing. o pl.) impianto m idrico, acquedotto m. 2 (playing fountains) giochi mpl d'acqua. □ ⟨sl⟩ to turn on the ~ mettersi a piangere. **~worn** a. consumato dall'acqua.

watery ['wɔ:təri] a. 1 d'acqua, acqueo. 2 (of deities) dell'acqua, delle acque. 3 (sodden, wet) acquoso, bagnato. 4 (containing too much water) brodoso, lungo, acquoso: ~ soup minestra brodosa; (tasteless) insipido. 5 (resembling water) acquoso, simile all'acqua. 6 ⟨fig⟩ (of colours) slavato, sbiadito, smorto, scialbo, pallido; (of style, etc.) scialbo, sbiadito. 7 (of the eyes) lacrimoso, pieno di lacrime. □ to have a ~ grave essere sepolto in mare.

watt [wɔt] s. ⟨El⟩ watt m. **'wattage** [-idʒ] s. wattaggio m.

watt| current s. ⟨El⟩ corrente f attiva (o wattata). **~ hour** s. ⟨El⟩ wattora m/f.

wattle ['wɔtl] I s. 1 canniccio m, cannicciata f, graticciata f, graticcio m; (material) canne fpl, vimini mpl. 2 ⟨Ornit⟩ bargiglio m. 3 ⟨Itt⟩ barbetta f. 4 ⟨austral.Bot⟩ acacia f. II v.t. 1 costruire con cannicci, fare di canniccio. 2 (to enclose with wattle) cingere con un cannicciolo, ingraticciare. 3 (to interlace) intrecciare. □ ~ and daub: 1 canniccio m ricoperto d'argilla e fango; 2 (construction) intreccio m di pali verticali e rami ricoperti di argilla e paglia. **'wattled** [-d] a. (fatto) di graticcio (o canniccio).

wattmeter ['wɔtmi:tə] s. ⟨El⟩ wattmetro m, wattometro m.

waul [wɔ:l] v.i. gnaulare, ⟨scherz⟩ miagolare.

wave [weiv] I s. 1 onda f, ondata f, flutto m. 2 ⟨fig⟩ (of emotions, etc.) impeto m, onda f: a ~ of anger un impeto di rabbia; (surge, tide) ondata f: a ~ of enthusiasm un'ondata di entusiasmo. 3 ⟨fig⟩ (advance, surge of people, animals) ondata f: -s of immigrants ondate di immigranti. 4 ⟨Mil,Meteor⟩ ondata f: the bombers flew over the town in -s i bombardieri sorvolavano la città a ondate; a heat ~ un'ondata di caldo. 5 (of hair) ondulazione f. 6 (act of waving the hand, an object) cenno m, gesto m, segno m. 7 ⟨Fis,Rad⟩ onda f. 8 ⟨Vetr,Met,Tess⟩ marezzatura f. 9 pl. ⟨poet⟩ (the sea) mare m, ⟨poet⟩ onda f. II v.i. 1 ondeggiare, fluttuare, sventolare: the flag -d in the breeze la bandiera ondeggiava al vento; (of trees, plants, etc.) ondeggiare, muoversi ondeggiando (o come le onde). 2 (to be moved to and fro) essere sventolato (o agitato). 3 (to gesture with the hand) fare un cenno (o saluto) con la mano (o a): he -ed to me as he drove past mi fece un cenno con la mano mentre mi passava accanto in macchina. 4 ⟨fig⟩ (of a crowd) ondeggiare, agitarsi. 5 (of hair) ondularsi, fare onde. III v.t. 1 sventolare, muovere (o agitare) al vento: to ~ a handkerchief sventolare un fazzoletto; (of the hand) fare un cenno (o saluto) con, agitare (in segno di saluto, ecc.). 2 (to move agitatedly) agitare: stop waving your arms about smetti di agitare le braccia di qua e di là; (of a sword) brandire. 3 (of hair) ondulare, fare l'ondulazione a. □ ~ after ~ of settlers un'ondata dopo l'altra di colonizzatori, ondate successive di colonizzatori; to ~ aside 1 allontanare (o scostare) con un gesto della mano; 2 ⟨fig⟩ respingere, scartare, rigettare: to ~ aside all objections respingere tutte le obiezioni; to ~ s.o. away fare segno a qd. di allontanarsi; to ~ s.o. back fare segno a qd. di tornare indietro; to ~ down: 1 fare cenno (o segno) di fermarsi; 2 (to cause to descend by waving) fare cenno (o segno) di scendere; to ~ a greeting salutare agitando la mano; to ~ on fare segno (o cenno) di ⌜venire avanti⌝ (o avanzare): the customs officer -d me on il funzionario di dogana mi fece segno di venire avanti.

wave| band s. ⟨Rad⟩ gamma f di lunghezza d'onda. **~breaker** s. frangiflutti m, frangionde m. **~length** s. ⟨Rad⟩ lunghezza f d'onda.

waveless ['weivlis] a. senza onde, calmo, liscio.

wavelet ['weivlit] s. piccola onda f, ondetta f.

wavelike ['weivlaik] a. simile a onda.

wave| meter s. ⟨Rad⟩ ondametro m. **~ motion** s. ⟨Fis⟩ moto m ondoso.

waver ['weivə] I v.i. 1 vacillare, ondeggiare, barcollare. 2

⟨fig⟩ ondeggiare, esitare, vacillare, titubare, tentennare: to ~ between despair and hope ondeggiare tra la disperazione e la speranza. 3 (of light, the voice) tremolare. 4 (to fluctuate, vary) fluttuare, essere soggetto a variazioni: prices -ed i prezzi fluttuavano. II s. vacillamento m (anche fig.). **waverer** [-rə] s. persona f irresoluta (o indecisa), ⟨scherz⟩ tentenna m. **wavering** [-riŋ] a. 1 oscillante, vacillante. 2 ⟨fig⟩ esitante, titubante, tentennante, vacillante.

wavily ['weivili] avv. in modo ondulato (o ondeggiante).

waviness [-vinis] s. 1 ondosità f. 2 (of hair) ondulazione f. **waving** [-viŋ] s. 1 ondeggiamento m. 2 (action of moving to and fro) sventolio m, sventolamento m, l'agitare; (of the hand) cenno m.

wavy ['weivi] a. 1 (wavering, fluctuating) ondeggiante, fluttuante. 2 ondulato, sinuoso. 3 (of hair) ondulato. 4 (abounding in waves) pieno d'onde, ondoso. 5 (resembling waves) simile a onde.

wawl v. → **waul**.

wax[1] [wæks] I s. 1 cera f (d'api). 2 ⟨Chim⟩ cera f. 3 (sealing wax) ceralacca f, cera f di Spagna. 4 ⟨fig⟩ cosa f (o persona) malleabile (o duttile). 5 (cerumen) cerume m. 6 ⟨Bot⟩ cera f vegetale. 7 ⟨Entom⟩ cera f d'insetti, cera cinese (o della Cina). 8 ⟨Calz⟩ pece f (da calzolaio). 9 ⟨sl⟩ (phonograph recording) prima registrazione f (su disco). II a. di cera. III v.t. 1 incerare, dare la cera a, strofinare con (la) cera; (to polish with wax) dare la cera a, lucidare con la cera, incerare: to ~ the floor dare la cera al pavimento. 2 ⟨Calz⟩ impeciare. 3 (to record) registrare (su disco).

wax[2] v.i. (pret. waxed, p.p. waxed [-t]/poet. 'wax.en [-ən]) 1 ⟨Astr⟩ crescere. 2 ⟨fig⟩ crescere, aumentare. 3 ⟨lett⟩ (to become) diventare, divenire, farsi: to ~ old diventare vecchio. □ to ~ fat ingrassare; to ~ indignant indignarsi.

wax[3] s. ⟨sl⟩ (fit of temper) accesso m d'ira, stizza f. □ to get into a ~ stizzirsi, montare in collera, adirarsi; to be in a ~ essere stizzito (o in collera).

wax|bath s. bagno m di paraffina. **~bill** s. ⟨Ornit⟩ estrilda f. **~ candle** s. candela f di cera. **~cloth** s. ⟨Tess⟩ tela f cerata (o incerata), incerata f.

waxed end [wækst] s. ⟨Calz⟩ spago m impeciato.

waxen[1] ['wæksən] a. → **wax**[2].

waxen[2] a. 1 di cera, fatto di cera, cereo. 2 (resembling wax) simile a cera; (pale) cereo, pallido, di cera.

wax end s. → **waxed end**.

waxiness ['wæksinis] s. l'essere ⌜di cera⌝ (o cereo), aspetto m cereo.

waxing ['wɔksiŋ] s. 1 ceratura f. 2 (polishing) lucidatura f a cera. 3 ⟨Cosmet⟩ depilazione f (con ceretta).

waxing moon s. luna f crescente.

wax| match s. cerino m. **~ museum** s. museo m delle cere. **~ paper** s. carta f paraffinata (o cerata). **~wing** s. ⟨Ornit⟩ 1 bombicilla f. 2 beccofrusone m. **~work** s. 1 (wax effigy) cera f, statua f di cera. 2 (technique) tecnica f della modellatura in cera. 3 pl. (exhibition, museum; costr. sing. o pl.) museo m delle cere.

waxy[1] ['wæksi] a. 1 cereo, di cera. 2 (resembling wax) simile alla cera; (pale) cereo, pallido: ~ complexion carnagione cerea. 3 ⟨Med⟩ amiloide.

waxy[2] a. ⟨sl⟩ (angry) adirato, in collera.

way [wei] I s. 1 via f, strada f: the Appian Way la via Appia; the post office is just across (o over) the ~ l'ufficio postale è proprio dall'altra parte della strada; (path) sentiero m, viottolo m: a ~ through the forest un sentiero attraverso la foresta; (route) strada f, via f, percorso m, cammino m, itinerario m: to ask s.o. the ~ to the station domandare a qd. la strada per andare alla stazione. 2 (passage, space for passage, etc.) varco m, strada f, via f, passaggio m: to cut a ~ through the jungle aprirsi un varco nella giungla. 3 (means of access) entrata f, ingresso m, via f d'accesso, accesso m; (means of egress) via f d'uscita, uscita f, via f. 4 (distance) distanza f, lontananza f: a house a little ~ out of town una casa a poca distanza dalla città. 5 (direction) parte f, direzione f, lato m, verso m: he turned his head the other ~ girò la testa dall'altra parte. 6 (vicinity) vicinanze fpl, parti fpl, paraggi mpl, dintorni *mpl.* **7** *(manner, mode)* modo *m,* maniera *f,* stile *m: the Spanish ~ of cooking* il modo di cucinare degli spagnoli; *(means, method)* modo *m,* maniera *f,* via *f,* sistema *m: the best ~ of learning a language* il modo migliore per imparare una lingua. **8** *(respect, aspect)* punto *m* di vista, rispetto *m,* verso *m,* riguardo *m,* aspetto *m: an excellent book in every ~* un libro eccellente sotto ogni punto di vista. **9** *(course of action)* modo *m* (*o* maniera *f*) di agire, modo *m* di procedere, condotta *f; (characteristic, habitual manner of acting)* (abituale) modo *m* di fare, comportamento *m* abituale. **10** *pl. (customs, habits)* abitudini *fpl,* usanze *fpl,* consuetudini *fpl,* usi *mpl,* costumi *mpl.* **11** *(condition, state)* condizione *f,* stato *m: the patient is in a bad ~* il paziente è in cattive condizioni. **12** ⟨*Mar*⟩ abbrevi(o) *m.* **13** ⟨*tecn*⟩ superficie *f* di scorrimento, via *f.* **14** *pl.* ⟨*Mecc*⟩ guide *fpl.* **15** ⟨*Dir*⟩ *(right of way)* diritto *m* (*o* servitù *f*) di passaggio. **II** *avv.* ⟨*fam*⟩ **1** *(at a great distance)* molto lontano, a grande distanza. **2** *(to a great degree)* molto, assai, considerevolmente: *it is ~ above what I can afford* è molto più di quanto io possa permettermi. **3** *(of time)* tanto tempo fa. **4** ⟨*dial*⟩ *(away)* via. □ *all the ~*: **1** per tutto il tragitto (*o* viaggio, cammino); **2** *(from beginning to end)* dal principio alla fine, fino in fondo; **3** *(completely)* completamente, interamente, totalmente; *as is the ~ with* come avviene di solito tra, come è tipico di; ⟨*am*⟩ *from ~* **back**: **1** di vecchia data, da tanto (tempo): *a friend from ~ back* un amico di vecchia data; **2** ⟨*fam*⟩ *(thoroughgoing)* perfetto, vero e proprio: *a fool from ~ back* un perfetto cretino; *in a big ~* su grande scala, in grande; *both –s:* **1** da entrambi i punti di vista; **2** *(in both directions)* in entrambe le direzioni; **3** *(of a bet)* vincente o piazzato; *by ~ of:* **1** via, passando per: *we flew home by ~ of Paris* tornammo a casa in aereo via Parigi; **2** *(by the agency of)* per mezzo di, tramite, via; **3** *(for the purpose of)* a titolo di, con valore di, con il fine di; *by the ~:* **1** *(during a journey)* strada (*o* cammin) facendo, per strada, lungo il cammino; **2** *(incidentally)* a proposito, tra parentesi, per inciso; *to clear the ~:* **1** sgomb(e)rare la strada; **2** ⟨*fig*⟩ spianare la strada; *to come s.o.'s ~* capitare a tiro a qd.; ⟨*Rel*⟩ *~ of the* **Cross** Via Crucis *f; to put ten shillings on a horse each ~* puntare dieci scellini su un cavallo vincente o piazzato; *either ~* in un modo o nell'altro; *to be in a* **fair** *~ to* essere sulla buona strada per; ⟨*fam*⟩ *to be in the* (*o a*) **family** *~* aspettare un bambino, essere incinta; *to go the ~ of all* **flesh** seguire il destino di tutti gli uomini, morire; ⟨*Mar*⟩ *to* **gather** *~* acquistare velocità; *to* **give** *~:* **1** dare la precedenza, cedere il passo (*to* a); **2** *(to retreat, withdraw)* ritirarsi, arretrare, cedere; **3** ⟨*fig*⟩ *(to yield)* cedere, arrendersi, capitolare, piegarsi (*a*); **4** *(to abandon o.s.)* abbandonarsi, lasciarsi andare (*a*): *to give ~ to anger* abbandonarsi all'ira; **5** *(to collapse)* crollare, rovinare, franare; ⟨*fig*⟩ *to* **go** *one's own ~* fare di testa propria, fare a modo proprio; *to go out of one's ~:* **1** fare una deviazione, allontanarsi dalla propria strada; **2** ⟨*fig*⟩ *(o take pains)* fare di tutto, farsi in quattro, darsi un gran daffare; *to go the ~ of* fare la fine di, andare a finire come; *to* **have** *a ~* avere la specialità di, avere un modo tutto proprio di; *to have a ~ with* saperci fare con: *to have a ~ with children* saperci fare con i bambini; *in s.o.'s ~* d'impiccio, tra i piedi, d'ostacolo, d'intralcio: *you're (standing) in my ~* mi sei d'impiccio; *will I be in the ~ if I stay to watch?* do fastidio se sto a guardare?; ⟨*fig*⟩ *to* **know** *one's ~* (*a*)*round* (*o* about) sapersela sbrogliare (*o* sbrigare; *to* **lead** *the ~:* **1** fare strada, precedere, guidare (il cammino); **2** ⟨*fig*⟩ essere all'avanguardia; *~ of* **life** sistema *m* di vita, modo *m* di vivere; *a long ~:* **1** molto lontano; **2** ⟨*fig*⟩ ben lungi (*o* lontano): *his work is a long ~ short of perfect* il suo lavoro è ben lungi dall'essere perfetto; *to* **make** *~ for:* **1** far passare, dare la strada a, fare largo a; **2** *(to allow room for)* fare posto (*o* largo) a; *to make one's ~:* **1** dirigersi, avanzare, procedere: *I made my ~ over to the bar* mi diressi verso il bar; **2** ⟨*fig*⟩ *(to make a career for o.s.)* farsi strada, fare carriera; *to make one's ~* **home** andare a casa; *–s and* **means** modi *mpl* e maniere, metodi *mpl; in* **more** *–s than one* in più di un modo, in molti modi; *in the ~*

of in fatto di, per quanto riguarda (*o* concerne); ⟨*fam*⟩ *to be* **on** *the ~* **out** *(going out of fasion)* essere in declino, stare per tramontare (*o* passare di moda); *on the* (*o one's*) *~* durante il tragitto (*o* cammino), per (*o* lungo) la strada; *I met him on my ~ to the station* l'ho incontrato mentre andavo alla stazione; *on the ~ home* sulla strada di casa, andando a casa; *the other ~:* **1** nell'altro modo, nell'altra maniera; **2** *(in the other direction)* nell' (*o* dall') altro verso, dall'altra parte (*o* direzione); *the other ~* (*a*)*round* al contrario, all'incontrario, al rovescio, all'opposto, in modo diverso; **out** *of one's ~ (not in one's sphere of competence)* fuori del campo di qd., non di competenza di qd.; *out of s.o.'s ~* (*o the*) *~* fuori strada, fuori del proprio percorso; *to put s.o. in the ~ of* mettere qd. nelle condizioni (*o* nella possibilità) di, dare a qd. l'occasione di; *in* **some** *–s* sotto certi aspetti (*o* punti di vista), per certi versi (*o* lati); *to* **take** *the easy ~ out* scegliere la strada più facile; *~ of* **thinking** opinione *f,* modo *m* di vedere: *to my ~ of thinking* a mio modo di vedere; **this** *~* in questo modo, così, in questa maniera; *(in this direction)* in questa direzione, *there are no* **two** *~s about it* c'è poco da discutere; **under** *~:* **1** ⟨*Mar*⟩ in navigazione, in moto; **2** ⟨*estens*⟩ *(in motion, on the way)* in cammino, per strada; **3** ⟨*estens*⟩ *(of an enterprise, etc.: in progress)* in corso, in esecuzione; ⟨*Mar*⟩ *to get under ~* prendere l'abbrevi(o) *(anche fig.): once he gets under ~, he never stops talking* preso l'abbrivio non la finisce più di parlare; **which** *~?* da che parte?, in che direzione?; *the* **whole** *~ =* all *the way; it is the ~ of the* **world** così va il mondo; *the* **wrong** *~* per la (*o* dalla) strada sbagliata: *we've come the wrong ~* siamo venuti per la strada sbagliata.

way|bill *s.* **1** *(list of passengers)* lista *f* (*o* elenco *m*) dei passeggeri. **2** ⟨*Comm*⟩ lettera *f* di vettura. **~ down** *s.* passaggio *m* (*o* varco) per scendere. **~farer** *s.* viaggiatore *m* (*f* –trice); *(on foot)* viandante *m/f.* **~faring I** *a.* **1** viaggiante, viaggiatore. **2** *(travelling on foot)* che viaggia a piedi. **II** *s.* viaggio *m,* il viaggiare. **~ in** *s.* entrata *f,* ingresso *m.* **~lay** *v.t.irr.* **1** tendere un agguato (*o* un'imboscata) a. **2** *(of things: to intercept)* intercettare, sequestrare. **3** *(to accost for the purpose of conversation)* abbordare, agganciare. **~leave** *s.* ⟨*Dir*⟩ **1** permesso *m* di transito (*o* passaggio) su un terreno. **2** → **wayleave rent**. **~leave rent** *s.* ⟨*Dir*⟩ canone *m* pagato per il transito (*o* passaggio) su un terreno. **~-out** *a.* ⟨*sl*⟩ **1** *(of music, jazz: advanced in technique)* d'avanguardia. **2** *(exotic, esoteric)* esotico, strano, stravagante. **~ out** *s.* uscita *f.* **~shaft** *s.* ⟨*Mecc*⟩ albero *m* oscillante. **~side I** *s.* margine *m,* bordo *m,* sponda *f,* orlo *m.* **II** *a.* lungo la strada, posto (*o* situato) ai margini della strada: *a ~ house* una casa lungo la strada. □ *by the ~* lungo la strada; ⟨*Bibl,fig*⟩ *to fall by the ~* perdersi lungo il cammino. **~ station** *am. s.* ⟨*Ferr*⟩ stazione *f* secondaria (*o* intermedia). **~ train** *am. s.* ⟨*Ferr*⟩ treno *m* locale. **~ up** *s.* varco *m* (*o* passaggio) per salire.

wayward ['weiwəd] *a.* **1** ribelle, indocile, restio, riottoso: *a ~ child* un ragazzo ribelle; *(capricious)* capriccioso, bizzoso. **2** *(of wind, weather)* incostante, mutevole, instabile. **3** *(unpredictable)* imprevedibile. **waywardly** [–li] *avv.* in modo ribelle (*o* riottoso). **waywardness** [–nis] *s.* l'essere indocile (*o* restio).

w.b. = **1** ⟨*Comm*⟩ *waybill* lettera di vettura. **2** *westbound* diretto a ovest.

W.B., W/B = ⟨*Comm*⟩ *way-bill* lettera di vettura.

WBC = *white blood corpuscle* globulo bianco, leucocito.

w.c. = **1** *watercloset* gabinetto. **2** *without charge* senza spese.

W.C. = **1** *watercloset* gabinetto. **2** *without charge* senza spese.

wd. = **1** *wind* vento. **2** *wood* bosco. **3** *word* parola.

W.D. = **1** *War Department* ministero della guerra. **2** *Works Department* ministero dei lavori pubblici.

we [wi:] *pron.pl.* **1** noi, *often not translated*: *~ are ready* siamo pronti; *~ said it* lo abbiamo detto noi. **2** *(used by sovereigns, editors, etc.)* noi: *~ call upon the government* noi ci rivolgiamo al governo. □ ⟨*fam*⟩ *are ~ feeling better today?* ci sentiamo meglio oggi?, come stiamo oggi?

weak [wiːk] *a.* **1** debole, fiacco: *too ~ to walk* troppo debole per camminare; (*of bodily parts, faculties*) debole: *to have ~ eyes* avere la vista debole. **2** (*of things*) poco resistente (*o* robusto), debole: *a ~ rope* una corda poco resistente. **3** (*of light, sounds*) debole, fievole, fioco; (*of colour*) debole, tenue. **4** (*of liquids*) diluito, allungato: *a ~ solution* una soluzione diluita; (*of wine*) poco alcolico, leggero. **5** ⟨*Gramm,Chim,Fot*⟩ debole. □ *as ~ as a kitten* debolissimo; *to grow ~* indebolirsi, diventare debole, infiacchirsi; *to have a ~ head* essere debole di testa (*o* mente), essere poco intelligente; ⟨*fam*⟩ *to have ~ knees* essere uno smidollato; *to have ~ nerves* essere debole di nervi.

weaken ['wiːkən] **I** *v.t.* **1** indebolire, infiacchire: *the heavy losses have –ed the enemy* le forti perdite hanno indebolito il nemico. **2** (*of things*) indebolire, rendere meno resistente: *the explosion –ed the bridge* l'esplosione indebolì il ponte. **3** (*to dilute*) diluire, allungare. **II** *v.i.* **1** indebolirsi, infiacchirsi. **2** (*to lose resolution*) perdersi ⌐d'animo⌐ (*o* di coraggio), scoraggiarsi. **3** (*to lose force, intensity*) calare, scemare, perdere forza (*o* intensità): *the wind has –ed* il vento è calato. **weakening** [–iŋ] *s.* indebolimento *m*, infiacchimento *m*.

weaker sex ['wiːkə] *s.* sesso *m* debole.

'weak-'eyed *a.* debole di vista, che ha la vista debole. **'~-'headed** *a.* **1** (*easily intoxicated*) che si ubriaca facilmente, che non regge l'alcool. **2** (*mentally deficient*) debole di mente, poco intelligente. **'~-'hearted** *a.* debole di cuore.

weakish ['wiːkiʃ] *a.* piuttosto debole, deboluccio.

'weak-'kneed *a.* debole, smidollato.

weakling ['wiːkliŋ] *s.* **1** persona *f* debole (*o* gracile), ⟨*fam*⟩ scamorza *f*. **2** (*person lacking strength of character*) persona *f* dal carattere debole, smidollato *m* (*f* –a). **weakly** [–li] **I** *a.* gracile, debole, cagionevole, malaticcio. **II** *avv.* debolmente, fiaccamente.

'weak-'minded *a.* poco intelligente, stupido. **'weak-'mindedness** *s.* scarsa intelligenza *f*, debolezza *f* mentale (*o* di mente).

weakness ['wiːknis] *s.* **1** debolezza *f*, fiacchezza *f*. **2** (*lack of resolution*) debolezza *f*: *a moment of ~* un momento di debolezza. **3** (*slight defect*) debolezza *f*, punto *m* debole, (piccolo) difetto *m*. **4** (*liking, fondness*) debole *m*, inclinazione *f*: *a ~ for chocolates* un debole per i cioccolatini.

'weak-'spirited *a.* pauroso, privo di coraggio. **'~-'willed** *a.* che ha una volontà debole.

weal¹ [wiːl] *s.* segno *m* di una frustata, livido *m*, vescica *f*.

weal² *s.* ⟨*rar*⟩ (*welfare*) benessere *m*, prosperità *f*, bene *m*: *the public ~* il benessere pubblico. □ *in ~ and woe* nella buona e nella cattiva sorte; *for the public ~* per il bene ⌐di tutti⌐ (*o* pubblico).

weald [wiːld] *s.* ⟨*rar,poet*⟩ **1** aperta campagna *f*. **2** (*wooded country*) foresta *f*, bosco *m*. **Weald** *N.pr.* ⟨*Geog*⟩ Weald *m*.

wealth [welθ] *s.* **1** ricchezze *fpl*, ricchezza *f*: *the ~ of Croesus* le ricchezze di Creso. **2** (*possessions, riches*) beni *mpl*, sostanze *fpl*, ricchezze *fpl*. **3** ⟨*Econ*⟩ ricchezza *f*: *national ~* ricchezza nazionale. **4** ⟨*fig*⟩ (*abundance, profusion*) ricchezza *f*, abbondanza *f*, copia *f*, profusione *f*: *language with a ~ of vocabulary* lingua che ha ricchezza di vocaboli. □ *a man of great ~* un uomo molto ricco. **'wealthily** [–ili] *avv.* riccamente, da ricco. **'wealthiness** [–inis] *s.* ricchezza *f*, opulenza *f*, prosperità *f*. **'wealthy** [–i] *a.* ricco, facoltoso, ambiente, agiato, danaroso; (*of things*) ricco: *a ~ country* un paese ricco, che abbonda, che ha abbondanza (*in* di).

wean¹ [wiːn] *v.t.* **1** svezzare, divezzare, spoppare, slattare: *to ~ a baby* svezzare un bambino. **2** ⟨*fig*⟩ (spesso con *away*) svezzare, disabituare, fare perdere il vezzo (*o* l'abitudine) a.

wean² *scozz. s.* (*child*) bambino *m* (*f* –a).

weaning ['wiːniŋ] *s.* svezzamento *m*, divezzamento *m*, slattamento *m*.

weanling ['wiːnliŋ] *s.* bambino *m* (*o* animale) *m* appena slattato.

weapon ['wepən] *s.* **1** arma *f*, ordigno *m*: *-s of offence and defence* armi offensive e difensive. **2** ⟨*fig*⟩ arma *f*, mezzo *m*: *the ~ of satire* l'arma della satira. **weaponry** [–ri] *s.* **1** ⟨*collett*⟩ armi *fpl*. **2** (*design, production of weapons*) armamento *m*.

weapons sales *s.pl.* vendite *fpl* di armi.

wear¹ [weə] *v.* (*pret.* **wore** [wɔː], *p.p.* **worn** [wɔːn]/*dial.* **wore**) **I** *v.t.* **1** indossare, portare, avere addosso (*o* indosso): *she was –ing a red dress* indossava un abito rosso; *to ~ a hat* portare il cappello; (*of shoes*) portare, calzare; (*to have on the person*) portare: *to ~ a sword* portare una spada; *to ~ a wig* portare una parrucca. **2** (*to be dressed in*) vestirsi di, essere vestito di: *the bride wore white* la sposa si vestì di bianco; (*to dress habitually in*) vestire (abitualmente): *soldiers ~ uniforms* i soldati vestono l'uniforme. **3** (*of hair*) portare: *to ~ one's hair long* portare i capelli lunghi. **4** ⟨*fig*⟩ (*to present*) avere, mostrare: *she wore a troubled look* aveva un'aria preoccupata. **5** (*to cause to deteriorate by wearing*) consumare, logorare, sciupare: *these shoes are hardly worn* queste scarpe sono appena consumate. **6** (*to impair, consume by use*) spesso con *away*) consumare, logorare. **7** (*to produce by friction*) scavare (per attrito): *the water has worn a groove in the rock* l'acqua ha scavato un solco nella roccia. **8** ⟨*fig*⟩ (*to weary, exhaust*) esaurire, spossare, logorare, sfinire. **9** ⟨*Mar*⟩ (*of a flag, colours*) battere, mostrare. **II** *v.i.* **1** durare, resistere all'uso: *this coat will ~ for years* questo cappotto durerà anni. **2** ⟨*fig*⟩ reggere, resistere: *the book has worn remarkably well* questo libro ha retto benissimo. **3** (*to become consumed*) logorarsi, consumarsi. □ *to ~ away:* **1** cancellare: *the inscription had been worn away by the elements* l'iscrizione era stata cancellata dalle intemperie; **2** (*to impair by use*) logorare, consumare; **3** (*to diminish through use*) logorarsi, consumarsi: *the gasket has worn away* la guarnizione si è logorata; **4** (*to produce by friction*) fare, produrre (per attrito, sfregamento, ecc.): *to ~ away a hole in one's trousers* farsi un buco nei calzoni; **5** (*to diminish gradually*) diminuire, scemare; **6** (*of time: to pass slowly*) passare (*o* trascorrere) lentamente; *to ~ away one's time in trifles* sprecare il tempo in sciocchezze; *to ~ down:* **1** consumare, logorare; *to ~ down the heels* consumare i tacchi; **2** (*to become reduced by use*) consumarsi, logorarsi; **3** ⟨*fig*⟩ fiaccare, indebolire, logorare: *to ~ down s.o.'s resistance* fiaccare la resistenza di qd.; *to ~ off:* **1** consumare (per l'uso), togliere (con l'uso); **2** (*to become removed by use*) consumarsi (per l'uso): *the paint is worn off* la vernice si è consumata; **3** ⟨*fig*⟩ (*to diminish in effect*) perdere efficacia; **4** (*to disappear gradually*) dissiparsi, sparire (*o* passare) lentamente: *the novelty soon wore off* presto la novità non fece più (alcun) effetto; *to ~ on:* **1** infastidire, annoiare, stancare: *his monotonous speech began to ~ on me* il suo discorso monotono cominciò a infastidirmi; **2** (*of time*) passare (*o* trascorrere) lentamente; *to ~ out:* **1** logorare, consumare; **2** (*to efface by use*) cancellare (con l'uso); **3** (*to become consumed by wear, use*) logorarsi, consumarsi; **4** (*to become effaced by use*) cancellarsi (con l'uso); **5** ⟨*fig*⟩ (*to tire, exhaust*) esaurire, spossare, sfinire; **6** ⟨*fig*⟩ (*to endure through*) superare: *to ~ out a storm* superare una tempesta; **7** ⟨*fig*⟩ (*of one's patience*) esaurirsi; *to ~ out one's welcome* abusare dell'ospitalità altrui, diventare un ospite sgradito (trattenendosi più del necessario); *to ~ a smile* sorridere; *to ~ thin:* **1** diventare frusto (*o* liso) per l'uso; **2** (*of hair*) diradarsi; **3** ⟨*fig*⟩ (*of patience*) esaurirsi; *to ~ one's years lightly* portare bene gli anni.

wear² *s.* **1** uso *m*: *clothes for everyday ~* abiti per uso giornaliero. **2** (*clothing*) abiti *mpl*, indumenti *mpl*, abbigliamento *m*, vestiario *m*: *evening ~* abiti da sera. **3** (*damage due to being worn, used*) logoramento *m*, logorio *m*, consumo *m*, usura *f*; (*capacity to withstand being worn*) resistenza *f* ⌐al logoramento⌐ (*o* all'uso), durata *f*. □ (*fair*) *~ and tear* logoramento *m*, logorio *m*, deterioramento *m*, consumo *m* (normale); *the carpet shows signs of ~* il tappeto mostra la corda; *this fur coat will give you years of good ~* questa pelliccia ti durerà per anni; *clothes for casual ~* abiti sportivi; *to be the worse for ~:* **1** (*of things*) essere logoro (o consunto) per l'uso; 2 ⟨fam⟩ (of people) essere sfiorito (o sciupato); 3 ⟨fam⟩ (to be slightly drunk) essere brillo (o alticcio).

wear³ v. (pret., p.p. **wore** [wɔ:]) I v.t. ⟨Mar⟩ far virare di bordo. II v.i. virare di bordo.

wearable ['wɛərəbl] I a. portabile, che si può indossare (o portare). II s. (general. al pl.) indumenti mpl, abiti mpl, vestiario m. **wearer** [-rə] s. chi indossa (un indumento).

wearied ['wiərid] a. affaticato, stanco.

weariless ['wiərilis] a. instancabile, infaticabile. **wearily** [-li] avv. stancamente. **weariness** [-rinis] s. 1 stanchezza f, affaticamento m. 2 (tediousness) tediosità f, noia f.

wearing¹ ['wɛəriŋ] I s. 1 il portare, l'indossare. 2 (wear) uso m. 3 (damage due to being worn) logoramento m, usura f, logorio m, consumo m. II a. 1 da indossare, da portare. 2 (wearying) che stanca, che affatica, faticoso.

wearing² s. ⟨Mar⟩ viramento m di bordo in poppa.

wearing apparel s. abbigliamento m, indumenti mpl, vestiario m.

wearisome ['wiərisəm] a. 1 che stanca, che affatica, faticoso, pesante. 2 (tedious, boring) tedioso, noioso, uggioso. **wearisomely** [-li] avv. in modo faticoso. **wearisomeness** [-nis] s. 1 l'essere faticoso. 2 (tediousness) tedio m, noia f. **weary** [-ri] I a. 1 stanco, affaticato. 2 (tiring) faticoso, che stanca, che affatica: a ~ journey un viaggio faticoso. 3 (tedious) noioso, tedioso, uggioso. 4 (having one's patience exhausted) stanco, sazio, stufo (of di). 5 (showing boredom) di noia, annoiato: a ~ sigh un sospiro di noia. II v.i. 1 stancarsi, affaticarsi. 2 (to become exhausted in patience) stancarsi, seccarsi, stufarsi, saziarsi (of di): to ~ of s.o.'s grumbling stancarsi delle lamentele di qd. III v.t. 1 stancare, affaticare. 2 (to exhaust the patience of) seccare, stufare, saziare, annoiare. □ to grow ~: 1 stancarsi, affaticarsi; 2 (to become impatient) stancarsi, stufarsi, seccarsi (of di).

weasand ['wi:z(ə)nd] s. ⟨rar⟩ 1 (throat) gola f. 2 (esophagus) esofago m. 3 (windpipe) trachea f.

weasel ['wi:zl] I s. 1 ⟨Zool⟩ donnola f. 2 ⟨fig⟩ persona f subdola e astuta. II v.i. (to evade an obligation, a duty, etc.; spesso con out) sottrarsi (of a), sfuggire, scansare (qc.). □ ⟨am⟩ ~ words parole fpl ambigue, linguaggio ambiguo.

weasel-faced a. dal viso affilato e astuto.

weather ['wɛðə] I s. tempo m (atmosferico), condizioni fpl atmosferiche: beautiful ~ bel tempo; the ~ is picking up il tempo migliora; we are in for some bad ~ avremo cattivo tempo. II a. ⟨Mar⟩ (windward) al vento, sopravvento. III v.t. 1 esporre ʼalle intemperieʼ (o all'azione degli agenti atmosferici); (to expose to air) esporre all'aria. 2 ⟨of timber: to season⟩ stagionare. 3 ⟨Geol⟩ disgregare. 4 (of a storm, a difficult time, etc.) superare: to ~ a crisis superare una crisi. 5 ⟨fig⟩ (to survive) sopravvivere a, scampare a, ⟨fam⟩ scapolare. 6 ⟨Mar⟩ (to make headway against) avanzare (o procedere) contro: to ~ a strong wind avanzare contro un forte vento; (to sail to the windward of) navigare sopravvento a, portarsi sopravvento a; (to double round) doppiare (sopravvento). 7 ⟨Edil⟩ (of a roof) disporre a spiovente. IV v.i. 1 resistere ʼalle intemperieʼ (o all'azione degli agenti atmosferici): paint that ~s well vernice che resiste bene alle intemperie. 2 (to deteriorate under the influence of the weather) deteriorarsi per l'azione degli agenti atmosferici. 3 ⟨Geog⟩ (spesso con away, out) disgregarsi per l'azione degli agenti atmosferici. □ ⟨Mar⟩ to make **bad** ~ incontrare cattivo tempo; ⟨fig⟩ to keep one's ~ **eye** open tenere gli occhi aperti, stare ʼall'ertaʼ (o sul chi vive); ⟨Mar⟩ to make **good** ~ incontrare tempo buono; ⟨fam⟩ to make **heavy** ~ of s.th. avere delle difficoltà con qc., trovare qc. difficile: the child was making heavy ~ of his homework il bambino aveva delle difficoltà con i compiti; **in** this ~ con questo tempo; ~ **permitting** tempo permettendo; ⟨fam⟩ to be (o feel) **under** the ~: 1 (slightly ill) essere indisposto, sentirsi poco bene; 2 (depressed) essere giù di tono (o corda); **what's** the ~ **like?** che tempo fa?

weather| balloon s. pallone m sonda, sonda f me-

teorologica. ~**-beaten** a. 1 esposto alle intemperie. 2 (of a face) segnato dalle intemperie. ~**board** s. 1 ⟨Edil⟩ tavola f di copertura (contro la pioggia). 2 ⟨Mar⟩ lato m di sopravvento. ~**boarding** s. 1 (act) rivestimento m con tavole di copertura. 2 ⟨collett⟩ (weatherboards) tavole fpl (o tavolato m) di copertura. ~**bound** s. 1 ⟨Mar⟩ trattenuto (in porto) dal maltempo. 2 (kept indoors by bad weather) costretto a casa dal cattivo tempo. ~ **box** s. scatola f (o cassetta) igrometrica. ~ **Bureau** s. ⟨SU⟩ ufficio m meteorologico. ~**cast** s. previsioni fpl meteorologiche. ~ **chart** s. ⟨Meteor⟩ carta f meteorologica. ~**cock** s. 1 gallo m segnavento. 2 ⟨fig⟩ chi cambia spesso (di) opinione, banderuola f, ventarola f, girella m. ~ **deck** s. ⟨Mar⟩ ponte m scoperto.

weathered ['wɛðəd] a. 1 alterato dagli agenti atmosferici. 2 (of timber: seasoned) stagionato. 3 ⟨Geol⟩ disgregato dall'azione degli agenti atmosferici. 4 ⟨Edil⟩ a spiovente.

weather| forecast s. previsioni fpl del tempo, bollettino m meteorologico. ~ **gauge** s. ⟨Mar⟩ sopravvento m. ~ **glass** s. barometro m, gruppo m barometro.

weathering ['wɛðəriŋ] s. 1 ⟨Geol⟩ disgregazione f causata dagli agenti atmosferici. 2 ⟨Edil⟩ pendenza f a sgrondo.

weather|man [mən] s.irr. 1 ⟨fam⟩ (meteorologist) meteorologo m. 2 ⟨TV,Rad⟩ addetto m al servizio delle previsioni meteorologiche. ~ **map** s. → **weather chart**.

weathermost ['wɛðəmoust] a. ⟨Mar⟩ il più (a) sopravvento.

weather|proof a. che resiste ʼalle intemperieʼ (o all'azione degli agenti atmosferici). ~ **prophet** s. ⟨fam⟩ meteorologo m dilettante. ~ **report** s. bollettino m meteorologico. ~ **satellite** s. satellite m meteorologico. ~ **ship** s. nave f per osservazioni meteorologiche. ~ **side** s. ⟨Mar⟩ lato m di sopravvento. ~**-stained** a. macchiato (o chiazzato) per l'esposizione agli agenti atmosferici. ~ **station** s. osservatorio m meteorologico. ~ **strip** s. ⟨Edil⟩ guarnizione f (o profilato m) di tenuta. ~ **tide** s. ⟨Mar⟩ corrente f di marea controvento. ~ **tiles** s.pl. ⟨Edil⟩ tegole fpl sovrapposte (a spiovente). ~ **vane** s. banderuola f, segnavento m. ~**-wise** a. che sa prevedere il tempo. ~**worn** a. logorato dalle intemperie.

weave¹ [wi:v] v. (pret. **wove** [wouv]/rar. **weaved** [-d], p.p. **woven** ['wouvn]/**wove**) I v.t. 1 (of threads, yarns, etc.) tessere, usare per la tessitura. 2 (to form by intertwining material) tessere, intessere, intrecciare: to ~ cloth tessere la stoffa; to ~ a basket intrecciare un canestro. 3 (estens) (to interlace, entwine) intrecciare, ⟨estens⟩ tessere: to ~ flowers into one's hair intrecciarsi fiori nei capelli. 4 ⟨fig⟩ tessere, comporre (con arte); (to devise, contrive) tessere, ordire, tramare, macchinare. 5 (to cause to move in a zigzag course) (far) muovere a zigzag. II v.i. 1 tessere. 2 (to move in a winding course) muoversi a zigzag, serpeggiare: to ~ through the traffic muoversi a zigzag in mezzo al traffico. 3 ⟨Zool⟩ tessere una ragnatela. □ ⟨sl⟩ get weaving! datti da fare!; ⟨sl⟩ to get weaving (to begin energetically) mettersi all'opera di buona lena, mettersi sotto.

weave² s. (woven pattern) armatura f.

weaver ['wi:və] s. 1 tessitore m (f -trice). 2 ⟨Ornit⟩ → **weaverbird**.

weaverbird ['wi:vəbə:d] s. ⟨Ornit⟩ tessitore m.

weaving ['wi:viŋ] s. (act, process) tessitura f, il tessere.

web [web] s. 1 ⟨Zool⟩ ragnatela f, tela f di ragno. 2 ⟨estens⟩ reticolato m: a ~ of grapevines un reticolato di viti. 3 ⟨fig⟩ tessuto m, intreccio m, ordito m, intrico m: a ~ of lies un tessuto di menzogne; (snare, entanglement) tranello m, trappola f. 4 ⟨Tess⟩ (woven fabric) tessuto m; (sheet of fibres) velo m; (warp) ordito m. 5 ⟨Zool⟩ membrana f interdigitale. 6 ⟨Zool⟩ (of amphibians, water birds) palma f. 7 ⟨Arch⟩ zona f sottile tra due nervature. 8 ⟨Edil⟩ pannello m di volta. 9 ⟨Cart⟩ nastro m di carta. 10 ⟨Tip⟩ bobina f (o rotolo m) di carta. 11 ⟨Mecc⟩ (of a crank) spalla f, braccio m (di manovella); (of a wheel) disco m; (of a key) ingegno m. 12 ⟨Ferr⟩ (of rails) anima f, gambo m. 13 ⟨Met⟩ bava f, bavatura f. □ ⟨fig⟩ to weave a ~ of deceit tessere inganni (o insidie). **webbed** [-d] a. ⟨Zool⟩ palmato: ~ feet piedi palmati; (joined by a web) unito da una membrana: ~ *toes* dita unite da una membrana. **'webbing** [-iŋ] *s.* **1** tessitura *f.* **2** ⟨*Tess*⟩ tessuto *m* forte per cinghie. **3** ⟨*Arred*⟩ nastro *m* robusto per tappezzeria. **4** ⟨*Anat*⟩ membrana *f* interdigitale.

web|-'fingered *a.* che ha le dita (della mano) unite da una membrana. **~foot** *s.irr.* **1** ⟨*Zool*⟩ ⟨*foot*⟩ piede *m* palmato. **2** ⟨*Zool*⟩ animale *m* dal piede palmato. **3** ⟨*Ornit*⟩ palmipede *m.* **'~'footed** *a.* **1** ⟨*Zool*⟩ dal piede palmato. **2** ⟨*Ornit*⟩ palmipede. **~-saw** *s.* sega *f* a telaio.

webster ['webstə] *s.* ⟨*rar*⟩ ⟨*weaver*⟩ tessitore *m* (*f* –trice).

wed [wed] *v.* (*pret., p.p.* **'wedded** [-id]/**wed**) **I** *v.t.* **1** ⟨*lett*⟩ sposare, unirsi in matrimonio con: *with this ring I thee ~* con questo anello io ti sposo. **2** ⟨*fig*⟩ combinare, unire, accoppiare, sposare: *a style that ~s poetry and* (*o to*) *prose* uno stile che combina la poesia con la prosa. **II** *v.i.* **1** sposarsi. **2** ⟨*fig*⟩ armonizzarsi, sposarsi (*with* con).

Wed. = *Wednesday* mercoledì (*abbr.* merc.).

we'd [wi(:)d] *contraz.* di **we had, we should, we would**.

wedded ['wedid] *a.* **1** sposato. **2** (*of marriage*) del matrimonio, coniugale, matrimoniale. **3** ⟨*fig*⟩ attaccato, dedito totalmente, devoto: *he is ~ to his work* è attaccato al suo lavoro; (*closely united, blended*) accoppiato, unito, combinato. □ *one's lawfully ~ wife* la propria legittima sposa. **wedding** [-diŋ] *s.* sposalizio *m*, cerimonia *f* nuziale, matrimonio *m*.

wedding| anniversary *s.* anniversario *m* di matrimonio. **~ band** *s.* → wedding-rin. **~ breakfast** *s.* rinfresco *m* nuziale. **~ cake** *s.* torta *f* nuziale. **~ day** *s.* giorno *m* ⌐delle nozze⌐ (*o* nuziale). **~ dress** *s.* abito *m* nuziale. **~ guest** *s.* invitato *m* (*f* –a) alle nozze. **~ march** *s.* ⟨*Mus*⟩ marcia *f* nuziale. **~ present** *s.* regalo *m* di nozze. **~ ring** *s.* anello *m* nuziale, fede *f.*

wedge [wedʒ] **I** *s.* **1** cuneo *m*, zeppa *f*, bietta *f.* **2** (*s.th. wedge-shaped*) spicchio *m: a ~ of cake* uno spicchio di torta. **3** ⟨*fig*⟩ dissenso *m*, discordia *f*, disaccordo *m: to drive a ~ between two persons* far nascere un dissenso tra due persone. **4** ⟨*Mil*⟩ cuneo *m.* **5** ⟨*TV*⟩ angolo *m* di definizione. **6** ⟨*Calz*⟩ tacco *m* a zeppa. **II** *v.t.* **1** (*to separate with a wedge;* spesso con *apart, open*) dividere (*o* separare) con un cuneo; (*to split with a wedge;* spesso con *apart*) spaccare con un cuneo. **2** (*to fix, tighten with wedges, a wedge*) fissare con zeppe, fermare con un cuneo, incuneare. **3** ⟨*fig*⟩ incuneare, far entrare (*o* inserire) a forza; (*to crowd, pack*) stipare, ammassare, ammucchiare. **4** (*of a tree*) inserire un cuneo in. **III** *v.i.* essere fissato con un cuneo. □ ⟨*fig*⟩ *the thin end of the ~* azione *f* di scarsa importanza destinata ad avere successivo sviluppo; *to ~ up* imbiettare; *to ~ one's way through a crowd* incunearsi tra la folla (per farsi largo).

Wedgwood ['wedʒwud] *s.* ⟨*Ceram*⟩ ceramica *f* di Wedgwood.

wedlock ['wedlɔk] *s.* **1** vincolo *m* (*o* stato) coniugale, matrimonio *m.* **2** (*married life*) vita *f* matrimoniale. □ *to be born in lawful ~* essere figlio legittimo; *to be born out of ~* essere figlio illegittimo.

Wednesday ['wenzdi] *s.* mercoledì *m: on ~* mercoledì; *on –s* di (*o* il) mercoledì.

wee [wi:] **I** *a.* molto piccolo, minuscolo, piccolissimo: *a ~ house* una casa molto piccola. **II** *s.* ⟨*scozz*⟩ attimo *m*, momento *m*, istante *m*, po' *m*, poco *m.* □ *a ~ bit* un tantino; *the ~* (*small*) *hours* (*of the morning*) le ore piccole.

weed [wi:d] *s.* **1** erbaccia *f*, malerba *f*, pianta *f* infestante. **2** ⟨*fam*⟩ (*thin, tall person*) persona *f* alta e magra, ⟨*pop*⟩ stanga *f.* **3** ⟨*sl*⟩ (*tobacco*) tabacco *m;* (*cigarette*) sigaretta *f*, ⟨*gerg*⟩ bionda *f;* (*cigar*) sigaro *m;* (*marijuana*) marijuana *f*, ⟨*gerg*⟩ erba *f.* **II** *v.t.* **1** diserbare, scerbare, sarchiare (per estirpare le erbacce): *to ~ the garden* diserbare il giardino; (*of weeds;* spesso con *out*) strappare, sradicare. **2** ⟨*fig*⟩ (*to remove as undesirable;* spesso con *out*) eliminare, liberarsi di, epurare. **III** *v.i.* strappare (*o* sradicare) le erbacce. □ *to clear a flower bed of –s* scerbare un'aiola; *to run to ~* ricoprirsi di erbacce. *Prov.: ill –s grow apace* la malerba cresce presto.

weeder ['wi:də] *s.* **1** sarchiatore *m* (*f* –trice). **2** ⟨*Agr*⟩ (*device, tool*) sarchiatrice *f.*

weedily ['wi:dili] *avv.* debolmente, fiaccamente. **weediness** [–dinis] *s.* **1** abbondanza *f* di erbacce. **2** ⟨*fam*⟩ (*thinness*) magrezza *f;* (*weakness*) debolezza *f*, fiacchezza *f.*

weeding ['wi:diŋ] *s.* ⟨*Agr*⟩ sarchiatura *f*, diserbo *m*, diserbatura *f.*

weed killer ['wi:dkilə] *s.* erbicida *m*, diserbante *m.*

weedless ['wi:dlis] *a.* senza (*o* privo di) erbacce.

weeds *s.pl.* (*mourning clothes*) gramaglie *fpl*, abito *m* da lutto: *widow's ~* gramaglie vedovili.

weedy ['wi:di] *a.* **1** pieno (*o* coperto) di erbacce, infestato dalle erbacce: *a ~ lawn* un prato pieno di erbacce. **2** ⟨*fam*⟩ (*thin*) magro, sparuto, allampanato; (*weak*) debole, fiacco.

week [wi:k] *s.* **1** settimana *f: a ~'s holiday* una settimana di vacanza. **2** (*working week*) settimana *f* lavorativa: *a forty–hour ~* una settimana lavorativa di quaranta ore. □ *three times a ~* tre volte la settimana; *to be paid by the ~* essere pagato ⌐a settimana⌐ (*o* settimanalmente);·*what day of the ~ is it?* che giorno della settimana è (oggi)?; *for –s* (*on end*) per settimane (e settimane); *~ in, ~ out* una settimana dopo l'altra, settimana dopo settimana, tutte le settimane; *last ~* la settimana scorsa; *next ~* la settimana prossima; ⟨*fam*⟩ *a ~ of Sundays* un periodo di tempo lunghissimo, un'eternità; **today** *~* oggi a otto; **Tuesday** *~* martedì a otto.

week|day **I** *s.* giorno *m* feriale (*o* lavorativo), giornata *f* lavorativa: *on –s* nei giorni feriali. **II** *a.* di tutti i giorni, dei giorni feriali: *~ clothes* abiti di tutti i giorni. **~end, ~-end** **I** *s.* fine settimana *m/f*, weekend *m.* **II** *v.i.* passare (*o* trascorrere) il fine settimana. *to ~ with friends* passare il fine settimana con amici. **~ender** *s.* **1** gitante *m/f* di fine settimana. **2** (*small suitcase*) ventiquattrore *f.*

weekly ['wi:kli] **I** *a.* settimanale: *the ~ wage packet* la busta paga settimanale. **II** *avv.* settimanalmente, ogni settimana: *to be paid ~* essere pagato settimanalmente. **III** *s.* ⟨*Giorn,Edit*⟩ settimanale *m.*

ween [wi:n] *v.t.* ⟨*rar,poet*⟩ credere, ritenere.

weep[1] [wi:p] *v.* (*pret., p.p.* **wept** [wept]) **I** *v.i.* **1** piangere, versare (*o* spargere) lacrime, lacrimare: *she began to ~* cominciò a piangere; *to ~ for joy* versare lacrime di gioia; *to ~ with anger* piangere di rabbia. **2** (*to drop water, drip*) gocciolare, stillare, colare, lacrimare. **3** (*to exude liquid*) trasudare, essudare. **4** ⟨*Med*⟩ essudare. **5** ⟨*Bot*⟩ piangere, stillare. **II** *v.t.* **1** piangere su, versare (*o* spargere) lacrime su: *to ~ one's fate* piangere sul proprio destino. **2** (*of tears*) piangere, versare, spargere. **3** (*to express with weeping;* spesso con *out*) dire piangendo, esprimere tra le lacrime. **4** (*to exude*) trasudare, essudare. □ *to ~ away* (*of time*) trascorrere (*o* passare) piangendo; *to ~ one's heart out* sciogliersi in lacrime; *to ~ over s.o.* piangere qd.; *to ~ over s.th.* piangere su qc.; *to ~ o.s. to sleep* piangere fino ad addormentarsi.

weep[2] *s.* pianto *m*, sfogo *m* di pianto: *have a good ~, you'll feel better* fatti un bel pianto, ti sentirai meglio.

weeper ['wi:pə] *s.* **1** chi piange. **2** (*professional mourner*) prefica *f*, piangitrice *f.* **3** (*mourning band*) nastro *m* nero sul cappello (in segno di lutto). **4** *pl.* (*widow's black veil*) velo *m* (di crespo) nero (delle vedove). **5** *pl.* ⟨*fam*⟩ (*sidewhiskers*) fedine *fpl*, basettoni *mpl*, favoriti *mpl.*

weephole ['wi:phoul] *s.* ⟨*Edil*⟩ foro *m* di drenaggio, feritoia *f* di scolo.

weeping ['wi:piŋ] **I** *a.* **1** piangente, che piange, in lacrime. **2** (*tearful*) lacrimoso, pieno di lacrime. **3** (*dripping, oozing liquid*) stillante, che gocciola. **II** *s.* pianto *m*, lacrime *fpl.*

weeping| cross *s.* ⟨*Stor*⟩ croce *f* penitenziale (posta ai crocicchi). **~ willow** *s.* ⟨*Bot*⟩ salice *m* piangente.

weepy ['wi:pi] **I** *a.* che è solito piangere, che piange facilmente, che ha il pianto facile. **II** *s.* ⟨*sl*⟩ (*sentimental film, book, etc.*) film *m* (*o* libro) sentimentale (*o* lacrimoso).

weever ['wi:vəx] *s.* ⟨*Entom*⟩ **1** trachino *m.* **2** *pl.* trachinidi *mpl.*

weevil ['wi:vl] *s.* ⟨*Entom*⟩ **1** tonchio *m.* **2** (*bollweevil*) antonomo *m.* **3** *pl.* rincofori *mpl.* **weeviled** *am.,*

weevilled [–d] *a.* → **weevilly**. **weevilly, weevily** [–i] *a.* ⟨*Agr*⟩ tonchiato.

weft[1] [weft] *s.* **1** ⟨*Tess*⟩ trama *f.* **2** ⟨*estens*⟩ (*woven fabric*) tessuto *m.*

weft[2] *s.* ⟨*Mar*⟩ (*waif*) mostravento *m*, fiamma *f.*

weigh[1] [wei] **I** *v.t.* **1** pesare: *to ~ a parcel* pesare un pacco; ~ *o.s.* pesarsi. **2** (*to balance in the hand*) soppesare. **3** ⟨*fig*⟩ (spesso con *up*) soppesare, valutare, esaminare (attentamente), vagliare: *to ~ up the situation* valutare la situazione. **4** ⟨*Mar*⟩ (*of an anchor*) salpare, levare. **II** *v.i.* **1** pesare, essere pesante: *the vehicle –s over a ton* il veicolo pesa più di una tonnellata. **2** ⟨*fig*⟩ contare, –s, valere, essere importante, pesare, avere peso: *nothing ~s with him but money* niente conta per lui eccetto il denaro. **3** (*to press down*) gravare (*on*, *upon s.th.* qc.); (*to have a depressing effect*) pesare (a), essere gravoso (o duro) (per). **4** ⟨*Mar*⟩ levare (o salpare) l'ancora, partire. □ ⟨*Mar*⟩ *to ~* **anchor** levare (o salpare) l'ancora (*anche fig.*); *to ~* **down**: 1 piegare, curvare (sotto il peso), far abbassare: *the snow –ed down the branches* la neve piegava i rami; 2 (*to make heavy*) appesantire, rendere pesante; 3 ⟨*fig*⟩ gravare, caricare, oberare: *–ed down with taxes* gravato di tasse; 4 ⟨*fig*⟩ (*to oppress*) gravare, opprimere; ⟨*fig*⟩ *to ~ down the scale* dare il tracollo alla bilancia; *to ~* **in**: 1 ⟨*Sport*⟩ (*of a boxer, wrestler*) pesare prima di un incontro; 2 ⟨*Equit*⟩ (*of a jockey*) pesare prima della corsa; 3 ⟨*Sport, Equit*⟩ (*to have o.s. weighed*) pesarsi; ⟨*fam*⟩ *to ~* **in with** (*to introduce, contribute*) intervenire con, introdurre.

weigh[2]: *under ~* in cammino. □ *the ship is under ~* la nave è in navigazione.

weighable ['weiəbl] *a.* che si può pesare, pesabile.

weighbridge ['weibridʒ] *s.* pesa *f*, basculla *f.*

weigher ['weiə] *s.* chi pesa, pesatore *m.*

weigh|house *s.* **~-in** *s.* ⟨*Sport*⟩ pesata *f.*

weighing ['weiiŋ] *s.* **1** pesa *f*, pesatura *f*, pesata *f.* **2** (*quantity weighed*) pesata *f.*

weighing machine *s.* pesatrice *f*, pesa *f* (a ponte).

weight [weit] **I** *s.* **1** peso *m* (*anche Fis.*): *to check the ~ of the goods* controllare il peso della merce; *what is your ~?* qual è il tuo peso? **2** (*quantity of s.th. weighing a given amount*) quantità *f* (di un determinato peso), pesata *f*: *equal –s of flour and sugar* quantità uguali di farina e zucchero. **3** (*object used on scales, to hold s.th. down, etc.*) peso *m*: *a set of –s* una serie di pesi; (*paperweight*) fermacarte *m.* **4** ⟨*Orol*⟩ peso *m.* **5** (*in the hem of a curtain, etc.*) piombino *m.* **6** ⟨*Pesc*⟩ piombino *m.* **7** ⟨*fig*⟩ (*burden*) peso *m*, onere *m*, carico *m*: *I've got a ~ off my mind* mi sono levato un peso dallo stomaco. **8** ⟨*fig*⟩ (*importance*) importanza *f*, peso *m*; (*influence*) influenza *f*, autorità *f*, peso *m.* **9** ⟨*Sport*⟩ (*in boxing, wrestling*) peso *m*, categoria *f* di peso. **10** ⟨*Sport, Equit*⟩ peso *m*: *to put the ~* lanciare il peso. **11** ⟨*Tess*⟩ peso *m*, pesantezza *f.* **II** *v.t.* **1** (spesso con *down*) appesantire, rendere (più) pesante: *to ~ a stick with lead* appesantire un bastone con piombo. **2** ⟨*fig*⟩ (spesso con *down*) opprimere, gravare. **3** ⟨*Tess*⟩ caricare; (*of silk*) immergere in un bagno di sali di stagno. **4** ⟨*Equit*⟩ assegnare un handicap a. **5** ⟨*Statist*⟩ ponderare: *–ed index* indice ponderato. □ ⟨*Aer*⟩ *all–up* ~ peso *m* totale (o a pieno carico); *to sell* **by** ~ vendere a peso; ⟨*fig*⟩ *to* **carry** ~ aver peso, essere importante, contare, valere; *to* **gain** ~ aumentare di peso, ingrassare; ⟨*fig*⟩ *to* **give** (o *lend*) ~ avvalorare, dare peso (o valore) a; ⟨*Sport*⟩ *to* **lift** *–s* sollevare pesi; *to give* **light** ~ rubare sul peso; *to* **lose** ~ diminuire di peso, dimagrire; ⟨*Sport*⟩ *to* **make** *the* ~ avere il peso giusto, rispondere ai requisiti di peso; ~ *of* **numbers** superiorità numerica: *they won the battle by sheer ~ of numbers* vinsero la battaglia soltanto per la loro superiorità numerica; **òver** ~: 1 che eccede il peso; 2 (*of a person*) di peso superiore alla norma; *to* **pull** *one's* ~: 1 (*in rowing*) usare tutta la propria forza, mettercela tutta; 2 ⟨*fig*⟩ fare la propria parte, dare il proprio contributo; **table** *of –s and measures* tabella *f* dei pesi e delle misure; ⟨*fam*⟩ *to* **throw** *one's* ~ *around* (o *about*) spadroneggiare; **under** ~: 1 di peso scarso; 2 (*of a person*) di peso inferiore alla norma.

weighted ['weitid] *a.* **1** appesantito, reso (più) pesante. **2**

⟨*fig*⟩ alterato, manipolato. **3** ⟨*Tess*⟩ caricato. **4** ⟨*Statist*⟩ ponderato.

weight efficiency *s.* ⟨*Mot*⟩ rapporto *m* peso–potenza.

weightily ['weitili] *avv.* **1** pesantemente. **2** (*seriously*) seriamente, gravemente. **weightiness** [–tinis] *s.* **1** pesantezza *f*, ponderosità *f.* **2** ⟨*fig*⟩ importanza *f*, serietà *f*, gravità *f.*

weighting ['weitiŋ] *s.* **1** ⟨*Statist*⟩ ponderazione *f.* **2** ⟨*Tess*⟩ carica *f.*

weightless ['weitlis] *a.* **1** senza (o che non ha) peso. **2** ⟨*fig*⟩ senza peso, privo d'importanza. **weightlessly** [–li] *avv.* senza peso. **weightlessness** [–nis] *s.* **1** assenza *f* (o mancanza) di peso. **2** ⟨*fig*⟩ l'essere senza importanza (o peso).

weight| lifter *s.* ⟨*Sport*⟩ pesista *m.* ~ **lifting** *s.* pesistica *f.* ~ **watcher** *s.* persona *f* che segue una dieta.

weighty ['weiti] *a.* **1** pesante, ponderoso (*anche fig.*). **2** (*of a blow*) pesante, duro. **3** ⟨*fig*⟩ (*important*) importante, grave, serio. **4** ⟨*fig*⟩ (*influential, powerful*) influente, potente, importante; (*telling, convincing*) valido, convincente: *a ~ argument* un argomento valido.

weir [wiə] *s.* diga *f* di ritenuta, sbarramento *m*, traversa *f.*

weird [wiəd] **I** *a.* **1** magico, misterioso, arcano, soprannaturale. **2** ⟨*fam*⟩ (*odd, strange*) strano, strambo, bizzarro, originale. **3** ⟨*rar, poet*⟩ (*of, dealing with fate*) fatidico. **II** *s.* ⟨*scozz, rar*⟩ destino *m*, fato *m.* Weird scozz. *s.* ⟨*rar*⟩ (*Fate*) Parca *f.* **'weirdie** [–i] *s.* ⟨*sl*⟩ (*eccentric person*) persona *f* stramba (o bizzarra). **'weirdly** [–li] *avv.* **1** magicamente, in modo arcano. **2** ⟨*fam*⟩ (*oddly*) in modo strambo, stranamente. **weirdness** [–nis] *s.* **1** l'essere misterioso (o arcano). **2** ⟨*fam*⟩ (*oddness*) bizzarria *f*, stranezza *f*, stravaganza *f.*

Weird Sisters *N.pr.pl.* **1** ⟨*Mitol*⟩ (*the Fates*) Parche *fpl.* **2** ⟨*Mitol.nord*⟩ (*the Norns*) Norne *fpl.*

welch *v.* → **welsh**.

Welch *a./s.* → **Welsh**.

welcher *s.* → **welsher**.

welcome ['welkəm] **I** *intz.* benvenuto, benvenuti: ~, *my friend* benvenuto amico mio; ~ *to Sheffield* benvenuti a Sheffield. **II** *v.t.* **1** accogliere (cordialmente), dare il benvenuto a, fare una buona accoglienza a: *he ran to ~ me at the door* corse ad accogliermi sulla porta. **2** (*to accept gladly, willingly*) accettare volentieri, accogliere di buon grado, gradire: *to ~ a suggestion* accettare volentieri un suggerimento. **3** (*to receive, greet with s.th. unpleasant*) accogliere (*male*), ricevere (*male*): *they –d him with hisses* lo accolsero a fischi. **III** *s.* **1** benvenuto *m.* **2** (*manner of welcoming*) accoglienza *f.* **IV** *a.* **1** gradito, benvenuto, ben accetto: *a ~ visitor* un ospite gradito. **2** (*acceptable, agreeable*) gradito, grato, ben accetto: *a ~ change* un cambiamento gradito. □ ~ **back!** bentornato!; *to* **find** *a ready ~* essere ben accolto; *to be as ~ as the* **flowers** *in May* essere molto gradito; ~ **home** benvenuto a casa; *to* **make** *s.o. ~* far sentire a q. che è il benvenuto, ricevere con grande cordialità qd.; *to* **outstay** *one's ~* abusare dell'ospitalità altrui; *to* **receive** *a warm ~* ricevere un'accoglienza calorosa; ⟨*iron*⟩ *to be as ~ as* **snow** *in harvest* essere gradito come il fumo negli occhi; *you are ~ to* **use** *my car* a mia macchina è a tua disposizione; *he was ~ to come and go* era libero di andare e venire; *anyone is ~ to* **try** *it* ognuno può provare liberamente; ⟨*am*⟩ **you're** ~ prego, non c'è di che.

welcomeness ['welkəmnis] *s.* **1** l'essere il benvenuto. **2** (*state of being agreeable*) l'essere gradito (o ben accetto).

weld [weld] **I** *v.t.* **1** ⟨*Met*⟩ saldare: *to ~ two pieces of metal together* saldare (insieme) due pezzi di metallo. **2** ⟨*fig*⟩ saldare, unire (saldamente). **II** *v.i.* ⟨*Met*⟩ fare saldature. **III** *s.* ⟨*Met*⟩ **1** saldatura *f*, giunzione *f* saldata, giunto *m* saldato. **2** (*act*) saldatura *f.* **IV** *a.* di saldatura.

weldability [‚weldə'biliti] *s.* ⟨*Met*⟩ saldabilità *f.* **'weldable** [–bl] *a.* saldabile. **'welded** [–did] *a.* saldato. **'welder** [–də] *s.* **1** (*worker*) saldatore *m.* **2** → **welding machine**. **'welding** [–diŋ] *s.* → **weld**.

welding| heat *s.* temperatura *f* di saldatura. ~ **machine** *s.* saldatrice *f.* ~ **powder** *s.* polvere *f* fondente. ~ **torch**

s. cannello *m* per saldatura autonoma.
weldless ['weldlis] *a.* senza saldatura, non saldato.
weld|line *s.* linea *f* di saldatura. **~ time** *s.* tempo *m* di saldatura.
welfare ['welfɛə] *s.* benessere *m*, prosperità *f*, bene *m*.
welfare| centre *s.* centro *m* ⌐di assistenza⌐ (*o* assistenza). **~ economics** *s.pl.* (costr. sing.) economia *f* del benessere. **~ society** *s.* ⟨*Sociol*⟩ società *f* del benessere. **~ state, ~ State** *s.* ⟨*Pol*⟩ stato *m* sociale (*o* assistenza). **~ work** *s.* assistenza *f* sociale. **~ worker** *s.* assistente *m/f* sociale.
welfarism ['welfɛərizm] *s.* assistenzialismo *m*.
welkin ['welkin] *s.* ⟨*poet*⟩ volta *f* celeste, cielo *m*.
well[1] [wel] I *avv.* (*compar.* **better** ['bɛtə], *sup.* **best** [best]) **1** bene: *things are going* ~ le cose vanno bene; *this knife cuts* ~ questo coltello taglia bene. **2** (*in a good, moral way*) bene, in modo giusto (*o* retto), rettamente: *to behave* ~ comportarsi bene. **3** (*with skill*) bene, abilmente, con abilità, con destrezza: *he writes* ~ scrive bene. **4** (*to a high degree, extent*) bene, molto: *I was* ~ *pleased with the result* ero ben contento del risultato; *he loves her* ~ l'ama molto. **5** (*considerably*) molto, notevolmente, considerevolmente: *he earned* ~ *over a hundred pounds* guadagnò molto più di cento sterline. **6** (*definitely, certainly*) bene, perfettamente, chiaramente: *I remember it* ~ lo ricordo bene. **7** (*with good appearance*) bene: *to dress* ~ vestire bene. **8** (*prosperously*) nell'agiatezza, agiatamente, bene: *to live* ~ vivere nell'agiatezza. **9** (*thoroughly*) (ben) bene, a fondo: *shake* ~ *before use* agitare bene prima dell'uso. **10** (*carefully, attentively*) bene, attentamente, con attenzione. **11** (*fittingly, rightly*) giustamente, bene, opportunamente: *as Shakespeare* ~ *observes, man is a strange creature* come giustamente osserva Shakespeare, l'uomo è una strana creatura. **12** (*easily, readily*) facilmente, bene: *you can* ~ *imagine* puoi facilmente immaginare. **13** (*with good nature*) bene, di buon grado: *to take a disappointment* ~ prendere bene una delusione; (*in a kindly, generous way*) bene, favorevolmente, in modo generoso (*o* favorevole): *to speak* ~ *of s.o.* parlare bene di qd.; *the film was* ~ *received* il film fu accolto favorevolmente. **14** (*intimately*) bene, profondamente, intimamente, a fondo: *I knew him* ~ lo conoscevo bene. **15** (*advantageously*) vantaggiosamente, convenientemente. II *a.* **1** in buona salute, sano. **2** (*satisfactory*) soddisfacente. **3** (*pleasing in appearance*) d'aspetto piacevole, bello. **4** (*proper, fitting*) bene, giusto, opportuno, conveniente: *it would be* ~ *to ask permission first* sarebbe bene chiedere prima il permesso. **5** (*fortunate*) fortunato, fausto, felice. **6** (*well-off, prosperous*) agiato, facoltoso, abbiente. III *intz.* **1** dunque, allora, ebbene, beh: ~, *let us get on with the lesson* dunque, continuiamo la lezione; ~, *what about it?* allora, che ne dici? **2** (*to express surprise*) davvero, ma no: ~, *who would have thought it?* davvero, chi l'avrebbe mai pensato? **3** (*to express resignation, etc.*) bene: ~, *if you insist* bene, se insisti. IV *s.* bene *m*: *to wish s.o.* ~ augurare ogni bene a qd. □ ⟨*iron*⟩ *all very* ~ si fa presto, va bene: *it is all very* ~ *to criticize* si fa presto a criticare; *that's all* ⌐*very* ~⌐ (*o* *well and good*), *but* (va) benissimo, ma; *all is* ~ (va) tutto bene, tutto a posto; **as** ~: **1** (*also*) anche, pure; **2** (*to the same degree, equally*) sia, tanto: *he succeeded as* ~ *because of his tenacity as his natural talent* è riuscito sia per la sua tenacia che per il suo talento naturale; *that is just as* ~ pazienza!, fa lo stesso!, va bene!; **as** ~ **as:** **1** come pure, così come; **2** (*and not only*) non solo... ma anche, anche, pure, in aggiunta: *they took her jewels as* ~ *as her money* non solo le presero i gioielli ma anche il denaro; *you might* (o *may*) *as* ~ *give up* tanto vale che tu rinunci; *it's just as* ~ *I brought the umbrella* ho fatto bene a portare l'ombrello; *I might* (*just*) *as* ~ *not have come* tanto valeva che io non venissi, potevo anche non venir; ⟨*fam*⟩ *to be* ~ **away** essere a buon punto; ~ **done!** ben fatto!, bene!, bravo!; ~ **enough** abbastanza (bene), discretamente: *I like it* ~ *enough* mi piace abbastanza; *to feel* ~ sentirsi bene; *to speak* ~ **for** *s.o.* fare onore a qd.: *it speaks* ~ *for him that he tried it* gli fa onore l'aver tentato; *to do* ~ *for o.s.* farsi strada; *to*

get ~ (*again*) rimettersi, ristabilirsi; ~ *and* **good** va benissimo, sta bene; *to* **live** ~: **1** vivere agiatamente (*o* bene); **2** (*to live virtuously*) vivere onestamente (*o* rettamente); *the painting looks* ~ *on that wall* il quadro sta bene su quella parete; *to* **lose** ~ saper perdere; *he did not arrive until* ~ *on in the evening* arrivò soltanto a sera inoltrata; *to be* ~ **up** *in s.th.* essere molto addentro a qc.
well[2] I *s.* **1** pozzo *m*: *to draw water from the* ~ attingere acqua dal pozzo. **2** (*natural source, spring*) fonte *f*, sorgente *f*, fontana *f*. **3** ⟨*fig*⟩ (*origin, source*) fonte *f*, sorgente *f*, origine *f*. **4** ⟨*Edil,Arch*⟩ (*of stairs, lift shaft*) pozzo *m*, tromba *f*; (*for ventilation*) pozzo *m*. **5** (*of a lecture hall, etc.*) settore *m* riservato all'oratore; (*of a theatre*) platea *f*; (*of a law court*) banco *m* dei difensori. **6** (*receptacle for liquids*) piccolo serbatoio *m* (*o* contenitore). **7** ⟨*Mar*⟩ (*of a weather deck*) ridotto *m* (*o* sala *f*) delle pompe; (*pump well*) pozzo *m* (di pompa); (*for a periscope*) tubo *m* di rientro. **8** ⟨*Met*⟩ crogi(u)olo *m*, bacino *m*. II *v.i.* **1** (spesso con *up, out, forth*) zampillare, sgorgare, scaturire: *water -ed from the split in the rock* l'acqua zampillava dalla fenditura della roccia; *tears -ed up in her eyes* le lacrime le sgorgavano dagli occhi. **2** ⟨*fig*⟩ (*of emotions;* spesso con *up*) sgorgare, scaturire, prorompere. □ ⟨*fig*⟩ *to* ~ *over* traboccare.
we'll [wi(:)l] *contraz. di* **we shall, we will.**
well|-'acted *a.* recitato bene, ben recitato. **'~-'advertised** *a.* ben reclamizzato. **'~-ad'vised** *a.* prudente, saggio, accorto, avveduto: *you would be* ~ *to refuse* saresti prudente a rifiutare. **'~-ap'pointed** *a.* ben arredato, ben attrezzato, ben equipaggiato.
wellaway ['weləwei] ⟨*rar*⟩ I *intz.* ahimè, ohimè. II *s.* lamento *m*.
'well|-'balanced *a.* **1** (ben) equilibrato: *a* ~ *diet* una dieta equilibrata. **2** (*of people: judicious*) equilibrato, sensato, saggio, giudizioso. **'~-be'haved** *a.* **1** beneducato, educato. **2** (*of animals*) ben addestrato. **'~-'being** *s.* **1** stato *m* di benessere. **2** (*welfare*) benessere *m*, prosperità *f*, bene *m*. **'~-be'loved** I *a.* **1** benamato. **2** (*respected, honoured*) rispettato, stimato, onorato. II *s.* amato bene *m*. **'~-'born** *a.* di buona famiglia, nato bene, bennato. **'~-'bred** *a.* **1** educato, beneducato. **2** → **well-born. 3** (*of animals*) di razza. **'~-'built** *a.* ben costruito. **'~-'chosen** *a.* appropriato, scelto bene: *a few* ~ *words* poche parole appropriate. **'~-con'ducted** *a.* **1** che si comporta bene. **2** (*well organized*) ben organizzato: *a* ~ *meeting* una riunione ben organizzata. **'~-con'nected** *a.* **1** di buona famiglia. **2** (*having influential relations, friends*) che ha amici influenti, che ha buone (*o* influenti) relazioni sociali. **'~-con'tent** *a.* (ben) soddisfatto, pago.
well deck *s.* ⟨*Mar*⟩ ponte *m* (*o* coperta *f*) a pozzo.
'well|-de'fined *a.* ben definito, ben preciso. **'~-de'served** *a.* (ben) meritato: *a* ~ *honour* un onore ben meritato. **'~-de'veloped** *a.* ben sviluppato. **'~-di'rected** *a.* **1** centrato, ben diretto. **2** (*of words, criticism*) che colpisce nel segno, azzeccato. **'~-dis'posed** *a.* **1** favorevole (*to, towards* a), bendisposto (verso). **2** (*having a good disposition*) bendisposto, benevolo, amichevole. **'~-'doer** *s.* **1** chi fa del bene, chi compie buone azioni. **2** (*person who acts rightly*) persona *f* virtuosa (*o* onesta). **'~-'done** *a.* **1** ben fatto. **2** (*cooked thoroughly*) ben cotto.
well drain *s.* ⟨*Agr*⟩ pozzo *m* di drenaggio.
'well-'dressed *a.* ben vestito.
well drilling *s.* ⟨*Minier*⟩ trivellazione *f*, sondaggio *m*.
'well|-'earned *a.* (ben) meritato: ~ *rest* meritato riposo. **'~-es'tablished** *a.* **1** radicato, inveterato: *a* ~ *custom* un'abitudine radicata. **2** (*of a person*) affermato: *to be* ~ *in business* essere affermato negli affari. **'~-'favored** *am.*, **'~-'favoured** *a.* di bell'aspetto, piacevole a guardarsi, bello. **'~-'fed** *a.* ben nutrito. **'~-'found** *a.* ⟨*Mar*⟩ ben equipaggiato, ben attrezzato. **'~-'founded** *a.* (ben) fondato: ~ *suspicions* sospetti fondati. **'~-'groomed** *a.* **1** azzimato, agghindato, attillato. **2** (*of a horse*) ben strigliato. **'~-'grounded** *a.* **1** (ben) fondato. **2** (*having a solid knowledge*) competente, esperto (*in* di, in), che conosce bene (qc.). **'~-'grown** *a.* cresciuto bene, (ben) sviluppato.

well head *s.* **1** sorgente *f.* **2** ⟨*fig*⟩ sorgente *f,* fonte *f,* origine *f.*

'well-'heeled *a.* ⟨*fam*⟩ facoltoso, agiato, abbiente, ricco.

well| hole *s.* **1** (*of a well*) canna *f.* **2** ⟨*Arch*⟩ pozzo *m* (*o* tromba *f*) delle scale. **~ house** *s.* ⟨*Minier*⟩ cupola *f* di protezione di un pozzo.

'well-in'formed *a.* ben informato, al corrente.

Wellington boots ['weliŋtən] *s.pl.* → **Wellingtons**.

Wellingtons ['weliŋtənz] *s.pl.* ⟨*Calz*⟩ stivali *mpl* impermeabili alti fino al ginocchio.

'well-in'tentioned *a.* **1** (*fatto*) a fin di bene. **2** (*of a person*) ben intenzionato. **'~-'judged** *a.* giudizioso, assennato, prudente, saggio. **'~-'kept** *a.* ben tenuto, tenuto bene: *a ~ garden* un giardino ben tenuto. **'~-'knit** *a.* **1** solido, robusto, forte, ben piantato. **2** (*of a community, society*) solido, serio. **'~-'known** *a.* **1** ben noto, noto a tutti, ⟨*fam*⟩ storico: *for reasons that are ~* per le ben note ragioni. **2** (*famous*) famoso, rinomato, celebre: *a ~ actor* un attore famoso. **3** (*intimately known*) ben noto, familiare: *a ~ voice* una voce ben nota. **'~-'lined** *a.* (*of a purse*) ben fornito (di denaro). **'~-'looking** *a.* bello, di bell'aspetto. **'~-'made** *a.* ben fatto. **'~-'mannered** *a.* di buone maniere, educato, cortese, ben educato. **'~-'marked** *a.* chiaro, distinto, evidente. **'~-'matched** *a.* **1** (*of fabrics, colours, etc.*) (ben) intonato, in armonia. **2** (*of people, husband and wife*) ben assortito. **'~-'meaning** *a.* **1** ben intenzionato. **2** = well-meant. **'~-'meant** *a.* (*of actions*) (fatto) a fin di bene. **'~-'nigh** *avv.* quasi: *~ impossible* quasi impossibile. **'~-'off** *a.* **1** benestante, ricco, agiato, facoltoso. **2** (*well provided*) ben provvisto, ben fornito (*for* di). **3** (*fortunate*) fortunato. **'~-'oiled** *a.* **1** ben oliato, ben lubrificato. **2** ⟨*fig*⟩ efficiente: *a ~ department* un reparto efficiente. **3** ⟨*fam*⟩ (*flattering*) untuoso, mellifluo. **4** ⟨*sl*⟩ (*drunk*) ubriaco, ⟨*fam*⟩ sbronzo, ⟨*pop*⟩ sborniato. **'~-'ordered** *a.* ben ordinato, ben sistemato: *a ~ catalogue* un catalogo ben ordinato. **'~-'paid** *a.* ben pagato, ben rimunerato. **'~-'placed** *a.* **1** ben situato. **2** (*in an influential position, job*) in una buona posizione, ⟨*fam*⟩ piazzato bene. **'~-'pleasing** *a.* molto piacevole. **'~-pro'portioned** *a.* ben proporzionato. **'~-'read** *a.* che ha letto molto, colto, istruito. **'~-'regulated** *a.* ben disciplinato, ben ordinato. **~-rounded** *a.* ben sviluppato, completo. **'~-'seeming** *a.* dall'aspetto soddisfacente. **'~-'set** *a.* **1** (*well-established*) radicato, inveterato. **2** (*of people: strongly built*) ben piantato, solido, robusto. **'~-,set-'up** *a.* **1** ben fatto (fisicamente). **2** ⟨*fam*⟩ (*well-off*) agiato, facoltoso, benestante. **'~-'sifted** *a.* controllato, passato al vaglio.

well| sinker *s.* chi scava pozzi. **~ sinking** *s.* scavo *m* di pozzi.

'well|-'spent *a.* **1** ben speso, speso bene: *it was ~ money* era denaro ben speso. **2** (*of time*) impiegato (*o* speso) bene, ben speso. **'~-'spoken** *a.* **1** che parla bene (*o* con proprietà di linguaggio); (*speaking courteously*) che parla con gentilezza. **2** (*speaking with a refined accent*) che parla con accento ricercato.

well spring *s.* **1** sorgente *f.* **2** ⟨*fig*⟩ fonte *f* inesauribile, miniera *f,* pozzo *m.*

'well|-'suited *a.* adatto, idoneo (*to* a). **'~-'tempered** *a.* **1** di buon carattere, d'indole buona. **2** ⟨*Met*⟩ ben temprato. **3** ⟨*Mur*⟩ (*of mortar, clay*) ben mescolato. **'~-'thought-of** *a.* ben stimato, che gode molta stima. **'~-,thought-'out** *a.* ben ponderato, ben meditato. **'~-'thumbed** *a.* (*of a book, etc.*) consumato per l'uso, letto da molte persone. **'~-'timed** *a.* **1** ben calcolato, fatto al momento giusto. **2** (*timely*) tempestivo, (*che giunge*) opportuno. **'~-to-'do I** *a.* benestante, abbiente, agiato, danaroso, ricco. **II** *s.* (*prosperous people; costr. pl.*) benestanti *mpl,* abbienti *mpl,* ricchi *mpl.* **'~-'traveled** *am.,* **'~-'travelled** *a.* che ha viaggiato molto. **'~-'tried** *a.* sperimentato, provato: *a ~ method* un metodo sperimentato. **'~-'trodden** *a.* (*of a path, route*) molto battuto, assai frequentato. **'~-'turned** *a.* **1** ben fatto (fisicamente). **2** ⟨*fig*⟩ (*of words, phrases*) ben tornito. **'~-'wisher** *s.* amico *m* (benevolo): *supporters and ~s* sostenitori e amici. **'~-'wishing I** *s.* benevolenza *f.* **II** *a.* benevolo, bendisposto. **'~-'worn** *a.* **1** logoro, consunto, liso, che mostra la corda. **2** ⟨*fig*⟩ trito, banale, frusto.

welsh [welʃ] *v.i./t.* ⟨*sl*⟩ **1** (*to avoid paying a debt*) truffare (non pagando un debito). **2** (*of bookmakers*) scappare per non pagare le scommesse.

Welsh I *a.* gallese, del Galles. **II** *s.inv.* **1** (*people; costr. pl.*) gallesi *mpl.* **2** (*language*) gallese *m.*

welsher ['welʃə] *s.* ⟨*sl*⟩ **1** truffatore *m* (che non paga un debito). **2** (*in horse racing*) allibratore *m* che scappa per non pagare le scommesse.

Welsh|man [mən] *s.irr.* gallese *m.* **~ onion** *s.* ⟨*Bot*⟩ cipolla *f* d'inverno, cipollina *f.* **~ rabbit, ~ rarebit** ['rɛəbit] *s.* ⟨*Gastr*⟩ pane *m* tostato con formaggio fuso. **~ terrier** *s.* ⟨*Zool*⟩ terrier *m* del Galles. **~woman** *s.irr.* gallese *f.*

welt [welt] **I** *s.* **1** ⟨*Calz*⟩ guardolo *m;* (*as an ornament*) striscia *f* ornamentale (sulla tomaia). **2** (*weal*) segno *m* di una frustata, livido *m,* vescica *f.* **3** ⟨*fam*⟩ (*heavy blow*) colpo *m* violento; (*with a whip*) frustata *f,* sferzata *f.* **4** ⟨*Sart*⟩ striscia *f* (*o* bordo *m*) ornamentale (*o* di rinforzo). **5** ⟨*Fal*⟩ assicella *f* di rinforzo. **6** ⟨*Tess*⟩ costa *f.* **II** *v.t.* **1** ⟨*Calz*⟩ applicare un guardolo a, orlare. **2** ⟨*fam*⟩ (*to thrash*) battere, percuotere, bastonare; (*with a whip*) frustare, sferzare.

welter¹ ['weltə] **I** *v.i.* **1** essere sballottato dalle onde, essere in balia delle onde; (*of waves*) accavallarsi, tumultuare. **2** (*to roll about*) rotolarsi, avvoltolarsi: *the hippopotamus was -ing in a pool of mud* l'ippopotamo si rotolava in una pozza di fango. **3** ⟨*fig*⟩ invischiarsi, impantanarsi, impegolarsi (*in* in). **4** ⟨*poet*⟩ (*to lie soaked in s.th.*) essere immerso (in). **II** *s.* **1** caos *m,* grande confusione *f.* **2** ⟨*fig*⟩ agitazione *f,* tumulto *m.*

welter² **I** *s.* ⟨*Sport*⟩ **1** (*boxer, wrestler*) welter *m,* peso *m* welter (*o* medio–leggero). **2** (*horseman*) fantino *m* di peso welter. **II** *a.* (*of a horserace*) per fantini (di peso) welter.

welterweight ['weltəweit] *s.* ⟨*Sport*⟩ welter *m,* peso *m* welter (*o* medio–leggero).

wen [wen] *s.* **1** ⟨*Med*⟩ cisti *f* sebacea. **2** ⟨*fig*⟩ grande metropoli *f.* □ *the great ~* (*London*) Londra *f.*

Wencesla(u)s ['wensisləs] *N.pr.* ⟨*Stor*⟩ Venceslao *m.*

wench [wenʃ] **I** *s.* **1** ⟨*scherz*⟩ ragazza *f,* giovanetta *f;* (*country girl*) ragazza *f* di campagna, contadinotta *f;* (*serving girl*) domestica *f.* **2** ⟨*rar*⟩ (*immoral woman*) sgualdrina *f;* (*prostitute*) prostituta *f.* **II** *v.i.* frequentare prostitute, andare a donne.

wend [wend] *v.i.* **1** ⟨*poet,rar*⟩ mettersi in via, incamminarsi (per la propria strada). **2** ⟨*ant*⟩ (*to depart*) andarsene, andar via.

Wend *s.* serbo *m* (*f* -a) di Lusazia.

Wensleydale ['wenzlideil] **I** *N.pr.* ⟨*Geog*⟩ Wensleydale *f.* **II** *s.* ⟨*Alim*⟩ qualità di formaggio dello Yorkshire.

went [went] → **go¹**.

wentletrap ['wentltræp] *s.* ⟨*Zool*⟩ scalaride *m.*

wept [wept] **weep¹**.

were [wə:] → **be**.

we're [wiə] *contraz.* di **we are**.

weren't [wə:nt] *contraz. di* **were not**.

werewolf ['wiəwulf, 'wə:wulf] *s.irr.* ⟨*Folcl*⟩ lupo *m* mannaro, licantropo *m.*

wernerite ['wə:nərait] *s.* ⟨*Min*⟩ scapolite *f.*

wert [wə:t] → **be**.

Wesleyan ['wezliə] **I** *a.* ⟨*Rel*⟩ wesleyano, metodista. **II** *s.* wesleyano *m* (*f* -a), metodista *m/f.* **Wesleyanism** [-izəm] *s.* dottrina *f* di Wesley, metodismo *m.*

west [west] **I** *s.* **1** (*compass point*) ovest *m;* (*direction*) ovest *m,* occidente *m,* ponente *m,* parte *f* occidentale. **2** ⟨*Pol*⟩ occidente *m.* **II** *a.* **1** occidentale, a ovest. **2** (*directed towards the west*) diretto a ovest (*o* occidente), verso ovest. **3** (*coming from the west*) di ponente: *a ~ wind* un vento di ponente. **III** *avv.* verso (*o* in direzione) ovest, a ponente: *to travel ~* viaggiare verso ovest. □ ⟨*fam*⟩ *to go ~:* **1** fallire, andare in fumo: *all his ambitious plans went ~* tutti i suoi piani ambiziosi sono falliti; **2** (*to die*) morire, ⟨*volg*⟩ crepare; *the wind is in the ~* il vento soffia a ovest.

West I *s.* **1** ovest *m,* l'Occidente: *the ~ of England* l'ovest dell'Inghilterra. **2** ⟨*am*⟩ Ovest *m,* West *m.* **II** *a.* dell'ovest, occidentale.

West| Africa N.pr. ⟨Geog⟩ Africa f occidentale. ~ **African I** a. dell'Africa occidentale. **II** s. abitante m/f dell'Africa occidentale.

West| Bank s. ⟨Geog⟩ riva f occidentale del Giordano, West Bank f. ~ **Banker** s. abitante m/f della riva occidentale del Giordano.

westbound ['westbaund] a. diretto a⌐ (o verso) ovest: ~ traffic traffico diretto a ovest.

West| Central s. ⟨Post⟩ distretto m centro-occidentale. ~ **Coast** am. s. costa f occidentale degli Stati Uniti. ~ **Country** N.pr. ⟨Geog⟩ regione f occidentale dell'Inghilterra. ~ **End I** s. (in London) West End m (quartiere elegante di Londra). **II** a. del (o relativo al) West End.

wester ['westə] v.i. 1 ⟨Astr⟩ dirigersi verso ovest. 2 (of winds) passare a ponente. **westering** [-riŋ] a. 1 (of the sun) che tramonta. 2 (of winds) che gira a ponente.

westerlies ['westəliz] s.pl. venti mpl da ponente. **westerly** [-li] **I** a. 1 occidentale, dell'ovest. 2 (directed towards the west) diretto verso occidente (o ovest). 3 (coming from the west) di (o da) ponente, occidentale. **II** avv. 1 verso (o in direzione) ovest. 2 (from the west) da ponente, dall'ovest: the wind was blowing ~ il vento soffiava da ponente.

western ['westən] **I** a. 1 occidentale, dell'ovest. 2 (of a wind) di ponente, occidentale, dell'ovest. **II** s. occidentale m/f.

Western I a. 1 occidentale, dell'occidente. 2 ⟨Pol⟩ occidentale. 3 ⟨am⟩ (of the American West) dell'Ovest (degli Stati Uniti). **II** s. ⟨am⟩ (film about the American West) film m western, western m; (book) libro m ambientato nel Far West.

Western| Australia N.pr. ⟨Geog⟩ Australia f occidentale. ~ **Australian I** a. dell'Australia occidentale. **II** s. abitante m/f dell'Australia occidentale. ~ **Bloc** s. ⟨Pol⟩ blocco m occidentale. ~ **Church** s. chiesa f occidentale (o romana). ~ **Empire** s. ⟨Stor⟩ impero m romano d'occidente.

westerner ['westənə] s. occidentale m/f. **Westerner** am.s. abitante m/f dell'Ovest (degli Stati Uniti).

Western Hemisphere N.pr. ⟨Geog⟩ emisfero m occidentale.

westernize ['westənaiz] v.t. occidentalizzare.

westernmost ['westənmoust] a. il più a ovest⌐ (o occidentale), che è all'estremo ovest.

West|German I a. tedesco occidentale. **II** s. tedesco m (f -a) occidentale. ~ **Germany** N.pr. ⟨Geog⟩ Germania f occidentale. ~ **Indian I** a. delle Indie occidentali. **II** s. abitante m/f delle Indie occidentali. ~ **Indies** N.pr.pl. ⟨Geog⟩ Indie fpl occidentali.

westing ['westiŋ] s. 1 ⟨Mar⟩ differenza f di longitudine verso ovest. 2 (westerly progress) movimento m in direzione ovest.

Westminster ['westminstə] **I** N.pr. ⟨Geog⟩ Westminster m. **II** s. ⟨fig⟩ parlamento m (o governo) britannico.

Westminster| Abbey s. abbazia f di Westminster. ~ **Assembly** s. ⟨Stor⟩ sinodo m di Westminster.

'**west-,north-'west I** s. ovest-nord-ovest m. **II** a. diretto a ovest-nord-ovest. **III** avv. verso ovest-nord-ovest.

Westphalia [west'feiljə] N.pr. ⟨Geog.stor⟩ Vestfalia f.

'**west-,south-'west I** s. ovest-sud-ovest m. **II** a. diretto a ovest-sud-ovest. **III** avv. verso ovest-sud-ovest.

westward ['westwəd] **I** a. diretto a ovest, a (o verso) ponente. **II** s. ovest m, direzione f ovest. **III** avv. → **westwards. westwards** [-z] avv. verso (o in direzione) ovest, verso occidente.

wet[1] [wet] **I** a. (compar. 'wetter [-ə], sup. 'wettest [-ist]) 1 bagnato, umido: ~ hands mani bagnate; ~ ground terreno umido; (soaked with water) bagnato, fradicio, zuppo. 2 (rainy) piovoso, umido: a ~ day una giornata piovosa; (having frequent rains) piovoso, caratterizzato da piogge frequenti: a ~ climate un clima piovoso. 3 (of winds: humid) umido. 4 (of paint, ink, etc.) fresco, non asciutto: keep off, ~ paint attenzione, vernice fresca. 5 (of a baby) bagnato. 6 ⟨fam⟩ (sentimental) sentimentale; (spiritless, weak) debole, fiacco. 7 ⟨Ind.Minier⟩ (of a process) a umido. 8 ⟨Stor.am⟩ antiproibizionista: a ~ state uno

stato antiproibizionista. **II** s. 1 bagnato m: don't walk in the ~ non camminare sul bagnato; (moisture) umido m, umidità f. 2 (rainy weather, rain) pioggia f, tempo m piovoso: don't go out in the ~ non uscire con la pioggia. 3 ⟨sl⟩ (sentimental person) sentimentale m/f, persona f sentimentale; (spiritless person) persona f fiacca (o debole). 4 ⟨Stor.am⟩ antiproibizionista m/f. □ ⟨fam⟩ to be (still) ~ behind the ears avere ancora il latte alla bocca; to get ~ bagnarsi; to get one's feet ~ bagnarsi i piedi; the ~ season la stagione delle piogge; to be ~ to the skin essere bagnato fino alle ossa⌐ (o fradicio), essere zuppo; to be ~ through: 1 (of things) essere fradicio (o zuppo); 2 (of people) essere bagnato fino alle ossa⌐ (o fradicio).

wet[2] v. (pret., p.p. 'wetted [-id]) v.t. 1 bagnare: to ~ one's hands bagnarsi le mani; (to soak with water) inzuppare. 2 ⟨fam⟩ (to drink in celebration of) festeggiare (o celebrare) con una bevuta, ⟨fam⟩ bagnare. □ to ~ o.s. (urinate) bagnarsi, orinare; ⟨fam⟩ to ~ the other eye bere un altro bicchiere; ⟨fam⟩ to ~ one's whistle bagnarsi il becco (o la gola).

wet| bargain s. affare m festeggiato con una bevuta. ~ **blanket** s. 1 ⟨concr⟩ coperta f bagnata per spegnere il fuoco. 2 ⟨fig⟩ (of people) guastafeste m/f; (of things) doccia f fredda. ~ **cell** s. ⟨El⟩ pila f a liquido. ~ **dock** s. ⟨Mar⟩ darsena f. ~ **fly** s. ⟨Pesc⟩ mosca f sommersa. ~ **goods** s.pl. alcolici mpl.

wether ['weðə] s. ⟨Zootecn⟩ montone m castrato.

wetness ['wetnis] s. 1 umidità f. 2 (wet spot) macchia f di umido.

wet| nurse I s. balia f (che allatta). **II** v.t. 1 tenere a balia. 2 ⟨fig⟩ vezzeggiare, coccolare. ~ **plate** s. ⟨Fot⟩ lastra f al collodio. ~ **puddling** s. ⟨Met⟩ puddellaggio m caldo (o bollente). ~ **rot** s. ⟨Agr⟩ marciume m umido.

wetting ['wetiŋ] s. bagnata f, bagnatura f.

wettish ['wetiʃ] a. umidiccio, alquanto bagnato (o umido).

WEU, W.E.U. = Western European Union Unione europea occidentale (abbr. UEO).

we've [wi:v] contraz. di we have.

wey [wei] s. unità di peso (da 100 a 130 kg).

WFP = World Food Programme Programma alimentare mondiale.

WFTU = World Federation of Trade Unions Federazione sindacale mondiale.

wh, Wh = ⟨El⟩ watt-hour wattora (abbr. Wh).

whack [wæk] **I** v.t. 1 colpire (o battere) rumorosamente. 2 ⟨fam⟩ (to thrash) battere, percuotere, picchiare; (to defeat) sconfiggere, battere. 3 ⟨fam⟩ (to divide into shares) spartire, dividere. **II** v.i. colpire (o battere) rumorosamente. **III** s. 1 colpo m rumoroso, forte colpo, scoppio m; (sound) rimbombo m. 2 ⟨fam⟩ (attempt) tentativo m, prova f. 3 ⟨fam⟩ (share, portion) parte f, porzione f: you have had your ~ of good luck hai avuto la tua parte di fortuna. 4 ⟨fam⟩ (condition) forma f, condizione f: in fine ~ in ottima forma. □ to have a ~ at s.th. provare a fare qc.; ⟨fam⟩ to ~ up: 1 (to divide into shares) dividere, spartire; 2 (to accelerate) accelerare, affrettare. **whacked** [-t] a. ⟨fam⟩ 1 sconfitto duramente, che ha avuto una (bella) batosta. 2 (exhausted) sfinito, spossato, stremato. '**whacker** [-ə] s. ⟨fam⟩ cosa f enorme (o grandissima); (shameless lie) bugia f spudorata (o sfacciata). '**whacking** [-iŋ] ⟨fam⟩ **I** s. 1 bastonatura f, botte fpl percosse fpl, legnate fpl. 2 (heavy defeat) dura sconfitta f, batosta f. **II** a. (very large) grandissimo, enorme, colossale.

whacko ['wækou] intz. ⟨sl⟩ (splendid) formidabile, magnifico.

whacky ['wæki] a. ⟨sl⟩ (crazy) matto, tocco.

whale [(h)weil] **I** s. (pl. -s [z]/inv.; il pl. inv. si usa general. con valore collett.) 1 ⟨Zool⟩ balena f. 2 pl. ⟨Zool⟩ cetacei mpl. **II** v.i. ⟨Mar⟩ cacciare balene. □ ⟨fam⟩ to be a ~ at essere un cannone (o asso) in; ⟨fam⟩ to be a ~ for s.th. (to be keen on) essere fanatico di (o per) qc.; to go whaling andare a caccia di balene; ⟨fam⟩ a ~ of a lot of money un sacco di soldi; to have a ~ of a time spassarsela, divertirsi un mondo.

whale|boat s. ⟨Mar⟩ baleniera f. ~**bone** s. 1 fanone m. 2

(*strip*) stecca *f* di balena: *a corset stiffened with –s* un busto rinforzato con stecche di balena. **~ calf** *s.* ⟨*Zool*⟩ balenotto *m.* **~ fisherman** [mən] *s.irr.* baleniere *m.* **~ fishing** *s.* → whaling. **~ iron** *s.* ⟨*Mar,Pesc*⟩ arpione *m* (*o* fiocina *f*) a mano. **~ line** *s.* sagola *f* dell'arpione. **~ oil** *s.* olio *m* di balena.

whaler ['(h)weilə] *s.* **1** → whale fisherman. **2** → whaleboat.

whale shark *s.* ⟨*Itt*⟩ squalo *m* balena.

whaling ['(h)weiliŋ] **I** *s.* caccia *f* alla balena. **II** *a.* baleniero.

whaling| gun *s.* cannone *m* sparafiocina, cannoncino *m* lanciarpioni. **~ master** *s.* capitano *m* di baleniera. **~ port** *s.* porto *m* di registro per baleniere. **~ ship** *s.* → whaleboat. **~ station** *s.* stazione *f* baleniera.

whang [wæŋ] **I** *v.t.* ⟨*fam*⟩ colpire con forza. **II** *v.i.* **1** ⟨*fam*⟩ colpire con forza (*at s.th.* qc.). **2** (*to resound with a whang*) fare uno scoppio. **III** *s.* ⟨*fam*⟩ colpo *m* rumoroso, scoppio *m;* (*sound*) rimbombo *m.*

whap *e der.* → whop *e der.*

wharf [(h)wɔːf] **I** *s.* (*pl.* **wharves** [–vz]/**-s** [s]) ⟨*Mar*⟩ banchina *f,* molo *m,* scalo *m.* **II** *v.t.* **1** scaricare a un molo. **2** (*to moor beside a wharf*) ormeggiare a una banchina. **III** *v.i.* ⟨*Mar*⟩ ormeggiare un battello a un molo (*o* una banchina). □ ⟨*Comm*⟩ *ex* **~** franco banchina. '**wharfage** [–idʒ] *s.* **1** uso *m* di una banchina. **2** (*charge for the use of a wharf*) diritti *mpl* di banchina.

wharves [(h)wɔːvz] → wharf.

what [(h)wɔt] **I** *pron.interr.* **1** che cosa, cosa, che: *~ do you want?* che cosa vuoi?; *~'s that?* cos'è?; *tell me ~ happened* dimmi cosa accadde; *you did ~?* cosa hai fatto?; (*in rhetorical questions*) (che) cosa: *~ is life without you?* che cos'è la vita senza di te? **2** (*to enquire about s.o.'s character, occupation, etc.*) che cosa, cosa, che: *~ do you do?* che cosa fai? **3** (*how much*) quanto, cosa: *he wanted to know ~ I earned* voleva sapere quanto guadagnavo; *~ does it cost?* cosa costa? **II** *pron.rel.* **1** (*that which, those which*) quello che, ciò che: *we have exactly ~ you are looking for* abbiamo proprio quello che cercate; *write me a summary of ~ he said* scrivimi un riassunto di ciò che ha detto. **2** (*the sort of person, thing that*) che cosa, quello che, ciò che: *you don't know ~ he is like when he loses his temper* non sai che cosa è quando si arrabbia; *the film was just ~ I expected* il film era proprio quello che mi aspettavo. **3** (*the same as*) quello che, ciò che: *the country is not ~ it was* il paese non è (più) quello che era. **4** (*whatever*) quello che, ciò che, qualsiasi (*o* qualunque) cosa: *think ~ you will* pensa quello che vuoi. **III** *intz.* **1** che?, come?, cosa?, che cosa?, ma come: *~, no buses today?* che? oggi non ci sono autobus?; *~, he refused?* come? ha rifiutato? **2** (*used at the end of an utterance*) no?: *it was pretty smart of me, ~?* sono stato piuttosto furbo, no? **IV** *a.* **1** quale: *~ newspapers do you read?* quali giornali leggi?; *I asked him ~ news there was of the ship* gli chiesi quali notizie ci fossero della nave. **2** (*how much*) quanto, come: *~ pleasure it gives me* quanto piacere mi fa. **3** (*in exclamatory phrases*) che: *~ a pleasant surprise!* che bella sorpresa!; *~ a day!* che giornata! **4** (*whatever*) qualsiasi, qualunque. **5** (*such as, as many as, as much as*) il ... che, quanto: *I gave him ~ money I had* gli diedi il denaro che avevo. □ *~ about?*: 1 (*of people*) che ne è (stato) di?, *often not translated: ~ about the others?* che ne è degli altri?; *I'm having fried chicken, ~ about you?* io prendo il pollo fritto, e tu?; 2 (*of things*) che ne diresti (*o* dici) di?: *~ about going out tonight?* che ne diresti di uscire stasera?; *~ else:* 1 che altro: *~ else do you need?* di che altro hai bisogno?; 2 ⟨*esclam*⟩ certo, certamente, naturalmente: *you accepted? – ~ else!* hai accettato? – certo!; *~ few* quei (*o* i) pochi: *~ few friends he had all abandoned him* quei pochi amici che aveva l'hanno abbandonato; ⟨*fam*⟩ *for?*: 1 perché?, per quale motivo?, per che cosa?, a far che?: *~ did you come here for?* perché sei venuto qui?; *I am going into town – ~ for?* vado in città – a far che?; 2 (*for what purpose*) a che (cosa)?, per che cosa?: *~ is it (used) for?* a che cosa serve?; *~ good is it?* a che serve?; *~ good would*

it do? a che servirebbe?; *~ have you* e cose del genere, eccetera: *books, papers, and ~ have you* libri, giornali e cose del genere; *~ if:* 1 e se: *~ if he doesn't agree?* e se non è d'accordo?; 2 (*what does or would it matter if*) che importa: *~ if it is expensive, it's worth the money* che importa se è caro, è denaro ben speso; *~ little* quel (*o* il) poco: *~ little I earn all goes for the rent* quel poco che guadagno lo spendo tutto per l'affitto; (*and*) *~ is more* e inoltre, e per di più; *~ next:* 1 e poi?; 2 ⟨*iron*⟩ cos'altro?; *~ now?*: 1 e adesso?; 2 (*to indicate irritation at being interrupted*) che c'è adesso?; *~ of:* 1 che importa: *he's extremely ugly, but ~ of it?* è bruttissimo, ma che importa?; 2 = *what about?*; *~ of it?* e allora?, e con ciò?: *you haven't insured your car – ~ of it?* non hai assicurato la macchina - e allora?; *are you stupid, or ~?* ma sei stupido, o cosa?; *I couldn't decide whether he was being serious, ironic, or ~* non riuscivo a stabilire se era serio, ironico o che altro; ⟨*fam*⟩ *~ do you take me for?* per chi mi prendi?; (*I'll*) *tell you ~!* stammi bene a sentire!, te lo dico io (cosa fare)!; *~ with ... and* (*with*) tra ... e, un po' per ... un po' per: *~ with the cats on the roof and the party downstairs, I didn't sleep a wink* tra i gatti sul tetto e la festa al piano di sotto, non ho chiuso occhio per tutta la notte; ⟨*sl*⟩ *~'s with you, man?* che ti succede, amico? || *~ is your name?* come ti chiami?; ⟨*fam*⟩ *~'s ~* il fatto proprio: *he certainly knows ~'s ~ in the field of finance* nel campo della finanza certamente sa il fatto suo; *I don't know ~'s ~* non ci capisco niente, non mi ci raccapezzo.

what-do-you-call-her ['(h)wɔtdjəkɔːlə] *s.* ⟨*fam*⟩ tizia *f,* cosa *f.* **~-him** [–lim] *s.* ⟨*fam*⟩ tizio *m,* coso *m.* **~-it** [–lit] *s.* ⟨*fam*⟩ coso *m,* affare *m,* aggeggio *m: pass me that ~* passami quel coso. **~-them** [–l(θ)əm] *s.pl.* affari *mpl,* cosi *mpl,* aggeggi *mpl.*

whate'er [(h)wɔt'eə] *pron./a.* ⟨*poet*⟩ → whatever.

whatever [(h)wɔt'evə] **I** *pron.* **1** qualunque (*o* qualsiasi) cosa: *~ you like* qualunque cosa tu voglia. **2** (*no matter what*) qualunque (cosa): *~ the reason may be* qualunque sia la ragione; *I shall go ~ happens* andrò qualunque cosa accada. **3** (*to express astonishment, perplexity*) cosa mai, che cosa (mai): *~ did he mean?* cosa mai voleva dire?; *~ were you thinking of?* a che cosa pensavi? **II** *a.* **1** qualsiasi, qualunque, quale che sia: *we must use ~ means are at our disposal* dobbiamo usare qualsiasi mezzo a nostra disposizione. **2** (*no matter what*) qualunque, qualsiasi: *~ terms are offered him he refuses* qualunque condizione gli venga offerta rifiuta. **3** (*of any kind at all*) di nessun genere. **III** *avv.* ⟨*non com*⟩ (*in any case*) in ogni caso, comunque. □ *there is no hope ~* non c'è nessuna speranza; *or ~* (*or whatnot*) e cose simili (*o* del genere).

what|-for *s.* ⟨*fam*⟩ punizione *f,* castigo *m.* □ *to give s.o. ~* dare a qd. quello che si merita. **~ ho** *intz.* ehi! **~-not** *s.* **1** cose *fpl* simili (*o* del genere): *hats, gloves and ~* guanti, cappelli e cose simili. **2** ⟨*Arred*⟩ étagère *f,* cantoniera *f.*

what's [(h)wɔts] *contraz. di* what is, what has.

what's|-her-name ['(h)wɔtsəneim] *s.* ⟨*fam*⟩ → what-do-you-call-her. **~-his-name** [–sizneim] *s.* ⟨*fam*⟩ → what-do-you-call-him.

whatis ['(h)wɔtsis], **whatsit** [–sit], **what's-its-name** [–sitsneim] *s.* ⟨*fam*⟩ → what-do-you-call-it.

whatsoe'er [,(h)wɔtso(u)'ɛə], **whatsoever** [–so(u)'evə] *pron./a.* ⟨*poet*⟩ → whatever.

whaup *scozz.* [(h)wɔːp] *s.* ⟨*Ornit*⟩ chiurlo *m.*

wheat [(h)wiːt] *s.* ⟨*Bot,Agr*⟩ grano *m,* frumento *m.*

wheat| bread *s.* pane *m* di frumento. **~ cake** *am. s.* ⟨*Dolc*⟩ frittella *f* di farina di frumento.

wheatear ['(h)wiːtiə] *s.* ⟨*Ornit*⟩ massaiola *f,* monachella *f,* culbianco *m.*

wheaten ['(h)wiːtən] *a.* di grano, di frumento.

wheat| germ *s.* germe *m* di grano. **~grass** *s.* ⟨*Bot*⟩ agropiro *m.* **~meal** *s.* farinaccio *m* di frumento. **~ rust** *s.* ⟨*Agr*⟩ ruggine *f* del frumento.

wheedle ['(h)wiːdl] *v.t.* **1** adulare, blandire, lusingare, lisciare. **2** (*to induce by wheedling*) indurre con le lusinghe (*o* moine): *to ~ s.o. into doing s.th.* indurre con le lusinghe qd. a fare qc. **3** (*to obtain by wheedling*) ottenere (*o procurarsi*) con (le) lusinghe (*o moine*): *to ~ a loan out of s.o.* ottenere un prestito da qd. con le lusinghe. **wheedler** [-ə] *s.* adulatore *m* (*f* –trice).

wheel [(h)wi:l] **I** *s.* **1** ruota *f* (*anche fig.*): *the ~s of a car* le ruote di una macchina; *the ~ of fortune* la ruota della fortuna. **2** ⟨*Mecc*⟩ ingranaggio *m*, ruota *f* dentata. **3** ⟨*Aut*⟩ (*steering wheel*) volante *m*, sterzo *m*. **4** ⟨*Mar*⟩ timone *m*, ruota *f* del timone; (*propeller*) elica *f*; (*paddle wheel*) ruota *f* a pale. **5** ⟨*Tess*⟩ (*spinning wheel*) filarello *m*. **6** ⟨*Ceram*⟩ (*potter's wheel*) tornio *m* (*o* ruota *f*) da vasaio. **7** (*in gambling*) ruota *f.* **8** (*firework*) girandola *f.* **9** (*s.th. wheel-shaped*) ruota *f.* **10** (*circular movement*) ruota *f*, cerchio *m*, movimento *m* rotatorio. **11** ⟨*fig*⟩ (*recurring course, cycle*) successione *f*, il susseguirsi, ruota *f.* **12** *pl.* ⟨*fig*⟩ ingranaggi *mpl*, meccanismo *m: the ~s of commerce* gli ingranaggi del commercio. **13** ⟨*am.fam*⟩ (*influential person*) persona *f* influente, ⟨*fam*⟩ pezzo *m* grosso; (*political leader*) capo *m* politico. **14** ⟨*Mil*⟩ conversione *f.* **15** ⟨*Mus*⟩ (*refrain of a song*) ritornello *m.* **16** ⟨*Ginn*⟩ ruota *f.* **17** ⟨*Stor*⟩ (*instrument of torture*) ruota *f: to break s.o. on the ~* mettere qd. al supplizio della ruota. **II** *v.i.* **1** girare, rotare, roteare. **2** (*to turn;* spesso con *about, around, round*) girarsi: *he ~ed round to face his attackers* si girò per fronteggiare gli aggressori. **3** ⟨*fig*⟩ (*to change one's opinion;* spesso con *about, around, round*) cambiare opinione (*o* idea), fare un voltafaccia. **4** (*to move in a circle, spiral*) volteggiare, roteare, rotare. **5** (*to go in a wheeled vehicle*) andare su un veicolo a ruote. **6** ⟨*am.fam*⟩ (*to ride a bicycle*) andare in bicicletta. **7** ⟨*Mil*⟩ fare una conversione. **III** *v.t.* **1** portare su di un mezzo (*o* veicolo) a ruote. **2** (*of s.th. having wheels*) spingere: *to ~ a bicycle up a hill* spingere una bicicletta su per una collina. **3** (*to cause to rotate*) far girare, far rotare, far roteare. **4** (*to cause to turn;* spesso con *about, around, round*) far girare: *to ~ one's horse round* far girare il proprio cavallo. **5** ⟨*Mil*⟩ far fare una conversione a. **6** (*to provide with a wheel, wheels*) provvedere di ruote, mettere le ruote a. □ *to be* **at** *the ~*: 1 ⟨*Aut*⟩ essere (*o* stare) al volante; 2 ⟨*Mar*⟩ essere (*o* stare) al timone; 3 ⟨*fig*⟩ essere al timone, reggere il timone; *the man at the ~* il conducente; ⟨*Mecc*⟩ *~ and* **axle** carrucola *f;* ⟨*Mil*⟩ left *~*! conversione a sinist'!; ⟨*Aut*⟩ *to* **take** *the ~* mettersi al volante; ⟨*fig*⟩ *the ~ of* **time** la ruota del tempo; ⟨*fig*⟩ *~s* **within** *~s* una faccenda molto ingarbugliata.

wheel|barrow I *s.* carriola *f.* **II** *v.i.* trasportare con (*o* su) una carriola. **~base** *s.* ⟨*Aut*⟩ interasse *m.* **~box** *s.* **1** ⟨*Mar*⟩ cassa *f* della macchina del timone. **2** ⟨*Aut*⟩ vano *m* passaruote. **~ chair** *s.* sedia *f* a rotelle.

wheeled ['(h)wi:ld] *a.* **1** a (*o* con) ruote: *~ vehicles* veicoli a ruote. **2** (ei composti) a ... ruote: *a six-~ lorry* un autocarro a sei ruote.

wheeler ['(h)wi:lə] *s.* **1** conducente *m* di veicolo a ruote. **2** (nei composti: *a vehicle with wheels*) veicolo a ... ruote: *a six-~* un veicolo a sei ruote. **3** (*wheelhorse*) cavallo *m* del timone (in un tiro a due o a quattro).

wheel| hoe *s.* ⟨*Agr*⟩ zappacavallo *f.* **~ horse** *s.* cavallo *m* del timone. **~house** *s.* ⟨*Mar*⟩ timoniera *f.* **~ hub** *s.* mozzo *m* di ruota.

wheeling ['(h)wi:lin] *s.* **1** giro *m*; (*curving movement*) curva *f*, giro *m*; (*rotating movement*) roteazione *f*, giro *m.* **2** ⟨*am.sl*⟩ (*cycle ride*) giro *m* in bicicletta.

wheel| lathe *s.* ⟨*Mecc*⟩ tornio *m* per ruote. **~ lock** *s.* ⟨*Mil.ant*⟩ otturatore *m* a ruota; (*gun*) fucile *m* con otturatore a ruota. **~ rim** *s.* cerchio *m* (*o* cerchione *f*) di ruota. **~ rope** *s.* ⟨*Mar*⟩ frenello *m* del timone.

wheelsman ['(h)wi:lzmən] *s.irr.* ⟨*Mar*⟩ timoniere *m.*

wheeze [(h)wi:z] **I** *v.i.* **1** avere il respiro affannoso, ansare, ansimare, affannare. **2** ⟨*fig*⟩ (*to move with a wheezing sound*) sbuffare, soffiare, ansimare; (*of bullets*) sibilare. **II** *v.t.* (spesso con *out*) dire ansimando (*o* ansando). **III** *s.* **1** l'ansimare, l'ansare, affanno *m*, respiro *m* affannoso. **2** (*teat*) (*stage joke*) barzelletta *f*, battuta *f* (comica). **3** (*fam*) (*trick, dodge*) trucco *m*, scherzo *m*; (*trite saying*) detto *m* ⌐trito e ritrito⌐ (*o* risaputo). '**wheezi-ly** [-ili] *avv.* affannosamente, ansimando, ansando. '**wheeziness** [-inis] *s.* l'ansimare, respiro *m* affannoso. '**wheezy** [-i] *a.* **1** (*of persons*) affannato, ansimante,

ansante. **2** (*of things*) che sbuffa, ansimante.

whelk[1] [(h)welk] *s.* ⟨*Zool*⟩ buccino *m.*

whelk[2] *s.* ⟨*Med*⟩ pustola *f*, foruncolo *m.*

whelked [(h)welkt] *a.* ⟨*Med*⟩ pustoloso, foruncoloso.

whelp [(h)welp] **I** *s.* **1** cucciolo *m*, piccolo *m.* **2** ⟨*spreg*⟩ (*callow youth*) giovane *m* inesperto, ⟨*spreg*⟩ moccioso *m.* **3** *pl.* ⟨*Mar*⟩ fantinetti *mpl.* **II** *v.i.* partorire, figliare. **III** *v.t.* partorire.

when [(h)wen] **I** *avv.interr.* **1** quando: *~ did he die* quando è morto?; *I don't know ~ I'll be back* non so quando sarò di ritorno. **2** (*under what circumstances*) quando, in quali casi (*o* circostanze), in quale occasione: *~ is it right to tell a lie?* quando è giusto dire una bugia? **II** *avv.rel.* (*during which,* on which) in cui, nel quale, durante cui (*o* il quale): *the years ~ we were young* gl anni in cui eravamo giovani. **III** *congz.* **1** (*at the time that*) quando, nel momento in cui: *it was raining ~ I went out* quando sono uscito pioveva; (*during the time that ~ while*) mentre, quando: *it happened just ~ we were going out* accadde proprio mentre uscivamo. **2** (*whenever*) tutte le volte che, ogni volta che, quando, ogniqualvolta. **3** (*at which time*) quando, al momento in cui, il giorno in cui (*during which time*) durante il quale: *I shall be away for a week, ~ I shall be having a rest* starò via una settimana durante la quale mi riposerò. **4** (*if*) se, quando, nel caso in cui. **5** (*although*) anche se, sebbene, quantunque. **6** (*considering that*) visto che, quando: *how could I help him ~ his scheme was obviously doomed to failure?* come potevo aiutarlo visto che il suo programma era chiaramente destinato al fallimento? **7** (*in exclamations*) quando, se. **8** (*whereupon*) dopo di che, al che, e allora *the contract expires next year, ~ my obligations will be a an end* il contratto scade l'anno prossimo dopo di che no avrò più alcun obbligo. **IV** *pron.* quando, quale (*o* che momento (*o* ora, giorno, ecc.). **V** *s.* quando *m*, il temp (*o* l'ora, il giorno, ecc.) di qc.: *I remember the why but no the ~* ricordo il perché ma non il quando. □ *~ all's said and done* tutto sommato (*o* considerato), dopo tutto *hardly* (*o scarcely*) *... ~* appena (*o* a malapena) ... quando *I had hardly finished speaking ~ he came in* avevo appen finito di parlare quando entrò; *since ~*: 1 da allora, da quel momento; 2 (*in questions*) da quando.

whenas [(h)wen'æz] *congz.* ⟨*ant*⟩ **1** (*when*) quando. **2** (*whereas*) mentre, e invece. **3** (*as*) poiché, siccome.

whence [(h)wens] ⟨*lett*⟩ **I** *avv.interr.* **1** da dove, ⟨*lett* donde: *~ came he?* da dove è venuto? **2** (*from wha source, origin, etc.*) da quale fonte, da dove, ⟨*lett*⟩ donde *I asked him ~ he had had his information* gli chiesi d quale fonte aveva avuto le informazioni. **II** *avv.rel.* (*from which*) da dove, da cui, dal quale: *the country ~ the came* il paese da dove sono venuti. **III** *congz.* **1** da dove **2** (*from which source, origin, etc.*) da quale fonte, da dove. **3** (*wherefore*) dal che, dalla qual cosa, ⟨*lett*⟩ donde *he did not answer, ~ I assumed he agreed* non rispose, da che suppose che era d'accordo. **4** (*to the place from which* al luogo dal quale, ⟨*lett*⟩ donde: *return ~ you came* torn donde sei venuto. □ *we know neither his ~ nor hi whither* non sappiamo da dove venga né dove vada.

whencesoever [ˌ(h)wenso(u)'evə], **whencever** [-s'evə ⟨*poet*⟩ *avv./congz.* **1** da qualunque (*o* qualsiasi) luogo, da qualsiasi parte. **2** (*from any source whatsoever*) da qualunque (*o* qualsiasi) fonte; (*from any cause whatsoever* per qualsiasi (*o* qualunque) ragione.

whene'er [(h)wen'ɛə] *congz./avv.* ⟨*poet*⟩ → **whenever**.

whenever [(h)wen'evə] **I** *avv./congz.* **1** ogni volta che ogniqualvolta, tutte le volte che, quando: *~ I take holiday it rains* ogni volta che prendo una vacanza piove **2** (*at whatever time*) quando, in qualsiasi momento: *com ~ you please* vieni quando vuoi. **II** *avv.interr.* quand (mai): *~ did I agree to such a thing?* quando mai h approvato una cosa del genere?

whensoever [ˌ(h)wenso(u)'evə] *avv./congz.* → **whenever**.

where [(h)wɛə] **I** *avv.interr.* **1** dove: *~ do you live?* dov abiti?; *~ are you going?* dove vai?; *~ have I gone wrong* dove ho sbagliato? **2** (*whence*) da dove, da quale fonte: *~ did he get the information?* da dove ha avuto quell informazione? **II** *avv. rel.* (*in or to which*), dove, in cu nel quale: *the town ~ I live* la città dove vivo; *the place ~ I am going* il posto in cui vado. **III** *pron.* **1** dove, che posto, quale luogo: *~ are you going to?* dove stai andando?; *~ did he come from* da dove è venuto? **2** (*the place in which, the point at which*) il posto in cui, dove: *this is ~ the murder took place* questo è il posto in cui è avvenuto l'omicidio. **IV** *congz.* **1** dove, nel posto in cui: *I'll stay ~ you stay* starò dove stai tu; *leave it ~ you found it* lascialo dove l'hai trovato; (*to the place in which*) dove: *my dog goes ~ I go* il mio cane va dove vado io. **2** (*wherever*) in qualsiasi luogo, dovunque. **3** (*in which place*) dove, nel qual luogo: *he emigrated to Australia, ~ he spent the rest of his life* emigrò in Australia, dove passò il resto della sua vita. **V** *s.* dove *m*, luogo *m*: *the ~ and when* il dove e il quando. □ *~ else?* in quale altro posto (*o luogo*)?, dove altro?: *~ else can I go?* in quale altro posto posso andare?; *that is ~ you are mistaken* è qui che ti sbagli.

whereabout [ˈ(h)wɛərəbaut] ⟨*rar*⟩ *avv./s.* → **whereabouts**.

whereabouts I *avv.interr.* [ˈ(h)wɛərəˈbauts] dove, in che luogo, da che parte. **II** *s.pl.* [ˈ(h)wɛərəbauts] (costr. sing. o pl.) luogo *m* dove qd. (*o* qc.) si trova. □ *no one knows his ~* nessuno sa dove si trovi attualmente.

whereas [(h)wɛərˈæz] *congz.* **1** mentre, laddove, e invece: *he professed ignorance of the whole affair, ~ the truth was quite different* sosteneva di non sapere nulla di tutto l'affare, mentre la verità era ben diversa. **2** (*to introduce a preamble*) premesso che, considerato che (*anche Dir.*).

whereat [(h)wɛərˈæt] ⟨*lett*⟩ **I** *congz.* (*whereupon*) e allora, al che, dopo di che. **II** *avv.rel.* **1** (*at which*) (a) cui, al quale: *a reception ~ many were present* un ricevimento a cui erano presenti molte persone. **2** (*in reference to which*) per il quale, per cui, (in riferimento) al quale: *a remark ~ he was quickly offended* un'osservazione per la quale si offese subito.

whereby [(h)wɛərˈbai] ⟨*lett*⟩ *avv.rel.* **1** (*by which*) con cui, per cui, per mezzo del quale (*o* di cui): *the means ~ we can achieve our aims* i mezzi con cui possiamo raggiungere i nostri scopi. **2** (*as a result of which*) per cui, e perciò, per la qual cosa.

where'er [(h)wɛərˈɛə] *avv./congz.* ⟨*poet*⟩ → **wherever**.

wherefore [ˈ(h)wɛəfɔ:] ⟨*lett*⟩ **I** *avv.interr.* (*why, for what reason*) perché, per quale ragione (*o* motivo). **II** *avv.rel.* ⟨*rar*⟩ (*in consequence of which*) quindi, di conseguenza. **III** *s.* percome *m*, spiegazione *f*: *the why and ~ of a situation* il perché e il percome di una situazione.

wherefrom [(h)wɛəˈfrɔm] *avv.rel.* ⟨*lett*⟩ (*from which*) da cui, dal quale; (*whence*) da dove.

wherein [(h)wɛərˈin] ⟨*lett*⟩ **I** *avv.interr.* in che cosa, dove: *~ am I wrong?* in che cosa ho torto? **II** *avv.rel.* **1** (*in which*) in cui, nel quale, dove: *the town ~ they lived* la città in cui abitavano. **2** (*during which*) in cui, durante il quale.

whereinto [(h)wɛərˈintu:] *avv.rel.* ⟨*lett*⟩ in cui, dentro cui, dove.

whereof [(h)wɛərˈɔv] **I** *avv.interr.* ⟨*rar*⟩ di che (cosa). **II** *avv.rel.* (*of which or whom*) di cui, del quale.

whereon [(h)wɛərˈɔn] **I** *avv.interr.* ⟨*rar*⟩ su che (cosa). **II** *avv.rel.* (*on which*) su cui, sul quale.

wheresoe'er [ˌ(h)wɛəsəu(u)ˈɛə] *avv.* ⟨*poet*⟩ → **wheresoever**.

wheresoever [ˌ(h)wɛəsəu(u)ˈɛvə] *avv./congz.* ⟨*rar*⟩ in qualsiasi luogo, dovunque, da qualsiasi parte.

whereto [(h)wɛəˈtu:] ⟨*lett*⟩ **I** *avv.interr.* **1** verso dove, in che (*o quale*) direzione. **2** (*to what purpose, end*) a che (cosa), a che (*o quale*) fine (*o* scopo). **II** *avv.rel.* (*to which*) (a) cui, al quale.

whereupon [ˈ(h)wɛərəpɔn] ⟨*lett*⟩ **I** *congz.* al che, dopo di che: *~ he refused to take part* al che si rifiutò di partecipare. **II** *avv. rel.* → **whereon**. **III** *avv.interr.* → **whereon**.

wherever [(h)wɛərˈɛvə] **I** *avv./congz.* dovunque, in qualsiasi luogo, da qualunque parte: *I shall remember it ~ I go* me ne ricorderò ovunque vada; (*anywhere*) dove: *we'll go ~ you want* andremo dove vuoi (tu). **II** *avv.interr.* dove mai, ⟨*fam*⟩ dove diavolo (*o* diamine): *~ did you buy that hat?* dove diavolo hai comprato quel cappello?

wherewith [(h)wɛəˈwiθ] **I** *avv.rel.* con cui, con il quale,

con che: *the money ~ to buy my ticket* il denaro con cui comprare il biglietto. **II** *avv.interr.* ⟨*rar*⟩ (*with what*) con che (cosa). '**wherewithal** [-ɔ:l] **I** *s.* **1** mezzi *mpl*, denaro *m*, soldi *mpl*: *he hadn't the ~ to educate his son* non aveva i mezzi per far studiare il figlio. **2** (*means for doing s.th.*) necessario *m*, occorrente *m*. **II** *avv. interr.* → **wherewith**.

wherry [ˈ(h)weri] *s.* ⟨*Mar*⟩ **1** (*light rowing boat*) barca *f* a remi. **2** (*barge*) chiatta *f*, bettolina *f*.

whet [(h)wet] **I** *v.t.* (*pret., p.p.* '**whetted** [-id]) **1** affilare, arrotare: *to ~ a knife* affilare un coltello. **2** ⟨*fig*⟩ stimolare, acuire, aguzzare: *to ~ s.o.'s curiosity* stimolare la curiosità di qd. **II** *s.* **1** l'affilare, affilamento *m*. **2** ⟨*fig*⟩ stimolante *m*; (*incitement*) incitamento *m*. **3** (*appetizer*) aperitivo *m*.

whether [ˈ(h)weðə] **I** *congz.* **1** (spesso con il correlativo *or*) se, se ... o no (*o* meno), se ... o (se): *I don't know ~ I shall be free (or not)* non so se sarò libero (o no); *he doubted ~ he would arrive in time* dubitava di arrivare in tempo. **2** (*to introduce infinitive phrases;* spesso con il correlativo *or*) se ... o (se): *he was undecided ~ to accept or refuse* era indeciso se accettare o rifiutare. **3** (*to indicate alternative conditions, possibilities;* con il correlativo *or*) sia ... o, sia ... sia, sia (che) ... sia che: *the accused, ~ he be innocent or guilty* l'accusato, sia egli innocente o colpevole. **4** (*either;* con il correlativo *or*) o ... o, ... o: *~ from incompetence or from bad luck the project was a failure* o per incapacità o per sfortuna il progetto fu un fallimento; *~ rich or poor, all have to die* ricchi o poveri, tutti devono morire. **II** *pron.* ⟨*rar*⟩ **1** (*which*) quale (dei due). **2** (*whichever*) qualunque (*o* qualsiasi) cosa. □ *~ or no(t)* in ogni caso (*o* modo).

whetstone [ˈwetstoun] *s.* **1** pietra *f* da cote, cote *f.* **2** ⟨*fig*⟩ stimolante *m*.

whew [hwu:, hju:] *intz.* (*to express amazement, dismay, etc.*) uh, uhei, tò, toh.

whey [(h)wei] *s* ⟨*Alim*⟩ siero *m* di latte.

whey-faced *a.* pallido, sbiancato.

which [(h)witʃ] **I** *a.interr.* che, quale: *~ train shall we catch?* che treno prendiamo?; *I don't remember ~ book you wanted* non ricordo quale libro volevi. **II** *a.rel.* ⟨*rar*⟩ quale: *it was midday, for ~ time the appointment had been made* era mezzogiorno, ora per la quale era stato fissato l'appuntamento. **III** *a.* (*whichever*) qualsiasi, qualunque. **IV** *pron.interr.* (*of things*) quale: *~ do you want?* quale vuoi?; *~ of these two books is yours?* quale di questi due libri è (il) tuo?; (*of people*) chi, quale: *one of them is guilty but we don't know ~* uno di loro è colpevole ma non sappiamo chi. **V** *pron.rel.* **1** (*in restrictive clauses*) che, il quale: *this painting, ~ belongs to my father, is a Rembrandt* questo quadro, che appartiene a mio padre, è un Rembrandt; (*after prepositions*) cui, il quale: *this bed, in ~ James II is said to have slept, is in fact a reproduction* questo letto, in cui si dice abbia dormito Giacomo II, è in effetti una riproduzione. **2** (*in defining clauses*) che: *a result ~ no one expected* un risultato che nessuno si aspettava; (*after prepositions*) cui, (il) quale: *the town in ~ he lives* la città nella quale vive. **3** (*referring to a clause, sentence*) la qual cosa, il che: *she insisted I remain for tea, ~ made me late for my appointment* insistette perché restassi a prendere il tè, la qual cosa mi fece fare tardi all'appuntamento; *he said he was ill, ~ was not true* disse di essere malato, il che non era vero. **VI** *pron.* (*whichever*) qualunque (*o* qualsiasi) cosa: *take ~ you like* prendi qualunque cosa desideri. □ *~ is ~?* qual è l'uno e qual è l'altro?; *they look so alike it's impossible to say ~ is ~* si somigliano talmente che è impossibile distinguerli l'uno dall'altro; *~ way:* 1 da che parte, in che (*o* quale) direzione: *~ way do we go?* da che parte andiamo?; 2 (*how*) come, in che modo.

whichever [(h)witʃˈɛvə] **I** *pron.* (*of people*) chiunque, qualunque: *~ (of you) comes in first receives the prize* chiunque (di voi) arriva primo riceverà il premio; (*of things*) qualunque (*o* qualsiasi) cosa: *~ you choose, the result will be the same* qualunque cosa tu scelga, il risultato sarà identico. **II** *a.* qualsiasi, qualunque: *~ way he turned he saw nothing but sand* da qualsiasi parte si volgesse non vedeva che sabbia.

whichsoever [,(h)witʃso(u)'evə] *pron./a.* ⟨*non com*⟩ → **whichever**.

whiff [(h)wif] **I** *s.* **1** soffio *m*, alito *m*, (s)buffo *m*, folata *f*; (*of smoke, vapour, etc.*) (s)buffo *m*, buffata *f*. **2** (*of smell*) zaffata *f*. **3** (*inhalation*) boccata *f*, inspirazione *f*; (*of tobacco smoke*) tirata *f*. **4** ⟨*fam*⟩ (*sniff*) annusata *f*. **5** ⟨*fam*⟩ (*small cigar*) piccolo sigaro *m*. **II** *v.i.* **1** soffiare a folate (*o* sbuffi). **2** (*to inhale a smell*) odorare, annusare. **3** ⟨*fam*⟩ (*to emit an unpleasant smell*) avere un cattivo odore, puzzare. **4** (*to emit whiffs*) mandare sbuffi di fumo; (*to puff*) sbuffare, soffiare. **III** *v.t.* **1** soffiare: *the wind –ed the smoke into our eyes* il vento ci soffiava il fumo negli occhi. **2** (*to smoke*) fumare mandando sbuffi. **3** ⟨*fam*⟩ (*to smell*) odorare. □ ⟨*fig*⟩ *a ~ of temper* uno scatto d'ira.

whiffet ['(h)wifit] *s.* **1** piccolo sbuffo *m*. **2** (*small dog*) cagnolino *m* (*f* –a), cagnetto *m* (*f* –a). **3** ⟨*am.fam*⟩ (*insignificant person*) persona *f* insignificante.

whiffle ['(h)wifl] **I** *v.i.* **1** (*of the wind*) soffiare a folate (*o* sbuffi); (*to veer about*) girare. **2** (*to vacillate*) vacillare, ondeggiare, oscillare (*anche fig.*). **3** ⟨*Mar*⟩ (*to drift*) derivare. **II** *v.t.* soffiare (a folate). **III** *s.* folata *f*, sbuffo *m*. **whiffler** [–ə] *s.* persona *f* incostante (*o* irresoluta), ⟨*scherz*⟩ tentenna *m*.

whiffy ['(h)wifi] *a.* ⟨*fam*⟩ puzzolente.

Whig [(h)wig] **I** *s.* **1** ⟨*Stor.brit*⟩ whig *m*. **2** ⟨*estens*⟩ liberale *m*. **II** *a.* **1** ⟨*Stor*⟩ whig. **2** ⟨*estens*⟩ liberale. **'Whiggery** [–əri] *s.* ⟨*Stor*⟩ principi *mpl* (*o* politica *f*) del partito whig. **'Whiggish** [–iʃ] *a.* del (*o* relativo al) partito whig, dei (*o* relativo ai) whigs. **'Whiggism** [–izəm] *s.* → **Whiggery**.

while [(h)wail] **I** *s.* tempo *m*, momento *m: a long ~ ago* molto tempo fa; (*short period of time*) momento *m*, secondo *m*, attimo *m: to rest for a ~* riposarsi un momento. **II** *congz.* **1** mentre: *don't touch anything ~ I'm away* non toccare nulla mentre sono via; *he fell ill ~ on holiday* si ammalò mentre era in vacanza. **2** (*as long as*) finché: *~ there's life there's hope* finché c'è vita ̓c'è speranza. **3** (*whereas*) mentre, e invece: *he is cautious, ~ his brother is rash* lui è prudente, mentre suo fratello è avventato; (*although*) sebbene, quantunque, benché. **4** (*at the same time that*) intanto che, nel tempo che (*o* in cui), mentre: *she washed the dishes, ~ I put the children to bed* intanto che (io) mettevo a letto i bambini, lei lavava i piatti. **III** *v.t.* (*of time; general.* con *away*) ingannare, far passare, ammazzare: *to ~ away the time* ingannare il tempo. □ *after a ~* dopo un po'; *all the ~* (per) tutto il tempo; *between –s* ogni tanto, di tanto in tanto, di quando in quando; *once in a ~* (una volta) ogni tanto, occasionalmente. ‖ *the ~:* 1 (*meanwhile*) intanto, nel frattempo; 2 (*while*) mentre; *she ran off, laughing the ~* corse via ridendo.

whilom ['(h)wailəm] ⟨*rar*⟩ **I** *avv.* (*at one time, once*) una volta, in passato. **II** *a.* (*former*) antico, d'un tempo, del passato.

whilst [(h)wailst] *congz.* → **while**.

whim [(h)wim] *s.* **1** ghiribizzo *m*, grillo *m*, fantasia *f*, capriccio *m*. **2** ⟨*Minier*⟩ apparecchio *m* di sollevamento (azionato da cavalli).

whimper ['(h)wimpə] **I** *v.i.* (*of people*) piagnucolare, frignare: *the child began to ~* il bambino cominciò a piagnucolare; (*of dogs*) uggiolare; (*of birds*) pigolare. **II** *v.t.* dire piagnucolando (*o* frignando). **III** *s.* (*of people*) piagnucolio *m*, frignio *m*; (*of dogs*) uggiolio *m*; (*of birds*) pigolio *m*. **whimperer** [–rə] *s.* piagnucolone *m* (*f* –a), frignone *m* (*f* –a). **whimperingly** [–riŋli] *avv.* piagnucolando, frignando.

whimsical ['(h)wimzikəl] *a.* **1** capriccioso, bizzarro, stravagante, strano, eccentrico. **2** (*characterized by whim*) stravagante, strano, bizzarro. **whimsicality** [–'kæliti] *s.* capricciosità *f*, bizzarria *f*, stravaganza *f*, stranezza *f*. **whimsically** [–i] *avv.* capricciosamente, bizzarramente. **whimsicalness** [–nis] *s.* → **whimsicality**.

whimsy ['(h)wimzi] *s.* **1** capriccio *m*, ghiribizzo *m*, fantasia *f*, grillo *m*. **2** (*quaintness*) bizzarria *f*, stranezza *f*.

whin¹ [(h)win] *s.* ⟨*Bot*⟩ ginestrone *m*.

whin² *s.* ⟨*Geol*⟩ roccia *f* basaltica.

whinchat ['(h)wintʃæt] *s.* ⟨*Ornit*⟩ stiaccino *m*.

whine [(h)wain] **I** *v.i.* **1** uggiolare, gemere: *the animal –d with fear* l'animale uggiolava per la paura. **2** (*of people*) piagnucolare, frignare.̓ **3** (*to complain, grumble*) lamentarsi, lagnarsi. **4** (*to make a whining sound*) gemere. **II** *v.t.* dire piagnucolando (*o* gemendo). **III** *s.* **1** uggiolio *m*. **2** (*of people*) piagnucolio *m*, frignio *m*. **3** (*whining sound*) gemito *m*, lamento *m*. **4** (*complaint, lament*) lagna *f*, lamento *m*. **'whiner** [–ə] *s.* **1** chi uggiola. **2** (*whimperer*) piagnucolone *m* (*f* –a), frignone *m* (*f* –a). **3** (*grumbler*) chi si lagna (*o* lamenta).

whining ['(h)wainiŋ] **I** *s.* **1** uggiolio *m*. **2** (*of people*) frignio *m*, piagnucolio *m*. **II** *a.* **1** uggiolante. **2** (*of people*) piagnucoloso. **3** (*complaining*) lamentoso, lagnoso. **whiningly** [–li] *avv.* **1** uggiolando. **2** (*of people*) frignando, piagnucolando.

whinny ['(h)wini] **I** *v.i.* (*of a horse*) nitrire. **II** *s.* nitrito *m*.

whip¹ [(h)wip] *s.* **1** frusta *f*, sferza *f*, staffile *m*. **2** (*blow with a lash*) frustata *f*, sferzata *f*, staffilata *f*. **3** ⟨*fig*⟩ (*coachman*) cocchiere *m*. **4** (*kitchen utensil*) frusta *f*. **5** ⟨*Dolc*⟩ dessert *m* a base d'ingredienti montati (*o* frullati). **6** ⟨*Parl*⟩ (*order to vote*) convocazione *f* a una seduta parlamentare; (*official*) capogruppo *m* parlamentare. **7** (*of a windmill*) pala *f*. **8** ⟨*Mar*⟩ (*single whip*) ghia *f* semplice; (*double whip*) ghia *f* doppia. **9** ⟨*Venat*⟩ chi guida i cani. **10** ⟨*Mecc*⟩ molla *f* (di ruttore), vibratore *m* a molla. □ *to give a horse the ~* frustare un cavallo; *~ and spur* a spron battuto (*anche fig.*).

whip² *v.* (*pret., p.p.* **whipped** [–t]) **I** *v.t.* **1** frustare, fustigare, sferzare: *to ~ a slave* frustare uno schiavo. **2** ⟨*fig*⟩ sferzare, colpire con forza: *the wind –ped my face* il vento mi sferzava il viso. **3** (*to pull, jerk quickly*) tirare con un gesto rapido: *he –ped a knife out of his pocket* tirò fuori con un gesto rapido un coltello dalla tasca. **4** (*to throw or project with great speed*) lanciare a grande velocità. **5** (*to drive with a whip*) ̓far muovere ̓(*o* spingere) con la frusta. **6** ⟨*fam*⟩ (*to defeat thoroughly*) sconfiggere, sbaragliare, dare una bella batosta a. **7** ⟨*fam*⟩ (*to attack with stinging words*) sferzare, biasimare (aspramente). **8** ⟨*Gastr*⟩ sbattere, frullare: *to ~ eggs* sbattere le uova; (*of cream*) montare. **9** ⟨*Pesc*⟩ pescare lanciando ripetutamente la lenza in. **10** (*to bind with twine*) avvolgere con corda (*o* spago). **11** ⟨*Mar*⟩ impalmare. **12** ⟨*Lav.femm*⟩ cucire a sopraggitto. **13** ⟨*Mar*⟩ (*to hoist, haul with a whip*) issare con una ghia. **II** *v.i.* **1** precipitarsi, correre. **2** (*to thrash about flexibly*) sventolare. **3** ⟨*Pesc*⟩ pescare lanciando ripetutamente la lenza. □ *to ~ away:* 1 strappare via, togliere (*o* levare) rapidamente: *he –ped away the cover* strappò via la copertina; 2 (*to go away quickly*) andarsene velocemente, scappare; ⟨*Venat*⟩ *to ~ in hounds* riunire i cani usando la frusta; *to ~ off* togliere (*o* levare) rapidamente, strappare: *to ~ off one's hat* togliersi rapidamente il cappello; *to ~ on* (*of horses*) incitare con la frusta; *to ~ out:* 1 tirare fuori con (un) gesto rapido: *to ~ out a gun* tirare fuori la pistola con un gesto rapido; 2 (*to go out quickly*) precipitarsi fuori; *to ~ out an oath* lanciare un'imprecazione; *to ~ out one's sword* sguainare la spada; *to ~ round* girare ̓a tutta velocità ̓(*o* velocemente); *it took him six months to ~ the novel into* **shape** gli ci vollero sei mesi per riuscire a dare forma al romanzo; *to ~ a top* far girare una trottola; *to ~ up:* 1 frustare; 2 ⟨*fig*⟩ stimolare, risvegliare.

whip|cord *s.* **1** sverzino *m*. **2** ⟨*Tess*⟩ saia *f* a diagonali marcate. **~ gin** *s.* ⟨*Mar*⟩ paranco *m* a pulegge. **~hand** *s.* **1** mano *f* che regge la frusta. **2** ⟨*fig*⟩ sopravvento *m*, predominio *m*, vantaggio *m*.

whipper ['(h)wipə] *s.* chi frusta, fustigatore *m* (*f* –trice).

whipper|-in *s.* (*pl.* **whippers-in**) **1** ⟨*Venat*⟩ chi guida i cani. **2** ⟨*Sport*⟩ ultimo arrivato *m*, ⟨*fam*⟩ fanalino *m* di coda. **~ snapper** *s.* **1** (*presumptuous child*) ragazzo *m* presuntuoso, sfrontatello *m*. **2** (*insignificant person*) persona *f* insignificante.

whippet ['(h)wipit] *s.* **1** ⟨*Zool*⟩ piccolo levriere *m* inglese. **2** ⟨*Mil*⟩ → **whippet tank**.

whippet tank s. ⟨Mil⟩ carro m armato leggero (veloce).
whippiness ['(h)wipinis] s. flessibilità f, elasticità f.
whipping ['(h)wipiŋ] s. **1** il frustare, fustigazione f. **2** (flogging) frustate fpl, sferzate fpl. **3** ⟨fig⟩ (defeat) sconfitta f, batosta f. **4** ⟨Lav.femm⟩ sopraggitto m, cucitura f a sopraggitto.
whipping| boy s. **1** ⟨Stor⟩ fanciullo m allevato insieme a un principino e punito in sua vece. **2** (scapegoat) capro m espiatorio. **~ post** s. ⟨Stor⟩ palo m per la fustigazione. **~ top** s. trottola f, paleo m.
whip| round s. colletta f, sottoscrizione f. **~saw** s. sega f (a mano) da tronchi. **~snake** s. ⟨Zool⟩ serpente m frusta.
whir[1] v.i. (pret., p.p. **whirred** [-d]) ronzare, rombare: the propeller –red l'elica ronzò; (of wings) frullare.
whir[2] s. ronzio m.
whirl [(h)wə:l] **I** v.i. **1** girare (rapidamente), roteare, turbinare, frullare: the merry–go–round –ed faster and faster la giostra girava sempre più in fretta. **2** (to turn round quickly; spesso con around, round) girarsi (o voltarsi) di scatto (o rapidamente). **3** (to move in circles, curves) volteggiare, piroettare. **4** (to hurry away; general. con away) allontanarsi rapidamente, correre via. **5** (of the head) girare. **II** v.t. **1** (far) roteare, (far) girare (rapidamente), (far) turbinare: to ~ a sword about one's head far roteare una spada sopra la propria testa. **2** (to turn quickly) girare (o voltare) di scatto (o rapidamente): to ~ one's head girare la testa di scatto. **3** (to cause to move quickly) portare a tutta velocità, far correre: the train –ed us along il treno ci portava a tutta velocità. **III** s. **1** rotazione f rapida, giro m veloce, vortice m, turbine m, mulinello m. **2** (pirouette) piroetta f. **3** ⟨fig⟩ vortice m, turbine m: a ~ of parties un vortice di ricevimenti. **4** ⟨fig⟩ (bewilderment) confusione f, smarrimento m. **5** ⟨fig⟩ (rapid movement, rush) turbinio m, movimento m frenetico: the ~ of modern life il turbinio della vita moderna. **6** ⟨fam⟩ (try) prova f, tentativo m. **7** (short drive, ride) giretto m, passeggiatina f.
whirligig ['(h)wə:ligig] s. **1** trottola f, paleo m. **2** (merry–go–round) giostra f, carosello m. **3** ⟨fig⟩ ruota f: the ~ of fortune la ruota della fortuna. **4** ⟨Entom⟩ → whirligig beetle.
whirligig beetle s. ⟨Entom⟩ girinide m.
whirling ['(h)wə:liŋ] a. vorticoso, turbinoso.
whirl|pool s. **1** gorgo m, vortice m (o mulinello) d'acqua. **2** ⟨fig⟩ vortice m, gorgo m. **~wind** s. **1** turbine m, mulinello m, vortice m d'aria. **2** ⟨fig⟩ vortice m, gorgo m.
whirlybird ['(h)wə:libə:d] s. ⟨fam⟩ (helicopter) elicottero m.
whirr[1] v. → whir[1].
whirr[2] s. → whir[2].
whish [(h)wiʃ] **I** v.i. sibilare. **II** s. sibilo m.
whisht [(h)wiʃt] intz. (whist) st, sss(h), silenzio.
whisk [(h)wisk] **I** s. **1** movimento m rapido e leggero. **2** (bunch of straw, grass, etc., for use as a brush) scopino m; (of feathers) piumino m. **3** (kitchen implement) frusta f, sbattitore m a frusta, frullino m. **II** v.t. **1** togliere con un movimento rapido e leggero. **2** (to convey hurriedly) condurre (o trasportare) in fretta. **3** (to impart rapid motion to) agitare, scuotere: the dog –ed his tail il cane agitò la coda. **4** ⟨Gastr⟩ sbattere, frullare. **III** v.i. passare velocemente, guizzare. □ to ~ away: **1** togliere con un colpo rapido; **2** (to rush away) allontanarsi rapidamente, correre via.
whisker ['(h)wiskə] s. **1** pelo m della barba. **2** pl. (beard) barba f. **3** pl. (sidewhiskers) basettoni mpl, fedine fpl, favoriti mpl; (moustache) baffi mpl. **4** ⟨Zool⟩ baffo m. **5** ⟨fam⟩ (hair's breadth) strettissimo margine m, pelo m, capello m: he won the race by a ~ ha vinto la gara per un pelo. **6** pl. ⟨Mar⟩ → whisker booms.
whisker booms s.pl. ⟨Mar⟩ pennoni mpl (o picchi) di civada.
whiskered ['(h)wiskəd] a. **1** che ha i basettoni. **2** ⟨Zool⟩ baffuto.
whiskey am.,irl. s. → whisky[1].
whisky[1] ['(h)wiski] s. whisky m.

whisky[2] s. calesse m.
whisper ['(h)wispə] **I** v.i. **1** sussurrare, bisbigliare, mormorare, parlare sottovoce (o sommessamente). **2** (of trees, the wind, etc.) mormorare, sussurrare; (of leaves) stormire, sussurrare. **3** ⟨fig⟩ mormorare: to ~ against s.o. mormorare contro qd. **II** v.t. **1** bisbigliare, mormorare, sussurrare, dire sottovoce (o sommessamente): he –ed s.th. in my ear mi bisbigliò qc. all'orecchio. **2** ⟨fig⟩ fare della maldicenza. **III** s. **1** sussurro m, bisbiglio m, mormorio m. **2** (of trees, the wind, etc.) mormorio m, sussurro m; (of leaves) fruscio m, lo stormire. **3** ⟨fig⟩ voce f, diceria f, mormorazione f, insinuazione f. □ to speak in –s (o a whisper) parlare sommessamente (o sottovoce); a ~ of the scandal reached the public un'eco dello scandalo raggiunse il pubblico; it is –ed that si mormora che, corre voce che.
whisperer [-rə] s. **1** chi sussurra, chi bisbiglia. **2** ⟨fig⟩ (gossip, talebearer) pettegolo m (f –a), maldicente m/f.
whispering [-riŋ] **I** s. **1** sussurro m, mormorio m. **2** ⟨fig⟩ mormorazione f, maldicenza f. **II** a. **1** che bisbiglia, sussurrante. **2** (of things) mormorante, che sussurra; (of leaves) che stormisce.
whispering| campaign s. campagna f diffamatoria (o denigratoria). **~ gallery** s. galleria f acustica.
whist[1] [(h)wist] s. (card game) whist m.
whist[2] [hwist] **I** intz. st, sss(h). **II** a. ⟨rar⟩ zitto, silenzioso.
whist drive [(h)wist] s. torneo m di whist.
whistle[1] [(h)wisl] **I** v.i. **1** fischiare, zufolare, fischiettare. **2** (to make a sound with a whistle) fischiare: the policeman –d la guardia fischiò. **3** (of things) fischiare, sibilare: the wind –d in the trees il vento sibilava tra gli alberi; bullets –d over our heads i proiettili fischiavano sulle nostre teste. **4** (of birds) fischiare. **II** v.t. fischiettare, fischiare, zufolare: to ~ a cheerful tune fischiettare un allegro motivetto. □ to ~ for: **1** fischiare per chiamare, chiamare con un fischio, fare un fischio a: to ~ for a taxi fischiare per chiamare un tassì; **2** ⟨fam⟩ (to demand without obtaining) domandare (o aspettare) invano; you may ~ for your money! aspetta pure il tuo denaro!; you may ~ for it campa cavallo (che l'erba cresce); ⟨fam⟩ to ~ off svignarsela; to ~ up: **1** = to whistle for; **2** ⟨fam⟩ (to have recourse to) inventare, fare ricorso a: he –d up a moribund aunt to get a day off work inventò una zia moribonda per avere un giorno di libertà (dal lavoro).
whistle[2] s. **1** fischio m. **2** (device, instrument) fischietto m, fischio m. **3** (of things) sibilo m, fischio m. **4** (of a bird) fischio m. **5** ⟨sl⟩ (throat) gola f. □ to blow the ~ on: **1** fischiare a; **2** ⟨fam⟩ (to stop, interrupt) fermare, interrompere; **3** (to betray) fare la spia contro; to wet one's ~ fare una bevuta.
whistler ['(h)wislə] s. **1** chi fischia, fischiatore m (f –trice). **2** ⟨Ornit⟩ fischiatore m. **3** ⟨Zool⟩ marmotta f caligata. **4** ⟨Veter⟩ cavallo m bolso.
whistle-stop tour am. s. ⟨Pol⟩ campagna f elettorale fatta viaggiando in treno e sostando nelle piccole stazioni.
whistling ['(h)wisliŋ] s. (act) il fischiare, fischio m; (sound) fischio m.
whit [(h)wit] s. briciolo m, filo m, pizzico m. □ we didn't care a ~ non ce ne importava nulla.
Whit I s. ⟨Rel⟩ (Whitsun) settimana f di Pentecoste. **II** a. di Pentecoste.
white [(h)wait] **I** a. **1** bianco: a ~ dress un abito bianco. **2** (pale, pallid) bianco, pallido, smorto: to go ~ with fear diventare bianco dalla paura. **3** (of hair) bianco, canuto; (silvery) argento; (very blond) platino. **4** (colourless) incolore. **5** ⟨Fis⟩ (of light) bianco. **6** (of human beings) bianco, dalla (o di) pelle chiara: the ~ races le razze bianche. **7** (of, consisting of white people) di bianchi; (for white people) per bianchi. **8** ⟨fig⟩ (pure, innocent) innocente, puro, immacolato, candido. **9** ⟨sl⟩ (honest, upright) onesto, giusto, retto. **10** ⟨Met⟩ non brunito. **11** (not written on, blank) bianco, non scritto. **12** ⟨Enol⟩ bianco. **13** (of coffee) con (il) latte. **14** ⟨Pol⟩ (ultraconservative, reactionary) bianco, reazionario, legittimista; (carried out by reactionary forces) bianco. **15** ⟨Biol⟩ (albino) albino. **II** avv. ⟨sl⟩ (honestly, fairly)

onestamente, con giustizia, equamente. **III** s. **1** bianco m, colore m bianco. **2** (*white object*) oggetto m bianco; (*white substance*) sostanza f bianca; (*white part*) bianco m, parte f bianca. **3** (*white fabric*) stoffa f bianca. **4** (*of an egg*) albume m, bianco m. **5** (*of the eye*) bianco m, sclera f, sclerotica f. **6** (*in board games*) bianco m. **7** (*white clothing*) bianco m: *to be dressed in* ~ essere vestito di bianco. **8** pl. (*white costume, uniform*) divisa f bianca; (*white sports clothes*) tenuta f bianca. **9** (*person with white skin*) bianco m (f –a). **10** (*Chim*) (*white pigment*) bianco m, pigmento m bianco; (*zincoxide*) bianco m (o ossido f) di zinco. **11** pl. (*Tip*) spazi mpl bianchi. **12** pl. (*Med*) (*leucorrhea*; costr. sing.) leucorrea f, perdite fpl bianche. **13** (*Enol*) bianco m, vino m bianco. **14** (*Pol*) reazionario m (f –a), legittimista m/f. **15** (*of an archery target*) cerchio m più esterno del bersaglio; (*shot*) tiro m che colpisce il cerchio più esterno. **White** s. (*Zootecn*) razza di maiali bianchi. **IV** v.t. **1** (*Tip*) (general. con *out*) lasciare spazi bianchi in. **2** (*rar*) (*to whiten*) sbiancare, imbiancare. □ ~ *of egg* bianco m dell'uovo, albume m; *to be* ~ *with* fury essere verde dalla rabbia; *as* ~ *as a* ghost (o sheet) bianco come un cencio lavato; *don't* shoot *until you see the –s of their eyes* non sparate finché non sono vicinissimi; *as* ~ *as* snow bianco come la neve, candido; (*Stor*) ~ Terror terrore bianco; *to turn* ~: 1 sbiancarsi, sbiancare, impallidire; 2 (*of hair*) diventare bianchi.

white| alert s. (*Mil*) segnale m di cessato allarme. ~ **alloy** s. (*Met*) lega f metallica di poco pregio che imita l'argento. ~ **ant** s. (*Entom*) termite f, formica f bianca. **~bait** s. (*Itt,Gastr*) bianchetti mpl. **~-beaked** a. (*Ornit*) dal becco bianco. ~ **bear** s. (*Zool*) orso m bianco (o polare). ~ **bearded** a. dalla barba bianca. ~ **beet** s. (*Bot*) bietola f. ~ **belt** s. (*Sport*) (in judo) cintura f bianca. ~ **blood cell** s. globulo m bianco, leucocita m. ~ **book** s. (*Pol*) libro m bianco. ~ **bread** s. (*Alim*) pane m bianco. **~-breasted** a. (*Ornit*) dal petto bianco. ~ **cap** s. **1** (*wave crest*) cresta f (d'onda) spumeggiante; (*wave*) onda f con cresta spumeggiante. **2** (*Ornit*) passera f mattugia.

Whitechapel ['waitt∫æpl] **I** N.pr. (*district of London*) Whitechapel m. **II** a. **1** di Whitechapel. **2** (*fig*) volgare, basso.

Whitechapel cart s. carretto m a due ruote.

white| coal s. **1** (*water power*) carbone m bianco. **2** (*Min*) tasmanite f. ~ **coffee** s. caffellatte m. **'~-'collar** a. impiegatizio, da impiegato. **~ collar crime** s. criminalità f dei colletti bianchi. **'~-'collar worker** s. impiegato m (f –a), colletto m bianco. ~ **corpuscle** s. (*Biol*) globulo m bianco, leucocita m. ~ **crested** a. (*Ornit*) dalla cresta bianca.

whited sepulcher ['(h)waitid] s. (*Bibl,fig*) (*hypocrite*) ipocrita m/f, sepolcro m imbiancato.

white| elephant s. **1** (*Zool*) elefante m bianco. **2** (*fig*) oggetto m dispendioso ma inutile; (*of property*) proprietà f che richiede molte spese e dà poco utile. ~ **ensign** s. (*Mar.mil*) bandiera f della marina militare britannica. **'~-'faced** a. **1** dal viso pallido. **2** (*Zool*) dal muso bianco. **3** (*of a horse*) che ha una stella bianca sulla fronte. ~ **Father** s. **1** (*Rel*) padre m bianco. **2** (*am*) (*among American Indians: USA President*) presidente m degli Stati Uniti d'America. ~ **feather** s. segno m di vigliaccheria (o viltà). □ *to show the* ~ comportarsi da vigliacco. **~fish** s. **1** (*Itt*) coregono m, coregone m. **2** (*Alim,Itt*) pesce m bianco. ~ **flag** s. (*Mil*) bandiera f bianca (*anche fig.*): *to hoist* (o show, wave) *the* ~ alzare bandiera bianca. ~ **fox** s. (*Zool*) volpe f bianca (o polare). ~ **Friar** s. (*Rel*) frate m carmelitano. ~ **frost** s. (*Meteor*) brina f, brinata f. ~ **gasoline** am. s. benzina f senza piombo. ~ **gold** s. (*Met*) oro m bianco. ~ **goods** s.pl. (*Comm*) **1** (*cotton, linen fabrics*) tessuti mpl bianchi; (*articles*) articoli mpl bianchi, biancheria f da casa. **2** (*am*) elettrodomestici mpl bianchi. **'~-'haired** a. canuto, dai capelli bianchi.

Whitehall ['(h)waithɔːl] **I** N.pr. (*thoroughfare in London*) Whitehall f. **II** s. (*fig*) governo m britannico. **III** a. del governo britannico: *a* ~ *statement* una dichiarazione del governo britannico.

white| heat s. (*Met*) calore m bianco, incandescenza f. ~ **horse** s. cresta f (d'onda) spumeggiante. **'~-'hot** a. **1** (*Met*) incandescente. **2** (*fig*) ardente, appassionato: ~ *passion* passione ardente.

White House s. **1** Casa f Bianca. **2** (*fig*) governo m americano.

white| iron s. (*Met*) **1** latta f. **2** (*cast iron*) ghisa f bianca. ~ **lead** s. (*Chim*) biacca f di piombo. ~ **lie** s. bugia f innocente (o pietosa). ~ **light** s. (*Fis*) luce f bianca. ~ **line** s. (*Strad*) linea f (o striscia) bianca, linea spartitraffico. **2** (*Tip*) (*line of space*) riga f bianca (o in bianco), bianco m. **~-lipped** a. dalle labbra bianche (o esangui). **'~-'livered** a. vile, vigliacco. ~ **magic** s. magia f bianca. ~ **man** [mən] s.irr. **1** uomo m bianco (o di razza bianca). **2** (*sl*) (*honest, upright man*) uomo m onesto ~ ' **meat** s. (*Alim*) carne f bianca. ~ **metal** s. metallo m bianco. ~ **mouse** s. topo m bianco.

whiten ['(h)waitn] **I** v.t. **1** sbiancare, sbianchire, imbiancare. **2** (*of hair*) far diventare bianco. **3** (*fig*) far apparire senza colpa. **II** v.i. **1** sbiancarsi, imbiancarsi. **2** (*of hair*) imbiancarsi, incanutire, diventare bianco. **whitener** [–ə] s. **1** (*Chim*) decolorante m, candeggiante m, sbiancante m. **2** (*in washing powder*) candeggiante m. **whiteness** [–is] s. **1** bianchezza f. **2** (*paleness*) pallore m. **3** (*fig*) (*purity*) purezza f, innocenza f, candore m.

white| night s. notte f bianca (o insonne). ~ **Nile** s. (*Geog*) Nilo m bianco.

whitening ['(h)waitniŋ] s. **1** (*act of making white*) imbiancatura f; (*act of becoming white*) imbianchimento m, imbiancamento m. **2** (*of people*) il diventare bianco (o pallido), lo sbiancarsi. **3** (*whiting*) bianchetto m.

white| paper s. **1** (*Pol*) libro m bianco. **2** (*am.TV*) inchiesta f televisiva. ~ **pepper** s. pepe m bianco. ~ **plague** s. (*Med*) tubercolosi f polmonare. ~ **race** s. razza f bianca. ~ **rose** s. (*Bot*) rosa f bianca. ~ **Rose** s. (*Stor*) rosa f bianca. ~ **sale** s. (*Comm*) fiera f del bianco. ~ **sauce** s. (*Gastr*) salsa f besciamella alla panna, salsa bianca. ~ **sheet** s. lenzuolo m penitenziale. □ (*fig*) *to stand in a* ~ cospargersi il capo di cenere. ~ **slave** s. schiava f bianca. ~ **slavery** s. tratta f delle bianche. **~smith** s. lattoniere m. ~ **spirit** s. (*Chim*) acquaragia f minerale. ~ **squall** s. (*Mar*) groppo m secco (o bianco). ~ **supremacy** s. supremazia f dei bianchi sulle altre razze. **~thorn** s. (*Bot*) biancospino m. ~ **tie** s. **1** cravatta f bianca (da frac, marsina). **2** (*estens*) (*formal evening dress*) frac m, marsina f: *a* ~ *dinner* una cena in frac. ~ **trash** am. s. (*spreg*) **1** bianco m povero. **2** (*collett*) bianchi mpl poveri. ~ **wagtail** s. (*Ornit*) ballerina f (bianca), monaca f. **~-walled tyre** s. (*Aut*) pneumatico m a fascia bianca. ~ **war** s. (*Pol,Econ*) sanzioni fpl economiche, guerra f economica. ~ **wash I** s. **1** (*Pitt*) bianco m (di calce). **2** (*am.sport*) sconfitta f secca, cappotto m. **II** v.t. **1** (*Pitt*) imbiancare, dare di bianco a. **2** (*fig*) (*to gloss over, cover up*) coprire, mascherare, dissimulare. **3** (*am.sport*) dare cappotto a. ~ **whale** s. (*Zool*) delfinattero m, delfino m bianco, beluga m. ~ **wine** s. (*Enol*) vino m bianco.

whither ['(h)wiðə] **I** avv.interr. (*rar,poet*) dove, da quale parte, in quale luogo: ~ *goest thou?* dove vai? **II** avv.rel. (*rar,poet*) (*to which place*) in quale luogo, dove.

whithersoever [,(h)wiðəsəu'evə] avv. (*rar,poet*) dovunque, in qualunque luogo, da qualsiasi parte.

whitherward(s) ['(h)wiðəwəd(z)] avv. (*rar,poet*) verso quale direzione, dove.

whiting ['waitiŋ] s. (*Itt*) merlano m.

whitish ['(h)waiti∫] a. biancastro, bianchiccio.

whitlow ['(h)witlou] s. (*Med*) patereccio m.

Whitsun ['(h)witsən] **I** s. **1** (*weekend*) fine m/f settimana (che comprende la domenica) di Pentecoste. **2** (*week*) settimana f di Pentecoste. **II** a. di Pentecoste. **Whitsunday** [–'sʌndi] s. (*Rel*) Pentecoste f, domenica f di Pentecoste. **Whitsuntide** [–taid] s. (*Rel*) settimana f di Pentecoste.

whittle ['(h)witl] **I** v.t. **1** tagliuzzare: *to* ~ *a piece of wood* tagliuzzare un pezzo di legno; (*to trim*) pareggiare; (*to form by whittling*) fare tagliuzzando, intagliare. **2** (*fig*) (*to reduce, pare down;* spesso con *down, away*) ridurre, diminuire. **II** *v.i.* tagliuzzare legno.

whity ['(h)waiti] *a.* biancastro, bianchiccio.

whiz(z)[1] [(h)wiz] *v.i.* (*pret., p.p.* whizzed [–d]) **1** fischiare, sibilare. **2** (*to move with a hissing sound*) passare (*o* sfrecciare) sibilando.

whiz(z)[2] *s.* **1** sibilo *m*, fischio *m*. **2** (*fam*) (*one who is skilled at s.th.*) fenomeno *m*, asso *m*.

whizz-bang *s.* (*mil*) proiettile *m* (di cannone) a tiro rapido.

who [hu:] (*compl. oggetto e indiretto* whom [hu:m]; *genitivo poss.* whose [hu:z]) **I** *pron.interr.* chi: ~ *is it?* chi è?; *find out* ~ *did it* trovate chi l'ha fatto. **II** *pron.rel.* che, il quale, la quale: *that is the man* ~ *arrived yesterday* quello è l'uomo che è arrivato ieri; *he likes women* ~ *dress well* gli piacciono le donne che vestono bene. **III** *pron.* (*rar*) (*the person, the person who*) chi, chiunque, colui (*o* colei) che: ~ *betrays his country must die* chi tradisce la patria deve morire. □ (*rar*) *as* ~ (*in the manner of one who*) come lui (*o* colei) che, come chi; (*rar*) *as* ~ *should say* (*as it were*) come si suol dire; ~*'s who* elenco *m* delle persone più importanti, «Chi è?».

WHO = *World Health Organization* Organizzazione mondiále della sanità (*abbr.* O.M.S.).

who'd [húːd] *contraz. di* who had, who would.

whodun(n)it [hu(:)'dʌnit] *s.* (*fam*) (*mystery story*) giallo *m*.

whoe'er [hu:'ɛə] *pron.* (*poet*) → **whoever.**

whoever [hu:'evə] **I** *pron.* chiunque, chi: ~ *it is, tell him I'm not in* chiunque sia dagli che non ci sono. **II** *pron.interr.* (*to express surprise, etc.*) chi (mai): ~ *gave you that idea?* chi mai ti ha dato quell'idea?

whole [houl] **I** *a.* **1** tutto, completo, intero: *the* ~ *town knows about it* lo sa tutta la città; *the* ~ *series* la serie completa; *he ate a* ~ *chicken* ha mangiato un pollo intero; (*with plural nouns*) intero, completo: ~ *villages were destroyed* interi villaggi furono distrutti. **2** (*complete, total*) tutto, completo, intero, totale: *the* ~ *truth* tutta la verità. **3** (*pred*) (*in one piece*) (tutt')intero, intero, completo, in un sol pezzo: *to swallow s.th.* ~ inghiottire qc. tutt'intero; (*unbroken, intact*) intatto, intero, integro, sano: *all the vases except one arrived* ~ tutti i vasi, eccetto uno, sono arrivati intatti. **4** (*uninjured*) incolume, illeso, indenne. **5** (*healthy*) sano. **6** (*Alim*) intero, integrale. **7** (*Mat*) intero. **II** *s.* **1** intero *m*, tutto *m*: *two halves make a* ~ due metà fanno un intero. **2** (*complete quantity, extent, etc.*) insieme *m*, complesso *m*, tutto *m*: *parts of it were good but the* ~ *was disappointing* alcune parti erano buone ma l'insieme era deludente. □ **alive** *and* ~ sano e salvo; *as a* ~ nel complesso, nell'insieme; *to do s.th. with one's* ~ *heart* fare qc. con tutto il cuore; *a* ~ lot un gran, molto: *the holiday did him a* ~ *lot of good* la vacanza gli ha fatto un gran bene; *the* ~ *lot* tutto: *he ate the* ~ *lot* ha mangiato tutto; **on** (*o* upon) *the* ~ nel complesso, tutto sommato.

whole| binding *s.* (*Legat*) rilegatura *f* in tutta pelle. **~-colored** *am.,* **~-coloured** *a.* tinta unita. **~-grain bread** *s.* pane *m* integrale. '**~-'hearted** *a.* **1** cordiale, espansivo. **2** (*with complete willingness*) di tutto cuore, sentito. ,**~-'heartedness** *s.* cordialità *f*, espansività *f*. **~-meal** *a.* (*of bread*) integrale. ~ **milk** *s.* latte *m* intero.

wholeness ['houlnis] *s.* **1** interezza *f*, totalità *f*. **2** (*integrity*) integrità *f*.

whole| note *am.s.* (*Mus*) semibreve *f*. ~ **number** *s.* (*Mat*) intero *m*, numero *m* intero. ~ **rest** *am. s.* (*Mus*) pausa *f* di semibreve.

wholesale ['houlseil] **I** *s.* (*Comm*) commercio *m* (*o* vendita *f*) all'ingrosso. **II** *a.* **1** (*Comm*) all'ingrosso: *a* ~ *store* un negozio all'ingrosso. **2** (*fig*) (*extensive, on a large scale*) globale, complessivo; (*indiscriminate*) indiscriminato. **III** *avv.* **1** (*Comm*) all'ingrosso: *to sell* ~ vendere all'ingrosso. **2** (*fig*) in blocco, in massa. □ (*Comm*) *by* ~ all'ingrosso: *to sell goods by* ~ vendere merci all'ingrosso; ~ *destruction of people* genocidio *m;* ~ *slaughter* massacro *m*, carneficina *f.*

wholesale| dealer *s.* → **wholesaler.** ~ **price** *s.* prezzo *m* all'ingrosso. ~ **price index** *s.* (*Econ*) indice *m* dei

prezzi all'ingrosso. ~ **purchase** *s.* acquisto *m* all'ingrosso.

wholesaler ['houlseilə] *s.* grossista *m/f*, commerciante *m/f* all'ingrosso.

wholesome ['houlsəm] *a.* **1** sano, salubre, salutare, che fa bene, che giova alla salute: ~ *food* cibo sano. **2** (*promoting moral, mental health*) (moralmente) sano, buono, retto, morale: *a* ~ *upbringing* un'educazione sana. **3** (*healthy*) sano; (*suggestive of health*) sano, florido: ~ *complexion* colorito sano. **wholesomely** [–li] *avv.* in modo sano (*o* salubre). **wholesomeness** [–nis] *s.* **1** sanità *f*, salubrità *f*. **2** (*fig*) moralità *f*, rettitudine *f*.

'**whole|-'time** *a.* (*full–time*) a tempo pieno. '**~-'wheat** *a.* integrale di frumento: ~ *flour* farina integrale di frumento.

who'll [hu:l] *contraz. di* who shall, who will.

wholly ['houli] *avv.* del tutto, totalmente, completamente.

whom [hu:m] **I** *pron.interr.* (*lett*) chi: ~ *did you invite?* chi hai invitato?; *to* ~ *should I address myself?* a chi devo rivolgermi? **II** *pron.rel.* che, il (*o* la) quale: *those* ~ *the gods love* coloro che gli dèi amano; *the person with* ~ *you are speaking* la persona con cui stai parlando. **III** *pron.* colui (*o* colei, coloro) che, chi.

whomever [hu:m'evə] *pron.* (*rar*) chiunque: *he dislikes* ~ *he meets* prova antipatia per chiunque incontra. ,**whomsoever** [–mso(u)'evə] *pron.* (*lett,rar*) → **whomever.**

whoop [hu:p] **I** *s.* **1** grido *m*: *a* ~ *of excitement* un grido d'entusiasmo; (*of warriors*) grido *m* di guerra. **2** (*Med*) inspirazione *f* convulsa e rumorosa tipica della pertosse. **II** *v.i.* **1** urlare, gridare. **2** (*Med*) fare l'urlo tipico della pertosse. □ (*am.fam*) *I don't care a* ~ non me ne importa un fico; (*am.fam*) *it is not worth a* ~ non vale un soldo bucato; (*am.fam*) *to* ~ *it up:* 1 (*to celebrate noisily*) fare baldoria; 2 (*to arouse enthusiasm*) sollevare (*o* suscitare) l'entusiasmo.

whoopee ['(h)wuːpiː] (*fam*) *intz.* evviva, viva, urrah. □ *to make* ~ fare baldoria.

whooping cough ['hu:piŋ] *s.* (*Med*) pertosse *f.*

whoosh [wu:ʃ] *v.i.* (spesso con *past, by*) passare sibilando.

whop [(h)wɔp] (*sl*) **I** *v.t.* (*pret., p.p.* whopped [–t]) **1** (*to beat, thrash*) picchiare, battere, bastonare. **2** (*to defeat crushingly*) sconfiggere duramente, dare una solenne batosta a. **II** *s.* (*heavy blow*) botto *m*, botta *f.* '**whopper** [–ə] *s.* (*fam*) **1** (*very large thing*) cosa *f* enorme. **2** (*extravagant lie*) bugia *f* madornale, grossa balla *f.* '**whopping** [–iŋ] (*fam*) **I** *a.* enorme, grandissimo. **II** *s.* (*beating, thrashing*) bastonatura *f*, botte *fpl.*

whore [hɔ:] **I** *s.* prostituta *f*, (*volg*) puttana *f.* **II** *v.i.* **1** andare a puttane. **2** (*to act as a whore*) fare la prostituta, prostituirsi, (*volg*) puttaneggiare. **3** (*fig*) prostituirsi (*after* a): (*Bibl*) *to* ~ *after strange gods* prostituirsi a degli stranieri.

who're ['hu:ə] *contraz. di* who are.

whoredom ['hɔ:dəm] *s.* prostituzione *f* (*anche fig.*).

whore|house *s.* bordello *m*, (*pop*) casino *m*. **~son** *s.* (*rar*) **1** bastardo *m*, illegittimo *m*. **2** (*fig*) bastardo *m*, (*volg*) figlio *m* di puttana.

whoring ['hɔ:riŋ] *s.* **1** l'andare a puttane. **2** (*profession of a whore*) prostituzione *f.* □ *to go* ~ andare a puttane. **whorish** [–riʃ] *a.* di (*o* da) prostituta, (*volg*) puttanesco.

whorl [wə:l] *s.* **1** (*spiral, coil*) spira *f*, spirale *f*, voluta *f.* **2** (*Bot*) verticillo *m*, ciclo *m*. **3** (*Zool*) voluta *f* (di conchiglia). **4** (*of a fingerprint*) verticillo *m*. **whorled** [–d] *a.* **1** in volute, a spirale. **2** (*Bot*) verticillato.

whortleberry ['wə:tlberi] *s.* (*Bot*) mirtillo *m*.

who's [hu:z] *contraz. di* who is, who has.

whose [hu:z] **I** *pron.interr.* di chi: ~ *dog is this?* di chi è questo cane?; ~ *car did you come in?* con la macchina di chi sei venuto? **II** *pron.rel.* di cui, del quale, della quale, il cui, la cui: *the man* ~ *daughter I married* l'uomo di cui ho sposato la figlia.

whosesoever [,hu:zso(u)'evə], **whosever** [,hu:z'evə] *a./pron.* (*poet*) di chiunque.

whoso ['hu:sou] *pron.* (*rar*) → **whoever.**

whosoever [ˌhuːˈso(u)ˈevə] *pron.* (*whoever*) chiunque.

why [(h)wai] **I** *avv.interr.* perché, per quale ragione: ~ *did you do it?* perché l'hai fatto?; *I don't know* ~ non so perché; ~ *not wait till tomorrow?* perché non aspettare fino a domani? **II** *avv.rel.* perché, per cui, per il quale: *the reason* ~ *he did it is not clear* il motivo perché lo ha fatto non è chiaro. **III** *intz.* **1** (*to express surprise*) guarda guarda, ma sì: ~, *it's you!* guarda guarda, sei tu! **2** (*to protest*) ma via, ma come, davvero, che diamine: ~, *you can't do that!* ma via, non puoi farlo! **3** (*to indicate a pause*) ebbene, allora: *if that is what you want,* ~, *that is what you will get* se questo è quello che vuoi, ebbene, lo avrai. **IV** *s.* perché *m*, causa *f*, motivo *m*: *the –s and the wherefores* il perché e il percome.

wick¹ [wik] *s.* **1** stoppino *m*, lucignolo *m*. **2** 〈*Med*〉 stuello *m*.

wick² *s.* 〈*dial,rar*〉 **1** (*farm*) fattoria *f.* **2** (*hamlet*) piccolo villaggio *m*, paesino *m*.

wicked ['wikid] **I** *a.* **1** cattivo, malvagio, perfido, perverso, maligno: *a* ~ *man* un uomo malvagio. **2** (*sinful*) depravato, perverso, vizioso, immorale. **3** (*malicious*) maligno, malevolo, cattivo: ~ *gossip* pettegolezzo maligno. **4** (*mischievous*) maligno, cattivello, malizioso: *a* ~ *little girl* una ragazzetta maligna; *a* ~ *smile* un sorriso malizioso. **5** (*vile*) pessimo, orribile, schifoso: ~ *weather* tempo pessimo. **6** (*distressingly severe*) terribile, atroce, infernale: *a* ~ *headache* un terribile mal di testa. **II** *s.* (*wicked people;* costr. pl.) malvagi *mpl*, cattivi *mpl*.

wickedly [–li] *avv.* con cattiveria, malvagiamente, perfidamente. **wickedness** [–nis] *s.* **1** cattiveria *f*, malvagità *f.* **2** (*wicked character, vice*) depravazione *f*, immoralità *f*, vizio *m*. **3** (*maliciousness*) malignità *f*, malevolenza *f.*

wicker ['wikə] **I** *s.* **1** vimine *m*. **2** (*wickerwork*) lavoro *m* in vimini. **II** *a.* (fatto) di vimini: *a* ~ *basket* un cestino di vimini. **wickered** [–d] *a.* (fatto) di vimini. **wickerwork** [–wəːk] **I** *s.* **1** lavoro *m* in vimini. **2** 〈*collett*〉 oggetti *mpl* (o articoli) di vimini. **II** *a.* → **wicker.**

wicket ['wikit] *s.* **1** cancelletto *m*, portello *m*. **2** (*window, hatch of a ticket office, etc.*) sportello *m*. **3** 〈*Idr*〉 cannaio *m*. **4** 〈*Sport*〉 (*in cricket*) porta *f*, wicket *m;* (*pitch*) area *f* tra le due porte; (*innings*) turno *m* alla battuta. □ 〈*sl*〉 *to be on a good* ~ trovarsi in una posizione favorevole (*o* di vantaggio); 〈*Sport*〉 *to keep* ~ giocare (appostato) dietro la porta.

wicket| gate *s.* cancelletto *m*, portello *m*. ~ **keeper** *s.* 〈*Sport*〉 (*in cricket*) guardiano *m*.

widdershins ['widəʃinz] *avv.* in senso antiorario.

wide [waid] **I** *a.* **1** largo, ampio: *a* ~ *road* una strada larga; *the carpet is ten feet* ~ il tappeto è largo dieci piedi. **2** (*spacious, extensive*) ampio, spazioso, vasto, esteso. **3** 〈*fig*〉 vasto, ampio: ~ *experience* vasta esperienza; (*liberal, broad*) largo, ampio, liberale: ~ *views* larghe vedute. **II** *avv.* **1** (*widely*) largamente, ampiamente. **2** (*to the fullest extent*) al massimo, per tutta l'ampiezza (*o* estensione): *to open one's arms* ~ aprire al massimo le braccia; (*to the utmost degree*) perfettamente, completamente, del tutto: *to be* ~ *awake* essere perfettamente sveglio. **III** *s.* **1** 〈*Sport*〉 (*in cricket*) palla *f* lanciata troppo lontano dalla porta. **2** 〈*poet,rar*〉 (*wide expanse*) ampia distesa *f.* □ ~ *of the mark* a vuoto, non andato a segno; 〈*fig*〉 sbagliato, non azzeccato, lontano dal vero.

'wide|-'angle lens *s.* 〈*Fot*〉 obiettivo *m* grandangolare. **'~-a'wake** *a.* **1** completamente sveglio. **2** 〈*fam*〉 (*alert*) vigile, all'erta, sveglio. **'~-brimmed** *a.* (*of a hat*) a falda (*o* tesa) larga. **'~-'eyed** *a.* **1** con gli occhi spalancati. **2** (*showing astonishment*) sorpreso, stupido.

widely ['waidli] *avv.* **1** ampiamente, largamente. **2** (*extensively*) in lungo e in largo, estesamente: *to travel* ~ viaggiare in lungo e in largo. **3** 〈*fig*〉 molto, largamente: *to be* ~ *known* essere molto noto. **4** (*to a great degree*) molto, assai, di gran lunga, in gran misura: *a* ~ *differing point of view* un punto di vista molto diverso. **widen** ['waidn] **I** *v.t.* **1** allargare, ampliare: *to* ~ *a road* allargare una strada. **2** 〈*fig*〉 ampliare, ingrandire, allargare, estendere: *to* ~ *one's experience* ampliare la propria esperienza. **II** *v.i.* **1** allargarsi. **2** 〈*fig*〉 ampliarsi, allargarsi, estendersi. **wideness** [–nis] *s.* larghezza *f*, ampiezza *f*, estensione *f.*

'wide|-'open *a.* **1** spalancato. **2** 〈*am*〉 (*of a town, state, etc.*) che ha poche restrizioni in materia di alcolici, case da gioco, ecc. **'~-'ranging** *a.* che abbraccia un vasto campo. ~ **screen** *s.* 〈*Cin*〉 schermo *m* panoramico. **'~-'spread** *a.* **1** molto esteso. **2** (*widely prevalent*) generale, molto esteso, assai diffuso: ~ *discontent* scontento generale.

widgeon ['widʒən] *s.* 〈*Ornit*〉 fischione *m*.

widish ['waidiʃ] *a.* piuttosto ampio, larghetto.

widow ['widou] **I** *s.* vedova *f.* **II** *v.t.* **1** rendere vedova, privare del marito. **2** 〈*fig*〉 (*to deprive of s.th. cherished*) privare. □ *she was –ed at the age of twenty–six* rimase vedova a ventisei anni. **widower** [–ə] *s.* vedovo *m*. **widowhood** [–hud] *s.* vedovanza *f*, stato *m* vedovile. **widowly** [–li] *a.* vedovile.

widow's| cruse *s.* **1** 〈*Bibl*〉 brocca *f* d'olio (della vedova). **2** 〈*fig*〉 provvista *f* inesauribile. ~ **mite** *s.* **1** 〈*Bibl*〉 obolo *m* della vedova. **2** 〈*fig*〉 piccolo obolo *m* (o contributo). ~ **peak** *s.* punta *f* formata dai capelli sulla fronte. ~ **pension** *s.* pensione *f* vedovile. ~ **weeds** *s.pl.* gramaglie *fpl* vedovili, velo *m* vedovile.

width [widθ] *s.* **1** larghezza *f*, ampiezza *f: the* ~ *of a carpet* la larghezza di un tappeto. **2** (*piece of s.th. with reference to the width*) altezza *f: a* ~ *of cloth* un'altezza di tessuto.

wield [wiːld] *v.t.* **1** maneggiare, usare, adoperare: *to* ~ *a weapon* maneggiare un'arma. **2** 〈*fig*〉 esercitare: *to* ~ *power* esercitare il potere; (*to guide, control*) guidare, controllare, dirigere. **'wieldable** [–əbl], **'wieldy** [–i] *a.* maneggevole, manovrabile.

wife [waif] *s.* (*pl.* **wives** [waivz]) **1** moglie *f*, sposa *f.* **2** (nei composti: *woman who sells s.th.*) venditrice *f* ..., *generally translated with the corresponding word: a fishwife* una venditrice di pesce, una pescivendola. □ *lawful* ~ moglie legittima.

wifeless ['waiflis] *a.* senza moglie.

wifelike ['waiflaik], **wifely** [–fli] *a.* **1** da moglie, adatto a una moglie. **2** (*resembling a wife*) simile a una moglie, da (o di) moglie.

wifie ['waifi] *s.* 〈*fam*〉 (*wife*) mogliettina *f.*

wig [wig] **I** *s.* **1** parrucca *f.* **2** 〈*fam*〉 → **wigging. II** *v.t.* (*pret., p.p.* **wigged** [–d]) **1** imparruccare, mettere la parrucca a. **2** 〈*fam*〉 (*to scold, rebuke*) sgridare, rimproverare severamente, dare una lavata di capo a.

wigan ['wigən] *s.* 〈*Tess*〉 tela *f* da fusto.

wig block *s.* 〈*Mod*〉 testiera *f.*

wigged [wigd] *a.* con la parrucca, imparruccato.

wigging ['wigiŋ] *s.* 〈*fam*〉 sgridata *f*, rimprovero *m*, lavata *f* di capo.

wiggle ['wigl] **I** *v.i.* **1** dimenarsi, ancheggiare: *she –d as she walked* si dimenava camminando. **2** (*to wriggle*) torcersi, contorcersi, dimenarsi, agitarsi. **II** *v.t.* dimenare. **III** *s.* dimenio *m*, dimenamento *m*. □ 〈*am.sl*〉 *to get a ~ on* sbrigarsi, spicciarsi; *to* ~ *out of s.o.'s grasp* divincolarsi dalla stretta di qd. **wiggly** [–i] *a.* sinuoso, serpeggiante: ~ *lines* linee sinuose.

wight¹ [wait] *s.* 〈*ant*〉 creatura *f*, essere *m* (umano).

wight² *a.* 〈*dial*〉 **1** (*strong*) forte, robusto. **2** (*valiant*) coraggioso, valoroso.

wigmaker ['wigmeikə] *s.* fabbricante *m* di parrucche, parruccaio *m*.

wigwag¹ ['wigwæg] *v.* (*pret., p.p.* **wigwagged** [–d]) **I** *v.i.* 〈*Mar*〉 fare segnalazione 'con bandiere a mano' (*o* a braccia). **II** *v.t.* segnalare 'con bandiere a mano' (*o* a braccia).

wigwag² *s.* **1** segnalazione *f* 'con bandiere a mano' (*o* a braccia). **2** (*message*) messaggio *m* segnalato a braccia.

wigwam ['wigwæm, –wɔm] *s.* 〈*Etnol*〉 wigwam *m*.

wild [waild] **I** *a.* **1** selvatico: ~ *animals* animali selvatici; ~ *flowers* fiori selvatici; (*of land*) selvaggio, incolto, non coltivato. **2** (*uncivilized*) selvaggio, primitivo, incivile, barbaro: ~ *tribes* tribù selvagge. **3** (*unruly*) turbolento, sfrenato, sregolato: ~ *boys* ragazzi turbolenti. **4** 〈*fig*〉 (*overcome by passion*) pazzo, matto, fuori di sé, folle: *he* *was* ~ *with joy* era pazzo di gioia; (*indicative of passion*) appassionato, ardente: ~ *words* parole appassionate. **5** (*uninhibited, unrestrained*) sfrenato, senza ritegno: ~ *cries* grida sfrenate. **6** (*violent, furious*) selvaggio, violento, furioso: ~ *blows* colpi selvaggi. **7** (*stormy*) burrascoso, tempestoso: ~ *weather* tempo burrascoso. **8** ⟨*fam*⟩ (*extremely angry*) furibondo, furioso. **9** ⟨*fig*⟩ (*insane*) pazzesco, irragionevole, insensato: *a* ~ *scheme* un piano pazzesco; (*fantastic*) fantastico, chimerico. **10** (*dissolute, licentious*) dissoluto, licenzioso, sfrenato. **11** (*random, erratic*) fatto a caso (*o* casaccio), avventato; (*irrational*) incoerente, irrazionale. **12** (*of a shot, etc.: wide of the mark*) a vuoto, non andato a segno. **13** (*disordered*) disordinato, scompigliato. **II** *avv.* **1** (*wildly*) selvaggiamente, furiosamente. **2** (*uncontrolledly*) in modo incontrollato, sfrenatamente; (*at random*) a casaccio. **III** *s.* **1** vita *f* allo stato brado, vita libera e selvaggia. **2** (*wild tract of land*; spesso al pl.) regione *f* selvaggia, territorio *m* incolto. □ *my son is* ~ *about toy trains* mio figlio va pazzo per i trenini; *the call of the* ~ il richiamo della foresta; *to drive s.o.* ~ mandare qd. su tutte le furie, far uscire dai gangheri qd.; *to give a* ~ **guess** tirare a indovinare; *a* ~ **party** un'orgia; *to* **run** ~: **1** (*of vegetation*) inselvatichire; **2** (*of animals*) crescere allo stato brado; **3** (*of people*) diventare sfrenato; ⟨*fam*⟩ ~ *and* **woolly** selvatico, scontroso, ispido. ‖ *to be* ~ *to do s.th.* essere impaziente di fare qc.

wild| ass *s.* ⟨*Zool*⟩ asino *m* selvatico, onagro *m*. ~ **beast** *s.* **1** animale *m* feroce. **2** ⟨*fig*⟩ belva *f*, mostro *m*. ~ **boar** *s.* ⟨*Zool*⟩ cinghiale *m*.

wildcat ['waildkæt] **I** *s.* **1** ⟨*Zool*⟩ gatto *m* selvatico. **2** ⟨*Zool*⟩ (*lynx*) lince *f* rossa. **3** ⟨*Zool*⟩ (*ocelot*) gattopardo *m* americano, ozelot *m*, guigna *m*. **4** ⟨*fig*⟩ persona *f* collerica, testa *f* calda. **5** ⟨*Comm*⟩ impresa *f* azzardata, affare *m* rischioso. **6** → **wildcat strike**. **7** ⟨*Minier*⟩ pozzo *m* esplorativo, sondaggio *m*. **8** ⟨*Mar*⟩ ruota *f* (*o* corona) a impronte. **II** *a.* rischioso, azzardato, avventato.

wildcat strike *s.* sciopero *m* a gatto selvaggio.

wild| currant *s.* ⟨*Bot*⟩ ribes *m* rosso. ~ **dog** *s.* ⟨*Zool*⟩ **1** dingo *m*. **2** buansu *m*. ~ **duck** *s.* ⟨*Ornit*⟩ (*mallard*) anatra *f* selvatica, germano *m* reale.

wilderness ['wildənis] *s.* **1** regione *f* selvaggia, territorio *m* incolto; (*desert*) deserto *m*. **2** ⟨*estens*⟩ (*of sea, space, etc.*) distesa *f* squallida (*o* desolata). **3** ⟨*fig*⟩ massa *f*, grande quantità *f*.

wild|-eyed *a.* dallo sguardo allucinato (*o* stralunato); (*being furious*) con gli occhi fuori delle orbite. **~fire** *s.* **1** incendio *m* violento. **2** ⟨*Meteor*⟩ lampeggi *mpl* estivi. **3** (*Greek fire*) fuoco *m* greco. □ ⟨*fig*⟩ *to spread like* ~ propagarsi in un baleno. ~ **flower** *s.* fiore *m* di campo. ~ **goose** *s.* ⟨*Ornit*⟩ oca *f* selvatica. **~-goose chase** *s.* impresa *f* assurda (*o* senza speranza), cosa *f* impossibile. □ *to go on a* ~ voler raddrizzare le gambe ai cani.

wilding ['waildiŋ] **I** *s.* **1** (*plant, tree*) pianta *f* selvatica; (*fruit*) frutto *m* selvatico. **2** (*wild apple*) melo *m* selvatico; (*fruit*) mela *f* selvatica. **II** *a.* ⟨*poet,rar*⟩ (*of animals, plants*) selvatico.

wildish ['waildiʃ] *a.* un po' selvatico.

wild life *s.* animali *mpl* selvatici (*o* che vivono in libertà). □ ~ *conservation* conservazione *f* della fauna.

wildly ['waildli] *avv.* → **wild**.

wild man *s.irr.* **1** ⟨*savage*⟩ selvaggio *m*, primitivo *m*. **2** (*violent man*) violento *m*. **3** ⟨*Pol*⟩ estremista *m*.

wildness ['waildnis] *s.* **1** l'essere selvatico (*o* selvaggio), stato *m* selvaggio. **2** (*lack of civilization*) barbarie *f*, inciviltà *f*. **3** (*unruliness*) turbolenza *f*, sfrenatezza *f*, sregolatezza *f*. **4** (*violence*) furore *m*, violenza *f*.

wild| oat *s.* **1** ⟨*Bot*⟩ avena *f* folle. **2** *pl.* ⟨*fig*⟩ intemperanze *fpl* giovanili. □ ⟨*fig*⟩ *to sow one's -s* correre la cavallina. ~ **olive** *s.* ⟨*Bot*⟩ olivo *m* selvatico, olivastro *m*. ~ **rice** *s.* ⟨*Bot*⟩ riso *m* d'acqua⸍ (*o* degli indiani). ~ **rose** *s.* ⟨*Bot*⟩ rosa *f* canina (*o* di macchia). ~ **steel** *s.* ⟨*Met*⟩ acciaio *m* ⸍non calmato⸍ (*o* effervescente). ~ **West** *am.* **I** *s.* ovest *m* selvaggio. **II** *a.* dell' (*o* relativo all') ovest selvaggio. ~ **West show** *s.* spettacolo *m* che rappresenta scene tipiche dell'ovest selvaggio. **~-wood** *s.* foresta *f* vergine.

wile [wail] **I** *s.* (spesso al pl.) **1** astuzia *f*, trucco *m*, stratagemma *m*, artificio *m*. **2** (*trickery*) inganno *m*, imbroglio *m*, raggiro *m*. **II** *v.t.* **1** attrarre, attirare, allettare, adescare. **2** (*of time: to while away*; general. con *away*) ingannare, ammazzare.

Wilfred, Wilfrid ['wilfrid] *N.pr.* Vilfredo *m*.

wilful ['wilful] *a.* **1** testardo, cocciuto, ostinato, caparbio: *a* ~ *child* un bambino testardo. **2** (*premeditated, intentional*) premeditato, intenzionale, volontario (*anche Dir.*): ~ *murder* omicidio premeditato. **wilfully** [–i] *avv.* **1** ostinatamente, caparbiamente, cocciutamente, testardamente. **2** (*intentionally*) premeditatamente, intenzionalmente, deliberatamente. **wilfulness** [–nis] *s.* **1** cocciutaggine *f*, testardaggine *f*, caparbietà *f*, ostinazione *f*. **2** (*premeditation*) premeditazione *f*.

wilily ['wailili] *avv.* astutamente, scaltramente, con furbizia.

wiliness [–linis] *s.* scaltrezza *f*, astuzia *f*, furbizia *f*.

will¹ [wil, wəl] *v.* (*pr.* **will**, *negativo* **will not/won't** [wount], *2ᵃ pers. sing.ant.* **wilt** [wilt]; *pret.* **would** [wud, wəd]; *manca dell'inf. e del p.p.*) **I** *v.aus.* **1** (*to express futurity*) *translated with the future of the following verb: he* ~ *come back tomorrow* tornerà domani; *do you think it* ~ *rain?* pensi che pioverà?; *what* ~ *happen if they find out?* cosa accadrà se lo vengono a scoprire? **2** (*to express unpremeditated intention*) *translated with the future or present of the following verb: there's s.o. at the door, I* ~ *see who it is* c'è qd. alla porta, vado a vedere chi è; *we* ~ *examine this report* esamineremo questa relazione. **3** (*to express desire, willingness*) voglio, vuoi, ecc.: *if you* ~ *be so kind as to wait* se vuole essere così gentile da aspettare. **4** (*in negatives: to express refusal, unwillingness*) *not translated: I* ~ *not agree to such a proposal* non sono d'accordo su una proposta del genere; (*of things*) non vuole, *often not translated: the door* ~ *not open* la porta non si ⸍vuole aprire⸍ (*o* apre). **5** (*in interrogatives: to express a request, an invitation*) vuoi, ⸍vuole, ecc., *often not translated:* ~ *you please come this way?* vuole venire da questa parte, per favore?, venga da questa parte, prego; ~ *you have some more cake?* vuole ancora del dolce? **6** (*to express habitual action, tendencies, etc.*) *not translated: he* ~ *often work all night* spesso lavora tutta la notte. **7** (*to express probability*) deve, ecc., *often translated with the future of the following verb: this* ~ *be the house* questa deve essere la casa. **8** (*to express capability*) può, ecc., è capace (*o* in grado): *this car* ~ *do one hundred miles per hour* questa macchina può fare cento miglia all'ora. **9** (*to express wilfulness, determination*) voglio, vuoi, ecc., *often translated with the future of the following verb: he is a good worker but he* ~ *do everything himself* è un buon operaio ma vuol fare tutto da solo. **10** (*to express a command, injunction*) devo, devi, ecc., *often translated with the future of the following verb: officers* ~ *report to the commander at 9:00* gli ufficiali andranno a rapporto dal comandante alle 9. **II** *v.i./t.* (*to wish*) volere, desiderare: *and then, if you* ~, *we shall visit the museum* e poi, se vuoi, visiteremo il museo; *come whenever you* ~ vieni quando vuoi; *do what you* ~ fa' quello che vuoi.

will² **I** *s.* **1** volontà *f*: *an iron* ~ una volontà ferrea; *God's* ~ volontà di Dio. **2** (*desire, inclination*) voglia *f*, desiderio *m*, volontà *f*: *he has a* ~ *to work* ha voglia di lavorare. **3** (*collective desire of a group*) volere *m*, volontà *f*: *the* ~ *of the people* il volere del popolo. **4** (*choice*) volontà *f*, volere *m*: *you cannot make him do it against his* ~ non puoi farglielo fare contro la sua volontà. **5** (*power to dispose, determine*) volere *m*, volontà *f*, disposizione *f*: *he was imprisoned at the dictator's* ~ fu imprigionato per volere del dittatore. **6** ⟨*Dir*⟩ testamento *m*, ultime volontà *fpl*, disposizioni *fpl* testamentarie. **7** (*carnal desire*) desiderio *m*, voglia *f*, brama *f*. **II** *v.t.* **1** volere (*fortemente*): *the nation has -ed that peace be made* la nazione ha voluto che si facesse la pace. **2** (*to decree, ordain*) volere, decretare, ordinare, disporre: *if God so -s it* se Dio vuole così. **3** ⟨*rifl*⟩ imporsi: *to* ~ *o.s. to sleep* imporsi di dormire. **4** ⟨*Dir*⟩ lasciare, assegnare per testamento: *to* ~ *one's estate to charity* lasciare i propri beni in beneficenza. **III** *v.i.* **1** volere: *to* ~ *is not enough, one must do* volere non basta, bisogna agire. **2** (*to decide,* *determine*⟩ decidere, disporre; (*to choose, prefer*) volere, preferire. ☐ at ~ a piacimento, a volontà, a piacere: *he comes and goes at ~* va e viene a suo piacimento; *with the best ~ in the world* con la migliore buona volontà; ⟨*Rel*⟩ *Thy ~ be done* sia fatta la tua volontà; *of one's own* (*free*) ~ di propria volontà, volontariamente: *he insisted he had done it of his own free ~* insisteva a dire che l'aveva fatto di sua volontà; ⟨*fig*⟩ *with a ~* di buona (*o* gran) lena, di buon volere, con buona volontà: *to set to work with a ~* mettersi al lavoro di buona lena. *Prov.*: *where there's a ~, there's a way* volere è potere.

Will *N.pr. dim.* di **William**.

will contest *s.* ⟨*Dir*⟩ impugnazione *f* di un testamento.

willed [wild] *a.* (nei composti) che ha ... volontà, dalla volontà ...: *strong–~* che ha una forte volontà.

William ['wiljəm] *N.pr.* Guglielmo *m.* ☐ ⟨*Stor*⟩ ~ *the Conqueror* Guglielmo *m* il Conquistatore; ~ *of Orange* Guglielmo *m* d'Orange.

Willie ['wili] *N.pr. dim.* di **William**.

willies ['wiliz] *s.pl.* ⟨*sl*⟩ (*feeling of nervousness*) brividi *mpl*, pelle *f* d'oca: *the thought of it gives me the ~* a pensarci mi vengono i brividi.

willing ['wiliŋ] *a.* **1** disposto, pronto: *are you ~ to stand as a candidate?* sei disposto a presentarti come candidato? **2** (*eager to work*) volonteroso, pieno di buona volontà: *a ~ student* uno studente volonteroso; (*eager to help*) compiacente, volonteroso. **3** (*done voluntarily*) volontario, spontaneo; (*done with cheerful readiness*) fatto volentieri (*o* di buona voglia). ☐ ~ *or not* volente o nolente; *to show ~* mostrare buona volontà, essere volonteroso; *a ~ worker* un grande lavoratore. **willingly** [–li] *avv.* volentieri, di buon grado. **willingness** [–nis] *s.* buona volontà *f.*

williwaw ['wiliwɔ:] *s.* **1** raffica violenta *f.* **2** ⟨*fig*⟩ tumulto *m*, agitazione *f.*

will-less ['willis] *a.* che non ha volontà, privo di volontà.

will-of-the-wisp, will-o'-the-wisp ['wiləðə'wisp] *s.* **1** (*ignis fatuus*) fuoco *m* fatuo. **2** ⟨*fig*⟩ (*elusive person or thing*) persona *f* (*o* cosa) inafferrabile.

willow ['wilou] **I** *s.* **1** ⟨*Bot*⟩ salice *m.* **2** (*wood*) legno *m* di salice, salice *m.* **3** ⟨*Sport*⟩ (*cricket bat*) mazza *f* (del battitore). **4** ⟨*Tess*⟩ → **willower. II** *v.t.* ⟨*Tess*⟩ battere con il lupo (*o* battitoio). ☐ ⟨*Sport*⟩ *to handle the ~* (*in cricket*) fare il battitore; ⟨*fig*⟩ *to wear the ~* piangere l'assenza (*o* la perdita) di una persona cara.

willower ['wilouə] *s.* ⟨*Tess*⟩ **1** operaio *m* (*f* –a) addetto alla battitura. **2** → **willowing machine.**

willowing machine ['wilouiŋ] *s.* ⟨*Tess*⟩ battitoio *m*, lupo *m* (apritoio).

willow| machine *s.* → **willowing machine.** ~ **pattern** *s.* ⟨*Ceram*⟩ disegno *m* stilizzato di origine cinese. ~ **warbler** *s.* ⟨*Ornit*⟩ luì *m.*

willowy ['wiloui] *a.* ⟨*fig*⟩ (*tall and slender*) slanciato, snello, alto e sottile; (*pliant, flexible*) flessibile, pieghevole.

willpower ['wilpauə] *s.* forza *f* di volontà.

Willy ['wili] *N.pr. dim.* di **William**.

willy-nilly ['wili'nili] **I** *avv.* volente o nolente, per amore o per forza. **II** *a.* esitante, che nicchia, tentennante.

wilt[1] [wilt] **I** *v.i.* **1** (*of plants*) appassire, avvizzire. **2** ⟨*fig*⟩ perdere vigore (*o* forza, freschezza), deperire, sciuparsi. **II** *v.t.* far appassire.

wilt[2] → **will**[1].

wily ['waili] *a.* astuto, furbo, scaltro: *as ~ as a fox* astuto come una volpe, furbo matricolato.

wimble ['wimbl] **I** *s.* **1** ⟨*Minier*⟩ trivella *f.* **2** ⟨*Fal*⟩ succhiello *m.* **II** *v.t.* **1** ⟨*Minier*⟩ trivellare. **2** ⟨*Fal*⟩ succhiellare.

wimple ['wimpl] **I** *s.* **1** soggolo *m.* **2** (*ripple*) increspatura *f*, crespa *f.* **II** *v.t.* **1** coprire con un soggolo. **2** (*to cause to ripple*) increspare. **III** *v.i.* **1** incresparsi, aggrinzarsi, aggrinzare. **2** (*to lie in folds*) cadere in pieghe.

win[1] [win] *v.* (*pret., p.p.* **won** [wʌn]) **I** *v.i.* **1** vincere, essere vittorioso (*o* vincitore): *who won?* chi ha vinto?; *to ~ at cards* vincere a carte. **2** (*to prevail, triumph;* spesso con *out*) prevalere, avere la meglio, vincere. **II** *v.t.* **1**

vincere: *to ~ a war* vincere una guerra; *to ~ a race* vincere una corsa. **2** (*to gain in a competition*) vincere, ottenere, aggiudicarsi: *to ~ first prize* vincere il primo premio. **3** (*to gain, obtain by effort*) conquistare, procurarsi, guadagnare, ottenere: *to ~ fame* conquistare la fama. **4** (*to gain the favour of*) ottenere il favore di, conquistare, (ac)cattivarsi, propiziarsi. **5** (*to convince;* spesso con *over*) convincere, persuadere: *to ~ s.o. to one's cause* convincere qd. ad aderire alla propria causa. **6** (*to gain in marriage*) ottenere la mano di. **7** (*to reach by effort*) raggiungere, guadagnare: *to ~ the summit* raggiungere la cima. **8** ⟨*sl*⟩ (*to steal*) rubare, ⟨*gerg*⟩ grattare. **9** ⟨*Minier*⟩ (*of ore*) estrarre; (*of a metal from ore*) separare; (*of a vein*) preparare. ☐ *to ~ back* riguadagnare, riconquistare; *to ~ clear* (*o free*) (riuscire a) liberarsi; *to ~ hands down* vincere facilmente; *to ~ through all difficulties* superare tutte le difficoltà.

win[2] *s.* **1** vittoria *f*, successo *m: an easy ~* una vittoria facile. **2** (*winnings*) vincita *f.* ☐ ⟨*Sport*⟩ *a narrow ~* una vittoria di stretta misura.

wince [wins] **I** *v.i.* **1** sobbalzare, trasalire, sussultare. **2** (*to shrink back, flinch*) indietreggiare, tirarsi (*o* farsi) indietro. **II** *s.* sobbalzo *m*, sussulto *m*, trasalimento *m.*

winch [wintʃ] **I** *s.* ⟨*Mecc,Mar*⟩ verricello *m*, argano *m*; (*crank*) manovella *f* (a mano). **II** *v.t.* sollevare con un verricello.

Winchester ['wintʃistə] **I** *N.pr.* ⟨*Geog*⟩ Winchester *f.* **II** *s.* **1** → **Winchester rifle. 2** → **Winchester quart.**

Winchester| disk *s.* ⟨*Inform*⟩ disco *m* winchester. ~ **quart** *s.* mezzo gallone *m.* ~ **rifle** *s.* fucile *m* Winchester, Winchester *m.*

wind[1] [wind] **I** *s.* **1** vento *m: the ~ was blowing from the south* il vento soffiava da sud. **2** (*breath*) fiato *m*, respiro *m*; (*power of breathing*) fiato *m*, resistenza *f: an athlete needs good ~* un atleta deve avere fiato. **3** ⟨*Med*⟩ flatulenza *f.* **4** ⟨*sl*⟩ (*pit of the stomach*) bocca *f* dello stomaco: *to hit s.o. in the ~* colpire qd. alla bocca dello stomaco. **5** ⟨*Mus,collett*⟩ (*wind instruments*) strumenti *mpl* a fiato, fiati *mpl.* **6** *pl.* ⟨*Mus*⟩ (*players of wind instruments*) sonatori *mpl* di strumenti a fiato. **7** ⟨*fig*⟩ (*idle words*) parole *fpl* vacue, parole vuote (*o* senza senso). **8** ⟨*venat*⟩ odore *m* (portato dal vento). **II** *v.t.* **1** lasciare (*o* far restare) senza fiato: *the dash for the bus –ed me* la corsa per prendere l'autobus mi ha lasciato senza fiato. **2** (*of a horse*) far riprendere fiato a. **3** (*to expose to the wind*) esporre all'aria' (*o* al vento), dare aria a. **4** ⟨*venat*⟩ fiutare. ☐ ⟨*Mar*⟩ *all in the ~* con tutte le vele in filo (*o* ralinga); *before the ~* col vento in poppa (*o* fil di ruota); *between ~ and water:* **1** ⟨*Mar*⟩ al bagnasciuga; **2** ⟨*fig*⟩ sul filo del rasoio; ⟨*fig*⟩ *to see* (*o find out*) *how the ~ blows* scoprire da che parte spira il vento; *to break ~* fare un peto; ⟨*Mar*⟩ *by the ~* di bolina stretta; ⟨*Mar*⟩ *to come to the ~* orzare, venire al vento; ⟨*Mar,Venat*⟩ *down ~* sottovento; *to sail in the ⌐eye of the ~⌐* (*o* wind's eye) navigare nel letto del vento; ⟨*fig*⟩ *to get ~ of* fiutare, avere sentore di; ⟨*fam*⟩ *to get the ~ up:* **1** (*to become nervous*) innervosirsi; **2** (*to be frightened*) avere fifa; *to have the ~ of:* **1** ⟨*Mar*⟩ essere sopravvento a; **2** ⟨*fig*⟩ avere il sopravvento su; **3** ⟨*venat*⟩ essere sulle tracce di; *to have the ~ up = to* get *the wind up; to knock the ~ out of s.o.* mozzare il fiato a qd. colpendolo allo stomaco; *like the ~* come il vento, velocemente: *to run like the ~* correre come il vento; *to have a long ~* avere molto fiato; ⟨*fig*⟩ essere prolisso; ⟨*Mar*⟩ *off the ~* a vento largo, al lasco; *on a* (*o the*) ~ *= by the wind;* ⟨*fam*⟩ *to put the ~ up s.o.:* **1** (*to make nervous*) innervosire qd.; **2** (*to frighten*) spaventare qd., mettere paura (*o* fifa) a qd.; ⟨*fam*⟩ *to raise the ~* procurarsi con urgenza denaro; ⟨*fig*⟩ *to take the ~ out of s.o.'s* **sails** sventare (*o* mandare all'aria) i piani di qd.; *to get one's* **second** ~ riprendere fiato.

wind[2] [waind, wind] *v.t.* (*pret., p.p.* 'winded [–id]/wound [waund]) (*to blow*) sonare: *to ~ a horn* sonare un corno.

wind[3] [waind] *v.* (*pret., p.p.* **wound** [waund]) **I** *v.i.* **1** serpeggiare, snodarsi, avere un corso sinuoso, formare anse: *a small stream wound through the valley* un ruscelletto serpeggiava nella valle. **2** (*to take a circular,* *spiral course*) girare, avvolgersi, avere un andamento a spirale. **3** (*to coil, encircle*) attorcigliarsi, avvolgersi. **4** (*of a clockwork mechanism*) caricarsi. **5** (*of a board, etc. to warp*) incurvarsi, inarcarsi. **6** ⟨*Mar*⟩ girare. **II** *v.t.* **1** avvolgere, attorcigliare, arrotolare: *to ~ a rope round one's waist* avvolgersi una corda intorno alla vita; *to ~ cotton onto a bobbin* avvolgere cotone su un rocchetto. **2** (*to cover, encircle with s.th.*) avvolgere, cingere, avviluppare: *to ~ one's head with a turban* avvolgersi la testa in un turbante. **3** ⟨*Tess*⟩ abbindolare. **4** (*of a clockwork mechanism*; spesso con *up*) caricare: *to ~ the clock* caricare l'orologio. **5** ⟨*Minier*⟩ (*to hoist*; spesso con *up*) issare (*o* sollevare) con l'argano. **6** ⟨*Mar*⟩ (*of a ship: to turn*) (far) girare, virare; (*to turn end for end*) invertire la rotta di. □ *to ~ down*: 1 abbassare (girando una manovella): *to ~ down the car window* abbassare il finestrino della macchina; 2 (*of a clockwork mechanism*) scaricarsi; *to ~ in* avvolgere: *to ~ in a rope* avvolgere una corda; *to ~ off*: 1 svolgere: *to ~ a film off a spool* svolgere una pellicola dalla bobina; 2 ⟨*Tess*⟩ (ad)dipanare; *to ~ up*: 1 alzare (girando una manovella); 2 (*of a clock, etc.*) caricare; 3 (*to make tense*) tendere (al massimo); 4 ⟨*fig*⟩ (*to make excited*) eccitare (fino al parossismo), tendere al massimo; 5 (*to bring to a conclusion*) concludere, terminare, finire: *to ~ up a speech with an anecdote* concludere un discorso con un aneddoto; 6 ⟨*Econ*⟩ sciogliere, liquidare: *to ~ up a company* sciogliere una società.

wind⁴ [waind] *s.* **1** avvolgimento *m.* **2** (*single turn*) giro *m.* **3** (*bend*) giravolta *f,* svolta *f.*

wind across [wind] *s.* ⟨*non com*⟩ vento *m* trasversale.

windage ['windidʒ] *s.* **1** ⟨*Artigl*⟩ deriva *f.* **2** ⟨*Artigl,tecn*⟩ vento *m.*

wind|bag [wind] *s* **1** parolaio *m* (*f* –a). **2** (*of a bagpipe*) otre *m.* **~bill** *am. s.* ⟨*Comm*⟩ cambiale *f* all'aria. **~blown** *a.* **1** battuto dal vento. **2** (*of trees*) piegato dal vento. **~borne** *a.* portato dal vento. **~bound** *a.* ⟨*Mar*⟩ trattenuto in porto dal vento contrario. **~ brace** *s.* ⟨*Edil*⟩ controvento *m.* **~break** *s.* **1** (*of trees*) siepe *f* frangivento. **2** (*temporary wall*) protezione *f* frangivento. **~ breaker** *s.* → wind-break. **~ chart** *s.* ⟨*Mar*⟩ carta *f* dei venti. **~ cheater** *s.* ⟨*Vest*⟩ giacca *f* a vento. **~ chill** *s.* ⟨*Fis*⟩ perdita *f* di calore per ventilazione. **~ cone** *s.* → wind sleeve. **~ direction** *s.* direzione *f* del vento. **~ down** *s.* ⟨*Mar,Aer*⟩ vento *m* longitudinale.

winded ['windid] *a.* **1** (*out of breath*) senza fiato, sfiatato. **2** (nei composti) dal fiato ...: *short-~* dal fiato corto.

wind| egg [wind] *s.* uovo *m* non fecondato. **~ energy** *s.* energia *f* eolica.

winder ['waində] *s.* **1** ⟨*Tess*⟩ (*worker*) accavigliatore *m* (*f* –trice); (*machine*) incannatoio *m.* **2** (*key for winding*) chiave *f* per caricare; (*crank*) manovella *f.* **3** ⟨*Edil*⟩ gradino *m* di scala a chiocciola. **4** ⟨*Minier*⟩ argano *m,* verricello *m.*

wind| erosion [wind] *s.* ⟨*Geol*⟩ erosione *f* eolica. **~fall** *s.* **1** ⟨*Agr*⟩ frutto *m* fatto cadere dal vento. **2** ⟨*fig*⟩ bene *m* inaspettato, manna *f;* (*legacy*) eredità *f* inaspettata, denaro *m* piovuto dal cielo. **~fanner** *s.* ⟨*Ornit*⟩ gheppio *m.* **~flow** *s.* folata *f* (*o* raffica) di vento. **~ flower** *s.* ⟨*Bot*⟩ anemone *m.* **~ gap** *s.* ⟨*Geog*⟩ passo *m.* **~ gauge** *s.* ⟨*Fis,Meteor*⟩ anemometro *m.* **~ generator** *s.* generatore *m* eolico.

windily ['windili] *avv.* **1** in modo ventoso. **2** ⟨*fig*⟩ verbosamente, ampollosamente, ventosamente. **3** ⟨*fam*⟩ (*nervously*) nervosamente. **windiness** [–dinis] *s.* **1** ventosità *f.* **2** ⟨*fig*⟩ (*verbosity*) ampollosità *f.*

winding ['waindiŋ] **I** *s.* **1** avvolgimento *m,* attorcigliamento *m.* **2** ⟨*Tess*⟩ avvolgimento *m,* incannatura *f;* (*hank, skein*) matassa *f.* **3** *pl.* (*bends, curves*) tortuosità *f,* sinuosità *f.* **4** (*of a river*) meandro *m.* **5** (*of a road*) tornante *m,* rampa *f.* **6** (*of a clock*) carica *f.* **7** ⟨*Fal*⟩ incurvamento *m,* imbarcamento *m.* **8** ⟨*El*⟩ avvolgimento *m.* **II** *a.* **1** serpeggiante, sinuoso, tortuoso, pieno di curve: *a ~ path* un sentiero serpeggiante. **2** (*of stairs*) a chiocciola.

winding| drum *s.* ⟨*Mecc*⟩ tamburo *m* di avvolgimento. **~ engine** *s.* ⟨*Mecc*⟩ apparecchio *m* di sollevamento. **~**

frame, ~ machine *s.* **1** ⟨*Tess*⟩ incannatoio *m,* spolatrice *f,* roccatrice *f.* **2** ⟨*El*⟩ bobinatrice *f.*

wind|-instrument [wind] *s.* ⟨*Mus*⟩ strumento *m* a fiato. **~jammer** *s.* **1** ⟨*Mar*⟩ veliero *m.* **2** ⟨*Vest*⟩ → wind cheater.

windlass ['windləs] **I** *s.* **1** ⟨*Mecc*⟩ argano *m,* verricello *m.* **2** ⟨*Mar*⟩ argano *m* orizzontale, sbovo *m.* **II** *v.t.* sollevare (*o* issare) con un argano.

windless ['windlis] *a.* senza vento.

windmill ['windmil] *s.* **1** mulino *m* a vento. **2** ⟨*Aer*⟩ mulinello *m.* **3** (*toy*) girandola *f,* mulinello *m.* **4** ⟨*comm*⟩ cambiale *f* di comodo. □ ⟨*fig*⟩ *to fight* (*o* tilt at) *–s* combattere contro i mulini a vento.

window ['windou] *s.* **1** finestra *f*; (*windowpane*) vetro *m* di finestra. **2** ⟨*Aut*⟩ finestrino *m.* **3** (*of a ticket office, etc.*) sportello *m.* **4** ⟨*fig*⟩ finestra *f,* apertura *f: a ~ on the world* una finestra sul mondo. **5** (*of an envelope*) finestra *f.* **6** ⟨*Aer.mil*⟩ strisce *fpl* di carta metallizzata gettate da un aereo per ingannare i radar nemici. **7** ⟨*Mar*⟩ oblò *m,* occhio *m.* □ *to stand at the ~* stare alla finestra; *to dress a ~* allestire (*o* addobbare) una vetrina; *to look out of the ~* guardare dalla finestra.

window| board *s.* ⟨*Edil*⟩ davanzale *m.* **~ box** *s.* cassetta *f* dei (*o* da) fiori (da tenere sul davanzale). **~ display** *s.* mostra *f.* **~ dresser** *s.* vetrinista *m/f.* **~ dressing** *s.* **1** allestimento *m* (*o* addobbo) di una vetrina. **2** ⟨*fig*⟩ apparenza *f,* facciata *f.* **3** ⟨*Comm*⟩ falsificazione *f* del bilancio.

windowed ['windoud] *a.* munito di finestre.

window| envelope *s.* busta *f* a finestra. **~ frame** *s.* telaio *m* di finestra. **~ lift** *s.* ⟨*Aut*⟩ alzacristalli *m.* **~ hours** *s.pl.* orario *m* di sportello. **~pane** *s.* vetro *m* di finestra. **~ sash** *s.* telaio *m* di finestra (a ghigliottina). **~ screen** *s.* zanzariera *f.* **~ seat** *s.* sedile *m* vicino al finestrino. **~ shade** *s.* tenda *f* avvolgibile per finestra. **~ shopper** *s.* chi guarda le vetrine. **~ shopping** *s.* il guardare le vetrine. □ *to go ~* andare in giro a guardare le vetrine. **~ shutter** *s.* persiana *f.* **~-sill** *s.* davanzale *m.* **~-winder** *s.* ⟨*Aut*⟩ alzacristalli *m* □ ⟨*Aut*⟩ *electrically driven ~* alzacristalli elettrico.

wind|pipe [wind] *s.* ⟨*Anat*⟩ trachea *f.* **~ pollination** *s.* anemofilia *f.* **~ power** *s.* energia *f* del vento, carbone *m* azzurro.

windproof ['windpru:f] *a.* a prova di vento.

wind| pump [wind] *s.* ⟨*Mecc*⟩ pompa *f* azionata da un generatore a vento. **~ resistance** *s.* resistenza *f* all'aria. **~ rose** *s.* ⟨*Meteor*⟩ rosa *f* dei venti. **~row** [rou] *s.* ⟨*Agr*⟩ andana *f.* **~sail** *s.* **1** (*of a windmill*) pala *f.* **2** ⟨*Mar*⟩ manica *f* a vento di tela. **~ scale** *s.* ⟨*Meteor*⟩ scala *f* dei venti. **~screen** *s.* **1** protezione *f* frangivento. **2** ⟨*Aut*⟩ parabrezza *m.*

windscreen| heater ['windskri:n] *s.* ⟨*Aut*⟩ sbrinatore *m.* **~ washer** *s.* lavacristallo *m.* **~ wiper** *s.* tergicristallo *m.* **~ wiper and washer** *s.* ⟨*Aut*⟩ tergilavavetro *m.*

wind|shield *am.* [wind] *s.* ⟨*Aut*⟩ parabrezza *m.* **~shield heater** *am. s.* → windscreen heater. **~ sleeve, ~ sock** *s.* ⟨*Meteor*⟩ manica *f* a vento. **~ wiper and washer** *am. s.* → windscreen wiper and washer.

Windsor ['winzə] *N.pr.* ⟨*Geog*⟩ Windsor *f.*

Windsor| chair *s.* ⟨*Arred*⟩ sedia *f* di legno con alto schienale ricurvo. **~ knot** *s.* ⟨*Mod*⟩ tipo di nodo doppio per cravatta. **~ tie** *s.* cravatta *f* larga con nodo lento.

wind|storm [wind] *s.* tempesta *f* di vento. **~sucker** *s.* ⟨*Veter*⟩ cavallo *m* affetto da aerofagia. **~sucking** *s.* aerofagia *f.*

windsurf ['windsə:f] *s.* ⟨*Sport*⟩ windsurf *m,* tavola *f* a vela. **windsurfing** [–iŋ] *s.* windsurfing *m,* sport *m* della tavola a vela.

wind| swept *a.* spazzato dal vento. **~ tunnel** *s.* galleria *f* aerodinamica (*o* del vento), tunnel *m* aerodinamico.

wind-up [waind] *s.* **1** conclusione *f,* fine *f,* chiusura *f.* **2** ⟨*Econ*⟩ liquidazione *f,* scioglimento *m.* **3** ⟨*Sport*⟩ (*in baseball*) caricamento *m.*

windward ['windwəd] **I** *avv.* sopravvento. **II** *a.* **1** (di) sopravvento. **2** (*moving toward the wind*) che si muove sopravvento. **III** *s.* ⟨*Mar*⟩ sopravvento *m.* □ *to ~*: 1 ⟨*Mar*⟩ sopravvento; 2 ⟨*fig*⟩ in (posizione di) vantaggio;

The ~ Islands le Isole Sopravvento.

windy ['windi] a. 1 ventoso, pieno di vento: a ~ day una giornata ventosa. 2 (exposed to the wind) battuto dal vento, ventoso. 3 (fig) (verbose) verboso, ampolloso, ventoso; (unsubstantial, idle) vuoto, vacuo. 4 ⟨sl⟩ (nervous) nervoso, innervosito; (frightened) spaventato, pieno di fifa. 5 ⟨Med⟩ (flatulent) flatulento; (causing flatulence) che causa flatulenza. □ ⟨rar⟩ on the ~ side al sicuro.

Windy City am. N.pr. ⟨fam⟩ (Chicago) Chicago f.

wine [wain] I s. 1 vino m. 2 (colour) rosso m vino. II v.t. offrire vino a. III v.i. bere vino. □ to be in ~ essere avvinazzato; (fig) new ~ in old bottles nuove idee costrette in vecchie strutture; to take ~ with s.o. brindare con qd.

wine|bibber s. forte bevitore m (f –trice), beone m (f –a). ~ **bottle** s. bottiglia f da vino. ~ **cellar** s. 1 cantina f. 2 (stock of wines) enoteca f. **~-colored** am., **~-coloured** a. color rosso vino, colore del vino, avvinato. ~ **cooler** s. secchiello m del ghiaccio. **~glass** s. bicchiere m da vino. **~glassful** s. quantità f contenuta in un bicchiere da vino. **~grower** s. vignaiolo m, viticoltore m. **~growing** s. viticoltura f. ~ **list** s. lista f dei vini. ~ **maker** s. vinificatore m. ~ **making** s. vinificazione f. ~ **palm** s. ⟨Bot⟩ sago m. **~press** s. ⟨Agr⟩ torchio m. ~ **producing** a. vinicolo; ~ district zona vinicola.

winery ['wainəri] s. cantina f.

wine|shop s. rivendita f di vino. **~skin** s. otre m (per il vino). ~ **taster** s. assaggiatore m (f –trice) di vini. ~ **tasting** s. degustazione f (o assaggio m) dei vini. ~ **vinegar** s. aceto m di vino. ~ **waiter** s. sommelier m.

wing [wiŋ] I s. 1 ⟨Zool,Aer,Sport,Mil,Arch,Bot⟩ ala f: to add a ~ to a house aggiungere un'ala a una casa. 2 pl. ⟨fig⟩ (means of flight) ali fpl, mezzo m per volare: the Wright brothers gave man –s i fratelli Wright diedero all'uomo le ali. 3 pl. ⟨Teat⟩ quinte fpl. 4 ⟨Pol⟩ ala f: the right ~ of the party l'ala destra del partito. 5 ⟨Aer.mil⟩ aerobrigata f. 6 ⟨Aer.mil⟩ (pilot's badge) distintivo m di pilota. 7 (of an armchair) (ap)poggiatesta m. 8 (of a double door) battente m. 9 (of a windmill) ala f, pala f. 10 ⟨Aut⟩ parafango m. 11 ⟨Mar⟩ ala f, fianco m, lato m. II v.t. 1 munire di ali, mettere le ali a. 2 ⟨fig⟩ mettere le ali ai piedi a. 3 (to traverse in flight) attraversare ⌈in volo⌉ (o volando). 4 (to wound in the wing) ferire all'ala. 5 ⟨fam⟩ (to wound without killing) ferire (a un braccio o in altra parte non vitale). 6 ⟨Mar⟩ (spesso con out: of weights) spostare verso le murate; (of a sail) disporre in modo che prenda il vento in poppa. III v.i. volare. □ ⟨fig⟩ to **add** (o lend) –s to mettere le ali ai piedi a: fear lent –s to his heels la paura gli mise le ali ai piedi; ⟨rar⟩ to **make** ~ (to fly) volare; on the ~ sulle ali, in volo: the bird is on the ~ l'uccello è sulle ali; ⟨fig⟩ (travelling) in viaggio, in movimento; ⟨Mar⟩ to **run** ~ and ~ navigare a farfalla; to **take** ~ levarsi in volo, prendere il volo; ⟨fig⟩ prendere il volo; ⟨fig⟩ to take to itself (o its) –s svanire, dileguarsi, scomparire; ⟨fig⟩ **under** one's ~ sotto le proprie ali: to take s.o. under one's ~ prendere qd. sotto le proprie ali.

wing| beat s. battito m d'ali. ~ **bolt** s. ⟨Mecc⟩ bullone m ad alette. ~ **case** s. ⟨Entom⟩ elitra f. ~ **chair** s. poltrona f a schienale alto.

winged ['wiŋd] a. 1 alato. 2 (nei composti) dalle ali ...: black-~ dalle ali nere. 3 (wounded in the wing) ferito all'ala. 4 ⟨fam⟩ (wounded) ferito (a un braccio o in altra parte non vitale). 5 ⟨fig⟩ (lofty) elevato, alato, sublime. 6 ⟨fig⟩ (swift) rapido, alato, veloce.

Winged Horse N.pr. ⟨Astr⟩ Pegaso m.

winger ['wiŋə] s. ⟨Sport⟩ ala f.

wing|-footed a. 1 ⟨Zool⟩ dal piede a forma di ala. 2 ⟨poet⟩ con le ali ai piedi, veloce, rapido. ~ **lamp** s. ⟨Aut⟩ luce f di stazionamento (o posizione).

wingless ['wiŋlis] a. senza (o privo di) ali.

winglet ['wiŋlit] s. aletta f, aluccia f.

wing| nut s. ⟨Mecc⟩ dado m ad alette, galletto m. ~ **over** s. ⟨Aer⟩ virata f sghemba. ~ **rib** s. ⟨Aer⟩ centina f alare. ~ **skid** s. ⟨Aer⟩ pattino m d'ala. **~span** s. ⟨Aer⟩ apertura f alar. ~ **spread** s. ⟨Ornit⟩ apertura f alare.

wink [wiŋk] I v.i. 1 ammiccare, strizzare l'occhio, fare l'occhiolino. 2 (to blink) strizzare gli occhi, sbattere le palpebre. 3 ⟨fig⟩ (to flicker, twinkle) brillare, scintillare; (to shine intermittently) lampeggiare (anche Aut.). II v.t. strizzare; (of both eyes, eyelids) sbattere. III s. 1 ammicco m, ammiccamento m, strizzatina f (d'occhio). 2 ⟨fig⟩ attimo m, battibaleno m, batter d'occhio m: it was all over in a ~ tutto finì in un attimo. □ at: 1 fare l'occhiolino a, ammiccare a, strizzare l'occhio a: to ~ at a girl fare l'occhiolino a una ragazza; 2 ⟨fig⟩ chiudere un occhio su, passare sopra a; to ~ ⌈away one's⌉ (o back the) tears battere le palpebre per trattenere le lacrime; **forty** –s sonnellino m, pisolino m; ⟨fam⟩ not to **sleep** (o get) a ~ non chiudere occhio: I didn't sleep a ~ last night non ho chiuso occhio la notte scorsa; ⟨fam⟩ to **tip** s.o. the ~ mettere qd. in guardia.

winker ['wiŋkə] s. 1 chi ammicca. 2 ⟨fam⟩ (signal light on a car) lampeggiatore m. 3 (horse's blinker) paraocchi m. 4 ⟨sl⟩ (eye) occhio m.

winking ['wiŋkiŋ] s. 1 l'ammiccare, lo strizzare l'occhio. 2 (twinkling) brillio m, scintillio m. 3 ⟨Aut⟩ lampeggiamento m. □ ⟨fam⟩ as easy as ~ facilissimo; ⟨fam⟩ like ~: 1 (very fast) come il vento, velocissimo: to run like ~ correre come il vento; 2 (very vigorously) molto forte, energicamente; it rains like ~ vien giù che Dio la manda.

winking lights s.pl. ⟨Aut⟩ lampeggiatori mpl.

winkle ['wiŋkl] I s. ⟨Zool⟩ (periwinkle) littorina f. II v.t. ⟨fam⟩ (general. con out) snidare, scovare, stanare.

winner ['winə] s. 1 vincitore m (f –trice), vincente m/f. 2 ⟨sl⟩ (s.o., s.th. certain to succeed) persona f (o cosa) di sicuro successo.

winning ['winiŋ] I s. 1 vittoria f, vincita f. 2 pl. (money won) vincita f. 3 ⟨Minier⟩ scavo m, abbattimento m. II a. 1 vincente, vincitore, vittorioso: the ~ team la squadra vincente. 2 ⟨fig⟩ seducente, accattivante, affascinante: a ~ smile un sorriso seducente. **winningly** [–li] avv. in modo accattivante (o seducente).

winning post s. ⟨Sport⟩ traguardo m.

winnow ['winou] I v.t. 1 ⟨Agr⟩ (of grain) vagliare, spulare; (of chaff) separare dal grano. 2 ⟨fig⟩ (to sift) fare un vaglio di, selezionare; (to remove by separating) spesso con out) discernere, separare, distinguere: to ~ truth from falsehood discernere il vero dal falso. 3 ⟨rar⟩ (of the air: to beat with wings) battere con le ali. II v.i. 1 ⟨Agr⟩ spulare (o vagliare) il grano. 2 ⟨rar⟩ (to flutter) battere le ali. III s. ⟨Agr⟩ 1 → winnowing. 2 → winnowing **basket. winnower** [–ə] s. ⟨Agr⟩ 1 vagliatore m (f –trice). 2 (machine) vaglio m ventilatore. **winnowing** [–iŋ] s. vagliatura f, spulatura f.

winnowing| basket, ~ fan s. ⟨Agr⟩ ventilatore m.

winsome ['winsəm] a. affascinante, seducente, attraente, accattivante. **winsomely** [–li] avv. in modo seducente. **winsomeness** [–nis] s. fascino m, attrattiva f, seduzione f.

winter ['wintə] I s. 1 inverno m. 2 ⟨poet⟩ (year) anno m (d'età): a man of sixty –s un uomo di sessant'anni. 3 ⟨fig⟩ periodo m di avversità, momento m triste. II a. invernale, d'inverno: ~ clothing abiti invernali. III v.i. svernare, trascorrere l'inverno (in in, a): the army –ed in the plain l'esercito svernò in pianura. IV v.t. 1 far passare l'inverno a, (far) svernare. 2 (of animals) nutrire durante l'inverno; (of plants) sistemare durante l'inverno.

winter| apple s. mela f invernale. ~ **camp** s. ⟨Mil⟩ campo m invernale. ~ **coat** s. mantello m invernale (anche Zool). ~ **crop** s. ⟨Agr⟩ raccolto m invernale. **~feeding** s. ⟨Zootecn⟩ foraggiamento m invernale. ~ **Games** s.pl. ⟨Sport⟩ giochi mpl invernali. ~ **garden** s. giardino m d'inverno.

winterize ['wintəraiz] v.t. preparare per l'inverno (auto e sim.).

winterless ['wintəlis] a. senza inverno.

winterly ['wintəli] a. → wintry.

winter| pruning s. ⟨Agr⟩ potatura f invernale. ~ **quarters** s.pl. 1 ⟨Mil⟩ quartieri mpl d'inverno. 2 ⟨estens⟩ residenza f invernale. ~ **resort** s. stazione f di sport invernali. ~ **solstice** s. ⟨Astr⟩ solstizio m d'inverno. ~ **sports** *s.pl.* sport *mpl* invernali. ~**tide** *s.* ⟨*poet*⟩ → **wintertime.** ~**time** *s.* inverno *m,* stagione *f* invernale. ~ **wheat** *s.* ⟨*Agr*⟩ grano *m* invernengo.

wintrily ['wintrili] *avv.* freddamente, gelidamente. **wintriness** [–trinis] *s.* **1** rigore *m* (*o* freddo) invernale. **2** ⟨*fig*⟩ freddezza *f,* gelo *m.* **wintry** [–tri] *a.* **1** invernale, freddo: ~ *weather* tempo invernale. **2** ⟨*fig*⟩ freddo, gelido: *a* ~ *reception* una fredda accoglienza.

winy ['waini] *a.* **1** di vino, vinoso. **2** (*resembling wine*) vinoso. **3** (*drunk with wine*) avvinazzato, ubriaco, pieno di vino.

wipe[1] [waip] *v.t.* **1** pulire (strofinando), strofinare: *to* ~ *one's mouth with a napkin* pulirsi la bocca con un tovagliolo; *to* ~ *the table with a damp cloth* strofinare il tavolo con un panno umido; (*to dry by rubbing with s.th.*) asciugare (strofinando): *to* ~ *the dishes* asciugare i piatti. **2** (*to rub over a surface*) passare, strofinare: *to* ~ *one's hand across one's forehead* passarsi la mano sulla fronte. **3** (*to spread by rubbing*) passare, applicare (strofinando): *to* ~ *oil over machinery* passare l'olio sul macchinario. **4** ⟨*sl*⟩ (*to hit, strike*) picchiare, battere, riempire di botte. ☐ ⟨*fam*⟩ *to* ~ *at s.o.* assestare colpi a qd., menare botte a qd., spolverare le spalle a qd.; *to* ~ **away:** 1 asciugare, tergere; *to* ~ *away one's tears* asciugarsi le lacrime; 2 ⟨*fig*⟩ togliere, levare; ⟨*sl*⟩ *to* ~ *s.o.'s* **eye** prevenire qd.; *to* ~ *the* **floor** *with:* 1 sconfiggere, distruggere; 2 (*to rebuke*) rimproverare aspramente, sgridare; *to* ~ **off:** 1 togliere strofinando, cancellare; 2 ⟨*fam*⟩ (*of a debt*) liquidare, pagare; *to* ~ **out:** 1 cancellare, togliere strofinando; 2 ⟨*fig*⟩ cancellare, rimuovere, togliere, eliminare: *to* ~ *out a disgrace* cancellare un'onta; 3 ⟨*fam*⟩ (*to annihilate*) annientare, distruggere; 4 ⟨*fam*⟩ (*to demolish*) radere al suolo, distruggere; 5 ⟨*fam*⟩ (*to cause to vanish*) annullare; 6 (*of a debt*) liquidare, pagare; 7 ⟨*sl*⟩ (*to murder*) ammazzare, ⟨*gerg*⟩ far fuori; *to* ~ **up** asciugare, pulire (con uno strofinaccio).

wipe[2] *s.* **1** pulita *f,* strofinata *f: to give the floor a* ~ dare una pulita al pavimento. **2** ⟨*sl*⟩ (*blow, swipe*) colpo *m,* botta *f.* **3** ⟨*am.sl*⟩ (*handkerchief*) fazzoletto *m,* ⟨*pop*⟩ moccichino *m.*

wiper ['waipə] *s.* **1** chi strofina, chi pulisce (strofinando). **2** (*that which wipes*) strofinaccio *m.* **3** ⟨*Aut*⟩ tergicristallo *m.* **4** ⟨*am.sl*⟩ (*handkerchief*) fazzoletto *m.* **5** ⟨*Mecc*⟩ eccentrico *m.* **6** ⟨*El*⟩ cursore *m.*

wire [waiə] **I** *s.* **1** filo *m* metallico; (*piece*) pezzo *m* di filo, filo *m.* **2** ⟨*El*⟩ conduttore *m,* filo *m.* **3** ⟨*Tel*⟩ telegrafo *m: to send a message by* ~ inviare un messaggio per telegrafo. **4** ⟨*fam*⟩ (*telegram*) telegramma *m.* **5** (*barbed wire*) filo *m* spinato. **6** ⟨*Ginn*⟩ corda *f,* filo *m.* **II** *a.* di filo metallico. **III** *v.t.* **1** fissare (*o* assicurare) con filo metallico; (*to stiffen with wire*) rinforzare con filo metallico. **2** (*to put on a wire*) infilzare in un filo metallico. **3** ⟨*El*⟩ (spesso con *up: of a building, etc.*) installare l'impianto elettrico in. **4** ⟨*fam*⟩ (*to telegraph*) telegrafare a: *I'll* ~ *you when I arrive* ti telegrafo quando arrivo; (*to send by telegraph*) mandare telegraficamente (*o* per telegramma). **5** ⟨*venat*⟩ prendere al laccio. ☐ ⟨*fam*⟩ *to* ~ *in* darci dentro, mettercela tutta (*to* a, in); *to pull the* ~*s* manovrare (*o* tirare) i fili delle marionette; ⟨*fig*⟩ manovrare da dietro le quinte.

wire| **agency** *am. s.* → **wire service.** ~ **bridge** *s.* ponte *m* (metallico) sospeso. ~ **broadcasting** *s.* filodiffusione *f.* ~ **brush** *s.* spazzola *f* metallica. ~ **cloth** *s.* rete *f* metallica. ~**-cutter** *s.* pinza *f* tagliafili, tagliafili *m.* **wired** [waiəd] *a.* **1** fissato (*o* assicurato) con filo metallico. **2** (*stiffened with wire*) rinforzato con filo metallico, armato. **3** ⟨*El*⟩ cablato. **4** (*made of wire*) di filo metallico; (*made of barbed wire*) di filo spinato. **wire**|**-dancer** *s.* funambolo *m* (*f* –a). ~ **dancing** *s.* funambolismo *m.* ~**draw** *v.t.irr.* **1** ⟨*Met*⟩ trafilare. **2** ⟨*fig*⟩ stiracchiare, forzare, tirare in lungo￢ (*o* per le lunghe). ~ **drawer** *s.* ⟨*Met*⟩ trafilatore *m.* ~ **drawing** *s.* trafilatura *f.* ~**-drawing mill** *s.* trafileria *f.* ~**drawn** *a.* **1** ⟨*Met*⟩ trafilato. **2** ⟨*fig*⟩ arzigogolato. ~ **edge** *s.* (*of a chisel, razor, etc.*) filo *m.* ~ **fence** *s.* rete *f* (*o* siepe) metallica. ~ **gauge** *s.* ⟨*tecn*⟩ calibro *m* per fili (metallici). ~ **gauze** *s.* reticella *f* metallica. ~**-haired** *a.* ⟨*Zool*⟩ dal

pelo ispido. ~**-haired terrier** *s.* ⟨*Zool*⟩ terrier *m* dal pelo ispido.

wireless ['waiəlis] **I** *a.* **1** senza fili. **2** ⟨*Rad*⟩ radiofonico. **II** *s.* **1** radio *f: to listen to the* ~ ascoltare la radio; (*set*) apparecchio *m* radio, radio *f,* radioricevitore *m.* **2** → **wireless telephony. 3** → **wireless telegraphy. 4** (*wireless message*) marconigramma *m.* **III** *v.t.* radiotrasmettere, trasmettere per radio. **IV** *v.i.* comunicare per radio.

wireless| **telegraphy** *s.* telegrafia *f* senza fili, radiotelegrafia *f.* ~ **telephone** *s.* radiotelefono *m.* ~ **telephony** *s.* radiotelefonia *f.*

wire|**man** [mən] *s.irr.* ⟨*El*⟩ stendifili *m.* ~ **netting** *s.* rete *f* metallica. ~ **printer** *s.* ⟨*Inform*⟩ stampante *f* ad aghi. ~ **puller** *s.* **1** burattinaio *m.* **2** ⟨*fig*⟩ chi manovra da dietro le quinte, intrigante *m/f,* maneggione *m* (*f* –a). ~ **pulling** *s.* **1** il manovrare i fili delle marionette. **2** ⟨*fig*⟩ manovra *f,* intrigo *m.* ~ **recorder** *s.* registratore *m* magnetico a filo. ~ **rope** *s.* fune *f* metallica, cavo *m* metallico. ~ **saw** *s.* ⟨*tecn*⟩ sega *f* elicoidale. ~ **service** *am. s.* ⟨*Giorn*⟩ agenzia *f* d'informazioni. ~ **tapping** *s.* intercettazione *f* telefonica (*o* telegrafica). ~ **transfer** *s.* bonifico *m* telegrafico. ~ **wheel** *s.* **1** ⟨*Mecc*⟩ spazzola *f* metallica rotante. **2** ⟨*Aut*⟩ ruota *f* a raggi (di filo d'acciaio). ~ **work** *s.* **1** → **wire netting. 2** ⟨*collett*⟩ trafilati *mpl* metallici. ~**worker** *s.* trafilatore *m.* ~**works** *s.pl.* (costr. sing. o pl.) ⟨*Met*⟩ trafileria *f.* ~**worm** *s.* ⟨*Zool*⟩ larva *f* di elaterio, spaghetto *m,* ferretto *m.* ~**-wove** *a.* **1** (fatto) di filo metallico intrecciato. **2** ⟨*Cart*⟩ di qualità superiore.

wirily ['waiərili] *avv.* rigidamente. **wiriness** [–rinis] *s.* **1** rigidità *f,* durezza *f;* (*of hair*) ispidezza *f.* **2** (*leanness*) magrezza *f;* (*strength, vigour*) robustezza *f,* forza *f,* gagliardia *f.*

wiring ['waiəriŋ] *s.* **1** fissaggio *m* con filo metallico. **2** ⟨*El*⟩ (*act*) cablaggio *m;* (*result*) impianto *m.*

wiry ['waiəri] *a.* **1** di filo metallico. **2** (*resembling wire*) rigido, duro; (*of hair*) ispido, irto. **3** (*of a person: lean and sinewy*) magro, asciutto; (*strong, vigorous*) gagliardo, robusto, vigoroso.

wisdom ['wizdəm] *s.* **1** saggezza *f.* **2** (*knowledge*) sapienza *f.* **3** (*wise attitude*) giudizio *m,* buonsenso *m,* senno *m,* saggezza *f.*

wisdom tooth *s.* dente *m* del giudizio. ☐ ⟨*fig*⟩ *to cut one's wisdom teeth* mettere giudizio.

wise[1] [waiz] **I** *a.* **1** saggio, assennato: *a* ~ *man* un uomo saggio; ~ *advice* consiglio assennato. **2** (*judicious*) giudizioso, prudente, accorto, saggio, avveduto: *a* ~ *decision* una decisione saggia. **3** (*well-informed*) ben informato (*in* su), al corrente (di), che sa bene (qc.). **4** ⟨*sl*⟩ (*informed, knowing*) informato, al corrente, che sa tutto. **5** ⟨*am.sl*⟩ (*crafty*) astuto, furbo, scaltro, ⟨*fam*⟩ dritto. **II** *s.* (*wise people;* costr. pl.) saggi *mpl,* sapienti *mpl.* ☐ *to be* ~ **after** *the event* avere il senno di poi; ⟨*am.sl*⟩ *to* **get** ~: 1 (*to become informed*) mangiare la foglia; 2 (*to become impertinent*) diventare impertinente; ⟨*sl*⟩ *to get* ~ *to s.th.* accorgersi di qc., aprire gli occhi su qc.; *to be* ~ *in the ways of the world* sapere come va il mondo; *to grow* ~ *in* diventare esperto di, imparare tutto su; ⟨*Bibl*⟩ *the* ~ **Men** *of the East* i re Magi; ⟨*Stor*⟩ *the Seven* ~ *Men* (*of Greece*) i sette sapienti (di Grecia).

wise[2] *s.* (*manner, way*) modo *m,* maniera *f: in any* ~ in ogni modo.

wise|**acre** *s.* sapientone *m* (*f* –a), saccente *m/f,* pedante *m/f.* ~**-crack** ⟨*fam*⟩ **I** *s.* battuta *f* (di spirito), spiritosaggine *f,* frizzo *m.* **II** *v.i.* dire stupidaggini, essere spiritoso. **III** *v.t.* dire come battuta. ~ **guy** *s.* ⟨*sl*⟩ → **wiseacre.**

wisely ['waizli] *avv.* saggiamente, con buon senso, giudiziosamente.

wise man *s.irr.* ⟨*ant*⟩ mago *m,* stregone *m.*

wisenheimer *am.* ['waizənhaimə] *s.* sapientone *m* (*f* –a), pedante *m/f.*

wise| **owl** *s.* ⟨*fam*⟩ persona *f* saggia. ~ **woman** *s.irr.* ⟨*ant*⟩ **1** strega *f.* **2** (*midwife*) levatrice *f.*

wish [wiʃ] **I** *v.t.* **1** desiderare, volere: *is there anything else you* ~? desidera qualcos'altro?; *the manager* –*es to speak to you* il direttore ti vuole parlare; (*with infinitives*) desiderare, volere: *I* ~ *to be left alone* desidero essere lasciato solo; (*with clauses*) *translated with the conditional mood of* volere, desiderare: *I ~ you would be more polite* vorrei che tu fossi più educato; *I –ed I were dead* avrei voluto essere morto. **2** (*of a wish*) augurare. **3** (*to invoke upon*) augurare a, auspicare a: *to ~ s.o. good luck* augurare a qd. buona fortuna; *to ~ s.o. success* augurare il successo a qd.; (*to bid*) augurare a: *we ~ you good night* vi auguriamo (la) buona notte. **4** (*fam*) (*to foist off;* general. con *on*) affibbiare, (*fam*) rifilare, appioppare: *he –ed the job on me* mi rifilò il lavoro. **5** (*rar*) (*to hope*) sperare, augurarsi. **II** *v.i.* esprimere un desiderio. **III** *s.* **1** desiderio *m: to make a ~* esprimere un desiderio. **2** (*s.th. wished for*) desiderio *m*, richiesta *f: her ~ was granted* il suo desiderio fu esaudito. **3** (*desire, will*) volere *m*, volontà *f.* **4** (*expression of good will*) augurio *m*, voto *m* augurale: *with best –es* con i migliori auguri. □ *I –ed myself miles away* avrei voluto essere lontano mille miglia; *to ~ for:* 1 volere, desiderare: *the holiday was everything we could ~ for* le vacanze erano tutto quello che potevamo desiderare; 2 (*to express a wish for*) desiderare (avere), esprimere il desiderio di: *I ~ for nothing better* (o *more*) non desidero altro; *good –es* auguri d'ogni bene; *to ~ s.o. ill* augurare del male a qd.; *to ~ on a star* esprimere un desiderio guardando una stella; *to ~ s.o. well* augurare ogni bene a qd.

wishbone ['wiʃboun] *s.* (*of a chicken, etc.*) osso *m* a forchetta, (*pop*) forcella *f.*

wisher ['wiʃə] *s.* **1** chi desidera, chi vuole. **2** (*one who expresses specified wishes*) chi augura.

wishful ['wiʃful] *a.* **1** (pieno) di desiderio, desideroso, bramoso: *a ~ look* un'occhiata di desiderio. **2** (*having a wish*) desideroso, che ha un desiderio. □ *~ thinking* pio desiderio. **wishfully** [–i] *avv.* con desiderio, desiderosamente.

wishful| thinker *s.* chi ha pii desideri, illuso *m* (*f* –a). **~ thinking** *s.* pio desiderio *m*, illusione *f.*

wishing ['wiʃiŋ] *s.* il desiderare, il volere.

wishing| bone *s.* → wishbone. **~ cap** *s.* (*in fables*) berretto *m* magico.

wishy-washy ['wiʃi'wɔʃi] *a.* **1** acquoso, lungo; (*insipid*) insipido, scipito. **2** (*fig*) privo di carattere, debole; (*vapid*) insulso, scipito, sciocco.

wisp [wisp] *s.* **1** (*of hay, straw*) manciata *f*, piccolo fascio *m.* **2** (*of hair*) ciuffo *m*, ciocca *f.* **3** (*of material*) pezzetto *m*, frammento *m;* (*of smoke, etc.*) filo *m.* **4** (*small, delicate thing or person*) cosino *m: a ~ of a girl* un cosino di ragazza. **'wispy** [–i] *a.* **1** (*of hair*) a ciuffi. **2** (*of smoke, etc.*) a fili.

wist [wist] → **wit²**.

wistaria [wis'tɛəriə], **wisteria** [–'tiəriə] *s.* (*Bot*) glicine *m.*

wistful ['wistful] *a.* **1** pieno di desiderio, ansioso. **2** (*melancholy*) malinconico, triste. **3** (*pensive*) pensieroso, pensoso, meditabondo. **wistfully** [–i] *avv.* ansiosamente.

wistfulness [–nis] *s.* **1** desiderio *m* (intenso), ansia *f.* **2** (*melancholy*) malinconia *f*, tristezza *f.* **3** (*pensiveness*) pensosità *f.*

wit¹ [wit] *s.* **1** spirito *m*, arguzia *f*, umorismo *m.* **2** (*person of intellectual brilliance*) persona *f* ⌐di spirito⌐ (o arguta), bello spirito *m.* **3** (*intelligence;* spesso al pl.) intelligenza *f.* **4** *pl.* (*mental powers*) facoltà *fpl* mentali. **5** (*keenness of perception*) acume *m*, acutezza *f*, perspicacia *f;* (*wisdom*) buon senso *m*, accortezza *f*, saggezza *f.* □ *to be at one's ~'s end* non saper più che fare, non sapere che pesci pigliare; *to have* (*all*) *one's –s about one* avere presenza di spirito; (*fig*) *to live by one's –s* vivere di espedienti; *to lose one's –s* uscire di senno; (*fam*) *out of one's –s* fuori di senno; (*fam*) *to drive s.o. out of his –s* far uscire di senno qd.; *a conversation sparkling with ~* una conversazione molto brillante.

wit² *v.* (*pr. 1ᵃ, 3ᵃ pers.sing.* wot [wɔt], *2ᵃ* 'wost [wɔst], *1ᵃ, 2ᵃ, 3ᵃ pers.pl.* wit/wite [wait]; *pret., p.p.* wist [wist]) (*rar*) *v.t./i.* sapere (qc.). □ *to ~* cioè (a dire), vale a dire.

witch [witʃ] **I** *s.* **1** strega *f*, fattucchiera *f*, maga *f.* **2** (*ugly, old woman*) strega *f*, megera *f.* **3** (*fig*) (*fascinating woman*) donna *f* affascinante, maliarda *f.* **II** *v.t.* **1** (*to bewitch*) stregare. **2** (*fig*) incantare, ammaliare,

affascinare.

witch| ball *s.* (*Folcl*) sfera *f* di vetro soffiato decorata. **~craft** *s.* arti *fpl* magiche, stregoneria *f.* **~ doctor** *s.* stregone *m.*

witchery ['witʃəri] *s.* **1** → witchcraft. **2** (*fig*) fascino *m.*

witches'| besom, ~ broom *s.* (*Agr*) abnorme crescita *f* di piccoli rami. **~ Sabbath** *s.* (*Mediev*) sabba *m*, tregenda *f.*

witch| hazel *s.* **1** (*Bot*) amamelide *f.* **2** (*Chim,Farm*) estratto *m* di amamelide. **~ hunt** *s.* caccia *f* alle streghe (*anche fig.*).

witching ['witʃiŋ] *a.* **1** delle (o relativo alle) streghe: *the ~ time* (o *hour*) *of night* l'ora delle streghe. **2** (*fig*) affascinante, ammaliatore, seducente.

witenagemot(e) ['witənəgə'mout] *s.* (*Stor*) assemblea *f* nazionale degli anglosassoni.

with [wið, wiθ] *prep.* **1** con, in compagnia di, insieme a: *to go out ~ friends* uscire in compagnia di amici; *to live ~ one's parents* vivere con i genitori. **2** (*to indicate physical proximity*) di: *covered ~ mud* coperto di fango; *to fill a bucket ~ water* riempire d'acqua un secchio. **3** (*to indicate co–operation, sharing*) con, insieme a: *to work ~ s.o.* lavorare con qd.; *to share a flat ~ s.o.* dividere un appartamento con qd. **4** (*in opposition to*) con, contro: *to fight ~ s.o.* litigare con qd. **5** (*to indicate agency*) con, per mezzo di: *to cut s.th. ~ a knife* tagliare qc. con un coltello; (*to indicate cause*) (a causa) di, da, per, con: *he trembled ~ fear* tremava di paura; *to be silent ~ shame* tacere per la vergogna. **6** (*to indicate manner*) con: *to breathe ~ difficulty* respirare con difficoltà. **7** (*to indicate combination*) (insieme) con: *she wore a blue suit ~ white accessories* portava un completo blu con accessori bianchi. **8** (*to indicate addition*) più, con: *his savings, ~ the money he borrowed, enabled him to buy the house* i suoi risparmi, più il denaro preso in prestito, gli permisero di comprare la casa. **9** (*to indicate inclusion*) con, compreso: *~ tax* con le tasse. **10** (*to indicate comparison, sameness, etc.*) (paragonato) : *his fingerprints are identical ~ those found on the murder weapon* le sue impronte digitali sono identiche a quelle trovate sull'arma del delitto. **11** (*to indicate agreement*) (d'accordo) con: *we must conclude ~ him, that the painting is a forgery* dobbiamo concludere, d'accordo con lui, che il dipinto è un falso. **12** (*favourable to*) con, a favore di: *are you ~ me or against me?* sei con me o contro di me? **13** (*in the judgement of*) per, a giudizio di, nell'opinione di: *worldly success does not rate ~ him* per lui il successo mondano non ha alcun valore. **14** (*working for*) presso, per, con: *he is ~ a petrol company* lavora presso una società petrolifera. **15** (*to indicate communication*) con: *to consult ~ s.o.* consultarsi con qd.; *to talk ~ s.o. on the telephone* parlare al telefono con qd. **16** (*characterized by*) con, da: *the man ~ the long beard* l'uomo con la barba lunga. **17** (*in proportion to*) proporzionalmente a, con, in proporzione a: *salary increases ~ age* lo stipendio aumenta proporzionalmente all'età. **18** (*in the course of*) con, nel corso di: *things will improve ~ time* le cose miglioreranno con il tempo. **19** (*immediately after*) subito dopo, con: *~ the end of the war the soldiers returned home* subito dopo la fine della guerra i soldati tornarono a casa. **20** (*in the use, operation of*) in, nel funzionamento di: *s.th. is wrong ~ the car* c'è qc. che non va nella macchina. **21** (*despite*) con, nonostante, malgrado: *~ all his education he has not made a success of his life* con tutta la sua istruzione non ha avuto successo nella vita. **22** (*after adverbs with imperative force*) *not translated: off ~ his head* tagliategli la testa; *down ~ the king* abbasso il re. □ (*fam*) *to be ~ it* essere ⌐al corrente⌐ (o aggiornato); *to ~* (o *this*) con ciò, al che.

withal [wi'ðɔ:l] (*ant*) **I** *avv.* **1** (*besides*) oltre a ciò, inoltre, per di più. **2** (*nevertheless*) nondimeno, ciò nonostante, tuttavia. **3** (*thereupon*) che, e di conseguenza. **II** *prep.* (*with*) con.

withdraw [wið'drɔ:] *v.irr.* **I** *v.t.* **1** ritirare, tirare indietro, ritrarre. **2** (*to cause to return*) ritirare, richiamare: *to ~ troops from battle* ritirare (le) truppe dalla battaglia. **3** (*of an assertion, etc.*) ritrarre, ritirare. **4** (*Econ*) prelevare, ritirare: *to ~ one's savings* prelevare i propri risparmi. **5**

(*to draw aside*) scostare, tirare da parte: *to* ~ *a curtain* scostare una tenda. **6** ⟨*Parl*⟩ (*of a motion*) ritirare. **II** *v.i.* **1** ritirarsi, appartarsi: *the ladies withdrew to the drawing room* le signore si ritirarono nel salotto. **2** ⟨*Mil*⟩ ritirarsi, ripiegare. **3** (*to retire from an activity*) ritirarsi: *to* ~ *from public life* ritirarsi dalla vita pubblica. **4** ⟨*fig*⟩ ritirarsi (*o* chiudersi) in se stesso. **5** ⟨*Parl*⟩ ritirare una mozione.

withdrawal [wiθ'drɔ:əl] *s.* **1** ritirata *f* (*anche Mil.*). **2** ⟨*Econ*⟩ ritiro *m*, prelevamento *m*, prelievo *m*. **3** (*act of retracting*) ritrattazione *f*. **4** ⟨*Mil*⟩ ritiro *m*.

withdrawal symptom *s.* ⟨*Med*⟩ sindrome *f* da astinenza (nei tossicomani).

withdrawn [wiθ'drɔ:n] *a.* **1** isolato, appartato. **2** (*emotionally detached*) chiuso in se stesso, introverso. **3** ⟨*Econ*⟩ prelevato.

withe [wiθ, wið, waið] *s.* vimine *m*, vinco *m*.

wither ['wiðə] **I** *v.i.* **1** (*of plants*) appassire, avvizzire, seccare, seccarsi, inaridire. **2** (*of people*) avvizzire, sfiorire. **3** ⟨*fig*⟩ (*spesso con* away) indebolirsi, perdere forza (*o* vigore). **II** *v.t.* **1** seccare, inaridire. **2** (*of people*) avvizzire, far sfiorire. **3** ⟨*fig*⟩ (*to cause to lose force*) (far) indebolire, svigorire. **4** ⟨*fig*⟩ (*to make speechless*) fulminare, raggelare: *to* ~ *s.o. with a look* fulminare qd. con un'occhiata. **withering** [-riŋ] *a.* **1** che inaridisce, che fa appassire. **2** (*of people*) che avvizzisce, che fa sfiorire. **3** ⟨*fig*⟩ fulminante, raggelante. **witheringly** [-riŋli] *avv.* **1** in modo da far avvizzire (*o* appassire). **2** ⟨*fig*⟩ in modo raggelante.

withers ['wiðəz] *s.pl.* ⟨*Zool*⟩ garrese *m*. □ ⟨*fig*⟩ *our* ~ *are unwrung* l'accusa non ci tocca; *to wring s.o.'s* ~ far stare in ansia qd.

withershins ['wiðəʃinz] *avv.* → **widdershins**.

withheld [wiðˈheld] → **withhold**.

withhold [wiðˈhould] *v.t.irr.* (*pret. p.p.* **withheld** [-ˈheld]) **1** trattenere. **2** (*to refrain from giving*) negare, rifiutare (*di* dare): *to* ~ *one's consent* negare il proprio consenso; (*to hide, conceal*) nascondere, celare.

within [wiˈðin] **I** *avv.* **1** (*inside*) internamente, all'interno, (*di*) dentro. **2** (*in, into a building*) all'interno, dentro: *rooms for rent, apply* ~ si affittano stanze, rivolgersi all'interno. **3** (*inwardly*) dentro, interiormente, nell'animo, nell'intimo. **4** (*herein*) qui (dentro). **5** ⟨*rar*⟩ (*at home*) in (*o* a) casa, dentro (casa). **II** *prep.* dentro, all'interno di: ~ *the city* dentro la città; *he felt despair* ~ *him* dentro di sé si sentiva disperato. **2** (*of time*) entro, prima della fine di, non oltre: *it will be ready* ~ *a week* sarà pronto entro una settimana. **3** (*of distances*) entro, non oltre: ~ *a radius of a mile* in un raggio di un miglio. **4** (*enclosed by*) tra, fra, entro, dentro: ~ *these four walls* fra queste quattro mura. **5** (*in the limits of*) nell'ambito di, nei limiti di: ~ *the law* nell'ambito della legge. **6** (*not beyond*) entro, non oltre. **7** (*not beyond the capability of*) nei limiti delle capacità di. **8** (*to indicate range*) in, a: ~ *sight* in vista; ~ *reach* a portata (di mano). **9** (*with respect to, in*) in, riguardo a, rispetto a, quanto a: *complete* ~ *itself* completo in se stesso. □ *to live* ~ *one's income* vivere secondo le proprie possibilità.

withindoors [wiˈðindɔ:z] *avv.* dentro (casa), in (*o* a) casa.

without [wiˈðaut] **I** *prep.* **1** senza: *tea* ~ *milk* tè senza latte; ~ *effort* senza sforzo; *they left* ~ *me* partirono senza di me; *to act* ~ *thinking* agire senza riflettere. **2** (*free from*) senza, privo di: *a world* ~ *poverty* un mondo senza povertà. **3** ⟨*rar*⟩ (*at, to the outside of*) all'esterno di, fuori di. **II** *avv.* **1** (*externally*) esternamente, (di) fuori: *to decorate a house within and* ~ decorare una casa internamente ed esternamente. **2** (*outdoors*) fuori (di casa), all'aperto. **3** (*outwardly*) all'apparenza, apparentemente, esteriormente, fuori: *he was calm* ~ all'apparenza era calmo. □ *to do* (*o* go) ~ *s.th.* rinunciare a qc., fare a meno di qc., fare senza qc.

withoutdoors [wiˈðautdɔ:z] *avv.* ⟨*rar*⟩ fuori (di casa).

withstand [wiðˈstænd] *v.t.* (*pret., p.p.* **withstood** [-ˈstud]) resistere a, sostenere: *to* ~ *an attack* resistere a un attacco.

withstood [wiðˈstud] → **withstand**.

withy ['wiði] *s.* → **withe**.

witless ['witlis] *a.* che manca d'intelligenza, privo di spirito, stupido; (*dull–witted, stupid*) sciocco, stupido, tonto. **witlessness** [-nis] *s.* stupidità *f*, mancanza *f* di spirito⁷ (*o* d'intelligenza).

witling ['witliŋ] *s.* chi si reputa⁷ (*o* fa lo) spiritoso.

witness ['witnəs] **I** *s.* **1** testimone *m/f*: *I was* ~ *to an extraordinary event* fui testimone di un fatto straordinario. **2** ⟨*Dir*⟩ testimone *m/f* (giudiziale), teste *m/f*: ~ *for the prosecution* testimone a carico; ~ *for the defence* teste a discarico. **3** (*testimony, evidence*) testimonianza *f*, prova *f*, dimostrazione *f*. **Witness** *s.* ⟨*Rel*⟩ testimone *m* di Geova. **II** *v.t.* **1** essere testimone di: *to* ~ *an accident* essere testimone di un incidente; (*to be present at*) essere presente a, assistere a: *we are –ing the end of an era* stiamo assistendo alla fine di un'epoca. **2** (*to constitute the scene of*) vedere, essere teatro di. **3** (*to give evidence, proof of*) testimoniare, provare, dimostrare, attestare, essere (una) prova di: *his actions* ~ *his innocence* le sue azioni testimoniano la sua innocenza; (*to attest by one's signature*) sottoscrivere come testimone. **4** ⟨*Dir*⟩ autenticare, legalizzare: *to* ~ *a signature* autenticare una firma. **5** ⟨*Rel*⟩ testimoniare. **III** *v.i.* **1** testimoniare, deporre come teste, fare da testimone, attestare: *to* ~ *to the truth of a statement* testimoniare la verità di una dichiarazione. **2** ⟨*Rel*⟩ testimoniare la propria fede. □ *to* ~ **against** *s.o.* testimoniare contro qd.; *to* **bear** ~ tesimoniare, attestare (*to s.th.* qc.); *to* **call** *Heaven to* ~ chiamare il cielo a testimone; *to* ~ **for** *s.o.* testimoniare a favore di qd.; ⟨*Dir*⟩ *to* **give** ~ testimoniare, deporre; **God** *is my* ~ Dio mi è testimone; ⟨*Dir*⟩ **in** ~ in fede.

witness| box, ~ stand *am. s.* ⟨*Dir*⟩ banco *m* dei testimoni.

witted ['witid] *a.* (nei composti) d'ingegno ..., di mente...: *quick-*~ d'ingegno pronto.

witticism ['witisizəm] *s.* arguzia *f*, facezia *f*, spiritosaggine *f*.

wittily ['witili] *avv.* argutamente, spiritosamente. **wittiness** [-tinis] *s.* arguzia *f*, spirito *m*.

witting ['witiŋ] *a.* **1** deliberato, intenzionale, voluto, fatto di proposito. **2** (*conscious, knowing*) consapevole, conscio, cosciente. **wittingly** [-li] *avv.* deliberatamente, intenzionalmente, di proposito.

witty ['witi] *a.* **1** spiritoso, faceto, arguto: *a* ~ *remark* una battuta spiritosa. **2** ⟨*dial*⟩ (*intelligent*) intelligente.

wivern *s.* → **wyvern**.

wives [waivz] → **wife**.

wizard ['wizəd] **I** *s.* **1** mago *m*, stregone *m*. **2** ⟨*fam*⟩ (*person of amazing skill*) mago *m*, esperto *m*, ⟨*fam*⟩ cannone *m*: *he is a* ~ *at crossword puzzles* è un cannone nelle parole incrociate. **II** *a.* ⟨*sl*⟩ (*excellent*) straordinario, eccezionale. **wizardry** [-ri] *s.* **1** magia *f*, stregoneria *f*. **2** ⟨*fig*⟩ abilità *f* eccezionale.

wizen ['wizn], **wizened** [-d] *a.* avvizzito, appassito.

wk. = **1** *week* settimana. **2** *work* lavoro.

WMA = *World Medical Association* Associazione medica mondiale.

WMO = *World Meteorological Organization* Organizzazione metereologica mondiale.

W.O. = *War Office* ministero della guerra.

woad [woud] *s.* **1** ⟨*Bot*⟩ guado *m*. **2** (*dye*) guado *m*. **II** *v.t.* dare il guado a, tingere con il guado.

wobble ['wɔbl] **I** *v.i.* **1** traballare, vacillare, barcollare. **2** (*to tremble, quaver*) tremare, tremolare. **3** ⟨*fig*⟩ esitare, tentennare, titubare, essere incerto. **4** ⟨*Mecc,Aut*⟩ sfarfallare. **II** *v.t.* far oscillare, far traballare. **III** *s.* **1** ondeggiamento *m*, traballamento *m*, oscillazione *f*, barcollamento *m*. **2** (*of sound, voice*) tremolio *m*, vibrazione *f*. **3** ⟨*Aut*⟩ sfarfallamento *m*. **wobbler** [-ə] *s.* **1** chi traballa, chi vacilla. **2** ⟨*fig*⟩ chi esita, chi tentenna. **3** ⟨*Pesc*⟩ plugo *m*. **4** ⟨*Mecc*⟩ trefolo *m*. **wobbling** [-iŋ] *s.* → **wobble**. **wobbly** [-i] *a.* **1** traballante, barcollante, oscillante, vacillante. **2** ⟨*fig*⟩ esitante, titubante, incerto, indeciso.

Wodan, Woden ['woudn] *N.pr.* ⟨*Mitol*⟩ Odino *m*, Wodan *m*.

woe [wou] *s.* **1** dolore *m*, pena *f*, sofferenza *f*. **2** (*affliction, misfortune*) calamità *f*, disgrazia *f*, sventura *f*. □ ~ *is me!* ahimè!, povero me!, me misero!; ~ *to you!* maledizione a te!, (che tu) sia maledetto!

woebegone ['woubigɔn] *a.* **1** afflitto, addolorato, triste, infelice. **2** (*exhibiting woe*) triste, doloroso, dolente: *a ~ expression* un'espressione triste.

woeful ['wouful] *a.* **1** disgraziato, infelice, misero, sventurato, sfortunato. **2** (*exhibiting woe*) doloroso, triste, dolente. **3** ⟨*fig*⟩ deplorevole, deprecabile. **woefully** [–i] *avv.* tristemente, dolorosamente. **woefulness** [–nis] *s.* infelicità *f,* dolore *m,* tristezza *f,* afflizione *f.*

wog [wɔg] *s.* ⟨*spreg*⟩ **1** ⟨*Arab*⟩ arabo *m.* **2** ⟨*Indian*⟩ indiano *m.* **3** ⟨*Negro*⟩ negro *m.*

woke [wouk], '**woken** [–n] → **wake**[1].

wold [would] *s.* **1** terreno *m* incolto, regione *f* sterile; (*moor, down*) brughiera *f.* **2** (*open, hilly region*) regione *f* aperta e collinosa.

wolf [wulf] **I** *s.* (*pl.* **wolves** [wulvz]) **1** ⟨*Zool*⟩ lupo *m.* **2** ⟨*fig*⟩ persona *f* rapace e avida. **3** ⟨*sl*⟩ (*man who pesters women*) donnaiolo *m,* ⟨*pop*⟩ pappagallo *m* (della strada). **4** ⟨*Mus*⟩ dissonanza *f.* **Wolf** *N.pr.* ⟨*Astr*⟩ Lupo *m.* **II** *v.t.* ⟨*fam*⟩ (spesso con *down*) mangiare voracemente, divorare. □ ⟨*fig*⟩ *to cry* ~ gridare al lupo; ⟨*fig*⟩ *to keep the* ~ *from the door* tenere lontano la miseria (*o* fame); ⟨*fig*⟩ *a* ~ *in sheep's clothing* un lupo in veste d'agnello.

wolf| call *am.s.* fischio *m* d'ammirazione. **~ cub** *s.* **1** lupetto *m,* lupacchiotto *m.* **2** (*in the Scout movement*) lupetto *m.* **~ dog** *s.* → **wolf hound**. **~ fish** *s.* ⟨*Itt*⟩ lupo *m* di mare, pesce *m* lupo. **~ hound** *s.* cane *m* lupo.

wolfish ['wulfiʃ] *a.* **1** di (*o* da) lupo, lupesco, lupino. **2** ⟨*fig*⟩ (*ferocious*) feroce, crudele; (*ravenous*) vorace, avido. **3** ⟨*sl*⟩ (*lustful*) lussurioso, sensuale, libidinoso. **wolfishly** [–li] *avv.* crudelmente, con ferocia. **wolfishness** [–nis] *s.* **1** ferocia *f,* crudeltà *f.* **2** (*ravenousness*) avidità *f,* voracità *f.*

wolf| note *s.* ⟨*Mus*⟩ dissonanza *f.* **~ pack** *s.* **1** branco *m* di lupi. **2** ⟨*Mar.mil*⟩ gruppo *m* di sottomarini che attaccano insieme il nemico.

wolfram ['wulfrəm] *s.* **1** ⟨*Chim*⟩ → **wolframium**. **2** ⟨*Min*⟩ → **wolframite**. **wolframite** [–ait] *s.* ⟨*Min*⟩ wolframite *f.* **wolframium** [–'freimiəm] *s.* ⟨*Chim*⟩ (*tungsten*) wolframio *m,* tungsteno *m.*

wolfsbane ['wulfsbein] *s.* ⟨*Bot*⟩ aconito *m.*

wolver ['wulvə] *s.* cacciatore *m* di lupi.

wolverene, wolverine ['wulvəri:n] *s.* (*pl. inv./*-**s** [z]) ⟨*Zool*⟩ volverina *f,* ghiottone *m.* **Wolverine** *am.s.* ⟨*fam*⟩ abitante *m/f* del Michigan.

Wolverine State *am. N.pr.* ⟨*fam*⟩ Michigan *m.*

wolves [wulvz] → **wolf**.

woman ['wumən] **I** *s.* (*pl.* **women** ['wimin]) **1** donna *f,* femmina *f.* **2** (*adult human female*) donna *f.* **3** ⟨*fig*⟩ (*womanly character*) femminilità *f.* **4** ⟨*collett*⟩ (*womankind*) donne *fpl,* sesso *m* debole, gentil sesso *m.* **5** (*female servant*) donna *f* (di servizio), domestica *f.* **6** ⟨*fig,spreg*⟩ (*effeminate man;* general. preceduto da *old*) femminuccia *f,* donnicciola *f.* **II** *a.* femmina, donna, *generally translated with the corresponding feminine: a* ~ *doctor* una dottoressa; *women students* studentesse. **III** *v.t.* **1** ⟨*spreg*⟩ (*to call "woman"*) chiamare «donna», apostrofare con l'appellativo «donna»: *don't you* ~ *me* non chiamarmi donna. **2** (*ant*) (*to cause to act like a woman*) spingere a comportarsi da donna. □ ⟨*Bibl*⟩ *born of* ~ nato da donna, mortale; ~ *of letters* donna letterata; ~ *of the street(s)* donna *f* di strada, prostituta *f;* ⟨*fam*⟩ *there's a* ~ *in it somewhere* c'è sotto una donna; *a* ~ *of the world* una donna di mondo.

woman| chaser *s.* ⟨*fam*⟩ chi corre dietro alle sottane, cacciatore *m* di donne. **~ hater** *s.* misogino *m.*

womanhood ['wumənhud] *s.* **1** l'essere donna. **2** (*womanliness*) femminilità *f.* **3** → **womankind**.

womanish ['wuməniʃ] *a.* **1** femminile, muliebre, donnesco. **2** (*effeminate*) effeminato, da donna, femmineo.

womanize ['wumənaiz] **I** *v.t.* rendere effeminato. **II** *v.i.* ⟨*fam*⟩ correre dietro alle sottane, essere un donnaiolo. **womanizer** [–ə] *s.* ⟨*fam*⟩ donnaiolo *m,* cacciatore *m* di donne.

womankind ['wumənkaind] *s.* donne *fpl,* sesso *m* debole, gentil sesso *m.*

womanlike ['wumənlaik] *a.* femminile, da donna.

womanliness ['wumənlinis] *s.* femminilità *f.* **womanly** [–li] *a.* femminile, da donna, proprio di una donna.

woman's rights *s.pl.* diritti *mpl* della donna.

woman| suffrage *s.* suffragio *m* alle donne. **~-suffragist** *s.* (*pl.* -*s*/women-suffragists) suffragista *f.*

womb [wu:m] *s.* **1** ⟨*Anat*⟩ utero *m.* **2** ⟨*fig*⟩ grembo *m;* (*interior of s.th.*) ventre *m,* grembo *m,* viscere *fpl.*

womenfolk ['wiminfouk], **womenkind** [–inkaind] *s.pl.* **1** → **womankind**. **2** (*one's female relatives*) donne *fpl* (di una famiglia, comunità, ecc.)

Women's| Lib ⟨*fam*⟩, ~ **Liberation** *s.* movimento *m* di liberazione della donna. ~ **magazine** *s.* rivista *f* femminile. ~ **rights** *s.* → **woman's rights**.

won [wʌn] → **win**[1].

wonder ['wʌndə] **I** *s.* **1** meraviglia *f,* portento *m,* prodigio *m: the seven –s of the world* le sette meraviglie del mondo. **2** (*emotion excited by an impressive object or occurrence*) meraviglia *f,* stupore *m,* sorpresa *f;* (*admiration*) meraviglia *f,* ammirazione *f.* **3** (*miracle*) miracolo *m,* portento *m,* prodigio *m: to work –s* fare miracoli. **II** *v.i.* **1** meravigliarsi, stupirsi (*at* di): *to* ~ *at the infinite reaches of space* meravigliarsi dell'infinità dello spazio. **2** (*to feel surprise*) essere sorpreso, meravigliarsi, stupirsi (di): *I –ed at his unaccountable absence* fui sorpreso della sua inspiegabile assenza. **3** (*to ask o.s. questions*) domandarsi, chiedersi, essere curioso di sapere: *I* ~ *why he didn't come* mi domando perché non sia venuto; *he –ed what would happen to him* si chiedeva cosa gli sarebbe successo. **III** *v.t.* meravigliarsi di, essere sorpreso di, stupirsi di. □ *for a* ~ incredibile a dirsi; *a nine days'* ~ un fuoco di paglia; ⟨*esclam*⟩ *small* ~ c'è poco da meravigliarsi.

wonderful ['wʌndəful] *a.* **1** meraviglioso, stupendo, portentoso, mirabile. **2** ⟨*fam*⟩ (*very good*) ottimo, eccellente, meraviglioso, fantastico. **wonderfully** [–i] *avv.* meravigliosamente, stupendamente, magnificamente.

wondering ['wʌndəriŋ] *a.* meravigliato, stupito, sorpreso. **wonderingly** [–li] *avv.* con meraviglia, con sorpresa.

wonderland ['wʌndələnd] *s.* **1** paese *m* delle meraviglie. **2** ⟨*fig*⟩ posto *m* (*o* paese) meraviglioso.

wonderment ['wʌndəmənt] *s.* **1** meraviglia *f,* stupore *m,* sorpresa *f.* **2** (*cause of wonder*) meraviglia *f,* portento *m,* prodigio *m.*

wonder|-stricken, ~-struck *a.* stupefatto, stupito. **~work** *s.* miracolo *m.* **~ worker** *s.* chi opera miracoli, taumaturgo *m.*

wondrous ['wʌndrəs] **I** *a.* ⟨*lett*⟩ meraviglioso, stupendo, portentoso, mirabile. **II** *avv.* ⟨*rar*⟩ → **wonderfully**. **wondrously** [–li] *avv.* → **wonderfully**.

wonky ['wɔŋki] *a.* ⟨*sl*⟩ **1** (*shaky, unsteady*) instabile, vacillante, traballante, malfermo. **2** (*hesitant, wavering*) esitante, tentennante, titubante, incerto. **3** (*not well*) di salute malferma.

wont [wount] ⟨*non com*⟩ **I** *a.* abituato, avvezzo: *he is* ~ *to take a nap after lunch* è abituato a fare un pisolino dopo colazione. **II** *s.* abitudine *f,* consuetudine *f,* usanza *f.*

won't [wount] *contraz. di* will not.

wonted ['wountid] *a.* ⟨*non com*⟩ **1** abituale, solito, consueto. **2** → **wont**.

woo [wu:] *v.t.* **1** corteggiare, fare la corte a: *to* ~ *a girl* corteggiare una ragazza. **2** ⟨*fig*⟩ (*to seek to gain*) andare in cerca di, cercare (di ottenere), perseguire: *to* ~ *success* andare in cerca del successo.

wood [wud] *s.* **1** legno *m: a house made of* ~ una casa (fatta) di legno. **2** (spesso al pl.: *growth of trees*) bosco *m;* (*forest*) foresta *f.* **3** ⟨*Silv*⟩ (*timber, lumber*) legname *m.* **4** (*firewood*) legna *f* (da ardere). **5** (*wooden cask, keg*) fusto *m* (di legno), botte *f,* barile *m.* **6** ⟨*Sport*⟩ (*golf club*) mazza *f* (*o* bastone *m*) da golf (con mazzuolo di legno); (*bowl*) boccia *f.* **7** *pl.* ⟨*Mus,collett*⟩ strumenti *mpl* a fiato in legno, legni *mpl.* **8** (*of a spear*) asta *f* (*o* fusto *m*) di legno. □ *beer* (*drawn*) *from the* ~ birra *f* alla spina; ⟨*Sport*⟩ *to lay on the* ~ battere forte (*o* con forza); ⟨*fig*⟩ *to be* out *of the* ~ (*o woods*) *essere fuori* dei guai (*o* pericolo), essere in salvo; ⟨*fig*⟩ *don't shout* (*o halloo*) *till you are out of the* ~ (*o woods*) non dire quattro se non l'hai nel sacco, non vendere la pelle d'orso prima di averlo ucciso; ⟨fig⟩ *he cannot* see *the ~ for the trees* si perde nei particolari; *to* take *to the ~s* darsi alla macchia.

wood| agate s. ⟨Min⟩ agata f arborizzata (o legnosa). **~ alcohol** s. ⟨Chim⟩ alcol m ⌐di legno⌐ (o metilico), metanolo m. **~ anemone** s. ⟨Bot⟩ anemone m dei boschi, silvia f. **~bin** s. cassa f (o recipiente m) per la legna. **~bine** s. ⟨Bot⟩ caprifoglio m. **~ block** s. 1 (in flooring) elemento m in legno, parchetto m, palchetto m; (in road–surfacing) blocchetto m di legno. 2 ⟨Tip⟩ matrice f di legno incisa in rilievo. **~burning** s. ⟨Art⟩ pirografia f, piroincisione f. **~ carver** s. intagliatore m (f –trice) (in legno). **~ carving** s. 1 (art) arte f dell'intaglio, scultura f in legno, intaglio m. 2 (object) oggetto m (in legno) intagliato. **~chuck** s. ⟨Zool⟩ marmotta f monax. **~ coal** s. 1 (charcoal) carbone m di legna. 2 (lignite) lignite f. **~cock** s. (pl. inv./-s [s]; il pl. inv. si usa general. con valore collett.) ⟨Ornit⟩ beccaccia f. **~craft** s. 1 conoscenza f ⌐dei boschi⌐ (o della vita nei boschi). 2 (skill in making things from wood) abilità f nel lavorare il legno. **~craftsman** [mən] s.irr. conoscitore m dei boschi. **~cut** s. **~ wood engraving. ~cutter** s. 1 taglialegna m, tagliaboschi m. 2 → **wood engraver.**

wooded ['wudid] a. boscoso, coperto di boschi, boschivo: a ~ valley una valle boscosa.

wooden ['wudn] a. 1 di legno, ligneo: a ~ hut una capanna di legno. 2 ⟨fig⟩ (stiff, ungainly) rigido, legnoso, impacciato; (lifeless, without spirit) fiacco, smorto, spento: a ~ dialogue un dialogo fiacco; (of sound) sordo, ottuso.

wood| engraver [wud] s. incisore m su legno. **~ engraving** s. (art, print) incisione f su legno.

wooden|head s. ⟨fam⟩ testa f di legno, zuccone m (f –a). **'~'headed** a. ⟨fam⟩ stupido, tonto, cretino. **~ horse** s. 1 ⟨Ginn⟩ cavallo m. 2 ⟨Mil.ant⟩ nave f, ⟨lett⟩ legno m. **~ Horse** s. cavallo m di Troia. **~ leg** s. gamba f di legno.

woodenly ['wudnli] avv. in modo legnoso. **woodenness** [-nnis] s. 1 legnosità f. 2 ⟨fig⟩ (stupidity) stupidità f

wooden| shoe s. zoccolo m (da contadino). **~ spoon** s. ⟨fam⟩ 1 ultimo posto m (in una classifica, gara, ecc.). 2 (person) ultimo m classificato, ⟨fam⟩ fanalino m di coda.

wood| filler s. stucco m. **~ grouse** s. ⟨Ornit⟩ gallo m cedrone, urogallo m, fagiano m nero (o alpestre). **~house** s. → **woodshed.**

woodiness ['wudinis] s. boscosità f.

woodland ['wudlənd] s. terreno m boscoso, boschi mpl. II a. boschivo, silvestre: ~ pasture pascolo boschivo. **woodlander** [-ə] s. abitante m/f dei boschi.

wood|lark [wud] s. ⟨Ornit⟩ tottavilla f, lodola f dei prati, mattolina f. **~louse** s.irr. ⟨Zool⟩ onisco m. **~man** [mən] s.irr. 1 abitante m dei boschi. 2 (one who fells timber) boscaiolo m, taglialegna m. 3 (forester) guardi f forestale, guardaboschi m. **~note** s. 1 (bird song) canto m di uccello (di bosco). 2 ⟨fig⟩ poesia f spontanea (o semplice). **~ nymph** s. 1 ⟨Mitol⟩ ninfa f dei boschi, driade f, amadriade f. 2 ⟨Ornit⟩ talurania f. **~ panelling** s. ⟨Edil⟩ rivestimento m di legno. **~ paper** s. ⟨Cart⟩ carta f di pasta di legno. **~pecker** s. ⟨Ornit⟩ picchio m. **~ pigeon** s. ⟨Ornit⟩ 1 colombella f, palombella f. 2 (ring dove) colombaccio m. **~ pulp** s. ⟨Cart⟩ pasta f di legno. **~ruff** s. ⟨Bot⟩ 1 asperula f. 2 (sweet woodruff) stellina f odorosa. **~shed** s. legnaia f.

woodsman ['wudzmən] s.irr. 1 abitante m dei boschi. 2 (lumberman) tagliaboschi m, taglialegna m.

wood| spirit s. → **wood alcohol. ~ tar** s. ⟨Chim⟩ catrame m di legno. **~ turner** s. tornitore m (in legno). **~ turning** s. tornitura f (del legno). **~wind** [wind] I s. ⟨Mus,collett⟩ strumenti mpl a fiato in legno, legni mpl. II a. dei (o relativo ai) legni. **~ wool** s. ⟨tecn⟩ lana f di legno. **~work** s. 1 lavorazione f del legno, carpenteria f, falegnameria f. 2 (objects made of wood) oggetti mpl in legno; (interior fittings) interni mpl di legno d'una casa. **~worker** s. falegname m. **~working** I s. lavorazione f del legno, carpenteria f, falegnameria f. II a. della (o

relativo alla) lavorazione del legno. **~worm** s. ⟨Entom⟩ tarlo m (del legno).

woody ['wudi] a. 1 boscoso, ricco di boschi, boschivo. 2 (of woods) boschivo, silvestre. 3 (of wood) di legno, ligneo. 4 (containing wood fibres) legnoso: ~ carrots carote legnose. 5 (resembling wood) legnoso, ligneo.

wooer ['wu:ə] s. corteggiatore m (f –trice), innamorato m (f –a).

woof [wu:f] s. ⟨Tess⟩ 1 (weft) trama f. 2 (texture, fabric) tessuto m, stoffa f.

woofer ['wufə] s. ⟨Rad⟩ altoparlante m per basse frequenze.

wooing ['wu:iŋ] s. corteggiamento m, corte f.

wool [wul] I s. 1 lana f. 2 ⟨Tess⟩ (fibre) lana f; (yarn) lana f, filato m di lana; (fabric) tessuto m di lana, lana f. 3 ⟨fam⟩ (thick, crisp hair) capelli mpl folti e crespi. 4 ⟨Entom⟩ pelo m, peluria f. II a. di lana: ~ vests maglie di lana. □ ⟨fig⟩ much cry and little ~ molto fumo e poco arrosto; dyed in the ~: 1 ⟨Tess⟩ tinto prima della tessitura; 2 ⟨fig⟩ inflessibile, deciso, intransigente; ⟨sl⟩ to keep one's ~ on (to keep one's temper) controllare i (propri) nervi, mantenersi calmo; ⟨sl⟩ to lose one's ~ (to get angry) uscire dai gangheri, perdere il controllo (di sé); ⟨fig⟩ to pull (o draw) the ~ over s.o.'s eyes ingannare qd., imbrogliare qd., ⟨fam⟩ infinocchiare qd.

wool|ball s. ⟨Veter⟩ bezoar m della pecora. **~ card(er)** s. ⟨Tess⟩ carda f (o cardatrice) per lana. **~ carding** s. cardatura f della lana. **~ comber** s. pettinatore m (f –trice). **~ combing** s. pettinatura f della lana. **'~'dyed** a. ⟨Tess⟩ tinto prima della tessitura. **~ fat** s. ⟨Chim⟩ lanolina f. **~fell** s. pelle f non tosata di animale lanuto, vello m. **~-gather** v.i. avere la testa tra le nuvole. **~-gatherer** s. chi ha la testa tra le nuvole, persona f distratta (o sbadata). **~-gathering** I s. distrazione f, sbadataggine f. II a. distratto, sbadato. **~ grower** s. allevatore m di pecore. **~ growing** s. allevamento m di pecore.

woolen am. e der. **woollen** e der.

woollen ['wulin] I a. 1 di lana: ~ socks calze di lana. 2 ⟨Ind,Comm⟩ laniero. II s. 1 (fabric) lana f, tessuto m di lana. 2 pl. (clothing) indumenti mpl di lana. **woolliness** [-is] s. 1 lanosità f. 2 ⟨fig⟩ vaghezza f, nebulosità f. **woolly** [-li] a. 1 (consisting of wool) lanoso; (made of wool) di lana. 2 (resembling wool) lanoso, simile a lana; (covered with wool) lanoso, lanuto. 3 ⟨fig⟩ nebuloso, vago, confuso.

woolly| bear s. ⟨Entom⟩ arctide m. **~-haired** a. dal pelo lanoso. **~-headed** a. 1 dai capelli lanosi (o crespi). 2 ⟨fig⟩ (muddled, vague) confuso, vago.

wool| pack s. 1 balla f di lana. 2 (fleecy cloud) pecorella f, nuvola f fioccosa. 3 ⟨Meteor⟩ cumulo m rotondeggiante. **~sack** s. 1 sacco m di lana. 2 ⟨GB⟩ cuscino m (imbottito di lana) del seggio del Lord Cancelliere. 3 ⟨fig⟩ (office, dignity of the Lord Chancellor) ufficio m di Lord Cancelliere. □ to reach the ~ essere nominato Lord Cancelliere. **~-shed** s. stazione f di tosa.

Woolwich ['wulidʒ] N.pr. 1 ⟨Geog⟩ Woolwich m. 2 ⟨Stor⟩ accademia f militare di Woolwich.

wop [wɔp] s. ⟨spreg⟩ (Italian) italiano m; (Spaniard) spagnolo m.

word [wɔːd] I s. 1 parola f, vocabolo m, termine m. 2 (s.th. said) parola f, detto m. 3 pl. (speech) parole fpl, discorso m: I cannot express my feelings in –s non posso esprimere i miei sentimenti con le parole; (insincere, futile speech) chiacchiere fpl, parole fpl, ciance fpl, discorsi mpl: all we get from him is –s da lui otteniamo solo chiacchiere. 4 (short conversation) parola f, parolina f, due parole fpl: may I have a ~ with you? posso dirti una parola? 5 (short remark) parola f, cenno m, breve osservazione f: a ~ of warning una parola di avvertimento. 6 (news, information) notizie fpl, nuove fpl, informazioni fpl: we have had no ~ of him since he left non abbiamo avuto sue notizie da quando è partito. 7 (promise) parola f, promessa f (orale): to give s.o. one's ~ dare a qd. la propria parola. 8 pl. (quarrel) lite f, litigio m, alterco m, discussione f. 9 pl. (lyrics of a song) parole fpl, testo m. 10 (password) parola f d'ordine. 11 (act of *speaking*) dire *m*, parola *f*. **12** (*order, command*) ordine *m*, comando *m: to give the* ~ *to attack* dare l'ordine di attaccare. **13** (*most appropriate term*) parola *f* adatta (*o* giusta), termine *m* appropriato. **14** ⟨*Inform*⟩ parola *f*. **Word** *s*. ⟨*Rel,Bibl*⟩ Logos *m*, Verbo *m*; (*Gospel*) parola *f* di Dio, Vangelo *m: to spread the* ~ diffondere la parola di Dio. **II** *v.t.* dire, esprimere, enunciare, formulare: *how shall I* ~ *it?* come posso dire? ☐ *not* **another** ~*!* non una parola in (*o* di) più; **at** *a* ~: 1 (*at the word of command*) immediatamente, all'istante; 2 = **in** *a word*; ⟨*Bibl*⟩ *in the* **beginning** *was the* ~ in principio era il Verbo; **beyond** *–s* oltre ogni dire, più di quanto si possa dire, da non dire (*o* dirsi); ⟨*fam*⟩ **big** *–s* smargiassata *f*; *to* **break** *one's* ~ non mantenere la parola (data), mancare di parola; *to* **bring** ~ riferire, portare una notizia; ~ **came** *that* giunse notizia che, si seppe che; ⟨*fam*⟩ *to* **eat** *one's* *–s* rimangiarsi le (proprie) parole, ritrattare; *–s* **fail** *me!* non ho parole!; *a* **man** *of* **few** *–s* un uomo laconico (*o* di poche parole); ⟨*Bibl*⟩ *the* ~ *was made* **flesh** il Verbo si è fatto carne; ~ **for** ~ parola per parola, letteralmente: *repeat what he said* ~ *for* ~ ripeti parola per parola quello che ha detto; *too* **good** *for* ~ *s* d'indicibile bontà; *too beautiful for –s* d'indescrivibile bellezza; ⟨*fam*⟩ *I couldn't* **get** *a* ~ *out of him* non riuscii a cavargli una parola di bocca; ⟨*Rel,Bibl*⟩ ~ **of God** parola *f* di Dio; *to be as* **good** *as one's* ~ essere di parola; *to* **have** *–s with s.o.* (*to quarrel*) ⌐venire a parole⌐ (*o* litigare) con qd.; **in** *a* ~ in una parola, (per dirla) in breve, a (*o* per) farla breve: *his attitude is, in a* ~, *inexplicable* in una parola, il suo atteggiamento è inspiegabile; *in other* *–s* in altri termini, per dirla altrimenti, in altre parole; *in so many –s:* 1 con quelle precise parole, proprio così (*o* in quei termini); 2 (*in plain language*) senza mezzi termini, chiaro e tondo, per dirla chiara; *in the* *–s of Shakespeare* per dirla con Shakespeare, con le parole di Shakespeare; *his* ~ *is* **law** la sua parola è legge; *to* **leave** ~ *for s.o.* lasciare un messaggio per qd.; ⟨*Dir*⟩ *–s of* **limitation** clausola restrittiva; *a man of* **many** *–s* un uomo loquace; *by* ~ *of* **mouth** a (viva) voce; *to put –s into s.o.'s mouth:* 1 (*to prompt*) suggerire (le parole) a qd., dare l'imbeccata a qd.; 2 (*to claim s.o. said s.th.*) far dire qc. a qd., attribuire qc. a qd.; ⟨*fam*⟩ *to take the –s out of s.o.'s mouth* togliere la parola di bocca a qd.; **my** ~*!* accipicchia!, accidenti!, perbacco!; ⟨*fam*⟩ *to* **put** *in a good* ~ *for s.o.* mettere (*o* spendere) una buona parola per qd.; *to* **send** ~ mandare a dire, comunicare, far sapere; ⟨*fam*⟩ *tell me in –s of one* **syllable** dimmelo chiaro (e tondo), parla chiaro; *to* **take** (*up*) *the* ~ prendere la parola, cominciare a parlare; *to take s.o. at his* ~ prendere (*o* pigliare) qd. in parola; *to take s.o.'s* ~ *for it* credere a qd. sulla parola, prestare fede a ciò che qd. dice; **upon** *my* ~ parola mia, parola d'onore, giuro.

word| accent *s.* → **word stress**. ~ **association** *s.* ⟨*Psic*⟩ associazione *f* di parole. ☐ ~ *test* prova *f* delle parole associate. **~-blind** *a.* ⟨*Med*⟩ affetto da alessia. ~ **blindness** *s.* alessia *f*, cecità *f* verbale, amnesia *f* visiva. ~ **book** *s.* 1 vocabolario *m*, dizionario *m*, lessico *m*. 2 ⟨*Mus*⟩ libretto *m* (d'opera). **~-bound** *a.* 1 impacciato nel parlare, che ha difficoltà nel parlare. 2 (*bound by a promise*) vincolato dalla parola data. ~ **building** *s.* → **word formation**. **~-deaf** *a.* ⟨*Med*⟩ affetto da afasia acustica. ~ **deafness** *s.* afasia *f* acustica (*o* uditiva), sordità *f* verbale. ~ **formation** *s.* formazione *f* delle parole. **'~-for-'word** *a.* letterale, (fatto) parola per parola: *a* ~ *translation* una traduzione letterale. **~-frequency index** *s.* ⟨*Ling*⟩ indice *m* di frequenza.

wordily ['wə:dili] *avv.* verbosamente, prolissamente. **wordiness** [–dinis] *s.* verbosità *f*, prolissità *f*.

wording ['wə:diŋ] *s.* 1 forma *f* (della frase), formulazione *f* (in parole), enunciazione *f*. 2 (*phrase, words*) dicitura *f*.

wordless ['wə:dlis] *a.* 1 muto, zitto, senza parola. 2 (*not expressed in words*) inespresso, tacito, muto, non detto; (*inexpressible*) inesprimibile, indicibile, ineffabile.

'word| monger *s.* ciarlatano *m* (*f* –a), parolaio *m*. **~-of-'mouth** *a.* verbale, orale. ~ **order** *s.* ⟨*Gramm*⟩ ordine *m* delle parole, costruzione *f* della frase. ~ **painter** *s.* scrittore *m* (*f* –trice) pittorico. ~ **painting** *s.* descrizione *f* pittorica, pittura *f*. **'~-'perfect** *a.* 1 (*of a*

---

person) che conosce (*o* sa) qc. a memoria. 2 (*of a speech, part, etc.*) impresso bene nella memoria, imparato perfettamente a memoria. ~ **picture** *s.* descrizione *f* pittoresca (*o* vivida). ~ **play** *s.* 1 arguzia *f* verbale, spirito *m* basato su giochi di parole. 2 (*instance*) gioco *m* di parole. ~ **processing** *s.* ⟨*Inform*⟩ elaborazione *f* di testi. ~ **processor** *s.* elaboratore *m* di testi. ~ **splitting** *s.* pedanteria *f.* ~ **stress** *s.* ⟨*Fon*⟩ accento *m* della parola.

wordy ['wə:di] *a.* verboso, prolisso.

wore [wɔ:] → **wear**[1].

work[1] [wə:k] *s.* 1 lavoro *m*. 2 (*task*) lavoro *m*, attività *f*, opera *f: I've finished my* ~ ho terminato il mio lavoro. 3 (*employment*) lavoro *m*, impiego *m*, occupazione *f: to look for* ~ cercare lavoro; (*occupation*) mestiere *m*, professione *f*, lavoro *m: what is your* ~? che mestiere fai? 4 (*product of exertion or artistic activity*) opera *f*, lavoro *m: the exhibition is the* ~ *of schoolchildren* la mostra è opera degli scolari; *literary –s* lavori letterari. 5 (*manner of working*) esecuzione *f*, fattura *f*, lavorazione *f*. 6 (*material worked on*) pezzo *m* ⌐da lavoro⌐ (*o* in lavorazione). 7 *pl.* ⟨*Mecc*⟩ meccanismo *m*, elementi *mpl* (*o* parti *fpl*) mobili: *the –s of a clock* il meccanismo di un orologio. 8 *pl.* (*factory, plant;* costr. sing. o pl.) fabbrica *f*, stabilimento *m: the strikers picketed the –s* gli scioperanti picchettarono la fabbrica. 9 ⟨*Fis*⟩ lavoro *m*. 10 *pl.* ⟨*Rel*⟩ opere *fpl*. 11 *pl.* ⟨*sl*⟩ (*everything*) tutto *m: the whole* ~ *was stolen* fu rubato tutto. 12 *pl.* ⟨*Edil,Minier*⟩ opera *f*, opere *fpl*, strutture *fpl*. 13 ⟨*Mil*⟩ fortificazione *f*, opera *f* fortificata. 14 ⟨*Minier*⟩ (*undressed ore*) minerale *m* grezzo (*o* non trattato). ☐ ~ *of* **art**: 1 opera *f* d'arte; 2 (*fig*) opera *f* d'arte, capolavoro *m*, gioiello *m; at* ~: 1 al lavoro, impegnato a lavorare; 2 (*in operation*) in azione, all'opera, in attività; *don't ring me at* ~ non telefonarmi in ufficio; *there are several factors at* ~ ci sono diversi fattori in gioco; *to be at* ~ *on* (*o upon*) *s.th.* lavorare a qc., essere occupato a fare qc.; ⟨*fam*⟩ *it's all in a* **day's** ~ è del tutto normale, è una cosa di tutti i giorni, è roba di ordinaria amministrazione; *the* **Devil** *and all his –s* ⌐il diavolo⌐ (*o* Satana) e le sue opere; *to do its* ~ (*to have its effect*) fare effetto, produrre effetti; ⟨*sl*⟩ *to* **get** *the –s:* 1 (*to be treated badly*) essere bistrattato (*o* strapazzato); 2 (*to be murdered*) essere ammazzato (*o* fatto fuori); *to get to* ~ mettersi ⌐al lavoro⌐ (*o* all'opera); ⟨*sl*⟩ *to* **give** *s.o. the –s:* 1 (*to treat badly*) bistrattare qd., strapazzare qd.; 2 (*to murder*) far fuori qd.; *to* **go** *about one's* ~ = *to* **set** *about one's work; to go to* ~ mettersi ⌐al lavoro⌐ (*o* all'opera); ⟨*sl*⟩ *to* **gum** *up the –s* rovinare tutto, mandare tutto in malora; **in** ~ impiegato, occupato, che ha un lavoro; *to* **live** *by one's* ~ vivere del proprio lavoro; *to* **make** ~ *for s.o.* dare del lavoro a qd., dare a qd. qc. da fare; *it was the* ~ *of a* **moment** *to force open the door* forzare la porta fu questione di un momento; **out** *of* ~ senza lavoro, disoccupato, a spasso; ⟨*Ind*⟩ ~ *in* **progress** prodotti *mpl* in lavorazione; *to* **set** *about one's* ~ cominciare a lavorare.

work[2] *v.* (*pret., p.p.* **worked** [–t]/*non com.* **wrought** [rɔ:t]) **I** *v.i.* 1 lavorare, svolgere un'attività, fare un lavoro: *to* ~ *hard* lavorare sodo; *to* ~ *for a publishing company* lavorare per una casa editrice; (*to be employed*) lavorare, avere un lavoro (*o* impiego): *to* ~ *as a secretary* lavorare come segretaria. 2 (*to be in operation*) funzionare, essere in funzione, lavorare, andare: *the television isn't –ing* la televisione non funziona; *this razor –s by battery* questo rasoio va a batteria. 3 (*to produce a desired effect*) funzionare, essere efficace, riuscire: *the plan –ed very well* il piano funzionò perfettamente. 4 (*to permit of being worked*) lavorarsi, manipolarsi: *dry clay –s badly* l'argilla secca si lavora male. 5 (*to move agitatedly*) agitarsi, muoversi con vivacità; (*of features, faces*) contrarsi, distorcersi. 6 (*to move, progress laboriously*) farsi strada a fatica (*o* stento), avanzare con difficoltà. 7 ⟨*Mar*⟩ (*to beat the windward*) bordeggiare; (*of ships' parts*) allascarsi, allentarsi. 8 (*of yeast, etc.: to ferment*) fermentare. **II** *v.t.* 1 far lavorare: *he –s his men hard* fa lavorare sodo i suoi uomini. 2 (*of machinery, etc.*) far funzionare (*o* andare, lavorare), azionare, manovrare. 3 (*to effect*) fare, operare, compiere, realizzare, effettuare: *to* ~ *miracles* fare miracoli; *time wrought many changes in the town* il tempo ha operato molti cambiamenti in città. **4** (*to knead, manipulate*) lavorare, manipolare: *to* ~ *dough* lavorare la pasta. **5** (*to fashion, shape*) formare, foggiare, lavorare. **6** (*Lav.femm*) ricamare. **7** (*of land*) coltivare, lavorare. **8** (*Minier*) coltivare, sfruttare. **9** (*of a farm*) condurre, dirigere. **10** (*to operate in*) lavorare in, operare in: *the salesman was given a new area to* ~ il piazzista ebbe una nuova zona in cui lavorare. **11** (*to pay for by working*) pagare lavorando (*o* col lavoro): *to* ~ *one's passage* pagarsi il viaggio (su una nave) lavorando. **12** (*to control the operation of*) comandare: *this switch* –*s all the lights* questo interruttore comanda tutte le luci. **13** (*to cause to move gradually*) spostare piano piano, muovere ‿a grado a grado˥ (*o* poco per volta). **14** (*to cause to move agitatedly*) contrarre (*o* muovere) nervosamente, muovere spasmodicamente: *to* ~ *one's jaws* contrarre nervosamente le mascelle. **15** (*to make use of*) usare, sfruttare, adoperare, utilizzare, ricorrere a: *he* –*ed what little influence he had in high places* sfruttò quel po' d'influenza che aveva nelle alte sfere. ▢ (*fig*) *he was* –*ing against us* lavorava ai nostri danni; *to* ~ *around* = *to work round*; *to* ~ *at* lavorare a, essere occupato (*o* impegnato) con; *to* ~ *at the weaver's trade* fare il tessitore; *to* ~ **away** continuare a lavorare, andare avanti con il lavoro; *to* ~ **back** spostare (*o* muovere) indietro, far andare indietro; *it* –*ed like a* **charm** ebbe un effetto miracoloso, funzionò come per incanto; *to* ~ **down**: 1 (*to descend gradually*) scendere a poco a poco, calare gradatamente; 2 (*to cause to descend gradually*) abbassare (*o* far scendere) a poco a poco, calare gradatamente; *to* ~ **in**: 1 inserire, introdurre, infilare; 2 (*to rub in*) frizionare, far penetrare frizionando: *to* ~ *in an ointment* frizionare un unguento; 3 (*to introduce, insinuate*) introdurre, inserire; *to* ~ **into**: 1 far entrare, introdurre, infilare; 2 (*to introduce*) introdurre, inserire: *to* ~ *an anecdote into a speech* introdurre un aneddoto in un discorso; (*fam*) *to* ~ **it** combinare la cosa, sistemare la faccenda; *to* ~ **loose**: 1 (*of a screw, etc.*) allentarsi; 2 (*Mecc*) lavorare in folle; *to* ~ **off**: 1 (*to get rid of by activity*) liberarsi (lavorando) di; 2 (*of feelings*) sfogare; 3 (*to pay off by working*) pagare lavorando (*o* in lavoro); 4 (*Tip*) stampare, tirare; *to* ~ **on**: 1 lavorare a: *he is* –*ing on a new novel* sta lavorando a un nuovo romanzo; 2 (*to affect, influence*) influenzare, influire su; *to* ~ **out**: 1 risolvere, trovare la soluzione di: *to* ~ *out a problem* risolvere un problema; 2 (*to elaborate, evolve*) elaborare, sviluppare: *to* ~ *out a plan* elaborare un piano; 3 (*to arrive at by calculation*) calcolare, determinare (*o* ricavare) con il calcolo: *to* ~ *out the total* calcolare il totale; 4 (*to manipulate so as to cause to come out*) far uscire, far venir fuori; 5 (*to effect by work, effort*) realizzare, attuare, fare; 6 (*to turn out, prove*) risolversi, (andare a) finire: *everything* –*ed out fine in the end* alla fine tutto si risolse bene; 7 (*to turn out well*) riuscire, andare (tutto) liscio (*o* bene): *the plan didn't* ~ *out* il piano non riuscì; 8 (*to come out gradually*) venir fuori piano piano, uscire a poco a poco; 9 (*Minier*) esaurire; 10 (*Sport*) allenarsi; *to* ~ *out one's destiny* essere l'artefice del proprio destino; *to* ~ **out** to ammontare a, ascendere a, assommare a: *the total* –*s out to ninety–five* il totale ammonta a novantacinque; *to* ~ **over**: 1 (*to examine thoroughly*) esaminare attentamente, setacciare; 2 (*to rework*) rifare; 3 (*sl*) *to beat up*) pestare, massacrare; *to* ~ *o.s. into a* **rage** montare in collera a poco a poco; *to* ~ **round**: 1 far girare; 2 (*to turn gradually*) girare gradatamente; 3 (*of wind*) girare; *to* ~ **up**: 1 suscitare, eccitare, stimolare, scatenare; 2 (*to elaborate, work out*) elaborare, sviluppare; 3 (*to rise gradually*) salire ‿piano piano˥ (*o* a poco a poco): *her skirt had* –*ed up above her knees* la gonna le era salita piano piano sopra le ginocchia; 4 (*to rise gradually in intensity*) intensificarsi gradualmente, farsi (*o* diventare) via via più intenso; 5 (*to improve in efficiency*) diventare (*o* farsi) più efficiente, migliorare in efficienza; *to* ~ **upon** (*to affect, influence*) influire su, influenzare.

workability [ˌwɔːkəˈbiliti] *s.* l'essere lavorabile, lavorabilità

f. **'workable** [–bl] *a.* **1** lavorabile, che si può lavorare: ~ *clay* argilla lavorabile. **2** (*feasible*) realizzabile, attuabile, fattibile: *a* ~ *plan* un piano realizzabile. **3** (*of land*) coltivabile. **4** (*Minier*) sfruttabile. **'workableness** [–blnis] *s.* → **workability.**

workaday [ˈwɔːkədei] *a.* **1** di tutti i giorni, ordinario, quotidiano. **2** (*fig*) (*prosaic*) banale, prosaico; (*dull*) noioso.

workaholic [ˌwɔːkəˈhɔlik] *s.* maniaco *m* (*f* –a) del lavoro. **workaholism** [–lizm] *s.* mania *f* del lavoro.

work| area *s.* (*Inform*) area *f* di lavoro. **~bag** *s.* sacca *f* (*o* borsa) da lavoro. ~ **basket** *s.* cestino *m* da lavoro. **~bench** *s.* (*tecn*) banco *m* da lavoro. ~ **box** *s.* **1** cassetta *f* ˥degli arnesi˥ (*o* da lavoro). **2** → **work basket.** **~day** *s.* giorno *m* lavorativo (*o* feriale, di lavoro).

worked [wɔːkt] *a.* (*tecn*) lavorato.

worked up *a.* (*fam*) **1** (*excited*) agitato, eccitato, teso. **2** (*angry*) arrabbiato, (*fam*) nero.

worker [ˈwɔːkə] *s.* **1** chi fa, chi opera, autore *m* (*f* –trice), artefice *m/f.* **2** (*employee*) impiegato *m* (*f* –a). **3** (*member of the working class*) operaio *m* (*f* –a), lavoratore *m* (*f* –trice). **4** (*Entom*) operaia *f.*

worker bee *s.* (*Entom*) ape *f* operaia, ape *f* bottinatrice, bottinatrice *f.*

workers' compensation *s.* (*Assic*) indennizzo *m* per infortunio sul lavoro.

work| ethics *s.pl.* etica *f* professionale. **~fellow** *s.* compagno *m* (*f* –a) di lavoro, collega *m/f.* ~ **file** *s.* archivio *m* di lavoro. ~ **force** *s.* forza *f* (*o* forze *fpl*) di lavoro. **~horse** *s.* **1** cavallo *m* da lavoro. **2** (*fig*) chi lavora come una bestia, lavoratore *m* accanito (*o* indefesso). **~house** *s.* **1** ricovero *m* (*o* asilo) di mendicità (in cui i ricoverati abili lavorano). **2** (*am*) (*house of correction*) casa *f* di lavoro. **'~-'in** *s.* assemblea *f* permanente dei lavoratori.

working [ˈwɔːkiŋ] **I** *s.* **1** lavoro *m.* **2** (*operation, activity*) attività *f*, funzionamento *m.* **3** (*process of manipulating, moulding, etc.*) lavorazione *f.* **4** *pl.* (*Minier*) scavi *mpl*; (*shafts*) pozzi *mpl.* **5** (*process of fermenting*) fermentazione *f.* **6** *pl.* (*twisting motions*) contrazioni *fpl.* **II** *a.* **1** attivo, che lavora, lavoratore: *the* ~ *population* la popolazione attiva. **2** (*operating*) funzionante, operante. **3** (*used in working*) di (*o* da) lavoro: ~ *tools* attrezzi di lavoro; ~ *clothes* abiti da lavoro.

working| beam *s.* (*tecn*) bilanciere *m.* ~ **capital** *s.* (*Econ*) capitale *m* d'esercizio. **~-class** *a.* della (*o* relativo alla) classe operaia (*o* lavoratrice). ~ **class** *s.* classe *f* operaia (*o* lavoratrice), proletariato *m.* **~climate** *s.* atmosfera *f* sul posto di lavoro. ~ **cost** *s.* costo *m* d'esercizio. ~ **credit** *s.* (*Econ*) credito *m* d'esercizio. ~ **day** *s.* → **workday.** ~ **depth** *s.* (*tecn*) altezza *f* utile. ~ **drawing** *s.* disegno *m* costruttivo. ~ **environment** *s.* ambiente *m* di lavoro. ~ **expenses** *s.pl.* (*Econ*) spese *fpl* d'esercizio. ~ **face** *s.* **1** (*Minier*) sezione *f* di scavo. **2** (*Fal,Mur*) faccia *f* (*o* superficie) di lavoro. ~ **hour** *s.* ora *f* ˥di lavoro˥ (*o* lavorativa). ▢ –*s lost* ore lavorative perdute ˥(per scioperi, ecc.); *reduction of* –*s* riduzione *f* dell'orario lavorativo. ~ **hypothesis** *s.* ipotesi *f* di lavoro. ~ **life** *s.* **1** periodo *m* di vita lavorativa. **2** (*Mecc*) durata *f*, vita *f.* ~ **load** *s.* carico *m* di lavoro. **~man** [mən] *s.irr.* operaio *m.* ~ **memory** *s.* (*Inform*) memoria *f* di lavoro. ~ **model** *s.* (*Mecc*) modello *m* funzionante. ~ **order** *s.* buone condizioni *fpl*, condizioni d'efficienza. ▢ (*Mecc*) *in* ~ funzionante, in grado di funzionare. **~-out** *s.* elaborazione *f: the* ~ *of a plan* l'elaborazione di un piano. ~ **part** *s.* (*Mecc*) parte *f* mobile. ~ **party** *s.* **1** (*Pol*) gruppo *m* di studio, commissione *f* di studio. **2** (*Mil*) squadra *f* addetta a compiti speciali. ~ **plan** *s.* → **working drawing.** ~ **storage** *s.* → **working memory.** ~ **tool** *s.* strumento *m* di lavoro. ~ **week** *s.* settimana *f* lavorativa. **~woman** *s.irr.* operaia *f.*

workless [ˈwɔːklis] *a.* senza (*o* privo di) lavoro, disoccupato.

work| load *s.* carico *m* di lavoro. **~man** [mən] *s.irr.* **1** operaio *m.* **2** (*craftsman*) artigiano *m.*

workmanlike [ˈwɔːkmənlaik], **workmanly** [–li] *a.* ben fatto, abile, fatto con bravura: *a ~ report* una relazione ben fatta. **workmanship** [–nʃiŋ] *s.* **1** maestria *f,* perizia *f,* abilità *f,* bravura *f.* **2** (*mode of execution*) esecuzione *f,* fattura *f,* lavorazione *f.*

workmen's compensation *s.* → **workers' compensation.**

work| order *s.* 〈*Comm*〉 ordine *m* di lavorazione. **~out** *s.* **1** 〈*Sport*〉 allenamento *m.* **2** 〈*estens*〉 (*test, trial*) prova *f.* **~people** *s.pl.* lavoratori *mpl,* operai *mpl.* **~piece** *s.* pezzo *m* ⌈da lavorare⌉ (*o* in lavorazione). **~place** *s.* posto *m* di lavoro. **~ release** *am. s.* 〈*Dir*〉 regime *m* di semilibertà. **~ rest** *s.* 〈*Mecc*〉 supporto *m* del pezzo. **~room** *s.* locale *m* (*o* stanza *f*) di lavoro, laboratorio *m.*

works| committee, ~ council *s.* consiglio *m* di fabbrica.

work|shop *s.* **1** officina *f,* laboratorio *m.* **2** 〈*Teat*〉 teatro *m* di prova. **3** (*meeting*) riunione *f* di lavoro; (*seminar*) seminario *m.* **4** (*meeting*) riunione *f* di lavoro; (*study group*) gruppo *m* di studio; (*seminar*) seminario *m.* □ 〈*Stor,fig*〉 *the ~ of the world* l'Inghilterra. **~-shy** *a.* pigro, neghittoso, indolente, che non ha voglia di lavorare.

works manager [wəːks] *s.* direttore *m* di produzione.

work| stoppage *s.* interruzione *f* del lavoro (per protesta, ecc.). **~ study** *s.* studio *m* di organizzazione del lavoro. **~table** *s.* **1** tavolo *m* (banco) da lavoro. **2** (*for needlework, etc.*) tavolino *m* da lavoro. **~-to-rule** *s.* sciopero *m* bianco. **~'-'up** *s.* 〈*Med*〉 analisi *f* diagnostica dettagliata. **~week** ~ *s.* settimana *f* lavorativa.

world [wəːld] **I** *s.* **1** mondo *m,* terra *f,* globo *m* (terrestre): *the strongest man in the ~* l'uomo più forte del mondo: *to fly round the ~* volare intorno alla terra. **2** (*division of the earth*) mondo *m,* parte *f* del mondo: *the Old World* il vecchio mondo. **3** (*period of human history*) mondo *m: the ~ of the Renaissance* il mondo del Rinascimento. **4** 〈*fig*〉 (*mankind*) umanità *f,* uomini *mpl,* genere *m* umano, mondo *m*; (*people, the public*) mondo *m,* società *f.* **5** 〈*fig*〉 (*mundane affairs*) mondo *m,* cose *fpl* mondane: *to renounce the ~* rinunciare al mondo. **6** 〈*fig*〉 (*sphere, domain*) mondo *m,* ambiente *m* (sociale): *the fashionable ~* il bel mondo. **7** (*fam*) (*large amount, number*; spesso al pl.) grande quantità *f,* mondo *m,* 〈*fam*〉 mucchio *m,* 〈*fam*〉 sacco *m: a ~ of trouble* un mucchio di guai. **8** 〈*Biol*〉 mondo *m,* regno *m: the vegetable ~* il mondo vegetale. **9** 〈*Astr*〉 corpo *m* celeste, astro *m.* **II** *a.* mondiale, del mondo. □ *against the ~* contro tutto e contro tutti; *to be all the ~ to s.o.* essere tutto (il mondo) per qd.; *to be alone in the ~* essere solo al mondo; 〈*fig*〉 *to make the* best *of both –s* conciliare i piaceri del mondo con quelli dello spirito; *the best of all possible –s* il migliore dei mondi possibili; *to go to a* better ~ passare a miglior vita; *to* bring *into the ~*: 1 (*to give birth to*) mettere al mondo, dare alla luce; 2 (*to assist at the birth of*) far nascere, far venire al mondo; 〈*fig*〉 *to* carry *the ~ before one* avere pieno successo, avere grande fortuna; *the ~ to* come l'altro mondo, l'aldilà; *to come into the ~* venire ⌈al mondo⌉ (*o* alla luce); 〈*Rel*〉 ~ Council *of Churches* Concilio ecumenico delle chiese; *to the ⌈~'s⌉ end* (*o* end *of the world*): 1 fino alla fine del mondo, finché dura il mondo; 2 (*of space*) in capo al mondo; 〈*fig*〉 *to set the ~* on fire far furore, ottenere (*o* riscuotere) un successo strepitoso; for *the ~* per tutto l'oro del mondo; *for all the ~*: 1 proprio, esattamente come: *he looked for all the ~ as if he were about to faint* sembrava proprio che stesse per svenire; 2 = for *the world; for –s* = for *the world;* 〈*fig*〉 *to* give *the ~ for* dare qualunque (*o* qualsiasi) cosa per, dare tutto per; *how goes the ~ with you?* come va (la vita)?, come (ti) vanno le cose?; *in the ~* mai, diamine, 〈*fam*〉 diavolo: *where in the ~ have you been* dove mai sei stato?; *to* knock *about the ~* girovagare per il mondo; 〈*fig*〉 *to* know *the ~* conoscere il mondo, avere esperienza (delle cose) del mondo; *the* next *~ = the world to* come; nothing *in the ~* niente (*o* nulla) al mondo, assolutamente niente; 〈*fam*〉 out *of this ~* formidabile, eccezionale, favoloso; *to live out of the ~* fare vita ritirata; *all ⌈the ~* over⌉ (*o* over *the world*) in tutto il mondo, dappertutto; 〈*fig*〉 *he has* seen *the ~* conosce il mondo, ha esperienza ⌈del mondo⌉ (*o* della vita); *it's a* small ~!

com'è piccolo il mondo!; *you must* take *the ~ as you find it* bisogna prendere il mondo come viene; *to* think *the ~ of s.o.* avere molta stima di qd.; *this ~* questo mondo, questa vita; 〈*sl*〉 *to the ~* (*utterly*) totalmente, completamente: *asleep to the ~* profondamente addormentato; *drunk* (*o* dead) *to the ~* ubriaco fradicio; *tired to the ~* stanco morto; *the whole ~ knows* lo sanno tutti; *all the ~ and his* wife il bel mondo al gran completo, tutti quelli che contano; *~ without end* per sempre, eternamente, per l'eternità.

World| Bank *s.* banca *f* mondiale. **~ economic crisis** *s.* crisi *f* economica mondiale. **~-famous** *a.* di fama mondiale, famoso (*o* celebre) in tutto il mondo. **~ Food Conference** *s.* conferenza *f* mondiale dell'alimentazione. **~ food programme** *s.* programma *m* alimentare mondiale. **~ government** *s.* governo *m* mondiale. **~ language** *s.* lingua *f* internazionale (*o* universale).

worldliness ['wəːldlinis] *s.* mondanità *f,* carattere *m* mondano.

worldling ['wəːldliŋ] *s.* persona *f* mondana (*o* dedita ai piaceri mondani).

worldly ['wəːldli] *a.* **1** terreno, mondano, temporale, secolare: ~ *goods* beni terreni; ~ *pleasures* piaceri mondani. **2** (*devoted to this life and its enjoyments*) mondano. **3** (*secular*) secolare, laico. **~ly-minded** *a.* attaccato alle cose ⌈del mondo⌉ (*o* terrene). **~-wise** *a.* che ha esperienza ⌈della vita⌉ (*o* del mondo), navigato, esperto.

world| market *s.* mercato *m* internazionale. **~ power** *s.* potenza *f* mondiale. **~ première** *s.* 〈*Teat,Cin*〉 prima *f* mondiale (*o* assoluta). **~ record** *s.* 〈*Sport*〉 record *m* (*o* primato) mondiale. **~ war** *s.* guerra *f* mondiale. □ 〈*Stor*〉 *~ I* prima guerra mondiale, grande guerra *f; ~ II* seconda guerra mondiale. **~-weariness** *s.* stanchezza *f* (*o* tedio *m*) della vita, noia *f* di vivere. **~-weary** *a.* stanco ⌈della vita⌉ (*o* del mondo). **~-wide I** *a.* universale, mondiale. **II** *avv.* a livello mondiale.

worm [wəːm] **I** *s.* **1** 〈*Zool*〉 verme *m*; (*insect larva*) bruco *m,* larva *f.* **2** 〈*Entom*〉 (*woodworm*) tarlo *m* (del legno). **3** 〈*fig*〉 (*contemptible person*) essere *m* (*o* persona *f*) spregevole, verme *m.* **4** 〈*fig*〉 (*s.th. that torments inwardly*) tarlo *m,* rodimento *m,* assillo *m: the ~ of conscience* il tarlo del rimorso. **5** *pl.* 〈*Med*〉 elmintiasi *f,* elmintosi *f.* **6** 〈*Mecc*〉 vite *f* senza fine. **7** 〈*Pesc*〉 lombrico *m.* **II** *v.i.* **1** serpeggiare, muoversi (serpeggiando), strisciare. **2** 〈*Mar*〉 intregnare un cavo. **III** *v.t.* **1** insinuare, infilare. **2** 〈*rifl*〉 (*to insinuate o.s.*) insinuarsi, infilarsi (*into,* in). **3** (*to obtain by insidious methods*) estorcere, carpire, strappare (subdolamente): *to ~ a secret out of s.o.* estorcere un segreto a qd.; *to ~ a promise from s.o.* strappare una promessa a qd. **4** (*to remove worms from, free of worms*) liberare dai vermi. **5** 〈*Mecc*〉 filettare. □ *to ~ free* svincolarsi; *to ~ one's way* insinuarsi strisciando. *Prov.: even a ~ will turn* la pazienza ha un limite.

worm| breeder *s.* vermicoltore *m.* **~ breeding** *s.* vermicoltura *f.* **~cast** *s.* terra *f* scavata da un lombrico. **~ conveyor** *s.* 〈*tecn*〉 convogliatore *m* a coclea. **~eaten** *a.* **1** tarlato, roso dai tarli (*o* vermi). **2** 〈*fig*〉 antiquato, decrepito. **~ fishing** *s.* pesca *f* coi lombrichi. **~ gear** *s.* 〈*Mecc*〉 **1** ingranaggio *m* elicoidale. **2** → **worm wheel.** **~ gearing** *s.* trasmissione *f* con vite perpetua. **~hole** *s.* **1** galleria *f* scavata da un verme. **2** (*in wood*) tarlatura *f.* **~holed** *a.* tarlato.

wormlike ['wəːmlaik] *a.* vermiforme, simile a un verme.

worm-powder *s.* 〈*Farm*〉 polvere *f* vermifuga.

worm's-eye view *s.* vista *f* (*o* visione *f*) dal basso.

worm|-wheel *s.* 〈*Mecc*〉 ruota *f* elicoidale. **~wood** *s.* **1** 〈*Bot*〉 assenzio *m* romano (*o* maggiore). **2** 〈*fig*〉 amarezza *f,* mortificazione *f.*

wormy ['wəːmi] *a.* **1** infestato di vermi; (*abounding in worms*) verminoso, brulicante di vermi. **2** (*worm–eaten*) tarlato, roso dai vermi. **3** 〈*fig*〉 strisciante, spregevole, abietto.

worn[1] [wəːn] → **wear**[1].

worn[2] *a.* **1** usato: ~ *clothing* indumenti usati. **2** 〈*fig*〉 (*exhausted*) esausto, estenuato, sfinito.

'worn-'out *a.* **1** consunto, logoro, frusto. **2** (*exhausted*) esausto, estenuato, sfinito, logoro. **3** ⟨*fig*⟩ (*trite, hackneyed*) trito (e ritrito), vieto, frusto.

worried ['wʌrid] *a.* **1** preoccupato, impensierito, inquieto, in ansia. **2** (*expressive of worry*) turbato, ansioso, preoccupato: *a ~ look* un'espressione turbata. **worriedly** [-li] *avv.* ansiosamente, con preoccupazione. **worrier** [-riə] *s.* chi causa preoccupazioni, chi provoca fastidi (*o* seccature). **worrisome** [-risəm] *a.* **1** preoccupante, inquietante; (*annoying*) fastidioso, molesto, seccante. **2** (*inclined to worry*) che si preoccupa, ansioso, apprensivo.

worrit ['wʌrit] *s./v.* ⟨*dial*⟩ → worry.

worry ['wʌri] **I** *s.* **1** preoccupazione *f*, ansia *f*, inquietudine *f*, affanno *m*. **2** (*cause of distress*) preoccupazione *f*, fastidio *m*, seccatura *f*, impiccio *m*, guaio *m*. **3** (*of a dog, a carnivorous animal*) l'azzannare, il dilaniare. **II** *v.t.* **1** preoccupare, impensierire, inquietare, turbare: *the child's health worried her* la salute del bambino la preoccupava. **2** (*to pester, annoy*) assillare, tormentare, molestare, infastidire, importunare, seccare. **3** (*to obtain by pestering*) strappare (*o* ottenere) a furia di insistere: *to ~ a promise out of s.o.* strappare una promessa a qd. a furia di insistere. **4** (*of a dog, etc.*) azzannare, dilaniare. **III** *v.i.* **1** preoccuparsi, prendersela, impensierirsi, inquietarsi, affannarsi: *don't ~, everything will be all right* non te la prendere, tutto si sistemerà. **2** (*of a dog, carnivorous animal*) dare morsi (*at* a), azzannare (qc.). □ *to ~* **along** (*to manage to get along*) cercare di ‾tirare avanti‾ (*o* farcela); *to ~ o.s. to* **death** preoccuparsi da morire; *to ~* **out** *a problem* risolvere un problema a furia di pensarci su; ⟨*fam*⟩ *I should ~!* sai che me ne importa!, non me ne importa un fico (secco); *to ~* **through** trarsi d'impaccio, sbrigarsela.

worrying ['wʌriŋ] *a.* **1** ansioso, preoccupato. **2** (*causing worry*) preoccupante, inquietante.

worse [wəːs] **I** *a.* (*compar. di bad, ill*) **1** (*of inferior quality*) peggiore, meno buono, più cattivo (*o* scadente), di peggiore qualità. **2** (*less pleasant, desirable*) peggiore, meno piacevole (*o* gradevole), meno allettante. **3** (*poorer in health*) in peggiori condizioni di salute, peggiorato (in salute), più malandato. **4** (*more bad, evil*) peggiore, più cattivo. **II** *avv.* (*compar. di bad, ill*) peggio, in modo peggiore: *he's behaving ~ than ever* si comporta peggio che mai. **III** *s.* (*s.th. worse*) peggio *m/f* (fra due cose), cosa *f* peggiore (fra due): *~ was to come* il peggio doveva ancora venire; *things are going from bad to ~* le cose vanno di male in peggio. □ *~* **and** *~* sempre peggio; *a fate ~ than* **death** un destino peggiore della morte; *to be the ~ for* drink sentirsi male per aver bevuto troppo; *to* **get** *~* peggiorare; *to make* **matters** *~* per (*o* a) peggiorare le cose (*o* la situazione); *we are ~* **off** *than before* stiamo peggio di prima; *so much the ~* (tanto) peggio: *so much the ~ for you* peggio per te; *to be* (*the*) *~ for* **wear** essere malridotto (dall'uso), essere logoro.

worsen ['wəːsn] **I** *v.t.* peggiorare, rendere peggiore, aggravare. **II** *v.i.* peggiorare, diventare (*o* farsi) peggiore, aggravarsi. **worsening** [-iŋ] *s.* peggioramento *m*, aggravamento *m*.

worship[1] ['wəːʃip] *s.* **1** ⟨*Rel*⟩ adorazione *f*, culto *m*; (*service*) ufficio *m*, uffizio *m*, funzione *f*. **2** ⟨*adoring reverence*⟩ culto *m*, idolatria *f*, venerazione *f*. **3** ⟨*rar*⟩ (*honour, repute*) buon nome *m*, (buona) reputazione *f*. **Worship** *s.* (*as a title*) eccellenza *f*, signoria *f*: *your Worship* vostra eccellenza.

worship[2] *v.* (*pret., p.p.* **worshipped**/*am.* **worshiped** [-t]) **I** *v.t.* **1** ⟨*Rel*⟩ adorare, venerare, onorare, fare oggetto di culto (*o* venerazione): *to ~ false gods* adorare false divinità. **2** ⟨*estens*⟩ idolatrare, adorare, venerare: *to ~ money* idolatrare il denaro; *he ~s his wife* adora la moglie. **II** *v.i.* ⟨*Rel*⟩ **1** compiere atti di devozione (*o* pietà). **2** (*to attend a religious service*) andare in chiesa, assistere alle funzioni.

worshiper *am. s.* → **worshipper**.

Worshipful ['wəːʃipful] *a.* (*address*) onorevole, eccellentissimo.

worshipper ['wəːʃipə] *s.* adoratore *m* (*f* –trice), veneratore *m* (*f* –trice), devoto *m* (*f* –a). □ *the ~s* i fedeli.

worst [wəːst] **I** *a.* (*sup. di bad, ill*) **1** il peggiore, il più

cattivo: *the ~ sort of crime* il peggior genere di crimine. **2** (*of the poorest quality*) il peggiore, il più scadente (*o* cattivo). **3** (*most unpleasant*) il più brutto, il peggiore, più spiacevole (*o* sgradevole): *the ~ day in my life* il giorno più brutto della mia vita. **4** (*most incorrect, faulty*) il peggiore, il più errato (*o* sbagliato): *the ~ possible decision* la peggiore decisione possibile. **5** (*most serious*) il più serio, il più grosso, il più grave: *our ~ problem* il nostro problema più serio. **6** (*least skilful*) il peggiore, il meno abile: *the ~ player on the team* il peggior giocatore della squadra. **II** *avv.* (*sup. di badly, ill*) **1** peggio, in modo peggiore: *the ~ dressed man in town* l'uomo peggio vestito della città. **2** (*to the greatest degree*) più: *his wife suffered ~ of all* sua moglie soffrì più di tutti. **III** *s.* **1** (*worst thing*) peggio *m/f*, cosa *f* peggiore: *to choose the ~* scegliere la cosa peggiore; *the ~ was yet to come* il peggio doveva ancora venire. **2** (*worst person*) il peggiore, la peggiore: *of all the rogues I have known you are the ~* fra tutti i mascalzoni che ho conosciuto, tu sei il peggiore. **IV** *v.t.* sconfiggere, avere il meglio su, vincere, battere: *to be –ed in an encounter* venire sconfitto in un incontro. □ *at one's ~* nelle peggiori condizioni, nel momento peggiore, nello stato peggiore: *what with the weather and the strikes we saw the country at its ~* un po' per il tempaccio e un po' per gli scioperi, vedemmo il paese nelle condizioni peggiori; *at* (*the*) *~* alla peggio, al peggio, (per) male che vada: *at ~ we shall have to postpone it for a few days* alla peggio dovremo rimandarlo di qualche giorno; *if* (*the*) *~* **comes** *to* (*the*) *~* se succede (*o* succedesse) il peggio, se le cose volgono al peggio; *to* **fear** *the ~* temere il peggio; *to* **give** *s.o. the ~* **of** *it* battere qd., sconfiggere qd.; *to* **prepare** *for the ~* prepararsi (l'animo) al peggio; **tell** *me the ~* forza, dimmi tutto.

worsted ['wustid] **I** *s.* ⟨*Tess*⟩ pettinato *m*, tessuto *m* pettinato. **II** *a.* (*fabric*) di pettinato.

wort[1] [wəːt] *s.* ⟨*Bot*⟩ **1** (nei composti) pianta *f* (erbacea), erba *f*. **2** ⟨*rar*⟩ (*potherb*) erbe *fpl*, verdure *fpl*.

wort[2] *s.* (*in brewing*) mosto *m* di malto (non ancora fermentato).

worth [wəːθ] **I** *a.* **1** ⟨*pred*⟩ (*having a value*) che vale, che ha un valore di, del valore di. **2** ⟨*pred*⟩ (*possessing*) che ha, che possiede, in possesso di (un certo patrimonio). **3** ⟨*pred*⟩ (*deserving*) che merita, degno, meritevole: *a book ~ reading* un libro che merita di essere letto. **II** *s.* **1** (*value*) valore *m*, pregio *m*: *he knows the price of everything and the ~ of nothing* sa il prezzo di tutto, ma non ne capisce il valore; (*monetary value*) valore *m*: *the ~ of a firm* il valore di un'azienda. **2** (*merit, excellence*) valore *m*, merito *m*: *men of ~* uomini di valore. **3** (*monetary equivalent of s.th.*) equivalente *m* (in denaro). **4** ⟨*ant*⟩ (*wealth*) ricchezza *f*, ricchezze *fpl*, beni *mpl*, averi *mpl*. □ *to be ~ the* **effort** valere la pena: *it's not ~ the effort* non (ne) vale la pena; *for all one is ~* al massimo delle proprie capacità, mettendocela tutta; *it rained for all it was ~* pioveva a dirotto; *we ran for all we were ~* corremmo a tutto spiano; *for what it is ~* per quel che vale; *to be ~ a* **fortune:** 1 valere una fortuna (*o* un tesoro); 2 (*of people*) avere soldi a palate, nuotare nell'oro; **how** *much is it ~? =* **what** *is it worth?; it's not ~ the* **price** non vale il prezzo che costa; ⟨*am.sl*⟩ *to* **put** *in one's two cents' ~* dire la propria (in una discussione), intervenire; *~* **speaking** *of* di (qualche) rilievo, degno di menzione, di cui valga la pena parlare; ⟨*fig*⟩ *he is ~ his* **weight** *in gold* vale tanto oro quanto pesa; **what** *is it ~?* quanto vale?, qual è il suo valore?; *to be ~ one's* **while** valere la pena, mettere conto. ‖ *to be ~ it* valerne la pena: *it was hard work but it was ~ it* è stata una faticaccia, ma ne valeva la pena; *he must be ~ a* **million** *dollars* deve possedere un milione di dollari.

worthily ['wəːðili] *avv.* degnamente, meritatamente, meritevolmente. **worthiness** [-ðinis] *s.* **1** merito *m*, valore *m*. **2** (*quality of being respectable*) rispettabilità *f*.

worthless ['wəːθlis] *a.* **1** di nessun valore, senza (*o* privo di) valore. **2** (*of no use*) inutile, che non serve (a nulla). **3** (*lacking moral character*) indegno, spregevole. **worthlessly** [-li] *avv.* **1** indegnamente. **2** (*uselessly*) inutilmente, senza scopo. **worthlessness** [-nis] *s.* **1**

mancanza *f* di valore. **2** (*uselessness*) inutilità *f.* **3** (*unworthiness*) indegnità *f.*

worthwhile, worth-while ['wə:θ'wail] *a.* utile, proficuo, fruttuoso: *a ~ experience* un'esperienza utile.

worthy ['wə:ði] **I** *a.* **1** meritevole, degno (*of* di), che merita (qc.): *~ of praise* meritevole di lode; *a building ~ of preservation* un edificio degno di essere conservato; (*in negative constructions*) da, degno: *such behaviour is not ~ of you* · un simile comportamento non è da te. **2** (*praiseworthy*) apprezzabile, pregevole, valido: *a ~ effort* uno sforzo apprezzabile. **3** (*of people: honourable*) onorevole, onorabile, rispettabile (*anche iron.*); (*sufficiently honourable*) degno (*anche iron.*): *a ~ successor* un degno successore. **II** *s.* **1** notabile *m*, personaggio *m*, personalità *f* (*anche iron.*): *the town worthies* i notabili della citta. **2** ⟨*scherz,iron*⟩ (*person*) tipo *m*, individuo *m.* □ *a ~ enemy* un degno avversario.

wost [wɔst] → wit[2].

wot[1] [wɔt] → wit[2].

wot[2] *v.i.* ⟨*dial,ant*⟩ sapere. □ ⟨*rar,scherz*⟩ *God ~!* Dio (solo lo) sa!, sa Iddio!

would [wud, wəd] *v.aus.* (*2[a] pers. sing.* would/*ant.* wouldst [wudst], *forma negativa* would not, wouldn't [wudnt]) **1** (*to indicate hypotheticality*) *translated with the conditional of the verb: if I were rich I ~ live in Capri* se fossi ricco vivrei a Capri; *I ~ have won if it hadn't been for you* avrei vinto se non fosse stato per te. **2** (*in negatives*) volli, volesti, ecc.: *he -n't help me* non volle aiutarmi; *the door -n't open* la porta non voleva aprirsi. **3** (*to indicate past habit*) ero solito, ecc., *often not translated: when I was a child I ~ often play truant* da bambino marinavo spesso la scuola. **4** (*to indicate future in the past*) *translated with the conditional of the verb: he said he ~ be late* disse che avrebbe fatto tardi; *I asked if he ~ have finished by midnight* chiesi se avrebbe finito per mezzanotte. **5** (*to express doubt*) *translated with the conditional of the verb: the explanation ~ seem to go deeper* la spiegazione sembrerebbe andare più a fondo. **6** (*to express desire, intention*) voglio, vuoi, ecc., desidero, ecc.: *he who ~ be saved let him believe in me* chi vuole salvarsi creda in me. **7** (*to express insistence*) volli, volesti, ecc.: *despite my warnings he ~ invest in the company* nonostante i miei avvertimenti volle investire nella società. □ *~ you close the door?* ti dispiace chiudere la porta?; *~ you please get me my hat?* vuoi darmi il cappello? **'would-'be** [wud] *a.* **1** aspirante, che ˈaspira aˈ (*o* vorrebbe) essere: *a ~ poet* un aspirante poeta. **2** (*intended to be*) preteso, che vorrebbe essere: *~ kindness* pretesa gentilezza. **3** (*possible*) possibile, eventuale: *~ enemies* possibili nemici.

wouldn't [wudnt] *contraz. di* would not.

wouldst [wudst] → would.

wound[1] [wu:nd] **I** *s.* **1** ferita *f* (*anche Bot.*). **2** ⟨*fig*⟩ (*injury to the feelings*) ferita *f*, offesa *f.* **3** ⟨*Bibl*⟩ piaga *f* (di Cristo). **II** *v.t.* **1** ferire, infliggere una ferita a. **2** ⟨*fig*⟩ (*to injure the feelings of*) ferire, offendere. □ ⟨*fig*⟩ *to leave a ~* lasciare il segno; *to lick one's -s* leccarsi le ferite (*anche fig.*); *an open ~* una ferita aperta (*o* non rimarginata) (*anche fig.*).

wound[2] [waund] → wind[2].

wounded ['wu:ndid] **I** *a.* **1** ferito: *a ~ soldier* un soldato ferito. **2** ⟨*fig*⟩ ferito, offeso: *~ pride* orgoglio ferito. **II** *s.* ⟨*collett*⟩ (costr. pl.) feriti *mpl: dead and ~* morti e feriti.

wove[1] [wouv] → weave[1].

wove[2] *a.* ⟨*Cart*⟩ retinato.

woven ['wouvn] → weave[1].

wow [wau] **I** *intz.* ⟨*fam*⟩ oh. **II** *s.* ⟨*sl*⟩ (*striking success, hit*) successone *m.* **III** *v.t.* ⟨*sl*⟩ (*to excite, thrill*) fare impazzire (di entusiasmo), mandare in visibilio (*o* delirio), far delirare.

WP = ⟨*Inform*⟩ *Word Processing* elaborazione dei testi.

W/R = ⟨*Comm*⟩ *Warehouse Receipt* ricevuta di magazzino.

WRAC, W.R.A.C. = ⟨*Mil*⟩ *Women's Royal Army Corps* Corpo delle ausiliarie dell'esercito inglese.

wrack [ræk] *s.* **1** ⟨*Mar*⟩ nave *f* naufragata; (*piece of* *wreckage*) relitto *m*, carcassa *f.* **2** (*seaweed cast ashore*) alghe *fpl* marine gettate sulla spiaggia dal mare. **3** ⟨*ant*⟩ (*destruction, ruin*) distruzione *f*, rovina *f*, naufragio *m.* □ *to go to ~* (*and ruin*) andare in malora (*o* rovina); *~ and ruin* rovina *f* e distruzione, rovina completa.

WRAF, W.R.A.F. = ⟨*Aer.mil*⟩ *Women's Royal Air Force* Corpo delle ausiliarie dell'aeronautica inglese.

wraith [reiθ] *s.* **1** apparizione *f* di una persona vivente (considerata presagio di morte). **2** ⟨*estens*⟩ (*ghost*) apparizione *f*, fantasma *m*, spettro *m.* **3** ⟨*fig*⟩ (*thin, pale person*) larva *f.*

wrangle [ræŋgl] **I** *v.i.* litigare, altercare, accapigliarsi, azzuffarsi: *the sons -d over the inheritance* i figli litigarono per l'eredità. **II** *s.* litigio *m*, lite *f*, alterco *m*, baruffa *f.* **'wrangler** [-ə] *s.* **1** chi litiga, ⟨*fam*⟩ attaccabrighe *m/f.* **2** ⟨*Univ*⟩ (*at Cambridge*) studente *m* classificato fra i primi nell'esame finale di matematica. **3** ⟨*am*⟩ (*one who wrangles cattle*) chi raduna il bestiame.

wrap[1] [ræp] *v.* (*pret., p.p.* wrapped/wrapt [-t]) **I** *v.t.* **1** (*spesso con* up) avvolgere, avviluppare, involgere, involtare: *to ~ a baby in a blanket* avvolgere un bambino in una coperta. **2** (*to envelop in paper;* spesso con *up*) incartare, avvolgere (*o* involtare) nella carta, confezionare, imballare: *to ~ a parcel* incartare un pacco. **3** (*of a covering*) avvolgere: *to ~ a towel round one's head* avvolgersi un asciugamano intorno alla testa. **4** (*to serve as a covering for*) coprire. **5** ⟨*fig*⟩ (*to envelop, shroud*) avvolgere, coprire: *the valley was -ped in mist* la valle era avvolta nella nebbia; *the deal was -ped in mystery* l'affare era avvolto nel mistero. **6** ⟨*fig*⟩ (*to engross;* spesso con *up*) assorbire, prendere, impegnare: *to be -ped up in one's work* essere assorbito nel lavoro. **II** *v.i.* avvolgersi, arrotolarsi. □ *to ~ up:* 1 impacchettare: *to ~ up a gift* impacchettare un regalo; 2 (*to put on warm clothing*) coprirsi (con indumenti pesanti): *~ up well before you go out* copriti bene prima di uscire; 3 ⟨*sl*⟩ (*to bring to a conclusion*) chiudere, concludere.

wrap[2] *s.* ⟨*Vest*⟩ indumento *m* (*o* capo di vestiario) da avvolgere intorno al corpo; (*shawl*) scialle *m*; (*blanket*) coperta *f.* □ ⟨*fam*⟩ *to keep s.th. under -s* tenere qc. segreto; *to take the -s off s.th.* svelare qc., rivelare qc.

wrap-around| **skirt** *s.* ⟨*Mod*⟩ gonna *f* a portafoglio. **~ windscreen, ~ windshield** *am. s.* ⟨*Aut*⟩ parabrezza *m* avvolgente.

wrappage ['ræpidʒ] *s.* **1** copertura *f*, involucro *m.* **2** (*wrapping material*) materiale *m* per avvolgere, involto *m*, involucro *m.* **wrapper** [-pə] *s.* **1** chi avvolge, avvolgitore *m* (*f* –trice), confezionatore *m* (*f* –trice). **2** (*s.th. used for wrapping*) involucro *m.* **3** ⟨*Post*⟩ fascia *f* (*o* fascetta) per stampati. **4** ⟨*Edit*⟩ copertina *f* volante. **5** ⟨*Vest*⟩ (*dressing gown*) vestaglia *f*, veste *f* da camera; (*shawl*) scialle *m.* **6** (*of a cigar*) foglia *f* esterna. **7** (*dustsheet*) copertura *f* contro la polvere. **wrapping** [-piŋ] *s.* **1** avvolgimento *m.* **2** *pl.* involucro *m*, copertura *f: to tear the -s from a parcel* strappare l'involucro di un pacco. **3** (*for babies, corpses*) fasce *fpl*, fasciatura *f.*

wrapt [ræpt] → wrap[1].

wrasse [ræs] *s.* ⟨*Itt*⟩ labro *m.*

wrath [rɔ(:)θ] *s.* collera *f*, ira *f*, rabbia *f.*

wrathful ['rɔ(:)θful] *a.* irato, adirato, arrabbiato. **wrathfully** [-i] *avv.* iratamente, irosamente, rabbiosamente. **wrathfulness** [-nis] *s.* ira *f*, rabbia *f*, furore *m.*

wreak [ri:k] *v.t.* **1** provocare, causare, produrre, arrecare, portare: *the storm -ed havoc on the crops* la tempesta provocò la devastazione delle colture. **2** (*to give vent to*) sfogare, dare sfogo (*o* libero corso) a: *to ~ one's wrath upon s.o.* sfogare la propria ira su qd. **3** ⟨*lett*⟩ (*of vengeance, retribution*) infliggere, far subire.

wreath [ri:θ] *s.* **1** corona *f*, ghirlanda *f*, ⟨*lett*⟩ serto *m: a laurel ~* un serto di alloro; *a funeral ~* una corona funebre. **2** (*circular arrangement*) corona *f*, cerchio *m*, anello *m*; (*of smoke, mist*) voluta *f*, spira *f*, spirale *f.*

wreathe [ri:ð] **I** *v.t.* **1** incoronare, inghirlandare. **2** (*to form into a wreath*) intrecciare in una ghirlanda; (*of wreaths*) intrecciare. **3** (*to coil, twist*) torcere, avvolgere, attorcigliare. **II** *v.i.* **1** avvolgersi, attorcigliarsi,

avvilupparsi. **2** (*to move in coils, spirals*) muoversi a
spirale (*o* spire), muoversi in volute; (*of smoke*) salire in
volute (*o* spire). □ *his face was -d in smiles* il suo volto
era tutto un sorriso.
wreck [rek] **I** *s.* **1** ⟨*Mar*⟩ naufragio *m;* (*wrecked ship*)
nave *f* naufragata, relitto *m*, carcassa *f;* (*goods, material
cast up on land*) relitti *mpl*, rottami *mpl.* **2** (*ruined
building*) rovina *f*, rudere *m*, macerie *fpl;* (*ruined
structure*) rudere *m*, rottame *m.* **3** ⟨*fig*⟩ (*destruction, ruin*)
naufragio *m*, rovina *f*, distruzione *f: the ~ of our plans* il
naufragio dei nostri progetti. **4** (*person, animal ruined in
health*) rottame *m*, rudere *m*, carcassa *f: drink had turned
him into a ~* (*of his former self*) l'alcool l'aveva ridotto a
un rottame. **II** *v.t.* **1** ⟨*Mar*⟩ far naufragare, provocare il
naufragio di. **2** (*to cause to be destroyed*) distruggere,
scassare, rompere; (*of buildings*) smantellare, demolire,
abbattere. **3** ⟨*fig*⟩ far naufragare, far fallire, mandare ꞌa
vuotoꞌ (*o* in fumo): *to ~ s.o.'s hopes* far naufragare le
speranze di qd. **III** *v.i.* naufragare, far naufragio. □
⟨*fam*⟩ *she is a nervous ~* ha i nervi a pezzi. **ꞌwreckage**
[-idʒ] *s.* **1** ⟨*Mar*⟩ naufragio *m;* (*remains*) relitti *mpl.* **2** (*of
vehicles, etc.*) rottame *m*, rottami *mpl;* (*of buildings*)
macerie *fpl.*
wrecker [ꞌrekə] *s.* **1** ⟨*Mar*⟩ ricuperatore *m* (di relitti);
(*vessel*) nave *f* ꞌdi soccorsoꞌ (*o* per ricuperi); (*one who
plunders wrecks*) saccheggiatore *m* di relitti; (*one who
causes wrecks for plunder*) chi provoca naufragi a scopo di
saccheggio. **2** (*housebreaker*) demolitore *m.* **3** ⟨*fig*⟩
distruttore *m* (*f* –trice). **4** ⟨*am.Aut*⟩ (*truck*) carro *m*
attrezzi (*o* di soccorso). **5** ⟨*am.Ferr*⟩ carro *m* (di)
soccorso.
wrecking [ꞌrekiŋ] **I** *s.* **1** ⟨*Mar*⟩ ricupero *m* di relitti; (*act
of causing wrecks for plunder*) il causare naufragi a scopo
di saccheggio. **2** ⟨*fig*⟩ rovina *f*, naufragio *m*, fallimento *m.*
II *a.* ⟨*am.Aut,Ferr*⟩ (di) soccorso.
wrecking| bar *am. s.* ⟨*tecn*⟩ piede *m* (*o* pie') di porco. **~
car** *am.s.* ⟨*Ferr*⟩ carro *m* (di) soccorso. **~ crew** *am. s.*
⟨*Ferr,Aut*⟩ squadra *f* di soccorso. **~ truck** *am. s.* ⟨*Aut*⟩
carro *m* attrezzi (*o* di soccorso).
wren [ren] *s.* ⟨*Ornit*⟩ scricciolo *m*, forasiepe *m*, forafratte
m.
Wren *s.* ⟨*Mar.mil*⟩ ausiliaria *f* della marina militare
inglese.
wrench [rentʃ] **I** *v.t.* **1** storcere, torcere (con violenza),
distorcere. **2** (*to pull violently*) strappare, tirare con forza.
3 ⟨*Med*⟩ slogarsi, storcersi: *to ~ an ankle* slogarsi una
caviglia. **4** ⟨*fig*⟩ strappare, allontanare (*o* separare) a
forza: *refugees -ed from their homeland* profughi strappati
alla loro patria. **5** ⟨*fig*⟩ (*to distort*) distorcere, falsare,
travisare, svisare. **II** *s.* **1** storta *f*, torsione *f* brusca: *to
give s.o.'s arm a ~* dare una storta al braccio di qd. **2**
(*violent pull*) strappo *m*, strappata *f*, strattone *m*, stratta *f.*
3 ⟨*Med*⟩ distorsione *f*, slogatura *f.* **4** ⟨*fig*⟩ (*grief at
separation*) grande dolore *m*, schianto *m*, strazio *m.* **5**
⟨*fig*⟩ (*distortion*) distorsione *f*, travisamento *m*, svisamento *m.* **6** ⟨*Mecc*⟩ chiave *f* inglese. **7** ⟨*am.Mecc*⟩ chiave *f* fissa (semplice). □ *to ~ s.th. away* strappar via qc.;
to ~ free liberarsi con uno strattone; *to ~ off* strappare (*o* tirar via) con uno strappo.
wrest [rest] **I** *v.t.* **1** strappare, tirare con forza. **2** (*to
obtain by force, violence*) ottenere con la forza, strappare,
estorcere; (*to get by effort*) strappare, ricavare ꞌa stentoꞌ (*o*
con sforzo): *to ~ a living from the soil* strappare alla terra
quel poco per vivere. **3** (*to distort*) distorcere, travisare,
falsare, svisare. **II** *s.* **1** strappo *m*, tirata *f.* **2** ⟨*Mus*⟩
chiave *f* per accordare strumenti a corda.
wrestle [ꞌresl] **I** *v.i.* **1** lottare, fare la lotta (*anche Sport.*).
2 ⟨*fig*⟩ (*to grapple*) essere alle prese, cimentarsi: *to ~ with
a problem* essere alle prese con un problema. **3** ⟨*Rel*⟩
pregare con fervore. **II** *v.t.* **1** lottare con (*o* contro),
sostenere una lotta con (*o* contro). **2** ⟨*Sport*⟩ fare la (*o*
alla) lotta con. **III** *s.* **1** lotta *f.* **2** ⟨*Sport*⟩ lotta *f*, incontro
m di lotta. **3** ⟨*fig*⟩ lotta *f*, combattimento *m.* □ ⟨*Sport*⟩
to ~ down atterrare, vincere. **wrestler** [-ə] *s.* ⟨*Sport*⟩
lottatore *m* (*f* –trice). **wrestling** [-iŋ] **I** *s.* lotta *f.* **II** *a.*
di lotta.
wrest pin *s.* ⟨*Mus*⟩ bischero *m*, pirolo *m.*

wretch [retʃ] *s.* **1** disgraziato *m* (*f* –a), sventurato *m* (*f*
–a), infelice *m/f*, sciagurato *m* (*f* –a). **2** (*despicable person*)
sciagurato *m* (*f* –a), essere *m* abietto, miserabile *m/f.* **3**
⟨*iron*⟩ (*of a child, etc.*) birbante *m/f*, mascalzoncello *m* (*f*
–a). **ꞌwretched** [–id] *a.* **1** disgraziato, sventurato,
miserabile, misero. **2** (*despicable, base*) abietto, ignobile,
miserabile, meschino, spregevole. **3** (*squalid, sordid*)
squallido, miserabile, sordido: *~ living conditions*
miserabili condizioni di vita. **4** (*extremely unpleasant*)
orribile, orrendo, pessimo: *~ weather* tempo orribile. **5** (*of
extremely poor quality*) pessimo, ⟨*fam*⟩ pietoso, ⟨*pop*⟩
schifoso: *~ food* cibo schifoso. **6** (*paltry, meagre*) misero,
magro, meschino: *a ~ salary* un misero salario. □ *to feel
~* sentirsi molto male. **ꞌwretchedly** [–idli] *avv.* **1**
miseramente. **2** (*to a deplorable degree*) tremendamente,
terribilmente. **ꞌwretchedness** [–idnis] *s.* **1** l'essere disgraziato (*o* sventurato), miserabilità *f.* **2** (*despicableness*)
l'essere spregevole, meschinità *f.* **3** (*squalor*) squallore
m, miseria *f.*
wrick [rik] **I** *v.t.* storcere leggermente: *to ~ one's ankle*
storcersi leggermente una caviglia. **II** *s.* storta *f* (*o*
distorsione) leggera, stiramento *m.* □ *~ in the neck*
torcicollo *m.*
wriggle [rigl] **I** *v.i.* **1** dimenarsi, agitarsi, torcersi,
contorcersi: *to ~ in one's chair* dimenarsi sulla sedia. **2**
⟨*fig*⟩ (*to act in an evasive way*) essere evasivo; (*to be ill at
ease*) essere a disagio. **II** *v.t.* **1** dimenare, agitare: *to ~
one's tail* dimenare la coda. **2** (*to introduce, insert with a
writhing motion*) inserire (*o* infilare) con un movimento
tortuoso. **III** *s.* **1** dimenamento *m*, dimenio *m.* **2**
(*meandering course*) meandro *m;* (*line*) serpentina *f.* □ *to
~ free* liberarsi divincolandosi (*o* a furia di contorsioni);
to ~ out: **1** sguisciare: *the eel -d out of my fingers*
l'anguilla mi sguisciò tra le dita; **2** ⟨*fig*⟩ cavarsi d'impaccio
con espedienti, sbrogliarsela; *he tried to ~ out of it*
cercava una scappatoia; *to ~ one's way out* sguisciare fuori
a furia di contorsioni; *to ~ through a hole in the hedge*
passare contorcendosi attraverso il buco di una siepe.
ꞌwriggler [–ə] *s.* **1** chi si dimena. **2** ⟨*Entom*⟩ larva *f* di
zanzara. **ꞌwriggly** [–i] *a.* che si dimena.
wring[1] [riŋ] *v.t.* (*pret., p.p.* **wrung** [rʌŋ]) **1** torcere,
strizzare, spremere: *to ~ a wet towel* torcere un
asciugamano bagnato. **2** (*to extract by twisting or
compressing*) spremere, far uscire strizzando (*o* torcendo):
to ~ water out of clothes spremere l'acqua dai vestiti. **3**
⟨*fig*⟩ (*to extract with difficulty, violence*) estorcere, carpire,
strappare: *to ~ a confession out of s.o.* estorcere una
confessione a qd. **4** (*to twist violently*) torcere (con
violenza): *to ~ s.o.'s neck* torcere il collo a qd.; (*of the
face*) storcere. **5** (*to clasp tightly*) torcere, serrare: *to ~
one's hands in despair* torcersi le mani dalla disperazione.
6 ⟨*fig*⟩ (*to distress, torment*) straziare, affliggere profondamente.
wring[2] *s.* **1** strizzata *f*, spremitura *f*, strizzata *f.* **2** (*of the
hand*) forte stretta *f.*
wringer [ꞌriŋə] *s.* strizzatoio *m.* □ ⟨*fam*⟩ *to go through the
~* passare un brutto quarto d'ora.
wringing(-wet) [ꞌriŋiŋ] *a.* ⟨*fam*⟩ (bagnato) fradicio, (tutto)
zuppo.
wrinkle[1] [ꞌriŋkl] **I** *s.* **1** (*on the skin; face*) ruga *f*, grinza *f*,
crespa *f.* **2** (*in materials, paper*) grinza *f*, increspatura *f*,
crespatura *f*, crespa *f.* **II** *v.i.* corrugarsi, raggrinzirsi,
raggrinzarsi, incresparsi. **III** *v.t.* **1** (spesso con *up*)
corrugare, raggrinzire, raggrinzare, increspare: *to ~ one's
forehead* corrugare la fronte. **2** (*of material, paper, etc.*)
increspare, raggrinzare, raggrinzire. □ *to ~ one's eyes*
strizzare gli occhi; *to ~ one's nose* arricciare il naso.
wrinkle[2] *s.* ⟨*fam*⟩ **1** (*useful tip or hint*) consiglio *m* (*o*
suggerimento) utile. **2** (*ingenious device*) trovata *f*,
espediente *m.*
wrinkled [ꞌriŋkld] *a.* **1** crespo, (in)crespato, grinzoso. **2**
(*furrowed, etc.*) rugoso, grinzoso.
wrinkle resistant *a.* ⟨*Tess*⟩ antipiega.
wrinkly [ꞌriŋkli] *a.* grinzoso, rugoso.
wrist [rist] *s.* ⟨*Anat.,Vest*⟩ polso *m.*
wrist|band *s.* polsino *m* (di camicia). **~ bone** *s.* ⟨*Anat*⟩
osso *m* del carpo. **~(-)drop** *s.* ⟨*Med*⟩ paralisi *f* dei

muscoli estensori del carpo.

wristlet ['ristlit] *s.* **1** ⟨*Sport*⟩ polsiera *f.* **2** (*bracelet*) bracciale *m*, braccialetto *m.* **3** ⟨*sl*⟩ (*handcuff*) manetta *f.*

wristlet watch *s.* → **wrist watch.**

wrist|lock *s.* ⟨*Sport*⟩ presa *f* di polso. **~ pin** *s.* ⟨*Mecc*⟩ perno *m* dello stantuffo. **~ watch** *s.* orologio *m* da polso.

writ[1] [rit] → **write.**

writ[2] *s.* **1** ⟨*Dir*⟩ mandato *m*, ordinanza *f*, decreto *m*, ordine *m.* **2** ⟨*Stor*⟩ scrittura *f* in forma epistolare con sigillo reale. **3** ⟨*ant*⟩ (*s.th. written*) scritto *m.* ▫ ⟨*Dir*⟩ **~** *of* **attachment** ordine *m* di sequestro; ⟨*Parl*⟩ **~** *of* **election** ordine *m* di convocazione dei comizi elettorali; ⟨*Dir*⟩ **~** *of* **error** mandato *m* di revisione; **~** *of* **execution** decreto *m* di esecuzione; **Holy ~** Sacra Scrittura *f*; ⟨*Dir*⟩ **~** *of* **inquiry** ordine *m* d'inchiesta; **~** *of* **privilege** ordine *m* di scarcerazione; **~** *of* **summons** atto *m* di citazione, citazione *f.*

write [rait] *v.* (*pret.* **wrote** [rout]/*rar.* **writ** [rit], *p.p.* **written** ['ritn]/*rar.* **writ**) **I** *v.t.* **1** scrivere: **~** *your name here* scrivete qui il vostro nome; (*to compose by writing*) scrivere, stendere, redigere, comporre: *to* **~** *a novel* scrivere un romanzo; *to* **~** *a sports article* redigere un articolo sportivo. **2** ⟨*Mus*⟩ scrivere, comporre. **3** (*to fill with writing;* spesso con *out*) riempire, scrivere, compilare: *to* **~** *a cheque* riempire un assegno; *to* **~** *out a form* compilare un modulo. **4** (*to communicate with in written form*) scrivere a: *I wrote her that I would not be returning* le scrissi che non sarei tornato; (*to send a letter to*) mandare una lettera a. **5** (*to spell*) scrivere: *words written alike but pronounced differently* parole scritte nello stesso modo ma che si pronunciano in modo diverso. **6** (*to inscribe*) incidere, (i)scrivere. **7** ⟨*fig*⟩ scrivere, imprimere, fissare (profondamente): *despair was written on her face* aveva la disperazione scritta in volto. **8** ⟨*Inform*⟩ introdurre. **9** ⟨*Assic*⟩ sottoscrivere. **II** *v.i.* **1** scrivere: *to* **~** *with a pencil* scrivere a matita; *he* **~***s for a literary magazine* scrive per un giornale letterario; *please* **~** *if you have time* ti prego di scrivere, se hai tempo. **2** ⟨*Mus*⟩ comporre (*o* scrivere) musica. ▫ *to* **~** **back** rispondere (per iscritto): **~** *back as soon as you can* rispondimi al più presto; *to* **~** **down:** 1 scrivere, annotare, prendere nota di: **~** *this down in your diary* scrivilo nel tuo diario; 2 (*to record as being*) descrivere, definire (per iscritto); 3 (*to disparage in writing*) scrivere male di, denigrare; 4 ⟨*Comm*⟩ ribassare; *to* **~** *in one's own* **hand** scrivere di proprio pugno; *to* **~** **in:** 1 scrivere, inviare una lettera; 2 (*to insert in s.th. written*) inserire (*o* introdurre) in uno scritto; *writ(ten)* **large** scritto in grande, a caratteri cubitali; ⟨*fig*⟩ in grande, ingrandito, su vasta scala, evidenziato al massimo; *to* **~** **off:** 1 (*to write fluently, rapidly*) scrivere con facilità, buttar giù; 2 ⟨*Econ*⟩ (*to depreciate*) deprezzare; 3 ⟨*Econ*⟩ (*to amortize*) ammortizzare, ammortare; 4 ⟨*fig*⟩ riconoscere il fallimento (*o* la fine) di, considerare inutile; 5 ⟨*Comm*⟩ cancellare, annullare, depennare; *to* **~** **out:** 1 scrivere per esteso: *to* **~** *out one's full name* scrivere il proprio nome e cognome per esteso; 2 (*to put in writing*) scrivere, mettere per iscritto; 3 ⟨*rifl*⟩ (*of an author*) esaurire (*o* inaridire) la propria vena per il troppo scrivere; *to* **~** *for the* **papers** fare il giornalista; *to* **~** **up** fare un completo resoconto scritto di, descrivere per esteso.

write|-down *s.* ⟨*Econ*⟩ riduzione *f* del valore nominale. **~-off** *s.* **1** perdita *f* assoluta (*o* completa). **2** ⟨*Econ*⟩ deprezzamento *m.* **3** ⟨*Comm*⟩ cancellazione *f.* ▫ *the crashed car was a complete* **~** la macchina aveva subito un incidente così grave da non poter esser riparata. **~ protect** *s.* ⟨*Inform*⟩ protezione *f* contro la scrittura.

writer ['raitə] *s.* **1** persona *f* che scrive, chi scrive. **2** (*author*) scrittore *m* (*f* –trice), autore *m* (*f* –trice). **3** (*scribe*) scrivano *m.* **4** (*in a piece of writing: the author*) scrivente *m/f*, autore *m* (*f* –trice): *the* (*present*) **~** *believes that* lo scrivente ritiene che. **5** ⟨*scozz*⟩ (*lawyer*) avvocato *m* (*f* –essa).

writer's cramp *s.* ⟨*Med*⟩ crampo *m* (*o* spasmo *m*) degli scrivani, grafospasmo *m.*

write-up *s.* **1** ⟨*Giorn*⟩ (*review*) critica *f*, stampa *f*,

recensione *f*: *the film got a good* **~** il film ebbe una buona critica; (*report*) resoconto *m*, servizio *m.* **2** ⟨*Econ*⟩ rivalutazione *f.*

writhe [raið] **I** *v.i.* **1** (con)torcersi, dimenarsi, dibattersi, agitarsi convulsamente: *to* **~** *in agony* torcersi dal dolore. **2** ⟨*fig*⟩ (*to shrink mentally*) fremere, risentirsi, spasimare. **II** *v.t.* (*of the body*) agitare convulsamente, dimenare. **III** *s.* contorcimento *m*, contorsione *f.*

writing ['raitiŋ] **I** *s.* **1** scrittura *f*, lo scrivere: *the invention of* **~** l'invenzione della scrittura. **2** (*written form*) scrittura *f*, forma *f* scritta. **3** (*s.th. written*) scritto *m.* **4** (*handwriting*) (calli)grafia *f*, scrittura *f.* **5** (*act, practice of literary composition*) lo scrivere, il fare lo scrittore. **6** *pl.* (*publications, works*) scritti *mpl*, opere *fpl* (scritte), lavori *mpl*: *a volume of letters, essays and other* **~***s* un volume di lettere, saggi e altri scritti; *the* **~***s of Shakespeare* le opere di Shakespeare. **II** *a.* da (*o* per) scrivere. ▫ *to commit s.th. to* **~** l'inscritto, affidare qc. alla scrittura; *to answer in* **~** rispondere per iscritto; *to put s.th. down in* **~** mettere qc. per iscritto.

writing| bureau *s.* → **writing desk. ~ case** *s.* astuccio *m* (*o* nécessaire) per scrivere. **~ desk** *s.* scrittoio *m*, scrivania *f.* **~ head** *s.* ⟨*Inform*⟩ testina *f* di scrittura. **~ ink** *s.* inchiostro *m* per scrivere. **~-off** *s.* ⟨*Econ*⟩ ammortamento *m.* **~ pad** *s.* **1** blocco *m.* **2** (*desk pad*) sottomano *m*, cartella *f.* **~ paper** *s.* **1** carta *f* da scrivere. **2** (*note paper*) carta *f* da lettere. **~ table** *s.* scrittoio *m*, scrivania *f.* **~-up** *s.* rivelazione *f.*

written[1] ['ritn] → **write.**

written[2] *a.* **1** scritto. **2** ⟨*Dir*⟩ codificato. **3** ⟨*fig*⟩ (*ordained*) destinato, decretato, scritto. ▫ *the* **~** *word* la parola scritta, il linguaggio scritto.

written| evidence *s.* ⟨*Dir*⟩ prova *f* (*o* testimonianza) scritta. **~ examination** *s.* esame *m* scritto, prova *f* scritta. **~ language** *s.* lingua *f* scritta (*o* letteraria). **~ law** *s.* legge *f* scritta.

W.R.N.S. = ⟨*Mar.mil*⟩ *Women's Royal Navy Service* Corpo *m* delle ausiliarie della marina militare inglese.

wrong [rɔŋ] **I** *a.* **1** sbagliato, errato, inesatto, scorretto: *a* **~** *answer* una risposta sbagliata. **2** (*not in accordance with requirements, desires, etc.*) sbagliato: *this is the right place but the* **~** *day* questo è il posto giusto ma il giorno sbagliato. **3** (*inappropriate*) non adatto, inadatto, sbagliato, inopportuno, fuori luogo: *it is the* **~** *time for such remarks* non è il momento adatto per simili osservazioni. **4** (*amiss, out of order*) che non funziona, che non va, guasto: *there is s.th.* **~** *with the television* c'è qc. che non funziona nel televisore. **5** (*contrary to what is just, good*) scorretto, riprovevole, disonesto: *it would be* **~** *not to warn them* sarebbe scorretto non avvertirli. **6** (*of a person*) in torto, che sbaglia. **7** (*being the opposite of the correct one*) sbagliato, opposto, contrario: *to use the* **~** *side of a knife* usare un coltello dalla parte sbagliata. **II** *s.* **1** male *m*: *to distinguish between right and* **~** distinguere il bene dal male; ⟨*sin*⟩ male *m*, peccato *m.* **2** (*unjust act*) torto *m*, ingiustizia *f*, offesa *f.* **3** ⟨*Dir*⟩ illecito *m.* **III** *avv.* **1** in modo sbagliato (*o* inesatto), scorrettamente, erroneamente: *to answer* **~** rispondere in modo sbagliato. **2** (*in a bad way*) male. **3** (*astray*) fuori strada, in direzione sbagliata. **IV** *v.t.* **1** (*to treat unjustly*) trattare ingiustamente, essere ingiusto con, fare torto a, offendere. **2** (*to malign*) denigrare, screditare, diffamare. **3** (*defraud*) defraudare: *to* **~** *s.o. out of an inheritance* defraudare qd. di un'eredità. **4** (*non com*) (*to harm*) far del male a. ▫ *to be* **~:** 1 essere in errore, sbagliare, sbagliarsi; 2 = *to be in the wrong;* ⟨*fam*⟩ *to be in the* **~** **box** essere in una posizione difficile; *to* **do** **~** *to s.o.* fare del male a qd.; ⟨*am.sl*⟩ *to* **get** *in the* **~** *with s.o.* rendersi antipatico a qd.; *to get s.o.* **~** fraintendere qd., capire male qd.; *to get s.th.* **~:** 1 sbagliare qc.; 2 (*to misunderstand*) capire male qc., fraintendere qc.: *you've got it* **~** hai capito male; *to* **go** **~:** 1 fallire, andare male (*o* di traverso): *our plans went* **~** i nostri piani fallirono; 2 (*to fail to function properly*) rompersi, guastarsi, non funzionare più; 3 (*to make a mistake*) sbagliare, fare (*o* commettere) un errore; 4 (*to embark on an evil course*) deviare dal retto cammino, prendere una cattiva strada; 5 (*to take the wrong* *direction*) sbagliare direzione (*o* strada); ⟨*fam*⟩ *he is* ~ *in the* **head** gli manca qualche (*o* una) rotella; *to be* **in** *the* ~ avere torto; *to do* **no** ~: 1 non far del male; 2 (*to make no mistake*) non sbagliare, non commettere errori; *to* **prove** *s.o.* ~ dimostrare che qd. ha torto; *to* **put** *s.o. in the* ~ far apparire qd. colpevole, mettere qd. dalla parte del torto; *to* **right** *a* ~ riparare un torto; *the* ~ **side** *of the cloth* il rovescio della stoffa; *to get out of bed on the* ~ *side* alzarsi di cattivo umore; ~ *side out* (*of a garment*) alla rovescia, a rovescio; *the* ~*s of* **time** le ingiurie del tempo; **what's** ~*?* cosa c'è (che non va)?

wrong|doer *s.* **1** chi commette cattive azioni, chi fa del male. **2** (*transgressor of moral laws*) chi commette azioni disoneste, malfattore *m.* **3** ⟨*Dir*⟩ chi commette un (atto) illecito. **~doing** *s.* **1** male *m*, peccato *m.* **2** (*transgression of moral laws*) trasgressione *f*, violazione *f.*

wrongful ['rɔŋful] *a.* **1** ingiusto, iniquo. **2** ⟨*Dir*⟩ (*having no legal right*) illegittimo: *the* ~ *occupier of a property* l'occupante illegittimo di una proprietà; (*unlawful*) illegale, illecito, indebito: ~ *dismissal* licenziamento illegale; ~ *appropriation of funds* appropriazione indebita di fondi. **wrongfully** [–i] *avv.* ingiustamente, iniquamente. **wrongfulness** [–nis] *s.* ingiustizia *f*, iniquità *f.*

'wrong-'headed *a.* pervicace, ostinato. **'wrong-'headedly** *avv.* pervicacemente, ostinatamente. **wrong-'headedness** *s.* pervicacia *f*, ostinazione *f.*

wrongly ['rɔŋli] *avv.* **1** (*incorrectly*) in modo scorretto (*o* non esatto), scorrettamente; (*mistakenly*) erroneamente. **2** (*badly*) male, malamente. **3** (*unjustly*) a torto, ingiustamente.

wrote [rout] → **write.**

wroth [rouθ, rɔ(:)θ] *a.* ⟨*rar,poet*⟩ furente, furioso, furibondo.

wrought[1] [rɔːt] → **work**[2].

wrought[2] *a.* **1** sagomato, modellato. **2** ⟨*Met*⟩ battuto, fucinato.

wrought| iron *s.* ⟨*Met*⟩ ferro *m* battuto. '**~-'up** *a.* turbato, agitato, inquieto.

wrung [rʌŋ] → **wring**[1].

wry [rai] *a.* **1** (*of the neck, features*) storto, torto. **2** (*twisted, contorted*) contorto, storto. **3** ⟨*fig*⟩ (*disdainfully ironic*) sarcastico, beffardo, ironico: *a* ~ *speech* un discorso sarcastico; (*embittered*) amaro, amareggiato. □ *to make a* ~ *face* fare una smorfia di disappunto (*o* disgusto, ecc.); *to make a* ~ *mouth* storcere la bocca.

wrybill ['raibil] *s.* ⟨*Ornit*⟩ anarinco *m.*

wryly ['raili] *avv.* ironicamente, sarcasticamente, beffardamente; (*bitterly*) amaramente.

wry|-mouthed *a.* **1** dalla bocca storta. **2** ⟨*fig*⟩ ironico, sarcastico, beffardo. **~neck** *s.* **1** ⟨*Ornit,Med*⟩ torcicollo *m.* **2** (*person with a wry neck*) persona *f* col torcicollo. **~-necked** *a.* dal collo storto (*o* torto).

wryness ['rainis] *s.* **1** l'essere storto. **2** ⟨*fig*⟩ ironia *f*, sarcasmo *m*; (*bitterness*) amarezza *f.*

WSW, W.S.W. = *west-south-west* ovest-sud-ovest.

wt. = *weight* peso.

W.T. = *wireless telegraphy* radiotelegrafia.

wulfenite ['wulfənait] *s.* ⟨*Min*⟩ wulfenite *f.*

W.V.S. = *Women's Voluntary Service* Servizio volontario femminile.

WW, W.W. = *World War* guerra mondiale.

WWF = *World Wildlife Fund* Fondo mondiale per la natura.

wych| elm [witʃ] *s.* ⟨*Bot*⟩ olmo *m* montano (*o* riccio). ~ **hazel** *s.* → **witch hazel.**

wye [wai] *s.* **1** (*letter y*) y *m/f*, ipsilon *m/f.* **2** (*s.th. Y-shaped*) oggetto *m* a (forma di) Y. **3** ⟨*El*⟩ collegamento *m* a stella.

Wykehamist ['wikəmist] **I** *s.* studente *m* del college di Winchester. **II** *a.* del (*o* relativo al) college di Winchester.

wyvern ['waivə:n] *s.* ⟨*Arald*⟩ dragone *m* alato a due zampe.

X

x, X [eks] *s.* (*pl.* **x's/xs, X's/Xs** ['eksiz]) (*letter of the alphabet*) x, X *f/m: a capital X* una x maiuscola; *a small x* una x minuscola; ⟨*Tel*⟩ *X for Xmas* x come xilofono.

X I *a.* **1** (*X-shaped*) a (forma di) X. **2** ⟨*Cin*⟩ vietato ai minori di 16 anni. **II** *s.* (*Roman numeral: ten*) X, dieci *m.*

x *s.* x *f*, incognita *f.*

Xanthippe [zæn'tipi, zæn'θipi] **I** *N.pr.* Santippe *f.* **II** *s.* ⟨*fig*⟩ santippe *f.*

Xanthus ['zænθəs] *N.pr.* **1** ⟨*Geog*⟩ Xanto *f.* **2** ⟨*Mitol*⟩ Xanto *m.*

Xavier ['zeiviə] *N.pr.* Saverio *m.*

x-axis *s.* ⟨*Mat*⟩ asse *m* x.

xenial ['zi:niəl] *a.* ospitale, di ospitalità.

xenon ['zenɔn] *s.* ⟨*Chim*⟩ xeno *m.*

xenophobe ['zeno(u)foub] *s.* xenofobo *m* (*f* –a), senofobo *m* (*f* –a). **,xeno'phobia** [–iə] *s.* xenofobia *f*, senofobia *f.*

Xenophon ['zenəfən] *N.pr.* ⟨*Stor.gr*⟩ Senofonte *m.*

Xeres ['zeres, 'ʃeres] *s.* ⟨*Enol*⟩ Xeres *m*, sherry *m.*

xerocopy [,zi(ə)ro(u)'kɔpi] *s.* xerocopia *f.*

xerographic(al) [,zi(ə)ro(u)'græfik(l)] *a.* xerografico.

xerography [zeˈrɔgrəfi] *s.* xerografia *f.*

xerophilous [zi'rɔfiləs], **xerophyle** [–fail] *a.* ⟨*Bot*⟩ xerofilo.

xerophyte ['zi(ə)ro(u)fait] *s.* ⟨*Bot*⟩ xerofita *f*, pianta *f* xerofita.

xerophytic [,zi(ə)ro(u)'fitik] *a.* xerofito.

xerothermic [ziərou'θə:mik] *a.* ⟨*Bot*⟩ xerotermo.

xerox ['ziərɔks] *v.t.* xerocopiare, fare xerocopia di. **Xerox** *s.* xerocopia *f.*

xi [ksai, (g)zai] *s.* (*letter of the Greek alphabet*) csi *m/f*, ksi *m/f*, xi *m/f.*

xiphoid ['zifɔid] *a.* ⟨*Anat*⟩ xifoide.

Xmas ['krisməs] *s.* ⟨*fam*⟩ (*Christmas*) Natale *m.*

Xn. = *Christian* cristiano.

X-ray ['eksrei] **I** *s.* **1** ⟨*Fis,Med*⟩ raggio *m* X (*o* roentgen). **2** (*photograph*) radiografia *f.* **II** *a.* a (*o* di, per) raggi X. **III** *v.t.* ⟨*Med*⟩ radiografare, sottoporre a esame radiografico.

X-ray| photograph *s.* radiografia *f.* **~ therapy** *s.* ⟨*Med*⟩ röentgenterapia *f*, X-terapia *f.* **~ tube** *s.* tubo *m* a raggi X.

Xt = *Christ* Cristo.

xylem ['zailəm] *s.* ⟨*Bot*⟩ xilema *m*, silema *m.*

xylograph ['zailəgrɑ:f] *s.* silografia *f*, xilografia *f.* **xylographer** [–'lɔgrəfə] *s.* silografo *m*, xilografo *m.* **,xylographical** [–'græfikəl] *a.* silografico, xilografico. **xylography** [–'lɔgrəfi] *s.* silografia *f*, xilografia *f.*

xylophone ['zailəfoun] *s.* ⟨*Mus*⟩ xilofono *m*, silofono *m.* **xylophonist** [–'lɔfənist] *s.* xilofonista *m/f*, silofonista *m/f.*

xyster ['zistə] *s.* ⟨*Chir*⟩ raschiatoio *m.*

Y

y, Y [wai] *s.* (*pl.* **y's/ys, Y's/Ys** [waiz]) (*letter of the alphabet*) y, Y *f/m: a capital* Y una y maiuscola; *a small y* una y minuscola; ⟨*Tel*⟩ Y *for yellow*, ⟨*am*⟩ Y *for Yoke* y come yacht.

Y I *a.* (*Y-shaped*) a (forma di) Y. **II** *s.* **1** (*medieval Roman numeral*) Y, centocinquanta *m.* **2** ⟨*Mat*⟩ (*y-axis*) asse *m* y.

y. = **1** *yard* yard. **2** *year* anno.

y' [jə] *contraz. fam. di* **you.**

yacht [jɔt] **I** *s.* ⟨*Mar*⟩ panfilo *m* (da diporto), yacht *m.* **II** *v.i.* **1** navigare (*o* fare una crociera) su un panfilo. **2** (*to race in a yacht*) partecipare a gare di panfili.

yachting ['jɔtiŋ] *s.* **1** il navigare su un panfilo. **2** ⟨*Sport*⟩ sport *m* della vela, velismo *m.*

yachtsman ['jɔtsmən] *s.irr.* **1** proprietario *m* (*o* comandante *m*) di panfilo. **2** ⟨*Sport*⟩ velista *m.*
yachtsmanship [-ʃip] *s.* abilità *f* nella navigazione su panfilo.

yaffle ['jæfl] *s.* ⟨*Ornit,dial*⟩ (*green woodpecker*) picchio *m* verde.

yager ['jeigə] *s.* ⟨*Mil*⟩ (*jaeger*) jäger *m*, cacciatore *m.*

yah [jɑ:] *intz.* (*to express derision, defiance*) pu(a)h.

Yahoo [jɑ:'hu:, jə'hu:] *s.* ⟨*Lett*⟩ Yahoo *m.* **yahoo** *s.* ⟨*fig*⟩ zotico *m* (*f* –a), ignorante *m/f.*

Yahve(h) ['jɑ:vei], **Yahwe(h)** [-vei] *s.* ⟨*Rel.ebr*⟩ Geova *m.*

yak¹ [jæk] *s.* ⟨*Zool*⟩ poefago *m*, yak *m.*

yak² *v.i.* ⟨*fam*⟩ (*pret., p.p.* **yakked** [-t]) cicalare, cianciare.

yammer ['jæmə] *v.i.* **1** ⟨*fam*⟩ cicalare, cianciare, ciarlare. **2** ⟨*dial*⟩ (*to whine*) piagnucolare, lamentarsi; (*to yelp*) guaire, uggiolare.

yank [jæŋk] ⟨*fam*⟩ **I** *v.t./i.* tirare con violenza, dare uno strattone (a). **II** *s.* strattone *m*, strappo *m.*

Yank *s./a.* ⟨*sl*⟩ → **Yankee.**

Yankee ['jæŋki] **I** *s.* **1** americano *m* (*f* –a), yankee *m; (American from the Northern states)* abitante *m/f* degli Stati del nord, yankee *m.* **2** ⟨*am*⟩ (*New Englander*) abitante *m/f* della Nuova Inghilterra. **3** ⟨*Stor.am*⟩ nordista *m/f*, yankee *m.* **II** *a.* **1** americano, yankee. **2** ⟨*am*⟩ (*of New England*) della Nuova Inghilterra. **3** ⟨*Stor.am*⟩ nordista, yankee. **Yankeeism** [-izəm] *s.* **1** caratteristica *f* americana (*o* yankee). **2** (*Yankee idiom, expression*) americanismo *m.*

yap¹ [jæp] *v.* (*pret., p.p.* **yapped** [-t]) *v.i.* **1** abbaiare in modo stridulo; (*to yelp*) guaire, uggiolare. **2** ⟨*fam*⟩ (*to chatter noisily*) cicalare, cianciare.

yap² *s.* **1** l'abbaiare in modo stridulo. **2** ⟨*fam*⟩ (*noisy chatter*) cicaleccio *m.* **3** ⟨*sl*⟩ (*mouth*) bocca *f*, ⟨*scherz*⟩ becco *m.*

yard¹ [jɑ:d] *s.* **1** (*unit of measure*) yard *f/m*, iarda *f* (pari a 0,914 m). **2** ⟨*Mar*⟩ pennone *m*, pennoncino *m.* **3** *pl.* ⟨*fam*⟩ (*large quantity*) grande quantità *f*, ⟨*fam*⟩ sacco *m*, ⟨*fam*⟩ mucchio *m.* **4** ⟨*Edil*⟩ iarda *f* cubica (di sabbia *o* ghiaia).

yard² **I** *s.* **1** corte *f*, cortile *m*, recinto *m.* **2** ⟨*Edil*⟩ mattonaia *f*, cortile *m* di fornace (*o* fabbrica di mattoni). **3** ⟨*Mar*⟩ cantiere *m* navale, arsenale *m* (marittimo). **4** ⟨*Ferr*⟩ scalo *m* (merci). **5** ⟨*Zootecn*⟩ recinto *m.* **Yard** *N.pr.* (*Scotland Yard*) Scotland Yard *f.* **II** *v.t.* **1** ⟨*Zootecn*⟩ (spesso con *up*) mettere in un recinto. **2** ⟨*Ferr*⟩ immagazzinare in uno scalo merci.

yardage¹ ['jɑ:didʒ] *s.* **1** quantità *f* in iarde. **2** ⟨*Tess*⟩ lunghezza *f* in iarde. **3** ⟨*Edil,Mar*⟩ (*area in square yards*) area *f* in iarde quadrate; (*volume in cubic yards*) volume *m* in iarde cubiche.

yardage² *s.* **1** (*use of a yard*) uso *m* di un recinto. **2** (*charge made*) diritti *mpl* per l'uso di un recinto.

yard| arm *s.* ⟨*Mar*⟩ varea *f* di pennone. **~ boss** *am. s.* capocantiere *m.* **~man** [mən] *s.irr.* **1** ⟨*Ferr*⟩ addetto *m* allo scalo, manovale *m.* **2** ⟨*Mar*⟩ marinaio *m* assegnato ai pennoni. **~master** *s.* ⟨*Ferr*⟩ capo *m* di uno scalo. **~ measure** *s.* barra *f* (*o* stecca) della lunghezza di una iarda. **~stick** *s.* **1** → **yard measure.** **2** ⟨*fig*⟩ criterio *m*, metro *m.*

yarn [jɑ:n] **I** *s.* **1** ⟨*Tess*⟩ filo *m*, filato *m.* **2** ⟨*fam*⟩ (*long tale*) lungo racconto *m*, filastrocca *f*; (*untrue story*) fandonia *f*, panzana *f*, storia *f.* **II** *v.i.* **1** raccontare storie. **2** (*to chat*) chiacchierare, ciarlare. □ ⟨*fam*⟩ *to spin –s* raccontare storie, ⟨*fam*⟩ spararle grosse.

yarn| beam *s.* ⟨*Tess*⟩ subbio *m* d'ordito. **~-dyed** *a.* tinto in filato. **~ reel** *s.* aspo *m* (per filato).

yarovisation [jæro(u)vai'zeiʃən] *s.* ⟨*Agr*⟩ jarovizzazione *f.*

yarrow ['jærou] *s.* ⟨*Bot*⟩ millefoglie *m.*

yaw [jɔ:] **I** *v.i.* **1** ⟨*Mar*⟩ straorzare, alambardare. **2** ⟨*Aer*⟩ imbardare. **II** *s.* **1** ⟨*Mar*⟩ straorzata *f*, alambardata *f.* **2** ⟨*Aer*⟩ imbardata *f.*

yawl¹ [jɔ:l] *s.* ⟨*Mar*⟩ **1** scialuppa *f*, barca *f* a remi. **2** (*sailing vessel*) yawl *m*, iolla *f*, yacht *m* a due alberi.

yawl² *v.i./t.* ⟨*dial*⟩ (*to howl*) urlare, strillare.

yaw meter *s.* ⟨*Aer*⟩ deviometro *m.*

yawn [jɔ:n] **I** *v.i.* **1** sbadigliare. **2** ⟨*fig*⟩ spalancarsi, aprirsi: *a chasm –ed before us* un precipizio si spalancava davanti a noi. **3** ⟨*fig*⟩ (*to be bored*) annoiarsi. **II** *v.t.* dire sbadigliando. **III** *s.* sbadiglio *m.* **'yawning** [-iŋ] *a.* **1** che sbadiglia. **2** ⟨*fig*⟩ spalancato, aperto.

yawp *am.* [jɔ:p, jɑ:p] *v.i.* ⟨*fam*⟩ **1** guaire, uggiolare. **2** (*to talk foolishly*) parlare a vanvera.

y-axis *s.* ⟨*Mat*⟩ asse *m* y.

ycleped [i'kli:pt], **yclept** [i'klept] *a.* ⟨*rar*⟩ chiamato, detto, di nome.

yd. = *yard* iarda.

ye¹ [ji:] *pron.* ⟨*Bibl,rar*⟩ **1** (*plural you*) voi. **2** (*singular you*) tu. **3** (*in invocations*) o voi: *~ gods!* o voi dei!

ye² [ji:, ði:] *art.* ⟨*rar*⟩ (*the*) il, lo, la, i, gli, le.

yea [jei] **I** *avv.* ⟨*Bibl,scherz*⟩ **1** ⟨*esclam*⟩ (*yes*) sì. **2** (*indeed*) veramente, davvero. **II** *s.* (*affirmative vote*) sì *m*, voto *m* favorevole.

yeah [je, jæ] *intz./s.* → **yes.**

yean *scozz.* [ji:n] **I** *v.i.* (*of a sheep, goat*) figliare. **II** *v.t.* partorire. **'yeanling** *scozz.* [-liŋ] *s.* (*lamb*) agnello *m;*

(*kid*) capretto *m*.

year [jɔː, jiːə] *s.* **1** anno *m*, annata *f: the ~ 1980* l'anno 1980; *the work took three –s* il lavoro richiese tre anni. **2** (*of age*) anno *m* (d'età): *a man of fifty –s* un uomo di cinquant'anni. **3** *pl.* (*age*) anni *mpl*, età *f.* **4** ⟨*Scol*⟩ anno *m* (scolastico). □ **a** – (*every year*) ogni anno; ~ **after** ~ un anno dopo l'altro, tutti gli anni; *–s ago* anni fa; ~ **by** ~ = **a** *year; in –s to* **come** nei prossimi anni, negli anni a venire; *to be young for one's –s* portar bene i propri anni, avere un aspetto giovanile; *from* ~ *to* ~ di anno in anno, annualmente; ~ *of* **grace** anno *m* di grazia; ~ **in** ~ **out** un anno dopo l'altro, tutti gli anni (con regolarità); ⟨*Rel.ebr*⟩ ~ *of* **jubilee** anno *m* del giubileo (*o* giubilare). **last** ~ l'anno scorso (*o* passato); ~ *of our* **Lord** anno *m* del Signore; **next** ~ l'anno prossimo (*o* venturo); ⟨*scherz*⟩ *the* ~ **one** molto tempo fa.

year|book *s.* annuario *m*. **~-end** **I** *s.* **1** fine *f* d'anno. **2** (*am*) chiusura *f* di un esercizio finanziario. **II** *a.* di fine d'anno.

year-end| closing *am.*, ~ **closure** *s.* ⟨*Econ*⟩ chiusura *f* d'esercizio.

yearling ['jɔːliŋ, 'jiəliŋ] **I** *s.* **1** animale *m* di un anno. **2** ⟨*Equit*⟩ puledro *m* di un anno, yearling *m*. **II** *a.* di un anno, che ha un anno.

'year-'long *a.* che dura un anno, della durata di un anno, annuo.

yearly ['jɔːli, 'jiəli] **I** *a.* annuale, annuo. **II** *avv.* **1** (*once a year*) una volta all'anno. **2** (*every year*) ogni anno, tutti gli anni, annualmente.

yearn [jɔːn] *v.i.* **1** bramare, desiderare ardentemente, agognare (*for, after s.th.* qc.), anelare (a): *to* ~ *for peace* bramare la pace. **2** (*to feel tenderness*) sentire (*o* provare) tenerezza per. □ ⟨*ant*⟩ *it –s me* sono addolorato. **'yearning** [–iŋ] **I** *s.* **1** desiderio *m* intenso, smania *f*, struggimento *m*. **2** (*tender affection*) tenerezza *f*. **II** *a.* bramoso, desideroso.

year-round *a.* di tutto l'anno, non stagionale.

yeast [jiːst] *s.* **1** lievito *m*, fermento *m* (di birra). **2** (*foam, spume*) schiuma *f*, spuma *f*. **'yeastiness** [–inis] *s.* **1** schiumosità *f*, spumosità *f*. **2** ⟨*fig*⟩ (*vitality, exuberance*) vitalità *f*, esuberanza *f*. **3** ⟨*fig*⟩ (*frivolity*) frivolezza *f*, superficialità *f*. **4** ⟨*fig*⟩ (*wordiness*) verbosità *f*, prolissità *f*. **'yeasty** [–i] *a.* **1** del (*o* relativo al) lievito; (*containing yeast*) che contiene lievito. **2** (*resembling yeast*) simile a lievito. **3** (*frothy, foamy*) spumeggiante, spumoso. **4** ⟨*fig*⟩ (*vital, exuberant*) pieno di vitalità, esuberante; (*turbulent*) in fermento, agitato, turbolento. **5** ⟨*fig*⟩ (*frivolous, trifling*) frivolo, superficiale. **6** ⟨*fig*⟩ (*wordy*) verboso, prolisso.

yegg(man) ['jeg(mən)] *s.* ⟨*sl*⟩ (*thief*) ladro *m;* (*safecracker*) scassinatore *m* di casseforti; (*thug*) delinquente *m*, malvivente *m*.

yell [jel] **I** *v.i.* **1** urlare, gridare, strillare: *don't* ~, *I'm not deaf* non urlare, non sono sordo. **2** ⟨*fam*⟩ (*to laugh very loudly*) ridere rumorosamente (*o* fragorosamente); (*to complain very loudly*) sbraitare. **II** *v.t.* dire urlando, gridare, strillare. **III** *s.* **1** urlo *m*, grido *m*, strillo *m*. **2** ⟨*am*⟩ (*cheer, shout*) grido *m* d'incitamento.

yellow ['jelou] **I** *a.* **1** giallo. **2** (*yellow–skinned*) di pelle (*o* razza) gialla. **3** ⟨*sl*⟩ (*cowardly*) vigliacco, codardo, vile. **4** ⟨*am.Giorn*⟩ scandalistico, a forti tinte. **II** *s.* **1** giallo *m*, color *m* giallo. **2** (*s.th. yellow*) giallo *m*. **3** (*person with a yellow skin*) giallo *m* (*f* –a), persona *f* di razza gialla (*anche spreg.*). **4** (*yolk of an egg*) rosso *m* d'uovo, tuorlo *m*. **5** *pl.* ⟨*Med,Veter*⟩ (*jaundice*) itterizia *f.* **6** *pl.* ⟨*Agr*⟩ giallume *m*. **III** *v.t.* ingiallire, far diventare giallo. **IV** *v.i.* ingiallire, diventare giallo.

yellow|back *s.* romanzo *m* a forti tinte in edizione economica (con la copertina gialla). **~-bellied** *a.* ⟨*sl*⟩ (*cowardly*) vigliacco, codardo, vile. ~ **book** *s.* ⟨*Pol*⟩ pubblicazione *f* ufficiale del governo francese (*o* cinese). ~ **card** *s.* ⟨*Sport*⟩ cartellino *m* giallo. ~ **earth** *s.* ⟨*Min*⟩ ocra *f* gialla impura. ~ **fever** *s.* ⟨*Med*⟩ febbre *f* gialla.

yellowish ['jelouiʃ] *a.* giallastro, giallognolo.

yellow| jack *s.* **1** ⟨*Med*⟩ → **yellow fever**. **2** ⟨*Mar*⟩ bandiera *f* di quarantena. **~-jacket** *s.* ⟨*Entom*⟩ vespa *f.* ~ **lead ore** *s.* ⟨*Min*⟩ wulfenite *f.* ~ **light** *s.* ⟨*Strad*⟩ semaforo *m* giallo.

yellowness ['jelo(u)nis] *s.* l'esser giallo.

yellow| ocher *am.*, ~ **ochre** *s.* ⟨*Min*⟩ ocra *f* gialla. ~ **pages** *s.pl.* pagine *fpl* gialle. ~ **peril** *s.* ⟨*fam*⟩ pericolo *m* giallo. ~ **press** *s.* ⟨*Giorn*⟩ stampa *f* scandalistica (*o* a forti tinte). ~ **rust** *s.* ⟨*Agr*⟩ ruggine *f* gialla (*o* striata). ~ **sapphire** *s.* ⟨*Min*⟩ corindone *m* giallo. ~ **spot** *s.* ⟨*Med*⟩ macula *f* lutea. ~ **streak** *s.* ⟨*fam*⟩ traccia *f* di vigliaccheria, tendenza *f* alla vigliaccheria. □ *to have a* ~ avere un che di vigliacco.

yellowy ['jeloui] *a.* giallastro, giallognolo, gialligno.

yelp [jelp] **I** *v.i.* **1** (*of a dog, etc.*) guaire, uggiolare. **2** (*to cry out in pain*) gridare per il dolore. **II** *s.* **1** guaito *m*. **2** (*sharp cry*) strillo *m*.

yen¹ [jen] *s.* ⟨*Econ*⟩ yen *m*.

yen² ⟨*fam*⟩ **I** *s.* (*desire, craving*) gran voglia *f*, forte desiderio *m*. **II** *v.i.* (*pret., p.p.* **yenned** [–d]) avere una gran voglia (*for* di).

yeoman ['joumən] *s.irr.* **1** ⟨*Stor*⟩ yeoman *m*. **2** ⟨*Mil*⟩ volontario *m* di un corpo di cavalleria (formato da agricoltori). **3** (*small farmer*) piccolo proprietario *m* terriero. **4** ⟨*am.Mar.mil*⟩ furiere *m* (ordinario). **5** ⟨*Mil.ant*⟩ membro *m* di guardia nazionale a cavallo. □ ~ *of the* **Guard** guardiano *m* della torre di Londra.

yeomanly [–li] *a.* di (*o* relativo a, da) yeoman.

yeomanry [–ri] *s.* **1** ⟨*collett*⟩ classe *f* di piccoli coltivatori diretti. **2** ⟨*Mil*⟩ guardia *f* nazionale a cavallo composta di agricoltori volontari.

yeoman('s) service *s.* ⟨*fig*⟩ aiuto *m* efficace, servizio *m* utile.

yep *am.* [jep] *avv.* ⟨*sl*⟩ (*yes*) sì.

yes [jes] **I** *avv.* **1** sì: *have you finished? –* ~ (*I have*) hai finito? – sì; ~, *you're quite right* sì, hai (proprio) ragione; (*to contradict a negation*) invece sì, ma sì: *it isn't right –* ~ *it is* non è giusto – e invece sì. **2** (*to express conditional assent, agreement*) sì, va bene: *it's expensive* ~, *but it's worth the money* è caro sì, ma vale la spesa. **3** (*indeed*) anzi, per meglio dire, o meglio: *this is the obvious,* ~ *the only conclusion* questa è la conclusione ovvia, anzi, l'unica. **II** *s.* (*pl.* -**es/-ses** ['jesiz]) **1** sì *m*: *answer* ~ *or no* rispondi sì o no. **2** (*affirmative vote*) sì *m*, voto *m* favorevole.

yes man [mən] *s.irr.* ⟨*fam*⟩ chi dice sempre di sì, persona *f* accondiscendente.

yesterday ['jestədi, –dei] **I** *avv.* **1** ieri: *he arrived* ~ è arrivato ieri. **2** ⟨*fig*⟩ (*recently*) ieri, recentemente, poco tempo fa. **II** *s.* **1** ieri *m*: ~'*s newspaper* il giornale di ieri. **2** ⟨*fig*⟩ (*recent past time*) ieri *m*: *an invention of* ~ un'invenzione di ieri. **3** *pl.* (*past time*) passato *m*, ieri *m*: *all our –s* tutto il nostro passato. **III** *a.* di (*o* relativo a) ieri. □ ~ *afternoon* ieri pomeriggio; ⟨*fam*⟩ *I wasn't born* ~ non sono nato ieri; *the day before* ~ ieri l'altro, l'altro ieri; ~ *evening* ieri sera; ~ *morning* ieri mattina.

'yester|'eve, '~'even, '~'evening ⟨*rar*⟩ **I** *avv.* ieri sera, iersera. **II** *s.* la sera di ieri. **'~'night** ⟨*rar*⟩ **I** *avv.* ieri notte, iernotte. **II** *s.* la notte di ieri. **'~'year** ⟨*poet*⟩ **I** *avv.* l'anno scorso (*o* passato). **II** *s.* anno *m* scorso (*o* passato).

yet [jet] **I** *avv.* **1** (*in negatives, conditionals*) ancora: *I'm not ready* ~ non sono ancora pronto; (*in past times*) ancora: *in 1944 the atomic bomb had not been tested* ~ nel 1944 la bomba atomica non era ancora stata sperimentata. **2** (*in interrogatives: at this moment, now*) già (ora): *are you ready* ~? sei già pronto?; *has the post arrived* ~? è già arrivata la posta? **3** (*still*) ancora, tuttora: *there is* ~ *hope* c'è ancora speranza. **4** (*with comparatives: even*) ancora, anche: ~ *faster* ancora più veloce. **5** (*also*) ancora, anche: ~ *another* ancora un altro. **6** (*at some future time, eventually*) ancora: *we may* ~ *win* potremmo ancora vincere. **7** (*nevertheless*) nondimeno, tuttavia, eppure, pure. **II** *congz.* **1** (*but, nevertheless*) ma, tuttavia, nondimeno, pure, eppure: ~ *a difficult,* ~ *necessary, decision* una decisione difficile, ma necessaria; *they are poor,* ~ *they manage to get by* sono poveri, tuttavia riescono a tirare avanti. **2** (*although*) benché, sebbene, quantunque. □ ~ *again* ancora una volta; *strange* **and** ~ *true* strano ma vero; **as** ~ fino a ora, finora, sinora: *as* ~ *we have had no reply* fino a ora non abbiamo avuto (nessuna) risposta; ~ **more** ancora, dell'altro; **nor** ~ né, e nemmeno, e neppure, e neanche: *I have not invited him nor ~ do I intend to* non l'ho invitato né intendo farlo.

yew [ju:] *s.* ⟨*Bot*⟩ tasso *m*.

Y.H. = *Youth Hostel* ostello della gioventù

yid [jid] *s.* ⟨*spreg*⟩ ⟨*Jew*⟩ giudeo *m* (*f* –a), ebreo *m* (*f* –a).

'Yiddish [–iʃ] *s.* ⟨*Ling*⟩ yiddish *m*.

yield [ji:ld] **I** *v.t.* **1** dare, rendere, produrre, fornire: *to ~ a profit* dare un profitto; *the land –ed good crops* la terra diede buoni raccolti; (*to produce as revenue*) rendere, fruttare. **2** (*to give rise to, cause*) dare, causare: *to ~ startling results* dare risultati sorprendenti. **3** (*to surrender;* spesso con *up*) consegnare, cedere: *to ~ a fortress to the enemy* consegnare una fortezza al nemico. **4** (*to give way, submit*) cedere, arrendersi, sottomettersi, piegarsi: *to ~ to a temptation* cedere a una tentazione. **5** (*to relinquish possession of*) cedere, dare, abbandonare: *to ~ power to s.o.* cedere il potere a qd. **6** (*to admit the validity of*) cedere a: *to ~ to an argument* cedere a un argomento. **7** (*to render as right*) prestare: *to ~ obedience* prestare obbedienza. **8** (*to bestow as a favour*) concedere. **II** *v.i.* **1** fruttare, essere produttivo. **2** (*to surrender*) arrendersi, darsi per vinto: *his opponent refused to ~* il suo avversario rifiutò di arrendersi. **3** (*to give way, comply*) accondiscendere, (ac)consentire, cedere (*to* a): *to ~ to a demand* accondiscendere a una richiesta; *to ~ to force* cedere alla forza. **4** (*to give way to a physical force*) cedere, soccombere (a): *to ~ to pressure* cedere alla pressione. **5** (*to be amenable*) essere suscettibile (di). **6** (*to give precedence*) cedere (*o* dare) la precedenza (a). **7** (*to be succeeded by s.th.*) cedere, dar luogo, lasciare il posto (a). **8** (*to acknowledge the superiority of s.o., s.th.*) essere secondo (*o* inferiore), cedere (a): *I ~ to no one in my love of liberty* non sono secondo a nessuno nel mio amore per la libertà. **III** *s.* **1** prodotto *m*, produzione *f*. **2** (*amount yielded*) resa *f*, rendimento *m*. **3** ⟨*Agr*⟩ raccolto *m*, produzione *f*. **4** ⟨*Pesc*⟩ pescata *f*. **5** ⟨*Minier,Silv*⟩ resa *f*, produzione *f*. **6** ⟨*Econ*⟩ rendita *f*, reddito *m*, resa *f*, introito *m*; (*of revenues*) gettito *m*. □ *to ~ (one's) consent* dare il proprio consenso (*to* a); ⟨*Parl*⟩ *to ~ the floor* cedere la parola (*to* a); ⟨*fig*⟩ *to ~ up the ghost* rendere lo spirito (*o* l'anima) a Dio, morire; *to ~ precedence* dare la precedenza (*to* a); *to ~ s.o. thanks* ringraziare qd.

yielding [ˈjiːldiŋ] *a.* **1** (*flexible*) cedevole, flessibile, elastico. **2** (*compliant, submissive*) arrendevole, condiscendente. **yieldingness** [–nis] *s.* **1** cedevolezza *f*, flessibilità *f*, elasticità *f*. **2** (*compliancy, submission*) arrendevolezza *f*, docilità *f*.

yip¹ [jip] *v.i.* (*pret., p.p.* **yipped** [–t]) (*of a dog*) guaire, uggiolare.

yip² *s.* guaito *m*, uggiolio *m*.

yod [jɔd] *s.* ⟨*Fon*⟩ iod *m*.

yodel¹ [ˈjoudl] *v.* (*pret., p.p.* **yodelled**/*am.* **yodeled** [–d]) **I** *v.i.* ⟨*Folcl*⟩ fare lo jodel. **II** *v.t.* cantare facendo lo jodel.

yodel² *s.* jodel *m*.

yodle¹ *v.* → **yodel¹**.

yodle² *s.* → **yodel²**.

yoga, Yoga [ˈjougə] *s.* ⟨*Rel*⟩ yoga *m*, joga *m*.

yogh(o)urt [ˈjougəːt] *s.* ⟨*Alim*⟩ iogurt *m*, yogurt *m*, yoghurt *m*.

yogh(o)urt making machine *s.* yogurtiera *f*.

yogi [ˈjougi] *s.* ⟨*Rel*⟩ yogi *m*, yoghi *m*. **yogism** [–zəm] *s.* dottrina *f* dello yoga.

yogurt *s.* → **yogh(o)urt**.

yo-heave-ho [ˈjouˈhiːvˈhou] *intz.* ⟨*mar*⟩ oo–issa.

yo-ho [jouˈhou] *intz.* (*to attract attention*) ehi, ehilà, ohe.

yoick [jɔik] **I** *v.i.* ⟨*venat*⟩ gridare yoicks. **II** *v.t.* aizzare gridando yoicks. **yoicks** [–s] *intz.* yoicks.

yoke [jouk] **I** *s.* **1** giogo *m*. **2** (*pair of yoked animals;* pl. inv.) paio *m*, coppia *f*: *four ~ of oxen* quattro paia di buoi. **3** (*for carrying a load*) giogo *m* (*o* bastone *m*) reggisecchi, giogo da acquaiolo. **4** ⟨*Stor*⟩ giogo *m*. **5** ⟨*fig*⟩ (*agency of oppression*) giogo *m*, dominio *m* (oppressivo), servitù *f*, soggezione *f*: *to throw off the ~ of foreign oppression* scuotere il giogo dell'oppressione straniera. **6** ⟨*fig*⟩ (*bond, tie*) legame *m*, vincolo *m*. **7** ⟨*scherz*⟩

(*matrimonial bond*) giogo *m*, vincolo *m* coniugale. **8** (*of a wagon*) barra *f*. **9** ⟨*Arch*⟩ travetto *m* (di rinforzo) trasversale. **10** ⟨*Mecc*⟩ brida *f*, morsetto *m*. **11** ⟨*Mot*⟩ pattino *m*. **12** ⟨*Aer*⟩ barra *f* di comando doppia. **13** ⟨*Mar*⟩ barra *f* a bracci. **14** (*of a bell*) cicogna *f*. **15** ⟨*El*⟩ giog *m*, intelaiatura *f* magnetica. **16** ⟨*Sart*⟩ sprone *m*. **II** *v.t.* **1** (*of animals;* spesso con *together*) aggiogare, mettere sotto il giogo; (*of a draft animal*) attaccare. **2** (*of a wagon*) attaccare un animale da tiro a. **3** ⟨*fig*⟩ accoppiare, appaiare, unire. **III** *v.i.* appaiarsi, accoppiarsi.

yoke| bone *s.* ⟨*Zool*⟩ osso *m* zigomatico. **~fellow** *s.* **1** compagno *m* (*f* –a), collega *m/f*; (*partner*) socio *m* (*f* –a). **2** (*spouse*) coniuge *m*.

yokel [ˈjoukəl] *s.* bifolco *m*, villano *m*, zoticone *m*.

yokemate [ˈjoukmeit] *s.* → **yokefellow**.

yolk [jouk] *s.* **1** tuorlo *m*, rosso *m* d'uovo. **2** ⟨*Biol*⟩ vitello *m*, tuorlo *m*. **3** ⟨*Tess*⟩ (*of wool*) grasso *m* di lana, lanolina *f*; (*of raw wool*) grasso *m* naturale, sucidume *m*. □ *in the ~* (*of wool*) sucida.

yolk| bag *s.* → **yolk sac**. **~ duct** *s.* ⟨*Biol*⟩ dotto *m* vitellino. **~ sac** *s.* ⟨*Biol*⟩ sacco *m* vitellino.

yolky [ˈjouki] *a.* **1** del (*o* relativo al) tuorlo. **2** (*resembling a yolk*) simile a un tuorlo (*o* al rosso d'uovo). **3** (*of wool*) sucida.

yon [jɔn] ⟨*dial*⟩ **I** *a.* ⟨*rar,poet*⟩ quello (là). **II** *avv.* ⟨*rar,poet*⟩ là. **III** *pron.* quello, quella, quelli, quelle.

'yonder [–də] ⟨*poet,dial*⟩ **I** *a.* **1** quello (là): *on ~ hill* su quella collina (laggiù). **2** (*far*) lontano, distante. **II** *avv.* là. **III** *pron.* → **yon**.

yoe [jɔ:] *s.* ⟨*lett*⟩: *of ~* in passato, un tempo, anticamente, una volta; *days of ~* giorni *mpl* di un tempo.

York [jɔ:k] *N.pr.* ⟨*Geog,Stor*⟩ York *f*. **'Yorkist** [–ist] **I** *s.* ⟨*Stor*⟩ sostenitore *m* (*o* membro) della casa di York. **II** *a.* della (*o* favorevole alla) casa di York.

Yorkshire [ˈjɔːkʃiə] *N.pr.* ⟨*Geog*⟩ Yorkshire *m*. □ ⟨*fam*⟩ *to come* (*o* *put*) *~ on s.o.* imbrogliare qd., ⟨*pop*⟩ fregare qd.

Yorkshire| flannel *s.* ⟨*Tess*⟩ flanella *f* naturale. **~man** [mən] *s.irr.* abitante *m* dello Yorkshire. **~ pudding** *s.* ⟨*Gastr*⟩ pasticcio *m* al forno cotto con sugo d'arrosto. **~ terrier** *s.* ⟨*Zool*⟩ Yorkshire terrier *m*.

you [ju(:), jə] **I** *pron.pers.* **1** (*singular: as a subject*) tu, *often not translated: how are ~?* come stai?; ~ *take this road and I'll take that one* tu prendi questa strada e io prenderò quella; (*as an object*) te, ti: *I love ~* ti amo; (*after prepositions*) te, ti: *this is for ~* questo è per te; (*in exclamations*) *not translated:* ~ *fool!* stupido!; ~ *darling!* tesoro! **2** (*plural: as a subject*) voi, *often not translated;* (*as an object*) voi, vi: *I want to thank ~ all* voglio ringraziare voi tutti, voglio ringraziarvi tutti; (*after prepositions*) voi; (*in exclamations*) *not translated:* ~ *cowards!* vigliacchi! **3** (*as a polite form: singular*) lei, ella: ~ *are very kind, Sir* lei è molto gentile, signore; (*plural*) loro. **4** (*one, people in general*) si, tu: *how do ~ say house in French?* come si dice casa in francese?; ~ *never know* non si sa mai. **II** *s.* **1** tu *m*: *the real ~* tu quale realmente sei. **2** (*person indistinguishable from the one addressed*) te stesso *m*: *another ~* un altro te stesso. □ *all of ~* voi tutti, tutti voi, voi (altri): *stand up, all of ~* alzatevi voi tutti.

you'd [ju(:)d, jəd] *contraz.* di **you had, you would**.

you'll [ju(:)l, jəl] *contraz.* di **you shall, you will**.

young [jʌŋ] **I** *a.* **1** giovane, piccolo: *a ~ housewife* una giovane massaia; ~ *children* bambini piccoli; *a ~ nation* una nazione giovane. **2** (*characteristic of youth, young person*) giovanile, di (*o* da) giovane, di (*o* da) ragazzo: *a ~ face* un viso giovanile. **3** (*of youth*) della giovinezza, giovanile, verde: *my ~ days* i giorni della mia giovinezza. **4** (*of time*) all'inizio, agli inizi, non avanzato: *the night is ~ yet* la notte è ancora all'inizio. **5** (*inexperienced*) giovane, inesperto, alle prime armi. **6** (*of fruit*) verde, acerbo, immaturo; (*of cheese, etc.*) non stagionato; (*of wine*) non fermentato. **7** (*junior*) junior, il giovane, più giovane (tra due): *the ~ Mr. Brown* il Signor Brown junior; *the –er Pitt* Pitt il giovane. **II** *s.* (costr. pl.) **1** giovani *mpl*, gioventù *f*: *the ~ are always in a hurry* i giovani hanno sempre fretta. **2** (*young offspring*) piccoli *mpl*, prole *f*, nati *mpl*: *the tigress fought to defend her ~* la tigre lottava per difendere i suoi piccoli. □ *to be* ~ *for one's* **age** portare bene gli anni, non dimostrare i propri anni; *to* **look** ~ avere un aspetto giovanile; *you're only* ~ **once** si è giovani una volta sola; *I am not so* ~ *as I was* non ho più vent'anni; *to be with* ~ (*of animals*) essere gravida (*o* pregna).

younger ['jʌŋgə] *s.* persona *f* più giovane tra due. □ *I am six years his* ~ ho sei anni meno di lui; *Pliny the* ~ Plinio il giovane. **youngest** [–gist] *s.inv.* ultimogenito *m* (*f* –a), figlio *m* (*f* –a) più giovane (*o* minore).

youngish ['jʌniʃ] *a.* piuttosto giovane.

Young| Italy *s.* ⟨*Stor*⟩ giovane Italia *f.* **~ lady** *s.* **1** signorina *f.* **2** (*sweetheart*) innamorata *f,* (a)morosa *f.*

youngling ['jʌŋliŋ] *s.* ⟨*poet*⟩ **1** giovane *m/f;* (*young child*) bambino *m* (*f* –a). **2** (*young animal*) piccolo *m,* cucciolo *m.*

young| man [mæn] *s.* **1** giovane *m,* giovanotto *m.* **2** (*sweetheart*) innamorato *m,* (a)moroso *m.* **3** (*as a form of address*) giovanotto *m.* □ ⟨*Pol*⟩ *a* ~ *in a hurry* un ardente riformatore. **~ one** *s.* **1** bambino *m* (*f* –a). **2** (*young animal*) piccolo *m,* cucciolo *m.* **~ Pretender** *s.* ⟨*Stor.brit*⟩ giovane pretendente *m.*

youngster ['jʌnstə] *s.* giovincello *m,* giovanotto *m;* (*child*) bambino *m.*

young thing *s.* ⟨*scherz*⟩ (*young woman*) ragazza *f;* (*young person*) giovane *m/f.*

younker ['jʌŋkə] *s.* ⟨*ant*⟩ **1** giovincello *m.* **2** (*young nobleman*) giovane nobiluomo *m.*

your [jɔ:, juə, jə] *a.poss.* **1** tuo, vostro: *give me* ~ *book* dammi il tuo libro; *my dear friends,* ~ *kindness is touching* miei cari amici, la vostra gentilezza è commovente. **2** (*as a polite form*) suo, loro: *how is* ~ *wife, Mr. Brown?* come sta sua moglie, signor Brown? **3** (*of one, people in general*) proprio: *you cannot alter* ~ *nature* non si può cambiare la propria natura. **4** ⟨*am.spreg*⟩ (*to indicate all members of a class*) vostro famoso (*o* decantato): *this is* ~ *expert, isn't he?* e questo è il vostro famoso esperto!

you're [juə] *contraz. di* **you are**.

yours [jɔ:z, j(u)əz] *pron.* **1** tuo, tua, vostro, vostra: *this is* ~ questo è il tuo; *are these* ~ *or mine?* questi sono i tuoi o i miei?; *my children and* ~ i miei bambini e i vostri; *our country is colder than* ~ il nostro paese è più freddo del vostro. **2** (*as a polite form*) suo, sua, loro: *isn't this a book of* ~, *Mr. Smith?* non è un suo libro questo, signor Smith? **3** ⟨*Comm,epist*⟩ vostra (lettera): *we are in receipt of* ~ *of the tenth* abbiamo ricevuto la vostra del dieci. **4** (*your family*) tuoi; (*as a polite form*) suoi: *my best wishes to you and* ~ i miei migliori auguri a lei e ai suoi. □ ⟨*epist*⟩ ~ *ever* sempre affettuosamente tuo; ⟨*Comm,epist*⟩ ~ *faithfully,* ~ *truly* (vostro) devotissimo, distinti saluti.

yourself ['jəself, 'j(u)əs–] *pron.* (*pl.* **-selves** [selvz]) **1** (*used*

reflexively) ti, te stesso, vi, voi (stessi): *don't hurt* ~ non farti male; *if you could only see yourselves* se solo poteste vedervi. **2** (*as an emphatic appositive*) tu (stesso), proprio tu, tu in persona, voi (stessi), proprio voi: *you* ~ *told me* tu stesso me l'hai detto, me l'hai detto proprio tu; *you yourselves know the answer* voi stessi conoscete la risposta; (*you*) tu (stesso), voi: *no one knows me better than* ~ nessuno mi conosce meglio di te; *people like yourselves* gente come voi. **3** (*as a polite form*) lei (stesso), loro (stessi). **4** (*alone*) da solo, da te, da soli, da voi: *did you do it by* ~? l'hai fatto da solo?; *did you go by yourselves?* siete andati da soli? **5** (*oneself*) se stesso, sé: *it is sometimes more difficult to forgive* ~ *than to forgive others* è più difficile talvolta perdonare se stessi che gli altri. □ *you will soon be* ~ *again* ti sentirai meglio presto; *do it* ~ fallo da te; *do it yourselves* fatelo da voi.

yours truly *s.* **1** ⟨*epist*⟩ cordiali saluti *mpl,* sinceramente tuo (*o* vostro). **2** ⟨*fam*⟩ (*I*) io *m;* (*me, myself*) me (stesso) *m.*

youth [ju:θ] **I** *s.* **1** gioventù *f,* giovinezza *f,* adolescenza *f.* **2** (*young male person*) giovane *m,* giovanotto *m,* ragazzo *m;* (*young person*) giovane *m/f,* giovanetto *m* (*f* –a). **3** ⟨*collett*⟩ (*young people*) giovani *mpl,* gioventù *f.* **4** (*youthfulness*) l'essere giovane. **II** *a.* per giovani, di (*o* da) giovani, giovanile. □ *Prov.:* ~ *must have its fling* si è giovani una volta sola.

youth culture *s.* cultura *f* giovanile.

youthful ['ju:θful, –fəl] *a.* **1** giovanile, di (*o* da) giovane: ~ *enthusiasm* entusiasmo giovanile. **2** (*of youth*) giovanile, (proprio) della giovinezza. **3** (*young*) giovane; (*appearing young*) giovanile, giovane. **4** ⟨*Geog,Geol*⟩ giovanile. **youthfully** [–i] *avv.* giovanilmente, da giovane. **youthfulness** [–nis] *s.* l'essere giovane, giovinezza *f.*

youth| group *s.* gruppo *m* giovanile. **~ hostel** *s.* ostello *m* della gioventù. **~ movement** *s.* movimento *m* giovanile. **~ organization** *s.* organizzazione *f* giovanile. **~ protest** *s.* contestazione *f* giovanile. **~ unemployment** *s.* disoccupazione *f* giovanile (*o* dei giovani).

you've [ju(:)v, jəv] *contraz. di* **you have**.

yowl [jaul] **I** *v.i.* ululare. **II** *s.* ululato *m,* ululo *m.*

yo-yo ['joujou] *s.* (*pl.* **-s** [z]) yo-yo *m,* iò-iò *m.*

yperite ['i:pərait] *s.* ⟨*Chim*⟩ yprite *f,* iprite *f.*

yr. = **1** *year* anno. **2** *your* vostro.

ytterbium [i'tə:biəm] *s.* ⟨*Chim*⟩ itterbio *m,* ytterbio *m.*

yucca ['jʌkə] *s.* ⟨*Bot*⟩ iucca *f.*

Yugoslav ['ju:gə(u)'sla:v] **I** *s.* iugoslavo *m* (*f* –a). **II** *a.* iugoslavo. **,Yugo'slavia** [–jə] *N.pr.* ⟨*Geog*⟩ Iugoslavia *f.*

yule, Yule [ju:l] *s.* (*Christmas*) Natale *m,* feste *fpl* natalizie.

yule| log *s.* ceppo *m* (natalizio). **~tide** *s.* → **yule**.

ywis [i'wis] *avv.* ⟨*rar*⟩ (*iwis*) certamente, sicuramente.

Z

z, Z [zed, *am.* zi:] *s.* (*pl.* **z's/zs, Z's/Zs** [zedz, *am.* zi:z]) (*letter of the alphabet*) z, Z *f/m:* **a capital Z** una z maiuscola; **a small z** una z minuscola; ⟨*Tel*⟩ **Z for zebra** z come Zara.

Z I *a.* (*Z-shaped*) a (forma di) Z. **II** *s.* **1** (*medieval Roman numeral*) Z, duemila *m.* **2** ⟨*Chim*⟩ (*atomic number*) Z, numero *m* atomico. **3** ⟨*Mat*⟩ (*z-coordinate*) coordinata *f* z; (*z-axis*) asse *m* z. **4** (*unknown quantity*) (terza) incognita *f.* **5** ⟨*El*⟩ (*impedance*) impedenza *f.*

Z = 1 ⟨*Astr*⟩ zenith distance distanza zenitale. **2** Zone Zona.

z. = *zero* zero.

Zachariah [zækə'raɪə], **Zacharias** [-s], **'Zachary** [-ri] *N.pr.* Zaccaria *m.*

zaffar, zaffer, zaffre ['zæfə] *s.* ⟨*Min*⟩ zaffera *f,* zaffara *f.*

Zaire [zɑɪr] *N.pr.* ⟨*Geog*⟩ Zaire *m.*

Zambia ['zæmbɪə] *N.pr.* ⟨*Geog*⟩ Zambia *m.* **Zambian** [-n] **I** *s.* abitante *m/f* dello Zambia. **II** *a.* dello (o relativo allo) Zambia.

zambo ['zæmbou] *s.* (*pl.* **-s** [z]) Zambo *m.*

zamia ['zeɪmɪə] *s.* ⟨*Bot*⟩ zamia *f.*

Zanzibar ['zænzɪbɑ:] *N.pr.* ⟨*Geog*⟩ Zanzibar *f.* **,Zanzi'bari** [-ri] **I** *s.* **1** abitante *m/f* di Zanzibar. **2** (*dialect*) dialetto *m* di Zanzibar. **II** *a.* di (o relativo a) Zanzibar.

zap [zæp] *v.* (*pret.,p.p.* **zapped** [-t]) **I** *v.t.* uccidere (con un'arma da fuoco); (*to bombard*) bombardare. **II** *v.i.* muoversi rapidamente, sfrecciare. **III** *s.* cosa *f* sensazionale. **IV** *intz.* bum.

Zarathustra [,zærə'θu:strə] *N.pr.* → **Zoroaster. Zarathustrian** [-trɪən] *s./a.* → **Zoroastrian.**

zax [zæks] *s.* ⟨*tecn*⟩ attrezzo *m* per forare lastre d'ardesia.

z-axis *s.* ⟨*Mat*⟩ asse *m* z.

Z-bar *s.* ⟨*tecn*⟩ barra *f* a (forma di) Z.

zeal [zi:l] *s.* zelo *m,* ardore *m,* entusiasmo *m,* fervore *m.*

Zealand ['zi:lənd] *N.pr.* ⟨*Geog*⟩ Zelanda *f.* **Zealander** [-ə] *s.* zelandese *m/f.*

zealot ['zelət] *s.* **1** persona *f* zelante, zelante *m/f.* **2** (*fanatic*) partigiano *m* (*f* –a), fanatico *m* (*f* –a). **Zealot.** *s.* ⟨*Stor*⟩ zelota *m.* **zealotry** [-ri] *s.* fanatismo *m,* zelo *m* eccessivo.

zealous ['zeləs] *a.* **1** zelante, infervorato, fanatico. **2** (*devoted, diligent*) zelante, premuroso, sollecito. **zealously** [-li] *avv.* zelantemente, con zelo. **zealousness** [-nis] *s.* l'essere zelante.

zebra ['zi:brə, 'zebrə] *s.* (*pl. inv.*/**-s** [z]); il pl.inv. si usa general. con valore collett.) ⟨*Zool*⟩ zebra *f.*

zebra crossing *s.* ⟨*Strad*⟩ passaggio *m* pedonale zebrato (o a strisce), ⟨*fam*⟩ strisce *fpl* pedonali.

zebrawood ['zi:brəwʌd, 'zeb–] *s.* legno *m* rigato (della Guinea).

zebu ['zi:bu:] *s.* ⟨*Zool*⟩ zebù *m.*

zed [zed] *s.* (*letter z*) zeta *f/m.*

zee *am.* [zi:] *s.* (*letter z*) zeta *f/m.*

Zen [zen] *s.* ⟨*Rel*⟩ **1** → **Zen Buddhism. 2** → **Zen Buddhism.**

Zen| Buddhism *s.* ⟨*Rel*⟩ Zen *m.* **~ Buddhist** *s.* zenista *m/f.*

Zend [zend] *s.* ⟨*Ling*⟩ zend *m.*

Zend-Avesta [ə'vestə] *s.* ⟨*Rel*⟩ zendavesta *m.*

zenith ['zeniθ] *s.* **1** ⟨*Astr*⟩ zenit *m.* **2** ⟨*fig*⟩ acme *m,* punto *m* culminante, culmine *m,* apice *m.* **zenithal** [-əl] *a.* ⟨*Astr*⟩ zenitale: **~ equidistant projection** proiezione zenitale equidistante.

Zeno ['zi:nou] *N.pr.* ⟨*Stor.gr*⟩ Zenone *m.*

zephyr ['zefə] *s.* **1** zef(f)iro *m;* (*mild breeze*) brezza *f* soave (o leggera). **2** ⟨*Tess*⟩ zefir *m,* zephir *m;* (*garment*) indumento *m* di zefir. **3** ⟨*Sport*⟩ maglietta *f* sportiva (molto leggera). **Zephyr** *s.* → **Zephyrus.**

Zephyrus ['zefərəs] *N.pr.* ⟨*Mitol*⟩ Zef(f)iro *m.*

Zeppelin ['zepəlin] *s.* ⟨*Aer*⟩ zeppelin *m.*

zero ['zɪ(ə)rou] **I** *s.* (*pl.* **-s/-es** [z]) **1** ⟨*Mat,Ling*⟩ zero *m.* **2** ⟨*Fis*⟩ (*of a measurement, scale, etc.*) zero *m:* **10° below ~** 10° sotto zero. **3** (*nothing*) zero *m,* niente *m,* nulla *m.* **4** ⟨*fig*⟩ (*lowest point, nadir*) punto *m* più basso. **II** *a.* **zero: ~ temperature** temperatura zero. **III** *v.t.* (*pret.,p.p.* **zeroed** [-d]) ⟨*tecn*⟩ azzerare. □ **to ~ in** concentrarsi sul bersaglio. □ **above ~** sopra (lo) zero.

zero| adjustment *s.* ⟨*tecn*⟩ **1** azzeramento *m.* **2** (*device*) dispositivo *m* di messa a zero, messa *f* a zero. **~-defect** *a.* perfetto, senza errori. **~ energy** *s.* → **zero point energy. ~ gravity** *s.* ⟨*Fis*⟩ gravità *f* zero. **~ growth** *s.* ⟨*Econ*⟩ crescita *f* zero. **~ hour** *s.* ⟨*Mil*⟩ ora *f* zero. **2** ⟨*estens*⟩ momento *m* critico (o cruciale). **~ option** *s.* ⟨*Pol*⟩ opzione *f* zero. **~ point energy** *s.* energia *f* di punto zero. **~-rate** *v.t.* esentare dal pagamento dell'imposta sul valore aggiunto. **~ resetting** *s.* ⟨*Inform*⟩ azzeramento *m.* **~ setter** *s.* ⟨*tecn*⟩ azzeratore *m.*

zest [zest] *s.* **1** aroma *m,* gusto *m.* **2** (*piquancy, interest*) nota *f* (o elemento *m*) piccante, interesse *m.* **3** (*enjoyment, gusto*) gusto *m,* piacere *m.*

zeta ['zi:tə, 'zeitə] *s.* (*letter of the Greek alphabet*) zeta *m/f.*

zeugma ['z(j)u:gmə] *s.* ⟨*Gramm*⟩ zeugma *m.* **zeugmatic** [-'mætik] *a.* zeugmatico.

Zeus [zju:s] *N.pr.* ⟨*Mitol*⟩ Zeus *m.*

zibel(l)ine ['zibəl(a)in] **I** *a.* di zibellino. **II** *s.* **1** pelliccia *f* di zibellino, zibellino *m.* **2** ⟨*Tess*⟩ zibellina *f.*

zibet(h) ['zibit] *s.* ⟨*Zool*⟩ zibetto *m.*

zigzag[1] ['zigzæg] **I** *s.* **1** zigzag *m,* linea *f* (o tracciato *m*) a zig-zag. **2** ⟨*Arch*⟩ modanatura *f* (o fregio *m*) a zigzag. **II** *a.* a zigzag. **III** *avv.* zigzagando, a zigzag.

zigzag[2] *v.* (*pret.,p.p.* **zigzagged** [-d]) **I** *v.i.* zigzagare, andare a zigzag. **II** *v.t.* far zigzagare (o serpeggiare).

zigzag rule *s.* metro *m* pieghevole (di legno).

Zimbabwe [zim'bɑ:bwi] *N.pr.* ⟨*Geog*⟩ Zimbabwe *m.*

zinc [ziŋk] **I** *s.* ⟨*Chim*⟩ zinco *m.* **II** *v.t.* (*pret., p.p.*

-ed/-ked [-t]) zincare. **'zincate** [-eit] *s.* zincato *m.* **'zincic** [-ik] *a.* ⟨*Chim*⟩ di (*o* relativo a) zinco. **,zincification** [-ifi'kei∫ən] *s.* zincatura *f.* **'zincify** [-ifai] *v.t.* zincare.

zincite ['ziŋkait] *s.* ⟨*Min*⟩ zincite *f.*

zincograph ['ziŋkəgrɑ:f] *s.* ⟨*Tip*⟩ **1** (*plate*) lastra *f* di zinco, cliché *m* per zincografia. **2** (*print*) zincotipia *f.* **zincographer** [-'kɔgrəfə] *s.* zincografo *m*, zincotipista *m.* **,zincographic** [-'græfik], **zincographical** [-'græfikəl] *a.* zincografico. **zincography** [-'kɔgrəfi] *s.* zincografia *f*, zincotipia *f.*

zincotype ['ziŋkətaip] *s.* → **zincograph.**

zinc| oxide *s.* ⟨*Chim*⟩ ossido *m* di zinco. **~ sulfate** *am.*, **~ sulphate** *s.* solfato *m* di zinco. **~ white** *s.* ossido *m* (*o* bianco) di zinco.

zing [ziŋ] **I** *s.* **1** sibilo *m*, fischio *m.* **2** ⟨*fam*⟩ (*vim*) forza *f*, energia *f.* **II** *v.i.* **1** fischiare, sibilare. **2** ⟨*fam*⟩ sfrecciare, muoversi rapidamente. **III** *v.t.* ⟨*fam*⟩ attaccare, criticare aspramente.

zingy ['ziŋdʒi] *a.* allettante, stimolante.

zinnia ['ziniə, -njə] *s.* ⟨*Bot*⟩ zinnia *f.*

Zion ['zaiən] **I** *N.pr.* **1** ⟨*Geog*⟩ Sion *f*, ⟨*poet*⟩ Sionne *f.* **2** ⟨*fig*⟩ (*Jerusalem*) Gerusalemme *f*, Sion *f.* **II** *s.* **1** (*Jewish people*) popolo *m* di Israele, Israele *m*, israeliti *mpl.* **2** (*Jewish homeland*) Israele *m*, Sion *f.* **3** (*religious system of the Jews*) religione *f* ebraica. **4** (*heavenly Jerusalem*) regno *m* dei cieli, Gerusalemme *f* celeste. **5** (*Christian Church*) chiesa *f* cristiana, cristianità *f.* **6** (*Non-Conformist chapel*) tempio *m* non conformista. **Zionism** [-izəm] *s.* sionismo *m.* **Zionist** [-ist] **I** *a.* sionistico. **II** *s.* sionista *m/f.* **,Zionistic** [-'istik] *a.* → **Zionist.**

zip[1] [zip] *s.* **1** (*zip fastener*) chiusura *f* (*o* cerniera) lampo. **2** (*sound*) fischio *m*, sibilo *m: the ~ of bullets* il fischio delle pallottole. **3** ⟨*fam*⟩ (*vigour, vim*) vigore *m*, energia *f.*

zip[2] *v.* (*pret., p.p.* **zipped** [-t]) **I** *v.t.* **1** (spesso con *up*) chiudere con una cerniera lampo. **2** (*of a zip*) chiudere, aprire. **3** (*to cause to make, move with a whizzing noise*) far fischiare (*o* sibilare). **II** *v.i.* **1** aprirsi (*o* chiudersi) con una cerniera lampo. **2** (*to whizz*) fischiare, sibilare. **3** ⟨*fam*⟩ (*to move fast*) muoversi in fretta.

ZIP = ⟨*SU*⟩ *Zone Improvement Plan* codice di avviamento postale (*abbr.* CAP).

zip|-code *am v.t.* munire di codice di avviamento postale. **~ code** *am. s.* ⟨*Post*⟩ codice *m* di avviamento postale. **~ fastener** *s.* chiusura *f* (*o* cerniera) lampo.

zipper ['zipə] *s.* → **zip fastener.**

zippy ['zipi] *a.* ⟨*fam*⟩ **1** vigoroso, energico. **2** (*fast*) veloce, rapido.

zircon ['zə:kɔn, -kən] *s.* ⟨*Min*⟩ zircone *m.* **zirconate** [-kəneit] *s.* ⟨*Chim*⟩ zirconato *m.* **zirconium** [-'kouniəm] *s.* zirconio *m.*

zither ['ziθə] *s.* ⟨*Mus*⟩ zither *m.* **zitherist** [-rist] *s.* sonatore *m* (*f* -trice) di zither.

zizz *am.* [ziz] *s.* ⟨*fam*⟩ pisolino *m*, dormitina *f: to take a ~* fare un pisolino. **II** *v.i.* fare un pisolino.

zodiac ['zoudiæk] *s.* ⟨*Astr*⟩ zodiaco *m.* **zodiacal** [zo(u)'daiəkəl] *a.* zodiacale: *~ light* luce zodiacale.

zoic ['zouik] *a.* **1** ⟨*Zool*⟩ degli (*o* relativo agli) animali. **2** ⟨*Geol*⟩ che contiene fossili.

Zolaism ['zoulaizəm] *s.* realismo *m* zoliano.

zombi(e) ['zɔmbi] *s.* **1** ⟨*Occult*⟩ (*snake deity*) pitone *m* (adorato come un dio); (*power, force that reanimates a corpse*) potere *m* soprannaturale che ridà la vita; (*corpse*) morto *m* risuscitato per magia. **2** ⟨*fam*⟩ (*one who acts mechanically, dope*) babbeo *m* (*f* -a), ⟨*fam*⟩ zuccone *m* (*f* -a); (*one who seems more dead than alive*) morto *m* che cammina. **3** (*drink*) tipo di bevanda alcolica.

zonal ['zounəl] *a.* **1** di (una) zona, ⟨*burocr*⟩ zonale. **2** (*marked out into zones*) diviso in zone. **zonary** [-nəri] *a.* **1** → **zonal. 2** ⟨*Med*⟩ zonario. **zonate** [-nit] *a.* ⟨*Biol*⟩ zonato. **zonation** [-'nei∫ən] *s.* **1** zonazione *f.* **2** ⟨*Biol*⟩ zonatura *f.*

zone [zoun] **I** *s.* **1** zona *f*, fascia *f*, striscia *f.* **2** ⟨*Geog,Astr,Strad,Sport*⟩ zona *f.* **3** ⟨*Biol,Geog*⟩ zona *f*, area *f*, regione *f*, territorio *m.* **4** ⟨*Geol*⟩ zona *f*, orizzonte *m.* **5** ⟨*Mil*⟩ scacchiere *m: ~ of operations* scacchiere operativo. **6** ⟨*am.Post*⟩ zona *f* (*o* quartiere *m*) postale. **7** ⟨*Geom*⟩ zona *f* sferica. **8** ⟨*rar,poet*⟩ (*belt, girdle*) fascia *f* (in vita), cintura *f.* **II** *v.t.* **1** dividere in zone; (*of a town, district*) suddividere in zone (di urbanizzazione), zonizzare. **2** (*to encircle*) fasciare.

zone| rate *s.* tariffa *f* zonale. **~ time** *s.* ora *f* locale (*o* del fuso orario).

zoning ['zouniŋ] *s.* (*in town planning*) zonizzazione *f*, azzonamento *m.*

zonk [zɔŋk] *v.t.* ⟨*sl*⟩ **1** stupire, stupefare. **2** (*to intoxicate with drugs*) imbottire di medicinali.

zoo [zu:] *s.* (*pl.* **-s** [z]) giardino *m* zoologico, zoo *m.*

zoochemical [,zouə'kemikəl] *a.* zoochimico. **zoochemistry** [-mistri] *s.* zoochimica *f.*

zoogeography [,zouədʒi'ɔgrəfi] *s.* zoogeografia *f*, geografia *f* zoologica.

zoography [zo'ɔgrəfi] *s.* zoografia *f.*

zoolatry [zo(u)'ɔlətri] *s.* zoolatria *f.*

zoologic [,zouə'lɔdʒik], **zoological** [-əl] *a.* zoologico. **zoological garden** *s.* (spesso al pl.) giardino *m* zoologico.

zoologist [zo(u)'ɔlədʒist] *s.* zoologo *m* (*f* -a). **zoology** [-dʒi] *s.* zoologia *f.*

zoom [zu:m] *v.i.* **1** ronzare, rombare. **2** ⟨*Aer*⟩ sfrecciare rombando; (*to ascend sharply*) salire in candela. **3** ⟨*Cin,TV*⟩ zumare. **II** *v.t.* **1** ⟨*Cin,TV*⟩ zumare. **2** ⟨*Aer*⟩ far salire in candela. **III** *s.* **1** ronzio *m*, rombo *m.* **2** ⟨*Cin,TV*⟩ zumata *f.* **3** ⟨*Aer*⟩ salita *f* in candela.

zoometry [zo(u)'mitri] *s.* zoometria *f.*

zoom lens *s.* ⟨*Fot*⟩ obiettivo *m* zoom (*o* varifocale).

zoomorph ['zouəmɔ:f] *s.* figura *f* zoomorfa, disegno *m* zoomorfo. **,zoo'morphic** [-ik] *a.* zoomorfo. **,zoo-'morphism** [-izəm], **zoomorphy** [-i] *s.* zoomorfismo *m.*

zoonosis [zou'ɔnəsis] *s.* (*pl.* **-ses** [si:z]) ⟨*Med*⟩ zoonosi *f.*

zoophile [zou'fail] *s.* zoofilo *m* (*f* -a).

zoophilia [,zouə'filiə] *s.* **1** ⟨*Bot*⟩ zoidiofilia *f.* **2** ⟨*Med*⟩ zoolagnia *f.* **zoophilous** [zo(u)'ɔfiləs] *a.* **1** ⟨*Bot*⟩ zoidiofilo. **2** ⟨*Med*⟩ affetto da zoolagnia.

zoophobia [,zouə'foubiə] *s.* ⟨*Psic*⟩ zoofobia *f.*

zoophyte ['zouəfait] *s.* ⟨*Zool*⟩ zoofito *m.*

zooplankton [,zouə'plæŋktən] *s.* ⟨*Zool*⟩ zooplancton *m.*

zoosperm ['zouəspə:m] *s.* ⟨*Zool*⟩ zoospermio *m*, spermatozoo *m.*

zoospore ['zouəspɔ:] *s.* ⟨*Bot*⟩ zoospora *f.*

zootechnic [zouə'teknik], **zootechnical** [-əl] *a.* zootecnico. **,zootechnician** [-'ni∫ən] *s.* zootecnico *m.* **zootechnics** [-s] *s.pl.* (costr. sing.), **'zootechny** [-ni] *s.* zootecnica *f.*

zootomic [,zouə'tɔmik], **zootomical** [-əl] *a.* dell' (*o* relativo all') anatomia animale. **zootomist** [zo(u)'ɔtəmist] *s.* studioso *m* di anatomia animale. **zootomy** [zo(u)'ɔtəmi] *s.* anatomia *f* animale.

zoril ['zɔril], **zorile** [zə'ril], **zorilla** [zə'rilə] *s.* ⟨*Zool*⟩ zorilla *f.*

Zoroaster [,zɔro(u)'æstə] *N.pr.* ⟨*Stor*⟩ Zoroastro *m.* **Zoroastrian** [-triən] **I** *a.* ⟨*Rel*⟩ zoroastriano. **II** *s.* zoroastriano *m*, mazdeo *m.* **Zoroastrianism** [-triənizəm], **Zoroastrism** [-trizəm] *s.* zoroastrismo *m*, mazdeismo *m.*

Zouave [zu:'ɑ:v, zwɑ:v] *s.* ⟨*Mil*⟩ zuavo *m.*

zounds [zaundz] *intz.* ⟨*ant*⟩ perbacco, perdinci.

ZT = *zone time* ora locale.

Zulu ['zu:lu:] **I** *s.* (*pl. inv./-s* [z]) **1** (*people;* costr. pl.) zulù *mpl.* **2** (*person*) zulù *m/f.* **3** (*language*) lingua *f* degli zulù, zulù *m.* **II** *a.* zulù.

Zurich ['zjuərik] *N.pr.* ⟨*Geog*⟩ Zurigo *f.*

zygoma [za(i)'goumə] *s.* (*pl.* **-s** [z]/**-mata** [mətə]) ⟨*Anat*⟩ zigomo *m.* **zygomatic** [,zaigo(u)'mætik] *a.* zigomatico: *~ bone* osso zigomatico.

zygomorphic [,z(a)igo(u)'mɔ:fik], **zygomorphous** [-fəs] *a.* ⟨*Bot*⟩ zigomorfo.

zygose ['z(a)igous] *a.* ⟨*Bot*⟩ di (*o* relativo a) zigosi.

zy'gosis [–is] *s.* (*pl.* **-ses** [si:z]) zigosi *f.*
zygospore ['z(a)igo(u)spɔ:] *s.* ⟨*Bot*⟩ zigospora *f.*
zygote ['z(a)igout] *s.* ⟨*Biol*⟩ zigote *m.*
zymase ['zaimeis] *s.* ⟨*Biol*⟩ zimasi *f.*
zymogen ['zaimo(u)dʒən] *s.* ⟨*Biol*⟩ zimogeno *m.*
zymology [zai'mɔlɔdʒi] *s.* zimologia *f.*
zymolysis [zai'mɔlisis] *s.* ⟨*Biol*⟩ azione *f* enzimatica.
zymometer [zai'mɔmitə], **zymosimeter** [–mo(u)'simitə] *s.*

⟨*tecn*⟩ zimometro *m.*
zymosis [zai'mousis] *s.* (*pl.* **-ses** [si:z]) **1** ⟨*Med*⟩ malattia *f* infettiva. **2** ⟨*Biol*⟩ fermentazione *f,* zimosi *f.* **zymotic** [–'mɔtik] *a.* **1** ⟨*Med*⟩ infettivo. **2** ⟨*Biol*⟩ zimotico.
zymotic disease *s.* ⟨*Med*⟩ malattia *f* infettiva.
zymurgy ['zaimə:dʒi] *s.* ⟨*Chim,Biol*⟩ zimurgia *f.*

APPENDICI

APPENDICES

I. List of irregular verbs – Elenco dei verbi irregolari

L'asterisco (*) che precede una forma verbale indica che il tempo corrispondente può essere formato anche regolarmente.

Infinitive	Preterite	Past participle
Infinito	*Preterito*	*Participio passato*
abide [əˈbaid]	* **abode** [əˈboud]	* **abode** [əˈboud]
arise [əˈraiz]	**arose** [əˈrouz]	**arisen** [əˈrizn]
awake [əˈweik]	* **awoke** [əˈwouk]	* **awoke** [əˈwouk]
be [bi:]	**was** [wɔz, wəz]	**been** [bi:n, bin]
bear [bɛə]	**bore** [bɔ:]	**borne** [bɔ:n], **born** [bɔ:n]
beat [bi:t]	**beat** [bi:t]	**beaten** [bi:tn]
become [biˈkʌm]	**became** [biˈkeim]	**become** [biˈkʌm]
befall [biˈfɔ:l]	**befell** [biˈfel]	**befallen** [biˈfɔlən]
beget [biˈget]	**begot** [biˈgɔt]	**begotten** [biˈgɔtn]
begin [biˈgin]	**began** [biˈgæn]	**begun** [biˈgʌn]
behold [biˈhould]	**beheld** [biˈheld]	**beheld** [biˈheld]
bend [bend]	**bent** [bent]	**bent** [bent]
bereave [biˈri:v]	* **bereft** [biˈreft]	* **bereft** [biˈreft]
beseech [biˈsi:tʃ]	**besought** [biˈsɔ:t]	**besought** [biˈsɔ:t]
beset [biˈset]	**beset** [biˈset]	**beset** [biˈset]
bespeak [biˈspi:k]	**bespoke** [biˈspouk]	**bespoken** [biˈspoukn, -kən]
bet [bet]	* **bet** [bet]	* **bet** [bet]
betake [biˈteik]	**betook** [biˈtuk]	**betaken** [biˈteikən]
bethink [biˈθiŋk]	**bethought** [biˈθɔ:t]	**bethought** [biˈθɔ:t]
bid [bid]	**bade** [bæd], **bad** [bæd]	**bidden** [ˈbidn], **bid** [bid]
bind [baind]	**bound** [baund]	**bound** [baund]
bite [bait]	**bit** [bit]	**bit** [bit], **bitten** [ˈbitn]
bleed [bli:d]	**bled** [bled]	**bled** [bled]
blow [blou]	**blew** [blu:]	**blown** [bloun]
break [breik]	**broke** [brouk]	**broken** [ˈbroukən]
breed [bri:d]	**bred** [bred]	**bred** [bred]
bring [briŋ]	**brought** [brɔ:t]	**brought** [brɔ:t]
broadcast [ˈbrɔ:dkɑ:st]	**broadcast** [ˈbrɔ:dkɑ:st]	**broadcast** [ˈbrɔ:dkɑ:st]
build [bild]	**built** [bilt]	**built** [bilt]
burn [bə:n]	* **burnt** [bə:nt]	* **burnt** [bə:nt]
burst [bə:st]	**burst** [bə:st]	**burst** [bə:st]
buy [bai]	**bought** [bɔ:t]	**bought** [bɔ:t]
cast [kɑ:st]	**cast** [kɑ:st]	**cast** [kɑ:st]
catch [kætʃ]	**caught** [kɔ:t]	**caught** [kɔ:t]
chide [tʃaid]	**chid** [tʃid]	**chidden** [ˈtʃidən], **chid** [tʃid]
choose [tʃu:z]	**chose** [tʃouz]	**chosen** [ˈtʃouzn]
cleave [kli:v]	**cleft** [kleft], **clove** [klouv]	**cleft** [kleft], **cloven** [ˈklouvn]
cling [kliŋ]	**clung** [klʌŋ]	**clung** [klʌŋ]
come [kʌm]	**came** [keim]	**come** [kʌm]
cost [kɔst]	**cost** [kɔst]	**cost** [kɔst]
creep [kri:p]	**crept** [krept]	**crept** [krept]
cut [kʌt]	**cut** [kʌt]	**cut** [kʌt]
deal [di:l]	**dealt** [delt]	**dealt** [delt]
dig [dig]	**dug** [dʌg]	**dug** [dʌg]
do [du]	**did** [did]	**done** [dʌn]
draw [drɔ:]	**drew** [dru:]	**drawn** [drɔ:n]
dream [dri:m]	* **dreamt** [dremt]	* **dreamt** [dremt]
drink [driŋk]	**drank** [dræŋk]	**drunk** [drʌŋk]
drive [draiv]	**drove** [drouv]	**driven** [drivn]
dwell [dwel]	**dwelt** [dwelt]	**dwelt** [dwelt]
eat [i:t]	**ate** [et]	**eaten** [i:tn]
fall [fɔ:l]	**fell** [fel]	**fallen** [ˈfɔ:lən]
feed [fi:d]	**fed** [fed]	**fed** [fed]
feel [fi:l]	**felt** [felt]	**felt** [felt]
fight [fait]	**fought** [fɔ:t]	**fought** [fɔ:t]
find [faind]	**found** [faund]	**found** [faund]
flee [fli:]	**fled** [fled]	**fled** [fled]
fling [fliŋ]	**flung** [flʌŋ]	**flung** [flʌŋ]
fly [flai]	**flew** [flu:]	**flown** [floun]

Infinitive	Preterite	Past participle
Infinito	Preterito	Participio passato

forbear [fɔː'bɛə]	forbore [fɔː'bɔː]	forborne [fɔː'bɔːn]
forbid [fə'bid]	forbade [fə'bæd]	forbidden [fə'bidn]
forecast ['fɔː'kɑːst]	forecast ['fɔː'kɑːst]	forecast ['fɔː'kɑːst]
forego [fɔː'gou]	forewent [fɔː'went]	foregone [fɔː'gɔn]
foresee [fɔː'siː]	foresaw [fɔː'sɔː]	foreseen [fɔː'siːn]
foretell [fɔː'tel]	foretold [fɔː'tould]	foretold [fɔː'tould]
forget [fə'get]	forgot [fə'gɔt]	forgotten [fə'gɔtn]
forgive [fə'giv]	forgave [fə'geiv]	forgiven [fə'givn]
forsake [fə'seik]	forsook [fə'suk]	forsaken [fə'seikən]
forswear [fɔː'swɛə]	forswore [fɔː'swɔː]	forsworn [fɔː'swɔːn]
freeze [friːz]	froze [frouz]	frozen ['frouzn]
get [get]	got [gɔt]	got [gɔt]
gild [gild]	* gilt [gilt]	* gilt [gilt]
gird [gəːd]	* girt [gəːt]	* girt [gəːt]
give [giv]	gave [geiv]	given ['givn]
go [gou]	went [went]	gone [gɔn]
grind [graind]	ground [graund]	ground [graund]
grow [grou]	grew [gruː]	grown [groun]
hang [hæŋ]	* hung [hʌŋ]	* hung [hʌŋ]
have [hæv]	had [hæd]	had [hæd]
hear [hiə]	heard [həːd]	heard [həːd]
hide [haid]	hid [hid]	hidden [hidn], hid [hid]
hit [hit]	hit [hit]	hit [hit]
hold [hould]	held [held]	held [held]
hurt [həːt]	hurt [həːt]	hurt [həːt]
inlay ['in'lei]	inlaid ['in'leid]	inlaid ['in'leid]
keep [kiːp]	kept [kept]	kept [kept]
kneel [niːl]	knelt [nelt]	knelt [nelt]
knit [nit]	* knit [nit]	* knit [nit]
know [nou]	knew [njuː]	known [noun]
lade [leid]	laded ['leidid]	laden ['leidn]
lay [lei]	laid [leid]	laid [leid]
lead [liːd]	led [led]	led [led]
lean [liːn]	* leant [lent]	* leant [lent]
leap [liːp]	* leapt [lept]	* leapt [lept]
learn [ləːn]	* learnt [ləːnt]	* learnt [ləːnt]
leave [liːv]	left [left]	left [left]
lend [lend]	lent [lent]	lent [lent]
let [let]	let [let]	let [let]
lie [lai]	lay [lei]	lain [lein]
light [lait]	* lit [lit]	* lit [lit]
lose [luːz]	lost [lɔst]	lost [lɔst]
make [meik]	made [meid]	made [meid]
mean [miːn]	meant [ment]	meant [ment]
meet [miːt]	met [met]	met [met]
misgive [mis'giv]	misgave [mis'geiv]	misgiven [mis'givn]
mislay [mis'lei]	mislaid [mis'leid]	mislaid [mis'leid]
mislead [mis'liːd]	misled [mis'led]	misled [mis'led]
mistake [mis'teik]	mistook [mis'tuk]	mistaken [mis'teikən]
misunderstand ['misʌndə'stænd]	misunderstood ['misʌndə'stud]	misunderstood ['misʌndə'stud]
mow [mou]	mowed [moud]	mown [moun]
outbid [aut'bid]	outbade [aut'beid], outbid [aut'bid]	outbidden [aut'bidn], outbid [aut'bid]
outdo [aut'duː]	outdid [aut'did]	outdone [aut'dʌn]
outgrow [aut'grou]	outgrew [aut'gruː]	outgrown [aut'groun]
outrun [aut'rʌn]	outran [aut'ræn]	outrun [aut'rʌn]
outshine [aut'ʃain]	outshone [aut'ʃɔn]	outshone [aut'ʃɔn]
overbear [,ouvə'bɛə]	overbore [,ouvə'bɔː]	overborne [,ouvə'bɔːn]
overcast [,ouvə'kɑːst]	overcast [,ouvə'kɑːst]	overcast [,ouvə'kɑːst]
overcome [,ouvə'kʌm]	overcame [,ouvə'keim]	overcome [,ouvə'kʌm]
overdo [,ouvə'duː]	overdid [,ouvə'did]	overdone [,ouvə'dʌn]
overdraw [,ouvə'drɔː]	overdrew [,ouvə'druː]	overdrawn [,ouvə'drɔːn]

Infinitive	*Preterite*	*Past participle*
Infinito	*Preterito*	*Participio passato*

overeat [ˌouvəˈiːt]	**overate** [ˌouvəˈet]	**overeaten** [ˌouvəˈiːtn]
overfeed [ˌouvəˈfiːd]	**overfed** [ˌouvəˈfed]	**overfed** [ˌouvəˈfed]
overgrow [ˌouvəˈgrou]	**overgrew** [ˌouvəˈgruː]	**overgrown** [ˌouvəˈgroun]
overhang [ˌouvəˈhæŋ]	**overhung** [ˌouvəˈhʌŋ]	**overhung** [ˌouvəˈhʌŋ]
overhear [ˌouvəˈhiə]	**overheard** [ˌouvəˈhəːd]	**overheard** [ˌouvəˈhəːd]
overlay [ˌouvəˈlei]	**overlaid** [ˌouvəˈleid]	**overlaid** [ˌouvəˈleid]
oversleep [ˌouvəˈsliːp]	**overslept** [ˌouvəˈslept]	**overslept** [ˌouvəˈslept]
overspread [ˌouvəˈspred]	**overspread** [ˌouvəˈspred]	**overspread** [ˌouvəˈspred]
overtake [ˌouvəˈteik]	**overtook** [ˌouvəˈtuk]	**overtaken** [ˌouvəˈteikn]
overthrow [ˌouvəˈθrou]	**overthrew** [ˌouvəˈθruː]	**overthrown** [ˌouvəˈθroun]
partake [pɑːˈteik]	**partook** [pɑːˈtuk]	**partaken** [pɑːˈteikən]
pay [pei]	**paid** [peid]	**paid** [peid]
put [put]	**put** [put]	**put** [put]
read [riːd]	**read** [red]	**read** [red]
rebuild [ˈriːˈbild]	**rebuilt** [ˈriːˈbilt]	**rebuilt** [ˈriːˈbilt]
recast [ˈriːˈkɑːst]	**recast** [ˈriːˈkɑːst]	**recast** [ˈriːˈkɑːst]
relay [ˈriːlei]	**relaid** [ˈriːˈleid]	**relaid** [ˈriːˈleid]
rend [rend]	**rent** [rent]	**rent** [rent]
repay [ˈriːˈpei]	**repaid** [ˈriːˈpeid]	**repaid** [ˈriːˈpeid]
reset [ˈriːˈset]	**reset** [ˈriːˈset]	**reset** [ˈriːˈset]
rid [rid]	**rid** [rid]	**rid** [rid]
ride [raid]	**rode** [roud]	**ridden** [ridn]
ring [riŋ]	**rang** [ræŋ]	**rung** [rʌŋ]
rise [raiz]	**rose** [rouz]	**risen** [ˈrizn]
run [rʌn]	**ran** [ræn]	**run** [rʌn]
saw [sɔː]	**sawed** [sɔːd]	**sawn** [sɔːn]
say [sei]	**said** [sed]	**said** [sed]
see [siː]	**saw** [sɔː]	**seen** [siːn]
seek [siːk]	**sought** [sɔːt]	**sought** [sɔːt]
sell [sel]	**sold** [sould]	**sold** [sould]
send [send]	**sent** [sent]	**sent** [sent]
set [set]	**set** [set]	**set** [set]
sew [sou]	**sewed** [soud]	* **sewn** [soun]
shake [ʃeik]	**shook** [ʃuk]	**shaken** [ˈʃeikən]
shed [ʃed]	**shed** [ʃed]	**shed** [ʃed]
shine [ʃain]	**shone** [ʃɔn]	**shone** [ʃɔn]
shoe [ʃuː]	**shod** [ʃɔd]	**shod** [ʃɔd]
shoot [ʃuːt]	**shot** [ʃɔt]	**shot** [ʃɔt]
show [ʃou]	**showed** [ʃoud]	* **shown** [ʃoun]
shrink [ʃriŋk]	**shrank** [ʃræŋk]	**shrunk** [ʃrʌŋk]
shrive [ʃraiv]	**shrove** [ʃrouv]	**shriven** [ʃrivn]
shut [ʃʌt]	**shut** [ʃʌt]	**shut** [ʃʌt]
sing [siŋ]	**sang** [sæŋ]	**sung** [sʌŋ]
sink [siŋk]	**sank** [sæŋk]	**sunk** [sʌŋk]
sit [sit]	**sat** [sæt]	**sat** [sæt]
slay [slei]	**slew** [sluː]	**slain** [slein]
sleep [sliːp]	**slept** [slept]	**slept** [slept]
slide [slaid]	**slid** [slid]	**slid** [slid], **slidden** [slidn]
sling [sliŋ]	**slung** [slʌŋ]	**slung** [slʌŋ]
slink [sliŋk]	**slunk** [slʌŋk]	**slunk** [slʌŋk]
slit [slit]	**slit** [slit]	**slit** [slit]
smell [smel]	* **smelt** [smelt]	* **smelt** [smelt]
smite [smait]	**smote** [smout]	**smitten** [smitn]
sow [sou]	**sowed** [soud]	* **sown** [soun]
speak [spiːk]	**spoke** [spouk]	**spoken** [ˈspoukən]
speed [spiːd]	* **sped** [sped]	* **sped** [sped]
spell [spel]	* **spelt** [spelt]	* **spelt** [spelt]
spend [spend]	**spent** [spent]	**spent** [spent]
spill [spil]	* **spilt** [spilt]	* **spilt** [spilt]
spin [spin]	**span** [spæn], **spun** [spʌn]	**spun** [spʌn]
spit [spit]	**spat** [spæt]	**spat** [spæt]
split [split]	**split** [split]	**split** [split]
spoil [spɔil]	* **spoilt** [spɔilt]	* **spoilt** [spɔilt]
spread [spred]	**spread** [spred]	**spread** [spred]
spring [spriŋ]	**sprang** [spræŋ]	**sprung** [sprʌŋ]

Infinitive	Preterite	Past participle
Infinito	Preterito	Participio passato

stand [stænd]	**stood** [stud]	**stood** [stud]
steal [sti:l]	**stole** [stoul]	**stolen** ['stoulən]
stick [stik]	**stuck** [stʌk]	**stuck** [stʌk]
sting [stiŋ]	**stung** [stʌŋ]	**stung** [stʌŋ]
stink [stiŋk]	**stank** [stæŋk], **stunk** [stʌŋk]	**stunk** [stʌŋk]
strew [stru:]	**strewed** [stru:d]	* **strewn** [stru:n]
stride [straid]	**strode** [stroud]	**stridden** [stridn]
strike [straik]	**struck** [strʌk]	**struck** [strʌk]
string [striŋ]	**strung** [strʌŋ]	**strung** [strʌŋ]
strive [straiv]	**strove** [strouv]	**striven** [strivn]
swear [swɛə]	**swore** [swɔ:]	**sworn** [swɔ:n]
sweat [swet]	* **sweat** [swet]	* **sweat** [swet]
sweep [swi:p]	**swept** [swept]	**swept** [swept]
swell [swel]	**swelled** [sweld]	**swollen** ['swoulən]
swim [swim]	**swam** [swæm]	**swum** [swʌm]
swing [swiŋ]	**swung** [swʌŋ]	**swung** [swʌŋ]
take [teik]	**took** [tuk]	**taken** ['teikən]
teach [ti:tʃ]	**taught** [tɔ:t]	**taught** [tɔ:t]
tear [tɛə]	**tore** [tɔ:]	**torn** [tɔ:n]
tell [tel]	**told** [tould]	**told** [tould]
think [θiŋk]	**thought** [θɔ:t]	**thought** [θɔ:t]
thrive [θraiv]	* **throve** [θrouv]	* **thriven** [θrivn]
throw [θrou]	**threw** [θru:]	**thrown** [θroun]
thrust [θrʌst]	**thrust** [θrʌst]	**thrust** [θrʌst]
tread [tred]	**trod** [trɔd]	**trodden** [trɔdn]
unbend ['ʌn'bend]	**unbent** ['ʌn'bent]	**unbent** ['ʌn'bent]
unbind ['ʌn'baind]	**unbound** ['ʌn'baund]	**unbound** ['ʌn'baund]
underbid ['ʌndə'bid]	**underbid** ['ʌndə'bid]	**underbid** ['ʌndə'bid]
understand ['ʌndə'stænd]	**understood** ['ʌndə'stud]	**understood** ['ʌndə'stud]
undertake ['ʌndə'teik]	**undertook** ['ʌndə'tuk]	**undertaken** ['ʌndə'teikən]
underwrite ['ʌndə'rait]	**underwrote** ['ʌndə'rout]	**underwritten** ['ʌndə'ritn]
upset [ʌp'set]	**upset** [ʌp'set]	**upset** [ʌp'set]
wake [weik]	* **woke** [wouk]	**woken** ['woukən]
wear [wɛə]	**wore** [wɔ:]	**worn** [wɔ:n]
weave [wi:v]	**wove** [wouv]	**woven** [wouvn]
weep [wi:p]	**wept** [wept]	**wept** [wept]
win [win]	**won** [wʌn]	**won** [wʌn]
wind [waind]	**wound** [waund]	**wound** [waund]
withdraw [wið'drɔ:]	**withdrew** [wið'dru:]	**withdrawn** [wið'drɔ:n]
withhold [wið'hould]	**withheld** [wið'held]	**withheld** [wið'held]
withstand [wið'stænd]	**withstood** [wið'stud]	**withstood** [wið'stud]
work [wɔ:k]	* **wrought** [wrɔ:t]	* **wrought** [wrɔ:t]
wring [riŋ]	**wrung** [rʌŋ]	**wrung** [rʌŋ]
write [rait]	**wrote** [rout]	**written** [ritn]

II. Numerals – Aggettivi numerali

1. *Cardinal numbers – Numeri cardinali*

0	nought, zero	zero	16	sixteen	sedici
1	one	uno, una	17	seventeen	diciassette
2	two	due	18	eighteen	diciotto
3	three	tre	19	nineteen	diciannove
4	four	quattro	20	twenty	venti
5	five	cinque	21	twenty–one	ventuno
6	six	sei	22	twenty–two	ventidue
7	seven	sette	23	twenty–three	ventitré
8	eight	otto	24	twenty–four	ventiquattro
9	nine	nove	25	twenty–five	venticinque
10	ten	dieci	26	twenty–six	ventisei
11	eleven	undici	27	twenty–seven	ventisette
12	twelve	dodici	28	twenty–eight	ventotto
13	thirteen	tredici	29	twenty–nine	ventinove
14	fourteen	quattordici	30	thirty	trenta
15	fifteen	quindici	31	thirty–one	trentuno

32	thirty-two	trentadue		900	nine hundred	novecento
33	thirty-tree	trentatré		1,000	a/one thousand	mille
40	forty	quaranta		1,001	a/one thousand and one	mille uno
50	fifty	cinquanta		1,002	a/one thousand and two	mille due
60	sixty	sessanta		1,100	one thousand one hundred,	mille cento
70	seventy	settanta			eleven hundred	
80	eighty	ottanta		1,150	one thousand one hundred	mille centocinquanta
90	ninety	novanta			and fifty, eleven hundred	
100	a/one hundred	cento			and fifty	
101	a/one hundred and one	cent(o)uno		1,200	one thousand two hundred,	mille duecento
105	a/one hundred and five	centocinque			twelve hundred	
150	a/one hundred and fifty	centocinquanta		1,900	one thousand nine hundred,	mille novecento
200	two hundred	duecento			nineteen hundred	
300	three hundred	trecento		2,000	two thousand	duemila
400	four hundred	quattrocento		3,000	three thousand	tremila
500	five hundred	cinquecento		10,000	ten thousand	diecimila
600	six hundred	seicento		100,000	a/one hundred thousand	centomila
700	seven hundred	settecento		1,000,000	a/one milion	un milione
800	eight hundred	ottocento		1,000,000,000	a/one milliard, *am.* billion	un miliardo

2. Ordinal numbers – *Numerali ordinali*

1st	first	primo		31st	thirty–first	trentunesimo/trentesimo primo
2(n)d	second	secondo		32(n)d	thirty–second	trentaduesimo/trentesimo secondo
3(r)d	third	terzo		40th	fortieth	quarantesimo
4th	fourth	quarto		50th	fiftieth	cinquantesimo
5th	fifth	quinto		60th	sixtieth	sessantesimo
6th	sixth	sesto		70th	seventieth	settantesimo
7th	seventh	settimo		80th	eightieth	ottantesimo
8th	eighth	ottavo		90th	ninetieth	novantesimo
9th	ninth	nono		100th	(one) hundredth	centesimo
10th	tenth	decimo		101st	hundred and first	centunesimo/centesimo primo
11th	eleventh	undicesimo/decimoprimo		105th	hundred and fifth	centocinquesimo/centesimo quinto
12th	twelfth	dodicesimo/decimosecondo		150th	hundred and fiftieth	centocinquantesimo
13th	thirteenth	tredicesimo/decimoterzo		200th	two hundredth	du(e)centesimo
14th	fourteenth	quattordicesimo/decimoquarto		300th	three hundredth	trecentesimo
				400th	four hundredth	quattrocentesimo
15th	fifteenth	quindicesimo/decimoquinto		500th	five hundredth	cinquecentesimo
				600th	six hundredth	se(i)centesimo
16th	sixteenth	sedicesimo/decimosesto		700th	seven hundredth	settecentesimo
17th	seventeenth	diciassettesimo/decimosettimo		800th	eight hundredth	ottocentesimo
				900th	nine hundredth	novecentesimo
18th	eighteenth	diciottesimo/decim(o)ottavo		1,000th	(one) thousandth	millesimo
19th	nineteenth	diciannovesimo/decimonono		2,000th	two thousandth	duemillesimo
				3,000th	three thousandth	tremillesimo
20th	twentieth	ventesimo		100,000th	(one) hundred thousandth	centomillesimo
21st	twenty–first	ventunesimo/ventesimo primo		1,000,000th	(one) millionth	milionesimo
22(n)d	twenty–second	ventiduesimo/ventesimo secondo		2,000,000th	two millionth	duemilionesimo
23(r)d	twenty–third	ventitreesimo/ventesimo terzo				
30th	thirtieth	trentesimo				

3. Fractional numbers – *Numerali frazionari*

1/2	one/a half	mezzo		2/5	two fifths	due quinti
1 1/2	one and a half	uno e mezzo		1/6	one/a sixth	un sesto
1/3	one/a third	un terzo		1/7	one/a seventh	un settimo
2/3	two thirds	due terzi		1/8	one/a eighth	un ottavo
1/4	one/a fourth, one/a quarter	un quarto		1/9	one/a ninth	un nono
				1/10	one/a tenth	un decimo
3/4	three fourths, three quarters	tre quarti		1/100	one/a hundredth	un centesimo
				1/1000	one/a thousandth	un millesimo
2 1/4	two and a quarter	due e un quarto		0.5	point five	zero virgola cinque
1/5	one/a fifth	un quinto		1.2	one point two	uno virgola due

4. Multiplicative numbers – *Numerali moltiplicativi*

double, twice, twofold, dual	doppio	eightfold, octuple	ottuplo
triple, treble, threefold	triplo	ninefold	nonuplo
fourfold, quadruple	quadruplo	tenfold, decuple	dieci volte maggiore (*o* tanto)
fivefold, quintuple	quintuplo	elevenfold	undici volte maggiore (*o* tanto)
sixfold, sextuple	sestuplo	hundredfold, centuple	centuplo
sevenfold, septuple	settuplo	thousandfold	mille volte maggiore (*o* tanto)

III. Weights and Measures – Pesi e Misure

1. *Linear Measure - Misure di lunghezza*

line (l.)	linea	1 l.		= 2,12 mm
inch (in.)	pollice	1 in.	= 12 l.	= 2,539 cm
foot (ft.)	piede	1 ft.	= 12 in.	= 30,480 cm
yard (yd.)	iarda	1 yd.	= 3 ft. 36 in.	= 91,4399 cm
fathom (fm.)	braccio	1 fm.	= 6 ft. 2 yd.	= 1,8288 m
rod (rd.) perch pole (po.)	pertica •	1 rd.	= 5^1/$_2$ yd.	= 5,02919 m
chain (chn.)	catena	1 chn.	= 4 rd. 22 yd.	= 20,11678 m
furlong (fur.)		1 fur.	= 10 chn. 220 yd.	= 201,16778 m
(statute) mile (sta.mi.)	miglio terrestre	1 sta.mi.	= 8 fur. 1760 yd.	= 1,60934 km
nautical mile (n.m.)	miglio nautico	1 n.mi.	= 1.15 sta.mi.	= 1,853 km
league (lea.)	lega	1 lea.	= 3 n.mi.	= 5,55978 km

2. *Square Measure – Misure di superficie*

square inch (sq.in.)	pollice quadrato	1 sq.in.		= 6,45159 cm^2
square foot (sq.ft.)	piede quadrato	1 sq.ft.	= 144 sq.in.	= 929,028 cm^2
square yard (sq.yd.)	iarda quadrata	1 sq.yd.	= 9 sq.ft.	= 8361,260 cm^2
square perch (sq.perch) square pole (sq.po.) square rod (sq.rd.)	pertica quadrata	1 sq.rd.	= 30 ^{1}/$_4$ sq.yd.	= 25,29280 m^2
rood (ro.)		1 ro.	= 40 sq.rd.	= 1011,712 m^2
acre (a.)	acro	1 a.	= 4840 sq.yd.	= 0,40468 ha
square mile (sq.mi.)	miglio quadrato	1 sq.mi.	= 640 a.	= 258,99824 ha

3. *Cubic Measure – Misure di volume*

cubic inch (cu.in.)	pollice cubico	1 cu.in.		= 16,3870 cm^3
cubic foot (cu.ft.)	piede cubico	1 cu.ft.	= 1728 cu.in.	= 0,02832 m^3
cubic yard (cu.yd.)	iarda cubica	1 cu.yd.	= 27 cu.ft.	= 0,764553 m^3

4. *Measure of Capacity – Misure di capacità*

a) In Great Britain – In Gran Bretagna

Dry and Liquid Measure – Misure per aridi e liquidi

gill (gi., gl.)		1 gi.		= 0,14205 l
pint (pt.)	pinta	1 pt.	= 4 gi.	= 0,56823 l
quart (qt.)	quarto	1 qt.	= 2 pt.	= 1,13646 l
(imperial) gallon ([imp.] gal.)	gallone	1 (imp.) gal.	= 4 qt. 8 pt.	= 4,545963 l

Dry Measure – Misure per aridi

peck		1 pk.	= 2 gal.	= 9,09171 l
bushel (bu.)	staio	1 bu.	= 4 pk.	= 36,366 l
quarter (qr.)		1 qr.	= 8 bu.	= 2,90935 hl

Liquid Measure – Misure per liquidi

barrel (bl., bbl.)	barile	1 bl.	= 36 gal.	= 1,6365 hl

b) In Usa – Negli Stati Uniti

Dry Measure – Misure per aridi

pint (pt.)	pinta	1 pt.		= 0,5506 l
quart (qt.)	quarto	1 qt.	= 2 pt.	= 1,1012 l
peck (pk.)		1 pk.	= 8 pt.	= 8,8096 l
bushel (bu.)	staio	1 bu.	= 4 pk.	= 35,2383 l

Liquid Measure – Misure per liquidi

gill (gi.)		1 gi.		= 0,1183 l
pint (pt.)	pinta	1 pt.	= 4 gi.	= 0,4732 l
quart (qt.)	quarto	1 qt.	= 2 pt.	= 0,9464 l
gallon (gal.)	gallone	1 gal.	= 4 qt.	= 3,7853 l
barrel (bbl.)	barile	1 bbl.	= 31,5 gal.	= 1,1922 hl
hogshead (hhd.)		1 hhd.	= 2 bbl.	= 2,3845 hl

5. *Weights – Pesi*

a) Avoirdupois Weight – Pesi avoirdupois

grain (gr.av.)	grano	1 gr.av.		= 0,0648 g
dram (dr.)	dramma	1 dr.	= 27,3438 gr.av.	= 1,77185 g
ounce (oz.av.)	oncia	1 oz.av.	= 16 dr.	= 28,34953 g
pound (lb.av.)	libbra	1 lb.av.	= 16 oz.av.	= 453,59243 g
stone (st.)		1 st.	= 14 lb.av.	= 6,35029 kg
quarter (qr.)		1 qr. ⟨GB⟩	= 28 lb.av.	= 12,70059 kg
		⟨SU⟩	= 25 lb.av.	= 11,339 kg
hundredweight (cwt.)	quintale inglese	1 cwt. ⟨GB⟩	= 112 lb.av.	= 50,80235 kg
		⟨SU⟩	= 110 lb.av.	= 45,359 kg
(long) ton (t., tn., tn.l.)	tonnellata inglese	1 tn.	= 2240 lb.av. 20 cwt.	= 1016,04 kg
short ton (tn.sh.)	tonnellata americana	1 tn.sh.	= 2000 lb.av.	= 907,185 kg

b) Troy Weight – Pesi troy (per preziosi)

grain (gr.t.)	grano	1 gr.t.		= 0,0648 g
pennyweight (dwt.t.)		1 dwt.t.	= 24 gr.t.	= 1,55577 g
ounce (oz.t.)	oncia	1 oz.t.	= 20 dwt.t.	= 31,10348 g
pound (lb.t.)	libbra	1 lb.t.	= 12 oz.t.	= 373,2418 g

c) Apothecaries' Weight – Pesi da farmacia

grain (gr.)	grano	1 gr.		= 0,0648 g
scruple (sc., scr.)	scrupolo	1 sc.	= 20 gr.	= 1,29598 g
drachm (dr.)	dramma	1 dr.	= 3 sc.	= 3,88794 g
ounce (oz.)	oncia	1 oz.	= 8 dr.	= 31,10348 g
pound (lb.)	libbra	1 lb.	= 12 oz.	= 373,2418 g

6. *Conversion factors for Weights and Measures – Coefficienti di conversione per pesi e misure*

to convert *per trasformare*	into *in*	multiply by *moltiplicare per*	to convert *per trasformare*	into *in*	multiply by *moltiplicare per*
mm	inch	0,03937	inch	mm	25,400
cm	inch	0,3937	inch	cm	2,5400
m	foot	3,28084	foot	cm	30,48
m	yard	1,0936	yard	m	0,9144
km	statute mile	0,62137	statute mile	km	1,6093
km	nautical mile	0,5396	nautical mile	km	1,85318
cm^2	sq. inch.	0,1550	sq.in.	cm^2	6,4516
m^2	sq. foot	10,7639	sq.ft.	m^2	0,0929
m^2	sq. yard	1,1960	sq.yd.	m^2	0,8361
km^2	sq. mile	0,3861	sq. mi.	km^2	2,5900
ha	acre	2,4711	acre	ha	0,4047

to convert per trasformare	into in	multiply by moltiplicare per	to convert per trasformare	into in	multiply by moltiplicare per
cm³	cu.in.	0,06102	cu. in.	cm³	16,3870
m³	cu.ft.	35,314	cu. ft.	m³	0,02831
m³	cu.yd.	1,3080	cu. yd.	m³	0,7646
g	grain	15,4323	grain	g	0,0648
g	dram	0,5644	dram	g	1,7718
g	ounce	0,0353	ounce	g	28,3495
kg	pound	2,2046	pound	kg	0,4536
t	long ton ⟨GB⟩	0,9842	long ton ⟨GB⟩	kg	1016,05
t	short ton ⟨SU⟩	1,1023	short ton ⟨SU⟩	kg	907,2
l	peck ⟨GB⟩	0,1100	peck ⟨GB⟩	l	9,0922
	⟨SU⟩	0,1135	⟨SU⟩		8,8098
l	bushel ⟨GB⟩	0,0275	bushel ⟨GB⟩	l	36,3687
	⟨SU⟩	0,0284	⟨SU⟩		35,2393
m³	quarter ⟨GB⟩	3,4370	quarter ⟨GB⟩	m³	0,2909
	⟨SU⟩	4,1305	⟨SU⟩		0,2421
m³	barrel ⟨GB⟩	6,1106	barrel ⟨GB⟩	m³	0,1637
	⟨SU⟩	8,6484	⟨SU⟩		0,1156
l	gill (liquid) ⟨GB⟩	7,0390	gill ⟨GB⟩	l	0,1421
	⟨SU⟩	8,4534	⟨SU⟩		0,1183
l	pint (dry) ⟨SU⟩	1,8162	pint (dry) ⟨SU⟩	l	0,5506
	(liquid) ⟨GB⟩	1,7598	(liquid) ⟨GB⟩	l	0,5683
	⟨SU⟩	2,1134	⟨SU⟩		0,1183
l	quart (dry) ⟨SU⟩	0,9081	quart (dry) ⟨SU⟩	l	1,1012
	(liquid) ⟨GB⟩	0,8799	(liquid) ⟨GB⟩		1,1365
	⟨SU⟩	1,0567	⟨SU⟩		0,9464
l	gallon ⟨GB⟩	0,2200	gallon ⟨GB⟩	l	4,5461
	⟨SU⟩	0,2642	⟨SU⟩		3,7854

7. Conversion Tables of Temperature – Tabelle di conversione delle temperature

Clinical thermometer – Termometro clinico

Fahrenheit °F	Celsius °C	Fahrenheit °F	Celsius °C	Fahrenheit °F	Celsius °C
392	200	30.2	−1	105.8	41.0
302	150	28.4	−2	105.4	40.8
212	100	26.6	−3	105.1	40.6
203	95	24.8	−4	104.7	40.4
194	90	23	−5	104.4	40.2
185	85	21.2	−6	104.0	40.0
176	80	19.4	−7	103.6	39.8
167	75	17.6	−8	103.3	39.6
158	70	15.8	−9	102.9	39.4
149	65	14	−10	102.6	39.2
140	60	5	−15	102.2	39.0
131	55	0	−17.8	101.8	38.8
122	50	−4	−20	101.5	38.6
113	45	−13	−25	101.2	38.4
104	40	−22	−30	100.8	38.2
95	35	−31	−35	100.4	38.0
86	30	−40	−40	100.0	37.8
77	25	−49	−45	99.7	37.6
68	20	−58	−50	99.3	37.4
59	15	−148	−100	99.0	37.2
50	10	−238	−150	98.6	37.0
41	5	−328	−200	98.2	36.8
32	0	−459.67	−273.15	97.9	36.6

Rules for converting temperatures – Formule di conversione delle temperature

$$°F = \frac{9}{5}\ (°C + 32) \qquad °C = \frac{5}{9}\ (°F - 32).$$

IV. Mathematical Operations and Symbols – Operazioni e simboli matematici

1. *Arithmetical Operations – Operazioni aritmetiche*

Operation *Operazione*	How to read in English *Modo di leggere in inglese*	How to read in Italian *Modo di leggere in italiano*

Addition - Addizione

$2 + 3 = 5$ two plus three equals five   due più tre fa cinque, due più tre è uguale a cinque

Subtraction - Sottrazione

$9 - 3 = 6$ nine minus three equals six   nove meno tre fa sei, nove meno tre è uguale a sei

Multiplication - Moltiplicazione

$4 \times 2 = 8$ four times two equals eight   quattro per due fa otto

$4 \cdot 2 = 8$ four multiplied by two equals eight   quattro per due è uguale a otto

Division - Divisione

$10 : 2 = 5$ ten divided by two equals five   dieci diviso due fa cinque / dieci diviso due è uguale a cinque

Raising to a power - Elevazione a potenza

$3^2 = 9$ three squared (or to the second power) equals nine   tre al quadrato è uguale a nove

$2^3 = 8$ two cubed (or to the third power) equals eight   due al cubo è uguale a otto

$2^4 = 16$ two to the fourth power equals sixteen   due alla quarta (potenza) è uguale a sedici

x^n x [eks] to the nth [en] power   x [iks] all'ennesima potenza

Extraction of root - Estrazione di radice

$\sqrt[2]{4} = 2$ the square root of four is two   radice quadrata di quattro è due

$\sqrt[3]{27} = 3$ the cube root of twenty-seven is three   radice cubica di ventisette è tre

$\sqrt[n]{x}$ the nth [enθ] root of x [eks]   ennesima radice di x [iks]

Ratio - Proporzione

$12 : 4 = 9 : 3$ twelve is to four as nine is to three   dodici sta a quattro come nove sta a tre

Fraction - Frazione

$3/5,\ \dfrac{3}{5}$ three fifths   tre quinti, tre fratto cinque

$\dfrac{6}{12} = \dfrac{2}{4}$ six twelfths equals two fourths   sei dodicesimi è uguale a due quarti

2. *Mathematical Symbols – Simboli matematici*

$+$	plus, add positive	più positivo
$-$	minus, subtract negative	meno negativo
$\pm$, $\mp$	plus or minus positive or negative	più o meno positivo o negativo
$\times$, $\cdot$	multiplied by, times	per
$:$	divided by	diviso
$=$	equals, is equal to	uguale, è uguale a
$\neq$	is not equal to	non è uguale a, è diverso da
$\equiv$	is identically equal to	è identico a, è equivalente a
$\sim$	is similar to	è simile a
$\approx$, $\simeq$, $\cong$	is approximately equal to	è approssimativamente uguale a
$\div$	from ... to ...	da ... a ...
$>$	is greater than	è maggiore di
$<$	is less than	è minore di
$\geq$	is equal to or greater than, is not less than	è maggiore o uguale a, non è minore di

≤	is equal to or less than, is not greater than	è minore o uguale a, non è maggiore di
%	per cent, percentage	percento, per cento
‰	per thousand	per mille
∞	infinity	infinito
°	degree	grado
′	minute (of arc)	minuto (d'arco)
″	second (of arc)	secondo (d'arco)
‖	is parallel to	è parallelo a
⊥	is perpendicular to	è perpendicolare a
∠	angle	angolo
∟	right angle	angolo retto
△	triangle	triangolo
⌒	arc	arco

V. Phonetic alphabets – Alfabeti telefonici

	English *Inglese*	*American* *Americano*	*Italian* *Italiano*	*International* *Internazionale*
A	Andrew	Abel	Ancona	Amsterdam
B	Benjamin	Baker	Bologna	Baltimore
C	Charlie	Charlie	Como	Casablanca
D	David	Dog	Domodossola	Danemark
E	Edward	Easy	Empoli	Edison
F	Frederick	Fox	Firenze	Florida
G	George	George	Genova	Gallipoli
H	Harry	How	Hotel	Havana
I	Isaac	Item	Imola	Italia
J	Jack	Jig	I lunga, jersey	Jérusalem
K	King	King	Kursaal	Kilogramme
L	Lucy	Love	Livorno	Liverpool
M	Mary	Mike	Milano	Madagaskar
N	Nellie	Nan	Napoli	New York
O	Oliver	Oboe	Otranto	Oslo
P	Peter	Peter	Padova	Paris
Q	Queenie	Queen	Quarto	Québec
R	Robert	Roger	Roma	Roma
S	Sugar	Sugar	Savona	Santiago
T	Tommy	Tare	Torino	Tripoli
U	Uncle	Uncle	Udine	Uppsala
V	Victor	Victor	Venezia	Valencia
W	William	William	Washington	Washington
X	Xmas	X	Ics, xeres	Xanthippe
Y	Yellow	Yoke	York, yacht	Yokohama
Z	Zebra	Zebra	Zara	Zürich

ITALIANO–INGLESE

ITALIAN–ENGLISH

A

a, A *f./m.* (*lettera dell'alfabeto*) a, A: *due a* two a's (*o* as); ⟨*Tel*⟩ *a come Ancona* a for Andrea, ⟨*am*⟩ a for Abel; *vitamina A* vitamin A; *dall'a alla zeta* from A to Z.

a[1] *prep.* (before a word beginning with a vowel the preposition *a* often becomes *ad*; it is contracted with the definite article to **al** [*a + il*], **allo** [*a + lo*], **all'** [*a + l'*], **alla** [*a + la*], **ai** [*a + i*], **agli** [*a + gli*], **alle** [*a + le*]) **1** (*complemento di termine*) to: *scrivere a un amico* to write to a friend. **2** (*stato in luogo*) at: *essere alla stazione* to be at the station; *abita al numero dieci di via Veneto* he lives at number ten, via Veneto; (*in alcuni casi particolari*) in: *essere a letto* to be in bed; (*vicino a*) at, by, beside: *ero alla finestra* I was at (*o* by) the window; (*con nomi di nazioni, città grandi*) in: *vivere a Roma* to live in Rome; (*con nomi di città piccole*) at: *lo vidi a Como* I saw him at Como. **3** (*moto a luogo*) to: *andare alla stazione* to go to the station; *andare al mare* to go to the seaside; (*con nomi geografici*) to: *andare a Napoli* to go to Naples. **4** (*distanza: rif. a luogo*) at, *spesso non si traduce*: *a dieci metri di distanza* at a distance of ten metres; *a cinque chilometri da Roma* five kilometres from Rome; (*rif. a tempo passato*) after: *a tre mesi dal suo arrivo* three months after his arrival; (*rif. a tempo futuro*) before: *a tre mesi dagli esami non avevo ancora cominciato a studiare* three months before the exams I still had not begun studying. **5** (*tempo*) in: *al tempo di Napoleone* in the time of Napoleon; *a maggio* in May; (*rif. a festività*) at: *a Natale* at Christmas; (*nell'indicazione dell'ora*) at: *a che ora? – alle cinque* (at) what time? – at five (o'clock). **6** (*età*) at the age of, at: *a vent'anni* at the age of twenty. **7** (*fino a: in correlazione con da*) to: *da Roma a Milano* from Rome to Milan; (*rif. a tempo*) to, until, till: *dalle quattro alle otto* from four till eight. **8** (*fine, scopo*) for, to: *a questo scopo* for this purpose. **9** (*vantaggio, svantaggio*) to, for: *essere utile alla salute* to be good for one's health; *ciò è sfavorevole a noi* that is unfavourable to us. **10** (*inclinazione*) to, for: *tendenza all'ozio* tendency to laziness; *non ha nessuna attitudine al disegno* he has no aptitude for drawing. **11** (*mezzo, strumento*) by, in, with: *cucito a mano* sewn by hand; *scrivere a matita* to write in (*o* with a) pencil; (*in alcuni casi*) on: *andare a cavallo* to go on horseback; *andare a piedi* to go on foot. **12** (*modo, maniera*) at, in, with: *correre a cento l'ora* to go at a hundred (miles) an hour; *a voce bassa* in a low voice; *a braccia levate* with raised arms; (*conformità*) in, after, in the style of, in the way (*o* manner) of: *a mio parere* in my opinion; *alla moda* after the fashion; *vestire alla francese* to dress in the French style; *risotto alla milanese* rice cooked in the Milanese way. **13** (*prezzo*) at, for: *a che prezzo? – a dieci scellini la libbra* at what price? – ten shillings a pound; *me l'ha ceduto a pochi scellini* he let me have it for a few shillings. **14** (*circostanza, causa*) at: *a quelle parole pianse* at those words he cried; *a prima vista* at first sight. **15** (*limitazione*) by: *riconoscere qd. alla voce* to recognize s.o. by his voice. **16** (*pena*) to: *condannare a morte* to condemn (*o* sentence) to death. **17** (*con valore distributivo*) by: *vendere a dozzine* to sell by the dozen; (*ripetuto due volte*) by, in: *marciare a due a due* to march two by two; *a goccia a goccia* drop by drop; (*rif. a tempo*) *si rende con l'art. indeterm.*: *due volte al giorno* twice a day. **18** (*predicativo*) as, *spesso non si traduce*: *lo elessero a giudice* they elected him judge. **19** ⟨*Mat*⟩ to: *nove alla quarta* nine to the fourth. **20** (*seguito dall'inf.*) *di solito non si traduce*: *comincia a piovere* it is beginning to rain; (*con significato prevalentemente finale*) in order, *spesso non si traduce*: *si sporse a guardare* he leant out (in order) to look; (*con significato condizionale*) if: *a fare così non riuscirai mai* if you do that you'll never succeed; *spesso non si traduce*: *a dire il vero* to tell the truth. **21** (*seguito da un inf. sostantivato con l'art. determinativo*) on [*ger*], when: *all'entrare* on entering. □ **arrivederci a domani** goodbye, see you tomorrow; *stare a casa* to stay at home; *andare a casa* to go home; *voltare a destra* to turn (to the) right; *di qui a un anno* a year from now; *al fuoco!* fire!; *tornerà a giorni* he will be back (with)in a few days; *al ladro!* stop thief!; *scrivere a macchina* to type; *oggi a otto* a week from today, today week; *dall'oggi al domani* from one day to the next; *oggi a quindici* today fortnight, a fortnight from today; *la prima strada a sinistra* the first street on (*o* to) the left; *allo spuntare del sole* at sunrise.

a[2] **= 1** *ara* are (*abbr.* a). **2** *accelerazione* acceleration (*abbr.* a.).

A.A.M.S. = *Azienda autonoma monopoli di stato* Board of State Monopolies.

A.A.S. = *Azienda autonoma di soggiorno* Tourist Information Office.

abacà *f.* **1** ⟨*Bot*⟩ abaca. **2** (*fibra*) Manila hemp.

abaco *m.* (*pl.* -chi) **1** ⟨*Stor*⟩ abacus. **2** (*libretto di aritmetica*) arithmetic primer. **3** (*tavola pitagorica*) multiplication table. **4** ⟨*Arch*⟩ abacus.

abate *m.* **1** abbot. **2** (*titolo dato a semplici sacerdoti*) abbé.

abat-jour *fr.* [aba'ʒu:r] *m.* **1** (*paralume*) lampshade. **2** (*lampada*) (table) lamp.

abatterico *a.* (*pl.* -ci) ⟨*Med*⟩ abacterial.

abazia *f.* → abbazia. **abaziale** *a.* → abbaziale.

abbacchiamento *m.* **1** beating (*o* knocking) down (of fruit). **2** (*fam*) (*abbattimento*) depression. **abbacchiare** *v.t.* (abbacchio, abbacchi) **1** to beat (*o* knock) down (fruit, nuts or olives). **2** (*avvilire*) to dishearten, to dispirit, to depress. **abbacchiato** *a.* (*abbattuto*) disheartened, dispirited, depressed. **abbacchiatura** *f.* **1** (*azione*) beating (*o* knocking) down (of fruit). **2** (*tempo*) time of the beating down (of fruit).

abbacchio *m.* ⟨*region*⟩ spring lamb.

abbacinamento *m.* **1** ⟨*Mediev*⟩ abacination. **2** (*abbagliamento*) blinding. **3** (*inganno*) deception. **abbacinare** *v.t.* (abbacino) **1** ⟨*Mediev*⟩ to abacinate. **2** (*abbagliare*) to blind. **3** (*ingannare*) to deceive. **abbacinato** *a.* **1** (*abbagliato*) blinded. **2** (*confuso*) dazed, confused.

abbaco *m.* → abaco.

abbadessa *f.* abbess.

abbagliaménto *m.* **1** (*l'abbagliare*) glare, dazzle, dazzling, dazzlement; (*l'abbagliarsi*) dazzlement. **2** ⟨*fig*⟩ (*smarrimento*) confusion. **abbagliante I** *a.* **1** dazzling, blinding. **2** ⟨*fig*⟩ (*affascinante*) dazzling, fascinating. **3** ⟨*fig*⟩ (*che inganna*) deceiving, deceptive. **II** *s.m.* ⟨*Aut*⟩ high–beam headlights, ⟨*am*⟩ brights *pl.* **abbagliare** *v.* (**abbaglio, abbagli**) **I** *v.t.* **1** to dazzle, to blind: *essere abbagliato dai fari di un'auto* to be blinded by a car's headlights. **2** ⟨*fig*⟩ (*affascinare*) to dazzle, to fascinate. **3** ⟨*fig*⟩ (*illudere*) to dazzle, to deceive. **II** *v.i.* (*aus.* avere) **1** (*accecare*) to dazzle, to blind: *il sole abbaglia* the sun is dazzling. **2** (*restare accecato*) to be dazzled, to be blinded. **abbaglio** *m.* (*svista*) blunder. ☐ *prendere un* ~ to blunder, ⟨*fam*⟩ to slip up.

abbaiaménto *m.* barking; (*rif. a cane da caccia*) baying. **abbaiare** *v.i.* (**abbaio, abbai**; *aus.* avere) **1** to bark; (*rif. a cane da caccia*) to bay. **2** ⟨*fig*⟩ (*gridare*) to shout. **3** ⟨*fig*⟩ (*cantare male*) to howl, ⟨*fam*⟩ to caterwaul. ☐ ⟨*fig*⟩ ~ *alla luna* to bay (at) the moon. *Prov.: can che abbaia non morde* barking dogs don't bite. **abbaiata** *f.* **1** barking; (*rif. a cane da caccia*) baying. **2** ⟨*fig*⟩ (*grida di scherno o di rimprovero*) jeering, booing.

abbaino *m.* **1** ⟨*Edil*⟩ dormer window. **2** (*soffitta*) attic, garret.

abbaio[1] *m.* (*l'abbaiare*) bark(ing).

abbaio[2] *m.* (*abbaiamento prolungato*) (loud and prolonged) barking.

abbandonare *v.t.* **1** to leave, to abandon, to quit: ~ *il paese natio* to leave one's native village. **2** (*non aiutare*) to forsake, to abandon, to desert: ~ *l'amico nel bisogno* to forsake a friend in need; ~ *qd. a se stesso* to abandon s.o. to his own resources. **3** (*trascurare*) to neglect: ~ *un giardino* to neglect a garden. **4** (*rinunciare*) to give up, to leave, to quit, to renounce: ~ *l'insegnamento* to give up teaching. **5** (*non condurre a termine*) to leave unfinished. **6** (*reclinare*) to let fall, to drop: ~ *il capo sul petto* to drop one's head upon one's breast. **7** (*venir meno*) to fail: *le forze lo abbandonano* his strength is failing (him). **8** ⟨*Dir*⟩ to desert: ~ *la moglie* to desert one's wife. **abbandonarsi** *v.r.* **1** (*lasciarsi cadere*) to let o.s. fall, to drop, to sink: *si abbandonò sulla poltrona* he sank into the armchair. **2** (*affidarsi*) to trust: *abbandonati a lui* trust him. **3** (*darsi senza ritegno*) to give o.s. up (o over), to abandon o.s. (*a to*): *abbandonarsi al vizio* to give o.s. up to vice. ☐ ~ *un bambino* to abandon a child; ⟨*Sport*⟩ ~ *il campo* to leave the field; ~ *la città al saccheggio* to give the city over to pillage; ⟨*Mil,Sport*⟩ ~ *il combattimento* to give up the fight; *abbandonarsi alla disperazione* to give way to despair; ⟨*Mar*⟩ ~ *la nave* to abandon ship; *abbandonarsi ai ricordi* to lose o.s. in one's memories; ~ *il servizio* to leave the service; ~ *qd. alla propria sorte* to leave s.o. to his fate.

abbandonato *a.* **1** abandoned, forsaken, deserted. **2** (*deserto*) deserted, abandoned: *casa* ~*a* deserted house. **3** (*trascurato*) neglected: *giardino* ~ neglected garden. ☐ *con le braccia* –*e* with one's arms hanging loosely by one's side; ~ *da Dio* godforsaken; *infanzia* –*a* foundlings *pl*; ~ *a se stesso* left to one's own resources; *terreno* ~ waste land.

abbandono *m.* **1** (*l'abbandonare*) abandonment, abandoning, desertion, forsaking. **2** (*stato di trascuratezza*) state of neglect: *un giardino in* ~ a garden in a state of neglect. **3** (*rilassamento*) relaxation: ~ *delle membra* relaxation of the limbs. **4** (*rinuncia*) abandonment. **5** ⟨*Dir*⟩ desertion: ~ *del coniuge* desertion of one's spouse. **6** (*lo stato di chi è abbandonato*) forlornness, loneliness. ☐ ⟨*Sport*⟩ ~ *del combattimento* withdrawal; ~ *in Dio* abandonment in God; *in un momento di* ~ in a moment of weakness; ⟨*Dir*⟩ ~ *del tetto coniugale* desertion.

abbarbagliaménto *m.* dazzling. **abbarbagliare** *v.t.* (**abbarbaglio, abbarbagli**) to dazzle.

abbarbicaménto *m.* taking root. **abbarbicarsi** *v.r.* (**mi abbarbico, ti abbarbichi**) **1** to strike (*o* take) root, to root (*a in*); (*a un muro*) to cling (to): *l'edera si abbarbica al muro* the ivy clings to the wall. **2** ⟨*fig*⟩ (*stabilirsi in un luogo*) to put down roots. **3** (*attaccarsi*) to cling (to).

abbarcare *v.t.* (**abbarco, abbarchi**) ⟨*Mar*⟩ to bend, to

camber.

abbaruffaménto *m.* ⟨*rar*⟩ (*disordine*) disorder, disarray. **abbaruffare** *v.t.* (*scompigliare*) to disorder, to disarrange, to rumple. **abbaruffarsi** *v.r.* ⟨*recipr*⟩ to scuffle, to brawl.

abbassalingua *m.inv.* ⟨*Med*⟩ tongue depressor.

abbassaménto *m.* **1** (*l'abbassare*) lowering. **2** (*ribasso: di prezzi, tariffe*) reduction; (*ribasso forzato*) fall, drop. **3** (*rif. a temperatura*) fall, drop; (*rif. a corrente*) drop. **4** ⟨*Med*⟩ lowering. ☐ ⟨*fig*⟩ ~ *di grado* reduction in rank; ~ *di livello* lowering of level, drop; ~ *del terreno* subsidence.

abbassare *v.t.* **1** to lower: ~ *un quadro* to lower a picture. **2** (*far scendere*) to pull down, to let down, to lower: ~ *la persiana* to pull down the blind. **3** (*prezzi, salari*) to lower, to reduce; (*di intensità*) to lower, to drop: ~ *la voce* to lower one's voice; (*rif. a luce*) to dim. **4** (*chinare*) to lower, to drop: ~ *gli occhi* to lower one's eyes; (*rif. alla testa*) to bow. **5** (*umiliare*) to humble: ~ *la superbia di qd.* to humble s.o.'s pride. **abbassarsi** *v.r.* **1** (*diminuire, indebolirsi*) to fall, to diminish, to lower, to drop: *il vento si è abbassato* the wind has dropped. **2** (*chinarsi*) to stoop, to bend down: *abbassarsi per raccogliere qc.* to stoop to pick up s.th. **3** (*umiliarsi*) to humble o.s., to abase o.s. ☐ *il barometro si abbassa* the barometer is falling; ⟨*Aer*⟩ ~ *il carrello di atterraggio* to lower the landing gear; ⟨*Aut*⟩ ~ *i fari* to dip one's headlights; *la febbre si abbassa* the temperature is going down; ~ *il gas* to lower (*o* turn down) the gas; ⟨*Sport*⟩ ~ *un primato* to lower a record; ~ *la radio* to turn down the radio; ~ *il sipario* to lower the curtain.

abbasso I *avv.* down below, down; (*rif. al piano di sotto*) downstairs. **II** *intz.* down with: ~ *i tiranni* down with tyrants. ☐ *d'*~ downstairs; ~ *le mani* hands off.

abbastanza *avv.* **1** enough, sufficiently: *non è* ~ *largo* it's not wide enough; *ho dormito* ~ I have slept long enough. **2** (*alquanto*) rather, somewhat, ⟨*fam*⟩ pretty. **3** (*discretamente*) fairly, quite, ⟨*fam*⟩ pretty: *il tempo è* ~ *bello* the weather is quite nice. ☐ *averne* ~ *di* to have had enough (*o* more than enough) of; *non ne ha mai* ~ he is never satisfied.

abbattere *v.t.* **1** to knock down, to throw down; (*rif. ad alberi*) to fell; (*con arma da fuoco*) to shoot (down). **2** (*demolire*) to pull down, to demolish. **3** ⟨*Aer,Mil*⟩ to shoot down, ⟨*am*⟩ to down: *furono abbattuti due caccia nemici* two enemy fighters were shot down. **4** (*uccidere animali*) to slaughter; ⟨*venat*⟩ to bag, to shoot. **5** ⟨*fig*⟩ (*accasciare*) to depress, to dishearten, to dispirit: *la notizia mi ha molto abbattuto* the news has greatly disheartened me. **6** (*confutare*) to refute, to demolish: ~ *un argomento* to refute an argument. **abbattersi** *v.r.* **1** to fall (down): *abbattersi al suolo svenuto* to fall to the ground in a faint. **2** ⟨*fig*⟩ (*avvilirsi*) to get disheartened, to lose heart. ☐ *tutte le disgrazie si sono abbattute su di lui* every possible misfortune has befallen (*o* happened to) him; ~ *una fortezza* to destroy a fortress; *una tempesta si abbatté sulla città* a storm broke over the city. **abbattimento** *m.* **1** (*atto*) knocking down; (*di alberi*) felling. **2** (*demolizione*) pulling down, demolition. **3** (*uccisione di animali*) slaughter; ⟨*venat*⟩ shooting, bagging. **4** ⟨*Mil*⟩ shooting down, ⟨*am*⟩ downing. **5** ⟨*Minier*⟩ extraction. **6** ⟨*fig*⟩ (*depressione fisica*) prostration; (*depressione morale*) dejection, despondency. **abbattuto** *a.* (*avvilito*) depressed, dejected, downcast.

abbazia *f.* abbey. **abbaziale** *a.* abbey–, abbatial: *beneficio* ~ abbatial benefice.

abbecedario *m.* primer.

abbelliménto *m.* embellishment (*anche Mus.*). **abbellire** *v.t.* (**abbellisco, abbellisci**) **1** (*rendere bello*) to beautify, to make beautiful. **2** (*ornare*) to embellish. **abbellirsi** *v.r.* **1** to beautify o.s., ⟨*fam*⟩ to pretty o.s. up. **2** (*adornarsi*) to adorn o.s., ⟨*fam*⟩ to deck o.s. out.

abbeveraggio *m.* watering. **abbeverare** *v.t.* (**abbevero**) to water. **abbeverarsi** *v.r.* to water, to go to water. ☐ *abbeverarsi alle fonti del sapere* to drink deep from the fountains of knowledge. **abbeverata** *f.* watering. **abbeveratoio** *m.* drinking trough.

abbia → **avere**[1]

abbiccì *m.* **1** (*alfabeto*) ABC: *imparare l'*~ to learn one's

ABC. **2** (*sillabario*) primer. **3** (*principi elementari*) ABC. □ *essere all'*~ to be a beginner.

abbiẹnte I *a.* well–to–do, ⟨*pred*⟩ well–off, affluent: *le classi –i* the affluent classes. **II** *s.m./f.* **1** well–to–do person. **2** *pl.* the well–to–do (*costr. pl.*), ⟨*fam*⟩ the haves *pl.* □ *i meno –i* the less well–to–do (*costr. pl.*); *i non –i* the needy (*costr. pl.*), ⟨*fam*⟩ the have–nots *pl.*

abbiettẹzza *f. e der.* → abiettezza *e der.*

abbigliamẹnto *m.* **1** (*il modo di abbigliare*) manner of dressing, style of dress. **2** (*vestiario*) clothes *pl,* clothing, wear. □ *l'*~ *femminile* women's wear; *industria dell'* ~ clothing trade. **abbigliạre** *v.t.* (**abbiglio, abbigli**) **1** to dress, to attire. **2** (*adornare*) to deck out, to bedeck. **abbigliarsi** *v.r.* (*adornarsi*) to dress up, to deck o.s. out: *abbigliarsi per il ballo* to dress up for the ball. **abbigliạto** *a.* dressed up, attired: *una ragazza –a a festa* a girl dressed up in her Sunday best.

abbinạbile *a.* combinable, compatible. **abbinabilità** *f.* compatibility.

abbinamẹnto *m.* **1** combining, coupling. **2** ⟨*Mecc*⟩ coupling. **abbinạre** *v.t.* to couple, to combine. **abbinạta** *f.* → accoppiata. **abbinạto** *a.* coupled, combined.

abbindolạre *v.t.* (**abbindolo**) **1** ⟨*Tess*⟩ to wind. **2** (*raggirare*) to trick, to deceive, to cheat.

abbisognạre *v.i.* (**abbisogno**; *aus.* **avere**) to be in need (*di* of), to need (s.th.): *tutti abbisognano di buoni consigli* everyone is in need of good advice.

abboccamẹnto *m.* **1** talk; (*con carattere ufficiale*) interview: *avere un* ~ *con qd.* to have an interview with s.o. **2** ⟨*Mecc*⟩ butt joining. **3** ⟨*Chir*⟩ anastomosis. **abboccạre** *v.* (**abbocco, abbocchi**) **I** *v.t.* **1** (*afferrare con la bocca*) to seize with one's jaws, to snap up. **2** (*di pesci*) to bite. **3** ⟨*Mecc*⟩ to join (up): ~ *due tubi* to join two pipes. **4** ⟨*Chir*⟩ to anastomose. **II** *v.i.* (*aus.* **avere**) **1** (*attaccarsi con la bocca*) to bite: *i pesci abboccano* the fish are biting. **2** (*combaciare*) to make a good fit. **3** ⟨*fig*⟩ (*cadere nell'inganno*) to rise to the bait, to be taken in. **abboccarsi** *v.r.* (*avere un abboccamento*) to confer, to have a meeting.

abboccạto *a.* (*di vino*) sweetish, medium sweet.

abboffạrsi *e der.* → abbuffarsi *e der.*

abbominạre *e der.* → abominare *e der.*

abbonacciạre *v.t.* (**abbonaccio, abbonacci**) **1** to calm. **2** ⟨*fig*⟩ (*calmare*) to calm, to soothe. **abbonacciarsi** *v.r.* (*calmarsi: rif. a mare*) to grow calm; (*rif. a vento*) to drop.

abbonamẹnto *m.* **1** subscription: *rinnovare l'*~ to renew one's subscription. **2** (*prezzo*) rental, rate: ~ *al telefono* telephone rental. □ *disdire l'*~ to withdraw (*o* cancel) one's subscription; ~ *ferroviario* railway season–ticket, ⟨*am*⟩ railroad commutation ticket; *spedizione in* ~ *postale* registered for transmission by post; ~ *al teatro* theatre subscription.

abbonạre[1] *v.t.* (**abbono**) to take out a subscription. **abbonarsi** *v.r.* to subscribe (*a* to): *abbonarsi a un giornale* to subscribe to a newspaper; (*rif. a mezzi di trasporto*) to buy a season ticket.

abbonạre[2] *v.t.* (**abbuono, abboniamo**) to remit: *mi abbonò metà del debito* he remitted half of my debt.

abbonạto I *a.* subscribing. **II** *s.m.* (*f.* **-a**) **1** subscriber. **2** (*rif. a mezzi di trasporto*) season–ticket holder. □ ⟨*Tel*⟩ *elenco degli –i* telephone directory; *essere* ~ *a un giornale* to be a subscriber to a newspaper; *essere* ~ *al teatro* to have a theatre subscription; ~ *al telefono* telephone subscriber.

abbondạnte *a.* **1** abundant, plentiful: *un raccolto* ~ a plentiful harvest. **2** (*eccedente*) good, generous: *un'* ~ *porzione di carne* a generous helping of meat; *due metri –i* a good two metres. □ *una giacca piuttosto* ~ a coat rather on the large side. **abbondantemẹnte** *avv.* abundantly, plentifully. **abbondạnza** *f.* abundance, plenty. □ *qc. in* ~ plenty of s.th., ⟨*fam*⟩ s.th. galore; ⟨*fig*⟩ *nuotare nell'* ~ to be rolling in money; *narrare con* ~ *di particolari* to relate with a wealth of detail; *vivere nell'* ~ to live in the lap of luxury. **abbondạre** *v.i.* (**abbondo**; *aus.* **avere**) **1** to be plentiful (*o* abundant), to abound: *quest'anno abbonderanno le olive* this year olives will be plentiful. **2**

(*avere in abbondanza*) to abound, to be rich (*di* in). **3** (*eccedere*) to overdo (*in, di qc.* s.th.). □ ~ *nel cibo* to overeat; ~ *in* (*o di*) *precauzioni* to be excessively cautious, to be overcautious.

abbonimẹnto *m.* improvement: ~ *di un terreno* improvement of a piece of land. **abbonịre** *v.t.* (**abbonisco, abbonisci**) **1** to calm, to pacify, to appease: ~ *qd. con promesse* to pacify s.o. with promises. **2** (*bonificare*) to improve: ~ *un terreno* to improve a piece of land. **abbonirsi** *v.r.* (*quietarsi*) to grow calm.

abbordạbile *a.* **1** ⟨*Mar*⟩ boardable. **2** ⟨*fig*⟩ approachable: *oggi il maestro non è* ~ the teacher isn't approachable today. **3** (*che si può affrontare: rif. a cosa*) not too difficult, reasonable: *una spesa* ~ a reasonable expense. **abbordạggio** *m.* **1** ⟨*Mar*⟩ boarding. **2** ⟨*fig*⟩ (*approccio, l'avvicinare*) approach. □ *andare all'* ~ *di una nave* to board a ship. **abbordạre** *v.t.* (**abbordo**) **1** ⟨*Mar*⟩ to draw up alongside; (*ostilmente*) to board. **2** ⟨*fig*⟩ (*rif. a persona*) to approach, to accost; (*rif. a questioni*) to broach: ~ *un argomento* to broach a subject. **abbordo** *m.* **1** ⟨*Mar*⟩ boarding. **2** ⟨*fig*⟩ (*approccio*) approach. □ ⟨*fig*⟩ *persona di facile* ~ easily approachable person.

abborracciạre *v.t.* (**abborraccio, abborracci**) to botch, to bungle. **abborracciạto** *a.* botched, bungled: *lavoro* ~ botched job. **abborracciatụra** *f.* botch.

abbottonạre *v.t.* (**abbottono**) to button (up). **abbottonarsi** *v.r.* **1** to button (up) one's clothes. **2** (*chiudersi*) to button up. **abbottonạto** *a.* **1** buttoned. **2** ⟨*fig*⟩ (*riservato*) reserved, withdrawn: *un tipo molto* ~ a very reserved person. **abbottonatụra** *f.* **1** buttoning. **2** (*l'insieme dei bottoni e degli occhielli*) buttons and buttonholes.

abbozzạre[1] *v.t.* (**abbozzo**) **1** to sketch (out), to outline; (*di sculture*) to rough–hew; (*di scritti*) to make a rough draft of, to draft: ~ *una conferenza* to make a rough draft of a lecture. □ ~ *un gesto* to make a vague gesture; ~ *un sorriso* to give a ghost of a smile.

abbozzạre[2] *v.i.* (**abbozzo**; *aus.* **avere**) ⟨*fam*⟩ (*sopportare*) to put up with it: *non ti resta che abbozzare* you'll just have to put up with it.

abbozzạto *a.* sketched, outlined, roughed out. □ *un lavoro appena* ~ work (*o* a job) in its preliminary stages. **abbozzo** *m.* **1** rough draft, outline: *fare un* ~ *di qc.* to make a rough draft of s.th. **2** ⟨*Pitt*⟩ sketch: ~ *di un quadro* sketch for a painting. □ ~ *di contratto* draft contract.

abbozzolạrsi *v.r.* (**mi abbozzolo**) **1** (*fare il bozzolo*) to form (*o* spin) a cocoon. **2** (*rif. a farina*) to go (*o* become) lumpy.

abbracciạre *v.t.* (**abbraccio, abbracci**) **1** to embrace, to clasp, to hug. **2** (*rinchiudere*) to enclose, to surround: *una palizzata abbraccia tutto il campo* a fence surrounds the whole field; ⟨*fig*⟩ (*contenere*) to grasp, to embrace: *la mente non può* ~ *tutto* the mind cannot grasp everything. **3** (*dedicarsi a*) to take up: ~ *l'insegnamento* to take up teaching. **4** (*accettare, seguire*) to embrace, to adopt, to espouse: ~ *la causa di qd.* to embrace (*o* espouse) s.o.'s cause. **abbracciarsi** *v.r.* ⟨*recipr*⟩ to embrace, to embrace e.o.: *le due sorelle si abbracciarono* the two sisters embraced (each other). □ ~ *con la mente* to take in, to grasp; ~ *una proposta* to accept a proposal; ~ *una religione* to embrace a religion; *la sua vita abbraccia mezzo secolo* his life spans half a century. **abbrạccio** *m.* embrace, hug: *dare un* ~ *a qd.* to give s.o. a hug, to hug (*o* embrace) s.o.; *ricevere un* ~ to receive a hug, to be embraced; *stringere in un* ~ to clasp in an embrace.

abbrancạre *v.t.* (**abbranco, abbranchi**) **1** (*afferrare con le branche*) to clutch. **2** (*afferrare con rapidità*) to snatch, to grab. **abbrancarsi** *v.r.* (*attaccarsi tenacemente*) to clutch, to grip (*a qc.* s.th.), to cling.

abbreviạre *v.t.* (**abbrevio, abbrevi**) **1** to shorten, to make shorter, to cut short, to curtail: ~ *la strada* to shorten the way; (*rif. a parola*) to abbreviate. **2** ⟨*Fon*⟩ to shorten. □ *per abbreviarla* to cut (*o* make) a long story short. **abbreviatịvo** *a.* abbreviating, shortening. **abbreviạto** *a.* shortened, abbreviated: *parola –a* abbreviated word. **abbreviazịone** *f.* **1** (*l'abbreviare*) abbreviating. **2** (*la parola abbreviata*) abbreviation: *elenco delle –i* list of abbreviations. **3** ⟨*Ling*⟩ shortened form. **4** ⟨*Fon*⟩ shortening.

abbrivare I *v.t.* (*mettere in moto una nave*) to get under way; (*accelerarne il moto*) to increase the speed of. **II** *v.i.* (*aus.* **avere**) (*prendere l'abbrivo*) to get under way. □ *abbriva!* full speed ahead! **abbriv(i)o** *m.* **1** ⟨*Mar*⟩ way, headway. **2** ⟨*fig*⟩ headway. □ ~ *in avanti* headway; ~ *indietro* sternway; *prendere l'* ~: 1 ⟨*Mar*⟩ to get under way; 2 ⟨*fig*⟩ to get going; *preso l'* ~ *a parlare, non la finisce più* once he gets going, he never stops talking.

abbronzamento *m.* **1** ⟨*Mecc*⟩ bronzing. **2** (*rif. alla pelle*) tanning. **abbronzante** *a.* tanning: *lozione* ~ tanning lotion. **abbronzare** *v.t.* (*abbronzo*) **1** ⟨*Mecc*⟩ to bronze. **2** (*rif. al sole*) to tan, to bronze. **abbronzarsi** *v.r.* to get a tan, to tan. **abbronzato** *a.* (sun–)tanned: *pelle –a dal sole* sun–tanned skin. **abbronzatura** *f.* **1** (*atto*) tanning. **2** (*effetto*) (sun) tan. **3** ⟨*tecn*⟩ bronzing.

abbruciacchiare *v.t.* (abbruciacchio, abbruciacchi) **1** (*bruciare leggermente*) to scorch. **2** (*far inaridire: rif. a piante*) to wither. **3** (*rif. a pollame*) to singe. **abbruciacchiato** *a.* scorched, singed.

abbrunare I *v.t.* to drape (*o* hang) with black. **II** *v.i.impers.* (*aus.* **essere/avere**) to grow (*o* get) dark: *è tardi, abbruna già* it is late, it is already getting dark. □ ~ *le bandiere* to fly flags at half–mast. **abbrunato** *a.* draped with black.

abbrunimento *m.* **1** (*rif. a pelle*) tanning. **2** ⟨*tecn*⟩ (*brunitura*) burnishing. **abbrunire** *v.t.* (abbrunisco, abbrunisci) **1** (*rif. a pelle*) to tan. **2** (*sottoporre a brunitura*) to burnish.

abbrustolimento *m.* **1** toasting. **2** (*torrefazione*) roasting. **abbrustolire** *v.t.* (abbrustolisco, abbrustolisci) **1** to toast. **2** (*torrefare*) to roast. **abbrustolirsi** *v.r.* **1** (*scaldarsi al fuoco*) to toast o.s. **2** (*al sole*) to tan o.s. **abbrustolita** *f.* light toasting (*o* roasting). □ *dare un'* ~ to toast (*o* roast) lightly. **abbrustolito** *a.* toasted, roasted. □ *pane* ~ toast.

abbrutimento *m.* **1** (*atto*) brutalization. **2** (*effetto*) brutishness. **abbrutire** *v.t.* (abbrutisco, abbrutisci) to brutalize, to make like a brute. **abbrutirsi** *v.r.* to become a brute. □ *l'ubriachezza abbrutisce l'uomo* drunkenness makes brutes of men. **abbrutito** *a.* brutalized, made brutish: *persone –e dall'alcol* people brutalized by drink.

abbruttire *v.t.* (abbruttisco, abbruttisci) to make ugly. **abbruttirsi** *v.r.* to grow (*o* become) ugly.

abbuffarsi *v.r.* to stuff o.s., ⟨*fam*⟩ to eat like a pig, to make a pig of o.s. **abbuffata** *f.* stuffing, ⟨*fam*⟩ eating like a pig.

abbuiare *v.* (abbuio, abbui) **I** *v.t.* (*oscurare*) to darken, to obscure, to dim. **II** *v.i.impers.* (*aus.* **essere/avere**) to grow dark. **abbuiarsi** *v.r.* **1** (*diventare buio*) to darken, to grow dark: *il cielo si abbuiò improvvisamente* the sky suddenly darkened. **2** ⟨*fig*⟩ (*oscurarsi in volto*) to become gloomy. □ ⟨*fig*⟩ *a quelle parole s'abbuiò* at those words his face darkened; *mi si abbuia la vista* my sight is growing dim.

abbuonare *v.* → **abbonare**[2]. **abbuono** *m.* **1** ⟨*Comm*⟩ allowance: *concedere un* ~ *sul prezzo* to make an allowance on the price. **2** ⟨*Sport*⟩ allowance. **3** ⟨*Equit*⟩ handicap. □ ~ *per ammanco* allowance for shortage; ⟨*Comm*⟩ ~ *per avaria* allowance for average (*o* damage); ~ *sulle vendite* sales allowance.

abburattamento *m.* sifting, sieving. **abburattare** *v.t.* to sift, to sieve.

abc *m.* → **abbicci**.

abdicare *v.i.* (abdico, abdichi; *aus.* **avere**) **1** to abdicate: *il re abdicò in favore del figlio* the king abdicated in favour of his son; ~ *al trono* to abdicate the throne. **2** (*rinunciare*) to give up, to renounce (*a qc.* s.th.): ~ *a una carica* to give up an office. □ ~ *alla corona* to renounce the crown; ~ *ai propri diritti* to waive (*o* surrender) one's rights; ~ *al potere* to relinquish power. **abdicazione** *f.* **1** (*al trono*) abdication. **2** (*rinuncia*) renunciation, surrender, relinquishment.

abducente *a.* ⟨*Anat*⟩ abducent. **abdurre** *v.t.* (abduco, abduci; abdussi; abdotto; → **condurre**) ⟨*Anat*⟩ to abduct. **abduttore I** *a.* ⟨*Anat*⟩ abducent: *muscolo* ~ abductor muscle. **II** *s.m.* abductor. **abduzione** *f.* abduction.

Abele *N.pr.m.* ⟨*Bibl*⟩ Abel.

abelia *f.* ⟨*Bot*⟩ abelia.

aberrante *a.* aberrant. **aberrazione** *f.* aberration. □ ⟨*Astr*⟩ ~ *annua* annual aberration; ⟨*Ott*⟩ ~ *cromatica* chromatic aberration; ⟨*Biol*⟩ ~ *cromosomica* chromosome aberration; ~ *mentale* mental aberration.

abetaia *f.* fir wood. **abete** *m.* ⟨*Bot*⟩ **1** (*abete bianco*) silver fir. **2** (*abete rosso*) spruce fir, spruce. **3** (*legno*) fir wood, deal: *un tavolo di* ~ a deal table.

A.B.I. = *Associazione bancaria italiana* Italian Bankers' Association.

abiettezza *f.* baseness, vileness, abjectness. **abietto** *a.* base, vile, abject. **abiezione** *f.* degradation, abasement, abjection: *cadere nell'* ~ to fall (*o* sink) into degradation.

abigeato *m.* ⟨*Dir*⟩ cattle-stealing, ⟨*am*⟩ rustling.

abile *a.* **1** (*idoneo, adatto*) suited (*a* to), suitable (for). **2** (*esperto*) clever, good (*in* at), skilful (in), skilled: *un* ~ *artigiano* a skilled craftsman; *non è* ~ *nel disegno* he is no good at drawing. **3** (*astuto*) shrewd, cunning. **4** (*fatto con abilità*) clever, skilful: *un* ~ *discorso* a clever speech. □ ~ *negli affari* shrewd (*o* clever) in business; ~ *al lavoro* fit for work; ⟨*Mil*⟩ *essere dichiarato* ~ *alla leva* to be passed fit for military service. **abilità** *f.* ability, cleverness, skill: *dipingere con molta* ~ to paint with great skill; (*destrezza*) dexterity □ ~ *tecnica* workmanship.

abilitare *v.t.* (abilito) **1** (*rendere abile*) to train, to make competent: ~ *qd. a fare qc.* to train s.o. to do s.th. **2** ⟨*Dir*⟩ to qualify: ~ *all'insegnamento* to qualify as a teacher. **abilitarsi** *v.r.* to qualify, to obtain a qualification, ⟨*am*⟩ to get a certificate: *abilitarsi all'insegnamento* to qualify as a teacher. **abilitato** *a.* qualified, ⟨*am*⟩ certified. **abilitazione** *f.* qualification: ~ *professionale* professional qualification; ~ *all'esercizio della professione* qualification to practise a profession. □ *certificato di* ~ professional diploma, ⟨*am*⟩ professional certificate; *conseguire l'* ~ *all'insegnamento dell'inglese* to qualify as an English teacher; *esame di* ~ qualifying examination.

abilmente *avv.* skilfully, cleverly.

abiogenesi *f.* ⟨*Biol*⟩ abiogenesis. **abiogenetico** *a.* (*pl.* -ci) abiogenetic.

abiologico *a.* (*pl.* -ci) abiological.

abiosi *f.* ⟨*Biol*⟩ abiosis. **abiotico** *a.* (*pl.* -ci) abiotic.

abissale *a.* **1** (*degli abissi marini*) abyssal: *fauna* ~ abyssal fauna. **2** ⟨*fig*⟩ unfathomable, abysmal: *ignoranza* ~ abysmal ignorance.

Abissinia *N.pr.f.* ⟨*Geog*⟩ Abyssinia. **abissino** *a./s.m.* (*f.* -a) Abyssinian.

abisso *m.* **1** abyss. **2** *pl.* ⟨*lett*⟩ (*inferno*) hell, nether regions *pl: le potenze degli –i* the powers of hell. **3** ⟨*fig*⟩ (*rovina*) abyss, disaster, ruin: *essere sull'orlo dell'* ~ to be on the brink of ruin. **4** ⟨*fig*⟩ (*distanza grandissima*) world of difference: *tra i due fratelli ci corre un* ~ there is a world of difference between the two brothers. **5** ⟨*fig*⟩ (*culmine*) abyss: *un* ~ *di ignoranza* an abyss of ignorance. □ ⟨*fig*⟩ *colmare l'* ~ to fill (*o* bridge) the gap.

abitabile *a.* habitable, fit for habitation: *pianeta* ~ habitable planet. **abitabilità** *f.* habitability, fitness for habitation.

abitacolo *m.* **1** ⟨*Aut*⟩ inside; (*per il guidatore*) driver's cabin, ⟨*am*⟩ driver's cab. **2** ⟨*Aer*⟩ cockpit. **3** ⟨*Mar*⟩ binnacle.

abitante I *a.* living, dwelling. **II** *s.m./f.* inhabitant, resident, dweller. □ ~ *di città* city-dweller, townsman (*f* –woman); *pl.* townspeople (*costr. pl.*); ~ *di villaggio* villager. **abitare** *v.* (abito) **I** *v.t.* to live in, to inhabit, to dwell in: ~ *una piccola casa* to live in a small house. **II** *v.i.* (*aus.* **avere**) (*vivere in un luogo*) to live, to reside, to dwell: ~ *in campagna* to live in the country. **abitativo** *a.* building–, housing– □ *edilizia –a* building of dwelling houses, housing (industry). **abitato I** *a.* **1** inhabited; (*rif. a casa*) occupied, ⟨*pred*⟩ lived in: *la casa non è più –a da molto tempo* the house has not been occupied for a long time. **2** (*popolato*) populated, peopled. **II** *s.m.* built-up area: *dentro* (*o fuori*) *l'* ~ inside (*o* outside) the built-up area. **abitazione** *f.* **1** (*luogo di dimora*) dwelling–place, residence, abode. **2** (*casa*) house, home: *un'* ~ *modesta* a modest home; *vecchie –i* old houses.

abitino *m.* ⟨*Rel*⟩ (*scapolare*) scapular.
abito *m.* **1** (*vestito da uomo*) suit; (*da donna*) dress, frock: *mettersi un* ~ to put a dress on. **2** *pl.* clothes *pl*, clothing. **3** ⟨*Med,Biol*⟩ habit. □ ~ *da ballo* ball dress; ~ **borghese** civilian dress, mufti, ⟨*fam*⟩ civvies *pl; indossare l'* ~ **buono** to wear one's best; ~ *da cerimonia* full dress; ⟨*fig*⟩ **fare** *l'* ~ *a qc.* to get used to s.th.; *-i fatti* ready–to–wear clothes, ready–made clothes; ⟨*fig*⟩ **gettare** *l'* ~ *alle ortiche* to leave the priesthood; ⟨*Mod*⟩ ~ *a* **giacca** jacket dress; *-i da* **lavoro** work–clothes; ~ *da* **lutto** mourning (dress); ~ **mentale** habit of mind, disposition of mind; ~ *da* **mezza** *stagione* between seasons suit; *-i su* **misura** made–to–measure clothes; ~ **monastico** habit, frock; ~ *a un* **petto** single–breasted suit; ~ *a doppio* **petto** double–breasted suit; **prendere** *l'* ~ (*rif. a sacerdoti*) to enter the priesthood; (*rif. a frati, a monache*) to take the habit; ~ *da* **sera** (*rif. a donna*) evening dress (*o* gown); (*rif. a uomo*) evening suit, dinner jacket, ⟨*am*⟩ tuxedo; *-i* **sportivi** sportswear; **taglio** *d'* ~ dress (*o* suit) length; ~ **talare** cassock; *-i per* **uomo** men's wear (*o* clothing). *Prov.: l'* ~ *non fa il monaco* appearances can be deceptive.
abituale *a.* **1** usual, customary, wonted, accustomed: *il ritmo* ~ *di lavoro* the customary rhythm of work; *con la sua* ~ *gentilezza* with her wonted kindness. **2** (*che è tale per abitudine*) habitual, regular: *cliente* ~ regular customer. **3** ⟨*Filos,Teol,Dir*⟩ habitual. **abitualità** *f.* habitualness, habitual nature. **abitualmente** *avv.* usually, habitually, regularly. **abituare** *v.t.* (*abituo*) to accustom: ~ *alle fatiche* to accustom to hard work. **abituarsi** *v.r.* to accustom o.s., to get accustomed (*o* used): *abituarsi a fare qc.* to get accustomed (*o* used) to doing s.th.
abitudinario I *a.* habit–bound, of fixed habits. **II** *s.m.* person of fixed habits.
abitudine *f.* habit, practice; (*usanza*) custom: *l'* ~ *a un farmaco* the habit of taking a medicine. □ *-i* **alimentari** eating (*o* dietary) habits; *essere* **attaccato** *alle proprie –i* to be attached to one's routine (*o* habits); *avere l'* ~ *di fare qc.* to be accustomed (*o* used) to doing s.th.; *d'* ~ as usual; *come d'* ~ as usual; ~ **mentale** mental habit; *per* ~ habitually, out of habit; *perdere un'* ~ to lose a habit; *prendere un'* ~ to get into a habit.
abituro *m.* hovel.
abiura *f.* abjuration. **abiurare** *v.t.* **1** to abjure. **2** ⟨*estens*⟩ to forsake: ~ *i propri principi* to forsake one's principles.
ablativo I *s.m.* ablative: ~ *assoluto* ablative absolute. **II** *a.* ablative: *il caso* ~ the ablative case.
ablazione *f.* ⟨*Chir,Geol*⟩ ablation.
abluzione *f.* ablution.
abnegare *v.t.* (*abnego/abnego, abneghi/abneghi*) ⟨*rar*⟩ to abnegate. **abnegazione** *f.* abnegation, self–denial.
abnorme *a.* abnormal.
abolire *v.t.* (*abolisco, abolisci*) to abolish: ~ *la pena di morte* to abolish the death penalty; (*rif. a leggi*) to repeal, to abrogate. □ ~ *un ordine religioso* to suppress a religious order. **abolitivo** *a.* abolishing: *leggi –e della schiavitù* laws abolishing slavery. **abolito** *a.* abolished. **abolizione** *f.* **1** abolition. **2** ⟨*Dir*⟩ abrogation, abolition: ~ *dei dazi doganali* abolition of customs duties. **abolizionismo** *m.* abolitionism. **abolizionista** *m./f.* abolitionist.
abomaso (*o* *abomaso*) *m.* ⟨*Zool*⟩ abomasum.
abominare *v.t.* (*abomino*) to abominate, to loathe, to abhor: ~ *la violenza* to abhor violence. **abominato** *a.* hated: *l'* ~ *tiranno* the hated tyrant. **abominazione** *f.* loathing, abhorrence, abomination: ~ *per il vizio* abhorrence of vice. **abominevole** *a.* abominable, loathsome, abhorrent. □ *l'* ~ *uomo delle nevi* the abominable snowman. **abominio** *m.* → **abominazione**.
aborigeno I *a.* aboriginal. **II** *s.m.* aborigine.
aborrimento *m.* abhorrence, loathing. **aborrire** *v.t.* (*aborrisco/aborro, aborrisci/aborri*) to abhor, to loathe: ~ *la menzogna* to abhor lying. **aborrito** *a.* abhorrent, abhorred, detested.
abortire *v.i.* (*abortisco, abortisci; aus.* avere) **1** to abort, to miscarry. **2** ⟨*Bot*⟩ to abort. **3** ⟨*fig*⟩ (*aus.* essere) to miscarry, to fail: *l'impresa è miseramente abortita* the venture has failed miserably. □ *fare* ~ to bring about a

miscarriage. **abortista I** *a.* pro-abortion: *movimento* ~ pro-abortion movement. **II** *s.m./f.* pro-abortionist. □ *medico* ~ abortionist. **abortivo I** *a.* abortive, abortional. **II** *s.m.* ⟨*Med*⟩ abortifacient. □ *pratiche –e* procuring of abortion.
aborto *m.* **1** miscarriage, abortion. **2** (*feto*) abortus. **3** ⟨*Bot*⟩ abortion. **4** ⟨*fig*⟩ (*di persona*) abortion, runt; (*di cosa*) abortion, failure. **5** ⟨*Inform*⟩ abort. □ ~ **illegale** illegal (*o* unlawful) abortion; ⟨*Med*⟩ **minaccia** *di* ~ threatened abortion; ~ **procurato** induced abortion; ~ **spontaneo** spontaneous (*o* natural) abortion; ~ **terapeutico** legal abortion.
abracadabra *m.* abracadabra.
abramide *m.* ⟨*Itt*⟩ bream.
Abramo *N.pr.m.* Abraham.
abrasione *f.* **1** ⟨*Med*⟩ abrasion. **2** ⟨*Geol*⟩ erasion. **3** ⟨*tecn,Fis*⟩ abrasion. **abrasivo I** *a.* abrasive: *azione –a* abrasive action. **II** *s.m.* abrasive. □ *polvere –a* abrasive powder.
abrégé *fr.* [abre'ʒe:] *m.* abridgement, summary.
abro *m.* ⟨*Bot*⟩ jequirity.
abrogabile *a.* repealable. **abrogare** *v.t.* (*abrogo, abroghi*) to abrogate, to repeal, to rescind: ~ *una legge* to repeal a law. **abrogatorio** *a.* rescinding: *clausola –a* rescinding clause. **abrogazione** *f.* abrogation, repeal, rescission.
abruzzese I *a.* from (*o* of) the Abruzzi, Abruzzi–. **II** *s.m.* **1** (*dialetto*) Abruzzi dialect. **2** *m./f.* (*abitante*) (*o* native) of the Abruzzi. **Abruzzi** *N.pr.m.pl.*, **Abruzzo** *N.pr.m.* ⟨*Geog*⟩ Abruzzi *pl.*
Absburgo *N.pr.m.* ⟨*Stor*⟩ Habsburg, Hapsburg.
absidale *a.* ⟨*Arch*⟩ apsidal. **abside** *f.* apse.
abulia *f.* ⟨*Med*⟩ abulia, aboulia. **abulico** *a.* (*pl.* -ci) abulic, aboulic, lacking in will power.
abusare *v.i.* (*aus.* avere) **1** (*fare uso illecito*) to misuse, to abuse (*di qc.* s.th.): ~ *della propria autorità* to abuse one's authority. **2** (*eccedere nell'uso*) to overindulge (in s.th.), to use to excess, to abuse (s.th.): ~ *del fumo* to overindulge in smoking. **3** (*approfittarsi*) to take advantage, to abuse (s.th.): ~ *della bontà altrui* to abuse (*o* take advantage of) other people's kindness. □ ~ *del cibo* to overeat; ~ *delle proprie forze* to overtax one's strength. **abusato** *a.* (*usato troppo*) overused, overworked: *termine* ~ overworked word. **abusivamente** *avv.* unlawfully, illicitly: *penetrare* ~ *in un luogo* to enter premises unlawfully. **abusivismo** *m.* wrongful acts *pl.* □ ~ **edilizio** illegal (*o* unauthorized) housebuilding. **abusivo** *a.* unauthorized, unlawful, illicit: *esercizio* ~ *d'una professione* unlawful practice of a profession; *posteggiatore* ~ unauthorized car-park attendant; *parcheggio* ~ unauthorized parking place; *pascolo* ~ unauthorized grazing. **abuso** *m.* **1** (*cattivo uso*) misuse, abuse; (*uso smodato*) excessive use. **2** ⟨*Dir*⟩ abuse. □ ~ *di alcol* alcohol abuse; *fare* ~ *di* to make undue (*o* excessive) use of; ~ *di sostanze stupefacenti* drug abuse; *fare* ~ *del tabacco* to smoke to excess; *fare* ~ *del vino* to drink to excess.
a.c. = **1** *anno corrente* current year. **2** ⟨*Comm*⟩ *assegno circolare* bank draft.
a.C. = *avanti Cristo* before Christ (*abbr.* B.C.).
acacia *f.* (*pl.* -cie) ⟨*Bot*⟩ acacia.
acagiù *m.* ⟨*Bot*⟩ **1** (*mogano*) mahogany tree. **2** (*anacardio*) cashew tree, cashew.
acanto *m.* ⟨*Bot,Arch*⟩ acanthus.
acariasi *f.* ⟨*Med*⟩ acariasis. **acaricida I** *a.* ⟨*Farm*⟩ acaricidal. **II** *s.m.* acaricide. **acaridi** *m.pl.* ⟨*Zool*⟩ acarids *pl.* **acariosi** *f.* ⟨*Bot*⟩ acariasis. **acaro** *m.* ⟨*Entom*⟩ mite, acarus. □ ~ *della scabbia* scab mite.
acarpo *a.* ⟨*Bot*⟩ acarpous.
acatalessia *f.* ⟨*Filos,Med*⟩ acatalepsy. **acatalettico** *a.* (*pl.* -ci) ⟨*Filos*⟩ acataleptic.
acattolico *a./s.m.* (*pl.* -ci; *f.* -a) non-Catholic.
acaule *a.* ⟨*Bot*⟩ acaulescent.
acca *f./m.* letter H. □ *non capisco un'* ~ *d'inglese* I don't understand a word of English; *non me ne importa un'* ~ I couldn't care less (about it); *non valere un'* ~ not to be worth a straw.
accadde → **accadere**.
accademia *f.* **1** ⟨*Stor.gr*⟩ Academy. **2** (*associazione di*

studiosi) academy. **3** (istituto d'insegnamento superiore) school, academy: ~ di belle arti school of fine arts. **4** (virtuosismo) empty virtuosity. □ ~ d'arte drammatica school of dramatic art; ~ della **Crusca** Crusca Academy; fare dell' ~ to talk rhetorically; ~ dei **Lincei** Academy of the Lincei; ~ **militare** military academy; ~ **musicale** school of music; ~ **navale** naval academy.

accademicaménte avv. **1** academically. **2** ⟨estens⟩ theoretically, academically: discutere ~ to discuss theoretically; trattare ~ un argomento to treat a subject academically. **accadèmico** a./s. (pl. -ci) **I** a. **1** (dell'Accademia platonica) Academic. **2** (relativo a un'accademia) academic. **3** (universitario) academic, academical: anno ~ academic year. **4** (retorico) rhetorical, theoretic, academic: discorso ~ academic speech. **II** s.m. (socio di un'accademia) academician. □ corpo ~ university staff, ⟨am⟩ faculty; gli -i della Crusca the members of the Crusca Academy; quarto d'ora ~ fifteen–minute wait (in Italian universities) before a lecture; senato ~ university senate. **accademìsmo** m. academicism. **accademìsta** m. ⟨Mil⟩ cadet.

accadère v. (accàdde, accaduto; → cadere) **I** v.i. (aus. essere) **1** (avvenire, succedere) to happen, to occur, to take place: è accaduta una grave disgrazia a serious accident has occurred. **2** (capitare, sopravvenire) to happen (a to), to befall (s.o.): che ti è accaduto? what has happened to you? **II** v.impers. to happen, to come about, to chance: accadeva spesso che si picchiassero it often happened that they fought. □ sono cose che accadono these things happen; accada quel che accada come what may. **accaduto** m. event, happening, occurrence, incident: riferire l' ~ to recount the incident. ~ siamo spiacenti per l' ~ we are sorry about what happened.

accagliàre v.t. (accàglio, accàgli) (far coagulare) to curdle, to coagulate: ~ il latte to curdle milk. **accagliarsi** v.r. to curdle, to coagulate. **accagliatùra** f. curdling, coagulation.

accalappiacàni m.inv. dog–catcher. **accalappiaménto** m. **1** catching, ensnaring. **2** ⟨fig⟩ (inganno) trickery, deceit, deception. **accalappiàre** v.t. (accalàppio, accalàppi) **1** to catch, to ensnare, to trap: ~ cani to catch dogs. **2** (ingannare) to trick, to dupe, to take in: lasciarsi ~ to let o.s. be duped, to be taken in. **accalappiatóre** m. (f. -trice) ⟨fig⟩ trickster, deceiver. **accalappiatùra** f. (inganno) trickery, deceit.

accalcàre v.t. (accàlco, accàlchi) to crowd, to cram together. **accalcarsi** v.r. to crowd, to throng: una folla enorme si accalcava nella piazza a huge crowd thronged the square.

accaldàrsi v.r. **1** to get overheated, to become very hot. **2** ⟨fig⟩ (scalmanarsi) to get excited, to become (o get) heated. **accaldàto** a. **1** overheated, hot. **2** ⟨fig⟩ excited, heated.

accaloràre v.t. (accalóro) (infervorare) to heat, to excite, to rouse: la discussione lo aveva accalorato the discussion had roused him. **accalorarsi** v.r. to get excited, to become (o get) heated: parlando s'accalorava sempre più as he spoke, he became more and more excited. **accaloràto** a. **1** heated. **2** ⟨fig⟩ heated, excited. □ avere il viso ~ to be red in the face.

accampaménto m. **1** camp, encampment. **2** (l'accamparsi) camping. □ levare gli -i to strike (o break) camp; piantare l' ~ to pitch camp; un ~ di profughi a refugee camp. **accampàre** v.t. **1** ⟨Mil⟩ to encamp: ~ le truppe to encamp the troops. **2** ⟨fig⟩ to advance, to assert, to put forward: ~ diritti su qc. to assert rights to s.th.; ~ pretese to advance (o put forward) claims. **accamparsi** v.r. **1** ⟨Mil⟩ to camp, to pitch camp, to encamp. **2** (alloggiare provvisoriamente) to camp.

accaniménto m. **1** (furore) rage, fury. **2** (tenacia) tenacity, perseverance. □ combattere con ~ to fight furiously; studiare con ~ to study assiduously. **accanìrsi** v.r. (mi accanìsco, ti accanìsci) **1** (infierire) to attack furiously, to torment (contro qd. s.o.): perché ~ contro quel povero diavolo? why torment that poor devil? **2** (ostinarsi) to stick doggedly (in at): ~ nel lavoro to stick doggedly at one's work. **accanitaménte** avv. **1** (furiosamente)

furiously, ferociously. **2** (ostinatamente) tenaciously, doggedly. **accanìto** a. **1** (spietato) relentless, implacable: avversario ~ relentless adversary. **2** (ostinato) dogged, assiduous: essere un lavoratore ~ to be an assiduous worker. **3** (violento: rif. a cosa) violent, heated: discussione -a heated discussion. □ fumatore ~ chain–smoker.

accànto I avv. nearby, near, by: abito qui ~ I live nearby. **II** a.inv. next door, nearby: nel negozio ~ in the shop next door. □ ~ a near, close to, by: ~ alla finestra by the window; (di fianco) next to, beside; ~ al fuoco by the fire.

accantonaménto m. **1** (l'accantonare) setting aside, reserving. **2** ⟨Comm⟩ reserve funds pl. **3** ⟨Mil⟩ quartering; (alloggi) cantonment. **accantonàre** v.t. (accantóno) **1** (mettere da parte) to set aside, to put away: ~ i propri risparmi to put away one's savings. **2** ⟨Comm⟩ to lay up. **3** (rinviare) to lay aside: ~ un lavoro to lay aside a piece of work. **4** ⟨Mil⟩ to canton. **accantonarsi** v.r. ⟨Mil⟩ to quarter. **accantonàto** a. **1** (messo da parte) set aside, laid aside; (messo nel dimenticatoio) pigeon–holed, shelved. **2** ⟨Mil⟩ quartered.

accaparraménto m. (rif. a commercianti) buying up, forestalling, cornering; (rif. a privati) hoarding. **accaparràre** v.t. **1** (rif. a commercianti) to buy up, to forestall, to corner; (rif. a privati) to hoard. **2** (mediante caparra) to secure by paying a deposit, to pay a deposit on. **accaparrarsi** v.r. (assicurarsi) to secure for o.s., to gain: accaparrarsi il favore di qd. to gain (o win) s.o.'s favour. **accaparratóre** m. (f. -trice) **1** (rif. a commercianti) forestaller, corner–man; (rif. a privati) hoarder. **2** ⟨spreg⟩ profiteer.

accapigliaménto m. scuffle, brawl, quarrel. **accapigliàrsi** v.r. (mi accapìglio, ti accapìgli) **1** to come to blows, to scuffle, to brawl. **2** (litigare) to quarrel, to wrangle.

accàpo m.inv. (capoverso) new paragraph: andare ~ to begin a new paragraph.

accappatóio m. bathrobe; (per la spiaggia) bathing–wrap. **accapponàre** v. (accappóno) **I** v.t. to caponize. **II** v.i. (aus. essere) ⟨fig⟩ to creep: far ~ la pelle a qd. to make s.o.'s flesh creep, ⟨fam⟩ to give s.o. the creeps. **accapponarsi** v.r. to creep: mi si accappona la pelle my flesh creeps, I get gooseflesh. **accapponatùra** f. caponizing.

accarezzàre v.t. (accarézzo) **1** (far carezze) to caress, to fondle, to pet; (rif. ad animale) to stroke. **2** (lusingare) to flatter: ~ la vanità di qd. to flatter s.o.'s vanity. **3** (vagheggiare) to cherish, to entertain: ~ un progetto to entertain a project. □ ~ i capelli di qd. to stroke s.o.'s hair; ~ qd. con lo sguardo to give s.o. a fond (o tender) look.

accartocciaménto m. ⟨Bot⟩ leaf roll (o curl). **accartocciàre** v.t. (accartòccio, accartòcci) to curl up. **accartocciarsi** v.r. to curl up, to shrivel: le foglie si accartocciano the leaves are curling up. **accartocciàto** a. curled up, shrivelled.

accasàre v.t. to marry off: ~ le figlie to marry off one's daughters. **accasarsi** v.r. **1** (mettere su casa) to set up house, to settle down. **2** (sposarsi) to marry, to get married. **accasàto** a. married.

accasciaménto m. collapse; (dell'animo) dejection. **accasciàre** v.t. (accàscio, accàsci) (spossare) to wear out, to crush. **accasciarsi** v.r. **1** (cadere) to sink, to collapse: accasciarsi al suolo to collapse on the ground. **2** (avvilirsi) to lose heart, to become depressed (o dispirited). **accasciàto** a. worn–out, crushed, dejected.

accasermaménto m. ⟨Mil⟩ quartering (o lodging) in barracks. **accasermàre** v.t. (accasérmo) to quarter in barracks, to barrack. **accasermàto** a. quartered in barracks.

accastellàre v.t. (accastèllo) (ammonticchiare) to heap (o pile) up, to stack.

accatastàbile a. which can be piled up. **accatastaménto** m. **1** stack, pile. **2** (l'accatastare) stacking, piling. **accatastàre** v.t. **1** (disporre in cataste) to stack, to pile. **2** (ammucchiare disordinatamente) to heap, to pile up (anche fig.).

accattafieno *m.inv.* ⟨*Agr*⟩ hay rack.

accattare I *v.t.* 1 (*mendicare*) to beg: ~ *il pane* to beg one's bread. 2 ⟨*fig*⟩ to seek, to go looking for: ~ *guai* to go looking for trouble. 3 ⟨*spreg*⟩ (*prendere a prestito*) to borrow. II *v.i.* (*aus.* **avere**) (*vivere accattando*) to beg, to go begging.

accattivare *v.t.* ⟨*rar*⟩ (*cattivarsi*) to win. **accattivarsi** *v.r.* to win, to gain, to earn: *accattivarsi la simpatia di qd.* to gain s.o.'s favour.

accatto *m.* 1 (*l'accattare*) begging: *andare all'* ~ to go begging. 2 (*elemosina*) alms *pl,* charity: *vivere d'* ~ to live on charity, to live by begging. **accattona** *f.* beggar woman. **accattonaggio** *m.* begging: *andare all'* ~ to go begging; *darsi all'* ~ to take to begging. **accattone** *m.* beggar.

accavallamento *m.* 1 (*sovrapposizione*) overlapping. 2 (*accumulazione*) piling up, accumulation. **accavallare** *v.t.* 1 to cross: ~ *le gambe* to cross one's legs. 2 ⟨*Lav. femm*⟩ to pass over. **accavallarsi** *v.r.* 1 (*sovrapporsi*) to overlap. 2 (*addensarsi*) to pile up, to accumulate, to collect: *le onde si accavallavano* the waves were piling up. 3 ⟨*fig*⟩ to crowd, to throng. □ *un accavallarsi di avvenimenti* a rapid succession of events. **accavallato** *a.* (*sovrapposto*) overlapping, crossed: *sedere a gambe –e* to sit with one's legs crossed.

accecamento *m.* 1 (*l'accecare*) blinding. 2 (*cecità*) blindness. 3 ⟨*fig*⟩ (*offuscamento*) darkening, dimming. 4 (*intasamento*) obstruction, stoppage. **accecante** *a.* blinding, dazzling: *luce* ~ blinding light; *riflesso* ~ dazzling reflection. **accecare** *v.t.* (*accieco/acceco, acciechi/accechi*) 1 to blind (*anche fig.*): *era accecato dall'ira* he was blinded by rage. 2 (*intasare*) to obstruct, to block; (*murare*) to wall up. **accecatoio** *m.* ⟨*Mecc*⟩ countersink. **accecatura** *f.* 1 (*l'accecare*) blinding. 2 ⟨*Mecc*⟩ countersink.

accedere *v.i.* (*accedo; accessi; aus.* **essere** in concrete sense, **avere** in fig. sense) 1 (*avvicinarsi*) to approach (*a qc.* s.th.), to go (*to* s.th.). 2 (*entrare*) to enter (s.th.): *dal corridoio si accede alle stanze* one enters the rooms from the corridor. 3 ⟨*fig*⟩ (*aderire*) to accede, to agree (*a* to): ~ *a una proposta* to accede to a proposal. 4 ⟨*fig*⟩ (*entrare a far parte*) to enter (upon): ~ *all'università* to enter university.

acceleramento *m.* acceleration. **accelerante** *m.* ⟨*Chim*⟩ accelerator. **accelerare** *v.* (*accelero*) I *v.t.* to accelerate, to speed up, to quicken: ~ *il passo* to quicken one's pace. II *v.t.* (*aus.* **avere**) to accelerate, to gain speed: *l'automobile accelerò gradatamente* the car gradually gained speed. □ ~ *la velocità* to accelerate, to increase the speed. **accelerata** *f.* ⟨*Aut*⟩ acceleration. **accelerato** I *a.* 1 quick, rapid: *polso* ~ rapid pulse. 2 ⟨*Fis*⟩ accelerated: *moto* ~ accelerated motion. II *s.m.* ⟨*Ferr*⟩ slow train, ⟨*am*⟩ local train. **acceleratore** *m.* ⟨*Aut, Chim, Fot*⟩ accelerator. □ ⟨*Aut*⟩ *dare un colpo d'*~ to depress the accelerator. **accelerazione** *f.* 1 acceleration, speeding up. 2 ⟨*Fis*⟩ acceleration: ~ *di gravità* acceleration of gravity.

accelerometro *m.* ⟨*Fis*⟩ accelerometer.

accellerare *v.* → **accelerare**.

accendere *v.t.* (*accendo; accesi, acceso*) 1 to light, to kindle, to ignite: ~ *il fuoco* to light the fire. 2 (*girando l'interruttore*) to turn (*o* switch) on, to put on: ~ *la radio* to turn (*o* switch) on the radio. 3 ⟨*fig*⟩ (*infiammare*) to inflame, to excite, to stir up. 4 ⟨*Comm*⟩ to open: ~ *un conto* to open an account. 5 ⟨*Mot*⟩ to ignite. **accendersi** *v.r.* 1 to catch fire, to be kindled, to take fire, to become ignited. 2 (*entrare in funzione*) to be turned (*o* switched) on, to come on. 3 (*eccitarsi*) to get excited: *accendersi per un nonnulla* to get excited over nothing. □ *accendersi d'amore per qd.* to fall in love with s.o.; ~ *l'entusiasmo di qd.* to arouse s.o.'s enthusiasm; ~ *un fiammifero* to strike a match; ~ *una sigaretta* to light a cigarette.

accendigas *m.* gas-lighter. **accendino, accendisigaro** *m.* cigarette–lighter, lighter. □ ~ *a celle solari* solar lighter. **accenditoio** *m.* lighting–stick. **accenditore** *m.* lighter.

accennare *v.* (*accenno*) I *v.i.* (*aus.* **avere**) 1 (*far cenno*) to sign, to make a sign (*a* to), to beckon (s.o.): *egli mi*

accennò d'avvicinarmi he beckoned me to come nearer; (*col capo*) to nod. 2 (*alludere a*) to refer (to), to mention (s.th.), to hint (at): *a chi accennavi?* whom were you referring to? 3 ⟨*fig*⟩ (*fare atto di*) to show signs: ~ *a fare qc.* to show signs of doing s.th. II *v.t.* 1 (*mostrare*) to indicate, to point out, to point to (*o* at): ~ *una persona* to point a person out. 2 (*alludere*) to touch on, to mention briefly: ~ *un argomento* to touch on a subject. 3 ⟨*Pitt*⟩ (*abbozzare*) to sketch. □ *come già accennato* as already mentioned; ~ *un motivo* to sing a few notes, to play a few notes (of a tune); ~ *un passo di danza* to sketch a dance–step. **accennato** *a.* mentioned. **accenno** *m.* 1 (*cenno*) sign; (*col capo*) nod; (*con gli occhi*) wink; (*con la mano*) wave. 2 (*indizio*) indication, sign. 3 (*allusione*) reference, mention, hint.

accensione *f.* 1 (*l'accendere*) lighting, kindling, ignition. 2 ⟨*tecn*⟩ ignition. 3 ⟨*Comm*⟩ opening: ~ *di un conto* opening of an account. □ ~ **anticipata** advanced ignition; **chiavetta** *di* ~ ignition key; **distributore** *di* ~ distributor; ~ **elettronica** electronic ignition; **interruttore** *dell'* ~ ignition switch; ⟨*Comm*⟩ ~ *di un'*ipoteca raising of a mortgage; ~ **ritardata** retarded (*o* delayed) ignition; ⟨*Aut*⟩ **ritardo** *di* ~ ignition delay (*o* lag); **schema** *di* ~ ignition diagram; **scintilla** *d'* ~ ignition spark; ⟨*Mot*⟩ ~ **spontanea** self–ignition.

accentare *v.t.* (*accento*) (*scrivendo*) to accent; (*parlando*) to accent, to stress. **accentato** *a.* accented, stressed: *sillaba –a* stressed syllable. **accentatura** *f.* ⟨*Ling*⟩ accentuation. **accentazione** *f.* accentuation.

accento *m.* 1 (*della voce*) stress, accent. 2 (*segno grafico*) accent, stress mark. 3 (*pronuncia*) accent: *parlare una lingua con* ~ *straniero* to speak a language with a foreign accent. 4 ⟨*Mus*⟩ accent. 5 ⟨*fig*⟩ (*risalto*) stress, emphasis: *porre l'* ~ *su qc.* to lay stress on s.th. □ ~ **acuto** acute accent; ~ **circonflesso** circumflex accent; ~ **grave** grave accent; ~ **sillabico** syllable stress; **spostamento** *d'*~ accent shift (*anche fig.*); **spostare** *l'* ~ to shift the accent; ~ **tonico** main stress.

accentramento *m.* concentration, centralization. □ ~ *amministrativo* administrative centralization; ~ *dei poteri* centralization of authority. **accentrare** *v.t.* (*accentro*) 1 (*concentrare*) to concentrate. 2 ⟨*Pol*⟩ to centralize: ~ *i poteri* to centralize power. **accentrato** *a.* concentrated, centralized: *amministrazione –a* centralized administration. **accentratore** I *s.m.* (*f.* -trice) centralizer. II *a.* centralizing. □ *politica accentratrice* policy of centralization.

accentuare *v.t.* (*accentuo*) 1 (*pronunciando*) to stress, to emphasize; (*scrivendo, disegnando e sim.*) to mark heavily, to accentuate. 2 ⟨*fig*⟩ (*mettere in evidenza*) to bring out, to heighten. **accentuarsi** *v.r.* to become more noticeable (*o* marked): *i loro contrasti si sono accentuati* their differences of opinion have become more marked. **accentuato** *a.* accentuated, marked, stressed. **accentuazione** *f.* accentuation.

accerchiamento *m.* encirclement, surrounding. **accerchiante** *a.* encircling, surrounding. □ *manovra* ~ pincer movement. **accerchiare** *v.t.* (*accerchio, accerchi*) to encircle, to surround.

accertabile *a.* verifiable, ascertainable, assessable. **accertabilità** *f.* verifiability, ascertainableness. **accertamento** *m.* 1 (*controllo*) check. 2 ⟨*Econ*⟩ assessment. □ *in base agli –i compiuti risulta che* from the inquiries made it appears that; *fermare qd. per –i* to detain s.o. for verification of identity; ~ *d'identità* establishment of identity; ~ *dell'imponibile* tax assessment. **accertare** *v.t.* (*accerto*) 1 (*controllare*) to check: ~ *l'esattezza di un fatto* to check the accuracy of a fact. 2 (*riconoscere come vero*) to ascertain, to confirm. 3 ⟨*Dir*⟩ to establish. 4 ⟨*Econ*⟩ to assess: ~ *l'entità dei danni* to assess the damage. **accertarsi** *v.r.* to make sure, to assure o.s. (*di* of), to ascertain (s.th.). **accertato** *a.* established, ascertained.

accesi → **accendere**. **acceso** (*p.p. di accendere*) *a.* 1 (*che dà fiamma*) lighted, ⟨*pred*⟩ alight, burning: *una candela –a* a lighted candle. 2 (*rif. a lampadina*) ⟨*pred*⟩ on, ⟨*pred*⟩ turned (*o* switched) on: *lasciare la luce –a* to leave the light on; *la radio è –a* the radio is on. **3** (*che è in funzione*) ⟨*pred*⟩ on, ⟨*pred*⟩ running: *il motore è* ~ the engine is running. **4** ⟨*fig*⟩ (*eccitato*) burning, inflamed: ~ *d'amore* burning with love. **5** (*intenso: rif. a colori*) vivid, bright: *un vestito di un rosso* ~ a bright red dress. **6** ⟨*Comm*⟩ opened. □ *essere* ~ *in volto* to be flushed.

accessibile *a.* **1** accessible. **2** (*rif. a persona*) approachable. **3** (*comprensibile*) comprehensible: *nozioni –i a tutti* ideas comprehensible to all. □ *luogo poco* ~ rather inaccessible place; *prezzi –i a tutte le borse* prices within the reach of every purse. **accessibilità** *f.* **1** accessibility. **2** (*rif. a persona*) approachability.

accessione *f.* **1** ⟨*Pol*⟩ accession, adhesion: ~ *a un trattato* accession to a treaty. **2** ⟨*Bibliot*⟩ accession.

accesso *m.* **1** (*adito*) access, entry, entrance. **2** (*facoltà di accedere*) access, admittance. **3** ⟨*Med*⟩ attack, fit: ~ *di tosse* fit of coughing. **4** (*impulso*) fit, outburst: ~ *d'ira* fit of anger. □ ⟨*Inform*⟩ ~ **casuale** random access; ~ **diretto** *alla memoria* direct memory access; **divieto** *di* ~ no admittance; ⟨*Inform*⟩ ~ **sequenziale** sequential access; ~ **seriale** serial access; *viale d'* ~ drive, driveway; **vietato** *l'* ~ *ai non addetti ai lavori* personnel only.

accessoriato *a.* equipped with accessories. **accessorietà** *f.* ⟨*Dir*⟩ accessoriness. **accessorio I** *a.* accessory, additional, subsidiary: *argomenti accessori* subsidiary themes. **II** *s.m.* accessory, fitting: *accessori per auto* car (*o* auto) accessories; (*di macchina utensile*) attachment. □ *accessori dell'abbigliamento* dress accessories; *dotare di accessori* to accessorize; *particolari accessori* minor details; *spese –e* incidental expenses. **accessorista** *m./f.* car accessory manufacturer; (*venditore*) car accessory dealer; (*negozio*) car accessory shop.

accetta *f.* hatchet. □ *fatto* (*o tagliato*) *con l'* ~: **1** (*rif. a lavoro*) roughly shaped; **2** (*rif. a persone*) rough; ⟨*fig*⟩ *darsi l'* ~ *sui piedi* to harm o.s.; (*contraddirsi*) to contradict o.s.

accettabile *a.* acceptable: *condizioni –i* acceptable conditions. **accettabilità** *f.* acceptability. **accettante** *m./f.* ⟨*Comm*⟩ acceptor.

accettare *v.t.* (*accetto*) **1** to accept. **2** (*accogliere come socio*) to admit, to take in: ~ *qd. in una società* to admit s.o. to a partnership. **3** (*ammettere*) to accept, to admit: *non accetto scuse* I don't accept excuses. **4** (*aderire a*) to accept, to agree to: ~ *una proposta* to agree to a proposal; (*seguire*) to follow: ~ *un suggerimento* to follow a suggestion. **5** ⟨*Comm*⟩ to accept: ~ *una cambiale* to accept a bill of exchange. □ ~ **battaglia** to accept battle; ~ *una* **carica** to accept an appointment; ~ **le condizioni** *di qd.* to accept s.o.'s conditions; ~ *di* **fare** *qc.* to agree to do s.th.; ~ *qd. all'*ospedale to admit s.o. to hospital, ⟨*am*⟩ to hospitalize s.o.; *non si accettano* **reclami** no complaints will be considered; ~ *la* **sfida** to accept the challenge.

accettazione *f.* **1** (*l'accettare*) acceptance. **2** ⟨*Comm*⟩ acceptance: ~ *di una cambiale* acceptance of a bill of exchange. **3** (*rif. a ospedale*) reception: *sala di* ~ reception room. **4** (*rif. ad aeroporto*) check-in: *banco dell'*~ check-in desk. □ **all'** ~ on acceptance; ~ **bancaria** banker's (*o* bank) acceptance; ~ *contro* **documenti** acceptance against documents; ~ **incondizionata** general acceptance; ~ *di un* **ordine** acceptance of an order.

accettore *m.* ⟨*Chim*⟩ acceptor. **accetto** *a.* **1** (*gradito*) acceptable. **2** (*rif. a persona*) liked: *era ben –a a tutti* she was well-liked by everybody. □ *bene* ~ welcome; *male* ~ unwelcome.

accezione *f.* meaning, acceptation: *in tutte le –i del termine* in all the meanings of the word.

acchiappa|cani *m.inv.* dog-catcher. **~farfalle** *m.inv.* butterfly net. **~mosche** *m.inv.* **1** (*arnese*) fly-catcher; (*carta invischiata*) fly-paper; (*palettina*) fly-flap, fly-swatter. **2** (*fannullone*) idler, lounger.

acchiappare *v.t.* to seize, to catch: ~ *qd. per il braccio* to catch s.o. by the arm; ⟨*fig*⟩ ~ *a volo un'occasione* to seize an opportunity on the spot; (*acciuffare*) to catch, to seize: ~ *un ladro* to catch a thief. **acchiapparsi** *v.r.* ⟨*recipr*⟩ to seize e.o., to catch e.o.: *acchiapparsi per i capelli* to seize e.o. by the hair.

acchito *m.* (*al biliardo*) lead. □ ⟨*fig*⟩ *di primo* ~ (*subito*)

right away (*o* from the start).

acciaccamento *m.* crushing, bruising. **acciaccare** *v.t.* (**acciacco**, **acciacchi**) **1** (*schiacciare*) to crush. **2** ⟨*am*⟩ (*infiacchire*) to weaken, to enfeeble. □ ~ *un vestito* to crease a suit. **acciaccato** *a.* **1** crushed, squashed: *un cappello tutto* ~ a completely squashed hat. **2** (*malandato*) in bad condition, in bad shape: *sentirsi tutto* ~ to feel in very bad shape. **acciaccatura** *f.* **1** (*azione*) crushing, squashing. **2** (*effetto*) crush. **3** ⟨*Mus*⟩ acciaccatura. **4** (*di vestiti*) crease, wrinkle.

acciacco *m.* (*pl.* **-chi**) infirmity, ailment: *gli acciacchi della vecchiaia* the infirmities of old age. □ *essere pieno di acciacchi* to be full of aches and pains.

acciaiare *v.t.* (**acciaio**, **acciai**) **1** ⟨*Met*⟩ to steel. **2** ⟨*Ind*⟩ to convert (iron) into steel. **acciaiatura** *f.* steeling. **acciaieria** *f.* steel-works *pl* (*costr.sing. o pl.*), steel plant (*o* mill).

acciaio *m.* **1** steel. **2** ⟨*lett*⟩ (*spada*) sword. **3** (*colore*) steel-grey. □ **blu** ~ steel-blue; ~ *al* **carbonio** carbon steel; ~ **cromato** chrome (*o* chromium) steel; **di** ~ (*o d'acciaio*): 1 of steel, steel–: *questa lama è d'* ~ this blade is of steel; 2 ⟨*fig*⟩ (*forte*) of steel: *nervi d'* ~ nerves of steel; *avere una memoria d'* ~ to have a cast-iron memory; 3 ⟨*fig*⟩ (*inflessibile*) inflexible, unrelenting, steely: *sguardo d'* ~ steely look; ~ **dolce** mild steel; ~ **duro** hard steel; **fabbricazione** *dell'* ~ steel-making; ~ **inossidabile** stainless steel; ~ **laminato** rolled steel; ~ *in* **lingotti** ingot steel; ⟨*Med*⟩ **polmone** *d'* ~ iron lung; **rivestito** *in* ~ steel-clad; ~ **speciale** special steel; ~ **stampato** pressed steel; ~ **strutturale** structural steel; ~ **temperato** hardened steel.

acciaiolo *m.* (sharpening) steel.

acciambellare *v.t.* (**acciambello**) to coil. **acciambellarsi** *v.r.* to curl up. **acciambellato** *a.* coiled, curled up: *il gatto dormiva* ~ the cat was sleeping curled up.

acciarino *m.* **1** steel; (*nelle vecchie armi da fuoco*) hammer. **2** (*di siluri*) pistol. **3** (*della ruota*) linchpin.

accidempoli *intz.* → accidenti.

accidentale *a.* accidental, fortuitous: *circostanze –i* fortuitous circumstances; *morte* ~ accidental death. **accidentalità** *f.* accidentality, fortuity. **accidentalmente** *avv.* accidentally, by chance.

accidentato *a.* **1** (*rif. a terreno*) uneven, rough; (*di strada*) bumpy. **2** (*movimentato*) eventful, chequered.

accidente *m.* **1** (*caso imprevisto*) accident, chance: *gli –i della vita* the accidents of life; *per* ~ by chance. **2** (*disgrazia*) accident, mishap. **3** (*fam*) (*colpo apoplettico*) stroke. **4** ⟨*fig*⟩ (*bambino vivace*) mischievous child; (*adulto vivace*) lively person: *che* ~ *di ragazza* what a lively girl. **5** ⟨*Mus*⟩ accidental. □ *non* **capire** *un* ~ not to understand a thing; ⟨*fam*⟩ **correre** *come un* ~ to run like the devil; *non m'*importa *un* ~ I don't give a damn; **mandare** *degli –i a qd.* to curse s.o.; *qui non ci si* **vede** *un* ~ you can't see a darned thing here; *che ti* **venga** *un* ~ drop dead.

accidenti *intz.* **1** (*per stupore*) my God, my goodness. **2** (*per ira, contrarietà*) damn (it), dash (it). □ ~ *a lui* blast him. **acciderba** *intz.* → accidenti.

accidia *f.* **1** sloth, indolence. **2** ⟨*Teol*⟩ accidie. **acciodiosamente** *avv.* slothfully. **accidioso I** *a.* slothful, indolent. **II** *s.m.* (*f.* **-a**) **1** sluggard. **2** *pl.* the slothful (*costr. pl.*).

accigliarsi *v.r.* (**mi acciglio**, **ti accigli**) to frown. **accigliato** *a.* frowning; (*severo*) stern.

accingersi *v.r.* (**mi accingo**, **ti accingi**, **accinsi**, **accinto**) to be on the point of, to set about: ~ *a lavorare* to set about one's work.

acciò, **acciocché** *congz.* [*cong*] ⟨*lett*⟩ in order that, so that.

acciottolare *v.t.* (**acciottolo**) **1** (*selciare con ciottoli*) to cobble, to pave with cobbles. **2** (*urtare insieme le stoviglie*) to clatter. **acciottolato I** *a.* (*selciato*) cobbled, paved with cobblestones. **II** *s.m.* cobbles *pl*, cobbled paving. **acciottolio** *m.* clatter: *un* ~ *di stoviglie* a clatter of dishes.

accipicchia *intz.* → accidenti.

acciuffare *v.t.* to seize, to catch (hold of); (*per i capelli*) to seize by the hair. **acciuffarsi** *v.r.* ⟨*recipr*⟩ (*accapigliarsi*) to

seize e.o. by the hair, to tear at e.o.'s hair.
acciuga *f.* **1** anchovy. **2** (*persona magra*) very thin person, ⟨*scherz*⟩ rake: *magro come un'* ~ as thin as a rake. □ *stare stretti come acciughe* to be packed (in) like sardines.
accivettare *v.t.* (**accivetto**) ⟨*Venat*⟩ to decoy (birds) by means of an owl.
acclamare *v.t.* **1** to acclaim, to cheer. **2** (*applaudire*) to applaud. **3** (*eleggere, riconoscere per acclamazione*) to acclaim, to hail: ~ *qd. vincitore* to hail s.o. as conqueror.
acclamato *a.* **1** (*festeggiato*) cheered, acclaimed. **2** (*celebre*) famous, celebrated. **acclamazione** *f.* acclamation, applause, cheer: *eleggere per* ~ to elect by acclamation.
acclimatare *v.t.* (**acclimato**) to acclimatize, to acclimate. **acclimatarsi** *v.r.* to acclimatize, to become acclimatized. **acclimatato** *a.* acclimatized. **acclimatazione** *f.* acclimatization, acclimatation.
acclive *a.* ⟨*lett*⟩ rising; (*erto*) steep.
accludere *v.t.* (**acclusi, accluso**) to enclose. **acclusa** *f.* (*lettera*) enclosed letter. **acclusi** → **accludere**. **accluso** *a.* enclosed: *come risulta da* ~ *documento* as per enclosed document; *troverete qui* ~ you will find enclosed herewith.
accoccolarsi *v.r.* (**mi accoccolo**) to crouch (down), to squat (down). □ ~ *per terra* to squat (down). **accoccolato** *a.* crouched.
accodare *v.t.* (**accodo**) **1** (*rif. ad animali*) to put (*o* place) head to tail. **2** (*rif. a persone*) to set in line, to line up. **accodarsi** *v.r.* (*aggregarsi*) to tail after (*o* behind) (*a qd.* s.o.), to fall in (with): *accodarsi alla colonna dei dimostranti* to fall in with the procession of demonstrators; (*seguire*) to follow.
accogliente *a.* **1** hospitable. **2** (*comodo*) comfortable, cosy: *una casa* ~ a cosy (*o* comfortable) house. **accoglienza** *f.* welcome, reception: *fare buona* ~ *a qd.* to give s.o. a warm welcome, to welcome s.o. warmly. **accogliere** *v.t.* (**accolgo, accogli; accolsi, accolto;** → **cogliere**) **1** (*ricevere, ospitare*) to give hospitality to; ⟨*intens*⟩ to welcome. **2** (*accettare*) to grant, to agree to: ~ *le richieste del personale* to agree to the staff's requests. **3** ⟨*fig*⟩ to welcome, to approve of: ~ *nuove idee* to welcome new ideas. **4** (*contenere*) to hold, to contain: *lo stadio può* ~ *centomila spettatori* the stadium can hold a hundred thousand spectators. □ ~ *qd. a braccia aperte* to welcome s.o. with open arms; ~ *qd. freddamente* to give s.o. a cool reception, to receive s.o. coldly; ⟨*Dir*⟩ ~ *un ricorso* to uphold an appeal. **accolgo** → **accogliere**.
accolito *m.* **1** ⟨*Rel*⟩ acolyte. **2** ⟨*fig*⟩ follower.
accollare *v.t.* (**accollo**) to saddle, to entrust, to lay: ~ *un lavoro a qd.* to saddle (*o* entrust) s.o. with a job; ~ *a qd. la responsabilità di qc.* to lay the responsibility for s.th. on s.o. **accollarsi** *v.r.* to take upon o.s., to shoulder, to take over: *accollarsi la spesa* to shoulder the expense; *accollarsi un debito* to take over a debt.
accollata *f.* ⟨*Mediev*⟩ accolade.
accollatario *m.* ⟨*Dir*⟩ contractor.
accollato *a.* (*rif. a vestiti*) high-necked; (*rif. a scarpe*) ankle-snug. **accollatura** *f.* neckline.
accollo *m.* **1** ⟨*Dir*⟩ taking over. **2** ⟨*Arch*⟩ projection.
accolsi → **accogliere**.
accolta *f.* ⟨*lett*⟩ assembly, gathering: *un'* ~ *di scienziati* a gathering of scientists; ⟨*spreg*⟩ crowd, mass.
accoltellare *v.t.* (**accoltello**) to knife, to stab. **accoltellatore** *m.* (*f.* **-trice**) knifer, stabber.
accolto → **accogliere**.
accomandante *m./f.* ⟨*Econ*⟩ limited partner. **accomandatario** *m.* ⟨*Econ*⟩ general partner. **accomandita** (*anche società in accomandita*) *f.* ⟨*Econ*⟩ limited partnership.
accom(m)iatare *v.t.* to dismiss, to send away. **accom(m)iatarsi** *v.r.* to take (one's) leave (*da* of).
accomodabile *a.* repairable, mendable. **accomodamento** *m.* **1** (*accordo*) agreement, arrangement. **2** ⟨*Dir*⟩ settlement, composition: ~ *amichevole* friendly settlement. **3** ⟨*Ott*⟩ accommodation. □ *venire a un* ~ to come to terms. **accomodante** *a.* (*accondiscendente*) easy-going,

obliging: *persona* ~ easy-going person. □ *morale* ~ lax morals *pl.*
accomodare *v.* (**accomodo**) **I** *v.t.* **1** (*riparare*) to repair, to mend, ⟨*fam*⟩ to fix: ~ *un paio di scarpe* to mend a pair of shoes. **2** (*mettere in ordine*) to (set in) order, to tidy (up), to arrange. **3** ⟨*Dir*⟩ to settle out of court: ~ *una lite* to settle a law-suit out of court. **4** ⟨*iron*⟩ to deal with, to see to, ⟨*fam*⟩ to fix: *ora ti accomodo io* now I'll fix you. **II** *v.i.* (*aus.* **avere**) (*fare comodo*) to suit, to be convenient: *ciò non mi accomoda* this doesn't suit me. **accomodarsi** *v.r.* **1** to make o.s. comfortable, to make o.s. at home; (*sedersi*) to take a seat, to sit down: *si accomodi in poltrona* please sit down in the armchair; (*entrare*) to come in, to enter: *si accomodi* come in; (*non far complimenti*) to make o.s. at home. **2** (*mettersi d'accordo*) to come to an agreement (*su* on, over), to agree: *ci accomoderemo sul prezzo* we shall come to an agreement over the price. **3** ⟨*fig*⟩ (*aggiustarsi*) to work out, to come right: *vedrai che le cose si accomoderanno* everything will work out, you'll see. □ *si accomodi da questa parte, prego* (come) this way, please; *fa soltanto ciò che gli accomoda* he does just as he pleases.
accomodato *a.* **1** (*alterato*) altered: *una versione* -*a dei fatti* an altered version of the facts. **2** (*seduto*) seated, sitting comfortably: ~ *in poltrona, leggeva il giornale* he was sitting comfortably in the armchair reading the paper.
accompagnamento *m.* **1** (*seguito*) train, suite. **2** ⟨*Mus*⟩ accompaniment: *una canzone con* ~ *di chitarra* a song with guitar accompaniment. □ *lettera di* ~ covering letter.
accompagnare *v.t.* **1** to accompany, to go (*o* come) with: ~ *qd. alla stazione* to go and see s.o. off at the station; (*condurre*) to take, to see: ~ *un bambino a scuola* to take a child to school. **2** (*scortare*) to escort, to attend. **3** (*unire una cosa a un'altra*) to accompany (*con* with): ~ *il regalo con una lettera* to accompany the gift with a letter. **4** ⟨*Mus*⟩ to accompany. **5** (*accoppiare*) to match, to pair (off). **accompagnarsi** *v.r.* **1** (*andare insieme*) to go, to keep company (*a, con* with): *accompagnarsi con* (*o a*) *qd.* to keep company with s.o. **2** (*armonizzare*) to go (well) together, to match: *questi due colori si accompagnano bene* these two colours go well together. □ ~ *un morto* to follow a coffin; ~ *qd. con gli occhi* to follow s.o. with one's gaze; ~ *al pianoforte* to accompany on (*o* at) the piano; ~ *la porta* to close the door gently; ~ *qd. alla porta* to show (*o* see) s.o. to the door. **accompagnato** *a.* in company, accompanied, with. **accompagnatore** *m.* **1** (*chi accompagna*) escort; (*guida*) guide. **2** ⟨*Mus*⟩ accompanist. **accompagnatorio** *a.* covering: *lettera* -*a* covering letter. **accompagnatrice** *f.* escort; (*guida turistica*) guide. **accompagno** *m.* ⟨*burocr*⟩ (*accompagnamento*) covering: *lettera di* ~ covering letter.
accomunabile *a.* that may be joined (*o* shared in common). **accomunamento** *m.* joining, uniting, sharing in common. **accomunare** *v.t.* **1** (*mettere in comune*) to share (in common). **2** (*unire*) to join: ~ *gli sforzi* to join forces. **3** (*associare*) to associate, to join, to have in common. □ *essere accomunati dagli stessi ideali* to share the same ideals, to have common ideals.
acconciare *v.t.* (**accincio, acconci**) **1** (*mettere in ordine*) to tidy (up), to (put in) order, to arrange. **2** (*abbigliare*) to adorn, to attire, to dress up. **acconciarsi** *v.r.* (*abbigliarsi*) to dress (up), to deck o.s. out, to adorn o.s.: *acconciarsi per il ballo* to dress up for the ball. □ ~ *i capelli a qd.* to dress (*o* do) s.o.'s. hair; *acconciarsi i capelli* to do (*o* dress) one's hair. **acconciatore** *m.* (*f.* **-trice**) (*parrucchiere*) hairdresser, hairstylist. **acconciatrice** *f.* (*parrucchiera*) hairdresser, hairstylist. **acconciatura** *f.* **1** (*pettinatura*) hairstyle, ⟨*fam*⟩ hairdo. **2** (*ornamento per il capo*) head-dress.
acconcio *a.* ⟨*lett*⟩ (*adatto*) suitable, right, seemly: *parole acconce* suitable words; *con modi acconci* with seemly manners.
accondiscendente *a.* obliging, accommodating. **accondiscendenza** *f.* obligingness. **accondiscendere** *v.i.* (**accondiscesi, accondisceso;** *aus.* **avere;** → **scendere**) to

comply (*a* with), to agree, to consent (*a* to). □ *accondiscendendo alla vostra richiesta* in compliance with your request.

acconsentimento *m.* consent, approval, agreement.
acconsentire *v.i.* (acconsento; *aus.* avere) to consent, to agree, to assent (*a* to), to approve (of): ~ *a una richiesta* to agree to a request; ~ *a fare qc.* to agree (*o* consent) to do s.th. **acconsenziente** *a.* consenting, consentient, willing.

accontentare *v.t.* (accontento) to content, to satisfy, to please: ~ *qd. in tutto* to satisfy s.o. in every way; (*appagare*) to meet, to satisfy, to grant: ~ *i desideri di qd.* to grant (*o* meet) s.o.'s wishes. **accontentarsi** *v.r.* to be satisfied, to be pleased (*di* with): *accontentarsi di poco* to be satisfied with little.

acconto *m.* down (*o* advance) payment: *dare un* ~ to make a down payment. □ *in* ~ in part payment.

accoppare *v.t.* (accoppo) (*fam*) to kill, (*fam*) to do in, (*gerg*) to bump off. □ ~ *a bastonate* to beat to death; ~ *qd. di botte* to beat s.o. up.

accoppiabile *a.* **1** matchable. **2** ⟨*Zootecn*⟩ that may be mated. **accoppiamento** *m.* **1** (*l'accoppiare*) joining, coupling, matching. **2** (*unione*) coupling, match. **3** ⟨*Fisiol*⟩ copulation; (*rif. ad animali*) coupling, mating. **4** ⟨*Mecc*⟩ connection, coupling.

accoppiare *v.t.* (accoppio) **1** (*congiungere: in coppia*) to couple, to pair (off); (*in matrimonio*) to join in marriage, to match. **2** (*unire*) to join, to unite, to combine. **3** ⟨*Fisiol*⟩ to copulate; (*rif. ad animali*) to couple, to mate. **4** ⟨*Mecc*⟩ to couple, to connect. **accoppiarsi** *v.r.* **1** (*unirsi*) to pair off, to unite, to join together, to combine; (*in matrimonio*) to marry, to get married. **2** ⟨*Fisiol*⟩ to copulate; (*rif. ad animali*) to mate, to couple. **accoppiata** *f.* ⟨*Equit*⟩ exacta, ⟨*am*⟩ perfecta. **accoppiato** *a.* **1** matched, coupled, joined, paired, combined: *essere bene –i* to be well matched. **2** ⟨*Mecc*⟩ coupled, connected.

accoramento *m.* heartache. **accorare** *v.t.* (accoro) (*addolorare profondamente*) to break s.o.'s heart. **accorarsi** *v.r.* (*addolorarsi*) to break one's heart. □ *accorarsi per qc.* to be heartbroken by (*o* at) s.th. **accoratamente** *avv.* heartbrokenly. **accorato** *a.* sorrowful, heartbroken: *lettera –a* sorrowful letter.

accorciabile *a.* that can be shortened. **accorciamento** *m.* shortening. **accorciare** *v.t.* (accorcio, accorci) to shorten: ~ *un abito* to shorten a dress; (*abbreviare*) to abridge, to abbreviate. **accorciarsi** *v.r.* to shorten, to grow shorter, to get short: *le giornate cominciano ad accorciarsi* the days are beginning to get shorter. □ ⟨*fig*⟩ ~ *le distanze* to narrow the gap; ~ *una parola* to abbreviate a word; ~ *i tempi* to speed things up.

accorciativo *m.* ⟨*Gramm*⟩ shortened form, abbreviation.
accordabile *a.* **1** (*concedibile*) allowable, grantable. **2** ⟨*Mus*⟩ tuneable. **accordare** *v.t.* (accordo) **1** (*mettere d'accordo*) to reconcile, to get to agree: ~ *due avversari* to reconcile two adversaries. **2** (*armonizzare*) to match: ~ *due colori* to match two colours. **3** ⟨*Mus*⟩ to tune (up). **4** ⟨*Gramm*⟩ to make agree (*con* with): ~ *il verbo col soggetto* to make the verb agree with the subject. **5** (*concedere*) to allow, to grant: ~ *un permesso* to grant leave. **accordarsi** *v.r.* **1** (*mettersi d'accordo*) to reach an agreement, to come to an agreement: *accordarsi con qd. su qc.* to come to an agreement with s.o. over (*o* on) s.th. **2** (*essere conforme*) to be consistent, to be in keeping (*con* with). □ ~ *un'indennità* to grant an allowance; *accordarsi sul prezzo* to come to an agreement on the price; ~ *uno sconto del dieci per cento* to grant a ten per cent discount. **accordato** *a.* **1** (*concesso*) granted, allowed. **2** ⟨*Mus*⟩ tuned.

accordatore *m.* (*f.* -trice) ⟨*Mus*⟩ tuner. **accordatura** *f.* tuning.
accordissimo: ⟨*fam*⟩ *d'*~ very well.
accordo *m.* **1** agreement, arrangement: *addivenire a un* ~ to come to an agreement. **2** ⟨*Gramm*⟩ agreement. **3** ⟨*Mus*⟩ chord. □ ~ *amichevole* gentleman's agreement; *andare d'* ~ to get on well (together); *andare d'* ~ *con qd. su qc.* to agree with s.o. about (*o* on) s.th.; *non andare d'* ~ not to get on (well); ~ *di base* basic overall agreement; ~ **commerciale** trade agreement; ~ *di* **compensazione**

compensation (*o* clearing) agreement; *agire di* **comune** ~ to act by mutual consent; ~ *di* **cooperazione** cooperation agreement; **d'** ~!! all right!, agreed!; ⟨*fam*⟩ right you are!, O.K.!; *come d'* ~ as agreed; *essere d'* ~ to agree; ~ **difensivo** defence agreement; ~ **diplomatico** diplomatic agreement; ~ **doganale** tariff agreement; ~ **internazionale** international agreement; ⟨*Mus*⟩ ~ **maggiore** major chord; ~ *di* **marketing** marketing agreement; **mettere** *d'* ~ to reconcile, to bring together; *mettersi d'* ~ to agree, to come to *an* agreement' (*o* terms): *mettersi d'* ~ *sulla data di partenza* to agree on the date of departure; ⟨*Mus*⟩ ~ **minore** minor chord; ~ **monopolistico** monopoly agreement; ~ *di* **pagamento** payment agreement; ~ **quadro** outline (*o* skeleton) agreement; **restiamo** *d'* ~ *per l'appuntamento di domani* we are agreed on tomorrow's appointment; ~ **salariale** wage agreement; ⟨*Comm*⟩ ~ **scritto** written agreement; ~ **sindacale** union (*o* industrial) agreement; **stipulare** *un* ~ to stipulate an agreement; **tacito** ~ tacit consent; **trovarsi** *d'* ~ *su una questione* to agree on a matter.

accorgersi *v.r.* (mi accorgo, ti accorgi; mi accorsi, accorto) **1** to notice: *mi accorsi di essere seguito* I noticed that I was being followed. **2** (*rendersi conto*) to realize, to notice, to become aware (of): *l'ho fatto senza accorgermene* I did it without realizing. **accorgimento** *m.* **1** (*astuzia*) shrewdness, cunning: *usare ogni* ~ to use all one's cunning. **2** (*espediente*) cunning device, trick.

accorpamento *m.* ⟨*burocr*⟩ consolidation. **accorpare** *v.t.* (accorpo) to consolidate, to unite into one system (*or* body).

accorrere *v.i.* (accorsi, accorso) *aus.* essere) to run (up), to rush: ~ *in aiuto di qd.* to rush to s.o.'s help.

accorsi[1] → accorgersi.
accorsi[2], **accorso** → accorrere.
accortamente *avv.* wisely, sensibly; (*scaltramente*) cunningly, shrewdly. **accortezza** *f.* **1** (*avvedutezza*) wisdom, sense, prudence. **2** (*astuzia*) cunning, adroitness, shrewdness: *agire con* ~ to act with cunning. **accorto** *a.* **1** (*saggio*) wise, sensible. **2** (*astuto*) shrewd, cunning, adroit.

accosciarsi *v.r.* (mi accoscio, ti accosci) to squat.
accostabile *a.* approachable. **accostamento** *m.* **1** (*l'accostare*) approach, approaching; (*rif. a colori*) matching. **2** ⟨*Mar*⟩ hauling, haulage. **accostare** *v.* (accosto) **I** *v.t.* **1** (*avvicinare*) to bring near (*o* close), to put near: ~ *la sedia alla scrivania* to put the chair near the desk. **2** (*avvicinarsi a*) to approach, to draw near (to): ~ *una persona* to approach a person. **3** (*porte*) to set (*o* leave) ajar; (*finestre*) to half-close. **II** *v.i.* (*aus.* avere) **1** ⟨*Mar*⟩ (*attraccare*) to come alongside. **2** ⟨*Mar,Aer*⟩ (*compiere un'accostata*) to change course. **accostarsi** *v.r.* **1** (*avvicinarsi*) to approach (*a qd.* s.o.), to draw near (to), to go up (*o* over) (to): *accostarsi al muro* to draw near to the wall. **2** (*fig*) (*aderire*) to support, to join (s.th.), to adhere: *accostarsi a una dottrina* to support a doctrine. □ ~ *il bicchiere alle labbra* to raise one's glass to one's lips; ⟨*Mar*⟩ ~ *a dritta* to haul to starboard; ⟨*Mar*⟩ ~ *a sinistra* to haul to port; *accostarsi ai sacramenti* to receive the Sacraments.

accostata *f.* ⟨*Mar,Aer*⟩ change of course. **accostato** *a.* (*di porte*) ajar; (*di finestre*) half-closed.
accosto *avv.* (*accanto*) near, close, nearby: *farsi* ~ to draw near. □ *stare sempre* ~ *a qd.* to be always close to s.o.
accostumare *v.t.* to accustom. **accostumarsi** *v.r.* to become accustomed, to accustom o.s. (*a* to). **accostumato** *a.* (*avvezzo*) accustomed, used (*a* to).
accotonare *v.t.* (accotono) **1** ⟨*Tess*⟩ to raise. **2** (*rif. a capelli*) to backcomb. **accotonato** *a.* **1** ⟨*Tess*⟩ raised. **2** (*rif. a capelli*) backcombed. **accotonatura** *f.* **1** ⟨*Tess*⟩ raising. **2** (*rif. a capelli*) backcombing.
accovacciarsi *v.r.* (mi accovaccio, ti accovacci) (*rannicchiarsi*) to squat, to crouch, to huddle. **accovacciato** *a.* crouched, crouching. □ *stare* ~ to be crouching.
accovonare *v.t.* (accovono) to sheaf, to sheave.
accozzaglia *f.* **1** (*di persone*) rabble, mob: *un'* ~ *di gente armata* an armed rabble. **2** (*di cose*) medley, rabble, ⟨*fam*,

mess. **accozzaménto** *m.* jumble, medley, muddle. **accozzare** *v.t.* (accozzo) to throw together, to jumble up. **accozzarsi** *v.r.* to meet, to gather (*o* crowd) together. □ *non ~ il pranzo con la cena* to be unable to make (both) ends meet. **accozzo** *m.* → **accozzaglia**.

accrebbi → accrescere.

accreditabile *a.* creditable, that may be credited, trustworthy, reliable. **accreditamento** *m.* ⟨Econ⟩ credit. **accreditare** *v.t.* (accredito) 1 (*rendere credibile*) to accredit, to make credible: *~ una notizia* to make a piece of news credible; (*avvalorare*) to support, to enhance: *~ un'opinione* to support an opinion. 2 ⟨Dipl,Giorn⟩ to accredit: *~ un ambasciatore* to accredit an ambassador. 3 ⟨Comm⟩ to credit: *~ una somma in un conto* to credit an amount to an account. **accreditarsi** *v.r.* (*rif. a persone*) to gain credit; (*rif. a cose*) to gain ground: *questa opinione si accredita sempre più* this opinion is steadily gaining ground. **accreditato** *a.* 1 trustworthy, reliable. 2 ⟨Dipl,Giorn⟩ accredited: *diplomatico ~* accredited diplomat. □ *ditta –a* old-established firm. **accredito** *m.* ⟨Econ⟩ 1 (*atto*) crediting. 2 (*effetto*) credit.

accrescere *v.t.* (accrebbi, accresciuto) (*aumentare*) to increase: *~ capitale* to increase capital; (*allargare*) to enlarge, to expand. **accrescersi** *v.r.* (*aumentare*) to grow: *la famiglia si accresce* the family is growing. **accrescimento** *m.* 1 (*azione*) increasing; (*effetto*) increase, growth: *l' ~ della popolazione* the increase in population. 2 ⟨Biol⟩ growth. **accrescitivo** *a./s.m.* ⟨Gramm⟩ augmentative.

accucciarsi *v.r.* (mi accuccio, ti accucci) 1 (*di animali*) to lie down, to curl up. 2 (*di persone*) to crouch, to squat, to huddle up.

accudire *v.i.* (accudisco, accudisci; *aus.* avere) to do (*a qc.* s.th.), to see, to attend (to): *~ alle faccende domestiche* to do the housework.

acculturamento *m.* → acculturazione. **acculturare** *v.t.* to acculturate, to acculturize. **acculturato** *a.* accultured. **acculturazione** *f.* acculturation.

accumulabile *a.* (ac)cumulative. □ *contributi –i per la pensione* contributions accruing for a pension. **accumulamento** *m.* accumulation (*anche tecn.*). **accumulare** *v.t.* (accumulo) to accumulate, to hoard, to heap up: *~ ricchezze* to accumulate (*o* hoard) riches. **accumularsi** *v.r.* to accumulate, to pile up: *le pratiche si accumulano sul mio tavolo* the files are piling up on my desk. **accumulatore** *m.* ⟨tecn⟩ accumulator: *caricare un ~* to charge an accumulator. **accumulazione** *f.* accumulation. □ ⟨Econ⟩ *~ del capitale* capital accumulation; *teoria dell' ~* theory of greater value. **accumulo** *m.* 1 accumulation; (*effetto*) heap, pile, mass: *~ di lavoro* mass of work. 2 ⟨Geol,tecn⟩ accumulation.

accomunare *v.* → accomunare.

accuratamente *avv.* carefully, precisely. **accuratezza** *f.* (*diligenza*) care, diligence; (*precisione*) accuracy, precision, exactness: *ammirare l' ~ di un lavoro* to admire the accuracy of a piece of work. □ *con ~:* 1 with care, carefully: *vestire con ~* to dress with care; 2 (*diligentemente*) carefully, painstakingly; 3 (*con precisione*) exactly, with precision, accurately. **accurato** *a.* 1 (*fatto con cura*) careful: *lavoro ~* careful work; (*preciso*) accurate, precise. 2 (*rif. a persona*) diligent; (*preciso*) precise.

accusa *f.* 1 accusation, charge: *~ infondata* groundless charge. 2 ⟨Dir⟩ charge, indictment: *prosciogliere qd. dall' ~ di omicidio* to acquit s.o. of a murder charge. 3 ⟨Dir⟩ (*magistrato*) prosecution. □ ⟨Dir⟩ *atto d' ~* (bill of) indictment; *capo d' ~* count (of indictment); *fare delle –e contro qd.* to accuse (*o* charge) s.o., to make charges against s.o.; *muovere un' ~ a qd.* to accuse s.o.; *pubblica ~* ⟨GB⟩ Prosecutor for the Crown, ⟨SU⟩ District Attorney; *sostenere un' ~* to uphold a charge; *stato d' ~* committal for trial: *essere in stato d' ~* to be committed for trial; *testimone d' ~* witness for the prosecution.

accusabile *a.* chargeable (*di* with), indictable (for). **accusare** *v.t.* 1 to accuse: *~ qd. di furto* to accuse s.o. of theft; *lo accusano di pigrizia* they accuse him of laziness. 2 ⟨Dir⟩ to charge, to indict, to prosecute: *~ qd. di alto*

tradimento to charge s.o. with high treason. 3 (*lagnarsi di*) to complain of: *~ un dolore* to complain of a pain. 4 (*nel gioco delle carte*) to call, to declare. **accusarsi** *v.r.* 1 to accuse o.s. 2 (*recipr*) to accuse e.o. □ *~ il colpo* to show signs of weakening; *~ ricevuta di qc.* to acknowledge (the) receipt of s.th.

accusativo *m.* ⟨Gramm⟩ accusative (case): *all' ~* in the accusative.

accusato I *a.* accused, charged (*di* with). II *s.m.* (*f.* -a) defendant. **accusatore** *m.* (*f.* -trice) 1 accuser. 2 ⟨Dir⟩ prosecutor. **accusatorio** *a.* accusatory. □ *discorso ~* prosecutor's address; *lettera –a* letter of accusation.

acefalia *f.* ⟨Med⟩ acephalia. **acefalo** *a.* ⟨Biol, Filol⟩ acephalous: *codice ~* acephalous codex.

acellulare *a.* ⟨Biol⟩ acellular.

acerbamente *avv.* harshly, bitterly, sharply: *rimproverare ~* to rebuke sharply. **acerbità** *f.* 1 (*asprezza*) harshness, bitterness, sharpness. 2 (*immaturità*) immaturity. **acerbo** *a.* 1 (*acre*) sour, tart: *vino ~* sour wine. 2 (*non maturo*) unripe, green: *frutto ~* unripe fruit. 3 ⟨fig⟩ (*pungente*) harsh, bitter, sharp: *rimprovero ~* harsh rebuke. □ *morte –a* premature death.

acero *m.* ⟨Bot⟩ maple. □ *~ americano* (*o bianco*) box elder; *~ rosso* scarlet maple.

acerrimo (*sup. di acre*) *a.* fierce, implacable: *un ~ nemico* an implacable enemy.

acescente *a.* ⟨Enol⟩ acescent. **acescenza** *f.* acescence.

acetabolo *m.* ⟨Anat⟩ acetabulum, cotyloid cavity.

acetaldeide *f.* ⟨Chim⟩ acetaldehyde. **aceta(m)mide** *f.* ⟨Chim⟩ acetamid(e).

acetato I *a.* acetated. II *s.m.* acetate. **acetico** *a.* (*pl.* -ci) ⟨Chim⟩ acetic: *acido ~* acetic acid.

acetificare *v.t.* (acetifico, acetifichi) ⟨Chim⟩ to acetify. **acetificatore** *m.* acetifier. **acetificazione** *f.* acetification.

acetilare *v.t.* ⟨Chim⟩ to acetylate, to acetylize. **acetilazione** *f.* acetylation.

acetil|cellulosa *f.* ⟨Ind⟩ cellulose acetate, acetyl cellulose. **~cloruro** *m.* ⟨Chim⟩ acetyl chloride.

acetile *m.* ⟨Chim⟩ acetyl. **acetilene** *m.* ⟨Chim⟩ acetylene. □ *becco ad ~* acetylene burner; *bombola di ~* acetylene cylinder; *lampada ad ~* acetylene lamp. **acetilenico** *a.* (*pl.* -ci) acetylenic.

acetil|salicilato *m.* ⟨Chim⟩ acetylsalicylate. **~salicilico** *a.* (*pl.* -ci) acetylsalicylic: *acido ~* acetylsalicylic acid.

aceto *m.* vinegar. □ *~ aromatico* aromatic vinegar; *pigliare d' ~* to turn sour; *sapere d' ~* to taste sour; *sotto ~* pickled: *cetrioli sotto ~* pickled cucumbers; *conservare sotto ~* to pickle; *~ di vino* wine-vinegar.

acetone *m.* ⟨Chim⟩ acetone; (*per unghie*) nail-polish remover.

acetosa *f.* ⟨Bot⟩ garden sorrel. **acetosella** *f.* ⟨Bot⟩ wood sorrel. □ *sale di ~* salt of sorrel.

acetosità *f.* acidity, sourness. **acetoso** *a.* vinegary, sour, acetous.

achenio *m.* ⟨Bot⟩ achene.

acheo *a./s.m.* ⟨Stor⟩ Achaean.

Acheronte *N.pr.m.* ⟨Mitol⟩ Acheron (*anche fig.*).

Achille *N.pr.m.* Achilles: *tallone di ~* Achilles' heel.

achillea *f.* ⟨Bot⟩ alpine yarrow.

ACI = *Automobile Club d'Italia* Italian Automobile Association.

aciclico *a.* (*pl.* -ci) acyclic.

acidamente *avv.* acidly, sourly (*anche fig.*). **acidificare** *v.t.* (acidifico, acidifichi) to acidify. **acidificazione** *f.* acidification.

acidimetria *f.* ⟨Chim⟩ acidimetry. **acidimetro** *m.* acidimeter.

acidità *f.* 1 ⟨Chim⟩ acidity: *~ del terreno* acidity of the soil, soil acidity. 2 ⟨Med⟩ hyperacidity, ⟨pop⟩ heartburn: *avere ~ di stomaco* to suffer from heartburn. 3 ⟨fig⟩ acidity, sourness, tartness, sharpness.

acido I *a.* 1 acid, sour, tart: *latte ~* sour milk. 2 ⟨Chim⟩ acid: *bagno ~* acid bath. 3 ⟨fig⟩ acid, sour, sharp: *lingua –a* sharp tongue. II *s.m.* 1 ⟨Chim⟩ acid. 2 (*sapore acre*) sour taste, sourness, acidity 3 ⟨sl⟩ LSD, acid. □ *diventare ~* to become acid, to acidify; *reazione –a* acid reaction;

resistente *agli* –*i* acid–resistant, acid–proof; **sapere** *d'* ~ to taste sour, to have an acid taste; **terreno** ~ acid soil; **trattare** *con* ~ to treat with acid; ⟨*fig*⟩ **umore** ~ sour nature; **zitella** –*a* sour spinster.

acidometro *m.* → **acidimetro**.

acidòsi *f.* ⟨*Med*⟩ acidosis.

acidulàre *v.t.* (**acidulo**) ⟨*Chim*⟩ to acidulate. **acidulàto** *a.* acidulated: *acqua* –*a* acidulated water. **acidulazione** *f.* acidulation. **acidulo** *a.* acidulous.

acidùme *m.* **1** (*rif. a sostanza*) acid (*o* sour) matter. **2** (*rif. a sapore*) acid (*o* sour) taste.

acinesìa *f.* ⟨*Med*⟩ akinesia, akinesis. **acinètico** *a.* (*pl.* -ci) akinetic.

aciniforme *a.* aciniform. **àcino** *m.* **1** (*d'uva*) grape: *un* ~ *d'uva* a grape; (*di altro frutto*) berry. **2** ⟨*Anat*⟩ acinus. **acinòso** *a.* ⟨*Med*⟩ acinous: *ghiandole* –*e* acinous glands.

aclassìsmo *m.* classlessness. **aclassìsta** *a.* classless.

ACLI = *Associazioni cristiane lavoratori italiani* Italian Workers' Catholic Association.

aclìsta *m./f.* (*iscritto alle ACLI*) member of the ACLI. **aclìstico** *a.* (*pl.* -ci) of the Acli, Acli–.

aclòrico *a.* (*pl.* -ci) ⟨*Bot*⟩ achlorophyllous, having no chlorophyll.

acloridrìa *f.* ⟨*Med*⟩ achlorhydria.

àcme *f.* **1** acme, peak. **2** ⟨*Med*⟩ crisis, acme: ~ *febbrile* fever crisis.

àcne *f.* ⟨*Med*⟩ acne. □ ~ *clorica* chlorine acne, chloracne. **acnèico** *a.* (*pl.* -ci) acne–, of acne: *eruzione* –*a* acne outbreak.

aconfessionàle *a.* nondenominational, nonsectarian. **aconfessionalità** *f.* nondenominationalism.

aconitìna *f.* ⟨*Chim*⟩ aconitine. **acònito** *m.* ⟨*Bot*⟩ aconite.

acotilèdone I *a.* ⟨*Bot*⟩ acotyledonous: *pianta* ~ acotyledonous plant. **II** *s.f.* acotyledon.

A.C.P. = *paesi dell'Africa, dei Caraibi e del Pacifico* Africa, Carribean and Pacific countries, ACP countries.

àcqua *f.* **1** water: ~ *potabile* drinking water; ~ *non potabile* water unfit to drink. **2** (*pioggia*) rain: *un rovescio d'* ~ a downpour (of rain), a shower. **3** *pl.* (*distesa d'acqua*) waters *pl*: *la nave è ancorata nelle* –*e di Napoli* the ship is anchored in the waters of Naples. **4** *pl.* (*sorgenti termali*) (thermal) waters *pl*, hot springs *pl*. **5** (*rif. a pietre preziose*) water: *diamante di purissima* ~ diamond of the purest water. **6** *pl.* ⟨*Med*⟩ waters *pl*. **7** ⟨*esclam*⟩ (*nei giochi infantili*) you're cold. □ ⟨*Chim*⟩ *ammoniacale* ammoniacal water; *andare alle* –*e* to take a water cure; ⟨*fig*⟩ *navigare in basse* –*e* to be hard–up (*o* badly off); ~ **battesimale** baptismal water; ~ **benedetta** holy water; *un bicchiere d'* ~ a glass of water; ⟨*fig*⟩ *è come bere un bicchier d'* ~ it's as easy as falling off a log; ⟨*fig*⟩ ~ *in bocca!* keep it to yourself!; **buttarsi** *in* ~ to jump (*o* throw o.s.) into the water; ~ **calcarea** water containing lime; ⟨*Chim*⟩ ~ *di calce* lime–water; ⟨*fig*⟩ *calmare le* –*e* to pour oil on troubled waters; ⟨*fig*⟩ *in cattive* –*e* in deep waters; *navigare in cattive* –*e* to be in dire straits; ~ **cheta**: 1 still waters *pl*; 2 ⟨*fig*⟩ sly one, deep one: *essere un'* ~ *cheta* to be a sly one; **chiaro** *come l'* ~ as clear as crystal; ~ *di* **colonia** eau–de–Cologne; **condotto** *d'* ~ water pipe; ~ *di* **conduttura** mains water; –*e* **continentali** continental waters; ~ **corrente** running water; **corso** *d'* ~ watercourse, stream; (*navigabile*) waterway; *fare la* **cura** *delle* –*e* to take the waters; *una* **distesa** *d'* ~ a stretch of water; ~ **dolce**: 1 (*di fiumi, laghi*) fresh water: *pesce d'* ~ *dolce* freshwater fish; 2 (*non dura*) soft water; ~ **dura** hard water; ~ **effervescente** sparkling water; ⟨*fig*⟩ **essere** *come l'* ~ *e il fuoco* to be incompatible; –*e* **extraterritoriali** high seas; **fare** ~ : 1 ⟨*Mar,Ferr*⟩ (*approvvigionarsi di acqua*) to water, to take on water; 2 ⟨*Mar*⟩ (*imbarcarla*) to leak, to take in water; 3 ⟨*fam*⟩ (*orinare*) to make water; ⟨*fig*⟩ *un'impresa che fa* ~ *da tutte le parti* a shaky concern; ~ **ferma** = *acqua stagnante*; *a* **fior** *d'* ~ on the surface of the water; ~ *di* **fogna** sewer water; ~ *di* **fonte** spring water; **fuor** *d'* ~ out of the water: ⟨*fig*⟩ *essere come un pesce fuor d'* ~ to be like a fish out of water; ⟨*fig*⟩ **gettare** ~ *sul fuoco* to pour oil on troubled waters; **getto** *d'* ~ jet of water; **giochi** *d'* ~ waterworks;

⟨*fig*⟩ *avere l'* ~ *alla* **gola** to be in low water; –*e* **interne** inland waterways; ⟨*fig*⟩ **intorbidare** *le* –*e* to stir up trouble; ⟨*Atom*⟩ ~ **leggera** light water; ~ **limpida** clear (*o* limpid) water; **livello** *dell'* ~ water–level; ~ **minerale** mineral water; ~ **morta** = *acqua stagnante*; ~ **naturale** tap water; –*e* **navigabili** waterways, navigable waters; –*e* **nere** sewage *sing*; ⟨*Chim*⟩ ~ **ossigenata** hydrogen peroxide; ⟨*fig*⟩ *è* ~ **passata** that's ancient history; ⟨*Atom*⟩ ~ **pesante** heavy water; ~ **piovana** rain water; ⟨*fig*⟩ **portare** ~ *al mare* to carry coals to Newcastle; ~ *di* **pozzo** well water; *ho preso molta acqua* I got drenched; –*e* **pubbliche** public waters; ~ **radioattiva** radioactive water; ⟨*Chim*⟩ ~ **regia** aqua regia (*o* regis); ~ *di* **rifiuto** foul water; (*industriale*) waste water; ~ *di* **rose** rose water; ⟨*fig*⟩ *un rivoluzionario all'* ~ *di rose* a milk–and–water revolutionary; ~ **salina** salt water; ~ **salmastra** brackish water; ~ **santa** = *acqua benedetta*; –*e di* **scarico** discharge water; ~ *di* **selz** soda water; ~ *di* **sorgente** spring water; **sott'** ~ under (the) water: *nuotare sott'* ~ to swim under water; ⟨*Geol*⟩ –*e* **sotterranee** underground (*o* subterranean) waters; ~ **stagnante** stagnant water; ~ **sulfurea** sulphur water; ⟨*Geol*⟩ ~ **superficiale** surface water; ~ *da* **tavola** table water; –*e* **territoriali** territorial waters; ⟨*Chim*⟩ ~ **vegeto-minerale** vegeto–mineral water; **via** *d'* ~ waterway; ~ **viva** spring water; ~ *di* **zavorra** ballast water. *Prov.:* *l'* ~ *cheta rovina i ponti* still waters run deep; ~ *passata non macina più* let bygones be bygones.

acqua-acqua *a.* ⟨*Mil*⟩ ship-to-ship: *missile* ~ ship-to-ship missile.

acqua-ària *a.* ⟨*Mil*⟩ ship-to-air.

acqua|cedràta *f.* citron–water. **~coltùra** *f.* aquaculture. **~fòrte** *f.* (*pl.* **acquefòrti**) **1** ⟨*Art*⟩ etching. **2** ⟨*Chim*⟩ aquafortis. **~fortìsta** *m./f.* etcher.

acquàio *m.* (kitchen) sink.

acquaiòlo I *a.* (*che vive nell'acqua*) water–, aquatic: *serpe* –*a* water snake. **II** *s.m.* (*venditore di acqua*) water vendor.

acqua|manìle *m.* ⟨*Stor*⟩ ewer. **~marìna** *f.* (*pietra preziosa, colore*) aquamarine. **~nàuta** *m./f.* aquanaut. **~planìsta** *m./f.* ⟨*Sport*⟩ aquaplanist. **~plàning** *m.* → **aquaplaning. ~plàno** *m.* ⟨*Sport*⟩ aquaplane. **~ràgia** *f.* turpentine.

acquarellìsta *e der.* → **acquerellista** *e der.*

acquàrio *m.* aquarium. **Acquàrio** *N.pr.m.* **1** ⟨*Astr*⟩ Aquarius, Water Bearer. **2** (*persona nata sotto il segno dell'Acquario*) Aquarian.

acquariòfilo *m.* (*f.* -a) aquarist. **acquariologìa** *f.* study of life in an aquarium.

acquartieramènto *m.* ⟨*Mil*⟩ quartering. **acquartieràre** *v.t.* (**acquartièro**) to quarter: ~ *le truppe* to quarter the troops. **acquartieràrsi** *v.r.* **1** ⟨*Mil*⟩ to take up quarters. **2** ⟨*fam*⟩ (*stabilirsi in una casa*) to settle in. **acquartieràto** *a.* in quarters, quartered: *truppe* –*e* troops in quarters.

acqua|sànta *f.* holy water. □ *essere (come) il diavolo e l'* ~ to be incompatible. **~santièra** *f.* (holy water) stoup.

acquàta *f.* **1** (*acquazzone*) heavy shower, downpour. **2** ⟨*Mar*⟩ (*provvista d'acqua*) water supply. **3** ⟨*Mar*⟩ (*luogo di rifornimento dell'acqua*) watering–place.

acqua-tèrra *a.* ⟨*Mil*⟩ ship-to-land.

acquàtico *a.* (*pl.* -ci) **1** ⟨*Biol*⟩ aquatic, water–: *fauna* –*a* aquatic fauna; *pianta* –*a* aquatic plant. **2** (*che si esercita sull'acqua*) water–, aquatic: *sci* ~ water–skiing; *sport* ~ water sport.

acquatìnta *f.* (*pl.* **acquetìnte**) aquatint.

acquattàrsi *v.r.* **1** (*accucciarsi*) to crouch, to squat. **2** (*nascondersi*) to hide.

acquavìte *f.* brandy, aqua–vitae.

acquazzòne *m.* heavy shower, downpour.

acquedòtto *m.* **1** waterworks *pl* (*costr. sing. o pl.*), water system: ~ *cittadino* town waterworks; (*conduttura*) water main. **2** ⟨*Arch,Anat*⟩ aqueduct: ~ *della chiocciola* aqueduct of the cochlea.

àcqueo *a.* **1** water–, watery. **2** (*acquoso*) aqueous. □ ⟨*Geol*⟩ *falda* –*a* water bed; ⟨*Anat*⟩ *umore* ~ aqueous humour; *vapore* ~ steam, water vapour. **acquerèlla** *f.* (*pioggerellina*) drizzle.

acquerellàre *v.t.* (**acquerèllo**) to paint in water colour.

acquerellista m./f. water colourist. **acquerello** m. ⟨Art⟩ water colour: dipingere all' ~ to paint in water colour.

acquerugiola f. fine rain, drizzle.

acquetare v. (acqueto) ⟨lett⟩ → acquietare.

acquicoltura f. ⟨tecn⟩ aquiculture.

acquiescente a. acquiescent. **acquiescenza** f. acquiescence (anche Dir.). **acquiescere** v.i. (acquiesco, acquiesci) ⟨Dir⟩ to acquiesce.

acquietabile a. appeasable. **acquietare** v.t. (acquieto) 1 (calmare) to quiet, to appease, to calm: ~ un bambino che piange to calm a crying child. 2 (rif. a dolore) to assuage, to soothe; (rif. a fame e sim.) to appease, to ease. **acquietarsi** v.r. (calmarsi) to calm down, to be appeased. □ la tempesta si è acquietata the storm has died down; ~ un desiderio to satisfy a wish; ~ una lite to settle a quarrel.

acquifero a. ⟨Geol⟩ water-bearing, aquiferous: falda –a water-bearing bed, aquifer.

acquirente m./f. buyer, purchaser.

acquisire v.t. (acquisisco, acquisisci) to acquire, to obtain: ~ un'abitudine to acquire a habit; ~ un diritto to acquire a right. **acquisitivo** a. ⟨Dir⟩ acquisitive. **acquisito** a. 1 acquired: idee –e acquired ideas. 2 ⟨Dir⟩ acquired, vested: diritti –i vested (o acquired) rights. **acquisitore** m. (f. -trice) (commission) agent; (di assicurazioni) insurance agent. **acquisizione** f. acquisition (anche fig.). □ ⟨Econ⟩ ~ di controllo take-over.

acquistabile a. obtainable, buyable.

acquistare I v.t. 1 (comprare) to buy, to purchase: ~ qc. da qd. to buy s.th. from s.o.; (fornirsi) to obtain, to get one's supplies of: acquisto il materiale fotografico da una ditta di Milano I get my (supplies of) photographic material from a firm in Milan. 2 (ottenere) to acquire, to gain, to obtain, to get: ~ esperienza to gain experience. 3 ⟨fig⟩ (procurarsi) to acquire, to get, to reach: ~ onori e ricchezze to acquire honour and wealth. 4 ⟨fig⟩ (procurare) to gain, to win: il romanzo gli acquistò gran fama the novel won him great renown. II v.i. (aus. avere) (migliorare) to improve: il vino acquista invecchiando wine improves with age. □ acquistarsi la benevolenza di qd. to gain s.o.'s goodwill; ~ in bellezza to grow more beautiful; ~ fama di avaro to gain the reputation of being a miser; ~ tempo (temporeggiare) to gain time; ~ terreno (in una corsa) to gain ground (anche fig.).

acquistato a. acquired, obtained, gained.

acquisto m. 1 (l'acquistare) purchase, buying: l' ~ di una casa the purchase of a house. 2 (cosa acquistata) purchase: ecco il mio ultimo ~ here's my latest purchase. 3 ⟨Dir⟩ acquisition: ~ di un diritto acquisition of a right. 4 ⟨Sport⟩ transfer. □ ~ per consegna immediata spot purchase; ~ in contanti cash buying; fare –i to go shopping; fare un buon ~ to get a bargain; ⟨iron⟩ hai fatto proprio un bell' ~ you got a real bargain; ~ all'ingrosso wholesale purchase; ~ su ordinativo order buying; ⟨Econ⟩ potere d' ~ purchasing power; prezzo d' ~ buying price; ~ a pronti cash purchase, spot purchase; ~ a rate instalment buying; ~ di sostegno support purchase; ~ a termine forward purchase.

acquitrino m. bog, swamp, marsh. **acquitrinoso** a. marshy, boggy, swampy.

acquolina f. (pioggia sottile) drizzle, fine rain. □ far venire l' ~ in bocca a qd. to make s.o.'s mouth water; mi viene l' ~ in bocca my mouth is watering.

acquosità f. wateriness, aquosity. **acquoso** a. watery, water–(containing): frutto ~ watery fruit. □ terreno ~ marshy ground.

acre a. 1 (rif. a sapore) sharp, sour, acrid. 2 (irritante, pungente) acrid, pungent: fumo ~ pungent smoke. 3 (mordace) sharp, biting: critica ~ biting criticism.

acredine f. 1 (l'essere acre) sharpness, sourness. 2 ⟨fig⟩ bitterness, acrimony. □ nutrire ~ contro (o per) qd. to bear s.o. a grudge. **acremente** avv. 1 (aspramente) sharply, harshly. 2 (accanitamente) acrimoniously, fiercely.

acrilato m. ⟨Chim⟩ acrylate. **acrile** m. acryl. **acrilico** a. (pl. -ci) acrylic: resine acriliche acrylic resins; vetro ~ acrylic glass.

acrimonia f. acrimony. **acrimonioso** a. acrimonious.

acritico a. (pl. -ci) lacking in discernment, dogmatic.

acro m. (misura) acre.

acrobata m./f. acrobat (anche fig.). **acrobatica** f. acrobatics pl (costr. sing.). **acrobaticamente** avv. acrobatically. **acrobatico** a. (pl. -ci) acrobatic: esercizio ~ acrobatic exercise. □ volo ~ (aerial) acrobatics. **acrobatismo** m. acrobatics pl (costr. sing.). **acrobazia** f. acrobatics pl. □ –e acquatiche aquabatics pl (costr. sing.); –e aeree stunt flying; ⟨fig⟩ fare delle –e to exercise all one's skill and ingenuity.

acro|cefalia f. ⟨Med⟩ acrocephalia, acrocephaly. ~**cefalico** a. (pl. -ci) acrocephalic. ~**cefalo** a. → acrocefalico. ~**coro** (o acrocoro) m. ⟨Geog⟩ plateau.

acromasia f. ⟨Med,Fis⟩ achromasia. **acromatico** a. (pl. -ci) achromatic. □ obiettivo ~ achromatic lens. **acromatismo** m. ⟨Fis⟩ achromatism. **acromatopsia** f. ⟨Med⟩ achromatopsia.

acronimo m. ⟨Gramm⟩ acronym.

acropoli f. acropolis. **Acropoli** N.pr.f. ⟨Geog⟩ Acropolis.

acrostico m. (pl. -ci) ⟨Lett⟩ acrostic.

actea f. ⟨Bot⟩ baneberry, herb Christopher.

actinomiceti m.pl. ⟨Biol⟩ Actinomyces. **actinomorfo** a. actinomorphous, actinomorphic.

acuire v.i. (acuisco, acuisci) to sharpen, to whet, to excite (anche fig.): ~ l'ingegno to sharpen one's wits. **acuità** f. sharpness, acuteness. □ ~ visiva visual acuteness.

aculeato a. ⟨Zool,Bot⟩ aculeate(d). **aculeo** m. 1 ⟨Zool⟩ aculeus, sting. 2 ⟨Bot⟩ aculeus, prickle.

acume m. 1 (acutezza) sharpness, keenness: ~ della vista sharpness of sight. 2 (perspicacia) acumen, acuteness, keenness, insight: possedere un notevole ~ critico to have remarkable critical insight.

acuminare v.t. (acumino) to sharpen. **acuminato** a. sharp, pointed: lancia –a sharp spear. □ tetto ~ pointed roof.

acustica f. acoustics pl (costr. sing.): questa sala ha una buona ~ this hall has good acoustics. **acustico** a. (pl. -ci) acoustic(al), sound–. □ apparecchio ~ hearing aid.

acutamente avv. (con perspicacia) acutely, sharply.

acutangolo a. ⟨Geom⟩ acute-angled.

acutezza f. 1 acuteness, sharpness, keenness; (di suoni) shrillness. 2 ⟨fig⟩ (perspicacia) acuteness, sharpness, acumen, perspicacity. □ ~ di mente acuteness of mind; ~ visiva sharpness of sight. **acutizzare** v.t. to make acute. **acutizzarsi** v.r. to become (o grow) acute: la crisi si è acutizzata the crisis has grown acute. **acutizzazione** f. becoming acute.

acuto I a. 1 (aguzzo) pointed, sharp. 2 ⟨Geom⟩ acute: angolo ~ acute angle. 3 (di suoni) high(–pitched), acute. 4 ⟨Med⟩ acute: la fase –a di una malattia the acute stage of a disease. 5 ⟨Gramm⟩ acute: accento ~ acute accent. 6 ⟨fig⟩ (intenso) acute, sharp, keen, piercing: dolore ~ keen pain. 7 ⟨fig⟩ (perspicace) acute, sharp(-witted), keen: mente –a keen intellect. II s.m. ⟨Mus⟩ high (o top) note: prendere male un ~ to miss a top note. □ febbre –a high temperature; fischio ~ shrill whistle; freddo ~ biting cold.

ad prep. → a[1]

AD = Anno Domini Anno Domini (abbr. A.D.).

adacquamento m. (l'innaffiare) watering, irrigation. **adacquare** v.t. (innaffiare) to water, to irrigate. **adacquatore** m. ⟨Agr⟩ irrigation canal. **adacquatura** f. watering, irrigation.

adagiare v.t. (adagio, adagi) to lay (down) carefully, to set (down) gently, to place carefully: ~ il ferito sul letto to set the wounded gently on the bed. **adagiarsi** v.r. 1 (mettersi comodo) to make o.s. comfortable; (sdraiarsi) to lie down, to stretch out: adagiarsi sul divano to stretch out on the couch. 2 ⟨fig⟩ (abbandonarsi) to yield, to abandon o.s. (in to), to settle down (in), to sink (into): adagiarsi nelle proprie abitudini to sink into a rut; adagiarsi nella speranza to abandon o.s. to hope.

adagio[1] I avv. 1 (lentamente) slowly: camminare ~ to walk slowly. 2 (cautamente) slowly, cautiously, warily: procedere ~ nelle decisioni to go warily when making decisions. 3 (con delicatezza) gently, softly: posare ~ qc.

to set s.th. down gently. **4** ⟨*Mus*⟩ adagio. **II** *s.m.* ⟨*Mus*⟩ adagio. □ ∼*!* slowly!, mind your step; ∼*, Biagio* gently, Bentley; ∼ *con gli insulti* I'd lay off the insults if I were you.

adagio[2] *m.* (*proverbio, sentenza*) adage, saw, saying.

adamantino *a.* **1** (*di diamante*) adamantine, diamond–. **2** ⟨*fig*⟩ adamant, adamantine, unbending.

adamita *m.* ⟨*Rel*⟩ adamite. **adamitico** *a.* (*pl.* **-ci**) ⟨*Rel*⟩ adamitic, of the Adamites. □ *in costume* ∼ in one's birthday suit. **Adamo** *N.pr.m.* Adam. □ *pomo d'* ∼ Adam's apple.

adattabile *a.* adaptable. **adattabilità** *f.* adaptability. **adattamento** *m.* **1** adaptation, adjustment, arrangement: ∼ *teatrale di un romanzo* stage adaptation of a novel; ∼ *di una sinfonia per piano solo* arrangement of a symphony for piano solo. **2** ⟨*Biol,Ling*⟩ adaptation. **3** ⟨*Ott*⟩ accommodation. □ *capacità di* ∼ adaptability; ∼ *cinematografico* screen adaptation; *spirito di* ∼ spirit of adaptation. **adattare** *v.t.* **1** to adapt, to fit, to adjust: ∼ *un vestito a qd.* to adjust a garment for s.o.; ∼ *la musica ai versi* to adapt the music to the lines. **2** (*adibire*) to turn, to adapt (for use as): ∼ *una scuola a ospedale* to turn a school into a hospital, to adapt a school for use as a hospital. **3** ⟨*Lett*⟩ to adapt, to arrange: ∼ *un romanzo per il teatro* to adapt a novel for the stage. **adattarsi** *v.r.* **1** to adapt o.s., to adjust o.s.: *adattarsi alle circostanze* to adapt o.s. to the circumstances. **2** (*rassegnarsi*) to resign o.s.: *non sapere adattarsi* to be unable to resign o.s. **3** (*essere adatto*) to be suited (to): *questa parte non ti si adatta* this part is not suitable for you. **adattativo** *a.* ⟨*Biol,tecn*⟩ adaptive. **adatto** *a.* **1** (*opportuno*) suitable (*a* for), suited (to), right: *scegliere il momento* ∼ to choose the right moment. **2** (*idoneo*) suitable, fit, right (for), suited (to), ⟨*fam*⟩ cut out (for). □ *essere* ∼ *agli studi* to be cut out for studying; *essere* ∼ *allo scopo* to be right for the purpose; *non sei* ∼ *a questo incarico* you are not right for this job.

addebitamento *m.* debiting: ∼ *di un conto* debiting of an account. **addebitare** *v.t.* (**addebito**) *m.* **1** ⟨*Comm*⟩ debit: *nota di* ∼ debit note. **2** ⟨*fig*⟩ (*accusa*) charge, accusation: *muovere un* ∼ *a qd. per qc.* to charge s.o. with s.th.

addenda *m.pl.* addenda *pl.* **addendo** *m.* ⟨*Mat*⟩ addend.

addensamento *m.* **1** (*folla*) crowd, gathering. **2** (*di liquidi*) thickening. □ ∼ *di nuvole* gathering of clouds; ∼ *di una vernice* fattening of paint. **addensare** *v.t.* (**addenso**) **1** (*rendere denso*) to thicken, to make dense. **2** (*accumulare*) to gather, to mass. **addensarsi** *v.r.* **1** to thicken, to grow thick: *si era addensata la nebbia* the fog had thickened; (*rif. a nuvole*) to gather, to mass. **2** (*affollarsi*) to gather, to crowd, to throng: *la folla si addensava per le vie* the crowd thronged the streets.

addensatore *m.* **1** ⟨*Minier*⟩ densifier. **2** ⟨*Cart*⟩ thickener, decker.

addentare *v.t.* (**addento**) **1** (*mordere*) to bite into, to snap at. **2** (*rif. a tenaglie*) to grip, to pinch.

addentellare *v.t.* (**addentello**) ⟨*Edil*⟩ to tooth. **addentellato I** *a.* (*che ha dentelli*) toothed. **II** *s.m.* **1** ⟨*Edil*⟩ toothing. **2** ⟨*fig*⟩ (*appiglio*) pretext, hold.

addentrarsi *v.r.* **1** (*inoltrarsi*) to penetrate, to go (*in* into), to enter (s.th.): ∼ *nel bosco* to penetrate into the wood. **2** ⟨*fig*⟩ to go deeply into, to become immersed in: ∼ *nello studio della fisica* to become immersed in the study of physics. **addentro** *avv.* inside, in. □ ⟨*fig*⟩ ∼ *in* well acquainted with, well versed in; *andare molto* ∼ *in una faccenda* to go into a matter thoroughly; *essere molto* ∼ *a qc.* to be well up in s.th.

addestrabile *a.* trainable. **addestramento** *m.* training, drilling: ∼ *professionale* vocational training; ∼ *dei cani da caccia* training of sporting dogs. □ *gara di* ∼ training match; *periodo di* ∼ training period; ∼ *del personale* staff (*o* personnel) training; ∼ *alle vendite* sales training. **addestrare** *v.t.* (**addestro**) to train, to drill: ∼ *qd. in qc.* to train s.o. in s.th.; ∼ *un cane* to train a dog. **addestrarsi** *v.r.* to train (o.s.) (*in* in), to exercise (o.s.) (in). **addestrato** *a.* trained: *un cane ben* ∼ a well–trained dog. **addestratore** *m.* (*f.* **-trice**) trainer.

addetto I *a.* **1** (*assegnato*) employed (*a* in, on), attached, assigned: *essere* ∼ *a un lavoro* to be employed on a job. **2** (*destinato*) intended, destined (for). **II** *s.m.* ⟨*Dipl*⟩ attaché. □ ∼ *agli* **acquisti** buyer; ∼ **commerciale** commercial attaché; ∼ *alle* **consegne** delivery man; ∼ **culturale** cultural attaché; ∼ *ai* **lavori**: 1 authorized person; 2 ⟨*fig*⟩ insider; (*esperto*) expert; *vietato l'ingresso alle persone non –e ai lavori* personnel only; ∼ *alla* **manutenzione** maintenance man; ∼ **navale** naval attaché; *personale* ∼ *alle* **pulizie** cleaners *pl,* sweepers *pl;* ∼ (*all'ufficio*) **stampa** press attaché; ∼ *alla* **vigilanza** watchman.

addì *avv.* on (the), on the (day) of: ∼ *18 Maggio* on the 18th of May, on May 18th.

addiaccio *m.* **1** (*per armenti*) pen; (*per pecore*) sheep–fold, pen. **2** (*bivacco*) bivouac. □ *all'* ∼ in the open (air): *dormire all'* ∼ to sleep in the open.

addietro *avv.* **1** (*rif. a spazio*) back, behind, backwards: *tre passi* ∼ three steps back, back three steps. **2** (*rif. a tempo*) ago, before: *giorni* ∼ some days ago. □ *per l'* ∼ in the past; *tempo* ∼ some time ago (*o* back); *tirarsi* ∼ *l'odio di tutti* to make o.s. hated by everyone.

addio I *intz.* good–bye, ⟨*poet*⟩ farewell, adieu: ∼ *a domani* good–bye, see you tomorrow. **II** *s.m.* (*saluto*) good–bye, farewell. □ *bacio d'* ∼ parting kiss; *dare l'* ∼ *alle scene* to quit the stage; *dire* ∼ *a qd.* to say good–bye to s.o., ⟨*lett*⟩ to bid s.o. farewell; (*accomiatarsi*) to take one's leave of s.o.; *andarsene senza neanche dire* ∼ to go off without even saying good–bye; *dire* ∼ *al mondo* to bid the world farewell; *discorso d'* ∼ farewell speech; *il giorno dell'* ∼ the day of parting; *lettera d'* ∼ farewell letter; ⟨*Teat*⟩ *serata d'* ∼ farewell performance; *l'ultimo* (*o il supremo*) ∼ the last farewell.

addirittura *avv.* **1** (*direttamente*) straight, directly, right away: *andò* ∼ *a casa* he went straight home. **2** (*veramente*) really, absolutely, quite: *è* ∼ *insopportabile* he's really unbearable. **3** (*perfino*) actually, even: *è venuto* ∼ *a chiedermi aiuto* he even came to ask me for help. **4** ⟨*esclam*⟩ really.

addirsi *v.r.impers.dif.* (*pr.ind.* **si addice**, **si addicono**; *impf.ind.* **si addiceva**, **si addicevano**; *pr.cong.* **si addica**, **si addicano**; *impf.cong.* **si addicesse**, **si addicessero**) to suit, to become, to be suitable: *questo linguaggio non ti si addice* this way of speaking does not become you.

additare *v.t.* **1** to point at (*o* to). **2** (*mostrare*) to show, to indicate: ∼ *il cammino a qd.* to show s.o. the way. **3** (*esporre*) to set out, to explain: ∼ *le cause dell'accaduto* to set out the causes of what happened. □ ∼ *come esempio* to hold (*o* set) up as an example.

additività *f.* ⟨*Fis,Fot*⟩ additivity.

additivo I *a.* additive: *colore* ∼ additive colour. **II** *s.m.* additive. □ *–i alimentari* food additives.

addivenire *v.i.* (**addivengo**, **addivieni**; **addivenni**, **addivenuto**; → **venire**; *aus.* **essere**) (*giungere*) to come (*a* to), to arrive (at), to reach (s.th.): ∼ *a un accordo* to reach (*o* come to) an agreement.

addizionale I *a.* additional, extra. **II** *s.f.* additional (*o* supplementary) tax, surtax. **addizionare** *v.t.* (**addiziono**) **1** (*sommare*) to add (up, together): ∼ *due numeri* to add two numbers (together). **2** (*aggiungere*) to add. **addizionatrice** *m.* adding machine. **addizionatrice** *f.* adding machine, adder. **addizione** *f.* ⟨*Mat*⟩ addition. □ ⟨*Mat*⟩ *fare l'* ∼ to add (up); *fare un'* ∼ to make an addition; *segno dell'* ∼ plus (sign).

addobbamento *m.* **1** (*l'addobbare*) decorating, adorning. **2** (*decorazioni*) adornment, decoration. **addobbare** *v.t.* (**addobbo**) to decorate, to adorn, to deck (out): ∼ *un salone* to decorate a hall. **addobbo** *m.* **1** (*l'addobbare*) decoration, decorating, adornment. **2** (*decorazioni*) decoration, ornament, adornment; (*in una chiesa*) hangings *pl;* (*per le strade*) bunting.

addolcimento *m.* **1** sweetening. **2** ⟨*fig*⟩ (*lenimento*) alleviation, mitigation; (*il calmare*) soothing, calming (down); (*mitigazione*) mellowing, softening. **3** ⟨*tecn,Ling*⟩ softening. **addolcire** *v.t.* (**addolcisco**, **addolcisci**) **1** to sweeten: ∼ *il tè* to sweeten tea. **2** ⟨*fig*⟩ (*lenire*) to alleviate, to assuage, to relieve, to mitigate: ∼ *il dolore* to relieve suffering. **3** (*rendere mite*) to mellow, to soften: *il dolore ha addolcito il suo carattere* suffering has mellowed his character; (*placare*) to calm (down), to soothe, to appease. **4** ⟨*tecn*⟩ to soften. **addolcirsi** *v.r.* (*farsi più mite*) to mellow, to soften, to grow gentler (*o* milder): *i suoi lineamenti si sono addolciti* his features have softened. **addolcitore** *m.* ⟨*tecn*⟩ (water) softener.

addolorare *v.t.* (**addoloro**) **1** (*rattristare*) to grieve, to pain, to sadden: *questa notizia mi addolora molto* this news grieves me very much. **2** (*dispiacere*) to be sorry (*costr. pers.*): *mi addolora che tu sia partito senza salutarmi* I'm sorry you left without saying good–bye. **addolorarsi** *v.r.* to be distressed (*o* afflicted) (*per* by), to grieve, to sorrow (at, over): *si è addolorato per la tua condotta* he was distressed by your behaviour. **Addolorata** *f.* (*Madonna*) Our Lady of Sorrows. **addolorato** *a.* **1** (*rattristato*) saddened, grieved. **2** (*dispiaciuto*) sorry, sad: *sono molto ∼ che tu non possa venire da me* I'm very sorry that you can't come to see me.

addome *m.* abdomen.

addomesticabile *a.* tameable (*anche fig.*); (*ammaestrabile*) trainable. **addomesticamento** *m.* taming, domesticating; (*ammaestramento*) training. **addomesticare** *v.t.* (**addomestico, addomestichi**) **1** to tame, to domesticate. **2** (*ammaestrare*) to train: *∼ un cane* to train a dog. **3** ⟨*fig*⟩ (*educare*) to cultivate, to educate; (*rendere più socievole*) to make more sociable. **addomesticarsi** *v.r.* **1** to become (*o* grow) tame. **2** (*abituarsi*) to get used, to grow accustomed (*a, con* to), to become familiar (with): *addomesticarsi con un nuovo lavoro* to become familiar with a new job. **addomesticato** *a.* **1** tamed, domesticated. **2** (*ammaestrato*) trained. **3** ⟨*fig*⟩ (*preparato con inganno*) rigged, sham, ⟨*fam*⟩ cooked: *elezioni –e* rigged elections; *bilancio ∼* cooked balance. **addomesticatore** *m.* (*f.* -**trice**) tamer; (*ammaestratore*) trainer.

addominale *a.* abdominal: *dolori –i* abdominal pains.

addormentare *v.t.* (**addormento**) **1** to send (*o* put) to sleep; (*far venire sonno*) to make sleepy; (*rif. a bambini*) to lull to sleep. **2** (*narcotizzare*) to anaesthetize: *∼ il malato prima dell'operazione* to anaesthetize the patient before the operation. **3** ⟨*fig*⟩ (*annoiare*) to send to sleep, to be boring: *libri che addormentano* books that are boring. **addormentarsi** *v.r.* **1** (*prendere sonno*) to go to sleep, to fall asleep: *si è addormentato subito* he fell asleep at once. **2** (*intorpidirsi*) to grow (*o* go) numb, to go to sleep: *mi si è addormentato un piede* my foot has gone numb (*o* to sleep). □ ⟨*fig*⟩ *addormentarsi sugli allori* to rest on one's laurels; ⟨*fig*⟩ *addormentarsi sulle cose* to do things slowly, ⟨*fam*⟩ to be a slowpoke; *addormentarsi in piedi* to be ready to drop with sleep. **addormentato** *a.* **1** sleeping, ⟨*pred*⟩ asleep. **2** (*narcotizzato*) anaesthetized. **3** (*di ingegno tardo*) dull, slow: *un ragazzo un po' ∼* a rather slow boy. **4** (*intorpidito*) numb: *gamba –a* numb leg. □ *avere l'aria –a* to have a sleepy look about one; *la Bella Addormentata* The Sleeping Beauty.

addossare *v.t.* (**addosso**) **1** (*appoggiare*) to place against: *∼ un armadio al muro* to place a cupboard against the wall; (*inclinando*) to lean: *∼ una scala al muro* to lean a ladder against the wall. **2** ⟨*fig*⟩ (*mettere a carico*) to lay, to place: *∼ la responsabilità a qd.* to lay (*o* place) the responsibility on s.o.; (*imputare*) to lay, to place, to throw on: *∼ la colpa a qd.* to throw the blame on (to) s.o. **addossarsi** *v.r.* **1** to lean: *addossarsi alla porta* to lean against the door. **2** (*ammassarsi*) to crowd together, to throng: *si addossavano l'uno all'altro* they crowded together. **3** ⟨*fig*⟩ (*prendere su di sé*) to shoulder, to take (upon o.s.): *non vorrei addossarmi tutta la responsabilità* I shouldn't like to shoulder (*o* take) all the responsibility. **addossato** *a.* **1** (*appoggiato*) leaning: *stare ∼ alla parete* to be leaning against the wall; (*ammassato*) crowded: *persone –e le une contro le altre* people crowded together. **2** ⟨*Arald*⟩ addorsed: *due leoni –i* two lions addorsed.

addosso *avv.* **1** (*sulle spalle*) on one's back; (*sulla persona*) on: *aveva ∼ un completo scuro* he had a dark suit on; (*con sé*) on, upon: *non ho denaro ∼* I have no money on me. **2** ⟨*esclam*⟩ at him. □ *∼ al ladro!* stop thief!; *non avere nulla ∼* to have nothing on; ⟨*fig*⟩ *avere molti anni ∼* to be very old; *dare ∼ a qd.* (*assalirlo*) to assault (*o* attack) s.o.;

⟨*fig*⟩ (*biasimarlo*) to blame s.o.; *avere il diavolo ∼* (*essere indemoniato*) to be possessed; (*essere irrequieto*) to be restless; ⟨*fig*⟩ *avere una famiglia numerosa ∼* to have a large family on one's shoulder; *avere una malattia ∼* to be sick; **mettere** *le mani ∼ a qd.* to lay hands on s.o.; (*afferrarlo*) to seize s.o.; (*percuoterlo*) to beat s.o.; *mettere gli occhi ∼ a una ragazza* to cast one's eyes on a girl, to take a fancy to a girl; *mettersi qc. ∼* (*vestirsi*) to put s.th. on; ⟨*fig*⟩ **parlarsi** ∼ to talk for the sake of talking, to like to hear o.s. talk; **portare** *qc. ∼* to wear s.th.; *saltare ∼ a qd.* to attack s.o.; ⟨*fig*⟩ **stare** *∼ a qd.* (*sollecitarlo*) to stand over s.o., to press (*o* urge) s.o.; ⟨*fig*⟩ **tirarsi** *∼ qc.* (*procurarsela*) to bring s.th. (down) upon o.s.; *non* **togliere** *gli occhi d' ∼ a qd.* not to take one's eyes off s.o.; *uno ∼ all'altro* one on top of the other.

addottorare *v.t.* (**addottoro**) to confer a (university) degree upon. **addottorarsi** *v.r.* (*prendere la laurea*) to graduate, to take a degree: *addottorarsi in medicina* to graduate in medicine.

addottrinamento *m.* indoctrination. **addottrinare** *v.t.* to indoctrinate. **addottrinarsi** *v.r.* ⟨*scherz*⟩ (*scaltrirsi*) to become shrewd.

addurre *v.t.* (**adduco, adduci; addussi, addotto;** → **condurre**) **1** to put forward, to advance, to allege: *∼ una scusa* to advance an excuse. **2** ⟨*Dir*⟩ to produce: *∼ un documento* to produce a document. **3** ⟨*Anat*⟩ to adduct. **addurrò, addussi** → **addurre**.

adduttore I *s.m.* (*f.* -**trice**) ⟨*Anat*⟩ adductor. **II** *a.* adducent. □ *muscolo ∼* adductor. **adduzione** *f.* ⟨*Anat*⟩ adduction.

Ade *N.pr.m.* ⟨*Mitol*⟩ Hades.

adeguabile *a.* adaptable. **adeguamento** *m.* **1** (*l'adeguare*) adjustment. **2** (*l'adeguarsi*) adaptation: *∼ alle innovazioni tecniche* adaptation to new technical developments. □ *∼ delle pensioni* adjustment of pensions, pension adjustment; *∼ dei salari al costo della vita* adjustment of wages to the cost of living.

adeguare *v.t.* (**adeguo**) to adjust, to relate: *∼ gli stipendi al costo della vita* to adjust salaries to the cost of living. **adeguarsi** *v.r.* **1** (*conformarsi*) to conform, to adapt o.s.: *adeguarsi alle circostanze* to adapt o.s. to circumstances. **2** (*essere pari*) to equal, to be worthy of: *nessun premio si adegua al suo merito* no prize can equal his great merit. **adeguatamente** *avv.* **1** (*proporzionatamente*) adequately. **2** (*in modo conveniente*) fitly, suitably. **adeguatezza** *f.* adequacy. **adeguato** *a.* **1** adequate. **2** (*conveniente*) suitable, fitting. **3** (*giusto*) fair, right.

adelfia *f.* ⟨*Bot*⟩ adelphia. **adelfo** *a.* adelphic.

adempiere *v.* (**adempio, adempi;** *p.p.* **adempito/ adempiuto**) **I** *v.t.* **1** to carry out, to accomplish, to fulfil: *∼ il proprio dovere* to carry out one's duty; *∼ il contratto* to fulfil the contract. **2** (*mantenere*) to keep, to maintain: *∼ una promessa* to keep a promise. **3** (*esaudire*) to comply with: *∼ i desideri di qd.* to comply with s.o.'s wishes. **II** *v.i.* (*aus.* **avere**) to perform, to accomplish (*a qc.* s.th.): *∼ ai doveri d'ufficio* to perform official duties. **adempiersi** *v.r.* to be fulfilled, to come true: *la profezia si adempì* the prophecy came true. □ *∼ le funzioni di sindaco* to perform the functions of mayor. **adempimento** *m.* fulfilment: *∼ di un obbligo* the fulfilment of an obligation; (*l'esecuzione*) accomplishment. □ ⟨*Comm*⟩ *∼ parziale* part performance. **adempire** *v.* (**adempisco, adempisci**) → **adempiere**.

adenite *f.* ⟨*Med*⟩ adenitis.

adenocarcinoma *m.* ⟨*Med*⟩ adenocarcinoma. **adenoide I** *a.* adenoid(al). **II** *s.f.pl.* adenoids *pl.* **adenoideo** *a.* adenoidal. **adenoidismo** *m.* adenoidism.

adenoma *m.* ⟨*Med*⟩ adenoma. **adenomatosi** *f.* adenomatosis. **adenomatoso** *a.* adenomatous.

adenopatia *f.* ⟨*Med*⟩ adenopathy. **adenotomia** *f.* ⟨*Chir*⟩ adenotomy.

adepto *m.* (*f.* -**a**) follower, adherent.

aderente I *a.* **1** adherent, adhesive. **2** (*di vestito*) close–fitting. **3** ⟨*fig*⟩ faithful (*a* to), in keeping (with): *∼ ai principi democratici* faithful to democratic principles. **II** *s.m./f.* supporter, follower, adherent: *gli –i di un partito* the supporters of a party. □ *∼ alla realtà* true–to–life, realistic. **aderenza** *f.* **1** adherence, adhesion. **2** ⟨*Med*⟩

adhesion: ~ *pleurica* pleural adhesion. **3** *pl.* ⟨*fig*⟩ connexions *pl,* ⟨*fam*⟩ contacts *pl: avere molte −e* to have many contacts. ☐ ⟨*Aut*⟩ ~ *al terreno* grip.

aderire *v.i.* (aderisco, aderisci; *aus.* avere) **1** to stick, to adhere (*a* to): *questo francobollo non aderisce* this stamp won't stick; (*rif. a vestiti*) to fit tightly (to). **2** ⟨*fig*⟩ (*seguire*) to support (s.th.), to be a follower (of): ~ *a un'idea* to support an idea. **3** ⟨*fig*⟩ (*accondiscendere*) to comply (with): ~ *ai desideri di qd.* to comply with s.o.'s wishes. **4** (*rif. a società, a partiti*) to join (s.th.).

aderizzare *v.t.* (aderizzo) ⟨*Aut*⟩ to stab. **aderizzazione** *f.* stabbing.

adescabile *a.* that can be allured. **adescamento** *m.* **1** enticement, allurement. **2** ⟨*Dir*⟩ soliciting. **3** ⟨*Idr*⟩ priming. **adescare** *v.t.* (adesco, adeschi) **1** to lure, to decoy, to bait: ~ *gli uccelli* to decoy birds. **2** ⟨*fig*⟩ to entice, to allure, to seduce: ~ *qd. con lusinghe* to entice s.o. with flattery. **3** ⟨*Dir*⟩ to solicit. **4** ⟨*Idr*⟩ to prime. **adescatore** *m.* (*f.* -trice) enticer, allurer.

adesione *f.* **1** adherence, adhesion. **2** (*consenso*) agreement, assent; (*appoggio*) support. **3** ⟨*Fis*⟩ adhesion. **adesività** *f.* adhesiveness. **adesivo I** *a.* adhesive, self-stick, self-adhering: *nastro* ~ adhesive tape. **II** *s.m.* adhesive. ☐ *cerotto* ~ adhesive plaster; *etichetta −a* self-stick label, ⟨*am*⟩ sticker; ~ *segnaprezzo* price sticker.

adesso *avv.* **1** (*ora*) now: *per* ~ for now (o the present), for the time being; *da* ~ *in poi* from now on. **2** (*ai giorni nostri*) nowadays. **3** (*poco fa*) just, just now: *sono stato* ~ *da lui* I have just been to see him. **4** (*fra poco*) any minute, any moment now, in a minute: *dovrebbe arrivare* ~ he should arrive any moment now. ☐ *la gioventù di* ~ today's youth; *l'ho visto proprio* ~ I saw him just now; *e* ~? what now?

ad hoc *lat.* ad hoc, for this purpose: *comitato* ~ ad hoc committee.

ad honorem *lat.* honorary: *laurea* ~ honorary degree.

adiabatico *a.* (*pl.* -ci) ⟨*Fis*⟩ adiabatic: *curva −a* adiabatic curve.

adiacente *a.* **1** adjoining (*a qc.* s.th.), adjacent (to): *il giardino* ~ *alla villa* the garden adjoining the villa. **2** ⟨*Geom*⟩ adjacent. **adiacenza** *f.* (usually in pl.) vicinity, surroundings *pl: nelle −e del mercato* in the vicinity of the market; *la villa e le sue −e* the villa and its surroundings.

adibire *v.t.* (adibisco, adibisci) **1** (*usare*) to use: ~ *locali a magazzino* to use premises as (o for) a warehouse. **2** (*destinare*) to assign, to destine: *è stato adibito a un altro lavoro* he has been assigned to another job.

Adige *N.pr.m.* ⟨*Geog*⟩ Adige: *l'Alto* ~ Upper Adige.

adimensionale *a.* ⟨*Fis*⟩ dimensionless.

ad interim *lat.* for the meantime. ☐ *presidente* ~ interim president.

adipe *m.* **1** fat **2** (*pinguedine*) fatness. **adiposi** *f.* ⟨*Med*⟩ adiposis. **adiposità** *f.* adiposity. **adiposo** *a.* adipose, fat: *tessuto* ~ adipose (o fat) tissue.

adirare *v.t.* ⟨*lett*⟩ to anger, to stir the wrath of. **adirarsi** *v.r.* to get angry, to fly into a rage: *adirarsi con qd.* to get angry with s.o. ☐ *fare* ~ *qd.* to make s.o. angry, to anger s.o. **adirato** *a.* angry: *sguardo* ~ angry look; *essere* ~ *con qd.* to be angry with s.o.

adire *v.t.* (adisco, adisci) ⟨*Dir*⟩ (*entrare in possesso*) to take legal possession of, to accept: ~ *un'eredità* to accept an inheritance. ☐ ~ *le vie legali* to take legal steps, to start legal proceedings.

adito *m.* (*entrata*) entrance, access, entry: *proibire l'* ~ *agli estranei* to prohibit access to unauthorized persons. ☐ ⟨*fig*⟩ *dare* ~ *a un errore* to lead (o give rise) to an error; *dare* ~ *a dicerie* to lead (o give rise) to gossip; *non dare* ~ *a speranze* to allow no hope.

a divinis *lat.* ⟨*Rel*⟩ from exercise of ministry: *sospendere qd.* ~ to suspend s.o. from exercise of his ministry.

ad libitum *lat.* at pleasure, as much as one likes.

adocchiare *v.t.* (adocchio, adocchi) **1** (*scorgere*) to set eyes on, to catch sight of, ⟨*fam*⟩ to spot. **2** (*guardare con desiderio*) to have one's eye on, to eye: ~ *la preda* to eye one's prey.

adolescente I *a.* adolescent. **II** *s.m./f.* adolescent, ⟨*fam*⟩ teen-ager, ⟨*fam*⟩ teen-age boy (*f* girl). ☐ *è ancora* ~ he is still in his teens. **adolescenza** *f.* adolescence, youth. **adolescenziale** *a.* adolescence: *crisi* ~ adolescence crisis.

Adolfo *N.pr.m.* Adolph.

adombrabile *a.* touchy: *carattere* ~ touchy character. **adombramento** *m.* **1** shading, veiling. **2** (*indizio, accenno*) hint, allusion. **adombrare** *v.t.* (adombro) **1** to shade, to over-shadow; (*oscurare*) to darken: *le nubi adombravano il cielo* the clouds were darkening the sky. **2** ⟨*fig*⟩ (*celare*) to hide, to conceal. **3** ⟨*Pitt*⟩ to shade: ~ *i contorni di un disegno* to shade the outlines of a drawing. **4** (*simboleggiare*) to symbolize. **adombrarsi** *v.r.* **1** (*spaventarsi*) to shy: *il cavallo si è adombrato* the horse shied. **2** (*insospettirsi*) to grow suspicious.

Adone *N.pr.m.* Adonis. **adone** *m.* ⟨*fig*⟩ Adonis, handsome youth.

adontarsi *v.r.* to be offended, to take offence, to feel hurt.

adoperabile *a.* usable, employable. **adoperare** *v.t.* (adopero) **1** to use: ~ *l'ascensore per salire* to use the lift to go up. **2** (*fare buon uso*) to make (good) use of, to put to good use: *sapere* ~ *il tempo* to know how to make good use of one's time. **adoperarsi** *v.r.* **1** to do one's utmost (o best): *adoperarsi per qd.* to do one's best for (o on behalf of) s.o. **2** (*sforzarsi*) to try hard, to strive, to endeavour: *adoperarsi per ottenere qc.* to strive to obtain s.th. ☐ ⟨*fig*⟩ ~ *il bastone* to use the stick; *si è molto adoperato* he has gone to a lot of trouble.

adoprare *v.t.* → adoperare.

adorabile *a.* adorable. **adorante** *a.* adoring, worshipping. **adorare** *v.t.* (adoro) to adore, to worship (*anche fig.*): ~ *Dio* to worship God; *adora sua figlia* he adores his daughter. **adorato** *a.* adored, beloved: *il volto* ~ the beloved face. **adoratore** *m.* (*f.* -trice) **1** adorer, worshipper. **2** (*corteggiatore*) admirer. **adorazione** *f.* **1** adoration, worship. **2** (*amore sviscerato*) passionate love: *nutrire un'* ~ *per qd.* to feel passionate love for s.o. **3** (*ammirazione*) (ardent) admiration: *stare in* ~ *davanti a un quadro* to be lost in admiration before a picture. ☐ ⟨*Pitt*⟩ ~ *dei Magi* Adoration of the Magi.

adornamento *m.* adornment. **adornare** *v.t.* (adorno) **1** to adorn, to decorate, to deck. **2** (*abbellire*) to embellish, to beautify; (*rif. a vestiti*) to trim. **adornarsi** *v.r.* to adorn o.s., to deck o.s. **adornato** *a.* adorned, decked, decorated (*di* with): ~ *di fiori* adorned with flowers. **adorno** *a.* adorned, decorated (*di* with): *balcone* ~ *di fiori* balcony adorned with flowers. ☐ *stile* ~ ornate style.

adottabile *a.* adoptable; (*accettabile*) acceptable. **adottante** *m./f.* ⟨*Dir*⟩ adopter. **adottare** *v.t.* (adotto) **1** to adopt (*anche fig.*): ~ *un orfano* to adopt an orphan; ~ *un metodo moderno* to adopt a modern method. **2** (*scegliere*) to choose: ~ *un libro di testo* to choose a text book. **3** (*prendere*) to take: ~ *provvedimenti* to take measures. **adottato I** *a.* adopted. **II** *s.m.* (*f.* -a) ⟨*Dir*⟩ adoptee. **adottivo** *a.* adoptive, adopted: *figli −i* adopted children; *padre* ~ adoptive father. ☐ ⟨*fig*⟩ *patria −a* adoptive country, country of adoption. **adozione** *f.* **1** adoption: ~ *di un orfano* adoption of an orphan. **2** ⟨*fig*⟩ (*scelta*) choice: ~ *dei libri di testo* choice of text books. ☐ *patria di* ~ country of adoption, adoptive country.

adrenale *a.* ⟨*Anat*⟩ adrenal. **adrenalina** *f.* ⟨*Biol*⟩ adrenalin. **adrenosterone** *m.* adrenosterone.

Adriano *N.pr.m.* ⟨*Stor*⟩ Hadrian. ☐ *vallo di* ~ Hadrian's Wall.

adriatico *a.* (*pl.* -ci) Adriatic. **Adriatico** *N.pr.m.* ⟨*Geog*⟩ the Adriatic (Sea).

adsorbente *a./s.m.* ⟨*Chim*⟩ adsorbent. **adsorbimento** *m.* ⟨*Chim,Fis*⟩ adsorption: *calore di* ~ adsorption heat. **adsorbire** *v.t.* (adsorbisco, adsorbisci) ⟨*Chim*⟩ to adsorb.

aduggiare *v.t.* (aduggio, aduggi) ⟨*lett*⟩ **1** (*fare ombra*) to overshadow. **2** (*intristire*) to sadden. **aduggiarsi** *v.r.* to become overshadowed.

adulabile *a.* easily flattered. **adulare** *v.t.* (adulo/adulo) to adulate, to flatter. **adularsi** *v.r.* to flatter o.s. **adulatore I** *s.m.* (*f.* -trice) flatterer, adulator. **II** *a.* flattering, fawning:

parole adulatrici flattering words. **adulatorio** *a.* flattering, fawning: *parole –e* flattering words. **adulazione** *f.* adulation, flattery.

adultera *f.* adulteress.

adulterabile *a.* liable to adulteration. **adulterante I** *a.* adulterant, adulterating. **II** *s.m.* adulterant. **adulterare** *v.t.* (**adultero**) **1** to adulterate: ~ *sostanze alimentari* to adulterate foodstuffs. **2** (*corrompere*) to corrupt, to debase: ~ *una lingua* to debase a language. **adulterato** *a.* adulterated, contaminated. **adulteratore** *m.* (*f.* -trice) adulterator, falsifier. **adulterazione** *f.* **1** ⟨*Alim*⟩ adulteration: ~ *di sostanze alimentari* adulteration of foodstuffs. **2** (*il guastare*) contamination.

adulterino *a.* ⟨*Dir*⟩ (*di relazione*) adulterous; (*di figli*) adulterine. **adulterio** *m.* adultery: *commettere* ~ *con qd.* to commit adultery with s.o. **adultero I** *a.* adulterous. **II** *s.m.* (*f.* -a) adulterer (*f* –ress).

adulto *a.* **1** adult. **2** (*fig*) (*maturo*) mature: *arte –a* mature art. **II** *s.m.* adult, ⟨*fam*⟩ grown–up.

adunanza *f.* assembly, meeting: *tenere un'* ~ to hold a meeting; *parlare all'* ~ to address the meeting. □ *aprire l'* ~ to open the meeting; *sciogliere l'* ~ to wind up the meeting. **adunare** *v.t.* **1** to assemble; (*convocare*) to convene: ~ *i membri di un'associazione* to convene the members of an association; (*rif. a soldati*) to muster. **2** (*accumulare*) to amass, to collect: ~ *ingenti ricchezze* to amass great riches. **adunarsi** *v.r.* to assemble, to gather, to meet. **adunata** *f.* **1** gathering, assembly, meeting: ~ *popolare* gathering of the people. **2** ⟨*Mil*⟩ parade, muster. □ ~*!* fall in!, form up!, on parade!; *sonare l'* ~ to sound the fall–in.

adunco *a.* (*pl.* -chi) hooked: *becco* ~ hooked beak; *naso* ~ hooked nose.

adunghiare *v.t.* (**adunghio, adunghi**) to claw, to clutch.

adusto *a.* ⟨*lett*⟩ **1** (*riarso*) scorched, parched: *campi –i* parched fields. **2** (*secco, magro*) wizened, withered: *un volto* ~ a wizened face.

ad valorem *lat.* ⟨*Econ*⟩ ad valorem: *dazio* ~ ad valorem duty.

aedo *m.* **1** ⟨*lett*⟩ Greek poet. **2** (*poeta*) bard, poet.

AEP = *Agenzia europea per la produttività* European Production Agency (*abbr.* EPA).

aerare *v.t.* (**aero**) to air, to aerate: ~ *una stanza* to air a room. **aerato** *a.* well–aired, airy: *un luogo ben* ~ an airy spot; *acqua –a* aerated water. **aeratore** *m.* (*apparecchio*) ventilator; (*impianto*) ventilation system. **aerazione** *f.* **1** airing, ventilation: ~ *di una stanza* airing of a room. **2** ⟨*tecn*⟩ aeration.

aeremoto *m.* → aeromoto.

aereo I *a.* **1** aerial, air– : *prospettiva –a* air perspective. **2** (*che si sviluppa nell'aria*) aerial, living in the air. **3** ⟨*Bot*⟩ epigaeal: *radice –a* epigaeal root. **4** ⟨*fig*⟩ (*lieve, etereo*) airy, ethereal. **5** ⟨*fig*⟩ (*campato in aria*) empty, unsubstantial, hollow. **6** ⟨*tecn*⟩ (*collocato in alto dal suolo*) overhead: ⟨*Tel,El*⟩ *linea –a* overhead line. **7** (*relativo alla navigazione aerea*) air– : *posta –a* airmail. **II** *s.m.* **1** aircraft, aeroplane, ⟨*am*⟩ airplane, ⟨*pop*⟩ plane. **2** ⟨*Rad*⟩ (*antenna*) aerial. □ ~ *a* **classe unica** air coach; ~ **passeggeri** civil airliner; ~ **postale** mail aeroplane; **prendere** *l'*~ *per Roma* to fly to Rome; ~ **sanitario** air ambulance; ~ *da* **trasporto** air freighter; ~ *da* **turismo** private aircraft; **viaggiare** *in* ~ to travel by air (*o* plane), to fly.

aereonavale *a.* → aeronavale.

aeriforme *a.* aeriform.

aerobico *a.* (*pl.* -ci) ⟨*Biol*⟩ aerobic. □ *ginnastica –a* aerobic exercise, aerobics *pl* (*costr. sing.*). **aerobio** *m.* aerobe. **aerobiosi** *f.* ⟨*Biol*⟩ aerobiosis.

aero|brigata *f.* ⟨*Mil*⟩ wing. **~bus** *m.* air bus, air coach. **~centro** *m.* air park. **~cisterna** *f.* air tanker. **~club** *m.* flying club. **~dina** *f.* ⟨*Aer*⟩ aerodyne.

aerodinamica *f.* aerodynamics *pl* (*costr. sing.*). **aerodinamicità** *f.* aerodynamic property. **aerodinamico** *a.* (*pl.* -ci) **1** aerodynamic. **2** (*affusolato*) streamlined: *carrozzeria –a* streamlined body. □ *galleria –a* wind tunnel.

aerodine *f.* → aerodina.

aero|dromo *m.* ⟨*Aer*⟩ aerodrome, ⟨*am*⟩ airdrome: ~ *galleggiante* floating aerodrome, seadrome. **~embolismo** *m.* ⟨*Med*⟩ aeroembolism. **~fagia** *f.* ⟨*Med*⟩ aerophagia. **~faro** *m.* ⟨*Aer*⟩ beacon.

aero|fita *m./f.* ⟨*Bot*⟩ aerophyte. **~fobia** *f.* ⟨*Med*⟩ aerophobia. **~fonista** *m.* ⟨*Mil*⟩ range and direction finder operator.

aerofono *m.* ⟨*Aer*⟩ acoustic range and direction finder.

aero|fotografia *f.* **1** (*tecnica*) aerial photography. **2** (*fotografia*) → aerofotogramma. **~fotogramma** *m.* aerial (*o* air) photograph. **~fotogrammetria** *f.* aerophotogrammetry.

aerografia *f.* aerography. **aerografo** *m.* airbrush.

aero|gramma *m.* ⟨*Post*⟩ aerogramme. **~linea** *f.* airline.

aerolite *m.* ⟨*Min*⟩ aerolite, aerolith. **aerolitico** *a.* (*pl.* -ci) aerolitic. **aerolito** *m.* → aerolite.

aerologia *f.* ⟨*Meteor*⟩ aerology. **aerologo** *m.* (*pl.*-gi) aerologist.

aero|marittimo *a.* air–sea–. **~meccanica** *f.* aeromechanics *pl* (*costr. sing.*).

aerometria *f.* ⟨*Fis*⟩ aerometry. **aerometro** *m.* aerometer, airmeter.

aero|mobile *m.* ⟨*Aer*⟩ aircraft. **~modellismo** *m.* model aircraft flying; (*costruzione*) model aircraft construction. **~modellista** *m.* model aircraft enthusiast. **~modellistica** *f.* model aircraft design and construction. **~modello** *m.* model aircraft. **~moto** *m.* ⟨*Meteor*⟩ atmospheric wave. **~motore** *m.* wind engine. **~nauta** *m.* aeronaut. **~nautica** *f.* (*scienza*) aeronautics *pl* (*costr.sing.*); (*ente*) air force. □ ~ *militare* air force; *ministero dell'* ~ air ministry. **~nautico** *a.* (*pl.* -ci) aeronautical, aircraft–: *ingegneria –a* aeronautical engineering; *industria –a* aircraft industry. **~navale** *a.* aeronaval, air–sea–: *base* ~ aeronaval base. **~nave** *f.* **1** (*dirigibile*) airship. **2** (*astronave*) spaceship. **~navigazione** *f.* aerial navigation. **~parco** *m.* (*pl.* -chi) airplane park.

aeroplano *m.* aircraft, (aero)plane, ⟨*am*⟩ (air)plane. □ ~ *a* **grande autonomia** long–range aircraft; ~ **bimotore** twin–engined aeroplane; ~ *da* **bombardamento** bomber (aircraft); ~ *da* **caccia** fighter (aircraft); ~ *da* **carico** freight plane, ⟨*am*⟩ cargo plane; ~ **civile** civil aircraft; ~ *da* **combattimento** fighter plane; ~ *di* **linea** airliner; ~ *senza* **pilota** pilotless aircraft; **prendere** *l'* ~ to take a plane; ~ *a* **reazione** jet aircraft; ~ *da* **ricognizione** reconnaissance plane, ⟨*am*⟩ scout plane; ~ **scuola** training aircraft, trainer; ~ **ultrasonico** supersonic plane; **viaggiare** *in* ~ to travel by plane (*o* air).

aeroporto *m.* airport. □ ~ **alternativo** alternate (*o* alternative) airfield, alternate; ~ *di* **destinazione** airport of destination; ~ **internazionale** international airport; ~ **militare** military airfield; ~ *di* **partenza** airport of departure.

aero|portuale *a.* airport–: *impianti –i* airport facilities; *tassa* ~ airport tax. **~postale I** *a.* airmail–. **II** *s.m.* mail plane. **~razzo** *m.* rocket plane. **~reattore** *m.* **1** (*motore*) jet (engine). **2** (*aereo*) jet (aircraft). **~sbarco** *m.* (*pl.* -chi) airborne landing. **~scalo** *m.* air station. **~scivolante I** *a.* hovering. **II** *s.m.* hovercraft. **~scopio** *m.* ⟨*Fis*⟩ aeroscope. **~silurante** *m.* ⟨*Mil*⟩ torpedo bomber (*o* aircraft). **~silurare** *v.t.* to torpedo. **~siluro** *m.* aerial torpedo.

aerosol *m.* ⟨*Chim*⟩ aerosol. **aerosolterapia** *f.* ⟨*Med*⟩ aerosol therapy.

aerospaziale *a.* (aero)space–. □ *industria* ~ aerospace industry; *ricerche –i* space research; *scienze –i* aerospace sciences. **aerospazio** *m.* aerospace, ⟨*am*⟩ air space.

aerostatica *f.* ⟨*Fis*⟩ aerostatics *pl* (*costr. sing.*). **aerostatico** *a.* (*pl.* -ci) aerostatic. □ *pallone* ~ airballoon. **aerostato** *m.* aerostat.

aero|stazione *f.* air terminal. **~tassì** *m.* ⟨*Aer*⟩ air taxi. **~tecnica** *f.* aeronautical engineering. **~tecnico** *a./s.* (*pl.* -ci) **I** *a.* aerotechnical. **II** *s.m.* aeronautical engineer. **~terapia** *f.* ⟨*Med*⟩ aerotherapy. **~termo** *m.* air heater. **~trasportare** *v.t.* (aerotrasporto) to airlift. **~trasportato** *a.* airborne: *truppe –e* airborne troops. **~trasporto** *m.* air transport. **~treno** *m.* aerotrain. **~tropismo** *m.* ⟨*Bot*⟩

aerotropism. **~via** *f.* ⟨*Aer*⟩ air lane.

a.f. = ⟨*El*⟩ *alta frequenza* high frequency (*abbr.* HF).

afa *f.* sultriness, sultry weather: *che ~!* what sultry weather!

afasia *f.* ⟨*Med*⟩ aphasia.

afelio *m.* ⟨*Astr*⟩ aphelion.

aferesi *f.* ⟨*Ling*⟩ apheresis.

affabile *a.* affable, kindly, gracious: *aspetto ~* kindly look; *maniere –i* gracious manners; *persona ~* affable person. **affabilità** *f.* affability, kindness: *trattare con ~ qd.* to treat s.o. with affability. **affabilmente** *avv.* affably, graciously.

affaccendare *v.t.* (affaccendo) to keep busy, to occupy. **affaccendarsi** *v.r.* to bustle about, to busy (o.s.): *affaccendarsi attorno a qc.* to busy o.s. with s.th.; *affaccendarsi nei preparativi* to busy o.s. with the preparations. **affaccendato** *a.* busy: *essere molto ~ a fare qc.* to be very busy doing s.th.

affacciare *v.t.* (affaccio, affacci) **1** (*porre in vista*) to show, to present. **2** ⟨*fig*⟩ to advance, to put forward: *~ un'ipotesi* to put forward a hypothesis; (*rif. a dubbi, difficoltà*) to raise. **affacciarsi** *v.r.* **1** (*per mostrarsi*) to appear (*a* at), to show o.s. (at): *il re si affacciò al balcone* the king appeared at the balcony. **2** (*per guardare*) to go over, to go (to), to go and look out (of); (*sporgendosi*) to lean out (of). **3** ⟨*fig*⟩ (*presentarsi alla mente*) to occur, to come to: *un'idea mi si affacciò alla mente* an idea ⌐occurred to me⌐ (*o* came to my mind). **4** (*essere esposto verso*) to face, to look: *la città si affaccia sul mare* the city faces (*o* looks on to) the sea. **affacciato** *a.* (*faccia a faccia*) face to face, facing e.o.

affamare *v.t.* to starve (out): *~ una città assediata* to starve out a besieged city. **affamato I** *a.* **1** hungry: *essere ~* to be hungry; *~ come un lupo* as hungry as a wolf. **2** ⟨*fig*⟩ (*avido*) hungry, eager, greedy (*di* for): *~ di gloria* eager for glory. **II** *s.m.* (*f.* -a) hungry person; *pl.* the hungry (*costr. pl.*): *dar da mangiare agli –i* to give food to the hungry. □ *~ di danaro* money-hungry, greedy for money.

affannare *v.t.* **1** to leave (*o* make) breathless: *le scale lo affannano* climbing the stairs leaves him breathless. **2** (*angustiare*) to trouble, to worry, to distress: *questo pensiero mi affanna* this thought troubles me. **affannarsi** *v.r.* **1** to worry o.s., to be worried (*o* anxious): *tu ti affanni per niente* you are worrying yourself for nothing. **2** (*affaticarsi*) to toil, to strive, to do one's utmost: *affannarsi per acquistare ricchezze* to toil to acquire wealth. **affannato** *a.* **1** (*ansante*) breathless, panting, ⟨*pred*⟩ out of breath: *essere ~ per la salita* to be breathless after the climb. **2** ⟨*fig*⟩ anxious, troubled, worried.

affanno *m.* **1** breathlessness. **2** (*ansia*) anxiety, apprehension; (*preoccupazione*) worry, trouble: *causare –i a qd.* to make s.o. worry. □ *avere l' ~* to be out of breath, to be panting; *le scale mi danno l' ~* climbing the stairs makes me breathless; *essere* (*o stare*) *in ~* to be anxious. **affannosamente** *avv.* **1** breathlessly, pantingly: *respirare ~* to breathe pantingly. **2** ⟨*fig*⟩ (*con ansia*) anxiously: *cercare ~ qc.* to look anxiously for s.th. **affannoso** *a.* **1** breathless, difficult: *respiro ~* difficult breathing. **2** (*faticoso*) exhausting, strenuous: *corsa –a* strenuous run. **3** ⟨*fig*⟩ (*tormentoso*) painful: *ricerca –a di ricchezze* painful quest for riches.

affardellare *v.t.* (affardello) to bundle together, to pack: *~ lo zaino* to pack one's kit; *~ la roba* to bundle the things up.

affare *m.* **1** (*faccenda*) matter, business, question: *è un ~ serio* it's a serious matter; (*compito*) affair, job, business, concern: *questo è affar tuo* this is your affair (*o* concern); *non è ~ mio* it's not my business, it doesn't concern me. **2** *pl.* ⟨*Comm*⟩ business: *entrare negli –i* to go into business; *gli –i sono affari* business is business; (*affare vantaggioso*) bargain: *fare un ~* to make (*o* get) a bargain. **3** ⟨*fam*⟩ (*arnese, cosa*) thing, gadget: *dammi quell' ~ là* give me that thing there; *metti giù quell' ~* put that thing down. **4** *pl.* ⟨*Dipl*⟩ affairs *pl.*: *–i di stato* affairs of State. □ *questo è un altro ~* this is another question; *~ arrischiato* risky affair; ⟨*iron*⟩ *è proprio un bell' ~* that's a nice mess;

che brutto ~ what a bad business; *è un ~ conveniente* it's a good bargain; *–i correnti* current business; *~ diplomatico* diplomatic affair; ⟨*Stor*⟩ *l' ~ Dreyfus* the Dreyfus affair; *ministero degli –i esteri* Ministry for Foreign Affairs, ⟨*GB*⟩ Foreign Office, ⟨*SU*⟩ State Department; *–i di famiglia* family matters; *fare –i con qd.* to do business with s.o.; ⟨*fam*⟩ *fatti gli –i tuoi* mind your own business; ⟨*esclam*⟩ *~ fatto!* agreed!, it's a deal!; ⟨*Comm*⟩ *giro d' –i* turnover; ⟨*Dipl*⟩ *incaricato d' –i* chargé d'affaires; *di mal ~* of low repute, disreputable; *casa di mal ~* house of ill fame; *donna di mal ~* prostitute; *gente di mal ~* disreputable people; *è un ~ da nulla* it's a trifle; *–i di ordinaria amministrazione* normal business; *per –i* on business; *~ privato* private business; *ritirarsi dagli –i* to retire from business; *a scopo di –i* for business reasons; *senso degli –i* flair for business; *–i in sospeso* unfinished business; ⟨*iron*⟩ *fare di qc. un ~ di stato* to make a mountain out of a molehill; **uomo** *d' –i* businessman; *come vanno gli –i?* how is business?

affarismo *m.* sharp practice, ruthlessness in business affairs, speculation, profiteering. **affarista** *m./f.* sharp businessman, ⟨*spreg*⟩ profiteer, speculator. **affaristico** *a.* (*pl.* -ci) business–, ⟨*spreg*⟩ speculative: *spirito ~* business sense.

affascinante *a.* fascinating; (*attraente*) attractive; (*incantevole, seducente*) charming, enchanting: *donna ~* charming woman. **affascinare** *v.t.* (affascino) **1** to fascinate, to charm. **2** ⟨*fig*⟩ (*sedurre*) to fascinate, to enchant; (*attrarre*) to attract, to delight: *la sua bellezza lo affascinò* he was attracted by her beauty. **affascinatore** *m.* (*f.* -trice) enchanter (*f* –tress).

affastellamento *m.* **1** fagotting. **2** ⟨*fig*⟩ (*accozzaglia*) muddle, jumble: *un ~ di cose inutili* a jumble of useless things; (*rif. a frasi, parole e sim.*) string. **affastellare** *v.t.* (affastello) **1** (*legare in fastelli*) to fagot, to tie in fagots: *~ la legna* to tie the firewood in fagots. **2** (*ammucchiare*) to heap (*o* pile) up; (*rif. a frasi, parole e sim.*) to string (*o* throw) together: *~ menzogne* to string together a pack of lies.

affaticamento *m.* **1** (*l'affaticare*) wearying, tiring out. **2** (*fatica*) weariness, fatigue. **3** ⟨*tecn*⟩ fatigue. **affaticare** *v.t.* (affatico, affatichi) **1** (*stancare*) to tire, to weary, to fatigue; (*sforzare*) to overwork, to strain: *~ gli occhi* to strain one's eyes; *~ un motore* to overwork an engine. **2** (*impoverire*) to impoverish: *~ il terreno* to impoverish the land. **affaticarsi** *v.r.* (*stancarsi*) to tire, to get tired, to grow weary; (*sforzarsi*) to work hard, to toil, to strive: *non affaticarti troppo* don't work too hard. **affaticato** *a.* tired, weary, strained, overworked: *essere ~ dagli anni* to be weary with years; *occhi –i* tired eyes.

affatto *avv.* **1** (*completamente*) quite, completely, entirely: *è diventato ~ sordo* he has become quite deaf. **2** (*preceduto da una negazione*) at all: *non mi è ~ antipatico* I don't dislike him at all. □ *~ niente* not at all, not in the least, by no means; *hai fame? – niente ~* are you hungry? – not at all; *non ho mangiato ~* I haven't had anything to eat at all.

affatturare *v.t.* **1** to cast a spell upon, to bewitch. **2** (*sofisticare*) to adulterate: *vino affatturato* adulterated wine.

affè *intz.* ⟨*scherz*⟩ truly!, indeed! □ *~ di Dio!* by God!

afferente *a.* ⟨*Anat*⟩ afferent.

affermabile *a.* affirmable. **affermare** *v.t.* (affermo) to affirm, to state, to assert, to profess: *~ la propria innocenza* to profess one's innocence; *~ i propri diritti* to assert one's rights. **affermarsi** *v.r.* (*imporsi*) to assert o.s., to prove o.s.; (*farsi un nome*) to make a name (*o* reputation) for o.s.: *affermarsi come letterato* to make a name for o.s. as a writer.

affermativa *f.* affirmative. **affermativamente** *avv.* affirmatively, in the affirmative. **affermativo** *a.* affirmative: *risposta –a* reply in the affirmative. □ *non so se tu hai del denaro, in caso ~ prestamene* I don't know whether you have any money – if you have, lend me some. **affermato** *a.* established, well-known: *uno scrittore ~* an established writer. **affermazione** *f.* **1** (*asserzione*) assertion, statement: *fare un' ~ arrischiata* to make a rash statement. **2** (*successo*) performance, achievement.

afferrabile *a.* comprehensible. **afferrare** *v.t.* (af**ferro**) **1** to seize, to grasp, to catch (*anche fig.*): ~ *qd. per un braccio* to seize s.o. by the arm; ~ *un'occasione* to seize an opportunity. **2** (*capire*) to grasp, to get: ~ *il senso di una frase* to grasp the meaning of a sentence. **afferrarsi** *v.r.* **1** (*aggrapparsi*) to cling (to), to clutch (at) (*anche fig.*): *afferrarsi a un ramo* to clutch at a branch; *afferrarsi agli scogli* to cling to the rocks. **2** (*recipr*) to seize e.o.: *si afferrarono per i capelli* they seized each other by the hair.

affettare[1] *v.t.* (af**fetto**) to slice, to cut into slices.

affettare[2] *v.t.* (af**fetto**) to affect, to pretend: ~ *di sapere qc.* to pretend that one knows s.th.; (*ostentare*) to put on, to assume: ~ *un'aria disinvolta* to put on a casual air.

affettato[1] **I** *a.* sliced: *salame* ~ sliced salami. **II** *s.m.* sliced salami and ham.

affettato[2] *a.* affected, mannered: *cortesia* ~*a* affected courtesy; *eleganza* ~*a* mannered elegance.

affettatrice *f.* slicer, slicing-machine.

affettaverdure *m.inv.* vegetable slicer.

affettazione *f.* affectation: *con* ~ with affectation, affectedly. □ ~ *di modi* affected ways.

affettività *f.* affectivity. **affettivo** *a.* affective. □ *un oggetto che ha valore* ~ an object having sentimental value.

affetto[1] *m.* **1** affection: *nutrire* ~ *per qd.* to feel affection for s.o. **2** (*soggetto dell'amore*) object of one's affection: *il padre è il suo unico* ~ her father is the sole object of her affection. □ *con* ~ affectionately: ⟨*epist*⟩ *ti saluto con* ~ affectionately yours; ~ *di madre* mother love, maternal affection; ~ *di padre* paternal affection; *riporre il proprio* ~ *in qd.* to make s.o. the object of one's affection.

affetto[2] *a.* ⟨*Med*⟩ suffering (*da* from), affected (by): ~ *da amnesia* suffering from loss of memory. □ *beni* ~*i da ipoteche* mortgaged property.

affettuosamente *avv.* affectionately: ⟨*epist*⟩ *ti saluto* ~ yours affectionately. **affettuosità** *f.* **1** warm-heartedness, tenderness. **2** *pl.* (*atti affettuosi*) demonstrations *pl* of affection: *non posso sopportare le sue* ~ I can't bear his demonstrations of affection. □ *mi fece mille* ~ he made a great fuss of (*o* over) me. **affettuoso** *a.* affectionate, tender, loving: *un ragazzo molto* ~ a very affectionate boy; *parole* ~*e* affectionate words. □ *mostrarsi* ~ *verso qd.* to show affection for s.o.; ⟨*epist*⟩ *molti saluti* ~*i da Maria* love from Maria.

affezionarsi *v.r.* to become fond (*a* of), to take a liking (to), to get to like (s.th.): ~ *a qd.* to become fond of s.o.; ~ *al proprio lavoro* to get to like one's work. **affezionatamente** *avv.* affectionately: ⟨*epist*⟩ *vi salutiamo* ~ yours affectionately. **affezionato** *a.* loving, affectionate, devoted: *un amico* ~ a devoted friend. □ *essere* ~ *a qc.* to be fond of s.th. **affezione** *f.* **1** affection, fondness, attach-ment: *avere* ~ *per qd.* to feel affection for s.o. **2** ⟨*Med*⟩ disease, affection: ~ *cardiaca* heart disease. □ *prezzo d'* ~ sentimental value.

affiancare *v.t.* (af**fianco**, af**fianchi**) **1** to place side by side. **2** ⟨*fig*⟩ (*aiutare*) to support, to back up. **3** ⟨*Mil*⟩ to flank. **4** ⟨*Mar*⟩ to bring alongside. **affiancarsi** *v.r.* **1** ⟨*recipr*⟩ (*aiutarsi*) to help e.o., to co-operate. **2** ⟨*Mil*⟩ to march side by side. **3** ⟨*Mar*⟩ to come (*o* go) alongside. □ ~ *al lavoro altre attività* to supplement one's work with other activities.

affiatamento *m.* **1** (*concordia*) harmony, agreement, understanding: *tra i due esisteva un perfetto* ~ the two were in perfect harmony (with each other). **2** ⟨*Sport*⟩ team-work: *c'è poco* ~ *tra i compagni della nostra squadra* our players don't work together as a team. **3** ⟨*fig*⟩ good ensemble: *tra l'orchestra e i cantanti non c'era* ~ singers and orchestra did not form a good ensemble. **affiatare** *v.t.* to make (people) get on well together. **affiatarsi** *v.r.* **1** to learn to get on (with): *affiatarsi con i compagni di scuola* to learn to get on with one's schoolfellows. **2** ⟨*recipr*⟩ (*intendersi*) to adjust to o.a.: *gli alunni non si sono ancora affiatati tra loro* the pupils have not yet adjusted to one another. **3** ⟨*Mus*⟩ to achieve a good ensemble. **4** ⟨*Sport*⟩ to play as a team. **affiatato** *a.* **1** in

harmony, in agreement. **2** ⟨*Mus*⟩ harmonious. **3** ⟨*Sport*⟩ that works well together: *una squadra* ~*a* a team that works well together.

affibbiare *v.t.* (af**fibbio**, af**fibbi**) **1** (*fermare con fibbia*) to buckle, to clasp. **2** ⟨*fam*⟩ (*assestare*) to give, to deal: ~ *uno schiaffo a qd.* to give s.o. a slap. **3** ⟨*fig*⟩ (*attribuire*) to saddle, to burden, ⟨*fam*⟩ to shove: ~ *a qd. la responsabilità di qc.* to saddle (*o* burden) s.o. with the responsibility for s.th.; ~ *un incarico a qd.* to shove a job on to s.o. **4** ⟨*scherz*⟩ (*appioppare*) to palm off, to pass of: ~ *monete false a qd.* to palm off dud coins to s.o. □ ~ *una multa a qd.* to slap a fine on s.o.; ~ *un soprannome* to nickname. **affibbiatura** *f.* (*fibbia*) buckle, clasp.

affiche *fr.* [a'fiʃ] *f.* poster.

affidabile *a.* ⟨*tecn*⟩ reliable. **affidabilità** *f.* ⟨*tecn*⟩ reliability.

affidamento *m.* **1** (*l'affidare*) entrusting, assignment: *l'* ~ *di un incarico* the entrusting of a responsibility. **2** (*fiducia*) trust, confidence: *dare* ~ to inspire confidence. **3** ⟨*Econ*⟩ credit rating. □ *è una persona che non dà alcun* ~ he's an unreliable person; *fare* ~ *su qd.* to rely (*o* depend) on s.o.

affidare *v.t.* **1** (*dare in custodia*) to entrust, to trust with: ~ *una somma di denaro a un amico* to entrust a sum of money to a friend; (*confidare*) to confide: ~ *un segreto a qd.* to confide a secret to s.o. **2** (*assegnare*) to assign: ~ *un incarico a qd.* to assign s.o. a task. **3** ⟨*Dir*⟩ to grant, to award: *il giudice ha affidato i figli alla madre* the judge granted the custody of the children to their mother. **4** ⟨*Comm*⟩ (*concedere un fido*) to give (*o* grant) a loan (to). **affidarsi** *v.r.* **1** (*abbandonarsi*) to trust, to place one's trust (*a* in): *affidarsi a Dio* to trust in God. **2** (*fidarsi*) to rely (on), to trust (in): *mi affido alla tua discrezione* I rely on your discretion; *affidarsi alla sorte* to trust to luck.

affidavit *m.* ⟨*Dir,Econ*⟩ affidavit.

affienare *v.* (af**fieno**) **I** *v.t.* ⟨*Agr*⟩ to give over to hay culture; (*di bestiame*) to feed on hay. **II** *v.i.* to turn to hay.

affievolimento *m.* **1** weakening. **2** ⟨*Rad*⟩ fading. **affievolire** *v.t.* (affievo**lisco**, affievo**lisci**) to weaken, to enfeeble. **affievolirsi** *v.r.* (*indebolirsi*) to weaken, to grow weaker; (*rif. a rumori*) to grow soft (*o* faint); (*rif. a sentimenti*) to weaken; (*rif. a voci*) to die (*o* fade) away. **affievolito** *a.* weakened, enfeebled; (*rif. a voci*) weak, faint.

affiggere *v.t.* (af**figgo**, af**figgi**; af**fissi**, af**fisso**) **1** (*attaccare*) to post up, to stick (*o* put) up: ~ *un manifesto* to put up a poster. **2** (*fissare*) to fix: ~ *lo sguardo in* (*o su*) *qc.* to fix one's eyes on s.th., to stare at s.th.

affilacoltelli *m.inv.* **1** steel. **2** (*utensile da cucina*) knife sharpener.

affilamento *m.* sharpening. **affilare** *v.t.* **1** (*dare il filo*) to sharpen, to whet: ~ *un coltello* to sharpen a knife; (*sul cuoio*) to strop; (*sulla pietra*) to hone. **2** (*rendere appuntito*) to sharpen. **3** ⟨*fig*⟩ (*assottigliare*) to make thinner: *la malattia gli ha affilato il viso* the illness has made his face thinner. **affilarsi** *v.r.* (*dimagrire*) to grow thin. **affilata** *f.* sharpening. □ *dare un'* ~ *al rasoio* to give the razor a touch of the strop. **affilato** *a.* **1** sharp (*anche fig.*): *coltello* ~ sharp knife; *lingua* ~*a* sharp tongue. **2** (*scarno*) thin: *viso* ~ thin face. □ *naso* ~ pointed (*o* sharp) nose. **affilatoio** *m.* sharpener; (*cuoio*) strop; (*pietra*) hone. **affilatrice** *f.* ⟨*Mecc*⟩ grinding machine. **affilatura** *f.* **1** sharpening. **2** ⟨*Mecc*⟩ grinding.

affiliante *m./f.* ⟨*Dir*⟩ adopter. **affiliata** *f.* ⟨*Econ*⟩ affiliated company. **affiliare** *v.t.* (af**filio**, af**fili**) ⟨*Dir*⟩ to adopt. **affiliarsi** *v.r.* to become a member (*a* of), to join (s.th.): *affiliarsi a una società segreta* to join a secret society. **affiliato** **I** *a.* associated: *azienda* ~*a* associated firm. **II** *s.m.* (*f.* -*a*) member, associate: *gli* ~*i a una società segreta* the members of a secret society. **affiliazione** *f.* ⟨*Dir*⟩ adoption.

affinare *v.t.* **1** (*affilare*) to sharpen. **2** ⟨*fig*⟩ to sharpen, to make keener: ~ *l'ingegno* to make one's mind keener; ~ *l'orecchio* to sharpen one's ear. **3** (*perfezionare*) to improve, to refine: ~ *lo stile* to refine one's style. **4** ⟨*Met*⟩ to refine: ~ *un metallo* to refine a metal. **affinarsi** *v.r.*

(*perfezionarsi*) to get refined.

affinché *congz.* [*cong*] so that, in order that, that: *dimmi tutto, ~ sappia come regolarmi* tell me everything, so that I know what to do; *insistettero ~ egli partisse* they insisted that he should go; *te lo dissi ~ tu facessi qualcosa* I told you so that you would do something about it.

affine I *a.* **1** (*simile*) similar, allied, kindred, alike: *pelletteria e generi –i* leather goods and allied wares. **2** (*di origine comune*) kindred: *la lingua italiana è ~ alla spagnola* Italian and Spanish are kindred languages. **II** *s.m./f.* kinsman (*f* –woman). **affinità** *f.* affinity: *~ elettiva* elective affinity; *~ spirituale* spiritual affinity.

affiochire *v.t.* (affiochisco/affioco, affiochisci/affiochi) (*rif. a voce*) to make hoarse; (*rif. a luce*) to dim. **affiochirsi** *v.r.* (*rif. a voce*) to grow hoarse (*o* faint); (*rif. a luce*) to grow dim. **affiochito** *a.* faint.

affioramento *m.* ⟨Geol⟩ outcrop. ▢ ⟨Mar⟩ *sommergibile in ~* surfacing submarine. **affiorare** *v.i.* (affioro; *aus.* essere) **1** to appear on the surface, to surface: *gli scogli affiorano con la bassa marea* the rocks appear on the surface at low tide; *il sommergibile affiorò rapidamente* the submarine surfaced rapidly. **2** ⟨Geol⟩ to outcrop. **3** ⟨fig⟩ to come out, to come to light: *presto o tardi la verità affiora* sooner or later the truth will come out. ▢ *sulle sue labbra affiorò un sorriso tenue* a faint smile flickered on his lips.

affissi → affiggere.

affissione *f.* bill–posting, posting (*o* sticking) up: *~ di un manifesto* sticking up of a poster. ▢ *divieto d' ~* stick no bills, bill–posters will be prosecuted. **affisso** *m.* **1** (*manifesto*) bill, poster: *fare pubblicità per mezzo di –i* to advertise by means of posters. **2** ⟨Edil⟩ fixture. **3** ⟨Ling⟩ affix.

affittacamere *m./f.inv.* landlord (*f* –lady).

affittanza *f.* (*rif. a stabili*) rental; (*rif. a terreni*) lease. **affittare** *v.t.* **1** (*dare in affitto*) to let, to rent: *~ un appartamento a qd.* to rent s.o. an apartment. **2** (*prendere in affitto: rif. a stabili*) to rent: *~ una villa al mare* to rent a villa by the sea; (*rif. a terreni*) to lease, to let, to rent. ▢ *camere da ~* rooms to let, ⟨am⟩ rooms for rent. **affitto** *m.* **1** (*locazione di stabili*) rental; (*di terreni*) lease. **2** (*somma pagata*) rent. ▢ *blocco degli –i* rent restriction (*o* control); *canone di ~* rent; *dare in ~* (*rif. a stabili*) to rent; (*rif. a terreni*) to lease; *prendere in ~* (*rif. a stabili*) to rent; (*rif. a terreni*) to lease. **affittuario** *m.* (*di stabili*) tenant, lessee; (*di terreni*) tenant.

afflato *m.* ⟨lett⟩ (*ispirazione*) inspiration, afflatus: *~ poetico* poetic inspiration.

affliggere *v.t.* (affliggo, affliggi; afflissi, afflitto) **1** (*rattristare*) to distress, to grieve. **2** (*tormentare*) to afflict, to trouble. **affliggersi** *v.r.* **1** (*rattristarsi*) to grieve: *affliggersi per le disgrazie altrui* to grieve for the misfortunes of others. **2** (*tormentarsi*) to worry: *non affliggerti troppo* don't worry too much. **afflitto I** *a.* **1** (*triste*) sad, hurt, distressed: *essere ~ per qc.* to be hurt about s.th.; (*abbattuto*) dejected. **2** (*tormentato*) afflicted: *essere ~ da una grave malattia* to be afflicted with a serious illness. **II** *s.m.* (usually in pl.) the suffering (*costr. pl.*): *consolare gli –i* to comfort the suffering. **afflizione** *f.* **1** affliction, sadness, distress. **2** (*causa di tormento*) torment, calamity: *tu sei per me una vera ~* you are a real torment to me.

afflosciamento *m.* flabbiness. **afflosciare** *v.t.* (affloscio, afflosci) **1** (*rendere floscio*) to make flabby. **2** ⟨fig⟩ (*infiacchire*) to weaken, to enervate. **afflosciarsi** *v.r.* **1** (*diventare floscio*) to become flabby (*o* soft), to go limp: *le vele si afflosciarono* the sails went limp. **2** ⟨fig⟩ (*accasciarsi*) to weaken, to collapse. **afflosciato** *a.* flabby, limp.

affluente *m.* tributary, affluent. **affluenza** *f.* **1** flow, flowing: *~ di capitali* flow of capital. **2** (*concorso di persone*) crowd, multitude. **affluire** *v.i.* (affluisco, affluisci; *aus.* essere) **1** (*rif. a liquidi*) to flow, to stream (*a* to): *il sangue affluisce al cuore* blood flows to the heart. **2** (*rif. a cose*) to pour (in, on): *le merci affluiscono sul mercato* the goods pour on to the market. **3** (*rif. a persone*) to crowd, to flock, to throng (in, into): *la gente*

affluiva da ogni parte alla piazza people flocked into the square from all sides. **afflusso** *m.* **1** inflow, influx (*anche fig.*): *~ d'acqua* water inflow; *l' ~ delle merci sul mercato* the influx of goods on the market. **2** ⟨Med⟩ afflux. ▢ *~ di capitale* capital influx.

affogamento *m.* drowning.

affogare *v.* (affogo/affogo, affoghi/affoghi) **I** *v.t.* to drown (*anche fig.*): *~ i dispiaceri nel vino* to drown one's sorrows in wine. **II** *v.i.* (*aus.* essere) (*morire annegato*) to drown, to be drowned: *cadde in mare e affogò* he fell into the sea and drowned. **affogarsi** *v.r.* to drown o.s. ▢ *o* bere *o* ~ sink or swim; *~ in un bicchiere d'acqua* to lose one's head over nothing; *~ dalla* bile to be choking with rage; *~ nei* debiti to be up to one's ears in debt; *~ nelle* ricchezze to be rolling in wealth.

affogato *a.* drowned. ▢ *morire* ~ to drown, to die by drowning; ⟨Gastr⟩ *uova –e* poached eggs; *gelato ~ nel cognac* ice cream drowned in brandy.

affogliamento *m.* ⟨Econ⟩ coupon (sheet) renewal.

affollamento *m.* **1** (*l'affollarsi*) crowding; ⟨intens⟩ overcrowding, congestion: *~ delle strade* congestion of the roads. **2** (*ressa*) crowd, throng: *c'era un grande ~ di gente* there was a great crowd of people. **affollare** *v.t.* (affollo/affollo) to crowd, to throng, to fill: *i turisti affollavano la nostra città* the tourists thronged our city. **affollarsi** *v.r.* **1** (*accalcarsi*) to crowd, to flock, to throng: *affollarsi intorno a qd.* to crowd round s.o. **2** ⟨fig⟩ to crowd, to teem: *mille pensieri si affollavano nella sua mente* a thousand thoughts were teeming in his mind. **affollato** *a.* **1** (*pieno di folla*) crowded, ⟨pred⟩ thronged: *strade –e* crowded streets. **2** (*ammassato*) crowded, crowding: *la gente –a nella piazza* the people crowding the square.

affondamento *m.* sinking, foundering.

affondamine *m.inv.* ⟨Mar⟩ minelayer.

affondare *v.* (affondo) **I** *v.t.* **1** (*mandare a fondo*) to sink, to send to the bottom: *~ una nave nemica* to sink an enemy ship. **2** (*far penetrare*) to plunge, to thrust, to drive: *~ una spada nel petto di qd.* to thrust a sword into s.o.'s chest; *~ i pali nel terreno* to drive the piles into the ground. **II** *v.i.* (*aus.* essere), **affondarsi** *v.r.* (*andare a fondo*) to sink, to founder, to go down (*o* to the bottom): *la barca affondò in un attimo* the boat sank in an instant; *~ nella neve* to sink into the snow. ▢ *~ il dito nella piaga* to pour salt on the wound; *~ le radici nella terra* to take root in the soil. **affondato** *a.* sunken, ⟨pred⟩ sunk: *nave –a* sunken ship.

affondo *m.* ⟨Sport⟩ lunge: *fare un ~* to make a lunge.

affossamento *m.* **1** (*l'affossare*) ditching. **2** (*avvallamento*) subsidence. **affossare** *v.t.* (affosso) **1** (*fare fosse di scolo*) to ditch, to trench: *~ un campo* to ditch a field. **2** (*incavare*) to make ruts in, to rut: *i carri hanno affossato la strada* the carts have made ruts in the road. **affossarsi** *v.r.* to become hollow (*o* sunken): *per la malattia gli si erano affossate le guance* his cheeks had become hollow after his illness. **affossato** *a.* **1** ditched: *un campo ben ~* a well-ditched field. **2** (*incavato*) hollow, sunken. ▢ *guance –e* hollow cheeks; *occhi –i* sunken eyes. **affossatore** *m.* (*nei cimiteri*) grave–digger. **affossatura** *f.* **1** (*l'affossare*) ditching: *l' ~ dei campi* the ditching of the fields. **2** (*fossa*) ditch.

affrancamento *m.* (*liberazione*) liberation, freeing. **affrancare** *v.t.* (affranco, affranchi) **1** (*liberare*) to (set) free, to liberate (*anche fig.*): *~ uno schiavo* to free a slave; *la filosofia affranca l'uomo dalle passioni* philosophy frees man from passion. **2** (*da oneri*) to release, to redeem: *~ un podere dalle ipoteche* to redeem a farm from mortgage. **3** ⟨Post⟩ to stamp: *~ una lettera* to stamp a letter; (*automaticamente*) to frank. **affrancarsi** *v.r.* to free o.s.: *affrancarsi dalla tirannide* to free o.s. from tyranny. **affrancato** *a.* **1** freed, released, liberated. **2** ⟨Post⟩ stamped: *lettera –a* stamped letter. **affrancatore I** *s.m.* (*f.* -trice) (*liberatore*) liberator. **II** *a.* liberating.

affrancatrice *f.* ⟨Post⟩ stamping machine, franking machine. **affrancatura** *f.* **1** ⟨Post⟩ stamping: *l' ~ di una lettera* the stamping of a letter; (*automatica*) franking. **2** (*tassa di spedizione*) postage: *~ normale* normal postage.

□ ~ *insufficiente* postage due; *spese di* ~ (cost of) postage; ⟨*Post*⟩ ~ *a carico del destinatario* freepost.
affranto *a.* **1** (*spossato*) worn–out, prostrate, exhausted: ~ *dalla stanchezza* prostrate with fatigue. **2** (*abbattuto*) dismayed, overcome: ~ *dal dolore* overcome with grief.
affratellamento *m.* **1** (*atto*) fraternization, fraternizing. **2** (*cameratismo*) fellowship. **affratellare** *v.t.* (*affratello*) to unite in comradeship, to bring together: *le comuni disgrazie ci affratellano* common misfortunes bring us together. **affratellarsi** *v.r.* to fraternize. **affratellato** *a.* united: *popoli –i* united peoples.
affrescare *v.t.* (*affresco, affreschi*) ⟨*Pitt*⟩ to fresco: ~ *una parete* to fresco a wall. **affreschista** *m./f.* fresco painter. **affresco** *m.* (*pl.* -chi) fresco: *dipingere ad* ~ to paint in fresco.
affrettare *v.t.* (*affretto*) **1** (*accelerare*) to hasten, to hurry, to quicken, to speed up: ~ *la conclusione di un affare* to speed up the completion of a deal. **2** (*anticipare*) to bring (*o* put) forward: ~ *le nozze* to put forward the wedding date. **affrettarsi** *v.r.* to hurry, to hasten: *si affrettò ad andarsene* he hastened to leave; *si affrettò a dargli la bella notizia* he hastened to give him the good news. □ *affrettarsi a ritornare* to hurry back; *affrettatevi!* hurry up!; ~ *il passo* to quicken one's pace. **affrettatamente** *avv.* hurriedly, hastily, in a hurry. □ *camminare* ~ to hurry along. **affrettato** *a.* **1** (*svelto*) quick, hurried, hasty: *passo* ~ quick step; *partenza –a* hasty departure. **2** (*con poca cura*) hurried, rushed: *un lavoro* ~ a hurried job.
affricata *f.* ⟨*Ling*⟩ affricative, affricate. **affricato** *a.* affricative.
affrontare *v.t.* (*affronto*) **1** to face (up to), to confront, to front: ~ *il nemico* to confront the enemy. **2** (*esporsi*) to face, to risk: ~ *il pericolo* to face danger. **3** ⟨*fig*⟩ (*rif. ad argomenti*) to face (up to), to tackle, to deal with: ~ *un problema* to tackle a problem. **4** ⟨*tecn*⟩ to fit flush. **affrontarsi** *v.r.* ⟨*recipr*⟩ **1** (*venire alle mani*) to come to blows; (*rif. a eserciti*) to meet in battle: *i due eserciti si affrontarono* the two armies met in battle. **2** (*combaciare*) to fit together. □ ~ *spese* to meet expenses. **affrontatura** *f.* ⟨*Mecc*⟩ flush joint.
affronto *m.* affront, insult, outrage: *non farmi questo* ~ spare me this insult; *subire un* ~ to suffer an affront. □ *fare un* ~ *a qd.* to insult s.o.
affumicamento *m.* **1** (*annerimento*) blackening. **2** (*rif. a carni*) smoking, (smoke–)curing. **affumicare** *v.t.* (*affumico, affumichi*) **1** to fill with smoke: *hai affumicato tutta la stanza con quella pipa* you have filled the whole room with smoke from that pipe. **2** (*annerire*) to blacken with smoke. **3** (*di sostanze alimentari*) to smoke, to cure: ~ *la carne* to smoke (*o* cure) meat; (*di aringhe, salmone*) to kipper. **4** (*snidare col fumo*) to smoke out: ~ *un nido di vespe* to smoke out a wasps' nest. **affumicata** *f.* smoking. **affumicato** *a.* **1** (*annerito di fumo*) blackened, smoke–blackened: *pentola –a* blackened saucepan. **2** (*rif. a sostanze alimentari*) smoked, cured: *carne –a* smoked meat. □ *occhiali –i* dark glasses; *aringa –a* kipper. **affumicatura** *f.* **1** (*rif. a prodotti alimentari*) smoking, curing. **2** (*rif. ad api*) smoking–out.
affusolare *v.t.* (*affusolo*) to taper. **affusolato** *a.* tapered, tapering: *dita –e* tapering fingers.
affusto *m.* ⟨*Mil*⟩ gun carriage.
afgano *a./s.m.* (*f.* -a) Afghan. **Afghanistan** *N.pr.m.* ⟨*Geog*⟩ Afghanistan. **afghano** *a./s.* → **afgano**.
aficionado *sp.* [afiθjo'nado] *m.* (*pl.* **aficionados**) aficionado, devotee.
afide *m.* ⟨*Entom*⟩ aphis, aphid.
aflatossina *f.* ⟨*Med*⟩ aflatoxin.
afnio *m.* ⟨*Chim*⟩ hafnium.
afocale *a.* ⟨*Ott*⟩ afocal: *sistema* ~ afocal system.
afonia *f.* ⟨*Med*⟩ aphonia, loss of voice. **afono** *a.* **1** aphonic, voiceless. **2** (*rauco*) hoarse.
aforisma *m.* aphorism. **aforistico** *a.* (*pl.* -ci) aphoristic. **a fortiori** *lat.* all the more, a fortiori.
afosità *f.* sultriness. **afoso** *a.* sultry, sweltering, oppressive: *caldo* ~ oppressive heat; *una giornata –a* a sweltering day.
Africa *N.pr.f.* ⟨*Geog*⟩ Africa. □ ~ *nera* Black Africa;

dell'~ *nera* Black African. **africander** *m.* Afrikan(d)er. **africanismo** *m.* Africanism. **africanista** *m./f.* Africanist. **africanistica** *f.* study of African history and culture. **africanizzare** *v.t.* to Africanize. **africanizzazione** *f.* Africanization. **africano** *a./s.m.* (*f.* -a) African. **africo** *m.* ⟨*Meteor*⟩ south–west wind. **afrikaans** *m.* Afrikaans.
afro|americano *a./s.m.* (*f.* -a) Afro–American. **~asiatico** *a./s.m.* (*pl.* -ci; *f.* -a) Afro–Asian. **~cubano** *a./s.m.* (*f.* -a) Afro–Cuban.
afrodisiaco *a./s.m.* (*pl.* -ci) aphrodisiac.
Afrodite *N.pr.f.* ⟨*Mitol*⟩ Aphrodite.
afrore *m.* (*cattivo odore*) stench, reek.
afta *f.* ⟨*Med,Veter*⟩ aphtha. □ ~ *epizootica* epizootic aphtha, foot and mouth disease.
A.G. = *albergo per la gioventù* Youth Hostel (*abbr.* Y.H.).
agalassia *f.* ⟨*Med*⟩ agalactia.
Agamennone *N.pr.m.* ⟨*Mitol*⟩ Agamemnon.
agamia *f.* ⟨*Biol*⟩ agamogenesis. **agamico** *a.* (*pl.* -ci) agamic: *riproduzione –a* agamic reproduction.
agapanto *m.* ⟨*Bot*⟩ agapanthus.
agape *f.* ⟨*lett*⟩ agape.
agar-agar *m.* agar–agar.
agarico *m.* (*pl.* -ci) ⟨*Bot*⟩ agaric. □ ~ *bianco* larch agaric.
agata *f.* ⟨*Min*⟩ agate.
agave *f.* ⟨*Bot*⟩ agave.
agenda *f.* **1** diary: ~ *tascabile* pocket diary. **2** (*taccuino*) notebook. **3** (*ordine del giorno*) agenda. □ ~ *tascabile* pocket diary.
agente *m./f.* **1** ⟨*Comm*⟩ agent: *l'* ~ *della ditta B* the agent for firm B. **2** (*di polizia*) policeman. **3** ⟨*Chim,Fis,Med*⟩ agent. □ ~ *d'*assicurazione insurance agent; *–i* atmosferici atmospheric agents; ~ *di* cambio stock broker; ~ **cancerogeno** carcinogen(ic), cancer–causing substance; *–i* chimici chemical agents; ~ **commerciale** (o *di commercio*) commercial agent; ~ **commissionario** commission agent (*o* broker); ~ **consolare** consular agent; ~ *di* custodia prison warder; ~ *di* dogana clearance (*o* clear-ing) agent; ~ **esclusivo** sole agent; *–i* fisici physical agents; ~ **immobiliare** real estate (*o* land) agent, ⟨*am*⟩ realtor; ~ *delle* imposte tax collector; ~ **investigativo** detective; ~ **marittimo** shipping agent; ~ *di* noleggio chartering agent; ⟨*Med*⟩ ~ **patogeno** pathogenic agent; ~ **provocatore** agent provocateur; ~ **pubblicitario** advertising agent; ~ **segreto** secret agent; ~ *delle* tasse = *agente delle* imposte; ~ *di* vendita sales (*o* selling) agent.
agenzia *f.* **1** agency: ~ *stampa* press agency. **2** (*filiale*) branch (office). □ ~ *d'*assicurazioni insurance agency; ~ *di* banca branch office of a bank; ~ *di* collocamento employment agency; ~ **governativa** government agency; ~ **immobiliare** estate agent's (office); ~ *d'*informazioni information bureau, enquiry office; ~ *di* intermediazione broking (*o* brokerage) house; ~ *d'*investigazione detective agency; ~ **marittima** shipping agency; ~ **matrimoniale** marriage bureau; ~ *di* prestito *su pegni* pawn agency, pawnshop; ~ **pubblicitaria** advertising agency; ~ *di* trasporti forwarding agency; ~ *di* viaggi travel agency.
agevolare *v.t.* (*agevolo*) **1** (*rendere agevole*) to facilitate, to make easy: ~ *un compito a qd.* to make a task easy for s.o.; (*aiutare*) to help. **2** ⟨*Dir*⟩ to be an accessory, to aid and abet: ~ *la fuga a un prigioniero* to be an accessory to a prisoner's escape. **agevolazione** *f.* **1** concession, reduction: *–i fiscali* (*o tributarie*) tax (*o* fiscal) concessions, tax relief. **2** (*facilitazione*) facilitation, facility. □ *–i creditizie* credit facilities, easy credit terms; *–i di pagamento* easy terms of payment.
agevolato *a.* **1** facilitated, (made) easy. **2** ⟨*Econ*⟩ soft: *mutuo* ~ soft loan.
agevole *a.* easy, light: *compito* ~ easy task. □ *strada* ~ smooth road. **agevolmente** *avv.* easily.
agganciamento *m.* **1** hooking, clasping. **2** ⟨*Mecc*⟩ coupling: ~ *automatico* automatic coupling; *allentare l'* ~ to release the coupling. **3** ⟨*Astron*⟩ docking. **agganciare** *v.t.* (*aggancio, agganci*) **1** to hook up, to fasten: ~ *un*

vestito to hook up a dress; (*sospendere a un gancio*) to hang up. **2** 〈*Ferr,Aut*〉 to couple up: ~ *un vagone* to couple up a coach; ~ *il rimorchio all'autocarro* to couple up the trailer to the lorry. **3** 〈*Mil*〉 to engage. **4** 〈*fig*〉 (*trattenere qd. per parlargli*) to buttonhole. **5** 〈*Astron*〉 to dock. □ 〈*scherz*〉 ~ *una ragazza* to latch on to a girl. **aggancio** *m.* → **agganciamento**.

aggeggio *m.* (*oggetto in genere*) gadget, contraption.

aggettante *a.* 〈*Arch*〉 jutting, 〈*pred*〉 jutting out: *cornice* ~ jutting cornice. **aggettare** *v.i.* (*aggetto; aus.* **essere**) to overhang, to jut out.

aggettivale *a.* 〈*Ling*〉 adjectival: *locuzione* ~ adjectival phrase. **aggettivare** *v.t.* (*rendere aggettivo*) to turn into an adjective; (*adoperare come aggettivo*) to use as an adjective: ~ *un participio* to use a participle as an adjective. **aggettivato** *a.* used as an adjective, attributive: *sostantivo* ~ attributive noun. **aggettivazione** *f.* use of adjectives. **aggettivo** *m.* adjective. □ ~ *attributivo* attributive (*o* qualifying) adjective; ~ *sostantivato* adjective used as a noun.

aggetto *m.* **1** 〈*Arch*〉 overhang. **2** 〈*Mecc*〉 boss, lug. □ *in* ~ overhanging, projecting.

agghiacciare *v.* (*agghiaccio*, *agghiacci*) **I** *v.t.* **1** to freeze, to chill: *il vento mi agghiacciò le mani* the wind froze my hands. **2** (*far inorridire*) to make one's blood run cold. **3** 〈*fig*〉 (*smorzare*) to damp: ~ *l'entusiasmo di qd.* to damp s.o.'s enthusiasm. **II** *v.i.* (*aus.* **essere**), **agghiacciarsi** *v.r.* to freeze, to turn to ice: *il lago agghiaccia* the lake is freezing (over). □ 〈*fig*〉 *il sangue* to freeze (*o* curdle) one's blood, to make one's blood run cold.

agghindamento *m.* (*l'agghindarsi*) dressing–up, rigging –out. **agghindare** *v.t.* to dress up. **agghindarsi** *v.r.* to dress o.s. up, to deck o.s. out. **agghindato** *a.* decked out: ~ *a festa* decked out in one's Sunday best.

aggio *m.* 〈*Econ*〉 agio; (*premio*) premium. □ ~ *dell'oro* gold premium; ~ *sull'oro* premium on gold; ~ *variabile* variable premium.

aggiogare *v.t.* (*aggiogo*, *aggioghi*) **1** to yoke: ~ *i buoi all'aratro* to yoke the oxen to the plough. **2** 〈*fig*〉 (*soggiogare*) to subjugate, to subdue. □ 〈*fig*〉 ~ *qd. al proprio carro* to enlist s.o.'s aid, 〈*fam*〉 to rope s.o. in.

aggiornamento *m.* **1** bringing up–to–date; (*rif. a libri*) updating; (*rif. a impianti*) modernization. **2** (*rinvio*) adjournment: ~ *della sessione* adjournment of the session. □ *corso di* ~ follow up.

aggiornare *v.t.* (*aggiorno*) **1** (*mettere al corrente*) to bring up–to–date. **2** (*tenere a giorno*) to keep up–to–date; (*rif. a libri*) to update. **3** (*rinviare*) to defer, to adjourn: ~ *una proposta* to defer a proposal; *la seduta è aggiornata a domani* the meeting is adjourned to tomorrow. **aggiornarsi** *v.r.* (*mettersi al corrente*) to get (*o* bring o.s.) up–to–date; (*tenersi al corrente*) to keep up with the times. □ 〈*scherz*〉 *aggiornati!* get with it! **aggiornato** *a.* **1** (*rif. a cose*) up–to–date; (*rif. a libri*) updated; (*differito*) adjourned. **2** (*rif. a persone*) up–to–date, well–informed: *non mi sembri troppo* ~ *su questa questione* you don't seem to be very well–informed in this matter.

aggiotaggio *m.* **1** 〈*Econ*〉 rigging the market **2** (*in borsa*) agiotage. **aggiotare** *v.i.* (*aggioto*; *aus.* **avere**) to rig the market. **aggiotatore** *m.* (*f.* -**trice**) **1** rigger. **2** (*in borsa*) stockjobber, jobber.

aggiramento *m.* **1** going round. **2** 〈*Mil*〉 outflanking **3** 〈*fig*〉 (*inganno*) deceit, deception. **aggirare** *v.t.* **1** to go (*o* get) round, to avoid (*anche fig.*): ~ *un ostacolo* to avoid an obstacle. **2** 〈*Mil*〉 to outflank. **3** 〈*fig*〉 (*ingannare*) to deceive, to outwit. **aggirarsi** *v.r.* **1** (*vagare*) to wander, to roam, to go about: *aggirarsi per le strade* to roam (*o* wander about) the streets; (*con intenzioni sospette*) to hang about. **2** (*trattare*) to centre around, to turn upon: *la conversazione si aggira sui soliti argomenti* the conversation centres around the usual subjects. **3** (*approssimarsi*) to be (*o* come to) about (*o* around): *il prezzo si aggira sul milione* the price is about a million lire.

aggiudicare *v.t.* (*aggiudico*, *aggiudichi*) **1** to award: ~ *un premio* to award a prize; (*con una sentenza*) to adjudge; (*con un concorso*) to allot. **2** (*nelle aste*) to knock down,

to sell: ~ *al maggiore offerente* to knock down to the highest bidder. **3** (*ottenere*) to obtain, to win: *aggiudicarsi la vittoria* to be victorious, to win. □ *aggiudicato!* gone! **aggiudicarsi** *v.r.* (*conquistare*) to be awarded, to win: ~ *il secondo posto* to win second place. **aggiudicatario** *m.* **1** (*in un'asta*) highest bidder. **2** (*chi riceve in appalto*) contractor. **aggiudicativo** *a.* awarding, adjudicative. □ 〈*Dir*〉 *sentenza* -*a* award. **aggiudicazione** *f.* **1** award, adjudication, adjudging. **2** (*all'asta*) knocking–down. □ ~ *di appalto* contract award.

aggiungere *v.t.* (*aggiungo*, *aggiungi*; *aggiunsi*, *aggiunto*) to add (*anche fig.*): ~ *del sale al brodo* to add salt to the broth; *non aggiungo altro* I have nothing to add. **aggiungersi** *v.r.* to join, to be added: *un altro viaggiatore si aggiunse alla comitiva* another traveller joined the group. □ *a questa disgrazia si aggiunse anche la malattia del padre* on top of this disaster came his father's illness **aggiunsi** → **aggiungere**. **aggiunta** *f.* addition: *con l'* ~ *di pochi scellini* with the addition of only a few shillings.

aggiuntare *v.t.* to join: ~ *due funi* to join two ropes; (*cucendo*) to stitch together. **aggiuntatura** *f.* **1** (*l'aggiuntare*) joining; (*cucendo*) stitching. **2** (*punto di aggiuntatura*) joint junction.

aggiuntivo *a.* additional, supplementary. □ 〈*Dir*〉 *proposte* -*e a un disegno di legge* riders attached to a bill. **aggiunto** **I** *a.* **1** (*rif. a persona*) assistant, deputy. **2** (*rif. a cose*) additional, supplementary. **II** *s.m.* assistant, deputy. □ *impiegato* ~ assistant.

aggiustabile *a.* repairable. **aggiustaggio** *m.* 〈*Mecc*〉 adjustment, fitting. **aggiustamento** *m.* **1** (*l'accomodare*) mending, repairing, repair. **2** 〈*fig*〉 (*accomodamento*) arrangement, agreement. **3** 〈*Artigl*〉 ranging. **4** 〈*Econ*〉 adjustement: ~ *dei prezzi* price adjustement.

aggiustare *v.t.* **1** (*riparare*) to repair, to fix, to mend: ~ *una macchina* to repair a machine; (*rammendare*) to mend. **2** (*riassettare*) to rearrange, to adjust: *aggiustarsi la cravatta* to adjust (*o* straighten) one's tie. **3** 〈*fig*〉 (*sistemare*) to arrange, to settle: ~ *una controversia* to settle a dispute. **4** 〈*fam*〉 (*rif. a persone*) to settle, to fix: *ora ti aggiusto io* now I'll settle you. **aggiustarsi** *v.r.* **1** (*accordarsi*) to agree, to come to an agreement (*o* understanding): *per il prezzo ci aggiusteremo* we shall come to an understanding about the price. **2** (*sistemarsi alla meglio*) 〈*fam*〉 to make do: *per una notte c' aggiusteremo* we shall make do for one night. □ ~ *un calcio a qd.* to land s.o. a kick; ~ *un conto* to settle an account; 〈*fig*〉 ~ *i conti con qd.* to settle accounts with s.o.; *il tempo si aggiusta* the weather is improving; 〈*Artigl*〉 ~ *il tiro* to range; *alla fine tutto si aggiusterà* it will all come out right in the end.

aggiustato *a.* **1** repaired, mended. **2** (*preciso*) precise, accurate. **aggiustatura** *f.* repair, mending.

agglomeramento *m.* (*assembramento*) throng, crowd; (*rif. a cose*) agglomeration. **agglomerante** *m.* 〈*tecn*〉 binder. **agglomerare** *v.t.* (*agglomero*) to agglomerate. **agglomerarsi** *v.r.* to agglomerate; (*rif. a persone*) to crowd together, to gather. **agglomerato** **I** *a.* agglomerated. **II** *s.m.* **1** agglomeration. **2** (*centro abitato*) built-up area, centre, 〈*am*〉 populated area: *i grandi* -*i urbani* the great urban centres. **3** 〈*Geol*〉 agglomerate. **agglomerazione** *f.* **1** (*l'agglomerarsi*) agglomeration. **2** (*assembramento*) throng, crowd; (*ammucchiamento*) agglomeration.

agglutinamento *m.* 〈*Ling,Med*〉 agglutination **agglutinante** **I** *a.* **1** agglutinant: *sostanza* ~ agglutinant (substance). **2** 〈*Ling*〉 agglutinative: *lingue* -*i* agglutinative languages. **II** *s.m.* agglutinant, binder. **agglutinare** *v.t.* (*agglutino*) to agglutinate. **agglutinarsi** *v.r.* to agglutinate. **agglutinazione** *f.* agglutination.

agglutinina *f.* 〈*Biol*〉 agglutinin. **agglutinogeno** *m.* 〈*Chim*〉 agglutinogen.

aggomitolare *v.t.* (*aggomitolo*) to wind (into a ball) **aggomitolarsi** *v.r.* (*rannicchiarsi*) to curl up, to huddle up. **aggomitolato** *a.* **1** (*in gomitoli*) wound in a ball. **2** (*rannicchiato*) curled up, coiled. **aggomitolatore** *m.* 〈*Tess*〉 balling machine.

aggottamento *m.* **1** 〈*Mar*〉 bailing (out). **2** (*pro-*

sciugamento) draining, pumping out. **aggottare** *v.t.* (**aggotto**) **1** ⟨*Mar*⟩ to bail (out). **2** (*prosciugare*) to drain, to pump out.

aggradare *v.i.* (used only in 3rd pers. sing. of pr. ind.) to like (*costr.pers.*), to please: *fa' come ti aggrada* do as you like (*o* please).

aggraffare *v.t.* **1** ⟨*Mecc*⟩ (*fissare con graffe*) to clamp, to clinch. **2** (*afferrare*) to seize, to clutch, to grasp. **aggraffatrice** *f.* seam folding machine, seamer. **aggraffatura** *f.* seam; (*rif. a scatolame*) double seam.

aggrappare *v.t.* to seize, to grasp. **aggrapparsi** *v.r.* (*afferrarsi*) to cling (*a* to), to catch hold (of), to clutch (at): *si aggrappò al ramo* he caught hold of the branch.

aggravamento *m.* worsening, aggravation: *l' ~ di una malattia* the worsening of an illness. □ ⟨*Dir*⟩ *~ della pena* increase in sentence. **aggravante I** *a.* ⟨*Dir*⟩ aggravating: *circostanze –i* aggravating circumstances. **II** *s.f.* aggravating circumstance. **aggravare** *v.t.* **1** (*aumentare*) to increase, to augment: *~ la responsabilità di qd.* to increase s.o.'s responsibility. **2** (*peggiorare*) to aggravate, to make worse: *questo aggrava la situazione* this makes the situation worse. **3** (*appesantire*) to burden, to overload: *~ lo stomaco di cibi* to overload the stomach with food. **aggravarsi** *v.r.* (*divenire più grave, più serio*) to become (*o* get, grow) more serious: *la situazione si è aggravata* the situation has grown more serious. **2** (*peggiorare*) to become (*o* get) worse, to worsen: *le condizioni del ferito si sono aggravate* the wounded man's condition has got worse. □ ⟨*Dir*⟩ *~ la pena* to increase the sentence. **aggravato** *a.* (*peggiorato*) worsened, worse. **aggravio** *m.* increase, rise: *~ fiscale* tax increase. □ ⟨*fig*⟩ *~ di coscienza* twinge of conscience.

aggraziare *v.t.* (**aggrazio, aggrazi**) to make pretty (*o* graceful), to make pleasant. **aggraziato** *a.* **1** (*grazioso*) pretty. **2** (*di belle maniere*) gracious, gentle–mannered. □ *essere ~ nel muoversi* to move gracefully.

aggredire *v.t.* (**aggredisco, aggredisci**) **1** to attack, to assault, to assail. **2** ⟨*fig*⟩ to attack, ⟨*fam*⟩ to go for.

aggregamento *m.* aggregation. **aggregare** *v.t.* (**aggrego, aggreghi**) **1** to admit, to associate: *~ un nuovo socio* to admit a new member. **2** ⟨*Pol*⟩ to annex: *~ un territorio straniero* to annex a foreign territory. **aggregarsi** *v.r.* (*unirsi*) to unite, to join together; (*unirsi a un gruppo*) to join, to associate with. **aggregativo** *a.* aggregative, associative. **aggregato I** *a.* **1** united, joint, associated. **2** (*rif. a funzionari*) temporarily attached. **II** *s.m.* **1** aggregation. **2** ⟨*Biol,Chim,Mat,Geol,Econ*⟩ aggregate. □ *un ~ di case* a block of houses; *-i economici* economic aggregates. **aggregazione** *f.* **1** (*l'associare*) admission, association. **2** (*gruppo di persone*) aggregation. **3** ⟨*Pol*⟩ annexation. **4** ⟨*Fis*⟩ aggregation.

aggressione *f.* **1** attack, assault: *essere vittima di un' ~* to be the victim of an attack; *respingere un' ~* to repel an attack. **2** ⟨*Pol*⟩ aggression. □ *~ (a mano) armata* armed assault. **aggressivamente** *avv.* aggressively. **aggressività** *f.* aggressiveness: *~ giovanile* youthful aggressiveness. □ ⟨*Psic*⟩ *istinto di ~* aggressive instinct. **aggressivo I** *a.* aggressive: *atteggiamento ~* aggressive attitude. **II** *s.m.* ⟨*Chim,Mil*⟩ weapon: *-i chimici* chemical weapons. **aggressore I** *a.* aggressive. **II** *s.m.* (*f.* **aggreditrice**) **1** attacker, assailant. **2** ⟨*Pol*⟩ aggressor.

aggrinzire *v.t.* (**aggrinzisco, aggrinzisci**) to wrinkle: *~ la fronte* to wrinkle one's forehead. **aggrinzirsi** *v.r.* to shrivel, to wrinkle (up). **aggrinzito** *a.* wrinkled, shrivelled: *volto ~* wrinkled face; *mela –a* shrivelled apple.

aggrondare *v.t.* (**aggrondo**) to wrinkle, to contract. □ *~ la fronte* to frown, to knit one's brow. **aggrondato** *a.* frowning, sullen: *apparire ~* to look sullen.

aggrottamento *m.* frowning. **aggrottare** *v.t.* (**aggrotto**) to contract. □ *~ le sopracciglia* to frown; *~ la fronte* to knit one's brow. **aggrottato** *a.* (*accigliato*) frowning, sullen, gloomy. □ *con le ciglia –e* frowning.

aggrovigliamento *m.* entanglement; (*effetto*) tangle. **aggrovigliare** *v.t.* (**aggroviglio, aggrovigli**) to (en)tangle. **aggrovigliarsi** *v.r.* **1** to become (*o* get) (en)tangled. **2** ⟨*fig*⟩ to become complicated. □ ⟨*fig*⟩ *~ la matassa* to confuse the issue. **aggrovigliato** *a.* **1** (en)tangled. **2** ⟨*fig*⟩

involved, complicated: *una situazione –a* an involved situation.

aggrumare *v.i.* (*aus.* essere), **aggrumarsi** *v.r.* (*coagularsi*) to clot, to coagulate. **aggrumato** *a.* clotted, coagulated: *sangue ~* coagulated blood.

aggruppamento *m.* **1** (*azione*) grouping, gathering. **2** (*ammassamento*) group, cluster: *un ~ di persone* a group (*o* cluster) of people. **aggruppare** *v.t.* **1** (*riunire in gruppo*) to group, to arrange in a group. **2** (*radunare*) to assemble, to collect. **aggrupparsi** *v.r.* to form a group, to gather, to assemble.

agguagliare *v.t.* (**agguaglio, agguagli**) **1** (*pareggiare*) to level, to make even; (*tagliando*) to trim: *~ la siepe* to trim the hedge. **2** (*divenire uguale*) to equal, to match. **3** (*adeguare*) to adjust, to adapt, to conform. **agguagliarsi** *v.r.* (*paragonarsi*) to compare o.s.

agguantare *v.t.* **1** (*afferrare*) to catch, to seize: *~ qd. per un braccio* to catch s.o. by the arm. **2** ⟨*Mar*⟩ to hold. □ ⟨*Mar*⟩ *~ al vento* to get the weather gauge.

agguato *m.* **1** (*tranello, insidia*) trap, snare: *cadere in un ~* to fall into a trap. **2** ⟨*Mil*⟩ (*imboscata*) ambush: *tendere un ~* to lay an ambush; *stare in ~* to lie in ambush.

aguerrimento *m.* **1** (battle–)training. **2** ⟨*fig*⟩ strength–ening. **aguerrire** *v.t.* (**aguerrisco, aguerrisci**) **1** ⟨*Mil*⟩ to train (for war): *~ i soldati* to train soldiers for war. **2** ⟨*estens*⟩ to strengthen, to inure: *~ l'animo alle lotte della vita* to inure o.s. to the struggles of life. **aguerrirsi** *v.r.* **1** to train (for war). **2** ⟨*fig*⟩ to become inured, to harden o.s. **aguerrito** *a.* **1** (well–)trained: *un esercito ~* a well–trained army. **2** ⟨*fig*⟩ inured, tough. **3** (*preparato*) expert: *uno storico ~* an expert historian.

aghetto *m.* **1** (*puntale della stringa*) tag. **2** ⟨*Mil*⟩ shoulder knot.

aghifoglie *f.pl.* ⟨*Bot*⟩ conifers.

aghiforme *a.* needle–shaped, acicular.

agiatamente *avv.* comfortably, easily: *vivere ~* to be comfortably off. **agiatezza** *f.* affluence, prosperity. □ *vivere nell' ~* to be well–off. **agiato** *a.* well–to–do, well–off, comfortably off: *famiglia di condizioni –e* well–to–do family.

AGI = *Agenzia giornalistica italiana* Italian News Agency.

agibile *a.* **1** ready (*o* fit) for use: *lo stadio non è ~* the stadium is not fit for use. **2** (*rif. a strada*) practicable; (*rif. a campo da gioco*) playable. **agibilità** *f.* **1** fitness for use. **2** (*rif. a strada*) practicableness; (*rif a campo da gioco*) playability.

agile *a.* **1** agile, nimble, quick: *dita –i* nimble fingers. **2** ⟨*fig*⟩ lively, quick, ready: *una mente ~* a quick mind. □ ⟨*fig*⟩ *essere ~ di mano* to be light–fingered; *~ come uno scoiattolo* as agile as a monkey. **agilità** *f.* **1** agility, nimbleness, quickness. **2** ⟨*fig*⟩ quickness, liveliness, readiness. □ ⟨*Mus*⟩ *brano di ~* exercise in suppleness; *~ delle dita* finger suppleness. **agilmente** *avv.* nimbly, quickly, with agility.

agio *m.* **1** (*comodità*) ease, comfort; (*rif. al tempo disponibile*) leisure. **2** (*opportunità*) opportunity, chance: *dare ~ a qd. di fare qc.* to give s.o. the opportunity of doing s.th. **3** ⟨*Mecc*⟩ play. **4** *pl.* (*comodità della vita*) comfort, comforts *pl:* *vivere negli agi* to live in comfort, to enjoy all comforts. □ *mettersi a proprio ~* to put o.s. at ease; *stare a proprio ~* to be at (one's) ease.

agiografia *f.* hagiography. **agiografico** *a.* (*pl.* -ci) hagiographic (*anche fig.*). **agiografo** *m.* hagiographer.

agire *v.i.* (**agisco, agisci**; *aus.* essere) **1** (*fare, operare*) to act, to operate: *~ di comune accordo* to act by common (*o* mutual) consent. **2** (*funzionare*) to work, to run. **3** (*esercitare un'azione*) to have (*o* take) effect: *il calmante sta agendo* the sedative is taking effect. **4** (*comportarsi*) to behave: *~ male* to behave badly; *~ da galantuomo* to behave like a gentleman. **5** ⟨*Dir*⟩ to take action (*o* legal proceedings): *~ legalmente contro qd.* to take legal proceedings against s.o. **6** ⟨*Med*⟩ to act (up)on, to affect: *il farmaco agisce sul sistema nervoso* the drug acts (up)on the nervous system.

agitabile *a.* **1** shakeable. **2** (*impressionabile*) excitable.

agitare *v.t.* (**agito**) **1** to wave, to agitate: *~ il cappello in* *segno di saluto* to wave one's hat as a sign of greeting; (*scuotere*) to shake: ~ *prima dell'uso* shake before using. **2** (*incitare*) to stir (up), to rouse: ~ *le masse* to stir up the masses. **3** (*eccitare*) to stir, to excite, to stimulate: ~ *l'animo* to stir the heart; (*turbare*) to trouble, to upset. **4** (*discutere*) to discuss, to debate, to air: ~ *una questione* to air a question. **agitarsi** *v.r.* **1** to toss, to be restless: *agitarsi nel sonno* to toss in one's sleep. **2** (*sollevarsi*) to agitate, to clamour: *il popolo comincia ad agitarsi* the people are beginning to clamour; ~ *per aumenti salariali* to agitate for higher wages. **3** (*turbarsi*) to get upset, to become troubled, to worry: *agitarsi per cose da nulla* to get upset over trifles. □ ~ *il fazzoletto in segno di saluto* to wave one's handkerchief; *il mare cominciò ad agitarsi* the sea began to rise (*o* get rough); *il vento agita le foglie* the wind stirs the leaves.

agitato *a.* **1** (*mosso*) agitated; (*rif. al mare*) rough. **2** (*inquieto*) troubled, restless: *una notte –a* a restless night; *sonno* ~ troubled sleep. **3** (*turbato*) disturbed, troubled, upset: *sono molto* ~ *per ciò che mi hai detto* I am very disturbed about what you have told me. **agitatore** *m.* (*f.* -trice) **1** agitator. **2** ⟨*Mecc*⟩ stirrer. **agitazione** *f.* **1** agitation, excitement: *essere in uno stato di* ~ to be in a state of agitation. **2** (*animazione*) bustle. **3** ⟨*Fis*⟩ excitation. □ *mettere qd. in* ~ to agitate s.o.; *-i operaie* industrial (*o* labour) unrest *sing*.

agit-prop *m.* ⟨*Pol*⟩ agitprop.

agli → **a¹**.

aglio *m.* garlic. □ *spicchio d'* ~ clove of garlic; *treccia d'* ~ string of garlic.

agnatizio *a.* ⟨*Dir*⟩ agnatic. **agnato** *m.* agnate. **agnazione** *f.* agnation.

agnellino *m.* lambkin, little lamb. □ ~ *di Persia* Persian lamb.

agnello *m.* **1** lamb: *lana d'* ~ lamb's wool; *costoletta d'* ~ lamb chop. **2** (*pelliccia*) lamb(skin). □ ⟨*Rel*⟩ *l'* ~ *di Dio* the Lamb of God; *essere un* ~ to be meek and mild; *un lupo in veste d'* ~ a wolf in sheep's clothing; *mansueto come un* ~ as meek as a lamb; ~ *pasquale* paschal lamb.

Agnese *N.pr.f.* Agnes.

agnizione *f.* ⟨*lett*⟩ recognition.

agnocasto *m.* ⟨*Bot*⟩ chaste tree.

agnolotto *m.* ⟨*Gastr*⟩ kind of ravioli.

agnosticismo *m.* ⟨*Filos*⟩ agnosticism. **agnostico** *a./s.* (*pl.* -ci) **I** *a.* agnostic(al). **II** *s.m.* (*f.* -a) agnostic.

ago *m.* (*pl.* -ghi) **1** needle: *infilare un* ~ to thread a needle. **2** (*di strumenti di misura*) tongue, index, needle: ~ *della bilancia* tongue (*o* index) of the scale. **3** ⟨*Bot*⟩ needle: *aghi di pino* pine–needles. □ ~ *della bussola* compass needle; ⟨*fig*⟩ *cercare un* ~ *in un pagliaio* to look for a needle in a haystack; ~ *per iniezioni* (hypodermic) needle; *aghi da maglia* knitting needles; ~ *magnetico* magnetic needle; ~ *da rammendo* darning needle; ⟨*Ferr*⟩ ~ *dello scambio* switch blade (*o* tongue); ⟨*Chir*⟩ ~ *da sutura* suture needle.

agognare *v.t.* (*agogno*) to long (*o* yearn) for, to crave, to thirst for: ~ *la gloria* to thirst for glory. **agognato** *a.* coveted, longed for.

agone¹ *m.* **1** ⟨*Stor.gr*⟩ agon. **2** ⟨*lett*⟩ (*gara*) contest, competition: ~ *poetico* poetry contest. □ ⟨*fig*⟩ *scendere nell'* ~ to enter the lists.

agone² *m.* ⟨*Itt*⟩ twaite shad.

agonia *f.* **1** agony, pangs *pl* of death. **2** ⟨*fig*⟩ agony, anxiety. □ *essere in* ~ to be at one's last death struggle; *l'* ~ *fu lunga* the end came slowly; *morire dopo lunga* ~ to die after a long–protracted struggle. **agonico** *a.* (*pl.* -ci) agonal: *in stato* ~ in the agonal state.

agonismo *m.* competitive (*o* fighting) spirit. **agonista** *m.* ⟨*Stor.gr*⟩ agonist. **agonistica** *f.* athletics *pl* (*costr. sing.*). **agonistico** *a.* (*pl.* -ci) agonistic(al), athletic, sporting: *attività –a* sporting activity.

agonizzante *a.* in the throes of death. **agonizzare** *v.i.* (*aus.* avere) to be in agony, to be on the point of death.

agopressione *f.* ⟨*Med*⟩ acupressure. **agopuntore** *m.* acupuncturist. **agopuntura** *f.* ⟨*Med*⟩ acupuncture.

agora, agorà *f.* ⟨*Stor.gr*⟩ agora.

agorafobia *f.* ⟨*Med*⟩ agoraphobia. **agorafobo** *m.* (*f.* -a) agoraphobic.

agoraio *m.* needle case.

agostiniano I *a.* Augustinian. **II** *s.m.* (*f.* -a) Augustinian. □ *regola –a* rule of St. Augustine. **agostinismo** *m.* ⟨*Filos*⟩ Augustin(ian)ism. **Agostino** *N.pr.m.* Augustine: *sant'* ~ St. Augustine.

agosto *m.* August. □ *di* (*o in*) ~ in August, of August, August–: *la prima settimana di* ~ the first week in August.

agraria *f.* agriculture: *facoltà di* ~ faculty of agriculture. **agrario I** *a.* agrarian, agricultural. **II** *s.m.* landowner. □ *legge –a* agrarian law; *riforma –a* land reform.

agreste *a.* rustic, rural: *vita* ~ rural life.

agretto I *a.* (*di sapore*) sourish, rather sour; (*rif. a vino*) rather sharp **II** *s.m.* **1** sourish taste. **2** ⟨*Bot*⟩ garden cress.

agrezza *f.* sourness, acidity.

agricolo *a.* agricultural, farm–. □ *attrezzi –i* agricultural implements; *azienda –a* farm; *macchina –a* farm machine. **agricoltore** *m.* (*f.* -trice) farmer. **agricoltura** *f.* agriculture, farming. □ ~ *cooperativistica* co-operative farming; ~ *mista* mixed farming; ~ *di sussistenza* subsistence agriculture (*o* farming).

agrifoglio *m.* ⟨*Bot*⟩ holly.

agrimensore *m.* (land–)surveyor. **agrimensura** *f.* (land–)surveying.

agrimonia *f.* ⟨*Bot*⟩ agrimony.

Agrippina *N.pr.f.* ⟨*Stor.rom*⟩ Agrippina. **agrippina** *f.* lounge–chair.

agriturismo *m.* farm holiday. **agriturista** *m./f.* farm holidaymaker. **agrituristico** *a.* (*pl.* -ci) farm holiday–.

agro¹ I *a.* **1** (*acido*) acid, sharp: *vino* ~ sharp wine. **2** (*acerbo*) sour: *arancia –a* sour orange. **3** ⟨*fig*⟩ harsh, sharp, bitter: *parole –e* bitter words. **II** *s.m.* (*sapore agro*) sour (*o* bitter) taste. □ ⟨*Gastr*⟩ *fagioli all'* ~ beans in vinegar.

agro² *m.*: *l'* ~ *Pontino* the Pontine marshes; *l'* ~ *Romano* the Roman plain.

agro|alimentare *a.* agricultural and food–. □ *catena* ~ agricultural and food chain. **~biologia** *f.* agrobiology. **~biologo** *m.* (*pl.* -gi; *f.* -a) agrobiologist.

agrodolce I *a.* bitter–sweet. **II** *s.m.* ⟨*Gastr*⟩ sweet –and–sour. □ *all'* ~ in vinegar with sugar.

agroindustriale *a.* agro-industrial.

agrologia *f.* agrology. **agronomia** *f.* agronomy, agronomics *pl* (*costr. sing.*). **agronomico** *a.* (*pl.* -ci) agronomic(al). **agronomo** *m.* agronomist.

agrostide *f.* ⟨*Bot*⟩ bent.

agrumario *a.* citrus (fruit)–: *la produzione –a della Sicilia* the citrus fruit production of Sicily. **agrume** *m.* (usually in pl.) ⟨*Bot*⟩ citrus(es) *pl*: *coltivazione di –i* citrus cultivation; (*frutta*) citrus fruit(s) *pl*: *l'esportazione degli –i* the exportation of citrus fruit(s). **agrumeto** *m.* citrus plantation (*o* orchard). **agrumicolo** *a.* citrus (fruit)–: *mercato* ~ citrus fruit market. **agrumicoltore** *m.* (*f.* -trice) citrus fruit grower. **agrumicoltura** *f.* citrus cultivation.

aguglia *f.* ⟨*Itt*⟩ needle–fish.

aguti *m.* ⟨*Zool*⟩ agouti, agouty.

agutoli *m.pl.* ⟨*Bot*⟩ matrimony vine, boxthorn.

aguzzare *v.t.* **1** to sharpen, to point: ~ *un palo* to point a stake. **2** (*stimolare*) to stimulate, to excite, to whet: ~ *l'appetito a qd.* to whet s.o.'s appetite. **3** ⟨*fig*⟩ (*acuire*) to sharpen, to make acute: ~ *la mente* to sharpen one's wits. □ ~ *gli orecchi* to prick one's ears; ~ *la vista* to watch intently. *Prov.: il bisogno aguzza l'ingegno* necessity is the mother of invention.

aguzzino *m.* **1** (*carceriere*) gaoler, jailer. **2** ⟨*fig*⟩ slave driver, tyrant: *fare l'* ~ to play the tyrant, to be a slave driver.

aguzzo *a.* sharp, keen (*anche fig.*), pointed: *naso* ~ pointed nose; *mente –a* keen intellect.

ah *intz.* ah, oh: ~, *che triste sorte* ah, what a sad fate.

ahi *intz.* ah; (*per un dolore fisico*) ow, ouch: ~ , *che dolore* ow, how it hurts.

ahimè *intz.* alas, ah me, ⟨*scherz*⟩ woe is me; (*purtroppo*) alas, unfortunately: *egli è, ~ , in prigione* unfortunately, he's in prison.

ai → **a**[1].

aia *f.* threshing-floor. □ ⟨*fig*⟩ *menare il can per l' ~* to beat about the bush.

AIDS *f./m.* ⟨*Med*⟩ AIDS.

AIE = *Agenzia Internazionale per l'Energia* International Energy Agency (*abbr.* IEA).

AIEA = *Agenzia internazionale per l'energia atomica* International Atomic Energy Agency (*abbr.* IAEA).

aikido *m.inv.* ⟨*Sport*⟩ aikido.

AIMA = *Azienda statale per gli interventi sul mercato agricolo* State Agency for Intervention on the Agricultural Market.

ailanto *m.* ⟨*Bot*⟩ ailanthus.

aimè *intz.* → **ahimè**.

aio *m.* (*f.* -a) ⟨*lett*⟩ tutor.

aiola *f.* (flower-)bed: *un' ~ di rose* a bed of roses; *non calpestare le -e* keep off the flower-beds.

aire *m.inv.: dare l' ~ a qc.* to set s.th. going (*o* off); *prendere l' ~* to start (off), to set off.

airone *m.* ⟨*Ornit*⟩ heron.

AIS = *Associazione internazionale per lo sviluppo* International Development Association (*abbr.* IDA).

aita *f.* ⟨*poet*⟩ help.

aitante *a.* vigorous, strong, sturdy: *un vecchio ancora ~* a still vigorous old man.

aiuola *f.* → **aiola**.

aiutante **I** *a.* helping, assisting. **II** *s.m./f.* **1** assistant. **2** ⟨*Mil*⟩ adjutant. **3** ⟨*Mar*⟩ warrant (*o* petty) officer. □ ⟨*Mil*⟩ *~ di campo* aide-de-camp; ⟨*Mar*⟩ *~ di bandiera* flag lieutenant; ⟨*Mil*⟩ *~ maggiore* adjutant.

aiutare *v.t.* **1** to help, to assist: *~ il figlio a fare i compiti* to help one's son with his homework; *~ qd. nel pericolo* to help s.o. in danger. **2** (*agevolare*) to assist, to aid, to facilitate: *~ la digestione* to aid the digestion. **aiutarsi** *v.r.* **1** (*ingegnarsi*) to do one's best, to help o.s.: *si aiuta come può* he does the best he can, he does his best. **2** ⟨*recipr*⟩ to help e.o. □ *Dio t'aiuti* God help you; *farsi ~ da qd.* to get s.o. to help one; *la fortuna aiuta gli audaci* fortune favours the brave. *Prov.: aiutati, che Dio* (*o il ciel*) *t'aiuta* God helps those who help themselves; *gente allegra il ciel l'aiuta* heaven smiles on cheerful people.

aiuto *m.* **1** help, assistance, aid. **2** *pl.* ⟨*concr*⟩ aid, assistance, relief: *raccogliere -i per gli alluvionati* to organize relief for flood victims. **3** (*persona che aiuta*) helper; (*assistente*) assistant. **4** *pl.* ⟨*Mil*⟩ reinforcements *pl.* **5** ⟨*esclam*⟩ help! □ *accorrere in ~ di qd.* to come to s.o.'s aid; ⟨*Pol*⟩ *-i alimentari* food aid; *chiamare ~* to call for help; *chiedere ~ a qd.* to ask s.o. for help; *~ chirurgo* assistant surgeon; *dare ~ a qd.* to help s.o.; *-i per la difesa* defence aid *sing*; *con l' ~ di Dio* (*se tutto procede bene*) God willing; (*fortunatamente*) by the grace of God; *essere d' ~ a qd.* to be of help (*o* assistance) to s.o.; ⟨*Econ*⟩ *gli -i all'estero* foreign aid; *-i militari* military aid; *programma di -i* aid scheme; *~ regista* assistant director; *-i allo sviluppo* development aid; *venire in ~ di qd.* to come to s.o.'s aid.

aizzamento *m.* incitement, provocation, arousal, goading.

aizzare *v.t.* **1** to urge (*o* spur) on, to goad: *~ i contendenti* to urge on the adversaries; (*rif. ad animali*) to set on: *~ i cani contro il ladro* to set the dogs on the thief. **2** (*istigare*) to incite, to rouse, to stir up: *~ il popolo alla rivolta* to incite the people to revolt.

aizzatore *m.* (*f.* -trice) instigator, inciter.

à jour *fr.* [a'ʒw:r] **I** *a./avv.* à jour, openwork: *lavorare ~* to do open work. **II** *s.m.* hemstitch.

al → **a**[1].

ala *f.* (*pl.* **ali/ale**; the plural *ale* is only used in a figurative sense) **1** wing: *battere le -i* to flap (*o* beat) one's wings. **2** ⟨*Aer,Arch,Pol*⟩ wing: *~ di un edificio* wing of a building. **3** ⟨*Mil*⟩ wing. **4** ⟨*Sport*⟩ wing, outside. □ ⟨*fig*⟩ *abbassare le -i* to humble o.s.; ⟨*Aer*⟩ *apertura dell' ~* wing span; *apertura d'-i* wing spread; *~ del cappello* (hat-)brim; *colpo d'~* wing beat; ⟨*fig*⟩ stroke of genius; ⟨*Sport*⟩ *~ destra* right wing, outside right; ⟨*fig*⟩ *sulle -i della* **fantasia**

in a flight of fancy; *fare ~* to line the way: *il popolo fece ~ al sovrano* the people lined the way for the sovereign; *passare tra due -i di gente* to pass between two lines of people; ⟨*Sport*⟩ **mezz'** *~ destra* inside right; ⟨*Pol*⟩ *~ del partito* wing of the party; ⟨*fig*⟩ *avere le -i ai piedi* to have winged feet; *la paura gli mette le -i ai piedi* fear lends him wings; *~ di pinguino* penguin's flipper; ⟨*fig*⟩ *sotto le -i di qd.* under s.o.'s wing; **spiegare** *le -i* to spread one's wings (*anche fig.*); *volare ad -i spiegate* to glide.

alabarda *f.* halberd. **alabardato** *a.* armed with a halberd. **alabardiere** *m.* halberdier.

alabastrino *a.* alabaster-, alabastrine (*anche fig.*): *mani -e* alabaster hands. **alabastro** *m.* ⟨*Min*⟩ alabaster: *di ~* (of) alabaster, as white as alabaster; *viso di ~* face as white as alabaster.

alacre (*o* *alacre*) *a.* **1** active, brisk, quick. **2** ⟨*fig*⟩ (*vivace*) lively, quick. **alacremente** *avv.* briskly, with alacrity. **alacrità** *f.* alacrity, readiness, briskness.

Aladino *N.pr.m.* Aladdin: *la lampada di ~* Aladdin's lamp.

alaggio *m.* ⟨*Mar*⟩ **1** towing, towage. **2** (*operazione per tirare a secco un galleggiante*) beaching. □ *cavo di ~* tow-rope; *scalo di ~* slip; *strada di ~* towpath.

alamaro *m.* **1** (*allacciatura*) frog. **2** (*delle divise militari*) braiding, braided loop.

alambicco *m.* (*pl.* -chi) alembic.

alano *m.* ⟨*Zool*⟩ Great Dane.

alare[1] *a.* wing-: *apertura ~* wing span; (*di uccelli*) wing spread.

alare[2] *m.* firedog, andiron.

alare[3] *v.t.* ⟨*Mar*⟩ to haul, to tow.

Alasca *N.pr.f.* ⟨*Geog*⟩ Alaska: *golfo di ~* Gulf of Alaska.

alato *a.* **1** winged: *cavallo ~* winged horse. **2** ⟨*Bot*⟩ alate. **3** ⟨*fig*⟩ (*elevato*) lofty, winged: *parole -e* winged words.

alba *f.* **1** dawn (*anche fig.*): *all' ~* at dawn; *allo spuntare* (*o sul fare*) *dell' ~* at daybreak, at the break (*o* crack) of dawn; *l' ~ del secolo* the dawn of the century. **2** ⟨*Lett,Mus*⟩ aubade.

albagia *f.* arrogance: *pieno di ~* full of arrogance. □ *trattare qd. con ~* to treat s.o. arrogantly.

albanella *f.* ⟨*Ornit*⟩ harrier.

albanese **I** *a.* Albanian. **II** *s.m.* **1** (*lingua*) Albanian. **2** *m./f.* (*abitante*) Albanian.

albano *a.* Alban: *i colli -i* the Alban hills.

albarello *m.* → **alberello**.

albastrello *m.* ⟨*Ornit*⟩ marsh sandpiper.

albatro *m.* ⟨*Ornit*⟩ albatross.

albedo *f.* ⟨*Astr*⟩ albedo.

albeggiamento *m.* dawning.

albeggiare[1] *v.* (**albeggio**, **albeggi**) **I** *v.i.impers.* (*aus.* **essere**) to grow light, to dawn (*anche fig.*): *albeggia* it is growing light, day is breaking. **II** *v.i.* (*aus.* **essere**) (*biancheggiare*) to shine with a white light, to show whitely.

albeggiare[2] *m.* dawn, break of day, first light of day: *partirono al primo ~* they left at the first light of day.

alberaggio *m.* ⟨*Mar*⟩ harbour dues *pl.*

alberare *v.t.* (**albero**, **alberi**) **1** to plant with trees: *~ un viale* to plant an avenue with trees. **2** ⟨*Mar*⟩ to mast. **alberato** *a.* **1** planted (*o* lined) with trees, tree-lined: *una strada -a* a street lined with trees. **2** ⟨*Mar*⟩ masted: *vascello ~* masted ship. **alberatura** *f.* ⟨*Mar*⟩ masts *pl*, masting.

alberello *m.* (*vasetto*) albarello.

albereto *m.* plantation of trees.

albergare *v.* (**albergo**, **alberghi**) **I** *v.t.* **1** (*dare albergo*) to house, to shelter, to lodge. **2** ⟨*fig*⟩ to harbour: *~ sentimenti di odio* to harbour feelings of hatred. **II** *v.i.* (*aus.* **avere**) **1** (*prendere alloggio*) to lodge, to put up, to stay: *~ al Grand Hotel* to stay (*o* put up) at the Grand Hotel. **2** ⟨*fig*⟩ to be lodged, to dwell: *l'odio alberga nel suo cuore* hatred dwells in his heart. **albergatore** *m.* (*f.* -trice) hotel keeper. **alberghiero** *a.* hotel-: *industria -a* hotel trade. □ *scuola -a* hotel workers' training school.

albergo *m.* (*pl.* -ghi) **1** hotel. **2** (*ricovero*) shelter. □ *casa ~* residence; *~ di prima* (*o seconda*) **categoria** first- (*o* second-)class hotel; **dare** *~ a qd.* (*ospitare*) to give shelter to s.o.; *~ diurno* daytime hotel (with wash and brush up, baths and rest–rooms); ~ *per la* **gioventù** youth hostel; **guida** *degli alberghi* hotel guide; ~ *di* **lusso** luxury hotel; **pernottare** *all'* ~ to spend the night at the hotel; **scendere** *all'* ~ to put up at the hotel; **stare** *all'* ~ to stay at the hotel: *in che* ~ *stai?* what hotel are you staying at (*o* in)?; ~ *a quattro* **stelle** four star hotel.

alberino *m.* ⟨*Mecc*⟩ spindle, shaft: ~ *del distributore* distributor shaft.

albero *m.* **1** ⟨*Bot*⟩ tree: *piantare un* ~ to plant a tree. **2** ⟨*Mar*⟩ mast. **3** ⟨*Mecc*⟩ shaft, spindle, axle. **4** ⟨*Chim,Anat*⟩ tree: ~ **bronchiale** bronchial tree. □ **arrampicarsi** *su un* ~ to climb (up) a tree; ⟨*Bibl*⟩ ~ *(della scienza) del* **bene** *e del male* tree of knowledge; ⟨*Mar*⟩ ~ *di* **bompresso** bowsprit; ⟨*Aut*⟩ ~ *del* **cambio** *di velocità* gear shaft; ⟨*Mecc*⟩ ~ *a* **camme** camshaft; ~ *della* **cuccagna** greasy pole; ⟨*Aut*⟩ ~ *del* **differenziale** differential shaft; **festa** *degli* ~*i* community planting of trees, ⟨*SU*⟩ Arbor Day; ~ *da* **frutto** fruit–tree; ~ *di alto* **fusto** long–trunked (*o* tall) tree; ~ *di basso* **fusto** short–trunked (*o* short) tree; ~ **genealogico** genealogical (*o* family) tree; ⟨*Bot*⟩ ~ *di* **Giuda** Judas tree; ~ *della* **libertà** tree of liberty; ⟨*Mar*⟩ ~ *di* **maestra** mainmast; ⟨*Mar*⟩ ~ *di* **mezzana** mizzenmast; ~ **motore** driving shaft; ~ *di* **Natale** Christmas tree; ~ *del* **pane** breadfruit tree; ~ *del* **pepe** pepper tree; ⟨*Mar*⟩ ~ *di* **prua** foremast; ⟨*El*⟩ ~ *del* **rotore** centre shaft; ⟨*Mecc*⟩ ~ *di* **trasmissione** transmission shaft; ⟨*Mar*⟩ ~ *di* **trinchetto** foremast.

Alberto *N.pr.m.* Albert.

albicocca *f.* **1** apricot. **2** (*colore*) apricot (colour). **albicoccheto** *m.* apricot orchard. **albicocco** *m.* (*pl.* -chi) ⟨*Bot*⟩ apricot tree.

albigese I *a.* Albigensian: *eresia* ~ Albigensian heresy. **II** *s.m.* (usually in pl.) ⟨*Rel*⟩ Albigenses *pl.*

albinismo *m.* ⟨*Med,Bot*⟩ albin(o)ism. **albino I** *a.* albino, albinic: *bambino* ~ albino child; *pianta* –*a* albinic plant, albino. **II** *s.m.* (*f.* -a) albino.

Albione *N.pr.f.* ⟨*lett*⟩ Albion.

albite *f.* ⟨*Min*⟩ albite.

albo *m.* **1** (*tavola per affissi*) (notice) board, ⟨*am*⟩ bulletin–board: ~ *di facoltà* faculty notice–board. **2** ⟨*Dir*⟩ register, roll: ~ *dei medici* medical register. **3** (*libro figurato*) picture book; (*libro di fumetti*) comic (book): ~ *di Topolino* Mickey Mouse comic. **4** (*per fotografie*) album. □ ~ *degli avvocati* rolls *pl*: *radiare dall'* ~ *degli avvocati* to strike off the rolls; ~ *pretorio* municipal notice board; ~ *professionale* professional register (*o* roll).

albore *m.* **1** ⟨*lett*⟩ (*alba*) dawn (*anche fig.*): *si svegliò ai primi* –*i del giorno* he woke at dawn; *gli* –*i della civiltà* the dawn of civilization. **2** ⟨*poet*⟩ (*biancore*) whiteness.

alborella *f.* ⟨*Itt*⟩ bleak.

albugine *f.* **1** ⟨*Bot*⟩ white rust. **2** ⟨*Med*⟩ albugo.

album *m.* **1** album. **2** (*libro figurato*) picture book. □ ~ *discografico* album, set of gramophone records; ~ *da disegno* sketchbook; ~ *per fotografie* photo(graph) album; ~ *per francobolli* stamp album.

albume *m.* **1** albumen, white of egg. **2** ⟨*Bot*⟩ endosperm.

albumina *f.* ⟨*Chim*⟩ albumin. **albuminato** *m.* albuminate. **albuminoide** *a./s.m.* ⟨*Biol*⟩ albuminoid. **albuminoso** *a.* albuminous. **albuminuria** *f.* ⟨*Med*⟩ albuminuria.

alburno *m.* ⟨*Bot*⟩ alburnum.

alcaico *a.* (*pl.* -ci) ⟨*Metr*⟩ Alcaic: *metro* ~ Alcaic metre.

alcalde *sp. m.* alcalde.

alcalescente *a.* ⟨*Chim*⟩ alkalescent. **alcalescenza** *f.* alkalescence.

alcali *m.inv.* ⟨*Chim*⟩ alkali. **alcalimetria** *f.* alkalimetry. **alcalimetro** *m.* alkalimeter. **alcalinità** *f.* alkalinity. **alcalinizzare** *v.t.* to alkali(ni)ze, to alkalify. **alcalinizzazione** *f.* alkali(ni)zation. **alcalino** *a.* alkaline, alkali–. □ *acqua* –*a* alkaline water; *metalli* –*i* alkali metals; *reazione* –*a* alkaline reaction; ⟨*Agr*⟩ *terreno* ~ alkali soil.

alcalino–terroso *a.* ⟨*Chim*⟩ alkaline–earth: *metallo* ~ alkaline earth metal.

alcaloide *m.* ⟨*Chim*⟩ alkaloid. **alcalosi** *f.* ⟨*Med*⟩ alkalosis.

alcanna *f.* ⟨*Bot*⟩ henna.

alcano *m.* ⟨*Chim*⟩ alkane.

alce *m.* ⟨*Zool*⟩ elk.

Alceo *N.pr.m.* ⟨*Stor.gr*⟩ Alcaeus.

alchechengi *m.inv.* ⟨*Bot*⟩ winter cherry.

alchermes *m.* alkermes.

alchilante *a.* ⟨*Chim*⟩ alkylating. **alchilare** *v.t.* to alkylate. **alchilato** *m.* alkylate.

alchile *m.* ⟨*Chim*⟩ alkyl. **alchilico** *a.* (*pl.* -ci) alkylic.

alchimia (*o alchimia*) *f.* alchemy (*anche fig.*). **alchimista** *m.* alchemist. **alchimistico** *a.* (*pl.* -ci) alchemistic(al), alchemic(al). **alchimizzare** *v.t.* **1** to alchemize. **2** ⟨*fig*⟩ (*falsificare, ingannare*) to falsify, to deceive.

alcione *m.* ⟨*poet*⟩ **1** (*martin pescatore*) halcyon. **2** (*gabbiano*) (sea–)gull.

Alcione *N.pr.f.* ⟨*Mitol,Astr*⟩ Alcyone.

alcol *m.* ⟨*Chim*⟩ alcohol: ~ *assoluto* pure alcohol. □ ⟨*fig*⟩ *darsi all'* ~ to take to drink; *senza* ~ non–alcolic.

alcole *m.* ⟨*rar*⟩ → **alcol. alcolemia** *f.* ⟨*Med*⟩ alcoholemia. **alcolicità** *f.* alcohol(ic) content, alcoholicity. **alcolico** *a./s.* (*pl.* -ci) **I** *a.* alcoholic: *vino poco* ~ wine with a low alcoholic content. **II** *s.m.* **1** (*bevanda alcolica*) alcoholic beverage (*o* drink). **2** *pl.* alcoholic beverages *pl*, wines and spirits *pl.* **alcolimetro** *m.* → **alcolometro. alcolismo** *m.* alcoholism. **alcolista** *m./f.* alcoholic. **alcolizzare** *v.t.* **1** to alcoholize. **2** ⟨*Med*⟩ to make an alcoholic. **alcolizzarsi** *v.r.* to become an alcoholic. **alcolizzato I** *a.* alcoholic. **II** *s.m.* (*f.* -a) alcoholic. **alcolometria** *f.* ⟨*Chim*⟩ alcoholometry. **alcolometro** *m.* alcoholometer, alcoholimeter. **alcool** *m.* ⟨*rar*⟩ → **alcol.**

alcova *f.* **1** (bed room) alcove. **2** ⟨*fig*⟩ (*camera*) chamber.

alcunché *pron.indef.* **1** (*in proposizioni positive: qualche cosa*) something: *c'e* ~ *di sospetto* there is something suspicious. **2** (*in proposizioni negative, interrogative, dubitative: niente*) anything: *non c'è* ~ *di nuovo* there isn't anything new, there's nothing new.

alcuno I *a.* (before singular masculine nouns beginning with a vowel or consonant, except *s* + consonant, *z, gn, ps, x, alcuno* is apocopated to *alcun;* the feminine form *alcuna* becomes *alcun'* before a vowel) **1** (*qualche*) some: *per alcun tempo* for some time. **2** (*in frasi negative: nessuno*) any: *non posso darti alcun aiuto* I can't give you any help; (*verbo affermativo*) no: *non vedo alcun motivo* I see no reason. **3** *pl.* some, a few: *ci sono* –*e parole che non capisco* there are some words which I don't understand; –*i anni fa* a few years ago. **II** *pron.* **1** (*uno*) ⟨*non com*⟩ someone, somebody: ~ *parla* someone is talking; (*in proposizioni interrogative o dubitative*) anyone, anybody: *se* ~ *lo vedesse* if anyone should (*o* were to) see it. **2** (*in frasi negative: nessuno*) anyone, anybody; (*verbo affermativo*) no one, nobody: *non c'è* ~ *che voglia aiutarmi* there's no one who wants to help me. **3** *pl.* some, a few, some people: *vedemmo* –*i piangere* we saw some people crying; –*e di voi sono preparatissime* some of you are very well prepared. □ *in alcun luogo* anywhere, nowhere: *non si riusciva a trovarlo in alcun luogo* he was nowhere to be found; *non era presente* ~ *studente* no student was present; *senza alcun dubbio* without a doubt, with no doubt.

aldeide *f.* ⟨*Chim*⟩ aldehyde. □ ~ *acetica* acetic aldehyde, acetaldehyde; ~ *formica* formic aldehyde, formaldehyde. **aldeidico** *a.* (*pl.* -ci) aldehydic.

aldilà *m.* next (*o* other) world, life to come: *nell'* ~ in the next world; *le anime dell'* ~ the spirits of the other world.

aldino *a.* ⟨*Tip*⟩ Aldine: *carattere* ~ Aldine type.

alé *intz.* ⟨*fam*⟩ come on: ~ , *andiamo* come on, let's go.

alea *f.* risk, hazard: *correre l'* ~ to run the risk. **aleatorio** *a.* **1** hazardous, risky, uncertain: *esito* ~ uncertain outcome. **2** ⟨*Dir*⟩ aleatory.

aleggiare *v.i.* (*aleggio, aleggi; aus.* **avere**) ⟨*lett*⟩ to blow gently, to stir: *la brezza aleggiava tra le foglie* the breeze was blowing gently among the leaves; (*rif. a profumo e sim.*) to waft.

alemanno I *a.* Alemannic. **II** *s.m.* (*dialetto*) Alemannic dialect.

alerone *m.* ⟨*Aer*⟩ aileron.

alesaggio m. ⟨Mecc⟩ bore. **alesare** v.t. (aleso) (a mano) to ream; (con l'alesatrice) to bore; (col tornio) to lathe–bore. **alesatoio** m. reamer. **alesatore** m. 1 (operaio) borer. 2 (utensile) reamer. **alesatrice** f. boring machine. **alesatura** f. (a mano) reaming; (con l'alesatrice) boring; (col tornio) lathe–boring.

Alessandra N.pr.f. Alexandra.

Alessandria N.pr.f. ⟨Geog⟩ Alexandria.

alessandrino[1] a. (rif. ad Alessandria d'Egitto) Alexandrian.

alessandrino[2] I a. ⟨Metr⟩ Alexandrine. II s.m. Alexandrine.

Alessandro N.pr.m. Alexander. □ ⟨Stor⟩ ~ Magno Alexander the Great.

alessia f. ⟨Med⟩ alexia. **alessico** a. (pl. -ci) ⟨Med⟩ alexic.

aletta f. 1 ⟨Itt⟩ (pinna) fin. 2 ⟨Mecc⟩ tongue; (di raffreddamento) fin. 3 ⟨Aer⟩ tab. 4 ⟨Mar⟩ fin. □ ⟨Aut⟩ ~ parasole sun visor; ⟨Mar⟩ ~ di rollio bilge keel. **alettare** v.t. (aletto) ⟨Mecc⟩ to fin. **alettato** a. finned. **alettatura** f. ⟨Mecc⟩ 1 (operazione) finning. 2 (insieme di alette) fins pl. **alettone** m. ⟨Aer⟩ aileron.

aleurone m. ⟨Chim⟩ aleuron(e).

Aleutine N.pr.f.pl. ⟨Geog⟩ Aleutian islands pl, Aleutians pl.

alfa[1] f.inv. (prima lettera dell'alfabeto greco) alpha. □ ⟨fig⟩ ~ e omega alpha and omega, the first and the last; dall' ~ all'omega from A to Z; ⟨Fis⟩ particelle ~ alpha particles; ⟨Ling⟩ ~ privativo alpha privative; ⟨Atom⟩ raggi ~ alpha rays.

alfa[2] f. ⟨Bot⟩ esparto (grass).

alfabeticamente avv. alphabetically, in alphabetical order. **alfabetico** a. (pl. -ci) 1 (dell'alfabeto) alphabetic: scrittura –a alphabetic writing. 2 (secondo l'ordine alfabetico) alphabetical: indice ~ alphabetical index. **alfabetizzare** v.t. to teach how to read and write. **alfabetizzazione** f. alphabetization. **alfabeto** m. 1 alphabet: ~ fonetico phonetic alphabet. 2 (primi rudimenti) first steps pl, elements pl. □ ⟨Tel⟩ ~ morse Morse code (o alphabet).

alfanumerico a. (pl. -ci) ⟨Inform⟩ alphanumeric(al): carattere ~ alphanumeric character; codice ~ alphanumeric code.

alfiere m. 1 (portabandiera) standard bearer. 2 ⟨Mil⟩ ensign. 3 ⟨fig⟩ (antesignano) pioneer, forerunner. 4 (negli scacchi) bishop.

alfine avv. finally, at last, eventually.

Alfredo N.pr.m. Alfred.

alga f. ⟨Bot⟩ seaweed, alga. □ ⟨Bot⟩ alghe brune brown algae; alghe rosse red algae; proliferazione di alghe algal (o water) bloom.

algebra f. 1 algebra. 2 ⟨fam⟩ (cosa astrusa) gibberish. □ ~ booleana Boolean algebra; ~ delle matrici matrix algebra; questa per me è ~ this is Greek to me. **algebricamente** avv. algebraically. **algebrico** a. (pl. -ci) algebraic: espressione –a algebraic expression.

Algeri N.pr.f. ⟨Geog⟩ Algiers. **Algeria** N.pr.f. ⟨Geog⟩ Algeria. **algerino** a./s.m. (f. -a) Algerian.

algesimetria f. → algometria. **algesimetro** m. → algometro.

algido a. ⟨Med⟩ algid.

algologia f. algology. **algologo** m. (pl. -gi) algologist. **algometria** f. algometry. **algometro** m. algometer.

algonchiano a./s.m. ⟨Geol⟩ Algonkian: periodo ~ Algonkian (era).

algoritmico a. (pl. -ci) ⟨Mat, Inform⟩ algorithmic. **algoritmo** m. ⟨Mat, Inform⟩ algorithm: ~ euclideo Euclid's algorithm.

algoso a. covered with seaweed, abounding in algae.

Alhambra N.pr.f. Alhambra.

aliante m. ⟨Aer⟩ glider. **aliantista** m./f. ⟨Aer⟩ glider pilot.

alias avv. (altrimenti detto) otherwise known as, alias.

alibi m. 1 ⟨Dir⟩ alibi (anche fig.): procurarsi un ~ to find an alibi; presentare un ~ to give (o produce) an alibi. 2 ⟨fig⟩ alibi, excuse: ~ morale moral excuse. □ invocare un ~ to plead an alibi.

alicante m. ⟨Enol⟩ Alicante.

alice f. ⟨Itt⟩ anchovy.

Alice N.pr.f. Alice: ~ nel paese delle meraviglie Alice in Wonderland.

alidada f. ⟨tecn⟩ alidade.

alienabile a. alienable: beni –i alienable property. **alienabilità** f. alienability. **alienamento** m. ⟨Dir⟩ alienation, transfer. **alienante** m./f. ⟨Dir⟩ alienator. **alienare** v.t. (alieno) 1 to alienate, to turn against, to estrange: ~ una persona da un'altra to turn one person against another; il suo modo di fare gli alienò la benevolenza del padrone his behaviour alienated his employer from him. 2 ⟨Dir⟩ to alienate, to transfer: ~ una proprietà to alienate a property. **alienarsi** v.r. to alienate from o.s., to turn against o.s.: si è alienato le simpatie di tutti he has turned everyone against him. **alienato** I a. 1 ⟨Dir⟩ alienated, transferred. 2 ⟨Med⟩ insane, lunatic. II s.m. (f. -a) ⟨Med⟩ insane person, lunatic. □ casa di cura per –i mental home, lunatic asylum. **alienazione** f. 1 ⟨Dir⟩ alienation, transfer: ~ di diritti alienation of rights. 2 (allontanamento) alienation. 3 ⟨Med⟩ alienation. □ ~ della dote transfer of dowry; ~ della proprietà alienation of property; ~ mentale mental derangement. **alienista** m./f. alienist.

alieno I a. 1 (contrario, avverso) averse, opposed: essere ~ alle discussioni to be opposed to argument. 2 ⟨lett⟩ (straniero) foreign. 3 (extraterrestre) alien, from outer space. II s.m. (f. -a) 1 alien, creature from the outer space. 2 ⟨rar⟩ (emarginato) outcast.

alieutica f. ⟨lett⟩ halieutics pl (costr.sing.).

alifatico a. (pl. -ci) ⟨Chim⟩ aliphatic: composti –i aliphatic compounds.

alimentare[1] v.t. (alimento) 1 to feed, to nourish (anche fig.): i ruscelli alimentano il lago the streams feed the lake. 2 ⟨tecn⟩ to feed: ~ un motore to feed a motor; (rif. a combustibile, fuoco) to stoke: ~ la caldaia to stoke the boiler; (rif. a energia elettrica) to supply. 3 ⟨fig⟩ (tener vivo) to feed, to keep alive: ~ le speranze di qd. to keep s.o.'s hopes alive; (rinfocolare) to foster, to stir up: ~ l'odio to foster hatred. **alimentarsi** v.r. to feed, to live (o on) (anche fig.): alimentarsi di speranze to live on hope.

alimentare[2] I a. food–, alimentary: industria ~ food industry. II s.m.pl. foodstuffs pl. □ generi –i foodstuffs pl; lavorazioni –i food processing; negozio di –i grocer's shop; ⟨Dir⟩ obbligo ~ obligation to support; prodotti –i food products; regime ~ diet; reparto –i (di grande magazzino, ecc.) food department; sostanza ~ foodstuff.

alimentarista m./f. 1 (commerciante) purveyor of foodstuffs. 2 (studioso) dietician. 3 (lavoratore) worker in the food industry. **alimentatore** m. (f. -trice) 1 (chi alimenta) feeder, nourisher; ⟨fig⟩ sower, fomenter: ~ di discordie sower of discord. 2 ⟨tecn⟩ feeder; (rif. al combustibile) stoker. 3 ⟨El,Rad⟩ feeder.

alimentazione f. 1 feeding, nourishing, alimentation: ~ del bestiame feeding of cattle. 2 (dieta) diet: ~ vegetale vegetable diet. 3 ⟨tecn⟩ feed(ing): ~ automatica automatic feeding. 4 ⟨Mil⟩ loading; (rif. ad arma automatica) feed. □ ~ carnea meat diet; ⟨Inform⟩ ~ carta paper feed; condotto di ~ feed line; dispositivi di ~ feeding devices; ~ forzata forced feeding; ~ a frizione friction feed; ⟨El⟩ linea di ~ supply line; ⟨Aut⟩ pompa d' ~ fuel pump; ~ povera di vitamine a diet lacking vitamins; ~ sbagliata unbalanced diet; ⟨Inform⟩ ~ a trattore tractor feed.

alimento m. 1 food, aliment. 2 pl. ⟨Dir⟩ alimony: corrispondere gli –i to pay alimony. 3 ⟨fig⟩ nourishment, food: ~ dello spirito spiritual food. 4 ⟨tecn⟩ feed. □ ~ completo complete food; –i per l'infanzia baby food; –i naturali natural food, health food; ⟨Dir⟩ obbligo di passare gli –i obligation to support.

alinea m.inv. 1 (capoverso) paragraph. 2 ⟨Dir⟩ section, article.

aliquota f. 1 share, quota: pagare l' ~ to pay one's share. 2 (rif. a imposte) rate: ~ dell'imposta rate of taxation. 3 ⟨Mat⟩ aliquot (part). □ ~ contributiva tax rate; ~ doganale rate of customs duty; ~ progressiva progressive rate.

aliscafo m. ⟨Mar⟩ hydrofoil.

aliseo I a. trade–wind–. II s.m.pl. trade winds pl. □ venti

–i trade winds, trades; *zona degli* ~ trade–wind region.

alisso *m.* ⟨*Bot*⟩ alyssum.

alitare *v.i.* (**ali̱to**; *aus.* **avere**) **1** (*respirare*) to breathe. **2** (*soffiare leggermente*) to stir, to blow gently: *il vento alitava fra le foglie* the wind was stirring among the leaves. **ali̱to** *m.* **1** (*respiro, fiato*) breath: *avere l' ~ cattivo* to have (*o* suffer from) bad breath. **2** (*soffio di vento*) puff, breath: *non spira un ~ di vento* there's not a breath of wind. □ *un ~ di vita* a breath of life.

alito̱si *f.* ⟨*Med*⟩ halitosis, ⟨*fam*⟩ bad breath.

all', alla → a[1].

allacciame̱nto *m.* **1** (*atto*) lacing, tying, fastening. **2** (*effetto*) connexion, connection, junction. **3** (*collegamento*) connection, link. **4** ⟨*Ferr*⟩ junction, ⟨*am*⟩ cross–over. **5** ⟨*Chir*⟩ ligation. **6** ⟨*Tel,El*⟩ connexion. □ ~ *del gas* gas connection; *fare l' ~ della luce* to connect the electricity.

allacciare *v.t.* (**alla̱ccio, alla̱cci**) **1** (*legare con lacci*) to lace (up), to tie: ~ *le scarpe* to lace one's shoes. **2** (*legare insieme*) to tie (*o* fasten) together, to join: ~ *due funi* to tie two ropes together. **3** (*abbottonare*) to button (up), to fasten: ~ *il mantello* to button (*o* fasten) one's coat; (*affibbiare*) to buckle. **4** ⟨*fig*⟩ (*stringere*) to form: ~ *nuove amicizie* to form new friendships. **5** ⟨*tecn*⟩ to connect, to couple, to link. **6** ⟨*El,Ferr*⟩ to connect. **7** ⟨*Chir*⟩ to ligate: ~ *una vena* to ligate a vein. □ ~ *una relazione commerciale* to establish a business connection; ⟨*Agr*⟩ ~ *le viti* to tie the vines. **allacciatura** *f.* **1** (*l'allacciare*) lacing, tying, fastening; (*rif. a bottoni*) buttoning; (*rif. a fibbia*) buckling. **2** (*legatura*) fastening. **3** (*laccio*) lace, tie. **4** ⟨*Chir*⟩ ligature, ligation.

allagame̱nto *m.* flooding, inundation: ~ *delle campagne* flooding of the countryside; (*effetto*) flood. **allaga̱re** *v.t.* (**alla̱go, alla̱ghi**) (*inondare*) to flood, to inundate: *il fiume allagò tutta la città* the river flooded the whole city. **2** ⟨*fig*⟩ (*riempire*) to fill, to flood, to cover: *hanno allagato la città di manifestini elettorali* they have covered the city with election leaflets. **allagarsi** *v.r.* (*coprirsi d'acqua*) to become swamped (*o* covered with water).

Alla̱h *N.pr.m.* Allah.

allampana̱to *a.* lean, gaunt.

allanto̱ide *f.* ⟨*Anat*⟩ (*membrana allantoide*) allantois.

allargame̱nto *m.* widening, broadening (*anche fig.*): *l' ~ delle proprie cognizioni* the widening of one's knowledge.

allarga̱re *v.t.* (**alla̱rgo, alla̱rghi**) **1** (*rendere più largo*) to widen, to broaden (*anche fig.*): ~ *la strada* to widen the road; ~ *la cerchia delle proprie amicizie* to enlarge (*o* widen) one's circle of friends. **2** (*rif. a vestiti*) to let out; (*rif. a scarpe, guanti e sim.*) to stretch. **3** (*aprire*) to open, to spread (out): ~ *le braccia* to open one's arms. □ ~ *il proprio campo d'azione* to extend one's field of action; ⟨*Sport*⟩ ~ *il gioco* to open up play; ⟨*fig*⟩ ~ *la mano* to be generous. **allargarsi** *v.r.* **1** to become wider, to widen, to spread: *il fiume si allarga prima della diga* the river widens before the dam. **2** (*trasferirsi in una casa più grande*) to move into larger premises. □ ~ *il cuore* to lighten (*o* gladden) the heart: *mi si allargò il cuore a quella notizia* the news gladdened my heart.

allarga̱ta *f.* (*allargamento fatto alla svelta*) widening, stretching, letting out. **allarga̱to̱io** *m.* ⟨*Mecc*⟩ reamer. **allargato̱re** *m.* **1** ⟨*Min*⟩ under–reamer. **2** ⟨*Mecc*⟩ counterbore. **allargatri̱ce** *f.* ⟨*Tess*⟩ tenter. **allargatu̱bi** *m.inv.* ⟨*tecn*⟩ pipe opener, tube expander. **allargatu̱ra** *f.* **1** widening, broadening, enlargement. **2** (*slargo*) widening: *un' ~ della strada* a widening of the road.

allarma̱nte *a.* alarming, disturbing. **allarma̱re** *v.t.* **1** to alarm. **2** ⟨*fig*⟩ (*inquietare*) to alarm, to disturb, to disquiet. **allarmarsi** *v.r.* to become (*o* get) alarmed: *allarmarsi di* (*o per*) *qc.* to become alarmed about s.th.

alla̱rme *m.* **1** ⟨*Mil*⟩ alarm, call to arms. **2** (*grido, segnale*) alarm, warning. **3** (*apprensione*) alarm, apprehension. **4** (*dispositivo*) alarm: ~ *contro i furti* burglar alarm. □ ~ *aereo* air–raid warning; **dare** *l' ~* to give the alarm; **dispositivo** *d' ~* alarm system; **falso** ~ false alarm (*anche fig.*); ⟨*Ferr*⟩ **segnale** *d' ~* emergency signal; *segnale di cessato ~* all–clear; **sonare** *l' ~* to sound the alarm; ⟨*Mil*⟩ *mettere in* **stato** *di ~* to put into a state of alarm (*anche fig.*); ⟨*Mil*⟩ ~ **strategico** strategic warning; **tenere** *in ~* to

keep in a state of readiness.

allarmi̱smo *m.* alarmism. **allarmi̱sta** **I** *s.m./f.* alarmist. **II** *a.* alarmist, panic–: *stampa* ~ panic press. **allarmi̱stico** *a.* (*pl.* **-ci**) alarming, disquieting: *voci allarmistiche* disquieting rumours.

allati̱vo *a.* ⟨*Ling*⟩ allative.

allattame̱nto *m.* **1** (*rif. a bambini*) feeding, nursing; (*rif. ad animali*) suckling. **2** (*periodo*) lactation. □ ~ *artificiale* bottle–feeding; ~ *materno* (*o al seno*) breast feeding. **allatta̱re** *v.t.* (*rif. a bambini*) to feed, to nurse; (*rif. ad animali*) to suckle. □ ~ *artificialmente* to bottle–feed.

alle → a[1].

allea̱nza *f.* alliance: *stringere un' ~* to form (*o* enter into) an alliance. □ ⟨*Bibl*⟩ **arca** *dell' ~* Ark of the Covenant; ⟨*Pol*⟩ ~ **Atlantica** Atlantic Pact Alliance; ~ **difensiva** defensive alliance; ⟨*Stor*⟩ **Grande** ~ Grand Alliance; ⟨*Pol*⟩ ~ *per il* **progresso** Alliance for Progress; **rompere** *l' ~* to break the alliance; ⟨*Stor*⟩ **Santa** ~ Holy Alliance; ⟨*Stor*⟩ **Triplice** ~ Triple Alliance.

allea̱re *v.t.* (**alle̱o**) to ally. **allearsi** *v.r.* to form (*o* enter into) an alliance, to ally: *allearsi con una nazione* to enter into an alliance with a nation; *si sono alleati contro di noi* they have formed an alliance against us. **allea̱to** **I** *a.* allied: *le nazioni –e* the allied nations. **II** *s.m.* ally. □ *le* **forze** *–e* the Allied forces; *la vittoria degli –i in Europa* the Allied victory in Europe.

Allega̱ni *N.pr.m.pl.* ⟨*Geog*⟩ the Alleghenies *pl.*

allega̱re[1] *v.* (**alle̱go, alle̱ghi**) **I** *v.t.* **1** to enclose: ~ *un certificato alla lettera* to enclose a certificate in the letter. **2** (*rif. ai denti*) to set on edge; (*rif. alla bocca*) to make dry. **II** *v.i.* (*aus.* **avere**) ⟨*Bot*⟩ to set.

allega̱re[2] *v.t.* (**alle̱go, alle̱ghi**) to cite, to adduce: ~ *una testimonianza* to cite evidence; (*addurre*) to advance, to put forward, to plead: ~ *un pretesto* to advance (*o* come up with) a pretext.

allega̱to **I** *a.* enclosed: *documenti –i* documents enclosed. **II** *s.m.* enclosure, document enclosed: *si prega di restituire gli –i* please return the enclosures (*o* documents enclosed). **2** (*di contratto e sim.*) annex(e). □ *qui* ~ herewith enclosed.

allegazio̱ne *f.* ⟨*Dir*⟩ allegation.

alleggerime̱nto *m.* **1** lightening (*anche fig.*). **2** (*diminuzione*) reduction: ~ *di una pena* reduction of a penalty (*o* sentence). □ ~ *fiscale* tax relief. **alleggeri̱re** *v.t.* (**alleggeri̱sco, alleggeri̱sci**) **1** to lighten, to make lighter: ~ *il bagaglio di qualche chilo* to make the luggage a few kilos lighter. **2** ⟨*fig*⟩ to lighten, to make lighter, to ease: ~ *la propria coscienza* to ease one's conscience **alleggerirsi** *v.r.* **1** to become lighter. **2** (*indossare panni più leggeri*) to put on lighter clothes. □ *l'hanno alleggerito di mezzo milione* they relieved him of half a million.

alle̱ggio *m.* ⟨*Mar*⟩ **1** (*sbarco del carico*) lightening. **2** (*pontone*) pontoon. **3** (*foro di scarico*) boat plug. □ *spese d' ~* lighterage.

allegori̱a *f.* allegory: *esprimersi per –e* to express o.s. in allegories. **allegoricame̱nte** *avv.* allegorically. **allego̱rico** *a.* (*pl.* **-ci**) allegoric(al). □ *carro* ~ float. **allego̱ri̱sta** *m./f.* allegorist.

allegrame̱nte *avv.* cheerfully, gaily, merrily; (*alla leggera*) lightly, light–heartedly. □ *prendere la vita* ~ not to take life seriously. **allegre̱tto** *a./avv./s.m.* ⟨*Mus*⟩ allegretto. **allegre̱zza** *f.* joy, gladness, cheerfulness. **allegri̱a** *f.* gaiety, merriment, cheerfulness. □ *il vino mette* ~ wine makes you merry; *passare il tempo in* ~ to have a merry (*o* good) time; *stare in* ~ to have a good time.

alle̱gro **I** *a.* **1** merry, cheerful, gay: *è sempre* ~ he is always cheerful; *musica –a* cheerful music. **2** (*alticcio*) tipsy. **3** (*licenzioso*) ribald, spicy: *storielle –e* spicy stories; (*di facili costumi*) fast: *donnina –a* fast woman. **4** (*irresponsabile*) haphazard: *finanza –a* haphazard financial management. **5** ⟨*Mus*⟩ allegro. **II** *s.m.* ⟨*Mus*⟩ allegro. □ **colore** ~ bright colour; **stare** *–i* (*divertirsi*) to make merry; *ma sta' ~, non abbatterti* cheer up, don't lose heart; *c'è poco da stare –i* there isn't much to be cheerful about; **tenere** ~ *qd.* to cheer s.o. up; ⟨*Mus*⟩ *la* **Vedova** *–a* The Merry Widow. *Prov.*: *gente –a il ciel l'aiuta* Heaven helps cheerful people.

allegrone *m.* (*f.* -**a**) jolly fellow.

allele *m.* ⟨*Biol*⟩ allele. **allelomorfo** *a.* allelomorphic. **allelomorfismo** *m.* ⟨*Biol*⟩ allelomorphism.

alleluia I *s.m.inv.* hallelujah, alleluia. II *intz.* hallelujah.

allenamento *m.* 1 ⟨*Sport*⟩ training. 2 (*abitudine*) habit: ~ *allo studio* study habit, habit of studying. □ ~ **autogeno** autogenic training; **essere** *in* ~ to be in training; *essere fuori* ~ to be out of practice; ⟨*Sport*⟩ to be out of training; *la memoria è tutta* **questione** *di* ~ memory is only a matter of training; **tenersi** *in* ~ to keep in practice; ⟨*Sport*⟩ to keep (o.s.) in training.

allenare *v.t.* (**alleno**) ⟨*Sport*⟩ to train, to coach: ~ *una squadra di calcio* to coach a football team; ~ *un cavallo da corsa* to train a racehorse. **allenarsi** *v.r.* (*esercitarsi*) to practice; (*prepararsi*) to train (o.s.): *allenarsi per le gare di nuoto* to train for swimming competitions. □ ~ *la memoria* to train one's memory. **allenato** *a.* 1 trained: *un atleta ben* ~ a well–trained athlete. 2 (*abituato*) accustomed: *non è ancora* ~ *al clima africano* he's not yet accustomed to the African climate. **allenatore** *m.* (*f.* -**trice**) ⟨*Sport*⟩ trainer, ⟨*am*⟩ coach.

allentamento *m.* slackening, loosening; (*rallentamento*) slowing down, slackening. **allentare** *v.t.* (**allento**) 1 (*rendere meno teso*) to slack(en), to ease off: ~ *una fune* to slacken a rope; (*rendere meno stretto*) to loosen: ~ *la fasciatura* to loosen the bandage; ~ *una vite* to loosen a screw. 2 (*rendere meno veloce*) to slacken, to slow down: ~ *il passo* to slacken one's pace. 3 (*rendere meno rigido*) to relax: ~ *la disciplina* to relax discipline. **allentarsi** *v.r.* 1 (*diventare meno teso*) to slacken, to grow slack. 2 (*diventare meno stretto*) to loosen, to become loose; (*di ingranaggi, ecc.*) to work loose: *la vite si è allentata* the screw has worked loose. 3 (*diventare meno rigido*) to become less rigid, to relax: *la sorveglianza si è allentata* supervision has become less rigid. □ ~ *un ceffone a qd.* to give (*o* deal) s.o. a slap, to slap s.o.; *allentarsi la cravatta* to loosen one's tie; ~ *le redini* to slacken the reins (*anche fig.*); ~ *la stretta* to loosen one's hold.

allergene *m.* ⟨*Med*⟩ allergen.

allergia *f.* ⟨*Med*⟩ allergy. □ ⟨*Med*⟩ ~ *alimentare* food allergy; (*fig*) *avere* ~ *per qd.* to be allergic to s.o. **allergico** *a.* (*pl.* -**ci**) allergic (*anche fig.*): *essere* ~ *agli antibiotici* to be allergic to antibiotics. □ ⟨*fam*⟩ *essere* ~ *al lavoro* to have an allergy for work.

allergologia *f.* allergology. **allergologo** *m.* (*pl.* –**gi**) allergologist.

allerta (*o* *all'erta*) I *avv.* on the alert: *stare all'* ~ to be on the alert. II *s.f.* 1 alert: *dare l'* ~ to sound the alert. 2 (*esclam*) look out! **allertare** *v.t.* (**allerto**) (*mettere in stato di allarme*) to alert, to warn.

allestimento *m.* 1 preparation, setting up: ~ *di una mostra* preparation of an exhibition. 2 ⟨*Mar*⟩ fitting out: ~ *di una nave* fitting out of a ship. 3 ⟨*Teat*⟩ staging. □ *il padiglione è in* ~ the stand is being mounted; ~ *scenico* scenery; ~ *delle vetrine* window dressing. **allestire** *v.t.* (**allestisco, allestisci**) 1 to prepare, to get ready: ~ *un pranzo* to prepare a dinner. 2 (*arredare*) to furnish. 3 ⟨*Mar*⟩ to fit out: ~ *una nave* to fit out a ship. 4 ⟨*Teat*⟩ to stage: ~ *una rappresentazione* to stage a performance.

allettamento *m.* allurement, enticement: *cedere agli* –*i* to yield to enticements. **allettante** *a.* tempting, inviting: *proposte* –*i* tempting proposals.

allettare[1] *v.t.* (**alletto**) 1 (*lusingare*) to allure, to entice. 2 (*attrarre*) to attract, to tempt: ~ *qd. con promesse* to tempt s.o. with promises.

allettare[2] *v.t.* (**alletto**) (*obbligare a letto*) to confine to bed. **allettarsi** *v.r.* (*mettersi a letto*) to take to one's bed. **allettatore** I *s.m.* (*f.* -**trice**) (*lusingatore*) enticer, charmer. II *a.* (*che alletta*) enticing, alluring: *sorriso* ~ alluring smile.

allevamento *m.* 1 breeding, rearing; (*rif. a bestiame*) cattle breeding, stock farming. 2 (*luogo*) (stock) farm; (*rif. a cavalli*) stud farm. □ **animale** *da* ~ brood (*o* stud) animal; ~ **artificiale** raising by hand; ~ *di* **cavalli** horse breeding; ~ **ovino** sheep breeding; ~ *di* **polli** chicken farming; ~ **suino** pig breeding.

allevare *v.t.* (**allevo**) 1 (*rif. a bambini*) to bring up, to rear: *fu allevato in casa dei nonni* he was brought up in his grandparents' house; ~ *bene i propri figli* to bring up one's children well. 2 (*rif. ad animali*) to rear, to breed: ~ *bestiame* to breed livestock. 3 (*rif. a piante*) to grow, to raise. **allevatore** *m.* (*f.* -**trice**) breeder, farmer. □ ~ *di cavalli* horse breeder; ~ *di pollame* poultry farmer.

alleviamento *m.* 1 lightening. 2 (*fig*) alleviation, easing, relief. **alleviare** *v.t.* (**allevio, allevi**) 1 (*rendere più lieve*) to lighten, to make lighter: ~ *una fatica* to make a hard task lighter. 2 (*fig*) (*mitigare*) to alleviate, to ease, to assuage: *nessuno fu in grado di* ~ *le sue sofferenze* no one was able to assuage his suffering.

allibire *v.i.* (**allibisco, allibisci**; *aus.* **essere**) 1 (*impallidire*) to (turn) pale: *a quelle parole il poveretto allibì* at those words the poor fellow turned pale. 2 (*restare sbigottito*) to be dismayed. **allibito** *a.* dismayed.

allibramento *m.* ⟨*Econ*⟩ registration: *spese di* ~ registration fee. **allibrare** *v.t.* to register, to enter: ~ *un debito* to enter a debt. **allibratore** *m.* bookmaker, ⟨*fam*⟩ bookie.

allicciare *v.t.* (**alliccio**) 1 ⟨*Tess*⟩ to heddle. 2 ⟨*Fal*⟩ to set (the teeth of a saw).

allietare *v.t.* (**allieto**) to gladden, to cheer (up): *la casa del signor Carli è stata allietata dalla nascita di un maschietto* Mr. Carli's household has been gladdened by the birth of a son. **allietarsi** *v.r.* to cheer up, to rejoice: *mi allietai a quella notizia* I rejoiced at that news.

allievo *m.* (*f.* -**a**) 1 (*scolaro*) pupil. 2 (*discepolo*) pupil, disciple: *Giotto fu* ~ *di Cimabue* Giotto was a pupil of Cimabue. 3 ⟨*Mil*⟩ cadet. 4 (*apprendista*) apprentice. □ ⟨*Mil*⟩ ~ *ufficiale* cadet officer; *scuola* –*i ufficiali* officer–training school.

alligatore *m.* ⟨*Zool*⟩ alligator.

allignare *v.i.* (*aus.* **essere/avere**) 1 (*mettere radici*) to take root, to grow: *la vite alligna nei paesi a clima temperato* grapevines grow in countries with a temperate climate. 2 (*fig*) (*prosperare*) to flourish, to thrive; (*attecchire*) to catch on: *usanza che ha allignato solo tra i più giovani* a custom which has caught on only among the younger people.

allineamento *m.* 1 alignment, ranging, laying out in a line. 2 (*adeguamento*) adjustment (*a* to), alignment (with). 3 ⟨*Mil*⟩ dressing, forming up: ~ *di soldati* dressing of soldiers. 4 ⟨*Pol*⟩ line–up. 5 ⟨*Tip*⟩ ranging, ⟨*am*⟩ alignment. □ ⟨*tecn*⟩ *dispositivo di* ~ aligner; ⟨*Tip,Inform*⟩ ~ *del margine* justification; ⟨*Econ*⟩ ~ *monetario* monetary alignement; ⟨*Econ*⟩ ~ *dei prezzi* price alignment (*o* adjustment); ~ *dei salari* wage alignment (*o* adjustment).

allineare *v.t.* (**allineo**) 1 to align, to line up, to lay out. 2 (*adeguare*) to adjust, to align: ~ *gli stipendi* to adjust salaries. 3 ⟨*Rad*⟩ to align. 4 ⟨*Tip*⟩ to range, ⟨*am*⟩ to align. **allinearsi** *v.r.* 1 to form a line, to fall into line, to line up. 2 (*adeguarsi*) to become adjusted, to adjust. 3 ⟨*Mil*⟩ to dress, to fall in: *allinearsi a destra* to dress on the right; *allineatevi!* fall in! **allineato** *a.* aligned, lined up, drawn up. □ ⟨*Pol*⟩ *paesi non* –*i* non–aligned countries.

allitterante *a.* alliterative. **allitterazione** *f.* alliteration. **allo** → **a**[1].

allocazione *f.* 1 ⟨*Sport*⟩ prize money, stakes *pl.* 2 ⟨*Econ*⟩ allocation. □ ~ *dei costi* cost allocation (*o* distribution); ~ *delle spese* expense allocation (*o* distribution).

allocchire *v.i.* (**allocchisco, allocchisci**; *aus.* **essere**) to become stupid (*o* dull). **allocchito** *a.* dazed, stupefied. **allocco** *m.* (*pl.* -**chi**) 1 ⟨*Ornit*⟩ (tawny) owl. 2 ⟨*fig*⟩ fool, dunce, dolt: *rimanere come un* ~ to stand there like a fool.

allocutorio *a.* speech–. □ ⟨*Ling*⟩ *pronome* ~ polite form of a pronoun. **allocuzione** *f.* allocution.

alloctono *a.* ⟨*Geol*⟩ allochthonous.

allodiale *a.* ⟨*Dir*⟩ al(l)odial: *beni* –*i* al(l)odial estate. **allodio** *m.* al(l)odium.

allodola *f.* ⟨*Ornit*⟩ (sky)lark.

allofono *m.* ⟨*Ling*⟩ allophone. **allografo** *m.* ⟨*Ling,Dir*⟩ allograph.

allogamento *m.* ⟨*rar*⟩ 1 (*il collocare*) placing, assignment. 2 (*l'affittare*) leasing, lease. 3 ⟨*Econ*⟩ (*l'investire*) investing.

allogare *v.t.* (**allogo**, **alloghi**) **1** (*rif. a cose*) to arrange, to settle: ~ *i libri negli scaffali* to arrange the books on the shelves; (*rif. a ospiti*) to accommodate, to lodge. **2** (*maritare*) to marry off. **3** (*collocare in un impiego*) to find employment for, to place: ~ *qd. come cuoco in un albergo* to find employment for s.o. as cook in a hotel. **4** 〈*Econ*〉 (*investire*) to invest. **5** (*dare in affitto*) to lease. **allogeno I** *a.* of foreign extraction. **II** *s.m.* (*f.* **-a**) citizen of foreign extraction. □ *gruppi –i* minority groups.
alloggiamento *m.* **1** lodging, accommodation. **2** 〈*Mil*〉 (*rif. a caserme: atto*) quartering; (*effetto*) quarters *pl;* (*rif. a case private: atto*) billeting; (*effetto*) billet. **3** 〈*Mecc*〉 housing, slot. **alloggiare** *v.* (**alloggio**, **alloggi**) **I** *v.t.* **1** (*ospitare*) to lodge, to house, to accommodate, to give accommodation to. **2** 〈*Mil*〉 (*rif. a caserme*) to quarter; (*rif. a case private*) to billet. **3** 〈*Mecc*〉 to house, to fit in a slot. **II** *v.i.* (*aus.* **avere**) **1** to lodge, to stay, to take lodgings: ~ *presso* (o *da*) *qd.* to stay at s.o.'s (house). **2** 〈*Mil*〉 (*rif. a caserme*) to be quartered; (*rif. a case private*) to be billeted. **3** 〈*Mecc*〉 to be housed, to be fitted into a slot. □ *Prov.: chi tardi arriva male alloggia* first come first served. **alloggio** *m.* **1** accommodation, lodging; (*rif. a stanze*) lodgings *pl,* rooms *pl.* **2** (*ospitalità*) lodging, accommodation: *chiedere ~ per una notte* to ask for accommodation for one night. **3** 〈*Mil*〉 (*rif. a caserme*) quarters *pl;* (*rif. a case private*) billet. **4** 〈*Mecc*〉 housing, slot. □ *crisi degli alloggi* housing shortage; 〈*Mil*〉 *maresciallo d' ~* quartermaster; *vitto e ~* board and lodging.
alloglotto I *a.* speaking a different language. **II** *s.m.* (*f.* **-a**) member of a linguistic minority.
allontanamento *m.* **1** removal, moving away: ~ *di un pericolo* removal of a danger. **2** (*licenziamento: di impiegati*) dismissal; (*dalla scuola, da un collegio*) expulsion.
allontanare *v.t.* **1** to remove, to send (o move, take) away: ~ *la sedia dalla stufa* to move the chair away from the fire; (*rif. a persona*) to send away; (*tenere lontano*) to keep away, to separate: ~ *qc. da sé* to keep s.th. away from o.s.; (*scacciare*) to chase away. **2** 〈*fig*〉 to avert, to banish, to remove: ~ *il sospetto* to banish suspicion. **3** (*ispirare avversione*) to drive off (o away), to alienate: *ha un modo di fare che allontana tutti* he's got a way about him that alienates everybody. **4** (*licenziare: rif. a impiegati*) to dismiss; (*rif. a scolari, studenti*) to expel. **allontanarsi** *v.r.* **1** to go away, to depart, to leave, to go off: *si allontanò senza parlare* he left (o went off) without speaking; *si è allontanato dall'ufficio per un'ora* he left the office for an hour. **2** (*estraniarsi*) to draw away, to become estranged: *mi allontanai da lui perché non andavamo più d'accordo* I drew away from him because we no longer got on well together. **3** 〈*fig*〉 (*deviare*) to deviate, to swerve, to wander: *allontanarsi dalla retta via* to deviate from the straight and narrow (path); *allontanarsi dall'argomento* to wander from the subject. □ ~ *un pericolo da qd.* to shield s.o. from danger.
allopatia *f.* 〈*Med*〉 allopathy. **allopatico** *a./s.* (*pl.* **-ci**) **I** *a.* allopathic. **II** *s.m.* (*f.* **-a**) allopathist.
allora *avv.* **1** (*in quel momento*) then, at (o in) that moment: ~ *non seppi cosa rispondere* at that moment, I did not know what to reply; (*in quel tempo*) at that time, then: ~ *si usava così* it was the custom, then (o at that time). **2** (*in tal caso*) then, in that case, well then: *non sei ancora pronto? ~ ti aspetterò* aren't you ready yet? I'll wait for you, then. **3** (*dunque*) (well) then, therefore, so: ~ *siamo intesi* well then, we're agreed. **4** (*interr.*) well (then), what then (o now), so: *e ~ ?* and so?, and what then?; ~ *che hai deciso?* what have you decided, then? □ ~ *allora* just: *ero arrivato ~ allora* I had just arrived; *da ~* since then, from then on(wards): *da ~ in poi* since then, from then on; *fino ~* until (o till) then; **proprio** ~ just then, at that very moment; ~ *sì che persi la pazienza* then I really lost my temper.
allorché *congz.* 〈*lett*〉 when, as soon as: ~ *la vide, tacque* when he saw her, he stopped talking.
alloro *m.* laurel (*anche fig.*). □ 〈*fig*〉 *conquistare l' ~* to win one's laurels; *corona d' ~* laurel wreath; *dormire* (o

riposare) *sugli –i* to rest on one's laurels; *incoronato d' ~* wreathed (o crowned) with laurels; 〈*fig*〉 *mietere –i* to rea‹ laurels.
allorquando *congz.* → **allorché**.
allotrapianto *m.* 〈*Chir*〉 allotransplantation.
allotropia *f.* 〈*Chim*〉 allotropy. **allotropico** *a.* (*pl.* -ci‹ allotropic(al). **allotropo** *m.* allotrope.
allottamento *m.* 〈*Econ*〉 parcelling (out), apportionmen‹ **allottare** *v.t.* (**allotto**) to parcel (out), to apportion.
alluce *m.* 〈*Anat*〉 hallux; 〈*fam*〉 big toe.
allucinante *a.* **1** hallucinating. **2** (*abbagliante*) dazzling **allucinare** *v.t.* (**allucino**) **1** to hallucinate. **2** (*abbagliare* to dazzle. **allucinato** *a.* **1** hallucinated. **2** (*abbagliato‹* dazzled. **allucinatorio** *a.* hallucinatory. **allucinazion‹** *f.* hallucination □ 〈*Med*〉 ~ *uditiva* auditory hallucinatior ~ *visiva* visual hallucination. **allucinogeno I** *‹* hallucinogenic: *sostanza –a* hallucinogenic substance. **I‹** *s.m.* hallucinogen, hallucinogenic drug, 〈*pop*〉 min‹ –expanding drug. **allucinosi** *f.* 〈*Med*〉 hallucinosis.
alludere *v.i.* (**allusi, alluso**; *aus.* **avere**) to allude, to refe‹ (*a* to), to hint (at): *non so a chi tu voglia ~* I do not kno‹ who you are alluding to.
allume *m.* 〈*Chim*〉 alum. □ ~ *di rocca* rock alum **allumina** *f.* 〈*Chim*〉 alumina.
alluminare *v.t.* (**allumino**) 〈*ant*〉 (*miniare*) to illuminate.
alluminato *m.* 〈*Chim*〉 aluminate. **alluminio** *m* aluminium, 〈*am*〉 aluminum. □ *foglio* (o *lamina*) *di ‹* aluminium foil; *pasta di ~* aluminium paste; *una per tola di ~* an aluminium saucepan; *rivestito di ‹* aluminium-clad. **alluminosi** *f.* 〈*Med*〉 aluminosis. **allu‹ minotermia** *f.* 〈*Fis*〉 aluminothermy.
allunaggio *m.* 〈*Astron*〉 moon landing. **allunare** *v.i.* (*au‹* avere) to moon–land, to land on the moon.
allunga *f.* **1** 〈*Mecc*〉 extension, adapter. **2** 〈*Econ*〉 allong‹ **allungabile** *a.* extensible, extension–: *tavolo ~* extensio‹ table. **allungamento** *m.* **1** (*atto*) lengthening, extendin‹ prolonging; (*effetto*) extension, prolongation, elongation. 〈*Fis*〉 elongation, expansion: ~ *specifico* specific expansio‹ **3** 〈*Ling*〉 lengthening. □ 〈*Fis*〉 *coefficiente di ~* coefficier of expansion; ~ *di rottura* breaking strain; ~ *alla trazio‹* strain under tension.
allungare *v.t.* (**allungo**, **allunghi**) **1** to lengthen, to exten‹ ~ *una gonna di tre centimetri* to lengthen (o let down) skirt (by) three centimetres; (*rif. a tempo*) to prolong, t extend: ~ *le vacanze* to prolong one's holidays. **2** (*stender‹* to stretch (out), to hold out: ~ *le gambe sotto il tavolo t* stretch one's legs under the table. **3** 〈*Ling*〉 to lengthen: *una vocale* to lengthen a vowel. **4** (*dare: pugni, calci sim.*) to let fly, to deliver: ~ *una pedata a qd.* to let fly kick at s.o. **5** (*porgere*) to hand, to pass: *allungami giornale, per favore* pass me the newspaper, please. 〈*Sport*〉 to pass forward. **7** (*diluire*) to dilute; (*con acqu‹* to water (down). **allungarsi** *v.r.* **1** (*rif. a spazio, tempo*) ‹ lengthen, to draw out: *le giornate si sono allungate* th‹ days have drawn out; (*rif. a statura*) to grow taller: *bambino si è allungato ed è dimagrito* the child has grow‹ taller and thinner. **2** (*stendersi*) to stretch out, to l‹ down: *vorrei allungarmi un po' sul letto* I should like ‹ stretch out on the bed for a while. □ ~ *il collo* to stretc‹ one's neck; ~ *la mano* to reach out; ~ *le mani* (*picchiar‹* to lay hands on; ~ *le mani su qc.* (*impadronirsene*) to l‹ (o get) hold of s.th., to lay hands on s.th.; (*rubare*) to ste‹ s.th.; ~ *il passo* to quicken one's pace; ~ *la strada* to ta‹ the longest way; ~ *la vita* to prolong life.
allungato *a.* (*diluito*) diluted; (*con acqua*) watered–dow‹ **allungatura** *f.* (*atto*) lengthening; (*rif. a temp‹* prolonging, extending; (*effetto*) elongation, prolongatio‹ extension.
allungo *m.* (*pl.* **-ghi**) 〈*Sport*〉 (*rif. al calcio, al‹* pallacanestro) pass (forward); (*rif. alla scherma*) extende lunge; (*rif. al ciclismo*) spurt; (*rif. allo sci*) single step.
allusi → **alludere**. **allusione** *f.* allusion, hint, referenc □ *fare ~ a qd.* to allude to s.o., to hint at s.o. **allusi‹** *a.* allusive, (*pred*) alluding. **alluso** → **alludere**.
alluvionale *a.* 〈*Geol*〉 alluvial. □ *deposito ~* alluv‹ deposit; *pianura ~* alluvial plain; *terreno ~* alluvial so‹ **alluvionato I** *a.* flooded, flood–: *regioni –e* flood area‹

II *s.m.* (*f.* **-a**) flood victim. **alluvione** *f.* **1** (*inondazione*) flood, inundation. **2** ⟨*Geol*⟩ alluvium, alluvion. **3** ⟨*fig*⟩ (*grande quantità*) flood, stream, torrent: *un' ~ di improperi* a torrent (*o* stream) of abuse. **4** ⟨*Dir*⟩ alluvion.

almanaccare *v.i.* (**almanacco, almanacchi;** *aus.* **avere**) **1** (*fantasticare*) to (day)dream, to build castles in the air. **2** (*congetturare*) to muse, to puzzle: *~ su qc.* to puzzle over s.th.

almanacco *m.* (*pl.* **-chi**) **1** almanac(k). **2** (*calendario*) calendar, almanac. **3** (*annuario*) year–book. □ *~ di Gotha* Almanach de Gotha.

almeno I *avv.* at least: *non è intelligente, ma ~ studia* he is not very clever, but at least he studies. **II** *congz.* [*cong*] (*se almeno*) if only, if at least: *~ lavorasse* if only he would work, if he would at least work.

aloe, aloè *f.inv.* **1** ⟨*Bot*⟩ aloe. **2** (*legno*) aloes–wood.

alo|fauna *f.* salt–water fauna, halophilic fauna. **~flora** *f.* sea flora, halophilic flora.

alogena *f.* halogenous lamp.

alogenare *v.t.* (**alogeno**) ⟨*Chim*⟩ to alogenate. **alogenazione** *f.* halogenation.

alogeno I *a.* halogenous. **II** *s.m.* halogen.

alogenuro *m.* ⟨*Chim*⟩ halide.

alogico *a.* (*pl.* **-ci**) alogical.

alone *m.* **1** ⟨*Astr*⟩ halo: *~ della luna* lunar halo. **2** (*aureola di luce*) glow, halo: *l' ~ dei lampioni sotto la pioggia* the glow of the street–lamps in the rain. **3** (*aureola lasciata dalla benzina*) mark, ring. **4** ⟨*fig*⟩ aura, halo: *la sua vita era circondata da un ~ di leggenda* his life was enveloped in an aura of legend.

alopecia (*o* **alopecìa**) *f.* ⟨*Med*⟩ alopecia.

alosa *f.* ⟨*Itt*⟩ shad.

alpaca (*o* **alpàca**) *f.* **1** ⟨*Zool*⟩ alpaca. **2** (*lana, tessuto*) alpaca: *una giacca di ~* an alpaca jacket.

alpacca *f.* German (*o* nickel) silver.

alpe *f.* **1** (*pascolo*) Alpine pasture. **2** ⟨*lett*⟩ (*montagna*) alp.

alpeggiare *v.t.* (**alpeggio, alpeggi**) to lead (flocks) to summer pasture in the mountains. **alpeggio** *m.* (*luogo*) summer pasture in the mountains; (*pratica*) summer mountain grazing.

alpenstock *ted. m.* alpenstock.

alpestre *a.* **1** (*di montagna*) mountain, Alpine; (*ripido*) steep: *sentiero ~* steep path. **2** (*delle Alpi*) Alpine.

Alpi *N.pr.f.pl.* ⟨*Geog*⟩ Alps *pl.*

alpigiano I *a.* mountain–, alpine. **II** *s.m.* (*f.* **-a**) **1** inhabitant of the Alps. **2** (*montanaro*) mountain dweller.

alpinismo *m.* mountaineering, alpinism, mountain climbing. □ *fare dell' ~* to go mountain climbing. **alpinista** *m./f.* mountaineer, mountain climber, alpinist. **alpinistico** *a.* (*pl.* **-ci**) alpine. **alpino I** *a.* **1** (*delle Alpi*) Alpine. **2** (*di montagna*) Alpine, mountain–. **3** ⟨*Mil*⟩ Alpine: *truppe –e* Alpine troops. **II** *s.m.* ⟨*Mil*⟩ **1** member of the Italian Alpine troops. **2** *pl.* Alpini *pl* (Italian Alpine troops). □ *Club ~ Italiano* Italian Alpine Club.

alquanto I *a.* **1** a certain (*o* fair) amount of, (quite) some: *aveva ~ denaro* he had a fair amount of money; *dopo ~ tempo* after some time. **2** *pl.* several, a good many, quite a few (*o* lot of): *dopo –e ore* after several hours; *c'erano –e persone* there were quite a lot of people. **II** *pron.* **1** a certain (*o* fair) amount, quite a lot, a good deal, some: *ne ho bevuto ~* I have drunk a good deal (of it). **2** *pl.* several, some, a good many, quite a lot: *dammene –i* give me some (of them). **III** *avv.* (*un poco*) rather, somewhat, a little; (*più di un poco*) rather, quite, more than a little: *ero ~ seccato* I was rather (*o* quite) annoyed. □ *aspettò ~* he waited a while; *camminarono ~* they walked for quite some time.

Alsazia *N.pr.f.* ⟨*Geog*⟩ Alsace: *~ Lorena* Alsace–Lorraine. **alsaziano I** *a.* Alsatian. **II** *s.m.* (*f.* **-a**) Alsatian.

alt I *intz.* **1** ⟨*Mil*⟩ halt. **2** ⟨*Strad*⟩ stop. **II** *s.m.* halt: *dare l' ~* to call (*o* bring to) a halt.

alt. = *altitudine* altitude (*abbr.* alt.).

altalena *f.* **1** (*in bilico*) seesaw; (*sospesa a funi*) swing. **2** ⟨*fig*⟩ (*alterna vicenda*) ups and downs *pl*, alternation: *un' ~ di gioie e dolori* an alternation of joys and sorrows. □ *fare l' ~* to swing up and down (*o* backwards and

forwards); (*sull'altalena*) to play on a seesaw. **altalenare** *v.i.* (**altaleno;** *aus.* **avere**) **1** to swing, to seesaw. **2** ⟨*fig*⟩ (*essere indeciso*) to waver, to hesitate.

altamente *avv.* greatly, highly, deeply.

altana *f.* covered roof–terrace.

altare *m.* altar. □ **accostarsi** *all' ~* (*per comunicarsi*) to go up to receive Holy Communion; **condurre** *una ragazza all' ~* to lead a girl to the altar; **innalzare** *agli –i* to canonize; ⟨*fig*⟩ to raise to great honour; *~* **maggiore** high altar; *il* **sacrificio** *dell' ~* the Mass.

altarino *m.* small altar. □ ⟨*fig*⟩ *scoprire gli –i* to reveal (*o* give away) a secret.

altea *f.* ⟨*Bot*⟩ althaea, marshmallow.

alterabile *a.* **1** alterable, changeable. **2** (*deperibile*) perishable. **3** (*falsificabile*) falsifiable, forgeable. **4** ⟨*fig*⟩ (*irritabile*) irritable, touchy: *persona facilmente ~* very touchy person. **alterabilità** *f.* **1** alterability, changeableness, changeability. **2** (*adulterabilità*) liability to adulteration. **3** ⟨*fig*⟩ (*irritabilità*) irritability, touchiness.

alteramente *avv.* **1** (*orgogliosamente*) proudly. **2** (*sdegnosamente*) haughtily, arrogantly.

alterare *v.t.* (**altero**) **1** (*mutare*) to alter, to change: *la luce del sole altera i colori* sunlight alters colours. **2** (*adulterare*) to adulterate. **3** (*falsificare*) to falsify; (*rif. a denaro, documenti*) to counterfeit; (*rif. a firme, documenti*) to forge. **4** (*svisare*) to distort, to twist: *~ la verità* to twist (*o* distort) the truth. **5** (*turbare, irritare*) to arouse, to anger. **alterarsi** *v.r.* **1** (*mutarsi*) to alter, to change. **2** (*andare a male*) to go bad (*o* off). **3** (*turbarsi, irritarsi*) to become angry (*o* annoyed), to get worked up: *alterarsi per un nonnulla* to get worked up over a mere trifle. **4** (*rif. a viso*) to darken.

alterato *a.* **1** (*mutato*) altered, changed: *lineamenti –i dalla sofferenza* features changed by suffering. **2** (*adulterato*) adulterated. **3** (*falsificato*) falsified, counterfeited, forged. **4** (*guasto: rif. a cibi, bevande*) bad; (*rif. a latte*) sour. **5** (*irritato*) angry, annoyed; (*turbato*) upset. □ *essere ~ dal vino* to be fuddled by wine; *polso ~* quick pulse; *voce –a dal pianto* voice broken by weeping.

alterazione *f.* **1** (*modificazione*) alteration, change. **2** (*adulterazione*) adulteration. **3** (*falsificazione*) falsification, forgery; (*atto*) counterfeiting. **4** (*svisamento*) distortion; (*atto*) twisting; (*effetto*) twist. **5** (*turbamento*) perturbation; (*irritazione*) anger, annoyance. □ *~ del colore* change in colour; *~ del polso* change in the pulse rate.

altercare *v.i.* (**altèrco, altèrchi;** *aus.* **avere**) to quarrel, to wrangle, to argue. **alterco** *m.* (*pl.* **-chi**) wrangle, quarrel, argument.

alter ego *m.inv.* alter ego, one's other self.

alterezza *f.* **1** loftiness, haughtiness: *~ d'animo* haughtiness of spirit. **2** (*orgoglio*) pride. **alterigia** *f.* haughtiness, presumption.

alterità *f.* ⟨*Filos*⟩ otherness, alterity.

alternanza *f.* **1** alternation. **2** ⟨*El,Ling*⟩ alternation. **3** ⟨*Agr*⟩ rotation. **alternare** *v.t.* (**alterno**) **1** to alternate: *~ il gioco con lo studio* to alternate work and play. **2** ⟨*tecn,El*⟩ to alternate. **3** ⟨*Agr*⟩ to rotate. **alternarsi** *v.r.* **1** to alternate: *giorni caldi e freddi si alternano* warm and cold days alternate. **2** (*rif. a persone*) to alternate, to take turns: *alternarsi con qd.* to take turns with s.o. **alternarsi** *m.inv.* alternation, succession: □ *l' ~ delle voci nel coro* the alternation of voices in the choir.

alternativa *f.* **1** alternation: *un' ~ di gioie e di dolori* an alternation of joys and sorrows. **2** (*possibilità di scelta*) alternative, choice: *non ho altra ~* I have no alternative. **alternativamente** *avv.* alternately, in turn, by turns. **alternativo I** *a.* **1** alternating, alternative. **2** ⟨*Mecc*⟩ reciprocating. **3** ⟨*Sociol,Pol*⟩ alternative: *modello ~* alternative model; *società –a* alternative society. **II** *s.* member of the alternative society. □ *un giornale ~* an alternative newspaper; *una scuola –a* an alternative (*o* a non traditional) school; *soluzioni –e* mutually exclusive solutions. **alternato** *a.* **1** ⟨*El,Metr*⟩ alternating: *corrente –a* alternating current. **2** ⟨*Bot*⟩ alternate. □ *moto ~* reciprocating motion. **alternatore** *m.* ⟨*El*⟩ alternator. □ *~ bifase* two–phase alternator; *~ sincrono* synchronous

alternator; ~ *trifase* three-phase alternator. **alternazione** *f.* alternation. **alterno** *a.* **1** alternate, alternating: *a giorni –i* on alternate days, every other day. **2** ⟨*Bot,Mat,Fis*⟩ alternate: *angoli –i* alternate angles. ☐ *le –e vicende della vita* the ups and downs of life.

altero *a.* **1** (*dignitoso*) dignified, stately, lofty: *portamento* ~ dignified bearing; (*sdegnoso*) disdainful, scornful. **2** (*superbo*) haughty, proud.

altezza *f.* **1** height: *l' ~ di un monte* the height of a mountain. **2** (*statura*) height, stature. **3** (*larghezza*) width, breadth: *l' ~ di una stoffa* the width of a piece of cloth. **4** (*rif. a suoni*) pitch. **5** ⟨*Geom*⟩ altitude. **6** ⟨*Astr*⟩ elevation, altitude. **7** (*profondità*) depth: *l' ~ dell'acqua* the depth of the water; (*rif. a livello*) water level; (*rif. a marea*) height. **8** ⟨*fig*⟩ (*nobiltà, grandezza*) nobility, loftiness: ~ *d'animo* nobility of mind. **9** (*titolo*) Highness: *Vostra* ~ Your Highness. **10** ⟨*Topogr*⟩ altitude: ~ *di rilievo* survey altitude. ☐ *a un' ~ di 500 metri* at a height (*o* an altitude) of 500 metres; **all' ~ di** on a level (*o* line) with, at: *all' ~ di via Garibaldi voltò a destra* he turned right at via Garibaldi; ⟨*Mar*⟩ *la nave era all' ~ di Napoli* the ship was (*o* lay) off Naples; ⟨*fig*⟩ *essere all' ~ di qd.* to be up to s.o.'s level; ⟨*fig*⟩ *essere all' ~ del proprio compito* to be equal (*o* up) to one's task; **di** ~ high, in altitude, at a height of: *la città è a cento metri di* ~ the town is a hundred metres high (*o* in altitude); **grande** ~ great height, high altitude: *volare a grande* ~ to fly at a ˈhigh altitudeˈ (*o* great height); **in** ~ in height; *crescere in* ~ to grow taller; ~ *sul* **livello** *del mare* height (*o* altitude) above sea level.

altezzosamente *avv.* haughtily, proudly, arrogantly. **altezzosità** *f.* haughtiness, arrogance, pride. **altezzoso** *a.* haughty, proud, arrogant.

alticcio *a.* tipsy, tight.

altimetria *f.* altimetry. **altimetrico** *a.* (*pl.* -ci) altimetric. **altimetro** *m.* altimeter.

altipiano *m.* → altopiano.

altisonante *a.* **1** sonorous, resonant. **2** ⟨*iron*⟩ high-sounding, high-faluting: *parole –i* high-faluting words.

Altissimo *m.* Most High.

altitudine *f.* altitude, height.

alto[1] **I** *a.* **1** high: *gli –i monti* the high mountains: *un muro* ~ *5 metri* a wall 5 metres high; (*in alto*) high (up): *il quadro è troppo* ~ the picture is too high up. **2** (*di statura*) tall: *un uomo* ~ a tall man. **3** (*rif. a stoffa*) wide: *panno* ~ *un metro* cloth a metre wide. **4** (*rif. a suono*) high(-pitched): *note –e* high notes; (*forte*) loud: *tenere la radio –a* to keep the radio turned up loud. **5** ⟨*Geog*⟩ (*settentrionale*) north(ern), upper: *–a Italia* Northern Italy; *l' ~ Egitto* Upper Egypt; (*rif. a fiumi*) upper: *l' ~ Po* the upper Po. **6** (*rif. a ricorrenze*) late: *la Pasqua è –a quest'anno* Easter is late this year. **7** ⟨*Stor*⟩ (*rif. a periodi storici*) early: *l' ~ medioevo* the early Middle Ages. **8** (*profondo*) deep: *neve –a* deep snow; ~ *silenzio* deep silence. **9** (*grande, rilevante*) high, considerable: *il prezzo è molto* ~ the price is very high. **10** ⟨*Ling*⟩ high: ~ *tedesco* High German. **11** ⟨*fig*⟩ (*grande, nobile*) lofty, high: *persona di –i sentimenti* person of lofty sentiments; (*di rango elevato*) high(-ranking), high-up: *è un* ~ *funzionario* he is a high-ranking official. **II** *avv.* **1** high (up), on high: *mirare* ~ to aim high; *volare* ~ to fly high; (*su casse di imballaggio*) this side up. **2** (*ad alta voce*) aloud, loudly, in a loud voice. **III** *s.m.* **1** (*la parte più alta*) top, upper part: *il panorama dall' ~ della torre* the view from the top of the tower. **2** (*il cielo*) heaven. ☐ **acqua** *–a* deep water; *avere degli –i e* **bassi** to have one's ups and downs; ⟨*Bibl*⟩ *gloria a Dio nel più* ~ *dei* **cieli** glory to God on high; *la* **città** *–a* the upper part of the town; **dall'** ~ from above: *un ordine venuto dall'* ~ an order from above; ⟨*fig*⟩ *far cadere una cosa dall'* ~ (*concedendola*) to give s.th. as if it were the Keys of the Kingdom; (*facendola*) to do s.th. as if it were a great favour; *guardare qd. dall'* ~ *in basso* to look down on s.o.; ~ **esplosivo** high explosive; *in* ~ **grado** to a high degree; *un funzionario di alto* ~ a high-ranking officer; *nel più* ~ **grado** to the highest degree; *acciaio di* ~ **grado** high-grade steel; **in** ~ **: 1** (*stato*) high, high up, up,

on high, high above: *là in* ~ up there; **2** (*moto*) upward(s): *in* ~ *i cuori* lift up your hearts; *mani in* ~ hands up; *guardare in* ~ to look up(wards); *arriverà molto in* ~ he will go far; *a* **notte** *–a* at dead of night; **più** *in* ~ higher up; **salto** *in* ~ high jump; *–e* sfere upper spheres; **tenere** ~ *il nome della famiglia* to uphold the family name; *a* **testa** *–a* with one's head up (*anche fig.*).

alto[2] *intz.* (*alt*) halt: ~ *là* halt, stop.

altoatesino I *a.* Upper Adige-. **II** *s.m.* (*f.* -a) inhabitant of Upper Adige.

alto|cumulo *m.* ⟨*Meteor*⟩ alto (*o* high) cumulus. **~forno** *m.* (*pl.* **altiforni**) ⟨*Met*⟩ blast furnace. **~locato** *a.* high-ranking. **~parlante** *m.* ⟨*Rad*⟩ loudspeaker. **~piano** *m.* (*pl.* **altipiani**) tableland, plateau. **~rilievo** *m.* ⟨*Art*⟩ alto-relievo, high relief. ~ **strato** *m.* ⟨*Meteor*⟩ altostratus.

altresì *avv.* **1** ⟨*lett*⟩ (*anche*) also, too. **2** (*parimenti*) likewise.

altrettanto I *a.* as much (again); *pl.* as many (again): *compra dieci penne e –e matite* buy ten pens and as many pencils. **II** *pron.* **1** (*la stessa quantità*) the same amount, as much (again): *io ti regalerò mille lire e lui te ne darà –e* I shall give you a thousand lire and he will give you as much again. **2** (*lo stesso numero*) the same number, as many (again). **3** (*la stessa cosa*) the same (thing): *si sedette ed io feci* ~ he sat down and I did the same. **III** *avv.* **1** as much, so much: *egli mangia molto e beve* ~ he eats a great deal and drinks just as much. **2** (*parimenti*) likewise, equally. ☐ *tanti auguri – grazie,* ~ all the best – thank you, and the same to you; ~ *poco* just as little.

altri *pron.sing.* **1** (*un'altra persona*) someone else; (*neg.*) no one, nobody else: *non può essere* ~ *che lui* it can be no one but him. **2** (*qualcuno*) someone, somebody, another: ~ *sarà di opinione diversa* someone else may think differently about it; (*nessuno*) no one, nobody. ☐ ⟨*Bibl*⟩ *non desiderare la donna d'* ~ thou shalt not covet thy neighbour's wife; *non ho* ~ *che te al mondo* I have nobody but you in the world.

altrimenti *avv.* **1** (*diversamente*) otherwise, differently: *io mi sarei comportato* ~ I should have behaved differently; *non possiamo agire* ~ we cannot act otherwise. **2** (*se no*) or else, otherwise: *sbrigati,* ~ *farai tardi* hurry up, or else you'll be late.

altro I *a.* **1** (an)other: *dammi un* ~ *libro* give me another book. **2** (*opposto a questo*) the other: *la casa sta sull' –a riva* the house stands on the other bank. **3** (*restante*) other, remaining: *mandami gli –i libri* send me the remaining books. **4** (*ulteriore*) further, some other: *non posso fare –e concessioni* I cannot make any other concessions; (*ancora, di più*) more: *desidera* ~ *tè?* will you have some more tea?; (*rif. a tempo*) longer: *resterò –e due ore* I shall stay two hours longer; (*seguito da numeri*) another: *resta –i cinque minuti* stay ˈanother five minutesˈ (*o* five minutes more). **5** (*secondo, nuovo*) another, second: *è stato per me un* ~ *padre* he has been a second father to me. **6** (*in espressioni temporali: antecedente*) last: *l' ~ anno* last year; (*susseguente*) next: *quest'* ~ *mese* next month. **7** (*rafforzativo: con pronomi e aggettivi*) else: *nessun* ~ nobody (*o* no one) else; *lo sai meglio di chiunque* ~ you know it better than anyone else; *chi* ~ *?* who else?; *talvolta non si traduce*: *noi –i* we; *voi –i scrittori* you writers. **II** *pron.* **1** other (one), another (one): *o tu o un* ~ either you or another (*o* someone else); *gli –i non li conosco* I don't know the others. **2** *m.pl.* (*gli estranei*) others *pl,* other people *pl*: *non fidarti degli –i* don't trust other people. **3** (*in espressioni correlative*) other, another: *gli uni affermavano, gli –i negavano* some confirmed it, others denied it. **4** (*in espressioni reciproche*) each other: *si burlano l'un l'* ~ they make fun of each other; (*rif. a più persone o cose*) one another: *lottarono gli uni contro gli –i* they fought one another. **5** (*differente*) another, another person (*o* man): *è diventato un* ~ he has become another man. **6** (*rafforzativo*) nothing but: *stupido che non sei* ~ you're nothing but a fool. **III** *s.m.inv.* **1** (*altra cosa*) more (besides), other things *pl*: *disse questo e* ~ he said this and more besides; (*niente di meglio*) nothing better: *ma non chiedo* ~ I'd like nothing better. **2**

(*espressioni negative e interrogative*) else, more: *non voglio sentire* ~ I don't want to hear anything else (*o more*); *nient'* ~, *grazie!* nothing else, thank you!; *che* ~ *desidera?* what else would you like?; *hai* ~ *da dire?* have you anything else to say? **3** (*in espressioni correlative*) one thing ... another: ~ *è dire*, ~ *è fare* it's one thing to say it and another to do it. □ **ben** ~ (*qualcosa di peggio*) much worse (than that): *ho visto ben* ~ I have seen much worse than that; (*qualcosa di più*) much more (than that): *ci vuole ben* ~ *per convincerlo* it would take much more than that to persuade him; (*qualcosa di meglio*) s.th. better: *ho ben* ~ *da fare* I have s.th. better to do; ~ **che** *bello, era orrendo* good? it was frightful; *non fare* (*niente*) ~ *che* (*seguito dall'inf.*) to do nothing but: *non fai* ~ *che bere* you do nothing but drink; ~ *che!* you bet!: *sei contento?* – ~ *che!* are you happy? – you bet I am; *parliamo* **d'** ~ let's talk about something else, let's change the subject; **dell'** ~ something else; (*di più*) (some) more: *ne vorrei dell'*~ I should like some more; *c'è dell'* ~ there's something else; *non c'è* ~ that's all; *non* **fosse** ~ if it were only for; **fra** *l'* ~ among other things; *un giorno o l'* ~ one of these days, some day or other; *da un giorno all'* ~ (*improvvisamente*) from one day to the next; (*in qualsiasi momento*) any day (now); *in un* **modo** *o nell'* ~ in one way or another; *l'* ~ **mondo** the next world; *dell'* ~ *mondo* (*inaudito*) unheard of, incredible; *un* **motivo** *come un* ~ a good enough reason; **per** ~ (*del resto*) moreover, however, what is more; **più** *che* ~ mainly, above all; *un* ~ **po'** a little more, some more; **questo** *e* ~ even more (than this), still more: *farebbe questo e* ~ *per accontentarci* he would do even more (than this) to please us; **senz'** ~ : **1** (*certamente*) certainly, by all means; **2** (*senza indugio*) at once, straight away; **tra** *l'* ~ among other things; **tutt'** ~ not at all, not in the least, not a bit: *sei stanco?* – *tutt'* ~ are you tired? – not a bit; *tutt'* ~ *che* anything but: *questo film è tutt'* ~ *che bello* this film is not ˈat allˈ (*o a bit*) entertaining; *l'* **uno** *e l'* ~ both *pl*; *né l'uno né l'* ~ neither; *o l'uno o l'* ~ either; *sia gli uni che gli –i* both the former and the latter; *ci* **vuole** ~ *per* it needs (*o takes*) more than that to: *ci vuol* ~ *per convincermi* it will take more than that to convince me.

altronde *avv.: d'* ~ (*del resto*) on the other hand.

altrove *avv.* elsewhere, somewhere else: *andrò* ~ I shall go somewhere else. □ ⟨*fig*⟩ *avere la testa* ~ (*essere distratto*) to be thinking of s.th. else.

altrui **I** *a.inv.* (*di altri*) someone else's, another's; *pl.* other people's, of others: *le cose* ~ other people's belongings. **II** *s.m.inv.* (*la proprietà degli altri*) other people's property, the goods *pl* (*o* belongings *pl*) of others: *non desiderare l'* ~ do not covet other people's possessions.

altruismo *m.* altruism, unselfishness. **altruista** *m./f.* altruist, unselfish person. **altruisticamente** *avv.* altruistically, unselfishly. **altruistico** *a.* (*pl.* -ci) altruistic, unselfish.

altura *f.* **1** (*luogo alto*) rise, height: *la casa si trova su un'* ~ the house stands on a rise. **2** (*alto mare*) open sea, high seas *pl*: *navigazione d'* ~ navigation on the high seas.

alturiere *m.* ⟨*Mar*⟩ long-distance pilot. **alturiero** *a.* ocean–going. □ *navigazione* –*a* high sea navigation.

alunno *m.* (*f.* -a) **1** (*allievo*) pupil, schoolboy (*f* –girl). **2** (*discepolo*) disciple, pupil. □ ~ *esterno* day–boy; ~ *interno* boarder.

alveare *m.* (bee)hive. □ *quella casa è un* ~ that house is a rabbit warren.

alveo *m.* (river–)bed.

alveolare **I** *a.* **1** ⟨*Biol,Anat*⟩ alveolar, alveolate: *struttura* ~ alveolate structure. **2** ⟨*Med,Fon*⟩ alveolar. **alveolo** *m.* **1** ⟨*Anat*⟩ alveolus: ~ *polmonare* pulmonary alveolus, air cell. **2** ⟨*Bot*⟩ alveola. □ ⟨*Anat*⟩ ~ *dentario* tooth socket.

alzabandiera *m.inv.* flag hoisting.

alzabile *a.* that can be raised or lifted.

alzacristalli *m.inv.* window winder: ~ *elettrico* electrically operated window winder.

alzaia *f.* ⟨*Mar*⟩ **1** (*fune*) towline. **2** (*strada*) towpath.

alzare *v.t.* **1** to raise, to lift (up): ~ *un peso* to lift a weight; ~ *il piede* to raise one's foot; ~ *il capo* to raise one's head; ~ *il vetro del finestrino* to raise the window. **2**

(*porre più in alto*) to raise: *bisogna* ~ *il quadro di dieci centimetri* the picture needs to be raised ten centimetres. **3** (*costruire*) to build: ~ *un muro* to build a wall; (*erigere*) to set up, to erect. **4** (*carte da gioco*) to cut. **5** ⟨*Venat*⟩ to raise, to start: ~ *una lepre* to raise (*o* start) a hare. **alzarsi** *v.r.* **1** to (a)rise: *si è alzato il vento* the wind has risen; *si sono alzate delle grosse onde* the sea has risen. **2** (*levarsi in piedi*) to stand (*o* get) up, to rise (to one's feet): *il colpevole si alzò* the guilty man stood up. **3** (*dal letto*) to get up. **4** (*crescere di altezza*) to grow tall, to grow (*o* get) taller: *tuo figlio si è molto alzato* your son has got much taller; (*di fiume, marea, ecc.*) to rise. □ ~ *la* **bandiera** to hoist the flag; ~ *la* **casa** *di un* (*altro*) *piano* to add another storey to the house; *non ha alzato un* **dito** *per aiutarmi* he didn't lift (*o* raise) a finger to help me; ~ *la* **mano** (*per chiedere la parola*) to ˈput upˈ (*o* raise) one's hand; ~ *le* **mani** (*per picchiare*) to raise one's hands; (*per arrendersi*) to put one's hands up; ~ *gli* **occhi** to look up, to raise (*o* lift up) one's eyes; ~ *il* **prezzo** to raise the price; ~ *lo* **sguardo** = *alzare gli* **occhi**; ~ *il* **sipario** to raise the curtain; *il sole si alza alle quattro* the sun rises at four; ~ *le* **spalle** to shrug (one's shoulders); ~ *i* **tacchi** (*fuggire*) to take to one's heels; (*andarsene*) to leave; *si è alzata la* **temperatura** the temperature has risen; ~ *una* **tenda** to pitch (*o* put up) a tent; ~ *la* **voce** to raise one's voice; *alzarsi in* **volo**: **1** (*rif. a uccelli*) to fly off; **2** (*rif. ad aerei*) to take off.

alzata *f.* **1** raising, lifting up, rising. **2** (*portafrutta*) fruit–stand. **3** (*di un mobile*) upper part of a sideboard. **4** (*di uno scalino*) rise, riser. **5** ⟨*Arch*⟩ elevation, front view. **6** (*di carte*) cut. **7** (*rif. a prezzi e sim*) rise: ~ *dei prezzi* rise in prices. **8** ⟨*Sport*⟩ high kick; (*nella pallavolo*) high shot. **9** ⟨*Mecc*⟩ (*di valvola*) lift. □ ⟨*fig*⟩ ~ *d'ingegno* brainwave, stroke of genius; ⟨*fig*⟩ ~ *di scudi* rebellion, revolt; ~ *di spalle* shrug (of the shoulders); *voto per* ~ *di mano* voting by show of hands; ⟨*fig*⟩ *un'* ~ *di testa* a rash act. **alzataccia** *f.* dawn rising.

alzavola *f.* ⟨*Ornit*⟩ teal.

alzo *m.* ⟨*Mil*⟩ (*di fucile*) rear (*o* back) sight; (*di cannone*) sight.

a.m. = *antimeridiano* ante meridian, before midday (*abbr.* a.m.).

A.M. = ⟨*Rad*⟩ *modulazione di ampiezza* amplitude modulation (*abbr.* AM).

amabile *a.* **1** lovable, amiable: *essere* ~ *con qd.* to be amiable to s.o.; (*cortese*) gracious, courteous. **2** (*rif. a vino*) sweet. **amabilità** *f.* **1** lovableness, amiability; (*cortesia*) graciousness, courtesy. **2** (*rif. a vino*) sweetness. **amabilmente** *avv.* lovably, amiably; (*cortesemente*) courteously.

amaca *f.* hammock.

amadriade *f.* ⟨*Zool*⟩ hamadryad, hamadryas.

amalgama *m.* amalgam (*anche fig.*). **amalgamare** *v.t.* (*amalgamo*) **1** to amalgamate. **2** ⟨*fig*⟩ to amalgamate, to merge, to combine. **amalgamarsi** *v.r.* to amalgamate, to merge. **amalgamazione** *f.* amalgamation.

amamelide *f.* ⟨*Bot*⟩ witch hazel.

amanita *f.* ⟨*Bot*⟩ Amanita.

amante[1] **I** *a.* fond, keen: *non è molto* ~ *della musica* he is not very fond of music, he is not very keen on music. **II** *s.m./f.* **1** sweetheart, lover (*f* mistress): *egli ha abbandonato l'* ~ he has abandoned his mistress. **2** *pl.* (*gli innamorati*) lovers *pl.* □ ~ *della pace* peace–loving: *popoli* ~ *della pace* peace–loving peoples.

amante[2] *m.* ⟨*Mar*⟩ runner.

amanuense *m.* **1** ⟨*Stor*⟩ amanuensis. **2** (*scrivano*) copyist.

amaramente *avv.* bitterly. □ ~ *deluso* bitterly disappointed.

amaranto **I** *s.m.* **1** ⟨*Bot*⟩ amaranth. **2** (*colore*) amaranth(ine). **II** *a.inv.* amaranthine.

amarasca *f.* ⟨*Bot*⟩ marasca cherry. **amarasco** *m.* marasca.

amare *v.t.* **1** to be in love with, to love. **2** ⟨*estens*⟩ to love, to be fond of, to like, ⟨*fam*⟩ to be keen on: ~ *la famiglia* to love one's family; ~ *lo studio* to be fond of study; *non amo questa musica* I don't like this music; ~ *il quieto* *vivere* to be fond of a quiet life. **3** (*desiderare*) to like, to want, to wish: *amerei conoscere la tua opinione in proposito* I should like to know your opinion on the matter. **4** (*rif. a piante: aver bisogno*) to require, to need, to want, to like: *piante che non amano troppa luce* plants which do not need a lot of light; *l'ulivo ama il terreno roccioso* the olive requires rocky soil. **amarsi** *v.r.* ⟨*recipr*⟩ to love e.o.; (*rif. a più persone*) to love o.a.: *si amano dall'infanzia* they have loved each other since they were children. □ ~ *fare qc.* to like (*o* be fond of) doing s.th.; *farsi* ~ *da qd.* to win s.o.'s love; ~ *con passione* to be passionately in love with.

amareggiare *v.t.* (**amareggio, amareggi**) to embitter, to make bitter, to grieve, to sadden: *tutte queste contrarietà amareggiarono la sua vita* all these disappointments embittered his life. **amareggiarsi** *v.r.* to grieve. **amareggiato** *a.* embittered, grieved, saddened.

amarena *f.* sour cherry. **amareno** *m.* sour cherry (tree).

amaretto I *a.* bitterish. **II** *s.m.* ⟨*Dolc*⟩ macaroon.

amarezza *f.* **1** bitterness (*anche fig.*): *mi colpì l'* ~ *delle sue parole* I was struck by the bitterness of his words. **2** *pl.* (*dolori, delusioni*) afflictions *pl*, disappointments *pl*: *ho avuto molte –e in questi ultimi giorni* I have had many disappointments in the last few days.

amarilli, amarillide *f.* ⟨*Bot*⟩ amaryllis.

amaro I *a.* **1** bitter: ~ *come il fiele* (as) bitter as gall; (*rif. a bevande: senza zucchero*) unsweetened, without sugar. **2** (*sgradevole*) unpleasant, bitter: *un' –a sorpresa* an unpleasant surprise. **3** (*doloroso*) painful, sad: *un ritorno* ~ a painful return. **II** *s.m.* **1** (*sapore amaro*) bitter taste. **2** (*liquore*) bitters *pl.* **3** (*rancore*) resentment, grudge. □ *avere dell'* ~ *contro qd.* to feel bitter towards s.o.; *avere la bocca –a* to have a bitter taste in one's mouth; ⟨*fig*⟩ to be left with a bitter taste in one's mouth; **lacrime** *–e* bitter tears; **sapere** *di* ~ to taste bitter; *bere il* **tè** ~ to drink tea without sugar.

amarognolo *a.* somewhat bitter, bitterish.

amarra *f.* ⟨*Mar*⟩ mooring cable. **amarrare** *v.* → **ammarrare**.

amato I *a.* dear, (be)loved: *i suoi –i genitori* his dear parents; *persona –a* loved one, beloved. **II** *s.m.* (*f.* -a) beloved, sweetheart, darling. **amatore** *m.* (*f.* -trice) **1** (*chi ama*) lover. **2** (*chi si diletta di una cosa*) lover, enthusiast, amateur: ~ *di musica* lover of music, music lover; ~ *di cavalli* lover of horses; (*intenditore*) connoisseur. **amatoriale** *a.* amateurish, amateur– : *sport* ~ amateur sports. **amatorio** *a.* ⟨*lett*⟩ love–, amatory: *filtro* ~ love philtre.

amazzone *f.* **1** Amazon (*anche fig.*). **2** (*cavallerizza*) horsewoman. **3** (*abito da cavallerizza*) lady's riding habit. □ *cavalcare all'* ~ to ride side–saddle.

Amazzoni: ⟨*Geog*⟩ *Rio delle* ~ the Amazon (River).

amazzonico *a.* (*pl.* -ci) Amazonian.

amazzonite *f.* ⟨*Min*⟩ Amazon stone, amazonite.

ambage *f.* ⟨*lett*⟩ ambage □ *senza* (*tante*) *–i* plainly, in a few words.

ambasceria *f.* **1** diplomatic mission. **2** (*incarico*) embassy.

ambascia *f.* (*pl.* -sce) **1** (*angoscia*) anguish, distress. **2** (*difficoltà di respiro*) difficulty in breathing, breathlessness.

ambasciata *f.* **1** embassy. **2** (*messaggio*) message: *fare un'* ~ to take a message. **ambasciatore** *m.* (*f.* -trice) ambassador. □ ~ *a disposizione* ambassador at large; *l'* ~ *italiano in Giappone* the Italian ambassador to Japan. *Prov.: ambasciator non porta pena* messengers should neither be headed nor hanged. **ambasciatrice** *f.* **1** ambassadress. **2** (*moglie di ambasciatore*) ambassador's wife.

ambedue *a./pron.inv.* **I** *a.* both: ~ *i fratelli* both (of the) brothers. **II** *pron.* both *pl*: *sono ritornati* ~ they have both come back.

ambiare *v.i.* (**ambio**) ⟨*Equit*⟩ to amble. **ambiatore I** *s.m.* (*f.* -trice) ambler. **II** *a.* ambling. **ambiatura** *f.* amble.

ambidestrismo *m.* ambidextrousness, ambidexterity. **ambidestro** *a.* ambidext(e)rous.

ambientale *a.* environmental, ambient–: *condizioni –i*

environmental conditions; *fattore* ~ environmental factor. □ *temperatura* ~ room (*o* ambient) temperature. **ambientalismo** *m.* environmentalism. **ambientalista** *m./f.* environmentalist. **ambientalistico** *a.* (*pl.* -ci) environmental, environmentalist. **ambientamento** *m.* **1** acclimatization, adaptation. **2** ⟨*Bot*⟩ acclimatization, ⟨*am*⟩ acclimation. □ *facilità di* ~ adaptability. **ambientare** *v.t.* (**ambiento**) **1** to acclimatize. **2** (*rif. a romanzi, film e sim.*) to set, to place: *il romanzo è ambientato in Sicilia* the novel is set in Sicily. **ambientarsi** *v.r.* to get used to the place. **ambientazione** *f.* **1** setting, scenery. **2** (*rif. a romanzi, film e sim.*) setting, background.

ambiente I *a.* → **ambientale. II** *s.m.* **1** surroundings *pl*, environment, background: *l'* ~ *familiare* the family background (*o* environment); (*livello sociale*) sphere, set. **2** (*stanza*) room. **3** ⟨*Biol*⟩ habitat, environment. □ *cambiare* ~ to change one's surroundings; ~ *circostante* neighbourhood; *compatibile con l'* ~ environmentally compatible; *danni all'* ~ environmental damage; *distruzione dell'* ~ destruction of the environment; *l'* ~ *della* **droga** the drug scene; ~ *ecologico* ecological environment; ~ *equivoco* shady background; ~ *di lavoro* working environment; *–i letterari* literary circles; ~ *marino* marine environment; ~ *naturale* natural environment; *pericoloso per l'* ~ (*naturale*) environmentally hazardous; *sentirsi nel proprio* ~ to feel at home; ~ *sottomarino* underwater environment; ~ *storico* historical background (*o* setting); *temperatura* ~ room (*o* ambient) temperature; ~ **umano** human environment; ~ **urbano** urban environment; ~ *di vita* environment (in which one lives).

ambigenere *a.inv.* ⟨*Gramm*⟩ of common gender.

ambiguamente *avv.* ambiguously. **ambiguità** *f.* ambiguity, ambiguousness (*anche fig.*). **ambiguo** *a.* **1** ambiguous: *frase –a* ambiguous phrase; *comportamento* ~ ambiguous behaviour. **2** (*rif. a persona*) shady.

ambio *m.* amble.

ambire *v.t./i.* (**ambisco, ambisci;** *aus.* avere) to long for, to thirst for, to yearn for: ~ (*agli*) *onori* to thirst for glory.

ambito[1] *a.* longed–for, coveted, sought–after: *l'* ~ *premio* the longed–for reward.

ambito[2] *m.* **1** precincts *pl*, circuit, ambit: *l'* ~ *delle mura* the circuit of the walls. **2** ⟨*fig*⟩ limits *pl*, sphere, scope: *nell'* ~ *delle mie possibilità* within the limits (*o* scope) of my powers. **3** ⟨*fig*⟩ (*cerchia*) compass, circle: *nell'* ~ *delle sue amicizie* in his circle of friends.

ambivalente *a.* ambivalent. **ambivalenza** *f.* ambivalence.

ambizione *f.* ambition: *la sua* ~ *è di diventare un grande pianista* his ambition is to become a great pianist. **ambizioso I** *a.* ambitious. **II** *s.m.* (*f.* -a) ambitious person.

ambo[1] *a.* (always invariable in the singular; in the plural it may have three forms: *ambo, ambi* and *ambe*) both: *da* ~ (*o ambi*) *i lati* from both sides; *con* ~ (*o ambe*) *le mani* with both hands.

ambo[2] *m.* (*nel lotto*) double.

ambone *m.* ⟨*Arch*⟩ ambo.

ambosessi *a.inv.* of either sex. **ambosesso I** *a.* of either sex. **II** *s.* person of either sex.

ambra *f.* **1** amber. **2** (*colore*) amber(–coloured). □ ~ *grigia* ambergris. **ambrato** *a.* **1** (*rif. a colore*) amber–coloured. **2** (*profumato d'ambra*) amber–scented.

Ambrogio *N.pr.m.* Ambrose.

ambrosia *f.* ambrosia (*anche fig.*).

ambrosiano *a./s.m.* (*f.* -a) Ambrosian: *inno* ~ Ambrosian hymn.

ambulacrale *a.* ⟨*Zool*⟩ ambulacral. **ambulacro** *m.* **1** ⟨*Arch*⟩ ambulatory. **2** ⟨*Zool*⟩ ambulacrum.

ambulante *a.* itinerant, wandering, ambulant. □ *cadavere* ~ walking ghost; ⟨*Ferr*⟩ *postale* ~ mail carriage; *sonatore* ~ strolling (*o* street) musician; *venditore* ~ pedlar.

ambulanza *f.* **1** ⟨*Mil*⟩ field hospital. **2** (*veicolo*) ambulance. □ ⟨*Mil*⟩ *corpo d'* ~ medical corps.

ambulatoriale *a.* ⟨*Med*⟩ first–aid–, out–patient(s')–: *cura* ~ out–patient treatment. **ambulatorio** *m.* out–patients department; (*gestito da privati*) surgery.

amburghese I *a.* of (*o* from) Hamburg, Hamburg–. **II** *s.m./f.* native (*o* inhabitant) of Hamburg. **Amburgo** *N.pr.f.* ⟨*Geog*⟩ Hamburg.

AME = *Accordo monetario europeo* European Monetary Agreement (*abbr.* E.M.A.).

amęba *f.* ⟨*Biol*⟩ amoeba. **amebįasi** *f.* ⟨*Med*⟩ amoebiasis, amoebic dysentery. **amębico** *a.* (*pl.* -ci) ⟨*Med*⟩ amoebic. **amebǫide** *a.* ⟨*Biol*⟩ amoeboid.

amelįa *f.* ⟨*Med*⟩ amelia.

ąmen *m.* amen. ☐ ⟨*fig*⟩ *in un* ∼ in a twinkling of an eye.

amenità *f.* **1** (*piacevolezza*) pleasantness, amenity. **2** (*facezia*) pleasantry, joke. **3** ⟨*iron*⟩ (*sciocchezza*) nonsensical remark. **amęno** *a.* **1** pleasant, agreeable, delightful: *un boschetto* ∼ a pleasant grove. **2** (*divertente*) amusing, entertaining. **3** (*strano, bizzarro*) odd, eccentric: *un tipo* ∼ an odd type, ⟨*fam*⟩ a funny chap. ☐ *letteratura* -*a* light reading (*o* literature).

amenorręa *f.* ⟨*Med*⟩ amenorrhoea. **amenorrǫico** *a.* (*pl.* -ci) amenorrhoeic.

Amęrica *N.pr.f.* ⟨*Geog*⟩ America. ☐ *le due Americhe* the Americas; ∼ *latina* Latin America; ∼ *meridionale* South America; ∼ *settentrionale* North America; **Stati Uniti** *d'* ∼ United States of America; ⟨*fig*⟩ **trovare** *l'* ∼ to strike gold.

americąna *f.* ⟨*Sport*⟩ American relay cycle race. **americanąta** *f.* show–off. **americanįsmo** *m.* Americanism. **americanįsta** *m./f.* Americanist. **americanįstica** *f.* American studies *pl.* **americanizząre** *v.t.* to Americanize. **americanizzarsi** *v.r.* to Americanize, to become Americanized. **americanizzaziǫne** *f.* Americanization. **americąno I** *a.* **1** (*dell'America*) American. **2** (*degli Stati Uniti*) American, United States–. **II** *s.m.* **1** (*lingua*) American (English). **2** (*f.* -a) (*abitante*) American.

americanǫfobo *m.* (*f.* -a) Americanophobe. **americanǫlogo** *m.* (*pl.* -gi; *f.* -a) Americanologist.

amerindįano, amerįndio I *a.* American Indian–, Amerindian. **II** *s.m.* (*f.* -a) American Indian, Amerind(ian).

ametįsta *f.* amethyst.

ametropįa *f.* ⟨*Med*⟩ ametropia.

amfetamįna *f.* ⟨*Farm*⟩ amphetamine.

amiąnto *m.* asbestos, amiant(h)us: *lana di* ∼ asbestos wool.

amicąrsi *v.r.* (**mi amįco, ti amįchi**) to make (*o* become) friends with: *amicarsi con qd.* to make friends with s.o. **amichęvole** *a.* **1** friendly: *rapporti* -*i* friendly relations. **2** (*cordiale*) warm, welcoming, hearty: *accoglienza* ∼ warm (*o* hearty) welcome. ☐ ⟨*Sport*⟩ *incontro* ∼ friendly match; *essere in relazioni* -*i con qd.* to be on friendly terms with s.o.; *transazione* ∼ amicable agreement; *in via* ∼ in a friendly way. **amichevolęzza** *f.* friendliness. **amichevolmęnte** *avv.* in a friendly manner, amicably.

amichętta *f.* **1** young girl–friend, ⟨*fam*⟩ bird. **2** (*innamorata*) girl–friend, sweetheart. **amichętto** *m.* **1** young boy–friend. **2** (*innamorato*) boy–friend, sweetheart.

amicįzia *f.* **1** friendship: *fare* ∼ *con qd.* to strike up a friendship with s.o., to make friends with s.o. **2** *pl.* (*amici*) friends *pl*: *avere molte* -*e* to have a lot of friends. ☐ *avere* ∼ *per qd.* to be friendly with s.o.; *per* ∼ out of friendship; *rompere un'* ∼ to break off a friendship; *essere in termini di* ∼ *con qd.* to be on friendly terms with s.o.; **trattato** *di* ∼ *tra due popoli* friendship pact between two peoples. *Prov:* *patti chiari,* ∼ *lunga* clear understandings breed long friendships.

amįco *a./s.* (*pl.* -ci) **I** *s.m.* (*f.* -a) **1** friend: *essere* ∼ *di qd.* to be friends with s.o., to be s.o.'s friend; *farsi* ∼ *qd.* to make a friend of s.o. **2** (*amante*) lover (*f* mistress), ⟨*fam*⟩ boy–friend (*f* girl–): *avere l'* ∼ to have a lover. **3** ⟨*fig*⟩ (*persona appartenente ad associazione*) lover, sympathizer: *gli* -*i della musica* music-lovers. **II** *a.* **1** friendly: *mi è molto* ∼ he is very friendly to me. **2** (*da amico*) friendly, kind, kindly: *aver bisogno di una parola* -*a* to be in need of a friendly (*o* kindly) word; *la fortuna non mi è stata* -*a* fortune has not been kind to me. ☐ ∼ *un mio* ∼ **avvocato** *a* lawyer friend of mine; ∼ *del* **cuore** bosom friend (*o* pal);

da ∼ : **1** (*usato con un verbo*) in a friendly way, like a friend: *agire da* ∼ to act in a friendly way; **2** (*usato con un sostantivo*) friendly: *un consiglio da* ∼ a friendly piece of advice; *con me non si è comportato da* ∼ he was no friend to me; **diventare** -*i* to become friends; *un vecchio* ∼ *di* **famiglia** an old family friend; *siamo grandi* -*i* we are close friends; **parlare** *da* ∼ to speak as a friend; ∼ *d'* **infanzia** childhood friend; ∼ **intimo** close friend; **popolo** ∼ friendly nation; **tenersi** ∼ *qd.* to keep on friendly terms with s.o.; **tra** -*i* among friends. *Prov.:* *chi trova un* ∼, *trova un tesoro* a good friend is worth his weight in gold; *gli* -*i si conoscono nelle avversità* a friend in need is a friend indeed; *dagli* -*i mi guardi Iddio, che dai nemici mi guardo io* God keep me from my friends, and I'll look after my enemies; ∼ *di tutti,* ∼ *di nessuno* a friend to all is a friend to none, everybody's friend is nobody's friend.

amicǫne *m.* (*f.* -a) great friend, ⟨*fam*⟩ great pal, ⟨*am.fam*⟩ buddy.

amidąceo *a.* starchy. **ąmido** *m.* starch. ☐ *dare l'* ∼ *a una camicia* to starch a shirt.

amįgdala *f.* **1** ⟨*Anat*⟩ amygdala. **2** ⟨*Geol*⟩ amygdaloid. **amigdalįna** *f.* ⟨*Chim*⟩ amygdalin. **amigdalįte** *f.* ⟨*Med*⟩ tonsillitis.

amiląceo *a.* ⟨*Chim*⟩ amylaceous. **amiląsi** *f.* amylase.

amįna *f.* → **ammina**.

Amlęto *N.pr.m.* Hamlet.

Amm. = *ammiraglio* Admiral (*abbr.* Adm.).

ammaccąre *v.t.* (**ammącco, ammącchi**) **1** to dent, to batter: *ha ammaccato il parafango della macchina* he has dented the mudguard of the car. **2** (*rif. a parti del corpo e a frutta*) to bruise. **ammaccarsi** *v.r.* **1** to get dented. **2** (*rif. a parti del corpo e a frutta*) to get (*o* be) bruised. **ammaccąto** *a.* **1** dented: *parafango* ∼ dented mudguard. **2** (*rif. a parti del corpo e a frutta*) bruised. **ammaccatųra** *f.* **1** ⟨*Mecc*⟩ dent. **2** (*rif. a parti del corpo e a frutta*) bruise.

ammaestrąbile *a.* trainable. **ammaestramęnto** *m.* **1** (*insegnamento*) teaching. **2** (*addestramento*) training: *l'* ∼ *di un animale* the training of an animal. **3** (*lezione*) lesson: *questo ti serva di* ∼ let this be a lesson to you. **ammaestrąre** *v.t.* (**ammaęstro**) **1** (*insegnare*) to teach. **2** (*animali*) to train. **ammaestrąto** *a.* taught: ∼ *dall'esperienza* taught by experience; (*rif. ad animali*) trained. **ammaestratǫre** *m.* (*f.* -trice) trainer.

ammainabandięra *m.inv.* lowering (*o* hauling down) of the flag. **ammainąre** *v.t.* (**ammąino/ammạino**) to haul down, to lower: ∼ *la bandiera* to lower (*o* haul down) the flag.

ammaląre *v.i.* (*aus.* essere), **ammalarsi** *v.r.* to fall (*o* become) ill, to be taken sick: *per il dolore* (*si*) *ammalò e morì* he fell ill from grief and died. ☐ *ammalarsi di qc.* to get (*o* catch) s.th.: *ammalarsi di polmonite* to get pneumonia. **ammaląto I** *a.* ⟨*pred*⟩ ill, ⟨*attr*⟩ sick: *essere gravemente* ∼ to be seriously ill. **II** *s.m.* (*f.* -a) patient, sick person; *pl.* the sick (*costr. pl.*): *visitare gli* -*i* to visit the sick. ☐ *essere* ∼ *di fegato* to have liver trouble.

ammaliamęnto *m.* (*atto*) enchantment, bewitching, charming; (*effetto*) enchantment, bewitchment, fascination, charm. **ammalįante** *a.* bewitching, enchanting, fascinating, charming. **ammalįare** *v.t.* (**ammąlio, ammąlii**) **1** to bewitch, to enchant, to cast a spell on. **2** ⟨*fig*⟩ (*affascinare*) to charm, to fascinate, to enchant, to bewitch: *con la sua bellezza ammalia tutti* she charms everyone with her beauty. **ammaliatǫre I** *s.m.* (*f.* -trice) **1** enchanter (*f* -tress), sorcerer (*f* -ress). **2** ⟨*fig*⟩ enchanter (*f* -tress), fascinating (*o* charming) person, ⟨*scherz*⟩ charmer. **II** *a.* enchanting, bewitching, fascinating, charming: *sguardo* ∼ bewitching look; *sorriso* ∼ charming smile.

ammąnco *m.* (*pl.* -chi) shortage. ☐ ∼ *di cassa* cash shortage; *colmare un* ∼ to make good a shortage; ∼ *di peso* shortage of weight, weight shortage.

ammanettąre *v.t.* (**ammanętto**) to handcuff.

ammaniglįare *v.t.* (**ammanįglio, ammanįgli**) ⟨*Mar*⟩ to shackle. **ammaniglįato** *a.* **1** ⟨*Mar*⟩ shackled. **2** ⟨*fig*⟩ having influential friends, ⟨*fam*⟩ having friends at court.

ammannire *v.t.* (**ammannisco, ammannisci**) to prepare, to get ready: ~ *una cenetta appetitosa* to get a tasty supper ready.

ammansire *v.t.* (**ammansisco, ammansisci**) **1** to tame, to domesticate: ~ *una belva* to tame a wild beast. **2** (*rabbonire*) to calm (down), to appease, to soothe. **ammansirsi** *v.r.* **1** (*rif. ad animali*) to become tame. **2** (*rif. a persone*) to calm down, to be appeased.

ammantare *v.t.* ⟨*lett*⟩ **1** (*coprire di un manto*) to cloak, to mantle. **2** ⟨*fig*⟩ to cover up, to cloak: ~ *i propri difetti* to cover up one's defects. **ammantarsi** *v.r.* **1** (*coprirsi*) to wrap o.s. in a cloak. **2** ⟨*fig*⟩ to be covered (*o* carpeted): *il prato si ammanta di fiori* the meadow is carpeted with flowers.

ammaraggio *m.* ⟨*Aer*⟩ landing; (*rif. a capsula spaziale*) splashdown. ☐ ~ *forzato* ditching. **ammarare** *v.i.* to land (on the sea); (*rif. a capsula spaziale*) to splash down.

ammarraggio *m.* **1** (*azione*) mooring, moorage. **2** (*luogo*) moorings *pl.* **ammarrare** *v.t.* ⟨*Mar*⟩ to moor. **ammarratura** *f.* mooring.

ammassamento *m.* **1** (*l'ammassare*) amassing, hoarding, heaping. **2** (*effetto*) mass, hoard, heap. ☐ ~ *di merci* stockpile; ~ *di truppe* massing of troops. **ammassare** *v.t.* **1** (*riunire in massa*) to gather (together), to mass. **2** (*ammucchiare*) to amass, to hoard, to heap (*o* pile) up: *ammassò i vecchi mobili in soffitta* he piled up the old furniture in the attic. **ammassarsi** *v.r.* **1** (*affollarsi*) to gather (together), to crowd (together): *tutti si ammassarono dinanzi alla porta* they all gathered in front of the door. **2** (*accumularsi*) to accumulate, to heap (*o* pile) up.

ammassato *a.* **1** gathered, crowded, massed: *la folla –a in piazza* the crowd gathered in the square. **2** (*ammucchiato*) piled-up, heaped-up.

ammassicciare *v.t.* (**ammassiccio**) **1** → **ammassare**. **2** ⟨*Strad*⟩ to metal.

ammasso *m.* **1** (*mucchio*) mass, hoard, pile, heap: *un ~ di rovine* a mass (*o* heap) of ruins. **2** ⟨*Econ*⟩ stockpiling, pooling: ~ *del grano* corn stockpiling; (*il luogo*) stockpile, pool. ☐ *dare* (*o portare*) *all'* ~ to deliver to the stockpile; ⟨*Astr*⟩ ~ *globulare* globular cluster.

ammatassare *v.t.* ⟨*Tess*⟩ to wind into skeins.

ammattimento *m.* **1** maddening. **2** (*grattacapo*) trouble, annoyance, nuisance. ☐ *quel lavoro è un vero* ~ that job is enough to drive anyone mad. **ammattire** *v.i.* (**ammattisco, ammattisci**; *aus.* **essere**) **1** to go mad: *ammattì per il dolore* he went mad with grief. **2** (*perdere la calma*) to go mad, to be driven mad. **3** (*stillarsi il cervello*) to rack one's brains: *questa traduzione mi ha fatto* ~ this translation made me rack my brains. ☐ *c'è da* ~ it's enough to drive one mad; *fare* ~ *qd.* to drive s.o. mad.

ammattonare *v.t.* (**ammattono**) to floor (*o* pave) with bricks, to lay a brick flooring on. **ammattonato I** *a.* floored (*o* paved) with bricks. **II** *s.m.* brick pavement (*o* paving).

ammazzare *v.t.* **1** (*uccidere*) to kill: *ammazzò tutti i suoi nemici* he killed all his enemies; (*assassinare*) to murder. **2** (*macellare*) to slaughter, to butcher. **3** ⟨*fig*⟩ (*stancare, deprimere*) to wear out, to exhaust, ⟨*fam*⟩ to kill: *il caldo mi ammazza* the heat is killing me. **ammazzarsi** *v.r.* **1** (*suicidarsi*) to commit suicide, to kill o.s. **2** (*rimanere ucciso*) to be (*o* get) killed: *si è ammazzato in un incidente ferroviario* he was killed in a railway accident. ☐ ⟨*fig*⟩ ~ *qd. di botte* to give s.o. a thorough thrashing; *ammazzarsi di lavoro* to work o.s. to death; *morire ammazzato* to be murdered; ~ *la noia* to while the time away; ~ *il tempo* to kill time.

ammazzasette *m.inv.* braggart, bragger. **ammazzata** *f.* ⟨*fig*⟩ great strain. **ammazzatoio** *m.* slaughterhouse.

ammenda *f.* **1** (*riparazione*) amends *pl*: *fare* ~ *di qc.* to make amends for s.th. **2** ⟨*Dir,Sport*⟩ fine: *pagare un'* ~ to pay a fine. **ammendamento** *m.* **1** (*emendamento*) amendment. **2** ⟨*Agr*⟩ soil conditioning. **ammendare** *v.t.* (**ammendo**) **1** (*emendare*) to amend, to correct. **2** ⟨*Agr*⟩ to condition (*o* improve) soil.

ammennicolo *m.* **1** (*cavillo*) cavil, pretext: *egli trova sempre mille –i per non pagare* he always finds plenty of pretexts for not paying. **2** *pl.* (*piccole aggiunte*) sundries *pl.*

ammesso *a.* **1** (*accolto*) admitted: *è stato ~ agli esami* he has been admitted to the exams. **2** (*permesso*) allowed, granted. ☐ ~ *che* [*cong*] granted that, supposing that.

ammettenza *f.* ⟨*El*⟩ admittance.

ammettere *v.t.* (**ammisi, ammesso**) **1** (*introdurre*) to admit, to allow in, to let in: *fu ammesso alla presenza del presidente* he was admitted into the presence of the president; *i bambini non sono ammessi* children not admitted. **2** (*accogliere*) to admit, to receive: *essere ammesso in un club* to be admitted to a club. **3** (*accettare*) to grant, to admit, to allow: ~ *una domanda* to grant a petition, to allow a request. **4** (*dichiarare abile*) to admit: ~ *un candidato agli esami* to admit a candidate to the exams. **5** (*riconoscere*) to admit, to acknowledge: *non ammette mai di aver sbagliato* he never admits that he has made a mistake. **6** (*supporre*) to suppose, to assume: *ammettiamo che egli abbia ragione* let us assume that he is right. **7** (*permettere*) to allow, to permit, to admit: *non sono ammessi reclami* no complaints allowed. ☐ ⟨*Econ*⟩ *alle quotazioni in borsa* to admit to Stock Exchange quotation.

ammezzato *m.* mezzanine, entresol.

ammiccamento *m.* winking. **ammiccare** *v.i.* (**ammicco, ammicchi**) to wink (*a* at). **ammicco** *m.* (*pl.* **-chi**) wink.

ammide *f.* ⟨*Chim*⟩ amid(e).

ammina *f.* ⟨*Chim*⟩ amin(e). **amminico** *a.* (*pl.* **-ci**) amino–.

amministrare *v.t.* **1** to manage, to administer, to run: ~ *il patrimonio familiare* to administer the family estate; (*rif. allo Stato*) to govern. **2** ⟨*Rel,Dir*⟩ to administer: ~ *i sacramenti* to administer the sacraments; ~ *la giustizia* to administer justice. ☐ ~ *un'azienda* to manage (*o* run) a business; ~ *male* to mismanage.

amministrative *f.pl.* ⟨*Pol*⟩ (*elezioni amministrative*) local government elections.

amministrativo *a.* administrative. ☐ **anno** ~ financial year; ⟨*Dir*⟩ **atto** ~ administrative act; **autorità** –*a* administrative authorities, administration; **circoscrizione** –*a* administrative unit; **misure** –*e* administrative measures; *in via –a* through administrative channels.

amministratore *m.* (*f.* **-trice**) **1** administrator: ~ *unico* sole administrator. **2** (*consigliere di società*) director, manager. ☐ ⟨*Dir.can*⟩ ~ **apostolico** apostolic administrator; ~ **delegato** managing director; ~ **fiduciario** trustee; (*nel procedimento fallimentare*) trustee in bankruptcy; ~ **giudiziale** receiver; ~ **pubblico** public administrator; ~ **straordinario** special manager.

amministrazione *f.* **1** administration, management. **2** (*complesso di amministratori*) administration, management, directors *pl*: *consiglio di* ~ board of directors. **3** (*sede*) administration offices *pl*, administrative headquarters *pl.* **4** ⟨*Rel*⟩ administration: ~ *dei sacramenti* administration of the sacraments. ☐ ~ **aziendale** business management; ~ **civile** civil service; ~ **comunale** municipal (*o* local) government; ~ **controllata** controlled economy, government control; (*rif. ad aziende e sim.*) receivership; ~ **fallimentare** receivership; ~ **fiduciaria** trusteeship; ~ **giudiziaria** receivership; ~ *della* **giustizia** administration of justice; ~ **locale** local government; *atti di* **ordinaria** ~ ordinary administration; ⟨*fig*⟩ *cose di ordinaria* ~ routine matters; ~ *del* **personale** personnel administration (*o* management); ~ *delle poste* Post Office; **pubblica** ~ public administration; (*insieme dei dipendenti*) civil service; ~ *–i* **regionali** regional governments; ~ *dello* **stato** public administration.

amino|acido *m.* ⟨*Chim*⟩ amino–acid. **~plasto** *m.* amino–plast.

ammirabile *a.* admirable.

ammiraglia *f.* ⟨*Mar.mil*⟩ flagship. **ammiragliato** *m.* **1** admiralty. **2** (*grado*) admiralship. **ammiraglio** *m.* admiral. ☐ *grande* ~ Admiral of the Fleet; ~ *di squadra* vice–admiral.

ammirare *v.t.* **1** to admire: ~ *un quadro* to admire a picture. **2** (*provare meraviglia*) to be amazed at: *ammirai la sua faccia tosta* I was amazed at his cheek. **ammirativo** *a.* admiring. **ammirato** *a.* **1** admired. **2** (*meravigliato*) struck, astonished, amazed. **ammiratore** *m.* (*f.* **-trice**) **1** admirer; (*rif. a cantanti, campioni, ecc.*) fan. **2** (*corteggiatore*) admirer, suitor. **ammirazione** *f.* admiration: *nutrire profonda* ~ *per qd.* to feel great admiration for s.o.; *essere in* ~ *davanti a qd.* to stand in admiration before s.o. **ammirevole** *a.* admirable. **ammirevolmente** *avv.* admirably.

ammisi → **ammettere**. **ammissibile** *a.* **1** admissible, allowable, acceptable: *scuse* –*i* acceptable excuses. **2** (*degno di essere ammesso*) eligible. □ *ciò non è* ~ that is inadmissible; *non è* ~ *che tu ti comporti così* your behaviour is inexcusable. **ammissibilità** *f.* admissibility, eligibility; (*accettabilità*) acceptability. **ammissione** *f.* **1** admission, admittance: ~ *all'esame* admittance to the exam; ~ *a un club* admission to a club. **2** (*approvazione*) acknowledgment, admission: ~ *di un'ipotesi* admission of a hypothesis. □ *esame di* ~ entrance examination; *per tua stessa* ~ on your own admission; *requisiti per l'* ~ admission requirements: *requisiti per l'* ~ *all'università* university entrance requirements; *tassa di* ~ entrance fee.

ammobiliamento *m.* **1** (*l'ammobiliare*) furnishing. **2** (*il mobilio*) furniture. **ammobiliare** *v.t.* (**ammobilio**, **ammobili**) to furnish. **ammobiliato** *a.* furnished: *una camera* –*a* a furnished room.

ammodernamento *m.* **1** modernization. **2** (*rinnovamento*) renewal, renovation. **ammodernare** *v.t.* (**ammoderno**) to modernize. **ammodernarsi** *v.r.* to modernize.

ammodo I *avv.* **1** (*con garbo*) nicely, gently; (*come si deve*) properly. **2** (*con precauzione*) carefully. **II** *a.inv.* nice, respectable, decent: *è una persona* ~ he is a good (*o* decent) sort of person.

ammogliare *v.t.* (**ammoglio**, **ammogli**) (*dar moglie*) to find a wife (for), to marry (off): ~ *qd.* to find s.o. a wife. **ammogliarsi** *v.r.* to get married, to marry. **ammogliato I** *a.* married. **II** *s.m.* married man.

ammollare[1] *v.* (**ammollo**) **I** *v.t.* to wet, to soak, to steep: ~ *la biancheria* to soak the laundry; ~ *il pane nel latte* to soak bread in milk. **II** *v.i.* (*aus.* **essere**) to soak: *lasciare i legumi ad* ~ *per qualche ora* to leave the vegetables to soak for a few hours. **ammollarsi** *v.r.* to get soaked (*o* wet): *ammollarsi sotto la pioggia* to get soaked in the rain.

ammollare[2] *v.t.* (**ammollo**) **1** (*allentare*) to slack(en), to loosen. **2** ⟨*fig*⟩ (*assestare*) to deal, to give: ~ *uno schiaffo a qd.* to give s.o. a slap, to slap s.o.

ammollimento *m.* softening. **ammollire** *v.t.* (**ammollisco**, **ammollisci**) **1** to soften. **2** ⟨*fig*⟩ (*mitigare*) to soften, to mitigate: ~ *la durezza di un rifiuto* to mitigate the harshness of a refusal. **3** ⟨*fig*⟩ (*infiacchire*) to soften, to make go soft: *l'ozio ammollisce l'uomo* idleness makes a man go soft. **ammollirsi** *v.r.* **1** to soften, to go (*o* become) soft. **2** ⟨*fig*⟩ (*infiacchirsi*) to soften, to go (*o* get) soft: *ammollirsi nell'ozio* to get soft from idleness.

ammollo *m.* (*di biancheria*) soaking, soak.

ammoniaca *f.* ammonia. **ammoniacale** *a.* ammoniac(al), ammonium: *sali* –*i* ammonium salts. **ammoniacato** *m.* ammoniated. **ammoniaco** *a./s.* (*pl.* **-ci**) **I** *a.* ammoniac–. **II** *s.m.* (gum) ammoniac.

ammonimento *m.* **1** (*avvertimento*) warning; (*consiglio*) advice: *è stato un saggio* ~ it was a good piece of advice. **2** (*rimprovero*) admonishment, admonition.

ammonio *m.* ⟨*Chim*⟩ ammonium.

ammonire *v.t.* (**ammonisco**, **ammonisci**) **1** (*avvertire*) to warn, to advise: ~ *qd. contro le cattive amicizie* to warn s.o. against bad friends. **2** (*rimproverare*) to admonish, to reprimand: ~ *qd. per qc.* to reprimand s.o. for s.th. **3** ⟨*Dir*⟩ to caution.

ammonite *f.* ⟨*Geol*⟩ ammonite.

ammonitivo *a.* admonitory. **ammonito** *a.* warned, advised. **ammonitore I** *s.m.* (*f.* **-trice**) warner, admonisher, adviser. **II** *a.* warning, admonitory: *gesto* ~ warning gesture. **ammonitorio** *a.* warning, admonitory:

lettera –*a* warning letter.

ammonizione *f.* **1** (*rimprovero*) admonition, admonishment. **2** (*avvertimento*) warning. **3** ⟨*Dir*⟩ caution: *infliggere un'* ~ to caution.

ammonizzazione *f.* ⟨*Chim*⟩ ammonification.

ammontare[1] *v.* (**ammonto**) **I** *v.i.* (*aus.* **essere**) to amount, to come (*a* to): *a quanto ammonta la spesa?* what does the cost come to?; *i danni ammontano a parecchi milioni di lire* damages amount to several million lire. **II** *v.t.* (*ammassare*) to heap (up), to pile (up).

ammontare[2] *m.* amount, sum, total (amount): *l'* ~ *è di duemilasettecento lire* the total is two thousand seven hundred lire. □ ~ *del* **capitale** total capital; ~ *a* **credito** credit amount; ~ *a* **debito** debit amount; *fino all'* ~ *di* up to the sum of; ~ **lordo** gross amount; *l'* ~ *delle* **spese** total costs.

ammonticchiare *v.t.* (**ammonticchio**, **ammonticchi**) to heap (up), to pile (up).

ammorbamento *m.* **1** infection, pollution. **2** (*puzzo*) stink, stench. **ammorbare** *v.t.* (**ammorbo**) to infect, to pollute (*anche fig.*): ~ *l'aria* to pollute the air. **ammorbato** *a.* polluted, foul, stinking: *aria* –*a* foul air.

ammorbidente *m.* **1** softener. **2** (*per biancheria*) laundry softener. **ammorbidire** *v.* (**ammorbidisco**, **ammorbidisci**) **I** *v.t.* **1** (*rendere morbido*) to soften. **2** (*sfumare*) to soften: ~ *le linee di un disegno* to soften the lines of a drawing. **3** ⟨*fig*⟩ (*addolcire*) to soften, to soothe. **II** *v.i.* (*aus.* **essere**) **ammorbidirsi** *v.r.* to become (*o* grow) soft, to soften.

ammorsare *v.t.* (**ammorso**) **1** (*chiudere in una morsa*) to vice, to clamp. **2** ⟨*Edil*⟩ to tooth. **ammorsatura** *f.* **1** ⟨*Edil*⟩ toothing, tooth. **2** ⟨*Fal*⟩ scarf (joint).

ammortamento *m.* **1** ⟨*Econ*⟩ redemption, amortization. **2** (*svalutazione*) depreciation. □ ⟨*Econ*⟩ ~ **fiscale** capital (*o* investment) allowance; **fondo** *di* ~ sinking fund; ~ *degli* **investimenti** capital consumption allowance; ~ **lineare** straight line depreciation; ~ *di un* **mutuo** redemption of a loan; ~ *di un* **prestito** amortization of a loan; **quota** *di* ~ depreciation allowance; ~ *per quote decrescenti* accelerated (*o* declining) balance depreciation; ~ **tecnico** depreciation for wear and tear.

ammortare *v.t.* (**ammorto**) to amortize, to amortise.

ammortire *v.t.* (**ammortisco**, **ammortisci**) **1** (*intorpidire*) to deaden, to numb. **2** (*smorzare*: *rif. a suoni*) to deaden, to muffle; (*rif. a colori*) to tone down, to soften; (*rif. a luci*) to dim.

ammortizzabile *a.* ⟨*Econ*⟩ redeemable, amortizable. **ammortizzamento** *m.* **1** ⟨*Econ*⟩ → **ammortamento**. **2** ⟨*Mecc*⟩ damp(en)ing, deadening, absorption: ~ *del suono* sound damping (*o* deadening). **ammortizzare** *v.t.* **1** ⟨*Econ*⟩ to amortize, to redeem, to pay off: ~ *un debito* to pay off a debt. **2** ⟨*Mecc*⟩ to deaden, to damp(en), to absorb.

ammortizzatore *m.* **1** ⟨*El,Acu*⟩ damper. **2** ⟨*Aut,Aer*⟩ shock absorber, vibration damper, oscillation absorber. □ ⟨*Aut*⟩ ~ *telescopico* telescopic damper. **ammortizzazione** *f.* **1** ⟨*Econ*⟩ → **ammortamento**. **2** ⟨*Mecc*⟩ damp(en)ing, deadening.

ammosciare *v.* (**ammoscio**, **ammosci**) → **ammoscire**. **ammosciato** *a.* **1** (*fiacco*) flabby, flaccid. **2** ⟨*region*⟩ (*abbattuto*) depressed. **ammoscire** *v.* (**ammoscisco**, **ammoscisci**) **I** *v.t.* to make flabby (*o* flaccid), to soften. **II** *v.i.* (*aus.* **essere**) to become flabby (*o* flaccid).

ammostare *v.* (**ammosto**) ⟨*Enol*⟩ **I** *v.t.* to press: ~ *l'uva* to press grapes. **II** *v.i.* (*aus.* **avere**) to yield (*o* become) must. **ammostatoio** *m.* winepress.

ammucchiamento *m.* **1** (*azione*) piling (up), heaping (up). **2** (*effetto*) pile, heap. **ammucchiare** *v.t.* (**ammucchio**, **ammucchi**) to pile (up), to heap (up). **ammucchiarsi** *v.r.* to crowd (together), to throng: *gli spettatori si ammucchiavano nelle prime file* the audience thronged (*o* crowded together in) the front rows. □ ~ *il fieno* to stack (*o* rick) hay.

ammuffire *v.i.* (**ammuffisco**, **ammuffisci**; *aus.* **essere**) **1** to go mouldy (*o* musty): *il pane è ammuffito* the bread has gone mouldy. **2** ⟨*fig*⟩ (*rif. a persone*) to vegetate; (*rif. a cose*) to lie idle: *tener il denaro ad* ~ to leave one's money lying idle. □ ~ *sui libri* to be a bookworm.

ammuffito *a.* **1** mouldy, musty. **2** ⟨*fig*⟩ (*rif. a persona*) fossilized.

ammutinamento *m.* mutiny; ~ *delle truppe* mutiny of the troops. **ammutinare** *v.t.* (**ammutino/ammutino**) ⟨*rar*⟩ to incite (*o* excite) to mutiny. **ammutinarsi** *v.r.* to mutiny: *i soldati si sono ammutinati* the soldiers have mutinied. **ammutinato I** *a.* mutinous: *l'equipaggio* ~ the mutinous crew. **II** *s.m.* mutineer.

ammutolire *v.i.* (**ammutolisco, ammutolisci**; *aus.* essere) **1** (*diventare muto*) to become dumb. **2** (*tacere improvvisamente*) to fall silent; (*per paura*) to be struck dumb.

amnesia *f.* amnesia.

amnio *m.* ⟨*Anat*⟩ amnion. **amniocentesi** *f.* ⟨*Med*⟩ amniocentesis. **amniografia** *f.* amniography. **amnioscopia** *f.* amnioscopy. **amnioscopio** *m.* amnioscope. **amniotico** *a.* (*pl.* -ci) amniotic: *liquido* ~ amniotic fluid.

amnistia *f.* amnesty: *concedere un'* ~ to grant an amnesty; ~ *generale* general amnesty; *decreto di* ~ amnesty ordinance. **amnistiare** *v.t.* (**amnistio/amnistio**) to give (*o* grant an) amnesty to, to amnesty. **amnistiato I** *a.* amnestied. **II** *s.m.* (*f.* -a) prisoner released under amnesty.

amo *m.* (fish–)hook: *gettare l'* ~ to cast the hook. □ *abboccare all'* ~ to bite, to take the bait; ⟨*fig*⟩ to swallow the bait; *pescare con l'* ~ to angle; *prendere all'* ~ to hook (*anche fig.*).

amomo *m.* ⟨*Bot*⟩ amomum.

amorale *a.* amoral. **amoralità** *f.* amorality.

amorazzo *m.* amour.

amore *m.* **1** love, affection: *nutrire* ~ *per* (*o verso*) *qd.* to feel love for s.o.; ~ *non corrisposto* unrequited love; *l'* ~ *del prossimo* love of one's neighbour. **2** (*zelo, entusiasmo*) love, enthusiasm: ~ *per l'arte* love for (*o* of) art; *l'* ~ *dello studio* love of study. **3** (*persona amata*) love, loved one, sweetheart; (*oggetto amato*) love, passion: *la pittura è il suo unico* ~ painting is his only love. **4** (*persona graziosa*) darling: *quel bambino è un* ~ that child is a darling; (*cosa graziosa*) delightful thing. **5** *pl.* (*amorini*) cupids *pl.* Amore *N.pr.m.* ⟨*Mitol*⟩ Eros: ~ *e Psiche* Eros and Psyche. □ *d'* ~ *e d'accordo* in love and accord; *ardere d'* ~ *per qd.* to be burning with love for s.o.; *con* ~ with loving care, lovingly; ⟨*epist*⟩ with love; ~ *di sé* self–love; (*egoismo*) selfishness; *un* ~ *di vestito* a lovely dress; *fare all'* ~ (*o fare l'* ~) to make love; *figlio dell'* ~ love child; ~ *di gruppo* group sex; *andare* (*o essere*) *in* ~ (*rif. ad animali*) to rut; **lettera** *d'* ~ love letter; **libero** ~ free love; **mal** *d'* ~ lovesickness; **matrimonio** *d'* ~ love match; **nodo** *d'* ~ love knot; **pazzo** *d'* ~ madly in love; **per** ~ *di:* **1** (*rif. a persona*) for the sake of: *per amor tuo* for your sake; **2** (*rif. a cosa*) for (the) love of, for the sake of: *per* ~ *di pace* for the sake of peace; ⟨*esclam*⟩ *per* ~ *di Dio* for Heaven's sake; *per* ~ *o per forza* by hook or by crook, willy–nilly; *fare qc. per* ~ to do s.th. out of love; *sposarsi per* ~ to marry for love; ~ **platonico** platonic love; *prendere* ~ *per qc.* to become fond of s.th.; *amor* **proprio:** **1** self–respect; **2** (*ambizione*) ambition: *non ha amor proprio* he has no ambition; **romanzo** *d'* ~ love story; **senza** ~ without love; *matrimonio senza* ~ loveless marriage; ~ **venale** mercenary love; ~ *a prima* **vista** love at first sight. *Prov.: l'* ~ *è cieco* love is blind; *il primo* ~ *non si scorda mai* one's first love is never forgotten.

amoreggiamento *m.* flirtation. **amoreggiare** *v.i.* (**amoreggio, amoreggi**; *aus.* avere) to flirt (*con* with).

amorevole *a.* loving, fond, affectionate: *sguardo* ~ loving look. **amorevolezza** *f.* **1** love, tender affection: ~ *paterna* paternal affection. **2** (*atto affettuoso*) kind (*o* affectionate) act, kindness. **amorevolmente** *avv.* lovingly, tenderly.

amorfo *a.* **1** amorphous. **2** ⟨*fig*⟩ colourless: *essere un individuo* ~ to be a colourless person.

amorino *m.* **1** Cupid. **2** ⟨*fig*⟩ (*bambino*) little darling. **3** (*divano*) sociable. **4** ⟨*Bot*⟩ mignonette.

amorosamente *avv.* lovingly, affectionately; (*da innamorato*) amorously. □ *curare qd.* ~ to look after s.o. with loving care. **amoroso I** *a.* **1** (*affettuoso*) loving,

affectionate. **2** (*che concerne l'amore*) love–, amorous: *relazione* –*a* love affair. **II** *s.m.* (*f.* -a) **1** lover, sweetheart. **2** ⟨*Teat*⟩ actor (*f* actress) playing a love role: *recitare la parte dell'* ~ to play the love role. □ *passione* –*a* amorous passion; *poesia* –*a* love poetry.

amovibile *a.* (re)movable; (*rif. a funzionari*) temporary. **amovibilità** *f.* (re)movability.

amp. = ⟨*El*⟩ *ampère* ampere (*abbr.* amp.).

amperaggio *m.* ⟨*El*⟩ amperage. **ampère** *fr.* [ã'pɛːr] *m.* ampere. **amperometro** *m.* ammeter, amperemeter. **amperora** *m.inv.* ampere–hour. **amperspira** *f.* ampere–turn.

ampex *m.* **1** ampex. **2** ⟨*estens*⟩ (*videoregistrazione*) videorecording.

ampiamente *avv.* **1** widely, extensively. **2** (*abbondantemente*) amply, fully, abundantly: ~ *documentato* amply (*o* fully) documented.

ampiezza *f.* **1** width, breadth; (*spaziosità*) spaciousness, roominess: ~ *di un ambiente* spaciousness of a room. **2** ⟨*fig*⟩ breadth. **3** ⟨*Fis*⟩ amplitude. □ ~ *di un angolo* size of an angle; ~ *di mezzi* abundant means; ~ *di una piazza* spaciousness of a square; ~ *di vedute* broad–mindedness.

ampio *a.* **1** wide, broad; (*rif. ad abiti*) loose, full: *cappotto* ~ loose coat; *gonna* –*a* full skirt; (*spazioso*) spacious, roomy: *un salone* ~ a spacious hall. **2** (*abbondante*) ample, full: *ampi particolari* ample (*o* full) details. **3** ⟨*fig*⟩ broad, wide: *i più ampi poteri* the widest powers.

amplesso *m.* embrace.

ampliamento *m.* **1** (*allargamento*) extension; (*ingrandimento*) enlargement, amplification. **2** (*aumento*) increase. **ampliare** *v.t.* (**amplio, ampli**) **1** to enlarge, to amplify: ~ *una casa* to enlarge a house; (*allargare*) to widen, to broaden, to extend. **2** (*accrescere*) to increase, to enlarge (*anche fig.*): ~ *le proprie cognizioni* to increase one's knowledge. **ampliarsi** *v.r.* (*estendersi*) to broaden, to grow (larger), to extend.

amplificare *v.t.* (**amplifico, amplifichi**) **1** to amplify, to enlarge; (*allargare*) to extend, to expand, to enlarge. **2** ⟨*tecn*⟩ to amplify: ~ *il suono* to amplify the sound. **3** ⟨*fig*⟩ (*esagerare*) to exaggerate, to magnify. **amplificativo** *a.* **1** amplifying. **2** (*ampolloso*) pompous.

amplificatore *a./s.* **I** *s.m.* ⟨*Fis,Rad*⟩ amplifier. **II** *a.* amplifying. □ ~ *acustico* sound amplifier; ~ *di alta frequenza* high–frequency amplifier; ~ *di bassa frequenza* low–frequency amplifier; ~ *d'immagine* intensifier video (*o* head) amplifier; ~ *impianto* ~ amplifying system; ~ *magnetico* magnetic amplifier; ⟨*Rad*⟩ ~ *a risonanza* resonance amplifier; ~ *di tensione* voltage amplifier; **tubo** ~ amplifying tube (*o* valve), thermionic amplifier; ~ **video** video amplifier.

amplificazione *f.* **1** enlargement, amplification, extension. **2** (*ampollosità*) pomposity, bombast. **3** ⟨*tecn*⟩ amplification, gain. □ *coefficiente di* ~ amplification factor; ~ *di tensione* voltage amplification.

amplitudine *f.* **1** ⟨*lett*⟩ largeness, vastness. **2** ⟨*Astr*⟩ amplitude.

ampolla *f.* **1** cruet: ~ *dell'olio* oil cruet. **2** ⟨*Lit*⟩ ampulla. **3** ⟨*Anat*⟩ ampulla. **4** ⟨*tecn*⟩ bulb. □ ~ *della lampada* electric–light bulb; ⟨*Anat*⟩ ~ *rettale* ampulla of the rectum. **ampolliera** *f.* cruet–stand. **ampollina** *f.* **1** ⟨*Lit*⟩ ampulla. **2** ⟨*Mar*⟩ sand–glass.

ampollosamente *avv.* bombastically, pompously. **ampollosità** *f.* pompousness, pomposity, bombast. **ampolloso** *a.* bombastic, pompous.

amputabile *a.* that may be amputated. **amputare** *v.t.* (**amputo**) **1** ⟨*Chir*⟩ to amputate. **2** ⟨*fig*⟩ to prune, to cut. **amputato** *a.* amputated. **amputazione** *f.* **1** ⟨*Chir*⟩ amputation. **2** ⟨*fig*⟩ cut.

Amsterdam *N.pr.f.* ⟨*Geog*⟩ Amsterdam.

amuleto *m.* amulet.

anabasi *f.* ⟨*Stor,Lett*⟩ anabasis.

anabattismo *m.* ⟨*Rel*⟩ Anabaptism. **anabattista** *m./f.* Anabaptist. **anabattistico** *a.* (*pl.* -ci) Anabaptist(ic).

anabbagliante ⟨*Aut*⟩ **I** *a.* dipped, dimmed, (*am*) low. **II** *s.m.* dipped headlight, (*am*) low beam. □ *mettere gli* –*i* to dip the headlights; *specchietto* ~ non–glare mirror.

anabiosi *f.* ⟨*Bot*⟩ anabiosis. **anabiotico** *a.* (*pl.* -ci) anabiotic.

anabolico a. (pl. -ci) ⟨Biol⟩ anabolic. **anabolismo** m. anabolism. **anabolizzante** m. ⟨Med⟩ anabolic substance.

anacardio m. ⟨Bot⟩ cashew tree.

anacoluto m. ⟨Ling⟩ anacoluthon.

anaconda m.inv. ⟨Zool⟩ anaconda.

anacoreta m./f. 1 anchorite. 2 ⟨fig⟩ hermit, recluse. **anacoretico** a. (pl. -ci) 1 anchoritic. 2 ⟨fig⟩ hermetic(al). **anacoretismo** m. anchoritism, anchoretism.

Anacreonte N.pr.m. ⟨Stor.gr⟩ Anacreon. **anacreontica** f. ⟨Lett⟩ Anacreontic (poem). **anacreontico** a. (pl. -ci) Anacreontic.

anacronismo m. anachronism. **anacronistico** a. (pl. -ci) anachronistic. □ in modo ~ anachronistically.

anaerobico a. (pl. -ci) ⟨Biol⟩ anaerobic. **anaerobio** m. anaerobe, anaerobion. **anaerobiosi** f. anaerobiosis.

anafilassi f. ⟨Med⟩ anaphylaxis. **anafilattico** a. (pl. -ci) anaphylactic: shock ~ anaphylactic shock.

anafora f. ⟨Ret⟩ anaphora.

anagallide f. ⟨Bot⟩ scarlet pimpernel.

anaglifico a. (pl. -ci) ⟨Art⟩ anaglyphic. **anaglifo** m. anaglyph. **anaglittica** f. anaglyphics pl (costr.sing.), anaglyptics pl (costr.sing.). **anaglittico** a. (pl. -ci) anaglyptic, anaglyphic.

anagrafe f. 1 (registro) register (of births, marriages and deaths). 2 (ufficio) General Register Office. □ ~ scolastica register of school–age children; ~ tributaria taxpayers' register. **anagrafico** a. (pl. -ci) registry–: ufficio ~ registry office. □ dati –i personal data.

anagramma m. anagram. **anagrammare** v.t. to anagrammatize. **anagrammista** m./f. anagrammatist.

analcolico a./s. (pl. -ci) I a. non–alcoholic; (rif. a bevande) soft. II s.m. soft drink.

anale a. ⟨Anat⟩ anal: orificio ~ anal orifice.

analettico a./s.m. (pl. -ci) ⟨Farm⟩ analeptic.

analfabeta m./f. 1 illiterate (person). 2 ⟨fig⟩ ignorant person. **analfabetico** a. (pl. -ci) illiterate. **analfabetismo** m. illiteracy.

analgesia f. ⟨Med,Filos⟩ analgesia. **analgesico** a./s. (pl. -ci) ⟨Farm⟩ I a. analgesic. II s.m. analgetic, analgesic.

analisi f. 1 analysis, test(ing). 2 ⟨Gramm⟩ analysis, parsing. 3 ⟨Chim,Mat,Psic⟩ analysis. ~ di bilancio balance sheet analysis; ⟨Psic⟩ ~ caratteriale character analysis; ~ chimica chemical analysis; ⟨Ecom⟩ ~ costi–benefici cost–benefit analysis; ⟨Inform⟩ ~ dei dati data analysis; ~ decisionale (o delle decisioni) decision analysis; ⟨Statist⟩ ~ discriminante discriminant analysis; ~ estetica di un quadro aesthetic analysis of a picture; ~ fattoriale factor analysis; ~ finanziaria financial analysis; ~ funzionale functional analysis; ~ grammaticale parsing; ~ logica sentence analysis; ~ delle mansioni job analysis; ⟨Med⟩ ~ di massa screening; ~ del mercato market analysis; ~ multivariata multivariate analysis; ⟨Sociol⟩ ~ del ruolo role analysis; ~ del sangue blood test; ⟨Inform⟩ ~ sistemica (o dei sistemi) systems analysis; ~ dei tempi time study; ~ di tendenza trend analysis; ~ transazionale transactional analysis; in ultima ~ in the final analysis, all things considered; ~ delle urine urine test; ⟨Statist⟩ ~ di varianza variance analysis, analysis of variance.

analista m./f. 1 ⟨Mat,Chim⟩ analyst. 2 ⟨Psic⟩ psychoanalyst. 3 ⟨Inform,Econ⟩ analyst. 4 (tecnico di laboratorio) laboratory assistant. □ ~ aziendale business analyst; ~ finanziario financial analyst; ~ degli investimenti investment analyst; ~ di mercato market analyst; ⟨Inform⟩ ~ programmatore programmer analyst; ~ dei sistemi systems analyst; ~ dei tempi time–study engineer.

analitica f. ⟨Filos⟩ analytics pl (costr. sing.). **analiticamente** avv. analytically. **analitico** a. (pl. -ci) analytic(al). □ geometria –a analytical geometry; lingue analitiche analytical languages; mente –a analytical mind.

analizzabile a. analysable, analyzable. **analizzare** v.t. 1 to analyse, to analyze, to test: ~ la situazione to analyse the situation. 2 ⟨Gramm,Chim⟩ to analyse, to analyze. **analizzatore** m. 1 analyst. 2 ⟨Mecc⟩ analyser, analyzer. 3 ⟨Rad⟩ (apparecchio di prova) test meter, test set. 4 ⟨TV⟩

scanner. □ ~ ottico scanner.

anallergico a. (pl. -ci) not causing allergy.

analogamente avv. analogously, likewise. **analogia** f. analogy. □ avere ~ con qc. to be analogous to s.th.; per ~ con qc. by analogy with s.th.; ragionare per ~ to argue by analogy. **analogicamente** avv. analogically. **analogico** a. (pl. -ci) 1 analogic(al). 2 ⟨Inform⟩ analog: scrittura –a analog writing; segnale ~ analog signal. □ calcolatore ~ analogue computer. **analogismo** m. ⟨Filos⟩ analogism. **analogista** m./f. analogist. **analogo** a. (pl. -ghi) 1 analogous; (simile) similar: in modo ~ in a similar way, likewise. 2 ⟨Filos⟩ analogical. 3 ⟨Biol⟩ analogous.

anamnesi (o anamnesi) f. 1 ⟨Filos⟩ anamnesis. 2 ⟨Med⟩ anamnesis, case history. **anamnestico** a. (pl. -ci) ⟨Med⟩ anamnestic.

anamorfico a. (pl. -ci) ⟨Ott⟩ anamorphic: obiettivo ~ anamorphic lens.

ananas (o ananas) m. 1 ⟨Bot⟩ ananas, pineapple. 2 (frutto) pineapple.

anapestico a. (pl. -ci) ⟨Metr⟩ anapaestic. **anapesto** m. anapaest.

anaplasmosi f. ⟨Veter⟩ anaplasmosis.

anarchia f. anarchy. **anarchico** a./s. (pl. -ci) I a. anarchic(al). II s.m. (f. -a) anarchist. **anarchismo** m. anarchism. **anarcoide** I a. anarchist, anarchic. II s.m./f. person with anarchist tendencies.

anarco–sindacalismo m. ⟨Pol⟩ anarcho–syndicalism.

ANAS = Azienda nazionale autonoma (delle) strade (statali) State Highways Authority.

anastatico a. (pl. -ci) ⟨Tip⟩ anastatic: stampa –a anastatic printing.

anastigmatico a. (pl. -ci) ⟨Ott⟩ anastigmatic: obiettivo ~ anastigmatic lens. **anastigmatismo** m. anastigmatism.

anastomizzare v.t. ⟨Med⟩ to anastomose. **anastomosi** (o anastomosi) f. anastomosis.

anastrofe f. ⟨Ling⟩ anastrophe.

anatema (o anatema) m. 1 (maledizione) anathema, curse: scagliare l' ~ contro qd. to hurl a curse at s.o. 2 (scomunica) anathema.

anatocismo m. ⟨Econ⟩ anatocism, compound interest.

Anatolia N.pr.f. ⟨Geog⟩ Anatolia. **anatolico** a./s.m. (pl. -ci; f. -a) Anatolian.

anatomia f. anatomy. □ ~ animale animal anatomy; ~ comparata comparative anatomy; ~ patologica pathological anatomy; pezzo d' ~ anatomical specimen; ~ umana human anatomy.

anatomicamente avv. anatomically. **anatomico** a./s. (pl. -ci) I a. anatomic(al). II s.m. (f. -a) (anatomista) anatomist. □ sala –a anatomy theatre; sedile ~ anatomical seat; tavolo ~ dissecting table. **anatomista** m./f. anatomist. **anatomizzare** v.t. 1 to anatomize. 2 ⟨fig⟩ to analyse, to anatomize.

anatra f. duck. □ camminare come un' ~ to waddle; ~ domestica domestic duck; ~ maschio drake; ~ selvatica wild duck. **anatroccolo** m. duckling.

anca f. 1 hip, haunch. 2 (fianco) side. □ articolazione dell' ~ hip joint; muovere le anche to sway one's hips. **ancata** f. 1 (movimento) hip movement. 2 (colpo) bump with one's hip.

ancella f. 1 ⟨lett⟩ handmaid. 2 (religiosa) sister.

ancestrale a. ⟨lett⟩ ancestral.

anche I congz. 1 (pure) too, also, as well: verrà ~ lui he will come too; (come seconda risposta affermativa) so, too: hai letto quel libro? – sì, e tu? – ~ have you read that book? – Yes, and you? – so have I. 2 (inoltre) also, besides, moreover: si potrebbe ~ obiettare che you could also object that. 3 (perfino) even: ~ sua moglie lo ha abbandonato even his wife has deserted him; (per rafforzare un'affermazione) all, only: hai parlato ~ troppo chiaramente you have spoken only (o all) too clearly. 4 (eventualità, possibilità) quite easily, perhaps, even: potrebbe ~ piovere it could quite easily rain. 5 (seguito dal comparativo: ancora) even, still: è ~ più bella di sua sorella she is even more beautiful than her sister. II avv. (rif. a tempo: ancora) still, yet: (in frasi affermative) still; (in frasi negative) yet: non è ~ finita la messa Mass isn't over yet. □ quand' ~ even if; ~ se even if: verrò ~ se piove I'll come even if it rains; *non solo..., ma* ~ not only..., but...: *non solo è superbo, ma è* ~ *sfacciato* he's not only proud, but insolent as well.

ancheggiamento *m.* swaying gait. **ancheggiante** *a.* swaying. **ancheggiare** *v.i.* (ancheggio, ancheggi; *aus.* avere) to sway (*o* swing) one's hips.

anchilosante *a.* ankylotic. □ *artrite* ~ ankilosing arthritis. **anchilosare** *v.t.* (anchiloso) to ankylose. **anchilosarsi** *v.r.* to ankylose, to grow stiff. **anchilosato** *a.* ankylosed, stiff(ened). **anchilosi** (*o* anchilosi) *f.* ankylosis.

anchilostoma *m.* 〈Zool〉 ancylostome. **anchilostomiasi** *f.* 〈Med〉 ancylostomiasis.

ancia *f.* (*pl.* -ce) 〈Mus〉 reed, tongue.

ancillare *a.* of maidservants, maidservant's.

ancona *f.* 〈Pitt〉 ancona.

ancora[1] *f.* **1** 〈Mar,tecn〉 anchor. **2** 〈El〉 keeper. □ **essere** (*o stare*) *all'* ~ to be (*o* lie, ride) at anchor; *dare* **fondo** *all'* ~ (*affondarla*) to drop (*o* let go) the anchor; ~ **galleggiante** sea anchor; **gettare** *l'* ~ to cast (*o* drop) anchor; **levare** *l'* ~ to weigh anchor; 〈*fig*〉 ~ *di* **salvezza** last hope.

ancora[2] *avv.* **1** still: *sono* ~ *stanco* I am still tired. **2** (*in frasi neg. o rif. al futuro*) yet: *non sono* ~ *pronto* I'm not ready yet; (*con valore rafforzativo*) still: *è tardi e non è* ~ *tornato* it's late and he still hasn't come back. **3** (*di nuovo*) (once) again, once more: *ripeti* ~ *quei versi* say those lines again. **4** (*un altro poco, ancora altri, altri*) some more: *vuoi* ~ *del tè?* do you want some more tea? **5** (*un altro*) another, one more: *dammi* ~ *una mela* give me another (*o* one more) apple. **6** (*rif. a tempo*) another, more: *aspetta* ~ *due giorni* wait another two days, wait two more days. **7** (*seguito dal comparativo*) even, still: *sei* ~ *più bella del solito* you are even more beautiful than usual. □ ~ *un po' :* 1 a little more: *dammi* ~ *un po' di tè* give me a little more tea; 2 (*rif. a tempo*) a little longer: *aspetta* ~ *un po'* wait a little longer.

ancoraggio *m.* 〈Mar〉 **1** anchorage, berth. **2** (*tassa*) anchorage dues *pl.* **ancorare** *v.t.* (ancoro) **1** 〈Mar〉 to anchor. **2** 〈Edil,tecn〉 to anchor, to fix. **3** 〈fig〉 to fix, to fasten, to anchor. **ancorarsi** *v.r.* **1** 〈Mar〉 to anchor, to cast (*o* come to) anchor: *la flotta si è ancorata nel porto di Napoli* the fleet has anchored in the port of Naples. **2** 〈*fig*〉 to hold fast, to stick: *ancorarsi a un'idea* to stick to an idea. **ancorato** *a.* **1** 〈Mar〉 (riding) at anchor: *navi* -*e al largo* ships riding at anchor offshore. **2** 〈*fig*〉 deep-rooted, anchored. **ancoressa** *f.* 〈Mar〉 one-armed anchor. **ancoretta** *f.* **1** 〈Mar〉 grapple. **2** 〈Pesc〉 treble hook. **ancorotto** *m.* 〈Mar〉 kedge anchor.

and. = 〈Mus〉 andante andante.

Andalusia *N.pr.f.* 〈Geog〉 Andalusia. **andalusite** *f.* 〈Min〉 andalusite. **andaluso I** *a.* Andalusian: *danza* -*a* Andalusian dance. **II** *s.m.* (*f.* -a) Andalusian.

andamento *m.* **1** proceeding, advancement, progress: *sorvegliare l'* ~ *del lavoro* to supervise the progress of work; (*di malattia, di stagioni*) course. **2** (*tendenza*) trend: ~ *della borsa* trend of the stock market. **3** (*stato, condizione*) state: ~ *del mercato* state of the market. □ ~ *degli affari* state of business; ~ *del barometro* barometric trend; ~ *dei prezzi* price trend.

andana *f.* **1** pathway. **2** 〈Mar〉 tier.

andante I *a.* **1** (*scadente*) cheap, second-rate: *stoffa* ~ cheap material; *merce* ~ second-rate goods. **2** 〈Comm〉 (*corrente*) current, inst.: *il dieci dell'* ~ *mese* the 10th inst. **II** *avv.* 〈Mus〉 andante. **III** *s.m.* 〈Mus〉 andante. **andantino** *m.* 〈Mus〉 andantino.

andare[1] *v.i.* (*pr.ind.* vado/vo, vai, va, andiamo, andate, vanno; *fut.* andrò; *pr.cong.* vada, andiamo, andiate, vadano; *imperat.* va'/vai/va; *aus.* essere) **1** to go: *va' subito a casa* go home at once. **2** (*viaggiare in un veicolo*) to go, to travel: ~ *a cento chilometri all'ora* to travel at a hundred kilometres an hour; ~ *in aeroplano* to go by plane, to fly. **3** (*funzionare*) to work, to run: *quest'automobile va a metano* this car runs on methane. **4** (*recarsi*) to go, to make (a for): *andrai al mare o in montagna?* are you going to the seaside or to the mountains? **5** (*camminare*) to walk: *andavamo a passo lento* we walked slowly. **6** (*condurre: rif. a strada*) to lead:

questa strada va al lago this road leads to the lake. **7** (*procedere: rif. a cose, avvenimenti*) to proceed, to go: *le cose vanno bene* things are going well; (*avere esito favorevole*) to turn out well, to go (off) well: *questa volta è andata* this time it went off well. **8** (*passare: rif. a tempo*) to go by: *come vanno veloci gli anni* how quickly the years go by. **9** (*comportarsi*) to get on: *come va quel ragazzo a scuola?* how is that boy getting on at school? **10** (*praticare*) to keep company, to go round (*con* with): *non* ~ *con cattivi compagni* don't keep bad company. **11** (*fare visita*) to call (*da* on), to go and see: *andrò da lui sabato prossimo* I shall call on him next Saturday. **12** (*adattarsi, calzare*) to fit: *il vestito dell'altr'anno non mi va più* last year's dress doesn't fit me any more; 〈*fig*〉 to apply, to suit: *un esempio che non va* an example which doesn't apply. **13** (*essere di moda*) to be fashionable, to be in (fashion): *quest'anno vanno le giacche lunghe* this year long jackets are in (fashion). **14** (*vendersi*) to sell: *un prodotto che va molto* a product that sells well. **15** (*avere corso legale*) to be legal tender: *è una moneta che non va più* it is a coin which is no longer legal tender. **16** (*piacere, gradire*) to please, to like (*costr. pers.*): *ti andrebbe di andare al cinema?* would you like to go to the cinema?; (*rif. a cibi*) to like (*costr. pers.*): *questa pietanza non mi è mai andata* I have never liked this dish. **17** (*toccare*) to fall: *la porzione più abbondante è andata a lui* the biggest portion fell to him. **18** (*occorrere*) to be needed (*o* required), to take (*costr. pers.*): *in quest'opera ci andranno due anni* this work will take two years; (*essere speso*) to be spent, to cost (*costr.pers.*): *per quel viaggio mi andò tutto lo stipendio* that journey cost me my whole salary. **19** (*essere*) to be: *vado orgoglioso del mio lavoro* I am proud of my work. **20** (*seguito da un participio passato: essere*) to be: *il manoscritto è andato perduto* the manuscript has been lost; (*dover essere*) must be, should be, ought to be: *è un particolare che non va trascurato* it is a detail which must not be overlooked. **21** (*seguito da un gerundio: per indicare lo svolgersi dell'azione*) to be: *la malattia va peggiorando* the disease is getting worse; (*per indicare il ripetersi dell'azione*) to keep (on): *andava chiedendo a destra e a sinistra* he kept asking all and sundry. **andarsene** *v.r.* **1** (*andare via*) to go away (*o* off), to leave: *se ne andò senza avermi salutato* he left without saying goodbye to me. **2** (*trascorrere*) to pass, to go by. **3** (*morire*) to pass away, to die: *il suo amico se n'è andato in pochi giorni* his friend died (*o* passed away) within a few days. **4** (*sparire, dileguarsi*) to disappear, to fade away: *le illusioni se ne vanno con gli anni* illusions disappear with the passing of the years. **5** (*spendersi*) to be spent, to go through (*costr.pers.*): *questa settimana se ne sono andate ventimila lire* I've gone through twenty thousand lire this week. □ ~ **a:** 1 (*seguito da sostantivo*) to go to: ~ *a scuola* to go to school; 2 (*seguito da verbo*) to go and: *va' a imbucare questa lettera* go and post this letter; (*azione non compiuta*) to go to: *è andato a trovarlo, ma non era in casa* he went to see him but he was not at home; ~ *all'***aria** to come to nothing; ~ **avanti:** 1 (*procedere*) to proceed, to go on: *andavano avanti per uno stretto sentiero* they proceeded along a narrow path; 〈*fig*〉 *il lavoro va avanti bene* the work is proceeding well; *così non si può* ~ *avanti* we can't go on like this; 2 (*precedere*) to go (on) ahead, to precede, to lead the way: *andate avanti, vi raggiungerò* go (on) ahead, I'll catch up with you; 3 (*seguitare*) to go on, to continue: *andate avanti, vi ascolto* go on, I'm listening (to you); 4 (*rif. a orologio*) to gain: *il mio orologio va avanti di tre minuti al giorno* my watch gains three minutes a day; ~ *avanti e indietro* to go 'to and fro' (*o* back and forth); ~ **bene** (*rif. a salute*) to be good, to be well (*costr. pers.*): *come va la salute? - va bene* how are you? - I'm very well; *va bene* (*frase di consenso*) all right, 〈*fam*〉 O.K., 〈*fam*〉 okay; (*nel fissare un appuntamento*) *ti va bene per domani pomeriggio?* does tomorrow afternoon suit you?, is tomorrow afternoon all right for you?; *gli è andata bene* he has got away with it; ~ *di bene in meglio* to get better and better; 〈Mil〉 *chi va là?* who goes there?; *stare sul chi va là* to be on the look-out; **come va?** how are you?; *come va che* how is it that: *come va che arrivi sempre in ritardo?* how is it that you always come late?; ~ **con:** 1 (*accompagnare*) to accompany, to take, to go with: *va' con il fratellino dalla zia* take your little brother to your aunt's; 2 (*adattarsi: rif. a vestiario*) to go with, to match: *voglio un cappello che vada bene con questo vestito* I want a hat to match (*o* go with) this dress; 3 (*frequentare*) to keep company with, to go around with: *perché vai con quel tizio?* why do you go around with that fellow?; ~ **dentro** to go in, to enter; ⟨*fam*⟩ (*essere messo in prigione*) to land in gaol; **fare ~:** 1 (*consumare*) to use up, to consume: *fare ~ tutte le provviste* to use up all the supplies; 2 (*rif. a macchine*) to start (up): *fa' ~ la macchina* start the machine; ~ **fuori:** 1 (*uscire*) to go out: *vai fuori con questo tempo?* are you going out in this weather?; *se ne vada fuori* get out; 2 (*traboccare*) to overflow, to brim over; *bada che il latte non vada fuori* watch that the milk doesn't boil over; ~ *fuori (di) strada* to run off the road; ⟨*fig*⟩ to go astray; ~ **giù:** 1 (*scendere*) to go down (*o* downstairs): *va' giù ad aprire* go down and open the door; 2 (*peggiorare, deperire*) to get worse, to lose strength: *il malato è andato molto giù negli ultimi giorni* the patient has got a lot worse in the last few days; *non ~ giù:* 1 (*rif. a cibi*) not to get down: *questo boccone non mi va giù* I can't get this mouthful down; 2 ⟨*fig*⟩ not to put up with, to stand: *questa ingiustizia non mi va giù* I'm not going to put up with this injustice; ~ **in:** 1 to go into: ~ *in casa* to go into the house; 2 (*con l'indicazione del mezzo di locomozione*) to go by, to travel by: ~ *in bicicletta* to ride a bicycle, (*rif. a una destinazione*) to go by bicycle; ~ *in barca* to go out in a boat, (*rif. a una destinazione*) to go by boat; 3 (*trasformarsi*) to turn to: ~ *in cancrena* to turn to gangrene; ~ *in pezzi* to fall (*o* go) to pieces; ~ **incontro** *a qd.:* 1 to (go and) meet s.o.; 2 ⟨*fig*⟩ (*favorire*) to meet s.o. half-way; ⟨*fig*⟩ ~ *incontro a qc.* (*esporsi*) to expose o.s. to s.th., to leave o.s. open to s.th.: ~ *incontro a guai* to expose o.s. to trouble; ~ **indietro** (*di auto, carri*) to back (up): *attento, la macchina va indietro* look out, the car is backing; *l'orologio mi va indietro* my watch loses; **lasciare ~:** 1 (*non trattenere*) to let go: *lasciami ~, ho fretta* let me go, I'm in a hurry; (*lasciare libero*) to let go, to release: *dopo un breve interrogatorio, il commissario lo lasciò ~* after brief questioning, the inspector let him go; 2 (*non punire*) to let off: *lascialo ~ per questa volta* let him off this once; 3 (*non continuare, smettere*) to give up: *ho lasciato ~ gli studi* I've given up my studies; 4 (*non insistere*) to drop: *lasciamo ~, non vale la pena litigare per così poco* let's drop the matter, it's not worth quarrelling over such a trifle; 5 (*dare, assestare*) to give, ⟨*fam*⟩ to let have: *gli lasciò ~ un pugno* he gave him a punch; **lasciarsi ~:** 1 (*abbattersi*) to sink, to drop: *lasciarsi ~ sul divano* to sink on to the sofa; 2 ⟨*fig*⟩ (*trascurarsi*) to let o.s. go, to neglect o.s.: *in questi ultimi tempi, si è lasciata ~* lately she has been letting herself go; ~ **lontano:** 1 to go far away; 2 ⟨*fig*⟩ to go far: *è un ragazzo che andrà lontano* he is a boy who will go far; ⟨*Tip*⟩ ~ *in* **macchina** to go to press; ~ *per la* **maggiore** to be popular; ~ *a* **male** to go bad (*o* off): *il latte è andato a male* the milk has gone off; ~ *male a scuola* to do badly at school; ~ *di male in peggio* to go from bad to worse; ~ *di* **mezzo** to get involved; (*subire le conseguenze*) to suffer the consequences; **non** *mi va:* 1 (*non mi piace*) I don't like: *questa carne non mi va* I don't like this meat; 2 (*non sono d'accordo*) I don't agree: *questo non mi va* I don't agree with this; 3 (*rif. a vestiti*) it doesn't fit me; ⟨*Rad*⟩ ~ *in* **onda** to go on the air, to be broadcast; ~ *di pari* **passo** to keep pace; ~ *per* **mare** to go by sea; ~ *per* **terra** to go by land; ~ *per qc.* to go in search of s.th., to go looking for s.th.; ~ *per* **funghi** to go mushrooming; ~ *per i* **quaranta** to be getting on for forty; ~ **perduto** to be lost; (*essere sprecato*) to be wasted; ~ *a* **piedi** to walk, to go on foot; ~ *a* **prendere** *qc.* to fetch s.th., to go and get s.th.; ~ *a prendere qd.* to go and meet s.o.; (*con un mezzo*) to go and pick s.o. up; **può ~:** 1 it will do, it's all right: *non è un cappotto di lusso, ma può ~* it's not an expensive coat but it will do; ⟨*fam*⟩ ~ *a* **ruba** to sell like hot cakes; ~ *a* **servizio** to go into (domestic) service; ~ *al* (*o sul*) **sicuro**

to play (it) safe; ~ **sotto** (*un'automobile*) to be run over; ~ *a* **spasso** to go for a walk; ~ **su:** 1 (*salire*) to go up: *vado su in casa un momento* I'm going up to my flat for a moment; 2 (*rif. a prezzo*) to go up, to rise; ~ *su e giù:* 1 (*salire e scendere*) to go up and down; 2 (*camminare*) to walk up and down: ~ *su è giù per la stanza* to ⸢walk up and down⸣ (*o* pace) the room; ~ *per* **terra** (*cadere*) to fall; ~ *di* **traverso** (*rif. a cibi, bevande*) to go down the wrong way; ⟨*fig*⟩ to go awry, to go wrong; ~ *a* **vela** to sail; ~ *a* **gonfie vele:** 1 to sail with a favourable wind; 2 ⟨*fig*⟩ to go well, to go off without a hitch; ~ **via:** 1 to go away, to leave: *il direttore è già andato via* the manager has already left; 2 (*uscire*) to go out, to leave: *a che ora vai via?* when are you going out?; 3 (*sparire*) to disappear, to come out: *questa macchia non va via* this stain won't come out; *mi è andata via la voce* I've lost my voice; *ma vai via!* come off it!; ~ *in* **viaggio** to go (*o* set out) on a journey. *Prov.: chi va piano va sano e va lontano* slow and steady wins the race; *dimmi con chi vai e ti dirò chi sei* birds of a feather flock together. || *andiamo!* let's go!, come on!; *ma andiamo!* look here!; *andiamo, coraggio!* come on, pull yourself together!; *andiamo, non ti inquietare!* come on, don't worry!; *com'è andata?* how did it go?, how did you get on?; *va da sé* (*è naturale*) it goes without saying; *va là che ti conosco bene io* come off it, I know you too well; *per questa volta, vada* let's say no more about it this time; *vada per* (*per esprimere consenso*) all right: *vada per una birra* all right, beer it is; *vado e vengo* I'll be back in a moment, I'll be right back; ⟨*fig*⟩ *se non vado errato* if I'm not mistaken.

andare² *m.* (*modo di camminare*) walk, gait. □ *coll' ~ del tempo* with the passing of time; *a lungo ~* in the long run; *a tutto ~* for all one is worth, flat out; *dire spropositi a tutto ~* to talk endless nonsense; *spendere a tutto ~* to spend money like water; *un continuo ~ e venire* an incessant coming and going.

andata *f.* 1 (*l'andare*) going. 2 (*contrario di ritorno*) outward journey, journey there: *l' ~ fu poco piacevole* the journey there wasn't very pleasant. □ *all' ~* (*o nell' ~*) on the way there, on the outward journey: *all' ~ il treno si è fermato a tutte le stazioni* on the outward journey the train stopped at every station; *un' ~ e ritorno per Napoli* a return (ticket) for Naples, ⟨*am*⟩ a round–trip ticket for Naples; ⟨*Dir*⟩ *l' ~ in vigore di una legge* the coming into force of a law.

andato *a.* 1 (*trascorso*) past, ⟨*pred*⟩ gone by: *nei tempi –i* in the past, in days gone by. 2 (*spacciato*) done for: *povero me, sono bell'e ~* poor me, I'm well and truly done for; *il poveretto è bell'e ~* the poor fellow is done for.
andatura *f.* 1 (*modo di camminare*) walk, gait: *riconoscere qd. dall' ~* to recognize s.o. from his walk. 2 ⟨*Sport*⟩ pace. 3 (*velocità*) speed: *procedere a forte ~* to go at great speed. 4 ⟨*Mar*⟩ tack; (*velocità*) rate: *un' ~ di quattordici nodi* a rate of fourteen knots. 5 ⟨*lett*⟩ (*portamento*) gait, carriage. □ ⟨*Sport*⟩ *fare l' ~* to set the pace; ⟨*Equit*⟩ *rompere l' ~* to break the pace.

andazzo *m.* (current) practice, latest trend, state of affairs: *non mi va quest' ~ di cose* I don't like this state of affairs; *seguire l' ~ dei tempi* to follow the latest trend.
Ande *N.pr.f.pl.* ⟨*Geog*⟩ Andes *pl.*: *la Cordigliera delle ~* the Cordillera of the Andes.
andicap *e der.* → **handicap** *e der.*
andirivieni *m.inv.* coming and going: *con questo continuo ~ non posso studiare* I can't study with this continuous coming and going.
andito *m.* 1 (*corridoio*) passage, corridor. 2 (*atrio*) entrance, vestibule.
Andorra *N.pr.f.* ⟨*Geog*⟩ Andorra. **andorrano** *a./s.m.* (*f. -a*) Andorran.
Andrea *N.pr.m.* Andrew.
andrò → **andare¹.**
androceo *m.* 1 ⟨*Bot*⟩ androecium. 2 ⟨*Stor*⟩ andron.
androfobia *f.* ⟨*Psic*⟩ androphobia.
androgeno I *a.* ⟨*Biol*⟩ androgenic: *ormoni –i* androgenic hormones. **II** *s.m.* androgen. **androginia** *f.* androgyny (*anche Bot.*). **androgino I** *a.* androgynous (*anche Bot.*). **II** *s.m.* androgyne (*anche Bot.*).

andrọide *m.* android.

andrologia *f.* ⟨*Med*⟩ andrology. **andrọlogo** *m.* (*pl.* -gi) andrologist.

andrọne *m.* porch, passage.

andropạusa *f.* ⟨*Biol*⟩ male climacteric.

androsterọne *m.* ⟨*Biol*⟩ androsterone.

anecọico *a.* (*pl.* -ci) anechoic, echo–free: *camera –a* anechoic chamber.

aneddọtica *f.* anecdotes *pl.* **aneddọtico** *a.* (*pl.* -ci) anecdotal, anecdotic. **anẹddoto** *m.* anecdote.

anelạnte *a.* **1** panting, gasping, out of breath: *arrivò tutto ~* he arrived quite out of breath. **2** (*desideroso*) eager, longing, yearning. **anelạre** *v.i.* (**anẹlo**; *aus.* avere) **1** (*respirare affannosamente*) to pant, to gasp (for breath). **2** ⟨*fig*⟩ to yearn, to long (*a* for): *~ alla libertà* to long for freedom.

anelasticità *f.* **1** ⟨*Fis*⟩ inelasticity. **2** ⟨*fig*⟩ (*rigidità*) inflexibility, rigidity. **anelạstico** *a.* (*pl.* -ci) rigid, inelastic.

anelẹttrico *a.* (*pl.* -ci) ⟨*Fis*⟩ anelectric.

anẹlito *m.* ⟨*lett*⟩ **1** (*respiro affannoso*) panting, gasping. **2** ⟨*fig*⟩ longing, yearning. □ *l'estremo ~* one's last breath.

anẹllidi *m.pl.* ⟨*Zool*⟩ annelids *pl.*

anẹllo *m.* **1** ring: *~ per le chiavi* key ring. **2** ⟨*Mecc*⟩ ring, collar; (*di una catena*) link (*anche fig.*). **3** (*region*) (*ditale*) thimble. **4** ⟨*Bot*⟩ (*growth*) ring; (*dei funghi*) annulus. **5** ⟨*Arch*⟩ listel, fillet. **6** ⟨*Chim,Biol*⟩ ring. **7** *pl.* ⟨*Sport*⟩ rings *pl.* □ *ad ~* ring–shaped; ⟨*Mecc*⟩ *~ di bloccaggio* stop ring; ⟨*Biol*⟩ *~ di congiunzione* connecting link (*anche fig.*); ⟨*El*⟩ *~ di contatto* contact ring; ⟨*Mecc*⟩ *~ distanziatore* spacer ring; *~ di fidanzamento* engagement ring; *~ di fumo* smoke–ring; ⟨*Mecc*⟩ *~ di guarnizione* packing ring; ⟨*Biol*⟩ *l' ~ mancante* the missing link; *~ matrimoniale* wedding ring; *~ portachiavi* key ring; *portare un ~ al dito* to wear a ring (on one's finger); ⟨*Rel*⟩ *~ prelatizio* prelate's ring; ⟨*fig*⟩ *prendere l' ~* (*sposarsi*) to marry; *~ di protezione* guard ring; ⟨*Astr*⟩ *–i di Saturno* Saturn's rings; *~ per il tovagliolo* napkin–ring; *un ~ con lo zaffiro* a sapphire ring.

anemia *f.* ⟨*Med*⟩ anaemia, ⟨*am*⟩ anemia: *~ perniciosa* pernicious anaemia. **anẹmico** *a./s.* (*pl.* -ci) **I** *a.* **1** anaemic, ⟨*am*⟩ anemic: **2** ⟨*fig*⟩ anaemic, bloodless, colourless: *stile ~* colourless style. **II** *s.m.* (*f.* -a) anaemic person.

anemofilia *f.* ⟨*Bot*⟩ anemophily. **anemọfilo** *a.* ⟨*Bot*⟩ anemophilous. **anemografia** *f.* ⟨*Meteor*⟩ anemography. **anemọgrafo** *m.* ⟨*Meteor*⟩ anemograph. **anemometria** *f.* ⟨*Fis*⟩ anemometry. **anemọmetro** *m.* anemometer.

anẹmone *m.* ⟨*Bot*⟩ anemone. □ ⟨*Zool*⟩ *~ di mare* sea anemone.

anemoscọpio *m.* ⟨*Meteor*⟩ anemoscope.

anerọbico *a.* (*pl.* -ci) ⟨*Biol*⟩ anaerobic. **anerọbio** *m.* anaerobe.

anerọide *a.* aneroid: *barometro ~* aneroid barometer.

anestesia *f.* ⟨*Med*⟩ anaesthesia: *~ locale* local anaesthesia. **anestesiologia** *f.* anaesthesiology. **anestesiọlogo** *m.* (*pl.* -gi) anaesthesiologist. **anestesista** *m./f.* anaesthetist. **anestẹtico** *a./s.* (*pl.* -ci) anaesthetic. **anestetizzạre** *v.t.* to anaesthetize.

anẹto *m.* ⟨*Bot*⟩ dill.

aneurisma *m.* ⟨*Med*⟩ aneurism, aneurysm. **aneurismạtico** *a.* (*pl.* -ci) aneurismal, aneurysmal.

anfetamina *f.* → amfetamina.

anfibio I *a.* ⟨*Zool,Mil*⟩ amphibious: *veicolo ~* amphibious vehicle. **II** *s.m.* **1** ⟨*Mil,Aer*⟩ amphibian. **2** *pl.* ⟨*Zool*⟩ amphibians *pl.*

anfiọsso *m.* ⟨*Zool*⟩ amphioxus, lancelet.

anfiteạtro *m.* **1** amphitheatre. **2** (*aula scolastica*) theatre, lecture room: *~ anatomico* anatomy theatre.

anfitriọne *m.* host.

ạnfora *f.* amphora.

anfrạtto *m.* ravine: *gli –i del monte* the mountain ravines. **anfrattuosità** *f.* anfractuosity (*anche Anat.*). **anfrattuọso** *a.* anfractuous, winding.

angariạre *v.t.* (**angạrio**, **angạri**) to harry, to vex.

angẹlica *f.* ⟨*Bot*⟩ angelica.

angelicạle *a.* ⟨*lett*⟩ angelic(al). **angelicạto** *a.* angel–like:

la donna –a the angel–like woman. **angẹlico** *a.* (*pl.* -ci) angelic (*anche fig.*). □ *cori –i* angelic choirs; *dottore ~* (*san Tommaso d'Aquino*) doctor angelicus.

ạngelo *m.* **1** angel. **2** ⟨*scherz*⟩ (*guardia*) policeman, ⟨*fam*⟩ cop. **3** ⟨*fig*⟩ angel. **4** ⟨*Itt*⟩ angelfish. □ *un ~ di bontà* the soul of kindness; *essere l' ~ della casa* to be the soul of the house; *~ custode* guardian angel (*anche fig.*); ⟨*iron*⟩ (*guardia*) cop; ⟨*fig*⟩ *discutere sul sesso degli –i* to waste one's breath in futile discussion; *il pane degli –i* the consecrated Host; *l' ~ delle tenebre* the angel of darkness.

ạngelus *m.* ⟨*Lit*⟩ angelus.

angheria *f.* outrage, vexation.

angina *f.* ⟨*Med*⟩ angina. □ *~ pectoris* angina pectoris. **anginọso I** *a.* anginous. **II** *s.m.* (*f.* -a) angina sufferer.

Angiò *N.pr.m.* ⟨*Stor*⟩ Anjou.

angiografia *f.* ⟨*Med*⟩ angiography. **angiọgrafico** *a.* (*pl.* -ci) angiographic.

angiọino ⟨*Stor*⟩ **I** *a.* Angevin. **II** *s.m.pl.* Angevins *pl.*

angiologia *f.* ⟨*Anat*⟩ angiology. **angiọlogo** *m.* (*pl.* -gi) angiologist.

angiọma *m.* ⟨*Med*⟩ angioma.

angio|neurọsi *f.* ⟨*Med*⟩ angioneurosis. **~patia** *f.* angiopathy. **~sarcọma** *m.* ⟨*Med*⟩ angiosarcoma. **~spạsmo** *m.* angiospasm. **~spẹrme** *f.pl.* ⟨*Bot*⟩ Angiospermae *pl.*

angiporto *m.* ⟨*non com*⟩ blind alley, narrow lane.

Angli ['ạngli] *N.pr.m.pl.* ⟨*Stor*⟩ Angles *pl.*

anglicanẹsimo, anglicanịsmo ['ạŋgl–] *m.* ⟨*Rel*⟩ anglicanism. **anglicạno I** *a.* Anglican. **II** *s.m.* (*f.* -a) Anglican.

anglicịsmo [aŋgl–] *m.* ⟨*Ling*⟩ Anglicism. **anglicizzạre** *v.t.* to anglicize. **ạnglico** *a.* (*pl.* -ci) ⟨*Stor*⟩ Anglian. **anglịsmo** *m.* → anglicismo. **anglịsta** *m./f.* Anglicist.

angloamericạno *a./s.m.* (*f.* -a) Anglo–American.

anglofilia *f.* Anglophilia. **anglọfilo I** *a.* Anglophili(a)c. **II** *s.m.* (*f.* -a) Anglophil(e). **anglofobia** *f.* Anglophobia. **anglọfobo I** *a.* Anglophobic. **II** *s.m.* (*f.* -a) Anglophobe. **anglọfono I** *a.* Anglophonic, English–speaking. **II** *s.m.* (*f.* -a) Anglophone. **anglọmane** *m./f.* Anglomaniac. **anglomania** *f.* Anglomania.

anglonormạnno I *a.* Anglo–Norman. **II** *s.m.* **1** (*lingua*) Anglo–Norman. **2** (*f.* -a) Anglo–Norman.

anglosạssone I *a.* **1** Anglo–Saxon. **2** (*di lingua inglese*) English–speaking. **II** *s.m.* **1** (*lingua*) Anglo–Saxon, Old English. **2** *m./f.* (*abitante*) Anglo–Saxon. **3** (*persona di lingua inglese*) English–speaking person.

Angola *N.pr.f.* ⟨*Geog*⟩ Angola. **angolạno** *a./s.m.* (*f.* -a) Angolan.

angolạre[1] **I** *a.* angular. **II** *s.m.* angle (iron). □ *pietra ~* corner–stone (*anche fig.*).

angolạre[2] *v.t.* (**angọlo**) ⟨*Sport,Cin*⟩ to angle.

angolạto *a.* **1** ⟨*Sport*⟩ cross(ed). **2** ⟨*Arald*⟩ angled.

angolazione *f.* **1** angulation (*anche Med.*). **2** ⟨*Cin*⟩ angle shot. **3** (*punto di vista*) point of view. **4** ⟨*fig*⟩ angle: *discutere un problema da ogni ~* to discuss a problem from ⌈every angle⌉ (*o* all angles).

angoliẹra *f.* ⟨*Arred*⟩ corner shelf.

ạngolo *m.* **1** ⟨*Geom*⟩ angle. **2** (*rif. a cose che hanno forma di angolo*) corner: *gli –i della bocca* the corners of one's mouth. **3** (*cantonata*) corner: *all' ~ di via Garibaldi con via Roma* on the corner of via Garibaldi and via Roma; (*spigolo*) edge. **4** (*luogo remoto*) corner, nook, secluded spot: *abbiamo cercato in tutti gli –i* we have searched every nook and cranny; *l' ~ più sperduto della terra* the farthest corner of the earth. **5** ⟨*Sport,Mecc*⟩ corner. □ *~ acuto* acute angle; *ad ~* at an angle; *ad ~ retto* at right angles; *~ adiacente* adjacent angle; *all' ~* at (*o* on) the corner: *il tabaccaio all' ~* the tobacconist on the corner; ⟨*Min*⟩ *~ assiale* axial angle; ⟨*Mil*⟩ *~ d'attacco* firing angle; ⟨*Astr*⟩ *~ azimutale* azimuth angle; ⟨*Sport*⟩ *calcio d' ~* corner kick; ⟨*Geom*⟩ *~ alla circonferenza* angle at the circumference; *~ complementare* complementary angle; *~ concavo* reflex angle; *~ convesso* convex angle; *–i corrispondenti* corresponding angles; ⟨*Arred*⟩ *~ cottura* kitchenette; *~ di curvatura* bending angle; *~ di deviazione* angle of deviation; *di ~* (*o* d' *~*) corner–: *casa* *d'*~ corner-house; **dietro** *l'*~ around the corner (*anche fig.*); *la casa fa* ~ *con la strada* the house stands at an angle to the street; ⟨*Anat*⟩ ~ **facciale** facial angle; **fare** ~ to run into: *via Condotti fa* ~ *con via del Corso* via Condotti runs into via del Corso; **girato** *l'* ~ around the corner; ⟨*Ott*⟩ ~ *di* **incidenza** angle of incidence; ~ **morto** dead ground; ~ **obliquo** oblique angle; ~ **ottuso** obtuse angle; ~ **piatto** straight angle; ⟨*Aer*⟩ ~ *di* **picchiata** dive angle; ⟨*Arred*⟩ ~ **pranzo** dining area; ⟨*Cin*⟩ ~ *di* **presa** shooting angle; *i* **quattro** *-i della terra* the four corners of the earth; ~ **retto** right angle; *ad* ~ **retto** *con* at right angles to, at a right angle to; ~ *di* **rifrazione** angle of refraction; **smussare** *gli* *-i* to round off the corners; ⟨*Mil*⟩ ~ *di* **tiro** angle of fire; ⟨*Ott*⟩ ~ **visuale** visual angle, angle of vision.

angolosità *f.* **1** angularity. **2** ⟨*fig*⟩ (*asprezza*) roughness, harshness, angularity: *le* ~ *di un carattere* the harshness of a character. **angoloso** *a.* **1** angular. **2** ⟨*fig*⟩ (*ossuto*) bony, angular. **3** ⟨*fig*⟩ (*poco trattabile*) difficult, angular.

Angora (o *Angora*) *N.pr.f.* ⟨*Geog.stor*⟩ Angora. □ *coniglio d'* ~ Angora rabbit; *gatto d'* ~ Angora cat; *lana d'* ~ Angora (wool).

angoscia *f.* (*pl.* **-sce**) **1** anguish, distress, deep anxiety: *vivere in* ~ to live in anguish. **2** ⟨*Med*⟩ anxiety. **angosciare** *v.t.* (**angoscio**, **angosci**) to distress, to anguish, to grieve. **angosciarsi** *v.r.* to worry, to be distressed (*per* about). **angosciato** *a.* anguished, worried, distressed: *uno sguardo* ~ an anguished look; *sentirsi* ~ to be distressed. **angosciosamente** *avv.* distressingly, with anguish. **angoscioso** *a.* **1** (*che dà angoscia*) distressing, agonizing. **2** (*pieno di angoscia*) anguished, full of anguish.

angostura *f.* ⟨*Bot,Farm*⟩ angostura.

ångström *m.* ⟨*Fis*⟩ ångström (unit).

anguilla *f.* **1** ⟨*Itt*⟩ eel. **2** ⟨*Mar*⟩ carling. □ ~ **elettrica** electric eel; *fare l'* ~ to try to wriggle out of it; *infido come un'* ~ as fickle as a weather-cock; ⟨*Gastr*⟩ ~ **marinata** marinated eel; *sgusciare di mano come un'* ~ to slip through one's fingers like an eel. **anguillaia** *f.* eel preserve, eel pond. **anguillesco** *a.* (*pl.* **-chi**) ⟨*fig*⟩ as slippery as an eel.

anguillula *f.* ⟨*Zool*⟩ eelworm.

anguria *f.* ⟨*Bot*⟩ watermelon.

angustamente *avv.* **1** narrowly. **2** (*meschinamente*) meanly. **angustia** *f.* **1** (*penuria*) scarcity, lack, want: ~ *di mezzi* lack of means. **2** (*ristrettezza: rif. a luogo*) narrowness; (*rif. a tempo*) want of time, limited time. **3** (*ansia*) distress, anxiety. □ ~ *di* **idee** (*o* **mente**) narrow-mindedness; *stare in* ~ *per qc.* to be worried (*o* anxious) about s.th.; *trovarsi in* *-e* to be in difficulties. **angustiare** *v.t.* (**angustio**, **angusti**) **1** (*causare sofferenze*) to distress, to pain. **2** (*causare preoccupazioni*) to worry, to trouble. **angustiarsi** *v.r.* to worry (*per* about). **angustiato** *a.* **1** (*preoccupato*) worried. **2** (*addolorato*) distressed, pained. **angusto** *a.* **1** (*stretto*) narrow: *un passaggio* ~ a narrow passage. **2** ⟨*fig*⟩ (*meschino*) mean, petty, narrow: *mente -a* narrow mind.

ANIC = **1** *Azienda nazionale idrocarburi* National Hydrocarbon Company. **2** *Associazione nazionale dell'industria chimica* National Association of Chemical Industries.

anice *m.* **1** ⟨*Bot*⟩ anise; (*frutto*) anise, aniseed. **2** (*liquore*) anisette. **anicino** *m.* (*biscotto*) aniseed biscuit.

anidride *f.* ⟨*Chim*⟩ anhydride. □ ~ **carbonica** carbon dioxide; ~ **solforosa** sulphur dioxide. **anidrite** *f.* ⟨*Min*⟩ anhydrite. **anidro** *a.* ⟨*Chim,Biol*⟩ anhydrous.

anile *m.* ⟨*Bot*⟩ indigo plant.

anilina *f.* aniline: *colore d'* ~ aniline dye.

anima *f.* **1** soul: *l'* ~ *e il corpo* body and soul; *pregare per l'* ~ *di qd.* to pray for s.o.'s soul. **2** (*sostegno, fondamento: rif. a persone*) moving spirit, (life and) soul; (*rif. a cose*) soul: *la concorrenza è l'* ~ *del commercio* competition is the soul of commerce. **3** (*fervore, entusiasmo*) heart: *ha messo tutta l'* ~ *in questo lavoro* he has put his whole heart into this work; *dedicarsi a qc. con tutta l'* ~ to devote o.s. to s.th. whole-heartedly (*o* with all one's heart); (*sentimento*) feeling: *recitare qc. con* ~ to recite s.th. with feeling. **4** (*persona*) person, soul: *un'* ~ *nobile* a noble soul; *non c'era* ~ *viva* there wasn't a (living) soul; (*abitante*) inhabitant, soul: *un paese di cinquecento -e* a village with five hundred inhabitants (*o* souls). **5** (*parte centrale, interna*) core, heart, inner (*o* central) part. **6** ⟨*Mus*⟩ (*di strumenti*) sound-post. □ *volere un* **bene** *dell'* ~ *a qd.* to love s.o. dearly; ~ *di un* **bottone** buttonmould; *la* **buon'** ~ the dear departed; *mio nonno, buon'* ~ my grandfather, God rest his soul; *qualche* ~ *buona ci aiuterà* some kind soul will help us; *darsi* ~ *e* **corpo** *a qd.* to give o.s. body (*o* heart) and soul to s.o.; *essere l'* ~ *di una* **cospirazione** to be the (ring-)leader of a conspiracy; ~ **dannata**: 1 lost soul: *gridare come un'* ~ **dannata** to cry out like a lost soul; 2 ⟨*fig*⟩ evil influence (*o* genius): *essere l'* ~ *dannata di qd.* to be s.o.'s evil genius; **esalare** *l'* ~ to give up the ghost, to breathe one's last; ~ *di un* **fucile** bore of a gun; *-e* **gemelle** kindred spirits; **giocarsi** *l'* ~ to put everything at stake; ~ *del* **legno** heart of wood; (*fam*) **mangiarsi** *l'* ~ to eat one's heart out; ⟨*Mecc*⟩ ~ **metallica** mandrel; ~ **mia!** my love!, my darling!; **pace** *dell'* ~ peace of mind; *un'* ~ *in* **pena** a soul in torment; **pensare** *all'* ~ to think of one's salvation; **reggere** *l'* ~ *coi denti* to be on one's last legs; **rendere** *l'* ~ *a Dio* to give up the ghost; **rompere** *l'* ~ *a qd.* to drive s.o. mad; **salute** *dell'* ~ salvation; **senza** ~ (*senza scrupoli*) without scruple, unscrupulous; (*senza sentimento*) soulless, unfeeling; ⟨*Met*⟩ ~ *di* **terra** loam; **toccare** *l'* ~ *a qd.* to touch s.o.'s heart; *con tutta l'* ~ with all one's heart; **vendere** *l'* ~ *al diavolo* to sell one's soul to the devil; *vendere l'* ~ *a caro prezzo* to sell one's soul dearly; *un'* ~ **vile** a coward.

animabile *a.* that may be animated.

animale **I** *s.m.* **1** (*essere animato*) animal: ~ **ragionevole** (*l'uomo*) rational animal. **2** (*bestia*) animal, beast. **3** ⟨*fig*⟩ (*persona grossolana*) brute, beast; (*persona stupida*) beast. **II** *a.* **1** animal: **regno** ~ animal kingdom. **2** ⟨*fig*⟩ (*corporeo, sensoriale*) animal, carnal: *istinti -i* animal instincts. □ **amico** *degli* *-i* animal lover; **calore** ~ animal heat; ~ *da* **cortile** farmyard animal; ~ **domestico** domestic animal; ~ *da* **laboratorio** experimental animal; ~ *da* **lavoro** work(ing) animal; ~ *da* **macello** animal for slaughter; ~ *da* **pelliccia** fur-bearing animal; ~ *di* **razza** pedigree animal; *-i* **riproduttori** breeding stock (*o* animals); ~ **selvatico** wild animal.

animalescamente *avv.* in a bestial way. **animalesco** *a.* (*pl.* **-chi**) **1** animal. **2** ⟨*fig*⟩ animal, bestial: *istinti animaleschi* animal instincts. **animalità** *f.* **1** animality. **2** ⟨*fig*⟩ animalism.

animare *v.t.* (**animo**) **1** (*infondere l'anima*) to animate, to give life to, to vivify. **2** (*rendere più vivo*) to animate, to enliven: ~ *una conversazione* to enliven (*o* animate) a conversation; (*rif. a opere d'arte*) to bring to life, to vivify, to animate. **3** (*incoraggiare*) to encourage, to spur (*o* urge) on. **animarsi** *v.r.* **1** (*diventare più animato*) to become animated, to grow lively, to come to life: *la discussione si animò* the discussion grew lively; *verso sera si animano le vie della città* towards evening the city streets come to life; (*accalorarsi*) to get heated. **2** (*prendere coraggio*) to take courage (*o* heart).

animatamente *avv.* animatedly. **animato** *I* *a.* **1** living, alive. **2** (*vivace*) animated, lively: *conversazione -a* lively conversation; (*movimentato*) busy, full of life (*o* activity): *le vie più -e della città* the busiest streets in the city. **3** (*mosso, spinto*) inspired, prompted: *essere* ~ *da cattivi propositi* to be prompted by evil intentions. **II** *avv.* ⟨*Mus*⟩ animato. □ **bastone** ~ sword-stick; ⟨*Cin*⟩ **cartoni** *-i* cartoons *pl.*

animatore **I** *s.m.* (*f.* **-trice**) **1** (*chi dà vita, impulso*) animator; (*autore*) moving (*o* leading) spirit: *l'* ~ *dell'impresa* the leading spirit of the enterprise. **2** ⟨*Cin*⟩ animator. **3** ⟨*Rad,TV*⟩ master of ceremonies, ⟨*fam*⟩ emcee; (*di quiz*) quizmaster. **4** (*rif. a gruppo di lavoro e sim.*) chairman. **II** *a.* life-giving, inspiring: *parole animatrici* inspiring words; *spirito* ~ life-giving spirit. **animazione** *f.* **1** ⟨*lett*⟩ animation. **2** (*vivacità*) animation, vivacity, liveliness: *parlare con* ~ to speak with animation. **3** (*rif. a luoghi*) life, bustle. **4** ⟨*Cin*⟩ animation.

animelle *f.pl.* ⟨*Gastr*⟩ sweetbread.

animismo *m.* ⟨*Filos*⟩ animism.

animista *m./f.* animist. **animistico** *a.* (*pl.* -ci) animistic.

animo *m.* **1** (*mente, pensiero*) mind, thoughts *pl.* **2** (*cuore*) heart: *avere un ~ gentile* to have a kind heart. **3** (*carattere*) character. **4** (*coraggio*) courage, heart: *non avere l' ~ di fare qc.* not to have the courage to do s.th. **5** (*intenzione*) intention: *parlò con l' ~ di offenderlo* he spoke with the intention of hurting his feelings. □ **alienarsi** *l' ~ di qd.* to alienate s.o.; **aprire** *l' ~ a qd.* to open one's heart to s.o.; **avere** *in ~ di fare qc.* to intend to do s.th.; *di buon ~* willingly; **calmare** *gli -i dei litiganti* to pacify the quarrellers; **fare** *~ a qd.* to cheer s.o. up; *farsi ~* to take heart; *in fondo all' ~* at the bottom of one's heart; *forza d' ~* strength of character, will power; **guadagnarsi** *l' ~ di qd.* to win s.o.'s favour; *~ irrequieto* restless disposition; **leggere** *nell' ~ di qd.* to read s.o.'s thoughts; *di mal ~* unwillingly, reluctantly; **mettersi** *l' ~ in pace* to resign o.s.; **nobiltà** *d' ~* noble-mindedness; **perdersi** *d' ~* to lose heart; **serbare** *nell' ~ un ricordo* to cherish a memory; **stare** *di buon ~* to be cheerful; **stato** *d' ~* mood; *essere nello stato d' ~ per fare qc.* to be in the (right) mood to do s.th. ‖ *animo!* cheer up!

animosamente *avv.* **1** (*arditamente*) bravely, boldly. **2** (*ostilmente*) with animosity, malevolently. **animosità** *f.* animosity, ill-will: *nutrire ~ verso qd.* to bear s.o. ill-will (*o a* grudge). **animoso** *a.* **1** bold, courageous, brave, daring: *soldati -i* courageous soldiers; *impresa -a* daring enterprise. **2** (*ostile*) hostile.

anione *m.* ⟨*Fis*⟩ anion.

anisetta *f.* anisette.

anisofillia *f.* ⟨*Biol*⟩ anisophylly.

anisotropia *f.* ⟨*Biol,Fis*⟩ anisotropy. **anisotropo** *a.* anisotropous, anisotropic.

anitra *f.* → **anatra**. **anitroccolo** *m.* → **anatroccolo**.

Anna *N.pr.f.* Ann(e).

annacquamento *m.* **1** watering, diluting. **2** ⟨*Econ*⟩ watering: *~ del capitale* watering of stock. **annacquare** *v.t.* **1** to water (down), to dilute. **2** ⟨*fig*⟩ (*mitigare*) to soften, to moderate: *~ una notizia troppo cruda* to soften the blow of too brutal a piece of news. **3** ⟨*Econ*⟩ to water. **annacquata** *f.* **1** slight dilution. **2** (*pioggerella*) drizzle. **annacquato** *a.* **1** watered (down), diluted. **2** (*sbiadito: rif. a colori*) pale, washed-out, watery; (*rif. a stile*) watery, vapid, insipid. **3** (*mitigato*) mitigated. □ *gli dissi la verità, ma un po' -a* I told him the truth, but I toned it down a little. **annacquatura** *f.* **1** (*l'annacquare*) watering, diluting. **2** (*bevanda annacquata*) watered-down drink.

annaffiamento *m.* **1** (*di giardini*) watering. **2** (*di strade*) sprinkling. **annaffiare** *v.t.* (**annaffio**, **annaffi**) **1** to water: *~ i fiori* to water the flowers; (*rif. a strade*) to sprinkle. **2** ⟨*scherz*⟩ (*annacquare*) to water down: *~ il vino* to water down wine. **annaffiata** *f.* **1** watering, sprinkling. **2** (*pioggerella*) drizzle. □ *dare un' ~ ai fiori* to give the flowers a little water. **annaffiatoio** *m.* watering can. **annaffiatrice** *f.* (road) sprinkler. **annaffiatura** *f.* → **annaffiamento**.

annali *m.pl.* **1** annals *pl.* **2** ⟨*fig*⟩ (*memorie storiche*) annals *pl.* **annalista** *m.* annalist. **annalistica** *f.* annal-writing, **annalistico** *a.* (*pl.* -ci) annalistic.

annaspare **I** *v.i.* (*aus.* **avere**) **1** to grope (blindly); (*nell'acqua*) to flounder. **2** (*arrabattarsi*) to waste a lot of energy (*intorno a* on), (*fam*) to mess about (with). **II** *v.t.* (*avvolgere sull'aspo*) to wind on reels: *~ il filo* to wind thread on reels. **annaspio** *m.* groping.

annata *f.* **1** year: *un' ~ piovosa* a rainy year. **2** (*raccolto*) crop, harvest: *un' ~ buona* a good crop (*o* year); (*di vino*) vintage. **3** (*l'importo annuo*) annual amount, year's: *un' ~ di affitto* a year's rent. **annataccia** *f.* (*pl.* -ce) (*rif. a raccolto*) bad year, poor crop.

annebbiamento *m.* **1** fogging, misting, (*nebbia*) fog, mist. **2** ⟨*fig*⟩ (*offuscamento*) dimming, clouding: *~ della vista* dimming of the eyesight; *~ della mente* clouding over of the mind. **annebbiare** *v.t.* (**annebbio**, **annebbi**) **1** to fog. **2** ⟨*fig*⟩ (*confondere*) to cloud, to dim, to fuddle: *l'ira gli annebbiò la mente* anger clouded his mind. **annebbiarsi**

v.r. **1** to become foggy, to grow misty, to be obscured by fog: *il cielo si annebbia* the sky is being obscured by fog. **2** ⟨*fig*⟩ to grow dim: *mi si annebbia la vista* my sight is growing dim. **annebbiato** *a.* **1** foggy, misty. **2** ⟨*fig*⟩ clouded, dim: *intelletto ~* clouded intellect.

annegamento *m.* drowning: *morte per ~* death by drowning. **annegare** *v.* (**annego, anneghi**) **I** *v.i.* (*aus.* **essere**) to drown, to be drowned. **II** *v.t.* **1** to drown. **2** ⟨*Mecc*⟩ to countersink: *~ la testa di una vite* to countersink the head of a screw. **3** ⟨*fig*⟩ to drown: *~ le preoccupazioni nel vino* to drown one's cares in drink. **annegarsi** *v.r.* to drown o.s.: *per il dolore si è annegata* she drowned herself out of grief. **annegato I** *a.* **1** drowned. **2** ⟨*Mecc*⟩ countersunk. **II** *s.m.* (*f.* -a) drowned person.

annerare *v.t./i.* (**annero**) → **annerire**.

annerimento *m.* blackening, darkening. **annerire** *v.* (**annerisco, annerisci**) **I** *v.t.* to blacken, to darken. **II** *v.i.* (*aus.* **essere**), **annerirsi** *v.r.* to become black, to grow dark, to darken. **annerito** *a.* black(ened), dark(ened). **anneritura** *f.* blackening, darkening.

annessi (*o* **annessi**) → **annettere**.

annessiectomia *f.* ⟨*Chir*⟩ adnexectomy.

annessione *f.* annexation (*anche Pol.*). **annessionismo** *m.* annexationism. **annessionista** *a./s.m.* annexationist. **annessionistico** *a.* (*pl.* -ci) annexational.

annessite *f.* ⟨*Med*⟩ adnexitis.

annesso (*o* **annesso**) **I** *a.* **1** annexed, attached: *una casa con ~ un bel giardino* a house with a beautiful garden attached. **2** (*rif. a scritti*) enclosed, attached: *documenti -i* documents attached. **II** *s.m.* **1** (*costruzione accessoria*) annexe. **2** *pl.* ⟨*Anat*⟩ appendage, adnexa. □ *gli -i e i connessi* the appurtenances *pl*; ⟨*fig*⟩ *fra -i e connessi* all told; *fabbricato ~* outbuilding, outhouse; *territori -i* annexed territories. **annettere** (*o* **annettere**) *v.t.* (**annetto/annetto**; **annettei/annessi/annessi**, **annesso/annesso**) **1** (*unire*) to attach, to add. **2** (*allegare*) to enclose, to attach. **3** ⟨*Pol*⟩ to annex. **4** ⟨*fig*⟩ to attach: *non ~ importanza a qc.* not to attach any importance to s.th.

Annibale *N.pr.m.* ⟨*Stor*⟩ Hannibal.

annichilamento *m.* annihilation. **annichilare** *v.t.* (**annichilo**) to annihilate (*anche Fis.*). **annichilazione** *f.* annihilation (*anche Fis.*). **annichilimento** *m.* → **annichilamento**. **annichilire** *v.* (**annichilisco, annichilisci**) → **annichilare**. **annichilito** *a.* **1** ⟨*Fis*⟩ annihilated. **2** ⟨*fig*⟩ flabbergasted: *li guardava ~* he stared at them flabbergasted.

annidamento *m.* **1** (*l'annidarsi*) nesting. **2** ⟨*Med*⟩ nidation. **annidare** *v.t.* **1** to put in a nest. **2** ⟨*fig*⟩ to harbour, to cherish: *~ malvagi sentimenti nell'animo* to harbour evil sentiments in one's heart. **annidarsi** *v.r.* **1** to (build one's) nest. **2** (*nascondersi*) to hide (o.s.). **3** ⟨*fig*⟩ to hide, to lurk: *l'odio si annidava nel suo animo* hatred was lurking in his heart.

annientamento *m.* annihilation, destruction: *l' ~ delle forze nemiche* the destruction of the enemy forces. **annientare** *v.t.* (**anniento**) to annihilate, to destroy, to wipe out: *l'esercito fu annientato* the army was wiped out. **annientarsi** *v.r.* to abase o.s., to humble o.s.

anniversario I *a.* anniversary: *il giorno ~* the anniversary. **II** *s.m.* **1** anniversary. **2** (*compleanno*) birthday.

anno *m.* **1** year: *nell' ~ millequattrocentonovantadue* in the year fourteen (hundred and) ninety-two; *sarà un ~ a giugno* it will be a year in June; *un ~ dopo l'altro* year after year, year in year out. **2** (*per indicare l'età*) year, *spesso non si traduce: quanti -i hai? – ho venticinque -i* how old are you? – I'm twenty-five (years old); *non ha ancora trent' -i* he's under thirty, he isn't thirty yet. **3** *pl.* (*periodo della vita*) age, years *pl*, *spesso non si traduce: i verdi -i* youth; *negli -i maturi* in middle-age; (*periodo di tempo molto lungo*) years *pl*, ages *pl: sono -i che non mi scrivi* you haven't written to me for ages. □ *a dieci -i* at the age of ten; *~ accademico* academic year; *due volte all' ~* twice a year; *guadagnare un milione all' (o l') ~* to earn a million a year; **augurare** *il buon ~ a qd.* to wish s.o. a happy new year; *essere* **avanti** *negli -i* to be getting on in years; ~ **bisestile** leap-year; *gli auguri di* **buon** ~ New Year's greetings; *Buon* ~ *!* Happy New Year!; *in* **capo** *all'* ~ at the end of the year; ~ **civile** calendar year; **compiere** *gli –i l'undici di aprile* to have one's birthday on the eleventh of April; ~ **corrente** present year; ⟨*Ind*⟩ ~ *di* **costruzione** year of manufacturing; **da** *–i* for years: *da –i e –i* for years and years; *quanti –i mi* **dai?** how old do you think I am?; **di** ~ *in* ~ from year to year; *non* **dimostra** *gli –i che ha* he doesn't look his age; *un* ~ **dopo** *l'altro* year in year out; *è* **stato** *un* ~ *ad agosto* a year last August; *sarà un* ~ *a dicembre* a year next December; ~ **finanziario** financial year; *nel* **fior** *degli –i* in one's prime; ~ **fiscale** fiscal year; ~ **geofisico** *internazionale* international geophysical year; ~ **giudiziario** law year; ~ *di* **grazia** year of grace; ~ **liturgico** ecclesiastical year; ~ **luce** light-year; ~ **nuovo** New Year; *aspettare l'* ~ *nuovo* to see the New Year in; *l'* ~ **passato** last year; **per** *–i* for years; ~ *per* ~ year after year; *per tutto l'* ~ the whole year (round); *per –i e –i* for years and years; **portare** *bene i propri –i* not to look one's age; ~ **precedente** preceding year, year before; *il* **primo** *dell'* ~ New Year's Day; *l'* ~ **prossimo** next year; *di* **quest'** ~ this year's: *il vino di quest'* ~ this year's wine; ~ **santo** Holy Year; ~ **scolastico** school year; ~ **solare** solar year; *ha ottant'–i* **sonati** he is well over eighty; **togliersi** *gli –i* to lie about one's age; *gli –i* **trenta** the thirties; **tutto** *l'* ~ all the year round. *Prov.:* ~ *nuovo vita* **nuova** the new year calls for a new way of life.

annodamento *m.* (*azione*) knotting, tying; (*effetto*) knot, tie. **annodare** *v.t.* (**annòdo**) **1** to knot (together), to tie in a knot, to tie (together): ~ *i due capi di una fune* to knot (*o* tie) the two ends of a rope together; (*fare un nodo a qc.*) to tie a knot in: ~ *il fazzoletto per ricordarsi di qc.* to tie a knot in one's handkerchief in order to remember s.th. **2** ⟨*fig*⟩ to form, to make: ~ *nuove amicizie* to form new friendships. **annodarsi** *v.r.* to become knotted, to get tangled, to form a knot: *la matassa si è annodata* the skein has got tangled. □ ~ *la cravatta* to knot one's tie; *mi si annodò la lingua in bocca* I became tongue-tied. **annodato** *a.* knotted, tied.

annoiare *v.t.* (**annòio, annòi**) **1** to bore, to weary. **2** (*seccare*) to annoy, to bother: *non mi ~!* don't bother me! **annoiarsi** *v.r.* **1** to be bored, to grow weary: *annoiarsi a morte* to be bored to death. **2** (*seccarsi*) to be annoyed. **annoiato** *a.* **1** bored, weary: *sentirsi* ~ to feel bored. **2** (*stufo*) tired, irritated.

annòna *f.* **1** (*organismo amministrativo*) victualling-board, food office. **2** (*insieme dei cibi*) food supplies. **annonario** *a.* victualling-, food-. □ *carta* (*o tessera*) *–a* ration card; *leggi –e* victualling laws; *ufficio* ~ food office.

annosità *f.* age. **annoso** *a.* ⟨*lett*⟩ **1** old, aged. **2** (*che dura da molti anni*) age-old: *una discussione –a* an age-old controversy.

annotare *v.t.* (**annòto**) **1** to note, to make a note of, to jot down, to record: ~ *qc. sull'agenda* to jot s.th. down in one's notebook; ~ *le uscite e le entrate* to record income and expenditure. **2** (*corredare di note*) to annotate: ~ *le opere di un autore* to annotate an author's works. **3** ⟨*Comm*⟩ to book. **annotazione** *f.* **1** note: *fare un'* ~ *sul quaderno* to make a note in one's exercise book; *–i in margine* notes in the margin. **2** ⟨*Comm*⟩ (*registrazione*) item.

annottare *v.i.impers.* (**annòtta**; *aus.* **essere**) to grow (*o* get) dark.

annoverare *v.t.* to number, to count: *ti annovero tra i miei più cari amici* I count you among my dearest friends.

annuale **I** *a.* annual, yearly: *festa* ~ annual celebration; *affitto* ~ annual rent. **II** *s.m.* (*anniversario*) anniversary. **annualità** *f.* **1** (*entrata annua*) yearly (*o* annual) income, annuity. **2** (*uscita annua*) yearly (*o* annual) expenditure. **3** (*rata annua*) yearly (*o* annual) instalment. **annualmente** *avv.* **1** (*ogni anno*) annually, yearly. **2** (*di anno in anno*) from year to year. **annuario** *m.* yearbook: ~ *statistico* statistical yearbook.

annuire *v.i.* (**annuisco, annuisci**; *aus.* **avere**) ⟨*lett*⟩ **1**

(*accennare di sì*) to nod (one's head in agreement). **2** (*acconsentire*) to assent, to agree: ~ *a una richiesta* to agree to a request.

annullabile *a.* annullable, voidable. **annullabilità** *f.* possibility of annulment. **annullamento** *m.* **1** annulment, cancellation. **2** ⟨*Comm*⟩ cancellation: ~ *di una ordinazione* cancellation of an order. **3** ⟨*Dir*⟩ annulment, nullification: *azione di* ~ annulment proceedings. □ ~ *di un contratto* cancellation of a contract; ~ *del matrimonio* annulment of marriage.

annullare *v.t.* **1** (*dichiarare nullo*) to annul. **2** (*revocare*) to cancel, to quash, to annul. **3** (*obliterare*) to cancel: ~ *i francobolli con un bollo* to cancel the stamps with a postmark. **annullarsi** *v.r.* **1** ⟨*recipr*⟩ to cancel (e.o.) out. **2** ⟨*fig*⟩ (*umiliarsi*) to humble o.s., to abase o.s. □ ~ *un compito scolastico* to cancel a school exercise; ~ *un contratto* to cancel a contract; ~ *gli effetti di una cura* to undo the benefits of a treatment; ~ *un matrimonio* to annul a marriage; ~ *una ordinazione* to cancel an order; ~ *una sentenza* to quash a sentence.

annullo *m.* **1** cancellation. **2** ⟨*Post*⟩ obliteration: ~ *ordinario* ordinary obliteration.

annunciare *v.t.* (**annuncio, annunci**) **1** to announce: ~ *la vittoria* to announce the victory. **2** ⟨*fig*⟩ to foretell, to herald: *i profeti annunciarono il Messia* the prophets foretold the coming of the Messiah. □ *il barometro annuncia tempesta* the barometer shows stormy weather; *chi devo ~?* whom shall I say?; *questo caldo annuncia la pioggia* this heat means rain; *farsi* ~ to give one's name; *la annuncio al Direttore* I'll tell the Manager you're here. **annunciatore** *m.* (*f.* **-trice**) announcer (*anche Rad., TV.*).

Annunciazione *N.pr.f.* ⟨*Rel*⟩ Annunciation: *festa dell'* ~ Feast of the Annunciation, Lady Day.

annuncio *m.* **1** announcement: *dare a qd. l'* ~ *di qc.* to make an announcement of s.th. to s.o., to announce s.th. to s.o.; (*notizia*) news: *all'* ~ *della tua partenza* at the news of your departure; (*notificazione*) notice, notification. **2** ⟨*Giorn*⟩ advertisement, ⟨*fam*⟩ ad: *mettere un* ~ *sul giornale* to put an advertisement in the paper; *–i economici* classified advertisements. **3** (*presagio*) sign, presage, indication. □ ~ *di matrimonio* announcement of marriage; *gli –i mortuari* the obituary notices; ~ *della nascita* announcement of the birth.

annunziare *v.* → **annunciare**.

Annunziata *N.pr.f.* ⟨*Rel*⟩ **1** Our Lady of the Annunciation. **2** (*festa*) Feast of Our Lady of the Annunciation. □ *ordine della SS.* ~ Order of the Annunziata.

annuo *a.* annual, yearly: *abbonamento* ~ yearly subscription; *reddito* ~ annual income.

annusare *v.t.* **1** to sniff, to smell; (*rif. a cani, a selvaggina*) to nose out. **2** ⟨*fig*⟩ (*intuire*) to get wind of, to smell, ⟨*fam*⟩ to twig: ~ *l'inganno* to smell a rat. □ ~ *tabacco* to take snuff. **annusata** *f.* sniff: *dare un'* ~ *a qc.* to (take a) sniff at s.th.

annuvolamento *m.* cloudiness, clouding over. **annuvolare** *v.t.* (**annuvolo**) to cloud (*anche fig.*). **annuvolarsi** *v.r.* **1** (*coprirsi di nuvole*) to cloud over, to become overcast: *il cielo si è annuvolato* the sky has clouded over. **2** ⟨*fig*⟩ (*oscurarsi in volto*) to cloud, to darken: *al rimprovero si annuvolò* his face clouded at the reproof. **annuvolato** *a.* cloudy, gloomy (*anche fig.*).

ano *m.* ⟨*Anat*⟩ anus.

anòbio *m.* ⟨*Entom*⟩ anobium.

anòdico *a.* (*pl.* **-ci**) ⟨*Fis*⟩ anodic, anode-.

anòdino (*o anodìno*) *a.* **1** ⟨*Med*⟩ anodyne. **2** ⟨*fig*⟩ (*insignificante*) insignificant, colourless: *individuo* ~ insignificant person; (*debole*) weak: *carattere* ~ weak character.

anodizzare *v.t.* ⟨*Chim*⟩ to anodize, to anodise. **anodizzatore** *m.* anodizer, anodiser. **anodizzazione** *f.* anodizing, anodising. **anodo** *m.* ⟨*Fis*⟩ anode.

anofele *m.* ⟨*Entom*⟩ anopheles.

anomalìa *f.* anomaly. **anòmalo** *a.* anomalous.

anomìa *f.* ⟨*Sociol*⟩ anomia. **anòmico** *a.* (*pl.* **-ci**) anomic.

anon. = ⟨*Comm*⟩ *anonimo* joint-stock.

anọna *f.* ⟨*Bot*⟩ custard apple.

anọnima *f.* (*anche società anonima*) joint–stock company. **anonimamẹnte** *avv.* anonymously. **anonimạto** *m.* anonymity. □ *ha voluto conservare l'* ~ he wished to remain anonymous. **anọnimo** I *a.* anonymous. II *s.m.* 1 (*autore*) anonymous author; (*pittore*) anonymous painter. 2 (*rif. all'opera*) work by an anonymous author. □ *lettera –a* anonymous letter; *mantenere l'* ~ to remain anonymous; *società –a* joint–stock company.

anoressịa *f.* ⟨*Med*⟩ anorexy. **anoressizzạnte** I *a.* ⟨*Med*⟩ anorexigenic, anorectic, appetite–suppressing. II *s.m.* anorectic, appetite–suppressing agent.

anorgạnico *a.* (*pl.* **-ci**) ⟨*Chim*⟩ inorganic.

anormạle I *a.* abnormal (*anche Psic.*). II *s.m./f.* subnormal person; ⟨*eufem*⟩ (*omosessuale*) homosexual. **anormalità** *f.* abnormality (*anche Med.*).

anossịa *f.* ⟨*Med*⟩ anoxia.

ạnsa *f.* 1 (*manico*) handle. 2 (*rif. a fiume*) bend, loop. 3 ⟨*Anat*⟩ loop, ansa: ~ *intestinale* intestinal loop. □ *anfora a due –e* two–handled amphora.

Ạnsa *N.pr.f.* ⟨*Stor*⟩ Hansa, Hanse.

ANSA = *Agenzia nazionale stampa associata* Italian Associated Press Agency.

ansạnte *a.* panting, gasping, ⟨*pred*⟩ out of breath. **ansạre** *v.i.* (*aus.* avere) to pant, to puff, to gasp.

anseạtico *a.* (*pl.* **-ci**) ⟨*Stor*⟩ Hanseatic: *città anseatiche* Hanseatic cities (*o* towns); *lega –a* Hanseatic League.

anserifọrmi *m.pl.* ⟨*Ornit*⟩ Anseriforms *pl.*

anserịno *a.* ⟨*Med*⟩ anserine.

ansia *f.* 1 anxiety, anxiousness. 2 (*desiderio*) longing, yearning. □ *vive nell'* ~ *di rivederti* he is longing to see you again; *essere* (*o stare*) *in* ~ *per qd.* to be anxious about s.o. **ansietà** *f.* anxiety. □ *con* ~ anxiously: *attendere con* ~ *una notizia* to be waiting anxiously for some news.

ansimạnte *a.* panting, gasping. **ansimạre** *v.i.* (ạnsimo; *aus.* avere) to pant, to puff, to gasp for breath.

ansiọgeno *a.* (*che provoca ansia*) causing anxiety. **ansiolịtico** *a./s.* (*pl.* **-ci**) ⟨*Farm*⟩ I *a.* anxiolytic. II *s.m.* anxiolytic drug.

ansiosamẹnte *avv.* 1 (*con vivo desiderio*) eagerly. 2 (*con ansietà*) anxiously. **ansiọso** *a.* 1 (*impaziente*) longing, eager: *sono* ~ *di vederti* I am longing (*o* eager) to see you. 2 (*preoccupato*) anxious, worried: *sguardo* ~ anxious look. □ *stato* ~ state of anxiety.

ạnsito *m.* ⟨*lett*⟩ (*respiro affannoso*) gasping, panting.

ạnta *f.* 1 (*imposta*) shutter; (*sportello*) door. 2 ⟨*Arch*⟩ anta.

antagonịsmo *m.* 1 antagonism. 2 (*rivalità*) rivalry. **antagonịsta** I *s.m./f.* 1 antagonist (*anche Anat.*). 2 (*rivale*) rival. II *a.* 1 (*avversario*) opposing, rival: *la squadra* ~ the rival team. 2 ⟨*Anat*⟩ antagonistic: *muscoli –i* antagonistic muscles. **antagonịstico** *a.* (*pl.* **-ci**) antagonistic (*anche Anat.*).

antebẹllico *a.* (*pl.* **-ci**) prewar–.

antạlgico *a./s.m.* (*pl.* **-ci**) ⟨*Med*⟩ analgesic.

antạrtico *a.* (*pl.* **-ci**) antarctic: *circolo polare* ~ antarctic polar circle. **Antạrtide** *N.pr.f.* ⟨*Geog*⟩ Antarctica, the Antarctic.

antecedẹnte I *a.* (*che precede*) preceding, previous, antecedent: *il mese* ~ the previous month. II *s.m.* 1 ⟨*Filos,Gramm,Mat*⟩ antecedent. 2 *pl.* antecedents *pl*, precedents *pl*: *non conosco gli –i di questa lite* I don't know the antecedents of this quarrel. **antecedẹnza** *f.* precedence, antecedence. □ *in* ~ previously, before. **antecessọre** *m.* ⟨*burocr*⟩ (*predecessore*) predecessor.

ante|fạtto *m.* prior events *pl*, antecedent facts *pl*: *raccontare l'* ~ to tell what has gone on before. **~fịssa** *f.* ⟨*Arch*⟩ antefix. **~guẹrra** *a./s. inv.* I *s.m.* pre-war period. II *a.* pre-war: *prezzi* ~ pre-war prices.

antẹlio *m.* ⟨*Astr*⟩ anthelion.

ạnte lịtteram *lat.* ahead of one's time, forerunner: *un romantico* ~ a Romantic ahead of his time, a forerunner of Romanticism.

ante|lucạno *a.* ⟨*lett*⟩ before dawn, antelucan: *ore –e* hours before dawn. **~murạle** *m.* 1 ⟨*Mil*⟩ barbican. 2 ⟨*Mar*⟩ breakwater.

antenạto *m.* ancestor, forefather. □ *il culto degli –i* ancestor worship.

antẹnna *f.* 1 ⟨*Mar*⟩ (lateen) yard. 2 ⟨*Edil*⟩ spar, scaffolding standard. 3 (*di bandiera*) flag–pole. 4 ⟨*Rad*⟩ aerial, ⟨*am*⟩ antenna. 5 ⟨*Entom*⟩ antenna. □ ⟨*Rad,TV*⟩ **centralizzata** multicoupler; ~ **esterna** outdoor aerial; ~ **incorporata** built–in antenna; ~ **interna** indoor aerial; ~ **parabolica** parabolic reflector aerial, ⟨*am*⟩ parabolic reflector antenna; ~ *da* **tetto** rooftop aerial, ⟨*am*⟩ rooftop antenna.

antennịsta *m.* aerial fitter.

antepọrre *v.t.* (**antepọngo**, **antepọni**; **antepọsi**, **antepọsto**; → **porre**) to place (*o* put) before (*anche fig.*): ~ *il soggetto al verbo* to put the subject before the verb; ~ *lo studio al gioco* to place study before play. **anteporsi** *v.r.* to consider o.s. superior (*a* to).

anteprịma *f.* preview: *proiezione in* ~ preview showing.

antẹra *f.* ⟨*Bot*⟩ anther.

anteriọre *a.* 1 front, fore: *ruota* ~ front wheel; *la facciata* ~ *del duomo* the front façade of the cathedral. 2 (*rif. a tempo*) preceding, prior: *i poeti –i a Dante* the poets prior to Dante. □ *zampe –i* forelegs, forepaws. **anteriorità** *f.* priority: *l'* ~ *di un fatto rispetto a un altro* the priority of one fact with respect to another. **anteriormẹnte** *avv.* 1 (*rif. a tempo*) previously, prior, before: ~ *alla promulgazione del decreto* prior to the promulgation of the decree. 2 (*dalla parte anteriore*) in front.

antesignạno *m.* 1 ⟨*Stor.rom*⟩ standard–bearer. 2 (*precursore*) forerunner.

anti|abbagliạnte I *a.* anti–dazzle. II *s.m.* ⟨*Aut*⟩ dipped headlight. **~abortịsta** I *a.* antiabortion: *movimento* ~ antiabortion movement. II *s.m./f.* antibortionist. **~ạcido** *a.* antacid, antiacid. **~acụstico** *a.* (*pl.* **-ci**) sound–proof. **~aderẹnte** *a.* non–stick, stick–resistant: *rivestimento* ~ non–stick coating. **~aẹrea** *f.* ⟨*Mil*⟩ anti–aircraft defence. **~aẹreo** *a.* ⟨*Mil*⟩ anti–aircraft. □ *difesa –a* air–raid defence; *rifugio* ~ air–raid shelter.

antialcọlico *a.* (*pl.* **-ci**) teetotal, abstemious, antialcoholic. **antialcolịsmo** *m.* teetotalism. **antialcolịsta** *m./f.* teetotal(l)er.

anti|allẹrgico *a./s.* (*pl.* **-ci**) I *a.* anti–allergic. II *s.m.* anti–allergic agent. **~americanịsmo** *m.* anti–Americanism. **~americạno** *a./s.m.* (*f.* **-a**) anti–American. **~appannạnte** *a.* non–fogging, anti–fogging. **~ạrte** *f.* anti–art. **~artrịtico** *a.* (*pl.* **-ci**) ⟨*Farm*⟩ anti–arthritic, antarthritic, relieving arthritis. **~asmạtico** *a./s.* (*pl.* **-ci**) antiasthmatic. **~atọmico** *a.* (*pl.* **-ci**) anti–atomic: *rifugio* ~ atomic shelter. **~autoritạrio** *a.* ⟨*Sociol,Ped*⟩ anti–authoritarian. **~autoritarịsmo** *m.* anti–authoritarianism. **~balịstico** *a.* (*pl.* **-ci**) ⟨*Mil*⟩ antiballistic. **~battẹrico** *a./s.* (*pl.* **-ci**) I *a.* antibacterial: *sostanza –a* antibacterial agent. II *s.m.* antibacterial. **~biogrạmma** *m.* ⟨*Med*⟩ antibiogram. **~biọtico** *a./s.m.* (*pl.* **-ci**) ⟨*Farm*⟩ antibiotic.

antibioticoterapịa *f.* ⟨*Med*⟩ antibiotic therapy.

anti|blọcco *a.inv.* ⟨*Aut*⟩ anti–bloc: *sistema* ~ anti–bloc system. **~brachiạle** *a.* ⟨*Anat*⟩ antibrachial.

anticạglia *f.* 1 (*oggetto antico*) (old) curiosity, antique: *negozio di –e* old curiosity shop. 2 (*spreg*) junk. **anticamẹnte** *avv.* formerly, in times past.

anticạmera *f.* anteroom, antechamber, lobby. □ *fare* ~ to be kept waiting; *far fare* ~ *a qd.* to keep s.o. waiting; *non mi passò neppure per l'* ~ *del cervello* it didn't even cross my mind.

anti|cancerọso, **~cạncro** I *a.* ⟨*Farm*⟩ anticancer, antitumorous. II *s.m.* anticancer drug. □ *centro* ~ cancer prevention centre. **~cạrie** *a.inv.* anticavity, anticarious. **~cạrro** *a.inv.* ⟨*Mil*⟩ anti–tank: *difesa* ~ antitank defence. **~cạtodo** *m.* ⟨*Fis*⟩ anti–cathode. **~cattọlico** *a.* (*pl.* **-ci**) anti–Catholic.

antichità *f.* 1 antiquity: *la pianta del tempio è prova della sua* ~ the plan of the temple is proof of its antiquity. 2 (*età antica*) ancient times *pl*, antiquity: *gli scrittori dell'* ~ the writers of ancient times. 3 *pl.* (*oggetti antichi*) antiques *pl*, antiquities *pl*, relics *pl*: *negozio di* ~ antique shop.

anti|chọc *a.inv.* ⟨*Med*⟩ anti–shock. **~cịclico** *a.* (*pl.* **-ci**) ⟨*Econ*⟩ anticyclic(al), countercyclical.

anti|ciclone *m.* ⟨*Meteor*⟩ anticyclone. **~ciclonico** *a.* (*pl.* -ci) anticyclonic.

anticipare *v.* (**anticipo**) **I** *v.t.* **1** to put forward, to anticipate: ~ *di una settimana la data della partenza* to put forward the date of departure by a week. **2** (*pagare prima*) to pay in advance. **3** (*fare conoscere anticipatamente*) to divulge, to disclose. **II** *v.i.* (*aus.* avere) **1** (*arrivare in anticipo*) to be ahead of time, to come (*o* arrive) early: *ho anticipato di un'ora* I've arrived an hour early. **2** (*di orologio*) to be fast: *il tuo orologio anticipa di due minuti* your watch is two minutes fast. □ *ti anticipo la notizia del mio matrimonio* I'm giving you the news of my marriage before it's officially announced; ~ *i tempi* to be ahead of one's time.

anticipatamente *avv.* in advance, beforehand. **anticipato** *a.* **1** (*fatto prima del tempo*) in advance, anticipated. **2** (*pagato prima del tempo*) advanced, advance-: *somma –a* sum advanced. □ ⟨*Mot*⟩ *accensione –a* advanced ignition; *piacere* ~ pleasure tasted in advance. **anticipazione** *f.* **1** anticipation. **2** (*la somma anticipata*) advance: ⟨*Econ*⟩ ~ *su pegno* advance against collateral. **anticipo** *m.* **1** anticipation, advance. **2** (*la somma che viene anticipata*) advance: *chiedere un* ~ *sullo stipendio* to ask for an advance on one's salary; (*caparra*) deposit: *dare un* ~ to give a deposit. **3** ⟨*Mot*⟩ advance, lead: ~ *dell'accensione* spark advance (*o* lead). **4** ⟨*Sport*⟩ anticipation. □ **arrivare** *con un'ora di* ~ to arrive an hour early; ⟨*Sport*⟩ (*nel tennis*) **giocare** *d'* ~ to strike the ball on the rebound; **in** ~ early, ahead of time, in advance: *essere in* ~ to be early; **pagare** *in* ~ to pay in advance; ⟨*Econ*⟩ ~ *su* **merci** advance against merchandise; *è in* ~ *sui suoi* **tempi** he is ahead of his time.

anti|clericale *a./s.m. e f.* anticlerical. **~clericalismo** *m.* anticlericalism. **~clinale** ⟨*Geol*⟩ **I** *a.* anticlinal. **II** *s.f.* anticline.

antico *a./s.* (*pl.* -chi) **I** *a.* **1** old: *un'–a leggenda* an old legend; (*rif. all'antiquariato*) antique: *mobile* ~ antique piece of furniture. **2** (*dell'antichità*) ancient: *l'–a Grecia* ancient Greece. **3** (*antiquato*) out-of-date, old-fashioned. **II** *s.m.pl.* (*collett*) the ancients *pl.* □ *all'–a* old-fashioned: *essere un po' all'–a* to be a little old-fashioned; *continente* ~ the Old World; *persona di* ~ *stampo* one of the old school; *l'* ~ *testamento* the Old Testament.

anti|coagulante *a./s.m.* ⟨*Med,Chim*⟩ anticoagulant. **~colèrica** *f.* ⟨*Med*⟩ cholera vaccination. **~colèrico** *a.* (*pl.* -ci) anticholeric. **~collisione** *a.inv.* anticollision: ⟨*Aut*⟩ *sistema* ~ collision avoidance system. **~combustibile** *a.* non-combustible, fire-proof. **~comunismo** *m.* anti-communism. **~comunista** *a./s.m./f.* anti-communist. **~concettivo, ~concezionale** *a./s.m.* contraceptive: *pomata* ~ contraceptive gel. **~conformismo** *m.* non-conformism. **~conformista** *m./f.* non-conformist. **~conformistico** *a.* (*pl.* -ci) non-conformist. **~congelante** **I** *a.* antifreeze, antifreezing. **II** *s.m.* antifreeze. **~congiunturale** *a.* against the unfavourable economic trend, antislump: *misure –i* antislump measures. **~corpo** *m.* ⟨*Med*⟩ antibody. **~corrosione** *a.inv.* anticorrosion. **~corrosivo** *a./s.m.* ⟨*tecn*⟩ anticorrosive. **~costituzionale** *a.* unconstitutional. **~costituzionalmente** *avv.* anticonstitutionally.

anticresi (*o* **anticresi**) *f.* ⟨*Dir*⟩ antichresis.

anti|crimine *a.inv.* anticrime: *funzionario* ~ anticrime officer. **~crisi** *a.inv.* against crisis. **~cristo** *m.* antichrist. **~crittogamico** *a./s.* (*pl.* -ci) ⟨*Agr*⟩ **I** *a.* fungicidal. **II** *s.m.* fungicide. **~data** *f.* antedate. **~datare** *v.t.* to antedate, to foredate. **~deflagrante** *a.* explosion-proof. **~democratico** *a./s.* (*pl.* -ci) **I** *a.* undemocratic. **II** *s.m.* anti-democrat. **~depressivo** **I** *a.* ⟨*Farm*⟩ antidepressive. **II** *s.m.* antidepressant. **~detonante** **I** *a.* ⟨*Mot*⟩ anti-knock, knock-free. **II** *s.m.* anti-knock agent. **~diaforetico** *a./s.* (*pl.* -ci) antiperspirant, antisudorific. **~difterico** *a./s.* (*pl.* -ci) ⟨*Med*⟩ **I** *a.* antidiphtheria-. **II** *s.m.* antidiphtheric. **~diluviano** *a.* antediluvian (*anche fig.*). **~disturbo** *a.inv.* ⟨*Tel,Rad*⟩ antijamming.

antidivorzismo *m.* opposition to divorce. **antidivorzista** *m./f.* person opposed to divorce. **antidivorzistico** *a.* (*pl.* -ci) anti-divorce-.

antidolorifico *a.* (*pl.* -ci) ⟨*Med*⟩ pain-killing.

antidoping *ingl.* **I** *s.m.* ⟨*Sport*⟩ anti-doping. **II** *a.* anti-dope. □ *esame* ~ dope (*o* drug) test.

antidoto *m.* ⟨*Med*⟩ antidote (*anche fig.*): *un* ~ *contro alcuni veleni* an antidote for some poisons.

antidroga *a.inv.* against drug abuse. □ *cane* ~ sniffer (*o* narcotics-sniffing) dog; *centro* ~ drug rehabilitation centre; *nucleo* ~ narcotics section.

anti|dumping *a.* ⟨*Econ*⟩ antidumping. **~economico** *a.* (*pl.* -ci) uneconomic(al). **~elmintico** *a./s.* (*pl.* -ci) ⟨*Farm*⟩ anthelmintic, vermifuge. **~emetico** *a./s.m.* (*pl.* -ci) ⟨*Med*⟩ antiemetic. **~eroe** *m.* ⟨*Lett*⟩ anti-hero. **~estetico** *a.* (*pl.* -ci) unaesthetic. **~europeista** *m./f.* ⟨*Pol*⟩ anti-European. **~europeistico** *a.* (*pl.* -ci) anti-European. **~europeo** *a./s.m.* (*f.* -a) anti-European. **~fascismo** *m.* antifascism. **~fascista** *a./s.m./f.* anti-fascist. **~febbrile** *a./s.m.* ⟨*Med*⟩ antipyretic. **~fecondativo** *a./s.m.* contraceptive. **~femminismo** *m.* antifemminism. **~fermentativo** *a.* ⟨*Chim*⟩ antifermentative. **~flogistico** *a./s.* (*pl.* -ci) ⟨*Med*⟩ **I** *a.* antiphlogistic-. **II** *s.m.* antiphlogistic.

antifona *f.* ⟨*Lit*⟩ antiphon. □ ⟨*fig*⟩ *capire l'* ~ to take the hint. **antifonario** *m.* antiphonary.

antiforfora *a.* anti-dandruff.

antifrasi *f.inv.* ⟨*Ret*⟩ antiphrasis. **antifrastico** *a.* (*pl.* -ci) ⟨*Ret*⟩ antiphrastic.

anti|frizione *a.inv.* ⟨*Met*⟩ antifriction. □ *metallo* ~ Babbitt metal. **~fumo** *a.inv.* anti smoking: *terapia* ~ anti smoking therapy. □ *campagna* ~ smoking control campaign. **~furto** *a./s.inv.* **I** *a.* anti-theft. **II** *s.m.* anti-theft device. **~gas** *a.* antigas, gas-: *maschera* ~ antigas mask. **~gelo** *a./s.inv.* antifreeze.

antigene *m.* ⟨*Biol*⟩ antigen.

antigienico *a.* (*pl.* -ci) unhygienic, unhealthy, insanitary.

anti|giuridicità *f.* illegality. **~giuridico** *a.* (*pl.* -ci) illegal. **~governativo** *a.* antigovernment-. **~graffio** *a.inv.* scratch-resistant. **~grandine** *a.* anti-hail: *cannone* ~ anti-hail gun. **~gravità** *a.inv.* antigravity. **~leucemico** *a./s.m.* (*pl.* -ci) ⟨*Farm*⟩ antileuk(a)emic.

Antille *N.pr.f.pl.* ⟨*Geog*⟩ Antilles *pl.* □ *Grandi* ~ Greater Antilles; *Piccole* ~ Lesser Antilles.

antilogico *a.* ⟨*Filos*⟩ antilogical.

antilogaritmo *m.* ⟨*Mat*⟩ antilogarithm.

antilope *f.* ⟨*Zool*⟩ antelope.

anti|macchia *a.inv.* stainproof, stain-resistant. **~mafia**: *commissione* ~ Committee investigating Mafia activities. **~magnetico** *a.* (*pl.* -ci) ⟨*Fis*⟩ antimagnetic. **~malarico** *a./s.m.* (*pl.* -ci) antimalarial. **~materia** *f.* ⟨*Fis*⟩ antimatter.

antimeridiano *a.* morning-, a.m., ante meridian: *lezioni –e* morning lessons; *alle sette –e* at 7 a.m., at seven in the morning.

anti|militarismo *m.* antimilitarism. **~militarista** *a./s.m./f.* antimilitarist. **~militaristico** *a.* (*pl.* -ci) antimilitaristic. **~missile** *a.* ⟨*Mil*⟩ anti-missile. **~missilistico** *a.* (*pl.* -ci) anti-missile: ⟨*Pol*⟩ *movimento* ~ anti -missile movement.

antimonio *m.* antimony. **antimonite** *f.* **1** ⟨*Chim*⟩ antimonite. **2** ⟨*Min*⟩ stibnite, grey antimony.

antimonopolistico *a.* (*pl.* -ci) ⟨*Econ*⟩ antitrust.

antinazionale *a.* antinational.

antincendio **I** *a.inv.* firefighting, fire, antifire: *dispositivo* ~ firefighting equipment; *pompa* ~ fire hydrant. **II** *s.m.* fire extinguisher. □ *lotta* ~ fire control; *protezione* ~ fire protection.

antinduttivo *a.* ⟨*El*⟩ non inductive.

anti|nebbia *a./s.inv.* **I** *a.* anti-fog, fog-. **II** *s.m.* fog lamp. **~neutrino** *m.* ⟨*Fis*⟩ antineutrino. **~neutrone** *m.* ⟨*Fis*⟩ antineutron. **~neve** *a.inv.* snow (protection): *catene* ~ snow chains; *occhiali* ~ snow glasses (*o* goggles). **~nevralgico** *a./s.m.* (*pl.* -ci) ⟨*Med*⟩ antineuralgic.

antinfla(t)tivo *a.* → **antinflazionistico**.

antinflazionistico *a.* (*pl.* -ci) anti-inflationary, ⟨*attr*⟩ anti-inflation.

antinfluenzale **I** *a.* ⟨*Farm*⟩ antifebrile, antipyretic, against influenza, ⟨*fam*⟩ antiflu. **II** *s.m.* antifebrile (drug).

antinfortunistica *f.* accident prevention. **antinfortu-**

nistico a. (pl. -ci) accident prevention–.

antinomia f. ⟨Filos,Dir⟩ antinomy.

antinquinamento m. antipollution–: *dispositivo* ~ antipollution device. **antinquinante** a. antipollution–, non–polluting, antipollutive: *tecnologia* ~ antipollutive technology.

antinucleare I a. antinuclear, ⟨am⟩ antinuke: *gruppo* ~ antinuclear group; *protesta* ~ antinuclear protest. II *s.m./f.* antinuke.

antiofidico a. (pl. -ci) ⟨Farm⟩ snake–bite–: *siero* ~ snake–bite serum.

antiopa f. ⟨Entom⟩ Camberwell beauty butterfly.

anti|operaio a. against the working class. **~orario** a. anticlockwise, counterclockwise. **~ossidante** I a. antioxidising. II *s.m.* antioxidiser. **~papa** m. antipope. **~parassitario** a. I ⟨Agr⟩ antiparasitic. II *s.* parasiticide. **~parlamentare** a. antiparliamentary. **~particella** f. ⟨Fis⟩ antiparticle.

antipastiera f. hors–d'oeuvre dish. **antipasto** m. hors–d'oeuvre.

antipatia f. dislike, antipathy: *le mie simpatie e –e* my likes and dislikes. □ *nutrire* ~ *per qd.* to dislike s.o. **antipaticamente** avv. unpleasantly. **antipatico** a./s. (pl. -ci) I a. unpleasant, disagreeable: *egli è ~ a tutti* everyone finds him unpleasant. II *s.m.* (f. -a) unpleasant person: *è un grande* ~ he is a very unpleasant person.

anti|patriottico a. (pl. -ci) unpatriotic. **~patriottismo** m. anti–patriotism. **~peristalsi** f. ⟨Med⟩ antiperistalsis. **~peristaltico** a. (pl. -ci) antiperistaltic. **~piega** a.inv. crease–resistant, anticrease: *tessuto* ~ crease–resistant material. **~pioggia** a.inv. rain–resistant. **~piretico** a./s.m. (pl. -ci) ⟨Med⟩ antipyretic.

antipodi m.pl. ⟨Geog⟩ antipodes pl. □ ⟨fig⟩ *abitare agli –i* to live far away; ⟨fig⟩ *essere agli –i* to be poles apart.

anti|polio a./s.inv. ⟨Med⟩ I a. antipolio. II *s.f.* 1 (vaccino) antipolio vaccine. 2 (iniezione) antipolio injection. **~popolare** a. antipopular. **~porta** f. 1 (andito) entrance hall, vestibule. 2 ⟨Mil.ant⟩ outside gate of a fortification. **~porto** m. ⟨Mar⟩ outer harbour. **~progressista** a. antiprogressive. **~proiettile** a.inv. bullet–proof: *giubbotto* ~ bullet–proof vest. **~protezionista** m./f. anti–protectionist. **~protone** m. ⟨Fis⟩ antiproton.

antiquaria f. 1 (scienza) study of antiquity. 2 (commercio di oggetti antichi) antique trade. **antiquariato** m. antique trade. □ *negozio d'* ~ antique shop; *pezzo d'* ~ antique. **antiquario** I a. antiquarian. II *s.m.* (f. -a) 1 antiquarian, dealer in antiques. 2 (studioso) antiquarian, antiquary. □ *bottega d'* ~ antique shop; *libreria –a* antiquarian bookshop; *ricerche –e* study of antiquities. **antiquato** a. obsolete, antiquated, old–fashioned: *parola –a* obsolete word.

anti|rabbica f. ⟨Med⟩ rabies vaccination. **~rabbico** a. (pl. -ci) antirabies, antirabid. **~radar** a.inv. ⟨Mil⟩ antiradar. **~rapina** a.inv. antirobbery. **~razionale** a. antirational. **~razzismo** m. antiracism. **~razzista** a.s.m./f. antiracist. **~recessione** a.inv. antirecession: *misure* ~ antirecession measures. **~recessivo** → antirecessione. **~religioso** a. irreligious. **~reumatico** a./s.m. (pl. -ci) antirheumatic. **~riflesso** a.inv. (rif. a vetri) nonglare. **~riflettente** a. 1 antireflecting. 2 ⟨Ott⟩ coated. **~rollante** a., **~rollio** a.inv. ⟨Mar⟩ antiroll. **~romanzo** m. ⟨Lett⟩ anti–novel. **~rombo** a.inv. ⟨Aut⟩ antinoise. II *s.m.* sound deadener, antinoise paint.

antirrino m. ⟨Bot⟩ antirrhinum.

anti|ruggine a./s.inv. I a. antirust, rustproof, rust –resistant: *vernice* ~ antirust paint. II *s.m.* rust inhibitor (o preventer). **~rughe** a.inv. ⟨Cosmet⟩ anti–wrinkle: *crema* ~ anti–wrinkle cream. **~sala** f. antechamber. **~satellite** a.inv. ⟨Mil⟩ anti–satellite. **~scasso** a.inv. theftproof. **~schiavismo** m. antislavery, abolition. **~schiavista** I *s.m./f.* abolitionist. II a. abolitionist, abolition–. **~scientifico** a. (pl. -ci) anti–science. **~sciopero** a.inv. against strikes, anti–strike. **~scorbutico** a. (pl. -ci) ⟨Med⟩ antiscorbutic. **~sdrucciolevole** a. nonskid, nonslip. **~segregazionista** m./f. ⟨Pol⟩ antisegregationist. **~semita** I *s.m./f.* anti–Semite. II a. anti–Semitic. **~semitismo** m. anti–Semitism. **~sepsi**

f. ⟨Med⟩ antisepsis. **~settico** a./s.m. (pl. -ci) antiseptic. **~sociale** a. antisocial. **~solare** a. ⟨Cosmet⟩ sun (protection): *crema* ~ sun cream; *lozione* ~ sun lotion. **~sole** a.inv. sun–, sunburn–: *pomata* ~ sunburn cream; *occhiali* ~ sun–glasses. **~sommergibile** a./s.m. ⟨Mil⟩ antisubmarine. **~spasmodico** a./s.m. (pl. -ci) ⟨Med⟩ antispasmodic. **~sportivo** a. unsporting, unsportsmanlike.

antisionismo m. anti–Zionism. **antisionista** I a. → antisionistico. II *s.m./f.* anti–Zionist. **antisionistico** a. (pl. -ci) anti–Zionistic.

anti|sismico a. (pl.-ci) aseismatic. **~smog** a.inv. antismog.

antistaminico a./s.m. (pl. -ci) ⟨Med⟩ antihistaminic.

antistante a. before, in front, opposite: *la piazza* ~ *alla stazione* the square before (o in front of) the station.

antistatico a. (pl. -ci) antistatic.

antistite m. ⟨Rel⟩ antistes.

anti|storicismo m. ⟨Filos⟩ antihistoricism. **~storico** a. (pl. -ci) antihistorical.

antistrofe f. ⟨Metr⟩ antistrophe.

anti|tarmico a./s. (pl. -ci) I a. moth–repellant. II *s.m.* moth–repellant; (naftalina) ⟨fam⟩ mothballs pl. **~tecnologico** a. (pl. -ci) antitechnological. **~terrorismo** I a. antiterror: *nucleo* ~ antiterror unit. II *s.m.* antiterrorist branch, antiterrorism.

antitesi f. antithesis (anche fig.).

anti|tetanica f. ⟨Med⟩ antitetanus injection. **~tetanico** a. (pl. -ci) antitetanic.

antitetico a. (pl. -ci) antithetic(al).

anti|tossico a. (pl. -ci) ⟨Med⟩ antitoxic. **~tossina** f. antitoxin. **~trust** a. ⟨Econ⟩ antitrust: *legislazione* ~ antitrust laws. **~tubercolare** a. anti–tuberculosis, antitubercular. **~tumorale** a. anti–tumour, antitumoral. ~ **tumori** a. tumour–prevention: *centro* ~ tumour–prevention centre. **~uomo** a. ⟨Mil⟩ antipersonnel. **~urto** a.inv. shock–resistant, shock–proof. □ *casco* ~ crash helmet. **~vaiolosa** f. ⟨Med⟩ smallpox vaccination. **~vaioloso** a. ⟨Med⟩ smallpox–.

antivedere v.t. (antivedo; antividi, antivisto; → vedere) ⟨lett⟩ to foresee. **antiveggente** a. foreseeing. **antiveggenza** f. foresight.

antivigilia f. two days before: *l'* ~ *di Natale* two days before Christmas.

antivipera I a.inv. snake–bite–. II *s.f.* (anche siero antivipera) snake–bite serum.

antivivisezione f. antivivisection. **antivivisezionismo** m. antivivisection movement. **antivivisezionista** m./f. antivivisectionist.

antologia f. anthology. **antologico** a. (pl. -ci) anthological.

antonimo I a. antonymous. II *s.m.* antonym.

Antonio N.pr.m. Anthony.

antonomasia f. ⟨Ret⟩ antonomasia. □ *per* ~ par excellence. **antonomastico** a. (pl. -ci) antonomastic.

antozoi m.pl. ⟨Zool⟩ anthozoans pl.

antrace m. ⟨Med⟩ anthrax. **antracene** m. ⟨Chim⟩ anthracene. **antracite** f. ⟨Min⟩ anthracite. **antracosi** f. ⟨Med⟩ anthracosis.

antro m. 1 (caverna) cave, cavern, den. 2 (ambiente buio e tetro) den. 3 ⟨Anat⟩ antrum.

antropico a. (pl. -ci) anthropic(al).

antropobiologia f. anthropobiology.

antropocentrico a. (pl. -ci) anthropocentric. **antropocentrismo** m. anthropocentrism.

antropofagia f. anthropophagy. **antropofago** a./s.m. (pl. -gi) anthropophagous.

antropogeografia f. anthropogeography.

antropoide m. ⟨Zool⟩ anthropoid.

antropologia f. anthropology. **antropologico** a. (pl. -ci) anthropological. **antropologismo** m. anthropologism. **antropologo** m. (pl. -gi) anthropologist.

antropometria f. anthropometry. **antropometrico** a. (pl. -ci) anthropometric(al).

antropomorfico a. (pl. -ci) anthropomorphic(al). **antropomorfismo** m. anthropomorphism. **antropomorfo** a. anthropomorphic. □ *scimmie –e* anthropoid apes pl.

antroposfẹra *f.* anthroposphere.

antroposofịa *f.* ⟨*Filos*⟩ anthroposophy. **antroposọfico** *a.* (*pl.* -ci) anthroposophic.

antropozọico *a.* (*pl.* -ci) ⟨*Geol*⟩ neozoic: *era* –*a* neozoic period.

antụrio *m.* ⟨*Bot*⟩ anthurium.

anulạre I *a.* annular, ring–. II *s.m.* ring finger. □ ⟨*Astr*⟩ *eclisse* ~ annular eclipse.

anurẹsi *f.* → **anuria**.

anụri *m.pl.* ⟨*Zool*⟩ anurans *pl.*

anụria *f.* ⟨*Med*⟩ anuria.

Anvẹrsa *N.pr.f.* ⟨*Geog*⟩ Antwerp.

ạnzi *avv.* **1** (*invece, al contrario*) in fact, as a matter of fact, on (*o* quite) the contrary: *ciò non mi dispiace*, ~ I don't mind that at all, quite the contrary; *non sei in anticipo*, ~ *ti aspettavo prima* you're not early, as a matter of fact I was expecting you earlier. **2** (*o meglio, o piuttosto*) or rather, better still, or better, indeed, in fact: *ti telefonerò*, ~ *passerò da te* I'll phone you, or better, I'll drop by. **3** (*di più*) in fact, as a matter of fact, indeed: *lo ammira*, ~ *lo venera* she admires him, in fact she worships him. □ ~ *che* → **anziché**; ~ *che no* → **anzichenò**; *sei venuto* ~ *tempo* you've come early; ~ *tutto* → **anzitutto**.

anzianità *f.* seniority, (length of) service: *avere trent'anni di* ~ *in una ditta* to have thirty years' service with a firm. □ *indennità di* ~ long–service allowance; *per* ~ by seniority; *scatto di* ~ seniority rise; ~ *di servizio* length of service, seniority. **anziạno** I *a.* **1** (*di età avanzata*) elderly, (*molto anziano*) aged; (*il più vecchio*) senior, oldest. **2** (*che ha anzianità in un grado, in un ufficio*) senior, superior: *socio* ~ senior partner; (*rif. a studenti*) senior. II *s.m.* (*f.* -a) **1** (*persona anziana*) elderly person, ⟨*am*⟩ senior citizen; *pl.* the old (*costr. pl.*): *agli i si deve rispetto* respect is due to the old. **2** ⟨*Stor*⟩ Elder: *il consiglio degli* –*i* the Council of the Elders.

anziché *congz.* **1** (*piuttosto che*) rather than, sooner than: ~ *rispondere, mi farei uccidere* I would sooner die than answer. **2** (*invece di*) instead of: ~ *lavorare, parlava* instead of working, he talked.

anzichenò *avv.* rather: *è simpatica* ~ she's rather nice.

anzidẹtto *a.* aforesaid, above–mentioned.

anzitẹmpo *avv.* before one's time, prematurely: *invecchiare* ~ to age prematurely; *morire* ~ to die before one's time.

anzitụtto *avv.* first of all.

aorịsto *m.* ⟨*Gramm*⟩ aorist tense.

aọrta *f.* ⟨*Anat*⟩ aorta. **aortịte** *f.* ⟨*Med*⟩ aortitis. **aortografịa** *f.* aortography.

aostạno I *a.* of (o from) Aosta. II *s.m.* (*f.* -a) inhabitant of Aosta.

apache *fr.* [a'patʃe] **1** (*pellerossa*) Apache **2** (*teppista parigino*) apache, member of the Parisian underworld. **3** (*estens*) (*teppista*) hooligan, ⟨*fam*⟩ hoodlum.

apartiticità *f.* independence of political parties. **apartịtico** *a.* (*pl.* -ci) non–party.

apatịa *f.* apathy, indifference. **apaticamẹnte** *avv.* apathetically. **apạtico** *a.* (*pl.* -ci) apathetic, indifferent.

apatịte *f.* ⟨*Min*⟩ apatite.

ạpe *f.* bee. □ ~ *domestica* (*o mellifera*) (honey)bee; ~ *maschio* drone; *nido d'*–*i* honeycomb; (*ricamo*) smocking; ~ *operaia* worker bee; ~ *regina* queen bee.

aperiodicità *f.* ⟨*Fis*⟩ aperiodicity. **aperiọdico** *a.* (*pl.* -ci) aperiodic.

aperitịvo *s.m.* aperitif: *l'ora dell'* ~ aperitif time.

apẹrsi → **aprire**.

apertamẹnte *avv.* openly, frankly, plainly.

apẹrto I *a.* **1** open: *un locale* ~ *tutta la notte* a place that stays open all night; (*rif. a rubinetti e sim.*) on, running. **2** (*non concluso*) open, unsettled: *una questione* –*a* an open question. **3** (*ampio, spazioso*) open: *vivere in* ~ *a campagna* to live in the open country. **4** (*fig*) (*palese*) open, obvious: *un'*–*a discussione* an open discussion. **5** (*fig*) (*schietto*) open, straightforward: *faccia* –*a* open face. **6** (*fig*) (*perspicace*) alert, quick, receptive: *intelligenza* –*a* quick intelligence. **7** ⟨*Comm*⟩ open: *conto* ~ open account. **8** ⟨*Mil*⟩ open: *città* –*a* open city. II *avv.* → **apertamente**.

III *s.m.* open: *all'* ~ (out) in the open, outdoors. □ *accogliere qd. a braccia* –*e* to welcome s.o. with open arms; *combattere in campo* ~ to fight in the open; ⟨*El*⟩ *circuito* ~ open circuit; *una ferita* –*a* an open wound (*anche fig.*); *lettera* –*a* open letter; ⟨*fig*⟩ *è un libro* ~ one can read him like a book; *in mare* ~ on the open sea; *una mente* –*a* an open mind; ~ *al pubblico* open to the pubblic; ⟨*Strad*⟩ *strada* –*a al traffico* road open; *teatro all'* ~ open–air theatre; *tenere gli occhi* –*i* to keep one's eyes open (*anche fig.*); *a viso* ~ openly; *vocale* –*a* open vowel.

apertụra *f.* **1** (*l'aprire*) opening. **2** (*fenditura*) cleft, crack, slit; (*spazio aperto*) gap: ~ *di una siepe* gap in a hedge; (*buco*) hole: *praticare un'* ~ *nel muro* to make a hole in the wall; (*ingresso*) mouth, entrance: ~ *di una grotta* mouth of a cave. **3** (*ampiezza*) span (*anche Edil.*): ~ *d'ali* (*di un uccello*) wing span. **4** (*inizio dei lavori*) opening, beginning: ~ *del parlamento* opening of Parliament; ~ *dei negoziati* beginning of negotiations; (*inaugurazione*) opening: *l'* ~ *di una autostrada* the opening of a motorway; *l'* ~ *della caccia* the opening of the shooting season. **5** ⟨*Comm,Econ*⟩ opening: ~ *di un conto* opening of an account. **6** ⟨*Pol*⟩ opening, co–operation: ~ *a sinistra* opening to the Left. **7** ⟨*Fot*⟩ aperture. **8** (*rif. a una partita*) opening. **9** ⟨*Sport*⟩ pass. □ ⟨*Aer*⟩ ~ **alare** wing span; ⟨*Econ*⟩ *corso d'* ~ opening rate; *discorso di* ~ opening speech; ⟨*Mil*⟩ ~ *del fuoco* opening of fire; ~ **mentale** open–mindedness; *l'* ~ *di nuovi mercati* the opening up of new markets; *orario di* ~: **1** opening time; **2** (*di uffici, ecc.*) office hours *pl;* **3** (*di negozi*) business hours *pl;* **4** (*di musei, ecc.*) visiting hours *pl;* ~ *delle ostilità* outbreak of hostilities; ⟨*Dir*⟩ ~ *del procedimento* opening of proceedings; ~ *delle scuole* opening of the schools; ~ *di un testamento* reading of a will.

apẹtalo *a.* ⟨*Bot*⟩ apetalous.

apiạrio *m.* apiary. **apiarịstico** *a.* (*pl.* -ci) apiarian, pertaining to beekeeping.

apicạle I *a.* ⟨*Biol,Fon*⟩ apical. II *s.f.* ⟨*Fon*⟩ apical sound.

ạpice *m.* **1** apex, summit, top. **2** ⟨*fig*⟩ height, culmination, apex, climax: *essere all'* ~ *della gloria* to be at the height of one's glory. **3** ⟨*Anat,Bot,Astr*⟩ apex: ~ *del polmone* apex of the lung; ~ *solare* solar apex. **4** ⟨*Ling*⟩ apostrophe.

apicoltọre *m.* (*f.* -trice) beekeeper, apiarist. **apicoltụra** *f.* beekeeping, apiculture.

apiọne *m.* ⟨*Entom*⟩ apion.

apiressịa *f.* ⟨*Med*⟩ apyrexy. **apirẹtico** *a.* (*pl.* -ci) apyretic, afebrile, without fever.

aplanạtico *a.* (*pl.* -ci) ⟨*Fis*⟩ aplanatic.

aplasịa *f.* ⟨*Med*⟩ aplasia.

aplomb *fr.* [a'plõ:] *m.* self–assurance, self–possession, aplomb.

apnẹa *f.* ⟨*Med*⟩ apn(o)ea. □ *immersione in* ~ diving without breathing apparatus. **apnọico** *a.* (*pl.* -ci) apn(o)eic.

apocalịsse, apocalịssi *f.* **1** ⟨*Bibl*⟩ Apocalypse, Revelation: *i quattro cavalieri dell'* ~ the four horsemen of the Apocalypse. **2** ⟨*fig*⟩ apocalypse. **apocalịttico** *a.* (*pl.* -ci) **1** ⟨*Bibl*⟩ Apocalyptic. **2** ⟨*fig*⟩ apocalyptic.

apocopạre *v.t.* (apọcopo) ⟨*Gramm*⟩ to apocopate. **apọcope** *f.* apocope.

apọcrifo I *a.* **1** apocryphal. **2** ⟨*Bibl*⟩ apocryphal. II *s.m.* apocrypha.

apocromạtico *a.* (*pl.* -ci) ⟨*Ott*⟩ apochromatic.

apodịttico *a.* (*pl.* -ci) apod(e)ictic.

ạpodo *a.* ⟨*Zool*⟩ apodal.

apọdosi *f.* ⟨*Gramm*⟩ apodosis.

apofisạrio *a.* ⟨*Anat*⟩ apophysary. **apọfisi** *f.* ⟨*Biol,Min*⟩ apophysis.

apofonịa *f.* ⟨*Ling*⟩ apophony.

apogẹo *m.* **1** ⟨*Astr*⟩ apogee. **2** ⟨*fig*⟩ (*apice*) height, climax, apogee: *arrivare all'* ~ *della gloria* to reach the height of glory.

apọgrafo I *a.* ⟨*Paleogr*⟩ apographal. II *s.m.* apograph.

apolạre *a.* ⟨*Biol*⟩ apolar.

apọlide I *a.* ⟨*Dir*⟩ stateless, displaced. II *s.m./f.* displaced (*o* stateless) person.

apoliticità f. nonpolitical nature. **apolitico** a. (pl. -ci) nonpolitical, apolitical.

apollineo a. Apollonian: bellezza –a Apollonian beauty.

Apollo N.pr.m. Apollo: essere bello come un ~ to be as handsome as Apollo. **apollo** m. ⟨fig⟩ Apollo.

apologeta m. ⟨Rel⟩ apologist. **apologetica** f. apologetics pl (costr. sing.). **apologetico** a. (pl. -ci) apologetic.

apologia f. apologia, apology. □ fare l' ~ di qd. to defend s.o.; ⟨Dir⟩ ~ di reato illegal apology of crime. **apologista** m./f. apologist (anche Rel.). **apologo** m. apologue.

aponeurosi, aponeurotico → aponevrosi, aponevrotico.

aponevrosi f. ⟨Anat⟩ aponeurosis. **aponevrotico** a. (pl. -ci) ⟨Anat⟩ aponeurotic.

apoplessia f. ⟨Med⟩ apoplexy. **apoplettico** a./s. (pl. -ci) ⟨Med⟩ I a. apoplectic: colpo ~ apoplectic fit. II s.m. (f. -a) apoplectic.

apostasia f. apostasy. **apostata** m. apostate. **apostatare** v.i. (apostato; aus. avere) ⟨Rel⟩ to apostatize.

a posteriori lat. a posteriori.

apostolato m. 1 ⟨Rel⟩ apostolate, apostleship: ~ laico lay apostolate. 2 ⟨fig⟩ mission, apostolate. **apostolicità** f. apostolicity. **apostolicamente** avv. apostolically. **apostolico** a. (pl. -ci) 1 apostolic(al) (anche fig.). 2 (papale) papal, of the Pope, apostolic: benedizione –a Papal blessing. □ la chiesa –a romana the Roman Catholic Church; nunzio ~ Papal nuncio; simbolo ~ (il credo) Apostles' Creed. **apostolo** m. apostle (anche fig.). □ ⟨Bibl⟩ Atti degli –i Acts of the Apostles; l' ~ delle genti the Apostle to the Gentiles.

apostrofare[1] v.t. (apostrofo) (rimproverare) to reproach, to reprimand; (rivolgere la parola) to address.

apostrofare[2] v.t. (apostrofo) ⟨Gramm⟩ to apostrophize. **apostrofo** m. apostrophe.

apotema m. ⟨Geom⟩ apothem.

apoteosi f. 1 apotheosis, deification (anche fig.): l' ~ di Cesare the deification of Caesar. 2 ⟨Teat⟩ grand finale.

appacificare v.t. (appacifico, appacifichi) → rappacificare.

appagabile a. satisfiable, gratifiable. □ un desiderio facilmente ~ a desire that can easily be satisfied. **appagamento** m. (l'appagare) satisfaction, gratification, fulfilment. **appagare** v.t. (appago, appaghi) 1 to satisfy, to gratify, to fulfil: ~ i desideri di qd. to satisfy s.o.'s desires; questo libro non mi appaga this book does not satisfy me. 2 ⟨fig⟩ to soothe, to calm: ~ la propria coscienza to soothe one's conscience. **appagarsi** v.r. to be content (o satisfied), to content o.s. (di with). □ ~ la fame to appease one's hunger; ~ la sete to quench one's thirst. **appagato** a. satisfied, content, fulfilled, gratified: sentirsi ~ to feel satisfied.

appaiamento m. coupling, pairing. **appaiare** v.t. (appaio, appai) to pair, to couple, to match: ~ due lampade to match two lamps; ~ due buoi to couple two oxen; ~ due guanti to pair two gloves. **appaiarsi** v.r. ⟨Zool⟩ to mate; (unirsi) to form a pair. **appaiato** a. coupled, paired, matched. □ bene ~ well–matched; male ~ badly–matched.

appaio → **apparire**.

Appalachi N.pr.m.pl. ⟨Geog⟩ the Appalachians pl.

appallottolare v.t. to form into a ball, to ball. **appallottolarsi** v.r. to roll (up) into a ball.

appaltante a. contracting. **appaltare** v.t. 1 to let out on contract: ~ un lavoro a qd. to let out a job to s.o. on contract. 2 (prendere in appalto) to undertake on contract. **appaltatore** I s.m. (f. -trice) 1 (chi dà in appalto) lessor. 2 (chi prende in appalto) contractor. II a. contracting: ~ edile building contractor.

appalto m. 1 (il dare in appalto) allocation (o giving out) on contract. 2 (il prendere in appalto) contracting. □ l' ~ dei lavori è stato assegnato alla ditta Martini the contract for the work has been assigned to Martini and company; ~ chiavi in mano turn key contract; concorrere per l' ~ di qc. to make a tender for s.th.; contratto di ~ contract; dare in ~ to let out on contract; ~ edile building contract; lavoro in ~ contract work; prendere in ~ un lavoro to take a job on contract; –i pubblici public works contracts.

appannaggio m. 1 ap(p)anage; (compenso annuo) annuity. 2 ⟨fig⟩ (prerogativa) prerogative.

appannamento m. 1 (rif. a vetri) misting over, steaming up; (rif. a metalli) tarnishing. 2 (della vista) blurring, dimming. **appannare** v.t. 1 (rif. a vetri) to mist over, to steam (up): ~ uno specchio con l'alito to steam a mirror with one's breath; (rif. a metalli) to tarnish. 2 (rif. alla vista) to dim, to blur; (rif. alla voce) to make husky. 3 ⟨fig⟩ to dim, to obscure: l'ignoranza appanna l'intelletto ignorance obscures the intellect. **appannarsi** v.r. 1 (rif. a vetri) to steam up, to mist over; (rif. a metalli) to tarnish. 2 (rif. alla vista) to grow dim, to blur; (rif. alla voce) to grow husky. **appannato** a. 1 misted over, steamed up: il parabrezza è ~ the windscreen is misted over. 2 (rif. a metalli) tarnished. 3 (rif. alla vista) dim.

apparato m. 1 (addobbo) array, display: ~ solenne solemn array: un grande ~ di forze a great display of forces. 2 ⟨tecn⟩ equipment, apparatus: ~ elettrico electrical equipment. 3 ⟨fig,collett⟩ apparatus, machinery: ~ burocratico bureaucratic machinery. 4 ⟨Anat,Biol⟩ apparatus: ~ respiratorio respiratory apparatus. 5 ⟨Filol⟩ apparatus: ~ critico apparatus criticus, critical apparatus. □ ~ digerente digestive apparatus; ~ giudiziario legal apparatus; ~ del partito party apparatus; ⟨Teat⟩ ~ scenico set.

apparecchiare v.t. (apparecchio, apparecchi) 1 (preparare) to prepare, to get ready. 2 ⟨Tess⟩ to dress. 3 (assol) (preparare la tavola) to lay (o set) the table: ~ per tre persone to lay the table for three. **apparecchiato** a. prepared; (rif. a tavola) laid, set. **apparecchiatura** f. 1 ⟨tecn⟩ equipment: ~ elettrica electrical equipment. 2 ⟨Tess⟩ dressing. 3 (preparazione) preparation. □ ⟨tecn⟩ ~ aggiuntiva hang-on.

apparecchio m. 1 ⟨tecn⟩ apparatus, set; (strumento) instrument: ~ di misurazione measuring instrument; (congegno) device, appliance. 2 (aereo) (aero)plane, aircraft. 3 ⟨Tel⟩ telephone: ~ da tavolo table telephone; ~ da parete wall telephone. □ ⟨Tel⟩ chi è all' ~? who is speaking?; rimanga all' ~ hold the line; ⟨Mecc⟩ ~ di comando control apparatus; ⟨Aer⟩ ~ da combattimento fighter; ~ fotografico camera; ⟨Med⟩ ~ gessato plaster; ⟨Tel⟩ ~ a gettoni coin-operated box; apparecchi igienico-sanitari sanitary fittings; ~ di illuminazione light fixture (o fitting); ⟨Rad⟩ ~ a modulazione di frequenza frequency-modulation set; ⟨Rad⟩ ~ a onde corte shortwave set; ⟨Chir⟩ ~ ortopedico orthopaedic appliance; ~ radio receiving set; ⟨Med⟩ ~ per radiografia radiographic apparatus, X-ray machine; ~ ricevente receiving set, receiver; ~ televisivo television set, TV set; ~ trasmittente transmitting set, transmitter.

apparentamento m. ⟨Pol⟩ election alliance (o agreement). **apparentare** v.t. (apparento) to relate through marriage. **apparentarsi** v.r. 1 to become related. 2 ⟨Pol⟩ to form an election alliance. **apparentato** a. related: essere ~ con qd. to be related to s.o.

apparente a. apparent, seeming: calma ~ apparent calm. □ ⟨Dir⟩ erede ~ heir apparent; ⟨Mat⟩ frazione ~ improper fraction. **apparentemente** avv. apparently, seemingly. **apparenza** f. 1 outward appearance, appearances pl: giudicare dall' ~ to judge from appearances: tutte le –e gli sono contrarie (all) appearances are against him. 2 (aspetto) appearance, aspect, look. 3 (traccia) trace, scrap: nelle sue parole non c'è ~ di vero there's not a scrap of truth in what he says. □ all' ~ to all appearances; un uomo di bell' ~ a good–looking man; sotto falsa ~ under false pretences; in ~ to all appearances, apparently, seemingly; salvare le –e (o l'apparenza) to keep up appearances. Prov.: l' ~ inganna appearances are deceptive.

apparigliare v.t. (appariglio, apparigli) to couple, to pair.

apparire v.i. (pr.ind. appaio/apparisco, appari/apparisci, appare/apparisce, appariamo/appaiamo, apparite, appaiono/appariscono; p.rem. apparvi/apparii/apparsi; pr. cong. appaia/apparisca, appariamo, appariate, appaiano/appariscano; p.pr. apparente; p.p. apparso/apparito; aus. essere) 1 to appear: ~ in sogno a qd. to appear to s.o. in a dream; *il sole è apparso all'orizzonte* the sun appeared on the horizon. **2** (*apparire poco chiaramente*) to loom (up): *un'isola apparve nella nebbia* an island loomed out of the mist. **3** (*sembrare*) to seem, to look: *voleva ~ elegante* he wanted to look smart.

appariscente *a.* **1** (*che dà nell'occhio*) showy; (*rif. a colori*) gaudy: *un vestito ~* a gaudy dress. **2** (*avvenente*) striking: *una donna molto ~* a very striking woman. **appariscenza** *f.* striking appearance; (*rif. a colori*) gaudiness.

apparizione *f.* apparition: *l' ~ di una cometa* the apparition of a comet; *~ degli spiriti* the apparition of the spirits. **apparsi, apparso → apparire.**

appartamento *m.* flat, ⟨*am*⟩ apartment. □ *affittasi ~* flat to let; *abitare in un ~ d'affitto* to live in a rented flat; *~ ammobiliato* furnished flat.

appartare *v.t.* to set apart. **appartarsi** *v.r.* to stand aloof, to withdraw, to retire: *appartarsi da tutti* to stand aloof from everyone; *appartarsi nella stanza vicina* to withdraw into the next room. **appartato** *a.* (*rif. a persona*) ⟨*pred*⟩ apart, aloof: *vivere ~* to live apart; (*rif. a luogo*) secluded, solitary.

appartenente I *a.* belonging (*a* to). **II** *s.m./f.* member. **appartenenza** *f.* **1** (*l'appartenere*) membership, belonging: *~ a un partito politico* membership of a political party. **2** *pl.* (*accessori*) appurtenances *pl: la villa fu venduta con tutte le –e* the villa was sold complete with all its appurtenances. **appartenere** *v.i.* (**appartengo, appartieni; appartenni, appartenuto; → tenere**; *aus.* essere/avere) **1** to belong (*a* to): *questa casa mi appartiene* this house belongs to me; *egli appartiene a una nobile famiglia piemontese* he belongs to a noble Piedmontese family. **2** (*essere iscritto a un'associazione*) to be a member (of): *appartengo al circolo filatelico* I am a member of the philatelic club. **3** (*spettare, riguardare*) to be (for), to be up (to): *non appartiene a te giudicare il mio operato* it is not for you to judge my work. **appartengo, appartenni → appartenere.**

apparvi → apparire.

appassimento *m.* **1** ⟨*Bot*⟩ withering. **2** ⟨*fig*⟩ (*rif. a bellezza*) fading.

appassionare *v.t.* (**appassiono**) **1** (*entusiasmare*) to thrill: *è un attore che appassiona il pubblico* he is an actor who thrills his audience. **2** (*commuovere*) to move, to touch: *la disgrazia appassionò la cittadinanza* the town was moved by the tragedy. **appassionarsi** *v.r.* (*entusiasmarsi*) to be keen (*a, per* on): *appassionarsi alla musica* to be keen on music. **appassionatamente** *avv.* passionately, ardently. **appassionato I** *a.* **1** impassioned, passionate: *parole –e* impassioned words; *sguardo ~* passionate look. **2** (*entusiasta*) fond (*di, per, a* of), keen (on). **3** (*parziale*) biased: *giudizio ~* biased judgement. **II** *s.m.* (*f.* -a) fan, lover, enthusiast: *è un ~ del calcio* he is a football fan; *essere un ~ di musica classica* to be a lover of classical music.

appassire *v.* (**appassisco, appassisci**) **I** *v.i.* (*aus.* essere), **appassirsi** *v.r.* **1** to wither: *i fiori sono appassiti* the flowers have withered. **2** ⟨*fig,lett*⟩ to fade: *la sua bellezza appassì presto* her beauty soon faded. **II** *v.t.* ⟨*rar*⟩ (*fare appassire*) to dry: *~ l'uva* to dry grapes. **appassito** *a.* **1** faded, withered: *foglia –a* withered leaf. **2** (*rif. a uva*) dried. **3** ⟨*fig*⟩ faded: *bellezza –a* faded beauty; (*rif. al volto*) wizen.

appellabile *a.* ⟨*Dir*⟩ appealable. **appellabilità** *f.* appealability. **appellante I** *a.* appellant, appealing. **II** *s.m./f.* appellant. **appellare** *v.t.* (**appello**) ⟨*lett*⟩ to call, to name. **appellarsi** *v.r.* **1** to (make an) appeal (*a* to): *appellarsi alla generosità di qd.* to appeal to s.o.'s generosity. **2** ⟨*Dir*⟩ to (make an) appeal (*da, contro* against): *appellarsi contro una sentenza* to appeal against a decision. **appellativo I** *a.* **1** ⟨*Dir*⟩ appeal–, appellate. **2** ⟨*Gramm*⟩ appellative. **II** *s.m.* **1** appellation, appellative. **2** (*epiteto*) nickname, epithet. **appellato** *m.* ⟨*Dir*⟩ appellee.

appello *m.* **1** (*invocazione*) appeal: *rivolgere un ~ alla cittadinanza* to make an appeal to the population; (*preghiera*) plea. **2** (*chiamata, rassegna*) roll-call. **3** ⟨*Dir*⟩ appeal. □ **chiamata** *per ~* roll-call; ⟨*Dir*⟩ ~ **civile** civil

appeal; **corte** *d' ~* Court of Appeal; **diritto** *d' ~* right of appeal; **fare** *~ a tutte le proprie forze* to muster (*o* summon up) all one's strength; *fare ~ al buonsenso di qd.* to appeal to s.o.'s common sense; *fare l' ~* to call the roll; ⟨*Dir*⟩ **giudizio** *d' ~* decision on appeal; **giurisdizione** *d' ~* appellate jurisdiction; **mancare** *all' ~* to be absent; ⟨*Parl*⟩ *~* **nominale** roll-call for voting; *~ alla* **pace** appeal for peace; *~* **penale** criminal appeal; **respingere** *una sentenza in ~* to quash a sentence on appeal; **ricorrere** *in ~* to (file an) appeal; **rispondere** *all' ~* to answer the roll-call; **sentenza** *d' ~* appeal sentence; **senza** *~* not appealable, unappealable; *giudizio senza ~* final sentence.

appena I *avv.* **1** (*a stento*) hardly, barely, scarcely: *potevo ~ muovermi* I could hardly move. **2** (*poco*) scarcely, (only) just, barely: *mosse ~ le labbra* his lips barely moved. **3** (*rif. a tempo: da poco*) just: *questo libro è ~ uscito* this book has just come out; (*soltanto*) only (just): *sono ~ le sette* it's only just seven. **II** *congz.* (*subito dopo che*) as soon as, just, no sooner: *ero ~ entrato quando squillò il telefono* I had just entered when the telephone rang, no sooner had I entered than the telephone rang. □ *~ che, non ~* [*ind/cong*] as soon as: *·(non) ~ saprò qualcosa ti scriverò* as soon as I hear s.th. I will write to you.

appendere *v.t.* (**appesi, appeso**) **1** to suspend, to hang (up): *~ un quadro alla parete* to hang a picture on the wall. **2** ⟨*lett*⟩ (*impiccare*) to hang: *lo appesero a un albero* they hanged him from a tree.

appendiabiti *m.inv.* **1** dress hanger. **2** (*attaccapanni: a stelo*) clothes-stand; (*a gancio*) clothes-hook.

appendice *f.* **1** appendix; (*rif. a scritti, pubblicazioni*) supplement, appendix: *l' ~ di un settimanale* the supplement to a weekly paper. **2** ⟨*Med*⟩ appendix: *~ cecale* vermiform appendix. □ *~ a un contratto* appendix to a contract; *romanzo d' ~* serial story.

appendicectomia *f.* ⟨*Chir*⟩ appendectomy, appendicectomy. **appendicite** *f.* ⟨*Med*⟩ appendicitis: *~ acuta* acute appendicitis. **appendicolare** *a.* appendiceal.

appendigonna *m.inv.* skirt hanger.

appenninico *a.* (*pl.* -ci) Apennine. **Appennino** *N.pr.m.* ⟨*Geog*⟩ Apennines *pl: la catena degli –i* the Apennine chain.

appercettivo *a.* ⟨*Filos,Psic*⟩ apperceptive. **appercezione** *f.* apperception.

appesantimento *m.* (*atto*) loading, burdening; (*effetto*) weight, heaviness. **appesantire** *v.t.* (**appesantisco, appesantisci**) **1** to make heavier, to weigh down, to load. **2** ⟨*fig*⟩ (*rendere torpido*) to dull, to weigh down: *la stanchezza mi appesantiva le membra* weariness weighed down my limbs. **appesantirsi** *v.r.* to grow heavy; (*rif. a persona*) to put on weight. □ *~ lo stomaco con troppo cibo* to overload the stomach with food.

appesi, appeso → appendere.

appestare *v.t.* (**appesto**) **1** to plague. **2** (*riempire di cattivo odore*) to pollute, to make stink: *le esalazioni delle fabbriche appestano l'aria* factory fumes pollute the air; *~ una stanza con il fumo del sigaro* to make a room stink with cigar smoke. **3** ⟨*fig*⟩ (*corrompere*) to corrupt. **appestato I** *a.* **1** (*infetto*) infected, tainted. **2** (*fetido*) stinking, polluted. **II** *s.m.* (*f.* -a) plague victim.

appetenza *f.* **1** appetite. **2** (*desiderio*) desire, longing. **appetibile** *a.* desirable. **appetibilità** *f.* desirability. **appetire** *v.* (**appetisco, appetisci**) **I** *v.t.* ⟨*lett*⟩ to desire, to long (*o* crave) for. **II** *v.i.* (*aus.* avere) to whet (*o* stimulate) one's appetite: *è un piatto che appetisce* it is a dish that whets your appetite. **appetitivo** *a.* ⟨*Filos*⟩ appetitive. **appetito** *m.* appetite: *soddisfare i propri –i* to satisfy one's appetites; *avere ~* to have an appetite. □ *buon ~!* enjoy your meal!; *mangiare con ~* to eat heartily; *perdere l' ~* to lose one's appetite; *stuzzicare l'~* to whet one's appetite. *Prov.: l' ~ vien mangiando* appetite comes with eating. **appetitoso** *a.* **1** appetizing. **2** ⟨*fig*⟩ (*attraente*) attractive.

appetizione *f.* ⟨*Filos*⟩ appetition.

appetto ⟨*Lett*⟩ *~ a*: **1** (*di fronte*) opposite; **2** (*a paragone di*) in comparison with.

appezzamento *m.* ⟨*Agr*⟩ plot, lot, allotment.

Appia *N.pr.f.* (*anche via Appia*) Appian Way.

appianabile *a.* that can be smoothed out (*anche fig.*). **appianamento** *m.* **1** levelling, smoothing. **2** ⟨*fig*⟩ settlement, smoothing out. **appianare** *v.t.* **1** to level, to smooth: ~ *un terreno* to level a piece of ground. **2** ⟨*fig*⟩ to smooth out, to remove: ~ *una difficoltà* to smooth out a difficulty. **appianatoia** *f.* ⟨*Mur*⟩ float. **appianatoio** *m.* ⟨*Agr*⟩ roller.

appiattarsi *v.r.* to crouch (in hiding), to hide (o.s.): ~ *dietro una siepe* to crouch behind a hedge. **appiattimento** *m.* **1** levelling, flattening. **2** ⟨*Econ*⟩ levelling (out): ~ *degli stipendi* levelling of wages. **appiattire** *v.t.* (appiattisco, appiattisci) to level, to flatten. **appiattirsi** *v.r.* to become flat, to flatten. **appiattito** *a.* flat, level: *naso* ~ flat nose.

appiccagnolo *m.* **1** hook, peg. **2** ⟨*fig*⟩ (*pretesto*) pretext, cavil.

appiccare (appicco, appicchi) **1** (*appendere*) to hang (up), to affix: ~ *un cartello alla porta* to hang a sign on the door. **2** (*impiccare*) to hang. **3** ⟨*lett*⟩ (*cominciare*) to set off, to start: ~ *guerra* to start a war. **appiccarsi** *v.r.* (*impiccarsi*) to hang o.s. □ ~ *fuoco a qc.* to set fire to s.th.

appiccicare *v.* (appiccico, appiccichi) **I** *v.t.* **1** to stick, to glue: ~ *qc. al muro* to stick s.th. on the wall; ~ *un francobollo* to stick on a stamp. **2** ⟨*fig*⟩ → **appioppare. II** *v.i.* (*aus.* **avere**) (*essere attaccaticcio*) to be sticky; (*rif. a carta, francobollo*) to stick (on): *questo francobollo non appiccica* this stamp won't stick on. **appiccicarsi** *v.r.* to stick, to cling (*anche fig.*). **appiccicaticcio** *a.* **1** sticky. **2** ⟨*fig*⟩ (*rif. a persona*) clinging. **appiccicatura** *f.* **1** sticking, join. **2** (*unione mal fatta*) bad join. □ *l'episodio finale è un'* ~ the last episode has been tacked on. **appiccicoso** *a.* **1** sticky: *dita* -*e di miele* fingers sticky with honey. **2** ⟨*fig*⟩ (*rif. a persona*) clinging.

appicco *m.* (*pl.* **-chi**) ⟨*rar*⟩ pretext, cavil; (*occasione*) chance.

appiè: ~ *di* at the foot (*o* bottom) of: ~ *dell'altare* at the foot of the altar. □ *note* ~ *di pagina* footnotes *pl.*

appiedamento *m.* ⟨*Mil*⟩ dismounting. **appiedare** *v.t.* (appiedo) to dismount: ~ *la cavalleria* to dismount the cavalry. **appiedato** *a.* **1** ⟨*Mil*⟩ dismounted. **2** (*senza mezzi di trasporto*) on foot.

appieno *avv.* fully, quite, thoroughly: *comprendere* ~ *la situazione* to fully understand the situation.

appigionamento *m.* letting, renting. **appigionare** *v.t.* (appigiono) **1** (*dare a pigione*) to let: *si appigionano tre stanze* three rooms to let. **2** (*prendere a pigione*) to rent. □ *"appigionasi"* "to let", ⟨*am*⟩ "for rent".

appigliarsi *v.r.* (m'appiglio, t'appigli) **1** (*afferrarsi*) to take hold (*a* of), to cling (to). **2** ⟨*fig*⟩ (*rif. a fuoco*) to take hold of: *il fuoco si appigliò alla casa vicina* the fire took hold of the neighbouring house. □ ~ *a un pretesto* to cling to an excuse. **appiglio** *m.* **1** grip, hold. **2** ⟨*fig*⟩ (*pretesto*) pretext, excuse; (*occasione*) occasion.

appiombo *m.* perpendicularity, plumb(-line): *prendere l'* ~ *di un muro* to take the plumb of a wall.

appioppare *v.t.* (appioppo) **1** to give, to deal, to administer: ~ *un ceffone a qd.* to give s.o. a slap. **2** (*dare ingannando*) to palm (*o* fob) off, to foist, to pass off: ~ *una moneta falsa a qd.* to palm off a bad coin on s.o. □ ~ *un lavoro a qd.* to foist a job on s.o.; ~ *una multa a qd.* to hit s.o. with a fine; ~ *un soprannome a qd.* to pin a nickname on s.o., to nickname s.o.

appisolarsi *v.r.* (m'appisolo) to doze off.

applaudire *v.* (applaudisco/applaudo, applaudisci/applaudi) **I** *v.t.* **1** to clap, to applaud; (*a gran voce*) to cheer. **2** (*lodare*) to approve of, to praise: *tutti applaudirono la tua proposta* everyone approved of your proposal. **II** *v.i.* (*aus.* **avere**) **1** to applaud. **2** (*lodare*) to approve. **applaudito** *a.* famous, celebrated. **applauditore I** *a.* applauding. **II** *s.m.* (*f.* **-trice**) applauder. **applauso** *m.* **1** applause: ~ *a scena aperta* applause during a performance; (*a gran voce*) cheers *pl.* **2** (*elogio*) praise, approval. □ *conquistarsi l'* ~ *del pubblico* to win the applause of the audience. **applausometro** *m.* applauseometer.

applicabile *a.* applicable. □ ⟨*Dir*⟩ ~ *dal primo agosto* in force as from August 1st. **applicabilità** *f.* applicability; (*rif. a legge*) enforceability.

applicare *v.t.* (applico, applichi) **1** (*fare aderire*) to apply, to put on; (*incollando*) to stick on: ~ *il francobollo alla lettera* to stick the stamp on the letter. **2** (*stendere: rif. a colori, pomate*) to apply, to spread. **3** (*accostare*) to bring, to put near: ~ *qc. a qc.* to bring s.th. near s.th., to put s.th. to s.th.; ~ *l'orecchio alla porta* to put one's ear to the door. **4** (*dare*) to give, to deal, to administer: ~ *uno schiaffo a qd.* to give s.o. a slap; (*infliggere*) to apply: ~ *sanzioni* to apply sanctions. **5** (*mettere in atto*) to enforce, to apply: ~ *il regolamento* to enforce the regulation. **applicarsi** *v.r.* **1** (*dedicarsi*) to apply o.s. **2** ⟨*assol*⟩ to apply o.s., to work hard: *è un alunno che si applica poco* he is a pupil who does not work very hard. □ ~ *un articolo del codice civile* to apply an article of the civil code; ~ *cucendo* to sew on; ~ *una formula* to apply a formula; ~ *la* **mente** *a qc.* to apply one's mind to s.th.; ~ *un* **nomignolo** *a qd.* to give s.o. a nickname; ~ *i* **suggerimenti** *di qd.* to follow s.o.'s suggestions; ~ *una* **tassa** to apply a tax.

applicativo *a.* **1** (*applicabile*) applicable. **2** ⟨*Inform*⟩ application: *pacchetto* ~ application package; *programma* ~ application program.

applicato *a.* **1** (*diligente*) studious, diligent. **2** (*usato in pratica*) applied: *matematica* -*a* applied mathematics. **applicazione** *f.* **1** application: ~ *di una legge fisica* application of a law of physics; ~ *di un cerotto su una ferita* application of a sticking plaster to a wound. **2** ⟨*Dir*⟩ enforcement, application: ~ *di una legge* enforcement of a law; ~ *di una disposizione* application of a provision; ~ *di una imposta* application of a tax. **3** ⟨*Mod*⟩ application. **4** ⟨*fig*⟩ (*impegno*) application, diligence. □ *in* ~ *della legge* in pursuance of the law; *mancata* ~ non-enforcement: *mancata* ~ *delle leggi vigenti* non-enforcement of existing laws; ~ *pratica* practical application; *scuola di* ~ technical school; ⟨*Scol*⟩ -*i tecniche* handicrafts.

applique *fr.* [a'plik] *f.* wall sconce, appliqué.

appoggiacapo *m.inv.* headrest. **appoggiaferro** *m.inv.* iron stand (*o* rest).

appoggiare *v.* (appoggio, appoggi) **I** *v.t.* **1** to lean, to lay, to rest: ~ *una scala al muro* to lean a ladder against the wall; ~ *la testa su un cuscino* to lay (*o* rest) one's head on a pillow. **2** ⟨*fig*⟩ (*sostenere: rif. a persone*) to support, to back (up); (*rif. a cose*) to support, to back (up): ~ *una proposta* to back a proposal. **3** ⟨*fig*⟩ (*basare, fondare*) to base, to ground: ~ *le proprie affermazioni su dati concreti* to base one's assertions on concrete facts. **4** (*mettere*) to put, to lay: ~ *un libro sul tavolo* to lay a book on the table. **II** *v.i.* (*aus.* **essere**) **1** to rest, to stand (*su* on): *la statua appoggia su un piedistallo* the statue stands on a pedestal; *l'arco appoggia su due pilastri* the arch rests on two pillars. **2** ⟨*Sport*⟩ (*nel gioco del calcio*) to pass (the ball). **appoggiarsi** *v.r.* **1** to lean (*a, su* on): *appoggiarsi al braccio di qd.* to lean on s.o.'s arm. **2** ⟨*fig*⟩ to rely (*a, su* on), to place one's trust (in): *appoggiarsi all'autorità di un testo* to rely on the authority of a text.

appoggiatesta *m.inv.* headrest. **appoggiatoio** *m.* **1** support, rest. **2** (*ringhiera*) handrail, banister. **appoggiatura** *f.* ⟨*Mus*⟩ appoggiatura.

appoggio *m.* **1** (*sostegno*) support. **2** ⟨*Ginn*⟩ rest, support. **3** ⟨*fig*⟩ (*aiuto*) backing, support, assistance: *essere di* ~ *a qd.* to give s.o. one's backing (*o* support). **4** ⟨*Comm*⟩ (*comprova*) voucher. **5** ⟨*Alp*⟩ foothold. □ ⟨*Mil*⟩ ~ **aereo** air support; ~ **finanziario** financial backing; ⟨*fig*⟩ *dare* ~ **morale** *a qd.* to give s.o. moral support; ⟨*Comm*⟩ *pezza d'* ~ voucher; ⟨*Mecc*⟩ *piano d'* ~ face, bearing surface; ⟨*fig*⟩ *punto d'* ~ backing.

appollaiarsi *v.r.* (mi appollaio, ti appollai) **1** to perch, to roost. **2** (*accovacciarsi*) to squat, to crouch (down).

appontaggio *m.* ⟨*Aer*⟩ landing (on an aircraft carrier); deck landing. **appontare** *v.i.* (apponto) to land (on a deck).

appopparsi *v.r.* **1** ⟨*Mar*⟩ to be down by the stern. **2** ⟨*Aer*⟩ to be tail-heavy.

apporre *v.t.* (appongo, apponi; apposi, apposto; → **porre**)

1 to affix: ~ *la propria firma a qc.* to affix one's signature to s.th., to sign s.th. **2** *(aggiungere)* to add: ~ *un'annotazione* to add a note. □ ~ *la data a una lettera* to put the date on a letter; ~ *i sigilli* to affix the seals; ~ *il visto* to visa.

apportare *v.t.* (appòrto) **1** to bring, to carry: *il sole ci apporta la luce* the sun brings us light. **2** *(produrre)* to produce, to bring (about): *gli scambi commerciali apportano prosperità* trade brings (*o* produces) prosperity; *(introdurre)* to bring in, to introduce: ~ *modifiche* to introduce changes. **apportatore** *m.* (*f.* -trice) bearer: ~ *di pace* bearer of peace. **apporto** *m.* **1** supply: ~ *di nuove energie* supply of fresh energy; *(contributo)* contribution: ~ *di capitale* contribution of capital. **2** ⟨*Occult*⟩ apport. □ ~ *in denaro* money contribution.

apposi → apporre.

appositamente *avv.* **1** suitably: *mezzi* ~ *scelti* suitably chosen means. **2** *(apposta)* purposely, on purpose; *(espressamente)* specially.

appositivo *a.* ⟨*Gramm*⟩ appositive, in apposition.

apposito *a.* **1** *(fatto appositamente)* di solito non si *traduce,* special: *introdurre il gettone nell'~a fessura* to introduce the token into the slot. **2** *(adatto)* suitable, fitting, proper.

apposizione *f.* **1** addition. **2** ⟨*Gramm,Bot*⟩ apposition. □ ~ *della data* dating; ~ *della firma* signature; ⟨*Dir*⟩ ~ *dei sigilli* affixing of seals.

apposta **I** *avv.* **1** *(intenzionalmente)* on purpose, purposely: *non l'ho fatto* ~ I didn't do it on purpose. **2** *(con uno scopo determinato)* specially: *sono venuto* ~ *per te* I have come specially for you. **II** *a.inv.* special: *ci vorrebbe una legge* ~ it would take a special law. □ *volevo telefonarti ma, neanche a farlo* ~, *il telefono era sempre occupato* I wanted to phone you, but as luck would have it the line was always busy; *pare fatto* ~ *per comandare* he seems a born leader.

appostamento *m.* **1** *(agguato)* ambush. **2** ⟨*Mil*⟩ *(rif. a soldati)* position; *(rif. a mitragliatrici)* position, nest; *(rif. a cannoni)* emplacement. **3** ⟨*Mil*⟩ *(sentinelle appostate)* post. **4** ⟨*Venat*⟩ cover. **appostare** *v.t.* (appòsto) **1** to lie in wait for: *lo appostarono e lo uccisero* they lay in wait for him and killed him. **2** ⟨*Mil*⟩ *(rif. a soldati)* to position; *(rif. a cannoni)* to emplace. **3** ⟨*Venat*⟩ to stalk. **appostarsi** *v.r.* **1** to lie in wait: *appostarsi dietro una siepe* to lie in wait behind a hedge. **2** ⟨*Mil*⟩ to take up position.

apposto → apporre.

apprendere *v.t.* (apprèsi, apprèso) **1** to learn: ~ *una lingua* to learn a language. **2** *(venire a sapere)* to learn, to find out; *(sentir dire)* to hear: *ho appreso la notizia* I have heard the news. **apprendimento** *m.* learning. **apprendista** *m./f.* **1** apprentice. **2** ⟨*fig*⟩ beginner, learner. □ *mettere qd. come* ~ *presso qd.* to apprentice s.o. to s.o.; *posto di* ~ position (*o* place) as an apprentice; ~ *sarto* apprentice tailor. **apprendistato** *m.* apprenticeship: *ho fatto tre anni di* ~ *presso una ditta* I served three years' apprenticeship with a firm.

apprensione *f.* apprehension, concern, anxiety. □ *essere in* ~ *per qd.* to be concerned about s.o.; *mettere in* ~ *qd.* to make s.o. anxious, to worry s.o. **apprensivo** *a.* apprehensive, anxious.

appresi, appreso → apprendere.

appressare *v.t.* (apprèsso) ⟨*lett*⟩ to bring near, to move close: ~ *il lume alla tavola* to bring the light near to the table. **appressarsi** *v.r.* ⟨*rar*⟩ to approach, to draw near: *la sera si appressava* evening was drawing near.

appresso **I** *avv.* **1** *(accanto)* near, close by, at hand; *(con sé)* with one: *portarsi* ~ *una cosa* to take s.th. with one. **2** *(dopo)* then, afterwards: *cosa farai* ~ ? what will you do afterwards? **II** *prep.* (sometimes followed by the propositions *a* or *di*) **1** before, in the presence of: *fu condotto* ~ *il re* he was brought before the king. **2** *(dietro)* (close) behind, after: *andare* ~ *a qd.* to go after s.o. **III** *a.inv.* *(seguente)* next, after, following: *l'anno* ~ the year after, the following year; *la mattina* ~ the next morning. □ *come* ~ as follows; *come si dirà* ~ as below.

apprestamento *m.* preparation. **apprestare** *v.t.* (apprèsto) to prepare, to get ready, to equip, to fit: ~

mezzi difensivi to prepare defences. **apprestarsi** *v.r.* to prepare (o.s.), to get ready: *apprestarsi a fare qc.* to prepare to do s.th.

apprettare *v.t.* (apprètto) ⟨*Tess*⟩ to dress, to size. **apprettatura** *f.* dressing, sizing. **appretto** *m.* dressing, size. □ *dare l'* ~ to size.

apprezzabile *a.* **1** perceptible. **2** *(pregevole)* valuable: *qualità* ~ valuable quality. **3** *(notevole)* considerable, remarkable, noteworthy: *finora non si sono raggiunti risultati* –*i* so far, no noteworthy (*o* appreciable) results have been reached. **apprezzamento** *m.* **1** *(stima)* esteem, regard, consideration: *esprimere il proprio* ~ *per qd.* to express one's esteem for s.o. **2** *(valutazione)* (e)valuation, appreciation: ~ *di una merce* valuation of goods. **3** *(giudizio)* judgement, opinion: *fare un* ~ *sfavorevole su qd.* to express an unfavourable opinion about s.o. **apprezzare** *v.t.* (apprèzzo) **1** *(stimare)* to appreciate, to esteem. **2** *(valutare)* to evaluate, to estimate, to appraise. **apprezzato** *a.* **1** *(rif. a persone)* appreciated, esteemed. **2** *(rif. a cose)* valued.

approccio *m.* **1** approach, overtures *pl:* *tentare un* ~ *presso qd.* to make overtures to s.o. **2** *(rif. a problemi e sim.)* approach: *un* ~ *logico al problema* a logical approach to the problem. □ *approcci amorosi* advances *pl.*

approdare *v.i.* (appròdo; *aus.* essere/avere) **1** ⟨*Mar*⟩ to berth: *la nave approdò a Genova* the ship berthed at Genoa; *(rif. a persone)* to land. **2** ⟨*fig*⟩ to lead, to come: *le trattative non approdarono a nulla* the negotiations came to nothing. **approdo** *m.* **1** *(l'approdare)* landing. **2** *(luogo d'approdo)* landing place.

approfittare *v.i.* (*aus.* avere) **1** to take advantage, to avail o.s. (*di* of): ~ *dell'occasione* to take (advantage of) the opportunity; ~ *di un'offerta* to avail o.s. of an offer. **2** *(trarre profitto)* to profit (by), to gain, to benefit (by, from). **approfittarsi** *v.r.* to take advantage (*di* of): *approfittarsi dell'ingenuità altrui* to take advantage of other people's ingenuousness.

approfondire *v.t.* (approfondìsco, approfondìsci) **1** to deepen, to make deeper: ~ *un pozzo* to deepen a well. **2** ⟨*fig*⟩ *(studiare a fondo)* to examine closely, to investigate thoroughly. **approfondirsi** *v.r.* **1** to become deeper, to deepen. **2** ⟨*fig*⟩ to widen one's knowledge (*in* of): *approfondirsi nella matematica* to widen one's knowledge of mathematics.

approntamento *m.* preparation. **approntare** *v.t.* (apprònto) to prepare, to make (*o* get) ready: ~ *la cena* to get supper ready; ~ *la difesa* to prepare the defence.

appropinquarsi *v.r.* ⟨*scherz*⟩ to come near, to approach.

appropriare *v.t.* (appròprio) to adapt, to suit, to fit, to apply: ~ *il linguaggio alle circostanze* to adapt (*o* suit) one's language to the circumstances. **appropriarsi** *v.r.* *(impadronirsi)* to appropriate (*di qc.* s.th.), to take possession (of). □ *appropriarsi indebitamente (di) qc.* to misappropriate (*o* embezzle) s.th. **appropriatamente** *avv.* appropriately, suitably. **appropriato** *a.* suitable, appropriate. **appropriazione** *f.* appropriation. □ ⟨*Dir*⟩ ~ *indebita* embezzlement.

approssimare *v.t.* (appròssimo) **1** to bring near. **2** ⟨*Mat*⟩ to approximate. **approssimarsi** *v.r.* to approach, to come (*o* draw) near. **approssimativamente** *avv.* **1** approximately. **2** *(circa)* roughly. **approssimativo** *a.* **1** approximate. **2** *(impreciso)* inaccurate, imprecise. **approssimato** *a.* approximate, rough: *calcolo* ~ rough estimate; *valore* ~ approximate value. **approssimazione** *f.* ⟨*Mat,Fis*⟩ approximation. □ *per* ~ approximately, roughly; *in prima* ~ as a first approximation.

approvabile *a.* *(lodevole)* commendable, praiseworthy. **approvare** *v.t.* (appròvo) **1** to approve of: *non posso* ~ *la tua condotta* I cannot approve of your behaviour; *(dare il proprio consenso)* to agree: *chi approva alzi la mano* those who agree raise their hands. **2** *(promuovere)* to pass: ~ *uno studente* to pass a student. □ ~ *il bilancio dello stato* to approve the Budget; ~ *un bilancio* to adopt a balance sheet; ~ *una legge* to pass a bill. **approvativo** *a.* approbative.

approvazione *f.* **1** approval: *ottenere l'* ~ *di qd.* to obtain s.o.'s approval; (*lode*) praise. **2** ⟨*Scol*⟩ pass. **3** (*ratifica*) approval. **4** (*nelle votazioni*) passing, voting through. □ *il disegno di legge* **attende** *l' ~ del senato* the bill is waiting to pass the Upper House; ~ *del* **bilancio** adoption of the balance sheet; *fare un* **cenno** *di ~* (*con la testa*) to nod approval; ~ **definitiva** *di una legge* final approval of a bill; ~ **governativa** government approval; **incontrare** *l' ~ di qd.* to meet with s.o.'s approval; ⟨*Scol*⟩ **ottenere** *l' ~* to be passed, to pass; *non ottenere l' ~* to fail; **sottoporre** *qc. all' ~ di qd.* to submit s.th. for s.o.'s approval.

approvvigionamento *m.* **1** (*azione*) supplying. **2** (*provvista*) supply: ~ *di capitali* supply of capital. **3** *pl.* ⟨*Mil*⟩ supplies *pl*, stores *pl*. □ ~ *di* **acqua** *potabile* drinking water supply; **crisi** *degli –i* supply shortage; ~ *di* **materie** *prime* raw material supply; ~ **petrolifero** oil supply; ~ *di* **viveri** victualling.

approvvigionare *v.t.* (**approvvigiono**) **1** to supply, to provision, to stock (*di* with): ~ *di viveri* to supply with food, to victual. **2** ⟨*Mar*⟩ to rig, to fit out; (*di viveri*) to provision, to victual. **approvvigionarsi** *v.r.* **1** to take provisions, to lay in provision. **2** ⟨*burocr*⟩ to make industrial purchasing.

appruarsi *v.r.* **1** ⟨*Mar*⟩ to be bow–heavy. **2** ⟨*Aer*⟩ to be nose–heavy.

appuntamento *m.* **1** appointment, ⟨*fam*⟩ date: *fissare un ~ con qd.* to make an appointment with s.o.; *mancare a un ~* to fail to keep an appointment. **2** (*incontro*) meeting, rendezvous. **3** ⟨*Astron*⟩ rendezvous. □ *andare all' ~* to go to the meeting place; ~ *amoroso* date; *darsi un ~* to arrange to meet, to fix (*o* make) an appointment; *luogo d' ~* meeting–place, rendezvous; *mancare a un ~* to break an appointment.

appuntare[1] *v.t.* **1** (*rendere appuntito*) to sharpen, to point: ~ *una matita* to sharpen a pencil. **2** (*unire: con due punti*) to stitch, to tack; (*con spilli*) to pin (together). **3** (*fissare con uno spillo*) to fix, to pin: ~ *un fiore sul vestito* to fix (*o* pin) a flower to one's dress; ~ *una medaglia sul petto di qd.* to pin a medal on s.o.'s chest; (*rif. a spilli, aghi*) to stick: ~ *uno spillo sul guancialino* to stick a pin in the pincushion. **appuntarsi** *v.r.* (*essere rivolto*) to be focused, to be pointed: *su di lui si appuntò l'interesse della critica* the critics' interest was focused on him. □ ~ *l'indice contro qd.* to point at (*o* to) s.o.; ⟨*fig*⟩ ~ *gli orecchi* to prick up one's ears; ~ *lo sguardo su qd.* to rivet (*o* fix) one's eyes on s.o.

appuntare[2] *v.t.* (*notare*) to make a note of, to note down: ~ *qc. sul taccuino* to note (*o* jot) s.th. down in one's notebook.

appuntato *m.* ⟨*Mil*⟩ lance–corporal (of the Carabinieri).

appuntino *avv.* meticulously, with precision: *eseguire qc. ~* to do s.th. with precision.

appuntire *v.t.* (**appuntisco**, **appuntisci**) to sharpen, to point. **appuntito** *a.* pointed, sharpened: *bastone ~* pointed stick.

appunto[1] *m.* **1** note: *prendere –i di qc.* to make (*o* take down) notes on s.th. **2** (*osservazione*) remark, comment; (*rimprovero*) reproach, reprimand. □ *fare un ~ a qd. per qc.* to blame (*o* find fault with) s.o. for s.th.; *muovere un ~ a qd.* to reproach s.o.; *quaderno degli –i* notebook; *–i di viaggio* travel diary.

appunto[2] *avv.* **1** (*esattamente*) precisely, just: *il fatto si svolse ~ così* it happened just like this. **2** (*or ora*) just: *arriva ~ ora* he's just coming. **3** (*rafforzativo: proprio*) very, precisely: *parlavamo ~ di te* you are the very person we were talking about. **4** (*nelle risposte affermative: certo*) that's right (*o* so, it), quite so: *è lei il nuovo impiegato? –* ~ are you the new clerk? – ⌐that's right¬ (*o* yes, I am).

appurare *v.t.* **1** (*verificare*) to verify, to check: ~ *l'attendibilità di una fonte* to verify the reliability of a source; ~ *una notizia* to check a piece of news. **2** (*chiarire*) to clear (up), to make clear. □ ~ *un conto* to verify an account.

appuzzare *v.t.* ⟨*rar,lett*⟩ to make stink.

apribile *a.* that can be opened: *una porta ~ dall'esterno* a door that can be opened from the outside.

apribocca *m.inv.* ⟨*Med*⟩ gag.

apribottiglie *m.inv.* bottle–opener.

aprico *a.* (*pl.* -**chi**/*ant.* -**ci**) ⟨*lett*⟩ sunny.

aprile *m.* April. □ *di ~* (in) April, of April: *arrivò una domenica di ~* he arrived one Sunday in April; *un pesce di ~* an April fool's trick; *ai primi di ~* at the beginning of April; *il primo* (*di*) ~ April Fools' Day, All Fools' Day.

a priori *lat. avv./a.inv.* a priori. **apriorismo** *m.* ⟨*Filos*⟩ apriorism. **apriorista** *m./f.* apriorist. **aprioristico** *a.* (*pl.* -**ci**) a priori, aprioristic: *metodo ~* a priori method.

apripista *m.inv.* **1** ⟨*Strad*⟩ bulldozer. **2** ⟨*Sport*⟩ forerunner.

aprire *v.* (**apri**/**apersi**, **aperto**) **I** *v.t.* **1** to open; (*usando la chiave*) to unlock; (*tirando*) to (pull) open; (*forzando*) to force (open), to open by force: ~ *un cassetto* to force a drawer open; *apri il libro a pagina cinquanta* open the book at page fifty. **2** (*rif. ad apparecchi: mettere in azione*) to turn on; (*rif. ad apparecchio elettrico*) to switch on: ~ *la radio* to turn (*o* switch) on the radio; (*girando la chiavetta*) to turn on: ~ *il gas* to turn on the gas. **3** (*fare un'apertura*) to open up, to make an opening in, to make a gap in: ~ *una siepe* to make a gap in a hedge. **4** (*scavare*) to dig: ~ *una trincea* to dig a trench. **5** (*allargare*) to spread, to open: ~ *le ali* to spread one's wings; (*rif. a oggetti pieghevoli*) to open (up, out): ~ *il ventaglio* to open a fan. **6** (*cominciare, dare inizio*) to begin, to open: ~ *una partita* to begin a match; (*inaugurare*) to inaugurate, to open: ~ *una scuola* to inaugurate a school. **7** (*essere in testa a*) to head, to lead: *la banda apriva il corteo* the band led the procession; ~ *una lista* to head a list. **8** ⟨*El*⟩ (*interrompere*) to cut (*o* switch) off, to break: ~ *il circuito* to break the circuit. **II** *v.i.* (*aus.* avere) **1** to open (up): *hanno sonato, va' ad ~* somebody has rung the bell, go and open the door. **2** (*venire aperto*) to open: *questo negozio apre alle nove* this shop opens at nine. **3** (*nel gioco delle carte*) to open. **aprirsi** *v.r.* **1** to open: *la porta si apre dall'interno* the door opens from the inside; (*con violenza*) to burst open. **2** (*guardare*) to open on: *le finestre si aprono sul parco* the windows open on the park. **3** (*fendersi*) to open (up), to split, to cleave: *la terra mi si aprì dinanzi* the earth opened up before me. **4** (*sbocciare*) to open, to blossom: *tutti i fiori sono aperti* all the flowers have opened. **5** (*cominciare*) to open, to begin: *la caccia si apre il sedici agosto* the hunting season begins on the sixteenth of August; *la rassegna si è aperta con la proiezione di un film* the festival opened with the showing of a film. **6** ⟨*fig*⟩ (*confidarsi*) to confide (*a, con* in), to open one's heart (*o* mind) (to). □ ⟨*fig*⟩ ~ *l'animo alla speranza* to open one's heart to hope; *non* ~ **bocca** not to say a word; ~ (*la*) *bocca* to open one's mouth; ~ *le* **braccia** *a qd.* to welcome s.o. with open arms; ~ *la porta con un* **calcio** to kick the door open; *aprirsi il* **cammino** *nella foresta* to open up a way through the forest; ~ **casa** to set open one's house; *apriti* **cielo!** good Heavens!; ~ *un* **conto** *corrente* to open a current account; ~ *un* **dibattito** to open a debate; ~ *il* **discorso** to start talking, to begin one's speech; ⟨*Mar*⟩ *si è aperta una* **falla** *a poppa* we have sprung a leak astern; ~ *una* **ferita** to open a wound; ⟨*Mil*⟩ ~ *il* **fuoco** to open fire; ~ *un'*inchiesta to open (*o* set up) an inquiry; ~ *nuovi* **mercati** to open up new markets; ~ *un* **negozio** to set up shop, to open a shop; ~ *gli* **occhi** (*svegliarsi*) to open one's eyes; ⟨*fig*⟩ *apri gli occhi* keep your eyes open; ⟨*fig*⟩ ~ *gli occhi a qd.* to open s.o.'s eyes; ~ *gli* **orecchi** to prick up one's ears; ⟨*fig*⟩ ~ *bene gli orecchi* to keep one's ears open; ~ *le* **ostilità** to open hostilities; *aprirsi il* **passo** to make one's way; ⟨*fig*⟩ ~ *una* **porta** *a qd.* to give s.o. an opening; ~ *una* **pratica** to open a file; ⟨*fig*⟩ ~ *nuove* **prospettive** to open up new prospects; ~ *un* **rubinetto** to turn on a tap; ~ *la* **sdraia** to unfold the deck–chair; ~ *una* **seduta** to open a meeting; ~ *il* **sipario** to raise the curtain; ~ *una* **strada** to open (up) a road; *il* **tempo** *si apre verso le colline* it is clearing up over the hills; ~ *un* **testamento** to read a will; *aprirsi un* **varco** *nella folla* to push (*o* force) one's way through a crowd.

apriscatole *m.inv.* tin–opener, ⟨*am*⟩ can–opener.

apritoio *m.* ⟨*Tess*⟩ picker.

aptero *a.* ⟨*Entom*⟩ apterous, wingless.

apuano *a.* Apuan: *le Alpi –e* the Apuan Alps.

aquaplaning *ingl.* ['aekwapleining] *m.* ⟨*Aut*⟩ aquaplaning.

aquila *f.* **1** eagle. **2** ⟨*Stor.rom*⟩ eagle: *le –e romane* the Roman eagles. **3** ⟨*fig*⟩ genius, mastermind: *non è un'~* he's no genius. □ ⟨*Arald*⟩ ~ **bicipite** double–headed (*o* two–headed) eagle, ⟨*am*⟩ double–eagle; ⟨*Itt*⟩ ~ **marina** eagle ray; ⟨*fig*⟩ **occhio** *d'* ~ eagle eye; ⟨*Ornit*⟩ ~ **reale** golden eagle; ⟨*fig*⟩ ~ **selvaggia** Italian pilots who go on strike; ⟨*fam*⟩ **strillare** *come un'~* to scream like a stuck pig.

aquilegia *f.* ⟨*Bot*⟩ columbine.

aquilifero *m.* ⟨*Stor.rom*⟩ eagle–bearer.

aquilino *a.* aquiline (*anche fig.*): *naso* ~ aquiline nose.

aquilone[1] *m.* (*vento*) north wind.

aquilone[2] *m.* **1** kite. **2** ⟨*Sport*⟩ → deltaplano.

aquilonista *m./f.* → deltaplanista.

aquilotto *m.* **1** eaglet. **2** ⟨*Aer*⟩ trainee pilot.

Aquisgrana *N.pr.f.* ⟨*Geog*⟩ Aachen.

Aquitania *N.pr.f.* ⟨*Geog*⟩ Aquitaine.

A.R. = *Altezza Reale* Royal Highness.

ara[1] *f.* ⟨*poet*⟩ (*altare*) altar.

ara[2] *f.* (*misura*) are.

ara[3] *f.* ⟨*Ornit*⟩ macaw.

arabescare *v.t.* (**arabesco, arabeschi**) to decorate with arabesques. **arabescato** *a.* decorated with arabesques. **arabesco** *m.* (*pl.* **-rhi**) ⟨*Art,Mus*⟩ arabesque.

Arabia *N.pr.f.* ⟨*Geog*⟩ Arabia: ~ *Saudita* Saudi Arabia. **arabico** *a.* (*pl.* **-ci**) Arabic. □ *deserto* ~ Arabian Desert; *gomma –a* gum arabic.

arabile *a.* arable: *terreno* ~ arable land.

arabo I *a.* Arab–, Arabian: *le conquiste –e* the Arab conquests. **II** *s.m.* **1** (*lingua*) Arabic. **2** (*abitante; f.* **-a**) Arab, Arabian. □ *cavallo* ~ Arab (*o* Arabian) horse; *questo per me è* ~ this is Greek to me; *l'–a* **fenice** the Arabian bird; **numeri** *–i* Arabic numerals; **parlare** ~ (*in modo incomprensibile*) to speak double Dutch.

arabo-israeliano *a.* Arab–Israeli: *guerra –a* Arab–Israeli war.

arachide *f.* ⟨*Bot*⟩ peanut, ground nut.

aracnidi *m.pl.* ⟨*Entom*⟩ arachnids *pl.* **aracnoide** *f.* ⟨*Anat*⟩ arachnoid (membrane). **aracnoideo** *a.* arachnoid–.

Aragona *N.pr.f.* ⟨*Geog*⟩ Aragon. **aragonese** *a./s.m./f.* Aragonese.

aragonite *f.* ⟨*Min*⟩ aragonite.

aragosta *f.* ⟨*Zool*⟩ sea crayfish (*o* crawfish), ⟨*pop*⟩ lobster.

araldica *f.* heraldry. **araldico** *a.* (*pl.* **-ci**) heraldic: *figura –a* heraldic charge. **araldista** *m./f.* heraldist. **araldo** *m.* herald (*anche fig.*).

aralia *f.* ⟨*Bot*⟩ Aralia.

aramaico *a./s.* (*pl.* **-ci**) **I** *a.* Aramaic: *scrittura –a* Aramaic script. **II** *s.m.* (*lingua*) Aramaic.

aranceto *m.* orange grove. **arancia** *f.* (*pl.* **-ce**) orange. **aranciaio** *m.* orange–vendor. **aranciata** *f.* **1** orange juice (*o* squash). **2** (*bibita all'arancio*) orangeade. **aranciera** *f.* orangery.

arancio[1] *m.* **1** orange (tree). **2** (*arancia*) orange. □ ~ *amaro* (*o forte*) Seville (*o* bitter) orange; ~ *dolce* sweet (*o* common) orange; *fiori d'~* orange blossoms; *marmellata d'~* orange marmalade.

arancio[2] *a./s.inv.* **I** *a.* orange(–coloured): *una cravatta* ~ an orange tie. **II** *s.m.* orange.

arancione *a./s.inv.* **I** *a.* orange(–coloured), bright orange. **II** *s.m.* (bright) orange (colour).

arare *v.t.* to plough, ⟨*am*⟩ to plow, to furrow: ~ *i campi* to plough the fields. □ ⟨*lett*⟩ ~ *il mare* to plough the deep. **arativo** *a.* ⟨*Agr*⟩ arable, tillable: *terreno* ~ arable land. **arato** *a.* ploughed, furrowed. **aratore I** *s.m.* (*f.* **-trice**) ploughman (*f* –woman). **II** *a.* ploughing. □ *bue* ~ plough–ox. **aratro** *m.* plough, ⟨*am*⟩ plow. □ ~ *assolcatore* lister; ~ *a motore* motor plough; ~ *da trattrice* sulky (*o* tractor) plough; ~ *a vomere* mouldboard plough. **aratura** *f.* **1** ploughing, ⟨*am*⟩ plowing. **2** (*il periodo in cui si ara*) ploughing–time, ⟨*am*⟩ plowing–time.

araucaria *f.* ⟨*Bot*⟩ araucaria.

arazzeria *f.* **1** (*arte*) tapestry weaving. **2** (*luogo*) tapestry factory. **3** (*complesso di arazzi*) tapestry–work. **arazziere**

m. **1** (*fabbricante*) tapestry–weaver. **2** (*venditore*) tapestry–seller. **arazzo** *m.* tapestry.

arbitraggio *m.* **1** ⟨*Comm*⟩ arbitration; (*rif. a valuta, titoli, ecc.*) arbitrage. **2** ⟨*Sport*⟩ (*rif. al calcio, al pugilato, al golf, alla lotta*) refereeing; (*rif. alla palla base, al hockey, al polo, allo sci, al tennis, al cricket*) umpiring. **arbitrale** *a.* arbitral, arbitration–, arbitrator's. □ *clausola* ~ arbitration (*o* arbitral) clause; *collegio* ~ board of arbitrators (*o* referees); *sentenza* ~ arbitral award. **arbitrare** *v.* (**arbitro**) **I** *v.i.* (*aus.* **avere**) to arbitrate, to act as arbitrator: ~ *in una contesa* to arbitrate in a dispute. **II** *v.t.* ⟨*Sport*⟩ (*rif. al calcio, al pugilato, al golf, alla lotta*) to referee; (*rif. al tennis, alla palla base, al hockey, al polo, allo sci, al cricket*) to umpire.

arbitrariamente *avv.* arbitrarily. **arbitrario** *a.* arbitrary.

arbitrato *m.* ⟨*Dir*⟩ arbitration: *ricorrere all'~* to seek (*o* have recourse to) arbitration. □ ~ *internazionale* international arbitration; *sentenza d'* ~ arbitrator's award, arbitrament; *sottomettersi all'~ di qd.* to submit to s.o.'s arbitration.

arbitrio *m.* **1** will: *operare di proprio* ~ to act of one's own free will. **2** (*abuso*) liberty. □ *ad* ~ arbitrarily; *commettere arbitri e prepotenze* to act in an arbitrary and overbearing way; ⟨*Teol*⟩ *libero* ~ free will; *prendersi l'~ di fare qc.* to take the liberty of doing s.th.

arbitro *m.* **1** arbiter. **2** ⟨*Dir*⟩ arbitrator, referee: *ricorrere ad un* ~ to have recourse to an arbitrator. **3** ⟨*Sport*⟩ (*rif. al calcio, al pugilato, al golf, alla lotta*) referee; (*rif. al tennis, alla palla base, al hockey, al polo, allo sci, al cricket*) umpire. □ ~ *dell'eleganza* arbiter of taste (*o* style); *essere* ~ *del destino di qd.* to be arbiter of s.o.'s fate; *fare da* ~ *in una lite* to act as arbitrator in a dispute.

arboreo *a.* arboreal, arboreous. **arborescente** *a.* arborescent. **arborescenza** *f.* arborescence.

arboricolo *a.* ⟨*Zool*⟩ arboreal.

arboricoltore *m.* arboriculturist. **arboricoltura** *f.* arboriculture.

arborizzato *a.* ⟨*Min*⟩ arborized. **arborizzazione** *f.* ⟨*Min,Anat*⟩ arborization.

arboscello *m.* sapling. **arbusto** *m.* shrub.

arbustivo *a.* shrubby.

arca *f.* **1** (*mobile*) coffer. **2** (*sarcofago*) sarcophagus. **3** ⟨*Bibl*⟩ ark: ~ *di Noè* Noah's Ark; *l'~ dell'alleanza* the Ark of the Covenant. □ *un'~ di scienza* a walking encyclopaedia.

arcade *a./s.m./f.* Arcadian (*anche fig.*). **Arcadia** *N.pr.f.* ⟨*Geog*⟩ Arcadia (*anche fig.*). **arcadico** *a.* (*pl.* **-ci**) Arcadian (*anche fig.*).

arcaicità *f.* ancientness. **arcaicizzare** *v.i.* → arcaizzare. **arcaico** *a.* (*pl.* **-ci**) **1** archaic. **2** (*rif. a parole, stile*) archaic, obsolete. **arcaismo** *m.* ⟨*Ling,Art*⟩ archaism. **arcaista** *m./f.* archaist. **arcaizzare** *v.i.* (*aus.* **avere**) to archaize.

arcangelo *m.* archangel: *l'~ Gabriele* the Archangel Gabriel.

arcano I *a.* (*misterioso*) arcane, mysterious, secret. **II** *s.m.* mystery, secret, arcanum: *svelare un* ~ to unfold (*o* unravel) a mystery.

arcareccio *m.* ⟨*Edil*⟩ purlin.

arcata *f.* **1** ⟨*Arch*⟩ (*arco*) arch; (*ordine di archi*) arcade, arches *pl.* **2** (*campata*) span. **3** ⟨*Anat*⟩ arch. **4** ⟨*Mus*⟩ bowing. **5** ⟨*Mil*⟩ trajectory. □ ~ *dentaria* dental arch; ~ *sopracciliare* arch of the eyebrows.

arcavola *f.* great–great–grandmother. **arcavolo** *m.* great–great–grandfather.

arch. = **1** *architetto* architect. **2** *archivio* archive (*abbr.* arch.).

archeggiare *v.i.* (**archeggio, archeggi;** *aus.* **avere**) ⟨*Mus*⟩ to bow. **archeggio** *m.* bowing.

archeografia *f.* archeography. **archeografo** *m.* (*f.* **-a**) archeograph.

archeologia *f.* archaeology, □ ~ *sottomarina* underwater archaeology. **archeologico** *a.* (*pl.* **-ci**) archaeological: *scoperte archeologiche* archaeological discoveries (*o* finds). **archeologo** *m.* (*pl.* **-gi;** *f.* **-a**) archaeologist.

archetipo I *a.* archetypal. **II** *s.m.* ⟨*Filos,Filol*⟩ archetype.

archetto *m.* **1** ⟨*Mus,El*⟩ bow. **2** ⟨*Venat*⟩ snare, gin. **3** ⟨*Pesc*⟩ bale arm.

archiacuto *a.* ⟨*Arch*⟩ ogival.

archiatra *m.* ⟨*lett*⟩ archiater.

archibugiata *f.* (*colpo*) (h)arquebusade, (h)arquebus shot; (*ferita*) (h)arquebus wound. **archibugiere** *m.* (h)arquebusier. **archibugio** *m.* (h)arquebus.

archidiocesi *f.* ⟨*Rel*⟩ archidiocese. **archiepiscopale** *a.* archiepiscopal.

archiginnasio *m.* ⟨*ant*⟩ Archiginnasio (denomination given to the universities of Rome and Bologna).

archilocheo **I** *a.* ⟨*Metr*⟩ Archilochian. **II** *s.m.* Archilochian line.

archimandrita *m.* ⟨*Rel*⟩ archimandrite.

Archimede *N.pr.m.* ⟨*Stor*⟩ Archimedes: *principio di* ~ Archimedes' principle.

archipendolo, archipenzolo *m.* plumb line, plumb rule.

architettare *v.t.* (**architetto**) **1** to draw (up) plans for, to design. **2** ⟨*fig*⟩ (*ideare*) to plan, to conceive. **3** ⟨*fig*⟩ (*macchinare*) to plot. **architetto** *m.* **1** architect. **2** ⟨*fig*⟩ (*ideatore*) planner. □ *il divino* ~ the Creator; ~ *d'interni* interior designer; ~ *paesaggista* landscape architect. **architettonicamente** *avv.* architecturally. **architettonico** *a.* (*pl.* **-ci**) architectural, architectonic: *elemento* ~ architectural element; *ordine* ~ architectonic order. **architettura** *f.* architecture (*anche fig.*): ~ *araba* Arab architecture; *l'*~ *di un romanzo* the architecture of a novel. □ ~ *civile* civil architecture; ~ *d'interni* interior design; ~ *navale* naval architecture; ~ *del paesaggio* landscape architecture; *scuola di* ~ school of architecture; ~ *urbana* town planning.

architravato *a.* ⟨*Arch*⟩ architraved. **architravatura** *f.* arrangement of architraves. **architrave** *m.* **1** ⟨*Arch*⟩ architrave. **2** (*rif. a finestre, porte*) lintel.

archiviare *v.t.* (**archivio, archivi**) **1** to register, to record, to place in archives: ~ *un documento* to register a document. **2** ⟨*Comm*⟩ to file. □ ~ *una pratica* to pigeon-hole a file; ⟨*Dir*⟩ ~ *un processo* to dismiss a case. **archiviazione** *f.* **1** registration, recording. **2** ⟨*Comm*⟩ filing. **3** ⟨*Dir*⟩ dismissal.

archivio *m.* **1** record office, archives *pl.* **2** ⟨*Comm*⟩ file; (*mobile*) filing cabinet. **3** ⟨*Inform*⟩ file. □ **accoppiamento** *degli* ~*i mediante computer* files computer matching; ~ *acquisti* purchase record *pl;* ~ *anagrafico* anagraphical file; ⟨*Inform*⟩ ~ *casuale* random file; ~ *centrale* central files *pl;* ~ (*di*) *dati* data file; ~ *di* **famiglia** family archives (*o* records); ~ *di* **lavoro** work (*o* scratch) file; **materiale** *d'*~ records *pl;* ~ *originale* (*o principale*) master file; ~ **sequenziale** sequential file; ~*i di* **stato** (Public) Record Offices, ⟨*SU*⟩ Federal (*o* State) Archives; ~ *dell'* **ufficio** *personale* personnel file.

archivista *m./f.* **1** archivist. **2** ⟨*Comm*⟩ filing clerk. **archivistica** *f.* archive-keeping. **archivistico** *a.* (*pl.* **-ci**) archival.

archivolto *m.* ⟨*Arch*⟩ archivolt.

arci|beato *a.* supremely happy. **~contento** *a.* very happy. **~diaconato** *m.* ⟨*Rel*⟩ archdeaconry, archdeaconship. **~diacono** *m.* archdeacon. **~diavolo** *m.* archfiend. **~diocesi** *f.* → **archidiocesi**. **~duca** *m.* (*pl.* **-chi**; *f.* **-chessa**) archduke (*f* –duchess). **~ducale** *a.* archducal. **~ducato** *m.* archdukedom; (*territorio*) archduchy.

arciere *m.* **1** archer, bowman. **2** ⟨*Mil.ant*⟩ archer.

arcignamente *avv.* sourly, sullenly. **arcigno** *a.* frowning, sullen: *modi* –*i* sullen ways; *viso* ~ frowning expression.

arci|milionario *m.* (*f.* **-a**) multimillionaire, ⟨*am*⟩ billionaire. **~noto** *a.* known to all and sundry.

arcionato *a.* constructed with saddle-bows. **arcione** *m.* **1** (*parte della sella*) saddle bow. **2** (*sella*) saddle: *tenersi in* ~ to stay in the saddle. □ *montare in* ~ to get on horseback.

arci|pelago *m.* (*pl.* **-ghi**) ⟨*Geog*⟩ archipelago. **~prete** *m.* archpriest. **~vescovado** *m.* **1** (*sede*) archbishop's palace. **2** (*dignità*) archbishopric. **~vescovile** *a.* archiepiscopal. □ *palazzo* ~ archbishop's palace. **~vescovo** *m.* archbishop.

arco *m.* (*pl.* **-chi**) **1** (*arma*) bow: *tendere un* ~ to draw (*o*

bend) a bow. **2** ⟨*Arch*⟩ arch: *l'*~ *di Costantino* Constantine's Arch. **3** ⟨*Mus*⟩ (*archetto*) bow; (*strumento ad arco*) string(ed) instrument. **4** ⟨*Geom,Astr*⟩ arc. **5** ⟨*Anat*⟩ arch. **6** ⟨*fig*⟩ (*di tempo*) span, space: *nell'*~ *di alcune settimane* within the span of a few weeks. □ ⟨*Arch*⟩ ~ (*a sesto*) **acuto** pointed arch; **ad** ~ arched; ⟨*Anat*⟩ ~ *dell'***aorta** aortic arch; ~ **cieco** blind arch; *l'*~ *del* **cielo** the vault of heaven; *l'*~ *delle* **ciglia** the arch of the eyebrows; ~ **elettrico** electric (*o* voltaic) arc; ⟨*El*⟩ **lampada** *ad* ~ arc lamp; ⟨*Arch*⟩ **luce** *dell'*~ span of the arch; **orchestra** *d'archi* string orchestra; ~ *del* **piede** arch of the foot; ~ *di un* **ponte** arch of a bridge; ⟨*Mus*⟩ **quartetto** *d'archi* string quartet; **saldatura** *ad* ~ arc-welding; ~ *di* **tempo** span (of time); ⟨*Sport*⟩ **tiro** *all'*~ archery; ⟨*Mil*⟩ ~ *di tiro* traverse arc; ~ *di* **trionfo** arch of triumph; ⟨*El*⟩ ~ **voltaico** electric (*o* voltaic) arc.

arcobaleno *m.* rainbow: *i colori dell'*~ the colours of the rainbow.

arcolaio *m.* wool-winder, skein-winder.

arconte *m.* ⟨*Stor.gr*⟩ arcon.

arcosaldatura *f.* ⟨*tecn*⟩ arc-welding.

arcosolio *m.* ⟨*Arch*⟩ arcosolium.

arcuare *v.t.* (**arcuo**) to curve, to bend, to arch. **arcuato** *a.* curved, bent, arched. □ *gambe* –*e* bow-legs.

ardente *a.* **1** (*infuocato*) burning, blazing, red-hot, scorching: *carboni* –*i* burning coals; *i raggi* –*i del sole* the scorching rays of the sun. **2** (*rif. a colore*) bright, fiery: *rosso* ~ bright red. **3** (*appassionato*) ardent, passionate: *uno sguardo* ~ a passionate look; *desiderio* ~ ardent wish; (*fervente*) ardent, fervent: *preghiera* ~ fervent (*o* ardent) prayer. □ *camera* ~ funeral chamber, ⟨*am*⟩ funeral parlor; *occhi* –*i per la febbre* eyes burning with fever. **ardentemente** *avv.* ardently, with ardour, fervently; (*con passione*) passionately: *desiderare* ~ *qc.* to long (passionately) for s.th.

ardere *v.* (**arsi, arso**) **I** *v.t.* **1** (*bruciare*) to burn: *l'eretico fu arso vivo* the heretic was burned alive. **2** (*inaridire*) to parch, to scorch: *il sole arse i campi* the sun parched (*o* scorched) the fields. **II** *v.i.* (*aus.* **essere/avere**) **1** to burn: *la casa arde* the house is burning; *il fuoco ardeva nel caminetto* the fire was burning in the fireplace. **2** ⟨*fig*⟩ to burn (*di* with): ~ *di febbre* to burn with fever; ~ *d'ira* to burn with rage. **3** (*rif. a battaglie: essere in pieno svolgimento*) to rage: *la battaglia arde* the battle is raging. □ *da* ~ for burning; *legna da* ~ firewood; *ardevo dal desiderio di vederlo* I was yearning to see him; ~ *di sete* to have a burning thirst.

ardesia *f.* **1** ⟨*Min*⟩ slate. **2** (*colore*) slate(-grey). □ *lastra di* ~ slating, slate (tile).

ardiglione *m.* ⟨*Pesc*⟩ tongue (of a buckle).

ardimento *m.* (*coraggio*) courage, boldness, daring. **ardimentosamente** *avv.* **1** (*coraggiosamente*) courageously, boldly, daringly. **2** (*temerariamente*) recklessly, rashly. **ardimentoso** *a.* **1** (*rif. a persona: coraggioso*) brave, courageous, daring: *un soldato* ~ a brave soldier; (*temerario*) reckless, rash, foolhardy. **2** (*rif. ad azione*) bold, daring, audacious: *impresa* –*a* bold enterprise.

ardire[1] *v.t.* (**ardisco, ardisci**) **1** (*avere il coraggio*) to dare, to venture: *non ardì parlare* he dared not speak. **2** (*avere l'impudenza*) to dare, to have the impudence.

ardire[2] *m.* **1** (*coraggio*) courage, boldness, daring: *infondere* ~ *ai soldati* to inspire soldiers with courage. **2** (*impudenza*) impudence, effrontery: *come hai l'*~ *di comparirmi davanti?* how do you have the impudence to appear before me? **arditamente** *avv.* boldly, courageously, daringly. **arditezza** *f.* **1** (*rif. a persona*) boldness, courage, daring. **2** (*impudenza*) impudence, effrontery. **3** (*rif. a cose*) boldness, audacity: *l'*~ *di un esperimento* the boldness of an experiment. **ardito** *a.* **1** (*coraggioso*) bold, daring, courageous. **2** (*sfacciato*) impudent, forward, insolent. **3** (*rif. a cose: rischioso*) risky, hazardous: *un'impresa* –*a* a hazardous (*o* risky) undertaking. □ *farsi* ~ to take courage.

ardore *m.* **1** (*calore intenso*) fierce (*o* burning) heat: *gli* –*i estivi* burning summer heat. **2** ⟨*fig*⟩ (*passione*) passion, ardour. **3** ⟨*fig*⟩ (*impeto*) fervour, eagerness. □ *con* ~

ardently, passionately: *amare con tutto l'~* to love intensely; *lavorare con ~* to work with a will.

arduo *a.* **1** *(ripido)* steep: *un'~a salita* a steep rise. **2** *(fig)* *(difficile)* arduous, hard, difficult: *un'impresa ~a* a difficult enterprise.

area *f.* **1** *(superficie)* area, surface. **2** *(regione)* area, region, zone. **3** *(Mat)* area. **4** *(Sport,Anat,Mil)* area, zone: *~ fortificata* fortified area. **5** *(Edil)* land, ground: *~ da vendere* land for sale. □ *~ depressa* depressed zone; *~ del dollaro* dollar area; *~ fabbricabile* building ground *(o* plot); *~ industriale* industrial area; *~ linguistica* linguistic area; *(Pol) ~ politica* political line-up; *(Sport) ~ di rigore* penalty area; *~ di servizio (sulle autostrade)* service area, *(am)* service center; *~ sottosviluppata* underdeveloped *(o* backward) area; *~ della sterlina* sterling area; *~ di sviluppo* development area.

areca *f.* *(Bot)* areca.

areligioso *a.* areligious.

arena[1] *f.* sand: *(fig) costruire sull'~* to build upon the sand.

arena[2] *f.* **1** *(Archeol)* arena. **2** *(per le corride)* bullring. **3** *(cinema all'aperto)* open-air cinema. **4** *(fig)* arena: *~ politica* political arena.

arenaceo *a.* arenaceous.

arenamento *m.* **1** *(Mar)* running aground, stranding. **2** *(deposito di sabbia)* silting up. **3** *(fig)* deadlock, standstill.

arenaria[1] *f.* *(Min)* sandstone.

arenaria[2] *f.* *(Bot)* sandwort.

arenarsi *v.r.* (**mi areno**) **1** *(Mar)* to run aground, to be stranded. **2** *(fig)* to reach a deadlock, to come to a standstill: *le trattative si sono arenate* negotiations have come to a standstill.

arenile *m.* stretch of sand, sandy shore. **arenosità** *f.* sandiness. **arenoso** *a.* sandy: *terreno ~* sandy soil.

areola *f.* *(Anat)* areola: *~ mammaria* mammary areola.

areometro *m.* *(Fis)* hydrometer, areometer.

Areopago *(o Areopago) N.pr.m.* *(Geog)* Areopagus.

areoplano *m.* → aeroplano. **areoporto** *m.* → aeroporto. **areostato** *m.* → aerostato.

arganista *m.* winch operator. **argano** *m.* **1** *(Mecc)* winch, windlass. **2** *(Mar)* capstan. □ *(fig) con gli ~i (con molta difficoltà)* with a great effort.

argentare *v.t.* (**argento**) to silver(-plate). **argentato** *a.* **1** silver-plated. **2** *(rif. a colore)* silvery. □ *chiome ~e* white hair. **argentatore** *m.* silver-plater. **argentatura** *f.* silver-plating. □ *(Met) ~ galvanica* silver electro-plating; *~ degli specchi* mirror silvering. **argenteo** *a.* **1** silver: *un'~a coppa* a silver cup. **2** *(rif. a colore)* silvery, silver. **argenteria** *f.* silverware, silver: *~ da tavola* silverware. **argentiere** *m.* **1** *(operaio)* silversmith. **2** *(commerciante)* silversmith, dealer in silverware. **argentifero** *a.* argentiferous, silver-bearing.

argentina[1] *f.* **1** *(Bot)* Argentina. **2** *(Itt)* Argentine.

argentina[2] *f.* *(Vest)* crew-neck sweater.

Argentina *N.pr.f.* *(Geog)* Argentina.

argentino[1] *a.* silvery: *risata ~a* silvery laugh.

argentino[2] **I** *a.* Argentinian. **II** *s.m.* (*f.* **-a**) Argentine, Argentinian.

argento *m.* **1** *(Min)* silver. **2** *(Arald)* argent. **3** *pl.* *(argenteria)* silverware, silver. □ *d'~*: **1** silver-: *un piatto d'~* a silver dish (*o* plate); **2** *(fig)* silver, silvery: *capelli d'~* silver hair; *~ dorato* silver gilt; *(Chim)* **nitrato** *d'~* silver nitrate; **nozze** *d'~* silver wedding anniversary; *(pop) ~ vivo (mercurio)* quicksilver; *(fig) avere l'~ vivo addosso* to be restless, to be like a cat on hot bricks.

argentone *m.* *(Met)* nickel (*o* German) silver.

argilla *f.* **1** *(Min)* clay. **2** *(per vasai)* argil, potter's clay. □ *di ~* clay-; *stoviglie di ~* earthenware, crockery; *(Edil) ~ refrattaria* fire clay. **argilloso** *a.* clayey: *terreno ~* clayey soil.

arginale *a.* embankment-: *strada ~* enbankment road.

arginamento *m.* **1** embankment: *~ di un torrente* embankment of a stream. **2** *(fig)* stemming, checking.

arginare *v.t.* (**argino**) **1** to embank, to dyke: *~ un fiume* to embank a river. **2** *(frenare, contenere)* to check, to stem: *~ la corruzione* to check corruption. **arginatura** *f.*

(Idr) embankment. **argine** *m.* **1** embankment, bank: *il fiume ha rotto gli ~i* the river has burst its banks; *(diga)* dyke, *(am)* dike. **2** *(fig) (riparo, difesa)* defence, barrier. □ *porre un ~ all'avanzata nemica* to check the enemy's advance.

argirismo *m.* *(Med)* silver poisoning.

argo *m.* → argon.

Argo *N.pr.m.* *(Mitol)* Argus. □ *occhi d'~* Argus eyes.

argomentare[1] *v.* (**argomento**) **I** *v.t.* *(dedurre)* to deduce, to infer, to conclude: *lo argomento dalle tue parole* I infer it from your words. **II** *v.i.* *(aus.* **avere**) *(ragionare)* to reason, to argue: *~ bene* to argue well.

argomentare[2] *m.* *(ragionamento)* reasoning: *il suo ~ mi convinse* his reasoning convinced me. **argomentazione** *f.* **1** arguing, argument; *(ragionamento)* reasoning. **2** *(Filos)* argumentation.

argomento *m.* **1** argument, reason: *confutare un ~* to refute (*o* confute) an argument. **2** *(ciò di cui si tratta)* subject, topic, subject-matter: *l'~ della conversazione* the subject of the conversation. **3** *(contenuto di uno scritto)* subject-matter, contents *pl*: *esporre l'~ di un libro* to expound the subject-matter of a book; *(sommario)* summary. **4** *(motivo)* cause, motive, ground: *dare ~ a qc.* to give cause for s.th., to give rise to s.th.; *(pretesto)* pretext. **5** *(Mat)* argument. □ *allontanarsi dall'~* to go (*o* wander) off the subject; *attenersi all'~ in discussione* to keep to the subject under discussion; *entrare in ~* to broach (*o* enter upon) a subject; *entrare nel vivo dell'~* to get to the heart of the matter; *(Teol) ~ ontologico* ontological argument; *restare in ~* to stick to the point; *ritornare sull'~* to come (*o* go) back to the matter (*o* subject); *trattare un ~* to discuss a subject.

argon *m.* *(Chim)* argon.

argonauta *m.* **1** *(Mitol)* Argonaut *(anche fig.)*: *l'impresa degli ~i* the expedition of the Argonauts. **2** *(Zool)* argonaut, paper nautilus. **argonautico** *a.* *(pl.* **-ci**) Argonautic.

argot *fr.* [a'rgo] *m.* argot, jargon, slang.

arguire *v.t.* (**arguisco, arguisci**) *(dedurre)* to deduce, to infer.

argutamente *avv.* keenly, sharply, wittily. **argutezza** *f.* **1** keenness, sharpness, wit. **2** *(motto arguto)* witticism. **arguto** *a.* **1** *(di ingegno vivace)* quick-witted, witty: *una persona ~a* a quick-witted person; *osservazione ~a* witty remark. **2** *(rif. a sguardo)* keen, sharp. **arguzia** *f.* **1** *(prontezza d'ingegno)* wit, sharpness, keenness. **2** *(motto spiritoso)* witticism, *(am.fam)* wisecrack.

aria *f.* **1** air: *~ fresca* fresh air; *~ viziata* stale (*o* foul) air; *non c'è un filo d'~* there's not a breath of air; *~ di montagna* mountain air; *cambiamento d'~* change of air. **2** *(aeronautica)* air: *le forze di terra, del mare e dell'~* land, sea and air forces. **3** *(fig) (aspetto)* look, aspect; *(atteggiamento)* air, demeanour; *(espressione del volto)* look, air: *avere un'~ preoccupata* to have a worried look, to look worried. **4** *pl.* *(fig)* airs *pl*: *darsi ~e da gran signore* to put on lordly airs. **5** *(Mus)* air: *un'~ popolare* a popular air; *(rif. all'opera)* aria. **6** *(esclam) (via di qua)* (get) out of the way. □ *ad ~* air-; *ad ~ fredda* cold-air-; *ad ~ compressa* compressed-air-; *all'~* in the open air, outdoors: *stare all'~* to be outdoors (*o* in the open air); *~ ambiente* ambient air; *(fig)* **andare** *all'~* to fall through; *~ aperta* open air: *all'~ aperta* in the open air, outdoors, outdoor-, open-air-: *vivere all'~ aperta* to live in the open air, to lead an outdoor life; *dormire all'~ aperta* to sleep in the open air; **aspiratore** *d'~* air-exhauster; **avere** *l'~ di [sost]* to look (like), to seem: *avere l'~ di una brava persona* to seem (*o* look like) a nice person; *avere l'~ di [inf]* to seem, to look as if: *aveva l'~ di voler dire qc.* he appeared (*o* seemed) to want to say s.th.; **buttare** *all'~ qc.*: **1** *(mettere in disordine)* to turn s.th. topsy-turvy; **2** *(fig) (mandare all'aria)* to throw s.th. up; **cambiare** *~*: **1** *(per salute)* to have a change of air; **2** *(fig)* to get out; *cambiare l'~ di una stanza* to air a room; *(fig)* **campare** *d'~* to live on air; *discorsi campati in ~* hot air; **colpo** *d'~* chill; **con** *una certa ~* with a certain air; *con ~ di rimprovero* with a reproachful air; *con l'~ di fare qc.* seeming to do s.th.; *~* **condizionata** air-conditioning;

dotare di ~ *condizionata* to air–condition; **corrente** *d'*~ draught; **dare** ~ to air: *dare* ~ *ai vestiti* to air clothes; *darsi delle –e* to put on airs; ~ *di* **famiglia** family likeness; **impermeabile** *all'* ~ = *a* **tenuta** *d'aria;* in ~: 1 (*stato*) in the air; (*moto*) into the air: *sparare in* ~ to shoot into the air; 2 (*fig*) (*senza fondamento*) unfounded, groundless; 3 (*vago*) in the air: *c'era qc. in* ~ there was s.th. in the air; *in* **linea** *d'*~ as the crow flies; ~ **liquida** liquid air; **mal** *d'*~ air–sickness; *mi* **manca** *l'*~ I feel I am suffocating; (*fig*) **mandare** *all'*~ to throw up; ~ *di* **mare** sea air; **maresciallo** *dell'*~ air–marshal; *a* **mezz'**~ in mid–air; **pancia** *all'*~ on one's back: *dormire a pancia all'*~ to sleep on one's back; (*fig*) *stare* (o *mettersi*) *a pancia all'*~ to take one's ease; *c'è* ~ *di* **pioggia** it looks like rain; **prendere** ~ (o *un po' d'aria*) to get some (o a breath of) fresh air; *far prendere* ~ *a un malato* to take a sick person out for fresh air; (*Mecc*) **presa** *d'*~ air intake (o inlet); (*far*) **saltare** *in* ~ (*esplodere*) to blow up; (*fig*) to debunk; ~ **soffocante** stifling air; **spostamento** *d'*~ windage; (*fig*) *c'è* ~ *di* **tempesta** it looks as if trouble is brewing; *a* **tenuta** *d'*~ air–tight; *non tira* ~ **buona** *per te* this is no place for you; *che* ~ *tira oggi?* which way is the wind blowing today?; (*Aer*) **vuoto** *d'*~ air pocket.

arianesimo *m.* (*Rel*) Arianism.

Arianna *N.pr.f.* Ariadne: (*Mitol*) *il filo di* ~ Ariadne's thread.

ariano[1] *a./s.m.* (*f.* **-a**) Aryan.

ariano[2] **I** *a.* (*Rel*) Arian–: *eresia –a* Arian heresy. **II** *s.m.* (*f.* **-a**) Arian.

aridamente *avv.* aridly, dryly. **aridezza** *f.* → **aridità**.

aridi *m.pl.* dry commodities *pl.* **aridità** *f.* 1 (*siccità*) dryness, aridity: *l'*~ *della stagione* the dryness of the season; (*sterilità*) barrenness: ~ *del terreno* barrenness of the land. 2 (*fig*) (*mancanza di sensibilità*) lack of feeling, hard–heartedness. **arido** *a.* 1 dry, arid: *clima* ~ dry climate; (*sterile*) barren: *terreno* ~ barren land. 2 (*fig*) (*insensibile*) insensitive. ☐ *un cuore* ~ a hard heart.

aridocoltura *f.* (*Agr*) dry farming.

arieggiare *v.* (**arieggio, arieggi**) **I** *v.t.* 1 (*dare aria*) to air, to ventilate: ~ *un ambiente* to air a room. 2 (*somigliare a*) to resemble, to look like: *il ragazzo arieggia un po' il nonno* the boy looks a bit like his grandfather. **II** *v.i.* (*aus.* **avere**) 1 (*somigliare*) to resemble, to look like. 2 (*imitare*) to imitate (*a qd.* s.o.), to assume the manner (of). **arieggiato** *a.* airy, well–aired.

Ariele *N.pr.m.* (*Lett*) Ariel.

ariete (o *ariete*) *m.* 1 (*Zool*) ram. 2 (*Mil.ant*) battering–ram. 3 (*Idr*) hydraulic ram. **Ariete** *N.pr.m.* 1 (*Astr*) Aries, the Ram. 2 (*persona nata sotto il segno dell'Ariete*) Aries.

aringa *f.* (*Itt*) herring. ☐ ~ *affumicata* kipper; ~ *marinata* pickled herring; ~ *salata* salted herring.

Ario *N.pr.m.* Arius.

arioso **I** *a.* 1 airy: *una camera –a* an airy room. 2 (*Mus*) ariose. **II** *s.m.* (*Mus*) arioso.

arista[1] *f.* 1 (*Bot*) awn. 2 (*lett*) (*spiga*) ear of corn.

arista[2] *f.* (*Gastr*) chine of pork: *un arrosto di* ~ roast chine of pork.

aristocraticamente *avv.* aristocratically. **aristocratico** *a./s.* (*pl.* **-ci**) **I** *a.* aristocratic(al) (*anche fig.*): *governo* ~ aristocratic government; *maniere aristocratiche* aristocratic manners. **II** *s.m.* (*f.* **-a**) aristocrat. **aristocrazia** *f.* 1 aristocracy: *l'*~ *romana* the Roman aristocracy. 2 (*fig*) cream: *l'*~ *della cultura* the cream of the cultural world. 3 (*signorilità*) distinction, refinement. ☐ ~ *del denaro* moneyed aristocracy; ~ **terriera** landed aristocracy.

Aristofane *N.pr.m.* (*Stor*) Aristophanes. **aristofanesco** *a.* (*pl.* **-chi**) 1 Aristophanic. 2 (*fig*) (*mordace*) biting; (*arguto*) witty, sharp.

Aristotele *N.pr.m.* (*Stor*) Aristotle. **aristotelico** *a./s.* (*pl.* **-ci**) (*Filos*) **I** *a.* Aristotelian. **II** *s.m.* (*f.* **-a**) Aristotelian. **aristotelismo** *m.* Aristotelianism.

aritmetica *f.* arithmetic. **aritmetico** *a./s.* (*pl.* **-ci**) **I** *a.* arithmetical. **II** *s.m.* arithmetician.

aritmia *f.* (*Med*) ar(r)hythmia. **aritmico** *a.* (*pl.* **-ci**) ar(r)hythmic.

arlecchinata *f.* 1 (*buffonata*) buffoonery, clowning. 2

(*Teat*) harlequinade. **arlecchinesco** *a.* (*pl.* **-chi**) harlequinesque, clownish. **Arlecchino** *N.pr.m.* (*Teat*) Harlequin. **arlecchino** *m.* (*fig*) buffoon, clown. ☐ *essere un* ~ to be a weathercock; *fare l'*~ to play the fool.

arma *f.* (*pl.* **armi**) 1 arm, weapon: *prendere le –i* to take up arms. 2 (*Mil*) (*corpo*) arm, force, service: *in che* ~ *sei stato?* which service were you in? 3 *pl.* (*servizio militare*) military (o national) service. 4 (*fig*) (*mezzo*) weapon, means *pl: quella lettera è un'*~ *pericolosa nelle sue mani* that letter is a dangerous weapon in his hands. 5 (*Arald*) (*arme*) arms *pl.* ☐ **affilare** *le –i* to prepare for battle, to get ready for the fight (*anche fig.*); **all'**–*i!* to arms!; –*i* **atomiche** atomic weapons; *essere* **atto** *alle –i* to be fit for military service; –*i* **automatiche** automatic weapons (o arms); ~ **azzurra** Italian air force; ~ **bianca** bayonet: *combattimento all'*~ *bianca* bayonet fighting; –*i* **bianche** cutting and thrusting weapons; –*i* **biologiche** biological weapons; ~ *dei* **carabinieri** Italian Carabineer force; **chiamare** *alle –i* to call up (o to arms); ~ **chimica** chemical weapon; **compagno** *d'–i* fellow–soldier, comrade–in–arms; –*i* **convenzionali** conventional weapons; **correre** *alle –i* to rush to arms; ~ *del* **delitto** weapon used for a crime; **deporre** *le* ~ to lay down arms; ~ *di* **difesa** defensive weapon; (*fig*) *un'*~ *a* **doppio** *taglio* a double–edged weapon; **essere** *in –i* to be up in arms; **fabbrica** *d' –i* arms factory; *fatto* *d'–i* feat of arms; –*i da* **fuoco** fire–arms *pl;* –*i* **intelligenti** smart weapons; –*i* **leggere** small arms; **levarsi** *in –i* to rise up in arms; (*Sport*) **maestro** *d'–i* fencing master; –*i* **missilistiche** missile weapons; –*i* **neutroniche** (o *al neutrone*) neutron weapons; –*i* **nucleari** nuclear weapons; –*i di* **offesa** offensive weapons; **onore** *delle –i* military honour; *combattere ad –i* **pari** to fight on equal terms; **passare** *qd. per le –i* to shoot s.o.; **piazza** *d'–i* drill–ground; **porto** *d'–i* firearms certificate, gun licence; **presentare** *le –i* to present arms; (*fig*) **essere** *alle* **prime** *–i* to be a novice; –*i a* **corto raggio** short range weapons; –*i a* **medio raggio** middle (o medium) range weapons; **ricorso** *alle –i* appeal to arms; **sala** *d'–i* salle d'armes; *andare* **sotto** *le –i* to go into the army, to be called up; *essere* **sotto** *le –i* to be in the army; –*i* **nucleari strategiche** strategic nuclear arms; **uomo** *d'–i* man at arms; **vendite** *di –i* arms sales; **venire** *alle –i* to begin hostilities.

armacollo: *ad* ~ baldric–wise.

armadietto *m.* locker, cabinet. ☐ ~ *farmaceutico* (o *dei medicinali*) first–aid cabinet.

armadillo *m.* (*Zool*) armadillo.

armadio *m.* cupboard, cabinet, closet. ☐ ~ *per gli* **abiti** wardrobe; ~ *per* **biancheria** linen–cupboard, (*am*) linen closet; ~ **frigorifero** refrigerator cabinet; ~ **guardaroba** wardrobe; ~ **letto** box–bed; ~ *a* **muro** built–in (o wall) cupboard; ~ *a* **specchio** mirror wardrobe.

armaiolo *m.* 1 (*fabbricante*) armourer, gunsmith. 2 (*venditore*) gun (o fire–arms) dealer.

armamentario *m.* 1 (*arnesi*) instruments *pl,* implements *pl,* equipment, outfit: ~ *chirurgico* surgical instruments. 2 (*Stor*) (*arsenale*) arsenal, armoury.

armamento *m.* 1 (*Mil*) (*atto*) arming; (*effetto*) armament; (*di navi, fortezze: atto*) fitting–out, equipping; (*effetto*) equipment. 2 *pl.* (*Mil*) armaments *pl: riduzione degli –i* reduction in armaments. 3 (*tecn*) (*attrezzatura*) equipment. 4 (*Mar*) fittings *pl,* rigging of a ship. 5 (*Ferr*) superstructure, unballasted permanent way. 6 (*Minier*) timbering. ☐ ~ *di un* **aereo** armament of an aeroplane; (*Pol*) **controllo** *degli –i* arms control; **corsa** *agli –i* armaments race; *corsa agli –i* **nucleari** atomic race; (*El*) *di un* **impianto** *elettrico* installation of electrical equipment; (*Mar*) **in** ~ in commission.

Armando *N.pr.m.* Herman.

armare *v.t.* 1 (*fornire di armi*) to arm, to provide (o supply) with arms: ~ *le* **reclute** to arm the recruits; ~ *un* **fortino** to arm a redoubt. 2 (*Artigl*) (*caricare*) to load. 3 (*Mar*) (*equipaggiare*) to fit out, to equip; (*fornire di uomini*) to man. 4 (*Edil*) (*puntellare*) to prop (up), to shore (up). 5 (*Minier*) to timber. 6 (*Ferr*) to lay down. ☐ (*Mar*) ~ *i* **remi** to put out the oars. **armarsi** *v.r.* 1 to arm o.s. (*di* with): *si armò di un bastone* he armed himself with a stick. **2** ⟨*Mil*⟩ to arm o.s., to take up arms. **3** ⟨*fig*⟩ to arm o.s. □ ~ *un bastimento* to ⌐fit out⌐ (*o* commission) a ship; ⟨*Stor*⟩ ~ *qd. cavaliere* to dub s.o. knight; *armarsi di coraggio* summon (up) one's courage.

armata *f.* **1** (*esercito*) army: *un'*~ *di diecimila uomini* an army of ten thousand men. **2** (*flotta*) fleet. □ ~ *aerea* air fleet; *corpo d'*~ army corps; ⟨*Stor*⟩ *l'Invincibile* ~ the Invincible Armada.

armato I *a.* **1** (*fornito di armi*) armed: *essere* ~ *di pistola* to be armed with a pistol. **2** (*provvisto*) provided, equipped, furnished (*di* with): ~ *di tutti gli attrezzi* fully equipped. **3** ⟨*fig*⟩ armed: ~ *di coraggio* armed with courage. **4** ⟨*Mecc*⟩ (*rinforzato*) reinforced. **5** ⟨*El*⟩ armoured: *cavo* ~ armoured cable. **6** ⟨*Mar*⟩ (*equipaggiato di uomini*) manned. **II** *s.m.* **1** armed man. **2** (*soldato*) soldier, man at arms: *un esercito di diecimila* –*i* an army of ten thousand soldiers. □ ~ *fino ai denti* armed to the teeth; *le forze* –*e* the armed forces; *a mano* –*a* by force of arms, armed: *rapina a mano* –*a* armed robbery.

armatore I *s.m.* ⟨*Mar*⟩ shipowner. **II** *a.* shipping: *società armatrice* shipping company. **armatoriale** *a.* shipping: *compagnia* ~ shipping company.

armatura *f.* **1** ⟨*Stor*⟩ (suit of) armour. **2** ⟨*Edil*⟩ (*struttura di sostegno*) framework, falsework; (*impalcatura*) scaffolding; (*nel cemento armato*) reinforcement. **3** ⟨*Minier*⟩ timbering. **4** ⟨*El*⟩ (*di un condensatore*) plate; (*di un magnete*) armature; (*di un cavo*) armour. **5** ⟨*Mar*⟩ (*attrezzatura*) rigging. **6** ⟨*Tess*⟩ weave.

armeggiamento *m.* **1** (*l'affaccendarsi inutile*) bustling (about). **2** (*l'intrigare*) manoeuvring. **armeggiare** *v.i.* (**armeggio, armeggi**; *aus.* **avere**) **1** (*affaccendarsi, spesso senza conclusione*) to bustle, to fuss (about). **2** (*intrigare*) to manoeuvre. **armeggio** *m.* **1** (*l'arrabattarsi sconclusionato*) bustling about. **2** (*intrigo*) manoeuvring. **armeggione** *m.* (*f.* **-a**) **1** busybody, muddler. **2** (*intrigante*) wire–puller.

Armenia *N.pr.f.* ⟨*Geog*⟩ Armenia. **armeno I** *a.* Armenian. **II** *s.m.* **1** (*lingua*) Armenian. **2** (*abitante*; *f.* **-a**) Armenian.

armento *m.* herd.

armeria *f.* **1** ⟨*Mil*⟩ armoury. **2** (*collezione*) collection of arms.

armiere *m.* **1** → **armaiolo**. **2** ⟨*Aer*⟩ gunner.

armigero *m.* ⟨*lett*⟩ **1** (*scudiero*) armiger, armour–bearer. **2** (*guardia del corpo*) bodyguard.

armilla *f.* ⟨*Stor.rom*⟩ armilla. **armillare** *a.* armillary: ⟨*Astr*⟩ *sfera* ~ armillary sphere.

armistiziale *a.* armistice–: *trattato* ~ armistice treaty. **armistizio** *m.* armistice.

armo *m.* ⟨*Mar*⟩ crew.

armonia *f.* **1** harmony (*anche fig.*): *l'*~ *dei versi* the harmony of the verses; *vivere in buona* ~ *con qd.* to live in perfect harmony with s.o. **2** (*conformità*) agreement, accordance: *le sue parole non sono in* ~ *con le sue idee* his words are not in accordance (*o* keeping) with his ideas. □ ~ *di colori* matching colours; *in* ~ *con qc.* in keeping (*o* accordance) with s.th.; *l'*~ *dell'universo* the harmony of the universe.

armonica *f.* **1** ⟨*Mus*⟩ harmonica. **2** ⟨*Acu*⟩ harmonic. □ ~ *a bocca* mouth–organ, ⟨*am*⟩ harmonica. **armonicamente** *avv.* **1** harmonically. **2** ⟨*fig*⟩ harmoniously. **armonicista** *m.* harmonica player. **armonico** *a.* (*pl.* **-ci**) **1** harmonic. **2** (*armonioso*) harmonious. □ *cassa* –*a* sound box; ⟨*Mat*⟩ *funzione* –*a* harmonic function; ⟨*Mat*⟩ *media* –*a* harmonic mean; ⟨*Fis*⟩ *moto* ~ harmonic motion; ⟨*Mus*⟩ *suoni* –*i* harmonics *pl.*

armonio *m.* ⟨*Mus*⟩ harmonium.

armoniosamente *avv.* harmoniously. **armonioso** *a.* **1** harmonious, melodious, pleasant–sounding: *voce* –*a* melodious voice; *una lingua* –*a* a pleasant–sounding language. **2** ⟨*fig*⟩ (*ben proporzionato*) harmonious.

armonista *m./f.* ⟨*Mus*⟩ harmonist, harmonizer. **armonium** *m.* → **armonio**.

armonizzare I *v.t.* **1** ⟨*Mus*⟩ to harmonize: ~ *una melodia* to harmonize a melody. **2** ⟨*fig*⟩ (*mettere in accordo*) to (make) harmonize, to bring into harmony: ~ *le figure di un quadro con lo sfondo* to make the figures of a picture

harmonize with the background; (*rif. a colori, abiti*) to match. **II** *v.i.* (*aus.* **avere**) (*essere in armonia*) to harmonize, to be in harmony; (*rif. a colori, abiti*) to match. □ *le loro personalità non armonizzano bene insieme* their personalities clash. **armonizzazione** *f.* ⟨*Mus*⟩ harmonization.

armoricano *a.* Armoric(an).

Arnaldo *N.pr.m.* Arnold.

arnese *m.* **1** tool, implement; (*rif. alla cucina*) utensil. **2** (*aggeggio*) thing, gadget, contrivance, device, ⟨*fam*⟩ contraption: *a che serve quest'*~? what's this contraption for? **3** ⟨*fig,spreg*⟩ (*rif. a persone*) good–for–nothing, disreputable type. □ ~ *agricolo* agricultural hand tool; ⟨*fig*⟩ ~ *da galera* jailbird; ~ *da lavoro* tool, implement; *essere male in* ~: 1 (*rif. a vestiti*) to be shabbily (*o* poorly) dressed; 2 (*rif. alla salute*) to be in poor (*o* bad) health; 3 (*rif. alle condizioni economiche*) to be in financial straits.

arnia *f.* (bee)hive.

arnica *f.* ⟨*Bot*⟩ arnica.

aro *m.* ⟨*Bot*⟩ arum.

aroma *m.* **1** aroma, fragrance; (*del vino*) bouquet. **2** (*spezie*) spice, aromatic herb. □ –*i artificiali* artificial flavouring. **aromatico** *a./s.* (*pl.* **-ci**) **I** *a.* aromatic, fragrant, spicy; (*rif. a vino*) spiced. **II** *s.m.* (*sostanza aromatica*) aromatic. □ ⟨*Chim*⟩ *composto* ~ aromatic compound; *pianta* –*a* aromatic herb (*o* plant). **aromatizzante I** *a.* aromatizing, flavouring, ⟨*am*⟩ flavoring **II** *s.m.* flavouring, ⟨*am*⟩ flavoring. **aromatizzare** *v.t.* to spice, to flavour, to aromatize. **aromatizzazione** *f.* aromatization.

Aronne *N.pr.m.* ⟨*Bibl*⟩ Aaron.

arpa *f.* harp: ~ *eolia* Aeolian harp.

arpagone *m.* **1** ⟨*Mar*⟩ grapnel. **2** ⟨*fig*⟩ skinflint, miser.

arpeggiamento *m.* ⟨*Mus*⟩ harping. **arpeggiare** *v.i.* (**arpeggio, arpeggi**; *aus.* **avere**) **1** (*sonare l'arpa*) to play the harp. **2** (*eseguire arpeggi*) to play arpeggios.

arpeggio[1] *m.* ⟨*Mus*⟩ arpeggio.

arpeggio[2] *m.* (*non com*) prolonged harping.

arpese *m.* ⟨*Edil*⟩ clamp, cramp.

arpia *f.* **1** ⟨*Mitol*⟩ harpy **2** ⟨*fig*⟩ (*rif. a donna*) harpy, shrewish woman. **3** ⟨*Ornit*⟩ harpy (eagle).

arpicordo *m.* ⟨*Mus*⟩ harpsichord.

arpionare *v.t.* (**arpiono**) to harpoon. **arpione** *m.* **1** (*cardine*) hinge. **2** (*gancio*) hook. **3** (*fiocina*) harpoon. **4** ⟨*Ferr*⟩ (*di rotaia*) spike. **5** ⟨*Mecc*⟩ (*nottolino*) pawl. □ ~ *da ghiaccio* ice hook. **arpioniere** *m.* harpooner. **arpionismo** *m.* ⟨*Mecc*⟩ ratchet gear.

arpista *m./f.* harpist.

arra *f.* ⟨*Dir*⟩ (*caparra*) earnest (money).

arrabattarsi *v.r.* (*aus.* **essere**) **1** to do all one can, to strive, to bestir o.s.: *si arrabatta per mantenere la famiglia* he does all he can to support his family. **2** (*tirare avanti*) to keep going: *si arrabatta vendendo giornali* he keeps going by selling newspapers.

arrabbiare *v.i.* (**arrabbio, arrabbi**; *aus.* **essere**) **1** ⟨*Veter*⟩ to catch rabies, to be affected with rabies. **2** (*iperb*) (*rif. a persona*) to go mad, to be driven mad: ~ *dal dolore* to be driven mad with pain. **arrabbiarsi** *v.r.* **1** to get angry, to fly into a temper (*o* rage): *arrabbiarsi con qd.* to get angry with s.o. **2** (*stizzirsi*) to get annoyed: *non arrabbiarti per tali inezie* don't get annoyed over such trifles. □ *fare* ~ *qd.* to make s.o. angry. **arrabbiata** *f.* → **arrabbiatura**. **arrabbiato** *a.* **1** rabid, mad: *un cane* ~ a rabid (*o* mad) dog. **2** (*irato*) angry, furious, enraged: *essere* ~ *con qd.* to be angry with s.o. **3** (*accanito*) implacable, relentless: *un avversario* ~ a relentless opponent; (*entusiasta*) keen, rabid: *un cacciatore* ~ a keen hunter. □ ⟨*Lett*⟩ *giovani* –*i* angry young men. **arrabbiatura** *f.* rage, fit of anger: *prendersi un'*~ *per qc.* to fly into a rage over s.th.

arraffare *v.t.* **1** to seize, to snatch, to grasp. **2** (*rubare*) to pinch.

arrampicarsi *v.r.* (**mi arrampico, ti arrampichi**) **1** to climb (up), to clamber, to shin up: ~ *su un albero* to climb (up) a tree; *il gatto si arrampicò sul tetto* the cat climbed on to the roof. **2** (*rif. a piante*) to climb (up): *l'edera si arrampica sul muro* the ivy is climbing up the wall. □ ~ *sulle montagne* to climb mountains; *si arrampica* *come una scimmia* he climbs like a monkey; ⟨*fig*⟩ ~ ⌜*sugli specchi*⌝ (*o sui vetri*): 1 to argue that black is white; 2 (*tentare l'impossibile*) to strive after impossibilities. **arrampicata** *f.* 1 (*l'arrampicarsi*) climbing. 2 ⟨*Sport*⟩ (*scalata*) climb. **arrampicatore** *m.* (*f.* -trice) mountain climber. □ ~ *sociale* social climber.

arrancare *v.i.* (arranco, arranchi; *aus.* avere) 1 to limp, to hobble. 2 (*avanzare faticosamente*) to trudge, to plod. 3 ⟨*Mar*⟩ to pull hard away: *arranca!* pull away!

arrangiamento *m.* 1 (*accordo*) agreement, arrangement: *venire a un* ~ to come to an agreement (*o* arrangement). 2 ⟨*Mus*⟩ arrangement. **arrangiare** *v.t.* (arrangio, arrangi) 1 to adjust, to alter: ~ *un vestito del padre per il figlio* to alter (*o* cut down) the father's suit to fit the son; (*mettere insieme alla meglio*) to improvise, to fix up: *gli arrangiò in fretta un buon pranzetto* she hastily improvised an excellent lunch for him. 2 (*conciare per le feste*) to fix: *se ti acchiappo, ti arrangio io* if I catch you, I'll fix you. 3 ⟨*Mus*⟩ to arrange. **arrangiarsi** *v.r.* 1 (*venire a un accomodamento*) to come to an agreement. 2 (*cavarsela alla meglio*) to manage, to do the best one can. *arrangiatevi tra voi* settle it amongst yourselves; *in mezzo alle difficoltà cercava di arrangiarsi* he tried to make the best of a difficult situation. **arrangiatore** *m.* (*f.* -trice) ⟨*Mus*⟩ arranger.

arrecare *v.t.* (arreco, arrechi) 1 ⟨*lett*⟩ (*recare, portare*) to bring, to bear. 2 (*fig*) (*causare*) to cause, to be a source of: ~ *dolore* to cause pain, to be a source of pain; *i danni arrecati dall'alluvione* the damage caused by the flood.

arredamento *m.* 1 (*progettazione*) interior design (*o* decoration). 2 (*l'arredare*) furnishing: *l'~ della casa è costato dieci milioni* the furnishing of the house cost ten million; (*il mobilio*) furniture, furnishings *pl.* **arredare** *v.t.* (arredo) to furnish: ~ *un appartamento* to furnish a flat. **arredatore** *m.* (*f.* -trice) 1 (*di appartamenti*) interior designer (*o* decorator). 2 ⟨*Cin,Teat*⟩ stage designer. **arredo** *m.* furnishings *pl*, fittings *pl*, furniture. □ *-i sacri* church ornaments and vestments; *-i di ufficio* office furniture (*o* equipment) *sing*; ~ *urbano* decoration of city structure.

arrembaggio *m.* ⟨*Mar*⟩ boarding. □ *andare all'~ di una nave* to board a ship; ⟨*fig*⟩ *andare all'~ di qc.* to make an assault on s.th. **arrembare** *v.t.* (arrembo) ⟨*Mar*⟩ to board.

arrendere *v.t.* (arrendo; arresi, arreso) ⟨*ant*⟩ to surrender: ~ *una fortezza* to surrender a fortress. **arrendersi** *v.r.* 1 to surrender, to give o.s. up: *arrendersi al nemico* to surrender to the enemy. 2 (*cedere*) to yield, to give way (*o* in): *arrendersi alle preghiere degli amici* to yield to the entreaties of one's friends. *arrendersi a discrezione* to surrender unconditionally; ⟨*fig*⟩ ~ *all'evidenza* to bow to the facts. **arrendevole** *a.* 1 docile, compliant, yielding: *un carattere* ~ a docile character. 2 (*rif. a cose*) pliable. **arrendevolezza** *f.* 1 docility, compliance. 2 (*rif. a cose*) pliancy. **arresi, arreso** → arrendere.

arrestare *v.t.* (arresto) 1 to stop, to halt: ~ *il nemico* to halt the enemy. 2 (*mettere agli arresti*) to (put under) arrest: *lo arrestarono per furto* they arrested him for theft. **arrestarsi** *v.r.* to stop, to come to a stop (*o* halt), to halt: *il treno si arrestò di colpo* the train ⌜stopped suddenly⌝ (*o* came to a sudden halt). □ ~ *il sangue* to staunch (*o* stanch) the bleeding, to stop the bleeding.

arresto *m.* 1 stop(ping), halting: *il brusco* ~ *dell'automobile* the abrupt stopping of the car. 2 (*interruzione*) interruption, standstill: *il maltempo ha causato l'* ~ *dei lavori* the bad weather has brought work to a standstill. 3 ⟨*Sport*⟩ suspension, stoppage. 4 ⟨*Mecc*⟩ stop, catch, grip. 5 ⟨*Dir*⟩ arrest, capture: *l'* ~ *del malvivente fu molto difficile* the criminal's arrest (*o* capture) was very difficult; (*pena*) custody, imprisonment: *condannare a dieci giorni di* ~ to sentence to ten days' imprisonment. 6 *pl.* ⟨*Mil*⟩ arrest: *essere agli -i* to be under arrest. □ ⟨*Mecc*⟩ ~ **automatico** automatic stop; ⟨*Med*⟩ ~ **cardiaco** heart failure; **dispositivo** *di* ~ cut-off device; ~ *nel* **funzionamento** failure in service; ⟨*Dir*⟩ **mandato** *di* ~ warrant (of arrest); **mettere** *agli -i* to (put under) arrest; *l'arbitro ha deciso l'* ~ *della* **partita** the referee has

decided to suspend the match; ~ *della* **produzione** production stoppage; ⟨*Dir*⟩ ~ **provvisorio** temporary arrest; ~ **psichico** mental block; ⟨*Mil*⟩ ~ *di* **rigore** close arrest; **senza** ~ non-stop; ⟨*Mecc*⟩ ~ *di* **sicurezza** safety catch; *essere in stato di* ~ to be under arrest; **subire** *un* ~ to come to a stop.

arretramento *m.* 1 (*l'arretrare*) backing, moving back. 2 ⟨*Mil*⟩ (*ritirata*) withdrawal, falling back. **arretrare** *v.* (arretro) I *v.t.* 1 (*far indietreggiare*) to (move) back. 2 (*ritirare*) to withdraw: *fecero* ~ *le truppe* they withdrew their troops. II *v.i.* (*aus.* essere/avere), **arretrarsi** *v.r.* to move (*o* draw) back: *il cavallo arretrò* the horse backed; *la spiaggia è arretrata di dieci metri* the shoreline has moved back ten metres. **arretratezza** *f.* backwardness; (*sottosviluppo*) underdevelopment. **arretrato** I *a.* 1 (*non fatto, non compiuto*) overdue, behind (schedule). 2 (*non sviluppato*) backward: *paesi -i* backward countries. 3 (*pubblicato in precedenza*) back: *numero* ~ *di un giornale* back number of a newspaper. 4 (*rif. a pagamento*) outstanding. II *s.m.* 1 arrears *pl* (*anche Comm.*): *essere in* ~ *con qc.* to be behindhand (*o* in arrears) with s.th. 2 ⟨*Giorn*⟩ back number. □ *gli -i dello stipendio* salary arrears, back pay; *essere* ~ to be behind(hand); *essere in* ~ *con un lavoro* to be behind with a work; *il lavoro* ~ the backlog (*o* arrears) of work.

arricchimento *m.* 1 enrichment, enriching. 2 ⟨*Min*⟩ concentration. □ ~ *del lavoro* job enrichment. **arricchire** *v.* (arricchisco, arricchisci) I *v.t.* 1 to enrich, to make rich (*anche fig.*). 2 to concentrate: ~ *un minerale* to concentrate an ore. II *v.i.* (*aus.* essere), **arricchirsi** *v.r.* 1 to become rich (*o* wealthy), to grow rich, to enrich o.s.: *arricchirsi a spese degli altri* to grow rich at the expense of others. 2 ⟨*fig*⟩ to be enriched, to grow richer. **arricchito** I *a.* enriched: *combustibile* ~ enriched fuel. II *s.m.* (*f.* -a) ⟨*spreg*⟩ nouveau riche, parvenu, upstart.

arriccia|burro *m.inv.* butter shaper. **~capelli** *m.inv.* curling tongs *pl.*

arricciare *v.t.* (arriccio, arricci) 1 to curl: *arricciarsi i capelli* to curl one's hair. 2 (*accartocciare*) to cause to curl up, to curl. 3 ⟨*Edil*⟩ to render. **arricciarsi** *v.r.* (*divenire riccio*) to become curly, to curl (up): *con l'umidità mi si arricciano i capelli* dampness makes my hair curl. □ *arricciarsi i baffi* to curl one's moustache; ~ *il naso* to turn up one's nose. **arricciato** I *a.* 1 curly, curled. 2 ⟨*Tess*⟩ curly. II *s.m.* ⟨*Edil*⟩ rendering. **arricciatura** *f.* 1 curling, curliness. 2 ⟨*Tess*⟩ curliness. **arriccio** *m.* ⟨*Edil*⟩ rendering.

arridere *v.i.* (arrisi, arriso; *aus.* avere) to be favourable, to be propitious (*a* to), to smile (on): *la sorte gli arrise* fortune smiled on him.

Arrigo *N.pr.m.* Henry, Harry.

arringa *f.* 1 (*discorso*) harangue, address. 2 ⟨*Dir*⟩ address by counsel. **arringare** *v.t.* (arringo, arringhi) 1 to harangue, to address: ~ *il popolo* to harangue the people. 2 (*fam*) (*sgridare*) to harangue, to lecture. **arringatore** *m.* (*f.* -trice) haranguer, orator.

arrischiare *v.t.* (arrischio, arrischi) 1 to risk, to venture, to hazard: ~ *la vita* to risk one's life. 2 (*assol*) to take the risk. 3 (*azzardare*) to venture, to hazard: ~ *una domanda* to hazard a question. **arrischiarsi** *v.r.* 1 (*esporsi a un rischio*) to venture, to take (*o* run) risks (*o* a risk): *si arrischiò in un'impresa difficile* he ventured upon a difficult enterprise. 2 (*azzardarsi*) to dare, to venture: *non mi arrischiai a parlare* I didn't dare to speak. **arrischiato** *a.* 1 (*imprudente*) rash, foolhardy: *una previsione -a* a rash forecast. 2 (*pericoloso*) risky, hazardous: *un'impresa -a* a risky affair.

arrisi, arriso → arridere.

arrivare *v.i.* (*aus.* essere) 1 to arrive (*a* at, in), to get, to come (to), to reach (s.th.): *il treno arriva alle otto* the train arrives (*o* gets in) at eight; *arriverò a Roma alle dieci* I shall be arriving in Rome at ten. 2 (*giungere a un limite; rif. a tempo*) to reach: *è arrivato a novant'anni* he has reached the age of ninety; (*rif. ad altezza*) to reach (s.th.), to come up (to): *l'acqua gli arrivava alla vita* the water reached his waist; *mio figlio mi arriva alla spalla* my son comes up to my shoulder; (*rif. a distanza*) to go as far (as): *arrivo (fino) al ponte e torno* I'm just going as far as the bridge and back. **3** (*ricevere*) to receive (*costr. pers.*): *mi è arrivato un nuovo libro* I have received a new book. **4** (*riuscire*) to succeed (in), to manage, to be able (to): *temo di non ~ a finirlo in tempo* I'm afraid I shan't be able to finish it in time; ⟨*assol*⟩ (*aver successo*) to succeed, to be successful: *voleva ~ a tutti i costi* he wanted to be a success at all costs. **5** (*riuscire a capire*) to be able to understand (s.th.): *questo problema è difficile, non ci arrivo* this is a difficult problem, I can't understand (o get) it. **6** (*accadere*) to happen, to occur: *non si sa mai cosa può ~* one never knows what may happen. □ ~ *a un* **accordo** to reach (o come to) an agreement; ~ **addosso** *a qd.* to be upon (o on top of) s.o.: *l'automobile mi è arrivata addosso all'improvviso* all of a sudden the car was on top of me; *non ci arrivo*: 1 (*non capisco*) I can't make it out, it's above me; 2 (*non posso*) I can't manage it; ~ *a una* **decisione** to reach (o arrive at, come to) a decision; *il malato non arriverà a* **domattina** the patient won't last until morning; ~ **fino** *al soffitto* to reach the ceiling; *è arrivato l'***inverno** winter is here; ~ *in* **orario** to arrive on time; ⟨*fig*⟩ ~ *in* **porto** to reach one's goal; (*concludersi felicemente*) to be successfully concluded; ~ *a* **proposito** to arrive at the right moment; ~ *al* **punto** *di* (o *che*) to go so far as to; ~ *a buon punto* to reach an advanced stage; ~ *in* **ritardo** to arrive late; ~ **sano** *e salvo* to arrive safe and sound; ~ *allo* **scopo** to achieve one's aim; *fin dove arriva lo* **sguardo** as far as the eye can see; *il nemico ci arrivò alle* **spalle** the enemy took us from behind; *la* **strada** *arriva fino al paese* the road runs (o goes) as far as the village; ~ *a* **tempo** to arrive in good time. *Prov.: chi tardi arriva male alloggia* first come, first served.

arrivato I *a.* successful: *è un uomo* ~ he is a successful man. **II** *s.m.* (*f.* **-a**) **1** (*chi è arrivato*) successful person, success. **2** (*chi ha avuto troppo facile successo*) parvenu, upstart. □ **ben** ~ welcome; *i nuovi* **-i** the newcomers; *il primo* ~ the first to arrive; *l'ultimo* ~ the last to arrive.

arrivederci I *intz.* good-bye, ⟨*fam*⟩ bye-bye, ⟨*fam*⟩ see you (later): ~ *a domani* good-bye, see you tomorrow; ~ *a presto* good-bye, see you soon. **II** *s.m.* good-bye.

arrivismo *m.* arrivism; (*rif. a posizione sociale*) social climbing. **arrivista** *m./f.* social climber, careerist, arriviste.

arrivo *m.* **1** (*l'arrivare*) arrival: *verrò a prenderti al tuo* ~ I shall come and fetch you on your arrival; (*rif. a missive*) receipt: *all'* ~ *della vostra lettera* on receipt of your letter, on receiving your letter. **2** ⟨*Sport*⟩ (*traguardo*) finish, finishing line. **3** (*rif. a merci*) supply, article: *gli ultimi* **-i** the latest supplies; (*rif. a persone*) arrival: *sono previsti nuovi* **-i** *in albergo* new arrivals are expected at the hotel. **4** *pl.* ⟨*Ferr*⟩ arrivals *pl.* □ *all'* ~ on (one's) arrival, when one arrives; *data d'* ~ date of arrival; *lettere in* ~ incoming letters; *il treno è in* ~ *sul primo binario* the train is coming in on platform one.

arroccamento *m.* (*negli scacchi*) castling. □ ⟨*Mil*⟩ *linea di* ~ line of communication.

arroccare[1] *v.t.* (**arrocco, arrocchi**) **1** (*negli scacchi*) to castle. **2** ⟨*Mil*⟩ to move troops (behind the lines). **arroccarsi** *v.r.* **1** ⟨*Mil*⟩ to take up a defensive position. **2** ⟨*fig*⟩ to take refuge.

arroccare[2] *v.t.* (**arrocco, arrocchi**) ⟨*Tess*⟩ to place on the distaff.

arrochimento *m.* hoarsening. **arrochire** *v.* (**arrochisco, arrochisci**) **I** *v.i.* (*aus.* **essere**) to become hoarse, to hoarsen. **II** *v.t.* to make hoarse, to hoarsen. **arrochito** *a.* hoarse.

arrogante *a.* arrogant. **arrogantemente** *avv.* arrogantly. **arroganza** *f.* arrogance: *chiedere qc. con* ~ to ask for s.th. arrogantly.

arrogare *v.t.* (**arrogo, arroghi**) ⟨*Dir*⟩ to arrogate: *arrogarsi il diritto di fare qc.* to arrogate to o.s. the right to do s.th. □ *arroga a sé tutto il merito* he is taking all the credit for himself.

arrossamento *m.* reddening. ~ *della pelle* reddening of the skin. **arrossare** *v.* (**arrosso**) **I** *v.t.* (*far diventare rosso*) to redden, to make red: *il freddo gli arrossava la pelle* the cold weather reddened his skin. **II** *v.i.* (*aus.* **essere**),

arrossarsi *v.r.* to become (o turn) red, to redden: *il cielo arrossava* the sky was turning red. **arrossato** *a.* reddened, red. **arrossimento** *m.* blushing, blush.

arrossire *v.i.* (**arrossisco, arrossisci**; *aus.* **essere**) **1** to blush, to flush: ~ *di vergogna* to blush with shame. **2** ⟨*fig*⟩ (*vergognarsi*) to be (o feel) ashamed. □ ~ *fino alla punta dei capelli* to blush to the roots of one's hair; *fare* ~ *qd.* to make s.o. blush.

arrostimento *m.* roasting (*anche Met.*). **arrostire** *v.* (**arrostisco, arrostisci**) **I** *v.t.* **1** to roast; (*sulla griglia*) to grill. **2** ⟨*Met*⟩ to roast. **II** *v.i.* (*aus.* **essere**), **arrostirsi** *v.r.* ⟨*fig*⟩ to bake, to broil: *arrostirsi al sole* to bake in the sun. □ ~ *il pane* to toast bread; ~ *qc. allo spiedo* to roast s.th. on the spit. **arrostito** *a.* roasted, roast; (*sulla griglia*) grilled. **arrostitura** *f.* ⟨*scherz*⟩ (*scottatura di sole*) sun-burn. **arrosto I** *s.m.* roast. **II** *a.* roast, roasted; (*sulla griglia*) grilled. □ *fare qc.* ~ to roast s.th.; ~ *di maiale* roast pork.

arrotamento *m.* sharpening, whetting, grinding. **arrotare** *v.t.* (**arroto**) **1** (*affilare*) to sharpen, to whet: ~ *un coltello* to sharpen a knife. **2** ⟨*tecn*⟩ (*levigare*) to grind, to smooth and polish: ~ *il pavimento* to smooth and polish the floor; (*rif. a cristallo*) to grind. **3** (*urtare con un veicolo*) to graze. **arrotarsi** *v.r.* (*urtarsi con le ruote*) to collide wheel against wheel. □ ~ *i denti* to grind one's teeth; ~ *la erre* to roll one's R's.

arrotatrice *f.* ⟨*Mecc*⟩ grinder. **arrotatura** *f.* **1** sharpening. **2** ⟨*tecn*⟩ (*levigatura*) grinding, smoothing, polishing. **arrotino** *m.* knife-grinder.

arrotolare *v.t.* (**arrotolo**) to roll (up), to furl: ~ *una sigaretta* to roll a cigarette.

arrotondamento *m.* rounding (off) (*anche fig.*): ~ *di una cifra* rounding off of a figure. □ ~ *per difetto* rounding off; ~ *per eccesso* rounding up; ~ *dello stipendio* supplementation of salary. **arrotondare** *v.t.* (**arrotondo**) to round (off), to make round (*anche fig.*). **arrotondarsi** *v.r.* **1** to become round. **2** (*ingrassarsi*) to grow plump. □ ~ *una cifra* to make a round figure; *arrotonda lo stipendio lavorando a casa* he supplements his salary by working at home.

arrovellamento *m.* anger, exasperation. **arrovellare** *v.t.* (**arrovello**) ⟨*ant*⟩ (*infastidire*) to annoy, to vex. **arrovellarsi** *v.r.* **1** (*arrabbiarsi*) to get angry. **2** (*affannarsi*) to do one's utmost: *si arrovella per trovare una soluzione* he is doing his utmost to find a solution. □ *arrovellarsi il cervello* to rack one's brains.

arroventamento *m.* **1** (*l'arroventare*) making red-hot. **2** (*l'arroventarsi*) becoming red-hot. **arroventare** *v.t.* (**arrovento**) to make red-hot, to bring to a red heat: ~ *un metallo* to bring a metal to a red heat; (*rendere molto caldo*) to bake: *il sole arroventava le pietre* the sun was baking the stones. **arroventarsi** *v.r.* to become red-hot. **arroventato** *a.* red-hot.

arrovesciare *v.t.* (**arrovescio, arrovesci**) **1** (*rivoltare*) to turn (inside) out: ~ *le tasche* to turn one's pockets inside out. **2** (*capovolgere*) to turn upside down, to overturn. **3** (*lasciar cadere indietro*) to let fall back(wards): ~ *il capo sul cuscino* to let one's head fall back on to the cushion.

arruffamatasse *m./f.inv.* ⟨*pop*⟩ mischief-maker; (*imbroglione*) swindler. **arruffamento** *m.* **1** (*atto*) ruffling. **2** (*effetto*) tangle. **arruffapopoli** *m.inv.* rabble-rouser, demagogue.

arruffare *v.t.* **1** to ruffle: ~ *i capelli a qd.* to ruffle s.o.'s hair. **2** ⟨*fig*⟩ (*confondere*) to muddle, to mix up. □ ~ *le idee a qd.* to confuse s.o.'s ideas; ~ *la matassa* to entangle the skein; ⟨*fig*⟩ to complicate matters; ~ *il pelo* to bristle (*anche fig.*). **arruffato** *a.* **1** ruffled. **2** ⟨*fig*⟩ (*confuso*) confused, muddled: *una descrizione* **-a** a confused description. **arruffio** *m.* confusion, muddle, mess. **arruffone** *m.* (*f.* **-a**) **1** (*confusionario*) muddler. **2** (*imbroglione*) swindler.

arrugginire *v.* (**arrugginisco, arrugginisci**) **I** *v.t.* to make rusty, to rust. **II** *v.i.* (*aus.* **essere**), **arrugginirsi** *v.r.* to rust, to go (o become) rusty. □ *mi si è arrugginita la memoria* my memory has grown rusty. **arrugginito** *a.* rusty (*anche fig.*).

arruolamento *m.* **1** ⟨*Mil*⟩ enlistment. **2** ⟨*Mar*⟩ signing on.

arruolare *v.t.* (**arruolo**) ⟨*Mil*⟩ to enlist, to enrol. **arruolarsi** *v.r.* to enlist, to join up: *arruolarsi nell'aeronautica* to enlist in the airforce.

arsella *f.* ⟨*Zool*⟩ clam.

arsenale *m.* **1** ⟨*Mar*⟩ dockyard, ⟨*am*⟩ navy yard. **2** (*fabbrica, deposito d'armi*) arsenal. **3** ⟨*scherz*⟩ (*insieme di cose eterogenee*) heap of odds and ends, ⟨*spreg*⟩ junk. □ ⟨*Mil*⟩ ~ *nucleare* nuclear arsenal. **arsenalotto** *m.* dockyard worker, docker.

arseniato *m.* ⟨*Chim*⟩ arsen(i)ate. **arsenicale** *a.* arsenical. **arsenicismo** *m.* ⟨*Med*⟩ arsenicism. **arsenico** *a./s.* (*pl.* -ci) **I** *s.m.* ⟨*Chim*⟩ arsenic. **II** *a.* arsenic: *acido* ~ arsenic acid. **arsenioso** *a.* ⟨*Chim*⟩ arsenious. **arseniuro** *m.* ⟨*Chim*⟩ arsenide: ~ *di giallo* gallium arsenide. **arsenopirite** *f.* arsenopyrite.

arsi[1] → *ardere*.

arsi[2] *f.* ⟨*poet,Mus*⟩ arsis.

arsiccio *a.* **1** singed, scorched. **2** (*riarso*) parched: *terra* –*a* parched earth. **arso** *a.* **1** burnt. **2** (*inaridito*) dry, dried–up. **3** ⟨*fig*⟩ (*riarso*) dry, parched: *gola* –*a* dry throat. **arsura** *f.* **1** parching (*o* scorching) heat: *l'* ~ *dell'estate* the scorching heat of summer. **2** (*siccità*) drought. **3** (*per sete*) raging (*o* burning) thirst; (*per febbre*) feverish heat.

art. = *articolo* article (*abbr.* art.).

artatamente *avv.* by trick (*o* cunning).

arte *f.* **1** art: *l'* ~ *di Michelangelo* Michelangelo's art. **2** (*mestiere*) craft, trade: *quel falegname conosce la sua* ~ that carpenter knows his trade. **3** (*abilità*) skill, craftsmanship. **4** (*astuzia*) cunning, artfulness. **5** ⟨*Stor*⟩ (*corporazione*) guild: *l'* ~ *della lana* the wool guild. □ **ad** ~: 1 (*con artifizio*) artfully, cunningly; 2 (*apposta, deliberatamente*) on purpose, deliberately; ~ **ambiente** environmental art; ~ **applicata** applied art; *le* **belle** –*i* the fine arts; ~ **cibernetica** cybernetyc art; **con** ~ skilfully, with skill; ~ **concettuale** concept(ual) art; **critica** *d'* ~ art criticism; **critico** *d'* ~ art critic; ~ **della danza** art of dancing; ~ **drammatica** dramatic art; *una riparazione* **fatta** *con* ~ a skilfully done repair; ~ *di* **governare** (*o governo*) statesmanship; –*i* **grafiche** graphic arts; *l'* ~ *della* **guerra** = *arte* **militare**; *il signor X,* **in** ~ ... Mr. X, on the stage ...; –*i* **liberali** liberal arts; –*i* **e mestieri** arts and crafts; ~ *del* **mezzo** *televisivo* video art; ~ **militare** art of war; **opera** *d'* ~ work of art; *non avere né* ~ *né* **parte** to be out of work and penniless; *l'*~ **per** *l'*~ art for art's sake; –*i* **plastiche** plastic arts; *a* **regola** *d'* ~ in a masterly fashion; **rivista** *d'* ~ art review; ~ **sacra** sacred art; **storia** *dell'* ~ history of art; ~ *del* **territorio** land art; –*i* **visive** visual arts. *Prov.*: *impara l'* ~ *e mettila da parte* learn a trade, it will stand you in good stead; *chi ha* ~ *ha parte* a trade in hand finds gold in every land.

artefatto I *a.* **1** (*artificioso*) artificial: *stile* ~ artificial style. **2** (*adulterato*) adulterated: *cibi* –*i* adulterated food. **II** *s.m.* ⟨*Med,Biol*⟩ artifact, artefact.

artefice *m.* **1** (*autore*) author, creator. **2** (*artigiano*) craftsman. □ *essere l'* ~ *della propria fortuna* to be master of one's fate; *il sommo* ~ (*Dio*) the supreme Architect.

Artemide *N.pr.f.* ⟨*Mitol*⟩ Artemis.

artemisia *f.* ⟨*Bot*⟩ artemisia.

arteria *f.* **1** ⟨*Anat*⟩ artery. **2** ⟨*fig*⟩ (*via*) artery; (*strada principale*) thoroughfare. □ ~ *commerciale* artery of commerce; ~ *ferroviaria* arterial railway; ~ *di traffico* traffic artery, thoroughfare.

arteriale *a.* arterial. **arteriografia** *f.* ⟨*Med*⟩ arteriography. **arteriola** *f.* ⟨*Anat*⟩ arteriole.

arterio|patia *f.* ⟨*Med*⟩ arteriopathy. **~sclerosi** (*o arterioscleròsi*) *f.* arteriosclerosis. **~sclerotico** *a./s.m.* (*pl.* -ci; *f.* -a) ⟨*Med*⟩ arteriosclerotic.

arterioso *a.* arterial: *sangue* ~ arterial blood.

arteriostenosi *f.* ⟨*Med*⟩ arteriostenosis.

arterite *f.* ⟨*Med*⟩ arteritis.

artesiano *a.* ⟨*Geol*⟩ artesian: *pozzo* ~ artesian well.

artico *a.* (*pl.* -ci) ⟨*Geog*⟩ Arctic. □ *circolo polare* ~ Arctic Circle; *mare* ~ Arctic Ocean.

articolare[1] *v.t.* (**articolo**) **1** to articulate. **2** (*pronunciare*) to utter: *non ha articolato parola* he hasn't uttered a single word. **3** (*suddividere*) to split up, to divide: ~ *un trattato in capitoli* to divide a treatise into chapters. **4** ⟨*Anat*⟩ to

articulate: ~ *la gamba* to articulate the leg. **articolarsi** *v.r.* **1** (*dividersi*) to be divided (*in* into), to consist (of): *la dimostrazione si articola in due parti* the demonstration is divided into two parts. **2** ⟨*Anat*⟩ to articulate.

articolare[2] *a.* ⟨*Med*⟩ articular: *dolori* –*i* articular pains.

articolato[1] *a.* **1** ⟨*Biol,Anat*⟩ articulate(d). **2** ⟨*Mecc*⟩ articulated, jointed. **3** ⟨*Fon*⟩ articulate. **4** (*frastagliato*) indented: *costa* –*a* indented coast. **5** ⟨*fig*⟩ flowing, smooth: *periodo ben* ~ well-constructed (*o* flowing) sentence. □ *veicolo* ~ articulated vehicle.

articolato[2]: ⟨*Gramm*⟩ *preposizione* –*a* preposition which is combined with the definite article.

articolazione *f.* **1** ⟨*Anat*⟩ articulation. **2** ⟨*Mecc*⟩ articulated joint (*o* link), connection. **3** ⟨*Fon*⟩ articulation. **4** ⟨*Geog*⟩ indentation. **5** (*divisione in parti*) division into parts: ~ *di un paragrafo* division of a paragraph into parts.

articolista *m./f.* columnist.

articolo *m.* **1** ⟨*Gramm,Giorn*⟩ article: ~ *di terza pagina* literary article; (*di cronaca*) (news) item. **2** ⟨*Dir*⟩ article: *l'* ~ *primo della costituzione* the first article of the Constitution; (*di un contratto*) clause, article. **3** ⟨*Teol*⟩ article: ~ *di fede* article of faith. **4** ⟨*Comm*⟩ article, line: *un* ~ *che va molto* a line that sells well. □ –*i* **casalinghi** household commodities; –*i di* **consumo** consumer goods; ⟨*Giorn*⟩ ~ *di* **fondo** leading article, leader; –*i di* **lana** woollens *pl,* woollen goods; –*i di* **lusso** luxury articles (*o* items); –*i di* **moda** fashion wear; *in* ~ *di* **morte** at the point of death; –*i di* **prima** **necessità** prime necessities; ~ *in* **serie** mass–produced article; –*i* **sportivi** sports goods; –*i* **vari** sundries.

Artide *N.pr.f.* ⟨*Geog*⟩ Arctic regions *pl.*

artiere *m.* ⟨*Mil*⟩ pioneer.

artificiale *a.* artificial: *lago* ~ artificial lake; *seta* ~ artificial silk. □ *fibre* –*i* synthetic fibres; *fuochi* –*i* fireworks *pl.* **artificialmente** *avv.* artificially.

artificiere *m.* **1** pyrotechnist, firework–maker. **2** ⟨*Mil*⟩ gun artificer.

artificio *m.* **1** (*espediente*) stratagem, trick, artifice: *ricorrere ad artifici* to resort to stratagems. **2** *pl.* cunning, guile: *un uomo pieno di artifici* a man full of guile (*o* cunning). **3** (*congegno*) device, contrivance. **4** (*ricercatezza*) artificiality. □ *fuochi d'* ~ fireworks *pl.* **artificiosamente** *avv.* **1** cunningly, artfully. **2** (*senza naturalezza*) artificially, affectedly. **artificiosità** *f.* **1** (*affettazione*) artificiality. **2** (*artificio*) trick, artifice: *le* ~ *dello stile* the tricks of style. **artificioso** *a.* **1** artificial; (*astuto*) artful, cunning. **2** (*ricercato, affettato*) artificial: *stile* ~ artificial style.

artigianale *a.* artisan–, handicraft–. □ *prodotti* –*i* handicraft. **artigianato** *m.* **1** artisanship. **2** (*classe*) artisans *pl,* craftsmen *pl.* **3** (*arte*) handicraft, craftsmanship, craftwork. **artigiano I** *a.* artisan–, manual. **II** *s.m.* (*f.* -a) artisan, craftsman (*f* –woman). □ *lavoro* ~ craftwork.

artigliare *v.t.* (**artiglio**, **artigli**) **1** to grip with claws. **2** ⟨*fig*⟩ to clutch.

artigliere *m.* ⟨*Mil*⟩ artillery man.

artiglieria *f.* **1** artillery. **2** (*tecnica*) gunnery. □ ~ *da* **campagna** field artillery; ~ *a* **cavallo** horse artillery; ~ **contraerea** anti–aircraft artillery; **fuoco** *d'* ~ gunfire, shellfire; ~ *da* **montagna** mountain artillery; ~ **pesante** heavy artillery; **pezzo** *d'* ~ artillery piece; **soldato** *d'* ~ artillery man.

artiglio *m.* **1** claw; (*di rapaci*) talon. **2** *pl.* ⟨*fig*⟩ clutches *pl: cadere negli artigli di qd.* to fall into s.o.'s clutches.

artiodattili *m.pl.* ⟨*Zool*⟩ artiodactyl(e)s *pl.*

artista *m./f.* artist (*anche fig.*). □ ~ *cinematografico* film actor; *da* ~ like a true artist; ~ *drammatico* actor; ~ *lirico* opera singer. **artistico** *a.* (*pl.* -ci) artistic.

arto *m.* ⟨*Anat*⟩ limb. □ ~ *anteriore* forelimb; ~ *artificiale* artificial limb; –*i* **inferiori** lower limbs; ~ *posteriore* hind limb; –*i* **superiori** upper limbs.

artrite *f.* ⟨*Med*⟩ arthritis: ~ *deformante* arthritis deformans. **artritico** *a./s.* (*pl.* -ci) **I** *a.* arthritic. **II** *s.m.* (*f.* -a) arthritic (person).

artrolito *m.* arthrolith.

artropatia f. ⟨Med⟩ artropathy, joint disease.
artropodi m.pl. ⟨Zool⟩ arthropods pl.
artrosi f. ⟨Med⟩ arthrosis.
Artù N.pr.m. ⟨Lett⟩ Arthur. **arturiano** a. ⟨Lett⟩ Arthurian: ciclo ~ Arthurian cycle.
aruspice m. ⟨Stor⟩ haruspex.
arvicola f. ⟨Zool⟩ field mouse.
arzagola f. ⟨Ornit⟩ teal.
arzigogolare v.i. (arzigogolo; aus. avere) **1** (fantasticare) to muse (su over). **2** (cavillare) to quibble. **arzigogolato** a. bizarre, fantastic. **arzigogolo** m. **1** (fantasticheria) fantasy, fancy. **2** (cavillo) quibble. **3** (giro di parole) round–about expression.
arzillo a. **1** sprightly, lively: un vecchietto ~ a sprightly (o lively) old man. **2** (brillo) tipsy.
asbesto m. ⟨Min⟩ asbestos. **asbestosi** f. ⟨Med⟩ asbestosis.
Asburgo N.pr.m. Hapsburg, Habsburg.
ascaride m. ⟨Zool⟩ round worm. **ascaridiosi** f. ⟨Med⟩ ascar(id)iasis.
ascaro m. ⟨Mil⟩ askari.
ascella f. **1** armpit. **2** ⟨Anat⟩ axilla. **3** ⟨Bot⟩ axil. **ascellare** a. ⟨Anat,Bot⟩ axillary: cavo ~ axillary cavity.
ascendentale a. **1** ascending, upward: moto ~ ascending (o upward) motion. **2** ⟨Dir⟩ ascendant–, ascendent.
ascendente I a. **1** ascending, upward: moto ~ di una stella ascending motion of a star. **2** ⟨Dir⟩ ascendent. II s.m./f. **1** ⟨Dir,Astr⟩ ascendant. **2** ⟨fig⟩ (influenza) ascendancy: avere ~ su qd. to have ascendancy over s.o.
ascendenza f. **1** (complesso degli antenati) ancestry, ancestors pl. **2** ⟨estens⟩ origin, descent. **ascendere** v. (ascesi, asceso) I v.i. (aus. essere) **1** (salire) to ascend, to go up. **2** ⟨fig⟩ to rise, to ascend: ~ a grandi onori to rise (o ascend) to great honours. **3** (ammontare) to amount (a to): le spese ascendono a un milione di lire the expenses amount to a million lire II v.t. to ascend, to climb (up): ~ un monte to climb a mountain. ☐ Cristo ascese al cielo Christ ascended into Heaven.
ascensionale a. upward, ascensional: moto ~ upward motion. ☐ forza ~ lifting power. **ascensionalità** f. ⟨Aer⟩ lift. **ascensione** f. **1** (salita) ascent. **2** (scalata) climb, ascent: ~ alpinistica mountain climb. **3** ⟨Astr⟩ ascension. Ascensione N.pr.f. ⟨Rel⟩ Ascension: la festa dell'~ Ascension Day. **ascensionista** m./f. mountain–climber.
ascensore m. lift, ⟨am⟩ elevator. **ascensorista** m. lift-boy.
ascesa f. **1** (salita) ascent, climb. **2** ⟨fig⟩ rise, ascent. ☐ ~ dei prezzi rise in prices; ~ al trono accession to the throne.
ascesi[1] f. ascesis.
ascesi[2], **asceso** → ascendere.
ascesso m. ⟨Med⟩ abscess: incidere un ~ to lance (o drain) an abscess; avere un ~ al dente to have a dental abscess. **ascessuale** a. ⟨Med⟩ of an abscess, abscess–.
asceta m./f. ascetic (anche fig.). **ascetica** f. ⟨Rel⟩ ascetical theology. **asceticamente** avv. ascetically. **ascetico** a. (pl. -ci) ascetic(al). **ascetismo** m. asceticism.
ascia f. (pl. asce) axe; (accetta) hatchet. ☐ ⟨fig⟩ fatto con l' ~ roughly (o clumsily) made; maestro d' ~ carpenter; ⟨Mar⟩ shipwright.
asciatico a. (pl. -ci) casting no light. ☐ ⟨Chir⟩ lampada –a operating light.
ascientifico a. (pl. -ci) unscientific. **ascientificità** f. unscientific character.
ascidio m. ascidium.
ascisc m. → hashish.
ascissa f. ⟨Mat⟩ abscissa, X–axix.
ascite f. ⟨Med⟩ ascites. **ascitico** a. (pl. -ci) ascitic.
asciuga\capelli m.inv. hair dryer. **~mano** m. towel. **~ da bagno** bath towel; ~ di carta a rotoli roller towel; ~ monouso one–way towel; ~ di spugna terry–cloth towel.
asciugare v. (asciugo, asciughi) I v.t. **1** to dry: ~ qc. al sole to dry s.th. in the sun; ~ i piatti to dry the dishes; ~ le lacrime a qd. to dry s.o.'s tears. **2** (prosciugare) to drain. II v.i. (aus. avere) to (become) dry: questa vernice asciuga subito this paint dries immediately. **asciugarsi** v.r. to dry o.s.; (diventare asciutto) to (become) dry. ☐ ⟨fig⟩ ~

una bottiglia to drink a whole bottle; asciugarsi il sudore to wipe one's brow; ⟨fig⟩ asciugare le tasche di qd. to clear s.o. out.
asciugatoio m. **1** bath towel. **2** ⟨Ind⟩ (essiccatoio) dryer.
asciugatrice f. clothes dryer. **asciugatura** f. drying.
asciuttezza f. **1** dryness. **2** ⟨fig⟩ (rif. a modi e sim.) curtness; (rif. a stile) terseness.
asciutto I a. **1** dry: luogo ~ dry spot. **2** (magro) lean, thin: un viso ~ a lean face. **3** ⟨fig⟩ (laconico) curt, abrupt: una risposta –a a curt reply. II s.m. dry ground, dry place. III avv. curtly. ☐ ⟨fig⟩ essere all' ~ (senza quattrini) to be penniless; a bocca –a (senza mangiare) without a bite to eat; ⟨fig⟩ rimanere a bocca –a (rimanere deluso) to be disappointed; mangiare ~ (senza bere) to eat without drinking; a occhi –i dry-eyed; pane ~ dry bread.
asclepiadeo I a. ⟨Metr⟩ Asclepiadean. II s.m. Asclepiad.
asco m. (pl. -chi) ⟨Bot⟩ ascus. **ascocarpo** m. ⟨Bot⟩ ascocarp. **ascogonio** m. ⟨Bot⟩ ascogonium.
ascoltare v. (ascolto) I v.t. **1** to listen to: ~ un discorso to listen to a speech. 2 ⟨Med⟩ (auscultare) to auscultate. **3** (dare retta) to listen to, to heed: ~ i consigli di qd. to heed s.o.'s advice. **4** (assistere) to attend: ~ le lezioni to attend classes. **5** (esaudire) to grant, to hear: ~ le preghiere di qd. to grant (o hear) s.o.'s prayers. II v.i. (aus. avere) **1** to listen, to pay attention. **2** (origliare) to eavesdrop. ☐ ~ il giornale radio to listen (in) to the news; ⟨Scol⟩ ~ le lezioni to attend classes; ~ la messa to attend mass; ~ la radio to listen in (o to the radio).
ascoltatore m. (f. -trice) **1** listener. **2** ⟨tecn⟩ sound locator. **ascolto** m. **1** (l'ascoltare) listening. **2** (il dare retta) attention: dare (o porgere) ~ a qd. to listen to s.o. ☐ dare ~ ai consigli dei genitori to heed the advice of one's parents; ⟨Tel⟩ dispositivo di ~ monitoring device; stare in ~ to be listening; (origliare) to eavesdrop; non trovare ~ not to get a hearing.
AS. COM. = Associazione Commercianti Association of Merchants and Shopkeepers.
ascomiceti m.pl. ⟨Bot⟩ ascomycetes pl.
ascorbico a. ⟨Biol⟩ ascorbic: acido ~ ascorbic acid. **ascorbina** f. ⟨Chim⟩ ascorbic acid.
ascrissi → ascrivere.
ascrivere v.t. (ascrissi, ascritto) **1** (annoverare) to enter the name of: ~ qd. tra i membri di una società to enter s.o.'s name among the members of a society. **2** (attribuire) to attribute, to ascribe: ~ delle azioni a lode di qd. to ascribe praise to s.o.'s actions. ☐ ~ a lode to consider praiseworthy; ~ qc. a biasimo di qd. to blame s.o. for s.th.
ASEAN = Associazione delle nazioni del sud–est asiatico Association of Southeast Asian Nations (abbr. ASEAN).
asello m. ⟨Zool⟩ water slater.
asepsi f. ⟨Med⟩ asepsis.
asessuale a. ⟨Biol⟩ asexual. **asessualità** f. asexuality.
asessuato a. → asessuale.
asettico a. (pl. -ci) ⟨Med⟩ aseptic.
asfaltare v.t. to asphalt. **asfaltato** a. asphalted: strada –a asphalted road. **asfaltatore** m. → asfaltista.
asfaltatrice f. ⟨Strad⟩ asphalter, asphalt layer.
asfaltatura f. **1** (l'asfaltare) asphalting. **2** (tappeto di asfalto) asphalt surfacing. **asfaltico** a. (pl. -ci) asphaltic, asphalt–. **asfaltista** m. asphalter. **asfalto** m. asphalt.
asferico a. (pl. -ci) ⟨Ott⟩ aspheric(al).
asfissia f. ⟨Med⟩ asphyxia, asphyxiation. **asfissiante** a. **1** ⟨Med⟩ asphyxiant, asphyxiating. **2** ⟨fig⟩ (fastidioso) tiresome, wearisome: persona ~ tiresome person. ☐ caldo ~ stifling heat; gas ~ poisonous gas. **asfissiare** v. (asfissio, asfissi) I v.t. **1** to asphyxiate; (con gas) to gas. **2** (soffocare, togliere il respiro) to suffocate. **3** ⟨fam⟩ (infastidire) to weary, to bore to death: ~ qd. con chiacchiere to bore s.o. to death with one's chatter. II v.i. (aus. essere) to be asphyxiated. **asfissiato** a. asphyxiated. ☐ morire ~ to die of asphyxia.
asfittia f. → asfissia.
asfittico a. (pl. -ci) **1** asphyctic, asphyxial. **2** ⟨fig⟩ weak, ⟨fam⟩ washed out.
asfodelo m. ⟨Bot⟩ asphodel.

Asia *N.pr.f.* ⟨*Geog*⟩ Asia. □ ~ *minore* Asia Minor. **asiatica** *f.* Hong Kong flu, Mao flu. **asiatico** *a./s.* (*pl.* -ci) **I** *a.* Asiatic, Asian. **II** *s.m.* (*f.* -a) Asiatic.

asillabico *a.* (*pl.* -ci) asyllabic(al).

asilo *m.* **1** ⟨*Dir*⟩ asylum, sanctuary: ~ *politico* political asylum; *diritto d'* ~ right of asylum. **2** (*scuola*) kindergarten, nursery school. **3** (*rifugio, ricovero*) shelter, refuge (*anche fig.*). □ *chiedere* ~ *a qd.* to ask s.o. for shelter (*o* asylum); **concedere** (*o dare*) ~ *a qd.* to shelter s.o.; ~ **diplomatico** diplomatic asylum; ~ **infantile** nursery school, infant house; ~ *di* **mendicità** alms house; ~ **nido** day nursery; ~ **notturno** night shelter; ~ *per i* **poveri** workhouse; **richiesta** *di* ~ *politico* application for political asylum.

asimmetria *f.* asymmetry. **asimmetricamente** *avv.* asymmetrically. **asimmetrico** *a.* (*pl.* -ci) asymmetric(al).

asina *f.* she-ass. □ *latte d'* ~ ass's milk. **asinaggine** *f.* stupidity, asininity. **asinaio** *m.* donkey (*o* ass) driver. **asinata** *f.* **1** (*azione da stupido*) foolish action. **2** (*discorso da stupido*) stupid remark.

asincronia *f.*, **asincronismo** *m.* ⟨*Fis*⟩ asynchronism. **asincrono** *a.* asynchronous.

asineria *f.* → asinaggine. **asinesco** *a.* (*pl.* -chi) asinine (*anche fig.*). **asinino** *a.* asinine, donkey's. □ ⟨*Med*⟩ *tosse –a* whooping cough. **asinità** *f.* → asinaggine.

asino *m.* (*f.* -a) **1** ass, donkey. **2** (*fig*) fool, dunce: *essere un* ~ to be a fool. □ (*fig*) *essere come l'*~ *di* **Buridano** to be unable to make up one's mind; **carico** *come un* ~ as laden as a donkey; *qui* **casca** *l'* ~ there's the rub; ⟨*fig*⟩ **lavare** *la testa all'* ~ to try to wash a blackamoor white; ⟨*fig*⟩ **legare** *l'* ~ *dove vuole il padrone* to obey orders blindly; **orecchie** *d'* ~ ass's ears; **pezzo** *d'* ~ stupid fool; **ponte** *dell'* ~ ass's bridge; **testardo** *come un* ~ as stubborn as a mule. *Prov.: meglio un* ~ *vivo che un dottore morto* a live dog is better than a dead lion.

asintomatico *a.* (*pl.* -ci) ⟨*Med*⟩ asymptomatic.

asintotico *a.* (*pl.* -ci) ⟨*Mat*⟩ asymptotic. **asintoto** *m.* asymptote.

asismico *a.* (*pl.* -ci) **1** aseismic, earthquake–free. **2** (*antisismico*) earthquake–proof.

asma *m./f.* ⟨*Med*⟩ asthma. **asmatico I** *a.* (*pl.* -ci) asthmatic(al). **II** *s.m.* (*f.* -a) asthmatic.

asociale I *a.* asocial, not gregarious; (*introverso*) introverted. **II** *s.m./f.* asocial person; (*introverso*) introvert.

asola *f.* buttonhole.

asparagiaia *f.* asparagus bed. **asparagina** *f.* ⟨*Chim*⟩ asparagine. **asparago** *m.* (*pl.* -gi) ⟨*Bot*⟩ asparagus.

aspartame *m.* ⟨*Chim*⟩ aspartame.

aspecifico *a.* (*pl.* -ci) ⟨*Med*⟩ aspecific.

aspergere *v.t.* (**aspergo, aspergi; aspersi, asperso**) to (be)sprinkle: ~ *d'acqua santa* to sprinkle with holy water.

asperità *f.* **1** roughness, unevenness, ruggedness. **2** ⟨*fig*⟩ harshness, sharpness: ~ *di carattere* harshness of character.

aspermatismo *m.*, **aspermia** *f.* ⟨*Med*⟩ aspermatism, aspermia.

aspersi → aspergere. **aspersione** *f.* sprinkling: ⟨*Lit*⟩ ~ *di acqua santa* sprinkling with holy water. **asperso** → aspergere. **aspersorio** *m.* ⟨*Lit*⟩ aspergillum.

aspettare *v.t.* (**aspetto**) **1** to wait for, to await: *ti aspetto da un'ora* I have been waiting for you for an hour; *aspetta che torni* wait for him to come back, wait until he comes back. **2** (*attendere una persona che deve arrivare o una cosa che deve accadere*) to expect, to be expecting: *non mi* ~ *prima delle dieci* don't expect me before ten; ~ *una lettera* to expect a letter; ~ *gente a cena* to be expecting people to dinner; *si aspettano troppo da me* they expect too much of me; *c'era da aspettarselo* it was only to be expected; *mi aspettavo una lode* I was expecting praise. **3** (*con rassegnazione*) to be prepared for: *aspettarsi un biasimo* to be prepared for censure; (*con desiderio*) to look forward to; (*con timore*) to dread. **4** (*Comm*) to await: *aspettando cortese risposta* awaiting your kind reply. □ *mia moglie aspetta un* **bambino** my wife is expecting a baby; *hai un* **bell'** ~ it's no use (your) waiting; ~ *gli*

eventi to await events; *fare* ~ *qd.* to keep s.o. waiting; *farsi* ~ to be late; *aspetta* **fino** *a domani* wait until tomorrow; **me** *lo aspettavo* I thought as much; *quando* **meno** *te l'aspetti* when you least expect it; ~ *qd. in* **piedi** to wait up for s.o.; ~ *qd. al* **varco** to lie in wait for s.o. *Prov.: chi la fa l'aspetti* as we sow so do we reap; *chi ha tempo non aspetti tempo* strike while the iron is hot. ‖ *aspetta, che ti accomodo io* just you wait, I'll fix you; *qui ti aspettavo* I thought I'd catch you on that.

aspettativa *f.* **1** (*l'aspettare con la mente rivolta a qc. o a qd.*) expectation: *in* ~ *di qc.* in expectation of s.th. **2** ⟨*burocr*⟩ (*esonero temporaneo*) leave (of absence): *mettere in* ~ *per infermità* to put on sick leave. □ *contrariamente alle nostre –e* contrary to our expectations; *corrispondere all'* ~ to come up to one's expectations; *non corrispondere all'* ~ to fall short of one's expectations; ⟨*Assic*⟩ *periodo d'* ~ waiting period; *superare tutte le –e* to exceed all expectations (*o* hopes). **aspettazione** *f.* **1** (*condizione di chi aspetta*) expectancy. **2** (*speranza*) expectations *pl: rispondere all'* ~ to come up to (one's) expectations.

aspetto[1] *m.* **1** appearance, aspect: *giudicare qd. dall'* ~ to judge s.o. by his appearance. **2** (*volto*) look, countenance: *un* ~ *lieto* a joyful countenance; (*espressione*) expression; (*bellezza*) looks *pl.* **3** (*lato*) aspect, point of view: *l'* ~ *economico di un problema* the economic aspect of a problem. **4** ⟨*Gramm,Astr*⟩ aspect. □ **all'** ~ *pare onesto* he looks honest; *essere di* **bell'** ~ to be good–looking; *allora, la cosa* **cambia** ~ well then, that puts a different complexion on the matter; *non riesco a vedere la cosa* **sotto questo** ~ I can't see the thing from this point of view; *una casa dall'* ~ **signorile** an elegant–looking house.

aspetto[2] *m.* (*l'aspettare*) waiting, wait. □ ⟨*Mus*⟩ *battuta d'* ~ pause; *sala d'* ~ waiting room.

aspide *m.* **1** ⟨*Zool*⟩ asp. **2** ⟨*fig*⟩ snake, viper.

aspidistra *f.* ⟨*Bot*⟩ aspidistra.

aspirante I *a.* **1** inhaling. **2** ⟨*Mecc*⟩ suction–, sucking: *pompa* ~ suction pump. **3** (*che desidera vivamente*) aspiring, aspirant. **II** *s.m./f.* **1** applicant: ~ *a un impiego* applicant for a job; (*concorrente*) candidate. **2** (*corteggiatore*) suitor: *gli –i alla mano della principessa* the princess's suitors. **3** ⟨*Mar*⟩ midshipman. **4** ⟨*Aer*⟩ air–force cadet.

aspirapolvere *m.inv.* vacuum cleaner, ⟨*fam*⟩ hoover.

aspirare I *v.t.* **1** (*inspirare*) to inhale, to breathe in. **2** ⟨*Mecc*⟩ to suck (*o* up), to drain away: ~ *l'acqua con una pompa* to drain away the water with a pump. **3** ⟨*Fon*⟩ to aspirate: *in inglese, l'h si aspira* in English, the h is aspirate(d). **II** *v.i.* (*aus.* avere) to aspire (*a* to): ~ *alla gloria* to aspire to glory; ~ *alla mano di una donna* to aspire to the hand of a woman. **aspirata** *f.* ⟨*Fon*⟩ aspirate. **aspirato** *a.* aspirate(d): *un'h –a* an aspirate h. **aspiratore** *m.* **1** ⟨*Mecc*⟩ exhaust fan, exhauster, aspirator. **2** ⟨*Chir*⟩ aspirator. **aspirazione** *f.* **1** (*inspirazione*) inhalation. **2** (*vivo desiderio*) aspiration (*a* after): ~ *al successo* aspiration after success. **3** ⟨*Mecc*⟩ suction, intake. **4** ⟨*Fon*⟩ aspiration. □ ⟨*Mecc*⟩ *periodo di* ~ intake period; ⟨*Mecc*⟩ *valvola di* ~ inlet valve.

aspirina *f.* aspirin.

aspo *m.* ⟨*Tess*⟩ reel.

asportabile *a.* removable. **asportare** *v.t.* (**asporto**) **1** to remove, to take (*o* carry) away: ~ *qc. da un luogo* to remove s.th. from a place. **2** ⟨*Chir*⟩ to remove, to extirpate: ~ *un tumore* to remove a tumour. **asportazione** *f.* **1** removal, carrying away. **2** ⟨*Chir*⟩ removal, extirpation. **asporto** *m.* **1** removal. **2** (*di cibi, ecc.*) taking away, ⟨*am*⟩ taking out. □ *cibo da* ~ takeaway food, ⟨*am*⟩ takeout food, ⟨*am*⟩ takeout.

aspramente *avv.* sharply; (*duramente*) harshly: *trattare* ~ *qd.* to treat s.o. harshly. **asprezza** *f.* **1** (*rif. a sapore*) sourness, tartness, sour taste. **2** (*ruvidezza*) roughness: ~ *di una superficie* roughness of a surface. **3** (*rigore: rif. a clima*) severity. **4** ⟨*fig*⟩ (*durezza*) harshness: *trattare qd. con* ~ to treat s.o. with harshness (*o* harshly). **5** ⟨*fig*⟩ (*difficoltà*) difficulty, arduousness: *le –e della vita* the difficulties of life. **6** ⟨*fig*⟩ (*accanimento*) keenness, bitterness: *l'* ~ *della lotta* the keenness of the fight.

asprì *m.* ⟨*Mod*⟩ osprey.

asprigno I *a.* (*rif. a sapore*) sourish; (*rif. a vino*) rather sharp (*o* rough). **II** *s.m.* sourish taste. **aspro** *a.* (*sup.* **aspèrrimo**) **1** (*rif. a sapore*) sour, tart; (*rif. a vino*) sharp, harsh. **2** (*rif. a superficie*) rough. **3** (*rif. a suono*) harsh, rasping: *voce –a* rasping voice. **4** (*rif. a clima*) severe, raw: *clima* ~ severe climate. **5** (*ripido*) difficult, steep: *una salita –a* a difficult ascent. **6** (*fig*) (*duro*) harsh, hard: *sei stato troppo* ~ *con lui* you were too hard on him; *un* ~ *rimprovero* a harsh rebuke. **7** (*fig*) (*accanito*) relentless: *un'–a lotta* a relentless struggle. **8** ⟨*Fon*⟩ voiceless: *una s –a* a voiceless s.

assafètida *f.* ⟨*Chim*⟩ asafoetida.

assaggiare *v.t.* (**assàggio, assàggi**) **1** (*gustare*) to taste, to try: *assaggia questo vino* taste (*o* try) this wine. **2** ⟨*tecn*⟩ to test, to assay: ~ *il terreno* to test soil; ~ *un metallo* to assay a metal. **assaggiatòre** *m.* (*f.* **-trice**) **1** taster. **2** ⟨*Met*⟩ assayer. **assaggiatùra** *f.* **1** tasting. **2** ⟨*Met*⟩ assaying. **assàggio** *m.* **1** (*operazione*) tasting, sampling. **2** (*campione*) sample. **3** ⟨*tecn*⟩ test; (*rif. a metalli*) assay. □ ~ *di vino* wine tasting.

assài I *avv.* **1** (*molto: con agg. e avv. positivi*) very: ~ *bello* very fine; ~ *di buon grado* very willingly; (*con un comparativo o un verbo*) much, very much, a great deal: ~ *meglio* much better. **2** (*abbastanza*) enough: *ho mangiato* ~ I have eaten enough. **3** (*nulla*) nothing, much: *m'importa* ~ *di te!* I don't care much about you! **II** *a.inv.* a lot of, plenty of: *c'era* ~ *gente* there were a lot of people. **III** *s.m.inv.* much, a great deal, a large amount.

assàle *m.* ⟨*Mecc*⟩ axle.

assàlgo → **assalire**. **assalire** *v.t.* (**assàlgo/assalìsco, assàli/assalìsci; assalìi/assàlsi, assalìto**) **1** to assail, to fall (*o* set) upon: ~ *qd. a colpi di bastone* to set upon s.o. with a stick; ~ *qd. con ingiurie* to assail s.o. with insults. **2** ⟨*Mil*⟩ to attack, to assault, to storm: ~ *le posizioni nemiche* to attack the enemy positions; ~ *una fortezza* to storm a fortress. **3** (*rif. a malattia*) to strike down, to seize: *mi assalì una febbre violenta* I was struck down by a violent fever. **4** (*fig*) to assail, to seize: *fu assalito dai rimorsi* he was seized with remorse; *mi assalì un dubbio* a doubt assailed me. **assalitòre** *m.* (*f.* **-trice**) assailant, attacker. **assàlsi** → **assalire**.

assaltàre *v.t.* to assault, to attack: ~ *il nemico* to attack the enemy. □ ~ *un banca* to raid a bank. **assaltatòre** *m.* (*f.* **-trice**) assailant, attacker.

assàlto *m.* **1** assault, attack (*anche Mil.*). **2** ⟨*Sport*⟩ bout; (*nel pugilato*) round. **3** (*fig*) sudden attack, onslaught. **4** ⟨*Med*⟩ attack, bout: ~ *di febbre* bout of fever. □ *andare all'* ~ to attack; ~ *alla* **banca** bank raid; *i ragazzi si* **buttarono** *all'* ~ *dei dolci* the boys began to devour the cakes; **dare** *l'* ~ *al nemico* to attack the enemy; (*fig*) ~ *alla* **diligenza** storming; ~ *in* **massa** mass attack; **prendere** *d'* ~: 1 (*attaccare*) to attack; 2 (*fig*) to attack energetically, to besiege: *prendere d'* ~ *un negozio* to besiege a shop; *prendere qd. d'* ~ to pin s.o. down; ⟨*Mil*⟩ **reparti** *d'* ~ assault troops; **respingere** *un* ~ to repel (*o* beat off) an attack; **sostenere** *l'* ~ to withstand the assault; ~ *agli* **sportelli** (*bancari*) run on a bank; ⟨*Mil*⟩ **truppe** *d'* ~ shock (*o* storm) troops.

assaporàre *v.t.* (**assapòro**) to savour, to relish (*anche fig.*): ~ *le gioie della vita* to savour the joys of life. **assaporaménto** *m.* savouring.

assassinàre *v.t.* **1** to murder; (*rif. a personalità*) to assassinate. **2** (*fig*) (*danneggiare gravemente*) to cripple, to ruin: *queste tasse assassinano il popolo* these taxes are crippling the people. **3** (*fig*) (*rif. a cose: sciupare, guastare*) to murder: ~ *un brano musicale* to murder a piece of music. **assassìnio** *m.* **1** murder: *commettere un* ~ to commit a murder; (*rif. a personalità*) assassination. **2** (*fig*) (*rif. a opere d'arte*) bad (*o* bungled) piece of work. **assassìno I** *a.* **1** murderous, murderer's, assassin's: *mano –a* assassin's hand. **2** (*fig*) (*seducente*) killing, bewitching: *sguardo* ~ bewitching look. **II** *s.m.* (*f.* **-a**) **1** murderer (*f* –deress), assassin. **2** (*fig*) (*chi danneggia persone o cose*) spoiler, destroyer. **3** (*fig*) (*rif. a esecutori*) bungler.

asse[1] *m.* **1** ⟨*Mat,Fis*⟩ axis. **2** ⟨*Mecc*⟩ axle, axle-tree. **3** ⟨*Med,Pol*⟩ axis: ⟨*Stor*⟩ *l'* ~ *Roma–Berlino* the Rome–Berlin Axis. □ *a due –i* two–axled; ~ *ottico* axis of vision; ~ *di rotazione* axis of rotation; ⟨*Mecc*⟩ ~ *della* **ruota** wheel shaft, axle.

asse[2] *f.* (*pl.* **àssi**) (*tavola di legno*) board, plank. □ ⟨*Ginn*⟩ ~ *di equilibrio* balancing form; ~ *per lavare* scrubbing–board; ⟨*am*⟩ washboard; ~ *da stiro* ironing–board.

asse[3] *m.* **1** ⟨*Stor*⟩ (*unità di peso o moneta*) as. **2** ⟨*Dir*⟩ assets *pl*, property. □ ~ *ecclesiastico* Church property; ~ *ereditario* hereditament; ~ *patrimoniale* patrimony, estate.

assecondàre *v.t.* (**assecòndo**) **1** (*favorire*) to support, to back up: ~ *gli sforzi di qd.* to support s.o.'s efforts. **2** (*esaudire*) to comply with: ~ *i desideri di qd.* to comply with s.o.'s wishes.

assediànte I *a.* besieging. **II** *s.m./f.* besieger. **assediàre** *v.t.* (**assèdio**) **1** ⟨*Mil*⟩ to besiege: ~ *una fortezza* to besiege a fortress. **2** (*fare ressa intorno a*) to throng (*o* crowd) around, to mill around: *una folla di curiosi assediava il palazzo* a crowd of onlookers milled around the palace. **3** (*fig*) (*importunare*) to beset, to pester: ~ *qd. con domande* to pester s.o. with questions. **assediàto I** *a.* besieged. **II** *s.m.* (*f.* **-a**) besieged person; *pl.* the besieged. **assèdio** *m.* **1** ⟨*Mil*⟩ siege. **2** (*fig*) pestering. □ *cingere d'* ~ to lay siege to; *levare* (*o* rompere) *l'* ~ to raise the siege; *stato d'* ~ state of emergency.

assegnàbile *a.* assignable.

assegnaménto *m.* **1** (*l'assegnare*) assignment, allotment, allocation. **2** (*somma assegnata*) allowance. **3** (*affidamento, fiducia*) reliance. □ *fare* ~ *su qd.* to rely (*o* count) on s.o.

assegnàre *v.t.* (**assègno**) **1** to assign, to allot: *alla sua morte la casa fu assegnata alla figlia* on his death, his house was assigned to his daughter; ~ *una pensione a qd.* to allot a pension to s.o. **2** (*affidare*) to entrust, to assign, to allot: *gli fu assegnato un incarico molto importante* he was assigned (*o* entrusted with) a very important task. **3** (*destinare: rif. a persona*) to assign, to appoint: *l'impiegato fu assegnato ad altra sede* the employee was assigned to another office. □ ~ *i compiti* to allot (*o* assign) tasks; ~ *un lavoro a qd.* to give s.o. a job; ~ *un premio* to award a prize: *a questo romanzo fu assegnato il primo premio* this novel was awarded the first prize.

assegnatàrio *m.* (*f.* **-a**) ⟨*Dir*⟩ assignee, grantee, allottee. **assegnàto** *a.* assigned, allotted. □ ⟨*Comm*⟩ *porto* ~ carriage on delivery.

assegnazióne *f.* **1** (*l'assegnare*) assignment, allotment, allocation. **2** (*il concedere*) allowance, awarding. □ ~ *di* **case** *popolari* allocation of council houses; ~ *dei* **compiti** job assignment; ~ *dei* **posti** allocation of places; ~ *di* **premi** awarding of prizes; ~ *di* **terra** land grant; ~ *di* **valuta** foreign exchange allocation.

assègno *m.* **1** allowance. **2** ⟨*Comm*⟩ cheque, ⟨*am*⟩ check: *un* ~ *di centomila lire* a cheque for one hundred thousand lire. **3** ⟨*Post*⟩ cash on delivery, C.O.D.: *spedire qc. contro* ~ to send s.th. cash on delivery. □ ~ *alimentare* alimony; ~ **bancario** bank cheque; ~ *in* **bianco** blank cheque; ~ **circolare** banker's (*o* bank) draft; *pagamento* **contro** ~ payment cash on delivery; ~ **coperto** covered cheque; **emettere** *un* ~ to issue a cheque; *–i* **familiari** family allowance; ⟨*Assic*⟩ ~ **funerario** burial benefit; *libretto degli –i* chequebook; ~ *all'***ordine** cheque to order; ~ **personale** personal cheque, ⟨*am*⟩ personal check; ~ *al* **portatore** cheque to bearer; ~ **sbarrato** crossed cheque; ~ *di* **studio** student loan; ~ *non* **trasferibile** non–negotiable cheque; ~ **turistico** traveller's cheque; ~ *a* **vuoto** dud cheque.

assemblàggio *m.* ⟨*tecn*⟩ assembly. **assemblàre** *v.t.* (**assèmblo**) ⟨*tecn*⟩ to assemble, to join together. **assemblatòre** *m.* ⟨*Inform*⟩ assembler.

assemblèa *f.* **1** assembly, meeting: ~ *degli azionisti* meeting of the shareholders. **2** ⟨*Mar.mil*⟩ muster. □ ~ **annuale** annual meeting; ~ *degli* **azionisti** shareholders' (*o* stockholders') meeting; **convocare** *un'* ~ to call a meeting; ~ **costituente** constituent assembly; ~ **generale** general meeting; ~ *dei* **lavoratori** workers meeting; ~ **legislativa**

Parliament; ~ **nazionale** national assembly; *assemblee parlamentari* Chambers; ~ **permanente** (*dei lavoratori*) work–in; ~ **plenaria** plenary meeting (*o* assembly); ~ **popolare** public meeting; **sciogliere** *un'* ~ to dissolve an assembly; ~ *dei* **soci** general meeting; ~ **societaria** company meeting; ~ **straordinaria** special meeting.

assembleare *a.* of an assembly, assembly–: *decisione* ~ decision taken by an assembly.

assembramento *m.* 1 (*affollamento*) crowd, throng: *sciogliere l'* ~ to break up the crowd. 2 ⟨*Mil*⟩ muster.

assembrare *v.t.* (**assembro**) ⟨*lett*⟩ to assemble. **assembrarsi** *v.r.* (*radunarsi*) to assemble, to gather.

assennatamente *avv.* wisely, sensibly. **assennatezza** *f.* wisdom, common (*o* good) sense. **assennato** *a.* wise, sensible: *una ragazza –a* a sensible girl; *una decisione –a* a wise decision.

assenso *m.* assent, approval, consent: *dare il proprio* ~ *a qd.* to give one's consent to s.o.

assentarsi *v.r.* (**mi assento**) to absent o.s., to stay away: ~ *dall'ufficio per due giorni* to stay away from the office for two days. **assente I** *a.* 1 absent, away: *è* ~ *dalla scuola da un mese* he has been absent (*o* away) from school for a month; ~ *da Roma* ⸢away from⸣ (*o* out of) Rome; *gli alunni –i* the pupils absent. 2 ⟨*fig*⟩ (*distratto*) absent–minded, vacant: *sguardo* ~ vacant glance. **II** *s.m./f.* absentee; *pl.* the absent (*costr. pl.*), absentees *pl.* □ *lista degli –i* list of absentees. *Prov.:* gli *–i hanno sempre torto* the absent are always in the wrong.

assenteismo *m.* 1 absenteeism. 2 ⟨*fig*⟩ (*indifferenza*) indifference. 3 (*rif. al lavoro*) absenteeism, (*habitual*) failure to appear for work. □ *tasso di* ~ absenteeism rate; *tasso di* ~ *per malattia* sickness rate. **assenteista** *m./f.* 1 (*rif. a lavoratori*) absentee. 2 ⟨*fig*⟩ person having no interest (in social problems).

assentire *v.i.* (**assento**; *p.pr.* **assenziente**; *aus.* avere) to assent, to consent (*a* to): ~ *alla richiesta di qd.* to assent to s.o.'s request. □ ~ *col capo* to nod (in) assent.

assenza *f.* 1 absence: *durante la mia* ~ in (*o* during) my absence. 2 (*mancanza*) lack, want: ~ *di gusto* lack of taste. □ ⟨*iron*⟩ **brillare** *per la propria* ~ to be conspicuous by one's absence; ~ **dal** *lavoro* absence from work; **fare** *un'* ~ *dalla scuola* to be absent (*o* away) from school; *ha già fatto tre –e* he has already been absent three times; ~ *giustificata* justified absence; ~ *per* **malattia** absence due to illness; **sentire** *l'* ~ *di qd.* to miss s.o.

assenziente *a.* assentient, consentient. □ ~ *tuo padre* with the consent of your father.

assenzio *m.* 1 ⟨*Bot*⟩ absinth(e), wormwood. 2 (*liquore*) absinth(e). □ ⟨*fig*⟩ *amaro come l'* ~ as bitter as wormwood.

asserire *v.t.* (**asserisco, asserisci**) to assert, to affirm, to maintain: ~ *la propria innocenza* to maintain one's innocence.

asserragliamento *m.* 1 barricading, blocking. 2 (*barricata*) barricade, block. **asserragliare** *v.t.* (**asserraglio, asserragli**) to barricade, to block. **asserragliarsi** *v.r.* to barricade o.s.

assertività *f.* assertiveness. **assertivo** *a.* assertive, affirmative. **assertore** *m.* (*f.* -trice) assertor, supporter, champion: *farsi* ~ *di una dottrina* to make o.s. the champion of a doctrine. **assertorio** *a.* assertive.

asservimento *m.* enslavement, enthralment, subjection: ~ *allo straniero* subjection to the foreigner. **asservire** *v.t.* (**asservisco, asservisci**) 1 to enslave, to subdue, to enthral: ~ *una nazione* to enslave a nation. 2 ⟨*fig*⟩ to subdue, to submit: ~ *gli istinti alla ragione* to submit instincts to the mind. **asservirsi** *v.r.* to submit, to subject o.s. (*a* to), to become the slave (of): *asservirsi allo straniero* to submit to the foreigner. **asservito** *a.* subject: ~ *al nemico* subject to the enemy.

asserzione *f.* 1 assertion, affirmation, statement: *sostenere con prove la propria* ~ to support (*o* back up) one's statement with proof. 2 ⟨*Dir*⟩ assertion.

assessorato *m.* councillorship, councillor's office. **assessore** *m.* councillor. □ ~ *regionale* member of a Regional Council. **assessoriale** *a.* alderman's.

assestamento *m.* 1 (*l'assestarsi*) arrangement. 2

(*sistemazione*) settlement: *l'* ~ *degli affari* the settlement of business. 3 ⟨*Geol*⟩ settling, settlement. □ ⟨*Geol*⟩ *piano di* ~ bed plane; ⟨*Edil,Geol*⟩ ~ *del terreno* ground settling.

assestare *v.t.* (**assesto**) 1 to arrange, to put in order: ~ *i libri* to arrange the books. 2 (*regolare: rif. a conti, faccende*) to settle, to arrange: ~ *i propri affari* to settle one's affairs. 3 (*regolare con precisione*) to adjust carefully. 4 (*dare*) to deal, to land: ~ *un pugno* to land a punch. **assestarsi** *v.r.* to settle in. □ ~ *la mira* to take careful aim. **assestato** *a.* (*ordinato*) orderly, tidy, neat. **assesto** *m.* order: *dare l'* ~ *a qc.* to put s.th. in order.

assetare *v.t.* (**asseto**) 1 to make thirsty. 2 ⟨*fig*⟩ (*invogliare*) to arouse a desire in. **assetato I** *a.* 1 thirsty: *sentirsi stanco e* ~ to feel tired and thirsty. 2 (*riarso*) dry, parched: *campi –i* parched fields. 3 ⟨*fig*⟩ (*bramoso*) thirsty (*di* for): ~ *di sangue* thirsty for blood, bloodthirsty. **II** *s.m.* (*f.* -a) 1 thirsty person. 2 *pl.* the thirsty (*costr. pl.*): *dar da bere agli –i* to give drink to the thirsty. □ *essere* ~ *di gloria* to thirst for (*o* after) glory.

assettamento *m.* 1 arrangement, settlement. 2 ⟨*Edil*⟩ (*assestamento*) settling. **assettare** *v.t.* (**assetto**) to arrange, to set in order: ~ *la casa* to set the house in order. **assettarsi** *v.r.* to arrange, to tidy up: *assettarsi il vestito* to arrange one's dress. **assettato** *a.* tidy, neat, trim. **assetto** *m.* 1 order: *mettere in* ~ *una camera* to put a room in order, to tidy up a room. 2 ⟨*Mar,Aer*⟩ trim, attitude. □ *essere bene* (*o* male) *in* ~ to be well (*o* badly) dressed; *in* ~ *di guerra* in fighting trim; ~ *territoriale* country planning; ⟨*Aer*⟩ ~ *di volo* attitude of flight.

asseverare *v.t.* to assert, to affirm. **asseverativo** *a.* ⟨*lett*⟩ affirmative, assertive. **asseverazione** *f.* ⟨*lett*⟩ assertion.

Assia *N.pr.f.* ⟨*Geog*⟩ Hesse.

assiale *a.* ⟨*Mecc,Mat*⟩ axial: *carico* ~ axial load.

assibilare *v.t.* (**assibilo**) ⟨*Fon*⟩ to assibilate: ~ *una consonante* to assibilate a consonant. **assibilazione** *f.* assibilation.

assicella *f.* ⟨*Edil*⟩ lath.

assicurabile *a.* insurable.

assicurare *v.t.* (*garantire*) to secure, to assure, to ensure: ~ *l'avvenire dei propri figli* to assure the future of one's children. 2 (*promettere*) to assure: *mi ha assicurato che non sarebbe partito* he assured me that he would not leave. 3 (*fermare*) to secure, to fasten: ~ *la porta* to fasten the door; ~ *una fune a un albero* to fasten a rope to a tree. 4 ⟨*Assic*⟩ to insure: ~ *la casa contro gli incendi* to insure the house against fire. 5 ⟨*Post*⟩ to insure: *vorrei* ~ *questa lettera* I should like to insure this letter. 6 (*affermare con sicurezza*) to assure, to tell: *ti assicuro che non è vero* I assure you it isn't true. 7 (*fare arrestare*) to arrest: *il colpevole è stato assicurato alla giustizia* the guilty man has been arrested (*o* brought to justice). **assicurarsi** *v.r.* 1 (*accertarsi*) to make (*o* be) sure, to assure o.s. (*di* of): *assicurati che tutto sia pronto* make sure that everything is ready; *vorrei assicurarmi della verità di quanto asserisci* I should like to be sure of the truth of what you say. 2 (*farsi riservare*) to make sure of, to secure: *assicurarsi una copia di un libro* to make sure of obtaining a copy of a book. 3 (*fissarsi*) to fasten o.s.: *assicurarsi a una corda* to fasten o.s. to a rope. 4 ⟨*Assic*⟩ to insure o.s. (*contro* against): *assicurarsi contro i furti* to insure o.s. against theft. □ *con tutti questi bei voti mi sono assicurato la promozione* with all these good marks I'm sure to be moved up.

assicurata *f.* ⟨*Post*⟩ insured letter. **assicurativo** *a.* ⟨*Comm*⟩ insurance–, assurance–: *ente* ~ insurance company. □ *polizza –a* insurance policy. **assicurato I** *a.* 1 ⟨*Comm*⟩ insured: *una casa –a contro gli incendi* a house insured against fire. 2 ⟨*Post*⟩ insured: *lettera –a* insured letter. **II** *s.m.* (*f.* -a) insured party; (*detentore di polizza*) policy holder. **assicuratore I** *s.m.* (*f.* -trice) insurer. **II** *a.* insurance–: *società assicuratrice* insurance company.

assicurazione *f.* 1 (*l'assicurare*) assurance; (*il fissare*) securing, fastening. 2 (*affermazione*) assurance: *ho la sua* ~ *che non partirà* I have his assurance that he will not leave. 3 ⟨*Assic*⟩ insurance: *stipulare un'* ~ to effect (*o* take out) insurance; *un'* ~ *per un milione di lire* an insurance contract for a million lire. □ ~ **aeronautica** aviation insurance; **agente** *di* ~ insurance agent; **agenzia** *di* ~*i* insurance agency; ~ **automobilistica** *per la responsabilità civile* third–party motor vehicle insurance; ~ **collettiva** group insurance; **compagnia** *di* ~*i* insurance company; ~ *contro i* **danni** insurance against damage; ~ *contro la* **disoccupazione** unemployment insurance; ~ *contro il* **furto** insurance against theft, theft insurance; ~ *contro la* **grandine** hail insurance; ~ **immobiliare** real estate insurance; ~ *contro gli* **incendi** insurance against fire; ~ *contro gli* **infortuni** *sul lavoro* industrial accident insurance; ~ (*contro la*) **invalidità** *e vecchiaia* disablement and old age insurance; ⟨*fam*⟩ *pagare l'* ~ *della* **macchina** to pay the insurance on one's car; ~ (*contro le*) **malattie** health (*o* sickness) insurance; ~ **marittima** marine insurance; ~ *per il caso di* **morte** ordinary (*o* straight) life insurance; ~ *del* **nolo** freight insurance; ~ **obbligatoria** compulsory insurance; ~ **pensionistica** pension insurance; ~ *delle* **persone** *trasportate* (*su automobili, ecc.*) passenger insurance; **polizza** *di* ~ insurance policy; **premio** *di* ~ insurance premium; ~ *del* **raccolto** crop insurance; ~ **responsabilità** *civile auto* third party motor (vehicle) insurance; ~ *contro tutti i* **rischi** all–loss (*o* all–risk) insurance; ~ **sanitaria** *obbligatoria* compulsory health insurance; ~ **sociale** social insurance; ~ *a* **tempo** term life insurance; ~ **terzi** *trasportati* motor vehicle passenger insurance; ~ *sulla* **vita** life insurance; ~ **volontaria** voluntary insurance.

assideramento *m.* frostbite: *morte per* ~ death from frostbite. **assiderare** *v.* (**assidero**) **I** *v.t.* to freeze, to chill, to benumb. **II** *v.i.* (*aus.* **essere**), **assiderarsi** *v.r.* to become frozen, to freeze: *mi sono quasi assiderato per aspettarti* I nearly froze waiting for you. **assiderato** *a.* frozen (to death), frostbitten. ☐ *ho le mani* –*e* my hands are freezing; *morire* ~ to die of frostbite.

assidersi *v.r.* ⟨*lett*⟩ (**mi assisi, assiso**) to take one's seat: *il re si assise sul trono* the king took his seat on the throne. ☐ *essere assiso* to be seated.

assiduamente *avv.* assiduously. **assiduità** *f.* **1** (*costanza*) assiduity, perseverance, application: ~ *nel* (o *al*) *lavoro* application to work. **2** (*diligenza*) assiduousness, diligence, devotion: ~ *nello* (o *allo*) *studio* diligence in studying. **3** (*il frequentare assiduamente*) regular attendance. ☐ *ho notato la tua* ~ *in quella casa* I have noticed that you are a regular visitor in that house. **assiduo I** *a.* **1** (*incessante*) continuous, unbroken, steady. **2** (*diligente*) assiduous, diligent, devoted: *uno scolaro* ~ a diligent pupil; *essere* ~ *allo* (o *nello*) *studio* to be devoted to study. **3** (*rif. a cose: fatto con diligenza*) assiduous, unremitting: *cure* –*e* unremitting attention. **4** (*regolare, costante*) regular, habitual: *frequentatore* ~ regular visitor. **II** *s.m.* (*f.* -a) regular visitor: *un* ~ *della nostra famiglia* a regular visitor of our family's; (*di locali pubblici*) regular customer, habitué.

assieme *avv./s.* → **insieme**.

assiepamento *m.* crowding; (*effetto*) crowd, throng: *un* ~ *di gente* a crowd of people. **assiepare** *v.t.* (**assiepo**) to throng. **assieparsi** *v.r.* to crowd round: *assieparsi intorno a qd.* to crowd round s.o.

assillante *a.* harassing. **assillare** *v.t.* to harass, to pester, to torment: *lo assillava quel pensiero* that thought tormented him; ~ *qd. di domande* to pester s.o. with questions. **assillo** *m.* ⟨*Entom*⟩ horsefly, gadfly. **2** ⟨*fig*⟩ (*stimolo*) goad, spur. **3** ⟨*fig*⟩ (*pensiero tormentoso*) nagging thought. ☐ *sotto l'* ~ *della fame* goaded (*o* spurred on) by hunger.

assimilabile *a.* assimilable. **assimilare** *v.t.* (**assimilo**) **1** to assimilate, to absorb (*anche fig.*): ~ *il cibo* to assimilate food; *ho assimilato molte abitudini straniere* I have assimilated a lot of foreign customs. **2** ⟨*Fon*⟩ to assimilate. **assimilarsi** *v.r.* ⟨*Biol,Fon*⟩ to assimilate. **assimilativo** *a.* assimilative. **assimilato** *a.* assimilated, absorbed: *concetti male* –*i* ill–absorbed concepts; ⟨*Fon*⟩ *consonanti* –*e* assimilated consonants. **assimilatore** *a.* assimilative: ⟨*Bot*⟩ *tessuto* ~ assimilative tissue. **assimilazione** *f.* **1** ⟨*Biol*⟩ assimilation, absorption. **2** ⟨*fig*⟩ assimilation: ~ *di un concetto* assimilation of a concept. **3** ⟨*Fon*⟩ assimilation.

assiolo *m.* ⟨*Ornit*⟩ scops owl.

assioma *m.* axiom. **assiomatica** *f.* axiomatics *pl* (*costr. sing.*). **assiomatico** *a.* (*pl.* **-ci**) axiomatic(al).

assiometro *m.* ⟨*Mar*⟩ rudder indicator.

Assiria *N.pr.f.* ⟨*Geog.stor*⟩ Assyria. **assiriologia** *f.* Assyriology. **assiriologo** *m.* (*pl.* **-gi**; *f.* **-a**) Assyriologist. **assiro I** *a.* Assyrian. **II** *s.m.* **1** (*lingua*) Assyrian. **2** (*abitante; f.* **-a**) Assyrian.

assiro-babilonese I *a.* Assyro–Babylonian. **II** *s.m./f.* Assyro–Babylonian.

assise *f.pl.* ⟨*Dir*⟩ (*anche corte d'assise*) Court of Assizes, Assizes *pl.*

assisi → **assidersi**. **assiso** *a.* ⟨*lett*⟩ seated.

assistentato *m.* assistantship.

assistente *m./f.* assistant. ☐ ⟨*Aer*⟩ ~ *di* **bordo** air steward (*f* –stewardess); ~ **chirurgo** assistant surgeon; ~ **geriatrico** geriatric nurse; ~ *ai* **lavori** works inspector; ⟨*Comm*⟩ ~ *di* **linea** assistant director (*o* manager); ~ **medico-sociale** medical social worker; ~ **ospedaliero** assistant to top hospital physician or surgeon; ~ **personale** staff assistant; (*assistente di direttore e sim.*) personal assistant; ~ *di* **radiologia** X–ray technician, radiographer; ~ *alla* **regia** assistant director; ~ **sociale** social worker; ~ **universitario** assistant lecturer; ~ *di* **vendita** sales assistant, salesclerk; ~ *di* **volo** air steward (*f* hostess); ⟨*Univ*⟩ ~ **volontario** unpaid assistant lecturer.

assistenza *f.* **1** (*presenza*) attendance, presence. **2** (*aiuto*) assistance, aid, help. **3** (*rif. ai malati*) care, treatment: ~ **medica** medical care (*o* coverage). **4** (*soccorso, beneficenza*) welfare, relief: *vivere di pubblica* ~ to live on public relief. **5** (*vigilanza a un esame*) invigilation, ⟨*am*⟩ proctoring. **6** ⟨*Comm*⟩ service, assistance. ☐ ~ **automobilistica** road service; ~ **clienti** customer service; ~ **domiciliare** (*rif. a malati*) home health care; fare ~ (*a un esame*) to invigilate; ~ **farmaceutica** pharmaceutical services; ~ **finanziaria** financial aid; ~ **legale** legal aid; ~ **medica** medical care; ~ **medico-sociale** medical social assistance; **opera** *di* ~ welfare institution (*o* body); ~ **ospedaliera** hospital treatment; ~ **pediatrica** child care; ⟨*Comm*⟩ ~ **post-vendita** (after) sales service; ~ *ai* **poveri** poor relief; ~ **pubblica** public welfare services; ~ **sanitaria** medical care; (*servizio*) health service; ~ **scolastica** public assistance to schoolchildren; ~ **sociale** social welfare; ~ *sociale di gruppo* social group work; ~ **tecnica** technical assistance.

assistenziale *a.* welfare–. ☐ *centro* ~ welfare centre; *opere* –*i* public assistance services. **assistenzialismo** *m.* welfarism. **assistenziario** *m.* rehabilitation centre.

assistere *v.* (**assistei/assistetti, assistito**) **I** *v.i.* (*aus.* **avere**) to attend (*a qc.* s.th.), to be present (at): ~ *a una lezione* to attend a lesson; ~ *alla messa* to attend Mass; (*come testimone*) to witness (s.th.). **II** *v.t.* **1** (*aiutare*) to assist, to help, to aid: *mi ha assistito con i suoi consigli* he helped me with his advice. **2** (*curare*) to nurse, to treat: ~ *un infermo* to treat a sick person. ☐ *la fortuna ci assista* may fortune be on our side.

assistetti → **assistere**.

assistito *m.* (*f.* **-a**) **1** beneficiary, person under a welfare scheme. **2** (*rif. al servizio sanitario nazionale*) panel patient.

assito *m.* **1** (*parete di assi*) wooden partition. **2** (*impiantito di tavole di legno*) floorboards *pl*, plank floor.

asso¹ *m.* **1** (*nel gioco delle carte, dei dadi*) ace. **2** (*rif. a persona*) ace, champion, ⟨*fam*⟩ wizard: *è un* ~ *in latino* he's a wizard at Latin. ☐ ~ *dell'*aviazione flying ace, ace pilot; ~ *di* **briscola** ace of trumps; ⟨*fig*⟩ *avere un* ~ *nella* **manica** to have an ace up one's sleeve; ~ *dello* **sport** sports champion; ~ *del* **volante** ace racing driver.

asso²: *in* ~ in the lurch: *lasciare in* ~ *qd.* to leave s.o. in the lurch; *restare* (*o rimanere*) *in* ~ to be left in the lurch.

associabile *a.* associable. **associabilità** *f.* associability. **associamento** *m.* associating, association.

associare *v.t.* (**associo, associ**) **1** (*aggregare come socio*) to make a member of, to take into partnership: *si è associato il figlio negli affari* he has taken his son into partnership.

2 (*unire, accoppiare*) to combine, to pool, to associate: ~ *i capitali* to pool (*o* combine) capital; ~ *l'utile al dilettevole* to combine business with pleasure. **3** ⟨*Psic*⟩ to associate: ~ *le idee* to associate ideas. **associarsi** *v.r.* **1** (*farsi socio*) to become a member (*a* of), to join (s.th.): *associarsi a un circolo* to join (*o* become a member of) a club. **2** (*unirsi in società*) to enter into partnership (*con* with), to join (s.th.). **3** (*prendere parte*) to share (s.th.): *mi associo alla vostra gioia* I share your joy. **4** (*abbonarsi*) to subscribe: *associarsi a una rivista* to subscribe to a magazine. □ ~ *qd. alle carceri* to take s.o. to prison.
associativo *a.* **1** ⟨*Mat*⟩ associative: *proprietà* –*a* associative property. **2** ⟨*Psic*⟩ association, of association: *processo* ~ process of association. **associato** *m.* (*f.* -a) **1** (*socio*) member, associate. **2** ⟨*Comm*⟩ partner, associate. **3** (*abbonato*) subscriber. **4** ⟨*Univ*⟩ associate professor.
associazione *f.* **1** association, fellowship. **2** ⟨*Comm*⟩ society, company. **3** (*a una pubblicazione*) subscription. ⟨*Psic*⟩ association. **2** ~ (*degli*) **agricoltori** farmers' association (*o* union); ~ *di* **beneficenza** charitable association; ~ *di* **categoria** trade (*o* trading) association; ~ **commercianti** chamber of trade; ~ *a* **delinquere** criminal association; ~ **giovanile** youth club; ~ *d'*idee association of ideas; **quota** *di* ~ subscription fee; ~ **religiosa** religious association; ~ **segreta** secret society; ~ **sportiva** sports club (*o* association); ~ **studentesca** student society.
associazionismo *m.* ⟨*Psic*⟩ associationism, associationalism.
assodare *v.t.* (**assodo**) **1** to harden: *la siccità ha assodato il terreno* the dryness has hardened the ground. **2** ⟨*fig*⟩ (*rinvigorire*) to strengthen. **3** ⟨*fig*⟩ (*accertare*) to ascertain, to check: ~ *una notizia* to ascertain (*o* check) a piece of news. **assodarsi** *v.r.* **1** to harden, to become firm (*o* solid): *il cemento si è assodato* the cement has hardened. **2** ⟨*fig*⟩ to be strengthened: *il carattere si assoda nelle avversità* character is strengthened by adversity. **assodato** *a.* **1** (*indurito*) hardened: *terreno* ~ hardened ground. **2** (*accertato*) ascertained, confirmed. □ *è* ~ *che* it is certain that.
assoggettabile *a.* subduable. **assoggettamento** *m.* **1** (*l'assoggettare*) subjection, subjugation, subduing. **2** (*l'assoggettarsi*) submission. **3** (*stato di soggezione*) subjection. **assoggettare** *v.t.* (**assoggetto**) to subdue, to subject: ~ *un popolo* to subdue a people. **assoggettarsi** *v.r.* to submit: *assoggettarsi al dominio di qd.* to submit to s.o.'s rule. □ ~ *le passioni* to subdue (*o* master) one's passions.
assolato *a.* sunny.
assolcare *v.t.* (**assolco, assolchi**) ⟨*Agr*⟩ to furrow.
assoldamento *m.* recruiting, enlistment. **assoldare** *v.t.* (**assoldo**) **1** to recruit, to enlist: ~ *truppe* to enlist troops. **2** (*rif. a sicari, spie*) to hire. **assoldarsi** *v.r.* to enlist.
assolo *m.inv.* ⟨*Mus*⟩ solo: *un* ~ *di tromba* a trumpet solo.
assolsi, assolto → **assolvere.**
assolutamente *avv.* **1** absolutely, definitely, at all costs: *devo* ~ *andare* I absolutely must go. **2** (*completamente, del tutto*) absolutely, utterly: *è* ~ *impossibile* it is absolutely impossible.
assolutismo *m.* absolutism. **assolutista** I *s.m./f.* absolutist. II *a.* absolutist. **assolutistico** *a.* (*pl.* -ci) absolutist(ic).
assoluto I *a.* **1** (*illimitato*) absolute, unrestricted: *padrone* ~ absolute master; *libertà* –*a* unrestricted freedom. **2** (*completo*) absolute, complete: *riposo* ~ complete rest. **3** ⟨*Gramm*⟩ absolute: *costruzione* –*a* absolute construction; *uso* ~ *di un verbo* absolute use of a verb. **4** ⟨*Fis,Chim,Mat*⟩ absolute: *temperatura* –*a* absolute temperature. II *s.m.* ⟨*Filos*⟩ (the) Absolute. □ *in* ~ absolutely; **maggioranza** –*a* absolute majority; *in* **modo** ~ absolutely: *lo nego nel modo più* ~ I absolutely deny it; **potere** ~ absolute power; ⟨*Fis*⟩ **vuoto** ~ absolute vacuum; ⟨*Fis*⟩ **zero** ~ absolute zero.
assolutorio *a.* ⟨*Dir*⟩ absolutory: *sentenza* –*a* absolutory sentence. **assoluzione** *f.* **1** ⟨*Dir*⟩ acquittal: *il difensore ha chiesto l'* ~ *per l'imputato* counsel has requested the accused's acquittal. **2** ⟨*Rel*⟩ absolution: *impartire l'* ~ to

impart absolution. □ ⟨*Dir*⟩ ~ *per insufficienza di prove* acquittal for want of evidence; ~ *per non aver commesso il fatto* acquittal on the grounds that the accused has not committed the crime. **assolvere** *v.t.* (**assolvei/assolvetti/assolsi, assolto**) **1** ⟨*Dir*⟩ to acquit. **2** ⟨*Rel*⟩ to absolve: ~ *qd. dai peccati* to absolve s.o. from his sins. **3** (*liberare da un obbligo*) to release: ~ *qd. da una promessa* to release s.o. from a promise. **4** (*adempiere*) to perform: ~ *il proprio dovere* to perform one's duty. □ ~ *un debito* to settle a debt; *è stato assolto per insufficienza di prove* he has been acquitted for want of evidence.
assolvimento *m.* performance, fulfilment.
assomigliare *v.* (**assomiglio, assomigli**) I *v.t.* to compare (*a* with, to), to liken (to): *non c'è disgrazia che si possa* ~ *alla mia* there is no misfortune that can be compared with mine. II *v.i.* (*aus.* **essere/avere**) to look like, to resemble, to be like (*a qd.* s.o.), to be similar (to): *assomiglio a mio padre* I look like my father; *questo palazzo assomiglia a un alveare* this building is like a beehive. **assomigliarsi** *v.r.* ⟨*recipr*⟩ to resemble e.o., to be alike: *si assomigliano come due gocce d'acqua* they are as alike as two peas (in a pod).
assommare *v.* (**assommo**) I *v.t.* to combine, to add together. II *v.i.* (*aus.* **essere**) to amount, to add up (*a* to): *le spese assommano a un milione di lire* the expenses amount to a million lire.
assonanza *f.* ⟨*Metr,Ling*⟩ assonance. **assonare** *v.i.* (**assuono, assoniamo**; *aus.* **essere**, *rar.* **avere**) to assonate.
assonnacchiato *a.* sleepy, drowsy. **assonnare** *v.* (**assonno**) I *v.t.* ⟨*ant*⟩ to make sleepy. II *v.i.* (*aus.* **essere/avere**) ⟨*lett*⟩ to grow sleepy. **assonnato** *a.* sleepy, drowsy.
assonometria *f.* ⟨*Geom*⟩ axonometry.
assopimento *m.* (*atto*) dozing off, drowsing; (*stato*) drowsiness, doze. **assopire** *v.t.* (**assopisco, assopisci**) **1** to make drowsy: *il caldo lo aveva assopito* the heat had made him drowsy. **2** ⟨*fig*⟩ (*calmare*) to assuage, to soothe: ~ *il dolore* to assuage the pain. **assopirsi** *v.r.* **1** to doze off, to drowse: *il malato si assopì* the patient dozed off. **2** ⟨*fig*⟩ (*calmarsi*) to cool, to be assuaged: *gli odi si sono assopiti* hatred has cooled.
assorbente I *a.* absorbent, absorbing. II *s.m.* **1** ⟨*Chim,Fis,Med*⟩ absorbent. **2** (*assorbente igienico*) sanitary towel. □ ⟨*Edil*⟩ ~ *acustico* soundproofing, deadening; *carta* ~ blotting paper.
assorbimento *m.* **1** absorption. **2** ⟨*Chim,Fis,El*⟩ absorption. **3** ⟨*Econ*⟩ merger. □ ~ *del* **calore** heat absorption; **capacità** *di* ~ absorption capacity; **coefficiente** *di* ~ absorption coefficient; ⟨*Econ*⟩ ~ *dei* **costi** cost absorption; ~ *del* **suono** soundproofing, deadening.
assorbire *v.t.* (**assorbisco/assorbo, assorbisci/assorbi**) **1** to absorb, to soak (up): *la spugna assorbe l'acqua* a sponge absorbs (*o* soaks up) water. **2** ⟨*fig*⟩ (*assimilare*) to absorb, to assimilate: *i Romani assorbirono la cultura greca* the Romans assimilated Greek culture. **3** (*impegnare*) to absorb, to take up, to demand: *questo lavoro assorbe tutta la mia attenzione* this work demands all my attention. **4** (*consumare*) to absorb, to swallow up: *tutto il capitale fu assorbito in un anno* all the capital was absorbed (*o* swallowed up) in a year. **5** ⟨*Chim,Fis*⟩ to absorb. **6** ⟨*Econ*⟩ to take over. □ ⟨*Sport*⟩ (*nel calcio*) ~ *gli attacchi avversari* to neutralize one's opponents' attacks; ~ *un colpo* (*nel pugilato*) to take a punch.
assordamento *m.* (*atto*) deafening; (*effetto*) deafness. **assordante** *a.* deafening. **assordare** *v.t.* (**assordo**) **1** to deafen. **2** (*stordire*) to stun, to deafen: *mi hai assordato con le tue chiacchiere* you have deafened me with all your chatter. **assordimento** *m.* **1** deafening **2** ⟨*Fon*⟩ softening.
assortimento *m.* assortment, selection, choice, stock: *un ricco* ~ *di cravatte* a large selection of ties; *rinnovare l'* ~ to renew one's stock. **assortire** *v.t.* (**assortisco, assortisci**) **1** to match, to sort: *i colori di questa stoffa non sono bene assortiti* the colours of this material are not well matched. **2** ⟨*Comm*⟩ (*rifornire di merci*) to stock, to furnish. **assortito** *a.* **1** matched, matching: *colori bene* –*a*

well–matched colours; *una cravatta –a con il vestito* a tie matching the suit. **2** (*variato*) assorted, mixed: *antipasto ~* assorted hors d'oeuvre. **3** (*fornito*) stocked, furnished: *negozio bene ~* well–stocked shop.

assorto *a.* absorbed, engrossed (*in* in), rapt (in): *~ nello studio* absorbed in study; *essere ~ in preghiera* to be rapt in prayer.

assottigliamento *m.* **1** (*l'assottigliare*) thinning, sharpening, tapering. **2** (*diminuzione*) diminution, reduction. **3** (*dimagrimento*) growing thin, emaciation. **assottigliare** *v.t.* (**assottiglio, assottigli**) **1** to thin; (*aguzzare*) to sharpen: *~ un bastone* to sharpen a stick. **2** (*far dimagrire*) to (make) thin. **3** (*ridurre*) to diminish, to reduce, to lessen: *~ il patrimonio con continue spese* to diminish one's resources by continual spending. **4** (*fig*) (*aguzzare*) to sharpen: *~ la mente* to sharpen one's wits. **assottigliarsi** *v.r.* **1** (*diventare sottile*) to thin, to grow thinner, to taper: *lo stelo si assottiglia in alto* the stem tapers towards the top. **2** (*dimagrire*) to (grow) thin: *il suo viso si è assottigliato* his face has thinned down. **3** (*diminuire di numero, di quantità*) to diminish, to decrease, to thin: *le loro file si sono assottigliate* their ranks have thinned. □ *la malattia gli aveva assottigliato il viso* his face was peaked (*o* pinched) from his illness.

Assuan *N.pr.f.* ⟨*Geog*⟩ Aswan: *la diga di ~* the Aswan Dam.

assuefaccio → **assuefare. assuefare** *v.t.* (**assuefaccio/assuefò; assuefeci, assuefatto;** → **fare**) to accustom, to make used, to inure: *~ qd. a qc.* to accustom (*o* inure) s.o. to s.th., to make s.o. used to s.th. **assuefarsi** *v.r.* to get accustomed, to accustom o.s., to become inured, to get used (*a* to). **assuefazione** *f.* **1** inurement, habit. **2** ⟨*Med*⟩ tolerance. **3** ⟨*Psic*⟩ habituation. □ ⟨*Med*⟩ *che dà ~* habit–forming; *~ alla droga* drug tolerance. **assuefeci** → **assuefare.**

assumere *v.t.* (**assunsi, assunto**) **1** (*acquistare*) to gain, to take on: *il fatto ha assunto grande importanza* the event has taken on great importance. **2** (*prendere per sé, fare proprio*) to assume, to adopt, to put on: *~ uno pseudonimo* to assume a pseudonym; *~ un'espressione annoiata* to put on a bored expression; *~ un'aria distaccata* to put on an air of detachment. **3** (*addossarsi*) to undertake, to assume, to take upon o.s.: *mi sono assunto un nuovo incarico* I have undertaken a new appointment. **4** (*prendere alle proprie dipendenze*) to engage, to employ, to take on, to hire: *~ un segretario* to engage a secretary; *la ditta assunse nuovi operai* the firm took on more workmen. **5** (*innalzare a una dignità*) to raise: *fu assunto al cardinalato* he was raised to the purple. **6** (*ammettere come ipotesi*) to assume: *si assume che* it is assumed that. **7** ⟨*Rel*⟩ to take up: *Maria fu assunta in cielo* Mary was taken up into Heaven. □ *~ un atteggiamento* to adopt an attitude; *~ il comando della spedizione* to assume command of the expedition; *~ informazioni su qd.* to make enquiries about s.o.; *~ la responsabilità* to shoulder the responsibility; *assumersi il rischio* to bear (*o* take on) the risk.

assunsi → **assumere.**

Assunta *N.pr.f.* ⟨*Rel*⟩ (*Maria Assunta*) Our Lady of the Assumption.

assunto[1] → **assumere.**

assunto[2] *m.* **1** (*incarico*) undertaking; (*compito*) task. **2** (*tesi che si deve dimostrare*) assumption, proposition: *dimostrare l' ~* to prove one's proposition. **3** (*persona assunta*) employee.

assunzione *f.* **1** assumption, undertaking: *l' ~ del comando* the assumption of command. **2** (*l'essere assunto a una dignità*) raising, ascent, accession: *~ al trono* ascent (*o* accession) to the throne. **3** (*rif. a impiegati*) engagement, hiring: *bloccare le –i* to freeze hiring. **Assunzione** *N.pr.f.* ⟨*Rel*⟩ Assumption; (*festa*) Assumption (Day).

assurdamente *avv.* absurdly. **assurdità** *f.* **1** absurdity: *dimostrare l' ~ di qc.* to show the absurdity of s.th. **2** (*cosa o affermazione assurda*) nonsense: *dire delle ~* to talk nonsense. **assurdo I** *a.* absurd, preposterous: *la tua richiesta è –a* your request is preposterous; *è ~ pretendere*

che me ne vada it is absurd to expect me to go. **II** *s.m.* absurdity: *l' ~ di una pretesa* the absurdity of a claim. □ *dimostrazione per ~* reductio ad absurdum.

assurgere *v.i.* (**assurgo, assurgi; assursi, assurto;** *aus.* **essere**) ⟨*lett*⟩ to rise: *~ alle più alte cariche* to rise to the highest office. **assursi, assurto** → **assurgere.**

asta *f.* **1** staff, pole, shaft. **2** ⟨*Mecc*⟩ rod, bar: *~ di comando* push rod; *~ di guida* slide bar. **3** ⟨*Mar*⟩ boom: *~ di posta* swinging boom. **4** (*attrezzo ginnico*) pole. **5** ⟨*Mil.ant*⟩ lance, spear. **6** (*nella scrittura*) stroke. **7** ⟨*Comm*⟩ (*vendita all'incanto*) (sale by) auction. □ *andare all'~* to be put up for auction; *~ della bandiera* flagstaff, flag pole; *~ del compasso* leg of a pair of compasses; *comprare all' ~* to buy at an auction; ⟨*Mecc*⟩ *~ dentata* rack; ⟨*Scol*⟩ *fare le –e* to draw pot–hooks; ⟨*Mar*⟩ *~ di fiocco* jib boom; *~ della freccia* arrow shaft; *~ giudiziaria* auction by court order; *mettere all' ~* to put up for auction; *~ di presa* (*nei veicoli elettrici*) trolley; *~ pubblica* (public) auction; ⟨*Sport*⟩ *salto con l' ~* pole–vault(ing); *~ simulata* mock auction; *~ truccata = asta simulata; vendere all' ~* to sell by auction.

astabile *a.* ⟨*Inform*⟩ astable.

astaco *m.* (*pl.* **-ci**) ⟨*lett*⟩ crayfish.

astante *m./f.* onlooker, bystander: *gli –i ammutolirono* the onlookers fell silent.

astanteria *f.* reception ward.

astato I *a.* ⟨*Stor*⟩ armed with a lance. **II** *s.m.* lance–bearer.

astemio I *a.* teetotal. **II** *s.m.* (*f.* **-a**) teetotaller.

astenere *v.t.* (**astengo, astieni; astenni, astenuto;** → **tenere**) ⟨*lett*⟩ to keep away: *~ qd. da qc.* to keep s.o. away from s.th. **astenersi** *v.r.* to abstain, to refrain: *non potei astenermi dal ridere* I couldn't refrain from (*o* help) laughing. □ *mi astenni dal fare domande* I refrained from asking questions; *astenersi dal vino* to abstain from wine; ⟨*Pol*⟩ *astenersi dal voto* to abstain from voting.

astenia *f.* **1** ⟨*Med*⟩ asthenia. **2** (*debolezza*) weakness, feebleness. **astenico** *a./s.* (*pl.* **-ci**) **I** *a.* **1** asthenic(al). **2** (*debole*) weak, feeble. **II** *s.m.* (*f.* **-a**) asthenic.

astenni → **astenere.**

astensione *f.* abstention. □ *~ dagli alcolici* abstention from liquor; *~ dal lavoro* observance of a strike; *~ dal voto* abstention (from voting). **astensionismo** *m.* ⟨*Pol*⟩ abstention(ism). **astensionista** *m./f.* abstentionist. **astenuto** *m.* (*f.* **-a**) abstentionist.

aster *m.* ⟨*Bot*⟩ aster.

astergere *v.t.* (**astergo, astergi; astersi, asterso;** → **tergere**) to dry, to wipe away: *~ le lacrime* to dry one's tears.

asteria *f.* ⟨*Zool*⟩ starfish.

asterisco *m.* (*pl.* **-chi**) **1** ⟨*Tip*⟩ asterisk. **2** ⟨*Giorn*⟩ brief note.

asteroide *m.* ⟨*Astr*⟩ asteroid.

astersi, asterso → **astergere.**

astice *m.* ⟨*Zool*⟩ European lobster.

astigmatico *a./s.* (*pl.* **-ci**) **I** *a.* ⟨*Ott*⟩ astigmatic. **II** *s.m.* (*f.* **-a**) person suffering from astigmatism. **astigmatismo** *m.* astigmatism.

astilo *a.* ⟨*Archeol*⟩ astylar.

astinente *a.* abstinent, abstemious: *essere ~ nel cibo* to be abstemious in eating. **astinenza** *f.* **1** abstinence (*anche Rel.*): *~ dalle bevande alcoliche* abstinence from alcoholic beverages; *fare ~* to observe abstinence. **2** ⟨*Med*⟩ abstinence, withdrawal: *sintomo di ~* abstinence symptom.

astio *m.* (*rancore*) resentment, grudge, rancour: *portare ~ a qd.* to bear s.o. a grudge. **astiosamente** *avv.* resentfully. **astiosità** *f.* resentment, rancour. **astioso** *a.* resentful, grudging, rancorous: *uomo ~* resentful man.

astore *m.* ⟨*Ornit*⟩ goshawk.

astracan (*o* **astracan**) *m.* astrak(h)an: *pelliccia di ~* astrakan fur.

astragalo *m.* **1** ⟨*Anat,Bot*⟩ astragalus. **2** ⟨*Arch*⟩ astragal. **3** ⟨*Stor*⟩ knucklebones *pl* (*costr. sing.*).

astrakan *m.* → **astracan.**

astrale *a.* astral.

astrarre *v.* (**astraggo, astrai; astrassi, astratto;** → **trarre**) **I**

v.t. **1** (*distogliere*) to take off, to abstract: ~ *la mente dalle preoccupazioni* to take one's mind off worrying thoughts. **2** ⟨*Filos*⟩ to abstract: ~ *l'universale dal particolare* to abstract the universal from the particular. **II** *v.i.* (*aus.* avere) (*prescindere*) to disregard (*da qc.* s.th.), to leave (s.th.) out of consideration: *astraendo dal fatto che* leaving out of consideration the fact that. astrarsi *v.r.* to let one's mind wander.

astrattamente *avv.* in the abstract, abstractly. astrattezza *f.* abstractness. astrattismo *m.* abstractionism. astrattista I *s.m./f.* abstractionist, abstract artist. II *a.* abstractionist.

astratto I *a.* abstract: *concetto* ~ abstract concept; *un sostantivo* ~ an abstract noun; *pittore* ~ abstract painter. II *s.m.* abstract. □ *in* ~ in the abstract: *parlare in* ~ to speak in the abstract.

astrazione *f.* abstraction. □ *fare* ~ *da qc.* to leave s.th. out of consideration, to disregard s.th.; *fatta* ~ *da* setting aside, apart from, disregarding.

astretto → astringere.

astringente *a./s.m.* ⟨*Farm*⟩ astringent. astringere *v.t.* (astringo, astringi; astrinsi, astretto) ⟨*Med*⟩ to astringe.

astrinsi → astringere.

astro *m.* **1** star, heavenly body. **2** ⟨*fig*⟩ star: *un* ~ *del cinema* a film–star.

astro|biologia *f.* astrobiology. ~biologo *m.* (*pl.* -gi; *f.* -a) astrobiologist. ~chimica *f.* astrochemistry. ~chimico *m.* (*pl.* -ci) astrochemist. ~dinamica *f.* astrodynamics *pl* (*costr. sing.*). ~dinamico *a./s.m.* (*pl.* -ci) I *a.* astrodynamic. II *s.m.* astrodynamicist. ~fisica *f.* astrophysics *pl* (*costr. sing.*). ~fisico *a./s.* (*pl.* -ci) I *a.* astrophysical. II *s.m.* astrophysicist. ~fotografia *f.* astrophotography. ~fotografo *m.* astrophotographer. ~fotometria *f.* astrophotometry. ~geologia *f.* astrogeology. ~geologico *a.* (*pl.* -ci) astrogeologic. ~geologo *m.* (*pl.* -gi) astrogeologist.

astrografia *f.* astrography. astrografo *m.* astrograph.

astro|labio *m.* ⟨*Astr*⟩ astrolabe. ~latria *f.* astrolatry, star–worship.

astrologare *v.i.* (astrologo, astrologhi; *aus.* avere) **1** to astrologize, to practise astrology. **2** ⟨*fig*⟩ (*fantasticare*) to muse, to indulge in fancies. astrologia *f.* astrology. astrologico *a.* (*pl.* -ci) astrologic(al). astrologo *m.* (*pl.* -gi) astrologer. □ *crepi l'* ~! God forbid!

astrometria *f.* astrometry.

astro|nauta *m./f.* astronaut, spaceman (*f* spacewoman). ~nautica *f.* astronautics *pl* (*costr. sing.*). ~nautico *a.* (*pl.* -ci) astronautical. ~nave *f.* spaceship, spacecraft.

astronavigazione *f.* astronavigation, celestial navigation.

astronomia *f.* astronomy. astronomico *a.* (*pl.* -ci) **1** astronomic(al): *anno* ~ astronomical year. **2** ⟨*fig*⟩ astronomical, enormous: *cifre astronomiche* astronomical figures. astronomo *m.* (*f.* -a) astronomer.

astro|porto *m.* cosmodrome. ~spazio *m.* astrospace.

astrusaggine *f.* affected abstruseness. astrusamente *avv.* abstrusely. astruseria *f.* **1** (*l'essere astruso*) abstruseness. **2** (*concetto astruso*) abstruse concept. astrusità *f.* abstruseness. astruso *a.* abstruse: *concetti* -*i* abstruse concepts.

astuccio *m.* case, box, holder. □ ~ *per gli aghi* needle case; ~ *di cuoio* leather case; ~ *per occhiali* spectacle (*o* glasses) case; ~ *del violino* violin case.

astutamente *avv.* astutely, shrewdly, cunningly. astuto *a.* shrewd, cunning, astute, crafty: ~ *come una volpe* as cunning as a fox; *una risposta* -*a* a shrewd answer. astuzia *f.* **1** astuteness, shrewdness, cunning, craftiness: *una persona di grande* ~ a very shrewd person. **2** (*atto*) trick, guile; *pl.* trickery, wiles *pl:* *le sue* -*e ti hanno ingannato* his trickery has deceived you. □ *giocare d'* ~ to play a crafty game.

atabagico *a.* (*pl.* -ci) smoking cure.

atarassia *f.* ⟨*Filos*⟩ ataraxy, ataraxia.

atassia *f.* ⟨*Med*⟩ ataxy. atassico *a.* (*pl.* -ci) ataxic.

atavico *a.* (*pl.* -ci) atavistic, atavic. atavismo *m.* atavism.

ateismo *m.* atheism. ateista *m./f.* atheist. ateistico *a.* (*pl.* -ci) atheistic.

atelier *fr.* [atǝli'e:] *m.* **1** (*studio di artista*) atelier, studio. **2** (*sartoria*) atelier, dressmaker's workroom.

atematico *a.* (*pl.* -ci) ⟨*Ling,Mus*⟩ athematic.

Atena *N.pr.f.* ⟨*Mitol*⟩ Athena.

Atene *N.pr.f.* ⟨*Geog*⟩ Athens.

ateneo *m.* **1** ⟨*Stor*⟩ Athenaeum. **2** (*università*) university.

ateniese I *a.* Athenian, Athens–. II *s.m./f.* Athenian.

ateo I *a.* atheistic. II *s.m.* (*f.* -a) atheist.

atermano *a.* ⟨*Fis*⟩ athermanous.

atermico *a.* (*pl.* -ci) ⟨*Fis*⟩ athermic: *vetro* ~ athermic glass.

ateroma *m.* ⟨*Med*⟩ atheroma.

atipia *f.* ⟨*Med*⟩ atypia. atipicità *f.* atypical character. atipico *a.* (*pl.* -ci) atypic(al).

atlante *m.* **1** atlas, book of maps. **2** ⟨*Anat*⟩ atlas. □ ~ *anatomico* anatomical atlas; ~ *geografico* geographical atlas; ~ *linguistico* linguistic atlas.

Atlante *N.pr.m.* **1** ⟨*Mitol,Astr*⟩ Atlas. **2** ⟨*Geog*⟩ Atlas Mountains *pl.*

atlantico *a.* (*pl.* -ci) Atlantic. Atlantico *N.pr.m.* ⟨*Geog*⟩ Atlantic (Ocean).

Atlantide *N.pr.f.* ⟨*Mitol*⟩ Atlantis.

atlantismo *m.* ⟨*Pol*⟩ Atlanticism. atlantista *m./f.* Atlanticist.

atleta *m./f.* athlete (*anche fig.*): ~ *olimpionico* Olympic athlete. atletica *f.* athletics *pl* (*costr. sing.*). □ ~ *leggera* track and field events; ~ *pesante* weight–lifting and wrestling. atletico *a.* (*pl.* -ci) athletic: *gare atletiche* athletic events; *corporatura* -*a* athletic build. atletismo *m.* athletics *pl* (*costr. sing.*).

atmosfera *f.* **1** atmosphere (*anche Fis.*): *una pressione di tre* -*e* a pressure of three atmospheres. **2** ⟨*fig*⟩ (*ambiente*) atmosphere, environment: ~ *di terrore* atmosphere of terror. atmosferico *a.* (*pl.* -ci) atmospheric(al). □ *disturbi* -*i* atmospherics *pl* (*costr. sing.*), atmospheric disturbances.

atollo *m.* ⟨*Geog*⟩ atoll.

atom. = ⟨*Fis*⟩ *atomico* atomic (*abbr.* at.).

atomica *f.* atomic (*o* atom) bomb. atomicità *f.* ⟨*Fis*⟩ atomicity. atomico *a.* (*pl.* -ci) **1** atomic(al): *guerra* -*a* atomic war. **2** ⟨*fig*⟩ (*sconvolgente*) striking, stunning: *bellezza* -*a* striking beauty. □ *armi atomiche* atomic weapons; *energia* -*a* atomic energy; ⟨*Mil*⟩ *sottomarino* ~ atom–powered (*o* atomic) submarine. atomismo *m.* ⟨*Filos*⟩ atomism. atomista *m.* atomist. atomistica *f.* ⟨*Fis*⟩ atomic physics *pl* (*costr. sing.*). atomistico *a.* (*pl.* -ci) ⟨*Filos*⟩ atomistic: *filosofia* -*a* atomistic philosophy. atomizzare *v.t.* to atomize: ~ *un liquido* to atomize a liquid. □ ~ *una città* to atomize a town. atomizzatore *m.* atomizer, vaporizer, spray. atomizzazione *f.* atomization, vaporization. atomo *m.* ⟨*Fis*⟩ atom (*anche fig.*): *non ha un* ~ *di buon senso* he has not an atom of common sense.

atonale *a.* ⟨*Mus*⟩ atonal. atonalità *f.* atonality.

atonia *f.* ⟨*Ling,Med*⟩ atony. atono *a.* ⟨*Ling*⟩ atonic.

atout *fr.* [a'tu:] *m.* (*pl.* atouts) trump. □ *avere degli atouts* to hold trumps; ⟨*fig*⟩ to have a strong hand.

atrabiliare *a.* ⟨*Med*⟩ atrabiliary.

atresia *f.* ⟨*Med*⟩ atresia.

atrio *m.* **1** hall, entrance–hall, lobby: ~ *di un albergo* lobby of a hotel. **2** ⟨*Arch,Archeol,Anat*⟩ atrium.

atrio-ventricolare *a.* ⟨*Anat*⟩ atrioventricular.

atro *a.* ⟨*lett*⟩ **1** (*scuro*) dark. **2** ⟨*fig*⟩ (*funesto*) gloomy.

atroce *a.* atrocious, terrible, dreadful: *dolore* ~ terrible pain; *spettacolo* ~ dreadful sight. atrocemente *avv.* atrociously, terribly, dreadfully. atrocità *f.* **1** atrociousness, atrocity, dreadfulness. **2** (*azione*) atrocity: *furono commesse molte* ~ many atrocities were committed.

atrofia *f.* ⟨*Med*⟩ atrophy. atrofico *a.* (*pl.* -ci) atrophous, atrophic. atrofizzare *v.t.* to atrophy. atrofizzarsi *v.r.* to atrophy. atrofizzato *a.* atrophied.

atropina *f.* ⟨*Farm*⟩ atropin(e).

atropo *m.* ⟨*Entom*⟩ death's-head moth.

attaccabile *a.* **1** attachable. **2** (*che può essere assalito*) assailable.

attacca|bottoni *m./f.inv.* ⟨*fam*⟩ buttonholer. ~brighe

m./f.inv. ⟨*fam*⟩ quarrelsome person, troublemaker.

attaccamento *m.* **1** (*l'attaccare, l'attaccarsi*) attachment, fastening. **2** ⟨*fig*⟩ (*affezione*) attachment, affection: *mostrare ~ a qd.* to show affection for s.o. **attaccante I** *a.* attacking: *esercito ~* attacking army. **II** *s.m.* **1** ⟨*Sport*⟩ forward. **2** ⟨*Mil*⟩ attacker: *gli –i furono respinti* the attackers were driven back. □ ⟨*Sport*⟩ *squadra ~* attacking team.

attaccapanni *m.inv.* (*da parete*) peg, clothes–peg; (*a stelo*) clothes–stand, hat stand; (*mobile*) hallstand; (*gruccia*) hanger.

attaccare *v.* (**attacco, attacchi**) **I** *v.t.* **1** (*unire incollando*) to stick, to paste: *~ un manifesto* to paste up a poster; *~ il francobollo sulla busta* to stick the stamp on the envelope; (*cucendo*) to sew (*o* stitch) on; (*legando*) to fasten, to tie (up); (*con aghi, spilli e sim.*) to pin, to fasten. **2** (*aggiogare*) to yoke: *~ i buoi all'aratro* to yoke the oxen to the plough; *~ i cavalli alla carrozza* to harness the horses to the carriage. **3** (*appendere*) to hang (up): *~ un quadro alla parete* to hang a picture on the wall. **4** (*assalire*) to attack, to assail, to assault: *il nemico ha attaccato la città* the enemy has attacked the town. **5** (*incominciare*) to begin, to open, to strike up: *l'orchestra attaccò un valzer* the orchestra struck up a waltz. **6** (*trasmettere una malattia, una passione*) to pass on, to give: *~ una malattia a qd.* to pass a disease on to s.o. **7** (*corrodere*) to corrode. **II** *v.i.* (*aus. avere*) **1** (*fare presa*) to stick (well), to adhere: *questo cerotto attacca poco* this plaster doesn't stick very well. **2** (*cominciare*) to begin, to start (work): *attacca a piovere* it's beginning to rain; *i muratori attaccano alle sette* the bricklayers start work at seven. **3** ⟨*Mus*⟩ to come in, to strike up: *ora attaccano i violini* now the violins come in. **4** ⟨*Bot*⟩ (*attecchire*) to take root. **5** ⟨*fig*⟩ (*trovare consenso*) to find favour, to catch on, to be successful: *sono idee che non attaccano* these are not ideas which find much favour. **attaccarsi** *v.r.* **1** (*restare aderente*) to stick, to cling, to adhere (*a* to): *la pece si attacca alle dita* pitch sticks to the fingers. **2** (*aggrapparsi*) to cling, to fasten on (*a* to): *mi attaccai alla ringhiera per non cadere* I clung to the rail to keep from falling. **3** (*comunicarsi per contagio*) to be catching, to spread: *le malattie infantili si attaccano facilmente* children's illnesses are very catching. **4** (*affezionarsi*) to become attached (to). **5** (*rif. a vivande*) to catch: *l'arrosto si è attaccato* the roast has caught. □ *~ battaglia* to join battle; *~ un bottone* to sew on a button; ⟨*fig*⟩ *~ un bottone con* (*o a*) *qd.* to buttonhole s.o.; *~ briga* to pick a quarrel; *~ discorso con qd.* to begin (*o* strike up) a conversation with s.o.; ⟨*scherz*⟩ *attaccarsi al fiasco* to knock one's drink back; *la sua vita è attaccata a un filo* his life is hanging by a thread; *~ lite* to pick (*o* start) a quarrel; *non attacca* nothing doing here; *attaccarsi a un pretesto* to cling to a pretext; *stare sempre attaccato a qd.* to be always tagging on to s.o.; *stare sempre attaccato alle gonnelle della madre* to be always tied to one's mother's apron strings; *mi ha attaccato il vizio del fumo* I've caught the bad habit of smoking from him.

attaccaticcio *a.* **1** sticky. **2** ⟨*fig*⟩ (*rif. a persona*) clinging.

attaccato *a.* (*affezionato*) attached, devoted (*a* to), observant (of): *~ alla tradizione* attached to tradition. □ *è molto ~ alla famiglia* he is very devoted to his family; *un uomo ~ al denaro* a tight–fisted man; *un uomo ~ al lavoro* a hard–working man. **attaccatura** *f.* **1** (*l'attaccare*) attaching, joining; (*con colla*) sticking, pasting. **2** (*punto d'unione*) join, joint, juncture: *l' ~ della manica* sleeve–join.

attacchino *m.* bill poster, bill sticker.

attacco *m.* (*pl.* **-chi**) **1** ⟨*Mil,Sport*⟩ (*assalto*) attack, assault: *passare all' ~* to move to the attack. **2** ⟨*Sport*⟩ forward line; (*attaccante*) forward. **3** ⟨*Med*⟩ attack, fit: *avere un altro ~ del male* to have another attack of one's illness; *un ~ di tosse* a coughing fit. **4** ⟨*fig*⟩ (*critica aspra*) attack, onslaught, assault: *un violento ~ alla sua politica* a violent attack upon his policy. **5** (*inizio, apertura*) opening, beginning: *l' ~ del libro è bello* the opening of the book is very good. **6** ⟨*Mus*⟩ striking up, entrance, entry: *l' ~ dei violini* the entry of the violins. **7** (*insieme delle bestie da*

tiro) team: *un ~ a quattro* a team of four. **8** (*punto di unione*) join, juncture. **9** ⟨*Mecc*⟩ (*giuntura*) connection, joint. **10** ⟨*El*⟩ connection. **11** ⟨*Chim*⟩ attack. **12** ⟨*Ferr*⟩ coupling, fastening. **13** ⟨*Alp*⟩ starting point. **14** (*per sci*) ski–binding. **15** ⟨*Met*⟩ etching. □ *~ aereo* air raid; ⟨*Med*⟩ *~ di cuore* heart attack; ⟨*Mil*⟩ *formazione d' ~* attack formation; *~ frontale* frontal attack; ⟨*Med*⟩ *~ di nervi* fit of nerves; ⟨*Mil*⟩ *~ preventivo* preventive strike; *respingere l' ~* to drive back (*o* off) the attack; ⟨*Mil*⟩ *~ di sorpresa* surprise attack; ⟨*Mecc*⟩ *~ di un tubo* pipe connection.

attaché *fr.* [ataʃe] *m.* ⟨*Dipl*⟩ attaché.

attagliarsi *v.r.* (**mi attaglio, ti attagli**) to suit, to fit.

attanagliare *v.t.* (**attanaglio, attanagli**) **1** (*stringere con le tenaglie*) to seize (*o* hold) with pincers. **2** (*stringere con forza*) to clutch, to claw at, to grasp. **3** ⟨*fig*⟩ to grip, to clutch at: *il rimorso mi attanagliava l'animo* remorse gripped my heart.

attardarsi *v.r.* to loiter, to linger, to lag: *~ a parlare con qd.* to linger to talk to s.o.

attecchimento *m.* ⟨*Bot*⟩ taking root (*anche fig.*).

attecchire *v.i.* (**attecchisco, attecchisci;** *aus.* **avere**) **1** to take (*o* strike) root. **2** ⟨*fig*⟩ (*aver fortuna*) to catch on, to take root: *il nuovo ballo non ha attecchito* the new dance has not caught on.

atteggiamento *m.* **1** attitude: *prendere un ~ minaccioso verso qd.* to take up a threatening attitude towards s.o.; *~ politico* political attitude. **2** (*espressione*) air, expression: *in* (*o con*) *~ sprezzante* with a comtemptuous air.

atteggiare *v.t.* (**atteggio, atteggi**) to give an expression to, to assume an expression: *~ il viso a meraviglia* to assume a wondering expression. **atteggiarsi** *v.r.* to assume an attitude (*a* of), to set o.s. up (as), to play (s.th.): *atteggiarsi a vittima* to play the victim; *si atteggia a mecenate* he has set himself up as a patron of the arts. □ *~ le labbra al sorriso* to put on a smile.

attemparsi *v.r.* (**mi attempo**) to grow old. **attempato** *a.* elderly.

attendamento *m.* **1** ⟨*Mil*⟩ encampment, camp. **2** (*campeggio*) camp. **attendarsi** *v.r.* (**mi attendo**) **1** ⟨*Mil*⟩ to pitch camp, to encamp. **2** (*fare campeggio*) to camp (out).

attendente *m.* ⟨*Mil*⟩ orderly, batman.

attendere *v.* (**attendo; attesi, atteso**) **I** *v.t.* to wait for, to await: *lo attese all'uscita del teatro* he waited for him at the theatre exit; (*aspettarsi, prevedere*) to expect: *non so che cosa mi attenda* I don't know what to expect. **II** *v.i.* (*aus.* **avere**) **1** (*dedicarsi*) to attend, to look after: *~ a qc.* to attend to s.th.; *~ ai propri interessi* to look after one's own interests. **2** (*aspettare*) to wait, to await: *attendi un momento* wait a minute; *~ che arrivi qd.* to wait for s.o. to arrive. **3** (*sorvegliare*) to look after, to care for: *~ a un bambino* to look after a child. **attendersi** *v.r.* (*aspettarsi*) to expect: *non mi attendo nulla da lui* I don't expect anything from him. □ *attendo con ansia tue notizie* I am looking forward to hearing from you; ⟨*Comm*⟩ *attendiamo Vostra conferma* we await your confirmation; *~ alle faccende domestiche* to see to the housework.

attendibile *a.* reliable, trustworthy: *fonte ~* (usually) reliable source. **attendibilità** *f.* reliability, trustworthiness. **attendismo** *m.* ⟨*Pol*⟩ wait-and-see policy.

attenere *v.i.* (**attengo, attieni; attenni, attenuto;** → **tenere;** *aus.* **essere**) to concern: *per quello che attiene al lavoro sono d'accordo* as far as the work is concerned, I agree. **attenersi** *v.r.* **1** (*seguire*) to follow (s.th.): *mi sono attenuto alle tue istruzioni* I followed your instructions. **2** (*non discostarsi*) to keep, ⟨*fam*⟩ to stick (to): *mi atterrò ai fatti* I'll keep to the facts; *attenersi a una linea di condotta* to stick to a line of action. □ *~ a una dieta rigorosa* to stick to a strict diet. **attengo, attieni** → **attenere**.

attentamente *avv.* carefully, attentively.

attentare *v.i.* (**attento;** *aus.* **avere**) **1** to make an attempt (*a* against, on): *~ alla vita di qd.* to make an attempt on s.o.'s life. **2** (*mettere in pericolo*) to attempt, to harm. **attentarsi** *v.r.* to dare, to venture: *attentarsi a* (*o di*) *fare qc.* to venture to do s.th. □ *~ all'onore di qd.* to attempt to dishonour s.o.; *~ alla propria vita* to attempt suicide.

attentato *m.* **1** (*tentato omicidio*) attempt on s.o.'s life. **2**

(*atto di violenza*) (attempted) attack. □ ~ **dinamitardo** dynamite attack; ~ *alla* **morale** immoral offence; ~ *al* **plastico** plastic bomb attack; ~ *a* **sfondo** *politico* political crime; **sventare** *un* ~ to foil'an attempt on s.o.'s life; ~ **terroristico** terrorist attack (*o* assault).

attentatore *m.* (*f.* **-trice**) assailant.

attenti I *intz.* ⟨Mil,Ginn⟩ attention. **II** *s.m.* attention. □ *dare l'* ~ to order to come to attention; ~ *a destra* eyes right; *mettersi sull'*~ to come to attention; ~ *a sinistra* eyes left; *stare sull'*~ to stand at attention.

attento *a.* **1** attentive, diligent: *uno scolaro* ~ an attentive pupil; (*coscienzioso*) painstaking: *è un impiegato molto* ~ he is a very painstaking employee. **2** (*accurato*) careful, thorough: *sono state fatte –e indagini* careful enquiries have been made; *dopo un* ~ *esame* after thorough examination; (*premuroso*) thoughtful, solicitous: *le cure –e della figlia* her daughter's thoughtful attentions. **3** ⟨*esclam*⟩ (be) careful, mind (out), look out: ~ *al gradino!* mind the step! □ *–i al cane* beware of the dog; *stare* ~: **1** to pay attention: *stare* ~ *alla spiegazione* to pay attention to the explanation; **2** (*essere cauto*) to be careful, to mind: *state –i a non farvi male* be careful not to hurt yourselves; **3** (*badare a*) to look after, to mind: *stare* ~ *ai bambini* to mind the children; **4** (*guardarsi da*) to be careful of: *stai* ~ *alle correnti d'aria* be careful of draughts.

attenuamento *m.* extenuation, attenuation. **attenuante I** *a.* extenuating, attenuating: *circostanze –i* extenuating circumstances. **II** *s.f.* extenuating circumstance: *concedere le –i* to make allowances for extenuating circumstances; *negare le –i* to refuse to allow for extenuating circumstances. **attenuare** *v.t.* (**attenuo**) **1** to attenuate, to tone down, to mitigate: ~ *il dolore* to mitigate pain; ~ *un colpo* to attenuate a blow. **2** ⟨*fig*⟩ (*diminuire di gravità, d'importanza*) to extenuate, to minimize, to mitigate: ~ *la pena* to mitigate the punishment; *egli cerca di* ~ *le sue responsabilità* he is trying to minimize his responsibilities. **3** ⟨*Fis*⟩ to deaden: ~ *il suono* to deaden sound. **attenuarsi** *v.r.* to weaken, to abate, to fade. **attenuazione** *f.* **1** mitigation, attenuation: ~ *di un dolore* mitigation of pain. **2** (*di gravità, importanza*) extenuation, minimization, mitigation: ~ *della pena* mitigation of the penalty. **3** ⟨*Fis*⟩ attenuation, deadening.

attenzione *f.* **1** attention, care: *questo lavoro richiede* ~ *costante* this work requires constant attention. **2** *pl.* (*premure*) attentions *pl,* kindness *sing: essere pieno di –i per qd.* to lavish attentions on s.o. **3** ⟨*esclam*⟩ attention please, mind, look out: ~, *è in arrivo il treno per Milano* attention, please, the Milan train is now arriving; ~ *alle eliche* mind the propellers. □ ⟨*Comm*⟩ **alla** *cortese* ~ *di* for the attention of; **attirare** *l'* ~ *di qd. su qc.* to draw (*o* call) s.o.'s attention to s.th.; **con** ~ with care, carefully, attentively; **fare** ~ *a qc.* to pay attention to s.th.; *fate bene* ~ *a non farvi vedere* make sure you are not seen; **mettere** *molta* ~ *in qc.* to do s.th. with great care; *una persona* **piena di** *–i* a very considerate person; **prestare** ~ *a qc.* to pay attention to s.th.; **rivolgere** *l'* ~ *a* (*o su*) *qc.* to turn one's attention to s.th.

atteri *m.pl.* ⟨Entom⟩ apterans *pl.* **attero** *a.* apterous, wingless.

atterraggio *m.* ⟨Aer,Mar,Sport⟩ landing. □ ~ *cieco* blind landing; *fare un* ~ to make a landing; ~ *di fortuna* emergency landing; ~ *forzato* forced landing. **atterramento** *m.* **1** (*rif. a costruzioni*) knocking down, demolition; (*rif. ad alberi*) felling. **2** ⟨*Sport*⟩ (*nella lotta*) fall, throw; (*nell'atletica*) landing; (*nel pugilato*) knock down. **atterrare** *v.* (**atterro**) **I** *v.t.* **1** (*rif. a persone*) to knock down; (*rif. a costruzioni*) to knock down, to demolish; (*rif. ad alberi*) to fell. **2** ⟨*fig*⟩ (*umiliare*) to humble, to humiliate, to prostrate. **II** *v.i.* (*aus.* **avere**) ⟨Aer,Mar,Sport⟩ to land.

atterrire *v.t.* (**atterrisco, atterrisci**) to frighten, to terrify: ~ *qd. con minacce* to frighten s.o. with threats; *quel pensiero mi atterrisce* the thought terrifies me. **atterrirsi** *v.r.* to become frightened (*o* terrified). **atterrito** *a.* frightened, terrified.

attesa *f.* **1** (*l'attendere*) waiting; (*il tempo d'attesa*) wait: *una lunga* ~ a long wait. **2** (*aspettazione*) expectation. □

in ~ awaiting (*di qc.* s.th.): *in* ~ *di notizie* awaiting news; ⟨*epist*⟩ *in* ~ *della vostra* **lettera** awaiting (*o* looking forward to) your reply; *sala d'* ~ waiting room; **venire** *meno all'* ~ to fall short of expectations; ⟨*Statist*⟩ ~ *di* **vita** life expectancy.

attesi → **attendere.**

attesismo *m.* → **attendismo.**

atteso (*p.p. di* **attendere**) *a.* (*aspettato*) awaited, expected; (*desiderato*) eagerly awaited, longed for.

attestabile *a.* attestable, certifiable.

attestamento *m.* ⟨Mil⟩ halting of advancing troops for rest and consolidation. □ *linee di* ~ prearranged lines for the consolidation of advancing troops.

attestare[1] *v.t.* (**attesto**) **1** to attest, to bear witness to: ~ *la* **verità** *di un'affermazione* to attest the truth of a statement. **2** (*dimostrare*) to attest, to bear witness to, to be proof (*o* evidence) of: *queste parole attestano la tua malafede* these words are proof of your bad faith.

attestare[2] *v.t.* (**attesto**) **1** (*porre due cose testa a testa*) to place (*o* join) end to end: ~ *due letti* to place two beds end to end. **2** ⟨*Mecc*⟩ to abut. **3** ⟨*Mil*⟩ to halt (for rest and consolidation), to reassemble. **attestarsi** *v.r.* ⟨*Mil*⟩ to take up positions.

attestato *m.* **1** certificate; (*di merito*) testimonial: *rilasciare un* ~ to give a testimonial. **2** (*segno, prova*) token: *in* ~ *della mia fiducia in* (*o as a*) token of my confidence. □ ~ *di buona condotta* testimonial; ~ *di* **morte** death certificate; ~ *scolastico* school certificate. **attestazione** *f.* **1** attestation, statement: ~ *falsa* false statement; ~ *giurata* sworn statement, affidavit. **2** (*documento*) certificate, testimonial.

attico[1] *a.* (*pl.* **-ci**) Attic (*anche fig.*). □ ⟨*Arch*⟩ *ordine* ~ Attic order.

attico[2] *m.* (*pl.* **-ci**) **1** ⟨Arch⟩ attic. **2** ⟨Edil⟩ penthouse.

attiguità *f.* adjacency, contiguity. **attiguo** *a.* adjacent, adjoining, contiguous, next: *il suo appartamento è* ~ *al mio* his flat is next to mine; *stanza –a* next room, adjoining (*o* adjacent) room.

Attila *N.pr.m.* ⟨Stor⟩ Attila.

attillare *v.t.* to fit closely (*o* tightly). **attillarsi** *v.r.* to dress (o.s.) up, to deck o.s. out. **attillato** *a.* **1** close–fitting, clinging, tight–fitting: *vestito* ~ close–fitting dress. **2** (*rif. a persona*) well–dressed, smart. **attillatura** *f.* **1** tightness. **2** (*eleganza*) smartness.

attimo *m.* moment, instant: *in un* ~ in a moment.

attinente *a.* pertaining, relating (*a* to), connected (with): *doveri –i al lavoro* the duties connected with the work. □ *la tua osservazione non è* ~ *all'argomento* your remark has no bearing on the subject. **attinenza** *f.* **1** relation, connection, bearing: *l'osservazione ha poca* ~ *con l'argomento* the remark has little bearing on the subject. **2** *pl.* (*annessi, accessori*) fittings *pl,* accessories *pl,* appurtenances *pl.*

attingere *v.t.* (**attingo, attingi; attinsi, attinto**) **1** to draw, to get: ~ *acqua dal pozzo* to draw water from the well. **2** ⟨*fig*⟩ (*ricavare, trarre*) to obtain, to get, to draw: ~ *notizie da un giornale* to get (*o* obtain) news from a newspaper; *ho attinto a diversi autori per svolgere la mia relazione* I have drawn on several authors for my report.

attinia *f.* ⟨Zool⟩ actinia.

attinicità *f.* ⟨Fis⟩ actinism. **attinico** *a.* (*pl.* **-ci**) actinic.

attinidi *m.pl.* ⟨Chim⟩ actinides.

attinio *m.* ⟨Chim⟩ actinium.

attinometria *f.* actinometry. **attinometrico** *a.* (*pl.* **-ci**) actinometric. **attinometro** *m.* actinometer.

attinomiceti *m.pl.* → **actinomiceti.**

attinoterapia *f.* ⟨Med⟩ actinotherapy.

attinsi, attinto → **attingere.**

attirare *v.t.* **1** to attract: *la calamita attira il ferro* magnet attracts iron. **2** ⟨*fig*⟩ to attract, to draw: *l'esposizione attirò molti visitatori* the exhibition drew a large number of visitors; *questo film non mi attira* this film doesn't attract (*o* appeal to) me. **3** (*rif. a sentimenti ostili*) to incur: *attirarsi l'odio di qd.* to incur s.o.'s hatred; (*rif. ad affetto, benevolenza e sim.*) to win, to secure: *attirarsi la simpatia di tutti* to win everyone's liking. **4** (*adescare*) to entice, to lure, to draw: ~ *qd. con promesse* to entice s.o. with promises; *si lasciò ~ dalla speranza del guadagno* he let himself be drawn by the hope of gain. □ *~ l'attenzione di qd.* to attract (*o* draw) s.o.'s attention; *~ gli sguardi su di sé* to attract attention.

attitudinale *a.* aptitude-: *esame ~* aptitude test.

attitudine[1] *f.* (*disposizione*) aptitude, bent, disposition. □ *avere ~ per la musica* to have a bent for music; ⟨*Aut*⟩ *~ alla guida* fitness to drive.

attitudine[2] *f.* (*atteggiamento*) attitude, posture, pose: *mi si avvicinò in ~ minacciosa* he came towards me in a threatening attitude.

attivamente *avv.* actively, busily. □ *partecipare ~ a qc.* to take an active part in s.th. **attivare** *v.t.* **1** to start (up), to set going, to put into action: *~ un'azienda* to start a business; *~ il motore* to start the motor. **2** ⟨*Chim*⟩ to activate. **attivato** *a.* ⟨*Chim*⟩ activated. **attivazione** *f.* **1** starting, setting in motion, putting into action. **2** ⟨*Chim,Fis,Med*⟩ activation.

attivante *m.* ⟨*Chim*⟩ activator.

attivismo *m.* ⟨*Pol*⟩ activism. **attivista** *m./f.* activist; (*militante*) militant. **attivistico** *a.* (*pl.* -**ci**) activistic.

attività *f.* **1** (*l'essere in azione*) activity, action, operation: *campo di ~* sphere of activity. **2** (*operosità*) briskness, industry, business. **3** (*lavoro, iniziativa*) activity, enterprise: *svolgere molte ~* to carry on a lot of activities. **4** ⟨*Chim,Fis*⟩ activity. **5** *pl.* ⟨*Comm*⟩ assets *pl: le ~ sono superiori alle passività* assets exceed liabilities. □ *~* **ausiliarie** auxiliary activities; *~* **bancaria** banking business; *~ bancaria a catena* chain banking; *~ bancaria universale* universal banking; *~ di carattere* **commerciale** commercial enterprise (*o* activity); ⟨*Econ*⟩ *~* **correnti** current assets; *~* **economica** economic activity; *~* **edilizia** building business; **entrare** *in ~* to become active: *il vulcano è entrato in ~* the volcano has become active; **esercitare** *un' ~* to pursue an activity; *~* **sull'estero** foreign assets; **in** *~* in activity (*o* action), running, going; ⟨*Mil*⟩ *in ~* on active service; *mantenere in ~ una fabbrica* to keep a factory going; *~* **lucrativa** profitable business; *~* **mineraria** mining (industry); *~* **precedente** previous work; *~* **primaria** primary industry, farming; *~* **principale** main activity; *~* **professionale** profession; *~* **secondaria** (secondary) industry; *in ~ di* **servizio** in active employment; ⟨*Mil*⟩ on the active list; *l'azienda* **sospende** *la sua ~* the business is shutting (*o* closing) down; *~* **sovversiva** subversive activity; *~* **sportiva** sports; *~* **stagionale** seasonal trade (*o* activity); ⟨*Econ*⟩ **tasso** *di ~* employment rate; *~ del* **tempo** *libero* leisure activity; *~* **terziaria** tertiary, industry, services *pl.*

attivo I *a.* **1** active: *collaborazione –a* active collaboration. **2** (*operoso*) active, industrious, busy: *una persona molto –a* a very active person; *una giornata –a* a busy day; (*vivace*) lively: *immaginazione –a* lively imagination. **3** ⟨*Comm*⟩ active, productive, profit-making. **4** ⟨*burocr,Mil*⟩ active. **5** ⟨*Chim,Fis*⟩ active, activated: *carbone ~* active carbon. **6** ⟨*Gramm*⟩ active: *le forme –e del verbo* the active forms of the verb. **II** *s.m.* **1** ⟨*Comm*⟩ assets *pl.* **2** ⟨*Gramm*⟩ active voice: *all' ~* in the active voice. □ ⟨*Comm*⟩ **all'** *~* on the credit side; *avere qc. al proprio ~* to have s.th. to one's credit (*anche fig.*); (*fig*) *mettere qc. all' ~ di qd.* to credit s.o. with s.th.; ⟨*Comm*⟩ *portare all' ~* to put on the credit side; *segnare all' ~* to enter on the credit side; **azienda** *–a* sound business; *avere* **parte** *–a in un'impresa* to have (*o* take) an active part in an enterprise; **popolazione** *–a* working population; *in* **servizio** *~:* **1** ⟨*burocr*⟩ in active employment; **2** ⟨*Mil*⟩ on active service; ⟨*Comm*⟩ **tornare** *in ~* to get out of the red; **vulcano** *~* active volcano.

attizzamento *m.* **1** poking, stirring up. **2** ⟨*fig*⟩ fomenting, stirring up. **attizzare** *v.t.* **1** to stir up, to poke: *~ il fuoco* to poke the fire. **2** ⟨*fig*⟩ to excite: *~ le passioni* to excite the passions; (*aizzare*) to stir up, to incite: *~ qd. contro qd.* to incite s.o. against s.o. **attizzatoio** *m.* poker.

atto[1] *m.* **1** act, action, deed: *un ~ generoso* a generous act. **2** (*movimento*) movement, gesture: *un ~ d'impazienza* a gesture of impatience. **3** (*manifestazione di un sentimento*) expression, gesture, act: *un ~ di giustizia* an expression of justice; *è stato un ~ di amicizia* it was a gesture of

friendship. **4** (*atteggiamento*) act: *il generale è rappresentato in ~ di sfoderare la spada* the general is portrayed in the act of drawing his sword. **5** (*documento*) deed: *rilasciare un ~* to deliver (*o* issue) a deed; (*rif. al parlamento*) act; (*certificato*) certificate; (*contratto*) contract. **6** *pl.* (*resoconto, relazione*) records *pl,* proceedings *pl,* transactions *pl,* minutes *pl.* **7** ⟨*Rel*⟩ act: *~ di contrizione* act of contrition. **8** ⟨*Teat*⟩ act: *commedia in due –i* play in two acts. **9** ⟨*Filos*⟩ act: *in ~* in act. □ *~ di* **accusa** indictment; **all'***~ della consegna* on delivery; *all' ~ della firma del contratto* on signing the contract; *all' ~ del* **pagamento** on payment; *in ~ di* **amicizia** as a sign of friendship; ⟨*Dir*⟩ **annullare** *un ~* to cancel a deed; *~* **autentico** original deed; *~ di* **citazione** summons; *un ~ di* **cortesia** a gesture of courtesy; *~* **costitutivo** *di una società* memorandum of association; **dare** *~* (*riconoscere*) to give credit; **essere** *in ~* (*svolgersi*) to be taking place; *sono in ~ indagini sul suo conto* he is being investigated; *essere in* (*o* *sull'*) *~ di* to be on the point of, to be in the act of; **fare** *~ di fare qc.* to make as if to do s.th.: *fece ~ di andarsene* he made as if to go; *fare ~ di presenza* to put in an appearance; ⟨*Dir*⟩ *~* **giudiziario** judicial act; ⟨*Pol*⟩ *l' ~ finale di* **Helsinki** Helsinki Final Act; *~* **illecito** wrong, tort; **in** *~* in progress; *mettere in ~ qc.* to put s.th. into action; *~ di* **ipoteca** mortgage deed; *~* **legalizzato** certified deed; *~* **legislativo** law; **mettere** *agli –i* (*archiviare*) to place in the archives; ⟨*fig*⟩ to shelve; (*mettere a verbale*) to (place on) record; *~ di* **nascita** birth certificate; *~* **notarile** deed under the seal of a notary; ⟨*Dir*⟩ *~* **osceno** indecent (*o* obscene) behaviour; *all'~* **pratico** in practice, in actual fact; **prendere** *~ di qc.* to take note of s.th.; *~* **pubblico** document under the seal of a public officer; *~ di* **stato** *civile* record of birth, death or marriage; *un ~ di* **stima** a mark (*o* an expression) of esteem; *~* **terroristico** (*o di terrorismo*) terrorist act; *~* **ufficiale** official document; ⟨*Teat*⟩ *~* **unico** one-act play; *compiere –i di* **valore** to perform feats of valour; *~ di* **vendita** bill of sale; ⟨*Dir*⟩ *~ di* **volontà** declaration.

atto[2] *a.* **1** (*idoneo*) fit, suitable (*a* for), fitted (for, to). **2** (*capace*) capable, *talvolta non si traduce: ~ a fare qc.* capable of doing s.th., to do s.th.; *provvedimenti –i a impedire gli abusi* steps to prevent abuses. □ *essere ~ al servizio militare* to be liable (*o* fit) for military service.

attonito *a.* stupefied, astonished, amazed: *essere ~ per qc.* to be stupefied at (*o* by) s.th.

attorcere *v.t.* (**attorco, attorci; attorsi, attorto**) to twist, to twine. **attorcersi** *v.r.* to writhe, to twist.

attorcigliamento *m.* **1** twisting, twining, winding. **2** (*ingarbugliamento*) entanglement. **attorcigliare** *v.t.* (**attorciglio, attorcigli**) **1** to twist, to twine, to wind: *~ qc. intorno a qc.* to twine s.th. round s.th. **2** (*ingarbugliare*) to entangle. **attorcigliarsi** *v.r.* to twine (o.s.), to wind o.s.; (*ingarbugliarsi*) to get entangled: *il filo si è tutto attorcigliato* the thread has got completely entangled; (*rif. a serpenti*) to coil (o.s.).

attore *m.* (*f.* -**trice**) **1** actor (*f* –tress). **2** ⟨*Dir*⟩ plaintiff. □ *~* **cinematografico** film actor; *~* **comico** comic actor, comedian; *primo ~* leading actor; *~ da* **strapazzo** poor (*o* third-rate) actor; *~ della* **televisione** television actor; *~* **tragico** tragedian (*f* –**dienne**).

attorniamento *m.* **1** (*azione*) surrounding, encompassing. **2** (*effetto*) circle, encirclement. **3** ⟨*Mil*⟩ encirclement. **attorniare** *v.t.* (**attornio, attorni**) **1** to surround, to encompass: *i bambini attorniarono la maestra* the children surrounded their teacher. **2** ⟨*Mil*⟩ to encircle; (*assediare*) to besiege, to surround. **3** (*recintare*) to surround, to enclose, to fence in. **4** (*fig*) (*circuire*) to get round: *~ qd. con promesse* to get round s.o. with promises. **attorniarsi** *v.r.* to surround o.s.: *attorniarsi di adulatori* to surround o.s. with flatterers.

attorno *avv.* (a)round, about: *~ non c'era nessuno* there was no one about. □ *~* **a** (a)round, about: *aveva un fazzoletto ~ al collo* he had a scarf round his neck; *la terra gira ~ al sole* the earth goes round the sun; **andare** *~* to wander about, to roam; **avere** *qd. ~* to have s.o. around; **darsi** *d'~* to exert o.s., to bustle about; **guardarsi** *~* to look round (one); **levarsi** *d' ~ qd.* to get rid of s.o.;

stare ~ *a qc.* to devote time and energy to s.th.; *stare ~ a qd.* to hang around s.o.; **togliti** *d'* ~ get out of the way, ⟨*fam*⟩ beat it; **tutt'** ~ all around: *tutt'* ~ *c'erano nemici* there were enemies all around.

attorsi, attorto → attorcere.

attr. = ⟨*Gramm*⟩ *attributo* attribute (*abbr.* attrib.).

attraccàggio *m.* ⟨*Mar*⟩ mooring; (*alla banchina*) docking.

attraccare *v.t./i.* (attracco, attracchi; *aus.* avere) to moor; (*alla banchina*) to dock. **attracco** *m.* (*pl.* -chi) **1** (*azione*) mooring, docking. **2** (*luogo*) berth, berthing (*o* mooring) place.

attraènte *a.* **1** attractive, pleasant; (*interessante*) interesting: *lettura* ~ interesting reading. **2** (*affascinante*) fascinating, charming, seductive.

attràggo → attrarre.

attrappire *v.t.* (attrappisco, attrappisci) to cramp.

attrarre *v.t.* (attràggo, attrài; attràssi, attràtto) **1** to attract. **2** (*allettare*) to attract, to appeal to, to allure, to entice. □ *lasciarsi ~ da qc.* to be attracted by s.th., to yield to the attraction of s.th.; *sentirsi attratto verso qd.* to feel (o.s.) drawn (*o* attracted) to s.o.

attràssi → attrarre.

attrattiva *f.* **1** attraction, appeal; (*fascino*) charm, fascination: *esercitare una forte ~ su qd.* to attract s.o. strongly, to hold a great fascination for s.o. **2** (*cosa attraente*) attraction: *la maggiore ~ della serata* the 'greatest attraction' (*o* highlight) of the evening. □ *una donna piena di ~e* a very attractive woman. **attrattivo** *a.* attractive, drawing: *potere ~* attractive power.

attraversamento *m.* crossing: ⟨*Strad*⟩ ~ *pedonale* pedestrian crossing. **attraversare** *v.t.* (attravèrso) **1** to cross, to go across: ~ *la strada* to cross the road; (*rif. a regione, a città, bosco*) to go through. **2** (*con un veicolo*) to drive through: ~ *la città in automobile* to drive through the city; (*cavalcando*) to ride through; (*camminando*) to walk across (*o* through). **3** ⟨*fig*⟩ to cross: *un pensiero mi attraversò la mente* a thought crossed my mind; (*rif. a tempo*) to go (*o* pass) through: *il ragazzo sta attraversando un periodo difficile* the boy is going through a difficult period. **4** (*rif. a fiumi*) to run through: *il Tevere attraversa Roma* the Tiber runs through Rome. **5** ⟨*fig*⟩ (*ostacolare*) to cross, to thwart, to frustrate: ~ *i piani di qd.* to frustrate s.o.'s plans. □ ~ *un fiume a nuoto* to swim across a river; ⟨*fig*⟩ ~ *la strada a qd.* (*ostacolarlo*) to get in s.o.'s way; *una macchina gli attraversò la strada* his way was blocked by a car.

attravèrso I *avv.* across, crosswise, sideways: *l'auto era ferma ~ la strada* the car was parked sideways across the street. **II** *prep.* **1** (*moto trasversale*) across; (*con penetrazione*) through: *la luce penetrava ~ le imposte* the light filtered through the shutters; *guardare ~ le lenti* to look through one's glasses. **2** (*rif. a tempo*) through, over: ~ *i secoli* through the centuries. **3** (*per mezzo di*) through, by means of: ~ *lunghe ricerche* through (*o* after) lengthy inquiries.

attrazione *f.* **1** attraction, fascination, appeal: ~ *fisica* sex-appeal. **2** ⟨*Fis, Ling*⟩ attraction: ~ *molecolare* molecular attraction. **3** ⟨*fig*⟩ attraction, highlight: *l'* ~ *della serata* the highlight of the evening.

attrezzare *v.t.* (attrèzzo) **1** to equip, to fit out. **2** (*corredare, rifornire del necessario*) to supply, to provide, to fit. **3** ⟨*Mar*⟩ to rig. **attrezzarsi** *v.r.* to get ready, to provide o.s. with everything necessary: *attrezzarsi per una gita* to get ready for a trip. **attrezzato** *a.* equipped.

attrezzatura *f.* **1** (*l'attrezzare*) equipping, fitting out. **2** (*il complesso degli attrezzi*) equipment. **3** ⟨*Mar*⟩ rigging. □ ~ **alberghiera** hotel accommodation; ~ **navale** masts and rigging; *le ~e dell'*ospedale hospital equipment; ~ **turistica** tourist facilities *pl*; ~ *di* ufficio office equipment.

attrezzista *m./f.* **1** ⟨*Ginn*⟩ gymnast. **2** ⟨*Teat*⟩ property-man. **attrezzistica** *f.* gymnastics apparatus.

attrezzo *m.* **1** tool, implement, utensil: *-i del falegname* carpenter's tools. **2** *pl.* ⟨*Teat*⟩ properties *pl*, ⟨*gerg*⟩ props *pl*. □ *-i agricoli* agricultural implements; *-i da cucina* kitchen utensils; *-i da giardinaggio* garden implements (*o* tools); *-i ginnastici* gymnastic apparatus.

attribuìbile *a.* attributable, ascribable. **attribuire** *v.t.*

(attribuìsco, attribuìsci) **1** to attribute, to ascribe: ~ *una qualità a qd.* to attribute a quality to s.o., to credit s.o. with a quality; *attribuisco la disgrazia alla sua imprudenza* I attribute the accident to his recklessness. **2** (*assegnare*) to assign, to award: ~ *un premio a qd.* to award a prize to s.o. **attribuirsi** *v.r.* to arrogate to o.s., to claim, to lay claim to: *si attribuisce un merito che non ha* he claims a virtue that he doesn't possess. □ ~ *importanza a qd.* to consider s.o. important; ~ *valore a qc.* to attach importance to s.th. **attributivo** *a.* ⟨*Gramm*⟩ attributive.

attributo *m.* **1** attribute: *gli -i di Dio* the attributes of God. **2** (*simbolo*) symbol, attribute: *la civetta è ~ di Minerva* the owl is a symbol of Minerva. **3** ⟨*Gramm*⟩ attribute. □ *gli -i del monarca* the monarch's powers.

attribuzione *f.* **1** attribution, assignment, allotment: ~ *di un'opera d'arte* attribution of a work of art. **2** *pl.* powers *pl*, functions *pl*, attributions *pl*. □ ~ *di competenza* competence; ~ *d'una rendita* assignment of an annuity.

attrìce *f.* **1** actress: ~ *del cinema* film actress (*o* star). **2** ⟨*Dir*⟩ plaintiff.

attrito *m.* **1** ⟨*Fis*⟩ friction. **2** ⟨*fig*⟩ (*dissidio*) friction, disagreement, dissension. □ ⟨*Fis*⟩ *perdita per ~* friction loss.

attruppamento *m.* **1** (*l'attrupparsi*) assembling, trooping. **2** (*assembramento*) crowd, throng. **attrupparsi** *v.r.* **1** to assemble, to troop. **2** (*assembrarsi*) to crowd, to throng.

attuàbile *a.* practicable, feasible. **attuabilità** *f.* feasibility, practicability.

attuàle *a.* **1** present, existing, current: *la situazione ~* the existing situation. **2** (*adatto al tempo*) topical: *un problema assai ~* a very topical problem. **3** ⟨*Comm,Fis,Filos,Teol*⟩ actual: *velocità ~* actual velocity; *grazia ~* actual grace. **attualismo** *m.* ⟨*Filos*⟩ actualism. **attualità** *f.* **1** topical interest, up-to-dateness: *un problema di grande ~* a problem of great topical interest. **2** (*avvenimento attuale*) current event; *pl.* news *pl* (*costr. sing.*): *le ~ sportive* the sporting news. **3** (*cinegiornale*) newsreel. **4** ⟨*Filos*⟩ actuality. □ *di ~* topical: *essere d' ~* to be topical; (*di moda*) fashionable. □ *tornare d' ~* to come back into fashion.

attualizzare *v.t.* to bring up-to-date, to make topical. **attualizzazione** *f.* updating, update.

attualmente *avv.* at present, at the present time, now, nowadays.

attuare *v.t.* (attuo) to carry out, to put into practice, to bring about: ~ *una riforma* to bring about a reform; ~ *un piano* to carry out a plan. **attuarsi** *v.r.* to be realized, to come true: *le mie speranze si sono attuate* my hopes have been realized.

attuariale *a.* actuarial: *matematica ~* actuarial mathematics.

attuario *m.* ⟨*Assic*⟩ actuary.

attuazione *f.* carrying out, bringing about, accomplishment: *l'* ~ *di un piano* the carrying out of a plan. □ *in ~ della legge* in accordance with the law; *progetto di difficile ~* plan that is difficult to carry out.

attutire *v.t.* (attutìsco, attutìsci) **1** to deaden: ~ *i rumori* to deaden the sounds. **2** ⟨*fig*⟩ (*mitigare*) to mitigate, to appease: *le mie parole attutirono il suo sdegno* my words appeased his anger. □ ~ *il colpo* to soften the blow. **attutirsi** *v.r.* (*rif. a rumori*) to die down (*o* away), to become muffled; (*rif. a dolori*) to be assuaged.

audàce *a.* **1** bold, daring, audacious: *un ~ condottiero* a bold leader; *un'impresa ~* a daring enterprise. **2** (*arrischiato*) risky, hazardous. **3** (*nuovo, geniale*) bold, daring, original: *un progetto ~* a bold plan. **4** (*sfrontato*) insolent, impudent; (*piccante*) spicy. □ ~ *scollatura* plunging neckline. **audacemente** *avv.* boldly, daringly, audaciously. **audàcia** *f.* (*pl.* -cie) **1** (*coraggio*) boldness, daring, audacity. **2** (*atto audace*) act of daring: *compiere un' ~* to perform an act of daring. **3** (*insolenza*) insolence, impudence, audacity, effrontery.

audio *m.inv.* ⟨*TV*⟩ audio.

audiocassètta *f.* audio cassette.

audiodìsco *m.* (phonograph) record.

audiofilo *m.* (*f.* -a) audiophile.

audiofrequenza *f.* audio frequency.

audiogramma *m.* audiogram.

audioleso I *a.* ear-impaired. **II** *s.m.* (*f.* **-a**) ear-impaired patient.

audiolibro *m.* talking book.

audiolinguistico *a.* (*pl.* **-ci**) audiolingual.

audiologia *f.* ⟨*Med*⟩ audiology. **audiologico** *a.* (*pl.* **-ci**) audiological. **audiologo** *m.* (*pl.* **-gi**) audiologist.

audiometria *f.* ⟨*Med*⟩ audiometry. **audiometrico** *a.* (*pl.* **-ci**) audiometric. **audiometrista** *m./f.* audiometrician. **audiometro** *m.* ⟨*Fis,Med*⟩ audiometer.

audiovisione *f.* audiovisual aids *pl.* **audiovisivo** *a.* audiovisual: *mezzi –i* audiovisual media. **auditivo** *a.* ⟨*Anat*⟩ auditory: *canale ~* auditory canal.

auditorium *m.* auditorium. **audizione** *f.* **1** (*l'udire*) hearing. **2** (*provino*) audition. **3** ⟨*Dir*⟩ hearing: *~ delle parti* hearing of the parties. □ *~ musicale* musical audition; *~ radiofonica* broadcast.

auf *intz.* what a bore (*o* drag).

auge *f.* **1** ⟨*Astr*⟩ apogee. **2** ⟨*fig*⟩ height, summit: *essere all'~ della potenza* to be at the height of one's power. □ *un autore molto in ~* an author greatly in vogue; *essere in ~* to be in great favour.

augurabile *a.* to be hoped: *è ~ che vada tutto bene* it is to be hoped that all goes well. **augurale** *a.* **1** of greeting, of good wishes: *messaggio ~* message of good wishes, greetings *pl.* **2** ⟨*Stor.rom*⟩ augural.

augurare *v.* (**auguro**) **I** *v.t.* to wish: *~ buon viaggio a qd.* to wish s.o. a good journey; *~ la buona notte a qd.* to wish s.o. good-night. **II** *v.i.* (*aus.* avere) (*pronosticare*) to augur, to forebode, to predict. **augurarsi** *v.r.* to hope, to wish: *mi auguro che tutto finisca presto* I hope that it will all end soon. □ *~ ogni felicità a qd.* to wish s.o. every happiness; *non auguro il male a nessuno* I don't wish anyone ill; *~ la morte a qd.* to wish s.o. dead; *~ a qd. buona Pasqua* to wish s.o. a Happy Easter.

augure *m.* ⟨*Stor.rom*⟩ augur: *collegio degli –i* college of augurs.

augurio *m.* **1** (good) wish, greeting: *porgere gli auguri a qd.* to give s.o. one's best wishes; *gradisca i miei più sinceri auguri* accept my sincerest good wishes. **2** (*presagio*) omen, presage: *queste parole mi paiono di buon ~* I think these words are a good omen. □ **biglietto** *di auguri* greeting card; *essere di* **cattivo** *~* to be ominous; *tanti auguri di buon* **compleanno** every good wish for your birthday; **fare** *gli auguri a qd.* (*per il compleanno*) to wish s.o. a happy birthday; (*per Natale*) to wish s.o. a Merry Christmas; *con i* **migliori** *auguri* wishing you all the best; *auguri di* **Natale** *e di Capodanno* good wishes for a Merry Christmas and a Happy New Year; **tanti** *auguri* all the best; (*per un compleanno*) many happy returns; *uccello del mal ~* bird of ill omen.

augusteo *a.* Augustan: *età –a* Augustan age. **augusto** *a.* august: *alla presenza dell' ~ sovrano* in the presence of the august sovereign.

Augusto *N.pr.m.* Augustus.

aula *f.* **1** hall. **2** ⟨*Univ*⟩ lecture room. **3** ⟨*Scol*⟩ classroom, schoolroom. □ *~ magna* great hall; *~ del senato* senate chamber; *fare sgombrare l' ~* to clear the court; *~ di tribunale* courtroom.

aulico *a.* (*pl.* **-ci**) **1** court-, of the court, aulic: *poeta ~* court poet. **2** ⟨*fig*⟩ (*nobile*) stately, noble: *linguaggio ~* noble language.

aumentabile *a.* that may be increased, increasable, augmentable.

aumentare *v.* (**aumento**) **I** *v.t.* **1** (*rif. al numero*) to increase, to augment; (*rif. alla larghezza*) to enlarge, to widen; (*rif. alla lunghezza*) to lengthen. **2** (*rendere più alto*) to raise, to put up: *~ gli stipendi agli impiegati* to raise the employees' salaries; *~ il prezzo di una merce* to put up the price of an article. **3** (*intensificare*) to increase: *~ la produttività* to increase productivity. **II** *v.i.* (*aus.* essere) (*rif. al numero*) to increase: *la popolazione mondiale aumenta di anno in anno* the world population is increasing yearly; (*rif. ai prezzi*) to rise, to go up: *il pane è aumentato di dieci lire il chilo* bread has gone up ten lire a kilo; (*rif. a fiumi e sim.*) to rise: *il fiume è*

aumentato the river has risen; (*rif. al peso*) to put on: *durante le vacanze sono aumentato di quattro chili* during the holidays I put on four kilos; (*rif. all'intensità*) to increase: *il freddo sta aumentando* the cold is increasing, it is getting colder. □ *verso sera la febbre aumenta* towards evening the temperature rises; *~ la velocità di un'auto* to increase a car's speed; *~ di valore* to increase in value.

aumento *m.* increase; (*rif. ai prezzi, al rendimento*) rise, increase. □ *~ di* **capitale** capital increase; ⟨*Econ*⟩ *~ della* **domanda** increase in demand; **in** *~* on the increase; *essere in ~* to be on the increase, to be rising (*o* going up): *gli incidenti stradali sono in ~* road accidents are on the increase; **indice** *di ~* growth rate; *~ per* **merito** merit increase; *~ di* **paga** pay (*o* wage) increase, ⟨*fam*⟩ rise; ⟨*Dir*⟩ *~ di* **pena** increase of penalty; *~ del* **prestigio** increase in prestige; *~ dei* **prezzi** price rise; *~ della* **produttività** increase in productivity; ⟨*Lav.femm*⟩ **ripetere** *gli –i alla fine di ogni ferro* to increase by the same number of stitches at the end of each row; ⟨*Assic*⟩ *~ del* **rischio** increased risk; *~ di* **stipendio** salary increase; *~ di* **temperatura** rise in temperature; *~ del* **traffico** traffic increase.

aura *f.* **1** ⟨*poet*⟩ (*aria*) air, breeze. **2** ⟨*Med*⟩ aura. **3** ⟨*fig*⟩ (*favore*) favour: *~ popolare* popular favour.

aureo *a.* **1** (*d'oro*) gold: *una corona –a* a gold crown. **2** (*color oro*) golden, gold. **3** ⟨*fig*⟩ (*prezioso, eccellente*) golden, precious. □ *–a* **mediocrità** golden mean; ⟨*Astr*⟩ **numero** *~* golden number; ⟨*Econ*⟩ **riserva** *–a* gold reserve; ⟨*Geom*⟩ **sezione** *–a di un segmento* golden section of a segment.

aureola *f.* **1** halo: *un' ~ di capelli biondi* a halo of fair hair. **2** (*rif. a santi*) aureole. **3** ⟨*fig*⟩ (*splendore*) aureole, halo, radiance. **4** ⟨*Astr*⟩ aureole, corona. **5** ⟨*El*⟩ aureole. □ *conquistare l' ~ del martire* to win a martyr's crown; *~ di gloria* radiance of glory; *~ di santità* halo of sanctity.

aureomicina *f.* ⟨*Farm*⟩ aureomycin.

aurico *a.* (*pl.* **-ci**) ⟨*Chim*⟩ auric. □ ⟨*Mar*⟩ **vela** *–a* fore-and-aft sail.

auricola *f.* ⟨*Anat*⟩ auricle. **auricolare I** *a.* auricular, of the ear, ear-: *padiglione ~* pavilion of the ear. **II** *s.m.* ⟨*Rad*⟩ earpiece, earcap; (*cuffia*) earphone. □ ⟨*Rel*⟩ **confessione** *~* auricular confession; **testimone** *~* ear-witness.

aurifero *a.* auriferous, gold-bearing: *filone ~* auriferous vein.

auriga *m.* (*pl.* **-ghi**) ⟨*lett*⟩ charioteer. **Auriga** *N.pr.m.* ⟨*Astr*⟩ Auriga.

aurignaziano *m.* ⟨*Geol*⟩ Aurignacian (culture).

aurora *f.* dawn (*anche fig.*): *l'~ della civiltà* the dawn of civilization. □ *~ australe* aurora australis; *~ boreale* aurora borealis; *le luci dell' ~* the light of dawn; *~ polare* polar lights.

auscultare *v.t.* ⟨*Med*⟩ to auscultate. **auscultazione** *f.* auscultation.

ausiliare I *a.* auxiliary (*anche Gramm.*): *milizie –i* auxiliary troops; *verbo ~* auxiliary verb. **II** *s.m./f.* **1** (*assistente*) auxiliary, assistant, helper. **2** *pl.* ⟨*Mil*⟩ auxiliaries *pl*, auxiliary troops *pl.* **3** ⟨*Gramm*⟩ auxiliary (verb). **ausiliaria** *f.* ⟨*Mil*⟩ W.A.A.C. (Member of the Women's Army Auxiliary Corps). □ *~ sanitaria* health assistant. **ausiliario I** *a.* auxiliary, subsidiary: *motore ~* auxiliary engine. **II** *s.m.* auxiliary, assistant, helper. □ ⟨*Mar*⟩ *nave –a* auxiliary ship; *truppe –e* auxiliary troops.

ausilio *m.* ⟨*lett*⟩ (*aiuto*) help, aid.

auspicabile *a.* desirable, to be hoped for. **auspicare** *v.t.* (**auspico, auspichi**) **1** (*augurare*) to wish. **2** (*pronosticare*) to augur. **auspice** *m.* **1** ⟨*Stor*⟩ auspex. **2** (*promotore*) promoter, patron. □ *il re* under the king's patronage. **auspicio** *m.* **1** ⟨*Stor.rom*⟩ auspice. **2** ⟨*fig*⟩ (*presagio*) omen, auspice: *iniziare qc. sotto buoni auspici* to begin s.th. under favourable auspices. **3** ⟨*fig*⟩ (*protezione*) auspices *pl*, protection, patronage: *l'iniziativa fu intrapresa sotto gli auspici dello stato* the enterprise was launched under the auspices of the state. □ *essere di buon ~* to be auspicious; *essere di cattivo ~* to be ill-omened.

austeramente *avv.* austerely. **austerità** *f.* austerity: (*anche Econ.*): *~ di costumi* austere habits, austerity;

programma di ~ austerity programme. **austero** *a.* **1** (*grave*) sober, austere: *aspetto* ~ sober appearance; (*severo, rigido*) stern, severe: *un funzionario* ~ a stern official. **2** (*disadorno, semplice*) austere, bleak: *un edificio* ~ an austere building.

australe *a.* southern, south, austral: *vento* ~ south wind; *emisfero* ~ southern hemisphere.

Australia *N.pr.f.* ⟨*Geog*⟩ Australia. **australiana** *f.* ⟨*Sport*⟩ cycle pursuit race on track. **australiano** *a./s.m.* (*f.* -a) Australian.

Austria *N.pr.f.* ⟨*Geog*⟩ Austria. **austriaco** *a./s.* (*pl.* -ci) **I** *a.* Austrian. **II** *s.m.* **1** (*dialetto*) Austrian German. **2** (*abitante; f.* -a) Austrian.

austroungarico *a.* (*pl.* -ci) Austro–Hungarian.

autarchia *f.* **1** ⟨*Pol*⟩ autarky, economic self-sufficiency. **2** (*autonomia*) autarchy, self-government. **autarchico** *a.* (*pl.* -ci) **1** ⟨*Pol*⟩ autarkic(al): *fare una politica –a* to pursue an autarkic policy. **2** (*autonomo*) autarchic(al), self-governing.

aut aut *lat. m.* compulsory choice, ultimatum. □ *porre a qd. un* ~ to oblige s.o. to make a choice.

autentica *f.* → autenticazione.

autenticare *v.t.* (*autentico, autentichi*) to authenticate, to legalize: ~ *una firma* to authenticate a signature. **autenticazione** *f.* authentication, legalization: ~ *di una firma* authentication of a signature; ~ *notarile* authentication by a notary. **autenticità** *f.* authenticity, genuineness: *dubitare dell'* ~ *di un quadro* to doubt the authenticity of a painting. **autentico** *a.* (*pl.* -ci) **1** authentic, genuine: *un* ~ *Raffaello* an authentic Raphael. **2** (*degno di fede*) reliable, trustworthy. **3** (*vero*) real, true, genuine: *quell'uomo è un* ~ *imbecille* that man is a real fool; *un siciliano* ~ a true Sicilian; *seta –a* real silk.

autiere *m.* ⟨*Mil*⟩ driver.

autismo *m.* ⟨*Psic*⟩ autism.

autista *m.* driver; (*di auto privata*) chauffeur. □ ~ *di piazza* taxi-driver.

auto *f.inv.* → automobile.

auto|abbronzante *a./s.m.* ⟨*Cosmet*⟩ self-tanning. **~accensione** *f.* ⟨*Mot*⟩ self-ignition.

autoaccessorio *m.* ⟨*Aut*⟩ car accessories *pl.*

auto|accusa *f.* **1** self-accusation. **2** ⟨*Dir*⟩ self-incrimination. **~adattante** *a.* ⟨*tecn*⟩ self-adaptive. **~adescante** *a.* ⟨*Mecc*⟩ self-priming. **~adesivo I** *a.* self-sticking. **II** *s.m.* self-sticking paper. **~affermazione** *f.* ⟨*Psic*⟩ self-realization. **~affondamento** *m.* ⟨*Mar*⟩ scuttling. **~alienazione** *f.* ⟨*Psic*⟩ self-alienation.

autoambulanza *f.* (motor) ambulance.

autoapprovvigionamento *m.* self-support, self-supply.

auto|articolato *m.* ⟨*Aut*⟩ articulated vehicle, semitrailer. **~banca** *f.* drive-in bank. **~betoniera** *f.* ⟨*Edil*⟩ truck mixer.

autobiografia *f.* autobiography. **autobiografico** *a.* (*pl.* -ci) autobiographic(al). **autobiografismo** *m.* tendency to autobiography. **autobiografo** *m.* ⟨*non com*⟩ autobiographer.

auto|blinda *f.inv.* ⟨*Mil*⟩ armoured car. **~blindato** *a.* armoured, tank–: *reparto* ~ tank unit. **~blindo** *m.*, **~blindomitragliatrice** *f.* light armoured car.

autobloccante *a.* ⟨*Mecc*⟩ self-locking.

autobotte *f.* tank lorry, ⟨*am*⟩ tank truck; (*annaffiatrice*) motor sprinkler.

autobus *m.* bus. □ *andare in* ~ to travel by bus; *andare in* ~ *in città* to go into town by bus; ~ *per gite turistiche* sightseeing bus; *perdere l'* ~ to miss the bus (*anche fig.*); ~ *a due piani* double-decker (bus); *prendere l'* ~ to catch the bus; *servizio di* ~ bus service.

auto|camionale *a.* road for heavy traffic. **~caravan** *f.* mobile (*o* motor) home, motor caravan, ⟨*am*⟩ trailer. **~carrato** *a.* ⟨*Mil*⟩ transported in lorries. **~carro** *m.* lorry, ⟨*am*⟩ truck: ~ *con rimorchio* lorry with trailer.

auto|censura *f.* self-censorship. **~centrante** *a.* ⟨*tecn*⟩ self-centring.

auto|centro *m.* ⟨*Mil*⟩ motor pool, vehicle park (*o* depot). **~cisterna** *f.* tanker, tank truck. **~civetta** *f.* unmarked car used by plain-clothes policemen. **~clave** *f.* autoclave. **~colonna** *f.* ⟨*Mil*⟩ convoy (of motor vehicles), motor column.

auto|combustione *f.* spontaneous combustion. **~commutatore** *m.* ⟨*Tel*⟩ automatic switch. **~controllo** *m.* self-control: *perdere l'* ~ to lose one's self-control.

autocorriera *f.* motor coach.

autocrate *m.* autocrat. **autocratico** *a.* (*pl.* -ci) autocratic. **autocrazia** *f.* autocracy.

autocritica *f.* self-criticism. □ *fare l'* ~ to be self-critical. **autocritico** *a.* (*pl.* -ci) self-critical.

autocross *m.* ⟨*Sport*⟩ autocross.

autoctono I *a.* **1** aboriginal, autochthonous: *popolazioni –e* aboriginal races. **2** ⟨*Geol*⟩ autochthonous. **II** *s.m.* (*f.* -a) aborigine, autochthon: *gli –i dell'Australia* the aborigines of Australia.

autodafé *m.* ⟨*Stor*⟩ auto-da-fé.

autodemolizione *f.* car wrecking.

auto|denuncia *f.* (*pl.* -ce) self-denunciation. **~determinazione** *f.* ⟨*Pol*⟩ self-determination: *principio dell'* ~ principle of self-determination. **~diagnosi** *f.* self-diagnosis.

autodidatta *m./f.* self-taught person, autodidact. **autodidattico** *a.* (*pl.* -ci) self-teaching, autodidactic: *metodo* ~ self-teaching method. **autodidattismo** *m.* self-teaching, self-education.

autodifesa *f.* self-defence.

autodina *f.* ⟨*Rad*⟩ autodyne.

auto|direzionale *a.:* ⟨*Aer*⟩ *pilota* ~ autopilot, automatic pilot. **~disciplina** *f.* self-discipline.

autodistruggersi *v.r.* to destroy o.s. **autodistruttivo** *a.* self-destructive. **autodistruzione** *f.* self-destruction.

autodromo *m.* autodrome, motordrome.

autoeccitazione *f.* ⟨*El*⟩ self-excitation.

autoemoteca *f.* mobile blood bank, bloodmobile.

auto|erotico *a.* (*pl.* -ci) autoerotic. **~erotismo** *m.* autoeroticism. **~esame** *m.* self-check, self-examination (*anche Med.*). □ *fare l'* ~ to self-examine. **~fecondazione** *f.* ⟨*Biol*⟩ self-fertilization.

autoferrotranviario *a.* public-transport–. **autoferrotranviere** *m.* public-transport worker.

autofertilizzazione *f.* **1** ⟨*Bot,Zool*⟩ self-fertilization. **2** ⟨*Atom*⟩ breeding.

autofficina *f.* **1** (*officina mobile*) machine-shop truck. **2** (*officina per riparazioni auto*) car repair shop garage.

autofilettante *a.* ⟨*Mecc*⟩ self-threading. □ *vite* ~ self-tapping screw.

autofilotranviario *a.* local (*o* municipal) transport–, bus–, trolleybus and tram–: *rete –a* bus, trolleybus and tram network; *servizio* ~ bus, trolleybus and tram service.

autofinanziamento *m.* self-financing.

autofurgone *m.* motor van. □ ~ *per trasporti funebri* (motor) hearse; ~ *cellulare* police van, ⟨*fam*⟩ Black Maria.

autogamia *f.* ⟨*Biol*⟩ autogamy.

autogeno *a.* autogenous: *saldatura –a* autogenous welding.

autogestione *f.* self-management.

autogiro *m.* ⟨*Aer*⟩ autogiro, autogyro.

auto|gol *m.* ⟨*Sport*⟩ own goal. **~gonfiabile** *a.* self-inflating. **~governo** *m.* self-government.

autografare *v.t.* to autograph. **autografia** *f.* autography. **autografico** *a.* (*pl.* -ci) autographic(al). **autografo I** *a.* autograph: *lettera –a* autograph letter. **II** *s.m.* **1** (*firma*) autograph: *chiedere un* ~ *a qd.* to ask s.o. for an autograph. **2** (*manoscritto originale*) autograph, original manuscript. □ *cacciatore di –i* autograph-hunter.

auto|grill *m.* motorway restaurant and snack-bar. **~gru** *f.* breakdown lorry, ⟨*am*⟩ wrecker.

auto|guida *f.* **1** ⟨*Mecc*⟩ self-drive. **2** ⟨*Mil*⟩ homing system. **~guidato** *a.* **1** ⟨*Mecc*⟩ self-driven. **2** ⟨*Mil*⟩ homed.

autoimmune *a.* ⟨*Med*⟩ autoimmune: *malattia* ~ autoimmune disease. **autoimmunità** *f.* autoimmunity. **autoimmunizzare** *v.t.* to autoimmunize. **autoimmunizzazione** *f.* autoimmunization.

auto|incendio *m.* fire truck. **~incensamento** *m.* self-praise. **~induttanza** *f.* ⟨*El*⟩ self-inductance. **~induzione** *f.* ⟨*El*⟩ self-induction.

autoinnaffiatrice *f.* motor sprinkler.

auto|innesto *m.* ⟨*Med*⟩ autograft. **~intossicazione** *f.* auto–intoxication. **~invitarsi** *v.r.* to appear without an invitation, ⟨*fam*⟩ to gate-crash. **~ipnosi** *f.* self-hypnosis.

autolavaggio *m.* car wash; (*servizio*) car washing service.

autolesione *f.* self-inflicted injury, self-injury. **autolesionismo** *m.* self-injuring. **autolesionista I** *a.* pertaining to the infliction of injury upon o.s. **II** *s.m./f.* one who inflicts injury upon himself. **autolesionistico** *a.* (*pl.* -ci) pertaining to the infliction of injury upon o.s.

auto|lettiga *f.* motor ambulance. **~libro** *m.* mobile library.

autolinea *f.* bus service (*o* route).

autolisi *f.* ⟨*Biol*⟩ autolysis.

automa *m.* automaton (*anche fig.*): *camminare come un ~* to walk like an automaton. **automaticamente** *avv.* automatically. **automaticità** *f.* automaticity. **automatico** *a./s.* (*pl.* -ci) **I** *a.* **1** automatic. **2** ⟨*fig*⟩ automatic, mechanical: *un gesto ~* an automatic gesture. **II** *s.m.* snap fastener, press-stud. □ *controllo ~* automatic control; *dispositivo ~* automatic device. **automatismo** *m.* automatism. **automatizzare** *v.t.* to automatize, to automate. **automatizzazzione** *f.*, **automazione** *f.* automation.

automedonte *m.* ⟨*scherz*⟩ Jehu.

automezzo *m.* motor vehicle. □ ⟨*Mil*⟩ *~ corazzato* armoured vehicle.

automobile I *a.* self-propelling, self-moving, ⟨*am*⟩ automotive. **II** *s.f.* (motor)car, automobile: *guidare l' ~* to drive a car; *fare un giro in ~* to go for a drive. □ *~ aperta* open car; *~* **blindata** armoured car, bullet-proof car; *~* **chiusa** saloon, ⟨*am*⟩ sedan; *~ di media* **cilindrata** medium horse-power car; *~ da* **competizione** racing car; *~* **decappottabile** convertible; *~* **elettrica** electric car; *~ a quattro* **posti** four-seater; *~* **pubblica** taxi, taxi-cab, ⟨*am*⟩ cab; *~ di* **serie** production-model car, stock car; *~* **utilitaria** small car, ⟨*fam*⟩ runabout.

automobilina *f.* **1** (*giocattolo*) toy car. **2** (*nelle giostre*) merry-go-round car. **automobilismo** *m.* **1** motoring. **2** ⟨*Sport*⟩ motor-racing. **automobilista** *m./f.* motorist. **automobilistico** *a.* (*pl.* -ci) motor-, motorcar-, car-, automobile-. □ *corsa –a* motor-race; *incidente ~* car (*o* motor) accident; *industria –a* motorcar industry.

auto|motrice *f.* ⟨*Ferr*⟩ railcar. □ *~ Diesel* Diesel railcar. **~noleggiatore** *m.* car hirer, ⟨*am*⟩ car renter. **~noleggio** *m.* **1** car-hire, ⟨*am*⟩ car renting. **2** (*ditta*) car-hire firm.

autonomamente *avv.* autonomously.

autonomia *f.* **1** autonomy, self-government, independence: *raggiungere la propria ~* to attain independence. **2** ⟨*Aut,Aer*⟩ range, fuel distance: *la macchina ha un' ~ di trecento chilometri* the car has a fuel distance of three hundred kilometres. □ *~* **amministrativa** administrative autonomy; *~ di* **bilancio** budgetary independence; *~* **contrattuale** freedom of contract; *~ di* **governo** self-government; *~* **operaia** self-management of workers; *~* **regionale** regional autonomy; *~* **tariffaria** bargaining power; ⟨*Aer*⟩ *~ di* **volo** range; (*espressa in ore*) endurance.

autonomismo *m.* autonomism. **autonomista I** *s.m./f.* autonomist. **II** *a.* (*autonomistico*) autonomist: *movimento ~* autonomist movement. **autonomistico** *a.* (*pl.* -ci) → **autonomo. autonomo** *a.* **1** autonomous, self-governing, independent: *governo ~* autonomous government. **2** ⟨*Mecc*⟩ self-contained.

auto|parcheggio *m.* car-park. **~parco** *m.* (*pl.* -chi) **1** (*parcheggio*) car-park. **2** (*collettivo*) motor vehicles *pl*, fleet of cars. **~pilota** *m.* ⟨*Aer*⟩ automatic pilot. **~pista** *f.* **1** motor-racingtrack. **2** (*nei parchi di divertimenti*) electric-cartrack. **~pompa** *f.* fire truck (*o* engine). **~propulsione** *f.* self-propulsion.

autopsia *f.* autopsy, post-mortem (examination): *fare l' ~* to perform an autopsy. **autoptico** *a.* (*pl.* -ci) autopsic(al), post-mortem–.

auto|pubblica *f.* taxi, taxi-cab, ⟨*am*⟩ cab. **~pul(l)man** *m.* (motor) coach. **~radio** *f.* **1** (*apparecchio radio*) car radio. **2** (*autovettura della polizia*) radio car. **~raduno** *m.* car rally.

autore *m.* (*f.* -trice) **1** maker, author, (*promotore*)

promoter. **2** (*scrittore*) author, writer; (*artista*) artist; (*pittore*) painter; (*scultore*) sculptor; (*compositore*) composer. □ *–i classici* classical authors; ⟨*Dir*⟩ *~ di delitti contro la moralità pubblica* perpetrator of crimes against public morality; *diritto d'~* copyright; *pl.* (*compenso*) royalties *pl.*

auto|reattore *m.* ⟨*Aer*⟩ ram-jet engine. **~regolante** *a.* self-regulating, self-adjusting. **~regolazione** *f.* self–regulation, self-adjustment.

autoreparto *m.* ⟨*Mil*⟩ motorized unit.

auto|respiratore *m.* aqualung. **~rete** *f.* ⟨*Sport*⟩ own goal.

autorevole *a.* **1** (*rif. a persona*) authoritative, influential: *persona ~* influential person. **2** (*rif. a cose*) authoritative: *notizie da fonte ~* news from an authoritative source. **3** (*rif. all'espressione*) commanding, imposing: *aspetto ~* imposing appearance. **autorevolezza** *f.* authoritativeness, authority. **autorevolmente** *avv.* authoritatively, with authority.

auto|ribaltabile *f.* ⟨*Aut*⟩ dumper truck. **~rimessa** *f.* garage. **~riparazione** *f.* auto repairing, car repairs *pl.*: *officina di ~* car repair shop, garage.

autorità *f.* **1** authority, power. **2** (*stima, credito*) influence, authority, repute, prestige: *godere grande ~* to enjoy great repute. **3** (*testimonianza autorevole*) authority, authoritative evidence. **4** *pl.* (*concr*) authorities *pl*: *palco riservato alle ~* box reserved for the authorities. **5** (*persona competente*) authority, expert: *sei un' ~ nel campo della fisica* you are an authority in the field of physics. □ ⟨*Pol*⟩ *l'alta ~* the High Authority; *~* **amministrativa** administrative authorities; *~* **civile** civil authorities; *~* **competente** relevant authorities; *~* **costituita** authorities set up and recognized by the law; *intervenire* **d'** *~* to intervene officially; *le ~* **ecclesiastiche** the ecclesiastical (*o* church) authorities; *~* **giudiziaria** judicial authorities: *deferire qd. all' ~ giudiziaria* to commit s.o. to the judicial authorities; *~* **impositiva** taxing power; *~* **locale** local authorities; *~* **militare** military authorities; *~* **paterna** paternal authority; *persona di grande ~* very influential person; *~* **pubbliche** public authorities; *fare uso della propria ~* to exercise one's authority.

autoritario *a.* **1** authoritative, dictatorial: *persona –a* dictatorial person; (*imperioso*) imperious: *con un tono –a* in an imperious tone. **2** ⟨*Pol*⟩ authoritarian: *stato ~* authoritarian state. **autoritarismo** *m.* **1** ⟨*Pol*⟩ authoritarianism. **2** (*rif. a persona*) dictatorialness, bossiness.

autoritratto *m.* self-portrait.

autorizzare *v.t.* **1** (*dare autorità*) to authorize, to give authority to, to invest with authority: *~ qd. a fare qc.* to authorize (*o* empower) s.o. to do s.th., to give s.o. authority to do s.th.; (*permettere*) to give leave to: *chi ti autorizza a criticarmi?* who gives you leave to criticize me? **2** (*giustificare*) to give grounds for, to entitle: *il suo contegno autorizza ogni sospetto* his behaviour gives grounds for every suspicion; *tutto autorizza a credere che* everything entitles us to believe that.

autorizzazione *f.* **1** authorization; (*permesso*) permission, leave. **2** (*documento*) authorization, permit, licence: *chiedere un' ~* to ask for authorization. □ *~ di* **esportazione** export permit; *~* **giudiziaria** court order; *per i minorennni si richiede l' ~ del* **padre** for minors the father's permission (*o* consent) is required; *~ della* **polizia** police authorization; *~ a* **procedere** authorization to proceed; *revocare un' ~* to revoke a permit; *~* **scritta** written authorization, permit.

autosalone *m.* **1** (*esposizione*) motor (*o* car) show. **2** (*rivendita*) car dealer.

auto|scatto *m.* ⟨*Fot*⟩ automatic shutter–release, self–timer. **~scontro** *m.* bumper (*o* dodgem) car. **~scuola** *f.* driving school. **~servizio** *m.* bus service. **~silo** *m.* tower garage. **~snodato** *m.* articulated vehicle. **~soccorso** *m.* road service. **~stazione** *f.* (*rif. a trasporti pubblici*) public–transport station; (*stazione di servizio*) service station.

autostello *m.* motel.

autosterzante *a.* ⟨*Mecc*⟩ self-steering: *dispositivo* ~ self-steering gear.

auto|stop *m.* hitchhiking. □ *fare l'* ~ to hitchhike; *viaggiare in* ~ to hitchhike, to travel by hitchhiking. **~stoppista** *m./f.* hitchhiker. **~strada** *f.* motorway, ⟨*am*⟩ expressway, ⟨*am*⟩ superhighway: *viaggiare in* ~ to travel on the motorway. □ ~ *a quattro corsie* four-lane motorway; *società concessionaria* *-e* highway company; **~stradale** *a.* motorway–: *traffico* ~ motorway traffic.

auto|sufficiente *a.* self-sufficient. **~sufficienza** *f.* self-sufficiency. **~suggestionabile** *a.* autosuggestible, subject to autosuggestion. **~suggestionarsi** *v.r.* (mi autosuggestiono) to influence o.s. by means of autosuggestion. **~suggestione** *f.* autosuggestion. **~tassazione** *f.* self-assessment.

auto|telaio *m.* car chassis. **~telefono** *m.* car telephone.

auto|temprante *a.* ⟨*Met*⟩ self-hardening. **~tipia** *f.* ⟨*Tip*⟩ autotype. **~tipico** *a.* (*pl.* -ci) autotypic. **~tomia** *f.* ⟨*Zool*⟩ autotomy.

auto|traghetto *m.* car ferry. **~trainato** *a.* truck-drawn.

auto|trapianto *m.* ⟨*Med*⟩ autograft. **~trasformatore** *m.* ⟨*El*⟩ auto-transformer.

autotrasportare *v.t.* (trasporto) to transport by road. **autotrasportato** *a.* car borne. **autotrasportatore** *m.* road haulage contractor, ⟨*am*⟩ hauler. **autotrasporto** *m.* **1** motor transport. **2** *pl.* road transport: *impresa -i* road haulage firm.

auto|trenista *m.* lorry-driver, ⟨*am*⟩ trucker. **~treno** *m.* lorry with trailer, ⟨*am*⟩ trailer-truck.

autotrofia *f.*, **autotrofismo** *m.* ⟨*Biol*⟩ autotrophy. **autotrofo** *a.* autotrophic.

autoturismo *m.* motoring.

auto|tutela *f.* ⟨*Dir*⟩ self-protection. **~vaccino** *m.* ⟨*Med*⟩ autovaccine. **~valutazione** *f.* self-assessment.

auto|veicolo *m.* motor vehicle. **~vettura** *f.* motorcar.

autrice *f.* (scrittrice) author(ess), woman writer.

autunnale *a.* autumn–, autumnal: *flora* ~ autumn flora. **autunno** *m.* autumn, ⟨*am*⟩ fall. □ *in* ~ in autumn; ⟨*fig*⟩ *l'* ~ *della vita* the autumn of life.

avallante *m.* ⟨*Comm*⟩ guarantor, endorser, backer. **avallare** *v.t.* **1** ⟨*Comm*⟩ to guarantee, to endorse, to back: ~ *una cambiale* to back a bill. **2** ⟨*fig*⟩ (confermare) to confirm, to endorse: ~ *le dichiarazioni di qd.* to confirm s.o.'s statements. **avallo** *m.* ⟨*Comm*⟩ guarantee, guaranty, backing; (firma) endorsement. □ ~ *di cambiali* backing of bills; *per* ~ guaranteed.

avam|braccio *m.* ⟨*Anat*⟩ forearm. **~porto** *m.* ⟨*Mar*⟩ outer harbour. **~posto** *m.* ⟨*Mil*⟩ outpost.

Avana *N.pr.f.* ⟨*Geog*⟩ Havana. **avana** *a./s.inv.* **I** *a.* Havana-brown. **II** *s.m.* (tabacco) Havana (tobacco); (sigaro) Havana (cigar).

avancarica: ⟨*Mil*⟩ *ad* ~ muzzle-loading: *armi ad* ~ muzzle-loading fire-arms.

avance *fr.* [a'vãs] *f.* advance: *fare delle* ~ to make advances.

avancorpo *a.* ⟨*Arch*⟩ avant-corps, projecting part.

avanguardia *f.* **1** ⟨*Mil*⟩ advance-guard. **2** ⟨*fig*⟩ vanguard, van; (rif. a movimenti letterari e artistici) avant-garde. □ *d'* ~ advanced; *letteratura d'* ~ avant-garde literature; *essere all'* ~ to be in the van; *essere all'* ~ *del progresso* to be in the van of progress. **avanguardismo** *m.* ⟨*Lett*⟩ avant-gardism. **avanguardista** *m./f.* avant-gardist.

avannotto *m.* ⟨*Itt*⟩ fry.

avan|scoperta *f.* reconnaissance. □ *andare in* ~ to scout. **~spettacolo** *m.* curtain-raiser.

avanti I *avv.* **1** (stato in luogo) in front: *sedevo* ~ *per vedere meglio* I sat in front in order to have a better view. **2** (moto: di avvicinamento) forward, nearer, closer: *venite* ~ come nearer; (di allontanamento) (on) ahead, (on) in front, on: *andate* ~, *io vi seguirò* go on ahead, I'll follow you. **3** (rif. a tempo: prima) in advance, before(hand). **II** *intz.* **1** (avvicinamento) come nearer (o closer); (entrate!) come in!: *è permesso?* – ~ may I? – yes, come in!; (allontanamento) go on, (move) forward. **2** (suvvia) come on: ~, *non ti scoraggiare* come on, don't lose heart. **III** *prep.* (non com) **1** (di luogo) in front of, before: ~ *la casa* in front of the house. **2** (di tempo) before: ~ *l'alba* before

daybreak. **IV** *a.inv.* (posposto al sost.) **1** (precedente) before, previous: *il giorno* ~ the day before, the previous day. **2** (anteriore) in front, front–: *la ruota* ~ the front wheel. **V** *s.m.inv.* ⟨*Sport*⟩ (giocatore) forward; *pl.* (gruppo) forwards *pl*, forward line. □ ~ **a:** **1** (innanzi) in front of, ahead of, before: *camminava* ~ *a me* he was walking in front of me; **2** (alla presenza) before, in front of, in the presence of: ~ *al giudice* before the judge; ⟨*Mar*⟩ ~ *adagio* slow ahead; **andare** ~: **1** to go forward; (precedere) to go ahead: *andrò* ~ *per trovare alloggio* I'll go ahead to find accommodation; **2** (rif. all'orologio) to be fast; **3** (continuare) to go on; ⟨*Scol*⟩ *essere un* **anno** ~ to be a year ahead; *essere* ~ *negli* (o *con gli*) *anni* to be well on (o advanced) in years; ~ **che** before: *che sia notte, saremo arrivati* we shall be there before nightfall; ~ **Cristo** before Christ, B.C.; ~ **di** before: ~ *di partire faremo colazione* we shall have breakfast before leaving (o we leave); **essere** ~ to be well advanced, to be ahead: *il lavoro è molto* ~ the work is well advanced; *sono* ~ *con il lavoro* I am ahead with the work; *essere* ~ *negli studi* to be well advanced in one's studies; **farsi** ~: **1** to step (o come) forward: *si fece* ~ *una donna* a woman stepped forward; **2** ⟨*fig*⟩ (affermarsi) to get ahead, to get on; ~ **giorno** before daybreak; *piegarsi in* ~ to bend (o lean) forward; ~ **e indietro** to and fro, backwards and forwards: *passeggiare* ~ *e indietro* to walk to and fro; **mandare** ~ to send (on) ahead; ⟨*fig*⟩ *mandare* ~ *un lavoro* to get on with a job; ⟨*Mil,Ginn*⟩ ~, **march!** quick march!; ⟨*fig*⟩ **mettere** le mani ~ (cautelarsi) to take precautions, to cover o.s.; *mettere l'orologio* ~ to put the clock (o watch) forward; *d'ora in* ~ from now (o this moment) on, henceforth; **passare** ~ *a qd.* (superarlo) to overtake s.o.; *fare un* **passo** ~ to take a step forward (anche fig.); *la casa si trova* **più** ~ the house is farther on; **portarsi** ~ to move forward; ~ *c'è posto* move along, please; ~ *il* **primo** first, please; ⟨*fam*⟩ **tirare** ~ (vivere stentatamente) to scrape along, to keep going: *tiriamo* ~ *con lo stipendio di mio marito* we scrape along on my husband's salary; *come va?* – *si tira* ~ how are you? – still alive (o bearing up); ⟨*Mar*⟩ ~ **tutta** full ahead; ⟨*Mar*⟩ ~ *a tutta forza* full speed ahead; **venire** ~ to come in: *buon giorno, venga* ~ good morning, come in.

avantieri *avv.* the day before yesterday.

avantreno *m.* **1** forecarriage. **2** ⟨*Mil*⟩ limber.

avanzamento *m.* **1** (l'avanzare) advancing, putting forward. **2** (promozione) promotion, advancement. **3** ⟨*fig*⟩ (progresso) progress, advance, development. **4** (rif. a lavori e sim.) progress. **5** ⟨*Mecc*⟩ feed: ~ *automatico* automatic feed. □ ⟨*burocr*⟩ ~ *per anzianità* promotion by seniority.

avanzare[1] **I** *v.i.* (aus. essere/avere) **1** (andare avanti) to advance, to move forward: ~ *con cautela* to move forward with caution; *potemmo* ~ *di pochi passi* we could only advance a few steps. **2** ⟨*fig*⟩ (progredire) to make progress, to get on: *il vostro lavoro avanza stentatamente* your work is not making very good progress. **II** *v.t.* **1** (superare) to overtake: ~ *qd. correndo* to overtake s.o. by running. **2** ⟨*fig*⟩ to outdo, to surpass, to exceed: ~ *qd. in coraggio* to outdo s.o. in courage. **3** (promuovere) to promote: ~ *qd. di grado* to promote s.o. in rank. **4** (spostare in avanti) to move forward: *la fermata dell'autobus è stata avanzata di cento metri* the bus-stop has been moved forward a hundred metres. **5** ⟨*fig*⟩ (presentare) to put forward: ~ *un'ipotesi* to put forward a hypothesis; (rif. a scritti) to present: ~ *una petizione* to present a petition. **avanzarsi** *v.r.* (approssimarsi) to approach, to come nearer: *l'autunno si avanza* autumn is approaching. □ ~ *troppe pretese* to ask for too much; ~ *reclami* to make complaints; ~ *in territorio nemico* to advance into enemy territory.

avanzare[2] **I** *v.i.* (aus. essere) **1** (restare) to remain, to be left (over): *se mi avanza del tempo ci vado* if there is any time left I shall go. **2** ⟨*Mat*⟩ to be left over: *23 diviso 7 uguale 3 e avanza 2* 7 goes into 23 three times with 2 left over. **II** *v.t.* (essere creditore) to be owed: *avanzo da Giovanni diecimila lire* I am owed ten thousand lire by John.

avanzata *f.* advance (anche Mil.). **avanzato** *a.* **1** (rif. a luogo) advance(d), forward; ⟨*Mil*⟩ *sentinella -a* forward sentry. **2** (rif. a tempo) advanced: *età -a* advanced age. **3**

⟨*fig*⟩ (*innovatore*) advanced: *teorie –e* advanced theories. □ *idee –e* progressive ideas; *a notte –a* late at (*o* in the) night; ⟨*Mil*⟩ *posto* ~ forward post; *in stato di –a putrefazione* in a state of advanced decomposition.

avanzo *m*. **1** remains *pl*, leftovers *pl*: *gli –i della cena* the leftovers from supper. **2** *pl*. (*cascami, ritagli*) left overs *pl*. **3** *pl*. (*ruderi*) remains *pl*, ruins *pl*. **4** ⟨*Comm*⟩ surplus. **5** ⟨*Mat*⟩ remainder. □ ~ *di* **cassa** cash in hand; *il 3 nel 13 sta 4 volte* con *l' ~ di 1* 3 goes into 13 4 times with 1 left over; **d'** ~ more than enough: *di soldi ne ho d'* ~ I have more than enough money; *ne ho d'* ~ *delle tue lamentele* I've had enough of your complaints; ~ *di* **galera** jail bird; ⟨*Comm*⟩ ~ **utile** profit brought forward.

avaria *f*. **1** ⟨*Mar*⟩ average, damage. **2** (*guasto di merce viaggiante*) damage to goods in transit. **3** (*guasto meccanico*) breakdown. □ ⟨*Mar*⟩ ~ **comune** (o *generale*) general average; *liquidatore d'* ~ average adjuster; *nave in* ~ ship which has suffered damage; ~ **semplice** particular average. **avariare** *v*. (*avario*) **I** *v.t.* to damage, to spoil: *l'umidità ha avariato le merci* the damp has damaged the goods. **II** *v.i.* (*aus.* **essere**), **avariarsi** *v.r.* to deteriorate, to become damaged: *la merce si è avariata durante il viaggio* the goods have deteriorated during the voyage. **avariato** *a*. damaged, spoiled: *merci –e* damaged goods.

avarizia *f*. avarice, cupidity, greed, stinginess: *la sua ~ è proverbiale* his greed is proverbial. □ ⟨*scherz*⟩ *crepi l'* ~ just once in a while; *peccato d'* ~ sin of avarice; *per* ~ out of greed. **avaro I** *a*. **1** miserly, greedy, avaricious, stingy, mean. **2** (*rif. a cosa: fatto con avarizia*) niggardly: *un dono* ~ a niggardly gift. **II** *s.m.* (*f*. **-a**) miser, skinflint: *da quell'* ~ *non puoi aspettarti nulla* you can't expect anything from that miser. □ *persona –a di parole* person of few words.

ave I *intz.* hail. **II** *s.f.inv.* (*avemmaria*) Hail Mary, Ave Maria: *recitare due* ~ to say two Hail Marys.

avellana *f*. ⟨*Bot*⟩ filbert, hazelnut.

avello *m*. ⟨*lett*⟩ tomb.

ave(m)maria *f*. **1** (*preghiera*) Hail Mary, Ave Maria: *recitare l'* ~ to recite the Hail Mary. **2** (*suono delle campane*) Angelus; (*ora del tramonto*) eventide: *all'* ~ at eventide. **3** (*grano di rosario*) Ave bead. □ *la campana dell'* ~ the Angelus bell; *sapere qc. come l'* ~ to know something backwards (*o* by heart).

avena *f*. ⟨*Bot*⟩ oat. □ *farina d'* ~ oatmeal; *fiocchi d'* ~ cornflakes.

avente causa *m./f.* ⟨*Dir*⟩ assign(ee).

avere[1] *v.t.* (*pres.ind.* **ho, hai, ha, abbiamo, avete, hanno**; *impf.* **avevo**; *p.rem.* **ebbi, avesti**; *fut.* **avrò**; *pr.cong.* **abbia, abbiamo, abbiate, abbiano**; *imperat.* **abbi, abbiate**; *p.pr.* **avente**; *p.p.* **avuto**) **1** to have (got): ~ *molti amici* to have many friends; (*rif. a sentimenti*) to feel, to have: ~ *odio contro qd.* to feel hatred for s.o.; ~ *pietà per qd.* to have pity on s.o.; (*rif. a malattie*) to have (got): ~ *i reumatismi* to have rheumatism. **2** (*possedere*) to have, to own: ~ *una villa in campagna* to have a house in the country. **3** (*indossare*) to have on, to wear: ~ *un vestito nuovo* to have on a new dress. **4** (*acquistare*) to get, to obtain: *l'ho avuto per pochi soldi* I got it very cheaply. **5** (*verbo ausiliare*) to have: *ho visto un bel film* I have seen a good film; *abbiamo dovuto chiamare il medico* we have had to call the doctor. **6** (*ricevere: rif. a lettere e sim.*) to get, to have: *ho avuto solo oggi la tua lettera* I got your letter only today. **7** (*dovere, when* avere *is followed by the preposition* da, *and sometimes* a) to have to: *ho molto da fare* I have a great deal to do. □ ~ *in* **animo** *di fare qc.* to have it in mind to do s.th.; *il bambino ha dieci* **anni** the child is ten years old; *averla* (o *avercela*) con *qd.* to be angry (*o* annoyed) with s.o.: *con chi ce l'hai?* who are you annoyed with?; ~ **coraggio** to be courageous (*o* brave); ~ *a* **cuore** *qc.* to have s.th. at heart; ~ *qc. da qd.* (*venire a sapere*) to hear (*o* get) s.th. from s.o.; ~ *qc. da buona fonte* to have s.th. from a reliable source; *non* ~ *da mangiare* to have nothing to eat, to go hungry; ~ *qd. dalla propria* (**parte**) to have s.o. on one's side; ~ *del buono* to have good qualities; ~ (*a*) *che* **dire** con *qd.* (*litigare*) to have a bone to pick with s.o.; *a* settembre *avrò gli* **esami** my exams are in September; ~ *a che* **fare** con *qd.*: 1 (*avere rapporti con qd.*) to have s.th. to do with

s.o.; 2 (*litigare con qd.*) to have a bone to pick with s.o.; 3 (*dover rendere conto a qd.*) to have s.o. to reckon with; *non* ~ *niente a che fare con qd.* (*essere diverso*) to have nothing in common with s.o.; *lui non ci ha a che fare in tutto questo* he doesn't come into this; ~ **gente** *a pranzo* to have people to dinner; *ho* **male** I'm ill, I don't feel well; *ho* **male** *a un ginocchio* my knee hurts; *tu hai sempre mal di testa* you always have a headache; *aversela a* **male** to take offence, to get annoyed; ~ *in* **mente** to have in mind; *ha avuto ciò che si* **meritava** he got what he deserved; ~ **moglie** to have a wife; *non* ~ **pace** to know (*o* have) no peace; ~ **parte** *in qc.* to take part in s.th.; *averne per un* **pezzo** to be busy for some time; *da lui non ho avuto che* **rimproveri** I've had nothing but reproofs from him; ~ *qd. al proprio* **servizio** to have s.o. in one's service; ~ *dello* **spirito** to be witty; ~ *qc. per la* **testa** to have s.th. on one's mind; *questo non ha niente a che* **vedere** *con la questione che ci interessa* this has nothing to do with the matter in hand; *averla* **vinta** to win out; *non* ~ *di che* **vivere** to have nothing to live on. || *che cosa hai?* what's up?, what's the matter?; *quanti anni hai?* how old are you?; *quanti ne abbiamo oggi?* what's the date today?, what date is it today?; *ne abbiamo quindici* it's the fifteenth; *chi più ne ha, più ne metta* and so on and so forth.

avere[2] *m*. **1** (*patrimonio*) inheritance, fortune: *ha dilapidato tutto il suo* ~ he has squandered all his inheritance. **2** *pl*. possessions *pl*, substance, property. **3** ⟨*Comm*⟩ credit: *dare e* ~ debit and credit.

averla *f*. ⟨*Ornit*⟩ shrike.

Averno *N.pr.m.* ⟨*Mitol*⟩ Avernus.

Averroè *N.pr.m.* ⟨*Stor*⟩ Averroës. **averroismo** *m*. Averroism.

aviario I *a*. of birds, bird–. **II** *s.m.* aviary.

aviatore *m*. (*f*. **-trice**) aviator (*f* –trix), airman. **aviatorio** *a*. flying, air–, aviation–: *incidente* ~ flying accident. **aviazione** *f*. **1** aviation. **2** (*arma aerea*) air force. □ ~ *civile* civil aviation; ~ *di marina* marine aviation; ~ *militare* air force; *scuola di* ~ flying school.

avicolo *a*. avicultural. **avicoltore** *m*. (*f*. **-trice**) bird-fancier, aviculturist. **avicoltura** *f*. bird–fancying, aviculture.

avicunicolo *a*. bird and rabbit–. **avicunicoltura** *f*. bird and rabbit rearing.

avidamente *avv.* greedily, avidly: *mangiare* ~ to eat greedily. **avidità** *f*. **1** avidity, greed, eagerness: ~ *di ricchezze* greed for riches. **2** (*voracità*) voracity, eagerness, greed. □ *con* ~ greedily. **avido** *a*. **1** avid, eager, greedy: *una persona –a* an avid person; (*rif. alla violenza*) thirsting: ~ *di vendetta* thirsting for revenge. **2** (*vorace*) voracious, greedy. □ *un uomo* ~ *di gloria* a man eager for glory; ~ *di imparare* eager to learn.

aviere *m*. ⟨*Mil*⟩ airman.

avifauna *f*. avifauna.

Avignone *N.pr.f.* ⟨*Geog*⟩ Avignon.

avio|cisterna *f*. ⟨*Aer*⟩ air tanker. **~getto** *m*. ⟨*Aer*⟩ jet aircraft. **~lanciare** *v.t.* to air-drop. **~lancio** *m*. air-drop. **~linea** *f*. airline, airway.

avionica *f*. avionics *pl* (*costr. sing.*).

avio|raduno *m*. air rally. **~rimessa** *f*. hangar. **~trasportare** *v.t.* (*aviotrasporto*) to air transport. **~trasportato** *a*. air-borne. **~trasporto** *m*. air transport. **~turismo** *m*. tourism by plane (*o* air).

avitaminosi *f*. ⟨*Med*⟩ avitaminosis.

avito *a*. ⟨*lett*⟩ ancestral: *palazzo* ~ ancestral palace. **avo** *m*. (*f*. **-a**) **1** (*nonno*) grandfather (*f* –mother): ~ *materno* maternal grandfather. **2** (*antenato*) forefather (*f* –mother), ancestor (*f* –tress). **3** *pl*. ancestors *pl*, forefathers *pl*.

avocado *m*. **1** ⟨*Bot*⟩ avocado (tree). **2** (*frutto*) avocado (pear), alligator pear.

avocare *v.t.* (*avoco, avochi*) **1** ⟨*Dir*⟩ to arrogate: ~ *a sé una facoltà* to arrogate to o.s. a right of action. **2** (*confiscare*) to confiscate: *lo stato avoca a sé un'eredità* the State confiscates an inheritance. **avocazione** *f*. **1** arrogation: ~ *di un affare* arrogation of a matter. **2** (*confisca*) confiscation.

avorio *m*. **1** ivory. **2** (*colore*) ivory, ivory-colour. □ *una* *collezione di avori* a collection of ivories; *di* ~ of ivory, ivory-; ⟨*fig*⟩ ~ *nero* (*gli schiavi*) black ivory; ⟨*fig*⟩ *pelle d'* ~ ivory skin.

avrò → **avere**[1].

avulso *a.* torn, uprooted. □ *frase -a dal contesto* sentence out of context.

avv. = *avverbio* adverb (*abbr.* adv.).

avvalersi *v.r.* (**mi avvalgo, ti avvali; mi avvalsi, avvalso;** → **valere**) to make use (*di* of), to avail o.s. (of): ~ *di un diritto* to make use of a right.

avvallamento *m.* **1** (*l'avvallarsi*) sinking: ~ *del terreno* sinking (*o* subsiding) of the ground; (*effetto*) landslip, subsidence. **2** (*valle*) depression.

avvalorare *v.t.* (**avvaloro**) to give value to, to strengthen: *tutto ciò avvalora le mie supposizioni* all that strengthens my assumptions.

avvampare *v.i.* (*aus.* **essere**) **1** to blaze (up), to burst into flames: *la legna avvampò* the wood blazed up. **2** ⟨*lett*⟩ to flame, to glow red: *il cielo avvampava nella luce del tramonto* the sky glowed red in the light of the sunset. **3** ⟨*fig*⟩ to flare up, to blaze: ~ *d'ira* to flare up with (*o* in) anger.

avvantaggiare *v.t.* (**avvantaggio, avvantaggi**) to benefit, to favour: *questa legge avvantaggia le classi meno abbienti* this law benefits the less well–to–do. **avvantaggiarsi** *v.r.* **1** (*trarre profitto*) to profit (*di* by), to take advantage (of): *avvantaggiarsi dell'esperienza altrui* to profit by the experience of others. **2** (*prendere vantaggio*) to gain, to get ahead: *il corridore si era avvantaggiato di qualche metro* the runner had gained a metre or so.

avvedersi *v.r.* (**mi avvedo; mi avvidi, avveduto;** → **vedere**) to become aware (*di* of), to realize, to perceive (s.th.): ~ *dell'errore* to perceive the error. **avvedutamente** *avv.* shrewdly, cleverly, wisely. **avvedutezza** *f.* artfulness, cleverness, shrewdness. **avveduto** *a.* clever, cunning, artful, shrewd.

avvelenamento *m.* poisoning. □ ~ *da funghi* mushroom poisoning; *morte per* ~ death by poisoning. **avvelenare** *v.t.* (**avveleno**) **1** to poison: ~ *una bevanda* to poison a drink; *le esalazioni della raffineria avvelenano l'aria* the fumes from the refinery poison the air. **2** ⟨*fig*⟩ (*amareggiare*) to embitter: *la miseria gli avvelenò l'esistenza* poverty embittered his existence. **3** ⟨*fig*⟩ (*corrompere*) to poison, to corrupt: *i libri che avvelenano la gioventù* books that corrupt youth. **avvelenarsi** *v.r.* to poison o.s. **avvelenato** *a.* **1** poisonous, poisoned: *cibi -i* poisoned food. **2** (*amareggiato*) embittered. □ ⟨*fig*⟩ *avere il dente* ~ *contro qd.* to bear s.o. a grudge. **avvelenatore** *m.* (*f.* **-trice**) poisoner.

avvenente *a.* pretty, attractive, lovely: *una fanciulla* ~ a lovely girl. **avvenenza** *f.* attractiveness, ⟨*fam*⟩ good looks *pl.*

avvenimento *m.* event, occurrence: *un* ~ *storico* a historic event. □ ~ *del giorno* event of the day; *ricco di -i* eventful.

avvenire[1] *v.* (**avvengo, avvieni; avvenne, avvenuto;** → **venire**) **I** *v.i.* (*aus.* **essere**) to happen, to occur, to take place: *la cerimonia è avvenuta stamattina alle dieci* the ceremony took place at ten this morning; *bada che non avvenga nulla* take care that nothing happens; *la trasformazione è avvenuta per gradi* the transformation took place by degrees. **II** *v.i.impers.* to come about, to happen: *avveniva spesso che litigassero* it often came about that they quarrelled, they often quarrelled. □ *è avvenuta una disgrazia* there's been an accident; *avvenga ciò che vuole* come what may; *per caso avvenne che* it so happened that.

avvenire[2] *a./s.inv.* **I** *s.m.* **1** future: *l'* ~ *è nelle mani di Dio* the future is in the hands of God. **2** (*possibilità di carriera*) prospects *pl,* future: *è un giovane senza* ~ he is a young man without prospects. **II** *a.* (always used after the noun) future, ⟨*pred*⟩ to come: *gli anni* ~ the years to come; *le generazioni* ~ future generations. □ *in* ~ in (the) future: *che in* ~ *non si verifichi più* don't let this happen again in the future; *pensare all'* ~ to think of the future; *per l'* ~ for the future, in (the) future: *questo valga per l'* ~ let this hold good for the future.

avvenirismo *m.* futurism. **avvenirista** *m./f.* futurist. **avveniristico** *a.* (*pl.* **-ci**) futurist.

avventare *v.t.* (**avvento**) **1** to hurl, to fling: ~ *un sasso a* (*o contro*) *qd.* to hurl a stone at s.o. **2** ⟨*fig*⟩ (*azzardare*) to venture: ~ *un giudizio* to venture an opinion. **avventarsi** *v.r.* to fling (*o* hurl) o.s.: *avventarsi contro* (*o addosso a*) *qd.* to hurl o.s. at (*o* against, on) s.o. □ *il gatto si avventò sulla preda* the cat pounced on its prey. **avventatamente** *avv.* rashly, recklessly. **avventatezza** *f.* rashness, recklessness, hastiness. **avventato** *a.* rash, reckless, hasty: *essere* ~ *nel giudicare* to be hasty in one's judgements; *una promessa -a* a rash promise.

avventismo *m.* ⟨*Rel*⟩ Adventism. **avventista** *m./f.* Adventist.

avventizio **I** *a.* **1** casual, occasional: *guadagno* ~ casual earnings *pl,* occasional profits *pl.* **2** (*venuto da fuori*) (from) outside. **II** *s.m.* (*f.* **-a**) temporary employee. □ *beni avventizi* adventitious property; *impiegato* ~ temporary employee; *operaio* ~ casual worker.

avvento *m.* **1** ⟨*lett*⟩ coming, advent: *l'* ~ *di una nuova era* the coming of a new era. **2** (*assunzione*) accession, coming: ~ *al trono* accession to the throne; ~ *al potere* coming to power. **3** ⟨*Rel*⟩ Advent: *prima domenica d'* ~ first Sunday in Advent.

avventore *m.* customer.

avventura *f.* adventure: *raccontare le proprie -e* to tell of one's adventures; (*avventura amorosa*) (love) affair. □ *essere in una* **brutta** ~ to be in a tight spot; *andare in* **cerca** *di -e* to seek adventure; *per* ~ (*per caso*) by chance; *una vita* **piena** *di -e* an adventurous life; *romanzo d'-e* adventure story.

avventurare *v.t.* to risk, to venture: ~ *la vita* to risk one's life. **avventurarsi** *v.r.* **1** to (ad)venture: *si avventurarono nel bosco* they ventured into the wood. **2** (*osare*) to dare: *non si avventurava a parlare* he ⌐dared not⌐ (*o* did not dare to) speak.

avventuriero **I** *a.* adventurous. **II** *s.m.* (*f.* **-a**) **1** adventurer (*f* –uress). **2** ⟨*ant*⟩ (*soldato di ventura*) soldier of fortune. **avventurismo** *m.* ⟨*Pol*⟩ adventurism. **avventurosamente** *avv.* adventurously. **avventuroso** *a.* adventurous, venturesome: *spedizione -a* adventurous expedition; *un giovane* ~ an adventurous youth.

avverare *v.t.* (**avvero**) to confirm, to make come true: *il tempo avverò la sua profezia* time confirmed his prophecy. **avverarsi** *v.r.* to come true, to be fulfilled: *le tue previsioni non si sono avverate* your forecasts have not come true.

avverbiale *a.* ⟨*Gramm*⟩ adverbial. **avverbio** *m.* adverb: ~ *di luogo* adverb of place.

avversare *v.t.* (**avverso**) **1** (*essere contrario*) to oppose: ~ *le idee di qd.* to oppose s.o.'s ideas. **2** (*ostacolare*) to thwart, to hinder: *hanno avversato tutti i miei progetti* they have thwarted all my plans. **avversario** **I** *a.* opposing, rival: *la squadra -a* the opposing team; *la parte -a* the rival group. **II** *s.m.* (*f.* **-a**) rival, opponent, adversary: ~ *politico* political rival; *il pugile ha sconfitto il suo* ~ the boxer has defeated his opponent; *sconfiggere gli avversari* to defeat one's adversaries.

avversativo *a.* ⟨*Gramm*⟩ adversative. **avversione** *f.* **1** (*antipatia*) aversion, dislike: *avere* ~ *per qd.* to have an aversion to (*o* for) s.o. **2** (*ripugnanza*) repugnance, aversion: *avere* ~ *per un lavoro* to have an aversion for a job. **avversità** *f.* adversity: *le* ~ *della vita* the adversities of life. □ ~ *della sorte* adverse fortune; *nell'* ~ *si conoscono gli amici* a friend in need is a friend indeed.

avverso *a.* **1** (*nemico, ostile*) hostile, enemy, adverse: *essere* ~ *a qc.* to be adverse to s.th. **2** (*opposto*) opposing, rival: *la parte -a* the rival faction. **3** (*sfavorevole*) unfavourable, inclement: *tempo* ~ inclement weather. □ *essere* ~ *a qc.* to be against s.th.; *la fortuna mi è -a* luck is against me; *sorte -a* adverse fortune.

avvertenza *f.* **1** (*attenzione*) care, attention: *usare* ~ *nel maneggiare armi* to take care when handling arms. **2** (*ammonimento*) warning. **3** *pl.* instructions *pl: leggere le -e* to read the instructions. **4** (*prefazione*) foreword, (prefatory) note: ~ *ai lettori* note to the readers. □ *abbiate l'* ~ *di spegnere la luce prima di uscire* please make sure to turn out the light before leaving.

avvertibile *a.* noticeable, perceptible: *un rumore appena* ~ a scarcely perceptible sound. **avvertimento** *m.* **1** (*consiglio*) warning, advice: *gli –i dei genitori* parent's advice. **2** (*premessa a un libro*) foreword. **3** (*osservazione*) notice, remark.

avvertire *v.t.* (**avverto**) **1** to inform, to let know, to notify: *avvertimi prima di andartene* let me know before you leave; ~ *la polizia* to notify the police. **2** (*mettere in guardia*) to warn: ~ *qd. di un pericolo* to warn s.o. of a danger; *ora sei avvertito* now you have been warned. **3** (*osservare, notare*) to realize: ~ *l'importanza di un avvenimento* to realize the importance of an event; (*percepire*) to feel: *avverti un forte dolore alla spalla* he felt a severe pain in his shoulder; (*accorgersi*) to notice, to perceive: *ho avvertito subito l'odore del gas* I at once noticed the smell of gas. □ *ti avverto per il tuo bene* I'm telling you for your own good.

avvezzare *v.t.* (**avvezzo**) to train, to accustom: ~ *i figli all'obbedienza* to train one's children to (*o* on) obedience. **avvezzarsi** *v.r.* to become accustomed, to get used: *avvezzarsi alle privazioni* to become accustomed to hardship. □ ~ *il corpo alle fatiche* to accustom one's body to hard work; *avvezzarsi al freddo* to get used to the cold; ~ *male* to spoil. **avvezzo** *a.* accustomed, used, trained (*a* to): ~ *all'obbedienza* accustomed to obeying.

avviamento *m.* **1** introduction, introductory study: ~ *allo studio della filosofia* introduction to the study of philosophy. **2** (*inizio*) start, starting, opening: ~ *di relazioni commerciali* opening of commercial relations; (*rif. a imprese*) setting up, launching. **3** ⟨*Comm*⟩ trade. **4** ⟨*Mecc*⟩ (*azione*) starting; (*dispositivo*) starter. **5** ⟨*Tip*⟩ interlay. □ ~ *automatico* self-starting; *capitale d'*~ initial capital; *manovella d'* ~ starting (*o* crank) handle; *motorino d'* ~ starter (motor); *scuola d'* ~ training school.

avviare *v.t.* (**avvio**) **1** (*indirizzare, dirigere*) to direct, to send: ~ *i veicoli per una strada secondaria* to direct the traffic on to a secondary road. **2** ⟨*fig*⟩ to guide, to help (to) choose: ~ *qd. a un mestiere* to help s.o. choose a trade. **3** (*dare inizio*) to start, to open: ~ *una conversazione* to open a conversation. **4** ⟨*Mecc*⟩ to start, to set going (*o* in motion), to start up: ~ *il motore* to start the engine; (*con la manovella*) to crank. **5** ⟨*Comm*⟩ (*rif. a imprese*) to begin, to set up, to start (up): ~ *un negozio* to set up a shop. **6** ⟨*Tip*⟩ to interlay. **7** ⟨*Lav.femm*⟩ to cast on: ~ *cento maglie* to cast on one hundred stitches. **avviarsi** *v.r.* **1** (*incamminarsi*) to set off (*o* out), to start: *si avviò verso casa* he set off (for) home. **2** ⟨*fig*⟩ (*essere sul punto di*) to be on the point (*a* of), to be on one's way (to): *il ragazzo si avvia a diventare il primo della classe* the boy is on his way to being top of the class. **3** ⟨*Mecc*⟩ to start (up): *il motore stenta ad avviarsi* the engine has trouble in starting. □ ~ *un'azienda* to get a business going; *sarà ora di avviarsi* it is time we were going (*o* getting on our way); ⟨*Dir*⟩ ~ *un processo* to start a lawsuit; ~ **relazioni** to enter into relations; ~ *le* **trattative** to begin negotiations.

avviato *a.* **1** (*in moto*) started, going. **2** (*fiorente*) going, thriving, ⟨*pred*⟩ doing well: *un'azienda –a* a going concern; *essere* ~ *negli affari* to be doing well in business; *un negozio bene* ~ a thriving shop. **avviatore** *m.* ⟨*Mecc,El*⟩ starter. □ ~ *ad aria compressa* compressed-air starter; ~ *automatico* self-starter; ~ *a mano* hand starter.

avvicendamento *m.* **1** alternation, rotation: *l'* ~ *delle stagioni* the alternation of the seasons; ~ *del personale* rotation of personnel. **2** ⟨*Agr*⟩ rotation: ~ *colturale* (*o delle colture*) crop rotation.

avvicendare *v.t.* (**avvicendo**) **1** to alternate, to rotate. **2** ⟨*Agr*⟩ to rotate: ~ *le colture* to rotate the crops. **avvicendarsi** *v.r.* to take turns: *i soldati si avvicendavano alla guardia* the soldiers took turns at the watch; (*rif. a stagioni, condizioni atmosferiche e sim.*) to alternate.

avvicinabile *a.* approachable. **avvicinamento** *m.* approach, approaching. **avvicinare** *v.t.* **1** to bring (near), to draw up: *avvicina di più il libro* bring the book nearer. **2** (*farsi vicino a una persona*) to approach; (*fare la conoscenza*) to meet, to get to know. **avvicinarsi** *v.r.* **1** to approach, to come up (to), to near (*a qc.* s.th.), to draw

near: *la nave si avvicina al porto* the ship is nearing the port; *mi si avvicinò un ragazzino* a little boy came up to me; *si avvicinano le vacanze* the holidays are drawing near. **2** (*somigliare*) to be close to: *la copia si avvicina molto all'originale* the copy is very close to the original. □ *non avvicinarti troppo al fuoco* don't get too near (to) the fire; *avvicinarsi ai quaranta* to be getting (*o* going) on for forty; *avvicinarsi alla verità* to get near to the truth.

avvidi → **avvedersi**.

avvilente *a.* discouraging, humiliating. **avvilimento** *m.* **1** (*umiliazione*) humiliation. **2** (*scoraggiamento*) discouragement, disheartenment. □ *essere preso dall'* ~ to be disheartened. **avvilire** *v.t.* (**avvilisco, avvilisci**) **1** (*degradare*) to dishonour, to disgrace: ~ *il proprio nome* to dishonour one's name. **2** (*mortificare*) to humiliate, to mortify: ~ *qd. con un rimprovero* to mortify s.o. with a reproof. **3** (*scoraggiare*) to discourage, to dishearten. **avvilirsi** *v.r.* **1** (*abbassarsi*) to stoop, to lower o.s.: *non ti* ~ *a chiedere il suo aiuto* don't stoop to asking for his help. **2** (*scoraggiarsi*) to become disheartened (*o* discouraged), to lose heart: *avvilirsi per un insuccesso* to become discouraged by failure. **avvilito** *a.* **1** (*umiliato*) mortified, humiliated. **2** (*scoraggiato*) discouraged, disheartened.

avviluppamento *m.* **1** (*l'avviluppare*) enveloping, wrapping up, entangling. **2** (*intrico*) tangle, entanglement. **avviluppare** *v.t.* **1** (*avvolgere*) to wrap up, to envelop: *il mendicante era avviluppato in una coperta* the beggar was wrapped up in a blanket. **2** (*aggrovigliare*) to entangle. **avvilupparsi** *v.r.* **1** to wrap (*o* muffle) o.s. up: *avvilupparsi nel mantello* to wrap o.s. up in one's cloak. **2** (*aggrovigliarsi*) to get entangled, to get tangled (up): *il filo si è avviluppato* the thread has got tangled. **avviluppato** *a.* **1** (*avvolto*) enveloped, wrapped up. **2** (*impigliato*) entrapped, entangled.

avvinazzare *v.t.* to make drunk. **avvinazzarsi** *v.r.* to get drunk, to get intoxicated. **avvinazzato** *a.* drunk(en).

avvincente *a.* fascinating, winning, engaging. **avvincere** *v.t.* (**avvinco, avvinci; avvinsi, avvinto;** → **vincere**) **1** to fascinate, to charm, to win over, to enthral: *un racconto che mi avvince* a story which fascinates me. **2** ⟨*lett*⟩ (*cingere*) to embrace.

avvinghiare *v.t.* (**avvinghio, avvinghi**) to clasp, to grasp, to clutch: ~ *la preda* to clutch the prey. **avvinghiarsi** *v.r.* to cling: *mi si avvinghiò al collo* she clung to my neck.

avvinsi → **avvincere**. **avvinto** *a.* **1** bound. **2** (*attratto*) fascinated, charmed.

avvio *m.* beginning, start: *l'* ~ *di un racconto* the beginning of a story. □ *dare l'* ~ *a qc.* to start s.th. (off); *prendere l'* ~ *da qc.* to start from s.th.

avvisaglia *f.* **1** (*scaramuccia*) skirmish. **2** *pl.* (*primi sintomi*) first signs *pl*: *le prime –e della malattia* the first signs of the illness.

avvisare *v.t.* **1** to inform, to let know, to tell (s.th.): ~ *qd. di qc.* to tell s.o. s.th.; *avvisami quando vieni* let me know when you arrive. **2** (*mettere in guardia*) to warn: ~ *qd. di un pericolo* to warn s.o. of a danger. **3** (*ammonire*) to advise, to warn: *ti avviso di non farlo* I advise you not do it. □ *Prov.: uomo avvisato, mezzo salvato* forewarned is forearmed. **avvisatore** *m.* **1** ⟨*Teat*⟩ call–boy. **2** (*dispositivo*) warning (signal), alarm: ~ *d'incendio* fire–alarm. □ ~ *acustico* horn, hooter.

avviso *m.* **1** (*informazione, annuncio*) piece of news, announcement: *ho un* ~ *importante per te* I have an important piece of news for you; (*sul giornale*) advertisement: *mettere un* ~ *sul giornale* to put an advertisement in the newspaper. **2** (*annuncio, affisso*) notice. **3** ⟨*Comm*⟩ notice, note. **4** (*consiglio*) advice: *dare un* ~ *a qd.* to give s.o. some advice, to advise s.o.; (*avvertimento*) warning: *ciò ti serva di* ~ let this be a warning to you. **5** (*opinione*) opinion: *essere d'* ~ to be of the opinion; *essere dello stesso* ~ *di qd.* to be of the same opinion as s.o. □ *a mio* ~ in my opinion; ~ *d'*appalto advertisement for bids; ~ *di* **consegna** delivery notice; ~ *di* **convocazione** notice of meeting; ⟨*Giorn*⟩ ~ **economico** advertisement; ⟨*Post*⟩ ~ *di* **giacenza** note of non delivery; **mettere** *qd. sull'* ~ to warn s.o.; ~ **mortuario** obituary notice; **mutare** *d'* ~ to change one's opinion; *sino a nuovo* ~ until further notice; ~ *di* **pagamento** notice of payment; ~ *di mancato pagamento* notice of non–payment; ~ *di* **pegno** notice of lien; ~ *di* **prelevamento** notice of withdrawal; **previo** ~ on notice; ~ *al* **pubblico** notice to the public; ~ *di* **reato** notice of intended prosecution; ~ *di* **scadenza** expiry notice.

avvistamento *m.* sighting. **avvistare** *v.t.* to sight, to catch sight of.

avvisto → avvedersi.

avvitamento *m.* **1** screwing. **2** 〈*Aer*〉 spin. **3** 〈*Sport*〉 (*nuoto*) twist. **avvitare** *v.t.* **1** to screw, to screw down (*o* in): ~ *una lampadina* to screw in a bulb; (*avvitare una vite a fondo*) to screw tight. **2** (*fissare con viti*) to screw: ~ *una serratura alla porta* to screw a lock (on) to the door. **avvitarsi** *v.r.* 〈*Aer*〉 to go into a spin.

avviticchiare *v.t.* (**avviticchio, avviticchi**) to twine, to twist. **avviticchiarsi** *v.r.* to twine, to twist (around), to cling (to): *l'edera si era avviticchiata alle colonne* the ivy had twined round the columns; *gli si avviticchiò al collo* she clung to him.

avvivare *v.t.* to enliven, to animate: ~ *la conversazione* to enliven the conversation; (*rif. a fuoco*) to rekindle; (*rif. a colori*) to brighten. **avvivarsi** *v.r.* to grow animated: *il suo sguardo si avvivò* his expression grew animated.

avvizzimento *m.* **1** (*rif. alla pelle*) wrinkling, withering. **2** 〈*Bot*〉 withering, shrivelling. **avvizzire** *v.* (**avvizzisco, avvizzisci**) **I** *v.i.* (*aus.* **essere**) to wither, to shrivel (*anche fig.*): *le mele sono avvizzite* the apples are shrivelled. **II** *v.t.* to shrivel up, to wither: *il sole ha avvizzito le foglie* the sun has shrivelled up the leaves. **avvizzito** *a.* withered, shrivelled.

avvocatesco *a.* (*pl.* **-chi**) pettifogging. **avvocatessa** *f.* **1** woman lawyer. **2** 〈*scherz*〉 talkative woman.

avvocato *m.* **1** lawyer, 〈*am*〉 counsellor. **2** 〈*GB*〉 (*presso le corti inferiori*) solicitor; (*presso le corti superiori*) barrister. **3** 〈*SU*〉 attorney(–at–law). **4** (*fig*) advocate, defender. □ **albo** *degli –i* Rolls *pl*; ~ *delle* **cause** *perse* defender of lost causes; 〈*Rel*〉 ~ *del* **diavolo** devil's advocate (*anche fig.*); ~ **difensore** counsel for the defence; **parlare** *come un* ~ to have the gift of the gab; **rivolgersi** *a un* ~ to consult a lawyer; 〈*spreg*〉 **saperne** *quanto un* ~ to know all the tricks.

avvocatura *f.* **1** (*professione*) lawyer's profession, profession of lawyer: *esercitare l'* ~ to practise law. **2** 〈*collett*〉 the Bar.

avvolgere *v.t.* (**avvolgo, avvolgi; avvolsi, avvolto**: → **volgere**) **1** to wrap (up): ~ *un libro in un foglio di carta* to wrap up a book in a sheet of paper; ~ *un bambino in una coperta* to wrap a child up in a blanket. **2** (*arrotolare*) to roll up: ~ *un tappeto* to roll up a carpet. **avvolgersi** *v.r.* **1** (*girare, arrotolarsi*) to wind o.s. round. **2** (*avvilupparsi*) to wrap o.s. up: *si avvolse nel mantello* he wrapped himself up in the cloak. □ *essere avvolto dalle fiamme* to be enveloped in flames; ~ *la lana in gomitolo* to wind wool into a ball; *il delitto era avvolto nel mistero* the crime was wrapped (*o* shrouded) in mystery; *la nebbia avvolgeva la città* the town was shrouded in mist.

avvolgibile I *s.m.* roller blind, roll shutter. **II** *a.* roll–up, roller–

avvolgimento *m.* **1** (*l'avvolgere*) winding, rolling, wrapping. **2** (*effetto*) winding, roll. **3** 〈*Tess,El*〉 winding: ~ *di un trasformatore* transformer winding; ~ *a bobina* coil winding. **avvolgitore** *m.*, **avvolgitrice** *f.* **1** 〈*Mecc*〉 winding machine. **2** 〈*Cin*〉 take–up. □ ~ **veloce** (*di registratore*) fast rewind.

avvolsi → avvolgere.

avvolto *a.* **1** (*involtato*) wrapped (up): *un vecchio* ~ *in un mantello* an old man wrapped up in a cloak. **2** (*arrotolato*) rolled up. **3** (*fig*) wrapped, shrouded: *l'affare è* ~ *nel mistero* the affair is shrouded in mystery.

avvoltoio *m.* vulture (*anche fig.*).

avvoltolare *v.t.* (**avvoltolo**) **1** (*avvolgere alla meglio*) to wrap up carelessly. **2** (*arrotolare*) to roll up. **avvoltolarsi** *v.r.* to roll (o.s.), to wallow: *i maiali si avvoltolavano nel fango* the pigs were wallowing in the mud.

ayatollah *m.* ayatollah.

---

aye-aye *m.inv.* 〈*Zool*〉 aye–aye.

az. = **1** *azione* share. **2** *azionista* shareholder.

azalea *f.* 〈*Bot*〉 azalea.

azienda *f.* company, firm, business, concern: *gestire un'* ~ to run a business. □ ~ **affiliata** affiliate; ~ **agricola** farm; ~ **commerciale** commercial undertaking; ~ **comunale** public concern (*o* utility); ~ *di* **credito** credit institution; (*banca*) bank; ~ **familiare** family business; ~ **industriale** industrial undertaking; ~ **leader** leader, leading concern; ~ **marginale** marginal enterprise; ~ **modello** model company; ~ **municipale** = *azienda* **comunale**; ~ **municipalizzata** city–owned enterprise, municipal enterprise; ~ **nazionalizzata** nationalized company; ~ **primaria** = *azienda* **leader**; ~ **privata** private firm; ~ **pubblica** public concern (*o* company); ~ *autonoma di* **soggiorno** public tourist organization, tourist board; ~ **statale** State company; ~ **tranviaria** tramway company.

aziendale *a.* company–, business–: *economia* ~ business economics. □ *medico* ~ company doctor; *regolamento* ~ company rule; *consulente* ~ management consultant.

azimut *m.* 〈*Astr*〉 azimuth. **azimutale** *a.* azimuthal.

azionamento *m.* **1** working: ~ *di una leva* working of a lever. **2** (*propulsione*) drive. **azionare** *v.t.* (**aziono**) **1** (*mettere in azione*) to set going (*o* in motion), to move: ~ *una leva* to move a lever. **2** (*far funzionare*) to drive, to run, to operate: *il motorino è azionato da una molla* the engine is driven by a spring. □ ~ *i freni* to put on the brakes, to brake.

azionariato *m.* 〈*Econ*〉 shareholders *pl.*, (*spec. am.*) stockholders *pl.* □ ~ *di* **maggioranza** majority shareholding; ~ *di minoranza* minority shareholding; ~ *operaio* employee shareholding. **azionario** *a.* share–, stock–: *capitale* ~ share capital; *mercato* ~ share market. □ *pacchetto* ~ parcel (*o* packet) of shares.

azione *f.* **1** action, act, deed: *passare dal pensiero all'* ~ to move from thought to action; *cattive –i* evil deeds. **2** 〈*Lett,Teat*〉 action: *l'* ~ *di un dramma* the action of a drama. **3** 〈*Mecc*〉 motion, action, movement: *mettere qc. in* ~ to set s.th. in motion, to start s.th. **4** (*influenza*) influence, action: *un'* ~ *benefica* a good influence. **5** 〈*Chim*〉 action: ~ *degli acidi sui metalli* action of acids on metals. **6** 〈*Mil*〉 action, engagement, feat. **7** 〈*Sport*〉 action. **8** 〈*Dir*〉 legal action, lawsuit: *intentare un'* ~ *contro qd.* to take legal action against s.o. **9** 〈*Comm*〉 share, (*spec. am.*) stock. **10** 〈*Cin*〉 action! □ 〈*Mil*〉 ~ **aerea** air engagement; 〈*Dir*〉 ~ *di* **annullamento** annulment action; **campo** *d'* ~ field of action; 〈*Rel*〉 ~ **cattolica** Catholic Action; ~ **civile** (*civil*) action; *un'* ~ **coraggiosa** an act of courage; *un'* ~ **criminale** a criminal deed; 〈*Mil,Sport*〉 ~ **difensiva** defensive action; ~ **diplomatica** diplomatic action; 〈*Econ*〉 ~ *di nuova* **emissione** new share (*o* stock); **entrare** *in* ~ to go into action; 〈*Mecc*〉 **essere** *in* ~ to be working; *il motore è in* ~ the engine is running; *non essere in* ~ to be off; 〈*Mecc*〉 ~ **frenante** braking action; ~ **giudiziaria** action at law; 〈*Mil*〉 ~ *di* **guerra** feat of arms, military action; 〈*Dir*〉 **intentare** *un'* ~ **giudiziaria** to take legal action; ~ **legale** legal action; **libertà** *d'* ~ freedom of action; 〈*Mecc*〉 **mettere** *in* ~ to set going, to start; ~ **nominativa** registered share (*o* stock); ~ **ordinaria** ordinary share (*o* stock); 〈*Dir*〉 ~ **penale** criminal action; *essere in* **piena** ~ to be in full swing; 〈*Econ*〉 ~ *al* **portatore** share to bearer; 〈*Econ*〉 ~ **privilegiata** preference share; 〈*Pol*〉 ~ *di* **propaganda** propaganda action; ~ **quotata** *in borsa* quoted share (*o* stock); ~ *non* **quotata** *in borsa* unlisted share (*o* stock); **raggio** *d'* ~ range of action; *ad* ~ **rapida** fast–acting; ~ *e* **reazione** action and reaction; *ad* ~ **ritardata** delayed action; ~ *di* **sciopero** strike action; 〈*Comm*〉 **società** *per –i* joint–stock company; *si è addormentato* **sotto** *l'~ del calmante* he fell asleep under the effect of the sedative; ~ **terroristica** terror action; ~ **tossica** toxic action; 〈*Teat*〉 **unità** *d'* ~ unity of action; **uomo** *d'* ~ man of action.

azionista *m./f.* shareholder, (*spec.am.*) stockholder. □ *assemblea degli –i* shareholders' meeting; ~ *di minoranza* minority shareholder (*o* stockholder); *piccolo* ~ small shareholder; ~ **prestanome** dummy shareholder (*o* stockholder).

azocomposti *m.pl.* ⟨*Chim*⟩ azo–compounds *pl.*

azoico *a./s.* (*pl.* **-ci**) ⟨*Geol*⟩ **I** *a.* azoic. **II** *s.m.* azoic era.

azoospermia *f.* ⟨*Med*⟩ azoospermia. **azotare** *v.t.* ⟨*Chim*⟩ to nitrogenize, to azotize. **azotato** *a.* nitrogenous: *concime* ~ nitrogenous fertilizer. **azotemia** *f.* ⟨*Med*⟩ azotemia. **azoto** *m.* ⟨*Chim*⟩ nitrogen. □ ~ *atmosferico* atmospheric nitrogen; *ciclo dell'* ~ nitrogen cycle; *privo di* ~ nitrogen–free. **azoturia** *f.* ⟨*Med*⟩ azoturia. **azoturo** *m.* ⟨*Chim*⟩ nitride.

azteco *a./s.* (*pl.* **-chi**) **I** *a.* Aztec. **II** *s.m.* **1** (*lingua*) Aztec, Nahuatl. **2** (*abitante; f.* **-a**) Aztec.

azulene *m.* ⟨*Chim*⟩ azulene.

azzannare *v.t.* **1** to bite, to seize with the teeth: *fu azzannato da un cane* he was bitten by a dog. **2** ⟨*fig*⟩ to attack savagely. **azzannata** *f.* bite.

azzardare *v.t.* **1** (*arrischiare*) to risk, to hazard: ~ *una grossa somma* to risk a large sum. **2** ⟨*fig*⟩ to venture, to hazard: ~ *un giudizio* to venture an opinion. **azzardarsi** *v.r.* to dare, to venture. **azzardato** *a.* **1** (*pericoloso*) dangerous, risky, hazardous: *impresa* –*a* risky undertaking. **2** (*avventato*) rash, hasty: *giudizi* –*i* hasty judgements. **azzardo** *m.* **1** (*rischio*) risk, hazard. **2** (*pericolo*) danger, peril. □ *giocatore d'* ~ gambler; *gioco d'* ~ game of chance.

azzeccagarbugli *m.inv.* ⟨*spreg*⟩ pettifogger, pettifogging lawyer.

azzeccare *v.* (**azzecco, azzecchi**) **I** *v.t.* **1** to hit, to strike: ~ *un colpo* to strike a blow; *gli azzeccò un pugno* he hit him with his fist. **2** ⟨*fig*⟩ (*indovinare*) to guess, to hit (upon). **II** *v.i.* (*aus.* **avere**) to be right on the mark. □ ⟨*fam*⟩ *non ne azzecca una* he's always wide of the mark; *ho azzeccato due numeri al lotto* I've drawn two winning numbers in the lottery; ~ *il momento giusto* to time it nicely. **azzeccato** *a.* **1** guessed. **2** (*riuscito*) successful.

azzeramento *m.* ⟨*tecn*⟩ zero setting. □ *tasto di* ~ reset button. **azzerare** *v.t.* (**azzero**) to (set to) zero. **azzeratore** *m.* zero.

azzima *f.* unleavened bread.

azzimare *v.t.* (**azzimo**) to dress up, to deck. **azzimarsi** *v.r.* to deck o.s. out, to dress up. **azzimato** *a.* decked out, dressed up.

azzimo I *a.* unleavened: *pasta* –*a* unleavened dough. **II** *s.m.* unleavened bread. □ ⟨*Rel.ebr*⟩ *festa degli* –*i* (feast of) Passover.

azzittire *v.* (**azzittisco, azzittisci**) **I** *v.t.* to silence, to hush. **II** *v.i.* (*aus.* **essere**), **azzittirsi** *v.r.* to fall silent.

azzonamento *m.* zoning.

azzoppare *v.t.* (**azzoppo**), **azzoppire** *v.t.* (**azzoppisco, azzoppisci**) to (make) lame. **azzopparsi** *v.r.* to become (*o* go) lame, to lame o.s.

Azzorre *N.pr.f.pl.* ⟨*Geog*⟩ Azores *pl.*

azzuffamento *m.* scuffle, brawl. **azzuffarsi** *v.r.* to come to blows, to brawl, to fight: *si azzuffarono per un nonnulla* they fought over nothing.

azzurrabile I *a.* ⟨*Sport*⟩ who is eligible for the Italian national team. **II** *s.m.* player who is eligible for the Italian national team.

azzurraggio *m.* ⟨*Chim*⟩ bluing. **azzurramento** *m.* **1** ⟨*Ott*⟩ blooming. **2** ⟨*Chim*⟩ (*azzurraggio*) bluing. **azzurrare** *v.t.* to colour blue. **azzurrarsi** *v.r.* to become blue. **azzurrato** *a.* blue–coloured, painted blue. □ *lenti* –*e* blue–tinted lenses. **azzurrino** *a.* light blue.

azzurrite *f.* ⟨*Min*⟩ azurite.

azzurro I *a.* blue. **II** *s.m.* **1** (*colore*) blue, sky–blue: *l'* ~ *del mare* the blue of the sea. **2** (*cielo*) sky–blue. **3** ⟨*Sport*⟩ Italian soccer player; *pl.* Italian soccer team. □ *arma* –*a* (*l'aeronautica militare*) Air Force; *principe* ~ Prince Charming; *sangue* ~ blue blood; ~ *scuro* dark blue. **azzurrognolo** *a.* bluish.

B

b, B *f./m.* (*lettera dell'alfabeto*) b, B: *due b* two b's (*o* bs); *doppia b* double b; ⟨*Tel*⟩ *b come Bologna* B for Benjamin, ⟨*am*⟩ B for Baker; *vitamina B* vitamin B.

babà *m.inv.* ⟨*Dolc*⟩ baba (au rhum).

babau *m.inv.* ⟨*infant*⟩ **1** bogey(–man), bogy. **2** ⟨*fig*⟩ bugbear: *quel professore è il ~ della classe* that teacher is the bugbear of his class.

babbeo I *a.* foolish, stupid. **II** *s.m.* (*f.* **-a**) blockhead, fool, booby.

babbo *m.* father, dad(dy), ⟨*am*⟩ pop, pa: *è tornato il ~* father's back; *vengo subito, ~* I'm coming, daddy. □ *~ Natale* Santa Claus.

babbuccia *f.* (*pl.* **-ce**) **1** (*calzatura orientale*) babouche. **2** (*pantofola*) slipper.

babbuino *m.* **1** ⟨*Zool*⟩ baboon. **2** ⟨*fig*⟩ fool, dolt, booby.

Babele *N.pr.f.* ⟨*Geog.stor*⟩ Babel: ⟨*Bibl*⟩ *torre di ~* tower of Babel. **babele** *f.* (*confusione*) babel, bedlam: *che ~ in quest'ufficio* what bedlam there is in this office. **babelico** *a.* (*pl.* **-ci**) ⟨*fig*⟩ chaotic, confused. □ *confusione –a* sheer bedlam.

babilonese I *a.* ⟨*Stor*⟩ Babylonian. **II** *s.* **1** *m.* (*lingua*) Babylonian. **2** *s.m./f.* (*abitante*) Babylonian. □ ⟨*Stor*⟩ *cattività ~* Babylonian captivity. **Babilonia** *N.pr.f.* ⟨*Geog.stor*⟩ (*Babele*: *città*) Babylon; (*regione*) Babylonia. **babilonia** *f.* (*confusione*) babel, bedlam. **babilonico** *a.* (*pl.* **-ci**) **1** Babylonian. **2** ⟨*fig*⟩ confused, chaotic.

babirussa *m.inv.* ⟨*Zool*⟩ babir(o)ussa.

babordo *m.* ⟨*Mar*⟩ port(side).

baby *ingl.* [beibi] **I** *s.m./f.* baby. **II** *a.inv.* baby, children's: *moda ~* childrens' fashion wear.

baby-sitter *ingl. m./f.* baby sitter. □ *fare da ~* to babysit, to act as a baby-sitter; *fare da ~ a un bambino* to babysit a child. **babysitteraggio** *m.* baby-sitting.

bacare *v.i.* (**baco, bachi**; *aus.* essere), **bacarsi** *v.r.* to become worm–eaten, to go bad. **bacato** *a.* **1** worm–eaten, maggoty: *frutto ~* maggoty fruit. **2** ⟨*fig*⟩ (*moralmente corrotto*) depraved, morally corrupt.

bacca *f.* berry: *~ di ginepro* juniper berry.

baccagliare *v.i.* (**baccaglio, baccagli**; *aus.* avere) ⟨*region*⟩ to argue (*o* quarrel) noisily.

baccalà *m.* **1** stockfish, dried cod. **2** ⟨*fig*⟩ (*persona magra*) beanpole: *essere magro come un ~* to be as thin as a beanpole.

baccalaureato *m.* ⟨*lett*⟩ baccalaureate.

baccanale *m.* **1** Bacchanal (*anche fig.*). **2** *pl.* Bacchanalia. **3** (*orgia*) revelry, orgy.

baccano *m.* uproar, hubbub, din; (*il gridare*) shouting, uproar. □ ⟨*fam*⟩ *fare un ~ del diavolo* to make a hell of a row.

baccante *f.* Bacchante (*anche fig.*).

baccarà *m.* (*gioco d'azzardo*) baccara(t).

baccellierato *m.* bachelor's degree, bachelorship. **baccelliere** *m.* bachelor.

baccello *m.* pod.

bacchetta *f.* **1** rod, staff. **2** (*del direttore d'orchestra*) baton. **3** (*per sonare il tamburo e sim.*) (drum)stick. **4** (*per caricare le armi da fuoco*) ramrod. **5** (*del pittore*) maulstick, mahlstick. □ *comandare a ~* to rule with a rod of iron; *~ magica* magic wand; *~ da rabdomante* divining rod. **bacchettare** *v.t.* (**bacchetto**) (*battere con la bacchetta*) to beat with a rod. **bacchettata** *f.* blow (with a rod or stick). **bacchetto** *m.* rod. □ *~ della frusta* whip handle.

bacchettone *m.* (*f.* **-a**) bigot. **bacchettoneria** *f.* bigotry.

bacchiare *v.t.* (**bacchio, bacchi**) to beat down (fruits, nuts, etc.) with a pole. **bacchiatore** *m.* (*f.* **-trice**) one who beats down (fruits, nuts, etc.). **bacchiatura** *f.* **1** (*azione*) beating down (of fruits, nuts, etc.). **2** (*periodo*) time of beating down.

bacchico *a.* (*pl.* **-ci**) Bacchic: *riti –i* Bacchic rites.

bacchio *m.* (*pl.* **-chi**) pole for beating down (nuts, fruits, etc.).

Bacco *N.pr.m.* ⟨*Mitol*⟩ Bacchus. □ *corpo di ~!* by Jove!; *essere dedito a ~* to be a devotee of Bacchus. *Prov.*: *~, tabacco e Venere riducono l'uomo in cenere* wine, tobacco and women are a man's downfall.

bacheca *f.* showcase; (*appesa al muro*) notice board.

bachelite *f.* ⟨*Chim*⟩ bakelite.

bacherozzo, bacherozzolo *m.* ⟨*pop*⟩ (*bruco*) maggot, worm.

bachicoltore *m.* (*f.* **-trice**) silk breeder (*o* grower). **bachicoltura** *f.* silk breeding (*o* growing).

baciamano *m.* hand–kissing. □ *fare il ~* to kiss the hand.

baciapile *m./f.inv.* ⟨*spreg*⟩ bigot.

baciare *v.t.* (**bacio, baci**) **1** to kiss: *lo baciò in fronte* she kissed him on the forehead. **2** (*sfiorare, lambire*) to kiss, to touch; (*rif. all'acqua*) to lap. **baciarsi** *v.r.* ⟨*recipr*⟩ to kiss (e.o.). □ *~ sulla bocca* to kiss on the mouth; *vi bacio le mani* (*espressione di saluto*) my respects to you; *~ la mano* to kiss the hand; *~ la polvere* to bite the dust, to kiss the dust; *le cime dei monti baciate dal sole* the sun–kissed mountain–tops. **baciato**: ⟨*Metr*⟩ *rima –a* rhyming couplet.

bacile *m.* **1** (hand–)basin, bowl. **2** ⟨*Arch*⟩ echinus.

bacillare *a.* ⟨*Med*⟩ bacillary: *infezione ~* bacillary infection. **bacillo** *m.* ⟨*Biol*⟩ bacillus. □ ⟨*Med*⟩ *portatore di –i* bacillus carrier (*o* vector).

bacinella *f.* **1** basin. **2** ⟨*Fot*⟩ tray: *~ di lavaggio* washing tray.

bacinetto *m.* ⟨*Anat*⟩ renal pelvis.

bacino *m.* **1** (*recipiente*) basin, bowl. **2** ⟨*Geog,Idr*⟩ basin. **3** ⟨*Minier*⟩ field, bed. **4** ⟨*Mar*⟩ dock. **5** ⟨*Anat*⟩ pelvis. **6** ⟨*Met*⟩ well. □ *~ carbonifero* coal field (*o* bed); ⟨*Mar*⟩ *~ di carenaggio* dry (*o* graving) dock; ⟨*Met*⟩ *~ di colata* sprue basin (*o* pot); ⟨*Idr*⟩ *~ di decantazione* clarification bed; ⟨*Mar*⟩ *entrare in ~* to go into dock; ⟨*Mar*⟩ *~ galleggiante* floating dock; *~ idrico* (*o idroelettrico*) watershed; ⟨*Geog*⟩ *~ idrografico* (*o imbrifero*) basin; ⟨*Idr*⟩ *~ di raccolta* catch basin; *~ di raddobbo* graving (*o* dry) dock.

bacio *m.* kiss: *dare un ~ a qd.* to give s.o. a kiss, to kiss s.o. □ ⟨*fam*⟩ **al** ~ perfectly; ~ *di* **addio** farewell kiss; ~ *della* **buonanotte** goodnight kiss; **buttare** *un* ~ *a qd.* to blow s.o. a kiss; ⟨*Med,pop*⟩ **malattia** *del* ~ mononucleosis; ⟨*fig*⟩ **mangiare** *qd. di* (*o dai*) *baci* to smother s.o. with kisses; ⟨*Lit*⟩ ~ *della* **pace** kiss of peace; **rubare** *un* ~ *a qd.* to steal a kiss from s.o.

baco *m.* (*pl.* -chi) worm; (*bruco*) caterpillar, grub; (*baco da seta*) silkworm. □ ~ *del formaggio* cheese skipper; *lo rode il* ~ *della gelosia* he is being eaten up by jealousy. **bacologia** *f.* silkworm breeding. **bacologico** *a.* (*pl.* -ci) silkworm-, sericultural. **bacologo** *m.* (*pl.* -gi) expert in silkworm breeding, sericulturist.

Bacone *N.pr.m.* ⟨*Stor*⟩ Bacon. **baconiano** *a.* Baconian.

bacterio *m.* → **batterio**.

bacucco *a.* (*pl.* -chi) stupid. □ *vecchio* ~ dotard, old fool.

bada: *tenere a* ~ to hold (*o* keep) at bay, to ward off.

badare *v.i.* (*aus.* **avere**) **1** (*occuparsi di*) to look (*a* after), to take care (of), to care (for): ~ *alla casa* to look after the house; ~ *agli affari* to look after one's business. **2** (*sorvegliare*) to look (after), to mind, to watch over (s.o.): ~ *ai bambini* to mind (*o* look after) the children; ~ *al gregge* to watch over the flock. **3** (*fare attenzione*) to look out (for), to mind (s.th.): *bada al gradino* mind the step; *bada a quello che dico* mind what I say. **4** (*dare importanza*) to listen (to), to take notice (of), to pay attention (to): *non* ~ *alle chiacchiere* don't listen to gossip; *non ci bado* I don't pay any attention to it; *nessuno gli badò* no one took any notice of him. □ *bada!* look out, be careful; ~ *a* [*inf*]: 1 (*continuare*) to go (*o* keep) on [*ger*]: ~ *a fare qc.* to keep on doing s.th.; 2 (*dedicarsi*) to be concerned (*a* with), to care (*o* think) (about): *tu badi solo a giocare* all you care about is playing; ~ *di* [*inf*] to mind, to make sure: *bada di comportarti bene* mind you behave well; ~ *ai fatti propri* to mind one's own business; *egli non bada a spese* he spares no expense; *senza* ~ *a spese* regardless of expense.

baderna *f.* ⟨*Mar*⟩ pudding, puddening.

badessa *f.* abbess. **badia** *f.* (*abbazia*) abbey.

badilante *m.* navvy. **badilata** *f.* **1** (*contenuto*) shovelful: *una* ~ *di sabbia* a shovelful of sand. **2** (*colpo*) blow with a shovel. **badile** *m.* shovel.

baffo *m.* **1** (usually used in the pl.) moustache: *si era lasciato crescere i* -*i* he had grown a moustache; (*di animali*) whisker. **2** (*fam*) (*sbaffo*) smear, smudge: *un* ~ *d'inchiostro sul quaderno* a smear of ink on the exercise-book. □ **arricciarsi** *i* -*i* to twirl one's moustache; ⟨*fig*⟩ **coi** -*i* (*coi fiocchi*) splendid, gala-; (*rif. a persona*) first-rate; ⟨*volg*⟩ *mi* **fa** *un* ~ I don't give a damn, I don't care a fig; ⟨*fig*⟩ **leccarsi** *i* -*i* to lick one's chops (*o* lips); **portare** *i* -*i* to wear a moustache; **ridere** *sotto i* -*i* to laugh up one's sleeve, to chuckle in one's beard; ⟨*scherz*⟩ -*i a* **spazzola** toothbrush moustache.

baffuto *a.* (heavily) moustached; (*rif. ad animale*) whiskered.

bagagliaio *m.* **1** ⟨*Ferr*⟩ (*vagone*) luggage-van, ⟨*am*⟩ baggage-car; (*scomparto*) baggage compartment. **2** ⟨*Aut*⟩ boot, ⟨*am*⟩ trunk. **3** ⟨*Aer*⟩ luggage compartment, ⟨*am*⟩ baggage compartment.

bagaglio *m.* (often used in the pl.) **1** luggage, ⟨*am*⟩ baggage. **2** ⟨*Mil*⟩ (*salmerie*) kit, pack, gear. **3** ⟨*fig*⟩ bag and baggage, store: *un ricco* ~ *di cognizioni* a rich store of knowledge. □ ⟨*Ferr*⟩ ~ **appresso** accompanied luggage; ⟨*fig*⟩ **armi** *e* **bagagli** all one's belongings; ⟨*Ferr*⟩ **deposito** *bagagli* left-luggage office, ⟨*am*⟩ baggage room; **disfare** *i bagagli* to unpack; **fare** *i bagagli* to pack; ~ *in* **franchigia** free allowance; ⟨*Ferr*⟩ ~ *a* **mano** hand luggage; **spedizione** *del* ~ forwarding of luggage.

bagarinaggio *m.* scalping, ticket touting. **bagarino** *m.* scalper, ticket touter.

bagarre *fr.* [ba'gar] *f.* bustle, stir.

bagascia *f.* (*pl.* -sce) ⟨*volg*⟩ harlot, whore.

bagassa *f.* ⟨*Ind*⟩ bagasse.

bagatella *f.* **1** bagatelle, trifle: *non è poi una* ~ it's not just a bagatelle. **2** ⟨*Mus*⟩ bagatelle. **3** (*gioco di biliardo*) bagatelle.

Bagdad *N.pr.f.* ⟨*Geog*⟩ Bag(h)dad.

baggianata *f.* (*discorso sciocco*) nonsense, rubbish; (*azione sciocca*) tomfoolery: *dire* -*e* to talk nonsense. **baggiano** **I** *a.* stupid, foolish. **II** *s.m.* (*f.* -a) fool, simpleton.

bagigi *m.pl.* (*noccioline americane*) peanuts *pl,* ground nuts *pl.*

baglio *m.* ⟨*Mar*⟩ beam: ~ *maestro* midship beam; ~ *di ponte* deck beam.

bagliore *m.* flash, glare (*anche fig.*): *il* ~ *accecante dei fari* the blinding glare of the headlamps; ~ *del lampo* flash of lightning; *un* ~ *di speranza* a flash of hope.

bagna *f.* ⟨*region*⟩ (*intingolo*) sauce.

bagnante *m./f.* bather.

bagnare *v.t.* **1** to wet; (*immergere*) to dip; (*inumidire*) to dampen; (*spruzzare*) to sprinkle; (*inzuppare*) to soak, to steep: ~ *il pane nel brodo* to soak bread in broth; (*annaffiare: rif. a fiori e sim.*) to water. **2** (*rif. a fiumi e sim.: traversare*) to flow through, to bathe: *il Tevere bagna Roma* the Tiber flows through Rome; (*toccare*) to wash, to bathe: *il mare bagna il paese* the village is washed by the sea. **3** (*fam*) (*festeggiare bevendo*) to celebrate: ~ *la laurea* to celebrate one's graduation. **bagnarsi** *v.r.* **1** (*prendere la pioggia*) to get wet: *pioveva a dirotto e mi sono tutto bagnato* it was pouring and I got wet through (*o* soaked). **2** (*in mare e sim.*) to (take a) bathe: *si bagnarono nel lago* they bathed in the lake. **3** (*fam*) (*orinarsi addosso*) to wet one's pants. □ *bagnarsi la* **gola** (*bere*) to wet one's whistle; *bagnarsi le* **labbra** to moisten one's lips; ~ *di* **lacrime** to bathe with tears; *bagnarsi fino alle* **ossa** to get soaked to the skin, to get drenched (*o* wet through); ~ *di* **sudore** to soak with sweat.

bagnarola *f.* **1** bathtub. **2** ⟨*pop*⟩ old crock (*o* heap), ⟨*am*⟩ jalopy.

bagnasciuga *m.inv.* **1** ⟨*Mar*⟩ waterline. **2** (*battigia*) shore-line.

bagnata *f.* soaking, wetting. □ *prendersi una bella* ~ to get wet through. **bagnato** **I** *a.* soaked, wet: *essere tutto* ~ to be ⌐thoroughly soaked⌐ (*o* wet through). **II** *s.m.* (*terreno bagnato*) damp (*o* wet) ground, wet: *non camminare nel* ~ don't walk in the wet. □ *essere* ~ *fino alle ossa* to be soaked to the skin; *essere* ~ *come un pulcino* to be like a drowned rat; *essere* ~ *di sudore* to be dripping (*o* soaked) with sweat. **bagnatura** *f.* **1** (*il bagnare*) bathe, bathing. **2** ⟨*Tess*⟩ steeping.

bagnino *m.* (*f.* -a) bathing-attendant, ⟨*am*⟩ lifeguard.

bagno *m.* **1** (*nella vasca*) bath: *fare il* ~ to take a bath, to bath; (*in mare e sim.*) bathe: *fare un* ~ to have a bathe, to bathe. **2** (*stanza da bagno*) bathroom. **3** (*acqua per l'immersione*) bathwater. **4** ⟨*tecn*⟩ bath. **5** *pl.* (*stazione balneare*) bathing resort; (*stabilimento di acque termali*) baths *pl,* spa. □ *a* ~ soaking: *essere a* ~ to be soaking; *mettere a* ~ *la biancheria* to put the washing in to soak; *andare ai* -*i* to go to the baths; ~ *d'*aria air bath; ⟨*Tess*⟩ ~ *di* candeggio bleaching bath; ⟨*Tess*⟩ ~ colorante dye-bath; **costume** *da* ~ swimsuit, bathing suit; **cuffia** *da* ~ bathing cap; ⟨*Med*⟩ ~ *di* **fango** mud-bath; ⟨*Fot*⟩ ~ *di* **fissaggio** fixing bath; ⟨*El*⟩ ~ **galvanico** galvanic bath; ~ *di* **mare** sea bathing; ~ **medicato** medical bath; **mutandine** *da* ~ swimming trunks; **II** ~ *di* **paraffina** wax bath; ~ **penale** penitentiary, convict prison; -*i* **pubblici** public baths; ⟨*Med*⟩ ~ *di* **sabbia** sand bath; ~ *di* **schiuma** bubble bath; ~ *di* **sole** sunbath; *la* **stagione** *dei* -*i* the bathing season; *essere in un* ~ *di* **sudore** to be ⌐dripping with⌐ (*o* bathed in) sweat; **tenere** *qc. a* ~ to keep s.th. soaking; ~ **termale** thermal baths; ~ **turco** Turkish bath; ~ *di* **vapore** steam bath; **vasca** *da* ~ bath(tub).

bagnomaria *m.* bain-marie: *cuocere a* ~ to cook in a bain-marie.

bagordare *v.i.* (**bagordo**; *aus.* **avere**) to carouse, to revel. **bagordo** *m.* revelry, merry-making. □ *darsi ai* -*i* to carouse.

bah *intz.* (*spregio*) bah; (*meraviglia*) I say; (*rassegnazione*) ah.

bai: *non dire né ai né* ~ to say nothing, not to say a word.

baia[1] *f.* **1** (*beffa*) joke, jest, prank. **2** (*inezia*) nonsense. □ *dare la* ~ *a qd.* to chaff s.o.

baia[2] *f.* ⟨*Geog*⟩ bay: *la* ~ *di Napoli* the Bay of Naples.

baiadęra *f.* **1** (*danzatrice indiana*) Hindu dancing–girl. **2** ⟨*Tess*⟩ bayadère.

bailamme *m.inv.* uproar, hubbub.

baio I *a.* bay. **II** *s.m.* (*f.* -a) bay (horse).

baiocco *m.* (*pl.* -chi) **1** ⟨*Numism*⟩ baiocco. **2** *pl.* ⟨*scherz*⟩ (*denaro*) dough. □ *non ho un* ~ I haven't a bean; *non vale un* ~ it's not worth twopence.

baionętta *f.* **1** bayonet: *con la* ~ *in canna* with fixed bayonet. **2** ⟨*fig*⟩ (*soldato*) infantryman. □ ⟨*tecn*⟩ *innesto a* ~ bayonet cap (*o* holder); *assalto alla* ~ bayonet attack; *inastare le* -*e* to fix bayonets. **baionettata** *f.* (*colpo*) bayonet thrust; (*ferita*) bayonet wound.

baita *f.* Alpine hut.

balalạica *f.* ⟨*Mus*⟩ balalaika.

balanịno *m.* ⟨*Entom*⟩ hazelnut borer, ⟨*am*⟩ nut weevil.

balạscio *m.* ⟨*Min*⟩ balas (ruby).

balaụstra, balaustrạta *f.* ⟨*Arch*⟩ balustrade.

balaustrịno *m.* ⟨*tecn*⟩ (spring) bow compass.

balaụstro *m.* ⟨*Arch*⟩ baluster.

balbettamęnto *m.* (*il balbettare*) stammering, stuttering; (*rif. a bambini*) babbling, prattling; (*parole dette balbettando*) stammer, stutter; (*rif. a bambini*) babble, prattle. **balbettạnte** *a.* stuttering, stammering; (*rif. a bambini*) babbling, prattling. **balbettạre** *v.* (*balbętto*) **I** *v.i.* (*aus.* avere) **1** to stammer, to stutter. **2** (*rif. a bambini*) to babble, to prattle. **3** ⟨*fig*⟩ (*rif. a una scienza, a un'arte*) to be in one's infancy: *la fisica balbettava ancora* physics was still in its infancy. **II** *v.t.* **1** (*pronunciare stentatamente*) to stammer (out): ~ *una scusa* to stammer out an excuse. **2** (*rif. a bambini*) to babble, to prattle: *il bimbo balbettava già le prime parole* the baby was already babbling his first words. **3** (*parlare stentatamente una lingua straniera*) to speak brokenly. □ *balbetta un po' d'inglese* he speaks broken English. **balbettịo** *m.* constant stammering; (*rif. a bambini*) prattle, babble.

balbụzie *f.* stammer, stutter. **balbuziẹnte I** *a.* stammering, stuttering. **II** *s.m./f.* stammerer, stutterer. □ *essere* ~ to stammer, to stutter.

Balcạni *N.pr.m.pl.* ⟨*Geog*⟩ (*monti*) Balkan mountains. **2** (*regione*) Balkans *pl.* **balcạnico** *a.* (*pl.* -ci) Balkan. □ *lingue balcaniche* Balkan languages; *penisola* -*a* Balkan peninsula. **balcanizzạre** *v.t.* to balkanize. **balcanizzaziọne** *f.* ⟨*Pol*⟩ Balkanization.

balconạta *f.* **1** ⟨*Arch*⟩ balcony. **2** ⟨*Teat*⟩ balcony, dress–circle: *posti di* ~ balcony seats. **balcọne** *m.* balcony.

baldacchịno *m.* **1** canopy. **2** (*per processioni*) baldachin (*anche Arch.*). □ ~. *del letto* tester; ~ *del trono* canopy over a throne.

baldạnza *f.* boldness, self-assurance, self-confidence; (*spavalderia*) rashness. **baldanzosamẹnte** *avv.* self-confidently, boldly. **baldanzọso** *a.* **1** (*sicuro di sé*) self-confident, self-assured. **2** (*spavaldo*) bold, daring. **bạldo** *a.* bold, daring, gallant: *un* ~ *giovane* a bold youth.

baldọria *f.* revelry, merry-making; (*festa chiassosa*) spree, noisy party. □ *fare* ~ to make merry, to carouse.

Baldovịno *N.pr.m.* Baldwin, Baudouin.

baldrạcca *f.* ⟨*volg*⟩ whore, slut.

Baleạri *N.pr.f.pl.* ⟨*Geog*⟩ Balearic Islands *pl.*

balęna *f.* **1** ⟨*Zool*⟩ whale. **2** ⟨*fig*⟩ (*donna grassa*) fat woman, mountain of flesh. □ ~ *bianca* white whale; *caccia alla* ~ whaling; *grasso di* ~ blubber; *stecca di* ~ whalebone.

balenạre *v.* (*balẹno*) **I** *v.i.impers.* (*aus.* essere, non com. avere) (*lampeggiare*) to flash with lightning. **II** *v.i.* (*aus.* essere) to flash (*anche fig.*): *mi è balenata un'idea* an idea flashed through my mind. □ *gli balenò l'ira nello sguardo* a flash of anger showed in his glance.

baleniẹra *f.* whaler, whaling ship. **baleniẹre** *m.* whaler.

balenịo *m.* **1** continual flashing, repeated flashes *pl.* **2** (*sfolgorio*) blaze, glitter. **balẹno** *m.* **1** (*lampo*) lightning. **2** (*luce improvvisa*) flash. □ *in un* ~ in a flash.

balenọttera *f.* ⟨*Zool*⟩ rorqual whale. **balenọttero, balenọtto** *m.* young whale.

balęra *f.* open–air dance hall.

balęstra *f.* **1** (*arma*) crossbow. **2** ⟨*Mecc,Aut*⟩ (leaf)spring. **balestriẹra** *f.* loophole. **balestriẹre** *m.* crossbowman.

balestrụccio *m.* ⟨*Ornit*⟩ (house–)martin.

bạlia[1] *f.* **1** wet nurse. **2** ⟨*fig*⟩ (*donna grassa*) fat woman. □ ~ *asciutta* nursemaid, ⟨*fam*⟩ nanny; *dare a* ~ to put out to nurse; *essere a* ~ to be put out to nurse; ⟨*fig*⟩ *tenere a* ~ to spin (*o* draw) out.

balìa[2] *f.* power, authority. □ *avere in propria* ~ to have in one's power (*o* at one's mercy); *cadere in* ~ *di qd.* to fall into s.o.'s hands; *essere in* ~ *di qd.* to be at s.o.'s mercy; *in* ~ *delle onde* at the mercy of the waves; *rimanere in* ~ *di se stesso* to be left helpless.

baliạtico *m.* (*pl.* -ci) **1** wet nursing. **2** (*salario*) wet-nurse's wages *pl.*

balipędio *m.* ⟨*Mil*⟩ experimental artillery–range.

balịsta *m.* ⟨*Stor*⟩ ballista.

balịstica *f.* ballistics *pl* (*costr. sing.*). **balịstico** *a.* (*pl.* -ci) ballistic, ballistics–: *perito* ~ ballistics expert.

balistịte *f.* ballistite.

bạlla *f.* **1** bale: *una* ~ *di stracci* a bale of rags. **2** (*fandonia*) tall story. □ ~ *di fieno* bale of hay; ⟨*pop*⟩ *raccontare* -*e* to tell tall stories; ⟨*fam*⟩ *sono tutte* -*e!* rubbish!

ballạbile I *a.* suitable for dancing, dance–. **II** *s.m.* dance tune (*o* music). □ *questo pezzo non è* ~ you can't dance to this music.

ballạre I *v.i.* (*aus.* avere) **1** to dance: ~ *dalla gioia* to dance with (*o* for) joy. **2** ⟨*fig*⟩ (*agitarsi*) to fidget: ~ *sulla seggiola* to fidget in one's chair. **3** (*traballare*) to totter, to teeter, to shake: *il tavolo balla* the table is shaking. **4** (*rif. a indumenti: stare largo*) to hang loosely: *i vestiti gli ballano addosso* his clothes hang loosely. **5** (*rollare*) to roll. **II** *v.t.* to dance: ~ *il valzer* to (dance the) waltz; (*rif. a balli coreografici*) to perform: ~ *il minuetto* to perform a minuet. □ *mi balla un dente* I have a loose tooth; ~ *come un orso* to dance very clumsily; ⟨*fig*⟩ *ora si balla* (*si sta freschi*) that's done (*o* torn) it. *Prov.: via il gatto i topi ballano* when the cat's away the mice will play. **ballạta** *f.* **1** ⟨*Lett*⟩ ballad: ~ *popolare* popular ballad. **2** ⟨*Mus*⟩ ballade.

ballatọio *m.* **1** gallery. **2** (*nelle gabbie degli uccelli*) perch. **3** ⟨*Mar*⟩ gallery.

ballerịna *f.* **1** (*donna che balla*) (female) dancer: *essere un'ottima* ~ to be a very good dancer. **2** (*di balletto*) ballerina, ballet dancer; (*di rivista*) chorus–girl. □ *prima* ~ prima ballerina. **ballerịno** *m.* (*f.* -a) **1** (*uomo che balla*) dancer; (*uomo che balla bene*) good dancer. **2** (*di balletto*) ballet dancer. □ *primo* ~ male lead; ⟨*scherz*⟩ *terre* -*e* quake country. **ballẹtto** *m.* **1** ⟨*Teat*⟩ ballet: *il* ~ *dell'Opera* the Opera ballet. **2** ⟨*spreg*⟩ sex party.

ballịsta *m./f.* ⟨*fam*⟩ teller of tall tales.

bạllo *m.* **1** (*il ballare*) dancing, dance. **2** (*festa danzante*) dance: *andare al* ~ to go to the dance; (*di gala*) ball. **3** (*tipo di danza*) dance: -*i moderni* modern dances. **4** (*giro di danza*) dance: *ti invito per il prossimo* ~ will you have the next dance with me? **5** ⟨*Teat*⟩ ballet. □ *aprire il* ~ to begin the dance; ~ *di beneficenza* charity ball; ~ *campestre* country dance; ⟨*Lett*⟩ *canzone a* ~ ballade; ⟨*Teat*⟩ *corpo di* ~ corps de ballet; ~ *in costume* fancy-dress dance (*o* ball); ⟨*fig*⟩ *entrare in* ~ to come into: *qui entrano in* ~ *interessi diversi* various interests come into this; ⟨*fig*⟩ *essere in* ~ to be involved (*o* at stake): *è in* ~ *il tuo avvenire* your future is at stake; *è in* ~ *la vita* life is at stake; *lezione di* ~ dancing lesson; *maestro di* ~ dancing teacher; *musica da* ~ dance music; *sala da* ~ dance hall, ballroom; *scarpette da* ~ ballet shoes; *scuola di* ~ dancing school; ⟨*fig*⟩ *tirare in* ~ *qc.* to bring s.th. up; ⟨*Med*⟩ ~ *di san Vito* St. Vitus' dance; ⟨*fig*⟩ *avere il* ~ *di san Vito* to have the fidgets. *Prov.: quando si è in* ~ *bisogna ballare* in for a penny, in for a pound.

ballon d'essai *fr.* [ba'lõde'sɛ] *m.* ⟨*giorn*⟩ trial balloon.

ballonzolạre *v.i.* (*ballọnzolo; aus.* avere) to skip, to bounce.

ballọtta *f.* **1** (*pallottola*) shot, ball. **2** ⟨*Stor*⟩ (*nelle votazioni*) ballot. **3** (*castagna lessata*) (unpeeled) boiled chestnut. **ballottạggio** *m.* second ballot. □ *entrare in* ~ to come up for a second ballot; *mettere in* ~ to put to a second ballot.

ballottata *f.* ⟨*Equit*⟩ ballottade.

balneare *a.* bathing, seaside–: *stabilimento* ~ bathing establishment; *stagione* ~ bathing season; *stazione* ~ seaside resort. **balneazione** *f.* bathing.

baloccare *v.t.* (**balocco balocchi**) to keep amused, to amuse: ~ *i bambini* to amuse the children. **baloccarsi** *v.r.* **1** to play: *baloccarsi con le bambole* to play with dolls. **2** ⟨*fig*⟩ (*gingillarsi*) to fritter (*o* idle) away the time. **balocco** *m.* (*pl.* -chi) **1** toy, plaything. **2** ⟨*fig*⟩ (*trastullo*) game. □ *negozio di balocchi* toyshop.

balordaggine *f.* **1** (*l'essere balordo*) dullness, stupidity. **2** (*azione balorda*) foolish action, stupid act; (*parole balorde*) stupid words *pl*. **balordamente** *avv.* stupidly. **balordo I** *a.* **1** (*tonto*) stupid, slow–witted, dull–witted, foolish. **2** (*stordito*) stupefied, stunned, peculiar: *sentirsi* ~ to feel peculiar. **3** (*rif. ad atti, parole*) stupid, pointless, senseless: *idee* –*e* senseless ideas. **4** (*che promette male*) bad, unsound: *affare* ~ bad business. **5** (*rif. al tempo*) uncertain: *tempo* ~ uncertain weather. **II** *s.m.* (*f.* -a) fool, simpleton. **balordone** *m.* ⟨*Veter*⟩ (*capostorno*) megrims *pl*, staggers *pl*.

balsa *f.* **1** ⟨*Bot*⟩ balsa. **2** (*legno*) balsa wood.

balsamico *a.* (*pl.* -ci) **1** balsamic. **2** (*salubre*) balmy. **balsamina** *f.* ⟨*Bot*⟩ balsam. **balsamo** *m.* balsam, balm (*anche fig.*).

baltico *a.* (*pl.* -ci) Baltic: *stati* –*i* Baltic states. **Baltico** *N.pr.m.* ⟨*Geog*⟩ Baltic (sea).

Baltimora *N.pr.f.* ⟨*Geog*⟩ Baltimore.

baluardo *m.* bulwark (*anche fig.*): *lo statuto è il* ~ *della libertà* the constitution is the bulwark of liberty.

baluginare *v.i.* (**balugino**; *aus.* essere) to glimmer, to flicker, to blink. **baluginio** *m.* glimmer, flicker, blinking (*anche fig.*).

balza *f.* **1** crag, cliff. **2** ⟨*Vest*⟩ flounce. **3** (*dei cavalli*) sock (on horse's fetlock). **balzana** *f.* sock (on a horse's fetlock). **balzano** *a.* **1** (*rif. a cavallo*) having socks (*o* white markings) on the fetlock. **2** ⟨*fig*⟩ (*strambo*) strange, queer, odd, peculiar: *idea* –*a* strange (*o* crack–brained) idea; *cervello* ~ very odd person.

balzare *v.i.* (*aus.* essere) **1** (*saltar su*) to bounce, to bound; (*slanciarsi*) to leap, to spring, to jump: ~ *sulla preda* to spring upon the prey. **2** (*sussultare*) to leap, to pound: *il cuore le balzò dalla gioia* her heart leapt for joy. **3** ⟨*fig*⟩ (*emergere*) to stand (*o* come) out, to emerge: *dalle indagini balzò la verità* the truth came out from the inquiry. □ ~ *addosso a* qd. to spring upon s.o.; ~ *avanti* to leap forward; ~ *fuori da un nascondiglio* to jump out of a hiding place; ~ *giù dal letto* to jump out of bed; ⟨*fig*⟩ ~ *agli occhi* to strike one immediately: *è una differenza che balza subito agli occhi* it's a difference which strikes you immediately; ~ *in piedi* to jump to one's feet; ~ *in sella* to leap into the saddle.

balzellare *v.i.* (**balzello**; *aus.* avere) **1** (*saltellare*) to skip, to hop. **2** (*procedere a balzi*) to hop (*o* skip) along.

balzello *m.* (*imposta*) heavy tax (*o* duty).

balzellone *m.* hop, skip, jump. □ *avanzare a* –*i* to skip along.

balzo¹ *m.* **1** bound, bounce, jump, leap. **2** (*rimbalzo: di pallone e sim.*) bounce, rebound. **3** ⟨*fig*⟩ (*progresso*) leap forward. □ *a* –*i* hopping; ⟨*fig*⟩ *afferrare la palla al* ~ to seize an opportunity; ⟨*fig*⟩ *aspettare la palla al* ~ to wait for one's opportunity; *il cuore gli diede un* ~ his heart leaped (*o* missed a beat).

balzo² *m.* cliff, crag

bambagia *f.* (*pl.* -gie/-ge) **1** (*cotone idrofilo*) cotton wool. **2** (*cascame di cotone*) cotton waste, wadding. □ ⟨*fig*⟩ *tenere* qd. *nella* ~ to pamper (*o* mollycoddle) s.o.

bambina *f.* (little) girl; (*in fasce*) baby girl. **bambinaia** *f.* nurse(maid). **bambinata** *f.* **1** (*azione*) childish action. **2** (*parole*) childish remark. **bambineggiare** *v.i.* (**bambineggio, bambineggi**; *aus.* avere) to behave like a child. **bambinesco** *a.* (*pl.* -chi) childish.

bambino I *s.m.* (*f.* -a) **1** baby, infant, child; (*figlio piccolo*) child: *ho tre* –*i* I have three children. **2** (*ragazzino*) little boy: *due* –*i e una* –*a* two boys and a girl. **II** *a.* **1** (*appena sorto*) immature, in one's infancy: *una*

civiltà ancora –*a* a civilisation still in its infancy. **2** (*ingenuo*) childlike, ⟨*spreg*⟩ childish. **Bambino** *N.pr.m.* ⟨*Rel*⟩ Infant Jesus. □ **aspettare** *un* ~ to be expecting a baby; *mia sorella ha* **avuto** *un* ~ my sister has had a baby; ⟨*fig*⟩ *non* **fare** *il* ~ don't be a baby; **fin** *da* ~ ever since childhood, ever since one was a child; ⟨*fig*⟩ **gioco** *da* –*i* child's play; ~ **prodigio** child prodigy; **restare** ~ never to grow up.

bambocciata *f.* childish action. **bamboccio** *m.* **1** (*f.* -a; *bambino grassoccio*) plump baby. **2** (*fantoccio*) rag–doll. **3** ⟨*spreg*⟩ (*uomo goffo e ingenuo*) simpleton.

bambola *f.* **1** doll (*anche fig.*). **2** (*manichino*) tailor's dummy. □ *giocare con le* –*e* to play with dolls; ~ *di stoffa* rag–doll. **bamboleggiamento** *m.* childish behaviour. **bamboleggiare** *v.i.* (**bamboleggio, bamboleggi**; *aus.* avere) **1** (*comportarsi da bambino*) to be babyish, to behave like a child. **2** (*assumere atteggiamenti leziosi*) to be affected (*o* mincing). **bambolotto** *m.* doll.

bambù *m.* **1** ⟨*Bot*⟩ bamboo. **2** (*canna di bambù*) bamboo cane.

banale *a.* **1** (*non originale*) banal, trite, commonplace: *frase* ~ trite sentence. **2** (*comune*) common, ordinary: *non è che un* ~ *raffreddore* it's just a common cold. **3** (*non importante*) trifling, trivial, simple: *un* ~ *equivoco* a simple misunderstanding. **4** (*volgare*) vulgar: *scherzo* ~ vulgar joke. □ *cose* –*i* commonplaces *pl*, banalities *pl; una* ~ *coincidenza* a mere coincidence. **banalità** *f.* **1** (*mancanza di originalità*) banality. **2** (*volgarità*) vulgarity. **banalmente** *avv.* banally.

banana *f.* **1** banana. **2** (*rif. a pettinatura*) sausage curl. **bananeto** *m.* banana plantation. **bananiera** *f.* ⟨*Mar*⟩ banana boat. **banano** *m.* banana.

banato *m.* **1** (*carica*) office of ban. **2** (*territorio*) banate.

banca *f.* bank. □ ⟨*Econ*⟩ ~ *di* **affari** commercial (*o* trade) bank; ~ **africana** *di sviluppo* African development bank; ~ *d'America* Bank of America; *andare in* ~ to go to the bank; ~ *per* **automobilisti** drive–in bank; **biglietto** *di* ~ bank–note; ~ **capofila** lead manager; ~ **centrale** central bank; ~ *di* **commercio** commercial (*o* trading) bank; ~ *per il commercio estero* bank for foreign trade; ~ **consortile** consortium bank; ~ **corrispondente** correspondent bank; ~ *di* **credito** credit bank; ~ *di credito agrario* agricultural bank; ⟨*Inform*⟩ ~ *dei* **dati** data bank; ~ **depositi** (*o di deposito*) deposit bank; **direttore** *di* ~ bank manager; ~ *di* **emissione** bank of issue; *banche* **estere** foreign (*o* overseas) banks; ~ **europea** *per gli investimenti* European Investment Bank; ⟨*Med*⟩ ~ *dei* **geni** gene bank; **impiegato** *di* ~ bank clerk (*o* employee); **lavorare** *in* ~ to work at a bank; **libretto** *di* ~ bank–book; ~ **mercantile** merchant bank; ~ **mondiale** World Bank; ⟨*Med*⟩ ~ *degli* **occhi** eye bank; **operazione** *di* ~ bank transaction; ~ *degli* **organi** organ bank; ~ **privata** private bank; ⟨*Med*⟩ ~ *del* **sangue** blood bank; ~ *dello* **sperma** sperm bank.

bancarella *f.* stall, booth; (*carretto*) barrow; (*di libri*) bookstall. **bancarellista** *m./f.* stall keeper; (*rif. a libri usati*) bouquiniste.

bancario I *a.* banking, bank–. **II** *s.m.* (*impiegato*) bank clerk. □ **assegno** ~ cheque, ⟨*am*⟩ check; **credito** ~ bank credit; **istituto** ~ banking house; **operazione** –*a* bank transaction; **segreto** ~ bank secrecy.

bancarotta *f.* bankruptcy (*anche fig.*). □ **dichiarare** ~ to declare bankruptcy; **fare** ~ to go bankrupt; ⟨*fig*⟩ *le mie speranze hanno fatto* ~ my hopes have come to nothing; ~ **fraudolenta** fraudulent bankruptcy. **bancarottiere** *m.* bankrupt.

banchettare *v.i.* (**banchetto**; *aus.* avere) **1** to banquet, to feast. **2** (*mangiare e bere lautamente*) to feast, to wine and dine well.

banchetto *m.* banquet, feast. □ ⟨*fig*⟩ *il* ~ **celeste** the heavenly banquet; ~ **nuziale** wedding banquet (*o* feast); ~ *d'onore* banquet of honour; **sala** *dei* –*i* banqueting hall; **sedere** *a* ~ to take part in a banquet.

banchiere *m.* banker.

banchina *f.* **1** (*molo*) wharf, quay. **2** (*terrapieno*) bank. **3** ⟨*Ferr*⟩ (*marciapiede*) platform. **4** (*pista: per pedoni*) sidewalk, footpath; (*per ciclisti*) cyclists' path. □ ~ *di* *carico* loading dock; ⟨*Comm*⟩ *diritti di* ~ quayage; ~ *di scarico* unloading wharf.

banchisa *f.* ⟨*Geol*⟩ ice pack.

banco *m.* (*pl.* **-chi**) **1** bench, seat. **2** (*nei negozi*) counter; (*nei mercati*) stall, stand. **3** ⟨*Mecc*⟩ (work–)bench. **4** (*banca*) bank: ~ *di Roma* bank of Rome. **5** (*rif. a gioco d'azzardo*) bank: *tenere il* ~ to hold the bank; *far saltare il* ~ to break the bank. **6** ⟨*Geol*⟩ (*strato, ammasso*) bank, bar; (*rif. a roccia, corallo*) reef. **7** (*branco*) shoal. **8** ⟨*Minier*⟩ (*giacimento*) seam. □ ~ *di* **cambio** exchange bank; ~ *di* **chiesa** pew; ⟨*Mecc*⟩ ~ *di* **collaudo** test bench (*o bed*); ~ *da* **falegname** carpenter's bench; ~ *di* **ghiaccio** ice–field, ice–floe; ~ *della* **giuria** jury box; ~ *degli* **imputati** dock; *sedere sul* ~ *degli imputati* to sit in the dock, to be on trial; ~ *da* **lavoro** work–bench; ~ *di* **manovra** control board; ~ *di* **nebbia** fogbank; ~ *delle* **occasioni** (*in grandi magazzini e sim.*) bargain counter; ~ *dei* **pegni** pawnbroker's, pawn (broker) shop; ⟨*Farm*⟩ **prodotto** *da* ~ over–the–counter product; ~ *di* **prova**: 1 ⟨*Mot*⟩ test bed; 2 ⟨*fig*⟩ conclusive trial, acid test: *le difficoltà sono il* ~ *di prova dell'amicizia* hardship is an acid test for friendship; ~ *di* **sabbia** sandbank; ~ *di* **scogli** reef; ⟨*Econ*⟩ ~ *di* **sconto** discount bank; ~ *di* **scuola** form, school bench; ⟨*fig*⟩ **sotto** ~ under the counter; **tenere** ~ *contro tutti* to hold one's own against everybody; ~ *dei* **testimoni** witness box, ⟨*am*⟩ stand; ~ *di* **vendita** counter.

bancogiro *m.* ⟨*Econ*⟩ giro, money transfer.

bancone *m.* ⟨*Tip*⟩ case rack: ~ *per composizione* type case rack; ~ *per* **forme** form (*o* shape) case rack. **banconiere** *m.* (*f.* **-a**) counter hand; (*barista*) barman (*f* –maid). **banconista** *m./f.* → banconiere.

banconota *f.* banknote, ⟨*am*⟩ bill: ~ *di grande* (*o medio*) *taglio* bank–note of high (*o* medium) denomination; ~ *di piccolo taglio* bank–note of low denomination.

banda[1] *f.* **1** (*striscia*) stripe. **2** (*rif. ai capelli*) band: *aveva i capelli divisi in due –e* she wore her hair divided in two (flat) bands. **3** ⟨*Arald*⟩ bend. **4** ⟨*Fis,Rad,Anat*⟩ band. □ ⟨*Aer*⟩ ~ *di* **atterraggio** landing strip; ⟨*Rad*⟩ ~ **cittadina** citizens' band, CB; *utente della* ~ *cittadina* CBer; ⟨*Rad*⟩ ~ *di* **frequenze** frequency band; ⟨*Rad*⟩ ~ **laterale** side band; ⟨*Inform*⟩ ~ *a –e* **multiple** multitape; ⟨*Rad*⟩ ~ **passante** passband; ⟨*Cin*⟩ ~ **sonora** sound track.

banda[2] *f.* **1** (*lato, parte*) side, part. **2** ⟨*Mar*⟩ broadside, side. □ ⟨*Mar*⟩ *andare alla* ~ to list; *da* ~ *a* ~ from one side to the other, right through: *lo passò da* ~ *a* ~ *con la spada* he ran him (right) through with his sword.

banda[3] *f.* **1** ⟨*Mil*⟩ company, troop, band. **2** (*gruppo di delinquenti*) gang. **3** ⟨*scherz*⟩ (*compagnia*) gang, clan: *il figlio arrivò con la* ~ *degli amici* his son arrived with his gang of friends. **4** ⟨*Mus*⟩ band. □ ~ **armata** armed band; *partecipazione a* ~ **armata** participation in an armed gang; ⟨*Mus*⟩ ~ **militare** military band; *–e partigiane* partisan bands (*o* groups).

banda[4] *f.* ⟨*Met*⟩ (*lamiera*) metal sheet. □ ~ **stagnata** tinplate.

bandella *f.* **1** (*striscia di lamiera*) strap (iron). **2** (*ferro piatto di collegamento*) hinge. **3** (*di cerniera*) flap, strap. **4** ⟨*El*⟩ bus bar.

banderuola *f.* **1** ⟨*Mil,Mar*⟩ pennant. **2** (*segnavento*) vane, weathercock. **3** ⟨*fig*⟩ (*persona volubile*) fickle person, weathercock.

bandiera *f.* **1** flag, banner. **2** ⟨*Mar*⟩ ensign; (*per segnalazioni*) flag. **3** ⟨*Mil*⟩ colours *pl.* **4** (*gioco da bambini*) kind of children's team game. □ *abbandonare la* ~ to desert one's colours; ~ **abbrunata** flag at half–mast; *portare* **alta** *la* ~ to honour one's country; ⟨*Sport*⟩ *con le sue vittorie tiene alta la* ~ *della sua squadra* with his victories the colours of his team fly high; *alzare la propria* ~ to take the lead; *ammainare la* ~ to lower the flag; ⟨*Mar*⟩ *battere* ~ *inglese* to fly the Union Jack; ~ **bianca** white flag; *alzare* ~ *bianca* to surrender; ⟨*fig*⟩ *cambiare* ~ to be a turncoat, to change sides; ⟨*Pol*⟩ **candidato** *di* ~ leading candidate; ⟨*Aer,Mar*⟩ **compagnia** *di* ~ flag carrier; ⟨*Mar*⟩ **discriminazione** *di* ~ flag discrimination; ⟨*Mar*⟩ ~ **gialla** yellow flag; **issare** *la* ~ to hoist the flag; **legge** *del paese di* ~ law of the flag; ~ *a*

mezz'asta flag at half–mast; ~ **nazionale** national flag; ⟨*Mar*⟩ ensign; ⟨*Comm*⟩ ~ *di* **necessità** flag of necessity; ~ **ombra** (*o di comodo*) flag of convenience; ~ *di* **quarantena** quarantine flag; ~ **rossa** red flag; ~ *di* **segnalazione** signal flag; ⟨*Mar*⟩ *navigare* **sotto** ~ *italiana* to fly the Italian flag, to sail under the Italian flag; *a –e* **spiegate** with flying colours; **stato** *di* ~ flag state. *Prov.:* ~ *vecchia, onor di capitano* it's well–worn, but it's worn well.

bandinella *f.* roller–towel.

bandire *v.t.* (**bandisco, bandisci**) **1** (*annunciare ufficialmente*) to proclaim, to announce publicly, to publish: ~ *una crociata* to proclaim a crusade. **2** (*esiliare*) to banish, to exile: ~ *qd. dalla città* to banish s.o. from the city; (*allontanare*) to expel: *lo hanno bandito dal loro circolo* they have expelled (*o* blackballed) him from their club. **3** ⟨*fig*⟩ (*mettere da parte*) to put (*o* set) aside, to do away with, to dispense with: *dobbiamo* ~ *i complementi tra noi* let's dispense with formality, shall we?; ~ *ogni scrupolo* to set aside all scruples. □ ~ *un concorso* to publish a competition (*o* competitive examination); ⟨*fig*⟩ ~ *dal cuore* to banish from one's heart; ~ *ai quattro venti* to announce (*o* shout) to the four winds.

bandista *m./f.* bandsman (*f* –woman).

bandita *f.* preserve: ~ *di pesca* fishing preserve.

banditismo *m.* banditry, brigandage. **bandito** *m.* bandit, brigand, ⟨*ant*⟩ highwayman: *la diligenza fu assalita dai –i* the stage–coach was attacked by bandits.

banditore *m.* (*f.* **-trice**) **1** (*di aste pubbliche*) auctioneer. **2** ⟨*Stor*⟩ town–crier. **3** ⟨*fig*⟩ (*sostenitore*) preacher. □ *farsi ~ di una nuova idea* to preach a new idea.

bando *m.* **1** (*annuncio pubblico*) announcement, proclamation. **2** (*esilio*) exile, ban. □ ~ **a** away with, no more (of): ~ *agli scrupoli* away with scruples; ~ *alle chiacchiere* no more chatter; **affiggere** *un* ~ to put up a notice; ~ *d'***asta** notice of sale (*o* auction); ~ *di* **concorso** notice of competitive examination; ⟨*Comm*⟩ ~ *di* **gara** call for bids; ~ **giudiziario** judicial decree; ⟨*Pol*⟩ **messa** *al* ~ *delle armi nucleari* ban on nuclear weapons; **mettere** *al* ~ *qd.* to banish s.o.; ~ **militare** military proclamation (*o* decree).

bandoliera *f.* ⟨*Mil*⟩ bandoleer. □ *a* ~ baldric–wise.

bandolo *m.* **1** end of a skein. **2** ⟨*fig*⟩ key, way out: *cercare il* ~ (*della matassa*) to search for a way out. □ ⟨*fig*⟩ *perdere il* ~ to lose the thread; ⟨*fig*⟩ *trovare il* ~ *della matassa* to find the way to solve a problem.

bandone *m.* **1** (*lamiera*) sheet metal. **2** (*saracinesca*) roll shutter.

bang ingl. *onom.* **I** *intz.* bang. **II** *s.m.* bang: ~ *sonico* sonic bang.

bangio *m.* ⟨*Mus*⟩ banjo.

Bangladesh *N.pr.m.* ⟨*Geog*⟩ Bangladesh.

bano *m.* ban.

bantu, bantù *a./s.inv.* **I** *a.* Bantu–. **II** *s.* **1** *m.* (*lingua*) Bantu. **2** *m./f.* (*abitante*) Bantu.

baobab *m.* ⟨*Bot*⟩ baobab.

bar[1] *m.* **1** (*locale*) bar. **2** (*mobiletto*) bar, cocktail cabinet.

bar[2] *m.* ⟨*Fis*⟩ bar.

bara *f.* **1** (*cassa da morto*) coffin. **2** (*barella per il trasporto dei morti*) bier. □ ⟨*fig*⟩ *avere un piede nella* ~ to have one foot in the grave.

Barabba *N.pr.m.* Barabbas. **barabba** *m.* rogue, scoundrel.

baracca *f.* **1** (*per deposito*) shed; (*per abitazione*) hut; (*nelle fiere*) booth, stall. **2** ⟨*fig*⟩ (*casa in cattivo stato*) hovel, ⟨*fam*⟩ dump. **3** (*rif. a cose*) shoddy thing, junk. □ *far* ~ to revel; *mandare avanti la* ~ (*gli affari*) to keep things going; *piantare* ~ *e burattini* to throw everything up. **baraccamento** *m.* encampment, camp: ~ *militare* military camp. **baraccare I** *v.i.* (**baracco, baracchi**; *aus.* **avere**) **1** to erect huts. **2** ⟨*fig*⟩ to revel. **II** *v.t.* (*alloggiare in baracche*) to accommodate in sheds (*o* huts). **baraccato** *m.* (*f.* **-a**) shack–dweller.

baracchino *m.* **1** (*nel gergo dei radioamatori*) small transceiver. **baraccone** *m.* (*nelle fiere*) booth. □ ~ *delle attrazioni* side show, side stall. **baracconista** *m./f.* booth tender. **baraccopoli** *f.* shantytown.

baraonda *f.* **1** hubbub, hullabaloo. **2** *(confusione)* chaos.

barare *v.i.* *(aus.* **avere)** to cheat *(anche fig.).*

baratro *m.* **1** *(abisso)* chasm, abyss. **2** *⟨fig⟩* abyss; *(grande differenza)* world of difference: *tra le nostre idee c'è un ~* there's a world of difference between our ideas. □ *~ infernale* the Abyss.

barattare *v.t.* **1** to exchange, to barter, *⟨fam⟩* to swap: *~ caffè con zucchero* to exchange *(o* barter) coffee for sugar; *i due ragazzi barattarono i giocattoli* the two boys swapped toys. **2** *⟨fig⟩* to exchange: *~ qualche parola con qd.* to exchange a few words with s.o. **baratteria** *f.* **1** *⟨ant⟩* corruption in public office, taking of bribes. **2** *(inganno)* fraud, deception. **barattiere** *m.* **1** *⟨ant⟩* corrupt official. **2** *(truffatore)* swindler, cheat. **baratto** *m.* barter, exchange.

barattolo *m.* *(di latta)* tin, *⟨am⟩* can; *(di vetro)* jar; *(di coccio e sim.)* pot.

barba *f.* **1** beard: *avere una ~ di tre giorni* to have a three–day's growth (of beard). **2** *⟨fig⟩ (cosa noiosa)* bore: *la conferenza è stata una ~* the lecture was ˥a bore˥ *(o* boring); *⟨fam⟩ che ~!* what a bore! **3** *(di animali)* beard; *(di uccelli)* barb; *(di pesci)* barbel: *le –e della carpa* the barbels of the carp. **4** *⟨Bot⟩ (filamento delle radici)* root hair; *⟨estens⟩ (radice)* root. **5** *⟨Tess⟩* (fibre) tuft. **6** *⟨Mar⟩* painter. □ *⟨volg⟩ alla ~ tua* (o *sua)* shucks to you (o him); *avere la ~* to wear a beard; *⟨fig⟩ avere la ~ di qc.* to be fed up with s.th.; *⟨Bot⟩ ~ di bosco* beard lichen; *~ e capelli* shave and haircut; *che ~!* what a bore!; *farsi crescere la ~* to grow a beard; *~ dura* tough beard; *fare la ~ a qd.* to shave s.o.; *⟨fig⟩* to get the better of s.o.; *farsi la ~* to shave (o.s.); *–e di granturco* beard of corn–cob; *in ~ a qd.* in spite of s.o.; *l'ha fatta in ~ alla polizia* he fooled *(o* tricked) the police; *avere la ~ lunga* to be unshaven; *⟨fig⟩ (rif. a notizie)* to be old *(o* stale); *mettere le –e* to take root, to put out roots; *~ a punta* pointed beard, goatee (beard); *⟨fig⟩* **servire** *qd. di – e capelli* to treat s.o. roughly; *non c'è – d'uomo che possa riuscirci* there's not a man alive who could bring it off; *⟨fig⟩ far venire la ~* to be very boring.

barbabietola *f.* *⟨Bot⟩* beet, beetroot. □ *~ zuccherina* (o *da zucchero)* sugar beet.

Barbablù *N.pr.m.* Bluebeard. **barbablù** *m.* ogre, monster.

barbacane *m.* **1** *(muratura di rinforzo)* buttress. **2** *(fortificazione)* barbican.

barbaforte *m.* *⟨Bot⟩* horse radish.

barbagianni *m.* **1** *⟨Ornit⟩* barn owl. **2** *⟨fig⟩* fool, dolt.

barbaglio[1] *m.* dazzle, dazzling.

barbaglio[2] *m.* flashing.

barbaramente *avv.* barbarously, savagely.

barbaresco[1] *a.* *(pl.* **-chi)** *⟨fig⟩* barbaric, uncouth.

barbaresco[2] *a./s.* *(pl.* **-chi)** **I** *a. (della Barberia)* Barbary–, Barbaresque. **II** *s.m.* **1** *(abitante della Barberia; f.* **-a)** Berber. **2** *(cavallo)* Barb, Barbary horse.

barbarico *a.* *(pl.* **-ci)** barbaric, barbarian *(anche fig.).*

barbarie *f.inv.* **1** uncivilized *(o* primitive) state, uncouthness. **2** *(atto crudele)* barbarity, act of cruelty. **barbarismo** *m.* *⟨Ling⟩* barbarism. **barbaro I** *a.* barbarian, barbaric, barbarous: *scrivere in modo ~* to write in a barbarous way; *gusti –i* barbarous tastes. **II** *s.m.* barbarian.

barbata *f.* *⟨Bot⟩* **1** *(l'insieme delle barbe)* roots *pl.* **2** *(talea di vite)* vine shoot, vine cutting. **barbatella** *f.* *⟨Bot⟩* **1** *(talea)* vine shoot, vine cutting. **2** *(barba di cappuccino)* buck's–horn plantain, buckhorn. **barbato** *a.* barbate.

barbazzale *m.* **1** *(catenella del morso)* curb (chain). **2** *(delle capre)* wattle.

barbecue *ingl.* [ba:bikju:] *m.* **1** barbecue. **2** *(griglia)* grill (for roasting meat). **3** *(festa all'aperto)* barbecue party. □ *salsa per ~* barbecue sauce.

barbera *m.* *⟨Enol⟩* barbera (red wine from Piedmont).

barbero *m.* Barb, Barbary horse.

barbetta *f.* **1** short beard. **2** *⟨Mar⟩* painter. **3** *(fortificazioni)* barbette. **4** *⟨Mar.mil⟩ (piattaforma delle corazzate)* barbette. **5** *⟨Zool⟩* fetlock. □ *~ del ferro di cavallo* spike of horseshoe.

barbiere *m.* barber. □ *bottega di ~* barber's shop. **barbieria** *f.* *⟨dial⟩* barber's shop.

barbificare *v.i.* **(barbifico, barbifichi;** *aus.* **avere)** to take root.

barbiglio *m.* **1** *(della freccia, dell'amo)* barb. **2** *⟨Itt⟩* barbel. **3** *(bargiglio)* wattle.

barbino *a.* poor, *⟨fam⟩* ghastly: *fare una figura –a* to make a poor showing; *(meschino)* mean.

barbio *m.* → barbo.

barbitonsore *m.* *⟨scherz⟩ (barbiere)* barber.

barbiturico *a./s.* *(pl.* **-ci)** *⟨Farm⟩* **I** *a.* barbituric. **II** *s.m.* barbiturate: *avvelenamento da –i* barbiturate poisoning. **barbiturismo** *m.* *⟨Med⟩* barbiturate poisoning.

barbo *m.* *⟨Itt⟩* barbel.

barbogio *a.* senile, decrepit. □ *vecchio ~* dotard.

barboncino *m.* French poodle. **barbone** *m.* **1** *(barba folta e lunga)* long thick beard. **2** *(dial) (vagabondo)* tramp, vagrant. **3** *(cane)* poodle. **4** *⟨Bot⟩ (brionia)* white bryony. **barboso** *a.* *⟨fam⟩* tiresome, tedious, boring.

barbugliamento *m.* mumbling, spluttering. **barbugliare** *v.i.* **(barbuglio, barbugli;** *aus.* **avere)** *⟨fam⟩* to mumble, to splutter. **barbuglione** *m.* mumbler, splutterer.

barbuta *f.* *⟨Stor⟩ (elmo)* helmet (with beaver); *(parte dell'elmo)* beaver, chin–guard.

barbuto *a.* bearded.

barca[1] *f.* **1** boat. **2** *(carico)* boatload: *pescarono due barche di pesce* they caught two boatloads of fish. □ *andare in ~* to go by boat; *(fare una gita)* to go boating; *la ~ fa acqua* the boat is leaking; *⟨fig⟩ la ~ fa acqua da tutte le parti* it's a very shaky concern; *mandare avanti la ~* to keep the ship afloat; *~ da pesca* fishing boat *(o* smack); *⟨fig⟩ la ~ di Pietro (la Chiesa)* St. Peter's bark; *~ a remi* rowing–boat, *⟨am⟩* row–boat; *~ di salvataggio* lifeboat; *~ a vapore* steamboat; *~ a vela* sailing boat.

barca[2] *f.* **1** *⟨Agr⟩ (covone)* sheaf. **2** *⟨fig⟩* stack, pile, heap: *sul tavolo c'è una ~ di libri* there is a pile of books on the table.

barcaccia *f.* *(pl.* **-ce)** *⟨Teat⟩* stage–box, double–box. **barcaiolo** *m.* **1** boatman; *(traghettatore)* ferryman. **2** *(noleggiatore)* boat–hirer.

barcamenarsi *v.r.* **(mi barcameno)** to steer a middle course, to run with the hare and hunt with the hounds: *si barcamenava tra i due partiti* he steered a middle course between the two parties. □ *sapersi barcamenare* to manage things cleverly.

barcana *f.* *⟨Geol⟩* barchan, barkhan.

barcareccio *m.* *(collett)* fleet (of small boats). **barcarizzo** *m.* *⟨Mar⟩* gangway. **barcarola** *f.* *⟨Mus⟩* barcarol(l)e, gondolier's song.

Barcellona *N.pr.f.* *⟨Geog⟩* Barcelona. **barcellonese I** *a.* of *(o* from) Barcelona. **II** *s.m./f.* inhabitant of Barcelona.

barchetta *f.* small boat. **barchetto** *m.* **1** *⟨Venat⟩ (barchino)* small boat. **2** *(region) (barca da pesca)* fishing boat. **barchino** *m.* **1** *⟨Venat⟩* small boat. **2** *⟨Mar.mil⟩* small motorboat.

barcollamento *m.* staggering, swaying, tottering. **barcollante** *a.* **1** staggering, swaying, tottering: *andatura ~* staggering gait. **2** *⟨fig⟩* precarious, rocky, shaky: *il ragazzo è ancora ~ in latino* the boy is still shaky in Latin. **barcollare** *v.i.* **(barcollo;** *aus.* **avere)** **1** to reel, to stagger; *(ondeggiare)* to sway, to totter. **2** *⟨fig⟩* to be precarious *(o* shaky, rocky), to rock: *il governo barcollava* the government was shaky. **barcollio** *m.* staggering; *(ondeggiamento)* tottering. **barcollone, barcolloni** *avv.* with a stagger, staggering. □ *camminare ~* to stagger along; *entrò ~* he staggered in.

barcone *m.* **1** *(barca da trasporto)* barge, lighter. **2** *(per ponti provvisori)* pontoon.

barda *f.* **1** *⟨Stor⟩* horse–armour, bards *pl.* **2** *(sella)* pack–saddle.

bardare *v.t.* **1** to harness, to caparison. **2** *⟨scherz⟩ (vestire vistosamente)* to dress up. **bardarsi** *v.r.* to dress up, to bedizen o.s. **bardato** *a.* **1** caparisoned, harnessed. **2** *⟨scherz⟩* dressed up, decked out, bedizened. **bardatura** *f.* **1** *(il bardare)* harnessing. **2** *(finimenti)* harness, trappings *pl,* caparison. **3** *⟨scherz⟩ (abbigliamento solenne)* trappings *pl,* finery. **bardella** *f.* rough wooden saddle.

bardiglio *m.* *⟨Min⟩* bardiglio.

bardo *m.* bard.

bardolino *m.* ⟨*Enol*⟩ bardolino (Veronese red wine).

bardotto *m.* **1** ⟨*Zool*⟩ hinny. **2** (*apprendista*) apprentice, trainee.

barella *f.* **1** stretcher: *trasportare qd. in ~* to carry s.o. on a stretcher. **2** (*per trasporto di materiali*) barrow. **3** (*nelle processioni*) litter. **barellante** *m.* stretcher-bearer. **barellare** *v.* (barello) **I** *v.t.* **1** to carry on a stretcher (*o* litter). **2** (*rif. a materiali*) to carry in a barrow. **II** *v.i.* (*aus. avere*) (*barcollare*) to stagger, to sway, to totter. **barellata** *f.* (*quantità*) barrowload, barrowful. **barellato** *a.* carried on a stretcher. **barelliere** *m.* stretcher-bearer.

barena *f.* ⟨*Geol*⟩ (sand)bank, shoal.

bargiglio *m.* ⟨*Zool*⟩ wattle: *~ del gallo* wattle of a cock.

baricentrico *a.* (*pl.* **-ci**) ⟨*Fis*⟩ barycentric. **baricentro** *m.* barycentre, centre of gravity.

barico *a.* (*pl.* **-ci**) **1** (*rif. alla pressione*) pressure-: *gradiente ~* pressure gradient. **2** (*rif. al peso*) weight-.

barilaio *m.* cooper. **barile** *m.* **1** barrel, cask: *un ~ di vino* a barrel of wine. **2** (*contenuto*) barrel(ful). **3** ⟨*Mar*⟩ (*misura di volume*) barrel. **4** ⟨*Mar*⟩ (*coffa di vedetta*) crow's nest. □ ⟨*fig*⟩ *fare a scarica -i* to pass the buck. **bariletto** *m.* **1** keg, small cask (*o* barrel). **2** ⟨*Orol*⟩ barrel. **barilotto, barilozzo** *m.* **1** keg. **2** ⟨*scherz*⟩ (*persona grassa e tozza*) round fat person, barrel.

barimetria *f.* ⟨*Zootecn*⟩ calculation of weight.

bario *m.* ⟨*Chim*⟩ barium: *ossido di ~* barium oxide.

barisfera *f.* ⟨*Geol*⟩ barysphere. **barisferico** *a.* (*pl.* **-ci**) baryspheric.

barista *m./f.* **1** barman (*f* -maid), bartender. **2** (*rif. al padrone*) barkeeper.

barite *f.* ⟨*Chim*⟩ baryta. **baritina** *f.* ⟨*Min*⟩ barytes, ⟨*am*⟩ barite.

baritonale *a.* baritone-: *voce ~* baritone voice. **baritono** **I** *s.m.* ⟨*Mus*⟩ baritone. **II** *a.* ⟨*Ling*⟩ barytone-: *parola -a* barytone (word).

barlume *m.* **1** dim light, glimmer, gleam. **2** ⟨*fig*⟩ (*parvenza*) glimpse, ray, gleam: *un ~ di speranza* a ray of hope.

barnabita *m.* ⟨*Rel*⟩ Barnabite.

baro *m.* **1** (*al gioco*) swindler, cardsharper. **2** (*truffatore*) swindler.

barocchetto *m.* ⟨*Art*⟩ late baroque. **barocchismo** *m.* **1** baroque (style). **2** ⟨*spreg*⟩ baroque extravagance.

barocciaio, baroccio → **barrocciaio, barroccio**.

barocco *a./s.* (*pl.* **-chi**) **I** *s.m.* ⟨*Art,Lett*⟩ baroque. **II** *a.* baroque (*anche fig.*): *arte -a* baroque art.

barografico *a.* (*pl.* **-ci**) ⟨*Meteor*⟩ barographic. **barografo** *m.* barograph.

barolo *m.* ⟨*Enol*⟩ barolo (Piedmontese red wine).

barometrico *a.* (*pl.* **-ci**) barometric. **barometro** *m.* ⟨*Meteor*⟩ barometer. □ *il ~ si abbassa* the barometer is falling; ⟨*fig*⟩ *~ economico* business barometer; *~ a mercurio* mercury barometer; *il ~ sale* the barometer is rising.

baronaggio *m.* **1** baronry, barony. **2** ⟨*collett*⟩ baronage, baronry. **baronale** *a.* baronial: *titolo ~* baronial title. **baronata** *f.* roguery, knavery. **barone** *m.* (*f* -essa) **1** baron (*f* -ness). **2** ⟨*fig*⟩ (*persona potente*) tycoon, baron: *un ~ dell'industria* an industrial tycoon. **3** ⟨*spreg*⟩ (*furfante*) rogue, knave. **baronesco** *a.* (*pl.* **-chi**) **1** baronial. **2** ⟨*spreg*⟩ knavish, villainous. **baronetto** *m.* baronet; (*davanti al nome*) Sir. **baronia** *f.* **1** (*grado*) barony, rank of baron. **2** (*territorio*) barony. **3** ⟨*spreg*⟩ private preserve, fief.

baroscopico *a.* (*pl.* **-ci**) ⟨*Fis*⟩ baroscopic. **baroscopio** *m.* baroscope.

barra *f.* **1** (*sbarra*) bar. **2** ⟨*Mecc*⟩ lever. **3** ⟨*Mar*⟩ (*del timone*) helm, tiller. **4** ⟨*Aer*⟩ joystick. **5** ⟨*Met*⟩ bar: *~ d'oro* bar of gold, goldbar. **6** (*del morso del cavallo*) bar, bit. **7** (*nei tribunali*) bar. **8** (*segno grafico*) stroke. **9** ⟨*Geol*⟩ bar. □ ⟨*Mat*⟩ *cinque ~ sei* five over six; ⟨*Atom*⟩ *~ combustibile* fuel rod; ⟨*Atom*⟩ *~ di controllo* control rod; ⟨*Inform*⟩ *~ portacaratteri* print (*o* type) bar; ⟨*Aut*⟩ *~ di rimorchio* (*o traino*) towbar; ⟨*Mot*⟩ *~ di sicurezza* safety rod; ⟨*Mar*⟩ *~ sotto* helm down; ⟨*Tip*⟩ *~ spaziatrice* space bar; *stare alla ~*: **1** ⟨*Mar*⟩ to be at the helm; **2** ⟨*Dir*⟩ to be

at the bar; ⟨*Mecc*⟩ *~ di torsione* torsion bar; *~ di trazione* drawbar; ⟨*Atom*⟩ *~ di uranio* bar of uranium.

barracano *m.* barracan.

barracuda *m.* ⟨*Itt*⟩ barracuda.

barrage *fr.* [ba'ra:ʒ] *m.* ⟨*Sport*⟩ play-off; ⟨*Equit*⟩ jump-off.

barramina *f.* ⟨*Minier*⟩ drill bit.

barretta *f.* small bar, strip.

barricadiero *a.* revolutionary. **barricare** *v.t.* (barrico, barrichi) to barricade: *gli insorti barricarono le strade* the rebels barricaded the streets. **barricarsi** *v.r.* to barricade o.s., to entrench o.s. (*anche fig.*). □ ⟨*scherz*⟩ *barricarsi in casa* to barricade o.s. in one's house; ⟨*fig*⟩ *si è barricato dietro un assoluto silenzio* he entrenched himself behind a barrier of silence. **barricata** *f.* barricade. □ *fare le -e* to erect barricades; ⟨*fig*⟩ *essere dall'altra parte della ~* to be on the other side.

barriera *f.* **1** barrier (*anche Geol.*). **2** ⟨*fig*⟩ (*ostacolo*) barrier, obstacle: *superare le -e* to overcome the obstacles; (*limite*) limit, bound: *l'ingegno umano non conosce -e* human genius knows no bounds. **3** (*steccato*) gate, fence, barrier. **4** ⟨*Equit*⟩ jump. **5** (*fortificazioni*) barrier wall. **6** (*nel gioco del calcio*) wall. **7** (*di passaggio a livello*) level-crossing gate. □ ⟨*Geol*⟩ *~ antartica* Antarctic Shelf; ⟨*Mil*⟩ *~ anticarro* anti-tank barrier; *~ antivalanghe* avalanche barrier; ⟨*Econ*⟩ *-e commerciali* (*o al commercio*) trade barriers; *~ corallina* coral reef (*o barrier*); ⟨*Geog*⟩ *Gran ~ corallina* Great Barrier Reef; *~ daziaria* tollgate; *~ doganale* customs barrier; ⟨*Comm*⟩ *~ all'entrata* barrier to entry; *~ linguistica* language barrier; *~ naturale* natural barrier; *~ razziale* colour bar; *~ stradale* road-block; *~ del suono* sound barrier; *~ tariffaria* tariff wall; *~ termica* heat barrier.

barrire *v.i.* (barrisco, barrisci; *aus. avere*) to trumpet. **barrito** *m.* trumpeting.

barrocciaio *m.* carter. **barrocciata** *f.* cart load. **barroccino** *m.* **1** gig. **2** (*carretto a mano*) handcart. **barroccio** *m.* **1** cart. **2** (*contenuto*) cartload.

baruffa *f.* **1** (*zuffa*) scuffle, brawl. **2** (*litigio*) squabble, quarrel. □ *far ~* to brawl, to scuffle. **baruffare** *v.i.* (*aus. avere*) **1** to brawl, to scuffle. **2** (*litigare*) to quarrel, to squabble.

barzelletta *f.* joke, funny story: *raccontare -e* to crack jokes. □ *buttare qc. in ~* to laugh s.th. off.

basale *a.* basal: *metabolismo ~* basal metabolic rate.

basaltico *a.* (*pl.* **-ci**) basaltic: *rocce basaltiche* basaltic rocks. **basalto** *m.* basalt. □ *di ~* of basalt, basalt-.

basamento *m.* **1** base; (*di edificio*) basement; (*di colonna, statua*) base, foot. **2** (*zoccolo di pareti*) footing, skirting board. **3** ⟨*Mecc*⟩ bed, base-plate. **4** ⟨*Aut*⟩ (*monoblocco*) engine block (*anche fig.*). **basare** *v.t.* to base, to found: *~ su qc.* to base on s.th.; *un'accusa basata su sospetti* an accusation based on suspicions. **basarsi** *v.r.* to be based, to be founded (*su on*); (*rif. a persona*) to go, to judge (by): *non devi basarti sulle prime impressioni* you must not go by first impressions.

bas-bleu *fr.* [ba'blø] *f.* ⟨*spreg*⟩ blue stocking, pedantic (*o scholarly*) woman.

baschina *f.* ⟨*Sart*⟩ basque. **basco** *a./s.* (*pl.* **-chi**) **I** *a.* Basque: *province basche* Basque provinces. **II** *s.m.* **1** (*lingua*) Basque. **2** (*abitante; f.* -a) Basque. **3** (*berretto*) beret. □ *palla -a* (*pelota*) pelota.

basculante *a.* ⟨*Edil*⟩ horizontally pivoted.

basculla *f.* platform scale (*o balance*).

base **I** *s.f.* **1** base, foot, lower part. **2** ⟨*Arch*⟩ base, basement; (*di colonna, monumento*) base, foot. **3** ⟨*Edil*⟩ (*fondamenta*) foundations *pl.* **4** ⟨*Anat, Bot,Mat*⟩ base: *~ di una piramide* base of a pyramid. **5** ⟨*Pol*⟩ party members *pl*, rank and file: *consultare la ~* to consult the views of the party members. **6** ⟨*Mil,Chim,Geol*⟩ base. **7** ⟨*Sport*⟩ (*nel baseball*) base. **8** ⟨*Econ*⟩ standard (rate), base. **9** ⟨*Topogr*⟩ base line. **10** (*componente principale*) basis, base. **11** ⟨*fig*⟩ (*fondamento, principio*) basis, bottom, base: *alla ~ di queste sue incertezze c'è la timidezza* shyness is at the bottom of her hesitancy. **12** *pl.* (*fondamento*) foundation, basis: *un'amicizia fondata su -i solide* a friendship based on solid foundations. **13** *pl.* ⟨*fig*⟩

(*nozioni elementari*) elements *pl*, foundations *pl: le –i della matematica* the elements of mathematics. **II** *a.inv.* basic: *prezzo* ~ basic price. □ **a** ~ *di* based on; *dieta a* ~ *di frutta* fruit diet; ⟨*Mil*⟩ ~ **aerea** air base; ⟨*Mil*⟩ ~ **atomica** (o *nucleare*) atomic base; *avere una* **buona** ~ (*rif. a persona*) to have a good knowledge (of s.th.); (*rif. ad argomentazione e sim.*) to be well–founded; ⟨*Anat*⟩ ~ **cranica** (o *del cranio*) base of the cranium (o skull); ⟨*Inform*⟩ ~ (*dei*) **dati** data base; **di** ~ basic: *colore di* ~ basic colour; ⟨*fig*⟩ **gettare** *le –i di un'impresa* to lay the foundations of an undertaking; ~ **imponibile** (*per l'accertamento fiscale*) basis of assessment; **in** ~ *a* on the basis of, according to: *in* ~ *alle ultime notizie, i feriti sono dieci* according to the latest news there are ten injured; *in* ~ *a ciò* on that basis; *in* ~ *ai prezzi di listino* according to the list prices; ~ **di lancio** launching base; ⟨*Astron*⟩ rocket base; **mancare** *di* ~ to be without foundation, to be groundless; ⟨*Mar.mil*⟩ ~ **navale** naval base; ⟨*fig*⟩ **porre** *qc. su* **nuove** *–i* to set s.th. on a new basis (o footing); ⟨*Mil*⟩ ~ **operativa** operations base; ⟨*Sport*⟩ **palla** *a* ~ baseball; ~ **di rendimento** income basis; **salario** ~ basic wage; **senza** ~ groundless, without foundation; ~ **spaziale** space base.

Basedow: ⟨*Med*⟩ *morbo di* ~ Basedow's disease. **basedowiano** *m.* (*f.* **-a**) person suffering from Basedow's disease.

basetta *f.* sideburns *pl*, side whiskers *pl*.

basicità *f.* ⟨*Chim*⟩ basicity. **basico** *a.* (*pl.* **-ci**) basic: *reazione –a* basic reaction.

basidio *m.* ⟨*Bot*⟩ basidium. **basidiomiceti** *m.pl.* basidiomycetes *pl*.

basilare *a.* basic, fundamental: *concetti –i* basic concepts; *i principi –i di una scienza* the fundamental principles of a science.

Basilea *N.pr.f.* Basel, Bâle.

basilica *f.* ⟨*Arch*⟩ basilica.

basilico *m.* ⟨*Bot*⟩ (sweet) basil.

basilisco *m.* (*pl.* **-chi**) basilisk: ⟨*fig*⟩ *sguardo di* ~ basilisk glance.

basire *v.i.* (**basisco, basisci;** *aus.* **essere**) (*svenire*) to faint, to swoon.

basista *m.* **1** ⟨*Pol*⟩ fundamentalist. **2** ⟨*sl*⟩ person who collects information (for a crime).

bassa *f.* low plain, lowland: *la* ~ *milanese* the Milanese lowland.

bassacorte *f.* poultry–yard. □ *animali di* ~ small farmyard animals.

bassamente *avv.* basely, meanly, vilely.

bassetto *m.* ⟨*Mus*⟩ small bass viol. □ *corno di* ~ basset horn.

bassezza *f.* **1** lowness, depth. **2** (*viltà*) baseness, vileness. **3** (*azione vile*) base action, meanness.

basso I *a.* **1** low: *la sedia è –a* the seat is low; *nuvole –e* low clouds. **2** (*rif. a statura*) short, small. **3** (*rivolto a terra*) stooping, bent, lowered: *a capo* ~ with lowered (o bowed) head. **4** (*rif. a stoffa: stretto*) narrow. **5** (*rif. a suono*) low: *nota –a* low note; *parlare a voce –a* to speak in a low voice. **6** ⟨*Geog*⟩ (*meridionale*) southern, south–: *la –a Italia* southern Italy; (*non elevato sul livello del mare*) low–lying; (*rif. a fiumi*) lower: *il* ~ *Po* the lower Po. **7** (*rif. a ricorrenze*) early: *quest'anno la Pasqua è –a* this year Easter falls early. **8** (*rif. a periodi storici*) late: *il* ~ *medioevo* the late mediaeval period. **9** (*poco profondo*) shallow, low: *qui il fiume è molto* ~ here the river is very shallow. **10** (*piccolo, non rilevante*) small, low: *un numero* ~ a small number. **11** ⟨*Ling*⟩ low: *il* ~ *tedesco* low German. **12** ⟨*Met*⟩ low–grade: *lega –a* low–grade alloy. **13** ⟨*fig*⟩ (*vile*) low. **14** ⟨*fig*⟩ (*umile, semplice*) lowly: *persone di –a estrazione* people of lowly origin. **II** *avv.* **1** low: *volare* ~ to fly low. **2** (*a bassa voce*) low, softly: *parlare* ~ to speak softly (o in a low voice). **III** *s.m.* **1** (*parte bassa*) lower part, underneath: *il* ~ *della parete* the lower part of the wall. **2** ⟨*Mus*⟩ (*voce*) bass (voice); (*rif. a strumenti musicali*) bass (note): *il tuo pianoforte ha degli ottimi –i* your piano has excellent bass notes. **3** *pl.* ⟨*fig*⟩ downs *pl*: *la vita ha alti e –i* life has its ups and downs. □ ⟨*fig*⟩ *guardare dall'*alto *in* ~ to look up and down;

⟨*Mus*⟩ ~ **armonico** harmonic bass; ~ **cantante** bass–baritone; **chiave** *di* ~ bass clef; *la* **città** *–a* the downtown part of a city; ~ **clero** lower clergy; **colpo** ~ blow below the belt; ⟨*fig*⟩ underhand trick; ⟨*Mus*⟩ ~ **continuo** basso continuo; *il* ~ **corso** *del fiume* the lower reaches of the river; **da** ~ below, down; (*rif. a una casa*) downstairs: *scendere da* ~ to go downstairs; ⟨*El*⟩ *–a* **frequenza** low frequency; **fronte** *–a* low forehead; ⟨*Stor*⟩ ~ **impero** Late Roman Empire; **in** ~: **1** (*stato*) down, below, at the bottom; **2** (*moto*) downwards, down; **3** ⟨*fig*⟩ low: *come sei caduto in* ~ how low you have fallen; *guardare in* ~ to look down; *–i* **istinti** vile instincts; **luce** *–a* low (o dim) light; *fare* **man** *–a* to pilfer, to plunder, to loot; *–a* **marea** low tide; ⟨*Lit*⟩ **messa** *–a* low Mass; *avere il* **morale** ~ to be downhearted, ⟨*fam*⟩ to feel blue; ⟨*Mus*⟩ **nota** *–a* low note; *tenere gli* **occhi** *–i* to keep one's eyes lowered; *di –a* **origine** of low birth; ⟨*Med*⟩ *avere la* **pressione** *–a* to have low blood pressure; ~ **prezzo** low price: *comprare qc. a* ~ *prezzo* to buy s.th. at a low price; *mantenere i prezzi –i* to keep prices down; ⟨*Aer*⟩ *volo a –a* **quota** low–altitude flight; ⟨*fig*⟩ **persona** *di* ~ **rango** person of low rank; *il* **sole** *è ancora* ~ the sun is still low in the sky; **stagione** *–a* off–season; *persona di –a* **statura** short person; **tenersi** ~: **1** (*nel calcolare le spese*) to under–estimate; **2** (*nel vendere*) to offer low prices; **tiro** ~ low (o short) shot; ~ **ventre** lower abdomen; ⟨*Sart*⟩ **vita** *–a* lowered waist (line); *avere la* **voce** *–a* (*roca*) to be hoarse.

basso|fondo *m.* (*pl.* **bassifondi**) **1** ⟨*Mar*⟩ shoal, shallow waters. **2** *pl.* (*quartieri poveri*) slums *pl*. **3** *pl.* ⟨*fig*⟩ dregs *pl* of society, lowest level of society. **~piano** *m.* (*pl.* **bassopiani/bassipiani**) lowland. **~rilievo** *m.* bas–relief: *figure in* (o *a*) ~ figures in bas–relief.

bassotto I *a.* rather short (o small). **II** *s.m.* (*cane bassotto*) dachshund.

bassotuba *m.* ⟨*Mus*⟩ bass tuba.

basta *intz.* that's enough, stop it: ~ *così* that's enough; *ora* ~ that's enough now. □ ~ *con le chiacchiere* let's have an end to gossip; ~ *coi complimenti* let's dispense with compliments; *punto e* ~ and that's that, ⟨*am*⟩ period.

bastante *a.* sufficient, enough: *non ho denaro* ~ I haven't enough money.

bastarda *f.* **1** (*figlia illegittima*) illegitimate (o bastard) daughter. **2** (*lima*) bastard file. **bastardo I** *a.* **1** bastard, illegitimate: *figlio* ~ illegitimate son. **2** ⟨*Zool, Bot*⟩ hybrid, crossbred. **3** ⟨*fig*⟩ (*non genuino*) spurious, bastard. **II** *s.m.* (*f.* **-a**) **1** bastard. **2** ⟨*Zool,Bot*⟩ hybrid, crossbreed. **3** ⟨*Tip*⟩ bastard type. □ *cane* ~ mongrel (dog).

bastare I *v.i.* (*aus.* **essere**) **1** (*essere sufficiente*) to be enough, to be sufficient, to suffice: *mi è bastato uno sguardo per capire tutto* a glance sufficed for me to understand everything; *quello che guadagno mi basta per vivere* what I earn is enough for me to live on. **2** (*durare*) to last: *questo denaro ci deve* ~ *per un mese* this money must last us for a month. **II** *v.i.impers.* to need only (*costr. pers.*), to have only to (*costr. pers.*), to be sufficient, to be enough: *basta rivolgersi a un vigile* you need only (*o* have only to) ask a policeman; *basta che me lo scriviate* you only have to write it for me. □ *basta che* (*purché*) [*cong*] as long as: *ti presto volentieri il libro, basta che tu me lo renda presto* I will willingly lend you the book, as long as you return it soon; *basta che tu mi dica una parola* a word from you is enough; *bastava che tu me lo avessi detto* if only you had told me; *non mi bastò il* **cuore** (o *l'animo*) *di negarglielo* I hadn't the heart to refuse him; *basta* (o *basti*) **dire** *che* suffice it to say; *e non basta, voleva anche aver ragione* and that wasn't enough, he wanted to be right too; **quanto** *basta* all that is necessary; ~ *a se stesso* to be self–sufficient; **tanto** *basta* that's more than enough; *è un ladro e tanto basta* he's a thief and that's more than enough.

bastevole *a.* ⟨*lett*⟩ sufficient.

bastiancontrario *m.* ⟨*scherz*⟩ perverse person.

Bastiglia *N.pr.f.* Bastille: *la presa della* ~ the storming of the Bastille.

bastimento *m.* **1** ship, vessel; (*nave da carico*) cargo ship. **2** (*carico*) shipload: *ha comprato un* ~ *di banane* he bought a ship–load of bananas. □ ~ *a vapore* steamship;

~ *a vela* sailing ship.

bastionare *v.t.* (bastiono) ⟨*ant*⟩ to rampart. **bastionato** *a.* bastioned. **bastione** *m.* ⟨*Mil*⟩ bastion, rampart (*anche fig.*).

basto *m.* 1 pack saddle. 2 ⟨*fig*⟩ heavy burden. □ *animale da* ~ beast of burden; ⟨*fig*⟩ *persona da* ~ *e da sella* maid of all work; ⟨*fig*⟩ *portare il* ~ to shoulder the burden; ⟨*Strad*⟩ ~ *rovescio* gutter.

bastonare *v.t.* (bastono) to beat, to cane; (*randellare*) to cudgel. **bastonarsi** *v.r.* ⟨*recipr*⟩ to fight, to come to blows. □ ⟨*fig*⟩ *sembrare un cane bastonato* to be very down in the mouth, to have one's tail between one's legs; ~ *qd. di santa ragione* to beat s.o. soundly, to give s.o. a sound thrashing. **bastonata** *f.* 1 blow with a stick (*o cane*). 2 ⟨*fig*⟩ (*grave danno*) blow, beating. □ *darsi -e alla cieca* to rain blows on e.o. blindly. **bastonatore** *m.* (*f.* -trice) beater. **bastonatura** *f.* beating.

bastoncino *m.* 1 small stick. 2 (*bastoncino da sci*) ski pole. 3 ⟨*Anat*⟩ rod. □ ~ *di ovatta* cotton swab; ⟨*Alim*⟩ ~ *di pesce* fish finger, fish stick.

bastone *m.* 1 stick; (*da passeggio*) walking-stick, cane. 2 (*forma di pane*) long (*o* French) loaf, baton: *un* ~ *di pane* a long loaf of bread. 3 ⟨*Arch*⟩ (*astragalo*) astragal. 4 ⟨*Arald*⟩ baston. 5 *pl.* (*nel gioco delle carte*) suit in a tarocco pack of cards. 6 ⟨*fig*⟩ (*sostegno*) support, staff: *sei il* ~ *della mia vecchiaia* you are the staff of my old age. □ ~ **animato** swordstick; *appoggiarsi al* ~ to lean on one's stick; ~ *di* **comando** baton, staff; ⟨*fig*⟩ *avere il* ~ *del comando* to be in command; ~ *da* **golf** (golf) club; ~ *da* **hockey** hockey stick; ~ *da hockey su ghiaccio* ice-hockey stick; ~ *di* **maresciallo** field marshall's baton; ~ *da* **montagna** alpenstock; ⟨*Rel*⟩ ~ **pastorale** pastoral staff; ~ *da* **pastore** shepherd's crook; ⟨*fig*⟩ *mettere i -i fra le* **ruote** *a qd.* to put a spoke in s.o.'s wheel, to put a spanner in the works.

batacchio *m.* 1 (*di campana*) clapper; (*di porta*) door knocker. 2 (*bacchio*) pole, stick.

bati|grafia *f.* ⟨*Topogr*⟩ bathygraphy. **~grafico** *a.* (*pl.* -ci) bathygraphic: *curva -a* bathygraphic curve.

batik *m.* batik.

bati|metria *f.* → **batometria. ~scafo** *m.* ⟨*Mar*⟩ bathyscaphe. **~sfera** *f.* bathysphere.

batista *f.* ⟨*Tess*⟩ batiste, lawn, cambric. □ ~ *di cotone* cotton batiste; *di* ~ lawn-, batiste-, cambric-: *fazzoletto di* ~ lawn handkerchief.

batocchio *m.* clapper.

batolite *f.* ⟨*Geol*⟩ batholith, batholite, bathylite.

batometria *f.* ⟨*Topogr*⟩ bathymetry. **batometrico** *a.* (*pl.* -ci) bathymetric: *linea -a* a bathymetric line. **batometro** *m.* bathometer. **batoscopico** *a.* (*pl.* -ci) bathyscopic.

batosta *f.* 1 (*percossa*) blow. 2 ⟨*fig*⟩ blow, misfortune, stroke of bad luck: *questa malattia è stata per lui una* ~ this illness has been a misfortune for him; *una bella* ~ a severe blow; (*sconfitta*) reverse, setback: *la nostra squadra ha avuto una bella* ~ our team has had a bad setback.

batrace (*o* **batrace**) *m.* (usually used in the pl.) ⟨*Zool*⟩ batrachian.

battage *fr.* [ba'ta:3] *m.* build-up. □ ~ *pubblicitario* hype.

battaglia *f.* 1 battle: *dare* ~ to give battle. 2 ⟨*fig*⟩ (*contrasto*) conflict, struggle: ~ *di interessi* conflict of interests. 3 (*campagna*) campaign, battle. □ ~ **aerea** air battle; ~ **aeronavale** air-sea battle; **attaccare** ~ *col nemico* to engage the enemy in battle; ~ **campale** open battle; ⟨*fig*⟩ great struggle; **campo** *di* ~ battlefield; ~ **elettorale** electoral battle, election fight; ~ **navale** naval battle; **ordine** *di* ~ battle array, battle order; **piano** *di* ~ plan of battle (*o* campaign); ~ **terrestre** land (*o* ground) battle.

battagliare *v.i.* (battaglio, battagli; *aus.* avere) to fight, to battle, to struggle (*anche fig.*): *battagliarono per ottenere la riforma* they struggled to obtain the reform. **battagliero** *a.* warlike, combative: *popolo* ~ warlike people; *indole -a* combative nature.

battaglio *m.* 1 (*di campana*) clapper. 2 (*di porta*) door-knocker.

battagliola *f.* ⟨*Mar*⟩ guardrail, rail.

battaglione *m.* 1 ⟨*Mil*⟩ battalion. 2 ⟨*fig*⟩ (*grande*

quantità) multitude.

battelliere *m.* boatman.

battello *m.* boat; (*per navigazione interna*) steamboat, steamer. □ **andare** *in* ~ to go boating, to boat; ~ *a* **motore** motorboat; ~ **pieghevole** collapsible boat; ~ **pneumatico** rubber dinghy; ~ **postale** mail-boat (*o* steamer); ~ *a* **remi** rowing-boat, ⟨*am*⟩ row-boat; ~ *di* **salvataggio** lifeboat; ~ *da* **traghetto** ferry-boat; ~ *a* **vapore** steamboat, steamship; ~ *a* **vela** sailing boat.

battente *m.* 1 (*imposta: di porta*) leaf, wing; (*di finestra*) shutter; (*sportello di mobile*) door. 2 (*batacchio: di porta*) (door) knocker; (*di campanello*) clapper; (*di orologio*) hammer; (*battaglio*) clapper. 3 ⟨*Idr*⟩ head. 4 ⟨*Mar*⟩ (*telaio del boccaporto*) washboard. 5 ⟨*Tess*⟩ batten. □ *a un* ~ single-leaf; *a due -i* double-leafed; ⟨*Idr*⟩ ~ *d'acqua* head of water; *aprire i -i* to open the doors; ⟨*fig*⟩ to open up; *chiudere i -i* to close the doors; ⟨*fig*⟩ to close down.

battere[1] I *v.t.* 1 to beat, to strike, to hit; (*col battipanni*) to beat; (*col martello*) to hammer; (*col pestello*) to crush. 2 (*picchiare*) to beat. 3 (*trebbiare*) to thresh: ~ *il grano* to thresh the corn. 4 ⟨*Met*⟩ to forge. 5 ⟨*Tess*⟩ to beat; (*rif. al lino*) to swingle. 6 (*urtare*) to bump, to strike, to hit: *ho battuto il ginocchio contro il tavolo* I bumped my knee against the table. 7 (*sconfiggere*) to beat, to defeat: ~ *il nemico* to defeat the enemy; *la nostra squadra è stata battuta* our team has been beaten; *in latino, non lo batte nessuno* no one can beat him in Latin. 8 (*percorrere*) to beat; (*perlustrare*) to scour: *la polizia batte la zona alla ricerca dell'assassino* the police are scouring the area in search of the murderer. 9 ⟨*Venat*⟩ to beat. 10 (*dattilografare*) to type: ~ *una lettera* to type a letter. 11 (*rif. alla pioggia, al vento*) to beat: *la pioggia batteva la pianura* the rain beat down on the plain. II *v.i.* (*aus.* avere) 1 (*bussare*) to knock (*a* at): *battono alla porta* someone is knocking at the door. 2 ⟨*Sport*⟩ (*rif. al cricket*) to bat; (*rif. al tennis*) to serve; (*rif. al calcio, al rugby*) to take a penalty kick. 3 (*sbattere, colpire*) to beat, to hit, to strike; (*leggermente*) to tap: *il ramo batteva sul vetro* the branch was tapping against the window pane. 4 (*colpire*) to lash, to strike, to hit (*su qc.* s.th., against s.th.), to beat down (on): *la pioggia batteva sui tetti* the rain beat down on the roofs; (*rif. al sole*) to beat down: *il sole batte sulla casa dalle sei del mattino* the sun beats down on the house from six in the morning. 5 (*pulsare*) to beat, to throb, to pulse: *le tempie mi battevano per lo sforzo* my temples were throbbing with the effort; *il suo cuore batteva ancora* his heart was still beating. 6 (*rif. alle ore; aus.* essere/avere) to strike: *battono le due* it is striking two; *è* (*o ha*) *già battuto il tocco* it has already struck one. 7 (*urtare*) to bump, to strike, to hit: *è andato a* ~ *contro la porta* he bumped against (*o* into) the door. 8 (*insistere*) to insist (*su* on), to emphasize, to hammer home (s.th.): *il professore ha battuto molto su questo argomento* the teacher insisted strongly on this subject. 9 ⟨*fam*⟩ (*esercitare la prostituzione*) to be a street-walker, to solicit in the streets. **battersi** *v.r.* 1 to beat o.s. 2 ⟨*recipr*⟩ to beat e.o. 3 ⟨*recipr*⟩ (*duellare*) to duel: *battersi alla pistola* to duel with pistols. 4 (*combattere*) to fight (*anche fig.*): *gli assediati si batterono da eroi* the besieged fought like heroes. □ ⟨*fig*⟩ ~ *l'*acqua *nel mortaio* to flog a dead horse; ~ *le* ali to flap (*o* beat) one's wings; (*nel bridge*) ~ *gli* atouts to draw trumps; ~ bandiera to fly a flag: ~ *bandiera italiana* to fly the Italian flag; ⟨*fig*⟩ *non sapevo dove* ~ *il* capo I didn't know which way to turn; ~ cassa to ask for money; ⟨*fig*⟩ ~ *il* chiodo to keep bringing s.th. up, to hammer a point home; *non* ~ ciglio not to bat an eyelid; ~ *la* concorrenza to beat one's rivals; *batteva i* denti *dal* (*o per il*) *freddo* his teeth were chattering with cold; ~ *il* ferro *finch'è caldo* to strike while the iron is hot; ⟨*fam*⟩ ~ *la* fiacca to lounge around, to loaf about; *battersi la* fronte to beat one's brow; ⟨*fig*⟩ ~ *la* grancassa to bang the big drum; ~ *le* mani to clap (one's hands), to applaud; ~ *la mano sulla spalla di qd.* to tap s.o. on the shoulder; ~ *i* marciapiedi to be a street-walker; ~ moneta to strike (*o* mint) coins; ~ *gli* occhi to blink; ~ *le* palpebre to blink one's eyelids; *battersi il* petto to beat one's breast; ~ *i* piedi: 1 (*con forza*) to stamp one's feet (*o* the ground); 2 (*per l'impazienza*) to tap one's foot on the floor impatiently; ~ *una* **pista** to follow a track; ~ *una pista sbagliata* to be off the track; ~ *un* **primato** to beat a record; ⟨*Sport*⟩ ~ *la* **punizione** to take the penalty kick; ⟨*Sport*⟩ ~ *ai* **punti** to beat on points; *batti e ribatti, finalmente ha capito* when it had been said over and over again he finally understood; ~ *la* **ritirata** to beat a retreat; ~ *in ritirata (svignarsela)* to beat a hasty retreat; ⟨*fam*⟩ ~ *la* **strada** to be a streetwalker; ⟨*fig*⟩ ~ *i* **tacchi** to take to one's heels; ~ *il* **tamburo** to beat the drum; ~ *i* **tappeti** to beat the carpets; ⟨*fig*⟩ ~ *sempre su uno stesso* **tasto** to be always harping on the same thing; ⟨*Mus*⟩ ~ *il* **tempo** to beat time; ⟨*fam*⟩ *ha battuto la* **testa** he is slightly touched; *batterei la testa al muro* I could kick myself; ⟨*Aut*⟩ *il motore batte in testa* the engine is pinking; ~ *la* **via** *del vizio* to follow the path of vice.

battere[2] *m.* beating, thrashing: *udì un ~ d'ali* he heard a beating of wings. □ *in un batter d'occhio* (*in un attimo*) in the twinkling of an eye.

batteria *f.* **1** ⟨*Artigl*⟩ battery. **2** ⟨*fig*⟩ host: *una ~ di accuse* a host of accusations. **3** ⟨*Mecc,El*⟩ battery. **4** (*insieme di attrezzi, oggetti*) set, outfit. **5** ⟨*Mus*⟩ drums *pl*, percussion section. **6** ⟨*Sport*⟩ heat. □ *~ di accumulatori* accumulator battery, ⟨*am*⟩ storage battery; ⟨*El*⟩ **alimentato** *a* ~ battery-operated; ~ **anodica** anode battery; ⟨*Mil*⟩ ~ **anticarro** anti-tank battery; ~ **atomica** atomic battery; ~ *di* **avviamento** starter battery; ~ *a* **bottone** button battery; ⟨*Mil*⟩ ~ *da* **campagna** field battery; ⟨*El*⟩ **caricare** *la* ~ to charge the battery; ⟨*Mil*⟩ ~ **contraerea** anti-aircraft battery; ~ **corazzata** leak-proof battery; ⟨*Mil*⟩ ~ **costiera** coast battery; ~ *da* **cucina** kitchenware set, pots and pans; **funzionare** *a* ~ to run on a battery; ~ *a* **lunga** *durata* long-life battery; **polli** *allevati in* ~ battery chickens; ⟨*Mar*⟩ **ponte** *di* ~ battery bridge; ~ **portatile** portable battery; ~ **scarica** flat (*o* run-down) battery; ⟨*fig*⟩ **scoprire** *le proprie* –*e* to give the show away; ~ *a* **stilo** penlight battery; ~ *di* **test** battery of tests; ~ *a* **torcia** flashlight (*o* torch) battery.

battericamente *avv.* bacterially: *acqua ~ pura* bacterially pure water. **battericida I** *a.* bactericidal. **II** *s.m.* bactericide. **batterico** *a.* (*pl.* **-ci**) bacterial: *coltura –a* bacterial culture. **batterio** *m.* bacterium: *batteri patogeni* pathogenic bacteria. **batteriofago** *m.* (*pl.* **-gi**) bacteriophage.

batteriologia *f.* bacteriology. **batteriologicamente** *avv.* bacteriologically. **batteriologico** *a.* (*pl.* **-ci**) bacteriological. **batteriologo** *m.* (*pl.* **-gi/-ghi**) bacteriologist.

batterio|terapia *f.* bacteriotherapy. **~terapico** *a.* (*pl.* **-ci**) bacteriotherapeutic.

batterista *m./f.* ⟨*Mus*⟩ percussion player, drummer.

battesimale *a.* baptismal, christening: *acqua ~* baptismal water; *fonte ~* christening font.

battesimo *m.* **1** ⟨*Rel*⟩ baptism (*anche fig.*). **2** (*cerimonia*) christening. □ **amministrare** *il* ~ to baptize; ⟨*fig*⟩ ~ *dell'*aria first flight; ⟨*Rel*⟩ ~ *per* **aspersione** baptism by aspersion; ⟨*fig*⟩ ~ *dell'*equatore crossing the line ceremony; ~ *del* **fuoco** baptism of fire; ⟨*Rel*⟩ ~ *per* **immersione** baptism by immersion; **nome** *di* ~ Christian name; **ricevere** *il* ~ to be baptized, to receive baptism; ⟨*Rel*⟩ ~ *di* **sangue** martyrdom; **tenere** *a* ~ *un bambino* to stand (as) godfather (*f* –mother) to a child.

battezzando *m.* (*f.* –a) child to be christened.

battezzare *v.t.* (**battezzo**) **1** ⟨*Rel*⟩ to baptize, to christen. **2** (*rif. a nave, campana e sim.*) to baptize, to name. **3** (*dare il nome, chiamare*) to christen, to call, to name: *lo hanno battezzato Giuseppe* they have called him Joseph. **4** ⟨*scherz*⟩ (*annacquare*) to water down, to dilute: ~ *il vino* to water down the wine. **battezzarsi** *v.r.* (*proclamarsi*) to proclaim o.s. **battezzato I** *a.* baptized, christened, named. **II** *s.m.* (*f.* –a) one who has been baptized. □ ⟨*scherz*⟩ *vino ~* watered wine. **battezzatoio** *m.* baptistry, font. **battezzatore** *m.* (*f.* –trice) baptizer.

battibaleno *m.* instant, flash, twinkling: *in un ~* in an instant.

battibeccare *v.i.* (**battibecco, battibecchi**; *aus.* **avere**), **battibeccarsi** *v.r.* to bicker, to squabble. **battibecco** *m.*

(*pl.* **-chi**) bickering, squabble.

batti|calcagno *m.inv.* ⟨*Aut*⟩ kick plate, scuff plate. **~carne** *m.inv.* meat pounder. **~coda** *f.* ⟨*Ornit*⟩ yellow wagtail.

batticuore *m.* **1** palpitations *pl*: *mi è venuto il ~ per l'emozione* the excitement gave me palpitations. **2** ⟨*fig*⟩ (*ansia*) anxiety, fright, fear: *far venire il ~ a qd.* to give s.o. a fright.

battifiacca *m./f.inv.* slacker, ⟨*fam*⟩ lazybones.

battigia *f.* (*pl.* **-gie/-ge**) waterline, water's edge.

battilardo *m.inv.* chopping board.

battiloro *m.inv.* gold-beater.

batti|mani, ~mano *m.inv.* (*applauso*) clapping, applause. **~mare** *m.inv.* ⟨*Mar*⟩ washboard, breakwater. **~mazza** *m.inv.* (*operaio*) blacksmith's mate.

battimento *m.* **1** (*il battere*) beating, battering, hammering. **2** ⟨*Fis*⟩ beat.

batti|palo *m.* ⟨*Mecc*⟩ pile-driver. □ ~ *a braccia* hand-rammer; ~ *a vapore* steam pile-driver. **~panni** *m.inv.* carpet beater. **~pista** *m.inv.* run-tracer. **~scopa** *m.inv.* skirting(-board).

battista *m.* ⟨*Rel*⟩ Baptist. **Battista** *N.pr.m.* Baptiste. □ *Giovanni il ~* John the Baptist. **battistero** *m.* ⟨*Arch*⟩ baptistry.

batti|strada *m.inv.* **1** ⟨*Stor*⟩ outrider. **2** ⟨*fig*⟩ leader. **3** ⟨*Sport*⟩ pacemaker, pacesetter. **4** ⟨*Aut*⟩ tread, track. □ *fare da ~ a qd.* to smooth the way for s.o.; ~ *liscio* smooth tread; ~ *ricostruito* retread. **~tacco** *m.* (*pl.* **-chi**) ⟨*Sart*⟩ reinforcing lining (applied to the inside trouser leg at base). **~tappeto** *m.* carpet sweeper.

battito *m.* **1** pulsation, beat, throb. **2** ⟨*Mot*⟩ knock(ing). □ ~ *del* **cuore** heartbeat; ~ **irregolare** irregular beat; *il ~ dell'*orologio the ticking of the clock; ~ *del* **polso** pulse beat; ⟨*Mot*⟩ ~ *in* **testa** pinking, knocking.

battitoia *f.* ⟨*Tip*⟩ planer. **battitoio** *m.* **1** (*di porta*) door-knocker. **2** ⟨*Tess*⟩ willow. **battitore** *m.* (*f.* -trice) **1** beater; (*chi batte il grano*) thresher. **2** ⟨*Venat*⟩ beater. **3** ⟨*Sport*⟩ (*nel cricket*) batsman; (*nel tennis*) server; (*nel baseball*) batter. **4** ⟨*Agr*⟩ (*di trebbiatrice*) awner. **5** ⟨*Tess*⟩ (*di macchina tessile*) beater. **6** ⟨*Stor.mil*⟩ (*esploratore*) scout. **battitrice** *f.* ⟨*Agr*⟩ threshing-machine. **battitura** *f.* **1** ⟨*Agr*⟩ (*trebbiatura*) threshing; (*l'epoca della trebbiatura*) threshing time. **2** ⟨*Tess*⟩ willowing. □ ~ *a macchina* typewriting.

battola *f.* **1** ⟨*Rel*⟩ clapper. **2** ⟨*Venat*⟩ rattle, clapper.

battona *f.* ⟨*volg*⟩ prostitute, streetwalker.

battuta *f.* **1** (*il battere*) beating, striking. **2** (*colpo, percossa*) blow; (*livido*) bruise. **3** (*in dattilografia*) stroke: *una riga di sessanta –e* a line of sixty strokes; *centottanta –e al minuto* a hundred and eighty strokes a minute. **4** ⟨*Mus*⟩ beat, measure: *i violini entrano alla quarta ~* the violins come in on the fourth beat. **5** ⟨*Teat*⟩ cue. **6** ⟨*fig*⟩ (*frase spiritosa*) witty remark; (*risposta spiritosa*) witty reply; (*frase*) remark, phrase: *udì solo poche –e della conversazione* he heard only a few phrases of the conversation. **7** ⟨*Venat*⟩ beating; ⟨*estens*⟩ (*di polizia*) combing, round-up. **8** ⟨*Sport*⟩ (*di caccia*) shooting party; (*nel football*) kick-off; (*nel nuoto*) kick; (*nel canottaggio*) stroke; (*nel tennis*) service. □ ⟨*fig*⟩ ~ *d'*arresto lull, pause; *subire una ~ d'arresto* to come to a standstill; ~ *d'*aspetto: 1 ⟨*Mus*⟩ bar's rest; 2 ⟨*fig*⟩ lull, pause; ⟨*Venat*⟩ ~ *al* **cinghiale** wild boar shooting party; ⟨*teat*⟩ **dare** *la ~* to give the cue; *ho dato una ~ con il ginocchio a uno spigolo* I hit my knee against a corner; ~ *di* **mani** hand-clap; ⟨*teat*⟩ **perdere** *la ~* to miss one's cue (*anche fig.*); *non perdere una ~* not to miss a word; –*e* **polemiche** polemical words; **avere** *la ~* **pronta** to have a ready answer; ~ *di* **spirito** witticism.

battuto I *a.* **1** beaten, struck. **2** (*rif. a strade, sentieri*) (well-)beaten, trodden: *un sentiero ~ a* (well-)beaten track. **3** ⟨*Met*⟩ hammered, wrought: *ferro ~* wrought iron. **4** ⟨*fig*⟩ (*sconfitto, vinto*) beaten. **II** *s.m.* ⟨*Gastr*⟩ chopped vegetables (with bacon). □ *una pista poco –a* a little-used trail; *a spron ~* at full speed.

batuffolo *m.* wad, small pad; ~ *di ovatta* wad of cotton-wool.

bau *onom.* bow-wow.

baud [bod] *m.* ⟨*Tel*⟩ baud.

baule *m.* **1** (travelling) trunk; (*rif. ad automobili*) boot, ⟨*am*⟩ trunk. **2** (*contenuto*) trunkful: *un ~ di abiti* a trunkful of clothes. □ *~* (*ad*) *armadio* wardrobe trunk; *disfare i –i* to unpack one's luggage; *fare i –i* to pack (up); ⟨*fig*⟩ *viaggiare come un ~* to travel without learning anything. **bauletto** *m.* **1** travelling case, beauty-case. **2** (*cofanetto*) case: *~ portagioielli* jewel-case.

bautta *f.* domino; (*mascherina*) mask.

bauxite *f.* ⟨*Min*⟩ bauxite.

bava *f.* **1** dribble, slaver, slobber; (*delle lumache*) slime. **2** (*in bachicoltura*) silk filament; (*filo di seta*) floss-silk. **3** ⟨*Met*⟩ flash, burr, fin. **4** ⟨*Pesc*⟩ (*della lenza*) leader. □ ⟨*fig*⟩ *avere la ~ alla bocca* (*essere adirato*) to be foaming at the mouth; ⟨*fig*⟩ *far venire la ~ alla bocca* to make angry; ⟨*fig*⟩ *fare la ~* to get angry (*o* worked up); *~ di vento* puff of wind.

bavaglino *m.* bib, feeder. **bavaglio** *m.* gag. □ *mettere il ~ a qd.* to gag s.o. (*anche fig.*).

bavarese I *a.* Bavarian. **II** *s.* **1** *m.* (*dialetto*) Bavarian dialect. **2** *m./f.* (*abitante*) Bavarian.

bavatura *f.* ⟨*Met*⟩ flash, burr.

bavella *f.* ⟨*Tess*⟩ floss silk.

bavero *m.* (coat) collar. □ *~ della giacca* jacket collar; *un cappotto col ~ di pelliccia* an overcoat with a fur collar; *prendere qd. per il ~* to grab s.o. by the scruff of the neck; ⟨*fig*⟩ (*prendere in giro*) to pull s.o.'s. leg; *col ~ rialzato* with one's coat collar turned up.

Baviera *N.pr.f.* ⟨*Geog*⟩ Bavaria.

bavosa *f.* ⟨*Itt*⟩ blenny. **bavoso** *a.* slavering, slobbering.

bazar *m.* **1** (*mercato orientale*) bazaar. **2** (*emporio*) cheap department store.

bazza[1] *f.* (*mento sporgente*) long (*o* protruding) chin.

bazza[2] *f.* (*fortuna*) (good) luck, (good) fortune: *che ~!* what luck!, how lucky!

bazzana *f.* ⟨*Conc*⟩ sheepskin, washleather.

bazzecola *f.* trifle, bagatelle.

bazzica *f.* **1** (*gioco di carte*) bezique. **2** (*biliardo*) kind of pool.

bazzicare *v.* (*bazzico, bazzichi*) **I** *v.t.* to frequent, to haunt, to hang round: *~ ambienti poco raccomandabili* to haunt places of doubtful repute. **II** *v.i.* (*aus.* avere) (*frequentare: persone*) to associate, to go around (*con* with); (*luoghi*) to frequent (*in qc.* s.th.), to hang around (s.th.): *egli bazzica spesso in quel caffè* he often frequents that café.

bazzotto *a.* **1** soft boiled: *uovo ~* soft boiled egg. **2** ⟨*fig*⟩ (*grassoccio*) rather plump.

be *onom.* baa: *la pecora fa ~* the sheep ⌐goes baaꞌ (*o* baas).

be' *intz.* → **beh**.

beare *v.t.* (*beo*) to make happy. **bearsi** *v.r.* to enjoy (*a, di qc.* s.th.), to rejoice (at): *si beava alla vista di tutto quel denaro* he rejoiced at the sight of all that money.

beat *ingl.* [biːt] **I** *s.m./f.* beat, beatnik. **II** *a.inv.* beat– : *moda ~* beat fashion.

beatamente *a.* happily, blissfully: *vivere ~* to live happily.

beatificare *v.t.* (*beatifico, beatifichi*) **1** ⟨*Dir.can*⟩ to beatify. **2** (*riempire di gioia*) to fill with joy, to make happy. **beatificazione** *f.* ⟨*Dir.can*⟩ beatification.

beatifico *a.* (*pl.* -ci) beatific: *la visione –a di Dio* the beatific vision of God. **beatitudine** *f.* **1** ⟨*Rel*⟩ beatitude, bliss, blessedness. **2** (*estens*) (*felicità*) bliss: *un sorriso di ~* a smile of bliss, a blissful smile. **3** (*titolo*) Holiness, Beatitude: *Sua ~* His Holiness, His Beatitude. **4** *pl.* ⟨*Bibl*⟩ Beatitudes *pl.*

beato I *a.* **1** blessed, blissful: *gli spiriti –i* the blessed spirits. **2** (*felice*) happy, glad, blissful: *ore –e* happy hours. **3** ⟨*iron*⟩ blessed: *questo ~ ragazzo non studia mai* this blessed boy never studies. **II** *s.m.* (*f.* -a) blessed one (*o* soul). □ ⟨*scherz*⟩ *~ tra le* **donne** blessed among women; *–a* **ignoranza** blissful ignorance; ⟨*Bibl*⟩ *–i i* **poveri** *di spirito* blessed are the poor in spirit; *~ te!* how lucky you are!, lucky you!; *la ~ Vergine* the Blessed Virgin.

Beatrice *N.pr.f.* Beatrix, Beatrice.

bebè *m.* baby. □ *capelli alla ~* bubble-cut.

beccaccia *f.* (*pl.* -ce) ⟨*Ornit*⟩ woodcock.

beccaccino *m.* **1** ⟨*Ornit*⟩ (common) snipe. **2** ⟨*Mar*⟩ snipe class sailing boat.

beccafico *m.* (*pl.* -chi) ⟨*Ornit*⟩ fig-eater.

beccaio *m.* butcher.

beccamorti *m.inv.* **1** (*becchino*) grave-digger, sexton, undertaker. **2** ⟨*fig*⟩ bad hat.

beccare *v.* (*becco, becchi*) **I** *v.t.* **1** to peck (at), to peck up: *~ il grano* to peck the corn; *il gallo gli beccò un dito* the cock pecked his finger. **2** (*estens*) (*rif. a insetti: pungere*) to bite, to sting. **3** ⟨*fam*⟩ (*sorprendere*) to catch (in the act): *se ti becco* if I catch you (in the act); *non mi ci becchi più* you won't catch me again. **4** ⟨*fam*⟩ (*buscare*) to catch, to get, to receive: *ha beccato due schiaffi dal padre* he got a couple of slaps from his father; (*rif. a malattie*) to catch, to get: *ha beccato una polmonite ed è morto* he got pneumonia and died. **5** (*ottenere senza fatica*) to pick up, to get: *lavora pochissimo e becca cinquantamila lire al giorno* he hardly does a stroke of work and gets fifty thousand lire a day for it. **6** (*stuzzicare*) to tease, to goad. **II** *v.i.* (*aus.* avere) to peck: *le galline beccavano nell'aia* the hens were pecking about on the threshing-floor. **beccarsi** *v.r.* **1** ⟨*recipr*⟩ (*darsi beccate*) to peck e.o. **2** ⟨*recipr,scherz*⟩ (*bisticciarsi*) to (pick a) quarrel, to wrangle. **3** ⟨*fam*⟩ (*buscarsi*) to take, ⟨*fam*⟩ to cop: *beccati questo pugno e quest'altro* take (*o* cop) this and now this; (*rif. a malattie*) to catch, to get: *si è beccato un raffreddore* he has caught a cold. **4** ⟨*fam*⟩ (*ottenere senza fatica*) to pick up, to walk off with: *si è beccato il primo premio* he walked off with the first prize. □ *~ qd. con le mani nel sacco* to catch s.o. red-handed.

beccata *f.* **1** peck. **2** (*quantità*) beakful: *una ~ di grano* a beakful of corn. **3** (*estens*) (*puntura d'insetto*) bite, sting. **4** ⟨*fig*⟩ (*punzecchiatura*) biting remark, ⟨*fam*⟩ dig.

beccatello *m.* **1** ⟨*Arch*⟩ bracket, corbel. **2** (*piolo di attaccapanni*) peg.

beccatoio *m.* feeding trough (in a bird-cage).

beccatura *f.* **1** (*il beccare*) peck(ing). **2** (*segno di beccata*) mark (of a peck), peck. **3** ⟨*estens*⟩ (*puntura d'insetto*) bite, sting.

beccheggiare *v.i.* (*beccheggio, beccheggi; aus.* avere) ⟨*Mar,Aer*⟩ to pitch. **beccheggio** *m.* pitching.

beccheria *f.* (*macelleria*) butcher's shop.

becchettare *v.t.* (*becchetto*) **1** to peck busily, to peck away at. **2** ⟨*fig*⟩ (*stuzzicare*) to tease, to goad, to sting.

becchime *m.* birdseed, bird-food. □ *~ per polli* chicken-feed.

becchino *m.* grave-digger, sexton.

becco[1] *m.* (*pl.* -chi) **1** beak, bill. **2** ⟨*scherz*⟩ (*bocca*) mouth. **3** (*beccuccio*) spout, neck, lip, mouth: *il ~ della brocca* the lip of the jug. **4** (*bruciatore per combustibili*) burner, jet. **5** ⟨*Mus*⟩ mouthpiece. □ ⟨*scherz*⟩ *restare a ~* **asciutto** to be left out in the cold; ⟨*scherz*⟩ *bagnarsi il ~* to wet one's whistle; ⟨*Fis*⟩ *~* (*di*) **Bunsen** Bunsen burner; ⟨*scherz*⟩ **chiudi** *il ~!* shut up!; ⟨*fig*⟩ *tenere il ~ chiuso* to keep one's mouth shut; ⟨*fig*⟩ **mettere** *~ in qc.* to poke one's nose into s.th., to butt in on s.th.: *quel seccatore continua a mettere ~ nei nostri discorsi* that busybody is always butting in on our conversation; *non avere il ~ di un* **quattrino** to be penniless, ⟨*fam*⟩ not to have a bean. *Prov.: ecco fatto il ~ all'oca, e le corna al podestà* that's done, that's that, there you are.

becco[2] *m.* (*pl.* -chi) **1** ⟨*Zool*⟩ (billy-)goat. **2** ⟨*spreg,volg*⟩ (*marito tradito*) cuckold. □ *~ contento* complaisant husband; *fare ~ il marito* to cuckold (*o* be unfaithful to) one's husband.

beccuccio *m.* **1** (*di recipienti*) spout, neck. **2** (*di bruciatore*) burner, jet. **3** (*per capelli*) clip. □ ⟨*tecn*⟩ *~ per acetilene* acetylene burner.

becero I *s.m.* (*f.* -a) ⟨*region,spreg*⟩ vulgar person, boor, cad. **II** *a.* boorish, caddish.

béchamel *fr.* [beʃaˈmɛl] *f.* (*besciamella*) Bechamel (sauce).

beduina *f.* ⟨*Mod*⟩ opera (*o* evening) cloak. **beduino** *m.* (*f.* -a) Bedouin.

bee → **be**.

Befana *N.pr.f.* ⟨*pop*⟩ **1** Befana (kindly old witch who brings children toys on Twelfth Night). **2** (*epifania*) Epiphany: *il giorno della ~* Epiphany. **befana** *f.* **1** (*doni*) presents *pl*, gifts *pl.* **2** ⟨*fig*⟩ (*donna brutta*) hag, witch.

beffa *f.* **1** (*azione*) hoax, jest, practical joke. **2** *pl.* (*motteggi*) mocking, jesting. □ *avere il danno e le -e* to have insult added to injury; *fare una ~ a qd.* to play a practical joke on s.o.; *farsi -e di qd.* to mock s.o., to make a fool of s.o.

beffardamente *avv.* mockingly, scoffingly, banteringly. **beffardo** *a.* mocking, scoffing, bantering: *risata -a* a mocking laughter.

beffare *v.t.* (*beffo*) to mock, to scoff at, to laugh at: *beffava il fratello per la sua timidezza* he used to laugh at his brother because he was shy. **beffarsi** *v.r.* **1** to laugh, to scoff (*di* at), to make fun (of): *si beffava di me per la mia balbuzie* he made fun of me because I stammered. **2** (*non curarsi*) not to give a damn, not to care a hang: *beffarsi della legge* not to give a damn about the law; *si beffa dei rimproveri del padre* he doesn't care a hang about his father's reproofs.

beffatore **I** *s.m.* (*f.* -trice) mocker, scoffer. **II** *a.* mocking, scoffing. **beffeggiamento** *m.* mocking, jeering, gibing. **beffeggiare** *v.t.* (*beffeggio, beffeggi*) to mock, to scoff. **beffeggiatore** *m.* (*f.* -trice) mocker, scoffer.

bega *f.* **1** (*lite*) wrangle, quarrel. **2** (*faccenda intricata*) trouble, nasty affair: *non voglio beghe* I don't want any trouble; *cacciarsi in una ~* to get mixed up in a nasty affair.

beghina *f.* **1** ⟨*Rel*⟩ Beguine. **2** ⟨*spreg*⟩ (*bigotta*) bigot. **beghinaggio** *m.* ⟨*Rel*⟩ Beguinage. **beghino** *m.* **1** ⟨*Rel*⟩ Beghard. **2** ⟨*spreg*⟩ (*bigotto*) bigot.

begli → **bello**.

begliuomini *m.pl.* ⟨*Bot*⟩ (garden) balsam, balsamine.

begonia *f.* ⟨*Bot*⟩ Begonia.

beguine *fr.* [be'gin] *f.* ⟨*Mus*⟩ beguine.

beh *intz.* well: *~, che vuoi?* well, what do you want?; *~, non ne parliamo più* well, let's drop the matter.

behaviourismo *m.* ⟨*Psic*⟩ behaviourism. **behaviorista** *m./f.* behaviourist. **behaviouristico** *a.* (*pl.* -ci) behaviouristic.

bei[1] *m.* (*bey*) bey.

bei[2] → **bello**.

BEI = *Banca europea degli investimenti* European Investment Bank (*abbr.* EIB).

beige *fr.* [bɛː3] *a./s.m.* beige.

bel[1] *m.* ⟨*Fis*⟩ bel.

bel[2] → **bello**.

belare *v.* (*belo*) **I** *v.i.* (*aus.* avere) **1** to bleat. **2** ⟨*fig*⟩ (*piagnucolare*) to whimper, to whine; (*parlare con voce lamentosa*) to moan, to bleat. **II** *v.t.* ⟨*iron*⟩ to bleat (out). **belato** *m.* **1** bleat(ing). **2** ⟨*fig*⟩ (*piagnisteo*) whimper(ing). **3** ⟨*fig*⟩ (*recitazione lamentosa*) whine, whining, bleating.

belga *a./s.* (*pl.* -gi) **I** *a.* Belgian: *franco ~* Belgian franc. **II** *s.m./f.* Belgian. **Belgio** *N.pr.m.* ⟨*Geog*⟩ Belgium.

Belgrado *N.pr.f.* ⟨*Geog*⟩ Belgrade.

bell' → **bello**.

bella *f.* **1** (*donna bella*) beauty, belle: *la ~ del paese* the town beauty (*o* belle). **2** (*innamorata*) sweetheart, girl–friend, love. **3** (*stesura definitiva*) fair copy: *copiare in ~* to make the fair copy. **4** ⟨*Sport*⟩ (*partita decisiva*) play–off, ⟨*fam*⟩ decider. □ ⟨*Lett*⟩ *La ~ addormentata nel bosco* The Sleeping Beauty; ⟨*Bot*⟩ *~ di notte* four–o'–clock; ⟨*Bot*⟩ *~ di giorno* dwarf morning glory.

belladonna *f.* **1** ⟨*Bot*⟩ deadly nightshade. **2** ⟨*Farm*⟩ belladonna.

bellamente *avv.* nicely, gently, softly.

belle epoque *fr.* ['bɛlɛ'pɔk] *f.* belle epoque.

belletta *f.* ⟨*lett*⟩ slime, mire.

belletto *m.* make-up, cosmetic. □ *darsi il ~* to make up, to put on one's make-up.

bellezza *f.* **1** beauty; (*spec. di uomo*) handsomeness, good looks *pl.* **2** (*persona bella*) beautiful (*o* handsome) person; (*bella donna*) beauty, belle: *alla festa erano presenti tutte le -e del paese* all the local belles came to the ball; (*cosa bella*) beautiful (*o* lovely) thing, thing of beauty, beauty: *questa collana è una vera ~* this necklace is a real beauty. **3** *pl.* (*rif. a persone, città, opere d'arte*) beauties *pl.* □ ~ *dell'*asino bloom of youth; **concorso** *di ~* beauty contest; *fisica* physical beauty; ⟨*fig*⟩ *finire in ~* to wind up with a

flourish; ⟨*fig*⟩ *morire in ~* to make a good end; **istituto** *di ~* beauty–parlour; *le -e della* **natura** the beauties of nature; **per** ~ for decoration, decorative, ornamental: *la maniglia non serve, è solo per ~* the handle has no purpose, it's only ornamental; **prodotti** *di ~* cosmetics *pl.* || *che ~!* how nice (*o* lovely)!; *che ~ di pere ho trovato al mercato* what lovely pears I found at the market; *canta che è una ~* she sings beautifully; *hai una casa che è una ~* you've got a beautiful house; *una ~ di bambino* a beautiful little boy; *ho speso la ~ di diecimila lire* I've spent a good (*o* cool) ten thousand lire; *ho aspettato la ~ di due anni* I've waited a good two years.

bellicismo *m.* war-mongering. **bellicista** **I** *s.m./f.* war-monger. **II** *a.* war-mongering. **bellico** *a.* (*pl.* -ci) war-, wartime-, military. □ *industria -a* arms industry; *materiale ~* war material; *periodo ~* war years. **bellicoso** *a.* bellicose, warlike; *popolazioni -e* warlike peoples; (*litigioso*) quarrelsome: *parole -e* quarrelsome words.

belligerante **I** *a.* belligerent: *le potenze -i* the belligerent powers. **II** *s.m.* belligerent. **belligeranza** *f.* belligerency.

bellimbusto *m.* dandy, fop, beau. □ *fare il ~* to play the dandy, to swagger, to strut.

bellino *a.* pretty, attractive.

bello **I** *a.* (before masculine nouns beginning with a consonant, except those beginning with *s* + consonant, *gn, ps, z, x*, *bello* changes to *bel* in the sing., *bei* in the pl.; before *s* + consonant, *gn, ps, z, x*, it remains *bello* in the sing. and changes to *begli* in the pl.; before a vowel it changes to *bell'* in the sing. and *begli* in the pl. which may change to *begl'* before an initial *-i*; before feminine nouns it changes to *bella* in the sing. which is usually apostrophized before a vowel, and *belle* in the pl. which may be apostrophized before an initial *-e*) **1** (*rif. a donna*) beautiful, lovely, good–looking; (*rif. a uomo o donna di una certa età*) handsome, good–looking; (*rif. a cosa o animale*) beautiful, fine; (*leggiadro*) pretty, lovely, charming: *ha un bel visino* she has a pretty face. **2** (*buono, nobile*) fine, noble: *una -a anima* a noble soul. **3** (*simpatico*) nice, pleasant, attractive: *un bel sorriso* a nice smile. **4** (*buono, piacevole*) good, nice, pleasant: *una -a notizia* some good news; *hai fatto un bel viaggio?* did you have a good trip? **5** (*bravo, valente*) good, able, fine: *un bell'ingegno* an able mind. **6** (*importante*) good, excellent: *ha una -a posizione* he has an excellent position. **7** (*elegante*) smart, good: *l'abito ~* one's good suit. **8** (*rif. al tempo*) fine, lovely: *era una -a giornata* it was a lovely day; *il tempo è ~* it is fine. **9** ⟨*iron*⟩ nice, fine, great: *-a consolazione* a great comfort. **10** (*considerevole*) good–sized, fair, considerable, quite: *è una -a somma* it's quite a sum; *mi accompagnò per un bel tratto* he came with me for a fair part of the way. **11** (*rafforzativo*) real, thorough: *sei un bel cretino* you're a real idiot; *hai avuto una -a fortuna* you had a real stroke of luck. **II** *s.m.* **1** ⟨*Art*⟩ beauty, the beautiful: *il ~ piace a tutti* everybody loves beauty. **2** (*parte bella*) best (part), height: *il ~ della storia deve ancora venire* the best part of the story is still to come. **3** (*innamorato*) sweetheart, boy–friend, love: *ho ricevuto una lettera dal mio ~* I have had a letter from my sweetheart. **4** (*tempo bello*) fine (*o* good) weather. □ *-e arti* fine arts; *avere un bel ... [inf]* (*inutilmente*) to be no use, to be to no purpose: *hai un bel dire, ma nessuno ti ascolta* it's no use your talking, no one will listen to you; *ebbi un bel cercare, non trovai niente* search as I might, I couldn't find anything; *bel ~* slowly, unhurriedly; *c'è voluto del ~ e del* **buono** *per convincerlo* it took heaven and earth to convince him; *sei un cretino ~ e buono* you're an utter idiot; *me ne è* **capitata** *una -a* a funny thing happened to me; *il ~ è* **che** the odd thing is that: *il ~ è che non vieni mai puntuale* the odd thing is that you are never punctual; *-a* **copia** fair copy; *sarebbe una -a* **cosa** it would be lovely (*o* very nice); *che fai di ~ stasera?* what are you thinking of doing this evening?; *che c'è di ~ alla televisione?* is there anything good on television?; *hai un bel* **dire** it's no use your talking; *ha una bell'*età he has reached a ripe old age; **fare** *il ~* to swagger, to strut (about); *farsi ~:* 1 to dress up, to make o.s. smart: *mi farò*

–a per la festa I'm going to dress up for the party; 2 (*diventare bello*) to become attractive (*o* pretty): *crescendo si è fatta –a* now that she has grown up she has become pretty; *farsi ~ di qc.* to boast of s.th. undeservingly; *l'hai fatta –a* you've really done it now; *me l'hai fatta –a* you've really landed me in a pickle; *fare –a figura* to cut a fine figure; ⟨*iron*⟩ *che –a figura* what a poor show; *il lavoro è bell'e finito* the work is quite finished; *ai suoi bei giorni* when he was young; *un bel giorno lo comprenderai* one fine day you will understand; *le –e lettere* belles–lettres; *–e maniere* nice manners; *alla bell'e meglio* somehow or other, any old how: *si vestì alla bell'e meglio e uscì* he got dressed any old how and went out; *mettersi al ~* (*rif. al tempo*) to turn fine; *nel bel mezzo* right in the middle, in the very middle; *il bel mondo* high society, the smart set; *una –a nevicata* a heavy snowfall; *un bel niente* nothing at all, absolutely nothing; *un bel no* a flat no; *non hai capito un bel nulla* you haven't understood a thing; *oh –a!* that's a nice thing!; *ci hai messi in un bel pasticcio* you've got us into a nice mess; *a –a posta* on purpose, purposely: *l'hai fatto a –a posta* you've done it on purpose; ⟨*iron*⟩ *–a roba* very nice, a nice business; *scamparla –a* to have a narrow escape; *il bel sesso* the fair sex; *un bel sì* an emphatic yes; *~ come il sole* dazzlingly handsome; *un giovane di –e speranze* a young man with a promising future; *~ spirito* wit, wag; *sul più ~ at the crucial point*; (*al momento più inopportuno*) at the most awkward moment; *i bei tempi passati* the good old days; *il ~ deve ancora venire* the best is yet to come; *ora viene il ~* this is the best part; *darsi alla –a vita* to give o.s. over to a life of pleasure. *Prov.: non è ~ quel che è ~, ma è ~ quel che piace* beauty is in the eye of the beholder.

belloccio *a.* rather good looking; (*rif. a una donna*) buxom. **bellospirito** *m.* (*pl.* **begli spiriti**) wit, wag, witty person.

belluino *a.* animal–, bestial, brutal: *istinti –i* animal instincts.

beltà *f.* ⟨*poet*⟩ beauty.

beluga *m.inv.* ⟨*Zool*⟩ bel(o)uga.

belva *f.* wild beast (*anche fig.*).

belvedere I *s.m.* **1** viewpoint, look–out: *il sentiero porta a un ~* the path leads up to a look–out; (*costruzione*) belvedere. **2** ⟨*Mar*⟩ mizzentop–gallant mast. **II** *a.* observation–: ⟨*Ferr*⟩ *vettura ~* observation car.

Belzebù *N.pr.m.* ⟨*Rel*⟩ Beelzebub.

bemolle *m.* ⟨*Mus*⟩ flat: *doppio ~* double flat; *re ~ maggiore* D–flat major.

ben → **bene**.

benaccetto *a.* welcome, acceptable.

benacense *a.* of Lake Garda.

ben|allevato *a.* well brought up, well–bred. **~amato** *a.* beloved, dear: ⟨*iron*⟩ *ho litigato col mio ~ capufficio* I have had a row with my dear boss. **~arrivato I** *a.* welcome, ⟨*fam*⟩ glad to see you: *sia il ~* (you are) welcome. **II** *s.m.* welcome. □ *dare il ~ a qd.* to welcome s.o.

benché *congz.* [*cong*] (al)though, even if, even though: *~ sia presto, devo andare* although it is early, I must be going; *~* (*fosse*) *stanco, continuò a lavorare* although he was tired (*o* tired as he was), he kept on working. □ *non ho la ~ minima speranza di arrivare in tempo* I haven't the slightest (*o* faintest) hope of arriving in time.

benda *f.* **1** ⟨*Med*⟩ bandage. **2** (*striscia di tela per coprire gli occhi*) blindfold, bandage: *gli coprirono gli occhi con una ~* they covered his eyes with a blindfold, they blindfolded him. □ ⟨*fig*⟩ *avere le –e agli occhi* to be blind; ⟨*fig*⟩ *gli cadde la ~ dagli occhi* light dawned upon him, he finally realized how things stood; ⟨*Med*⟩ *~ gessata* plaster–of–Paris cast; *le sacre –e* (*degli antichi sacerdoti*) priest's fillets; (*delle monache*) nun's veils; ⟨*Med*⟩ *~ sterilizzata* sterile bandage; ⟨*fig*⟩ *togliere la ~ dagli occhi di qd.* to reveal the truth to s.o., to open s.o.'s eyes.

bendaggio *m.* **1** bandage, dressing. **2** (*nel pugilato*) handwraps *pl*, bandage. □ ⟨*Med*⟩ *~ compressivo* pressure bandage. **bendare** *v.t.* (*bendo*) to bandage, to dress: *~ una ferita* to dress a wound; *gli bendarono la mano* they

bandaged his hand; *avere un occhio bendato* to have one eye bandaged. □ ⟨*fig*⟩ *~ gli occhi a qd.* to pull the wool over s.o.'s eyes; ⟨*fig*⟩ *avere gli occhi bendati* to be blind. **bendatura** *f.* **1** (*il bendare*) bandaging. **2** (*fasciatura*) bandage, dressing. **bendone** *m.* ⟨*Rel*⟩ mitre band.

bene I *avv.* (*compar.* **meglio**, *sup.* **ottimamente/benissimo**) **1** well: *sentirsi ~* to feel well; *hai passato ~ le vacanze?* did your holidays go off well? **2** (*rafforzativo*) quite, very, really, indeed: *ben a ragione* quite rightly; *ti ho ben detto quali sono i miei motivi* I have told you quite clearly what my reasons are. **3** (*nientemeno che*) as much as, as many as, no less than: *ha vinto ben cento milioni di lire* he has won as much as a hundred million lire; ⟨*iron*⟩ *a whole, a full: ho lavorato due giorni e ho guadagnato ben mille lire* I worked for two days and earned a whole thousand lire. **4** ⟨*esclam*⟩ good, (all) right, fine, ⟨*fam*⟩ O.K.: *passerò a prenderti alle dieci – ~, sarò pronta* I'll call for you at ten o'clock – good, I'll be ready; (*dunque*) well (then): *~, cosa volevi dirmi?* well, what did you want to tell me? **II** *s.m.* **1** good: *è difficile distinguere tra il ~ e il male* it is hard to distinguish between good and evil. **2** (*utilità, vantaggio*) good, welfare, sake: *il ~ della nazione* the good (*o* welfare) of the country; *lo faccio per il suo ~* I am doing it for his sake. **3** (*felicità*) happiness, good: *ti auguro ogni ~* I wish you every happiness. **4** (*pace, tranquillità*) peace, tranquillity: *non ho avuto un minuto di ~ da quando sono qui* I haven't had a moment's peace since I've been here. **5** (*persona amata*) beloved, sweetheart, darling: *il suo ~ è partito* her sweetheart has gone away. **6** *pl.* (*averi*) goods *pl*, property, possessions *pl*: *–i altrui* other people's property. **III** *a.inv.* of the upper class: *la gente ~* the upper classes; (*rif. a quartiere*) residential: *quartieri ~* residential areas. □ *–i alimentari* foodstuff; ⟨*Econ*⟩ *–i alternativi* rival commodities, alternatives; *ben altro* other things, plenty else; *ho ben altro da fare* I have plenty of other things to do; *–i archeologici* archaeological objects; *ben ~:* **1** very much, thoroughly: *l'ho sgridato ben ~* I have scolded him thoroughly; **2** (*forte*) very hard; **3** (*completamente*) quite, completely, altogether; **comportarsi ~** to behave well; *il ~ comune* the common good; *–i di consumo* consumer goods; *–i di consumo deperibili* non–durable (consumer) goods; *–i durevoli di consumo* durables; *lo credo ~* I should think so, I can well believe it; *–i culturali* cultural assets; *–i deperibili* perishable goods, perishables; *ben detto!* well said!; *ogni ben di Dio* all sorts of good things; *–i ecclesiastici* Church estate (*o* property); *–i d'esportazione* exportation, export *sing;* **fare ~:** **1** to be right, to do well, to do the right thing, to act rightly: *credevo di far ~* I meant well, I thought I was doing the right thing; *faresti ~ a prendere l'ombrello* you had better take your umbrella; **2** (*rif. alla salute*) to be good (*a* for), to do good (to): *la frutta fa ~ alla salute* fruit is good for the health; *il riposo ti ha fatto ~* the rest has done you good; *fare del ~* to do good; *a fin di ~* with good intentions, to a good end; *l'ho fatto a fin di ~* I meant well; *–i immateriali* non–material goods, intangibles; *–i d'importazione* importation, import *sing;* **in ~** for the better, to the good: *è cambiato in ~* he has changed for the better; *il ben dell'intelletto* reason; *perdere il ben dell'intelletto* to lose one's reason; *–i d'investimento* investment goods; *–i di lusso* luxury goods, luxuries; *~ o male* somehow or other, by hook or by crook; *al di là del ~ e del male* beyond the sphere of good and evil; ⟨*Bibl*⟩ *l'albero del ~ e del male* the tree of knowledge; *di ~ in meglio* better and better: *gli affari vanno di ~ in meglio* business is getting better and better; **molto ~** very well, excellently; ⟨*esclam*⟩ very good, excellent; *ben noto* well–known, renowned; **opere di ~** good works; *non fiori ma opere di ~* no flowers, please, but donations to charity; **parlare ~** to speak well, to be a good speaker; *parlare ~ di qd.* to speak well of s.o.; **pensare ~:** **1** (*rettamente*) to think rightly; **2** (*credere opportuno*) to think it better (*o* wiser): *ho pensato ~ di restare a casa* I thought it better to stay at home; **per ~:** **1** properly, as one should: *fa' i compiti per ~* do your homework properly; **2** (*rif. a persone*) respectable, decent: *una persona per ~* a respectable person; *per il tuo ~* for your own good; *ha* **perduto** *tutti i suoi* –*i* he has lost all he had; *ben* **poco** very little: *ho capito ben poco* I understood very little; **presentarsi** ~ (*rif. a persone*) to make a good impression; –*i di* **prestigio** positional goods; *ben* **presto** very soon (*o* shortly), in a very short time: *lo sapremo ben presto* we shall know very soon; ⟨*Dir*⟩ –*i* **privati** private property; –*i di* **produzione** producer goods; **promettere** ~ to be (*o* look) promising, to promise well: *l'impresa promette* ~ the enterprise promises well; –*i* **pubblici** public (*o* collective) goods; *il* ~ **pubblico** public welfare; *se ben* **ricordo**, *l'ho già visto* if I remember rightly I have already seen him; *avere dei* –*i al* **sole** to be a man of property; *il* **sommo** ~ (*Dio*) Supreme Good; **spero** ~ *che non ti sia offeso* I do hope you are not offended; *lo spero* ~ I certainly hope so; **stare** ~ (*in salute*) to be (*o* feel) well; *come stai?* – ~ **grazie** how are you? – fine, thank you; *stare* ~ **insieme** to get on well together; *stare poco* ~ not to be very well, to be unwell; *questo gioiello sta* ~ *sul tuo vestito* this jewel goes well with your dress; *si sta* ~ *in questo albergo* this hotel is very nice; *la giacca nuova ti sta* ~ your new jacket 'suits you (*o* is very becoming); *non dire queste parole, non sta* ~ don't say such things, it's not nice (*o* proper); *sta* ~, *ci vediamo domani* all right, we'll see each other tomorrow; ⟨*iron*⟩ *ti sta* ~ (*o ben ti sta*) it serves you right; *stia* ~ all the best; –*i* **strumentali** capital goods; **trattare** ~ *qd.* to treat s.o. well; **trovarsi** ~: 1 (*rif. a persona*) to get on well: *si trova* ~ *con lui* she gets on well with him; 2 (*rif. a luogo*) to like it: *mi trovo* ~ *qui* I like it (*o* being) here; **tutto** ~ all's well, everything's all right, ⟨*fam*⟩ everything's O.K.; **va** ~ all right, very well, right you are, good, fine, ⟨*fam*⟩ O.K.; *il mio orologio va* ~ my watch is right; **venir** ~ to turn out well, to be a success: *questo dolce è venuto* ~ this cake has turned out well; *ben* **volentieri** (very) gladly, (most) willingly; *verrò ben volentieri* I shall be very glad to come; **volere** *il* ~ *di qd.* to wish s.o.'s good; *volere* ~ *a qd.* to love s.o., to be fond of s.o.; –*i* **voluttuari** luxury goods. *Prov.*: *tutto è* ~ *quel che finisce* ~ all's well that ends well; *presto e* ~ *raro avviene* hastily done is ill done; *il meglio è nemico del* ~ let well (enough) alone.

benealzato *intz.* good morning (*anche iron.*).

benedettino I *a.* Benedictine–: *ordine* ~ Benedictine Order. **II** *s.m.* (*f.* **-a**) Benedictine.

benedetto *a.* **1** blessed, consecrated. **2** (*santo*) blessed, holy. **3** ⟨*fig*⟩ (*fausto*) happy, blessed, blissful: *il giorno* ~ *della vittoria* the happy day of victory. **4** ⟨*fig*⟩ (*ricco, fertile*) blessed, prosperous, fertile. **5** ⟨*fam*⟩ blessed, darned, dratted, wretched: *questi* –*i ragazzi* these blessed children; *questa* –*a grandine ha rovinato tutto il raccolto* this wretched hail has ruined the whole crop. □ **acqua** –*a* holy water; ⟨*esclam*⟩ ~ **Iddio!** Good Lord!; *la* **memoria** –*a di qd.* s.o.'s blessed memory; *che tu* **sia** ~ (God) bless you; *Dio sia* ~ thank God; *seppellire qd. in* **terra** –*a* to bury s.o. in consecrated ground; **ulivo** ~ blessed palm; *quel benedett'***uomo** *di tuo padre* that blessed father of yours.

Benedetto *N.pr.m.* Benedict.

benedicente *a.* blessing. □ *alzò la mano* ~ he raised his hand in blessing. **benedicite** *m.* ⟨*Lit*⟩ grace, benedicite: *dire il* ~ to say grace. **benedico** → **benedire**. **benedire** *v.t.* (*pres.ind.* **benedico**, **benedici**; *impf.* **benedicevo/benedivo**; *p.rem.* **benedissi/benedii**; *p.p.* **benedetto**) **1** to bless: *il padre lo benedisse* his father blessed him; *Dio benedica questa casa* God bless this house; *il Papa benedisse i fedeli* the Pope blessed the faithful. **2** (*consacrare*) to bless, to consecrate: *Gesù benedisse il pane* Jesus blessed the bread. **3** (*lodare*) to bless: *benedico il giorno in cui ti conobbi* I bless the day I (first) met you. □ ⟨*fam*⟩ *andare a farsi* ~: 1 to go to hell; 2 (*essersi sciupato*) to be ruined, to go bad (*o* off): *quest'anno le olive sono andate a farsi* ~ this year, the olives have all been ruined; *per la pioggia la gita è andata a farsi* ~ the outing was spoilt by the rain; ~ *la memoria di qd.* to bless s.o.'s memory.

benedictus *lat. m.* ⟨*Lit*⟩ Benedictus.

benedissi → **benedire**. **benedizione** *f.* **1** blessing. **2** (*consacrazione*) consecration. **3** ⟨*Lit*⟩ (*parte della messa, funzione*) benediction. **4** ⟨*fig*⟩ blessing: *la* ~ *di Dio sia*

con noi may God's blessing be upon us; *questa pioggia è una* ~ *per il raccolto* this rain is a blessing for the harvest. □ ~ *apostolica* Apostolic blessing; ~ *della bandiera* blessing of the flag; *dare* (*o impartire*) *la* ~ to bless, to give (*o* impart) one's blessing (*o* benediction); *la* ~ *paterna* one's father's blessing.

beneducato *a.* well-bred, well brought up, well -mannered.

benefattore *m.* (*f.* **-trice**) benefactor (*f* –tress): ~ *dell'umanità* benefactor of mankind.

beneficare *v.t.* (**benefico**, **benefichi**) to do good to, to help: ~ *i poveri* to help the poor. **beneficato I** *a.* helped, assisted. **II** *s.m.* (*f.* **-a**) beneficiary, person helped.

beneficenza *f.* charity, beneficence: *fare molta* ~ to do a lot of charity work. □ *di* ~ benefit–, charitable, charity–: *spettacolo di* ~ benefit (*o* charity) performance; *opere di* ~ charitable activities (*o* works); ~ *pubblica* public charity. **beneficiale** *a.* ⟨*Dir.can*⟩ of (*o* related to) a benefice.

beneficiare *v.i.* (**benefico**, **benefici**; *aus.* avere) to benefit (*di* by, under, from): ~ *di un'amnistia* to benefit by (*o* under) an amnesty. □ ~ *di una borsa di studio* to hold a scholarship, to have a grant. **beneficiario I** *a.* ⟨*Econ*⟩ beneficiary–. **II** *s.m.* (*f.* **-a**) **1** beneficiary. **2** ⟨*Econ*⟩ payee. **3** ⟨*Dir.can*⟩ incumbent.

beneficiata *f.* ⟨*Teat*⟩ benefit night. **beneficiato I** *a.* beneficed. **II** *s.m.* (*f.* **-a**) **1** ⟨*Dir*⟩ beneficiary. **2** ⟨*Dir.can*⟩ incumbent.

beneficio *m.* **1** kindness, favour, good deed: *essere grato dei benefici ricevuti* to be grateful for favours received. **2** (*vantaggio*) benefit, advantage. **3** (*interesse*) profit: *col* ~ *del quattro per cento* with a profit of four per cent. **4** ⟨*Dir*⟩ benefit: *benefici della legge* benefits of the law. **5** ⟨*Dir.can*⟩ benefice, living: ~ *ecclesiastico* church living, benefice. □ **a** ~ in aid, for: *una colletta a* ~ *dei senzatetto* a collection for (*o* in aid of) the homeless; ⟨*Econ*⟩ –*i* **accessori** fringe benefits; ⟨*fam*⟩ ~ *del* **corpo** evacuation of the bowels; ⟨*fig*⟩ ~ *del* **dubbio** benefit of the doubt; *con* ~ *d'***inventario**: 1 ⟨*Dir*⟩ with benefit of inventory; 2 ⟨*fig*⟩ conditionally, for what it's worth; **trarre** ~ *da una cura termale* to benefit by treatment at a spa.

benefico *a.* (*pl.* **-ci**) **1** beneficent, charitable: *istituzione* –*a* charitable institution. **2** (*che giova*) beneficial: *pioggia* –*a* beneficial rain. □ *un'opera* –*a* a good deed (*o* work), an act of charity.

benemerenza *f.* merit, good service: *per le sue* –*e fu nominato cittadino onorario* he was nominated honorary citizen in recognition of his good service. □ *attestato di* ~ certificate of merit. **benemerita** *f.* Carabinieri *pl.* **benemerito** *a.* deserving, well-deserving, meritorious. □ *cittadino* ~ *del paese* citizen who has served his country well; *l'arma* –*a* → **benemerita**; *rendersi* ~ to make o.s. well-deserving.

beneplacito *m.* (*consenso*) consent, permission: *dare il* ~ to give permission (*o* one's consent); (*approvazione*) approval.

benessere *m.* well-being, welfare: ~ *di un popolo* welfare of a nation. □ ~ *economico* economic welfare; ~ *fisico* physical well-being. **benestante I** *a.* well-off, well-to-do. **II** *s.m./f.* well-off person; *pl.* the well-to-do. □ *essere un* ~ to be comfortably off. **benestare** *m.inv.* **1** (*approvazione*) approval; (*consenso*) consent. **2** (*lo star bene*) comfortable living, well-being. □ ~ *bancario* bank clearance.

benevolenza *f.* favour, goodwill, benevolence: *conquistarsi la* ~ *dei superiori* to gain one's superiors' goodwill (*o* favour). □ *trattare qd. con* ~ to deal with s.o. indulgently (*o* leniently). **benevolmente** *avv.* benevolently, out of kindness; (*con indulgenza*) indulgently. **benevolo** *a.* benevolent, kind.

Bengala *N.pr.m.* ⟨*Geog*⟩ Bengal: *golfo del* ~ Bay of Bengal. **bengala** *m.* **1** Bengal light. **2** ⟨*Mil*⟩ flare. **bengalese I** *a.* Bengali, Bengalee, Bengal, Bengalese. **II** *s.m.* **1** (*lingua*) Bengali, Bengalee. **2** *m./f.* (*abitante*) Bengali, Bengalee, Bengalese. **bengali** *m.* (*lingua*) Bengali, Bengalee. **bengalino** *m.* ⟨*Ornit*⟩ Bengali.

Bengodi: *il paese di* ~ the land of plenty, the land of milk and honey.

beniamino m. (f. -a) **1** pet, darling: il ~ della mamma Mummy's pet. **2** ⟨estens⟩ ⟨preferito⟩ favourite. □ essere il ~ della fortuna (o della sorte) to be Fortune's darling.
Beniamino N.pr.m. Benjamin.
benignamente avv. benignly, kindly. **benignità** f. **1** benignity. **2** (affabilità) kindliness, kindness. **3** (rif. a clima) mildness. **4** (rif. a malattia) benignity. **benigno** a. **1** benign. **2** (affabile) kindly, kind: sorriso ~ kindly smile. **3** (rif. a clima) mild. **4** (rif. a malattia) benign: tumore ~ benign tumour. □ mostrarsi ~ verso qd. to display benignity towards s.o., to be gentle with s.o.; ⟨fig⟩ guardare con occhio ~ to look upon favourably.
benino avv. quite (o pretty) well, not so bad: ⟨fam⟩ fare qc. per ~ to do s.th. pretty well.
benintenzionato a. well-meaning, well-intentioned.
beninteso avv. of course. □ ~ che provided that, as long as: la gita si farà, ~ che sia bel tempo the trip will take place as long as the weather is fine.
benissimo avv. very well, perfectly (o quite) well: ti ho visto ~ I saw you perfectly (o very) well; ⟨esclam⟩ excellent, splendid. □ può darsi ~ che it is quite possible that, it may very well be that.
benna f. ⟨Mecc⟩ bucket. □ ~ a valve grab, ⟨am⟩ clamshell bucket; ~ a quattro valve orange-peel bucket.
bennato a. ⟨lett⟩ **1** (di buona famiglia) well-born. **2** (beneducato) well-bred, well brought-up.
benone avv. very well (indeed), splendid(ly), ⟨fam⟩ fine: mi sento ~ I feel fine (o very well).
ben|parlante m./f. well-spoken person, good speaker. **~pensante** m./f. orthodox person (o thinker), one of the herd, conformist, right-minded. **~portante** a. hale (and hearty), vigorous, sprightly. **~servito** m. testimonial, reference. □ ⟨fig⟩ dare il ~ a qd. to dismiss s.o., ⟨fam⟩ to sack s.o.
bensì congz. (piuttosto) but, rather: non è impossibile, ~ difficile it is not impossible, but it certainly is difficult.
benthos m. ⟨Biol⟩ benthos.
bentornato I a. welcome (back); (a casa) welcome home. **II** s.m. welcome, greeting. □ dare il ~ a qd. to welcome s.o. on his return.
ben|venuto I a. welcome: essere il ~ to be welcome. **II** s.m. welcome: un cordiale ~ a hearty welcome. □ dare il ~ a qd. to welcome s.o. **~visto** a. well thought-of, liked: essere ~ da tutti to be liked (o well thought-of) by all. □ il suo interesse per la politica non è ~ dai genitori his interest in politics does not meet with his parents' approval. **~volere** v.t. dif. (only the forms benvolere and benvoluto are used) to love, to be fond of, to like. □ prendere qd. a ~ to take a liking to s.o., to become fond of s.o.; farsi ~ da tutti to make o.s. well-liked by everyone, to win everybody's affection. **~voluto** a. well-liked, loved, beloved.
benzaldeide f. ⟨Chim⟩ benzaldehyde. **benzene** m. benzene. **benzedrina** f. ⟨Chim⟩ benzedrine. **benzile** m. ⟨Chim⟩ benzyl.
benzina f. petrol, ⟨am⟩ gasoline, ⟨am.fam⟩ gas; (per smacchiare) benzine, cleaning fluid. □ ~ con antidetonante anti-knock petrol; ⟨Aut⟩ fare ~ to get petrol; ~ normale normal grade petrol; serbatoio della ~ petrol tank; ~ super premium petrol.
benzinaio m. (f. -a) petrol pump attendant, service-station attendant; (gestore) service-station keeper.
benzoato m. ⟨Chim⟩ benzoate. **benzoe** m. → benzoino. **benzoico** a. (pl. -ci) benzoic. **benzoino** m. ⟨Bot,Chim⟩ benzoin. **benzolo** m. → benzene.
beone m. (f. -a) heavy drinker, ⟨fam⟩ boozer.
beota I s.m./f. Boeotian (anche fig.). **II** a. Boeotian.
Beppe N.pr.m. Joe, Jo.
bequadro m. ⟨Mus⟩ natural.
berbero I a. Berber-. **II** s.m. **1** (lingua) Berber, the Berber language. **2** (abitante; f. -a) Berber.
berceuse fr. [bɛr'søːz] f. ⟨Mus⟩ berceuse, lullaby.
berciare v.i. (bercio, berci; aus. avere) ⟨dial⟩ to bawl, ⟨am⟩ to holler.
bere[1] v. (pres.ind. bevo; impf. bevevo; p.rem. bevvi/bevetti; fut. berrò; p.p. bevuto) **I** v.t. **1** to drink; (mandare giù liquidi) to swallow: non sapendo nuotare, ho

bevuto parecchio as I couldn't swim, I swallowed a lot of water. **2** ⟨fam⟩ (spendere in alcolici) to spend on drink, to drink (away): si è bevuto tutto lo stipendio he has spent his whole salary on drink, he has drunk his whole salary away. **3** (assorbire) to soak up, to drink up (o in): la terra arida beveva la pioggia the thirsty ground drank in the rain. **4** ⟨fig⟩ (ascoltare con grande attenzione) to drink in, ⟨fam⟩ to lap up: gli ascoltatori bevevano le sue parole his listeners were drinking in his words. **5** ⟨fig⟩ (credere facilmente) to swallow: questa proprio non la bevo I'm really not going to swallow that one. **II** v.i. (aus. avere) **1** (bere vino o liquori) to drink, to have s.th. to drink: ma tu hai bevuto (sei alticcio) you've been drinking, ⟨fam⟩ you've been on it, ⟨fam⟩ you're high. **2** (avere il vizio di bere) to drink. □ ~ alla bottiglia to drink from the bottle; è facile come ~ un bicchiere d'acqua it's as easy as winking (o falling off a log); ~ il calice fino alla feccia to drain one's cup to the dregs; dare da ~ to give s.th. to drink; (rif. ad animali) to water: dà da ~ al cavallo water the horse; ⟨Bibl⟩ dar da ~ agli assetati to give drink to the thirsty; ⟨fig⟩ dare a ~ qc. a qd. to kid s.o. about s.th.; ⟨fig⟩ darla a ~ a qd. to put it over s.o., to kid s.o.; ~ per dimenticare to drown one's sorrows (in drink); ~ fino all'ultima goccia to drink up; mettersi a ~ to take to drinking (o drink); offro io da ~ this round is on me; ~ come un otre to drink like a fish; pagare da ~ to stand a drink; ~ alla salute di qd. to drink to s.o.'s health; ~ sopra un dispiacere to drown one's sorrows in drink; ~ come una spugna = bere come un otre; versare da ~ a qd. to pour s.o. (out) a drink. Prov.: o ~ o affogare sink or swim.
bere[2] m. **1** (atto) drinking; (ciò che si beve) drink: provvedere al mangiare e al ~ to provide for food and drink. **2** (vizio) drink(ing): darsi al ~ to take to drink (o drinking).
bergamotta f. bergamot (pear). **bergamotto** m. ⟨Bot⟩ **1** bergamot (orange-tree). **2** (frutto) bergamot orange. □ essenza di ~ bergamot (oil).
beriberi (o beri beri) m. ⟨Med⟩ beriberi.
berillio m. ⟨Chim⟩ beryllium. **berillo** m. ⟨Min⟩ beryl.
berkelio m. ⟨Chim⟩ berkelium.
berlicche m.inv. ⟨pop,scherz⟩ devil, ⟨fam⟩ Old Nick. □ far ~ e berlocche to break one's word, to be unreliable (o shifty).
berlina[1] f. ⟨Mediev⟩ pillory. □ ⟨fig⟩ mettere alla ~ to pillory, to expose to ridicule; essere messo alla ~ to be held up to ridicule.
berlina[2] f. **1** (carrozza) berlin(e). **2** ⟨Aut⟩ saloon, ⟨am⟩ sedan.
berlinese I a. of (o from) Berlin, Berlin-. **II** s. **1** m. (dialetto) Berlin dialect. **2** m./f. (abitante) Berliner.
Berlino N.pr.f. ⟨Geog⟩ Berlin. □ di ~ from (o of) Berlin, Berlin-; ~ Est East Berlin; il muro di ~ the Berlin Wall; ~ Ovest West Berlin.
bermuda m.pl. ⟨Mod⟩ Bermuda shorts pl, Bermudas pl. **Bermude** N.pr.f.pl. ⟨Geog⟩ Bermudas pl, Bermuda islands pl.
Berna N.pr.f. ⟨Geog⟩ Bern(e).
Bernardo N.pr.m. Bernard. □ ⟨Geog⟩ Piccolo san ~ Little St. Bernard (Pass); Gran san ~ Great St. Bernard (Pass).
bernesco a. (pl. -chi) (satirico, burlesco) burlesque, satirical.
bernese I a. Bernese: alpi –i Bernese Alps. **II** s.m./f. Bernese.
bernoccolo m. **1** bump (on one's head), lump: cadendo si è fatto un ~ he fell and got a bump on his head. **2** ⟨fig⟩ flair, turn, bent: avere il ~ di qc. to have a flair for s.th. **bernoccoluto** a. bumpy, lumpy.
berretta f. **1** cap; (di cardinale) biretta. **2** ⟨Bot⟩ spindle tree.
berretto m. cap; (basco) beret. □ ~ da fantino jockey's cap; ⟨Stor⟩ ~ frigio phrygian cap; ~ alla marinara sailor cap; ~ militare soldier's cap; ~ da notte nightcap; ~ a visiera peaked cap.
berrò → bere[1].
bersagliare v.t. (bersaglio, bersagli) **1** ⟨Mil⟩ to batter, to shell, to fire upon: ~ il nemico to batter the enemy. **2**

(*colpire ripetutamente*) to bombard, to pelt: ~ *un cane di sassate* to pelt a dog with stones. **3** ⟨*fig*⟩ to bombard, to harass, to pester: ~ *qd. di domande* to bombard s.o. with questions.

bersagliera: *alla* ~ boldly, daringly, dashingly: *fare qc. alla* ~ to do s.th. boldly (*o* with dash). □ *cappello alla* ~ hat with a cock's plume; *corsa alla* ~ quick run, dash.

bersagliere *m.* ⟨*Mil*⟩ bersagliere (Italian light –infantryman).

bersaglio *m.* **1** target, mark. **2** ⟨*Sport*⟩ target, mark; (*porta*) goal. **3** ⟨*fig*⟩ butt: *è il* ~ *della critica* he is the critics' butt. □ **colpire** *il* ~ to hit the mark (*o* target); **fare** *qd.* ~ *dei propri scherzi* to make s.o. the butt of one's jokes; ~ **fisso** fixed target; ⟨*fig*⟩ **fornire** *il* ~ *alle critiche* to become a target for criticism; **mancare** *il* ~ to miss (one's mark); ~ **mobile** moving target; ⟨*fig*⟩ **raggiungere** *il* ~ to reach one's goal; **tirare** *al* ~ to shoot at the target; **tiro** *al* ~ target practice.

bersò *m.* arbour, bower.

berta[1] *f.* ⟨*Edil*⟩ pile driver, ram.

berta[2] *f.* ⟨*Ornit*⟩ shearwater.

berta[3]: *dare la* ~ *a qd.* to poke fun at s.o., to play a trick on s.o.

Berta *N.pr.f.* Bertha. □ ⟨*Mil*⟩ *la grossa* ~ Big Bertha; ⟨*fig*⟩ *non è più il tempo in cui* ~ *filava* it's not like it was in the good old days.

bertoldo *m.* (*semplicione*) simpleton, dunce, dolt. □ *farne più che* ~ (*farne d'ogni colore*) to get up to all sorts of tricks.

bertuccia *f.* (*pl.* **-ce**) ⟨*Zool*⟩ Barbary ape, magot.

besciamella *f.* ⟨*Gastr*⟩ béchamel (sauce).

bestemmia *f.* **1** blasphemy, swear, curse, oath. **2** ⟨*estens*⟩ blasphemy. **3** (*sproposito*) great blunder. □ *tirare* –*e* to blaspheme, to swear. **bestemmiare** *v.* (*bestemmio*) **I** *v.i.* (*aus.* **avere**) to blaspheme, to swear (*contro* at), to curse (s.th.). **II** *v.t.* **1** to blaspheme, to curse, to swear at (*o* against): ~ *Dio* to blaspheme God; ~ *la propria sorte* to curse one's fate. **2** (*parlare malamente*) to murder, to mangle. □ ~ *un po' d'inglese* to speak some broken English; *farebbe* ~ *un santo* it's enough to make a saint swear; ~ *come un turco* to swear like a trooper. **bestemmiatore** *m.* (*f.* **-trice**, *pop.* **-tora**) blasphemer, swearer, curser.

bestia *f.* **1** beast, animal. **2** *pl.* (*bestiame*) cattle (*costr. pl.*), livestock. **3** ⟨*fam*⟩ (*insetto*) insect; (*parassita*) flea: *questo cane ha le* –*e* this dog has fleas. **4** ⟨*fig*⟩ (*persona stupida*) fool, blockhead; (*uomo violento*) beast. □ *andare in* ~ to fly into a rage, to become furious; ⟨*fig*⟩ *brutta* ~ nasty (*o* ugly) thing: *la fame è una brutta* ~ hunger is an ugly thing; –*e da* **carne** animals raised for meat; (*rif. a bovini*) beef cattle; **come** *le* –*e* like animals (*o* beasts): *vivono proprio come le* –*e* they live just like animals; ⟨*fam*⟩ **diventare** *una* ~ to get wild, to become furious; *faticare come una* ~ to slave, to toil; ⟨*fam*⟩ to work like a dog; ⟨*fig*⟩ *da* ~ fit for a beast, ⟨*fam*⟩ killing: *un lavoro da* ~ hard work, drudgery, ⟨*fam*⟩ a grind, ⟨*fam*⟩ a killing job; *questo lavoro è fatto da* ~ this is a slovenly (*o* slipshod) work; –*e* **feroci** wild beasts; **lavorare** *come una* ~ to drudge; –*e da* **lavoro** work animals; –*e da* **macello** animals for slaughter; (*rif. a bovini*) beef cattle; **mandare** *in* ~ *qd.* to make s.o. furious; ⟨*fig*⟩ ~ **nera** bête noire, bugbear: *la matematica è la mia* ~ *nera* mathematics is my bugbear; ⟨*fig*⟩ ~ **rara** rare bird; ~ *da* **soma** beast of burden; ~ *da* **tiro** draught-animal; **vita** *da* ~ a dog's life.

bestiale *a.* **1** bestial, brutish: *impulsi* –*i* bestial impulses. **2** (*terribile*) beastly, ghastly, frightful, brutal: *una fatica* ~ a beastly job; *tempo* ~ ghastly weather. **bestialità** *f.* **1** bestiality, brutishness. **2** (*sproposito*: *rif. ad azioni*) foolish action, great blunder: *hai fatto una* ~ you have made a 'great blunder¹ (*o* dreadful mistake); (*rif. a parole*) nonsense (*costr. sing.*), rubbish (*costr. sing.*): *dire delle* ~ to talk nonsense. **bestialmente** *avv.* bestially, like a beast, brutishly.

bestiame *m.* livestock; (*rif. a bovini*) cattle *pl.* □ *allevamento del* ~ cattle-raising, cattle-breeding; *mille capi di* ~ a thousand head of cattle; ⟨*Ferr*⟩ *carro* ~ cattle-wagon, ⟨*am*⟩ stock car; ~ *da macello* animals for

slaughter; (*rif. a bovini*) beef cattle.

bestiario *m.* ⟨*Mediev*⟩ bestiary. **bestione** *m.* **1** big beast. **2** ⟨*fig*⟩ (*uomo grosso e rozzo*) great lumbering fool, man who is all brawn and no brain. **3** ⟨*fig*⟩ (*sciocco*) blockhead, oaf, ⟨*am*⟩ lummox.

beta *m./f.inv.* (*seconda lettera dell'alfabeto greco*) beta. □ *raggi* ~ beta rays.

betabloccante *m.* ⟨*Farm*⟩ beta-blocker.

betatrone *m.* ⟨*Fis*⟩ betatron.

betel *m.* ⟨*Bot*⟩ betel.

Betlemme *N.pr.f.* ⟨*Geog*⟩ Bethlehem.

beton *m.* ⟨*Edil*⟩ concrete. **betonaggio** *m.* concretings, concrete mixing.

betonica *f.* ⟨*Bot*⟩ purple betony. □ ⟨*fig*⟩ *essere più noto della* ~ to be very well known.

betoniera *f.* cement (*o* concrete) mixer. **betonista** *m.* concrete-mixer operator.

betta *f.* ⟨*Mar.mil*⟩ barge, ship's boat.

bettola *f.* low tavern, ⟨*fam*⟩ dive. □ ⟨*fig*⟩ *da* ~ vulgar, low, obscene: *parole da* ~ vulgar language. **bettoliere** *m.* tavern keeper, innkeeper.

bettolina *f.* ⟨*Mar.mil*⟩ lighter, hopper.

bettonica *f.* ⟨*pop*⟩ → betonica.

betulla *f.* ⟨*Bot*⟩ birch.

beuta *f.* ⟨*Chim*⟩ Erlenmeyer flask, flat-bottomed conical flask.

BeV [bɛv] *m.* ⟨*Atom*⟩ BeV, billion electron volts.

bevanda *f.* drink, beverage: ~ *analcolica* soft drink.

bevatrone *m.* ⟨*Atom*⟩ bevatron.

beveraggio *m.* **1** (*beverone*) bran mash. **2** (*pozione avvelenata*) poisoned drink. **beverino** *m.* bird's drinking-trough. **beverone** *m.* **1** bran mash. **2** ⟨*spreg*⟩ brew, swill. **bevetti** → bere[1]. **bevibile** *a.* **1** drinkable, good (*o* fit) to drink: *questo vino non è più* ~ this wine is no longer fit to drink. **2** ⟨*fig*⟩ (*credibile*) credible, believable. **bevitore** *m.* (*f.* **-trice**) drinker. □ *forte* ~ hard (*o* heavy) drinker; *non è un gran* ~ he's not 'a great¹ (*o* much of a) drinker. **bevo** → bere[1].

bevuta *f.* **1** (*il bere*) drinking. **2** (*quantità bevuta in una volta*) draught, drink: *ha mandato giù mezza bottiglia d'acqua in una sola* ~ he drank half a bottle of water in a single draught; *fare una bella* ~ to have a good long drink.

bevuto *a.* tipsy, ⟨*fam*⟩ tight. **bevvi** → bere[1].

bey *m.* bey.

bezzo *m.* **1** ⟨*Numism*⟩ Venetian coin. **2** *pl.* (*quattrini*) money: *ha molti* –*i* he has a lot of money.

b.f. = *bassa frequenza* low frequency (*abbr.* L.F.).

bi *f./m.* B, the letter B.

biacca *f.* white lead, ceruse.

biacco *m.* (*pl.* **-chi**) ⟨*Zool*⟩ rat snake, coluber.

biada *f.* **1** (*foraggio*) forage, fodder. **2** *pl.* ⟨*lett*⟩ (*messi*) corn. **biadare** *v.t.* ⟨*region*⟩ to fodder, to feed.

bianca *f.* **1** ⟨*Tess*⟩ (*imbiancatura*) bleach. **2** ⟨*Tip*⟩ odd page. □ *dare la* ~ *ai tessuti* to bleach cloth; *stampa in* ~ printing on only one side of the paper; *stampato in* ~ *e volta* printed on both sides of the page at the same time.

Bianca *N.pr.f.* Blanche.

Biancaneve *N.pr.f.* Snow White: ~ *e i sette nani* Snow White and the seven dwarfs.

biancastro *a.* whitish. **biancheggiamento** *m.* **1** (*il biancheggiare*) whitening, blanching, turning white. **2** (*biancore*) whiteness. **3** ⟨*Ind*⟩ bleaching. **biancheggiante** *a.* white, shining (*o* gleaming) white, whitish: *monti* –*i di neve* mountains (gleaming) white with snow. **biancheggiare** *v.i.* (**biancheggio**, **biancheggi**; *aus.* **avere**) **1** (*essere bianco*) to be white, to look (*o* shine) white. **2** (*diventare bianco*) to turn (*o* go) white, to whiten.

biancheria *f.* linen, household linen: ~ *colorata* coloured linen; (*intima*) underwear, underclothing. □ ~ *di* **bucato** fresh-laundered clothes; ~ *da* **cucina** kitchen cloths; ~ *da* **donna** women's underwear (*o* underclothes), lingerie; ~ *da* **letto** bed linen; ~ *da* **tavola** table linen, napery; ~ *da* **uomo** men's underwear.

bianchetto *m.* **1** (*per scarpe*) white shoe-cleaner. **2** (*per il bucato*) bleach. **3** (*belletto*) ceruse. **4** *pl.* (*pesci minuti*) whitebait (*costr. pl.*).

bianchezza *f.* whiteness. **bianchiccio** *a.* whitish, off–white.

bianchire *v.i.* (**bianchisco, bianchisci**) **1** to whiten, to bleach: ~ *lo zucchero* to bleach sugar. **2** (*rif. a metalli preziosi*) to polish, to clean.

bianco *a./s.* (*pl.* **-chi**) **I** *a.* **1** white. **2** (*canuto*) white–haired, hoary, white. **3** (*pallido*) pale, white, wan. **4** (*non scritto*) blank, empty: *foglio* ~ blank sheet. **II** *s.m.* **1** white. **2** (*uomo bianco;* f. **-a**) white man (f woman), white. **3** (*spazio bianco in un foglio*) blank (space). **4** (*negli scacchi*) white. □ ⟨*pop*⟩ andare *in* ~ (*andare in fumo*) to be a failure, to go up in smoke, to come to nothing, ⟨*fam*⟩ to be a flop: *l'affare è andato in* ~ the deal came to nothing; **arma** *–a* cold steel; **assegno** *in* ~ blank cheque; ~ *di* **calce** whitewash; **cambiale** *in* ~ blank (*o* undated) bill; **capelli** *bianchi* white hair; ⟨*fig*⟩ *far venire i capelli bianchi a* qd. to make s.o.'s hair turn white; **carbone** ~ white coal, hydroelectric power; **carne** *–a* white meat; **carta** *–a* blank paper; ⟨*fig*⟩ *dare carta –a a* qd. to give s.o. ⌐*carte blanche*⌐ (*o* a free hand); **farsi** ~ (*impallidire*) to turn pale; ~ *come un* **giglio** as white as a lily, lily–white; **in** ~ (*vestito di bianco*) (dressed) in white: *una ragazza in* ~ a girl in white; *lasciare la data in* ~ to leave the date blank; *mangiare in* ~ to eat unseasoned food; ~ **latte** milk–white; *dare una* **mano** *di* ~ to whitewash; ⟨*fig*⟩ **matrimonio** ~ unconsummated marriage; ~ *come un* **morto** as white as a ghost, as white as death; *film in* ~ *e* **nero** black–and–white film; ⟨*fig*⟩ *far vedere nero per* ~ to mislead, to take in; ~ *come la* **neve** snow–white; **notte** *–a* sleepless night: *passare una notte –a* to have a sleepless night; *il* ~ *dell'*occhio the white of the eye; ~ *come un* **panno** *lavato* as white as a sheet; **pesce** *in* ~ boiled fish; ⟨*Chim*⟩ ~ *di* **piombo** white lead; *lasciare una riga in* ~ to leave a line blank; *una* **carnagione** *–a e* **rosa** a ⌐peaches–and–cream⌐ (*o* milk–and–roses) complexion; *riempire gli* **spazi** *bianchi* to fill in the empty spaces (*o* blanks); ~ **sporco** off–white, dingy (*o* dirty) white; **tratta** *delle* **bianche** white–slave traffic; *il* ~ *dell'*uovo the white of an egg: *tre bianchi d'uovo* the whites of three eggs; **vestire** *di* ~ to wear (*o* dress in) white.

biancomangiare *m.* ⟨*Dolc*⟩ blancmange.

biancone *m.* ⟨*Ornit*⟩ harrier (*o* short–toed) eagle.

biancore *m.* ⟨*lett*⟩ whiteness.

biancospino *m.* ⟨*Bot*⟩ hawthorn.

biancovestito *a.* ⟨*lett*⟩ white–clad.

biascicare *v.t.* (**biascico, biascichi**) **1** to slobber (*o* slaver) over; (*mangiare svogliatamente*) to chew (unwillingly). **2** (*pronunciare sottovoce*) to mumble, to mutter: ~ *una preghiera* to mumble (out) a prayer. □ ~ *un po' di francese* to speak broken French.

biasimabile *a.* blameworthy, blam(e)able. **biasimare** *v.t.* (**biasimo**) to blame, to disapprove of, to condemn: ~ qd. *per* qc. to blame s.o. for s.th.; ~ *la condotta di* qd. to disapprove of s.o.'s behaviour. □ *a* ~ blameworthy, to be disapproved of. **biasimevole** *a.* blameworthy, blam(e)able. **biasimo** *m.* blame, disapproval; (*rimprovero*) condemnation, reproach: *non merito questo* ~ I do not deserve this reproach. □ *degno di* ~ blameworthy; *nota di* ~ bad mark, ⟨*am*⟩ demerit; *parole di* ~ words of condemnation.

biatomico *a.* (*pl.* **-ci**) diatomic.

bibagno *m.* flat with two bathrooms.

bibasico *a.* (*pl.* **-ci**) ⟨*Chim*⟩ dibasic, bibasic.

bibbia *f.* Bible.

biberon *fr. m.* feeding bottle, nursing bottle.

bibita *f.* (soft) drink, beverage: ~ *analcolica* soft drink; ~ *ghiacciata* iced drink.

biblico *a.* (*pl.* **-ci**) biblical, Bible-, of the Bible.

bibliobus *m.* **1** (*biblioteca*) mobile library, ⟨*am*⟩ bookmobile. **2** (*negozio*) mobile book–shop. **bibliofilia** *f.* bibliophily, bibliophilism. **bibliofilo** *m.* (*f.* **-a**) bibliophile. **bibliografia** *f.* bibliography: ~ *dantesca* bibliography of Dante. □ *su questo argomento esiste una vasta* ~ there is an extensive literature on this subject. **bibliografico** *a.* (*pl.* **-ci**) bibliographic(al): *ricerche bibliografiche* bibliographical research. **bibliografo** *m.* (*f.* **-a**) bibliog-

rapher. **bibliomane** *m./f.* bibliomaniac, bibliomane. **bibliomania** *f.* bibliomania.

biblioteca *f.* **1** library: *studiare in* ~ to study in the library. **2** (*mobile a scaffale*) bookcase, bookshelves *pl.* **3** (*raccolta di libri*) library, collection of books. **4** ⟨*Inform*⟩ library. □ ⟨*scherz*⟩ *essere una* ~ **ambulante** to be a walking encyclopaedia; ~ **circolante** circulating library; ~ **comunale** town library; ~ **popolare** public library; ~ **scolastica** school library.

bibliotecario *m.* (*f.* **-a**) librarian. **biblioteconomia** *f.* library science.

bica *f.* ⟨*Agr*⟩ stack, rick.

bicamerale *a.* ⟨*Parl*⟩ bicameral: *sistema* ~ bicameral system. **bicameralismo** *m.* bicameralism.

bicamere *m. inv.* two–room flat (*o* apartment).

bicarbonato *m.* ⟨*Chim*⟩ bicarbonate. □ ~ *di sodio* sodium bicarbonate; ⟨*Gastr*⟩ ~ *di soda* baking powder.

bicchierata *f.* **1** (*contenuto*) glassful. **2** (*riunione*) (drinking-)party, celebration: *fare una* ~ *con gli amici* to have a drinking–party with one's friends.

bicchiere *m.* (drinking-)glass: *un* ~ *di vino* a glass of wine; *un* ~ *da vino* a wine–glass. □ ⟨*fig*⟩ *affogare in un* ~ *d'*acqua to give up at the slightest difficulty; ⟨*fig*⟩ *fare una tempesta in un* ~ *d'*acqua to raise a storm in a tea–cup; **beviamo** *un* ~ *insieme* let's have a drink together; ~ *a* **calice** goblet, stemmed glass; ~ *di* **carta** paper cup; ~ *da* **cognac** brandy–glass; ~ *di* **cristallo** crystal glass (*o* goblet); ~ **graduato** measuring glass; ~ *da* **whisky** whisky–glass.

bicchierino *m.* **1** (*da liquore*) liqueur glass. **2** (*contenuto*) (glass of) liqueur, tot, dram, ⟨*fam*⟩ drop.

bicefalo *a.* two–headed, bicephalous.

bicentenario *a./s.m.* bicentenary.

bici *f. inv.* ⟨*fam*⟩ bike, ⟨*am. fam*⟩ wheel.

bicicletta *f.* **1** (bi)cycle, ⟨*fam*⟩ bike. **2** (*per ginnastica*) exercise cycle, ⟨*fam*⟩ exercise byke. □ andare *in* ~ to bicycle, to cycle, to ride a bicycle, ⟨*am. fam*⟩ to wheel; *andare in* ~ *in un luogo* to cycle to a place; ~ *da* **camera** exercise bicycle, ⟨*fam*⟩ exercise bike; ~ *da* **corsa** racing cycle; ~ *da* **donna** woman's bicycle; **gita** *in* ~ excursion by bicycle; ~ *a* **motore** motor bicycle; **negozio** *di –e* cycle shop; ~ **pieghevole** collapsible bicycle; ~ *a due* **posti** tandem; ~ *da* **uomo** man's bicycle.

biciclico *a.* (*pl.* **-ci**) ⟨*Chim*⟩ bicyclic(al).

biciclo *m.* velocipede, ⟨*fam*⟩ penny–farthing.

bicilindrico *a.* (*pl.* **-ci**) ⟨*Mecc*⟩ bicylindrical.

bicipite **I** *a.* **1** two–headed. **2** ⟨*Anat*⟩ biceps-, bicipital. **II** *s.m.* ⟨*Anat*⟩ biceps (muscle). □ ⟨*Stor*⟩ *aquila* ~ two–headed Eagle.

bicloruro *m.* ⟨*Chim*⟩ dichloride.

bicocca *f.* **1** (*catapecchia*) hovel, shanty. **2** (*piccola rocca*) small castle (*o* fortress).

bicolore *a.* two–colour, two–tone, of (*o* in) two colours: *automobile* ~ two–tone car. □ ⟨*Pol*⟩ *governo* ~ two–party government.

biconcavo *a.* biconcave. **biconvesso** *a.* biconvex, double–convex: *lente –a* biconvex lens.

bicorne *a.* **1** two–horned. **2** (*che ha due punte*) two–pointed. **bicorno** *m.* two–cornered hat. **bicornuto** *a.* **1** two–horned. **2** (*biforcuto*) forked.

bicromato *m.* ⟨*Chim*⟩ bichromate. ~ *di potassio* potassium bichromate.

bicromia *f.* ⟨*Tip*⟩ two–colour print.

biculturale *a.* bicultural. **biculturalismo** *m.* biculturalism.

bicuspidale, bicuspide *a.* bicuspid(ate).

bidè *m.* bidet.

bidello *m.* (*f.* **-a**) school caretaker (*o* porter), ⟨*am*⟩ janitor; (*di università*) university porter.

bidente *m.* ⟨*Agr*⟩ (*forcone*) pitchfork.

bidimensionale *a.* bidimensional, two–dimensional. **bidimensionalità** *f.* bidimensionality, two–dimensionality.

bidirezionale *a.* ⟨*Inform*⟩ bidirectional: *stampante* ~ bidirectional printer.

bidonare *v.t.* (**bidono**) ⟨*volg*⟩ to cheat, to trick, to swindle. **bidonata** *f.* ⟨*volg*⟩ swindle, trick: *quel film è una* ~ that film is a swindle. **bidone** *m.* **1** (*recipiente*) drum, tin,

⟨*am*⟩ can. **2** ⟨*volg*⟩ (*imbroglio*) swindle, trick. ☐ ⟨*volg*⟩ *fare un ~ a qd.* to swindle s.o.; *~ da latte* milk can (*o* churn); *~ dei rifiuti* dustbin, rubbish bin, ⟨*am*⟩ garbage can. **bidonista** *m./f.* ⟨*volg*⟩ swindler, trickster, cheat.
bidonville *fr.* [bidɔ̃'vil] *f.* shanty town, bidonville.
biecamente *avv.* sullenly. **bieco** *a.* (*pl.* **-chi**) surly, sullen, grim.
biella *f.* ⟨*Mecc*⟩ connecting (*o* piston) rod. ☐ *~ d'accoppiamento* drag link; *~ madre* master (connecting) rod; *occhio di ~* small end; *testa di ~* big end.
Bielorussia *N.pr.f.* ⟨*Geog*⟩ Belorussia, Byelorussia. **bielorusso I** *a.* Belorussian, Byelorussian, Bielorussian. **II** *s.m.* **1** (*lingua*) Belorussian, Byelorussian, Bielorussian. **2** (*abitante; f.* **-a**) Belorussian, Byelorussian, Bielorussian.
biennale I *a.* **1** (*che dura due anni*) two-year: ⟨*Univ*⟩ *corso ~ di letteratura* two-year literature course. **2** (*che accade ogni due anni*) biennial. **II** *s.f.* (*esposizione*) Biennial Exhibition. ☐ *la ~* (*di Venezia*) the Venice Biennial Exhibition (of Modern Art). **bienne** *a.* ⟨*Bot*⟩ biennial: *pianta ~* biennial plant. **biennio** *m.* **1** period of two years, biennium. **2** ⟨*Scol,Univ*⟩ two-year course of study: *~ propedeutico* introductory two-year course of study.
bieticoltore *m.* (*f.* **-trice**) beet-grower. **bieticoltura** *f.* beet-growing. **bietola** *f.* ⟨*Bot*⟩ **1** (Swiss) chard. **2** (*barbabietola*) beet(root). **bietolone** *m.* **1** ⟨*Bot*⟩ garden orache. **2** (*fig*) (*f.* **-a**) fool, simpleton.
bietta *f.* ⟨*Mecc*⟩ key, locking hat.
bifacciale *a.* bifacial.
bifase *a.* two-phase, diphase. ☐ ⟨*El*⟩ *alternatore ~* two-phase generator; *corrente ~* two-phase current.
biffa *f.* ⟨*Topogr*⟩ sighting stake. **biffare** *v.t.* to stake out.
bifido *a.* bifid, forked: *lingua –a* forked tongue (*anche fig.*).
bifilare *a.* bifilar, ⟨*attr*⟩ double-wire: *avvolgimento ~* bifilar winding.
bifocale *a.* ⟨*Ott*⟩ bifocal: *lente ~* bifocal lens.
bifolco *m.* (*pl.* **-chi**) **1** ploughman; (*guardiano di buoi*) keeper of oxen. **2** (*spreg*) boor, ⟨*am*⟩ hick.
bifora *f.* mullioned window with two lights.
biforcamento *m.* branching off, fork, bifurcation. **biforcare** *v.t.* (**biforco, biforchi**) to bifurcate, to cause to branch. **biforcarsi** *v.r.* **1** (*dividersi in due: rif. a strade*) to fork, to bifurcate; (*rif. a ramo*) to fork. **2** (*distaccarsi*) to branch off: *ai margini del bosco un sentiero si biforca verso destra* on the outskirts of the wood a path branches off to the right. **biforcato** *a.* forked, bifurcate. **biforcazione** *f.* **1** (*il biforcarsi*) forking, branching off. **2** (*punto di biforcazione*) fork, bifurcation. **3** ⟨*Anat*⟩ bifurcation. **biforcuto** *a.* forked, bifurcate: *lingua –a* forked tongue (*anche fig.*).
bifronte *a.* **1** two-fronted, two-faced. **2** (*fig*) (*falso, sleale*) two-faced. ☐ ⟨*Mitol*⟩ *Giano ~* two-faced Janus.
big *ingl. m.* person of high rank, ⟨*fam*⟩ big cheese, big shot: *un ~ di Washington* a big shot in Washington.
biga *f.* **1** ⟨*Stor.rom*⟩ biga. **2** ⟨*Mar*⟩ shears *pl.*
bigamia *f.* bigamy. **bigamo I** *a.* bigamous. **II** *s.m.* (*f.* **-a**) bigamist.
bigattiera *f.* ⟨*region*⟩ silkworm (*o* hatching) house, silkworm nursery. **bigattiere** *m.* silkworm breeder. **bigatto** *m.* silkworm.
bigeminismo *m.* ⟨*Med*⟩ bigeminy. **bigemino** *a.* **1** ⟨*Med*⟩ bigeminal. **2** (*gemellare*) twin: *parto ~* twin birth.
bighellare *v.i.* (**bighello**; *aus.* **avere**) ⟨*rar*⟩ → **bighellonare**. **bighellonare** *v.i.* (**bighellono**; *aus.* **avere**) **1** (*andare a zonzo*) to wander about, to saunter aimlessly, to loiter. **2** (*perdere tempo*) to loaf, to idle, to lounge about. **bighellone** *m.* (*f.* **-a**) loafer, idler, loiterer, lounger.
bigiare *v.t.* (**bigio, bigi**) to play truant. **bigino** *m.* ⟨*scol*⟩ crib, ⟨*am*⟩ pony. **bigio I** *a.* **1** (ash) grey. **2** (*fig*) (*incerto, indeciso*) undecided, uncertain. **II** *s.m.* (*colore*) (ash) grey. ☐ *cielo ~* lowering sky; *pane ~* brown bread.
bigiotteria *f.* costume jewellery.
biglia *f.* → **bilia**. **bigliardo** *m.* → **biliardo**.
bigliettaio *m.* (*nei tram*) conductor; (*nei treni*) ticket-collector; (*nelle stazioni ferroviarie*) booking clerk, booking-office clerk, ⟨*am*⟩ ticket clerk; (*nei teatri*)

box-office attendant. **bigliettazione** *f.* (*emissione di biglietti*) ticket issue. **biglietteria** *f.* (*di stazione*) booking-office, ⟨*am*⟩ ticket office; (*di teatro, cinematografo*) box-office.
biglietto *m.* **1** (*breve lettera*) note, short letter: *ti avvertirò del mio arrivo con un ~* I shall send you a note to let you know of my arrival. **2** (*cartoncino stampato*) card: *~ d'auguri* (greeting) card. **3** (*biglietto d'entrata*) ticket. **4** ⟨*Ferr*⟩ ticket, railway (*o* train) ticket: *un ~ per Roma* a ticket to Rome. **5** (*banconota*) (bank-)note: *un ~ da mille lire* a thousand-lira note. ☐ ⟨*Ferr,Teat*⟩ *~ di abbonamento* season ticket; *~ aereo* plane (*o* air) ticket; *~ amoroso* love-letter, billet-doux; ⟨*Ferr*⟩ *~ di andata* single ticket, ⟨*am*⟩ one-way (ticket); *~ di andata e ritorno* return ticket, ⟨*am*⟩ round-trip ticket; *~ circolare* tourist (*o* circular tour) ticket; ⟨*Econ*⟩ *–i in circolazione* notes in circulation; ⟨*Ferr, Aer*⟩ *~ di prima* (*o seconda*) classe first-class (*o* second-class) ticket; ⟨*Ferr*⟩ *~ collettivo* party (*o* group) ticket; *~ di condoglianze* message of sympathy, condolences *pl;* ⟨*Ferr*⟩ *~ di corsa semplice* single ticket; *fare il ~* to buy one's ticket; *~ di favore:* **1** ⟨*Ferr*⟩ free pass; **2** ⟨*Teat*⟩ complimentary (*o* free) ticket; *~ festivo* week-end excursion ticket; *~ d'invito* invitation card; *~ di lotteria* lottery ticket; *essere munito di ~* to have a ticket; *~ numerato* numbered ticket; *~ omaggio* free ticket; *~ di prenotazione* reservation ticket; *~ a prezzo ridotto* reduced-rate ticket; *~ per ragazzi* child's ticket, reduced-rate ticket for children; *~ scaduto* expired ticket; *~ turistico* excursion ticket; *~ vincente* winning ticket; *~ da* (*o di*) *visita* visiting (*o* calling) card.
bignè *m.* ⟨*Dolc*⟩ cream puff.
bigodi, bigodino *m.* curler, (hair-)roller.
bigoncia *f.* (*pl.* **-ce**) barrel, tub. ☐ ⟨*fig*⟩ *a bigonce* in great quantities, in bucketfuls. **bigoncio** *m.* tub.
bigotta[1] *f.* bigot, sanctimonious woman.
bigotta[2] *f.* ⟨*Mar*⟩ dead-eye.
bigotteria *f.,* **bigottismo** *m.* bigotry. **bigotto I** *a.* sanctimonious, bigoted. **II** *s.m.* (*f.* **-a**) bigot, sanctimonious person.
bikini *m.* bikini.
bilabiale I *a.* ⟨*Fon*⟩ bilabial. **II** *s.f.* bilabial (consonant). **bilabiato** *a.* ⟨*Bot*⟩ bilabiate.
bilancia *f.* (*pl.* **-ce**) **1** balance, (pair of) scales. **2** (*bilancino di carri, di carrozze*) swingletree, whippletree. **3** ⟨*Pesc*⟩ trawlnet. **4** ⟨*Econ*⟩ balance. **5** ⟨*Edil*⟩ (*ponteggio provvisorio*) painter's cradle. **6** ⟨*Teat*⟩ travelling lighting gallery. **Bilancia** *N.pr.f.* **1** ⟨*Astr*⟩ Libra, the Scales. **2** (*persona nata sotto il segno della Bilancia*) Libra. ☐ ⟨*Oref*⟩ *~ d'assaggio* assay balance; *~ automatica* automatic weighing machine; *~ da bagno* bathroom scales; *~ a bilico* platform scale; *braccio della ~* balance-beam; ⟨*Econ*⟩ *~ commerciale* trade balance; *~ commerciale attiva* active trade balance; *~ commerciale passiva* adverse (*o* unfavourable) trade balance; *~ dietetica* diet scales; *la ~ della giustizia* the scales of justice; *~ idrostatica* hydrostatic balance; *~ per lettere* letter scales; *~ a mano* hand balance; ⟨*fig*⟩ *mettere qc. sulla ~* to weigh s.th. up; *~ dell'orefice* assay balance; ⟨*Econ*⟩ *~ dei pagamenti* balance of payments; *~ dei pagamenti internazionali* balance of international payments; *~ delle partite correnti* balance (of payments) on; *~ delle partite visibili* visible balance; ⟨*fig*⟩ *far pendere la ~ da una parte* to turn the scales; *~ pesabambini* (*o pediatrica*) baby's scales; *~ pesapersone* bathroom scales *pl;* ⟨*fig*⟩ *pesare con la ~ dell'orefice* (*o del farmacista*) to weigh very carefully; *piatto della ~* scale pan; *~ a ponte* weigh bridge; *~ di precisione* precision balance; *~ di torsione* torsion balance; ⟨*fig*⟩ *dare il tracollo alla ~* to weigh down the scale.
bilanciamento *m.* **1** (*atto*) balancing. **2** (*effetto*) balance. **bilanciare** *v.t.* (**bilancio, bilanci**) **1** (*disporre in equilibrio*) to balance, to distribute evenly: *~ bene il carico* to balance the load. **2** (*pareggiare*) to balance: *le entrate bilanciano le uscite* income balances expenditure. **3** ⟨*Comm*⟩ to balance: *~ un conto* to balance an account. **bilanciarsi** *v.r.* **1** (*tenersi in equilibrio*) to balance. **2** (*recipr*) to balance out (*o* e.o.): *vantaggi e svantaggi si*

bilanciano advantages and disadvantages balance out.
bilanciere *m.* **1** ⟨*Mot*⟩ rocking (*o* rocker) arm. **2** ⟨*Orol*⟩ balance wheel, swing wheel. **3** (*pertica per trasportare pesi*) carrying pole. **bilancino** *m.* **1** (*traversa di carrozza*) whippletree, swingletree. **2** (*cavallo di rinforzo*) trace-horse.
bilancio *m.* budget, balance(-sheet): *gli studi incidono molto sul ~ familiare* education cuts into the family budget a great deal. □ **alterazione** *del ~* cooking of accounts; ~ **annuale** annual budget; ~ *di* **apertura** opening balance; **approvare** *il ~* to pass the budget; ~ **attivo** credit balance; ~ **azzerato** balanced budget; **chiudere** *il ~* to close the books; ~ *di* **chiusura** closing balance; **commissione** *per il ~* budget committee; ~ **comunitario** community budget; ~ **consolidato** consolidated balance sheet; ~ **consuntivo** (final) balance; ~ **energetico** energy balance; ~ **familiare** family budget; **fare** *il ~*: 1 ⟨*Comm*⟩ to draw up a balance; 2 ⟨*fig*⟩ to weigh in the balance: *fare il ~ della propria vita* to weigh the achievements of one's life in the balance; **figurare** *nel ~* to appear in the budget; ~ **fittizio** sham balance-sheet; **fondi** *di ~* budget (*o* budgetary) appropriations; ~ **iniziale** provisional budget; **iscrivere** *in ~* to budget; ~ **patrimoniale** balance sheet, asset and liability statement; ~ *in* **pareggio** balanced budget; ~ **passivo** debit balance; **presentare** *il ~* to introduce (*o* open) the budget; **presentazione** *del ~* presentation of the budget; ~ **preventivo** (*o di previsione*) budget; **progetto** *di ~* project budget; ~ **pubblico** government (*o* state) budget, national budget; **relazione** *annuale del ~* annual report; ~ **sociale** social budget; ~ *dello* **stato** national Budget; **taglio** *al ~* budget cut; ⟨*Fis*⟩ ~ **termico** heat balance; ~ **truccato** falsified balance sheet, ⟨*fam*⟩ cooked balance sheet; ~ *di* **verifica** trial balance; **votare** *il ~* to pass the budget; **votazione** *del ~* passing of the budget.
bilaterale *a.* bilateral: *scambio ~* bilateral exchange. **bilateralismo** *m.* bilateralism (*anche Pol.*). **bilateralità** *f.* bilaterality. **bilateralmente** *avv.* bilaterally. **bilatero** *a.* ⟨*Geom*⟩ bilateral.
bile *f.* **1** bile, gall. **2** ⟨*fig*⟩ (*collera*) anger, rage, bad-temper. □ ⟨*pop*⟩ *crepare dalla ~* to be exploding with anger; *sentirsi rodere dalla ~* to be consumed with rage; *sfogare la ~ su qd.* to work off one's anger on s.o.; *verde dalla ~* purple with rage.
bilia *f.* **1** (*buca del biliardo*) billiard pocket. **2** (*palla da biliardo*) billiard ball. **3** (*pallina di vetro*) marble: *giocare alle ~e* to play marbles. **biliardino** *m.* bagatelle table. □ ~ **elettrico** pin-ball machine (*o* game). **biliardo** *m.* **1** billiards *pl* (*costr. sing.*). **2** (*tavolo da biliardo*) billiard table. □ *giocare a ~* to play billiards; *palla da ~* billiard ball; *sala da ~* billiard room, ⟨*am*⟩ pool-room; *stecca da ~* billiard-cue.
biliare *a.* biliary, bilious. □ *vie ~i* bile ducts.
bilico *m.* (*pl.* -chi) **1** (unstable) equilibrium, balance. **2** ⟨*fig*⟩ brink, verge, precarious position. **3** (*perno*) pivot. □ *a ~* bascule: *carro a ~* bascule tub; *essere in ~ tra la vita e la morte* to be hovering between life and death; *stare in ~* to be poised; *tenere qc. in ~* to keep s.th. poised.
bilineare *a.* ⟨*Mat*⟩ bilinear.
bilingue *a.* bilingual: *dizionario ~* bilingual dictionary. **bilinguismo** *m.* bilingualism.
bilione *m.* **1** (*mille milioni*) thousand million, ⟨*am*⟩ billion. **2** (*un milione di milioni*) billion, ⟨*am*⟩ trillion.
bilioso **I** *a.* **1** bilious. **2** ⟨*fig*⟩ (*collerico*) bad-tempered, peevish, irascible: *temperamento ~* peevish disposition. **II** *s.m.* (*f.* -a) bilious person.
bili|rubina *f.* ⟨*Biol*⟩ bilirubin. **~verdina** *f.* biliverdin.
bilobato *a.* ⟨*Bot*⟩ bilobate.
bimbo *m.* (*f.* -a) little child, little boy (*f* girl), baby.
bimensile **I** *a.* fortnightly, ⟨*am*⟩ semimonthly: *pubblicazione ~* fortnightly publication. **II** *s.m.* fortnightly magazine, ⟨*am*⟩ semimonthly.
bimestrale *a.* two-monthly, bimonthly: *esame ~* bimonthly examination; *rata ~* two-monthly instalment. **bimestre** *m.* **1** (*periodo*) two months, period of two months. **2** (*rata*) two-monthly payment.

bimetallico *a.* (*pl.* -ci) bimetallic, bimetal-: *sistema monetario ~* bimetallic monetary system. **bimetallismo** *m.* ⟨*Econ*⟩ bimetallism. **bimetallo** *m.* ⟨*Met*⟩ bimetal.
bi|molecolare *a.* bi-molecular: *reazione ~* bi-molecular reaction. **~motore** **I** *a.* twin-engined, twin-engine-. **II** *s.m.* twin-engined plane.
binaria *f.* ⟨*Astr*⟩ binary star.
binario[1] *m.* **1** (railway) line, track; (*piattaforma*) platform. **2** ⟨*fig*⟩ track: *rimettere qd. sul giusto ~* to set s.o. back on the right track. □ *a un ~* single-track, one-track; *a due binari* double-track; ~ *di* **arrivo** arrival platform; ~ **doppio** double-track; ~ **morto** dead-end track, blind track; ~ *di* **partenza** departure platform; ~ *a* **scartamento normale** ordinary gauge track; ~ *a* **scartamento ridotto** narrow-gauge track.
binario[2] *a.* ⟨*Mat,Fis,Chim,Inform*⟩ binary. □ *codice ~* binary code; *composto ~* binary compound; ⟨*Mat*⟩ *sistema di numerazione ~a* binary system of numeration.
binato *a.* paired, coupled. □ ⟨*Arch*⟩ *colonne ~e* coupled columns; ⟨*Bot*⟩ *foglia ~a* binate leaf.
binatrice *f.* ⟨*Tess*⟩ doubler, doubling machine. **binatura** *f.* doubling.
binda *f.* (lifting) jack. □ ~ *a cremagliera* ratchet jack.
bindolo *m.* **1** ⟨*Idr*⟩ chain pump. **2** (*ruota per attingere acqua*) water wheel. **3** (*arcolaio*) winder. **4** ⟨*fig*⟩ (*raggiro*) trick; (*pretesto*) pretext.
binocolo *m.* binoculars *pl* (*costr. pl. o sing.*), pair of binoculars, binocular. □ ~ *da campagna* field glasses; ~ *prismatico* prismatic binoculars; ~ *da teatro* opera glasses. **binoculare** *a.* binocular: *visione ~* binocular vision.
binomiale *a.* ⟨*Mat*⟩ binomial. **binomio** **I** *a.* binomial: *equazione ~a* binomial equation. **II** *s.m.* **1** ⟨*Mat*⟩ binomial. **2** ⟨*fig*⟩ dual concept: *il ~ libertà e giustizia* the dual concept of freedom and justice; (*coppia*) couple: *i due comici formano un ~ perfetto* the two comedians make a perfect couple.
binucleare *a.* ⟨*Chim*⟩ binuclear, binucleate.
bio|astronautica *f.* bioastronautics *pl* (*costr. sing.*). **~astronautico** *a.* (*pl.* -ci) bioastronautic(al). **~catalizzatore** *m.* ⟨*Med*⟩ biocatalyst.
bioccolo *m.* flock, tuft, lock. □ ~ *di cotone* lump of cotton; ~ *di lana* tuft of wool; ~ *di neve* snowflake.
biocenosi *f.* biocoenosis.
biochimica *f.* biochemistry. **biochimico** *a./s.* (*pl.* -ci) **I** *a.* biochemical. **II** *s.m.* (*f.* -a) biochemist.
biocida **I** *a.* biocidal. **II** *s.m.* biocide.
bioclimatico *a.* (*pl.* -ci) bioclimatic. **bioclimatologia** *f.* bioclimatology.
bioculare *a.* ⟨*Fis*⟩ binocular.
biodegradabile *a.* biodegradable. **biodegradabilità** *f.* biodegradability. **biodegradarsi** *v.r.* to biodegrade. **biodegradazione** *f.* biodegradation.
biodinamica *f.* biodynamics *pl* (*costr.sing. o pl.*).
biodo *m.* ⟨*Bot*⟩ flowering rush.
bio|elettricità *f.* bioelectricity. **~elettrico** *a.* (*pl.* -ci) bioelectric. **~elettronica** *f.* bioelectronics *pl* (*costr.sing.*). **~energetica** *f.* bioenergetics *pl* (*costr.sing.*). **~farmaceutica** *f.* biopharmaceutics *pl* (*costr.sing.*). **~fisica** *f.* biophysics *pl* (*costr.sing.*). **~fisico** *a./s.* (*pl.* -ci) **I** *a.* biophysical. **II** *s.m.* (*f.* -a) biophysicist. **~fotogenesi** *f.* ⟨*Biol*⟩ biophotogenesis. **~gas** *m.* biogas.
biogenia *f.* biogeny. **biogeno** **I** *a.* biogenic. **II** *s.m.* biogen.
biogenesi *f.* biogenesis. **biogenetico** *a.* (*pl.* -ci) biogenetic: *legge ~a* biogenetic law.
biogeografia *f.* biogeography.
biografia *f.* biography. □ *fare la ~ di qd.* to write the biography of s.o.; ~ *romanzata* biographical novel. **biografico** *a.* (*pl.* -ci) biographical. **biografo** *m.* biographer.
bioingegnere *m.* biological engineer. **bioingegneria** *f.* bioengineering, biological engineering.
biologia *f.* biology. □ ~ *cellulare* cellular biology, cytology; ~ *molecolare* molecular biology; ~ *del sistema nervoso* neurobiology; ~ *dello sviluppo* development biology. **biologicamente** *avv.* biologically. **biologico** *a.* (*pl.* -ci) biologic(al): *guerra ~a* biological warfare. **biologo**

m. (*pl.* **-gi;** *f.* **-a**) biologist.

bioluminescente *a.* bioluminescent. **bioluminescenza** *f.* bioluminescence.

bioma *m.* biome.

bio|massa *f.* biomass. **~matematica** *f.* biomathematics *pl* (*costr.sing.*). **~meccanica** *f.* biomechanics *pl* (*costr.sing.*). **~medicina** *f.* biomedicine. **~medico** *a.* (*pl.* **-ci**) biomedical: *ricerca –a* biomedical research. **~meteorologia** *f.* biometeorology. **~metria** *f.* biometry, biometrics *pl* (*costr.sing.*). **~metrico** *a.* (*pl.* **-ci**) biometric(al). **~metrista** *m./f.* biometrist, biometrician.

bionda *f.* 1 (*donna bionda*) blonde, fair-haired woman. 2 (*merletto*) blonde (lace). **biondastro** *a.* fairish, blondish. **biondeggiare** *v.i.* (**biondeggio, biondeggi;** *aus.* **avere**) to turn golden (*o* yellow): *il grano biondeggiava nei campi* the corn was turning golden in the fields. **biondiccio** *a.* fairish, blondish. **biondino** *m.* (*f.* **-a**) blond (*o* fair) young man (*f* woman).

biondo I *a.* blond, fair-haired, flaxen, golden. II *s.m.* 1 (*colore*) blond, golden. 2 (*uomo biondo*) (*f.* **-a**) fair-haired man (*f* woman), blond man (*f* blonde). □ *capelli –i* blond (*o* fair) hair; **~ cenere** ash-blond; **~** *come il grano maturo* (as) golden as ripe corn; **~ oro** golden; **~ ossigenato** bleached; **~ platino** platinum blonde; *le –e spighe* golden ears (of corn).

bionica *f.* bionics *pl* (*costr.sing.*). **bionico** *a.* (*pl.* **-ci**) bionic.

biopsia *f.* ⟨*Med*⟩ biopsy. **bioptico** *a.* (*pl.* **-ci**) bioptic.

bio|ritmico *a.* (*pl.* **-ci**) biorhythmic. **~ritmo** *m.* biorhythm. **~satellite** *m.* ⟨*Astron*⟩ biosatellite. **~sfera** *f.* biosphere. **~sintesi** *f.* biosynthesis. **~sociologia** *f.* biosociology.

biossido *m.* ⟨*Chim*⟩ dioxide.

bio|statistica *f.* biostatistics *pl* (*costr.sing.*). **~tecnologia** *f.* biotechnology. **~tecnologico** *a.* (*pl.* **-ci**) biotechnological. **~terapia** *f.* biotherapy.

biotina *f.* ⟨*Chim*⟩ biotin.

biotipo *m.* biotype.

biotite *f.* ⟨*Min*⟩ biotite.

biotopo *m.* biotope.

bipartire *v.t.* (**bipartisco, bipartisci**) to divide into two. **bipartirsi** *v.r.* to divide, to split, to branch, to fork.

bipartitico *a.* (*pl.* **-ci**) bipartisan-, two-party-: *politica –a* bipartisan policy. **bipartito** *a.* bipartite (*anche Bot.*). **bipartitismo** *m.* two-party political system. **bipartizione** *f.* bipartition.

bipasso *m.* → bypass.

bipede I *a.* biped(al), twofooted. II *s.m.* biped. **bipenne** *f.* ⟨*Stor*⟩ two-edged axe. **biplano** *m.* ⟨*Aer*⟩ biplane. **bipolare** *a.* bipolar. **biposto** *a.inv.* two-seater-: *automobile* **~** two-seater car.

birba *f.* 1 (*scapestrato*) mad-cap, scapegrace. 2 ⟨*scherz*⟩ (*birichino*) scamp. **birbantaggine** *f.* roguery, knavery. **birbante** *m.* 1 scoundrel, rogue, rascal. 2 ⟨*scherz*⟩ (*birichino*) scamp. **birbanteria** *f.* 1 roguery, knavery. 2 ⟨*scherz*⟩ (*monelleria*) mischievous trick. **birbantesco** *a.* (*pl.* **-chi**) 1 roguish, rascally. 2 ⟨*scherz*⟩ mischievous, impudent. **birbonata** *f.* 1 nasty trick. 2 ⟨*scherz*⟩ (*monelleria*) mischievous trick. 3 (*estens*) (*lavoro mal fatto*) disgrace, botch. **birbone** I *s.m.* (*f.* **-a**) scoundrel, rogue, rascal, knave. II *a.* (*usato come rafforzativo di sostantivi*) frightful, devilish, ⟨*fam*⟩ wicked: *paura –a* devilish fright; *tempo* **~** wicked weather. □ *fa un freddo* **~** it's frightfully cold; *tiro* **~** dirty trick. **birboneria** *f.* roguery, knavery.

bireattore *m.* ⟨*Aer*⟩ two-engined jet.

bireme *f.* (*nave bireme*) ⟨*Mar.ant*⟩ bireme.

biribissi *m.* 1 (*gioco d'azzardo*) game of chance using numbered counters. 2 (*trottola*) top.

birichinata *f.* prank, escapade. **birichino** I *s.m.* (*f.* **-a**) little scamp, cheeky youngster. II *a.* mischievous, saucy: *occhi –i* mischievous eyes.

birifrangente *a.* ⟨*Ott*⟩ birefringent. **birifrangenza** *f.* double refraction, birefringence.

birignao *m.* ⟨*teat*⟩ drawl: *parlare col* **~** to speak with a drawl.

birillo *m.* skittle, ninepin: *giocare a –i* to play skittles. □

gioco dei –i ninepins, skittles.

Birmania *N.pr.f.* ⟨*Geog*⟩ Burma. **birmano** I *a.* Burmese, Burman. II *s.m.* 1 (*lingua*) Burmese. 2 (*abitante;* *f.* **-a**) Burmese, Burman.

biro *f.inv.* (*penna biro*) biro, ballpoint pen.

birocciaio *m.* carter, waggoner. **biroccino** *m.* cabriolet. **biroccio** *m.* (two-wheeled) cart.

birra *f.* beer: *un boccale di* **~** a jug of beer. □ **~** *in bottiglia* bottled beer; **~ chiara** light ale, ⟨*fam*⟩ light; *fabbrica di* **~** brewery; **fabbricare ~** to brew beer; ⟨*region*⟩ *farci la* **~** not to be able to care less: *con le tue lodi ci faccio la* **~** I couldn't care less about your praise; *mescita di* **~** public-house, tap-room, bar; **~ scura** dark beer, porter, stout; **~** *alla spina* draught beer; ⟨*scherz*⟩ *a tutta* **~** at top speed, flat out: *correre a tutta* **~** to run at top speed. *Prov.: chi beve* **~** *campa cent'anni* he who drinks beer will live to be a hundred.

birraio *m.* 1 (*fabbricante*) brewer. 2 (*venditore*) seller of beer. **birreria** *f.* 1 beerhouse, alehouse, public house. 2 (*fabbrica*) brewery.

bis *m.* ⟨*Teat,Mus*⟩ encore (*anche esclam.*). □ *chiedere il* **~** to ask for an encore, to encore; *concedere* (*o dare*) *il* **~** to give an encore; *fare il* **~** *di qc.:* 1 (*prendere qc. per la seconda volta*) to have another helping, to have some more; 2 (*fare qc. per la seconda volta*) to do the same (thing), to repeat s.th.; *treno* **~** relief train.

bisaccia *f.* (*pl.* **-ce**) knapsack, haversack; (*della sella*) saddlebag.

bisante *m.* ⟨*Numism,Arald*⟩ bezant.

Bisanzio *N.pr.f.* ⟨*Geog.stor*⟩ Byzantium.

bisarca *f.* ⟨*Ferr*⟩ (*cicogna*) haulaway.

bisavo, bisavolo *m.* (*f.* **-a**) 1 great-grandfather (*f* –grandmother). 2 *pl.* (*antenati*) forefathers *pl*, forebears *pl*, ancestors *pl.*

bisbeticamente *avv.* peevishly, waspishly. **bisbetico** *a.* (*pl.* **-ci**) 1 peevish, cantankerous, crabbed: *carattere* **~** peevish character; (*rif. a donna*) shrewish, waspish. 2 (*strano*) outlandish, eccentric: *persona –a* eccentric person. □ ⟨*Lett*⟩ *la –a domata* The Taming of the Shrew.

bisbigliare *v.* (**bisbiglio, bisbigli**) I *v.i.* (*aus.* **avere**) 1 to whisper. 2 ⟨*fig*⟩ (*sparlare*) to gossip: **~** *sul conto di qd.* to gossip about s.o. II *v.t.* 1 to whisper: *mi bisbigliò qc. all'orecchio* he whispered s.th. in my ear. 2 (*sparlare*) to rumour.

bisbiglio[1] *m.* whisper.

bisbiglio[2] *m.* whispering, murmur.

bisboccia *f.* (*pl.* **-ce**) revelry, feasting, ⟨*fam*⟩ spree: *far* **~** to go on a spree. **bisbocciare** *v.i.* (**bisboccio, bisbocci;** *aus.* **avere**) to feast, to revel. **bisboccione** *m.* (*f.* **-a**) reveller, carouser.

bisca *f.* gambling-den, gambling-house, ⟨*am*⟩ gaming –house: *frequentare le bische* to haunt gambling –houses.

Biscaglia *N.pr.f.* ⟨*Geog*⟩ Biscay: *golfo di* **~** Bay of Biscay.

biscaglina *f.* ⟨*Mar*⟩ Jacob's-ladder.

biscazziere *m.* 1 (*gestore di bische*) owner (*o* manager) of a gambling-den. 2 (*chi tiene il banco nei giochi d'azzardo*) banker. 3 (*nel biliardo*) marker.

bischerata *f.* ⟨*volg,region*⟩ stupid action. **bischero** *m.* 1 ⟨*Mus*⟩ peg of a stringed instrument. 2 ⟨*volg,region*⟩ (*membro virile*) prick, cock. 3 ⟨*volg,region*⟩ (*f.* **-a**) (*stupido*) prick.

biscia *f.* (*pl.* **-sce**) ⟨*Zool*⟩ grass snake. □ **~** *d'acqua* water snake; *a* **~** in a zig-zag way; *procedere a* **~** to zig-zag.

biscottare *v.t.* (**biscotto**) to bake twice (*o* like a rusk), to toast. **biscottato** *a.* toasted, twice-baked: *pane* **~** toasted bread, toast. **biscotteria** *f.* 1 (*negozio*) biscuit shop. 2 (*assortimento di biscotti*) biscuits *pl.* **biscottiera** *f.* biscuit tin. **biscottificio** *m.* biscuit factory. **biscotto** *m.* 1 ⟨*Dolc*⟩ biscuit, ⟨*am*⟩ cookie. 2 ⟨*Ceram*⟩ biscuit, bisque. □ **~** *salato* cracker; *–i da tè* tea-cakes, petits fours, tea biscuits.

biscroma *f.* ⟨*Mus*⟩ demisemiquaver.

biscugino *m.* (*f.* **-a**) second (*o* distant) cousin.

biscuit *fr.* [bis'kɥi] *m.* 1 ⟨*Ceram*⟩ unglazed porcelain, bisque. 2 ⟨*Dolc*⟩ (*gelato semifreddo*) soft ice cream.

bisdrucciola f. ⟨Fon⟩ word stressed on the fourth–last syllable. **bisdrucciolo** a. stressed on the fourth–last syllable.

bisecante I s.f. ⟨Geom⟩ bisector. II a. bisecting. **bisecare** v.t. (**biseco, bisechi**) to bisect.

bisecolare a. bicentennial.

bisello m. ⟨tecn⟩ chamfer.

bisenso m. 1 word with a double meaning. 2 (enigmistica) play on words.

bisessuale a. bisexual. **bisessualità** f. bisexuality.

bisestile a. bissextile. □ anno ~ leap year. **bisesto** m. leap day.

bisettimanale a. twice–weekly, ⟨am⟩ semiweekly: pubblicazione ~ twice–weekly publication, ⟨am⟩ semi-weekly.

bisettrice f. ⟨Geom⟩ bisector, bisecting line, bisectrix.

bisezione f. bisection.

bisillabo I a. disyllabic, bisyllabic. II s.m. disyllable, bisyllable.

bislaccheria f. outlandishness, oddness, eccentricity. **bislacco** a. (pl. -chi) outlandish, odd, eccentric: persona –a odd person.

bislungo a. (pl. -ghi) oblong.

bismuto m. ⟨Chim⟩ bismuth.

bisnipote m./f. 1 (di nonno) great–grandchild, great–grandson (f –granddaughter). 2 (di zio) great nephew (f niece). **bisnonna** f. great–grandmother. **bisnonno** m. great–grandfather.

bisogna f. ⟨lett⟩ necessity, need. □ servire alla ~ to answer the need; è proprio quello che serve alla ~ that is just what is needed.

bisognare v. (**bisogna**) I v.i. (aus. essere; used only in the 3rd person singular and plural) to need (costr. pers.), to require (costr. pers.): ti bisognano altri documenti? do you need any other documents?; non mi bisogna nulla I need nothing. II v.i. impers. (aus. essere) 1 (essere necessario) to be necessary (costr. impers.), must (costr. pers.), to have to (costr. pers.): bisogna che tu lavori di più you must (o need to) work harder; bisogna lavorare per vivere one must work to live. 2 (convenire) should, ought to: non bisogna essere troppo timorosi one should not be too timid. 3 ⟨enfat⟩ ought to, should: bisognava sentirlo you should have heard him; bisognava vedere come era cresciuto you ought to have seen how he had grown. □ non bisogna one (o you) must not: non bisogna scoraggiarsi 'one must not' (o there is no need to) get discouraged; bisogna pure che tu lo sappia you should certainly know about it; bisogna vedere per credere seeing is believing.

bisognevole I a. in need, needing, needy: ~ di aiuto in need of help. II s.m. what is necessary (o required), necessity: provvederò il ~ I shall provide what is necessary. **bisognino**: fare un ~ to go to the lavatory, ⟨fam⟩ to spend a penny. □ Prov.: il ~ fa trottare la vecchia need makes the old wife trot, need makes the naked man run.

bisogno m. 1 (necessità) need. 2 (mancanza) want, lack: ~ di soldi lack of money. 3 pl. (quanto occorre, esigenze) requirements pl, needs pl, necessities pl: provvedere ai –i della famiglia to provide for the needs of the family. 4 (stimolo, desiderio) need, desire: sentiva il ~ di piangere he felt the need to cry. 5 (povertà, ristrettezza) need, poverty: essere nel ~ to be 'in need' (o needy); trovarsi in grande ~ to be living in great poverty. □ al (o a) ~ in case of need, if necessary; fare al ~ to meet requirements; avere ~ di qc. to need s.th.: hai ~ di nulla? is there anything you need?; il malato ha ~ di sole the patient needs sunshine; ho ~ di parlarti subito I must speak to you at once; non ho ~ dei tuoi consigli I 'have no need of' (o do not need) your advice; aver ~ di qd. to need s.o., to have (o be in) need of s.o.: ho ~ di te I need you; ⟨eufem⟩ avere un ~ to want (o have) to go to the lavatory; in caso di ~ in case of need, if required (o necessary); esserci ~ to be needed (o necessary): c'è urgente ~ del medico the doctor is needed urgently; non c'è ~ che venga there is no need for him to come; non c'è ~ di gridare there is no need to shout; ⟨eufem⟩ fare i propri –i to go to the lavatory; nel ~ in need; per ~ out of necessity: ho

venduto l'orologio per ~ I sold the watch out of necessity; –i primari (o fondamentali) basic needs, primary needs; provare (o sentire) il ~ to feel the need. Prov.: l'amico si conosce nel ~ a friend in need is a friend indeed.

bisognoso I a. 1 in need, needing: ~ di affetto needing affection. 2 (povero) needy, poor: una famiglia –a a poor family. II s.m. (f. -a) poor person; pl. the poor (costr. pl.), the needy (costr. pl.): soccorrere i –i to help the poor.

bisolfato m. ⟨Chim⟩ bisulphate. **bisolfito** m. bisulphite. **bisolfuro** m. disulphide, bisulphide.

bisonte m. ⟨Zool⟩ bison.

bissare v.t. ⟨Teat⟩ to give an encore.

bisso m. 1 ⟨Tess⟩ fine linen: tovaglia di ~ fine linen table-cloth. 2 ⟨Stor.gr⟩ byssus.

bistabile a. ⟨El⟩ bistable. **bistabilità** f. bistability.

bistecca f. (beef)steak: ~ ai ferri grilled steak. □ ~ alla fiorentina T-bone steak; ~ al sangue underdone (o rare) steak. **bistecchiera** f. grill; (elettrica) broiler.

bisticciare v.i. (**bisticcio, bisticci**; aus. avere) to quarrel, to wrangle: ~ con qd. per qc. to quarrel with s.o. over (o about) s.th. **bisticciarsi** v.r. 1 to quarrel, to wrangle: si bisticcia con tutti he quarrels with everyone. 2 ⟨recipr⟩ to quarrel. **bisticcio** m. 1 (litigio) quarrel, squabble; (tra innamorati) tiff. 2 (gioco di parole) pun, play on words.

bistorto a. twisted, crooked, distorted.

bistrare v.t. ⟨Cosmet⟩ to make up. **bistrato** a. made up: occhi –i made up eyes.

bistrattare v.t. to mistreat, to ill-treat.

bistro m. 1 ⟨Pitt⟩ bistre. 2 ⟨Cosmet⟩ eye make-up.

bisturi m. ⟨Chir⟩ scalpel, lancet.

bisunto a. greasy. □ ⟨pop⟩ unto e ~ filthy.

bit m. ⟨Inform⟩ bit.

bitonale a. ⟨Mus⟩ two-tone, bitonal: clacson ~ two-tone horn. **bitonalità** f. ⟨Mus⟩ bitonality.

bitorzolo m. 1 ⟨Med⟩ lump, swelling: hai un ~ sul naso you have a swelling on your nose. 2 ⟨Bot⟩ knot. **bitorzoluto** a. 1 warty. 2 ⟨Bot⟩ knotty.

bitta f. ⟨Mar⟩ bollard, bitt: ~ d'ormeggio mooring bitt.

bitter m. bitters pl.

bitumare v.t. to bituminize, to surface with bitumen: ~ una strada to surface a road with bitumen. **bitumatrice** f. bitumen sprinkler. **bitumatura** f. bituminization. **bitume** m. 1 bitumen. 2 ⟨Mar⟩ pitch. **bituminare** v. → bitumare. **bituminoso** a. bituminous.

biunivocità f. ⟨Mat⟩ biuniqueness. **biunivoco** a. (pl. -ci) biunique.

bivaccare v.i. (**bivacco, bivacchi**; aus. avere) 1 to bivouac. 2 ⟨scherz⟩ to camp: queste persone bivaccano in casa mia da parecchi giorni these people have been camping in my house for several days. **bivacco** m. (pl. -chi) 1 ⟨Mil,Alp⟩ bivouac. 2 (piccolo rifugio) refuge hut.

bivalente I a. bivalent (anche Chim.): radicali –i bivalent radicals. II s.m./f. ⟨fam⟩ bisexual. **bivalenza** f. ⟨Chim⟩ bivalency.

bivalve a. ⟨Zool⟩ bivalve(d), bivalvular: conchiglia ~ bivalved shell. **bivalvi** m.pl. bivalves pl.

bivio m. 1 junction, crossroads pl (costr. sing. o pl.). 2 ⟨Ferr⟩ frog. 3 ⟨fig⟩ dilemma, crossroads pl (costr. sing. o pl.): trovarsi a un ~ to be at the crossroads.

bizantineggiare v.i. (**bizantineggio, bizantineggi**; aus. avere) 1 ⟨Art⟩ to imitate the Byzantine style. 2 ⟨fig⟩ (perdersi in sottigliezze) to split hairs. **bizantinismo** m. ⟨Art,Lett⟩ Byzantinism. **bizantino** a. 1 Byzantine: pittura –a Byzantine painting. 2 ⟨fig⟩ (cavilloso) hair-splitting, academic: questioni –e academic questions.

bizza f. (capriccio) freak, caprice, whim. □ fare le –e to be wayward. **bizzarria** f. 1 oddness, grotesqueness. 2 (cosa bizzarra) oddity, freak; (azione bizzarra) odd action, eccentricity; (parole bizzarre) strange words pl, curious remarks pl. **bizzarro** a. 1 (stravagante) peculiar, strange, odd: idee –e strange ideas. 2 (capriccioso, bisbetico) whimsical, capricious, freakish: carattere ~ capricious character. 3 (rif. a cavallo) high-spirited.

bizzeffe: a ~ galore: avere denaro a ~ to have money galore.

bizzoso a. 1 (capriccioso) capricious, freakish, wayward. 2 (irascibile) irritable.

bla-bla *m.inv.* idle talk, empty words *pl.*

blandamente *avv.* mildly, gently.

blandire *v.t.* (**blandisco, blandisci**) ⟨*lett*⟩ **1** (*lusingare*) to blandish, to cajole. **2** (*lenire*) to soothe: ~ *il dolore* to soothe the pain. **blandizie** *f.pl.* **1** (*lusinghe*) flattery, cajolery, blandishments *pl.* **2** (*carezze*) caresses *pl.*

blando *a.* **1** mild, gentle, soft: *vento* ~ gentle wind. **2** (*rif. a medicinali*) mild, bland: *purgante* ~ mild purgative. □ *luce* ~ a soft light; *parole* ~*e* mild words; *punizione* ~*a* mild punishment.

blasfemo I *a.* blasphemous. **II** *s.m.* blasphemer.

blasonare *v.t.* (**blasono**) ⟨*Arald*⟩ to blazon. **blasonato** *a.* **1** blazoned. **2** ⟨*scherz*⟩ (*nobile*) titled. □ *gente* ~*a* titled people, the gentry *pl.* **blasone** *m.* **1** coat of arms. **2** ⟨*fig*⟩ (*nobiltà di nascita*) nobility of birth. **blasonista** *m./f.* heraldic expert, heraldist.

blastema *m.* ⟨*Biol*⟩ blastema.

blastoma *m.* ⟨*Med*⟩ blastoma.

blastomiceti *m.pl.* ⟨*Bot*⟩ blastomycetes *pl.*

blastula *f.* ⟨*Biol*⟩ blastula.

blaterare *v.i.* (**blatero**; *aus.* avere) to chatter, to prate, to blether, to blather. **blaterone** *m.* (*f.* -a) blatherer, chatterer.

blatta *f.* ⟨*Entom*⟩ cockroach.

blazer *ingl.* ['bleiza] *m.* blazer, sports jacket.

blefarite *f.* ⟨*Med*⟩ blepharitis.

blenda *f.* ⟨*Min*⟩ blende.

blenorragia *f.* ⟨*Med*⟩ blennorrhea.

bleso *a.* lisping: *pronuncia* ~*a* lisping pronunciation. □ *essere* ~ to lisp, to speak with a lisp.

blindaggio *m.* **1** armour, armour(-plating). **2** ⟨*Mecc*⟩ armour, sheathing. **blindare** *v.t.* to armour. **blindato** *a.* **1** armoured, armour-plated. **2** ⟨*Mecc*⟩ armoured, sheathed. □ *auto* ~*a* armoured car; *carro* ~ tank; *camere* ~*e* strongrooms; *treno* ~ armoured train. **blindatura** *f.* → blindaggio.

blitz *ted. m.* blitz, raid.

bloccaggio *m.* **1** ⟨*Mecc*⟩ locking, clamping. **2** ⟨*Sport*⟩ (*nella boxe*) blocking; (*nel rugby*) tackle.

bloccare *v.t.* (**blocco, blocchi**) **1** (*porre il blocco*) to blockade: ~ *il porto* to blockade the port; (*rif. alla polizia*) to block, to seal off: *la polizia bloccò tutte le vie d'uscita* the police sealed off all exits. **2** (*arrestare*) to stop: ~ *la macchina* to stop the car. **3** (*isolare*) to isolate, to cut off: *la neve ha bloccato molti paesi* the snow has cut off many villages. **4** ⟨*Strad, Tel*⟩ to block: *la strada è bloccata a causa della frana* the road is blocked by the landslide. **5** ⟨*Econ*⟩ to block. **6** ⟨*Sport*⟩ to stop, to block: ~ *la palla* to block the ball. **bloccarsi** *v.r.* ⟨*Mecc*⟩ to jam, to stick; (*rif. a ruota*) to lock. □ ~ *gli affitti* to peg (*o* control) rents; ~ *un assegno* to stop a cheque; ~ *un conto* to block an account; ~ *i* **freni** to jam on the brakes; ⟨*Pol*⟩ ~ *una* **legge** to block a bill; ~ *i* **licenziamenti** to halt dismissals; ~ *il* **motore** to stall the engine; ~ *i* **prezzi** to peg prices; ~ *i* **salari** to freeze wages; ~ *il* **traffico** to block traffic.

bloccasterzo *m.* ⟨*Aut*⟩ steering wheel lock.

blocco¹ *m.* (*pl.* -**chi**) **1** block. **2** ⟨*Pol*⟩ bloc(k), coalition: *unirsi in un* ~ to form a bloc. □ ⟨*Edil*⟩ ~ *di* **case** block of houses; ~ *di* **cemento** cement block; ~ **commerciale** trading block; ⟨*Inform*⟩ ~ *di* **dati** data block; **in** ~ : 1 ⟨*Comm*⟩ en bloc, in bulk: *vendere in* ~ to sell en bloc; 2 (*superficialmente*) roughly: *giudicare qc. in* ~ to judge s.th. roughly; ⟨*Pol*⟩ ~ *della* **maggioranza** majority bloc; ~ *di* **marmo** block of marble; ~ *di* **memoria** storage block; ⟨*Med*⟩ ~ **operatorio** operating theatre block; ⟨*Pol*⟩ ~ **occidentale** Western Bloc; ~ **orientale** Eastern Bloc; ⟨*Pol*⟩ ~ *delle* **sinistre** Left-wing bloc.

blocco² *m.* (*pl.* -**chi**) **1** bloc(k). **2** ⟨*Mil,Econ*⟩ blockade. **3** (*di polizia*) block. **4** ⟨*Ferr*⟩ block. **5** ⟨*Mecc*⟩ lock, block. **6** ⟨*Med,Psic*⟩ block(age). □ ⟨*Med*⟩ ~ **cardiaco** heart block; ⟨*Stor*⟩ ~ **continentale** continental blockade; ~ *di un* **conto** blocking of an account; ~ *dei* **depositi** *bancari* blocking of bank deposits; ~ *delle* **esportazioni** blocking of exports; ~ *dei* **fitti** rent control; **forzare** *il* ~ to run the blockade; ⟨*Mil*⟩ ~ **marittimo** naval blockade; ~ **monetario** monetary bloc; **posto** *di* ~: 1 (*rif. alla polizia*) (road) block; 2 ⟨*Ferr*⟩ block post; ~ *dei* **prezzi** price control; ⟨*Med*⟩ ~ **renale**

kidney blockage; ~ *dei* **salari** wage freeze (*o* stop); ⟨*Ferr*⟩ ~ *degli* **scambi** locking of points; **segnale** *di* ~: 1 ⟨*Strad*⟩ stop signal; 2 ⟨*Ferr*⟩ block signal; ~ **stradale** road block; ⟨*Mil*⟩ **togliere** *il* ~: 1 to raise the blockade; 2 ⟨*fig*⟩ to release from control.

blocco³ *m.* (*pl.* -**chi**) (*fogli di carta*) pad, block. □ ~ *per* **appunti** note-pad; ~ *di* **carta** *da lettere* writing-pad; ~ **notes** memo pad.

bloc-notes *fr.* [blɔk'nɔtes] *m.* note-pad.

blonda *f.* ⟨*Mod*⟩ blond(e).

blu *a./s.inv.* **I** *a.* (dark) blue, navy (blue). **II** *s.m.* (*colore*) (dark) blue, navy (blue). □ ⟨*pop*⟩ *avere una* **fifa** ~ to be in a blue funk; ~ **marino** navy blue; ~ **notte** midnight blue; ~ *di* **Prussia** Prussian blue; ⟨*fig*⟩ **sangue** ~ blue blood; **vestire** *di* ~ to wear blue.

bluastro *a.* bluish.

bluff *ingl.* [blʌf] *m.* **1** (*nel gioco delle carte*) bluff. **2** ⟨*fig*⟩ (*millanteria*) boast(ing), bragging; (*finzione*) bluff. **bluffare** *v.i.* (*aus.* avere) **1** (*nel gioco delle carte*) to bluff. **2** ⟨*fig*⟩ (*millantarsi*) to boast, to brag; (*ingannare*) to bluff.

blusa *f.* **1** (*camicetta da donna*) blouse. **2** (*camiciotto da lavoro*) smock. **blusante** *a.* ⟨*Vest*⟩ blousing. **blusotto** *m.* sports shirt.

boa¹ *m. inv.* **1** ⟨*Zool*⟩ boa (constrictor). **2** ⟨*Mod*⟩ boa: ~ *di* **piume** feather boa.

boa² *f.* ⟨*Mar*⟩ buoy. □ ~ **aerea** aerial marker; ~ *con* **campana** bell buoy; ~ *da* **ormeggio** mooring buoy.

boario *a.* bovine. □ **foro** ~ cattle fair; **mercato** ~ cattle market. **boaro** *m.* cattle hand.

boato *m.* rumble, roar: *i* ~*i del terremoto* the rumble of the earthquake; *i* ~*i del vulcano* the roar of the volcano.

bob *m.* ⟨*Sport*⟩ bobsleigh. □ ~ *a* **due** two-man bobsleigh; ~ *a* **quattro** four-man bobsleigh. **bobbista** *m./f.* bobsleigh rider.

bobina *f.* **1** (*rocchetto*) reel, spool. **2** ⟨*El*⟩ coil. **3** ⟨*Fot, Cin*⟩ (*rocchetto per pellicole*) spool; (*rotolo di pellicola*) reel. **4** ⟨*Tess*⟩ (*spola vuota*) bobbin, reel; (*filato avvolto*) cop. □ ⟨*Mot*⟩ ~ *d'*accensione sparking (*o* ignition) coil; ⟨*El, Rad*⟩ ~ *d'*accoppiamento coupling coil; ~ *d'*avvolgimento take-up reel (*o* spool); ~ *d'*induzione inductor, induction coil. **bobinare** *v.t.* ⟨*El, Tess*⟩ to wind. **bobinatore** *m.* (*f.* -**trice**) ⟨*Tess*⟩ (*operaio*) winder. **bobinatrice** *f.* **1** ⟨*El*⟩ winding machine, coil winder. **2** ⟨*Tess*⟩ winding frame. **bobinatura** *f.* **1** ⟨*El*⟩ coil winding. **2** ⟨*Tess*⟩ winding.

bocca *f.* **1** mouth. **2** ⟨*fig*⟩ (*persona*) mouth, person: *ho cinque bocche da sfamare* I have five mouths to feed. **3** (*apertura, orifizio*) mouth, opening; (*rif. a cannoni, fucili*) muzzle, mouth. **4** ⟨*Geog*⟩ (*foce*) mouth; (*stretto*) strait: *le Bocche di Bonifacio* the Straits of Bonifacio. □ ⟨*fig*⟩ **fare** *la* ~ **acerba** to make a sour face; ⟨*Idr*⟩ ~ *d'*acqua water hydrant; *lasciare la* ~ **amara** to leave a bitter taste in s.o.'s mouth; *restare a* ~ **aperta** to gape; ⟨*fig*⟩ to be dumbfounded; **aprire** *la* ~ to open one's mouth; ⟨*fig*⟩ *non aprire* ~ not to open one's mouth: *non ha aperto* ~ *tutta la sera* he didn't open his mouth (*o* say a word) all evening; *non aprir* ~ *con nessuno* to keep one's mouth closed, to be close-mouthed; *restare a* ~ **asciutta** to go hungry (*o* without food); ⟨*fig*⟩ to come away empty-handed; *essere di* ~ **buona** to be a hearty eater; ⟨*fig*⟩ to be easily satisfied; ⟨*Met*⟩ ~ *di* **caricamento** charging door (*o* hole); *avere la* ~ **cattiva** to have a nasty taste in one's mouth; *questa pietanza mi ha lasciato la* ~ *cattiva* this dish has left a nasty taste in my mouth; **chiudere** *la* ~ to close one's mouth; ⟨*fig*⟩ *chiudere la* ~ *a qd.* to shut s.o. up, to silence s.o.; *cantare a* ~ *chiusa* to hum; **sapere** *qc.* **dalla** ~ *di qd.* to hear s.th. from s.o.'s very mouth; ⟨*fig*⟩ **togliere** *il* **pane** **di** ~ *a qd.* to take away s.o.'s livelihood; ⟨*fig*⟩ **levarsi** (*o* **togliersi**) *il* **pane** *di* ~ to make sacrifices; *la notizia corse di* ~ *in* ~ the news spread rapidly; **empirsi** *la* ~ to stuff one's mouth; ⟨*fig*⟩ **fare** *la* ~ *a qc.* to get used (*o* accustomed) to s.th., to get to like s.th.; ⟨*Artigl*⟩ ~ *da* **fuoco** gun; ~ *del* **ghiacciaio** mouth of the glacier; ~ *d'*incendio water (*o* fire) hydrant; ⟨*fig*⟩ *una* ~ *d'*inferno a big mouth; ⟨*fig*⟩ *una* ~ **inutile** a parasite; ⟨*fig*⟩ **lasciare** *la* ~ **buona** (*cattiva*) to leave a pleasant (nasty) taste; ⟨*Bot*⟩ ~ *di* **leone** snapdragon; *in* ~ *al* **lupo** good luck; **mettere** *in* ~: 1 to put into one's mouth; 2 ⟨*fig*⟩ to suggest: *mettere la risposta in* ~ *a qd.* to suggest the answer to s.o.; ⟨*fig*⟩ *mettere* ~ *in qc.* to chip in on s.th.; *a* **mezza** ~: 1 (*non chiaramente*) hinting; 2 ⟨*fig*⟩ (*con reticenza*) reluctantly, reticently: *lo ha ammesso a mezza* ~ he admitted it reluctantly; *dire qc. a mezza* ~ to hint at s.th.; **togliere** (o **levare**) *le* **parole** *di* ~ *a qd.* to take the words (right) out of s.o.'s mouth; **pendere** *dalla* ~ *di qd.* to hang on to s.o.'s every word; **per** ~ orally: *medicina per* ~ medicine to be taken orally; ⟨*fig*⟩ *dire qc. per* ~ *di qd.* to say s.th. through s.o.; *a* ~ **piena** with one's mouth full; ⟨*fig*⟩ **rifarsi** *la* ~ to take s.th. to take away the (unpleasant) taste: *bevve un bicchiere di vino per rifarsi la* ~ he drank a glass of wine to take away the taste; *lasciarsi* **scappare** *qc. di* ~ to let s.th. slip out; ⟨*fig*⟩ *mi è scappato di* ~ I said it unintentionally; ~ *di* **scarico** outlet; ⟨*fig*⟩ *lasciarsi* **sfuggire** *qc. dalla* ~ to let s.th. (slip) out; ~ *dello* **stomaco** pit of the stomach; ⟨*fig*⟩ **storcere** *la* ~ to make a wry face; ⟨*fig*⟩ **strappare** *di* ~ *un segreto* to wrest a secret; *essere* **sulla** ~ *di tutti* to be the talk of the town; ⟨*fig*⟩ **tappare** *la* ~ *a qd.* to silence s.o., ⟨*fam*⟩ to shut s.o. up; ⟨*fig*⟩ **tenere** *la* ~ **chiusa** to keep one's mouth closed, to keep one's mouth shut; *la* ~ *del* **vaso** the mouth of the jar; *essere la* ~ *della* **verità** to be the soul of truth.

boccaccesco *a.* (*pl.* -chi) **1** ⟨*Lett*⟩ in the style of Boccaccio. **2** ⟨*fig*⟩ licentious, ribald.

boccaccia *f.* (*pl.* -ce) **1** (*smorfia*) grimace: *fare le boccacce* to make grimaces. **2** ⟨*fig*⟩ (*persona maldicente*) slanderer.

boccaglio *m.* **1** ⟨*Mecc*⟩ nozzle. **2** (*di respiratore*) mouthpiece.

boccale[1] *a.* ⟨*Anat*⟩ mouth-, buccal: *cavità* ~ buccal cavity.

boccale[2] *m.* **1** jug, tankard. **2** (*contenuto*) jug(ful): *un* ~ *di vino* a jugful of wine. □ ~ *da* **birra** beer tankard; ~ *da vino* wine jug.

boccaporto *m.* ⟨*Mar*⟩ hatch(way). □ ~ *di* **poppa** after hatch; ~ *della* **stiva** cargo hatch.

boccascena *m.* ⟨*Teat*⟩ proscenium.

boccata *f.* **1** mouthful. **2** (*rif. a sigarette e sim.*) puff: *aspirò poche* -e he took only a few puffs. □ *prendere una* ~ *d'aria* to take a breath of (fresh) air.

boccetta *f.* **1** small bottle; (*di profumo*) scent bottle. **2** (*nel biliardo*: *boccino*) ball. **3** (*gioco*) a kind of snooker.

boccheggiante *a.* **1** gasping. **2** (*agonizzante*) dying.
boccheggiare *v.i.* (**boccheggio**, **boccheggi**; *aus.* **avere**) **1** to gasp, to pant: ~ *per il* **caldo** to pant with the heat. **2** (*agonizzare*) to be at one's last gasp.

bocchello *m.* ⟨*Idr*⟩ outlet. **bocchetta** *f.* **1** (*apertura*) small opening (*o* aperture). **2** ⟨*Mecc*⟩ mouth. **3** ⟨*Mus*⟩ mouthpiece. **4** (*della serratura*) plate. **bocchettone** *m.* ⟨*Mecc*⟩ (pipe) union. □ ~ *di riempimento* filler; ~ *di scarico* outlet.

bocchino *m.* **1** (*per sigarette*) cigarette holder; (*per sigari*) cigar holder. **2** ⟨*Mus*⟩ mouthpiece. □ *fare il* ~ to purse one's lips; ~ *della* **pipa** pipe mouthpiece; ~ *della* **sigaretta** cigarette tip (*o* filter).

boccia *f.* (*pl.* -ce) **1** (*recipiente*) decanter, carafe. **2** *pl.* (*gioco*) bowls *pl.* **3** ⟨*scherz*⟩ (*testa*) head, ⟨*fam*⟩ nut. □ *giocare alle bocce* to play bowls; *il gioco delle bocce* (the game of) bowls.

bocciare *v.t.* (**boccio**, **bocci**) **1** (*respingere*) to reject, to turn down: ~ *un progetto di legge* to reject (*o* throw out) a bill. **2** ⟨*Scol*⟩ to fail, ⟨*fam*⟩ to flunk: ~ *qd. in latino* to fail s.o. in Latin. **3** (*rif. a candidati delle elezioni*) to fail to elect, to defeat. **4** (*nel gioco delle bocce*) to hit (the opponent's bowl).

bocciata *f.* (*nel gioco delle bocce*) throw. **bocciato I** *a.* failed, rejected, ⟨*fam*⟩ flunked. **II** *s.m.* (*f.* -a) failed candidate, failure. **bocciatura** *f.* **1** ⟨*Scol*⟩ failure. **2** (*di candidati alle elezioni*) defeat.

boccino *m.* (*nel gioco delle bocce*) jack (ball).

boccio *m.* bud: *in* ~ in bud; *una rosa in* ~ a rose in bud, a budding rose.

bocciodromo *m.* bowling green. **bocciofilo I** *a.* bowling, bowls-: *società* -a bowling club. **II** *s.m.* (*f.* -a) bowls

enthusiast.

bocciolo (*o* **bocciolo**) *m.* **1** (*boccio*) bud. **2** ⟨*Mecc*⟩ cam, lifter. □ ~ *del candeliere* socket of a candlestick; *mettere i* -*i* to put out (*o* forth) buds, to bud; ~ *di rosa* rosebud.

boccola *f.* **1** ⟨*Mecc*⟩ bush(ing), ferrule. **2** ⟨*El*⟩ socket. **3** (*orecchino*) ear-ring.

boccolo *m.* curl, ringlet.

bocconcino *m.* **1** morsel. **2** (*cibo prelibato*) titbit, dainty morsel. **3** (*pezzetto*) bit, small piece, scrap.

boccone *m.* **1** mouthful: *un* ~ *di formaggio* a mouthful of cheese. **2** (*piccola quantità di cibo*) bite, morsel, bit: *non c'è un* ~ *di pane in casa* there's not a bite of bread in the house. **3** (*cosa desiderabile*) delicacy, titbit. □ ⟨*fig*⟩ ~ **amaro** bitter pill: *ho mandato giù tanti -i amari nella mia vita* I have swallowed many bitter pills in my life; *parlare col* ~ *in* **bocca** to speak with one's mouth full; *un* **buon** ~ a titbit, a choice bit; ⟨*fam*⟩ **buttar** *giù un* ~ to have a quick snack; ⟨*fig*⟩ **contare** *i -i in bocca a qd.* to stint s.o. of food; ~ **ghiotto** dainty; ⟨*fig*⟩ *col* ~ *in* **gola** having just finished eating; *in un* ~ in one (*o* a single) mouthful: *divorò il pane in un* ~ he gobbled down the bread in a single mouthful; *mangiare un* ~ to have a snack; *lavora tutto il giorno per un* ~ *di* **pane** he works all day for next to nothing; *vendere qc. per un* ~ *di pane* to sell s.th. for a song.

bocconi *avv.* prone, face downwards: *giacere* ~ to lie face downwards. □ *cadere* ~ to fall flat on one's face.

bodoniano *a.* Bodoni-: ⟨*Tip*⟩ *caratteri -i* Bodoni type. □ *legatura* (*alla*) -a board binding.

body *ingl.* ['bɔdi] *m.* body stocking.

Boemia *N.pr.f.* ⟨*Geog*⟩ Bohemia. **boemo** *a./s.m.* (*f.* -a) Bohemian.

boero I *a.* Boer. **II** *s.m.* **1** (*persona*; *f.* -a) Boer. **2** ⟨*Dolc*⟩ chocolate filled with liqueur and a cherry.

bofonchiare *v.i.* (**bofonchio**, **bofonchi**; *aus.* **avere**) to grumble, to moan.

boga *f.* ⟨*Itt*⟩ boce.

boh (*o bo*) *intz.* no idea!, don't ask me!

bohème *fr.* [bo'ε:m] *f.* bohemianism. **bohémien** *fr.* [boe'mjɛ̃] *a./s.m.* bohemian.

boia I *s.m.inv.* **1** executioner, hangman. **2** ⟨*fig*⟩ swine, rat, dirty dog. **II** *a.* damned, hellish, rotten. □ ⟨*fig*⟩ *essere il* ~ *di qd.* to slave-drive s.o.; *faccia da* ~ hard face; ⟨*volg*⟩ *mondo* ~ rotten world, damn!, dammit!; ⟨*volg*⟩ *tempo* ~ filthy weather.

boiardo, boiaro *m.* ⟨*Stor*⟩ boyar(d).

boiata *f.* ⟨*fam*⟩ **1** (*azione indegna*) nasty trick. **2** ⟨*pop*⟩ (*rif. a produzioni artistiche*) rubbish.

boicottaggio *m.* boycott(ing). **boicottare** *v.t.* (**boicotto**) **1** to boycott: ~ *un negozio* to boycott a shop. **2** ⟨*fig*⟩ (*ostacolare*) to hinder: *boicottano tutti i miei piani* they hinder all my plans.

boite *fr.* [bwat] *f.* night club.

Bolena *N.pr.f.* ⟨*Stor*⟩ Boleyn.

bolero *m.* ⟨*Mus*, *Vest*⟩ bolero.

boleto *m.* ⟨*Bot*⟩ boletus.

bolgia *f.* (*pl.* -ge) **1** (*dell'inferno dantesco*) pit (in Dante's Inferno). **2** ⟨*fig*⟩ (*confusione*) bedlam. □ ⟨*fig*⟩ ~ *infernale* pit of Hell.

bolide *m.* **1** ⟨*Astr*⟩ meteor, bolide. **2** ⟨*fig*⟩ (*rif. ad automobili*) fast car. **3** ⟨*scherz*⟩ (*persona corpulenta*) round fat person, barrel. **4** (*nel calcio*) cannonball. □ ⟨*fig*⟩ *come un* ~ like a rocket: *partì come un* ~ he set off like a rocket.

bolina *f.* ⟨*Mar*⟩ bowline. □ *navigare di* ~ to sail close-hauled.

Bolivia *N.pr.f.* ⟨*Geog*⟩ Bolivia. **boliviano I** *a.* Bolivian. **II** *s.m.* (*abitante*; *f.* -a) Bolivian.

bolla[1] *f.* **1** bubble. **2** ⟨*Med*, *Met*⟩ blister. **3** ⟨*Agr*⟩ (*malattia del pesco*) peach blister; (*del pero, del pioppo*) leaf curl. □ ~ *d'aria* air bubble; ⟨*Met*⟩ *livella a* ~ *d'aria* water (*o* spirit) level; ~ *di* **gas** gas bubble; ~ *di* **sapone** soap bubble: *fare le -e di sapone* to blow soap bubbles.

bolla[2] *f.* **1** (*documento*) bull. **2** ⟨*Comm*⟩ bill, note. □ ⟨*Comm*⟩ ~ *d'accompagnamento* freight bill; ⟨*Comm*⟩ ~ *di consegna* delivery note; ~ *doganale* bill of entry.

bollare *v.t.* (**bollo**) **1** to seal, to stamp, to imprint: ~ *una* *lettera* to seal a letter. **2** (*con marchio a fuoco*) to brand (*anche fig.*): ~ *a fuoco* to brand with an iron; *il suo tradimento lo ha bollato per sempre* his betrayal has branded him for ever. **bollato** *a.* **1** stamped, sealed, branded. **2** (*con marchio a fuoco*) branded (*anche fig.*): *bestiame* ~ branded cattle. □ *carta* –*a* stamped paper; *domanda in carta* –*a* application on stamped paper. **bollatura** *f.* **1** sealing, stamping: ~ *di un documento* sealing of a document. **2** (*con marchio a fuoco*) branding.

bollente *a.* **1** boiling. **2** (*molto caldo*) boiling: *olio* ~ boiling oil. **3** (*fig*) ardent, fiery: *carattere* ~ fiery temperament.

bolletta *f.* bill. □ ~ *dell'acqua* water bill; ~ *di carico* bill of lading; ~ *di consegna* delivery note; ⟨*Comm*⟩ ~ *di esportazione* export entry; ~ *del gas* gas bill; ~ *d'importazione* import entry; ⟨*fam*⟩ *in* ~ broke (*o* hard up): *essere* (*o trovarsi*) *in* ~ to be broke; ~ *della luce* light (*o* electricity) bill; ~ *di spedizione* dispatch note; ~ *del telefono* telephone bill; ~ *di transito* entry under bond. **bollettario** *m.* counterfoil-book, ⟨*am*⟩ stub book.

bollettino *m.* **1** (*comunicazione ufficiale*) bulletin. **2** (*pubblicazione periodica*) gazette, bulletin. **3** (*bolletta*) note, list. □ ~ *di borsa* exchange list; ~ **commerciale** trade report; ~ *di consegna* delivery note; ⟨*Comm*⟩ ~ **doganale** customs entry certificate; ~ **finanziario** financial bulletin; ~ *di* **guerra** war bulletin; ~ **informativo** information slip; ~ **medico** medical bulletin; ~ **meteorologico** weather report; ~ *della* **neve** snow bulletin; ~ *dei* **prezzi** price list; ~ **ufficiale** official gazette; ~ *della* **vittoria** victory bulletin.

bollilatte *m.inv.* milk-boiler.

bollino *m.* (*per l'acquisto di generi razionati*) coupon. □ ~ *premio* gift stamp.

bollire *v.* (*bollo*) **I** *v.i.* (*aus. avere*) **1** to boil: *l'acqua bolle* the water is boiling. **2** (*estens*) (*fermentare*) to ferment: *il mosto bolle* the must is fermenting. **3** (*sentire un gran caldo*) to be boiling (*o* roasting): *in questa stanza si bolle* it is boiling in this room. **4** (*fig*) (*fremere*) to seethe: ~ *di sdegno* to seethe with indignation. **II** *v.t.* (*far bollire*) to boil, to bring to the boil. □ *qc. gli bolle in capo* he's hatching s.th.; *far* ~ *il latte* to boil milk; ⟨*fig*⟩ *qc. bolle in pentola* s.th. is brewing (*o* cooking); ⟨*fig*⟩ *il sangue mi bolle nelle vene* I'm a hot-blooded person.

bollita *f.* boil(ing): *dare una bella* ~ *a qc.* to give s.th. a good boiling. **bollito I** *a.* boiled: *gallina* –*a* boiled chicken. **II** *s.m.* boiled meat: *oggi avremo* ~ *con patate* to–day we are having boiled meat and potatoes. **bollitore** *m.* **1** kettle, boiler: ~ *elettrico* electric kettle. **2** ⟨*fam*⟩ (*bollilatte*) milk-boiler. □ ~ *d'acqua* (*nel bagno, in cucina*) heater; ~ *a gas* gas boiler. **bollitura** *f.* boiling.

bollo *m.* **1** (*impronta*) stamp. **2** (*marchio dello stato*) seal, stamp. **3** ⟨*region*⟩ (*francobollo*) (postage) stamp. **4** ⟨*ant*⟩ (*marchio d'infamia*) brand. □ *annullare il* ~ to cancel the stamp; ⟨*Aut*⟩ ~ *di* **circolazione** road licence; **marca** *da* ~ revenue stamp; ~ **postale** postmark; ~ *a* **secco** embossed seal.

bollore *m.* **1** boil, boiling (point). **2** (*fig*) (*caldo intenso*) torrid heat. **3** (*fig*) (*ardore*) heat, ardour, fervour. □ *alzare il* ~ to come to the boil; ⟨*fig*⟩ *calmare i* –*i di qd.* to cool s.o.'s ardour; *essere in* ~ to be boiling; ⟨*fig*⟩ *i* –*i della gioventù* the ardour of youth; *portare a* ~ to bring to boiling point.

bolloso *a.* ⟨*Bot*⟩ bullate.

bolo *m.* bolus.

bolsaggine *f.* **1** ⟨*Veter*⟩ heaves *pl* (*costr. sing.*). **2** ⟨*fig*⟩ weakness.

bolscevico (*o bolscevico*) *a./s.* (*pl.* **bolscevichi**) **I** *a.* Bolshevik, ⟨*fam*⟩ Bolshy. **II** *s.m.* (*f.* -a) Bolshevik, ⟨*fam*⟩ Bolshy. **bolscevismo** *m.* Bolshevism.

bolso *a.* **1** ⟨*Veter*⟩ broken–winded. **2** ⟨*fig*⟩ (*asmatico*) asthmatic; (*fiacco*) weak.

bolzone *m.* **1** (*ariete*) battering ram. **2** (*freccia*) bolt. **3** (*punzone*) punch.

boma *f.* ⟨*Mar*⟩ boom.

bomba *f.* **1** bomb. **2** ⟨*Dolc*⟩ jelly doughnut. **3** ⟨*Sport*⟩ (*sostanza eccitante*) pep pill. **4** ⟨*fig*⟩ (*notizia sensazionale*) bomb(shell). □ ~ **aerea** (aerial) bomb; ~ **anticarro** anti–tank grenade; ~ **antisommergibili** depth charge; ~ **atomica** atom(ic) bomb, A–bomb; ⟨*Med*⟩ ~ *al* **cobalto** cobalt bomb; ⟨*fam*⟩ **corpo** *di mille* –*e!* well, I never!; ~ **fumogena** smoke bomb; ~ **H** (*o all'idrogeno*) H (*o* hydrogen) bomb; ~ **incendiaria** incendiary bomb; ~ *a* **mano** hand grenade; ~ **Molotov** Molotov cocktail; ~ *al* **napalm** napalm bomb; '~ ⌐*al* **neutrone**⌐ (*o* N) neutron bomb; ~ *a* **orologeria** time bomb; ~ *al* **plastico** plastic bomb; ~ *di* **profondità** depth charge; *a* **prova** *di* ~: **1** bomb–proof; **2** (*resistente*) tough; *queste scarpe sono a prova di* ~ these shoes will last a lifetime; ⟨*Gastr*⟩ ~ *di* **riso** rice pudding; ⟨*fig*⟩ *adesso* **scoppia** *la* ~ now the fat's in the fire; ~ *a* **tempo** time bomb; ⟨*fig*⟩ **tornare** *a* ~ to get back to the subject; ⟨*Aer*⟩ **vano** -*e* bomb bay; ~ **vulcanica** volcanic bomb.

bombarda *f.* **1** (*lanciabombe*) mortar. **2** ⟨*Mil.ant*⟩ bombard. **3** ⟨*Mus*⟩ bombardon. **4** ⟨*Mar.ant*⟩ two–masted sailing ship.

bombardamento *m.* **1** bombardment; (*cannoneggiamento*) shelling, bombardment: *l'ospedale fu distrutto in un* ~ the hospital was destroyed in a bombardment. **2** ⟨*Aer*⟩ (*lancio ripetuto di bombe*) bombing, air raid. **3** ⟨*Fis*⟩ bombardment. **4** ⟨*fig*⟩ hail, storm: *un* ~ *di pugni* a hail of blows; *un* ~ *di domande* a storm of questions. □ ~ **aereo** aerial bombing, air raid; ⟨*Atom*⟩ ~ **atomico** (*o nucleare*) atom bombing; ⟨*Fis*⟩ ~ **catodico** cathodic bombardment; **perdere** *la casa sotto i* –*i* to be bombed out; ~ *a* **tappeto** carpet bombing.

bombardare *v.t.* **1** (*cannoneggiare*) to shell, to bombard: *la città fu bombardata per un'ora* the city was bombarded for an hour; *le navi bombardavano il porto* the ships were shelling the port. **2** ⟨*Aer*⟩ (*sganciare bombe*) to bomb. **3** ⟨*Fis*⟩ to bombard. **4** ⟨*fig*⟩ to bombard: *mi bombardarono di domande* they bombarded me with questions. **bombardiere** *m.* **1** (*aereo*) bomber. **2** (*pilota*) bomber pilot.

bombardino *m.* ⟨*Mus*⟩ baritone saxhorn. **bombardone** *m.* bombardon.

bombarolo *m.* bomber.

bombato *a.* bombé, convex. **bombatura** *f.* **1** convexity. **2** ⟨*Strad*⟩ camber.

bombetta *f.* bowler (hat), ⟨*am*⟩ derby.

bombice *m.* ⟨*Entom*⟩ silk(worm) moth.

bombola *f.* **1** (*per gas compressi*) cylinder, bomb, bottle. **2** (*per nebulizzazione*) aerosol (bomb): ~ *di fissatore per capelli* aerosol hair spray. ~ *di liquigas* liquid gas cylinder; ~ *di ossigeno* oxygen bottle (*o* cylinder); ~ *spray* spray can. **bomboletta** *f.* aerosol bomb.

bombolone *m.* ⟨*Dolc*⟩ doughnut.

bomboniera *f.* sweet dish, bonbonnière, ⟨*am*⟩ candy box.

bompresso *m.* ⟨*Mar*⟩ bowsprit.

bonaccia *f.* (*pl.* -ce) **1** (dead) calm. **2** ⟨*fig*⟩ peace, calm. □ *il mare è in* ~ the sea is smooth. **bonaccione I** *a.* kindly, good–natured, easy–going: *aspetto* ~ kindly appearance. **II** *s.m.* (*f.* -a) good–natured person.

bonapartismo *m.* ⟨*Stor*⟩ Bonapartism. **bonapartista** *m./f.* Bonapartist.

bonariamente *avv.* good–naturedly, kindly. **bonarietà** *f.* good–naturedness, kindliness. **bonario** *a.* good–natured, kind–hearted. □ *sorriso* ~ kindly smile.

bonderizzare *v.t.* ⟨*Met*⟩ to bonderize. **bonderizzazione** *f.* bonderization.

bonifica *f.* **1** (*azione*) reclaiming, drainage; (*effetto*) reclamation, drainage: *la* ~ *della palude* the drainage of the marsh. **2** (*zona bonificata*) reclaimed land. **3** (*di terreni incolti*) improvement, redevelopment. **4** ⟨*Met*⟩ hardening and tempering. **5** ⟨*fig*⟩ (*politica morale*) moral uplift. □ ~ **integrale** comprehensive land improvement; ~ *per prosciugamento* drainage; ~ **urbana** urban renewal, redevelopment. **bonificabile** *a.* **1** reclaimable. **2** ⟨*Met*⟩ heat–treatable: *lega* ~ heat–treatable alloy. **bonificamento** *m.* **1** (*il bonificare*) reclaiming, draining. **2** (*lavoro di bonifica*) reclamation, drainage. **bonificare** *v.t.* (*bonifico, bonifichi*) **1** to reclaim, to drain: ~ *una palude* to drain a marsh. **2** (*rif. a terreni incolti*) to improve. **3** ⟨*Met*⟩ to harden and temper. **4** ⟨*Mil*⟩ (*degassificare*) to decontaminate. **5** ⟨*Econ*⟩ to reduce by, to allow a discount of. **6** ⟨*Econ*⟩ (*eseguire un bonifico*) to transfer. **bonificatore** *m.* (*f.* **-trice**) reclaimer. **bonificazione** *f.* → **bonificamento**. **bonifico** *m.* (*pl.* **-ci**) **1** ⟨*Comm*⟩ (*abbuono*) discount, allowance. **2** ⟨*Econ*⟩ reduction, rebate: ~ *internazionale* international rebate. ☐ ~ *bancario* banker's (*o* bank) transfer; ~ *cablografico* cable transfer; ~ *postale* mail transfer; ~ *telegrafico* telegraphic (*o* wire) transfer.

bonomia *f.* bonhomie, affability, geniality.

bontà *f.* **1** (*l'essere buono*) goodness. **2** (*cortesia, benevolenza*) kindness, courtesy. **3** (*rif. a cose: qualità eccellente*) quality, excellence, goodness; (*efficacia*) effectiveness, efficiency. **4** (*buon sapore*) tastiness, excellence. **5** (*rif. a clima: salubrità*) healthiness, salubrity. ☐ ~ *d'animo* goodness of heart; *avere la* ~ *di fare qc.* to have the goodness to do s.th., to be so good (*o* kind) as to do s.th.; ~ *di cuore* goodness of heart; ⟨*iron*⟩ *dopo un mese dalla mia lettera, alla fine,* ~ *sua, mi ha risposto* it was really kind of him to answer a month after receiving my letter; ⟨*fam*⟩ *è una* ~*!* it's delicious.

bontempone *m.* jolly fellow.

bonzo *m.* bonze.

boom *ingl.* [bu:m] *m.* **1** booming sound, boom: ⟨*Aer*⟩ ~ *sonico* sonic boom. **2** ⟨*Econ*⟩ time of prosperity, boom: ~ *edilizio* construction (*o* housing) boom. ☐ ~ *demografico* baby boom; ~ *petrolifero* oil boom.

boomerang *ingl.* ['bu:maræŋ] *m.* boomerang (*anche fig.*). ☐ ⟨*fig*⟩ *tornare indietro a* ~ to boomerang, to have the opposite effect, to backfire.

bora *f.* ⟨*Meteor*⟩ bora.

borace *m.* ⟨*Min*⟩ borax. **boracite** *f.* ⟨*Min*⟩ boracite.

borbogliamento *m.* **1** gurgling. **2** (*brontolio*) grumbling. **borbogliare** *v.i.* (*borboglio, borbogli; aus.* avere) **1** (*gorgogliare*) to gurgle. **2** (*brontolare*) to grumble, to mutter. **3** (*rif. agli intestini*) to rumble. **borboglio** *m.* **1** (*gorgoglio*) gurgle. **2** (*mormorio*) murmur, bubbling. **3** (*borborigmo*) rumbling.

Borbone *N.pr.m.* ⟨*Stor*⟩ Bourbon. **borbonico** *a./s.* (*pl.* **-ci**) **I** *a.* ⟨*Stor*⟩ Bourbon. **II** *s.m.* ⟨*Stor*⟩ Bourbonist.

borborigmo *m.* intestinal rumbling, borborygmus.

borbottamento *m.* **1** (*il brontolare*) grumbling, muttering. **2** (*il parlare in modo indistinto*) mumbling, muttering. **3** (*borborigmo*) rumbling. **borbottare** *v.* (*borbotto*) **I** *v.i.* (*aus.* avere) **1** (*brontolare*) to grumble, to mutter. **2** (*parlare in modo indistinto*) to mumble, to mutter. **3** (*fare un rumore sordo*) to rumble: *il tuono borbottava in lontananza* the thunder rumbled in the distance. **4** (*rif. agli intestini*) to rumble. **II** *v.t.* **1** to mutter, to mumble: *cosa stai borbottando?* what are you mumbling about?; ~ *una scusa* to mutter an excuse. **2** (*rif. a una lingua*) to speak only a few words of. **borbottio** *m.* **1** (*brontolio*) grumbling, muttering. **2** (*parole indistinte*) mumbling, muttering. **3** (*rumore sordo*) rumbling: *il* ~ *del tuono* the rumbling of the thunder. **borbottone** *m.* (*f.* **-a**) grumbler, mutterer.

borchia *f.* **1** stud, knob: *una cintura ornata di* -*e* a belt ornamented with studs. **2** (*chiodo da tappezziere*) upholsterer's nail. **3** ⟨*Aut*⟩ boss. **borchiato** *a.* studded.

bordame *m.* ⟨*Mar*⟩ foot (of a sail).

bordare *v.t.* (*bordo*) **1** to hem, to edge, to border: ~ *una tenda* to hem a curtain; ~ *le tasche con una striscia di velluto* to edge the pockets with a strip of velvet. **2** ⟨*Mecc*⟩ (*rif. a lamiere*) to bead. **3** (*delimitare, cingere*) to border, to rim: ~ *un'aiola con piante grasse* to border a flower-bed with succulents. **4** ⟨*Mar*⟩ (*stendere: rif. a vele*) to spread, to shake out. **bordata** *f.* ⟨*Mar*⟩ **1** (*percorso*) tack. **2** (*fuoco di fiancata*) broadside. **bordatore** *m.* ⟨*Mecc*⟩ beader. **bordatrice** *f.* ⟨*Mecc*⟩ flanging (*o* beading) machine. **bordatura** *f.* **1** (*orlatura*) border, hem, edge. **2** ⟨*Mecc*⟩ (*di scatole di latta*) flange.

bordeaux *fr.* [bɔ'rdo] **I** *s.m.* **1** (*vino*) Bordeaux. **2** (*colore*) bordeaux (red). **II** *a.inv.* bordeaux (red): *una cravatta* ~ a bordeaux red tie.

bordeggiare *v.i.* (*bordeggio, bordeggi; aus.* avere) ⟨*Mar*⟩ to tack. **bordeggiata** *f.*, **bordeggio** *m.* tack(ing).

bordello *m.* **1** brothel. **2** ⟨*fig*⟩ hubbub; ⟨*fam*⟩ shindy: *fare*

~ to kick up a shindy.

borderò *m.* **1** ⟨*Econ*⟩ statement. **2** ⟨*Teat*⟩ takings *pl,* receipts *pl.*

bordino *m.* **1** (*di vestito*) trimming. **2** ⟨*Mecc*⟩ flat band. **3** ⟨*Ferr*⟩ (*di ruota*) flange.

bordo[1] *m.* **1** ⟨*Mar*⟩ ship's side, board. **2** (*bordata*) tack. ☐ ⟨*Mar, Aer*⟩ **a** ~ aboard, on board: *essere a* ~ to be on board; *salire a* ~ to board, to go aboard; *a* ~ *di* aboard, in: *arrivò a* ~ *di una lussuosa automobile* he arrived in a luxurious motorcar; *d'alto* ~: **1** ⟨*Mar*⟩ tall(-sided): *nave d'alto* ~ tall-sided ship; **2** ⟨*fig*⟩ (*altolocato*) highly-placed, important: *persone d'alto* ~ very important persons, VIPs *pl*; ⟨*Mar*⟩ **di** ~: **1** ship's: *giornale di* ~ ship's log, logbook; **2** ⟨*Aer,Astron*⟩ on-board: *strumenti di* ~ on-board instruments; ⟨*Comm*⟩ **franco** *a* ~ free on board; ⟨*Mar*⟩ ~ **libero** freeboard.

bordo[2] *m.* **1** edge: *camminare sul* ~ *della strada* to walk along the edge of the road. **2** (*orlo di recipiente*) rim, edge. **3** (*orlatura di stoffe*) border, hem. **4** (*striscia di guarnizione*) border: *il vestito è guarnito di un* ~ *di pelliccia* the dress is trimmed with a border of fur. **5** (*parte esterna che delimita*) border: ~ *dell'aiola* border of the flower-bed. ☐ *il* ~ *del letto* the edge of the bed; ~ *del marciapiede* kerb; *il* ~ *del tavolo* the edge of the table.

bordò *a./s.m.* bordeaux (red).

bordone[1] *m.* (*bastone da pellegrino*) pilgrim's staff.

bordone[2] *m.* ⟨*Mus*⟩ **1** (*nota bassa e prolungata*) burden, drone. **2** (*registro d'organo*) bourdon. ☐ ⟨*fig*⟩ *tener* ~ *a qd.* to be in cahoots with s.o., to be s.o.'s accomplice.

bordura *f.* **1** (*orlo, orlatura*) border, hem, edge. **2** (*striscia di guarnizione*) edging. **3** (*di aiola*) border.

borea *m.* (*vento del nord*) north wind, Boreas. **boreale** *a.* north, northerly, northern. ☐ *aurora* ~ aurora borealis, northern lights; *emisfero* ~ northern hemisphere.

borgata *f.* **1** (*villaggio*) village. **2** (*quartiere periferico*) suburb. **borgataro** *m.* (*f.* **-a**) ⟨*spreg*⟩ suburbanite.

borghese I *a.* **1** middle-class: *una persona di famiglia* ~ a person from a middle-class family. **2** ⟨*spreg*⟩ bourgeois, middle-class: *pregiudizi* -*i* bourgeois prejudices; *mentalità* ~ middle-class mentality. **3** (*civile*) civilian: *abito* ~ civilian dress, ⟨*fam*⟩ civvies *pl.* **II** *s.m./f.* **1** middle-class person, bourgeois. **2** ⟨*spreg*⟩ bourgeois. **3** (*chi non porta uniforme militare*) civilian. ☐ *in* ~ in civilian dress, ⟨*fam*⟩ in civvies: *mettersi in* ~ to put on civilian dress; ⟨*spreg*⟩ *piccolo* ~ narrow-minded; *un poliziotto in* ~ a plainclothes policeman; *piccolo* ~ lower middle-class, petty-bourgeois. **borghesia** *f.* middle classes *pl,* bourgeoisie. ☐ *alta* ~ upper middle class; *media* ~ middle class; *piccola* ~ lower middle class.

borgo *m.* (*pl.* **-ghi**) **1** (*villaggio*) village. **2** (*sobborgo*) suburb.

borgogna *m.* ⟨*Enol*⟩ Burgundy. **Borgogna** *N.pr.f.* ⟨*Geog*⟩ Burgundy. ☐ *vino di* ~ Burgundy (wine). **borgognone** *a./s.m.* (*f.* **-a**) Burgundian.

borgomastro *m.* burgomaster.

boria *f.* arrogance, vainglory, self-conceit. ☐ *mettere su* ~ to put on airs; *pieno di* ~ full of airs. **boriarsi** *v.r.* (*mi borio*) to boast, to puff o.s. up, to brag: *si boria della sua vittoria* he boasts about (*o* of) his victory.

borico *a.* (*pl.* **-ci**) ⟨*Chim*⟩ boric: *acido* ~ boric acid. ☐ *acqua* -*a* boracic water.

boriosamente *avv.* haughtily, arrogantly, conceitedly. **boriosità** *f.* conceit, arrogance, haughtiness. **borioso** *a.* haughty, arrogant, boastful, conceited: *contegno* ~ haughty attitude.

Borneo *N.pr.m.* ⟨*Geog*⟩ Borneo.

boro *m.* ⟨*Chim*⟩ boron.

borra *f.* **1** (*cascami: di lana*) dropping; (*di seta*) floss silk. **2** (*imbottitura*) stuffing, wadding. **3** ⟨*fig*⟩ (*cosa scadente*) rubbish.

borraccia *f.* (*pl.* **-ce**) **1** water-bottle, flask **2** ⟨*mil*⟩ canteen.

borraccina *f.* ⟨*Bot*⟩ erpine, stonecrop.

borro *m.* **1** (*torrente*) watercourse. **2** (*canale di scarico*) drainage ditch. **3** ⟨*ant*⟩ (*burrone*) gully.

borsa[1] *f.* **1** purse, bag; (*borsetta*) handbag. **2** (*busta di pelle*) briefcase. **3** ⟨*fig*⟩ (*denaro*) money: *o la* ~ *o la vita* your money or your life. **4** ⟨*Lit*⟩ burse. **5** ⟨*Anat*⟩ bursa. □ ~ **dell'acqua** *calda* hot–water bottle; ⟨*fig*⟩ **aprire** *la* ~ (*spendere*) to open one's purse–strings; ⟨*fig*⟩ **fare** ~ **comune** to pool resources, to share the expenses; ⟨*fig*⟩ **allentare** *i* **cordoni** *della* ~ to loosen one's purse–strings; **di** ~ *propria* at one's own expense, out of one's own pocket; ~ *per* **ghiaccio** ice pack (*o* bag); ⟨*fig*⟩ **mettere** *mano alla* ~ to fork out, to cough up; *avere le –e sotto gli* **occhi** to have bags under one's eyes; *avere la* ~ **piena** to have a lot of money; ~ **portadocumenti** attaché case; ~ *della* **spesa** shopping bag; ~ *da* **spiaggia** beach bag; ⟨*fig*⟩ *tenere la* ~ **stretta** to be tight–fisted (*o* stingy); ⟨*fam*⟩ **stringere** *la* ~ to cut down expenses, to tighten the purse–strings; ~ *di* **studio** scholarship, grant; ~ *per* **tabacco** tobacco pouch; ~ *a* **tracolla** shoulder–bag; ~ (*per*) **utensili** tool bag, tool kit; ~ *da* **viaggio** travelling bag; *avere la* ~ **vuota** to be penniless, ⟨*fam*⟩ to be broke.

borsa[2] *f.* ⟨*Econ*⟩ (stock) exchange, bourse, ⟨*am*⟩ stock market: *andare in* ~ to go to the exchange. □ **affari** *di* ~ stock exchange business; **agente** *di* ~ stockbroker; ~ **delle** **azioni** stock exchange; **bollettino** *di* ~ stock–list; **chiusura** *di* (*o della*) ~ close of business on the exchange; **contratti** *di* ~ stock exchange contracts *pl;* ~ **ferma** strong market; ~ **fiacca** weak market; *la* ~ *è fiacca* the market is weak; ~ **finanziaria** stock exchange; **fluttuazioni** *di* ~ market fluctuations; **giocare** *in* ~ to speculate on the stock exchange, ⟨*am*⟩ to play the stock market; **giocatore** *di* ~ stock–jobber; **gioco** *di* ~ stock–jobbing; **listino** *di* ~ stock list; ~ **merci** commodity exchange; **operazione** *di* ~ exchange transaction; ⟨*Econ*⟩ **quotato** *in* ~ listed on the stock exchange; **quotazione** *in* ~ exchange quotation; ~ **sostenuta** stable market; **speculazione** *di* ~ stock exchange speculation; ~ **valori** stock exchange.

borsaiolo *m.* (*f.* **-a**) pickpocket, purse–snatcher.

borsanera *f.* black market. □ *comprare* (*o vendere*) *alla* ~ to buy (*o* sell) on the black market. **borsanerista** *m./f.* black marketeer.

borseggiare *v.t.* (*borseggio, borseggi*) to pick pockets: *mi hanno borseggiato di centomila lire* they picked my pocket and stole a hundred thousand lire. **borseggiatore** *m.* (*f.* **-trice**) pickpocket. **borseggio** *m.* pocket–picking, pickpocketing.

borsellino *m.* purse. **borsetta** *f.* handbag. □ ~ *per signora* lady's handbag; ~ *da viaggio* travelling bag. **borsettaio** *m.* → **borsettiere.** **borsetteria** *f.* handbag shop. **borsettiere** *m.* (*f.* **-a**) (*fabbricante*) handbag maker; (*venditore*) seller of handbags. **borsetto** *m.* (man's) bag, (man's) handbag; (*a tracolla*) (man's) shoulder bag.

borsista *m./f.* **1** ⟨*Econ*⟩ stock jobber. **2** (*chi gode di una borsa di studio*) scholarship holder (*o* fellow), scholarship recipient. **borsistico** *a.* (*pl.* **-ci**) ⟨*Econ*⟩ stock–exchange–, exchange–: *ambienti* –*i* stock–exchange circles.

borsite *f.* ⟨*Med, Veter*⟩ bursitis.

boscaglia *f.* undergrowth, scrub. **boscaiolo** *m.* **1** woodsman, woodcutter. **2** (*guardiaboschi*) forester. **boschereccio** *a.* (*lett*) sylvan: *ninfe boscherecce* sylvan nymphs. □ *poesia* –*a* pastoral poetry. **boschetto** *m.* thicket, grove. **boschivo** *a.* woodland–, forest–: *piante* –*e* woodland plants; *zona* –*a* woodland area.

boscimano *a./s.m.* bushman.

bosco *m.* (*pl.* **-chi**) **1** wood(s): *fare una passeggiata nel* ~ to go for a walk in the wood(s). **2** ⟨*fig*⟩ forest; (*rif. a capelli*) bush, mop: *un* ~ *di capelli incolti* a mop of untidy hair. □ *a* ~ forest–: *terreno a* ~ forest land; ~ *di castagni* chestnut wood; ~ *ceduo* coppice, copse. **boscosità** *f.* tree density. **boscoso** *a.* wooded, woodland–: *regione* –*a* woodland area.

Bosforo *N.pr.m.* ⟨*Geog*⟩ Bosphorus.

Bosnia *N.pr.f.* ⟨*Geog*⟩ Bosnia.

bossismo *m.* ⟨*spreg*⟩ bossism.

bosso *m.* **1** ⟨*Bot*⟩ box–tree. **2** (*legno*) boxwood.

bossolo *m.* **1** (*cassetta per elemosina*) alms–box; (*per le votazioni*) ballot–box; (*per i dadi*) dice–box. **2** (*di proiettili*) case: ~ *di cartuccia* cartridge case; ~ *di proiettile* shell case.

bot. = *botanica* botany (*abbr.* bot.).

BOT = *Buono ordinario del Tesoro* Ordinary Treasury

Bond.

botanica *f.* botany. **botanico** *a./s.* (*pl.* **-ci**) **I** *a.* botanical: *giardino* (*o orto*) ~ botanical gardens. **II** *s.m.* (*f.* **-a**) botanist.

Botnia *N.pr.f.* ⟨*Geog*⟩ Bothnia: *golfo di* ~ Gulf of Bothnia.

botola *f.* **1** trap door (*anche Teat.*). **2** (*tombino*) manhole.

botolo *m.* **1** (*cane*) cur. **2** ⟨*fig*⟩ snarler.

botta *f.* **1** (*percossa*) blow; (*con le mani*) punch. **2** (*colpo da urto*) bump, knock. **3** (*pop*) (*livido*) bruise. **4** (*rumore: di cosa che urta*) crash: *sentii una* ~, *poi più nulla* I heard a crash, then nothing more; (*di esplosione*) bang, report, shot. **5** ⟨*fig*⟩ (*grave danno*) blow, shock. **6** ⟨*fig*⟩ (*motto pungente*) quip, gibe, ⟨*fam*⟩ crack. □ ⟨*fig*⟩ *a* ~ **calda** on the spur of the moment; **dare** –*e a qd.* to hit s.o.; (*con i pugni*) to punch s.o.; **fare** *a* –*e* to come to blows; –*e da* **orbi** free–for–all: *menare* –*e da orbi* to have a free–for–all; ~ **e** **risposta** tit for tat, quick repartee: *facevano a* ~ *e* **risposta** they engaged in quick repartee; *dare un* **sacco** *di* –*e a qd.* to give s.o. a beating–up.

bottaccio *m.* (*bacino di mulino*) mill pond.

bottaio *m.* **1** (*fabbricante*) cooper. **2** (*venditore*) barrel (*o* cask) seller. **bottame** *m.* barrels *pl,* casks *pl.*

bottarga *f.* ⟨*Gastr*⟩ mullet roe.

botte *f.* **1** cask, barrel. **2** (*contenuto*) cask, barrel(ful). **3** ⟨*fig*⟩ (*persona grassa*) barrel, tub, tubby person. **4** ⟨*Venat*⟩ hide. □ **a** ~ barrel–: ⟨*Arch*⟩ *volta a* ~ barrel vault; *una* ~ *di* **aringhe** a barrel of herrings; *la* ~ *di* **Diogene** Diogenes' tub; ⟨*fig*⟩ *essere in una* ~ *di* **ferro** to be safe (*o* covered) on all sides; **spillare** *una* ~ to broach (*o* tap) a cask. *Prov.*: *volere la* ~ *piena e la moglie ubriaca* to want to have one's cake and eat it too.

bottega *f.* **1** (*dove si vende*) shop, store. **2** (*dove si lavora*) workshop. **3** ⟨*Art*⟩ studio. □ ~ *di generi* **alimentari** grocer's (shop); ⟨*fam*⟩ *avere la* ~ **aperta** to have one's fly buttons undone; **aprire** ~ to open (*o* set up) shop; **chiudere** ~ to close up shop; ⟨*Art*⟩ *di* ~ studio–: *opera di* ~ studio work; **fondi** *di* ~ left–overs *pl;* **mettere** *a* ~ *un* **ragazzo** to apprentice a boy; *mettere su* ~ to open (*o* set up) a shop; **ragazzo** *di* ~ apprentice; ~ *del* **rigattiere** junk shop; **stare** *a* ~ to work in a shop: *sta a* ~ *presso suo zio* he works in his uncle's shop.

bottegaio *m.* (*f.* **-a**) shopkeeper, ⟨*am*⟩ storekeeper.

botteghino *m.* **1** (*biglietteria*) ticket–office; ⟨*Teat*⟩ box–office. **2** (*banco del lotto*) lotto (*o* betting) office.

bottiglia *f.* **1** bottle. **2** (*poppatoio*) (baby's) bottle. □ ~ **da** **vino** wine bottle; ~ *di* **birra** bottle of beer; **in** ~ bottled: *vino in* ~ bottled wine; ⟨*Fis*⟩ ~ *di* **Leyda** (*o Leida*) Leyden bottle; ~ **Molotov** Molotov cocktail; *il colore è un bel* **verde** ~ the colour is a nice bottle green; **vino** *di* ~ bottled wine.

bottiglieria *f.* **1** (*bottega*) wine shop. **2** (*reparto di cantina*) wine cellar.

bottinatrice *f.* ⟨*Entom*⟩ (*ape bottinatrice*) worker bee.

bottino[1] *m.* **1** (*preda di guerra*) booty, spoils *pl.* **2** ⟨*estens*⟩ (*refurtiva*) loot. **3** ⟨*scherz*⟩ pickings *pl,* booty: *aprì il frigorifero e tornò con un magro* ~ he opened the refrigerator and returned with slim pickings. □ **fare** ~ to plunder, to sack; **fare** ~ *di qc.* to make off with s.th.; *fare un buon* ~ to make a good haul; ~ *di guerra* spoils of war.

bottino[2] *m.* (*pozzo nero*) cesspool.

botto *m.* **1** (*botta, colpo*) blow. **2** (*detonazione*) shot, crack. **3** *pl.* ⟨*region*⟩ (*fuochi d'artificio*) fireworks *pl.* □ *di* ~ suddenly, all at once: *scoppiò a piangere di* ~ he suddenly burst into tears; *in un* ~ in a twinkling, in a second.

bottone *m.* **1** button. **2** (*pulsante*) button. **3** ⟨*Bot*⟩ (*boccio*) bud. □ **allacciare** *un* ~ to fasten a button; **attaccare** *un* ~ to sew on a button; ⟨*fig*⟩ **attaccare** *un* ~ *a qd.* to buttonhole s.o.; ⟨*Sart*⟩ ~' **automatico** press stud; ~ *del* **campanello** bell button; ~ *del* **colletto** collar button (*o* stud); ⟨*Vest*⟩ –*i* **gemelli** cuff–links *pl;* ⟨*Bot*⟩ *botton d'*oro globeflower; **premere** *il* ~ to press (*o* push) the button; ~ *di* **rosa** rosebud; **stanza** *dei* –*i* control room; ⟨*fig*⟩ **control** centre.

bottoniera *f.* **1** (*fila di bottoni*) (row of) buttons. **2** (*occhiello*) buttonhole. **3** (*pannello con pulsanti*) control panel.

botulismo *m.* ⟨*Med*⟩ botulism.

bouclé *fr.* [bu'kle:] *a.* bouclé: *lana* ~ bouclé wool; *tessuto* ~ bouclé (fabric).

boudoir *fr.* [budw'a:r] *m.* **1** (*salottino*) ladies' sitting–room, boudoir. **2** (*spogliatoio per signora*) ladies' dressing–room, boudoir.

boule *fr.* [bul] *f.* **1** ⟨*Chim*⟩ boule. **2** (*borsa dell'acqua calda*) hot water bottle.

bouquet *fr.* [bu'ke:] *m.* **1** (*mazzolino di fiori*) bouquet. **2** ⟨*Enol*⟩ (*aroma*) bouquet. □ ~ *da sposa* bride's bouquet.

boutade *fr.* [bu'ta:d] *f.* sally, quip, witticism.

boutique *fr.* [bu'ti:k] *f.* boutique.

bovaro *m.* drover, cowherd, cowman. **bove** *m.* ⟨*lett*⟩ ox.

bovindo *m.* ⟨*Arch*⟩ bow (*o* bay) window.

bovino I *a.* cattle-, bovine: *allevamento* ~ cattle rearing (*o* raising). **II** *s.m.* **1** ox. **2** *pl.* cattle *pl.*

bowling *ingl.* ['boulin] *m.* (*gioco*) bowling; (*luogo*) bowling alley.

box *ingl.* [bɔks] *m.* **1** (*di sale da esposizione*) stand: *il* ~ *dei libri* the book stand. **2** (*di scuderia*) stall. **3** (*di autorimessa*) garage. **4** (*posto di rifornimento dei concorrenti di corse*) pit. **5** (*recinto per bambini*) playpen. **6** (*per auto*) lock-up garage.

boxe *fr.* [bɔks] *f.* (*pugilato*) boxing. **boxeur** *fr.* [bɔk'sø:r] *m.* boxer.

bozza *f.* **1** ⟨*Arch*⟩ (*bugna*) ashlar. **2** (*bernoccolo*) bump, swelling. **3** ⟨*Tip*⟩ proof, pull. **4** (*rif. a contratto, lettera e sim.*) draft; (*brutta copia*) rough copy. **5** ⟨*Mar*⟩ stopper; (*spezzone di cavo*) guy. □ ⟨*Tip*⟩ ~ *in* **colonna** galley proof; ~ *di* **contratto** draft contract; ⟨*Tip*⟩ **correggere** *le* ~*e* to proof read, to correct proofs; ~ **finale** final (*o* press) proof; ~ **impaginata** page proof; **prima** ~ foul (*o* flat) proof; **seconda** ~ revise; **terza** ~ second revise; **tirare** *una* ~ to pull a proof.

bozzato *m.* ⟨*Arch*⟩ ashlar (work).

bozzello *m.* ⟨*Mar*⟩ block. □ ~ *a coda* tail block; ~ *doppio* (double–)sheave block; ~ *girevole* (*o a mulinello*) swivel block.

bozzettista *m./f.* **1** ⟨*Lett*⟩ sketch writer. **2** ⟨*Art*⟩ designer. **bozzettistica** *f.* sketch writing. **bozzetto** *m.* **1** sketch. **2** (*modello*) scale model. □ *fare un* ~ *di qc.* to sketch s.th.

bozzima *f.* **1** ⟨*Tess*⟩ size. **2** (*pastone per polli*) mash.

bozzo *m.* ⟨*region*⟩ (*protuberanza*) lump; (*bernoccolo*) bump, swelling.

bozzolo *m.* **1** ⟨*Entom*⟩ cocoon. **2** (*nodo*) knot. **3** (*grumo di farina*) lump. □ ~ *del baco da seta* silkworm cocoon; ⟨*fig*⟩ *chiudersi nel proprio* ~ to withdraw into one's shell; *fare il* ~ to spin a cocoon.

B.R. = *brigate rosse* Red Brigades.

braca *f.* **1** leg (of a pair of breeches). **2** *pl.* ⟨*fam*⟩ (*pantaloni*) trousers *pl,* breeches *pl;* (*mutande*) knickers *pl,* underpants *pl.* **3** (*cavo per imbrigliare carichi*) sling. **4** ⟨*Venat*⟩ binding (to hold decoy birds). □ ⟨*pop*⟩ *calare* (*o calarsi*) *le brache* to give in shamefully, ⟨*am.fam*⟩ to chicken out.

braccare *v.t.* (*bracco, bracchi*) to hound, to hunt (*anche fig.*): *il bandito era braccato dalla polizia* the bandit was hunted by the police.

braccetto *m.* ⟨*El, Mecc*⟩ bracket, arm. □ *a* ~ arm in arm: *andare a* ~ *con qd.* to walk arm in arm with s.o.; ⟨*fig*⟩ to get on well with s.o.

bracchiere *m.* ⟨*Venat*⟩ kennel–hand.

braccia → braccio. **bracciale** *m.* **1** (*braccialetto*) bracelet, armlet. **2** ⟨*Sport*⟩ bracer. **3** (*distintivo che si porta al braccio*) armband. **braccialetto** *m.* **1** bracelet, bangle. **2** (*di orologio*) band: ~ *in acciaio* steel band. □ ~ *a catenella* chain bracelet; ~ *con monete* coin bracelet.

bracciantato *m.* (day–)labourers *pl.* **bracciante** *m./f.* (day–)labourer. □ ~ *agricolo* farm labourer, farm–hand.

bracciare *v.t.* (*braccio, bracci*) ⟨*Mar*⟩ to brace.

bracciata *f.* **1** (*quantità, contenuto*) armful: *una* ~ *d'erba* an armful of grass. **2** (*nel nuoto*) stroke: *mi raggiunse con poche* ~*e* he reached me with a few strokes.

braccio *m.* (*pl.* i **bracci**, le **braccia**; the plural in –*a* is used in the concrete sense and as a measure of length; in other cases the plural is usually in –*i*) **1** arm: *il* ~ *sinistro* the left arm. **2** *pl.* (*le braccia*) ⟨*fig*⟩ (*lavoratori, braccianti*) hands: *i campi abbisognano di* –*a* hands are needed in the fields. **3** (*misura*) ell; ⟨*Mar*⟩ fathom. **4** ⟨*Arch*⟩ (*ala di edificio*) wing. **5** ⟨*Fis*⟩ lever arm. **6** ⟨*Mecc*⟩ arm. □ *a* –*a*: bodily, by force, by hand: *lo riportarono a casa a* –*a* they carried him home bodily; ⟨*Ginn*⟩ –*a in* **alto** arms raised; *alzare il* ~ to lift one's arm; ⟨*fig*⟩ *a* –*a* **aperte** with open arms: *mi accolsero a* –*a aperte* they welcomed me with open arms; ~ *della* **bilancia** balance beam; ⟨*fig*⟩ *sentirsi* **cascare** *le* –*a* to feel one's heart sink to one's boots; *portare il* ~ *al* **collo** to have one's arm in a sling; *gettare le* –*a al collo di qd.* to throw one's arms round s.o.'s neck; *stare a* –*a* **conserte** to stand with folded arms; ~ *di* **croce** limb (*o* arm) of a cross; ⟨*fig*⟩ *essere il* ~ **destro** *di qd.* to be s.o.'s right hand; ⟨*fig*⟩ ~ *di* **ferro** trial of strength; ~ *di* **fiume** arm of a river; *gettarsi* **fra** *le* –*a di qd.* to throw o.s. into s.o.'s arms; **stringere** (*o prendere*) *qd. fra le* –*a* to clasp s.o. in one's arms; ⟨*Ginn*⟩ –*a in* **fuori** arms out; ~ *del* **giradischi** pick-up arm; ⟨*Mecc*⟩ ~ *di* **gru** crane jib; *prendere in* ~ to pick s.o. up; **tenere** (*o avere*) *un bambino in* ~ to hold a baby (in one's arms); **incrociare** *le* –*a* to fold one's arms; ⟨*fig*⟩ (*scioperare*) to stop work, to down tools; ~ *di* **lampada** lamp bracket; ⟨*fig*⟩ *avere le* **braccia legate** to have one's hands tied; *il* ~ *della* **legge** the arm of the law; ⟨*Mecc*⟩ ~ *di* **leva** lever arm; ⟨*fig*⟩ *avere le* **braccia lunghe** to be very influential; ~ *di* **mare** sound, strait; **mettersi** *nelle braccia di qd.* to place one's trust in s.o.; ~ *della* **morte** (*di prigione*) death house (*o* row); **offrire** *il* ~ *a una signora* to offer one's arm to a lady; *prendere qd. per un* ~ to take s.o. by the arm; ⟨*tecn*⟩ ~ **regolabile** swingarm; ⟨*Stor*⟩ ~ **secolare** secular arm (*o* authority); ⟨*Mecc*⟩ ~ **snodato** flexible arm; ⟨*fig*⟩ *avere qd. sulle* –*a* to have s.o. on one's hands; ⟨*fig*⟩ **tendere** *le* –*a a qd.* to give s.o. a helping hand; ~ *di* **terra** promontory; *a* –*a* **tese** with outstretched arms.

bracciolo *m.* **1** arm(rest). **2** (*di scala*) banister (rail).

bracco *m.* (*pl.* -**chi**) **1** (*cane*) gun dog. **2** ⟨*fig*⟩ sleuth, bloodhound.

bracconaggio *m.* poaching. **bracconiere** *m.* poacher.

brace *f.* **1** embers *pl.* **2** ⟨*region*⟩ (*carbonella*) charcoal. □ ⟨*Gastr*⟩ **alla** ~ cooked over charcoal, barbecued: *bistecca alla* ~ barbecued steak; ⟨*fig*⟩ *di* ~ burning, glowing: *lo guardò con occhi di* ~ she looked at him with burning eyes; ⟨*fig*⟩ *farsi di* ~ to blush; **rosso** *come la* ~ fiery red; ⟨*fig*⟩ **soffiare** *sulla* ~ to pour oil on the flames.

brachetta *f.* **1** front flap of breeches. **2** *pl.* (*mutandine*: *da donna*) panties *pl;* (*da bambino*) knickers *pl,* underpants *pl.* □ ~ *da bagno* swimming (*o* bathing) trunks.

brachiale *a.* ⟨*Anat*⟩ brachial. □ **muscolo** ~ brachial muscle; **vena** ~ brachial vein.

brachi|cardia *f.* ⟨*Med*⟩ brachycardia. ~**cefalia** *f.* ⟨*Anat*⟩ brachycephaly. ~**cefalo I** *a.* brachycephalous. **II** *s.m.* brachycephal. ~**logia** *f.* ⟨*Ret*⟩ brachylogy.

brachiuri *m.pl.* ⟨*Zool*⟩ brachyurans *pl.*

braciere *m.* brazier.

braciola *f.* ⟨*Gastr*⟩ chop: ~ *di maiale* pork chop.

bradicardia *f.* ⟨*Med*⟩ bradycardia.

bradisismo *m.* ⟨*Geol*⟩ bradyseism. □ ~ *negativo* (*positivo*) negative (positive) bradyseism.

brado *a.* wild. □ *cavallo* ~ wild (*o* unbroken) horse; *cresciuto allo stato* ~ reared in the wild state.

braga *f.* **1** (*braca*) leg of a pair of breeches; *pl.* breeches *pl.* **2** ⟨*Idr*⟩ Y branch.

braghetta *f.* ⟨*region*⟩ → brachetta.

bragozzo *m.* ⟨*Mar*⟩ bragozzo (small fishing boat in the Adriatic).

Brahma *N.pr.m.* ⟨*Rel*⟩ Brahma. **brahmanesimo** *m.* Brahmanism, Brahminism.

braidense *a.* of (*o* from) Brera.

braille *fr.* [braij] **I** *s.m.* braille. **II** *a.* braille: *sistema* ~ braille system.

brama *f.* yearning, greed, desire. □ *eccitare le* ~*e di qd.* to excite s.o.'s desires; ~ *di sapere* desire (*o* thirst) for knowledge.

Bramaputra *N.pr.m.* ⟨*Geog*⟩ Brahmaputra.

bramare *v.t.* to desire, to yearn (*o* long) for: *bramava* (*di*) *tornare in patria* he longed to return to his country.
bramino *m.* ⟨*Rel*⟩ Brahman, Brahmin.
bramire *v.i.* (**bramisco, bramisci**; *aus.* **avere**) to roar, to bellow; (*rif. a cervo*) to bell. **bramito** *m.* roar, bellow; (*rif. a cervo*) bell.
bramosamente *avv.* yearningly, longingly, eagerly. **bramosia** *f.* longing, yearning, desire. □ ~ *di sapere* thirst for knowledge. **bramoso** *a.* longing, yearning, greedy: *sguardo* ~ longing look; ~ *di guadagni* greedy for profit.
branca *f.* **1** (*rif. a uccelli*) claw, talon; (*rif. ad animali feroci*) claw. **2** *pl.* (*tentacoli*) tentacles *pl.* **3** ⟨*fig*⟩ claw; *pl.* clutches *pl*: *strappare qd. dalle branche dell'usuraio* to rescue s.o. from the usurer's clutches. **4** (*di strumenti*) jaw: *le branche delle tenaglie* the jaws of the pincers. **5** (*ramo*) branch (*anche fig.*): *le branche della fisica* the branches of physics. **6** (*di scala*) flight. □ ⟨*fig*⟩ *cadere nelle branche del nemico* to fall into the clutches of the enemy; ~ *dell'industria* branch of industry; *tutte le branche dello scibile* all branches of knowledge. **brancata** *f.* handful.
branchia *f.* ⟨*Itt*⟩ gill. **branchiale** *a.* branchial. **branchiati** *m.pl.* ⟨*Zool*⟩ Branchiata *pl.*
brancicare *v.* (**brancico, brancichi**) **I** *v.t.* to paw, to squeeze. **II** *v.i.* (*aus.* **avere**) to fumble. □ ~ *nel buio* to grope in the dark.
branco *m.* (*pl.* **-chi**) **1** (*di pecore e uccelli*) flock; (*mandria*) herd: ~ *di cervi* herd of deer; (*di lupi*) pack; (*di pesci*) shoal, ⟨*am*⟩ school. **2** ⟨*fig*⟩ flock: *un* ~ *di bambini* a flock of children; (*banda*) gang, pack: *siete un* ~ *di mascalzoni* you are a pack of scoundrels. □ *a branchi* in herds; ⟨*spreg*⟩ *entrare nel* ~ to go with the crowd; ~ *di maiali* herd of pigs.
brancolamento *m.* groping. **brancolare** *v.i.* (**brancolo**; *aus.* **avere**) to grope (*anche fig.*): ~ *nel buio* to grope in the dark (*anche fig.*).
branda *f.* **1** (*letto pieghevole*) camp (*o* folding) bed, cot. **2** ⟨*Mar*⟩ (*amaca*) hammock.
Brandeburgo *N.pr.m.* ⟨*Geog*⟩ Brandenburg.
brandeggiare *v.t.* (**brandeggio, brandeggi**) ⟨*Artigl*⟩ to traverse. **brandeggio** *m.* traverse.
brandello *m.* **1** shred, scrap, piece; (*pezzo strappato*) strip: *un* ~ *di carne* a strip of meat. **2** ⟨*fig*⟩ (*piccola parte*) scrap, shred: *non ha un* ~ *di orgoglio* he hasn't a scrap of pride. □ *a –i* in shreds, in rags: *un abito a –i* a suit in rags; *fare qc. a –i* to tear s.th. into shreds; *un* ~ *di stoffa* a scrap of material.
brandire *v.t.* (**brandisco, brandisci**) **1** (*impugnare*) to brandish: ~ *una spada* to brandish a sword; *brandì un coltello* he brandished a knife. **2** (*estens*) (*afferrare*) to seize: *brandì il giornale e lo gettò per terra* he seized the newspaper and threw it on to the ground. **brando** *m.* ⟨*lett*⟩ sword.
brano *m.* **1** piece, shred, scrap, strip: *un* ~ *di carne* a piece of meat. **2** ⟨*fig*⟩ passage: *leggere un* ~ *di Manzoni* to read a passage from Manzoni.·□ *a –i* in shreds; *fare qc. a –i* to tear s.th. to pieces; ~ *di lettura* reading passage; ~ *musicale* musical excerpt; *–i scelti* selected passages.
branzino *m.* ⟨*Itt*⟩ sea bass.
brasare *v.t.* ⟨*Gastr*⟩ to braise. **brasato I** *a.* braised. **II** *s.m.* braise. □ *manzo* ~ braised beef.
brasca, brascatura *f.* ⟨*Met*⟩ dross.
Brasile *N.pr.m.* ⟨*Geog*⟩ Brazil. **Brasilia** *N.pr.f.* ⟨*Geog*⟩ Brazilia. **brasiliano** *a./s.m.* (*f.* **-a**) Brazilian.
brassica *f.* ⟨*Bot*⟩ brassica.
brattea *f.* ⟨*Bot*⟩ bract. **bratteato** *a.* bracteate.
bravaccio *m.* **1** (*prepotente*) bully: *fare il* ~ to be a bully. **2** (*spaccone*) boaster, braggart, swaggerer.
bravamente *avv.* bravely: *resistere* ~ to resist bravely. **bravata** *f.* **1** (*azione rischiosa*) (act of) bravado: *traversare il fiume a nuoto è stata una* ~ *inutile* swimming across the river was an act of useless bravado. **2** (*millanteria*) boasting, bragging. **braveria** *f.* (*spavalderia*) boldness, effrontery.
bravo I *a.* **1** (*abile, capace*) clever, skilful, capable: *un* ~ *tecnico* a skilful technician; (*esperto*) fine, good, experienced: *una –a cuoca* an experienced cook. **2** (*onesto,*

dabbene) good, nice, decent, honest: *un brav'uomo* ⸢a good⸣ (*o* an honest) man; *il tuo amico è una –a persona* your friend is a decent person. **3** (*coraggioso, valente*) brave, valorous. **4** (*buono, tranquillo*: *rif. a bambini*) good, quiet: *sii* ~ *mentre la mamma è fuori* be good while Mummy is out. **5** ⟨*esclam*⟩ well done: ~*, hai preso un bel voto* well done, you've got a good mark; (*a teatro*) bravo: *bene,* ~*, bis* fine, bravo, encore. **6** ⟨*fam*⟩ (*rafforzativo*) good, precious, *spesso non si traduce: se non dorme le sue -e dieci ore, non è soddisfatto* if he doesn't sleep his precious ten hours, he's not happy. **II** *s.m.* ⟨*Stor*⟩ bravo. □ *alla* –*a*: **1** (*con negligenza*) carelessly; **2** (*con spavalderia*) swaggeringly; **3** (*rapidamente*) smartly; *da* ~ be a good boy, there's a good fellow: *su, da* ~*, vieni qua* there's a good fellow, come here; *essere* ~ *in qc.* to be good at (*o* in) s.th.: *sei* ~ *in latino* you are good at Latin; *essere* ~ *a scuola* to do well at school; ⟨*fam*⟩ *chi ti capisce è* ~ anyone who can make you out is a clever person; *fare il* ~ (*stare buono*) to be good; *brav'uomo*: **1** decent fellow: *puoi fidarti, è un brav'uomo* you can trust him, he's a decent fellow; **2** (*formula di cortesia*) good man, fine fellow.
bravura *f.* **1** (*abilità*) cleverness, skill, capability; (*esperienza*) experience. **2** (*valore*) bravery, valour. **3** (*azione spavalda*) exploit, prowess: *si vanta spesso delle sue -e* he often boasts about his exploits. □ ⟨*iron*⟩ *bella* ~*!* very clever!; ⟨*Mus*⟩ *pezzo di* ~ bravura.
breccia[1] *f.* (*pl.* **-ce**) breach: *aprire una* ~ to (open a) breach. □ ⟨*fig*⟩ *fare* ~ *su qd.* to win the admiration of s.o.; *morire sulla* ~ to die in harness; ⟨*fig*⟩ *è piuttosto anziano, ma è ancora sulla* ~ he is rather old but he is still going strong.
breccia[2] *f.* (*pl.* **-ce**) **1** ⟨*Min*⟩ (*roccia*) breccia. **2** ⟨*Strad*⟩ (*pietrisco*) crushed stone, road metal. **brecciame** *m.* ⟨*Strad*⟩ crushed stone, road metal.
brefotrofio *m.* home for waifs and strays.
bregma *m.* ⟨*Anat*⟩ bregma.
breitschwanz *ted.* ['braitʃvants] *m.* breitschwanz, broadtail.
brenna *f.* (*ronzino*) jade, nag, hack.
Brennero *N.pr.m.* ⟨*Geog*⟩ Brenner: *passo del* ~ Brenner Pass.
brenta *f.* (*bigoncia*) wine keg.
bresaola *f.* ⟨*region*⟩ bresaola (kind of dried salted beef).
Breslavia *N.pr.f.* ⟨*Geog*⟩ Breslau.
Bretagna *N.pr.f.* ⟨*Geog*⟩ Brittany. □ *Gran* ~ Great Britain.
bretella *f.* **1** braces *pl*, ⟨*am*⟩ suspender. **2** (*di biancheria femminile*) shoulder strap. **3** ⟨*Mecc*⟩ (*di macchina*) brace. **4** ⟨*Strad*⟩ linking stretch, link–up motorway.
bretone *a./s.m./f.* Breton.
brev. = *brevetto* patent (*abbr.* pat.).
breve[1] **I** *a.* **1** short, brief: *un periodo* ~ a brief period; *la vita è* ~ life is short; ~ *tragitto* short journey; *un discorso* ~ a brief speech. **2** ⟨*Metr*⟩ short: *vocale* ~ short vowel; *sillaba* ~ short syllable. **II** *s.f.* **1** ⟨*Metr*⟩ short syllable. **2** ⟨*Mus*⟩ breve. □ *di* ~ *durata* short(–lived); *essere* ~ to be brief; *sarò* ~ *nell'esporre i fatti* I shall briefly explain the facts; *per essere* ~ to be brief; *farla* ~ to be brief; *per* (*o a*) *farla* ~ to be brief, in short, to cut a long story short; *fra* ~ = *tra breve*; *in* ~ (*brevemente*) briefly, in short: *racconterò in* ~ *l'accaduto* I shall briefly relate the event; *–i parole* brief words; *racconto* ~ short story; *romanzo* ~ story; *a* ~ *scadenza* short–term; *tra* ~ shortly, before long: *tra* ~ *saprete tutto* you will hear about it all shortly.
breve[2] *m.* (*lettera pontificia*) breve, papal brief.
brevemente *avv.* briefly: *narrare* ~ *qc.* to relate s.th. briefly.
brevettabile *a.* patentable. □ *non* ~ unpatentable. **brevettabilità** *f.* patentability. **brevettare** *v.t.* (**brevetto**) to patent; (*rif. a marchi*) to register: *far* ~ *un'invenzione* to patent an invention. **brevettato** *a.* patented: *tappo* ~ patented cap; *sistema* ~ patented system; ⟨*fig*⟩ patent system, ⟨*am*⟩ surefire system.
brevetto *m.* **1** patent. **2** ⟨*Aer*⟩ pilot's licence. □ **chiedere** *un* ~ to apply for a patent; **concessione** *di* ~ concession

of a patent; **esclusività** *di un* ~ exclusive patent rights; ~ *d'*invenzione (letters) patent; ~ *in corso di* registrazione patent pending; **richiesta** *di* ~ patent application.

breviario *m.* **1** ⟨*Lit*⟩ breviary. **2** (*compendio, sommario*) compendium, summary.

brevio *m.* ⟨*Chim*⟩ brevium.

brevità *f.* **1** brevity, shortness. **2** (*concisione*) concision, conciseness. **3** ⟨*Metr*⟩ shortness. □ *per* ~ for the sake of brevity.

brezza *f.* breeze. □ ~ *di mare* sea breeze; ~ *di monte* mountain breeze; ~ *di terra* land breeze.

bric-à-brac *fr.* [brika'brak] *m.* bric-a brac; (*negozio*) junk shop; (*venditore*) junk dealer.

bricco *m.* (*pl.* **-chi**) **1** (*recipiente*) pot, jug. **2** (*contenuto*) pot(ful), jug(ful). □ ~ *del caffè* coffee pot; ~ *del latte* milk jug.

briccola *f.* ⟨*Stor*⟩ (*macchina militare*) catapult.

bricconaggine *f.* roguery, knavery. **bricconata** *f.* piece of roguery, knavish trick. **briccone I** *s.m.* (*f.* **-a**) rogue, knave. **II** *a.* roguish, knavish. □ *essere un* ~ *matricolato* to be a thorough rogue, to be an arrant knave; *un tiro* ~ a rascally trick. **bricconeria** *f.* **1** (*l'essere briccone*) roguery, knavery. **2** (*azione*) piece of roguery, knavish trick.

briciola *f.* **1** (*di pane*) crumb. **2** (*pezzettino*) crumb, morsel, bit: *non è rimasta una* ~ *di dolce* there's not a bit of cake left. □ (*scherz*) *ridurre in* -*e* to crumble, to break to bits. **briciolo** *m.* (*fig*) bit, scrap, atom, grain: *non hai un* ~ *di buonsenso* you haven't got a grain (*o* scrap) of common sense.

bricolage *fr.* [briko'ladʒ] *m.* do-it-yourself work.

bridge *ingl.* ['bridʒ] *m.* bridge. **bridgista** *m./f.* bridge player. **bridgistico** *a.* (*pl.* **-ci**) bridge: *torneo* ~ bridge drive.

briga *f.* **1** trouble, (*fam*) pickle. **2** (*lite*) quarrel. □ *attaccar* ~ to pick (*o* start) a quarrel; *darsi la* ~ *di fare qc.* to take the trouble to do s.th.

brigadiere *m.* ⟨*Mil*⟩ brigadiere (rank corresponding to a sergeant in the army).

brigantaggio *m.* **1** (*attività*) brigandage: *darsi al* ~ to take to brigandage. **2** (*collett*) brigands: *combattere il* ~ to fight the brigands. □ *un atto di* ~ an act of brigandage.

brigante *m.* **1** brigand, bandit, robber: *la regione era infestata dai* -*i* the region was infested with brigands. **2** (*malvivente, tipaccio*) scoundrel, rogue, rascal. **3** ⟨*fam, scherz*⟩ rogue, rascal, scamp, imp: *quel* ~ *di tuo figlio ha rubato la marmellata* that scamp of a son of yours has stolen the jam. **brigantesco** *a.* (*pl.* **-chi**) brigandish, of (*o* like) a brigand: *atti briganteschi* acts of brigandage.

brigantino *m.* ⟨*Mar*⟩ brig. □ ~ *a palo* bark, barque; ~ *goletta* brigantine, (*am*) hermaphrodite brig.

brigare *v.i.* (**brigo, brighi**; *aus.* **avere**) to intrigue: ~ *per avere una carica* to intrigue for office.

brigata *f.* **1** (*comitiva*) company, party. **2** ⟨*Mil*⟩ brigade. **3** ⟨*ant*⟩ (*compagnia di mercenari*) company. □ ⟨*Mil*⟩ ~ *aerea* wing; ⟨*Mil*⟩ ~ *di fanteria* infantry brigade; *generale di* ~ brigadier, ⟨*am*⟩ brigadier general; -*e rosse* Red Brigades. *Prov.*: *poca* ~, *vita beata* two's company, three's a crowd, the fewer the better.

brigatista *m./f.* brigadist. □ ~ *rosso* Red Brigadist.

Brigida *N.pr.f.* Bridget.

briglia *f.* **1** bridle; (*redine*) reins *pl; pl.* (*per bambini*) leading strings *pl.* **2** ⟨*Edil*⟩ (*muro: per la correzione di torrenti*) dike, embankment; (*per trattenere terreni franosi*) reinforcement (to prevent landslides). **3** ⟨*Mar*⟩ bobstay. **4** ⟨*Mecc*⟩ boom, chord, flange. □ ⟨*Mecc*⟩ ~ *di accoppiamento* coupling flange; *allentare la* ~ (o *le briglie*) to slacken the reins (*anche fig.*); ⟨*Mar*⟩ ~ *del bompresso* bobstay; *condurre un* **cavallo** *per la* ~ to lead a horse by the bridle; ⟨*Mecc*⟩ ~ *di* **collegamento** collar beam; ⟨*fig*⟩ *lasciare la* ~ *sul* **collo** *a qd.* to give s.o. free rein, **dar** *la* ~ *al* **cavallo** to let a horse have its head; *a* ~ *sciolta* at full gallop, ⟨*fig*⟩ hell for leather, at full speed; *tenere le* -*e* to hold the reins (*anche fig.*).

brillamento *m.* **1** (*rif. a mine*) blasting, shooting, firing. **2** ⟨*Astr*⟩ flare.

brillantare *v.t.* **1** (*rif. a pietre dure*) to cut, to facet. **2** ⟨*Mecc*⟩ to buff, to polish. **3** ⟨*Fal*⟩ to furbish, to polish. **4**

⟨*Dolc*⟩ to ice, to frost; (*rif. a confetti e sim.*) to sugar.

brillante I *a.* **1** glittering, brilliant, sparkling, bright (*anche fig.*): *lana di color rosso* ~ bright red wool; *carriera* ~ brilliant career. **2** ⟨*Teat, Cin*⟩ gay, light. **II** *s.m.* **1** diamond, brilliant: *anello con* ~ diamond ring. **2** ⟨*Teat*⟩ actor of light comedy roles, comic actor. □ *commedia* ~ light comedy; ~ *solitario* solitaire diamond; *taglio a* ~ brilliant cutting. **brillantemente** *avv.* brilliantly.

brillantina *f.* brilliantine.

brillare[1] **I** *v.i.* (*aus.* **avere**) **1** to shine, to sparkle, to glitter, to gleam, to glisten: *le brillavano gli occhi* her eyes were shining; (*rif. a stelle*) to twinkle, to shine. **2** ⟨*fig*⟩ to shine: *non brilla nella conversazione* he does not shine in conversation. **3** (*rif. a mine: esplodere*) to go off, to explode: *far* ~ *una mina* to explode (*o* set off) a charge. **II** *v.t.* (*rif. a mine*) to set off, to fire, to explode. □ ⟨*scherz*⟩ *quest'impiegato brilla per la sua assenza* this employee is conspicuous for his absence.

brillare[2] **I** *v.t.* (*rif. a cereali*) to polish, to husk, to hull. **II** *v.i.* to shine; (*riflettere la luce*) to glint, to glisten, to shine; (*sfavillare*) to sparkle, to glitter; (*di luce debole*) to gleam. **brillato** *a.* polished, husked, hulled: *riso* ~ polished rice.

brillatoio *m.* (*stabilimento*) rice mill; (*macchina*) polisher, husking machine. **brillatura** *f.* polishing, husking. □ ~ *del caffè* coffee hulling; ~ *del riso* rice polishing (*o* husking).

brillo *a.* ⟨*fam*⟩ tipsy, tight.

brina *f.* hoar-frost, (white) frost. **brinare I** *v.i.impers.* (*aus.* **essere/avere**) to frost. **II** *v.t.* (*coprire di brina*) to frost over, to cover with hoar-frost. **brinata** *f.* hoar-frost, (white) frost: *la* ~ *ha danneggiato il raccolto* the frost has damaged the crops. □ *stanotte c'è stata una* ~ last night there was frost. **brinato** *a.* frosted-over, covered with hoar-frost, frosty: *campi* -*i* frosty (*o* frost-covered) fields.

brindare *v.i.* (*aus.* **avere**) to toast (*a qc.* s.th.), to drink (to), to drink a toast (to): ~ *alla vittoria* to drink to victory; ~ *alla salute di qd.* to drink to s.o.'s health. □ *brindo alla tua salute* here's to your health.

brindello *m.* tatter, rag, shred: *a* -*i* in tatters, in rags; *un abito a* -*i* a tattered (*o* ragged) dress.

brindisi *m.inv.* toast: *un* ~ *all'invitato d'onore* a toast to the guest of honour. □ *fare un* ~ to make (*o* drink) a toast, to toast.

brio *m.* **1** vivacity, liveliness, sprightliness, spirit. **2** ⟨*Mus*⟩ brio. □ *con* ~: with spirit: *conversare con* ~ to talk animatedly; *una ragazza piena di* ~ a lively girl, a girl full of go (*o* dash).

briofite *f.pl.* ⟨*Bot*⟩ Bryophyta *pl.*

brionia *f.* ⟨*Bot*⟩ (red) bryony.

briosamente *avv.* vigorously, lively, with spirit. **briosità** *f.* vivacity, spirit, liveliness. **brioso** *a.* lively, spirited, vivacious, sprightly.

brioscia *f.* ⟨*Dolc*⟩ brioche.

briscola *f.* **1** (*gioco di carte*) briscola. **2** (*carta*) trump: *giocare una* ~ to play a trump. □ ⟨*fig*⟩ *essere l'asso di* ~ to be the most important person; ⟨*fig*⟩ *contare come il due di* ~ to count for nothing.

Britannia *N.pr.f.* ⟨*Geog.stor*⟩ Britain, Britannia. **britannico** *a.* (*pl.* **-ci**) British, Britannic. □ *Sua Maestà Britannica* His (*o* Her) Britannic Majesty; *le Isole britanniche* the British Isles. **britanno I** *a.* ⟨*Stor*⟩ British, Britannic. **II** *s.m.* (*f.* **-a**) Briton.

brivido *m.* **1** shiver: *un* ~ *mi corse per le ossa* a shiver ran down my spine; (*di ribrezzo*) shudder. **2** (*sensazione violenta: piacevole*) thrill: *provare un* ~ *di piacere* to feel a thrill of pleasure; (*spiacevole*) shudder. □ *avere i* -*i della febbre* to shiver with fever; *era scossa dai* -*i* she shuddered; *il tuo racconto mi fa venire i* -*i* your story ⌈gives me the creeps⌉ (*o* makes me shudder); *mi vengono i* -*i a pensarci* I shudder at the thought of it.

brizzolato *a.* **1** (*rif. a barba, capelli e sim.*) grizzled, greying: *tempie* -*e* greying temples. **2** (*rif. a persona*) grey-haired, going grey: *un uomo appena* ~ a man just going grey. **brizzolatura** *f.* grizzling, greying.

brocca *f.* **1** (*caraffa*) jug, pitcher. **2** (*contenuto*) jug(ful),

pitcher, ewer: *una* ~ *d'acqua* a jug(ful) of water.
broccatello *m.* **1** ⟨*Tess*⟩ brocatel(le). **2** (*marmo*) brocatello. **broccato** *m.* ⟨*Tess*⟩ brocade: ~ *d'argento* silver brocade; ~ *d'oro* gold brocade.
broccia *f.* (*pl.* **-ce**) ⟨*Mecc*⟩ broach. **brocciatrice** *f.* broaching machine.
brocco[1] *m.* (*pl.* **-chi**) **1** (*stecco*) stick, dry twig. **2** (*borchia dello scudo*) boss, stud. **3** (*centro del bersaglio*) bull's-eye, bull. □ *dar nel* ~ to hit the mark (*anche fig.*).
brocco[2] *m.* (*pl.* **-chi**) ⟨*spreg*⟩ **1** (*ronzino*) hack, jade. **2** ⟨*fig*⟩ second-rater.
broccolo *m.* **1** (*Bot*) bro(c)coli. **2** ⟨*fig*⟩ (*persona sciocca*) dolt, blockhead. □ *-i di rapa* sprouting broccoli.
broda *f.* **1** ⟨*spreg*⟩ (*brodo lungo*) watery soup, ⟨*fam*⟩ slops *pl*; (*caffè lungo*) watered-down coffee, ⟨*fam*⟩ dishwater. **2** ⟨*fig*⟩ (*rif. a scritti, discorsi*) idle chatter. **brodaglia** *f.* ⟨*spreg*⟩ → **broda. brodetto** *m.* ⟨*Gastr*⟩ **1** (*salsa*) brodetto (made from broth containing beaten eggs and lemon juice): *in* ~ seasoned with brodetto. **2** (*zuppa di pesce*) fish soup.
brodo *m.* ⟨*Gastr*⟩ broth. □ ~ *di* **carne** meat broth (*o* soup); (*base di minestra*) meat stock; ⟨*Biol*⟩ ~ *di* **coltura** culture medium; ⟨*fam*⟩ *lasciar* **cuocere** *qd. nel proprio* ~ to let s.o. stew in his own juice; *da* ~ for broth, soup–; ~ *di* **dadi** soup made from bouillon cubes; ⟨*fig*⟩ *andare in* ~ *di* **giuggiole** to go into ecstasies; ~ **lungo** thin (*o* weak) broth; ~ *di* **manzo** beef tea (*o* broth); **pastina** *in* ~ noodle soup; ~ *di* **pollo** chicken broth (*o* soup); ~ **ristretto** consommé; ~ **vegetale** vegetable broth (*o* stock). *Prov.*: *tutto fa* ~ it's all grist to one's mill; *gallina vecchia fa buon* ~ old hens make the best soup.
brodoso *a.* watery, thin: *minestra* *–a* watery soup.
brogliaccio *m.* note-book, scribbling pad (*o* block).
brogliare *v.i.* (*broglio*, **brogli**; *aus.* **avere**) to intrigue. **broglio** *m.* intrigue, rigging: *brogli elettorali* election rigging.
brokeraggio *m.* ⟨*Econ*⟩ brokerage.
bromato **I** *a.* ⟨*Chim*⟩ bromated. **II** *s.m.* bromate.
bromatologia *f.* bromatology. **bromatologo** *m.* (*pl.* **-ci**) dietician.
bromico *a.* (*pl.* **-ci**) ⟨*Chim*⟩ bromic, bromine–: *acido* ~ bromic acid. **bromismo** *m.* ⟨*Med*⟩ bromism, bromide intoxication. **bromo** *m.* bromine. **bromografo** *m.* ⟨*Fot*⟩ printing box, ⟨*am*⟩ photo copier. **bromolio** *m.* ⟨*Fot*⟩ bromoil process.
bromurato *a.* ⟨*Chim*⟩ brominated. **bromurazione** *f.* ⟨*Chim*⟩ bromination. **bromuro** *m.* bromide: ~ *d'argento* silver bromide.
bronchiale *a.* bronchial. **bronchiolo** *m.* ⟨*Anat*⟩ bronchiole. **bronchite** *f.* ⟨*Med*⟩ bronchitis. □ ~ *asmatica* bronchial asthma.
broncio *m.* pout, sulky expression. □ *fare il* ~ to pout, to sulk, ⟨*pop*⟩ to have the sulks; *ha tenuto il* ~ *tutto il giorno* he has been sulking (*o* sulky) all day.
bronco[1] *m.* (*pl.* **-chi**) ⟨*Anat*⟩ bronchus.
bronco[2] *m.* (*pl.* **-chi**) (*ramo nodoso*) knotty branch.
bronco|grafia *f.* ⟨*Med*⟩ bronchography. **~polmonare** *a.* bronchopulmonary. □ *infiammazione* ~ bronchopneumonia. **~polmonite** *f.* bronchial pneumonia, bronchopneumonia. **~scopia** *f.* ⟨*Med*⟩ bronchoscopy.
brontolamento *m.* grumbling; (*rif. ad animali*) growling, snarling; (*rif. al tuono*) rumbling, rumble, growling.
brontolare *v.* (*brontolo*) **I** *v.i.* (*aus.* **avere**) **1** to grumble, to mutter. **2** (*rif. al tuono*) to rumble, to growl. **3** (*rif. all'intestino*) to rumble. **II** *v.t.* to mutter, to mumble: ~ *una scusa* to mumble an excuse; ~ *una minaccia* to mutter a threat. **brontolio** *m.* **1** (*il brontolare prolungato*) grumbling, muttering, mumbling. **2** (*del tuono*) rumbling, growling. **3** (*del ventre*) rumbling. **brontolone** *m.* (*f.* **-a**) grumbler, ⟨*fam*⟩ moaner, ⟨*fam*⟩ grizzler.
brontosauro *m.* ⟨*Paleont*⟩ brontosaurus.
bronzare *v.t.* (*bronzo*) to bronze. **bronzatura** *f.* bronzing.
bronzeo *a.* **1** (*di bronzo*) (made of) bronze. **2** (*del colore del bronzo*) bronze(–coloured).
bronzina *f.* ⟨*Mecc*⟩ bush(ing); (*cuscinetto*) friction-type (*o* antifriction) bearing.

bronzino *a.* (*del colore del bronzo*) bronze(–coloured).
bronzista *m./f.* (*chi lavora il bronzo*) bronzesmith.
bronzo *m.* **1** bronze. **2** (*oggetto in bronzo*) bronze. **3** *pl.* ⟨*poet*⟩ (*le campane*) bells *pl.* □ *di* ~ bronze: *statua di* ~ bronze statue; ⟨*Archeol*⟩ *età del* ~ Bronze Age; ⟨*fig*⟩ *faccia di* ~ brazen–faced person; *voce di* ~ (*sonora*) sonorous (*o* ringing) voice; (*forte*) loud voice.
brossura *f.* paperback (binding). □ *libro in* ~ paper–bound book, paperback.
browniano [braun–] *a.* ⟨*Fis*⟩ Brownian: *moto* ~ Brownian motion (*o* movement).
brucare *v.t.* **1** to crop, to browse on, to nibble at: *le pecore brucano l'erba* the sheep are cropping the grass; (*rif. a selvaggina cervina*) to browse, to graze. **2** (*sfrondare*) to strip (off). **brucatura** *f.* **1** cropping, nibbling, browsing; (*rif. a selvaggina cervina*) browsing, grazing. **2** (*rif. a rami*) stripping.
brucellosi *f.* ⟨*Med*⟩ brucellosis.
bruciacchiare *v.t.* (*bruciacchio*, **bruciacchi**) **1** to scorch, to singe, to sear: *mi sono bruciacchiata i capelli con la candela* I have singed my hair with the candle. **2** (*rif. al sole*) to scorch; (*rif. al gelo*) to sear. **bruciacchiatura** *f.* **1** (*il bruciacchiare*) scorching, singeing, searing. **2** (*segno*) scorch (mark).
bruciamento *m.* burning. **bruciante** *a.* ⟨*fig*⟩ burning, smarting, acute: *un'umiliazione* ~ a burning humiliation.
bruciapelo: *a* ~: **1** (*a brevissima distanza*) point–blank, at close range: *sparare a* ~ to shoot point–blank; **2** ⟨*fig*⟩ (*all'improvviso*) suddenly, unexpectedly. □ *fare una domanda a* ~ *a qd.* to spring a question on s.o.
bruciaprofumi *m.inv.* perfume burner.
bruciare *v.* (*brucio*, **bruci**) **I** *v.t.* **1** to burn: ~ *la legna* to burn wood; (*rif. a edifici: distruggere*) to burn down. **2** (*stirando*) to scorch. **3** ⟨*Med*⟩ (*cauterizzare*) to cauterize: ~ *la ferita* to cauterize the wound. **4** (*inaridire: rif. al sole*) to scorch, to parch; (*rif. al gelo*) to sear. **II** *v.i.* (*aus.* **essere**) **1** (*ardere*) to burn; (*essere in fiamme*) to be burning (*o* on fire), to be alight, to blaze: *la casa brucia* the house is burning (*o* on fire); *il petrolio brucia bene* oil burns well. **2** (*scottare*) to be scorching, to be burning, to be very hot: *oggi il sole brucia* the sun is scorching today; *non posso bere questo brodo perché brucia* I can't drink this soup because it is very hot. **3** (*essere molto caldo*) to burn, to be very hot: ~ *per la febbre* to burn with fever; *la tua fronte brucia* your forehead is burning. **4** (*essere infiammato*) to smart, to burn: *mi bruciano gli occhi* my eyes are smarting. **5** ⟨*fig*⟩ (*produrre gran dispiacere*) to sting, to rankle. **bruciarsi** *v.r.* **1** (*scottarsi*) to burn o.s.: *mi sono bruciato con la sigaretta* I have burned myself with my cigarette; (*con un liquido*) to scald (o.s.): *bruciarsi le mani col grasso* to scald one's hands with hot fat. **2** (*cuocersi eccessivamente*) to burn: *l'arrosto si è bruciato* the roast has burned. **3** (*El*) (*fulminarsi*) to blow, to burn out: *si è bruciata la lampadina* the bulb has blown. □ ⟨*fig*⟩ *bruciarsi le* **ali** to burn one's fingers; ~ *le* **cervella** *a qd.* to blow s.o.'s brains out; *bruciarsi le cervella* to blow one's brains out; ~ *di* **febbre** to be burning with fever; ~ *senza* **fiamma** to smoulder; ⟨*fig*⟩ ~ *i* **ponti** to burn one's boats (*o* bridges); *i tuoi* **rimproveri** *mi bruciano ancora* I'm still smarting under your rebukes; ~ *dalla* **sete** to be parched with thirst, to have a burning thirst; ⟨*fig*⟩ ~ *le* **tappe** to make lightning progress.
bruciata *f.* (*castagna arrostita*) roast chestnut.
bruciaticcio *m.* **1** (*cosa bruciata*) burnt remains *pl.* **2** (*odore di bruciato*) smell of burning. □ ⟨*fig*⟩ *sento puzzo di* ~ I smell a rat; *quest'arrosto sa di* ~ this roast tastes burnt. **bruciato** **I** *a.* **1** burnt: *un mucchio di carta* *–a* a heap of burnt paper. **2** (*riarso: per il sole*) scorched, parched; (*per il gelo*) seared. **II** *s.m.* → **bruciaticcio.** □ *gioventù* *–a* Beat Generation. **bruciatore** *m.* burner: ~ *a gas* gas burner. **bruciatura** *f.* **1** (*il bruciare*) burning. **2** (*scottatura*) burn; (*causata da un liquido*) scald. **bruciore** *m.* **1** burning sensation, smart(ing). **2** ⟨*fig*⟩ smart, sting: *il* ~ *della sconfitta* the sting of the defeat. □ *soffrire di* ~ *agli occhi* to suffer from smarting eyes; ~ *di stomaco* heartburn.
bruco *m.* (*pl.* **-chi**) **1** caterpillar, ⟨*fam*⟩ grub. **2** (*verme*)

worm.

bruffolo, brufolo *m.* ⟨*dial*⟩ spot, pimple, small boil.

brughiera *f.* heath, moorland, moor.

brûlé *fr.* [bry'le]: *vino* ~ mulled wine.

brulicame *m.* swarm. **brulicante** *a.* swarming (*di* with). **brulicare** *v.i.* (**brulico, brulichi**; *aus.* avere) **1** to swarm, to seethe (*di* with): *l'alveare brulicava di api* the hive was swarming with bees; *la via brulicava di gente* the street was swarming with people. **2** ⟨*fig*⟩ to seethe, to teem: *la sua mente brulicava di progetti* his mind was seething with plans. **brulichio** *m.* **1** swarming, seething. **2** ⟨*fig*⟩ seething, teeming, whirl.

brullo *a.* barren, bare, bleak: *colline* –*e* bleak hills; *alberi* –*i* bare trees.

brulotto *m.* ⟨*Mar*⟩ fire–ship.

bruma[1] *f.* ⟨*lett*⟩ mist.

bruma[2] *f.* ⟨*Zool*⟩ teredo, shipworm.

brumaio *m.* ⟨*Stor*⟩ Brumaire.

brumoso *a.* ⟨*lett*⟩ misty.

bruna *f.* brunette, dark–haired girl (*o* woman). **brunastro** *a.* bownish, darkish. **brunetta** *f.* brunette.

Brunilde *N.pr.f.* Brünnhilde, Brunhild, Brynhild.

brunimento *m.* ⟨*Met*⟩ burnishing, polishing. **brunire** *v.t.* (**brunisco, brunisci**) to burnish, to polish. **brunito** *a.* **1** burnished, polished. **2** (*abbronzato*) tanned. **brunitoio** *m.* ⟨*Met*⟩ burnisher. **brunitore** *m.* ⟨*Met*⟩ burnisher, polisher. **brunitrice** *f.* burnishing machine. **brunitura** *f.* ⟨*Met*⟩ burnish(ing).

bruno I *a.* brown, dusky; (*di pelle*) swarthy. **II** *s.m.* **1** (*colore*) brown: *il* ~ *ti dona* brown suits (*o* becomes) you. **2** (*abito da lutto*) mourning (dress): *prendere il* ~ to put on mourning; (*segno di lutto*) black: *mettere il* ~ *alle bandiere* to drape flags in black. □ *essere* ~ *di capelli* to be dark–haired, to have brown hair; *essere* ~ *di pelle* to be dark–skinned (*o* swarthy).

brusca *f.* horse brush.

bruscamente *avv.* **1** (*in modo burbero*) brusquely, roughly, bluntly, curtly. **2** (*improvvisamente*) abruptly, suddenly.

bruschetta *f.* ⟨*Gastr*⟩ toasted bread (seasoned with oil and garlic).

bruschinare *v.t.* to brush, to groom. **bruschino** *m.* **1** (*spazzola per cavalli*) horse brush. **2** (*spazzola per lavare*) scrubbing brush.

brusco *a./s.* (*pl.* **-chi**) **I** *a.* **1** (*burbero, sgarbato*) rough, abrupt, blunt, curt: *maniere brusche* abrupt manners. **2** (*improvviso*) abrupt, sharp, sudden: *una frenata* –*a* a sharp braking. **3** (*di sapore asprigno*) sharp, sourish, tart: *vino* ~ sharp wine. **II** *s.m.* sourish taste. □ *con le brusche* roughly, bluntly; *tra* ~ *e lusco* in the glimmering (*o* glimmer of) twilight.

bruscolo *m.* speck, mote.

brusio *m.* hum, buzz. □ *un* ~ *di voci* a buzz of voices; *fare* ~ to hum, to buzz.

brut *fr.* [bryt] *a.* brut, very dry.

brutale *a.* (*da bruto*) brutish: *istinti* –*i* brutish instincts; (*violento*) brutal. **brutalizzare** *v.t.* **1** to treat brutally, to brutalize, to ill–treat. **2** (*violentare*) to rape. **brutalizzato** *a.* **1** brutalized, treated brutally. **2** (*violentato*) raped. **brutalizzazione** *f.* **1** brutalization. **2** (*violenza*) rape. **brutalmente** *avv.* brutishly, brutally. **bruto I** *a.* brute–: *forza* –*a* brute force; (*violento*) brutal. **II** *s.m.* brute, beast (*anche fig.*).

Bruto *N.pr.m.* ⟨*Stor*⟩ Brutus.

brutta *f.* (*brutta copia*) rough copy. **bruttare** *v.t.* ⟨*lett*⟩ to soil, to dirty, to sully (*anche fig.*). **bruttezza** *f.* ugliness.

brutto I *a.* **1** ugly: *è* ~, *ma simpatico* he is ugly but nice; *ha un* ~ *naso* he has an ugly (*o* unsightly) nose. **2** (*cattivo*) bad, nasty, ugly, mean: *una* –*a azione* a bad deed; *ha un* ~ *carattere* he has a bad character; *una* –*a notizia* bad news; *passammo un* ~ *periodo* we went through a nasty period; *sei arrivato in un* ~ *momento* you have come at a bad moment. **3** (*andante*) plain, everyday, work–a–day: *metti il vestito* ~ put your everyday dress on. **4** (*rif. al tempo: cattivo*) nasty, bad, ugly, awful: ~ *tempo* nasty (*o* bad) weather; *è stato un* ~ *inverno* it's been an awful winter. **5** (*rif. a malattia: grave*) nasty, bad, serious, ugly: *ha una* –*a malattia* he has a serious illness; *ho avuto*

un ~ *raffreddore* I have had a bad (*o* nasty) cold. **6** (*rafforzativo*) great, ⟨*fam*⟩ rotten, ⟨*volg*⟩ bloody: ~ *cretino* great idiot; ~ *imbroglione* rotten cheat. **II** *avv.* in an ugly way, nastily, unpleasantly, badly: *guardare* ~ *qd.* to look nastily at s.o. **III** *s.m.* **1** ugliness: *il* ~ *nell'arte* ugliness in art. **2** (*parte brutta*) bad (*o* nasty) part, worst (part): *ora viene il* ~ *della faccenda* now comes the nasty part of the matter. **3** (*uomo brutto*) ugly man. **4** (*tempo brutto*) bad weather. □ *alle* –*e* if the worst comes to the worst; *avere una* –*a cera* to look off colour; *con le* –*e* by the use of threats (*o* force); *se non acconsenti subito ti convincerò con le* –*e* if you don't agree at once, I'll make you see reason in a way you won't like; *fare la* –*a copia* to make a rough copy; ~ *come il demonio* as ugly as sin; *essere* ~ to be ugly; *una gran* –*a faccenda* a very nasty (*o* ugly) matter; *fare una* –*a figura* to cut a poor figure; *un* ~ *impiccio* a troublesome (*o* nasty) matter; **passare** *un* ~ *quarto d'ora* to have a nasty time of it; *passarne delle* –*e* to have a bad time; ~ *come il peccato* = *brutto come il demonio*; –*i pensieri* ugly thoughts; *un* ~ *scherzo* a nasty trick, ⟨*fam*⟩ a dirty trick; ~ *segno* bad sign (*o* omen); **tempi** –*i* hard times; **vedersela** –*a* to feel one's time has come, ⟨*fam*⟩ to think one is (in) for it; *il tempo volge al* ~ the weather is turning bad (*o* nasty); *ho preso un* ~ **voto** *in latino* I got a bad mark in Latin. ‖ *il* ~ *è che nessuno mi crede* the worst of it is that nobody believes me; *sentirne delle* –*e sul conto di qd.* to hear nasty things about s.o.

bruttura *f.* **1** (*cosa brutta*) ugly thing. **2** (*azione turpe*) ugly deed, low (*o* mean) action. **3** (*cosa sudicia*) filth.

Bruxelles *fr.* [bry'sɛl] *N.pr.f.* ⟨*Geog*⟩ Brussels.

B.T. = *Buoni del Tesoro* Treasury Bond.

B.T.N. = *Buoni del Tesoro novennali* Treasury Bonds with a maturity of nine years.

B.T.P. = *Buoni del Tesoro poliennali* Treasury Bonds with a long–term maturity.

B.T.Q. = *Buoni del Tesoro quadriennali* Treasury Bonds with a maturity of four years.

bua *f.* ⟨*infant*⟩ pain, ache: *avere la* ~ to have a pain. □ *farsi la* ~ to hurt o.s.

buaggine *f.* stupidity, foolishness.

bubbola[1] *f.* **1** (*fandonia*) fib, tall story. **2** (*cosa da nulla*) trifle. □ *contar* –*e* to tell lies.

bubbola[2] *f.* ⟨*Bot*⟩ Lepiota.

bubboliera *f.* (*sonagliera*) (horse's) collar with bells. **bubbolo** *m.* (harness) bell; (*per cani da slitta*) sleigh bell.

bubbone *m.* ⟨*Med*⟩ bubo. **bubbonico** *a.* (*pl.* **-ci**) bubonic: *peste* –*a* bubonic plague.

buca *f.* **1** hole, pit: *scavare una* ~ to dig a hole. **2** (*depressione, avvallamento*) hollow, depression. **3** (*locale sotterraneo*) dive. **4** (*del biliardo*) pocket. □ ~ *delle lettere* letter–box, post–box, ⟨*am*⟩ mail box; ⟨*Teat*⟩ ~ *del suggeritore* prompter's box.

bucaneve *m.inv.* ⟨*Bot*⟩ snowdrop.

bucaniere *m.* ⟨*Stor*⟩ buccaneer.

bucare *v.* (**buco, buchi**) **I** *v.t.* **1** to hole, to bore, to make (*o* bore) a hole in: ~ *un muro* to make a hole in a wall; ~ *una tavola* to bore a hole in a plank. **2** (*pungere*) to prick. **II** *v.i.* (*aus.* avere) (*di pneumatici*) to have a puncture (*o* flat tyre): *ho bucato due volte in dieci chilometri* I have had two punctures in ten kilometres. **bucarsi** *v.r.* **1** to have a hole in: *si è bucata la tovaglia* the tablecloth has a hole in it. **2** (*pungersi*) to prick o.s.: *mi sono bucata con l'ago* I have pricked myself with the needle. **3** ⟨*gerg*⟩ (*iniettarsi sostanze stupefacenti*) to inject drugs. □ ~ *i biglietti* to punch tickets; ~ *una gomma* to get a puncture; ⟨*Sport*⟩ (*nel tennis*) ~ *la palla* to miss a ball; ~ *la pancia a qd.* to knife s.o. in the stomach.

Bucarest (*o Bucarest*) *N.pr.f.* ⟨*Geog*⟩ Bucharest.

bucatini *m.pl.* ⟨*Alim*⟩ bucatini (kind of macaroni).

bucato[1] *m.* wash, washing, laundry. □ ~ *di* freshly–laundered: *panni di* ~ freshly–laundered clothes; **fare** *il* ~ to do the wash(ing); *il giorno del* ~ wash(ing) day; **lista** *del* ~ laundry list; **stendere** *il* ~ to hang out the washing.

bucato[2] *a.* **1** with holes, holed: *scarpe* –*e* shoes with holes in them. **2** (*internamente vuoto*) hollow. □ ⟨*fig*⟩ *avere le*

mani –e to be a spendthrift.
bucatura *f.* **1** (*il bucare*) holing, boring, puncturing. **2** (*buco*) hole. **3** (*puntura*) prick. **4** (*di pneumatici*) puncture, flat tyre.
bucchero *m.* ⟨Archeol⟩ bucchero.
buccia *f.* **1** (*di frutti, di tuberi*) skin, peel, rind: *mangiare la frutta con la ~* to eat fruit without peeling it; (*di legumi, cereali*) hull, husk, pod, shell: *le bucce dei piselli* pea pods, pea hulls. **2** (*corteccia*) bark, cortex. **3** (*pelle di animali*) skin, hide: *la ~ del serpente* snake skin, slough. **4** ⟨scherz⟩ (*pelle dell'uomo*) skin. □ *~ di banana* banana peel, banana skin: *scivolare su una ~ di banana* to slip on a banana skin; ⟨fig⟩ *lasciarci la ~* to lose one's life; *~ di patata* potato peel; ⟨fig⟩ *rivedere le bucce a qd.* to give s.o. a telling off.
buccina *f.* ⟨Stor.rom⟩ bugle.
Bucefalo *N.pr.m.* Bucephalus. **bucefalo** *m.* ⟨scherz⟩ (*ronzino*) nag, hack, jade.
bucherellare *v.t.* (*bucherello*) to riddle, to fill with small holes. **bucherellato** *a.* riddled, full of small holes.
bucintoro *m.* ⟨Stor⟩ bucentaur.
buco *m.* (*pl.* **-chi**) **1** hole: *fare un ~ nel muro* to make a hole in the wall; *un ~ nella calza* a hole in one's stocking. **2** (*cavità*) cavity, hollow. **3** (*apertura*) opening, aperture. **4** (*locale angusto*) (cubby) hole: *un ~ di bottega* a cubbyhole of a shop; *questa stanza è un ~* this room is just a hole. **5** (*paese piccolo*) small and insignificant town, ⟨fam⟩ dump, ⟨sl⟩ one-horse town: *questa cittadina è un ~ di provincia* this is just a one–horse provincial town. **6** (*fossetta*) dimple. **7** ⟨pop⟩ (*ferita*) hole, cut, wound: *si è fatto un ~ in testa* he got a hole in his head. **8** (*intervallo tra due impegni*) gap, minute, free time: *ho un ~ dalle dieci alle undici, possiamo vederci* I have a gap from ten to eleven, so we can see each other. **9** ⟨gerg⟩ (*iniezione di sostanze stupefacenti*) intravenous injection (of drug), ⟨gerg⟩ fix. □ *in che ~ si è cacciata la mia penna?* where on earth has my pen got to?; **fare** *un ~* to make a hole; ⟨fig⟩ *fare un ~ nell'acqua* to beat the air; ⟨Astr⟩ *~ nero* black hole; *~ della* **serratura** keyhole: *guardare dal ~ della serratura* to look (*o* peep) through the keyhole; ⟨fig⟩ *starsene nel proprio ~* to be a recluse; ⟨fig⟩ **tappare** *un ~* to plug a hole; (*pagare un debito*) to pay off a debt.
bucolica *f.* pastoral poem. **bucolico** *a.* (*pl.* **-ci**) bucolic: *poesia –a* bucolic poem.
bucranio *m.* ⟨Archeol⟩ bucranium, bucrane.
Budapest *N.pr.f.* ⟨Geog⟩ Budapest.
Budda, Buddha *N.pr.m.* ⟨Rel⟩ Buddha. **buddismo** *m.* Buddhism. **buddista** *a./s.m./f.* Buddhist. **buddistico** *a.* (*pl.* **-ci**) Buddhist.
budella → **budello**. **budello** *m.* (*pl.* **i budelli**; *le* **budella**) **1** bowel, gut. **2** *pl.* (*intestino*) bowels *pl*, entrails *pl*, guts *pl*. **3** ⟨fig⟩ (*tubo lungo e sottile*) tube, hose: *un ~ di gomma* a rubber tube. **4** ⟨fig⟩ (*vicolo*) alley. □ ⟨fig⟩ *cavar le –a a qd.* to do away with s.o.; *di ~* gut–: *corda di ~* gut (string); ⟨volg⟩ *empirsi le –a* to fill one's belly, to stuff o.s.
budget *ingl.* ['bʌdeit] *m.* budget. □ *~ aziendale* business budget; *~ di cassa* cash budget; *~ del personale* personnel budget; *~ delle vendite* sales budget. **budgetario** *a.* budgetary, budget–.
budino *m.* ⟨Dolc⟩ pudding.
bue *m.* (*pl.* **buoi**) **1** ox. **2** (*carne*) beef. **3** ⟨fig⟩ (*uomo ottuso*) blockhead, ⟨fam⟩ dumb ox. □ **carne** *di ~* beef; **lavorare** *come un ~* to work like an ox; *~ da* **lavoro** draught ox; *~ da* **macello** ox for slaughter; ⟨Zool⟩ **muschiato** musk–ox.
bufala *f.* cow buffalo. **bufalo** *m.* ⟨Zool⟩ buffalo. □ *pelle di ~* buff.
bufera *f.* storm (*anche fig.*). □ *~ di neve* snowstorm, blizzard; *è passata la ~* the storm is over (*anche fig.*); *~ di vento* gale, windstorm.
buffa *f.* **1** (*cappuccio*) hood. **2** ⟨Stor⟩ (*visiera*) visor.
buffare **I** *v.i.* (*aus.* avere) (*spirare con forza*) to blow hard. **II** *v.t.* (*nel gioco della dama*) to huff. **buffata** *f.* gust, puff: *una ~ di vento* a gust of wind.
buffé *m.* → **buffet. buffet** *fr.* [by'fɛ:] *m.* **1** (*armadio per stoviglie*) cupboard; (*credenza*) sideboard. **2** (*banco di*

rinfresco) buffet, refreshment table. **3** (*caffè ristorante di stazione*) buffet, refreshment room.
buffetteria *f.* ⟨Mil⟩ accoutrements *pl*, leathers *pl*.
buffetto *m.* fillip. □ *dare un ~ sulla gota* to fillip on the cheek.
buffo[1] **I** *a.* **1** (*divertente*) funny, comical, droll: *una storiella –a* a funny story. **2** (*strano*) funny, odd, queer: *che –a gente* what odd people. **3** ⟨Teat⟩ comic. **II** *s.m.* **1** (*cosa strana, curiosa*) funny (*o* odd) thing: *il ~ è che tutti gli hanno creduto* the funny thing is that everyone believed him. **2** ⟨Teat⟩ buffo. □ ⟨Teat⟩ *opera –a* comic opera, opera buffa; *questo sì che è ~* this is really odd.
buffo[2] *m.* (*soffio di vento*) gust, puff.
buffonaggine *f.* **1** foolery, clownishness. **2** (*cosa poco seria*) buffoonery, tomfoolery, nonsense. **buffonata** *f.* **1** (*azione da buffone*) buffoonery, jest, foolery. **2** (*azione poco seria*) tomfoolery, foolishness, nonsense: *le sue minacce son tutte –e* his threats are all nonsense. **buffone** *m.* (*f.* **-a**) **1** ⟨Stor⟩ jester, fool. **2** (*burlone*) jester, joker, buffoon. **3** (*persona poco seria*) frivolous person. □ *~ di corte* court jester (*o* fool); *fare il ~* to play the fool; *perché fai sempre il ~?* why are you always clowning about? **buffoneggiare** *v.i.* (*buffoneggio, buffoneggi*; *aus.* avere) to play the fool, to clown around. **buffoneria** *f.* buffoonery, jest, joke. **buffonescamente** *avv.* jestingly, comically. **buffonesco** *a.* (*pl.* **-chi**) clownish: *modo di fare ~* clownish behaviour.
buganvillea *f.* ⟨Bot⟩ bougainvillaea.
buggerare *v.t.* (*buggero*) ⟨pop⟩ to trick, to cheat, to deceive, to swindle. **buggeratura** *f.* trick, cheat, swindle.
bugia[1] *f.* lie; (*infantile*) fib. □ *non dico bugie!* honest!, (*fam*) no kidding!; *dire una ~* to tell a lie; *~ innocente* fib; *~ pietosa* white lie. Prov.: *le –e hanno le gambe corte* truth will out.
bugia[2] *f.* (*candeliere*) candlestick.
bugiardo *a.* **1** lying, untruthful. **2** (*ingannevole*) false, deceitful, lying: *lacrime –e* false tears. **II** *s.m.* (*f.* **-a**) liar; (*che dice bugie innocenti*) fibber, ⟨fam⟩ storyteller. □ *dare del ~ a qd.* to call s.o. a liar.
bugigattolo *m.* **1** (*stanzino angusto*) cubby–hole: *vivere in un ~* to live in a cubby–hole. **2** (*ripostiglio*) lumber room, closet.
bugliolo *m.* **1** ⟨Mar⟩ bucket, bail. **2** (*nelle carceri*) commode, chamber–pot.
bugna *f.* **1** ⟨Arch⟩ ashlar. **2** ⟨Mar⟩ clew, clue. □ ⟨Arch⟩ *a –e* rusticated: *parete a –e* rusticated wall. **bugnare** *v.t.* ⟨Arch⟩ to ashlar. **bugnato** *m.* rustication, ashlar(-work).
bugno *m.* (*alveare*) beehive.
buio **I** *a.* **1** dark: *una stanza –a* a dark room. **2** ⟨fig⟩ gloomy, sombre: *faccia –a* gloomy face. **II** *s.m.* **1** dark(ness). **2** (*l'imbrunire*) nightfall: *prima del ~* before nightfall. **3** (*mistero*) dark, secrecy, mystery. □ *al ~* in the dark: *lasciare qd. al ~* to leave s.o. in the dark (*anche fig.*); *stare al ~* to be in the dark; ⟨fig⟩ *essere completamente al ~ di qc.* to be completely in the dark about s.th.; *farsi ~* to grow dark; *nel ~* in the dark, in darkness: *avanzare nel ~* to go forward in the dark; *~ pesto* pitch darkness (*o* dark).
bulbare *a.* ⟨Med⟩ bulbar. **bulbicoltura** *f.* ⟨Bot⟩ bulb–growing. **bulbifero** *a.* bulbiferous, producing (*o* bearing) bulbs. **bulbiforme** *a.* bulb–shaped, bulbiform. **bulbillo** *m.* bulbil, bulbel. **bulbo** *m.* **1** ⟨Bot⟩ bulb: *~ di tulipano* tulip bulb. **2** (*di lampada e sim.*) bulb, globe. □ *~ dell'occhio* eyeball; ⟨Anat⟩ *~ del pelo* hair bulb, root of a hair. **bulboso** *a.* bulbous: *pianta –a* bulbous plant.
Bulgaria *N.pr.f.* ⟨Geog⟩ Bulgaria. **bulgaro** **I** *a.* Bulgarian. **II** *s.m.* **1** (*lingua*) Bulgar(ian). **2** (*abitante*; *f.* **-a**) Bulgar(ian). **3** (*cuoio*) Bulgar, Russia leather.
bulimia *f.* ⟨Med⟩ b(o)ulimia.
bulinare *v.t.* to engrave, to chisel. **bulinatore** *m.* engraver, chiseller. **bulinatura** *f.* engraving, chiselling. **bulino** *m.* **1** (*per incidere metalli*) graving tool, burin, graver; (*per incidere cuoio*) punch. **2** (*incisore*) engraver, graver, burinist. □ *lavorare a ~* to engrave.
bullionismo *m.* ⟨Econ⟩ bullionism. **bullionista** *m.* bullionist.

bulletta f. tack, tingle; (*per scarpe*) hobnail, stud; (*per tappezzeria*) tack.

bullo m. ⟨*fam*⟩ young tough.

bullonare v.t. (bullono) ⟨*Mecc*⟩ to bolt. **bullonatrice** f. bolting machine, bolter. **bullonatura** f. bolting. **bullone** m. (screw) bolt. □ *dado del* ~ nut; *gambo del* ~ body, shank; *testa del* ~ bolthead. **bulloneria** f. nuts and bolts pl.

bum I onom. bang, boom: *a un tratto,* ~, *è scoppiata una bomba* all of a sudden, bang, a bomb burst. **II** s.m. bang, boom: *udii il* ~ *dell'esplosione* I heard the bang of the explosion.

bumerang m. → boomerang.

bunker ted. m. bunker (*anche fig.*).

buoi → bue.

buona|fede (o *buona fede*) f. **1** good faith: *ho agito in* ~ I acted in good faith. **2** (*fiducia*) confidence, candour: *approfittare della* ~ *di qd.* to take advantage of s.o.'s candour. **~grazia** (o *buona grazia*) f. benevolence, kindness, courtesy. **~lana** (o *buona lana*) f. (*pl.* **buonelane**) scoundrel, rogue, rascal, scapegrace: *questa* ~ *di tuo figlio ha marinato la scuola* that rogue of a son of yours has played truant. **~mano** (o *buona mano*) f. (*pl.* **buonemani**) tip.

buonanima (o *buon'anima*) f. the dear departed, the late lamented. □ *mio nonno* ~ my grandfather, (God) rest his soul.

buona|notte (o *buona notte*) f. goodnight: *dare la* ~ *a qd.* to wish s.o. goodnight. □ ⟨*iron*⟩ *e* ~ and that's that, and that's the end of that: *il ladro è fuggito e* ~ the thief escaped and that was that; ⟨*iron*⟩ *e* ~ *sonatori* and that's the end of that (o it). **~sera** (o *buona sera*) f. (*di pomeriggio*) good afternoon; (*di sera, incontrandosi*) good evening. □ *dare la* ~ to say good afternoon (o evening). **~voglia** f. willingness, will: *il ragazzo non manca di* ~ the boy shows no lack of willingness.

buon|costume (o *buon costume*) m. public morality (o decency). □ *squadra del* ~ vice squad. **~dì** (o *buon dì*) m. good morning. □ *Prov.*: *il* ~ *si conosce dal mattino* as the twig is bent, so is the tree inclined. **~giorno** (o *buon giorno*) m. good morning: *dare il* ~ *a qd.* to wish s.o. good morning. **~governo** (o *buon governo*) m. good government. **~grado**: *di* ~ willingly.

buongustaio m. (f. **-a**) **1** gourmet. **2** ⟨*estens*⟩ (*intenditore*) connoisseur. **buongusto** (o *buon gusto*) m. **1** (good) taste: *persona di* ~ person with good taste. **2** (*delicatezza, tatto*) good manners, tact: *abbiate il* ~ *di tacere* have the good manners to keep quiet. □ *con* ~ with (good) taste; *di* ~ in good taste: *un oggetto di* ~ an object in good taste.

buono¹ **I** a. (*compar.* più **buono/migliore**, *sup.* **buonissimo/ottimo**; *buono* becomes *buon* before singular masculine nouns beginning with a consonant, except before *s* + consonant, *gn, ps, z, x*; before *s* + consonant, *gn, ps, z, x* it remains *buono*; before masculine nouns beginning with a vowel it becomes *buon*; *buona* becomes *buon'* only before feminine nouns beginning with *a*) **1** good: *un uomo* ~ a good man. **2** (*gentile, cortese*) good, kind, nice, amiable, gentle: *sia tanto* ~ *da ascoltarmi* be so good (o kind) as to listen to me; *mantenere -i rapporti con qd.* to keep on good (o friendly) terms with s.o. **3** (*tranquillo, ubbidiente*) good, well-behaved, quiet: *stai* ~ be good; *oggi il bambino è stato veramente* ~ the baby has been really good today. **4** (*capace, abile*) good, able, skilful, capable: *un buon attore* a good (o fine) actor. **5** (*rispettabile, onesto*) good, respectable, honest: *di* ~ *famiglia* of a good family; (*benestante*) well-off, well-to-do. **6** (*rif. ad animali*) good, well-behaved: *questo cane è* ~ this dog is well-behaved. **7** (*rif. al tempo: sereno*) good, fine, fair: *oggi il tempo è* ~ today the weather is good; (*rif. al clima: salubre*) good, healthy, wholesome: *buon clima di montagna* healthy mountain climate. **8** (*gustoso, gradevole*) good, tasty, delicious: *che buon odore* what a good (o delicious) smell; *come è* ~ *questo sugo* how tasty this sauce is; *ordinò del buon vino* he ordered some good wine. **9** (*commestibile*) good (for eating), fit to eat: *questi funghi non sono -i* these mushrooms are not for eating; *la carne è ancora -a* the meat is still good. **10** (*pregevole*) good, first-rate, fine: *un buon libro* a good book; *un buon quadro moderno* a fine modern painting. **11** (*in buone condizioni*) good: *la strada è -a fino al paese* the road is good as far as the village; (*per le occasioni importanti*) best, good: *l'abito* ~ one's best dress (o suit). **12** (*vero, autentico*) good, true, real: *oro* ~ real gold. **13** (*in corso*) good, current: *questa moneta è ancora -a* this coin is still good; (*non scaduto*) good, valid: *la tessera è -a fino alla fine del mese* the card holds good until the end of the month. **14** (*di buona qualità*) good, fine, first-rate, good-quality, well-made: *un buon prodotto* a well-made product; *un buon rimedio contro la tosse* a good cure for coughs. **15** (*opportuno, conveniente*) good, fit, suitable: *una -a idea* a good idea; *attendere la* ~ *occasione* to wait for a good opportunity; *non è una -a ragione* it isn't a good reason. **16** (*vantaggioso*) good, advantageous, profitable: *ti propongo un buon affare* I am offering you a bargain (o profitable deal). **17** (*favorevole*) good, favourable: *il millenovecentocinquantasette è stata una -a annata per il Chianti* nineteen fifty-seven was a good year for Chianti. **18** (*in formule di augurio*) good, happy: *buon Natale* happy (o merry) Christmas; *buon giorno* good morning (o day). **19** (*con valore rafforzativo*) good, full, whole, considerable, ⟨*fam*⟩ solid: *ti ho atteso due ore -e* I have waited a full (o whole) two hours for you, I have waited two solid hours for you; *ne ho mangiato una -a metà* I have eaten 'a good half' (o at least half). **II** s.m. (f. **-a**) **1** (*persona buona*) good person; pl. the good, the righteous: *i -i saranno premiati* the good shall have their reward. **2** (*parte buona*) good (o best) part: *non buttare il* ~ *della mela* don't throw the good part of the apple away. **3** (*cosa buona*) good, something (good): *c'è del* ~ *in quello che dici* there is something in what you say. □ *essere* ~ **a** (*fare*) *qc.* to be good at doing s.th., to 'be able' (o know how) to do s.th.: *sei* ~ *a camminare sulle mani?* can you walk on your hands?; *è* ~ *solo a criticare* he is only good at finding fault; *alla -a* simple, free and easy, casual, plain: *gente alla -a* plain, simple folk; *era vestito alla -a* he was dressed simply; *lavoro fatto alla -a* sloppy work; ~ *di acquisto* token, cash order; ~ *alimentare* food stamp; *con le -e* in a friendly way; *studierai con le -e o con le cattive* you shall study by hook or by crook; *il buon* **Dio** God; *buon Dio, come sei pallido* (good) heavens, how pale you are; *buon divertimento!* have a good time, enjoy yourself; ⟨*eufem*⟩ *-a* **donna** 'woman of easy virtue, ⟨*fam*⟩ fast woman; *-a* **fortuna** good luck; **in** *-a*: 1 on good terms, in friendly relations; 2 ⟨*fig*⟩ in a good mood: *essere in -a con qd.* to be in friendly relations with s.o.; *Dio ce la* **mandi** *-a* God help us; *essere in -e* **mani** to be in good hands; *di buon* **mattino** early (in the morning); *a buon* **mercato** cheap, inexpensive: *comprare qc. a buon mercato* to buy s.th. cheaply; *fare una -a* **morte** to have a peaceful end; *-i* **nominativi** registered bonds; *-i* **novennali** *del Tesoro* Treasury Bonds with a maturity of nine years; ~ *a* **nulla** good-for-nothing; *un buon* **numero** a large (o considerable) number; *fare un'opera -a* to do a good deed; *di buon'ora* early (in the morning): *mi alzo sempre di buon'ora* I always get up early; ~ *come il* **pane** as good as gold; *una -a* **parola** a good word: *mettici anche tu una -a parola* you put in a good word too; *essere un poco di* ~ to be no good, to be good for nothing: *questa ragazza è una poco di* ~ this girl is no good; *buon* **pro** *ti faccia* may it do you good; *il lavoro è a buon* **punto** the work is 'making good progress' (o coming along nicely); ⟨*iron*⟩ *questa è -a* that is rich (o a good one), I like that; *di* **risparmio** savings bonds; *-i di risparmio a premio* premium savings bonds; *questo cibo ha un buon* **sapore** this food tastes good; *-i* **spesa** trading (o shopping) cheques; *nella -a* **stagione** when the weather is mild; *la -a* **tavola** good cooking; **tenere** ~ *qd.* to stall s.o. off; *tenersi* ~ *qd.* to keep on friendly terms with s.o.; **troppo** ~ you're very kind, that's very nice of you; *qual buon* **vento** *ti porta?* what good fortune brings you here?; *ascoltami una -a* **volta** listen to me once and for all.

buono² m. **1** coupon, voucher, ticket, note: ~ *per*

diecimila lire voucher for ten thousand lire; *un ~ per un paio di calze* a coupon for a pair of stockings. **2** (*ordine di pagamento*) order to pay. □ *~ di* **benzina** petrol coupon; *~ di* **consegna** delivery order; *~* **fruttifero** interest–bearing security; ⟨*Mar*⟩ *~ d'***imbarco** receiving note; ⟨*Comm*⟩ *~ di* **magazzino** warehouse receipt (*o* warrant); *~* **mensa** luncheon voucher; *~* **pasto** luncheon voucher, meal ticket (*o* voucher); *~* **premio** gift voucher; ⟨*Econ*⟩ *~ di* **rimborso** redemption (*o* refunding) bond; *~ di* **risposta** *internazionale* international reply coupon; ⟨*Mar*⟩ *~ di* **sbarco** delivery note (*o* order); *~* **sconto** discount voucher; *~ del* **tesoro** Treasury bond.

buono-benzina *m.* (*pl.* **buoni-benzina**) petrol coupon.

buonora (*o* *buon'ora*): *alla ~*: **1** (*finalmente*) at last, finally; **2** (*comunque sia*) however that may be, at any rate; *di ~* early: *alzarsi di ~* to get up early.

buon|senso (*o* *buon senso*) *m.* common sense, (good) sense: *persona piena di ~* person full of common sense, sensible person. **~tempo** (*o* *buon tempo*) *m.* good (*o* gay) time: *darsi ~* to have a good time. **~tempone** *m.* (*f.* **-a**) jolly fellow. **~umore** (*o* *buon umore*) *m.* good mood, high spirits *pl.* □ *essere di ~* to be in a good mood; *perdere il ~* to fall out of spirits; *riacquistare il ~* to regain one's spirits. **~uomo** (*o* *buon uomo*) *m.* **1** good–natured man, easy–going man. **2** (*credulone*) simpleton, simple–minded fellow. **3** ⟨*fam*⟩ (*rivolgendo la parola*) my good man (*o* fellow): *~, qual è la via più breve per arrivare all'ufficio postale?* my good man, which is the quickest way to the post office? **~uscita** (*o* *buon'uscita*) *f.* **1** (*per un appartamento*) key money. **2** (*gratifica a chi lascia un impiego*) gratuity. **3** ⟨*fam*⟩ golden handshake; (*in caso di pensionamento*) retirement bonus.

burattare *v.t.* to sieve, to sift. **burattatura** *f.* sieving, sifting.

burattinaio *m.* (*f.* **-a**) puppeteer. **burattinata** *f.* ⟨*spreg*⟩ puppetry, tomfoolery. **burattinesco** *a.* (*pl.* **-chi**) puppet–like, foolish: *comportamento ~* foolish behaviour.

burattino *m.* puppet (*anche fig.*): *quell'uomo è un ~ in mano dei suoi superiori* that man is a puppet in the hands of his superiors. □ *fare il ~* (*non mantenere la parola*) not to keep one's word; *spettacolo di –i* puppet show, puppet play; *teatro dei –i* puppet theatre; *piantar baracca e –i* to give s.th. up lock, stock, and barrel.

buratto *m.* **1** (*setaccio*) sifter, sieve. **2** (*macchina*) sifter, reel.

burbanza *f.* haughtiness, arrogance. **burbanzoso** *a.* haughty, arrogant.

burbera *f.* ⟨*Mecc*⟩ windlass.

burberamente *avv.* grumpily, gruffly, roughly. **burbero I** *a.* gruff, grumpy, brusque: *uomo ~* brusque man; *una –a risposta* a gruff reply. **II** *s.m.* (*f.* **-a**) grumpy person. □ ⟨*fam*⟩ *~ benefico* diamond in the rough.

burchiello *m.* ⟨*Mar*⟩ wherry. **burchio** *m.* barge.

bure *f.* beam (of a plough).

bureau *fr.* [by'ro:] *m.* (*portineria d'albergo*) reception desk.

buretta *f.* ⟨*Chim*⟩ burette.

burgundi *m.pl.* ⟨*Stor*⟩ Burgundians *pl.* **burgundo** *a.* Burgundian.

buriana *f.* ⟨*dial*⟩ **1** (*temporale*) short storm. **2** ⟨*fig*⟩ (*trambusto*) turmoil, uproar.

burina *f.* ⟨*Mar*⟩ (*bolina*) bowline.

burino *m.* (*f.* **-a**) peasant; (*persona grossolana*) boor, lout.

burla *f.* **1** trick, prank, practical joke, jest. **2** (*inezia*) trifle, joke: *oggi diecimila lire sono una ~* nowadays ten thousand lire are a mere trifle. □ *da ~* worthless, farcical: *un esercito da ~* a farcical army; *fare una ~ a qd.* to play a trick on s.o.; *mettere in ~ qd.* to make fun (*o* a fool) of s.o.; *per ~* just for fun, in jest: *non dirlo neppure per ~* don't say that even in jest. **burlare** *v.t.* to make fun of, to laugh at, to tease, ⟨*fam*⟩ to pull the leg of, ⟨*fam*⟩ to kid: *mi burlano per la mia timidezza* they laugh at me because of my shyness. **burlarsi** *v.r.* to make fun (*di* of), to laugh (at), to make a fool (of), to mock (s.o.): *si è sempre burlato della legge* he has always laughed at the law. □ *si burla dei miei ammonimenti* he laughs off my warnings. **burlesca** *f.* ⟨*Mus*⟩ burlesque. **burlesco** *a.* (*pl.* **-chi**)

farcical, burlesque: *poesia –a* burlesque poetry. **burletta** *f.* joke, jest, trick. □ *mettere in ~ qd.* to make fun of s.o. **burlone** *m.* (*f.* **-a**) joker, jester.

burnus *m.* burnous.

burocrate *m.* **1** (*impiegato*) government official, Civil Servant. **2** ⟨*spreg*⟩ bureaucrat, stickler for red-tape. **burocratese** *m.* bureaucratese. **burocraticamente** *avv.* bureaucratically. **burocratico** *a.* (*pl.* **-ci**) bureaucratic, red tape, Civil Service–. □ *linguaggio ~* officialese; *lungaggini burocratiche* red tape; *riforma –a* Civil Service reform, reform of the bureaucracy. **burocratismo** *m.* bureaucratization, red tape. **burocratizzare** *v.t.* to bureaucratize. **burocratizzazione** *f.* bureaucratization. **burocrazia** *f.* **1** bureaucracy, ⟨*fam*⟩ red-tape. **2** ⟨*collett*⟩ bureaucracy, government officials *pl,* Civil Service. **3** ⟨*fig*⟩ (*pedanteria*) red-tape.

burotica *f.* office automation.

burrasca *f.* **1** (*tempesta*) storm, tempest, squall: *minaccia ~* a storm seems to be blowing up. **2** ⟨*fig*⟩ trouble, upheaval: *abbiamo avuto burrasche in famiglia* we have had trouble in the family. □ ⟨*fig*⟩ *aria di ~* stormy atmosphere; *in ~* rough, stormy: *mare in ~* rough (*o* stormy) sea; ⟨*Fis*⟩ *~ magnetica* magnetic storm. **burrascosamente** *avv.* stormily. **burrascoso** *a.* stormy (*anche fig.*): *mare ~* stormy sea; *vita –a* stormy life.

burriera *f.* butter dish. **burrificare** *v.t.* (*burrifico, burrifichi*) ⟨*Ind*⟩ to make into butter. **burrificazione** *f.* butter-making. **burrificio** *m.* butter factory, creamery.

burro *m.* ⟨*Gastr*⟩ butter. □ *al ~* cooked in butter, (seasoned) with butter: *uovo al ~* egg fried in butter; *~ di* **cacao** cocoa butter; ⟨*fig*⟩ *di ~* (*tenero*) like butter, meltingly soft; (*accondiscendente*) yielding, soft-hearted; *fare il ~* to make butter; *~* **fresco** fresh butter; *~* **fuso** melted butter; ⟨*fig*⟩ *avere le* **mani** *di ~* to be butter –fingered, to drop things; ⟨*Comm*⟩ *~ di* **Natale** Christmas butter; *~* **salato** salt butter.

burrone *m.* ravine, gorge.

burroso *a.* **1** buttery, rich in butter, fat: *questo dolce è troppo ~* this cake is too rich in butter. **2** ⟨*fig*⟩ (*morbido come il burro*) creamy, buttery.

bus *ingl.* [bʌs] *m.* bus. □ ⟨*Inform*⟩ *~ indirizzi* address bus.

busca *f.* **1** ⟨*lett*⟩ (*cerca*) quest, search. **2** ⟨*Mil*⟩ unlawful appropriation of goods. □ *andare in ~ di qc.* to go in search of s.th. **buscare** *v.t.* (*busco, buschi*) to get, to catch: *mi sono buscato il primo premio* I got the first prize; *mi sono buscato un bel raffreddore* I caught a terrible cold. □ *buscarsi dell'asino* to be called a fool (*o* an ass); *buscarle* to get a thrashing (*o* good hiding).

busecca *f.* ⟨*region,Gastr*⟩ tripe.

busillis *m.* snag, rub: *qui sta il ~* here's the snag, there's the rub.

bussa *f.* (usually in the pl.) wallop. □ *dare le –e* to give a thrashing (*o* hiding, beating), to wallop; *prendere le –e* to get a hiding. **bussare** *v.i.* (*aus.* avere) to knock: *~ alla porta* to knock at (*o* on) the door; *bussano, vai ad aprire* someone's knocking, go and open the door. □ *~ a quattrini* to ask for money. **bussata** *f.* knock. **bussatina** *f.* tap. □ *dare una ~* to (give a) tap. **bussatoio** *m.* knocker.

bussola[1] *f.* (*strumento*) compass (*anche Mar.*). □ **ago** *della ~* compass needle; *~* **azimutale** azimuth compass; *~ di* **declinazione** declinometer, variation (*o* declination) compass; *~* **giroscopica** gyrocompass; ⟨*fig*⟩ **perdere** *la ~* to lose one's bearings; (*parlando*) to talk wildly, to get mixed up; **rosa** *della ~* compass card (*o* rose); ⟨*Mar*⟩ *~ di* **rotta** steering compass; *~* **topografica** surveyor's compass.

bussola[2] *f.* **1** (*portantina*) sedan (chair). **2** (*porta rotante*) revolving door. **3** ⟨*region*⟩ (*cassetta per elemosine*) alms-box.

bussolotto *m.* **1** (*barattolo: di legno*) box; (*di latta*) tin, ⟨*am*⟩ can. **2** (*per gettare i dadi*) dice box (*o* cup), dice-shaker. □ *gioco di –i* sleight-of-hand, conjuring trick.

busta *f.* **1** envelope. **2** (*astuccio*) case. **3** (*borsa a forma di busta*) envelope-bag. □ *in ~* **aperta** in an unsealed (*o* open) envelope; **chiudere** *una* ~ to seal an envelope; *in* ~ **chiusa** in a sealed envelope; ~ *a* **finestra** window envelope; ⟨*Filat*⟩ ~ *primo* **giorno** *di emissione* first day cover; **mettere** *in* ~ to put into an envelope; ~ **paga** pay packet (*o* envelope); *in* ~ *a* **parte** under separate cover; ~ *a* **sacco** envelope with metal fastener.

bustaia *f.* ⟨*Vest*⟩ **1** (*fabbricante*) corset–maker, corsetière. **2** (*venditrice*) corsetière.

bustarella *f.* ⟨*fam*⟩ bribe, ⟨*am*⟩ payola. **bustina** *f.* **1** ⟨*Farm*⟩ packet. **2** ⟨*Mil*⟩ (*berretto*) forage (*o* service) cap. **3** (*borsetta*) clutch bag. □ ~ *di tè* tea bag.

bustino *m.* ⟨*Sart*⟩ corselet. **busto** *m.* **1** ⟨*Anat, Scult*⟩ bust: *un* ~ *di marmo* a marble bust. **2** ⟨*Sart*⟩ corset, stays *pl*; (*elastico*) girdle; (*parte del vestito*) bodice. □ *a mezzo* ~ half–length: *ritratto a mezzo* ~ half–length portrait; ~ *ortopedico* shoulder halter.

butano *m.* ⟨*Chim*⟩ butane. **butile** *m.* butyl. **butilico** *a.* (*pl.* -ci) butyl–: *alcole* ~ butyl alcohol, butanol.

butirrico *a.* (*pl.* -ci) ⟨*Chim*⟩ butyric: *acido* ~ butyric acid.

butta|fuoco *m.* (*pl.* -chi) ⟨*Mil.ant*⟩ linstock. **~fuori** *m.inv.* **1** ⟨*teat*⟩ call-boy; (*di locale notturno*) chucker-out, ⟨*am*⟩ bouncer. **2** ⟨*Mar*⟩ outrigger, boom.

buttare I *v.t.* **1** to throw, to fling: ~ *un sasso* to throw a stone. **2** (*versare*) to pour: *buttò l'acqua nel catino* he poured the water into the basin. **3** (*emettere, mandar fuori*) to send forth, to give out, to spout (out), to discharge. **4** ⟨*fig*⟩ (*sprecare*) to waste, to throw away: ~ *il tempo* to waste time; ~ *il fiato* to waste one's breath. **II** *v.i.* (*aus. avere*) **1** (*rif. a piante, germogli*) to shoot, to sprout, to bud. **2** (*rif. a fontane, sorgenti: sgorgare*) to play, to gush, to spout: *la fontana butta poco* the fountain is hardly playing at all. **buttarsi** *v.r.* **1** (*lasciarsi cadere*) to throw o.s., to drop: *si buttò sul letto* he threw himself on to the bed. **2** (*scagliarsi*) to throw o.s., to hurl o.s.: *si è buttato dal terzo piano* he threw himself from the third floor. **3** (*dedicarsi con impeto*) to throw o.s.: *buttarsi a fare qc.* to throw o.s. into doing s.th. **4** (*rif. ad animali: scagliarsi sulla preda*) to pounce, to leap, to spring: *il gatto si buttò sul topo* the cat pounced on the mouse. □ *buttarsi* **addosso** *il cappotto* to throw one's coat on; ⟨*fam*⟩ ~ *via il* **bambino** *con l'acqua sporca* to throw out the baby with the bath water; ~ *all'***aria** to turn upside down: *butterò all'aria tutta la casa pur di trovare quella lettera* I'll turn the house upside down if necessary to find that letter; ~ *all'***aria** *un progetto* to throw up a plan; ~ *in aria* to throw up in the air; ~ *le* **braccia** *al collo di qd.* to throw one's arms round s.o.'s neck; *buttarsi nelle braccia di qd.* to fling o.s. into s.o.'s arms; ⟨*fig*⟩ ~ *in* **faccia** to throw (*o* fling) in s.o.'s teeth, to hurl at: *gli buttò in faccia la verità* he flung the truth in his teeth, he hurled the truth at him; ⟨*fig*⟩ *buttarsi nel* **fuoco** *per qd.* to do anything for s.o.; ⟨*pop*⟩ ~ **fuori** to get off one's chest, to spit out: *butta fuori quel che hai da dire* get it off your chest; *buttarsi in* **ginocchio** to fall (*o* throw o.s.) on one's knees; ~ **giù:** **1** to throw down: *gli buttò giù la chiave* he threw the key down to him; **2** (*abbattere*) to knock (*o* throw, pull) down; (*rif. al vento*) to blow down: *il vento ha*

buttato giù parecchi **alberi** the wind has blown several trees down; (*demolire*) to demolish, to knock (*o* pull) down; **3** (*abbozzare*) to scribble (*o* jot) down, to dash off: ~ *giù un articolo* to dash off an article; **4** (*indebolire*) to weaken, to make weak: *questa influenza mi ha buttato giù parecchio* this influenza has made me very weak, I am very run down after this bout of 'flu; **5** (*avvilire*) to dishearten, to discourage, to depress: *la notizia mi ha buttato giù* the news has depressed me; **6** ⟨*fam*⟩ (*tranguggiare*) to gulp down, to swallow: *butta giù questa pillola* swallow this pill; *buttò giù un boccone in fretta e uscì* he had a quick snack and went out; ⟨*fig*⟩ *non posso* ~ *giù questo affronto* I can't swallow this insult; ~ *giù la* **pasta** to put the pasta into the boiling water; *buttarsi giù:* **1** to rush down, to dash down: *mi buttai giù per le scale per inseguirlo* I rushed down the stairs in pursuit of him; **2** ⟨*fig*⟩ (*avvilirsi*) to lose heart, to become disheartened: *cerca di non buttarti giù alla prima difficoltà* try not to lose heart at the first difficulty; ~ **là** to throw out: *buttò là la proposta* he threw out the suggestion; *buttarsi malato* to report sick; ⟨*fig*⟩ ~ *qd.* **in mezzo** *alla strada* to throw s.o. into the gutter; ~ *a* **monte** *qc.* to cause s.th. to fall through; ~ *gli* **occhi** *su qc.* to set eyes on s.th.: *non appena buttò gli occhi sulla lettera capì di che cosa si trattava* as soon as he set eyes on the letter he realized what it was about; *buttarsi ai* **piedi** *di qd.* to throw (*o* fling) o.s. at s.o.'s feet; ~ *qd. in* **prigione** to throw (*o* cast) s.o. into prison; *il* **rubinetto** *non butta* the tap does not work; ~ **sangue** to bleed; *buttarsi* **sotto** *il treno* to throw o.s. under a train; *buttarsi* **su** to fling o.s. on, to hurl o.s. against: *si buttò sul poveretto e lo colpì ripetutamente* he flung himself on the poor fellow and hit him again and again; ~ *a* (*o per*) **terra** *qc.* to throw s.th. (on) to the ground; *buttarsi a* **terra** to throw o.s. to the ground; ~ **via:** **1** to throw out (*o* away), to get rid of: *butta via tutto questo vecchiume* throw all this rubbish out; *queste scarpe sono da* ~ *via* these shoes are fit for the dustbin; **2** ⟨*fig*⟩ (*sprecare*) to waste, to throw away: ~ *via i soldi* to throw money away; *buttarsi via* (*essere sprecato*) to waste o.s.

buttasella *m.inv.* ⟨*Mil*⟩ saddle-up.

buttata *f.* **1** throw. **2** (*germoglio*) shoot, sprout.

butterare *v.t.* (**buttero**) to pock-mark. **butterato** *a.* pock-marked: *viso* ~ pock-marked face. **butteratura** *f.* pock-marks *pl*.

buttero[1] *m.* (*cicatrice*) pock-mark.

buttero[2] *m.* (*mandriano*) cowboy.

butto *m.* **1** (*getto*) jet, spout: ~ *d'acqua* jet of water. **2** (*germoglio*) shoot, sprout.

buzzo *m.* ⟨*pop*⟩ (*ventre*) belly, paunch. □ *avere il* ~ *pieno* to have a full belly; *di* ~ *buono* with a will: *si è messo a studiare di* ~ *buono* he has got down to studying with a will; *empirsi il* ~ to fill one's belly.

buzzurro *m.* ⟨*region*⟩ boor, clod.

by-pass *ingl.* [bai'pa:s] *m.* ⟨*Chir,Strad*⟩ bypass.

byroniano [bairo–] *a.* ⟨*Lett*⟩ Byronian. **byronismo** *m.* Byronism.

byte *ingl.* [bait] *m.* ⟨*Inform*⟩ byte. □ *mezzo* ~ nibble.

C

c, C [tʃi] *f./m.* (*lettera dell'alfabeto*) c, C, the letter C: *due c* two C's; *doppia c* double C; *una c maiuscola* a capital C; *una c minuscola* a small c; ⟨*Tel*⟩ *c come Catania* C for Charlie.

C = **1** ⟨*El*⟩ *coulomb* coulomb. **2** *grado Celsius* Celsius (*abbr.* C). **3** *grande caloria* large calorie (*abbr.* Cal.). **4** *cento* one hundred (*abbr.* C.). **5** *centigrado* centigrade (*abbr.* C).

C. = **1** *compagnia* Company (*abbr.* Co.). **2** *codice* codex.

ca = *circa* circa (*abbr.* ca).

c.a. = *corrente anno* current year.

cabala *m./f.* **1** ⟨*Rel*⟩ ca(b)bala. **2** ⟨*fig*⟩ (*raggiro*) cabal, intrigue. □ ∼ *del lotto* system of foretelling numbers of the lotto. **cabalista** *m./f.* **1** ⟨*Rel*⟩ cab(b)alist. **2** (*indovino del lotto*) foreteller of lotto results. **3** (*imbroglione*) cabalist, intriguer. **cabalistico** *a.* (*pl.* -ci) **1** (*relativo alla cabala*) ca(b)balistic. **2** (*incomprensibile*) incomprehensible. □ *numeri* -*i* cabbalistic numbers; *segni* -*i* cabbalistic signs.

cabaret *fr.* [kaba'rɛ] *m.* **1** (*locale*) cabaret; (*spettacolo*) cabaret (show). **2** ⟨*region*⟩ (*vassoio*) tray. **cabarettistico** *a.* (*pl.* -ci) cabaret–: *spettacolo* ∼ cabaret show.

cabestano *m.* ⟨*Mar*⟩ capstan.

cabila *f.* Kabyle.

cabina *f.* **1** (*di nave*) cabin; (*di lusso*) state-room. **2** (*da spiaggia*) bathing hut, ⟨*am*⟩ bath house, ⟨*am*⟩ cabana. **3** (*di autoveicoli, aerei e sim.*) cabin. **4** (*piccolo ambiente*) cabin, booth, kiosk: ∼ *del telefono* telephone booth, call box. **5** (*di funicolare*) car. **6** (*di funivia*) (telpher) cage. □ ∼ *ad* **aria** *condizionata* air-conditioned cabin; ∼ *dell'*ascensore lift cage; ∼ *di prima* (*o seconda*) **classe** first (*o* second) class cabin; ∼ *del* **conducente** driver's cab(in); ∼ *di* **controllo** control cabin; ⟨*Rad,El*⟩ control room; ∼ **elettorale** polling booth; ∼ **elettrica** transformer room; ∼ *per* **interpreti** interpreter booth; ⟨*Ferr*⟩ ∼ *di* **manovra** signal box; ∼ *di* **navigazione**: 1 ⟨*Mar*⟩ charthouse; 2 ⟨*Aer*⟩ navigator's compartment; ⟨*Aer*⟩ ∼ *di* **pilotaggio** cockpit; ∼ *a due* (*o quattro*) **posti** two (*o* four) berth cabin; ⟨*Aer*⟩ ∼ **pressurizzata** pressurized cabin; ⟨*Cin*⟩ ∼ *di* **proiezione** projection room; ⟨*Astron*⟩ ∼ **spaziale** space capsule.

cabinato **I** *a.* ⟨*Mar*⟩ cabin–. **II** *s.m.* cabin cruiser.

cabinista *m.* **1** (*operaio*) electrical technician. **2** ⟨*Cin*⟩ projectionist.

cabinovia *f.* cableway.

cablaggio *m.* ⟨*El*⟩ wiring. **cablare** *v.t.* **1** (*trasmettere per cablogramma*) to cable, to wire. **2** ⟨*El*⟩ to wire, to equip with electrical wires. **3** ⟨*Inform*⟩ to hardware. **cablato** *a.* **1** (*trasmesso per cablogramma*) cabled, wired. **2** ⟨*Inform*⟩ hardwired.

cablo *m.* cable. **cablografia** *f.* sending of cables. **cablografico** *a.* (*pl.* -ci) cable–: *codice* ∼ cable code. **cablogramma** *m.* cable(gram).

cabotaggio *m.* ⟨*Mar*⟩ coasting (trade). □ *grande* ∼ off-shore coasting; *nave di piccolo* ∼ small coaster. **cabotare** *v.i.* (*caboto*) (*praticare il cabotaggio*) to coast.

cabotiere *m.* coaster, skipper. **cabotiero** *a.* coasting. □ *nave* –*a* coaster; *traffico* ∼ coasting trade.

cabrare *v.i.* (*aus.* avere) ⟨*Aer*⟩ to pull up, to fly tail-down. **cabrata** *f.* tail-down flight, pull-up.

cabriolè *m.* → **cabriolet. cabriolet** *fr.* [kabrio'lɛ] *m.* ⟨*Aut*⟩ cabriolet, convertible coupe.

cacao *m.* **1** cocoa. **2** ⟨*Bot*⟩ cacao. □ ∼ *amaro* plain cocoa; *burro di* ∼ cocoa butter; ∼ *in polvere* powdered cocoa.

cacare *v.t./i.* (*caco, cachi; aus.* avere) ⟨*volg*⟩ to shit, ⟨*am*⟩ to crap. □ *cacarsi addosso* to shit in one's pants (*anche fig.*). **cacarella** *f.* ⟨*volg*⟩ shits *pl,* runs *pl.* **cacata** *f.* ⟨*volg*⟩ shit, ⟨*am*⟩ crap. **cacatoio** *m.* ⟨*volg*⟩ (*cesso*) loo, ⟨*am*⟩ john.

cacasenno *m./f. inv.* ⟨*spreg*⟩ (*sputasentenze*) wiseacre, know–(it) all.

cacatua *m.inv.* ⟨*Ornit*⟩ cockatoo.

cacatura *f.* ⟨*volg*⟩ (*escremento di insetti*) frass. **cacca** *f.* ⟨*volg*⟩ shit, ⟨*am*⟩ crap. □ *fare la* ∼ to evacuate one's bowels; ⟨*volg*⟩ to take a shit; (*infant*) to do number two.

cacchio[1] *m.* ⟨*Agr*⟩ (*germoglio infruttifero*) non-fruit –bearing tendril.

cacchio[2] *m.* ⟨*volg*⟩ prick.

cacchione *m.* **1** (*uovo di insetto*) flyblow. **2** (*larva di ape*) bee larva.

caccia[1] *f.* (*pl.* -ce) **1** hunt(ing), shooting. **2** (*cacciagione*) game, venison: *ho mangiato dell'ottima* ∼ I ate some excellent game. **3** (*estens*) (*ricerca*) hunt, chase, pursuit, search: *la* ∼ *al ladro si era appena iniziata* the hunt for the thief had scarcely begun; *essere a* ∼ *di facili guadagni* to be in search of easy money. □ *a* ∼ *di* in search of; *andare a* ∼ to go hunting; (*di uccelli*) to go shooting; *andare a* ∼ *di un impiego* to go in search of (*o* looking for) a job, ⟨*fam*⟩ to go job-hunting; *andare a* ∼ *di un marito* to be looking for a husband; *andare a* ∼ *di onori* to go after honours; *apertura della* ∼ opening of the shooting (*o* hunting) season; ∼ *alla* **balena** whaling; **battuta** *di* ∼ shooting party; **chiusura** *della* ∼ close of the hunting season; ∼ **col** *falcone* hawking; *da* ∼ hunting, shooting; *abito* (*o tenuta*) *da* ∼ hunting outfit; **dare** *la* ∼ *a qd.* to pursue s.o.; **divieto** *di* ∼ no hunting; *un giovanotto a* ∼ *di* **dote** a youth after a dowry; ∼ *agli* **errori** find the mistakes; **essere** *a* ∼ to be shooting (*o* hunting); ⟨*fig*⟩ *essere a* ∼ *di qc.* to be after (*o* out for) s.th.; ∼ **fotografica** photo safari; ∼ *di* **frodo** poaching; ∼ **grossa**: 1 (*azione*) big-game hunting; 2 (*selvaggina*) big game; ∼ *al* **ladro** pursuit of a thief; ∼ *al* **leone** lion-hunting; **licenza** *di* ∼ hunting permit; ∼ **minuta**: 1 (*azione*) shooting; 2 (*selvaggina*) game; ∼ *in* **palude** wild-fowling; **partita** *di* ∼ shoot, shooting party; **riserva** *di* ∼ game-preserve; **stagione** *della* ∼ hunting (*o* shooting) season; ⟨*Stor*⟩ ∼ *alle* **streghe** witch hunt; ∼ **subacquea** underwater fishing; ∼ *al* **tesoro** treasure hunt; ∼ *all'*uomo man-hunt; ∼ *alla* **volpe** fox hunt(ing).

caccia[2] *m.inv.* **1** ⟨*Mil*⟩ fighter. **2** ⟨*Mar*⟩ destroyer, torpedo-boat destroyer. □ *apparecchio da* ∼ fighter aircraft; ∼ *bombardiere* fighter-bomber; ∼ *a reazione* jet

fighter; ~ *silurante* torpedo bomber.
cacciabile *a.* shootable.
cacciabombardiere *m.* ⟨*Mil*⟩ fighter–bomber.
cacciagione *f.inv.* game: ~ *arrosto* roast game.
cacciamine *m. inv.* ⟨*Mil*⟩ minehunter.
cacciare *v.* (caccio, cacci) **I** *v.t.* **1** to hunt, to shoot: ~ *la selvaggina* to shoot game; ~ *il cinghiale* to hunt wild boar. **2** (*scacciare*) to drive out, to chase away, to throw out: *il padre lo cacciò di casa* his father threw him out of the house; (*rif. a cose: allontanare*) to ward off, to keep away: ~ *il malocchio* to ward off the evil eye. **3** (*mettere, riporre*) to stuff, to stick: *cacciai tutto in un cassetto* I stuffed everything into a drawer; *non ricordo più dove ho cacciato i miei occhiali* I can't remember where I stuck my glasses. **4** (*conficcare: chiodi e sim.*) to drive, to stick: ~ *un chiodo nel muro* to drive a nail into the wall; ~ *una pallottola in corpo a qd.* to put a bullet into s.o. **5** (*emettere*) to let out, to give: ~ *un grido* to let out a cry. **II** *v.i.* (*aus.* avere) (*andare a caccia*) to go hunting, to go shooting; (*essere a caccia*) to be shooting, to be hunting: *ho cacciato tutto il giorno* I have been hunting all day. **cacciarsi** *v.r.* **1** (*ficcarsi*) to plunge, to get into: *cacciarsi tra la folla* to plunge into the crowd; *cacciarsi nei pasticci* (*o guai*) to get into a mess. **2** (*andare a finire*) to end up, to get to: *dove ti sei cacciato?* where have you got to? □ ~ **fuori** *qd.* to throw s.o. out; ⟨*fam*⟩ ~ *fuori i soldi* to shell out, to cough up; ⟨*fam*⟩ *caccia fuori quel che hai da dire* spit it out; ~ *fuori un coltello* to whip (*o* pull) out a knife; ~ **indietro** *la folla* to push back the crowd; ~ *gli invasori* to drive out the invaders; ~ *le* **mani** *in tasca* to stick one's hands in one's pockets; ~ *di* (*o dalla*) **mente** to dismiss (*o* banish) from one's mind; ~ *qd.* *in* **prigione** to send s.o. to prison; ⟨*fam*⟩ *cacciarsi qc. in* **testa** to take (*o* get) s.th. into one's head; ~ **via** to drive out, to send away.
cacciasommergibili *m.inv.* ⟨*Mar*⟩ submarine chaser.
cacciata *f.* **1** (*il cacciare*) hunting, shooting. **2** (*espulsione*) expulsion, driving (away): ~ *di un tiranno* expulsion of a tyrant; *la ~ degli invasori* the driving away of the invaders. **cacciatora** *f.* shooting jacket. □ *alla ~:* **1** ⟨*Vest*⟩ hunting–, shooting–: *calzoni alla ~* hunting breeches; **2** ⟨*Gastr*⟩ cacciatore: *pollo alla ~* chicken cacciatore.
cacciatore *m.* (*f.* -trice) **1** hunter (*f* –tress), huntsman (*f* –woman); (*dilettante*) sportsman (*f* –woman). **2** ⟨*fig*⟩ hunter, chaser: ~ *di dote* dowry–chaser. **3** ⟨*Stor*⟩ (*soldato leggero*) light infantryman. □ ⟨*Mil*⟩ *i* –*i delle* **Alpi** alpine troops; ~ *di* **balene** whaler; ~ *a* **cavallo** mounted huntsman; ⟨*Mil*⟩ light cavalryman; ~ *di* **donne** skirt chaser; ~ *di* **frodo** poacher; –*i di* **teste** headhunters (*anche fig.*).
cacciatorpediniere *m.inv.* ⟨*Mar*⟩ (torpedo–boat) destroyer.
cacciavite *m.inv.* screwdriver. □ ~ *con testa a croce* cross–point screwdriver; ~ *torsiometrico* torque screwdriver.
caccíucco *m.* (*pl.* -chi) ⟨*Gastr*⟩ fish–soup, chowder.
caccola *f.* ⟨*volg*⟩ **1** (*sterco*) dung, turd. **2** (*muco rappreso*) snot. **3** (*cispa*) eye gum. **cacherello** *m.* ⟨*volg*⟩ droppings *pl,* ⟨*volg*⟩ turd.
cachemir *fr.*[kaʃˈmir] *m.* ⟨*Tess*⟩ cashmere: *un golf di* ~ a cashmere sweater.
cachessia *f.* ⟨*Med*⟩ cachexy, cachexia: ~ *senile* senile cachexy.
cachet *fr.* [kaˈʃɛ] *m.* **1** ⟨*Farm*⟩ cachet; (*contro il mal di testa e sim.*) headache pill. **2** (*stile, tono*) cachet, (hall)mark. **3** (*gettone di presenza*) appearance money. **4** (*retribuzione*) remuneration, pay. **5** (*colorante per capelli*) colour–rinse.
cachettico *a.* (*pl.* -ci) ⟨*Med*⟩ cachectical.
cachi[1] *m.inv.* **1** ⟨*Bot*⟩ Japanese persimmon tree. **2** (*frutto*) (Japanese) persimmon.
cachi[2] *a./s. inv.* **I** *a.* khaki: *pantaloni* ~ khaki trousers. **II** *s.m.* khaki.
caciara *f.* ⟨*region*⟩ (*schiamazzo*) bedlam, hubbub, din.
cacicco *m.* (*pl.* -chi) ⟨*Stor*⟩ cacique.
cacio *m.* cheese. □ ⟨*fig*⟩ *essere* (*o venire*) *come il* ~ *sui*

maccheroni to come (*o* turn up) at the right time; *una forma di* ~ a cheese; ⟨*fam*⟩ *alto quanto un soldo di* ~ knee–high to a grasshopper. **caciocavallo** *m.* (*pl.* caci(o)cavalli) caciocavallo (kind of cheese from Southern Italy). **caciotta** *f.* caciotta (kind of cheese from Central Italy).
caco *m.* (*pl.* -chi) → cachi[1].
caco|fonia *f.* ⟨*Fon,Mus*⟩ cacophony. **~fonico** *a.* (*pl.* -ci) cacophonic, cacophonous.
cactacee *f.pl.* ⟨*Bot*⟩ cacti. **cactus** *m.* cactus.
cad. = *cadauno* each.
cadauno *a./pron.* ⟨*burocr*⟩ each. □ *libri a mille lire* ~ books at a thousand lire each.
cadavere *m.* corpse, dead body; (*per dissezione*) cadaver. □ ⟨*fig*⟩ *essere un* ~ *ambulante* to be a living corpse; *bianco come un* ~ as white as a ghost (*o* sheet); *lo trovarono già* ~ he was already dead when they arrived; *parere* (*o sembrare*) *un* ~ to look like a corpse.
cadaverico *a.* (*pl.* -ci) **1** cadaverous, corpse–like. **2** ⟨*fig*⟩ (*pallido, smunto*) ghastly, deathly pale. □ *pallore* ~ deathly pallour; ⟨*Med*⟩ *rigidità* –*a* rigor mortis.
cadaverina *f.* ⟨*Chim*⟩ cadaverine.
caddi → cadere[1].
cadente *a.* **1** (*in rovina*) decrepit, ruined, tumbledown: *edificio* ~ tumbledown building. **2** (*decrepito*) decrepit: *vecchio* ~ decrepit old man. □ *età* ~ old age, declining years.
cadenza *f.* **1** (*rif. a versi e sim.*) cadence: *far sentire, leggendo, la* ~ *dei versi* to read bringing out the cadence of the lines. **2** (*accento, inflessione*) intonation: *la ~ napoletana* the Neapolitan intonation. **3** (*ritmo*) rhythm, cadence: *la ~ del ballo* the dance's rhythm. **4** ⟨*Mus*⟩ cadenza. **cadenzare** *v.t.* (cadenzo) to cadence, to mark the rhythm of. **cadenzato** *a.* rhythmic, cadenced: *passo* ~ rhythmic step.
cadere[1] *v.i.* (*fut.* cadrò; *p.rem.* caddi; *p.p.* caduto; *aus.* essere) **1** to fall (down), to drop, to come down: *inciampò e cadde* he stumbled and fell; *il piatto le cadde di mano* the plate dropped from her hand; (*rif. ad aeroplani*) to crash, to come down. **2** (*scendere: rif. a pioggia e sim.*) to fall, to come down: *la neve cadeva fitta* thick snow was falling. **3** (*rif. a denti, capelli*) to fall (*o* drop, come) out: *durante la malattia le caddero i capelli* during the illness her hair fell out. **4** (*crollare*) to fall down, to collapse: *nel bombardamento sono cadute parecchie case* several houses collapsed during the bombing. **5** (*morire*) to fall, to be killed: *diecimila uomini sono caduti in quella battaglia* ten thousand men fell in that battle. **6** (*capitolare*) to fall: *la fortezza cadde dopo molti attacchi* after many attacks the fortress fell. **7** ⟨*Parl*⟩ to fall: *il governo è caduto per il voto contrario delle sinistre* the opposing vote of the Left brought the government down. **8** (*fare fiasco: rif. a lavori teatrali*) to flop, to be a fiasco: *la commedia è caduta alla prima rappresentazione* the play flopped at the first performance; (*rif. a studenti*) to fail: *è caduto a una domanda facilissima* he failed over a very easy question. **9** (*tramontare*) to set, to go down. **10** (*ricorrere*) to fall, to be: *il Natale quest'anno cade di sabato* this year Christmas falls on a Saturday. □ ⟨*Fon*⟩ *l'accento cade sulla penultima sillaba* the accent falls on the last syllable but one; ~ *in* **acqua** to fall into the water; (*da una barca*) to fall overboard; ~ **addormentato** to fall asleep; ~ **ammalato** to fall ill; ~ *in* **avanti** to fall forwards; ~ *in* **basso** to fall down; ⟨*fig*⟩ to fall, to sink (low); ~ **bene**: **1** to fall without hurting o.s.; **2** ⟨*fig*⟩ to fall on one's feet; **3** (*rif. a vestiti*) to fall (*o* hang) well; ~ *tra le* **braccia** *di qd.* to fall into s.o.'s arms; *le caddero le braccia* she became disheartened; ~ *da* **cavallo** to fall from a horse; *il testimone cadde in* **contraddizioni** the witness was caught out; *la* **conversazione** *cadde sulla situazione politica* the conversation turned to the political situation; *la conversazione cadde per mancanza di argomenti* conversation flagged for want of a topic of discussion; ~ *in* **deliquio** to faint; *mi è caduto un* **dente** I've lost a tooth; ~ *in* **disgrazia** to fall out of favour; ~ *in* **errore** to fall into error; **fare** ~ *qc.* (*rif. a solidi*) to drop s.th.; (*rif. a liquidi*) to spill s.th.: *hai fatto cadere il vino*

sulla tovaglia you have spilt wine on the tablecloth; *far ~ la colpa su qd.* to put the blame on s.o.; *far ~ il governo* to overthrow the government; *~ in* ginocchio to 'fall on' (*o* drop to) one's knees; *~* giù to fall (down); *~ all'*indietro to fall backwards; *le sue parole caddero nell'*indifferenza *generale* his words fell on deaf ears; *le* lacrime *le cadevano sulle gote* tears were running down her cheeks; lasciar *~ un argomento* to drop a subject; *si lasciò ~ sfinito sul letto* he sank (*o* dropped) onto the bed, exhausted; *~* male: 1 to fall awkwardly; 2 (*rif. a vestiti*) to fall (*o* hang) badly; 3 ⟨*fig*⟩ to be unlucky; *~ nelle* mani *di qd.* to fall into s.o.'s hands; *~ in* miseria to become poor; *~ in* oblio to sink into oblivion; ⟨*fig*⟩ *~ dalla* padella *nella* brace to fall from (*o* out of) the frying pan into the fire; *~ in* peccato to sin; *~ a* pezzi to fall to pieces; *~ ai* piedi *di qd.* to fall at s.o.'s feet; *~ in* piedi to fall on one's feet (*anche fig.*); ⟨*Dir*⟩ *~ in* prescrizione to be statute-barred, to be no longer indictable; ⟨*Comm*⟩ *i* prezzi *cadono* prices are falling (*o* dropping); *~ a* proposito to come at the right time; (*rif. a cose*) to come in handy; *~ nel* ridicolo to become ridiculous, to make a fool of o.s.; *~ dal* sonno to be dog tired, to be dead on one's feet; *~* sotto *la giurisdizione di qd.* to fall within s.o.'s jurisdiction; *tutte le* speranze *sono cadute* all hope has been abandoned; *~* svenuto to fall in a dead faint; *~ a* terra to fall to the ground; *~ a* testa *in giù* to fall headlong; *il* vento *è caduto* the wind has dropped.

cadere[2] *m.* falling: *il ~ delle foglie* the falling of the leaves. □ *al ~ del sole* at sunset.

cadetto I *s.m.* cadet (*anche Mil.*). II *a.* junior, younger, cadet-: *figlio ~* younger son; *ramo ~* cadet branch.

cadì *m.* cadi.

Cadice *N.pr.f.* ⟨*Geog*⟩ Cadiz.

caditoia *f.* 1 (*di fognatura*) trap(-door). 2 (*nelle fortificazioni*) embrasure.

cadmiare *v.t.* ⟨*Met*⟩ to cadmium-plate, to cadmium-coat.

cadmiato *a.* cadmium-coated, cadmium-plated.

cadmiatura *f.* cadmium-plating, cadmium-coating.

cadmio *m.* ⟨*Chim*⟩ cadmium.

cadrò → cadere[1].

caduceo (*o caduceo*) *m.* caduceus.

caducità *f.* 1 caducity, perishableness, transience: *la ~ delle cose terrene* the transience of earthly things. 2 ⟨*Dir*⟩ caducity, lapse. caduco *a.* (*pl.* -chi) 1 short-lived, ephemeral, fleeting, perishable, frail, transient: *i beni terreni sono caduchi* earthly riches are short-lived; *speranze caduche* fleeting hopes. 2 ⟨*Bot*⟩ caducous: *foglie caduche* caducous leaves. □ *corna caduche* (*di cervi*) deciduous antlers; *denti caduchi* milk teeth; ⟨*pop*⟩ *mal ~* falling sickness.

caduta *f.* 1 fall(ing): *morì per una ~* he died from a fall; (*rif. ad aeroplani*) fall(ing), crash(ing). 2 (*capitolazione*) fall: *la ~ della città* the fall of the city. 3 ⟨*Parl*⟩ (down)fall: *la ~ del governo* the fall of the government. 4 ⟨*Fis*⟩ drop. □ ⟨*Idr*⟩ *~ d'*acqua water head; *la ~ dei* capelli loss of hair, hair loss; *~ da* cavallo fall from a horse; fare *una brutta ~* to have a bad fall; ⟨*Fis*⟩ forza *di ~* drop force; *la ~ dell'*impero *romano* the fall of the Roman Empire; ⟨*Strad*⟩ *~* (*di*) massi falling rocks and boulders; *~ di* pressione pressure gradient; ⟨*Econ*⟩ *~* vertiginosa *dei* prezzi steep fall in prices; *~ di* temperatura fall in temperature; ⟨*El*⟩ *~ di* tensione voltage drop.

caduto I *a.* fallen: *i soldati –i* the fallen. II *s.m.* soldier killed in battle, fallen man; *pl.* the fallen (*costr. pl.*). □ *monumento ai –i* war memorial.

café–chantant *fr.* [kafeʃã'tã] *m.* café chantant.

caffè *m.* 1 (*bevanda*) coffee. 2 (*chicchi*) coffee beans *pl.* 3 (*locale*) café. □ *~* amaro unsweetened coffee; *~ di* cicoria coffee made from chicory; color *~* coffee-colour; *un abito* color *~* a coffee-coloured suit; *~* concerto café chantant; *~* corretto coffee with a dash of liqueur; *~* espresso espresso coffee; fare *il ~* to make (the) coffee; fondi *di ~* coffee grounds; *~ e* latte white coffee, ⟨*am*⟩ coffee with milk; *~* lungo weak coffee; *~* macchiato coffee with a dash of milk; macchina *del ~* coffee-maker, coffee-pot; (*a filtro*) percolator; *~* macinato ground coffee; macinino *da*

~ coffee mill; *~* nero black coffee; *~ in* polvere powdered coffee; piantagione *di ~* coffee plantation; prendere *il ~* to have coffee; *~* ristretto strong coffee; *~* solubile soluble (*o* instant) coffee; *~* tostato roast coffee; *~* turco Turkish coffee.

caffeario *a.* coffee-: *industria –a* coffee industry.

caffeicolo *a.* coffee-growing. caffeifero *a.* coffee producing.

caffeina *f.* ⟨*Chim*⟩ caffeine. □ *senza ~* caffeine free.

caffellatte I *s.m.inv.* white coffee, ⟨*am*⟩ coffee with milk. II *a.* café au lait.

caffeismo *m.* ⟨*Med*⟩ coffee-poisoning.

caffettano *m.* ⟨*Vest*⟩ caftan.

caffetteria *f.* cafeteria. □ *servizio di ~* refreshment (*o* cafeteria) service. caffettiera *f.* 1 (*macchinetta*) coffee-maker; (*a filtro*) (coffee) percolator. 2 (*bricco*) coffee-pot. 3 ⟨*scherz*⟩ (*locomotiva, automobile*) old crock (*o* heap), ⟨*am*⟩ jalopy. □ *~* elettrica drip coffee maker; *~ alla napoletana* Neapolitan coffee-maker. caffettiere *m.* (*f.* -a) coffee-house keeper, café proprietor.

cafonaggine *f.* 1 boorishness, ill-manneredness. 2 (*azione*) boorish action. cafonata *f.* boorish action.

cafone I *s.m.* (*f.* -a) 1 ⟨*region*⟩ (*contadino*) peasant. 2 ⟨*spreg*⟩ (*persona grossolana*) boor, ill-mannered person. II *a.* boorish, ill-mannered. cafoneria *f.* → cafonaggine.

cafro *a./s.m.* (*f.* -a) kaffir.

cagionare *v.t.* (*cagiono*) to cause, to give rise to, to produce: *~ la morte di qd.* to cause s.o.'s death. cagione *f.* (*causa*) cause: *questa decisione fu ~ di molte preoccupazioni* this decision was the cause of a great deal of worry. □ *a* (*o per*) *~ di* by reason of: *a ~ della tua malattia* by reason of your illness; dare *~ a qc.* to give rise to s.th., to occasion s.th.; *per ~ mia* because of me.

cagionevole *a.* sickly, weak, delicate: *persona ~* sickly person; *salute ~* poor health.

caglia → calere.

cagliare *v.i.* (*caglio, cagli*; *aus.* avere), cagliarsi *v.r.* to curdle, to clot: *~ il* latte to curdle the milk. cagliata *f.* ⟨*Alim*⟩ curd. cagliato *a.* curdled, clotted: *latte ~* curdled milk. cagliatura *f.* curdling, clotting: *~ del latte* curdling of milk. caglio *m.* rennet.

cagna *f.* 1 bitch, she-dog. 2 ⟨*spreg*⟩ (*rif. a donna*) bitch. 3 ⟨*spreg*⟩ (*cantante*) caterwauler. 4 ⟨*Mecc*⟩ jim-crow cagnaccio *m.* cur. cagnara *f.* 1 (*abbaiare di cani*) barking of dogs. 2 (*fam*) (*chiasso*) uproar, hubbub: *far ~* to make an uproar. cagnesco *a.*: guardare *qd. in ~* to give s.o. a surly look, to scowl at s.o., ⟨*fam*⟩ to look daggers at s.o. cagnetto *m.*, cagnolino *m.* pup(py), little dog, (*vezz*) doggie.

cagnotto *m.* 1 (*bravo*) hired bully (*o* ruffian). 2 ⟨*estens*⟩ (*scagnozzo*) hanger-on.

CAI = *Club alpino italiano* Italian Alpine Club.

caiaco *m.* (*pl.* -chi) kayak.

caicco *m.* (*pl.* -chi) ⟨*Mar*⟩ caique.

Caienna *N.pr.f.* ⟨*Geog*⟩ Cayenne.

caimano *m.* ⟨*Zool*⟩ cayman, caiman.

Caino *N.pr.m.* ⟨*Bibl*⟩ Cain. □ ⟨*fig*⟩ *essere un ~* to be a traitor.

Cairo *N.pr.m.* ⟨*Geog*⟩ Cairo. cairota *a./s.* I *a.* of (*o* from) Cairo, ⟨*am*⟩ Cairene. II *s.m./f.* inhabitant of Cairo, ⟨*am*⟩ Cairene.

cal = ⟨*Fis*⟩ *caloria* calorie (*abbr.* cal.).

cala[1] *f.* (*insenatura*) bay, creek.

cala[2] *f.* ⟨*Mar*⟩ (*locale*) ship's hold.

calabrese I *a.* Calabrian. II *s.m./f.* (*abitante*) Calabrian. Calabria *N.pr.f.* ⟨*Geog*⟩ Calabria. calabro *a.* ⟨*lett*⟩ Calabrian: Appennino *~* Calabrian Apennines.

calabrone *m.* ⟨*Entom*⟩ hornet.

calafataggio *m.* ⟨*Mar,Mecc*⟩ caulking. calafatare *v.t.* to caulk. calafato *m.* caulker.

calamaio *m.* 1 ink-stand, ink-pot. 2 ⟨*Tip*⟩ ink –fountain.

calamaretto *m.* ⟨*Gastr*⟩ young squid. calamaro *m.* 1 ⟨*Itt*⟩ squid: *frittura di –i e gamberi* dish of fried squid and shrimps. 2 *pl.* ⟨*fam*⟩ (*occhiaia*) dark circle (under the eye).

calamina *f.* ⟨*Min*⟩ calamine.

calamita *f.* magnet (*anche fig.*): *la ~ attira il ferro* a magnet attracts iron; *~ a ferro di cavallo* horseshoe magnet.

calamità *f.* calamity, misfortune, disaster.

calamitare *v.t.* to magnetize (*anche fig.*). **calamitato** *a.* magnetized. □ *ago ~* magnetic needle.

calamitoso *a.* ⟨*lett*⟩ calamitous.

calamo *m.* **1** (*fusto di canna*) reed; (*stelo d'erba*) stalk. **2** ⟨*Bot*⟩ (*internodio*) calamus. **3** ⟨*lett*⟩ (*penna*) pen, quill. □ ⟨*Bot*⟩ *~ aromatico* sweet flag.

calanco *m.* (*pl.* -**chi**) ⟨*Geol*⟩ calanque.

calandra¹ *f.* **1** ⟨*Mecc*⟩ calender. **2** ⟨*Aut*⟩ radiator grill.

calandra² *f.* **1** ⟨*Ornit*⟩ calandra lark. **2** ⟨*Entom*⟩ grain weevil.

calandrare *v.t.* ⟨*Mecc,Cart,Tess*⟩ to calender. **calandrato** *a.* calendered: *carta -a* calendered paper. **calandratura** *f.* calendering.

calandro *m.* ⟨*Ornit*⟩ tawny (*o* meadow) pipit.

calante *a.* waning, setting, falling. □ *luna ~* waning moon; *moneta ~* coin under the proper weight.

calappio *m.* **1** slip knot. **2** ⟨*fig*⟩ snare, trap.

calapranzi *m.inv.* dumb waiter.

calare¹ **I** *v.t.* **1** to lower, to drop, to let down: *~ una fune nel pozzo* to let down a rope into the well; *calarono la valigia dal finestrino del treno* they lowered the suitcase from the train window. **2** (*abbassare: rif. a prezzi e sim.*) to lower, to reduce. **3** ⟨*Lav.femm*⟩ to decrease, to cast off: *~ due maglie alla fine di ogni ferro* to cast off two stitches at the end of each row. **4** (*nei giochi di carte*) to play (*o* put down) a card. **II** *v.i.* (*aus.* **essere**) **1** (*scendere*) to descend, to go down; (*rif. a uccelli*) to fall, to swoop: *il falco calò sulla preda* the falcon swooped on its prey. **2** (*invadere*) to invade: *i barbari calarono in Italia* the barbarians invaded Italy. **3** (*dimagrire*) to lose (weight): *~ (di) dieci chili* to lose ten kilograms. **4** (*diminuire: di prezzo*) to come down: *la frutta è calata* fruit has come down; (*di valore*) to fall: *le azioni stanno calando* share prices are falling; (*di livello*) to drop, to fall. **5** (*tramontare*) to set: *è calato il sole* the sun has set. **6** ⟨*Mus*⟩ to drop in pitch. **calarsi** *v.r.* to let o.s. down: *calarsi dalla finestra* to let oneself down from the window; (*rif. a uccelli*) to swoop, to fall: *calarsi sulla preda* to swoop on the prey. □ *~ un'imbarcazione in mare* to lower away a boat; *~ di peso* to lose weight; *~ di prezzo* to fall in price; *~ i prezzi* to reduce prices; *i prezzi calano* prices are falling; ⟨*Teat*⟩ *~ il sipario* to drop the curtain; ⟨*Teat*⟩ *cala la tela* the curtain falls; ⟨*Mus*⟩ *~ di tono* to fall in pitch; *~ le vele* to strike the sails; *il vento è calato* the wind has dropped.

calare²: *al ~ del giorno* (*o sole*) at sunset; *al ~ della notte* at nightfall.

calata *f.* **1** (*invasione*) invasion: *~ dei barbari* barbarian invasion. **2** (*china*) descent, (*downward*) slope: *la ~ è ripida* the slope is steep. **3** ⟨*Mar*⟩ (*banchina*) quay. **4** ⟨*Alp*⟩ abseil. **5** (*pronuncia dialettale*) cadence. □ *la ~ del sole* sunset.

calca *f.* crowd, throng: *entrare nella ~* to join the throng; *fendere la ~* to squeeze through the crowd. □ *fare ~* to throng around.

calcagna, calcagne → **calcagno**. **calcagno** *m.* (*pl.* i **calcagni**, *le* **calcagna**, *ant. le* **calcagne**; in concrete uses the plural is in *-i*; figurative uses have the plural in *-a*) **1** ⟨*Anat*⟩ heel. **2** (*di calze, scarpe*) heel: *~ rinforzato* reinforced heel. □ ⟨*fig*⟩ *avere qd. alle -a* to have s.o. at one's heels; ⟨*scherz*⟩ *mostrare le -a* to show a clean pair of heels; *stare alle -a di qd.* to follow s.o. closely, to dog s.o.'s footsteps.

calcara *f.* lime kiln.

calcare¹ *v.t.* (*calco, calchi*) **1** (*premere con forza*) to squeeze, to press: *~ la roba nella valigia* to squeeze the things into the suitcase; (*con i piedi*) to stamp on, to tread (on): *~ il piede su qc.* to stamp one's foot on s.th.; (*rif. a scrittura*) to press (hard). **2** (*rif. a disegni*) to trace. **3** (*pronunciare dando risalto*) to stress: *~ l'accento su una sillaba* to stress a syllable. **4** (*affollare*) to throng, to crowd: *la gente calcava la piazza* people crowded the square. □ *calcarsi il cappello sugli occhi* to pull one's hat

down over one's eyes; *~ la* **mano** to overdo; *~ le* **orme** *di qd.* to follow in s.o.'s footsteps; *~ le* **scene** to be on the stage, to walk (*o* tread) the boards; *~ un* **sentiero** to tread a path.

calcare² *m.* ⟨*Min*⟩ limestone.

calcareo *a.* calcareous: *terreno ~* calcareous land.

calcata *f.* pressure, crushing. □ *dare una ~ a qc.* to crush s.th. **calcatoio** *m.* ⟨*Minier*⟩ tamper.

calce¹ *f.* lime. □ *acqua di ~* lime water; *dare la ~ ai muri* to whitewash the walls; *~ idraulica* hydraulic lime; *~ spenta* slaked lime; *~ viva* quicklime.

calce² *m.* foot, bottom. □ *in ~* at the foot: *in ~ alla pagina* at the foot of the page; *in ~ alla lettera* at the bottom of the letter.

calcedonio *m.* ⟨*Min*⟩ chalcedony.

calceolaria *f.* ⟨*Bot*⟩ calceolaria, slipperwort.

calcescisto *m.* ⟨*Min*⟩ calcareous schist.

calcese *m.* ⟨*Mar*⟩ top of the lateen mast.

calcestruzzo *m.* concrete.

calciare *v.* (*calcio, calci*) **I** *v.i.* (*aus.* **avere**) **1** (*tirare calci*) to kick (out), to give kicks. **2** ⟨*Sport*⟩ to (make a) kick. **II** *v.t.* ⟨*Sport*⟩ to kick. **calciatore** *m.* ⟨*Sport*⟩ football player, footballer.

calcico *a.* (*pl.* -**ci**) ⟨*Chim*⟩ calcic, calcium–: *terapia -a* calcium therapy. **calcificare** *v.t.* (*calcifico, calcifichi*) to calcify. **calcificarsi** *v.r.* to calcify. **calcificazione** *f.* ⟨*Biol,Med*⟩ calcification.

calcina *f.* **1** (*calce spenta*) slaked lime. **2** (*malta*) lime mortar. **calcinaccio** *m.* **1** plaster flake. **2** *pl.* (*rovine*) debris (*of ruins*) *pl.* **calcinaio** *m.* ⟨*Edil*⟩ lime pit. **calcinare** *v.t.* **1** to calcine. **2** ⟨*Agr,Conc*⟩ to lime. **calcinato** *a.* **1** calcined. **2** ⟨*Agr,Conc*⟩ limed. **calcinatura** *f.* **1** calcination. **2** ⟨*Conc*⟩ lime dressing. **calcinazione** *f.* ⟨*Chim,Met*⟩ calcination. **calcino** *m.* (*in bachicoltura*) calcino, green muscardine. **calcinoso** *a.* limy.

calcio¹ *m.* **1** kick. **2** ⟨*Sport*⟩ (*association*) football, ⟨*fam*⟩ soccer. □ ⟨*Sport*⟩ *~* **americano** American football; *~ d'angolo* corner kick; *cacciare via a calci* to kick out (*anche fig.*); *campo di ~* football field (*o* ground); *dare calci* to kick; *dare un ~ alla fortuna* to turn one's back on fortune; *cose che* **fanno** *a calci* things that clash; *giocare al ~* to play football (*o* soccer); *giocatore di ~* (*calciatore*) footballer, ⟨*fam*⟩ soccer player; *gioco del ~* football; *incontro di ~* football (*o* soccer) match; *~ d'inizio* kick-off; *partita di ~* football match, game of football (*o* soccer); *~* **piazzato** (*nel rugby*) place-kick; *prendere a calci qd.* to kick s.o.; *~ di* **rigore** penalty kick; *~ di* **rinvio** goal kick; *un ~ nel* **sedere** a kick in the backside; *squadra di ~* football team; *tirare calci* to kick.

calcio² *m.* **1** (*di fucile, pistola e sim.*) butt. **2** ⟨*Ferr*⟩ heel. □ ⟨*Ferr*⟩ *~ dell'ago* heel; *~ dello scambio* heel of points (*o* blade).

calcio³ *m.* ⟨*Chim*⟩ calcium. □ *carbonato di ~* calcium carbonate; *cloruro di ~* calcium chloride.

calcio–balilla *m.* table football.

calciociana(m)mide *f.* ⟨*Chim*⟩ calcium cynamide.

calcistico *a.* (*pl.* -**ci**) football–, ⟨*fam*⟩ soccer–: *incontro ~* football match; *stagione -a* football season, ⟨*fam*⟩ soccer season.

calcite *f.* ⟨*Min*⟩ calcite.

calco *m.* (*pl.* -**chi**) **1** cast, mould: *~ di cera* wax mould; *~ di gesso* plaster cast. **2** (*copia di disegno*) tracing. **3** ⟨*Tip*⟩ matrix. **4** ⟨*Ling*⟩ calque. □ *fare un ~* to cast a mould.

calcocite *f.* ⟨*Min*⟩ chalcocite.

calcografia *f.* **1** (*procedimento*) copperplate printing. **2** (*incisione*) copperplate engraving. **calcografico** *a.* (*pl.* -**ci**) of (*o* relating to) copper engraving (*o* printing). □ *torchio ~* copperplate press. **calcografo** *m.* copperplate engraver.

calcolabile *a.* calculable, computable, that may be calculated. **calcolabilità** *f.* calculability. **calcolare** *v.* (*calcolo*) **I** *v.t.* **1** to calculate, to compute, to reckon: *~ l'area di un triangolo* to calculate the area of a triangle; (*preventivare*) to estimate: *si calcola una spesa di sei milioni* cost is estimated at six million. **2** (*tenere conto*) to include, to allow for, to take into account: *nel prezzo non* *è calcolato il trasporto* transport is not included in the price; *hai ca!colato anche l'affitto?* did you allow for the rent? **3** (*considerare, valutare*) to consider, to weigh, to evaluate: ~ *le conseguenze di un'azione* to consider the consequences of an action. **II** *v.i.* (*aus.* **avere**) **1** (*eseguire calcoli*) to calculate, to make calculations. **2** ⟨*fig*⟩ (*avere intenzione di*) to count on, to intend: ~ *di partire domani* to count on leaving tomorrow. □ ~ *approssimativamente* to make a rough calculation; ~ *gli interessi* to work out the interests; *tutto calcolato, preferisco rinunciare all'impresa* all things considered, I'd rather give up the idea. **calcolatamente** *avv.* calculatedly, deliberately.

calcolatore I *s.m.* (*f.* **-trice**) **1** calculator; (*elettronico*) computer. **2** ⟨*fig*⟩ calculating person: *un freddo* ~ a cold calculating person. **II** *a.* calculating (*anche fig.*): *mente calcolatrice* calculating mind. □ ⟨*Inform*⟩ ~ **analogico** analog(ue) computer; ~ **centrale** central computer; ~ **digitale** digital computer; ~ **domestico** (*o per applicazioni domestiche*) home computer; ~ **elettronico** electronic computer; *l'era dei* ~*i* the computer age; **macchina calcolatrice** calculating machine; **musica** *al* ~ computer music; ~ **personale** personal (computer); ~ *di* **processo** process computer; **regolo** ~ slide–rule; ~ **satellite** computer satellite; ~ **solare** (o *a celle solari*) solar computer; ~ **tascabile** pocket computer; ~ *da* **tavolo** desk(top) computer; ~ *da* **ufficio** business computer; ~ **universale** all–purpose computer.

calcolatrice *f.* calculating machine.

calcolitografia *f.* copperplate lithography.

calcolo[1] *m.* **1** calculation, reckoning (*anche fig.*). **2** ⟨*Mat*⟩ calculus. □ **agire** *per* ~ to behave in a calculating way, to act out of self–interest; ~ **approssimativo** rough (*o* approximate) calculation, rough estimate; ~ *dei* **costi** cost estimate; ~ **differenziale** differential calculus; ~ *della* **distanza** calculation (*o* estimate) of the distance; **errore** *di* ~ miscalculation; ⟨*fig*⟩ **fare** *i* **propri** ~*i* to weigh the pros and cons, to make one's plans; *non fare* ~ *sul mio aiuto* don't count on my help; *a* ~*i* **fatti** after all, everything considered; ~ **infinitesimale** infinitesimal calculus; ~ **logaritmico** logarithmic calculation; ⟨*fig*⟩ **per** ~ out of self–interest; ~ **preventivo** estimate: *fare un* ~ **preventivo** to make an estimate; ~ *del* **prezzo** *di costo* cost price calculation; ⟨*Statist*⟩ ~ *delle* **probabilità** calculus of probability, probability calculus; **secondo** *i miei* ~*i* according to my calculations; ~ *delle* **spese** calculation of expenses.

calcolo[2] *m.* ⟨*Med*⟩ calculus, stone. □ ~*i* **biliari** gallstones; ~ **renale** renal calculus, kidney stone; *avere un* ~ **renale** (o *al rene*) to have a stone in the kidney.

calcolosi *f.* ⟨*Med*⟩ calculosis: ~ **renale** renal calculosis.

calco|mania *f.* decalcomania, ⟨*am*⟩ decal. ~ **pirite** *f.* ⟨*Min*⟩ chalcopyrite. ~ **tipia** *f.* copper plate printing.

caldaia *f.* **1** boiler, cauldron. **2** ⟨*tecn*⟩ boiler. **3** ⟨*Met*⟩ ladle. □ ~ *per* **acqua** *calda* hot water boiler; ⟨*Geol*⟩ ~ *dei* **giganti** potholes; **impianto** *delle* ~*e* boiler system; ~ *di* **locomotiva** locomotive (*o* engine) boiler; ~ *a* **nafta** fuel oil boiler, oil–fired boiler; **sala** *delle* ~*e* boiler room; ⟨*Mar*⟩ stokehold; ~ *a* **vapore** steam boiler.

caldaico *a.* (*pl.* **-ci**) Chaldean.

caldaio *m.* cauldron.

caldallessa *f.* boiled chestnut.

caldamente *avv.* warmly: *raccomandare* ~ to recommend warmly.

caldana *f.* **1** (*vampa di calore alla testa*) (hot) flush, rush of blood. **2** ⟨*fig*⟩ (*moto di sdegno*) fit of rage. **3** ⟨*region*⟩ (*calura*) heat. □ *far venire le* ~*e* to cause to flush with rage.

caldarrosta *f.* roast chestnut.

Caldea *N.pr.f.* ⟨*Geog*⟩ Chaldea.

caldeggiare *v.t.* (**caldeggio, caldeggi**) to support warmly, to back (up), ⟨*am*⟩ to root: ~ *una proposta* to support a proposal warmly.

caldeo I *a.* Chaldean, Chaldaic. **II** *s.m.* **1** (*lingua*) Chaldee. **2** (*abitante; f.*, **-a**) Chaldee. **3** ⟨*Rel*⟩ Chaldean.

calderaio *m.* coppersmith; (*stagnino*) tinker. **calderone** *m.* **1** cauldron. **2** ⟨*fig*⟩ medley, hotchpotch. □ ⟨*fig*⟩ *mettere tutto nello stesso* ~ to put everything into the

same pot; to jumble everything up (*o* together); ~ *di razze* melting–pot (of races).

caldo I *a.* **1** warm; (*molto caldo*) hot: *acqua* –*a* hot water. **2** ⟨*fig*⟩ warm: *accoglienza* –*a* warm welcome (*o* reception); ~ *affetto* warm affection; (*rif. a preghiere*) ardent, fervent. **3** (*rif. a colore*) warm. **4** ⟨*fig,Pol*⟩ hot: *zona* –*a* hot area; *autunno* ~ hot autumn. **II** *s.m.* **1** warmth; (*caldo intenso*) heat: *con questo* ~ in this heat. **2** ⟨*fig*⟩ (*fervore*) fervour, heat, ardour: *nel* ~ *della discussione* in the heat of the argument. □ *è* **arrivato** *il* ~ the hot weather has started; **aver** ~ to be (*o* feel) hot; **fare** ~ to be hot; *fa un* ~ *soffocante* it's stiflingly hot; ⟨*fig*⟩ *non mi fa né* ~ *né freddo* I couldn't care less, it's nothing to me; *piangere a* –*e* **lacrime** to weep bitterly; **mettere** *in* ~ to keep warm (*o* hot); **ondata** *di* ~ heat wave, wave of heat; **paesi** –*i* warm (*o* hot) countries; **pane** ~ bread fresh from the oven; ⟨*fig*⟩ **prendersela** –*a per qc.* to take s.th. to heart; ⟨*Pol*⟩ **punto** ~ trouble spot; *avere il* **sangue** ~ to be hot–blooded; *a* **sangue** ~ in warm (*o* hot) blood; **servire** ~ to serve hot; ~ **soffocante** stifling (*o* oppressive) heat; *la* **stagione** –*a* the hot weather; **tenere** ~ (*di abiti*) to be warm; *tenere in* ~ (*una pietanza*) to keep warm (*o* hot); **testa** –*a* hot–head; ⟨*fig*⟩ *chi la* **vuol** –*a e chi la vuol fredda* some like it hot, some like it cold.

caldura *f.* summer heat.

caledoniano *a.* ⟨*Geol*⟩ Caledonian.

calefazione *f.* ⟨*Fis*⟩ calefaction.

caleidoscopio *m.* kaleidoscope.

calendario *m.* calendar. □ ~ **accademico** university calendar; ~ **civile** calendar noting public holidays; ⟨*Farm*⟩ **confezione** ~ calendar package; ~ *a* **fogli** *mobili* loose–leaf calendar; ~ *a fogli staccabili* tear–off calendar; ~ **giuliano** Julian calendar; ~ **gregoriano** Gregorian calendar; ~ **lunare** lunar calendar; ~ *da* **muro** wall calendar; ~ **scolastico** school calendar; ~ **solare** solar calendar; ~ *da* **tavolo** desk calendar.

calende *f.pl.* kalends *pl.* □ ⟨*fig*⟩ *rimandare qc. alle* ~ *greche* to put s.th. off indefinitely (*o* until doomsday).

calendimaggio *m.* ⟨*lett*⟩ May Day.

calendola *f.* ⟨*Bot*⟩ calendula, marigold.

calenzuolo *m.* ⟨*Ornit*⟩ greenfinch.

calepino *m.* **1** notebook. **2** (*dizionario*) dictionary.

calere *v.impers.* (forms used: *pr.ind.* **cale**, *impf.ind.* **caleva**, *p.rem.* **calse**; *pr.cong.* **caglia**, *impf.cong.* **calesse**; *ger.* **calendo**) ⟨*lett*⟩ to matter. □ *di ciò non mi cale* that doesn't matter to me; *mettere* (*o tenere*) *qc. in non cale* not to care about s.th.

calesse *m.* gig.

caletta *f.* ⟨*tecn*⟩ dovetail, mortice and tenon. **calettare** *v.* (**caletto**) **I** *v.t.* ⟨*tecn*⟩ to fit together. **II** *v.i.* (*aus.* **avere**) to make a close fit. □ ~ *a* **caldo** to shrink on; ~ *a* **coda** *di rondine* to dovetail; ~ *a* **freddo** to key; ~ *a* **maschio** *e femmina* to joggle. **calettato** *a.* ⟨*tecn*⟩ keyed, dovetailed. **calettatura** *f.* ⟨*tecn*⟩ fitting together. □ ~ *a* **caldo** shrinking on; ~ *a* **coda** *di rondine* dovetailing; ~ *a* **freddo** keying; ~ *a* **maschio** *e femmina* joggling.

calibrare *v.t.* (**calibro**) **1** to calibrate, to gauge. **2** ⟨*fig*⟩ (*misurare attentamente*) to gauge. **calibrato** *a.* calibrated, gauged; ⟨*fig*⟩ (*preciso, studiato minutamente*) carefully–gauged, balanced, measured: *giudizio ben* ~ balanced judgement; *stile* ~ measured style. **calibratore** *m.* **1** ⟨*Mecc*⟩ gauge, cal(l)iper. **2** ⟨*Agr*⟩ grader, sorter. **3** (*operaio*) calibrator. □ ~ *per* **patate** potato grader; ~ *per* **sementi** seed sorter. **calibratura, calibrazione** *f.* calibration, gauging.

calibro *m.* **1** ⟨*Mil*⟩ calibre, bore, gauge: *piccoli* –*i* (*i cannoni*) small–calibre guns. **2** ⟨*Mecc*⟩ (*strumento di misura*) ca(l)liper. **3** ⟨*fig*⟩ (*qualità*) calibre, ⟨*fam*⟩ kind: *due persone dello stesso* ~ two of a kind. **4** ⟨*fig*⟩ (*rif. a persone*) big shot, V.I.P.: *i grossi* –*i della finanza* the big shots of high finance. □ ~ *per* **esterni** outside cal(l)iper; *un fucile* ~ *dodici* a 12–bore gun; ~ *per* **interni** inside cal(l)iper.

calicanto *m.* ⟨*Bot*⟩ calycanthus.

calice *m.* **1** glass, goblet: ~ *d'argento* silver goblet; *levare i* –*i* (*per brindare*) to raise one's glass. **2** ⟨*Lit*⟩ chalice. **3** ⟨*Bot*⟩ calyx. **4** ⟨*fig*⟩ cup: *il* ~ *del dolore* the cup of grief.

calicò *m.* ⟨*Tess*⟩ calico: ~ *stampato* printed calico.

calidario *m.* ⟨*Stor.rom*⟩ calidarium.

califfato *m.* Caliphate, Caliphship. **califfo** *m.* Caliph, Khalif, Calif.

California *N.pr.f.* ⟨*Geog*⟩ California. **californiano** *a./s.m.* (*f.* -a) Californian.

californio *m.* ⟨*Chim*⟩ californium.

caliga *f.* ⟨*Stor.rom*⟩ caliga.

caligine *f.* **1** (*nebbia*) mist, fog; (*mista a fumo*) smog. **2** ⟨*fig*⟩ haze, fog. **3** (*region*) (*fuliggine*) soot. **caliginoso** *a.* **1** foggy, misty: *tempo* ~ foggy weather. **2** ⟨*fig*⟩ (*oscuro*) dim, dark.

calipso *m.* (*danza*) calypso (dance).

calla *f.* **1** ⟨*Bot*⟩ calla, water arum. **2** (*zantedetschia*) arum (*o* trumpet) lily.

calle *f.* calle (narrow Venetian lane).

callifugo *m.* (*pl.* -ghi) corn plaster (*o* pad).

calligrafia *f.* **1** penmanship, calligraphy. **2** (*scrittura*) hand(writing): *avere una brutta* ~ to write a bad hand, to have bad handwriting. □ *lezione di* ~ (hand)writing lesson. **calligrafico** *a.* (*pl.* -ci) **1** calligraphic. **2** (*rif. alla scrittura*) handwriting–. **3** ⟨*fig*⟩ overrefined. □ *perizia* –*a* handwriting expert's opinion. **calligrafo** *m.* calligrapher, calligraphist. □ *perito* ~ handwriting expert.

Callimaco *N.pr.m.* ⟨*Stor.gr*⟩ Callimachus.

Calliope *N.pr.f.* ⟨*Mitol*⟩ Calliope.

callista *m./f.* chiropodist.

callistenia *f.* calisthenics *pl* (*costr. sing.*). **callistenico** *a.* (*pl.* -ci) calisthenic.

callo *m.* **1** corn. **2** ⟨*Bot*⟩ callus. □ *fare il* ~ *a qc.* to get used to s.th.; *ci ho fatto il* ~ I'm used to it; *pestare i* –*i a qd.* to tread on s.o.'s corns (*anche fig.*). **callosità** *f.* horniness, corn. **calloso** *a.* **1** callous, horny: *mani* –*e* callous hands. **2** ⟨*fig*⟩ callous. □ ⟨*fig*⟩ *coscienza* –*a* (*incallita*) hardened conscience; ⟨*Anat*⟩ *corpo* ~ corpus callosus.

calma *f.* **1** (*quiete*) calm, tranquillity, peace: *non ho un attimo di* ~ I haven't a moment's peace. **2** (*atmosfera di silenzio*) stillness. **3** ⟨*Mar*⟩ calm. **4** ⟨*intz*⟩ keep calm. □ ⟨*Comm*⟩ ~ *di* **affari** lull in business; *con* ~ calmly: *parlare con* ~ to speak calmly; *pensarci su con* ~ to take one's time to think about s.th.; *prendersela con* ~ to take things calmly; **mantenere** *la* ~ to keep calm; **perdere** *la* ~ to lose one's temper; *far perdere la* ~ *a qd.* to make s.o. lose his temper; ~ *e* **sangue** *freddo!* keep cool, calm and collected!; ⟨*Geog*⟩ *zone* **delle** –*e* doldrums *pl.*

calmante **I** *a.* calming, soothing. **II** *s.m.* ⟨*Farm*⟩ sedative.

calmare *v.t.* **1** to calm. **2** (*rif. a dolori*) to soothe, to ease. **calmarsi** *v.r.* **1** to grow calm, to calm down; (*di vento e simili*) to abate: *la tempesta si calmò* the storm abated. **2** (*rif. a dolori*) to ease, to diminish.

calmieramento *m.* price–control(ling). **calmierare** *v.t.* (**calmiero**) to subject to price–control. **calmiere** *m.* fixed price. □ *prezzo di* ~ controlled (*o* official) price.

calmo *a.* **1** calm: *mantenersi* ~ to keep calm, to remain unruffled. **2** (*calmato*) calmed. **3** ⟨*Comm*⟩ slack.

calmucco *m.* (*pl.* -chi) (*f.* -a) Kalmuck.

calo *m.* (*diminuzione: di prezzi*) fall, drop; (*di volume*) shrinkage, loss: ~ *di peso* loss in weight; (*di potenza*) loss. □ ~ *di prezzo* price decrease.

calomelano *m.* ⟨*Farm*⟩ calomel.

calore *m.* **1** warmth; (*intenso*) heat: *il* ~ *dell'estate* the heat of summer. **2** ⟨*fig*⟩ (*entusiasmo*) heat, ardour, fervour: *nel* ~ *della discussione* in the heat of the argument; (*cordialità*) warm–heartedness, warmth. **3** ⟨*pop*⟩ (*infiammazione cutanea*) heat rash. **4** ⟨*Veter*⟩ heat: *essere in* ~ to be on (*o in*) heat. □ ~ *animale* animal heat; *assorbimento di* ~ heat absorption; ⟨*Met*⟩ ~ **bianco** white heat; **colpo** *di* ~ heat stroke; *con* ~ warmly: *accettare un invito con* ~ to accept an invitation warmly; **conduttore** *di* ~ heat conductor; *fonte di* ~ source of heat, heat source; **grado** *di* ~ degree of heat; ~ **naturale** natural heat; **parlò** *con* ~: 1 (*concitatamente*) he spoke excitedly; 2 (*con accesa convinzione*) he spoke passionately; 3 (*arrabbiandosi*) he spoke heatedly; **resistente** *al* ~ heat–resistant; ~ **solare** solar heat.

caloria *f.* ⟨*Fis,Biol*⟩ calorie. □ *grande* ~ kilogramme (*o* large) calorie; *piccola* ~ gramme (*o* small) calorie.

calorico *a.* (*pl.* -ci) caloric. □ ⟨*Biol*⟩ *giornata* –*a* caloric day, daily calorie consumption.

calorifero *m.* central heating apparatus; (*radiatore*) radiator. **calorifico** *a.* (*pl.* -ci) calorific, heat–producing.

calorimetria *f.* ⟨*Fis*⟩ calorimetry. **calorimetrico** *a.* (*pl.* -ci) calorimetric. **calorimetro** *m.* calorimeter.

calorosamente *avv.* warmly, warm–heartedly. **caloroso** *a.* **1** (*rif. a persona: insensibile al freddo*) who does not feel the cold. **2** ⟨*fig*⟩ (*cordiale*) warm(–hearted): *accoglienza* –*a* warm welcome; (*animato*) warm, heated: *discussione* –*a* heated argument.

caloscia *f.* (*pl.* -sce) galosh, overshoe.

calotta *f.* **1** ⟨*Geom*⟩ segment. **2** (*copertura*) cover(ing), cap. **3** (*zucchetto*) calotte; (*papalina*) skull cap. **4** ⟨*Arch*⟩ spherical (*o* spheroidal) vault. **5** ⟨*Anat*⟩ top of the skull, skull–cap. □ ⟨*Geog*⟩ ~ **polare** ice–cap; ⟨*Mecc*⟩ ~ *di* **protezione** protection cap; ~ **sferica** spherical bowl.

calpestare *v.t.* **1** to trample (up)on, to tread underfoot, to put one's foot on. **2** ⟨*fig*⟩ to trample on: ~ *i diritti di qd.* to trample on s.o.'s rights. **3** *è vietato* ~ *l'erba* keep off the grass. **calpestio** *m.* **1** (*il calpestare*) pounding, trampling. **2** (*scalpiccio*) shuffling, pattering.

calse → **calere**.

calumare *v.t.* ⟨*Mar*⟩ to pay out cable (*o* rope).

calumet *fr.* [kalu'mɛt] *m.* calumet.

calunnia *f.* calumny, slander. **calunniabile** *a.* open to slander. **calunniare** *v.t.* (**calunnio, calunni**) to slander, to calumniate. **calunniatore** **I** *s.m.* (*f.* -trice) slanderer, calumniator. **II** *a.* slanderous, calumnious: *lettere calunniatrici* slanderous letters. **calunniosamente** *avv.* slanderously, calumniously. **calunnioso** *a.* slanderous, calumnious: *dicerie* –*e* slanderous sayings.

calura *f.* ⟨*lett*⟩ oppressive heat, sultriness.

calutrone *m.* ⟨*Fis*⟩ calutron.

calvados *fr.* [kalva'dos] *m.* calvados.

Calvario *N.pr.m.* ⟨*Geog*⟩ Calvary. **calvario** *s.m.* ⟨*fig*⟩ calvary, ordeal, trial: *è stato un lungo* ~ *per me* it has been a long ordeal for me.

calvinismo *m.* Calvinism. **calvinista** *a./s.m./f.* Calvinist. **calvinistico** *a.* (*pl.* -ci) Calvinistic. **Calvino** *N.pr.m.* Calvin.

calvizie *f.* baldness. **calvo** **I** *a.* bald: *diventare* ~ to go (*o* become) bald; *testa* –*a* bald head. **II** *s.m.* (*f.* -a) bald(–headed) person.

calza *f.* **1** stocking; (*da uomo*) sock. **2** ⟨*El*⟩ braiding. □ –*e di* **cotone** cotton stockings; –*e senza* **cucitura** seamless stockings; ⟨*Med*⟩ ~ **elastica** elastic (*o* support) stocking; **fare** *la* ~ to knit; **ferri** *da* ~ knitting needles; **infilarsi** *le* –*e* to pull (*o* put) on one's stockings; –*e di* **lana** woollen stockings; *un* **paio** *di* –*e* a pair of stockings; **venditore** *di* –*e* hosier.

calzamaglia *f.* leotards *pl*, tights *pl*, panty hose.

calzante **I** *a.* **1** well–fitting. **2** ⟨*fig*⟩ fitting: *risposta* ~ fitting reply. **II** *s.m.* shoehorn.

calzare[1] **I** *v.t.* **1** (*infilare scarpe, guanti*) to put on; (*portare ai piedi*) to wear: ~ *stivali* to wear boots. **2** (*provvedere di calzature*) to provide shoes for, to shoe. **II** *v.i.* (*aus. avere/essere*) **1** (*aderire*) to fit (closely), to fit well: *queste scarpe non calzano bene* these shoes do not fit well. **2** ⟨*fig*⟩ (*essere appropriato*) to fit, to be appropriate: *questo esempio non calza* this example is not appropriate. □ *calza il numero trentasette* she takes size thirty–seven.

calzare[2] *m.* ⟨*lett*⟩ (*calzatura*) footwear.

calzato *a.* shod. □ *un asino* ~ a perfect ass. **calzatoia** *f.* wedge, chock. **calzatoio** *m.* shoehorn.

calzatura *f.* footwear. □ *industria delle* –*e* shoe industry; *negozio di* –*e* shoe shop; –*e di* **sicurezza** safety footwear. **calzaturiere** *m.* shoe manufacturer. **calzaturiero** *a.* footwear–, shoe–: *industria* –*a* shoe industry. **calzaturificio** *m.* shoe factory.

calzerotto *m.* (woollen) sock. **calzetta** *f.* (*calzino*) sock. □ ⟨*spreg*⟩ *mezza* ~ (*persona mediocre*) second–rate person. **calzettaio** *m.* (*f.* -a) **1** (*fabbricante*) sock manufacturer. **2** (*venditore*) hosier. **calzettone** *m.* knee–length sock. **calzificio** *m.* stocking factory. **calzino** *m.* sock: –*i corti* short socks; –*i lunghi* long socks.

calzolaio *m.* shoemaker. **calzoleria** *f.* **1** shoemaker's shop. **2** *(negozio)* shoe shop.

calzoncini *m.pl.* shorts *pl.*

calzone *m.* **1** *pl.* trousers *pl,* *(fam)* pants *pl; (da donna)* slacks *pl.* **2** *(Gastr)* calzone (Neapolitan savoury roll). □ *–i da* **cavallerizzo** riding breeches; *(fam)* **farsela** *nei –i* to do it in one's bags, to be in a blue funk; *–i da* **golf** plus–fours; **infilarsi** *i –i* to pull *(o* put) on one's trousers; *(fig)* *(rif. a donna)* **portare** *i –i* to wear the trousers; *–i alla* **zuava** knickerbockers *pl.*

calzuolo *m.* wedge.

Cam *N.pr.m.* *(Bibl)* Ham.

camaldolese *a./s.m.* *(Rel)* Camaldolensian.

camaleonte *m.* *(Zool)* chameleon *(anche fig.).* **camaleontico** *a.* *(pl.* **-ci)** **1** chameleon–like, chameleon–. **2** *(fig)* fickle.

camarilla *sp.* [kama'riʎa] *f.* **1** camarilla: ~ *di corte* court camarilla. **2** *(estens)* *(cricca)* camarilla, clique, cabal.

cambiabile *a.* changeable.

cambiadischi *m.inv.* record–changer: ~ *automatico* automatic record changer, autochanger.

cambiale *f.* **1** bill (of exchange). **2** *(pagherò)* promissory note. **3** *(tratta)* draft, bill of exchange: ~ *di centomila lire* bill of exchange for a hundred thousand lire. □ *(Comm)* ~ *all'*aria accommodation *(o* fictitious) bill, *(am)* wind bill; ~ **attiva** bill receivable; **avallare** *una* ~ to back a bill; ~ *di* **comodo** *(o favore)* = *cambiale all'*aria; ~ **domiciliata** domiciled bill; **emettere** *una* ~ to issue a bill; ~ **estera** *(o sull'estero)* foreign bill (of exchange); ~ **falsa** forged bill; **girare** *una* ~ to endorse a bill; ~ *all'*incasso bill for collection, bill receivable, *(am)* note receivable; ~ **insoluta** unpaid bill; **pagare** *una* ~ to honour a bill; *non pagare una* ~ to fail to honour a bill; ~ *su* **piazza** local bill, *(am)* town bill; **prorogare** *una* ~ to extend maturity of a bill; **protestare** *una* ~: 1 *(con protesto preliminare)* to note a bill; 2 *(con protesto definitivo)* to protest a bill; **rinnovare** *una* ~ to renew a bill; **riscuotere** *una* ~ to collect *(o* cash) a bill; ~ *a* **scadenza** *fissa* fixed–term bill; ~ *a breve scadenza* short–term bill, short–dated bill; ~ *a lunga scadenza* long–term bill, long–dated bill; ~ **scaduta** overdue bill, expired bill; ~ **tratta** bill (of exchange), draft.

cambiamento *m.* **1** change: *c'è stato un* ~ *nel programma* there has been a change in the programme; *(atto)* changing; *(modifica)* alteration. **2** *(Sport)* change (of position). □ **apportare** *un* ~ to bring about a change, to make an alteration; ~ *d'*aria change of air; *(rif. a locali)* ventilation; ~ *di* **direzione** change of direction; ~ *di* **domicilio** change of residence; **fare** *un* ~ to make a change; ~ *in* **meglio** change for the better; ~ *di* **passo** change of step; ~ *in* **peggio** change for the worse; ~ *di* **rotta** change of course; *(Teat)* ~ *di* **scena** change of scene, scene–change; *(fig)* change in the situation; ~ *di* **stagione** change of season, seasonal change, turn of the season; **subire** *un* ~ to undergo a change; ~ *di* **tempo** change of *(o* in the) weather.

cambiare *v.* **(cambio, cambi)** **I** *v.t.* **1** to change: *ho cambiato indirizzo* I have changed my address; *per Roma si cambia* you have to change for Rome; ~ *il bambino* to change the baby; *presto dovrò* ~ *le candele* I shall soon have to change the sparking plugs. **2** *(modificare, trasformare)* to change, to modify, to transform: *il dolore lo ha cambiato* grief has changed him. **3** *(barattare)* to change, to exchange: ~ *qc. con qd.* to exchange s.th. with s.o.; ~ *con qc.* to change for s.th. **4** *(Econ)* to change: ~ *lire in dollari* to change lire into dollars; *mi può* ~ *diecimila lire?* can you change ten thousand lire for me? **II** *v.i.* *(aus.* **essere)** **1** *(mutare)* to change, to alter: *niente è cambiato* nothing has changed. **2** *(Aut)* *(cambiare marcia)* to change *(o* shift) gear. **3** *(aus.* avere) to change: ~ *di opinione* to change one's opinion. **cambiarsi** *v.r.* **1** to change, to be changed: *ti sei cambiato moltissimo* you have changed a lot. **2** *(trasformarsi)* to change, to be transformed: *l'ammirazione si cambiò in disprezzo* the admiration changed to scorn. **3** *(scambiarsi)* to change (places): *non mi cambierei con nessuno* I wouldn't change places with anyone. **4** *(mutar d'abito)* to change:

cambiarsi la camicia to change one's shirt; *si cambia due volte al giorno* he changes twice a day. □ ~ **argomento** to change the subject; ~ *l'*aria to change the air; ~ *aria* to have a change of air; *(allontanarsi da un luogo pericoloso)* *(fam)* to clear out; ~ **aspetto** to change (in appearance), to take on a different appearance; *con il nuovo divano la stanza ha cambiato aspetto* the new divan has changed the appearance of the room; *se è così la cosa cambia aspetto* if that is how it is, it puts a different light on things; *(fig)* ~ *le* **carte** *in tavola* to twist the meaning (of the words); ~ **casa** to move; ~ **colore** to change colour; *(fig)* *(impallidire)* to turn pale; ~ **discorso** to change the subject; *ho cambiato idea* I have changed my mind; *(Aut)* ~ *la* **marcia** to change gear; ~ *le* **penne** to moult; ~ *(di)* **posto** to change places: ~ *posto con qd.* to change places with s.o.; *(Mar)* ~ *la* **rotta** to alter *(o* change) course; ~ **strada** to take another road; *(iron)* **tanto** *per* ~ just for a change; *il tempo cambia* the weather is changing; *i tempi cambiano* times are changing; ~ **vita** to start a new life.

cambiario *a.* exchange–, of exchange, of bills. □ *credito* ~ paper credit; *sistema* ~ exchange system.

cambia|tensione *m.inv.* voltage changer. **~valute** *m.inv.* money–changer; money dealer.

cambio[1] *m.* **1** change; *(scambio)* exchange. **2** *(Econ)* exchange. **3** *(Aut)* gears *pl; (manovra)* gearing □ **agente** *di* ~ stockbroker; *(Mecc)* **albero** *del* ~ gear shaft; *(Econ)* ~ **alto** high rate of exchange; *(Aut)* ~ **automatico** automatic gear *(o* transmission) change; *(Econ)* ~ **basso** low rate of exchange; *un* ~ *di* **biancheria** a change of underwear; **dare** *il* ~ *a qd.* to relieve s.o., to take over from s.o.; *darsi il* ~ to take (it in) turns; **dare** *in* ~ to give in exchange; *(Econ)* ~ **denaro** bid price *(o* quotation); **fare** *un* ~ to make an exchange; ~ **forzoso** compulsory *(o* forced) exchange; **garanzia** *di* ~ hedge; ~ *del* **giorno** current exchange rate, current rate of exchange; ~ *della* **guardia** changing of the guard *(anche fig.)*; **in** ~ *di* in exchange for; *(Econ)* **lettera** *di* ~ bill *(o* letter) of exchange; *(Mecc)* **leva** *del* ~ gear lever; ~ **libero** free rate of exchange; *(Mecc)* ~ *di* **marcia** gear change; *(Aut)* ~ *a cinque marce* five–speed gear; ~ **obbligatorio** = *cambio* **forzoso**; ~ *alla* **pari** parity price *(o* rate); *(Mecc)* ~ *a* **pedale** pedal gear change; *(Pol)* ~ *del* **potere** power change; *(Aut)* ~ *a* **preselettore** preselecting gear change; ~ *a* **pronti** exchange for spot delivery, spot rate; *(Aut)* **scatola** *del* ~ gearbox; *(Aut)* ~ **sincronizzato** synchronized gear change *(o* gears), synchromesh gear; ~ *a* **termine** exchange for forward delivery, forward rate; *(Econ)* ~ **ufficiale** official rate of exchange; **ufficio** *di* ~ bureau de change, money changer's office; *(Aut)* ~ *di* **velocità** gears *pl;* *(Aut)* ~ *al* **volante** column gear change.

cambio[2] *m.* *(Bot,Anat)* cambium.

cambista *m./f.* *(Econ)* exchange broker; *(cambiavalute)* money dealer.

Cambital *m.* *(Ufficio italiano dei cambi)* Italian bureau of exchange.

Cambogia *N.pr.f.* *(Geog)* Cambodia. **cambogiano I** *a.* Cambodian. **II** *s.m.* **1** *(lingua)* Cambodian. **2** *(abitante; f.* **-a)** Cambodian.

cambriano *(Geol)* **I** *a.* Cambrian. **II** *s.m.* Cambrian (period). **Cambrici** *N.pr.m.pl.* *(Geog)* Cambrian Mountains *pl.*

cambusa *f.* *(Mar)* storeroom, galley. **cambusiere** *m.* storekeeper.

camelia *f.* *(Bot)* camellia.

camelidi *m.pl.* *(Zool)* Camelidae *pl.*

camembert *fr.* [kamã'bɛːr] *m.* Camembert.

camera *f.* **1** room; *(in usi particolari)* chamber; *(da letto)* bedroom. **2** *(i mobili)* suite of furniture (of a room). **3** *(Parl,Pol)* House, Chamber: *le –e (dei deputati e del senato)* the two Houses. **4** *(Mecc, Anat)* chamber. □ ~ *con* **acqua** *corrente* room with running water; ~ *d'*albergo hotel room; *(Parl)* ~ **alta** Upper House; *(Dir)* ~ **arbitrale** arbitration board; ~ **ardente** mortuary chapel; ~ *d'*aria *(di pneumatico)* inner tube; *(di dirigibile)* ballonet; *(di pallone)* bladder; *(Aut)* **senza** ~ *d'*aria tubeless; *(Parl)* ~ **bassa** Lower House; ~ **blindata** strongroom; *(di banca)* safe vault *(o* room); *(Fis)* ~ *a* **bolle** bubble chamber;

⟨*Mot*⟩ ~ *di* **carburazione** carburation chamber; ⟨*Artigl*⟩ ~ *di* **caricamento** breech; ~ **climatica** climatic chamber; ⟨*Mot*⟩ ~ *di* **combustione** combustion chamber; ~ *di* **commercio** Chamber of Commerce; ⟨*SU*⟩ Board of trade; **compagno** *di* ~ room–mate; ⟨*Econ*⟩ ~ *di* **compensazione** Clearing House; ~ *di* **compressione** compression chamber; ⟨*GB*⟩ ~ *dei* **comuni** House of Commons; ⟨*Dir*⟩ ~ *di* **consiglio** camera; ~ *di* **decompressione** decompression chamber; ~ *dei* **deputati** Chamber (*o* House) of Deputies, ⟨*GB*⟩ House of Commons, ⟨*SU*⟩ House of Representatives; **fare** *la* ~ to tidy up (*o* do) one's room; ~ *a* **gas** gas chamber; ⟨*Mar*⟩ ~ *d'*immersione immersion chamber; ⟨*Fis*⟩ ~ *di* **ionizzazione** ionization chamber; ⟨*Mar*⟩ ~ *di* **lancio** torpedo compartment (*o* room); ~ *del* **lavoro** workers' association; ~ *a un* **letto** single room; ~ *a due letti* double room; ~ **macchine** machine room; **maestro** *di* ~ chamberlain, gentleman of the bed–chamber; ~ **matrimoniale** (*stanza*) double bedroom; (*mobili*) bedroom suite; ~ **mobiliata** furnished room; ~ **mortuaria** morgue; **musica** *da* ~ chamber music; ~ *a* **nebbia** (*o di Wilson*) cloud chamber; ⟨*Anat*⟩ ~ *dell'occhio* aqueous chamber; ~ **operatoria** operating room (*o* theatre); ⟨*Fot*⟩ ~ **oscura** dark room; ~ *degli* **ospiti** guest room; ⟨*Parl*⟩ ~ *dei* **pari** House of Lords; ~ *da* **pranzo** dining room; ⟨*SU*⟩ ~ *dei* **rappresentanti** House of Representatives; ~ *sul* **retro** backroom; **rifare** *la* ~ (*riordinarla*) to do the room (out); ~ *di* **scoppio**: 1 ⟨*Mot*⟩ combustion chamber; 2 (*nelle armi da fuoco*) chamber; ~ *di* **servizio** maid's room; ~ *di* **sicurezza** (*cella*) cell, detention room; (*nelle banche*) strongroom; ~ *di* **soggiorno** living room; ⟨*Mot*⟩ ~ *a* **turbolenza** swirl chamber; **veste** *da* ~ dressing gown.
camerale *a.* Chamber–, Chamber's; (*dell'erario*) Treasury–, Exchequer–. □ *amministrazione* ~ financial administration; *anno* ~ financial year; *beni* ~*i* state property.
cameralismo *m.* ⟨*Pol*⟩ cameralism. **cameralista** *m.* cameralist.
camerata[1] *m./f.* 1 ⟨*Pol*⟩ comrade. 2 (*fam*) chum, pal.
camerata[2] *f.* (*dormitorio*) dormitory (*anche collett.*).
cameratescamente *avv.* in a comradely manner. **cameratesco** *a.* (*pl.* -chi) comradely. **cameratismo** *m.* comradeship.
cameriera *f.* (house)maid, maidservant; (*di albergo*) chambermaid; (*di ristorante*) waitress. □ ~ *a ore* char, ⟨*fam*⟩ daily help; ~ *a tutto servizio* live–in maid.
cameriere *m.* (*servitore*) (man)servant; (*di albergo*) manservant; (*di ristorante*) waiter. □ ~ *capo* head–waiter; ~ *particolare* valet; ~ *di sala* roomservant.
camerino *m.* 1 (*di teatro*) dressing room. 2 (*fam*) (*gabinetto di decenza*) lavatory. **camerista** *f.* lady–in–waiting, maid of honour.
cameristico *a.* (*pl.* -ci) chamber–: *concerto* ~ chamber concert.
camerlengo *m.* (*pl.* -ghi) camerlengo, camerlingo.
camerone *m.* (dormitorio) dormitory.
Camerun *N.pr.m.* ⟨*Geog*⟩ Cameroon.
camice *m.* 1 (white) coat: ~ *chirurgico* surgeon's (white) coat. 2 ⟨*Rel*⟩ alb. **camiceria** *f.* 1 (*negozio*) shirt shop. 2 (*fabbrica*) shirt factory. **camicetta** *f.* (*da donna*) blouse.
camicia *f.* (*pl.* -cie/-ce) 1 (*da uomo*) shirt; (*da donna*) blouse; (*da notte: da donna*) nightdress, nightgown; (*da uomo*) nightshirt. 2 ⟨*tecn*⟩ jacket. 3 (*custodia*) cover. □ ⟨*Mecc*⟩ ~ *d'*acqua water jacket; ⟨*Mecc*⟩ ~ *d'*aria air jacket; -*e* brune (*i nazisti*) brownshirts *pl;* **darebbe** *via anche la* ~ (*è assai generoso*) he'd give you the shirt off his back; ~ *di* **forza** straitjacket; **giocarsi** *anche la* ~ to lose the shirt off one's back; *in* **maniche** *di* ~ in one's shirtsleeves; **essere** *nato con la* ~ to be born with a silver spoon in one's mouth; -*e* **nere** (*i fascisti*) blackshirts *pl;* ⟨*Mecc*⟩ ~ *di* **raffreddamento** cooling jacket; ⟨*fig*⟩ **ridursi** *in* ~ to lose everything; ⟨*Mecc*⟩ ~ *di* **riscaldamento** heating jacket; -*e* **rosse** (*i garibaldini*) redshirts *pl,* Garibaldini *pl;* **sudare** *sette* -*e* to sweat blood; ⟨*fig*⟩ to work extremely hard; **uovo** *in* ~ poached egg.
camiciaio *m.* (*f.* -a) 1 shirtmaker. 2 (*venditore*) seller of shirts. **camicino** *m.* 1 bodice. 2 (*per neonati*) vest.
camiciola *f.* 1 (*maglietta*) (under)vest, ⟨*am*⟩ undershirt. 2 (*camicia estiva*) sports shirt. **camiciotto** *m.* smock.

caminetto *m.* 1 fireplace. 2 ⟨*Alp*⟩ chimney. **caminiera** *f.* 1 (*parafuoco*) fireguard. 2 (*mensola*) mantelpiece. 3 (*specchio*) mantelpiece mirror. **camino** *m.* 1 fireplace. 2 (*focolaio*) hearth, fireside. 3 (*ciminiera*) chimney; (*comignolo*) chimney–pot. 4 (*di vulcano*) chimney. 5 ⟨*Alp*⟩ chimney. □ *cappa del* ~ chimney flue; ~ *di ventilazione* smoke–vent, flue.
camion *m.* (motor–)lorry, ⟨*am*⟩ truck. **camionabile**, **camionale I** *a.* open to heavy traffic, lorry–. **II** *s.f.* road open to heavy traffic. **camioncino** *m.* van, light lorry. **camionetta** *f.* jeep. **camionista** *m.* lorry driver, ⟨*am*⟩ truck driver.
camita *m./f.* ⟨*Etnol*⟩ Hamite. **Camiti** *m.pl.* Hamites *pl.* **camitico** *a.* (*pl.* -ci) Hamite, Hamitic.
camma *f.* ⟨*Mecc*⟩ cam. □ *albero a* -*e* camshaft; ~ *ad angolo arrotondato* broadnose cam.
cammellato *a.* ⟨*Mil*⟩ camel–borne. **cammelliere** *m.* camel driver. **cammello** *m.* 1 ⟨*Zool*⟩ camel: *viaggiare a dorso di* ~ to travel on camel back. 2 ⟨*Tess*⟩ camel–hair, camel's hair: *soprabito di* ~ camel–hair coat. □ *color* ~ camel–coloured.
cammeo *m.* cameo.
camminamento *m.* ⟨*Mil*⟩ communication trench.
camminare[1] *v.t.* (*aus.* avere) 1 to walk: *il bambino non cammina ancora* the baby can't walk yet; *ho camminato da Ostia fino a Roma* I walked from Ostia to Rome. 2 (*funzionare*) to work, to go, to run. 3 ⟨*fig*⟩ (*progredire*) to go, to progress: *gli affari camminano bene* business is going well; *cammina il tuo lavoro?* how is your work progressing? □ ~ **carponi** to go on all fours; ~ **diritto** to walk upright; ⟨*fig*⟩ to stick to the straight and narrow; ~ *in* **fila** *indiana* to walk in single file; *pare un* **morto** *che cammini* he looks like a walking ghost; *il mio* **orologio** *non cammina più* my watch has stopped; ~ *di buon* **passo** to walk quickly (*o* at a good pace); ~ *a grandi passi* to stride; ~ *per le vie della città* to walk through the streets of the city; ~ *in* **punta** *di piedi* to (walk on) tiptoe; ~ *sotto la pioggia* to walk in the rain; ~ *a* **testa** *alta* to walk with one's head held high; ~ **zoppicando** to limp. ‖ *cammina!* (*affrettati*) get a move on, hurry up; (*vattene*) go away, ⟨*am.fam*⟩ beat it; *cammina, cammina, finalmente arrivarono al rifugio* after much walking they finally reached the refuge.
camminare[2] *m.* 1 (*azione*) walking: *il* ~ *mi affatica* walking tires me. 2 (*modo di camminare*) walk, gait: *lo riconobbi dal* ~ I recognized him by his walk.
camminata *f.* 1 (*passeggiata*) walk, stroll: *fare una bella* ~ to go for a nice walk. 2 (*passo, andatura*) walk, gait. **camminatore** *m.* (*f.* -trice) walker: *essere un buon* ~ to be a good walker.
cammino *m.* 1 (*il camminare*) walk, journey: *sono stanco per il lungo* ~ I'm tired after the long journey. 2 (*strada*) road; (*sentiero*) path; (*strada percorsa o da percorrere*) way, route: *seguire il* ~ *più corto* to go the shortest way. 3 (*tempo del percorso: a piedi*) walk: *mezz'ora di* ~ half an hour's walk; (*in macchina*) drive; (*con altro mezzo*) journey. 4 ⟨*fig*⟩ (*progresso*) (head)way, progress: *fare molto* ~ to go a long way. □ **essere** *in* ~ to be on one's way; *cammin facendo* on the way; **indicare** *il* ~ *a qd.* to show s.o. the way; **lungo** *tutto il* ~ throughout the journey, all the way; **mettersi** *in* ~ to start off, to set out; *ci sono due* **ore** *di* ~ it's two hours away; ⟨*fig*⟩ *lasciare il* **retto** ~ to go astray; **riprendere** *il* ~ to resume one's journey; ⟨*Mil*⟩ ~ *di* **ronda** beat; *un* **tratto** *del* ~ a part of the way.
camola *f.* ⟨*region*⟩ (*tignola*) moth.
camomilla *f.* 1 ⟨*Bot*⟩ wild c(h)amomile. 2 (*infuso*) c(h)amomile tea.
camorra *f.* 1 Camorra. 2 ⟨*estens*⟩ (*lega di persone disoneste*) gang of thieves. 3 (*azione disonesta*) racket, swindle. **camorrista** *m./f.* 1 Camorrist. 2 ⟨*estens*⟩ racketeer, swindler. **camorristico** *a.* (*pl.* -ci) camorra–.
camosciare *v.t.* (**camoscio/camoscio**, **camosci/camosci**) (*scamosciare*) to chamois. **camoscio** (*o* *camoscio*) *m.* 1 ⟨*Zool*⟩ chamois. 2 (*pelle*) chamois (leather), shammy (leather). □ *guanti di* ~ suede gloves.
campagna *f.* 1 country: *vivere in* ~ to live in the country; *andare in* ~ to go to the country. 2 (*terra coltivata*) land:

(possedimento) land, estate, property: *avere molta* ~ *to* have a great deal of land. **3** *(paesaggio)* countryside. **4** ⟨*Mil*⟩ campaign: *le -e di Napoleone* the Napoleonic campaigns; *fare una* ~ *(parteciparvi)* to take part in a campaign. **5** *(propaganda)* campaign: ~ *contro il fumo* campaign against smoking. **6** ⟨*Arald*⟩ terrace in base. □ *di* **alfabetizzazione** literacy campaign; ~ *di* **annunci** *(pubblicitari)* advertising campaign; *in aperta* ~ in the open country; ⟨*Mil*⟩ **artiglieria** *da* ~ field artillery; *casa di* ~ country house; **coltivare** *la* ~ to till the soil; ~ *di* **commercializzazione** marketing year; ~ **diffamatoria** smear campaign; ~ **elettorale** election (*o* electoral) campaign; ~ *contro la* **fame** freedom from hunger campaign; ⟨*scherz*⟩ *ha* **fatto** *le sue -e* he has had an eventful life; **gente** *di* ~ country folk (*o* people); ~ *d'*informazione information campaign; ~ *contro l'*inquinamento anti-pollution campaign; ~ *di* lancio sales drive; ~ *di* **produttività** productivity drive; ~ **pubblicitaria** advertising campaign; *la* ~ **romana** the Campagna; ~ *contro il* **rumore** noise abatement campaign; ~ *di* **stampa** press campaign; ~ *di* **sviluppo** *delle vendite* sales promotion campaign; **villeggiare** *in* ~ to spend one's holiday in the country; **vita** *di* ~ country life.

campagnola *f.* ⟨*Aut*⟩ off-road car. **campagnolo I** *a.* country-, rural, rustic: *usanze -e* country traditions. **II** *s.m.* (*f.* **-a**) countryman, peasant. □ *alla -a* in a country way.

campale *a.* field-: *artiglieria* ~ field artillery; ~ *battaglia* ~ pitched battle; ⟨*fig*⟩ *una giornata* ~ a hard day.

campana *f.* **1** bell. **2** *(di vetro)* bell jar. **3** *(delle lampade)* lampshade. **4** ⟨*Arch*⟩ bell. □ **a** ~ bell-shaped; ~ *d'*aria air chamber; **gonna** *a* ~ bell-shaped (*o* flared) skirt; ~ *d'*immersione diving bell; **legare** *le* ~ to silence the bells; ~ *a* **martello** alarm-bell; ~ *a* **morte** passing bell; ~ **pneumatica** pressure tank; **sciogliere** *le -e* to ring the bells again; **sentire** *l'altra* ~ to hear the other side of the question; *sentire tutte e due le -e* to hear both sides of the question; *la* ~ *della* **sera** the evening bell; **sordo** *come una* ~ (as) deaf as a post; ~ **subacquea** diving bell; *vivere sotto una* ~ *di* **vetro** to mollycoddle (*o* pamper) o.s.; *tenere qd. sotto una* ~ *di vetro* to mollycoddle (*o* pamper) s.o.

campanaccio *m. (rif. a mucche e sim.)* cowbell, cattle bell.

campanario *a.* bell-: *torre -a* bell tower. **campanaro** *m.* bell-ringer.

campanella[1] *f.* **1** little bell. **2** *(picchiotto)* door knocker. **3** *(anello per tende)* curtain ring. **4** *(orecchino)* earring.

campanella[2] *f.* ⟨*Bot*⟩ bellflower.

campanello *m.* bell. □ ~ *d'*allarme alarm-bell; ⟨*fig*⟩ *sonare il* ~ *d'allarme* to touch off the alarm bells; ~ *per* **bicicletta** bicycle bell; ~ *della* **messa** bell for Mass; ~ *del* **portone** (front) doorbell; **sonare** *il* ~ to ring the bell.

campanile *m.* **1** bell tower, belfry. **2** ⟨*fig*⟩ *(paese natio)* native town (*o* village). □ ⟨*fig*⟩ *lungo* (*o alto) come un* ~ long (*o* tall) as a bean-stalk; *questioni di* ~ local affairs; *rivalità di* ~ parochial rivalry; ⟨*Sport*⟩ *tiro a* ~ skied ball.

campanilismo *m.* parochialism, parish pump politics *pl* *(costr. sing.)*. **campanilista I** *a.* parochial(-minded): *idee -e* parochial ideas. **II** *s.m./f.* parochial(-minded) person. **campanilistico** *a. (pl.* **-ci**) → **campanilista.**

campano I *a. o* (*o* from) Campania. **II** *s.m.* (*f.* **-a**) inhabitant (*o* native) of Campania.

campanula *f.* ⟨*Bot*⟩ bellflower, campanula. **campanulare, campanulato** *a.* campanulate, bell-shaped.

campare[1] *v.i. (aus.* essere*)* to live: *campa del suo lavoro* he lives by his work; *è campato poco* he did not live long; *(vivere alla meno peggio)* to manage, to get by: *si campa* we're managing, we get by. □ ⟨*fig*⟩ ~ *d'*aria to live on next to nothing; ~ *d'*elemosina to live on charity; ~ *alla giornata* to live from hand to mouth; *tirare a* ~ to make a living as best one can. *Prov.: campa, cavallo, che l'erba cresce* that'll be the day, when the cows come home.

campare[2] *v.t.* ⟨*Scult,Pitt*⟩ to bring into relief.

campata *f.* ⟨*Arch*⟩ span; *(di un ponte)* bay.

campato *a.* ⟨*Scult*⟩ relieved. □ ⟨*fig*⟩ ~ *in aria* unfounded, groundless; *progetti -i in aria* castles in the air.

campeggiare[1] *v.i.* (**campeggio, campeggi;** *aus.* **avere**) **1** *(rif. a soldati)* to (en)camp, to be encamped. **2** *(rif. a turisti)* to camp.

campeggiare[2] *v.* (**campeggio, campeggi**) **I** *v.i. (aus.* **avere**) **1** *(risaltare)* to stand out. **2** *(spiccare)* to be prominent, to stand out. **II** *v.t.* ⟨*Pitt*⟩ *(campire)* to paint the background.

campeggiatore *m.* (*f.* **-trice**) camper.

campeggio[1] *m.* **1** camping ground (*o* site). **2** *(sosta, soggiorno)* camping: *fare un* ~ *in montagna* to go camping in the mountains.

campeggio[2] *m.* ⟨*Bot*⟩ logwood.

campeggista *m./f.* camper. **campeggistico** *a.* (*pl.* **-ci**) camping-.

camper *ingl. m.* camper, automobile-and-trailer combination.

campestre *a.* country-, rural. □ ⟨*Sport*⟩ *corsa* ~ cross-country race; *fiore* ~ wildflower; *guardia* ~ land warden.

campetto *m. (rif. allo sci)* nursery slope.

Campidoglio *N.pr.m.* Capitol.

campiello *m.* campiello (small square in Venice).

campionamento *m.* sampling: ⟨*Statist*⟩ ~ **casuale** random sampling; *schema di* ~ sampling frame. **campionare** *v.t.* (**campiono**) to sample. **campionario I** *a.* sample-. **II** *s.m.* **1** samples *pl,* sample collection. **2** ⟨*Tess*⟩ pattern book. □ ⟨*Comm*⟩ ~ *su un* **area** area sampling; ⟨*Tip*⟩ ~ *dei* **caratteri** type samples; *fiera -a* trade fair.

campionato[1] *m.* championship. □ ~ *di* **calcio** football championship; *-i* **mondiali** world championship; ~ *di* **pugilato** boxing championship.

campionato[2] *a.* sampled.

campionatore *m.* sampler, sampling machine. **campionatura** *f.* sampling.

campione *m.* **1** ⟨*Sport*⟩ champion. **2** *(difensore)* champion, defender: ~ *della fede* defender of the faith. **3** ⟨*Comm*⟩ sample, specimen: *comprare su* ~ to buy on sample. □ ⟨*iron*⟩ *un* **bel** ~ a fine specimen; ⟨*Comm*⟩ **come** *da* ~ as per sample; *essere* **conforme** *al* ~ to be up to sample; ⟨*fig*⟩ **farsi** ~ *di qc.* to champion the cause of s. th.; ~ **gratuito** free sample; ~ *per* **medici** physician's sample; ⟨*Fis*⟩ **metro** ~ standard metre; ⟨*Fis*⟩ ~ *di* **misura** standard (measure); ⟨*Sport*⟩ ~ **mondiale** world champion; ~ **olimpionico** Olympic champion; ⟨*Statist*⟩ ~ **ponderato** weighted sample; **prelevamento** (*o prelievo) di un* ~ sampling; ⟨*Statist*⟩ ~ **probabilistico** probabilistic (*o* probability) sample; ~ *di* **pugilato** boxing champion; ~ **rappresentativo** representative sample; **squadra** ~ champion team; ~ **stratificato** stratified sample ~ *di* **tennis** tennis champion; ⟨*Post*⟩ ~ *senza* **valore** sample only.

campionessa *f.* champion. **campionissimo** *m.* great champion, champion of champions.

campionista *m./f.* sampler.

campire *v.t.* (**campisco, campisci**) ⟨*Pitt*⟩ to paint in the background. **campito** *a.* painted as a background. **campitura** *f.* painted background.

campo *m.* **1** field. **2** *pl. (campagna)* fields *pl,* country: *andare per i -i* to walk through (*o* in) the country. **3** ⟨*fig*⟩ *(materia)* field, branch: *esperto in tutti i -i* expert in all fields; *questo non rientra nel mio* ~ this is outside my field. **4** ⟨*Mil*⟩ *(luogo di battaglia)* (battle)field, battleground: *morire sul* ~ to die on the battlefield; *(luogo di esercitazione)* drill (*o* parade) ground; *(accampamento)* camp: *porre il* ~ to pitch camp; *levare il* ~ to strike camp. **5** ⟨*Aer*⟩ (air)field. **6** ⟨*Sport*⟩ playing field; *(di cricket)* oval; *(di tennis)* court; *(di golf)* links *pl,* course. **7** ⟨*Fis,Min*⟩ field. **8** ⟨*Fot*⟩ field, range. **9** ⟨*Art*⟩ *(sfondo)* (back)ground. **10** ⟨*Arald, Numism*⟩ field: *croce bianca in* ~ *rosso* white cross on a red field. **11** ⟨*Cin*⟩ shot: ~ *lungo* long shot. □ ⟨*Mil*⟩ ~ *d'*addestramento training camp; ⟨*Mil*⟩ **aiutante** *di* ~ aide-de-camp; *combattere in* ~ aperto to fight in the open; ~ *d'*applicazione application field; **artiglieria** *da* ~ field artillery; ⟨*Aer*⟩ ~ *di* atterraggio landing field; ~ *d'*attività field of activity; ⟨*Pol*⟩ *passare al* ~ avversario to go over to the other camp; ~ aurifero gold field; ~ *d'*aviazione airfield; ~ *d'*azione: **1** ⟨*Fis*⟩ field of action:

d'azione di una forza field of action of a force; 2 ⟨*fig*⟩ sphere of action; ~ *di* **battaglia** battlefield, battleground; ~ *di* **concentramento** concentration camp; ⟨*Mil*⟩ **da** ~ field–: *cucina da* ~ field kitchen; *lettino da* ~ camp bed; *ospedale da* ~ field hospital; ⟨*Fis*⟩ ~ **differenziale** differential field; ⟨*Sport*⟩ ~ **erboso** grass court; **fiori** *di* ~ wild flowers; ~ **fortificato** fortified camp; ⟨*Aer*⟩ ~ *di* **fortuna** emergency landing ground; ⟨*Fis*⟩ ~ *di* **forza** field of force; ⟨*Cin*⟩ **fuori** ~ off screen; ~ *di* **gioco** playing field; ~ *di* **golf** golf links (*o* course); ~ *di* **grano** cornfield; ⟨*Fis*⟩ ~ **gravitazionale** gravitational field; ~ *d'***interferenza** interference field; ⟨*Acu*⟩ ~ **intermedio** midrange; ~ *d'***internamento** internment camp; ~ *di* **lavoro** work camp; *lavoro sul* ~ field work; ⟨*Cin*⟩ ~ **lungo** long shot; ~ **magnetico** magnetic field; ~ *magnetico terrestre* earth's magnetic field; ~ *di* **Marte** parade (*o* drill) ground; ⟨*Cin*⟩ ~ **medio** medium–long shot, mid–shot; ⟨*Sport*⟩ **metà** ~ half–way line; **mettere** *in* ~ to put into the field; *mise in* ~ *diecimila cavalieri* he put ten thousand knights into the field; ⟨*fig*⟩ *mettere in* ~ *qc.* to put s.th. forward, to come up with s.th.: *mise in* ~ *delle pretese* he came up with various requirements; *mise in* ~ *valide ragioni* he put forward some good reasons; ~ **minato** minefield; ⟨*fig*⟩ *passare nel* ~ **nemico** to pass (*o* go) over to the enemy; *–i di* **neve** snowfields; *restare* **padrone** *del* ~ to be left in possession of the field; ~ *di* **pattinaggio** skating rink; ~ **petrolifero** oil field; *in* ~ **politico** in the political field; ~ *di* **prigionia** prisoner–of–war camp; *i prodotti dei –i* country produce; ~ **profughi** refugee camp; **scendere** *in* ~ to enter the field (*o* lists) (*anche fig.*): *scendere in* ~ *contro il nemico* to enter the field against the enemy; *–i di* **sci** ski runs; ⟨*Ling*⟩ ~ **semantico** area of meaning; ~ **sportivo** sportsground, playing field; ~ *di* **sterminio** extermination camp, death camp; **tenere** *il* ~ to stand one's ground; ⟨*Sport*⟩ ~ *in* **terra battuta** hard court; ⟨*Statist*⟩ ~ *di* **variazione** range; ⟨*Fis*⟩ ~ **vettoriale** vector field; ~ **visivo** visual field.

camposanto *m.* (*pl.* campisànti/camposànti) cemetery, graveyard; (*di chiesa*) churchyard. □ *accompagnare qd. al* ~ to accompany s.o. to his last resting place.

campus *ingl. m.* campus, college grounds.

camuffamento *m.* **1** (*azione*) disguising; (*effetto*) disguise. **2** ⟨*Mil*⟩ (*azione*) camouflaging; (*effetto*) camouflage. **camuffare** *v.t.* **1** (*travestire*) to disguise. **2** ⟨*Mil*⟩ (*mimetizzare*) to camouflage: ~ *con frasche una postazione di artiglieria* to camouflage a gun emplacement with branches. **camuffarsi** *v.r.* to disguise o.s., to dress o.s. up: *si camuffò da Pierrot* he dressed himself up as Pierrot.

camuso *a.* (*rif. a persona*) snub–nosed; (*rif. a naso*) snub: *naso* ~ snub nose.

can *m.* Khan: *gran* ~ Great Khan.

c.a.n. = ⟨*Comm*⟩ *costo, assicurazione, nolo* cost, insurance, freight (*abbr.* CIF).

Cana *N.pr.f.* ⟨*Bibl*⟩ Cana: *le nozze di* ~ the marriage in Cana.

Canada *N.pr.m.* ⟨*Geog*⟩ Canada. **canadese I** *a.* Canadian. **II** *s.m./f.* (*abitante*) Canadian.

canaglia *f.* **1** (*gaglioffo*) scoundrel, rascal. **2** (*gentaglia*) rabble, mob. **canagliata** *f.* dirty trick. **canagliesco** *a.* (*pl.* -chi) rascally, scoundrelly.

canale *m.* **1** canal: *scavare un* ~ to dig a canal. **2** (*conduttura, tubazione*) conduit, pipe. **3** ⟨*Geog*⟩ channel, canal: *il* ~ *della* **Manica** the (English) Channel; ~ *di* **Panama** Panama Canal. **4** ⟨*Biol*⟩ canal, duct. **5** ⟨*Rad,Tel*⟩ channel. **6** ⟨*Met*⟩ groove, pass. **7**⟨*Tip*⟩ groove. **8** ⟨*Anat*⟩ (*dotto*) duct: ~ *escretore* excretory duct. **9** ⟨*fig*⟩ channel. *attraverso –i diplomatici* through diplomatic channels. □ ~ *d'***aerazione** aeration canal; ~ *di* **bonifica** drainage canal; ⟨*Met*⟩ ~ *di* **colata** runner, gate: ~ *di colata per lingotti* ingot runner; ~ **collettore** drain; ~ **conduttore** conduit; ⟨*Comm*⟩ ~ *di* **distribuzione** distribution channel; ~ *di* **drenaggio** drain; ~ **interno** *navigabile* navigable internal waterway; ~ **irriguo** irrigation canal; ⟨*Astr*⟩ *Canali di* **Marte** Canals of Mars; ~ **navigabile** navigable canal; ⟨*TV*⟩ *a* **più** *–i* multi–channel–; ~ *di* **raccolta** *dei rifiuti* sewer; ⟨*Strad*⟩ ~ *di* **scarico** drain; ~ *di* **scolo** gutter; ⟨*Met*⟩ *delle* **scorie** slag notch; ~ *di* **vendita** sales channel; ~ *di*

ventilazione ventilation duct.

canalizzare *v.t.* to canalize. **canalizzazione** *f.* canalization. **canalone** *m.* ⟨*Geol*⟩ gorge.

canapa *f.* ⟨*Bot*⟩ hemp. □ *di* ~ hemp–; ~ *grezza* raw hemp; ~ *indiana* Indian hemp cannabis. **canapaia** *f.* hemp field. **canapaio** *m.* (*chi lavora la canapa*) hemp worker; (*venditore*) hemp seller.

canapè *m.* sofa.

canapicoltura *f.* hemp growing. **canapiere** *m.* hemp processer. **canapiero** *a.* hemp–: *industria –a* hemp industry. **canapificio** *m.* hemp mill. **canapino** *a.* hemp–, hempen; (*rif. a capelli*) white: *capelli –i* white hair. **canapo** *m.* ⟨*Mar*⟩ hawser.

canard *fr.* [ka'na:r] *m.* ⟨*Giorn*⟩ canard.

Canarie *N.pr.f.pl.* ⟨*Geog*⟩ (*Isole Canarie*) Canary Islands *pl.*

canarino I *s.m.* ⟨*Ornit*⟩ canary. **II** *a.inv.* canary–coloured. □ *giallo* ~ canary yellow; ⟨*fig*⟩ *mangiare come un* ~ to eat like a bird.

canasta *f.* (*gioco di carte*) canasta.

cancan *m.* **1** ⟨*Mus*⟩ cancan. **2** ⟨*fig*⟩ (*baccano*) noise, fuss: *fare un gran* ~ *per qc.* to make a great fuss about s.th.

cancellabile *a.* effaceable, eraseable. **cancellare** *v.t.* (cancèllo) **1** (*con gomma*) to rub out, to erase; (*con lo straccio*) to wipe out (*o* off), to sponge out; (*con la penna*) to cross out, to strike out, to delete: ~ *una frase* to cross out a phrase; ~ *la parte che non interessa* delete where inapplicable. **2** ⟨*fig*⟩ to obliterate, to remove, to wipe out: ~ *un ricordo* to wipe out a memory; (*rif. a debiti*) to cancel, to clear. **3** (*disdire*) to cancel: ~ *una visita* to cancel a visit. □ ~ *un contratto* to cancel a contract; ~ *un'ipoteca* to cancel (*o* extinguish) a mortgage; ~ *qc. dalla memoria* to forget s.th.

cancellata *f.* railings *pl:* ~ *di legno* wooden railings.

cancellatura *f.* **1** (*azione*) cancelling, rubbing out. **2** (*parte cancellata*) erasure. **cancellazione** *f.* **1** cancellation, annulment. **2** ⟨*TV*⟩ blanking, ⟨*am*⟩ blackout. **3** ⟨*Acu*⟩ (*di nastro magnetico*) wiping, erasure. □ ~ *di un'ipoteca* cancellation of a mortgage upon redemption; ~ *dalle liste elettorali* striking off the electoral list.

cancelleresco *a.* (*pl.* -chi) ⟨*lett*⟩ chancery: *stile* ~ chancery style; ⟨*Tip*⟩ *carattere* ~ chancery type. **cancelleria** *f.* **1** (*ufficio*) Chancellery, Chancery. **2** (*materiale di cancelleria*) stationery: *spese di* ~ stationery expenses. □ *articoli di* ~ stationery; *diritti di* ~ clerical charges; ~ *giudiziaria* Registry. **cancellierato** *m.* Chancellorship. **cancelliere** *m.* **1** (*impiegato consolare*) Chancellor; (*di tribunale*) Clerk of the Court, Registrar. **2** ⟨*Pol*⟩ Chancellor. □ ⟨*GB*⟩ ~ *dello scacchiere* Chancellor of the Exchequer.

cancellino *m.* (*per la lavagna*) duster, ⟨*am*⟩ (blackboard) eraser.

cancello *m.* gate; (*cancellata*) railings *pl.* □ ~ *in* **ferro** *battuto* wrought–iron gate; ~ **scorrevole** sliding gate; ⟨*Dir*⟩ *vendere a* ~ **chiuso** to sell lock, stock and barrel.

cancerizzarsi *v.r.* to become cancerous. **cancerizzazione** *f.* cancerization. **cancerogenesi** *f.* ⟨*Med*⟩ carcinogenesis. **cancerogeno** *a.* carcinogenic, cancerogenic: *sostanze –e* carcinogenic substances. **cancerologia** *f.* cancerology. **cancerologo** *m.* (*pl.* -gi) cancerologist. **canceroso I** *a.* cancerous. **II** *s.m.* (*f.* -a) cancer patient.

cancrena *f.* **1** ⟨*Med,Bot*⟩ gangrene. **2** ⟨*fig*⟩ vice, canker. □ *andare in* ~ to go gangrenous; ~ *gassosa* gas gangrene. **cancrenoso** *a.* gangrenous. **cancro** *m.* **1** ⟨*Med*⟩ cancer: *essere malato di* ~ to have cancer. **2** ⟨*Bot*⟩ canker. **3** ⟨*fig*⟩ cancer, spreading evil: ~ *della corruzione* cancer of corruption. **Cancro** *N.pr.m.* ⟨*Astr*⟩ Cancer. □ ⟨*Med*⟩ ~ *della cervice* cervical cancer; ~ *mammario* (*o della mammella*) breast cancer; *prevenzione del* ~ cancer prevention; *tropico del* ~ Tropic of Cancer.

candeggiante I *a.* bleaching. **II** *s.m.* bleach. **candeggiare** *v.t.* (candeggio, candeggi) to bleach. **candeggina** *f.* bleaching solution, bleach. **candeggio** *m.* ⟨*Tess*⟩ bleaching.

candela *f.* **1** candle (*anche El.*): *accendere una* ~ to light a candle. **2** ⟨*Mot*⟩ sparking plug, ⟨*am*⟩ spark plug. **3** ⟨*Aer*⟩ chandelle: *salire in* ~ to chandelle. □ ⟨*Mot*⟩ ~ *di*

accensione sparking plug, ⟨am⟩ spark (o ignition) plug; *una lampada da* cento *–e* a hundred watt bulb; ~ *di* cera wax candle; *leggere al* lume *di* ~ to read by candlelight; ⟨Aer⟩ precipitare *in* ~ to nosedive; reggere *la* ~ to hold the candle; ⟨fig⟩ to play gooseberry; ~ *di* sego tallow candle; struggersi *come una* ~ to pine (away); *il gioco non vale la* ~ the game's not worth the candle.

candelabro *m.* table candlestick, candelabrum: ~ *a sette bracci* seven-branched candelabrum. **candelaio** *m.* 1 (*fabbricante*) candle maker, chandler. 2 (*venditore*) seller of candles. **candeletta** *f.* 1 ⟨Chir⟩ (*strumento*) gum catheter bougie. 2 ⟨Med⟩ (*supposta*) suppository. **candeliere** *m.* 1 candlestick. 2 ⟨Mar⟩ stanchion. **candelora** *f.* ⟨Rel⟩ Candlemas. **candelotto** *m.* short candle. □ ~ *fumogeno* smoke bomb; ~ *lacrimogeno* teargas bomb.

candidamente *avv.* (*con schiettezza*) candidly, frankly; (*ingenuamente*) ingenuously, naïvely.

candidarsi *v.r.* to stand as candidate (*a* for).

candidato *m.* (*f.* -a) candidate. □ ⟨Pol⟩ ~ *diretto* direct candidate; ⟨Scol⟩ ~ *a un* esame examinee; ~ *al* parlamento parliamentary candidate; ~ *socialista al parlamento* Socialist candidate for Parliament; ~ *del partito* party nominee (o candidate); presentarsi ~ (*alle elezioni*) to stand (o run) for election; proporre *come* ~ *alla presidenza* to nominate for chairmanship.

candidatura *f.* candidature, candidacy: *mantenere la* ~ to uphold one's candidature. □ *accettare la* ~ to accept nomination; *presentare la propria* ~ (*a una carica*) to apply (for a post); (*alle elezioni*) to stand (for election); *ritirare la* ~ to withdraw one's candidature.

candidezza *f.* 1 whiteness. 2 ⟨fig⟩ (*candore*) purity, innocence. **candido** *a.* 1 (snow–)white. 2 (*pulito, senza macchia*) clean, spotless. 3 ⟨fig⟩ (*innocente*) pure, innocent; (*schietto*) candid, frank; (*ingenuo*) ingenuous, naïve.

candire *v.t.* (candisco, candisci) to candy. **candito** I *a.* candied: *frutta –a* candied fruit. II *s.m.* candied fruit. □ *zucchero* ~ candy. **canditura** *f.* candying.

candore *m.* 1 whiteness. 2 ⟨fig⟩ (*innocenza*) innocence, purity; (*ingenuità*) naivety, ingenuousness; (*schiettezza*) candour, frankness.

cane I *s.m.* 1 dog. 2 ⟨spreg⟩ (*rif. a persona*) brute, dog; (*pessimo attore*) ham; (*pessimo cantante*) screecher. 3 (*nelle armi da fuoco*) hammer, cock. 4 (*nelle botti*) cramp. 5 (*in proposizioni negative: nessuno*) soul: *alla conferenza non c'era un* ~ there was not a soul at the lecture. II *a.inv.* (placed after the noun) terrible, awful, dreadful, frightful, ⟨fam⟩ rotten, filthy: *freddo* ~ terrible cold; *tempaccio* ~ filthy (o rotten) weather. □ *un'*accoglienza *da –i* a cold welcome; addestramento *di –i* dog training; ~ barbone poodle; ~ bassotto dachshund; ~ bastardo mongrel; ~ *san* Bernardo St. Bernard; ~ *da* caccia sporting (o hunting) dog, gun–dog; ~ *da* cerca retriever; ⟨fig⟩ come *un* ~ like a dog; ⟨fam⟩ *lavorare come un* ~ to work like a dog (o horse); ~ *da* corsa greyhound; da ~ (very) badly: *lavoro fatto da* ~ badly–done work; *mangiare da* ~ to eat badly; *fatica da* ~ drudgery; ~ danese Great Dane; ~ *da* ferma setter, pointer; ⟨volg⟩ figlio *d'un* ~ son of a bitch; *essere* fortunato *come un* ~ *in chiesa* not to have a dog's chance; *essere come* ~ *e* gatto to fight like cat and dog; ~ *da* guardia watchdog; ~ guida (*per ciechi*) guide dog; ~ lupo Alsatian, German shepherd; menare *il can per l'aia* to beat about the bush; mondo ~ beastly world; morire *come un* ~ to die like a dog; ~ *da* pagliaio farm dog; ~ *da* pastore sheep dog; ⟨volg⟩ pezzo *d'un* ~ bastard, dirty dog; ~ poliziotto police dog; ~ *da* punta = *cane da* ferma; raddrizzare *le gambe ai –i* to attempt the impossible; ~ randagio stray dog; ~ *di* razza pure–bred (o thorough–bred) dog; ~ *da* riporto retriever; ~ *da* salotto lap dog; ⟨Pol⟩ ~ sciolto mugwump, independent politician; ~ *da* slitta sled–dog; *essere* solo *come un* ~ to be all alone; *non* svegliare *il can che dorme* let sleeping dogs lie; *essere* trattato *come un* ~ to be treated like a dog; vita *da –i* dog's life; vivere *come un* ~ to lead a dog's life. *Prov.:* ~ *non mangia* ~ dog does not eat dog.

canea *f.* 1 (*l'abbaiare*) baying. 2 ⟨fig⟩ (*critica*) uproar.

canestra *f.* (large) wicker basket. **canestraio** *m.* 1 (*fabbricante*) basket maker. 2 (*venditore*) basket seller. **canestro** *m.* 1 basket; (*con coperchio*) hamper. 2 (*da pescatore*) fishing basket. 3 (*il contenuto*) basketful. 4 (*nel gioco della pallacanestro*) basket.

canfora *f.* camphor. **canforato** *a.* camphorated: *olio* ~ camphorated oil; *spirito* ~ camphorated spirits.

cangiante *a.* changing. **cangiare** *v.* (cangio, cangi) ⟨lett⟩ I *v.t.* to change. II *v.i.* (*aus.* essere/avere) to change: ~ *di colore* to change colour. **cangiarsi** *v.r.* to change.

canguro *m.* ⟨Zool⟩ kangaroo.

canicola *f.* 1 (*calura*) great heat, heat wave. 2 ⟨Astr⟩ Dog Star. □ *giorni della* ~ dog days. **canicolare** *a.* dog–day–, canicular.

canidi *m.pl.* ⟨Zool⟩ canids *pl.* **canile** *m.* 1 kennel. 2 (*luogo di allevamento*) kennels *pl.* □ ~ *municipale* dog pound. **canino** I *a.* canine. II *s.m.* (*dente*) canine. □ *mostra –a* dog show; ⟨Bot⟩ *rosa –a* dog rose; ⟨pop⟩ *tosse –a* whooping cough.

canizie *f.* 1 white hair. 2 ⟨fig⟩ (*vecchiaia*) old age.

canna *f.* 1 ⟨Bot⟩ (giant) reed. 2 (*bastone da passeggio*) walking stick, cane. 3 (*da pesca*) fishing rod. 4 (*rif. ad arma da fuoco*) barrel. 5 (*della bicicletta*) crossbar. 6 (*d'organo*) (organ–)pipe. 7 (*unità di lunghezza variabile*) rod, perch, pole. □ *a due –e* double–barrelled: *fucile a due –e* double–barrelled shotgun; ⟨fig⟩ *del* camino (*o fumaria*) chimney–flue; ⟨Pesc⟩ ~ mosca fly rod; povero ~ poor as a church mouse; ⟨Bot⟩ ~ *da* zucchero sugar cane.

cannabismo *m.* ⟨Med⟩ cannabism.

cannella[1] *f.* 1 tap, ⟨am⟩ faucet: *bere alla* ~ to drink from the tap. 2 (*della botte*) tap, spigot.

cannella[2] *f.* ⟨Bot,Gastr⟩ cinnamon.

cannello *m.* 1 ⟨Chir⟩ tube. 2 ⟨Chim⟩ pipette. 3 (*bastoncino*) stick: *un* ~ *di ceralacca* a stick of sealing wax. 4 ⟨Tess⟩ quill. □ ~ *ossidrico* oxyhydrogen torch (o blowpipe); ~ *della penna* penholder; ~ *per saldatura* welding blowpipe (o torch); *saldatura con il* ~ *ossidrico* oxywelding; *taglio con il* ~ *ossidrico* oxycutting.

canneto *m.* cane thicket, ⟨am⟩ cane–brake.

cannibale *m.* cannibal. **cannibalesco** *a.* (*pl.* -chi) cannibalistic. **cannibalismo** *m.* cannibalism. **cannibalistico** *a.* (*pl.* -ci) cannibalistic, cannibal–.

cannibalizzare *v.t.* 1 ⟨Mecc⟩ to cannibalize, to remove parts from (machinery). 2 (*rif. a organizzazione*) to cannibalize, to deprive of personnel (o equipment). **cannibalizzazione** *f.* 1 ⟨Mecc⟩ cannibalization, removal of parts (from machinery). 2 (*rif. a organizzazione*) cannibalization, deprivation of personnel (o equipment).

cannicciata *f.* trellis. **canniccio** *m.* reed matting.

cannista *m./f.* angler.

cannocchiale *m.* telescope. □ ~ *astronomico* astronomical telescope; ~ *prismatico* prism binocular; *puntare il* ~ to point the telescope; ~ *terrestre* terrestrial telescope, spyglass.

cannolicchio *m.* ⟨Zool⟩ razor shell, ⟨am⟩ razor clam.

cannonata *f.* 1 cannon shot, cannonade. 2 ⟨fig⟩ (*cosa strepitosa*) smasher. 3 ⟨Sport⟩ shot at goal. □ *è una* ~ it's terrific (o sensational). **cannoncino** *m.* 1 light cannon (o gun). 2 ⟨Dolc⟩ cannoncino (pastry filled with custard). 3 ⟨Sart⟩ box pleat.

cannone *m.* 1 gun, cannon: *caricare un* ~ to load a gun. 2 ⟨fam⟩ ace, wizard: *essere un* ~ *in latino* to be a wizard at Latin. 3 ⟨Sart,Tess⟩ box pleat. 4 (*tubo*) pipe, tube: ~ *della stufa* stovepipe. □ ~ antiaereo anti–aircraft gun; ~ anticarro anti–tank gun; ~ *di piccolo* calibro small–calibre gun; ~ *da* campagna field gun; ⟨spreg⟩ carne *da* ~ cannon fodder; colpo *di* ~ cannon shot; ~ contraereo = *cannone* antiaereo; da ~ cannon–: *palla da* ~ cannonball; *polvere da* ~ gunpowder; ⟨fig⟩ donna ~ huge woman, giantess; ⟨Mil⟩ ~ elettronico electron gun.

cannoneggiamento *m.* cannonade, gunfire, shelling. **cannoneggiare** *v.* (cannoneggio, cannoneggi) I *v.t.* to cannonade, to shell. II *v.i.* (*aus.* avere) to cannonade. **cannoniera** *f.* 1 ⟨Mar⟩ (*nave*) gunboat; (*apertura*) porthole. 2 ⟨Artigl⟩ embrasure. **cannoniere** *m.* 1 (*soldato*) gunner. 2 ⟨Sport⟩ goal scorer, striker.

cannuccia *f.* (*pl.* -ce) thin cane; (*per bibita*)

(drinking–)straw; *(della penna)* pen–holder; *(della pipa)* stem. **cannula** *f.* ⟨*Med*⟩ cannula.
canọa *f.* canoe. □ *andare in* ~ to canoe.
canọcchia *f.* ⟨*Zool*⟩ squill (fish).
canoịsmo *m.* ⟨*Sport*⟩ canoeing. **canoịsta** *m./f.* canoeist.
cañon *sp.* [kaɲˈɔːn] *m.* canyon.
canone *m.* **1** *(norma)* canon, standard, criterion: *i –i della morale* the canons of morality. **2** *(prestazioni in danaro)* rent, fee: ~ *annuo* annual rent. **3** ⟨*Rel,Mus*⟩ canon. □ ~ *d'abbonamento* subscription fee; ~ *d'abbonamento televisivo* television licence fee; ~ *d'affitto* rent; *equo* ~ controlled rent; ~ *di licenza* licence fee, royalty.
canọnica *f.* parsonage, rectory. **canonicale** *a.* canonical, canon's: *abito* ~ canon's dress. **canonicato** *m.* canonry.
canọnico *a./s.* (*pl.* **-ci**) **I** *a.* **1** canonical. **2** ⟨*fig*⟩ suitable, appropriate. **II** *s.m.* canon. □ *diritto* ~ canon law; *impedimenti –i* canon impediments; ⟨*Bibl*⟩ *libri –i* canonical books; ⟨*Rel*⟩ *ore canoniche* canonical hours.
canonịsta *m.* canonist. **canonizzạre** *v.t.* **1** to canonize. **2** ⟨*fig*⟩ *(sancire)* to sanction, to ratify: *espressioni canonizzate dall'uso* expressions sanctioned by use.
canonizzazione *f.* canonization.
canọpo *m.* ⟨*Archeol*⟩ canopic vase.
canorità *f.* melodiousness. **canọro** *a.* singing, song–: *uccello* ~ song–bird. □ *le muse –e* the Singing Muses.
Canọssa *N.pr.f.* ⟨*Geog*⟩ Canossa. □ ⟨*fig*⟩ *andare a* ~ to eat humble pie.
canottạggio *m.* *(a remi)* rowing; *(a pagaie)* canoeing. □ *circolo del* ~ boating club; *gara di* ~ boat race.
canottiẹra *f.* **1** *(maglia)* singlet, T–shirt, vest. **2** *(cappello)* boater. **canottiẹre** *m.* rower, oarsman. □ *circolo (dei) –i* boat (*o* rowing) club. **canọtto** *m.* rowing boat, skiff, ⟨*am*⟩ rowboat. □ ~ *pneumatico* rubber dinghy; ~ *di salvataggio* lifeboat.
canovạccio *m.* **1** *(strofinaccio)* (dish)cloth. **2** *(tela da ricamo)* canvas. **3** ⟨*Lett*⟩ *(trama)* plot. **4** ⟨*Cin*⟩ action. □ *commedia a* ~ play with improvised dialogue.
cantạbile **I** *a.* singable. **II** *s.m.* ⟨*Mus*⟩ cantabile.
Cantạbrici *N.pr.m.pl.* ⟨*Geog*⟩ Cantabrian Mountains *pl.*
cantambạnco *m.* (*pl.* **-chi**) **1** busker. **2** *(ciarlatano)* charlatan, mountebank.
cantạnte **I** *a.* singing. **II** *s.m./f.* singer. □ ~ *di musica leggera* pop singer; ~ *d'opera* (*o* *lirico*) opera singer.
cantạre¹ **I** *v.i.* *(aus.* avere) **1** to sing: ~ *a orecchio* to sing by ear. **2** *(rif. a uccelli)* to sing; *(rif. a gallo)* to crow; *(rif. a grilli, cicale)* to chirp. **3** *(fare la spia)* to sing, to squeal: *il complice ha cantato* the accomplice squealed. **II** *v.t.* **1** to sing: ~ *una canzone* to sing a song. **2** *(rif. a poeti)* to sing. □ *ha un bel* ~ he is wasting his breath; ⟨*fig*⟩ *canta sempre la stessa* **canzone** he is always harping on the same string; ⟨*fig*⟩ *cantarla* **chiara** to speak one's mind; *far* ~ *qd.* to make s.o. talk; ~ *messa* to say a mass; ~ *vittoria su qd.* to exult over s.o. *Prov.: la gallina che canta ha fatto l'uovo* he who mentions s.th. first is usually the one who did it. ‖ *cantarle a qd.* to give s.o. a piece of one's mind; *canta che ti passa* cheer up and you'll get over it.
cantạre² *m.* **1** singing. **2** ⟨*Lett*⟩ epic ballad.
cantạride *f.* ⟨*Entom*⟩ Spanish fly. **cantaridịna** *f.* ⟨*Chim*⟩ cantharidin.
cạntaro¹ *m.* ⟨*Archeol*⟩ cantharus.
cạntaro² *m.* ⟨*Itt*⟩ kind of sea bream.
cantastọrie *m./f.inv.* ballad singer. **cantạta** *f.* **1** song, singing: *dopo cena faremo una* ~ after supper we'll have some singing. **2** ⟨*Mus*⟩ cantata. **cantautọre** *m.* (*f.* **-trice**) song writer and singer.
canterạno *m.* chest of drawers.
canterellạre *v.t./i.* (**canterẹllo**; *aus.* avere) to sing to o.s.; *(a bocca chiusa)* to hum. **canterịno** **I** *a.* singing. **II** *s.m.* **1** ⟨*Ornit*⟩ singing bird, songster. **2** (*f.* **-a**) ⟨*scherz*⟩ singer. □ *grilli –i* chirping crickets. **cạntica** *f.* ⟨*Lett*⟩ **1** narrative or religious poem. **2** *(della Divina Commedia)* each of the three books of Dante's Divine Comedy. **canticchiạre** *v.* (**canticchio**, cantịcchi) → canterellare. **cạntico** *m.* (*pl.* **-ci**) canticle. □ ⟨*Bibl*⟩ *il* ~ *dei cantici* the Song of Songs.
cantiẹre *m.* **1** ⟨*Mar*⟩ dockyard, shipyard. **2** ⟨*Edil*⟩ building yard. □ ⟨*fig*⟩ *avere in* ~ *qc.* to be preparing s.th., to have

s.th. on the stocks; ~ *di* demolizione scrapyard; ⟨*fig*⟩ *mettere qc. in* ~ to make a start on s.th., to begin s.th.; ⟨*Mar*⟩ ~ *di* raddobbo refitting yard; ⟨*Mar*⟩ ~ *di* riparazione repair yard.
cantierịstica *f.* shipbuilding industry. **cantierịstico** *a.* (*pl.* **-ci**) shipbuilding–.
cantilẹna *f.* **1** sing–song; *(ninnananna)* lullaby, cradle song. **2** *(intonazione monotona)* sing–song. **3** *(discorso uggioso)* old story: *è sempre la stessa* ~ it's always the same old story. **cantilenạre** *v.t./i.* (**cantilẹno**; *aus.* avere) to sing–song.
cantịna *f.* **1** cellar: *avere una* ~ *ben fornita* to have a well–stocked cellar. **2** *(scantinato)* basement. **3** *(rivendita di vino)* wine shop; *(nelle caserme)* canteen. □ ~ *sociale* cooperative wine growers' association; ~ *sperimentale* experimental cellar. **cantiniẹre** *m.* **1** cellarman. **2** *(oste)* tavern keeper.
cantịno *m.* ⟨*Mus*⟩ E–string.
cạnto¹ *m.* **1** song; *(il cantare)* singing. **2** *(rif. a uccelli)* singing, warbling; *(cinguettio)* chirping, twittering; *(rif. a usignoli)* singing; *(rif. al gallo)* crowing; *(rif. a cicale)* chirping. **3** *(componimento musicale)* song: *il* ~ *e l'accompagnamento* the song and its accompaniment; *(melodia)* melody, air, tune: *il* ~ *è eseguito dai violini* the melody is played by the violins. **4** *(poesia)* lyric: *i –i del Leopardi* the lyrics of Leopardi. **5** *(parte di un poema)* canto: *poema epico in ventiquattro –i* epic poem in twenty–four cantos. **6** *(liturgico)* chant. □ ⟨*fig*⟩ *il* ~ *del* **cigno** swan song; ~ *funebre* funeral dirge; **galletto** *di primo* ~ young cock; ⟨*fig*⟩ perky young fellow; *al* ~ *del* **gallo** at cock–crow; ~ **gregoriano** Gregorian chant; ~ *di* **guerra** war song; **maestro** *di* ~ singing teacher; *–i di* **montagna** mountain songs; *–i di* **Natale** Christmas carols; *–i* **popolari** folk songs.
cạnto² *m.* **1** *(cantonata)* corner, street corner. **2** *(angolo, spigolo)* corner: *in un* ~ *della stanza* in a corner of the room; *un* ~ *del tavolo* a corner of the table. **3** *(parte)* side. □ *da un* ~ in a way: *da un* ~ *capisco il tuo punto di vista* in a way I understand your point of view; *d'altro* ~ on the other hand; *dal* ~ *mio* as for me, as far as I'm concerned; *gettare in un* ~ to throw into a corner; ⟨*fig*⟩ *mettere in un* ~ to neglect; *stare da* ~ to stand apart.
cantonạle¹ *a.* cantonal: *elezione* ~ cantonal election.
cantonạle² *m.* **1** *(mobile)* corner cupboard. **2** ⟨*Mecc*⟩ angle iron.
cantonạta *f.* **1** (street) corner **2** ⟨*fig*⟩ *(errore grossolano)* blunder: *prendere una* ~ to make a blunder.
cantọne¹ *m.* **1** *(cantonata)* (street) corner: *al* ~ *della strada* at the corner of the street. **2** *(angolo)* corner: *va' nel* ~ *(in castigo)* go and stand in the corner. □ *gioco dei quattro –i* puss in the corner.
cantọne² *m.* *(in Svizzera)* canton. □ ⟨*Geog*⟩ *lago dei Quattro Cantoni* Lake of the Four Forest Cantons.
cantoniẹra *f.* **1** *(mobile)* corner cupboard. **2** ⟨*Ferr*⟩ trackman's house. **3** ⟨*Strad*⟩ roadman's (*o* roadmender's) house. **cantoniẹre** *m.* **1** ⟨*Ferr*⟩ trackman. **2** ⟨*Strad*⟩ roadman.
cantọre *m.* **1** singer; *(nel coro)* choir–singer, chorister. **2** ⟨*Rel*⟩ cantor. **3** ⟨*fig*⟩ *(poeta)* singer, bard, poet. □ ⟨*Mus*⟩ *i maestri –i* the Mastersingers. **cantọria** *f.* **1** ⟨*Arch*⟩ choir, chancel. **2** ⟨*collett*⟩ choir. **cantorịno** *m.* choir book.
cantụccio *m.* **1** corner. **2** *(luogo appartato)* nook: *un* ~ *tranquillo* a peaceful nook. **3** *(pezzetto: di pane)* bit; *(di cacio)* end. □ *mettere in un* ~ to put on one side; *(rif. a risparmi)* to put aside; ⟨*fig*⟩ *restare in un* ~ to keep apart.
canutẹzza *f.* hoariness. **canụto** *a.* **1** white, hoary: *capelli –i* white hair. **2** *(che ha i capelli bianchi)* white–haired, hoary: *un vecchio* ~ a white–haired old man.
canzonạccia *f.* (*pl.* **-ce**) bawdy song.
canzonạre **I** *v.t.* to make fun of, to laugh at, to tease, ⟨*fam*⟩ to pull the leg of. **II** *v.i.* (*aus.* avere) *(scherzare)* to joke, to jest. **canzonatọre** *m.* (*f.* **-trice**) joker, jester. **canzonatọrio** *a.* mocking, teasing: *tono* ~ mocking tone. **canzonatụra** *f.* **1** *(il canzonare)* teasing, joking. **2** *(beffa)* joke, jest.
canzọne *f.* **1** song: *intonare una* ~ to break into song; *il*

festival della ~ popular song festival. **2** ⟨*Lett*⟩ canzone. **3** ⟨*fig*⟩ (*cosa che si ripete spesso*) old story: *non ricominciare la solita* ~ don't start the same old story all over again. □ ⟨*Lett*⟩ ~ *a ballo* (*ballata*) ballad; *–i di gesta* chansons de geste; *–i popolari* folk songs. **canzonetta** *f.* **1** (*popular*) song, ⟨*fam*⟩ pop song. **2** ⟨*Lett*⟩ canzonet. **canzonettista** *m./f.* music–hall singer, cabaret singer. **canzoniere** *m.* **1** (*raccolta di canzonette*) song book. **2** ⟨*Lett*⟩ collection of lyrics.

caolinite *f.* ⟨*Min*⟩ kaolinite. **caolino** *m.* kaolin.

caos *m.* chaos (*anche fig.*). **caotico** *a.* (*pl.* -ci) chaotic (*anche fig.*).

cap. = **1** *capitano* captain (*abbr.* capt.). **2** *caporale* corporal (*abbr.* cpl.). **3** *capitolo* chapter (*abbr.* ch., chap.).

CAP = *Codice di avviamento postale* Post Code, ⟨*am*⟩ Zip Code.

capace *a.* **1** (*abile*) clever, skilful, able: *un insegnante* ~ *a* clever teacher. **2** (*atto, idoneo*) capable: *non lo credevo* ~ *di tanta malvagità* I didn't believe him capable of such malice. **3** (*in grado di*) able: *sei* ~ *di farlo?* are you able to (*o* can you) do it? **4** (*ampio, spazioso*) capacious, large: *un recipiente molto* ~ a very capacious container. **5** (*atto a contenere*) holding, with a capacity: *un serbatoio* ~ *di cento litri* a tank holding (*o* with a capacity of) a hundred litres. □ *essere* ~ *di fare qc.* to be capable of doing s.th.: *sarebbe capacissimo di ingannarti* he is quite capable of deceiving you; *essere* ~*:* 1 (*essere in grado*) to be able to do s.th.; 2 (*essere possibile*) to be possible, may: *è* ~ *che piova* it may rain; *essere* ~ *di tutto* to be capable of anything.

capacità *f.* **1** (*abilità*) capability, ability; (*perizia*) skill. **2** (*intelligenza*) cleverness, intelligence. **3** (*idoneità*) competency. **4** (*attitudine a contenere*) capacity, capaciousness: ~ *d'una botte* capacity of a cask; (*rif. a locali*) seating capacity: ~ *d'una sala* seating capacity of a room. **5** ⟨*Dir*⟩ capacity, competence: ~ *a contrarre matrimonio* capacity to contract marriage. **6** ⟨*Fis*⟩ capacity. □ ⟨*Dir*⟩ ~ *di agire* legal capacity; ⟨*Econ*⟩ **ampliamento** *della* ~ capacity increase; ~ *di* **assorbimento** absorption capacity; ~ **calorica** calorific capacity; ~ *di* **carico**: 1 (*di mezzi di trasporto*) (carrying) capacity; 2 ⟨*Fis*⟩ capacity; ⟨*Dir*⟩ ~ **contrattuale** negotiating capacity; ~ **contributiva** ability to pay a tax; ~ **cranica** cranial capacity; ~ *di* **credito** creditworthiness; ⟨*Inform*⟩ ~ *del* **disco** disk capacity; ⟨*Econ*⟩ ~ **eccedente** surplus capacity; ~ **fiscale** = *capacità* **contributiva**; ~ **giuridica** legal competency; *un medico di* **grande** ~ a doctor of great ability; ⟨*Dir*⟩ ~ *di* **intendere** *e di* **volere** full possession of one's faculties; ~ *di* **lavoro** capacity for work; ~ **manageriali** managerial qualities; ~ **manuale** manual skill; ⟨*Dir*⟩ ~ **matrimoniale** marital capacity; ⟨*Inform*⟩ ~ *di* **memoria** (*o memorizzazione*) storage capacity; **misura** *di* ~ measure of capacity; ⟨*Mil*⟩ ~ **offensiva** striking capability; ~ **produttiva** production capacity; ⟨*Econ*⟩ ~ *di* **reddito** earning capacity (*o* power); **riduzione** *della* ~ capacity reduction; ⟨*Dir*⟩ ~ *a* **testare** testamentary capacity; ⟨*Inform*⟩ ~ *di* **trasporto** throughput.

capacitanza *f.* ⟨*El*⟩ capacitance.

capacitare *v.t.* (**capacito**) to convince, to persuade: *non riuscì a capacitarlo del suo torto* he did not succeed in convincing him of his mistake. **capacitarsi** *v.r.* to convince o.s.: *non riesco a capacitarmi della verità* I can't convince myself of the truth.

capanna *f.* **1** hut, cabin. **2** (*tugurio*) hut, hovel, shanty. **3** (*cabina balneare*) bathing hut, ⟨*am*⟩ cabana. **4** ⟨*Alp*⟩ hut. □ *tetto a* ~ sloping roof. **capannello** *m.* knot of persons, small group. □ *far* ~ gather in twos and threes. **capanno** *m.* **1** (*cabina balneare*) bathing hut. **2** ⟨*Venat*⟩ shooting hut. **capannone** *m.* **1** (*magazzino*) goods shed; (*per il fieno*) hay barn; (*per il grano*) granary. **2** (*di uno stabilimento*) floor; (*delle macchine*) machine room. **3** (*per aeroplani*) hangar.

caparbietà *f.* obstinacy, stubbornness. **caparbio** *a.* stubborn, obstinate: ~ *come un mulo* (as) stubborn as a mule.

caparra *f.* **1** deposit, earnest(–money), down payment:

dare la ~ *a qd. per qc.* to give s.o. a deposit on s.th.; *dare una somma come* ~ to pay a sum as a deposit. **2** ⟨*fig*⟩ (*pegno*) earnest, pledge.

capata *f.* **1** blow (with one's head). **2** (*breve visita*) call, brief visit. □ *dare una* ~ *contro il muro* to knock one's head against the wall. **capatina** *f.* flying visit. □ *dare* (*o fare*) *una* ~ *in un luogo* to pop over to a place; *fare una* ~ *da qd.* to pay a short visit to s.o., to drop in on s.o.

capecchio *m.* (*pl.* -chi) tow.

capeggiare *v.t.* (**capeggio, capeggi**) to lead, to head: ~ *la rivolta* to head the revolt; ~ *i ribelli* to lead the rebels. **capeggiatore** *m.* (*f.* -trice) leader, ringleader.

capellini *m.pl.* ⟨*Alim*⟩ capellini (kind of fine pasta).

capello *m.* **1** hair: *hai due –i sulla giacca* you have two hairs on your coat. **2** *pl.* (*capigliatura*) hair (*costr. sing.*). □ ⟨*Alim*⟩ *–i d'*angelo very fine vermicelli; *–i* **arruffati** ruffled (*o* tousled) hair; ⟨*fig*⟩ **averne** *fin sopra i –i di qd.* to be fed up with s.o.; ~ *i alla* **bebè** bobbed hair; *far venire i –i* **bianchi** *a qd.* to give s.o. grey hair; *fare i –i* **bianchi** *su un lavoro* to grow old in a job; *–i* **biondi** fair (*o* blond) hair; *gli* **cadono** *i –i* his hair is falling out; *essere di –i* **neri** to have black hair; **farsi** *i –i* (*dal barbiere*) to get (*o* have) one's hair cut; *essere innamorato* **fino ai** (*o fin sopra i*) *–i* to be head over heels in love; *averne* **fino ai** (*o fin sopra i, fino alla punta dei*) *–i* to be fed up (*di* with), to be sick to death (of): *di lui ne ho fino ai –i* I am sick to death of him; *afferrare la* **fortuna** *per i –i* to seize one's opportunity; **lozione** *per –i* hair lotion; *portare i –i* **lunghi** to wear one's hair long; ⟨*fig*⟩ *mettersi le* **mani** *nei –i* to tear one's hair; *–i* **ondulati** wavy hair; **perdere** *i –i* to lose one's hair; ⟨*fig*⟩ **prendersi** *per i –i* to come to blows; *–i* **ricci** curly hair; ⟨*fig*⟩ *non* **rischiare** *un* ~ not to take the slightest risk; *far* **rizzare** *i –i sul capo a qd.* to make s.o.'s hair stand on end; *mi si rizzarono i –i sul capo* my hair stood on end; *cose da far* **rizzare** *i –i* it's enough to make your hair stand on end; *una storia da far* **rizzare** *i –i* a hair-raising story; **spaccare** *un* ~ *in quattro* to split hairs; *–i a* **spazzola** crew cut; ⟨*fig*⟩ *non* **spostarsi** *di un* ~ not to budge an inch; **strapparsi** *i –i per la* **disperazione** to tear one's hair in despair; **taglio** *di –i* haircut; ⟨*fig*⟩ **tirare** *per i –i* to force, to drag: *lo ha tirato per i –i in questo affare* he dragged him into this business; *un paragone tirato per i –i* a far-fetched comparison; *non* **torcere** *un* ~ *a qd.* not to touch a hair of s.o.'s head.

capellone *m.* (*f.* -a) long–haired youth; ⟨*estens*⟩ beatnik, beat. **capelluto** *a.* thick–haired, hairy. □ *cuoio* ~ scalp.

capelvenere *m.inv.* ⟨*Bot*⟩ maidenhair fern.

capestro *m.* **1** (hangman's) rope. **2** (*cavezza*) halter. **3** (*cordone dei frati*) girdle. □ *tipo da* ~ gallows–bird; *condannare al* ~ to sentence to be hanged.

Capetingi *N.pr.m.pl.* ⟨*Stor*⟩ Capetians *pl.*

capezzale *m.* **1** (*guanciale*) bolster. **2** ⟨*fig*⟩ bedside: *essere al* ~ *di qd.* to be at s.o.'s bedside; (*di malato*) sick–bed; (*di moribondo*) death–bed.

capezzata *f.* ⟨*Arch*⟩ coping.

capezzolo *m.* nipple.

capiente *a.* capacious. **capienza** *f.* capacity: *un armadio di notevole* ~ a cupboard of great capacity.

capifosso *m.* ⟨*Idr*⟩ main ditch (*o* drain).

capigliatura *f.* hair (*costr. sing.*).

capillare I *a.* **1** ⟨*Anat*⟩ capillary. **2** ⟨*fig*⟩ vast, widespread: *organizzazione* ~ vast organization. II *s.m.* capillary. **capillarità** *f.* **1** ⟨*Fis*⟩ capillarity. **2** ⟨*fig*⟩ comprehensiveness.

capinera *f.* ⟨*Ornit*⟩ blackcap.

capintesta *m.inv.* head, leader.

capire *v.t.* (**capisco, capisci**) **1** to understand: *non capisco il tedesco* I don't understand German. **2** (*riconoscere*) to admit: *non vuole* ~ *che ha torto* he doesn't want to admit he is wrong. **3** (*persuadersi*) to realize, to understand: *finalmente ha capito che doveva andarsene* he finally realized he ought to leave. **4** ⟨*assol*⟩ to be intelligent (*o* bright): *un ragazzo che capisce* a bright boy. **5** (*usato impersonalmente: essere chiaro*) naturally, of course: *si capisce che tu puoi fare quello che vuoi* naturally you can do as you like; *pagherà la ditta, si capisce* the firm will pay, of course. **capirsi** *v.r.* ⟨*recipr*⟩ to understand e.o.: *i* *due non si capiscono più* the two of them don't understand each other any more. □ *non ne capisce un'acca* he doesn't understand a word of it; ~ *una* **cosa** *per un'altra* to misunderstand; **far** ~ *qc. a qd.* to make s.o. understand s.th.; *farsi* ~ to make o.s. understood: *si fece* ~ *a gesti* he made himself understood with gestures; *non ci capisco* **nulla** I don't understand at all; *non voler* ~ to refuse to understand; *ma la vuoi* ~ *che devi andartene?* don't you realize that you must go away?; ~ *a* **volo** to grasp at once, ⟨*fam*⟩ to be quick on the uptake.

capitale[1] *a.* **1** capital: *pena* ~ capital punishment. **2** (*principale*) supreme, main, chief; (*primario*) prime, primary: *una decisione di* ~ *importanza* a decision of primary importance. □ *città* ~ capital city; *nemico* ~ mortal enemy; *peccato* ~ deadly sin; *sentenza* ~ death sentence.

capitale[2] *f.* capital: *Roma è la* ~ *d'Italia* Rome is the capital of Italy.

capitale[3] *m.* **1** ⟨*Econ*⟩ capital. **2** ⟨*fig*⟩ capital, store: *un* ~ *di cognizioni* a store of knowledge. **3** *pl.* (*denaro disponibile*) capital: *mancanza di* –*i* lack of capital. □ ⟨*Econ*⟩ ~ *di* **apporto** paid-in capital; ~ **azionario** share (*o* stock) capital; ~ **circolante** circulating (*o* floating) capital; ~ **disponibile** available capital; ~ *di* **dotazione** capital stock; ~ *d'***esercizio** working capital; ~ **estero** foreign capital; ⟨*fig*⟩ **fare** ~ *di qc.* (*trarre vantaggio*) to capitalize on s.th.; ~ **finanziario** capital; ~ **fisso** fixed capital, capital assets *pl*; **fuga** *di* –*i* flight of capital; ~ **immobiliare** real estate, realty; ~ *d'***impianto** initial (*o* starting) capital; ~ **improduttivo** (*o inattivo*) unproductive capital; ⟨*Econ*⟩ *ad* **alta** **intensità** *di* ~ capital intensive; *investimento di* –*i* investment of capital; **investire** *un* ~ to invest capital; ~ **liquido** liquid capital; ~ **netto** equity (capital), net worth; ~ *netto d'esercizio* working capital; ~ *di* **nominale** nominal authorized capital, share capital; ~ *di* **prestito** loan capital; ~ **proprio** proprietors' capital, ⟨*am*⟩ proprietors' equity; **riduzione** *del* ~ *sociale* reduction of share capital; ~ *di* **rischio** venture capital; ~ *di* **risparmio** retained income, retained earnings *pl*; ~ **sociale** registered stock, company's capital; ~ **sottoscritto** subscribed capital; ⟨*fig*⟩ **valere** *un* ~ to be worth a fortune; ~ **versato** paid up capital: ~ *interamente versato* fully paid up capital; ~ *non versato* non paid up capital.

capitalismo *m.* capitalism. **capitalista** *a./s.m./f.* capitalist. **capitalistico** *a.* (*pl.* **-ci**) capitalist(ic): *sistema* ~ capitalist system. **capitalizzare** *v.t.* to capitalize. **capitalizzazione** *f.* capitalization. □ ~ *dei* **costi** cost capitalization; ~ *di un'imposta* tax capitalization; ~ *di* **reddito** capitalization of income.

capitana *f.* ⟨*Mar*⟩ flagship. **capitanare** *v.t.* to command, to lead, to captain: ~ *un esercito* to command an army; ~ *una sommossa* to lead a revolt. □ ⟨*Sport*⟩ ~ *una squadra* to captain a team. **capitanato** *m.* captaincy. **capitaneggiare** *v.* (**capitaneggio, capitaneggi**) ⟨*rar*⟩ → **capitanare**. **capitaneria** *f.* district under a marine authority. □ ~ *di* **porto** harbour master's office. **capitano** *m.* **1** ⟨*Mil*⟩ captain; ⟨*Mar*⟩ (sea) captain, ⟨*fam*⟩skipper. **2** ⟨*Stor*⟩ (*condottiero*) captain, condottiere. **3** (*estens*) (*capo*) leader, chief. **4** ⟨*Sport*⟩ captain: *il* ~ *della squadra* the captain of the team. □ ~ *di* **lungo corso** merchant captain (holding equivalent of extra master's ticket); ~ *di* **corvetta** lieutenant–commander; ~ *di* **fregata** commander; ~ *d'***industria** captain of industry; ~ *di* **porto** harbour master; ~ *in* **seconda** mate; ~ *di* **vascello** captain; ⟨*Stor*⟩ ~ *di* **ventura** condottiere.

capitare *v.* (**capito**) **I** *v.i.* (*aus.* **essere**) **1** (*giungere per caso*) to arrive, (to happen) to come, ⟨*fam*⟩ to turn up: *se capiti a Roma, vieni a trovarmi* if you happen to (*o* ever) come to Rome, come and see me. **2** (*presentarsi: rif. a cose*) to occur, to arise, to present o.s.: *gli è capitata una buona occasione* a good opportunity has ⌐ come his way ⌐ (*o* presented itself to him). **II** *v.impers.* to happen, to befall, to come about: *capita spesso che litighino* it often happens that they quarrel. □ ~ **bene** to be (*o* strike it) lucky; ⟨*iron*⟩ *siamo capitati bene!* this is a fine kettle of fish!; ~ *fra* **capo** *e collo* to arrive (*o* turn up) unexpectedly; *sono* **cose** *che capitano* these things will happen; *gli è capitata*

una **disgrazia** he has had an accident; *metti il cappello dove capita* put your hat anywhere you like; ~ **male** to be unlucky; ~ *tra le* **mani** *di qd.* to fall into s.o.'s hands; *per puro caso la lettera mi capitò tra le mani* quite by chance I came upon the letter; *capitando l'***occasione** should the opportunity arise; ~ *tra i* **piedi** to get in the way: *mi capita sempre tra i piedi quel seccatore* that bore is always getting in my way.

capitello *m.* **1** ⟨*Arch*⟩ capital. **2** ⟨*Legat*⟩ headband.

capitolare[1] *v.i.* (**capitolo**; *aus.* **avere**) to capitulate.

capitolare[2] *a.* ⟨*Rel*⟩ capitular: *vicario* ~ vicar–capitular.

capitolare[3] *m.* ⟨*Stor*⟩ capitulary.

capitolato *m.* specifications *pl* of a contract. □ ~ *d'***appalto** specifications *pl*.

capitolazione *f.* capitulation.

capitolino *a.* Capitoline: *colle* ~ Capitoline Hill.

capitolo *m.* **1** chapter. **2** (*unità del bilancio*) item. **3** ⟨*Rel*⟩ (*collegio*) chapter; (*sala capitolare*) chapter house. **4** *pl.* (*statuto*) statute. □ **avere** *voce in* ~ to have a say in the matter; ~ *di* **bilancio** budget item; ⟨*fig*⟩ *considero ormai* **chiuso** *il* ~ I now consider the matter closed; ⟨*fig*⟩ *questo è un* ~ *a* **parte** (*è un altro problema*) this is another story; *si è concluso un* ~ *della sua* **vita** a period of his life has come to an end.

capitombolare *v.i.* (**capitombolo**; *aus.* **essere**) to fall headlong, to tumble. **capitombolo** *m.* headlong fall, tumble. □ *a* –*i* head over heels. **capitomboloni** *avv.* ⟨*non com*⟩ head over heels.

capitone *m.* ⟨*Itt*⟩ large eel.

capitozza *f.* ⟨*Silv*⟩ pollard. **capitozzare** *v.t.* (**capitozzo**) to poll(ard).

capo *m.* **1** head. **2** (*chi comanda*) leader, head: *il* ~ *del governo* the head of the government; (*di ufficio*) head, ⟨*fam*⟩ boss; (*di tribù*) chief. **3** (*estremità*) end: *i due* –*i della corda* the two ends of the rope; *da un* ~ *all'altro* from end to end, from one end to the other. **4** (*estremità superiore*) head, top: *in* ~ *alla scala* at the head (*o* top) of the stairs. **5** (*singolo animale*) head, animal: *cento* –*i di bestiame* a hundred head of cattle. **6** (*pezzo: di vestiario, di biancheria*) article, item. **7** ⟨*Geog*⟩ cape: ~ *di Buona* **Speranza** Cape of Good Hope. □ **andare** *a* ~ to begin a new paragraph; *punto e a* ~ full stop, new line; *essere a* ~ *di un'***azienda** to be at the head of a company; ⟨*Tess*⟩ *a un* ~ single strand; *a più* –*i* multi-ply; *lana a quattro* –*i* four–ply wool; **abbassare** *il* ~ to hang (*o* bow) one's head; ~ *d'***accusa** count (of an indictment), charge; ⟨*fig*⟩ *a* ~ **alto** with one's head held high, proudly; ⟨*fig*⟩ *avere* **altro** *per il* ~ to have other things to thing of; **alzare** *il* ~: 1 to raise one's head; 2 ⟨*fig*⟩ (*imbaldanzirsi*) to grow bold; ~ *d'***anno** New Year's Day; ~ **area** area manager; *avere in* ~ *di* **fare** *qc.* to intend doing (*o* to do) s.th.; ~ *dell'***azienda** company manager (*o* head); ⟨*fig*⟩ *a* ~ **basso** humbly; ⟨*fig*⟩ **battere** *il* ~ *contro il muro* to beat one's head against the wall; *non sapere dove battere il* ~ not to know which way to turn; *avere il* **cappello** *in* ~ to have one's hat on; *mettersi il cappello in* ~ to put one's hat on; *il* ~ *di* **casa** the head of the house; *a* ~ **chino** with lowered head; *non ha né* ~ *né* **coda** there's no rhyme or reason to it; *fra* ~ *e* **collo** unexpectedly; **crollare** *il* ~ to shake one's head; **da** ~ (all over) again, from the beginning: *ricominciare da* ~ to begin (all over) again, to go back to the beginning; *da* ~ (*ripetere*) (once) again; *da* ~ *a* **piedi** from head to foot; *siamo da* ~ we're back where we started; **dolore** *di* ~ headache; *mi duole il* ~ I have a headache, my head aches; **entrare** *in* ~ to go (*o* get) into one's head: *questa regola non mi entra in* ~ I cant' get this rule into my head; **fare** ~ *a* (*andare a finire*) to lead to: *tutte le strade fanno* ~ *a Roma* all roads lead to Rome; *fare* ~ *a qd.* (*rivolgersi a qd.*) to apply (*o* turn) to s.o.; (*dipendere*) to depend on s.o.; *da* ~ *a* **fondo** from top to bottom; *mi gira il* ~ my head is spinning; **giramenti** *di* ~ (fits of) giddiness, dizzy spells; ⟨*fig*⟩ *far* **girare** *il* ~ *a qd.* to turn s.o.'s head; **giurare** *sul* ~ *di qd.* to swear by s.o.'s life; **grattarsi** *il* ~ to scratch one's head; **in** ~ (in) chief: ⟨*Mil*⟩ *comandante in* ~ commander–in–chief; *aiutante in* ~ chief assistant; *in* ~ *a una* **settimana** in the course of a week, after one week;

andare in ~ *al mondo* to go to the ends of the world; *a* ~ *all'*ingiù headlong, head first: *cadere a* ~ *all'ingiù* to fall headlong; ispettore ~ chief inspector; ~ *d'*istituto principal; ⟨*fig*⟩ lavata *di* ~ dressing down, telling–off; *a* ~ *del* letto at the head of the bed; levare *qc. dal* ~ *a qd.* to get s.th. out of s.o.'s head; *levarsi qc. dal* ~ to put s.th. out of one's mind; ~ macchinista chief engineer; mettere *il* ~ *a partito* to straighten o.s. out; *mettere qc. in* ~ *a qd.* to put s.th. into s.o.'s head; *mettersi qc. in* ~ (o get) s.th. into one's head; *mettersi a* ~ *di* to take (*o* assume) command of; ~ *di* partito party leader; passare *per il* ~ *a qd.* to enter one's head, to cross one's mind; *ma che cosa ti passa per il* ~*?* what on earth are you thinking of?; ~ *del* personale personnel (*o* staff) manager; ~ politico political leader; ~ *della* polizia chief of police; ⟨*fig*⟩ *non sapere dove* posare *il* ~ to have nowhere to lay one's head; ~ produzione production manager; ~ progetto project manager; rompersi *il* ~ *su qc.* to rack one's brains over s.th.; saltare *in* ~ to enter one's head suddenly; *come ti è saltato in* ~ *di venire qui?* what suddenly gave you the idea of coming here?; scoprirsi *il* ~ to take off one's hat; *a* ~ *scoperto* bare–headed; scuotere *il* ~ to shake one's head; *per* sommi *–i* briefly, covering the main points: *narrare per sommi –i il contenuto di un romanzo* to outline briefly the plot of a novel; ~ squadra foreman; ~ *dello* stato head (o chief) of state; ~ *di stato maggiore* Chief of the General Staff; *–i di stato e di governo* heads of state and government; ⟨*Pol*⟩ *–i* storici historic leaders; ⟨*Mil*⟩ ~ supremo Supreme Commander; ~ traduttore senior translator; venire *a* ~ *di qc.* to unravel s.th., to get to the bottom of s.th.; *non venire a* ~ *di nulla* to reach no conclusion; ⟨*Geog*⟩ ~ Verde Cape Verde. *Prov.: cosa fatta* ~ *ha* what's done is done.

capoarea *m./f.* (*pl.* capiarea) ⟨*Comm*⟩ area manager.

capobanda *m.* (*pl.* capibanda) 1 ringleader; ⟨*scherz*⟩ leader; (*di delinquenti*) gang leader. 2 ⟨*Mus*⟩ bandmaster.

capoc *m.* kapok.

capo|caccia *m.* (*pl.* capicaccia) chief gamekeeper. ~cannoniere *m.* (*pl.* capicannonieri) 1 ⟨*Mil*⟩ master gunner. 2 ⟨*Sport*⟩ top goal–scorer. ~cantiere *m.* (*pl.* capicantiere) yard foreman.

capocarceriere *m.* (*pl.* capicarcerieri) chief (o head) warder.

capocchia *f.* head: ~ *di spillo* head of a pin, pin–head; ~ *di fiammifero* head of a match.

capoccia *m.inv.* 1 (*capofamiglia*) head of the family. 2 (*sorvegliante*) overseer, supervisor, superintendent, foreman. 3 ⟨*scherz*⟩ (*capo*) boss.

capo|cellula *m.* (*pl.* capicellula) ⟨*Pol*⟩ cell leader. ~classe *m.* (*pl.* capiclasse) head of one's form (o class). ~comico *m.* (*pl.* capocomici/capicomici) manager of a theatre company. ~commessa *m.* (*pl.* capicommessa) prime contractor. ~contabile *m.* (*pl.* capicontabile) chief accountant. ~convoglio *m.* (*pl.* capiconvoglio) 1 ⟨*Ferr*⟩ chief guard, ⟨*am*⟩ conductor. 2 ⟨*Mar*⟩ convoy leader. ~corda *m.* (*pl.* capicorda) 1 ⟨*El*⟩ terminal. 2 ⟨*Alp*⟩ → capocordata. ~cordata. ~cordata *m.* (*pl.* capicordata) ⟨*Alp*⟩ leader (of a team of a mountaineer), roped–party leader. ~cronaca *m.* (*pl.* capicronaca) ⟨*Giorn*⟩ leading article, leader. ~cronista *m.* (*pl.* capicronisti) ⟨*Giorn*⟩ chief news editor, ⟨*am*⟩ city editor. ~cuoco *m.* (*pl.* capocuochi/capicuochi) head cook, chef.

capodanno *m.* (*pl.* capodanni) New Year's Day. ☐ *auguri di* ~ New Year's greetings.

capo|delegazione *m.* (*pl.* capidelegazione) ⟨*Pol*⟩ head of delegation. ~deposito *m.* (*pl.* capideposito) chief storeman. ~dipartimento *m.* (*pl.* capidipartimento) head of department. ~divisione *m.* (*pl.* capidivisione) head of a division.

capodoglio *m.* ⟨*Zool*⟩ sperm whale.

capo|fabbrica *m.* (*pl.* capifabbrica) works (o plant) manager. ~fabbricato *m.* (*pl.* capifabbricato) air–raid warden. ~famiglia *m.* (*pl.* capifamiglia) head of the family. ~fila *m./f.* (*pl.* capifila) 1 first person in a queue. 2 ⟨*Sport*⟩ leader of a file (o line). 2 (*rappresentante principale*) leader. 4 ⟨*Econ*⟩ lead manager.

capofitto: *a* ~ headlong, head first: *cadere a* ~ to fall

headlong. ☐ *buttarsi a* ~ *in un lavoro* to throw o.s. wholeheartedly into a job.

capogabinetto *m.* (*pl.* capigabinetto) private secretary (to a minister).

capogiro *m.* (*pl.* capogiri) (fit of) dizziness (o giddiness). ☐ *dare il* ~ to make dizzy; *ho il* ~ I feel dizzy; *mi viene il* ~ I get dizzy; *far venire il* ~ *a qd.* to make s.o. dizzy (*anche fig.*).

capo|gruppo *m.* (*pl.* capigruppo) group leader. ~guardia *m.* (*pl.* capiguardia) 1 leader of a guard. 2 (*guardia carceraria*) chief warder. ~infermiera *f.* (*pl.* capoinfermiere) head nurse, matron. ~lavoro *m.* (*pl.* capolavori) masterpiece. ~linea *m.* (*pl.* capilinea) terminus.

capolino *m.* ⟨*Bot*⟩ capitulum, head. ☐ *fare* ~ to peep: *il sole fece* ~ *tra le nuvole* the sun peeped through the clouds.

capo|lista I *s.m.* (*pl.* capilista) ⟨*Pol*⟩ head of a list. II *s.f.inv.* ⟨*Sport*⟩ leader, team at the head of a division. III *a.inv.* leading, first on the list: *candidato* ~ candidate at the head of the list; ⟨*Sport*⟩ *squadra* ~ leading team. ~luogo *m.* (*pl.* capoluoghi/capiluoghi) administrative centre. ☐ ~ *di provincia* capital of a province. ~macchinista *m.* (*pl.* capomacchinisti) chief engineer. ~mafia *m.* (*pl.* capimafia) Mafia boss. ~mastro *m.* (*pl.* capomastri/capimastri) master builder. ~missione *m.* (*pl.* capimissione) head of a diplomatic mission.

caponaggine *f.* obstinacy, stubbornness.

capo|officina *m.* (*pl.* capiofficina) shop (o chief) foreman. ~operaio *m.* (*pl.* capioperai) foreman. ~pagina *m.* (*pl.* capipagina) ⟨*Tip*⟩ headpiece. ~partito *m.* (*pl.* capipartito) ⟨*Pol*⟩ party leader. ~pattuglia *m.* (*pl.* capipattuglia) patrol leader. ~popolo *m.* (*pl.* capipopolo) popular leader, demagogue, ⟨*spreg*⟩ mob leader.

caporale *m.* ⟨*Mil*⟩ (lance–)corporal. ☐ ~ *maggiore* corporal. **caporalesco** *a.* (*pl.* -chi) corporal's; (*autoritario*) bossy.

capo|redattore *m.* (*pl.* capiredattori) editor–in–chief. ~reparto *m./f.* (*pl.* capireparto) (*di fabbriche*) foreman; (*di grandi magazzini*) shopwalker, ⟨*am*⟩ floorwalker.

caporione *m.* (*pl.* caporioni) leader, head; (*istigatore*) ring–leader.

capo|sala I *s.m.* (*pl.* capisala) (*di ufficio*) head (o senior) clerk; (*di stabilimento*) foreman. II *s.f.inv.* ⟨*Med*⟩ ward nurse. ~saldo *m.* (*pl.* capisaldi) 1 ⟨*Topogr*⟩ datum point. 2 ⟨*Mil*⟩ strong point, stronghold. 3 ⟨*fig*⟩ (*fondamento*) cornerstone, mainpoint: *i –i di una dottrina* the cornerstones of a doctrine. ~scala *m.* (*pl.* capiscala) staircase landing. ~scarico *m.* (*pl.* capiscarichi) scatterbrain. ~scuola *m.* (*pl.* capiscuola) founder of a school; (*rif. a movimenti*) leader. ~servizio *m.* (*pl.* capiservizio) department head. ~sezione *m.* (*pl.* capisezione) head of a department. ~squadra *m.* (*pl.* capisquadra) 1 ⟨*Mil*⟩ section leader, ⟨*am*⟩ squad leader. 2 (*di operai*) foreman. 3 ⟨*Sport*⟩ captain. ~stazione *m.* (*pl.* capistazione) station–master. ~stipite *m.* (*pl.* capistipiti) founder of a family. ~storno *m.* ⟨*Veter*⟩ staggers pl (*costr. sing.*).

capotare *e der.* → cappottare *e der.*

capotavola *m.* (*pl.* capitavola) head of the table: *sedere a* ~ to sit at the head of the table.

capote *fr.* [ka'pɔːt] *f.* ⟨*Aut,Aer*⟩ hood.

capo|tecnico *m.* (*pl.* capotecnici/capitecnici) technical director. ~timoniere *m.* (*pl.* capitimonieri) ⟨*Mar*⟩ coxswain. ~treno *m.* (*pl.* capitreno/capotreni) guard, ⟨*am*⟩ conductor. ~tribù *m.* (*pl.* capitribù) chief(tain).

capotta *f.* → capote.

capo|turno *m.* (*pl.* capiturno) head of a shift. ~ufficio *m.* (*pl.* capiufficio) head clerk.

capoverso *m.* (*pl.* capoversi) 1 paragraph: *tradurre il primo* ~ *della lettera* to translate the first paragraph of the letter; (*inizio del periodo*) beginning of a line. 2 ⟨*Tip*⟩ indent(ion), indentation. 3 (*comma*) paragraph, section.

capovoga *m.* ⟨*Sport*⟩ (*pl.* capivoga) stroke.

capovolgere *v.t.* (capovolgo, capovolgi; capovolsi, capovolto) 1 to turn over (o upside down), to overturn. 2 ⟨*fig*⟩ to reverse, to change completely (o radically): ~ *la* *situazione* to change the situation completely. **capovolgersi** *v.r.* **1** to overturn. **2** ⟨*Mar*⟩ to capsize. **3** ⟨*fig*⟩ to be reversed, to change completely (*o* radically). **capovolgimento** *m.* **1** overturning; (*rif. a velivoli*) capsizing. **2** ⟨*fig*⟩ reversal, upset, radical change: *-i politici* political upsets. **capovolsi** → **capovolgere. capovolto** *a.* upside down, overturned; (*rif. a velivoli*) capsized.

cappa[1] *f.* **1** cloak, cape. **2** ⟨*Rel*⟩ cowl. **3** (*mantello da donna*) cloak, coat: *una ~ di visone* a mink coat. **4** (*parte del camino*) hood. **5** ⟨*Mar*⟩ (*copertura*) tarpaulin. □ *la ~ del cielo* the vault of the heavens, the heavenly vault; *~ magna* cappa magna; ⟨*Mar*⟩ **navigare** *alla ~* to lie (*o* lay) to; ⟨*fig*⟩ *~ di piombo* great burden (*o* weight); *romanzo di ~ e spada* cloak-and-dagger novel; ⟨*Edil*⟩ *~ della volta* coping stone. *Prov:* *per un punto Martin perse la ~* for want of a nail, the shoe was lost.

cappa[2] *f.* ⟨*Zool*⟩ razor clam (*o* shell).

cappa-fumo *f.* (*pl.* **cappe-fumo**) ⟨*tecn*⟩ hood.

cappella[1] *f.* **1** chapel. **2** (*nicchia nelle vie*) shrine. **3** ⟨*Mus*⟩ chapel. □ *~ ardente* mortuary chapel; *~ gentilizia* family chapel; *~ laterale* side chapel; *la ~ Sistina* the Sistine Chapel.

cappella[2] *f.* **1** ⟨*Bot*⟩ (*di fungo*) pileus, cap. **2** (*capocchia*) head.

cappellaccia *f.* (*pl.* **-ce**) ⟨*Ornit*⟩ crested lark. **cappellaccio** *m.* ⟨*Geol*⟩ outcrop.

cappellaio *m.* (*f.* **-a**) hatter.

cappellania *f.* ⟨*Rel*⟩ chaplainship. **cappellano** *m.* chaplain. □ *~ delle carceri* prison chaplain; *~ militare* military chaplain.

cappellata *f.* hatful. □ ⟨*fig*⟩ *fare quattrini a -e* to make money hand over fist. **cappelleria** *f.* hat shop. **cappelletto** *m.* **1** (*parte della calza*) (toe–)cap. **2** (*dischetto di tela dell'ombrello*) cap (at the top of an umbrella). **3** *pl.* ⟨*Gastr*⟩ cappelletti (kind of ravioli). **cappelliera** *f.* hatbox.

cappello *m.* **1** hat: *mettersi il ~* to put one's hat on. **2** (*cappella di fungo*) pileus, cap. **3** (*capocchia*) head. **4** ⟨*fig*⟩ (*preambolo*) introduction, preamble. □ ⟨*Giorn*⟩ *~ di un articolo* lead of an article; ⟨*fig*⟩ **attaccare** *il ~* to hang up one's hat; *~ cardinalizio* cardinal's hat; *ricevere il ~ cardinalizio* to be made a cardinal; *~ a cencio* slouch hat; *~ a cilindro* top hat; *~ duro* bowler (hat), ⟨*am*⟩ derby; **fare** *tanto di ~ a qd.* to take one's hat off to s.o.; ⟨*Geol*⟩ *~ di ferro* iron hat, gossan; *giù il ~!* hats off!; *~ di paglia* straw hat; *~ prelatizio* prelate's hat; ⟨*fig*⟩ **prendere** *~* to take offence (*o* umbrage); *~ a tre punte* cocked hat, three-cornered hat; *~ a larghe tese* broad-brimmed hat; *col ~ in testa* with one's hat on; *tirarsi il ~ sugli occhi* to pull one's hat over one's eyes.

cappellone *m.* **1** large hat. **2** ⟨*Cin*⟩ cowboy.

cappero *m.* **1** ⟨*Bot*⟩ caper. **2** *pl.* ⟨*esclam*⟩ good heavens, good gracious. □ *pianta di -i* caper bush (*o* tree); ⟨*Gastr*⟩ *salsa di -i* caper sauce.

cappio *m.* **1** slip (*o* running) knot. **2** (*fiocco*) bow. **3** (*capestro*) noose, rope.

capponaia *f.* **1** fattening coop. **2** ⟨*gerg*⟩ (*prigione*) prison, ⟨*pop*⟩ coop.

capponare[1] *v.t.* (**cappono**) to caponize, to castrate. **capponare**[2] *v.t.* (**cappono**) ⟨*Mar*⟩ to cat: *~ un'ancora* to cat an anchor.

cappone[1] *m.* capon. □ ⟨*fig*⟩ *venire la pelle di ~* to get goose flesh.

cappone[2] *m.* ⟨*Itt*⟩ (large–scaled) scorpion fish. **cappone**[3] *m.* ⟨*Mar*⟩ cat.

cappottamento *m.* **1** overturning. **2** ⟨*Mar*⟩ capsizing. **cappottare** *v.i.* (*aus.* **avere**) **1** ⟨*Aut*⟩ to overturn. **2** ⟨*Mar*⟩ to capsize. **3** ⟨*Aer*⟩ to nose over. **cappottatura** *f.* → **cappottamento.**

cappotto *m.* **1** (over)coat. **2** (*nel gioco*) capot; (*nel bridge*) slam. □ *fare ~* to win all the tricks, to make a slam.

cappuccetto: *~ rosso* Little Red Riding Hood.

cappuccina[1] *f.* ⟨*Bot*⟩ lettuce.

cappuccina[2] *f.* (*monaca*) Capuchin nun, Capuchiness.

cappuccino[1] *m.* **1** (*frate*) Capuchin (friar). **2** (*caffè con latte*) white coffee, ⟨*am*⟩ coffee with milk. □ *fare vita da ~* to live a life of poverty.

cappuccino[2] *m.* ⟨*Zool*⟩ capuchin.

cappuccio *m.* **1** hood. **2** ⟨*Rel*⟩ cowl. **3** ⟨*Mecc*⟩ cap. **4** ⟨*Artigl*⟩ nose cap. **5** (*di stilografica*) cap. □ *~ della valvola della camera d'aria* inner–tube valve nipple.

capra *f.* **1** goat; (*femmina*) she-goat. **2** ⟨*tecn*⟩ (*armatura*) shear legs *pl;* (*cavalletto*) trestle, horse. □ *da -e* goat–, goat's: *sentiero da -e* goat track; *salvare ~ e cavoli* to have one's cake and eat it. **capraio** *m.* (*f.* **-a**) goatherd. **capretto** *m.* **1** kid. **2** (*pelle*) kid(skin).

capriata *f.* ⟨*Edil*⟩ truss. □ *catena di ~* tie beam; *~ a due monaci* queen truss.

capriccio *m.* **1** whim, caprice, fancy. **2** (*bizza*) tantrum. **3** (*passioncella amorosa*) passing fancy, flirtation. **4** (*bizzarria*) freak. **5** ⟨*Mus*⟩ capriccio, caprice. □ *a ~ (a impulso)* on a whim, capriciously: *agire a ~* to act capriciously; **fare** *i capricci* to be naughty, to have tantrums; *capricci della* **fortuna** whims of fortune; **levare** *un ~ a qd.* to satisfy s.o.'s whim; **levarsi** *un ~* to satisfy one's fancy; *se mi* **salta** *il ~, parto domani* if I feel like it, I shall leave tomorrow.

capricciosamente *avv.* capriciously, whimsically; (*rif. a bambini*) naughtily. **capriccioso** *a.* **1** (*che ha molti capricci*) capricious, whimsical. **2** (*rif. a bambini*) naughty. **3** (*stravagante*) original.

capricorno *m.* ⟨*Zool*⟩ serow. **Capricorno** *N.pr.m.* **1** ⟨*Astr*⟩ Capricorn. **2** (*persona nata sotto il segno del Capricorno*) Capricorn. □ ⟨*Astr*⟩ *tropico del ~* Tropic of Capricorn.

caprifico *m.* (*pl.* **-chi**) ⟨*Bot*⟩ wild fig.

caprifoglio *m.* ⟨*Bot*⟩ honeysuckle.

caprimulgo *m.* (*pl.* **-gi**) ⟨*Ornit*⟩ (European) nightjar, ⟨*am*⟩ goatsucker.

caprinico *a.* ⟨*Chim*⟩ caprinic: *acido ~* caprinic acid.

caprino I *a.* goat–, goat's: *latte ~* goats' milk; (*simile a capra*) goatish, goat–like. **II** *s.m.* **1** (*lezzo di capra*) smell of goats. **2** (*sterco di capra*) goat manure. **3** (*tipo di formaggio*) kind of goat's milk cheese. □ ⟨*fig*⟩ *sono questioni di lana -a* they're things that are not worth arguing about.

capriola[1] *f.* ⟨*Zool*⟩ female roe deer.

capriola[2] *f.* **1** caper. **2** (*capitombolo*) somersault. **3** ⟨*Equit*⟩ capriole. □ *fare -e* to cut capers; *fare -e dalla gioia* to jump for joy.

capriolo *m.* ⟨*Zool*⟩ roe (deer), roebuck. □ *saltare come un ~* to leap (*o* gambol) like a fawn.

capro *m.* billy goat, he goat, ⟨*fam*⟩ billy goat. □ ⟨*fig*⟩ *~ espiatorio* scapegoat. **caprone** *m.* **1** billy goat, he–goat. **2** ⟨*fig*⟩ tramp.

caprugginatoio *m.* ⟨*Mecc*⟩ croze. **capruggine** *f.* croze.

capsico *m.* (*pl.* **-ci**) ⟨*Gastr*⟩ (*peperoncino*) chili, red pepper, ⟨*am*⟩ hot pepper.

capside *m.* ⟨*Biol*⟩ capsid.

capsula *f.* **1** capsule. **2** (*di proiettile*) (percussion) cap, primer. **3** (*per esplosivi*) detonator. **4** (*tappo metallico di bottiglia*) capsule. **5** ⟨*Bot,Anat,Zool*⟩ capsule. **6** ⟨*Chim*⟩ evaporating dish, capsule. **7** ⟨*Dent*⟩ crown. □ *~ dentaria* jacket crown; ⟨*Astron*⟩ *~ orbitale* orbital capsule; *~ di rientro* re-entry capsule; *~ spaziale* space capsule; ⟨*Anat*⟩ *~ surrenale* suprarenal (*o* adrenal) capsule.

captare *v.t.* **1** ⟨*Rad*⟩ to pick up. **2** (*cattivarsi*) to gain, to win: *~ la benevolenza di qd.* to win s.o.'s favour. **3** (*intercettare*) to intercept.

capufficio *m.* → **capoufficio.**

capziosamente *avv.* captiously. **capziosità** *f.* captiousness. **capzioso** *a.* captious.

carabattola *f.* ⟨*fam*⟩ **1** thing, trinket: *prendere le proprie -e* to take one's things (*o* odds and ends) and be off. **2** (*bazzecola*) trifle.

carabina *f.* carbine. **carabiniere** *m.* carabiniere (member of an Italian army corps which is also a police force).

carabottino *m.* ⟨*Mar*⟩ (*graticolato*) grating.

caracca *f.* ⟨*Mar*⟩ carrack.

carachiri *m.* hara-kiri, hari-kari: *fare ~* to commit hara-kiri.

caracollare *v.i.* (**caracollo**; *aus.* **avere**) ⟨*Equit*⟩ to caracole. **caracollo** *m.* caracole.

caracul *m.* ⟨*Zool*⟩ karakul.

caraffa *f.* carafe, decanter.

Caraibi N.pr.m.pl. → Caribi. **caraibico** a. → caribico.

carambola f. (biliardo) cannon, ⟨am⟩ carom; (gioco della carambola) ⟨am⟩ carom billiards pl (costr. sing.). □ ~ di automobili multiple car crash; fare ~ to cannon, ⟨am⟩ to carom. **carambolare** v.i. (carambolo; aus. avere) to cannon, ⟨am⟩ to carom.

caramella f. 1 sweetmeat, caramel, ⟨am⟩ candy. 2 (fam) (monocolo) monocle. □ –e per la tosse cough drops. **caramellaio** m. (f. -a) confectioner, ⟨am⟩ candymaker. **caramellare** v.t. (caramello) 1 to caramelize. 2 (candire) to candy. 3 (colorare con caramello) to colour with caramel. **caramellato** a. 1 caramelized: zucchero ~ caramelized sugar. 2 (candito) candied: frutta –a candied fruit. **caramello** m. caramel. **caramelloso** a. syrupy.

caramente avv. dearly, affectionately. □ ⟨epist⟩ ti saluto ~ affectionately yours.

carapace m. ⟨Zool⟩ carapace.

caratare v.t. to weigh into carats.

caratello m. cask.

caratista m. 1 ⟨Mar⟩ part-owner. 2 ⟨Comm⟩ shareholder.

carato m. 1 carat. 2 ⟨Mar⟩ twenty-fourth part of the ownership of a ship. 3 (quota) share. □ oro a ventiquattro –i twenty-four carat gold.

carattere m. 1 (forza, costanza) character: un uomo di ~ a man of character. 2 (indole) nature, disposition: buon ~ good nature, kindly disposition. 3 (natura) nature, type, kind, character: le domande furono di ~ generale the questions were of a general nature. 4 (caratteristica) characteristic, trait, peculiarity: i –i di una razza the characteristics of a race. 5 (lettera) character, letter: –i greci Greek letters (o script); (segno) sign, character: –i magici magic signs. 6 ⟨Tip⟩ type. 7 ⟨Teat⟩ character. 8 ⟨Teol⟩ character. □ –i acquisiti acquired characteristics (o traits); –i arabi Arabic characters; avere ~ to have a strong character, to be a person of character; essere di buon ~ to have a good nature, to be good natured; ⟨Inform⟩ ~ di controllo control character; ⟨Tip⟩ in ~ corsivo in italic type, in italics; ~ debole weak character; ⟨Lett⟩ commedia di ~ comedy of character; –i ereditari hereditary characters; fermezza di ~ strength of character; questioni di ~ generale general questions; ⟨Tip⟩ ~ gotico black letter; ⟨Tip⟩ ~ grassetto bold-face; imprimere un ~ to give (o stamp with) a character; essere in ~ con to be in character with; ⟨Tip⟩ –i maiuscoli capital letters; mancanza di ~ lack of character; mancare di ~ to have a weak character, to have no backbone; ⟨Tip⟩ –i minuscoli small letters; ⟨Tip⟩ ~ mobile movable type; essere nel ~ to be in keeping (o character); non è nel suo ~ rispondere male it is not in his character to answer back; avere ~ obbligatorio to be compulsory; ⟨fig⟩ a –i d'oro in letters of gold; ⟨fig⟩ avere un ~ d'oro to have a heart of gold, to be very good-natured; è una persona senza ~ he has no character, he is spineless; ⟨Tip⟩ –i di testo bookface; ⟨Tip⟩ ~ tondo roman type.

caratteriale I a. 1 (relativo al carattere) character: disturbo ~ character disorder. 2 (rif. a bambino) suffering from a personality disorder. II s.m./f. child suffering from a personality disorder.

caratterino m. difficult character. □ ⟨iron⟩ avere un bel ~ to be hard to get on with.

caratteriologia f. characteriology, study of character. **caratteriologico** a. (pl. -ci) characteriologic. **caratteriopatia** f. ⟨Med⟩ character disorder.

caratterista m./f. ⟨Teat,Cin⟩ character actor (f actress).

caratteristica f. 1 characteristic, distinctive (o main) feature, peculiarity. 2 ⟨Fis, Mat⟩ characteristic. 3 pl. ⟨tecn⟩ performance, specifications pl, particulars pl. 4 ⟨tecn⟩ (curva caratteristica) characteristic curve. □ caratteristiche fisiche physical characteristics; caratteristiche meccaniche mechanical characteristics; ⟨tecn⟩ caratteristiche di progetto design characteristics; caratteristiche tecniche (di motori, macchine e sim.) technical particulars. **caratteristico** a. (pl. -ci) characteristic, typical, distinctive: è ~ dei bambini it is characteristic of children. □ note caratteristiche special peculiarities; segni –i distinguishing marks. **caratterizzare** v.t.

1 to characterize, to distinguish, to mark: con la sincerità che lo caratterizzava with the sincerity which characterized him, with his characteristic sincerity. 2 (rappresentare) to characterize, to portray: lo caratterizzò con poche parole he characterized him in a few words. **caratterizzazione** f. characterization.

caratura f. 1 weighing into carats: ~ dell'oro weighing of gold into carats. 2 (quota) share. 3 ⟨Mar⟩ part-ownership.

caravan ingl. m./f. (roulotte) caravan, ⟨am⟩ trailer. **caravanista** m./f. caravanner.

caravanserraglio m. 1 caravanserai, caravansary. 2 ⟨fig⟩ (luogo di confusione) bedlam, madhouse.

caravella f. ⟨Mar.ant⟩ car(a)vel.

carbammide f. ⟨Chim⟩ carbamide.

carbinolo m. ⟨Chim⟩ carbinol.

carbochimica f. coal chemistry.

carboidrato m. ⟨Chim⟩ carbohydrate. **carbonado** m. ⟨Min⟩ carbonado, black (o carbon) diamond.

carbonaia f. 1 charcoal kiln. 2 (nelle case) coal cellar. 3 ⟨fig⟩ (luogo oscuro) dungeon. 4 ⟨Mar⟩ bunker. **carbonaio** m. coalman, coal setter. **carbonamento** m. ⟨Mar⟩ coaling, bunkering. **carbonare** v.i. (aus. avere) ⟨Mar⟩ to coal, to bunker. **carbonaro** m. ⟨Stor⟩ member of the Carbonari secret society, Carbonaro. **carbonato** m. carbonate: ~ di calcio calcium carbonate.

carbonchio m. 1 ⟨Med⟩ carbuncle. 2 ⟨Veter⟩ anthrax. 3 ⟨Agr⟩ smut. 4 ⟨Min⟩ carbuncle, ruby. **carbonchioso** a. 1 ⟨Med⟩ carbuncular. 2 ⟨Agr⟩ smutty.

carboncino m. 1 charcoal, charcoal pencil (o stick). 2 (disegno) charcoal (drawing).

carbone m. 1 coal. 2 (di legna, vegetale) charcoal. 3 ⟨Agr⟩ smut. 4 ⟨El⟩ carbon. □ a ~ coal-, coal-burning: stufa a ~ coal stove; locomotiva a ~ coal-fired locomotive; occhi lucidi come due –i accesi eyes as bright as two live coals; ⟨fig⟩ essere (o stare) sui –i ardenti to be on tenterhooks; ~ bianco white coal; carta ~ carbon paper; fare ~: 1 ⟨Mar⟩ to coal, to bunker; 2 ⟨Ferr⟩ to coal; ~ fossile coal; giacimento di ~ coal seam; nero come il ~ coal black, black as soot; ⟨fig⟩ avere l'anima nera come il ~ to be blackhearted; un pezzo di ~ a lump of coal; polvere di ~ coal dust.

carbonella f. charcoal slack.

carboneria f. ⟨Stor⟩ political secret society of the Carbonari.

carbonazione f. ⟨Enol⟩ carbonation. **carbonico** a. (pl. -ci) carbonic: anidride –a carbon dioxide.

carboniera f. 1 ⟨Mar⟩ collier. 2 ⟨Ferr⟩ (tender) tender. **carboniero** a. coal-: industria –a coal industry. □ nave –a collier. **carbonifero** a. coal-, coal-bearing, carboniferous: bacino ~ coal field (o bed); giacimento ~ coal seam.

carbonificazione f. ⟨Geol⟩ coalification.

carbonile[1] m. bunker.

carbonile[2] m. ⟨Chim⟩ carbonyl.

carbonio m. ⟨Chim⟩ carbon. □ biossido di ~ carbon dioxide; datazione con ~ 14 carbon-14 dating; ossido di ~ carbon monoxide; solfuro di ~ carbon disulphide.

carbonioso a. ⟨Chim⟩ carbon-: deposito ~ carbon deposit.

carbonizzare v.t. to carbonize, to char. **carbonizzarsi** v.r. to be carbonized. □ morire carbonizzato to burn (o be burnt) to death. **carbonizzazione** f. 1 carbonization, charring. 2 ⟨Tess⟩ carbonization. 3 ⟨Geol⟩ → carbonificazione.

carborundo, carborundum m. ⟨Ind⟩ carburundum.

carbosiderurgico a. (pl. -ci) coal and steel-.

carbossile I s.m. carboxyl. II a. carboxyl-: gruppo ~ carboxyl group. **carbossilico** a. (pl. -ci) carboxylic: acido ~ carboxylic acid.

carburante m. 1 (motor) fuel. 2 (benzina) petrol, ⟨am⟩ gas. □ ~ antidetonante anti-knock fuel; ~ per aviazione (o avio) aviation gasoline; fare rifornimento di ~ to refuel.

carburare v.t. 1 ⟨Mot⟩ to carburet. 2 ⟨Chim⟩ to carburet, to carburize. **carburatore** m. ⟨Mot⟩ carburettor, carburetton, ⟨fam⟩ carb. **carburazione** f. 1 ⟨Mot⟩ carburetion, carburation. 2 ⟨Met⟩ carburization. 3 ⟨Chim⟩

carburetion.

carburo m. ⟨Chim⟩ carbide.

carcadè m. ⟨Bot⟩ roselle.

carcame m. ⟨lett⟩ carcass. **carcassa** f. 1 (di animale morto) carcass. 2 ⟨El,Mecc⟩ frame, yoke. 3 ⟨Mar⟩ hulk. 4 ⟨spreg⟩ wreck; (rif. a persona) walking skeleton, skin and bones, ⟨fam⟩ wreck. □ ~ di automobile scrap car, wrecked motor car.

carceramento m. imprisonment. **carcerare** v.t. (carcero) to imprison. **carcerario** a. prison-, gaol-: ordinamento ~ prison regulations pl. □ guardia –a warder, gaoler. **carcerato** m. (f. -a) prisoner. **carcerazione** f. 1 imprisonment: ordine di ~ order of imprisonment. 2 (prigionia) (term of) imprisonment.

carcere m. (pl. le carceri) 1 prison, gaol, jail. 2 (pena) imprisonment. 3 ⟨fig⟩ prison. 4 f.pl. prison, gaol, jail. □ andare in ~ to go to prison; condannare a dieci anni di ~ to sentence to ten years' imprisonment; direttore delle –i prison governor, ⟨am⟩ warden; ~ duro imprisonment with additional punishments; ~ giudiziario house of detention; mettere in ~ to put (o send) into prison; ~ minorile juvenile prison; ~ preventivo custody pending trial; ~ speciale special prison.

carceriere m. warder, gaoler.

carcinogenesi f. ⟨Med⟩ carcinogenesis. **carcinologia** f. carcinology.

carcinoma m. ⟨Med⟩ carcinoma. □ ~ mammario (o della mammella) breast cancer. **carcinomatoso** a. carcinomatous. **carcinosi** f. carcinosis, carcinomatosis.

carciofaia f. field of artichokes. **carciofo** m. artichoke.

carda f. ⟨Tess⟩ card(er), carding machine.

cardamomo m. ⟨Bot⟩ cardamom.

cardanico a. (pl. -ci) ⟨Mecc⟩ cardan. □ albero ~ universal shaft; giunto ~ cardan joint; sospensione –a cardan(ic) suspension.

cardare v.t. ⟨Tess⟩ to card. **cardata** f. 1 carding. 2 (quantità di lana cardata) quantity of wool carded. **cardato** a. carded. **cardatore** m. (f. -trice) carder. **cardatrice** f. 1 (carda) carding machine, card(er). 2 (operaia) carder. **cardatura** f. carding.

cardellino m. ⟨Ornit⟩ goldfinch.

cardiaco a./s. (pl. -ci) ⟨Med⟩ I a. cardiac, heart-. II s.m. heart patient, cardiopath. □ affezione –a heart disease; attacco ~ heart attack; reparto ~ cardiac ward; vizio ~ heart condition. **cardialgia** f. ⟨Med⟩ cardialgia. **cardias** m. ⟨Anat⟩ cardia.

cardinalato m. ⟨Rel⟩ cardinalate.

cardinale[1] a. cardinal. □ numero ~ cardinal number; ⟨Astr⟩ punto ~ cardinal point; ⟨Teol⟩ le virtù –i the cardinal virtues.

cardinale[2] m. ⟨Rel⟩ cardinal. □ collegio dei –i College of Cardinals; color (rosso) ~ cardinal (red).

cardinale[3] m. ⟨Ornit⟩ cardinal(-grosbeak), ⟨am⟩ cardinal redbird.

cardinalizio a. cardinal's: cappello ~ cardinal's hat.

cardine m. 1 hinge. 2 ⟨fig⟩ foundation, cornerstone: i –i della morale the foundations of morality.

cardio|angiografia f. ⟨Med⟩ cardioangiography, angiocardiography. **~chirurgia** f. cardiac (o heart) surgery. **~chirurgo** m. heart surgeon. **~cinetico** a./s. (pl. -ci) I a. cardiokinetic. II s.m. cardiac stimulant. **~circolatorio** a. heart and circulatory: disturbo ~ heart and circulatory disorder. **~dinia** f. cardiodynia, pain in the heart. **~genico** a. (pl. -ci) cardiogenic, of cardiac origin. **~grafia** f. cardiography. **cardiografo** m. ⟨Med⟩ cardiograph. **cardiogramma** m. cardiogram. **cardiologia** f. cardiology. **cardiologo** m. (pl. -gi) cardiologist.

cardio|palma, **~palmo** m. ⟨Med⟩ palpitation of the heart, cardiopalmus. **~patia** f. cardiopathy. **~patico** a./s.m. (pl. -ci) cardiopath. **~plegia** f. cardioplegia. **~plegico** a. (pl. -ci) cardioplegic. **~polmonare** a. cardiopulmonary, pneumocardial. **~sclerosi** f. cardiosclerosis. **~spasmo** m. ⟨Med⟩ cardiospasm. **~stimolatore** m. pacemaker. **~tonico** a./s.m. (pl. -ci) cardiotonic. **~toracico** a. (pl. -ci) cardio–thoracic: chirurgia –a cardio–thoracic surgery. **~vascolare** a. cardiovascular: apparato ~ cardiovascular

system. **~versione** f. cardioversion, heart's rhythm restoration.

cardite f. ⟨Med⟩ carditis.

cardo m. 1 ⟨Bot⟩ thistle; (commestibile) cardoon. 2 ⟨Tess⟩ teasel. 3 (riccio delle castagne) chestnut husk.

carena f. 1 ⟨Mar⟩ keel, bottom. 2 ⟨Zool,Bot,Anat,Astr⟩ carina. **carenaggio** m. ⟨Mar⟩ careening. □ bacino di ~ dry–dock. **carenare** v.t. ⟨Mar⟩ to careen. **carenato** a. ⟨Bot,Zool⟩ carinate. **carenatura** f. ⟨Mar,Aer⟩ fairing.

carente a. lacking, wanting (di in). □ alimentazione ~ di vitamine diet lacking in vitamins. **carenza** f. 1 (mancanza) want, lack. 2 (scarsità) shortage, dearth, scarcity. 3 ⟨Assic⟩ waiting period. □ ~ alimentare nutritional deficiency; ~ di alloggi housing shortage; ~ di manodopera labour shortage; ~ di vitamine vitamin deficiency.

carestia f. 1 famine. 2 (penuria) scarcity, shortage, dearth. □ ~ di denaro scarcity of money; c'è ~ di buoni scrittori there is a dearth of good writers.

carezza f. (rif. a persone) caress; (rif. ad animali) pat, stroke. □ fare una ~ a qd. to caress s.o.; fare le –e al gatto to stroke (o pet) the cat. **carezzare** v.t. (carezzo) 1 (accarezzare) to caress, to fondle: ~ un bambino to fondle (o pet) a child; (rif. ad animali) to stroke. 2 ⟨fig⟩ (adulare) to flatter. 3 ⟨fig⟩ (vagheggiare) to entertain: ~ un'idea to cherish an idea. □ carezzarsi la barba to stroke one's beard; ~ con lo sguardo to look fondly at. **carezzevole** a. caressing, affectionate, endearing: sguardo ~ affectionate glance; voce ~ caressing voice.

cargo m. (pl. -ghi) 1 ⟨Mar⟩ cargo boat (o ship), freighter. 2 ⟨Aer⟩ freight plane, air freighter.

cariare v.t. (cario, cari) 1 to rot. 2 (rif. a denti) to make (o cause to) decay. **cariarsi** v.r. to decay.

cariatide f. 1 ⟨Arch⟩ caryatid. 2 ⟨scherz⟩ (great) lump.

cariato a. ⟨Med⟩ decayed, carious.

Caribi N.pr.m.pl. Caribs pl. **caribico** a./s. (pl. -ci) I a. Caribbean: mar ~ Caribbean (sea). II s.m. (lingua) Carib.

caribù m. ⟨Zool⟩ caribou.

carica f. 1 (pubblico ufficio) office, position: una ~ di grande responsabilità a highly responsible position; (impiego) post, position: una ~ universitaria a university post; (dignità) rank, position: la sua ~ non glielo permette in his position he can't. 2 ⟨Mil⟩ (assalto) charge. 3 ⟨Sport⟩ tackle. 4 ⟨Mil⟩ (rif. ad armi da fuoco) loading; (esplosivo) charge. 5 (di congegni a molla) winding. 6 ⟨El⟩ charge: ~ elettrica electric charge; (il caricare) charging. 7 ⟨fig⟩ (slancio, energia) charge, drive: ~ affettiva emotional charge. 8 ⟨Tess⟩ weighting. □ ⟨Mil⟩ ~ alla baionetta bayonet charge; ⟨Mil⟩ ~ di cavalleria cavalry charge; ⟨burocr⟩ essere chiamato in ~ to be called to office; dare la ~ : 1 (rif. a orologi) to wind (up); 2 ⟨Ind⟩ to weight; dare la ~ all'orologio to wind one's watch; ~ detonante detonating charge; dimettersi da una ~ to resign from office; ~ esplosiva explosive charge; ⟨fig⟩ avere una forte ~ di simpatia to be a very likeable person; essere in ~ to hold (o be in) office; direttore in ~ director in office; entrare in ~ to take (o come into) office; restare in ~ to continue in office; occupare una ~ to hold (o fill) an office; ~ onorifica honorary appointment; a passo di ~ at the charge (anche fig.); to continue (o remain) in office; ~ pubblica public office; ⟨Mil⟩ sonare la ~ to sound the charge; le alte cariche dello stato the dignities of the State; (rif. a persona) the dignitaries of the State; ⟨fig⟩ tornare alla ~ to insist, to persist, ⟨fam⟩ to have another go; uscire di ~ to leave office.

caricabatterie m.inv. ⟨El⟩ battery charger.

caricamento m. loading. □ ⟨Inform⟩ ~ di un programma program load.

caricare v.t. (carico, carichi) 1 to load: ~ un camion di pietre to load a lorry with stones; ~ pietre to load stones; (fare un carico) to load (up), to take on: il camion non ha ancora caricato the lorry hasn't loaded up yet. 2 (riempire) to fill (up): ~ la pipa to fill one's pipe. 3 ⟨Mil⟩ to load: ~ un fucile to load a rifle. 4 ⟨El,Met,Mil⟩ to charge: ~ la batteria to charge the battery; ~ il nemico to charge the enemy. **5** (*rif. a congegni a molla*) to wind (up): ~ *l'orologio* to wind the clock. **6** (*sopraggravare*) to (over)load: ~ *uno di pacchi* to load s.o. (down) with parcels. **7** (*fig*) (*opprimere*) to (over)load, to weigh down, to burden: ~ *gli alunni di compiti* to burden the pupils with homework. **8** (*Sport*) to tackle. **9** (*Tess*) to weight. **10** (*Inform*) to boot. **caricarsi** *v.r.* to overburden o.s.: *caricarsi di qc.* to overburden o.s. with s.th. □ ~ *di* **botte** to thrash soundly; **caricarsi di debiti** to become deeply in debt, to plunge into debt; ~ *la* **dose** to increase the dose; (*fig*) to lay it on thick; *si caricò il* **ferito** *sulle spalle* he hoisted the wounded man on to his shoulders; ~ *qd.* **di gentilezze** to shower (*o* lavish) kindnesses on s.o.; ~ *la* **macchina** *fotografica* to load one's camera; ~ *gli* **scaffali** *di libri* to cram the shelves with books; ~ *la* **stufa** to stoke the stove; (*fig*) ~ *le* **tinte** to exaggerate, (*fam*) to lay it on thick.

caricato *a.* **1** (*affettato*) affected, mannered: *stile* ~ affected style. **2** (*esagerato*) exaggerated. **caricatore** *m.* **1** (*Mar*) loader, stevedore, (*am*) longshoreman. **2** (*Mil,Met*) charger. **3** (*speditore*) freighter, shipper. **4** (*Mil*) (*rif. a fucile*) cartridge clip; (*rif. a mitra*) magazine. **5** (*Fot*) magazine. **6** (*rif. a registratore*) cassette. □ (*Inform*) ~ *del programma iniziale* initial program loader. **caricatrice** *f.* (*Mecc*) loader.

caricatura *f.* caricature: *fare la* ~ *di qd.* to make a caricature of s.o., to caricature s.o. **caricaturale** *a.* grotesque, ludicrous, exaggerated. **caricaturare** *v.t.* to caricature. **caricaturista** *m./f.* caricaturist.

carice *m.* (*Bot*) Carex.

carico[1] *a.* (*pl.* **-chi**) **1** loaded, laden: *camion* ~ *di pietre* lorry loaded with stones. **2** (*intenso: rif. a colore*) deep, dark: *rosso* ~ deep red. **3** (*rif. a congegno a molla*) wound up: *l'orologio è* ~ the clock is wound up. **4** (*rif. ad armi da fuoco*) loaded: *fucile* ~ loaded gun; (*rif. a proiettile*) live. **5** (*El*) charged. □ ~ *d'anni* burdened with years; **caffè** ~ strong coffee; ~ *di* **colpe** burdened with guilt; ~ *di* **debiti** burdened with debts; *albero* ~ *di* **frutti** tree laden with fruit; ~ *come un* **somaro** loaded up like a pack-horse; **tè** ~ strong tea.

carico[2] *m.* (*pl.* **-chi**) **1** (*il caricare*) loading. **2** (*il materiale trasportato*) load: *un* ~ *di legname* a load of wood; (*carrettata*) cartload. **3** (*Mar*) shipload, cargo. **4** (*peso*) burden, weight (*anche fig.*). **5** (*tecn*) load. **6** (*Mil*) charge. **7** (*imposta*) tax, fiscal burden. □ **a** ~ *di:* **1** (*contro*) against: *processo a* ~ *di qd.* proceedings against s.o.; (*Dir*) *testimone a* ~ witness for the prosecution; **2** (*a spese di*) to the account of, at the expense of, to be paid by: *le spese sono a* ~ *Vostro* the expenses will be (charged) to your account; *sopratassa a* ~ *del destinatario* surcharge to be paid by receiver; **3** (*rif. a persone*) dependent: *ha tre figli a* ~ he has three dependent children; *persone a* ~ dependents; *vivere a* ~ *di qd.* to be supported by s.o.; *avere qd. a* ~ to have s.o. to support; ~ **aereo** air cargo; (*Mecc*) **capacità** *di* ~ carrying (*o* load) capacity; (*Aer*) **coefficiente** *di* ~ load coefficient; ~ *di* **collaudo** test load; ~ **completo** full cargo; **da** ~ cargo-: *nave da* ~ cargo ship; **fare** *il* ~ to load; *fare* ~ *a qd. di qc.* to make s.o. responsible for s.th.; (*fig*) **farsi** ~ *di qc.* to charge of s.th.; ~ **fiscale** tax burden; (*Fisiol*) ~ **fisico** body burden; ~ *di* **lavoro** work load; ~ **lordo** gross load; (*Comm*) ~ *di* **magazzino** inventory input; ~ **medio** average load; ~ **netto** = *carico* **utile**; **operazione** *di* ~ loading; (*Comm,Aer*) ~ **pagante** payload; ~ **parziale** part load; *a* **pieno** ~ fully loaded; ~ *alla* **rinfusa** bulk cargo; ~ *di* **rottura** breaking load; (*Mar*) **sbarcare** *il* ~ to unload the cargo; *carichi* **sociali** social burdens; (*Mecc*) ~ *di* **torsione** torsion load, torsional stress; ~ **utile** useful load, payload; ~ **variabile:** 1 (*Edil*) variable load; 2 (*El*) changing load.

Cariddi *N.pr.f.* (*Geog*) Charybdis.

carie *f.* **1** (*Med*) (*ossea*) caries. **2** (*dei denti*) tooth decay, caries. **3** (*Bot*) rot.

carillon *fr.* [kari'jɔ̃:] *m.* **1** (*Mus*) carillon. **2** (*scatola armonica*) music(al) box.

carino *a.* (*gentile*) nice, agreeable; (*grazioso*) charming, delightful, pretty, (*fam*) cute. □ *ne ho sentita una* –*a* I've heard a good one.

cario|cinesi *f.* (*Biol*) karyokinesis. **~cinetico** *a.* (*pl.* **-ci**) karyokinetic.

cariogeno *a.* (*Med*) cariogenic, producing caries.

carisma *m.* **1** charism(a). **2** (*fig*) charisma, strong personal appeal. **carismatico** *a.* (*pl.* **-ci**) charismatic. (*anche fig.*): *movimento* ~ charismatic movement.

carità *f.* **1** charity: *trattare qd. con* ~ to treat s.o. with charity. **2** (*elemosina*) charity, alms *pl.* **3** (*favore, piacere*) favour, kindness. □ *atto di* ~ act of charity; **chiedere** *la* ~ to beg; **congregazione** *di* ~ charitable association; **dama** *di* ~ district visitor; **fare** *la* ~ (*a qd.*) to give (s.o.) alms: *fatemi la* ~ *di un po' di pane* give me a little bread for the sake of charity; *fammi la* ~ *di tacere* please keep quiet; **istituto** *di* ~ charitable institution; ~ **pelosa** self-interested charity; **per** ~ for pity's (*o* heaven's) sake; (*tutt'altro*) God forbid, (*fam*) not on your life; **suora** *di* ~ Sister of Charity; **vivere** *di* ~ to live on charity. *Prov.: la prima* ~ *comincia da se stessi* charity begins at home.

caritatevole *a.* charitable: *persona* ~ charitable person. □ *essere* ~ *con qd.* to treat s.o. charitably. **caritatevolmente** *avv.* charitably.

carlinga *f.* (*Aer*) fuselage.

carlino *m.* (*Numism*) carlin(e).

carlismo *m.* (*Stor*) Carlism. **carlista** *a./s.m./f.* Carlist.

Carlo *N.pr.m.* Charles. □ (*Stor*) ~ *il* **Bello** Charles the Fair; ~ *il* **Calvo** Charles the Bald; ~ **Magno** Charlemagne; ~ *il* **Temerario** Charles the Bold.

carlona: *alla* ~ carelessly, in a slapdash (*o* sloppy) manner: *lavoro fatto alla* ~ work done in a slapdash manner.

Carlotta *N.pr.f.* Charlotte.

carme *m.* (*Lett*) poem, song.

carmelitano *a./s.m.* (*f.* **-a**) Carmelite.

carminativo *a./s.m.* (*Farm*) carminative.

carminio *m.* carmine. □ *color* ~ crimson, carmine (like); *labbra di* ~ crimson lips.

carnagione *f.* complexion. □ ~ *chiara* fair complexion; ~ *scura* dark complexion.

carnaio *m.* **1** charnel house. **2** (*spreg*) (*luogo molto affollato*) crush. **3** (*fig*) (*strage*) slaughter, carnage. □ *d'estate questa spiaggia è un* ~ in summer this beach is packed with people.

carnale *a.* **1** carnal: *peccati* –*i* carnal sins, sins of the flesh; *piaceri* –*i* carnal pleasures. **2** (*consanguineo*) blood-: *fratelli* –*i* blood brothers. □ *violenza* ~ rape. **carnalità** *f.* carnality. **carnalmente** *avv.* carnally. □ *congiungersi* ~ to have sexual intercourse.

carname *m.* **1** heap of corpses. **2** (*spreg*) crush.

carnascialesco *a.* (*pl.* **-chi**) carnival-: (*Lett*) *canti carnascialeschi* carnival songs.

carne *f.* **1** flesh. **2** *pl.* (*corpo umano*) flesh: –*i sode* firm flesh; (*carnagione*) complexion, skin. **3** (*Gastr*) meat. **4** (*polpa di frutta, funghi*) flesh, pulp. **5** (*fig*) (*i sensi*) flesh. □ *avere molta* ~ *addosso* to be plump; ~ **affumicata** smoked meat; ~ **bianca** (*di pollo, ecc.*) white meat; ~ **bovina** = *carne di* **manzo**; (*fig*) ~ *da* **cannone** cannon fodder; **color** ~ flesh-coloured; ~ **congelata** frozen meat; ~ **equina** horsemeat; (*Rel*) **farsi** ~ to be made flesh: *il Verbo si è fatto* ~ the Word was made flesh; (*fig*) **mettere troppa** ~ *al* **fuoco** to bite off more than one can chew; **in** ~ in flesh, well-covered, beefy; *essere bene in* ~ to be plump; *rimettersi in* ~ to put on weight again; ~ **insaccata** sausages *pl,* salami; ~ **macinata** mincemeat, (*am*) ground (*o* chopped) meat; ~ *di* **maiale** pork; ~ *di* **manzo** beef; *in* ~ *e* **ossa** in the flesh, in person; (*fig*) *siamo tutti di* ~ *e d'ossa* we're all only flesh and blood; *i* **peccati** *della* ~ the sins of the flesh; *né* ~ *né* **pesce** neither fish, flesh nor fowl; *la* **propria** ~ (*i parenti*) one's own flesh and blood; ~ *della propria* ~ (*i figli*) one's own flesh and blood; ~ **rosa** flesh pink; ~ **rossa** red meat; ~ **salata** salted meat; ~ *in* **scatola** tinned meat, (*am*) canned meat; ~ **secca** dried meat; ~ **suina** = *carne di* **maiale**; ~ *di* **vitella** veal; ~ **viva** living flesh.

carnefice *m.* **1** executioner; (*rif. all'impiccagione*) hangman. **2** (*fig*) persecutor, torturer. **carneficina** *f.* slaughter, massacre. □ *fare una* ~ to slaughter, to massacre.

carnet *fr.* [kar'nɛ] **1** (*carnet di ballo*) dance programme. **2**

⟨Aut⟩ carnet. □ ~ di assegni chequebook, ⟨am⟩ checkbook.

carnevalata f. 1 carnival fun, revelry. 2 (gazzarra) uproar. 3 (buffonata) farce. **carnevale** m. carnival (anche fig.). **carnevalesco** a. (pl. -chi) carnival-, carnival-like.

Carniche N.pr.f.pl. ⟨Geog⟩ (Alpi Carniche) Carnic Alps.

carnicino a. flesh-coloured.

carniere m. gamebag.

carnivoro m.pl. ⟨Zool⟩ carnivora pl. **carnivoro** I a. carnivorous, flesh-eating: pianta –a carnivorous plant. II s.m. (f. -a) carnivore, flesh-eater.

carnosità f. 1 fleshiness, plumpness. 2 ⟨fig⟩ (morbidezza) softness. 3 ⟨Med⟩ (escrescenza) fleshy excrescence.

carnoso a. 1 fleshy, plump: labbra –e fleshy (o full) lips. 2 ⟨Bot⟩ fleshy, pulpy, carnose: foglia –a fleshy leaf. 3 ⟨Pitt⟩ soft.

caro[1] I a. 1 dear, beloved: un ~ amico a dear friend; per quanto ho di più ~ by all I hold most dear; ⟨epist⟩ Dear: –a mamma Dear Mother. 2 (costoso) dear, expensive: un negozio ~ an expensive shop. II s.m. (f. -a) 1 dear. 2 pl. dear ones pl, loved ones pl, family: i miei –i my dear ones. III avv. dearly, dear. □ aver ~ qd. to love (o be fond of) s.o.; avrei ~ che venisse presto I should like him to come early; costare ~: 1 to be expensive: è costato ~ it was expensive, it cost a lot; 2 ⟨fig⟩ to cost dear: ti costerà –a la tua impertinenza your impertinence will cost you dear; essere ~ to be dear (a to), to be appreciated (by): mi sarebbe –a una tua visita I'd greatly appreciate a visit from you; ~ lei my dear sir (o fellow); ~ mio my dear man (o fellow); pagare ~ qc. to pay a lot for s.th.; ⟨fig⟩ to pay dearly for s.th.; a ~ prezzo: 1 at a high price; 2 ⟨fig⟩ dearly: vendere la vita a ~ prezzo to sell one's life dearly; tenere ~ to treasure, to hold dear: terrò sempre –a la tua foto I shall always treasure your photograph; la vita è sempre più –a the cost of living is always rising; se ti è –a la vita, taci if you value your life, keep quiet.

caro[2] m. (rialzo dei prezzi) rise.

carogna f. 1 carrion, rotting carcass. 2 ⟨fig⟩ (persona perfida) skunk.

carola f. carol(e). □ tesser –e to dance in a ring.

Carolina N.pr.f. 1 Caroline. 2 ⟨Geog⟩ Carolina. □ ~ del Nord North Carolina; ~ del Sud South Carolina.

carolingio a./s.m. ⟨Stor⟩ Carolingian.

Caronte N.pr.m. ⟨Mitol⟩ Charon.

caro-petrolio m. oil price increase.

carosello m. 1 ⟨Stor⟩ car(r)ousel. 2 (giostra) merry-go-round, ⟨am⟩ carousel. 3 ⟨fig⟩ whirl, swirl, vortex: un ~ di macchine a whirl of cars; ~ d'idee vortex of ideas.

carota f. 1 ⟨Bot⟩ carrot. 2 ⟨Min⟩ core. 3 ⟨pop⟩ (frottola) tall story. □ color ~ carrot-coloured, carrot-red; pel di ~ carrot-top; ⟨fig⟩ piantare –e to tell tall stories; il bastone e la ~ the carrot and the stick. **carotene** m. ⟨Chim⟩ carotene.

carotide f. ⟨Anat⟩ carotid.

carovana f. 1 caravan. 2 ⟨scherz⟩ (gruppo di persone) large company, party, ⟨scherz⟩ horde: arrivò con una ~ di parenti he arrived with a horde of relatives. 3 ⟨fig⟩ (fila) caravan, procession: una ~ di macchine a procession of cars, a motorcade. **carovaniera** f. caravan route. **carovaniere** m. caravaneer, caravan leader. **carovaniero** a. caravan-: strada –a caravan route.

carovita, caroviveri m.inv. 1 high cost of living. 2 (indennità) cost of living allowance.

carpa f. ⟨Itt⟩ carp.

Carpazi N.pr.m.pl. ⟨Geog⟩ Carpathians pl.

carpello m. ⟨Bot⟩ carpel.

carpenteria f. 1 (arte) carpentry. 2 (officina) carpenter's shop. **carpentiere** m. 1 carpenter. 2 ⟨Mar⟩ shipwright. 3 (carradore) cartwright.

carpetta f. ⟨burocr⟩ file, folder.

carpine m. ⟨Bot⟩ hornbeam.

carpionare v.t. (carpiono) ⟨Gastr⟩ to souse. **carpionato** a. soused. **carpione** m. ⟨Itt⟩ Lake Garda carp. □ ⟨Gastr⟩ in ~ soused: pesce in ~ soused fish.

carpire v.t. (carpisco, carpisci) 1 to snatch, to seize: ~ di mano qc. a qd. to snatch s.th. out of s.o.'s hand. 2 (ottenere

con astuzia) to obtain by trickery, ⟨fam⟩ to get out of: mi carpì mille lire he got a thousand lire out of me.

carpo m. ⟨Anat⟩ carpus.

carpone, carponi avv. on all fours, on one's hands and knees: camminare ~ to go on all fours, to crawl (on one's hands and knees).

carrabile a. suitable for vehicles: passo ~ driveway.

carradore m. cartwright.

carragenina f. ⟨Bot⟩ carrageenin, carrageenan, carraghenin.

carraio[1] a. suitable for carriages (o carts), carriage-, cart-. □ porta –a carriage gateway; passo ~ driveway.

carraio[2] m. → carradore.

carrareccia f. cart road, cart track.

carrata f. cartload, cartful. □ a –e in plenty, galore, in abundance.

carreggiabile I a. suitable for cart, cart-: strada ~ cart road, cart track. II s.f. cart road. **carreggiare** v.t. (carreggio, carreggi) to cart. **carreggiata** f. 1 roadway, carriageway. 2 (solco delle ruote) rut, wheel track. 3 (larghezza di un veicolo) track, gauge. 4 ⟨fig⟩ track, way. □ ⟨fig⟩ andare per la ~ to follow the beaten track; ⟨fig⟩ mettersi in ~ to get into line; rimettere qd. in ~ to set s.o. right (o on the right track); rimettersi in ~ (con un lavoro) to catch up with one's work; uscire di ~: 1 to run off the road: l'automobile uscì di ~ the car ran off the road; 2 ⟨fig⟩ to go astray, to go too far. **carreggio** m. 1 (trasporto con carri) carting, cartage. 2 ⟨Minier⟩ haulage. 3 (l'insieme dei veicoli) stream of carts, cart traffic.

carrellare v.i. (carrello; aus. avere) ⟨Cin,TV⟩ to track, to dolly. **carrellata** f. tracking (o running) shot, dolly (o travelling) shot. **carrellato** a. trailer-mounted, truck-mounted.

carrello m. 1 trolley, truck. 2 ⟨Mecc⟩ carriage, saddle: ~ della macchina da scrivere the typewriter carriage. 3 (di un vagone, del tram) bogie, ⟨am⟩ truck. 4 (portavivande) tea trolley, cocktail trolley. 5 ⟨Cin,TV⟩ dolly. 6 ⟨Minier⟩ corf, ⟨am⟩ car. 7 ⟨Aer⟩ undercarriage, landing gear: alzare il ~ to ⌐draw up⌐ (o pull in) the undercarriage. 8 ⟨Cin⟩ (carrellata) tracking (o running) shot, dolly shot. □ ⟨Mecc⟩ ~ elevatore a forca forklift truck; ⟨Ferr⟩ ~ girevole bogie, ⟨am⟩ truck; ~ portabagagli baggage-trolley, truck; ~ di supermercato supermarket (o shopping) cart.

carretta f. 1 two-wheel cart. 2 ⟨Mar⟩ barge. 3 ⟨estens⟩ (mezzo di trasporto vecchio e malandato) jalopy, buggy. □ ⟨fig⟩ tirare la ~ to drudge, to plod along. **carrettaio** m. 1 (guidatore) carter. 2 (noleggiatore) cart hirer. 3 (fabbricante) cartwright, wheelwright. **carrettata** f. (cart)load, cartful: una ~ di fieno a (cart)load of hay. □ a –e in abundance (o plenty), galore. **carrettiere** m. carter, cart driver. **carrettino** m. 1 (giocattolo) toy cart. 2 (bancarella) barrow. **carretto** m. 1 cart. 2 ⟨Teat⟩ pulleys pl (for changing scenes). □ ~ a mano handcart, wheelbarrow, ⟨am⟩ push-cart. **carriaggio** m. ⟨Mil⟩ 1 baggage wagon. 2 (salmerie) baggage of an army.

carriera f. 1 (professione) career, profession: questo ti sarà utile per la tua ~ this will be useful for your career. 2 (corsa) full speed; (rif. a cavalli) full gallop. □ a gran ~ at full speed; abbracciare una ~ to take up a career; ⟨burocr⟩ avanzamento di ~ career advancement; ~ di concetto career in a responsible post; di ~: 1 career-: diplomatico di ~ career diplomat; 2 ⟨fig⟩ at full speed: andare di (gran) ~ to run (o go) at full speed; ~ diplomatica diplomatic career; ~ direttiva career in a managerial capacity; ~ esecutiva executive career; fare ~ to have a successful career, ⟨fam⟩ to go up the ladder; non credo che farà ~ I don't think he will get on (o far); impiego senza prospettive di ~ dead-end job; intraprendere la ~ militare to take up a military career; sviluppo di ~ career development; ufficiale di ~ regular officer.

carrierismo m. careerism. **carrierista** m./f. careerist.

carriola f. wheelbarrow.

carrista m. tank-crew member, tankman, ⟨am⟩ tanker. □ è nei –i he is in the Tank Corps.

carro m. 1 (a quattro ruote) waggon; (a due ruote) cart. 2 ⟨Ferr⟩ wagon, ⟨am⟩ car. 3 (carrata) cartload, waggon-load. 4 ⟨Mar⟩ tack of a lateen sail. 5 ⟨Stor⟩ chariot: ~ trionfale triumphal chariot; ~ *da guerra* war chariot. □ *–i* **allegorici** (processional) floats; ⟨*Mil*⟩ ~ **armato** tank; ⟨*Aut*⟩ ~ **attrezzi** breakdown lorry, ⟨*am*⟩ wrecking truck, wrecker; ⟨*Ferr*⟩ ~ **bagagli** luggage van, ⟨*am*⟩ baggage car; ~ **bestiame:** 1 livestock (*o* cattle) trailer; 2 ⟨*Ferr*⟩ cattle wagon, ⟨*am*⟩ stock car; ⟨*Mil*⟩ ~ **blindato** armoured car; ~ **funebre** hearse; ⟨*Astr*⟩ **Gran** ~ Great Bear; ~ **gru:** 1 tractor (*o* truck) crane; 2 ⟨*Ferr*⟩ crane wagon, ⟨*am*⟩ derrick car; ~ *a* **mano** handcart; ~ **merci** goods wagon; ⟨*fig*⟩ **mettere** *il* ~ *innanzi ai buoi* to put the cart before the horse; ⟨*Astr*⟩ **Piccolo** ~ Little Bear; ~ **ribaltabile** dumping wagon; ~ **rifiuti** refuse collector; ~ *di* **Tespi** Thespis' cart.

carroccio *m.* ⟨*Stor*⟩ carroccio.

carrozza *f.* **1** carriage, coach. **2** ⟨*Ferr*⟩ coach, ⟨*pop*⟩ carriage, ⟨*am*⟩ passenger car. □ **andare** *in* ~ to drive in a carriage, to go by carriage; ⟨*Ferr*⟩ ~ **automotrice** *elettrica* electric rail coach, ⟨*am*⟩ electric railcar; ~ **belvedere** observation carriage (*o* coach), ⟨*am*⟩ dome car; ~ *con* **cavallo** horse and carriage; ~ *di prima* **classe** first–class carriage; ~ *con* **cuccette** coach with couchettes; ~ **diretta** through carriage (*o* coach), ⟨*am*⟩ through car; **in** ~*!* all aboard!; ~ *di* **piazza** cab, hackney carriage; ⟨*Ferr*⟩ ~ **ristorante** dining (*o* restaurant) car.

carrozzabile I *a.* carriage–, carriageable: *strada* ~ carriage road. **II** *s.f.* carriage road. **carrozzaio** *m.* coachmaker, carriage builder. **carrozzare** *v.t.* (**carrozzo**) to build the coachwork (*o* body). **carrozzella** *f.* **1** (*per bambini*) perambulator, ⟨*fam*⟩ pram, ⟨*am*⟩ baby carriage. **2** (*per paralitici*) invalid carriage, wheelchair. **3** (*carrozza di piazza*) cab. **carrozzeria** *f.* **1** body, coachwork. **2** (*officina: per carrozze*) carriage–builder's workshop; (*per carrozzerie*) coachbuilder's workshop, ⟨*am*⟩ body shop. □ ~ **aerodinamica** streamlined body; ⟨*Aut*⟩ *danni alla* ~ dents, damage *sing.* to the car body. **carrozziere** *m.* **1** (*carrozzaio*) coach maker, carriage builder. **2** ⟨*Aut*⟩ (*progettista*) car–body designer; (*costruttore*) body–builder, car stylist; (*riparatore*) body repairer. **carrozzina** *f.* (*per bambini*) perambulator, ⟨*fam*⟩ pram, ⟨*am*⟩ baby carriage. **carrozzino** *m.* **1** → carrozzina. **2** (*della motocicletta*) sidecar. **carrozzone** *m.* **1** (*rif. al circo, zingari e sim.*) caravan: *i* ~*i del circo* the circus caravans. **2** (*carro funebre*) hearse. **3** (*per detenuti*) ⟨*fam*⟩ Black Maria, ⟨*fam*⟩ paddy wagon.

carruba *f.* ⟨*Bot*⟩ carob (bean). **carrubo** *m.* carob tree.

carrucola *f.* ⟨*Mecc*⟩ pulley. □ ~ *fissa* fixed pulley; ~ *mobile* loose (*o* movable) pulley.

carruga *f.* ⟨*Entom*⟩ chafer.

carsico *a.* (*pl.* **-ci**) ⟨*Geol*⟩ karst(ic): *fenomeni* ~*i* karst phenomena. **carsismo** *m.* *Karst phenomena pl.* **Carso** *N.pr.m.* ⟨*Geog*⟩ Carso.

carta *f.* **1** paper. **2** (*dichiarazione programmatica*) charter. **3** (*carta geografica*) map: *la* ~ *d'Italia* the map of Italy. **4** ⟨*Mar*⟩ chart. **5** (*carta da gioco*) card: *alzare le* –*e* to cut the cards; *fare le* –*e* to (shuffle and) deal the cards. **6** (*lista delle vivande*) menu. **7** *pl.* (*documenti*) papers *pl,* documents *pl.* **8** *pl.* (*scritti*) papers *pl: cercherò la lettera tra le mie* –*e* I shall look for the letter among my papers. □ ~ **abrasiva** abrasive paper; ⟨*Aer*⟩ ~ **aeronautica** aeronautical chart; **affidare** *alla* ~ to commit to paper; ~ **argentata** silver paper; ⟨*Ferr*⟩ ~ **d'argento** senior citizens'pass; ~ **assegni** bank card; ⟨*Stor*⟩ ~ **Atlantica** Atlantic Charter; ~ **autoadesiva** adhesive (*o* self–sticking) paper; ~ **automobilistica** road (*o* motoring) map; ⟨*fig*⟩ **giocare bene** *le proprie* –*e* to play one's cards right; ~ **bianca** white paper; ⟨*fig*⟩ *dare* ~ *bianca a qd.* to give s.o. **carte blanche;** ~ *da* **bollo** stamp(ed) paper; ⟨*Mar*⟩ –*e di* **bordo** ship's papers; ~ *al* **bromuro** *d'argento* bromide paper; ⟨*fig*⟩ *avere* **buone** –*e in mano* to hold a strong hand; ~ **carbone** carbon paper; ~ **catramata** tar paper; ⟨*Astr*⟩ ~ **celeste** star map; ⟨*Aut*⟩ ~ *di* **circolazione** car registration book; ~ **copiativa** copying paper; ~ *di* **credito** credit card; ~ **crespata** crêpe paper; ~ *da* **dattilografia** typing paper; ~ *da* **diagramma** graph paper; ~ *da* **disegno** drawing paper; **fare** *le* –*e* to shuffle the cards; ⟨*fig*⟩ *essere disposto a fare* –*e false per qd.* to be willing to do anything for s.o.; ⟨*Occult*⟩ *fare le* –*e a qd.* to tell s.o.'s

fortune (using cards); *fare le* –*e per sposarsi* to apply for one's marriage licence; ~ **filigranata** watermarked paper; ~ *da* **filtro** filter paper; ~ **fisica** physical map; ~ **formato** *della* ~ paper size (*o* format); ~ **fotografica** photographic paper; ⟨*fig*⟩ **giocare** *l'ultima* ~ to play one's last trump (*o* card); ⟨*fig*⟩ **giocare** *una* ~ *sicura* to make a safe move; ⟨*fig*⟩ **giocare bene** *le proprie* –*e* to play one's cards well; ~ *da* **gioco** playing card; ~ *di* **giornale** newsprint; ~ **gommata** gummed (*o* adhesive) paper; ~ *d'***identità** identity card; ~ **igienica** toilet paper; ~ *da* **imballaggio** packing (*o* wrapping) paper; ⟨*Aer*⟩ ~ *d'***imbarco** boarding pass; ⟨*fig*⟩ **imbrattare** *la* ~ to scribble; ~ **impermeabile** waterproof paper; ~ **India** India paper; ~ **intestata** headed paper; ~ **lavorata** *a mano* hand–made paper; ~ **legale** stamped paper; ⟨*Occult*⟩ **leggere** *le* –*e* to read the cards; ~ *da* **lettere** notepaper, writing–paper; ~ *da lettere per posta aerea* air–mail (writing–)paper; ~ **libera** unstamped paper: *domanda in* ~ *libera* application on unstamped paper; ~ **lunare** map of the moon; ~ *per* **macchina** *da scrivere* typing paper; ~ *da* **macero** waste paper; ⟨*Stor*⟩ **Magna** ~ Magna Carta; ~ **magnetica** magnetic chart; **mangiare** *alla* ~ to eat à la carte; ~ **mazzo** *di* –*e* pack of cards; ~ **metallizzata** foil (*o* metal) paper; ~ **meteorologica** weather chart; **mettere** *sulla* ~ *qc.* to put s.th. in writing, to commit s.th. to paper; ~ **millimetrata** graph paper; ~ *da* **minute** scribbling (*o* scratch) paper; ⟨*Inform*⟩ ~ **modulo** *continuo* fan–fold paper; ~ **moneta** paper money; ~ *da* **musica** music paper; ⟨*Geog*⟩ ~ **muta** skeleton (*o* blank) map; –*e* **napoletane** Italian cards; ~ **nautica** nautical chart; ⟨*Stor*⟩ ~ *delle* **Nazioni** *Unite* Charter of the United Nations; ~ **oleata** grease proof paper; ~ **ondulata** corrugated paper; ~ **paraffinata** paraffin (*o* wax) paper; ~ *da* **parati** wallpaper; **partita** *a* –*e* game of cards; ~ **patinata** coated (*o* art) paper; ~ **pergamena** parchment paper; ~ **politica** political map; ⟨*Aut*⟩ ~ *di* **proprietà** document of title (*o* a road vehicle); ~ **protocollo** foolscap; ~ **quadrettata** (*o a quadretti*) squared paper; ~ **reattiva** test paper; *avere le* –*e in* **regola** to have one's papers in order; ~ *di* **riconoscimento** identity document (*o* card); ~ **riciclata** recycled paper; ~ **rigata** (*o a righe*) ruled paper; ⟨*fig*⟩ **rischiare** *una* ~ to run a risk; ~ *di* **riso** rice paper; *le* **Sacre** –*e* (*la Bibbia*) the Holy Scripture, the Scriptures; ~ **sanitaria** health card; ⟨*Aer*⟩ ~ *di* **sbarco** disembarkation card; ⟨*fig*⟩ **giocare** *a* –*e* **scoperte** to play (*o* act) above board; *scoprire le* –*e* (*nei giochi di carte*) to lay one's cards on the table; ~ *da* **scrivere** writing–paper; ⟨*Fot*⟩ ~ **sensibile** sensitized paper; ~ **smerigliata** emery paper; ~ **sociale** *europea* European Social Charter; ~ **stagnola** tinfoil; ~ **straccia** waste paper; ~ **stradale** road map; ⟨*fig*⟩ –*e in* **tavola!** out with the truth!; ⟨*fig*⟩ **mettere** *le* –*e in tavola* to lay one's cards on the table; ⟨*fig*⟩ **cambiare** (*o scambiare*) *le* –*e in tavola* to twist the meaning; ⟨*Ind*⟩ ~ **tela** linen paper; ~ **topografica** topographic map; ⟨*Chim*⟩ ~ *al* **tornasole** litmus paper; ~ **velina** tissue paper; (*per macchina da scrivere*) copy paper, ⟨*am*⟩ onionskin; ~ *a* **ventaglio** = *carta modulo continuo;* ~ *dei* **venti** wind chart; ⟨*Assic*⟩ ~ **verde** green card; ~ **vetrata** glass paper, sandpaper; *la* ~ **vincente** the winning card (*anche fig.*). *Prov.:* ~ *canta e villan dorme* down in black and white, farmer sleeps tight.

cartacarbone *f.* (*pl.* **cartecarbone**) carbon paper.

cartaccia *f.* (*pl.* **-ce**) **1** (*carta straccia*) waste paper. **2** (*nei giochi di carte*) bad card. **3** *pl.* ⟨*fig*⟩ (*scritti di nessun valore*) rubbish. **cartaceo** *a.* paper–. □ *circolazione* –*a* paper currency; *moneta* –*a* paper money.

Cartagine *N.pr.f.* ⟨*Geog.stor*⟩ Carthage. **cartaginese** *a./s.m./f.* Carthaginian.

cartagloria *f.* ⟨*Rel*⟩ altar card.

cartaio *m.* **1** (*operaio*) papermaker. **2** (*fabbricante*) paper manufacturer. **3** (*giocatore*) dealer.

carta|modello *m.* (*pl.* **cartamodelli**) ⟨*Mod*⟩ (paper) pattern. **~moneta** *f.* (*usually in sing.*) paper money (*o* currency). **~pecora** *f.* (*pl.* **cartapecore**) **1** parchment. **2** (*documento scritto su cartapecora*) parchment (manuscript). □ *viso di* ~ wizened (*o* wrinkled) face. **~pesta** *f.* (*pl.* **cartapeste/cartepeste**) papier–mâché, papermache. □ *eroe di* ~ cardboard hero; *uomo di* ~ spineless person.

cartąrio *a.* paper-, papermaking: *industria -a* paper(making) industry.

cartastrąccia *f.* (*pl.* **cartestrącce**) waste paper.

cartasųga *f.* (*pl.* **cartesųghe**) blotting paper.

cartąta *f.* paperful, twist, ⟨*am*⟩ cornet.

carteggiąre *v.i.* (**cartęggio**, **cartęggi**; *aus.* **avere**) **1** to correspond, to keep up a correspondence (*con* with). **2** ⟨*Mar,Aer*⟩ to plot a course. **cartęggio** *m.* **1** correspondence, exchange of letters: *tenere* ~ *con qd.* to correspond (*o* keep up a correspondence) with s.o. **2** (*raccolta di lettere*) correspondence, collection of letters.

cartęlla *f.* **1** (*scheda*) card. **2** (*pagina*) page: *articolo in cinque -e dattiloscritte* article in five typewritten pages. **3** (*custodia a forma di copertina*) folder, file. **4** (*busta di pelle: per impiegati*) brief-case, portfolio; (*per scolari*) schoolbag, satchel. **5** ⟨*Econ*⟩ certificate. □ ~ **clinica** medical record; *-e ipotecarie* mortgage bonds; ~ *della* **lotteria** lottery ticket; ~ **personale** personal file; ~ **portadocumenti** folder; ~ *delle* **tasse** tax return form; ~ *della* **tombola** tombola score card.

cartellięra *f.* filing cabinet. **cartellina** *f.* (*per documenti*) folder.

cartellino *m.* **1** (*etichetta*) label; (*indicante il prezzo*) price label, price tag. **2** (*scheda*) (index-)card. **3** (*per il controllo delle ore di lavoro*) timecard, clockcard. **4** (*tesserino*) identity card. □ ⟨*Sport*⟩ ~ **giallo** yellow card; ~ *d'*identificazione identification badge; ⟨*Sport*⟩ ~ **rosso** red card; ~ **segnaletico** finger-print card; **timbrare** *il* ~ *di presenza* to punch the time clock, ⟨*fam*⟩ to clock in.

cartellista *m.* ⟨*Econ*⟩ cartelist. **cartellistico** *a.* (*pl.* **-ci**) cartelist(ic).

cartęllo[1] *m.* **1** (*avviso*) notice; (*pubblicitario*) poster; (*in dimostrazioni e sim.*) placard. **2** (*cartello stradale*) road sign. **3** (*insegna di negozio*) shop sign, sign-board. **4** (*cartello di sfida*) cartel, challenge. □ ~ *d'*avvertimento warning board; *di* ~ of high repute, renowned, famous: *artista di* ~ performer of high repute.

cartęllo[2] *m.* **1** ⟨*Econ*⟩ (*consorzio*) cartel, ⟨*am*⟩ trust. **2** (*lega, unione*) union, coalition, ⟨*am*⟩ cartel. □ ⟨*Econ*⟩ ~ *dei prezzi* cartel for the regulation of prices.

cartellone *m.* **1** ⟨*Teat*⟩ (play-)bill; (*programma della stagione*) programme (of the season). **2** (*manifesto pubblicitario*) poster, placard. **3** (*nella tombola*) number-board (displayed during the playing of tombola). □ ⟨*Teat*⟩ *tenere il* ~ to have an extended run; *tiene il* ~ *da tre mesi* it has been running for three months. **cartellonista** *m./f.* poster designer.

cartęr *m.* **1** ⟨*Mecc*⟩ case, casing. **2** (*copricatena*) guard: ~ *della catena* chain guard. **3** ⟨*Aut*⟩ sump: ~ *dell'olio* oil sump.

cartesianįsmo *m.* ⟨*Filos*⟩ Cartesianism. **cartesiąno** *a.* ⟨*Filos,Geom*⟩ Cartesian: *coordinate -e* Cartesian coordinates. **Cartęsio** *N.pr.m.* ⟨*Stor*⟩ Descartes. □ ⟨*Fis*⟩ *diavoletto di* ~ Cartesian diver.

cartięra *f.* paper mill.

cartiglia *f.* (*nei giochi di carte*) low card. **cartiglio** *m.* ⟨*Art*⟩ scroll.

cartilągine *f.* ⟨*Anat*⟩ cartilage, ⟨*fam*⟩ gristle. **cartilagineo, cartilaginoso** *a.* cartilaginous.

cartina *f.* ⟨*Farm*⟩ (envelope containing a) dose. □ *una* ~ *di aghi* a packet (*o* card) of needles; ~ *da sigarette* cigarette paper.

cartįsmo *m.* ⟨*Pol*⟩ Chartism. **cartista** *a./s.m.* Chartist.

cartocciąta *f.* bag(ful): *una* ~ *di castagne* a bag of chestnuts. **cartọccio** *m.* **1** (*paper*) bag; (*fatto a cono*) cornet. **2** ⟨*Artigl*⟩ (*powder*) charge. **3** (*rif. a lumi a petrolio*) lamp-chimney. **4** (*di granoturco*) dried maize leaves *pl.* **5** ⟨*Art*⟩ scroll. □ ⟨*Gastr*⟩ *triglie al* ~ mullet baked in greaseproof paper.

cartografįa *f.* map-making, cartography. **cartogrąfico** *a.* (*pl.* **-ci**) cartographic(al). **cartọgrafo** *m.* map-maker, cartographer. **cartogrąmma** *m.* cartogram.

cartoląio *m.* (*f.* **-a**) stationer. **cartolerįa** *f.* stationery shop, stationer's. **cartolibrerįa** *f.* stationery and book shop.

cartolina *f.* (post)card. □ *collezione di -e illustrate* deltiology; *collezionista di -e illustrate* deltiologist; ~

illustrata picture postcard; ~ **postale** stamped postcard; ⟨*Mil*⟩ ~ **precetto** call-up notice, ⟨*am*⟩ draft card; ~ **rosa** = *cartolina* **precetto**.

cartomạnte *m./f.* fortune-teller (who uses cards). **cartomanzįa** *f.* cartomancy.

cartonąre *v.t.* (*cartọno*) to bind in paper boards. **cartonąto** *a.* bound in paper boards. □ *legatura -a* hard binding.

cartoncino *m.* (*biglietto*) card. □ ~ *d'auguri* greeting card; ~ *da visita* visiting (*o* calling) card. **cartọne** *m.* **1** cardboard, pasteboard. **2** ⟨*Pitt*⟩ cartoon: *i -i di Raffaello* Raphael's cartoons. □ *-i animati* cartoons; ~ **catramato** tarred paper, ⟨*am*⟩ tar paper; *di* ~ cardboard-: *una scatola di* ~ a cardboard box; ~ **ondulato** corrugated board.

cartonista *m./f.* cartoonist. **cartotęca** *f.* **1** map collection. **2** (*schedario*) card-index. **cartotęcnica** *f.* (*lavorazione della carta*) manufacture of paper and cardboard articles.

cartụccia *f.* (*pl.* **-ce**) ⟨*Mil, tecn*⟩ cartridge. □ ⟨*Inform*⟩ ~ **magnetica** magnetic tape cartridge; **mezza** ~ (*persona di bassa statura*) little shrimp, half-pint; (*uomo da poco*) man of no account; ~ *a* **pallottola** ball cartridge; ~ *a* **salve** blank cartridge; ⟨*fig*⟩ **sparare** *l'ultima* ~ to shoot one's last bolt.

cartuccięra *f.* **1** (*giberna*) cartridge case. **2** (*cintura*) cartridge belt.

cạsa *f.* **1** house: ~ *a due piani* two-storey(ed) house. **2** (*appartamento*) flat, ⟨*am*⟩ apartment. **3** (*famiglia*) family, household: *questa* ~ *si è spenta* this family has died out; (*dinastia*) house, dynasty: *la* ~ *dei Borboni* the house of Bourbon. **4** (*governo di casa*) household. **5** ⟨*Comm*⟩ firm, house. **6** (*comunità religiosa*) (religious) house. □ **a** ~: (*stato in luogo*) at home: *essere a* ~ to be at home; ⟨*fig*⟩ *essere* (*o sentirsi*) *a* ~ *propria* to feel at home (*o* ease); **2** (*moto a luogo*) *andare a* ~ to go home; *a* ~ *mia:* 1 in my house, at home; 2 ⟨*fig*⟩ (*secondo me*) in my opinion (*o* view), as far as I am concerned, where I come from: *questa, a* ~ *mia, si chiama testardaggine* in my opinion, that is just stubbornness; *faccia come se fosse a* ~ *sua* (please) make yourself at home; ~ *d'*abitazione house; ~ *d'*affitto rented house; ~ *d'*appuntamenti house of ill repute; ~ **automobilistica** car (*o* auto) company; **badare** *alla* ~ to keep house; ⟨*Sport*⟩ ~ **base** (*nel baseball*) home base; *la* ~ **Bianca** the White House; **cacciare** *di* ~ to throw (*o* kick) out of the house; **cambiare** ~ to move (house); ~ *di* **campagna** country house; (*villino*) cottage; **cercare** ~ to look for a house, to go house-hunting; ~ **chiusa** brothel; ~ *di* **città** town house; ~ **colonica** farmhouse; ~ **comunale** Town Hall; ~ *di* **correzione** reformatory, approved school; ~ *di* **cura** nursing home; **da** ~-: *giacca da* ~ house jacket; **di** ~-, household-: *faccende di* ~ housework; *donna di* ~ housewife; *essere di* ~ to be ⸢like one⸣ (*o* a close friend) of the family; *ehi, di* ~! hello, is there anyone at home?; *di* ~ *in* ~ from house to house; *è ricco di* ~ *sua* he comes of a rich family; ~ *del* **diavolo** hell; ⟨*fig*⟩ *stare* (*o abitare*) *a* ~ *del diavolo* to live at the back of beyond; *mandare qd. a* ~ *del diavolo* to send s.o. a very long way off; ⟨*Cin*⟩ ~ *di* **distribuzione** (film) distributor('s); ~ **editrice** publishing house; ~ *a* **energia solare** solar house; ~ *d'*esportazione exporter, exporter's; ⟨*fig*⟩ *essere tutto* ~ *e* **famiglia** to be a stay-at-home person; ~ **farmaceutica** pharmaceutical (*o* drug) company; *fatto in* ~ home-made: *pane fatto in* ~ home-made bread; **fuori di** ~ out: *Carlo è fuori di* ~ Charles is out (*o* not at home); ⟨*Sport*⟩ **giocare** *fuori* ~ to play away (from home); ~ *da* **gioco** gambling house; ⟨*fig*⟩ **grande** *come una* ~ huge, enormous; **in** ~: 1 (*stato in luogo*) *essere in* ~ to be at home; *non è in* ~ he's not at home, he's not in; *in* ~ *Rossi* at the Rossis'; *stare in* ~ *di qd.* to stay at s.o.'s house, to stay with s.o.; 2 (*moto a luogo*) into the house: *entrare in* ~ to go into the house, to go inside; ~ **madre:** 1 head office; 2 ⟨*Rel*⟩ mother house; ~ **malfamata** house of ill fame; **mandare** *avanti la* ~ to maintain a household; **mettere** *su* ~ (*ammobiliarla*) to set up house; (*prendere moglie*) to settle down; ~ *di* **moda** fashion house; **numero** *di* ~ house number; *fare gli* **onori** *di* ~ to do the honours (of the house); ~ **paterna** one's father's house; ⟨*fig*⟩ *riportare la* **pelle** *a* ~ to come back safe and sound; ⟨*Dir*⟩ ~ *di* **pena** penitentiary; *-e* **popolari** council houses (*o* flats), low–rent houses (*o* flats), ⟨*am*⟩ public housing; ~ **prefabbricata** prefabricated house, ⟨*fam*⟩ prefab; **prendere** *in* ~ *qd.* to take s.o. in; ⟨*Cin*⟩ ~ *di* **produzione** film company; ~ **propria** (one's own) home; ~ **reale** royal family; ~ **regnante** reigning house; ~ **religiosa** religious house; **restare** *in* ~ to stay at home; ~ *di* **ricovero** poor–house; ~ *di* **rieducazione** reformatory; ~ *di* **riposo** *per anziani* rest home; ~ **rurale** farm house; ~ *a* **schiera** terrace house; **seconda** ~ second home; ~ **signorile** mansion, stately home; ~ *di* **spedizioni** forwarding and shipping firm (*o* agents); **spese** *di* ~ household expenses, house–keeping; **stare** *di* ~ (*abitare*) to live, to reside: *sto di* ~ *alla periferia* I live in the suburbs; ⟨*fig*⟩ *non sapere dove sta di* ~ *qc.* to have no idea of s.th.; *non sa dove sta di* ~ *l'educazione* he has no idea what good manners are; ~ **dello** studente students' hostel; ~ *di* **tolleranza** = *casa* d'**appuntamenti**; *essere* **tutto** ~ to be a family man, ⟨*fam*⟩ to be a homebird; ~ **unifamiliare** one–family house; ~ *per* **vacanze** holiday house; ~ *di* **vendita** *per corrispondenza* mail order firm (*o* house). *Prov.: in* ~ *sua ciascuno è re a* man's home is his castle; ~ *mia,* ~ *mia, per piccina che tu sia tu mi sembri una badia* home, sweet home there's no place like home.

casacca *f.* **1** bush shirt. **2** ⟨*Mil*⟩ cassock, cloak. □ ⟨*fig*⟩ *voltare* (*o mutare*) ~ to turn one's coat.

casaccio *m.* misfortune, mischance. □ *a* ~ at random, haphazardly; *fare qc. a* ~ to do s.th. haphazardly; *parlare a* ~ to talk at random.

casale *m.* **1** (*agglomerato rurale*) group of houses, hamlet. **2** (*casa rustica isolata*) farmhouse.

casalinga *f.* housewife.

casalingo *a./s.* (*pl.* **-ghi**) **I** *a.* domestic, household; (*semplice*) homely, simple; (*che ama la vita casalinga*) home–loving: *donna -a* home–loving woman; (*fatto in casa*) home–made. **II** *s.m.pl.* (*oggetti per la casa*) household articles (*o* goods). □ **alla** *-a:* **1** in a homely manner, without ceremony, simply; **2** (*semplice*) homely, simple, unpretentious; **articoli** *casalinghi* household articles; **cucina** *-a* home–cooking; **pane** ~ home–made bread; **uomo** ~ homeloving man, stay-at-home, ⟨*fam*⟩ homebird.

casamatta *f.* (*pl.* **casematte**) ⟨*Mil*⟩ casemate.

casamento *m.* **1** block of flats, ⟨*am*⟩ apartment house. **2** (*rif. agli inquilini*) tenants *pl* (of a block of flats).

casamobile *f.* caravan.

casanova *m.inv.* philanderer, Casanova.

casareccio *a.* home–made: *pane* ~ home–made bread.

casaro *m.* ⟨*region*⟩ dairyman.

casata *f.* family, house, ⟨*scozz,irl*⟩ clan. **casato** *m.* **1** (*cognome*) family name, surname. **2** (*stirpe*) family, stock, lineage: *di nobile* ~ of noble stock (*o* birth).

casba *f.* **1** kasbah. **2** (*estens*) ill-famed district.

cascame *m.* waste: *-i di lana* wool waste; *-i di seta* silk waste.

cascamorto *m.* lovesick man. □ *fare il* ~ to philander.

cascante *a.* **1** (*flaccido*) drooping, sagging, flabby: *guance -i* flabby cheeks; *seno* ~ sagging breasts. **2** (*fiacco*) feeble, frail: *un vecchio* ~ a feeble old man.

cascara sagrada *f.* ⟨*Farm*⟩ cascara (sagrada).

cascare *v.i.* (*casco, caschi; aus. essere*) **1** to fall. **2** (*rif. a case, muri*) to collapse, to fall (*o* tumble) down. **3** (*rif. a capelli, denti*) to fall out. □ *qui casca l'*asino there's the rub; ~ **bene** to fall on one's feet; ⟨*fig*⟩ to come off well; *far* ~ *le* **braccia** *a qd.* to make s.o. despair; ~ **male** to come off badly; *caschi il* **mondo** come what may; *non cascherà il mondo per questo* it's not the end of the world; *nemmeno se cascasse il mondo* for nothing in the world; ~ **morto** to drop dead; ~ *a* **pezzi** to fall to pieces; ~ *dal* **sonno** to be asleep (*o* dead) on one's feet; ~ *dalla* **stanchezza** to be ready to drop with fatigue. ‖ *cascarci* to swallow the bait; *ci sei cascato!* you have been had!

cascata *f.* **1** (*caduta*) fall, tumble, ⟨*fam*⟩ cropper: *fare una* **brutta** ~ to have a nasty fall, to come a cropper. **2** (*salto d'acqua*) (water-)fall. **3** (*rif. a vesti, drappi*) cascade. □

⟨*El*⟩ **collegamento** *in* ~ cascade connection. **cascatella** *f.* cascade. **cascatore** *m.* ⟨*Cin*⟩ stuntman.

cascemir *m.* (*lana, tessuto*) cashmere. **Cascemir** *N.pr.m.* ⟨*Geog*⟩ Kashmir.

cascina *f.* **1** (*fattoria*) dairy farm. **2** (*caseificio*) cheese dairy (*o* factory). **3** (*casa colonica*) farmhouse. **cascinale** *m.* farmstead. **cascino** *m.* wooden cheese mould.

casco[1] *m.* (*pl.* **-chi**) **1** helmet; (*di protezione*) safety helmet; (*da motociclista, ecc.*) crash helmet; (*casco coloniale*) sun helmet. **2** (*del parrucchiere*) drying hood, hood air dryer. □ ⟨*Mil*⟩ *i caschi blu dell'ONU* the blue-helmeted soldiers, the blue helmets.

casco[2] *m.* (*pl.* **-chi**) ⟨*Bot*⟩ bunch: ~ *di banane* bunch of bananas.

caseario *a.* cheese-, dairy-: *industria -a* dairy (*o* cheese) industry.

caseggiato *m.* **1** (*gruppo di case*) group of houses, block of buildings. **2** (*terreno con case*) built–up area: *fuori del* ~ outside the built–up area. **3** (*edificio*) block of flats, ⟨*am*⟩ apartment building.

caseificio *m.* cheese factory. **caseina** *f.* ⟨*Chim*⟩ casein.

casella *f.* **1** (*di uno schedario*) pigeon hole. **2** (*riquadro di foglio*) square. □ ~ *postale* post(-office) box. **casellante** *m.* **1** ⟨*Ferr*⟩ trackman. **2** ⟨*Strad*⟩ road tender. **casellario** *m.* pigeon holes *pl;* (*schedario*) filing cabinet. □ ~ *giudiziario* card–index of criminal records; (*ufficio*) registry where police records are kept. **casellista** *m./f.* holder of a post-office box. **casello** *m.* **1** ⟨*Ferr*⟩ trackman's lodge. **2** ⟨*Strad*⟩ tollgate, toll booth.

caseoso *a.* cheesy, caseous.

casereccio *a.* → **casareccio**.

caserma (*o caserma*) *f.* ⟨*Mil*⟩ barracks *pl.* □ *essere consegnato in* ~ to be confined to barracks; *linguaggio da* ~ barrack-room language; ~ *dei vigili del fuoco* fire station. **casermaggio** *m.* barracks furniture and fittings. **casermesco** *a.* (*pl.* **-chi**) ⟨*spreg*⟩ barrack-like.

casinista *m./f.* ⟨*pop*⟩ hell-raiser, heller. **casino** *m.* **1** (*postribolo*) brothel. **2** ⟨*non com*⟩ (*circolo*) club. **3** ⟨*volg*⟩ (*chiasso*) noise, ⟨*fam*⟩ row, ⟨*fam*⟩ racket: *far* ~ to kick up a row (*o* racket). **4** (*pasticcio*) mess, ⟨*volg*⟩ balls-up: *combinare un* ~ to make a mess. □ ~ *di caccia* hunting lodge; ~ *da gioco* casino. **casinò** *m.* casino: *il* ~ *di Montecarlo* the Montecarlo casino.

casista *m.* ⟨*Teol*⟩ casuist. **casistica** *f.* **1** survey: *la* ~ *degli incidenti stradali* road accident survey. **2** ⟨*Teol*⟩ casuistry. **casistico** *a.* (*pl.* **-ci**) casuistic(al).

caso *m.* **1** (*destino*) fate: ~ *è stato il* ~ *che ha voluto così* it was ordained by fate. **2** (*avvenimento imprevisto*) accident, chance: *per* ~ by accident, by chance. **3** (*fatto, vicenda*) incident, event: *i -i della vita* the events of life. **4** *pl.* business: *pensare ai propri -i* to mind (*o* attend to) one's own business. **5** (*occasione*) opportunity, chance: *se si presentasse il* ~ if the opportunity presented itself. **6** (*possibilità*) alternative, possibility: *i -i sono due: o studi o ti mando a lavorare* there are two alternatives: either you study or I send you out to work. **7** ⟨*Med,Dir,Gramm*⟩ case: *ci sono stati tre -i di tifo* there have been three cases of typhus. □ **a** ~ at random, carelessly: *parlare a* ~ to talk at random; *al* ~ should the occasion arise; *in* ~ **affermativo** in the affirmative; *in certi -i* in certain cases; (*talvolta*) sometimes; *in* ~ **contrario** should that not be the case; ~ *di* **coscienza** matter of conscience; *darsi il* ~ to happen: *talvolta si dà il* ~ *che venga assolto il colpevole* it sometimes happens that the guilty person is acquitted; ~ **disperato** hopeless case; *-i dubbi* doubtful cases; *un* ~ **eccezionale** an exception; *essere il* ~ *di* (*essere opportuno*) to be a good thing, to be opportune; *non essere il* ~ *di* (*non essere necessario*) not to be necessary; *non è il* ~ *di parlarne* there's no point in talking about it; *il dottore disse che non era il* ~ *di preoccuparsi* the doctor said there was no need to worry; *esserci il* ~ (*essere possibile*) to be possible: *c'è il* ~ *che arrivi in orario* it is possible that it will arrive on time; *non esserci* ~ (*essere impossibile*) not to be possible, to be impossible; *non c'è* ~ *che arrivi in orario* there is no possibility of its arriving on time; **fare** ~ (*dare importanza*) to attach importance, to pay attention (*o* heed) (*a* to): *non fare* ~ *alle sue parole* dont' pay any attention to his words; *non ci faccio* ~ I don't attach any importance to it; *ci hai fatto* ~? did you notice?; *fare al* ~ (*essere opportuno*) to be just what one wants (*o* needs), to serve one's purpose: *quest'uomo fa al* ~ *nostro* this is just the man we need; ~ **fortuito** fortuitous event; ~ **giuridico** legal case; **in** ~ should it so happen, if need be: *forse non vengo a pranzo, in* ~ *ti telefono* perhaps I shan't come for lunch, if need be I'll ring you up; *in* ~ *di* in case of, in the event of: *in* ~ *di dubbio* in case of doubt; *in* ~ *di morte* in the event of death; *in* ~ *di pioggia* in the event of rain, if it rains; *anche nel* ~ *che* even if; ~ **limite** borderline (*o* limiting) case; *nella* **maggioranza** *dei –i* in the majority of cases, in most cases; ~ **mai** [*cong*] should, in the event: ~ *mai tu non possa venire, telefonami* should you not be able to come, give me a ring; *nel* **migliore** *dei –i* if all goes well; *in* **nessun** ~ in no case, under no circumstances; ⟨*Gramm*⟩ *–i* **obliqui** oblique cases; *in* **ogni** ~ in any case, at all events, at any rate; *un* ~ **patologico** a pathological case (*anche fig.*); *nel* **peggiore** *dei –i* if the worst comes to the worst; **per** ~ by chance, by accident: *per puro* ~ purely by chance; *come per* ~ as if by chance; ~ **pietoso** sad case; **poniamo** (*o posto*) *il* ~ *che* supposing (that); *è stato un* **puro** ~ *che io lo incontrassi* it was by pure chance that I met him; *in* **questo** ~ if that is the case, under those circumstances; *a* **seconda** *dei –i* according to (the) circumstances; *regolarsi secondo i –i* to act according to the circumstances; *un* ~ **speciale** a special case; ~ **specifico** particular case; *in* **tal** ~ in such a case, in that case; *il* ~ **volle** *che* fate decreed that.

casolare *m.* homestead, farm-house.

casomai *congz.* [*cong*] should, in the event.

casotto *m.* **1** hut; (*dei giornalai*) kiosk; (*baracca*) booth. **2** ⟨*Mil*⟩ sentry box. **3** ⟨*Ferr*⟩ signalman's cabin, gatekeeper's lodge. **4** ⟨*pop*⟩ (*casino*) brothel. **5** (*cabina balneare*) bathing hut, ⟨*am*⟩ cabana. □ ⟨*Mar*⟩ ~ *di rotta* charthouse.

Caspio *N.pr.m.* ⟨*Geog*⟩ (*mar Caspio*) Caspian Sea.

caspita, caspiterina *intz.* good heavens, goodness (gracious).

cassa *f.* **1** case, crate, box: *una* ~ *di libri* a crate of books; (*il contenuto*) case(ful), crate. **2** (*cassaforte*) strong-box, safe. **3** ⟨*Comm*⟩ (*fondo*) fund: ⟨*It*⟩ ~ *del* (*o per il*) *Mezzogiorno* fund for the development of Southern Italy. **4** (*ufficio cassa*) cash department. **5** (*sportello*) (cash-)desk, cashier's window. **6** (*istituto di credito*) bank: ~ *di risparmio* savings bank. **7** (*cassa da morto*) coffin. **8** ⟨*tecn*⟩ (*cassa di strumenti*) box. **9** ⟨*Mus*⟩ sound box, body, case: ~ *del pianoforte* piano case (*o* body). **10** ⟨*Mus*⟩ (*strumento*) drum. **11** ⟨*Anat*⟩ cavity: ~ *toracica* chest cavity. **12** ⟨*Tip*⟩ case: ~ *alta* upper case; ~ *bassa* lower case. □ ~ **acustica** loudspeaker box; **ammanco** *di* ~ cash deficit; ⟨*Mus*⟩ ~ **armonica** sound box; ~ **automatica** (*di banca*) cash dispenser, cashomat; ~ **automatica prelievi** automated teller machine; ⟨*fam*⟩ **battere** ~ to ask for money; ⟨*Econ*⟩ ~ *di* **compensazione** equalization fund; ⟨*Tip*⟩ ~ *per* **composizione** type case; ~ **continua** night safe; ⟨*Mus*⟩ **gran** ~ bass drum; ⟨*fig*⟩ *battere la gran* ~ *a qd.* to give s.o. a big build-up; ~ *da* **imballaggio** packing crate; ~ *d'*immersione diving tank; ~ **integrazione:** 1 redundancy fund; 2 (*sussidio*) unemployment benefit (*o* allowance); *mettere in* ~ *integrazione* to make redundant, to suspend temporarily; **libro** *di* ~ day book, cash book; ~ **malattia** health insurance fund; **orario** *di* ~ cash hours *pl;* ~ *dell'*orologio watchcase; **pagare** *alla* ~ to pay at the (cash) desk; **passare** *alla* ~ to pay at the desk; **piccola** ~ petty cash; ~ *di* **previdenza** welfare fund; **pronta** ~ ready cash; *a* **pronta** ~ cash down, ⟨*fam*⟩ cash on the nail; **pagamento** *a* **pronta** ~ cash payment; **registratore** *di* ~ cash register; ~ *di* **risparmio** savings bank; ~ **rurale** country bank; ⟨*Acu*⟩ ~ *di* **risonanza** resonance box; **tenere** *la* ~ to be in charge of the cash; ⟨*Anat*⟩ ~ *del* **timpano** ear drum; **ufficio** *di* ~ cash office; ~ *del* **violino** body (*o* belly) of the violin.

cassa|forma *f.* (*pl.* **casseforme**) ⟨*Edil*⟩ mould, form(work): *armare la* ~ to set up the form (*o* mould). **~forte** *f.* (*pl.* **casseforti**) **1** strong-box. **2** (*camera blindata*)

strongroom.

cassandra *f.* (*profeta di sciagure*) Cassandra bird of ill omen.

cassapanca *f.* (*pl.* **cassapanche/cassepanche**) chest.

cassare *v.t.* **1** (*cancellare*) to cancel, to rub out, to erase. **2** ⟨*Dir*⟩ (*rif. a sentenza*) to repeal; (*rif. a condanna*) to quash.

cassata *f.* **1** ⟨*Dolc*⟩ kind of Sicilian cake. **2** (*gelato*) kind of ice-cream cake.

cassazione *f.* ⟨*Dir*⟩ repealing, annulment. □ *Corte di* ~ Court of Cassation, Supreme Court of Appeal; *ricorrere in* ~ to appeal to the Court of Cassation; *ricorso in* ~ appeal to the Court of Cassation.

casseretto *m.* ⟨*Mar*⟩ poop deck. **cassero** *m.* **1** ⟨*Mar*⟩ quarter-deck. **2** ⟨*Idr*⟩ caisson. **3** (*cassaforma*) mould, form(work).

casseruola *f.* (sauce)pan, stewpan. □ ⟨*Gastr*⟩ *in* ~ en casserole.

cassetta *f.* **1** (*scatola*) box; (*per preziosi*) casket. **2** ⟨*tecn*⟩ (*scatola*) box, case. **3** ⟨*Cin,Teat*⟩ (*introito*) (box-office) takings *pl.* **4** (*sedile*) box, coachman's seat. **5** (*di registratore*) cassette. □ ~ *degli* **arnesi** tool case, tool kit; ~ *dei* **colori** paint box; ⟨*El*⟩ ~ *di* **distribuzione** distribution box; ~ *dell'*elemosina collection (*o* alms) box; **fare** ~ (*rif. a spettacoli*) to be a box office success; ~ *dei* (*o da*) **fiori** flower box; ⟨*fig*⟩ **lavoro** *di* ~ box-office success; ~ *delle* **lettere** letterbox, ⟨*am*⟩ mailbox, ⟨*am*⟩ postbox; ~ *di* **medicazione** first-aid chest (*o* kit); ~ *all'* **ossido** *di ferro* iron oxide cassette; **pane** *in* ~ loaf of bread; ⟨*Mecc*⟩ ~ **portautensili** tool kit; ~ *di* **risparmio** money box; ~ *di* **sicurezza** (*in banca*) strongbox, safe deposit box; ~ **vergine** (*o non registrata*) blank cassette; ~ *per* **videogiochi** videogame cartridge.

cassettiera *f.* chest of drawers. □ ~ *del letto* underbed chest. **cassettista** *m./f.* holder of a safe-deposit box. **cassetto** *m.* drawer. □ ~ *nel* ~ (*non pubblicato*) unpublished: *un romanzo nel* ~ an unpublished novel; ⟨*Aut*⟩ ~ **portaoggetti** glove box (*o* compartment).

cassettone *m.* **1** chest of drawers, commode. **2** ⟨*Arch*⟩ lacunar, caisson. □ *soffitto a –i* caisson, ceiling, lacunar.

cassiere *m.* (*f.* **-a**) cashier; (*in banca*) teller.

cassino *m.* blackboard duster, eraser.

cassintegrato *m./f.* redundant worker.

Cassio *N.pr.m.* ⟨*Stor*⟩ Cassius.

cassone *m.* **1** (*mobile*) large chest, cassone. **2** ⟨*Edil*⟩ tank, caisson. **3** ⟨*Mil*⟩ caisson, ammunition wagon. **4** (*parte dell'autocarro*) body: ~ **ribaltabile** dump (*o* tipping) body.

cassonetto *m.* **1** (*per tende*) box. **2** (*contenitore delle immondizie*) garbage can.

casta *f.* caste (*anche fig.*).

castagna *f.* **1** chestnut. **2** ⟨*Zool*⟩ chestnut. **3** ⟨*Mar*⟩ pawl. □ ⟨*Bot*⟩ ~ *d'* **acqua** water chestnut, water caltrop; *–e* **arrostite** roast chestnuts; ⟨*fig*⟩ **cavare** *le –e dal fuoco per qd.* to pull s.o.'s chestnuts out of the fire; **farina** *di –e* chestnut flour; ~ *d'*India horse chestnut; *–e* **lessate** boiled chestnuts; ⟨*fig*⟩ **prendere** *qd. in* ~ to catch s.o. ⌐in the act⌐ (*o* red-handed), to catch s.o. out.

castagnaccio *m.* chestnut cake. **castagneto** *m.* chestnut wood (*o* grove).

castagnetta[1] *f.* (*in pirotecnica*) cracker, petard.

castagnetta[2] *f.* **1** (*schiocco fatto con le dita*) snap of the fingers. **2** *pl.* (*nacchere*) castanets *pl.*

castagno I *s.m.* **1** ⟨*Bot*⟩ chestnut (tree). **2** (*legno*) chestnut wood: *mobili di* ~ furniture made of chestnut wood. **II** *a.* (*castano*) chestnut: *capelli –i* chestnut(-coloured) hair. □ ⟨*Bot*⟩ ~ *d'*India horse chestnut (tree).

castagnola *f.* **1** (*in pirotecnica*) cracker, petard. **2** ⟨*Itt*⟩ ray's bream.

castaldo *m.* **1** ⟨*Mediev*⟩ steward. **2** (*fattore*) steward, land agent.

castamente *avv.* chastely, purely: *vivere* ~ to live chastely.

castano *a.* chestnut(-coloured).

castellana *f.* mistress (*o* lady) of a castle. **castellano** *m.* (*signore di un castello*) lord of a castle; (*comandante*)

castellan.
castelletto m. ⟨Econ⟩ line of credit, credit limit (o line).
castello m. 1 castle. 2 ⟨Mar⟩ forecastle. 3 ⟨Mil.ant⟩ (siege–)tower. 4 ⟨Edil⟩ (impalcatura) scaffold(ing). 5 (in bachicoltura) silk–worm frames. ☐ –i in aria castles in the air: fare –i in aria to build castles in the air; un ~ di carte a house of cards: le mie speranze sono crollate come un ~ di carte my hopes have collapsed like a house of cards; ⟨Mar⟩ ~ di poppa poop deck; ~ di prua forecastle, foredeck.
castigamatti m.inv. 1 (bastone) stick, cudgel. 2 (persona severa) martinet. **castigare** v.t. (castigo, castighi) 1 to punish, to chastise, to castigate. 2 ⟨lett⟩ (correggere) to chasten: ~ lo stile to chasten one's style.
castigatezza f. chastity, restraint, decency: ~ di stile restraint of style. ~ di costumi temperate habits.
castigato a. 1 (morigerato) temperate, sober, decent, restrained: vita –a temperate way of life; linguaggio ~ decent language. 2 (emendato) castigated, chaste: stile ~ chaste style. ☐ edizione –a expurgated (o bowdlerized) edition. **castigatore** m. (f. -trice) chastiser, castigator, punisher.
Castiglia N.pr.f. ⟨Geog⟩ Castile. **castigliano** I a. Castilian. II s.m. 1 (lingua) Castilian. 2 (abitante; f. -a) Castilian.
castigo m. (pl. -ghi) 1 punishment, chastisement: meritare un ~ to deserve punishment; per ~ as a punishment. 2 ⟨fig⟩ (persona molesta) ⟨scherz⟩ trial, ⟨scherz⟩ pest: quel ragazzo è un vero ~ that boy's a real pest. ☐ dare un ~ a qd. to inflict a punishment on s.o., to punish s.o.; ~ di Dio calamity, scourge; essere in ~ to be in disgrace; mettere in ~ (in un angolo) to put in a corner.
castità f. chastity, chasteness (anche fig.): voto di ~ vow of chastity. **casto** a. chaste, continent: vita –a chaste life.
castone m. ⟨Oref⟩ setting, mounting.
castorino m. 1 ⟨Zool⟩ nutria, coyp(o)u. 2 (pelliccia) nutria. 3 (tessuto di lana) beaver (cloth), beaverette.
castoro m. 1 ⟨Zool⟩ beaver. 2 (pelliccia) beaver(–fur).
castrare v.t. 1 to geld; (rif. al maschio) to castrate; (rif. alla femmina) to spay. 2 ⟨fig⟩ (rif. a scritti) to expurgate, to emasculate. ☐ ~ le castagne to slit chestnuts; ~ un libro to expurgate a book. **castrato** I s.m. 1 wether. 2 ⟨Macell⟩ mutton. 3 (cantante evirato) castrato. II a. 1 castrated. 2 ⟨fig⟩ (effeminato) effeminate. **castratoio** m. gelding (o castrating) knife. **castratura** f. castration, gelding, emasculation. **castrazione** f. gelding; (rif. al maschio) castration; (rif. alla femmina) spaying.
castrismo m. ⟨Pol⟩ Castroism. **castrista** I a. Castro–. II s.m./f. follower of Castroism.
castronaggine f. ⟨volg⟩ stupidity, foolishness. **castrone** m. 1 (agnello castrato) wether. 2 (puledro castrato) gelding. 3 ⟨fig,volg⟩ (stupido) blockhead, fool.
castroneria f. ⟨volg⟩ stupidity, foolishness, foolish act, nonsense pl: dire –e to talk nonsense.
casuale a. chance, fortuitous: incontro ~ chance meeting.
casualismo m. ⟨Filos⟩ casualism. **casualità** f. chanciness, fortuitousness. **casualmente** avv. by chance, accidentally.
casuario m. ⟨Ornit⟩ cassowary.
casuista m. ⟨Teol⟩ (casista) casuist. **casuistica** f. (casistica) casuistry.
casupola f. wretched (o poor) house, ⟨am⟩ cabin.
casus belli lat. m. casus belli, act (o event) that justifies a declaration of war. ☐ ⟨fig⟩ fare un ~ to make an issue (out of s.th.).
catabolico a. (pl. -ci) ⟨Biol⟩ catabolic. **catabolismo** m. catabolism. **catabolito** m. catabolite.
cataclasi f. ⟨Geol⟩ cataclasis. **cataclastico** a. (pl. -ci) cataclastic. **cataclisma** m. ⟨Geol⟩ cataclysm (anche fig.).
catacomba f. 1 catacomb. 2 ⟨fig⟩ pit, hole.
catacresi f. ⟨Ret⟩ catachresis.
cata|diottrico a. (pl. -ci) ⟨Ott⟩ catadioptric(al). **~diottro** m. (reflex) reflector, cat's eye.
catafalco m. (pl. -chi) catafalque.
catafascio: a ~ topsy–turvy, upside–down, higgledy –piggledy, pell–mell; andare a ~ to go to rack and ruin.
catalano I a. Catalan–, of (o relating to) Catalonia. II

s.m. 1 (lingua) Catalan. 2 (abitante; f. -a) Catalan.
catalessi[1] f. ⟨Med,Filos⟩ catalepsy.
catalessi[2] f. ⟨Metr⟩ catalexis.
catalessia f. → catalessi[1].
catalettico[1] a. (pl. -ci) ⟨Med⟩ cataleptic.
catalettico[2] a. (pl. -ci) ⟨Metr⟩ catalectic.
caletto m. 1 (barella) stretcher. 2 (bara) bier.
catalisi f. ⟨Chim⟩ catalysis. **catalitico** a. (pl. -ci) catalytic. **catalizzare** v.t. to catalyze (anche fig.). **catalizzatore** I s.m. (f. -trice) ⟨Chim⟩ catalyst, catalyzer (anche fig.). II a. catalyzing. ☐ ⟨Aut⟩ ~ ossidante oxidation catalyst.
catalogare v.t. (catalogo, cataloghi) to catalogue: ~ i libri di una biblioteca to catalogue the books in a library. **catalogatore** m. (f. -trice) cataloguer, cataloguist. **catalogazione** f. cataloguing. **cataloghista** m./f. cataloguer, cataloguist.
Catalogna N.pr.f. ⟨Geog⟩ Catalonia.
catalogo m. (pl. -ghi) catalogue: consultare il ~ della biblioteca to consult the library catalogue. ☐ ~ generale general (o master) catalogue; ~ illustrato illustrated catalogue; ~ con listino dei prezzi catalogue with price–list; ~ per materie subject catalogue; ~ su schede card catalogue; ⟨Comm⟩ ~ di vendita per corrispondenza mail order catalogue.
catalpa f. ⟨Bot⟩ Catalpa.
catamarano m. ⟨Mar⟩ catamaran.
catapecchia f. hovel, ⟨fam⟩ dump.
cataplasma m. 1 cataplasm, poultice. 2 ⟨fig⟩ (persona noiosa) tiresome person, ⟨fam⟩ bore.
cataplessia f. ⟨Med⟩ cataplexy. **cataplettico** a. (pl. -ci) cataplectic.
catapulta f. catapult. **catapultamento** m. catapulting. **catapultare** v.t. ⟨Aer⟩ to catapult.
cataratta f. → cateratta.
catarifrangente m. reflector, cat's eye. ☐ gemma ~ cat's eye.
catari m.pl. ⟨Rel⟩ Cathari pl, Cathars pl. **cataro** a. Catharist: eresia –a Catharist heresy, Catharism.
catarrale a. catarrhal.
catarrine f.pl., **catarrini** m.pl. ⟨Zool⟩ Catarrhina pl.
catarro m. catarrh. ☐ ~ bronchiale bronchial catarrh; ~ intestinale intestinal catarrh. **catarroso** a. 1 (malato di catarro) catarrhal. 2 (rif. a voce: arrochita) hoarse, wheezing.
catarsi f. ⟨Filos,Psic⟩ catharsis. **catartico** a. (pl. -ci) cathartic.
catasta f. pile, heap, stack: una ~ di libri a pile of books. ☐ a -e in piles (o heaps); una ~ di legna a stack of wood.
catastale a. cadastral: libri –i cadastral (o land registry) books. **catasto** m. 1 (registro) cadastre, land register: mettere al ~ to register in the cadastre. 2 (ufficio) land registry office.
catastrofale a. catastrophic(al).
catastrofe f. 1 catastrophe. 2 ⟨fam⟩ (complete) failure, ⟨fam⟩ flop. ☐ ~ atomica nuclear disaster; ~ ecologica ecocatastrophe; ~ finanziaria crash; ~ petrolifera disaster caused by oil; ⟨Mat⟩ teoria delle –i catastrophe theory.
catastrofico a. (pl. -ci) catastrophic(al). **catastrofismo** m. catastrophism. **catastrofista** m./f. catastrophist.
catatonia f. ⟨Med⟩ catatonia, catatony. **catatonico** a. (pl. -ci) catatonic.
catechesi f. ⟨Rel⟩ catechesis. **catechismo** m. ⟨Rel⟩ catechism. **catechista** m. catechist. **catechizzare** v.t. 1 ⟨Rel⟩ to catechize. 2 (cercare di persuadere) to argue into. 3 (rimproverare) to lecture. **catechizzatore** m. (f. -trice) catechizer.
catecolammina f. ⟨Biol⟩ catecholamine.
catecù m. ⟨Chim⟩ catechu, cutch.
catecumeno m. catechumen.
categoria f. 1 ⟨Filos⟩ category. 2 (classe) category, class. 3 (qualità) class, rank, –rate: artista di prima ~ first–class artist; albergo di terza ~ third–class hotel, ⟨spreg⟩ third–rate hotel. 4 ⟨Mar⟩ rating. ☐ ~ fiscale tax bracket; ~ impiegatizia clerical class, ⟨fam⟩ white–collar class; ~ d'imposta tax (o taxation) schedule; ~ di reddito income bracket; ~ salariale wage bracket; ⟨burocr⟩ ~ di servizio

class; ~ **sindacale** bargaining unit.

categoriale *a.* ⟨*Filos*⟩ categorial. **categoricamente** *avv.* categorically. **categoricità** *f.* categoricalness. **categorico** *a.* (*pl.* **-ci**) **1** ⟨*Filos*⟩ categorical. **2** ⟨*fig*⟩ (*assoluto*) categorical, unconditional; (*preciso*) explicit, precise, outspoken: *risposta –a* outspoken answer; *ordine ~* explicit order. □ *un no ~* a flat no; *un rifiuto ~* a flat refusal.

categorizzare *v.t.* to categorize, to put into a category; (*classificare*) to classify. **categorizzazione** *f.* categorization.

catena *f.* **1** chain. **2** ⟨*Geog*⟩ chain, range. **3** *pl.* ⟨*Aut*⟩ chains *pl.* **4** ⟨*fig*⟩ (*serie*) chain, sequence, succession, series: *una ~ di disgrazie* a succession of misfortunes. **5** *pl.* ⟨*fig*⟩ ties *pl,* shackles *pl,* bonds *pl,* fetters *pl.* **6** ⟨*Tess*⟩ chain, warp (thread). **7** ⟨*Chim,Comm*⟩ chain: *una ~ di magazzini* a chain of stores. **8** ⟨*Edil*⟩ tie-beam, truss-rod. **9** (*collana*) chain. □ **alla** ~ on a chain, chained(–up), enchained: *tenere alla ~* to keep on a chain; *mettere il cane alla ~* to chain the dog up; *~ dell'ancora* anchor chain (*o* cable); ⟨*Aut*⟩ ~ **antisdrucciolevole** non-skid chain, ⟨*am*⟩ slide-preserver chain; ⟨*Chim*⟩ ~ **aperta** open chain; *~ della* **bicicletta** bicycle chain; ⟨*Chim*⟩ ~ **chiusa** closed chain; ⟨*fig*⟩ *avere la ~ al* **collo** to have a chain round one's neck; *commercio a ~* multiple shops *pl;* ⟨*am*⟩ chain shops *pl;* ⟨*Atom*⟩ **disintegrazione** *a ~* chain disintegration (*o* decay); **disporsi** *a* (*o fare la*) ~: **1** (*tenendosi per mano*) to make a chain, to link (*o* join) hands; **2** (*per passarsi qc.*) to link up; *~ del* **freddo** cold chain; **in** *–e* in chains, chained–up, enchained: *prigioniero in –e* prisoner in chains; *essere in –e* to be in chains; *mettere in –e* to put in chains, to chain up; ⟨*Chim*⟩ ~ **molecolare** molecular chain; *~ di* **montaggio** assembly line; *~ di* **montagne** chain (*o* range) of mountains, mountain range; ⟨*fig*⟩ **mordere** *la ~* to chafe at the bit; ⟨*Aut*⟩ *–e da* **neve** snow (*o* skid) chains; *~ dell'*orologio watch chain, watch guard; ⟨*Chim*⟩ **reazione** *a ~* chain reaction; ⟨*fig*⟩ **spezzare** *le –e* to break one's fetters; ⟨*Aut*⟩ *~ di* **trasmissione** block (*o* driving) chain; *~ dell'*uscio doorchain.

catenaccio *m.* **1** (door–)bolt. **2** ⟨*fig*⟩ (*macchina vecchia*) old bus, ⟨*am*⟩ jalopy. **3** ⟨*Sport*⟩ defensive tactics *pl.* □ *aprire il ~* to unbolt; *chiudere a ~* to bolt.

catenaria *f.* ⟨*Mat*⟩ catenary (curve).

catenella *f.* **1** small chain. **2** (*di porta*) door chain; (*di orologio*) watch chain. □ ⟨*Lav.femm*⟩ **punto** (*a*) *~* chain-stitch.

cateratta *f.* **1** ⟨*Idr*⟩ (*chiusa*) sluice(–gate), floodgate. **2** ⟨*Geol*⟩ cataract, falls *pl,* waterfall: *le –e del Nilo* the cataracts of the Nile. **3** ⟨*Med*⟩ cataract. □ *a –e* very hard, heavily; *piove a –e* it is raining cats and dogs, it is pouring; *le –e del cielo* the floodgates of Heaven.

Caterina *N.pr.f.* Catherine, Catharine, Katherine.

caterva *f.* **1** (*moltitudine*) crowd, host. **2** (*ammasso di cose*) mass, heap.

catetere *m.* ⟨*Med*⟩ catheter. **cateterismo** *m.* catheterization.

cateto *m.* ⟨*Geom*⟩ cathetus.

catilinaria *f.* **1** *pl.* ⟨*Lett*⟩ Cicero's Orations *pl* against Catilina. **2** (*invettiva violenta*) bitter invective.

catinella *f.* basin. □ *piove a –e* it is raining cats and dogs, it is pouring. *Prov.: cielo a pecorelle, acqua a –e* fleecy clouds bode heavy rain. **catino** *m.* **1** basin. **2** ⟨*Arch*⟩ bowl–shaped vault. **3** ⟨*Geog*⟩ small basin.

catione *m.* ⟨*Fis*⟩ cation, kation.

catodico *a.* (*pl.* **-ci**) ⟨*El*⟩ cathode-, cathodic: *raggi –i* cathode rays. **catodo** *m.* cathode: *~ caldo* hot cathode; *~ freddo* cold cathode. **catodoluminescenza** *f.* cathodoluminescence.

Catone *N.pr.m.* ⟨*Stor.rom*⟩ Cato.

catorcio *m.* **1** ⟨*region*⟩ (*paletto*) bolt. **2** ⟨*fig*⟩ (*oggetto vecchio*) crock; (*persona malaticcia*) sickly person.

catottrica *f.* ⟨*Fis*⟩ catoptrics *pl* (*costr. sing.*). **catottrico** *a.* (*pl.* **-ci**) catoptric(al).

catramare *v.t.* to tar. **catramato** *a.* tarred. □ *carta –a* tar paper. **catramatrice** *f.* ⟨*Strad*⟩ tar sprayer (*o* sprinkler). **catramatura** *f.* tarring. **catrame** *m.* tar. □ *dare il ~ a qc.* to tar s.th.; *sapone al ~* coal soap.

catramoso *a.* tarry.

cattedra *f.* **1** (teacher's) desk. **2** ⟨*Univ*⟩ (professorial) chair, professorship: *avere la ~* to hold the chair; *la ~ di latino* the chair of Latin; (*di ginnasio*) teaching post: *ottenere la ~ di latino* to obtain the post of Latin teacher. □ *concorrere a una ~* to compete for a chair (*o* teaching post); ⟨*fig*⟩ *montare in ~* to pontificate; *la ~ di san Pietro* St. Peter's See. **cattedrale I** *a.* cathedral–, of a cathedral: *chiesa ~* cathedral church. **II** *s.f.* cathedral. **cattedrante** *m./f.* ⟨*spreg*⟩ pedantic professor. **cattedratico** *a./s.* (*pl.* **-ci**) **I** *a.* professorial, pedantic: *tono ~* pedantic tone. **II** *s.m.* professor.

cattivarsi *v.r.* to win, to gain: *~ la simpatia di qd.* to win s.o.'s liking; *~ l'animo di qd.* to win s.o.'s heart.

cattiveria *f.* **1** malice, spite, nastiness: *fare qc. per ~* to do s.th. out of spite; (*rif. a bambini*) naughtiness. **2** (*azione cattiva*) mischief, spiteful act, malicious action. □ *fare –e* to be naughty (*o* wayward), to act capriciously.

cattività *f.* ⟨*lett*⟩ captivity, slavery.

cattivo I *a.* (*compar.* **più cattivo/peggiore;** *sup.* **cattivissimo/pessimo**) **1** bad, evil, wicked: *un uomo ~* a wicked man; *avere intenzioni –e* to have bad intentions. **2** (*villano*) bad, ill-natured, ill-mannered, nasty: *perché sei tanto ~ con me?* why are you so nasty to me? **3** (*capriccioso*) naughty, mischievous: *oggi il bambino è stato veramente ~* the baby has been really naughty today. **4** (*incapace, inetto*) bad, poor, incompetent: *~ impiegato* incompetent employee. **5** (*scadente*) bad, poor: *una strada –a* a bad road. **6** (*sgradevole*) bad, disagreeable, nasty: *vino ~* bad wine; *~ odore* bad (*o* nasty) smell. **7** (*sfavorevole*) bad, unfavourable, unlucky: *ricevere una –a notizia* to receive some bad news; *~ momento* bad moment. **8** (*pericoloso: rif. a malattia*) harmful, dangerous; (*doloroso*) bad, painful. **9** (*rif. ad animali*) fierce, wild, savage. **10** (*rif. al tempo*) bad, nasty, rough, stormy. **11** (*guasto*) bad, off: *carne –a* bad meat. **II** *s.m.* **1** (*persona cattiva; f.* **-a**) bad (*o* evil) person; *pl.* the wicked (*costr. pl.*): *i –i saranno puniti* the wicked shall be punished. **2** (*parte cattiva*) bad part: *butta via il ~ della mela* throw the bad part of the apple away. □ *navigare in –e* **acque** to be in deep water; *~* **affare** bad bargain (*o* deal); **animo** *~* bad (*o* evil) disposition; *–a* **azione** misdeed; *avere un ~* **carattere** to have a bad character; *avere* **carte** *–e* (*nel gioco*) to hold bad cards; *avere una –a* **cera** to look ill (*o* off–colour); **clima** *~* bad climate; *–i* **compagni** bad friends; *con le buone o le –e* by hook or by crook; *prendere qd. con le –e* to treat s.o. harshly; *un ~* **consiglio** a bad piece of advice; *essere ~ di* **cuore** to be black hearted, to have a hard heart; *–a* **digestione** poor digestion; ⟨*Mus*⟩ *–a* **esecuzione** bad (*o* poor) performance; *~* **esempio** bad example: *dare il ~ esempio* to set a bad example; *farsi una –a* **fama** to acquire (*o* get) a bad name; *godere una –a fama* to have a bad reputation; *~* **gusto** bad taste: *mobili di ~ gusto* furniture in bad taste; *una –a* **idea** bad idea; *–e* **maniere** ill manners; *se non riesci con le buone maniere prova con le –e* if kindness fails, try being hard; **mare** *~* rough sea; *la* **matrigna** *–a* the wicked stepmother; *–a* **memoria** bad (*o* poor) memory; *–e* **parole** harsh (*o* bitter) words; *–i* **pensieri** evil thoughts; *farsi ~* **sangue** to get angry (*o* worked–up, upset); **sapere** *di ~* to have an unpleasant taste; *~* **sapore** unpleasant (*o* bad, nasty) taste; *–a* **scelta** bad (*o* poor) choice; *un ~* **soggetto** a nasty fellow; *la –a* **sorte** ill–luck, bad luck; *in ~* **stato** in a `sorry plight` (*o* bad state); *nascere sotto una –a* **stella** to be born under an unlucky star; *essere di ~* **umore** to be in a bad temper (*o* mood); **vista** *–a* bad (*o* poor) eyesight.

cattolicamente *avv.* catholically. **cattolicesimo, cattolicismo** *m.* (Roman) Catholicism, Catholicity. **cattolicità** *f.* **1** catholicity: *la ~ della chiesa* the catholicity of the Church. **2** (*i cattolici*) (Roman) Catholics *pl: il Papa parlerà a tutta la ~* the Pope will speak to all Catholics. **cattolico** *a./s.* (*pl.* **-ci**) **I** *a.* (Roman) Catholic. **II** *s.m.* (*f.* **-a**) Catholic: *essere un cattivo ~* to be a bad Catholic. □ *chiesa –a* Catholic Church; *Sua Maestà Cattolica* His Catholic Majesty.

cattura *f.* **1** capture, taking; (*arresto*) arrest: *la ~ di un bandito* the arrest of a bandit. **2** ⟨*Fis,Geol*⟩ capture:

coefficiente di ~ capture coefficient. □ ⟨*Atom*⟩ ~ *di elettroni* electron capture; *mandato* (o *ordine*) *di* ~ warrant of (o for) arrest. **catturare** *v.t.* **1** to capture, to seize, to catch, to take (prisoner); (*arrestare*) to arrest. **2** ⟨*Fis,Geol*⟩ to capture.

Catullo *N.pr.m.* ⟨*Stor.rom*⟩ Catullus.

caucasico *a./s.* (*pl.* -ci) **I** *a.* Caucasian: *lingue caucasiche* Caucasian languages. **II** *s.m.* (*f.* -a) Caucasian. **Caucaso** *N.pr.m.* ⟨*Geog*⟩ Caucasus.

caucciù *m.* (India)rubber, caoutchouc. □ ~ *artificiale* synthetic rubber.

caudale *a.* caudal: *pinna* ~ caudal fin.

caudatario *m.* ⟨*Rel*⟩ train bearer.

caudato *a.* caudate, tailed. □ ⟨*Lett*⟩ *sonetto* ~ tailed sonnet.

caudino *a.* Caudine. □ ⟨*Stor*⟩ *forche* –e Caudine Forks. □ ⟨*fig*⟩ *passare sotto le forche* –e to suffer bitter humilation.

caule *m.* ⟨*Bot*⟩ caulis.

causa *f.* **1** cause: *le* –e *della prima guerra mondiale* the causes of the First World War. **2** (*motivo*) cause, motive, reason, grounds *pl: le tue parole furono* ~ *della lite* your words were the motive of the quarrel. **3** ⟨*Dir*⟩ (law)suit, case, action, proceedings *pl: fare* ~ *a qd.* to bring 'an action' (o a suit) against s.o., to sue s.o. **4** ⟨*fig*⟩ cause: *lottare per una buona* ~ to fight for (o in) a good cause. □ **a** ~ *di* because of, owing to, on account of: *a* ~ *della tua pigrizia* because of your laziness; ⟨*Dir*⟩ ~ *di annullamento* annulment proceedings; ⟨*fig*⟩ **chiamare** *in* ~ to make reference to; ~ *civile* civil proceedings (o action, suit); *parlare con* **cognizione** *di* ~ to speak with full knowledge of the facts; *fare* ~ **comune** *con qd.* to side with s.o., to make common cause with s.o.; ~ **determinante** decisive factor; ~ *ed* **effetto** cause and effect; ⟨*Filos*⟩ ~ **efficiente** efficient cause; *essere* ~ *di qc.* to be the cause of s.th.; *fare* ~ *a qd.* to bring a lawsuit against s.o., to sue s.o.; ⟨*Dir*⟩ **giusta** ~ true and just cause; *in* ~ in question: *la lettera in* ~ the letter in question; ~ *di* **morte** cause of death; *la* **parte** *in* ~ the party to 'a suit' (o an action); *essere* **parte** *in* ~ to be party to a suit; ⟨*fig*⟩ to be concerned (o involved) in a matter; ~ **penale** criminal proceedings; ~ **pendente** pending suit; **per** ~ *mia* through me, because of me; **perdere** *una* ~ to lose a case; **perorare** *una* ~ to plead a cause (*anche fig.*); ⟨*fig*⟩ ~ **persa** lost cause: *avvocato delle* –e *perse* pleader of lost causes; ~ **prima**: **1** first (o chief) cause: *questo è stato la* ~ *prima del disastro* this was the chief cause of the disaster; **2** ⟨*Teol*⟩ First Cause; ~ **prossima** immediate cause (*anche Filos.*); ⟨*Filos*⟩ ~ **remota** remote cause; ~ *di* **separazione** separation proceedings; **tradire** *la* ~ *di qd.* to betray s.o.'s cause; **vincere** *una* ~ to win an action; ⟨*fig*⟩ *dare* ~ **vinta** to give in (o up). *Prov.: chi è* ~ *del suo mal, pianga se stesso* as you have made your bed so must you lie on it.

causale I *a.* causal. **II** *s.f.* cause, motive, reason: *la* ~ *del reato* the motive of the crime. □ *nesso* ~ relation of cause and effect. **causalità** *f.* causality: *principio di* ~ principle of causality. **causare** *v.t.* to cause, to bring about, to give rise to, to lead to: ~ *danni* to cause damage; ~ *un incendio* to cause a fire. **causativo** *a.* causative: *verbo* ~ causative verb.

caustica *f.* ⟨*Fis*⟩ caustic (surface). **causticamente** *avv.* caustically. **causticità** *f.* **1** causticity. **2** ⟨*fig*⟩ (*mordacità*) causticity, bitingness, mordacity. **caustico** *a.* (*pl.* -ci) **1** caustic. **2** ⟨*fig*⟩ (*mordace*) caustic, mordant, biting: *osservazione* –a caustic remark. □ *pietra* –a caustic pencil; *soda* –a caustic soda.

cautamente *avv.* cautiously. **cautela** *f.* **1** caution, wariness, prudence: *agire con* ~ to proceed with caution. **2** (*precauzione*) precaution: *prendere le dovute* –e to take due precautions.

cautelare[1] *a.* precautionary (*anche Dir.*): *misura* ~ precautionary measure.

cautelare[2] *v.t.* (**cautelo**) to secure, to protect, to safeguard. **cautelarsi** *v.r.* to safeguard o.s., to take precautions (*contro* against): *cautelarsi contro un rischio* to safeguard (o.s.) against a risk.

cautelativo *a.* precautionary: *provvedimento* ~ precautionary measure.

cauterio *m.* **1** ⟨*Med*⟩ cautery. **2** (*cauterizzazione*) cauterization. **cauterizzare** *v.t.* ⟨*Med*⟩ to cauterize. **cauterizzazione** *f.* cauterization.

cauto *a.* **1** (*rif. a persone*) cautious, prudent, wary. **2** (*rif. a cose*) cautious, careful. □ *andare* ~ to proceed warily (o with caution).

cauzionale *a.* ⟨*Dir*⟩ cautionary, caution–: *deposito* ~ caution money. **cauzione** *f.* security, guarantee, caution money; (*per la libertà provvisoria*) bail: *dare* ~ to furnish bail. □ *chiedere* (o *esigere*) *una* ~ to call for a guarantee; *depositare una* ~ to lodge a deposit.

cava *f.* **1** pit, quarry. **2** ⟨*fig*⟩ mine. □ ~ *di ghiaia* gravel pit; ~ *di marmo* marble quarry; ~ *di pietra* stone quarry.

cavadenti *m.inv.* ⟨*spreg*⟩ tooth drawer.

cavagna *f.*, **cavagno** *m.* ⟨*region*⟩ basket.

cavalcare *v.* (**cavalco, cavalchi**) **I** *v.t.* **1** to ride: ~ *un cavallo* to ride a horse. **2** (*stare a cavalcioni*) to bestride, to sit astride. **3** (*rif. a ponti, archi*) to span: *il ponte cavalca il fiume* the bridge spans the river. **II** *v.i.* (*aus.* **avere**) to ride, to go on horseback. **cavalcata** *f.* **1** ride: *fare una* ~ to go for a ride. **2** (*gruppo di cavalieri*) cavalcade, riding party. **cavalcatore** *m.* (*f.* -trice) rider. **cavalcatura** *f.* mount.

cavalcavia *m.inv.* **1** ⟨*Ferr*⟩ railway bridge, overbridge. **2** ⟨*Strad*⟩ fly–over (bridge), ⟨*am*⟩ overpass.

cavalcioni: *a* ~ astride: *stare a* ~ *della seggiola* to sit astride one's chair.

cavalierato *m.* knighthood.

cavaliere *m.* **1** rider, horseman: *essere un buon* ~ to be a good horseman. **2** (*soldato*) cavalryman, mounted soldier. **3** ⟨*Mediev,Stor.rom*⟩ knight: *armare* (o *creare*) *qd.* ~ to knight s.o., to dub s.o. knight. **4** (*rif. a una donna*) escort: *fare da* ~ *a una signorina* to be a young lady's escort; (*rif. alla danza*) partner, cavalier; (*corteggiatore*) suitor, gallant. **5** (*persona cortese*) gentleman: *sii* ~, *cedi il posto alla signora* be a gentleman, give your seat to this lady. □ ⟨*non com*⟩ **a** ~ between, spanning, dominating, overlooking: *essere a* ~ *di due valli* to dominate (o overlook) two valleys; **comportarsi** *da* ~ to behave like a gentleman; **croce** *di* ~ knight's cross; ⟨*Stor*⟩ ~ **errante** knight errant; ⟨*GB*⟩ ~ *della* **giarrettiera** knight of the Garter; ⟨*scherz*⟩ ~ *d'***industria** swindler; ~ *della* **legion** *d'onore* Chevalier of the Legion of Honour; ~ *senza* **macchia** *e senza paura* knight pure in heart; *cavalier* **servente** swain, gallant; *i* –i *della* **tavola** *rotonda* the Knights of the Round Table.

cavalierino *m.* **1** (*della bilancia*) rider. **2** (*di schedari*) signal.

cavalla *f.* mare. **cavallaio** *m.* **1** (*custode*) stableman, groom. **2** (*mercante*) horse dealer. **cavalleggiero** *m.* light cavalryman.

cavallerescamente *avv.* chivalrously. **cavalleresco** *a.* (*pl.* -chi) **1** knightly. **2** ⟨*fig*⟩ (*nobile, generoso*) chivalrous; (*cortese*) courteous, gentlemanly. □ *codice* ~ code of chivalry; *ordine* ~ order of knighthood; *poema* ~ heroic poem; *romanzo* ~ romance of chivalry.

cavalleria *f.* **1** ⟨*Mil*⟩ cavalry. **2** ⟨*Mediev*⟩ chivalry. **3** ⟨*fig*⟩ chivalry, chivalrousness, gallantry: *comportarsi con* ~ to behave with gallantry. □ *le leggi della* ~ the laws of chivalry. **cavallerizza** *f.* **1** (*pista*) riding school, manège. **2** (*amazzone*) horsewoman. **3** (*acrobata*) equestrienne, circus rider. **cavallerizzo** *m.* **1** (*maestro*) riding master. **2** (*ammaestratore di cavalli*) horse trainer, horse breaker. **3** (*acrobata*) equestrian, circus rider. **4** (*chi cavalca*) rider.

cavalletta *f.* **1** ⟨*Entom*⟩ grasshopper. **2** ⟨*fig*⟩ (*dilapidatore*) spendthrift; (*divoratore insaziabile*) bottomless pit. □ ⟨*fam*⟩ *essere peggio delle* –e to be a pest.

cavalletto *m.* **1** (*sostegno, supporto*) trestle, stand, support; (*per segare legna*) sawbuck, sawhorse; (*da pittore*) easel. **2** ⟨*Fot*⟩ (*treppiedi*) tripod. **3** (*pilone di teleferica*) tower, pylon. **4** ⟨*Stor*⟩ (*strumento di tortura*) rack.

cavallina *f.* **1** filly, young mare. **2** ⟨*Ginn*⟩ vaulting horse. □ ⟨*fig*⟩ *correre la* ~ to sow one's wild oats.

cavallino[1] *a.* horse-, horsy. □ *mosca –a* horse-fly; *tosse –a* whooping cough.

cavallino[2] *m.* **1** (*cavallo giovane*) colt, foal, young horse; (*cavallo piccolo*) small horse. **2** (*pelliccia*) pony.

cavallo *m.* **1** horse. **2** (*negli scacchi*) knight. **3** *pl.* (*soldati a cavallo*) mounted troops *pl,* horsemen *pl: un esercito di diecimila fanti e mille –i* an army of ten thousand infantry and a thousand horsemen. **4** (*Ginn*) (vaulting) horse. **5** (*Fis*) horsepower: *motore da trenta –i* thirty horse-power engine. **6** (*Sart*) crutch. □ **a ~**: 1 on horseback: *raggiunse il paese a ~* he arrived in the town on horseback; 2 (*non motorizzato*) mounted: *polizia a ~* mounted police; 3 (*a cavalcioni*) astride, astraddle: *stare a ~ del muretto* to sit astride (*o* astraddle) the wall; (*rif. a tempo*) between, spanning: *a ~ di due secoli* between (*o* spanning) two centuries; *a –i* horse-drawn: *carrozza a –i* horse-drawn carriage; *a due –i* with (*o* drawn by) a pair; (*rif. a cavalli da tiro*) with (*o* drawn by) a team; *~* **alato** winged horse; **andare** *a ~* to go on horseback, to ride, to go riding; *~* **arabo** Arab (horse); *~* **balzano** white-footed horse; *~ di* **battaglia** war-horse, charger; (*fig*) forte, strong point, standby: *è il suo ~ di battaglia* it's his forte; (*rif. a cantante*) pièce de résistance; **cadere** *da ~* to fall from (*o* off) one's horse; *~ da* **corsa** racehorse, racer; *~ a* **dondolo** rocking horse; **febbre** *da ~* raging (*o* violent) fever; (*fig*) *andare col ~ di san* **Francesco** to go by shank's pony; (*Mil*) *~ di* **Frisia** barbed-wire entanglement, cheval-de-frise; *~ da* **giostra** hobby horse; *~ da* **maneggio** riding-school horse; *~* **marino** sea horse; *~ da* **monta** stud horse, stallion; **montare** *a ~* to mount a horse; *una* **passeggiata** *a ~* a ride on horseback, a horse-ride; *~* **pezzato** dappled horse, pied (*o* piebald) horse; *~* **purosangue** (*o di razza*) thoroughbred; *~* **sauro** roan horse; **scendere** *da ~* to dismount, to alight from one's horse; *~ da* **sella** saddle horse; *~ da* **soma** packhorse; *~ da* **tiro** draught horse, carthorse; *~ di* **Troia** Trojan horse; *~* **vapore** horse-power. *Prov.: a caval donato non si guarda in bocca* don't look a gift horse in the mouth.

cavallone *m.* **1** (*grossa onda*) breaker, billow. **2** (*fig*) (*rif. a persona; f.* -a) clumsy person. **cavalluccio** *m.* **1** (*cavallo piccolo*) small horse. **2** (*cavallo malandato*) jade, nag, hack. □ *portare qd. a ~* to carry s.o. piggyback (*o* pickaback); (*Itt*) *~* **marino** sea horse.

cavare *v.t.* **1** (*togliere, tirare fuori*) to extract, to take (*o* pull, draw) out, to remove; *~ un dente a qd.* to extract (*o* take out) s.o.'s tooth; *cavati le mani di tasca* take your hands out of your pockets. **2** (*rif. a liquidi*) to draw off. **3** (*ricavare*) to obtain, to gain, to get: *non ho cavato molto dalla vendita del podere* I didn't gain very much from the sale of the farm. **4** (*togliere: rif. a vestiti*) to take off, to remove; (*rif. a cappello*) to take off. □ *~ di bocca a qd. un segreto* to worm a secret out of s.o.; *~ a qd. le parole di bocca* to get information out of s.o.; *cavarsi la* **curiosità** to satisfy one's curiosity; *cavarsi la* **fame** to appease (*o* satisfy) one's hunger; *cavarsi da un* **impiccio** to get out of trouble; (*fig*) *cavarsi gli* **occhi** to strain one's eyes; *non ~ un* **ragno** *da un buco* to get nowhere; *~* **sangue** to draw blood; *~ sangue da una rapa* to get blood out of a stone; *cavarsi la* **sete** to quench one's thirst; *~ di* **testa** *qc. a qd.* to get s.th. out of s.o.'s head; *cavarsi una* **voglia** to satisfy a desire. || *cavarsela* to get off, to get out of, to come through, to manage fairly well: *cavarsela con un po' di spavento* to get off with a fright; *sai guidare la macchina? - me la cavo discretamente* can you drive? – I manage fairly well; *te la caverai con mille lire* you'll manage with a thousand lire.

cavastivali *m.inv.* bootjack.

cavata *f.* **1** (*il cavare*) extraction. **2** (*Mus*) touch. □ *~ di sangue* blood letting; (*fig*) great expense, heavy tax.

cavatappi *m.inv.* corkscrew.

cavatina *f.* (*Mus*) cavatina.

cavatore *m.* (*Minier*) quarryman.

cavatrice *f.* (*Mecc*) slotting (*o* mortising) machine, mortiser.

cavaturaccioli *m.inv.* corkscrew.

cavazione *f.* (*nella scherma*) disengagement.

cavea *f.* (*Archeol*) cavea.

caveau *fr.* [ka'vo] *m.* safety vault.

cavedio *m.* **1** (*Edil*) inner court(yard). **2** (*Archeol*) cavaedium.

caverna *f.* **1** cave, cavern. **2** (*Med*) cavity, cavern. □ *età delle –e* age of the cave dwellers; *uomo delle –e* cave man. **cavernicolo** **I** *a.* cave dwelling. **II** *s.m.* (*f.* -a) cave dweller. **cavernosità** *f.* **1** cavernousness, hollowness. **2** (*Med*) cavity, cavern. **3** (*cavità*) cavity, hollow. **cavernoso** *a.* **1** cavernous (*anche Med.*). **2** (*fig*) (*cupo*) deep, hollow: *voce –a* hollow voice. □ (*Anat*) *corpo ~* cavernous body.

cavezza *f.* halter. □ (*fig*) *tenere qd. a ~* to keep s.o. in check.

cavia *f.* **1** (*Zool*) guinea pig, cavy. **2** (*fig*) guinea-pig: *fare da ~* to act as a guinea pig; *~ umana* human guinea-pig.

caviale *m.* caviar(e).

cavicchio *m.* **1** (*piolo*) peg. **2** (*Agr*) dibble, dibber.

caviglia *f.* **1** peg. **2** (*Mar*) (*dei cavi: per dare volta*) belaying-pin. **3** (*Mar*) (*del timone*) peg hole, spoke. **4** (*Ferr*) screw spike. **5** (*Anat*) ankle. **cavigliatoio** *m.* spindle. **cavigliera** *f.* **1** (*fascia per le caviglie*) ankle support (*o* gaiter). **2** (*Mar*) belaying-pin rack. **cavigliere** *m.* (*Mus*) head, peg-box.

cavillare *v.i.* (*aus.* avere) to quibble, to cavil (*su, about*); to split hairs (over). **cavillatore** *m.* (*f.* -trice) quibbler, caviller. **cavillo** *m.* quibble, cavil. **cavillosamente** *avv.* quibblingly, captiously. **cavillosità** *f.* captiousness. **cavilloso** *a.* quibbling, captious.

cavità *f.* **1** cavity, hollow. **2** (*Anat*) cavity, cavum. □ *~ addominale* abdominal cavity; *~ articolare* cavum articulare, joint cavity; *~ nasale* nasal cavity; *~ dell'occhio* eye socket.

cavo[1] **I** *a.* **1** (*vuoto*) holow. **2** (*incavato*) sunken. **II** *s.m.* **1** hollow, cavity. **2** (*Anat*) cavity, cavum. □ *albero ~* hollow tree; *il ~ della mano* the hollow of the hand; (*Anat*) *~ orale* oral cavity, cavum oris; (*Anat*) *vena –a* vena cava.

cavo[2] *m.* **1** (*grossa fune*) cable, rope. **2** (*conduttore elettrico*) cable. □ *~ d'acciaio* steel cable; *~* **aereo** aerial cable; (*El*) *~ ad* **alta** *tensione* high-voltage (*o* high-tension) cable; (*Mar*) *~ d'*ammaraggio mooring rope; (*El*) *~* **coassiale** coaxial cable; (*El*) *~ di* **collegamento** connecting cable; (*El*) *~* **interurbano** trunk cable; (*El*) *~ di* **massa** earth wire; *~* **metallico** (wire) cable; (*Mar*) *~ d'*ormeggio mooring rope; (*Mar,Aut*) *~ da* **rimorchio** towrope, towline; (*El*) *~* **sotterraneo** underground cable; (*Tel*) *~* **sottomarino** submarine (*o* undersea) cable; *~* **telefonico** telephone cable; *~* **telegrafico** telegraph(ic) cable; *sistema* **via** *~* cable system.

cavolaia[1] *f.* (*Entom*) cabbage butterfly.

cavolaia[2] *f.* cabbage patch.

cavoletto *m.* (*Agr*) sprout.

cavolfiore *m.* cauliflower.

cavolo *m.* cabbage. □ *~* **bianco** white cabbage; *~ di* **Bruxelles** Brussels sprouts; (*fig*) *non ci capisco un ~* it's all Greek to me; *~* **cappuccio** (head) cabbage; *salvare capra e –i* to have one's cake and eat it too; *che ~ fai?* what the hell are you doing?; (*Bot*) *~* **cinese** Chinese cabbage; (*volg*) *col ~!* by no means; *col ~ che me ne vado* I wouldn't dream of going; (*volg*) *non me ne importa un ~!* I don't give a damn about it!; (*pop*) *andare a ingrassare i –i* to go and feed the worms; *entrarci come i –i a* **merenda** to have nothing to do with it; *~* **rapa** turnip-cabbage; *~* **rosso** red cabbage; (*volg*) *testa di ~* blockhead; *sono –i tuoi* that's your business; (*Bot*) *~* **verza** savoy.

cazzata *f.* (*volg*) bloody nonsense; (*azione*) bloody stupid thing.

cazzo **I** *s.m.* (*triv*) prick. **II** *intz.* shit.

cazzottare *v.t.* (*cazzotto*) (*pop*) to punch. **cazzottarsi** *v.r.* (*recipr*) to fight, to come to blows. **cazzottata, cazzottatura** *f.* (*pop*) punching. **cazzotto** *m.* (*pop*) punch: *fare a –i con qd.* to come to blows with s.o.

cazzuola *f.* trowel.

c.c. = **1** *conto corrente* current account (*abbr.* c.c., C.C.). **2**

centimetro cubico cubic centimetre (*abbr.* cc.).

CC = ⟨*Aut*⟩ *Corpo consolare* Consular Corps (*abbr.* CC).

c/c, C/C = *conto corrente* current account (*abbr.* c.c., C.C.).

C.C.I. = *Camera di commercio internazionale* International Chamber of Commerce (*abbr.* ICC).

C.C.L. = *contratto collettivo di lavoro* collective wage agreement.

c.c.p. = *conto corrente postale* postal current account.

C.C.T. = *Certificato di Credito del Tesoro* Treasury Certificate.

CD = ⟨*Aut*⟩ *Corpo diplomatico* Diplomatic Corps (*abbr.* CD, C.D.).

C.D.P. = *cassa depositi e prelievi* deposits and loans fund.

ce *pron./avv.* (form of *ci* used before *lo, la, li, le, ne*) → ci.

C.E. = *Comunità europea* European Community.

cebo *m.* ⟨*Zool*⟩ capuchin.

CECA = *Comunità europea del carbone e dell'acciaio* European Coal and Steel Community (*abbr.* E.C.S.C.).

cecamente *avv.* blindly.

cecchino *m.* **1** ⟨*Mil*⟩ (*tiratore scelto*) sharpshooter, sniper. **2** ⟨*Pol*⟩ member of Parliament who votes against his party.

cece *m.* ⟨*Bot*⟩ chick–pea.

Cecilia *N.pr.f.* Cecily.

cecio *m.* → cece.

cecità *f.* blindness (*anche fig.*).

ceco *a./s.* (*pl.* -chi) **I** *a.* Czech. **II** *s.m.* **1** (*lingua*) Czech. **2** (*abitante*; *f.* -a) Czech. **Cecoslovacchia** (o *Cecoslovacchia*) *N.pr.f.* Czechoslovakia. **cecoslovacco** *a./s.* (*pl.* -chi) **I** *a.* Czechoslovak(ian). **II** *s.m.* (*f.* -a) Czech(oslovak).

CED = *Comunità europea di difesa* European Defence Community (*abbr.* E.D.C.).

cedere *v.* (**cedei/cedetti, ceduto/ant. cesso**) **I** *v.i.* (*aus.* **avere**) **1** to yield, to surrender, to give in, to submit (*a* to) (*anche fig.*): ∼ *alle insistenze* to yield to pressure; *non* ∼ *!* don't give in! **2** (*crollare o piegarsi sotto un peso*) to subside, to cave in, to give way, to sink in: *il soffitto ha ceduto* the ceiling has caved in. **3** (*non reggere al paragone*) to be second, not to come up, to yield the palm (*a* to): *in furberia non la cede a nessuno* he is second to none in cunning. **II** *v.t.* **1** (*consegnare*) to give up, to give (*o* hand) over, to yield (up), to surrender, to cede: *il territorio fu ceduto al nemico* the territory was ceded (*o* yielded up) to the enemy. **2** (*rivendere*) to (re)sell, to dispose of. □ ∼ *le* **armi** to deliver up one's arms, to surrender; ⟨*fig*⟩ ∼ *il* **campo** to give up the fight; ∼ *i propri* **diritti** *a qd.* to transfer (*o* make over) one's rights to s.o.; ∼ *il* **passo** *a qd.* to make way for s.o.; ∼ *il* **posto** to give up one's seat.

cedevole *a.* yielding, docile, pliable, accommodating: *un carattere* ∼ a docile nature. □ *il pavimento è* ∼ the floor sags; *terreno* ∼ soft ground. **cedevolezza** *f.* yieldingness, docility, submissiveness.

cedibile *a.* transferable, assignable. **cedibilità** *f.* transferability, assignability.

cediglia *f.* ⟨*Ling*⟩ cedilla.

cedimento *m.* **1** (*atto*) yielding, giving in; (*di terreno*) subsidence; (*sprofondamento*) collapse. **2** ⟨*Edil*⟩ settlement. **3** ⟨*Strad*⟩ sagging. **4** ⟨*Econ*⟩ assignment.

cedola *f.* ⟨*Econ*⟩ dividend warrant, coupon, ⟨*am*⟩ share of stock. □ ⟨*Econ*⟩ ∼ *azionaria* (*o di azione*) share (*o* stock) coupon; ∼ *di commissione* order form; ∼ *di commissione libraria* bookshop order coupon; ∼ *di dividendo* dividend coupon; ∼ *staccata* ex–dividend, ex–coupon. **cedolare** *a.* coupon–. □ ⟨*Econ*⟩ *imposta* ∼ tax on dividends, coupon tax.

cedrata *f.* citron syrup.

cedrina *f.* ⟨*Bot*⟩ sweet–scented verbena.

cedro[1] *m.* **1** ⟨*Bot*⟩ cedar. **2** (*legno*) cedar(–wood). □ ∼ *del Libano* Cedar of Lebanon.

cedro[2] *m.* **1** ⟨*Bot*⟩ citron (tree). **2** (*frutto*) citron. □ ∼ *candito* candied citron–peel.

cedrone *m.* ⟨*Ornit*⟩ (*urogallo*) capercaillie.

ceduo **I** *a.* of a coppice. **II** *s.m.* (*bosco ceduo*) coppice, copse.

CEE = *Comunità economica europea* European Economic Community (*abbr.* EEC).

CEEA = *Comunità europea per l'energia atomica* European Atomic Energy Community.

cefalea *f.* ⟨*Med*⟩ cephalea. **cefalico** *a.* (*pl.* -ci) cephalic.

cefalo *m.* ⟨*Itt*⟩ grey (*o* gray) mullet. **cefalocordati** *m.pl.* ⟨*Zool*⟩ lancelets *pl.* **cefalopodi** *m.pl.* ⟨*Zool*⟩ cephalopods *pl.* **cefalorachidiano** *a.* ⟨*Anat*⟩ cephalor(rh)achidian.

cefalosporina *f.* ⟨*Biol*⟩ cephalosporin.

ceffo *m.* **1** (*muso*) snout, muzzle. **2** ⟨*spreg*⟩ (*viso brutto*) (ugly) mug. **3** ⟨*fig*⟩ (*persona*) sinister–looking person.

ceffone *m.* cuff; (*sul viso*) slap; (*sulle orecchie*) box (on the ears). □ *dare un* ∼ to slap, to give a slap (*o* cuff); *prendere a* –*i qd.* to cuff s.o.

celare *v.t.* (**celo**) to hide, to conceal: ∼ *a qd. la verità* to hide (*o* keep) the truth from s.o. **celarsi** *v.r.* to hide (o.s.), to conceal o.s.

celata *f.* ⟨*Stor*⟩ sallet.

celeberrimo *a.* very famous, of great renown.

celebrante *m.* ⟨*Rel*⟩ celebrant, officiant. **celebrare** *v.t.* (**celebro**) **1** (*festeggiare*) to celebrate, to keep, to observe. **2** ⟨*Lit*⟩ to celebrate, to officiate at. **3** (*esaltare*) to celebrate, to extol, to sing the praises of, to exalt: ∼ *i meriti di qd.* to extol s.o.'s merits; (*in versi*) to sing (the praises) of, to celebrate. □ ∼ *le feste* to observe religious feast–days; ∼ *la messa* to celebrate (*o* say) Mass; ∼ *le nozze* to officiate at a wedding; *si celebra un processo* a trial is being held. **celebrativo** *a.* celebration–, commemorative: *discorso* ∼ commemorative speech. **celebratore** *m.* (*f.* -trice) celebrator. **celebrazione** *f.* **1** (*il celebrare, festa*) celebration. **2** ⟨*Lit*⟩ celebration, officiation (at). **3** (*rif. ad atti ufficiali*) execution, performance.

celebre *a.* **1** famous, renowned, celebrated; (*noto*) well–known; ⟨*spreg*⟩ notorious: *è* ∼ *per la sua avarizia* he is notorious (*o* well–known) for his miserliness. **2** (*famigerato*) notorious, ill–famed: *un* ∼ *delinquente* a notorious delinquent. **celebrità** *f.* **1** celebrity, fame, renown. **2** ⟨*spreg*⟩ notoriety, ill–fame. **3** (*persona celebre*) celebrity.

celenterati *m.pl.* ⟨*Zool*⟩ coelenterates *pl.*

celere *a.* (*sup.* **celerrimo/celerissimo**) **1** quick fast, swift. **2** (*accelerato*) accelerated, ⟨*fam*⟩ crash: *corso* ∼ *di inglese* crash course in English. □ *la* ∼ the Flying Squad. **celerità** *f.* quickness, swiftness, celerity. **celermente** *avv.* quickly, swiftly.

celesta *f.* ⟨*Mus*⟩ celesta. **celeste** **I** *a.* **1** (*del cielo*) celestial, heavenly: *volta* ∼ heavenly vault. **2** (*divino*) celestial, heavenly: *il padre* ∼ the Heavenly Father; *grazia* ∼ heavenly grace. **3** (*azzurro*) sky–blue, light–blue, blue: *occhi* –*i* blue eyes. **II** *s.m.* sky–blue, light–blue, blue: *vestire di* ∼ to wear blue. □ *corpi* –*i* celestial bodies; ⟨*Stor*⟩ *il* ∼ *impero* (*la Cina*) the Celestial Empire; ⟨*Mus*⟩ *registro* ∼ (voix) céleste, vox angelica. **celestiale** *a.* celestial, heavenly: *bellezza* ∼ heavenly beauty. **celestino** *a.* pale–blue, light–blue, bluish.

celetto *m.* ⟨*Teat*⟩ border.

celia *f.* joke, jest: *per* ∼ as a joke, in jest, for fun.

celiaco *a.* (*pl.* -ci) ⟨*Anat*⟩ coeliac: *arteria* –*a* coeliac artery.

celiare *v.i.* (**celio**; *aus.* **avere**) to joke, to jest.

celibato *m.* celibacy, bachelorhood, single state. **celibe** **I** *a.* single, unmarried, celibate. **II** *s.m.* bachelor, single (*o* unmarried) man.

celidonia *f.* ⟨*Bot*⟩ celandine.

cella *f.* **1** cell (*anche El.*). **2** ⟨*Archeol*⟩ cella, naos. □ ∼ *campanaria* belfry; ⟨*El*⟩ ∼ *elettrolitica* electrolytic cell; ∼ *frigorifera* cold room, cold store; ∼ *d'isolamento* close confinement cell; ∼ *di* **rigore** close (*o* solitary) confinement cell; ⟨*tecn*⟩ ∼ **solare** solar cell.

cellario *m.* cellarer.

cellofan (*o cellofan*) *m.* cellophane.

cellula *f.* **1** cell (*anche Pol.,El.*). **2** ⟨*Aer*⟩ airframe, (wing) cell, wing unit. □ ⟨*Pol*⟩ ∼ **comunista** communist cell; ∼ **fotoelettrica** photo(electric) cell; ∼ **germinale** germ–cell, bud-cell; ⟨Biol⟩ ~ **madre** mother cell; ⟨Inform⟩ ~ *di* **memoria** cell; ~ **sessuale** reproductive cell; ~ **spermatica** sperm cell.

cellulare I *a.* cellular, cell–. **II** *s.m.* prison-van, ⟨fam⟩ Black Maria, ⟨am.fam⟩ paddy wagon. □ *segregazione* ~ solitary (*o* close) confinement; ⟨Biol⟩ *struttura* ~ cellular structure.

cellulite *f.* ⟨Med⟩ cellulitis.

celluloide *f.* celluloid.

cellulosa *f.* cellulose.

cellulosico *a.* (*pl.* -ci) cellulose-, of cellulose.

celluloterapia *f.* ⟨Med⟩ cell(ular) therapy.

celoma *m.* ⟨Zool⟩ c(o)elom.

celta *m.* ⟨Stor⟩ Celt. **celtico** *a./s.* (*pl.* -ci) **I** *a.* Celtic. **II** *s.m.* (*lingua*) Celtic.

cembalo *m.* **1** ⟨Stor⟩ cymbal. **2** (*tamburello*) tambourine. **3** (*clavicembalo*) harpsichord, clavicymbal. □ ⟨fig⟩ *andare in –i* to be riotously merry.

cembro *m.* ⟨Bot⟩ cembran pine.

cementare *v.t.* (**cemento**) **1** to cement. **2** ⟨Met⟩ to case-harden. **3** ⟨fig⟩ to cement, to strengthen: ~ *un'amicizia* to strengthen a friendship. **cementazione** *f.* **1** cementation. **2** ⟨Met⟩ case-hardening. **3** ⟨fig⟩ strengthening. **cementificio** *m.* cement works *pl* (*costr. sing. o pl.*). **cementista** *m.* cement layer, cement finisher, cementer. **cementite** *f.* cementite.

cemento *m.* **1** cement. **2** ⟨fig⟩ bond, link **3** ⟨Med⟩ cement. □ ~ *armato* reinforced concrete: *costruzione in* ~ *armato* reinforced-concrete building; ~ *dentario* dental cement; ~ *a lenta presa* slow(-setting) cement; ~ *a rapida presa* quick(-setting) cement, rapid-hardening cement.

cena *f.* (*normale pasto della sera*) supper; (*cena importante, con ospiti*) dinner. □ *andare a* ~: **1** (*cenare*) to have supper: *noi andiamo a* ~ *alle otto* we have supper at eight; **2** (*andare a cena da qd.*) to go to (*o* for) dinner; *dopo* ~ after dinner (*o* supper); *essere a* ~ to be at dinner; *ieri siamo stati a* ~ *dai Bianchi* yesterday we had dinner at the Bianchis⁷ (*o* went to the Bianchis' for dinner); ⟨Rel⟩ *l'ultima* ~ the Last Supper. **cenacolo** *m.* **1** ⟨Stor⟩ cenacle. **2** ⟨Art⟩ (painting representing the) Last Supper: *il* ~ *di Leonardo da Vinci* Leonardo da Vinci's Last Supper. **3** ⟨fig⟩ (*gruppo di artisti*) artistic coterie. **cenare** *v.i.* (**ceno**; *aus.* avere) (*frugalmente*) to have supper, ⟨lett⟩ to sup; (*lautamente*) to have dinner, to dine.

cenciaiolo *m.* (*f.* -a) ragman (*f* –woman).

cencio *m.* **1** rag; (*per spolverare*) duster; (*per pavimenti*) floorcloth. **2** ⟨fig⟩ (*rif. a persona*) haggard (*o* worn-out) person. **3** *pl.* (*abiti miseri*) rags *pl*, tatters *pl.* □ *non avere un* ~ *di vestito* not to have a rag to put on; *bianco come un* ~ *lavato* as white as a sheet; **cadere** *come un* ~ to flop down like a wet rag; ⟨fig⟩ **ridursi** *un* ~ (*per malattia*) to get very run-down; *andare* **vestito** *di cenci* to be (dressed) in rags (*o* tatters).

cencioso *a.* ragged, tattered.

ceneraccio *m.* **1** lye-ashes *pl.* **2** (*panno*) bucking cloth.

ceneraio *m.* **1** ash-pan, ⟨am⟩ ash-can. **2** ⟨Met⟩ ash-pit. **cenerata** *f.* lye. **cenere** *I s.f.* **1** ash, cinders *pl.* **2** *pl.* (*resti mortali*) ashes *pl.* **II** *a.inv.* ash-coloured, ashy. Ceneri *f.pl.* ⟨Rel⟩ Ash-Wednesday. □ *capelli biondo* ~ ash-blonde hair; *grigio* ~ ash grey; ⟨fig⟩ **ridurre** *in* ~ to destroy, to wipe out; **ridursi** *in* ~ to be burned to a cinder.

Cenerentola *N.pr.f.* ⟨Lett⟩ Cinderella. **cenerentola** *f.* ⟨fig⟩ cinderella.

cenerino *a.* ash-coloured, ashen, ashy.

cengia *f.* (*pl.* -ge) ⟨Alp⟩ ledge (on a rock-face).

Cenisio *N.pr.m.* ⟨Geog⟩ Mont Cenis.

cennamella *f.* ⟨Mus⟩ **1** (*zufolo*) shawm. **2** (*zampogna*) bagpipe.

cenno *m.* **1** (*segno*) sign, gesture; (*rif. al capo*) nod; (*rif. alla mano*) wave; (*rif. agli occhi*) wink: *fare un* ~ *con gli occhi* to wink, to give a wink. **2** (*allusione*) hint, allusion, mention: *non fare* ~ *del mio arrivo* don't mention (*o* make any mention of) my arrival. **3** (*comando*) sign(al), order: *a un tuo* ~ *verrò* I shall come on receiving a signal from you. **4** (*notizia brevissima*) brief explanation, notice, short account. **5** *pl.* outline, short account, short essay: *–i di storia dell'arte* an outline of the history of art. □ *dare*

~ *di vita* to give signs of life; **fare** ~ *di no* to shake one's head; *fare* ~ *di sì* to nod (assent); *fare* ~ *a qd.* to sign (*o* gesture) to s.o.; *gli fece* ~ *di venire da lui* he beckoned him over (*o* to approach); *far* ~ *di volersene andare* to indicate that one would like to leave; *fare un* ~ to (make a) sign, to beckon, to gesture; (*col capo*) to nod; **mandare** *un* ~ *di ricevuta* to acknowledge receipt; *al primo* ~ at the first hint (*o* sign); ⟨Comm⟩ *in attesa di un Vs.* ~ *di riscontro* looking forward to hearing from you; **salutare** *qd. con un* ~ *della mano* to wave to s.o.; (*accomiatandosi*) to wave good-bye to s.o.

cenobio *m.* c(o)enoby. **cenobita** *m.* c(o)enobite. **cenobitico** *a.* (*pl.* -ci) c(o)enobitic(al).

cenone *m.* (*cena della vigilia di Natale*) Christmas Eve dinner.

cenotafio *m.* cenotaph.

cenozoico *a./s.* (*pl.* -ci) **I** *a.* Caenozoic. **II** *s.m.* Caenozoic era.

censimento *m.* census(-taking): *fare il* ~ to take a census. □ ~ *industriale* census of business; *effettuare un* ~ *della popolazione* to hold a population census; ~ *della produzione* census of production; *scheda di* ~ census paper. **censire** *v.t.* (**censisco, censisci**) **1** (*fare il censimento*) to take a census of. **2** (*iscrivere nei registri del censo*) to register for assessment. **3** (*gravare d'imposta*) to tax, to assess. **censo** *m.* **1** (*patrimonio*) estate, property, possessions *pl;* (*ricchezze*) wealth. **2** (*rendita*) income.

censore *m.* **1** ⟨Stor.rom⟩ censor. **2** ⟨Lett,Art⟩ censor. **3** ⟨fig⟩ critic, fault-finder: *fare il* ~ to set o.s. up as a critic, to be censorious. **censoriale, censorio** *a.* censorial.

censura *f.* **1** censorship (*anche* Stor.rom.): ~ *cinematografica* film censorship; (*comitato di censura*) board of censors, censor: *la* ~ *ha tagliato due scene del film* the censor has cut two scenes from the film. **2** (*ufficio*) censorship. **3** (*riprovazione*) censure, blame: ~ *ecclesiastica* ecclesiastical censorship; **infliggere** *una* ~ *a qd. per qc.* to censure s.o. for s.th.; ⟨Psic⟩ ~ **onirica** oneiric censorship; **passare** *la* ~ to pass the censor; ~ **politica** state censorship; ~ *della posta* postal censorship. **censurabile** *a.* censurable, reprehensible, blameworthy: *condotta* ~ reprehensible conduct. **censurare** *v.t.* **1** to censor. **2** ⟨fig⟩ (*biasimare*) to censure, to blame.

cent. = *centigrado* centigrade (*abbr.* cent.).

centaurea (*o centgurea*) *f.* ⟨Bot⟩ centaury. **centauro** *m.* (*rar. f.* -a/-essa) **1** ⟨Mitol⟩ centaur. **2** ⟨Sport⟩ motorcyclist. Centauro *N.pr.m.* ⟨Astr⟩ Centaurus, the Centaur.

centellinare *v.t.* (**centellino**) to sip. **centellino** *m.* sip. □ *a –i:* **1** in sips; **2** ⟨fig⟩ bit by bit, in dribs and drabs; *bere a –i* to sip.

centenario I *a.* **1** centenarian, ⟨attr⟩ hundred-year-old, ⟨pred⟩ a hundred years old: *un vecchio* ~ a hundred-year-old man, a centenarian. **2** (*secolare*) age-old, centuries-old: *albero* ~ centuries-old tree. **3** (*che ricorre ogni cento anni*) centennial: *celebrazione –a* centennial celebration. **II** *s.m.* **1** (*commemorazione*) centenary, centennial. **2** (*rif. a persona; f.* -a) centenarian. **centennale** *a.* **1** (*che dura cento anni*) centennial, ⟨attr⟩ hundred-year-old, ⟨pred⟩ of a hundred years' standing, ⟨pred⟩ a hundred years old: *istituzione* ~ institution of a hundred years' standing. **2** (*che ricorre ogni cento anni*) centennial. **centenne** *a.* centennial, ⟨attr⟩ hundred-year-old, ⟨pred⟩ a hundred years old; (*secolare*) age-old, centuries-old. **centennio** *m.* century, period of a hundred years.

centesimale *a.* centesimal. □ *grado* ~ centesimal degree; *sistema di numerazione* ~ centesimal system (of numbering).

centesimo I *a.* hundredth: *il* ~ *posto* the hundredth place. **II** *s.m.* **1** (*centesima parte*) hundredth (part). **2** (*che è al centesimo posto*) hundredth. **3** (*moneta*) cent; (*di lira*) centesimo; (*di franco*) centime. □ **badare** *al* ~ to count every penny; ⟨fig⟩ **contare** *il* ~ to count every penny; *non avere un* ~ *di* **dignità** not to have a shred (*o* scrap) of dignity; *non* **ho** *un* ~ I haven't a brass farthing, I'm penniless, ⟨fam⟩ I'm broke; **pagare** *fino all'ultimo* ~ to pay up to the last penny; *non* **valere** *un* ~ not to be

worth a farthing, not to be worth a red cent.
centiara *f.* centiare, square metre.
centigrado *a.* centigrade: *graduazione –a* centigrade graduation. □ *temperatura di trenta gradi –i* temperature of thirty degrees centigrade; *termometro ~* centigrade thermometer. **centigramma, centigrammo** *m.* centigramme. **centilitro** *m.* centilitre. **centimetrare** *v.t.* (**centimetro**) to divide into centimetres. **centimetrato** *a.* divided into centimetres, centimetre–: *asta –a* measuring rod divided into centimetres. **centimetro** *m.* **1** centimetre. **2** (*nastro per misurare*) tape–measure. □ *~ cubo* cubic centimetre; *~ quadrato* square centimetre.
centina *f.* **1** ⟨Edil⟩ centering, centre. **2** ⟨Aer⟩ rib. □ *a ~ curved*; ⟨Lav.femm⟩ *bordo a ~* scalloped edge; ⟨Min⟩ *~ di una galleria* timbering of a tunnel; ⟨Lav.femm⟩ *punto a ~* scallop stitch.
centinaio *m.* (*pl.* le **centinaia**) **1** hundred. **2** (*circa cento*) about a hundred, some hundred, a hundred or so: *un ~ di persone* about a hundred people, a hundred people or so. □ *a –a* in hundreds, by the hundred; *parecchie –a di libri* several hundred books; *molte –a di migliaia di morti* many hundreds of thousands of dead.
centinare *v.t.* (**centino**) **1** ⟨Edil⟩ to provide with centering. **2** ⟨Lav. femm⟩ to scallop. **centinatura** *f.* **1** ⟨Edil⟩ centering. **2** (*sagomatura di arco*) camber.
centista *m./f.* ⟨Sport⟩ → **centometrista**.
cento *a./s.inv.* **I** *a.* **1** a (*o* one) hundred: *~ uomini* a (*o* one) hundred men; *tre ~ libri* three hundred books. **2** (*circa cento*) about a hundred, a hundred or so: *un ~ persone* a hundred people or so, about a hundred people. **3** ⟨iperb⟩ (*molti, parecchi*) a lot of, a host of, plenty of, ⟨fam⟩ hundreds of: *tu trovi sempre ~ scuse* you always find a host of excuses. **II** *s.m.* hundred. □ *a ~ a ~* in hundreds, by the hundred, a hundred at a time; *al ~ per ~* a hundred per cent, out–and–out, utter, absolute: *sei un pessimista al ~ per ~* you are an utter (*o* out–and–out) pessimist; *un biglietto da ~* a hundred–lira note; *~ contro uno* a hundred to one; *~ di questi giorni* many happy returns (of the day); (*per ricorrenze che non siano il compleanno*) best wishes; ⟨Stor⟩ *la guerra dei ~ anni* the Hundred Years' War; **per ~** per cent; *il per ~* the percentage; *il cinque per ~ di sconto* five per cent discount; *ho avuto una riduzione del venti per ~* I got a twenty per cent reduction; *nel cinquanta per ~ dei casi* in fifty per cent of the cases; **su ~** in (*o* out of) a hundred: *novantanove volte su ~* ninetynine times out of a hundred; ⟨fig⟩ *avere novantanove probabilità su ~* to be practically certain.
centometrista *m./f.* ⟨Sport⟩ hundred–metre runner.
centomila *a./s.inv.* **I** *a.* **1** a (*o* one) hundred thousand. **2** ⟨iperb⟩ (*moltissimi*) thousands of, a host of. **II** *s.m.* a (*o* one) hundred thousand. **centomillesimo** *a./s.m.* hundred–thousandth.
centopiedi *m.inv.* ⟨Zool⟩ centipede.
centrale **I** *a.* **1** central: *la parte ~ dell'edificio* the central part of the building; (*rif. a idee, problemi, ecc.*) essential, main, basic: *il punto ~ del problema* the ⌈main point⌉ (*o* heart, core) of the problem. **2** (*al centro della città*) central, in the centre (of town): *via ~* street in the centre of town; *appartamento centralissimo* very central flat. **3** (*principale*) main, head, principal, central: *la direzione ~ di una ditta* the head office of a firm; *governo ~* central government. **4** ⟨Geog⟩ central: *America ~* Central America. **II** *s.f.* **1** station, plant, works *pl*, main depot. **2** ⟨Tel⟩ (telephone) exchange, ⟨am⟩ central. **3** ⟨El⟩ power station, power plant. □ **amministrazione ~** general management; *~* **atomica** nuclear power station; ⟨El⟩ *~ a* **carbone** coal–fired power plant (*o* station); *~* **elettrica** power station, ⟨am⟩ power plant; *~* **elettronucleare** nuclear power plant (*o* station); *~* **elioelettrica** solar power plant (*o* station); *~* **idroelettrica** hydroelectric ⌈generating station⌉ (*o* power plant); *~ del* **latte** central dairy, milk depot; *~* **mareomotrice** tidal power plant (*o* station); *~* **operativa** (*di polizia e sim.*) operational unit; **parte ~** central part, middle; **posta ~:** 1 (*in una città*) main (*o* central) post office; 2 (*ufficio centrale delle poste*) General Post Office; ⟨El⟩ *~ di* **punta** (*o per carichi di*

punta) peak–load plant; *~ di* **raccolta** (central) depot, collecting station; **riscaldamento ~** central heating; **sede ~** head office, headquarters *pl*; *~* **termica** heating plant; *~* **termoelettrica** thermoelectric power plant; **zona ~** *di una* **città** town centre, centre of town.
centralina *f.* ⟨Tel⟩ private branch exchange. **centralinista** *m./f.* (switchboard) operator. **centralino** *m.* telephone exchange; (*manuale, di albergo, ecc.*) switchboard. □ *chiamare il ~* to call the operator (*o* switchboard).
centralismo *m.* ⟨Pol⟩ centralism. **centralista** *m./f.* centralist. **centralità** *f.* centrality.
centralizzare *v.t.* to centralize. **centralizzatore** **I** *a.* centralizing. **II** *s.m.* (*f.* -trice) centralizer. **centralizzazione** *f.* centralization.
centrare *v.t./i.* (**centro**) **I** *v.t.* **1** to hit the centre of; (*colpire in pieno*) to make (*o* score) a direct hit on. **2** (*fissare nel centro*) to fix in the centre, to centre: *~ il compasso* to fix the point of the compass in the centre; *~ una ruota* to centre a wheel. **3** ⟨fig⟩ (*capire perfettamente*) to get into focus (*o* perspective), to grasp fully: *non riesco a ~ il problema* I can't get the problem into focus. **4** ⟨Mar.mil⟩ to straddle. **5** ⟨Sport⟩ to centre: *~ il pallone* to centre the ball. **II** *v.i.* (*aus.* avere) to hit the mark (*o* centre) □ *~ il bersaglio* to hit the centre of the target, to hit the mark (*o* bull's eye); ⟨fig⟩ to hit the nail on the head; *l'attore ha centrato il suo personaggio* the actor captured the exact spirit of his character. **centrata** *f.* ⟨Sport⟩ centre. **centrato** *a.* **1** (*colpito in pieno*) struck in the centre, hit squarely. **2** (*fissato nel centro*) centred, balanced. □ *ben ~* well–aimed, ⟨pred⟩ right on the mark: *un colpo ben ~* a well–aimed blow.
centrattacco *m.* (*pl.* -chi), ⟨Sport⟩ centre forward.
centratura *f.* ⟨Mecc⟩ centring.
centravanti *m.inv.* → **centrattacco**.
centrifuga *f.* **1** centrifuge, centrifugal separator: *~ del latte* centrifugal milk separator. **2** (*per preparare succhi di frutta*) juice extractor. **3** (*di lavabiancheria*) centrifugal dryer. **centrifugare** *v.t.* (**centrifugo, centrifughi**) to centrifuge. **centrifugazione** *f.* centrifugation. **centrifugo** *a.* (*pl.* -ghi) **1** centrifugal: *forza –a* centrifugal force. **2** ⟨fig⟩ breakaway: ⟨Pol⟩ *corrente –a di un partito* breakaway group of a party. □ *pompa –a* centrifugal pump.
centrino *m.* doily.
centripeto *a.* ⟨Fis,Bot⟩ centripetal: *forza –a* centripetal force.
centrista **I** *a.* ⟨Pol⟩ centre–, moderate: *partito ~* centre party. **II** *s.m./f.* supporter of a centre party, centrist.
centro *m.* **1** centre, middle: *abitare in ~* to live in the centre of town; *il ~ della tavola* the middle of the table. **2** ⟨fig⟩ kernel, core, heart, centre; (*parte di mezzo*) middle. **3** (*luogo abitato, città*) town: *la strada tocca i maggiori –i della regione* the road goes through the most important towns in the region. **4** (*luogo in cui si è sviluppata una determinata attività*) centre: *~ agricolo* agricultural centre; *~ industriale* industrial centre; (*luogo di soggiorno o ritrovo*) resort: *~ balneare* seaside resort. **5** (*base di operazioni*) centre, base, station: *~ di raccolta* collecting station. **6** (*istituto di ricerche*) institute, centre: *~ di studi danteschi* centre for Dantesque studies. **7** (*colpo centrato*) bull's-eye, hit: *ha fatto tre –i* he scored three bull's-eyes. **8** (*parte centrale del bersaglio*) bull's–eye. **9** ⟨Geom,Pol⟩ centre: *il ~ di una circonferenza* the centre of a circle. **10** ⟨Sport⟩ (*nel calcio*) centre; (*nel tennis*) pivot. **11** ⟨Anat⟩ centre: *–i nervosi* the nerve centres. □ *~* abitato town; (*villaggio*) village; *essere* **al** *~ dell'attenzione generale* to be the centre of attention; ⟨Fis⟩ *~* **d'attrazione** centre of attraction (*anche fig.*); *~* **balneare** seaside resort; ⟨Inform⟩ *~ di* **calcolo** computer centre, data processing centre; ⟨Strad⟩ (*nei cartelli*) **città** town centre; *~* **commerciale** business centre, ⟨am⟩ downtown; (*con negozi*) shopping centre; *~* **congressi** congress centre; ⟨Econ⟩ *~ di* **costo** cost centre; ⟨Inform⟩ *~* **dati** data processing centre; *~* **dattilografico** typing pool; *~* **diagnostico:** 1 ⟨Med⟩ diagnostic centre; 2 ⟨Aut⟩ diagnostic test centre; *~ di* **distribuzione** distribution centre; ⟨Inform⟩ *~ di* **elaborazione** *dati* data processing centre; **fare** *~* to hit the

bull's-eye (*o* target); ⟨*fig*⟩ (*indovinare*) to hit the mark (*o* nail on the head); ~ **ferroviario** railway junction; ~ **finanziario** financial centre; ~ *di* **formazione** *professionale* vocational training centre; ~ *di formazione universitaria* university training centre; **fuori** ~: 1 out of position; 2 (*rif. a colpo*) wide of the mark; 3 (*rif. a città*) outlying, suburban, on the outskirts; 4 ⟨*Mecc*⟩ off-centre; ~ *di* **gravità** centre of gravity; *andare in* ~ to go into town; ~ **industriale** industrial centre; ⟨*Sport*⟩ ~ **invernale** winter resort; ~ **nucleare** nuclear plant; ~ *di* **orientamento** *professionale* vocational guidance centre; ⟨*fig*⟩ ~ *di* **potere** centre of power; ⟨*Cin*⟩ ~ *di* **produzione** production centre; ~ *di* **raccolta** collecting point; ~ **ricreativo** recreation centre; ~ **scolastico** school centre; ~ **spaziale** space centre; ~ **storico** (*di una città*) (historic) city centre; ~ **termale** spa; *il* ~ *della* **terra** the centre of the earth; ~ **turistico** resort.

Centroamerica *m.* Central America. **centroamericano** *a.* Central American.

centro|campista *m.* ⟨*Sport*⟩ midfielder, ⟨*am*⟩ centerfielder. **~campo** *m.* midfield, ⟨*am*⟩ centerfield. **~destra** *m.* ⟨*Pol*⟩ centre-right. **~destro** *m.* ⟨*Sport*⟩ inside right. **~europeo** *a.* Central European. **~mediano** *m.* ⟨*Sport*⟩ centre half. **~sinistra** *m.* ⟨*Pol*⟩ centre-left. **~sinistro** *m.* ⟨*Sport*⟩ inside left. **~sostegno** *m.* ⟨*Sport*⟩ → centromediano. **~tavola** *m.* (*pl.* centritavola) centrepiece. **~terzino** *m.* ⟨*Sport*⟩ centreback.

centumvirato *m.* ⟨*Stor.rom*⟩ centumvirate. **centumviro** *m.* centumvir.

centuplicare *v.t.* (**centuplico, centuplichi**) 1 to centuple, to centuplicate. 2 ⟨*fig*⟩ (*accrescere*) to increase greatly. **centuplo** I *a.* hundredfold, ⟨*pred*⟩ one hundred times greater, centuple: *guadagno* ~ profit one hundred times greater. II *s.m.* a hundred times as much, one hundredfold: *ho guadagnato il* ~ I made a hundred times as much.

centuria *f.* ⟨*Stor.rom,Fasc*⟩ century. **centurione** *m.* centurion.

ceppaia *f.* 1 stump, stub. 2 (*bosco ceduo*) coppice. **ceppata** *f.* 1 → ceppaia. 2 (*pali per ormeggio*) group of mooring poles.

ceppo *m.* 1 (*base dell'albero*) stump, stub; (*della vite*) vinestock. 2 (*tronco di sostegno: dell'incudine*) anvil block; (*per macellai*) chopping block; (*per decapitazioni*) (execution) block. 3 (*da ardere*) log: *il* ~ *di Natale* the Yule log. 4 *pl.* ⟨*Mediev*⟩ fetters *pl*, shackles *pl* (*anche fig.*). 5 ⟨*fig*⟩ (*stirpe, lignaggio*) stock, line, lineage: *di* ~ *reale* of royal lineage. 6 ⟨*Mecc*⟩ (*ganascia*) (brake) shoe. 7 ⟨*Biol*⟩ strain. □ ~ *dell'ancora* anchor stock; ~ *dell'aratro* plough stock.

cera[1] *f.* wax; (*da scarpe*) (shoe) polish; (*da pavimenti*) (wax) polish. □ ~ *d'ape* beeswax; **bianco** *come la* ~ as pale as a ghost, as white as a sheet; **dare** *la* ~ *ai pavimenti* to polish (*o* wax) the floors; **di** ~: 1 wax-: *statua di* ~ wax statue; 2 ⟨*fig*⟩ waxen, pale: *viso di* ~ pale face; ~ **gialla** yellow wax; **museo** *delle* -*e* waxworks *pl* (*costr. sing. o pl.*); ⟨*Scult*⟩ ~ **persa** cire perdue; **struggersi** *come la* ~ (*rif. a persona*) to waste (*o* pine) fast away; (*rif. a cosa*) to melt away.

cera[2] *f.* appearance, look. □ *avere una brutta* (*o cattiva*) ~ to look off-colour (*o* ill); *fare buona* (*o cattiva*) ~ *a qd.* to give s.o. a hearty (*o* cool) welcome (*o* reception).

ceralacca *f.* sealing wax.

cerambice *m.* ⟨*Entom*⟩ long-horned beetle.

ceramica *f.* 1 (*arte*) ceramics *pl* (*costr. sing.*). 2 (*oggetto*) piece of pottery; *pl.* pottery. 3 (*materiale*) baked clay. **ceramico** *a.* (*pl.* -**ci**) ceramic: *arte* -*a* ceramic art. **ceramista** *m.* ceramist, potter.

cerare *v.t.* (**cero**) (*spalmare di cera*) to wax; (*rif. a scarpe, pavimenti*) to polish.

cerasa *f.* ⟨*region*⟩ (*ciliegia*) cherry. **cerasella** *f.* (*liquore*) cherry brandy. **ceraso** *m.* ⟨*region*⟩ (*ciliegio*) cherry(-tree).

cerato *a.* waxed, wax-. □ ⟨*Stor.rom*⟩ *tavoletta* -*a* wax tablet; *tela* -*a* oilcloth, oilskin.

Cerbero *N.pr.m.* ⟨*Mitol*⟩ Cerberus. **cerbero** *m.* (*custode severo*) Cerberus, ⟨*fam*⟩ watchdog; (*persona intrattabile*)

cantankerous person.

cerbottana *f.* 1 blowgun, blowtube. 2 (*giocattolo*) peashooter.

cerca *f.* 1 (*il cercare*) search, quest: *andare in* ~ *di qd.* to go in search of s.o. 2 (*questua*) begging, collection: *la* ~ *del grano* the collection of grain. 3 ⟨*Venat*⟩ tracking, scenting, nosing out. □ *essere in* ~ *di* to be in search of; ⌜*fare la*⌝ (*o andare alla*) ~ to go begging, to go round collecting; *mettersi in* ~ *di* to set out in search of; *partire in* ~ *di fortuna* to set off to seek one's fortune.

cerca|fughe *m.inv.* ⟨*tecn*⟩ leak detector. **~metalli** *m.inv.* metal detector. **~mine** *m.inv.* ⟨*Mil*⟩ mine detector. **~persone** *m.inv.* beeper, ⟨*fam*⟩ beep.

cercare *v.* (**cerco, cerchi**) I *v.t.* 1 to look for, to search for: ~ *la* **chiave** to look for one's key; (*in senso più astratto*) to seek, to try to find, ⟨*fam*⟩ to be after: ~ *un po' di tranquillità* to try to find a little peace. 2 (*rif. a opere di consultazione*) to look up: ~ *una parola nel dizionario* to look a word up in the dictionary. 3 (*volere, desiderare*) to wish to see, to want, to look for: *chi mi cerca?* who wants (to see) me?; *chi cerca?* who do you want to see?, who are you looking for?; (*chiedere*) to ask for, to want: ~ *denaro da qd.* to ask s.o. for money. 4 (*studiarsi di ottenere*) to seek, to try to win, to be in search of, ⟨*fam*⟩ to be after: ~ *gli onori* to seek honours. 5 (*perlustrare*) to search: *ho cercato tutta la stanza per trovare gli occhiali* I have searched the whole room for my glasses. II *v.i.* (*aus. avere*) (*tentare*) to try; (*sforzarsi*) to strive: *cerca di fare presto* try to be quick. □ ~ *casa* to look for a house, to go househunting; *abile dattilografa cercasi* capable typist wanted; ~ *col* **lanternino** to search very carefully, ⟨*fam*⟩ to search with a fine toothcomb; ~ *qc. per mare e per terra* to look high and low for s.th.; ~ **marito** to look for a husband; ~ *qd. con gli* **occhi** to look round for s.o.; ~ *il* **pelo** *nell'uovo* to split hairs; ~ **scampo** *nella fuga* to seek safety in flight; *è come* ~ *uno* **spillo** *in un pagliaio* it's like looking for a needle in a haystack; ⟨*Rad*⟩ ~ *una* **stazione** to tune in to a station; ~ *qc. a* **tastoni** to fumble (*o* grope) about for s.th. *Prov.: chi cerca trova* he who seeks will find.

cercasole *m.inv.* ⟨*Astr*⟩ sunseeker.

cercata *f.* quick look, brief search: *dare una* ~ to have a quick look. **cercatore** I *s.m.* 1 (*f.* -**trice**) seeker, searcher. 2 (*f.* -**a**; *religioso*) begging friar (*f* nun). 3 ⟨*Rad*⟩ detector. 4 (*rif. a telescopio*) checker. II *a.* search-. □ *cannocchiale* ~ finder; ~ *d'oro* gold prospector, gold digger.

cerchia *f.* 1 circle, ring: ~ *di mura* circle of walls, walls *pl*; ~ *di monti* ring of mountains. 2 ⟨*fig*⟩ (*rif. a persone*) circle, set, coterie: *una* ~ *di amici* a circle of friends; ~ *familiare* family circle. **cerchiare** *v.t.* (**cerchio, cerchi**) to ring; (*rif. a botti*) to hoop: ~ *una botte* to hoop a barrel, to bind a barrel with hoops; (*rif. a ruote*) to rim. **cerchiato** *a.* ringed; (*rif. a botti*) hooped. □ *avere gli occhi* -*i* to have (black) rings round one's eyes. **cerchietto** *m.* 1 (*braccialetto*) bangle. 2 *pl.* (*gioco*) graces *pl* (*costr. sing.*). □ ~ *per capelli* hair-band.

cerchio *m.* 1 ⟨*Geom*⟩ circle: *area di un* ~ area of a circle; *tracciare un* ~ *col compasso* to draw a circle with a pair of compasses. 2 (*fascia per cerchiare botti*) hoop. 3 (*giocattolo*) hoop. 4 (*cerchio di persone*) ring, circle. 5 ⟨*Lett*⟩ (*suddivisione dell'Inferno dantesco*) circle. 6 ⟨*fig*⟩ web, net: *il* ~ *dei sospetti* the web of suspicion; *il* ~ *si chiude intorno agli assassini* the net is closing in on the murderers. □ **a** ~ in (the shape of) a circle; ⟨*Bot*⟩ *cerchi* **annuali** annual (*o* growth) rings; ⟨*fig*⟩ *dare un* **colpo** *al* ~ *e uno alla botte* to run with the hare and hunt with the hounds; **descrivere** *un* ~ to describe a circle; **fare** ~ *intorno a qd.* to form a circle round s.o., to crowd (*o* cluster) round s.o.; **in** ~ in a ring (*o* circle): *disporsi in* ~ to form a circle, to make a ring; *girare in* ~ to round in a ring; ⟨*Aut*⟩ *cerchi* **in lega** *leggera* light-alloy rings; ~ **magico** magic circle (*o* ring); ~ **massimo** great circle; ~ *della* **morte** wall of death; ⟨*Aer*⟩ **loop**; ⟨*Astron*⟩ ~ **orario** hour circle; ~ *di una* **ruota** rim (*o* felly) of a wheel.

cerchione *m.* 1 ⟨*Aut*⟩ rim. 2 ⟨*Ferr*⟩ tread.

cercine *m.* pad (for carrying loads on one's head).

cercopiteco *m.* (*pl.* -**chi**) ⟨*Zool*⟩ guenon, cercopith.

cereale I *s.m.* **1** cereal. **2** *pl.* cereals *pl*, grain, corn: *commercio di –i* corn trade, cereal trade. II *a.* cereal–, cereal, grain–: *pianta* ~ cereal (plant).

cerealicolo *a.* grain–, corn–. **cerealicoltore** *m.* (*f.* -trice) cereal grower, grain farmer. **cerealicoltura** *f.* cereal growing, grain farming.

cerebrale *a.* cerebral (*anche fig.*): *arteria* ~ cerebral artery; *scrittore* ~ cerebral writer. □ ⟨*Med*⟩ *commozione* ~ concussion. **cerebralismo** *m.* cerebralism. **cerebralità** *f.* cerebralism. **cerebroleso** *a./s.m.* brain–injured, encephalopathic. **cerebropatia** *f.* ⟨*Med*⟩ encephalopathy, cerebropathy. **cerebrospinale** *a.* ⟨*Med*⟩ cerebrospinal.

cereo *a.* **1** (*di cera*) wax–, waxen. **2** (*pallido*) pale, waxen: *viso* ~ pale face.

Cerere *N.pr.f.* ⟨*Mitol*⟩ Ceres.

cereria *f.* **1** (*fabbrica*) candle (*o* wax) factory. **2** (*rivendita*) wax chandler's shop.

ceretta *f.* **1** (*lucido per scarpe*) shoe polish. **2** (*crema depilatoria*) depilatory wax. □ ~ *a freddo* strip wax.

cerfoglio *m.* ⟨*Bot*⟩ (garden) chervil.

cerimonia *f.* **1** ceremony, rite: ~ *nuziale* marriage ceremony; (*funzione*) service. **3** *pl.* (*convenevoli*) ceremony: *accettare qc. senza tante –e* to accept s.th. without ceremony (*o* much ado). □ **abito** *da* ~ full dress; ~ *d'apertura* opening (*o* inaugural) ceremony; ~ *di* **chiusura** closing ceremony; *fare –e* to stand on ceremony; ~ **funebre** funeral rites (*o* service); **maestro** *di –e* Master of Ceremonies; ~ *della* **premiazione** *scolastica* school prize–giving (ceremony); **quante** *–e* what a fuss; **visita** *di* ~ formal (*o* ceremonial) visit.

cerimoniale *m.* ceremonial, etiquette, protocol: *attenersi alle prescrizioni del* ~ to observe the rules of etiquette; ~ *diplomatico* diplomatic protocol; ~ *ecclesiastico* church ceremonial. **cerimoniere** *m.* Master of Ceremonies: *gran* ~ Grand Master of Ceremonies. **cerimoniosamente** *avv.* ceremoniously. **cerimonioso** *a.* ceremonious, formal: *essere molto* ~ to be very formal; *parole –e* ceremonious words.

cerino *m.* **1** wax match. **2** (*candela sottile*) taper.

cerio *m.* ⟨*Chim*⟩ cerium.

cernecchio *m.* lock of ruffled hair, unruly curl.

cernere *v.t.* (**cernei/cernetti, cernito**) ⟨*lett*⟩ (*separare*) to distinguish, to discriminate, to separate; (*scegliere*) to select, to choose.

cernia *f.* ⟨*Itt*⟩ grouper.

cerniera *f.* **1** hinge. **2** (*serratura di borsetta*) clasp. □ ~ *lampo* zip fastener, ⟨*fam*⟩ zip(per).

cernita *f.* sorting, grading. □ *fare la* ~ *di qc.* to grade s.th. **cernitrice** *f.* (*macchina*) grading machine.

cero *m.* (*grossa candela*) tall candle; (*di chiesa*) (church) candle. □ *offrire un* ~ *alla Madonna* to burn a candle to the Virgin Mary; ~ *pasquale* Paschal candle; ~ *votivo* votive candle.

cerone *m.* ⟨*Cosmet*⟩ grease paint.

ceroplastica *f.* ceroplastics *pl* (*costr.sing.*).

ceroso *a.* (*che contiene cera*) containing wax: *la parte –a del miele* the part of honey containing wax; (*simile a cera*) waxy, wax–like.

cerotto *m.* (sticking) plaster: *applicare un* ~ to put a plaster on. □ ~ *adesivo* sticking (*o* adhesive) plaster, ⟨*fam*⟩ band–aid; ~ *medicato* antiseptic plaster.

cerro *m.* **1** ⟨*Bot*⟩ Turkey oak, cerris. **2** (*legno*) bitter oak.

certame *m.* ⟨*lett*⟩ **1** (*combattimento*) combat, fight, contest. **2** (*gara poetica*) poetic contest.

certamente *avv.* **1** (*sicuramente, indubbiamente*) certainly, undoubtedly: *sarà* ~ *promosso* he will certainly pass, he is sure (*o* bound) to pass. **2** (*rafforzativo*) certainly, indeed: *sì,* ~ yes, indeed; *sei stato tu? –* ~ *no* was it you? – certainly not; (*si capisce*) of course; *verrai? –* ~*!* are you coming – ⸢yes, of course!⸣ (*o* indeed I am!); (*con senso di permesso*) by all means: *posso prendere la tua penna un momento? – sì,* ~ may I borrow your pen a moment? – by all means. **certezza** *f.* certainly, certitude. □ ~ *assoluta* absolute certainty; *avere la* ~ *che* to be sure that; *la* ~ *di riuscire* I am sure ⸢of success⸣ (*o* that I shall succeed); *con* ~ with (*o* for a) certainty, for certain, ⟨*fam*⟩

for sure; *con tutta* ~ with absolute certainty; *lo affermo con* ~ I am certain about it; *lo so con* ~ I know it for sure; ~ *matematica* mathematical certainty.

certi *pron.indef.m.pl.* some *pl*, some people *pl*: ~ *ne sarebbero felici* some would be pleased about it.

certificare *v.t.* (**certifico, certifichi**) to certify, to attest, to testify: *si certifica che* this is to certify that; *si certifica la morte del signor Rossi* ⸢this is to certify⸣ (*o* herein is certified) the death of Mr. Rossi.

certificato I *a.* certified: *copia –a conforme* true certified copy. II *s.m.* **1** certificate. **2** (*attestato di merito*) testimonial, ⟨*fam*⟩ reference. **3** ⟨*Comm*⟩ voucher, certificate. □ ~ *di* **assicurazione** insurance certificate; ~ *di* **avaria** average bond; ~ *di* **battesimo** certificate of baptism; ~ **catastale** (registered) land certificate; **chiedere** *un* ~ to ask (*o* apply) for a certificate; ~ *di* **cittadinanza** certificate of citizenship; ~ *di* **buona condotta** good–conduct certificate, certificate of character; ~ *di* **conformità** certificate of compliance; ~ *di* **sana costituzione** *fisica* health certificate; ~ *di* **credito** *del Tesoro* Treasury Certificate; ~ *di credito d'imposta* tax voucher; ~ **elettorale** voter's certificate, attestation of right to vote; ~ *di* **garanzia**: 1 guarantee (certificate); 2 ⟨*Aut*⟩ certificate of fitness; ⟨*Comm*⟩ ~ *d'*importazione import certificate; ~ *di* **matrimonio** marriage certificate; ~ **medico** medical certificate; ~ *di* **morte** death certificate; ~ *di* **nascita** birth certificate; ~ *di* **navigabilità** certificate of seaworthiness (*o* navigation); ~ *di navigabilità aerea* certificate of airworthiness; ~ *di* **origine** certificate of origin; ~ **penale** certificate of police record; **presentare** *un* ~ to produce a certificate; ~ *di* **residenza** certificate of residence; **rilasciare** *un* ~ to issue a certificate; ~ *di* **risparmio** savings certificate; ~ **sanitario** health certificate; ~ *di* **sottoscrizione** stock subscription warrant, ⟨*am*⟩ stock allotment warrant; ~ *di* **stato** *civile* civil status certificate; ⟨*Scol*⟩ ~ *di* **studio** certificate of education.

certificazione *f.* certification, authentication: ~ *notarile* authentication by a notary public.

certo I *a.* **1** (*sicuro*) certain, sure: *essere* ~ *di qc.* to be certain (*o* sure) of s.th.; *sono* ~ *che verrà* I'm sure he'll come. **2** (*indubbio*) certain, sure, indisputable: *guarigione –a* certain recovery; *prova –a* indisputable (*o* irrefutable) proof; (*di cui non si può dubitare*) sure, reliable: *l'ho saputo da testimone* ~ I was told about it by a reliable witness. **3** (*alcuno, qualche*) some, certain: *c'è una –a somiglianza tra loro due* there is a certain likeness between them; *sono andato da –i amici* I went to the house of some friends of mine. **4** (*alquanto*) some: *dopo un* ~ *tempo* after some time. **5** (*tale*) certain, one: *un* ~ *signor Rossi* a (certain) Mr. Rossi. **6** (*spreg*) certain, unspeakable, unmentionable; ⟨*esclam*⟩ what: *c'era –a gente!* what (dreadful) peole there were there!, the people that were there!; (*di quel genere*) like that, such: *non devi usare –e espressioni* you musn't use expressions like that. II *avv.* **1** (*sicuramente, indubbiamente*) certainly, undoubtedly: *verrò* ~ *per Pasqua* I shall certainly come for Easter. **2** (*rafforzativo*) certainly, indeed, to be sure, (*am.fam*) sure: *no* ~ certainly not; (*si capisce*) of course *sì* ~ yes, of course; *verrai? –* ~*!* will you come? – ⸢of course I shall!⸣ (*o* I certainly shall!); (*con senso di permesso*) by all means. III *s.m.inv.* certainty, thing that is certain: *il* ~ *è che non ti ho visto* the one thing certain is that I didn't see you. □ ~ *che sì* certainly, indeed yes; ~ *che no* certainly not; *un* ~ *che* a certain s.th.; *quella ragazza ha un* ~ *non so che di affascinante* that girl has a certain indefinable fascination; *è* **cosa** *–a* it's a certainty; *la cosa –a è* the one thing certain is; **di** ~ certainly; *una persona di una –a* **età** an elderly person; **ma** *~!* surely, of course, ⟨*am*⟩ sure; *dare per* ~ *qc.* to give s.th. out ⸢for certain⸣ (*o* as a fact); *sapere per* ~ to know ⸢for a certainty⸣ (*o* definitely); *tenere per* ~ *qc.* to ⸢be sure⸣ (*o* have no doubt) about s.th., to regard s.th. as a certainty; *è più che* ~ it's absolutely certain; *ne sono più che* ~ I'm ⸢absolutely certain⸣ (*o* positive) of it. *Prov.*: *mai lasciare il* ~ *per l'incerto* a bird in the hand is worth two in the bush.

certosa *f.* Charterhouse, Carthusian monastery. **certosino** I *s.m.* **1** Carthusian (monk). **2** ⟨*fig*⟩ hermit, recluse. **3**

(*liquore*) chartreuse. **II** *a.* Carthusian: *monaco* ~ Carthusian monk. □ *lavoro da* ~ work requiring tremendous patience; *una pazienza da* ~ the patience of Job.

certuno I *pron.indef.* (usually in pl.) **1** someone, somebody. **2** *pl.* some (people): *–i non la pensano come te* some people don't hold your views; *non sono come –i che non mantengono la parola data* I'm not like some people who don't keep their word. **II** *a.indef.* some: *–e persone* some people.

cerųleo *a.* ⟨*lett*⟩ cerulean.

cerųme *m.* earwax, cerumen: *tappo di* ~ inspissated cerumen, earwax plugging.

cerųsico *m.* (*pl.* **-ci/-chi**) **1** ⟨*ant*⟩ (*chirurgo*) surgeon. **2** ⟨*spreg*⟩ (*chirurgo inetto*) unskillful surgeon.

cerųssa *f.* (*biacca*) white lead, ceruse. **cerussite** *f.* ⟨*Min*⟩ cerussite.

cerva *f.* hind, doe.

cervęlla → cervello. **cervelletto** *m.* ⟨*Anat*⟩ cerebellum. **cervellino** *m.* (*persona sventata*) hare–brain, scatterbrain. □ *avere un* ~ *di gallina* to be bird–brained.

cervęllo *m.* (*pl.* **i cervęlli**, **le cervęlla**; the latter form is only used in certain expressions) **1** ⟨*Anat*⟩ brain; (*materia cerebrale*) brains *pl.* **2** ⟨*Gastr*⟩ brains *pl.* **3** ⟨*fig*⟩ (*intelligenza*) brains *pl*, brain, mind: *quell'uomo ha un gran* ~ that man has a great brain; (*senno*) sense, judgement; *un ragazzo senza* ~ a brainless (*o* senseless) boy; *essere un gran* ~ to be a ʽgreat mindʼ (*o* master–spirit). **4** ⟨*fig*⟩ (*mente direttiva*) brains *pl*: *essere il* ~ *della banda* to be the brains of the gang. □ ~ **balzano** crackpot; *non avere un* **briciolo** *di* ~ not to have a grain of sense; **bruciarsi** *le –a* to blow one's brains out; **dare** *al* ~ to go to one's head: *il vino gli ha dato al* ~ the wine has gone to his head; (*rif. a successo, lodi, ecc.*) to turn (*o* go to) one's head: *le lodi gli danno al* ~ praise turns his head; **dove** *hai il* ~? what are you thinking of?, where's your sense?; ~ **elettronico** electronic brain; *avere un* ~ **fine** to have a shrewd and subtle mind, to be sharp–witted; ⟨*fig*⟩ *avere il* ~ *di una* **formica** to be bird–brained; ⟨*Gastr*⟩ **fritto** *di* ~ fried brains; ⟨*fig*⟩ ~ *di* **gallina** bird–brain; *avere un* ~ *di gallina* to be bird–brained; **lambiccarsi** *il* ~ to rack one's brains; ⟨*fig*⟩ **lavaggio** *del* ~ brain–washing; ⟨*fig*⟩ *mettere il* ~ *a* **partito** to mend one's ways; *di poco* ~ of feeble intellect, doltish, ⟨*fam*⟩ thick–headed; *avere il* ~ *a* **posto** to have all one's wits about one; *l'odio gli ha* **sconvolto** *il* ~ hatred has driven him out of his mind; **senza** ~: **1** *agg.* scatter–brained, hare–brained, thoughtless; **2** *avv.* thoughtlessly, heedlessly, senselessly, without consideration: *agire senza* ~ to act thoughtlessly; *avere un* **tumore** *al* ~ to have a tumour on the brain; **usare** *il* ~ to use one's brains (*o* head); **uscire** *di* ~ to go mad (*o* out of one's mind; *gli ha dato di* **volta** *il* ~ he has gone off his mind.

cervellone *m.* (*f.* **-a**) **1** (*persona intelligente*) brain. **2** ⟨*spreg*⟩ (*sapientone*) know–it–all. **3** (*persona sciocca*) nitwit. **4** ⟨*Inform*⟩ big electronic brain.

cervelloticamente *avv.* oddly. **cervellotico** *a.* (*pl.* **-ci**) odd, bizarre.

cervicale *a.* cervical: *arteria* ~ cervical artery. **cervice** *f.* **1** (*parte posteriore del collo*) cervix. **2** (*collo dell'utero*) cervix (uteri). □ ⟨*fig*⟩ *piegare la* ~ to bow one's neck.

cervidi *m.pl.* ⟨*Zool*⟩ cervids *pl.*

Cervino *N.pr.m.* ⟨*Geog*⟩ Matterhorn.

cervo *m.* (*f.* **-a**) deer; (*maschio*) stag, hart; (*femmina*) doe, hind. □ *correre come un* ~ to run like a deer; ~ *volante:* **1** ⟨*Entom*⟩ stag beetle; **2** (*aquilone*) kite.

Cesare *N.pr.m.* Caesar. **cesare** *m.* (*imperatore*) Caesar: *storia dei cesari* history of the Caesars. □ ⟨*Stor*⟩ *Giulio* ~ Julius Caesar; ⟨*Bibl*⟩ *date a* ~ *quel che è di* ~ *e a Dio quel che è di Dio* render unto Caesar that which is Caesar's and unto God that which is God's.

cesareo[1] *a.* ⟨*lett*⟩ **1** (*di Giulio Cesare*) Caesarian, Caesarean. **2** (*imperiale*) imperial. □ *poeta* ~ court poet, poet laureate.

cesareo[2] *a.* ⟨*Chir*⟩ cesarian: *taglio* ~ cesarian section.

cesariano I *a.* (*di Giulio Cesare*) Caesarian. **II** *s.m.* **1** (*f.*

-a) (*partigiano di Cesare*) Caesarian, supporter of Caesar. **2** (*soldato di Cesare*) soldier of Caesar's. **cesarismo** *m.* Caesarism.

cesellare *v.t.* (**cesęllo**) **1** to chisel. **2** ⟨*fig*⟩ (*rifinire con cura*) to finish with care, to polish. **cesellato** *a.* **1** chiselled. **2** ⟨*fig*⟩ (*finemente disegnato*) (finely) chiselled: *lineamenti –i* chiselled features. **3** ⟨*fig*⟩ (*rifinito con cura*) polished: *versi –i* polished lines. **cesellatore** *m.* (*f.* **-trice**) chaser, engraver. □ ~ *di versi* polished versifier. **cesellatura** *f.* **1** chiselling. **2** ⟨*fig*⟩ (*opera d'arte finemente rifinita*) polished work of art, finished work. **cesęllo** *m.* chisel. □ *lavoro di* ~ chased work.

cesio *m.* ⟨*Chim*⟩ caesium.

cesoiata *f.* snip. **cesoie** *f.pl.* shears *pl.*

cespite *m.* ⟨*Econ*⟩ source: ~ *di entrata* source of income; ~ *di guadagno* source of profit.

cespo *m.* (*rif. a erbe*) tuft; (*rif. a fiori, foglie e sim.*) cluster: *un* ~ *di rose* a cluster of roses. □ *un* ~ *di lattuga* a head of lettuce.

cespuglio *m.* **1** bush, shrub: *un* ~ *di ginestre* a broom bush; ~ *ornamentale* ornamental shrub. **2** ⟨*fig*⟩ (*ciuffo di peli*) tuft: *un* ~ *di capelli neri* a tuft of black hair. **cespuglioso** *a.* **1** bushy, shrubby: *arbusto* ~ bushy shrub; *terreno* ~ bushy ground. **2** ⟨*fig*⟩ (*a folti ciuffi*) bushy: *sopracciglia –e* bushy eyebrows.

cessare *v.* (**cęsso**) **I** *v.i.* (*aus.* essere/avere) **1** to stop, to cease: *la pioggia è cessata* the rain has stopped; ~ *di piangere* to stop crying. **2** (*diminuire, calare*) to go down, to subside, to abate, to die down: *la febbre non cessa ancora* his temperature still has not gone down; *è cessato il vento* the wind has subsided (*o* abated). **II** *v.t.* to suspend, to leave off, to cease: ⟨*Mil*⟩ *cessate il fuoco* cease fire. □ ~ *dall'ufficio* to ʽgive upʼ (*o* resign one's) office, to retire from office; ~ *le ostilità* to cease hostilities; ~ *i pagamenti* to stop (*o* suspend) payment; *segnale di cessato allarme* all clear. **cessazione** *f.* **1** cessation, suspension, discontinuance, end. **2** ⟨*Comm*⟩ discontinuance. □ ~ *di un contratto* expiry (*o* termination) of a contract; ~ *d'esercizio* closing down (of a shop); ~ *delle ostilità* cessation of hostilities; ~ *dei pagamenti* suspension of payments.

cessionario I *a.* ⟨*Dir*⟩ cessionary. **II** *s.m.* (*f.* **-a**) assignee, transferee. □ ~ *di un appalto* contractor; ~ *di un credito* assignee of a claim.

cessione *f.* **1** cession, assignment, transfer. **2** (*cambiale commerciale girata*) endorsed bill. □ *atto di* ~ deed of transfer (*o* assignment); ~ *d'azienda* alienation (*o* sale) of a concern; *fare* ~ *di qc. a qd.* to assign s.th. to s.o.; ~ *di stipendio* loan on one's wage; ~ **territoriale** territorial cession.

cesso *m.* ⟨*volg*⟩ lavatory, ⟨*am*⟩ john: ~ *pubblico* public lavatory. □ *ridurre qc. un* ~ to muck s.th. up.

cesta *f.* **1** basket: *la* ~ *della spesa* shopping basket; ~ *del bucato* laundry basket; (*cesta coperta*) hamper. **2** (*il contenuto*) basket(ful). **3** ⟨*Sport*⟩ (*nel gioco della pelota*) wicker racquet. **cestaio** *m.* (*f.* **-a**) **1** (*fabbricante*) basket maker. **2** (*venditore*) basket seller. **cestęllo** *m.* **1** small basket. **2** (*di lavabiancheria*) basket.

cestinare *v.t.* **1** (*gettare nel cestino*) to throw into the wastepaper basket, to throw away. **2** (*non pubblicare*) to reject: ~ *un articolo* to reject an article.

cestino *m.* (*per la carta*) wastepaper basket. □ ~ *estraibile* roll–out basket; ~ *da* **lavoro** work basket, sewing basket; ~ *da* **pesca** (*in vimini*) wicker basket, creel; (*in metallo*) keep net; ~ *dei* **rifiuti** litter bin; ~ *da* **viaggio** luncheon basket.

cestismo *m.* ⟨*Sport*⟩ basketball. **cestista** *m./f.* basketball player.

cesto[1] *m.* (*cesta*) basket (*anche Sport.*). □ ⟨*Sport*⟩ *palla al* ~ basketball.

cesto[2] *m.* (*ciuffo di foglie*) tuft; (*rif. a lattuga e sim.*) head. □ ⟨*Bot*⟩ *far* ~ to tuft; (*rif. a lattuga e sim.*) to form a head.

cesto[3] *m.* ⟨*Stor*⟩ cestus.

cestone *m.* hamper, large basket.

cesura *f.* ⟨*Metr,Mus*⟩ caesura.

cetacei *m.pl.* ⟨*Zool*⟩ cetaceans *pl.* **cetaceo** *a./s.m.*

cetacean.

ceto *m.* (social) class, classes *pl,* rank: *basso ~* lower classes (*o* class). □ *persona di basso ~* low–class person; ⟨*Pol*⟩ *il ~ dominante* the ruling class; *~ medio* middle classes; *~ operaio* working classes; *persone di ogni ~* people of every walk in life.

cetologia *f.* cetology. **cetologo** *m.* (*pl.* **-ci**) cetologist.

cetonia *f.* ⟨*Entom*⟩ Cetonian beetle.

cetra *f.* **1** ⟨*Stor*⟩ cithara. **2** ⟨*Mus*⟩ zither.

cetriolino *m.* gherkin: *~ sottaceto* pickled gherkin. **cetriolo** *m.* cucumber: *~ di mare* sea cucumber.

Cevenne *N.pr.f.pl.* ⟨*Geog*⟩ Cevennes *pl.*

cf., cfr. = *confronta* compare (*abbr.* cf.).

C.G.I.L. = *Confederazione generale italiana del lavoro.*

C.G.S. = *Centimetro–grammo–secondo* centimetre –gramme–second (*abbr.* C.G.S., cgs).

cha-cha-cha ['tʃa'tʃa'tʃa] *m.* cha–cha. □ *ballare il ~* to cha–cha.

chaise-longue *fr.* [ʃɛz'lɔ̃:g] *f.* lounge–chair, chaise–longue.

chalet *fr.* [ʃa'lɛ] *m.* chalet.

champagne *fr.* [ʃã'paɲ] *m.* **1** (*vino*) champagne. **2** (*colore*) champagne (colour). □ *~ color ~* pale gold.

chance *fr.* [ʃã:s] *f.* chance, opportunity: *perdere una ~* to miss an opportunity.

chansonnier *fr.* [ʃãsɔni'e:] *m.* cabaret singer, chansonnier.

chantilly *fr.* ['ʃãti'ji] *m.* **1** ⟨*Dolc*⟩ chantilly. **2** ⟨*Tess*⟩ chantilly silk lace.

charlotte *fr.* [ʃar'lɔ:t] *f.* ⟨*Dolc*⟩ charlotte.

charter *ingl.* ['tʃa:tə] **I** *s.m.* **1** charter. **2** (*aereo*) chartered plane; (*volo*) charter flight. **II** *a.* charter: *volo ~* charter flight.

châssis *fr.* [ʃa'si] *m.* **1** ⟨*Aut*⟩ chassis. **2** ⟨*Fot*⟩ plate holder. **3** ⟨*Rad*⟩ chassis.

chauffeur *fr.* [ʃo'fœr] *m.* driver.

che¹ *pron./agg.inv.* **I** *pron.rel.m./f.* **1** (*il quale, la quale, i quali, le quali; soggetto: rif. a persone*) that, who: *il signore ~ è entrato* the man who (*o* that) has come in; (*nelle proposizioni incidentali*) who: *mia sorella, ~ stava poco bene, non poté venire* my sister, who was ill, could not come; (*rif. a cose, animali*) that, which: *il sistema ~ dà i migliori risultati* the system that (*o* which) gives the best results; (*nelle proposizioni incidentali*) which: *la penicillina, ~ è stata scoperta da Fleming* penicillin, which was discovered by Fleming. **2** (*oggetto: rif. a persone*) that, who(m), *spesso non si traduce: la ragazza ~ vedi è mia sorella* the girl (that, whom) you see is my sister; (*nelle proposizioni incidentali*) whom: *mio padre, ~ tutti ammiravano* my father, whom everyboby admired; (*rif. a cose, animali*) that, which, *spesso non si traduce: il libro ~ sto leggendo* the book (that, which) I'm reading; *il quadro ~ guardi* the picture (that) you are looking at; (*nelle proposizioni incidentali*) which. **3** (*temporale: in cui*) that, when, in (*o* on) which, *spesso non si traduce: la sera ~ ti conobbi* the evening (that) I met you; *nel tempo ~ eri all'estero* when you were abroad; *un giorno ~* one day when. **4** (*locale: in cui*) that, *talvolta non si traduce: è qui ~ si danno informazioni sulle prenotazioni?* is it here (that) they give information about bookings? **5** (*correlativo di stesso*) as, that: *avevo lo stesso problema ~ hai avuto tu* I had the same problem that you had. **6** (*con valore neutro: la qual cosa*) which, this: *mi hanno lodato, il ~ mi ha fatto molto piacere* they praised me, which made me very pleased; *tu non ami i buoni libri, del ~ mi meraviglio assai* you are not fond of good books, which (*o* and this) surprises me a lot. **II** *pron.interr.* what: *~ vuoi?* what do you want?; *gli chiesi ~ volesse* I asked him what he wanted; *~ c'è?* what's the matter?; *~ fare?* what are we to do?; *a ~ pensi?* what are you thinking about?; *di ~ ti preoccupi?* what are you worried about?; *su ~ basi le tue speranze?* what do you base your hopes on? **III** *pron.esclam.* (*che cosa*) what: *ma ~ dici!* what on earth are you saying!; *a ~ ti sei ridotto!* is this what you've come to!; *ma ~ cosa mi tocca sentire* what I have to listen to. **IV** *pron.indef.* something: *c'era in lei un ~ di falso* there was something false about her; *un certo (non so) ~ a* certain something. **V** *a.interr.* (*quale*) what: *~ film hai*

visto? what film did you see?; (*rif. a un numero limitato*) which: *~ cappello ti vuoi mettere?* which hat do you want to wear? **VI** *a.esclam.* **1** (*unito a sostantivi*) what (a): *~ canaglia* what a scoundrel; *~ musica meravigliosa* what wonderful music; *~ bel libro* what a fine book; *~ bei libri* what fine books. **2** (*unito ad aggettivi*) how: *~ bello* how lovely. □ *a ~?* (*a che scopo*) what for?, why?: *potrei lavorare di più, ma a ~?* I could work more, but what for?; *con ~?* what with?; *~ cosa?* what?: *~ (cosa) vuoi?* what do you want?; *di ~ (cosa) stai parlando?* what are you talking about?; *di ~:* 1 (*rif. a motivo*) a reason, something: *non avere di ~ lamentarsi* not to have any reason for complaint; *non c'è di ~ pentirsi* there is nothing to be sorry for; 2 (*rif. a mezzi*) the means (*o* wherewithal), something; *non ho di ~ vivere* I've got nothing to live on, I have no means of subsistence; *non abbiamo di ~ sfamarci* we haven't anything to eat; *grazie! – non c'è di ~* thank you! – ⸢don't mention it⸣ (*o* not at all); *dopo di ~* (and) then, and after that, after which: *mi salutò, dopo di ~ uscì* he said good–bye to me and then went out; *quel film non è un gran ~* that film is nothing special; *in ~* how, in what way: *in ~ posso esserle utile?* how can I help you?; *senza di ~* otherwise: *senza di ~ non posso vivere* otherwise I can't live. ‖ *la vedo in lontananza ~ viene* I can see her coming in the distance; *hai ragione, non c'è ~ dire* you're right, there's no denying it; *è tutto ciò ~ ti posso dire* it's all (that) I can tell you.

che² *congz.* **1** (*dichiarativa*) that, *spesso non si traduce: credo ~ tu abbia ragione* I think (that) you're right; (*dopo verbi di volontà, comando e sim.*) *talvolta si usa la costruzione dell'accusativo e l'infinito, talvolta la traduzione è idiomatica: voglio ~ tu studi* I want you to study; *vorrei ~ mi facessi un piacere* I should like you to do me a favour; (*dopo locuzioni impersonali*) *traduzione idiomatica: mi dispiace ~ tu non sia venuto* I'm sorry you didn't come; *è impossibile ~ finisca il lavoro in tempo* it's impossible for him to finish the work in time. **2** (*causale*) for [*ger*]: *ti ringrazio ~ sei venuto* thank you for coming. **3** (*consecutiva*) that: *è tanto simpatico ~ tutti gli vogliono bene* he is so nice that everyone is fond of him. **4** (*comparativo: di maggioranza*) than: *spende più ~ non guadagni* he spends more than he earns; *la passeggiata è andata meglio ~ non si sperasse* the walk turned out better than we had hoped; *è più furbo ~ intelligente* he is more shrewd than intelligent; *più ~ mai* more than ever; (*di uguaglianza*) as, as much (*o* many) as: *vale tanto questo ~ quello* this is worth as much as that. **5** (*finale*) (so) that, *spesso non si traduce, talvolta si usa l'accusativo e l'infinito: fai in modo ~ il pranzo sia pronto per l'una* see that lunch is ready for one o'clock; *stai attento ~ non cada* mind he doesn't fall; (*in frasi negative*) lest. **6** (*temporale: quando*) when: *arrivai ~ era già partito* he had already left when I arrived; (*non appena*) as soon as; (*finché*) until, till: *aspetta ~ egli arrivi* wait till he comes; (*dacché*) since, for: *sono due mesi ~ non lo vedo* I haven't seen him for two months; *è da gennaio ~ non torna qui* he hasn't been back here since January; (*posposto a un part.pass.: dopo che*) after, when: *consegnata ~ ebbe la lettera, si congedò* after handing over the letter, he took his leave; (*non appena*) as soon as: *cessata ~ fu la pioggia, uscimmo* as soon as the rain stopped, we went out. **7** (*correlativa*) whether: *~ tu sia d'accordo o no, poco importa* whether you agree or not is of little importance. **8** (*eccettuativa*) only, other, but: *non fa altro ~ piangere* he does nothing but cry; *non ho ~ te al mondo* I have no one but you in the world. **9** (*limitativa: per quanto*) as far as, in as much as: *è stato promosso, ~ tu sappia?* has he passed, as far as you know? **10** (*rafforzativa: in frasi interrogative*) perhaps, *spesso la traduzione è idiomatica: ~ mi sia ingannato?* perhaps I have made a mistake; (*in frasi imperative*) *spesso non si traduce, spesso la traduzione è idiomatica: ~ entri pure* let him in; (*fatelo entrare*) show him in; *~ nessuno ci disturbi* nobody is to disturb us; (*negli auguri, nelle imprecazioni*) may, *spesso non si traduce: ~ tu sia felice* may you be happy; *~ Dio ti benedica* (may) God bless you, bless you. □ *dopo ~* after;

a **meno** ~ unless; **non** ~ not that: *non ~ sia difficile, è solo un lavoro noioso* not that it's difficult, it's just a boring job; *non ~ sia cattivo* not that he's bad; **posto** ~ supposing (*o* assuming) that; **prima** ~ before; **salvo** ~ unless, except when: *si vedono le montagne, salvo ~ non ci sia la nebbia* you can see the mountains, unless (*o* except when) there is a mist; **sia** ~ ... *sia* ~ whether ... or: *lo farà, sia ~ gli piaccia, sia ~ non gli piaccia* he'll do it, whether he likes it or not; *una* **volta** ~ *avrai preso una decisione, scrivimi* once (*o* as soon as) you've made a decision, write to me; *ogni volta ~ lo incontro, mi racconta le sue disavventure* every time I meet him, he tells me his misfortunes; *è la prima volta ~ vedo questa città* it's the first time I've seen this town. || ~ *ti venga un accidente!* damn you!; *corre ~ sembra una lepre* he runs like a hare.

che[3] *intz.* what, ⟨*fam*⟩ never, ⟨*fam*⟩ get away with you, ⟨*fam*⟩ nonsense, ⟨*fam*⟩ not a bit of it, ⟨*fam*⟩ not on your life: ~, *non ci credo* nonsense! I don't believe it; ~, *neanche per sogno* what! I wouldn't dream of it; ~, *non lo sai?* what! don't you know?

ché *congz.* ⟨*non com*⟩ **1** (*causale*) because, since, as, for: *ho ritardato, ~ l'autobus non passava* I am late, because the bus didn't come. **2** (*finale*) so that; (*spesso in frasi negative*) lest: *partite presto, ~ non vi colga la pioggia* leave early, lest you get caught in the rain.

checché *pron.rel.indef.* whatever, no matter what: ~ *tu dica, io partirò* no matter what you may say, I'm leaving.

checchessìa *pron.indef.* ⟨*lett*⟩ (*qualunque cosa*) anything: *si meraviglia di ~* anything (*o* the least thing) amazes him.

cheddìte *f.* (*esplosivo*) cheddite.

chèla *f.* ⟨*Zool*⟩ chela. **chelìfero** *a.* cheliferous.

chelidònia *f.* → celidonia.

chelleàno **I** *a.* ⟨*Geol*⟩ Chellean. **II** *s.m.* Chellean epoch.

chemio|sìnteşi *f.* ⟨*Biol,Chim*⟩ chemosynthesis. **~terapìa** *f.* ⟨*Med*⟩ chemotherapy. **~teràpico** *a.* (*pl.* **-ci**) chemotherapeutic(al). **II** *s.m.* ⟨*Farm*⟩ chemotherapeutic drug.

chemisier *fr.* [ʃəmizi'e:] *m.* ⟨*Mod*⟩ shirtwaist, shirtdress.

chenopòdio *m.* ⟨*Bot*⟩ goosefoot.

Chèope *N.pr.m.* ⟨*Stor*⟩ Cheops.

chep(p)ì *m.* ⟨*Mil*⟩ kepi.

chèppia *f.* ⟨*Itt*⟩ allice shad.

cheratìna *f.* ⟨*Biol,Chim*⟩ keratin. **cheratinizzàre** *v.t.* (cheratinìzzo) ⟨*Biol*⟩ to keratinize. **cheratinizzazióne** *f.* ⟨*Farm*⟩ keratinization. **cheratoplàstica** *f.* ⟨*Med*⟩ keratoplasty.

chèrmes *m.* (*colorante*) kermes (scarlet).

cherosène *m.* kerosene.

cherùbico *a.* (*pl.* **-ci**) cherubic. **cherubìno** *m.* cherub (*anche fig.*): *serafini e -i* Seraphim and Cherubim. □ *biondo come un ~* as fair as an angel.

chetàre *v.t.* (chèto) **1** (*far tacere*) to silence, to hush: ~ *il pianto di un bambino* to hush a baby's crying. **2** (*calmare, soddisfare*) to calm, to appease, to quiet: ~ *l'appetito* to appease one's appetite. **chetarsi** *v.r.* to calm (*o* quiet) down, to grow quiet, to hush. □ *chetati!* be quiet!, hush!; ~ *i creditori* to appease (*o* pacify) one's creditors.

chetichèlla: *alla ~* stealthily, surreptitiously, unobtrusively. □ *andarsene alla ~* to steal away, to slip off.

chèto *a.* (*tranquillo*) tranquil, calm; (*fermo*) still; (*silenzioso*) silent, quiet: *star ~* to keep still (*o* quiet). □ (*fig*) *è un'acqua -a* he is a deep one; ~ *cheto* as quiet as a mouse.

chetóne *m.* ⟨*Chim*⟩ ketone. **chetònico** *a.* (*pl.* **-ci**) ketonic.

chi *pron.inv.* **I** *pron.rel. e dimostr.* **1** (*soggetto della proposizione relativa: colui che, colei che*) the person who (*o* that), the one who (*o* that), the man (*f* woman) who (*o* that): ~ *ha detto ciò deve essere pazzo* the person (*o* man) who said that must be mad; *premierò ~ lavorerà di più* I shall reward the one who works hardest; (*coloro che*) those who, the ones that, people who: *sii buono con ~ ti aiuta* be kind to those who help you; *il maestro loda ~ è preparato* the teacher praises those who have learned their lesson; (*nelle frasi proverbiali*) he (*f* she) who: ~ *mi ama mi segua* let him who loves me follow me. **2** (*complemento della proposizione relativa: colui che, colei che*) the person (that, whom), the one (that, whom), the man (*f* woman) (that): *mi rivolsi a ~ si rivolsero gli altri* I addressed the man the others addressed; (*coloro che*) those (that, whom), the ones (that), people (that): *non andare con ~ non conosci* don't go round with people (*o* those) you don't know; (*nelle frasi proverbiali*) he (*f* she) whom.

II *pron.rel.indef.* **1** (*chiunque*) whoever, anyone (*o* anybody) who, (all) those who: ~ *dice questo è pazzo* whoever (*o* anybody who) says that is mad; *parli ~ vuole* anyone who wants to may speak; ~ *non ubbidisce verrà punito* those who do not obey will be punished; *esco con ~ mi pare* I go out with whoever (*o* anyone) I like. **2** (*uno che*) someone who, somebody who, one who: *cerco ~ possa consigliarmi* I'm looking for s.o. to (*o* who can) give me some advice; *parla come ~ abbia bevuto troppo* he speaks like (some)one who has had too much to drink; *c'è ~ mi aiuterà* there is someone who will help me; *c'è ~ possa aiutarmi?* is there anyone who can help me?; (*nelle proposizioni negative: nessuno che*) no one who, nobody who, not ... anyone (*o* anybody) who: *non trovo ~ ascolti* I can't find anybody who will listen to me; *non c'è ~ mi creda* there is nobody who believes me; *non rispondo a ~ mi insulta* I don't answer anyone who insults me; (*alcuni che*) some *pl*, (some) people *pl*: *c'è ~ dice* there are some who say, some (people) say. **3** (*se uno, se alcuno*) if anybody (*o* anyone), if you, if one: ~ *me l'avesse detto non gli avrei creduto* if anybody had told me I wouldn't have believed him; *questa macchina, ~ la volesse comprare, è un vero affare* ⌜if anyone were⌝ (*o* for anyone who wanted) to buy it, this car would be a real bargain. **III** *pron.indef.* (only used in repetition) **1** (*rif. a gruppo non definito*) some (people): ~ *dice una cosa ~ ne dice un'altra* some (people) say one thing, some (*o* others) say something else. **2** (*rif. a gruppo definito*) some (of them): ~ *ballava, ~ parlava* some (of them) were dancing, some (*o* others) were talking. **3** (*rif. ad attività svolta da una sola persona*) one: ~ *gli accendeva la sigaretta, ~ gli porgeva un bicchiere* one lit his cigarette, one (*o* another) handed him a glass. **IV** *pron.interr.* **1** (*soggetto*) who: *è?* who is it?; (*quando si bussa alla porta*) who's there?; ~ *non lo sa?* who doesn't know that?; ~ *sarà mai?* ⌜who on earth⌝ (*o* whoever) can it be?; ~ *siete?* who are you?; ~ *va là?* who goes there?; ~ *me lo dice?* who says so? **2** (*complemento*) who, whom: *non so a ~ rivolgermi* I don't know who to turn to; *a ~ pensate?* who were you thinking about?; *con ~ parlavi?* who were you talking to?, whom were you talking to? **3** (*rif. a un numero limitato di persone*) which: ~ *di voi ha visto il film?* which of you has seen the film? **4** (*nelle esclamazioni*) who: *guarda ~ si vede!* look who's here!; *senti ~ parla!* look who's talking! □ *a ~ lo dici!* that's not news to me!; *di ~?:* **1** (*possessivo*) whose?: *di ~ sono quei vestiti?* whose clothes are those?, whose are those clothes?; **2** (*compl. di specificazione*) who ... of, of whom: *di ~ hai paura?* who are you afraid of?, ⟨*rar*⟩ of whom are you afraid?; *un tale, non so ~* someone, I don't know who it was, someone or other; *stare sul ~ vive* to be on the ⌜qui vive⌝ (*o* alert). *Prov.:* ~ *vivrà, vedrà* time will tell; *si salvi ~ può* every man for himself.

chiàcchiera *f.* **1** chat, (small) talk: *-e in famiglia* family chat; (*discorsi inutili*) (idle) talk, chatter: *non perdiamo tempo in -e* let's not waste time in chatter. **2** (*notizia infondata*) (groundless) rumour: *è una ~, non crederci* it's a rumour, don't believe it; (*pettegolezzo*) gossip, talk: *non dar retta alle -e* don't listen to (idle) talk. **3** (*loquacità*) loquacity, talkativeness, ⟨*fam*⟩ gift of the gab. □ *è buono solo a -e* he's only good at talking; *avere molta ~* to be glib; *fare due -e con qd.* to have a chat with s.o.; *verrò da te per fare quattro -e* I'll come to your house for a chat; *perdersi in -e* to waste time in idle talk.

chiacchieràre *v.i.* (chiàcchiero; *aus.* **avere**) **1** to chat, to talk: ~ *del più e del meno* to chat about this and that, to make small talk. **2** (*parlare inutilmente*) to chatter (away), to prattle (on), to babble. **3** (*fare pettegolezzi*) to gossip: ~ *sul conto di qd.* to gossip about s.o. **chiacchieràta** *f.* **1**

(*conversazione amichevole*) chat: *fare una bella* ~ to have a nice chat. **2** (*discorso sconclusionato*) rigmarole, rambling talk: *dopo la tua* ~ *ne so quanto prima* I am none the wiser for all that rigmarole (*o* talk) of yours. **chiacchierato** *a.* ⟨*fam*⟩ much–talked about: *una ragazza* *–a* a much–talked about girl. **chiacchiericcio** *m.* → chiacchierio. **chiacchierino I** *a.* talkative, chatty. **II** *s.m.* (*f.* -a) chatterer. **chiacchierio** *m.* chattering, babble of voices. **chiacchierone I** *a.* talkative; (*pettegolo*) gossipy. **II** *s.m.* (*f.* -a) **1** (*chi parla molto*) great talker, chatterbox. **2** (*pettegolo*) gossip.

chiamare *v.t.* **1** to call (to): *rispondi, quando ti chiamo* answer when I call you; *sono già stato chiamato?* has my name been called yet?; *il dovere mi chiama* duty calls me. **2** (*chiamare al telefono*) to ring (up), to call (up), ⟨*fam*⟩ to phone: *ti chiamerò domani alle dieci* I'll ring you up tomorrow at ten; (*formare il numero*) to dial: *chiamate questo numero* dial (*o* call) this number. **3** (*svegliare*) to call, to wake (up): *chiamami presto, domani mattina* call me early tomorrow morning. **4** (*far venire*) to send for, to call (in), to summon: ~ *l'elettricista* to send for the electrician; ~ *il medico* to call (in) the doctor. **5** (*invocare*) to call on (*o* for), to invoke: ~ *aiuto* to call for help. **6** (*imporre un nome*) to call, to name: *lo chiamarono Giuseppe* they called him Joseph; *lo chiamano professore, ma non è laureato* they call him Professor, but he has no degree. **7** ⟨*fig*⟩ (*giudicare*) to call: *questa non la chiamerei una bella azione* I wouldn't call that a nice thing to do. **8** (*nominare a una carica*) to call, to nominate, to elect, to appoint: *è stato chiamato con voto unanime alla direzione generale* he was unanimously elected general manager. **9** (*attrarre*) to lead to, to produce: *un errore chiama l'altro* one mistake leads to another. **10** (*nel gioco delle carte*) to call, to bid. **chiamarsi** *v.r.* **1** (*avere nome*) to be called: *come si chiama quell'animale?* what is that animal called?, what do you call that animal? **2** (*ritenersi*) to consider o.s., to hold o.s.: *potrai chiamarti fortunato, se riuscirai a venir fuori da quest'imbroglio* you can consider yourself lucky if you manage to get out of this mess. **3** ⟨*enfat*⟩ (*essere*) to be: *questo si chiama parlar chiaro* this is (what I call) plain speaking. □ ~ *qd. in aiuto* to call to (*o* on) s.o. for help; ~ ⌐*sotto le*⌐ (*o alle*) **armi** to call up; ~ *una* **carta** (*nel gioco*) to call a card; ~ *in* **causa:** 1 ⟨*Dir*⟩ to summons; 2 ⟨*fig*⟩ to call in question, to make reference to; (*rif. a persona*) to involve; ~ *qd. con un* **cenno** (*della mano*) to beckon s.o. (over); (*del capo*) to give s.o. a nod to approach; **come** *ti chiami?* – *mi chiamo Anna* what's your name? – my name is Anne; ~ *le* **cose** *col loro nome* to call a spade a spade; ~ *in* **disparte** to call to one side; ~ *il cane con un* **fischio** to whistle for (*o* up) one's dog; ⟨*Dir*⟩ ~ *in* **giudizio** to sue, to bring an action against; **mandare** *a* ~ to send for, to summon: *ti manderò a* ~ *al momento opportuno* I'll send for you when the time is ripe; ~ *per* **nome** to call by name; ~ *a* **raccolta** to call together, to muster; ⟨*Teat*⟩ ~ *alla* **ribalta** to call to the footlights; *essere chiamato alla ribalta* to take a curtain call; *Dio lo ha chiamato a sé* God has called him to Himself; **sentirsi** *chiamato* to have a calling (for); ~ *un* **taxi** to hail a taxi; (*per telefono*) to ring for (*o* to call) a taxi; ⟨*Dir*⟩ ~ *a* **testimone** to call to witness, to summon to appear as a witness.

chiamata *f.* **1** call: *il medico ha avuto la* ~ *di un cliente* the doctor has had a call from a patient. **2** (*segno di richiamo*) reference mark: *fai una* ~ *e scrivi la nota in fondo alla pagina* make a reference mark and write the note at the foot of the page. **3** (*appello*) (roll–)call. **4** ⟨*Tel*⟩ call. **5** ⟨*Teat*⟩ curtain call. **6** ⟨*Mil*⟩ call-up, ⟨*am*⟩ draft. **7** ⟨*Dir*⟩ summons. □ ~ *in* **causa** summons; ⟨*Tel*⟩ ~ *interurbana* trunk-call, ⟨*am*⟩ long-distance call; ⟨*Tel*⟩ ~ *urbana* local call.

chiamato I *a.* called. **II** *s.m.* (*f.* -a) person called. □ ⟨*Bibl*⟩ *molti sono i* –*i, ma pochi gli eletti* many are called but few are chosen.

Chianti *N.pr.m.* ⟨*Geog*⟩ Chianti: *vini del* ~ Chianti wines.

chiappa *f.* ⟨*volg*⟩ (*natica*) buttock.

chiara *f.* (*albume*) white (of an egg), egg white.
Chiara *N.pr.f.* Clare, Clara.
chiaramente *avv.* **1** (*distintamente*) clearly, distinctly. **2** (*francamente*) plainly, openly, frankly: *ti dirò* ~ *ciò che penso* I'll tell you plainly what I think. **chiaretto** *m.* (*vino chiaro*) claret. **chiarezza** *f.* **1** (*luminosità*) brightness, luminosity: *la* ~ *del cielo* the brightness of the sky. **2** (*limpidezza*) limpidity, clearness, clarity (*anche fig.*): *la* ~ *dell'acqua* the limpidity of the water; ~ *di idee* clarity of ideas. □ *spiegare con* ~ to explain clearly.
chiarificante I *a.* clarifying. **II** *s.m.* clarificant.
chiarificare *v.t.* (*chiarifico, chiarifichi*) to clarify (*anche fig.*): ~ *un concetto* to clarify a concept. **chiarificatore** *m.* (*f.* -trice) clarifier. **chiarificazione** *f.* **1** (*di liquidi*) clarification, clarifying: ~ *del vino* clarification of wine. **2** ⟨*fig*⟩ clarification: *una* ~ *della posizione politica di qd.* a clarification of s.o.'s political position; (*spiegazione*) explanation; (*lo schiarirsi*) clearing up: *la* ~ *di una situazione* the clearing up of a situation. **chiarimento** *m.* explanation, clearing up: *chiedere un* ~ to ask for an explanation; *dare* –*i* to give explanations, to explain. □ *fornire un* ~ *su di una questione* to clear up a matter.
chiarire *v.t.* (*chiarisco, chiarisci*) **1** (*rendere più chiaro*) to make clearer, to clarify: ~ *l'olio* to clarify oil. **2** ⟨*fig*⟩ (*spiegare*) to clarify, to make clear, to clear up: ~ *un dubbio* to clear up a doubt; ~ *la propria posizione* to make one's position clear. **chiarirsi** *v.r.* **1** (*diventare chiaro*) to become clear, to clear. **2** ⟨*fig*⟩ to become clear, to be cleared up: *il mistero non si è ancora chiarito* the mystery has not been cleared up yet. **3** ⟨*fig*⟩ (*acquistare certezza*) to resolve, to settle in one's own mind (s.th.): *chiarirsi di un dubbio* to resolve a doubt. □ ~ *un equivoco* to clear up a misunderstanding; ~ *il mistero* to solve (*o* clear up) the mystery.
chiarissimo *a.* illustrious, famous, renowned: ~ *professore* illustrious professor. **chiarità** *f.* clearness, clarity.
chiaro I *a.* **1** (*luminoso*) bright, shining; (*soleggiato*) sunny: *un* ~ *mattino d'inverno* a sunny winter's morning; (*senza nuvole*) cloudless: *cielo* ~ cloudless sky. **2** (*pallido: rif. a colore*) light, pale: *giallo* ~ pale (*o* light) yellow; (*rif. al tipo fisico*) fair: *carnagione* –*a* fair complexion. **3** (*limpido: rif. a liquidi*) clear, limpid: *acqua* –*a* clear (*o* limpid) water. **4** (*diluito, leggero*) thin: *brodo* ~ thin broth. **5** (*che si sente o si vede distintamente*) clear, distinct: *leggere con voce* –*a* to read in a clear voice; *le immagini sono* –*e* the images are clear (*o* sharp). **6** ⟨*fig*⟩ (*comprensibile*) clear: *avere idee* –*e* to have clear ideas; *sono stato* ~? have I made myself clear?; (*evidente*) clear, evident, plain, obvious: *è* ~ *che non lo puoi fare* it is clear that you can't do that. **7** ⟨*fig*⟩ (*illustre*) famous, eminent, renowned, distinguished: ~ *ingegno* distinguished mind. **II** *avv.* (*con franchezza*) plainly, frankly, openly: *parlare* ~ to speak plainly. **III** *s.m.* **1** (*chiarore*) luminosity, brightness, lightness; (*luce*) light. **2** (*colore chiaro*) light (*o* pale) colour: *vestire di* ~ to wear light colours. □ *si* **fa** ~ day is breaking; *persona di* –*a* **fama** person of great renown, distinguished (*o* eminent) person; *è* **giorno** ~ it's broad daylight; ⟨*Tel*⟩ *in* ~ in clear: *messaggio in* ~ message in clear; ~ *e* **lampante** crystal clear; ~ *di* **luna** moonlight; ⟨*fig*⟩ *con questi* –*i di luna* in such difficult times as these; **mettere** *in* ~ *qc.* to make s.th. clear; **parliamoci** ~ let's be frank; ~ *come il* **sole** as clear as daylight; ~ *e* **tondo** bluntly, straight out (*o* from the shoulder): *glielo dirò* ~ *e tondo* I'll tell him bluntly; ⟨*pop*⟩ ~ *d'*uovo egg white; ⟨*fig*⟩ **vederci** ~ to get to the bottom of s.th., to see clearly into a matter.
chiarore *m.* **1** (*faint o dim*) light, glimmer: *il* ~ *di una candela* the glimmer (*o* faint light) of a candle. **2** (*bagliore*) glow, glare, gleam. □ *ai primi* –*i dell'alba* at the first light (*o* faint glimmerings) of dawn; ~ *lunare* moonlight.
chiaroscurare *v.t.* to shade. **chiaroscuro** *m.* chiaroscuro, light and shade: *effetti di* ~ effects of light and shade, chiaroscuro effects; *disegnare a* ~ to draw in chiaroscuro.
chiaroveggente I *a.* **1** (*divinatore*) clairvoyant. **2** ⟨*estens*⟩ (*perspicace*) clear-sighted; (*lungimirante*) far-sighted. **II**

s.m./f. clairvoyant. **chiaroveggenza** *f.* **1** (*divinazione*) clairvoyance. **2** ⟨*fig*⟩ (*perspicacia*) clear-sightedness; (*lungimiranza*) far-sightedness.

chiasma, chiasmo *m.* **1** ⟨*Ret*⟩ chiasmus. **2** ⟨*Anat*⟩ chiasm(a): ~ *dei nervi ottici* optic chiasm.

chiassata *f.* **1** (*chiasso, schiamazzo*) uproar, din, hubbub: *fare una* ~ to make a din. **2** (*lite*) brawl, quarrel, row.

chiasso *m.* noise, uproar, din, hubbub: *il* ~ *dei ragazzi che giocano* the noise of the children at play. □ *far* ~ to make a noise; ⟨*fig*⟩ (*suscitare commenti, interesse*) to cause a sensation, to make a stir: *un libro che ha fatto* ~ a book that has caused a sensation. **chiassosamente** *avv.* **1** noisily, rowdily. **2** (*vistosamente*) gaudily, showily. **chiassosità** *f.* **1** noisiness, rowdiness. **2** (*vistosità*) showiness, gaudiness. **chiassoso** *a.* **1** (*rif. a persona*) noisy, rowdy: *ragazzo* ~ noisy boy. **2** (*rif. a cose*) noisy, uproarious, loud: *allegria* ~*a* noisy gaiety. **3** (*vistoso*) loud, showy, gaudy: *colori* ~*i* loud colours; *una cravatta* ~*a* a showy tie.

chiatta *f.* barge. □ *ponte di* ~*e* pontoon bridge.

chiavaccio *m.* large door-bolt. □ *mettere il* ~ to bolt.

chiavarda *f.* **1** ⟨*Edil*⟩ (rag-)bolt. **2** ⟨*Ferr*⟩ bolt. □ ~ *di fondazione* foundation (*o* lewis) bolt; ~ *da murare* cock pin (*o* screw).

chiavare *v.t.* ⟨*triv*⟩ to screw, to fuck. **chiavata** *f.* ⟨*volg*⟩ fuck, screw.

chiave I *s.f.* **1** key. **2** ⟨*fig*⟩ key, clue: *avere la* ~ *del problema* to have the key to the problem; *il canale di Suez è la* ~ *del commercio con l'Oriente* the Suez Canal is the key to trade with the East; *avere* (*o tenere*) *le* ~*i del cuore di qd.* to have (*o* hold) the key to s.o.'s heart. **3** (*cifrario*) (cipher-)key. **4** ⟨*Mecc*⟩ spanner, wrench: ~ *registrabile* adjustable spanner; (*per caricare molle*) key, winder: *la* ~ *di un giocattolo a molla* the key of a clockwork toy. **5** ⟨*Mus*⟩ (*di strumenti a corda*) tuning key. **6** ⟨*Mus*⟩ (*segno musicale*) clef. **7** ⟨*Tel*⟩ key. **8** ⟨*Arch*⟩ keystone. **II** *a.inv.* ⟨*fig*⟩ key-: *il personaggio* ~ *del romanzo* the key character of the novel. □ *anello per le* ~*i* key ring; **aprire** *con una* ~ to unlock; ⟨*Mus*⟩ ~ *di* **basso** bass clef; **buco** *della* ~ keyhole: *guardare per il buco della* ~ to look (*o* peep) through the keyhole; ~ *di* **casa** house key, latch key; **chiudere** *a* ~ to lock (up); *presentare* (*o offrire*) *a qd. le* ~*i della* **città** to present s.o. with the keys of the city; ⟨*Mus*⟩ ~ *di* **contralto** alto clef; ~ *di* **do** C clef; ~ **falsa** skeleton key; ⟨*Mecc*⟩ ~ **fissa** fork spanner (*o* wrench); *dare un* **giro** *di* ~ to give the key one turn; *dare due* (*o* *tre*) *giri di* ~ *alla* **porta** to double-lock (*o* triple-lock) the door; **industria** ~ key industry; ~ **inglese** adjustable (*o* shifting) spanner, screw wrench, ⟨*am*⟩ monkey wrench; ⟨*Comm*⟩ ~*i in* **mano** keys in hand; **mazzo** *di* ~*i* bunch of keys; ~*i di san* **Pietro** St. Peter's keys; ~ *della* **porta** door key; **posizione** ~ key position; **punto** ~ essential point; ⟨*Aut*⟩ ~ *del* **quadro** (*d'avviamento*) ignition key, ⟨*am*⟩ switch key; ⟨*Inform*⟩ ~ *di* **registrazione** record key; ~ *di* **sol** G clef; ~ *di* **soprano** soprano clef; **sotto** ~ under lock and key: *tenere qc. sotto* ~ to keep s.th. under lock and key; ~ *di* **tenore** tenor clef; *in* ~ **umoristica** in humorous terms; ~ *di* **violino** treble clef; ⟨*Arch*⟩ ~ *di* **volta** keystone (*anche fig.*).

chiavetta *f.* **1** (*apriscatole*) tin opener, ⟨*am*⟩ can opener. **2** (*rubinetto*) stopcock. **3** (*interruttore*) switch: *la* ~ *della* **luce** the (electric-)light switch. **4** ⟨*Mecc*⟩ cotter, key. □ ⟨*Aut*⟩ ~ *dell'accensione* ignition key; ~ *del gas* gas tap.

chiavica *f.* **1** (*fogna*) sewer. **2** ⟨*Idr*⟩ sluice-gate, lock. □ ⟨*Idr*⟩ ~ *maestra* main sluice-gate; *topo di* ~ sewer-rat.

chiavistello *m.* **1** (door-)bolt. **2** ⟨*Mecc*⟩ dead bolt. □ *mettere il* ~ to shoot the bolt, to bolt the door; ~ *a saliscendi* thumb latch; *togliere il* ~ to draw the bolt, to unbolt the door.

chiazza *f.* **1** (*sulla pelle*) patch, mark, blotch. **2** (*macchia*) stain, spot. □ ~ *di petrolio* oil slick. **chiazzare** *v.t.* to stain, to spot; (*con colori diversi*) to mottle. **chiazzato** *a.* **1** (*rif. alla pelle*) patchy, blotched, flecked: *pelle* ~*a* patchy skin; *viso* ~ flecked face. **2** (*macchiato*) stained, spotted: *ho i pantaloni* ~*i di fango* my trousers are spotted with mud.

chicane *fr.* [ʃiˈkan] *f.* **1** (*cavillo*) quibble, cavil. **2** (*nel*

bridge) chicane.

chicca *f.* ⟨*fam*⟩ goody, sweetie, ⟨*am*⟩ candy.

chicchera *f.* **1** (*recipiente*) cup. **2** (*contenuto*) cup(ful).

chicchessia *pron.indef.inv.* ⟨*lett*⟩ anyone, anybody: *venga pure* ~ let anyone come.

chicchirichì *m.* cock-a-doodle-doo.

chicco *m.* (*pl.* **-chi**) grain: ~ *di grano* grain of corn; ~ *di riso* grain of rice. □ ~ *di caffè* coffee bean; ~ *di grandine* hailstone; ~ *d'uva* grape.

chiedere *v.t.* (*pr.ind.* **chiedo**; *p.rem.* **chiesi**; *pr.cong.* **chieda**; *p.p.* **chiesto**) **1** (*chiedere per sapere*) to ask: ~ *qc. a qd.* to ask s.o. s.th. **2** (*chiedere per avere*) to ask for: ~ *qc. a qd.* to ask s.o. for s.th.; *mi chiese un consiglio* he asked me for my advice. **3** (*sollecitare*) to ask, to request; (*vivamente*) to beg, to urge: *mi chiese di non partire* he urged me not to leave. **4** (*richiedere*) to require, to take, to need: *un lavoro che chiede pazienza* work that takes patience; (*pretendere*) to ask, to expect: *non puoi* ~ *costanza da un ragazzo* you cannot expect perseverance of (*o* from) a boy. **5** (*un prezzo, un compenso*) to ask, to charge: ~ *un prezzo ragionevole* to ask a fair price; *quanto chiedete?* how much do you charge? **6** (*desiderare*) to ask for, to desire: *non chiede altro che una vecchiaia tranquilla* he asks for nothing more than a serene old age. **chiedersi** *v.r.* to wonder: *mi chiedo quando verrà* I wonder when he will come. □ ~ *di qd.:* **1** (*informarsi*) to ask after (*o* about) s.o.: *i tuoi amici hanno chiesto di te* your friends have been asking about you; **2** (*voler parlare*) to ask for, to want: *chiedono di te al telefono* you are wanted on the phone; ~ *l'elemosina* to beg (for alms); ~ *un* **favore** *a qd.* to ask a favour of s.o., to ask s.o. a favour; ~ *la* **mano** *di una ragazza* to ask for a girl's hand; ~ *l'ora a qd.* to ask s.o. the time; ~ **perdono** to beg (*o* ask) pardon; ~ **permesso** to ask permission (*o* leave); ~ *qc.* in **prestito** to ask to borrow s.th.; ~ **ragione** *a qd. di qc.* to call s.o. to account for s.th.; ⟨*Comm*⟩ ~ *la* **restituzione** *di un prestito* to ask for the repayment of a loan; ~ **scusa** to ask (*o* beg) pardon, to apologize: *chiedo scusa* I beg your pardon, I'm sorry.

chierica *f.* **1** tonsure. **2** ⟨*scherz*⟩ (*calvizie*) baldness, bald spot. **chiericato** *m.* priesthood. **chierichetto** *m.* altar boy, server; (*corista*) choirboy. **chierico** *m.* (*pl.* **-ci**) **1** (*membro del clero*) cleric, clergyman. **2** (*seminarista*) seminarist. **3** (*chierichetto*) altar boy. □ ~*i regolari* regular clergy.

chiesa *f.* **1** (*edificio*) church: *andare in* ~ to go to church. **2** (*comunità dei fedeli*) Church. □ ~ **anglicana** Anglican Church; ~ **cattolica** (Roman) Catholic Church; *di* ~ churchgoing: *uomo di* ~ churchgoer, churchgoing man; ~ **militante** Church Militant; ~ **ortodossa** Orthodox Church; ~ **parrocchiale** parish church; ~ **protestante** Protestant Church; ~ **trionfante** Church Triumphant. *Prov.: in* ~ *coi santi, in taverna coi ghiottoni* when you're in Rome do as Romans do.

chiesastico *a.* (*pl.* **-ci**) ecclesiastical, church-: *musica* ~*a* church music.

chiesi, chiesto → **chiedere**.

chiesuola *f.* **1** ⟨*fig*⟩ (*cenacolo*) coterie, clique: *una* ~ *di artisti* an artistic coterie. **2** ⟨*Mar*⟩ (*custodia della bussola*) binnacle. **3** (*cricca*) clique, coterie.

chiffon *fr.* [ʃiˈfɔ̃] *m.* ⟨*Tess*⟩ chiffon: ~ *di seta* silk chiffon.

chiglia *f.* ⟨*Mar*⟩ keel. □ ~ *piatta* flat keel; ~ *a pinna* fin keel; ~ *di rollio* bilge keel, ⟨*am*⟩ rolling chock.

chignon *fr.* [ʃiˈɲɔ̃] *m.* chignon, knot.

chilifero *a.* (*Fisiol*) chyliferous. **chilificare** *v.t./i.* (**chilifico, chilifichi**; *aus.* avere) to chylify. **chilificazione** *f.* chylification.

chilo[1] *m.* kilo: *mille lire al* (*o il*) ~ one thousand lire a (*o* per) kilo.

chilo[2] *m.* ⟨*Fisiol*⟩ chyle. □ *fare il* ~ to (have a) rest after a meal.

chilo‖ampere *m.* ⟨*Fis*⟩ kiloampere. **~byte** *ingl.* [-bait] *m.* ⟨*Inform*⟩ kilobyte. **~caloria** *f.* ⟨*Fis*⟩ kilocalorie. **~ciclo** *m.* ⟨*Fis*⟩ kilocycle. **~grammetro** *m.* ⟨*Fis*⟩ kilogrammetre. **~grammo** *m.* kilogram(me). **~hertz** *m.* ⟨*Fis*⟩ kilohertz. **~litro** *m.* kilolitre. **~volt** *m.* ⟨*El*⟩

kilovolt.

chilometraggio *m.* distance in kilometres; *(distanza misurata in miglia)* mileage. **chilometrico** *a.* (*pl.* -ci) **1** kilometric, *(pred)* (measured) in kilometres: *percorso* ~ distance in kilometres. **2** *(fig)* *(lunghissimo)* extremely long, interminable. **chilometro** *m.* kilometre: *andare a cento –i l'* (o *all'*) *ora* to do a hundred kilometres an hour. □ ~ *da fermo* kilometre from a standing start; ~ *lanciato* flying kilometre.

chilowatt *m.* ⟨*El*⟩ kilowatt. **chilowattora** *m.* kilowatt–hour.

chimera *f.* **1** ⟨*Mitol*⟩ Chim(a)era. **2** *(fig)* *(fantasticheria)* chim(a)era, dream, wild fancy, fantastic idea: *perdersi in –e* to dream empty dreams. **chimerico** *a.* (*pl.* -ci) *(illusorio)* chimerical, unreal, fanciful.

chimica *f.* **1** chemistry: ~ *industriale* industrial chemistry. **2** *(dottoressa in chimica)* woman (research) chemist. □ ~ *alimentare* food chemistry; ~ *di* **base** basic chemistry; ~ **farmaceutica** pharmaceutical chemistry, pharmaco-chemistry; ~ **medica** medical chemistry; ~ **organica** organic chemistry; ~ *delle* **radiazioni** radiation chemistry. **chimicamente** *avv.* chemically: ~ *puro* chemically pure. **chimico** *a./s.* (*pl.* -ci) **I** *a.* chemical: *procedimento* ~ chemical process. **II** *s.m.* (*f.* -a) (research) chemist. □ *aggressivi –i* chemical-warfare agents; *analisi –a* chemical analysis; *guerra –a* chemical warfare; *sostanza –a* chemical substance.

chimificare *v.t.* (chimifico, chimifichi) ⟨*Fisiol*⟩ to chymificate. **chimificazione** *f.* chymification.

chimismo *m.* ⟨*Chim*⟩ chemism.

chimo *m.* ⟨*Fisiol*⟩ chyme.

chimono *m.* ⟨*Mod*⟩ kimono: *manica a* ~ kimono sleeve.

china[1] *f.* **1** *(pendio)* slope, descent. **2** *(fig)* turn for the worse, decline. □ *(fig)* *essere* (o *mettersi*) *su una brutta* ~ to go downhill (o to the bad); *(fig)* *risalire la* ~ to get back on top.

china[2] *f.* **1** ⟨*Bot*⟩ cinchona(–tree). **2** *(corteccia)* cinchona bark, quina. □ *elisir di* ~ cordial based on extract of cinchona bark.

china[3] *f.* *(inchiostro di china)* Indian ink.

chinare *v.t.* *(volgere verso il basso: rif. alla testa)* to bend, to bow; *(rif. agli occhi)* to lower. **chinarsi** *v.r.* to stoop (down), to bend down. □ ~ *il capo* (*in segno di consenso*) to nod (one's head); *(per salutare)* to nod, to bow; *(per pregare)* to bow (o bend) one's head; ~ *lo sguardo* to look down; *chinarsi a terra* to stoop.

chinato *a.* *(che contiene china)* containing quina: *vermut* ~ vermouth containing quina.

chincaglia *f.* *(ninnolo;* usually in pl.) trinket, knick-knack; *pl.* fancy goods *pl*: *negozio di –e* fancy goods-shop. **chincagliere** *m.* fancy-goods merchant, seller of knick-knacks. **chincaglieria** *f.* **1** *(negozio)* fancy-goods shop. **2** *pl.* *(ninnoli)* trinkets *pl*, knick-knacks *pl*, fancy goods *pl*; *(cianfrusaglie)* junk.

chinchilla *sp.* [tʃinˈtʃiʎa] *m./f.* → **cincillà**.

chinesiterapia *f.* ⟨*Med*⟩ kinesitherapy. **chinesiterapista** *m./f.* kinesitherapist.

chinino *m.* ⟨*Farm*⟩ quinine.

chino *a.* **1** *(piegato)* bent, bowed: *stare* ~ *sui libri* to be bent over one's books. **2** *(abbassato: rif. al capo)* bent, bowed: *a capo* ~ with bent head; *(rif. agli occhi)* downcast, lowered.

chinone *m.* ⟨*Chim*⟩ quinone.

chinotto *m.* **1** ⟨*Bot*⟩ bigarade, sour orange. **2** *(bibita)* soft drink flavoured with sour orange.

chioccia *f.* (*pl.* -ce) **1** broody (o sitting) hen. **2** *(fig)* *(madre troppo premurosa)* overprotective mother, mother hen. **chiocciare** *v.i.* (chioccio, chiocci; *aus.* **avere**) to cluck. **chiocciata** *f.* *(covata di pulcini)* brood (of chicks), hatch (of chicks).

chioccio *a.* *(rauco)* harsh, hoarse: *voce –a* harsh voice.

chiocciola *f.* **1** ⟨*Zool*⟩ snail. **2** ⟨*Anat*⟩ cochlea. **3** ⟨*Mecc*⟩ *(vite femmina)* (screw) nut, female screw. **4** ⟨*Mus*⟩ *(riccio del violino)* scroll. □ *scala a* ~ spiral (o winding) staircase.

chioccolare *v.i.* (chioccolo; *aus.* **avere**) **1** to trill, to sing. **2** *(imitare il verso del merlo)* to whistle, to warble. **3**

(gorgogliare) to gurgle. **chioccolio** *m.* **1** *(rif. a uccelli)* whistling, warbling. **2** *(gorgoglio)* gurgling.

chiodato *a.* nailed, spiked: *bastone* ~ spiked stick; *elmo* ~ spiked helmet. □ *scarpe –e* hobnailed shoes (o boots). **chiodatrice** *f.* ⟨*Mecc*⟩ riveting machine, riveter. **chiodatura** *f.* **1** riveting, nailing. **2** ⟨*Mecc*⟩ riveted joint. **3** *(chiodi di un scarpa)* set of hobnails, ⟨*am*⟩ spikes *pl.* □ ~ *a caldo* hot riveting; ~ *a catena* chain riveting; ~ *doppia* double riveting; ~ *semplice* single riveting. **chiodino** *m.* **1** small nail, tack. **2** ⟨*Bot*⟩ honey agaric (o mushroom).

chiodo *m.* **1** nail; *(bulletta)* stud; *(ribattino)* rivet; *(per tappezzeria)* glimp. **2** *(fig)* *(idea fissa)* fixed idea. **3** *(fig)* *(dolore)* pang. **4** *(fam)* *(debito)* debt. **5** ⟨*Aut*⟩ *(di battistrada)* spike. **6** *(di scarpa da calciatore)* stud. □ *(fig)* *attaccare al* ~ to give up: *ha attaccato la racchetta* (o *bicicletta*) *al* ~ he has given up tennis (o cycling); ~ *da* **cavallo** horseshoe nail; **conficcare** *un* ~ to drive a nail in, to hammer a nail in; *roba* **da** –*i* it's shocking; ⟨*Mecc*⟩ ~ *a* **espansione** expansion nail; ~ *di* **garofano** clove; ⟨*Alp*⟩ ~ *da* **ghiaccio** frost-nail; ⟨*Med*⟩ ~ **isterico** clavus hystericus; **levar** –*i* to pull out nails; **magro** *come un* ~ as thin as a rake; **piantare** *un* ~ to drive in a nail; *(fig)* *(fare un debito)* to run into debt; ⟨*Alp*⟩ ~ *da* **roccia** piton; ⟨*Med*⟩ ~ **solare** acute localized frontal headache; ~ *a* **testa larga** mushroom-head rivet; ~ *a testa tonda* button-head rivet. *Prov.:* ~ *scaccia* ~ one nail drives out another.

chioggiotto **I** *a.* of (o from) Chioggia. **II** *s.m.* (*f.* -a) inhabitant (o native) of Chioggia.

chioma *f.* **1** *(capigliatura)* (head of) hair: *folta* ~ thick hair; *con le –e al vento* with one's hair streaming in the wind. **2** *(fogliame d'albero)* foliage, leafage. **3** ⟨*Astr*⟩ coma. **4** *(poet)* *(criniera)* mane. **chiomato** *a.* **1** long-haired. **2** *(frondoso)* leafy: *bosco* ~ leafy wood.

chiosa *f.* gloss. **chiosare** *v.t.* (chioso) to gloss.

chiosco *m.* (*pl.* -chi) **1** stall, stand, kiosk: ~ *di bibite* soft-drink kiosk, refreshment booth. **2** *(padiglione a colonne)* kiosk. **3** *(pergolato)* arbour. □ ~ *di fiori* flower stall; ~ *di frutta e verdura* fruit-and-vegetable stall; ~ *di giornali* news stand.

chiostra *f.* **1** *(cerchio)* ring, circle: ~ *di monti* ring of mountains. **2** *(recinto)* enclosure. □ *la* ~ *dei denti* the fence of one's teeth. **chiostro** *m.* **1** *(cortile cinto di porticati)* cloister. **2** *(convento)* cloister *(anche fig.)*: *lasciare il* ~ to leave the cloister.

chiotto *a.* quiet, still. □ *zitto e* ~ still and quiet, still (o quiet) as a mouse; *se ne stava* ~ ~ he kept quite still, he did not stir.

chip *ingl.* [tʃip] *m.* ⟨*Inform*⟩ chip.

chirografario *a.* ⟨*Dir*⟩ chirographary. □ *credito* ~ unsecured credit. **chirografo** *m.* chirograph.

chiromante *m./f.* palmist, chiromancer. **chiromanzia** *f.* palmistry, chiromancy.

chiroprassi, chiropratica *f.* → **chiroterapia**. **chiropratico** *m.* (*pl.* -ci) → **chiroterapeuta**. **chiroterapeuta** *m./f.* chiropractor. **chiroterapia** *f.* chiropractic. **chiroterapico** *a.* (*pl.* -ci) chiropractical.

chirotteri *m.pl.* ⟨*Zool*⟩ chiropters *pl.*

chirurgia *f.* surgery: ~ *plastica* plastic surgery. □ ~ **addominale** abdominal surgery; ~ **dentaria** dental surgery; ~ *del* **freddo** cryosurgery; ~ **oncologica** surgical oncology; ~ *orale* oral surgery; ~ **pediatrica** pediatric surgery; *piccola* ~ minor surgery; ~ **radicale** radical surgery; ~ **ricostruttiva** reconstructive surgery; ~ *d'urgenza e di pronto soccorso* accident surgery; ~ **vascolare** vascular surgery.

chirurgico *a.* (*pl.* -ci) surgical. □ *intervento* ~ (surgical) operation; *strumenti –i* surgical instruments. **chirurgo** *m.* (*pl.* -ghi/-gi) surgeon. □ *medico* ~ surgeon.

chissà *avv.* **1** who knows, goodness knows, I wonder: ~ *chi è* goodness knows who it is; ~ *quando ci rivedremo* who knows when we'll meet again; ~ *se è tornato* I wonder if he's back. **2** *(forse)* perhaps, *(fam)* maybe: *verrai al cinema con noi?* — *maybe!* will you come to the cinema with us? — maybe! □ ~ *chi* goodness (o who) knows who; *(tutti)* everybody, all and sundry: *quel chiacchierone lo racconterà a* ~ *chi* that gossipmonger will tell it to all and sundry; ~ *dove* who knows where, I wonder where; ~ *mai* Heaven knows; ~ *quando* who knows when.

chitarra *f.* 〈*Mus*〉 guitar: ~ *elettrica* electric guitar. □ ~ *hawaiana* ukulele, Hawaiian guitar. **chitarrata** *f.* **1** (*brano per chitarra*) piece of guitar music. **2** (*esecuzione*) performance of guitar music. **3** 〈*spreg*〉 (*pessima esecuzione*) strumming. **chitarrista** *m./f.* guitarist, guitar player.

chitina *f.* 〈*Zool*〉 chitin.

chitone *m.* 〈*Stor.gr*〉 chiton.

chiù *m.* 〈*region,Ornit*〉 horned (*o* scops) owl.

chiudenda *f.* **1** (*recinto di siepi*) hedge, enclosure. **2** (*saracinesca*) (roller-)shutter.

chiudere *v.* (**chiusi, chiuso**) **I** *v.t.* **1** to shut, to close: ~ *la porta* to shut the door; ~ *una scatola* to close a box; ~ *un cassetto* to shut a drawer; (*tirando: rif. a tende e sim.*) to draw, to pull shut: ~ *le tende* to draw the curtains; (*legando: rif. a sacchi, pacchi*) to tie up; (*con il coperchio*) to cover, to put the lid on; (*con il tappo*) to stopper, to plug; (*con un tappo di sughero*) to cork; (*violentemente*) to slam (to), to bang (shut): *chiuse la porta con un calcio* he kicked the door shut; (*con la chiave*) to lock. **2** (*rif. a libri*) to close, to shut. **3** (*rif. a oggetti pieghevoli*) to fold (up), to shut (up), to close: ~ *il ventaglio* to close one's fan; ~ *il paravento* to fold up the screen. **4** (*serrare*) to clutch, to clench: ~ *il pugno* to clench one's fist. **5** (*rif. a luce, apparecchi: spegnere*) to turn off, to switch off: ~ *il gas* to turn off the gas; ~ *il televisore* to switch the television off. **6** (*suggellare: rif. a lettere e sim.*) to seal (up). **7** (*murare*) to brick (*o* wall) up: ~ *una porta nella parete* to brick up a door in the wall. **8** (*recintare*) to enclose; (*con una siepe*) to hedge (in, round); (*con uno steccato*) to fence (in, about). **9** (*circondare*) to ring round, to shut in, to surround: *la valle è chiusa da alti monti* the valley is ringed round with high mountains. **10** (*sbarrare*) to block (up), to bar: ~ *il passaggio* to bar the way. **11** (*porre in luogo sicuro*) to lock up (*o* away), to shut up (*o* away): ~ *il denaro nella cassaforte* to lock one's money up in the safe; ~ *in carcere qd.* to shut s.o. up in prison. **12** (*temporaneamente: rif. a negozi, fabbriche, scuole e sim.*) to close: *a causa dell'epidemia chiusero le scuole* the schools were closed because of the epidemic; (*permanentemente*) to shut (*o* close) down: *il giornale fu chiuso per motivi politici* the paper was closed down for political reasons. **13** (*porre termine*) to close, to bring to an end, to wind up: ~ *il dibattito* to close (*o* wind up) the debate. **14** (*venire per ultimo*) to bring up the rear, to come at the end (*o* bottom) (*qc. of* s.th.): ~ *un corteo* to bring up the rear of a procession; *il suo nome chiude l'elenco* his name comes at the end (*o* bottom) of the list. **15** (*nei giochi di carte*) to go down, to meld. **16** 〈*El*〉 to close: ~ *il circuito* to close the circuit. **II** *v.i.* (*aus. avere*) **1** (*venir chiuso: rif. a negozi e sim.*) to close: *i negozi chiudono alle venti* the shops close at eight; *le scuole chiudono il quindici giugno* the schools close (*o* school ends) on the fifteenth of June; (*terminare*) to end: *la caccia chiude tra un mese* the hunting season ends in a month. **2** (*combaciare*) to close, to shut: *la finestra non chiude bene* the window doesn't shut properly. **chiudersi** *v.r.* **1** (*ritirarsi*) to shut o.s. up (*o* away), to withdraw: *si è chiuso nella sua stanza e non vuole uscire* he has shut himself up in his room and won't come out; *chiudersi in convento* to withdraw into a convent. **2** (*serrarsi*) to close, to shut: *la porta si chiude da sé* the door shuts automatically; *la porta si chiuse senza rumore* the door closed silently. **3** (*rif. a fiori*) to close (up): *le campanelle si chiudono di notte* harebells close at night. **4** (*rimarginarsi*) to heal (up), to close (up): *la ferita non si è ancora chiusa* the wound still hasn't healed up. **5** (*rif. al tempo: oscurarsi*) to cloud over (*costr. impers.*), to grow overcast (*costr. impers.*): *il tempo si sta chiudendo* it is clouding over. **6** 〈*fig*〉 to withdraw, to immure o.s.: *chiudersi in se stessi* to withdraw into o.s.; *chiudersi nel dolore* to ˈwithdraw intoˈ (*o* immure o.s. in) one's grief. □ *l'***argomento** *è chiuso* the matter is closed; 〈*Aut*〉 ~ *l'***aria** to choke; 〈*Comm*〉 ~ *in* **attivo** to show a profit (*o* credit

balance); ~ **bene** to close properly, to shut firmly; ~ *la* **bocca** to close one's mouth; 〈*fig*〉 *chiudi la bocca* hold your tongue; 〈*fam*〉 shut up; 〈*fig*〉 ~ *la bocca a qd.* (*impedirgli di parlare*) to stop s.o. talking, to silence s.o.; 〈*fam*〉 ~ **bottega** to shut up shop (*anche fig.*); ~ *un* **buco** to stop (*o* block up) a hole, to fill in (*o* up) a hole; ~ **casa** to shut up house; ~ *a* **catenaccio** to (shoot the) bolt; ~ *in* **collegio** to send away to boarding school; ~ *un* **conto** to close an account; (*in pareggio*) to balance an account; 〈*fig*〉 ~ *un conto con qd.* to settle (*o* square) with s.o.; (*vendicarsi*) to get even with s.o.; ~ *il* **cuore** *alla pietà* to harden (*o* steel) one's heart; ~ **dentro** to shut in (*o* up); ~ *la* **falla** to stop the leak; ~ **fuori** to shut (*o* lock) out; *Tasso chiuse i suoi* **giorni** *a Roma* Tasso ended his days in Rome; ~ *l'***inchiesta** to bring the inquiry to a close (*o* conclusion); ~ *una* **lettera** to end a letter; ~ *col* **lucchetto** to padlock; ~ *a doppia* **mandata** to double-lock; 〈*Fot*〉 ~ *l'***obiettivo** to stop down; ~ *gli* **occhi**: 1 to shut (*o* close) one's eyes; 〈*scherz*〉 *chiudi gli occhi e indovina* shut your eyes and guess; 2 〈*eufem*〉 (*morire*) to end one's days; ~ *gli occhi per sempre* to close one's eyes for ever; *mi si chiudono gli occhi per il sonno* I'm so tired I can't keep my eyes open; 〈*fig*〉 ~ *gli occhi all'evidenza delle cose* to close one's eyes to the truth; 〈*fig*〉 ~ *un* **occhio** *su qc.* to turn a blind eye to s.th.; *non ho chiuso* **occhio** *per tutta la notte* I didn't ˈclose my eyesˈ (*o* get a wink of sleep) all night; ~ *la* **parentesi** to close (the) brackets; 〈*fig*〉 to end an interlude; ~ *tra* **parentesi** to bracket, to put in brackets; ~ *in* **perdita** to show a loss; ~ *la* **porta** *in faccia a qd.* to shut the door in s.o.'s face; 〈*burocr*〉 ~ *una* **pratica** to settle (*o* wind up) a case; ~ *il* **rubinetto** to turn off the tap; *la* **seduta** *è chiusa* the meeting is closed; ~ *la* **serratura** to lock; *chiudersi nel* **silenzio** to withdraw into silence; ~ *una* **strada** *al* **traffico** to close a road to traffic; ~ *la* **vista** to cut off the view. ‖ *signori, si chiude* (*closing*) time, gentlemen, please.

chiudetta *f.* 〈*Idr*〉 sluice.

chiunque *pron.inv.* **I** *pron.rel.* whoever, anyone who (*o* that), anybody who (*o* that): *lo dirò a ~ me lo chieda* I shall tell anybody who asks me; (*in un numero ristretto*) whichever: ~ *di voi esca per ultimo, chiuda la porta* whichever of you is the last to leave, remember to close the door. **II** *pron.indef.* (*solo singolare*) anyone, anybody: ~ *avrebbe agito così* anyone would have done the same; *puoi capirmi meglio di ~ altro* you can understand me better than anyone else. □ ~ *sia* whoever it is (*o* may be); ~ *incontriate, fermatelo* stop the first person you meet.

chiurlare *v.i.* (*aus.* avere) to hoot, to tu-whit. **chiurlo** *m.* 〈*Ornit*〉 curlew.

chiusa *f.* **1** 〈*Idr*〉 lock, sluice. **2** 〈*Geol*〉 narrowing. **3** (*recinto di terreno*) enclosure. **4** (*parte finale, conclusione*) conclusion, close, end(ing): *devo scrivere la ~ del discorso* I must write the conclusion of my speech. □ *diritti di ~* sluice dues, lock charges. **chiusi** → chiudere.

chiusino *m.* **1** manhole cover. **2** (*di fogna*) trap.

chiuso I *a.* **1** closed, shut: *la porta è –a* the door is shut; *il libro era ~* the book was closed; (*a chiave*) locked; (*sbarrato*) barred; (*sigillato*) sealed: *la lettera è ancora –a* the letter is still sealed. **2** (*rif. a negozi, uffici*) closed: *questo negozio il lunedì rimane ~* this shop is closed on Mondays. **3** (*spento*) off, turned (*o* shut) off; (*rif. ad apparecchio elettrico*) (switched) off: *la radio è –a* the radio is off. **4** (*angusto*) narrow: *una valle molto –a* a very narrow valley. **5** (*rif. al tempo*) overcast, cloudy: *cielo ~ overcast* sky. **6** 〈*fig*〉 (*ristretto*) exclusive: *casta –a* exclusive caste. **7** 〈*fig*〉 (*riservato, poco espansivo*) reserved, close: *carattere ~* reserved character; *è un ragazzo molto ~* he's a very close boy. **8** (*concluso*) settled, closed, at an end: *considero –a la discussione* I consider the discussion closed; *la questione è –a* the matter is settled. **9** 〈*Fon*〉 closed: *una «e» –a* a closed "e". **10** 〈*Econ*〉 closed: *economia –a* closed economy. **II** *s.m.* **1** (*luogo chiuso*) enclosure, close; (*luogo senza aria né luce*) shut-in place, dark airless place. **2** (*recinto: per animali*) pen; (*per pecore*) fold. □ **abito** ~ (*accollato*) high-necked dress; (*abbottonato*) buttoned-up dress; *un abito ~ fino al collo* a dress fastened up to the neck; 〈*fig*〉 *tenere la* **bocca** *–a* to keep one's mouth shut; **busta** *–a* sealed envelope; **casa** *–a* (*bordello*) brothel; ⟨*El*⟩ **circuito** ∼ closed circuit; ⟨*Comm*⟩ **conto** ∼ account balanced (*o* settled); ∼ **per ferie** closed for holidays; ∼ **in** *casa* shut up ⌈in the house⌉ (*o* at home): *sta tutto il giorno –a in casa* she spends the whole day shut up at home; ∼ **per lutto** closed for mourning; ⟨*Geog*⟩ **mare** ∼ inland sea; ⟨*Econ*⟩ **mercato** ∼ closed market; *avere il* **naso** ∼ to have a blocked-up (*o* stuffy) nose; ⟨*fig*⟩ *a* **occhi** *–i* (*con piena fiducia*) with one's eyes shut, with complete confidence; *odore di* ∼ musty (*o* stuffy) smell; ⟨*Dir*⟩ *a* **porte** *–e* in camera, behind closed doors: *il processo si svolge a porte –e* the trial is taking place in camera; **restare** ∼ to be closed; *è rimasto* ∼ *dentro e non può uscire* he's locked in and can't get out; ∼ *per* **riposo** *settimanale* weekday closing; **sapere** *di* ∼ to smell musty; **strada** *–a* road closed; **tenere** ∼ to (be) shut: *la domenica teniamo* ∼ we are shut on Sundays; *tenere –a chiave* la *porta* to keep the door locked; *tenere –i a chiave i gioielli* to keep one's jewels locked away (*o* up), to keep one's jewels under lock and key.

chiusura *f.* **1** (*il chiudere*) closing, shutting; (*il concludere*) ending, conclusion. **2** (*termine, fine*) close, end, conclusion, winding-up: *la* ∼ *delle scuole* the end of the school year. **3** (*serratura*) lock, fastener. **4** (*allacciatura*) fastening. □ ⟨*Mecc*⟩ *a* ∼ **automatica** self-locking, self-closing: *porta a* ∼ *automatica* self-closing door; ⟨*Comm*⟩ ∼ *del* **bilancio** closing (*o* striking) of the balance, balancing of the books; ⟨*Comm*⟩ **bilancio** *di* ∼ closing balance; ⟨*Comm*⟩ ∼ *dei* **conti** closing of accounts; ⟨*Comm*⟩ ∼ *d'un conto* balance (*o* closing) of an account, striking of the balance; ⟨*Parl*⟩ ∼ *di un* **dibattito** closure of a debate; **discorso** *di* ∼ closing speech; ∼ **ermetica** hermetic seal(ing); *a* ∼ *ermetica* hermetically sealed; ⟨*Econ*⟩ ∼ *d'*esercizio year end closure, (*am*) year end closing; *la* ∼ *di una* **fabbrica** closing of a factory, shut-down; ∼ *delle* **iscrizioni** closing date (*o* deadline) for applications; (*nelle scuole*) last day for enrolment; ∼ **lampo** zip (fastener), zipper; ⟨*fig*⟩ ∼ **mentale** narrow-mindedness; **orario** *di* ∼ closing time; ∼ *di* **sicurezza** safety catch; ∼ *delle* **trattative** ending of negotiations.

choc *fr.* [ʃɔk] *m.* shock: *avere un forte* ∼ to suffer (a) severe shock, to have a bad shock; ∼ *culturale* cultural shock; ∼ *traumatico* traumatic shock.

ci¹ *pron./avv.* (before the unaccented personal pronouns *lo, la, le, li, ne, ci* changes to *ce*; *ci* is used enclitically with the infinitives, participles, gerunds, imperatives and *ecco*) **I** *pron.pers.* **1** (*noi: complemento oggetto*) us: *Dio* ∼ *vede* God sees us; ∼ *hai chiamato?* did you call us? **2** (*a noi: complemento di termine*) (to) us: *non* ∼ *hanno detto nulla* they didn't tell us anything, they didn't say anything to us; *non vuoi raccontarci come è andata la faccenda?* won't you tell us what happened?; *ce lo ha scritto* he has written to us about it. **3** (*riflessivo*) ourselves, *talvolta non si traduce:* ∼ *laviamo* we wash (ourselves). **4** (*reciproco*) each other, one another: ∼ *vogliamo bene* we love each other. **5** (*particella impersonale*) one, you, it (*costr. impers.*) ∼ *si annoia* it is boring, one gets bored; *tra amici* ∼ *si aiuta* one (*o* you) should lend a friend a helping hand. **II** *pron. dimostr.* (*rif. a cosa: di questo, a questo, su questo, da questo, in questo, con questo e sim.*) *di solito viene tradotto con varie preposizioni preposte ai pronomi* it, this *e* that, *talvolta non si traduce: non* ∼ *penso* I don't think about it; *non* ∼ *badare* don't take any notice (of it); *non* ∼ *capisco nulla* I can't make head or tail of it; ∼ *penso io* I'll see to it; *io* ∼ *rimetto* I lose on it; *posso contarci?* can I count on it?; *quanto conti di guadagnarci?* how much do you expect to get out of it? **III** *avv.* **1** (*lì, in quel luogo*) there: *ricordo bene l'albergo perché* ∼ *restai parecchi giorni* I remember the hotel well, because I stayed there (*o* in it) for several days; *non* ∼ *vado da molti anni* I haven't been there for many years; *vacci subito!* go (there) right away! **2** (*qui, in questo luogo*) here: *sto bene a Roma e* ∼ *resterò* I like it in Rome and I intend staying (here); ∼ *siamo finalmente* here we are at last. **3** (*per questo luogo*) by here (*o* it), by this (*o* that) place: ∼ *sono passato spesso* I have often passed by it. **4** (*pleonastico*) *non si traduce: in questa casa non* ∼ *abita nessuno* nobody lives in this

house; *non* ∼ *sente bene* he doesn't hear very well, his hearing is not very good. □ *c'è* there is: *non c'è nessuno qui* there is nobody here; *c'è Luigi?* is Luigi here (*o* there)?; *c'era una volta un re* once upon a time there was a king; ∼ *sono* there are: ∼ *sono molte ragioni* there are many reasons; ∼ *corre* it's a far cry; *starci* to be willing (*o* ready); *io* ∼ *sto* it's all right with me; *eccoci qua!* here we are!; *mi* ∼ *vorrebbe un bel tè caldo* I could do with a nice hot cup of tea.

ci² *f./m.* C, the letter C.

Cia = ⟨*Comm*⟩ *compagnia* company (*abbr.* Co., co.).

ciabatta *f.* **1** slipper. **2** (*scarpa vecchia*) down-at-heel (*o* worn-out) shoe. **3** ⟨*fig*⟩ (*persona malandata*) wreck; (*cosa malandata*) old thing, rag. □ *essere in –e* to be in one's slippers; *portare le scarpe a* ∼ to wear down-at-heel shoes. **ciabattare** *v.i.* (*aus.* **avere**) to shuffle: *sta tutto il giorno a* ∼ *per casa* she spends the whole day shuffling round the house. **ciabattata** *f.* blow (*o* whack) with a slipper. **ciabattino** *m.* cobbler. **ciabattone** *m.* (*f.* **-a**) slovenly (*o* down-at-heel) person.

ciac *m.* ⟨*Cin*⟩ clapsticks *pl*, clapper boards *pl*. □ ∼*!, si gira!* camera!

ciaccona *f.* ⟨*Mus*⟩ chaconne.

cialda *f.* **1** ⟨*Dolc*⟩ wafer. **2** ⟨*Farm*⟩ wafer sheet. **cialdone** *m.* ⟨*Dolc*⟩ cornet: *panna coi –i* whipped cream and cornets.

cialtronata *f.* **1** rascally action. **2** (*lavoro malfatto*) bungle, bungling. **3** ⟨*pop*⟩ (*vigliaccata*) rotten (*o* lousy) trick. **cialtrone** *m.* (*f.* **-a**) **1** (*persona che lavora male*) careless worker. **2** (*manigoldo*) rogue, rascal. **cialtroneria** *f.* **1** (*furfanteria*) roguery, rascality. **2** (*azione da cialtrone*) rascally (*o* knavish) action.

ciambella *f.* **1** ⟨*Dolc*⟩ ring-shaped cake. **2** (*salvagente*) life (buoy). **3** (*per neonati*) teethering ring. □ *Prov.: non tutte le –e riescono col buco* you cannot win them all.

ciambellano *m.* chamberlain: ∼ *di corte* court chamberlain.

ciampicare *v.i.* (*ciampico, ciampichi; aus.* **avere**) **1** (*camminare inciampando*) to stumble (along); (*camminare barcollando*) to stagger (along). **2** (*camminare strascicando i piedi*) to shuffle (along), to drag (along). **ciampicone** *m.* (*f.* **-a**) **1** stumbler, staggerer. **2** (*chi striscia i piedi*) shuffler.

cianam(m)ide *f.* ⟨*Chim*⟩ cyanamide.

cianato *m.* ⟨*Chim*⟩ cyanate.

ciancia *f.* (*pl.* **-ce**) **1** (*discorso vano*) idle talk, empty words *pl*: *queste sono inutili ciance* this is just idle talk. **2** *pl.* (*fandonie*) nonsense, rubbish: *ciance! non ti credo* nonsense! I don't believe you. **cianciare** *v.i.* (*ciancio, cianci; aus.* **avere**) to chatter, to talk idly.

ciancicare *v.* (*ciancico, ciancichi*) **I** *v.t.* **1** (*pronunciare male*) to mumble; (*balbettare*) to stutter (out), to stammer (out). **2** (*biasciare*) to chew, to mumble. **3** ⟨*region*⟩ (*sgualcire*) to crease. **II** *v.i.* (*aus.* **avere**) (*lavorare con lentezza*) to dawdle (*o* idle) over one's work. **ciancicarsi** *v.r.* to crease, to get creased.

cianfrusaglia *f.* (*oggetto di poco valore*) knick-knack, gee-gaw; *pl.* rubbish, junk: *la stanza era piena di –e* the room was full of rubbish (*o* knick-knacks).

ciangottare *v.* (*ciangotto*) **I** *v.i.* (*aus.* **avere**) **1** (*parlare balbettando*) to stammer, to stutter. **2** (*rif. a bambini*) to prattle. **3** (*cinguettare*) to chirp, to twitter. **4** (*gorgogliare*) to bubble. **II** *v.t.* to stammer (out), to mumble: ∼ *un po' d'inglese* to stammer out a few words of English. **ciangottio** *m.* **1** stammering, stuttering; (*rif. a bambini*) prattling. **2** (*cinguettio*) (continual) chirping, twittering. **3** (*gorgoglio*) bubbling.

cianidrico *a.* (*pl.* **-ci**) ⟨*Chim*⟩ hydrocyanic: *acido* ∼ hydrocyanic (*o* prussic) acid.

cianogeno *m.* ⟨*Chim*⟩ cyanogen.

cianografia *f.* blue printing, ozalid-printing. **cianografico** *a.* (*pl.* **-ci**) blue print-, ozalid-: *carta –a* blue print paper. □ *copia –a* blue print, ozalid, cyanotype; *procedimento* ∼ blue printing, ozalid-printing.

cianosi *f.* ⟨*Med*⟩ cyanosis. **cianotico** *a.* (*pl.* **-ci**) cyanotic: *labbra cianotiche* cyanotic lips.

cianotipia *f.* → **cianografia**. **cianotipo** *m.* blue-print.

cianuro *m.* ⟨*Chim*⟩ cyanide. ☐ ~ *di potassio* potassium cyanide; ~ *di sodio* sodium cyanide.

ciao *intz.* ⟨*nel congedarsi*⟩ bye-bye, 'bye, cheerio, ⟨*am*⟩ so long; ⟨*nell'incontrarsi*⟩ hello, ⟨*am*⟩ hi (there).

ciaramella *f.* **1** ⟨*ant*⟩ ⟨*zufolo*⟩ shawm. **2** ⟨*zampogna*⟩ bagpipe.

ciarda *f.* ⟨*danza*⟩ czardas.

ciarla *f.* **1** ⟨*notizia falsa*⟩ false rumour, groundless report. **2** *pl.* ⟨*discorsi inutili*⟩ (idle) talk, chatter; ⟨*sciocchezze*⟩ nonsense. **3** *pl.* ⟨*chiacchiere*⟩ chat, talk: *fare quattro -e insieme* to have a chat. **4** ⟨*fam*⟩ ⟨*scioltezza di lingua*⟩ glibness, ⟨*fam*⟩ gift of the gab. ☐ ⟨*esclam*⟩ *-e!* what nonsense! **ciarlare** *v.i.* (*aus.* **avere**) **1** ⟨*chiacchierare vanamente*⟩ to chatter, to patter, to talk idly, to prattle. **2** ⟨*fare pettegolezzi*⟩ to gossip, to tittle-tattle.

ciarlatanata *f.* **1** ⟨*rif. a parole*⟩ quackish talking. **2** ⟨*rif. ad azione*⟩ quackish action, humbug. **ciarlataneria** *f.* **1** ⟨*arte del ciarlatano*⟩ charlatanry, quackery. **2** ⟨*parole da ciarlatano*⟩ quackish talk. **3** ⟨*azione da ciarlatano*⟩ charlatanism, piece of quackery. **ciarlatanesco** *a.* (*pl.* -**chi**) charlatanish, quackish: *discorsi ciarlataneschi* quackish talk. **ciarlatano** *m.* quack, ⟨*ant*⟩ mountebank; ⟨*rif. a medici*⟩ quack(-doctor), charlatan.

ciarliero *a.* talkative, chatty, garrulous: ~ *come una gazza* as garrulous as a magpie. **ciarlone** *m.* (*f.* -**a**) chatterbox, ⟨*fam*⟩ gas-bag, ⟨*fam*⟩ wind-bag.

ciarpame *m.* rubbish, junk, odds and ends *pl.*

ciascheduno *pron.indef.* ⟨*non com*⟩ → **ciascuno.**

ciascuno I *a.* (before singular masculine nouns beginning with a vowel or consonant except *s* + consonant, *z, gn, ps, x ciascuno* is apocopated to *ciascun;* before feminine nouns beginning with a vowel becomes *ciascun'*) **1** ⟨*ogni*⟩ every: *a ciascun visitatore fu offerto un piccolo ricordo* every visitor was given a small souvenir. **2** ⟨*distributivo*⟩ each: *ciascun bambino declamò una poesia* each child recited a poem. **II** *pron.indef.* (*f.* -**a**) **1** ⟨*ogni persona, tutti*⟩ everybody, everyone, every person (*o* one), every man (*f* woman): *a* ~ *il suo* give every man his due; ~ *di noi lo conosce* every one of us knows him; ~ *riceverà la sua parte* everybody will get his share. **2** ⟨*distributivo*⟩ each, each person (*o* one), each man (*f* woman): *pagammo una sterlina* ~ we paid a pound each; *ricevettero un libro* ~ they got one book each; *entrarono tre studenti,* ~ *con una cartella sotto il braccio* three schoolboys came in, each with a school-bag under his arm.

cibare *v.t.* ⟨*nutrire*⟩ to feed, to nourish (*anche fig.*): ~ *i poveri* to feed the poor; ~ *qd. di promesse* to feed s.o. with promises. **cibarsi** *v.r.* to feed, to live (*di* on), to eat (s.th.): *cibarsi di frutta* to feed on fruit. **2** ⟨*fig*⟩ to live (*di* on), to cherish (s.th.): *cibarsi di illusioni* to cherish illusions. **cibaria** *f.* (usually in pl.) victuals *pl; pl.* foodstuffs *pl,* provisions *pl.*

cibernetica *f.* cybernetics *pl* (*costr. sing. o pl.*). **cibernetico** *a.* (*pl.* -**ci**) cybernetic.

cibo *m.* **1** food: ~ *sano* wholesome food. **2** ⟨*ciò che si mangia in un pasto*⟩ meal, food: *mi è rimasto il* ~ *sullo stomaco* I haven't digested my meal. **3** ⟨*pietanza*⟩ dish: *che* ~ *è questo?* what dish is this? **4** ⟨*fig*⟩ food, nourishment: *lo studio è il* ~ *della mente* study is the food of the mind. ☐ ~ *e bevanda* food and drink; **mancanza** *di* ~ lack of food; ~ **nutriente** nourishing foods; *-i* **pesanti** indigestible foods; *non* **toccar** ~ not to eat (a thing).

ciborio *m.* **1** ⟨*Arch*⟩ ciborium. **2** ⟨*Lit*⟩ ⟨*tabernacolo*⟩ tabernacle; (*pisside*) pyx, ciborium.

cicala *f.* **1** ⟨*Entom*⟩ cicada. **2** ⟨*fig*⟩ ⟨*chiacchierone*⟩ chatterbox. **3** ⟨*El*⟩ (*cicalino*) buzzer. **4** ⟨*Mar*⟩ anchor ring. ☐ ⟨*Zool*⟩ ~ *di mare* squilla. **cicalare** *v.i.* (*aus.* **avere**) to chatter (away), to jabber, to babble. **cicalata** *f.* rigmarole, idle talk. **cicaleccio, cicaleggio** *m.* (shrill) chattering, chatter, babble. **cicalino** *m.* **1** ⟨*El*⟩ (*campanello*) buzzer. **2** ⟨*Tel*⟩ (*convertitore*) convertor. **cicalio** *m.* buzz, chatter. **cicalone** *m.* (*f.* -**a**) chatterer, chatterbox.

cicatrice *f.* **1** scar: *avere il viso sfigurato da –i* to have a face disfigured by scars⌉ (*o* scarred face). **2** ⟨*fig*⟩ scar, mark: *la disgrazia mi ha lasciato una* ~ *nell'animo* the misfortune has left its mark on me. **3** ⟨*Med,Bot*⟩ cicatrix.

cicatriziale *a.* ⟨*Med,Bot*⟩ scar-, cicatricial: *tessuto* ~ cicatricial tissue. **cicatrizzante** *a.* ⟨*Farm*⟩ cicatrizant. **cicatrizzare I** *v.t.* to heal, to cicatrize, to scar. **II** *v.i.* (*aus.* **essere**), **cicatrizzarsi** *v.r.* to heal (up), to cicatrize: *la ferita si è già cicatrizzata* the wound has already healed. **cicatrizzazione** *f.* healing (up), cicatrization.

cicca[1] *f.* ⟨*fam*⟩ **1** ⟨*mozzicone*⟩ (cigarette or cigar) stub, butt, stump, cigarette end, cigar end, ⟨*fam*⟩ fag end. **2** ⟨*tabacco da masticare*⟩ quid. ☐ ⟨*pop*⟩ *non valere una* ~ not to be worth a brass farthing.

cicca[2] *f.* ⟨*fam*⟩ ⟨*gomma da masticare*⟩ chewing gum.

ciccare *v.i.* (**cicco, cicchi**; *aus.* **avere**) ⟨*fam*⟩ **1** to chew tobacco. **2** ⟨*fam*⟩ (*stizzirsi*) to sulk.

cicchettare *v.i.* (**cicchetto**; *aus.* **avere**) ⟨*fam*⟩ to tipple, to be fond of a drop (*o* nip). **cicchetto** *m.* **1** ⟨*bicchierino di liquore*⟩ nip, drop, ⟨*fam*⟩ tot: *bere un* ~ to drink a (glass of) liqueur; (*tonico*) pick-me-up. **2** ⟨*fam*⟩ (*ramanzina*) dressing-down, telling-off: *prendere un* ~ to get a dressing-down.

ciccia *f.inv.* **1** ⟨*infant*⟩ (*carne*) meat. **2** ⟨*scherz*⟩ (*carne umana*) fat, flesh. ☐ *essere tutto* ~ to be all fat; *mettere su* ~ to put on weight, to get fat. **cicciolo** *m.* **1** scraps *pl* of pork fat. **2** ⟨*Med*⟩ fleshy excrescence.

ciccione *m.* (*f.* -**a**) ⟨*scherz*⟩ fatty, tubby. **ciccioso, cicciuto** *a.* fat, fleshy.

cicerbita *f.* ⟨*Bot*⟩ sow thistle.

cicerchia *f.* ⟨*Bot*⟩ chickling.

cicero *m.* ⟨*Tip*⟩ cicero.

cicerone *m.* **1** ⟨*guida*⟩ guide, cicerone: *fare da* ~ *a qd.* to act as guide to s.o. **2** (*libro*) guide(-book). **Cicerone** *N.pr.m.* ⟨*Stor*⟩ Cicero. **ciceroniano** *a.* Ciceronian, of Cicero.

cicisbeo *m.* **1** ⟨*Stor*⟩ cicisbeo. **2** ⟨*estens*⟩ (*damerino*) gallant, ladies' man: *fare il* ~ to play the gallant.

ciclabile *a.* cycle-, for cyclists, cycling-: *pista* ~ cycle-track, ⟨*am*⟩ bikeway.

Cicladi *N.pr.f.pl.* ⟨*Geog*⟩ Cyclades (Islands) *pl.*

ciclamino I *s.m.* ⟨*Bot*⟩ cyclamen. **II** *a.inv.* cyclamen-coloured, cyclamen-: *una sciarpa* ~ a cyclamen-coloured scarf.

ciclammato *m.* ⟨*Chim*⟩ cyclamate.

ciclicità *f.* cyclicity. **ciclico** *a.* (*pl.* -**ci**) cyclic(al). ☐ *fenomeno* ~ cyclic phenomenon; *poema* ~ cyclic poem; *composto* ~ cyclic (compound); *poeta* ~ cyclic poet.

ciclismo *m.* cycling, (bi)cycle racing: *gli assi del* ~ the cycling aces. **ciclista** *m./f.* **1** (bi)cyclist. **2** ⟨*Sport*⟩ cyclist, ⟨*am*⟩ cycler. **3** ⟨*chi ripara biciclette*⟩ bicycle repairer. **ciclistico** *a.* (*pl.* -**ci**) cycling-, (bi)cycle-: *gara -a* cycle race.

ciclo[1] *m.* cycle. ☐ ⟨*Lett*⟩ ~ *di re* **Artù** Arthurian cycle; ~ *dell'azoto* nitrogen cycle; ~ **biologico** biological cycle; ⟨*Biol*⟩ ~ *del* **carbonio** carbon cycle; ⟨*Med*⟩ ~ **cardiaco** cardiac cycle; ~ *di* **conferenze** series of lectures; ⟨*Econ*⟩ ~ **congiunturale** economic (*o* business) cycle; ~ **economico** economic cycle; ⟨*Geol*⟩ ~ *di* **erosione** cycle of erosion; ⟨*Ind*⟩ ~ *di* **lavorazione** operation (*o* working) schedule; ~ *di* **lavoro** work cycle, duty cycle; ⟨*Lett*⟩ ~ *di* **leggende** cycle of legends; ~ **lunare** lunar cycle; *il* ~ *di una* **malattia** the course of an illness; ~ **mestruale** menstrual cycle; ⟨*Inform*⟩ ~ **nidificato** nested program; ⟨*Med*⟩ ~ **ovarico** oogenetic (*o* ovarian) cycle; ~ *dei* **prodotti** product cycle; ⟨*Ind*⟩ ~ *di* **produzione** production cycle; ⟨*Inform*⟩ ~ *di* **programma** loop; ~ **solare** solar cycle, cycle of the sun; ~ **storico** historical cycle; ⟨*El*⟩ ~ *di* **trasformazione** reversible cycle; ⟨*Ind*⟩ ~ *di* **vita** *di un prodotto* life cycle; ⟨*Biol*⟩ ~ **vitale** life cycle.

ciclo[2] *m.* ⟨*fam*⟩ (*bicicletta*) cycle, ⟨*fam*⟩ bike.

ciclocampestre *f.,* **ciclocross** *m.* ⟨*Sport*⟩ cross-country cycle race, cyclocross. **ciclocrossista** *m./f.* ⟨*Sport*⟩ cross-country cyclist.

ciclo|ergometro *m.* bicycle ergometer. **~furgone** *m.* carrier tricycle.

cicloidale *a.* cycloid(al). **cicloide** *f.* ⟨*Geom*⟩ cycloid.

ciclometria *f.* ⟨*Med*⟩ cyclometry.

ciclomotore *m.* motor bicycle, moped. **ciclomotorista** *m./f.* motor bicyclist, moped rider.

ciclone *m.* **1** cyclone. **2** ⟨*fig*⟩ (*persona vivace*) ball of fire, tornado, dynamo: *quel ragazzo è un* ~ that boy is a ball of fire. **ciclonico** *a.* (*pl.* **-ci**) cyclonic: *area –a* cyclonic region.

ciclope *m.* ⟨*Mitol*⟩ Cyclop(s). **ciclopico** *a.* (*pl.* **-ci**) **1** Cyclopean. **2** (*fig*) (*gigantesco*) huge, gigantic: *costruzioni cicłopiche* huge edifices; (*immane*) tremendous, overwhelming: *fatica –a* tremendous effort. □ ⟨*Archeol*⟩ *mura ciclopiche* cyclopean walls.

ciclopista *f.* ⟨*Strad*⟩ cycle path, cycle track.

ciclostilare *v.t.* to cyclostyle, to duplicate. **ciclostile**, **ciclostilo** *m.* cyclostyle.

ciclostomi *m.pl.* ⟨*Zool*⟩ cyclostomes *pl.*

ciclo|timia *f.* ⟨*Psic*⟩ cyclothymia. **~timico** *m.* (*pl.* **-ci**; *f.* **-a**) cyclothymic, cyclothyme. **~trone** *m.* ⟨*Atom*⟩ cyclotron.

cicloturismo *m.* touring by bicycle. **cicloturista** *m./f.* cycling tourist.

cicogna *f.* **1** ⟨*Ornit*⟩ stork. **2** ⟨*Aer*⟩ grasshopper. **3** ⟨*Ferr*⟩ haulaway. □ ⟨*fig*⟩ *è arrivata la* ~ (*è nato un bambino*) the stork has come (*o* paid a visit); ⟨*fig*⟩ *attendere la* ~ (*aspettare un bambino*) to be expecting a baby.

cicoria *f.* ⟨*Bot*⟩ chicory.

cicuta *f.* ⟨*Bot*⟩ hemlock. □ ⟨*lett*⟩ *bere la* ~ to drink hemlock.

ciecale *a.* ⟨*Anat*⟩ caecal.

ciecamente *avv.* blindly: *credere* ~ *a qd.* (*o qc.*) to believe blindly in s.o. (*o* s.th.).

cieco *a./s.* (*pl.* **-chi**) **I** *a.* blind (*anche fig.*): ~ *d'ira* blind with rage; *passione –a* blind passion. **II** *s.m.* (*f.* **-a**) **1** blind person. **2** *pl.* the blind: *istituto per ciechi* institute for the blind. □ **alla** *–a* blindly, gropingly; ⟨*fig*⟩ unthinkingly, thoughtlessly: *agire alla –a* to act unthinkingly; *l'amore è* ~ love is blind; ⟨*fig*⟩ *essere* ~ *a qc.* to be blind to s.th.; **finestra** *–a* blind window; *la* **fortuna** *è –a* Fortune is blind; ~ *di* **guerra** blinded ex–serviceman; ⟨*Anat*⟩ **intestino** ~ caecum, blind gut; **lanterna** *–a* dark (*o* bull's eye) lantern; ⟨*infant*⟩ *giocare a* **mosca** *–a* to play blind man's buff; ~ **nato** person ⌐blind from birth⌐ (*o* born blind); ~ *da* (*o di*) *un* **occhio** blind in one eye; ~ *come una* **talpa** blind as a bat; **ubbidienza** *–a* blind (*o* unquestioning) obedience; **vicolo** ~ blind ⌐alley; ⟨*Aer*⟩ **volo** ~ blind flying. *Prov.: in terra di ciechi* ⌐*beato chi ha un occhio*⌐ (*o chi ha un occhio è signore*) ⌐among the blind⌐ (*o* in the kingdom of the blind) the one–eyed man is king.

ciellenista *m./f.* supporter of the CLN.

cielo *m.* **1** sky: ~ *sereno* clear (*o* cloudless) sky; ⟨*lett*⟩ heaven, heavens *pl*; (*parte della volta celeste su una regione*) sky, skies *pl: il* ~ *di Lombardia* the Lombardy sky, the skies of Lombardy; (*spazio aereo*) air space: *l'aereo si trova nel* ~ *di Roma* the aircraft is in the Rome air space. **2** (*clima*) climate, skies *pl: sotto un* ~ *più caldo* in a warmer climate. **3** (*paradiso, provvidenza, Dio*) Heaven: *ho detto ai bambini che la mamma è in* ~ I have told the children that Mummy is in Heaven; *il* ~ *ha voluto così* it is Heaven's (*o* God's) will. **4** (*nel sistema tolemaico: sfera celeste*) heaven: *il* ~ *della luna* the lunar heaven. **5** (*volta interna, soffitto*) ceiling; (*rif. ad automobili, carrozze*) top, roof. □ ⟨*esclam*⟩ *per* **amor** *del* ~ for Heaven's (*o* goodness') sake; **apriti** ~! Heavens above!; *le* **grida** **arrivarono** *al* ~ the cries rent the air; **assunto** *in* ~ taken up into Heaven; **color** *del* ~ sky–blue; ⟨*Meteor*⟩ ~ **coperto** overcast sky; **grazie** *al* ~ thank Heaven(s) (*o* goodness); ~ *del* **letto** canopy (of a four–poster bed); *sia* **lodato** *il* ~ thank Heavens, Heaven be praised; **mandato** *dal* ~ sent from Heaven, Heaven–sent; **muovere** ~ *e terra* to move Heaven and earth, to leave no stone unturned; *in* **nome** *del* ~ in Heaven's name; ⟨*Meteor*⟩ ~ *a* **pecorelle** mackerel sky; **pregare** *il* ~ to pray (to) Heaven: *prega il* ~ *che ciò non avvenga* pray to Heaven that it doesn't happen; *il* **regno** *dei –i* the Kingdom of Heaven; *lo sa il* ~ Heaven knows: *lo sa il* ~ *se vorrei andar via* Heaven knows I want to leave; ⟨*fig*⟩ **salire** *al* ~ (*morire*) to go to Heaven; ⟨*esclam*⟩ **santo** ~ (*good*) heavens, heavens above, good(ness) gracious, my goodness; *dormire a* ~ **scoperto** to sleep out in the open (air); *star* **scritto** *in* ~ to be written in the stars; ⟨*fig*⟩ *a ciel* **sereno** (*inaspettatamente*)

out of the blue; *portare qd.* ⌐*al* **settimo** ~⌐ (*o ai sette –i*) to praise s.o. to the skies; *essere al settimo* ~ to be in one's seventh heaven; ⟨*fig*⟩ *sotto il* ~ (*sulla terra*) under the sun; *cose che non* **stanno** *né in* ~ *né in terra* things that are out of this world; *il* ~ **stellato** the starry firmament; **toccare** *il* ~ *con un dito* to be in Heaven, to be walking on air; **voglia** *il* ~ would to Heaven; *il* ~ *non* **voglia** Heaven (*o* God) forbid; *se il* ~ *lo vorrà* God willing; *volesse il* ~ *che* would to Heaven that. *Prov.:* ~ *a* **pecorelle**, *acqua a catinelle* fleecy clouds are a sign of rain.

cifoscoliosi *f.* ⟨*Med*⟩ kyphoscoliosis.

cifosi *f.* ⟨*Med*⟩ kyphosis. **cifotico** *a.* (*pl.* **-ci**) kyphotic.

cifra *f.* **1** ⟨*Mat*⟩ figure, digit: *–e arabe* Arabic figures; ~ *binaria* binary digit. **2** (*somma di denaro*) sum, amount: *ho pagato una bella* ~ I paid a large amount. **3** (*monogramma*) monogram, initials *pl: una* ~ *ricamata* an embroidered monogram; *carta da lettere con le –e* monogrammed writing paper. **4** (*scrittura convenzionale*) cipher, cypher, code. □ ⟨*Comm*⟩ ~ *d'*affari turnover; ~ **approssimata:** 1 (*numero*) approximate figure; 2 (*importo*) approximate amount; ~ **astronomica** astronomical figure; ⟨*Inform*⟩ ~ **binaria** binary digit; **chiave** *della* ~ key cipher; ⟨*Pol*⟩ ~ **elettorale** electoral quotient; **in** ~ in code (*o* cipher), code–: *messaggio in* ~ message in code; *trasmettere in* ~ to trasmit in code; ~ **lorda** gross figure; **numero** *di tre –e* three–digit number; ~ **ottale** octal digit; ~ **tonda** round figure; ~ **totale** total figure (*o* sum).

cifrare *v.t.* **1** (*tradurre in cifra*) to (put into) code, to cipher: ~ *un messaggio* to code a message. **2** (*ricamare con monogramma*) to monogram, to embroider with a monogram: ~ *la biancheria* to embroider linen with a monogram. **cifrario** *m.* code (book), cipher book. **cifrato** *a.* **1** (*espresso in cifra*) coded, in code, code–, cipher–: *messaggio* ~ coded message. **2** (*con monogramma*) monogrammed: *fazzoletto* ~ monogrammed handkerchief.

cifratura *f.* **1** (*traduzione in cifra*) coding, ciphering. **2** (*ricamo*) monogramming, embroidering with initials. **cifrista** *m./f.* coder, cipherer.

C.I.G. = *Cassa integrazione guadagni* redundancy fund.

cigiellista *m./f.* member of the CGIL.

ciglia → **ciglio. cigliato** *a.* ⟨*Biol,Bot*⟩ ciliary, ciliate.

ciglio *m.* (*pl. i* **cigli**, *le* **ciglia**; in a concrete sense the *–a* form of the pl. is used, in a fig. sense the *–i* form) **1** eyelash: *–a folte* thick eyelashes. **2** ⟨*estens*⟩ (*sopracciglio*) (eye)brow: *aggrottare le –a* to knit one's brows; *–a folte* bushy eyebrows. **3** ⟨*Biol,Bot*⟩ cilium. **4** ⟨*fig*⟩ (*orlo*) edge, brink, verge, rim: *il* ~ *del fosso* the edge (*o* brink) of the ditch; *camminare sul* ~ *della strada* to walk along the edge of the road. **5** ⟨*fig*⟩ (*sguardo*) eye, brows *pl: abbassare le –a* to lower one's eyes. □ *a* ~ *asciutto* dry–eyed; *in un batter di* ~ in the twinkling of an eye; *senza batter* ~ without batting an eyelid. **ciglione** *m.* **1** embankment, bank. **2** (*orlo di precipizio*) edge, brink, verge: *il sentiero corre lungo il* ~ the path runs along the edge.

cigno *m.* swan; (*femmina*) pen; (*giovane*) cygnet. Cigno *N.pr.m.* ⟨*Astr*⟩ Cygnus, Swan. □ *il* ~ *di Busseto* (*Verdi*) the Swan of Busseto; *canto del* ~ swan song; ~ **nero** black swan.

cigolare *v.i.* (*cigolo; aus.* avere) to creak, to squeak: *la porta cigola* the door creaks; (*sotto un peso*) to groan. **cigolio** *m.* creaking, squeaking; (*sotto un peso*) groaning.

Cile *N.pr.m.* ⟨*Geog*⟩ Chile.

cilecca *f.* (*region*) (*burla*) teasing, joke, banter. □ *far* ~: 1 (*rif. ad arma da fuoco*) to misfire; 2 ⟨*estens*⟩ (*non riuscire allo scopo*) to fail, to be no go (*costr. impers.*): *sperava di riuscire, ma ha fatto* ~ he hoped to succeed, but ⌐he got nowhere⌐ (*o* it was no go); 3 (*venir meno*) to fail: *le gambe gli facevano* ~ his legs failed him.

cileno *a./s.m.* (*f.* **-a**) Chilean.

cilestrino *a.* ⟨*lett*⟩ (*celeste*) light (*o* pale) blue, sky–blue.

ciliare *a.* ciliary: *arco* ~ ciliary body. **ciliati** *m.pl.* ⟨*Zool*⟩ Ciliata *pl.*

cilicio *m.* **1** hair shirt, cilice. **2** ⟨*fig*⟩ torture, torment: *queste scarpe strette sono un vero* ~ these tight shoes are a real torment.

ciliegeto *m.* cherry orchard. **ciliegia I** *s.f.* (*pl.* -gie/-ge) cherry. **II** *a.inv.* cherry–red–, cherry–coloured. □ *color* ~ cherry–red; ~ *duracina* bigarreau; *rosso* ~ cherry–red; *una* ~ *tira l'altra* one thing leads to another. **ciliegiaio** *m.* cherry seller. **ciliegio** *m.* 1 ⟨*Bot*⟩ cherry (tree). 2 (*legno*) cherry (wood).

cilindrare *v.t.* 1 ⟨*tecn*⟩ to roll, to put through a roller. 2 ⟨*Tess,Cart*⟩ to calender. 3 ⟨*Strad*⟩ to roll, to press. **cilindrata** *f.* 1 ⟨*Mot*⟩ cylinder (*o* cubic) capacity. 2 ⟨*Cart*⟩ charge. □ *macchine di grossa* (*o piccola*) ~ high–powered (*o* low–powered) cars. **cilindratura** *f.* 1 ⟨*tecn*⟩ rolling. 2 ⟨*Tess,Cart,Conc*⟩ calendering. 3 ⟨*Strad*⟩ rolling, pressing.

cilindrico *a.* (*pl.* -ci) 1 cylindrical: *superficie* –*a* cylindrical surface. 2 ⟨*Mecc*⟩ (*rif. ad albero, mozzo, ecc.*) parallel.

cilindro *m.* 1 ⟨*Geom*⟩ cylinder. 2 (*cappello*) top hat. 3 ⟨*Mecc,Mot,Tip*⟩ cylinder; (*rullo*) roll(er), drum, barrel. 4 ⟨*Tess,Cart*⟩ calender. □ ⟨*Mot*⟩ ~ *con* **alette** finned cylinder; ⟨*Mot*⟩ **blocco** –*i* block, cylinder (*o* engine) block; ⟨*Mecc*⟩ ~ **motore** (working) cylinder; ⟨*Tip*⟩ ~ *per* **stampa** printing roll; ⟨*Mot*⟩ **usura** *del* ~ cylinder wear.

cima *f.* 1 (*punta*) top, tip: *la* ~ *del campanile* the top of the bell tower; (*rif. ad albero*) top. 2 (*vetta, monte*) top, summit, peak: *la* ~ *del monte* the top (*o* peak) of the mountain; *il monte Bianco è la* ~ *più alta delle Alpi* Mont Blanc is the highest peak in the Alps. 3 (*estremità*) end, tip: *la* ~ *della corda* the end of the rope; (*parte superiore*) top, head; (*parte anteriore*) head: *camminare in* ~ *al corteo* to walk at the head of the procession. 4 (*orlo*) edge, border: *sedere in* ~ *alla sedia* to sit on the edge of the chair. 5 ⟨*fam*⟩ (*persona intelligente*) genius: *il ragazzo non è una* ~, *ma è molto studioso* the boy's no genius, but he studies hard. 6 ⟨*Mar*⟩ (*cavo*) (hemp) rope, cable, line. 7 ⟨*Gastr*⟩ stuffed breast of veal. □ *da* ~ *a fondo:* 1 from top to bottom; 2 (*dal principio alla fine*) from beginning to end: *leggere un libro da* ~ *a fondo* to read a book from beginning to end; 3 (*da capo*) all over again; *in* ~ (*a*) at the top (of), on top (of): *in* ~ *alla pagina* at the top (*o* head) of the page; *quella vacanza è in* ~ *ai miei pensieri* that holiday ⌜is my chief thought⌝ (*o* dominates my thoughts); ⟨*Bot*⟩ –*e di rapa* turnip tops. **cimare** *v.t.* 1 to trim, to clip. 2 ⟨*Tess*⟩ to shear, to clip. 3 ⟨*Agr*⟩ (*rif. ad alberi*) to poll, to lop.

cimasa *f.* 1 ⟨*Arch*⟩ cyma(tium), moulding. 2 (*nei mobili*) ornamentation on top of a piece of furniture. 3 ⟨*Edil*⟩ coping.

cimata *f.* 1 trim, trimming, clipping. 2 ⟨*Tess*⟩ shearing, clipping. 3 ⟨*Agr*⟩ polling, lopping. **cimatore** *m.* 1 ⟨*Tess*⟩ clipper, shearer. 2 ⟨*Agr*⟩ poller. **cimatrice** *f.* shearing (*o* cutting) machine. **cimatura** *f.* 1 ⟨*Tess*⟩ shearing, clipping; (*peluria tagliata*) sheared nap, clippings *pl.* 2 ⟨*Agr*⟩ polling; (*cime tagliate*) toppings *pl.* 3 (*nell'industria del petrolio*) topping.

cimbalo *m.* 1 (*piatto del gong*) metal plate of a gong. 2 *pl.* cymbals. □ *essere in* –*i* to be tipsy.

cimelio *m.* 1 (*oggetto prezioso*) curio, curiosity, antique; (*ricordo, reliquia*) relic, memento: *cimeli garibaldini* Garibaldian relics. 2 ⟨*scherz*⟩ (*anticaglia*) junk.

cimentare *v.t.* (*cimento*) 1 (*mettere alla prova*) to put to the test, to try: ~ *la fedeltà dell'amato* to put a lover's faithfulness to the test. 2 (*rischiare*) to risk, to venture: ~ *la vita* to risk one's life. 3 (*provocare*) to provoke, to goad (on): *lo cimentavano con scherzi e dispetti* they provoked him with banter and teasing. **cimentarsi** *v.r.* 1 (*avventurarsi*) to engage (*in* in), to venture (upon), to take on (s.th.): *cimentarsi in una difficile impresa* to engage in a difficult enterprise; (*mettersi alla prova*) to put o.s. to the test, to test o.s. (*o* one's ability): *cimentarsi con una difficile traduzione* to test one's ability to do a difficult translation. 2 (*competere*) to compete (*con* with), to try one's strength, to measure o.s. (against). **cimento** *m.* 1 (*rischio*) risk, danger, hazard. 2 (*prova*) test, trial. 3 ⟨*Edil*⟩ stress, strain: ~ *dinamico* dynamic stress. □ *mettere* (*o porre*) *a* ~: 1 (*rischiare*) to risk, to endanger: *mettere a* ~ *la vita* to risk (*o* stake) one's life; 2 (*provare*) to try (to the limit), to put to the test: *mettere a* ~ *la pazienza di qd.* to try s.o.'s patience (to the limit).

cimice *f.* 1 ⟨*Entom*⟩ bed bug. 2 (*puntina da disegno*) drawing pin. **cimiciaio** *m.* 1 bug–infested place, place crawling with bugs. 2 ⟨*fig*⟩ (*casa sudicia*) pigsty, filthy house. **cimicioso** *a.* (*pieno di cimici*) bug–ridden, bug–infested, ⟨*pred*⟩ full of bugs.

cimiero *m.* 1 crest. 2 ⟨*poet*⟩ (*elmo*) helmet. 3 ⟨*Arald*⟩ crest.

ciminiera *f.* (*di fabbrica*) (factory) chimney, smokestack; (*di nave*) funnel, smokestack; (*di locomotiva*) funnel, chimney, ⟨*am*⟩ smokestack. □ *fumare come una* ~ to smoke like a chimney.

cimiteriale *a.* cemetery–, graveyard–, churchyard–: *iscrizioni* –*i* graveyard inscriptions. **cimitero** *m.* 1 graveyard, cemetery; (*annesso a una chiesa*) churchyard. 2 ⟨*fig*⟩ (*luogo deserto*) tomb, morgue. □ ~ *delle automobili* car cemetery (*o* dump); ~ *degli elefanti* elephants' burial ground; ~ *di guerra* war cemetery.

cimolo *m.* ⟨*Bot*⟩ tender part; (*di lattuga*) head.

cimometro *m.* ⟨*El*⟩ cymometer, wave–meter.

cimosa *f.* 1 ⟨*Tess*⟩ selvage, selvedge. 2 (*cassino*) (blackboard) duster, eraser.

cimurro *m.* 1 ⟨*Veter*⟩ (*di cane*) (canine) distemper; (*di gatto*) distemper, cat distemper (*o* fever); (*di cavallo*) equine (*o* colt) distemper. 2 ⟨*scherz*⟩ (*forte raffreddore*) bad (*o* nasty) cold.

Cina *N.pr.f.* ⟨*Geog*⟩ China.

cinabro *m.* 1 ⟨*Min*⟩ cinnabar. 2 (*colore*) vermilion, cinnabar red.

cincia *f.* (*pl.* -ce) ⟨*Ornit*⟩ tit(mouse). **cinciallegra** *f.* ⟨*Ornit*⟩ great tit(mouse).

cincillà, cincilla *m./f.* 1 ⟨*Zool*⟩ chinchilla. 2 (*pelliccia*) chinchilla (fur).

cincin (*o cin cin*) *onom.* cheers, cheerio, here's to you. □ *fare* ~ to clink glasses.

cincischiamento 1 (*lo sgualcire*) crumpling, crushing, creasing. 2 (*il tagliuzzare*) clumsy cutting, chopping about. 3 (*cattiva pronuncia*) mumbling. **cincischiare** *v.* (**cincischio, cincischi**) **I** *v.t.* 1 (*sgualcire*) to crumple, to crush, to crease: *cincischiava tra le mani un fazzoletto* he was crumpling a handkerchief in his hands. 2 (*tagliuzzare malamente*) to hack. 3 ⟨*fig*⟩ (*pronunciare male*) to mumble, to mutter: *cincischiò qualche parola* he mumbled (*o* muttered) something. **II** *v.i.* (*aus.* **avere**) (*perdere tempo*) to mess (*o* potter, fiddle) about: *aiutami, invece di star lì a* ~ help me, instead of just messing about there. **cincischiarsi** *v.r.* (*sgualcirsi*) to become crumpled, to get creased, to be crushed: *mi si è cincischiato l'abito* my suit has got creased (*o* crumpled).

cine|amatore *m.* (*f.* -trice) → **cinedilettante**. **~asta** *m./f.* 1 person professionally connected with films, cineaste, ⟨*fam*⟩ person in films. 2 (*regista*) director; (*produttore*) producer, ⟨*am*⟩ moviemaker. **~camera** *f.* cinecamera, ⟨*am*⟩ movie camera. **~club** *m.* film club. **~dilettante** *m./f.* amateur filmmaker, film amateur. **~dilettantismo** *m.* amateur filmmaking.

cineforum *m.inv.* 1 (*cineclub*). 2 (*dibattito*) discussion after a film show.

cinegetica *f.* cynegetics *pl* (*costr. sing.*). **cinegetico** *a.* (*pl.* -ci) cynegetic.

cine|giornale *m.* newsreel. **~landia** *f.* film world.

cinema *m.* → **cinematografo**. □ ~ *d'essai* art house.

cineateatro *m.* cinema theatre, ⟨*am*⟩ movie theater.

cinematica *f.* ⟨*Fis*⟩ kinematics *pl* (*costr. sing.*). **cinematico** *a.* (*pl.* -ci) kinematic(al).

cinematografare *v.t.* (**cinematografo**) to film. **cinematografaro** *m.* ⟨*spreg*⟩ second–rate producer. **cinematografia** *f.* 1 (*arte e tecnica*) cinematography. 2 (*industria*) cinema, motion–picture industry. **cinematograficamente** *avv.* cinematographically. **cinematografico** *a.* (*pl.* -ci) film–, cinematographic, cinema–, ⟨*am*⟩ motion picture, cine–, ⟨*am.fam*⟩ movie–: *macchina* –*a* cinecamera, ⟨*am*⟩ movie camera. □ *attore* ~ film (*o* screen) actor; *pellicola* –*a* film, ⟨*fam*⟩ picture, ⟨*am*⟩ motion picture, ⟨*am.fam*⟩ movie; *regista* ~ (film) director; *spettacolo* ~ film show.

cinematografo *m.* 1 (*locale*) cinema, picture house, ⟨*am*⟩ motion–picture theater, ⟨*am.fam*⟩ movie theater: *andare al*

~ to go to the cinema; *il ~ era affollatissimo* the cinema was packed. **2** (*arte*) the cinema, films *pl*, 〈*am.fam*〉 movies *pl*. **3** (*l'industria*) cinema, 〈*am*〉 motion–picture industry. **4** 〈*fig*〉 show, sight: *era un ~ vedere i tifosi agitarsi e gridare* it was a real show to see the fans shouting and getting excited. □ ~ *all'*aperto open–air cinema; ~ *all'aperto per autoveicoli* drive–in (cinema); **diva** *del* ~ film star, 〈*am*〉 movie star; **fare** *del* ~ to be a film actor (*o* producer, director); *il* **mondo** *del* ~ the film (*o* screen) world, filmdom; ~ **muto** silent films; ~ **sonoro** sound (*o* talking) films, 〈*fam*〉 talkies *pl*.

cineparcheggio *m*. → cineparco. **cineparco** *m*. (*pl*. -chi) drive–in cinema. **cinepresa** *f*. cinecamera, 〈*am.fam*〉 movie camera. □ ~ *a passo ridotto* sub–standard (*o* narrow–film) camera; ~ *sonora* sound cine–camera, 〈*am*〉 sound movie camera. **cinerama** *m*. Cinerama: *film in ~* film in Cinerama.

cineraria *f*. 〈*Bot*〉 cineraria. **cinerario** I *a*. cinerary: *urna –a* cinerary urn. II *s.m*. **1** ash pit, ashpan, ash box. **2** 〈*Archeol*〉 cinerary urn (*o* vase).

cinereo *a*. **1** ash–grey, ashy, ash–coloured: *cielo ~* ash–grey sky. **2** (*pallido*) ashen, deadly pale: *volto ~* ashen face. **cinerino** *a*. light grey, ash–grey.

cineromanzo *m*. 〈*Giorn*〉 photo–strip story.

cinescopio *m*. 〈*TV*〉 picture tube, kinescope.

cinese I *a*. Chinese, China–. II *s*.**1** *m*. (*lingua*) Chinese. **2** *m./f*. (*abitante*) Chinese, Chinaman (*f* –woman); *pl*. Chinese *pl*. **cineseria** *f*. (usually in pl.) chinoiserie.

cinesica *f*. kinesics *pl*. (*costr.sing*.).

cinesiologia *f*. 〈*Med*〉 kinesiology.

cinesiterapia *f*. kinesitherapy, kinesiatrics *pl*. (*costr.sing*.). **cinesiterapista** *m./f*. kinesipathist.

cineteca *f*. film library.

cinetica *f*. 〈*Fis*〉 kinetics *pl* (*costr.sing*.). □ ~ *dei gas* kinetic theory of gases. **cinetico** *a*. (*pl*. -ci) kinetic: *energia –a* kinetic energy.

cingalese I *a*. Sinhalese. II *s.m./f*. Sinhalese man (*f* woman).

cingallegra *f*. → cinciallegra.

cingere *v.t*. (**cingo, cingi; cinsi, cinto**) **1** (*circondare*) *o* surround, to encircle, to encompass: ~ *la città di mura* to surround the city with walls. **2** (*legare intorno alla vita*) to gird: ~ *la vita con una fascia* to gird the waist with a sash. **3** (*circondare con le braccia*) to put round, to encircle: *le cinse le spalle con un braccio* he put an arm round her shoulders. □ ~ *d'*alloro to crown (*o* wreathe) with laurel; ~ **armi** to take up arms; ~ *d'*assedio to besiege, to lay siege to; ~ *la* **corona** to assume (*o* put on) the crown; 〈*fig*〉 to be crowned; ~ *la* **spada** to gird (*o* buckle) on one's sword; 〈*fig*〉 ~ *la spada a qd*. to knight s.o.

cinghia *f*. **1** strap. **2** (*cintura*) belt: *stringere la ~* to tighten one's belt (*anche fig*.). **3** 〈*Mecc*〉 belt. □ ~ *d'*acciaio steel belt; ~ *di* **gomma** rubber belt; ~ *per i* **libri** *di scuola* strap for schoolbooks; *la ~ dei* **pantaloni** trouser belt; 〈*Mecc*〉 ~ **trapezoidale** V–shaped (*o* cone, fan) belt; ~ *di* **trasmissione** driving belt; 〈*Aut*〉 ~ *del* **ventilatore** fan belt.

cinghiale *m*. **1** 〈*Zool*〉 wild boar. **2** 〈*Conc*〉 pigskin: *guanti di ~* pigskin gloves.

cinghiata *f*. blow with a belt (*o* strap). □ *prendere qd. a –e* to thrash s.o. with a belt.

cingolato *a*. tracked, caterpillar–, 〈*am*〉 crawler–. □ *mezzo ~* tracked vehicle; *ruote –e* caterpillar wheels; *trattore ~* caterpillar tractor. **cingoletta** *f*. 〈*Aut*〉 small tracked vehicle. **cingolo** *m*. **1** 〈*Mecc*〉 (crawler) track. **2** 〈*Lit*〉 girdle. □ *a –i* tracked, caterpillar–, 〈*am*〉 crawler–: *autocarro a –i* tracked car; *trazione a –i* caterpillar drive.

cinguettare *v.i*. (**cinguetto**; *aus*. avere) **1** to twitter, to chirp, to chirrup: *gli uccelli cinguettano* the birds are twittering. **2** 〈*fig*〉 (*balbettare: rif. a bambini*) to lisp, to prattle. **3** 〈*fig*〉 (*chiacchierare*) to twitter. **cinguettio** *m*. **1** twittering, chirping. **2** 〈*fig*〉 (*balbettio di bambini*) lisping. **3** 〈*fig*〉 (*chiacchierio*) twittering.

cinicamente *avv*. cynically. **cinico** *a./s*. (*pl*. -ci) I *a*. **1** cynical: *un sorriso ~* a cynical smile. **2** 〈*Filos*〉 Cynic. II

s.m. (*f*. -a) **1** cynic. **2** 〈*Filos*〉 Cynic.

ciniglia *f*. 〈*Tess*〉 chenille.

cinipe *f*. 〈*Entom*〉 gall wasp, cynipid.

cinismo *m*. **1** cinism: *agire con ~* to behave ⌐with cynicism⌐ (*o* cynically). **2** 〈*Filos*〉 Cynicism.

cinnamomo *m*. 〈*Bot*〉 Cinnamomum.

cinocefalo I *s.m*. 〈*Zool,Mitol*〉 cinocephalus. II *a*. cynocephalous.

cinodromo *m*. dog–racing track.

cinofilia *f*. interest in dogs, love of dogs. **cinofilo** I *s.m*. (*f*. -a) **1** dog lover, dog fancier. **2** (*allevatore*) (selective) dog breeder. II *a*. **1** dog–loving–. **2** concerning (*o* interested in) selective dog breeding.

cinquanta *a./s.inv*. I *a*. fifty: ~ *lire* fifty lire. II *s.m*. fifty. □ *gli anni ~* the fifties *pl*. **cinquantamila** *a./s.inv*. fifty thousand. **cinquantenario** I *a*. → cinquantennale. II *s.m*. fiftieth anniversary: *il ~ della nascita di un artista* the fiftieth anniversary of an artist's birth. **cinquantennale** *a*. (*che dura cinquant'anni*) 〈*attr*〉 fifty–year–long; (*che ricorre ogni cinquant'anni*) 〈*pred*〉 that occurs every fifty years. **cinquantenne** I *a*. 〈*attr*〉 fifty–year–old, 〈*pred*〉 fifty years old. II *s.m./f*. fifty–year–old man (*f* woman), man (*f* woman) of fifty. **cinquantennio** *m*. (period of) fifty years: *nell'ultimo ~ il paese ha avuto otto presidenti* in the last fifty years the country has had eight Presidents. **cinquantesimo** I *a*. fiftieth: *nel ~ giorno* on the fiftieth day. II *s.m*. (*f*. -a) fiftieth: *essere il ~ della fila* to be (the) fiftieth in the queue. **cinquantina** *f*. about (*o* some) fifty, fifty or so: *una ~ di persone* about fifty people. □ *essere sulla ~* to be about fifty; *aver passato la ~* to be over fifty, to be in one's fifties; *essere vicino alla ~* to be nearly fifty.

cinque *a./s.inv*. I *a*. five. II *s.m*. **1** five. **2** (*nelle date*) fifth: *oggi è il ~ di settembre* today is ⌐the fifth of September⌐ (*o* September the fifth). III *s.f.pl*. five (o'clock): *sono le ~ in punto* it's exactly five o'clock; *il treno arriva alle ~ e dieci minuti* the train arrives at ⌐ten past five⌐ (*o* five–ten). □ *di ~ anni* 〈*attr*〉 five–year–old, 〈*pred*〉 of five: *un bambino di ~ anni* a five–year–old boy, a boy of five; *dramma in ~ atti* five–act play; *un biglietto da ~ sterline* a five–pound note, 〈*fam*〉 a fiver; *il tè delle ~* (afternoon) tea.

cinquecentesco *a*. (*pl*. -chi) 〈*attr*〉 sixteenth–century–, 〈*pred*〉 of the sixteenth century; (*rif. all'Italia*) 〈*pred*〉 of the Cinquecento, Cinquecento–: *la poesia –a* the poetry of the Cinquecento, sixteenth–century poetry. **cinquecentista** *m*. sixteenth–century poet (*o* writer, artist); (*italiano*) cinquecentist. **cinquecento** *a./s.inv*. I *a*. five hundred: ~ *lire* five hundred lire. II *s.m*. five hundred. **Cinquecento** *m*. sixteenth century; (*rif. all'arte e letteratura italiane*) Cinquecento: *i poeti del Cinquecento* the poets of the Cinquecento.

cinquefoglie *m.inv*. 〈*Bot*〉 cinquefoil.

cinquemila *a./s.inv*. five thousand.

cinquina *f*. **1** (*cinque cose*) (set of) five. **2** (*nella tombola*) five–number row, bingo: *fare* (*o vincere*) *una ~* to get a bingo. **3** (*nel gioco del lotto: giocata*) five numbers played; (*i numeri estratti*) series of five winning numbers. **4** 〈*Mil,Teat*〉 (*paga*) five–days' pay.

cinsi → cingere. **cinta** *f*. **1** (*cerchia di mura*) circle (of walls), (surrounding) walls *pl*, enceinte: *la ~ del castello* the castle walls. **2** (*recinto, muro di protezione*) (enclosure) wall: *la ~ del giardino* the garden wall. **3** (*perimetro*) perimeter, periphery, bounds *pl*, outer limits *pl*, circuit: *la ~ della città si è allargata* the perimeter of the town has widened. **4** 〈*region*〉 (*cintura*) belt. □ ~ *daziaria* (town) customs barrier; ~ *fortificata* enceinte, line of fortification; *fosso di ~*: **1** 〈*Mil*〉 ditch, fosse. **2** (*di un castello*) moat; *muro di ~* boundary (*o* enclosure) wall; (*di città*) town walls *pl*. **cintare** *v.t*. (*munire di cinta*) to wall; (*munire di cancello*) to fence in.

cinto[1] *m*. (*cintura*) belt, girdle. □ ~ *erniario* truss; 〈*Zool*〉 ~ *di Venere* Venus's girdle.

cinto[2] (*p.p. di cingere*) *a*. (*circondato*) surrounded, enclosed, encircled.

cintola *f*. **1** (*vita*) waist. **2** (*cintura*) belt. □ *dalla ~ in su* from the waist up; *dalla ~ in giù* from the waist down;

nudo fino alla ~ stripped to the waist; *portare qc. alla* ~ to ⌐wear s.th. attached to⌐ (o have s.th. hanging from) one's belt.

cintura *f.* 1 belt, ⟨lett⟩ girdle; (di tessuto) sash; (per gonna, calzoni) waistband. 2 (vita) waist: *il golf mi arriva appena sotto la* ~ the sweater comes just below my waist. 3 ⟨Sport⟩ waist–lock; (nel judo, pugilato) belt (grade). 4 ⟨Anat⟩ girdle. □ ⟨Mediev⟩ ~ *di* **castità** chastity belt; ⟨Sport⟩ ~ **nera** black belt; ⟨Anat⟩ ~ **pelvica** pelvic girdle; ~ *di* **salvataggio** lifebelt; ⟨Anat⟩ ~ **scapolare** shoulder girdle; ⟨Aut,Aer⟩ ~ *di* **sicurezza** safety (o seat) belt; *allacciare* (o *allacciarsi*) *la* ~ *di sicurezza* to fasten one's seat belt; ~ *della* **spada** sword–belt.

cinturato *a.* ⟨Aut⟩ radial ply–: *pneumatico* ~ radial ply tyre.

cinturino *m.* 1 (dell'orologio) watch strap; (della camicia: al collo) band, neckband; (delle scarpe) shoestrap. 2 ⟨Mil⟩ (per appendere la sciabola) sword belt. **cinturone** *m.* ⟨Mil⟩ holster belt.

Cinzia *N.pr.f.* Cynthia.

CIO = *Comitato internazionale olimpico* International Olympic Committee (abbr. I.O.C.).

ciò *pron.dimostr.* that, this, it: *di* ~ *sono contento* I am pleased about that; ~ *è vero* that is true; ~ *mi dispiace* I am sorry about it. □ **a** ~ (*a tal fine*) to this end, for that purpose; *a* ~ *che* (*acciocché*) so that, in order that; ~ **che** what: ~ *che mi dici è molto grave* what you tell me is very serious; *fai* ~ *che preferisci* do what (o as) you like; **con** ~ therefore, so, consequently: *e con* ~? so what?, and so?; *con tutto* ~ (*nonostante tutto*) for (o in spite of) all that (o this): *con tutto* ~ *dovrai andare a casa* in spite of all this, you'll have to go home; ~ **detto**, *uscì di casa* ⌐having said⌐ (o with this) he left the house; ~ **nondimeno** (o *nonostante*) nevertheless, in spite of this: ~ *nonostante hai torto* nevertheless, you are wrong; **oltre** *a* ~ besides that, moreover, furthermore; **tutto** ~: 1 (*ogni cosa*) everything; all: *tutto* ~ *è giusto* that is all quite true; 2 (*qualunque cosa*) whatever: *farò tutto* ~ *che desideri* I shall do everything (o whatever) you wish.

ciocca *f.* 1 (di capelli) lock, quiff: *i capelli le cadevano a ciocche sulla fronte* her hair fell in locks on her forehead; (di peli, erbe) tuft. 2 ⟨region⟩ (di fiori, frutti, foglie) bunch, cluster.

ciocco *m.* (pl. -chi) 1 (ceppo da ardere) log. 2 ⟨fig⟩ (persona sciocca) blockhead, dolt.

cioccolata I *s.f.* 1 (bevanda) (drinking) chocolate: ~ *con panna* hot chocolate with whipped cream. 2 (cioccolato) chocolate. II *a.inv.* chocolate(–coloured). □ *color* ~ chocolate (colour). **cioccolataio** *m.* (f. -a) 1 (fabbricante) chocolate manufacturer. 2 (venditore) chocolate seller. **cioccolatiera** *f.* chocolate pot. **cioccolatiere** *m.* (f. -a) → **cioccolataio**. **cioccolatino** *m.* chocolate: *una scatola di –i* a box of chocolates. □ ~ *al liquore* liqueur–filled chocolate; ~ *purgativo* laxative chocolate. **cioccolato** *m.* chocolate. □ ~ *fondente* plain chocolate; ~ *al latte* milk chocolate; ~ *in polvere* powdered chocolate; *tavoletta di* ~ chocolate bar.

Ciociaria *N.pr.f.* ⟨Geog⟩ Ciociaria. **ciociaro** I *a.* of (o from) Ciociaria. II *s.m.* 1 (dialetto) dialect of Ciociaria. 2 (abitante; f. -a) inhabitant of Ciociaria.

cioè *avv.* 1 that is, i.e., namely, viz: *verrò tra un'ora,* ~ *alle cinque* I'll come in an hour's time, that is, at five o'clock. 2 (o piuttosto) or rather, or better: *verrò,* ~ *ti telefonerò domani* I'll come, or rather I'll phone you tomorrow; (per lo meno) at least, at any rate. 3 ⟨interr⟩ what does that mean precisely?, namely?, what do you mean? □ ~ *a dire* that is to say.

ciondolamento *m.* 1 (il penzolare) dangling. 2 (il bighellonare) lounging about, idling, loafing. **ciondolare** *v.* (**ciondolo**). I *v.i.* (*aus.* **avere**) 1 to dangle, to hang loosely: *lasciar* ~ *le braccia* to let one's arms hang loosely; *un panno ciondolava dalla finestra* a cloth was dangling from the window. 2 ⟨fig⟩ (bighellonare) to lounge (o hang) about, to loaf around, to idle about: *passa le giornate ciondolando per la strada* he spends his days ⌐loafing around⌐ (o hanging about) the streets. II *v.t.* to dangle, to shake wearily, to loll: ~ *il capo* to shake one's head

wearily. **ciondolo** *m.* pendant, trinket, charm; (dell'orecchino) ear pendant, drop earring; (della catena dell'orologio) fob. **ciondolone** I *s.m.* (f. -a) (bighellone) idler, loafer. II *avv.* → **ciondoloni**. **ciondoloni** *avv.* 1 dangling, hanging. 2 (bighellonando) idling, hanging about, loafing around. □ *andare* ~ to loaf about; *tenere le braccia* ~ to let one's arms dangle.

ciotola *f.* 1 bowl. 2 (il contenuto) bowl(ful): *mangiare una* ~ *di minestra* to eat a bowl of soup.

ciottolata *f.* (sassata) blow with a stone. **ciottolato** *m.* cobblestone paving, cobblestones *pl.* **ciottolo** *m.* (sasso arrotondato) pebble: *i –i del torrente* the pebbles of the stream; (per fondo stradale) cobblestone. **ciottoloso** *a.* pebbly, pebbled: *sentiero* ~ pebbly path.

CIP = *Comitato interministeriale prezzi* Interministerial Price Committee.

CIPE = *Comitato interministeriale per la programmazione economica* Interministerial Economic Planning Committee.

cipiglio *m.* 1 (aspetto severo) stern (o grim) look, angry expression, frown. 2 (corrugamento delle sopracciglia) frown, scowl. □ *guardare qd. con* ~ to give s.o. a stern look, to frown (o scowl) at s.o.

cipolla *f.* 1 onion. 2 (bulbo di tulipano e sim.) bulb. 3 (orologio) turnip. 4 (parte dell'annaffiatoio) rose. 5 (acconciatura dei capelli) chignon. □ ⟨fig⟩ *mangiare pane e* ~ to live on bread and water. **cipollaio** *m.* 1 ⟨Agr⟩ onion bed, onion field. 2 (venditore) onion seller. **cipollato** *a.* (ring)shaky: *legno* ~ ringshaky timber. **cipollatura** *f.* ring (o cup) shake. **cipollina** *f.* spring onion. □ *–e sottaceto* pickled onions. **cipollino** *m.* (anche marmo cipollino) cipol(l)in, onion marble.

cippo *m.* 1 cippus. 2 (pietra di confine) boundary stone. □ ~ *di confine* boundary stone (o mark); ~ *funerario* memorial stone.

cipressaia *f.*, **cipresseto** *m.* cypress grove. **cipresso** *m.* ⟨Bot⟩ cypress(–tree).

cipria *f.* (face) powder: ~ *compatta* compressed powder. □ *darsi la* ~ to powder one's face; ~ *in polvere* loose powder.

ciprinidi *m.pl.* ⟨Itt⟩ cyprinids *pl.* **ciprino** *m.* carp. □ ~ *dorato* goldfish.

cipriota I *a.* Cypriot, Cyprus–: *la questione* ~ the Cyprus question. II *s.m./f.* Cypriot(e). **Cipro** *N.pr.f.* ⟨Geog⟩ Cyprus.

circa I *prep.* about, concerning, regarding, as to, as regards: *non so nulla* ~ *la sua partenza* I don't know anything about his departure; *informarsi* ~ *il lavoro da fare* to inquire about the work to be done. II *avv.* about, approximately, roughly, around, more or less, ⟨pred⟩ or so, some: *sono* ~ *le tre* it's about three; *ha trent'anni* ~ he's about thirty; *grammi duecento* ~ approximately two hundred grammes.

circadiano *a.* ⟨Biol⟩ circadian.

circasso *a./s.m.* (f. -a) Circassian.

Circe *N.pr.f.* ⟨Mitol⟩ Circe. **circe** *f.* ⟨fig⟩ enchantress.

circense *a.* ⟨Stor.rom⟩ circensian. **circo** *m.* (pl. -chi) 1 ⟨Stor.rom⟩ circus: ~ *massimo* Circus Maximus. 2 (circo equestre) circus. 3 ⟨Geol⟩ cirque: ~ *glaciale* glacial cirque. □ ~ *ambulante* travelling circus.

circolante I *a.* circulating (anche Econ.): *biblioteca* ~ circulating (o lending) library; *capitale* ~ circulating capital. II *s.m.* ⟨Econ⟩ circulating medium, currency.

circolare[1] *a.* circular: *settore* ~ circular sector. □ *assegno* ~ bank (o banker's) draft, ⟨am⟩ banker's check; *biglietto* ~ circular (o tourist) ticket; *lettera* ~ circular (letter); *linea* ~ (rif. a tram e sim.) circle line; *moto* ~ circular motion; ⟨Mecc⟩ *sega* ~ circular saw; *viaggio* ~ round trip, circular tour.

circolare[2] *f.* 1 (lettera) circular (letter): *mandare una* ~ to send a circular. 2 (rif. a tram e sim.) circle line: ~ *esterna* outer circle line.

circolare[3] *v.i.* (circolo; aus. essere/avere) 1 (muoversi, andare intorno) to move (o go) about, to keep moving, to circulate: *quell'uomo pericoloso circola ancora per il paese* that dangerous man is still ⌐going about⌐ (o around) the village; (in automobile) to get about, to move around, to

circulate: *a causa del traffico non è possibile* ~ *nel centro cittadino* the traffic makes it impossible to get about in the city centre. **2** ⟨*esclam*⟩ move along, keep moving. **3** (*passare da una persona all'altra*) to circulate, to be in circulation, to go (*o* get) round: *circolano molte monete false* there are a lot of false coins in circulation; *fate* ~ *quel foglio tra tutti gli studenti* see that that leaflet gets round to all the students. **4** (*diffondersi*) to circulate, to go round, to spread: *circolano strane notizie sul suo conto* there are strange rumours going around about him. **5** (*rif. a veicoli*) to run: *i treni locali non circolano la domenica* the local trains do not run on Sundays. **6** (*rif. a fluidi*) to circulate, to flow. □ *far* ~ *il denaro* to put money into circulation; *non circola aria in questa stanza* there is no ventilation in this room.
circolatorio *a.* ⟨*Anat*⟩ circulatory: *apparato* ~ circulatory system; *disturbo* ~ circulatory disorder.
circolazione *f.* **1** circulation: *mettere qc. in* ~ to put s.th. into circulation. **2** (*traffico*) traffic: ~ *stradale* road traffic. **3** ⟨*Anat,Econ*⟩ circulation: *disturbi di* ~ circulation disorders. □ ⟨*Meteor*⟩ ~ *dell'aria* circulation of air; ~ *d'aria* ventilation; ⟨*Anat*⟩ ~ **arteriosa** arterial circulation; ~ *dei* **capitali** circulation of capital; ⟨*Aut*⟩ **carta** *di* ~ logbook; ⟨*Strad*⟩ **divieto** *di* ~ no thoroughfare; **in** ~ in circulation; *l'incidente aveva fermato la* ~ the accident was holding up all the traffic; ⟨*Aut*⟩ **libretto** *di* ~ = **carta** *di circolazione;* **mettere** *in* ~: 1 (*rif. a valuta*) to put into circulation; 2 (*rif. a notizie*) to give currency to, to circulate, to spread, to put about; ~ **monetaria** currency (in circulation); ~ *dei* **pedoni** pedestrian traffic; ~ *del* **reddito** circular flow of income; **ritirare** *dalla* ~ to withdraw from circulation: *il libro è stato ritirato dalla* ~ the book has been withdrawn from circulation; ~ *del* **sangue** circulation of the blood, bloodstream; ⟨*Strad*⟩ ~ *in due* **sensi** two-way traffic; ⟨*Aut*⟩ **tassa** *di* ~ road tax; **togliere** *dalla* ~: 1 (*rif. a monete*) to ⌜withdraw from⌝ (*o* take out of) circulation; 2 ⟨*fig*⟩ (*rif. a persone: arrestare*) to take into custody, ⟨*fam*⟩ to pull in; (*uccidere*) to kill, ⟨*fam*⟩ to do in; ~ **venosa** venous circulation. ~ **vietata** = **divieto** *di circolazione.*
circolo *m.* **1** circle: *tracciare un* ~ to draw a circle. **2** (*società*) club, society, circle: *andare al* ~ to go to the club. **3** (*gruppo*) circle, group, set: *un* ~ *di amici* a circle of friends. **4** *pl.* (*ambiente*) circles *pl: i* ~ *i politici* political circles. **5** (*circolazione del sangue*) circulation, bloodstream: *il farmaco è già entrato in* ~ the drug has already entered the bloodstream. **6** ⟨*Geog,Astr*⟩ circle. **7** ⟨*Arald*⟩ annulet. □ **in** ~ in a circle (*o* ring): *stavano in* ~ *davanti al fuoco* they were sitting ⌐in a ring in front of⌐ (*o* around) the fire; *da* ~*i ben* **informati** from well-informed circles; ⟨*Geog,Astr*⟩ ~ **massimo** great circle; ~ **militare** officers' club; ~ **polare** polar circle; ~ *polare antartico* Antarctic Circle; ~ *polare artico* Arctic Circle; ~ **sportivo** sports club; ⟨*scherz*⟩ **tenere** ~ (*polarizzare l'attenzione generale*) to hold court; ~ **vizioso** vicious circle (*o* spiral).
circoncidere *v.t.* (*circoncisi, circonciso*) to circumcise. **circoncisione** *f.* circumcision. **circonciso** *a.* circumcised.
circondabile *a.* that may be surrounded. **circondare** *v.t.* (*circondo*) **1** to surround (*di* with, by), to enclose (with); (*con uno steccato*) to fence in; (*con un muro*) to wall round (*o* in): ~ *l'orto con una siepe* to surround the garden with a hedge; *uno steccato circonda la vigna* the vineyard is enclosed by a fence; *alte mura circondano la città* high walls surround the city. **2** (*attorniare*) to surround, to cluster round: *i ragazzi circondarono il maestro* the boys surrounded the master; (*accerchiare*) to surround: *i soldati circondarono i nemici* the soldiers surrounded the enemy. **3** ⟨*fig*⟩ to load, to overwhelm (*di* with): ~ *qd. di cure* to overwhelm s.o. with attentions, to lavish attentions on s.o. **circondarsi** *v.r.* to surround o.s., to gather round o.s.: *si circonda di artisti e letterati* he surrounds himself with artists and men of letters.
circondariale *a.* district. **circondario** *m.* **1** (*suddivisione amministrativa*) administrative district. **2** (*dintorni*) neighbourhood, surroundings *pl: la notizia si sparse per*

tutto il ~ the news spread throughout the neighbourhood.
circondurre *v.t.* (**circonduco, circonduci; circondussi, circondotto;** → **condurre**) ⟨*lett*⟩ (*condurre intorno*) to lead round. □ ⟨*Ginn*⟩ ~ *le braccia* to circle one's arms. **circonduzione** *f.* circling: ⟨*Ginn*⟩ ~ *delle braccia* arm circling.
circonferenza *f.* **1** ⟨*Geom*⟩ circumference. **2** (*rif. a persone, alberi*) girth.
circonflessione *f.* **1** (*il circonflettere*) bending, curving. **2** ⟨*Ling*⟩ circumflexion. **circonflesso** (*p.p. di circonflettere*) **I** *a.* **1** (*piegato in cerchio*) curved, bent, arched. **2** ⟨*Anat*⟩ circumflex. **II** *s.m.* ⟨*Ling*⟩ circumflex. □ *accento* ~ circumflex (accent). **circonflettere** *v.t.* (circonflettei/circonflessi, circonflesso) **1** (*curvare*) to bend, to curve, to arch. **2** (*segnare con accento circonflesso*) to circonflex.
circonfuso (*p.p. di circonfondere*) *a.* surrounded (*di* by, with), bathed (in): *volto* ~ *di luce* face bathed in light.
circonlocuzione *f.* circumlocution.
circonvallazione *f.* **1** (*strada*) ring road, ⟨*am*⟩ belt highway; (*tangenziale*) by-pass. **2** (*vallo fortificato*) circumvallation.
circonvenire *v.t.* (**circonvengo, circonvieni; circonvenni, circonvenuto;** → **venire**) to circumvent. **circonvenzione** *f.* circumvention. □ ⟨*Dir*⟩ ~ *di incapace* circumvention of an incapable.
circonvicino *a.* surrounding, neighbouring.
circonvoluzione *f.* ⟨*Anat*⟩ convolution: ~*i cerebrali* convolutions of the brain.
circoscrissi → **circoscrivere. circoscritto** (*p.p. di circoscrivere*) *a.* **1** ⟨*Geom*⟩ circumscribing (s.th.): *poligono* ~ *a un cerchio* polygon circumscribing a circle. **2** ⟨*fig*⟩ (*delimitato*) localized, limited, circumscribed: *si tratta di un fenomeno molto* ~ we are dealing with a very localized phenomenon. **circoscrivere** *v.t.* (**circoscrissi, circoscritto**) **1** ⟨*Geom*⟩ to circumscribe. **2** ⟨*fig*⟩ (*delimitare*) to circumscribe, to limit, to restrict; (*arginare*) to check, to get under control: *i vigili del fuoco hanno circoscritto l'incendio in breve tempo* the firemen soon got the fire under control. **circoscrizione** *f.* district, area, territory. □ ~ *amministrativa* administrative district; ~ *elettorale* constituency; ~ *giudiziaria* judicial district; ~ *scolastica* school district.
circospetto *a.* circumspect, prudent, cautious, wary: *atteggiamento* ~ circumspect behaviour. **circospezione** *f.* circumspection, caution, prudence. □ *agire con* ~ to act prudently.
circostante *a.* surrounding, neighbouring: *il territorio* ~ the surrounding district. **circostanti** *m.pl.* bystanders *pl,* those present, people (*o* those) standing near: *tutti i* ~ *applaudirono al suo discorso* all those standing near (*o* round) him applauded what he said.
circostanza *f.* **1** circumstance, occurrence: *lo conobbi in una triste* ~ I met him in sad circumstances. **2** (*condizione finanziaria*) circumstances *pl,* situation: *trovarsi in* ~*e critiche* to be in difficult circumstances. □ ⟨*Dir*⟩ ~ **aggravante** aggravating circumstance, aggravation; ⟨*Dir*⟩ ~ **attenuante** extenuating circumstance; **date** *le* ~*e* under the circumstances; **di** ~ suitable to the occasion, required by the circumstances: *parole di* ~ words suitable to the occasion; *visita di* ~ chance (*o* casual) visit; **secondo** *le* ~*e* according to circumstances; *in* **tali** ~*e* under the circumstances.
circostanziale *a.* circumstantial. **circostanziare** *v.t.* (**circostanzio, circostanzi**) (*riferire*) to circumstantiate, to relate in detail: ~ *un'accusa* to circumstantiate a charge. **circostanziato** *a.* detailed, circumstantiated, circumstantial: *narrazione* ~*a* detailed account.
circuire *v.t.* (**circuisco, circuisci**) to entrap, to circumvent, to deceive.
circuitale *a.* circuit-. **circuiteria** *f.* ⟨*tecn*⟩ circuitry.
circuito *m.* **1** (*circonferenza, giro*) circumference, compass, circuit: *la città è compresa entro un* ~ *di dieci chilometri* the town is ten kilometres in circumference. **2** ⟨*Sport*⟩ (*percorso di gara*) (*circular*) track, course; (*la gara*) race, tour. **3** ⟨*El,Rad,Tel*⟩ circuit. **4** ⟨*Comm*⟩ circulation,

movement. 5 ⟨Cin⟩ (catena di distribuzione) circuit. □ ~ d'alimentazione supply (o power) circuit; ⟨El⟩ ~ d'amplificazione amplifer circuit; ⟨El⟩ ~ aperto open (o broken) circuit; aprire il ~ to break (o open) the circuit; chiudere il ~ to close the circuit; ~ chiuso closed circuit; ⟨Inform⟩ ~ digitale digital circuit; ~ elettrico electric circuit; ~ elettronico electronic circuit; ⟨El⟩ fuori ~ off–circuit; inserire in ~ to join up, to connect; ~ integrato integrated circuit; interrompere un ~ to break a circuit; ~ d'isolamento isolating circuit; ~ logico logic circuit; ~ di raffreddamento cooling circuit; ~ ricevente receiver circuit; ~ stampato printed circuit.

circuizione f. trap trick, circumvention.

circum|navigare v.t. (circumnavigo, circumnavighi) to circumnavigate, to sail round: ~ l'Africa to sail round Africa. ~navigatore m. circumnavigator. ~navigazione f. circumnavigation, sailing round. ~padano a. lying in the Po valley. ~polare a. circumpolar: oceano ~ circumpolar ocean. ~vesuviana f. (anche ferrovia circumvesuviana) Naple–Vesuvius railway.

Cirenaica N.pr.f. ⟨Geog⟩ Cyrenaica. cirenaico a./s. (pl. -ci) I a. Cyrenaic. II s.m. (f. -a) Cyrenaic, native (o inhabitant) of Cyrenaica.

Cirene N.pr.f. ⟨Geog⟩ Cyrene.

cirillico a. (pl. -ci) Cyrillic: alfabeto ~ Cyrillic alphabet; caratteri –i Cyrillic letters.

Ciro N.pr.m. Cyrus.

cirriforme a. cirriform, cirrus–shaped. cirripedi m.pl. ⟨Zool⟩ cirripedes pl. cirro m. 1 ⟨Meteor, Zool⟩ cirrus. 2 ⟨Bot⟩ cirrus, tendril. cirrocumulo m. ⟨Meteor⟩ cirro–cumulus.

cirrosi f. ⟨Med⟩ cirrhosi: ~ epatica cirrhosis of the liver. cirrotico a. (pl. -ci) cirrhotic, cirrhosed.

CISAL = Confederazione italiana sindacati autonomi dei lavoratori Italian Federation of Autonomous Trade Unions.

cisalpino a. cisalpine. □ ⟨Stor⟩ Repubblica –a Cisalpine Republic.

CISL = Confederazione italiana sindacati lavoratori Federation of Italian Trade Unions.

cis|lunare a. ⟨Astr⟩ cislunar: orbita ~ cislunar orbit. ~montano a. cismontane.

CISNAL = Confederazione italiana sindacati nazionali dei lavoratori Italian Association of National Trade Unions.

cispa f. ⟨Med⟩ eye rheum.

cispadano a. cispadane. □ ⟨Stor⟩ Repubblica –a Cispadane Republic.

cisposità f. 1 bleariness. 2 (cispa) eye rheum. cisposo a. blear(y), rheumy: occhi –i bleary eyes.

ciste → cisti. cistectomia f. ⟨Chir⟩ cystectomy.

cisterc(i)ense a./s.m. Cistercian: monaco ~ Cistercian (monk).

cisterna f. 1 cistern, reservoir; (serbatoio) tank. 2 ⟨Anat⟩ cistern. □ auto ~ (per trasporto di liquidi) tanker; (per innaffiare) watering lorry; ⟨Mar⟩ ~ da carico cargo tank; ⟨Ferr⟩ carro (o vagone) ~ tank wagon; ⟨am⟩ tank car; ~ mobile portable tank; nave ~ (per petrolio) tanker; (per acqua) water–supply ship.

cisti f. ⟨Med,Zool,Bot⟩ cyst.

cisticerco m. (pl. -chi) ⟨Biol⟩ cysticercus. cisticercosi f. ⟨Med⟩ cysticercosis.

cistico a./s. (pl. -ci) I a. ⟨Anat,Med⟩ cystic: dotto ~ cystic duct; tumore ~ cystic tumour. II s.m. ⟨Anat⟩ cystic duct. cistifellea a. ⟨Anat⟩ gall bladder. cistifellico a. (pl. -ci) gall–bladder–. cistite f. ⟨Med⟩ cystitis.

cisto|grafia f. cystography. ~scopia f. ⟨Med⟩ cystoscopy. ~scopio m. cystoscope. ~tomia f. ⟨Chir⟩ cystotomy.

CIT = Compagnia italiana turismo Italian Travel Bureau.

citabile a. quotable, citable. citante I a. ⟨Dir⟩ plaintiff–, plaintiff's. II s.m./f. plaintiff.

citara f. ⟨lett⟩ (cetra) cithara.

citare v.t. 1 ⟨Dir⟩ to summon(s) (to appear in court), to cite, to subpoena: ~ un testimone to summon (o subpoena) a witness; (chiamare in giudizio) to sue, to prosecute, to summons: ~ per danni to sue for damages. 2 (riportare parole altrui) to quote: ~ un verso di Dante to quote a line from Dante; (a conferma di quanto si dice) to

cite: ~ la Bibbia to cite the Bible. 3 (portare come modello) to cite, to hold up as an example: era citato da tutti per la sua onestà he was cited by all for his honesty. □ ~ un articolo del codice to cite an article of the code; ~ un esempio to cite an example; ~ qd. come esempio di qc. to ⌜cite s.o.⌝ (o hold s.o. up) as an example of s.th.; ~ un passo to quote a passage; ⟨Dir⟩ ~ qd. in tribunale to summon s.o. to appear in court.

citarista m./f. 1 zither player. 2 ⟨Stor⟩ citharist, cithara player.

citato a. 1 ⟨Dir⟩ cited, ⟨pred⟩ summoned (to appear), subpoenaed: il testimone ~ the witness summoned to appear; (chiamato in giudizio) summoned, ⟨pred⟩ served with a summons. 2 (riportato) quoted: i versi ~ i sono di Dante the lines quoted are from Dante. 3 (nominato come modello) cited, held up (as an example). □ autore ~ author quoted; sopra ~ above mentioned, ⟨pred⟩ quoted above. citatorio a. ⟨Dir⟩ citatory: lettera –a letter citatory. citazione f. 1 ⟨Dir⟩ summons (to appear), citation; (come testimone) subpoena. 2 (riferimento a un passo) quotation; (a conferma di quanto sostenuto) citation. □ ⟨Dir⟩ ~ a giudizio (writ of) summons, citation; mandare una ~ to summons; notificare una ~ a qd. to serve s.o. with a summons, to serve a writ on s.o.; ⟨Mil⟩ ~ all'ordine del giorno mention in dispatches.

citeriore a. hither, ⟨pred⟩ on this side. □ ⟨Geog.stor⟩ Gallia ~ Hither Gaul.

citiso m. ⟨Bot⟩ cytisus.

cito|chimica f. cytochemistry. ~diagnostica f. ⟨Med⟩ cytodiagnostics pl (costr.sing.).

citofonare v.i. (citofono) to talk on the interphone. citofono m. 1 (rif. a uffici, aerei) interphone, intercommunication system, ⟨pop⟩ intercom. 2 (rif. a residenze private) house phone.

cito|genetica f. ⟨Biol⟩ cytogenetics pl (costr.sing.). ~genetico a. (pl. -ci) cytogenetic(al).

citologia f. ⟨Biol⟩ cytology. citologico a. (pl. -ci) 1 cell–. 2 (relativo alla citologia) cytologic(al). citologo m. (f. -a; pl. -gi) cytologist.

cito|patologia f. ⟨Med⟩ cytopathology. ~patologo m. (pl. -gi) cytopathologist. ~plasma m. cytoplasm. ~statico a./s.m. (pl. -ci) ⟨Farm⟩ I a. cytostatic. II s.m. cytostatic agent. ~tossicità f. cytotoxicity. ~tossico a. (pl. -ci) cytotoxic.

citrato m. ⟨Chim⟩ citrate: ~ di magnesia citrate of magnesia, magnesium citrate. citrico a. (pl. -ci) citric: acido ~ citric acid. citrino a. citrine, greenish yellow.

citronella f. ⟨Bot⟩ citronella (grass).

citrullaggine, citrulleria f. 1 (stupidità) stupidity, foolishness, silliness. 2 (azione sciocca) foolish act; (parole sciocche) nonsense, rubbish. citrullo I s.m. (f. -a) numskull, blockhead, dolt, ⟨vezz⟩ silly–billy. II a. silly, foolish.

città f. 1 town: preferisco la ~ alla campagna I prefer the town to the country; (città grande, importante) city: la ~ di Roma the city of Rome. 2 (gli abitanti) town: tutta la ~ ne parla it's the talk of the town. □ ⟨Mil⟩ ~ aperta open city (o town); ~ bassa (quartieri bassi) lower town; ~ capitale capital (city); ⟨Geog⟩ ~ del Capo Cape Town; casa di ~ town house; la ~ di Dio the City of God; ~ dormitorio dormitory; la ~ eterna (Roma) the Eternal City; essere fuori ~ to be out of town; gente di ~ townspeople pl, town dwellers pl, city dwellers pl; ~ giardino garden city; una grande ~ a city, a large town; in ~: 1 (stato in luogo) in town: saremo in ~ domani pomeriggio we'll be in town tomorrow afternoon; 2 (moto a luogo) (in) to town: andare in ~ a fare compere to go to town to do one's shopping; ~ industriale industrial city (o town); ⟨Stor⟩ ~ libera free city; ~ marittima maritime (o sea, coastal) town; ~ del Messico Mexico City; ~ natale native (o home) town; ~ nuova (quartieri nuovi) new town; ~ di provincia provincial (o country) town; la ~ santa (Gerusalemme) the Holy City; ~ satellite dormitory town; (quartiere economicamente dipendente) satellite town; ~-stato city–state; ~ degli studi = città universitaria; ~ universitaria (grounds and buildings of a) university, ⟨am⟩ campus; ~ del Vaticano Vatican City; ~

vecchia (*quartieri vecchi*) old town; **vita** *di* ~ town life; **vivere** *in* ~ to live in town.

cittadella *f.* citadel, stronghold (*anche fig.*): *la ~ di un movimento politico* the stronghold of a political movement.

cittadina[1] *f.* small town: ~ *di provincia* small country town.

cittadina[2] *f.* **1** (*abitante di città*) townswoman, city-dweller. **2** (*chi ha la cittadinanza di uno stato*) citizen.

cittadinanza *f.* **1** (*nazionalità*) nationality, citizenship: ~ *italiana* Italian nationality. **2** (*rif. a una città*) citizenship: ~ *romana* Roman citizenship. **3** (*cittadini*) citizens *pl.* □ **acquistare** *la* ~ to acquire citizenship, to become a (naturalized) subject; **certificato** *di* ~ certificate of citizenship; **conferire** *la* ~ *a* to confer citizenship on; **diritto** *di* ~ right of citizenship; ~ **onoraria** freedom of the city; **perdere** *la* ~ to lose one's citizenship.

cittadino I *s.m.* (*f.* -a) **1** citizen: *i -i di Roma* the citizens of Rome; (*concittadino*) fellow citizen (o townsman); (*chi abita in città*) townsman, town dweller, city dweller. **2** (*chi ha la cittadinanza di uno stato*) citizen: ~ *italiano* Italian citizen; (*di uno stato monarchico*) subject: ~ *britannico* British subject. II *a.* **1** (*della città*) town-, city-, civic-, of the town (o city): *la banda -a* the city band; *le vie -e* the streets of the town, the town streets. **2** (*da cittadino*) town-, townish, city-, cityfied: *abitudini -e* town habits. □ **centro** ~ town centre; (*nelle città nuove: rif. ai servizi pubblici*) civic centre; **libero** ~ free citizen; ~ *del* **mondo** citizen of the world; *le* **mura** *-e* the town (o city) walls; ~ **onorario** *di una città* freeman of a city.

ciucaggine *f.* stupidity, pig-headedness.

ciucca *f.* 〈*pop*〉 (*sbornia*) drunkenness. □ **avere** *la* ~ to be drunk; *prendere la* ~ to get drunk.

ciucciare *v.t./i.* (**ciuccio, ciucci**; *aus.* **avere**) to suck. **ciuccio** *m.* (*pl.* -ci) 〈*fam*〉 **1** (*succhiotto*) dummy, comforter, 〈*am*〉 pacifier. **2** (*tettarella per il poppatoio*) (rubber) teat, nipple.

ciuco *m.* (*pl.* -chi) 〈*fam*〉 donkey, ass (*anche fig.*).

ciuffo *m.* **1** (*rif. a capelli*) tuft (of hair), quiff, forelock. **2** (*rif. a uccelli*) tuft. **3** 〈*estens*〉 tuft, cluster. □ ~ *d'alberi* clump of trees, thicket; ~ *d'erba* tuft of grass; ~ *di peli* tuft of hair; ~ *di penne* tuft of feathers.

ciuffolotto *m.* 〈*Ornit*〉 (common European) bullfinch.

ciurlare *v.i.* (*aus.* avere): 〈*fam*〉 ~ *nel manico* to be shifty, to be hard to pin down.

ciurma *f.* **1** 〈*Stor*〉 rowers *pl* (of a galley): *la ~ della galera* the galley rowers. **2** 〈*spreg*〉 (*basso equipaggio*) ruffianly crew. **3** 〈*fig,spreg*〉 mob, rabble, riff-raff. **ciurmaglia** *f.* 〈*lett*〉 (*marmaglia*) riff-raff, mob, rabble.

ciurmare *v.t.* (*ingannare, raggirare*) to deceive, to dupe. **ciurmatore** *m.* (*f.* -**trice**) (*imbroglione*) swindler; (*ciarlatano*) charlatan.

civaia *f.* 〈*Bot*〉 pulse.

civetta *f.* **1** 〈*Ornit*〉 little owl. **2** 〈*fig*〉 flirt, coquette. **3** 〈*Giorn*〉 headline display sheet. □ *auto* ~ (*della polizia*) plainclothes policemen's car; *fare la* ~ to flirt, to play the coquette; *naso di* (o *a*) ~ beaked (o hooked) nose; 〈*Mar*〉 *nave* ~ decoy ship. **civettare** *v.i.* (**civetto**; *aus.* avere) to flirt, to play the coquette. **civetteria** *f.* coquetry. □ *avere la ~ di* to make a point of: *ha la ~ dell'ordine* she makes a point of being tidy. **civettone** *m.* fop. **civettuolo** *a.* **1** coquettish: *sguardo* ~ coquettish look. **2** (*attraente, grazioso*) attractive, charming, perky, spruce: *un cappellino* ~ a perky little hat; *un villino* ~ a spruce (o an attractive) little house.

civico *a.* (*pl.* -ci) **1** (*della città*) town-, civic, municipal, city-: *museo* ~ municipal (o town) museum. **2** (*dei cittadini*) civic. □ *educazione -a* civics *pl* (*costr. sing.*); *guardia -a* policeman, constable; *senso* ~ public spirit; *virtù civiche* civic virtues.

civile I *a.* **1** civil: *codice* ~ civil code. **2** (*contr. di militare*) civilian: *abiti -i* civilian clothes, 〈*fam*〉 civvies *pl;* (*contraz. di ecclesiastico, religioso*) civil, lay, secular: *matrimonio* ~ civil marriage, marriage in a registry office; *festa* ~ civil holiday. **3** (*incivilito*) civilized: *popolazione* ~ civilized people. **4** (*cortese*) civil, polite, urbane: *maniere*

-i polite ways; *una persona molto* ~ a very civil person; (*decoroso*) respectable, decent. II *s.m./f.* civilian. □ *diritti -i* civil rights; *diritto* ~ civil law; *discordie -i* civil strife; *funerale* ~ funeral without religious rites; *genio* ~ Office of Works, Civil Engineers *pl.*

civilista *m.* **1** 〈*Dir*〉 (*avvocato*) civil lawyer, 〈*am*〉 attorney. **2** (*studioso*) expert on civil law. **civilistico** *a.* (*pl.* -ci) civil law-.

civilizzare *v.t.* to civilize. **civilizzarsi** *v.r.* **1** to become civilized. **2** (*diventare più cortese, educato*) to become more refined, to acquire more polish. **civilizzato** *a.* (*incivilito*) civilized. **civilizzatore** I *s.m.* (*f.* -**trice**) civilizer. II *a.* civilizing. **civilizzazione** *f.* civilization.

civilmente *avv.* **1** civilly. **2** (*educatamente*) civilly, politely. □ *essere sposato* ~ to be married in a registry-office. **civiltà** *f.* **1** civilization. **2** (*cortesia, educazione*) politeness, civility. □ *trattare qd. con* ~ to treat s.o. civilly; ~ *dei consumi* consumer's civilization; *portare la* ~ *in un paese* to civilize a country. **civismo** *m.* public spirit: *dar prova di* ~ to display public spirit.

cl = *centilitro* centilitre (*abbr.* cl.).

cl. = *classe* class (*abbr.* cl.).

clacchista *m./f.* member of the claque.

clacson *m.* hooter, (motor) horn. **clacsonare** *v.i.* (*aus.* avere) 〈*gerg*〉 to blow the horn (to).

clamide *f.* **1** 〈*Stor*〉 chlamys. **2** 〈*lett*〉 (*manto reale*) regal mantle; (*manto imperiale*) imperial mantle.

clamore *m.* 〈*lett*〉 **1** (*schiamazzo*) clamour, uproar, din, noise. **2** 〈*fig*〉 outcry. □ 〈*fig*〉 *suscitare* ~ to cause an outcry; (*destare grande interesse*) to be a sensation. **clamoroso** *a.* **1** loud, noisy, clamorous: *applausi -i* loud applause; *risata -a* noisy laugh. **2** (*sensazionale*) sensational, much-talked-about. **3** (*schiacciante*) crushing, resounding: *la nostra squadra ha subito una -a sconfitta* our team suffered a crushing defeat.

clan *ingl.* *m.* **1** clan: ~ *scozzese* Scottish clan. **2** 〈*estens*〉 clan, 〈*fam*〉 gang. **3** (*squadra*) team.

clandestinamente *avv.* clandestinely, secretly, in secret, underground. □ *imbarcarsi* ~ to stow away; *stampare* ~ to print clandestinely. **clandestinità** *f.* **1** secrecy, clandestinity. **2** (*Pol*) underground: *darsi alla* ~ to go underground. □ *l'organizzazione operava nella* ~ the organization worked under cover.

clandestino I *a.* clandestine, secret, underground: *attività -a* clandestine activity. II *s.m.* (*f.* -a) stowaway. □ *bisca -a* illegal gambling house; **foglio** ~ clandestine broadsheet; **giornale** ~ underground newspaper; **lotta** *-a* underground struggle; 〈*Dir.can*〉 **matrimonio** ~ clandestine marriage; **passeggero** ~ stowaway; **trasmissione** *-a* pirate broadcast; (*in tempo di guerra*) clandestine broadcast.

clang I *onom.* clang. II *s.m.* clanging sound.

clangore *m.* 〈*lett*〉 clangour.

claque *fr.* [klak] *f.* claque. **claqueur** *fr.* [kla'kør] *m.* member of the claque.

Clara *N.pr.f.* Clare, Clara.

clarinettista *m./f.* 〈*Mus*〉 clarinettist, clarinet player. **clarinetto** *m.* **1** clarinet: *sonare il* ~ to play the clarinet. **2** (*sonatore*) → clarinettista. **clarino** *m.* **1** → clarinetto. **2** (*chiarina*) clarino.

clarissa *f.* 〈*Rel*〉 Poor Clare, Clarisse.

classe *f.* **1** (*condizione sociale*) classes *pl*, class: *la ~ operaia* the working class(es). **2** (*categoria*) class, category: ~ *turistica* tourist class; (*qualità*) class, grade, quality: *merce di prima* ~ first-class (o first-rate) goods, top-quality goods. **3** 〈*Scol*〉 class, 〈*am*〉 grade: *che* ~ *fai?* what class are you in?; (*rif. alle elementari*) standard: *prima* ~ *elementare* first standard in a primary school; (*post-elementare*) class, form; (*gli alunni*) form, 〈*am*〉 grade; (*aula*) classroom, schoolroom: *entrare in* ~ to go (o come) into the classroom. **4** 〈*Mil*〉 (*soldati della stessa leva*) class, (annual) contingent: *la ~ del millenovecentoventi* the nineteen-twenty class (o contingent). **5** 〈*Zool, Bot, Mat*〉 class: *la ~ dei mammiferi* the mammal class. **6** (*stile, distinzione*) class, style, distinction: *avere* ~ to have class. □ *un* **atleta** *di* ~ a first-rate athlete; **compagno** *di* ~ class-fellow, class-mate; **coscienza** *di* ~ class consciousness; *di* ~ high-class, with class, top(-ranking), ⟨fam⟩ classy: *una donna di* ~ a woman with class; *di gran* ~ of very high quality, first-class, first-rate; **differenza** *di* ~ class difference; ⟨Scol⟩ ~ **differenziale** special class; *la* ~ **dirigente** the ruling class; ~ **dominante** dominant class; ~ *di età* age class; ⟨fig⟩ **fuori** ~ (*straordinario*) of superlative quality, in a class of one's own, of a class apart; ~ **lavoratrice** working class(es); ~ *di* **leva** call-up class (*o* contingent); **lotta** *di* ~ class struggle; ~ **media** middle class(es); ⟨Scol⟩ ~ **mista** mixed class; *la* ~ **politica** the political class; **prima** ~ first class: *viaggiare in prima* ~ to travel first class; *di prima* ~ first-class, first-rate, top(-ranking), high-class: *un chirurgo di prima* ~ a top-ranking surgeon; *funerale di prima* ~ first-class funeral; ~ *di* **reddito** income class; **seconda** ~ second class: *vettura di seconda* ~ second-class carriage; (*su una nave*) cabin class; **spirito** *di* ~ class consciousness.

classicamẹnte *avv.* classically. **classicheggiạnte** *a.* classical: *stile* ~ classical style. **classicheggiạre** *v.i.* (**classichẹggio, classichẹggi;** *aus.* avere) to classicize, to imitate the classics. **classicịṣmo** *m.* classicism, classicality: *il* ~ *di una scultura* the classicality of a piece of sculpture; *il* ~ *di Carducci* Carducci's classicism. **classicịsta** *m.* classicist. **classicịstico** *a.* (*pl.* -ci) classicistic, classical: *movimento* ~ classical movement. **classicità** *f.* 1 (*antichità classica*) classical antiquity. 2 (*carattere classico*) classicism, classical spirit.

clạssico *a./s.* (*pl.* -ci) **I** *a.* classical, classic (*anche estens.*): *gli autori –i* the classical authors; *studi –i* classical studies; *un tailleur* ~ a classic suit; *edificio di linea –a* building of classic line. **II** *s.m.* classic: *un* ~ *della letteratura italiana* a classic of Italian literature; *un* ~ *dello schermo* a film classic. □ **antichità** *classiche* classical antiquities; **bellezza** *–a* classical beauty; **danza** *–a* classical dancing; ⟨Sport⟩ **gara** *–a* classic (event); **letteratura** *–a* classical literature; **liceo** ~ grammar school (specializing in classical studies); **lingue** *classiche* classical languages; **mondo** ~ classical world; **musica** *–a* classical music; ⟨Sart⟩ **taglio** ~ classic cut; ~ **tipo** classic (type): *è il* ~ *tipo di figlio unico* he is the classic (type of) only son.

classịfica *f.* 1 ⟨Sport⟩ (classified) results *pl;* (*posto in classifica*) placing, position. 2 ⟨burocr⟩ place list, graded results *pl* (of a competitive examination). □ ~ *finale* final placing (*o* results); *essere primo in* ~: 1 to come (*o* be classed) first, to take first place; 2 ⟨Sport⟩ to be placed first; *essere in testa alla* ~ to head (*o* be at the top of) the place-list. **classificạbile** *a.* classifiable. **classificạre** *v.t.* (**classịfico, classịfichi**) 1 to classify. 2 ⟨Scol⟩ to mark, to give a mark to. 3 ⟨Aer,Mar⟩ to class. **classificạrsi** *v.r.* to be classed, to be placed. □ *classificarsi bene* to be awarded a good place, to come (*o* be placed) high up on the list; *classificarsi terzo in un concorso* to ʻwin third placeʼ (*o* come third) in a competitive examination. **classificatọre** *m.* 1 (*f.* -trice) (*persona*) classifier. 2 (*cartella*) (classified) file. 3 (*mobile*) filing-cabinet. 4 ⟨Mecc,Minier⟩ classifier, classificator. □ ~ *di francobolli* stock book. **classificaziọne** *f.* 1 classification, classifying. 2 ⟨Scol⟩ (*atto*) marking, ⟨am⟩ grading; (*voto*) mark. 3 ⟨Mat,Aer,Mar⟩ classification.

classịṣmo *m.* ⟨Pol⟩ class consciousness. **classịsta I** *s.m./f.* class conscious person. **II** *a.* → **classịstico**. **classịstico** *a.* (*pl.* -ci) class-, (*pred*) based on class: *società –a* society based on class; (*che dà importanza alle differenze di classe*) class conscious: *mentalità –a* class-conscious mentality.

clạstico *a.* (*pl.* -ci) ⟨Geol⟩ clastic: *roccia –a* clastic rock.

Clạudia *N.pr.f.* Claudia. **claudia:** ⟨Bot⟩ *regina* ~ greengage.

claudicạnte *a.* 1 (*zoppicante*) limping, lame, hobbling. 2 ⟨fig⟩ halting, limping. **claudicạre** *v.i.* (**clạudico, clạudichi;** *aus.* avere) ⟨lett⟩ (*zoppicare*) to limp, to hobble. **claudicaziọne** *f.* ⟨Med⟩ claudication, lameness.

Clạudio *N.pr.m.* 1 Claude. 2 ⟨Stor⟩ Claudius.

claunẹsco *a.* (*pl.* -chi) clownish, clown's, of a clown.

clạuṣola *f.* 1 (*conclusione di uno scritto*) close. 2 ⟨Ret⟩ clausula. 3 (*condizione, riserva*) condition, proviso, stipulation: *con la* ~ *che* with the stipulation that. 4 ⟨Dir⟩

clause. □ ~ **accessoria** collateral agreement; ~ **addizionale** additional clause, rider; ~ **arbitrale** arbitration clause; *inserire una* ~ *in un contratto* to insert a clause in a contract; ⟨Econ⟩ ~ *della* **nazione** *più favorita* most-favoured nation clause; ⟨Dir⟩ ~ **restrittiva** restrictive clause; ⟨Dir⟩ ~ **rossa** red clause; ~ *di* **scala** *mobile* escalator clause.

claustrạle *a.* cloistered, claustral: *vita* ~ cloistered life. **claustrofilịa** *f.* claustrophilia. **claustrofobịa** *f.* ⟨Med⟩ claustrophobia.

clauṣụra *f.* 1 ⟨Rel⟩ enclosure: *voto di* ~ vow of enclosure. 2 ⟨fig⟩ (*vita appartata*) cloistered life. □ *suore di* ~ enclosed nuns.

clạva *f.* 1 club, cudgel, bludgeon. 2 ⟨Ginn⟩ Indian club.

clavạria *f.* ⟨Bot⟩ clavaria.

clavicembalịsta *m./f.* harpsichord player, harpsichordist. **clavicembalịstico** *a.* (*pl.* -ci) harpsichord-: *composizione –a* harpsichord composition. **clavicẹmbalo** *m.* harpsichord.

clavịcola *f.* ⟨Anat⟩ clavicle, collarbone. **clavicolạre** *a.* clavicular.

clavicọrd(i)o *m.* ⟨Mus⟩ clavichord.

clạxon *m.* → **clacson**.

clemạtide *f.* ⟨Bot⟩ clematis.

clemẹnte *a.* 1 (*rif. a persona*) clement, merciful: *sovrano* ~ clement sovereign. 2 (*rif. al clima*) mild, clement: *l'inverno è stato* ~ the winter has been mild. **Clemẹnte** *N.pr.m.* Clement. **clementịna** *f.* ⟨Bot⟩ tangerine. **clemẹnza** *f.* 1 clemency, mercy, mercifulness: *usare* ~ *verso qd.* to show clemency (*o* mercy) towards s.o. 2 (*rif. al clima*) mildness, clemency.

Cleopạtra *N.pr.f.* ⟨Stor⟩ Cleopatra.

cleptọmane *a./s.m./f.* kleptomaniac. **cleptomanịa** *f.* kleptomania.

clergyman *ingl.* [ˈklɔːrdʒimən] *m.* ⟨Rel⟩ Catholic priest's black suit.

clericạle I *a.* clerical: *partito* ~ clerical party. **II** *s.m.* clerical. **clericaleggiạnte** *a.* pro-clerical, ⟨pred⟩ favouring clericalism: *correnti –i* pro-clerical trends. **clericaleggiạre** *v.i.* (**clericalẹggio, clericalẹggi;** *aus.* avere) to favour clericalism, to be pro-clerical. **clericalịṣmo** *m.* clericalism. **clẹro** *m.* clergy. □ *alto* ~ higher clergy; *basso* ~ lower clergy; ~ *regolare* regular clergy; ~ *secolare* secular clergy.

clessịdra *f.* hourglass; (*a sabbia*) sandglass; (*ad acqua*) waterclock, clepsydra.

clic I *onom.* **II** *s.m.* click: *il* ~ *del chiavistello* the click of the door latch. □ ⟨fam⟩ *fare* ~ to take a snapshot, ⟨fam⟩ to snapshot.

cliché *fr.* [kliʃe] *m.* 1 ⟨Tip⟩ block, cliché; (*stereotipia*) stereotype. 2 ⟨fig⟩ (*luogo comune*) cliché, commonplace, stereotyped expression. □ ⟨Tip⟩ ~ *in* (o *di*) *gomma* rubber block; ~ *a mezza tinta* half-tone block; ~ *al tratto* line block.

cliẹnte *m./f.* 1 (*avventore*) customer; (*di albergo*) guest. 2 (*di professionista*) client: ~ *dell'avvocato* lawyer's client; (*di medico*) patient. 3 ⟨spreg⟩ (*sostenitore*) hanger-on. 4 ⟨Stor.rom⟩ client. □ ~ *abituale* regular customer; (*rif. ad albergo*) regular guest; *buon* ~ (*che fa molti acquisti*) good customer; ~ *da lunga data* old customer. **clientẹla** *f.* 1 (*di negozio*) clientele, customers *pl,* custom: *quel negozio ha una numerosa* ~ that shop has a large clientele. 2 (*di professionista*) clients *pl,* practice; (*di medico*) patients *pl,* practice. 3 ⟨spreg⟩ hangers-on *pl.* 4 ⟨Stor.rom⟩ clientage, clients *pl.* □ ~ *abituale* (*o fissa*) regular clientele, patrons *pl;* ~ *affezionata* faithful clientele; ~ *di passaggio* floating clientele. **clientelạre** *a.* patron-and-clint: *sistema* ~ patron-and-client system. **clientelịṣmo** *m.* ⟨spreg⟩ patronage system.

clịma *m.* climate (*anche estens.*) ⟨poet⟩ clime: *cambiare* ~ to move to another climate; *il* ~ *culturale di un'epoca* the cultural climate of an age; *vivere in un* ~ *di terrore* to live in a climate of terror. □ *cambiamento di* ~ climatic change, change of climate (*anche fig.*); ~ *continentale* continental climate; ~ *marittimo* maritime (*o* marine) climate; ~ *temperato* temperate climate; ~ *tropicale* tropical climate.

climaterico a. (pl. -ci) **1** (infausto) critical, crucial: giorno ~ critical day. **2** ⟨Med⟩ climacteric. **climaterio** m. ⟨Med⟩ climacteric, climacterium.

climaticamente avv. climatically. **climatico** a. (pl. -ci) **1** climatic: condizioni climatiche climatic conditions. **2** (che ha buon clima) health–: città (o stazione) –a health resort. **climatizzare** v.t. to air–condition. **climatizzatore** m. air–conditioning unit. **climatizzazione** f. air–conditioning: impianto di ~ air–conditioning unit.

climatologia f. climatology. **climatologico** a. (pl. -ci) climatologic(al). **climatologo** a. (pl. -gi) climatologist.

climax m. ⟨Ret,Bot,Med⟩ climax.

clinica f. **1** (disciplina) clinic, clinical teaching. **2** (ospedale) clinic; (casa di cura) nursing home. □ ~ chirurgica clinical surgery; ~ **medica** clinical medicine; ~ **odontoiatrica** dental clinic; ~ **oftalmica** eye clinic; ~ **privata** private clinic; ~ **universitaria** teaching hospital; ~ **veterinaria** veterinary hospital.

clinicamente avv. clinically. **clinico** a./s. (pl. -ci) **I** a. clinical: caso ~ clinical case. **II** s.m. **1** (medico) clinician. **2** (insegnante di clinica medica) clinical professor. □ cartella –a hospital file; guarigione –a clinical recovery; occhio ~ ability to diagnose at a glance; ⟨fig⟩ (pronto nel giudicare) expert eye; quadro ~ clinical picture.

clinker ingl. m. ⟨tecn⟩ clinker.

clinometro m. (in)clinometer: ~ a pendolo pendulum clinometer.

clipeato I a. ⟨Entom⟩ clypeate. **II** s.m. soldier armed with a clypeus. **clipeo** m. ⟨Stor.rom,Entom⟩ clypeus.

clistere m. enema, clyster: fare un ~ a qd. to give s.o. an enema. □ siringa per ~ (syringe for an) enema.

clitoride f./m. ⟨Anat⟩ clitoris. **clitorideo** a. clitoridean.

clivaggio m. ⟨Geol⟩ cleavage.

clivia f. ⟨Bot⟩ Kaffir lily.

clivo m. ⟨lett⟩ **1** (pendio) slope. **2** (collinetta) hillock.

C.L.N = Comitato di liberazione nazionale.

cloaca f. **1** (fogna) sewer, drain. **2** ⟨fig⟩ (ambiente corrotto) sink, cesspool. **3** ⟨Anat⟩ cloaca. **cloacale** a. ⟨Zool⟩ cloacal: membrana ~ cloacal membrane.

cloche fr. [klɔʃ] f. **1** ⟨Aer⟩ control stick, control column, ⟨fam⟩ joy–stick. **2** ⟨Aut⟩ cloche. **3** ⟨Mod⟩ cloche (hat). □ ⟨Aut⟩ cambio a ~ floor change.

clonaggio m. ⟨Biol⟩ cloning. **clonare** v.t. (clono) to clone. **clonazione** f. → clonaggio.

cloracne f. ⟨Med⟩ chloracne, chlorine acne.

cloralio m. ⟨Chim⟩ chloral. **clorato** m. chlorate. **clorazione** f. chlorination. **clorico** a. (pl. -ci) chloric: acido ~ chloric acid. **cloridrato** m. hydrochlorate, chlorhydrate. **cloridrico** a. (pl. -ci) hydrochloric: acido ~ hydrochloric acid. **cloro** m. chlorine: acqua di ~ chlorine water.

clorofilla f. chlorophyl(l): dentifricio alla ~ chlorophyll toothpaste. **clorofilliano** a. chlorophyll–, chlorophyllous, chlorophyllaceous. □ funzione (o fotosintesi) –a (function of) chlorophyll in photosynthesis.

cloroformio m. ⟨Chim⟩ chloroform. □ ⟨Med⟩ inalatore per ~ chloroform inhaler; maschera per ~ chloroform mask. **cloroformizzare** v.t. ⟨Med⟩ to chloroform. **cloroformizzazione** f. chloroformization.

cloroidrocarburi m.pl. ⟨Chim⟩ chlorinated hydrocarbons.

clorosi f. ⟨Med,Bot⟩ chlorosis. **clorotico** a. (pl. -ci) chlorotic.

clorurare v.t. ⟨Chim⟩ to chlorinate. **clorurato** a. ⟨Chim⟩ chlorinated, chlorine–, containing chlorine: acqua –a chlorinated water. **clorurazione** f. chlorination. **cloruro** m. ⟨Chim⟩ chloride. □ ~ di calce bleaching powder, chloride of lime; ~ di sodio sodium chloride; ⟨Chim⟩ ~ di vinile vinyl chloride.

clou fr. [klu] m. height, culmination point.

clownesco a. (pl. -chi) clownish, of a clown.

club ingl. m. club: ~ aeronautico flying club; ~ ginnico health club.

cluniacense, cluniacese I a. Cluniac. **II** s.m. Cluniac (monk).

cm = centimetro centimeter (abbr. cm).

c.m. = corrente mese instant (abbr. inst.).

cmc = centimetro cubo cubic centimeter (abbr. cc, c.c.).

cmq = centimetro quadrato square centimeter (abbr. sq.cm).

c/n = ⟨Comm⟩ conto nostro our account.

CNEN = Comitato nazionale per l'energia nucleare National Council for Nuclear Power.

C.N.R. = Consiglio nazionale delle ricerche Italian National Research Council.

coabitare v.i. (coabito; aus. avere) to live (together), to share a home (con with): gli sposi coabitano con i suoceri the couple live with their in–laws. **coabitazione** f. living together, sharing of a dwelling. □ appartamento in ~ shared flat.

coacervare v.t. (coacervo) ⟨lett⟩ to coacervate, to heap (o pile) up. **coacervato** m. ⟨Chim⟩ coacervate. **coacervo** m. **1** ⟨lett⟩ medley, jumble. **2** ⟨burocr⟩ (accumulamento) aggregated value, accumulation: ~ dei redditi aggregated value of income. □ ~ delle retribuzioni pay roll.

coadiutore m. (f. -trice) **1** (chi aiuta) assistant (anche burocr.): notaio ~ assistant notary; (chi fa le veci) deputy, substitute. **2** ⟨Rel.catt⟩ coadjutor. **coadiutoria** f. coadjutorship. **coadiuvante I** a. **1** assisting, coadjutant. **2** ⟨Farm⟩ adjuvant: farmaco ~ adjuvant (drug). **II** s.m. **1** assistant, co–helper. **2** ⟨Farm⟩ adjuvant. **coadiuvare** v.t. (coadiuvo) ⟨lett⟩ to assist, to help.

coagulamento m. coagulation. **coagulante I** a. ⟨Farm⟩ coagulative. **II** s.m. coagulant. **coagulare** v. (coagulo) **I** v.t. to coagulate; (rif. al latte) to curdle. **II** v.i. (aus. essere), **coagularsi** v.r. to coagulate; (rif. al latte) to curdle; (rif. a colloidi) to gel. **coagulativo** a. coagulative. **coagulazione** f. coagulation: tempo di ~ coagulation time; (rif. al latte) curdling; (rif. a colloidi) gelling. **coagulo** m. **1** (grumo) clot. **2** (caglio) rennet.

coalescenza f. ⟨Chim,Fis⟩ coalescence.

coalizione f. coalition: una ~ di stati a coalition of states. □ ~ economica economic coalition; ⟨Pol⟩ governo di ~ coalition government; ~ del lavoro common front (put up by workers or employers); ⟨Pol⟩ ~ di sinistra left–wing coalition. **coalizzare** v.t. to form a coalition. **coalizzarsi** v.r. to form a coalition.

coartare v.t. ⟨lett⟩ to coerce, to constrain, to force, to compel: ~ la volontà di qd. to force s.o.'s will. **coartazione** f. coercion, constraint, compulsion.

coassiale a. coaxial: ⟨El⟩ cavo ~ coaxial cable.

coattività f. ⟨Dir⟩ compulsoriness. **coattivo** a. **1** coercive: mezzo ~ coercive means. **2** ⟨Dir⟩ compulsory: misure –e compulsory measures. **coatto I** a. forced, compulsory (anche Dir.): domicilio ~ forced residence, internment. **II** s.m. (f. -a) confined person.

coautore m. (f. -trice) coauthor.

coazione f. coercion, constraint, compulsion (anche Dir.).

cobalto m. **1** ⟨Chim⟩ cobalt. **2** (colore) cobalt (blue). □ azzurro di ~ cobalt blue; ⟨Med⟩ bomba al ~ cobalt bomb. **cobaltoterapia** f. ⟨Med⟩ cobalt therapy.

cobelligerante a./s.m. cobelligerent. **cobelligeranza** f. cobelligerency.

cobra m. ⟨Zool⟩ cobra.

coc m. → coke.

coca f. **1** ⟨Bot⟩ coca. **2** ⟨pop⟩ (cocaina) cocaine. **cocaina** f. cocaine. **cocainico** a. (pl. -ci) cocaine–: intossicazione –a cocaine poisoning. **cocainismo** m. ⟨Med⟩ cocainism. **cocainomane** m./f. cocaine addict. **cocainomania** f. cocaine addiction.

cocca[1] f. **1** (tacca della freccia) nock, arrownotch. **2** (angolo di fazzoletto, del grembiule) corner.

cocca[2] f. ⟨infant⟩ (gallina) hen.

coccarda f. cockade.

cocchia f. ⟨Pesc⟩ trawl net.

cocchiere m. coachman. **cocchio** m. **1** coach. **2** ⟨Stor⟩ chariot.

cocchiume m. **1** (foro della botte) bung–hole, ⟨am⟩ faucet hole. **2** (tappo) bung, ⟨am⟩ faucet.

coccia f. (pl. -ce) **1** (di fioretto, sciabola) sword–guard, bell–guard, coquille. **2** ⟨region⟩ (guscio) shell. **3** ⟨region,scherz⟩ (testa) pate, nut. **4** ⟨Teat⟩ (calotta per simulare la calvizie) rubber skull–cap.

cocciaio m. (f. -a) ⟨rar⟩ potter.

coccidiosi f. ⟨Veter⟩ coccidiosis.

coccige m. ⟨Anat⟩ coccyx.

coccinella f. ⟨Entom⟩ ladybird, ⟨am⟩ ladybug.

cocciniglia f. ⟨Entom⟩ cochineal (o scale) insect.

coccio m. **1** (terracotta) earthenware: vaso di ~ earthenware pot. **2** (oggetto di terracotta) crock, pot. **3** pl. (vasellame) crockery. **4** (frammento) fragment (of pottery), (broken) piece, potsherd, crock: raccogli i cocci del piatto che hai rotto pick up the pieces of the plate you have broken. **5** ⟨fig⟩ (persona malaticcia) (old) crock.

cocciutaggine f. ⟨fam⟩ stubbornness, pig-headedness. **cocciutamente** avv. stubbornly, pig-headedly. **cocciuto** a. stubborn, pig-headed.

cocco[1] m. (pl. -chi) **1** (palma di cocco) coconut palm (o tree), coco, coco(a) palm. **2** (noce di cocco) coconut. □ fibra di ~ coconut fibre (o hair), coir; latte di ~ coconut milk (o water).

cocco[2] m. (pl. -chi; f. -a) ⟨fam⟩ (persona prediletta) darling, sweetie-pie: essere il ~ della famiglia to be the darling of the family. □ ~ di mamma mummy's darling; ~ mio sweetie; ⟨iron⟩ povero ~ little thing.

cocco[3] m. (pl. -chi) ⟨fam⟩ (uovo) egg.

cocco[4] m. (pl. -chi) ⟨Biol⟩ coccus.

coccodè **I** onom. cackle-cackle, cluck-cluck. **II** s.m. cackle, cluck. □ la gallina ha fatto ~ the hen has cackled (o gone cluck-cluck).

coccodrillo m. **1** ⟨Zool⟩ crocodile. **2** (pelle) crocodile (skin): una borsa di ~ a crocodile handbag. **3** ⟨giorn⟩ pre-obit. □ lacrime di ~ crocodile tears.

coccola f. ⟨Bot⟩ berry: ~ di ginepro juniper berry.

coccolare v.t. (coccolo) (vezzeggiare) to pet, to cuddle, to fondle; (viziare) to spoil. **coccolarsi** v.r. (crogiolarsi) to nestle, to wallow; (nel letto) to snuggle (up). **coccolo** m. (f. -a) ⟨fam⟩ **1** (bimbo grazioso) cuddly baby, cuddlesome (o chubby) little dear. **2** (cocco) pet, darling: il ~ della mamma Mummy's darling.

coccoloni avv. squatting, crouching. □ stare ~ to squat, to be squatting, to crouch.

cocente a. **1** (caldissimo) burning, scorching, scalding, searing: sole ~ scorching sun. **2** ⟨fig⟩ (acuto, violento) keen, acute, deep: dolore ~ keen sorrow.

cochon fr. [kɔ'ʃɔ̃] a. (pornografico) pornographic: film ~ pornographic film, pornofilm.

Cocito N.pr.m. ⟨Mitol⟩ Cocytus.

cocktail ingl. ['kɔkteil] m. **1** (bevanda) cocktail. **2** (ricevimento) cocktail party. □ dare un ~ to give a cocktail party; ⟨Farm⟩ ~ farmacologico cocktail.

coclea f. **1** (macchina idraulica) Archimedean screw, cochlea. **2** (di pompa centrifuga e sim.) scroll, volute. **3** ⟨Anat⟩ cochlea. **4** ⟨Archeol⟩ wild animals' gate. **cocleare** a. ⟨Anat⟩ cochlear.

coclearia f. ⟨Bot⟩ scurvy grass.

cocolla f. monk's scapular, cuculla.

cocomeraio m. (f. -a) watermelon seller. **cocomero** m. ⟨Bot⟩ watermelon.

cocorita f. (pappagallo) parakeet.

cocotte fr. [kɔ'kɔt] f. cocotte, prostitute.

cocuzza f. ⟨dial⟩ **1** (zucca) pumpkin. **2** ⟨spreg,scherz⟩ (testa) pate, nut: ma che hai nella ~? what have you got in that nut of yours? **3** pl. (lire) lire pl: mille -e a thousand lire; ⟨fam⟩ (denaro) dough. **cocuzzolo** m. (rif. a monti) summit, top; (rif. a capo) crown, top (of the head); (rif. a cappello) crown.

cod. = codice codex (abbr. Cod., cod.).

coda f. **1** tail. **2** (parte estrema) tail, tail end, end: la ~ della processione the tail-end of the procession. **3** (rif. a giacche) (swallow) tail: una giacca con le -e a tail-coat, ⟨fam⟩ tails pl; (strascico) train: la ~ dell'abito da sposa the train of the wedding dress. **4** (fila) queue, ⟨am⟩ line: c'era una lunga ~ davanti alla biglietteria there was a long queue in front of the booking office. **5** ⟨fig⟩ (conseguenza) consequence, after-effects pl: l'incidente avrà una ~ the incident will have its after-effects. **6** ⟨Lett⟩ (aggiunta, appendice) coda, tail: sonetto con la ~ sonnet with a coda (o tail), caudated sonnet. **7** ⟨Mus⟩ coda. **8** (codino) pigtail, plait; ⟨fig⟩ (reazionario) reactionary, diehard. □ ⟨Aer⟩ ~ dell'aeroplano tail of an aeroplane; ⟨fig⟩ non avere né

capo né ~ to be rambling (o nonsensical); un discorso senza capo né ~ talk you can't make head or tail of; di cavallo (pettinatura) ponytail: farsi la ~ di cavallo to tie one's hair in a pony-tail; la ~ di una cometa the tail (o train) of a comet; dalla lunga ~ long-tailed, with a long tail; ⟨Ferr⟩ fanale di ~ taillight, ⟨am⟩ rearlight; fare la ~ to queue (up), ⟨am⟩ to line up; andarsene con la ~ tra le gambe to go off with one's tail between one's legs; essere in ~ to be at the end (o back); marciare in ~ to bring up the rear; lisciare la ~ a qd. to fawn on s.o.; il diavolo ci ha messo la ~ the devil has had a hand in this; mettersi in ~ to queue up, to line up; (unirsi a una coda) to join the queue; guardare con la ~ dell'occhio to look out of the corner of one's eye, to give a sideways look (o glance); avere la ~ di paglia to have a guilty conscience; ⟨Mus⟩ **pianoforte a ~** grand piano; pianoforte a mezza ~ baby grand (piano); ~ **prensile** prehensile tail; ~ di **rondine:** 1 swallow's tail; 2 ⟨Fal⟩ dovetail; a ~ di rondine: 1 with tails, (swallow–)tail-: abito a ~ di rondine tail coat, tails pl; 2 ⟨Fal⟩ swallow-tailed, dovetailed; incastro a ~ di rondine dovetail joint, dovetailing; ⟨Itt⟩ ~ di **rospo** angler (o frog) fish; **sapere** dove il diavolo tiene la ~ to be very knowing; ⟨Mat⟩ **teoria** delle -e queuing theory; la ~ del **treno** the end (o back, rear) of the train; in ~ al treno at the back of the train; **vagone** di ~ rear carriage, end carriage.

codardia f. ⟨lett⟩ **1** (l'essere codardo) cowardice, cowardliness. **2** (azione codarda) cowardly deed. **codardo** **I** a. ⟨lett⟩ cowardly: un rifiuto ~ a cowardly refusal. **II** s.m. (f. -a) coward.

codazzo m. ⟨spreg⟩ (gruppo disordinato) swarm, mob, throng: un ~ di gente a mob (o swarm).

cod.civ. = codice civile civil code.

codeina f. ⟨Chim⟩ codein(e).

codesto **I** a. that: dammi ~ libro give me that book; non badare a -e chiacchiere don't take any notice of that gossip. **II** pron. **1** that (one): tra le due penne la migliore è -a that one is the better of the two pens. **2** (codesta cosa) that: ~ non è vero that is not true.

codice m. **1** (manoscritto) codex, manuscript: un ~ autografo del Petrarca an original Petrarch manuscript. **2** ⟨Dir⟩ code: il ~ della strada highway code. **3** (cifrario) code: ~ telegrafico telegraphic code. □ ~ **aereo internazionale** International Air Code; ~ **amministrativo** administrative code; ~ di **autodisciplina** code of self-discipline; ~ di **avviamento** postale = codice **postale**; ~ **bancario** routing symbol; ⟨Inform⟩ ~ a **barre** bar code; lettore di ~ a barre bar code scanner; ~ **binario** binary code; ~ **cavalleresco** code of chivalry (o honour); ~ **civile** civil code; ~ **cliente** customer's number; ~ di **comportamento** code of practice (o conduct); ⟨Inform⟩ ~ **concatenato** chain code; ~ **deontologico** code of ethics; ⟨Biol⟩ ~ **genetico** genetic code; in ~ in code, coded: telegramma in ~ coded telegram; mettere in ~ to (put into) code; ⟨Inform⟩ ~ **istruzione** instruction code; ⟨Inform⟩ ~ **macchina** computer code; ~ **militare** military code; ⟨Stor⟩ ~ **napoleonico** Napoleonic Code; ~ **operativo** operation code; ~ **penale** penal (o criminal) code; ~ **postale** postal code; ~ di avviamento postale postal code, ⟨SU⟩ Zip (Code); ~ di **procedura** civile code of civil procedure; ~ di procedura penale code of criminal procedure; ⟨Inform⟩ ~ del **programma** programme code; **rasentare** (o sfiorare) il ~ to keep just on the right side of the law; ~ internazionale dei **segnali** International Code (of Signals); ⟨Inform⟩ ~ **sorgente** source code; ⟨Inform⟩ ~ di **tempo** time code.

codicillo m. **1** ⟨Dir⟩ codicil: un ~ al testamento a codicil to the will. **2** ⟨scherz⟩ (poscritto) postscript.

codifica f. **1** → **codificazione**. **2** ⟨Inform⟩ coding. **codificabile** a. that may be codified. **codificare** v.t. (codifico, codifichi) **1** to codify: ~ le leggi sulla circolazione stradale to codify the road traffic laws. **2** (attribuire un cifrario) to code. **3** ⟨Inform⟩ to encode. **codificatore** m. ⟨Inform⟩ encoder. **codificazione** f. **1** (di leggi) codification. **2** (di cifrari) coding. **3** ⟨Inform⟩ encoding.

codinismo m. (atteggiamento retrogrado) reactionism.

codino m. **1** (*trecciolina*) pigtail: *la bambina aveva i capelli divisi in due –i* the little girl's hair was parted in two pigtails; (*di parrucca*) queue. **2** ⟨*fig*⟩ (*reazionario*) reactionary, diehard.

codirosso m. ⟨*Ornit*⟩ redstart.

codolo m. (*parte della lama*) tang: ~ *del fioretto* tang of the foil.

codon m. ⟨*Biol*⟩ codon.

codone[1] m. ⟨*Ornit*⟩ pin–tail.

codone[2] –e → codon.

codrione m. ⟨*Ornit*⟩ rump.

coeditare v.t. (**coedito**) to copublish. **coeditore** m. copublisher, joint publisher. **coedizione** f. coedition, joint edition.

coeducazione f. coeducation.

coefficiente m. **1** (*causa concomitante*) (contributory) factor, coefficient: *la perizia dei generali fu uno dei –i della vittoria* the generals' skill was one of the factors contributing to victory. **2** ⟨*Mat,Fis*⟩ coefficient. □ ⟨*Fis*⟩ ~ *di* **allungamento** coefficient of elongation; ~ *di* **assorbimento** absorption coefficient; ~ *di* **attrito** coefficient of friction; ~ *di* **dilatazione** coefficient of expansion; ~ **numerico** numerical coefficient; ⟨*Edil*⟩ ~ *di* **sicurezza** coefficient of safety.

coefficienza f. coefficient factor, cofactor.

coenzima m. ⟨*Biol*⟩ coenzyme.

coercibile a. **1** coercibile. **2** ⟨*Fis*⟩ compressible: *gas* ~ compressible gas. **coercibilità** f. **1** coercibility. **2** ⟨*Fis*⟩ compressibility. **coercitivo** a. coercive, compulsive: *misure –e* coercive measures; ⟨*Fis*⟩ *forza –a* coercive force. **coercizione** f. coercion, compulsion: *agire sotto* ~ to act under coercion. □ *mezzi di* ~ coercive means.

coerede m./f. coheir (f –heiress).

coerente a. **1** coherent, cohering: *parti –i tra loro* coherent parts, parts cohering with each other. **2** ⟨*fig*⟩ coherent, consistent. **3** ⟨*Fis*⟩ coherent: *luce* ~ coherent light. □ *agire in modo* ~ *alle proprie idee* to act in keeping with one's ideas; *essere* ~ *con se stessi* to be consistent; *rocce –i* coherent rocks. **coerentemente** avv. coherently, consistently. **coerenza** f. **1** coherence. **2** ⟨*fig*⟩ coherence, consistency: *il tuo ragionamento manca di* ~ your reasoning lacks consistency (*o* is inconsistent).

coesione f. cohesion, cohesiveness (*anche* *fig.*): ~ *dielettrica* dielectric cohesion; ~ *sociale* social cohesion (*o* cohesiveness). □ ⟨*Fis*⟩ *forza di* ~ cohesive force.

coesistente a. coexistent. **coesistenza** f. coexistence: ⟨*Pol*⟩ ~ *pacifica* peaceful coexistence. **coesistere** v.i. (*aus.* essere) to coexist.

coesivo a. cohesive. **coesore** m. ⟨*Fis*⟩ coherer.

coetaneo I a. ⟨*pred*⟩ (of) the same age (*di* as), contemporary (with): *essere* ~ *di qd.* to be the same age as s.o. II s.m. (f. -a) person of the same age, contemporary: *i ragazzi devono stare con i –i* children must be with those of their own age.

coeterno a. coeternal.

coevo a. (*contemporaneo*) coeval, contemporary (*a* with).

cofanetto m. casket. □ ~ *dei gioielli* jewel case, jewel casket; ⟨*Cosmet*⟩ ~ *del trucco* make-up box. **cofano** m. **1** coffer, chest. **2** ⟨*Aut*⟩ bonnet, ⟨*am*⟩ hood. **3** ⟨*Mil*⟩ ammunition chest, ammunition box. **4** ⟨*Mar*⟩ trunk (deck).

coffa f. ⟨*Mar*⟩ top: ~ *di maestra* maintop.

cofinanziamento m. ⟨*Econ*⟩ co-financing, joint financing. **cofinanziare** v.t. (**cofinanzio, cofinanzi**) to co-finance, to finance jointly.

cofirmatario a./s.m. cosignatory.

cogarante m./f. coguarantor, joint guarantor. **cogaranzia** f. joint guarantee.

cogente a. ⟨*Dir*⟩ binding, compulsory.

cogerente m./f. joint manager.

cogestione f. joint management. **cogestionale** a. joint–management.

cogitabondo a. ⟨*lett*⟩ (*pensieroso*) thoughtful, ⟨*pred*⟩ deep in thought. **cogitare** v. (**cogito**) ⟨*lett,scherz*⟩ I v.i. (*aus.* avere) to cogitate, to ponder, to meditate. II v.t. to think about, to ponder, to meditate: *che cosa cogiti?* what are you thinking about? **cogitazione** f. (*meditazione*)

cogitation, meditation, thought; (*riflessione*) reflection: *ha deciso dopo lunghe –i* he has decided after long reflection.

cogli → con.

cogliere v.t. (**colgo, cogli; colsi, colto**) **1** to pick, to pluck: ~ *una mela da un albero* to pluck an apple from a tree; (*raccogliere*) to gather, to pick: ~ *i fiori* to gather (*o* pick) flowers. **2** (*profittare di*) to grasp, to seize, to take: ~ *l'occasione per fare qc.* to take the opportunity of doing s.th. **3** (*capire*) to grasp, to catch: ~ *il senso di una frase* to grasp the sense of a phrase. **4** (*sorprendere*) to catch, to surprise, to come upon: *non mi cogli più!* you won't catch me again. **5** (*colpire*) to hit: *gli sparò contro e lo colse a una gamba* he fired at him and hit him in the leg. □ ~ **allori** to reap (*o* win) laurels; ~ *in* **fallo** to catch out; ~ *sul* **fatto** to catch in the act; ~ *i* **frutti** *della propria fatica* to reap the fruits of one's labours; ~ *qd. con le* **mani** *nel sacco* to catch s.o. red-handed; *la* **morte** *lo colse nel fiore degli anni* death took him in his prime; ⟨*fig*⟩ ~ *la* **palla** *al balzo* to seize the opportunity; ~ *'in* **pieno** (*o nel segno*) to score a bull's-eye, to hit the target; ⟨*fig*⟩ (*indovinare*) to hit the mark; *mi colse il* **sonno** sleep overtook me; ~ *qd. di* **sorpresa** to take s.o. by surprise; ~ *qd. alla* **sprovvista** to take (*o* catch) s.o. unawares.

coglionare v.t. (**cogliono**) ⟨*triv*⟩ **1** to make a fool (*qd.* of s.o.) **2** (*imbrogliare*) to hoax, to trick. **coglionatura** f. ⟨*triv*⟩ **1** mockery. **2** (*imbroglio*) hoax, trick. **coglione** m. ⟨*triv*⟩ **1** (*testicolo*) testicle, ⟨*volg*⟩ ball. **2** ⟨*fig*⟩ (*persona sciocca;* -a) idiot, fool, ⟨*am*⟩ moron, ⟨*am*⟩ jerk. □ *rompere i –i a qd.* to break s.o.'s balls; *togliersi qd. dai –i* to get rid of s.o. **coglioneria** f. **1** (*stupidità*) stupidity, foolishness. **2** (*grossa sciocchezza*) idiocy.

coglitore m. (f. **-trice**/*pop.* **-tora**) gatherer, picker, plucker. **coglitura** f. ⟨*region*⟩ gathering, picking, plucking: *la* ~ *delle pesche* the peach picking.

cognac (*o* **cognac**) m. cognac.

cognata f. sister–in–law. **cognato** m. brother–in–law. **cognazione** f. ⟨*Dir*⟩ cognation.

cognito a. know.

cognizione f. **1** (*conoscenza*) knowledge: *la* ~ *del male* the knowledge of evil. **2** ⟨*Filos*⟩ cognition. **3** (*nozione*) notion, knowledge: *hai qualche* ~ *di tedesco?* have you any knowledge of German?, do you know any German?; *avere un ricco bagaglio di –i* to have a great deal of knowledge. **4** ⟨*Dir*⟩ cognizance. □ **avere** ~ *di qc.* to know about s.th.; ~ *di* **causa** full knowledge (of the facts): *parlare con* ~ *di causa* to speak with full knowledge of the facts; **prendere** ~ *di qc.:* 1 to learn (*o* come to know) of s.th.; 2 ⟨*Dir*⟩ to take cognizance of s.th.; *processo di* ~ judicial enquiry; ⟨*Filos*⟩ ~ **soggettiva** subjective cognition.

cognome m. surname, ⟨*am*⟩ family name. □ ~ **doppio** compound surname, ⟨*fam*⟩ double-barrelled surname; *nome e* ~ first name and surname; ~ *da ragazza* maiden name.

coguaro m. ⟨*Zool*⟩ cougar.

coi → con.

coibentare v.t. (**coibento**) ⟨*tecn*⟩ to insulate. **coibentazione** f. insulation. **coibente** I a. ⟨*Fis*⟩ insulating, nonconducting. II s.m. insulator, nonconductor. □ ~ *acustico* acoustical insulator, sounddeadener. **coibenza** f. non conductivity.

coiffeur fr. [kwa'fœr] m. hairdresser.

coimputato m. (f. -a) codefendant.

coincidenza f. **1** (*caso, combinazione*) coincidence: *l'ho incontrato per una strana* ~ I met him by an odd coincidence. **2** (*identità*) agreement, harmony, accord: ~ *di idee* harmony of ideas. **3** (*rif. a mezzi di trasporto*) connection: *a Roma troverai la* ~ *per Napoli* at Rome, you will find the Naples connection. **4** ⟨*Geom,Fis*⟩ coincidence. □ *biglietto di* ~ through ticket; (*rif. ad aerei*) connecting flight, ⟨*am*⟩ transfer (ticket); *essere in* ~ to connect: *il pullman è in* ~ *con l'aereo* the coach connects with the plane; *perdere la* ~ to miss one's connection; *prendere la* ~ to catch one's connection. **coincidere** v.i. (**coincisi, coinciso;** *aus.* avere) **1** (*accadere nello stesso tempo*) to coincide; (*rif. a ricorrenze, manifestazioni e sim.*) to fall on, to come on, to be on: *quest'anno il Natale* *coincide con la domenica* this year Christmas day falls on a Sunday. **2** (*essere identico, corrispondere*) to coincide, to correspond, to agree: *l'originale e la copia non coincidono* the original and the copy do not agree; *su questo argomento le nostre idee non coincidono* our ideas on this matter do not coincide, we do not agree on this matter. **3** ⟨*Geom*⟩ to coincide: *le due figure coincidono* the two figures coincide. **coincisi, coinciso** → coincidere.

coinquilino *m.* (*f.* -a) fellow tenant, co-tenant.

cointeressare *v.t.* (**cointeresso**) to give a joint interest (*o* share), to associate, to share profits with: ~ *qd. in un affare* to give s.o. a joint interest in a transaction. **cointeressato I** *a.* associated, jointly interested, profit–sharing. **II** *s.m.* partner, associate, shareholder. □ *le ditte* –e the firms in association (*o* partnership); *essere* ~ *in un'azienda* to have an interest in a company. **cointeressenza** *f.* ⟨*Comm*⟩ **1** (*compartecipazione*) profit–sharing, partnership. **2** (*percentuale*) share.

coinvolgere *v.t.* (**coinvolgo, coinvolgi; coinvolsi, coinvolto**) to involve, to implicate, to mix up: *essere coinvolto in uno scandalo* to be involved (*o* mixed up) in a scandal; *essere coinvolto in un processo* to be involved in a trial. **coinvolgimento** *m.* involvement.

coiote *m.* ⟨*Zool*⟩ (*coyote*) coyote, prairie wolf.

coito *m.* coitus, coition, sexual intercourse.

coke *ingl.* [kouk] *m.* coke. □ ⟨*Min*⟩ ~ *di* gas gas coke; ~ *di* lignite lignite coke; ~ **magro** lean coke; ~ **metallurgico** metallurgical coke; ~ *di* petrolio petroleum coke; **scorie** *di* ~ coke breeze.

cokeria *f.* cokery, ⟨*am*⟩ coke plant. **cokificare** *v.t.* (**cokifico, cokifichi**) to coke.

col → con.

col. = **1** ⟨*Tip*⟩ *colonna* column (*abbr.* col.). **2** ⟨*Mil*⟩ *colonnello* colonel (*abbr.* col.).

cola *f.* ⟨*Bot*⟩ cola (tree), kola (tree). □ *noci di* ~ cola nuts, cola seeds, kola nuts, kola seeds.

colà *avv.* (*stato in luogo*) (over) there, ⟨*poet*⟩ yonder; (*moto a luogo*) (over) there.

colabrodo *m.inv.* colander, strainer, ⟨*am*⟩ cullender. □ ⟨*fig*⟩ *essere ridotto un* ~ to be riddled with holes; (*rif. a proiettili*) to be riddled with bullets.

colaggio *m.* ⟨*Comm*⟩ (*calo di merci*) leakage: *franco di* ~ leakage–free.

colagogo *a./s.* (*pl.* **-ghi**) ⟨*Farm*⟩ **I** *a.* cholagogic. **II** *s.m.* cholagog.

colapasta *m.inv.* (*scolapasta*) colander (for pasta).

colare *v.* (**colo**) **I** *v.t.* **1** (*filtrare*) to filter, to strain: ~ *il brodo* to strain broth; (*vagliare*) to sift, to sieve, to screen, to riddle: ~ *la rena* to sift sand. **2** (*scolare*) to drain, to strain (off), to colander: ~ *la pasta* to strain pasta. **3** (*versare a gocce*) to drip, to drop, to ooze: *la ferita cola sangue* the wound is dripping blood. **4** ⟨*Met*⟩ to pour, to cast, to melt: ~ *l'oro* to melt gold. **II** *v.i.* (*aus.* essere) **1** (*gocciolare*) to drip, to drop, to trickle, to ooze, to seep: *il sangue cola dalla ferita* blood is oozing from the wound. **2** (*perdere gocce*) to leak: *il catino cola* the basin is leaking. □ *mi cola il naso* my nose is running; *oro colato* pure gold; *prendere qc. per oro colato* to accept s.th. unquestioningly; ⟨*Mar*⟩ ~ *a picco* (*o fondo*) to sink, to founder: ~ *a picco una nave* to sink a ship; *la nave è colata a picco* the ship has sunk (*o* gone to the bottom).

colata *f.* **1** ⟨*Met*⟩ casting, pouring, tapping. **2** ⟨*Met*⟩ (*quantità di metallo fuso*) tap, melt, cast. **3** ⟨*Geol*⟩ (out)flow. ⟨*Met*⟩ **attacco** *di* ~ runner, ingate, ⟨*am*⟩ gate; ⟨*Met*⟩ **canale** *di* ~ runner (gate), pouring spout; ⟨*Met*⟩ **diretta** casting; ⟨*Geol*⟩ ~ *di* **fango** mudflow, mud avalanche; ⟨*Met*⟩ **foro** *di* ~ gate; ⟨*Met*⟩ **fossa** *di* ~ (casting) pit; ⟨*Met*⟩ **getto** *di* ~ runner; ⟨*Geol*⟩ ~ **lavica:** 1 (*fluida*) lava flow, stream of lava; 2 (*consolidata*) bed of lava, sheet of cooled lava; ⟨*Geol*⟩ ~ *di* **pietra** rock slip.

colaticcio *m.* **1** (*sgocciolatura*) drippings *pl.* **2** ⟨*Met*⟩ dross, dregs *pl.* **3** (*liquame della concimaia*) dung water. □ ~ *di candela* candle drippings *pl.*

colatitudine *f.* ⟨*Geog*⟩ colatitude.

colatoio *m.* strainer, sieve, filter. **colatura** *f.* **1** (*il colare*) pouring; (*il gocciolare*) dripping, trickling; (*il filtrare*) filtering, straining, sifting. **2** (*sgocciolatura*) drippings *pl;*

(*di candela*) candle–drippings *pl.* **3** ⟨*Met*⟩ dross, dregs *pl.*

colazione *f.* **1** (*della mattina*) breakfast: *far* ~ to (have) breakfast. **2** (*di mezzogiorno*) lunch, luncheon: *far* ~ to (have) lunch. □ ~ *con* **caffè** *e* **latte** continental breakfast; ~ *all'***inglese** English breakfast; ~ *alla* **forchetta** buffet lunch; **invitare** *qd. a* ~ (*di mezzogiorno*) to invite (*o* ask) s.o. to lunch; ~ *di* **lavoro** luncheon meeting, work (*o* business) lunch; **ora** *di* ~ breakfast–time, lunch–time; **prima** ~ breakfast; ~ *al* **sacco** picnic; **seconda** ~ lunch.

colbacco *m.* (*pl.* **-chi**) busby, bearskin: *un* ~ *di pelliccia* a fur busby.

colchico *m.* (*pl.* **-ci**) ⟨*Bot*⟩ Colchicum.

colecisti *f.* ⟨*Anat*⟩ cholecyst. **colecistite** *f.* ⟨*Med*⟩ cholecystitis.

Coldiretti *f.* (*Confederazione nazionale dei coltivatori diretti*) National Confederation of Agricultural Owner–Occupiers.

coledocite *f.* ⟨*Med*⟩ choledochitis. **coledoco** *m.* (*pl.* **-chi**) ⟨*Anat*⟩ choledoch, bile duct.

colei *pron.dimostr.f.* **1** (*soggetto*) she. **2** (*complemento*) her. **3** ⟨*spreg*⟩ that woman. □ ~ *che:* 1 (*soggetto*) she who (*o* whom), the woman who (*o* whom); 2 (*complemento*) her who (*o* whom).

colendissimo *a.* ⟨*rar*⟩ most reverend, most honourable.

coleotteri *m.pl.* ⟨*Entom*⟩ coleoptera *pl.*

colera *m.* cholera: *epidemia di* ~ cholera epidemic.

coleretico *a./s.m.* (*pl.* **-ci**) ⟨*Farm*⟩ choleretic.

colerico *a./s.* (*pl.* **-ci**) **I** *a.* cholera–, choleric: *febbre* –*a* cholera fever. **II** *s.m.* (*f.* -a) cholera patient. **coleroso I** *a.* sick with cholera, affected by cholera. **II** *s.m.* (*f.* -a) cholera patient.

colesterina *f.* ⟨*Biol*⟩ cholesterin. **colesterolo** *m.* cholesterol.

colettare *v.t.* (**coletto**) to sift, to riddle: ~ *il grano* to sift grain. **coletto** *m.* sieve, riddle.

colf *f.* (*acronimo di collaboratrice familiare*) home (*o* domestic) help.

colgo → cogliere.

colibacillo *m.* colibacillus, colon bacillus. **coliformi** *m.pl.* coliforms.

colibrì *m.* ⟨*Ornit*⟩ humming bird.

colica *f.* ⟨*Med*⟩ colic. □ ~ **epatica** hepatic (*o* biliary) colic; ~ *intestinale* intestinal colic; ~ *renale* renal colic.

colina *f.* ⟨*Chim*⟩ choline. **colinergico** *a.* (*pl.* **-ci**) ⟨*Biol*⟩ cholinergic.

colino *m.* strainer, colander, cullender. □ ~ *per il caffè* coffee strainer; ~ *per il tè* tea strainer.

colite *f.* ⟨*Med*⟩ colitis.

coll. = *collezione* collection (*abbr.* coll.).

coll', colla → con.

colla *f.* **1** (*adesivo*) glue, gum; (*di farina*) paste. **2** ⟨*Tess,Cart*⟩ size. □ ~ *d'***amido** starch paste; ⟨*fig*⟩ **andare** *in* ~ to become (*o* go) gluey (*o* tacky, ropy, stringy): *gli spaghetti sono andati in* ~ the spaghetti has gone ropy; **attaccarsi** *a qd. come la* ~ to stick to s.o. like glue; ⟨*Tess*⟩ **dare** *la* ~ to size; ~ *da* **falegname** (carpenter's) glue; ~ **liquida** (liquid) glue; ~ *di* **pesce** isinglass, fish glue; ~ *per* **tappezzieri** wallpaper (*o* paperhanger's) paste.

collaborare *v.i.* (**collaboro**; *aus.* avere) **1** to collaborate, to contribute, to co-operate: ~ *al successo di un'impresa* to contribute to the success of an undertaking; ~ *a* (*o in*) *un giornale* to contribute to a newspaper. **2** (*svolgere attività di collaborazionista*) to collaborate: ~ *col nemico* to collaborate with the enemy. **collaborativo** *a.* collaborative: *studio* ~ collaborative study. **collaboratore** *m.* (*f.* -trice) collaborator, member of a team; (*di giornale*) contributor (to a newspaper). □ ~ *esterno* freelance; ~ *farmaceutico* pharmaceutical assistant. **collaboratrice** *f.* collaborator. □ ~ *domestica* home help. **collaborazione** *f.* **1** collaboration, co-operation; (*a un giornale*) contribution. **2** (*attività di collaborazionista*) collaboration. □ *con la* ~ *di* with the collaboration (*o* co-operation) of; *non* ~ passive obstructionism. **collaborazionismo** *m.* collaborationism. **collaborazionista** *m./f.* collaborationist.

collage *fr.* [kɔla:ʒ] *m.* collage.

collageno I *s.m.* ⟨*Anat*⟩ collagen. **II** *a.* collagenous collagen–: *fibre* –*e* collagen fibres.

collana *f.* **1** necklace: ~ *d'oro* gold necklace; *una* ~ *di perle* a pearl necklace. **2** (*ghirlanda*) garland, wreath: *una* ~ *di fiori* a garland of flowers. **3** ⟨*Edit*⟩ collection, series: ~ *di romanzi* series of novels; (*di poesie*) garland, collection: ~ *di sonetti* collection of sonnets. **4** (*collare di ordini cavallereschi*) collar.

collant *fr.* [kɔ'lã:] *m.* ⟨*Mod*⟩ panty–hose, tights *pl.*

collante *m.* glue, cement.

collare *m.* **1** collar; (*per cani*) (dog–)collar: *mettere il* ~ *al cane* to put the dog's collar on. **2** ⟨*Mod*⟩ neckband: *la signora indossava un abito nero con un* ~ *di pizzo* the lady was wearing a black dress with a neckband. **3** ⟨*Rel*⟩ (*colletto dei preti*) clerical collar. **4** (*distintivo di ordine cavalleresco*) collar, neck–chain: ~ *dell'Annunziata* collar of the Order of the Annunziata; (*persona*) knight. **5** ⟨*Zool*⟩ collar, ring. ☐ (*fig*) *portare il* ~ (*essere prete*) to wear a clerical collar. **collarino** *m.* **1** ⟨*Rel*⟩ clerical collar. **2** ⟨*Archeol*⟩ collarino; (*astragalo*) astragal.

collasso *m.* ⟨*Med*⟩ collapse. ☐ ~ *cardiaco* heart failure; ⟨*Astr*⟩ ~ *gravitazionale* gravitational collapse.

collaterale I *a.* collateral. **II** *s.m.* collateral (kinsman). **collateralmente** *avv.* collaterally.

collaudabilità *f.* testability. **collaudare** *v.t.* (**collaudo**) to test, to try (out), to put to the test (*anche estens.*): ~ *una macchina* to try out a machine; ~ *un impianto* to test an installation; *il nuovo impiegato deve essere collaudato* the new employee must be tried out. **collaudato** *a.* **1** tested, tried: *motore* ~ tested engine; (*approvato*) approved, passed. **2** (*fig*) tested, proven: *una persona di onestà* –*a* a person of proven honesty. **collaudatore** *m.* (*f.* -**trice**) **1** tester, trier-out. **2** (*di officina, ecc.*) inspector. ☐ ~ *di aeroplani* test pilot; ~ *di automobili* test driver.

collaudo *m.* (*atto*) testing, trying-out; (*di officina*) inspection. ☐ ~ *definitivo* (o *finale*) final inspection; *fare il* ~ *di una* **macchina** to test (o try out) a machine; ~ *in* **officina** workshop testing, shop test; *sottoporre una macchina a* ~ to inspect (o test) a macchine; ⟨*Aer*⟩ **volo** *di* ~ test flight.

collazionare *v.t.* (**collaziono**) to collate: ~ *due manoscritti* to collate two manuscripts. **collazionatrice** *f.* ⟨*Inform*⟩ (*macchina*) collator. **collazione** *f.* collation: ~ *di due manoscritti* collation of two manuscripts.

colle¹ → **con**.

colle² *m.* (*piccola altura*) hill: *la città dei sette* –*i* the City of the Seven Hills.

colle³ *m.* ⟨*Geog*⟩ col, pass: *il* ~ *del Moncenisio* the Mont Cenis pass.

collega *m./f.* colleague, fellow worker: ~ *d'ufficio* office colleague, ⟨*fam*⟩ person from the office.

collegamento *m.* **1** connexion, connection (*anche fig.*). **2** ⟨*Mil*⟩ liaison: *ufficiale di* ~ liaison officer. **3** ⟨*El,Tel,Rad*⟩ connexion, connection, link(–up), relay. **4** ⟨*Mecc*⟩ connexion, connection, link(age), joint. ☐ *un autobus* **assicura** *il* ~ *tra i due quartieri* the two districts are connected (o linked) by a bus service; ⟨*El,Mecc*⟩ **asta** *di* ~ connecting rod; ⟨*Scol*⟩ **classe** *di* ~ link–up class; ~ **ferroviario** railway junction; ⟨*Tel*⟩ ~ **interurbano** trunk connection; ~ **radio** (o *radiofonico*) radio link; ⟨*El*⟩ ~ *in* **serie** series connection; ~ **telefonico** telephone (o telephonic) connection; ~ **televisivo** television hook–up; ⟨*El*⟩ ~ *a* **terra** grounding, earthing.

colleganza *f.* colleagueship, fellowship. ☐ *avere rapporti di* ~ *con qd.* to be s.o.'s colleague.

collegare *v.t.* (**collego, colleghi**) **1** to connect, to link, to join: *una corriera collega la stazione con il paese* the station is connected to the town by bus. **2** (*fig*) (*connettere*) to relate, to connect, to put together: ~ *le idee* to put one's ideas together; *è necessario* ~ *i due fatti per meglio comprenderli* the two facts must be related if they are to be better understood. **3** ⟨*El,Rad*⟩ to connect (up), to link. **4** ⟨*Mecc*⟩ to connect, to link, to join. **collegarsi** *v.r.* **1** (*mettersi in comunicazione*) to put a call through, ⟨*fam*⟩ to get through (to): *collegarsi telefonicamente con Milano* to get through to Milan (on the phone). **2** (*concordare*) to connect, to link up: *i due fatti si collegano* the two facts link up. **3** (*allearsi*) to join

together (o forces), to associate, to unite: *collegarsi contro un nemico comune* to join forces against a common foe. ☐ ⟨*Fal*⟩ ~ *con* **caviglie** to dowel; ⟨*Tel*⟩ *collegarsi con qd.* to get through to s.o., to get in touch with s.o. by phone; ⟨*El*⟩ ~ *in* **deviazione** to shunt, to parallel; ⟨*El,Rad*⟩ ~ *a* **massa** (o *terra*) to earth, to ground; ⟨*El*⟩ ~ *alla* **presa** to connect to the socket; ~ *a* **terra** = *collegare a* **massa**.

collegiale I *a.* **1** (*collettivo*) collective, joint, team–, by (o as) a team (o group), everybody's: *lavoro* ~ work done by (o as) a team; *responsabilità* ~ collective (o joint) responsibility. **2** (*rif. a collegio*) college–, collegial, collegiate: *vita* ~ college life; (*rif. a convitto*) boarding–school–: *educazione* ~ boarding–school education. **II** *s.m./f.* **1** boarder, collegian, ⟨*am*⟩ collegiate. **2** (*fig*) (*ragazza timida*) schoolgirl; (*ragazzo timido*) schoolboy. ☐ **adunanza** ~: **1** meeting of a body, board meeting; **2** ⟨*Dir*⟩ assembly of judges; *maniere* **da** ~ awkward ways, gaucheness; **decisione** ~ decision of the board, collegiate decision; **organo** ~ board, college, (collegiate) body; **timido** *come un* ~ as shy as a schoolboy.

collegialità *f.* **1** collegiate (o group) character, joint (o collective) nature, acting as a college (o team, body). **2** ⟨*Rel*⟩ collegiate church status. **collegialmente** *avv.* as (o in) a body (o team, group). **collegiata** *f.* (*chiesa collegiata*) collegiate church.

collegio *m.* **1** college, body, board: ~ *dei medici* college of physicians; (*rif. al corpo insegnante*) staff, teaching body. **2** (*convitto*) boarding–school: *manderò mio figlio in* ~ I shall send my son to boarding–school; (*istituto superiore, militare o navale*) college; (*insieme dei collegiali: di un convitto*) boarders *pl;* (*di un istituto superiore*) students *pl;* (*di un collegio militare, navale*) cadets *pl.* ☐ ⟨*Univ*⟩ ~ **accademico** academic body; ~ **arbitrale**: **1** ⟨*Dir*⟩ court of arbitration, arbitrating body; **2** ⟨*Comm*⟩ board of arbitrators; ⟨*Stor.rom*⟩ *il* ~ *degli* **auguri** the College of Augurs; *il* ~ *degli* **avvocati** the Bar; ~ *dei* **cardinali** College of Cardinals, Sacred College; ⟨*Dir*⟩ ~ *di* **difesa** counsel (o lawyers *pl*) for the defence, the defence; ~ **elettorale**: **1** (*circoscrizione territoriale*) constituency; **2** (*complesso degli elettori*) constituency, electoral body; ⟨*SU*⟩ electoral college; ~ **femminile** girls' boarding–school; ⟨*Dir*⟩ *il* ~ **giudicante** the bench, the Court; ~ **militare** army (o military) college, ⟨*am*⟩ military boarding–school; ~ **universitario** college.

collenchima *m.* ⟨*Bot*⟩ collenchyma.

collera *f.* **1** anger; (*furia*) rage; (*sdegno*) wrath; (*stizza*) temper. **2** ⟨*fig*⟩ rage, fury: *la* ~ *degli elementi* the rage of the elements. ☐ *andare* (o *montare*) *in* ~ to get angry, to fly into a rage, to lose one's temper; *fare andare in* ~ *qd.* to make s.o. angry (o lose his temper), to send s.o. into a rage; *la* ~ *di Dio* the wrath of God; *essere in* ~ *con qd.:* **1** to be angry with s.o.; **2** (*essere seccato*) to be cross (o annoyed): *sono in* ~ *con te per il tuo silenzio* I am angry (o cross) with you because of your silence; *avere un impeto di* ~ to have a fit of anger. **collerico** *a.* (*pl.* -**ci**) **1** (*facile alla collera*) irascible, hot–tempered, choleric: *persona* –*a* irascible person; *temperamento* ~ choleric temperament. **2** (*causato dalla collera*) angry, irascible, choleric: *parole colleriche* angry words.

colletta *f.* **1** collection: *fare* (o *aprire*) *una* ~ *per qc.* to make (o open) a collection for s.th., to collect for s.th.; (*in chiesa*) offertory. **2** ⟨*Lit*⟩ (*orazione della messa*) collect.

collettame *m.* groupage traffic, collective consignment, combination shipment: *trasporto a* ~ ʾgroupage trafficʾ (o collective consignment) transport. ☐ ⟨*Comm*⟩ *spedizione a* ~ part load assignment.

collettivamente *avv.* collectively, jointly. **collettivismo** *m.* collectivism. **collettivista I** *a.* collectivist(ic). **II** *s.m./f.* collectivist. **collettivistico** *a.* (*pl.* -**ci**) collectivist(ic): *politica* –*a* collectivist policy. **collettività** *f.* community, collectivity: *decisione della* ~ decision of the (whole) community. ☐ *lavorare per la* ~ to work ʾfor the general goodʾ (o in the common interest). **collettivizzare** *v.t.* to collectivize: ~ *un'azienda* to collectivize a business. **collettivizzazione** *f.* collectivization.

collettivo I *a.* (*comune*) collective, joint, general, common, everybody's, group-: *il benessere ~* the general welfare, the common good; *deliberazione -a* collective (*o* joint) decision. II *s.m.* 1 ⟨*Pol*⟩ workers *pl* in a left-wing party or trade-union organization. 2 (*nel jazz*) group improvisation. □ **biglietto** ~ party (*o* group) ticket; **contratto** ~ *di lavoro* collective agreement; **interesse** ~ public (*o* general, everybody's) interest; **lavoro** ~ community work, work done in common; ⟨*Gramm*⟩ **nome** ~ collective (noun); **passaporto** ~ group passport; ⟨*Comm*⟩ **società** *in nome* ~ general partnership; **viaggio** ~ party trip, journey in a group.

colletto *m.* 1 collar. 2 ⟨*Bot*⟩ collet, collar, neck. 3 ⟨*Dent*⟩ neck. □ ~ **alto** high collar; (*non rovesciato*) stand-up collar; *-i bianchi* white collar workers; *-i blu* blue collar workers; ~ **cambiabile** detachable collar; ~ **duro** stiff collar; ~ **floscio** soft collar; ~ **inamidato** starched collar; ~ *di* **pelliccia** fur collar; ~ **rovesciato** turn-down collar; ~ **tondo** round collar.

collettore I *s.m.* 1 (*f.* **-trice**) (*chi raccoglie*) collector, gatherer, (*chi riscuote*) collector: ~ *delle imposte* tax-collector. 2 ⟨*tecn*⟩ (*tubazione di raccolta o di distribuzione*) manifold; (*di caldaia*) header. 3 ⟨*El*⟩ (*di macchina rotante*) commutator, ring; (*di transistore*) collector; (*di tram e sim.*) trolley. 4 (*canale collettore di bonifica*) outfall (*o* collection) drain; (*nelle fognature*) drain (*o* sewer) trunk line, main sewer. 5 ⟨*Geol*⟩ (*bacino collettore di ghiacciaio*) catchment basin. 6 ⟨*Chim,Met*⟩ collector, promoter. II *a.* collecting. □ ~ *d'aria* air manifold; ⟨*tecn*⟩ ~ *d'immissione* induction manifold; ~ *di scarico* exhaust manifold; ~ *solare* solar (energy) collector.

collettoria *f.* ⟨*burocr*⟩ collector's office. □ ~ *delle imposte* tax-collector's office; ~ *del lotto* lotto receiving office.

collezionare *v.t.* (*collezióno*) to collect, to be a collector of: ~ *francobolli* to collect stamps, to be a stamp collector. **collezione** *f.* 1 collection: ~ *di francobolli* stamp collection; ~ *di pipe* collection of pipes. 2 ⟨*Edit*⟩ collection, series: ~ *di classici stranieri* collection of foreign classics. 3 ⟨*Sart*⟩ collection: *è stata presentata la ~ primavera-estate 1972* the 1972 spring-summer collection was shown. 4 (*grande quantità*) collection, lot: *ha una bella ~ di nipoti* he's got a fine collection of grandchildren. □ *da ~* worth putting in a collection; *esemplare da ~* collector's piece; *fare ~ di qc.* to collect s.th., to be a collector of s.th. **collezionismo** *m.* hobby of collecting things. □ *avere la mania del ~* to have the collecting mania. **collezionista** *m./f.* collector: *un ~ di francobolli* a stamp collector.

collidere *v.i.* (*collìsi, collìso; aus. avere*) 1 to collide (*contro* with). 2 ⟨*Mar*⟩ to run foul (of).

collier *fr.* [kɔ'lje] *m.* necklace: *un ~ di diamanti* a diamond necklace.

colligiano I *a.* hill-, of the hills, hill-dwelling: *popolazione -a* hill-dwelling people. II *s.m.* (*f.* **-a**) hill dweller.

collimare *v.i.* (*aus.* **avere**) 1 to correspond, to coincide (*con* with). 2 (*fig*) to correspond (*con* with, to), to agree, to concide, to match: *le nostre teorie collimano* our theories agree. **collimatore** *m.* 1 ⟨*Ott*⟩ collimator. 2 (*di armi da fuoco*) telescopic sight. **collimazione** *f.* 1 coincidence (*anche fig.*). 2 ⟨*Ott*⟩ collimation.

collina *f.* 1 hill. 2 (*regione collinosa*) hills *pl*: *villeggiare in ~* to spend one's holidays in the hills. □ *di ~* hill-: *paese di ~* hill town; *mezza ~* low hill(s). **collinare** *a.* (*di collina*) hilly, hill-: *zona ~* hilly region. **collinetta** *f.* small hill, hillock. **collinoso** *a.* hilly: *terreno ~* hilly country.

collirio *m.* ⟨*Farm*⟩ collyrium, eyewash, eye drops *pl*.

collisione *f.* 1 collision, impact. 2 ⟨*Mar*⟩ collision, running foul: *la ~ di due navi* the collision of two ships. 3 ⟨*fig*⟩ (*conflitto*) conflict, clash: ~ *d'interessi* clash of interests. 4 ⟨*Fis*⟩ collision. □ ⟨*Mar*⟩ *entrare in ~* to come into collision, to run foul; *rotta di ~* collision course (*anche fig.*).

collo[1] → **con**.

collo[2] *m.* 1 neck. 2 (*colletto*) collar, neck: ~ *della camicia* shirt collar. 3 (*rif. a recipienti e sim.*) neck: *il ~ della bottiglia* the neck of the bottle, the bottleneck. 4 ⟨*Anat*⟩ neck, cervix: ~ *della vescica* neck (*o* cervix) of the bladder. 5 ⟨*Bot*⟩ neck. 6 ⟨*Arch*⟩ (*parte inferiore del capitello*) neck. 7 ⟨*Mar*⟩ (*giro completo di un cavo*) turn, fake. □ ⟨*Mecc*⟩ ~ *dell'***albero** neck of the shaft; **allungare** *il ~* to stretch (*o* crane) one's neck; ⟨*fig*⟩ (*curiosare*) to snoop; ⟨*fig*⟩ *fare allungare il ~ a qd.* to make s.o. cool his heels; ~ **alto** (*di abito*) stand-up collar; *pullover a ~ alto* turtleneck; **buttarsi** *al ~ di qd.* to throw (*o* fling) one's arms round s.o.'s neck; ~ *di* **cigno** (*flessuoso*) swan's neck, swan neck (*anche tecn.*); ⟨*fig*⟩ *avere un ~ di cigno* to have a neck like a swan; *a ~ di cigno* swan-necked, long-necked; *quanto porti di ~?* what size collar do you take?; **fino** *al ~* up to one's ears (*o* neck, eyes): *essere indebitato fino al ~* to be `up to one's ears' (*o* deep) in debt; ⟨*fig*⟩ ~ *di* **giraffa** neck like a giraffe's; ⟨*fig*⟩ *avere il* **laccio** *al ~* to have a sword over one's head; *un* **maglione** *con il ~ alto* a turtle-necked sweater; **mettersi** *un sasso al ~* to drown o.s.; ~ *a* **nudo** bare-necked; ⟨*Mecc*⟩ ~ *d'***oca** goose neck, crankshaft; *albero a ~ d'oca* crank-shaft; *l'***osso** *del ~* the neck-bone; ⟨*fig*⟩ *rimetterci l'osso del ~* to lose the shirt off one's back; ⟨*fig*⟩ *spendere l'osso del ~* to spend one's last penny; ⟨*fig*⟩ *rompersi l'osso del ~* to break one's neck; ~ *del* **piede** instep; **piegare** *il ~* to bow one's neck (*anche fig.*); **portare** *al ~* to wear round one's neck; *portare un braccio al ~* to have an arm in a sling; **prendere** *qd. per il ~* to take s.o. by the (scruff of the) neck; ⟨*fig*⟩ (*costringerlo a condizioni gravose*) to force s.o. to accept bad terms, to squeeze s.o.; **rompersi** *`il ~`* (*o l'osso del collo*) to break one's neck; *a rotta di ~:* 1 (*a precipizio*) headlong, at breakneck speed: *correre a rotta di ~* to rush along at breakneck speed; 2 (*in modo disastroso*) very badly, downhill: *gli affari vanno a rotta di ~* business is going very badly; ~ **taurino** bull neck; **tirare** *il ~ a un pollo* to wring a chicken's neck; ~ *dell'***utero** cervix (*o* neck) of the womb.

collo[3] *m.* package, packet, parcel, item (of luggage): *numero dei -i* number of items; (*balla*) bale.

collocamento *m.* 1 placing, setting (up), settling, arrangement: ~ *in aspettativa* placing in temporary retirement, temporary discharge. 2 (*disposizione*) arrangement, placing, disposition: *non ho ancora deciso il ~ di questi mobili* I haven't yet decided on the arrangement of this furniture. 3 (*impiego*) position, post, job, situation, employment: *ha trovato un ~ come commessa* she has found a post (*o* job) as a shop assistant. 4 ⟨*Econ*⟩ (*piazzamento*) placing; (*vendita*) sale, marketing: ~ *di merci* sale of goods; (*investimento*) investment: ~ *di risparmi* investment of savings. □ **agenzia** *di* ~ employment bureau (*o* agency); *iscriversi al ~* to register o.s. on the list of the unemployed; *essere iscritto al ~* to be registered on the list of the unemployed; ~ *dei* **lavoratori** placing of workers; ⟨*Econ*⟩ ~ *di un* **prestito** placing of a loan; ~ *a* **riposo** pensioning off, retirement, superannuation; **ufficio** *di* ~ employment exchange.

collocare *v.t.* (*còlloco, còllochi*) 1 (*mettere: verticalmente*) to place, to stand, to set (up), to arrange: ~ *i libri negli scaffali* to arrange books on shelves; (*orizzontalmente*) to place, to lay: ~ *la biancheria nei cassetti* to lay linen in drawers. 2 (*fig*) to set up, to place: *questo romanzo lo ha collocato tra i più significativi scrittori di quest'anno* this novel has set him up as one of the most important writers of the year. 3 (*impiegare*) to place, to settle, to find employment (*o* a job) for: *ho collocato mio figlio in una banca* I have placed my son in a bank. 4 (*maritare*) to marry off, to settle: *ha collocato assai bene la figlia* she has married off her daughter very well. 5 ⟨*Econ*⟩ (*vendere*) to place, to sell, to find a market for: ~ *una merce* to sell (*o* place) an article; ~ *un titolo* to place a security; (*investire*) to invest: ~ *denaro* to invest money. **collocarsi** *v.r.* 1 (*disporsi*) to place o.s., to be placed. 2 (*procurarsi un impiego*) to find employment, to get a job. □ ~ *in aspettativa* to discharge (temporarily); ~ *in congedo* to discharge (from military service); ~ *a riposo* to superannuate, to pension off. **collocazione** *f.* 1 (*il collocare*) arrangement, placing, setting: ~ *di mobili* arrangement of furniture. **2** ⟨*Bibliot*⟩ classification, arrangement; (*cartellino*) pressmark, ⟨*am*⟩ call number.

collọdio *m.* ⟨*Chim*⟩ collodion, collodium. **colloidạle** *a.* colloidal, colloid–: *soluzione* ~ colloidal solution. **collọide** *m.* colloid: ~ *d'emulsione* emulsion colloid; ~ *di sospensione* suspension colloid.

colloquiạle *a.* colloquial: *linguaggio* ~ colloquial speech. **colloquialịsmo** *m.* colloquialism. **colloquiạre** *v.i.* (*colloquio; aus.* avere) to talk (*con* with, to), to converse (with).

collọquio *m.* **1** talk, conversation: ~ *amoroso* lovers' talk; (*conversazione ufficiale*) talk, interview: *chiedere un* ~ to request an interview; *è previsto un* ~ *tra il capo del governo e gli esponenti dei partiti* the Prime Minister is expected to have a talk with the party representatives. **2** ⟨*Univ*⟩ (*esame orale preliminare*) preliminary oral exam. □ ~ **amichevole** friendly talk; *concedere un* ~ to grant an interview; ~ **esplorativo** exploratory talk; *essere a* ~ *con qd.* to be ⌐in conversation with⌐ (*o* talking to) s.o.; ~ **telefonico** telephone conversation; ~ **ufficiale** official talk.

collosità *f.* stickiness, glueyness, viscosity. **collọso** *a.* **1** (*che contiene colla*) gummy, glutinous. **2** (*simile a colla*) sticky, gluey, viscous.

collotọrto *m.* (*pl.* **collitọrti**) **1** (*bacchettone*) hypocrite, sanctimonious person. **2** ⟨*Ornit*⟩ wryneck.

collọttola *f.* nape, scruff of the neck: *prendere qd. per la* ~ to take s.o. by the scruff of the neck.

collusịone *f.* **1** ⟨*Dir*⟩ collusion. **2** (*estens*) (*accordo fraudolento*) collusion, plotting, secret understanding. **collusịvo** *a.* collusive, collusory.

collutọrio *m.* ⟨*Farm*⟩ collutorium, mouthwash.

colluttạre *v.i.* (*aus.* avere), **colluttạrsi** *v.r.* (*lett*) to fight, to grapple, to scuffle. **colluttazịone** *f.* brawl, scuffle. □ *venire a* ~ to come to blows.

cọlma *f.* (*livello dell'alta marea*) high water.

colmạre *v.t.* (*cọlmo*) **1** (*riempire fino all'orlo*) to fill to the brim (*o* top), to fill (right) up: ~ *il bicchiere di vino* to fill the glass to the brim with wine; ~ *una cassa* to fill a box right up; (*rif. a buche, fosse e sim.*) to fill in (*o* up): ~ *un fosso di terra* to fill in a ditch (with earth); (*nelle bonifiche*) to reclaim. **2** ⟨*fig*⟩ to fill, to overwhelm: *quella vista mi colmò di orrore* the sight filled me with horror, I was overwhelmed with horror at the sight; ~ *qd. di gentilezze* to overwhelm s.o. with kindness. □ ~ *un disavanzo* to make good (*o* up) a deficit; ~ *il divario* to bridge (*o* fill) the gap; ~ *di insulti qd.* to heap insults upon s.o.; ⟨*fig*⟩ ~ *la misura* to overdo things, to go too far, to be the ⌐last straw⌐ (*o* limit): *questa tua azionaccia ha colmato la misura* this time you have really gone too far, your behaviour this time is ⌐really the limit⌐ (*o* the last straw); ⟨*Agr*⟩ ~ *un* **terreno** (*alzarne il livello*) to raise the level of a piece of ground; (*bonificarlo*) to reclaim land; ⟨*fig*⟩ ~ *un* **vuoto** to fill a gap; (*compensare*) to compensate (*o* make up) for.

colmạta *f.* **1** (*rif. a bonifica*) reclamation by alluvion; (*rialzamento*) banking up, filling in. **2** (*terreno colmato*) reclaimed land. **3** (*ammassamento di sabbia che ostacola la navigazione: atto*) silting up; (*effetto*) silt. **colmatụra** *f.* filling to the brim (*o* top), filling up (*o* in).

cọlmo[1] *m.* **1** (*punto più alto*) top, summit: *il* ~ *del colle* the top of the hill. **2** ⟨*fig*⟩ (*culmine*) height, summit, peak, climax: *al* ~ *della felicità* at the height of one's happiness; (*rif. a infelicità e sim.*) depths *pl: essere al* ~ *della disperazione* to be in the depths of despair. **3** ⟨*Edil*⟩ ridge (of a roof): *il* ~ *del tetto* the ridge of the roof. **4** ⟨*fig*⟩ (*situazione paradossale*) last straw, limit, end: *è il* ~ *che debba badare anche ai bambini altrui* having to look after other people's children as well is (just) the last straw; (*fam*) *ma è il* ~! that's the limit (*o* end), that beats all. □ *il* ~ *dei* –*i* the absolute limit; *essere al* ~ to be at one's peak (*o* height): *l'allegria era al* ~ the merriment was at its height; *essere al* ~ *dell'ira* to be in a towering rage; *questo è il* ~ *della sfacciataggine* this is the height of impudence; *per* ~ *di sventura* as a crowning misfortune, to crown all; ⟨*Arch*⟩ *trave di* ~ roof–tree, ridge–pole.

cọlmo[2] *a.* **1** (*pieno fino all'orlo*) full, ⟨*pred*⟩ full to the

brim (with): *un vaso* ~ *di terra* a pot full to the brim with earth; (*traboccante*) overflowing (with). **2** ⟨*fig*⟩ brimming over, bursting (with), full (of). □ *essere* ~ *di gioia* to be overjoyed; ⟨*fig*⟩ *la misura è* –*a* that's the limit (*o* last straw); *pieno* ~ full to the brim.

colocạsia *f.* ⟨*Bot*⟩ taro, elephant's ear.

colofọne *m.* ⟨*Tip*⟩ colophon.

colofọnia *f.* colophony, rosin.

colọmba *f.* **1** ⟨*Ornit*⟩ dove (*anche fig.*). **2** ⟨*Dolc*⟩ dove–shaped Easter cake. **3** ⟨*Pol*⟩ dove, peace advocate. **colombạccio** *m.* ⟨*Ornit*⟩ ringdove, wood pigeon. **colombạia** *f.* dovecot(e), pigeon coop. □ ⟨*fig*⟩ *tirare sassi in* ~ to foul one's own nest. **colombạrio** *m.* **1** (*nei cimiteri*) vault lined with burial niches. **2** ⟨*Stor.rom*⟩ columbarium.

Colọmbia *N.pr.f.* ⟨*Geog*⟩ Colombia. **colombiạno** *a./s.m.* (*f.* -a) Colombian.

colombicoltọre *m.* (*f.* -**trice**) pigeon breeder. **colombicoltụra** *f.* pigeon breeding.

colombiẹre *m.* ⟨*Mar*⟩ masthead.

colombifọrmi *m.pl.* ⟨*Ornit*⟩ columbiformes *pl.* **Colombịna** *N.pr.f.* (*maschera*) Columbine. **colọmbo** *m.* **1** pigeon: ~ *viaggiatore* homing (*o* carrier) pigeon. **2** *pl.* (*innamorati*) turtledoves *pl: i due* –*i* the two turtle–doves.

Colọmbo *N.pr.m.* Columbus. □ *l'uovo di* ~ the obvious solution (to the problem).

cọlon *m.* ⟨*Anat*⟩ colon: ~ *ascendente* ascending colon; ~ *discendente* descending colon.

colọnia[1] *f.* **1** colony, community: *la* ~ *italiana di Bruxelles* the Italian colony in Brussels. **2** (*colonia scolastica per bambini*) holiday camp (*o* home): ~ *marina* seaside holiday home; (*collett*) children *pl* (staying at a holiday camp). **3** ⟨*Stor*⟩ colony, settlement: *le* –*e greche in Asia Minore* the Greek colonies in Asia Minor. **4** ⟨*Zool,Bot*⟩ colony. □ ~ **agricola** penal farm; ⟨*Pol*⟩ ~ *della* **corona** Crown Colony; *fondare una* ~ to found a colony; **ministero** *delle* –*e* Colonial Office; ~ **montana** children's mountain holiday camp (*o* home); ~ **penale** penal colony, convict settlement; ~ *di* **popolamento** settlement; (*collett*) *la* ~ *dei* **villeggianti** the holiday population, holiday–makers *pl.*

colọnia[2] *f.* ⟨*Dir*⟩ agricultural lease on a profit–sharing basis. □ *dare a* ~ to lease on ⌐share tenancy⌐ (*o* a profit–sharing basis).

Colọnia *N.pr.f.* ⟨*Geog*⟩ Cologne. □ *acqua di* ~ eau–de–Cologne.

coloniạle **I** *a.* colonial: *possedimenti* –*i* colonial possessions. **II** *s.m.* **1** colonial, colonist. **2** *pl.* ⟨*Alim*⟩ colonial products (*o* groceries) *pl.* □ ~ **politica** colonial policy; *stile* ~ colonial style; *truppe* –*i* colonial troops. **colonialịsmo** *m.* colonialism. **colonialịsta** *m./f.* **1** ⟨*Pol*⟩ (*fautore*) colonialist. **2** (*studioso*) expert in colonial questions. **colonialịstico** *a.* (*pl.* -**ci**) ⟨*Pol*⟩ colonialist(ic): *politica* –*a* colonialist policy. **colọnico** *a.* (*pl.* -**ci**) farmer's, farm–: *casa* –*a* farmhouse. **colonizzạre** *v.t.* to colonize. **colonizzatọre** *m.* (*f.* -**trice**) colonizer. **colonizzazịone** *f.* colonization.

colọnna *f.* **1** column, pillar (*anche estens.*): *le* –*e del portico* the columns of the portico; *una* ~ *di fumo* a column of smoke. **2** ⟨*fig*⟩ (*sostegno*) mainstay, pillar: *quel giovane è la* ~ *della famiglia* that young man is the mainstay of his family. **3** (*fila di persone, veicoli*) column, line: *una* ~ *di auto lunga un miglio* a mile–long line of cars. **4** ⟨*Mil*⟩ column. **5** (*divisione verticale di una pagina*) column: *un articolo di tre* –*e* a three column article. □ ⟨*Cin*⟩ ~ **asincrona** wild track; ⟨*Comm*⟩ ~ *dell'*avere credit column; ~ **barometrica** barometric column; ⟨*Tip*⟩ **bozze** *in* ~ galley proofs; ⟨*Comm*⟩ ~ *del* **dare** debit column; ⟨*Tip*⟩ *di una* ~ *of* (*o* in) one column, single–column(ed); *di due* –*e of* (*o* in) two columns, two–column(ed), double–column–; *le* –*e d'*Ercole the Pillars of Hercules; ⟨*Bibl*⟩ *la* ~ *di* **fuoco** the pillar of fire; ⟨*Mecc*⟩ ~ *della* **gru** crane column; ⟨*Cin*⟩ ~ **guida** guide track; **in** ~: **1** (*rif. a uomini, cose*) in (a) column: *marciare in* ~ to march in column; **2** (*rif. a parole, numeri*) in a column, one below the other, under each other: *mettere in* ~ *i numeri* to write the numbers one below the other; ~ **infame** pillory post; ⟨*Tip*⟩ **larghezza** *di* ~ column width; ⟨*Tip*⟩ **lunghezza** *di* ~ column length; ⟨*Mil*⟩ ~ *di* **marcia** column of route, marching column; ~ *di* **mercurio** mercury column; **mettersi** *in* ~ to form a column, to line up; ⟨*Archeol*⟩ ~ **miliare** milestone; ⟨*Edil*⟩ ~ **montante** riser, flow pipe; ⟨*Stor*⟩ **quinta** ~ fifth column; ⟨*fig*⟩ star **saldo** *come una* ~ to be firm as a rock; ⟨*Arch*⟩ ~ **scanalata** fluted column; **sfilare** *in* ~ to march in column; ⟨*Cin*⟩ ~ **sonora** sound track; ⟨*Aut*⟩ ~ *dello* **sterzo** steering column; *la* ~ **Traiana** Trajan's column; ~ **vertebrale** spine, backbone, spinal column.

colonnare *a.* columnar. **colonnato** *m.* colonnade: *il* ~ *di san Pietro* the colonnade of St. Peter's.

colonnello *m.* ⟨*Mil*⟩ colonel. □ ~ *medico* surgeon colonel; *tenente* ~ lieutenant colonel.

colonnetta *f.* **1** (*nel distributore di benzina*) petrol pump, ⟨*am*⟩ gas pump. **2** ⟨*Mecc*⟩ stud (bolt). **colonnina** *f.* ⟨*Arch*⟩ mullion. **colonnino** *m.* **1** (*rif. a balaustra*) baluster, banister; (*rif. a parapetto*) baluster. **2** ⟨*Tip*⟩ half-stick. **3** ⟨*Giorn*⟩ single column. **colonnista** *m./f.* ⟨*Giorn*⟩ columnist.

colono *m.* (*f.* **-a**) **1** ⟨*lett*⟩ (*contadino: in proprio*) farmer; (*per conto di altri*) farm worker. **2** ⟨*Stor*⟩ (*abitante di una colonia*) colonist, settler.

colophon *m.* → **colofone**.

coloquintide *f.* ⟨*Bot*⟩ colocynth, bitter apple.

colorabile *a.* that can be coloured (*o* dyed). **colorante I** *a.* colouring. **II** *s.m.* dye(stuff), colouring matter. □ ⟨*Chim*⟩ *-i alimentari* food dyes; *senza -i* without (food) dyes; ⟨*Chim*⟩ *-i sintetici* synthetic dyes; *sostanza* ~ dye(stuff); *-i vegetali* vegetable dyes. **colorare** *v.t.* (*coloro*) (*dare colore*) to colour, to give colour to: ~ *il disegno di rosso* to colour the drawing red; (*tenuamente, delicatamente*) to tinge, to tint; (*rif. a tessuti e sim.*) to dye. **colorarsi** *v.r.* **1** to take on a colour; (*seguito dalla specificazione del colore*) to turn, to grow: *il cielo si colora di rosso* the sky is turning red; (*leggermente*) to be tinged (*di* with). **2** ⟨*fig*⟩ (*arrossire*) to colour (up), to blush, to flush, to go red. **colorato** *a.* coloured: *lampadine -e* coloured lights; (*rif. a tessuti e sim.*) dyed. □ *gessi -i* coloured chalks; *matita -a* coloured pencil; *occhiali -i* tinted glasses; *vetro* ~ coloured (*o* stained) glass. **coloratura** *f.* ⟨*Mus*⟩ coloratura. **colorazione** *f.* **1** (*il colorare*) colouring, coloration; (*il tingere*) staining, dyeing; (*lo sfumare*) tingeing, tinting. **2** (*colore*) colour(ing), hue, tint: *il cielo ha preso una* ~ *rossastra* the sky has taken on a reddish hue. **3** (*rif. a tecnica microscopica*) staining.

colore *m.* **1** colour: *il rosso è un bel* ~ red is a beautiful colour. **2** (*sostanza per dipingere*) paint, colour: *-i a olio* oil paints; *mescolare i -i* to mix one's colours; (*vernice, tinta*) paint. **3** (*colorito del viso*) colour: *vivendo all'aria aperta ha ripreso* ~ living in the open air has brought his colour back. **4** ⟨*Pitt*⟩ colours *pl,* colour(ing), use of colour: *un pittore famoso per il* ~ an artist renowned for his colours (*o* use of colour). **5** ⟨*fig*⟩ (*apparenza*) appearance, colour, savour: *le tue parole hanno il* ~ *della sincerità, ma sono false* your words have the colour of sincerity, but they are false. **6** ⟨*Pol*⟩ (*partito*) party, political colour (*o* shade): *di che* ~ *sei?* what party do you support? **7** *pl.* ⟨*Sport*⟩ (*squadra*) colours *pl:* fare onore ai propri *-i* to be worthy of one's colours. **8** *pl.* (*colori nazionali*) colours *pl: i -i di Francia* the colours of France. **9** (*nelle carte: seme*) suit; (*nel poker*) flush: *far* ~ to get a flush. **10** (*di un suono*) colour, timbre. □ *a -i* in colour, colour-: *film a -i* film in colour, colour film; *televisione a -i* colour television; (*colorato*) coloured, in colour: *illustrazione a -i* coloured illustration; ⟨*Ind*⟩ **bagno** *di* ~ dye; **cambiar** ~ to change colour; (*impallidire*) to turn pale; (*arrossire*) to colour, to blush; ⟨*fig,Pol*⟩ to change sides (*o* one's party); ~ **chiaro** light (*o* pale) colour; *giacca di* ~ *chiaro* light-coloured jacket; ~ *del* **cielo** sky-blue; ~ *a* **colla** glue colour; ⟨*Ott*⟩ ~ **complementare** complementary colour; **dare** *il* ~ to paint, to colour, *dare il* ~ *a una parete* to paint a wall; **di** ~ coloured: *biancheria di* ~ coloured lingerie; *gente di* ~ coloured people, blacks; *di che* ~?

what (*o* which) colour?; ⟨*fam*⟩ **dirne** *di tutti i -i* to talk through one's hat; ⟨*fig*⟩ **diventare** *di tutti i -i* to turn all the colours of the rainbow; **farne** *di tutti i -i* to be (*o* get) up to all kinds of mischief; ⟨*Ott*⟩ ~ **fondamentale** primary colour; **gradazione** *di* ~ colour shade; ⟨*Ind*⟩ ~ **indelebile** indelible colour; *i -i dell'*iride the colours of the rainbow; ~ **locale** local colour: *nel libro c'è molto* ~ *locale* the book contains a lot of local colour; *una mano di* ~ a coat of paint; ~ **opaco** opaque paint; *della* **pelle** flesh colour; ~ **politico** political views (*o* leanings); **raccontarne** *di ogni* ~ to tell tall stories; ~ **resistente** fast (*o* fadeless) colour; *prosa* **ricca** *di* ~ colourful prose; **scatola** *di -i* paintbox, box of paints; ~ **scuro** dark colour; **senza** ~ colourless; ⟨*fig*⟩ colourless, lifeless, dull; ~ **solido** fast colour (*o* dye); ~ **trasparente** transparent colour; **vederne** *di tutti i -i* to have all sorts of experiences, to see all sorts of things; ~ **vivace** bright colour.

colorificio *m.* paint factory, colour (*o* dye) factory. **colorimetrico** *a.* (*pl.* **-ci**) colorimetric(al): *analisi -a* colorimetric analysis. **colorimetro** *m.* colorimeter. **colorire** *v.t.* (**colorisco, colorisci**) **1** (*dare il colore*) to colour: ~ *un disegno* to colour a drawing. **2** ⟨*fig*⟩ (*rendere vivace*) to enliven, to embellish: ~ *un racconto* to enliven a tale. **colorirsi** *v.r.* to colour (up): *si colorì in volto* he coloured. **colorista** *m./f.* ⟨*Art*⟩ colourist. **coloristico** *a.* (*pl.* **-ci**) colouristic, colour-: *effetti -i* colouristic (*o* colour) effects.

colorito[1] *a.* **1** coloured; (*rif. al viso: roseo*) rosy, pink; (*rubicondo*) ruddy: *carnagione -a* ruddy complexion. **2** ⟨*fig*⟩ (*vivace*) highly coloured, colourful, lively: *discorso* ~ colourful speech.

colorito[2] *m.* **1** colouring, (natural) colour: *il* ~ *della pelle* the colouring of the skin; ~ *roseo* rosy colouring; (*rif. al viso*) complexion: ~ *bruno* dark complexion. **2** ⟨*fig*⟩ (*vivezza espressiva*) colour(fulness): *il* ~ *di una frase* the colourfulness of a phrase. **3** ⟨*Pitt*⟩ (*arte del colorire*) colour(ing): *morbidezza di* ~ softness of colour, soft colouring. **4** ⟨*Mus*⟩ (tone-)colour: *effetti di* ~ tone-colour effects.

coloritura *f.* **1** (*il colorire*) colouring: *la* ~ *di un disegno* the colouring of a drawing. **2** ⟨*Pol*⟩ colour(ing), tone: ~ *ideologica di un giornale* ideological tone of a newspaper. **3** ⟨*Mus*⟩ colour(ing).

coloro *pron.dimostr.m./f.pl.* **1** (*soggetto*) they. **2** (*complemento*) them. **3** ⟨*spreg*⟩ those people. □ ~ *che:* **1** (*soggetto*) they who (*o* whom), people who (*o* whom); **2** (*complemento*) them who (*o* whom).

colossale *a.* colossal, enormous, huge, tremendous: *statua* ~ colossal statue; *impresa* ~ huge undertaking; *successo* ~ colossal (*o* tremendous) success. **Colosseo** *N.pr.m.* ⟨*Archeol*⟩ Coliseum, Colosseum. **colosso** *m.* **1** (*statua grandiosa*) colossus: *il* ~ *di Rodi* the Colossus of Rhodes. **2** (*estens*) (*gigante*) giant, colossus. **3** ⟨*fig*⟩ (*persona di intelligenza eccezionale*) giant, genius. □ ⟨*fig*⟩ *essere un* ~ *dai piedi d'argilla* (*o di creta*) to be a colossus with feet of clay.

colostro *m.* ⟨*Med*⟩ colostrum.

colpa *f.* **1** fault: *per* ~ *tua ho dovuto pagare la multa* it was your fault that I had to pay the fine; *è tutta* ~ *della sua pigrizia* it's all the fault of his laziness. **2** (*biasimo*) blame: *buttare la* ~ *addosso a qd.* to throw the blame on (to) s.o. **3** (*colpevolezza*) guilt: *hanno confessato le loro -e* they have confessed their guilt; (*azione colpevole*) fault, offence, misdeed: *fuggendo ha aggravato la sua* ~ by running away he has aggravated his offence. **4** ⟨*Teol*⟩ sin: *pentirsi delle proprie -e* to repent of one's sins. □ **addossarsi** *la* ~ *di un'azione* to take the blame for an action; **avere** *la* ~ *di qc.* to be to blame for s.th.: *tu non ne hai* ~ it's not your fault, you are not to blame; *che* ~ *ho io se tu non sei venuto?* is it my fault (*o* am I to blame) if you didn't come?; ⟨*Dir*⟩ **concorso** *di* ~ contributory negligence; **dare** *a qd. la* ~ *di qc.* to lay the blame for s.th. on s.o.; *di chi è la* ~? whose fault is it?; **espiare** *una* ~ to expiate a sin; **essere** *in* ~ to be to blame (*o* at fault); *è* ~ *della fretta* it's because of (*o* through) all the hurry; ~ **grave** grave offence, gross fault; **macchiarsi** *di una* ~ to be guilty of a wrong; *per* ~ *di* through, owing to, because of, ⟨*iron*⟩ thanks to: *non abbiamo fatto la gita per ~ del maltempo* we didn't go on the trip owing (*o* thanks) to the bad weather; *per ~ mia* through me, it's my fault; *per ~ tua arriverò in ritardo* it's your fault that I shall be late, I shall be late because of you; ⟨*Dir*⟩ ~ **professionale** professional negligence; **sentirsi** ~ to feel guilty; **senza** ~ guiltless, blameless.

colpetto *m.* tap; (*colpo secco*) rap; (*colpo affettuoso*) pat.

colpevole I *a.* **1** (*rif. a persona*) guilty, in the wrong, to blame, at fault: *sentirsi* ~ to feel guilty (*o* to blame); *è ~ di furto* he is guilty of theft. **2** (*rif. ad azioni*) culpable, guilty. **II** *s.m./f.* culprit, offender, guilty person: *hanno arrestato il* ~ they have arrested the culprit. ☐ *dichiararsi* ~ to plead guilty; *rendersi* ~ *di qc.* to be guilty of s.th.; *riconoscere* ~ to find guilty. **colpevolezza** *f.* **1** guilt, culpability. **2** ⟨*Dir*⟩ guilt. ☐ *sostenere la* ~ *di qd.* to maintain that s.o. is guilty. **colpevolismo** *m.* upholding the guilt of the accused. **colpevolista** *m./f.* ⟨*Dir*⟩ one who holds the accused to be guilty. **colpevolizzare** *v.t.* to make feel guilty.

colpire *v.t.* (**colpisco, colpisci**) **1** (*percuotere*) to hit, to strike, to knock: ~ *qd. con un bastone* to hit s.o. with a stick; (*con oggetti a punta*) to stab, to strike: *lo colpì al braccio col coltello* he stabbed him in the arm with his knife. **2** (*cogliere*) to hit, to strike: *la pietra lo colpì alla testa* the stone struck him on the head; *il proiettile lo colpì al cuore* the bullet struck him in the heart. **3** (*danneggiare*) to hit (hard), to strike: *l'uragano ha colpito le zone costiere* the hurricane has hit the coastal areas. **4** (*prendere di mira*) to hit (hard), to affect: *la nuova tassa colpisce in particolare i piccoli proprietari* the new tax hits small landowners particularly hard. **5** (*rif. a malattia*) to affect, to strike, to attack: *questa forma di influenza colpisce soprattutto i bambini* this form of influenza affects mainly children. **6** (*fig*) (*impressionare*) to strike, to make an impression on, to come as a shock to: *mi ha colpito il tono della sua voce* I was struck by the tone of his voice; *la sua sorte mi ha colpito profondamente* his fate has made a deep impression on (*o* came as a shock to) me; (*sfavorevolmente*) to shock; (*favorevolmente*) to impress, to strike: *lo colpì l'onestà dell'uomo* he was struck by the man's honesty. ☐ ~ *il* **bersaglio** to hit the target (*o* mark), to score a bull's eye; ~ *la* **fantasia** *di qd.* to catch s.o.'s fancy, to strike s.o.'s imagination; ~ *qd. con un* **pugno** to punch s.o.; *rimanere colpito da qc.* to be struck by s.th.; ~ *nel* **segno**: **1** to hit the mark; **2** (*indovinare*) to guess right, to hit the nail on the head; ⟨*fig*⟩ ~ *qd. nel* **vivo** to cut s.o. to the quick.

colpo *m.* **1** (*effetto del colpire*) blow, knock, hit, stroke: *fu ferito con un ~ di bottiglia in testa* he was wounded by a blow on the head with a bottle; (*colpo leggero*) tap; (*colpetto secco*) rap; (*lo sbattere*) bang; (*rif. a oggetti a punta*) cut, thrust, stroke, hit. **2** (*ferita, taglio*) slash; (*di pugnale, baionetta e sim.*) stab; (*di scure e sim.*) chop. **3** (*di arma da fuoco*) shot: *furono sparati cento -i di cannone* a hundred cannon-shots were fired; (*salva*) round. **4** (*spinta, urto*) push, blow, thrust: *con un ~ lo fece cadere a terra* with one blow he knocked him to the ground. **5** (*rumore*) knock, bang; (*sordo e forte*) whack; (*detonazione*) shot, bang, crack: *si udì un ~ di pistola* a pistol shot was heard; (*di cannone*) gunshot. **6** (*tiro, giocata*) attempt, try, ⟨*fam*⟩ go: *ho vinto al primo ~* I won at the first attempt (*o* go). **7** ⟨*Med*⟩ stroke, ⟨*pop*⟩ fit: ~ *apoplettico* apoplectic stroke. **8** (*impresa*) coup, move, attempt, enterprise: *il ~ è riuscito* the enterprise met with success; (*rapina*) robbery, raid: *il ~ ha fruttato dieci milioni* the robbery brought in ten million lire; (*truffa*) fraud, swindle. **9** ⟨*fig*⟩ (*viva impressione*) shock, blow: *la sua morte è stata un ~ per tutti noi* his death came as a great shock to us all. **10** ⟨*Sport*⟩ shot; (*nel pugilato*) hit, blow, punch; (*nella scherma: colpo piatto*) cut, thrust, hit, lunge; (*nel calcio: col piede*) kick; (*con la testa*) header; (*nel tennis*) stroke, drive, shot; (*nel nuoto*) stroke; (*nel biliardo*) shot. ☐ ~ *d'ala* flap of a wing; ~ *d'aria* draught; *prendere un ~ d'aria* to catch a chill; **assestare** *un ~ a qd.* to deal s.o. a blow; ~ **basso** (*nel pugilato*) low blow, blow below the belt; ⟨*fig*⟩ (*azione sleale*) blow (*o* hitting) below the

belt; *un* **bel** ~ a fine shot (*o* stroke); ⟨*fig*⟩ a coup, an adroit move, a hit; ⟨*Sport,Mil*⟩ *bel* ~! good shot!; ~ *di* **calore** heat stroke; ⟨*fig*⟩ *dare un ~ al* **cerchio** *e uno alla botte* to run with the hare and hunt with the hounds; ~ *di* **coda** flick of the tail; **dare** *un* ~ to deliver (*o* deal, land) a blow; **di** ~ all at once, suddenly, unexpectedly; *d'un* ~ with one blow, at one go; *d'un solo* ~ at (*o* in) a single blow; ⟨*Sport*⟩ ~ **diritto** forehand drive; ~ **falciato** slice; **fallire** *il* ~ to miss one's aim (*o* stroke); **far** ~ to make a strong impression, ⟨*fam*⟩ to be (*o* make) a hit: *far ~ su qd.* to make an impression on s.o., to impress s.o.; *è una ragazza che fa* ~ she is a striking girl; *senza* ~ **ferire** without striking a blow; ~ *di* **fortuna** stroke of luck, piece of good fortune; *un* ~ **fortunato** a lucky shot; (*rif. a rapina*) a successful robbery (*o* raid); ~ *di* **fucile** rifle shot; ~ *di* **fulmine** stroke of lightning; ⟨*fig*⟩ love at first sight; ~ **giornalistico** scoop; ~ *di* **grazia** coup de grâce, finishing stroke (*anche fig.*); *dare il* ~ *di* **grazia** *a qd.* to finish s.o. off, to put an end to s.o., to give s.o. the coup de grâce; *tutto* **in** *un* ~ (*tutto in una volta*) all at once; ~ *da* **maestro** masterstroke; ⟨*fig*⟩ ~ **mancino** dirty trick; ⟨*Mil*⟩ ~ *di* **mano** coup de main, surprise (*o* sudden) attack; ~ **mortale** death blow; ~ *alla* **nuca** shot in the neck; ⟨*fig*⟩ shot in the back; ~ *d'occhio*: **1** (*veduta*) view, panorama: *un meraviglioso ~ d'occhio* a wonderful view; **2** (*occhiata*) glance, look; **3** (*misura a occhio*) (good) eye, sure sight: *ha un ~ d'occhio infallibile* he has an excellent eye; **parare** *un* ~ to parry (*o* ward off) a blow; ⟨*Mot*⟩ **perdere** *–i* to miss, to misfire; *al* **primo** ~ at the first shot; ⟨*fig*⟩ first go (*o* shot), straight off: *ha indovinato al primo* ~ he guessed right ⌜first go⌝ (*o* straight off); ~ *di* **remo** stroke of the oar; ~ *di* **reni** heave (of the muscles of one's back); ⟨*Sport*⟩ ~ *di* **rimbalzo** ricochet shot; ~ *di* **rovescio** backhand stroke; ⟨*Mil*⟩ ~ *a* **salva** blank shot (*o* round), blank; ⟨*fig*⟩ ~ *di* **scena** coup de théâtre; ⟨*Mil*⟩ *di* **secondo** ~ second–strike–; *a* ~ **sicuro** (*senza incertezza*) unhesitatingly; (*senza pericolo*) without any risk; ⟨*Sport*⟩ ~ **smorzato** drop shot; ~ *di* **sole** sunstroke; ~ *di* **spada** sword stroke; (*ferita*) sword wound; **sparare** *un* ~ to fire a shot; ~ *di* **stato** coup d'état; ⟨*Med,fam*⟩ ~ *della* **strega** lumbago, low-back pain; ~ *di* **striscio** graze; **sul** ~ (*subito*) immediately, on the spot, outright: *morì sul* ~ he was killed outright; ⟨*Sport*⟩ ~ **tagliato** chop; ⟨*fam*⟩ ~ *di* **telefono** buzz, ring; *dare un* ~ *di telefono a casa* to ring home; **tentare** *il* ~ to have a shot; ~ *di* **testa**: **1** ⟨*fig*⟩ impulse, rash act, whim; **2** ⟨*Sport*⟩ header; ~ *di* **timone** sudden change of course (*anche fig.*); ~ *di* **tosse** fit of coughing; ⟨*fam*⟩ *che mi venga un* ~ well I'll be damned; ~ *di* **vento** gust (*o* puff) of wind; (*raffica*) squall, blast of wind; ~ *a* **vuoto** miss; (*rif. ad armi da fuoco*) miss, bad shot, misfire.

colposcopia *f.* ⟨*Med*⟩ colposcopy. **colposcopio** *m.* colposcope.

colposo *a.* ⟨*Dir*⟩ culpable (without express malice). ☐ *omicidio* ~ manslaughter.

colsi → **cogliere**.

colta *f.* ⟨*rar*⟩ (*raccolta*) gathering, picking, harvesting: *la ~ delle mele* apple picking; (*quantità di raccolto*) harvest, crop; (*periodo*) harvest time.

coltella *f.* **1** (*grosso coltello*) large (broad-bladed) knife; (*da cucina*) kitchen knife; (*da macellaio*) cleaver. **2** ⟨*El*⟩ knife switch. **coltellaccio** *m.* **1** (*grosso coltello*) large knife; (*da cacciatori*) hunting knife. **2** ⟨*Mar*⟩ studding sail. **coltellame** *m.* cutlery. **coltellata** *f.* **1** (*colpo di coltello*) stab, knife wound. **2** ⟨*fig*⟩ stab. **3** ⟨*Mur*⟩ wall built of bricks laid on edge. ☐ *dare una ~ a qd.* to stab (*o* knife) s.o.; *una ~ nella schiena* a stab in the back (*anche fig.*). **coltelleria** *f.* **1** (*assortimento di strumenti da taglio*) cutlery. **2** (*negozio*) cutler's (shop). **3** (*fabbrica*) cutlery works. **coltellinaio** *m.* cutler. **coltellino** *m.* **1** (*small*) knife: ~ *per frutta* fruit knife. **2** (*temperino*) pocket knife, penknife.

coltello *m.* **1** knife. **2** ⟨*Mecc*⟩ cutter, blade. **3** (*della bilancia*) knife edge, fulcrum. ☐ *a* ~: **1** (*accanito*) to the death, fierce: *lotta a* ~ fight to the death, fierce struggle; **2** ⟨*Edil*⟩ laid on edge: *mattoni a* ~ bricks laid on edge, brick-on-edge course; **affilare** *un* ~ (*arrotando*) to sharpen a knife; (*con cote e sim.*) to whet (*o* hone) a knife; ~ dell'**aratro** coulter; ~ da **caccia** hunting knife; ~ **chirurgico** surgical knife; **colpo** di ~ stab; (la ferita) knife wound; ⟨fig⟩ ~ nel **cuore** (grave dolore) deep sorrow, great anguish; ~ **elettrico** electric knife; ⟨fig⟩ avere il ~ alla **gola** to be hard pressed, to have one's back to the wall; **lama** di ~ knife blade; **manico** del ~ knife handle; ⟨fig⟩ avere il ~ per il **manico** to have the whiphand (o upper hand); metter **mano** al ~ to draw out one's knife; ~ **operatorio** = coltello chirurgico; ~ da **pane** breadknife; ~ da **pesce** fish knife; ~ a **serramanico** clasp knife, jack knife; ⟨fig⟩ da **tagliarsi** col ~ (spesso) so thick that you could cut it with a knife: c'è un fumo da tagliarsi col ~ the smoke is so thick you could cut it with a knife; ~ da **tasca** pocket knife.

coltivabile a. cultivable, ⟨pred⟩ fit for cultivation, tillable: rendere ~ un terreno to make a piece of land cultivable (o fit for cultivation). **coltivabilità** f. cultivability, suitability for tilling, arability.

coltivare v.t. **1** to cultivate, to till: ~ la terra to till the land (o soil); (rif. ad aree delimitate) to farm, to work: ~ un podere to work a farm; (rif. a prodotti agricoli, piante) to grow, to cultivate: ~ il grano to grow wheat; ~ le rose to grow roses. **2** ⟨fig⟩ (educare) to cultivate, to improve, to train: ~ l'ingegno to improve one's mind; ~ la voce to cultivate (o train) one's voice. **3** ⟨fig⟩ (curare, assecondare) to cultivate, to foster: ~ la passione per la musica to cultivate a passion for music. **4** ⟨fig⟩ (praticare) to cultivate, to practice, to devote o.s. to: ~ gli studi to devote o.s. to study. **5** ⟨fig⟩ (rif. a persone) to cultivate: ~ qd. per ottenere un favore to cultivate s.o. in order to obtain a favour. □ ~ a to plant with, to grow on (o in): ~ a grano to plant with corn; ~ un campo a patate to plant a field with potatoes, to grow potatoes in a field; ~ relazioni to cultivate (o keep up) connections.

coltivato a. **1** (sottoposto a coltivazione) cultivated, under cultivation, tilled: campo ~ cultivated field. **2** (ottenuto con la coltivazione) cultivated: rose –e cultivated roses. □ perle –e culture (o cultured) pearls. **coltivatore** m. (f. -trice) **1** grower, cultivator; (della terra) cultivator, tiller, farmer. **2** ⟨fig⟩ promoter, fosterer, patron: ~ dell'arte promoter (o patron) of art. □ ~ diretto owner-occupier, farmer (who cultivates his own land). **coltivazione** f. **1** (il coltivare) cultivation, farming, tillage: la ~ della terra the cultivation of the land; (rif. a prodotti agricoli e piante ornamentali) growing, cultivation: ~ del riso rice growing. **2** (terreno coltivato) land under cultivation (o crop). **3** (piante; usually pl.) crops pl: la siccità ha danneggiato le –i the drought has damaged the crops. □ ~ estensiva extensive cultivation; ~ intensiva intensive cultivation. **coltivo** a. cultivated, under cultivation, tilled: terreno ~ cultivated land.

colto[1] a. **1** (istruito) cultured, (well-)educated: una persona –a a cultured person; (dotto) learned. **2** (che denota cultura) cultured, cultivated, learned: stile ~ cultured style.

colto[2] → cogliere.

coltrare v.t. (col tro) to plough with a coulter. **coltratura** f. ploughing with a coulter (o to one side).

coltre f. **1** (coperta da letto) blanket: starsene al caldo sotto le –i to snuggle up beneath the blankets (o bedclothes). **2** ⟨fig⟩ (strato) blanket, carpet: una ~ di neve a blanket of snow. **3** (drappo funebre) pall. □ ⟨Geol⟩ ~ di ricoprimento nappe.

coltrone m. **1** quilt. **2** (tenda imbottita) quilted curtain.

coltura f. **1** (coltivazione) cultivation, tilling, farming: ~ dei campi cultivation of the fields; (di prodotti agricoli) growing, cultivation, culture: ~ del riso rice growing; ~ della vite viticulture, vine growing. **2** pl. (terreno coltivato) cultivated land, land under cultivation (o crop). **3** (piante; usually pl.) crops pl: la grandine danneggia le –e hail damages crops. **4** (allevamento) culture, breeding, rearing, raising: ~ di bachi da seta silkworm breeding, silk growing. **5** ⟨Biol⟩ culture: ~ batterica culture of bacteria. □ ⟨Agr⟩ ~ alternata crop rotation; ⟨Agr⟩ ~ estensiva extensive cultivation; ~ foraggera forage growing, fodder cropping; (le piante) seeded fodder crops; ~ forzata

forcing; ~ **granaria** grain growing, cultivation of grain; ~ **intensiva** intensive cultivation; ~ a **terrazze** terracing, terrace cultivation (o cropping); ⟨Biol⟩ ~ in **vitro** in vitro culture.

colturale a. **1** farming: metodo ~ farming method. **2** ⟨Biol⟩ culture-: terreno ~ culture medium.

colubrina f. ⟨Mil.ant⟩ culverin. **colubro** m. **1** ⟨lett⟩ (serpente) snake, serpent. **2** ⟨Zool⟩ coluber.

colui pron.dimostr.m. (f. colei, pl. coloro) **1** (soggetto) he. **2** (complemento) him: rivolgetevi a ~ ask him. **3** ⟨spreg⟩ that man: non voglio avere a che fare con ~ I don't want to have anything to do with that man. □ ~ che the one who, the man who: ho parlato con ~ che mi sostituirà I talked with the man who is going to replace me; coloro che lo desiderano possono entrare those who want to can go in.

Columbia N.pr.f. ⟨Geog⟩ Columbia.

columella f. ⟨Biol,Anat⟩ columella.

columnist ingl. ['kɔləmnist] m. → colonnista.

coluro m. ⟨Astr⟩ colure.

colza m./f. ⟨Bot⟩ rape, colza: olio di ~ colza (o rape) oil.

Com. = **1** comandante Commander (abbr. Com., Comm.), Commanding Officer (abbr. co, c.o.). **2** comando command.

coma m. ⟨Med⟩ coma: entrare in ~ to go into a coma.

comandamento m. ⟨Rel⟩ commandment: i dieci –i the ten commandments.

comandante m. **1** ⟨Mil⟩ (di truppe) commander, commanding officer; (di piazzaforte, arsenale e sim.) commandant. **2** ⟨Mar⟩ (di nave da guerra) (naval) commander; (di nave mercantile) captain. **3** ⟨Aer⟩ captain, first pilot. **4** (capo) head, leader, person in charge. □ ~ di **battaglione** major; ~ in **capo** commander-in-chief; ~ del **porto** harbour master; ~ in **seconda** second-in-command; (di nave mercantile) mate; ⟨Aer⟩ ~ di **squadriglia** squadron leader.

comandare **I** v.t. **1** (ordinare, imporre) to order, to command: ti comando di venire I order you to come; ~ la ritirata to order the retreat; comandò che partissero he ordered them to leave. **2** (avere il comando) to be in charge of, to head, to lead: ~ una squadra di operai to be in charge of a gang of workers; ⟨Mil⟩ to command, to be in command of: ~ l'esercito to command the army. **3** ⟨burocr⟩ (destinare) to second, to attach temporarily: è stato comandato a un altro reparto he has been seconded to another department; ⟨Mil⟩ to detail, to tell off: ~ dieci soldati per una ricognizione to detail ten soldiers for a reconnaissance. **4** (ordinare, far portare) to order: ~ il vino to order wine. **5** ⟨Mecc⟩ to control, to operate: questa leva comanda le luci this lever controls (o operates) the lights; (azionare) to work, to drive. **II** v.i. (aus. avere) **1** to be in charge, to be master, ⟨fam⟩ to be the boss: a casa mia comando io in my house I'm the boss. **2** ⟨Mil⟩ to (be in) command; (dare un ordine) to give an order (o a command). **3** (rif. a leggi e sim.) to enjoin, to lay down. □ ~ l'**attenti** to call to attention; ~ a **bacchetta** to rule with a rod of iron, ⟨fam⟩ to be bossy; come **Dio** comanda (bene, in modo appropriato) well, properly; ⟨Mecc⟩ ~ a **distanza** to operate by remote control, to remote-control; ⟨Mil,Ginn⟩ ~ il **riposo** to give the order to stand at ease. || comandi! yes, sir; il signore comanda? yes, sir?

comandata f. ⟨Mil⟩ fatigue duty. **comandato** a. **1** ⟨Rel⟩ obligatory, prescribed: festa –a feast day prescribed by the Church. **2** ⟨burocr⟩ (destinato) seconded, temporarily attached (presso to): professore ~ presso il ministero teacher temporarily attached to the ministry; ⟨Mil⟩ detailed, told off (di for): soldato ~ di ronda soldier detailed for patrol duty. □ ~ a **mano** hand-driven; ~ **meccanicamente** machine-driven.

comando m. **1** (ordine) order, command: dare un ~ to give an order. **2** ⟨Mil⟩ (autorità di comandante) command: essere al ~ di un battaglione to be in command of a battalion; (il comandante e i suoi collaboratori) headquarters pl (costr. sing. o pl.); (residenza del comandante) headquarters pl (costr. sing. o pl.). **3** ⟨burocr⟩ temporary posting (o transfer). **4** ⟨Mecc⟩ (manovra) control, operation; (azionamento) working driving. **5** *pl.* ⟨*Mecc*⟩ (*congegni di comando*) controls *pl.* **6** ⟨*Sport*⟩ (*l'essere in testa*) lead, head: *il concorrente italiano è al ~ del gruppo* the Italian competitor is 'at the head of' (*o* leading) the group. □ ⟨*Mil*⟩ **al ~ *di qd.*** under s.o.'s orders; *ha mille uomini al suo ~* he has a thousand men under his command; *ai suoi –i!* at your service!; *stare ai –i di qd.* to be at s.o.'s command; **assumere** *il ~* to take command (*o* charge), to take on the leadership; ⟨*Aer*⟩ *~* **ausiliario** servo (*o* Flettner) control; ⟨*Mecc*⟩ *~* **automatico** automatic control; (*fig*) *avere la bacchetta del ~* to have full authority; ⟨*Mecc*⟩ *~* **centralizzato** central control system; ⟨*El*⟩ *circuito di ~* control(ling) circuit; **dare** *un ~* to give (*o* issue) an order; *~ a* **distanza** (*manovra*) remote control; (*azionamento*) remote drive; ⟨*Aer,Aut*⟩ *~* **doppio** *~* dual control: *automobile con doppi –i* dual-control car; **esercitare** *il ~* to be in command (*o* charge), to command; ⟨*Mil*⟩ *~* **generale** general headquarters; **leva** *di ~:* 1 ⟨*Mecc*⟩ control lever; 2 ⟨*Aer*⟩ control stick, ⟨*fam*⟩ joystick; ⟨*Mecc*⟩ *~ a* **mano** hand operation; *~ a* **pedale** pedal control; **per** *~ di qd.* by order of s.o.; ⟨*Mar*⟩ **ponte** *di ~* bridge; ⟨*Ferr*⟩ *~ dello* **scambio** point mechanism, signal box, ⟨*am*⟩ tower; **sotto** *il ~ di* under (the) command of; ⟨*Mil*⟩ *~* **supremo** supreme command; *avere il ~ delle* **truppe** to have (*o* be in) command of the troops; **unità** *di ~* control unit; ⟨*Inform*⟩ *~ a* **voce** speech command; ⟨*Aer*⟩ *–i di* **volo** flying controls.

comare *f.* **1** (*madrina*) godmother: *far da ~ a qd.* to be s.o.'s godmother. **2** ⟨*fam*⟩ (*vicina di casa*) neighbour. **3** *pl.* (*donne del popolo, del vicinato*) old women *pl*, wives *pl.* **4** ⟨*spreg*⟩ (*pettegola*) gossip. **5** (*nelle favole*) Mistress: ⟨*Lett*⟩ *~* **volpe** Mistress Fox. □ ⟨*Lett,Mus*⟩ *le allegre –i di Windsor* The Merry Wives of Windsor.

comatoso *a.* ⟨*Med*⟩ comatose: *stato ~* comatose state.

combaciamento *m.* **1** (*il combaciare*) fitting together, mating, tallying. **2** (*giuntura*) point of contact, joint. **3** ⟨*Mecc*⟩ mating, matching. **combaciare** *v.i.* (**combacio**, **combaci**; *aus.* **avere**), **combaciarsi** *v.r.* **1** (*aderire*) to fit together, to meet: *i due pezzi non combaciano* the two pieces dont' fit together properly; (*rif. a superfici*) to fit together; (*congiungersi*) to join, to tally. **2** ⟨*Mecc*⟩ to mate, to match. **3** (*fig*) (*coincidere*) to agree, to coincide, to correspond: *opinioni che non combaciano* views which do not agree.

combattente I *a.* fighting, combatant: *reparto ~* fighting unit. **II** *s.m.* **1** fighter, combatant, fighting man. **2** (*soldato*) serviceman. **3** ⟨*Ornit*⟩ ruff. □ *ex ~* ex-serviceman, ⟨*am*⟩ (war) veteran. **combattentistico** *a.* (*pl.* -**ci**) ex-servicemen's, of ex-servicemen, veterans': *associazione –a* ex-servicemen's association.

combattere I *v.i.* (*aus.* **avere**) **1** to fight: *~ contro il nemico* to fight (against) the enemy; *~ per la patria* to fight for one's country. **2** ⟨*fig*⟩ to fight, to struggle, to battle, to strive (*contro, con* against, with), to wage war (on): *~ per un'idea* to fight for an idea; *~ contro la malattia* to fight (against) disease, to wage war on disease; *~ con i creditori* to battle (*o* contend) with one's creditors. **3** ⟨*Sport*⟩ (*disputare*) to play. **II** *v.t.* **1** to fight: *~ una* **battaglia** to fight a battle. **2** ⟨*fig*⟩ to fight, to combat, to wage war on: *i medici combattono l'epidemia d'influenza* the doctors are fighting the 'flu epidemic; *~ l'ignoranza* to combat ignorance. **combattersi** *v.r.* ⟨*recipr*⟩ to fight: *i due eserciti si combatterono a lungo* the two armies fought for a long time. □ *~ contro il sonno* to fight off sleep; *~ (a) corpo a corpo* to engage in hand to hand fighting; *~ da* **prode** to fight valiantly.

combattimento *m.* **1** ⟨*Mil*⟩ (*il combattere*) fighting; (*azione militare*) combat, fight, battle, action. **2** ⟨*fig*⟩ fight, struggle, battle, conflict. **3** ⟨*Sport*⟩ (*incontro: di pugilato*) (boxing-)match; (*di lotta*) (wrestling-)match; (*di scherma*) bout. □ *~* **aereo** air battle, aerial combat, dogfight; **fuori** *~* disabled, out of action, hors de combat; ⟨*Sport*⟩ *mettere* **fuori** *~* to knock out, ⟨*fam*⟩ to K.O.; ⟨*fig*⟩ *mettere fuori ~ un avversario* to put an opponent out of action (*o* the running); *~ di* **galli** cockfight; *gallo da ~* fighting cock; ⟨*Mil*⟩ **linea** *di ~* fighting line; **morire** *in ~* to be killed in action; *~* **navale** naval combat; *~* **ravvicinato** close combat; ⟨*Aer*⟩ dogfight; *~ di* **tori** bullfight; **truppe** *da ~*

combat troops; ⟨*Sport*⟩ **vincere** *per fuori ~* to win by a knock-out.

combattività *f.* fighting spirit, combativeness: *persona piena di ~* person full of fighting spirit. **combattivo** *a.* fighting, combative, bellicose: *spirito ~* fighting spirit. **combattuto** *a.* **1** (*travagliato*) troubled, distressed, assailed: *essere ~ dai dubbi* to be assailed by doubt. **2** (*incerto*) uncertain, undecided, torn: *essere ~ tra due alternative* to be torn between two alternatives; *non so se accettare, sono molto ~* I don't know whether to accept, I'm very undecided. **3** (*rif. a partite e sim.*) hard-fought: *una partita molto –a* a very hard-fought match.

combinabile *a.* **1** (*che si può mettere insieme*) combinable, that can be combined. **2** (*concludibile*) that can be settled (*o* concluded): *un affare difficilmente ~* a matter that can be settled only with difficulty. **3** ⟨*Chim*⟩ combinable: *sostanze tra loro –i* combinable substances.

combinare I *v.t.* **1** (*mettere insieme*) to combine, to put together; (*mettere d'accordo*) to bring into agreement, to reconcile: *non riesco a ~ lo studio con il lavoro* I can't reconcile study with work; (*rif. a colori*) to match (up). **2** (*concludere*) to settle, to conclude, to arrange: *~ un affare* to conclude a transaction; *~ un matrimonio* to arrange a marriage. **3** (*organizzare*) to arrange (for), to plan: *~ una gita in comitiva* to arrange a group outing; (*decidere*) to decide (upon): *abbiamo combinato di andare in campagna* we have decided (*o* arranged) to go to the country. **4** (*fare, causare*) to make, to cause, to get into, ⟨*fam*⟩ to be (*o* get) up to, ⟨*fam*⟩ to land (up) in: *ci hai combinato un bel disastro* you've 'landed us in' (*o* got us into) a fine mess; *ogni giorno ne combina una* every day he gets up to some new mischief; (*concludere*) to get done (*o* somewhere): *oggi non ho combinato nulla* I haven't got anything done today; *è uno che non combinerà mai nulla* he's the sort who will never get anywhere. **5** ⟨*Chim*⟩ to combine. **II** *v.i.* (*aus.* **avere**) **1** (*corrispondere*) to correspond, to conform, to fit (together): *le due parti non combinano* the two parts don't correspond. **2** (*accordarsi*) to be in agreement (*o* accordance), to agree: *le nostre opinioni non combinano* our opinions are not in agreement. **combinarsi** *v.r.* **1** (*andare d'accordo*) to be compatible, to go together: *la prudenza e il coraggio non si combinano* prudence and courage do not go together; (*coincidere*) to coincide, to fit (in): *i nostri orari non si combinano* our schedules don't coincide (*o* fit in with each other). **2** ⟨*Chim*⟩ to combine. □ *ne hai combinata un'altra delle tue* you've been up to another of your tricks; ⟨*fam*⟩ *l'hai combinata* **bella** you have ˙done it now!; *combinarne di tutti i* **colori** to get up to all sorts of tricks; **cosa** *mai starà combinando?* what on earth can he be up to?; *non combina che* **guai** he does nothing but get into trouble.

combinata *f.* ⟨*Sport*⟩ combined competition. □ *~* **alpina** Alpine combined competition; *~* **nordica** Scandinavian (*o* Northern combined) competition. **combinato** *a.* combined, joint, concerted: ⟨*Mil*⟩ *operazioni –e* combined operations. **combinatore** *m.* **1** (*f.* -**trice**) combiner, contriver, maker. **2** ⟨*Ferr,El*⟩ controller. □ ⟨*Tel*⟩ *disco ~* dial. **combinatorio** *a.* combinatorial: ⟨*Mat*⟩ *analisi –a* (*calcolo combinatorio*) combinatorial analysis.

combinazione *f.* **1** combination, arrangement, scheme: *una bella ~ di colori* a beautiful colour scheme. **2** (*gruppo di oggetti o numeri associati*) combination, set, assortment, collection; (*rif. a carte*) hand: *una buona ~ di carte* a good hand. **3** (*caso*) (mere) chance, coincidence: *per ~* by chance; *per pura ~* by mere (*o* sheer) chance, quite by chance; (*occasione*) opportunity: *approfittare di una ~* to seize an opportunity. **4** (*indumento femminile*) combinations *pl*, ⟨*fam*⟩ combs *pl*; (*tuta*) overalls *pl.* **5** (*di cassaforte*) combination. **6** ⟨*Chim*⟩ combination. □ *guarda che ~!* what a coincidence!; *è una ~ che tu mi abbia trovato in casa* you were lucky to find me at home.

combriccola *f.* **1** gang, band, set: *una ~ di ladruncoli* a gang of petty thieves. **2** (*brigata*) party, ⟨*fam*⟩ gang: *la ~ dei villeggianti* the party of holiday-makers. □ *far ~* to form a gang, to band together, to gang together (*o* up).

comburҽnte I *a.* ⟨*Chim*⟩ that supports combustion, comburent. II *s.m.* supporter of combustion, comburent.

combustҏbile I *a.* combustible: *gas* ~ combustible gas; *liquido* ~ combustible liquid. II *s.m.* 1 combustible. 2 (*per motori*) fuel: ~ *liquido* liquid fuel. □ ~ **arricchito** enriched fuel; ⟨*Atom*⟩ ~ **atomico** nuclear (*o* atomic) fuel; **consumo** *di* ~ fuel consumption; ~ **fossile** fossil fuel; ~ **gassoso** gaseous fuel; ~ *non* **nucleare** non nuclear fuel; **olio** ~ fuel oil; *fare* **rifornimento** *di* ~: 1 to (re)fuel; 2 ⟨*Mar*⟩ to bunker; ~ *per uso domestico* domestic fuel.

combustibilità *f.* combustibility.

combustiҏne *f.* combustion; (*il bruciare*) burning. □ ⟨*Mot*⟩ **camera** *di* ~ combustion chamber; (*di caldaia, forno e sim.*) firebox; ~ **incompleta** incomplete (*o* imperfect) combustion; ~ **interna** internal combustion; ~ **lenta** slow combustion; **periodo** *di* ~ period of combustion; ~ **rapida** brisk (*o* lively) combustion; ~ **ritardata** retarded combustion; ⟨*Fis*⟩ ~ **spontanea** spontaneous combustion; **velocità** *di* ~ combustion velocity.

combҵsto *a.* burned, burnt: *materiali –i* burnt materials.

combҵtta *f.* ⟨*spreg*⟩ crowd, gang, mob, collection: *una* ~ *di imbroglioni* a gang (*o* collection) of rogues. □ *in* ~ in league, ⟨*am*⟩ in cahoots: *essere in* ~ *con qd.* to be in league with s.o.

cҿme I *avv. di maniera* 1 (*per esprimere somiglianza, identità: rif. a sost. e pron.*) like: *brilla* ~ *l'oro* it glitters like gold; *in tempi* ~ *i nostri* in times like ours; *parla* ~ *un professore* he speaks like a teacher; (*rif. a tempi finiti*) as: *fai* ~ *ti ho detto* do as I told you; (*rif. all'infinito*) like [*ger*]: *è* ~ *parlare al muro* it's like talking to a brick wall. 2 (*nei comparativi di uguaglianza;* sometimes used with "*così*" or "*tanto*") (as ...) as: *bianco* ~ *la neve* (as) white as snow; *sono alto* ~ *te* I am as tall as you (are); (*talvolta in frasi negative*) so ... as: *non sei* (*così*) *puntuale* ~ *me* you are not so (*o* as) punctual as I am. 3 (*in qualità di, in quanto*) as: ~ *giudice devi essere imparziale* as a judge you must be impartial. 4 (*come per esempio*) like, such as: *piante rampicanti* ~ *l'edera* climbing plants like (*o* such as) ivy. 5 ⟨*Tel*⟩ for, as in: *G* ~ *Genova* G for George. II *avv.interr.* 1 (*in che modo*) how: ~ *sta tuo padre?* how is you father?; ~ *va?* how are things?; (*col verbo dire*) what: ~ *dici* (*o hai detto*)*?* what did you say?; ~ *sarebbe a dire?* what do you mean?; (*rif. a sost.*) what ... like: *com'è il tuo amico?* what is your friend like? 2 (*quanto*) how: ~ *sei bravo!* how clever you are!; *non puoi capire* ~ *mi dispiace* you don't know how sorry I am; (*quanto bene*) how well: ~ *parla il francese?* how well does he speak French? 3 (*che cosa?, prego?*) I beg your pardon?, ⟨*fam*⟩ what?, ⟨*fam*⟩ sorry?: ~*?, non ho capito* I beg your pardon, ⌐what was that?⌐ (*o* I didn't catch what you said). 4 (*perché*) why: ~ *mai non è più venuto?* why has he stopped coming?; *mi chiesi* ~ (*mai*) *non fosse ancora partito* I wondered why he still hadn't left. 5 ⟨*esclam*⟩ what, do you mean to say: ~*, non c'è più?* what! isn't it there any more?; *ma* ~*, vorresti dire che l'hai perduto?* do you mean to say you've lost it? III *congz.* 1 (*temporale: appena, quando*) as soon as, no sooner ... than, when: ~ *vide la polizia fuggì* as soon as he saw the police he fled, no sooner did he see the police than he fled; (*mentre*) as, while: ~ *si dirigevano verso la casa sonò la sirena* as (*o* while) they were moving towards the house the siren blew. 2 (*correlativa;* often used with "*così*", "*tanto*") as: *mi piace così com'è* I like it as it is; *vado* ~ *sono* I shall go as I am; (*sia ... sia*) as well as, both ... and: *l'ho visto tanto ieri* ~ *oggi* I saw him yesterday as well as today; *tanto i greci* ~ *i romani* both the Greeks and the Romans. 3 (*modale: quasi, quasi che*) as if, as though: *rispettalo* ~ *fosse tuo padre* respect him as though he were your father; *fa pure* ~ *se io non ci fossi* go ahead as if I weren't here. 4 (*dichiarativa: che*) that: *gli raccontò* ~ *l'amico fosse già partito* he told him that his friend had already left. 5 (*causale: giacché, siccome*) as, since: ~ *s'era fatto tardi, andai a dormire* as it was late, I went to bed. IV *s.m.* the way, the manner, the means. □ ~ *d'*accordo as agreed (*o* arranged); ~ capita in a slapdash (*o* happy–go–lucky) way, anyhow; ⟨*Comm*⟩ ~ da as per, in accordance (*o*

compliance) with, according to, as indicated by: ~ *da campione* as per sample; ~ *da copia acclusa* as you will see from the enclosed copy; ~ *da istruzione* according to instructions; *da* ~ (from) the way: *da* ~ *si mettevano le cose, temevo che sarebbe stato più difficile* (from) the way things were going, I was afraid it would be more difficult; ~ **Dio** *volle* (*finalmente*) at (long) last, eventually; ~ (*a, per*) **dire** as if to say: *alzò le spalle* ~ *dire che la questione non gli interessava affatto* he gave a shrug, as if to say that the matter did not regard him in the least; **e** ~*!* I should say so! ⟨*fam*⟩ rather!: *l'hai visto anche tu? e* ~*!* did you see him too? ⌐I should say so⌐ (*o* I certainly did)!; ~ **è** *che* why?, how is it that?, ⟨*am.fam*⟩ how come?: *com'è che non sei ancora uscito?* why haven't you gone yet?, ⌐how is it that⌐ (*o* how come) you haven't gone yet?; **ecco** ~ *andarono le cose* this is how things went; ~ **fare?** what is to be done?, what are we to do?; **io** ~ *io* for my part, I myself: *io* ~ *io non gli risponderei* for my part, I wouldn't answer him; **ma** ~*!* what!, do you mean to say?: *ma* ~*, non ci sei andato?* what! didn't you go?; *ma* ~*, non è ancora arrivato?* do you mean to say he hasn't arrived yet?; ~ **mai**: 1 (*nelle interrogative dirette*) why (on earth)?, why ever?, how on earth?, how is (it) that?: ~ *mai sei arrivato tardi?* why did you arrive late?, how was it that you arrived late?; ~ *mai dici questo?* why ever do you say that?; *è stato licenziato –* ~ *mai?* he has been sacked – how (*o* why) is that?; 2 (*nelle interrogative indirette*) why (on earth), how on earth, how (*o* why) it is that: *non capisco* ~ *mai tardi tanto* I can't understand why (*o* how it is that) he is so late; **oggi** ~ *oggi* at present, for (*o* at) the moment, at the present time, for the time being; **ora** ~ *ora* just (*o* right) now, as things are, at (*o* for) the moment; ~ **pure** as well as, and also (*o* so)... as well, and ... too, both ... and: *ho bisogno di un abito nuovo,* ~ *pure di un cappotto* I need a new dress ⌐as well as a coat⌐ (*o* and a coat too); *è venuto Mario,* ~ *pure suo cugino* both Mario and his cousin came, Mario came and so did his cousin; ~ *tutti* **sanno** as everybody knows; ~ **se** as if, as though: *gridi* ~ *se io fossi sordo* you're shouting as if I were deaf; ~ **stanno** *le cose, vi dovrò rinunciare* as ⌐it is⌐ (*o* things are) I shall have to give up the idea; ~ *d'*uso as is the custom; *com'è* **vero** *che sono vivo, gli darò una lezione* as I live, I'll teach him a lesson; *com'è vero Iddio* as God is my witness; ⟨*Bibl*⟩ *sia fatta la tua* **volontà,** ~ *in cielo così in terra* thy will be done in earth, as it is in Heaven.

COMECON = *Consiglio di mutua assistenza economica* Council for Mutual Economic Assistance (*abbr.* COMECON).

comedҿne *m.* comedo, blackhead.

comҽta *f.* ⟨*Astr*⟩ comet: ⟨*Astr*⟩ ~ *di Halley* Halley's comet.

cҿmfort *ingl. m.* confort.

cҿmica *f.* 1 ⟨*Cin*⟩ short slapstick-type silent film. 2 ⟨*fig*⟩ farce, mockery. **comicamҽnte** *avv.* comically; (*buffamente*) funnily. **comicità** *f.* comic quality, comicality, funniness; (*spirito*) comic spirit; (*effetto*) comic effect; (*lato comico*) funny side: *la* ~ *della situazione* the funny side of the situation. **comicizzҏare** *v.t.* to make comic. **cҿmico** *a./s.* (*pl.* **-ci**) I *a.* 1 (*che fa ridere*) comic(al), funny: *scena –a* comic scene; *una situazione –a* a comic situation. 2 (*di commedia*) dramatic, theatrical, theatre-: : *compagnia –a* theatre company, company of players. II *s.m.* 1 (*comicità*) comic quality (*o* spirit, effect), comicality, comedy: *non avere il senso del* ~ to have no sense of comedy. 2 (*attore di commedie*) actor, player: *una compagnia di –i* a company of players. 3 (*attore comico*) comedian, comic actor: *un celebre* ~ *del cinema muto* a famous comic actor of silent films. □ *film* ~ comic film; *genere* ~ comedy; *il lato* ~ *di qc.* the comic (*o* funny) side of s.th.

comҏgnolo *m.* 1 chimney pot. 2 (*sommità del tetto*) roof ridge.

cominciҏare[1] *v.* (**comҏncio, comҏnci**) I *v.t.* to begin, to start, to commence: ~ *un libro* to begin a book. II *v.i.* (*aus.* **essere/avere**) 1 (*rif. a tempo; aus.* **avere**) to begin, to start: *sono cominciate le vacanze* the holidays have begun. **2** (*rif. a luogo; aus.* **essere**) to begin, to start: *la strada comincia più avanti* the road begins farther on. **3** (*dare inizio; aus.* **avere**) to begin, to start: *comincia tu a leggere* you begin reading. □ **a** ~ *da oggi* from today on(wards), as (*o* beginning) from today; *a* ~ *dal primo del mese* as (*o* beginning) from the first of the month; *siamo tutti nervosi a* ~ *da me* we're all feeling irritable, beginning with me; ~ *da capo* to begin all over again; ~ **con** to begin by, to start off by: *cominciò col dire che non voleva andarci* he began by saying that he din't want to go; *il* **difficile** *è* ~ the hard part is beginning; **per** ~ to begin (*o* start off) with, first of all. *Prov.: chi ben comincia è a metà dell'opera* well begun is half done.

cominciare[2] *m.* (*lett*) (*inizio*) beginning, start, outset. □ *al cominciar del giorno* at daybreak.

comino *m.* (*Bot*) cu(m)min.

comitale *a.* (*di conte*) of a count, count's; (*di conte inglese*) of an earl, earl's: *corona* ~ earl's (*o* count's) coronet.

comitato *m.* committee, board. □ ~ *d'azione* action committee; ~ **centrale** central committee; ~ *di* **controllo** *dei prezzi* price-control board; ~ *di* **coordinamento** coordination committee; ~ *internazionale della* **croce rossa** International Red Cross Committee; ~ *per la* **difesa** *del consumatore* consumer protection board; ~ **direttivo** steering committee; ~ **esecutivo** executive committee; ~ *di* **gestione** steering committee; ~ **giuridico** legal committee; ~ *d'***inchiesta** board of inquiry, inquiry board; ~ **interinale** (*o ad interim*) interim committee; ~ **interministeriale** interdepartmental committee; ~ *di* **liberazione** *nazionale* National Liberation Committee; **membro** *di un* ~ committee member, committee man (*f* committee woman); *essere membro di un* ~ to sit on a committee; ~ **organizzativo** organizing committee; **far parte** *di un* ~ to be on a committee (*o* board), to be a member of a committee; ~ **permanente** standing committee; ~ *per la* **pianificazione** (*o programmazione*) planning committee; ~ *di* **quartiere** district committee; (*Giorn*) ~ *di* **redazione** editorial board, drafting committe; **riunione** *del* ~ committee meeting; (*Stor*) ~ *di* **salute pubblica** Committee of Public Safety; ~ **scientifico** scientific committee.

comitiva *f.* party, group, set, company: *una* ~ *di amici* a group of friends; *mi piace viaggiare in* ~ I like to travel in a group (*o* party). □ *viaggio in* ~ party (*o* group) trip.

comiziante *m./f.* one who attends a political meeting.

comizio *m.* **1** meeting, assembly: *partecipare a un* ~ to attend (*o* be present at) a meeting. **2** (*Stor.rom*) comitia. □ ~ **elettorale** electoral meeting, meeting held during an election ·campaign; *convocare i comizi elettorali* to announce the elections, to hold a General Election; ~ **politico** political meeting (*o* rally); *tenere un* ~ to hold (*o* call) a meeting.

com. = **1** *commendatore*. **2** *commissario* commissioner (*abbr.* Com.).

comma *m.* **1** (*Dir*) sub-section, subparagraph. **2** (*Mus*) comma. **3** (*parte del periodo*) short clause, comma.

commando *m.* (*Mil*) commando: ~ *suicida* kamikaze commando; ~ *terroristico* terror commando.

commedia *f.* **1** (*opera teatrale*) play: *non ho ancora visto tutte le* ~*e di Shakespeare* I haven't seen all of Shakespeare's plays yet. **2** (*fig*) (*finzione*) play-acting, make-believe: *non fare la* ~ *e rimettiti al lavoro* stop your play-acting (*o* shamming) and get on with your work. **3** (*situazione comica*) farce, comedy, (*fam*) riot: *la nostra partenza nella vecchia auto è stata una* ~ our departure in the old car was ⌜pure farce⌝ (*o* a riot). **4** (*componimento letterario*) comedy: *la Divina* ~ the Divine Comedy. □ (*Lett*) ~ *dell'***arte** commedia dell'arte; ~ *di* **carattere** comedy of character; ~ *di* **costume** comedy of manners; (*fig*) **fare** *la* ~ to play-act, to sham, (*fam*) to put it on; (*Lett*) ~ *d'***intreccio** comedy of intrigue; ~ **musicale** musical comedy; ~ **radiofonica** radio play; (*Lett*) ~ *a* **soggetto** improvised comedy; ~ *a* **tesi** thesis play.

commediante *m./f.* **1** (*spreg*) play-actor (*f* –tress), third-rate actor (*f* –tress). **2** (*artista comico*) comedian (*f*

comedienne), comic actor. **3** (*fig*) (*ipocrita*) shammer. □ (*fig*) *fare il* ~ to put on an act. **commediografo** *m.* (*f.* -a) (*rif. a commedie*) writer of comedies; (*rif. a drammi*) playwright.

commemorare *v.t.* (**commemoro**) to commemorate (*anche Lit.*): ~ *un'impresa* to commemorate an exploit; ~ *la festa di tutti i santi* to commemorate All Saints' Day. **commemorativo** *a.* commemorative, (*attr*) memorial. □ *discorso* ~ commemorative address; *francobollo* ~ commemorative stamp; *lapide* –*a* memorial tablet. **commemorazione** *f.* commemoration (*anche Lit.*): *la* ~ *dei caduti* the commemoration of the fallen; *la* ~ *dei defunti* the commemoration of the Dead, All Souls' Day. □ *il giorno della* ~ *dei caduti* Remembrance Day, (*am*) Memorial Day.

commenda *f.* **1** (*titolo di commendatore*) title (of a commendatore); (*insegna*) insignia *pl* (of a commendatore). **2** (*Rel*) commendam. **commendatario** I *a.* (*Rel*) commendatory. II *s.m.* commendator. **commendatizia** *f.* commendatory letter. **commendatizio** *a.* of recommendation, commendatory: *lettera* –*a* letter of recommendation, commendatory letter. **commendatore** *m.* **1** knight commander (of an Order of Chivalry). **2** (*It*) commendatore.

commensale *m.* **1** table companion. **2** (*Biol*) commensal. **commensalismo** *m.* (*Biol*) commensalism.

commensurabile *a.* (*Mat*) commensurable: *grandezze* –*i* commensurable quantities. **commensurabilità** *f.* commensurability.

commentare *v.t.* (**commento**) **1** to annotate: ~ *un testo* to annotate a text; (*illustrare, chiarire*) to write a commentary on, to expound, to comment: ~ *un passo della Bibbia* to write a commentary on a passage from the Bible. **2** (*esprimere un giudizio*) to comment upon, to talk about: ~ *un avvenimento* to talk about an event; ~ *le parole di qd.* to comment upon s.o.'s words. **3** (*giudicare sfavorevolmente*) to comment unfavourably upon, to criticize: *il suo comportamento è stato molto commentato* his behaviour has been greatly criticized. **commentario** *m.* commentary: *i Commentari di Cesare* Ceasar's Commentaries. **commentatore** *m.* (*f.* -trice) **1** annotator. **2** (*Rad,Cin,Giorn*) commentator: ~ *sportivo* sports commentator. **commento** *m.* **1** (*note illustrative*) commentary, annotations *pl*, explanatory notes *pl*, comments *pl*: *testo e* ~ text with explanatory notes; *fare il* ~ *a un testo* to write a commentary on a text, to annotate a text. **2** (*giudizio*) comment, remark: *il libro ha suscitato molti* –*i* the book has aroused a great deal of comment. **3** *pl.* (*pettegolezzi*) talk, gossip: *non mi piacciono i* –*i della gente* I don't like gossip. **4** *pl.* (*discussioni*) comment, argument, remarks *pl*: *obbedite senza* –*i* do as you're told without argument (*o* arguing). **5** (*alla radio, nel cinegiornale*) commentary; (*radiocronaca*) running commentary: *il* ~ *della partita* the running commentary on the match. □ ~ **critico** critical notes (*o* commentary); (*Cin*) ~ *musicale* background music.

commerciabile *a.* marketable, saleable: *prodotti* –*i* marketable products; (*rif. a titoli e sim.*) negotiable. **commerciabilità** *f.* marketability, saleability; (*rif. a titoli e sim.*) negotiability.

commerciale *a.* **1** (*che riguarda il commercio*) commercial, business-, trade-, trading, mercantile: *società* ~ trading company. **2** (*che riguarda la vendita*) sales-, marketing: *direzione* ~ sales management. **3** (*comune, dozzinale*) commercial: *prodotti* –*i* commercial products. □ **casa** ~ business (*o* commercial) house, firm, concern; **direttore** ~ sales manager; **lettere** –*i* business letters; (*Aer*) **linea** ~ commercial airline; **scienze** –*i* science of business management; **studi** –*i* commercial studies.

commercialista *m./f.* **1** (*studioso*) business expert, expert in economics and commerce; (*consulente*) business consultant. **2** (*avvocato*) expert (*o* lawyer specialized) in commercial law. **3** (*esperto contabile*) qualified accountant □ **dottore** ~ graduate in Economics and Commerce. **commercializzare** *v.t.* **1** to commercialize, to make marketable. **2** (*fig*) (*svilire*) to commercialize, to debase: ~ *l'arte* to commercialize art. **commercializzazione** *f.*

marketing, commercialization. **commercialmente** _avv._ commercially.

commerciante _m./f._ **1** dealer, trader. **2** (_negoziante_) shopkeeper, tradesman. □ ~ _di_ **bestiame** cattle (_o_ livestock) dealer; **fare** _il_ ~ to be in business (_o_ trade); ~ _di_ **ferramenta** ironmonger; ~ _all'_**ingrosso** wholesaler, wholesale dealer (_o_ merchant); ~ _al_ **minuto** retailer; ~ _di_ **tessuti** textile dealer; (_al dettaglio_) draper; ~ _di_ **vino** wine merchant.

commerciare _v._ (**commercio, commerci**) **I** _v.i._ (_aus._ **avere**) to trade, to deal (_in_ in): ~ _in antichità_ to deal in antiques, to be in the antique trade. **II** _v.t._ (_non com_) to trade in, to deal in: ~ _tessuti_ to trade in fabrics. □ ~ _all'ingrosso_ (_o_ _al_ _minuto_) to do wholesale (_o_ retail) business, to be in the wholesale (_o_ retail) trade.

commercio _m._ **1** trade, commerce, trading; (_rif. a merci determinate_) trade, business: _il_ ~ _della frutta_ the fruit trade; (_mercato_) market: _mettere in_ ~ to put on sale (_o_ the market). **2** (_traffico disonesto_) traffic, (illegal) sale. □ ~ **bancario** banking business; **camera** _di_ ~ Chamber of Commerce; **casa** _di_ ~ business house, firm, concern; ~ _al_ **dettaglio** retail trade; **esercitare** _il_ ~ to be in business (_o_ trade); _esercitare un_ ~ to carry on a business (_o_ trade); ~ _di_ **esportazione** export trade; **essere** _in_ ~: 1 (_rif. a cosa_) to be on sale (_o_ the market): _il prodotto che chiedete non è in_ ~ the product you require is not on the market; 2 (_rif. a persona_) to be in business (_o_ trade): _mio fratello è nel_ ~ _del caffè_ my brother is in the coffee trade; ~ **estero** foreign trade; (_fig_) **far** ~ _di qc._ to sell s.th.; (_fig_) _far_ ~ _di sé_ to sell o.s.; ~ _d'_**importazione** import trade; **industria** _e_ ~ industry and commerce; ~ _all'_**ingrosso** wholesale trade; ~ **interno** home (_o_ domestic, inland) trade; ~ **interstatale** interstate commerce; ~ **libero** free trade; **mettersi** _nel_ ~ to go ⸢in for trade⸣ (_o_ into business); **ministero** _del_ ~ Ministry of Commerce, ⟨GB⟩ Board of Trade, ⟨SU⟩ Department of Commerce; **paese** _a_ ~ _di stato_ state–trading country; **ritirarsi** _dal_ ~ to retire from business; ~ **triangolare** triangular (_o_ three–cornered) trade.

commessa[1] _f._ shop assistant, salesgirl, saleslady.

commessa[2] _f._ ⟨_Econ_⟩ order. □ ⟨_Ind_⟩ ~ _di lavorazione_ work order; _lavorazione su_ ~: 1 jobbing; 2 ⟨_Tip_⟩ job–printing.

commesso[1] _m._ **1** (_di negozio_) shop assistant, ⟨_am_⟩ salesclerk. **2** (_di ufficio_) clerk: ~ _di banca_ bank clerk; (_fattorino_) messenger, errand–boy; (_usciere_) usher: ~ _di Borsa_ Exchange usher. □ ~ _viaggiatore_ travelling salesman.

commesso[2] _m._ ⟨_Artig_⟩ mosaic work.

commesso[3] → **commettere**.

commessura _f._ **1** (_commettitura_) join(t), junction, juncture: _la_ ~ _delle travi_ the junction of the beams. **2** ⟨_Anat_⟩ commissure.

commestibile **I** _a._ eatable, edible: _funghi_ –_i_ edible mushrooms. **II** _s.m.pl._ foodstuffs _pl_, provisions _pl._ □ _generi_ –_i_ foodstuffs _pl; negozio di_ –_i_ grocery shop.

commettere _v._ (**commetto; commisi, commesso**) **I** _v.t._ **1** (_fare, compiere_) to commit, to do, to make, to perpetrate: ~ _un delitto_ to commit (_o_ perpetrate) a crime; ~ _un errore_ to make a mistake, to commit an error. **2** (_far combaciare_) to join (together), to fit (together), to joint: ~ _due assi_ to join two boards (together). **3** ⟨_Mecc_⟩ to assemble. **4** (_commissionare: rif. a lavori_) to commission, to order: ~ _una partita di merci_ to order a consignment of goods. **II** _v.i._ (_aus._ **avere**) (_combaciare_) to fit together (_o_ closely), to meet properly, to tally.

commettitura _f._ **1** (_il commettere_) fitting (together), joining (together). **2** (_punto di unione_) join(t), junction, juncture: _una_ ~ _invisibile_ an invisible join.

commiato _m._ **1** (_permesso di andare via_) permission to withdraw (_o_ depart), leave to depart: _chiedere_ ~ to ask permission (_o_ leave) to depart. **2** (_separazione_) leave–taking, parting: ~ _doloroso_ painful parting. **3** (_saluti_) leave–taking, farewells _pl._ **4** ⟨_Metr_⟩ envoi, envoy. □ _dar_ ~ _a qd._ to dismiss s.o.; _prendere_ ~ _da qd._ to take one's leave of s.o.

commilitone _m._ fellow soldier, ⟨_lett_⟩ comrade–in–arms,

⟨_am. fam_⟩ buddy.

comminare _v.t._ ⟨_Dir_⟩ to threaten; (_infliggere_) to inflict: ~ _una pena_ to inflict a punishment. **comminatoria** _f._ ⟨_Dir_⟩ notice in which a penalty is threatened, threat (of punishment). **comminatorio** _a._ threatening, comminatory, appointing a legal penalty □ _intimazione_ –_a_ notice threatening a penalty.

comminuto _a._ ⟨_Med_⟩ comminuted: _frattura_ –_a_ comminuted fracture. **comminuzione** _f._ ⟨_Med_⟩ comminution.

commiserare _v.t._ (**commisero**) **1** to sympathize with, to pity, to feel pity for, to commiserate: _ti commisero per la tua disgrazia_ I sympathize with you over your misfortune. **2** (_considerare con disprezzo_) to pity. **commiserazione** _f._ **1** (_viva compassione_) commiseration, sympathy, pity, compassion. **2** (_disprezzo_) pity. □ _provare_ ~ _per qd._ to feel sorry for s.o., to feel compassion for s.o., to sympathize with s.o.; _mi dette uno sguardo di_ ~ he gave me a pitying look. **commiserevole** _a._ ⟨_lett_⟩ pitiable.

commisi → **commettere**.

commissariato _m._ **1** (_carica_) commissionership, commissaryship. **2** (_sede_) commissioner's (_o_ commissary's) office; (_di polizia_) police station. **3** ⟨_Mil_⟩ commissariat. □ ~ _di_ **pubblica sicurezza** police station. **commissario** _m._ **1** (_incaricato temporaneo_) commissioner, commissary, provisional administrator: _l'amministrazione dell'ente fu affidata a un_ ~ the management of the body was entrusted to a provisional administrator. **2** (_di pubblica sicurezza_) police (_o_ detective) superintendent. **3** (_componente di una commissione_) commissioner, member of a committee (_o_ board): ~ _d'esami_ member of an examining board. **4** ⟨_Stor_⟩ (people's) commissar. **5** ⟨_Sport_⟩ official. □ ~ _alto_ ~ high commissioner; ~ _di bordo:_ 1 ⟨_Mar.mil_⟩ paymaster; 2 (_rif. a nave: da trasporto_) purser; (_da carico_) supercargo.

commissionare _v.t._ (**commissiono**) to order, to place an order for: ~ _un abito al sarto_ to order a suit from the tailor. **commissionario** **I** _s.m._ ⟨_Comm_⟩ commission (_o_ selling) agent. **II** _a._ commission–: _azienda_ –_a_ commission house. □ ~ _di borsa_ jobber, outside broker.

commissione _f._ **1** (_incarico_) commission, order, charge: _fare qc. per_ ~ _di qd._ to do s.th. ⸢by order of s.o.⸣ (_o_ on s.o.'s behalf). **2** ⟨_Comm_⟩ order: _si accettano_ –_i per conto del cliente_ we accept orders on the client's behalf; (_provvigione_) commission: _una_ ~ _del 2%_ a commission of 2%. **3** (_incombenza_) errand: _ho dovuto fare una_ ~ _per mia madre_ I had to run an errand for my mother. **4** _pl._ (_compere_) shopping: _la signora Rossi è uscita per_ –_i_ Mrs Rossi has gone out shopping. **5** (_comitato_) committee, board, commission: ~ _esaminatrice_ board of examiners. □ ~ _di_ **agenzia** agency commission (_o_ fee); –_i_ **bancarie** bank charges; ~ _delle_ **comunità** _europee_ Commission of the European Communities; ⟨_Dir_⟩ ~ _di_ **conciliazione** conciliation board; ~ _di_ **concorso** jury; _fatto su_ ~ made to order; ~ _d'_**inchiesta** committee of inquiry; ~ **interinale** interim commission; ~ **interna** shop committee; _membro della_ ~ _interna_ shop steward (_o_ chairman); **nominare** _una_ ~ to appoint a committee; ~ **parlamentare** parliamentary committee; ~ **sanitaria** medical board; ~ **selezionatrice** selection pannel.

commissivo _a._ ⟨_Dir_⟩ commissive.

commistione _f._ ⟨_lett_⟩ mixture, medley. **commisto** _a._ mixed (together), mingled.

commisurare _v.t._ **1** (_adeguare_) to (make) fit, to suit, to adapt: ~ _la punizione alla colpa_ to make the punishment fit the crime. **2** (_paragonare_) to compare. **commisurazione** _f._ **1** (_l'adeguare_) commensuration, proportioning, suiting. **2** (_il paragonare_) comparison.

committente _m./f._ **1** purchaser, customer: _le spese sono a carico del_ ~ cost to be charged to customer. **2** (_di un'opera d'arte_) client.

commodoro _m._ ⟨_Mar.mil_⟩ commodore.

commossi → **commuovere**. **commosso** (_p.p. di commuovere_) _a._ **1** moved, touched, affected: _sono profondamente_ ~ I am deeply touched; _essere_ ~ _fino alle lacrime_ to be moved to tears. **2** (_che esprime_ *commozione*) heartfelt, deep–felt: *parole –e* deep–felt words. **commotivo** *a:* ⟨*Med*⟩ *stato* ~ commotion. **commovente** *a.* touching, moving, affecting: *una storia* ~ a touching story. **commozione** *f.* **1** emotion, deep feeling: *ha detto poche parole rotte dalla* ~ he spoke a few words, choked with emotion. **2** ⟨*Med*⟩ concussion: ~ *cerebrale* concussion (of the brain). □ *il fatto ha destato viva* ~ the fact caused a great stir; *essere facile alla* ~ to be easily moved, to be emotional; *provare* ~ to be moved (*o* touched). **commuovere** *v.t.* (**commossi, commosso**) to move, to touch, to affect, to stir: ~ *l'animo di qd.* to move s.o. deeply; *non lasciarti* ~ *dalle sue lacrime* don't be moved by her tears; (*impietosire, intenerire*) to arouse the pity (*o* sympathy) of. **commuoversi** *v.r.* to be moved (*a* by), to be touched (by, at), to be affected (by): *commuoversi fino alle lacrime* to be moved to tears; *commuoversi alle sventure altrui* to be affected by other people's misfortunes. **commutabile** *a.* commutable. **commutabilità** *f.* commutability. **commutare** *v.t.* **1** to commute, to change, to alter. **2** ⟨*Dir,Mat*⟩ to commute: *la pena di morte è stata commutata nell'ergastolo* the death penalty has been commuted to life imprisonment. **3** ⟨*El*⟩ to commute, to commutate, to change (*o* switch) over. **commutarsi** *v.r.* to change over, to be inverted (*o* reversed). **commutatività** *f.* ⟨*Mat*⟩ commutativity. **commutativo** *a.* ⟨*Dir,Mat*⟩ commutative: *proprietà –a* commutative property. **commutatore I** *s.m.* **1** (*f.* -trice) changer, transformer. **2** ⟨*El*⟩ switch, commutator. **3** ⟨*Tel*⟩ switchboard. **II** *a.* commu(ta)ting. □ ⟨*El*⟩ ~ **automatico** automatic switch; ~ **elettrico** current reverser, cut–out; ~ **elettronico** electronic switch; ~ *di* **frequenza:** 1 ⟨*El*⟩ frequency changer; 2 ⟨*Rad*⟩ wave–change switch; ~ *delle luci abbaglianti* dimmer, anti–glare (*o* anti–dazzle) switch; ⟨*Rad*⟩ ~ *di* **messa** *a* terra earthing (*o* grounding) switch; ~ **telefonico** telephonic switch; ⟨*El*⟩ ~ *di alta* **tensione** high–tension switch. **commutatorista** *m.* switchboard operator. **commutatrice** *f.* ⟨*El*⟩ commutator, commutating machine. **commutazione** *f.* **1** commutation, changing, alteration; (*inversione*) reversal. **2** ⟨*Dir,Mat*⟩ commutation: *chiederà la* ~ *della pena* he will request the commutation of the penalty. **3** ⟨*El*⟩ change–over, switching, change of connection. □ ⟨*Tel*⟩ ~ **automatica** automatic switching (*o* change over); ⟨*El*⟩ ~ *dei* **circuiti** circuit switching; ~ *di* **corrente** switching of the current; **leva** *di* ~ commutation lever; ⟨*Tel*⟩ **quadro** *di* ~ switchboard. **comò** *m.* ⟨*Arred*⟩ chest of drawers, ⟨*am*⟩ chiffonier. **comodamente** *avv.* **1** comfortably, snugly, cosily: *starsene* ~ *seduto in poltrona* to be comfortably seated in an armchair. **2** (*facilmente*) easily: *arriverò* ~ *per le tre* I shall arrive easily by three o'clock. **comodante** *m./f.* ⟨*Dir*⟩ lender, bailor. **comodatario** *m.* (*f.* -a) commodatary, bailee. **comodato** *m.* commodatum, free loan. **comodino**[1] *m.* ⟨*Arred*⟩ bedside table, night table, nightstand. **comodino**[2] *m.* **1** ⟨*gerg*⟩ stand–in. **2** ⟨*estens*⟩ second–rate actor. **3** (*telone*) drop scene. **comodità** *f.* **1** (*l'essere comodo*) comfort, comfortableness. **2** (*cosa che arreca comodo*) convenience, comfort: *la mia casa ha tutte le* ~ *moderne* my house has all modern conveniences (*o* comforts). **3** ⟨*fig*⟩ convenience: *ho la* ~ *di avere l'ufficio a pochi passi da casa* having the office only a short walk from home is a great convenience. □ *per vostra* ~ for your convenience; ⟨*Comm*⟩ ~ *di pagamento* easy terms. **comodo I** *a.* **1** comfortable: *una poltrona –a* a comfortable armchair; (*rif. ad ambiente piccolo e accogliente*) cosy, snug: *una casetta –a* a cosy little house; (*che non presenta difficoltà*) easy, smooth: *un* ~ *viaggio in macchina* an easy journey by car; *la strada è –a* the road is smooth; (*facilmente raggiungibile*) accessible, handy: *la spiaggia più –a da Roma è Ostia* the most accessible beach from Rome is Ostia; *l'ufficio è* ~, *per andarci*

impiego solo dieci minuti the office is handy: it takes me only ten minutes to get there. **2** (*ampio: rif. a indumenti*) easy–fitting, loose–fitting, comfortable: *scarpe –e* easy–fitting shoes; *una bella giacca –a* a nice comfortable jacket; (*pratico*) sensible: *scarpe –e per camminare* sensible walking shoes. **3** (*opportuno*) good, convenient, opportune: *è un'ora –a per fare una visita* it's a good time to pay a visit. **4** (*rif. alla vita: agiato*) comfortable: *amo la vita –a* I love a ⌐comfortable life⌐ (*o* life of comfort). **5** (*conveniente, solo pred.*) convenient: *mi è più* ~ *partire subito* it's more convenient for me to leave at once. **6** (*utile, solo pred.*) useful, handy: *può essere* ~ *conoscere le lingue straniere* it can be useful to know foreign languages; *questa è una macchinetta molto –a per città* this is a very handy little car for town use. **7** (*rif. a persona: che agisce senza fretta*) unhurried, easy–going. **8** (*rif. a tempo: abbondante*) good, whole, full: *ci hai messo un'ora –a per vestirti* you took a good hour to dress. **II** *s.m.* **1** comfort, convenience: *i –i della vita* the comforts of life; *questo è un gran* ~ this is a great convenience. **2** (*convenienza, vantaggio*) convenience; (*agio*) ease. □ *non posso aspettare il tuo* ~ I can't wait upon your convenience; ⟨*Comm*⟩ **cambiale** *di* ~ accommodation bill; **con** ~ (*senza fretta*) at one's convenience: *i soldi me li restituirai con* ~ you can give the money back to me at your convenience; *fai pure con* ~, *non ho fretta* take your time, I'm in no hurry; **far** ~: 1 (*riuscire utile*) to be useful (*o* handy, convenient), ⟨*fam*⟩ to do nicely: *far* ~ *a qd.* to be useful to s.o., to be (*o* come in) handy (*o* convenient) for s.o.; *mi farebbe proprio* ~ *avere una giornata libera* I could just do with a day off, a day off would come in very handy for me; 2 (*essere d'aiuto*) to be a help; 3 (*garbare*) to please (*costr. pers. o impers.*), to suit, to like (*costr. pers.*): *se ti fa* ~ if it suits you, if you like; *fare il proprio* ~ to do (just) as one likes (*o* pleases), to please o.s.: *fa sempre il* ~ *suo* he always does just as he likes; *fare il* ~ *degli altri* to do what suits others; *casa* **fornita** *di tutti i –i* house equipped with every convenience (*o* comfort); **prendersela** *–a* to take one's time, to take it easy; **star** ~ to be comfortable (*o* snug, cosy): *si sta –i su questa poltrona* it is very comfortable in this armchair, this armchair is very comfortable; *stia* ~ (*non si alzi*) please don't get up; (*non si disturbi*) please don't trouble. **Comore** *N.pr.f.pl.* ⟨*Geog*⟩ (the) Comoros. **compact disc** *ingl. m.* ⟨*Inform*⟩ compact disc. **compaesano** *m.* (*f.* -a) **1** fellow villager, fellow townsman. **2** (*compatriota*) fellow countryman. □ *essere –i* to come from the same town (*o* country). **compagine** *f.* **1** (*connessione*) connexion, (interconnected) whole, compages *pl.* **2** ⟨*fig*⟩ (*coesione perfetta*) union, unity, structure: *la* ~ *di una squadra sportiva* the unity of a sports team. □ *la* ~ *dei giocatori* the team (taken as a whole); *la* ~ *ministeriale* the Cabinet; ~ *dello stato* structure of the State. **compagna** *f.* **1** companion, friend; (*nei composti*) mate, fellow: ~ *di viaggio* travelling companion, fellow traveller. **2** (*di scuola*) school friend, schoolmate. **3** (*di giochi*) playmate, playfellow. **4** (*dama al ballo*) partner. **5** (*in un gioco*) partner. **6** (*moglie*) wife, (life) companion: *fu la fedele* ~ *della sua vita* she was his faithful life companion; (*amante*) lover; (*amica*) girlfriend. **7** (*rif. a cose*) companion, twin, fellow, other: *ho trovato la scarpa sinistra ma non vedo la* ~ I've found the left shoe but I can't see its fellow. **8** ⟨*Pol*⟩ comrade. **compagnia** *f.* **1** company, companionship: *quel ragazzo non ama la* ~ that boy doesn't like company. **2** (*complesso di persone*) company, group, band, party: *una rumorosa* ~ *di ragazzi* a noisy ⌐group of boys⌐ (*o* band of youngsters); *faremo una gita con tutta la* ~ we'll go on a trip with the whole group. **3** (*società commerciale*) company: ~ *di navigazione* steamship (*o* navigation) company. **4** (*ordine religioso*) society, confraternity. **5** ⟨*Teat,Mil*⟩ company: *una* ~ *di attori girovaghi* a company of strolling players. □ ~ **aerea** aviation (*o* airline) company; ⟨*Teat*⟩ ~ **ambulante** touring (*o* travelling) company; ⟨*Mar*⟩ ~ **armatoriale** shipping company; ~ *di* **assicurazione** insurance (*o* assurance) company; ~ *di*

bandiera: 1 ⟨*Aer*⟩ national airline company; 2 ⟨*Mar*⟩ national shipping company; ⟨*fam*⟩ *e* ~ **bella** and so on, and co., etc.: *è venuto Paolo e* ~ *bella* Paolo and co. came; *le* **cattive** *–e* bad company; **cercare** ~ to seek company; **dama** *di* ~ lady-companion; (*a corte*) lady-in-waiting; *essere* **di** ~ to be good company, to be sociable (*o* companionable): *quel ragazzo è molto di* ~ that lad is very good company; ⟨*Mil*⟩ ~ *di* **disciplina** disciplinary company, ⟨*am*⟩ fatigue (*o* punishment) squad; ⟨*Teat*⟩ ~ **drammatica** theatrical company; **evitare** *la* ~ *di qd.* to avoid s.o.'s company; **fare** ~ *a qd.* to keep (*o* bear) s.o. company; ⟨*Rel*⟩ ~ *di* **Gesù** Society of Jesus; *essere* **in** ~ *di qd.* to be ʾ(in company) with s.o.ʾ (*o* in s.o.'s company); *essere in dolce* ~ to be with one's sweetheart; ⟨*Stor*⟩ ~ *delle* **Indie** *Orientali* East India Company; ⟨*Teat*⟩ ~ **stabile** permanent (*o* repertory) company; ⟨*Mediev*⟩ ~ *di* **ventura** band of mercenaries.

compagno I *s.m.* 1 companion, mate, friend, ⟨*fam*⟩ chum, ⟨*am*⟩ buddy; (*nei composti*) fellow, mate: ~ *di viaggio* travelling companion, fellow traveller. 2 (*di scuola*) schoolmate, schoolfriend. 3 (*di giochi*) playmate, playfellow. 4 (*cavaliere al ballo*) partner. 5 (*in un gioco*) partner. 6 (*marito*) life companion, mate: *fu il* ~ *della sua vita* he was her life companion. 7 ⟨*Comm*⟩ (*socio*) partner: *ditta Rossi e –i* Messrs Rossi and partners, Rossi and Company. 8 (*rif. a cose*) other, fellow, twin: *trovo un solo guanto, forse ho perso il* ~ I can only find one glove, perhaps I've lost its fellow. 9 ⟨*Pol*⟩ comrade. II *a.* 1 (*uguale*) like (this): *dove lo trovi un vino* ~*?* where can you find a wine like this?; (*corrispondente*) corresponding. 2 (*rif. a oggetti appaiati*) other, fellow, matching, companion–: *la scarpa –a* the matching shoe. □ ~ *d'*armi companion–in–arms, fellow soldier; ~ *di carcere* prison mate; *i* **cattivi** *–i* bad company; ~ *di* fede fellow believer, coreligionist, person of the same faith; ⟨*Pol*⟩ ~ *di* **lista** fellow candidate; ~ *di* **partito** fellow member of a party; (*nei partiti socialisti*) comrade; *avere qd.* **per** ~ to have s.o. as one's partner (*o* companion); ~ *di* **prigionia** fellow prisoner; *essere stati –i di* **scuola** to have been at school together; ~ *di* **squadra** team mate; ⟨*Stor*⟩ *–i di* **strada** fellow–travellers; ~ *di* **sventura** companion in misfortune.

compagnone *m.* (*f.* **-a**) boon (*o* merry, jolly) companion, gay fellow.

compaio → **comparire.**

companatico *m.* something eaten with bread. □ *pane e* ~ bread and something else.

comparabile *a.* comparable (*a* with, to). **comparare** *v.t.* (**comparo/comparo**) ⟨*non com*⟩ to compare. **comparatista** *m./f.* comparativist. **comparativo** I *a.* comparative (*anche* Gramm.): *studio* ~ *delle lingue classiche* comparative study of classical languages. II *s.m.* ⟨*Gramm*⟩ comparative: *il* ~ *di «cattivo» è «peggiore»* the comparative of "cattivo" is "peggiore". □ ⟨*Gramm*⟩ *proposizione –a* comparative clause; ~ *di uguaglianza* comparative of equality. **comparato** *a.* comparative: *anatomia –a* comparative anatomy; *letteratura –a* comparative literature. **comparatore** *m.* ⟨*tecn*⟩ comparator, gauge. **comparazione** *f.* 1 ⟨*Ling,Gramm,Statist*⟩ comparison: ~ *linguistica* linguistic comparison. 2 ⟨*Ret*⟩ (*similitudine*) simile. □ ⟨*Gramm*⟩ *gradi di* ~ degrees of comparison.

compare *m.* 1 (*padrino: di battesimo*) godfather, sponsor (at baptism): *far da* ~ *a un bambino* to stand godfather to a baby; (*di cresima*) sponsor (at confirmation). 2 ⟨*fam*⟩ (*vecchio amico*) old friend, ⟨*fam*⟩ crony; (*come titolo davanti a nome proprio*) Master. 3 (*complice*) accomplice, confederate: *il ladro e il suo* ~ *sono stati arrestati* the thief and his accomplice have been arrested; (*chi fa da spalla*) stooge. □ ~ *d'anello* best man.

comparente *m./f.* ⟨*Dir*⟩ appearing party.

comparire *v.i.* (**comparisco/compaio, comparisci/compari; comparvi/comparii/comparsi, comparso;** *aus.* **essere**) 1 (*presentarsi all'improvviso*) to appear, to make an appearance, ⟨*fam*⟩ to turn up. 2 (*presentarsi*) to put o.s. forward, to present o.s., to stand, to appear: *compare come candidato alle elezioni* he is standing as an election

candidate. 3 (*uscire: rif. a libri*) to appear, to come out. 4 (*sembrare, apparire*) to seem, to look, to appear, to have an (*o* the) appearance of: *vuoi* ~ *onesto* you want to seem honest; *non vuole* ~ *fra i donatori* he doesn't wish to appear as one of the donors. 5 (*essere notato*) to stand out, to be noticed: *desidera solo* ~ *his one desire is to be* noticed. □ ⟨*Dir*⟩ *essere* **citato** *a* ~ to be summoned to appear, to be subpoenaed; ⟨*Dir*⟩ ~ **come** *teste* to appear as witness; *non mi* ~ **più** davanti don't let me set eyes on you again; ⟨*Dir*⟩ ~ ʾ*davanti al* **giudice**ʾ (*o in giudizio*) to appear before the court; ~ *in* **pubblico** to appear in public, to make a public appearance; ~ *in* **sogno** *a qd.* to appear in a dream to s.o.

comparizione *f.* appearance (*anche* Dir.): ~ *in giudizio* appearance in court. □ ⟨*Dir*⟩ *ordine* (*o mandato*) *di* ~ summons (to appear); (*rif. a testimoni*) subpoena.

comparsa *f.* 1 appearance (*anche* Dir.): *fece una* ~ *al circolo e se ne andò* he put in an appearance at the club and then went away. 2 ⟨*Cin*⟩ (film) extra; ⟨*Teat,TV*⟩ walker-on, ⟨*fam*⟩ super; (*che ha un minimo di dialogo*) bit actor. □ ⟨*fig*⟩ *far da* ~ (*non prendere parte attiva*) to be a mere onlooker; *parte* **da** ~ walk-on (part); (*con un minimo di dialogo*) bit part; *è stato alla riunione solo per* ~ he went to the meeting only to put in an appearance. **comparsata** *f.* ⟨*Cin*⟩ part as an extra; ⟨*Teat,TV*⟩ walk-on. **comparsi, comparso** → **comparire.**

compartecipare *v.i.* (**compartecipo;** *aus.* **avere**) 1 to share, to participate (*a, in* in): ~ *agli utili* to share (in) the profits. 2 ⟨*Comm*⟩ to be a shareholder, to have an interest (in a business). **compartecipazione** *f.* 1 (*il compartecipare*) sharing, participating, partaking (*a, in* in): ~ *a* (*o in*) *un'impresa* sharing in an undertaking; ~ *agli utili* profit-sharing. 2 (*parte spettante al compartecipe*) share. 3 (*complicità*) complicity, part, involvement (*in*): ~ *a* (*o in*) *un delitto* part in a crime. □ ~ *agraria* (*o collettiva*) share farming; *in* ~ jointly; ⟨*Comm*⟩ *in* joint account; *azienda in* ~ copartnership. **compartecipe** I *a.* 1 participating, sharing, partaking (*a, in* in): ~ *agli utili* profit-sharing. 2 (*complice*) associated, involved, concerned (in). II *s. m./f.* joint sharer.

compartimentale *a.* departmental: *ufficio* ~ departmental office. **compartimentazione** *f.* 1 division into compartments. 2 ⟨*Mar*⟩ subdivision.

compartimento *m.* 1 (*suddivisione*) division, compartment, section: *lo scaffale è diviso in quattro –i* the shelf is divided into four sections. 2 ⟨*Ferr,Mar*⟩ compartment. 3 (*circoscrizione amministrativa*) department, administrative district. □ ~ **ferroviario** railway administrative sector; ⟨*Ferr*⟩ ~ *per* fumatori smoker; ~ **marittimo** coastal sector; ~ **riservato** reserved compartment; ⟨*Mar*⟩ ~ **stagno** watertight compartment (*anche fig.*).

compartizione *f.* 1 (*il compartire*) division, distribution, sharing. 2 (*suddivisione*) (sub–)division, compartment, section. **comparto** *m.* 1 (*ripartizione*) section, division, compartment: *riempire un* ~ *della libreria* to fill a section of the bookcase. 2 ⟨*Econ*⟩ section.

comparvi → **comparire.**

compassato *a.* 1 (*rif. a persone*) stiff, formal, self-controlled, cool and collected. 2 (*rif. a gesti*) deliberate, measured: *andatura –a* measured gait; (*rif. a parole*) measured, restrained, studied: *eloquenza –a* studied eloquence.

compassionare *v.t.* (**compassiono**) to sympathize with, to feel compassion for, to pity: *tutti lo compassionavano per la sua disgrazia* everybody sympathized with him over his misfortune.

compassione *f.* 1 compassion (*per* on), pity, sympathy (for): *provare* ~ *per qd.* to feel pity for s.o., to sympathize with s.o. 2 ⟨*spreg*⟩ (*disprezzo*) pity. □ *degno di* ~ worthy of compassion, pitiable; **far** ~ to arouse pity: *il suo stato le faceva* ~ the state he was in aroused her pity; **mostrare** ~ *per qd.* to take pity on s.o.; **muoversi** *a* ~ to be moved to pity; **per** ~ out of pity; **sguardo** *di* ~ look full of pity, look of compassion; ⟨*spreg*⟩ **pitying** look.

compassionevole *a.* 1 (*che suscita compassione*) pitiable, pathetic, pitiful: *condizioni –i* pitiful conditions. 2 (*che* *prova compassione*) compassionate, pitiful, sympathetic: *animo* ~ compassionate soul.

compasso *m.* **1** (pair of) compasses *pl;* (*da tracciatore*) callipers *pl.* **2** ⟨*Mar*⟩ (*bussola magnetica*) compass. □ ~ *ad* **arco** *e molla* spring callipers; ~ *in* **asta** gauge; ~ *a* **balaustra** bow compasses; ~ *a* **molla** spring callipers; ~ *a* **punte** *fisse* dividers *pl;* **scatola** *di* –*i* set of drawing instruments.

compatìbile *a.* (*conciliabile*) compatible: *spesso il lavoro non è* ~ *con lo studio* work and study are often not compatible; (*coerente*) consistent: *questo comportamento non è* ~ *con le tue idee* this behaviour is not consistent with your ideas. **compatibilità** *f.* (*l'essere conciliabile*) compatibility (*anche Inform.*): ~ *di due cariche* compatibility of two appointments; ~ *di due caratteri* compatibility of two characters; (*coerenza*) consistency. □ ⟨*Inform*⟩ ~ *di programmi* program compatibility. **compatibilménte** *avv.* compatibly, in line, in so far as ... allows: ~ *con le esigenze di servizio* in so far as duty allows. □ ~ *con i miei impegni, verrò a casa tua* engagements permitting, I'll come to your house.

compatimènto *m.* **1** (*indulgenza*) indulgence, forbearance. **2** (*commiserazione*) sympathy, commiseration, compassion, pity; (*disprezzo*) condescension, pity. **compatìre** *v.t.* (**compatìsco, compatìsci**) **1** (*provare compassione*) to commiserate (with), to pity, to be sorry for, to sympathize with: *compatisco assai quell'uomo per le sue disgrazie* I really pity that man for all his misfortunes. **2** (*perdonare*) to forgive; (*trattare con indulgenza*) to make allowances for, to be indulgent towards; (*scusare*) to excuse, to justify: ~ *i difetti di qd.* to excuse s.o.'s faults. **3** (*trattare con disprezzo*) to be sorry for. □ *farsi* ~ (*esporsi al ridicolo*) to make a pitiful exhibition of o.s.

compatriò(t)ta *m./f.* compatriot, fellow countryman (*f* –woman).

compàtta *f.* **1** ⟨*Fot*⟩ compact camera. **2** ⟨*Aut*⟩ compact car.

compattàre *v.t.* **1** ⟨*tecn*⟩ to compact. **2** (*rif. a rifiuti*) to compress. **compattatóre** *m.* compactor: ~ *per rifiuti* waste compactor. **compattazióne** *f.* compacting, compaction. □ ⟨*Inform*⟩ ~ *dei dati* data compaction.

compattézza *f.* **1** compactness, closeness: *la* ~ *di un tessuto* the closeness (*o* close weave) of a material; (*rif. a terreno, legno*) hardness. **2** ⟨*fig*⟩ unity, solidarity: *la* ~ *di un partito* the solidarity of a party, the united front presented by a party. **3** ⟨*Min*⟩ compact texture. **compàtto** *a.* **1** compact, close; (*rif. a stoffa*) closely–woven, close; (*rif. a maglieria*) close–knit; (*solido*) solid: *roccia* –*a* solid rock; (*rif. a terreno, legno*) hard: *legno* ~ hardwood; (*rif. a minerali*) ⟨*pred*⟩ of compact texture. **2** ⟨*fig*⟩ (*denso, fitto: rif. a persone*) thick, dense, close–packed: *folla* –*a* dense crowd; *formare un gruppo* ~ to form a close–packed group. **3** ⟨*fig*⟩ (*concorde, unito*) united, closely–knit: *un partito* ~ a united party. **4** ⟨*Aut*⟩ compact. □ *i ferrovieri aderirono* –*i allo sciopero* the railwaymen supported the strike to a man.

compendiàre *v.t.* (**compèndio**) **1** (*riassumere*) to summarize, to abstract, to abridge: *hanno compendiato la storia del Risorgimento in un volume* they have summarized the history of the Risorgimento in one volume. **2** (*trattare in modo sintetico*) to outline, to give a concise account of: *in questo volume sono compendiati cento anni della nostra storia* this volume gives a concise account of a hundred years of our history. □ *in queste parole si compendia il suo pensiero filosofico* his philosophy is epitomized in these words. **compendiàrio** *a.* → **compendioso**. **compendiatóre** I *s.m.* (*f.* -trice) abridger, summarizer. II *a.* summarizing, synthetizing. **compèndio** *m.* **1** (*riassunto*) summary, abridgement, compendium, précis, digest. **2** (*trattato breve e sintetico*) compendium, epitome, outlines *pl.* **3** ⟨*fig*⟩ (*sintesi*) synthesis, mixture, complex: *la vita è un* ~ *di gioie e di dolori* life is a mixture of joy and grief; (*rif. a persone*) quintessence: *essere un* ~ *di virtù* to be the quintessence of virtue. □ ~ *statistico* digest (*o* abstract) of statistics. **compendiosità** *f.* brevity, shortness, conciseness. **compendióso** *a.* brief, concise, shortened, pithy: *discorso*

~ pithy speech; *descrizione* –*a* brief decription.

compenetràbile *a.* (inter)penetrable, permeable. **compenetrabilità** *f.* penetrability, permeability. **compenetràre** *v.t.* (**compènetro**) **1** to permeate (through, among), to penetrate (into): *il catrame ha compenetrato la massicciata* the tar has penetrated the roadbed. **2** ⟨*fig*⟩ (*pervadere*) to pervade, to imbue, to fill, to permeate: *sono compenetrato da una grande commozione* I am filled with great emotion. **compenetràrsi** *v.r.* **1** ⟨*recipr*⟩ to interpenetrate: *le due sostanze si compenetrano* the two substances interpenetrate. **2** ⟨*fig*⟩ (*essere conscio*) to be fully aware (*di* of), to realize: *compenetrarsi dell'importanza dei propri compiti* to be fully aware of the importance of one's tasks; (*immedesimarsi*) to feel deeply (s.th.): *compenetrarsi del dolore altrui* to feel other people's grief deeply. **compenetrazióne** *f.* (inter)penetration, permeation.

compensàbile *a.* **1** that may be compensated (*o* rewarded). **2** (*indennizzabile*) indemnifiable. **compensabilità** *f.* compensability. **compensàre** *v.t.* (**compènso**) **1** (*equilibrare, bilanciare*) to compensate (for), to make up for, to offset, to counterbalance: *i vantaggi compensano gli svantaggi* the advantages compensate (*o* make up for) the disadvantages; *il guadagno compensa le spese* the profits make up for the expenses. **2** (*ricompensare*) to reward, to make up, to compensate: *la bella notizia mi compensò di tante preoccupazioni* the good news compensated (*o* made up) for all my worry; *lo compensò con un sorriso* she rewarded him with a smile. **3** (*retribuire*) to pay, to remunerate, to reward: ~ *qd. per un lavoro* to pay s.o. for his work. **4** (*risarcire*) to pay compensation, to indemnify, to compensate (*di* for): *questo denaro ti compenserà del danno subito* this money will compensate you for the damage you have incurred. **5** ⟨*Psic*⟩ to compensate. **compensàrsi** *v.r.* to make up for e.o., to set e.o. off, to balance e.o., to compensate e.o.: *i vantaggi e gli svantaggi si compensano* the advantages and disadvantages ⌜compensate each other⌝ (*o* balance out). **compensatìvo** *a.* compensatory, compensating, compensation–.

compensàto *m.* (*legno compensato*) plywood: *rivestimento di* ~ plywood panelling.

compensatóre *a./s.* (*f.* -trice) I *a.* compensatory, compensation–, compensating, balance–. II *s.m.* **1** ⟨*Mecc,Ott,El*⟩ compensator. **2** ⟨*Aer*⟩ tab. **3** ⟨*Rad*⟩ trimmer, trimming condenser. **compensazióne** *f.* **1** compensation, making up; (*compenso*) remuneration, pay; (*premio*) reward; (*indennità*) indemnity. **2** ⟨*Dir*⟩ compensation, set-off. **3** ⟨*Econ*⟩ clearing, set-off. **4** ⟨*Fis,Psic*⟩ compensation. **5** ⟨*Mecc*⟩ compensation, adjustment. □ ~ *della bussola* compass compensation; *metodo di* ~ compensation method; ⟨*Comm*⟩ *stanza di* ~ clearing-house; *tassa di* ~ compensation tax.

compènso *m.* **1** (*ricompensa*) reward, recompense, repayment, compensation: *anche un semplice grazie sarà un* ~ *sufficiente al mio lavoro* just a simple thank–you will be sufficient reward for my work. **2** (*retribuzione*) remuneration, pay, recompense, ⟨*am*⟩ compensation: *il lavoro è faticoso e il* ~ *è scarso* the work is hard and the pay is low; (*onorario*) fee. **3** (*risarcimento*) compensation, indemnity: *ricevette una somma di denaro come* ~ *delle perdite subite* he received a sum of money as compensation for the loss incurred. □ *dietro* ~ for money; *in* ~: 1 to make up for it, in compensation: *lavoro sodo, ma in* ~ *ho molte soddisfazioni* I work hard, but I get a lot of satisfaction to make up for it; 2 (*in cambio*) in return, in exchange: *in* ~ *delle sue gentilezze* in return for all her kindness; **lauto** ~ generous reward; ~ **simbolico** token payment.

compera, comperàre → **compra, comprare**.

competènte I *a.* **1** (*esperto*) qualified, expert, competent: *non sono* ~ *in materia* I'm not ⌜qualified to speak⌝ (*o* an expert) on this subject. **2** (*che ha autorità*) competent, right, ⟨*pred*⟩ in charge, ⟨*pred*⟩ concerned: *ministero* ~ Ministry concerned. **3** ⟨*Dir*⟩ competent: *tribunale* ~ competent court. **4** (*adeguato*) fair, adequate: *mancia* ~ fair tip. II *s.m./f.* expert: *chiedere il giudizio di un* ~

to ask an expert's opinion; (*d'arte*) connoisseur.

competenza *f.* **1** (*esperienza*) competence, skill, ability, experience: *ho poca ~ in matematica* I have little ability in mathematics; (*autorevolezza*) authority: *può parlare con sicura ~ su ogni ramo della matematica* he can speak with authority on every branch of mathematics. **2** (*pertinenza*) province, competence: *il fatto non è di ~ di questo ufficio* the matter does not lie within the province (*o* competence) of this office; *la faccenda non è di mia ~* the matter is 'no concern of mine' (*o* outside my province). **3** ⟨*Dir*⟩ competence: *il processo è di ~ del tribunale dei minorenni* the action falls within the competence of the Juvenile Court. **4** *pl.* (*onorario*) fee, fees *pl:* *le ~e dell'avvocato* the lawyer's fee. □ *avere ~ in una data materia* to be skilled in a certain subject; *−i bancarie* bank charges, bank commission *sing*; *~ esclusiva* exclusive competence, sole jurisdiction; *essere di ~ di qd.* to lie within the province of s.o., ⟨*fam*⟩ to be up to s.o.: *non è di tua ~ prendere una decisione definitiva* it is not for (*o* up to) you to take a final decision; **sfera** *di ~* scope of authority; ⟨*Dir*⟩ *~ per* **territorio** territorial (*o* geographical) jurisdiction.

competere *v.i.* (no past participle) **1** (*gareggiare*) to compete, to vie: *~ per un premio* to compete for a prize. **2** (*reggere il confronto*) to compete, to vie (*con* with); (*rivaleggiare*) to rival, to challenge (s.th.): *non posso ~ con la tua esperienza* I cannot rival (*o* compete) with your experience. **3** (*spettare*) to be due (*o* owing), to belong (*a* to): *avrai ciò che ti compete* you will have what is due to you. **4** ⟨*Dir*⟩ to lie within the competence of.

competitività *f.* ⟨*Comm*⟩ competitiveness. **competitivo** *a.* competitive: *prezzi −i* competitive prices. **competitore** *m.* (*f.* **-trice**) competitor, rival: *non avere −i* to have no competitors, to be matchless. **competizione** *f.* competition, contest (*anche Sport.*): *~ sportiva* sports competition (*o* contest). □ ⟨*Aut*⟩ *da ~* racing: *automobile da ~* racing car, racer; *entrare in ~* to enter into competition.

compiaccio → compiacere. **compiacente** *a.* **1** (*cortese*) obliging, courteous: *essere ~ con tutti* to be obliging to everybody. **2** (*accomodante*) complaisant. **3** ⟨*spreg*⟩ (*rif. a donna: di facili costumi*) easy, fast. **compiacenza** *f.* **1** (*cortesia*) obligingness, courtesy, kindness: *fare qc. per ~* to do s.th. out of courtesy. **2** (*soddisfazione*) satisfaction, gratification: *il preside espresse la sua ~ per il buon andamento degli esami* the headmaster expressed his satisfaction at the good result of the examinations. □ *abbiate la ~ di indicarmi l'uscita* would you be so good (*o* kind) as to show me the way out; *sorriso di ~* condescending smile.

compiacere *v.* (compiaccio, compiaci; compiacqui, compiaciuto; → piacere) **I** *v.i.* (*aus.* avere) (*fare piacere*) to please, to satisfy, to gratify (*a qd.* s.o.): *per ~ a te ho dispiaciuto agli altri* to please you I have gone against the others. **II** *v.t.* (*accontentare*) to please, to content, to satisfy, to gratify: *cerco di compiacerti in tutto* I try to please you in everything. **compiacersi** *v.r.* **1** (*provare piacere*) to be pleased (*o* glad, delighted), to (take) delight: *quella donna si compiace delle marachelle di suo figlio* that woman takes delight in her son's pranks. **2** (*congratularsi*) to congratulate: *mi compiaccio con te per il successo avuto* I congratulate you on your success. **3** (*avere la cortesia*) to be good (*o* kind) enough, to be so good (*o* kind) as: *compiacetevi di ascoltarmi* please be so good as to listen to me; *il ministro si compiacque di ricevermi* the minister was good enough to receive me.

compiacimento *m.* **1** (*soddisfazione*) satisfaction, gratification. **2** (*congratulazione*) congratulations *pl:* *mi espresse il suo ~ per la promozione* he offered me his congratulations on my promotion. **compiaciuto** *a.* (*soddisfatto*) pleased, satisfied, delighted: *uno sguardo ~* a satisfied look; *era tutto ~ per il successo del libro* he was highly pleased at the success of the book. **compiacqui** → compiacere.

compiangere *v.t.* (compiango, compiangi; compiansi, compianto) **1** to pity, to sympathize with: *tutti lo compiansero per la sua disgrazia* everyone pitied him for

his misfortune. **2** (*rimpiangere*) to lament, to mourn: *morì compianto da tutti* he died mourned by all. **3** ⟨*spreg*⟩ (*compatire*) to pity, to be sorry for: *ti compiango perché non sai quello che fai* I'm sorry for you because you don't know what you are doing. **compiansi** → compiangere.

compianto[1] (*p.p. di compiangere*) *a.* late (lamented).

compianto[2] *m.* (*cordoglio*) mourning, grief, sorrow(ing): *morì fra il ~ di tutti gli amici* he died amidst the sorrowing of all his friends.

compiere *v.t.* (compio; compii/compiei, compiuto) **1** to carry out: *~ un'impresa difficile* to carry out a difficult task; (*terminare*) to finish (off), to complete: *~ gli studi* to finish one's studies. **2** (*fare, eseguire*) to do, to perform, to execute: *~ un esercizio* to do an exercise. **3** (*adempiere*) to fulfil, to accomplish, to carry out, to do: *~ il proprio dovere* to do (*o* carry out) one's duty. **4** (*commettere*) to commit: *~ un delitto* to commit a crime. **5** (*rif. a età*) to be, to turn: *ho già compiuto trent'anni* I'm already thirty. **compiersi** *v.r.* **1** (*giungere a termine*) to (come to an) end, to be over: *il viaggio si è compiuto senza incidenti* the journey came to its end without incident. **2** (*essere appagato*) to be satisfied, to be fulfilled: *si è compiuto il mio desiderio* my wish has been satisfied. **3** (*avverarsi*) to be fulfilled, to come true (*o* to pass): *la profezia si compì* the prophecy came true. □ *~ gli anni*: 1 to be: *ho compiuto vent'anni a marzo* I was twenty in March; 2 (*festeggiare il compleanno*) to have one's birthday: *ha compiuto gli anni la settimana scorsa* he had his birthday last week; *quando compi gli anni?* when is your birthday?; *~ una* **missione** to discharge a mission; ⟨*fam,iron*⟩ *per ~ l'opera* to finish things off, to crown everything, on top of it all: *per ~ l'opera mi si è guastata l'automobile* to finish things off my car broke down; *~ un percorso* to cover a distance.

compieta *f.* ⟨*Lit*⟩ compline.

compilare *v.t.* (compilo/compilo) **1** (*redigere*) to draw up, to compile, to make out (*o* up), to edit: *~ una lista* to draw up (*o* make) a list; *~ un'antologia* to compile (*o* edit) an anthology. **2** (*riempire*) to fill in (*o* out), to make out: *~ un questionario* to fill out a questionnaire. **3** ⟨*Inform*⟩ to compile. □ *~ una fattura* to make out a bill; *~ un modulo* to fill in a form. **compilatore** *m.* (*f.* **-trice**) compiler, editor: *il ~ dell'antologia* the compiler of the anthology. **2** ⟨*Inform*⟩ compiler. **compilazione** *f.* compilation, editing; (*di documenti*) drawing up, making out.

compimento *m.* **1** (*il compiere*) completion, end(ing), conclusion; (*rif. agli studi*) completion, end. **2** (*esecuzione*) execution, accomplishment, performance, carrying out: *il ~ di un lavoro* the performance of a task. □ *al ~ del mio cinquantesimo anno* when I reach(ed) fifty; *al ~ dei suoi studi* when she completes her studies; *portare a ~ qc.* to complete (*o* carry out) s.th., to finish s.th. **compire** *v.* (compisco, compisci; compii, compito) → compiere.

compitamente *avv.* politely, courteously.

compitare *v.t.* (compito) **1** to spell out. **2** (*leggere stentatamente*) to read laboriously (*o* with difficulty).

compitezza *f.* politeness, good manners, courtesy.

compito[1] *m.* **1** (*lavoro, incarico*) task, duty, ⟨*fam*⟩ job: *non è ~ mio* it's not my job; *il ~ è superiore alle mie capacità* the task is beyond my powers. **2** (*dovere*) duty: *è ~ mio aiutarti* it's my duty to help you. **3** ⟨*scol*⟩ exercise; (*a casa*) homework: *devo preparare i −i per domani* I must do my homework for tomorrow. □ *assegnare i −i* to assign tasks; (*a scuola*) to give homework; *~ in classe* written exercise, (piece of) classwork; *distribuzione dei −i* task setting; *~ scritto* written homework.

compito[2] (*p.p. di compire*) *a.* polite, well−mannered, well−bred: *una signora molto −a* a very well−mannered lady.

compiutamente *avv.* entirely, completely, fully, wholly, thoroughly. **compiutezza** *f.* **1** (*completezza*) completeness. **2** (*perfezione*) perfection. **compiuto** (*p.p. di compiere*) *a.* finished, completed, ⟨*pred*⟩ done: *saranno pagati a opera −a* they will be paid when the work is finished. □ *ha cinque anni −i* he has turned five; *fatto ~* fait accompli: *è stato messo davanti al fatto ~* he was presented with a fait accompli.

complanare *a.* ⟨*Geom*⟩ complanate. **complanarità** *f.* complanation.

compleanno *m.* birthday: *buon* ~ happy birthday. ☐ *auguri per il tuo* ~ many happy returns of the day; *festeggiare il* ~ *di qd.* to celebrate s.o.'s birthday.

complementare I *a.* **1** complementary (*anche Mat.*): *disposizioni -i* complementary provisions. **2** ⟨*Scol*⟩ (*non fondamentale*) subsidiary: *nella mia scuola l'inglese è materia* ~ at my school English is a subsidiary (*o minor*) subject. **II** *s.f.* ⟨*Econ*⟩ (*anche imposta complementare*) (supplementary) income tax. ☐ ⟨*Geom*⟩ *angolo* ~ complementary angle; *colori -i* complementary colours; ⟨*Univ*⟩ *esame* ~ examination in a subsidiary subject; ⟨*Econ*⟩ ~ *sul reddito* supplementary tax on income. **complementarità** *f.* complementarity. **complementazione** *f.* ⟨*Inform*⟩ complementing.

complemento *m.* **1** (*completamento*) completion, complement. **2** ⟨*Gramm*⟩ complement, object: ~ *indiretto* indirect object. **3** ⟨*Mil*⟩ reserve: *truppe di* ~ reserve (troops). **4** ⟨*Mat*⟩ complement. ☐ ~ *di causa* complement of cause; ~ **diretto** (*o* **oggetto**) direct object; ⟨*Gramm*⟩ ~ **indiretto** indirect object; ~ *di* **luogo** adverbial phrase of place; ~ *di* **tempo** adverbial phrase of time; ~ *di* **termine** indirect object; ⟨*Mil*⟩ *ufficiale di* ~ reserve officer.

complessare *v.t.* (**complesso**) to cause a complex (*qd.* to s.o.). **complessato I** *a.* ⟨*Psic*⟩ full of complexes. **II** *s.m.* (*f.* **-a**) person full of complexes.

complessione *f.* (*costituzione*) constitution: *essere di* ~ *robusta* to have a strong constitution.

complessità *f.* complexity, intricacy. **complessivamente** *avv.* in all, altogether, as a whole, on the whole: ~ *è stata una bella festa* on the whole it has been a good party. ☐ *la spesa ammonta* ~ *a dieci milioni* the total cost comes to ten million lire. **complessivo** *a.* total, inclusive, general, comprehensive: *la spesa -a fu di un milione* the total expenditure was one million lire; (*globale*) comprehensive: *visione -a della situazione* comprehensive survey of the situation. ☐ *entrata -a* gross income; *importo* ~ total (*o* aggregate) amount; *spese -e* total outlay.

complesso[1] *a.* **1** (*complicato*) complex, complicated: *una questione -a* a complex question; *l'intreccio del romanzo è assai* ~ the plot of the novel is quite complex. **2** ⟨*Mecc*⟩ complex: *meccanismo* ~ complex mechanism. **3** ⟨*Mat*⟩ complex, compound: *numero* ~ complex number.

complesso[2] *m.* **1** (*insieme*) whole, (whole) group, mass, collection, system: *un* ~ *imponente di edifici* an imposing mass (*o* group) of buildings. **2** (*organismo industriale*) group, unit, combine, trust, complex: ~ *editoriale* editorial group; (*stabilimento*) works *pl* (*costr. sing. o pl.*), plant. **3** (*gruppo, assieme meccanico*) assembly, unit. **4** ⟨*Psic*⟩ complex: ~ *d'inferiorità* inferiority complex. **5** ⟨*Mus*⟩ ensemble, company: ~ *corale* choral ensemble; ~ *di sonatori* ensemble of players; (*orchestra*) orchestra; (*orchestrina*) band; (*di musica beat*) group; (*quartetto*) quartet. ☐ *un* ~ *di* **circostanze** a (whole) series of circumstances, a number (*o* combination) of circumstances; ⟨*Psic*⟩ ~ *di* **colpa** guilt complex; **in** ~: 1 (*in generale*) on the whole, all things considered, all in all: *in* ~ *sono contento del lavoro* on the whole I am pleased with the work; 2 (*in tutto*) in all, altogether: *ho pagato in* ~ *diecimila lire* I paid ten thousand lire in all; *bisogna considerare il problema* **nel** *suo* ~ the problem must be considered as a whole; ~ **vitaminico** vitamin complex.

completamente *avv.* completely, utterly, quite, fully: *è* ~ *sbagliato* it is completely (*o* quite) wrong. **completamento** *m.* completion, completing, finishing (off). **completare** *v.t.* (**completo**) to complete, to finish: ~ *un elenco* to complete a list. ☐ ⟨*fam,iron*⟩ *per* ~ *l'opera* (*per colmo di disgrazia*) on top of it all, to top (*o* crown) it all. **completezza** *f.* completeness.

completo I *a.* **1** complete, full, entire, whole: *catalogo* ~ *delle pubblicazioni* complete catalogue of publications; *un resoconto* ~ a complete (*o* full) account. **2** (*assoluto*) entire, absolute, utter: *la festa è stata un* ~ *disastro* the party was an absolute wash-out. **3** (*pieno*) full(-up):

l'autobus è ~ the bus is full. **II** *s.m.* **1** ⟨*Sart*⟩ (*abito completo: da uomo*) suit; (*da donna: tailleur*) costume, suit; (*abito con giacca*) dress and jacket; (*due pezzi*) two-piece; (*rif. a golfini*) twinset. **2** (*nécessaire*) set: ~ *da toletta* dressing-table set. ☐ *microscopio* ~ *di* **accessori** microscope complete with fittings; **al** ~: 1 (*pieno*) full(-up); (*gremito*) packed (out); (*esaurito*) ⟨*pred*⟩ sold out: *il teatro era al* ~ the theatre was full (*o* packed out, sold out); 2 (*tutti presenti*) all present; *c'erano i professori al* ~ the whole teaching staff was there; *al gran* ~ in full force, at full strength: *la banda era presente al gran* ~ the band turned out in full force; **atleta** ~ all-round athlete; ⟨*Sart*⟩ ~ *di* **maglia** twin-set; *le* **opere** *-e di Shakespeare* the complete works of Shakespeare; *un* **pasto** ~ a complete meal; **pensione** *-a* full board and lodging; ~ *da* **sci** ski outfit.

complicanza *f.* ⟨*Med*⟩ complication.

complicare *v.t.* (**complico, complichi**) to complicate, to aggravate: *la tua presenza complica le cose* your presence complicates things; *il tuo modo di agire non fa che* ~ *la situazione* your way of behaving only aggravates the situation. **complicarsi** *v.r.* **1** (*diventare difficile*) to become (*o* get) complicated: *la situazione si complica sempre più* the situation is becoming more and more complicated. **2** (*diventare intricato*) to thicken: *l'intreccio si complica verso la fine* the plot thickens towards the end. **3** (*rif. a malattia: aggravarsi*) to worsen, to get worse. **complicato** *a.* **1** complicated, complex: *una questione -a* a complicated question. **2** (*rif. a stile*) involved. **complicazione** *f.* **1** complication: *-i burocratiche* bureaucratic complications; *non crearmi -i* don't create complications for me. **2** ⟨*Med*⟩ complication: *è sopravvenuta una* ~ *di carattere polmonare* a pulmonary complication has set in; *il malato è guaribile in dieci giorni salvo -i* the patient will be cured in ten days if no complications set in.

complice *m./f.* **1** ⟨*Dir*⟩ accomplice, party, accessory: *i -i del ladro si sono dileguati* the thief's accomplices got away; *essere* ~ *nel delitto* to be a party to the crime. **2** ⟨*estens*⟩ party, accomplice. ☐ ⟨*Dir*⟩ ~ *in un adulterio* co-respondent; *farsi* ~ *di qd.* to be s.o.'s accomplice, to (aid and) abet s.o. (*anche fig.*); ⟨*Dir*⟩ ~ *non necessario* accessory. **complicità** *f.* **1** ⟨*Dir*⟩ complicity. **2** ⟨*estens*⟩ help, aid: *acquistò il regalo con la* ~ *della mamma* he bought the present with the help of his mother. ☐ ⟨*Dir*⟩ ~ *nella fuga* aiding escape; ⟨*Dir*⟩ ~ *materiale* abetment.

complimentare *v.t.* (**complimento**) to compliment. **complimentarsi** *v.r.* to congratulate: *si complimentarono con me per la promozione* they congratulated me on my promotion. **complimento** *m.* **1** compliment, complimentary remark: *fare un* ~ *a una ragazza* to pay a girl a compliment; ⟨*iron*⟩ *i miei -i per il disastro che hai combinato* my compliments on the fine mess you've made. **2** *pl.* (*congratulazioni*) congratulations: *-i* (*o i miei complimenti*) *per la laurea* congratulations on your degree. **3** *pl.* (*cerimonie*) ceremony, fuss: *ti prego di accettare senza fare -i* please accept without ceremony. **4** *pl.* (*ossequi*) regards *pl,* respects *pl,* compliments *pl: i miei -i a sua moglie* my regards to your wife. ☐ *fare -i* to stand on ceremony; *senza -i* without ceremony (*o* any fuss); *se non mi volete, ditelo pure senza tanti -i* if you don't want me, please say so without making such a fuss. **complimentoso** *a.* **1** (*rif. a persone*) full of polite attentions, ceremonious; (*adulatorio*) obsequious, flattering: *non essere troppo* ~ don't be too obsequious. **2** (*rif. a cose*: *adulatorio*) flattering; (*cerimonioso*) ceremonious: *discorso* ~ ceremonious speech.

complottare *v.i.* (**complotto**; *aus.* **avere**) **1** to plot, to conspire: ~ *ai danni di qd.* to plot against s.o. **2** ⟨*estens*⟩ (*bisbigliare*) to talk in a conspiratorial whisper. **complotto** *m.* plot, conspiracy: *fare un* ~ *contro qd.* to (hatch a) plot against s.o.

compluvio *m.* **1** ⟨*Edil*⟩ valley. **2** ⟨*Archeol*⟩ compluvium.

componente I *a.* component, ⟨*pred*⟩ composing, ⟨*pred*⟩ making up: *le parti -i* the component parts. **II** *s.m./f.* (*rif. a persone*) member: *i -i della famiglia* the members of the family; (*rif. a cose*) component (part). **III** *s.m.*

⟨*Chim,Min*⟩ component: *i –i dell'anidride carbonica* the components of carbon dioxide. **IV** *s.f.* **1** ⟨*Fis*⟩ component: *la ~ di un vettore* the component of a vector. **2** ⟨*fig*⟩ constituent, component, element: *le –i del pensiero di un filosofo* the elements of a philosopher's thought. □ *~ elettronico* electronic component. **compongo** → **comporre**[1]. **componibile** *a.* unit-, sectional: *mobili –i* unit furniture, sectionals *pl; libreria a elementi –i* sectional bookcase. **componimento** *m.* **1** ⟨*Dir*⟩ settlement, composition, adjustment: *il ~ di una lite* the settlement of a dispute. **2** ⟨*Lett*⟩ work, writing: *~ lirico* lyric work. **3** ⟨*Mus*⟩ composition, work: *un ~ per orchestra* a composition for orchestra. **4** (*tema scolastico*) essay, composition: *fare il ~* to do (*o* write) an essay.

comporre[1] *v.t.* (**compongo, componi; composi, composto;** → **porre**) **1** to compose, to make up, to compound, to put (*o* fit) together: *~ un mosaico* to put a mosaic together. **2** (*costituire, formare*) to constitute, to form, to make up: *undici giocatori compongono la squadra* the team ⌐is made up⌐ (*o* consists) of eleven players. **3** (*assestare*) to arrange, to adjust, to put in order, to tidy (up): *~ l'abito* to adjust one's dress; *~ i capelli* to put one's hair in order, to tidy one's hair. **4** (*conciliare*) to settle, to compose, ⟨*fam*⟩ to patch up: *~ una lite* to settle a dispute. **5** (*scrivere*) to compose, to write (*anche Mus.*): *~ una poesia* to compose a poem; *~ una sinfonia* to compose a symphony. **6** ⟨*Tip*⟩ to compose, to set up (type). **7** ⟨*Farm,Chim*⟩ to compound. **comporsi** *v.r.* **1** (*essere formato*) to consist, to be composed, to be made up: *questo appartamento si compone di tre stanze* this flat is made up of three rooms. **2** ⟨*Chim*⟩ to be composed, to be made up: *l'acqua si compone di ossigeno e idrogeno* water is composed of oxygen and hydrogen. □ *~ ghirlande di fiori* to wreathe garlands of flowers; ⟨*Tel*⟩ *~ un numero* to dial a number; *~ una salma* to lay (out) a body; ⟨*Ferr*⟩ *~ un treno* to marshal a train; *~ versi* to write verse.

comporre[2] *m.* ⟨*Scol,Mus*⟩ composition: *l'arte del ~* the art of composition.

comporrò → **comporre**[1].

comportamentale *a.* behavioural: *modello ~* behavioural pattern. **comportamentismo** *m.* ⟨*Psic*⟩ behaviourism. **comportamentistico** *a.* (*pl.* **-ci**) behaviouristic. **comportamento** *m.* **1** (*condotta*) behaviour, line of conduct, way of acting (*o* behaving): *non mi piace il suo ~* I don't like his behaviour. **2** ⟨*Psic*⟩ behaviour. □ *avere un ~ scorretto* to behave badly. **comportare** *v.t.* (**comporto**) **1** (*richiedere*) to involve, to imply: *è un'impresa che comporta dei rischi* it's an undertaking which implies certain risks; *lo studio comporta molti sacrifici* study involves great sacrifice; *~ spese* to involve expense. **2** (*consentire*) to allow (of), to permit, to admit of. **comportarsi** *v.r.* to behave, to act: *ti sei comportato da vigliacco* you behaved like a coward; *non so come comportarmi con lui* I don't know how to behave towards him.

comporto *m.* ⟨*burocr*⟩ grace, respite, extension of time; *ho un ~ di dieci giorni per pagare la cambiale* I have ten days' (grace) to pay the bill.

composi → **comporre**[1]. **composite** *f.pl.* ⟨*Bot*⟩ composites *pl.* **compositivo** *a.* **1** (*che entra nella composizione*) component, constituent, making up: *gli elementi –i della lingua* the elements making up the language. **2** (*relativo alla composizione*) writing, of composition. □ *abilità –a* skill in composing. **composito** **I** *a.* **1** (*composto*) compound: *macchina –a* compound machine. **2** (*eterogeneo*) composite, compound: *linguaggio ~* composite language. **II** *s.m.* (*anche materiale composito*) ⟨*Ind*⟩ composite (material). □ ⟨*Arch*⟩ *ordine ~* composite order.

compositoio *m.* ⟨*Tip*⟩ setting (*o* composing) stick. **compositore** *m.* (*f.* **-trice**) **1** ⟨*Mus*⟩ composer. **2** ⟨*Tip*⟩ typesetter. □ ⟨*Tip*⟩ *~ monotipista* keyboard operator; *~ a mano* handsetter. **compositrice** *f.* ⟨*Tip*⟩ typesetting machine. □ *~ fotografica* photocomposing machine.

composizione *f.* **1** (*il comporre*) composition, making up. **2** (*cosa composta*) composition: *una ~ floreale* a floreal

composition. **3** (*rif. a persone: componenti*) composition, make–up: *la ~ della squadra* the composition of the team. **4** (*struttura*) structure, make–up: *la ~ della frase* the structure of the sentence. **5** ⟨*Dir*⟩ (*conciliazione*) settlement, composition: *la ~ di una controversia* the settlement of a dispute. **6** (*scritto: in prosa*) work, composition; (*in versi*) poem, work: *è stata letta una ~ in versi* a poem was read. **7** ⟨*Mus*⟩ composition: *una ~ per pianoforte e orchestra* a composition for piano and orchestra. **8** ⟨*Pitt,Scult*⟩ (*il dipingere*) painting; (*lo scolpire*) sculpture, fashioning; (*opera*) work, composition: *una ~ allegorica* an allegorical work. **9** ⟨*Scol*⟩ (*componimento*) composition. **10** ⟨*Tip*⟩ (*il comporre*) (type–)setting; (*pagina composta*) matter, type. **11** ⟨*Chim,Farm,Min,Gramm*⟩ composition: *la ~ di un gas* the composition of a gas. **12** ⟨*Met*⟩ (*rif. a lega*) composition: *la lega risulta dalla ~ di stagno e argento* the alloy is a composition of tin and silver. □ ⟨*Dir*⟩ *~* **amichevole** friendly settlement, private arrangement; ⟨*Dir*⟩ *~* **arbitrale** arbitrated settlement; ⟨*Tip*⟩ **cassa** *per ~* case; *~* **chimica** chemical composition; *~* **drammatica** dramatic work, play; ⟨*Mecc, Fis*⟩ *~* **delle forze** composition of forces; ⟨*Tip*⟩ *~ a* **mano** handsetting; *~* **poetica** poetic work; ⟨*Dir*⟩ *~ di una* **vertenza** settlement of a controversy.

composta *f.* **1** ⟨*Alim*⟩ compote, stewed fruit. **2** ⟨*Agr*⟩ compost.

compostaggio *m.* composting: *~ dei fanghi* sludge composting. **compostare** *v.t.* to compost, to convert into compost.

compostamente *avv.* composedly, sedately. **compostezza** *f.* **1** (*lo stare composto*) composure, sedateness, self–possession; (*dignità*) dignity, decorum: *la ~ del volto* dignity of expression. **2** ⟨*fig*⟩ (*moderazione*) moderation, decorum, decency: *~ di linguaggio* moderation of language; *~ di stile* moderation of style.

compostiera *f.* compote.

composto **I** *a.* **1** (*costituito*) composed, consisting, formed, made up (*di* of): *un appartamento ~ di due camere e servizi* a flat ⌐made up⌐ (*o* consisting) of two rooms, kitchen and bathroom. **2** (*modesto, decoroso*) modest, decorous: *atteggiamento ~* modest attitude; (*dignitoso*) dignified: *lineamenti –i* dignified features. **3** (*assestato*) neat, tidy, (well–)ordered: *capelli –i* well–ordered (*o* well–groomed) hair. **4** ⟨*Tip*⟩ set. **II** *s.m.* **1** mixture, compound: *quella ragazza è un ~ di grazia e scontrosità* that girl is a mixture of charm and peevishness. **2** ⟨*Chim,Gramm*⟩ compound: *~ chimico* chemical compound. □ ⟨*Mat*⟩ **numero** *~* compound number; **stare** *~* to be (*o* keep) still, to sit properly: *stai seduto ~* sit still (*o* properly); *stare ~ a* **tavola** to be well–behaved at table; ⟨*Gramm*⟩ **tempi** *–i* compound tenses; **vocabolo** *~* compound word.

compra *f.* **1** purchase. **2** *pl.* (*commissioni*) shopping: *ho fatto molte –e stamattina* I did a lot of shopping this morning. □ **fare** *–e* to go shopping, to make purchases. **comprabile** *a.* **1** purchasable, buyable; (*di prezzo accessibile*) reasonably–priced. **2** ⟨*spreg*⟩ (*rif. a persona*) bribable, open to bribery.

comprare *v.t.* (**compro**) **1** to buy, to purchase: *~ qc. da qd.* to buy s.th. from (*o* off) s.o.; *mi hai comprato il dentifricio?* did you buy me the toothpaste? **2** ⟨*spreg*⟩ (*corrompere con denaro*) to bribe, to buy: *hanno comprato i testimoni* they bribed the witnesses. □ *~ all'*asta to by at an auction; *~ in* **blocco** to buy in bulk; *~ a* **contanti** to buy for ready money, to pay cash; *~ a* **credito** to buy on credit; *~ all'*ingrosso to buy wholesale; *~ di seconda* **mano** to buy secondhand; *~ a buon* **mercato** to buy cheap(ly); *~ a occhi chiusi* to buy a pig in a poke; *~ a* **rate** to buy ⌐by instalments⌐ (*o* on the instalment plan); *~ il silenzio di qd.* to buy s.o.'s. silence; ⟨*fam*⟩ *te la* **vendo come l'ho comprata** I'm just passing on what I've heard. *Prov.: chi disprezza compra* he who blames would buy.

compratore *m.* (*f.* **-trice**) buyer, purchaser; (*cliente*) customer. **compravendita** *f.* sale: *atto di ~* deed of sale.

comprendere *v.t.* (**compresi, compreso**) **1** to comprise, to include, to comprehend: *non lo compresero tra gli invitati* he was not included among those invited; *il conto comprende anche il servizio* the bill includes service. **2** (*rif. a tempo: abbracciare*) to cover, to take in: *il suo regno comprende il periodo della prima guerra mondiale* his reign covers the period of the First World War. **3** (*capire*) to understand, to make out: *non comprendo le tue parole* I 'don't understand' (*o* can't make out) what you are saying; (*rendersi conto*) to realize: *comprendo benissimo la situazione* I fully realize the situation. **4** (*scusare, perdonare*) to understand: *cerca di comprendermi* try to understand me. **comprendersi** *v.r.* ⟨*recipr*⟩ to understand e.o.: *ci comprendemmo con una sola occhiata* we understood each other at a glance. □ *ci siamo compresi?* is that clear?, ⟨*fam*⟩ right?

comprendonio *m.* ⟨*fam*⟩ wits *pl*, brains *pl*. □ *essere duro di* ~ to be slow on the uptake; *privo di* ~ slow-witted, dull-witted. **comprensibile** *a.* **1** (*che si può capire*) comprehensible, understandable, intelligible: *le tue parole non sono –i* your words are unintelligible; *è* ~ *che abbia rifiutato* it's understandable that she refused. **2** (*scusabile*) understandable. **comprensibilmente** *avv.* understandably, comprehensibly. **comprensione** *f.* **1** comprehension, understanding: *per andare d'accordo è necessaria la reciproca* ~ getting along together is based on mutual understanding; *mancare di* ~ to be lacking in understanding. **2** ⟨*Filos*⟩ comprehension. □ ⟨*Scol*⟩ *esercizi di* ~ comprehension exercises; *di facile* ~ easy to understand; *mostrare* ~ *per qd.* to show sympathy for s.o. **comprensivo** *a.* **1** (*che comprende, include*) comprehensive, inclusive, covering: *un conto* ~ *di tutte le spese* an all-inclusive bill, a bill covering all charges. **2** (*capace di intendere*) comprehensive: *mente –a* comprehensive mind. **3** (*tollerante*) understanding, sympathetic: *i miei genitori sono sempre stati molto –i nei miei riguardi* my parents have always been very understanding towards me. **comprensorio** *m.* district, territory, area: ~ *di bonifica* reclamation district; ~ *irriguo* irrigation area. **compresi** → comprendere. **compreso** (*p.p. di comprendere*) *a.* **1** (*incluso*) including, ⟨*pred*⟩ included: *gli ho dato mille lire –a la mancia* I gave him a thousand lire including the tip. **2** (*racchiuso*) contained, included: *il territorio* ~ *tra il fiume e la collina* the land (contained) between the river and the hill. **3** (*rif. a tempo*) inclusive: *le vacanze saranno dal primo al trenta settembre* ~ the holidays will be from the first to the thirtieth of September inclusive. **4** (*capito*) understood: *il ragazzo non si sente* ~ *in famiglia* the boy does not feel understood at home. **5** (*rif. a sentimenti: preso*) filled, ⟨*lett*⟩ stricken: ~ *di pietà* filled with pity. **6** (*compenetrato*) fully (*o* very) aware (*o* conscious): *è tutto* ~ *della sua superiorità* he is very conscious of his superiority; (*occupato*) taken up: *è tutto* ~ *dal suo lavoro* he is wholly taken up with his work. □ *non* ~ not included, apart: *servizio non* ~ service not included; *–e tutte le spese* all expenses included; *tutto* ~: ⟨*attr*⟩ all-inclusive, ⟨*pred*⟩ altogether, ⟨*pred*⟩ in all.

compressa *f.* **1** (*pastiglia*) tablet. **2** (*pezzuola*) compress. **compressi** → comprimere. **compressibile** *a.* compressible. **compressibilità** *f.* ⟨*Chim,Fis*⟩ compressibility.

compressione *f.* **1** compression. **2** (*pressione*) pressure. □ ⟨*Fis*⟩ ~ *d'aria* air pressure; ⟨*Mecc,Mot*⟩ **camera** *di* ~ compression chamber (*o* space); ⟨*Fis*⟩ **limite** *di* ~ compression limit; ⟨*Mecc*⟩ **pompa** *di* ~ compressing pump.

compresso (*p.p. di comprimere*) *a.* **1** (com)pressed. **2** ⟨*fig*⟩ suppressed, smothered, repressed: *ira –a* suppressed anger. **3** ⟨*Aut*⟩ compressed. □ *aria –a* compressed air: ⟨*Aut*⟩ *freno ad aria –a* compressed air brake, ⟨*am*⟩ air brake. **compressore I** *a.* compressing. **II** *s.m.* **1** ⟨*Mecc,Chim,Anat*⟩ compressor. **2** ⟨*Aut*⟩ supercharger. **3** (*condensatore*) condenser. □ ⟨*Mecc*⟩ ~ *d'aria* air compressor; ⟨*Anat*⟩ *muscoli –i* compressor muscles, compressors *pl*; *rullo* ~ roadroller; ⟨*fig*⟩ steamroller. **compressorista** *m.* **1** compressor operator. **2** (*di compressore stradale*) steam-roller operator.

comprimario *m.* **1** (*medico comprimario*) joint chief physician. **2** ⟨*Teat,Cin*⟩ second lead.

comprimere *v.t.* (**compressi, compresso**) **1** to compress: ~ *una molla* to compress a spring; ~ *un gas* to compress a gas; ~ *un'arteria* to compress an artery. **2** ⟨*tecn*⟩ to tamp, to ram (down): ~ *la massicciata* to ram the roadbed. **3** ⟨*fig*⟩ (*reprimere*) to restrain, to suppress, to repress: ~ *lo sdegno* to suppress one's indignation. **comprimibile** *a.* compressible. **comprimibilità** *f.* ⟨*Chim,Fis*⟩ compressibility.

compromesso *m.* **1** (*transazione*) arrangement, compromise. **2** ⟨*spreg*⟩ (*espediente disonesto*) compromise half-measure: *vivere di –i* to live by half-measures. **3** (*contratto preliminare*) pre-contract, conditional sale. **4** ⟨*Dir*⟩ arbitration agreement. □ *soluzione di* ~ compromise (solution); ⟨*Pol*⟩ ~ *storico* historic compromise; *venire* (*o scendere*) *a un* ~ to (make) a compromise. **compromettente** *a.* compromising: *dichiarazione* ~ compromising statement. **compromettere** *v.t.* (**compromisi, compromesso**) to compromise, to jeopardize, to endanger: *hanno compromesso il buon esito dell'impresa* they have endangered the outcome of the undertaking; ~ *la propria reputazione* to compromise one's reputation; ~ *una ragazza* to compromise a girl. **compromettersi** *v.r.* **1** to compromise o.s. **2** (*impegnarsi*) to commit o.s.

compromissario *m.* ⟨*Dir*⟩ arbitrator. **compromissorio** *a.* arbitration–: *clausola –a* arbitration clause.

comproprietà *f.* ⟨*Dir*⟩ **1** joint ownership, co-ownership. **2** (*cosa posseduta*) joint property. **comproprietario** *m.* (*f.* -a) joint-owner.

comprova *f.* (*conferma*) proof, confirmation: *in* ~ in (*o* as) proof. **comprovabile** *a.* provable: *fatto* ~ provable fact. **comprovare** *v.t.* (**comprovo**) to prove, to confirm: *le indagini comprovano la verità delle sue affermazioni* the inquiries prove the truth of his statements.

compulsare *v.t.* to consult, to examine, to go through.

compunto *a.* remorseful, contrite, afflicted: *aveva un atteggiamento* ~ he looked very contrite. **compunzione** *f.* compunction, regret.

computabile *a.* calculable, computable. **computare** *v.* (**computo**) **I** *v.t.* **1** to calculate, to estimate; (*rif. a calcoli di precisione*) to compute. **2** (*addebitare*) to charge, to debit: ~ *a qd. l'importo* to charge the sum to s.o., to debit (*o* charge) s.o. with the sum. **II** *v.i.* (*aus. avere*) (*far di conto*) to count.

computer *ingl.* [-'pju-] *m.* computer: *comandato da* ~ computer-controlled. □ *aiutato* (*o assistito*) *dal* ~ computer-aided; *basato su* ~ computer-based. **computerese** *m.* computerese, technical jargon of the computer profession. **computeristica** *f.* computer science. **computeristico** *a.* (*pl.* -ci) computer. **computerizzabile** *a.* computerizable. **computerizzare** *v.t.* to computerize. **computerizzato** *a.* computerized. **computerizzazione** *f.* computerization.

computista *m./f.* book-keeper, accountant. **computisteria** *f.* book-keeping, accounting. □ *quaderno di* ~ accounts book. **computo** *m.* counting, calculation, estimate: *il* ~ *dei voti* the counting of votes; ~ *delle spese* estimate of costs.

comunale *a.* (*del comune*) town–, city–, municipal, communal, of the commune. □ *impiegato* ~ municipal employee; *palazzo* ~ Town Hall; *scuola* ~ municipal school; *segretario* ~ town clerk. **comunanza** *f.* **1** ⟨*lett*⟩ (*società*) society, association: ~ *agraria* agricultural association (*o* society). **2** (*comunità*) community: ~ *religiosa* religious community. □ *avere i beni in* ~ to hold property in common; ~ *d'idee* sharing of ideas.

comunardo *a./s.m.* ⟨*Stor*⟩ Communard.

comune[1] **I** *a.* **1** (*di tutti o della maggioranza*) common, general: *il bene* ~ the common good (*o* welfare, weal); *questa è l'opinione* ~ this is the general opinion. **2** (*di un gruppo ristretto*) common, mutual: *un nostro* ~ *amico* a common (*o* mutual) friend of ours. **3** (*proprio, caratteristico*) common (*a* to), shared (*by*): *questa è un'esperienza* ~ *a molti studenti* this is an experience common to many students. **4** (*consueto*) common, ordinary, everyday–, routine, normal, usual: *attendere alle –i faccende domestiche* to do one's ordinary household chores. **5** (*medio*) average: *persona di statura* ~ person of average height. **6** (*mediocre*) ordinary, common(place), mediocre: *cibo* ~ common (*o* medium–quality) food; *intelligenza* ~ ordinary intelligence; (*di poco prezzo*) common, cheap: *vino* ~ cheap (*o* ordinary, table) wine. **II** *s.f.* ⟨*Teat*⟩ main stage–door: *uscire per la* ~ to exit by the main stage–door; ⟨*fig*⟩ to disappear from the scene, to sneak off. □ *di* ~ **accordo** by mutual consent; *far causa* ~ *con qd.* to join forces with s.o.; ⟨*Comm*⟩ *in* **conto** ~ in joint account; **esserci** *di* ~ to be (*o* have) in common: *fra i due fratelli non c'è nulla di* ~ the two brothers have nothing in common; **fuori** *del* ~ outstanding(ly), unusual(ly), above average, out of the common (run): *una persona fuori del* ~ a person out of the common run; *ha una forza fuori del* ~ he has uncommon strength; **gente** ~ common (*o* ordinary) people; *in* ~ in common; *avere qc. in* ~ *con qd.*: 1 to have s.th. in common with s.o.: *abbiamo molto in* ~ we have a great deal in common; 2 (*spartire*) to share s.th. with s.o.: *abbiamo in* ~ *il bagno* we share the bathroom; *mettere in* ~ to put together; (*dividere con altri*) to share; *vita in* ~ shared (*o* communal) life, life in common; *fare vita in* ~ to live together; **luogo** ~ commonplace: *un discorso pieno di luoghi –i* a speech full of commonplaces; ⟨*Gramm*⟩ **nome** ~ common noun; **non** ~*:* 1 uncommon: *una persona di sensibilità non* ~ a person of uncommon sensitivity; 2 (*eccezionale*) exceptional, outstanding, unusual: *è dotato di un'intelligenza non* ~ he is gifted with unusual intelligence; **parole** *–i* common words; **senso** ~ common sense (*anche fig.*): *un'affermazione priva di senso* ~ a statement lacking in common sense; *l'*uso ~ the general practice; *d'uso* ~ in common use. *Prov.: mal* ~, *mezzo gaudio* a trouble shared is a trouble halved.

comune[2] *m.* **1** (*suddivisione amministrativa: in Italia, Francia, ecc.*) commune, ⟨*GB,SU*⟩ municipality; (*l'autorità*) commune, ⟨*GB,SU*⟩ town council, municipality; (*ufficio*) municipal office; (*sede*) town hall; (*amministrazione*) municipal administration. **2** ⟨*Stor*⟩ (*governo autonomo cittadino*) commune, Italian city–state: *Siena era un* ~ Siena was a city–state. ~ ⟨*GB*⟩ *Camera dei Comuni* House of Commons, Commons *pl; gli impiegati del* ~ the municipal employees (*o* officials).

comune[3] *f.* ⟨*Pol*⟩ commune. **Comune** *N.pr.f.* ⟨*Stor*⟩ (*la Comune di Parigi*) Commune. □ ~ **agricola** agricultural commune, collective farm; ~ **hippie** hippie commune; ~ **studentesca** students' commune.

comunella *f.* (*accordo*) league, agreement, arrangement. □ *far* ~ to band together, to gang up. **comunemente** *avv.* commonly, generally, usually: ~ *parlando* generally speaking, speaking in general.

comunicabile *a.* communicable. **comunicabilità** *f.* communicability: ~ *di un pensiero* communicability of a thought.

comunicando *m.* (*f.* **-a**) communicant; (*rif. alla prima comunione*) one receiving Holy Communion for the first time. **comunicante I** *a.* communicating, connected: *camere –i* communicating rooms. **II** *s.m.* ⟨*Rel*⟩ priest administering Holy Communion. □ ⟨*Fis*⟩ *vasi –i* communicating vessels.

comunicare *v.* (**comunico, comunichi**) **I** *v.t.* **1** to make known, to communicate, to tell: *non so come comunicargli la notizia* I don't know how to tell him the news; (*per radio*) to . broadcast, to transmit; (*per telefono*) to telephone, to tell over (*o* on) the telephone; (*solennemente*) to notify, to announce. **2** (*infondere*) to instil (*a* into), to convey, to communicate, to pass on (to): *riuscì a* ~ *agli altri il suo coraggio* he succeeded in instilling his own courage into the others; *mi hai comunicato la tua ansia* you have passed your anxiety on to me. **3** (*trasmettere*) to transmit, to communicate: ~ *calore* to transmit heat. **4** ⟨*Rel*⟩ (*amministrare la comunione*) to administer Holy Communion, to communicate: *il sacerdote comunica i fedeli* the priest administers Holy Communion to the congregation. **II** *v.i.* (*aus.* **avere**) **1** (*essere in relazione*) to communicate: ~ *per lettera* to communicate by letter. **2** (*essere in comunicazione*) to communicate (with e.o.): *tutte queste stanze comunicano con il salotto* all these rooms communicate with the drawing room. **comunicarsi** *v.r.* **1** (*diffondersi*) to spread, to be communicated: *il suo entusiasmo si comunicò subito agli altri* his enthusiasm quickly spread to the others. **2** (*trasmettersi*) to be transmitted (*o* communicated): *il movimento si comunica alle ruote* the movement is transmitted to the wheels. **3** ⟨*Rel*⟩ (*ricevere la comunione*) to receive Holy Communion, to communicate.

comunicativa *f.* ability to get across (to s.o.), communicativeness. **comunicativo** *a.* **1** (*rif. a cosa*) catching, infectious: *lo sbadiglio è* ~ yawns are catching; *scoppiò in una risata –a* he burst into infectious laughter. **2** (*rif. a persona*) communicative: *un giovane molto* ~ a very communicative young man. **comunicato** *m.* communiqué, bulletin. □ ⟨*Rad,TV*⟩ ~ **commerciale** commercial; (*brevissimo*) television spot; ~ *di guerra* war communiqué; ~ *stampa* press release.

comunicazione *f.* **1** communication; (*annuncio*) announcement; (*dichiarazione*) (official) statement: *il ministro ha fatto una* ~ *ai giornalisti* the Minister made an announcement to the journalists; (*relazione*) report, account, paper: *fare una* ~ *a un congresso* to make a report to a congress. **2** (*collegamento*) communication: *tutte le –i con il paese sono interrotte a causa del maltempo* all communications with the village are cut because of the bad weather. **3** ⟨*Tel*⟩ (telephone) call; (*collegamento*) (telephone) connection; (*notizia comunicata*) telephone message. **4** (*trasmissione*) transmission: ~ *del calore* transmission of heat. □ *–i* **aeree** air communications; ⟨*Tel*⟩ *servizio a* ~ **automatica** automatic (telephone) call system, full dial service; ⟨*Tel*⟩ **dare** *la* ~ *a qd.* to put s.o. through; ⟨*Tel*⟩ ~ **diretta** direct connection, tie line; (*chiamata*) direct call; **fare** *una* ~ to make an announcement; (*nei congressi*) to make a report, to read a paper; *–i* **ferroviarie** rail communications; ⟨*Dir*⟩ ~ **giudiziaria** notice of intended prosecution; *essere* **in** ~ *con qd.* to be in communication (*o* contact) with s.o.; *lo studio e il salotto sono in* ~ the study and the drawing room communicate; *mettersi in* ~ *con qd.* to get in touch with s.o.; ⟨*Econ*⟩ *–i* **interne** internal communications; ⟨*Tel*⟩ **interrompere** *la* ~ to cut off, to disconnect, to break a connection; *la* ~ *è stata interrotta* I have been cut off; ⟨*Tel*⟩ ~ **interurbana** trunk connection; (*telefonata*) trunk call, ⟨*am*⟩ long–distance call; **linea** *di* ~ means of communication; ~ **marittima** sea communication; *–i di* **massa** mass communications; **mezzi** *di* ~ means of communication; *mezzi di* ~ *di massa* mass media; **ministero** *delle –i* Ministry of Transport; ⟨*Tel*⟩ **ottenere** *la* ~ to get through; **porta** *di* ~ communicating door; ~ **radio** (*telegrafica*) radio–telegraphic message; ⟨*Tel*⟩ **stabilire** *una* ~ to put a call through, to make a connection; **tecnica** *delle –i* communications engineering; ~ **telegrafica** (*collegamento*) telegraphic connection; (*comunicato*) telegraphic message; **via** *di* ~ line of communication.

comunione *f.* **1** (*comunanza*) community, sharing: ~ *d'interessi* community of interests; ~ *d'idee* sharing of ideas. **2** (*gli appartenenti a una confessione religiosa*) communion, community: ~ *cristiana* Christian communion. □ **amministrare** *la* ~ to administer Holy Communion; ⟨*Dir*⟩ ~ *dei* **beni** community of property, community property; ~ *dei beni tra coniugi* community of property between man and wife; **fare** *la* ~ to receive Communion; ⟨*Rel*⟩ **prima** ~ first Communion; ⟨*Teol*⟩ *la* ~ *dei* **santi** the Communion of Saints; ⟨*Rel*⟩ ~ *sotto le due* **specie** Communion in both kinds; ~ **spirituale** spiritual communion.

comunismo *m.* ⟨*Pol*⟩ communism. **comunista I** *s.m./f.* Communist, ⟨*spreg*⟩ Commie. **II** *a.* Communist: *partito* ~ Communist Party.

comunità *f.* **1** (*collettività*) community: *la* ~ *ebraica di questa città è molto numerosa* the Jewish community in this town is very large. **2** (*abitanti di un comune*) (inhabitants of a) commune, ratepayers *pl,* taxpayers *pl:* *l'edificio sarà costruito a spese della* ~ the building will be constructed at the ʿexpense of the communeʾ (*o* ratepayers' expense). □ ~ **atlantica** Atlantic Treaty countries; ~

europea del **carbone** *e dell'acciaio* European Coal and Steel Community; ~ **economica** *europea* European Economic Community; ~ **europee** European Communities; ~ *europea dell'***energia** *atomica* European Atomic Energy Community; ~ **familiare** family; ~ **religiosa** religious community.

Comunità *f.* (*Comunità europea*) European Community.

comunitario *a.* **1** community-, public: *spirito* ~ public spirit; *vita* -*a* community life. **2** (*rif. alla Comunità europea*) EEC-, Community-: *sul piano* ~ at Community level.

comunque I *congz.* [*cong*] whatever, however, no matter how: ~ *vada, non mi pentirò* ⌐whatever happens⌐ (*o* however things go) I shan't be sorry. **II** *avv.* **1** (*in ogni modo*) anyway, anyhow, all the same, in any case, at any rate: *devo partire* ~ I must leave anyhow; (*in qualche modo*) somehow (or other): *riuscirò* ~ *a vederlo* I shall somehow manage to see him. **2** (*tuttavia*) however, nevertheless, nonetheless, anyway: *è quasi impossibile,* ~ *si può provare* it's almost impossible, however we can try; (*pur sempre*) still, and yet: ~ *è tuo fratello* he is still your brother. □ ~ (*si*) *sia* however that may be.

con *prep.* (contracted with the definite article to: **col** [*con* + *il*], **coi** [*con* + *i*]; seldom used are: **collo** [*con* + *lo*], **coll'** [*con* + *l'*], **colla** [*con* + *la*], **cogli** [*con* + *gli*], **colle** [*con* + *le*]) **1** (*compagnia*) with: *cenare* ~ *gli amici* to dine with friends; *arrivò* ~ *la moglie e i figli* he arrived with his wife and children. **2** (*rif. a cose*) with: *arrivò* ~ *il giornale sotto il braccio* he arrived with his newspaper under his arm; (*rif. ad abiti e sim.: indossando, avendo con sé*) with, with ... on, wearing: *è uscito* ~ *l'impermeabile* he went out with his raincoat on; (*possesso*) with: *una casa col giardino* a house with a garden. **3** ⟨*Gastr*⟩ with, and: *pasta* ~ *i funghi* pasta with mushrooms; *uova col prosciutto* ham and eggs. **4** (*presso*) with: *abita* ~ *i genitori* he lives with his parents; *avere fortuna* ~ *le donne* to ⌐be lucky⌐ (*o* have a way) with women. **5** (*relazione: verso, nei confronti di*) to, towards, with: *è gentile* ~ *tutti* he is pleasant to everybody; *si è comportato male* ~ *me* he behaved badly towards me; ~ *me non osa comportarsi così* he doesnt' dare behave like that with me; (*contro*) with, against: *combattere* ~ *i nemici* to fight (against) one's enemies; *litigare* ~ *qd.* to quarrel with s.o. **6** (*rif. a mezzo, strumento*) with, by: *legare qd.* ~ *una fune* to tie s.o. up with a rope; ~ *l'aiuto di Dio* with the help of God; *ottenere qc.* ~ *la forza* to get something by use of force; (*rif. a mezzi di trasporto*) by: *viaggiare* ~ *la macchina* to travel by car; *arriverò* ~ *l'aereo* I shall come by plane (*o* air). **7** (*rif. a materia*) from, with, out of: *l'olio si fa* ~ *le olive* oil is made from olives; *fare una pallina* ~ *la cera* to make a ball from (*o* out of) wax. **8** (*rif. a modo, maniera*) *si traduce spesso con un avverbio,* with, in: ~ *pazienza* with patience, patiently; ~ *piacere* with pleasure; *trattare qd.* ~ *gentilezza* to treat s.o. ⌐with kindness⌐ (*o* kindly); *parlare* ~ *tono irato* to speak in an angry tone; *agire* ~ *prudenza* to act prudently. **9** (*qualità, caratteristica*) with: *scarpe col tacco alto* shoes with high heels, high-heeled shoes; *un vecchio* ~ *la barba bianca* an old man with a white beard, a white-bearded old man. **10** (*circostanza concomitante*) in, at, with, on, by: *dove vai* ~ *questo tempaccio?* where are you going in (*o* by) this bad weather?; *dormo* ~ *la finestra aperta* I sleep with the window open. **11** (*temporale: da, a partire da*) as from, on: ~ *domani* as from tomorrow; *col primo ottobre comincia la scuola* school starts on the first of October. **12** (*concessivo: malgrado, nonostante*) with, despite: ~ *tutti i suoi difetti, non è antipatico* with all his faults he is not dislikable; ~ *tutte le arie che si dà, non è nessuno* despite all the airs he gives himself he is really nobody. **13** (*consecutivo*) to: ~ *mio stupore non venne* to my surprise he did not come. **14** (*causale*) with, because of: ~ *questo caldo non si può lavorare* with this heat nobody can work; ~ *la sua timidezza non fa figura* because of her shyness she doesn't make a good impression. **15** (*nelle comparazioni*) with: *non puoi paragonare la tua situazione* ~ *la mia* you cannot compare your situation with mine. **16** (*seguito dall'infinito sostantivato*) by, from, through: ~

l'insistere ottenne l'aiuto by insisting he obtained the help, (his) insisting got him the help; (*preceduto dai verbi: cominciare, iniziare, finire, terminare, ecc.*) by: *cominciamo col dire che egli non era presente* let's begin by saying that he was not present; *finì col confessare tutto* he ended up by making a full confession. □ **avere** ~ *sé* to have with (*o* on) one: *non ho denaro* ~ *me* I have no money on me; ⟨*Bibl*⟩ *chi non è* ~ *me, è* **contro** *di me* he that is not with me is against me; ~ *tutto il* **cuore** with all one's heart; ⟨*fam*⟩ ~ **dentro** with ... ⌐in it⌐ (*o* inside): *un cestino* ~ *dentro delle uova* a basket with eggs in it; *è stato* **eletto** ~ *duecento voti* he was elected with two hundred votes; *fuggì col* **favore** *delle tenebre* he fled under cover of darkness; ~ *tutte le* **forze** with all one's strength; **insieme** ~ (together, along) with: *arrivò insieme* ~ *il padre* he arrived (along) with his father; *parlava* ~ *le* **lacrime** *agli occhi* he spoke with tears in his eyes; **lottare** ~ *qd.* to struggle with s.o., to fight s.o.; *far cenno* ~ *la* **mano:** 1 (*per salutare*) to wave; 2 (*per chiamare*) to beckon; *essere conosciuto col* **nome** *di Tom* to be known as (*o* by the name of) Tom; *come va* ~ *la* **salute?** how is your health?; ~ *o* **senza** with or without; *è* **sposato** ~ *una svedese* he is married to a Swedish girl; ~ **tutto** *ciò* for all that, nevertheless, just the same.

conato *m.* (*tentativo*) attempt; (*sforzo*) effort. □ ~ *di vomito* retching.

conca *f.* **1** vessel, basin, tub: *la* ~ *del bucato* washtub. **2** (*anfora di rame*) copper water vessel. **3** (*valle, depressione*) valley, depression, hollow: *il paese è situato in una* ~ the town lies in a valley. **4** ⟨*Geol*⟩ basin: ~ *di erosione* erosion basin. **5** ⟨*Anat*⟩ conch(a). □ *a* ~ trough-shaped, basin-shaped, shell-shaped; ~ *idraulica* (*o di navigazione*) lock.

concatenamento *m.* concatenation, linking up (*o* together); ~ *dei fatti* linking up of the facts. **concatenare** *v.t.* (*concateno*) to link together (*o* up), to connect, to concatenate: ~ *le idee* to connect ideas; ~ *due fatti* to link two facts together. **concatenarsi** *v.r.* to be linked together, to be connected: *gli eventi si concatenano* the events are connected. **concatenatore** *m.* ⟨*Inform*⟩ linker. **concatenazione** *f.* **1** (*nesso*) connection, link, concatenation: *tra i due fatti non c'è* ~ there is no connection between the two facts. **2** ⟨*Chim,Fis*⟩ linkage.

concausa *f.* **1** joint (*o* contributory, concomitant) cause, concause. **2** ⟨*Dir*⟩ pre-existing cause.

concavità *f.* **1** (*l'essere concavo*) concavity, concaveness. **2** (*cavità*) concavity, hollow. **3** ⟨*Geom*⟩ concavity. **concavo** *a.* concave: *lente* -*a* concave lens; *angolo* ~ concave angle.

concedente I *a.* ⟨*Dir*⟩ granting. **II** *s.m./f.* grantor.

concedere *v.t.* (*concessi/concedei/concedetti, concesso*) **1** to grant, to allow, to concede, to award, to bestow: ~ *un favore* to bestow a favour; ~ *un sussidio* to grant a subsidy. **2** (*permettere*) to allow: *ti concedo di restare* I shall allow you to remain. **3** (*ammettere*) to admit, to allow, to concede: *hai ragione, te lo concedo* you're right, I must admit it. **concedersi** *v.r.* **1** to allow o.s., to treat o.s. to: *non posso concedermi troppi svaghi* I can't allow myself too many diversions. **2** (*rif. a donna*) to give o.s., to yield (*a* to). □ *mi concedi questo* **ballo?** may I have this dance?; *gli fu concessa una* **borsa** *di studio* he was granted (*o* given) a scholarship; ~ *un* **credito** to allow (*o* give) credit; ~ *una* **dilazione** to give time; ~ *una dilazione di pagamento* to allow (*o* grant) an extension of payment; *concedersi un* **lusso** to treat o.s.; *la banca non concede* **prestiti** the bank does not make (*o* grant) loans; ~ *un'***udienza** to grant an audience.

concelebrante *m.* ⟨*Lit*⟩ concelebrant. **concelebrare** *v.t./i.* (*concelebro*; *aus.* **avere**) to concelebrate.

concento *m.* ⟨*lett*⟩ harmony (*anche fig.*): *il dolce* ~ *del ruscello* the sweet harmony of the brook; ~ *di sentimenti* harmony of feeling.

concentramento *m.* **1** concentration: ⟨*Mil*⟩ ~ *di forze* concentration of forces. **2** ⟨*Pol*⟩ (*accentramento*) centralization. □ *campo di* ~ concentration camp; ⟨*Inform*⟩ ~ *di dati* data compression; ⟨*Artigl*⟩ ~ *di tiro* convergence of fire. **concentrare** *v.t.* (*concentro*) **1** to concentrate: ~ *le truppe* to concentrate troops; ~ *il fuoco* to concentrate fire. 2 ⟨*fig*⟩ to concentrate, to focus, to centre: ~ *l'attenzione su qc.* to concentrate (one's attention) on s.th. 3 ⟨*Chim*⟩ to concentrate. **concentrarsi** *v.r.* **1** to concentrate, to assemble: *le truppe si concentrarono su di un unico fronte* the troops concentrated along a single front. 2 ⟨*fig*⟩ to concentrate, to fix one's mind (*in* on): *concentrarsi in un pensiero* to fix one's mind on a thought; *per studiare ho bisogno di concentrarmi* in order to study I need to concentrate. 3 (*convergere*) to converge, to be focused, to centre: *i sospetti si concentrano su di lui* suspicion centres (*o* is focused) on him. **concentrato** I *a.* **1** concentrated: *tiro* ~ concentrated fire. 2 ⟨*fig*⟩ (*assorto*) wrapped (up), absorbed: ~ *in se stesso* wrapped up in o.s.; *stava* ~ *nei propri pensieri* he was absorbed in his thoughts. 3 (*ristretto*) concentrated, condensed: *succo* ~ concentrated juice. II *s.m.* **1** ⟨*Alim*⟩ concentrate, concentrated food: *doppio* ~ *di pomodoro* extra strong tomato concentrate. 2 ⟨*Chim*⟩ concentrate. □ *doppio brodo* ~ double consommé. **concentratore** *m.* ⟨*tecn*⟩ concentrator.

concentrazione *f.* **1** concentration (*anche fig.*): ~ *di forze* concentration (*o* massing) of forces; *capacità di* ~ powers of concentration. 2 ⟨*Chim*⟩ concentration. □ **aumentare** *la* ~ *di una soluzione* to strengthen a solution; ⟨*Econ*⟩ ~ *di* **capitali** concentration of capital; ~ **industriale** industrial concentration; ⟨*Econ*⟩ ~ **orizzontale** horizontal concentration; ⟨*Giorn*⟩ ~ *delle* **testate** merger of newspapers; ⟨*Econ*⟩ ~ **verticale** vertical concentration; **zona** *ad alta* ~ high–density area.

concentricamente *avv.* concentrically. **concentricità** *f.* ⟨*Geom*⟩ concentricity. **concentrico** *a.* (*pl.* **-ci**) concentric: *cerchi* **-i** concentric circles.

concepibile *a.* conceivable. □ *non è* ~ *che* it is inconceivable that: *non è* ~ *che tu ti comporti come un bambino* it is inconceivable that you should behave in this childish way. **concepimento** *m.* **1** ⟨*Fisiol*⟩ conception, conceiving. 2 ⟨*fig*⟩ conception, devising: *il* ~ *di un'idea* the conception of an idea. **concepire** *v.t.* (**concepisco**, **concepisci**; *p.pr.* **concepiente**; *p.p.* **concepito**) **1** (*rif. spec. a donna*) to conceive: ~ *un figlio* to conceive a child; ⟨*assol*⟩ to become pregnant. 2 ⟨*fig*⟩ (*rif. a sentimenti*) to entertain, to conceive, to cherish: ~ *una speranza* to cherish a hope; ~ *sospetti* to entertain suspicions. 3 ⟨*fig*⟩ (*comprendere*) to understand, to conceive (of), to imagine: *non riesco a* ~ *una sfrontatezza simile* I can't understand such insolence. 4 ⟨*fig*⟩ (*ideare*) to conceive, to devise, to contrive: ~ *un piano* to devise (*o* think up) a plan; ~ *un romanzo* to conceive a novel. 5 ⟨*fig*⟩ (*considerare*) to conceive (of), to see: ~ *la vita come una lotta* to see life as a struggle. □ ~ *odio contro qd.* to conceive (*o* harbour) hatred for s.o.; *un telegramma così concepito* a telegram reading (*o* which is worded) as follows.

conceria *f.* **1** (*arte*) tanning, tannage. 2 (*locale*) tannery.

concernente *a.* concerning, relating. **concernere** *v.t.* (*concerno*) to concern, to relate to, to regard: *i testi concernenti l'argomento* the texts ˈrelating toˈ (*o* on) the subject. □ *per ciò che mi concerne sono d'accordo* ˈspeaking for myselfˈ (*o* as far as I am concerned), I agree; *per quanto concerne* as regards, as for.

concertare *v.t.* (**concerto**) **1** ⟨*Mus*⟩ (*dirigere una prova*) to rehearse: ~ *una fuga* to rehearse a fugue; (*accordare gli strumenti fra loro*) to harmonize; (*orchestrare*) to orchestrate. 2 (*stabilire con altri*) to concert, to plan, to contrive, to arrange, to devise: ~ *un piano* to devise a plan; (*macchinare*) to plot. **concertarsi** *v.r.* (*accordarsi*) to agree, to arrange, to go together, to plan: *ci siamo concertati per* (*o* di) *aiutarlo* we have got together to help him. **concertato** I *a.* **1** ⟨*Mus*⟩ concerted: *balletto* ~ concerted ballet. 2 (*convenuto*) concerted, planned, arranged, agreed (upon): *secondo il programma* ~ according to the programme agreed upon. II *s.m.* ⟨*Mus*⟩ concerted piece, concertante. 2 ⟨*Pol*⟩ *azione* ~ a concerted action. **concertatore** I *s.m.* (*f.* **-trice**) **1** ⟨*Mus*⟩ conductor. 2 (*chi ordisce*) deviser, plotter, planner, contriver. II *a.* ⟨*Mus*⟩ conducting. □ *maestro* ~ *e direttore d'orchestra* conductor. **concertina** *f.* **1** ⟨*Mus*⟩ concertina. 2 ⟨*Mil*⟩

(*filo spinato*) concertina, barbed wire entanglement. **concertino** *m.* ⟨*Mus*⟩ **1** concertino, short concerto. 2 (*solisti nel concerto grosso*) concertino, soloists in the concerto grosso. **concertismo** *m.* concert–giving. **concertista** *m./f.* concert performer: *un famoso* ~ a famous concert performer. **concertistico** *a.* (*pl.* **-ci**) concert–: *attività* **-a** concert activity; *stagione* **-a** concert season.

concerto *m.* **1** (*trattenimento musicale*) concert: *andare al* ~ to go to the concert; (*rif. a solisti o a opere di un solo compositore*) recital. 2 (*composizione musicale*) concerto: ~ *per pianoforte e orchestra* concerto for piano and orchestra. 3 ⟨*scherz*⟩ chorus: *un* ~ *di grida* a chorus of cries. 4 (*intesa*) agreement; (*collusione*) collusion: *tra i due imputati non c'è stato* ~ there has been no collusion between the two accused. □ *un* ~ *di* **campane** chimes *pl*; **di** ~ in agreement: *agire di* ~ *con qd.* to act in agreement with s.o.; **dirigere** *un* ~ to conduct a concert; ~ **grosso** concerto grosso; **sala** *dei* **-i** concert hall; ~ **sinfonico** symphony concert; ~ **vocale** *e* **strumentale** vocal and instrumental concert.

concessi → concedere.

concessionaria *f.* agency, concessionaire. **concessionario** I *a.* concessionary. II *s.m.* **1** concessionaire, (concessionary) agent, grantee, franchiser: *il* ~ *di una ditta straniera* the concessionary of an overseas firm. □ ⟨*Comm*⟩ ~ *di brevetto* patentee; *ditta* **-a** agency, firm holding a concession; ~ *esclusivo* (*o unico*) sole agent, franchiser. 2 (*venditore*) agent, distributor; (*licenziatario*) licencee.

concessione *f.* **1** (*il concedere*) concession, granting: ~ *di un prestito* granting of a loan. 2 (*condiscendenza*) concession: *porteremo le vesti corte per fare una* ~ *alla moda* we shall wear short skirts as a concession to the demands of fashion. 3 (*ammissione*) admission, concession, acknowledgement: *per sua stessa* ~, *non si è comportato bene* on his own admission he didn't behave well. 4 ⟨*Dir*⟩ concession, grant, franchise. 5 ⟨*Pol*⟩ concession. □ ~ *di un* **brevetto** granting of a patent; ~ *di* **credito** granting (*o* allowance) of credit; **dare** *una* ~ to grant a concession; ~ **governativa** government licence, state concession; **in** ~: 1 in concession, licensed: *trasporti in* ~ transport services held in concession; 2 (*in affitto*) let out, on lease; ~ *di* **lavori** *pubblici* concession of public works; ~ **mineraria** mining concession; ~ **petrolifera** oil concession; ~ *di* **vendita** (*exclusive*) sales rights.

concessiva *f.* ⟨*Gramm*⟩ (*proposizione concessiva*) concessive clause.

concessivo *a.* ⟨*Gramm*⟩ concessive: *congiunzione* **-a** concessive conjunction; *proposizione* **-a** concessive clause.

concesso (*p.p. di concedere*): ~ *che* [*cong*] granted that, provided that: ~ *che il piano sia attuabile, esiterei a metterlo in atto* granted that the plan may work, I should still hesitate to carry it out; *dato e non* ~ *che* even granting that: *dato e non* ~ *che tu abbia ragione, non devi inquietarti tanto* even granting that you may be right, you must not get so worked up.

concessore *m.* **1** granter. 2 ⟨*Dir*⟩ grantor. □ ~ *di licenza* licensor.

concettismo *m.* ⟨*Lett*⟩ conceptism (*anche estens.*).

concetto *m.* **1** (*idea*) idea, concept, conception: *nel tuo tema i* **-i** *sono buoni, ma la forma è scorretta* in your composition, the ideas are good but the form is poor. 2 (*opinione*) opinion, concept: *ha un alto* ~ *di se stesso* he has a high opinion of himself; *ha uno strano* ~ *della famiglia* he has a strange concept of the family. 3 ⟨*Filos,Art*⟩ concept: *il* ~ *di bene* the concept of good. 4 ⟨*Lett*⟩ (*nella letteratura del Seicento*) concetto, conceit: *una poesia piena di* **-i** poetry which is full of concetti. □ *di* ~ responsible, involving initiative and judgement; *impiegato di* ~ employee with managerial capacities and functions; *lavoro di* ~ independent (*o* responsible) work; *farsi un* ~ *di qc.* to form an opinion of s.th.; ~ *fondamentale* basic idea, general concept.

concettosità *f.* **1** wealth of ideas, fertility of thought. 2 ⟨*pegg*⟩ (*abuso di concetti sottili*) abundance of over-fanciful conceits. **concettoso** *a.* **1** ˈfull ofˈ (*o* packed with) ideas, rich (*o* fertile) in thought: *fu un discorso* ~ it was a talk ⌜with a wealth of ideas in it⌝ (*o* packed with ideas). **2** ⟨*pegg*⟩ (*che abusa di concetti ricercati*) full of laboured concepts. **concettuale** *a.* conceptual: *errore* ~ conceptual error, misconception. **concettualismo** *m.* ⟨*Filos*⟩ conceptualism. **concettualista** *m./f.* conceptualist. **concettualizzazione** *f.* conceptualization. **concettualmente** *avv.* conceptually.

concezionale *a.* conceptional. **concezione** *f.* **1** ⟨*Fisiol*⟩ conception. **2** ⟨*fig*⟩ (*ideazione*) conception, conceiving, devising: *la* ~ *di un piano* the devising of a plan; *la* ~ *di un'opera d'arte* the conception of a work of art. **3** ⟨*fig*⟩ (*concetto, pensiero*) conception, idea, concept: *una* ~ *ardita* a bold conception; *quell'uomo ha una strana* ~ *della vita* that man has a strange concept of life. Concezione *N.pr.f.* ⟨*Rel*⟩ (*Immacolata Concezione*) Immaculate Conception.

conchiferi *m.pl.* ⟨*Zool*⟩ conchifers *pl.* **conchifero** *a.* ⟨*Zool,Geol*⟩ conchiferous.

conchiglia *f.* **1** ⟨*Zool*⟩ shell, conch. **2** ⟨*Arch*⟩ shell. **3** ⟨*Met*⟩ chill (mould). **4** *pl.* ⟨*Alim*⟩ shell–shaped pasta. **5** ⟨*Sport*⟩ abdominal protector. □ ~ *bivalve* bivalve shell; ~ *fossile* fossil shell; ~ *univalve* univalve shell.

concia *f.* (*pl.* **-ce**) **1** (*il conciare*) tanning, tannage. **2** (*sostanza*) tan (bark), tannin. **3** (*di prodotti vegetali, sementi*) curing, treatment, pickling: *la* ~ *del tabacco* the curing of tobacco. □ ~ *al cromo* chrome tanning; ~ *all'olio* oil tanning; ~ *delle olive* olive pickling; ~ *delle pelli* tanning of hides (*o* skins). **conciapelli** *m.inv.* tanner.

conciare *v.t.* (**concio, conci;** *p.p.* **conciato/concio**) **1** to tan: ~ *pelli* to tan hides (*o* skins). **2** (*rif. a prodotti vegetali*) to cure, to treat, to pickle: ~ *il tabacco* to cure tobacco; ~ *le olive* to pickle olives. **3** ⟨*fig*⟩ (*ridurre in cattivo stato*) to ill–treat, to knock about: *ti hanno conciato bene* they've really knocked you about. **4** (*sporcare*) to dirty, to soil, to mess up: *ma come hai fatto a* ~ *così quelle scarpe?* how have you managed to get your shoes into such a state?; (*sciupare*) to spoil. **conciarsi** *v.r.* **1** (*ridursi in cattivo stato*) to get dirty (*o* untidy), to get o.s. into a ⌜bad state⌝ (*o* dreadful mess); (*farsi male*) to hurt o.s.: *è caduto per le scale e si è conciato male* he fell down the stairs and hurt himself. **2** (*vestirsi con cattivo gusto*) to dress in bad taste, ⟨*fam*⟩ to get o.s. up: *guarda come si è conciata per andare alla festa* look how she has got herself up to go to the party. □ ⟨*iron*⟩ *ti sei conciato bene* you've got yourself into a nice state, you've made a fine mess of yourself; ~ *qd. per le feste* to give s.o. a sound thrashing, to beat s.o. (up), ⟨*fam*⟩ to tan s.o.'s hide.

conciatore *m.* (*f.* **-trice**/*pop.* **-tora**) **1** tanner. **2** (*di prodotti vegetali*) curer. **conciatura** *f.* tanning, tannage; (*di tabacco*) curing; (*di olive*) pickling.

conciliabile *a.* **1** reconcilable, compatible, consistent: *il suo comportamento non è* ~ *con le sue idee* his behaviour is not reconcilable with his ideas; *due tendenze non* –*i* two incompatible tendencies. **2** (*rif. a multa e sim.*) that may be paid on the spot, payable out of court. **conciliabilità** *f.* compatibility, consistency: ~ *di due tendenze* compatibility of two tendencies.

conciliabolo *m.* secret (*o* clandestine) meeting, furtive gathering: *tenere un* ~ to hold a secret meeting.

conciliante *a.* conciliatory, conciliating, compliant: *atteggiamento* ~ conciliatory attitude; *avere un carattere* ~ to have a conciliatory nature; *persona* ~ compliant person.

conciliare[1] *v.t.* (**concilio, concili**) **1** (*mettere d'accordo*) to reconcile: ~ *due avversari* to reconcile two adversaries. **2** ⟨*fig*⟩ to reconcile, to conciliate: ~ *il lavoro con lo studio* to reconcile work with study. **3** (*procurare*) to gain, to win: *quest'azione gli conciliò l'affetto di tutti* this act gained him everybody's love. **4** (*favorire*) to be conducive to, to induce, to bring on: *la musica concilia il sonno* music is conducive to sleep. **5** ⟨*burocr*⟩ to pay on the spot: *vuol* ~ *la contravvenzione?* will you pay the fine on the spot? **conciliarsi** *v.r.* **1** (*mettersi d'accordo*) to become reconciled (*con* with), to make up (with): *conciliarsi con un avversario* to become reconciled with an enemy. **2** (*andare d'accordo*)

to be compatible, to agree: *studio e pigrizia non si conciliano* study and laziness are incompatible. **3** (*adattarsi*) to reconcile o.s., to resign o.s., to submit: *non riesco a conciliarmi con l'idea di partire* I cannot resign myself to the idea of leaving. **4** (*procurarsi*) to win (over), to gain: *la giovane attrice si conciliò subito il favore degli spettatori* the young actress won the audience over at once. □ ~ *il diavolo con l'acqua santa* to have the best of both worlds.

conciliare[2] **I** *a.* council–, conciliar, of the (*o* a) council: *i padri* –*i* the council Fathers. **II** *s.m.* member of a council. □ *dottrina* ~ conciliarism.

conciliarismo *m.* conciliarism. **conciliativo** *a.* conciliatory, conciliating: *parole* –*e* conciliatory words. **conciliatore I** *s.m.* (*f.* **-trice**) peacemaker, conciliator. **II** *a.* conciliatory, conciliating. □ ⟨*Dir*⟩ *giudice* ~ Justice of the Peace. **conciliazione** *f.* **1** (*il conciliare*) reconcilement, (re)conciliation: *la* ~ *dei due avversari* the reconciliation of the two adversaries. **2** ⟨*Dir*⟩ settlement, composition, conciliation. **Conciliazione** *f.* ⟨*Stor*⟩ Lateran Treaty of 1929. □ *commissione di* ~ conciliation board.

concilio *m.* **1** ⟨*Rel*⟩ council. **2** (*riunione segreta*) secret assembly (*o* gathering), council, meeting. □ ⟨*Rel.catt*⟩ ~ *ecumenico* ecumenical council; ⟨*Stor*⟩ ~ *di Nicea* Council of Nicaea; *tenere un* ~ to hold a council; ⟨*Stor*⟩ *il* ~ *di Trento* the Council of Trent; ⟨*Stor*⟩ ~ *vaticano* Vatican Council.

concimaia *f.* (*mucchio*) manure heap, dunghill; (*buca*) manure pit, dungpit. **concimare** *v.t.* to manure, to dung, to spread fertilizer on: ~ *il campo* to manure the field. □ *terreno non concimato* unfertilized (*o* unmanured) land. **concimazione** *f.* manuring, dunging.

concime *m.* manure, dung. □ ~ *animale* animal (*o* organic) manure; ~ *azotato* nitrogenous fertilizer; ~ *chimico* chemical (*o* artificial) fertilizer; ~ *potassico* potash (*o* potassic) fertilizer; *senza* –*i chimici* without chemical fertilizers.

concio[1] *m.* ⟨*Edil*⟩ ashlar. □ ⟨*Arch*⟩ ~ *d'angolo* quoin; ~ *di chiave* keystone.

concio[2] (*p.p. di conciare*) *a.* tanned: *pelli conce* tanned hides (*o* skins).

concionare *v.i.* (**conciono;** *aus.* **avere**) ⟨*lett*⟩ to harangue. **concione** *f.* **1** ⟨*lett*⟩ harangue. **2** ⟨*iron*⟩ harangue, lecture, sermon: *il preside ci ha tenuto un'interminabile* ~ the headmaster gave us an interminable lecture.

conciossiaché, conciossiacosaché *congz.* ⟨*ant*⟩ as, for, since.

concisamente *avv.* concisely, briefly, tersely, pithily. **concisione** *f.* conciseness, concision, brevity, terseness: *la* ~ *dello stile* the terseness of style. □ *esporre qc. con* ~ to set s.th. out concisely. **conciso** *a.* concise, brief, terse: *uno scrittore* ~ a terse writer.

concistoriale *a.* consistorial, consistory–. **concistoro** *m.* consistory: ~ *segreto* secret consistory.

concitatamente *avv.* excitedly: *parlare* ~ to speak excitedly. **concitato** *a.* excited, agitated, impassioned: *voce* –*a* excited (*o* impassioned) voice. **concitazione** *f.* excitement, agitation. □ *parlare con* ~ to speak excitedly.

concittadino *m.* (*f.* **-a**) fellow citizen, fellow townsman (*f* –woman): *il tuo amico è un mio* ~ your friend is a fellow–citizen of mine. □ *siamo* –*i* we come from the same town.

conclamare *v.t.* ⟨*lett*⟩ to acclaim, to proclaim, to hail.

conclave *m.* ⟨*Rel*⟩ conclave. **conclavista** *m.* conclavist.

concludente *a.* **1** (*rif. a discorso, ragionamento e sim.*) conclusive, decisive, convincing: *sono ragioni* –*i* these are conclusive reasons; *prova* ~ conclusive proof. **2** (*rif. a persona*) businesslike, efficient, ⟨*fam*⟩ who gets things done: *è un uomo assai* ~ he's a man who really gets things done. **concludere** *v.* (**conclusi, concluso**) **I** *v.t.* **1** (*condurre a compimento*) to conclude, to (bring to an) end, to wind up, to close: ~ *le trattative* to bring negotiations to an end. **2** (*fare*) to conclude, to settle, to arrange, to achieve, ⟨*fam*⟩ to clinch: ~ *la pace* to conclude (*o* make) peace; ~ *un affare* to clinch a deal. **3** (*terminare*) to conclude, to end (up), to finish: *concluse la* *lettera con i saluti* he ended his letter with greetings. **II** *v.i.* (*aus.* **avere**) **1** (*stabilire*) to conclude, to come to a conclusion, to decide: *conclusero che era meglio partire* they came to the conclusion that it was better to leave. **2** (*venire alla conclusione*) to conclude, to end (up), to come to a conclusion, to come to an end (*o* a close), to wind up: *ha concluso col darmi ragione* he ended up by admitting that I was right; *cerchiamo di* ~ let us try to wind up. **3** (*operare con profitto*) to get s.th. done, to get somewhere: *mi sembra che oggi tu abbia concluso ben poco* it seems to me that you have got very little done today. **concludersi** *v.r.* (*terminare*) to end (up), to conclude, to close, to come to a close (*o* an end) (*con* with): *è opinione di molti che il processo si concluderà con una condanna* many people are of the opinion that the trial will end in a conviction. □ ~ *un discorso* to conclude (*o* end) a speech, to bring a speech to its close; ~ *un matrimonio* to arrange (*o* bring about) a marriage.

conclusi → **concludere**. **conclusionale** *f.* ⟨*Dir*⟩ (*anche comparsa conclusionale*) pleadings *pl* (in a civil action).

conclusione *f.* **1** (*il concludere*) conclusion, arrangement: *la* ~ *della pace* the conclusion (*o* making) of peace. **2** (*risultato finale*) end, conclusion, issue, upshot, result: *quale sarà la* ~ *di tutto ciò?* what will the end (*o* upshot) of all this be? **3** (*deduzione logica*) conclusion, inference: *trarre le –i di* (*o* da) *qc.* to draw one's conclusions from s.th. **4** *pl.* ⟨*Dir*⟩ pleadings *pl.* □ *giungere a una* ~ to come to a conclusion; *in* ~ in short, well, in conclusion, to sum up: *in* ~, *cosa pensi di fare?* in short, what do you intend to do?; *trarre le debite –i da qc.* to draw one's due conclusions from s.th. **conclusivo** *a.* **1** (*finale*) final, last, conclusive: *fase –a* last stage; *una seduta –a* a final session. **2** (*decisivo*) conclusive, decisive: *il tuo intervento è stato* ~ your intervention was decisive. **concluso** → **concludere**.

concoide **I** *a.* conchoidal. **II** *s.f.* ⟨*Mat*⟩ conchoid.

concomitante *a.* concomitant, attendant, accompanying: *causa* ~ concomitant cause; *circostanze –i* attendant circumstances. □ ⟨*Teol*⟩ *grazia* ~ co-operating grace. **concomitanza** *f.* concomitance.

concordante *a.* agreeing, ⟨*pred*⟩ in agreement, concordant: *testimonianze –i* concordant depositions. **concordanza** *f.* **1** agreement, accordance, concordance: *in* ~ *a ciò che ti ho detto* in accordance with what I told you; (*conformità*) conformity. **2** ⟨*Gramm*⟩ agreement, concord; (*rif. a tempi*) sequence: ~ *dei tempi* sequence of tenses. **3** ⟨*Lett,Statist*⟩ concordance: *le bibliche concordances of the Bible.* □ *tra voi non c'è* ~ *d'intenti* your aims are not in agreement; ~ *di opinioni* agreement.

concordare *v.* (**concordo**) **I** *v.t.* **1** to reconcile: ~ *due opinioni diverse* to reconcile two different opinions. **2** (*stabilire d'accordo*) to agree on: ~ *il prezzo* to agree on the price. **3** ⟨*Gramm*⟩ to make agree: ~ *l'aggettivo col nome* to make the adjective agree with the noun. **II** *v.i.* (*aus.* **avere**) **1** (*essere d'accordo*) to agree, to be in agreement: *tutti concordano nel lodarlo* everyone agrees in praising him. **2** (*corrispondere*) to be in agreement, to tally, to coincide (*con* with): *le tue idee concordano con le mie* your ideas are in agreement with mine; *i conti concordano* the accounts tally. **3** ⟨*Gramm*⟩ to agree: *il verbo concorda in numero col soggetto* the verb agrees in number with the subject. □ *le vostre testimonianze non concordano* your depositions disagree (*o* are in disagreement).

concordatario *a.* concordatory, of (*o* in accordance with, regulated by) the Concordat: *matrimonio* ~ marriage regulated by the Concordat. **concordato** *m.* **1** agreement, arrangement, settlement. **2** ⟨*Dir*⟩ composition (with creditors), arrangement. **Concordato** *m.* ⟨*Stor*⟩ Italian Concordat of 1929. □ ⟨*Dir*⟩ *proposta di* ~ proposal of composition.

concorde *a.* **1** in agreement, in accord, agreed, unanimous: *tutti furono –i nel negare di averlo visto* they were unanimous in denying they had seen him. **2** (*simultaneo*) simultaneous: *azione* ~ simultaneous action. □ *le nostre opinioni sono –i* we are of the same opinion. **concordemente** *avv.* **1** (*in modo concorde*) in agreement,

concordantly, by mutual consent: *decidere* ~ to decide by mutual consent; (*unanimemente*) unanimously. **2** (*simultaneamente*) simultaneously: *agire* ~ to act simultaneously. **concordia** *f.* concord, agreement, harmony: *in quella famiglia manca la* ~ there is no concord in that family; *vivere in* ~ to live in harmony.

concorrente **I** *a.* **1** (*che tende a uno stesso fine*) concurrent: *cause –i* concurrent causes; *forze –i* concurrent forces. **2** ⟨*Comm*⟩ competing, rival: *imprese –i* rival firms. **3** (*convergente*) concurrent, converging: *linee –i* converging lines. **II** *s.m./f.* **1** (*chi partecipa a un concorso*) candidate, applicant: ~ *a un posto statale* applicant for a government job; *per venti posti ci sono cinquecento –i* there are five hundred applicants for twenty vacancies. **2** (*chi partecipa a una gara*) competitor.

concorrenza *f.* ⟨*Comm*⟩ competition: *temere la* ~ *di una ditta* to fear competition from a firm; (*i concorrenti*) competitors *pl*, rivals *pl*, competing firms *pl*: *eliminare la* ~ to eliminate one's competitors. □ **accanita** (*o* aspra) keen (*o* relentless) competition; **entrare** *in* ~ *con qd.* to enter into competition with s.o.; **essere** *in* ~ *con qd.* to compete with s.o.; **far** ~ *a qd.* to compete (*o* vie) with s.o.; **farsi la** ~ to compete with e.o.; **fuori** ~ not in competition, not competing; ⟨*burocr*⟩ *fino alla* ~ *dell'importo* to the extent of the amount; **libera** (*o* libero *gioco della*) ~ free competition; **prezzo** *di* ~ competitive price; ~ **sleale** unfair competition.

concorrenziale *a.* ⟨*Econ*⟩ competitive: *regime* ~ competitive system; *prezzo* ~ competitive price. □ *tariffe –i* cut rates, competitive prices. **concorrenzialità** *f.* competitiveness. **concorrere** *v.i.* (**concorsi, concorso**; *aus.* **avere**) **1** (*contribuire*) to concur (*a* in), to contribute (to): *molte cause hanno concorso alla sua rovina* many causes contributed to his ruin. **2** (*partecipare*) to share: ~ *a una spesa* to share (in) expenses. **3** (*fare un concorso*) to compete (in, for), to go (*o* put) in: *voglio* ~ *a quella cattedra* I want to put in for that (teaching) post. **4** (*convergere*) to converge, to meet (in a point): *le due rette concorrono in un punto* the two straight lines meet. □ ~ *in un reato* to be an accomplice to a crime. **concorsi** → **concorrere**.

concorso[1] *m.* **1** (*affluenza*) concourse, crowd, gathering: *un grande* ~ *di visitatori* a great crowd of visitors. **2** (*cooperazione*) co-operation (*a* in); (*contributo*) contribution (to), sharing (in): ~ *a* (*o in*) *una spesa* sharing (in) an expense. **3** ⟨*Dir*⟩ complicity, participation: ~ *in un reato* complicity in a crime. **4** (*concomitanza*) concurrence, combination: *un* ~ *di cause* a concurrence of causes; ~ *di circostanze* combination of circumstances. **5** (*competizione*) competition, contest: ~ *nazionale* nation-wide competition (*o* contest). **6** (*esame*) competitive examination: ~ *a una cattedra* (*universitaria*) competitive examination for a ⌐teaching post⌐ (*o* university chair). **7** ⟨*Sport*⟩ contest, show: ~ *ippico* horse show. □ ⟨*Scol*⟩ ~ *d'*ammissione entrance examination; ~ *in* appalto call (*o* request) for bids; **bandire** *un* ~ to advertise (*o* announce) a competition; **bando** *di* ~ announcement (*o* notice) of a competition; ~ *di* bellezza beauty contest (*o* competition); ~ *a* cattedra competition for a chair; **col** ~ *di* with the aid of; ⟨*Dir*⟩ ~ *di* colpa contributory negligence; ~ **divino** Divine aid; **fare** *un* ~ to enter (*o* go in for) a competition, to ⌐sit for⌐ (*o* take) a competitive examination; **fuori** ~ (*partecipante non classificato*) unclassified competitor, entrant who is not competing; ⟨*Dir*⟩ ~ *di* persone *nel reato* complicity in a crime; ~ *a un* posto competition to fill a post; ~ *a* premi advertising contest; ~ *ai* pubblici impieghi civil service exam; ⟨*Dir*⟩ ~ *di* reati concurrence of crime; ~ *per* titoli civil service entrance exam based on candidate's academic record and publications; **vincere** *un* ~ to win a competition.

concorso[2] → **concorrere**.

concorsuale *a.* **1** ⟨*Dir*⟩ bankruptcy: *procedimento* ~ bankruptcy proceedings *pl.* **2** (*rif. a concorsi*) competition–: *condizioni –i* qualifications for a competition.

concretamente *avv.* concretely, actually. **concretare** *v.t.*

(concrẹto) **1** (*rendere concreto, tangibile*) to make concrete (*o* a reality), to materialize. **2** (*realizzare*) to carry out, to accomplish, to get done, to put into effect (*o* practice): ~ *un progetto* to carry out a plan. **3** (*precisare*) to specify, to state exactly: ~ *le proprie richieste* to specify one's requests. **concretarsi** *v.r.* **1** (*prendere forma concreta*) to take (on) concrete form, to find expression: *i suoi sentimenti si sono concretati in un volume di poesie* his feelings found expression in a book of poetry. **2** (*realizzarsi*) to be realized, to come true, to materialize: *le mie speranze non si sono ancora concretate* my hopes have not yet materialized (*o* been realized). **concretẹzza** *f.* concreteness (*anche fig.*). **concretịsmo** *m.* ⟨*Lett*⟩ concretism. **concretịsta** *m./f.* concretist. **concretizzạre** *v.* → **concretare**.

concrẹto I *a.* **1** (*fondato*) concrete, well–founded, solid: *speranze –e* concrete hopes; *addurre ragioni –e* to put forward solid reasons. **2** (*reale*) definite, solid, concrete, positive: *mi hanno fatto proposte –e* positive, have made me definite (*o* positive) proposals. **3** (*rif. a persona: positivo, pratico*) practical: *una persona –a* a practical person. **4** (*solido, compatto*) concrete, solid: *sostanza –a* solid substance. **5** ⟨*Gramm*⟩ concrete: *nome* ~ concrete noun. II *s.m.* concrete: *passare dall'astratto al* ~ to go from the abstract to the concrete. □ **arte** *–a* concrete art; *cercate di fare qc. di* ~ try to get s.th. concrete (*o* definite) done; **in** ~ in reality, in the concrete; **musica** *–a* concrete music; **venire** *al* ~ to come to the point, ⟨*fam*⟩ to come down to brass tacks.

concrezionạle *a.* ⟨*Geol*⟩ concretionary. **concreziọne** *f.* ⟨*Geol,Med*⟩ concretion.

concubịna *f.* concubine. **concubinạto** *m.* concubinage: *vivere in* ~ to live in concubinage. **concubịno** *m.* concubinary.

conculcạre *v.t.* (conculco, conculchi) ⟨*lett*⟩ **1** (*violare*) to violate, to infringe (upon), to outrage, to trample on: ~ *i diritti di qd.* to violate (*o* infringe upon) s.o.'s rights. **2** (*opprimere*) to oppress.

concupịre *v.t.* (concupisco, concupisci) ⟨*lett*⟩ to covet, to long for, to lust after: ~ *onori* to covet honours. **concupiscẹnte** *a.* lustful, concupiscent: *sguardo* ~ lustful gaze. **concupiscẹnza** *f.* lust, concupiscence: *peccato di* ~ sin of lust.

concussionạrio *m.* ⟨*Dir*⟩ extortioner. **concussiọne** *f.* extortion, misappropriation.

condạnna *f.* **1** (*il condannare*) conviction: *il processo si chiuderà con la* ~ *dell'imputato* the trial will end in the conviction of the accused. **2** (*sentenza*) sentence, judgement: *pronunciare una* ~ to pass judgement. **3** (*pena*) sentence, penalty, punishment: *espiare* (*o scontare*) *una* ~ *all'ergastolo* to serve a sentence of life imprisonment. **4** ⟨*fig*⟩ (*biasimo*) condemnation, censure, blame, reproof. □ ~ *a morte* death sentence; ~ *a vita* life sentence. **condannạbile** *a.* **1** condemnable. **2** ⟨*fig*⟩ (*biasimevole*) censurable, condemnable: *comportamento* ~ censurable conduct.

condannạre *v.t.* **1** to sentence, to condemn, to convict, to pass judgement against, to find guilty: *la giuria ha condannato gli imputati* the jury has ˈconvicted the accusedˈ (*o* found the accused guilty); ~ *qd. a dieci anni* to sentence s.o. to ten years' imprisonment. **2** (*disapprovare*) to condemn, to censure, to blame, to reprove: *tutti noi abbiamo condannato il suo operato* we have all condemned his conduct. **3** ⟨*fig*⟩ (*rivelare colpevole*) to condemn: *il tuo rossore ti ha già condannato* your blushing has already ˈcondemned youˈ (*o* given you away). **4** (*dichiarare inguaribile*) to give up ˈas incurableˈ (*o* all hope for): *i medici lo hanno condannato* the doctors have given up all hope for him. □ ~ *a un'ammenda* to fine; ~ *al* **capestro** to sentence to hanging, to condemn to the gallows; ~ *all'***esilio** to sentence to banishment (*o* exile); ~ *a* **morte** to sentence (*o* condemn) to death; ~ *per* **omicidio** to convict of murder; ~ *al* **risarcimento** *dei danni* to order to pay damages.

condannạto *m.* (*f.* -a) **1** condemned person: *un* ~ *a morte* a person condemned to death. **2** (*carcerato*) convict, prisoner.

condebitọre *m.* (*f.* -trice) ⟨*Dir*⟩ joint debtor. **condẹnsa** *f.* ⟨*tecn*⟩ condensate, condensed water.

condensạbile *a.* ⟨*Fis*⟩ condensable: *gas* ~ condensable gas. **condensabilità** *f.* ⟨*Fis*⟩ condensability: ~ *di un vapore* condensability of a vapour. **condensamẹnto** *m.* condensation. **condensạre** *v.* (condẹnso) I *v.t.* **1** ⟨*Fis,Chim,Ott*⟩ to condense, to evaporate. **3** ⟨*fig*⟩ (*compendiare*) to condense, to summarize, to abridge: ~ *un libro in un articolo* to summarize a book in an article. II *v.i.* (*aus.* essere), **condensarsi** *v.r.* ⟨*Chim,Fis*⟩ to condense, to be condensed. **condensạto** I *a.* **1** ⟨*Fis,Chim,Ott*⟩ condensed. **2** ⟨*Alim*⟩ condensed, evaporated: *latte* ~ condensed (*o* evaporated) milk. **3** ⟨*fig*⟩ condensed, summarized, abridged. II *s.m.* **1** (*compendio*) summary, abridgement. **2** ⟨*fam*⟩ (*mucchio*) mass, heap, pile: *questo componimento è un* ~ *di errori* this composition is a mass of errors. **condensatọre** *m.* ⟨*El,Rad*⟩ condenser, capacitor. **condensaziọne** *f.* condensation, condensing: ⟨*Ind*⟩ *impianto di* ~ condensing plant.

cọndilo *m.* ⟨*Anat*⟩ condyle. **condilọma** *m.* ⟨*Med*⟩ condyloma.

condimẹnto *m.* **1** (*il condire*) seasoning, flavouring; (*rif. all'insalata*) dressing. **2** (*sostanza*) seasoning, flavouring, condiment; (*salsa*) sauce; (*per insalata*) dressing: *l'olio è un* ~ *essenziale dell'insalata* oil is an essential salad dressing; *in questa pietanza c'è troppo* ~ there is too much seasoning in this dish. **3** ⟨*fig*⟩ spice: *l'allegria è il miglior* ~ *di ogni festa* merriment is the best spice for any party. **condịre** *v.t.* (condịsco, condịsci) **1** to season, to flavour: ~ *una pietanza* to season a dish; (*rif. all'insalata*): ~ *con olio e aceto* to dress with oil and vinegar; (*con una salsa*) to serve with a sauce. **2** ⟨*fig*⟩ (*rendere più gradevole*) to spice, to season: *condisce ogni suo racconto con battute umoristiche* he spices all his stories with witty remarks. **condirettọre** *m.* (*f.* -trice) co–director, joint manager; (*rif. a un giornale*) coeditor. **condirettrịce** *f.* co–directress, joint manageress; (*rif. a un giornale*) coeditress. **condireziọne** *f.* joint management (*o* direction); (*rif. a un giornale*) coediting.

condiscendẹnte *a.* **1** (*arrendevole*) yielding, compliant. **2** (*indulgente*) obliging, indulgent; ⟨*spreg*⟩ condescending. **condiscendẹnza** *f.* **1** (*arrendevolezza*) compliance, docility. **2** (*indulgenza*) obligingness, indulgence; ⟨*spreg*⟩ condescension. **condiscẹndere** *v.i.* (condiscẹsi, condiscẹso; *aus.* avere) **1** (*acconsentire*) to comply (*a* with), to yield, to agree (to): ~ *alla preghiera di qd.* to agree to s.o.'s request; ~ *a un desiderio* to comply with a wish. **2** (*degnarsi*) to deign, to condescend: *condiscese a partecipare alla riunione* he condescended to take part in the meeting.

condiscẹpolo *m.* (*f.* -a) fellow disciple, ⟨*ant*⟩ condisciple.

condivịdere *v.t.* (condivịsi, condivịso) to share: *non condivido le tue idee* I don't share your ideas. **condivịsi, condivịso** → **condividere**.

condizionạle I *a.* **1** ⟨*Gramm*⟩ conditional. **2** ⟨*Dir*⟩ conditional, suspended. II *s.m.* ⟨*Gramm*⟩ conditional (mood). III *s.f.* ⟨*Dir*⟩ suspended sentence. □ ⟨*Dir*⟩ *beneficiare della* ~ to be granted probation; *fu condannato a tre mesi con la* ~ he was put on probation for three months; ⟨*Gramm*⟩ *proposizione* ~ conditional clause.

condizionamẹnto *m.* **1** (*rif. all'aria*) air–conditioning. **2** ⟨*Psic,Ling*⟩ conditioning. **3** ⟨*Tess*⟩ conditioning: *impianto di* ~ air–conditioning unit. **condizionạre** *v.t.* (condiziọno) **1** (*subordinare, far dipendere*) to make depend, to make conditional (*a* on), to subject to a condition: *ha condizionato il viaggio alla sua promozione* he has made the trip conditional on his being promoted. **2** (*confezionare*) to pack, to wrap; (*in scatole di latta*) to tin, ⟨*am*⟩ to can. **3** ⟨*Psic*⟩ to condition: *essere condizionato dall'ambiente* to be conditioned by one's environment. **4** ⟨*Tess*⟩ to condition. □ ~ *l'aria* to condition air, to air–condition. **condizionatamẹnte** *avv.* conditionally.

condizionạto *a.* **1** (*subordinato a una condizione*) conditional: *assenso* ~ conditional assent. **2** (*confezionato*) packed, wrapped; (*in scatole di latta*) tinned, ⟨*am*⟩ canned.

3 ⟨*Psic*⟩ conditioned: *riflesso* ~ conditioned reflex (*o* response). □ *ad* (*o con*) *aria* –*a* air–conditioned, with air conditioning; *impianto d'aria* –*a* air–conditioning unit, air–conditioner; ⟨*Dir*⟩ *libertà* –*a* probation. **condizionatore I** *s.m.* air–conditioner. **II** *a.* conditioning. **condizionatura** *f.* ⟨*Tess*⟩ conditioning.

condizione *f.* **1** condition: *porre* (*o imporre*) *delle* –*i* to lay down conditions. **2** *pl.* (*modalità*) terms *pl*, conditions *pl*: *stabilire le* –*i di vendita dei nuovi prodotti* to fix the terms of sale of the new products. **3** *pl.* (*stato: rif. alla salute*) condition, state, (*fam*) shape: *ho trovato i miei genitori in buone* –*i* I found my parents in good shape; (*rif. alla morale*) state of mind; (*rif. a cose*) condition, state, order, ⟨*fam*⟩ shape: *quest'abito è ancora in ottime* –*i* this suit is still in very good condition; *la casa è in* –*i pietose* the house is in a dreadful state; (*rif. a situazione finanziaria*) circumstances *pl*, (financial) state, position. **4** (*rango*) position, condition: *di ogni classe e* ~ of all ranks and classes. **5** ⟨*Dir*⟩ condition, stipulation, term. □ **a** ~ on condition; *a nessuna* ~ on no condition (*o* account); *a una* ~ on one condition; *a* ~ *che* on condition that, provided that: *vengo a* ~ *che qd. mi accompagni* I shall come, but only on condition that s.o. brings me; **accettare una** ~ to accept (*o* agree to) a condition; –*i* **ambientali** environmental conditions; –*i* **atmosferiche** weather conditions; –*i di* **consegna** terms (*o* conditions) of delivery; ⟨*Comm*⟩ –*i da* **convenirsi** terms to be arranged (*o* agreed upon); ⟨*Comm*⟩ –*i d'***esercizio** operating conditions; **essere** *in* ~ *di fare qc.* to be in a position (*o* state) to do s.th., to be up to doing s.th.: *non sono in* ~ *di guidare l'automobile, sono troppo nervoso* I am in no state (*o* condition) to drive, I'm too het–up; –*i di* **favore** preferential terms; *le sue* –*i* **finanziarie** *sono buone* he is well–off (*o* comfortably–off), he is in easy circumstances; –*i d'***impiego** terms and conditions of employment; ~ **indispensabile** sine qua non; **mettere** *qd. in* ~ *di fare qc.* to put s.o. in a position to do s.th.; ⟨*Mat*⟩ ~ **necessaria** *e sufficiente* necessary and sufficient condition; –*i di* **pace** peace terms; –*i di* **pagamento** terms (*o* conditions) of payment; **porre** *come* ~ *che* to make it a condition that; ⟨*Mil*⟩ *resa* **senza** –*i* unconditional surrender; ~ **sociale** social standing (*o* position); ⟨*Comm*⟩ *alle* **solite** –*i* on the usual terms (*o* conditions); –*i di* **spirito** mood, state of mind: *non sono in* –*i di spirito di rispondervi* I'm not in the (right) mood to answer you; –*i di* **vita** of living conditions; (*tenore di vita*) standard of living, living standard.

condoglianza *f.* sympathy, condolence. □ *le faccio le mie più sincere* –*e per la morte di suo marito* my ⌐deepest sympathy⌐ (*o* sincerest condolences) on the death of your husband; *lettera di* –*e* letter of condolence; *visita di* –*e* visit of condolence. **condolersi** *v.r.* (**mi condolgo, ti conduoli; mi condolsi, condoluto; → dolere**) to sympathize, to condole: ~ *con i parenti del defunto* to sympathize with the dead man's relatives; ~ *con qd. per qc.* to condole with s.o. (up)on s.th., to sympathize with s.o. for s.th.

condom *m.* condom.

condominiale *a.* of (*o* relating to) joint ownership or co–owners. □ *adunanza* ~ meeting of co–owners; *regolamento* ~ regulations of co–ownership; *spese* –*i* expenses shared by the co–owners. **condominio** *m.* **1** joint ownership, co–ownership, ⟨*am*⟩ condominium: *palazzo in* ~ joint ownership of a building. **2** (*edificio*) jointly–owned building, ⟨*am*⟩ condominium. **3** (*collett*) (*condomini*) joint owners *pl*, co–owners *pl*: *una riunione del* ~ a meeting of joint owners. **condomino** *m.* (*f.* -**a**) joint owner, co–owner: *assemblea dei* –*i* meeting of joint–owners.

condonabile *a.* **1** ⟨*Dir*⟩ remissible: *debito* ~ remissible debt. **2** (*perdonabile*) pardonable, excusable, forgivable: *errore* ~ pardonable error. **condonare** *v.t.* (**condono**) **1** to remit: ~ *una pena* to remit a penalty. **2** (*perdonare*) to condone, to pardon, to overlook, to forgive. **condono** *m.* **1** remission: ~ *di una pena* remission of a penalty. **2** (*perdono*) condonation, pardon, forgiveness. □ ~ *fiscale* conditional amnesty for tax evaders.

condor, condore *m.* ⟨*Ornit*⟩ condor.

condotta *f.* **1** (*comportamento*) conduct, behaviour, bearing: ~ *esemplare* exemplary behaviour. **2** (*modo di condurre un'azione*) running, conduct, management, direction: *la* ~ *della guerra* the direction of the war. **3** (*circoscrizione di medico condotto*) district assigned to a doctor employed by a local authority. **4** (*tubazione*) piping, pipe(line), main; (*canale*) channel, duct, conduit. **5** ⟨*Scol*⟩ conduct: *ha avuto sette in* ~ he got seven for conduct. □ ~ *dell'***acqua** water pipe (*o* main); **buona** ~ good conduct (*o* behaviour); *tenere una buona* ~ to behave well; *certificato di buona* ~ good conduct certificate, certificate of good character; **cattiva** ~ bad conduct (*o* behaviour), misbehaviour; *tenere una cattiva* ~ to behave badly; ⟨*Idr*⟩ ~ **forzata** penstock, pressure water pipe; ~ **medica** (*incarico*) post of municipal doctor.

condottiero *m.* **1** ⟨*Mil*⟩ leader of troops, commander. **2** ⟨*Mediev*⟩ condottiere.

condotto[1]: *medico* ~ municipal (*o* communal, town) doctor.

condotto[2] *m.* **1** (*tubo, canale*) pipe, duct, conduit, channel, main: *il* ~ *dell'acqua* water pipe (*o* main); (*per il petrolio*) pipeline. **2** ⟨*Anat*⟩ duct: ~ *acustico* acoustic duct. □ ⟨*Edil*⟩ ~ *d'aerazione* local vent; ~ *di drenaggio* drain(pipe); ~ *principale* main; ⟨*Edil*⟩ ~ *di scarico delle acque di rifiuto* waste pipe, drain.

condotto[3] → **condurre**.

conducente *m.* **1** driver: *il* ~ *del tram* the tram–driver; *non parlare al* ~ do not speak to the driver. **2** ⟨*Dir*⟩ (*locatario*) lessee, tenant. □ ~ *di tassì* taxi driver.

conducibilità *f.* ⟨*Fis*⟩ conductivity, conductibility. □ ⟨*El*⟩ ~ *elettrica* electric conductivity; ~ *termica* thermal conductivity.

conduco → **condurre**.

condurre *v.* (**conduco, conduci; condurrò; condussi, condotto**) **I** *v.t.* **1** (*accompagnare*) to take: *conduci a passeggio i bambini* take the children out for a walk; (*accompagnare in vettura*) to drive. **2** ⟨*fig*⟩ (*portare, ridurre*) to lead, to bring (about), to drive, to reduce: *l'ozio conduce alla rovina* idleness brings about a man's downfall; *la sua prodigalità l'ha condotto alla miseria* his extravagance has reduced him to poverty. **3** (*dirigere*) to manage, to direct, to run, to conduct: ~ *l'interrogatorio* to conduct the examination; ~ *un'azienda* to run (*o* manage) a firm. **4** (*eseguire*) to carry out, to conduct, to handle: ~ *le trattative* to handle negotiations. **5** (*guidare*) to drive: *non sa* ~ *l'automobile* he can't drive (a car); (*rif. a imbarcazioni*) to sail, to steer. **6** (*tracciare*) to draw, to trace (out): ~ *una retta* to draw a straight line. **7** (*trasportare*) to conduct, to convey, to pipe: *questi tubi conducono il gas* these pipes convey gas. **8** (*sviluppare: rif. a opere letterarie*) to treat, to handle, to develop, to unfold: *l'intreccio della commedia è ben condotto* the plot of the play unfolds smoothly. **9** (*trascorrere*) to lead, to spend: ~ *una vita tranquilla* to lead a peaceful life. **10** ⟨*Fis,El*⟩ to conduct: ~ *il calore* to conduct heat. **11** ⟨*Sport*⟩ (*essere in vantaggio*) to lead: *la nostra squadra conduce per due a zero* our team is leading by two–nil. **II** *v.i.* (*aus.* **avere**) to lead, to go: *la strada conduce al paese* the road leads to the town. **condursi** *v.r.* to behave (o.s.), to conduct o.s.: *ti sei condotto bene e avrai un premio* you have behaved well, and you shall have a reward. □ ~ *all'***altare** (*sposare*) to lead to the altar; ~ **bene** *i propri affari* to manage one's affairs successfully; ~ *alla* **disperazione** to drive to despair; ~ *a* **fine** (*finire*) to bring to an end, to carry out, to finish; ~ *a buon fine* to bring off, to bring to a successful conclusion; ~ *il* **gregge** *al pascolo* to drive (*o* take) the flock to pasture; ~ *una* **bicicletta** *a* **mano** to wheel a bicycle; ~ *il cavallo a* **mano** to lead one's horse; ⟨*fig*⟩ ~ *in* **porto** to carry out (*o* through), to accomplish; ~ *alla* **rovina** to (bring to) ruin; ~ *le* **trattative** to handle negotiations, to negotiate; ~ *una* **vita** *felice* to lead a happy life, to live happily; ~ *l'***esercito** *alla* **vittoria** to lead the army to victory. *Prov.*: *tutte le strade conducono a Roma* all roads lead to Rome.

condurrò, condussi → **condurre**.

conduttanza *f.* ⟨*El*⟩ conductance: ~ *elettrica* electric

conductance. **conduttività** f. ⟨Fis⟩ conductivity, conductibility. **conduttivo** a. ⟨Fis⟩ conductive. **conduttometria** f. ⟨Chim,Fis⟩ conductometry.
conduttore I s.m. (f. **-trice**) **1** driver. **2** (macchinista) operator. **3** ⟨Dir⟩ (affittuario) tenant, lessee. **4** ⟨Fis,El⟩ conductor. **5** ⟨Rad,TV⟩ master of ceremonies. **II** a. ⟨Fis⟩ conducting, transmitting, guide-. □ ~ d'autobus bus driver; ⟨Fis⟩ ~ di calore heat conductor; **cattivo** ~ bad (o poor) conductor, nonconductor; **filo** ~: 1 ⟨El⟩ conducting (o lead) wire; 2 (fig) (che serve di guida) (guiding) thread, lead; **motivo** ~: 1 motif, dominant idea, theme: il motivo ~ del film the theme of the film; 2 ⟨Mus⟩ leitmotiv, leading motif; (rif. a film e sim.) musical theme; ~ di **tram** tram driver; ~ del **treno** (il conducente) (engine) driver, ⟨am⟩ motorman, ⟨am⟩ engineer; (controllore) ticket collector, ⟨am⟩ conductor.
conduttura f. (complesso) piping, pipes pl; (condotto) pipe, duct, main; (impianto idraulico) plumbing. □ ~ dell'acqua water main (o pipe); ~ d'aria calda hot air conduit (o piping); ~ elettrica electric mains; ~ del gas gas main.
conduzione f. **1** ⟨Fis⟩ conduction: ~ termica heat (o thermal) conduction. **2** ⟨Dir⟩ tenancy, leasing. **3** (controllo di macchine) control, management, operation, tending: ~ della caldaia control (o tending) of the boiler. □ ~ di un'azienda management; ⟨Econ⟩ azienda a ~ familiare family business (o enterprise).
conestabile m. ⟨Stor⟩ constable. □ gran ~ High Constable.
confabulare v.i. (confabulo; aus. avere) **1** (parlare segretamente) to talk in secret, ⟨fam⟩ to pow-wow. **2** (chiacchierare) to confabulate, to chat. **confabulazione** f. **1** (conversazione segreta) secret conversation, ⟨fam⟩ pow-wow. **2** ⟨scherz⟩ (conversazione familiare) confabulation, chat.
confacente a. suitable, fitting (a for), proper, suited (to): questo clima non è ~ alla tua salute this climate is not suitable for your health. **confarsi** v.r. (forms in use: pr.ind. si confà, si confanno; impf. si confaceva; pr.cong. si confaccia; impf.cong. si confacesse) ⟨lett⟩ to be suitable (a for), to be appropriate (a to), to suit, to become (s.o.): questo atteggiamento superbo non ti si confà this haughty attitude does not become you; il clima di questo paese non si confà alla mia salute the climate of this country does not suit my health.
Confapi f. (Confederazione italiana della piccola industria) National Federation of Small Manufacturers.
Confartigianato f. (Confederazione generale italiana dell'artigianato) General Federation of Italian Artisans and Craftsmen.
Confcoltivatori f. (Confederazione nazionale dei coltivatori diretti) National Federation of Agricoltural Owner–Occupiers.
Confcommercio f. (Confederazione italiana del commercio) General Federation of Italian Merchants and Shopkeepers.
confederale a. federal, (con)federate: milizie –i confederate troops. **confederare** v.t. (confedero) to (con)federate. **confederarsi** v.r. to (con)federate, to form a (con)federation. **confederativo** a. (con)federative, (con)federal: trattato ~ federative treaty. **confederato I** a. federal, confederate, federate(d). **II** s.m. **1** confederate. **2** ⟨Stor.am⟩ Confederate. □ stati –i federal states; ⟨Stor.am⟩ Confederate States. **confederazione** f. **1** (il confederare, il confederarsi) (con)federation. **2** (stato federale) confederation, federation (of states), confederacy. □ ⟨Stor.am⟩ ~ degli Stati Uniti d'America Confederate States of America; ~ elvetica Swiss Confederation; ~ del lavoro trade union (federation).
Confederterra f. (Confederazione nazionale dei lavoratori della terra) National Federation of Agricultural Workers.
conferenza f. **1** lecture: tenere una ~ su qc. to (give a) lecture on s.th. **2** (abboccamento) interview, talk. **3** (riunione internazionale) conference, meeting: ~ europea European Conference. □ ~ mondiale dell'alimentazione World Food Conference; ⟨Mil⟩ ~ sul disarmo disarmament conference; ~ dei diritti del mare Conference on the Law of the Sea; ~ marittima shipping

conference; ~ dei ministri conference of ministers; ~ delle **Nazioni** Unite sul commercio e lo sviluppo United Nations Conference on Trade and Development; ~ della **pace** peace conference; ~ **preparatoria** preliminary conference; ~ con **proiezione** di diapositive conference and projection of slides; ~ **stampa** press conference; ~ al **vertice** summit meeting (o conference).
conferenziere m. (f. -a) lecturer, speaker.
conferimento m. **1** conferring, conferment, grant, bestowal, awarding: ~ di un premio letterario awarding of a prize for literature. **2** ⟨Dir,Econ⟩ contribution. □ ~ della cittadinanza granting of nationality. **conferire** v. (conferisco, conferisci) **I** v.t. **1** to confer, to bestow (a on), to award, to grant, to give (s.o.): gli hanno conferito il premio letterario di quest'anno he has been awarded this year's prize for literature. **2** ⟨fig⟩ to give, to lend (s.o.), to confer (on s.o.): gli occhiali ti conferiscono un'espressione professionale your spectacles give you a professional look. **II** v.i. (aus. avere) (avere un colloquio) to confer (con with), to consult (s.o.). □ ⟨Dir⟩ ~ un mandato to grant a mandate; ~ la procura to confer (o grant) power of attorney.
conferma f. confirmation: chiediamo ~ dell'ordine we request confirmation of the order. □ a ~ in confirmation: a ~ di quanto ti dissi in confirmation of what I told you; avere ~ to be confirmed (o proved): la notizia non ha avuto ~ the news has not been confirmed; dare ~ to confirm; domandare una ~ to seek confirmation; ⟨Comm⟩ lettera di ~ letter of confirmation; ~ d'ordine confirmation of an order.
confermare v.t. (confermo) **1** to confirm, to corroborate, to strengthen, to bear out: questi fatti non fanno che ~ i miei sospetti these facts merely confirm my suspicions; i fatti confermano la nostra tesi the facts bear out our theory; il testimone ha confermato la precedente deposizione the witness has confirmed his previous evidence. **2** (ratificare) to confirm, to ratify, to approve, to uphold: ~ una sentenza to uphold a sentence. **3** (rif. a cariche e sim.: riconfermare) to confirm: ~ qd. in una carica to confirm s.o. in his post. □ Prov.: l'eccezione conferma la regola the exception proves the rule. **confermativo** a. confirmative, confirmatory. **confermazione** f. confirmation.
confessare v.t. (confesso) **1** to confess, to plead guilty to: ~ un delitto to confess a crime; confessò di avere agito in modo disonesto he confessed to having acted dishonestly. **2** (ammettere) to confess, to admit, to acknowledge, to own: confesso la mia ignoranza I confess my ignorance. **3** ⟨Rel⟩ to confess: ~ i propri peccati to confess one's sins. **confessarsi** v.r. **1** to confess, to acknowledge: confessarsi colpevole to confess ⌐to being guilty⌐ (o one's guilt), to plead guilty. **2** ⟨Rel⟩ to confess (o.s.), to go to confession: mi confesso ogni settimana I go to confession every week.
confessionale I a. confessional, denominational. **II** s.m. ⟨Rel⟩ confessional. □ insegnamento ~ confessional teaching; scuola ~ denominational (o sectarian) school.
confessionalismo m. sectarian interference in politics.
confessione f. **1** confession: la ~ di un delitto the confession of a crime. **2** (ammissione) confession, admission, acknowledgement, avowal: la ~ dei propri errori the acknowledgement of one's mistakes; la sua ~ mi ha colpito I was struck by his admission. **3** ⟨Rel⟩ (sacramento) confession: fare una buona ~ to make a good confession. **4** (religione professata) confession, faith, creed, religion: la ~ valdese the Waldensian confession; (comunità religiosa) confession, communion: essere di ~ luterana to belong to the Lutheran Church. **5** pl. ⟨Lett⟩ confessions pl, memoirs pl: le Confessioni di sant'Agostino the Confessions of St. Augustine. □ costringere qd. alla ~ to force s.o. to confess; estorcere una ~ a qd. to wring (o force) a confession out of s.o.; ~ di fede confession of faith; rendere piena ~ to make a full confession. **confesso** a. self-confessed. □ reo ~ criminal pleading guilty.
confessore m. confessor: padre ~ father confessor.
confettare v.t. (confetto) to (coat with) sugar, to candy, ⟨am⟩ to sugarcoat: ~ le mandorle to coat almonds with sugar. **confetteria** f. (negozio) confectioner's shop,

sweetshop. **confettiera** *f.* (*recipiente per confetti*) bonbonnière; (*scatoletta*) sweetmeat box. **confettiere** *m.* (*f.* -a) confectioner. **confetto** *m.* **1** sugared almond. **2** (*Farm*) dragée, sugarcoated pill. □ (*fig*) *mangiare i –i di qd.* (*festeggiarne il matrimonio*) to celebrate s.o.'s wedding; *a quando* (o *quando mangeremo*) *i –i?* when is the wedding going to be?

confettura *f.* jam: ~ *di ciliegie* cherry jam; (*di arance*) marmalade.

confezionamento *m.* **1** manufacture, manufacturing. **2** (*imballaggio*) packaging. □ ~ *sotto vuoto* vacuum packaging.

confezionare *v.t.* (**confeziono**) **1** (*Sart*) to make (up), to tailor: *si confezionano abiti su misura* clothes made to measure, tailor-made clothes. **2** (*imballare: rif. a pacchi e sim.*) to make up, to package: ~ *un pacco* to make up a parcel; (*rif. a merci*) to pack, to package; (*in scatole di latta*) to tin, (*am*) to can. **3** (*preparare*) to prepare: *cibi ben confezionati* well-prepared food. **confezionato** *a.* ready–made: *abito* ~ ready–made (o ready–to–wear) suit. **confezione** *f.* **1** (*Sart*) making(-up), tailoring: *la* ~ *di questo vestito mi è costata più della stoffa* the tailoring of this suit cost me more than the cloth. **2** *pl.* garments *pl,* clothes *pl,* clothing, wear: *-i per bambini* children's wear; *-i su misura* tailor–made clothes, (*am*) custom(–made) clothes. **3** (*l'imballare: rif. a pacchi*) packaging: *nel magazzino c'è un reparto per la* ~ *dei pacchi* there is a packaging department in the store; (*in scatole di latta*) tinning, (*am*) canning. **4** (*involucro*) packet, wrap. □ *negozio di -i maschili* men's wear shop; ~ *di prova* test pack.

conficcare *v.t.* (**conficco, conficchi**) to hammer (in), to thrust (in), to drive (in), to knock (in): ~ *un chiodo nel muro* to hammer a nail into the wall; ~ *un palo* to drive in a post. **conficcarsi** *v.r.* to stick, to run, to get: *gli si è conficcata una scheggia nel piede* he has got a splinter in his foot.

confidare **I** *v.t.* to confide, to impart: ~ *un segreto a qd.* to confide a secret to s.o. **II** *v.i.* (*aus.* **avere**) (*avere fiducia*) to confide (*in in*), to rely (on): ~ *in Dio* to confide in God; *ti ho raccontato tutto confidando nella tua discrezione* I have told you everything relying on your discretion; (*essere fiducioso*) to feel sure, to be confident: *confido che tu possa aiutarmi* I ʼfeel sureʼ (o am confident) that you can help me. **confidarsi** *v.r.* to confide (*con* in), to open one's heart (to): *si è confidato con me* he confided in me. □ *te lo confido in gran segreto* I am telling you in the greatest confidence. **confidente** **I** *a.* trusting, confiding, trustful: *animo* ~ trusting nature. **II** *s.m./f.* **1** (*persona cui si fanno le confidenze*) confidant (*f* confidante): *sono il suo* ~ I am her confidant. **2** (*spia, informatore*) informer: ~ *della polizia* police informer.

confidenza *f.* **1** (*fiducia*) confidence, trust. **2** (*segreto confidato*) confidence, secret: *le piace ascoltare le –e degli altri* she likes listening to people's secrets. **3** (*dimestichezza*) intimacy, familiarity. □ **avere** ~ *con qd.* to be close to s.o., to be on familiar terms with s.o., to be an intimate of s.o.: *ha molta* ~ *con sua madre* he is very close to his mother; **dare** ~ *a qd.* to be (o get) too familiar with s.o.: *non dar troppa* ~ *a quel ragazzo* don't get too familiar with that boy; **essere** *in* ~ *con qd.* = **avere** *confidenza con qd.; **fare** *una* ~ *a qd.* to tell s.o. a secret; **in** ~: 1 in confidence, confidentially: *dire qc. a qd. in* ~ to tell s.o. sth. in confidence; 2 (*introducendo il discorso*) to tell you the truth, quite frankly, to be honest, between ourselves: *in* ~ *non me la sento di viaggiare solo* ʼquite franklyʼ (o to tell you the truth) I don't feel like travelling alone; *in tutta* ~ in all sincerity, quite honestly: *te lo dico in tutta* ~ I tell you in all sincerity; (*fig*) **prendere** ~ *con qc.* to (get to) know s.th. well, to get used to s.th.: *non ho ancora preso* ~ *con la tua automobile* I don't know your car very well yet, I haven't got used to your car yet; *prendersi la* ~ *di* to take the liberty of: *mi sono preso la* ~ *di inviarle un mazzo di fiori* I have taken the liberty of sending you a bunch of flowers; *prendersi delle –e* to act in an overfamiliar way, (*fam*) to be fresh; **trattare** *qd. con* ~ to treat s.o. without formality, to be

free and easy with s.o.

confidenziale *a.* **1** (*riservato*) confidential: *informazione* ~ confidential information. **2** (*amichevole*) familiar, friendly: *modi –i* familiar ways. □ *strettamente* ~ strictly confidential; ʼa titoloʼ (o *in via*) ~ confidentially, in confidence.

configgere *v.t.* (**configgo, configgi; confissi, confitto**) **1** (*inchiodare*) to nail: *Gesù fu confitto in croce* Jesus was nailed to the cross. **2** (*conficcare*) to drive (in), to thrust (in): *gli confisse un pugnale nella schiena* he drove a dagger into his back.

configurabile *a.* representable.

configurarsi *v.r.* to be depicted, to assume (o take on) a shape (o form), to be given a form: *il racconto si configura come una confessione* the story assumes the form of a confession. **configurazione** *f.* **1** configuration, shape, outline: *la* ~ *del cranio* the configuration of the skull. **2** (*Geog*) configuration: ~ *del suolo* soil configuration ground. □ ~ *di reato* type of offence. **configurazionismo** *m.* (*Psic*) configurationism, Gestalt psychology.

confinante **I** *a.* bordering (*con* on, upon), adjoining, neighbouring: *stato* ~ neighbouring state; *poderi –i* adjoining farms. **II** *s.m./f.* neighbour. **confinare** **I** *v.i.* (*aus.* **avere**) to border (*con* on, upon) (*anche fig.*): *l'Italia confina con la Svizzera* Italy borders on Switzerland; *il tuo atteggiamento confina con la sfacciataggine* your behaviour borders on insolence. **II** *v.t.* **1** (*mandare al confino*) to banish, to intern: *lo confinarono in un'isola* they interned him on an island. **2** (*fig*) to confine, to shut up: *mi hanno confinato nella mia stanza* they shut me up in my room; *restai confinato in casa per il periodo della malattia* I was confined to the house throughout my illness. **confinarsi** *v.r.* (*isolarsi, appartarsi*) to confine o.s., to retire: *si è confinato in campagna* he has retired into the country; (*rinchiudersi*) to shut o.s. up: *confinarsi in casa* to shut o.s. up at home. □ *sono confinato a letto* I have to stay in bed; *il prato confina con un bosco* the meadow borders on a wood. **confinario** *a.* boundary-, border-: *palo* ~ boundary post; (*rif. ai confini di uno stato*) frontier-, border-: *polizia –a* frontier (o border) police. **confinato** *m.* (*f.* -a) person condemned to forced residence, internee. □ *un* ~ *politico* one sent into forced residence for political reasons.

Confindustria = *Confederazione generale dell'industria italiana* Italian Manufacturers' Association.

confindustriale **I** *a.* of Confindustria. **II** *s.m./f.* member of Confindustria.

confine *m.* **1** border, boundary: *-i di una proprietà rurale* boundaries of a rural holding; (*tra stati*) frontier, border: *il* ~ *tra l'Italia e l'Austria* the frontier between Italy and Austria; *i -i italiani* the Italian borders. **2** (*segnale di confine*) boundary mark: *collocare i -i* to set out the boundary marks; (*palo*) boundary post; (*pietra*) boundary stone. **3** (*fig*) boundary, limits *pl,* bounds *pl:* *i -i della scienza* the bounds (o furthermost limits) of science. □ *entro i -i* within the bounds (o limits); **linea** *di* ~ boundary line; ~ **marittimo** limit of territorial waters; *-i naturali* natural frontiers; **passare** *il* ~ = **varcare** *il confine;* **stazione** *di* ~ frontier station; *i -i della* **terra** the ends of the earth; **territorio** *di* ~ confines *pl,* borderland; **tracciare** *il* ~ to demarcate, to mark out the boundary; **varcare** *il* ~ to cross the border.

confino *m.* forced residence, internment: *mandare qd. al* ~ to send s.o. to a place of forced residence.

confisca *f.* confiscation: ~ *di monete false* confiscation of false coins; ~ *dei beni* the confiscation of goods. **confiscabile** *a.* confiscable. **confiscare** *v.t.* (**confisco, confischi**) to confiscate: ~ *i beni* to confiscate goods.

confiteor *m.* (*Lit*) confiteor: *dire il* ~ to say the confiteor.

conflagrazione *f.* **1** conflagration. **2** (*fig*) (*scoppio di una guerra*) (sudden) outbreak of war. □ ~ *universale* (o *generale*) world–destroying war.

conflitto *m.* **1** conflict. **2** (*fig*) (*contrasto*) conflict, clash: ~ *d'idee* conflict of ideas; ~ *d'interessi* clash of interests. □ ~ **armato** armed conflict; ~ **atomico** (o *nucleare*)

nuclear conflict; ⟨*Dir*⟩ ~ *di* **attribuzione** conflict of powers; ~ *di* **classe** class struggle; ~ *di* **doveri** conflict of duties; **essere** *in* ~ *con la famiglia* to be at loggerheads with one's family; *essere in* ~ *con se stesso* to be at odds with o.s.; ~ *a* **fuoco** shoot-out; –*i del* **lavoro** industrial (*o* labour) disputes; ~ **mondiale** world war; ~ *di* **poteri** conflict (*o* clash) of powers; ~ **razziale** race (*o* racial) conflict; ~ **sociale** social conflict; **soluzione** *dei* –*i* conflict resolution; **venire** *a* ~ to come into conflict, to clash.
conflittuale *a.* **1** conflictual. **2** ⟨*Sociol,Econ*⟩ pertaining to labour unrest. **conflittualità** *f.* conflicts *pl.*
confluente *m.* confluent (stream): *i* –*i del Tevere* the confluents of the Tiber. **confluenza** *f.* (*punto di confluenza: rif. a fiumi, ghiacciai*) confluence; (*rif. a valli*) convergence; (*rif. a strade*) road junction. **confluire** *v.i.* (**confluisco**, **confluisci**; *aus.* **essere/avere**) **1** to flow together (*o* into e.o.): *i due torrenti confluiscono* the two streams flow together; (*rif. a un fiume che si versa in un altro*) to flow: *l'Aniene confluisce nel Tevere* the Aniene flows into the Tiber; (*rif. a valli, strade*) to meet, to come together. **2** ⟨*fig*⟩ to meet, to come together, to be found: *nel romanzo confluiscono tutte le esperienze letterarie dello scrittore* all the writer's literary experiences are to be found in the novel.
confondere *v.t.* (**confondo**; **confusi**, **confuso**) **1** (*mescolare*) to confuse, to mix up, to jumble up, to muddle (up): *hanno confuso tutte le carte che erano sul tavolo* they have jumbled up all the papers that were on the table; *non confondete le schede* do not mix up the filing cards. **2** (*scambiare*) to confuse, to mistake, to take (for), to get (s.th.) mixed up: ~ *i nomi* to confuse names, to get names mixed up; *ti confondo con tuo fratello* I ⌜get you mixed up⌝ (*o* confuse you) with your brother; *ha confuso il mio ombrello con il suo* he has mistaken my umbrella for his. **3** (*turbare*) to confuse, to muddle, to mix up: ~ *le idee a qd.* to muddle s.o.; (*mettere in imbarazzo*) to embarrass: *mi confondi con le tue gentilezze* you embarrass me with all your kindness. **4** (*umiliare*) to confound: *Dio confonde i superbi* God confounds the proud. **5** (*rendere indistinto*) to confuse, to blur, to cover up: *i ladri hanno confuso le tracce* the thieves covered up their tracks. **confondersi** *v.r.* **1** (*mescolarsi*) to mix, to mingle, to blend, to get mixed up: *i fogli si sono confusi* the papers have got mixed up; *ci confondemmo tra la folla* we mingled with the crowd. **2** (*turbarsi*) to become (*o* grow) confused: *a quelle parole la ragazza si confuse* when she heard these words, the girl grew confused. **3** (*sbagliare*) to get mixed up: *mi sono confuso e ho preso un libro invece di un altro* I got mixed up and took the wrong book. **4** (*diventare vago, indistinto*) to grow confused (*o* hazy), to become blurred (*o* dim): *le montagne si confondevano nella nebbia* the mountains grew hazy in the fog; (*annebbiarsi*) to dim, to grow blurred: *mi si confonde la vista* my sight is becoming blurred. **confondibile** *a.* that may be confused (*o* mixed up).
conformabile *a.* conformable. **conformare** *v.t.* (**conformo**) to conform, to adapt, to fit: ~ *la propria espressione alle circostanze* to fit one's expression to the circumstances. **conformarsi** *v.r.* **1** (*agire in conformità*) to conform (*a* to), to comply (with), to abide (by): *conformarsi ai desideri di qd.* to comply with s.o.'s wishes; *conformarsi alle leggi* to abide by the laws. **2** (*adeguarsi*) to adapt (o.s.), to adjust (o.s.), to conform (to), to fall in (with): *conformarsi alla moda* to fall in with the demands of fashion. **conformato** *a.* shaped: *un corpo ben* (o *mal*) ~ a well-shaped (*o* ill-shaped) body. **conformazione** *f.* **1** (*forma*) conformation, structure, form, shape: *la* ~ *del cranio* the conformation of the skull. **2** ⟨*Geol*⟩ conformation: *la* ~ *del suolo* the conformation of the ground.
conforme *a.* **1** (*uguale*) exactly alike (*a qc.* s.th.); (*simile*) similar. **2** (*fedele: rif. a relazioni, documenti e sim.*) true: *la copia è* ~ *all'originale* the copy is true to the original. **3** (*corrispondente*) in conformity, consistent, in accordance (with): *la sua vita è* ~ *alle sue idee* his way of living is in conformity with his ideas. **conformemente** *avv.* in conformity, in compliance, in accordance (*a* with),

according (to): *agire* ~ *alle proprie idee* to act in accordance with one's ideas. **conformismo** *m.* **1** conformity, time-serving. **2** ⟨*Rel*⟩ conformism. **conformista** *m./f.* **1** conformist, time-server. **2** ⟨*Rel*⟩ conformist. □ *non* ~ nonconformist. **conformistico** *a.* (*pl.* **-ci**) conformist: *tendenze conformistiche* conformist tendencies. **conformità** *f.* conformity, accordance, compliance. □ ·*in* ~ accordingly; *questi sono gli ordini e voi dovete agire in* ~ these are the orders and you are to comply with them; *in* ~ *di* (o *a*) in conformity (to, with), in accordance (with), according (to): *in* ~ *delle leggi* in conformity with the laws.
confortante *a.* comforting, consoling: *un pensiero* ~ a comforting thought. **confortare** *v.t.* (**conforto**) **1** to comfort, to console: *cercai di confortarlo* I tried to comfort him; *mi conforta il pensiero del ritorno* the thought of returning comforts me. **2** (*avvalorare*) to support, to back up: ~ *con esempi la propria tesi* to support one's theory with examples. **confortarsi** *v.r.* to comfort o.s., to console o.s., to take courage: *si confortò pensando che non era solo* he took courage in the thought that he was not alone. □ ~ *un condannato a morte* to minister to a prisoner condemned to death. **confortevole** *a.* **1** (*che conforta*) comforting: *una parola* ~ a comforting word. **2** (*che offre comodità*) comfortable: *l'appartamento è* ~ the flat is comfortable. **confortevolmente** *avv.* comfortably.
conforto *m.* **1** comfort, consolation, solace: *la sua vicinanza è stata per me un gran* ~ his closeness has been ⌜a great solace⌝ (*o* of great comfort) to me; *non trova* ~ *al suo dolore* he can find no consolation for his grief. **2** (*conferma*) support, proof, confirmation: *un argomento a* ~ *di una tesi* an argument in support of a theory. **3** *pl.* (*comodità, agio*) comfort, facility, convenience: *in questa casa ci sono tutti i* –*i* this house has every comfort. □ *a* ~ *di* in support (*o* proof) of: *addurrò delle prove a* ~ *di quanto ho detto* I shall produce proof in support of what I have said; *essere di* ~ to be ⌜of comfort⌝ (*o* a comfort): *la tua presenza mi è di* ~ your presence is a comfort to me; **recare** ~ *a qd.* to comfort s.o., to bring (*o* be of) comfort to s.o.; *i* –*i* **religiosi** the comforts of religion.
confratello *m.* ⟨*Rel*⟩ member of a confraternity, brother: *i* –*i della Misericordia* the brothers (*o* brethren) of the Confraternity of the Misericordia. **confraternita** *f.* confraternity, brotherhood.
confrontabile *a.* comparable. **confrontare** *v.t.* (**confronto**) **1** to compare: ~ *un'opera con un'altra* to compare one work with another; (*collazionare*) to collate: ~ *tra loro due scritti* to collate two writings. **2** ⟨*Dir*⟩ to confront: ~ *due testimonianze* to confront two witnesses. **3** ⟨*Mat*⟩ to equate.
confronto *m.* **1** comparison: *non c'è* ~ there is no comparison; (*collazione*) collation: *dal* ~ *dei testi risulta che* the collation of the texts shows that. **2** ⟨*Dir*⟩ confrontation: *il* ~ *tra due testimonianze* the confrontation of two witnesses. □ ⌜*a* ~ *di*⌝ (o *in* ~ *a*) in comparison with, compared with: *oggi fa caldo a* ~ *di ieri* it's hot today compared with yesterday; ~ *all'*americana identification parade; **mettere** *a* ~: **1** to compare; **2** ⟨*Dir*⟩ to confront: *i due testimoni furono messi a* ~ the two witnesses were confronted; **nei** –*i di* to, towards: *questo non è gentile nei* –*i di tua madre* this is not a kind thing to do to your mother; ⌜**reggere** *al*⌝ (o *sostenere il*) ~ to bear (*o* stand up to) comparison; **senza** –*i* beyond compare, by far, far and away: *è senza* –*i il migliore* he is far and away the best; *un'opera che non* **teme** –*i* a work which need have no fear of comparison.
confucianesimo *m.* ⟨*Rel*⟩ Confucianism. **confuciano** *a./s.m.* (*f.* **-a**) Confucian(ist). **Confucio** *N.pr.m.* ⟨*Stor*⟩ Confucius.
confusamente *avv.* confusedly, in a confused way: *ricordo tutto* ~ I remember everything confusedly. **confusi** *v.* → **confondere**. **confusionale** *a.* ⟨*Psic*⟩ confusional. □ *stato* ~ mental confusion. **confusionario** **I** *a.* muddling, bungling. **II** *s.m.* (*f.* **-a**) muddler, bungler: *essere un* ~ to be a muddler.
confusione *f.* **1** (*disordine*) confusion, disorder, muddle, mess: *nella stanza regnava la* ~ there was utter confusion

in the room; *che ~ in questi cassetti* what a mess these drawers are in. **2** *(scambio)* confusion, muddling, mixing up: *~ di nomi* confusion of names. **3** *(disordine mentale)* confusion. **4** *(imbarazzo)* confusion, embarrassment; *(vergogna)* shame, abashment: *arrossì per la ~* she blushed in confusion⌐ *(o* from shame). **5** *(ressa)* confusion, bustle, throng: *nella ~ il ladro riuscì a fuggire* in the confusion the thief managed to get away. **6** ⟨*Dir*⟩ merger, confusion. □ **fare** *~ (fare disordine)* to create confusion *(o* disorder), to make a mess, to be a muddler; *fare ~ di date* to muddle *(o* mix up) dates, to get dates confused; ⟨*Bibl*⟩ *~ delle* **lingue** babel of tongues; *dar* **luogo** *a ~* to cause *(o* create) confusion; ⟨*Psic*⟩ *~* **mentale** derangement (of mind), mental confusion; *~ di* **poteri** merger of powers; *ho una gran ~ in* **testa** my head is in a whirl.

confusionismo *m.* disorderliness. **confusionista** *m./f.* disorderly person.

confuso *(p.p. di confondere) a.* **1** *(disordinato)* confused, jumbled(–up), ⟨*fam*⟩ higgledy–piggledy: *un insieme ~ di giocattoli* a jumbled pile of toys. **2** *(non chiaro)* confused, muddled: *racconto ~* confused story; *avere le idee –e* to have muddled ideas; *ricordo ~* confused recollection. **3** *(imbarazzato, turbato)* confused, embarrassed, disconcerted: *a quel complimento restò ~* he was embarrassed by that compliment; *(mortificato)* ashamed, abashed. **4** *(mescolato)* mingled, hidden: *assistei alla cerimonia ~ tra la folla* I followed the ceremony hidden in the crowd.

confutabile *a.* confutable, refutable: *argomento ~* confutable argument. **confutare** *v.t.* (**confuto/confuto**) to confute, to refute, to rebut: *~ una tesi* to refute a thesis. **confutativo** *a.* confutative. **confutatore** *m.* (*f.* **-trice**) confuter, refuter. **confutazione** *f.* confutation, refutation, rebuttal: *la ~ di una teoria* the confutation of a theory.

cong. = ⟨*Gramm*⟩ **1** *congiunzione* conjunction (*abbr.* conj.). **2** *congiuntivo* subjunctive, conjunctive (*abbr.* subj., conj.).

conga *f.* *(danza)* conga.

congedare *v.t.* (**congedo**) **1** to dismiss, to discharge, to send away *(o* off), to take leave of: *~ gli ospiti* to take leave of one's guests. **2** ⟨*Mil*⟩ to discharge. **congedarsi** *v.r.* to take leave *(da* of), to say goodbye (to): *si congedò dai compagni* he said goodbye to his friends. **congedato** **I** *a.* ⟨*Mil*⟩ discharged. **II** *s.m.* discharged soldier.

congedo *m.* **1** leave, dismissal, discharge. **2** ⟨*Mil*⟩ discharge. **3** *(permesso)* leave (of absence): *chiedere un ~ per motivi di salute* to apply for sick–leave; ⟨*Mil*⟩ furlough, leave (of absence). **4** ⟨*Lett*⟩ envoy, envoi. □ ⟨*Mil*⟩ **foglio** *di ~* (certificate of) discharge; ⟨*Mil*⟩ *~* **illimitato** discharge to the reserve; **in** *~:* 1 *(in licenza)* on leave; 2 *(in pensione)* retired, pensioned off; 3 ⟨*Mil*⟩ discharged: *andare in ~* to be discharged; *(in licenza)* on furlough *(o* leave); ⟨*Assic*⟩ *~ di* **maternità** maternity leave; **prendere** *~ da qd.* to take one's leave of s.o.

congegnare *v.t.* (**congegno**) **1** to assemble, to fit *(o* put) together. **2** ⟨*fig*⟩ *(concepire)* to devise, to contrive, to plan: *~ una beffa* to plan a practical joke; *~ un furto* to plan a robbery; *(comporre)* to construct, to put together. **congegnato** *a.* **1** assembled, put together. **2** ⟨*fig*⟩ devised, contrived, planned: *un furto ben ~* a well–planned robbery; *(composto)* constructed, put together: *la commedia è abilmente –a* the play is skilfully put together. **congegno** *m.* **1** *(meccanismo)* mechanism, gear, apparatus, machine; *(strumento)* instrument; *(dispositivo)* device, contrivance. **2** *(oggetto)* device, gadget, contrivance, ⟨*fam*⟩ contraption: *quell'accendino è un ~ complicato* that cigarette lighter is a complicated gadget. **3** *(struttura)* structure, construction: *studiare il ~ di un apparecchio* to study the structure of an apparatus.

congelamento *m.* **1** ⟨*Fis*⟩ freezing, congelation: *~ dell'acqua* freezing of water. **2** ⟨*Alim*⟩ (quick–)freezing, deep–freezing: *~ della carne* freezing of meat. **3** ⟨*Med*⟩ frostbite. **4** ⟨*Econ*⟩ freezing: *~ di un credito* freezing of a credit. □ ⟨*Pol*⟩ *~ degli armamenti nucleari* nuclear freeze; *morire per ~* to freeze to death; ⟨*Fis*⟩ *punto di ~* freezing–point. **congelare** *v.* (**congelo**) **I** *v.t.* **1** to freeze, to congeal: *~ l'acqua* to freeze water; *~*

l'olio to congeal oil; *(rif. a sostanze alimentari)* to (quick–)freeze, to deep–freeze: *~ la carne* to freeze meat. **2** ⟨*Econ*⟩ to freeze: *~ un credito* to freeze a credit. **II** *v.i.* (*aus.* **essere**) to freeze, to congeal. **congelarsi** *v.r.* **1** to freeze, to congeal: *l'acqua si è congelata* the water has frozen. **2** ⟨*Med*⟩ to become frostbitten: *gli si è congelata una gamba* one of his legs has become frostbitten. □ *~ gli armamenti* to freeze armaments. **congelato** *a.* **1** ⟨*Alim*⟩ (quick–)frozen, deep–frozen. **2** ⟨*Econ*⟩ frozen: *credito ~* frozen credit *(o* assets). □ ⟨*Alim*⟩ *carne –a* frozen meat; *verdura –a* frozen vegetables. **congelatore** *m.* *(apparecchio)* freezer. □ *vano ~ (nel frigorifero)* (deep) freezer, quick–freezing *(o* deep–freezing) unit (of a refrigerator).

congenere *a.* *(simile)* similar, like this *(o* that), of the same sort: *non ho mai svolto un lavoro ~* I have never done work like this.

congeniale *a.* congenial. □ *questo lavoro non mi è ~* this work does not suit me. **congenialità** *f.* congeniality.

congenito *a.* congenital: *vizio ~* congenital vice; *malformazione –a* congenital malformation.

congerie *f.* heap, mass *(anche fig.).*

congestionamento *m.* congestion. **congestionare** *v.t.* (**congestiono**) **1** ⟨*Med*⟩ to congest. **2** ⟨*Strad*⟩ to congest, to jam, to overcrowd. **congestionato** *a.* **1** ⟨*Med*⟩ congested: *organo ~* congested organ. **2** *(estens)* *(accalorato, rosso)* flushed: *faccia –a* flushed face. **3** ⟨*Strad*⟩ congested, overcrowded, jammed: *traffico ~* congested traffic. **congestione** *f.* **1** ⟨*Med*⟩ congestion. **2** ⟨*Strad*⟩ congestion, jam: *~ del traffico* traffic jam *(o* congestion). □ *~ cerebrale* congestion of the brain; *~ polmonare* lung congestion.

congettura *f.* conjecture, supposition, guess: *le mie sono solo –e* I am only making conjectures; *azzardare una ~* to hazard *(o* venture) a guess. □ *basarsi su –e* to base o.s. on conjectures *(o* guesswork); *far –e* to conjecture. **congetturabile** *a.* conjecturable, conjectural. **congetturare** *v.t.* to conjecture, to presume.

congiungere *v.t.* (**congiungo, congiungi**; **congiunsi, congiunto**) **1** *(unire)* to join (up, together), to unite, to bring together: *i due generali cercarono di ~ le truppe* the two generals tried to unite their troops. **2** ⟨*Mecc*⟩ *(montare)* to join: *~ due pezzi* to join two parts; *(mediante saldature)* to weld, to solder; *(rif. a corde)* to tie *(o* knot) together; *(rif. a travi, binari)* to splice; *(mediante cavicchi)* to peg; *(mediante caviglie, perni)* to dowel; *(mediante incastri)* to cog. **3** *(accostare)* to join: *~ le mani* to join hands. **4** *(collegare)* to connect, to link (up), to join (up): *un tram congiunge i due estremi della città* the two sides of the town are connected by a tram; *il ponte congiunge le due rive* the bridge joins *(o* spans) the two banks. **5** ⟨*El,Tel*⟩ to connect, to switch, to join. **6** ⟨*Geom*⟩ to join: *~ due punti con una retta* to join two points by a straight line. **congiungersi** *v.r.* **1** *(unirsi)* to join (up), to unite, to meet (up), to link (up): *le truppe si congiunsero nei pressi della capitale* the troops met near the capital; *il viottolo si congiunge alla strada maestra* the path joins the main road. **2** ⟨*Fisiol*⟩ to have sexual intercourse. **3** ⟨*Astr*⟩ to conjoin.

congiungimento *m.* **1** joining, junction, union, linking, meeting. **2** ⟨*Mil*⟩ link–up. **congiunsi** → **congiungere**. **congiuntamente** *avv.* jointly, in conjunction, together: *agiremo ~* we shall act in conjunction.

congiuntiva *f.* ⟨*Anat*⟩ conjunctiva. **congiuntivite** *f.* ⟨*Med*⟩ conjunctivitis.

congiuntivo **I** *a.* conjunctive: *locuzione –a* conjunctive phrase. **II** *s.m.* ⟨*Gramm*⟩ subjunctive, conjunctive. **3** ⟨*Gramm*⟩ *modo ~* subjunctive mood.

congiunto *(p.p. di congiungere)* **I** *a.* *(unito)* joined, united, combined: *sforzi –i* combined efforts; *(collegato)* connected, linked. **II** *s.m.* (*f.* **-a**) relative, relation: *inviterò amici e –i* I shall invite friends and relations.

congiuntura *f.* **1** *(punto di congiunzione)* joint *(anche Anat.).* **2** *(circostanza)* circumstance, juncture: *in questa ~* at this juncture; *le presenti –e* the present circumstances. **3** ⟨*Econ*⟩ economic trend *(o* tendency). □ ⟨*Econ*⟩ *alta ~* favourable trend, boom; *⟨am⟩* upswing; *bassa ~* slump, recession. **congiunturale** *a.* ⟨*Econ*⟩ of economic trends. □ *clima* ~ economic climate; *provvedimenti –i* steps to deal with an economic trend; *stasi* ~ slump.

congiunzione *f.* **1** junction, link, connection, joint. **2** ⟨*Gramm,Astr*⟩ conjunction: *la luna è in* ~ *con Marte* the moon is in conjunction with Mars.

congiura *f.* conspiracy, plot: ⟨*Stor.rom*⟩ *la* ~ *di Catilina* the Catiline conspiracy; *una* ~ *contro lo stato* a plot against the state. □ *fare* (*o ordire*) *una* ~ to hatch (*o* lay) a plot, to plot, to conspire; ⟨*Stor.brit*⟩ *la* ~ *delle Polveri* the Gunpowder Plot; ~ *del silenzio* conspiracy of silence; *sventare una* ~ to foil a plot. **congiurare** *v.i.* (*aus.* avere) **1** to plot, to conspire. **2** (*concorrere*) to conspire, to be (*o* work) against: *non basta il traffico stradale, anche la pioggia congiura contro di noi* as if the traffic weren't enough, even the rain is against us. **congiurato** *m.* (*f.* -a) conspirator, plotter: *i –i furono scoperti* the conspirators were discovered.

conglobamento *m.* conglobation. □ ⟨*Econ*⟩ ~ ⌈*dei salari*⌉ (*o delle indennità nel salario*) incorporation of various allowances into one's wages. **conglobare** *v.t.* (**conglobo/conglobo**) **1** ⟨*lett*⟩ (*ammassare, ammucchiare*) to amass, to conglobate. **2** ⟨*Econ*⟩ to consolidate, to combine, to incorporate: ~ *le indennità nel salario* to incorporate allowances into wages. **conglobato** *a.* **1** conglobate, amassed. **2** ⟨*Econ*⟩ consolidated, combined, incorporated: *debiti –i* consolidated debts.

conglomerare *v.t.* (**conglomero**) to conglomerate, to amass. **conglomerarsi** *v.r.* to conglomerate, to be amassed. **conglomerato** *m.* **1** (*ammasso*) conglomerate, mass (*anche fig.*). **2** ⟨*Geol*⟩ conglomerate, pudding–stone. **3** ⟨*Edil*⟩ concrete, mix. **4** ⟨*Econ*⟩ conglomerate.

conglutinamento *m.* conglutination. **conglutinare** *v.t.* (**conglutino**) to conglutinate. **conglutinarsi** *v.r.* to cohere, to conglutinate. **conglutinazione** *f.* conglutination.

Congo *N.pr.m.* ⟨*Geog*⟩ **1** (*regione*) Congo. **2** (*fiume*) (River) Congo. **congolese** *a./s.m./f.* Congo(l)ese.

congratularsi *v.r.* (**mi congratulo**) to congratulate: *mi congratulo con te per la promozione* I congratulate you on your promotion; *me ne congratulo* I congratulate you on it. **congratulazione** *f.* **1** (*il congratularsi*) congratulation. **2** *pl.* congratulations *pl:* *vivissime –i* hearty congratulations. □ *lettera di –i* letter of congratulation.

congrega *f.* **1** band, group, set, gang, ⟨*fam*⟩ bunch: *una* ~ *di ladri* a band of robbers, a gang of thieves. **2** ⟨*Rel*⟩ congregation, confraternity. **congregare** *v.t.* (**congrego/congrego, congreghi/congreghi**) to assemble, to gather (*o* call) together: *il vescovo ha congregato i parroci* the bishop has called the parish priests together. **congregarsi** *v.r.* (*adunarsi*) to congregate, to assemble, to gather together. **congregazionalismo** *m.* ⟨*Rel.ev*⟩ Congregationalism. **congregazione** *f.* **1** (*adunanza*) assembly, congregation, gathering. **2** (*persone congregate*) assembly, gathering, congregation. **3** ⟨*Rel*⟩ congregation. **congregazionista** *m./f.* member of a religious congregation.

congressista *m./f.* participant (to a conference). **congresso** *m.* **1** congress: ⟨*Stor*⟩ *il* ~ *di Vienna* the Congress of Vienna. **2** (*di studiosi, professionisti*) congress, conference, convention: ~ *medico* medical congress. **3** ⟨*Pol*⟩ (*di un partito*) congress, conference, ⟨*am*⟩ convention: *il* ~ *del partito socialista* the Socialist Party Congress. **4** ⟨*SU*⟩ (*parlamento*) Congress. □ *atti del* ~ proceedings of the congress; ⟨*Rel*⟩ ~ *eucaristico* Eucharistic Congress; *membro del* ~ member of Congress, Congressman. **congressuale** *a.* **1** of a (*o* the) congress, congressional: *atti –i* proceedings of a congress; *lavori –i* work of a congress. **2** ⟨*SU*⟩ Congress–, Congressional.

congrua *f.* ⟨*Rel*⟩ revenue from a benefice constituting the minimum income necessary. **congruamente** *avv.* suitably, fittingly, adequately: *sarai ricompensato* ~ you will be suitably rewarded. **congruo** *a.* suitable, fitting, adequate, appropriate, congruous: *ho un* ~ *stipendio* I get an adequate salary; *dietro* ~ *compenso* for a fitting reward.

conguagliare *v.t.* (**conguaglio, conguagli**) ⟨*Econ*⟩ to equalize, to square up, to balance, to adjust: ~ *gli stipendi* to adjust salaries. **conguaglio** *m.* ⟨*Econ*⟩ **1** (*il conguagliare*) balancing, equalization, squaring up, adjustment. **2** (*somma con cui si conguaglia*) balance, settlement, compensation: *riscuotere il* ~ to collect the balance. □ *salvo* ~ subject to adjustment.

coniare *v.t.* (**conio**) **1** to coin, to mint, to strike: ~ *una moneta* to mint a coin; ~ *una medaglia* to strike a medal. **2** ⟨*fig*⟩ (*creare: rif. a parole*) to coin, to mint: ~ *una nuova parola* to coin a word. **coniato** *a.* coined, minted, struck. **coniatore** *m.* (*f.* -trice) coiner, minter. **coniatura, coniazione** *f.* (*azione*) coining, minting, striking; (*effetto*) coinage, mintage.

conica *f.* ⟨*Mat*⟩ conic section. **conicità** *f.* ⟨*Geom*⟩ conicity, conicalness. **conico** *a.* (*pl.* -ci) conic(al), cone-shaped: *figura –a* cone-shaped figure; *proiezione –a* conic projection.

conifera *f.* ⟨*Bot*⟩ **1** conifer. **2** *pl.* conifers *pl.* **conifero** *a.* coniferous: *pianta –a* coniferous plant.

coniglicoltore *m.* rabbit breeder. **coniglicoltura** *f.* rabbit breeding. **coniglieria** *f.* **1** (*gabbia*) rabbit hutch. **2** (*recinto*) rabbit warren. **coniglietto** *m.* bunny. **coniglio** *m.* **1** ⟨*Zool*⟩ rabbit. **2** (*pelliccia*) rabbit(-fur), con(e)y: *un colletto di* ~ a cony collar. **3** ⟨*fig*⟩ (*persona timida*) timid person; (*persona vile*) faint-heart, ⟨*fam*⟩ chicken. □ ⟨*fig*⟩ *timido come un* ~ as timid as a hare.

conio *m.* **1** (*matrice per coniare*) minting die. **2** (*l'impronta*) stamp, imprint, impress. **3** (*il coniare*) coinage, coining, minting: *il* ~ *di una nuova moneta* the minting of a new coin. **4** ⟨*fig*⟩ (*qualità*) stamp, kind, sort: *due bricc001 dello stesso* ~ two rascals of the same stamp. □ *una parola di buon* ~ a well-coined word; ⟨*Numism*⟩ *di nuovo* ~ newly-coined, newly-minted: *moneta di nuovo* ~ newly-minted coin; ⟨*fig*⟩ *vocaboli di nuovo* ~ newly-coined words.

coniugabile *a.* ⟨*Gramm*⟩ conjugable. **coniugale** *a.* conjugal, married: *amore* ~ conjugal (*o* married) love. □ *diritti –i* conjugal rights; *doveri –i* conjugal duties; *vita* ~ married life. **coniugare** *v.t.* (**coniugo, coniughi**) ⟨*Gramm*⟩ to conjugate: *il verbo «leggere» si coniuga irregolarmente* the verb "leggere" is conjugated irregularly. **coniugarsi** *v.r.* (*non com*) to marry, to get married. **coniugate** *f.pl.* ⟨*Bot*⟩ conjugates *pl.* **coniugato** **I** *a.* **1** (*sposato*) married. **2** ⟨*Mat,Geom,Chim*⟩ conjugate(d). **II** *s.m.* (*f.* -a) married person. □ ⟨*Geom*⟩ *angoli –i* conjugate angles. **coniugazione** *f.* ⟨*Gramm*⟩ conjugation: ~ *irregolare* irregular conjugation.

coniuge *m.* **1** spouse, (married) partner, consort: *il* ~ *superstite* the surviving partner of the marriage; (*marito*) husband; (*moglie*) wife. **2** *pl.* married couple, husband and wife. □ *i –i Bianchi* Mr. and Mrs. Bianchi, the Bianchis; *una coppia di –i* a married couple.

connaturale *a.* innate, inborn, congenital: *vizi –i all'uomo* vices which are innate in man. **connaturare** *v.t.* ⟨*non com*⟩ to connaturalize. **connaturarsi** *v.r.* to become second nature (*in* to), to become a part of one's nature: *in te si è connaturato il vizio del fumo* smoking has become second nature to you. **connaturato** *a.* innate: *la vanità è –a nella donna* vanity is innate in woman; (*radicato*) ingrained, deeply rooted: *vizio* ~ deeply-rooted vice.

connazionale *m./f.* fellow countryman (*f* –woman), compatriot.

connessi → connettere. **connessione** *f.* **1** connection, connexion (*anche El.*). **2** ⟨*fig*⟩ (*relazione*) connection, relation(ship): *tra i due fatti non c'è alcuna* ~ there is no connection between the two facts. □ ⟨*Inform*⟩ ~ *a margherita* daisy chain. **connesso** (*o connesso*) (*p.p. di connettere*) *a.* connected, linked (*anche fig.*): *i due avvenimenti sono strettamente –i* the two events are closely connected. □ *annessi e –i* appurtenances *pl; con tutti gli annessi e –i* all told.

connestabile *m.* → conestabile.

connettere (*o connettere*) *v.* (**connetto/connetto; connettei/connessi/connessi, connesso/connesso**) **I** *v.t.* **1** to join, to link, to connect (*anche fig.*): ~ *due travi* to joint two beams; ~ *le idee* to connect ideas. **2** ⟨*El*⟩ to connect: ~ *in serie* to connect in series. **II** *v.i.* (*aus.* avere) (*collegare i pensieri, ragionare*) to be able to think rationally, ⟨*fam*⟩ to think straight: *quando è adirato non connette* when he is angry he can't think straight. **connettersi** *v.r.* to be connected (*o* linked): *la sua partenza si connette con la scoperta del furto* his departure is connected with the discovery of the theft. **connettivo** *a.* ⟨*Biol*⟩ connective: *tessuto* ~ connective tissue.

connivente *a.* ⟨*Dir*⟩ conniving (*con* with, in, at): ~ *in un furto* conniving at a theft. □ *essere* ~ to connive: *il guardiano era* ~ *con i ladri* the watchman connived with the thieves. **connivenza** *f.* connivance: *rubarono con la* ~ *del guardiano* they carried out the theft with the connivance of the watchman.

connotare *v.t.* (connoto) ⟨*Filos*⟩ to connote. **connotativo** *a.* ⟨*Ling*⟩ connotative: *nome* ~ connotative name. **connotato** *m.* characteristic feature; *pl.* description: *nome, cognome e –i* name, surname and description. □ ⟨*fam*⟩ *cambiare i –i a qd.* (*percuoterlo duramente*) to smash s.o.'s face in; *descrivimi i suoi –i* give me a description of him; *rispondere ai –i* to answer to the description. **connotazione** *f.* ⟨*Ling*⟩ connotation.

connubio *m.* **1** (*matrimonio*) marriage. **2** (*unione illegittima*) unlawful union. **3** ⟨*fig*⟩ (*unione*) marriage, union: *il difficile* ~ *tra la libertà e l'obbedienza* the difficult marriage of freedom and obedience.

cono *m.* **1** ⟨*Geom,Bot*⟩ cone. **2** (*cono gelato*) (ice–cream) cone, cornet. **3** (*cono vulcanico*) cone: *il* ~ *del Vesuvio* the cone of Vesuvius. □ *a* ~ cone–shaped, conic(al): *cappello a* ~ conical hat; ~ *luminoso* cone of light; ~ *d'ombra:* 1 conical–shaped shadow; 2 ⟨*Astr*⟩ shadow cone, cone of shade; ⟨*Geom*⟩ *tronco di* ~ truncated cone.

conobbi → **conoscere.**

conocchia *f.* **1** (*rocca*) distaff. **2** (*pennacchio avvolto alla rocca*) bunch of flax or wool wound on a distaff.

conoide *m.* **1** ⟨*Geom*⟩ conoid. **2** ⟨*Geol*⟩ cone. □ ⟨*Geol*⟩ ~ *alluvionale* (o *di deiezione*) alluvial cone; ⟨*Geol*⟩ ~ *di declivio* alluvial fan.

conoscente *m./f.* acquaintance: *è un mio vecchio* ~ he's an old acquaintance of mine; *ho invitato alcuni –i* I have invited some acquaintances.

conoscenza *f.* **1** (*il conoscere, il sapere*) knowledge: *ha una buona* ~ *del latino* he has a good knowledge of Latin; (*pratica*) knowledge (*di* of), familiarity, acquaintance (with): *ho una certa* ~ *di motori* I have some knowledge of engines. **2** (*persona conosciuta*) acquaintance. **3** (*sensi, coscienza*) consciousness, senses *pl: perdere la* ~ to lose consciousness (*o* one's senses). **4** ⟨*Filos*⟩ cognition. **5** ⟨*Dir,burocr*⟩ cognizance. □ **acquistare** ~ *di qc.* to acquire knowledge of s.th., to make o.s. acquainted with s.th.: *acquistò una buona* ~ *dell'arabo* he acquired a good knowledge of Arabic; **essere** *a* ~ *di qc.* to know (of, about) s.th., to be aware of s.th.: *sono a* ~ *di tutto* I know all about it; **fare** *la* ~ *di qd.* to get to know s.o., to make s.o.'s acquaintance; *lieto di fare la sua* ~ glad to meet you; ⟨*burocr*⟩ **per** ~ copy to; *una* **persona** *di mia* ~ a person I know, an acquaintance of mine; **portare** *qc. a* ~ *di qd.* to inform s.o. of s.th., to bring s.th. to the notice of s.o., to acquaint s.o. with s.th.; **privo** *di* ~ (*svenuto*) unconscious, in a faint; *–e* **professionali** professional skills; ~ *degli* **uomini** knowledge of men; ⟨*scherz*⟩ *una* **vecchia** ~ *della polizia* an old lag; **venire** *a* ~ *di qc.* to find out about s.th., to get to know about s.th., to be informed about s.th., to learn of s.th.: *venne a* ~ *del furto* he found out about the theft.

conoscere *v.t.* (conosco, conosci; conobbi, conosciuto) **1** to know, to be familiar with, to be acquainted with: *non conosco tua madre* I don't know your mother; *non conosco il romanzo di cui parli* I don't know (*o* am not familiar with) the novel you speak of. **2** (*fare la conoscenza*) to meet, to make the acquaintance of: *ieri ho conosciuto la tua amica* yesterday I met your friend. **3** (*sapere, essere pratico*) to know, to be familiar with, to be acquainted with: *conosci il francese?* do you know French?; *non conosco il motore della tua macchina* I'm not familiar with the engine of your car. **4** (*capire*) to know: ~ *le donne* to know women. **5** (*riconoscere, ravvisare*) to know, to distinguish, to recognize: *lo conobbi all'andatura* I recognized him by his gait. **6** (*sperimentare*) to know, to

experience: *conobbi allora la miseria e il dolore* then I knew misery and sorrow. **7** (*con la negazione: ammettere*) to listen to, to hear: *non vuol* ~ *ragioni* he won't listen to reason; (*prendere in considerazione*) to let, to admit of, to know: *quando ha deciso non conosce ostacoli* when he has decided s.th. he lets nothing stand in his way; (*concedersi*) to allow o.s., to give o.s.: *non conosce tregua* he won't allow himself a respite, he won't let up. **8** ⟨*Bibl*⟩ (*avere rapporti carnali*) to know: ~ *una donna* to know a woman. **conoscersi** *v.r.* **1** (*conoscere se stesso*) to know o.s.: *deve imparare a conoscersi meglio* he must learn to know himself better. **2** (*recipr*) to know e.o.: *ci conosciamo da un anno* we have known each other for a year; *nei piccoli paesi tutti si conoscono* in small towns, everybody knows everybody else; (*fare conoscenza*) to meet: *ma noi ci conosciamo già* we have already met. □ ~ *qd. di fama* to know (*o* have heard) of s.o., to know s.o. by reputation; ~ *qd. di persona* to know s.o. personally; ~ *qd. di vista* to know s.o. by sight; ⟨*Comm*⟩ *far* ~ to advertise; *far* ~ *qc. a qd.* to make s.th. known to s.o., to inform s.o. of s.th.; *far* ~ *qd. a qd.* to introduce s.o. to s.o.: *fammi* ~ *tuo fratello* introduce me to your brother; *farsi* ~: 1 (*diventare noto*) to make a name for o.s., to become well–known; 2 (*farsi riconoscere*) to make o.s. known; ~ *qc. per filo e per segno* to know s.th. ⌜inside out⌝ (*o* from A to Z); ~ *a fondo qd.* to know s.o. through and through; *ti conosco a fondo, non mi puoi ingannare* you can't fool me, I know you too well; ~ *il* **mestiere** to know one's job, ⟨*fam*⟩ to know one's stuff; ⟨*fig*⟩ ~ *il* **mondo** to know what's what, to know the (ways of the) world; ~ *mezzo mondo* to know everybody; *conosco i miei* **polli** (*so con chi ho a che fare*) I know who I have to deal with; *non voler* ~ **ragioni** to refuse to listen to reason. *Prov.: conosci te stesso* know thyself.

conoscibile **I** *a.* **1** knowable. **2** ⟨*Filos*⟩ cognizable. **3** (*riconoscibile*) recognizable: *è* ~ *dall'accento* he is recognizable by his accent. **II** *s.m.* ⟨*Filos*⟩ knowledge: *i limiti del* ~ the bounds of knowledge. **conoscitivo** *a.* cognitive, of knowing (*o* cognition): *facoltà –a* faculty of knowing, cognitive faculty. **conoscitore** *m.* (*f.* -trice) **1** one who knows. **2** (*intenditore*) connoisseur (*di* of, in), expert (in): ~ *di vini* wine connoisseur; *un* ~ *di musica classica* an ⌜expert in⌝ (*o* authority on) classical music. □ *un grande* ~ *dell'animo umano* one who has a profound knowledge of the human heart. **conosciuto** (*p.p. di conoscere*) **I** *a.* **1** (*noto*) well–known: *un attore poco* ~ a ⌜not very well–known⌝ (*o* little–known) actor. **2** (*provato*) known, trusted, tried: *persona di –a onestà* person of known honesty. **II** *s.m.* ⟨*Filos*⟩ known: *il conoscente e il* ~ the knower and the known.

conquibus *m.* ⟨*scherz*⟩ wherewithal, cash, ⟨*fam*⟩ lolly.

conquista *f.* **1** (*il conquistare*) conquest: *la* ~ *della regione* the conquest of the region; (*rif. a città e sim.*) taking, capture. **2** (*zona conquistata*) conquest: *l'imperatore perdette tutte le sue –e* the emperor lost all his conquests. **3** ⟨*fig*⟩ attainment, achievement, conquest: *le grandi –e della scienza* the great conquests of science; (*con la forza*) seizure: *la* ~ *del potere* the seizure of power. **4** ⟨*fam*⟩ (*successo amoroso, persona conquistata*) conquest: *mi ha raccontato tutte le sue –e dell'estate* he has told me about all the conquests he made this summer; *l'ho visto a passeggio con la sua ultima* ~ I saw him out walking with his latest conquest. **5** (*rif. a montagne*) conquest: *la* ~ *dell'Everest* the conquest of Everest. **conquistabile** *a.* conquerable, that may be conquered (*anche fig.*): *un paese facilmente* ~ an easily conquerable country; *non è una donna* ~ *al primo incontro* she isn't a woman to be conquered straight off. **conquistare** *v.t.* **1** to conquer: ~ *lo spazio* to conquer space; (*rif. a città e sim.*) to take, to capture: ~ *una città* to take a city; *conquistarono la fortezza nemica* they captured the enemy fortress. **2** ⟨*fig*⟩ to gain, to win (over), to acquire, to obtain: ~ *la ricchezza* to acquire wealth; ~ *il cuore di qd.* to win s.o.'s heart; *la sua gentilezza ci ha conquistati* his kindness has won us over; ~ *la stima di qd.* to gain (*o* win) s.o.'s esteem. **3** ⟨*fam*⟩ (*fare innamorare*) to conquer: ~ *una fanciulla* to conquer a girl. **4** (*rif. a montagne*) to conquer. □ ~ *il* *potere* to come to power; (*con la forza*) to seize power; *conquistarsi la simpatia di qd.* to win s.o. over, to get into s.o.'s good books (*o* graces). **conquistatore** I *s.m.* (*f.* -**trice**) **1** conqueror. **2** (*chi ha fortuna in amore*) lady-killer, heartbreaker. **II** *a.* conquering: *esercito* ~ conquering army.

consacrabile *a.* ⟨*Rel*⟩ that may be consecrated.

consacrante I *a.* consecrating. **II** *s.m.* consecrator.

consacrare *v.t.* **1** to consecrate, to dedicate (*anche fig.*): ~ *una cappella alla Madonna* to consecrate a chapel to the Virgin; ~ *un monumento ai caduti* to dedicate a monument to the fallen; ~ *la vita alla scienza* to dedicate one's life to science. **2** (*fig*) (*riconoscere solennemente*) to consecrate, to sanction, to confirm, to establish: *il premio lo ha consacrato tra i migliori scrittori dell'anno* the prize has established him as one of the best writers of the year; (*rendere come sacro*) to hallow, to consecrate: *usi consacrati dal tempo* customs hallowed by time. **consacrarsi** *v.r.* to consecrate o.s., to dedicate o.s.: *consacrarsi a Dio* to consecrate o.s. to God. □ ⟨*Lit*⟩ ~ *il pane e il vino* to consecrate the bread and wine; ~ *l'ostia* to consecrate the Host. **consacrato** *a.* consecrated, hallowed: *ostia* -*a* consecrated host; *giorno* ~ *a Dio* day consecrated to God. **consacrazione** *f.* consecration, dedication. □ ⟨*Lit*⟩ ~ *eucaristica* (Eucharistic) consecration; ⟨*Lit*⟩ ~ *del pane e del vino* consecration of the bread and wine; *un francesismo che ha avuto la* ~ *dell'uso* a gallicism which has been consecrated by usage.

consanguineità *f.* consanguinity, blood relationship. **consanguineo** I *s.m.* (*f.* -**a**) blood relation, kinsman. **II** *a.* consanguineous, (*pred*) related by blood, consanguine.

consapevole *a.* **1** (*cosciente*) aware, conscious (*di* of): *sono* ~ *delle mie responsabilità* I am aware of my responsibilities; *non è* ~ *di quello che fa* he is not aware of what he is doing. **2** (*informato*) acquainted (with), aware (of): *non è* ~ *di ciò che è avvenuto* he ̄is not aware of ̄ (*o* does not know) what has happened. **consapevolezza** *f.* awareness, consciousness: *la* ~ *della colpa* consciousness of guilt.

conscio *a.* ⟨*lett*⟩ (*cosciente*) conscious, aware: *sono* ~ *dei miei errori* I am conscious of my errors.

consecutiva *f.* (*anche interpretazione consecutiva*) consecutive translation. **consecutivista** *m./f.* consecutive translator.

consecutivo *a.* **1** (*seguente*) following, ⟨*attr*⟩ next: *l'anno* ~ *al nostro arrivo* the year following (*o* after) our arrival. **2** (*di seguito, senza interruzione*) consecutive, running, in a row: *sei arrivato in ritardo per tre volte* -*e* you have arrived late three times in a row. **3** ⟨*Geom*⟩ contiguous: *angoli* -*i* contiguous angles. **4** ⟨*Gramm*⟩ consecutive: *proposizione* -*a* consecutive clause. □ *fu interrogato per due ore* -*e* he was questioned for two hours on end.

consegna *f.* **1** delivery, consignment: *la* ~ *della merce si effettua il giovedì* delivery is on Thursdays; *sarai pagato alla* ~ *del lavoro* you will be paid on consignment of the work. **2** (*distribuzione*) giving-out, distribution, handing-out: *la* ~ *dei pacchi natalizi* the giving-out of Christmas parcels. **3** (*custodia*) trust, custody, care, charge: *lasciò la casa in* ~ *a un parente* he left the house in the care of a relation. **4** ⟨*Dir*⟩ (*di malfattori, detenuti*) handing (*o* turning) over, delivering up; (*estradizione*) extradition. **5** ⟨*Mil*⟩ (*ordine che il militare in servizio trasmette a chi prende il suo posto*) orders *pl.* **6** ⟨*Mil*⟩ (*punizione*) confinement to barracks, arrest in quarters; ⟨*Mar.mil*⟩ confinement to a ship. **7** *pl.* (*lasciando una carica, un posto*) handing over, transfer. □ ⟨*Comm*⟩ **alla** ~ on delivery: *pagamento alla* ~ cash on delivery, C.O.D.; **avere in** ~ (*in custodia*) to be entrusted with, to hold in (*o* on) trust, to have in custody; (*in deposito*) to have in deposit; ⟨*Comm*⟩ **buono di** ~ delivery note; ⟨*Mil*⟩ ~ **in caserma** confinement to barracks; **condizioni** *di* ~ delivery terms (*o* conditions); ~ **contro** *assegno* cash on delivery, C.O.D.; ⟨*burocr*⟩ **dare la** ~ (*o* **le consegne**) to hand over: *il cassiere dà le* -*e al suo successore* the cashier hands over to his successor; *dare qc. in* ~ *a qd.* (*in custodia*) to entrust s.o. with s.th., to consign s.th. to s.o., to leave s.th. ̄in s.o.'s care ̄ (*o* with s.o.); (*in deposito*) to

leave s.th. in (*o* at a) deposit; ~ *a* **domicilio** house (*o* home) delivery; **effettuare** *la* ~ to deliver, to make delivery; ⟨*Mil*⟩ **eseguire** *la* ~ to obey (*o* carry out) orders; ⟨*Comm*⟩ **franco** *di* ~ free delivery; ~ *franco domicilio* free home delivery; ~ **immediata** spot (*o* immediate, prompt) delivery; ~ *al* **latore** delivery to bearer; ⟨*Mil*⟩ **mancare alla** ~ to fail to obey (*o* carry out) orders; **mancata** ~ non–delivery; ~ *a* **mano** delivery ̄by hand ̄ (*o* in person); **ordine** *di* ~ delivery order; ⟨*burocr*⟩ **prendere** *le* -*e* to take over; **termine** *di* ~ delivery term (*o* date).

consegnare *v.t.* (**consegno**) **1** (*rif. a merci*) to deliver, to consign: *la merce sarà consegnata domani* the goods will be delivered tomorrow; (*rif. a lavoro*) to hand over (*o* in), to consign: *non ho ancora consegnato il lavoro* I have not handed in the work yet. **2** (*distribuire*) to give (*o* hand) out, to distribute: ~ *i pacchi agli sfollati* to hand out parcels to evacuees. **3** (*consegnare per la spedizione*) to hand in (*o* over), to give in, to consign: *le raccomandate vanno consegnate allo sportello di fronte* registered letters should be handed in at the counter opposite. **4** (*dare via*) to give up (*o* in), to hand in (*o* over): ~ *i biglietti all'uscita della stazione* to give up one's ticket at the barrier. **5** (*affidare*) to consign, to entrust, to hand over, to commit (*a* to), to leave in safekeeping (with): ~ *le chiavi al custode* to leave the keys in safekeeping with the caretaker. **6** ⟨*Dir*⟩ to deliver up, to hand over, to give in charge: ~ *il ladro alla giustizia* to deliver the thief up to justice. **7** ⟨*Mil*⟩ to confine to barracks. □ *da* ~ *a domicilio* for home delivery; ~ *a mano* to deliver personally (*o* by hand). **consegnatario** *m.* **1** trustee, bailee. **2** ⟨*Comm*⟩ consignee. **consegnato** I *a.* ⟨*Mil*⟩ confined to barracks. **II** *s.m.* soldier confined to barracks.

conseguente *a.* **1** consequent (*a* on, upon), resulting (from): *disturbi* -*i all'eccessiva fatica* disorders resulting from fatigue; *ragionamento* ~ consequent reasoning. **2** (*coerente*) consistent, consequent: *essere* ~ *alle proprie azioni* to be consistent in one's behaviour. □ *essere* ~ *a se stesso* to be consistent; *non sei* ~ *a te stesso* you are inconsistent. **conseguentemente** *avv.* **1** consequently, in consequence. **2** (*in modo coerente*) consistently. **conseguenza** *f.* **1** consequence, result: *la bocciatura è* ~ *della tua pigrizia* your failure is the result of your laziness; *il suo nervosismo è* ~ *dell'eccessivo lavoro* his nervousness is a consequence of his over–working; *il fatto ha avuto* -*e gravi* the matter has had serious consequences. **2** *pl.* ⟨*Med*⟩ after–effects *pl*: *questa malattia non lascerà* -*e* this illness will have no after–effects. □ *di* (*o in, per*) ~: 1 consequently, in (*o* as a) consequence; 2 (*perciò*) therefore, so: *arriverai tardi e di* ~ *non troverai posto* you will arrive late and so you won't get a seat. **conseguibile** *a.* attainable. **conseguimento** *m.* attainment, achievement: ~ *della felicità* attainment of happiness; *lottare per il* ~ *di uno scopo* to fight for the achievement of a purpose. **conseguire** *v.* (**conseguo**) I *v.t.* to obtain, to attain, to achieve, to win, to reach: ~ *lo scopo* to achieve one's end; ~ *una laurea* to obtain a degree. II *v.i.* (*aus.* **essere**) to result, to ensue, to follow (on): *ne consegue che* it follows that; *ne conseguirà un periodo di benessere* a period of well–being will ensue. □ ~ *un successo* to have (*o* meet with) success; ~ *la promozione* to attain promotion.

consenso *m.* **1** (*permesso*) consent, permission: *non ho il* ~ *dei miei genitori* I haven't got my parents' consent. **2** (*approvazione*) consent, assent, agreement, approval: *con il* ~ *di tutti i soci* with all the members' approval. **3** (*giudizio favorevole*) approval; (*dei critici*) praise. **4** ⟨*Pol,Sociol*⟩ consensus. □ **chiedere** *il* ~ to ask permission; *per* **comune** ~ by common consent; **dare** *il* ~ to give ̄one's consent ̄ (*o* permission); **incontrare** *larghi* -*i* to be acclaimed (*o* approved, warmly received): *l'opera ha incontrato larghi* -*i di pubblico e di critica* the work has been acclaimed (*o* warmly received) by the public and critics alike; ⟨*Dir.can*⟩ ~ **matrimoniale** matrimonial consent; **negare** *il* ~ to refuse one's consent; ~ **orale** verbal consent; **ottenere** *il* ~ to obtain consent (*o* permission); ~ **tacito** tacit consent.

consensuale *a.* ⟨*Dir*⟩ by agreement of the parties, by mutual consent, consensual: *contratto* ~ consensual contract; *separazione* ~ separation by mutual consent. **consensualmente** *avv.* by mutual (*o* common) consent, consensually.

consentire *v.* (**consènto**) **I** *v.i.* (*aus.* **avere**) **1** (*essere d'accordo*) to agree, to be in agreement: ~ *con qd. in un'opinione* to agree with s.o.'s opinion. **2** (*accondiscendere*) to comply (*a* with), to agree, to consent (to): ~ *al volere di qd.* to comply with s.o.'s wish; *consentì alla mia proposta* he agreed to my proposal. **II** *v.t.* to allow, to permit: *lo stipendio non mi consente troppi lussi* my salary does not allow me many luxuries; *consentimi di spiegare l'accaduto* ⌜allow me to⌝ (*o* let me) explain what happened. **consenziente** *a.* agreeable, consenting, assenting, consentient: *essere* ~ *a una proposta* to be agreeable to a proposal. □ *il matrimonio avvenne –i i genitori* the marriage took place with the consent of the parents.

consequenziale *a.* consequent(ial).

conserto *a.* intertwined, interwoven; (*rif. alle braccia*) folded, crossed: *a braccia –e* with folded arms.

conserva[1] *f.* **1** (*Alim*) preserve. **2** (*il conservare*) preservation. **3** (*serbatoio*) reservoir, storage tank. □ ~ *di frutta* preserve, jam; (*di arance*) marmalade; **in** ~ preserved; (*in scatola*) tinned, (*am*) canned; (*in recipienti di vetro*) bottled; (*in recipienti di terraglia e sim.*) potted; **mettere** *in* ~ to preserve; ~ *di pomodoro* tomato sauce; **scatola** *di* ~ tin of food, (*am*) can of food; ~ *di* **verdure** preserved (*o* tinned) vegetables.

conserva[2] *f.* (*Mar*) (ships sailing under) convoy: *navigazione di* ~ sailing under convoy. □ (*fig*) *andare* (*o procedere*) *di* ~ to act together, to get on well together.

conservabile *a.* preservable: *cibo* ~ preservable food.

conservante *m.* (*Alim*) preservative. **conservare** *v.t.* (**conservo**) **1** (*serbare*) to keep (*anche fig.*): ~ *le lettere* to keep letters; ~ *la calma* to keep one's calm; *Dio ti conservi sempre così* may God keep you always as you are now; (*tenere caro*) to cherish, to treasure: *conservo di lui un bel ricordo* I cherish a happy memory of him. **2** (*mettere in conserva*) to preserve, to conserve: ~ *i legumi sottaceto* to preserve vegetables in pickle, to pickle vegetables; (*in scatola*) to tin, (*am*) to can; (*in recipienti di vetro*) to bottle; (*in recipienti di terraglia e sim.*) to pot. **3** (*non sciupare*) to keep, to look after, to take care of: ~ *bene la roba* to look after one's things, to keep one's things in good condition. **conservarsi** *v.r.* **1** to keep: *il latte non si conserverà fino a domani* the milk won't keep until tomorrow. **2** (*continuare a essere, restare*) to keep, to remain: *conservarsi in salute* to keep ⌜in good health⌝ (*o* fit); *conservarsi fedele* to remain faithful. **3** (*fam*) (*mantenersi in salute*) to keep, to be well-preserved: *nonostante l'età si conserva bene* he is well-preserved for his age. □ ~ *il calore* to retain heat, to keep heat in; ~ *in luogo fresco* to keep in a cool place; ~ *nella memoria* to remember, to preserve the memory of; ~ *il potere* to hold on to power; *si conservi!* look after yourself, take care of yourself.

conservativo *a.* **1** preservative. **2** (*Dir*) preventive, conservative. □ *sequestro* ~ (preventive) attachment, precautionary seizure. **conservato** *a.* **1** preserved, kept: *sculture ben –e* well-preserved sculptures. **2** (*Alim*) preserved: *frutta –a* preserved fruit; (*in scatola*) tinned, (*am*) canned; (*in vasi di vetro*) bottled; (*in recipienti di terraglia e sim.*) potted. **conservatore I** *s.m.* (*f.* -trice) **1** (*Pol*) conservative. **2** (*impiegato*) keeper, custodian, curator: ~ *dei monumenti* keeper of monuments. **II** *a.* (*Pol*) conservative: *partito* ~ Conservative Party. □ ~ *delle ipoteche* registrar of mortgages and charges; ~ *di un museo* curator (*o* keeper) of a museum. **conservatorio** *m.* conservatory, conservatoire: *ho studiato al* ~ I have studied at the conservatory. **conservatorismo** *m.* (*Pol*) conservatism.

conservazione *f.* **1** (*stato di conservazione*) (state of) preservation, state, condition: *la* ~ *della merce è buona* the goods are in a good state of preservation. **2** (*Alim*) preservation: ~ *della frutta fresca* preservation of fresh fruit; (*in scatola*) tinning, (*am*) canning; (*in vasi di vetro*)

bottling; (*in recipienti di terraglia e sim.*) potting. □ ~ *dell'energia* energy conservation; ~ *della fauna* wild life conservation; **istinto** *di* ~ instinct of self-preservation; ~ *del* **paesaggio** landscape conservation; ~ *di* **prodotti** *alimentari* food preservation; ~ *delle* **risorse** *idriche* water conservation; ~ *delle risorse naturali* conservation of natural resources.

conserviero *a.* preserving, preserved food–: *industria –a* preserved food industry. **conservificio** *m.* factory for preserves, (*am*) cannery.

consesso *m.* assembly, meeting.

considerabile *a.* considerable. **considerare** *v.t.* (**considero**) **1** (*esaminare, tener presente*) to consider, to think of (*o* over), to weigh up: *hai considerato i rischi cui vai incontro?* have you considered all the risks you are running?; ~ *tutti gli aspetti di una proposta* to consider (*o* weigh up) all the aspects of a proposal. **2** (*tener conto*) to consider, to take into account (*o* consideration): *devi* ~ *anche le spese del viaggio* you must also take travel expenditure into account. **3** (*guardare*) to examine, to contemplate, to study: *considerò con attenzione la statua* he studied the statue carefully. **4** (*reputare, ritenere*) to consider, to judge, to regard: *lo considero un mascalzone* I consider him (to be) a scoundrel, I regard him as a scoundrel. **5** (*apprezzare, stimare*) to consider highly, to think highly of: *i superiori lo considerano molto* his superiors think very highly of him. **considerarsi** *v.r.* (*ritenersi*) to consider (o.s.), to regard o.s. as, to hold o.s., to think (o.s.): *mi considero fortunato* I consider myself lucky; *si considera un genio* he ⌜regards himself as⌝ (*o* thinks he is) a genius. □ *bisogna* ~ *che* it must be considered that, it should be borne in mind that; *considerando* (*o considerato*) *che* considering that, taking into account that; *nessuno lo considera* nobody thinks anything of him; ~ *poco qd.* to think very little of s.o.; *senza* ~ *le altre difficoltà* without taking the other difficulties into account.

consideratezza *f.* carefully, caution, circumspection. **considerato** *a.* thoughtful, deliberate, cautious, prudent: *è una persona molto –a* he is a very prudent person.

considerazione *f.* **1** (*il considerare*) consideration. **2** *pl.* (*osservazione*) remarks *pl*, comments *pl*: *fare delle –i* to make remarks. **3** (*prudenza*) deliberation, prudence, caution, circumspection: *agire con* ~ to proceed with deliberation. **4** (*riguardo*) regard, consideration, concern: *non ha alcuna* ~ *per la sua salute* he has no regard for his health. **5** (*stima, reputazione*) regard, esteem, respect. □ **avere** *in* ~ *qd.* to think very well of s.o., to esteem s.o.; **degno** *di* ~ (*rif. a proposte e sim.*) worth considering; (*rif. a persona*) worthy of respect; **in** ~ *di* in consideration (*o* view) of, on account of; **prendere** *in* ~ to take into consideration (*o* account); **tenere** *qd. nella giusta* ~ to have the right amount of respect for s.o.; *essere tenuto in grande* ~ to be ⌜very well thought of⌝ (*o* highly esteemed).

considerevole *a.* considerable, substantial, large: *un numero* ~ *di persone* a large number of people; *una somma* ~ a considerable sum.

consigliabile *a.* advisable, wise: *la cosa più* ~ *è aspettare* the wisest thing is to wait. **consigliare** *v.t.* (**consiglio**, **consigli**) **1** (*dare consigli*) to advise, to counsel: *consigliami come devo fare* advise me (as to) what I should do. **2** (*raccomandare*) to advise, to recommend: *ti consiglio la prudenza* I recommend caution, I advise you to be cautious; *il medico mi ha consigliato il mare* the doctor has advised me to go to the sea; *ti consiglio di non ripetere quello che hai detto* I advise you not to repeat what you said. **3** (*incitare, indurre*) to urge, to incite, to induce, to persuade: ~ *qd. al male* to incite s.o. to do evil, to lead s.o. astray. **consigliarsi** *v.r.* **1** (*chiedere consiglio*) to ask (*o* seek) advice, to consult: *consigliarsi con un amico* to ask a friend's advice, to ask a friend for advice; *mi sono consigliato col mio avvocato* I have consulted my lawyer, I have sought my lawyer's advice. **2** (*recipr*) to discuss the matter, to take counsel together, to confer: *i soci si consigliarono* the partners discussed the matter. □ ~ *bene* (*o male*) *qd.* to give s.o. good (*o* bad) advice; *farsi ~ da qd.* to ask s.o.'s advice; *te lo consiglio* that's my advice to you; *non te lo consiglio* I advise you against it.

consigliere *m.* (*f.* **-a**) **1** adviser, counsellor: *lo scelse per suo ~* he chose him as his adviser. **2** (*membro di un consiglio*) councillor. ☐ ~ *d'ambasciata* embassy counsellor; ⟨*Comm*⟩ ~ *d'amministrazione* member of a board of directors, director; ~ *di cassazione* Judge of the Court of Cassation; **cattivo** ~ bad (*o* poor) counsellor: *la fame è cattiva -a* hunger is a poor counsellor; ~ **comunale** town councillor; ⟨*Comm*⟩ ~ **delegato** managing director; ~ **militare** military advisor; ⟨*Pol*⟩ ~ **regionale** regional councillor; ~ *per la* **sicurezza** security advisor; ~ *di* **stato** State Councillor.

consiglio *m.* **1** (piece) of advice: *chiedere* (*un*) ~ *a qd.* to ask (*o* seek) s.o.'s advice; *dai retta ai miei consigli* take my advice. **2** (*organo amministrativo*) council, board: ~ **regionale** regional council. **3** (*consultazione tra più persone*) council, meeting: ~ *di famiglia* family council (*o* meeting). ☐ ~ **accademico** academic council; ~ *d'*amministrazione: 1 ⟨*Comm*⟩ board of directors; 2 (*nelle scuole e sim.*) board of governors, governing body; **camera** *di* ~ council chamber, board room; ⟨*Dir*⟩ Court Chambers; ~ **comunale** town (*o* municipal, communal) council; **convocare** *il* ~ to convene the council; **dare** *un* ~ to give (a piece of) advice; ~ **dietetico** dietary recommendation; ⟨*Comm*⟩ ~ **direttivo** (*o di direzione*) board of directors; ⟨*Dir*⟩ ~ *di* **disciplina** disciplinary council (*o* board); ~ *d'*Europa Council of Europe; ~ *di* **fabbrica** (*o gestione*) works (*o* factory) council, ⟨*SU*⟩ company union; ~ *dei* **genitori** parent–teacher association; ~ *di* **guerra** council of war; ~ *superiore della* **magistratura** supreme law council; ~ *dei* **ministri** Cabinet, council of ministers; ⟨*Pol*⟩ ~ *di* **mutua** *assistenza economica* council for mutual economic assistance; ~ **nazionale** *delle ricerche* National Council for Scientific Research; **per** ~ *di* on (*o* following) the advice of; *per mio* ~ on my advice; ~ **provinciale** provincial council; ~ **regionale** regional council; **rifiutare** *un* ~ to turn down advice; **riunione** *del* ~ council (*o* board) meeting; **riunirsi** *in* ~ to meet in council, to hold a council meeting; **seguire** *il* ~ *di qd.* to follow (*o* take) s.o.'s advice; ~ *di* **Sicurezza** (*delle Nazioni Unite*) (United Nations) Security Council; ⟨*SU*⟩ ~ *della sicurezza nazionale* National Security Council; ~ *di* **stato** State Council; ~ **superiore** supreme (*o* higher) council; **tener** ~ to hold (*o* sit in) council; **venire** *a più miti consigli* to see reason. *Prov.: la notte porta* ~ it's best to sleep on a problem.

consiliare *a.* council–, board–, of a council: *sala* ~ board room, council chamber; *seduta* ~ council sitting.

consistente *a.* **1** (*denso*) thick, dense: *una salsa molto* ~ a very thick sauce. **2** (*compatto*) firm, compact, solid. **3** ⟨*fig*⟩ (*convincente*) convincing, sound: *prove -i* convincing proof. **consistenza** *f.* **1** (*densità*) consistency, thickness, density: ~ *di una pasta* consistency of a dough. **2** (*compattezza*) firmness, compactness, solidity. **3** (*fondamento*) basis, foundation, ground: *i tuoi progetti hanno scarsa* ~ your plans lack a solid basis. ☐ ~ *di cassa* cash in hand; *prendere* ~ to gain substance, to become firmer; *i suoi sospetti prendono* ~ his suspicions are gaining ground; *senza* ~: 1 (*vago*) vague, airy; 2 (*senza fondamento*) groundless, unfounded: *sospetti senza* ~ groundless suspicions. **consistere** *v.i.* (*consistei* /consistetti, consistito; *aus.* essere) **1** to consist, to be composed (of): *la mia dieta consiste di sola frutta* my diet consists of nothing but fruit. **2** (*avere fondamento*) to lie (*in*), to depend (on): *la difficoltà consiste nel capire i segnali* the difficulty lies in understanding the signals. **consistito** → consistere.

consociare *v.t.* (**consocio, consoci**) to associate, to bring together, to join, to group: ~ *diverse ditte commerciali* to group various commercial concerns. **consociarsi** *v.r.* to associate. **consociata** *f.* ⟨*Econ*⟩ subsidiary company. **consociato** *a.* united, associated: *aziende -e* associated firms. **consociazione** *f.* association, consociation: ~ *di ditte* association of firms. **consocio** *m.* (*f.* **-a**) partner, associate; (*di una società*) fellow member. ☐ ~ *in affari*

business partner.

consolabile *a.* consolable, that may be consoled. ☐ *dolore facilmente* ~ grief that is easily consoled. **consolante** *a.* consoling, comforting: *una speranza* ~ a comforting hope.

consolare[1] *v.t.* (**consolo**) **1** to console, to comfort, to soothe: ~ *un bambino* to comfort a child; ~ *gli afflitti* to comfort the afflicted; *le tue parole mi consolano* your words console me. **2** (*rallegrare*) to cheer (up), to rejoice: *mi consola il pensiero di rivederti* I am cheered by the thought of seeing you again. **3** (*ricreare*) to cheer, to do good: ⟨*fam*⟩ *un odorino che consola* a smell that does one good; (*ristorare*) to refresh, to brace. **consolarsi** *v.r.* **1** to be consoled (*o* comforted), to take comfort (*o* heart), to cheer up: *il bambino si consolò alla vista del regalo* the child cheered up at the sight of the gift; (*rassegnarsi*) to console o.s., to get over. **2** (*rallegrarsi*) to cheer up; (*provare piacere*) to rejoice, to be delighted (*o* glad): *mi consolo al vederti in buona salute* I am glad to see you in good health.

consolare[2] *a.* consular, consul's. ☐ *ufficio* (*o residenza*) ~ consulate; *visto* ~ consular (*o* consul's) visa. **consolato** *m.* consulate (*anche Stor.rom.*).

consolatore **I** *s.m.* (*f.* **-trice**) consoler, comforter. **II** *a.* consoling, comforting, cheering. **consolatorio** *a.* consolatory, consoling, comforting: *lettera -a* consolatory letter. **consolazione** *f.* **1** consolation, comfort, solace: *la* ~ *degli afflitti* the consolation of the afflicted; *non trova* ~ *alla sua pena* he can find no solace for his grief; *lo studio è la* ~ *della sua vita* study is the comfort of his life. **2** (*piacere*) delight, joy: *che* ~ *rivederti!* what a delight to see you again! ☐ *un'amara* (*o una magra*) ~ poor consolation, cold comfort; *dare* (*o recare*) ~ *a qd.* to console s.o., to be of comfort to s.o.; *essere la* ~ *di qd.* to be s.o.'s comfort: *i figli sono la mia* ~ my children are my comfort; *premio di* ~ consolation prize.

console[1] *m.* consul (*anche Stor.*). ☐ ~ *generale* consul general; *primo* ~ (*rif. a Napoleone*) First Consul.

console[2] *fr.* [kõ'sol] *f.* **1** ⟨*Arred*⟩ console (table). **2** ⟨*Inform*⟩ console (desk): *operatore di* ~ console operator.

consolidamento *m.* **1** consolidation, solidification: *il* ~ *della lava* the solidification of lava. **2** ⟨*fig*⟩ strengthening, consolidation: *il* ~ *della fede* the strengthening of faith. **3** ⟨*Met*⟩ clotting. **consolidare** *v.t.* (**consolido**) **1** (*rinforzare*) to reinforce, to strengthen (*anche fig.*): ~ *un soffitto con travi nuove* to strengthen a roof with new beams; ~ *un'amicizia* to strengthen a friendship. **2** (*rif. a terreni*) to consolidate. **3** ⟨*Econ,Dir,Mil*⟩ to consolidate: ~ *i debiti* to consolidate debts; ⟨*Mil*⟩ ~ *una posizione* to consolidate a position. **4** ⟨*Met*⟩ to solidify. **consolidarsi** *v.r.* **1** to consolidate, to harden: *il cemento non si è ancora consolidato* the cement has not yet hardened. **2** ⟨*fig*⟩ to take root, to become consolidated (*o* established): *la sua fama si è consolidata* his fame is well established. ☐ ⟨*Edil*⟩ ~ *con calcestruzzo* to reinforce with concrete; ⟨*Econ*⟩ ~ *il proprio patrimonio* to consolidate one's fortune. **consolidato** **I** *a.* **1** consolidated (*anche Econ.*). **2** ⟨*fig*⟩ strengthened, reinforced, firm: *un'amicizia ormai -a* a firm friendship, a friendship that has stood the test of time. **II** *s.m.* consolidated national debt. ☐ ⟨*Econ*⟩ *debito* ~ consolidated (*o* funded) debt; ⟨*Econ*⟩ *fondo* ~ consolidated fund; ⟨*Econ*⟩ *prestito* ~ consolidated loan. **consolidazione** *f.* ⟨*Dir,Econ*⟩ consolidation.

consolle *f.* → console[2].

consommé *fr.* [kõso'me] *m.* ⟨*Gastr*⟩ consommé.

consonante[1] *f.* ⟨*Fon*⟩ consonant.

consonante[2] *a.* ⟨*Mus,Metr*⟩ consonant: *accordo* ~ consonant chord.

consonantico *a.* (*pl.* **-ci**) consonantal, consonant–: *gruppo* ~ consonant cluster. **consonanza** *f.* ⟨*Mus,Metr*⟩ consonance. **consono** *a.* in keeping, in accordance, consonant (*a* with): *queste parole non sono -e alla tua educazione* these words are not in keeping with your upbringing.

consorella **I** *s.f.* **1** ⟨*Rel*⟩ sister. **2** ⟨*Comm*⟩ (*rif. a società*) sister company; (*rif. a filiale*) sister branch. **II** *a.f.* sister: *ditta* ~ sister company.

consorte I *s.m.* (*marito*) husband, ⟨*lett*⟩ consort. II *s.f.* (*moglie*) wife, ⟨*lett*⟩ consort: *è venuto con la* ~ he has come with his wife. □ *principe* ~ prince consort.
consorteria *f.* political clique (*o* faction).
consortile *a.* 1 ⟨*non com*⟩ → **consorziale**. 2 (*di una consorteria*) cliquish.
consorziale *a.* social, co–operative; (*rif. a imprese riunite*) of an association, consortial, of a union (*o* trust). □ *gestione* ~ co–operative management. **consorziare** *v.t.* (*consorzio*) (*riunire in consorzio*) to make into a syndicate (*o* union), to associate, to group in consortia, to pool. **consorziato** *a.* associated, united: *industrie –e* associated industries.
consorzio *m.* 1 association, partnership; (*rif. a imprese riunite*) union, syndicate, consortium; (*monopolistico*) trust, cartel, pool. 2 ⟨*lett*⟩ (*società*) society. □ ~ *agrario* farmers' union, farmers' co–operative; ~ *bancario* banking syndicate (*o* trust, group), consortium; ~ *di bonifica* land–reclamation syndicate, land–improvement co–operative; ~ *umano* mankind, human society.
constare *v.* (*consto*) I *v.i.* (*aus.* essere) to consist, to be composed, to be made up (*di* of): *il dizionario consta di due volumi* the dictionary consists of two volumes. II *v.i.impers.* (*essere noto*) to be known, to know (*costr. pers.*), to be within one's knowledge. □ *a* (*o per*) *quanto mi consta* as far as I know, to my knowledge.
constatare *v.t.* (*constato/constatato*) 1 (*accertare*) to ascertain, to establish, to verify: *è ormai constatato che il calcolo è errato* it has been ascertained that the calculation is wrong. 2 (*notare*) to note, to observe, to notice: *non ho constatato nulla di nuovo* I noted nothing new. 3 (*riconoscere*) to recognize, to admit, to own: *constatiamo che sei stato bravissimo* we recognize that you were marvellous. **constatazione** *f.* 1 (*l'accertare*) ascertainment, verification, establishment. 2 (*il notare*) observation, noting. 3 (*il riconoscere*) recognition, admission.
consueto I *a.* usual, habitual, customary: *vediamoci all'ora –a* we'll meet at the usual time; *con la sua –a ironia* with his habitual irony. II *s.m.* usual: *lavorerò più del* ~ I shall work harder than usual. □ *come di* ~ as usual: *come di* ~, *sei giunto in ritardo* as usual, you've arrived late; *di* (*o per*) ~ usually, generally, as a rule; *nel modo* ~ in the usual way; *più del* ~ more than usual. **consuetudinario** I *a.* 1 (*conforme alla consuetudine*) habitual, customary. 2 (*abitudinario*) of habit, habitual: *persona –a* creature of habit. II *s.m.* (*f.* -a) creature of habit, lover of routine. □ *diritto* ~ customary (*o* consuetudinary) law. **consuetudine** *f.* 1 (*abitudine*) habit, custom, practice: *non è mia* ~ *uscire dopo cena* it is not my custom to go out (*o* I am not in the habit of going out) after supper. 2 (*usanza*) custom, tradition: *le –i del luogo* the local customs. 3 ⟨*Dir*⟩ customary (*o* consuetudinary) law, consuetude. □ *avere* ~ *con gli scrittori greci* to be familiar with the Greek writers; *com'è* ~ as usual: *verremo a Natale, com'è nostra* ~ we shall come for Christmas, as usual; *secondo la sua* ~ as is his custom, as he is in the habit of doing; *secondo un'antica* ~ in accordance with an old custom.
consulente I *a.* consultant–, consulting. II *s.m./f.* consultant, adviser. □ ~ *aziendale* corporate adviser; ~ *esterno* outside consultant; ~ *finanziario* financial adviser; ~ *per gli investimenti* investment adviser; ~ *legale* legal adviser; ~ *militare* military adviser; ~ *d'organizzazione* management consultant; ~ *patrimoniale* financial adviser; ~ *politico* policy adviser; ~ *tributario* tax consultant.
consulenza *f.* advice, consultation, consulting. □ ~ *ai consumatori* consumers' advice; ~ *economica* economic consultation; ~ *legale* legal advice: *chiedere una* ~ *legale* to seek legal advice; ~ *tecnica* technical advice; *ufficio di* ~ consultant's office.
consulta *f.* 1 (*riunione*) conference: *essere a* ~ to be in conference. 2 (*organo consultivo*) council: ~ *di stato* Council of State. **consultabile** *a.* consultable.
consultare *v.t.* 1 to consult: *prima di decidere, voglio* ~ *mio marito* before deciding, I wish to consult my

husband; ~ *un medico* to consult a physician. 2 ⟨*fig*⟩ to question, to examine: ~ *la propria coscienza* to examine one's conscience. 3 (*esaminare per trovare una notizia e sim.*) to consult, to look (s.th.) up: ~ *un dizionario* to consult a dictionary, to look s.th. up in a dictionary. **consultarsi** *v.r.* 1 (*consigliarsi*) to consult (*con qd.* s.o.), to take advice (from), to talk s.th. over, to confer (with s.o.): *non fa nulla senza consultarsi con il suo amico* he does nothing without asking his friend's advice (*o* consulting his friend); *consultarsi con il proprio legale* to consult one's lawyer. 2 ⟨*recipr*⟩ (*consigliarsi l'un l'altro*) to consult together (*o e.o.*). □ ~ *l'avvocato* to take legal advice (*o* counsel); ~ *l'oracolo* to consult the oracle; ~ *l'orario* to consult the timetable; ~ *l'oroscopo* to examine one's horoscope; ~ *l'elenco* **telefonico** to look up a phone number (in the directory).
consultazione *f.* 1 consultation. 2 (*rif. a libri*) consultation (*di* of), reference (to): ~ *di un catalogo* reference to a catalogue. □ *libro di* ~ reference book; ⟨*Bibliot*⟩ *sala di* ~ reading–room. **consultivo** *a.* consultative, advisory. □ *assemblea –a* consultative assembly; *comitato* ~ advisory committee; *organo* ~ consultative body. **consulto** *m.* ⟨*Med*⟩ consultation: *chiedere un* ~ (*rif. a paziente*) to ask for a consultation; (*rif. a medico*) to seek a second opinion. **consultore** *m.* (*f.* -**trice**) 1 (*consulente*) consultant. 2 (*membro di consulta*) councillor. **consultorio** *m.* advisory (*o* advice) bureau: ~ *prematrimoniale* pre–matrimonial advisory bureau. □ ⟨*Sociol*⟩ ~ *familiare* family advisory bureau.
consumare[1] *v.t.* 1 (*logorare*) to wear out (*o* down, away): ~ *le scarpe* to wear out one's shoes. 2 (*terminare a poco a poco*) to use up, to consume, to go (right) through: ~ *le provviste* to use up the provisions. 3 (*adoperare*) to use, to consume, ⟨*fam*⟩ to get through: *questo mese abbiamo consumato molto gas* this month we have used a great deal of gas; *quest'auto consuma un litro di benzina ogni dieci chilometri* this car consumes a litre of petrol every ten kilometres. 4 (*dissipare*) to waste, to squander: ~ *il patrimonio* to squander one's fortune. 5 (*rif. a pasti*) to have, to eat, to take: ~ *i pasti al ristorante* to have one's meals in a restaurant. 6 ⟨*fig*⟩ (*rif. a malattie e sim.*) to waste away: *la malattia lo consuma lentamente* the illness is slowly wasting him away. **consumarsi** *v.r.* 1 (*logorarsi*) to wear (out). 2 (*terminare*) to be used up, to be consumed; (*rif. a combustibile e sim.*) to burn up (*o* out): *la candela si è consumata completamente* the candle has burned itself out. 3 ⟨*fig*⟩ to wear o.s. out: *consumarsi sui libri* to wear o.s. out over one's books. 4 ⟨*fig*⟩ (*struggersi*) to pine (away) (*di* from), to be consumed (by, with), to languish (for): *consumarsi d'amore* to languish for love; (*rif. a invidia, superbia, odio e sim.*) to be eaten up: *consumarsi d'odio* to be eaten up with hate. □ ⟨*Lit*⟩ ~ *il pane e il vino* to partake of the bread and wine; *consumarsi la vista leggendo* to ruin one's eyesight by reading.
consumare[2] *v.t.* (*portare a compimento*) to commit, to consummate: ~ *un delitto* to commit a crime; ~ *il matrimonio* to consummate marriage; ~ *il sacrificio* to consummate the sacrifice.
consumato[1] *a.* (*logoro*) worn(–out), worn–down, threadbare: *scarpe tutte –e* worn–down shoes; *una giacca –a ai gomiti* a jacket with worn (*o* threadbare) elbows.
consumato[2] *a.* (*esperto, abile*) consummate, skilled, accomplished: *un ladro* ~ a consummate thief.
consumatore *m.* (*f.* -**trice**) consumer. □ *difesa del* ~ consumer protection; *educazione del* ~ consumer education; *finale* end user; *organizzazione dei –i* consumers' organization; *paese* ~ *di petrolio* oil–consuming country; ~ *tipo* basic consumer.
consumazione[1] *f.* 1 consumption. 2 (*spuntino*) snack; (*bevanda*) drink: *l'ingresso al locale è tremila lire compresa la* ~ entrance to the night–club costs three thousand lire, including a drink. 3 ⟨*Lit*⟩ consummation.
consumazione[2] *f.* (*compimento, esecuzione*) committing, consummation: ~ *di un delitto* committing of a crime; ~ *del matrimonio* consummation of marriage. □ ⟨*Dir*⟩ ~ *del reato* perpetration of the crime.

consumere *v.t.* (**consunsi, consunto**) ⟨*lett*⟩ to wear away, to consume: *il dolore l'ha consunta* she is consumed with grief. **consumersi** *v.r.* to be consumed, to be eaten up, to pine away.

consumerismo *m.* consumerism.

consumismo *m.* consumers' culture. **consumistico** *a.* (*pl.* **-ci**) consumeristic. □ *società -a* consumers' society.

consumo *m.* consumption; (*usura*) wear. □ ~ **alimentare** food consumption; **articolo** *di* ~ consumer item; **beni** *di* ~ consumer goods; ⟨*Aut*⟩ ~ *di* **benzina** petrol consumption; ~ *di* **carburante** fuel consumption; **civiltà dei** *-i* consumers' culture; ~ **energetico** (o *dell'energia*) power (o energy) consumption; *fare molto* ~ *di* **gas** to use (o get through) a lot of gas; ~ **giornaliero** daily consumption; ⟨*Econ*⟩ **imposta** *sui* *-i* excise duty (o tax); ⟨*Econ*⟩ ~ **interno** home consumption; ~ **privato** private consumption; ~ **pro** *capite* per capita consumption; ~ **proprio** own consumption; ~ **pubblico** public consumption; ~ *dovuto all'***uso** wear and tear; ⟨*fig*⟩ *per* (o *a*) *uso e* ~ *di qd.* (specially) for.

consunsi → **consumere.**

consuntivo I *a.* ⟨*Econ*⟩ final: *bilancio* ~ final statement; *conto* ~ final account. II *s.m.* 1 ⟨*Econ*⟩ balance–sheet. 2 ⟨*fig*⟩ survey: *fare il* ~ *di una settimana di lavoro* to survey (o take stock) of a week's work.

consunto (*p.p. di consumere*) *a.* 1 (*logoro*) worn(–out), worn–down: *scarpe* *-e* worn shoes; (*rif. a stoffe, vestiti*) threadbare. 2 (*emaciato*) wasted, emaciated: *volto* ~ wasted face. **consunzione** *f.* ⟨*Med*⟩ consumption: *morire di* ~ to die of consumption.

consuocera *f.* (one's) son's (or daughter) mother–in–law. **consuocero** *m.* (one's) son's (or daughter) father –in–law.

consustanziale *a.* ⟨*Teol*⟩ consubstantial. **consustanzialità** *f.* consubstantiality. **consustanziazione** *f.* consubstantiation.

conta *f.* count. □ *fare la* ~ to count out; *tenere la* ~ (*dei punti*) to keep the score. **contabile** I *a.* book–keeping, calculating, book–: *macchina* ~ calculating (o book–keeping) machine; *valore* ~ book value. II *s.m./f.* 1 (*computista*) book–keeper. 2 (*ragioniere*) accountant. □ *scritture* *-i* business books; *esperto* ~ chartered accountant; *revisore* ~ auditor.

contabilità *f.* 1 (*disciplina*) book–keeping: *ho studiato* ~ I have studied book–keeping; (*ragioneria*) accounting, accountancy. 2 (*complesso dei conti di un'azienda*) accounts *pl.* 3 (*ufficio*) accounts department, accounting office, ⟨*fam*⟩ accounts *pl.* 4 (*sistema di scritture contabili*) book–keeping. □ ~ *di* **banca** bank book–keeping; ~ *di* **cassa** cash accounts; ~ **commerciale** commercial book–keeping; ~ **industriale** cost accounting; ~ *a* **partita** *semplice* single–entry book–keeping; ~ *a partita doppia* double–entry book–keeping; ~ *del* **personale** wages/salaries records *pl*; ⟨*am*⟩ payroll records *pl*; ~ *a* **ricalco** duplicate recording system, ⟨*am*⟩ one–write system; ~ *di* **stato** public (service) accounting; **tenere** *la* ~ to keep the books (o accounts).

contachilometri *m.inv.* 1 (h)odometer, mileage recorder; (*rif. a biciclette e sim.*) cyclometer. 2 (*tachimetro*) speedometer, speed indicator.

contadina *f.* 1 (*chi abita in campagna*) countrywoman. 2 (*chi lavora la terra per conto altrui*) peasant(–woman). 3 (*moglie di agricoltore*) farmer's wife. **contadiname** *m.* ⟨*spreg*⟩ peasant rabble. **contadinesco** *a.* (*pl.* **-chi**) 1 rustic, country–, rural, peasant–: *canti contadineschi* country songs. 2 ⟨*spreg*⟩ (*villano*) oafish, rough, boorish: *modi contadineschi* oafish manners. **contadino** I *s.m.* 1 (*chi abita in campagna*) countryman. 2 (*chi lavora la terra: in proprio*) farmer; (*per conto altrui*) farm worker, farm hand, hand, peasant. 3 ⟨*spreg*⟩ (*persona rozza*) peasant, oaf, boor, rustic. II *a.* 1 (*campagnolo*) country–, rustic, rural, peasant–: *una famiglia -a* a peasant family. 2 (*contadinesco*) rough, boorish, oafish: *abitudini -e* rough ways. □ *alla -a* in the country fashion, after the manner of countryfolk: *un ragazzo vestito alla -a* a boy dressed in the country fashion; ⟨*Stor*⟩ *guerra dei -i* the Peasants' War; ⟨*Stor*⟩ *rivolta dei -i* the peasants' Revolt. **contado**

m. 1 (*campagna intorno alla città*) countryside, rural round a city, surrounding country: *il* ~ *di Roma* the Roman countryside. 2 (*popolazione del contado*) country people *pl*, country–folk *pl.*

contafotogrammi *m.inv.* ⟨*Fot*⟩ exposure counter.

contagiare *v.t.* (**contagio, contagi**) to infect, to contaminate, to give (a contagious or infectious disease) (to): *si è ammalato di morbillo e ha contagiato tutta la famiglia* he got measles and gave it to the whole family. **contagiarsi** *v.r.* to be infected, to be contaminated. **contagio** *m.* infection, contamination; (*per mezzo del contatto diretto*) contagion: *il morbillo è trasmesso per* ~ measles is conveyed by contagion. **contagiosità** *f.* (*infettività*) infectiousness; (*trasmissibilità per contatto diretto*) contagiousness. **contagioso** *a.* 1 (*infettivo*) infectious: *la poliomielite è -a* poliomyelitis is an infectious disease; (*trasmesso per contatto diretto*) contagious: *la difterite è altamente -a* diphtheria is highly contagious. 2 ⟨*fig*⟩ infectious, catching, contagious: *il riso è* ~ laughter is infectious; *gli sbadigli sono -i* yawns are catching.

conta|giri *m.inv.* ⟨*Mecc*⟩ revolution (o speed) counter, ⟨*am*⟩ reading tachometer. **~gocce** *m.inv.* (glass) dropper, dropping tube; (*per medicinali*) medicine dropper. □ ⟨*fig*⟩ *dare qc. col* ~ (*a piccole dosi*) to give s.th. in dribs and drabs.

container *ingl.* [kən'teinə] *m.* container *m.* **containerizzare** *v.t.* to containerize, to package in containers. **containerizzato** (*p.p. di containerizzare*) *a.* containerized, container–: *trasporto* ~ container transport. **containerizzazione** *f.* containerization.

contaminabile *a.* contaminable. **contaminare** *v.t.* (**contamino**) 1 to contaminate, to pollute: ~ *l'acqua della cisterna* to contaminate the water in the cistern; *lo smog ha contaminato l'aria* the smog has polluted the air. 2 ⟨*fig*⟩ (*macchiare*) to sully, to foul, to defile: ~ *il buon nome di qd.* to sully s.o.'s reputation. 3 ⟨*Lett*⟩ (*fare una contaminazione*) to contaminate. **contaminarsi** *v.r.* to be(come) contaminated (o infected, polluted, tainted). **contaminante** I *a.* polluting: *sostanze -i* polluting agents. II *s.m.* pollutant. □ *non* ~ non polluting. **contaminatore** *m.* (*f.* **-trice**) contaminator, polluter, fouler.

contaminazione *f.* 1 contamination, pollution: ~ *dell'acqua* water pollution; (*infezione*) infection. 2 ⟨*Lett,Ling*⟩ contamination. □ ~ *delle* **acque** *fluviali* pollution of the rivers; ~ **acustica** noise pollution; ~ *degli* **alimenti** food contamination; ~ **ambientale** environmental pollution; ~ *dell'***aria** air pollution; ~ **atmosferica** air pollution; ~ **radioattiva** radioactive pollution; ~ *del* **suolo** soil contamination (o pollution).

contanastro *m.* tape counter.

contante I *a.* ready, cash–: *denaro* ~ ready money. II *s.m.* cash, ready money. □ *a* (o *per*) ~ *a contanti*, cash down, for (o in) cash: *pagare a -i* to pay cash (down); *vendita a -i* cash sale; *in -i* in cash, cash–: *centomila lire in -i* one hundred thousand lire in cash (o ready money); *pagamento in denaro* ~ cash payment, (payment) cash down.

contare *v.* (**conto**) I *v.t.* 1 to count (up), to reckon (up): *la maestra conta gli scolari* the teacher counts the pupils. 2 (*mettere nel conto*) to count, to reckon in (o with), to take into account: *non hai contato mio fratello* you haven't counted my brother; *siamo dodici, senza* ~ *i bambini* we are twelve, not counting the children. 3 (*lesinare*) to count (out), to dole out, to begrudge: *mio padre mi conta il denaro* my father doles out my money; ~ *i bocconi a qd.* to begrudge (o count) s.o.'s every mouthful. 4 (*avere, vantare*) to count, to have, to boast: *conta tra i suoi antenati molti nobili* he has many nobles among his ancestors. 5 ⟨*fam*⟩ (*raccontare*) to tell, to recount: *ma cosa mi conti?* what's this you're telling me? II *v.i.* (*aus.* avere) 1 to count: ~ *fino a dieci* to count up to ten. 2 (*far di conto*) to count, to do sums, to reckon. 3 (*avere importanza, autorità*) to count (for), to be important, to have importance: *la sua opinione conta poco* his opinion ⌐counts for little⌐ (o carries little weight). 4 (*fare* *assegnamento*) to count, to rely (*su* on): *puoi contare sul mio aiuto* you can count on my help; *su di lui non si può contare* you can't rely on him. **5** (*aspettarsi*) to count on, to trust, to expect: *contavo che saresti venuto* I counted on your coming, I expected that you would come. **6** (*proporsi*) to intend, to propose, to mean, to think of: *conto di partire lunedì* I am thinking of leaving on Monday; *cosa conti di fare?* what do you intend (*o* propose) to do? □ *contava cinquant'anni* he was fifty years old; *avere il* **denaro** *contato* (*averne poco*) not to have a penny to spare; (*avere la somma esatta occorrente*) to have the exact amount; *le persone oneste in questa città si possono ~ sulle* **dita** honest people in this town can be counted on the fingers of one hand; *contano più i* **fatti** *che le parole* actions speak louder than words; ⟨*fig*⟩ *la* **gente** *che conta* people who matter; *i suoi* **giorni** *erano contati* his days were numbered; *i giorni che mancano al tuo arrivo* I can hardly wait for you to arrive; ~ *i* **minuti** to count the minutes; *avere i minuti contati* to have not a minute to spare; ~ **molto** to carry a lot of weight, to be important (*o* of weight); *gli errori* **non** *si contano* there are countless mistakes; *non conta* **nulla** he doesn't count for anything; ~ **poco** to count for little, to be unimportant; ⟨*Sport*⟩ ~ *un* **pugile** to count out a boxer; ⟨*Sport*⟩ ~ *i* **secondi** to count out; **senza** ~ without (*o* not) counting, let alone, apart from; *senza* ~ *che* (quite) apart from the fact that, not to mention that. ‖ *contarci* to count (*o* rely, depend) on it, to be sure of it: *spero di poter venire, ma non ci* ~ I hope to be able to come, but don't count on it; *arriverai in tempo? – potete contarci* will you arrive in time? – you can depend on it; *vai a contarla a qualcun altro* you can tell that to the marines; *contarle grosse* to tell tall stories; *ciò che conta è arrivare in tempo* what matters is to get there in time; *e, ciò che più conta* and what is more.

conta|righe *m.inv.* (*nella macchina da scrivere*) line counter. **~scatti** *m.inv.* ⟨*Tel*⟩ chargeable time indicator. **~secondi** *m.inv.* stopwatch.

contata *f.* quick count, rough check.

contato *a.* **1** counted. **2** ⟨*fig*⟩ (*limitato*) limited: *avere il denaro* ~ to have a limited amount of money, to have no money to spare. □ *avere i minuti* –*i* to have no time to spare; *i suoi giorni sono* –*i* his days are numbered.

contatore *m.* (*strumento*) meter. □ ~ *dell'*acqua water meter; ⟨*Inform*⟩ ~ **binario** binary counter; ~ *di* **collaudo** test meter; ~ *del* **gas** gas meter; ⟨*Atom*⟩ ~ *di* Geiger Geiger counter; ~ *a* **gettoni** slot (*o* prepayment) meter; **leggere** *il* ~ to read the meter; **lettura** *del* ~ meter reading; ~ *della* **luce** *elettrica* electric–light meter; ⟨*Inform*⟩ ~ *di* **programma** program counter.

contattare *v.t.* to contact.

contatto *m.* **1** contact, touch (*anche fig.*): *la retroguardia non riuscì a prendere* ~ *con il grosso dell'esercito* the rearguard did not succeed in establishing contact with the main body of the army; *evitate ogni* ~ *con l'ammalato* avoid all contact with the patient; *essere in* ~ *con persone influenti* to be in contact (*o* touch) with influential people. **2** ⟨*El*⟩ contact: *stabilire il* ~ *tra due conduttori* to make contact between two cables. **3** ⟨*pop*⟩ (*guasto nell'impianto elettrico*) loose contact. □ **a** ~ *con* in contact (with), touching: *le due superfici sono a* ~ the two surfaces are touching; ⟨*Ott*⟩ *lenti a* ~ contact lenses; *venire a* ~ *con qd.* to come into contact with s.o.; *non voglio* **avere** –*i con quella persona* I don't want anything to do with that person; ⟨*El*⟩ **bottone** *di* ~ contact stud (*o* button), push button; ~ **elettrico** electric contact; ⟨*El*⟩ **filo** *di* ~ contact wire; *mantenersi* **in** ~ *con qd.* to keep in touch (*o* contact) with s.o.: *mi manterrò in* ~ *telefonico con l'ufficio* I shall keep in touch with the office by phone; *mettere in* ~ to put in touch (*o* contact); *mettersi in* ~ *con qd.* to get in touch with s.o., to contact s.o.; *tenersi in* ~ *con qd.* to keep in contact (*o* touch) with s.o.; **perdere** *i* –*i con qd.* to lose (*o* get out of) touch with s.o.; **prendere** ~ *con qd.* to get in contact (*o* touch) with s.o., to contact s.o., to establish (*o* make) contact with s.o.; **punto** *di* ~ contact point; ⟨*El*⟩ ~ *a* **spina** pin plug, plug contact; **stabilire** *il* ~ to make contact, to switch on; **superficie** *di* ~ surface (*o*

area) of contact; ⟨*Aut*⟩ surface in (*o* of) contact; ~ *di* **terra** earth contact; **togliere** *il* ~ to break contact, to switch off.

contattologia *f.* ⟨*Ott*⟩ specialization in contact lenses.
contattologo *m.* (*pl.* -gi) contact lenses specialist.
contattore *m.* ⟨*El*⟩ contactor.

conte *m.* count, ⟨*GB*⟩ earl. □ ⟨*Stor*⟩ ~ *palatino* Count (*o* Earl) Palatine. **contea** *f.* **1** (*titolo*) countship, ⟨*GB*⟩ earldom. **2** (*territorio*) countship, domain of a count, ⟨*GB*⟩ earldom; (*di un conte palatino*) county palatine. **3** ⟨*GB*⟩ (*divisione amministrativa*) county: *la* ~ *del Surrey* the county of Surrey; (*nei composti*) –shire: *la* ~ *di York* (the county of) Yorkshire.

conteggiare *v.* (**conteggio, conteggi**) **I** *v.t.* **1** (*calcolare*) to count, to reckon, to compute: *hai conteggiato le spese straordinarie?* have you counted the extras? **2** (*far pagare*) to charge, to put on the bill: *non mi hanno conteggiato il servizio* they haven't charged me for the service (*o* put the service on the bill). **II** *v.i.* (*aus.* **avere**) (*far di conto*) to count, to reckon, to calculate. **conteggio** *m.* **1** reckoning, counting, calculation, computation. **2** ⟨*Sport*⟩ (*nel pugilato*) count, counting–out. □ ⟨*Tel*⟩ *indicatore di* ~ → **contascatti**; ⟨*Astron*⟩ ~ *alla rovescia* countdown; ~ *dei* **voti** counting of votes.

contegno *m.* **1** (*condotta*) demeanour, bearing, behaviour: *avere un* ~ *riservato* to have a reserved bearing. **2** (*atteggiamento dignitoso*) dignity, reserve, aloofness, self–control. □ *darsi* (*un*) ~ to strike an attitude. **contegnoso** *a.* (*dignitoso*) dignified: *un signore* ~ a dignified gentleman; (*riservato*) reserved; (*compassato*) sedate, demure, composed; (*altero*) aloof, haughty. □ *atteggiamento* ~ reserved attitude.

contemperamento *m.*, **contemperanza** *f.* **1** (*l'adattare*) adaptation. **2** (*il mitigare*) moderation, tempering, mitigation. **contemperare** *v.t.* (**contempero**) **1** (*adattare*) to adapt, to suit, to make fit: ~ *la punizione alla gravità del fatto* to make the punishment fit the crime. **2** (*mitigare*) to temper, to mitigate, to moderate: ~ *la severità con la bontà* to temper severity with kindness.

contemplabile *a.* contemplable. **contemplare** *v.t.* (**contemplo**) **1** (*guardare*) to contemplate, to gaze at (*o* upon), to behold: ~ *il paesaggio* to contemplate the landscape; *contemplammo a lungo il quadro* we gazed at the picture for a long time. **2** ⟨*Rel*⟩ to contemplate: ~ *i misteri della fede* to contemplate the mysteries of the Faith. **3** ⟨*Dir*⟩ (*considerare*) to provide (*o* make provision) for: *la legge non contempla questo caso* the law does not provide for this case. **4** (*comprendere*) to include: *questo brano non è contemplato nel programma* this piece is not ⌐included in⌐ (*o* on) the programme. **contemplarsi** *v.r.* to gaze at o.s. (*o* to contemplate o.s., to admire o.s.: *si contemplò nello specchio* she gazed at herself in the mirror. **contemplativo** **I** *a.* contemplative, meditative: *vita* ~ a contemplative life. **II** *s.m.* (*f.* -a) contemplative. **contemplatore** *m.* (*f.* -trice) contemplator. **contemplazione** *f.* contemplation (*anche Rel.*): *la* ~ *della natura* the contemplation of nature. □ *stare in* ~ to contemplate.

contempo: *nel* ~ (*frattanto*) at the same time, meanwhile, in the meantime: *lavoro e nel* ~ *studio* I work and study at the same time. **contemporaneamente** *avv.* at the same time, simultaneously. □ ~ *a* at the same time as. **contemporaneità** *f.* contemporaneousness, contemporaneity: ~ *di due avvenimenti* contemporaneousness of two events. **contemporaneo** **I** *a.* **1** contemporaneous, contemporary (*di* with): *due avvenimenti* –*i* two contemporaneous events. **2** (*dei giorni nostri*) contemporary, ⟨*attr*⟩ present–day: *gli scrittori* –*i sono mal compresi* contemporary writers are not very well understood. **II** *s.m.* (*f.* -a) contemporary: *i* –*i di Dante* Dante's contemporaries.

contendente **I** *a.* contending, rival, opposing: *le parti* –*i* the rival parties. **II** *s.m./f.* rival, adversary, opponent. **contendere** *v.* (**contesi, conteso**) **I** *v.t.* to contest, to dispute, to deny, to refuse: ~ *un diritto a qd.* to contest s.o.'s right; (*contrastare*) to contend: ~ *il premio a qd.* to contend with s.o. for the prize. **II** *v.i.* (*aus.* avere) **1** (*litigare*) to dispute (*per* over), to quarrel (over, about): *i* *due fratelli contendono per ogni piccola cosa* the two brothers quarrel over the smallest things. **2** (*competere*) to compete (*con* with), to rival (s.o.), to contend (with): *nessuno può ~ con lui nella corsa* no one can compete with him in running. **contendersi** *v.r.* ⟨*recipr*⟩ to contend for, to compete for, to rival e.o., to be rivals for: *contendersi un premio* to compete (*o* be rivals) for a prize.

contenere *v.t.* (**contengo, contieni; contenni, contenuto;** → **tenere**) **1** to contain, to hold: *la cassa contiene arance* the crate contains oranges; *la bottiglia contiene due litri* the bottle holds two litres; (*avere un certo numero di posti*) to hold, to seat: *la sala contiene cinquecento persone* the hall seats five hundred people. **2** (*trattenere*) to contain, to control, to hold back, to curb: ~ *l'ira* to curb one's anger. **3** (*limitare*) to limit: ~ *le spese* to limit expenditure. **contenersi** *v.r.* **1** (*dominarsi*) to contain o.s., to restrain o.s., to control o.s.: *a quella vista non si contenne più* when he saw this he could contain himself no longer. **2** (*limitarsi*) to limit (o.s.): *contenersi nello spendere* to limit one's spending. **3** (*comportarsi*) to behave: *non sapeva come contenersi* he did not know how to behave. □ ~ *l'assalto del nemico* to contain the enemy assault.

contengo → contenere. **contenimento** *m.* **1** (*limitazione*) restriction, limitation. **2** (*controllo*) control, check: ~ *dei consumi* check on consumption; ~ *dell'inflazione* inflation control. □ ~ *dei costi* cost containment. **contenitore** *m.* container: ~ *in acciaio* steel container; ~ *in plastica* plastic container. □ ~ *hi-fi* rack stereo system, hi-fi rack. **contenni** → contenere.

contentabile *a.* satisfiable. □ *essere facilmente* ~ to be easy to please. **contentare** *v.t.* (**contento**) **1** (*far contento*) to please, to make content (*o* happy): *tornerò a casa presto per contentarti* I'll come home early to please you. **2** (*appagare*) to satisfy, to gratify: *spero di ~ tutti i tuoi desideri* I hope to satisfy all your wishes. **contentarsi** *v.r.* to be content, to be satisfied, to content o.s. (*di* with): *quel ragazzo non si contenta mai* that boy is never satisfied; *contentarsi di poco* to be content with little; (*limitare i propri desideri*) to make do. □ *Prov.: chi si contenta gode* a contented mind is a perpetual feast. **contentatura** *f.* contentment. □ *essere di facile* (*o difficile*) ~ to be easy (*o* hard) to please. **contentezza** *f.* content(ment), satisfaction, pleasure, gladness. **contentino** *m.* make-weight, (bit) extra: *oltre la somma stabilita, mi dettero anche un* ~ as well as the agreed sum, they gave me a bit extra. □ *dare qc. per ~* to throw s.th. in: *mi hanno dato questo per* ~ they threw this in as well. **contentivo** *m.* ⟨*Med*⟩ truss.

contento *a.* **1** (*soddisfatto*) pleased, ⟨*pred*⟩ content, satisfied (*di* with): *non sono ~ di come ti sei comportato* I'm not pleased with the way you have behaved; *la maestra è -a dei suoi alunni* the teacher is satisfied with her pupils. **2** (*lieto*) glad, happy, content: *sono ~ di rivederti* I'm happy to see you again; ~ *lui, -i tutti* well, if he's happy about it. **3** (*che esprime contentezza*) contented: *un viso* ~ a contented expression. □ *cuor* ~ happy soul; *fare* ~ *qd.* to make s.o. happy, to please s.o.; *vai a trovarlo, lo farai* ~ go and see him, he will be pleased; ~ *come una pasqua* pleased as Punch, as happy as a lark.

contenutismo *m.* placing of emphasis on content rather than form. **contenutista** *m./f.* writer (*o* artist) who places emphasis on content rather than form. **contenutistico** *a.* (*pl.* -ci) emphasizing content rather than form.

contenuto *m.* **1** contents *pl: il ~ di un bicchiere* the contents of a glass. **2** ⟨*Fis,Filos*⟩ content. **3** (*argomento, soggetto*) content: *cerca di riassumere il ~ del libro* try and summarize the content of the book; *il ~ e la forma* content and form. □ ⟨*Filos*⟩ ~ *di un concetto* comprehension of a concept; ⟨*Fis*⟩ ~ *termico* heat content.

contenzioso **I** *a.* ⟨*Dir*⟩ contentious: *procedimento* ~ contentious procedure. **II** *s.m.* **1** contentious jurisdiction. **2** (*nelle aziende: ufficio che cura le controversie legali*)

legal office (*o* department).

conterraneo **I** *a.* from the same country, region or village. **II** *s.m.* (*f.* -a) fellow countryman (*f* –woman). **conterrò** → contenere.

contesa *f.* dispute, argument, quarrel, contention. □ ~ *giudiziaria* legal dispute; *venire a* (*o in*) ~ (*litigare*) to contend, to disagree, to quarrel, to argue. **contesi** → contendere. **conteso** (*p.p. di contendere*) *a.* **1** (*desiderato da molti: rif. a cosa*) longed–for, sought–after; (*rif. a persona*) sought–after. **2** (*combattuto*) hard–fought: *una partita molto -a* a hard–fought match.

contessa *f.* countess. **contessina** *f.* daughter of a count (*o* an earl).

contestabile *a.* contestable, disputable: *dichiarazioni -i* contestable statements. **contestare** *v.t./i.* (**contesto**) *v.t.* **1** ⟨*Dir*⟩ to charge with, to notify, to give notice of: ~ *un reato all'imputato* to charge the accused with an offence. **2** (*negare*) to contest, to dispute, to challenge: ~ *un diritto a qd.* to contest s.o.'s right; *contesto le tue dichiarazioni* I challenge your declarations. **II** *v.i.* (*aus.* **avere**) ⟨*Sociol*⟩ to protest. □ ⟨*Dir*⟩ ~ *una contravvenzione* to fine; ~ *una decisione* to challenge a decision. **contestatario** **I** *a.* protesting. **II** *s.m.* (*f.* -a) → contestatore. **contestatore** *m.* (*f.* -trice) ⟨*Sociol*⟩ protester.

contestazione *f.* **1** ⟨*Dir*⟩ (giving of) formal notice, notification: ~ *di un reato all'imputato* notification of a crime to the accused. **2** (*opposizione*) contestation, challenge. **3** ⟨*Sociol*⟩ protest. □ ⟨*Dir*⟩ ~ *dell'accusa* notification of the charge; *in caso di* ~ in case of contestation; ~ *giovanile* youth protest; *in* ~ in dispute (*o* question), disputed, contested, at issue: *diritto in* ~ disputed right; *movimento di* ~ protest movement; ~ *studentesca* student protest.

conteste, contestimone *m./f.* ⟨*Dir*⟩ co–witness.

contesto *m.* context: *il significato della parola è chiarito dal* ~ the sense of the word is clarified by the context. **contestuale** *a.* **1** (*del contesto*) contextual: *esame* ~ contextual examination. **2** ⟨*Dir*⟩ happening contemporaneously (*o* at the same time): *atto* ~ act occurring at the same time as another.

contiguamente *avv.* contiguously. **contiguità** *f.* (*l'essere contiguo*) contiguity, adjacency. **contiguo** *a.* next, adjacent (*a* to), ⟨*attr*⟩ neighbouring, ⟨*attr*⟩ adjoining: *il suo appartamento è ~ al mio* his flat is next to mine; *camere -e* adjoining rooms.

continentale **I** *a.* continental: *clima* ~ continental climate. **II** *s.m./f.* continental. □ ⟨*Stor*⟩ *blocco* ~ Continental blockade; *l'Europa* ~ continental Europe; (*per gli inglesi*) the Continent. **continentalità** *f.* continentality: ~ *del clima* continentality of the climate.

continente[1] *m.* ⟨*Geog*⟩ **1** continent. **2** (*terraferma*) mainland: *il ~ e le isole* the mainland and the islands. □ ~ *antico* old continent, Old World; *il ~ nero* the Black Continent; ~ *nuovo* New World.

continente[2] *a.* (*moderato*) moderate, temperate, (self–)controlled, sober: *essere ~ nel bere* to be a moderate drinker. **continenza** *f.* temperance, moderation, (self–)control, (self–)restraint; (*rif. a rapporti sessuali*) continence.

contingentamento *m.* quota restrictions *pl:* ~ *delle importazioni* import quota (restrictions). **contingentare** *v.t.* (**contingento**) to fix a quota for, to subject to quota restrictions. **contingente** **I** *a.* contingent (*anche Filos.*). **II** *s.m.* **1** (*quota*) quota; (*parte assegnata a qd.*) share: ~ *in* (*o di*) *denaro* share in cash. **2** (*Comm*) (*quantità massima di merce che può essere importata o esportata*) quota. **3** ⟨*Mil*⟩ contingent. **4** ⟨*Filos*⟩ contingent. □ ~ *d'esportazione* export quota; ~ *d'immigrazione* immigration quota; ~ *d'importazione* import quota. **contingentismo** *m.* ⟨*Filos*⟩ philosophy of contingency. **contingenza** *f.* **1** (*l'essere contingente, le cose contingenti*) contingency. **2** (*circostanza*) circumstance, occasion: *ci troviamo insieme in una dolorosa* ~ we meet on a sad occasion (*o* in sad circumstances). **3** ⟨*Filos*⟩ contingency. □ *indennità di* ~ cost–of–living bonus.

continuamente *avv.* **1** (*ininterrottamente*) continuously, non–stop, unceasingly: *piove ~ da una settimana* it has been raining continuously (*o* non–stop) for a week. **2** (*frequentemente*) continually: *mi chiede ~ consigli* he is continually asking my advice.

continuare I *v.t.* to continue (with), to go (*o* carry) on with, to keep up: *continua il tuo lavoro* go on with your work; *il discepolo continuò l'opera del maestro* the pupil continued his teacher's work; (*riprendere*) to resume. **II** *v.i.* (*aus.* **essere/avere**: referring to things **essere/avere**, to persons **avere**) **1** (*prolungarsi nel tempo e nello spazio*) to continue, to go on: *il carteggio continuò per due anni* the correspondence continued (*o* went on) for two years; *la strada continua fino al paese* the road continues as far as the village; *così non si può ~* we can't go on like this. **2** (*continuare a parlare*) to continue, to go on, to proceed: *continuò dicendo che voleva partire* he continued, saying that he wished to leave; (*riprendere*) to resume. □ *~ a* [*inf*]: 1 to go on, to continue [*ger*], to go ahead (with s.th.): *~ a scrivere* to go on writing; *~ a vivere* to continue living; 2 (*insistere, perseverare*) to keep (on): *continua a telefonarmi per invitarmi a casa sua* she keeps (on) phoning me to ask me round; *~ la* **cura** to continue (*o* keep up) the treatment; *~ l'*opera *di qd.* to carry on s.o.'s work; *la* **vita** *continua* life goes on. ‖ *continua* (*nei romanzi a puntate*) to be continued; *continua a pag.* 5 continued on page 5; *continua!*: 1 (*rif. a discorso*) go on; 2 (*rif. a movimento*) go on, go ahead; 3 (*rif. a lavoro*) carry on, keep it up.

continuativo *a.* continuative, permanent: *un lavoro ~* a permanent job. **continuato** *a.* continuous, uninterrupted, unbroken, unceasing; (*che dura*) lasting, permanent. □ *ingresso ~* (*rif. a cinematografo e sim.*) continuous (*o* non–stop) performance; *orario ~* continuous working hours; ⟨*Dir*⟩ *reato ~* persistent offence. **continuatore** *m.* (*f.* **-trice**) continuer, continuator: *il ~ dell'opera* the continuer of the work; (*successore*) successor. **continuazione** *f.* **1** (*il continuare*) continuation, continuance, carrying on: *la ~ dei lavori* the continuation of the work. **2** (*seguito*) continuation: *la ~ dell'articolo* the continuation of the article; (*rif. a romanzi*) sequel: *questo romanzo è la ~ di quello che hai letto* this novel is the sequel to the one you have read. **3** *pl.* ⟨*Bibliot*⟩ continuations *pl.* □ *in ~* continuously; (*ininterrottamente*) non–stop, uninterruptedly: *parlò per due ore in ~* he spoke for two hours non–stop; *~ e fine al prossimo numero* the end in the next issue.

continuità *f.* **1** (*l'essere continuo*) continuity. **2** (*durata*) continuance, uninterrupted duration. **3** (*connessione logica*) coherence, logical connection: *il racconto manca di ~* the story lacks coherence. □ *soluzione di ~* solution of continuity. **continuo** *a.* **1** (*ininterrotto*) continuous, unbroken, non–stop, uninterrupted: *numerazione -a* continuous numbering; *una fila -a di automobili* an unbroken line of cars. **2** (*che dura*) continual, endless, incessant, constant: *un mese di piogge -e* a month of continual rain; *vivere nel ~ terrore di qc.* to live in continual terror of s.th.; *una serie -a di disgrazie* an endless series of misfortunes. **3** (*frequente*) continual, constant, frequent: *erano -i litigi* there was constant quarrelling. □ ⟨*Ling*⟩ *consonante -a* continuant; ⟨*El*⟩ *corrente -a* direct (*o* continuous) current; ⟨*Fis*⟩ *sistema ~* continuous system.

contitolare *m./f.* co–owner, joint owner.

conto *m.* **1** (*calcolo*) account, reckoning, calculation, computation. **2** (*somma dovuta*) bill, ⟨*am*⟩ check: *il ~ della sarta* the dressmaker's bill. **3** (*fig*) (*stima*) account, esteem, consideration: *tengo in poco ~ i suoi pareri* I hold his opinions of small account. **4** (*assegnamento*) reliance: *far ~ su qd.* to place reliance⌐ (*o* rely) on s.o. **5** ⟨*Econ*⟩ account. □ ⟨*Comm*⟩ **addebitare** *qc. al ~ di qd.* to debit (*o* charge) s.th. to s.o.'s account, to debit s.o.'s account with s.th.; ⟨*Comm*⟩ **aprire** *un ~* to open an account; *~* **attivo** account receivable; *avere un ~ in* **banca** to have a bank account; *~* **bancario** bank(ing) account; *a (ogni)* **buon** *~*: 1 (*in ogni caso*) in any case, at any rate; 2 (*per prudenza*) just in case, to be on the safe side, to make sure: *a ogni buon ~, è meglio avvisare la polizia* we had better alert the police, to be on the safe side; **cameriere**, *il ~!* waiter,

the bill!; *~* **capitale** capital account; ⟨*Comm*⟩ *~* **cassa** cash account; ⟨*fig*⟩ **chiedere** *~ a qd.* to demand an explanation of s.o., to ask s.o. for an explanation; ⟨*Comm*⟩ **chiudere** *un ~* to close an account; **chiusura** *dei -i* closing (*o* balancing, settlement) of accounts; *~* **cifrato** numbered account; *~* **corrente** current account, account current, ⟨*am*⟩ checking account; *~* **corrente postale** post office (current) account; **Corte** *dei -i* Audit Office; *~* **creditore** account receivable; *~* **debitore** account payable; *di gran ~* of high standing, of much account, of great importance; *persona di gran ~* very important person, (*fam*) V.I.P.; *di poco ~* of little (*o* slight) account; *di nessun ~* of no account (*o* importance): *è una cosa di nessun ~* it is a matter of no account; *~* **estero** foreign currency account; ⟨*Comm*⟩ **estratto** *~* statement of account; **far** *~ che* to suppose: *facciamo ~ che tu abbia ragione* let's suppose you are right; **far** *~ di:* 1 (*immaginare*) to imagine; 2 (*supporre*) to suppose: *fa' ~ di non vederlo tornare* suppose he doesn't come back; 3 (*avere l'intenzione*) to intend, to propose: *faccio ~ di partire domani* I intend to leave tomorrow; 4 (*fare finta*) to pretend; *fare i -i* to draw up the accounts, ⟨*fam*⟩ to do the accounts; *fare i -i addosso* (*o in tasca*) *a qd.* to pry into s.o.'s financial affairs; *far bene i propri -i* to forecast (*o* calculate) accurately, to work s.th. out carefully; ⟨*fig*⟩ *fare i -i con qd.* to settle (*o* square) accounts with s.o.; ⟨*fig*⟩ *fare i -i con qc.* to take s.th. into account, to consider (*o* allow for) s.th.: *hai fatto i -i con la distanza?* have you considered the distance?; *fa' ~ di essere a casa tua* make yourself at home; *far di ~* to count, to reckon; *a scuola impariamo a leggere, scrivere e far di ~* at school we learn reading, writing and arithmetic; *far male i propri -i* to be out in one's reckoning, to be mistaken in one's calculations; ⟨*fig*⟩ *a -i fatti* all things considered; *~* **fiduciario** trust account; *in fin dei -i* after all; *a più* **firme** joint account; ⟨*Comm*⟩ **libro** *dei -i* accounts book; **metter** *~* to be worthwhile, to be worth (it): *mette ~ provare* it is worth trying; *non mette ~ parlarne* it's not even worth talking about it; *metter in ~:* 1 (*includere nel conto*) to put on the bill, to charge up; 2 (*segnare a debito*) to put on (s.o.'s) account: *non ho i soldi, metta in ~* I haven't got the money on me, put it on my account; *mettere qc. sul ~ di qd.* to charge s.th. to s.o.'s account; *-i* **nazionali** national accounts; *~* **numerato** numbered account; *~* **d'ordine** interim (*o* memorandum) account; *fare i -i senza l'*oste to reckon without one's host; ⟨*Comm*⟩ **pareggiare** *un ~* to balance (*o* settle, square) an account (*anche fig.*); *~* **passivo** account payable; ⟨*Comm*⟩ *~ in* **pendenza** outstanding account; **per** *~ di* on behalf of: *vengo a ritirare la merce per ~ della ditta* I have come for the goods on the firm's behalf; ⟨*Comm*⟩ *per ~ d'altri* (*o di terzi*) for the account of a third party, on behalf of third parties; ⟨*fig*⟩ *per ~ mio:* 1 for my (own) part, as far as I am concerned: *per ~ mio sono d'accordo* for my part I am in agreement; 2 (*da solo*) alone, on one's own, out of the way: *starò per ~ mio, senza disturbare gli altri* I'll keep ⌐to myself⌐ (*o* out of the way) without disturbing the others; ⟨*Comm*⟩ *per ~ proprio* on one's own account; *mettersi per ~ proprio* to set up ⌐for o.s.⌐ (*o* on one's own); ⟨*Econ*⟩ *~* **personale** charge (*o* personal) account; *~* **postale** post office account; ⟨*Econ*⟩ *~* **profitti** *e perdite* profit and loss account; **rendere** *~ di qc.* to account (*o* be accountable) for s.th.: *non devo render ~ a nessuno delle mie azioni* I need account to no one for my actions; **rendersi** *~ di qc.:* 1 (*capire*) to realize s.th.: *mi rendo ~ che non è colpa tua* I realize it's not your fault; 2 (*accorgersi*) to become aware of s.th., to perceive s.th.; 3 (*essere conscio*) to be aware (*o* conscious) of s.th; 4 (*darsi una spiegazione*) to account for s.th., to make s.th. out: *non riesco a rendermi ~ del suo comportamento* I cannot account for his behaviour; ⟨*Comm,Econ*⟩ **resa** *dei -i* rendering of accounts; ⟨*fig*⟩ day of reckoning, (grand) reckoning, settling (*o* squaring) of accounts; ⟨*fig*⟩ *chiamare qd. alla resa dei -i* to call s.o. to account; ⟨*fig*⟩ *costringere qd. alla resa dei -i* to bring s.o. to book; ⟨*Econ,Comm*⟩ **revisione** *dei -i* audit of accounts; ⟨*Astron*⟩ *~ alla* **rovescia** countdown; ⟨*Comm*⟩ **saldare** *il ~* to settle an account, ⟨*fam*⟩ to settle (*o* pay) up; **saper** *qc.*

sul ~ di qd. to know s.th. about (*o* concerning) s.o.: *ne so di belle sul tuo ~* I know some nice stories about you; ⟨*Econ*⟩ ~ (*allo*) **scoperto** overdrawn account; *avere un ~ scoperto* to be overdrawn, to have an overdraft; ⟨*Comm*⟩ ~ **spese** expense account; **tenere** ~ *di*: 1 (*prendere nota*) to make a note of, to note (down): *tener ~ delle spese* to make a note of expenditure; 2 (*considerare*) to take into account, to consider: *tu non tieni ~ del fatto che egli è giovane* you are not taking his age into account; *non tenere ~ di qc.* to disregard s.th., to leave s.th. out of account (*o* consideration); ⟨*fig*⟩ *senza tenere ~ di* without 'taking into account' (*o* considering); (*a prescindere*) apart from, let alone; *tenere debito ~ di qc.* (*o qd.*) to make due allowances for s.th. (*o* s.o.); *tenere qc. da* (*o di*) ~ (*custodire con cura*) to take great care of s.th.: *è un mobile antico, tienilo da ~* it is an antique, take great care of it; *tenere qd. in gran ~* to hold s.o. in high esteem (*o* regard); *tenere qd. in poco ~* to consider s.o. unimportant (*o* of no account); *tenere qc. in poco ~* to hold s.th. cheap; **tenuto** (*o tenendo*) ~ *di* ' taking into account that; ⟨*Comm*⟩ **versare** *su un* ~ to pay into an account; ~ **vincolato** deposit account. ‖ *non si può dire nulla sul suo* ~ there is nothing to be said against him; *è un altro* ~ that's another (*o* a different) matter, that's different: *se vieni anche tu è un altro* ~ if you come too that's a different matter.

contorcere *v.t.* (**contorco, contorci; contorsi, contorto**) to twist, to wring (out) to contort: ~ *un panno bagnato* to wring out a wet rag. **contorcersi** *v.r.* (*dimenarsi*) to writhe, to twist, to contort: *contorcersi dal dolore* to writhe in agony; (*divincolarsi*) to twist (and turn): *si contorceva per sfuggire alla stretta* he twisted and turned to free himself.
contorcimento *m.* 1 (*il contorcersi*) twisting, writhing, contortion. 2 (*il contorcere*) twist, wriggle, contortion: *si liberò con un* ~ he freed himself with a wriggle.
contornare *v.t.* (**contorno**) 1 (*cingere*) to surround, to ring in, to enclose (*di, da* with), to encircle (by), to go round: *una fila di cipressi contorna il cimitero* a row of cypresses surrounds the cemetery; (*con ornamenti*) to decorate (round the edge), to edge round (with). 2 ⟨*fig*⟩ (*attorniare*) to surround: *è contornato da* (*o di*) *nemici* he is surrounded by enemies. **contorno** *m.* 1 (*linea esterna*) outline, contour, silhouette: *il ~ di un disegno* the contour of a drawing; *i –i delle case si vedevano sfumati nella nebbia* mist blurred the outline of the houses. 2 ⟨*Gastr*⟩ vegetables *pl*, side dish: *qual è il ~ per questo piatto?* what vegetables go with this dish? 3 (*persone che stanno intorno a qd.*) entourage, suite, circle, company: *un ~ di adulatori* an entourage of flatterers. □ *di ~* secondary, minor: *una questione di ~* a minor matter; *linea di ~* contour line; *agnello con ~ di piselli* lamb with peas.
contorsi → contorcere. **contorsione** *f.* writhing, twisting (and turning), contortion: *le –i dell'acrobata* the contortions of the acrobat. **contorsionismo** *m.* contortionism. **contorsionista** *m./f.* contortionist. **contorto** (*p.p. di contorcere*) *a.* 1 twisted, contorted (*anche estens.*): *un viso ~ in una smorfia di dolore* a face contorted with (a grimace of) pain; *con la bocca –a* with mouth awry, with twisted mouth. 2 ⟨*fig*⟩ involved, tortuous: *stile* ~ involved style; *ragionamento* ~ tortuous reasoning.
contrabbandare *v.t.* to smuggle: ~ *sigarette* to smuggle cigarettes. □ *merce contrabbandata* smuggled goods. **contrabbandato** *a.* smuggled. **contrabbandiere** *m.* (*f. -a*) smuggler; (*di liquori*) bootlegger. **contrabbandiero** *a.* contraband-, smuggling, smuggler-: *nave –a* smuggler (ship). □ *traffico* ~ contraband. **contrabbando** *m.* contraband, smuggling. □ *di ~*: 1 smuggled, contraband-: *sigarette di* ~ contraband cigarettes; 2 ⟨*fig*⟩ (*furtivamente*) clandestinely, surreptitiously: *entrarono nello stadio di* ~ they sneaked their way into the stadium; *esportare di* ~ to smuggle out; *importare di* ~ to smuggle in; *fare* (*o esercitare*) *il* ~ to smuggle; ~ *di valuta* currency smuggling.
contrabbassista *m./f.* double bass player, contrabassist. **contrabbasso** I *s.m.* 1 ⟨*Mus*⟩ double-bass, contrabass. 2 (*sonatore*) double bass player. II *a.* contrabass, bass: *trombone* ~ contrabass trombone.
contraccambiare *v.t.* (**contraccambio, contraccambi**) 1 to

return, to requite, to repay: ~ *un favore* to return a favour; (*rif. a saluti e sim.*) to reciprocate, to return: *contraccambiamo sinceramente i vostri saluti* we heartily reciprocate your greetings. 2 (*rif. a persona: dimostrarle gratitudine*) to requite, to repay, to pay back, to reciprocate, to return: *contraccambierò la tua ospitalità* I shall repay your hospitality. □ ~ *l'amore di qd.* to requite (*o* return) s.o.'s love. **contraccambio** *m.* return, requital, repayment. □ *in* ~ in return.
contraccettivo I *a.* contraceptive. II *s.m.* ⟨*Farm*⟩ con-traceptive. **contraccezione** *f.* contraception, pregnan-cy prevention; (*controllo delle nascite*) birth control.
contraccolpo *m.* 1 rebound, repercussion; (*rif. ad arma da fuoco*) recoil, kick. 2 ⟨*fig*⟩ (*conseguenza immediata*) consequence, repercussion, effect: *tutti abbiamo subito il ~ della congiuntura* we have all suffered the consequences of the slump.
contraccusa *f.* ⟨*Dir*⟩ countercharge.
contrada *f.* 1 (*rione di città medievale*) quarter: *le –e di Siena* the quarters of Siena. 2 (*strada larga, principale*) main street. 3 ⟨*lett*⟩ (*regione, paese*) land, country, district.
contraddanza *f.* contradance, contredanse.
contraddetto, contraddico → contraddire. **con-traddire** *v.t.* (**contraddico, contraddici; contraddissi, contraddetto**; → **dire**) to contradict, to gainsay: ~ *le affermazioni di qd.* to contradict s.o.'s statements; *non mi fu possibile contraddirlo* there was no gainsaying him, he wouldn't be contradicted. **contraddirsi** *v.r.* 1 (*rif. a persone*) to contradict o.s.: *l'imputato si contraddisse più volte* the accused contradicted himself several times; (*rif. a cose*) to be contradictory, to be in contradiction with e.o.: *le sue asserzioni si contraddicono* his assertions are contradictory. 2 ⟨*recipr*⟩ to contradict e.o.: *i due testimoni si sono contraddetti* the two witnesses contradicted each other. **contraddirò, contraddissi** → contraddire.
contraddistinguere *v.t.* (**contraddistinsi, contraddistinto**) to mark; (*con un'etichetta*) to (mark with a) label, to tag: *contraddistinse il pacco con un'etichetta* he marked the packet with a label. **contraddistinguersi** *v.r.* to differ, to stand out: *il libro si contraddistingue dagli altri per la copertina a colori* the book differs from the others in that it has a coloured jacket.
contraddittore *m.* (*f. -trice*) contradictor. **con-traddittorietà** *f.* contradictoriness. **contraddittorio** I *a.* (*che contraddice*) contradictory (*anche Filos.*): *ordini contraddittori* contradictory orders; (*non coerente*) inconsistent, contradictory: *comportamento* ~ inconsistent behaviour. II *s.m.* debate. □ ⟨*Dir*⟩ *interrogare in* ~ to cross-examine, to cross-question; *principio del* ~ principle of cross-examination. **contraddizione** *f.* 1 contradiction (*anche Filos.*): *tra i due fatti non c'è* ~ there is no contradiction between the two facts. 2 *pl.* (*parole, fatti che si contraddicono*) contradictions *pl*, discrepancies *pl*: *un articolo pieno di –i* an article full of discrepancies. □ *cadere in* ~ to contradict o.s.; *essere in* ~ *con qc.* to be contradictory to s.th., to contradict s.th.; ⟨*Filos*⟩ *principio di* ~ principle (*o* law) of contradiction; *spirito di* ~ spirit of contradiction.
contraente I *a.* contracting: *le parti –i* the contracting parties. II *s.m./f.* contracting party.
contraerea *f.* anti-aircraft artillery, ⟨*fam*⟩ flak. **contraereo** *a.* anti-aircraft. □ *cannone* ~ anti-aircraft gun; *difesa –a* anti-aircraft defence; *razzo* ~ anti-aircraft rocket; *tiro* ~ anti-aircraft fire, ⟨*fam*⟩ fla(c)k.
contraffare *v.t.* (**contraffaccio; contraffeci, contraffatto**; → **fare**) 1 (*imitare*) to imitate, to counterfeit: *sa* ~ *bene la voce del padre* he imitates his father's voice very well. 2 (*falsificare*) to counterfeit, to forge: ~ *una firma* to forge a signature. 3 (*adulterare*) to adulterate: ~ *sostanze alimentari* to adulterate foodstuffs. 4 (*alterare*) to disguise: ~ *la voce per non farsi riconoscere* to disguise one's voice to avoid recognition. **contraffarsi** *v.r.* (*camuffarsi*) to disguise o.s.: *contraffarsi da mendicante* to disguise o.s. as a beggar. **contraffatto** (*p.p. di contraffare*) *a.* 1 (*imitato*) forged: *calligrafia –a* forged handwriting. 2 (*falsificato*) counterfeit, forged, falsified,

false: *moneta –a* counterfeit coin; *lettera –a* forged letter. **3** (*alterato*) disguised: *parlò con voce –a* he spoke in a disguised voice. **4** (*non genuino*) sham, imitation, fake: *merce –a* imitation goods; (*rif. a cibi e sim.*) adulterated: *vino* ~ adulterated wine. **contraffattore** *m.* (*f.* **-trice**) counterfeit, forger. **contraffazione** *f.* **1** (*alterazione*) disguising: ~ *della voce* disguising of the voice. **2** (*falsificazione*) forging, counterfeiting, faking: ~ *di una firma* forging of a signature; ~ *di monete* counterfeiting of coins. **3** (*imitazione*) forgery, counterfeit, fake: *il quadro che hai visto è un'abile* ~ the picture you have seen is a clever fake.

contrafforte *m.* **1** 〈*Edil*〉 buttress, counterfort. **2** 〈*Geol*〉 spur, buttress.

contraggo → **contrarre**.

contraltare *m.* 〈*fig*〉 rival project (*o* attraction), counterattraction: *servire di* ~ to serve as a rival attraction.

contralto **I** *s.m.* 〈*Mus*〉 contralto. **II** *a.* (contr)alto-: *sassofono* ~ alto saxophone. □ *chiave di* ~ alto clef.

contrammiraglio *m.* 〈*Mar.mil*〉 rear admiral.

contrappasso *m.* 〈*lett*〉 retaliation.

contrappello *m.* second roll–call (*anche Mil.*).

contrappesare *v.t.* (**contrappeso**) **1** (*bilanciare*) to counterbalance, to counterpoise. **2** 〈*fig*〉 (*essere equivalente a*) to balance (out), to offset, to be equal to: *il vantaggio contrappesa il danno* the drawback is offset by the advantage. **3** 〈*fig*〉 (*valutare*) to weigh (up), to set off: ~ *il pro e il contro* to weigh the pros and cons. **contrappesarsi** *v.r.* **1** (*bilanciarsi*) to balance, to counterbalance e.o.: *i due oggetti si contrappesano* the two objects balance. **2** 〈*fig*〉 to balance e.o., to even out, to offset e.o.: *il bene e il male si contrappesano* good and evil offset e.o. **contrappeso** *m.* **1** counterbalance, counterpoise. **2** (*nelle macchine*) counterweight, balance weight: ~ *del montacarichi* hoist counterweight. □ *fare da* ~ *a qc.* to act as counterbalance to s.th. (*anche fig.*).

contraponibile *a.* opposable. **contrapporre** *v.t.* (**contrappongo**, **contrapponi**; **contrapposi**, **contrapposto**; → **porre**) **1** to set against, to oppose (to). **2** 〈*fig*〉 (*opporre*) to oppose (*a* to), to set (against), to match: ~ *un argomento a un altro* to set one argument against another, to match one argument with another. **contrapporsi** *v.r.* **1** (*opporsi*) to oppose: *contrapporsi ai soprusi* to oppose abuse of power. **2** (*contrastare*) to contrast, to clash: *le due teorie si contrappongono* the two theories clash. **contrapposizione** *f.* **1** contrast, opposition, setting against: ~ *di argomenti* contrast of arguments. **2** 〈*Filos*〉 contraposition. **contrapposto** (*p.p. di contrapporre*) **I** *a.* **1** (*posto dirimpetto*) facing, opposite, opposing: *due file –e di soldati* two opposing lines of soldiers. **2** 〈*fig*〉 (*opposto*) opposite, opposed: *caratteri –i* opposite characters. **II** *s.m.* opposite, antithesis.

contrappunto *m.* 〈*Mus*〉 counterpoint (*anche fig.*).

contrappuntista *m./f.* contrapuntist. **contrappuntistico** *a.* (*pl.* **-ci**) contrapuntal, counterpoint–.

contrariamente ~ *a* contrary to, in spite of: ~ *a ogni aspettativa* contrary to all expectations; ~ *a quanto mi avevi detto c'era molta folla* contrary to what you had told me there were a lot of people. □ ~ *alle istruzioni ricevute* in contrast with instructions; ~ *al solito* once in a way, just for once.

contrariare *v.t.* (**contrario**) **1** (*ostacolare*) to thwart, to cross, to oppose: *mi contrariano in ogni cosa* they thwart me at every turn. **2** (*seccare*) to put out, to annoy, to irritate: *questo ritardo mi ha molto contrariato* this delay has greatly put me out. **contrariato** *a.* annoyed, irritated, put out: *si mostrò* ~ *per il ritardo* he was evidently annoyed by the delay. **contrarietà** *f.* **1** (*avversione*) aversion, strong dislike: *conosci la mia* ~ *per questo genere di scherzi* you know my aversion to this kind of joke. **2** (*l'essere sfavorevole*) opposition, adversity, contrariety, unpropitiousness: *la* ~ *del destino* the unpropitiousness of fate. **3** *pl.* (*disavventura*) misfortunes *pl*, setbacks *pl*, mishaps *pl*, adversities *pl*: *per una serie di* ~ *non arrivai in tempo* through a series of mishaps I didn't arrive in time; *le* ~ *della vita* the adversities of life.

contrario **I** *a.* **1** contrary, opposite: *quello che vuoi fare è* ~ *al regolamento* what you want to do is contrary to the regulations; *movimento* ~ contrary motion; *andare in direzione –a* to go in the opposite direction. **2** (*alieno*) opposed (*a* to), averse (to, from): *essere* ~ *a ogni innovazione* to be opposed to all innovation. **3** (*sfavorevole*) unfavourable, adverse, unpropitious, against: *il destino ci è* ~ fate is ⌐against us⌐ (*o* unfavourable to us); *la stagione –a* the adverse (*o* unfavourable) season. **II** *s.m.* **1** contrary, opposite: *ha fatto il* ~ *di quello che gli avevo suggerito* he has done the opposite of what I had suggested. **2** 〈*Gramm*〉 antonym: *i sinonimi e i contrari* synonyms and antonyms. □ **al** ~ on the contrary, while, whereas: *tu ti opponi, io al* ~ *sono favorevole* you are against it, while I am in favour; *al* ~ *di* contrary to, unlike: *suo fratello, al* ~ *di lui, è molto gentile* his brother, unlike him, is very charming; *fino ad* **avviso** ~ until further notice; *in* **caso** ~ otherwise: *in caso* ~, *ti avvertirò* otherwise, I will let you know; *non ho nulla* **in** ~ I have nothing ⌐against it⌐ (*o* to object); *essere di* **parere** ~ to be of the opposite opinion; **proprio** *il* ~ quite (*o* just) the opposite; *fino a* **prova** *–a* unless otherwise demonstrated; *è* **vero** *il* ~ the reverse is the case.

contrarre *v.t.* (**contraggo**, **contrai**; **contrassi**, **contratto**; → **trarre**) **1** (*rif. a muscoli e sim.*) to contract: ~ *i muscoli* to contract the muscles; (*in una smorfia*) to twist: ~ *la bocca in una smorfia* to twist one's mouth in a grimace. **2** (*prendere*) to contract, to acquire, to form, to get into: ~ *un'abitudine* to form a habit; ~ *un vizio* to get into a bad habit; (*rif. a malattia*) to catch, to contract, to get. **3** (*concludere*) to contract, to enter into, to make: ~ *un accordo* to make an agreement; ~ *un prestito* to contract a loan. **contrarsi** *v.r.* **1** (*rif. a muscoli e sim.*) to contract: *la sua mano si contrasse sulla maniglia* his hand contracted on the handle; (*in una smorfia*) to twist. **2** 〈*Ling*〉 to be contracted: *i due suoni si contraggono in un dittongo* the two sounds are contracted into a diphthong. □ ~ *un'alleanza* to contract (*o* make) an alliance; ~ *amicizia con qd.* to make friends with s.o.; ~ *debiti* to contract (*o* incur) debts; ~ *matrimonio* to contract marriage, to get married. **contrarrò** → **contrarre**.

contrassegnare *v.t.* (**contrassegno**) to counter(mark). □ ~ *con un cartellino* to label, to tag, to ticket; ~ *la merce* to mark the goods; ~ *con un numero* to mark (with a) number. **contrassegno** *m.* **1** (*segno caratteristico*) mark: *fare un* ~ *su un pacco* to make a mark on a packet. **2** 〈*fig*〉 (*prova*) mark, proof, token: *dare a qd. un* ~ *della propria amicizia* to give s.o. a token of one's friendship. **3** 〈*Post*〉 cash on delivery.

contrassi → **contrarre**.

contrastante *a.* conflicting, contrasting, clashing: *colori –i* contrasting colours. **contrastare** **I** *v.i.* (*aus.* avere) to clash, to (be in) contrast (*con* with): *le sue parole contrastano con le sue azioni* his words contrast with his actions. **II** *v.t.* to oppose, to cross: ~ *i progetti di qd.* to cross s.o.'s plans; ~ *i desideri di qd.* to oppose s.o.'s wishes; (*rif. al cammino e sim.*) to bar: ~ *il passo a qd.* to bar (*o* stand in) s.o.'s way. **contrastarsi** *v.r.* 〈*recipr*〉 (*disputarsi*) to struggle for, to fight for (*o* over), to contend for. **contrastato** *a.* **1** meeting with opposition, opposed: *matrimonio* ~ strongly–opposed marriage. **2** (*combattuto*) hard–won, hard–fought: *vittoria –a* a hard–won victory.

contrastivo *a.* 〈*Gramm*〉 contrastive.

contrasto *m.* **1** contrast: ~ *di luci e di ombre* contrast of light and shade. **2** (*litigio, discordia*) quarrel, disagreement, dispute, argument: *sorse un* ~ *tra i due* an argument arose between them. **3** 〈*Lett*〉 dialogue(–poem): *il* ~ *della rosa e della viola* the dialogue between the rose and the violet. **4** 〈*Fot,TV*〉 contrast. □ ~ *di* **colori** colour contrast; 〈*TV*〉 ~ *dell'immagine* picture (*o* image) contrast; *aumentare il* ~ *dell'immagine* to sharpen the picture; **in** ~ in contrast; *le nostre vedute sono in* ~ we hold conflicting opinions; *essere in* ~ *con qc.* to disagree with s.th., to clash with s.th.: *le ultime notizie sono in* ~ *con le precedenti* the latest news disagrees with what we heard earlier; ~ *di* **opinioni** clash (*o* conflict, difference) of opinion; ⟨*Fot*⟩ *con* **poco** ~ soft; ⟨*TV*⟩ **regolazione** *del* ~ contrast control.

contrattabile *a.* negotiable.

contrattaccare *v.t.* (**contrattacco, contrattacchi**) to counter–attack (*anche fig.*): ~ *il nemico* to counter–attack the enemy. **contrattacco** *m.* (*pl.* **-chi**) ⟨*Mil,Sport*⟩ counter–attack (*anche fig.*). □ *muovere* (*o passare*) *al* ~ to (make a) counter–attack.

contrattare I *v.t.* to bargain for (*o* over), to negotiate (the price of), to contract (for): ~ *un acquisto* to negotiate a purchase; ~ *un appartamento* to negotiate the price of a flat. II *v.i.* (*aus.* **avere**) to bargain, to haggle: *essere abile nel* ~ to be good at bargaining; *l'acquirente pagò senza* ~ the purchaser paid without trying to haggle. □ ~ *sul prezzo* to ⌐bargain over⌐ (*o* negotiate) the price. **contrattazione** *f.* contracting, negotiation, bargaining, haggling. □ ⟨*Econ*⟩ ~ *collettiva* collective bargaining; ~ *libera* free marketing; ~ *salariale* wage bargaining.

contrattempo *m.* **1** setback, hitch, mishap, contretemps *pl: un piccolo* ~ *mi impedì di partire* a slight hitch prevented me from leaving. **2** ⟨*Mus*⟩ (*controtempo*) syncopation, contretemps *pl.* □ *salvo –i, sarò da voi domani* if ⌐nothing goes wrong⌐ (*o* all goes well) I shall be with you tomorrow.

contrattile *a.* contractile: *muscolo* ~ contractile muscle. **contrattilità** *f.* contractility.

contrattista *m./f.* ⟨*Univ*⟩ contract worker.

contratto[1] *m.* contract, agreement. □ ~ *d'affitto* lease, tenancy agreement (*o* contract); ~ *d'agenzia* agency contract; **annullare** *un* ~ to annul a contract, to make a contract void; ~ *di* **assicurazione** insurance contract; ~ **bilaterale** bilateral (*o* reciprocal) contract; ~ **collettivo** *di lavoro* collective agreement; **come** *da* ~ as per contract; ⟨*Dir*⟩ ~ *di* **compravendita** contract of sale and purchase, bill of sale; **conclusione** *del* ~ conclusion of the contract; **condizioni** *del* ~ conditions (*o* terms) of contract; ~ *di* **costruzione** building contract; **esecuzione** *del* ~ performance (*o* fulfilment) of contract; ~ *d'*impiego employment contract; ~ *di* **lavoro** labour contract; ~ *di* **licenza** licensing contract; ~ *di* **matrimonio** marriage contract; ~ **nullo** (null and) void contract; ~ *di* **pegno** pawn agreement; ~ **registrato** registered contract; **rescindere** *un* ~ to cancel (*o* rescind) a contract; **rompere** *il* ~ to break the contract; **rottura** *di* ~ breach of contract; ~ **scaduto** expired contract; ~ *di* **servitù** easement contract; ⟨*Pol*⟩ ~ **sociale** social contract; **stipulare** *un* ~ to stipulate (*o* sign) a contract; ~ *a* **tempo** (*definito*) temporary contract; ~ *a* **termine** time bargain, forward contract; ~ *di* **vendita** contract of sale, sales contract.

contratto[2] *a.* contracted, drawn: *muscoli –i* contracted muscles; *faccia –a* drawn face; *mano –a* withered hand; *vocali –e* contracted vowels.

contrattuale *a.* contractual, of a contract, contract–: *clausola* ~ contractual clause. □ *posizione* ~ bargaining position. **contrattualismo** *m.* ⟨*Pol*⟩ contractualism. **contrattualmente** *avv.* contractually, by contract.

contrattura *f.* ⟨*Med*⟩ contracture.

contravveleno *m.* antidote (*anche fig.*).

contravvengo → **contravvenire. contravvenire** *v.i.* (**contravvengo, contravvieni; contravvenni, contravvenuto;** *aus.* **avere;** → **venire**) to contravene, to infringe, to transgress: ~ *a un comando* to contravene a command. □ ~ *alla legge* to infringe the law; ~ *al regolamento* to infringe a regulation. **contravvenni** → **contravvenire. contravventore** *m.* (*f.* **-trice**) offender, transgressor (*a* against), infringer (of): *i –i alle leggi* offenders against the law. **contravvenuto** → **contravvenire. contravvenzione** *f.* **1** (*il contravvenire*) contravention, infringement, breach, transgression. **2** (*multa*) fine. □ *conciliare una* ~ to pay a fine on the spot; *dichiarare qd. in* ~ to fine s.o.; *verbale di* ~ offence report. **contravverrò** → **contravvenire.**

contrazione *f.* **1** (*il contrarre*) contraction, shrinking: *la* ~ *di un muscolo* the contraction of a muscle. **2** ⟨*fig*⟩ (*riduzione*) reduction: ~ *delle spese* reduction of expenditure. **3** ⟨*Ling,Mat*⟩ contraction.

contribuente *m./f.* taxpayer; (*rif. a imposte comunali*) ratepayer. **contribuire** *v.i.* (**contribuisco, contribuisci;** *aus.* **avere) 1** (*cooperare*) to contribute (*a* to), to co–operate, to have a share (in), to help: ~ *alla buona riuscita di un'impresa* to contribute to the success of an undertaking; ⟨*fig*⟩ *anche questi fatti contribuiscono a renderlo simpatico a tutti* these facts too help to make him popular. **2** (*partecipare alle spese*) to contribute (*a* to), to share (in). **3** (*giovare*) to contribute (to, towards), to help (in, towards), to be good (for): *il riposo contribuirà al suo completo ristabilimento* rest will help him to recover completely.

contributo *m.* **1** contribution: *dare il proprio* ~ *a un'impresa* to make one's contribution to an enterprise; *tutti i presenti versarono un* ~ all those present made a contribution. **2** ⟨*Econ*⟩ (*sovvenzione*) grant–in–aid, (government) subsidy, contribution. **3** ⟨*Econ*⟩ (*tassa*) tax. **4** *pl.* ⟨*Econ*⟩ (*versamenti a enti previdenziali*) contributions *pl.* □ ~ **arretrato** back payment; *–i per le* **assicurazioni** *sociali* social insurance contributions; ~ *del* **datore** *di lavoro* employer's contribution; ~ *di* (*o in*) **denaro** contribution in money, sum contributed; ~ **facoltativo** voluntary (*o* optional) contribution; **imporre** *–i* to levy taxes;; ~ *del* **lavoratore** employee's contribution; ~ **letterario** literary contribution; ~ *di* **malattia** health insurance contribution; *–i* **obbligatori** compulsory contributions; ~ **previdenziale** social security contribution; ~ *di* **sangue** blood donation; *–i* **sindacali** trade union contributions, union dues; ~ *alle* **spese** share in expenditure; ~ **straordinario** extraordinary allocation; ⟨*Assic*⟩ *–i* **volontari** voluntary contributions.

contributore *m.* (*f.* **-trice**) contributor. **contribuzione** *f.* **1** contribution. **2** ⟨*Econ*⟩ (*imposta*) tax, levy, tribute.

contristare *v.t.* to sadden, to grieve, to distress, to afflict: *la tua lontananza contristerà tutti noi* your absence will sadden us all. **contristarsi** *v.r.* (*affliggersi*) to be distressed, to grieve: *si contristò per la notizia* he was distressed by the news.

contrito *a.* contrite, penitent, remorseful: *essere* ~ to be contrite; *espressione –a* contrite expression. **contrizione** *f.* contrition (*anche Rel.*). □ ⟨*Rel*⟩ *atto di* ~ act of contrition: *fare atto di* ~ to make an act of contrition.

contro I *prep.* (when used with the stressed form of a personal pronoun *contro* is followed by the pronoun and connected to it by the preposition *di*; when used with an unstressed personal pronoun *contro* becomes an adverb and follows the verb; in some other cases *contro* is connected to pronouns and nouns by the preposition *a*). **1** (*opposizione, ostilità*) against, towards: *animosità* ~ *una persona* animosity towards (*o* against) a person; ~ *la mia volontà* against my will; *quello che fai è* ~ *i tuoi interessi* what you are doing is against your own interests; *combattere* ~ *il nemico* to fight (against) the enemy. **2** (*in direzione opposta*) against: *nuotare* ~ *corrente* to swim ⌐against the current⌐ (*o* upstream). **3** (*addosso*) against: *batté la testa* ~ *il muro* he hit his head against the wall; (*violentemente*) into: *la macchina andò a sbattere* ~ *il muro* the car crashed into the wall. **4** (*verso*) towards: *l'ho visto venirmi* ~ I saw him coming towards me; (*di fronte*) facing: *stare voltato* ~ *la parete* to stand facing (*o* with one's face to) the wall. **5** (*poggiato a*) (up) against: *poggiò il bastone* ~ *il muro* he leaned the stick against the wall. **6** ⟨*Sport*⟩ versus, against: *Roma* ~ *Lazio* Rome versus Lazio. **7** ⟨*Comm*⟩ on, against: *pagamento* ~ *assegno* cash on delivery; ~ *ricevuta* against receipt; ~ *pagamento* on payment. II *avv.* against (*a qc.* s.th.), in opposition (to s.th.): *tutti votarono* ~ everyone voted against (the motion). III *s.m.* con: *esaminare il pro e il* ~ to examine the pros and cons. □ **dar** ~ *a qd.* (*osteggiarlo*) to be against (*o* hostile to) s.o.; (*contraddirlo*) to contradict s.o.; ~ **di** against: *tu sei* ~ *di me* you are against me; ~ **natura** against nature; **per** ~ on the contrary, on the other hand: *egli per* ~ *voleva uscire* on the contrary, he wanted to go out; ⟨*Comm*⟩ ~ **presentazione** on presentation; *gli si sono rivoltati tutti* ~ they all rebelled against him; *odio* ~ *i* **tiranni** hatred of (*o* for) tyrants; *scommettere dieci* ~ **uno** to bet ten to one.

contro|accusa *f.* → contraccusa. **~alisei** *m.pl.* ⟨*Meteor*⟩ antitrades *pl.* **~assemblea** *f.* opposition meeting. **~azione** *f.* 1 ⟨*Sport*⟩ counterattack; (*nella scherma*) parrying blow, counterstroke. 2 ⟨*fig*⟩ countermeasure, counteraction.

controbattere *v.t.* 1 ⟨*Mil*⟩ to counter: ~ *l'offensiva nemica* to counter the enemy offensive. 2 ⟨*fig*⟩ (*confutare*) to confute, to disprove, to rebut: ~ *un'accusa* to rebut an accusation. 3 ⟨*fig*⟩ (*replicare*) to retort, to reply, to answer (back): *sul momento non fui capace di* ~ I was unable to answer at once.

controbatteria *f.* ⟨*Artigl*⟩ counterbattery.

controbilanciare *v.t.* (controbilancio, controbilanci) 1 to (counter)balance: ~ *un carico* to counterbalance a load. 2 ⟨*fig*⟩ to (counter)balance; (*compensare*) to make up for, to compensate for: *la soddisfazione controbilancia la fatica* the satisfaction makes up for all the effort involved. **controbilanciarsi** *v.r.* ⟨*recipr*⟩ to balance out, to counterbalance e.o. (*anche fig*): *i due pesi si controbilanciano* the two weights balance out.

controbuffè *m.* → controbuffet. **controbuffet** *fr.* [–by'fɛ] *m.* small sideboard.

contro|campo *m.* 1 ⟨*Cin*⟩ reverse shot (*o* angle). 2 ⟨*El*⟩ counterfield. **~candidato** *m.* ⟨*Pol*⟩ candidate of the opposite party. **~canto** *m.* ⟨*Mus*⟩ second melody, countermelody. **~cassa** *f.* 1 outer casing. 2 (*dell'orologio*) case, casing. **~catena** *f.* ⟨*Edil*⟩ straining beam (*o* piece). **~chiave** *f.* 1 (*seconda chiave di una serratura*) second key; (*chiave falsa*) false (*o* skeleton) key. 2 (*seconda mandata*) second turn (of a key). □ *chiudere a* ~ to double-lock a door. **~chiglia** *f.* ⟨*Mar*⟩ false keel. **~coperta** *f.* ⟨*Mar*⟩ spar deck: *bastimento a* ~ spar–deck ship.

controcorrente I *s.f.* ⟨*Geog,El*⟩ countercurrent. II *avv.* 1 against the current: *nuotare* ~ to swim against the current; (*rif. a fiumi*) upstream. 2 ⟨*fig*⟩ against the stream (*o* tide): *andare* ~ to go against the stream.

contro|critica *f.* countercriticism. **~cultura** *f.* counterculture. **~dado** *m.* ⟨*Mecc*⟩ lock (*o* check) nut. **~decreto** *m.* counterdecree. **~dichiarazione** *f.* 1 counterstatement. 2 ⟨*Dir*⟩ counterdeed.

controfagotto *m.* ⟨*Mus*⟩ double–bassoon, contrabassoon.

controffensiva *f.* 1 ⟨*Mil*⟩ counteroffensive. 2 ⟨*fig*⟩ (*reazione*) reaction, counterattack. □ *passare alla* ~ to counterattack.

contro|figura *f.* ⟨*Cin*⟩ double. □ *fare a* ~ *di* to double for. **~finestra** *f.* storm window (*o* sash). **~fiocco** *m.* (*pl.* -chi) ⟨*Mar*⟩ flying jib. **~firma** *f.* countersignature. **~firmare** *v.t.* to countersign. **~fodera** *f.* ⟨*Sart*⟩ interlining. **~fondo** *m.* false bottom. **~fosso** *m.* ⟨*Mil*⟩ countertrench, auxiliary trench. **~fuga** *f.* ⟨*Mus*⟩ counter–fugue. **~garanzia** *f.* ⟨*Econ*⟩ counter–security, counterbond. **~guerriglia** *f.* action against the guerrilla.

controindicare *v.t.* (controindico, controindichi) ⟨*Med*⟩ to contraindicate. **controindicato** *a.* contraindicated. **controindicazione** *f.* ⟨*Med*⟩ contraindication: *questa medicina non ha* -i this medicine has no contra-indications.

controinterrogatorio *m.* ⟨*Dir*⟩ cross examination.

controllabile *a.* controllable; (*verificabile*) verifiable: *i fatti sono facilmente* -i the facts are easily verifiable. **controllabilità** *f.* controllability.

controllare *v.t.* (controllo) 1 (*verificare*) to check (up on), to verify, to control: ~ *la data* to check the date; ~ *l'esattezza di una notizia* to check (up on) a piece of news; (*rif. a conti*) to audit. 2 (*ispezionare*) to inspect, to examine, to look into; (*collaudare*) to test. 3 (*sorvegliare*) to control, to supervise, to watch: *bisogna* ~ *ogni sua mossa* his every move must be watched; *la polizia controlla tutte le uscite* the police control all exits. 4 (*regolare*) to control, to regulate: *lo stato controlla l'esportazione* the State controls exportation. 5 ⟨*Sport*⟩ to control: ~ *la palla* to control the ball; (*marcare*) to mark: ~ *un giocatore* to mark a player. **controllarsi** *v.r.* to control o.s. □ ~ *i bagagli* to check the luggage; (*rif. alla dogana*) to examine the luggage; ~ *i biglietti* to check the tickets; ~ *i conti* to audit accounts; ~ *i propri istinti* to

control one's instincts; ⟨*Econ*⟩ ~ *il* **mercato** to control the market; ~ *i propri* **nervi** to keep one's nerves under control; ⟨*Aut*⟩ ~ *l'*olio to check the oil; ~ *l'*ora to check the time; ~ *i* **passaporti** to examine passports.

controllato *a.* 1 controlled: *economia* –a controlled economy. 2 ⟨*fig*⟩ (self-)controlled, restrained: *è sempre* ~ *nel parlare* he always speaks in a restrained way; *movimenti* -i controlled movements.

controllo *m.* 1 (*verifica*) check(ing), check–up, verification: ~ *dell'esattezza di un'affermazione* verification of (the truth of) a statement; (*rif. a conti*) audit(ing): *il* ~ *di un conto* the auditing of an account. 2 (*ispezione*) inspection, examination; (*collaudo*) test. 3 (*sorveglianza*) control, supervision, surveillance: *tutte le uscite erano sotto il* ~ *della polizia* all exits were under police control. 4 (*azione regolatrice*) control, regulation: ~ *dei prezzi* price control. 5 (*padronanza, dominio*) control, rule, domination: ~ *dei mari* control of the seas. 6 (*dominio di sé*) self–control. 7 (*dispositivo di regolazione*) controls *pl*, control, regulator. □ ~ **ambientale** environmental monitoring (*o* control); ~ **amministrativo** internal audit (*o* control); **apparecchio** *di* ~ control apparatus; ⟨*Pol*⟩ ~ *degli* **armamenti** armaments control; ⟨*tecn*⟩ ~ **automatico** self–checking; ~ *dei* **bagagli** baggage check (*o* examination); ~ *dei* **biglietti** ticket inspection; ~ **budgetario** budgetary control; ~ *dei* **cambi** exchange control; ~ *di* **cassa** cash control (*o* audit); ⟨*Pol*⟩ **commissione** *di* ~ control commission (*o* committee); ⟨*Econ*⟩ ~ *dei* **costi** cost control; ~ **direttivo** management audit; ~ *a* **distanza** remote control; ~ **doganale** Customs examination (*o* inspection); **eludere** *il* ~ to escape inspection; **esercitare** *il* ~ *su qc.* to exercise control over s.th., to be in control of s.th.; ~ *di* **gestione** management control; **giro** *di* ~ tour of inspection, round, check–up; ~ **governativo** governmental control; ~ **incrociato** cross–check; ⟨*Econ*⟩ ~ *dei* **libri** auditing of accounts; ⟨*Mecc*⟩ ~ *del* **motore** engine overhaul; ~ *delle* **nascite** birth control; **avere** *il* ~ *dei propri* **nervi** to have one's nerves under control; **organo** *di* ~ supervisory body, board of control; ⟨*Inform*⟩ ~ *di* **parità** parity check; **perdere** *il* ~ to lose control: *perdere il* ~ *dell'automobile* to lose control of the car; *perdere il* ~ *di se stesso* to lose one's self–control; **posto** *di* ~ checkpoint; ⟨*Inform*⟩ ~ *di* **processo** process control; ~ *di* (*o della*) **qualità** quality control; ⟨*Aer*⟩ ~ **radar** radar control; ~ **sanitario** (*o* health) inspection; ~ *delle* **scorte** stock control; ⟨*Inform*⟩ ~ *di* **sequenza** sequence check; **sotto** ~ under control: *tenere qd. sotto* ~ to keep s.o. under control; *essere sotto il* ~ *di qd.* to be under s.o.'s control; **sottoporre** *qc. a un* ~ to check (up on) s.th., to inspect (*o* examine) s.th.; **stretto** ~ strict control, close watch; ⟨*Aer*⟩ **torre** *di* ~ control tower; ~ *del* **traffico** *aereo* air–traffic control; **visita** *di* ~ check–up.

controllore *m.* 1 controller, inspector, supervisor, superintendent. 2 (*nei treni, autobus e sim.*) ticket collector (*o* inspector). □ ~ *delle* **dogane** Customs official; ~ *del traffico aereo* air–traffic controller.

controluce I *s.f.* ⟨*Cin*⟩ back lighting. II *s.m.inv.* (*fotografia*) photograph taken against the light. III *avv.* 1 (*contro luce*) against the light: *non ti ho visto perché eri* ~ I didn't see you because you were against the light. 2 (*con luce cattiva*) in a bad light: *il quadro è* ~ the picture is hanging in a bad light. 3 ⟨*Cin,Fot*⟩ with back lighting: *fotografare in* ~ to photograph with back lighting.

contro|manifestazione *f.* counterdemonstration. **~mano** (*o contro mano*) *avv.* on the wrong side of the road, in the wrong direction: *l'automobile procedeva* ~ the car was driving on the wrong side of the road. **~manovra** *f.* 1 ⟨*Mil*⟩ countermanoeuvre, countermove. 2 ⟨*fig*⟩ countermove. **~marca** *f.* check, token; (*rif. a spettacoli*) pass–out check, passout. **~marcia** *f.* (*pl.* -ce) 1 countermarch. 2 ⟨*Aut*⟩ (*retromarcia*) reverse motion, backing (up); (*dispositivo*) reverse (gear): *innestare la* ~ to go into reverse, to put the car into reverse. □ ⟨*Aut*⟩ *fare* ~ to reverse, to back (up). **~mezzana** *f.* ⟨*Mar*⟩ mizzen topsail. **~mina** *f.* ⟨*Mil,Mar*⟩ countermine. **~minare** *v.t.* to countermine. **~misura** *f.* countermeasure. **~mossa** *f.*

(*negli scacchi*) countermove. **~nota** *f.* countermand. **~pagina** *f.* reverse, verso. **~parte** *f.* ⟨*Dir*⟩ opposing (*o* other) party. **~partita** *f.* **1** ⟨*Comm*⟩ offset, set-off, contra. **2** ⟨*fig*⟩ (*compenso*) return, reward, compensation: *mi ha aiutato e ora pretende la ~* he has helped me and now he wants his reward.

contropelo *avv.* the wrong way: *carezzare il gatto ~* to stroke the cat the wrong way; (*rif. a tessuti*) against the nap: *spazzolare il velluto* (*a*) *~* to brush the nap (*o* lie) of the velvet. □ *fare il* (*o radere a*) *~* to shave upwards (*o* against the hair).

contro|pendenza *f.* ⟨*Geog*⟩ counterslope. **~perizia** *f.* expert evidence (of the opposite party). **~piede** *m.* ⟨*Sport*⟩ **1** (*nel calcio*) counterattack. **2** (*nel tennis*) wrong-footing. □ *attacco in ~* counter-attack; ⟨*fig*⟩ *prendere qd. in ~* to catch s.o. unawares (*o* off-balance). **~porta** *f.* second door; (*esterna*) outer door; (*interna*) inner door. **~potere** *m.* counterpower. **~producente** *a.* counterproductive, self-defeating. □ *i tuoi rimproveri sono -i* your reproofs only make things worse. **~proposta** *f.* counterproposal: *fare una ~* to make a counterproposal.

controprova *f.* **1** (*seconda prova*) countercheck. **2** ⟨*Dir*⟩ confirmatory evidence, counterevidence. **3** (*seconda votazione*) second vote. **controprovare** *v.t.* (**controprovo**) **1** to countercheck. **2** ⟨*Dir*⟩ to prove by counter -evidence. **3** (*nelle votazioni*) to recount.

contro|punta *f.* ⟨*Mecc*⟩ tailstock, footstock. **~querela** *f.* ⟨*Dir*⟩ counterclaim.

contrordine *m.* counter-order, countermand: *dare un ~* to give a counter-order.

contro|relazione *f.* ⟨*Pol*⟩ minority report. **~replica** *f.* ⟨*Dir*⟩ rejoinder. **~replicare** *v.i.* (**controreplico,** **controreplichi;** *aus.* avere) to rejoin.

controriforma *f.* ⟨*Stor*⟩ Counter-Reformation.

controrivoluzionario *a./s.m.* (*f.* -a) counterrevolutionary. **controrivoluzione** *f.* counterrevolution.

contro|rotaia *f.* guide (*o* check, guard) rail. **~scarpa** *f.* counterscarp. **~scena** *f.* ⟨*Teat*⟩ by-play.

controsenso *m.* **1** (*parole contraddittorie*) contradiction (in terms): *il tuo discorso è pieno di -i* your talk is full of contradictions; (*assurdità*) nonsense: *quello che dici è un ~* what you say is nonsense. **2** (*interpretazione errata*) misinterpretation, countersense: *una traduzione piena di -i* a translation full of misinterpretations. **3** (*azione contraddittoria*) inconsistency, contradiction: *una vita piena di -i* a life full of inconsistencies.

contro|serratura *f.* safety lock. **~soffitto** *m.* false ceiling. **~spionaggio** *m.* counterespionage. □ *~ industriale* industrial security.

controstallia *f.* ⟨*Mar*⟩ demurrage: *giorni di ~* demurrage days.

controstampa *f.* (*impronta*) counterproof; (*impronta causata per sbaglio*) offset. **controstampare** *v.t.* to counter-prove; (*per sbaglio*) to offset.

contro|sterzare *v.i.* (**controsterzo;** *aus.* avere) ⟨*Aut*⟩ to countersteer. **~sterzatura** *f.* countersteering. **~sterzo** *m.* countersteering.

controstomaco **I** *avv.* with repugnance (*anche fig.*): *mangiare ~* to eat with repugnance. **II** *s.m.* **1** nausea, sickness. **2** ⟨*fig*⟩ repugnance, disgust.

contro|strategia *f.* ⟨*Pol*⟩ counterstrategy. **~tendenza** *f.* countertrend. **~tipo** *m.* ⟨*Cin*⟩ duplicated negative film, dupe negative. □ *fare* (*o tirare*) *un ~* to duplicate (a negative). **~valore** *m.* (*equivalente*) value, equivalent: *il ~ in dollari* the equivalent in dollars. **~vapore** *m.* ⟨*Mecc*⟩ reverse (*o* back, return) steam. **~velaccino** *m.* ⟨*Mar*⟩ fore royal (sail). **~velaccio** *m.* ⟨*Mar*⟩ main royal. **~vento** *avv.* against (*o* into) the wind, upwind: *volare ~* to fly against the wind.

controversia *f.* **1** controversy, dispute, debate: *comporre una ~* to settle a dispute. **2** ⟨*Dir*⟩ controversy. □ *in caso di ~* in case of dispute; *~ internazionale* international question; *~ religiosa* religious controversy; *~ sindacale* labour dispute. **controverso** *a.* controversial: *questione -a* controversial matter.

controvoglia (*o contro voglia*) *avv.* unwillingly: *lavorare ~* to work unwillingly.

contumace *a.* ⟨*Dir*⟩ guilty of default: *imputato ~* accused guilty of default. **contumacia** *f.* **1** ⟨*Dir*⟩ default: *condannare qd. in ~* to sentence s.o. by default (*o* in his absence). **2** (*quarantena*) quarantine: *la nave restò quaranta giorni in ~* the ship remained in quarantine forty days. **contumaciale** *a.* **1** ⟨*Dir*⟩ by default: *sentenza ~* sentence by default. **2** (*di quarantena*) quarantine-: *ospedale ~* quarantine hospital.

contumelia *f.* ⟨*lett*⟩ contumely: *coprire qd. di -e* to heap contumelies on s.o.

contundente *a.* blunt: *corpo ~* blunt instrument. **contundere** *v.t.* (**contusi, contuso**) ⟨*lett*⟩ to bruise, to contuse.

conturbante *a.* disturbing, perturbing, upsetting: *sguardo ~* perturbing gaze. **conturbare** *v.t.* to disturb, to upset, to perturb. **conturbarsi** *v.r.* to get upset, to be disturbed.

contusi → **contundere**. **contusione** *f.* ⟨*Med*⟩ contusion. **contuso** (*p.p. di contundere*) **I** *a.* contused: *ferita -a* contused wound. **II** *s.m.* (*f.* -a) person suffering from contusions.

conurbazione *f.* conurbation.

convalescente *a./s.m./f.* convalescent. □ *era ~ da una lunga malattia* he was convalescing from a long illness. **convalescenza** *f.* convalescence: *entrare in ~* to begin convalescence. □ *essere in ~* to be convalescing. **convalescenziario** *m.* convalescent home.

convalida *f.* ⟨*burocr*⟩ confirmation, ratification. **convalidare** *v.t.* (**convalido**) **1** ⟨*burocr*⟩ to confirm, to ratify: *~ un decreto* to ratify a decree. **2** (*avvalorare*) to confirm, to corroborate, to support: *i nuovi fatti convalidano la mia teoria* the new facts confirm my theory. **convalidazione** *f.* **1** (*convalida*) confirmation, ratification. **2** (*conferma*) confirmation, corroboration, strengthening.

convalle *f.* **1** (*valle che sbocca in un'altra*) valley opening out into another. **2** ⟨*poet*⟩ (*valle*) valley, ⟨*lett*⟩ dale.

convegno *m.* **1** (*riunione*) meeting, gathering; (*congresso*) congress, convention: *~ di studi* study congress. **2** (*luogo di riunione*) meeting place: *quel bar è diventato il ~ degli studenti* that bar has become the students' meeting place. □ ⟨*lett*⟩ *~ amoroso* lovers' meeting, ⟨*lett*⟩ tryst; (*appuntamento*) appointment, ⟨*fam*⟩ date; *darsi ~* to meet, to gather (together); *~ di studiosi* meeting of scholars.

convenevole **I** *a.* ⟨*lett*⟩ convenient, suitable, fitting. **II** *s.m.* **1** (*ciò che è conveniente, ragionevole*) what is suitable (*o* right): *più del ~* more than is reasonable (*o* fitting). **2** *pl.* (*manifestazioni di cortesia*) compliments *pl,* civilities *pl,* polite greetings *pl: fare i -i a qd.* to pay s.o. compliments. □ *non fate tanti -i* don't stand on ceremony.

conveniente *a.* **1** (*adatto*) suitable, fitting (*a* for), suited (to): *l'oratore ha usato parole -i alla circostanza* the speaker used words suited to the occasion. **2** (*vantaggioso*) profitable, advantageous, favourable: *affare ~* profitable business; *a condizioni -i* on favourable terms; (*rif. a prezzi*) low, reasonable: *il prezzo è molto ~* the price is very reasonable. **3** (*opportuno*) expedient, opportune: *sarà ~ avvisarlo in tempo* it would be expedient to warn him in time. □ *espressioni poco -i* rather unseemly expressions; *a prezzo ~* cheaply, at a reasonable price. **convenientemente** *avv.* **1** (*in modo appropriato*) suitably, appropriately, properly: *vestirsi ~* to dress suitably. **2** (*vantaggiosamente*) profitably, on good terms: *abbiamo concluso l'affare ~* we concluded the business profitably.

convenienza *f.* **1** (*l'essere adatto, adeguato*) suitability, fitness, convenience, appropriateness. **2** (*vantaggio*) advantage, profit, gain: *non c'è alcuna ~ in quest'affare* there is no profit in this deal. **3** (*cortesia*) courtesy, civility, politeness: *non risposi per ~* I did not reply out of politeness. **4** *pl.* (*regole della buona educazione*) proprieties *pl,* good (*o* polite) manners *pl,* etiquette, (social) conventions *pl: rispettare le -e* to observe the proprieties. □ *non c'è ~* there is nothing to be gained, it is not worth-while; *~* **economica** economic advantage (*o* gain); **matrimonio** *di ~* marriage of convenience; **per** *ragioni di ~* for propriety's sake; **visita** *di ~* courtesy call.

convenire v. (convèngo, convièni; convènni, convenuto; → venire) **I** v.i. (aus. essere/avere) **1** (venire da più parti: aus. essere) to come together; (riunirsi) to meet (together), to assemble, to gather (together), to convene: gli scienziati convennero nella capitale the scientists met together in the capital. **2** (essere concordi: aus. avere) to agree, to concur: tutti convennero sulla necessità di agire they all agreed on the need for action; (ammettere) to admit, to allow, to concede: converrai che non posso accettare you will admit that I cannot accept. **3** (essere opportuno: aus. essere) to be convenient (o better) (a for): mi conviene prendere il treno delle quattro it is better for me to catch the four o'clock train; (essere vantaggioso) to pay, to be worthwhile (o worth one's while): non ci conviene farlo it's not worth our while to do it. **II** v.i. impers. **1** (bisognare) to be necessary, to have to, must: se si vuole essere promossi conviene studiare if one wants to pass examinations one must⌐ (o it is necessary to) study. **2** (essere opportuno) to be expedient (o opportune, advisable), to be better: conviene tacere it is better to keep quiet; non conviene partire di domenica it is better not to leave on a Sunday. **3** (addirsi) to be fitting (o proper) (a for, in), to become (s.o.): comportati come conviene a una ragazza behave as is fitting for a young girl. **III** v.t. **1** (pattuire) to agree (on, upon), to negotiate, to settle (upon), to stipulate: abbiamo convenuto il prezzo we have agreed on the price. **2** (Dir) to summon(s): ~ qd. in giudizio to summon s.o. to appear in court. □ prezzo da convenirsi price to be agreed upon; a te conviene meglio tacere you ⌐had better⌐ (o would do better to) keep quiet, it would be better for you to keep quiet; resta convenuto che it is agreed (o settled) that.

conventìcola f. (lett) (cricca) (secret) meeting, gathering, conventicle: una ~ di malviventi a gathering of crooks.

convènto m. cloister, religious house; (di monaci) monastery; (di monache) convent, nunnery. □ ~ di clausura enclosed convent; entrare (o chiudersi) in ~ to enter a monastery (o convent); (farsi frate) to become a monk; (farsi suora) to become a nun; ~ di frati friary; (scherz) mangiare quel che passa il ~ to take potluck. **conventuàle I** a. conventual: frate ~ conventual monk. **II** s.m. conventual; (minore conventuale) Friar Minor Conventual.

convenuto (p.p. di convenire) **I** a. (stabilito) agreed, fixed, settled: pagammo il prezzo ~ we paid the ⌐agreed price⌐ (o price agreed upon). **II** s.m. **1** (ciò che è stato stabilito) agreement, settlement, accord, pact: stare al ~ to keep to the agreement. **2** pl. members pl of a congress, people pl attending a meeting. **3** (Dir) defendant. □ (Dir) parte -a defending party; secondo il ~ as agreed.

convenzionàle a. **1** (stabilito per convenzione) conventional, agreed, stipulated. **2** (prestabilito) agreed, pre–arranged: segni -i pre–arranged signs. **3** (non originale) conventional: disse poche frasi -i he uttered only a few conventional phrases. **4** (tradizionale) conventional, traditional: automobile di modello ~ car of conventional design. □ armi -i conventional weapons; scrittura ~ (message in) cipher, code. **convenzionalìsmo** m. **1** conventionalism, conventionality. **2** (Filos) conventionalism. **convenzionalìsta** m./f. conventionalist (anche Filos.). **convenzionalità** f. conventionality, conventionalism.

convenzionàre v.t. (convenziòno) to reach agreement on, to settle, to arrange: ~ i prezzi to reach agreement on prices. **convenzionàto** a. agreed (upon), fixed, arranged. □ clinica -a con un ente assistenziale nursing home having an arrangement with a welfare organization; medico ~ physician practising in the National Health Service, National Health Service doctor; prezzo ~ fixed price.

convenziòne f. **1** (patto, trattato) agreement, convention, covenant: i due stati firmarono una ~ the two countries signed an agreement. **2** (intesa generale) convention: misure stabilite per ~ measures laid down by convention. **3** pl. (uso, consuetudine) convention. □ ~ di Berna Berne Convention; ~ doganale tariff convention, Customs

agreement; ~ di Ginevra Geneva Convention; ~ di Lomé Lome Convention; ~ per la navigazione marittima e aerea convention for sea and air navigation; (Stor) ~ nazionale National Convention; (fig) essere schiavo delle -i to be a slave to convention.

convergènte a. **1** converging: linee -i converging lines. **2** (fig) convergent: interessi -i convergent interests. **convergènza** f. convergence (anche fig.): ~ di due linee convergence of two lines; ~ di interessi convergence of interests. **convèrgere** v.i. (convèrgo, convèrgi; convèrsi; aus. essere) **1** to converge (in, su, verso in): le tre linee convergono in un punto the three lines converge in a point. **2** (fig) to converge (on, towards), to be directed (towards): i nostri sforzi convergono verso un unico fine our efforts are directed towards a single end.

convèrsa f. (Rel) lay sister.

conversàre[1] v.i. (convèrso; aus. avere) **1** to talk, to make conversation, to converse (di about, of, on): ~ del più e del meno to talk about this and that; conversammo a lungo di politica we talked politics for a long time. **2** (chiacchierare) to chat. **conversàre**[2] m. conversation, talk: l'arte del ~ the art of conversation. **conversatòre** m. (f. -trice) talker, conversationalist: un piacevole ~ a pleasant conversationalist. **conversaziòne** f. **1** talk, conversation: la ~ languiva the conversation flagged. **2** pl. (Dipl) talks pl, informal discussions pl. **3** (breve relazione) presentation. □ (Tel) ~ con avviso di chiamata person to person call; durata della ~ duration of call; ~ interurbana trunk call, (am) long–distance call; manuale di ~ conversation manual (o handbook); ~ mondana drawing–room conversation; (Scol) ora di ~ (nelle scuole di lingue straniere) conversation period; uomo di piacevole ~ pleasant conversationalist; ~ di servizio business call; sostenere una ~ to have a conversation; sostenere la ~ (non farla languire) to keep the conversation going; fare le spese della ~ to be the subject of gossip; ~ telefonica telephone call (o conversation).

convèrsi → convergere.

conversiòne f. **1** conversion: ~ al buddismo conversion to Buddhism; ~ politica political conversion. **2** (mutamento di direzione) turn(ing); (Aut) U turn; (Mil) wheel(ing). **3** (Econ,Chim,Fis) conversion: ~ della rendita conversion of stock. □ (El) ~ di corrente elettrica conversion of electric current; (Econ) ~ del debito pubblico conversion of the public debt; ~ a destra: 1 (Strad) turn to the right; 2 (Mil) right wheel; (Met) ~ della ghisa in acciaio conversion of pig–iron into steel; ~ religiosa religious conversion; (Mar) ~ della rotta alteration (o change) of course; (Econ) ~ di valuta currency conversion.

convèrso m. (Rel) lay brother.

convertìbile I a. convertible. **II** s.f. (Aut) convertible. □ (Econ) obbligazione ~ convertible bond (o debenture). **convertibilità** f. convertibility: ~ della moneta convertibility of currency.

convertìre v.t. (convèrto; convertìi, convertìto) **1** to convert: ~ al buddismo to convert to Buddhism; ~ al marxismo to convert to Marxism. **2** (trasformare) to turn, to change (in to, into): Niobe fu convertita in pietra Niobe was turned to stone. **3** (Econ,Chim,Fis) to convert: ~ la cartamoneta in oro to convert paper money into gold. **convertìrsi** v.r. **1** to be (o become) converted: convertirsi al cattolicesimo to be converted to Catholicism. **2** (trasformarsi) to turn, to change, to be converted (o changed) (in into, to): Narciso si convertì in un fiore Narcissus was changed into a flower. **3** (Chim,Fis) to be converted, to change: l'acqua si converte in vapore water changes into steam. □ ~ in denaro to convert into money; ~ qd. alle proprie idee to convert s.o. to one's own way of thinking; ~ la pena da multa in reclusione to convert a fine into imprisonment; (Mar) ~ la rotta to change (o alter) course; ~ titoli in denaro contante to convert securities into cash; ~ in valuta estera to convert into foreign currency.

convertitòre I s.m. **1** (El) convertor, converter: ~ elettrico electric convertor. **2** (Met) converter. **II** a. (Rad) converter–, converting: *valvola convertitrice* converting valve. □ ⟨*Inform*⟩ ~ **analogico-digitale** analog digital converter; ⟨*El*⟩ ~ **catalitico** catalytic converter; ⟨*El*⟩ ~ *di* **fase** phase convertor; ⟨*Rad*⟩ ~ *di* **frequenza** frequency convertor; ⟨*TV*⟩ ~ *d'*immagine image converter; ⟨*El*⟩ ~ **trifase** three–phase converter.

convertitrice *f.* ⟨*El*⟩ converter.

convessità *f.* convexity. **convesso** *a.* convex. □ ⟨*Geom*⟩ *angolo* ~ convex angle; *lente –a* convex lens; *superficie –a* convex surface, convexity.

convettivo *a.* ⟨*Fis*⟩ convective: *moto* ~ convective movement. **convettore** *m.* ⟨*El*⟩ convector. **convezione** *f.* ⟨*Fis*⟩ convection.

convincente *a.* convincing: *argomento* ~ convincing argument. □ *scusa poco* ~ lame excuse. **convincere** *v.* (**convinco, convinci; convinsi, convinto**) I *v.t.* 1 to convince, to persuade: *lo convinsi del suo torto* I convinced him of his error. 2 (*dimostrare la colpevolezza*) to convict: ~ *qd. di furto* to convict s.o. of theft. II *v.i.* (*aus.* **avere**) to be convincing: *il suo discorso non convinceva* his words were not convincing. **convincersi** *v.r.* to be (*o* become) convinced, to be persuaded: *non si convincerà mai di aver sbagliato* he will never be convinced that he was mistaken. **convincibile** *a.* convincible. **convincimento** *m.* conviction, persuasion. □ *fare opera di* ~ *presso qd.* to convince (*o* persuade) s.o. **convinsi** → **convincere. convinto** (*p.p. di convincere*) *a.* 1 (*persuaso*) convinced, persuaded: *sono fermamente* ~ *di quello che dico* I am firmly convinced of what I say. 2 ⟨*Dir*⟩ convicted: ~ *di truffa* convicted of fraud. □ *cattolico* ~ staunch Catholic; *restare* ~ to be convinced. **convinzione** *f.* conviction, persuasion; (*opinione*) opinion, (firm) belief: *queste sono le sue –i religiose* these are his religious beliefs; *–i politiche* political opinions. □ *avere la* ~ *che* to be convinced that; *con la* ~ *di* in the conviction that, firmly persuaded that; *parlare con* ~ to speak with conviction.

convissi, convissuto → **convivere.**

convitare *v.t.* ⟨*lett*⟩ to invite to dinner (*o* a feast). **convitato** *m.* (*f.* **-a**) guest: *la sala era piena di –i* the room was full of guests. **convito** *m.* feast, banquet.

convitto I *s.m.* 1 boarding school. 2 (*insieme dei convittori*) boarders *pl*, pupils *pl*. II *a.* boarding: *liceo* ~ boarding–school. □ ~ **femminile** girls' boarding–school; ~ *maschile* boys' boarding–school. **convittore** *m.* (*f.* **-trice**) boarder, pupil (of a boarding–school).

convivente I *a.* living together: *coniugi –i* married couple living together; (*in concubinaggio*) cohabiting. II *s.m./f.* person living with another; (*concubino*) cohabitant. **convivenza** *f.* 1 (*il convivere*) living (together): *la* ~ *con la suocera ha generato litigi* living with her mother–in–law created trouble. 2 (*concubinaggio*) cohabitation. **convivere** *v.i.* (**convissi, convissuto;** → **vivere;** *aus.* **essere/avere**) 1 to live (together): ~ *con i genitori* to live with one's parents; *i due coniugi non convivono più* the couple no longer live together. 2 (*vivere in concubinaggio*) to cohabit. **conviviale** *a.* ⟨*lett*⟩ convivial: *piaceri –i* convivial pleasures. □ ⟨*Lett*⟩ *carmi –i* carmina convivialia. **convivio** *m.* ⟨*lett*⟩ banquet, feast.

convocare *v.t.* (**convoco, convochi**) 1 (*invitare a una riunione*) to convene, to convoke, to call together (for a meeting), to summon, to send for: *i soci sono convocati per lunedì prossimo* members are convened for next Monday. 2 (*radunare*) to rally, to call together, to muster (up), to assemble: ~ *i giocatori per un allenamento* to rally the players for training. □ ~ *un'adunanza* to summon (*o* call, convene) a meeting; ⟨*Parl*⟩ ~ *la camera* to convoke the House; ⟨*Dir*⟩ ~ *i creditori* to call a meeting of the creditors; ~ *il parlamento* to convoke Parliament. **convocazione** *f.* 1 (*il convocare*) convocation, convening, summons: *la* ~ *dell'assemblea* the convocation of the assembly. 2 (*riunione*) meeting.

convogliare *v.t.* (**convoglio, convogli**) 1 (*dirigere*) to direct, to send; (*deviare*) to divert: *la polizia convogliò il traffico in un'altra direzione* the police diverted the traffic; (*condurre*) to convey, to conduct, to transport: *tutte le*

merci furono convogliate al magazzino centrale all the merchandise was transported to the central depot. 2 (*trasportare*) to carry (along), to bear (along), to transport, to convey: *il fiume convoglia molti detriti* the river carries a large amount of silt with it. **convogliatore** *m.* ⟨*Ind*⟩ conveyor: ~ *a nastro* conveyor belt. **convoglio** *m.* 1 (*treno*) train. 2 (*corteo funebre*) (funeral) procession; (*carro funebre*) hearse: *i parenti seguivano il* ~ the relatives followed the hearse. 3 (*gruppo di veicoli*) convoy: *le automobili procedevano in* ~ the cars proceeded in convoy. 4 (*persone spostate da un luogo a un altro*) group, company (under escort): ~ *di prigionieri* group of prisoners. 5 ⟨*Mar*⟩ convoy. □ ~ *ferroviario* train; ~ *militare* troop convoy; ~ *di navi* convoy.

convolare *v.i.* (**convolo;** *aus.* **essere**) to fly together. □ ⟨*scherz*⟩ ~ *a* (*giuste*) *nozze* to get married.

convolvolo *m.* ⟨*Bot*⟩ convolvulus.

convulsamente *avv.* convulsively: *piangere* ~ to weep convulsively. **convulsione** *f.* 1 ⟨*Med*⟩ (usually in pl.) convulsion: *soffrire di –i* to suffer from convulsions. 2 (*manifestazione convulsa*) fit, paroxysm: *–i di pianto* paroxysm of crying; (*rif. al riso*) convulsions *pl: fu preso da una* ~ *di riso* he went into convulsions. □ *avere le –i* to have convulsions; *–i infantili* infantile convulsions. **convulsivo** *a.* convulsive: *crisi –a* convulsive crisis; *moto* ~ convulsive motion. **convulso** I *a.* 1 convulsive, nervous, spasmodic: *moto* ~ *delle membra* convulsive movement of the limbs; *tremito* ~ nervous trembling. 2 (*incontrollato*) violent, uncontrollable, convulsive: *scoppiò in un pianto* ~ he burst into uncontrollable sobs. II *s.m.* 1 (*convulsione*) convulsion, twitch: *avere il* ~ to have a convulsion. 2 (*manifestazione convulsa*) fit, paroxysm: *un* ~ *di risa* a fit of laughter, convulsions *pl.* □ *riso* ~ convulsive laughter; *tosse –a* (*pertosse*) whooping cough; ⟨*fig*⟩ *mi fai venire il* ~ you send me into convulsions (*o* fits).

coobare *v.t.* (**coobo**) ⟨*Chim*⟩ to cohobate. **coobazione** *f.* cohobation.

coobbligato *m.* (*f.* **-a**) ⟨*Dir*⟩ joint debtor.

coop. = *cooperativa* co-operative (*abbr.* coop., co-op.).

cooperare *v.i.* (**coopero;** *aus.* **avere**) to co-operate (*a* in), to collaborate (on), to contribute (to): ~ *al successo di un'impresa* to contribute to the success of a venture.

cooperativa *f.* 1 (*società*) co-operative society (*o* association), co-operative. 2 (*negozio*) co-operative (store). □ ~ **agricola** agricultural (*o* farmers') co -operative; ~ **casearia** dairy co-operative society; ~ *di* **consumo** consumers' co-operative; ~ *di* **credito** credit co-operative, ⟨*am*⟩ credit union; ~ **edilizia** building society; ~ *di* **lavoro** labour co-operative; ~ **vinicola** co-operative vinegrowers' association.

cooperativismo *m.* co-operative movement. **cooperativistico** *a.* (*pl.* **-ci**) co-operative. **cooperativo** *a.* co -operative: *società –a* co-operative (society); *unione –a* co -operative union. **cooperatore** I *s.m.* (*f.* **-trice**) 1 (*chi coopera*) co-operator. 2 (*chi fa parte di una cooperativa*) member of a co-operative. II *a.* 1 (*che coopera*) co-operating, co-operative. 2 (*che fa parte di una cooperativa*) co-operating. **cooperazione** *f.* co-operation (*anche Econ.*). □ ~ *commerciale* trade co-operation; ⟨*Pol*⟩ ~ *tecnica* technical cooperation.

cooptare *v.t.* (**coopto**) to co-opt. **cooptazione** *f.* co -optation.

coordinamento *m.* co-ordination: ~ *delle ricerche nucleari* co-ordination of nuclear research. **coordinare** *v.t.* (**coordino**) to co-ordinate (*anche Gramm.*): *questo ufficio si occupa di* ~ *il lavoro esterno* this office co-ordinates outside work; ~ *due proposizioni* to co -ordinate two clauses.

coordinata *f.* 1 ⟨*Mat,Geog,Astr*⟩ co-ordinate. 2 ⟨*Gramm*⟩ co-ordinate clause. □ *–e* **astronomiche** astronomical co-ordinates; *–e* **cartesiane** Cartesian co-ordinates; *–e* **equatoriali** equatorial co-ordinates; *–e* **geografiche** geographical co-ordinates; *–e* **polari** polar co-ordinates; **sistema** *di –e* system of co-ordinates; *–e dello* **spazio** space co-ordinates.

coordinato I *a.* 1 co-ordinated: *i nostri sforzi –i*

permisero l'attuazione del piano our co-ordinated efforts made the realization of the plan possible. **2** ⟨*Mat,Gramm*⟩ co-ordinate. **II** *s.m.* ⟨*Mod*⟩ coordinate. □ *proposizione –a* co-ordinate clause; *piani –i* co-ordinate planes. **coordinatore** *m.* (*f.* **-trice**) co-ordinator. **coordinazione** *f.* co-ordination. □ *scarsa ~ di idee* poor co-ordination of ideas; *~ dei movimenti* co-ordination of movements.

coorte *f.* **1** ⟨*Stor.rom*⟩ cohort. **2** ⟨*lett*⟩ (*schiera*) host, crowd.

copale *f./m.* **1** (*resina*) copal (gum). **2** (*pelle lucida*) patent leather: *scarpe di ~* patent leather shoes.

copeco *m.* (*pl.* **-chi**) kopeck, copeck.

Copenaghen *N.pr.f.* ⟨*Geog*⟩ Copenhagen.

coperchio *m.* lid, cover: *il ~ del barattolo* the jar lid; *il ~ del baule* the lid of the trunk. □ *~ della botola* trap door; *~ a cerniera* hinged lid; *chiudere il barattolo col ~* to put the lid on the jar; *il ~ della pentola* the saucepan lid; *~ a pressione* snap-on lid.

copernicano *a.* Copernican: *sistema ~* Copernican system.

Copernico *N.pr.m.* ⟨*Stor*⟩ Copernicus.

copersi → **coprire.**

coperta *f.* **1** cover(ing), cloth; (*da letto*) blanket; (*da viaggio*) rug; (*per cavalli*) blanket, rug. **2** ⟨*Mar*⟩ (*ponte scoperto*) deck. □ *~ di cotone* cotton cover(let) (*o* cloth); *ficcarsi sotto le ~* to snuggle down under the blankets; *~ imbottita* quilt; ⟨*Mar*⟩ *in ~* on deck: *tutti in ~* all on deck; ⟨*Mar,Aer*⟩ *~ di lancio* takeoff (*o* flight) deck, ⟨*am*⟩ flying deck; ⟨*Mar*⟩ *~ di poppa* poop deck; ⟨*Mar*⟩ *~ di prua* foredeck; ⟨*Mar*⟩ *sotto ~* below deck.

copertamente *avv.* **1** (*di nascosto*) under cover, secretly, stealthily: *agire ~* to act under cover. **2** (*velatamente*) covertly, in a veiled way: *alluse ~ a gravi difficoltà* he hinted covertly at serious difficulties. **copertina** *f.* **1** (*di libri: sopraccoperta*) (dust) jacket, (dust) cover; (*di dischi*) (record) sleeve. **2** ⟨*Legat*⟩ (book) cover; (*non rigida*) paperback, soft cover. □ *~ di cartone* board, hard cover; *~ per neonato* cot cover, baby's blanket; *ragazza ~* cover-girl.

coperto[1] (*p.p. di coprire*) **I** *a.* **1** covered (*anche fig.*): *un volume ~ di polvere* a dust-covered volume; *monte ~ di neve* mountain covered with snow; *tornò ~ di gloria* he returned covered with glory; (*rif. a piante*) overgrown (with): *il muro è ~ di edera* the wall is overgrown with ivy; (*cosparso*) covered, scattered, strewn, spread: *volto ~ di efelidi* face covered with freckles; *un campo ~ di fiori* a field covered (*o* strewn) with flowers. **2** (*protetto da tetto*) roofed-over, roofed-in, covered. **3** (*chiuso con coperchio*) covered, with the lid on: *lascia la pentola –a* leave the pot covered, leave the lid on the pot. **4** (*riparato da coperte*) covered up: *stai ~ finché non ho chiuso la finestra* keep yourself covered up till I close the window. **5** (*vestito*) covered, dressed, clothed: *sei troppo ~ per questo caldo* you are too warmly dressed for this heat. **6** (*avvolto*) wrapped, muffled, covered (*di in*): *un mendicante ~ di stracci* a beggar covered in rags. **7** (*nuvoloso*) overcast, cloudy: *cielo ~* overcast sky. **8** (*chiuso*) closed, covered: *vettura –a* closed vehicle; *passaggio ~* covered way. **9** ⟨*fig*⟩ (*celato*) concealed: *odio ~* concealed hate; (*segreto*) covert, veiled: *minacce –e* veiled threats. **10** ⟨*Econ*⟩ covered, provided with funds: *conto ~* account in credit. **11** (*nascosto alla vista*) covered, hidden, concealed: *la sua fronte era –a dal cappello* his forehead was hidden by (*o* under) his hat. **II** *s.m.* (*luogo coperto*) cover, covered place; (*luogo riparato*) shelter, cover. □ *~ di alberi* covered (*o* thick) with trees; *il danno è ~ dall'assicurazione* the damage is covered by the insurance; *rischio ~ da assicurazione* insured risk; *a capo ~* with a hat on, with one's head covered; **dormire** *al ~* to sleep indoors (*o* under cover); **essere** *al ~* to be sheltered (*o* under cover); ⟨*fig*⟩ to be safe (*o* secure); *~ di mattonelle* tiled; **mettere** *al ~ qc.* to put s.th. under cover; ⟨*fig*⟩ (*al sicuro*) to put s.th. in a safe place; *mettersi al ~* to take shelter (*o* cover), to get under cover; *~ di nuvole* overcast, cloudy; ⟨*fig*⟩ **sentirsi** *al ~* (*al sicuro*) to feel safe.

coperto[2] *m.* **1** (*insieme di piatti e posate*) cover, place: *aggiungere un ~ per l'ospite* to lay an extra cover for the guest. **2** (*prezzo*) cover charge.

copertone *m.* **1** (*telone*) tarpaulin. **2** ⟨*Aut*⟩ (pneumatic) tyre: *~ consumato* worn tyre. □ *~ cinturato* radial ply tyre; *~ a fasce bianche* white wall tyre; *~ di gomma* rubber tyre; *~ di gomma piena* solid rubber tyre.

copertura *f.* **1** (*il coprire*) covering, (*con un tetto*) roofing-over, roofing-in. **2** (*la cosa con cui si copre*) cover(ing), coat(ing): *la macchina è protetta da una ~ di plastica* the machine has a protective plastic covering. **3** ⟨*fig*⟩ cover-up, screen: *il commercio di liquori gli serve da ~ per il traffico di stupefacenti* the liquor trade is a cover-up for his drug peddling. **4** ⟨*Edil*⟩ roof(ing), covering. **5** ⟨*Econ*⟩ cover(ing), coverage. **6** ⟨*Mil*⟩ cover(ing). **7** ⟨*Sport*⟩ (*gioco di difesa*) defensive play. **8** ⟨*Dolc*⟩ covering. **9** ⟨*Giorn*⟩ coverage. □ ⟨*Edil*⟩ *~ di ardesia* slate covering, slating; *~ assicurativa* insurance coverage; ⟨*Econ*⟩ *~ aurea* gold coverage; ⟨*Econ*⟩ *~ bancaria* bank cover; *~ a carta semplice* plain paper copier; ⟨*Edil*⟩ *~ di cemento armato* reinforced concrete (*o* ferro–concrete) ceiling; *~ di un costo* cost recovery; ⟨*Edil*⟩ *materiali di ~* roofing; ⟨*Edil*⟩ *~ di mattoni* brick facing; *~ di mercato* sales coverage; ⟨*Comm*⟩ *~ delle spese* covering of expenses; *~ di tegole* tile roofing; ⟨*Edil*⟩ *~ del tetto* roofing; ⟨*Mil*⟩ **truppe** *di ~* covering troops.

copia[1] *f.* **1** copy: *fare cinque –e della lettera* to make five copies of the letter. **2** (*riproduzione*) reproduction, copy: *la ~ di un quadro famoso* the reproduction of a famous painting; *queste sculture sono tutte –e* these sculptures are all copies. **3** (*esemplare*) copy: *sono state vendute diecimila –e del libro* ten thousand copies of the book have been sold. **4** ⟨*fig*⟩ (living) image, picture: *quel ragazzo è la ~ di suo zio* that boy is the living image of his uncle. **5** ⟨*Fot,Cin*⟩ print. **6** ⟨*Tip*⟩ copy. **7** (*con carta copiativa: rif. a disegno*) tracing, traced design. **8** (*il copiare*) copying: *mandare alla ~* to send for copying. □ *~ abusiva* pirate copy; *~ d'archivio* file copy, copy for the records; *~ autentica(ta)* certified (*o* true) copy, true and certified copy; **bella** *~* fair copy, final draft: *copiare qc. in bella ~* to make a fair copy of s.th.; **brutta** *~* (*copia di cattivo gusto*) bad copy; (*minuta*) rough copy, draft: *fare la brutta ~* to make a draft (*o* rough copy); ⟨*Cin*⟩ *~ campione* answer copy; *~ carbone* (*rif. a scritto*) carbon copy; (*rif. a disegno*) tracing; ⟨*Inform*⟩ *~ su carta* hard copy; *~ conforme* true copy: *per ~ conforme* (the above is a) certified and true copy; *~ dattilografata* typewritten copy; **fare** *una ~ di un disegno* (*ricopiando*) to make a copy of a drawing, to copy a drawing; (*con carta copiativa*) to trace a drawing; *fare una ~ di uno scritto* (*trascrivendo*) to copy a document; (*con carta copiativa*) to make a carbon copy of a document; *~ fotostatica* photostat, photostatic copy; *in ~* copied, with a copy (of); ⟨*burocr*⟩ *in duplice ~* in duplicate; *in triplice ~* in triplicate; *~ manoscritta* manuscript (*o* handwritten) copy; ⟨*Edit*⟩ *~ d'obbligo* duty copy; *~ in omaggio* complimentary (*o* free) copy; ⟨*Cin*⟩ *~ di presentazione* release (*o* distribution) print; **prima** *~* (*in dattilografia*) top copy; ⟨*Inform*⟩ *~ di riserva* back-up copy; **seconda** *~* duplicate; ⟨*Inform*⟩ *~ a stampa* = *copia su carta*; *~ per l'ufficio* office copy.

copia[2] *f.* (only used in the singular) ⟨*lett*⟩ (*abbondanza*) abundance, plenty, large quantity.

copiafatture *m.inv.* ⟨*Comm*⟩ invoice register.

copialettere *m.inv.* **1** (*torchio*) letterpress, copying press. **2** (*registro*) (copy) letter book. **copiare** *v.t.* (*copio*) **1** (*trascrivere*) to copy: *~ una lettera* to copy a letter. **2** (*ricalcare: con carta carbone*) to make a carbon copy of; (*con carta trasparente*) to trace. **3** (*rif. a opera d'arte*) to copy, to make a reproduction of: *~ un quadro d'autore* to make a reproduction of a picture by a famous artist. **4** ⟨*Scol*⟩ to crib. **5** ⟨*fig*⟩ (*imitare*) to imitate, to copy: *cerca di ~ gli atteggiamenti delle stelle del cinema* she tries to imitate the behaviour of film stars. □ *~ in bella qc.* to make a fair copy of s.th.; *~ a macchina* to type (out); *~ a mano* to copy by hand; *~ dal vero* to draw from life. **copiativo** *a.* copying. □ *carta –a* carbon paper; *inchiostro ~* copying ink; *lapis* (*o matita*) *~* indelible pencil. **copiatrice** *f.* copying machine, copier. **copiatura**

f. **1** (*il trascrivere*) copying; (*con la macchina da scrivere*) typing. **2** (*il ricalcare*) tracing. **3** (*plagio*) imitation, copy: *quell'opera è una* ~ that work is an imitation. **4** ⟨*Scol*⟩ crib.

copiglia *f.* ⟨*Mecc*⟩ cotter, cotter (*o* split) pin.

copilota *m.* ⟨*Aer*⟩ co–pilot, second pilot.

copione *m.* ⟨*Teat,Cin,Rad*⟩ script.

copiosamente *avv.* copiously, plentifully. **copiosità** *f.* ⟨*lett*⟩ copiousness, plenty, abundance. **copioso** *a.* ⟨*lett*⟩ copious, plentiful, abundant, bountiful: *messi –e* bountiful harvests.

copista *m./f.* copyist; (*a macchina*) typist. **copisteria** *f.* copying office, typing agency (*o* office).

coppa[1] *f.* **1** goblet, glass, (drinking) cup; (*rif. a gelato*) ice–cream cup. **2** ⟨*Archeol*⟩ goblet, beaker. **3** (*contenuto*) goblet(ful), cup(ful), glass(ful): *bere una* ~ *di champagne* to drink a glass of champagne. **4** (*trofeo*) cup: *vincere una* ~ to win a cup. **5** ⟨*Mecc*⟩ cup. **6** *pl.* (*nelle carte da gioco napoletane*) chalices *pl.* □ ⟨*Sport*⟩ ~ *Europea* European Cup; ⟨*Aut,El*⟩ ~ *del motore* (oil) sump; ⟨*Mot*⟩ ~ *dell'olio* oil sump, oil pan.

coppa[2] *f.* **1** (*region*) (*nuca*) nape, back of the neck. **2** ⟨*Alim*⟩ coppa (cured neck of pork).

coppella *f.* ⟨*Oref*⟩ cupel. **coppellare** *v.t.* (**coppello**) to cupel. **coppellazione** *f.* cupellation.

coppetta *f.* ⟨*Med*⟩ cupping glass.

coppia *f.* **1** couple, pair, two: *le è nata una* ~ *di gemelli* she has had (a pair of) twins; (*rif. a selvaggina*) brace: *una* ~ *di fagiani* a brace of pheasants. **2** (*marito e moglie*) (married) couple. **3** ⟨*Sport*⟩ pair, (double) partners *pl.* **4** (*due carte uguali*) pair. **5** ⟨*Fis*⟩ torque, couple. □ **a** *–e* in pairs, in twos, two by two; *gara a –e* doubles *pl;* ~ *di ballerini* pair of dancers, dancing couple *o* partners; *formare una* **bella** ~ to make a ˈhandsome coupleˈ (*o* fine pair); ~ *di* **buoi** yoke of oxen; **fare** ~ *con qd.* to pair off with s.o.; *fare* ~ *fissa* (*ballare sempre insieme a una festa*) to be fixed partners; *giocare* **in** ~ *con qd.* to play with a partner; ~ *d'*innamorati pair of lovers.

coppiere *m.* (*f.* -a) cup bearer.

coppiglia *f.* → **copiglia**.

coppiola *f.* **1** (*due spari simultanei*) double shot. **2** (*lancio di due siluri*) simultaneous launching of two torpedoes. □ *sparare una* ~ to fire both barrels.

coppo *m.* **1** (*orcio*) oil jar. **2** (*tegola*) bent tile. **3** ⟨*Pesc*⟩ landing net.

copra *f.* copra: *olio di* ~ copra oil.

copresidente *m.* (*di una riunione*) co–chairman.

copri|busto *m.inv.* ⟨*Mod*⟩ bodice. **~calice** *m.inv.* ⟨*Lit*⟩ chalice veil. **~capo** *m.inv.* head gear; (*cappello*) hat. **~catena** *m.inv.* ⟨*Mecc*⟩ chain guard. **~costume** *m.inv.* beach robe. **~cuscino** *m.inv.* cushion cover. **~fasce** *m.inv.* baby's dress. **~fuoco** *m.* (*pl.* -chi) curfew. □ *decretare il* ~ to order a curfew; *segnale del* ~ curfew signal; *sonare il* ~ to ring the curfew. **~letto** *m.inv.* bedspread, bedcover.

coprire *v.t.* (**copro**; **coprii/copersi**, **coperto**) **1** to cover: ~ *il pavimento con un tappeto* to cover the floor with a carpet; *la neve copriva i monti* the snow covered the mountains. **2** (*rivestire, ricoprire*) to cover (*di, con* with, in), to coat (with): ~ *il muro di* (*o con*) *intonaco* to cover the wall with plaster, to plaster the wall. **3** (*chiudere col coperchio*) to cover, to put the lid on: ~ *la pentola* to cover (*o* put the lid on) the pot. **4** (*coprire con le coperte*) to cover (up), to draw the bedclothes over: *lo mise nel lettino e lo coprì* she put him to bed and covered him up. **5** (*vestire*) to cover (up), to wrap (up), to dress (warmly): *se vuoi portar fuori il bambino, coprilo bene* if you want to take the baby out wrap him up well. **6** (*nascondere alla vista*) to cover, to conceal, to hide, to screen: *le nuvole coprirono la luna* the clouds covered the moon. **7** (*rif. a uffici, cariche*) to hold, to fill: ~ *una carica* to hold a post. **8** (*percorrere*) to cover: *coprì gli otto chilometri in un'ora* he covered the eight kilometres in an hour. **9** (*superare d'intensità; rif. a suoni, rumori*) to drown, to cover, to smother: *il chiasso copriva il pianto del bambino* the din drowned the baby's crying. **10** ⟨*Comm*⟩ to cover: *il danno è coperto dall'assicurazione* the damage is covered by the

insurance. **11** ⟨*Mil*⟩ to cover: *l'artiglieria coprirà la ritirata* the artillery will cover the withdrawal. **12** (*rif. ad animali: montare*) to cover, to mount. **13** (*riempire*) to cover, to fill, to cram, to clutter up: *hanno coperto la città di manifesti* they have covered the city with posters. **14** ⟨*fig*⟩ (*colmare*) to load, to heap, to cover, to overwhelm, to lavish: ~ *qd. di onori* to heap (*o* lavish) honours on s.o.; *la coprì di regali* he loaded (*o* overwhelmed) her with presents. **15** ⟨*fig*⟩ (*nascondere*) to cover up, to hide, to conceal: ~ *una manovra losca* to cover up one's shady dealings; *cercava di* ~ *i difetti del figlio* he tried to hide his son's defects. **coprirsi** *v.r.* **1** to cover: *coprirsi il volto con le mani* to cover one's face in (*o* with) one's hands; *la valle si coprì di neve* the valley became covered with snow. **2** ⟨*fig*⟩ to cover o.s. (*di* with), to be covered (in, with): *coprirsi di gloria* to be covered in glory; *coprirsi d'infamia* to cover o.s. with shame. **3** (*vestirsi*) to wrap (o.s.) up, to dress: *oggi fa freddo, copriti bene* it's cold today, wrap up well. **4** (*con le coperte*) to draw (*o* pull) up the bedclothes, to cover o.s.: *si coprì fino al naso con la trapunta* he drew the quilt up to his nose. **5** (*annuvolarsi*) to grow overcast, to cloud over: *il cielo si è coperto* the sky has grown overcast. **6** ⟨*Sport*⟩ (*nella scherma*) to guard, to be on (one's) guard. □ *non* **avere** *di che coprirsi* to have nothing to wear (*o* put on); ⟨*Econ*⟩ ~ *il* **costo** *di produzione* to cover production costs; ⟨*Econ*⟩ ~ *la* **domanda** to satisfy (*o* meet) the demand; ~ *il proprio* **fabbisogno** to satisfy one's needs; ~ *qd. di* **gentilezze** to shower kindnesses on s.o.; ~ *qd. d'*insulti to heap (*o* pour) insults on s.o.; ~ *qd. di* **ridicolo** to cover s.o. with ridicule, to heap ridicule on s.o.; ~ *un* **rischio** to cover (*o* insure against) a risk; ~ *le* **spese** to cover expenses; ~ *un* **tetto** *con tegole* to tile a roof; ~ *di* **vergogna** to cover s.o. with shame.

copri|teiera *m./f.inv.* tea cosy. **~termosifone** *m.inv.* radiator cover. **~vivande** *m.inv.* dish cover.

coprocessore *m.* ⟨*Inform*⟩ coprocessor.

coproduttore *m.* (*f.* -trice) coproducer. **coproduzione** *f.* ⟨*Cin*⟩ coproduction.

coprofagia *f.* ⟨*Med*⟩ coprophagy, coprophagia. **coprofago I** *a.* coprophagous. **II** *s.m.* coprophagist. **coprolalia** *f.* ⟨*Psic*⟩ coprolalia. **coprologia** *f.* coprology.

copto I *a.* Coptic. **II** *s.m.* **1** (*lingua*) Coptic. **2** (*abitante; f.* -a) Copt.

copula *f.* **1** ⟨*Fisiol*⟩ copulation. **2** ⟨*Gramm*⟩ copula. **copulativo** *a.* copulative: *congiunzione –a* copulative (conjunction).

coque *fr.* [kok]: ⟨*Gastr*⟩ *uovo alla* (o *à la*) ~ soft–boiled egg.

coraggio *m.* **1** courage, bravery, ⟨*fam*⟩ guts *pl:* *dimostrare* ~ to show courage; *una donna piena di* ~ a woman full of courage; (*in guerra*) valour, gallantry; (*ardimento*) boldness; (*fegato*) grit, ⟨*fam*⟩ guts *pl.* **2** (*impudenza*) effrontery, impudence, ⟨*fam*⟩ nerve: *ci vuole proprio un bel* ~ *a mentire così* you need a lot of nerve to lie like that; *ebbe il* ~ *di negare* he had the nerve to deny it. **3** ⟨*esclam*⟩ don't be afraid: ~*, parla* don't be afraid, speak up; (*avanti*) come on; (*su con il morale*) cheer up. □ *armarsi di* ~ to steel (*o* nerve) o.s., to pluck (*o* summon) up one's courage; **avere** *il* ~: 1 to have the courage (*o* guts): *avere il* ~ *delle proprie opinioni* to have the courage of one's convictions; 2 (*avere il cuore*) to have the heart: *non ho avuto il* ~ *di dire di no* I hadn't the heart to say no; 3 (*avere la sfacciataggine*) to have the nerve (*o* face, cheek); ~ **civile** civil courage; **fare** ~ *a qd.* to encourage (*o* comfort) s.o., to cheer s.o. up; *farsi* ~ to pluck up courage, to take heart; ~ *da* **leone** lion–heartedness; **mancare** *di* ~ to lack courage (*o* guts, spirit): *mi è mancato il* ~ *di rispondere* I hadn't the heart to reply, I couldn't bring myself to reply; **perdere** (*o perdersi di*) ~ to lose heart, to become discouraged; **prendere** *il* ~ *a due mani* to take one's courage in both hands; *dare* **prova** *di* ~ to show one's mettle, to give a proof of one's courage; **riprendere** ~ to take fresh heart.

coraggiosamente *avv.* courageously, bravely. **coraggioso** *a.* brave, courageous: *un giovane* ~ a brave young man; (*ardito*) bold: *un'impresa –a* a bold enterprise; (*valoroso*) gallant.

corale I *a.* **1** choral: *musica* ~ choral music. **2** ⟨*fig*⟩ (*unanime*) unanimous: *riscuotere un'approvazione* ~ to meet with unanimous approval. II *s.m.* **1** ⟨*Mus*⟩ chorale. **2** (*libro*) choir book, anthem book.

corallifero *a.* coral-, coralliferous: *banco* ~ coral reef. **corallina** *f.* **1** ⟨*Bot*⟩ coralline. **2** ⟨*Min*⟩ coral limestone. **3** (*barca*) coral-fishing boat. **corallino** *a.* coral-, coralline (*anche fig.*): *labbra* ~*e* coral lips. □ *banco* ~ coral reef; *barriera* (*o scogliera*) ~*a* coral barrier, coral reef. **corallo** I *s.m.* coral. II *a.inv.* (*colore*) coral. □ *collana di* ~ coral necklace; *labbra di* ~ coral lips; ⟨*Geog*⟩ *mar dei Coralli* Coral Sea; *pescatore di* ~*i* coral fisher.

corame *m.* **1** stamped leather. **2** ⟨*region*⟩ (*cuoio*) leather. **coramella** *f.* razor strop.

coramina *f.* ⟨*Farm*⟩ Coramine.

coranico *a.* (*pl.* **-ci**) ⟨*Rel*⟩ Koranic: *precetti* ~*i* Koranic precepts. **corano** *m.* Koran, Quran.

corata, coratella *f.* ⟨*Macell*⟩ pluck.

corazza *f.* **1** cuirass: *vestire la* ~ to wear a cuirass. **2** (*nel rugby*) chest protector. **3** ⟨*Mil*⟩ armour(-plating). **4** ⟨*Zool*⟩ carapace: *la* ~ *della tartaruga* the carapace of the tortoise. **corazzare** *v.t.* **1** ⟨*Mil*⟩ to fortify. **2** ⟨*Mar.mil*⟩ to armour(-plate), to plate. **3** ⟨*fig*⟩ (*premunire*) to harden, to steel: *la vita stentata lo ha corazzato contro le avversità* his life of poverty has hardened him against adversity. **corazzarsi** *v.r.* ⟨*fig*⟩ (*munirsi*) to arm o.s.: *corazzarsi di pazienza* to arm o.s. with patience. **corazzata** *f.* battleship: ~ *tascabile* pocket battleship. **corazzato** *a.* **1** (*armato di corazza*) wearing (*o* armed with) a cuirass. **2** ⟨*Mil,Mar.mil*⟩ armoured. **3** ⟨*fig*⟩ hardened, proof, armed: *sono* ~ *contro le avversità della vita* I am hardened (*o* proof) against the adversities of life. **4** (*di batteria*) leak-proof. □ ⟨*Mil*⟩ *mezzi* ~*i* armour; *nave* ~*a* battleship; *truppe* ~*e* armoured corps. **corazzatura** *f.* ⟨*Mil,Mar.mil*⟩ armour plating. **corazziere** *m.* **1** cuirassier. **2** ⟨*fig*⟩ (*persona alta e robusta*) strapping fellow.

corbeille *fr.* [kor'be(:)j] *f.* **1** elegant basket of flowers, corbeille. **2** (*in borsa*) kerb, ⟨*am*⟩ curb.

corbellare *v.t.* (*corbello*) ⟨*pop*⟩ to make fun (*o* a fool) of, to tease. **corbellatore** *m.* (*f.* **-trice**) ⟨*pop*⟩ mocker, teaser. **corbellatura** *f.* ⟨*pop*⟩ (*canzonatura*) mockery, (*beffa*) joke, hoax. □ *prendersi una* ~ to be tricked, to be the victim of a hoax. **corbelleria** *f.* ⟨*fam*⟩ **1** (*atto sciocco*) foolish action, foolishness, stupidity. **2** (*discorso sciocco*) nonsense, rubbish, foolish words *pl*: *dire delle* ~*e* to talk nonsense. **3** (*sproposito*) howler: *una traduzione piena di* ~*e* a translation full of howlers.

corbello[1] *m.* **1** (*recipiente*) basket, skep. **2** (*contenuto*) basket(ful).

corbello[2] *m.* **1** ⟨*volg*⟩ ball. **2** ⟨*fig*⟩ stupid person, blockhead.

corbezzola *f.* ⟨*Bot*⟩ strawberry tree (*o* arbutus) berry. **corbezzoli** *intz.* ⟨*scherz*⟩ my goodness. **corbezzolo** *m.* **1** ⟨*Bot*⟩ strawberry tree. **2** ⟨*region*⟩ → corbezzola.

corcontento *m.* (*cuorcontento*) easy-going fellow.

corda *f.* **1** cord; (*fune*) rope; (*cordicella*) string, twine: *legare un pacco con la* ~ to tie a package with string. **2** (*di strumenti musicali*) string: *le* ~*e del violino* the violin strings. **3** ⟨*Stor*⟩ (*tortura*) strappado. **4** (*trama di tessuto*) thread. **5** ⟨*Ginn*⟩ (*per saltare*) (skipping) rope, ⟨*am*⟩ jump rope. **6** ⟨*Sport*⟩ (*del ring*) rope. **7** ⟨*Anat*⟩ c(h)ord: ~*e vocali* vocal chords. **8** ⟨*Alp*⟩ climbing rope. □ *allentare la* ~ to slacken the rope; ~ *dell'arco*: **1** bowstring, string of a bow; **2** ⟨*Geom*⟩ chord of the arc; ⟨*fig*⟩ *avere più di una* ~ *al proprio arco* to have more than one string to one's bow; *ballare sulla* ~ to perform on a tightrope; ~ *del bucato* clothes line; ~ *di budello* catgut, gut (string); ~ *di canapa* hemp rope; ⟨*fig*⟩ *essere con la* ~ *al collo* to have a sword over one's head, to be in a very difficult situation; ⟨*fig*⟩ *mettere la* ~ *al collo a qd.* to hold a knife to s.o.'s throat; ⟨*fig*⟩ *dare* ~ *a qd.*: **1** (*prestare ascolto*) to encourage s.o. to talk; **2** (*dare piena libertà*) to give s.o. (plenty of) rope, to give s.o. a free hand (*o* rein); ⟨*Zool*⟩ ~ *dorsale* notochord; ⟨*Alp*⟩ ~ *fissa* fixed rope; ⟨*fig*⟩ *essere giù di* ~ to be depressed, to feel low (*o* blue); ~ *metallica* wire rope; *mettere l'avversario alle* ~*e* (*nel pugilato*) to put one's

opponent on the ropes; ⟨*fig*⟩ (*imporgli la propria iniziativa*) to get one's opponent on the ropes; **mostrare** *la* ~: **1** (*essere logoro*) to be threadbare; **2** ⟨*fig*⟩ to wear thin: *questo discorso mostra la* ~ this argument has worn thin; ~ *per* **saltare** skipping-rope, ⟨*am*⟩ jump rope; **salto** *della* ~ (rope)skipping; **scala** *a* (*o di*) ~ ropeladder; **scarpe** *di* ~ rope sandals; ⟨*fig*⟩ **tagliare** *la* ~ to slip away, to sneak off, (*fam*) to cut and run; ⟨*fig*⟩ **tenere** *qd. sulla* ~ to keep s.o. on tenterhooks; ⟨*fig*⟩ **tirare** *la* ~ to go too far; ⟨*fig*⟩ **toccare** *la* ~ *giusta* to touch the right chord. *Prov.*: *non parlar di* ~ *in casa dell'impiccato* don't speak of rope in the house of the hanged.

cordaio *m.* **1** (*operaio*) rope maker. **2** (*venditore*) seller of rope and twine. **cordame** *m.* **1** cordage, ropes *pl*. **2** ⟨*Mar*⟩ cordage, rigging. **cordata** *f.* ⟨*Alp*⟩ (group on one) rope, roped party. □ ⟨*Alp*⟩ *essere in* ~ to be 'on the rope' (*o* roped together); *il primo di* ~ roped-party leader.

cordati *m.pl.* ⟨*Zool*⟩ chordates *pl*.

cordellina *f.* ⟨*Mil*⟩ braid. **corderia** *f.* rope-factory, ropery.

cordiale[1] *a.* warm, cordial, friendly, hearty: *accoglienza* ~ warm welcome; *una* ~ *stretta di mano* a cordial (*o* friendly) handshake; ⟨*iron*⟩ *provo per lui una* ~ *antipatia* I have a cordial dislike for him, I heartily dislike him; *è una persona* ~ he is a friendly person. □ ⟨*epist*⟩ ~*i saluti* kind(est) regards, best wishes.

cordiale[2] *m.* (*bevanda*) cordial.

cordialità *f.* **1** (*l'essere cordiale*) cordiality, warmth, friendliness; (*gentilezza*) kindness. **2** *pl.* (*saluti cordiali*) kind(est) regards *pl*, best wishes *pl*: *molte* ~ *da noi tutti* kindest regards from us all. **cordialmente** *avv.* warmly, cordially, in a friendly manner: *salutare* ~ *qd.* to greet s.o. warmly; ⟨*iron*⟩ *mi è* ~ *antipatico* I heartily (*o* cordially) dislike him. □ ⟨*epist*⟩ *ti saluto molto* ~ with kindest regards, ⟨*am*⟩ best regards.

cordialone *m.* (*f.* **-a**) ⟨*fam*⟩ very friendly person, good mixer.

cordicella *f.* fine (*o* thin) cord, string.

cordigliera *f.* ⟨*Geog*⟩ cordillera: *la* ~ *delle Ande* the Cordilleras *pl*, the Andes.

cordiglio *m.* **1** (*cordone dei frati*) friar's (knotted) cord. **2** ⟨*Lit*⟩ priest's girdle.

cordite[1] *f.* ⟨*Med*⟩ chorditis.

cordite[2] *f.* (*esplosivo*) cordite.

cordoglio *m.* **1** (*dolore*) sorrow, grief, affliction: *il suo* ~ *per la morte dell'amico* his grief over the death of his friend. **2** (*condoglianze*) condolences *pl*, sympathy: *esprimere il proprio* ~ to offer one's condolences.

cordonata *f.* **1** (*scala*) graded ramp, sloping way with wide shallow steps; (*strada*) street with steps. **2** (*bordo arrotondato di aiole e sim.*) border.

cordonato *a.* ribbed, corded: *seta* ~*a* ribbed silk.

cordoncino *m.* cord, twist string, twine, (pack) thread; (*per ornamento*) braid; (*bordura*) piping, edging. □ ⟨*Lav.femm*⟩ *punto a* ~ couching stitch.

cordone *m.* **1** cord: ~ *della tenda* curtain cord. **2** (*filo elettrico*) flexible cord, lead, ⟨*fam*⟩ flex. **3** (*cingolo*) Franciscan's (knotted) cord. **4** ⟨*Arald*⟩ (*insegna di ordini cavallereschi*) cordon, ribbon; (*persona insignita*) (wearer of a) cordon. **5** ⟨*Strad*⟩ (*per delimitare i marciapiedi*) kerb. **6** (*schieramento di agenti e sim.*) cordon, chain: *la folla ruppe i* ~*i* the crowd broke through the cordon. **7** ⟨*Arch*⟩ string course, cordon. **8** ⟨*Anat*⟩ cord. **9** ⟨*Met*⟩ (*segno della saldatura*) seam, bead, weld. □ ⟨*El*⟩ ~ *di* **alimentazione** (*o portacorrente*) cord, mains lead; *i* ~*i della borsa* purse strings; ⟨*fig*⟩ *allentare i* ~*i della borsa* to loosen one's purse strings; ~ *del* **campanello** bell pull; ⟨*Arald*⟩ **Gran** ~ Grand Cordon; ⟨*Geol*⟩ ~ **litorale** bar, submerged sandbank, beach ridge; ⟨*Anat*⟩ ~ **ombelicale** umbilical cord; ~ *di* **polizia** police cordon; ~ **sanitario** cordon sanitaire, sanitary cordon.

corea[1] (*o* **corea**) *f.* ⟨*Med*⟩ chorea.

corea[2] *f.* (*bidonville*) shantytown, bidonville.

Corea *N.pr.f.* ⟨*Geog*⟩ Korea. **coreano** *a./s.m.* (*f.* **-a**) Korean. □ ⟨*Mod*⟩ *colletto alla* ~ mandarin collar.

coreografia *f.* choreography. **coreograficamente** *avv.* choreographically. **coreografico** *a.* (*pl.* **-ci**) **1**

choreographic. **2** ⟨fig⟩ (spettacolare) spectacular.
coreografo m. (f. **-a**) choreographer.
coretto m. ⟨Arch⟩ tribune (with a grate).
Corfù N.pr.f. ⟨Geog⟩ Corfu.
coriaceo a. **1** leathery, coriaceous: foglia –a coriaceous leaf; sostanza –a coriaceous (o leathery) substance; (duro) tough: questa carne è –a this meat is tough. **2** ⟨fig⟩ (rif. a persona: privo di sensibilità) hard, ⟨fam⟩ tough.
coriambo m. ⟨Metr⟩ choriamb(us).
coriandolo m. **1** ⟨Bot⟩ coriander; (frutto) coriander seed. **2** pl. (dischetti di carta) confetti pl: i –i di carnevale carnival confetti.
coribante m. ⟨Rel⟩ Corybant.
coricare v.t. (corico, corichi) **1** (adagiare) to lay down: lo coricò sul divano she laid him down on the couch; (mettere a letto) to put to bed: ~ un bambino to put a child to bed. **2** (rovesciare) to knock (o beat) down, to lay (low), to flatten: il vento ha coricato le spighe the wind has flattened the corn to the ground. **coricarsi** v.r. **1** to lie down; (andare a letto) to go to bed, to retire: ci coricammo presto per partire all'alba we went to bed early in order to leave at daybreak. **2** (rif. al sole: tramontare) to set, to go down.
corifena f. ⟨Itt⟩ dolphin (fish).
corifeo m. (f. **-a**) ⟨Stor.gr⟩ coryphaeus (anche fig.).
corimbo m. ⟨Bot⟩ corymb.
corindone m. ⟨Min⟩ corundum.
Corinto N.pr.f. ⟨Geog⟩ Corinth. □ canale di ~ Corinth Canal; istmo di ~ Isthmus of Corinth. **corinzio I** a. Corinthian (anche Arch.). **II** s.m. (f. **-a**) Corinthian. □ capitello ~ Corinthian capital; stile ~ Corinthian style.
corion m. **1** ⟨Biol⟩ chorion. **2** ⟨Anat⟩ corium.
corista I s.m./f. member of a choir; (ragazzo) choir boy, chorister. **II** s.m. (strumento per accordare) tuning instrument; (diapason) tuning fork, diapason.
coriz(z)a f. ⟨Med⟩ coryza.
cormo m. ⟨Bot⟩ corm. **cormofita** f. ⟨Bot⟩ cormophyte.
cormorano m. ⟨Ornit⟩ cormorant.
corna → corno.
cornacchia f. **1** ⟨Ornit⟩ crow. **2** ⟨fig⟩ (iettatore) croaker.
cornamusa f. bagpipes pl, bagpipe. □ sonatore di ~ bagpiper.
cornata f. butt, blow with the horns, goring. □ ricevere una ~ da un toro to be gored by a bull.
cornea f. ⟨Anat⟩ cornea. **corneale** a. ⟨Anat⟩ corneal.
corneo a. horny, corneous: sostanza –a horny substance; (simile al corno) horn-like: consistenza –a horn–like consistency.
corner ingl.m. ⟨Sport⟩ **1** corner. **2** (calcio d'angolo) corner(-kick). □ ⟨fig⟩ salvarsi in ~ to get off by the skin of one's teeth.
cornetta[1] f. **1** ⟨Mus⟩ (strumento) cornet. **2** (sonatore) cornet(player), cornetist. **3** (region) (ricevitore del telefono) receiver.
cornetta[2] f. **1** ⟨Stor,Mil⟩ cornet. **2** ⟨Rel⟩ starched white coif of the Sisters of Charity.
cornettista m. cornet(player), cornetist. **cornetto** m. **1** (amuleto) horn-shaped amulet. **2** ⟨Dolc⟩ croissant, crescent–shaped roll. **3** ⟨Mus⟩ cornet(t). **4** pl. (fagiolini) French beans pl, string beans pl. □ ~ acustico hearing aid; (nel passato) ear trumpet.
cornice f. **1** frame (anche fig.): la ~ del quadro the picture-frame. **2** (inquadratura di racconto e sim.) framework: la ~ del Decamerone the framework of the Decameron. **3** ⟨Arch⟩ cornice, drip-stone; (modanatura) moulding. **4** ⟨Alp⟩ narrow ledge. □ mettere in ~ to (put in a) frame. **corniciaio** m. **1** (fabbricante) frame-maker. **2** (venditore) seller of frames. **corniciatura** f. **1** (l'incorniciare) framing. **2** (cornice) frame. **cornicione** m. ⟨Edil⟩ cornice; (modanatura) moulding. □ fare da ~ a qc. to frame s.th.; (mettere in risalto) to set s.th. off; ~ di gronda eaves pl (costr. sing. o pl.).
cornificare v.t. (cornifico, cornifichi) ⟨scherz⟩ (tradire: la moglie) to be unfaithful to; (il marito) to be unfaithful to, to cuckold.
corniola[1] f. ⟨Min⟩ cornelian, carnelian.
corniola[2] (o corniola) f. ⟨Bot⟩ cornelian cherry.

corniolo (o corniolo) m. ⟨Bot⟩ cornelian cherry (tree), cornel (tree).
corno m. (pl. i corni, le corna; the plural in –a is used in the case of animals' horns; otherwise the plural is in –i) **1** horn: le –a del bue an ox's horns. **2** pl. (di cervi e sim.) antlers pl, horns pl. **3** (amuleto) horn-shaped amulet, horn: un ~ di corallo a coral horn. **4** (materia) horn: bottoni di ~ horn buttons. **5** (calzascarpe) shoehorn. **6** ⟨scherz⟩ (bernoccolo) bump (on the head): il bambino è caduto e si è fatto un ~ the child fell and got a bump on his head. **7** ⟨Mus⟩ (strumento antico) horn; (strumento moderno) (French) horn; (sonatore di corno) horn player. □ ~ dell'abbondanza horn of plenty; ⟨Geog⟩ il ~ d'Africa the Horn of Africa; ⟨Lit⟩ ~ dell'altare side of the altar; ⟨Ind⟩ ~ artificiale artificial horn, galalith; ⟨scherz⟩ avere le –a (rif. al marito) to be a cuckold; (rif. alla moglie) to have an unfaithful husband; ⟨Mus⟩ ~ da caccia hunting (o natural) horn, bugle horn; ⟨pop⟩ non hai capito un ~ you haven't understood a blasted word; le –a dei cervi stags' antlers; di ~ horn–, made of horn: un pugnale col manico di ~ a dagger with a horn handle; ⟨fig⟩ i –i di un dilemma the horns of a dilemma; ⟨fig⟩ dire –a di qd. to disparage s.o., to speak ill of s.o., to run s.o. down; ⟨Lit⟩ ~ dell'epistola Epistle side; fare le –a (come scongiuro) to cross one's fingers, to touch wood: facciamo le –a! let's keep our fingers crossed!, touch wood!; a forma di ~ horn–shaped; ⟨volg⟩ non m'importa un ~ I don't give a damn; ⟨Mus⟩ ~ inglese English horn; ⟨scherz⟩ mettere le –a a qd. (rif. al marito) to cuckold (o be unfaithful to) s.o.; (rif. alla moglie) to be unfaithful to s.o.; ⟨Geog⟩ ~ d'Oro Golden Horn; –a a palchi palmate antlers; ⟨pop⟩ dire peste e –a di qd. to pick s.o. to pieces, to paint s.o. very black; ⟨Mus⟩ ~ a pistoni valve horn, cornet; –a ramose (o ramificate) branching antlers; ⟨fam⟩ rompere le –a a qd. to hit s.o. hard; rompersi le –a to get the worst of it; ~ da scarpe shoehorn; sonare il ~ (rif. a corno da caccia) to sound (o blow, wind) one's horn; (rif. al corno in un'orchestra) to play the horn; sonatore di ~ horn blower, horn player; ⟨fig⟩ prendere il toro per le –a to take the bull by the horns; non vale un ~ it's not worth a brass farthing (o straw); ⟨Lit⟩ ~ del vangelo Gospel side. || ⟨volg⟩ un ~! like hell!
Cornovaglia N.pr.f. ⟨Geog⟩ Cornwall.
cornucopia f. ⟨lett⟩ cornucopia, horn of plenty.
cornuto I a. **1** horned, with horns: animale ~ horned animal. **2** ⟨volg⟩ (persona tradita dal coniuge) betrayed, deceived; (rif. al marito) cuckolded. **II** s.m. **1** (f. **-a**) ⟨volg⟩ (persona cornuta) deceived partner; (rif. al marito) cuckold. **2** ⟨volg⟩ (insulto generico) bugger, ⟨sl⟩ sod. □ ⟨fig⟩ argomento ~ horned argument, dilemma.
coro m. **1** chorus. **2** (gruppo di cantori) choir; (rif. al teatro) chorus. **3** (di tragedia, opera) chorus. **4** (parte dell'abside) choir, chancel: il ~ della cattedrale the chancel of the cathedral; (stalli per i cantori) choir stalls pl: un ~ di legno intagliato choir stalls of carved wood. **5** (estens) chorus(ing): i –i delle rane the chorusing of the frogs; un ~ di proteste a chorus of protests. **6** ⟨Teol⟩ (ordine angelico) choir. □ ⟨Teol⟩ –i angelici choirs of angels; far ~ a qd. (o qc.) to echo s.o. (o s.th.), to support s.o. (o s.th.): tutti fecero ~ alle sue richieste they all echoed his demands; in ~ in chorus, all together: cantare in ~ to sing in chorus; ⟨fig⟩ rispondere in ~ to answer in chorus; maestro del ~ choir master; (nel teatro) chorus-master; –i di montagna mountain choirs.
corografia f. chorography. **corografico** a. (pl. **-ci**) chorographic(al). **corografo** m. chorographer.
coroide, coroidea f. ⟨Anat⟩ choroid (coat). **coroideo** a. choroid: plesso ~ choroid plexus. **coroidite** f. ⟨Med⟩ choroiditis.
corolla (o corolla) f. ⟨Bot⟩ corolla. □ ⟨Mod⟩ gonna a ~ full flared skirt. **corollario** m. ⟨Filos,Mat⟩ corollary.
corona f. **1** crown: ~ d'oro gold crown; (corona nobiliare) coronet. **2** (ghirlanda) garland, wreath: una ~ di fiori d'arancio a wreath of orange blossom; portava al collo –e di fiori she was wearing garlands of flowers round her neck; (per la testa) crown, wreath, ⟨lett⟩ chaplet: ~ d'alloro laurel wreath; (corona funebre) wreath. **3** ⟨fig⟩ (regno)

throne, crown: *perdere la* ∼ to lose one's throne. **4** ⟨fig⟩ (*cerchio: rif. a persone*) circle, ring: *la circondava una* ∼ *di bambine* there was a circle of children round her; (*rif. a cose*) ring, circle: *il paese è circondato da una* ∼ *di colli* there is a ring of hills around the village, the village is ringed by hills. **5** (*rosario*) rosary, beads *pl: recitare la* ∼ to recite the rosary, to tell one's beads. **6** (*giro di capelli intorno alla tonsura*) fringe. **7** (*la parte più folta dell'albero*) crown, head. **8** (*moneta*) crown. **9** ⟨Mecc⟩ rim. **10** ⟨Edil⟩ (*coronamento*) coping; (*cornicione*) cornice. **11** ⟨Minier⟩ back. **12** ⟨Mus⟩ pause sign, hold. **13** ⟨Astr⟩ (*alone*) corona, halo: ∼ *lunare* halo round the moon. **14** ⟨Anat⟩ (*parte del dente*) crown. **15** ⟨Veter⟩ coronet. □ *aspirare alla* ∼ to be a pretender to the throne; ∼ **baronale** baron's coronet; *i beni della* ∼ Crown estate; **cingere** *la* ∼ to assume the crown; ∼ ⌐*di* **conte**⌐ (*o comitale*) count's coronet; ∼ **danese** (*moneta*) Danish krone; ⟨Anat⟩ ∼ **dentaria** (*o del dente*) crown of a tooth; *mettere la* ∼ *a un dente* to crown (*o cap*) a tooth; *discorso della* ∼ King's (*o* Queen's) message; ∼ **ducale** ducal coronet; *far* ∼ *a qd.* to form a circle (*o ring*) around s.o.; ⟨Stor⟩ ∼ **ferrea** iron crown (of Lombardy); *i gioielli della* ∼ the Crown jewels; ∼ **imperiale** imperial crown; ∼ **inglese** (*moneta*) crown; ∼ *del* **martirio** martyr's crown; **mezza** ∼ (*moneta divisionale*) half crown; (*valore*) half a crown; **principe** *della* ∼ crown prince; **rinunciare** *alla* ∼ to renounce the throne; ⟨Astr⟩ ∼ **solare** solar corona; (*aureola*) halo round the sun; ⟨Bibl⟩ ∼ *di* **spine** crown of thorns (*anche fig.*); ∼ **svedese** (*moneta*) (Swedish) krona; ⟨Stor.rom⟩ ∼ **trionfale** wreath of victory; ∼ *della* **vittoria** crown (of victory); ⟨Mecc⟩ ∼ *del* **volano** rim of the flywheel.

coronale *a.* ⟨Anat,Astr⟩ coronal. □ ⟨Anat⟩ *osso* ∼ frontal bone.

coronamento *m.* **1** (*compimento*) (successful) completion, climax, culmination: *riusciremo a vedere il* ∼ *di questa impresa?* shall we ever see the successful completion of this enterprise?; *il* ∼ *della serata era rappresentato da un fuoco d'artificio* the climax of the evening was a firework display. **2** ⟨Edil⟩ coping, crowning part. **3** ⟨Mar⟩ taffrail, tafferel. **coronare** *v.t.* (**corono**) **1** ⟨non com⟩ (*incoronare*) to crown. **2** (*circondare*) to ring, to encircle, to surround: *le colline che coronano il paese* the hills which encircle the village. **3** ⟨fig⟩ (*dare degno compimento*) to crown: *il successo ha coronato la nostra impresa* our enterprise has been crowned with success; (*realizzare*) to realize, to achieve: ∼ *i propri sogni* to realize one's dreams, to see one's dreams come true. □ ∼ *l'opera* to crown the work.

coronaria *f.* ⟨Anat⟩ coronary (artery). **coronarico** *a.* (*pl.* -**ci**) ⟨Med⟩ coronary. □ *insufficienza* -*a* coronary insufficiency. **coronario** *a.* coronary (*anche Anat.*).

coronaro|patìa *f.* ⟨Med⟩ coronary disease. ∼**patico** *m.* (*pl.* -**ci**) coronary patient.

coronide *f.* ⟨Gramm⟩ coronis.

corozo *m.* ⟨Bot⟩ corozo.

corpacciuto *a.* corpulent, paunchy, stout.

corpetto *m.* **1** waistcoat. **2** → corpino.

corpino *m.* (*parte superiore di abito femminile*) bodice.

corpo *m.* **1** body: *il* ∼ *umano* the human body; *l'anima e il* ∼ the soul and the body. **2** (*busto*) body, trunk: *con un colpo gli spiccò la testa dal* ∼ with one blow he severed his head from his body. **3** ⟨fam⟩ (*stomaco*) stomach, ⟨fam⟩ belly: *mettersi qc. in* ∼ to put s.th. ⌐in one's stomach⌐ (*o* inside one). **4** (*corporatura*) physique, build, frame: *ha un* ∼ *atletico* he has an athletic physique; (*figura*) figure: *questa ragazza ha un viso antipatico, ma un bel* ∼ this girl has an unpleasant face but a beautiful figure. **5** (*cadavere*) (dead) body, corpse: *gettarono il* ∼ *in mare* they threw the body into the sea. **6** (*oggetto*) body: ∼ *solido* solid body; *i* -*i* *celesti* the heavenly bodies. **7** (*parte centrale: di un oggetto*) body, central (*o* main) part: *il* ∼ *del violino* the body of the violin; (*di una costruzione*) main body, central part: *il* ∼ *dell'edificio è basso* the central part of the building is low. **8** (*raccolta*) body, corpus: ∼ *di leggi* body of laws; *il* ∼ *degli scrittori latini* the corpus of Latin authors. **9** (*collettività di persone*) body, corps; (*personale*) staff, personnel: *il* ∼ *insegnante*

the teaching staff. **10** (*forma, consistenza*) shape, form: *nella nebbia prendeva* ∼ *una figura* a figure took shape in the mist; *il progetto prende* ∼ the project is ⌐taking shape⌐ (*o* shaping up). **11** (*robustezza, forza*) strength; (*rif. a carta*) bulk; (*rif. a vino*) body; (*rif. a voce*) body, strength, range; (*densità*) thickness, density; (*rif. a stoffa*) body, compactness. **12** ⟨Mil⟩ (*specialità militare*) corps, force: *il* ∼ *degli alpini* the Alpine corps. **13** ⟨Tip⟩ body (*o* point) size, point: *stampato in* ∼ *cinque* printed in 5-point. **14** ⟨Anat⟩ body, corpus: ∼ *vitreo* vitreous body; ∼ *luteo* yellow body, corpus luteum. **15** ⟨Mecc⟩ (*di pompa, filtro dell'olio*) body, casing; (*di caldaia*) shell. □ (*a*) ∼ *a corpo* hand-to-hand; *lottare a* ∼ *a* ∼ to engage in hand -to-hand fighting; ∼ **accademico** academic body; *andare di* ∼ to evacuate the bowels, ⟨infant⟩ to do number two; ⟨Mil⟩ ∼ *d'*armata army corps; ∼ *di* **Bacco!** by Jove!; ∼ *di* **ballo** corps de ballet; ⟨scherz⟩ ∼ *mio fatti* **capanna** let's tuck in; ⟨Tip⟩ ∼ *dei* **caratteri** type size, point; ⟨Astr⟩ ∼ **celeste** heavenly body; ⟨Tip⟩ ∼ **cinque** 5-point, pearl; ∼ **consolare** consular corps; ∼ **contundente** blunt instrument; *il* ∼ *di* **Cristo** the Lord's body; ⟨fig⟩ *dar* ∼ *a qc.* to put s.th. into effect (*o* execution), to carry s.th. out; *dar* ∼ *alle ombre* to imagine things; *darsi* (*o* dedicarsi) *anima e* ∼ *a qc.* to devote o.s. heart and soul to s.th.; ⟨esclam⟩ ∼ *del* **diavolo!** what the devil!, blast!; ⟨fig⟩ *avere il diavolo in* ∼ to be very restless (*o* agitated), to be like one possessed; ⟨Tip⟩ ∼ **dieci** 10-point, long primer; ∼ **diplomatico** diplomatic corps; ⟨Univ⟩ ∼ **docente** academic staff; ⟨Tip⟩ ∼ **dodici** 12-point, pica; ∼ **elettorale** voters *pl*, electorate; ∼ **estraneo** foreign body; ⟨Mil⟩ ∼ *di* **guardia** guard; (*locale*) guardroom; *guardia del* ∼ bodyguard; ⟨fig⟩ *avere in* ∼ *qc.*: **1** to be full of s.th., to be consumed with s.th.: *ha molta rabbia in* ∼ he is furious (*o* consumed with rage); **2** (*rif. a pensieri*) to have s.th. on one's mind: *gli raccontai tutto quello che avevo in* ∼ I told him everything that was on my mind; ⟨fam⟩ *finché avrò fiato in* ∼ as long as I live, to my dying day; ∼ **insegnante** (teaching) staff; ∼ **legislativo** legislative body; ⟨Sport⟩ *esercizio a* ∼ **libero** free standing exercise; ∼ **liquido** liquid body; *mettersi in* ∼ (*mangiare*) to put in one's stomach, ⟨fam⟩ to tuck in; ⟨Rel⟩ ∼ **mistico** *di* **Cristo** mystical body of Christ; *mortificare il* ∼ to mortify the flesh; *a* ∼ **morto!** **1** (*pesantemente*) heavily, like a dead weight: *si gettò a* ∼ *morto sul divano* he threw himself heavily on the couch, he collapsed (*o* flung himself) on to the couch; **2** (*con accanimento*) with all one's strength, whole-heartedly: *si è gettato a* ∼ *morto nel lavoro* he has thrown himself (whole-heartedly) into his work; ⟨Tip⟩ ∼ **nove** 9-point, bourgeois; ∼ **organico** organic body; ⟨Tip⟩ ∼ **otto** 8-point, brevier; ⟨fig⟩ *passare sul* ∼ *di qd.* to trample on s.o.; *se vuoi entrare dovrai passare sul mio* ∼ if you want to come in you'll have to pass over my dead body; **prender** ∼: **1** (*prendere consistenza, concretarsi*) to take shape: *il progetto andava prendendo* ∼ the project was taking shape; **2** (*rif. a notizie: acquistare credito*) to gain credit; ⟨Tip⟩ ∼ **quattro** *e* **mezzo** 4 1/2-point, diamond; ⟨Fis⟩ ∼ **radioattivo** radioactive body; ⟨Dir⟩ ∼ *del* **reato** corpus delicti, material evidence; ⟨fig⟩ *ricacciare in* ∼ *qc. a qd.* to make s.o. ⌐take s.th. back⌐ (*o* eat his words); *la* **salute** *del* ∼ (bodily) health; ∼ **sanitario** medical corps; ⟨Mil⟩ ∼ *di* **sbarco** landing force; ⟨Tip⟩ ∼ **sei** 6-point, nonpareil; ∼ **senza** ∼ bodiless, incorporeal; ⟨fig⟩ (*infondato*) groundless, baseless: *sospetti senza* ∼ groundless suspicions; ⟨Tip⟩ ∼ **sette** 7-point, minion; ∼ **solido** solid body; ⟨Mil⟩ ∼ *di* **spedizione** expeditionary force; **spirito** *di* ∼ esprit de corps; ⟨Tip⟩ ∼ **undici** 11-point, small pica; ∼ *dei* **vigili** *del fuoco* fire brigade.

corporale *a.* corporal, bodily, physical: *bisogni* -*i* bodily needs; *esercizi* -*i* physical exercises; *punizione* ∼ corporal punishment. □ ⟨Teol⟩ *opere di misericordia* -*i* corporal works of mercy. **corporalità** *f.* corporality.

corporativismo *m.* ⟨Pol⟩ corporati(vi)sm. **corporativistico** *a.* (*pl.* -**ci**) corporatist, corporative. **corporativo** *a.* corporative: *organizzazione* -*a* corporative organization.

corporatura *f.* build, physique, frame: *essere di* ∼ *atletica* to have an athletic physique; ~ *gracile* slight frame.

corporazione *f.* **1** corporation. **2** ⟨*Mediev*⟩ guild. □ *le –i delle arti e dei mestieri* the guilds; ~ *artigiana* craft guild; ~ *di commercianti* trade–guild.

corporeità *f.* corporeity. **corporeo** *a.* bodily, physical: *forma –a* bodily shape; *piaceri –i* physical pleasures.

corposo *a.* full–bodied: *vino* ~ full–bodied wine; (*compatto*) compact, dense. **corpulento** *a.* corpulent, stout, portly: *una signora –a* a stout lady; (*panciuto*) paunchy, pot–bellied.

corpuscolare *a.* corpuscular: *teoria* ~ corpuscular theory (of light). **corpuscolo** *m.* corpuscle (*anche Fis.,Anat.*).

Corpusdomini (o *Corpus Domini*) *m.* ⟨*Lit*⟩ Corpus Christi (Day).

corr. = *corrente* current (*abbr.* cur.), instant (*abbr.* inst.).

Corrado *N.pr.m.* Conrad.

corrasione *f.* ⟨*Geol*⟩ corrasion.

corredare *v.t.* (**corredo**) **1** to fit out, to equip, to supply, to provide (*di* with). **2** ⟨*fig*⟩ to furnish (*di* with), to add (to): ~ *l'articolo di bibliografia* to furnish the article with a bibliography, to add a bibliography to the article; (*rif. a documenti e sim.*) to attach (*di* to): ~ *la domanda dei documenti necessari* to attach the necessary documents to an application. □ *l'edizione è corredata di note accurate* the edition is accurately annotated.

corredino *m.* (*per neonato*) layette, baby's outfit. **corredo** *m.* **1** outfit, equipment; (*di strumenti*) equipment, kit: *il* ~ *di un laboratorio* a laboratory's equipment. **2** (*rif. a sposa*) trousseau. **3** ⟨*fig*⟩ (*rif. a nozioni*) fund, store, wealth: *il ragazzo possiede un ampio* ~ *di nozioni* the boy possesses a wealth (*o* rich store) of knowledge.

correggere *v.t.* (**correggo, correggi; corressi, corretto**) **1** to correct, to rectify: ~ *un errore* to correct (*o* rectify) an error; ~ *un compito* to correct a piece of homework. **2** (*rettificare*) to adjust, to rectify: ~ *il tiro* to adjust one's fire; (*migliorare*) to improve, to (make) better: *cerca di* ~ *il tuo accento* try to improve your accent. **3** (*rimproverare*) to admonish; (*punire*) to correct, to punish: *i bambini vanno corretti in tempo* children must be corrected in time. **4** (*rif. a bevanda*) to lace (with spirits), to flavour: ~ *il caffè con cognac* to lace a cup of coffee with brandy. **correggersi** *v.r.* to break o.s., to get rid (*di* of): *correggersi di un difetto* to break o.s. of a bad habit; ⟨*assol*⟩ (*ravvedersi*) to mend one's ways, to reform: *cerca di correggerti o finirai male* try to mend your ways or you'll come to a bad end. □ ~ *un abuso* to right a wrong; ~ *le* **bozze** to read proofs; ~ *i* **compiti** to correct homework; ~ *la* **rotta** to correct (*o* right) the compass course; ~ *i difetti della* **vista** to correct defective vision.

correggia *f.* (*pl.* **-ge**) strap, belt.

correggibile *a.* corrigible.

corregionale **I** *a.* belonging to the same region, coming from the same part of the country. **II** *s.m./f.* fellow countryman (*f* –woman).

correità *f.* ⟨*Dir*⟩ complicity.

correlare *v.t.* (**correlo**) to correlate. **correlativo** *a.* correlative (*anche Gramm.*): *termini –i* correlative terms; *avverbi –i* correlative adverbs. **correlatore** *m.* (*f.* **-trice**) ⟨*Univ*⟩ co–examiner. **correlazione** *f.* correlation: *idee che non hanno* ~ *tra loro* ideas which have no correlation (between them). □ *i due avvenimenti sono in* ~ the two events are correlated; ⟨*Gramm*⟩ ~ *dei tempi* sequence of tenses.

correligionario **I** *a.* of the same religion. **II** *s.m.* (*f.* **-a**) correligionist.

corrente ¹ *a.* **1** running, flowing. **2** ⟨*fig*⟩ (*fluente*) flowing, smooth, fluent: *stile* ~ flowing style; *parla un inglese* ~ he speaks fluent English. **3** (*rif. al tempo*) current, present: *il 10 del mese* ~ the 10th of the current month; ⟨*Comm*⟩ instant: *in risposta alla vostra del 15* ~ in reply to your letter of the 15th instant (*o* inst.). **4** (*rif. a valuta*: *in corso*) current, that is legal tender: *moneta* ~ current money, currency. **5** (*in vigore*) current: *prezzo* ~ current price. **6** (*diffuso, comune*) current, common, ordinary; (*convenzionale*) conventional: *la morale* ~ conventional (*o* generally–accepted) moral standards. **7** (*andante*) standard, ordinary, of middling (*o* average) quality; (*di*

poco prezzo) cheap: *vino* ~ cheap wine. □ **acqua** ~ running water; *essere* **al** ~ *di qc.* to know about s.th., to be informed of s.th.; *mettere qd. al* ~ *di qc.* to inform s.o. of s.th., to acquaint s.o. with s.th.; *tenere qd. al* ~ *di qc.* to keep s.o. informed of (*o* about, on) s.th.; *tenersi al* ~ to keep up to date; ⟨*Comm*⟩ **conto** ~ current account; **opinione** ~ current opinion; **parola** ~ word in current (*o* common, general) use; **settimana** ~ this week; **uso** ~ common usage; *d'uso* ~ in common (*o* ordinary, current) use; *parola d'uso* ~ word in current use.

corrente² *f.* **1** current, stream: *la* ~ *del fiume è molto forte* the current of the river is very strong. **2** (*rif. ad aria*) current (of air); (*spiffero*) draught: *non stare nella* ~ *o prenderai un raffreddore* don't sit in the draught or you'll catch a cold. **3** (*massa di materia fluente*) stream, flow: ~ *di lava* stream of lava. **4** (*folla di gente in movimento*) stream. **5** ⟨*fig*⟩ (*tendenza di opinioni*) current of opinion (*o* thought), trend of opinion; (*gruppo*) faction: *il partito è diviso in due –i* the party is divided into two factions. **6** ⟨*fig*⟩ (*orientamento*) trend, current: *seguire la* ~ to follow the general trend. **7** ⟨*El*⟩ current. □ ~ *d'*acqua stream 'of water; ⟨*El*⟩ ~ alternata *trifase* three–phase alternating current; ~ **atmosferica** current of air; ~ *della* **batteria** battery current; ~ **bifase** two–phase current; ~ **continua** direct (*o* continuous, unidirectional) current; **contro** ~: 1 (*rif. a fiumi*) upstream, against the current (*o* stream): *navigare contro* ~ to sail upstream; *nuotare contro* ~ to swim against the stream; 2 ⟨*fig*⟩ against the tide (*o* general trend); ~ *in* **cortocircuito** short–circuit current; **derivazione** *di* ~ current branching; ~ **elettrica** electric current; ~ *ad alta* **frequenza** high–frequency current; ⟨*Geog*⟩ ~ *del* **Golfo** Gulf Stream (drift); ~ **industriale** power current; ⟨*El*⟩ ~ **laminare** laminar flow; ~ **letteraria** literary trend (*o* current); **mancanza** *di* ~ current failure, lack of current; *è* **mancata** *la* ~ there has been a power cut; ~ **marina** (*o di mare*) sea (*o* marine) current; ~ *di* **pensiero** current (*o* trend) of thought; ⟨*El*⟩ **presa** *di* ~ power (*o* main) outlet, socket; ~ **sottomarina** undercurrent; ~ *ad alta* **tensione** high–voltage current; ~ *a bassa tensione* low–voltage current; ~ *a* **terra** earth leakage current; ~ *del* **traffico** traffic stream; **trasformatore** *di* ~ current transformer; ~ **trifase** three–phase (*o* rotary) current; ~ **unidirezionale** unidirectional (*o* direct, continuous) current; ~ **universale** universal current; ~ **variabile** variable current; **variazione** *di* ~ current variation.

correntemente *avv.* fluently, easily: *parla* ~ *l'inglese* he speaks English fluently.

correntista *m./f.* current account holder. □ ~ **postale** postal account holder.

correo (o **correo**) *m.* (*f.* **-a**) ⟨*Dir*⟩ accomplice.

correntocrazia *f.* power of political currents.

correre *v.* (**corro; corsi, corso**) **I** *v.i.* (*aus.* **essere/avere**) **1** to run: *dovetti* ~ *per raggiungerlo* I had to run to catch up with him; (*rif. a veicoli*) to speed (along), to race (along), to go (fast), to travel (fast): *l'automobile correva a cento chilometri all'ora* the car was travelling at a hundred kilometres an hour; *è pericoloso* ~ *sull'autostrada* it is dangerous to speed on the motorway; *il treno correva attraverso i campi* the train sped through the fields. **2** (*affrettarsi*) to hurry, to be quick: *corri, o arriverai tardi a scuola* hurry, or you'll be late for school; (*precipitarsi*) to rush: *appena avuta la notizia siamo corsi qui* as soon as we heard the news we rushed here. **3** (*scorrere*) to run, to flow: *un brivido gli corse lungo la schiena* a shiver ran down his spine; *il torrente corre tra le rupi* the stream flows between the rocks. **4** (*seguire un certo percorso*) to run, to go: *un fregio corre lungo la facciata* a frieze runs along the façade; *la ferrovia corre lungo il fiume* the railway runs alongside of the river. **5** (*rif. a tempo: passare*) to pass, to go by; ⟨*intens*⟩ to fly (by): *come corre il tempo!* how time flies!; (*essere in corso*) to be: *correva l'anno 1972* it was 1972; (*intercorrere*) to be between, to elapse, to intervene: *tra i due avvenimenti corrono due anni* there are two years between the two events; *tra i due fratelli corrono venti mesi* there is a difference of twenty months between the ages of the two brothers. **6** (*rif. a spazio: intercorrere*)

to lie (*o* be) between, to be: *da qui al paese corrono tre chilometri* it's three kilometres from here to the village. **7** ⟨*fig*⟩ (*diffondersi*) to circulate, to go about (*o* around): *corrono brutte voci sul suo conto* ugly rumours about him are going around. **8** ⟨*fig*⟩ (*dirigersi involontariamente*) to go, to fly, to shoot: *la mano gli corse alla pistola* his hand flew to his pistol; (*rif. a pensiero: rivolgersi*) to fly, to turn: *i suoi pensieri corsero alla madre* his thoughts flew to his mother. **9** ⟨*fig*⟩ (*essere scorrevole*) to flow easily, to run smoothly: *questo periodo non corre bene* this sentence doesn't run smoothly. **10** ⟨*Sport*⟩ (*partecipare a una gara*) to (take part in a) race: ~ *in bicicletta* to take part in a cycle race; ~ *in automobile* to take part in a car race. **II** *v.t.* **1** (*percorrere: con veicoli*) to travel over, to drive along (*o* over, about); (*a piedi*) to walk (over, about); (*a cavallo*) to ride over. **2** ⟨*Sport*⟩ to run: ~ *i cento metri* to run the hundred metres; (*assieme ad altri*) to take part in, to race in: ~ *il giro d'Italia* to take part in the tour of Italy. □ ~ *in* **aiuto** *di qd.* to run to s.o.'s aid; ~ *alle* **armi** to fly to arms; ~ *a* **chiamare** *aiuto* to run for help; *corse a chiamare le guardie* he ran to fetch the police; ~ **dietro** *a qd.* to run after s.o.: ~ *dietro alle donne* to run after women; ~ *come il* **fulmine** to run like lightning; ~ **fuori** to run out(side), to rush out; ~ *a* **gambe** *levate* to show a clean pair of heels; ~ **incontro** *a qd.* to run (forward) to meet s.o.; ⟨*fig*⟩ **lasciar** ~: 1 (*non intervenire*) to let things take their course; 2 (*sorvolare*) to ⌈close an eye⌉ (*o* turn a blind eye) to s.th.; ~ *come una* **lepre** to run like a hare; ~ *i* **mari** to sail the seas; **mettersi** *a* ~ to begin (*o* set off) running, to break into a run; *un* **mormorio** *corse tra la folla* a murmur ran through the crowd; ~ **pericolo** to be in danger; ~ *ai* **ripari** to take remedial measures, to remedy matters; ~ *un* **rischio** to run a risk; ~ *a* **rotta** *di collo* to run at breakneck speed; *il* **sangue** *corre nelle vene* blood flows in one's veins; *corse del sangue* (*ci furono feriti*) blood was shed; *tra i due non corre buon sangue* there is bad blood between the two; *il* **tempo** ~ time flies; *coi tempi che corrono* as things are at present; **venire** *correndo* to come running (up); ~ *come il* **vento** to run like the wind; ~ **verso** *qd.* to run towards (*o* up to) s.o.; ~ **via** to run away; *far* ~ *una* **voce** to spread rumours; *corre voce* it is rumoured (*o* said): *corre voce che si sia sposata segretamente* it is rumoured that she has married secretly; *voci che corrono rumours pl.* ‖ *ci corre molto* (*o un miglio*) there's a big (*o* lot of) difference: *fra lui e te ci corre molto* there's a big difference between you and him; *ci corre poco* (*manca poco*) very nearly, almost: *c'è corso poco che non si picchiassero* they very nearly came to blows.
corresponsabile **I** *a.* jointly responsible (*o* liable); (*colpevole*) accessory. **II** *s.m./f.* person who shares responsibility; (*colpevole*) accomplice, accessory. **corresponsabilità** *f.* joint responsibility (*o* liability); (*colpevolezza*) complicity. **corresponsabilizzare** *v.t.* to make jointly responsible.
corresponsione *f.* **1** payment: ~ *delle ore di straordinario* payment of overtime. **2** ⟨*fig*⟩ (*corrispondenza di affetti*) reciprocation, return. □ *non trova* ~ *al suo amore* his love is unrequited (*o* not reciprocated).
corressi → **correggere**. **correttamente** *avv.* **1** (*senza errori*) correctly: *parla* ~ *l'italiano e il francese* he speaks Italian and French correctly. **2** (*onestamente*) honestly, fairly, straight. **3** ⟨*Sport*⟩ fairly. **correttezza** *f.* **1** (*l'essere corretto*) correctness. **2** (*onestà*) honesty, fairness, uprightness. **3** ⟨*Sport*⟩ fair (*o* fairness of) play. □ *in questo affare non si è comportato con* ~ he has not behaved well in this affair. **correttivo** **I** *a.* corrective. **II** *s.m.* **1** corrective (*anche Farm.*): *la punizione sarà un buon* ~ *per quel ragazzo* the punishment will be a good corrective for that boy. **2** ⟨*Agr*⟩ chemical soil corrective. **3** (*misura correttiva*) corrective measure. **corretto** (*p.p. di correggere*) **I** *a.* **1** (*privo di errori*) correct, without mistakes: *uno stile* ~ *ma non elegante* a correct but inelegant style; *un compito* ~ an exercise without any mistakes. **2** (*onesto*) honest, fair, straightforward: *il suo comportamento negli affari è* ~ his business dealings are honest. **3** (*educato*) correct, polite: *contegno* ~ correct conduct. **4** (*rif. a bevande*) flavoured; (*con bevande*

alcoliche) laced: *caffè* ~ *al* (*o con*) *cognac* coffee laced with brandy. **II** *avv.* correctly: *scrivere* (*o parlare*) ~ to write (*o* speak) correctly. □ *i concorrenti sono stati –i* the competitors have played fair. **correttore** *m.* (*f.* -**trice**) **1** corrector. **2** ⟨*Tip*⟩ reader: ~ *di bozze* proof-reader. **3** ⟨*Mecc*⟩ control (unit). **4** (*di macchina da scrivere*) correction key; (*nastro*) correction ribbon; (*liquido*) correction fluid. □ ⟨*Aer*⟩ ~ *altimetrico* (*o di quota*) altitude mixture control; ⟨*Aer,Mar*⟩ ~ *di rotta* course control.
correzionale **I** *a.* correctional: *tribunale* ~ correctional court. **II** *s.m.* ⟨*rar*⟩ approved school, reformatory. **correzione** *f.* **1** correction: ~ *a matita* pencil correction; ~ *dei temi* correction of the compositions. **2** ⟨*Tip*⟩ correction, reading: ~ *delle bozze* proof-reading. **3** (*rettificazione*) correction, adjustment, rectification: ~ *del tiro* correction of fire. **4** (*rimprovero*) reproof, rebuke; (*punizione*) correction, punishment. **5** ⟨*tecn*⟩ correction. □ ~ *d'autore* author's proof, press proof; *casa di* ~ approved school, reformatory; ~ *dei compiti* correction of homework; ~ *di rotta* course correction (*anche fig.*); *fare una* ~ *di rotta* to change one's course; ⟨*Tip*⟩ *segni di* ~ (proof)reader's marks.
corri corri *m.* rush, stampede: *ci fu un* ~ *generale* there was a general stampede.
corrida *f.* bullfight.
corridoio *m.* **1** corridor, passage(-way): *l'appartamento è formato di due camere e un lungo* ~ the flat consists of two rooms and a long passage; *i corridoi del tribunale* the corridors of the law court; (*rif. a treno*) corridor; (*rif. al Parlamento*) lobby; (*rif. a teatro, cinema*) gangway, aisle. **2** ⟨*Mar*⟩ between decks, 'tween decks. **3** ⟨*Pol*⟩ corridor. □ ~ *aereo* air lane, corridor; ⟨*Stor*⟩ ~ ⌈*di Danzica*⌉ (*o polacco*) Danzig (*o* Polish) Corridor; ⟨*fig*⟩ *manovre di* ~ lobbying.
corridore **I** *a.* **1** running, racing, race–: *cavallo* ~ racehorse. **2** ⟨*Zool*⟩ cursorial. **II** *s.m.* **1** (*a piedi*) runner, racer: *i –i arrivarono in gruppo al traguardo* the runners reached the finishing line in a bunch; (*su veicolo*) driver. **2** (*cavallo da corsa*) racehorse. □ ~ *automobilista* racing motorist (*o* driver), motorracer; ~ *ciclista* racing cyclist. **corridori** *m.pl.* ⟨*Ornit*⟩ ratites *pl*, ratite birds.
corriera *f.* **1** country (*o* local) bus; (*per grandi distanze*) motor coach. **2** (*a cavalli*) stage coach; (*per la posta*) mail coach. **corriere** *m.* **1** ⟨*Stor*⟩ messenger, courier: *il re inviò un* ~ the king sent a messenger. **2** (*chi trasporta merci*) carrier, forwarding agent. **3** ⟨*burocr*⟩ (*posta del giorno*) mail, post: *il* ~ *del lunedì* the Monday post. **4** (*nei titoli di giornali*) Mail, Courier. □ ~ *diplomatico* (*la persona*) (*diplomatic*) courier; (*la corrispondenza*) diplomatic bag; *a volta di* ~ by return of post (*o* mail): *rispondere a volta di* ~ to reply by return of post.
corrigendo **I** *a.* of a juvenile offender. **II** *s.m.* (*f.* -**a**) juvenile offender.
corrimano *m.* handrail: ~ *della ringhiera* banister handrail.
corrispettivo **I** *a.* corresponding, equivalent. **II** *s.m.* (*compenso*) corresponding amount, compensation; (*equivalente*) equivalent. **corrispondente** **I** *a.* **1** corresponding, equivalent: *sostituire le parole straniere con le –i italiane* to replace foreign words by ⌈the corresponding Italian ones⌉ (*o* their Italian equivalents). **2** (*che è in corrispondenza*) corresponding: *socio* ~ corresponding member. **II** *s.m./f.* **1** correspondent (*anche Giorn.*): *dal nostro* ~ from our own correspondent. **2** ⟨*Comm*⟩ correspondent, agent: *prendete contatto con il nostro* ~ *nella vostra città* get in touch with our agent in your city. □ ⟨*Geom*⟩ *angoli –i* corresponding angles; ⟨*Giorn*⟩ ~ *estero* foreign correspondent; ~ *di guerra* war correspondent; ~ *in lingue estere* foreign languages' correspondent.
corrispondenza *f.* **1** correspondence, agreement, harmony. **2** (*somiglianza*) correspondence, likeness: *la perfetta* ~ *tra il ritratto e l'originale* the perfect likeness of the portrait to the original. **3** (*carteggio*) correspondence: *la sua* ~ *con la madre andò perduta* his correspondence with his mother was lost; (*posta*) post, mail: *aprire la* ~ to

open the post. **4** ⟨*Giorn*⟩ correspondence, report. **5** (*reciprocità di sentimenti*) reciprocity, requital: ∼ *di affetti* reciprocity of feeling, mutual affection. □ ∼ *di* **affari** business correspondence; ∼ **amorosa** love letters; ⟨*burocr*⟩ ∼ *in arrivo e in partenza* incoming and outgoing mail; ∼ **commerciale** commercial correspondence; ∼ **diplomatica** diplomatic correspondence; *essere in* ∼ *con qd.* to keep up a correspondence with s.o., to be in correspondence with s.o.; ∼ *per l'*estero foreign mail; ∼ **inevasa** unanswered mail, letters awaiting reply; *corso* **per** ∼ correspondence (*o* postal) course; *insegnamento per* ∼ teaching by correspondence; *scuola per* ∼ correspondence school; *vendita per* ∼ mail order; **sbrigare** *la* ∼ to deal with one's correspondence; **sospendere** *la* ∼ to stop writing; ∼ **ufficiale** official correspondence.

corrispondere *v.* (**corrisposi**, **corrisposto**) **I** *v.i.* (*aus.* avere) **1** to correspond (*a* with, to), to agree, to tally, to square (with), to match (s.th.): *questa parola italiana non corrisponde perfettamente a quella inglese* this Italian word does not exactly correspond to the English one; *il locale corrispondeva alla descrizione* the room corresponded (*o* answered) to the description; *le cifre corrispondono* the figures tally (*o* agree). **2** (*equivalere*) to be the equivalent (of), to be tantamount (to): *il consiglio del superiore corrisponde praticamente a un ordine* a superior's advice is tantamount to an order. **3** (*coincidere*) to coincide: *i miei giorni liberi non corrispondono ai suoi* my free days do not coincide with his. **4** (*soddisfare*) to be equal (to), to answer, to meet, to fulfil, to come up to: ∼ *all'attesa* to come up to expectations. **5** (*contraccambiare*) to return, to reciprocate, to requite: *ella corrispose all'affetto del giovane* she returned the young man's love. **6** (*essere in corrispondenza*) to correspond (*con* with): ∼ *con un ragazzo straniero* to correspond with a foreign boy. **II** *v.t.* **1** (*pagare*) to pay, to give: ∼ *uno stipendio* to pay a salary; ∼ *un mensile al figlio* to give one's son a monthly allowance. **2** (*contraccambiare*) to return, to reciprocate, to requite: *il suo amore non era corrisposto* his love was ʿnot returnedʾ (*o* unrequited). □ ∼ *alle esigenze* to meet requirements; ⟨*Comm*⟩ ∼ *al campione* to be in conformity with the sample; ∼ *a verità* to be true: *quello che dici non corrisponde a verità* what you say is not true; *non* ∼ ʿ*alle aspettative*ʾ (*o alla speranza*) to disappoint. **corrisposi** → **corrispondere**. **corrisposto** (*p.p. di* **corrispondere**) *a.* returned, requited, reciprocal. □ *amore non* ∼ unrequited love.

corrivo *a.* **1** (*avventato*) careless, rash, hasty, inconsiderate: *essere* ∼ *nel giudicare* to be rash in one's judgements. **2** (*condiscendente*) indulgent, lenient.

corrò → **cogliere**.

corroborante **I** *a.* strengthening, fortifying, corroborant: *liquore* ∼ strengthening (*o* corroborant) liqueur. **II** *s.m.* corroborant; (*tonico*) tonic, ⟨*am*⟩ bracer, ⟨*fam*⟩ pick-me-up. **corroborare** *v.t.* (**corroboro**) **1** to strengthen, to fortify, to invigorate: ∼ *il corpo con esercizi fisici* to strengthen the body by physical exercises. **2** ⟨*fig*⟩ (*confermare*) to corroborate, to confirm, to support: *le nuove scoperte corroborano le nostre tesi* the new discoveries corroborate our theory. **corroborazione** *f.* **1** strengthening, fortification. **2** ⟨*fig*⟩ (*conferma*) corroboration, confirmation, support.

corrodere *v.t.* (**corrosi**, **corroso**) **1** to corrode, to eat (*o* wear) away: *la ruggine ha corroso l'intelaiatura della finestra* the rust has corroded the window frame. **2** ⟨*fig*⟩ to corrode, to wear away (*o* down), to eat into: *l'invidia corrode il suo animo* envy is eating into him.

corrompere *v.t.* (**corruppi**, **corrotto**) **1** (*guastare*) to spoil, to rot: *il caldo ha corrotto i cibi* the heat has spoiled the food; (*contaminare*) to pollute, to contaminate, to foul: ∼ *l'aria* to pollute the air; ∼ *l'acqua* to pollute water. **2** ⟨*fig*⟩ (*condurre alla perdizione*) to corrupt, to deprave: ∼ *la gioventù* to corrupt youth. **3** (*con denaro e sim.*) to corrupt, to bribe: ∼ *un funzionario* to bribe an official. **4** (*rif. a lingua*) to corrupt. **corrompersi** *v.r.* **1** (*andare in putrefazione*) to rot, to decay, to be spoiled (*o* contaminated). **2** ⟨*fig*⟩ to become corrupted: *i costumi si sono corrotti* morals have become corrupted. **cor-**

rompitore **I** *s.m.* (*f.* **-trice**) corrupter; (*con denaro e sim.*) briber. **II** *a.* corrupting, contaminating, depraving; (*con denaro e sim.*) bribing.

corrosi → **corrodere**. **corrosione** *f.* **1** corrosion, wearing away. **2** ⟨*Geol*⟩ corrosion, corrasion. □ ⟨*Geol*⟩ ∼ *magmatica* magmatic corrosion; ⟨*Geol*⟩ ∼ *del mare* corrosion by the sea; *resistente alla* ∼ corrosion-proof. **corrosività** *f.* corrosiveness. **corrosivo** **I** *a.* **1** corrosive, corroding: *sostanza* ∼*a* corrosive (substance); *azione* ∼*a* corrosive action. **2** ⟨*fig*⟩ corrosive, caustic, scathing: *critica* ∼*a* scathing criticism; *spirito* ∼ caustic wit. **II** *s.m.* corrosive. □ ⟨*Chim*⟩ *sublimato* ∼ corrosive sublimate. **corroso** (*p.p. di* **corrodere**) *a.* corroded, eaten (*o* worn) away.

corrotto (*p.p. di* **corrompere**) *a.* **1** (*guasto*) rotten, spoiled, spoilt; (*contaminato*) polluted, contaminated, foul. **2** ⟨*fig*⟩ (*depravato*) corrupt, depraved: *società* ∼*a* corrupt society. **3** (*con denaro e sim.*) corrupt, bribed: *funzionari* ∼*i* corrupt officials. **4** ⟨*Filol*⟩ corrupt, vitiated: *il testo è* ∼ the text is corrupt.

corrucciarsi *v.r.* (**mi corruccio**, **ti corrucci**) to become enraged, to grow angry, to be vexed (*o* grieved). **corrucciato** *a.* **1** (*adirato*) angry, cross, vexed: *sono* ∼ *con tutti voi* I am angry with you all. **2** (*che esprime corruccio*) frowning, worried. □ *sguardo* ∼ frown. **corruccio** *m.* anger, vexation, wrath.

corrugamento *m.* **1** wrinkling; (*rif. a fronte, ciglia*) knitting, frowning. **2** ⟨*Geol*⟩ folding; (*piega*) fold. **corrugare** *v.t.* (**corrugo**, **corrughi**) (*increspare*) to wrinkle, to corrugate, to crease; (*rif. alla fronte*) to knit: ∼ *la fronte* to knit one's brows. **corrugarsi** *v.r.* **1** (*incresparsi*) to wrinkle, to corrugate; (*rif. a fronte, ciglia*) to knit. **2** ⟨*Geol*⟩ to fold. □ ∼ *le ciglia* to frown. **corrugato** *a.* wrinkled, corrugated, creased; (*rif. alla fronte*) knitted.

corruppi → **corrompere**.

corruscare *v.i.* (**corrusco**, **corruschi**; *aus.* avere) ⟨*lett*⟩ (*scintillare*) to sparkle, to glitter; (*lampeggiare*) to flash. **corrusco** *a.* (*pl.* **-chi**) (*scintillante*) sparkling, glittering; (*balenante*) flashing.

corruttela *f.* corruption, depravity. **corruttibile** *a.* **1** perishable, corruptible: *cibi* ∼*i* perishable food. **2** (*asservibile al denaro*) bribable, open to bribery: *funzionari* ∼*i* officials open to bribery. **corruttibilità** *f.* corruptibility. **corruttore** **I** *s.m.* (*f.* **-trice**) corrupter: ∼ *dei costumi* corrupter of morals; ∼ *di minorenni* corrupter of minors. **II** *a.* corrupting. **corruzione** *f.* **1** decay, deterioration, decomposition: ∼ *di un alimento* deterioration of a foodstuff; *la* ∼ *della carne* the decomposition of the flesh. **2** ⟨*fig*⟩ corruption, depravity, corruptness: *la* ∼ *della società* the corruptness of society; ∼ *di minorenni* corruption of minors. **3** (*l'allontanare dal dovere con denaro*) corruption, bribery: ∼ *di pubblico ufficiale* corruption of a public official. **4** (*rif. a lingua*) corruption. □ ∼ *di magistrato* bribery of a magistrate.

corsa *f.* **1** run(ning); (*rif. a veicoli*) run, drive: ∼ *di collaudo* test run. **2** ⟨*fig*⟩ (*scappata*) errand, run, short visit. **3** ⟨*Sport*⟩ (*gara: a piedi o con veicoli*) race; (*disciplina atletica*) running. **4** *pl.* (*corse di cavalli*) races *pl*, racing: *andare alle* ∼*e* to go to the races. **5** ⟨*fig*⟩ rush, race, run: ∼ *all'oro* gold rush; ∼ *agli armamenti* armaments race. **6** (*tragitto di trasporto pubblico*) trip, journey, run: *la corriera fa quattro* ∼*e al giorno* the bus makes four trips a day; (*itinerario*) route, *spesso si traduce col nome del veicolo: prenderò la* ∼ *delle cinque* I shall catch the five-o'clock bus (*o* train); (*prezzo della corsa*) fare: *quant'è la* ∼? what is the fare? **7** ⟨*Mecc*⟩ stroke, travel, traverse: ∼ *dello stantuffo* piston stroke. **8** ⟨*Aer*⟩ run. □ ⟨*Pol*⟩ ∼ *agli* **armamenti** *nucleari* nuclear arms race; ⟨*Aer*⟩ ∼ *di* **atterraggio** landing run; ∼ **automobilistica** motor race, motor racing; ∼ **campestre** crosscountry run (*o* race); ∼ *di* **cani** dog-racing, greyhound racing; ∼ *di* **cavalli** horse-race, horse-racing; ∼ **ciclistica** cycle race (*o* racing); ⟨*Sport*⟩ ∼ *a* **cronometro** time trial; *automobile* (*o vettura*) **da** ∼ racing car; *bicicletta da* ∼ racing cycle; *cavallo da* ∼ racehorse; ⟨*Aer*⟩ ∼ *di* **decollo** take-off run; **di** ∼ running, at a run, on the run; (*in fretta*) in a hurry (*o* rush), in haste; *andare di ~ (correre)* to run; ⟨*fig*⟩ (*avere fretta*) to (be in a) hurry; ⟨*fig*⟩ *andare via di ~* to rush off, to hurry away; ⟨*fig*⟩ *fare qc. di ~* to do something in a rush (*o* hurry); *venire di ~* to come running; **fare** *una ~ in un luogo* to run (*o* rush, dash) over to a place, to pay a quick visit to a place: *faccio una ~ al bar e compro una birra* I'll just run (*o* dash) over to the café and get a beer; (*con veicolo*) to drive over somewhere quickly; ⟨*Sport*⟩ *~ di* **fondo** long–distance race; *~ al* **galoppo** flat racing; *salire sul* **tram in** *~* to get on the tram when it is moving; *~ a* **ostacoli:** 1 (*in atletica*) obstacle (*o* hurdle) race; 2 ⟨*Equit*⟩ steeplechase; *a* **passo** *di ~* running, at a run; ⟨*Mil,fam*⟩ at the double; **perdere** *la ~:* 1 ⟨*Sport*⟩ to lose a race; 2 (*rif. a mezzi di trasporto*) to miss one's bus (*o* train): *ho perso l'ultima ~* I have missed the last train; ⟨*Sport*⟩ *~* **piana** flat race (*o* racing); ⟨*Sport*⟩ *~ a* **piedi** running race, footrace; ⟨*Sport*⟩ *~ su* **pista** track race (*o* event); ⟨*Aut*⟩ *~ di* **prova** trail run, road test; *l'automobile* **rallentò** *la ~* the car slowed down; ⟨*Sport*⟩ *~ di* **regolarità** endurance run; *~ di* **resistenza:** 1 ⟨*Aut*⟩ endurance test (*o* trial), reliability run; 2 ⟨*Sport*⟩ endurance test, long–distance run; *~ nei* **sacchi** (*specie di gioco*) sack race; *~ a* **staffetta** relay race; ⟨*Aut*⟩ *~ su* **strada** road race; ⟨*Equit*⟩ *~ al* **trotto** trotting race; *~ di* **velocità:** 1 (*nell'automobilismo*) motor racing; 2 (*in atletica*) sprint race, sprinting.

corsaletto *m.* **1** (*corazza*) cors(e)let, breastplate. **2** (*bustino*) cors(e)let. **3** ⟨*Zool*⟩ cors(e)let.

corsaro I *s.m.* (*f.* **-a**) privateer, corsair. **II** *a.* privateering. □ **nave** *–a* privateer.

corseggiare *v.* (**corseggio**) **I** *v.i.* (*aus.* **avere**) to practice piracy. **II** *v.t.* to roam: *~ i* **mari** to roam the high seas.

corsetteria *f.* **1** (*fabbrica*) corsetry workshop, corsetry factory. **2** (*negozio*) corset maker's. **corsetto** *m.* **1** (*bustino*) corset; (*di elastico*) girdle. **2** ⟨*Med*⟩ (*apparecchio ortopedico*) corset; (*gessato*) plaster jacket.

corsi → **correre**.

corsia *f.* **1** gangway, passage, ⟨*am*⟩ aisle: *la ~ tra i letti* the passage between the beds; *~ di* **cinematografo** gangway in a cinema. **2** (*sezione di autostrada*) lane: *viaggiare sulla ~ di destra* to drive in the right–hand lane. **3** ⟨*Sport*⟩ (*sezione di pista*) lane; (*per il salto*) runway; (*di piscina*) swimming lane. **4** (*sala di ospedale*) ward. **5** (*guida di panno*) (carpet) runner. □ ⟨*Strad*⟩ *~ di* **accelerazione** acceleration (*o* fast) lane; *~ di* **arrampicamento** slow (*o* creeper) lane; *autostrada a* **cinque** *–e* five–lane highway; *~ di* **decelerazione** deceleration lane; *~ di* **emergenza** hard shoulder; *~* **preferenziale** lane reserved to buses and taxis; *~ di* **scorrimento** fast lane; *~ di* **sorpasso** overtaking lane; *~ di* **sosta** halt area.

Corsica *N.pr.f.* ⟨*Geog*⟩ Corsica.

corsivo I *a.* **1** cursive. **2** ⟨*Tip*⟩ italic. **II** *s.m.* **1** ⟨*Paleogr*⟩ cursive, cursive writing (*o* character). **2** ⟨*Tip*⟩ italic type, italics *pl.* **3** ⟨*Giorn*⟩ short article of comment (often printed in italics). □ *in ~* in cursive writing; ⟨*Tip*⟩ in italics: *stampare in ~* to print in italics (*o* italic type); *~* **inglese** script.

corso[1] *m.* **1** flow(ing), course: *il ~ del Tevere* the flow of the Tiber. **2** (*svolgimento*) course, progress: *il ~ degli eventi* the course of events; (*decorso*) course: *la malattia segue il suo ~* the illness is taking (*o* running) its course. **3** (*serie*) course, series: *un ~ di conferenze* a course of lectures. **4** (*serie di lezioni*) course: *un ~ di francese* a French course; *tenere un ~ su Dante* to give a course on Dante; *il ~ dura tre anni* the course lasts three years. **5** (*annata*) year: *studente del primo ~* first–year student. **6** ⟨*Econ*⟩ (*rif. a monete*) circulation: *queste monete sono ancora in ~* these coins are still ⌐in circulation⌐ (*o* current). **7** (*rif. a titoli, valute: quotazione*) rate, rate (*o* course) of exchange, quotation, (exchange) price: *i –i oscillano* exchange prices are unsteady. **8** (*strada principale*) main (*o* high) street; (*viale alberato*) avenue. **9** ⟨*Astr*⟩ course: *il ~ del sole* the course of the sun. **10** *pl.* (*mestruazioni*) menstruation, menses *pl,* period, courses *pl.* □ *~* **accelerato** crash course; *~ d'***acqua** watercourse; *~ d'***acqua navigabile** waterway; *~ degli* **affari** course of

business; ⟨*Scol*⟩ *~* **avanzato** advanced course; ⟨*Econ*⟩ **avere** *~* to be current; *~ di* **base** basic course; ⟨*Econ*⟩ *~ di* **borsa** market rate, stock–exchange price, listed quotation; ⟨*Econ*⟩ *~ dei* **cambi** rate (*o* course) of exchange; ⟨*Econ*⟩ *~ di* **chiusura** closing rate (*o* price); *~* **complementare** subsidiary course; *~ per* **corrispondenza** correspondence course; *~* **estivo** summer course; *la malattia* **fa** *il suo ~* the disease runs its course; ⟨*Scol,Univ*⟩ *~* **facoltativo** optional course; *~ dei* **fiori** procession of flower–decorated floats; ⟨*Econ*⟩ *~* **fluttuante** fluctuating price; *~ di* **formazione** *professionale* professional training course; **fuori** *~:* 1 ⟨*Econ*⟩ out of circulation, not current: *valuta fuori ~* money ⌐out of circulation⌐ (*o* no longer current); *mettere fuori ~* to withdraw from circulation; 2 ⟨*Univ*⟩ having failed to take his degree in the time prescribed; *~ a* **immersione** *totale* total immersion course; **in** *~:* 1 in course (*o* progress), ⟨*pred*⟩ under way: *lavori in ~* work ⌐in progress⌐ (*o* under way); (*cartello d'avvertimento*) roadworks ahead; 2 (*intrapreso*) on hand: *ordinazione in ~* order on hand; 3 (*corrente*) current: *l'anno in ~* ⌐the current⌐ (*o* this) year; *nel mese in ~* in the current (*o* present) month; *in ~ di* **costruzione** under (*o* in course of) construction, being built; *in ~ di* **stampa** (in course of) printing, being printed, in the press: *il libro è in ~ di stampa* the book is printing; **essere** *in ~:* 1 to be in course (*o* progress), to be under way: *sono in ~ delle trattative* negotiations are in progress; 2 ⟨*Univ*⟩ to take one's university exams regularly; *~* **intensivo** intensive course; *~ di* **laurea** *in matematica* curriculum for the mathematics degree; ⟨*Econ*⟩ **avere** *~* **legale** to be legal tender; *lasciare* (*o* **dare**) **libero** *~ all'immaginazione* to give one's imagination free play (*o* rein); ⟨*Univ*⟩ *~* **libero** extracurricular course (*o* lectures); ⟨*Mar*⟩ *di* **lungo** *~* sea–going, deep–sea–; *capitano di lungo ~* merchant captain, master mariner; *~* ⌐*delle* **maschere**⌐ (*o* *mascherato*) carnival procession; **nel** *~ di* in the course of, during, in: *nel ~ della zuffa* in the course of the brawl; *nel ~ dell'anno* during (*o* in the course of) the year; *nel ~ della vita* in the course of life, during one's life; *nel ~ dei secoli* ⌐over the⌐ (*o* in course of) centuries; *~ di* **perfezionamento** specialization course; *~* **preparatorio** preparatory course; *~ per* **principianti** beginners course; ⟨*Inform*⟩ *~ di* **programmazione** programming course; **seguire** *il ~* to run one's course; *seguire il ~ delle proprie idee* to pursue the train of one's thoughts; ⟨*Scol*⟩ **seguire** *un ~* to take (*o* follow, attend) a course: *seguire un ~ di inglese* to take a course in English; *seguire il proprio ~* to take (*o* run) its course: *gli eventi seguono il loro ~* events take their course; ⟨*burocr*⟩ *la pratica deve seguire il suo ~ regolare* the matter must ⌐take its course⌐ (*o* go through the usual channels); *~* **serale** evening course: *frequentare un ~ serale* to attend evening classes; *~ di* **specializzazione** specialist training course; *~* **superiore:** 1 (*di un fiume*) upper course of a river; 2 ⟨*Scol*⟩ upper class; **tenere** *un ~ di* **lezioni** to give a course (*o* series) of lectures; ⟨*Econ*⟩ *~ a* **termine** forward rate; *~* **universitario** university course: *iscriversi a un ~ universitario* to enrol in a university course.

corso[2] *a./s.m.* (*f.* **-a**) (*della Corsica*) Corsican.

corso[3] → **correre**.

corsoio I *a.* ⟨*non com*⟩ (*scorsoio*) slipping, sliding, running. **II** *s.m.* ⟨*Mecc*⟩ slide(r), cursor, tappet, link block. □ **nodo** *~* slipknot, running knot.

corte *f.* **1** (*residenza, seguito del sovrano*) court. **2** (*cortile*) yard, court(yard). **3** ⟨*Dir*⟩ (law–)court. **4** (*corteggiamento*) court(ing), courtship: *fare la ~ a una ragazza* to pay court to a girl, to court a girl. □ **andare** *a ~* to go to court; ⟨*Dir*⟩ *~ d'***appello** Court of Appeal; ⟨*Dir*⟩ *~ d'***assise** Court of Assizes; **bassa** *~* farmyard: *animali di bassa ~ farmyard animals*; ⟨*Dir*⟩ *~ di* **cassazione** Court of Cassation; *~ dei* **conti** State Audit Court (*o* Board), Audit Office; *~* **costituzionale** Constitutional Court; **dama** *di ~* court lady; (*dama di compagnia della regina*) lady–in–waiting; **fare** *la ~ a qd.:* 1 (*corteggiare*) to court (*o* woo) s.o., to pay court to a girl; 2 (*adulare*) to play (*o* make) up to s.o.; *fare la ~ a qd. per ottenere un favore* to curry favour with s.o.; **gentiluomo** *di ~* courtier, court gentleman; ~ *di* **giustizia** court of justice, law court; *alta ~ di giustizia* High Court of justice; **intrighi** *di* ~ court intrigues; ~ **marziale** court-martial; ⟨*Stor*⟩ ~ *dei* **miracoli** cour des miracles; **poeta** *di* ~ court poet; ~ **pontificia** Papal court; *essere* **presentati** *a* ~ to be presented at court; **tenere** ~ to hold court.

corteccia *f.* (*pl.* **-ce**) **1** ⟨*Bot*⟩ bark, rind: *la ruvida ~ dell'olivo* the rough bark of the olive–tree. **2** ⟨*Anat*⟩ cortex: ~ *cerebrale* cerebral cortex. □ ⟨*Farm*⟩ ~ *di china* china (*o* cinchona) bark; ~ *surrenale* adrenal cortex.

corteggiamento *m.* **1** (*il corteggiare*) courting, courtship, wooing. **2** (*l'adulare*) courting, flattering. **corteggiare** *v.t.* (**corteggio, corteggi**) **1** to court, to woo, to pay court to: ~ *una donna* to court a woman. **2** (*adulare*) to court, to flatter, to curry favour with: ~ *i potenti* to curry favour with those in power. □ *quella ragazza è molto corteggiata* that girl has a lot of boy–friends. **corteggiatore** *m.* (*f.* **-trice**) **1** suitor, wooer, admirer, ⟨*fam*⟩ boy–friend: *la ragazza ha molti ~i* the girl has a lot of boy–friends. **2** (*adulatore*) flatterer, fawner.

corteggio *m.* train, retinue, suite: *il principe arrivò col suo* ~ the prince arrived with his retinue.

corteo *m.* **1** train, procession: ~ *nuziale* bridal procession; *mesto* ~ mourning procession. **2** (*fila*) line, row, string, train: *un* ~ *di automobili* a line of cars; (*sfilata*) procession: *il* ~ *dei dimostranti* the procession of demonstrators. □ *andare in* ~ to go in procession; ~ *funebre* funeral procession.

cortese *a.* **1** polite, courteous, well–mannered: *persona ~* courteous person; *ho ottenuto un ~ rifiuto* I obtained a polite refusal; (*gentile*) kind: *parole –i* kind words. **2** ⟨*Lett*⟩ courtly: *poesia ~* courtly poetry; *amor ~* courtly love. **cortesemente** *avv.* politely, courteously: *rispose molto ~* he replied very courteously; (*gentilmente*) kindly. □ ⟨*epist*⟩ *vogliate ~ confermare* kindly (*o* be so kind as to) confirm.

cortesia *f.* **1** courtesy, politeness, courteousness, good manners *pl*; (*gentilezza*) kindness. **2** (*atto cortese*) (act of) kindness, attention: *mi colmarono di ~* they lavished kindnesses on me; (*favore, piacere*) favour: *fare una ~ a qd.* to do s.o. a favour. □ *avere la ~ di fare qc.* to be ⸢so kind as⸣ (*o* good enough) to do s.th.: *abbia la ~ di ascoltarmi* be so kind (*o* good) as to listen to me, kindly listen to me; **fammi** *la ~ di avvertirmi in tempo* do me the favour of letting me know in time; **per** ~: **1** (*per favore*) please, kindly: *per ~ , che ore sono?* what time is it, please?, could you kindly tell me the time?; **2** (*per ragioni di cortesia*) out of politeness, for politeness' sake: *ho dovuto ascoltarlo per* ~ I had to listen to him out of politeness; **scambio** *di –e* exchange of courtesies; **usare** *–e* to be courteous (*o* kind).

cortezza *f.* ⟨*fig*⟩ dullness: ~ *di mente* dull–wittedness, dullness (of mind).

corticale *a.* ⟨*Bot,Anat*⟩ cortical.

cortico|steroide *m.* ⟨*Fam*⟩ corticosteroid. **~sterone** *m.* ⟨*Biol*⟩ corticosterone. **~surrenale** *a.* ⟨*Biol*⟩ adreno-cortical. **~surrene** *m.* ⟨*Anat*⟩ adrenal gland.

cortigiana *f.* **1** (*dama di corte*) court lady. **2** (*donna di facili costumi*) courtesan. **cortigianeria** *f.* **1** courtier's art, courtliness. **2** (*atto adulatorio*) flattery, fawning, obsequiousness. **cortigianesco** *a.* (*pl.* **-chi**) ⟨*spreg*⟩ obsequious, fawning, flattering: *modi cortigianeschi* flattering ways. **cortigiano** *I a.* **1** (*della corte*) courtly, courtierly, court-: *usi –i* courtly ways, court usage. **2** (*adulatore*) flattering, fawning, obsequious: *atteggiamento ~ obsequious* behaviour. **II** *s.m.* **1** (*gentiluomo di corte*) courtier, court gentleman. **2** ⟨*spreg*⟩ flatterer, fawner.

cortile *m.* **1** court(yard), yard; (*nei collegi universitari*) quadrangle, ⟨*fam*⟩ quad. **2** (*in un cascinale*) (farm)yard. □ *animali da* ~ farmyard animals.

cortina *f.* **1** (*tenda*) curtain, hanging: *alle finestre c'erano pesanti –e* there were heavy curtains at the windows. **2** ⟨*fig*⟩ (*strato*) screen, curtain, cloud. **3** ⟨*Mil*⟩ (*sbarramento fumogeno*) smokescreen. □ ⟨*Pol*⟩ ~ *di* **bambù** bamboo curtain; ⟨*Pol*⟩ ~ *di* **ferro** iron curtain; ~ *di* **fuoco** curtain (*o* screen) of fire; ~ *di* **nebbia** fog screen; **oltre** ~ behind the Iron Curtain.

cortisone *m.* ⟨*Med*⟩ cortisone. **cortisonico** *a./s.m.* (*pl.* **-ci**) **I** *a.* cortisone– **II** *s.m.* cortisone preparation.

corto *a.* **1** short: *capelli –i* short hair; *gonne –e* short skirts; *una conferenza –a* a short lecture. **2** ⟨*fig*⟩ (*scarso*) short, limited, scanty, dull: *cervello* ~ limited intelligence; *uomo* ~ dull man. □ *alle –e!* come (*o* let's get) to the point; **andare** *per le –e* to come straight to the point; **calzoni** *–i* shorts *pl*, knee–breeches *pl*; **essere** *a ~ di qc.* to be short of s.th.: *essere a ~ di denaro* to be short of money; *era a ~ di argomenti* he had run out of subjects; *a* (*o* *per*) **farla** *–a* in short, to cut a long story short; **memoria** *–a* short memory; **rimanere** *a ~ di qc.* to run short of s.th.; **settimana** *–a* five–day week; **tagliar** ~ to cut short; **tenere** *qd.* (*a*) ~ *di qc.* to keep s.o. short of s.th.; **tiro** *~:* **1** ⟨*Sport*⟩ short ball; **2** ⟨*Mil*⟩ short shot; ~ *d'***udito** hard of hearing; *prendere la* **via** *più –a* to take a short cut; ⟨*fig*⟩ to take the quickest way (out); **vista** *–a* short (*o* near) sight: *avere la vista –a* to be short–sighted.

corto|circuito (*o* *corto circuito*) *m.* short circuit. **~metraggio** (*o* *corto metraggio*) *m.* ⟨*Cin*⟩ short (film). □ ~ *pubblicitario* spot.

corvè *f.* **1** ⟨*Mil*⟩ fatigue: *essere di* ~ to be on fatigue. **2** ⟨*fig*⟩ (*lavoro pesante*) irksome task, thankless job, drudgery: *sottoporsi a una* ~ to undertake a thankless job.

corvetta[1] *f.* ⟨*Mar*⟩ corvette: *capitano di* ~ captain of a corvette.

corvetta[2] *f.* ⟨*Equit*⟩ curvet, courbette.

corvidi *m.pl.* ⟨*Ornit*⟩ Corvidae *pl*. **corvino** *a.* raven–, black: *capelli –i* black (*o* raven) hair. **corvo** *m.* **1** ⟨*Ornit*⟩ crow. **2** ⟨*fig*⟩ (*iettatore*) croaker. **3** ⟨*Mar.ant*⟩ corvus. □ ~ *imperiale* (*o* *maggiore*) raven; ~ *nero* rook; *nero come un* ~ as black as a raven.

cos = ⟨*Mat*⟩ *coseno* cosine (*abbr.* cos).

cosa I *s.f.* **1** thing: *non sono –e da dirsi* you shouldn't say things like that; (*qualche cosa, una cosa*) something: *ho una ~ da dirti* I have something to tell you; (*in frasi interrogative o col verbo negativo*) anything: *non fare –e inconsiderate* don't do anything rash. **2** (*oggetto*) thing, object: *tutte le –e sono create da Dio* all things are created by God. **3** (*azione*) (some)thing: *hai fatto una ~ orribile* you have done ⸢a terrible thing⸣ (*o* something terrible). **4** (*avvenimento*) thing, matter, event, happening: *sono successe –e molto divertenti* some very amusing things have happened. **5** (*opera*) thing, work: *le –e più belle del rinascimento italiano* the finest ⸢works of⸣ (*o* things produced during) the Italian Renaissance. **6** (*causa*) thing, reason, matter: *si irrita per le più piccole –e* he gets angry for the slightest reason. **7** *pl.* (*affari*) things *pl*, business, matters *pl*: *le sue –e vanno bene* his business is flourishing, things are going well for him; (*averi*) things *pl*, belongings *pl*, possessions *pl*. **8** *pl.* (*avvenimenti politici*) things *pl*, matters *pl*, affairs *pl*, events *pl*: *le –e di Spagna* Spanish affairs. **9** *pl.* (*masserizie*) things *pl*, goods and chattels *pl*, longings *pl*: *prendi le tue –e e vattene* take your things and go. **II** *pron.interr.* ⟨*fam*⟩ **1** (*che cosa*) what: ~ *volete?* what do you want?; *non so ~ fare* I don't know what to do; *tu non sai ~ sia essere orfani* you don't know what it means to be an orphan; ⟨*esclam*⟩ what, what's that: ~*, sarebbe colpa mia?* what's that, you say it's my fault?; ~ *mi dici!* what are you saying! **2** (*in che modo*) what, how, where: ~ *c'entri tu?* how (*o* where) do you come into it?, what have you got to do with it? □ *a* ~: **1** what: *a* ~ *pensi?* what are you thinking of?; **2** (*a che scopo*) what, what ... for: *a* ~ *serve?* what is it (used) for?; *un'***altra** *~:* **1** (*ancora una cosa*) another thing (*o* matter), something else; **2** (*una cosa diversa*) a different thing (*o* matter); *fra le altre –e* among other things; *una ~ o l'altra* one thing or the other; *tra una ~ e l'altra si fecero le otto* what with one thing and another, eight o'clock came round; *non è una* **bella** *~* (*è un'azionaccia*) it's not nice; ⟨*iron*⟩ *belle –e si dicono sul tuo conto* there are some nice things going round about you; *gran* **brutta** *~ essere poveri* it's a bad business being poor; *le –e sono* **cambiate** things (*o* matters) have changed; *sono –e che* **capitano** these things happen; *che –e sono queste?* what are these?; *si* *crede chi sa che* ~ he thinks he is ⌐really s.o.⌐ (*o very important*); *mettere le -e in chiaro* to make things clear; **con** ~ *scrivo?* what am I to write with?; **definire** *la* ~ to settle the matter; ~ **degna** *di essere vista* s.th. worth seeing; *di* ~ *parlate?* what are you talking about?; **dire** *una* ~ *per l'altra* (*sbagliarsi*) to make a mistake (*o slip*); (*ingannare*) to tell a lie; *dimmi una* ~ tell me (this); *a -e* **fatte** when everything is over; ⟨*Dir*⟩ ~ **giudicata** res judicata; **gran** ~ great thing (*o matter*), a lot, much: *quello che ha fatto per te non è gran* ~ he hasn't done anything much for you, what he's done for you is ⌐nothing much⌐ (*o no great matter*); **grandi** *-e* great things: *tutti attendono da lui grandi -e* everybody expects great things from him; *fare le -e in grande* (*stile*) to do things on a big scale; *-e* **grosse** big (*o serious*) matters, matters of weight, trouble: *ci saranno -e grosse* there will be trouble; *è una* ~ **impossibile** it is quite impossible; **nessuna** ~ nothing; (*in frasi interrogative o col verbo negativo*) anything; *è una* ~ *da* **nulla** it's a mere trifle (*o nothing*), it's nothing; **ogni** ~ everything: *ho dimenticato ogni* ~ I have forgotten everything; ~ **ovvia** something that speaks for itself, obvious matter; *-e da* **pazzi** incredible (*o very strange*) matters; **più** *di ogni* ~ more than anything else: *ti amo più di ogni* ~ I love you more than anything else (in the world); *una* ~ *da* **poco** a trifle, nothing much; *mettere le -e a* **posto** to put things straight, to tidy up; *la* ~ **principale** the chief (*o main*) thing: *la* ~ *principale è che tutto sia andato bene* the chief thing is that everything went off all right; *la* ~ **pubblica** public affairs, the common good; **qualche** ~ something: *dimmi qualche* ~ *di carino* tell me something nice; (*in frasi interrogative o col verbo negativo*) anything; *fammi sapere qualche* ~ let me know what's happening, keep me in touch; *avere qualche* ~ *contro qd.* to have something against s.o.; *è già qualche* ~ *che abbia risposto* it's something that he's ⌐even replied⌐ (*o replied at all*); *farei* **qualsiasi** ~ *per lui* I would do anything for him; *qualsiasi* ~ *succeda, non dimenticare l'appuntamento* whatever happens, don't forget the appointment; *una* ~ **qualunque** anything; *è una* ~ *da* **ridere** it's a laughing matter; *la* ~ *va da* **sé** it is a matter of course; *è una* ~ **secondaria** it's a minor (*o trifling*) matter; *è una* ~ **seria** it's a serious matter; *se è come dici tu, è una* ~ *seria* if things are as you say, then the matter is serious; *il mio amore per te è una* ~ *seria* my love for you is serious; *la* **stessa** ~ (*lo stesso*) (all, just) the same: *è la stessa* ~ it's all the same, it makes no difference, it doesn't matter; **tante** *-e* (*augurio*) all the best wishes; (*saluti*) kindest (*o my*) regards: *tante -e alla tua famiglia* ⌐kindest regards⌐ (*o please remember me*) to your family; *-e d'altri* **tempi** things of the past; *tutt'altra* ~ quite another (*o a different*) matter; *una* ~ *per* **volta** one thing at a time. *Prov.: da* ~ *nasce* ~ one thing leads to another; ~ *fatta capo ha* what's done cannot be undone. ‖ *la* ~ *è andata così* this is how things went; *facciamo una* ~, *andiamoci subito* let's go right away; *stando così le -e* as things are, as matters stand; *le -e stanno così* this is how things (*o matters*) stand; *se le -e stanno così* if this is how things stand; *sai una* ~? do you know what?; *senti una* ~ listen, look (here); *come vanno le -e?* how are things?; *cos'hai?* what's the matter with you?, what's wrong?

cosà *avv.: così e* ~ this way and that way.

cosacco *a./s.* (*pl.* **-chi**) **I** *a.* Cossack: *danza -a* Cossack dance. **II** *s.m.* (*f.* **-a**) Cossack: *i cosacchi del Don* the Cossacks of the Don.

cosare *v.t.* (**coso**) ⟨*fam*⟩ (substitute verb) to do: *cosa stai cosando?* what are you doing?

cosca *f.* ⟨*region*⟩ cosca (organized band of the Mafia).

coscia *f.* (*pl.* **-sce**) **1** thigh, haunch: ~ *di* ⟨*Macell*⟩ leg: ~ *di pollo* leg of chicken; *un pezzo dalla parte della* ~ a piece off the leg (*o joint*). **3** ⟨*Mecc*⟩ jaws *pl.* **4** ⟨*Arch*⟩ abutment.

casciale *m.* **1** (*parte dell'armatura*) cuisse, cuish, thigh piece. **2** ⟨*Sport*⟩ thigh guard (*o pad*).

cosciente *a.* conscious, ⟨*pred*⟩ aware (*di* of): *sono* ~ *di aver agito male* I am conscious of having acted wrongly; *non è* ~ *del pericolo che corre* he is not aware of the risk he is running. □ *una persona* ~ a responsible person.

coscientemente *avv.* consciously, knowingly.

coscienza *f.* **1** conscience: *mi morde la* ~ *per quello che ho fatto* ⌐my conscience is tormenting me⌐ (*o I am conscience-stricken*) for what I have done. **2** (*consapevolezza*) consciousness, awareness. **3** (*coscienziosità*) conscientiousness. **4** (*sensibilità*) awareness, consciousness: ~ *civile* civic consciousness; ~ *politica* political awareness. **5** (*sensi*) consciousness: *perdere* ~ to lose consciousness (*o one's senses*). □ **avere** ~ *di qc.* to be conscious (*o aware*) of s.th., to realize s.th., to be alive to s.th.: *ne ho piena* ~ I am fully aware of it; *un caso di* ~ a matter of conscience; ~ **collettiva** collective social mind; **con** ~ conscientiously; *con la* ~ *di aver agito bene* knowing one has acted rightly; *essere di* ~ to be conscientious: *è un uomo di* ~ he is a conscientious man; ~ **ecologica** environmental awareness (*o consciouness*); *fare l'esame di* ~ to examine one's conscience; **in** ~: 1 (*moralmente*) morally, as a matter of duty: *mi sento obbligato in* ~ I feel morally bound; 2 (*onestamente*) in all conscience, ⟨*fam*⟩ quite honestly: *in* ~ *non posso dire che hai agito bene* in all conscience, I can't say that you've done the right thing; *mettersi una* **mano** *sulla* ~ to put one's hand on one's heart; **obiettore** *di* ~ conscientious objector; *mettersi la* ~ *in* **pace** to set one's conscience at rest; **prendere** ~ *di qc.* to become aware of s.th.; **presa** *di* ~ gaining awareness; *avere la* ~ **pulita** (*o a posto*) to have a clear conscience; **riacquistare** ~ to regain consciousness (*o one's senses*); *mi* **rimorde** *la* ~ I am conscience-stricken; **scrupoli** *di* ~ scruples (*o qualms*) of conscience; *operare* (*o agire*) **secondo** ~ to do as one's conscience tells one; **senza** ~ (*agg.*) unscrupulous; (*avv.*) unscrupulously; ~ **sociale** social awareness; *avere la* ~ **sporca** to have a guilty conscience; *avere qc.* (*o qd.*) **sulla** ~ to have s.th. (*o s.o.*) on one's conscience: *ho un peso sulla* ~ I have a load on my conscience; *avere la* ~ **tranquilla** (*o pulita*) to have a clear (*o easy*) conscience; *la* **voce** *della* ~ the voice of conscience.

coscienziosamente *avv.* conscientiously: *lavorare* ~ to work conscientiously. **coscienziosità** *f.* conscientiousness. **coscienzioso** *a.* conscientious, scrupulous: *impiegato* ~ conscientious employee; *lavoro* ~ scrupulous work, work done conscientiously.

cosciotto *m.* leg.

coscritto **I** *a.* ⟨*Mil*⟩ conscript, recruited. **II** *s.m.* conscript; (*recluta*) recruit, ⟨*am*⟩ draftee. □ ⟨*Stor.rom*⟩ *padri -i* conscript fathers.

coscrivere *v.t.* (**coscrissi**, **coscritto**) to enlist, to enrol, ⟨*am*⟩ to draft. **coscrizione** *f.* ⟨*Mil*⟩ conscription, call-up, ⟨*am*⟩ draft.

cosecante *f.* ⟨*Mat*⟩ cosecant. **coseno** *m.* cosine.

così **I** *avv.* **1** so, this: *un bambino alto* ~ a little boy so (*o this*) high; (*in questa maniera*) like this (*o that*), this (*o that*) way, this, that: *le cose stanno* ~ this is how matters stand; *mamma ha detto* ~ that is what Mummy said; (*seguito dal gerundio*) so: ~ *dicendo se ne andò* so saying, he went off. **2** (*tanto: con aggettivi*) so, such: *è* ~ *facile* it's so easy; (*con aggettivi che qualificano un sostantivo*) such: *è una persona* ~ *buona che vorrei aiutarla* she is such a good person that I should like to help her; (*con avverbi*) so: *legge* ~ *lentamente* he reads so slowly. **3** (*nello stesso modo, altrettanto*) so: *ella uscì e* ~ *feci anch'io* she went out and so did I. **II** *congz.* **1** so: *ero* ~ *stanco che non riuscivo a studiare* I was so tired that I couldn't study. **2** (*dunque*) so (then): ~ *hai deciso di non partire?* so you have decided not to leave?; *faceva un gran freddo,* ~ *sono rimasto a casa* it was very cold, so I stayed at home. **III** *a.inv.* (*tale, siffatto*) like this (*o that*), such, of this kind: *non mi sarei aspettato un risultato* ~ I wouldn't have expected a result ⌐like this⌐ (*o of this kind*). □ **basta** ~! that's enough!, that will do!; ~ *va* **bene** that's right (*o better*); ~ ... **che** *so* ... (that): *ero* ~ *emozionato che non potei rispondere* I was so excited (that) I couldn't reply; ~ ... **come** (*nei comparativi di uguaglianza*) as ... as; (*altrettanto*) just as: *come parla* ~ *scrive* he writes just as he speaks; *l'ho lasciato* ~ *com'era* I left it just as it was; (*in frasi negative o interrogative*) so ... as, as ... as: *non sei tornato* ~ *presto come avevi promesso* you didn't come back as (*o* so) early as you had promised; ~ **così** so–so; ~ *o così* this way or that way, like this or like that, one way or another; *né* ~ *né così* neither way, neither this way nor that; ~ **così** so–so, fairly (*o* quite) good (*o* well): *il cantante aveva una voce* ~ *così* the singer had quite a good voice, the singer's voice was so–so; *come ti senti?* - ~ *così* how do you feel? - so–so; *non so fare meglio di* ~ I can't do any better than this; *non posso dirti più di* ~ I can't tell you any more than this; *per* ~ **dire** so to speak (*o* say), as it were; ~ è that's how it is, that's how things stand, there it is; *e* ~*?* (and) so?, well (then)?, what about it?, ⟨*fam*⟩ so what?; ~ **facendo** *non otterrai nulla* behaving like this won't get you anywhere; **meglio** ~ it's better 'like this' (*o* this way); **per** ~ like this (*o* that), this way: *devi girare il lume per* ~ *se vuoi vederci meglio* you must turn the light like this if you want to see better; **proprio** ~ just (*o* quite) so, exactly; (*proprio in questo modo*) just like this; ~ **pure** so, also, too, as well: *il teatro è stato rimodernato e* ~ *pure la chiesa annessa* the theatre has been modernized, and so has the church attached to it; ~ **sembra** so it seems; ~ **sia** so be it; *e* ~ **via** and so on.

cosicché (*o così che*) *congz.* **1** so (that): *mi ero addormentato,* ~ *non ti ho sentito entrare* I had fallen asleep, so I didn't hear you come in. **2** (*quindi*) so: ~ *non ha studiato?* so he hasn't studied? **cosiddetto** (*o così detto*) *a.* so-called: *la* –*a nobiltà* the so-called nobility. **cosiffatto** (*o così fatto*) *a.* such, like this (*o* that), similar, of this kind: *con una persona* –*a non si può andare d'accordo* you can't get on with a person like that.

cosmesi, cosmesia *f.* cosmetics *pl*, beauty treatment. **cosmetico** *a./s.m.* (*pl.* -ci) cosmetic. **cosmetista** *m./f.* cosmetologist, beautician. **cosmetologia** *f.* cosmetology, art of cosmetics. **cosmetologo** *m.* (*f.* -a; *pl.* -gi) → **cosmetista.** ◻ *prodotti* –*i* cosmetics *pl.*

cosmico *a.* (*pl.* -ci) cosmic (*anche fig.*): *leggi cosmiche* cosmic laws; *dolore* ~ cosmic grief; *energia* –*a* cosmic energy; *raggi* –*i* cosmic rays. **cosmo** *m.* cosmos, universe.

cosmo|dromo *m.* ⟨*Astron*⟩ space launching base, cosmodrome. **~gonia** *f.* cosmogony. **~gonico** *a.* (*pl.* -ci) cosmogonal, cosmogonic(al).

cosmografia *f.* cosmography. **cosmografico** *a.* (*pl.* -ci) cosmographic(al). **cosmografo** *m.* cosmographer. **cosmologia** *f.* cosmology. **cosmologico** *a.* (*pl.* -ci) cosmologic(al). **cosmologo** *m.* (*pl.* -gi) cosmologist.

cosmo|nauta *m./f.* cosmonaut. **~nautica** *f.* astronautics *pl* (*costr.* sing.). **~nautico** *a.* (*pl.* -ci) astronautical. **~nave** *f.* ⟨*Astron*⟩ spaceship, spacecraft.

cosmopolita **I** *s.m./f.* cosmopolite, cosmopolitan. **II** *a.* cosmopolitan, cosmopolite: *Roma è una città* ~ Rome is a cosmopolitan city. **cosmopolitico** *a.* (*pl.* -ci) cosmopolitic: *idee cosmopolitiche* cosmopolitic ideas. **cosmopolitismo** *m.* cosmopolitism, cosmopolitanism.

cosmo|rama *m.* cosmorama. **~sonda** *f.* ⟨*Astron*⟩ space probe.

coso *m.* ⟨*fam*⟩ (*rif. a cosa*) thing, ⟨*fam*⟩ what–d'you –call–it, ⟨*fam*⟩ thingumajig, ⟨*fam*⟩ thingamabob, ⟨*fam*⟩ what's–its–name: *dammi quel* ~ give me that thingumajig.

cospargere *v.t.* (**cospargo, cospargi; cosparsi, cosparso**) to strew, to scatter, to spread, to sprinkle (*di* with): ~ *di fiori* to strew with flowers.

cospetto *m.* **1** (*presenza*) presence: *fu portato al* ~ *del re* he was brought into the king's presence. **2** (*vista*) sight, view: *al* ~ *di Dio* in the sight of God, before God. **3** ⟨*esclam*⟩ good gracious, my goodness.

cospicuamente *avv.* conspicuously. **cospicuità** *f.* conspicuity, conspicuousness. **cospicuo** *a.* **1** (*notevole*) conspicuous, remarkable, outstanding: *un* ~ *esempio di rettitudine* an outstanding example of honesty. **2** (*grande*) considerable, large: *somma* –*a* considerable sum; *patrimonio* ~ large estate.

cospirare *v.i.* (*aus.* avere) to conspire, to plot (*anche fig.*): ~ *contro qd.* to conspire against s.o. **cospiratore** *m.* (*f.* -trice) conspirator (*f* –tress), plotter. **cospirazione** *f.* conspiracy, plot: ~ *politica* political conspiracy.

cossi → **cuocere.**

costa *f.* **1** (sea–)coast, seashore, seaboard: *la nave naufragò sulla* ~ *francese* the ship was wrecked on the French coast; (*linea di costa*) coastline; (*litorale*) shore. **2** (*falda di monte*) hillside, mountainside: *la* ~ *rocciosa del monte* the rocky mountainside. **3** (*di coltello, di libro*) back, spine. **4** (*cucitura*) seam. **5** ⟨*Anat,Zool,Mar*⟩ rib. **6** ⟨*Bot*⟩ rib, vein. ◻ ~ **alta** high coast; ~ *d'Avorio* Ivory Coast; ~ **Azzurra** Côte d'Azur; ~ **bassa** flat coast; *di* ~ sideways; ⟨*Mil*⟩ **difesa** *della* ~ coastal defence; **lungo** *la* ~ along the coast, coastwise; *a* **mezza** ~ across (*o* cut into) a hillside (*o* mountainside): *la via procede a mezza* ~ the road is cut into the hillside; ⟨*Geog*⟩ ~ *d'*Oro Gold Coast; ~ *a* **picco** bold (*o* sheer) coast; ⟨*Lav.femm*⟩ **punto** *a* –*e* rib-stitch, ribbing; ~ **rocciosa** rocky coast; ~ **sabbiosa** sandy shore; ~ **sassosa** stony shore; **velluto** *a* –*e* corduroy, cord velvet.

costà *avv.* (over) there: *verrò presto* ~ I shall come there soon; (*nel vostro paese*) in your town. **costaggiù** *avv.* down there.

costale *a.* costal: *arcata* ~ costal arch; *vertebre* –*i* costal vertebra.

costante **I** *a.* **1** constant, enduring, steady, steadfast: *amore* ~ steadfast love; *temperatura* ~ steady (*o* even) temperature. **2** (*rif. a persona: perseverante*) persevering, constant, faithful: *è* ~ *nelle amicizie e nelle inimicizie* he is constant in his friendships and in his hatreds. **3** ⟨*Mat,Fis*⟩ constant: *funzione* ~ constant function. **II** *s.f.* **1** ⟨*Mat,Fis*⟩ constant. **2** ⟨*fig*⟩ constant (factor): *la* ~ *del pensiero kantiano* the constant factor in Kant's philosophy. ◻ *aumento* ~ *dei prezzi* steady (*o* constant) rise in prices; *pioggia* ~ incessant (*o* steady) rain. **costantemente** *avv.* constantly, incessantly, steadily.

Costantino *N.pr.m.* Constantin(e).
Costantinopoli *N.pr.f.* ⟨*Geog*⟩ Constantinople.

costanza *f.* constancy, steadfastness, perseverance: ~ *di sentimenti* constancy of feelings; *lavorare con* ~ to work with perseverance.

Costanza *N.pr.f.* Constance (*anche Geog.*). ◻ *lago di* ~ Lake Constance.

costare *v.i.* (**costo;** *aus.* essere) **1** to cost (*anche fig.*): *il libro costa duemila lire* the book costs two thousand lire; ⟨*fig*⟩ *costi quel che costi, avrò quell'incarico* cost what it may, I will have that post; *che ti costa aiutarmi?* what will it cost you to help me? **2** (*essere caro*) to be expensive: *oggi la vita costa* life today is expensive. ◻ ~ **caro** to be expensive; ⟨*fig*⟩ to cost dear (*o* dearly): *questo affronto ti costerà caro* this insult will cost you dear; *questo lavoro costa fatica* this is a hard job; *questo cappello mi è costato un occhio* this hat cost me a fortune; ~ **poco** to cost little, to be inexpensive; **quanto** *costa?* how much is it?, how much does .it cost?; ⟨*fam*⟩ ~ **salato** to cost a pretty penny.

Costarica (*o Costa Rica*) *N.pr.f.* ⟨*Geog*⟩ Costa Rica. **costaricano** *a./s.m.* (*f.* -a) Costa Rican.

costassù *avv.* ⟨*lett,region*⟩ (up) there: *scendi di* ~ come down from there.

costata *f.* entrecôte: ~ *di manzo* beef entrecôte.

costato *m.* chest, (region of the) ribs.

costeggiare *v.* (**costeggio, costeggi**) **I** *v.t.* **1** ⟨*Mar*⟩ to coast, to sail along the coast of: *costeggiammo l'isola* we coasted the island. **2** (*procedere lungo una linea*) to border, to run along (the side of): *il sentiero costeggia il bosco* the path runs along the side of the wood; (*rif. a persone*) to skirt; (*a piedi*) to walk along (*o* beside); (*in veicoli*) to drive (*o* ride) along (*o* beside). **II** *v.i.* (*aus.* avere) ⟨*Mar*⟩ to 'sail along' (*o* hug) the coast: *il battello costeggiava* the boat was hugging the coast.

costei → **colei.**

costellare *v.t.* (**costello**) ⟨*fig*⟩ to stud, to strew, to scatter, to spangle: *la tua traduzione è costellata di errori* your translation is studded with mistakes; (*coprire*) to cover: *una tovaglia costellata di macchie* a cloth covered with stains. **costellato** *a.* studded, spangled (*di* with). **costellazione** *f.* ⟨*Astr*⟩ constellation (*anche fig.*). ◻ *le dodici* –*i dello zodiaco* the twelve constellations of the zodiac.

costernare *v.t.* (**costerno**) to throw into consternation, to fill with consternation, to dismay: *la notizia ci ha costernati* the news has filled us with consternation. **costernato** *a.* consternated, dismayed: *espressione –a* dismayed expression. **costernazione** *f.* consternation, dismay: *essere in preda alla ~* to be in a state of consternation.

costì *avv.* (over) there: *dammi codesto libro ~* give me that book there.

costiera *f.* 1 (stretch of) coast: *la ~ amalfitana* the Amalfi coast. 2 (*fianco di monte*) hillside, mountainside. **costiero** *a.* coastal, coasting, coast–. □ *difesa –a* coastal defence(s); *naviglio ~* coaster, coasting vessel; *traffico ~* coastal traffic.

costipamento *m.* 1 ramming: *~ del terreno* ramming of ground. 2 (*stitichezza*) constipation. **costipare** *v.t.* 1 to ram (down): *~ la terra* to ram down earth. 2 ⟨*Med*⟩ (*provocare stitichezza*) to constipate; (*provocare raffreddore*) to cause to catch a bad cold. **costiparsi** *v.r.* ⟨*Med*⟩ (*prendere un raffreddore*) to catch a bad cold; (*diventare stitico*) to become constipated. **costipato** *a.* ⟨*Med*⟩ (*stitico*) constipated; (*raffreddato*) having a bad cold. **costipazione** *f.* ⟨*Med*⟩ (*raffreddore*) bad cold; (*stitichezza*) constipation.

costituente *a.* constituent: *assemblea ~* constituent assembly.

costituire *v.t.* (**costituisco, costituisci; costituito/costituito**) 1 (*istituire*) to constitute, to form, to institute, to establish: *~ un'associazione* to constitute an association; *~ una famiglia* to form a family. 2 (*mettere insieme*) to build up, to put together: *riuscì a ~ un ingente patrimonio* he managed to build up a vast estate; (*formare*) to form, to create: *~ un governo* to form a government. 3 (*comporre*) to constitute, to make up, to form: *venti alunni costituiscono la mia classe* my class consists of twenty pupils. 4 (*essere*) to be: *questo costituisce un precedente* this is a precedent. 5 (*nominare*) to appoint, to make: *~ qd. erede* to appoint s.o. (as) one's heir. 6 (*assegnare*) to give, to allow, to settle: *~ una rendita a qd.* to settle an annuity on s.o. **costituirsi** *v.r.* 1 (*formarsi*) to come into being, to be formed, to set o.s. up: *si costituì una banda di spie* a gang of spies was formed. 2 (*nominarsi, dichiararsi*) to constitute o.s., to appoint o.s. 3 (*dichiararsi reo*) to give o.s. up: *l'assassino si è costituito alla polizia* the murderer has given himself up (to the police). □ *costituirsi in* to become, to form: *le varie tribù si costituirono in nazione* the various tribes became a nation; ⟨*Dir*⟩ *costituirsi in giudizio* to enter (*o* file) an appearance, to appear before a court (in civil proceedings); ⟨*Dir*⟩ *costituirsi parte civile* to join a prosecution as plaintiff; ⟨*Dir*⟩ *~ reato* to be a criminal offence: *il fatto non costituisce reato* the act is not a criminal offence; *~ una società* to form (*o* set up) a partnership, to incorporate a company.

costituito *a.* constituted, established. □ *le autorità –e* the established (*o* constituted) authorities; *essere ~ da* to be made up of; *norme –e* established regulations; *potere ~* established power. **costitutivo** *a.* constitutive, constituent (*anche Chim.,Fis.*). □ ⟨*Dir*⟩ *atto ~ di una società* deed (*o* articles) of partnership, charter.

costituzionale *a.* constitutional (*anche Med.*): *debolezza ~* constitutional weakness. □ *carta ~* constitution; *corte ~* Constitutional Court; *leggi –i* constitutional laws; *malattia ~* constitutional disease; *monarchia ~* constitutional monarchy; *prassi ~* constitutional practice. **costituzionalismo** *m.* constitutionalism. **costituzionalità** *f.* constitutionality. **costituzionalmente** *avv.* constitutionally. **costituzione** *f.* 1 (*l'istituire*) constitution, establishment, setting up: *la ~ di una nuova società* the establishment of a new company. 2 (*composizione, qualità fisiche*) composition, constitution: *la ~ del suolo* the composition of the soil; *persona di forte ~* person having a strong constitution. 3 ⟨*Pol*⟩ constitution: *la ~ italiana* the Italian Constitution. 4 (*il costituirsi alla giustizia*) surrender. □ ⟨*Dir*⟩ *atto di ~* title deed; *certificato di sana e robusta ~ fisica* certificate of health; ⟨*Mil*⟩ certificate of fitness; *~ geologica* geological constitution; ⟨*Dir*⟩ *~ in giudizio* entry of an appearance

in civil proceedings.

costo *m.* 1 cost; (*spesa*) expense. 2 ⟨*fig*⟩ (*sacrificio*) cost; (*sforzo*) effort. □ ⟨*fig*⟩ **a** *~ di* at the cost of, even if (*o* though): *gli parlerò a ~ di attenderlo tre ore* I'll speak to him even if I have to wait three hours for him; *a ~ della vita* at the cost of one's life; *a nessun ~* on no account; ⟨*fig*⟩ *a ogni* (*o qualunque*) *~* at all costs, at any price: *voler riuscire a ogni ~* to want to succeed at all costs; *i ~ d'acquisto* invoice cost; *–i amministrativi* administrative costs (*o* expenses); ⟨*Comm*⟩ *~, assicurazione e nolo* cost, insurance and freight; *–i aziendali* operating costs (*o* expenses), running costs (*o* expenses); *~ base* basic cost; *~ di concorrenza* competitive cost; *–i correnti* running (*o* current) costs; *~ decrescente* decreasing cost; *~ del denaro* cost of money; *–i di distribuzione* distribution (*o* marketing) costs; *~ effettivo* actual cost; *–i di esercizio* operating costs; ⟨*Ind*⟩ *~ di fabbricazione* manufacturing cost; *~ degli investimenti* cost of capital; *~ della manodopera* labour cost; *~ di manutenzione* maintenance cost; *~ di messa in opera* installation cost; ⟨*Comm*⟩ **prezzo** *di ~* cost price: *vendere a prezzo di ~* to sell at cost price; ⟨*Ind*⟩ *~ di produzione* (*escluse le spese generali*) prime (*o* first, flat) cost; (*incluse le spese generali*) production cost; *~ scalare* stopped cost; *–i sociali* social costs; **sotto** *~* below cost (price): *vendita sotto ~* below-cost sale; *~ di spedizione* forwarding (*o* shipping) costs; *~ storico* historical cost; *~ unitario* unit cost; *~ variabile* variable cost; *il ~ della vita* the cost of living; ⟨*Statist*⟩ *indice del ~ della vita* cost-of-living index; *~ vivo* out-of-pocket cost.

costola *f.* 1 rib. 2 (*di coltello, di libro e sim.*) back. 3 ⟨*Bot*⟩ rib, vein. 4 ⟨*Arch,Mar*⟩ rib. □ *avere qd. alle –e* to be dogged by s.o.; *mettere qd. alle –e di uno* to have s.o. closely watched; ⟨*fig*⟩ *stare* (*o mettersi*) *alle –e di qd.* to dog s.o.'s heels; *gli si contano* (*o vedono*) *le –e* you can see his ribs sticking out. **costoletta** *f.* cutlet: *~ di vitello* veal cutlet; (*braciola*) chop: *~ di maiale* pork chop. **costolone** *m.* 1 ⟨*Arch*⟩ (*vaulting*) rib. 2 (*dorso montano*) ridge, rib. □ ⟨*Arch*⟩ *volta a –i* ribbed vault. **costone** *m.* ridge, rib.

costoro → **coloro.**

costoso *a.* 1 expensive, dear, costly: *merce –a* expensive goods. 2 ⟨*fig*⟩ (*che richiede fatica, sacrificio*) dear, dearly-bought, hard(-earned), hard-won: *successo ~* dearly-bought success.

costretto → **costringere. costringere** *v.t.* (**costringo, costringi; costrinsi, costretto**) 1 (*forzare*) to force, to compel, to oblige: *fui costretto a partire* I was forced to leave; *l'interruzione di corrente ci costrinse a interrompere il lavoro* the power cut obliged us to stop work. 2 ⟨*lett*⟩ (*stringere, comprimere*) to (com)press, to pack, to cram, to squeeze into: *essere costretti in poco spazio* to be packed into a small space. □ *vedersi costretto a fare qc.* to be obliged to do s.th.; *il nemico ci costrinse alla resa* the enemy compelled us to surrender. **costrinsi** → **costringere.**

costrittivo *a.* coercive, compelling, compulsive. □ ⟨*Fon*⟩ *consonanti –e* constrictive consonants; ⟨*Med*⟩ *fasciatura –a* retentive bandaging; *leggi –e* coercive laws; *regolamento ~* coercive regulation. **costrittore** *a.* ⟨*Anat*⟩ constrictor. □ *muscolo ~* constrictor. **costrizione** *f.* constraint, compulsion: *~ morale* moral constraint.

costruire *v.t.* (**costruisco, costruisci; costruii, costruito**) 1 to construct, to build: *costruì un aratro* he constructed a plough; *~ un ponte* to build a bridge; *~ una casa* to build a house. 2 ⟨*fig*⟩ (*creare*) to build (up), to construct, to create: *~ la propria fortuna* to build up one's fortune; *~ un sistema filosofico* to create a philosophical system. 3 ⟨*Gramm,Geom*⟩ to construct. □ *~ un alibi* to invent an alibi; *alla periferia di Roma si è costruito molto* there has been a lot of building on the outskirts of Rome; *~ un muro* to build a wall; ⟨*fig*⟩ *~ sulla sabbia* to build on sand.

costruttivismo *m.* ⟨*Art*⟩ constructivism, constructionism. **costruttivo** *a.* 1 building–: *tecnica –a* building tecnique. 2 ⟨*fig*⟩ constructive: *idee –e* constructive ideas. □ *critica –a* constructive criticism. **costrutto** *m.* 1 ⟨*Gramm*⟩ construction: *~ latineggiante* Latinizing construction. 2 (*senso*) meaning, sense: *qual è il ~ di tutti questi discorsi?*

what's the meaning of all this talk? **3** ⟨fig⟩ (profitto) advantage, profit, result, use. □ ho lavorato a lungo ma con poco ~ I have worked a long time, but to little use; senza ~: **1** (sconclusionato) meaningless: frasi senza ~ meaningless sentences; **2** (inconcludente) useless: lavoro senza ~ useless work; **3** (inutilmente) uselessly, to no end: affannarsi senza ~ to busy o.s. to no end. **costruttore I** s.m. (f. **-trice**) maker, constructor; (fabbricante) manufacturer; (costruttore edile) builder. **II** a. building, construction–: impresa costruttrice building firm. □ ~ di aeroplani aeroplane manufacturer; ~ di automobili car manufacturer; ~ edile builder; ~ navale shipbuilder; ~ stradale road builder.

costruzione f. **1** (il costruire) construction, building; (fabbricazione) manufacture: la ~ di un'automobile the manufacture of a car; (modo di essere costruito) construction, manufacture, structure: un tavolo di ~ solida a table of solid construction; edificio di solida ~ building of solid structure, solidly–built edifice. **2** (edificio) building. **3** ⟨Gramm,Geom⟩ construction. □ ~ di abitazioni building of houses; ~ in **appalto** construction under public contract; ~ di **canali** canal construction; ~ in **cemento** concrete building; ~ in cemento armato reinforced–concrete building; **difetto** di ~ construction defect; ⟨Gramm⟩ ~ **diretta** direct construction; ~ in **ferro** steel–framed building; **impresa** di –i building firm; **in** ~: **1** under (o in course of) construction, being built: edificio in ~ building in course of construction; è in ~ un acquedotto an aqueduct is ⌜under construction⌝ (o being built); **2** ⟨Mar⟩ on the stocks; **legname** da ~ lumber; ~ in **legno** timbering, timberwork; **materiali** da ~ building materials; ~ in **mattoni** brick building, brickwork; ~ **navale** shipbuilding; ⟨Gramm⟩ ~ di un **periodo** construction of a sentence; ~ di (o in) **pietra** stone building, stonework; **scienza** delle –i construction theory; ⟨Ind⟩ ~ in **serie** mass production; ⟨Gramm⟩ ~ **sintattica** syntactic construction; **spese** di ~ construction expenses; ~ **stradale** road making (o building, construction).

costui pron.dimostr.m. (f. **costei**, pl. **costoro**) → colui.

costumanza f. custom, habit: un'antica ~ del paese an ancient custom of the town. **costumare I** v.i. (aus. **avere**) ⟨non com⟩ **1** (avere l'usanza) to be customary, to be usual, to be the custom (o fashion) (costr. impers.): le donne costumavano portare il lutto due anni it was the custom for the women to wear mourning for two years. **2** (avere l'abitudine) to be in the habit of: egli costumava cavalcare ogni mattina he was in the habit of going riding every morning. **II** v.i.impers. (aus. **essere**), **costumarsi** v.r. ⟨non com⟩ (essere in uso) to be usual (o customary), to be the custom: qui (si) costuma pagare in anticipo here it is usual to pay in advance.

costumatezza f. decency, propriety; (buona creanza) politeness, good manners pl. **costumato** a. decent: un giovane ~ a decent young man; (che denota buona educazione) polite: maniere –e polite ways, good manners.

costume m. **1** (usanza) custom, usage, use: ogni popolo ha i suoi –i every people has its customs. **2** (abitudine personale) habit: è mio ~ fare una passeggiata ogni giorno it is my habit to take a walk every day. **3** pl. (condotta morale) morals pl, morality: persona di sani –i person of sound morals. **4** (foggia di vestire) costume: gli attori indossarono i –i the actors put on their costumes; un ~ sardo a Sardinian costume. **5** (per festa mascherata) fancy dress, costume. **6** (costume da bagno) bathing (o swimming) costume, bathing suit; (da uomo) swimming costume, trunks pl. □ ~ da **amazzone** riding habit; **buon** ~ (public) morality: contrario al buon ~ immoral, indecent; ⟨Dir⟩ delitto contro il buon ~ offence against public morality; **squadra** del buon ~ vice squad; **essere** ~ di qd. to be in the habit (costr. pers.): arrivò tardi, com'era suo ~ he arrived late, as he was in the habit of doing; donna di **facili** –i woman of ⌜easy virtue⌝ (o loose morals); **in** ~ costume–, in costume: film in ~ costume film; (mascherato) fancy dress–: ballo in ~ fancy–dress ball; ⟨Folcl⟩ ~ **nazionale** national costume (o dress); ~ (da bagno) a un **pezzo** one–piece swimming costume; ~ (da

bagno) a due **pezzi** two–piece bathing suit; ⟨Teat⟩ **prova** in ~ dress rehearsal; **secondo** il ~ according to usage (o custom); secondo il suo ~ as is his habit; **storia** del ~ (rif. a usi) history of usage and custom; (rif. a fogge) history of costume; ~ **teatrale** stage costume; **usi** e –i usage and custom; ~ di **vita** way of living.

costumista m./f. **1** ⟨Teat,Cin⟩ costume–designer. **2** (addetto ai costumi) costumier (f costumière).

costura f. (cucitura) seam.

cotale a. ⟨lett⟩ (tale) such: parlò in ~ guisa he spoke in such a way.

cotangente f. ⟨Mat⟩ cotangent.

cotanto ⟨lett⟩ **I** a. such, so much (o great): non merita ~ affetto he does not deserve such (o so much) affection. **II** avv. **1** (tanto) so much, so greatly: il premio ~ desiderato the so greatly longed–for prize. **2** (tanto tempo) so long.

cote f. whetstone, hone.

cotechino m. ⟨Alim⟩ cotechino (kind of spiced pork sausage for boiling).

cotenna f. (pelle di maiale) pigskin; (del lardo) rind. □ ⟨fig⟩ avere la ~ dura (essere insensibile) to be thick-skinned.

cotesto ⟨non com⟩ a./pron. → **codesto**.

cotica f. → **cotenna**.

cotidale a. ⟨Geog⟩ linea ~ cotidal line.

cotile f. ⟨Anat⟩ cotyloid cavity.

cotiledone m. ⟨Bot,Zool⟩ cotyledon.

cotillon fr. [kɔti'jɔ̃] m. present given during a ball.

cotogna f. quince. **cotognata** f. quince jam. **cotogno** m. ⟨Bot⟩ quince (tree).

cotoletta f. cutlet: ~ di **vitello** veal cutlet.

cotonare v.t. (cotono) to back-comb: ~ i capelli a qd. to back-comb s.o.'s hair. **cotonato I** a. **1** ⟨Tess⟩ cotton-, cotton-backed: raso ~ cotton-backed satin. **2** (rif. a capelli) back-combed. **II** s.m. ⟨Tess⟩ silk and cotton fabric. **cotonatura** f. back-combing.

cotone m. **1** ⟨Bot⟩ cotton (plant). **2** (filato) cotton, cotton yarn (o thread): un gomitolo di ~ a skein of cotton. **3** (tessuto) cotton, cotton fabric (o cloth). □ **cascami** di ~ cotton waste; **coltivazione** del ~ cotton cultivation; ~ **damascato** damasked cotton; **di** ~ cotton-: calze di ~ cotton socks; **fiocco** di ~ cotton staple; ~ **idrofilo** cotton wool, ⟨am⟩ (absorbent) cotton; ~ **per imbastire** tacking (o basting) thread; ~ **perlato** (o perlé) pearl cotton, ⟨am⟩ ply yarn; **piantagione** di ~ cotton plantation; **piantatore** di ~ cotton planter; **raccogliere** il ~ to pick cotton; ~ **da rammendo** darning cotton (o thread); ~ **da ricamo** embroidery thread (o cotton).

cotoneria f. cotton goods pl. **cotonicoltore** m. (f. -trice) cotton grower. **cotonicoltura** f. cotton growing. **cotoniere** m. **1** (industriale) cotton manufacturer, cotton spinner. **2** (operaio) cotton worker, cotton spinner. **cotoniero** a. cotton-: industria –a cotton industry. **cotonificio** m. cotton mill. **cotonina** f. calico. **cotonoso** a. cottony, fluffy: barba –a fluffy beard.

cotta¹ f. **1** (cottura) cooking; (rif. all'arrosto) roasting; (rif. al fritto) frying; (rif. al lesso) boiling; (al forno) baking; (in umido) stewing. **2** (infornata) batch; (rif. a mattoni, ceramiche e sim.) kilnful. **3** ⟨scherz⟩ (innamoramento) crush. **4** ⟨Sport⟩ crack-up, breakdown. □ ⟨fig⟩ di tre –e out-and-out, thorough: un furfante di tre –e an out-and-out rascal; ⟨Sport⟩ prendere una ~ to break down, to crack up; prendere una ~ per qd. (innamorarsene) to have a crush on s.o., to fall for s.o.

cotta² f. **1** (tunica) cassock. **2** (sopravveste) tabard. **3** ⟨Lit⟩ surplice.

cottimista m./f. piece worker. **cottimo** m. **1** payment by piece work, piece rate system. **2** (lavoro a cottimo) piece work. □ a ~ by piece work; lavorare a ~ to do piece work; dare un lavoro a ~ to give piece work; pagare a ~ to pay by piece-work; ~ **collettivo** group piece work.

cotto (p.p. di cuocere) **I** a. **1** cooked, done; (arrosto) roast-, roasted; (fritto) fried; (lesso) boiled; (al forno) baked; (in umido) stewed. **2** ⟨fig⟩ (scottato) burnt, scorched: un viso ~ dal sole a face burnt by the sun. **3** ⟨fig⟩ (innamorato) in love (di with): sono ~ di quella ragazza I ⌜am in love with⌝ (o have a crush on) that girl. **4**

⟨*Sport*⟩ in a state of collapse, broken down. **II** *s.m.* (*mattone cotto*) fired brick; (*lavoro in mattoni*) brickwork; (*terracotta*) terracotta. □ **ben** ~ well done; ⟨*fig*⟩ *farne di –e e di* **crude** to get up to all kinds of tricks; **decorazione** *in* ~ brickwork; ~ *ai ferri* grilled; **mal** ~ poorly (*o* badly) cooked; **poco** ~ underdone; ~ *a* **puntino** done to a turn; ~ *e* **stracotto** overdone.

cottura *f.* **1** (*il cuocere, il cuocersi*) cooking; (*dell'arrosto*) roasting; (*del fritto*) frying; (*del lesso*) boiling; (*al forno*) baking; (*in umido*) stewing. **2** (*rif. a mattoni, vetro e sim.*) baking, firing. □ *un'ora di* ~ an hour's cooking; **portare** *a* ~ to cook thoroughly; **punto** *di* ~ cooking point; *la pietanza ha* **raggiunto** *la* ~ the dish is (completely) cooked; ~ *a* **vapore** steam cooking.

coturnato *a.* ⟨*lett*⟩ wearing buskins, buskined: *attori –i* buskined actors.

coturnice *f.* ⟨*Ornit*⟩ rock partridge.

coturno *m.* ⟨*Stor*⟩ buskin, cothurnus.

coulisse *fr.* [ku'lis] *f.* **1** (*scanalatura*) groove, slot. **2** *pl.* ⟨*Teat*⟩ (*quinte*) wings *pl*, slips *pl*. □ *porta a* ~ sliding door.

coulomb *fr.* [ku'lõ] *m.* ⟨*Fis*⟩ coulomb. **coulombometro** *m.* coulommmeter, coulometer.

coup de foudre *fr.* [kudə'fudr] *m.* love at first sight.

coupé *fr.* [ku'pe] *m.* ⟨*Aut*⟩ coupé.

coupon *fr.* [ku'põ] *m.* **1** (*tagliando*) coupon, slip; ~ *per la benzina* petrol coupon. **2** (*cedola di azione*) dividend (*o* interest) coupon. **3** (*tagliando di dividendo*) dividend warrant (*o* coupon).

couso *m.* ⟨*Dir*⟩ joint use, co-use.

coutente *m./f.* co-user, joint user; (*rif. a telefono*) joint subscriber. **coutenza** *f.* co-use, joint use.

couture *fr.* [ku'ty:r] *f.* couture, fashion. **couturier** *fr.* [kuty'rje] *m.* couturier, fashion designer.

cova *f.* **1** (*il covare*) brooding, hatching. **2** (*luogo*) brooding place. **3** (*periodo*) brooding time.

covalente *a.* ⟨*Chim*⟩ covalent. **covalenza** *f.* covalence, covalency.

covare *v.* (**covo**) **I** *v.t.* **1** to sit on, to hatch, to brood (over): ~ *le uova* to sit on eggs. **2** ⟨*fig*⟩ (*alimentare segretamente*) to brood over (*o* on), to nurse, to cherish: ~ *l'odio* to nurse hatred; ~ *cattivi pensieri* to cherish evil thoughts. **II** *v.i.* (*aus.* avere) **1** to brood, to sit (on eggs): *la chioccia cova* the hen is sitting. **2** ⟨*fig*⟩ to smoulder, to lie hidden, to lurk: *l'invidia covava nel suo animo* envy lay hidden in his heart. □ *il fuoco cova sotto la* **cenere** the fire is smouldering under the ashes; *il suo odio covava sotto la cenere* his hatred was still smouldering; **gatta** *ci cova* there's s.th. fishy (*o* odd) in all this; ~ *le* **lenzuola** to idle (*o* laze) in bed; ~ *una* **malattia** to be sickening for an illness; ~ *con gli occhi qd.* to look lovingly at s.o.; ~ *un* **progetto** to lay (*o* hatch) a plan; ~ *la* **vendetta** to brood on vengeance.

covariante *a./s.f.* ⟨*Mat*⟩ covariant.

covata *f.* **1** (*uova*) clutch; (*pulcini*) clutch, brood, hatch. **2** ⟨*scherz*⟩ (*figliolanza*) brood. **covaticcio** *a.* broody, brood–: *gallina –a* broody hen, brood hen. **covatura** *f.* **1** (*il covare*) brooding, sitting on eggs, hatching. **2** (*periodo*) brooding time.

coventrizzare *v.t.* ⟨*Mil*⟩ to wipe out by bombing.

covile *m.* **1** (*tana*) den, lair; (*cuccia*) dog's bed. **2** ⟨*fig*⟩ (*abitazione povera*) hovel, hole; (*giaciglio*) pallet. **covo** *m.* **1** lair, den: *il* ~ *della volpe* the fox's lair; (*del coniglio*) burrow; (*della lepre*) form; (*nido*) nest: *un* ~ *di vipere* a nest of vipers. **2** ⟨*fig*⟩ hideout, haunt, hiding place, den: *il* ~ *dei briganti* the robbers' den; *quel paese è un* ~ *di anarchici* that town is a den of anarchists; *non esce mai dal suo* ~ he never leaves his den.

covone *m.* sheaf: ~ *di grano* sheaf of corn.

coxalgia *f.* ⟨*Med*⟩ coxalgia, coxalgy. **coxite** *f.* coxitis.

coyote *sp.* [ko'jo:tə] *m.* ⟨*Zool*⟩ coyote.

Cozie *N.pr.f.pl.* ⟨*Geol*⟩ (*Alpi Cozie*) Cottian Alps.

cozza *f.* ⟨*Zool*⟩ (*mitilo*) mussel: *zuppa di –e* mussel soup.

cozzare *v.* (**cozzo**) **I** *v.i.* (*aus.* avere) **1** (*percuotere con le corna*) to butt: *il montone cozzò contro il muro* the ram butted against the wall. **2** (*urtare violentemente*) to run (*contro* into), to bang (against), to collide (with): *nel buio*

cozzai contro il muro I ran into the wall in the dark; (*rif. a veicoli*) to crash (against, into), to run (into): *l'automobile ha cozzato contro un albero* the car ⌐ran into⌐ (*o* crashed against) a tree. **3** ⟨*fig*⟩ (*essere in contraddizione*) to clash, to be in conflict, to contrast (*con, contro* with): *le tue affermazioni cozzano contro* (*o con*) *l'evidenza* your statements clash with the evidence. **4** ⟨*recipr*⟩ (*urtarsi violentemente*) to collide, to crash (*o* run) into e.o.: *le due automobili cozzarono all'incrocio* the two cars collided at the crossroads. **II** *v.t.* **1** (*con le corna*) to butt: *il montone cozza il palo* the ram butts the post. **2** (*urtare violentemente*) to run, to dash: ~ *il capo nel* (*o contro il*) *muro* to dash (*o* run) one's head against the wall. □ ~ *contro una difficoltà* to run (*o* come) up against a difficulty; *è come* ~ *contro il muro* it's like running up against a brick wall. **cozzata** *f.* **1** (*colpo con le corna*) butt. **2** ⟨*estens*⟩ (*scontro violento*) clash, crash, collision, blow. **cozzo** *m.* **1** butt. **2** (*urto violento*) crash, shock, clash, collision: *nel* ~ *il motociclista è stato gettato a terra* in the crash, the motorcyclist was thrown to the ground. **3** ⟨*fig*⟩ (*conflitto*) clash, conflict, contrast. □ *dare di* ~ *in qc.* to run into s.th., to crash against s.th.; ⟨*fig*⟩ to clash (*o* be in contrast) with s.th.

c.p. = *casella postale* post–office box (*abbr.* P.O.B.).

cpv. = *capoverso* paragraph (*abbr.* par.).

C.R. = *Croce rossa* Red Cross (*abbr.* R.C.).

crac I *onom.* crack. **II** *s.m.* **1** crack, snap: *sentimmo il* ~ *del ramo che si spezzava* we heard the crack of the branch breaking off. **2** ⟨*fig*⟩ (*rovina, fallimento*) crash, ruin: ~ *finanziario* financial crash, bankruptcy.

cracker *ingl.* ['krækə] *m.* **1** (*biscotto*) cracker, thin biscuit. **2** ⟨*Min*⟩ cracker.

Cracovia *N.pr.f.* ⟨*Geog*⟩ Cracow.

crampo *m.* cramp: *avere i –i allo stomaco* to have cramps in the stomach. □ *mi venne un* ~ *alla gamba* I got a cramp in my leg; *il* ~ *dello scrivano* writer's cramp.

cranico *a.* (*pl.* -ci) cranial, cranic, brain–: *nervi –i* cranial nerves. □ *scatola –a* braincase, cranium. **cranio** *m.* **1** ⟨*Anat*⟩ cranium, skull: *frattura del* ~ fracture of the skull. **2** ⟨*fam*⟩ (*testa*) head: *avere il* ~ *duro* to be thick in the head. **craniologia** *f.* ⟨*Anat*⟩ craniology. **craniologico** *a.* (*pl.* -ci) craniological. **craniologo** *m.* (*pl.* -gi) craniologist. **cranio|leso** *m.* ⟨*Med*⟩ head–injured. **~metria** *f.* ⟨*Anat*⟩ craniometry. **~metrico** *a.* (*pl.* -ci) craniometric. **~scopia** *f.* cranioscopy.

craniotomia *f.* ⟨*Chir*⟩ craniotomy. **craniotomo** *s.* ⟨*Chir*⟩ craniotome.

crapula *f.* gluttony. **crapulone** *m.* (*f.* -a) glutton.

crasi *f.* ⟨*Gramm,Med*⟩ crasis.

crasso I *a.* ⟨*fig*⟩ crass, gross: *ignoranza –a* crass ignorance. **II** *s.m.* ⟨*Anat*⟩ large intestine.

cratere *m.* **1** ⟨*Geol*⟩ crater: *il* ~ *dell'Etna* the crater of Etna. **2** ⟨*Archeol*⟩ crater, krater: *un* ~ *d'oro* a gold crater. **3** (*scavo di proiettile*) crater, hole. □ ⟨*Geol*⟩ ~ *avventizio* parasitic (*o* lateral) crater; ~ *lunare* lunar (*o* moon) crater; ⟨*Geol*⟩ ~ *meteorico* meteoric crater; ~ *vulcanico* volcano crater.

crauti *m.pl.* ⟨*Gastr*⟩ sauerkraut: *salsicce con* ~ sauerkraut and sausages.

cravatta *f.* **1** (neck–)tie, ⟨*ant*⟩ cravat. **2** ⟨*Sport*⟩ neckhold. □ ~ *a farfalla* bowtie; *farsi il nodo alla* ~ to knot (*o* tie) one's tie; *spillo per* ~ tie pin. **cravattaio** *m.* (*f.* -a) **1** (*fabbricante*) tie maker, tie manufacturer. **2** (*venditore*) tie-seller.

crawl *ingl.* [krɔːl] *m.* ⟨*Sport*⟩ crawl: *nuotare a* ~ to do the crawl, ⟨*am*⟩ to crawl. **crawlista** *m./f.* crawl swimmer.

creanza *f.* good manners *pl*, breeding, politeness. □ *buona* ~ good manners (*o* breeding): *insegnare le buone –e a qd.* to teach s.o. ⌐good manners⌐ (*o* how to behave); *mala* ~ bad manners, ill-breeding; *persona senza* ~ ill-bred (*o* ill-mannered) person, person with no manners.

creare *v.t.* (**creo**) **1** to create, to make: *Dio creò il mondo* God created the world. **2** (*ideare*) to create, to produce: *il parrucchiere ha creato una nuova acconciatura da sera* the hairdresser has created a new evening hairstyle; ~ *un capolavoro* to produce a masterpiece. **3** (*fondare, costruire*) to establish, to form: ~ *una società* to form a company. **4** (*suscitare*) to cause, to create, to make: *la sua risposta creò un certo imbarazzo tra i presenti* his reply caused some embarrassment among those present; *non crearmi altre difficoltà* don't create (*o* make) more difficulties for me. **5** (*eleggere, nominare*) to create, to make: *i cittadini lo crearono sindaco* the townsmen made him mayor. □ ~ *dal nulla* to create out of nothing; *nulla si crea e nulla si distrugge* nothing is created and nothing is destroyed; ⟨*Teat*⟩ ~ *un personaggio* to create a character; ~ *un precedente* to establish a precedent; ~ *dei problemi a qd.* to give s.o. problems.

creatina *f.* ⟨*Chim*⟩ creatine. **creatinina** *f.* ⟨*Biol*⟩ creatinine.

creatività *f.* creativeness. **creativo** *a.* creative: *facoltà -a* creative ability. **creato I** *a.* created. **II** *s.m.* creation: *le meraviglie del* ~ the wonders of creation. **creatore I** *s.m.* (*f.* -trice) **1** (*Dio*) Creator, Maker. **2** (*ideatore*) creator, maker. **3** (*fondatore*) founder. **II** *a.* creative: *l'opera creatrice di Dio* the creative work of God; *potenza creatrice* creative power. □ ⟨*pop*⟩ *andare al* ~ to go to meet one's Maker; ⟨*pop*⟩ *mandare al* ~ *qd.* to send s.o. to the other world; ~ *di testi pubblicitari* advertising copywriter. **creatura** *f.* **1** creature: *le -e di Dio* God's creatures. **2** ⟨*fam*⟩ (*bambino*) baby, child, little one: *è rimasta vedova con tre -e* she was left a widow with three children. **3** (*protetto*) creature, protégé, favourite: *è una ~ del ministro* he is a protégé of the minister's. □ *una adorabile* ~ an adorable creature; *-e angeliche* angels; *povera* ~ poor (little) thing. **creazione** *f.* **1** creation: *la ~ del mondo* the creation of the world. **2** (*l'ideazione*) creation, invention. **3** (*fondazione*) foundation, establishment, formation: ~ *di una società* formation (*o* foundation) of a company. **4** (*creato*) creation: *le meraviglie della* ~ the wonders of creation. **5** ⟨*lett*⟩ (*elezione, nomina*) creation, making, appointment. **6** ⟨*Mod*⟩ creation: *saranno presentate le ultime -i per la prossima estate* the latest creations for next summer will be shown. □ *le -i dello spirito* the fruits (*o* products) of the intellect.

crebbi → **crescere.**

credente I *a.* believing. **II** *s.m./f.* believer: *un fervido* ~ a fervent believer.

credenza¹ *f.* **1** (*il credere*) belief, credence: ~ *in Dio* belief in God. **2** (*cosa creduta*) belief: *un'antica ~ popolare* an old popular belief. **3** (*credito, attendibilità*) credit, belief, credibility. **4** ⟨*fam,Comm*⟩ (*credito*) credit, trust. □ *-e religiose* religious beliefs.

credenza² *f.* (*armadio*) kitchen cupboard; (*nella sala da pranzo*) sideboard.

credenziale *a./s.f.* ⟨*Dipl*⟩ credential. □ *presentare le -i* to present one's credentials.

credere¹ *v.* (**credei/credetti**) **I** *v.i.* (*aus. avere*) **1** (*prestare fede*) to believe (*a qc.* s.th.): *non ti ho mai creduto* I have never believed you; *non posso crederci* I can't believe it. **2** (*credere nell'esistenza, confidare*) to believe (*a, in* in): ~ *in Dio* to believe in God; ~ *nell'umanità* to believe in mankind. **3** (*avere fede religiosa*) to believe, to have faith: *da quel momento cessai di* ~ from that moment, I stopped believing. **4** (*pensare, ritenere*) to think, to believe: *non credevo di darti un dispiacere* I didn't think I would upset you; (*preferire*) to think best: *come credi* as you think best. **5** (*reputare probabile*) to believe, to think, to suppose: *non credo a questa eventualità* I don't believe this will happen. **II** *v.t.* **1** to believe: *non credo una sola parola di quanto mi dici* I don't believe a single word of what you say; *stento a crederlo* I find it hard to believe. **2** (*ritenere*) to think, to believe, to understand: *ti credevo all'estero* I thought (*o* understood) you were abroad; *ti credevo furbo* I thought you were a clever fellow. **3** (*stimare giusto, opportuno*) to think (*o* believe) best: *fai pure quello che credi* go ahead and do what you think best. **credersi** *v.r.* to think o.s., to consider o.s., to believe o.s.: *si crede un genio* he thinks himself (*o* he is) a genius; *ti credi molto furbo* you think you are very clever. □ ~ **bene** to think it better (*o* best): *credetti bene di partire subito* I thought it best to leave at once; *lo credo bene* I should think so, I

can well believe it; **come** *lui ci vorrebbe far* ~ as he would have us believe; *come credi* as you like (*o* think best); **dare** *a* ~ *qc. a qd.* to make s.o. believe s.th.; **far** ~ to make s.o. think (*o* believe): *la sua lettera mi fa* ~ *che egli sia d'accordo* his letter makes me think that he agrees; *fa' come credi* do as you ⸢think best⸣ (*o* like, prefer); ~ **meglio** to think best: *agisci come meglio credi* do as you think best; ~ **necessario** to think it necessary; *credo di no* I don't think so; *non credo ai miei occhi* I can hardly believe my eyes; ~ **opportuno** to think it advisable (*o* right, necessary); ~ *a qd. sulla* **parola** to trust s.o.'s word; *ti credo sulla parola* I'll take your word for it; *credo di sì* I think (*o* believe) so; **voler** ~ to trust, to hope: *voglio* ~ *che tu sia pentito* I (hope and) trust you are sorry for what you've done; *non voglio crederci* I refuse to believe it. ‖ *lo salutò credendo che fosse il gemello* he greeted him ⸢in the belief⸣ (*o* thinking) that he was his twin; *verrai? - credo* will you come? - I think so.

credere² *m.* (*opinione*) opinion, belief: *a mio* ~ in my opinion, to my mind; *oltre ogni* ~ past all belief.

credibile *a.* believable, credible: *notizia* ~ credible news. **credibilità** *f.* credibility. □ *perdere* ~ to lose credit.

creditizio *a.* credit-: *sistema* ~ credit system.

credito *m.* **1** (*fiducia*) credit, belief, credence: *la notizia non merita* ~ the news does not deserve credit. **2** (*reputazione*) repute, esteem, credit: *un avvocato di gran* ~ a lawyer of high repute. **3** ⟨*Comm,Econ*⟩ credit: *ho un* ~ *di diecimila lire con un cliente* I have a ten thousand lire credit with a client; *la banca mi ha concesso un* ~ the bank has given me a credit (*o* loan). □ **a** ~ on credit (*o* trust): *comprare a* ~ to buy on credit; **accensione** *di* ~ credit opening, opening of credit; ~ *di* **accettazione** acceptance credit; ~ **agrario** farming credit; **aprire** *un* ~ to open a credit; ~ **automobilistico** auto(mobile) loan; ~ **bancario** bank credit; (*somma da ricevere*) bank debt; *-i verso* **banche** credits to banks; ~ *in* **bianco** blank credit; (*non garantito*) unsecured credit; ~ **cambiario** paper credit, bill receivable; ~ *per* **cassa** cash credit; **concedere** *un* ~ *a qd.* to grant (*o* allow) s.o. a credit; **congelamento** *di -i* freezing of credits; ~ **congelato** frozen credit; ~ *al* **consumo** consumer credit; **dar** ~ *a qc.* (*crederci*) to give credit (*o* credence) to s.th.; ~ **degno** *di* ~ worthy of credit (*o* belief); ⟨*Comm*⟩ creditworthy; ~ *d'*esercizio working (capital) credit; ~ *all'*esportazione export credit; **fare** ~ *a qd.* to give s.o. credit; *non si fa* ~ no credit (given); ~ *contro* fideiussione guarantee credit; ~ **fondiario** loan on landed property, land credit; **godere** ~ to be highly thought of; *godere di molto* ~ to be held in very high esteem; ~ **illimitato** unlimited credit; ~ **immobiliare** credit on real property (*o* estate), real estate credit; ~ *d'*imposta tax credit; *essere in* ~ *con qd.* to have a credit with s.o., to be s.o.'s creditor, to be owed money by s.o.; ~ **inesigibile** bad (*o* irrecoverable) debt; ~ **infruttifero** passive debt; ~ *d'*investimento capital investment loan; ~ **ipotecario** mortgage credit; **istituto** *di* ~ bank, credit institution; **lettera** *di* ~ letter of credit; ~ **mercantile** trade credit; **nota** *di* ~ credit note; **operazioni** *di* ~ credit operations (*o* dealings); **partita** *di* (*o a*) ~ (*book*) credit, credit item (*o* entry); ~ *contro* **pegno** loan upon (*o* secured by) pledge, loan on pawn; *-i* **pendenti** outstanding credits; ~ **personale** personal credit; ~ **privilegiato** preferential (*o* secured) debt, secured preferential claim; ~ *per acquisti* **rateali** hire-purchase credit, ⟨*am*⟩ instalment credit; ~ **revocabile** revocable credit; **revocare** *un* ~ to revoke (*o* withdraw) a credit; ~ **rotativo** revolving credit; ~ **scaduto** expired credit; ~ *allo* **scoperto** overdraft; ~ **stagionale** seasonal credit; ~ *a breve* **termine** short-term credit; ~ *a lungo termine* long-term credit; ~ **trasferibile** transferable credit; **trovar** ~ (*essere creduto*) to be credited (*o* believed); ~ **vincolato** tied credit.

creditore I *s.m.* (*f.* -trice) creditor (*f* -trix). **II** *a.* credit-, creditor-. □ ~ *chirografario* unsecured creditor; *-i diversi* sundry creditors; ~ *ipotecario* mortgagee, secured creditor; ~ *privilegiato* preferential (*o* preferred) creditor.

credo *m.* **1** ⟨*Rel,Lit*⟩ (*preghiera*) Creed: *recitare il* ~ to recite the Creed. **2** ⟨*fig*⟩ creed, views *pl*, beliefs *pl*: *il suo* ~ *politico* his political views.

credulità f. credulity, credulousness: *la sua ~ è sconcertante* his credulity is disconcerting. **credulo** a. credulous. **credulone** I a. credulous. II s.m. (f. -a) gullible person; (gonzo) gull, dupe.

crema I s.f. 1 〈Dolc〉 cream: *un dolce alla ~* a cream cake; (di uova e latte) custard. 2 (passato di legumi) cream, thick soup, purée: *~ di piselli* thick peasoup. 3 〈Cosmet〉 cream: *~ di bellezza* beauty cream. 4 (per lucidare scarpe, borse e sim.) cream, polish: *~ per calzature* shoe polish, shoe cream. 5 〈fig〉 (fior fiore) cream, élite: *la ~ dell'aristocrazia* the cream of the aristocracy. II s.m.inv. (colore) cream. III a.inv. (color crema) cream-, cream-coloured. □ *~ di asparagi* (cream of) asparagus soup; *~ da* (o per) **barba** shaving cream; 〈Cosmet〉 *~* **depilatoria** hair-removing (o depilatory) cream; **gelato** di (o alla) *~* vanilla icecream; 〈Cosmet〉 *~ da* (o per il) **giorno** day cream; 〈Cosmet〉 *~* **idratante** moisturizer, moisturizing cream; *~ per le* **mani** hand cream; 〈Cosmet〉 *~ da* (o per la) **notte** night cream; 〈Cosmet〉 *~* **nutriente** nourishing cream; *~* **solare** suntan cream.

cremagliera f. 〈Mecc〉 rack.

cremare v.t. (cremo) to cremate: *~ un cadavere* to cremate a corpse. **crematoio** m. crematorium, crematory. **crematorio** I a. crematory. II s.m. (anche forno crematorio) → **crematoio**. □ 〈fig〉 *questa stanza d'estate è un forno* this room is an oven in summer. **cremazione** f. cremation.

crème caramel fr. ['krɛːmkara'mɛl] m. crème caramel, caramel custard.

cremeria f. 〈region〉 milk bar. **cremificato** a. 〈Alim〉 creamed, cream-: *formaggio ~* cream–cheese.

cremino m. 1 (gelato) icecream cornet. 2 (formaggino) soft cheese. 3 (cioccolatino) cream–filled chocolate.

cremisi a./s.m. crimson.

Cremlino N.pr.m. Kremlin.

cremlinologia f. Kremlinology. **cremlinologo** m. (pl. -gi) Kremlinologist.

cremolato m. 〈region〉 soft ice cream.

cremometro m. creamometer.

cremore m. 〈Chim〉 cream: *~ di tartaro* cream of tartar. **cremortartaro** m. 〈Chim〉 cream of tartar, potassium bitartrate.

cremoso a. creamy, cream-: *un dolce ~* a creamy dessert.

cren m. 〈Bot, Gastron〉 horseradish.

crenatura f. 〈Bot〉 crenature, crenation.

crenoterapia f. 〈Med〉 crenotherapy.

creolina f. 〈Chim〉 creolin.

creolo I a. Creole, creole. II s.m. (f. -a) Creole.

creosoto m. 〈Chim〉 creosote.

crepa f. crack, crevice, cleft: *c'è una ~ nel muro* there is a crack in the wall. **crepaccio** m. large crack, fissure, cleft: *il terreno era pieno di crepacci* the ground was full of fissures; (rif. a ghiacciaio) crevasse; (rif. a roccia) crack, fissure.

crepa|cuore m. heartbreak, broken heart: *morire di ~* to die of heartbreak (o a broken heart). **~pancia, ~pelle**: *a ~* fit to burst: *mangiare a ~* to eat fit to burst. □ *ridere a ~* to split one's sides with laughter.

crepare v.i. (crepo; aus. **essere**) 1 to crack: *il muro è crepato in più punti* the wall has (o is) cracked in several places; *il piatto era crepato* the plate was cracked; (fendersi) to split, to cleave. 2 (scoppiare) to burst (anche fig.): *se continui a mangiare così creperai* if you keep on eating like that you'll burst. 3 〈volg〉 to die, 〈fam〉 to peg out, 〈fam〉 to kick the bucket, 〈am.fam〉 to croak: *è crepato come un cane* he died like a dog. □ *~ di caldo* to be boiling; *~ di* **fatica** to be dead tired; *~ di* **freddo** to freeze, to be freezing; *~ d'*invidia to be green (o eaten up) with envy; *~ di* **rabbia** to be bursting with rage; *~ dalle* **risa** to burst (o split one's sides) with laughter; 〈scherz〉 *~ di salute* to be bursting with health. || *crepa!* go to blazes!, blow you!

crepatura f. crack, crevice.

crepe fr. [krep] I s.m. 1 〈Tess〉 crepe, crape. 2 〈Gastron〉 crepe, thin pancake. II a. crepe. □ 〈Tess〉 *~ de Chine*

crepe de Chine; *~* **georgette** crepe georgette.

crepella f. 〈Tess〉 wool crepe.

crepitare v.i. (crepito; aus. **avere**) to crackle, to rattle: *il ceppo crepitava nel fuoco* the log was crackling in the fire; *la grandine crepitava sul tetto* the hail was rattling down on the roof; *le foglie secche calpestate crepitavano* the dry leaves crackled underfoot. □ *crepitavano gli spari* shots rattled. **crepitio** m. crackling, crackle, rattling, rattle: *il ~ del fuoco* the crackling of the fire; *il ~ degli spari* the rattle of shots; *il ~ delle foglie calpestate* the crackle of leaves underfoot.

crepuscolare a. twilight, crepuscular: *ora ~* twilight (hours). □ *luce ~* twilight; 〈Psic〉 *stato ~* threshold state. **crepuscolo** m. 1 twilight, dusk: *al ~* in the twilight, at dusk. 2 〈fig〉 (declino) twilight, decline: *il ~ della vita* the twilight of life. □ 〈Mitol.nord〉 *il ~ degli dei* the twilight of the gods.

crescendo m. 〈Mus〉 crescendo (anche estens.): *~ degli applausi* crescendo of applause. **crescente** a. growing, increasing, mounting: *entusiasmo ~* growing (o mounting) enthusiasm. □ *luna ~* crescent moon; *in progressione ~* in mounting progression. **crescenza** f. 1 growth, growing. 2 〈Alim〉 crescenza (kind of Lombard cheese). □ *febbri di ~* fevers accompanying growth; *periodo della ~* period of growth.

crescere v. (cresco, cresci; crebbi, cresciuto) I v.i. (aus. **essere**) 1 (diventare più alto) to grow (taller, higher): *il tuo bambino è cresciuto molto in questi ultimi mesi* your little boy has grown a lot (o much taller) during the last few months; (diventare più lungo) to grow (longer); (diventare più grande) to grow (larger). 2 (rif. a piante) to grow; (germogliare) to grow, to sprout (up): *da questo seme crescerà una pianta* a plant will grow from this seed. 3 (aumentare) to grow, to increase: *l'allegria cresceva con l'avvicinarsi della mezzanotte* the merriment grew as midnight drew near; *i nostri bisogni crescono* our needs are increasing; *la folla cresceva nella piazza* a crowd was growing in the square; (rif. a livello) to rise, to mount: *il livello del Tevere cresce ancora* the Tiber is still rising; (rif. a quantità) to increase, to mount (o pile) up: *il lavoro non fa che ~* the work keeps mounting up; (rif. a intensità) to rise, to mount, to grow: *la tensione cresceva* tension was mounting. 4 (aumentare: rif. a prezzo) to go up, to rise (in price): *i prezzi crescono* prices are rising. 5 (diventare adulto) to grow up: *siamo cresciuti insieme* we grew up together. 6 (essere allevato) to grow up, to be brought up: *è cresciuto in campagna* he grew up in the country; *è cresciuto in casa dei nonni* he was brought up by his grandparents. 7 (progredire) to grow, to rise: *~ di grado* to rise in rank. 8 (rif. alla luna) to wax. II v.t. 1 (allevare) to bring up, to raise, to rear: *ha cresciuto i suoi ragazzi con molta severità* he has brought his children up very strictly. 2 〈Lav.femm〉 to increase, to cast on: *~ due maglie ogni ferro* to increase two stitches every row. □ *~ di numero* to rise in number, to go up; *~ di peso* to increase in weight, to gain (o put on) weight; *essere cresciuto* to be grown–up (o big): *quando sarai cresciuto, capirai* when you are grown–up, you will understand; *far ~* (rif. a prezzi) to make go up, to put (o send) up: *le recenti inondazioni hanno fatto ~ i prezzi* the recent floods have sent prices up; *farsi ~ la barba* to grow a beard; *farsi ~ i capelli* to let one's hair grow; **finire** di *~* to stop growing; *~ nella stima di qd.* to go up in s.o.'s esteem (o opinion); *~ a vista d'occhio* to grow apace; *~ dieci volte* to increase tenfold.

crescione m. 〈Bot〉 watercress.

crescita f. 1 (atto) growing, growth; (effetto) growth: *la ~ del bambino* the growth of the child; *la ~ dei capelli* hair growth. 2 (aumento) increase, rise: *la ~ dei prezzi* the rise in prices. □ **durante** la *~* during growth; *~* **economica** economic growth; **essere** in *~* to be growing; 〈Econ〉 *~ a* **tasso costante** steady–state growth; *~* **zero** zero growth.

cresciuto → **crescere**.

cresima f. confirmation. □ *fare la ~* to be confirmed; *tenere a ~ qd.* to be s.o.'s godfather (o godmother) at confirmation. **cresimando** m. (f. -a) candidate for confirmation. **cresimare** v.t. (cresimo) to confirm.

cresimarsi *v.r.* to be confirmed. **cresimato I** *a.* confirmed. **II** *s.m.* (*f.* -a) confirmed person.

Creso *N.pr.m.* ⟨Stor⟩ Croesus. **creso** *m.* ⟨fig⟩ Croesus: *ricco come un creso* as rich as Croesus.

crespa *f.* **1** (*grinza della pelle*) wrinkle, pucker. **2** (*piccola piega*) tuck, gather. **crespo I** *a.* **1** frizzy: *capelli –i* frizzy hair. **2** ⟨Tess⟩ crinkled. **3** (*rugoso*) wrinkled, puckered. **II** *s.m.* ⟨Tess⟩ crêpe; (*per lutto*) crape. □ ~ *di lana* woollen crêpe; ~ *di seta* silk crêpe.

cresta *f.* **1** (*rif. a polli, uccelli*) crest, comb: *la* ~ *del gallo* cock's comb, cockscomb; (*rif. a rettili, pesci*) crest; (*ciuffo di piume*) crest, tuft. **2** ⟨Geog⟩ crest, ridge: *una* ~ *nevosa* a snowy crest; *le –e dei monti* the mountain ridges. **3** (*ornamento dell'elmo*) crest. **4** (*di cameriera*) maid's starched cap. □ ⟨fig⟩ *abbassare la* ~ to come off one's high horse; *fare abbassare la* ~ *a qd.* to take s.o. down (a peg or two); ⟨fig⟩ *alzare la* ~ to get on one's high horse, ⟨fam⟩ to get cocky; ⟨fam⟩ *fare la* ~ *sulla spesa* to make a little of the shopping money for o.s.; ⟨Fis⟩ **fattore** *di* ~ crest (*o* peak) factor; ⟨Bot⟩ ~ *di* **gallo** cockscomb; *la* ~ *dell'onda* the crest of the wave (*anche fig.*); ~ *dello spartiacque* crest of a watershed; ⟨El⟩ **valore** *di* ~ crest (*o* peak) value.

crestato *a.* **1** ⟨Zool,Bot⟩ cristate. **2** (*di elmo*) crested.

crestina *f.* (*della cameriera*) maid's starched cap.

crestomazia *f.* ⟨Lett⟩ chrestomathy.

creta *f.* clay. □ ⟨poet⟩ *la* ~ *mortale* mortal clay, the mortal human body.

Creta *N.pr.f.* ⟨Geog⟩ Crete.

cretaceo I *a.* **1** → **cretoso**. **2** ⟨Geol⟩ Cretaceous: *fossile* ~ Cretaceous fossil. **II** *s.m.* ⟨Geol⟩ Cretaceous (period).

cretese I *a.* Cretan: *civiltà* ~ Cretan civilization. **II** *s.m./f.* Cretan. **cretese-miceneo** *a.* Creto-Mycenaean: *civiltà –a* Creto-Mycenaean civilization.

cretinata *f.* idiocy, stupid act.

cretineria *f.* **1** (*l'essere cretino*) idiocy, stupidity, foolishness. **2** (*azione cretina*) idiocy, stupid act, foolishness. **3** (*parole cretine*) rubbish, nonsense, ⟨fam⟩ rot. **cretinetti** *m.* nitwit: *il solito* ~ *che non ha capito nulla* the usual nitwit who hasn't understood a word. **cretinismo** *m.* ⟨Med⟩ cretinism. **cretino** *m.* (*f.* -a) ⟨Med⟩ cretin; (*stupido*) nitwit.

cretonne *fr.* [krɛ'tɔn] *f.* ⟨Tess⟩ cretonne.

cretoso *a.* clayey: *terreno* ~ clayey ground.

C.R.I. = *Croce rossa italiana* Italian Red Cross.

cribbio *intz.* crikey, by crikey.

cribro *m.* ⟨Bot⟩ sieve tube. **cribroso** *a.* ⟨Biol⟩ cribrose, cribriform.

cric[1] *m.* → **cricco**.

cric[2] *onom.* crack. □ *fare* ~ to (go) crack.

cricca *f.* gang: *una* ~ *di imbroglioni* a gang of thieves.

cricco *m.* (*pl.* -chi) ⟨Mecc⟩ jack; ⟨Aut⟩ (car-)jack: ~ *idraulico* hydraulic jack.

criceto *m.* ⟨Zool⟩ hamster.

cri cri I *onom.* chirp-chirp. **II** *s.m.* chirp. □ *il* ~ *dei grilli* the chirping of the crickets; *fare* ~ to chirp.

Crimea *N.pr.f.* ⟨Geog⟩ Crimea. □ ⟨Stor⟩ *la guerra di* ~ the Crimean War.

criminale I *a.* criminal. **II** *s.m./f.* criminal, offender. □ ~ *di guerra* war criminal; *manicomio* ~ criminal lunatic asylum; *tribunale* ~ criminal court. **criminalista** *m./f.* criminalist.

criminalità *f.* **1** criminality. **2** (*quantità di crimini*) crime: *la* ~ *è in aumento* crime is on the increase; *percentuale di* ~ crime rate. □ ~ **economica** (*o industriale*) economic crimes *pl*; **grande** ~ high delinquency; ~ **informatica** computer crime; **piccola** ~ petty offences *pl*; **prevenzione** *della* ~ crime prevention; *la* ~ *della* **società** *del benessere* crime in the welfare society; **tasso** *di* ~ crime rate.

criminalizzare *v.t.* to criminalize, to treat as criminal: ~ *i drogati* to criminalize drug addicts. **criminalizzazione** *f.* criminalization. **crimine** *m.* crime, felony: *commettere un* ~ to commit a crime. □ *–i di guerra* war crimes; *incolpare qd. di un* ~ to charge s.o. with a crime.

criminologia *f.* criminology. **criminologo** *m.* (*pl.* -gi) criminologist. **criminosamente** *avv.* criminally. **criminosità** *f.* criminality. **criminoso** *a.* criminal:

azione –a criminal deed.

crinale *m.* ⟨Geog⟩ ridge, crest.

crine *m.* **1** horsehair: *materasso di* ~ horsehair mattress. **2** (*tessuto*) haircloth. □ *spazzola di* ~ horsehair brush; ~ *vegetale* vegetable horsehair. **criniera** *f.* **1** mane: *la* ~ *del cavallo* the horse's mane. **2** ⟨scherz⟩ (*folta capigliatura*) mop, mane. **crinito** *a.* ⟨lett⟩ maned: *i –i destrieri* the maned steeds.

crinoidi *m.pl.* ⟨Zool⟩ crinoids *pl*.

crinolina *f.* ⟨Mod⟩ crinoline.

crio|anestesia *f.* ⟨Med⟩ cryoanesthesia. **~biologia** *f.* cryobiology. **~cauterio** *m.* cryocautery, cold cautery. **~chirurgia** *f.* cryosurgery. **~chirurgico** *a.* (*pl.* -ci) cryosurgical. **~chirurgo** *m.* (*pl.* -gi) cryosurgeon. **~lite** *f.* **1** ⟨Min⟩ cryolite, Greenland spar. **2** ⟨Chim⟩ sodium fluoaluminate. **~logia** *f.* cryology. **~scopia** *f.* ⟨Chim,Fis⟩ cryoscopy. **~sonda** *f.* cryosonde.

criostato *m.* ⟨Fis⟩ cryostat.

crioterapia *f.* ⟨Med⟩ cryotherapy.

cripta *f.* crypt (*anche Anat.*): *–e dentali* dental crypts.

criptico *a.* (*pl.* -ci) cryptic, cryptical.

cripto *m.* ⟨Chim⟩ krypton.

criptocomunista *m./f.* crypto-communist.

criptografia *e der.* → **crittografia** *e der.*

crisalide *f.* ⟨Entom⟩ chrysalis, chrysalid.

crisantemo *m.* ⟨Bot⟩ chrysanthemum.

criselefantino *a.* ⟨lett⟩ chryselephantine.

crisi *f.* **1** crisis (*anche Med.*). **2** ⟨Econ⟩ crisis, slump, recession. **3** (*manifestazione violenta*) attack, fit, outburst: *una* ~ *di pianto* a fit (*o* an outburst) of crying. □ ~ **alimentare** food shortage; *la* ~ *degli* **alloggi** the housing problem (*o* shortage); ⟨Pol⟩ **apertura** *della* ~ (*ministeriale*) beginning of a cabinet crisis; **attraversare** *una* ~ to go (*o* pass) through a crisis; ⟨Med⟩ ~ **cardiaca** cardiac crisis; ~ *di* **coscienza** conflict of conscience; ~ **dinastica** dynastic crisis; ⟨Econ⟩ ~ *del* **dollaro** dollar crisis; ~ **economica** *mondiale* world economic crisis; ~ **energetica** energy crisis; ⟨Med⟩ ~ **epilettica** epileptic fit; ~ **esistenziale** life crisis; **essere** *in* ~ to be in a state of crisis; ⟨Parl⟩ ~ *di* **fiducia** confidence crisis; ~ **finanziaria** financial crisis; ⟨Pol⟩ ~ ˹*di* **gabinetto**˺ (*o di governo, governativa*) cabinet crisis, government(al) crisis; ⟨Pol⟩ **gestione** *della* ~ crisis management; ⟨Econ⟩ *la* **Grande** ~ the Great Depression; ~ **isterica** hysterical outbreak (*o* attack); ⟨Econ⟩ ~ *di* **liquidità** liquidity crisis; ~ **mediorientale** Middle East crisis; **mettere** *in* ~ to put in a critical position; ~ **monetaria** monetary crisis; ~ *di* **nervi** attack (*o* fit) of nerves; ~ **occupazionale** employment crisis; ~ **petrolifera** oil crisis; ⟨Econ⟩ ~ *di* **produzione** production crisis; ~ **religiosa** religious crisis; **scoppio** *della* ~ outbreak of the crisis; **soggetto** *alle –i* susceptible to crisis; ~ **strutturale** structural crisis; **superare** *la* ~ to overcome (*o* get over) a crisis.

crisma *m.* **1** ⟨Lit⟩ chrism. **2** ⟨fig,scherz⟩ (*approvazione*) approval, official blessing. □ *con tutti i –i* (*in piena regola*) in strict accordance with the regulations.

crisoberillo *m.* ⟨Min⟩ chrysoberyl. **crisografia** *f.* chrysography. **crisolito** *m.* ⟨Min⟩ chrysolite. **crisopazio, crisoprazzo** *m.* ⟨Min⟩ chrysoprase. **crisotilo** *m.* ⟨Min⟩ chrysotile.

cristallaio *m.* **1** (*chi lavora cristalli*) glass worker, glass blower, crystal worker; (*chi taglia cristalli*) glass cutter. **2** (*venditore*) dealer in glassware and crystalware. **cristalleria** *f.* **1** crystal(ware), glass(ware): ~ *da tavola* table crystal. **2** (*negozio*) glassware shop, crystalware shop; (*fabbrica*) glassware factory, (crystal)glassworks. **cristalliera** *f.* glass display cabinet. **cristallino I** *a.* **1** (*di cristallo*) crystalline, crystal-. **2** ⟨fig⟩ (*limpido*) crystal-clear, crystal-, clear, crystalline: *acqua* ~ crystalline (*o* crystal-clear) water; *coscienza –a* clear conscience. **3** ⟨Min⟩ crystalline: *minerale* ~ crystalline mineral. **II** *s.m.* ⟨Anat⟩ crystalline lens. **cristallizzabile** *a.* crystallizable. **cristallizzare I** *v.t.* to crystallize (*anche fig.*): ~ *un sistema filosofico* to crystallize a philosophical system. **II** *v.i.* (*aus.* essere), **cristallizzarsi** *v.r.* **1** to crystallize, to be crystallized: *il sale* (*si*) *cristallizza con l'evaporazione* salt crystallizes on evaporation. **2** ⟨fig⟩

(*irrigidirsi*) to become fixed and immovable, to become fossilized: *le sue idee si sono cristallizzate* his ideas have become fixed and immovable. **cristallizzatore** *m.* ⟨*Chim*⟩ crystallization vessel, crystallizer. **cristallizzazione** *f.* crystallization (*anche fig.*): ~ *di un sistema filosofico* crystallization of a philosophical system.

cristallo *m.* **1** (*vetro pregiato*) crystal (glass), cut glass: *una coppa di* ~ a crystal goblet. **2** *pl.* (*oggetti di cristallo*) crystal(ware), glass(ware), cut glass: *una tavola rilucente di –i* a table resplendent with crystal. **3** (*lastra di vetro*) (plate) glass; (*di finestra*) pane: *i –i della finestra* the window panes. □ ~ **artificiale** synthetic crystal; ⟨*Aut*⟩ ~ **blindato** armoured glass, ⟨*am*⟩ bullet–proof glass; ~ **di Boemia** Bohemian glass; **di** ~ crystal–, glass–, cut glass–: *vaso di* ~ cut glass vase; ~ **infrangibile** laminated (*o* safety) glass, ⟨*am*⟩ shatter–proof glass; ~ **liquido** liquid crystal; **mezzo** ~ medium–thick plate glass; ⟨*Ind*⟩ ~ **molato** cut glass; ~ **di quarzo** quartz crystal; ⟨*Rad,TV*⟩ ~ **rettificatore** rectifying crystal; ⟨*Min*⟩ ~ **di rocca** rock crystal; **trasparente** *come il* ~ as clear as crystal, crystal–clear.

cristallogenesi *f.* crystallogenesis. **cristallografia** *f.* crystallography. **cristallografico** *a.* (*pl.* -ci) crystallographic(al). **cristallografo** *m.* crystallographer. **cristalloide** *a./s.m.* crystalloid.

cristianamente *avv.* in a Christian way, like a Christian: *morire* ~ to die like a Christian. □ *vivere* ~ to live a good Christian life. **cristianesimo** *m.* Christianity: *convertire al* ~ to convert to Christianity.

cristiania *m.* ⟨*Sport*⟩ Christiania, ⟨*fam*⟩ christie. **Cristiania** *N.pr.f.* ⟨*Geog*⟩ Christiania.

cristianità *f.* **1** Christianity. **2** (*collett*) (*insieme dei cristiani*) Christendom: *i popoli della* ~ the peoples of Christendom. **cristianizzare** *v.t.* to convert to Christianity: ~ *un paese* to convert a country to Christianity.

cristiano **I** *a.* Christian: *religione –a* Christian religion, Christianity; *civiltà –a* Christian civilization, Christianity. **II** *s.m.* (*f.* -a) **1** Christian: *i primi –i* the early Christians. **2** ⟨*fam*⟩ (*uomo*) man, soul: *non c'era un* ~ there wasn't a soul. □ (*fam*) **da** ~: **1** (*decentemente*) decently, in a civilized way: *comportarsi da* ~ to behave in a civilized way; **2** (*ragionevolmente*) sensibly: *parlare da* ~ to speak sensibly; **3** (*umanamente*) humanely: *atto da* ~ humane act; *questi non sono modi da –i* this is not the way to behave; *l'era –a* the Christian era; **farsi** ~ to become a Christian; **sepoltura** *–a* Christian burial.

cristiano-democratico *a./s.* (*pl.* -ci) **I** *a.* Christian –Democratic. **II** *s.m.* (*f.* -a) Christian–Democrat.

cristianosociale *a.* ⟨*Pol*⟩ socio–Christian.

Cristina *N.pr.f.* Christine, Christina.

Cristo *N.pr.m.* **1** Christ. **2** (*crocifisso*) crucifix: *c'è un* ~ *sulla parete* there is a crucifix on the wall. □ **amarsi** *in* ~ to bear e.o. Christian love; **avanti** ~ before Christ, B.C.; ~ *in* **croce** Christ crucified; **dopo** ~ after Christ, Anno Domini, A.D.; **fratelli** *in* ~ brothers in Christ; **Gesù** ~ Jesus Christ; *un povero* ~ a poor fellow (*o* devil); **sposa** *di* ~ Bride of Christ.

cristologia *f.* ⟨*Teol*⟩ Christology. **~logico** *a.* (*pl.* -ci) Christological.

criterio *m.* **1** criterion, standard, ground: *con quale* ~ *avete fissato tali norme?* by what criterion did you draw up these regulations?; (*principio*) principle: *seguire un* ~ *giusto* to adopt the right principle. **2** (*fam*) (*buon senso*) (common, good) sense. □ *con* ~ with common sense, sensibly: *agire con* ~ to act sensibly; *quel ragazzo agisce con poco* ~ that boy doesn't behave very sensibly; *di* ~ sensible, of sense: *un uomo di* ~ a sensible man; *secondo il mio* ~ in my opinion; *senza* ~: **1** (*scriteriato*) lacking in common sense; **2** (*a casaccio*) at random; ~ *di valutazione* evaluation criterion.

criterium *m.* ⟨*Sport*⟩ race restricted to certain classes. □ ~ *ciclistico* race for young cyclists, cycle selection race; ~ *ippico* race for young horses.

critica *f.* **1** (*facoltà critica*) criticism. **2** ⟨*collett*⟩ critics *pl*: *la* ~ *ha accolto favorevolmente il romanzo* the critics have spoken well of the novel. **3** (*scritto critico*) critique, critical essay; (*recensione*) review: *ho letto una* ~ *favorevole* I have read a favourable review. **4** (*giudizio*) opinion, judgment: *una* ~ *spassionata* an impartial opinion. **5** ⟨*fam*⟩ (*disapprovazione*) criticism, blame, censure, disapproval: *il suo comportamento incorse nella* ~ *dei parenti* his behaviour met with his relations' disapproval; *esporsi alle critiche* to lay o.s. open to criticism. □ ~ **artistica** (*o d'arte*) art criticism; ~ **cinematografica** film reviewing (*o* criticism); ~ **dantesca** Dante criticism; ⟨*fig*⟩ **esporsi** *alle critiche* to lay oneself open to criticism; ~ **estetica** aesthetic criticism; **fare** *la* ~ *a qc.* to express one's opinion about s.th.; (*sui giornali e sim.*) to review s.th.; ~ **letteraria** literary criticism, book reviewing; ~ **musicale** music criticism; *essere oggetto di critiche* to be criticized, to be the object of criticism; ⟨*Filos*⟩ ~ **della ragion** *pura* Critique of Pure Reason; ~ **sociale** social criticism; ~ **teatrale** dramatic (*o* theatre) criticism.

criticabile *a.* criticizable, blamable, censurable: *comportamento* ~ criticizable behaviour. **criticare** *v.t.* (**critico, critichi**) **1** (*sottoporre a esame critico*) to criticize, to write a criticism of: ~ *un romanzo* to criticize a novel. **2** (*fam*) (*biasimare*) to find fault with, to blame, to censure: *non posso criticarti* I can't blame you; ~ *il contegno di qd.* to find fault with s.o.'s behaviour. □ *farsi* ~ to attract criticism; *hai sempre da criticarmi* you're always criticizing me. **criticato** *a.* criticized, censured: *un libro molto* ~ a much–criticized book. **criticismo** *m.* ⟨*Filos*⟩ criticism. **criticità** *f.* criticality.

critico *a./s.* (*pl.* -ci) **I** *a.* **1** critical: *facoltà –a* critical faculty. **2** (*grave, difficile*) critical: *momento* ~ critical moment; *l'adolescenza è un'età –a* adolescence is a critical age; (*scabroso*) critical, difficult: *si trova in una situazione –a* he is in a difficult situation (*o* predicament). **3** ⟨*Fis,Mat*⟩ critical. **II** *s.m.* critic; (*recensore*) reviewer. □ ~ *d'arte* art critic; **atteggiamento** ~ critical attitude; ~ **cinematografico** film reviewer (*o* critic); **edizione** *–a* critical edition; ⟨*Fisiol*⟩ **età** *–a* change of life, climacteric; **guardare** *qc. con occhio* ~ to observe s.th. with a critical eye; ~ **letterario** literary critic, (book) reviewer; *un* ~ **malevolo** an ill–natured critic; ~ **musicale** music critic; **punto** ~ crucial point; **saggio** ~ critical essay; *uno* **spirito** ~ a critical mind; ~ **teatrale** theatre (*o* drama) critic; ⟨*Fis*⟩ **temperatura** *–a* critical temperature.

crittogama *f.* ⟨*Bot*⟩ cryptogam. □ ~ *del melo* apple (powdery) mildew; ~ *della vite* vine mildew. **~gamia** *f.* cryptogamia, cryptogamy. **~gamico** *a.* (*pl.* -ci) cryptogamic(al), cryptogamous, cryptogamian: *flora –a* cryptogamic flora; *malattie crittogamiche* cryptogamian diseases.

crittografia *f.* **1** cryptography. **2** (*nell'enigmistica*) cryptogram. **crittografico** *a.* (*pl.* -ci) cryptographic: *scrittura –a* cryptographic writing. **crittografo** *m.* cryptographer. **crittogramma** *m.* cryptogram (*anche nell'enigmistica*).

crivellare *v.t.* (**crivello**) **1** to riddle: *morì crivellato di pallottole* he died riddled with bullets. **2** ⟨*Minier*⟩ to jig. **crivello** *m.* **1** sieve, sifter, riddle. **2** ⟨*Minier*⟩ jig.

croato **I** *a.* Croat(ian). **II** *s.m.* **1** (*abitante;* *f.* -a) Croat(ian). **2** (*lingua*) Croatian. **Croazia** *N.pr.f.* ⟨*Geog*⟩ Croatia.

croccante **I** *a.* crisp, crackling, ⟨*fam*⟩ crunchy: *biscotto* ~ crisp biscuit. **II** *s.m.* ⟨*Dolc*⟩ almond sweetmeat. □ *pane* ~ crusty bread.

crocchetta *f.* ⟨*Gastr*⟩ croquette: ~ *di patate* potato croquette.

crocchia *f.* chignon, bun.

crocchio *m.* (*capannello*) group, circle: *un* ~ *di gente* a group of people. □ *far* ~ to form a small group.

croccolone *m.* ⟨*Ornit*⟩ great snipe.

croce *f.* **1** cross: *aveva al collo una* ~ *di brillanti* she wore a diamond cross at her neck. **2** (*crocifisso*) cross, crucifix: *sulla sua tomba c'era una* ~ there was a cross on his tomb. **3** (*segno grafico*) cross: *segnare con una* ~ *la risposta giusta* to mark the right answer with a cross; *firmare con una* ~ to sign with a cross, to put one's cross. **4** ⟨*fig*⟩ (*tormento, preoccupazione*) cross, (sore) trial, affliction, burden: *quel ragazzo è la mia* ~ that boy is a sore trial to me; *ciascuno ha la sua* ~ we all have a cross to bear. **5** (*distintivo, persona insignita*) cross. □ ⟨*Arald*⟩ ~ *di sant'*Andrea St. Andrew's cross; ~ *di* cavaliere knight's cross; doppia ~ double cross; ⟨*fig*⟩ fare *una* ~ *su qc.*: 1 (*rinunziarci*) to give s.th. up; 2 (*non pensarci più*) to stop (*o* give up) thinking about s.th.: *ormai ci ho fatto una* ~ *sopra* I have stopped thinking about it; ~ *di* ferro Iron Cross; *a forma di* ~ cross-shaped, cruciform; Gran ~ Grand Cross: *Cavaliere di Gran* ~ Knight of the Grand Cross; ~ greca Greek cross; ~ *di* guerra Military Cross; in ~: 1 crosswise, across: *legare in* ~ to tie crosswise; 2 (*incrociato*) cross(-shaped), crossed: *stare con le braccia in* ~ to have one's arms crossed (*o* folded); ⟨*fig*⟩ (*oziare*) to sit about doing nothing; inchiodare *sulla* ~ to nail to (*o* on) the cross; ~ latina Latin cross; ⟨*Arald*⟩ ~ *di* Lorena cross of Lorraine, patriarcal cross; ⟨*Arald*⟩ ~ *di* Malta Maltese cross; ~ *al* merito Distinguished Service Cross; mettere *in* ~ to set up on the cross, to crucify; ⟨*fig*⟩ to torment, to plague, to pester: *mi ha messo in* ~ *per avere un trenino elettrico* he pestered me to give him an electric train; morire *sulla* ~ to be crucified, to die on the cross; *a occhio e* ~ approximately, roughly, at a rough guess, more or less: *a occhio e* ~ *costerà diecimila lire* at a rough guess, it will cost about ten thousand lire; *valutare qc. a occhio e* ~ to make a rough estimate of s.th.; ⟨*fig*⟩ portare *la propria* ~ to bear one's cross; ⟨*Lav.femm*⟩ punto *a* (*o in*) ~ cross stitch; ~ rossa Red Cross; ~ russa Russian cross; *la* santa ~ the Holy Cross, ⟨*ant*⟩ the Holy Rood; ⟨*Astr*⟩ ~ *del* Sud Southern Cross; testa *o* ~ heads or tails; *giocarsi qc. a* testa *o* ~ to toss (up) for s.th.; ~ uncinata (*svastica*) swastika.

crocè *m.* **1** (*uncinetto*) crochet-hook. **2** (*lavoro*) crochet(-work). □ *lavorare a* ~ to crochet.

crocefiggere *e der.* → **crocifiggere** *e der.*

crocerista *m./f.* passenger on a cruise.

crocerossina *f.* Red Cross nurse.

crocetta *f.* **1** ⟨*Mar*⟩ cross tree. **2** ⟨*Bot*⟩ sainfoin. □ *segnare con una* ~ to mark with a cross.

crocevia *m.inv.* crossroads *pl* (*costr. sing. o pl.*).

crochet *fr.* [kro'ʃe] *m.* **1** (*uncinetto*) crochet-hook. **2** ⟨*Sport*⟩ (*nel pugilato*) hook.

crociano **I** *a.* (*di Croce*) Crocean, Crocian, of Croce: *estetica –a* Crocean aesthetics. **II** *s.m.* follower of Crocean philosophy.

crociata *f.* crusade (*anche fig.*): *la* ~ *contro gli Albigesi* the Crusade against the Albigenses. □ *bandire una* ~ to proclaim a crusade. **crociato** **I** *a.* **1** marked with a cross. **2** (*disposto a croce*) in the form of a cross, cruciform. **3** ⟨*Arald*⟩ surmounted with a cross. **II** *s.m.* crusader. □ *farsi* ~ to join a crusade; *parole –e* crossword (puzzle); *scudo* ~ shield with a cross (sign of the Christian Democratic Party).

crocicchio *m.* crossroads *pl* (*costr. sing. o pl.*).

crociera[1] *f.* **1** ⟨*Arch*⟩ transept. **2** ⟨*Mecc*⟩ spider, cross (journal), cross piece, cross strut. **3** ⟨*Aer*⟩ brace, bracing. □ ~ *di una finestra* window bars (*o* cross); ⟨*Arch*⟩ *volta a* ~ cross vault.

crociera[2] *f.* **1** cruise (*anche Mar.mil.*): *fare una* ~ *nel Mediterraneo* to go on a Mediterranean cruise. **2** (*trasvolata aerea*) long-distance flight. □ ~ *aerea* long-distance flight; ⟨*Aer*⟩ *altezza di* ~ cruising height; ⟨*Mar,Aer,Aut*⟩ *velocità di* ~ cruising speed.

crocierista *m./f.* → **crocerista**.

crocifere *f.pl.* ⟨*Bot*⟩ crucifers *pl.*

crocifero **I** *a.* cruciferous. **II** *s.m.* cross-bearer, crucifer.

crocifiggere *v.t.* (*crocifiggo, crocifiggi; crocifissi, crocifisso*) to crucify (*anche fig.*). **crocifissi** → **crocefiggere**. **crocifissione** *f.* crucifixion (*anche Art.*): *la* ~ *di Cristo* the Crucifixion of Christ. **crocifisso** (*p.p. di crocifiggere*) **I** *a.* crucified, on the cross. **II** *s.m.* **1** (*Cristo crocifisso*) (Christ) Crucified. **2** ⟨*Art*⟩ crucifix. **crocifissore** *m.* crucifier. **crociforme** *a.* → **cruciforme**.

croco *m.* (*pl.* -chi) ⟨*Bot*⟩ **1** Crocus. **2** (*zafferano*) saffron (crocus).

croda *f.* ⟨*Geol*⟩ crag, rock face.

crogiolare *v.t.* (*crogiolo*) (*cuocere a fuoco lento*) to simmer. **crogiolarsi** *v.r.* to bask, to laze comfortably: *crogiolarsi al sole* to bask in the sun; (*rif. a pensieri, sentimenti e sim.*) to delight (in), to relish (s.th.): *crogiolarsi in un pensiero* to relish a thought.

crogiolo[1] *m.* **1** crucible, melting pot; (*per vetro*) pot. **2** ⟨*fig*⟩ melting pot: *un* ~ *di idee* a melting-pot of ideas. **crogiolo**[2] *m.* **1** ⟨*Vetr*⟩ annealing. **2** ⟨*Gastr*⟩ simmering.

croissant *fr.* [krwa'sã] *m.* croissant.

crollare *v.* (*crollo*) **I** *v.i.* (*aus.* essere) **1** to collapse, to fall down (*o* into ruin), to crumble, to tumble down: *il vecchio castello sta crollando* the old castle is falling into ruin; *il ponte crollò sotto il peso* the bridge collapsed under the weight. **2** (*accasciarsi*) to collapse, to drop, to fall, to sink: *crollò esausto sul divano* he collapsed on to the divan in exhaustion. **3** ⟨*fig*⟩ to collapse, to crumble away, to fall, to be dashed: *tutte le mie speranze sono crollate* all my hopes have been dashed; (*rif. a persona*) to break down, to give way. **4** ⟨*Econ*⟩ to slump, to fall sharply: *i prezzi crollano* prices are falling sharply, there is a slump (in prices). **II** *v.t.* (*scuotere, agitare*) to shake, to toss: ~ *il capo* to shake one's head. □ *far* ~ *qc.* to make s.th. fall (*o* break) down, to bring s.th. down: *il nemico fece* ~ *il ponte* the enemy brought the bridge down; ~ *a terra* to collapse, to fall down, to crash to the ground. **crollo** *m.* **1** collapse, fall, tumbling down. **2** ⟨*fig*⟩ collapse, ruin, downfall, crash, fall: *questo è il* ~ *delle nostre speranze* this is the downfall of our hopes; (*rif. a persona*) collapse, breakdown: *dopo la malattia ha avuto un* ~ after his illness he had a collapse. **3** ⟨*Econ*⟩ slump, crash. □ ⟨*Econ*⟩ ~ *in* (*o della*) *borsa* stock-exchange slump (*o* crash); ~ *finanziario* financial crash; ~ *dei prezzi* steep fall in prices.

croma *f.* ⟨*Mus*⟩ quaver.

cromare *v.t.* (*cromo*) to chrome, to chromium-plate.

cromaticità *f.* chromaticity. **cromatico** *a.* (*pl.* -ci) **1** ⟨*Pitt*⟩ chromatic, colour-. **2** ⟨*Mus*⟩ chromatic. □ ⟨*Mus*⟩ *scala –a* chromatic scale; *sensibilità –a* colour sensitivity; *senso* ~ colour sense. **cromatina** *f.* ⟨*Biol*⟩ chromatin. **cromatismo** *m.* **1** ⟨*Pitt*⟩ (*colorazione*) colouring; (*eccesso di colorazione*) emphasizing of colour, colourfulness: ~ *pittorico* emphasizing of colour in painting. **2** ⟨*Mus*⟩ chromaticism. **3** ⟨*Ott*⟩ chromatism. **cromato**[1] *a.* chromium-plated, chrome-: *metallo* ~ chromium-plated metal.

cromato[2] *m.* ⟨*Chim*⟩ chromate.

cromatoforo *m.* ⟨*Biol*⟩ chromatophore. ~grafia *f.* chromatography. ~grafico *a.* (*pl.* -ci) chromatographic.

cromatura *f.* chromium-plating, chroming.

cromico *a.* (*pl.* -ci) ⟨*Chim*⟩ chromic. **cromismo** *m.* ⟨*Med*⟩ chromium poisoning. **cromite** *f.* ⟨*Min*⟩ chromite. **cromo** *m.* ⟨*Chim*⟩ chromium, chrome: ~ *puro* straight chromium.

cromoforo **I** *a.* ⟨*Biol*⟩ chromophorous. **II** *s.m.* ⟨*Chim*⟩ chromophore. ~fotografia *f.* chromophotography. ~litografia *f.* ⟨*Tip*⟩ chromolithography. ~litografico *a.* (*pl.* -ci) chromolithographic. ~plasto *m.* ⟨*Bot*⟩ chromoplast. ~scopia *f.* ⟨*Med*⟩ chromoscopy. ~scopio *m.* chromoscope. ~soma *m.* ⟨*Biol*⟩ chromosome: ~ *sessuale* sex chromosome. ~somico *a.* (*pl.* -ci) ⟨*Biol*⟩ chromosome-, chromosomic, chromosomal: *teoria –a* chromosome theory. ~terapia *f.* ⟨*Med*⟩ chromotherapy. ~tipia *f.* ⟨*Tip*⟩ chromotypography, chromotypy.

cronaca *f.* **1** (*narrazione storica*) chronicle: *la* ~ *di Dino Compagni* the Chronicle of Dino Compagni. **2** ⟨*Giorn*⟩ (*relazione*) newspaper account (*o* story); (*rubrica*) column. **3** (*relazione orale*) account: *mi fece la* ~ *degli eventi* he gave me an account of the events; (*alla radio, televisione*) commentary: *la* ~ *della partita di calcio* the football match commentary. □ ~ bianca (non-criminal) general news; ~ cittadina local news; fare *la* ~ *di qc.* to report on s.th., to give an account of s.th.; fatto *di* ~ news item; ~ giudiziaria law reports; ~ letteraria book news; ~ mondana gossip column; ~ nera crime news; ⟨*fig*⟩ per *la* ~ for the record, to set the record straight; ~ sportiva (*relazione*) sports (*o* sporting) news; (*rubrica*) sports page; ~ teatrale theatre news (*o* reports).

cronicario *m.* chronic disease hospital.

cronicità f. chronicity: ~ *di una malattia* chronicity of a disease. **cronico** *a./s.* (*pl.* -**ci**) **I** *a.* chronic: *malattia –a* chronic disease; *la tua pigrizia è –a* your laziness is chronic. **II** *s.m.* (*f.* -**a**) chronic invalid (*o* patient): *ospedale per –i* hospital for chronic invalids.

cronista *m./f.* **1** (*storico*) chronicler. **2** ⟨*Giorn*⟩ reporter, columnist: ~ *mondano* gossip (*o* society) columnist; ~ *di nera* crime reporter. **3** (*alla radio, televisione*) commentator. **cronistoria** f. chronicle. □ ⟨*estens*⟩ *fare la* ~ *di qc.* to give an account of s.th.

crono|biologia f. chronobiology. **~biologo** *m.* (*pl.* -**gi**) chronobiologist.

cronofotografia f. **1** chronophotography. **2** (*copia*) chronophotograph.

cronografia f. chronography. **cronografico** *a.* (*pl.* -**ci**) chronographic. **cronografo** *m.* chronograph.

cronologia f. chronology. **cronologicamente** *avv.* chronologically. **cronologico** *a.* (*pl.* -**ci**) chronological: *ordine* ~ chronological order. **cronologista** *m./f.* **1** chronologist. **2** (*autore di una cronologia*) chronicler.

cronometraggio *m.* timing. **cronometrare** *v.t.* (**cronometro**) to time. **cronometrico** *a.* (*pl.* -**ci**) chronometric(al). □ *puntualità –a* absolute punctuality. **cronometrista** *m.* timekeeper, timer. **cronometro** *m.* **1** (*orologio di precisione*) chronometer. **2** ⟨*Sport*⟩ stopwatch. □ *corsa a* ~ timed race; ~ *a scatto* stopwatch.

cronoscopio *m.* chronoscope.

cronostratigrafia f. ⟨*Geol*⟩ stratigraphy.

cronotecnica f. time study. **cronotecnico** *m.* (*pl.* -**ci**) time-study engineer.

croquet *ingl.* [kroukei] *m.* ⟨*Sport*⟩ croquet.

cross *ingl.* *m.* ⟨*Sport*⟩ **1** (*nel gioco del calcio: traversone*) cross; (*nel pugilato*) cross-counter. **2** (*gara motociclistica*) motocross. **crossista** *m./f.* motocross racer.

crosta f. **1** crust: *il lago era coperto da* ~ *di ghiaccio* the lake was covered with a crust of ice. **2** (*sulla pelle*) crust, scab. **3** ⟨*fig,spreg*⟩ (*pittura scadente*) daub. □ ~ *di formaggio* cheese-rind; ⟨*Med*⟩ ~ *lattea* milk scab (*o* crust); ~ *terrestre* earth's crust.

crostacei *m.pl.* ⟨*Zool*⟩ crustacea *pl.*

crostata f. ⟨*Dolc*⟩ jam tart.

crostino *m.* ⟨*Gastr*⟩ toast of fried bread (served with savouries); (*per minestre*) crouton.

crostone *m.* **1** ⟨*Geol*⟩ hardpan. **2** ⟨*Gastr*⟩ big piece of fried bread.

crostoso *a.* crusty, scabby.

crotalo *m.* ⟨*Zool*⟩ rattlesnake.

croton *m.* ⟨*Bot*⟩ croton.

croupier *fr.* [kru'pje] *m.* croupier.

crucciare *v.t.* (**cruccio, crucci**) to trouble, to distress, to vex, to worry. **crucciarsi** *v.r.* **1** (*affliggersi*) to be troubled (*di, per* by, about), to be distressed (*by, at*), to worry (*over*). **2** (*preoccuparsi*) to worry (*di* about, at, over). **crucciato** *a.* **1** (*afflitto*) troubled, distressed, upset. **2** (*adirato*) angry, annoyed, vexed. **3** (*preoccupato*) worried. **cruccio** *m.* **1** (*afflizione*) trouble, distress, worry. **2** (*risentimento*) annoyance, vexation, resentment. □ *darsi* (*o prendersi*) ~ *per qc.* to be troubled (*o* worried) about s.th.

crucco *m.* (*pl.* -**chi**) ⟨*pop,spreg*⟩ (*tedesco*) Kraut.

cruciale *a.* crucial: *momento* ~ crucial moment.

crucifige *lat. intz.* crucify him. □ ⟨*fig*⟩ *gridare* (*il*) ~ *contro qd.* to attack s.o. bitterly.

cruciforme *a.* cruciform, cross-shaped.

cruciverba *m.inv.* crossword (puzzle). **cruciverbista** *m./f.* doer of crosswords.

crudamente *avv.* crudely.

crudele *a.* **1** cruel, pitiless, merciless: *un* ~ *tiranno* a cruel tyrant. **2** (*doloroso*) cruel, painful, distressing: *destino* ~ cruel fate; *parole –i* cruel words. □ *di animo* ~ hard-hearted. **crudelmente** *avv.* cruelly. **crudeltà** f. **1** (*l'essere spietato*) cruelty, harshness, pitilessness: *la* ~ *del tiranno* the tyrant's cruelty; ~ *mentale* mental cruelty. **2** (*azione crudele*) cruelty, cruel action: *commettere delle* ~ to commit cruelties. □ *è una vera* ~ *farlo* it's really cruel to do it.

crudezza f. **1** (*asprezza*) harshness, severity, crudity,

rudeness, roughness, coarseness: ~ *di linguaggio* rudeness (*o* coarseness) of speech; ~ *di stile* harshness of style. **2** (*rif. a clima: rigidezza*) harshness, severity: *la* ~ *dell'inverno* the harshness of the winter. □ ⟨*Chim*⟩ ~ *dell'acqua* hardness of water. **crudo** *a.* **1** raw, crude, uncooked: *cibi –i* raw foods. **2** (*poco cotto*) underdone, half-cooked: *questa carne è ancora –a* this meat is still only half-cooked. **3** (*rif. a clima: rigido, freddo*) harsh, severe, bitingly cold: *un* ~ *inverno* a harsh winter; *stagione –a* bitingly cold season. **4** ⟨*fig*⟩ (*rude*) crude, rough, rude, blunt, coarse: *parole –e* blunt words. □ ⟨*Chim*⟩ *acqua –a* hard water; *luce –a* harsh (*o* naked) light; *nudo e* ~ plain, unvarnished, blunt: *la verità nuda e –a* the unvarnished truth; *seta –a* raw silk.

crudità f. *pl.* ⟨*Gastr*⟩ raw foods.

cruento *a.* bloody, sanguinary: *lotta –a* bloody strife.

crumiraggio *m.* ⟨*spreg*⟩ blackleggery. **crumiro** *m.* (*f.* -**a**) blackleg, strike-breaker, scab.

cruna f. eye: *la* ~ *dell'ago* the eye of the needle.

crup *m.* ⟨*Med*⟩ croup. **crupale** *a.* croupous.

crurale *a.* ⟨*Anat*⟩ crural: *arteria* ~ crural artery.

crusca f. bran. **Crusca** *N.pr.f.* Accademia della Crusca. **cruscante** *m.* (*accademico della Crusca*) member of the Accademia della Crusca. **cruschello** *m.* fine bran.

cruscotto *m.* **1** ⟨*Aut*⟩ dashboard. **2** ⟨*Aer*⟩ instrument panel. □ *cassetto del* ~ glove compartment.

ctenofori *m.pl.* ⟨*Zool*⟩ ctenophorae *pl.*

Cuba *N.pr.f.* ⟨*Geog*⟩ Cuba. **cubano** *a./s.m.* (*f.* -**a**) Cuban.

cubatura f. cubic content (*o* capacity), cubature, cubage: ~ *di un locale* cubic capacity of a room. **cubetto** *m.* **1** (small) cube (*o* block): ~ *di ghiaccio* ice cube. **2** ⟨*Strad*⟩ cube.

cubia f. ⟨*Mar*⟩ hawse. □ ~ *per la catena dell'ancora* hawsepipe.

cubico *a.* (*pl.* -**ci**) **1** cubic(al), cube-shaped: *una costruzione –a* a cubical construction. **2** ⟨*Mat*⟩ cube-, cubic(al): *radice –a* cube root. □ ⟨*Mat*⟩ *curva –a* cubic curve; *equazione –a* cubic equation.

cubicolo *m.* (*nelle catacombe*) cubiculum.

cubiforme *a.* cubiform, cube-shaped.

cubismo *m.* ⟨*Art*⟩ Cubism, cubism.

cubista[1] **I** *s.m./f.* Cubist, cubist. **II** *a.* cubist(ic).

cubista[2] *m.* (*rif. al cubo magico*) magic puzzle player.

cubistico *a.* (*pl.* -**ci**) cubistic.

cubitale *a.* **1** (*lungo un cubito*) a cubit long; (*alto un cubito*) a cubit high. **2** ⟨*estens*⟩ (*molto grande*) very large: *scrivere a caratteri –i* to write in very large letters. □ *titolo* ~ banner (headline). **cubito** *m.* **1** ⟨*Stor*⟩ (*unità di misura*) cubit (c. 44 cm.). **2** ⟨*Anat*⟩ cubitus.

cubo **I** *s.m.* **1** cube, block: *un* ~ *di legno* a wooden block. **2** ⟨*Mat*⟩ cube, third power: *il* ~ *di due è otto* the cube of two is eight. **II** *a.* cubic: *metro* ~ cubic metre. □ *elevare un numero al* ~ to cube a number; ~ *magico* magic puzzle.

cuboflash [-'flæʃ] *m.* ⟨*Fot*⟩ flashcube.

cuccagna f. *il paese della* ~ the Land of Plenty, Cockaigne; *albero della* ~ greasy pole; *che* ~ what a feast (*o* treat); *è finita la* ~ easy living is over, it's time to roll up our sleeves.

cuccare *v.t.* (**cucco, cucchi**) ⟨*fam*⟩ **1** (*ingannare*) to trick, to deceive, to take in. **2** ⟨*region*⟩ (*sgraffignare*) to pinch. □ ⟨*fam*⟩ *non mi cucchi* you can't catch me.

cuccetta f. **1** ⟨*Mar*⟩ (*per passeggeri*) berth; (*per marinai*) bunk. **2** ⟨*Ferr*⟩ couchette, sleeping berth.

cucchiaia f. **1** (*grande cucchiaio*) tablespoon. **2** (*delle escavatrici*) dipper, grab, scoop, bucket. □ ~ *bucata* (*schiumaiola*) skimming-spoon. **cucchiaiata** f. **1** (*contenuto*) spoonful: *un* ~ *di brodo* a spoonful of soup; *versare il liquido a piccole –e* to spoon out the liquid. **2** (*colpo*) blow with a spoon. **cucchiaino** *m.* **1** teaspoon; (*da caffè*) coffee spoon. **2** (*contenuto*) teaspoon(ful). **3** ⟨*Pesc*⟩ spinner. **cucchiaio** *m.* **1** spoon. **2** (*contenuto*) spoonful: *aggiungere un* ~ *di farina* to add a spoonful of flour. □ ~ *da dessert* dessert spoon; ⟨*Mecc*⟩ ~ *della draga* bucket; ~ *da minestra* soup spoon; ⟨*fig*⟩ *dopo una passeggiata così lunga sarò da raccattare col* ~ after such a long walk, I shall be ready to drop. **cucchiaione** *m.* **1**

tablespoon. **2** (*mestolo*) ladle.

cuccia *f.* (*pl.* **-ce**) **1** dog's bed (*o* basket). **2** ⟨*scherz,spreg*⟩ (*letto*) bed. □ *a* ~ down, to your basket; ⟨*scherz*⟩ *andare a* ~ (*andare a dormire*) to go to bed; *fare la* ~ to lie down.

cucciolo *m.* **1** (*di cane*) pup(py); (*di altri animali*) whelp, pup(py), cub. **2** ⟨*fig*⟩ (*novellino*) novice, ⟨*fam*⟩ greenhorn.

cucco *m.* (*pl.* **-chi**) **1** (*cuculo*) cuckoo. **2** (*babbeo*) simpleton, dolt, fool: *vecchio* ~ old fool (*o* dodderer). □ ⟨*fig*⟩ *essere vecchio come il* ~ to be as old as the hills; (*rif a persona*) as old as Methuselah.

cuccù *m.* → **cucù.**

cuccuma *f.* **1** (*recipiente*) coffee-pot. **2** (*contenuto*) coffee pot(ful), potful: *ho bevuto una* ~ *di caffè* I have drunk a whole pot of coffee.

cucina *f.* **1** (*stanza*) kitchen: *pranzare in* ~ to have lunch in the kitchen; (*sulle navi*) galley, cook-house. **2** (*apparecchio per cucinare*) cooker, range: ~ *a cinque fornelli* cooker with five rings. **3** (*arredamento da cucina*) kitchen unit, ⟨*am*⟩ kitchen: *ho comprato una* ~ *americana* I have bought a modular kitchen unit. **4** (*il cucinare*) cooking; (*modo, arte di cucinare*) cookery, cuisine: ~ *romana* Roman cookery. **5** (*cibi*) food: ~ *sana* wholesome food. □ *la* **buona** ~ good food; ⟨*Mil*⟩ ~ *da* **campo** field kitchen; ~ *a* **carbone** coal stove (*o* range); ~ **casalinga** home (*o* homely, plain) cooking; ~ **componibile** sectional kitchen; ~ **dietetica** dietetic food; ~ **economica** kitchen (*o* cooking) range, stove, ⟨*am*⟩ cookstove; ~ **elettrica** electric cooker (*o* stove); *fare da* ~ to do the cooking, to cook; ~ **francese** French cuisine; ~ *a* **gas** gas cooker (*o* stove), ⟨*am*⟩ gas range; ~ *a* **legna** wood stove (*o* range); **libro** *di* ~ cook(ery) book; ~ **tinello** live-in kitchen, eat-in kitchen; **utensili** *di* ~ cooking utensils, kitchenware.

cucinabile *a.* cookable. **cucinare** *v.t.* **1** to cook: ~ *il riso* to cook rice; ~ *la cena* to cook supper; *mia moglie sa* ~ *bene* my wife cooks well. **2** ⟨*fam*⟩ (*rif. a persone: conciare*) to deal with, to settle, to fix. □ (*iron*) ~ *qd. per le feste* to give s.o. a good thrashing. **cucinetta** *f.* (*stanza*) kitchenette. **cuciniere** *m.* (*f.* **-a**) **1** cook. **2** ⟨*Mil*⟩ food (*o* mess) officer. **cucinino, cucinotto** *m.* (*stanza*) kitchenette.

cucire *v.t.* (**cucio, cuci**) **1** to sew, to stitch: ~ *un vestito* to sew a dress; (*attaccare*) to sew on: ~ *un bottone alla camicia* to sew a button on the shirt. **2** ⟨*Chir*⟩ to suture, to stitch, to put stitches in: ~ *una ferita* to suture a wound. **3** (*con la cucitrice: fogli di carta*) to staple; ⟨*Legat*⟩ to stitch. **4** ⟨*fig*⟩ (*mettere insieme*) to put (*o* string) together, to link. □ ⟨*fam*⟩ ~ *la bocca a qd.* to close s.o.'s mouth; ⟨*fam*⟩ *essere cucito a filo doppio con qd.* to be very close to s.o.; *macchina da* (*o* per) ~ sewing machine. **cucirino** *m.* (sewing)thread. **cucita** *f.* ⟨*fam*⟩ stitch, sewing: *dare una* ~ *a qc.* to put a stitch in s.th. **cucito I** *a.* sewn, stitched. **II** *s.m.* (*il cucire, roba cucita*) sewing, needlework. □ *lavoro di* ~ sewing, needlework. **cucitore I** *s.m.* sewer, stitcher. **II** *a.* sewing-. □ *macchina cucitrice:* 1 ⟨*Tip,Legat*⟩ stitcher; 2 ⟨*Cart*⟩ stapler. **cucitrice** *f.* **1** (*persona*) seamstress, needlewoman. **2** ⟨*Cart*⟩ stapler. **3** ⟨*Tip,Legat*⟩ stitcher, stitching machine. □ ~ *in bianco* (linen) seamstress. **cucitura** *f.* **1** (*il cucire*) sewing, stitching: *la* ~ *di un abito* the sewing of a dress. **2** (*costura*) seam. **3** ⟨*Legat*⟩ stitch. **4** ⟨*Cart*⟩ stapling. **5** ⟨*Tip*⟩ (*margine interno del libro*) inside margin. □ ~ *a macchina* machine-stitched seam; ~ *a mano* hand-sewn seam.

cucù I *s.m.* (*cuculo*) cuckoo. **II** *intz.* (*grido di ragazzi nel gioco a nascondino*) peekaboo. □ *fare a* ~ (*giocare a nascondino*) to play bo-peep (*o* peekaboo); *orologio a* ~ cuckoo clock. **cuculo** (*o cuculo*) *m.* ⟨*Ornit*⟩ cuckoo.

cucurbita *f.* **1** ⟨*Bot*⟩ cucurbit. **2** ⟨*lett,scherz*⟩ (*zucca*) gourd, pumpkin. **cucurbitacee** *f.pl.* ⟨*Bot*⟩ cucurbits *pl.*

cucuzza *f.* ⟨*dial*⟩ **1** pumpkin. **2** ⟨*spreg*⟩ (*testa*) head, ⟨*fam*⟩ nut, ⟨*fam*⟩ pate. **3** *pl.* (*denaro*) money, ⟨*fam*⟩ dough.

cudù *m.* ⟨*Zool*⟩ koodoo.

cuffia *f.* **1** bonnet, cap; (*da bagno*) (bathing)cap. **2** ⟨*Rad,Tel*⟩ headphones *pl*, earphones *pl*, headset. **3** ⟨*Teat*⟩ prompt(er's) box. **4** ⟨*Mecc*⟩ cowling, casing, shroud. □ ~

da bagno bathing cap, swimming cap; ~ *da notte* nightcap; ⟨*Aut*⟩ ~ *del radiatore* radiator cowling (*o* hood); ⟨*fig*⟩ *uscire per il rotto della* ~ to get off by the skin of one's teeth.

cufico *a.* (*pl.* **-ci**) Cufic, Kufic.

cuginanza *f.* ⟨*rar*⟩ cousinship, cousinhood. **cugino** *m.* (*f.* **-a**) cousin: *sono -i per parte di padre* they are cousins on their father's side. □ ~ *di secondo* (*o terzo*) *grado* second (*o* third) cousin; *primo* ~ first cousin.

cui *pron.rel. m./f. sing. e pl.* (not used as subject; as direct object it appears in old literature and, infrequently, in modern poetry) **1** (*con preposizioni: rif. a cose, animali*) *di solito non si traduce,* that, which: *il progetto* (*a*) ~ *accennavi* the plan (that) you were referring to, the plan to which you were referring; *i libri di* ~ *tutti parlano* the books (that) everyone is talking about; *il motivo per* ~ *sono venuto* the reason I came; *la penna con* ~ *scrivo* the pen (that) I write with; *l'anno in* ~ *ti conobbi* the year I met you; (*rif. a persone*) *di solito non si traduce,* that, whom: *la signora* (*a*) ~ *ti presentai* the lady (that) I introduced you to, the lady to whom I introduced you. **2** (*inserito tra l'articolo e il sostantivo: rif. a persone*) whose: *un artista le* ~ *opere sono divenute famose* an artist whose works have become famous; *l'uomo al* ~ *nome tutti tremano* the man at whose name all tremble; (*rif. a cose*) of which, ⟨*fam*⟩ whose: *ecco l'albero, dai* ~ *rami ho colto questi frutti* here is the tree from ⌐whose branches⌐ (*o* the branches of which) I picked this fruit. □ *per* ~ so (that), and so: *io non so nulla, per* ~ *taccio* I don't know anything and so I shall keep silent.

culaccio *m.* ⟨*Macell*⟩ rump. **culata** *f.* ⟨*volg*⟩ (*colpo dato col sedere*) shove (*o* bump) with the behind; (*colpo battuto sul sedere*) fall on the behind. **culatello** *m.* ⟨*Gastr*⟩ culatello (kind of ham). **culatta** *f.* **1** ⟨*Artigl*⟩ breech (of a gun). **2** ⟨*Macell*⟩ (*culaccio*) rump.

culbianco *m.* (*pl.* **-chi**) ⟨*Ornit*⟩ wheatear, whitetail.

culdisacco *m.* cul-de-sac, blind alley.

culetto *m.* ⟨*infant*⟩ botty, fanny.

culinaria *f.* cookery, culinary art. **culinario** *a.* culinary, cookery-: *arte -a* culinary art.

culla *f.* **1** cradle, cot: ~ *di vimini* wicker cradle. **2** ⟨*fig*⟩ (*luogo di origine*) cradle, birthplace: *Atene fu la* ~ *della civiltà* Athens was the cradle of civilization. **3** ⟨*Artigl*⟩ cradle. □ *fin dalla* ~ from birth (*o* the cradle). **cullare** *v.t.* **1** (*nella culla*) to rock; (*tra le braccia*) to dandle, to rock, to cradle; (*cantando*) to lull. **2** ⟨*fig*⟩ (*illudere*) to lull, to quiet, to beguile: ~ *qd. con promesse* to beguile s.o. with promises. **cullarsi** *v.r.* (*illudersi*) to indulge (*in* in), to delude o.s. (with), to cherish (s.th.): *cullarsi in speranze vane* to cherish vain hopes. □ *cullarsi sugli allori* to rest on one's laurels.

culminante *a.* **1** ⟨*Astr*⟩ culminant. **2** ⟨*fig*⟩ (*principale*) culminating: *la scena* ~ *del film* the culminating scene of the film. □ *punto* ~ highest point; ⟨*fig*⟩ culmination, climax, culminating point. **culminare** *v.i* (**culmino;** *aus.* **essere**) **1** ⟨*Astr*⟩ to culminate. **2** ⟨*fig*⟩ to culminate, to reach one's height (*o* climax): *la serata culminò con i fuochi d'artificio* the evening reached its height with the fireworks display. **culmine** *m.* **1** (*cima*) top, summit; (*di montagna*) peak, top, summit; (*punto culminante*) highest point: *arrivammo al* ~ *della salita* we reached the highest point of the ascent. **2** ⟨*fig*⟩ height, summit, climax: *essere al* ~ *della gloria* to be at the height of one's glory. □ *il* ~ *del tetto* the top of the roof.

culmo *m.* ⟨*Bot*⟩ culm.

culo *m.* ⟨*volg*⟩ **1** arse, bum, ⟨*am*⟩ ass. **2** (*fondo di bicchiere, bottiglia*) bottom: ~ *di bottiglia* bottom of a bottle. □ ~ *di bicchiere* (*brillante falso*) fake diamond; ⟨*volg*⟩ *prendere per il* ~ *qd. :* **1** (*prenderlo in giro*) to make a fool of s.o.; **2** (*imbrogliarlo*) to cheat s.o.

cultivar (*o cultivar*) *f.* ⟨*Agr,Giard*⟩ cultivar.

culto *m.* **1** worship: *il* ~ *di Dio* the worship of God; (*venerazione*) veneration, cult: *il* ~ *dei santi* veneration of the saints. **2** (*religione*) religion, faith; (*confessione*) creed, confession: *il* ~ *protestante* the Protestant confession. **3** ⟨*fig*⟩ (*venerazione*) cult, worship (*di, per* of): *il* ~ *della libertà* the cult of freedom. **4** ⟨*fig*⟩ (*cura eccessiva*) great care (*di* of, for), devotion (to), cult (of): *il ~ ⌐per l'eleganza⌐* (o *dell'eleganza*) the cult of elegance. □ *avere un ~ per qd.* to worship s.o.: *ha un vero ~ per il padre* he really worships his father; *libertà di ~* freedom of worship; ~ *dei morti* veneration (o cult) of the dead; ~ *della personalità* personality cult.

cultore *m.* (*f.* -**trice**) **1** lover, cultivator: ~ *di letteratura* lover of literature. **2** ⟨*lett*⟩ ⟨*adoratore*⟩ worshipper: ~ *degli idoli* worshipper of idols. □ ~ *di lettere* man of letters.

cultura *f.* **1** culture: *persona di media ~* person of average culture; ⟨*erudizione*⟩ learning; ⟨*istruzione*⟩ education. **2** ⟨*tradizioni scientifiche e letterarie*⟩ culture: *la ~ italiana* Italian culture; *la diffusione della ~* the spread of culture. **3** ⟨*non com*⟩ ⟨*coltivazione*⟩ cultivation, farming. **4** *pl.* ⟨*luoghi coltivati*⟩ crops *pl*: *la grandine ha rovinato le -e* the hail has ruined the crops. □ ~ *dei campi* cultivation of the fields; *possedere una discreta ~* to be fairly well-educated; ~ *generale* general knowledge; ~ *giovanile* youth culture; ~ *di massa* mass culture; *persona senza ~* uneducated person, person lacking in culture.

culturale *a.* cultural: *accordo ~* cultural agreement; *fenomeno ~* cultural phenomenon. **culturalismo** *m.* display of culture. **culturalmente** *avv.* culturally.

culturismo *m.* physical culture. **culturista** *m./f.* physical culturist. **culturistico** *a.* (*pl.* -**ci**) physical culture-.

Cuma *N.pr.f.* ⟨*Geog.stor*⟩ Cumae. **cumano** *a.* Cumaean: *la sibilla -a* the Cumaean Sibyl.

cumarina *f.* ⟨*Chim*⟩ coumarine.

cumino *m.* ⟨*Bot*⟩ cum(m)in.

cumolo *m.* → **cumulo**.

cumulare *v.t.* (**cumulo**) ⟨*fig*⟩ to accumulate, to heap up, to combine: ~ *incarichi* to combine (o hold a plurality of) offices. **cumulativamente** *avv.* cumulatively. **cumulativo** *a.* cumulative, inclusive, all-in: *prezzo ~* inclusive (o all-in) price. □ *biglietto ~* (*per più percorsi*) inclusive (o through) ticket; (*per più persone*) party (o group) ticket. **cumulo** *m.* **1** (*mucchio*) heap, pile: *un ~ di macerie* a heap of debris; *un ~ di sassi* a pile of stones. **2** ⟨*fig*⟩ (*grande quantità*) mass, heap, number: *c'è un ~ di prove contro di lui* there is a mass of proof against him. **3** ⟨*Meteor*⟩ cumulus. □ ~ *di cariche* (o *funzioni*) plurality (o pluralism) of office; ⟨*Dir*⟩ ~ *di pene* cumulation of sentences, accumulative sentence.

cumulonembo (o *cumulo nembo*) *m.* ⟨*Meteor*⟩ cumulo-nimbus.

cuneiforme *a.* cuneiform: ~ *caratteri -i* cuneiform characters; *scrittura ~* cuneiform script. **cuneo** *m.* **1** wedge (*anche* Mil.). **2** ⟨*Arch*⟩ wedge-shaped stone, quoin. □ *a ~* wedge-shaped; ⟨*Mecc*⟩ ~ *d'arresto* grip wedge; *fermare con un ~* to wedge.

cunetta *f.* **1** (*canaletto: rif. a strade di città*) gutter; (*rif. a strade fuori città*) ditch. **2** (*avvallamento del fondo stradale*) bump.

cunicolo *m.* **1** (*stretta galleria sotterranea*) (narrow) underground passage (o tunnel): *le due grotte comunicano con un ~* the two caves are connected by an underground passage. **2** ⟨*Minier*⟩ shaft. **3** (*tana di animali*) burrow: ~ *della talpa* mole's burrow.

cuoca *f.* (woman) cook.

cuocere *v.* (*pr.ind.* **cuocio, cuoci, cuoce, cociamo, cocete, cuociono**; *pr.cong.* **cuocia, cociamo, cociate, cuociano**; *p.rem.* **cossi, cocesti**; *p.p.* **cotto/cociuto**; the form *cociuto* is only used in the sense of "vexed") **I** *v.t.* **1** to cook: ~ *il pranzo* to cook lunch; (*rif. ad arrosto*) to roast; (*rif. a lesso*) to boil; (*al forno*) to bake; (*in umido*) to stew; (*alla griglia*) to grill. **2** ⟨*fig*⟩ (*rif. al sole: bruciare*) to burn, to bake, to tan: *il sole gli ha cotto il viso* the sun has burnt his face. **3** ⟨*fig*⟩ (*fare innamorare*) to make fall in love: *quella ragazza lo ha cotto a puntino* that girl has made him fall head over heels in love with her. **II** *v.i.* (*aus.* **avere**) **1** to cook: *gli spaghetti cuociono in dieci minuti* spaghetti cooks in ten minutes. **2** ⟨*fig*⟩ (*rif. al sole*) to burn, to be hot: *come cuoce oggi il sole* how hot the sun is today. **3** ⟨*fig*⟩ (*aus.* **essere**; *dispiacere*) to irk, to vex, to hurt: *l'offesa gli è cociuta molto* the insult vexed him greatly; *il suo rifiuto ancora gli cuoce* his refusal still irks him. **cuocersi** *v.r.* **1** to cook. **2** ⟨*fig*⟩ (*innamorarsi*) to fall

in love. □ ~ *l'argilla* to fire clay; ~ *sulla brace* to cook over hot coals; ⟨*Gastr*⟩ ~ *al dente* to cook underdone; ~ *a fuoco lento* to simmer; ~ *a fuoco vivo* to cook on a hot fire; *lasciare ~ qd. nel suo brodo* to let s.o. stew in his own juice; ~ *i mattoni* to bake bricks; ~ *in padella* to fry; ~ *il pane* to bake bread; ~ *allo spiedo* to roast on a spit.

cuoco *m.* (*pl.* -**chi**; *f.* -**a**) cook: *mia madre è una buona -a* my mother is a good cook. □ *primo ~* chef, head cook.

cuoiame *m.* leather goods *pl*, leather: *commercio di -i* leather trade.

cuoio *m.* (*pl.* i **cuoi**, le **cuoia**; the plural form -*a* is used in only a few expressions) leather, hide. □ ~ *artificiale* imitation (o artificial) leather, leatherette; ~ *bulgaro* bulgar, Russian leather; ⟨*Anat*⟩ ~ *capelluto* scalp; ⟨*fam*⟩ *tirare le -a* to kick the bucket.

cuorcontento *m.* easy-going (o happy-go-lucky) person. □ *Prov.:* ~ *il ciel l'aiuta* heaven smiles on the happy man.

cuore *m.* **1** ⟨*Anat*⟩ heart. **2** ⟨*estens*⟩ (*petto*) heart, breast, bosom: *si strinse al ~ la figlia* he drew his daughter to his breast. **3** ⟨*fig*⟩ heart: *egli ha il ~ buono* he has a good heart; *gli mancò il ~ di punirlo* he didn't have the heart to punish him; *il giovanotto le donò il suo ~* the young man gave her his heart. **4** ⟨*fig*⟩ (*parte centrale*) heart, centre, core: *il ~ della città* the heart of the city; *nel ~ della foresta* in the heart of the forest; *il ~ della lattuga* the lettuce heart. **5** ⟨*Met*⟩ heart, core. **6** *pl.* (*nelle carte da gioco*) hearts *pl*: *asso di -i* ace of hearts. □ *a quella notizia gli si allargò il ~* his heart leapt at the news; *amico del ~* bosom friend; ⟨*Chir*⟩ *chirurgia a ~ aperto* open-heart surgery; *aprire il ~ a qd.* to open (o pour out) one's heart to s.o.; ⟨*Med*⟩ *attacco di ~* heart attack; *avere il ~ di fare qc.* to have the courage to do s.th.; *non averne il ~* not to have the heart; *persona di buon ~* good-hearted person; *avere buon ~* to be kind-hearted; *due -i e una capanna* love untrammelled by material concerns; *col ~* (*volentieri*) willingly, gladly; (*sinceramente*) sincerely; ⟨*fig*⟩ ~ *di coniglio* chicken -hearted person; *dare il ~ a qd.* (*amarlo*) to give s.o. one's heart; *di ~:* **1** whole-heartedly, with all one's heart, heartily: *ti ringrazio di ~* I thank you with all my heart; **2** (*con entusiasmo*) heartily: *ridere di ~* to laugh heartily; ~ *duro* hard heart; *in fondo al ~ ho ancora un dubbio* ⌐deep down⌐ (o at heart), I am still in doubt; *a forma di ~* heart-shaped; *avere un ~ generoso* to be generous (o big-hearted); ⟨*Rel*⟩ ~ *di Gesù* Heart of Jesus; *guadagnarsi il ~ di qd.* to win s.o.'s heart; *in cuor suo* in his heart of hearts, at heart, deep down; *nel ~ dell'inverno* in the depths of winter; *avere il ~ sulle labbra* to wear one's heart on one's sleeve; *leggere nel ~ di qd.* to see into s.o.'s heart, to read s.o.'s innermost thoughts; *a cuor leggero* with a light heart, light-heartedly; ⟨*fig*⟩ *cuor di leone* lion's heart; *avere un ~ da leone* to be lion-hearted, to have the heart of a lion; *macchina ~ polmone* heart-lung machine; *mal di ~* heart trouble (o disease); *malato di ~* person with a bad heart, sufferer from heart disease; *a quella notizia mi sentii mancare il ~* my heart sank at the news; *mi manca il ~ di dirti la verità* I haven't the heart to tell you the truth; *cuor mio* (*amato mio*) my darling, my love, sweetheart; *avere la morte nel ~* to be sick at heart; ~ *nobile* noble (o great) heart; *nel ~ della notte* at dead of night, in the middle of the night; ⟨*fig*⟩ *mettere* (o *mettersi*) *il ~ in pace* to set one's heart at rest; ~ *di pietra* stony (o hard) heart; *pigliare* (o *pigliarsi*) *a ~ qc.* to take s.th. up whole-heartedly, to have s.th. at heart; *dal profondo del ~* whole-heartedly; *nel profondo del ~* in one's heart of hearts; *rubare il ~ a qd.* (*farlo innamorare*) to steal s.o.'s heart; ⟨*Rel*⟩ *Sacro ~ di Gesù* Sacred Heart of Jesus; *essere senza ~* to be heartless (o unfeeling); *spezzare il ~* to break s.o.'s heart: *mi si spezza il ~ ad abbandonarlo* it breaks my heart to leave him; *avere una spina nel ~* to have an aching heart; *stare a ~* (*premere, importare*) to be of great concern, to have at heart (*costr. pers.*): *mi sta a ~ la sua salute* his health is of great concern to me; *il suo avvenire mi sta a ~* I have his future very much at heart; *a quella vista mi si*

strinse *il* ~ my heart ⌈ached at⌉ (*o* was wrung by) the sight; ~ **tenero** soft (*o* tender) heart; *avere un* ~ *di* **tigre** to have a hard heart; **toccare** *il* ~ *a qd.* to touch s.o.; *di* **tutto** ~ with all one's heart, whole-heartedly; **venire** *dal* ~ (*essere sincero*) to come from the heart, to be heartfelt.

cuoriforme *a.* heart-shaped.

cupamente *avv.* **1** darkly, obscurely. **2** (*rif. a suono*) hollowly, dully. **3** ⟨*fig*⟩ (*tetramente*) gloomily, sullenly, dismally.

cupè *m.* ⟨*Aut*⟩ coupé.

cupezza *f.* **1** darkness, gloom, dimness. **2** (*rif. a colore*) darkness, deepness. **3** (*rif. a suono*) hollowness, depth. **4** ⟨*fig*⟩ (*tetraggine*) gloom(iness), sullenness.

cupidamente *avv.* greedily, covetously. **cupidigia** *f.* (*pl.* -gie) ⟨*lett*⟩ **1** (*desiderio sfrenato*) cupidity, greed, covetousness, desire, lust: ~ *di onori* desire for honours; ~ *di potere* lust (*o* thirst) for power. **2** (*concupiscenza*) desire, lust. **cupido** *a.* ⟨*lett*⟩ **1** (*lussurioso*) lustful. **2** (*che mostra desiderio*) covetous, greedy, lustful: *sguardo* ~ covetous gaze.

Cupido *N.pr.m.* ⟨*Mitol*⟩ Cupid.

cupo *a.* **1** (*oscuro*) dark, gloomy, obscure: *un antro* ~ a dark cave. **2** (*rif. a colore: scuro*) dark, deep: *rosso* ~ dark red. **3** (*rif. a suono: basso, sordo*) hollow, low, deep(-toned), dull: *voce* ~a hollow voice. **4** ⟨*fig*⟩ (*tetro*) gloomy, sullen, dismal: *carattere* ~ gloomy nature. □ ~*a disperazione* dark despair; *tinte* ~*e* dark shades; *dipingere la situazione a tinte* ~*e* to paint the situation very black.

cupola *f.* **1** ⟨*Arch*⟩ dome; (*piccola*) cupola. **2** (*di cappello*) crown. **3** ⟨*Bot*⟩ cupule. □ *a* ~ dome-shaped: *costruzione a* ~ dome-shaped building; ⟨*Arch*⟩ ~ *a sesto ribassato* flat dome.

cuprallumínio *m.* ⟨*Met*⟩ aluminium bronze.

cuprico *a.* (*pl.* -ci) **1** (*di rame*) copper-. **2** (*che contiene rame*) cupric, cuprous. **cuprismo** *m.* ⟨*Med*⟩ chalcosis.

cuprite *f.* ⟨*Min*⟩ cuprite.

cura *f.* **1** (*il curare*) care, looking after, management, running: *la* ~ *della casa* household management, running the house; *la* ~ *del giardino richiede molto tempo* looking after the garden takes up a lot of time; (*disbrigo*) doing, performance: *la* ~ *delle faccende domestiche* (doing the) housework. **2** (*interessamento, attenzione*) care, concern: *dedicare ogni* ~ *alla famiglia* to make the family one's sole concern; *la sua unica* ~ *è la famiglia* the family is her only care. **3** *pl.* (*premure*) care, solicitude, attentions *pl:* *le* ~*e verso il malato* care of the sick man. **4** (*accuratezza*) care, attention, heed: *fece il lavoro con molta* ~ he did the work with great care. **5** ⟨*Med*⟩ (*prescrizione medica*) (course of) treatment, cure: *il medico prescrisse una* ~ *di calcio* the doctor prescribed calcium treatment; (*assistenza medica*) treatment: *essere in* ~ *presso il dott. Rossi* to be under (*o* undergoing) treatment from Dr. Rossi. **6** ⟨*Rel*⟩ (*ministero del sacerdote*) cure, spiritual charge. **7** ⟨*Dir*⟩ (*curatela*) guardianship, trusteeship, curatorship. **8** *pl.* ⟨*lett*⟩ (*affanni*) cares *pl,* anxieties *pl,* worries *pl:* *animo sgombro da* ~*e* mind free of cares, carefree mind. □ *a* ~ *di:* **1** by: *traduzione e commento a* ~ *di E. Bianchi* translation and commentary by E. Bianchi; **2** (*edito da*) edited by; **affidare** *qd. alle* ~*e di qd.* to entrust s.o. to s.o.'s care; ~*e* **ambulatoriali** ambulant care, outpatient treatment; ⟨*Rel*⟩ ~ *d'anime* cure of souls; **avere** ~ *di qc.* (*o qd.*) to ⌈look after⌉ (*o* take care of) s.th. (*o* s.o.), to mind (*o* see to) s.th. (*o* s.o.): *avere* ~ *della propria salute* to take care of one's health, to look after o.s.; *abbi* ~ *che non vada perduto* mind (*o* be careful) it doesn't get lost; *abbi* ~ *di lui* take care of him; ~ *dei bagni* course of baths; **casa** *di* ~ nursing home; **con** ~ carefully: *nascose con* ~ *la pistola* he carefully hid the pistol; *non darsi* ~ *di qc.* (*o qd.*) not to care about s.th. (*o* s.o.); ~ **dentistica** dental treatment; ~ **dimagrante** slimming cure: *fare una* ~ *dimagrante* to be on a slimming diet; ~ **domiciliare** home care; **essere** ~ *di qd.* to see (to it) (*costr. pers.*), to arrange (*costr. pers.*), to take care (*costr. pers.*): *sarà mia* ~ *impedirlo* I shall see that it doesn't happen; *avere in* ~ *un malato* (*rif. a medico*) to be treating a patient; (*rif. a infermiera, parente, ecc.*) to be nursing (*o* tending) a patient; ~*e*

intensive intensive care; **località** *di* ~ spa, health resort; **prescrivere** *una* ~ to prescribe a cure (*o* course of treatment); **senza** ~ carelessly, inattentively; ~ *del* **sonno** narcotherapy; ~ **termale** mineral water therapy.

curabile *a.* curable: *un male* ~ a curable ailment. **curante** *a.* in charge of the case. □ *il nostro medico* ~ our family doctor.

curare *v.t.* **1** (*occuparsi di*) to take care of (*o* over), to be very careful about, to look after, to see to: ~ *i propri figli* to look after one's children; *cura molto il suo abbigliamento* she takes great care over how she dresses. **2** (*provvedere*) to see to: *curate che tutto sia pronto per le dieci* see that everything is ready by ten. **3** (*assistere*) to look after, to take care of; (*rif. a infermiera*) to nurse. **4** (*avere in cura*) to treat: *il medico che lo cura è assai noto* the doctor who is treating him is very well-known; (*trattare terapeuticamente*) to treat: *lo hanno curato con gli antibiotici* they treated him with antibiotics; (*medicare*) to dress: ~ *una ferita* to dress a wound. **5** ⟨*fig*⟩ (*stare attento*) to take care over, to pay attention to: *devi* ~ *di più la punteggiatura* you must take more care over your punctuation; (*cercare di migliorare*) to cure, to mend: ~ *i propri difetti* to mend (*o* cure o.s. of) one's faults. **6** (*occuparsi di*) to see to, to attend to, to look after: ~ *gli interessi della famiglia* to look after the family interests; ~ *la spedizione della merce* to attend (*o* see) to the shipment of the goods. **7** (*rif. a libri*) to edit: ~ *l'edizione di un'opera* to edit a work. **curarsi** *v.r.* **1** (*interessarsi*) to pay attention (*di* to), to care (about), to take notice (of), to mind (s.th.), to matter (*costr. impers.*): *non mi curo delle chiacchiere* I don't take any notice of gossip; *non me ne curo* I don't care. **2** (*prendersi cura*) to bother, to take the trouble: *non si è mai curato di rispondermi* he has never bothered to reply to me. **3** (*sottoporsi a cure mediche*) to undergo (*o* have) treatment: *è necessario curarsi in tempo* you must have treatment before it's too late; (*avere cura della propria salute*) to look after o.s. (*o* one's health), to take care of o.s. □ *l'edizione critica è stata curata da un noto filologo* the critical edition is by a well-known philologist.

curaro *m.* ⟨*Chim*⟩ curare.

curatela *f.* ⟨*Dir*⟩ administratorship, curatorship: ~ *dei beni dell'assente* administratorship of the absent heir's property; (*di fallimento*) trusteeship.

curativo *a.* curative, of treatment: *metodo* ~ curative method, method of treatment.

curato[1] *a.* **1** tended, kept: *un giardino ben* ~ a well-kept (*o* tended) garden. **2** (*guarito*) healed; (*medicato*) dressed. □ *un lavoro* ~ *nei minimi particolari* a piece of work executed with the greatest care for detail.

curato[2] *m.* curate; (*parroco*) parish priest.

curatore *m.* (*f.* -trice) **1** ⟨*Dir*⟩ administrator (*f* -trix), trustee, curator (*f* -trix). **2** ⟨*Filol*⟩ editor. **3** (*guaritore*) healer. □ ⟨*Dir*⟩ ~ *dei beni dell'assente* administrator of the absent heir's property; ~ *dell'eredità* administrator, executor; ~ *fallimentare* official receiver.

curculione *m.* ⟨*Entom*⟩ weevil, curculio.

curdo I *a.* Kurdish. **II** *s.m.* (*lingua*) Kurd(ish).

curia *f.* **1** ⟨*Rel.catt*⟩ curia. **2** (*collett*) (*l'insieme degli avvocati di un luogo*) bar, lawyers *pl.* **3** ⟨*Stor.rom*⟩ curia. □ ~ *romana* Roman Curia; ~ *vescovile* bishop's see.

curiale *a.* **1** (*cancelleresco*) legal, of the legal profession: *linguaggio* ~ legal language; *stile* ~ legal style. **2** ⟨*Stor.rom*⟩ curial. **curialesco** *a.* (*pl.* -chi) lawyer's, legal.

curiato: ⟨*Stor.rom*⟩ *comizi* -*i* comitia curiata *pl.*

Curiazi *N.pr.m.pl.* ⟨*Stor.rom*⟩ Curiatii *pl.*

curie *fr.* [kỳri] *m.* ⟨*Fis*⟩ curie.

curio *m.* ⟨*Chim*⟩ curium.

curiosaggine *f.* nosiness. **curiosamente** *avv.* **1** (*con curiosità*) curiously, inquisitively. **2** (*stranamente*) oddly: *veste* ~ he dresses oddly. **curiosare** *v.i.* (*curioso; aus.* avere) **1** (*guardare con curiosità*) to look (about) curiously (*o* inquisitively); (*ascoltare con curiosità*) to listen curiously, to listen in. **2** (*spiare*) to pry, to nose (about): *lo sorpresi a* ~ *nei miei cassetti* I caught him nosing about in my drawers; (*ascoltando*) to eavesdrop, to listen in. □ *gli piaceva* ~ *per la città* he liked to wander through the city. **curiosità** *f.* **1** curiosity, inquisitiveness, ⟨*fam*⟩ nosiness. **2** (*cosa rara, strana*) curio, curiosity. □ *destare la ~ di qd.* to arouse s.o.'s curiosity; *è di una ~ insopportabile* he is dreadfully nosey. **curioso I** *a.* **1** curious, inquisitive, ⟨*fam*⟩ nosy: *è una ragazza -a e pettegola* she is an inquisitive gossipy girl; *sono ~ di sapere cosa intendi fare* I'm curious to know what you intend to do. **2** (*strano*) curious, odd, peculiar, funny: *un tipo ~* an odd character; *è accaduto un fatto ~* a funny thing happened; *~, credevo che fosse partito* that's odd, I thought he had left. **II** *s.m.* (*f.* -a) **1** (*persona curiosa*) curious person; ⟨*spreg*⟩ nosy parker (*o* person): *non posso sopportare i -i* I can't stand nosy people. **2** (*spettatore*) curious onlooker: *si era radunato intorno a loro un gruppo di -i* a group of curious onlookers had gathered round them.

curricolare *a.* ⟨*Scol*⟩ curricular. **curriculum** *m.* **1** (*anche curriculum vitae*) curriculum vitae; (*resoconto sommario*) résumé. **2** ⟨*Scol,Univ*⟩ curriculum, course of study.

curry *ingl.* [ˈkʌri] *m.* ⟨*Gastr*⟩ curry. □ *riso al ~* curried rice.

cursore *m.* ⟨*Mecc*⟩ slider; (*rif. a strumento matematico*) cursor.

curule *a.* ⟨*Stor.rom*⟩ curule: *sedia* (*o sella*) *~* curule chair.

curva *f.* **1** ⟨*Geom*⟩ curve. **2** (*di strada*) bend, curve, turn: *~ pericolosa* dangerous bend; (*curvatura tortuosa*) twist, bend, tortuosity; (*di fiume*) bend, curve. **3** (*rappresentazione grafica*) curve, graph: *~ di raffreddamento* cooling curve. **4** ⟨*Sport*⟩ (*parte della pista*) bend (in the track). **5** *pl.* ⟨*scherz*⟩ (*rotondità del corpo femminile*) curves *pl.* □ *~* **algebrica** algebraic curve; *~* **altimetrica** contour (line); ⟨*Edil*⟩ *~ di* **carico** charging curve; ⟨*Strad*⟩ *~* **cieca** blind turning; *~ a* **destra** right–hand bend, bend to the right; ⟨*Econ*⟩ *~ della* **domanda** demand curve; ⟨*Strad*⟩ **doppia** *~* S-bend; ⟨*Mecc*⟩ *~ di* **elasticità** elastic curve; **fare** *una ~* to turn, to swerve; *~ di* **frequenza** frequency curve; ⟨*Econ*⟩ *d'***indifferenza** indifference curve; *~* **larga** flat curve; *dell'***offerta** supply curve; ⟨*Mat*⟩ *~* **piana** plane curve; **prendere** *una ~* to take a corner (*o* curve, bend), to corner; *prendere una ~ troppo stretta* to hug the curve; *dei* **prezzi** price curve; **strada** *con molte -e* winding (*o* tortuous, twisting) road; *la strada fa molte -e* the road twists and turns; *~* **stradale** bend in the road; ⟨*Strad*⟩ *~* **stretta** sharp bend; **tagliare** *una ~* to cut a corner, ⟨*am*⟩ to swing.

curvabile *a.* bendable. **curvare I** *v.t.* **1** to bend, to curve: *~ una sbarra* to bend a bar. **2** (*chinare*) to bend, to bow: *~ la schiena sotto un peso* to bend one's back under a load; *~ il capo* to bow one's head. **II** *v.i.* (*aus.* avere) (*rif. a strada, fiume*) to curve, to bend: *il fiume curva verso la valle* the river curves towards the valley. **curvarsi** *v.r.* **1** to bend, to curve: *l'asse si curvò sotto il peso* the plank bent under the weight; (*rif. a legno*) to warp. **2** (*rif. a persona: chinarsi*) to stoop, to bend (down). □ ⟨*fig*⟩ *~ la schiena* (*sottomettersi*) to submit, to yield, to bow to s.o.'s wishes. **curvatura** *f.* **1** (*il curvare*) curving, bending: *la ~ delle doghe* the curving of the staves. **2** (*l'essere curvo*) curvature, bend, sweep: *una leggera ~* a slight curvature. **3** (*punto di curvatura*) bend, curve. **4** ⟨*Aer*⟩ camber. **curvilineo I** *a.* curvilinear. **II** *s.m.* French curve. **curvimetro** *m.* curvometer, opsometer. **curvo** *a.* **1**

curved: *linea -a* curved line; (*piegato*) bent; (*storto*) crooked. **2** (*rif. a persona*) bent, stooping: *spalle -e* bent shoulders. □ *camminare ~* to walk with a stoop; *stare ~ sui libri* to be bent (*o* hunched) over one's books.

cuscinata *f.* blow (with a cushion or pillow). □ *fare a -e* to have a pillow fight.

cuscinetto *m.* **1** (*piccolo cuscino*) pad. **2** (*puntaspilli*) pincushion. **3** (*per timbri*) ink pad. **4** ⟨*Mecc*⟩ bearing. □ ⟨*Mecc*⟩ *~ ad* **aghi** needle bearing; ⟨*fig*⟩ **fare** *da ~* to (act as a) buffer; *~ di* **gomma** cushioning pad; ⟨*Tip*⟩ *~* **inchiostrato** printing pad; *~ a* **sfere** ball bearing; ⟨*Pol*⟩ **stato** *~* buffer state.

cuscino *m.* cushion; (*guanciale*) pillow. □ *~ d'acqua* water cushion (*o* pillow); *~ d'aria* (*o pneumatico*) air cushion; *~ di piume* feather pillow; *~ da viaggio* travelling cushion.

cuscuta (*o cuscuta*) *f.* ⟨*Bot*⟩ dodder.

cuspidale *a.* cuspidal. **cuspidato** *a.* **1** cuspidate, pointed. **2** ⟨*Bot*⟩ cuspidate. **cuspide** *f.* **1** (*vertice*) point, apex, cusp. **2** (*punta di lancia, freccia*) point, tip. **3** ⟨*Arch*⟩ spire, pinnacle. **4** ⟨*Mat,Astr,Dent*⟩ cusp.

custode *m./f.* **1** guardian, keeper, custodian; (*portiere*) doorkeeper. **2** ⟨*fig*⟩ guardian, protector, upholder, preserver: *~ dell'ordine* upholder of public order; *~ della libertà* guardian of liberty. □ *angelo ~* guardian angel (*anche fig.*); *~ delle carceri* warder, ⟨*am*⟩ prison guard.

custodia *f.* **1** (*sorveglianza*) care: *la ~ della casa* the care of the house. **2** (*rif. a persona*) care, custody, protection, guardianship: *ti affido la ~ dei miei figli* I entrust you with the care of my children. **3** (*incarico di conservare*) (safe)keeping, custody: *ho in ~ i suoi risparmi* I have his savings in my safekeeping. **4** ⟨*Dir*⟩ (*detenzione*) custody. **5** (*astuccio*) case, holder–; *~ del violino* violin–case; *~ degli occhiali* spectacle–case; (*di libro*) case; (*di tessera e sim.*) holder. **6** ⟨*Mecc*⟩ housing, casing. □ **agente** *di ~* (*di un carcere*) warder, gaoler; **avere** *in ~ qc.* to take care of s.th., to have s.th. in one's care; **camera** *di ~* strong–room; **dare** *in ~ qc.* to put s.th. into safekeeping; ⟨*Dir*⟩ *~* **preventiva** detention awaiting trial; *essere sotto la ~ di qd.* to be in s.o.'s charge; ⟨*Post*⟩ **tassa** *di ~* storage charges *pl.*

custodire *v.t.* (*custodisco, custodisci*) **1** (*sorvegliare*) to look after, to take care of: *custodisce la casa in mia assenza* he is looking after the house while I'm away; (*fare la guardia*) to guard, to watch over: *~ i prigionieri* to guard the prisoners. **2** (*serbare con cura*) to preserve, to guard: *~ i soldi nella cassaforte* to keep one's money in the safe. **3** ⟨*fig*⟩ (*mantenere*) to keep, to guard, to cherish: *~ un segreto* to guard a secret; *~ un ricordo* to cherish a memory. □ *~ la propria salute* to look after o.s. (*o* one's health), to take good care of o.s.; ⟨*fig*⟩ *~ le tradizioni* to preserve traditions. **custodito** *a.* guarded, protected. □ *non ~* unprotected, unguarded.

cutaneo *a.* cutaneous, skin–, of the skin: *malattie -e* skin diseases. **cute** *f.* skin, cutis. **cuticola** *f.* cuticle. **cuticolare** *a.* cuticular. **cutireazione** *f.* ⟨*Med*⟩ cutireaction.

cutrettola *f.* ⟨*Ornit*⟩ yellow wagtail, blue–headed wagtail.

CV, C.V. = ⟨*Fis*⟩ *cavallo vapore* horse-power (*abbr.* H.P., HP, h.p., hp).

c/v, C/V = ⟨*Comm*⟩ *conto vendita* account sales (*abbr.* A/S).

czar [tzar] *m.* czar, tsar, tzar.

czarda [ˈtʃa–] *f.* (*ciarda*) czardas, csardas.

D

d, D *f./m.* (*lettera dell'alfabeto*) d, D. □ *due d* two d's (*o* ds); *una D maiuscola* a capital D; *una d minuscola* a small d; ⟨*Tel*⟩ *d come Domodossola* D for David, ⟨*am*⟩ D for Dog; ⟨*Biol*⟩ *vitamina D* vitamin D.

D = (*nella numerazione romana*) *cinquecento* five hundred (*abbr.* D).

d. = *diametro* diameter (*abbr.* d.).

da *prep.* (before a vowel it is seldom apostrophized; with the definite articles it combines to form **dal** [*da + il*], **dallo** [*da + lo*], **dall'** [*da + l'*], **dalla** [*da + la*], **dai** [*da + i*], **dagli** [*da + gli*], **dalle** [*da + le*]) **1** (*agente, causa efficiente*) by: *era amata ~ tutti* she was loved by all; *fu lodato dai superiori* he was praised by his superiors; *la città fu distrutta dal terremoto* the city was destroyed by the earthquake; *l'universo fu creato ~ Dio* the universe was created by God; *il libro è scritto ~ Sartre* the book is written by Sartre. **2** (*moto da luogo*) from: *~ Napoli a Firenze* from Naples to Florence; *alzò gli occhi dal libro* he raised his eyes from the book; *tornare ~* (*o dalla*) *scuola* to return from school; (*fuori da*) out of, (out) from: *uscire dal negozio* to go (*o* come) out of the shop; *buttarsi dalla finestra* to throw o.s. ʼout ofʼ (*o* down from) the window; (*luogo, punto da cui si compie un'azione*) from: *dal nostro balcone si vede il mare* you can see the sea from our balcony; *dal primo all'ultimo* from beginning to end, from first to last. **3** (*moto per luogo*) by, through, via: *all'andata siamo passati ~ Firenze* on the way there we went via Florence; (*attraverso*) through, by: *i ladri sono passati dalla finestra* the thieves got in through (*o* by) the window. **4** (*moto a luogo*) to: *andrò ~ lui domani* I shall go ʼtoʼ (*o* to see) him (*o* to his house) tomorrow; *recarsi dal medico* to go to the doctor's; *mi mandò dal suo avvocato* he sent me to his lawyer. **5** (*stato in luogo*) with, at: *abita ~ un parente* he lives with a relative; *cenerò dai nonni* I shall have supper ʼwith my grandparentsʼ (*o* at my grandparents'); (*rif. a nomi di ristoranti*) at: *~ Tullio* at Tullio's (Restaurant). **6** (*origine, provenienza*) from, of: *discendere ~ nobile famiglia* to ʼdescend fromʼ (*o* come of) a noble family; *sant'Antonio ~ Padova* St. Anthony of Padua; *apprendere qc. dai giornali* to learn of s.th. from the newspapers; (*copiato da*) (taken, copied) from: *disegno dal vero* drawing from life; (*imitato da*) after: *~ una stampa antica* after an old print. **7** (*separazione, allontanamento*) from: *mi separai dai parenti* I parted from my relatives; *allontanare qd. ~ un luogo pericoloso* to take s.o. away from a dangerous place. **8** (*distanza*) (away) from: *a cento chilometri ~ Roma* a hundred kilometres from Rome; *abito non lontano ~ piazza Venezia* I live not far from Piazza Venezia. **9** (*tempo passato: rif. a durata*) for, *talvolta non si traduce: dormivo ~ due ore* I had been sleeping (for) two hours; *vivo qui ~ molti anni* I have lived here for many years; (*fin da, a partire da*) since: *è dalle dieci che ti aspetto* I have been waiting for you since ten; (*tempo futuro: a decorrere da*) (as) from: *l'appartamento è libero dal mese prossimo* the flat is free as from next month; *~ oggi in poi* from today

on. **10** (*causa*) with, from: *tremare dal freddo* to tremble with cold; *sono rauco dal gridare* I am hoarse from shouting. **11** (*mezzo*) from, by: *la riconobbi dalla capigliatura* I recognized her by her hair; *lo giudicai dall'espressione del viso* I judged him from the expression on his face; (*tramite*) through, by (means of): *te lo manderò ~ un amico* I shall send it to you through a friend. **12** (*fine, scopo*) as, for: *servire ~ ornamento* to serve as an ornament; (*uso, destinazione*) for, *si rende per lo più con un sostantivo composto o aggettivato: rete ~ pesca* net for fishing, fishing net; *imbarcazione ~ diporto* pleasure boat; *abiti ~ inverno* winter clothes; *cavallo ~ corsa* racehorse; *stanza ~ pranzo* dining-room. **13** (*qualità, segno distintivo*) with: *la casa dalle persiane rosse* the house with the red shutters; *spesso si rende con un aggettivo composto: una ragazza dagli occhi verdi* a girl with green eyes, a green-eyed girl. **14** (*prezzo, valore*) *si rende con un aggettivo composto: un appartamento ~ venti milioni* a twenty-million lire flat; *un francobollo ~ cinquanta lire* a fifty-lire stamp; (*a partire da*) from: *abiti ~ ventimila lire in su* dresses from twenty thousand lire (upwards). **15** (*limitazione*) in: *cieco ~ un occhio* blind in one eye. **16** (*modo, maniera*) like: *comportarsi ~ vigliacco* to behave like a coward; *mi ha trattato ~ amico* he treated me like a friend; *vivere ~ principe* to live like a prince; (*degno di*) like, worthy of, fit for, *spesso si rende con un aggettivo, un avverbio o il caso possessivo: non è ~ te* it is not like (*o* worthy of) you; *parole ~ facchino* coarse language; *un'azione ~ gentiluomo* gentlemanly behaviour; *una vita ~ cani* a dog's life. **17** (*età, condizione*) as, when: *giovane era uno sportivo* as a young man he was keen on sport; *lo conobbi ~ studente* I knew him as (*o* when he was) a student. **18** (*rif. a uffici, cariche: in funzione di*) as: *fungere ~ amministratore* to act as administrator. **19** (*secondo, in base a*) from, according to: *~ quel che dicono i giornali* from (*o* according to) what the newspapers say. **20** (*seguito dall'inf.: consecutivo*) that, as, to, *spesso non si traduce: era così stanco ~ non poter studiare* he was so tired (that) he could not study; *chi è così gentile ~ accompagnarmi a casa?* who will be so kind as to take me home?; *si può rendere con l'infinito o, meno spesso, con una proposizione relativa: non è persona ~ dimenticare le offese* he is not a person ʼwho forgets insultsʼ (*o* to forget an insult). **21** (*seguito dall'inf.: finale*) *si traduce coll'infinito: dammi un libro ~ leggere* give me a book to read. **22** (*seguito dall'inf.: necessità, obbligo*) for, *spesso si rende con una proposizione relativa, con l'infinito, o con un aggettivo: camicie ~ stirare* shirts (that are) to be ironed, shirts for ironing; *diritti ~ difendere* rights to defend; *un vecchio ~ compatire* an old man who is to be pitied, a pitiable old man. □ *~ ... a* (*quantità approssimativa*) from ... to: *c'erano ~ trecento a quattrocento persone* there were from three to four hundred people; *per terminare il lavoro mi ci vorranno ~* (*o dai*) *dieci a* (*o ai*) *quindici giorni* it will take me from ten to fifteen days to finish the work; *dal*

1861 al 1961 from 1861 to (*o* till) 1961; *dall'a alla zeta* from A to Z; ~ **allora** since (then): ~ *allora in poi* ever since (then), from that time on; **appartamento** ~ *affittare* flat to let, ⟨*am*⟩ apartment for rent; *appartamento* ~ *vendere* flat ⸢for sale⸣ (*o* to be sold); *un tiro* ~ **birbante** a rascally trick; ~ **bravo**, *ripeti la poesia* ⸢be good⸣ (*o* that's a good boy), say the poem again; *a* **cominciare** ~ (as) from, beginning from: *a cominciare* ~ *oggi* as from today; *entrerà in servizio* ~ **domani** he will begin work (as from) tomorrow; ~ **dove** where (from): *non so* ~ *dove cominciare* I don't know where to begin; ~ *dove viene?* where is he from?; **fin** ~ (ever) since, from ... on: *fin dall'infanzia* since childhood, from childhood on; *fin dal secolo scorso* since the last century; *fin* ~ *piccolo* since he was a child; *guardare* **fuori** *dalla finestra* to look out of the window; *lo conosco dall'*infanzia I have known him ever since he was a child; ~ **lontano** from afar (*o* far off), at a distance: ~ *lontano mi era sembrata più bella* from far off she seemed more beautiful; ~ **molto** for a long time: *è* ~ *molto che non lo vedo* I haven't seen him for a long time; *fa un caldo* ~ **morire** it is dreadfully hot; ~ **noi** (*a casa mia*) at home; (*nella mia città*) in my city; (*nel mio paese*) in my country; ~ *noi non c'è quest'uso* we haven't this custom; ~ **quando** *sei qui?* how long have you been here?; *una risposta* ~ **sbalordire** an astonishing reply; *la porta si chiude* ~ **sé** the door shuts by itself, the door is self-closing; *quell'uomo s'è fatto* ~ **solo** he is a self-made man; *ha la ragione dalla* **sua** he is (in the) right; **tanto** ~ enough (*o* sufficient) to: *guadagna tanto* ~ *vivere agiatamente* he earns enough to live well; *a due metri* ~ **terra** two metres from (*o* off) the ground; ~ **ultimo** last of all, lastly.

dà → **dare**[1].

dabbasso *avv.* down(stairs), below: *scendere* ~ to go downstairs.

dabbenaggine *f.* **1** (*balordaggine*) simple-mindedness, foolishness: *lo ha fatto per* ~ he did it out of foolishness. **2** (*credulità*) credulity, gullibility. **dabbene** *a.* honest, decent, upright: *una persona* ~ an honest person; *è gente* ~ they are decent folk.

daccanto *avv.* (*vicino*) nearby; (*a fianco*) beside.

daccapo *avv.* **1** (*di nuovo*) (once) again, once more: *ti spiegherò* ~ I'll explain again; *eccolo* ~ *con la solita storia* there he goes again with the same old story. **2** (*dal principio*) from the beginning, all over again: *ricominciare* ~ to begin again from the beginning.

dacché *congz.* ⟨*lett*⟩ **1** (ever) since: ~ *lo conosco non mi ha dato che noie* ever since I've known him he's given me trouble. **2** (*poiché*) since, as: ~ *insisti, ti dirò tutto* since you insist, I'll tell you everything.

dacia *f.* (*pl.* -cie/-ce) da(t)cha.

dacite *f.* ⟨*Min*⟩ dacite.

dada *fr.* [da'da] **I** *s.m.* **1** → **dadaismo**. **2** → **dadaista**. **II** *a.* Dadaistic.

dadaismo *m.* ⟨*Art,Lett*⟩ Dada(ism), dada, Dada. **dadaista** **I** *a.* Dadaistic, of Dada: *scuola* ~ school of Dada. **II** *s.m./f.* Dadaist.

dado *m.* **1** die: *giocare a –i* to play dice. **2** ⟨*Arch*⟩ dado, die. **3** ⟨*Gastr*⟩ bouillon (*o* soup) cube: *brodo di –i* broth made from bouillon cubes. **4** ⟨*Mecc*⟩ nut. □ ⟨*Gastr*⟩ ~ *di* **carne** meat cube; ⟨*Mecc*⟩ ~ *a* **farfalla** wing (*o* fly, butterfly) nut; *–i da* **poker** poker dice; ⟨*Gastr*⟩ **tagliare** *a –i* to cut into small cubes; **tirare** *i –i* to throw (*o* cast) the dice; ⟨*fig*⟩ *il* ~ *è* **tratto** the die is cast.

daffare *m. inv.* work, task, toil. □ *avere un gran* ~ to have a great deal to do; *con tutto il* ~ *che ho, non posso aiutarti* with all I've got to do I can't help you; *ho avuto un bel* ~ I have been very busy; *darsi un gran* ~ *per ottenere qc.* to go to a great deal of trouble to obtain s.th.

dafne *f.* ⟨*Bot*⟩ daphne.

Dafne *N.pr.f.* ⟨*Mitol*⟩ Daphne.

dafnia *f.* ⟨*Zool*⟩ daphnia, water flea.

dag = *decagrammo* decagram(me) (*abbr.* dag).

daga *f.* dagger.

dagherrotipia *f.* ⟨*Fot*⟩ daguerreotypy. **dagherrotipo** *m.* daguerreotype.

dagli[1] → **da**.

dagli[2] *intz.* **1** (*forza*) come on, go on, go it: ~, *che arriverai primo* go it, you'll be first. **2** (*addosso*) after him. □ – *al ladro* stop thief; ⟨*fam*⟩ *e* ~, *con questa storia mi hai proprio seccato* ⸢turn it in⸣ (*o* pack it up), I'm fed up with this story; ~ *e* ~, *mi hai convinto* all right, all right, you've convinced me at last.

dai[1] → **da**.

dai[2] → **dare**[1].

dai[3] *intz.* come on, go on, go it: ~, *parla* come on, out with it. □ ~, *entra* in you go; *e* ~, *cammina più svelto* come on, walk faster.

daino *m.* (*f.* -a) **1** ⟨*Zool*⟩ fallow deer; (*maschio*) buck; (*femmina*) doe; (*di meno di un anno*) fawn. **2** (*pelle*) buckskin: *guanti di* ~ buckskin gloves.

dal[1] → **da**.

dal[2] = *decalitro* decalitre (*abbr.* dal., dal).

dalia *f.* ⟨*Bot*⟩ dahlia.

Dalila *N.pr.f.* ⟨*Bibl*⟩ Delilah.

dall', **dalla**, **dalle** → **da**.

dalli *intz.* → **dagli**[2]

dallo → **da**.

dalmata **I** *a.* Dalmatian. **II** *s.m./f.* **1** (*abitante*) Dalmatian. **2** (*razza canina*) Dalmatian. **dalmatica** *f.* ⟨*Stor.rom, Lit*⟩ dalmatic. **dalmatico** *a./s.* (*pl.* -ci) **I** *a.* Dalmatian. **II** *s.m.* (*lingua*) Dalmatian. **Dalmazia** *N.pr.f.* ⟨*Geog*⟩ Dalmatia.

daltonico *a./s.* (*pl.* -ci) **I** *a.* ⟨*Med*⟩ colour-blind. **II** *s.m.* (*f.* -a) colour-blind person. **daltonismo** *m.* colour-blindness.

dam = *decametro* decametre (*abbr.* dam).

dama *f.* **1** (*gentildonna*) lady (of rank). **2** (*rif. al ballo*) (dancing) partner. **3** (*gioco*) draughts *pl* (*costr. sing. o pl.*), ⟨*am*⟩ checkers *pl* (*costr. sing.*); (*pedina doppia*) king. **4** (*nelle carte da gioco*) queen: ~ *di picche* queen of spades. □ ~ *di* **carità** charity worker, district visitor; ~ *di* **compagnia** lady companion; (*di personaggio reale*) lady-in-waiting; *di* **corte** lady-in-waiting; **giocare** *a* ~ to play draughts, ⟨*am*⟩ to play checkers; **gran** ~ fine (*o* great) lady; ⟨*fig*⟩ *fare la gran* ~ to act the fine lady; *darsi arie di gran* ~ to give o.s. fine airs; **scacchiera** *della* ~ draughtboard, ⟨*am*⟩ checkerboard.

damascare *v.t.* (**damasco**, **damaschi**) to damask. **damascato** **I** *a.* damask-, damasked: *tessuto* ~ damask cloth. **II** *s.m.* damask: ~ *di lino* linen damask. **damascatura** *f.* **1** ⟨*Tess*⟩ damasking. **2** → **damaschinatura**. **damaschinare** *v.t.* ⟨*Met*⟩ to damascene, to damaskeen. **damaschinatura** *f.* damascening, damaskeening. **damaschino** *a.* **1** (*di Damasco*) of Damascus, Damascus-, Damascene. **2** (*damaschinato*) damascene(d). □ *acciaio* ~ Damascus (*o* damask, watered) steel; *rosa –a* damask rose.

damasco *m.* (*pl.* -chi) ⟨*Tess*⟩ damask. □ ~ *di seta* silk damask; *tovaglia di* ~ damask table-cloth.

Damasco *N.pr.f.* ⟨*Geog*⟩ Damascus.

damc = *decametro cubo* cubic decametre (*abbr.* cu.dam).

damerino *m.* fop, dandy, beau.

damiera *f.*, **damiere** *m.* draughtsboard, ⟨*am*⟩ checkerboard. **damista** *m./f.* (*giocatore di dama*) draughts player, ⟨*am*⟩ checkers player.

damigella *f.* **1** ⟨*lett*⟩) young girl, ⟨*lett*⟩ damsel. **2** ⟨*Stor*⟩ (*nobile*) damsel. □ ~ *d'*onore bridesmaid.

damigiana *f.* demijohn; (*per acidi e sim.*) carboy.

dammeno *a.inv.* less (*di* than); (*inferiore*) inferior (to): *mostrarsi* ~ *di qd.* to show oneself to be inferior to s.o. □ *egli non è* ~ *di te* he is just as good as you.

Damocle *N.pr.m.* ⟨*Stor*⟩ Damocles. ~ *spada di* ~ sword of Damocles.

damq = *decametro quadrato* square decametre (*abbr.* sq. dam).

Danae *N.pr.f.* ⟨*Mitol*⟩ Danae. **Danaidi** *f.pl.* ⟨*Mitol*⟩ Danaides *pl*.

danaro *m.* (*denaro*) money. **danaroso** *a.* rich, ⟨*attr*⟩ moneyed, wealthy, ⟨*pred*⟩ well-off, well-to-do.

dancing *ingl.* ['da:nsiŋ] *m.* dance hall, ⟨*am*⟩ dance salon.

danda *f.* (usually plural) leading-strings *pl*. □ ⟨*fig*⟩ *aver bisogno delle –e* to need a guiding hand.

dandismo *m.* dandyism. **dandistico** *a.* (*pl.* -ci) dandyish. **dandy** *m.* dandy, fop. **dandyismo** *m.* → dandismo.

danese I *a.* Danish. II *s.m.* 1 (*lingua*) Danish. 2 (*cane*) Great Dane. 3 *m./f.* (*abitante*) Dane.

Daniele *N.pr.m.* Daniel.

Danimarca *N.pr.f.* ⟨*Geog*⟩ Denmark.

dannare *v.t.* to damn: *Dio ti danni* (may) God damn you. **dannarsi** *v.r.* 1 to be damned. 2 (*affannarsi*) to slave (*o* work o.s.) to death, to drive o.s. mad: *si danna tutto il giorno a lavorare* he works himself to death from morning to night. □ ~ *la propria anima* to be damned; ⟨*fig*⟩ *dannarsi l'anima* to go crazy; ⟨*fig*⟩ *far* ~ (*l'anima*) to drive mad (*o* to distraction), ⟨*fam*⟩ to drive crazy (*o* round the bend): *i figli la fanno* ~ her children drive her mad. **dannato** I *a.* 1 damned. 2 ⟨*fig*⟩ (*maledetto*) damnable, miserable, wretched; (*nelle imprecazioni*) damned, confounded. 3 ⟨*fig*⟩ (*smisurato*) tremendous, dreadful, frightful, ⟨*fam*⟩ beastly, ⟨*fam*⟩ damnable: *una paura –a* a tremendous fear; *fa un freddo* ~ the cold is frightful. II *s.m.* (*f.* -a) damned soul; *pl.* the damned (*costr.pl.*). □ ⟨*fig*⟩ *anima –a* wicked person; *le anime –e* the souls of the damned; *gridare come un* ~ to shout like one possessed; *lavorare come un* ~ to work like a slave.

dannazione *f.* 1 damnation. 2 ⟨*fig*⟩ (*affanno, tormento*) trial, curse, pest. 3 ⟨*esclam*⟩ damn (it), blast (it). □ *quel ragazzo è la mia* ~ that boy will be the death of me.

danneggiabile *a.* damageable. **danneggiamento** *m.* 1 (*atto*) damaging. 2 (*effetto*) damage. □ *avviso di* ~ notice of damage. **danneggiare** *v.t.* (*danneggio, danneggi*) 1 to damage: *la grandine ha danneggiato le piante* the hail has damaged the plants; (*sciupare*) to spoil. 2 (*nuocere*) to harm, to injure: *puoi farlo senza* ~ *nessuno* you can do it without harming anyone; *le calunnie hanno danneggiato la sua reputazione* all this slander has harmed his reputation. 3 (*ledere, pregiudicare*) to injure, to prejudice, to be detrimental to, to damage, to impair: ~ *gli interessi di qd.* to be detrimental to s.o.'s interests. **danneggiato** I *a.* damaged, harmed, injured. II *s.m.* (*f.* -a) (*sinistrato*) victim. □ ⟨*Dir*⟩ *la parte –a* the injured party.

danno[1] *m.* 1 damage, harm, injury: *la grandine ha causato gravi –i* the hail has caused serious damage; (*perdita*) loss. 2 (*pregiudizio*) detriment, prejudice, damage: *a* ~ *degli interessi di qd.* to the prejudice of s.o.'s interests. □ **a** ~ *di* against, to the prejudice (*o* detriment, loss) of; *a tutto* ~ *di* at the expense (*o* cost) of; *la beffa si risolse a tutto* ~ *degli autori* the joke backfired on those that played it; **accertare** *i –i* to assess the damages; ~ *all'*ambiente environmental damage; **ammontare** *del* ~ extent of damage; *restare con il* ~ *e le* **beffe** to have insult added to injury; ⟨*Dir*⟩ **citare** *qd. per –i* to sue s.o. for damages; **far** *–i* to do damage, to break things: *la nuova cameriera continua a far –i* the new maid is continually breaking things; *con* **gran** ~ at the cost (*o* expense) (*di* of), with great detriment (to); *ha fatto questa sciocchezza con gran* ~ *della sua reputazione* this piece of foolishness has done his reputation great harm; *–i di* **guerra** war damage; ~ **indiretto** consequential damage; ~ **materiale** material damage; *–i* **morali** moral damages; ~ *alle* **persone** injury to persons; *nessun* ~ *alle persone* no one was hurt, there were no casualties; **poco** ~ slight damage; **recare** ~ *a qd.* to cause damage to s.o., to do s.o. harm, to harm (*o* injure) s.o.; ⟨*Dir*⟩ **responsabilità** *dei –i* liability for damages; **riportare** *un* ~ to suffer damage, to be harmed (*o* damaged); **risarcimento** *dei –i* compensation for damage, damages *pl*; **risarcire** *i –i a qd.* to pay damages; ~ *alla* **salute** health damage.

danno[2] → **dare**[1].

dannosamente *avv.* harmfully, injuriously. **dannoso** *a.* harmful, injurious, detrimental (*a* to), noxious, bad (for): *questo clima è* ~ *alla mia* **salute** this climate is ⌐harmful to¬ (*o* bad for) my health; *insetti –i all'uomo* noxious insects.

dannunziano I *a.* of (*o* like) D'Annunzio. II *s.m.* (*f.* -a) follower of D'Annunzio.

dantesco *a.* (*pl.* -chi) 1 of Dante, Dante's, Dante-, Dantesque: *studi danteschi* Dante studies; *il poema* ~ Dante's poem. 2 (*che imita Dante*) Dantesque: *stile* ~

Dantesque style. □ *letture dantesche* readings from Dante. **dantista** *m./f.* Dante scholar, Dantist.

danubiano *a.* Danube-, of the Danube, Danubian: *bacino* ~ Danube basin. **Danubio** *N.pr.m.* ⟨*Geog*⟩ Danube.

danza *f.* 1 dance. 2 (*il danzare*) dancing: *studiare (la)* ~ to learn dancing. 3 ⟨*fig*⟩ (*successione incalzante*) dancing: *una* ~ *di luci* lights dancing. □ **aprire** *le –e* to open the dance; ~ **artistica** artistic dance; ~ *sulla* **corda** tightrope dancing; ⟨*Folcl*⟩ ~ *di* **guerra** war dance; ~ **macabra** danse macabre; ~ **popolare** folk dance, popular dance; ~ *del* **ventre** belly dance.

danzante *a.* 1 (*rif. a persona*) dancing: *le coppie –i* the dancing couples. 2 (*da ballo*) dance-: ⟨*trattenimento* ~ dance, ball. **danzare** I *v.i.* (*aus.* avere) to dance (*anche fig.*): ~ *in coppia* to dance in couples; *strane immagini gli danzavano davanti agli occhi* strange images danced before his eyes. II *v.t.* to dance: ~ *un valzer* to dance a waltz. **danzatore** *m.* (*f.* -trice) dancer.

Danzica *N.pr.f.* ⟨*Geog*⟩ Danzig.

dappertutto *avv.* everywhere, on all sides, all over the place: *ti ho cercato* ~ I looked for you everywhere; *si sentivano grida* ~ shouting could be heard on all sides.

dappiè, dappiedi *avv.* at the bottom (*o* foot): ~ *del letto* at the foot of the bed; ~ *del monte* at the bottom of the mountain.

dappiù *a.inv.* (*migliore*) better (than): *non sono* ~ *di te* I'm no better than you (are); (*più importante*) more important (than).

dappocaggine *f.* worthlessness, inefficiency, ineptitude: *non vi è riuscito per* ~ he didn't succeed because of his inefficiency. **dappoco** *a. inv.* (*inetto*) worthless, inefficient, inept: *gente* ~ worthless folk.

dappresso *avv.* 1 (*vicino*) near(by). 2 (*da vicino*) closely, at close quarters, close (up): *lo seguivo* ~ I followed him closely; *voglio vederlo* ~ I want to see him close up.

dapprima *avv.* (at) first.

dapprincipio *avv.* at (*o* in) the beginning.

Dardanelli *N.pr.m.pl.* ⟨*Geog*⟩ Dardanelles *pl.*

dardeggiare *v.* (*dardeggio, dardeggi*) I *v.t.* ⟨*fig*⟩ to dart: *lo dardeggiò con uno sguardo di odio* she darted a look of hatred at him; (*rif. al sole*) to scorch, to blaze down on: *il sole dardeggiava i campi* the sun was blazing down on the fields. II *v.i.* (*aus.* avere) (*rif. al sole*) to blaze. **dardo** *m.* dart (*anche fig.*): *i –i d'amore* Cupid's darts, the darts of love.

dare[1] *v.* (*pr. ind.* do, dai, dà, diamo, date, danno; *impf.* davo; *p. rem.* diedi/detti, desti, diede/dette/*ant.* diè, demmo, deste, diedero/dettero; *fut.* darò; *pr.cong.* dia, diamo, diate, diano; *impf.cong.* dessi, dessi, desse, dessimo, deste, dessero; *imperat.* dà/da'/dai; *ger.* dando; *p.p.* dato) I *v.t.* 1 to give: *gli diede un foglio di carta* she gave him a sheet of paper; ⟨*fam*⟩ *non so cosa darei per sapere com'è andata* I would give anything to know how it went off; (*consegnare, porgere*) to give, to hand (over): ~ *una lettera al fattorino* to hand a letter to the messenger; *da' il cappello al signore* hand the gentleman his hat; (*distribuire*) to give out, to hand out: ~ *le pagelle* to hand out the school-reports. 2 (*prestare*) to lend, to give: *dammi la matita, te la rendo subito* ⌐lend me¬ (*o* let me have) your pencil, I'll give it back in a second. 3 (*pagare*) to give, to pay: *mi hanno dato diecimila lire per quel lavoro* they paid me ten thousand lire for that job. 4 (*affidare*) to give, to entrust, to charge: *darò l'incarico a te* I shall give you the job. 5 (*assegnare*) to give, to award, to assign: *gli hanno dato il primo premio* they awarded him first prize; (*attribuire*) to attach, to give: *non* ~ *importanza alle parole di qd.* to attach no importance to s.o.'s words. 6 (*cedere*) to give up, to let have: *da' il posto alla signora* give your seat up to the lady; *gli ho dato il mio biglietto per la rappresentazione di domani* I let him have my ticket for tomorrow's performance. 7 (*dedicare*) to give, to dedicate, to devote: *ha dato la vita per la libertà* he gave his life in the cause of freedom. 8 ⟨*scol*⟩ (*assegnare: rif. a compiti e sim.*) to set, to give, to assign: ~ *un tema* to give an essay. 9 (*rif. a medicine: somministrare*) to give, to administer: ~ *l'olio di ricino a un bambino* to give a child castor-oil; (*prescrivere*) to give, to prescribe. **10** (*produrre*) to give (off), to produce, to yield: *questo terreno dà ottimo grano* this land produces very good corn; *la stufa dà calore* the stove gives off heat. **11** (*rif. a pene: infliggere*) to inflict, to impose, to lay: ~ *una multa a qd.* to inflict a fine on s.o., to fine s.o.; (*condannare*) to give, to sentence to: *gli hanno dato tre anni di carcere* he was given (*o* sentenced to) three years' prison. **12** (*assestare colpi, percosse*) to give, to deal: *mi ha dato uno schiaffo* he gave me a slap. **13** (*rif. a suoni*) to give, to utter: ~ *un grido* to give a cry. **14** (*impartire*) to give, to impart: ~ *l'ordine della partenza* to give the order to leave; *non dà più lezioni* he doesn't give lessons any more. **15** (*comunicare*) to give, to make known, to let know (*o* have): *ti prego di darmi il tuo giudizio su questo libro* please ⌜give me⌝ (*o* let me have) your opinion of this book. **16** (*rif. a sentimenti: cagionare*) to give, to cause: *non ~ dispiaceri a tua madre* don't cause your mother worry; (*infondere, ispirare*) to inspire (with), to give, to fill with: ~ *coraggio a qd.* to inspire courage in s.o., to inspire s.o. with courage; ~ *speranza* to fill with hope; (*suscitare*) to give rise to, to arouse, to stir up: ~ *scandalo* to give rise to scandal. **17** (*indire, organizzare*) to give, to hold, ⟨*fam*⟩ to throw: ~ *un ricevimento* to give (*o* hold) a reception; ~ *una festa* to give (*o* throw) a party. **18** (*augurare*) to wish, to say, to give: ~ *il buongiorno a qd.* to wish s.o. good morning, to say good morning to s.o. **19** (*rif. a età*) to think, to take, to give: *non gli darei trent'anni* I don't think he is over thirty; *tu mi dai due anni di più* you take me for two years older than I really am. **20** (*rif. a conti, operazioni*) to make, to be, to come to: *la somma dà cinquanta* that makes (*o* comes to) fifty, the total is fifty; *tre per tre dà nove* three times three makes (*o* is) nine. **21** (*rif. a colori, vernici e sim.*) to apply, to put (on), to lay (on); (*dipingere*) to paint: ~ *il bianco alle pareti* to paint the walls white, to give the walls a coat of white paint. **II** *v.i.* (*aus.* **avere**) **1** (*colpire*) to strike, to hit, to bang, to bump: ~ *con la testa nel muro* to bang one's head against the wall. **2** (*rif. a finestre, porte e sim.*) to give (*su, a* onto), to look (out) (onto, towards), to face (s.th.): *la finestra dà sulla strada* the window looks onto the road; *la mia camera dà a levante* my room faces east; (*aprirsi*) to open (onto), to lead (into): *questa stanza dà sul giardino* this room leads into the garden; (*offrire la vista di*) to have a view (of, over), to overlook: *la mia camera dà sul lago* my room overlooks the lake. **darsi** *v.r.* **1** (*dedicarsi*) to devote o.s., to dedicate o.s. (*a* to): *darsi alla musica* to dedicate o.s. to music; *si diede agli studi storici* he devoted himself to historical studies; (*rif. a professioni*) to take up, to enter on, to go into (*o* for): *darsi alla vita militare* to enter on a military career; *darsi al commercio* to go into business. **2** (*abbandonarsi: rif. a passioni*) to give o.s. up (*o* over), to take: *darsi al gioco* to give o.s. up to gambling; *darsi al bere* to take to drink; (*rif. a sentimenti*) to abandon o.s., to surrender, to give way (to): *darsi alla disperazione* to surrender (o.s.) to despair. **3** (*rif. a donna: concedersi*) to give o.s. **4** (*incominciare*) to begin, to start, to set off (*o* to): *si diede a gridare come un pazzo* he began to shout like a madman; *darsi a correre* to break into a run. □ ~ **addosso** *a qd.* to attack (*o* lay into) s.o.; ~ **aiuto** *a qd.* to help s.o.; ~ *l'**allarme to give (*o* raise) the alarm; ~ **aria** *alla stanza* to air the room; ~ **ascolto** *a qd.* to listen to s.o.; ~ **atto** *di qc.* to acknowledge s.th.; *darsi d'**attorno to busy o.s., to bustle about; ~ *un* **bacio** to give a) kiss; ~ **battaglia** to give battle; ~ *il* **benvenuto** *a qd.* to welcome s.o.; *dà da* **bere** *al cavallo* give the horse water, water the horse; *dà da bere agli ospiti* give the guests s.th. to drink; ~ *il* **braccio** to give (*o* offer) one's arm; ~ *le* **carte** to deal (the cards); *si dà il* **caso** it (just) so happens: *si dà il caso che mio fratello sia qui* it so happens that my brother is here, my brother happens to be here; ~ **contro** to contradict; ⟨*burocr*⟩ ~ **corso** *a un ordine* (*eseguirlo*) to carry out an order; ~ **del** to call: ~ *del ladro a qd.* to call s.o. a thief; ⟨*region*⟩ *dar* **dentro** *a fare una cosa* (*mettersi di proposito*) to work with a will; ~ *da* **fare** to keep busy: *il figlio le dà molto da fare* her son keeps her very busy; *darsi da fare per ottenere qc.* to do all one can to obtain

s.th.; *è un tipo che si dà da fare* he's a go-getter; ~ **fine** *a qc.* to put an end to s.th., to bring s.th. to an end, to end s.th.; ⟨*region*⟩ ~ **fuori** (*uscire dai gangheri*) to lose one's temper (*o* patience), to fly off the handle; ~ **in** *qc.* to break (out) into s.th., to burst into (*o* out doing) s.th.: *diede in un pianto dirotto* she burst ⌜into tears⌝ (*o* out weeping); ~ **informazioni** to give information; ~ **lavoro** *a qd.* to give s.o. work (*o* a job); ~ *da* **pensare** *a qd.* (*preoccuparlo*) to worry s.o.; (*farlo pensare*) to give s.o. food for thought; ~ **per** to consider (*o* give out) as, to state (*o* say, think) that: ~ *per certo qc.* to consider s.th. certain, to give s.th. out as a fact; ~ *qd. per* **morto** (*crederlo*) to presume (*o* think) that s.o. is dead; *fu dato per morto* he was presumed dead; (*proclamarlo*) to give s.o. out as dead; ~ *per* **scontato** *qc.* to take s.th. for granted; *non darsi per inteso di qc.* to refuse to listen to s.th., to turn a deaf ear to s.th.; ~ *il* **permesso** to give (*o* grant) permission, to give leave; ~ *a qd. il permesso di fare qc.* to ⌜give s.o. permission⌝ (*o* allow s.o.) to do s.th.; *dammi il permesso di uscire* let me go out; *darsi* **prigioniero** to give o.s. up; ~ *sul* **verde** to verge (*o* border) on green, to be greenish; ~ *a* **vedere** to give (*o* show) signs, to show: *non diede a vedere il suo disappunto* he ⌜gave no sign of⌝ (*o* did not show) his disappointment; ~ **via** to give away: *durante la guerra ha dato via tutta l'argenteria* during the war he gave away all his silver; ~ *il* **via**: **1** (*iniziare*) to begin, to start (off), to open: *domani si dà il via ai lavori* work begins tomorrow; **2** (*far iniziare*) to set (*o* start) off; **3** ⟨*Sport*⟩ to give the starting-signal, to start (a race); *darla* **vinta** *a qd.* to give in to s.o., to let s.o. have his own way: *la madre gliele dà tutte vinte* her mother gives in to her in everything; ~ **vita** *a qc.*: **1** (*animare*) to liven s.th. up, to be the life and soul of s.th., to put life into s.th.; **2** (*fondare*) to found s.th., to establish s.th.; ~ *una* **voce** *a qd.* to call s.o., to give s.o. a shout; ~ *sulla voce a qd.* to contradict s.o.; *ti ha dato di* **volta** *il cervello?* have you gone ⌜off your head⌝ (*o* out of your mind)?; ~ *il proprio* **voto** *a qd.* to give one's vote to s.o., to vote for s.o. ‖ *darle* to hit, to smack, to slap, to beat, to give a good hiding: *se non smetti di gridare te le dò* if you don't stop shouting I shall smack you; *darsele* to go for (*o* at) e.o.: *se le dettero di santa ragione* they went at each other hammer and tongs.

dare² *m.* ⟨*Comm*⟩ debit: *il ~ e l'avere* debit and credit. □ *colonna del ~* debit column (*o* side); *dalla parte del ~* on the debit (*o* liabilities) side; *la partita del ~* debit item (*o* entry); *segnare una somma al ~* to enter a sum ⌜as a debit⌝ (*o* on the debit side).

darò → **dare¹**.

darsena *f.* (wet)dock, dockyard.

darviniano **I** *a.* (*di Darwin*) Darwinian: *teoria ~a* Darwinian theory. **II** *s.m.* (*f.* -a) → **darvinista**. **darvinismo** *m.* Darwinism. **darvinista** *m./f.* Darwinist, Darwinian. **darwiniano** [darui...] *a.* → **darviniano**. **darwinismo** *m.* → **darvinismo**. **darwinista** *m./f.* → **darvinista**.

data *f.* **1** date: *fissare la ~ dell'incontro* to fix the date of the match. **2** (*tempo*) time: *si conoscono da lunga ~* they have known each other for a long time. □ **anticipare** *la ~* to move (*o* bring) the date forward; **apporre** *la ~ a qc.* to date s.th.; ~ *di* **arrivo** date of arrival; ⟨*Comm*⟩ **cambiale** *a ~ fissa* date bill (*o* draft), time bill; ⟨*Alim*⟩ ~ *di* **confezione** packaging date; ~ *di* **consegna** delivery date; *in ~ da* **definire** at a date to be set later; ~ *di* **emissione** date of issue; *di* **fresca** ~ recent, of recent date: *avvenimento di fresca ~* recent event; ⟨*Mar*⟩ ~ *di* **imbarco** loading date; *in che* ~? when?; *in ~ di ieri* yesterday's, dated yesterday; ⟨*Comm*⟩ under yesterday's date; *lettera in ~* (*del*) *primo maggio* letter dated the first of May; ⟨*Comm*⟩ *accusiamo ricevuta della Vostra in ~* (*del*) *sei agosto* we acknowledge your letter of the sixth of August; *in ~ da destinarsi* ⌜at a time⌝ (*o* on a date) to be fixed; *amicizia di* **lunga** ~ long-standing (*o* old) friendship; *una ~* **memorabile** a memorable date; ~ *di* **morte** date of death; ~ *di* **nascita** date of birth; *in* **ordine** *di* ~ in date order; **portare** *la ~ di ~* to be dated; ~ *di* **produzione** manufacturing date; ~ *di* **scadenza** date of maturity (*o* expiry), due date; *lettera* **senza** ~ undated letter; ⟨*Comm*⟩ ~ *del* **timbro** *postale* date as postmark; ~ **ultima** (*per poter eseguire qc.*) dead line.

databile *a.* dateable, that may be dated: *il documento è ~ intorno al mille* the document may be dated to the year one thousand circa. **datare I** *v.t.* to date: ~ *un documento* to date a document; *la lettera era datata (da) Roma, 1° maggio* the letter was dated Rome, May 1st; *non si è riuscito a ~ l'avvenimento* it has not been possible to date the event; ~ *un quadro* to date a picture. **II** *v.i.* (*aus.* **essere**) **1** (*decorrere*) to date, to run. **2** (*risalire*) to date (*da* from, back to), to go (back to): *la loro amicizia data dal 1950* their friendship dates from 1950; *il manoscritto data dal quattordicesimo secolo* the manuscript dates back to the fourteenth century. □ *a ~ da* as (*o* dating) from; (*rif. a disposizioni e sim.*) having effect as from.

dataria *f.* ⟨*Rel.catt.*⟩ datary.

datario[1]: ⟨*Rel.catt.*⟩ *cardinale* ~ datary (cardinal).

datario[2] *m.* (*timbro*) date stamp.

datazione *f.* dating: ~ *di una lettera* dating of a letter. □ ~ *con il metodo radioattivo* radioactive dating; *opera di ~ incerta* work of uncertain date.

dativo *m.* ⟨*Gramm*⟩ dative: ~ *etico* ethical dative.

dato (*p.p. di* **dare**[1]) **I** *a.* (*fig*) given, certain: *una –a quantità* a given quantity; *entro un ~ periodo* within a given period; *in –e occasioni* on certain occasions. **2** ⟨*assol*⟩ considering, in view (*o* consideration) of, under: *–a l'amicizia che ci lega, non puoi essere offeso* in view of our close friendship, you cannot take offence; *–e le circostanze* under the circumstances. **II** *s.m.* **1** datum: *–i del problema* data (of a problem). **2** ⟨*fig*⟩ (*elemento*) fact, datum: *non ho i –i per giudicare* I haven't the facts to be able to judge; (*prova*) evidence, proof. □ ⟨*Inform*⟩ *–i binari* binary item; *in –i casi* in certain cases; ~ *che* (*supposto che*) supposing (*o* granted, given) that; (*poiché*) since, as: ~ *che non mi credi, non ti dirò nulla* since you don't believe me I shan't tell you anything; ~ *e non concesso* even granting that: ~ *e non concesso che tu abbia ragione, perché dovrei agire così?* even granting that you are right, why should I do this?; *elaborazione dei –i* data processing; ⟨*Inform*⟩ *–i di* **emissione** system output; *essere ~* to be given: *non ci è ~ sapere di più* it is not given to us to know more; ~ *di* **fatto** fact: *non so se sia colpa tua, ma è un ~ di fatto che arrivi sempre in ritardo* I don't know if it is your fault, but it is a fact that you always arrive late; ⟨*Inform*⟩ *–i* **fissi** master data; *–i di* **immissione** system input; **presupporre** *qc.* **come ~** to take s.th. for granted; ⟨*Dir*⟩ *–i* **segnaletici** identification (*o* characteristic) marks, distinctive features; *–i* **statistici** statistical data, statistics *pl*; *–i* **tecnici** specifications, technical data.

datore *m.* (*f. rar.* **-trice**) giver. □ ~ *di lavoro* employer. **datoriale** *a.* employers': *organizzazione ~* employers organization.

dattero *m.* **1** ⟨*Bot*⟩ (*albero*) date(–palm); (*frutto*) date. **2** ⟨*Zool*⟩ date mussel.

dattilico *a.* (*pl.* **-ci**) ⟨*Metr*⟩ dactylic. **dattilo** *m.* dactyl.

dattilografa *f.* typist. **dattilografare** *v.t.* (**dattilografo**) to type(write). **dattilografia** *f.* typing, typewriting. **dattilografico** *a.* (*pl.* **-ci**) typewriting. **dattilografo** *m.* typist. **dattilogramma** *m.* (*impronta digitale*) dactylogram. **dattilologia** *f.* dactilology, manual alphabet. **dattiloscopia** *f.* dactyloscopy. **dattiloscopico** *a.* (*pl.* **-ci**) dactyloscopic. **dattiloscritto I** *a.* typed, typewritten: *tre cartelle –e* three typewritten pages. **II** *s.m.* typescript.

dattorno *avv.* (*intorno*) around, round about: *non ti voglio più ~* I don't want you around any more. □ *non mi stare sempre ~* don't hang round me all the time; *togliersi ~ qd.* to get rid of s.o.

datura *f.* ⟨*Bot*⟩ datura.

davanti I *avv.* **1** in front: ~ *c'è posto* there is room in front; *sedevano i professori, dietro gli alunni* the staff were sitting in front and the pupils behind. **2** (*dirimpetto*) opposite: ~ *era seduto un signore con gli occhiali* a gentleman with glasses was seated opposite. **II** *a.inv.*

(placed after the noun) front, fore: *i denti ~* the front teeth. **III** *s.m.inv.* front: *ho finito il ~ del maglione* I have finished the front of the sweater. □ ~ **a**: **1** (*innanzi*) in front of, before: *hai tutta la vita ~ a te* you have your whole life before you; **2** (*dirimpetto*) opposite (to), facing: *la mia casa è ~ alla scuola* my house is opposite the school; **3** (*alla presenza*) before, in the presence (*o* face) of, in front of: *comparire ~ al giudice* to appear before the judge; ~ *a Dio* before God; *l'abito è* **abbottonato** (*sul*) ~ the dress is buttoned in front; **fuggire** ~ *a qd.* to flee from (*o* before) s.o.; **mettere** ~ to put forward (*o* to the front); ~ *alla* **morte** in the presence (*o* face) of death; *le stanze* **sul** ~ the front rooms.

davantino *m.* (*di abito*) jabot, ruffle; (*pettorina*) bib.

davanzale *m.* window-sill. □ *stare al ~* to be at the window.

davanzo (*o* *d'avanzo*) *avv.* more than enough: *averne ~* to have more than enough of s.th. □ *di soldi ne ho ~* I have ⌐no lack⌐ (*o* plenty) of money; *di provviste ce ne sono ~* there are plenty of supplies.

Davide *N.pr.m.* David.

davvero *avv.* **1** (*in verità, veramente*) really, truly, indeed: *sono ~ contento dei tuoi successi* I am really (*o* truly) glad about your success; *sei ~ gentile* you are very kind indeed; *non dovresti ~ preoccuparti di lui* you really shouldn't worry about him. **2** (*interrogativo*) really, indeed, is that so: ~? *ma è impossibile* is that so? it's impossible. □ *no, ~* no, really: *non vuoi proprio un altro cognac? – no, ~* are you sure you won't have another brandy? – no, really; *per ~* really (and truly), in earnest: *ti sei inquietato per ~?* were you really worried?

daziabile *a.* dutiable, liable to duty. **daziare** *v.t.* (**dazio**, **dazi**) to levy duty on: ~ *una merce* to levy duty on an article. **daziario** *a.* revenue–, customs–, excise–, toll–: *casello ~* tollhouse; *cinta –a* customs boundaries; *guardia –a* exciseman, revenue officer. **daziere** *m.* exciseman, revenue officer.

dazio *m.* **1** (*tassa*) duty, levy, toll. **2** (*ufficio del daziere*) customs (*o* revenue) office; (*casello daziario*) tollhouse. □ ~ **compensativo** countervailing duty; ~ **compreso** duty paid; ~ **differenziale** differential duty; ~ **doganale** customs (duty), customs tariff; ~ *d'*entrata import duty; **esente** *da ~* duty-free; ~ (*doganale*) *di* **esportazione** export duty; **frodare** *il ~* to cheat the Customs; **gravare** *qc. di ~* to levy duty on s.th.; ~ (*doganale*) *di* **importazione** import duty; ~ **interno** inland duty; **pagare** *il ~ per qc.* to pay duty on s.th.; *merce che paga il ~* dutiable goods; **soggetto** *a ~* dutiable; ~ *d'*uscita export duty.

d.C. = *dopo Cristo* Anno Domini (*abbr.* A.D.).

D.C. = **1** ⟨*Mus*⟩ *da capo* from the beginning, da capo (*abbr.* D.C., d.c.). **2** *Democrazia Cristiana* Christian Democrat Party.

dd = *datato* dated (*abbr.* dd).

DD = ⟨*Ferr*⟩ (*treno*) *direttissimo* fast (train).

D.D.T. = ⟨*Chim*⟩ *diclorodifeniltricloroetano* dichlorodiphenyltrichloroethane (*abbr.* D.D.T.).

de *prep.* ⟨*lett*⟩ → **di**[1].

de' *prep.art.* (apostrophized form of *dei*, composed of *di* + *i*) → **di**[1].

dea *f.* goddess (*anche fig.*): *la ~ dell'amore* the goddess of love.

deambulare *v.i.* (**deambulo**; *aus.* avere) (*passeggiare*) to stroll (*o* walk) about. **deambulatorio** *m.* ⟨*Arch*⟩ deambulatory. **deambulazione** *f.* deambulation.

debacle *fr.* [de'bakl] *f.* debacle, downfall, rout.

debbiare *v.t.* (**debbio**) ⟨*Agr*⟩ to burnbeat. □ ~ *i campi* to burn the stubble in the fields. **debbio** *m.* burnbeating (of stubble).

debbo → **dovere**[1].

debellare *v.t.* (**debello**) **1** to defeat, to subdue, to put to rout: ~ *i nemici* to defeat one's enemies. **2** ⟨*fig*⟩ to defeat, to overcome, to wipe out, to eradicate; (*estirpare*) to exterminate, to wipe (*o* root) out: ~ *il vizio* to exterminate vice.

debilitamento *m.* weakening, enfeeblement, debilitation. **debilitante** *a.* debilitating, weakening. **debilitare** *v.t.*

(debílito) to weaken, to debilitate, to enfeeble: *il clima rigido lo ha debilitato* the harsh climate has weakened him; ⟨*fig*⟩ *l'ozio debilita l'uomo* idleness weakens a man. **debilitato** *a.* weakened.

debitamente *avv.* duly, properly, according to one's due, suitably: *premiare ~ qd.* to reward s.o. according to his due; *il modulo dovrà essere ~ compilato* the form must be properly filled in.

debito[1] *m.* **1** ⟨*Comm*⟩ (*il dare*) debit: *nota di ~* debit note; *~ e credito* debit and credit. **2** ⟨*fig*⟩ (*dovere*) duty: *assolvere il proprio ~ verso la patria* to do one's duty towards one's country; (*obbligo morale*) debt, (moral) obligation: *~ di riconoscenza* debt of gratitude. □ *a ~* on account, on credit: *vendere a ~* to sell on account (*o* credit); *comprare a ~* to buy on account; **addossarsi** *un ~* to take over a debt; **avere** *un ~ con qd.* to be in debt to s.o., to be s.o.'s debtor; **~ chirografario** book (*o* unsecured) debt; **~ di coscienza** moral duty: *per ~ di coscienza* as a moral duty, to clear one's conscience; *–i ereditari* liabilities of inherited estate; **esente** *da –i* free from debts; **~ esigibile** recoverable (*o* due) debt; ⟨*fig*⟩ **essere** *nei –i fino 'agli occhi* (*o ai capelli*) to be up to one's ears in debt; ⟨*fig*⟩ *essere in ~ verso qd.* to be indebted to s.o.; **~ estero** external (*o* foreign) debt; **estinguere** *un ~* to settle (*o* pay off) a debt; **fare** *un ~* to incur (*o* contract) a debt; *fare –i* to run (*o* get) into debt; **~ di gioco** gaming debt; **~ di guerra** war debt; *sentirsi in ~ verso qd.* to feel indebted (*o* obliged) to s.o.; **~ ipotecario** mortgage debt; **~ d'onore** debt of honour; **pieno** *di –i* deeply in debt; **~ pubblico** National Debt; **~ redimibile** redeemable debt; **~ allo scoperto** unsecured debt.

debito[2] *a.* due, proper, suitable, right: *lo tratterò col ~ riguardo* I shall treat him with due regard; *presentarsi in ora –a* to be there at the proper time; *usare le –e cautele* to take all due precautions. □ *fatte le –e riserve* with due reserve; *a tempo ~* at the right time; *in tempo ~* in due course, duly.

debitore *m.* (*f.* -trice) debtor (*anche fig.*). □ **essere** *~ di qc. a* (*o verso*) *qd.* to owe s.o. s.th. (*anche fig.*): *ti sono ~ di mille lire* I owe you a thousand lire; *gli sono ~ della vita* I owe him my life; **~ moroso** defaulting (*o* delinquent) debtor, defaulter; **~ pignorato** distrained debtor; **restare** *~ verso qd.* to become s.o.'s debtor, to run up a debt with s.o.

debole I *a.* **1** weak: *il malato è ancora ~* the patient is still weak; *sono troppo ~ per camminare* I am too weak to walk; (*rif. alla salute*) frail. **2** (*poco autoritario*) weak: *governo ~* weak government; (*cedevole*) weak, (over)indulgent: *mostrarsi ~ con gli alunni* to be overindulgent with one's pupils; (*dotato di poca volontà*) weak-kneed. **3** (*poco luminoso*) faint, weak, dim: *un ~ chiarore* a faint gleam. **4** (*poco sonoro*) faint, weak, feeble: *udí un ~ lamento* he heard a feeble cry; *ha una voce ~* her voice is very faint. **5** (*poco efficace*) weak, feeble, poor: *è una scusa ~* it is a weak (*o* poor) excuse. **6** ⟨*scol*⟩ weak, poor: *il ragazzo è ~ in latino* the boy is weak in Latin. **7** ⟨*Gramm*⟩ weak: *declinazione ~* weak declension. **II** *s.m.* **1** (*uomo debole*) weakling, weak man: *suo padre è un ~ e non sa farsi rispettare* his father is a weak man who doesn't know how to command respect. **2** *pl.* the weak (*costr.pl.*): *questo vigliacco se la prende sempre con i –i* this coward always attacks the weak. **3** (*punto debole*) weak point (*o* side): *ognuno ha il suo ~* everybody has his weak point. **4** (*inclinazione, preferenza*) weakness, foible, fondness, liking: *avere un ~ per qc.* to have a weakness for s.th.; *ha un ~ per la figlia minore* he has a weakness for his younger daughter. □ **carattere** *~* weak character; *bambino di* **costituzione** *~* sickly (*o* frail) child; *essere ~ di cuore* to have a weak heart; *essere ~ di nervi* to have frail nerves; **memoria** *~* poor (*o* bad) memory; ⟨*Econ*⟩ **moneta** *~* weak currency; **polso** *~* feeble (*o* weak) pulse; *il* **sesso** *~* the weaker sex; *una ~* **speranza** a faint hope; **tentativo** feeble (*o* faint) attempt; *avere l'*udito *~* to be hard of hearing; **vista** *~* weak sight.

debolezza *f.* **1** weakness: *~ di stomaco* weakness of stomach; (*rif. alla salute*) frailty, sickliness. **2** (*rif. alla morale*) weakness: *ha ceduto per ~* he yielded out of weakness; (*arrendevolezza*) weakness, (over)indulgence. **3** (*difetto*) frailty, weakness, weak spot: *le –e umane* human frailties; *ognuno ha le sue –e* we all have our weak spots. □ *~ di* **carattere** weakness of character; *~* **fisica** physical weakness; *la malattia mi ha lasciato una* **gran** *~* the illness has left me (feeling) very weak; *in un* **momento** *di ~* in a moment of weakness; *~ di* **udito** hardness of hearing.

debolmente *avv.* **1** weakly, feebly: *sorridere ~* to smile weakly. **2** (*rif. a suoni*) faintly, feebly. **3** (*rif. a luce*) faintly, dimly.

debordare *v.i.* (**debordo**; *aus.* **avere**) (*traboccare*) to overflow; (*straripare*) to flood.

debosciato I *a.* debauched. **II** *s.m.* (*f.* -a) debauchee.

debragliata, débrayage *fr.* [debre'ʒaʒ] *m.* ⟨*Aut*⟩ declutching. □ *fare una doppia ~* to double-declutch.

debuttante I *f.* débutante, ⟨*fam*⟩ deb: *il ballo delle –i* the débutantes' ball. **II** *m./f.* (*principiante*) beginner, novice.

debuttare *v.i.* (*aus.* avere) **1** ⟨*Teat*⟩ (*esordire*) to make one's début: *il tenore debutterà nella Tosca* the tenor will make his début in Tosca. **2** ⟨*Teat*⟩ (*aprire la stagione*) to open (the season): *quest'anno alla Scala debuttano con l'Aida* the Scala is opening this year with Aida. **3** ⟨*estens*⟩ to begin, to start off: *questo famoso scrittore debuttò come giornalista* this famous writer began as a journalist. □ *~ in società* to come out. **debutto** *m.* **1** ⟨*Teat*⟩ début: *stasera l'attore farà il suo ~* the actor will make his début tonight; (*prima rappresentazione*) first (*o* opening) night: *la commedia ha avuto un buon ~* the play had a good first night; (*primo spettacolo*) first performance: *il ~ della nuova compagnia* the new company's first performance. **2** ⟨*estens*⟩ beginning, start, outset: *il suo ~ di medico* the beginning of his career as a doctor. □ *fare il proprio ~ come avvocato* to start one's career as a lawyer; *fare il proprio ~ in società* to come out, to have one's coming out.

deca *f.* **1** ⟨*Lett*⟩ decade. **2** ⟨*sl*⟩ ten-thousand lire note.

decabrista I *s.m.* ⟨*Stor*⟩ Decembrist. **II** *a.* Decembrist–.

decaddi → **decadere**.

decade *f.* **1** (*dieci giorni*) ten days *pl*: *nella prima ~ di agosto* in the first ten days of August. **2** ⟨*Mil*⟩ (*paga di dieci giorni*) ten days' pay. **3** (*dieci anni*) decade, ten years.

decadente I *a.* decadent: *una civiltà ~* a decadent civilization; *poesia ~* decadent poetry. **II** *s.m.* ⟨*Lett*⟩ decadent. **decadentismo** *m.* ⟨*Art,Lett*⟩ decadence, decadentism. **decadentistico** *a.* (*pl.* -ci) decadent–.

decadenza *f.* **1** decadence, decline, decay: *la ~ dell'impero romano* the decline of the Roman Empire; *la ~ di un artista* the decadence of an artist. **2** ⟨*Dir*⟩ forfeiture, loss. **3** ⟨*Stor,Lett*⟩ decadence. □ *essere in ~* to be in decline (*o* a state of decay); *~ dalla patria potestà* loss of paternal authority. **decadere** *v.i.* (**decaddi**, **decaduto**; → **cadere**; *aus.* **essere**) **1** to decline, to decay, to fall into decline (*o* decay): *istituzioni che vanno decadendo* institutions which are falling into decay (*o* disuse). **2** ⟨*Dir*⟩ to lose, to forfeit: *~ da un diritto* to lose a right; *~ da un ufficio* to lose (*o* fall from) office. **decadimento** *m.* decay, decline: *il ~ delle arti* the decline in the arts. □ *~* **nucleare** nuclear decay. **decaduto** (*p.p. di decadere*) *a.* **1** (*scaduto*) fallen into disuse. **2** (*impoverito*) impoverished: *nobile ~* impoverished noble.

decaedro *m.* decahedron.

decaffeinare (**decaffeino**) → **decaffeinizzare**. **decaffeinato** *a.* caffeine-free, decaffeinated. **decaffeinazione** *f.* → **decaffeinizzazione**. **decaffeinizzare** *v.t.* to decaffeinate: *caffè decaffeinizzato* decaffeinated coffee. **decaffeinizzazione** *f.* decaffeination.

decagono *m.* ⟨*Geom*⟩ decagon.

decagramma, decagrammo *m.* decagram(me).

decalcare *v.t.* (**decalco**, **decalchi**) to transfer.

decalcificare *v.t.* (**decalcifico**, **decalcifichi**) ⟨*Chim,Med*⟩ to decalcify. **decalcificatore** *m.* ⟨*Chim*⟩ decalcifier. □ *~ d'acqua* water decalcifier (*o* softener). **decalcificazione** *f.* decalcification.

decalcomanìa *f.* decalcomania, transfer.

decàlitro *m.* decalitre.

decàlogo *m.* (*pl.* **-ghi**) ⟨*Rel*⟩ decalogue.

Decameróne *N.pr.m.* ⟨*Lett*⟩ Decameron.

decàmetro *m.* decametre.

decampaménto *m.* ⟨*Mil*⟩ decampment. **decampàre** *v.i.* (*aus.* **avere**) **1** (*levare il campo*) to decamp. **2** ⟨*fig*⟩ to recede: ~ *dalle proprie opinioni* to recede from one's opinion.

decanàto *m.* deanery. **decàno** *m.* **1** senior member, doyen, dean. **2** ⟨*Univ,Rel*⟩ dean. □ ⟨*Rel*⟩ ~ *del capitolo* dean (of chapter); ~ *del corpo diplomatico* doyen (*o* dean, senior member) of the diplomatic corps; ⟨*Univ*⟩ *il* ~ *della facoltà* the Dean of the Faculty; *il* ~ *dei professori* the senior professor.

decantàre[1] *v.t.* to praise (highly), to extol: *tutti decantano la sua bellezza* everyone is extolling her beauty.

decantàre[2] **I** *v.t.* ⟨*Chim*⟩ to decant. **II** *v.i.* (*aus.* **avere**) ⟨*Chim*⟩ to clear: *lasciar* ~ *un liquido* to leave a liquid to clear.

decantàto (*p.p. di decantare*[1]) *a.* extolled, exalted, much-praised.

decantatóre *m.* ⟨*Chim*⟩ decanter. **decantazióne** *f.* ⟨*Chim*⟩ decantation. □ *bacino di* ~ clarification bed; ~ *di vini* (*o alcol*) racking.

decapàggio *m.* ⟨*Met*⟩ pickling. **decapàre** *v.t.* to pickle.

decapitàre *v.t.* (**decapito**) to behead, to decapitate: *il re fu decapitato* the king was beheaded. **decapitàto** *a.* beheaded, decapitated, headless: *statua* *-a* headless statue. **decapitazióne** *f.* beheading, decapitation. □ *condannare alla* ~ to condemn to be beheaded.

decàpodi *m.pl.* ⟨*Zool*⟩ decapods *pl.*

decappottàbile *a./s.f.* ⟨*Aut*⟩ convertible. **decappottàre** *v.t.* (**decappotto**) to remove the head (*o* top) of.

decarburàre *v.t.* ⟨*Chim*⟩ to decarburize, to decarbonize. **decarburazióne** *f.* decarburization, decarbonization.

decasìllabo **I** *a.* ⟨*Metr*⟩ decasyllabic. **II** *s.m.* decasyllable.

decàstilo *a.* ⟨*Archeol*⟩ decastyle.

decàthlon *m.* → decatlon.

decatissàggio *m.* ⟨*Tess*⟩ decat(iz)ing. **decatizzàre** *v.t.* ⟨*Tess*⟩ to decatize.

decatlèta *m./f.* ⟨*Sport*⟩ decathlete. **decàtlon** *m. inv.* decathlon.

decauville *fr.* [dəko'vil] *f.* (*ferrovia decauville*) Decauville railway.

decèdere *v.i.* (**decedéi**, **decedúto**; *aus.* **essere**) to die, to decease: *è deceduto un mese fa* he died a month ago.

deceleràre *v.t.* (**decèlero**) to decelerate. **decelerazióne** *f.* deceleration.

decemviràto *m.* ⟨*Stor.rom*⟩ decemvirate. **decèmviro** *m.* decemvir.

decennàle **I** *a.* **1** (*che dura dieci anni*) ten-year-, decennial: *piano* ~ ten-year plan. **2** (*che accade ogni dieci anni*) ten-yearly, decennial: *celebrazione* ~ decennial celebration. **II** *s.m.* (*decimo anniversario*) tenth anniversary, ⟨*am*⟩ decennial. **decènne I** *a.* ten-year old, ⟨*pred*⟩ ten years old, ⟨*pred*⟩ of (*o* aged) ten: *un ragazzo* ~ a ten-year old boy, a boy of ten. **II** *s.m./f.* ten-year old boy (*f* girl). **decènnio** *m.* decade, ten years *pl*: *nell'ultimo* ~ *del secolo scorso* in the last decade of the previous century.

decènte *a.* **1** (*castigato*) decent, respectable, seemly, proper: *metti un abito più* ~ put on something more decent; *usare parole* *-i* to use seemly language; *un contegno* ~ decent behaviour. **2** (*decoroso*) decent, decorous, respectable: *un appartamento* ~ a decent flat. **3** (*conveniente*) reasonable, quite profitable (*o* good): *mi ha proposto un affare* ~ he has proposed quite a good deal to me. **4** ⟨*fam*⟩ (*abbastanza buono*) decent, fair, satisfactory, quite good: *uno spettacolo* ~ quite a good show; *questo vino è* ~ this is quite a decent wine. **decenteménte** *avv.* **1** decently, properly, in a proper way: *vestire* ~ to dress decently; *comportarsi* ~ to behave in a proper way. **2** ⟨*fam*⟩ (*abbastanza bene*) fairly (*o* quite) well: *in questa trattoria si mangia* ~ you can eat quite well in this restaurant.

decentralizzàre *v.* → decentrare. **decentralizzazióne** *f.*, **decentraménto** *m.* decentralization. **decentràre** *v.t.* (**decèntro**) to decentralize. **decentràto** *a.* decentralized.

decènza *f.* decency, propriety, respectability, decorum: *vestire con* ~ to dress with propriety; ~ *del linguaggio* decency of language, decent speaking. □ *gabinetto* (*o luogo*) *di* ~ public convenience; ⟨*Dir*⟩ ~ *pubblica* (public) decency.

decerebràre *v.t.* to decerebrate.

decèsso[1] → decedere.

decèsso[2] *m.* ⟨*burocr*⟩ (*morte*) death, decease.

decìbar *m.* ⟨*Fis*⟩ decibar. **~bel** *m.* decibel.

decìdere *v.* (**decìsi**, **decìso**) **I** *v.t.* **1** to decide (on), to fix, to arrange: *bisogna* ~ *il giorno della partenza* we must decide on the day of departure; *gli operai decisero lo sciopero* the workers decided to (*o* that they would) strike. **2** (*scegliere*) to decide (on), to choose: *non ho ancora deciso il colore della tappezzeria* I have still not decided on the colour of the upholstery. **3** (*risolvere*) to decide, to settle, to solve: ~ *una questione* to settle an issue. **II** *v.i.* (*aus.* **avere**) to decide: *sei tu che devi* ~ it is you who must decide; *ho deciso per quella stoffa* I have decided on that material; *quell'avvenimento decise della sua sorte* that event decided his fate. **decìdersi** *v.r.* to decide, to make up one's mind: *ci siamo decisi a partire* we have decided to leave; *non sa mai decidersi* he can never make up his mind. □ ~ *a favore di qd.* to decide in favour of (*o* for) s.o.; *non so decidermi a lasciarti* I can't bring myself to leave you.

decìdua *f.* ⟨*Anat*⟩ decidua. **decìduo** *a.* deciduous. □ *denti* *-i* deciduous (*o* milk) teeth; *foglie* *-e* deciduous leaves.

decifràbile *a.* decipherable: *iscrizione* ~ decipherable inscription. □ *calligrafia poco* ~ illegible (*o* unreadable) writing. **deciframénto** *m.* deciphering, decoding: *il* ~ *del dispaccio* the decoding of the dispatch. **decifràre** *v.t.* **1** (*interpretare una scrittura in cifra*) to decipher, to decode: ~ *un messaggio cifrato* to decode a cipher message. **2** ⟨*estens*⟩ to decipher, to make out, to solve: *non riesco a* ~ *la tua calligrafia* I can't decipher your writing; ~ *un enigma* to solve a puzzle.

decigrado *m.* ⟨*Mat*⟩ decigrade. **decigràmmo** *m.* decigram(me). **decìlitro** *m.* decilitre.

dècima *f.* **1** ⟨*Stor*⟩ tithe, tenth (part): *-e ecclesiastiche* Church tithes. **2** ⟨*Mus*⟩ tenth (interval). □ ⟨*Mat*⟩ *alla* ~ (*potenza*) to the tenth (power). **decimàle I** *a.* ⟨*Mat*⟩ decimal. **II** *s.m.* decimal. □ *frazione* ~ decimal fraction; *numero* ~ decimal (number, digit); *sistema* ~ decimal system (*o* notation); *sistema metrico* ~ metric (*o* decimal) system. **decimalizzàre** *v.t.* ⟨*Mat*⟩ to decimalize, to change to a decimal system.

decimàre *v.t.* (**dècimo**) to decimate (*anche estens.*): *il terremoto ha decimato la popolazione* the earthquake decimated the population. **decimazióne** *f.* decimation (*anche estens.*).

decìmetro *m.* decimetre. □ *doppio* ~ scale, twenty-centimetre rule.

decimillìmetro *m.* decimillimetre.

dècimo I *a.* tenth: *il* ~ *giorno* the tenth day; *Pio* ~ Pius the Tenth. **II** *s.m.* **1** (*ordinale; f.* **-a**) tenth: *ero il* ~ *della fila* I was the tenth in line. **2** (*frazionario*) tenth: *a lei spetteranno due* *-i* *del patrimonio* two tenths of the inheritance are due to her. □ *la* *-a* *parte* a tenth, the tenth part.

decimo|prìmo *a.* ⟨*non com*⟩ (*undicesimo*) eleventh. **~secóndo** *a.* ⟨*non com*⟩ (*dodicesimo*) twelfth.

decìna *f.* **1** (*dieci*) ten, half-a-score. **2** (*circa dieci*) about (*o* some) ten, ten or so: *c'erano una* ~ *di persone* there were about ten people. **3** ⟨*Mat*⟩ ten. □ *a* *-e* by (*o* in) tens; ⟨*fig*⟩ by the dozen (*o* score): *i feriti morivano a* *-e* dozens of wounded died; *te l'ho detto una* ~ *di volte* I have told you a number of times.

decisaménte *avv.* **1** (*risolutamente*) resolutely, decidedly: *si diresse* ~ *verso la porta* he went resolutely towards the door. **2** (*senza dubbio*) definitely, decidedly: *uno spettacolo* ~ *brutto* a definitely poor show. **decìsi** → decidere.

decisionale *a.* decisional, decision(-making). □ *organo* ~ decision-making body; *processo* ~ decision-making process.

decisione *f.* 1 (*risoluzione*) decision: *una* ~ *affrettata* a hurried decision; (*deliberazione*) resolution: *la* ~ *dell'assemblea* the resolution of the assembly. 2 (*risolutezza*) decision, resolution, determination: *agire con* ~ to act with resolution. 3 ⟨*Dir*⟩ decision; (*sentenza*) judgement, ruling, decree: *la* ~ *del tribunale* the Court's ruling. □ *giungere a una* ~ to reach (*o* come to) a decision; ~ *del* **governo** governmental resolution; *potere di* ~ decision-making power; *prendere una* ~ to make (*o* take) a decision, to decide; (*rif. ad assemblee e sim.*) to pass a resolution; *su* ~ *di* at the decision of; *per* ~ **unanime** by unanimous decision.

decisivo *a.* decisive, conclusive: *la sua risposta sarà –a* his reply will be decisive. □ *battaglia –a* decisive battle; *momento* ~ crucial moment; *prove –e* conclusive evidence; *voto* ~ casting vote. **deciso** (*p.p. di decidere*) *a.* 1 (*stabilito*) definite, fixed, settled: *la partenza è ormai –a* the departure is now definite; *non c'è ancora nulla di* ~ there is still nothing definite (*o* fixed). 2 (*definito, risolto*) settled, resolved: *la questione è –a* the matter is settled. 3 (*risoluto*) decided, resolute, determined: *un uomo* ~ a resolute man; *sono* ~ *a farlo* I am decided (*o* determined) to do it; (*pronto*) ready: *essere* ~ *a tutto* to be ready for anything. 4 (*netto*) clean, sharp: *un taglio* ~ a clean cut. 5 (*spiccato*) decided, marked: *il bambino dimostrò una –a antipatia per la nuova maestra* the child showed decided dislike of his new teacher. **decisorio** *a.* decisive.

declamare I *v.t.* to declaim, to recite: ~ *una poesia* to recite a poem. II *v.i.* (*aus.* avere) to declaim, to speak rhetorically. □ *è un buon oratore ma declama troppo* he is a good speaker but too rhetorical. **declamatore** *m.* (*f. -trice*) declaimer, ranter; (*rif. a poesia*) reciter. **declamatorio** *a.* declamatory. **declamazione** *f.* 1 declamation, recitation: *la* ~ *di una poesia* the recitation of a poem. 2 ⟨*spreg*⟩ (*discorso retorico*) bombast, rhetorical speech.

declaratoria *f.* ⟨*Dir*⟩ declaratory judgement. **declaratorio** *a.* declaratory.

declassamento *m.* 1 degrading, declassing. 2 (*perdita di prestigio*) downgrading, decline in social prestige. 3 (*rif ad alberghi e sim.*) lower grading. **declassare** *v.t.* 1 to degrade, to declass. 2 (*togliere prestigio*) to downgrade, to lower the status of. 3 (*rif ad alberghi e sim.*) to give a lower grading. **declassazione** *f.* → **declassamento**.

declinabile *a.* ⟨*Gramm*⟩ declinable. **declinante** *a.* declining.

declinare[1] I *v.i.* (*aus.* avere) 1 (*rif. ad astri*) to get lower; (*rif. al sole*) to decline, to set; (*rif. alla luna*) to wane. 2 ⟨*fig*⟩ (*volgere al termine*) to draw to a close, to near one's end: *il secolo declinava* the century was nearing its end. 3 ⟨*fig*⟩ (*diminuire; rif. a intensità*) to decline, to grow weaker, to fail, to lessen; (*estinguersi, dileguarsi*) to decline, to (be on the) wane: *la sua gloria declinava* his glory was declining (*o* on the wane); (*peggiorare*) to decline, to fail: *la mia salute declina lentamente* my health is slowly failing. 4 (*scendere, tendere verso il basso*) to slope (down): *le montagne declinano verso la pianura* the mountains slope down to the plain; (*scorrere verso il basso*) to flow down: *i fiumi declinano al mare* the rivers flow down to the sea. 5 ⟨*Fis*⟩ (*rif. all'ago magnetico*) to deviate. II *v.t.* 1 (*rifiutare*) to decline, to turn down: ~ *un invito* to decline an invitation; ~ *un'offerta* to turn down an offer. 2 ⟨*Gramm*⟩ to decline. □ ~ *le proprie generalità* to give one's (personal) particulars; *declino qualsiasi responsabilità* I disclaim all responsibility.

declinare[2] *m.* close, decline, wane: *il* ~ *della vita* the decline of life. □ *sul* ~ *del giorno* at dusk.

declinatoria *f.* ⟨*Dir*⟩ declinatory exception.

declinazione *f.* 1 ⟨*Gramm*⟩ declension. 2 ⟨*Geog,Astr*⟩ declination. □ *angolo di* ~ angle of declination; ~ *magnetica* magnetic declination (*o* variation); ~ *orientale* east declination. **declino** *m.* 1 setting: ~ *di un astro* setting of a star. 2 ⟨*fig*⟩ decline, wane, waning: *il* ~ *dell'impero romano* the decline of the Roman Empire. □

un atleta in ~ an athlete in decline; *essere in* ~ to be ⌐on the wane⌐ (*o* in decline); *la sua stella è in* ~ his star is setting. **declinometro** *m.* ⟨*Fis*⟩ declinometer.

declivio *m.* slope, declivity; *salire per il* ~ to climb up the slope. □ *dolce* ~ gentle (*o* slight) slope; *terreno in* ~ sloping ground.

decodifica *f.* ⟨*Inform*⟩ decoding. **decodificare** *v.t.* (**decodifico, decodifichi**) 1 ⟨*Inform*⟩ to decode. 2 ⟨*estens*⟩ to decipher. **decodificatore** *m.* decoder. **decodificazione** *f.* decoding, code conversion.

decollare[1] *v.i.* (**decollo**; *aus.* avere) ⟨*Aer*⟩ to take off.

decollare[2] *v.t.* (**decollo**) (*decapitare*) to decollate. **decollazione** *f.* decollation, beheading.

décolleté *fr.* [dekol'te] I *a.* décolleté, having a low neckline. II *m.* dress with a low neckline.

decollo *m.* ⟨*Aer*⟩ take-off. □ *corsa di* ~ take-off run; *pista di* ~ take-off runway; *spazio di* ~ take-off distance (*o* run).

decolonizzare *v.t.* ⟨*Pol*⟩ to decolonize. **decolonizzazione** *f.* decolonization.

decolorante I *a.* ⟨*Chim*⟩ decolo(u)rizing, decolorant, bleaching. ⟨ *sostanza* ~ decolorant. II *s.m.* decolorant, bleach: ~ *per capelli* hair bleach. **decolorare** *v.t.* (**decoloro**) to bleach, to decolo(u)rize: *farsi* ~ *i capelli* to have one's hair bleached. **decolorato** *a.* bleached, decolo(u)rized: *capelli –i* bleached hair. **decolorazione** *f.* decolo(u)rization, bleaching, decoloration.

decomponibile *a.* decomposable. **decomponibilità** *f.* decomposability. **decomporre** *v.t.* (**decompongo, decomponi; decomposi, decomposto;** → **porre**) 1 to decompose, to separate, to disintegrate. 2 ⟨*Chim*⟩ to decompose. 3 ⟨*Mat*⟩ to factorize, to resolve (*o* break up) into factors, to find the factors of: ~ *un numero in fattori primi* to find the prime factors of a number. **decomporsi** *v.r.* 1 ⟨*Chim*⟩ to decompose. 2 (*putrefarsi*) to decompose, to putrefy: *il cadavere cominciava a decomporsi* the corpse was beginning to decompose. **decomposizione** *f.* 1 decomposition (*anche Chim.*). 2 ⟨*Mat*⟩ factorization, finding of factors. 3 (*putrefazione*) decomposition, putrefaction. □ *cadaveri in* ~ decomposing corpses; *processo di* ~ (process of) decomposition.

decompressione *f.* decompression. □ *camera di* ~ decompression chamber. **decomprimere** *v.t.* (**decompressi, decompresso**) to decompress.

deconcentrazione *f.* ⟨*Econ*⟩ decentralization.

decondizionamento *m.* deconditioning. **decondizionare** (**decondiziono**) *v.t.* to decondition.

decongelamento *m.* → **decongelazione**. **decongelare** *v.t.* (**decongelo**) to unfreeze, to defrost. **decongelazione** *f.* defrosting, unfreezing.

decongestionamento *m.* 1 ⟨*Med*⟩ decongestion, relief of congestion. 2 (*rif. al traffico*) easing (*o* relief) of congestion. **decongestionante** I *a.* ⟨*Med*⟩ decongestant. II *s.m.* decongestive, decongestant. **decongestionare** *v.t.* (**decongestiono**) 1 ⟨*Med*⟩ to decongest: ~ *un organo* to decongest an organ. 2 (*rif. al traffico*) to keep moving (*o* flowing smoothly). **decongestionarsi** *v.r.* ⟨*Med*⟩ to be decongested. **decongestione** *f.* 1 ⟨*Med*⟩ decongesting. 2 (*rif. al traffico*) relief of traffic jam.

decontaminare *v.t.* (**decontamino**) to decontaminate. **decontaminazione** *f.* decontamination.

decontrarre *v.t.* (**decontraggo, decontrai**) to relax. **decontratto** *a.* relaxed. **decontrazione** *f.* relaxation: ~ *di muscoli* muscle relaxation.

decorare *v.t.* (**decoro**) 1 to decorate, to adorn, to ornament, to deck: ~ *la sala con fiori* to decorate the room with flowers. 2 (*insignire di decorazione*) to decorate: ~ *un soldato di medaglia d'oro* to decorate a soldier with a gold medal. □ ~ *l'albero di Natale* to decorate the Christmas tree; ~ *al merito* to decorate for merit; ~ *al valor civile* (*o militare*) to decorate for civil (*o* military) valour. **decorativo** *a.* ⟨*Art,Lett*⟩ decorative (*anche estens.*): *arte –a* decorative art; *elemento* ~ decorative motif. **decorato** I *a.* 1 (*adorno*) decorated, adorned, ornamented. 2 (*insignito di decorazione*) decorated. II *s.m.* (*f. -a*) holder of a decoration. **decoratore** *m.* (*f. -trice*) decorator. **decorazione** *f.* 1 (*il* *decorare*) decoration, ornamentation: *una ~ di fiori* a flower decoration. **2** *pl.* ⟨*Edil*⟩ decoration, decorations *pl,* decorative work: *le –i della facciata* the decorations of the façade. **3** (*onorificenza*) decoration, award: *conferire una ~ a qd.* to confer a decoration on s.o.

decoro *m.* **1** (*convenienza*) decorum, propriety, correctness, seemliness: *vestire con ~* to dress with propriety. **2** (*sentimento di dignità*) dignity: *persona priva di ~* person without any dignity. □ *comportarsi con ~* to behave with decorum; *mantenere il ~* to keep up the proprieties. **decorosamente** *avv.* **1** (*decentemente*) decently, respectably: *vestire ~* to dress respectably. **2** (*dignitosamente*) decorously, properly, in a dignified (*o* seemly) way: *comportarsi ~* to behave in a dignified way. **decoroso** *a.* **1** (*decente*) decent, respectable, proper: *un'abitazione –a* a respectable house; *un abito ~* a decent dress. **2** (*dignitoso*) proper, decorous, dignified, seemly: *contegno ~* dignified bearing.

decorrenza *f.* starting point (*o* day). □ *con ~ dal 1° gennaio* starting on (*o* from) January 1st, running (*o* to be reckoned) (as) from January 1st; *con ~ immediata* starting immediately. **decorrere** *v.i.* (*decorsi, decorso; aus. essere*) **1** (*trascorrere: rif. al tempo*) to pass, to elapse, to go by: *da allora è già trascorso un anno* a year has already gone by since then. **2** (*avere vigore*) to have (*o* take) effect, to run, to be reckoned, to start. □ *a ~ da oggi* starting (*o* as) from today; *l'aumento decorre dal prossimo mese* the increase starts from next month. **decorsi →** decorrere.

decorso[1] **→** decorrere.

decorso[2] *m.* **1** (*il passare*) passing, elapsing; (*corso, periodo*) course, lapse: *nel ~ di un anno* in the course of a year. **2** ⟨*Med*⟩ course: *il ~ della malattia* the course of the illness.

decotto *m.* decoction. □ *~ di camomilla* camomile tea. **decozione** *f.* **1** decoction. **2** ⟨*Econ*⟩ financial difficulties *pl.*

decrebbi → decrescere. **decremento** *m.* decrease, decrement.

decrepitezza *f.* decrepitude (*anche fig.*). **decrepito** *a.* **1** decrepit: *un vecchio ~* a decrepit old man. **2** ⟨*fig*⟩ in decay (*o* decline), declining: *istituzioni –e* institutions in decay.

decrescente *a.* decreasing, diminishing, waning. □ *essere in fase ~:* 1 (*diminuire*) to be decreasing (*o* falling, going down): *la piena è in fase ~* the flood is going down (*o* subsiding); 2 (*rif. alla luna*) to be waning (*o* on the wane). **decrescenza** *f.* decrease, diminution, wane, fall: *essere in ~* to be on the wane (*o* decreasing). □ *popolazione in ~* falling (*o* dwindling) population. **decrescere** *v.i.* (*decresco, decresci; decrebbi, decresciuto; aus. essere*) to decrease, to diminish; (*rif. alla luna*) to wane: *la luna decresce* the moon is waning; (*diminuire di livello*) to subside, to sink: *la piena decresce* the flood is subsiding; (*rif. a suoni*) to die (*o* fade) away; (*rif. alla marea*) to ebb.

decretale *f./m.* ⟨*Dir.can*⟩ decretal. **decretare** *v.t.* (*decreto*) **1** to decree, to order: *il consiglio ha decretato così* the council has so decreed. **2** (*tributare*) to award, to grant, to bestow, to confer: *gli decretarono altissimi onori* they awarded him the highest honours. **decreto** *m.* **1** decree. **2** (*in diritto penale*) order, judgement; (*in diritto civile*) decree, order, ruling. **3** (*disposizione divina*) decree: *i –i di Dio* (*o della Provvidenza*) the decrees of God (*o* Providence). □ ⟨*Dir*⟩ *~ di amnistia* amnesty ordinance; ⟨*Dir*⟩ *~ di citazione* summons; *~ di confisca* order of seizure; *emettere un ~* to issue a decree; *~ di espulsione* order of expulsion; *~ ingiuntivo* (*o d'ingiunzione*) injunction; *~-legge* decree with the force of law; *~ ministeriale* ministerial decree; *~ prefettizio* prefectoral order; *~ presidenziale* presidential decree; *~ reale* royal decree; *revocare un ~* to revoke a decree.

decubito *m.* ⟨*Med*⟩ decubitus: *piaga da ~* decubitus ulcer, bedsore.

decumano I *a.* ⟨*Stor.rom*⟩ decuman. II *s.m.* decuman soldier.

decuplicare *v.t.* (*decuplico, decuplichi*) to multiply by ten, to decuple. **decuplo** I *a.* tenfold, decuple: *misura –a* tenfold measure. II *s.m.* ten times (as much, the amount): *ho speso il ~ del previsto* I spent ten times ʿas much asʾ (*o* the amount) I had expected.

decuria *f.* ⟨*Stor.rom*⟩ decury. **decurione** *m.* decurion.

decurtare *v.t.* **1** (*ridurre*) to curtail, to reduce, to dock: *~ uno stipendio* to reduce (*o* dock) a salary. **2** ⟨*Comm*⟩ to reduce: *~ un debito* to reduce a debt. **decurtazione** *f.* **1** (*riduzione*) curtailment, reduction, docking. **2** ⟨*Comm*⟩ (*riduzione*) reduction. □ *i salari hanno subito una ~* salaries have been reduced.

dedalo *m.* maze, labyrinth: *un ~ di viuzze* a maze of alleys. **Dedalo** *N.pr.m.* ⟨*Mitol*⟩ Daedalus.

dedica *f.* dedication: *fotografia con ~* photograph with dedication. **dedicare** *v.t.* (*dedico, dedichi*) **1** (*consacrare*) to dedicate, to consecrate: *~ una chiesa alla Madonna* to dedicate a church to the Virgin Mary; *~ un monumento ai caduti* to dedicate a monument to the fallen. **2** (*intitolare*) to name (*o* call) after: *~ una via a Garibaldi* to name a street after Garibaldi. **3** (*rif. a opere letterarie, artistiche*) to dedicate: *il libro è dedicato al fratello dell'autore* the book is dedicated to the author's brother. **4** (*riservare*) to devote, to give (up, over): *dedico il tempo libero alla musica* I devote my free time to music; *i primi capitoli del libro sono dedicati alle condizioni storiche* the first chapters of the book are given up to the historical background. **dedicarsi** *v.r.* **1** (*consacrarsi*) to dedicate o.s.: *dedicarsi a Dio* to dedicate o.s. to God. **2** (*occuparsi di*) to devote o.s.: *dedicarsi alla famiglia* to devote o.s. to one's family. **dedicatario** *m.* (*f.* -a) dedicatee. **dedicatoria** *f.* dedicatory epistle. **dedicatorio** *a.* dedicatory: *sonetto ~* dedicatory sonnet. □ *lettera –a →* dedicatoria. **dedicazione** *f.* ⟨*Rel*⟩ dedication.

dedito *a.* **1** devoted (*a* to): *~ agli studi* devoted to study. **2** (*rif. a vizio*) addicted, given (to): *~ al gioco* addicted to gambling; *~ al bere* addicted to drink. **dedizione** *f.* devotion: *~ alla famiglia* devotion to the family. □ *con ~* with devotion, devotedly: *lo curava con ~* she tended him devotedly.

dedotto (*p.p. di dedurre*) *a.* **1** (*desunto*) deduced, inferred: *la conclusione –a dalle premesse* the conclusion deduced from the premises. **2** (*defalcato*) deducted, subtracted: *la somma –a dal guadagno* the sum deducted from the profit. **deducibile** *a.* **1** deducible. **2** (*che si può detrarre*) deductible. **deduco →** dedurre. **dedurre** *v.t.* (*deduco, deduci; dedussi, dedotto; → condurre*) **1** (*desumere*) to deduce, to infer, to conclude: *cosa devo ~ dalle tue parole?* what am I to infer from your words? **2** (*sottrarre*) to deduct, to subtract: *~ le spese dall'incasso* to deduct expenses from takings. **3** ⟨*Dir*⟩ to deduce, to infer, to argue. **4** (*derivare*) to draw, to take: *dedusse da un libro la trama del suo film* he took the story for his film from a book. □ *da ciò si deduce che* it may hence be inferred that; *dedotte le spese, restano pochi soldi* after all expenses have been deducted, there is not much money left. **dedurrò, dedussi →** dedurre. **deduttivo** *a.* deductive: *metodo ~* deductive method. **deduzione** *f.* **1** deduction, inference: *ragionare per ~* to reason ʿby deductionʾ (*o* deductively). **2** (*detrazione*) deduction: *fatta la ~ delle spese, restano diecimila lire* after deduction of expenses, there are ten thousand lire left.

de facto *lat.* de facto, in reality (*o* fact).

défaillance *fr.* [defaˈjãːs] *f.* ⟨*Sport*⟩ breakdown, collapse (*anche fig.*).

defalcare *v.t.* (*defalco, defalchi*) to deduct, to substract (*da* from): *~ le tasse dallo stipendio* to deduct taxes from a salary. **defalcazione** *f.,* **defalco** *m.* (*pl.* -chi) deduction, curtailment, subtraction.

defascistizzare *v.t.* to purge of Fascists. **defascistizzazione** *f.* anti-Fascist purge.

defatigante *a.* wearying, wearisome.

defecare *v.* (*defeco, defechi*) I *v.t.* ⟨*Chim*⟩ to defecate. II *v.i.* (*aus. avere*) ⟨*Fisiol*⟩ to defecate. **defecazione** *f.* ⟨*Chim,Fisiol*⟩ defecation.

defenestrare *v.t.* (*defenestro*) **1** to throw out of the window. **2** ⟨*fig*⟩ to dismiss, to throw out, to drive out. **defenestrazione** *f.* **1** defenestration. **2** ⟨*fig*⟩ dismissal, removal (from office). □ ⟨*Stor*⟩ *la* ∼ *di Praga* the defenestration of Prague.

defensionale *a.* ⟨*Dir*⟩ for (*o* of) defence: *testimonio* ∼ witness for the defence.

deferente *a.* **1** (*rispettoso*) deferential. **2** ⟨*Anat*⟩ deferent: *canale* ∼ deferent conduit. **deferentemente** *avv.* deferentially. **deferenza** *f.* deference: *la* ∼ *verso i superiori* deference to one's superiors.

deferimento *m.* ⟨*Dir*⟩ submitting, referring. **deferire** *v.t.* (deferisco, deferisci) ⟨*Dir*⟩ to submit, to refer, to defer: ∼ *una causa al tribunale* to submit a case to the Court. □ ∼ *qd. al tribunale* to take s.o. to court, to sue s.o.

defezionare *v.i.* (defeziono; *aus.* avere) **1** to desert (*da qc.* s.th.), to defect (from s.th.). **2** (*disertare*) to desert. **defezione** *f.* **1** defection, desertion. **2** (*diserzione*) desertion. **defezionista** *m./f.* defector.

defibrillazione *f.* ⟨*Med*⟩ defibrillation.

deficiente **I** *a.* **1** (*insufficiente*) insufficient. **2** (*minorato*) mentally deficient; (*stupido*) idiotic, stupid. **II** *s.m./f.* mental deficient (*o* defective); (*stupido*) idiot, fool, imbecile. **deficienza** *f.* **1** (*insufficienza*) deficiency, insufficiency, shortage. **2** (*lacuna*) gap. **3** (*idiozia*) mental deficiency; (*stupidità*) idiocy, imbecility.

deficit *m.* ⟨*Econ*⟩ deficit, deficiency: *essere in* ∼ to have (*o* show) a deficit; *l'azienda è in* ∼ the firm has a deficit. □ ∼ *del bilancio* adverse (*o* debit) balance, budget deficit; *colmare il* ∼ to make good the deficit. **deficitario** *a.* ⟨*Econ*⟩ showing a deficit (*o* loss), having (*o* with) a debit balance: *azienda* –*a* firm with a debit balance. □ *alimentazione* –*a* under–nourishment; *bilancio* ∼ adverse (*o* debit) balance, budget deficit.

defilamento *m.* **1** ⟨*Mil*⟩ defilade. **2** ⟨*Mar.mil*⟩ passing astern. **defilare** **I** *v.t.* ⟨*Mil*⟩ to defilade. **II** *v.i.* (*aus.* avere) ⟨*Mar.mil*⟩ to pass astern. **defilarsi** *v.r.* (*sottrarsi*) to make off, to make o.s. scarce. **defilato** *a.* defiladed. **défilé** *fr.* [defi'le] *m.* fashion parade (*o* show).

definibile *a.* **1** definable. **2** (*risolvibile*) easy to settle: *la questione è facilmente* ∼ the question is easy to settle. **definire** *v.t.* (definisco, definisci) **1** (*delimitare*) to define, to determine, to set out: ∼ *i poteri di qd.* to define s.o.'s powers. **2** (*fissare, stabilire*) to fix, to settle, to make clear, to determine: ∼ *la propria posizione* to make one's position clear. **3** (*determinare con una spiegazione*) to define: ∼ *un concetto* to define a concept. **4** (*risolvere*) to resolve, to settle: ∼ *una questione* to resolve a question; ∼ *una lite* to settle a quarrel. □ ∼ *una politica comune* to establish a common policy; ∼ *un vocabolo* to define a word. **definitivamente** *avv.* **1** definitively, finally. **2** (*per sempre*) once and for all, for good. **definitivo** *a.* definitive, final: *dare una risposta* –*a* to give a definitive answer; *pronunciare la sentenza* –*a* to pronounce final judgement. □ *in* –*a:* **1** (*in conclusione*) in conclusion, in short; **2** (*in fin dei conti*) after all; **3** (*dunque*) (well) then: *che hai deciso in* –*a?* what have you decided, then?, well (then), what have you decided? **definito** *a.* **1** defined, definite, determinate: *confini ben* –*i* well-defined limits. **2** (*netto*) clear-cut, sharp: *i contorni del disegno sono ben* –*i* the lines of the drawing are clear-cut. □ *contorni poco* –*i* vague (*o* blurred, hazy) outlines. **definizione** *f.* **1** definition: *una* ∼ *esatta* an exact definition. **2** (*risoluzione*) settlement: ∼ *di una lite* settlement of a quarrel. **3** ⟨*Fot,TV*⟩ definition: ∼ *dell'immagine* image definition. □ *per* ∼ by definition.

deflagrante *a.* deflagrating, deflagrable. **deflagrare** *v.i.* (*aus.* avere) **1** to deflagrate. **2** ⟨*fig*⟩ (*divampare*) to blaze (*o* flare) up. **deflagrazione** *f.* deflagration. □ ∼ *di una mina* explosion of a mine.

deflativo *a.* ⟨*Econ*⟩ deflationary. **deflatore** *m.* deflator. **deflattivo** *a.* → deflativo. **deflazionare** *v.t.* (deflaziono) ⟨*Econ*⟩ to deflate. **deflazione** *f.* **1** deflation. **2** ⟨*Geol*⟩ deflation, wind erosion. **deflazionista** *m./f.* deflationist. **deflazionistico** *a.* (*pl.* -ci) ⟨*Econ*⟩ deflationary, deflationist.

deflemmare *v.t.* (deflemmo) ⟨*Chim*⟩ to dephlegmate. **deflemmatore** *m.* dephlegmator. **deflemmazione** *f.* dephlegmation.

deflessione *f.* **1** deflection, bending; ⟨*fig*⟩ deviation, turning aside (*da* from): ∼ *da un principio* deviation from a principle. **2** ⟨*Rad,TV,Fis*⟩ deflection. **deflesso** → deflettere. **deflettere** *v.i.* (deflettei/deflessi, deflesso; *aus.* avere) **1** to deflect, to deviate, to diverge; (*rif. a rotta*) to change. **2** ⟨*fig*⟩ (*tirarsi indietro*) to go back (on): ∼ *da una decisione* to go back on a decision; (*desistere*) to desist, to give over (*o* up): ∼ *da un proposito* to give up one's intention. **deflettore** *m.* **1** ⟨*Mecc*⟩ deflector, baffle. **2** ⟨*Aer*⟩ flap. **3** ⟨*Aut*⟩ vent window. □ ⟨*Aer*⟩ ∼ *dell'ala* (aerofoil) flap.

deflogisticato *a.* ⟨*Alchim*⟩ dephlogisticated.

deflorare *v.t.* (defloro) to deflower. **deflorazione** *f.* defloration.

defluente *a.* defluent. **defluenza** *f.* downflow. **defluire** *v.i.* (defluisco, defluisci; *aus.* essere) **1** (*rif. a liquidi*) to flow (*o* run) down. **2** ⟨*fig*⟩ to stream, to flow: *gli spettatori defluivano lentamente dallo stadio* the spectators streamed slowly out of the stadium. **deflusso** *m.* **1** (down)flow: ∼ *dell'acqua* downflow of water. **2** (*volume d'acqua*) (amount of) discharge, flow. **3** (*rif. al mare*) reflux, ebb. **4** ⟨*fig*⟩ (*rif. a folla*) flow, streaming out.

defogliante **I** *a.* defoliating. **II** *s.m.* ⟨*Agr,Mil*⟩ defoliant. **defogliare** *v.t.* (defoglio) to defoliate. **defogliazione** *f.* defoliation. **defoliante** *a./s.* → defogliante.

deforestare *v.t.* to deforest. **deforestazione** *f.* deforestation.

deformabile *a.* deformable. **deformabilità** *f.* deformability. **deformante** *a.* deforming. □ *specchio* ∼ distorting mirror; *artrite* ∼ deforming arthritis. **deformare** *v.t.* (deformo) **1** (*sformare*) to deform, to distort, to make misshapen. **2** (*rif. a parti del corpo*) to deform, to disfigure; (*curvare*) to bend, to twist, to crook; (*rattrappire*) to (cause to) contract; (*rif. al viso: deturpare*) to disfigure, to deform, to distort. **3** ⟨*Mecc*⟩ to deform, to warp. **4** ⟨*Edil*⟩ to strain. **5** (*rif. a specchio, lente*) to distort: *quello specchio deforma l'immagine* that mirror distorts the image. **6** ⟨*fig*⟩ to warp, to distort, to twist: *il senso di un discorso* to twist the meaning of words; ∼ *la verità* to distort the truth. **deformarsi** *v.r.* **1** to become deformed, to grow misshapen, to lose shape: *il cappello si era deformato con la pioggia* the hat lost its shape in the rain. **2** (*rif. a parti del corpo*) to become deformed (*o* disfigured); (*curvarsi*) to bend, to become twisted (*o* crooked); (*rattrappirsi*) to contract. **3** ⟨*Mecc*⟩ to warp, to buckle. **4** ⟨*Edil*⟩ to become strained. **5** ⟨*fig*⟩ to be distorted (*o* warped, twisted): *la realtà si deformò attraverso il suo racconto* in his story reality became distorted. **deformazione** *f.* **1** (*rif. a parti del corpo*) deformation, disfigurement, deformity: *una* ∼ *del cranio* a deformity of the skull; (*rif. al viso*) disfigurement. **2** ⟨*Mecc*⟩ buckling, warping. **3** ⟨*Edil*⟩ strain(ing). **4** ⟨*Ott*⟩ distortion. **5** ⟨*fig*⟩ distortion, warping, twisting: ∼ *della verità* distortion of truth. □ ∼ *professionale* professional (*o* vocational) bias.

deforme *a.* **1** (*rif. a parti del corpo*) deformed, misshapen, disfigured: *corpo* ∼ misshapen body; (*rif. al viso*) disfigured. **2** (*estens*) (*brutto*) ugly, unsightly. **deformità** *f.* **1** (*l'essere deforme*) deformity; (*bruttezza*) ugliness. **2** (*difetto fisico*) deformity, disfigurement: *tutti lo deridevano per la sua* ∼ everyone derided him because of his deformity.

defosforare *v.t.* to dephosphorize. **defosforazione** *f.* ⟨*Chim*⟩ dephosphorization.

defraudare *v.t.* (defraudo) to defraud, to cheat: ∼ *qd. di qc.* (*o qc. a qd.*) to defraud s.o. of s.th., to cheat (*o* trick) s.o. out of s.th.; ∼ *gli operai del loro salario* to defraud the workers of their wages; ∼ *qd. dei suoi diritti* to cheat s.o. out of his rights. **defraudatore** *m.* (*f.* -trice) cheat(er), defrauder.

defunto **I** *a.* ⟨*attr*⟩ late, dead, deceased, defunct: *il* ∼ *signor Rossi* the late Mr. Rossi. **II** *s.m.* (*f.* -a) **1** dead person, deceased, defunct: *i parenti del* ∼ the dead man's relatives. **2** *pl.* the dead (*costr. pl.*): ⟨*Rel*⟩ *commemorazione dei* –*i* commemoration of the dead.

degassamento *m.* degassing, outgassing. **degassare** *v.t.*

to degas, to outgas. **degassificare** *v.t.* (degassifico, degassifichi) to degas, to degasify.

degenerare *v.i.* (degenero; *aus.* avere) **1** (*cambiare in peggio*) to degenerate, to deteriorate: *la discussione degenerò in una lite* the argument degenerated into a quarrel; (*rif. a malattie*) to turn, to develop: *la bronchite degenerò in una polmonite* the bronchitis turned into pneumonia; ⟨*assol*⟩ to grow worse, to worsen. **2** ⟨*Biol,Fis*⟩ to degenerate. **degenerativo** *a.* degenerative, of degeneration: *processo* ~ degenerative process, process of degeneration. **degenerato I** *a.* degenerate (*anche fig.*): *giovani –i* degenerate youths. **II** *s.m.* (*f.* **-a**) degenerate: *è un* ~ he is a degenerate. **degenerazione** *f.* **1** (*pervertimento*) degeneracy, degeneration, decline: *la* ~ *dei costumi* the decline of morals. **2** ⟨*Biol,Fis*⟩ degeneration: ~ *di un organo* degeneration of an organ. **degenere** *a.* degenerate: *figlio* ~ degenerate son.

degente I *a.* bedridden, ill in bed. **II** *s.m./f.* bedridden person; (*all'ospedale*) in–patient. □ *è* ~ *all'ospedale* he is in hospital. **degenza** *f.* (period of) confinement to bed; (*in ospedale*) stay in hospital, hospitalization: *tre mesi di* ~ three months' stay in hospital.

degli → **di**[1].

deglutire *v.t.* (deglutisco, deglutisci) to swallow. **deglutizione** *f.* swallowing, deglutition (*spec. Med.*).

degnamente *avv.* worthily, deservingly; (*convenientemente*) properly. **degnare** *v.* (degno) **I** *v.t.* to deign, to condescend, to deem worthy: *non mi ha degnato di una risposta* he did not deign to reply to me; ~ *qd. di uno sguardo* to deign to look at s.o., to deem s.o. worthy of a glance. **II** *v.i.* (*aus.* avere), **degnarsi** *v.r.* to deign, to condescend, to be so kind (*o* gracious, good), to be good enough: *non si è degnato di rispondermi* he has not deigned to answer me. **degnazione** *f.* condescension; (*benevolenza*) graciousness, kindness, goodness. □ *gli rispose con* ~ he replied to him condescendingly; *uno sguardo di* ~ a condescending look.

degno *a.* **1** (*meritevole*) worthy (*of* di), worth (s.th.): *essere* ~ *di lode* to be worthy of praise; *una –a causa* a worthy cause; *non sono* ~ *di te* I am ʼnot worthyʼ (*o* unworthy) of you. **2** (*conveniente*) suitable, right, proper: *questo ambiente non è* ~ *di te* this environment is not suitable for you. **3** (*rispettabile*) worthy, respectable: *una –a persona* a worthy person; ⟨*iron*⟩ *lui e i suoi –i amici* he and his worthy friends. □ *non è* ~ *di* **allacciargli** *le scarpe* he is not worthy to lick the soles of his boots; ~ *di* **biasimo** blameworthy, to be blamed; ~ *di* **fede**: 1 (*rif. a cosa*) credible, plausible, believable; 2 (*rif. a persona*) reliable, credible, trustworthy: *un testimone* ~ *di fede* a trustworthy witness; *non è* ~ *di* **fiducia** he is untrustworthy; *azione –a di* **lode** praiseworthy deed; ~ *di* **nota** noteworthy.

degollista *a./s.m./f.* Gaullist.

degradamento *m.* degradation. **degradante** *a.* degrading: *un'azione* ~ a degrading deed. **degradare** *v.t.* **1** ⟨*Mil*⟩ to break, to demote: ~ *un ufficiale* to break an officer. **2** ⟨*Rel*⟩ to degrade: ~ *un sacerdote* to degrade a priest. **3** ⟨*fig*⟩ (*rendere abietto*) to degrade, to debase: *i vizi degradano l'uomo* vice degrades man. **4** ⟨*Geol,Fis*⟩ to degrade. **degradarsi** *v.r.* **1** (*disonorarsi*) to degrade o.s., to sink, to demean o.s.: *si è degradato fino a tradire i compagni* he sank so low as to betray his companions. **2** (*di metallo*) to degrade. **degradazione** *f.* **1** ⟨*Mil*⟩ breaking, demotion: ~ *di un ufficiale* demotion of an officer. **2** ⟨*Rel*⟩ degradation. **3** ⟨*fig*⟩ (*decadimento*) degradation: ~ *morale* moral degradation. **4** ⟨*Geol,Chim,Fis*⟩ degradation. **degrado** *m.* **1** deterioration, degeneration: ~ *ambientale* deterioration of the environment. **2** (*inquinamento*) pollution, contamination: ~ *dell'aria* air pollution.

degustare *v.t.* to taste, to sample: ~ *il vino* to taste wine; ~ *il caffè* to sample coffee. **degustatore** *m.* (*f.* **-trice**) taster. **degustazione** *f.* tasting, sampling: ~ *del vino* wine tasting.

deh *intz.* ⟨*lett,poet*⟩ ah, oh: ~, *ascoltami!* ah, hear me!

dei[1] → **di**[1].

dei[2] → **dio**.

deidratare *e der.* → **disidratare** *e der.*

deidro|congelazione *f.* ⟨*Alim*⟩ dehydrofreezing. **~genare** *v.t.* (deidrogeno) ⟨*Chim*⟩ to dehydrogenate, to dehydrogenize. **~genazione** *f.* dehydrogenation.

deiezione *f.* **1** (*defecazione*) defecation. **2** *pl.* (*escrementi*) faeces *pl*, excrement, dejecta *pl*. **3** ⟨*Geol*⟩ alluvial deposit, alluvium. □ ⟨*Geol*⟩ *conoide di* ~ alluvial cone.

deificare *v.t.* (deifico, deifichi) to deify (*anche fig.*). **deificazione** *f.* deification (*anche fig.*). **deiforme** *a.* ⟨*lett*⟩ deiform, ⟨*attr*⟩ godlike.

deionizzazione *f.* ⟨*Fis*⟩ deionization.

deiscente *a.* ⟨*Bot*⟩ dehiscent. **deiscenza** *f.* dehiscence.

deismo *m.* ⟨*Filos*⟩ deism. **deista** *I* *s.m./f.* deist. **II** *a.* deistic. **deistico** *a.* (*pl.* **-ci**) deistic. **deità** *f.* deity.

de iure *lat.* de jure, by right. □ ~ *o de facto* de jure or de facto.

déjà vu *fr.* [deʒa'vy] *m.* ⟨*Psic*⟩ déjà vu.

del → **di**[1].

delatore *m.* (*f.* **-trice**) informer, police spy. **delatorio** *a.* delatorian. **delazione** *f.* (laying of) information, delation: *la congiura fu scoperta in seguito a una* ~ the plot was discovered through the laying of information.

dele, deleatur *lat.* *m.* ⟨*Tip*⟩ dele.

delega *f.* **1** (*il delegare*) delegation. **2** (*procura*) proxy. □ *atto di* ~ proxy, written authority; *dare la* ~ *a qd.* to give s.o. a proxy; ⟨*Comm*⟩ ~ *per l'incasso* delegation for collection; ~ *di poteri* delegation of powers. **delegante** *m./f.* delegant, delegator. **delegare** *v.t.* (delego, deleghi) **1** to delegate, to depute: *il direttore ha delegato il vicedirettore a rappresentarlo* the manager has delegated the assistant manager to represent him. **2** (*rimettere, affidare*) to delegate, to commit: *la commissione delegò al componente più anziano il compito di tenere la relazione* the commission delegated the task of making the report to the senior member. **3** ⟨*Dir*⟩ to delegate. **delegatario** *m.* (*f.* **-a**) delegatee. **delegato I** *a.* delegated, deputed. **II** *s.m.* (*f.* **-a**) delegate, representative: *la Francia ha mandato cinque –i alla conferenza* France has sent five delegates to the conference. □ *amministratore* (*o consigliere*) ~ managing director; ~ *apostolico* apostolic delegate; ~ *governativo* (*o del governo*) governmental delegate. **delegazione** *f.* **1** delegation (*anche Dir.*). **2** (*circoscrizione territoriale*) district, territory (of a delegate). **3** (*gruppo di rappresentanti*) delegation, deputation: *la* ~ *italiana all'ONU* the Italian delegation to the U.N. □ *capo della* ~ head of the delegation; ~ *commerciale* trade delegation; ~ *di poteri* delegation of powers.

deleterio *a.* deleterious, noxious.

Delfi *N.pr.f.* ⟨*Geog.stor*⟩ Delphi. □ *l'oracolo di* ~ the Delphic Oracle. **delfico** *a.* (*pl.* **-ci**) Delphian, Delphic: *l'Apollo* ~ the Delphic Apollo.

delfinista *m./f.* ⟨*Sport*⟩ dolphin swimmer.

delfino[1] *m.* ⟨*Zool*⟩ **1** dolphin. **2** ⟨*Sport*⟩ dolphin strocke.

delfino[2] *m.* **1** ⟨*Stor*⟩ Dauphin. **2** ⟨*fig*⟩ probable successor.

delibare *v.t.* ⟨*non com*⟩ **1** (*assaporare*) to taste, to sample. **2** (*fig*) to relish. □ ⟨*Dir*⟩ ~ *una sentenza* to recognize (*o* allow) a foreign judgement. **delibazione** *f.* tasting, sampling. □ ⟨*Dir*⟩ *giudizio di* ~ judgement giving a foreign sentence legal effect.

delibera *f.* ⟨*burocr*⟩ **1** (*deliberazione*) deliberation. **2** (*aggiudicazione*) knocking–down. **deliberante** *a.* deliberative: *assemblea* ~ deliberative assembly. **deliberare** *v.* (delibero) **I** *v.t.* **1** to deliberate (upon, over): *il tribunale ha deliberato la condanna dell'imputato* the Court has deliberated the judgement against the accused. **2** (*aggiudicare*) to knock down: ~ *al miglior offerente* to knock down to the highest bidder. **II** *v.i.* (*aus.* avere) to deliberate: ~ *su qc.* to deliberate (upon, over) s.th. □ *la corte si ritira per* ~ the Court will now adjourn for consultation; ~ *a maggioranza assoluta* to decide by an absolute majority. **deliberatamente** *avv.* deliberately, on purpose. **deliberativo** *a.* deciding, resolving: *voto* ~ deciding (*o* casting) vote. **deliberato I** *a.* determined, decided. **II** *s.m.* (*deliberazione*) decision, determination, resolution: *il* ~ *della commissione* the commission's decision. **deliberazione** *f.* **1** (*atto*) deliberation. **2** (*effetto*) decision, determination, resolution: *la* ~ *del parlamento* the resolution of Parliament. **3** (*decisione*) decision, resolve: *prendere una* ~ to make a decision. **4** (*Psic*) deliberation. □ *per* ~ *di* by decision of; ~ *presa a maggioranza dei voti* majority resolution.

delicatamente *avv.* delicately. **delicatezza** *f.* **1** (*tenuità, leggerezza*) delicacy, lightness; (*rif. a colori*) delicacy, softness: ~ *di tinte* softness of hue. **2** (*rif. a cibi*) delicacy, daintiness. **3** (*fragilità*) delicacy, daintiness, fragility: *la* ~ *di un congegno* the delicacy of a mechanism. **4** (*gracilità di costituzione*) frailty, weakliness. **5** (*sensibilità*) delicacy, sensitivity, considerateness; (*discrezione, riservatezza*) delicacy, discreetness: *una questione da trattarsi con la massima* ~ a question requiring the utmost delicacy. **6** (*azione gentile*) considerate action, kind act. □ ~ *d'animo* delicacy of feeling; ~ *di modi* delicacy, discretion; ~ *di tocco* delicacy of touch.

delicato *a.* **1** delicate: *mani –e* delicate hands; *ricamo* ~ delicate embroidery. **2** (*tenue, leggero*) delicate, light: *profumo* ~ light perfume; (*rif. a colori*) delicate, soft, pale: *un rosa* ~ a soft pink. **3** (*rif. a cibi*) delicate, dainty: *sapore* ~ delicate flavour; (*facilmente digeribile*) light, digestible: *cibo* ~ light food. **4** (*fragile*) delicate, fragile: *meccanismo* ~ delicate mechanism. **5** (*di gracile costituzione*) frail, weakly. **6** (*gentile, sensibile*) delicate, sensitive, thoughtful, considerate: *gesto* ~ thoughtful gesture. **7** (*che richiede tatto*) delicate, ticklish: *argomento* ~ delicate matter. □ *animo* ~ sensitive soul; *maniere –e* dainty ways; *nervi –i* weak nerves; *orecchie –e* sensitive hearing; **salute** ~ delicate health; *essere* ~ *di stomaco* to have a weak (*o* delicate) stomach; ⟨*fig*⟩ *un* **tasto** ~ a sore point.

delimitare *v.t.* (**delimito**) **1** to (de)limit, to mark the limits of, to circumscribe; (*fare da confine*) to bound. **2** (*definire*) to define (*anche fig.*): ~ *i confini dello stato* to define the borders of the state. **delimitazione** *f.* delimitation, determination: ~ *dei confini* delimitation of borders.

delineabile *a.* that may be delineated. **delineare** *v.t.* (**delineo**) **1** to (draw in) outline, to sketch (out), to delineate: ~ *una figura* to sketch a figure. **2** ⟨*fig*⟩ (*descrivere sommariamente*) to outline, to sketch (in): ~ *brevemente la situazione* to outline the situation in brief. **delinearsi** *v.r.* **1** to loom (up), to be outlined: *si delineava in lontananza la sagoma del campanile* the outline of the bell tower loomed up in the distance. **2** ⟨*fig*⟩ (*presentarsi*) to emerge, to take shape: *si delinea una nuova politica* a new policy is taking shape. **delineato** *a.* **1** outlined, delineated. **2** (*definito*) clearly defined, well marked: *una linea di condotta ben –a* a clearly defined line of conduct. **delineazione** *f.* delineation, outline.

delinquente *m./f.* **1** criminal (offender), delinquent. **2** ⟨*estens*⟩ (*mascalzone*) rogue, rascal, scoundrel, wretch: *quel* ~ *di tuo fratello ha rotto il vetro della finestra* your rascal of a brother has broken the window pane. □ ~ *abituale* habitual criminal; ~ *comune* common criminal; ~ *minorile* juvenile delinquent; *un* ~ *nato* a born criminal. **delinquenza** *f.* **1** delinquency, criminality. **2** (*complesso dei delitti*) crime: *la* ~ *è in aumento* crime is on the increase. □ ~ *minorile* juvenile delinquency. **delinquenziale** *a.* delinquent. □ *la spirale* ~ the crime spiral. **delinquere** *v.i.* to commit a crime, to break the law. □ *associazione a* ~ criminal association; *istigazione a* ~ instigation to commit a crime.

deliquescente *a.* ⟨*Chim,Bot*⟩ deliquescent. **deliquescenza** *f.* ⟨*Chim*⟩ deliquescence.

deliquio *m.* fainting fit, swoon. □ *cadere in* ~ to faint, to swoon, to lose one's senses; *essere in* ~ to be in a faint.

delirante *a.* **1** delirious; (*che parla in delirio*) raving. **2** ⟨*fig*⟩ (*entusiasta*) wild, wildly enthusiastic, frenzied: *entusiasmo* ~ wild enthusiasm; *applauso* ~ frenzied applause. **delirare** *v.i.* (*aus. avere*) **1** (*essere in delirio*) to be delirious; ~ *per la febbre* to be delirious with fever; (*parlare in delirio*) to rave: *il malato delirava* the sick man was raving. **2** ⟨*estens*⟩ (*dire cose insensate*) to rave, to talk wildly: *non gli credere, sta delirando* don't believe

him, he's raving. **3** ⟨*fig*⟩ (*essere entusiasta*) to be wildly enthusiastic, to be wild (*o* frenzied). □ ~ *d'amore* to be madly in love; *far* ~ to ⌐rouse to⌐ (*o* work into) a frenzy; *un cantante che fa* ~ *i giovani* a singer young people go ⌐crazy over⌐ (*o* wild about). **delirio** *m.* **1** ⟨*Med*⟩ delirium; (*vaneggiamento*) raving: *il malato era in* ~ the sick man was in a delirium⌐ (*o* raving). **2** ⟨*estens*⟩ (*discorso insensato*) raving, wild talk: *il* ~ *di un pazzo* the raving of a madman. **3** ⟨*fig*⟩ (*entusiasmo*) frenzy (of enthusiasm), ⟨*fam*⟩ raptures *pl*: *la folla era in* ~ the crowd was in ⌐a frenzy⌐ (*o* raptures). □ *la folla andava in* ~ the excitement of the crowd rose to fever pitch; ~ *omicida* murderous frenzy.

delirium tremens *lat. m.* ⟨*Med*⟩ delirium tremens.

delitto *m.* **1** ⟨*Dir*⟩ crime; (*violazione: grave*) felony; (*lieve*) misdemeanour; (*reato*) offence. **2** ⟨*estens*⟩ (*grave colpa*) crime, outrage, sin: *è un* ~ *contro l'umanità* it is a crime against humanity; *educare male i giovani è un* ~ it is a sin to bring young people up badly; *sarebbe un* ~ *buttar via questi abiti* it would be a crime to throw away these clothes. □ ~ *contro l'ambiente* offence against the environment; ~ **capitale** capital offence; **commettere** *un* ~ to commit (*o* perpetrate) a crime; **corpo** *del* ~ corpus delicti; ~ **perfetto** perfect crime; ~ *contro la* **personalità** *dello stato* offence against the security of the state; ~ **politico** political crime; ~ *a sfondo politico* crime from a political move; ~ *a sfondo* **sessuale** sexual offence.

delittuoso *a.* criminal. □ *azione –a* crime; *proposito* ~ criminal intent.

delizia *f.* **1** delight: *questa musica è una* ~ this music is ⌐a delight⌐ (*o* delightful). **2** (*rif. a persona*) joy, darling: *questo bambino è la* ~ *dei genitori* this child is his parents' joy. □ *che* ~*!* how lovely!: *che* ~ *quest'aria fresca!* how lovely (*o* pleasant) this fresh air is!; *suona che è una* ~ *sentirlo* it's a real pleasure (*o* treat) to hear him play; *con sua grande* ~ to his great delight. **deliziare** *v.t.* (**delizio**) to delight, to charm. **deliziarsi** *v.r.* to delight, to take great pleasure (*di, con* in), to relish (s.th.). □ ~ *le orecchie* (*o gli occhi*) *di qd.* to delight s.o.'s ears (*o* eyes).

deliziosamente *avv.* **1** delightfully. **2** (*rif. a cibi, bevande*) deliciously. **delizioso** *a.* **1** delightful, delicious: *un fresco* ~ delightful coolness; *musica –a* delightful music. **2** (*bello, grazioso*) fetching, charming, lovely: *un visetto* ~ a fetching little face. **3** (*rif. a cibi, bevande*) delicious.

del', della, delle, dello → **di**[1].

delta[1] *m.inv.* (*lettera dell'alfabeto greco*) delta. □ ⟨*Aer*⟩ *ala a* ~ delta wing; ⟨*Fis*⟩ *raggi* ~ delta rays.

delta[2] *m.inv.* ⟨*Geog*⟩ delta: *il* ~ *del Nilo* the Nile Delta; *il* ~ *padano* the Po Delta. □ ~ *lacustre* lake delta; ~ *marino* marine delta.

deltaplanista *m./f.* ⟨*Sport*⟩ hang glider flyer. **deltaplano** *m.* **1** hang glider. **2** ⟨*Sport*⟩ hang gliding.

deltazione *f.* ⟨*Geol*⟩ deltafication. **deltizio** *a.* deltaic, delta–: *zona* ~ a deltaic area. **deltoide I** *a.* deltoid. **II** *s.m.* ⟨*Anat*⟩ (*anche muscolo deltoide*) deltoid (muscle).

delucidare[1] *v.t.* (**delucido**) (*spiegare*) to explain, to elucidate.

delucidare[2] *v.t.* (**delucido**) ⟨*Tess*⟩ to decatize.

delucidazione[1] *f.* explanation, elucidation.

delucidazione[2] *f.* ⟨*Tess*⟩ (*decatissaggio*) decat(iz)ing.

deludente *a.* disappointing. **deludere** *v.t.* (**delusi, deluso**) to disappoint: *quel libro mi ha deluso* that book disappointed me; ~ *l'aspettativa di qd.* to disappoint s.o.'s expectations. **delusi** → **deludere**. **delusione** *f.* disappointment: *provare un'amara* ~ to feel bitterly disappointed. **deluso** (*p.p. di deludere*) *a.* disappointed: *restare* ~ to be (*o* feel) disappointed.

demagnetizzare *v.t.* to demagnetize.

demagogia *f.* demagogy. **demagogicamente** *avv.* demagogically. **demagogico** *a.* (*pl.* -ci) demagogic(al). **demagogo** *a./s.* (*pl.* -ghi) **I** *s.m.* demagogue. **II** *a.* demagogic.

demandare *v.t.* ⟨*Dir*⟩ to refer, to transfer: *la causa fu demandata a un altro giudice* the case was referred to another judge.

demaniale *a.* State–, of (*o* belonging to) the State: *beni –i*

State property. **demanio** *m.* **1** State property. **2** (*ufficio del demanio*) State Property Office, ⟨*GB*⟩ Crown property; ⟨*SU*⟩ federal property.

demarcare *v.t.* (**demarco, demarchi**) to demarcate, to delimit: ~ *i confini* to demarcate the boundaries. **demarcazione** *f.* demarcation. □ *linea di* ~ line of demarcation.

d'emblée *fr.* [dãˈble] *avv.* **1** straight off, right away. **2** ⟨*estens*⟩ (*all'improvviso*) suddenly, all at once.

demente I *a.* **1** (*insensato, stolto*) senseless, foolish, ⟨*fam*⟩ crazy. **2** ⟨*Med*⟩ demented, mentally deranged. **II** *s.m./f.* **1** madman (*f* –woman). **2** ⟨*Med*⟩ insane, lunatic. **demenza** *f.* **1** (*insensatezza, stoltezza*) senselessness, foolishness, ⟨*fam*⟩ craziness. **2** ⟨*Med*⟩ dementia. □ ~ *precoce* dementia praecox; ~ *senile* senile dementia. **demenziale** *a.* **1** ⟨*Med*⟩ demential. **2** (*fig*) insane, (very) foolish; (*assurdo*) absurd.

demeritare *v.t.* (**demerito**) to forfeit, to lose, to become unworthy of: ~ *la stima di qd.* to forfeit s.o.'s esteem. **demerito** *m.* demerit, unworthiness. □ ⟨*Scol*⟩ *voto di* ~ bad mark.

demilitarizzare *v.t.* to demilitarize. **demilitarizzazione** *f.* demilitarization.

demineralizzare *v.t.* to demineralize. **demineralizzazione** *f.* demineralization.

demistificare *v.t.* (**demistifico, demistifichi**) to demystify. **demistificazione** *f.* demystification.

demitizzare *v.t.* to demythicize. **demitizzazione** *f.* demythicization.

demiurgico *a.* (*pl.* **-ci**) ⟨*Filos*⟩ demiurgic (*anche fig.*). **demiurgo** *m.* (*pl.* **-ghi**) demiurge (*anche fig.*).

demo *m.* ⟨*Stor.gr*⟩ demos, deme. **democraticamente** *avv.* democratically. **democraticismo** *m.* → **democratismo**. **democraticità** *f.* democracy, democratic nature. □ *tratta tutti con grande* ~ he treats everyone in a very democratic way. **democratico** *a./s.* (*pl.* **-ci**) **I** *a.* **1** democratic. **2** ⟨*estens*⟩ open, friendly. **II** *s.m.* (*f.* **-a**) democrat. □ ~ *cristiano* Christian Democrat; *governo* ~ democratic government; *partito* ~ democratic party. **democratismo** *m.* democratism. **democratizzare** *v.t.* to democratize. **democratizzazione** *f.* democratization. **democrazia** *f.* democracy: *instaurare la* ~ to establish democracy. □ ~ *cristiana* Christian Democracy; (*denominazione del partito*) Christian Democrat Party. **democristiano I** *a.* Christian Democrat–: *partito* ~ Christian Democrat Party. **II** *s.m.* (*f.* **-a**) Christian Democrat.

démodé *fr.* [demoˈde] *a.* outmoded, out of fashion.

demodossologia *f.* research into the formation of public opinion.

demodulare *v.t.* (**demodulo**) ⟨*Rad*⟩ to demodulate. **demodulatore** *m.* demodulator. **demodulazione** *f.* demodulation.

demofobia *f.* ⟨*Psic*⟩ demophobia, fear of crowds.

demografia *f.* demography. **demografico** *a.* (*pl.* **-ci**) demographic, population: *indagine -a* population survey. □ *incremento* ~ population increase. **demografo** *m.* demographer.

demolire *v.t.* (**demolisco, demolisci**) **1** to demolish, to pull down: ~ *un muro* to demolish a wall; ~ *un edificio* to pull down a building. **2** ⟨*Mil*⟩ (*con esplosivi*) to blow up, to demolish. **3** (*fig*) to demolish, to destroy, to pull to pieces: ~ *una teoria* to demolish a theory; (*rif. a persona*) to demolish, to crush: *ha demolito l'avversario con le sue argomentazioni* his arguments crushed his opponent. **demolitore I** *s.m.* (*f.* **-trice**) **1** demolisher, destroyer. **2** (*impresa di demolizioni*) demolition contractor. **3** (*demolitore di veicoli*) car (*o* auto) wrecker. **II** *a.* demolishing, destructive: *critica demolitrice* destructive criticism. **demolizione** *f.* **1** demolition: *la* ~ *di una casa* the demolition of a house; (*rif. a vetture usate, navi*) breaking-up, scrapping. **2** (*fig*) demolition, destruction. □ *lavori di* ~ demolition works.

demoltiplica *f.* **1** → **demoltiplicazione**. **2** ⟨*Mecc*⟩ reduction gear. **demoltiplicare** *v.t.* (**demoltiplico, demoltiplichi**) **1** to reduce. **2** ⟨*Mecc*⟩ to gear down. **demoltiplicatore** *m.* **1** ⟨*Mecc*⟩ reduction gear. **2** ⟨*Fis*⟩

scaler. **demoltiplicazione** *f.* gearing down.

demone *m.* **1** (*genio ispiratore*) d(a)emon: *il* ~ *di Socrate* the daemon of Socrates. **2** (*fig*) (*passione travolgente*) demon, (overwhelming) passion: *il* ~ *del gioco* the demon of gambling; *il* ~ *della gelosia* the demon of jealousy. **3** ⟨*lett*⟩ (*demonio*) demon, devil.

demonetare *v.t.* (**demoneto**) → **demonetizzare**. **demonetizzare** *v.t.* ⟨*Econ*⟩ to demonetize. **demonetizzazione** *f.* demonetization.

demoniaco *a./s.* (*pl.* **-ci**) **I** *a.* **1** (*del demonio*) demoniac(al), devilish, ⟨*attr*⟩ demon. **2** (*fig*) (*diabolico*) devilish, fiendish, demoniacal. **II** *s.m.* ⟨*lett*⟩ demoniac: *il* ~ *nell'arte* the demoniac in art. **demonio** *m.* **1** (*diavolo*) demon, devil. **2** (*fig*) (*persona cattiva*) devil, fiend; (*persona abile*) wizard: *negli affari è proprio un* ~ he's a real wizard in business. □ *brutto come il* ~ as ugly as sin; *un* ~ *di donna* a devil of a woman; *non è poi il* ~ he's (*o* it's) not all that bad. **demonismo** *m.* demonism. **demonizzare** *v.t.* to demonize. **demonizzazione** *f.* demonization.

demono|fobia *f.* demonophobia. **~logia** *f.* demonology. **~mania** *f.* demonomania.

demoralizzare *v.t.* to demoralize, to dishearten: *la sconfitta ha demoralizzato le truppe* the defeat has demoralized the troops. **demoralizzarsi** *v.r.* to get (*o* become) demoralized, to lose heart: *non demoralizzarti se tutto non andrà per il meglio* don't get demoralized if things don't go well. **demoralizzazione** *f.* demoralization.

demordere *v.i.* (*aus.* avere) to give in.

demoscopia *f.* ⟨*Statist*⟩ public opinion research. **demoscopico** *a.* (*pl.* **-ci**) (public) opinion–: *indagine -a* public opinion poll (*o* survey).

Demostene *N.pr.m.* ⟨*Stor.gr*⟩ Demosthenes.

demotico *a.* (*pl.* **-ci**) demotic: *scrittura -a* demotic writing.

demotivare *v.t.* to demotivate, to deprive of motivation. **demotivarsi** *v.r.* to lose motivation. **demotivato** *a.* lacking motivation, without motivation. **demotivazione** *f.* demotivation, lack of motivation.

denaro *m.* **1** money. **2** ⟨*Stor.rom*⟩ denarius. **3** *pl.* (*soldi*) wealth, riches *pl.* **4** *pl.* (*nelle carte da gioco*) denari (the suit in Italian playing cards corresponding to diamonds). **5** ⟨*Tess*⟩ denier. □ ~ **contante** ready money, cash: *pagare in* ~ *contante* to pay cash (down); ~ *a corso legale* legal tender; *essere a corto di* ~ to be short of money (*o* hard up); *Giuda vendette* **Cristo** *per trenta -i d'argento* Judas sold Christ for thirty pieces of silver; **dono** *in* ~ money gift; **far** ~ (*o denari*) to make money; ~ **investito** invested money; ~ **liquido** ready money, cash; **mancanza** *di* ~ shortage of money; **movimento** *di* ~ circulation, money movement (*o* turnover); **offerta** *di* ~ offer of money; (*dono*) money gift; (*fig*) *avere -i a* **palate** to have mints of money; *guadagnare -i a palate* to earn bags (*o* pots) of money; **perdita** *di* ~ loss (*o* money); ~ **pubblico** public money; *essere senza* ~ to have no money, ⟨*fam*⟩ to be broke; (*fig*) **sete** *di* ~ thirst for riches; ~ **spicciolo** (small) change; ~ **sporco** black money. *Prov.*: *il* ~ *è una chiave che apre tutte le porte* money opens all doors; *il* ~ *è fatto per essere speso* money is made to be spent.

denatalità *f.* fall in the birth-rate.

denaturante I *a.* ⟨*Chim*⟩ denaturing. **II** *s.m.* denaturant, denaturing agent. **denaturare** *v.t.* to denature. **denaturato** *a.* denatured: *alcol* ~ denatured alcohol.

denazificare *v.t.* (**denazifico, denazifichi**) to denazify. **denazificato** *a.* denazified. **denazificazione** *f.* denazification.

denazionalizzare *v.t.* to denationalize. **denazionalizzazione** *f.* denationalization.

dendro|cronologia *f.* ⟨*Geol*⟩ dendrochronology. **~logia** *f.* ⟨*Silv*⟩ dendrology. **~metria** *f.* dendrometry.

denicotinizzare *v.t.* to denicotinize, to denicotine. **denicotinizzato** *a.* denicotin(iz)ed: *sigarette -e* denicotinized cigarettes.

denigrare *v.t.* (**denigro**) to denigrate, to disparage, to belittle, to defame: ~ *un innocente* to denigrate an innocent man; ~ *il buon nome di qd.* to defame s.o., to blacken s.o.'s reputation. **denigratore** m. (f. -trice) denigrator, disparager, defamer. **denigratorio** a. disparaging, denigrating. **denigrazione** f. denigration, disparagement, defamation.

denitrificare v.t. (**denitrifico, denitrifichi**) ⟨Chim⟩ to denitrify. **denitrificazione** f. denitrification.

denominare v.t. (**denomino**) to call, to name, to denominate. **denominarsi** v.r. to be called (o named). **denominativo I** a. denominative (anche Ling.) **II** s.m. ⟨Ling⟩ denominative verb. **denominato** a. called, named, denominated. **denominatore** m. ⟨Mat⟩ denominator. ▭ comun ~ common denominator (anche fig.): ridurre due frazioni al minimo comun ~ to reduce two fractions to their lowest common denominator. **denominazione** f. name, denomination. ▭ ~ commerciale trade name; ⟨Enol⟩ ~ d'origine controllata controlled denomination of origin; ⟨Comm⟩ ~ sociale company name; (am) corporate name.

denotare v.t. (**denoto/denoto**) to denote, to be a sign of: la sua timidezza denota un complesso di inferiorità his shyness denotes an inferiority complex.

densamente avv. densely, thickly. **densimetro** m. densimeter.

densità f. **1** (l'essere denso) density, denseness. **2** (l'essere fitto) thickness: la ~ della nebbia the thickness of the fog. **3** ⟨fig⟩ fullness, wealth: ~ di concetti wealth of concepts. **4** ⟨Fis⟩ density. ▭ ~ apparente apparent density; ~ dell'aria air density; ⟨Inform⟩ ~ di bit bit density; doppia ~ (di registrazione) double density; ⟨Inform⟩ ~ d'impaccamento packing density; ~ luminosa brilliance, surface brightness; ~ della popolazione population density; ~ singola single density; ~ della terra density of the earth.

denso a. **1** dense, thick: inchiostro ~ thick ink; nebbia –a thick (o dense) fog; popolazione –a dense population. **2** ⟨fig⟩ (pieno) full (di of), packed, teeming: un discorso ~ di idee a speech teeming with ideas; (carico) charged, pregnant (with): un mutamento politico ~ di significato a political change charged with significance.

dentale I a. ⟨Anat,Fon⟩ dental. **II** s.f. ⟨Fon⟩ dental (consonant). ▭ ⟨Med⟩ carie ~ dental caries. **dentario** a. ⟨Anat⟩ dental, dentary, tooth–. ▭ protesi –a denture, dental prosthesis. **dentar(u)olo** m. teething ring. **dentata** f. **1** (morso) bite. **2** (segno dei denti) tooth mark. **dentato** a. **1** ⟨Bot,Anat⟩ dentate: foglia –a dentate leaf. **2** ⟨Mecc⟩ toothed, serrated; (rif. a ruota) cogged. **dentatrice** f. ⟨Mecc⟩ gear cutter. **dentatura** f. **1** set of teeth, teeth pl: avere una bella ~ to have a fine set of teeth. **2** ⟨Mecc⟩ toothing, teeth pl. ▭ ~ di latte milk teeth pl; ~ regolare regular teeth pl.

dente m. **1** ⟨Anat,Bot⟩ tooth; (di elefante, cinghiale) tusk; (di animale feroce) fang. **2** ⟨Mecc⟩ tooth; (rif. a ruota dentata) cog; (di cremagliera) rack tooth. **3** (rif. a forchette, rastrelli e sim.) prong. **4** (cima di montagna) jagged peak. **2** ⟨Gastr⟩ al ~ underdone, (fam) chewy; ⟨Anat⟩ ~ anteriore front (o anterior) tooth; armato fino ai –i armed to the teeth; ⟨fig⟩ avere il ~ avvelenato contro qd. to bear s.o. a grudge; batto i –i my teeth are chattering; mi è caduto un ~ I have lost a tooth; ⟨Anat⟩ ~ canino canine tooth; ~ cariato decayed (o bad) tooth; digrignare i –i to gnash (o grind) one's teeth; i –i dell'erpice the teeth (o tine) of the harrow; ~ finto false tooth; ⟨Anat⟩ ~ del giudizio wisdom tooth; ⟨Anat⟩ –i inferiori lower teeth; ⟨Mecc⟩ ~ di innesto clutch claw (o jaw, dog); ⟨Anat⟩ ~ di latte milk tooth; lavarsi i –i to clean (o brush) one's teeth; ⟨Bot⟩ ~ di leone dandelion; levare un ~ to extract a tooth, to take (o pull) a tooth out; farsi levare un ~ to have a tooth out; mal di –i toothache; mettere i –i to teethe, to cut one's teeth; ⟨fig⟩ mostrare i –i to show one's teeth; ~ d'oro gold tooth; farsi otturare un ~ to have a tooth filled; parlare fuori dei –i to be outspoken; ⟨fig⟩ parlare fra i –i to mumble, to speak indistinctly; ⟨Dent⟩ ~ a perno pin (o pivot) tooth; i –i del pettine the teeth of a comb; reggere l'anima coi –i to be at one's last gasp; ~ di sega tooth of a saw; senza –i toothless; ⟨fam⟩ non aver nulla da mettere sotto i –i to have nothing to eat; ~ sporgente buck tooth;

gli è spuntato il primo ~ he has cut his first tooth; ⟨fig⟩ a –i stretti tight–lipped: sorriso a –i stretti tight–lipped (o forced) smile; ⟨fig⟩ stringere i –i to grit (o clench) one's teeth; ⟨Anat⟩ –i superiori upper teeth; ⟨fig⟩ tirato coi –i far–fetched: ragionamento tirato coi –i far–fetched argument; ⟨fig⟩ lottare con le unghie e con i –i to fight tooth and nail, to fight hammer and tongs.

dentellare v.t. (**dentello**) **1** to indent, to tooth. **2** ⟨Mecc⟩ to notch, to indent. **3** ⟨Tess⟩ (rif. a stoffe) to pink. **dentellato** a. **1** indented, toothed. **2** ⟨Mecc⟩ notched, indented. **3** ⟨Arch⟩ denticulate(d). **dentellatura** f. **1** (il dentellare) notching, indenting, indentation; (rif. a stoffe) pinking. **2** (insieme dei dentelli) notches pl, indentations pl. **3** ⟨Mecc⟩ indent(ation). **4** ⟨Arch⟩ denticulation. ▭ ~ dei francobolli perforation of stamps. **dentello** m. **1** tooth. **2** ⟨Mecc⟩ tooth, notch. **3** (tacca, intaccatura) notch. **4** ⟨Arch⟩ dentil, dentel.

dentice m. ⟨Itt⟩ dentex (kind of sea bream).

dentiera f. **1** denture, dental plate, set of false teeth. **2** ⟨Mecc⟩ (cremagliera) rack, ratchet. **dentifricio I** s.m. (in pasta) toothpaste; (in polvere) tooth powder, dentifrice; (liquido) liquid dentifrice, mouthwash. **II** a. tooth–. **dentina** f. ⟨Anat⟩ dentine. **dentista I** s.m./f. dentist. **II** a. dental: meccanico ~ dental mechanic; medico ~ dental surgeon. **dentistico** a. (pl. -ci) dental: gabinetto ~ dental (o dentist's) surgery. **dentizione** f. teething, dentition, cutting of teeth. ▭ ~ definitiva (growing of) permanent teeth; ~ di latte (cutting of) milk teeth.

dentro I avv. **1** in, inside: portami la borsa, ~ ci sono i soldi bring me the bag, the money is inside (o in it); (al coperto, in casa) indoors, in(side): ~ si sta bene, ma fuori fa freddo it's warm indoors (o inside), but outside it's cold. **2** (nell'intimo) within, inside, inwardly, in one's mind: non ho mai capito cosa abbia ~ I have never understood what goes on in his mind. **II** prep. **1** (stato) in(side), within: è rimasta ~ il convento per anni she stayed in the convent for years; (in casa, al coperto) in(doors). **2** (moto) into, inside, within: il pastore spinse la mandria ~ il recinto the shepherd drove the herd into the pen; (in casa) indoors, in(side): venite ~ casa a riscaldarvi come in(doors) and warm yourselves. **III** s.m. inside. ▭ ~ a: **1** (stato) in(side), within: il maglione è ~ al cassetto the sweater is in the drawer; **2** (moto) into, in(side), within: mettiti ~ al letto get into bed; (fam) andare ~ (in prigione) to land in gaol; ~ casa in(doors); con ~ with ... in it, with ... inside, containing: ho una bottiglia con ~ del caffè I have a bottle with coffee in it; covare ~ l'invidia to be harbouring envious thoughts; (fam) darci ~ (lavorare sodo) to throw o.s. (o put one's back) into s.th.; di ~ from inside (o within), from the inside; uscire di ~ to come out; il di ~ the inside; la parte di ~ the inside, the inner part; la porta è chiusa dal di ~ the door is closed from the inside; al di ~ inside; ~ di inside, within: ~ di me pensai che aveva ragione deep down inside me I thought that he was right; brontolava ~ di sé he was grumbling to himself; entrare ~ to go (o come) in, to enter; (fam) essere ~ (in prigione) to be locked up; essere ~ a qc. (essere partecipe) to be in on (o involved in) s.th.: è molto ~ nella politica he is well in on politics; in quest'imbroglio ci sei ~ fino al collo you're in this mess up to your neck; ~ e fuori inside and outside, ⟨lett⟩ within and without; o ~ o fuori in(side) or out(side), come in or go out; ⟨fig⟩ (deciditi) make up your mind; guardare ~ to look inside; là ~ in there; qui ~ in here.

denuclearizzare v.t. to clear of nuclear weapons, to denuclearize. **denuclearizzato** a. denuclearized, atom–free. **denuclearizzazione** f. clearing of nuclear weapons, denuclearization.

denudamento m. stripping, denudation. **denudare** v.t. **1** to strip, to bare, to denude: l'infermiera denudò il braccio del ferito the nurse bared the wounded man's arm; (svestire) to undress, to strip. **2** (estens) (rif. a ornamenti) to strip (of ornaments); (rif. a vegetazione) to denude, to strip (of vegetation): ~ un colle to strip a hill of its vegetation. **denudarsi** v.r. to strip, to undress.

denuncia f. **1** denunciation, denouncement: ~ di un reato denunciation of a crime. **2** (dichiarazione) declaration, statement; (*fiscale*) return: ~ *dei redditi* income tax return, statement of income. **3** (*disdetta*) denunciation: ~ *di un trattato* denunciation of a treaty. □ ~ *dei* **decessi** report of deaths; **inoltrare** *una* ~ to make (*o* present) a denunciation; ~ *di* **matrimonio** marriage banns *pl;* ~ *delle* **nascite** report of births; **sporgere** ~ *alla polizia* to give (*o* lay an) information to the police.

denunciare *v.t.* (**denunzio, denunzi**) **1** to denounce, to report: ~ *un furto alla questura* to report a theft to the police; (*rif. a persona*) to inform (*o* lay an information) against, to denounce: *il ladro ha denunziato i complici* the thief has informed against his accomplices. **2** (*dichiarare*) to declare: ~ *i redditi* to declare one's income; (*notificare*) to report: ~ *la nascita di un figlio* to report the birth of a child. **3** (*disdire*) to denounce. **4** ⟨*fig*⟩ (*manifestare*) to denote, to betray, to reveal: *parole che denunziano paura* words denoting fear.

denunzia, denunziare *e der.* → **denuncia, denunciare** *e der.*

denutrito *a.* underfed, undernourished. **denutrizione** *f.* malnutrition, undernourishment, underfeeding.

deodorante I *a.* deodorant. II *s.m.* deodorant, deodorizer. □ ~ *spray* spray deodorant. **deodorare** *v.t.* (**deodoro**) to deodorize. **deodorazione** *f.* deodorization, deodorizing.

deontologia *f.* ⟨*Filos*⟩ deontology. **deontologico** *a.* (*pl.* -ci) deontological.

deossidare *v.t.* (**deossido**) ⟨*Chim*⟩ to deoxidize, to deoxidate.

deostruire *v.t.* (**deostruisco, deostruisci**) to unblock, to clear.

depauperamento *m.* impoverishment, depauper(iz)ation. □ ~ *del terreno* impoverishment of the soil. **depauperare** *v.t.* (**depaupero**) to impoverish, to pauperize, to depauperate.

depenalizzare *v.t.* to de–criminalize. **depenalizzazione** *f.* de–criminalization.

dépendance *fr.* [depā'dã:s] *f.* annexe, outbuilding.

depennare *v.t.* (**depenno**) to strike out (*o* off) (*anche fig.*): ~ *un nome da una lista* to strike a name off a list.

deperibile *a.* perishable: *merce* ~ perishable goods. **deperibilità** *f.* perishability. **deperimento** *m.* **1** ⟨*Med*⟩ wasting away. **2** (*rif. a piante*) withering. **3** (*deterioramento*) perishing, deterioration: ~ *della merce* perishing of goods. □ ⟨*Med*⟩ ~ *organico* wasting of the body. **deperire** *v.i.* (**deperisco, deperisci;** *aus.* **essere**) **1** to waste away. **2** (*rif. a piante*) to wither. **3** (*deteriorarsi*) to perish, to deteriorate. **deperito** *a.* run down: *il ragazzo è un po'* ~ the boy is somewhat run down.

depersonalizzare *v.t.* to depersonalize. **depersonalizzazione** *f.* depersonalization.

depigmentato *a.* depigmented. **depigmentazione** *f.* depigmentation.

depilare *v.t.* to depilate. **depilarsi** *v.r.* to depilate, to pluck: *depilarsi le gambe* to depilate one's legs; *depilarsi le sopracciglia* to pluck one's eyebrows. **depilatorio** I *a.* depilatory, hairremoving: *crema* –*a* depilatory (*o* hairremoving) cream. II *s.m.* depilatory, hairremover. **depilazione** *f.* depilation, hair removal. □ ~ *con la ceretta* wax depilation; ~ *delle sopracciglia* eyebrow plucking.

dépistage *fr.* [depis'ta:ʒ] *m.* detection. **depistaggio** *m.* **1** ⟨*Med*⟩ → **depistage**. **2** (*sviamento*) diversion, distraction. **depistare** *v.t.* (**depisto**) (*sviare*) to put on the wrong track: ~ *le indagini della polizia* to put the police on the wrong track.

dépliant *fr.* [depli'ã] *m.* folder.

deplorabile *a.* deplorable. **deplorare** *v.t.* (**deploro**) **1** (*compiangere*) to deplore, to grieve over, to bewail: ~ *le disgrazie di qd.* to bewail s.o.'s misfortunes. **2** (*biasimare*) to deplore, to blame: ~ *la condotta di qd.* to deplore s.o.'s behaviour. **deplorazione** *f.* blame, disapproval, reproof. **deplorevole** *a.* deplorable: *ridursi in uno stato* ~ to fall into a deplorable state; *condotta* ~ deplorable conduct. **deplorevolmente** *avv.* deplorably.

depolarizzante I *a.* ⟨*Fis*⟩ depolarizing. II *s.m.* → **depolarizzatore. depolarizzare** *v.t.* to depolarize.

depolarizzatore *m.* depolarizer. **depolarizzazione** *f.* depolarization.

depoliticizzare *v.t.* to depoliticize. **depoliticizzazione** *f.* depoliticization.

depolverare *v.t.* ⟨*tecn*⟩ to dust, to remove dust. **depolverizzatore** *m.* dust collector (*o* remover). **depolverizzazione** *f.* dust collection (*o* removal).

deponente[1] I *a.* ⟨*Gramm*⟩ deponent: *coniugazione* ~ deponent conjugation. II *s.m.* (*verbo deponente*) deponent (verb).

deponente[2] *m.* ⟨*Tip*⟩ inferior figure.

depongo → **deporre.**

deporre *v.* (**depongo, deponi; deposi, deposto;** → **porre**) I *v.t.* **1** to put (*o* set, lay) down, to deposit: ~ *un peso* to set down a weight; (*appoggiare*) to lay, to put, to set: ~ *il cappotto sullo sgabello* to lay one's coat on the stool; (*mettere da parte*) to put (*o* lay) down, to set aside: *depose il lavoro e si alzò* he put his work down and got up; (*calare*) to lower, to lay: ~ *il corpo nella tomba* to lower the body into the tomb, to lay the body in the tomb. **2** ⟨*fig*⟩ (*destituire*) to remove: ~ *qd. da una carica* to remove s.o. from office; (*rif. a re*) to depose. **3** ⟨*fig*⟩ (*rif. a cariche: rinunziare*) to give up, to resign from: ~ *una carica* to resign from a post; (*rif. a persona*) to depose. **4** ⟨*fig*⟩ (*rif. a propositi, abitudini: abbandonare*) to give up, to abandon: ~ *un'idea* to abandon an idea. **5** ⟨*Dir*⟩ (*testimoniare*) to testify, to bear witness, to give evidence (upon oath). II *v.i.* (*aus.* **avere**) **1** ⟨*Dir*⟩ to bear witness, to give (sworn) evidence: ~ *contro qd.* to give evidence against s.o.; ~ *a favore di qd.* to testify on s.o.'s behalf; *essere chiamato a* ~ to be called to (bear) witness. **2** ⟨*fig*⟩ to redound, to testify (*a* to), to speak (for): *tutto ciò depone a suo favore* all this redounds (*o* is) to his credit. □ ~ *l'*abito *talare* to give up the priest hood; ~ *le* armi to lay down one's arms; ~ *la* corona to renounce the crown; ⟨*Dir*⟩ ~ *il* falso to bear false witness; ⟨*Dir*⟩ ~ *in* giudizio to give evidence in court; ~ uova to lay eggs; (*rif. a pesci, molluschi*) to spawn.

deporrò → **deporre.**

deportare *v.t.* (**deporto**) to deport: ~ *un condannato* to deport a convict. **deportato** I *a.* deported. II *s.m.* (*f.* -**a**) deported convict. **deportazione** *f.* deportation: *condannare alla* ~ to sentence to deportation; ~ *in massa* mass deportation.

deposi → **deporre. depositante** I *a.* depositing. II *s.m.* depositor. **depositare** *v.* (**deposito**) I *v.t.* **1** to leave: ~ *l'ombrello al guardaroba* to leave one's umbrella at the cloakroom; (*rif. a denaro, documenti*) to deposit, to lodge: ~ *denaro in banca* to deposit (*o* lodge) money in a bank; ~ *il testamento presso un notaio* to deposit one's will with a notary; (*rif. a merci*) to store. **2** (*rif. a liquidi*) to deposit: *il vino ha depositato un fondo* the wine has deposited dregs. II *v.i.* (*aus.* **avere**) to deposit, to settle, to make a sediment (*o* deposit): *il vino, lasciato fermo, deposita* wine deposits if it is not moved. **depositarsi** *v.r.* to deposit, to settle: *il fondo si è depositato completamente* the dregs have completely settled. □ ~ *un marchio* to register a trade–mark. **depositario** *m.* **1** depositary, bailee, trustee, consignee; (*di merci*) stockist. **2** ⟨*fig*⟩ repository: *essere il* ~ *di un segreto* to be the depository of a secret. **depositato** *a.* (*registrato*) registered: *marchio* (*di fabbrica*) ~ registered trade mark.

deposito *m.* **1** (*il depositare*) leaving; (*rif. a denaro, documenti*) deposing, lodging; (*rif. a merci*) storage, storing, warehousing. **2** (*denaro depositato*) deposit. **3** (*luogo in cui si lasciano oggetti in custodia*) depot, depository; (*deposito bagagli*) left–luggage office, ⟨*am*⟩ checkroom. **4** (*magazzino di merci*) warehouse, store(house). **5** (*rimessa per locomotive*) engine (*o* running) shed; (*per tram, autobus*) depot, garage. **6** ⟨*Mil*⟩ depot. **7** (*sedimento di un liquido*) deposit, sediment, dregs *pl;* (*rif. a vino, birra*) dregs *pl;* (*rif. a caffè*) grounds *pl.* **8** ⟨*Geol*⟩ deposit. □ ~ *d'*atti filing of documents; ~ **bancario** bank deposit; ⟨*Econ*⟩ ~ **bloccato** blocked (*o* frozen) deposit; ⟨*Geol*⟩ ~ **calcareo** lime (*o* hard) deposit; ~ **cauzionale:** **1** ⟨*Comm*⟩ security; **2** ⟨*Dir*⟩ bail; ⟨*Econ*⟩ ~ *in conto corrente* deposit on current account; ⟨*Geol*⟩ ~ **eolico**

aeolian deposit; **fare** *un* ~ *di denaro* to deposit money, to make a deposit; ⟨*Econ*⟩ ~ **fruttifero** interest–bearing deposit; ~ *di* **garanzia** *(atto)* giving of security; *(effetto)* earnest money, deposit; *(per mezzo di effetti)* collateral deposit; *(a garanzia di operazioni su titoli)* margin; **in** ~ on deposit *(o* consignment, trust): *tenere in* ~ to hold on consignment; *lasciare la valigia in* ~ to leave one's case at the left–luggage office; ⟨*Econ*⟩ ~ **infruttifero** deposit bearing no interest; ~ *di* **legname** timber *(o* lumber) yard, timber store; ~ *di un* **marchio** *di fabbrica* registering of a trade mark; ~ **merci** warehouse, store(house); ⟨*Mar*⟩ ~ **munizioni** ammunition depot; ~ *di* **scorie** dump; ~ *del* **testamento** depositing of a will.

deposizione *f.* **1** ⟨*Dir*⟩ deposition: *la* ~ *del teste* the witness's deposition. **2** *(rimozione dalla dignità regia)* deposition; *(rimozione da un'alta carica)* removal. **3** ⟨*Rel,Art*⟩ *(deposizione di Cristo)* Deposition.

depravare *v.t.* to deprave, to corrupt, to pervert, to debauch: ~ *i giovani* to corrupt youth. **depravarsi** *v.r.* to become depraved *(o* corrupt). **depravato I** *a.* depraved, corrupt, perverted: *gusti* –*i* perverted tastes. **II** *s.m.* *(f.* -a) depraved person, pervert. **depravazione** *f.* depravation, corruption.

deprecabile *a.* ⟨*lett*⟩ deprecable, disgraceful. **deprecare** *v.t.* (depreco, deprechi) to deprecate, to disapprove of: *tutti hanno deprecato la sua condotta* everybody has deprecated his conduct. **deprecatorio** *a.* deprecatory. **deprecazione** *f.* deprecation, disapproval.

depredare *v.t.* (depredo) to despoil, to plunder, to rob: *lo depredarono di tutti i suoi averi* they despoiled him of all his possessions. **depredatore** ⟨*lett*⟩ **I** *s.m.* *(f.* -trice) plunderer, pillager, depredator. **II** *a.* plundering.

depressi → deprimere.

depressionario *a.* ⟨*Meteor*⟩ low–pressure: *area* –*a* low pressure area, depression, ⟨*am*⟩ low.

depressione *f.* **1** *(avvallamento)* depression, hollow, dip. **2** ⟨*fig*⟩ *(abbattimento)* depression, dejection. **3** ⟨*Astr*⟩ depression, dip (of the horizon). **4** ⟨*Geol*⟩ depression: *la* ~ *caspica* the Caspian depression. **5** ⟨*Meteor*⟩ depression; *(area depressionaria)* (area of) depression, ⟨*am*⟩ low. **6** ⟨*Econ*⟩ depression, recession. **7** ⟨*Psic*⟩ depression. **8** ⟨*Fis*⟩ pressure drop. □ ~ *atmosferica* depression, lowering of atmospheric pressure; ⟨*Stor,Econ*⟩ *la grande* ~ the Great Depression. **depressivo** *a.* **1** depressant: *azione* –*a di un farmaco* depressant action of a drug. **2** ⟨*Psic*⟩ depressed: *stato* ~ depressed state, state of depression. **depresso** *(p.p. di deprimere)* **I** *a.* **1** *(rif. a terreno)* low(–lying), depressed: *terreno* ~ low ground. **2** ⟨*fig*⟩ depressed, dejected, dispirited: *hai un'aria* –*a* you look depressed. **3** ⟨*Econ,Psic,Bot*⟩ depressed. **II** *s.m.* *(f.* -a) ⟨*Psic*⟩ depressive. □ ⟨*fig*⟩ *animo* ~ low spirits; ⟨*Econ*⟩ *aree (o zone)* –*e* depressed areas; ⟨*Econ*⟩ *paesi* –*i* depressed countries; *umore* ~ depression, low *(o* poor) spirits. **depressore I** *a.* **1** ⟨*Anat*⟩ depressor–: *muscolo* ~ depressor (muscle). **2** ⟨*Mecc*⟩ *(aspiratore)* suction–. **II** *s.m.* **1** ⟨*Anat*⟩ depressor. **2** ⟨*Mecc*⟩ *(aspiratore)* suction *(o* vacuum) pump.

depressurizzare *v.t.* to depressurize, to release air pressure: ~ *la cabina* to depressurize the cabin. **depressurizzazione** *f.* depressurization.

deprezzamento *m.* depreciation, drop *(o* fall) in value. □ ~ *del denaro* depreciation of money, fall in the value of money. **deprezzare** *v.t.* (deprezzo) to depreciate, to lower the price of: ~ *una merce* to depreciate an article. **deprezzarsi** *v.r.* to depreciate, to fall in value. **deprezzato** *a.* depreciated, ⟨*pred*⟩ down in price: *prodotti* –*i* depreciated products.

deprimente *a.* **1** depressing: *compagnia* ~ depressing company. **2** ⟨*Med*⟩ sedative, depressant: *farmaci* –*i* sedative drugs. **deprimere** *v.t.* (depressi, depresso) **1** to depress, to press down. **2** ⟨*fig*⟩ *(abbattere, avvilire)* to depress, to make dejected: *il brutto tempo mi deprime* bad weather depresses me. **3** ⟨*Med*⟩ to depress, to lower. **4** ⟨*Econ*⟩ *(rif. a consumi e sim.)* to hold down. **deprimersi** *v.r.* **1** *(rif. a terreni)* to sink, to subside. **2** ⟨*fig*⟩ to get *(o* become) depressed, to grow dejected *(o* dispirited).

depurante I *a.* purifying, depurant, cleansing. **II** *s.m.*

purifier, depurant, cleanser. **depurare** *v.t.* **1** to purify, to depurate, to clean(se): ~ *il sangue* to purify *(o* depurate) the blood. **2** ⟨*Met*⟩ to refine. **depurarsi** *v.r.* to be purified *(o* cleansed). **depurativo I** *a.* depurative, depurant, cleansing, purifying *(anche Med.)*. **II** *s.m.* ⟨*Farm*⟩ depurant: ~ *del sangue* blood depurant. **depuratore** *m.* **1** *(operaio)* *(f.* -trice) depurator, purifier, cleaner. **2** ⟨*Mecc*⟩ cleaner; *(filtro)* strainer; *(di aria, olio)* purifier. □ ~ *ad acqua* washer; ~ *d'acqua* water conditioner *(o* softener); ~ *per il gas* gas scrubber *(o* purifier). **depuratorio I** *a.* purifying, depurative. **II** *s.m.* water purifier *(o* depurator). **depurazione** *f.* **1** purification, depuration, cleansing. **2** ⟨*Chim*⟩ purification, cleaning, depuration, washing, scrubbing. **3** ⟨*Met*⟩ refining: ~ *dell'acciaio* steel refining. □ ~ *delle acque* water conditioning; *impianto di* ~ purification plant.

deputare *v.t.* (deputo) to depute, to appoint, to delegate: ~ *qd. per un'ambasciata* to depute s.o. for an embassy. **deputata, deputatessa** *f.* (lady) deputy, ⟨*GB*⟩ (woman) Member of Parliament, ⟨*SU*⟩ Congress Woman. **deputato I** *a.* deputed, appointed, assigned. **II** *s.m.* *(f.* -a) **1** *(incaricato)* deputy, representative. **2** *(delegato)* delegate. **3** ⟨*Pol*⟩ deputy, ⟨*GB*⟩ Member of Parliament, ⟨*SU*⟩ Congressman. □ *camera dei* –*i* Chamber of Deputies, ⟨*GB*⟩ House of Commons, ⟨*SU*⟩ House of Representatives *(o* Congress); ~ *europeo* member of European Parliament. **deputazione** *f.* **1** deputation. **2** *(delegazione)* delegation. □ *andare in* ~ to be a member of a delegation; ⟨*Econ*⟩ ~ *di borsa* council of the stock exchange.

dequalificare *v.t.* (dequalifico, dequalifichi) **1** to reduce the value of. **2** *(togliere prestigio)* to lower the prestige of. **3** *(squalificare)* to disqualify. **dequalificato** *a.* disqualified. **dequalificazione** *f.* disqualification.

deragliamento *m.* derailment. **deragliare** *v.i.* (deraglio, deragli; *aus.* avere) to be derailed, to run off the rails.

dérapage *fr.* [dera'paʒ] → derapaggio.

derapaggio *m.* ⟨*Aut*⟩ skid(ding), sideslip. **derapare** *v.i.* *(aus.* avere) ⟨*Aut,Aer*⟩ to skid, to sideslip. **derapata** *f.* skid(ding), sideslip.

derattizzare *v.t.* to rid of rats, to derat. **derattizzazione** *f.* rat disinfestation, deratization.

derby *ingl.* ['dɑ:bi] *m.* **1** *(corsa ippica)* Derby. **2** ⟨*Sport*⟩ *(nel calcio: incontro tra squadre della stessa città)* match between two local teams.

derelitto I *a.* abandoned, forsaken, forlorn. **II** *s.m.* *(f.* -a) abandoned *(o* forlorn) person; *(rif. a bambini)* foundling, waif: *ospizio per i* –*i* foundling home. **derelizione** *f.* ⟨*Filos,Dir*⟩ dereliction.

derequisire *v.t.* (derequisisco, derequisisci) to derequisition. **derequisizione** *f.* derequisitioning.

deresponsabilizzare *v.t.* to relieve of responsibility.

deretano *m.* bottom, buttocks *pl,* ⟨*fam*⟩ behind.

deridere *v.t.* (derisi, deriso) to deride, to mock, to laugh at: ~ *qd.* to mock s.o.; *tutti hanno deriso il suo abbigliamento* everybody laughed at the way she dressed. **derisi** → deridere. **derisione** *f.* derision, mockery: *essere oggetto di* ~ to become an object of derision, to be a laughing stock. **deriso** *(p.p. di deridere)* *a.* derided, mocked. **derisorio** *a.* derisive, derisory, mocking, scoffing.

deriva *f.* **1** ⟨*Mar*⟩ *(deviazione dalla rotta)* drift; *(rif. a nave a vela)* leeway; ⟨*Aer*⟩ drift. **2** ⟨*Mar*⟩ *(chiglia di deriva)* lee–board, keel. **3** ⟨*Aer*⟩ *(superficie di deriva)* drift, (tail) fin, ⟨*am*⟩ vertical stabilizer. **4** ⟨*Mar*⟩ *(corrente di deriva)* drift (current). **5** *(rif. a proiettili)* windage. □ **alla** ~ adrift, drifting: ⟨*Mar*⟩ *andare alla* ~ to go adrift, to drift; ⟨*fig*⟩ to drift (along); ⟨*Aer,Mar*⟩ **angolo** *di* ~ drift angle; ⟨*Geol*⟩ ~ *dei* **continenti** continental drift; ⟨*Geol*⟩ ~ *dei* **ghiacci** ice drift; ⟨*Aer*⟩ **piano** *di* ~ (vertical) fin; ⟨*Aer*⟩ ~ *di* **stabilizzazione** tail plane.

derivabile *a.* derivable.

derivare[1] **I** *v.i.* *(aus.* essere) **1** to be derived, to derive, to be due (to), to come, to originate (in, from): *la sua timidezza deriva da un complesso* his shyness is due to a complex. **2** *(rif. a fiumi e sim.)* to rise, to have one's source (in): *il Tevere deriva dal monte Fumaiolo* the Tiber rises in Mount Fumaiolo. **3** ⟨*Ling*⟩ (*provenire*) to be derived, to derive: *l'italiano deriva dal latino volgare* Italian is derived from vulgar Latin. **II** *v.t.* **1** (*prendere, dedurre*) to take, to draw, to derive: *l'autore ha derivato la trama del romanzo da un fatto di cronaca* the author has taken the plot of his novel from a newspaper story. **2** ⟨*Idr*⟩ to divert: ~ *un canale di irrigazione* to divert an irrigation canal. **3** ⟨*El*⟩ to shunt, to branch, to derive, to by–pass: ~ *una corrente* to shunt a current. **4** ⟨*Ling*⟩ to derive: *l'italiano deriva alcuni vocaboli dal francese* Italian derives some words from French. □ *ne deriva* hence, it follows; *ciò deriva dal fatto che* that is due to the fact that.

derivare[2] *v.i.* (*aus.* avere) **1** ⟨*Mar*⟩ to drift, to go adrift. **2** ⟨*Aer*⟩ to drift, to deviate.

derivata *f.* ⟨*Mat*⟩ derivative. **derivativo** *a.* derivative. **derivato I** *a.* **1** ⟨*Idr*⟩ diverted: *acque* –*e* diverted waters. **2** ⟨*El*⟩ shunted, branch(ed), derived: *circuito* ~ branch circuit. **3** ⟨*Ling,Fis*⟩ derived: *grandezza* –*a* derived quantity. **II** *s.m.* **1** ⟨*Chim*⟩ derivative: *i* –*i dell'azoto* the nitrogen derivatives. **2** ⟨*Ind*⟩ (*sottoprodotto*) by–product: *i* –*i del nylon* the by–products of nylon. **3** ⟨*Ling,Fis*⟩ derivative. **derivatore I** *s.m.* ⟨*El*⟩ shunt, shunter. **II** *a.* ⟨*Idr*⟩ diverting. □ ⟨*Idr*⟩ *canale* ~ penstock. **derivazione** *f.* **1** derivation, origin: ~ *logica di un fatto da un altro* logical derivation of one fact from another. **2** ⟨*Idr*⟩ diversion, derivation. **3** ⟨*El*⟩ shunt, branch(–ing), derivation. **4** ⟨*Ling,Mat*⟩ derivation. **5** ⟨*Tel*⟩ branching. □ ⟨*El*⟩ *collegamento in* ~ shunt connection; *mettere in* ~ to shunt; ⟨*El*⟩ ~ *a terra* earth connection. **derivometro** *m.* **1** drift meter. **2** ⟨*Aer*⟩ drift indicator.

derma *m.* ⟨*Anat*⟩ derm(a), dermis. **dermatite** *f.* ⟨*Med*⟩ dermatitis. **dermatologia** *f.* dermatology. **dermatologo** *m.* (*pl.* -gi) dermatologist. **dermatosi** *f.* dermatosis. **dermatozoi** *m.pl.* ⟨*Zool*⟩ dermatozoa *pl*, ectozoa *pl*, ectoparasites *pl*. **dermico** *a.* (*pl.* -ci) ⟨*Med*⟩ dermic. **dermoabrasione** *f.* ⟨*Chir*⟩ dermabrasion. **dermografia** *f.,* **dermografismo** *m.* dermographism, dermographia. **dermoide** *f.* ⟨*Ind*⟩ leatherette. **dermo|patia** *f.* ⟨*Med*⟩ derm(at)opathy. **~patico** *a.* (*pl.* -ci) derm(at)opathic. **~sifilopatia** *f.* dermosyphilopathy. **~sifilopatico** *a.* (*pl.* -ci) of dermosyphilopathy: *clinica* –*a* department of dermosyphilopathy.

dernier cri *fr.* [der'nje'kri] **I** *s.m.* the latest thing, the newest fashion. **II** *a.* in the latest fashion: *abito* ~ dress in the latest fashion.

derno: ⟨*Mar*⟩ *bandiera in* ~ distress flag.

deroga *f.* **1** departure (*a* from), exception (*to*): ~ *alle disposizioni* departure from instructions. **2** (*rif. a legge*) derogation, partial repeal. □ ~ *a un contratto* departure from the terms of a contract; *in* ~ a notwithstanding, making an exception to, in derogation of: *in* ~ *alle disposizioni vigenti* notwithstanding the provisions in force. **derogabile** *a.* that may be derogated from. **derogare** *v.* (**derogo, deroghi**) **I** *v.i.* (*aus.* avere) **1** to fail to observe (*a qc.* s.th.), to depart (from): ~ *a un contratto* to fail to observe a contract. **2** ⟨*estens*⟩ to deviate, to depart, to derogate (from): *non volle* ~ *ai propri principi* he would not deviate from his principles. **3** ⟨*Dir*⟩ (*rif. a legge: abrogare parzialmente*) to repeal in part, to restrict the force of. **II** *v.t.* to depart from, to make an exception to, to repeal in part: *questa norma non può essere derogata* no exceptions can be made to this regulation. **derogativo, derogatorio** *a.* altering, creating an exception: *norma* –*a* regulation creating an exception; (*rif. a leggi: che abroga parzialmente*) derogatory, derogative. **derogazione** *f.* → **deroga**.

derrata *f.* (usually plural) **1** victuals *pl*, foodstuff, provisions *pl*: *rifornire la città di* –*e* to supply the city with victuals, to victual the city. **2** (*merce*) commodity, merchandise; *pl.* goods *pl*. □ –*e alimentari* foodstuffs *pl*, victuals *pl*.

derubare *v.t.* to rob: *fu derubato di tutto il suo denaro* he was robbed of all his money. **derubato** *m.* (*f.* -a) victim of a robbery.

derubricare *v.t.* (**derubrico/derubrico; derubrichi /derubrichi**) to cancel, to strike out.

deruralizzazione *f.* move (*o* flight) from the land, rural exodus.

derviscio *m.* ⟨*Rel*⟩ dervish.

desacralizzare *v.t.* to make unsacred, to desecrate. **desacralizzazione** *f.* desecration.

desalatore *m.* desalinator. **desalazione** *f.* desalination. **desalinizzare** *v.t.* to desalt, to desilinate. **desalinizzazione** *f.* → **desalazione**.

deschetto *m.* cobbler's bench. **desco** *m.* (*pl.* -chi) ⟨*lett*⟩ (*tavola, mensa*) (dining)table.

descolarizzare *v.t.* to deschool, to abolish schools (in a society). **descolarizzazione** *f.* deschooling: ~ *della società* deschooling of society.

descrissi → **descrivere. descrittivo** *a.* descriptive. **descritto** → **descrivere. descrittore** *m.* **1** (*f.* -trice) describer. **2** ⟨*Inform*⟩ descriptor. **descrivere** *v.t.* (**descrissi, descritto**) **1** to describe, to give an account (*o* a description) of: ~ *un paesaggio* to describe a landscape; ~ *un fatto* to give an account of an event. **2** ⟨*Geom*⟩ to describe, to draw: ~ *un cerchio* to describe a circle; ~ *un'ellisse* to draw an ellipse. **3** ⟨*fig*⟩ to describe: *la palla descrisse una parabola* the ball described a parabola. **descrivibile** *a.* describable. **descrizione** *f.* description: *la* ~ *che hai fatto di me non è molto lusinghiera* your description of me is not very flattering; *il racconto è pieno di belle* –*i* the story is full of fine descriptions (*o* descriptive passages). □ *fare la* ~ *di qc.* to give a description of s.th., to describe s.th.; ~ *particolareggiata* detailed description.

desensibilizzare *v.t.* ⟨*Fot,Med*⟩ to desensitize. **desensibilizzatore** *m.* ⟨*Fot*⟩ desensitizer. **desensibilizzazione** *f.* ⟨*Fot,Med*⟩ desensitization.

desertico *a.* (*pl.* -ci) desert(ic). **desertificazione** *f.* ⟨*Geol*⟩ desertification.

deserto I *a.* **1** (*disabitato*) ⟨*attr*⟩ desert, uninhabited: *un'isola* –*a* a desert island. **2** (*vuoto*) deserted, empty: *trovò la casa* –*a* he found the house deserted; *il teatro era quasi* ~ the theatre was almost empty. **II** *s.m.* **1** desert: *il* ~ *del Sahara* the Sahara Desert; (*distesa deserta*) wastes *pl*, wasteland *pl*. **2** ⟨*fig*⟩ (*luogo spopolato, sterile*) wilderness, waste: *il paese nei mesi invernali era un* ~ during the winter months, the town was a wilderness. □ ⟨*fig*⟩ *parlare* (*o predicare*) *al* ~ to preach to the winds; *predicava al* ~ his words fell on deaf ears; ⟨*fig*⟩ *voce nel* ~ voice (crying) in the wilderness.

desessualizzazione *f.* desexualization. **desessualizzare** *v.t.* to desexualize.

déshabillé *fr.* [dezabi'je] *m.* casual house garment, déshabillée. □ *essere in* ~ to be only partially dressed.

desiderabile *a.* **1** desirable, advisable: *sarebbe* ~ *che tu venissi* it is advisable for you to come. **2** (*rif. a persona*) desirable. □ *poco* ~ undesirable. **desiderare** *v.t.* (**desidero**) **1** to want, to wish (for): ~ *la tranquillità* to want peace and quiet; *desidero rivederti presto* I want to see you again soon; (*al condizionale*) to like: *desidererei un bicchiere d'acqua* I should like a glass of water. **2** (*bramare*) to long for, to crave (for), to be eager for, to yearn for (*o* after), to desire: ~ *un figlio* to long for (*o* to have) a child. **3** (*chiamare, cercare*) to want: *ti desiderano al telefono* you're wanted on the phone; (*chiedere di parlare*) to want (to see), to wish to speak to: *c'è in anticamera un signore che La desidera* there is a gentleman in the waiting room who wishes (*o* would like) to speak to you. **4** (*desiderare carnalmente*) to desire, to lust for (*o* after). □ ⟨*Bibl*⟩ *non* ~ *la donna d'altri* thou shalt not covet thy neighbour's wife; *farsi* ~ (*tardare*) to keep people waiting; (*farsi vedere raramente*) to make o.s. sought after; (*fare il prezioso*) to play hard to get; *lasciare molto a* ~ to leave much to be desired; ⟨*Bibl*⟩ *non* ~ *la roba d'altri* thou shalt not covet thy neighbour's house. ‖ *il signore desidera?* what can I do for you, sir?; *desidera altro, signore?* is there anything else you require, sir? **desiderata** *m.pl.* desiderata *pl*. **desiderativo** *a.* ⟨*Ling*⟩ desiderative. **desiderato** *a.* desired, longed for, looked forward to: *finalmente arrivò il giorno tanto* ~ the day so greatly looked forward to came at last.

desiderio *m.* **1** wish: *il* ~ *di piacere a qd.* the wish to please s.o. **2** (*brama*) longing, desire, yearning, craving, eagerness (*di* for). **3** (*cosa desiderata*) wish, desire, request: *esporre i desideri degli impiegati* to set out the wishes of the staff. **4** (*desiderio carnale*) desire, lust: *ardere di* ~ to burn with desire. □ ~ *di* **affetto** longing for affection; **appagare** *i desideri di qd.* to satisfy (*o* grant) s.o.'s wishes; **esprimere** *un* ~ to express a wish; **nutrire** *un* ~ to cherish (*o* have) a wish; *essere* **oggetto** *di* ~ to be wanted (*o* sought after, longed for); (*rif. a donna*) to be desired; **per** ~ *di qd.* at s.o.'s wish: *per mio* ~ at my wish; **pio** ~ wishful thinking (*anche iron.*): *la promozione è per me un pio* ~ promotion is mere wishful thinking for me; **provare** ~ *di qc.* to feel the wish for s.th., to want s.th.; **secondo** *i desideri di qd.* as s.o. wishes, at (*o* according to) s.o.'s wish: *spero che tutto proceda secondo i tuoi desideri* I hope that everything will go as you wish.

desiderosamente *avv.* eagerly, longingly. **desideroso** *a.* desirous (*di* of), longing, eager, thirsty, yearning (for): ~ *di comprensione* longing for understanding; ~ *di sapere* thirsty (*o* eager) for knowledge.

design *ingl.* [di'zain] *m.* **1** design: ~ *industriale* industrial design. **2** (*grafica*) graphics *pl* (*costr. sing.*).

designare *v.t.* **1** (*nominare*) to designate, to appoint: *il re lo designò come suo successore* the king appointed him as his successor; ~ *qd. a un incarico* to designate s.o. for an office. **2** (*stabilire*) to fix, to set: ~ *il luogo dell'appuntamento* to fix the meeting place; ~ *un giorno per l'incontro* to set a day for the meeting. **3** (*denominare*) to designate, to name, to call: *termine con cui si designa un oggetto* term by which an object is designated. **designato** *a.* appointed, fixed, set: *il giorno* ~ the appointed day. **2** ⟨*Stor.rom,Mil*⟩ designate: *console* ~ consul designate. **designazione** *f.* designation, appointment, nomination: ~ *dell'erede* designation of one's heir.

desinare[1] *v.i.* (**desino**; *aus.* **avere**) to have lunch, to lunch, to dine.

desinare[2] *m.* (*pasto di mezzogiorno*) lunch, dinner.

desinenza *f.* ⟨*Gramm*⟩ ending, desinence.

desio *m.* ⟨*poet*⟩ desire. **desioso** *a.* desirous (*di* of).

desistere *v.i.* (**desistei/desistetti**, **desistito**; *aus.* **avere**) **1** to desist, ⟨*lett*⟩ to forbear (*da* from), to leave off, to give up (s.th.): ~ *dal fare qc.* to desist from doing s.th.; ~ *da un tentativo* to give up an attempt. **2** ⟨*Dir*⟩ to discontinue (s.th.): ~ *da una querela* to discontinue a lawsuit. **desistito** → **desistere**.

desolante *a.* desolating, distressing, disheartening: *spettacolo* ~ disheartening sight. **desolare** *v.t.* (**desolo**) **1** ⟨*lett*⟩ (*devastare*) to desolate, to devastate: *la guerra desolava il paese* the war desolated the land. **2** (*addolorare*) to distress, to dishearten, to afflict, to desolate: *la notizia ci ha desolati* the news has greatly distressed us. **desolato** *a.* **1** (*disabitato, incolto*) desolate, desert(ed), barren: *una landa –a* a desolate (*o* barren) waste. **2** (*afflitto*) desolate(d), distressed, grieved: *siamo –i per questa notizia* we are greatly distressed by this news. □ *essere* ~ (*essere spiacente*) to be sorry, to regret: *sono* ~ *di non poterti aiutare* I am sorry I cannot help you. **desolazione** *f.* **1** (*devastazione*) desolation, devastation: *la* ~ *di una città* the devastation of a town; *restò colpito dalla* ~ *delle campagne* he was struck by the desolation of the countryside. **2** (*dolore*) desolation, distress, grief: *la* ~ *della vedova* the widow's desolation. □ *sguardo di* ~ disconsolate look.

desolforare *v.t.* (**desolforo**) ⟨*Chim*⟩ to desulphurize. **desolforazione** *f.* desulphurization.

despota *m.* despot (*anche fig.*).

desquamativo *a.* ⟨*Med*⟩ desquamative. **desquamazione** *f.* ⟨*Med,Geol*⟩ desquamation.

dessert *fr.* [de'sɛːr] *m.* dessert: *posate da* ~ dessert cutlery; *vino da* ~ dessert wine.

dessi → **dare**[1].

desso *pron. pers. m.* (*f.* **-a**) ⟨*lett,scherz*⟩ he (*f.* she).

dest *intz.* → **destr**.

destabilizzare *v.t.* to destabilize. **destabilizzante** *a.* destabilizing. **destabilizzatore** **I** *a.* destabilizing. **II** *s.m.* (*f.* **-trice**) destabilizer. **destabilizzazione** *f.* destabi-

lization.

destagionalizzato *a.* ⟨*Econ*⟩ seasonally adjusted.

destalinizzare *v.t.* ⟨*Pol*⟩ to destalinize. **destalinizzazione** *f.* destalinization.

destare *v.t.* (**desto**; *p.p.* **destato/desto**) **1** (*svegliare*) to wake (up), to awake. **2** (*fig*) to (a)rouse, to excite, to stir (up), to wake (up): *l'arrivo del circo destò il paese dal torpore* the arrival of the circus aroused the town from its torpor. **3** ⟨*fig*⟩ (*suscitare*) to arouse, to excite, to stir (up): ~ *l'ammirazione di qd.* to excite s.o.'s admiration; *cercò invano di* ~ *la sua curiosità* he tried in vain to arouse her curiosity. **destarsi** *v.r.* to wake up, to awake, to rouse o.s. (*anche fig.*): *destarsi alla vita* to awake to life. □ ~ **compassione** to arouse pity; ~ **interesse** to arouse interest; ~ **invidia** to excite envy; ~ **meraviglia** to cause wonder; ~ **ricordi** to awaken memories; ~ **sospetti** to rouse suspicion. *Prov.*: *non* ~ *il can che dorme* let sleeping dogs lie.

destinare **I** *v.t.* **1** (*assegnare, devolvere*) to destine, to assign, to set apart: ~ *l'incasso a beneficenza* to destine the takings to charity; *questi denari sono destinati alle spese impreviste* this money is set apart for unforeseen expenses; *ha destinato al nipote le sue rendite* he has assigned his income to his grandson; (*col pensiero*) to intend, to design, to mean: *avevo destinato il regalo a lui* I had intended the gift for him. **2** (*riservare a una professione*) to destine, to intend: *i genitori lo avevano destinato alla carriera militare* his parents had destined him for a military career. **3** (*assegnare, designare*) to assign, to appoint, to nominate: *il nuovo impiegato è stato destinato al reparto spedizioni* the new employee has been assigned to the mailing department. **4** (*riservare*) to intend, to reserve, to keep: *le prime file di platea sono destinate alle autorità* the front rows of the stalls are reserved for the authorities. **5** (*dedicare*) to devote, to destine: *ho deciso di* ~ *tutto il pomeriggio allo studio* I have decided to devote the whole afternoon to study. **6** (*fissare*) to fix, to settle, to appoint: ~ *il giorno della riunione* to fix the day of the meeting. **7** (*indirizzare*) to address: *la lettera è destinata a te* the letter is addressed to you. **II** *v.i.* (*aus.* **avere**) (*deliberare*) to decree, to (fore)ordain, to will: *il cielo ha destinato così* God has willed it so. □ ~ *in moglie a qd.* to intend (as wife) for s.o.

destinatario *m.* (*f.* **-a**) **1** (*rif. a merci*) consignee. **2** ⟨*Post*⟩ addressee: *recapitare il pacco al* ~ to deliver the parcel to the addressee. **3** ⟨*Dir*⟩ usufructuary. □ ⟨*Comm*⟩ *spese a carico del* ~ charges forward. **destinazione** *f.* **1** (*fine a cui una cosa è destinata*) destination, (intended) purpose. **2** (*meta di un viaggio*) destination: *la nostra* ~ *è la Scozia* our destination is Scotland, we are bound for Scotland. **3** (*luogo di recapito*) destination. **4** (*residenza assegnata a un impiegato*) post(ing), appointed residence: *l'impiegato ha avuto una nuova* ~ the clerk has been sent to a new post. □ *giungere* (*o arrivare*) *a* ~: **1** (*rif. a persone*) to reach one's destination; **2** (*rif. a cose*) to arrive; ⟨*Comm*⟩ to come to hand; **3** ⟨*fig*⟩ to achieve one's end, to reach one's goal; ⟨*Mar*⟩ *porto di* ~ port of destination, terminal port.

destino *m.* **1** destiny, fate: *perseguitato dal* ~ pursued by destiny. **2** *pl.* (*sorte*) destiny, fate, lot, fortune(s): *i –i della patria* the country's destiny. □ *abbandonare qd. al proprio* ~ to abandon s.o. to his fate; *è* ~ *che* it is destined (*o* fated, inevitable) that; *era* ~ it was fated: *era* ~ *che io non la rivedessi mai più* I was fated never to see her again; *il libro del* ~ the book of fate (*o* destiny).

destituire *v.t.* (**destituisco**, **destituisci**) **1** to dismiss, to discharge, to remove (from office): ~ *un funzionario* to dismiss an official. **2** ⟨*Mil*⟩ to demote: ~ *un ufficiale* to cashier an officer. **destituito** *a.* (*privo*) devoid, destitute (*di* of), lacking (in). □ *accuse –e di ogni fondamento* groundless charges. **destituzione** *f.* **1** dismissal, removal: ~ *di un funzionario* dismissal of an official. **2** ⟨*Mil*⟩ demotion.

desto (*p.p. di destare*) *a.* **1** (*sveglio*) (wide-)awake: *alle dieci non era ancora* ~ at ten o'clock he was still not awake. **2** ⟨*fig*⟩ awakened, aroused: *l'attenzione dei suoi* *ascoltatori era –a* his listeners' attention was fully aroused. □ *sogno o son ~?* am I dreaming?, is this all a dream? **destr** *intz.* ⟨*Mil,Ginn*⟩ to the right.

destra *f.* **1** (*mano destra*) right hand. **2** (*parte destra*) right (side), right–hand side. **3** ⟨*Pol*⟩ Right, right wing. **4** ⟨*Arald*⟩ dexter. □ **a** ~ on (*o* to) the right: *a ~ c'è un albero* on the right there is a tree; *prendere a ~* to go right; *voltare a ~* to turn (to the) right; *alla ~ di* on the right (*o* right–hand side) of, to the right of: *alla mia ~* on my right; *dare la ~* to put on one's right; ⟨*Pol*⟩ **estrema** ~ extreme Right; ⟨*Pol*⟩ **i partiti** *di* ~ the right–wing parties, the Right; **stringere** *la* ~ to shake hands; ⟨*Strad*⟩ **tenere** *la* ~ (*rif. a veicoli*) to keep to the right; (*rif. a pedoni*) to keep to⌐ (*o* walk along) the right–hand side of the road; ⟨*Pol*⟩ **uomo** *di* ~ right–wing member.

destreggiamento *m.* ⟨*non com*⟩ manoeuvring, (clever) management. **destreggiare** *v.i.* (**destreggio, destreggi;** *aus.* **avere**), **destreggiarsi** *v.r.* to manoeuvre, to manage, to act adroitly: *si destreggia bene nelle difficoltà* he manages well in the face of difficulty. **destrezza** *f.* skill, dexterity, adroitness: *dimostrò grande ~ nell'evitare l'ostacolo* he displayed great dexterity in getting round the obstacle; *maneggiare le armi con ~* to handle arms with skill. □ ~ *negli affari* business acumen; *con ~* dexterously, skilfully; ~ *di mano* sleight of hand; ⟨*scherz*⟩ light–fingeredness.

destriero *m.* ⟨*poet*⟩ (*cavallo da giostra*) steed; (*cavallo da battaglia*) charger, war horse.

destrina *f.* ⟨*Chim*⟩ dextrin(e).

destrismo *m.* **1** right–handedness. **2** ⟨*Pol*⟩ right–wing tendencies *pl.*

destro[1] **I** *a.* **1** right(–hand): *il lato ~ della strada* the right–hand side of the road. **2** (*abile*) skilful (*in* at, in), clever (at), adroit, dexterous (in): *è stato ~ nell'evitare l'ostacolo* he was dexterous in getting round the obstacle. **3** ⟨*Arald*⟩ dexter. **II** *s.m.* (*pugno vibrato con la destra*) right(–hander). □ *braccio* ~: 1 right arm; 2 ⟨*fig*⟩ right hand (*o* arm), right–hand man: *essere il braccio ~ di qd.* to be s.o.'s right–hand man; ~ *di mano* dexterous, deft, skilful.

destro[2] *m.* (*occasione*) opportunity, chance: *cogliere il ~ to* seize the opportunity, to take the chance.

destrogiro *a.* ⟨*Chim,Fis*⟩ dextrorotatory, dextrogyrate.

destrorso I *a.* **1** ⟨*Mecc*⟩ ⟨*attr*⟩ right–hand(ed), ⟨*attr*⟩ clockwise: *vite –a* right–handed screw. **2** ⟨*Chim,Fis*⟩ dextrorotatory, dextrogyrate. **3** ⟨*Pol,scherz*⟩ rightist, right–wing. **II** *s.m.* ⟨*Pol,scherz*⟩ rightist.

destrosio *m.* ⟨*Chim*⟩ dextrose, glucose.

destrutturare *v.t.* to alter the structure of. **destrutturazione** *f.* altering of the structure.

desueto *a.* ⟨*lett*⟩ **1** (*non usato*) obsolete; (*antiquato*) out–of–date: *abitudini ormai –e* out–of–date usages; (*insolito*) unusual. **2** (*non avvezzo*) unaccustomed, unused.

desuetudine *f.* ⟨*rar*⟩ desuetude, disuse (*anche Dir.*).

desumere *v.t.* (**desunsi, desunto**) to deduce, to infer, to gather: *dalle tue parole desumo che non sei convinto* I gather from what you say that you are not convinced.

desumibile *a.* deducible, inferable: *dalle sue parole è facilmente ~ la sua disapprovazione* his disapproval is clearly inferable from what he says. **desunsi, desunto** → desumere.

detassazione *f.* (*riduzione*) tax reduction; (*abolizione*) abolition of a tax.

detective *ingl.* [de'tɛktiv] *m.* detective; ⟨*fam*⟩ sleuth.

detector *m.* ⟨*Rad*⟩ detector: ~ *magnetico* magnetic detector.

detenere *v.t.* (**detengo, detieni; detenni, detenuto;** → **tenere**) **1** ⌐*possedere*⌐ to hold (*anche Sport.*): *detiene questo incarico da due anni* he has held this post for two years; ~ *un primato* to hold a record. **2** ⟨*Dir*⟩ to hold (unlawfully), to possess illegally: ~ *armi* to possess firearms (unlawfully); ~ *refurtiva* to be in possession of stolen property. **3** (*tenere in prigione*) to detain, to hold in custody. □ ~ *il potere* to hold (*o* be in) power.

detentivo *a.* ⟨*Dir*⟩ of imprisonment, detentive: *pena –a* sentence of imprisonment. **detentore** *m.* (*f.* **-trice**) **1** holder (*anche Sport.*): ~ *di un primato* record holder. **2**

⟨*Dir*⟩ (unlawful) holder, (unauthorized) possessor: ~ *di armi* unlawful holder of arms. **detenuto** (*p.p. di detenere*) **I** *a.* (*in arresto*) detained, held in custody; (*imprigionato*) imprisoned. **II** *s.m.* (*f.* -**a**) person ⌐under arrest⌐ (*o* held in custody); (*carcerato*) prisoner. **detenzione** *f.* **1** (*nel diritto penale*) (unlawful) holding, (unauthorized) possession: ~ *abusiva di armi* unauthorized possession of firearms. **2** (*nel diritto civile*) detention, holding: ~ *di beni* detention of goods. **3** (*carcerazione*) imprisonment, confinement; (*stato d'arresto*) custody, detention. □ ⟨*Dir*⟩ ~ *preventiva* detention pending trial.

detergente I *a.* detergent, cleansing. **II** *s.m.* detergent. □ ⟨*Cosmet*⟩ *crema* ~ cleansing cream; *latte* ~ cleansing milk. **detergere** *v.t.* (**detergo, detergi; detersi, deterso**) **1** (*asportare: con acqua*) to wash off (*o* away); (*asciugando*) to wipe away (*o* off): ~ *le lacrime* to wipe away the tears. **2** ⟨*Med*⟩ to deterge: ~ *una ferita* to cleanse (*o* deterge) a wound.

deteriorabile *a.* liable to deteriorate; (*rif. a cibi*) perishable. **deterioramento** *m.* **1** (*rif. a macchine e merci*) wear and tear, deterioration. **2** (*rif. a generi alimentari*) perishing, deterioration, spoiling. □ *soggetto a* ~ (*di cibi*) perishable. **deteriorare** *v.t.* (**deterioro**) **1** (*rif. a macchine e merci*) to cause wear and tear to, to deteriorate, to damage: *l'umidità ha deteriorato la merce* the dampness has damaged the goods. **2** (*rif. a cibi*) to spoil, to cause to perish (*o* go bad): *il caldo deteriora i cibi* the heat causes the food to go bad. **deteriorarsi** *v.r.* **1** (*rif. a macchine, merci*) to suffer wear and tear, to deteriorate, to be damaged. **2** (*rif. a cibi*) to perish, to go bad, to be spoilt. **deteriorato** *a.* **1** (*rif. a macchine e merci*) damaged, deteriorated. **2** (*rif. a cibi*) spoilt, gone bad, ⟨*pred*⟩ off. **deteriore** *a.* (*peggiore*) worse; (*scadente*) inferior, second–rate.

determinabile *a.* determinable. **determinante I** *a.* determining, determinant. **II** *s.f.* ⟨*Dir*⟩ (determining) motive, decisive factor: *la ~ del delitto* the motive of the crime. **III** *s.m.* ⟨*Mat,Biol*⟩ determinant. □ *causa* ~ determining factor; ⟨*Filos*⟩ *giudizio* ~ determinative judgement.

determinare *v.* (**determino**) *v.t.* **1** (*definire, precisare*) to define, to determine, to fix: ~ *i poteri di qd.* to define s.o.'s powers; ~ *il significato di una parola* to define the meaning of a word; ~ *i confini dello stato* to fix (*o* delimit) the state boundaries. **2** (*stabilire*) to fix, to settle: ~ *la data* to fix the date; ~ *il prezzo della merce* to settle the price of the goods. **3** (*calcolare*) to determine, to reckon: ~ *il volume di un solido* to determine the volume of a solid; (*individuare*) to determine, to ascertain: ~ *la posizione del nemico* to ascertain the enemy's position, to locate the enemy; ~ *il punto della nave* to determine the ship's position. **4** (*provocare, causare*) to bring about, to produce, to cause, to lead to: *una politica economica errata ha determinato la caduta del governo* the fall of the government was brought about by its mistaken economic policy. □ *si è determinata una situazione spiacevole* an unpleasant situation has come about. **determinatezza** *f.* exactitude, exactness, precision.

determinativo *a.* ⟨*Gramm*⟩ definite: *articolo* ~ definite article. **determinato** *a.* **1** (*stabilito*) fixed, settled, appointed: *verrò nel giorno* ~ I shall come on the appointed day. **2** (*speciale, particolare*) special, particular: *in –e circostanze* in (*o* under) special circumstances. **3** (*qualche, certo*) certain, some: *in –i casi è meglio tacere* in certain cases it is better to keep quiet. **4** (*deciso, risoluto*) determined, resolute: *sono ~ a sostenere le mie idee* I am determined to support my ideas.

determinazione *f.* **1** determination: ~ *delle zone di influenza* determination of zones of influence; (*il fissare*) settlement, fixing, establishment. **2** (*calcolo*) determination, reckoning, calculation: *la ~ dell'area di una figura* the determination of the area of a figure. **3** (*decisione*) decision, determination: *prendere una ~* to make a decision, to make up one's mind. **4** (*volontà, risolutezza*) determination, resolution: *agire con ~* to act with determination. □ ⟨*Comm*⟩ ~ *dei costi* costing; ~ *del prezzo* pricing, fixing of the price; ⟨*Topogr*⟩ ~ *del punto* locating; ~ *del* **reddito** income determination; ⟨*Mar,Aer*⟩ ~ *della* **rotta** determination (*o* finding) of course; ~ *dei* **tempi** *di lavoro* scheduling.

determinismo *m.* ⟨*Filos*⟩ determinism. **determinista** *m./f.* determinist. **deterministico** *a.* (*pl.* -ci) deterministic.

deterrente I *a.* deterrent, deterring. **II** *s.m.* deterrent. □ ~ *atomico* (o *nucleare*) nuclear deterrent; *mezzi* –*i* deterrents *pl.*

detersi → **detergere**. **detersivo I** *a.* detergent, cleansing, cleaning: *potere* ~ detergent (*o* cleaning) power. **II** *s.m.* detergent, detersive. □ ~ *liquido per piatti* dishwashing liquid; ~ *in polvere* washing powder; –*i sintetici* synthetic detergents; *sostanza* –*a* detergent. **deterso** → **detergere**.

detestabile *a.* **1** detestable, hateful: *quel* ~ *individuo* that hateful fellow. **2** ⟨*estens*⟩ (*pessimo*) dreadful: *cibo* ~ dreadful food. **detestare** *v.t.* (*detesto*) to detest, to hate, to loathe: *quando si comporta così lo detesto* when he behaves like that I hate him; *detesto la televisione* I detest television.

detonante I *a.* detonating, explosive. **II** *s.m.* explosive, ⟨*am*⟩ knock fuel. □ *capsula* ~ percussion cap. **detonare** *v.i.* (*detono*; *aus.* avere) to detonate. **detonatore** *m.* detonator. **detonazione** *f.* **1** detonation: *la* ~ *di una mina* the detonation of a mine; (*scoppio*) explosion, blast: *udì una* ~ he heard an explosion; (*rif. a fucili e sim.*) report, crack, shot. **2** ⟨*Aut*⟩ detonation, pinking, ⟨*am*⟩ knock(ing).

detraggo → **detrarre**. **detraibile** *a.* deductible. **detrarre** *v.t.* (*detraggo, detrai; detrassi, detratto;* → **trarre**) to deduct, to take away (*da* from), to take (off, from): ~ *le spese dall'incasso* to deduct expenses from takings; ~ *lo sconto dal prezzo* to take the discount off the price. □ *detratti gli interessi* less interest; *detratto il dieci per cento dal prezzo di listino* ten per cent off the list price. **detrarrò, detrassi** → **detrarre**. **detrattore** *m.* (*f.* -trice) (*denigratore*) detractor, defamer, disparager. **detrazione** *f.* **1** (*il detrarre*) deduction, subtraction (*da* from), taking (off, from): ~ *dello sconto dal prezzo* deduction of the discount from the price. **2** (*somma detratta*) deduction, amount off: *una* ~ *del dieci per cento* a ten per cent deduction. **3** (*denigrazione*) detraction, disparagement, defamation.

detrimento *m.* (*danno*) detriment, damage, harm; (*pregiudizio*) prejudice. □ *a* ~ *di* to the detriment (*o* prejudice) of: *a* ~ *della tua salute* to the detriment of your health; *a* ~ *della sua reputazione* to the detriment of his reputation; *tornare a* ~ *di qd.* to be harmful (*o* detrimental) to s.o.; *recare* ~ *a qd.* to damage s.o.

detritico *a.* (*pl.* -ci) ⟨*Geol*⟩ detrital: *depositi* –*i* detrital deposits. **detrito** *m.* **1** (*frammento, scoria*) rubble, debris. **2** ⟨*Geol*⟩ detritus. □ –*i alluvionali* alluvium; ⟨*Atom*⟩ –*i radioattivi* radioactive waste.

detronizzare *v.t.* **1** to dethrone, to depose. **2** ⟨*fig*⟩ to oust. **detronizzazione** *f.* dethronement, deposition.

detta *a* ~ *di* according to: *a* ~ *di tutti* according to what everybody says.

dettagliante *m.* retailer, retail dealer. **dettagliare** *v.t.* (*dettaglio, dettagli*) to (give in) detail, to relate the details of, to give full details of: ~ *i fatti* to relate the events in detail. **dettagliatamente** *avv.* in detail, with full particulars. **dettagliato** *a.* detailed, in detail: *narrazione* –*a* detailed account. **dettaglio** *m.* detail, particular: *narrò tutti i dettagli del fatto* he related all the details of the event; *i dettagli di un quadro* the details of a painting. □ *al* ~ (at) retail: *comprare al* ~ to buy retail; *prezzo al* ~ retail price; *vendere al* ~ to sell (at) retail; *entrare nei dettagli* to go into details (*o* particulars); *vendita al* ~ retailing, sale by retail.

dettame *m.* ⟨*lett*⟩ dictate: *i* –*i della coscienza* the dictates of conscience; *agire secondo i* –*i del cuore* to follow the dictates of the heart. **dettare** *v.t.* (*detto*) **1** to dictate: ~ *una lettera alla dattilografa* to dictate a letter to the typist. **2** ⟨*fig*⟩ to tell, to dictate, to suggest: *fai quel che ti detta la coscienza* do as your conscience tells you; *norme dettate dal buon senso* rules suggested by common sense. **3** (*imporre*) to dictate, to lay down: ~ *le condizioni della*

pace to dictate the peace terms. □ ⟨*fig*⟩ *dettar legge* (o *leggi*) to lay down the law. **dettato** *m.* dictation. □ *fare il* ~ (*rif. a maestro*) to give a dictation; (*rif. a scolaro*) to do (*o* have) a dictation. **dettatura** *f.* dictation: *scrivere sotto* ~ to take (*o* write from) dictation.

detto (*p.p. di dire*[1]) **I** *a.* **1** (*soprannominato*) called, known as, alias: *Mario,* ~ *lo Zoppo* Mario, known as the Cripple. **2** (*sopraddetto*) (afore)said, above(–mentioned): *nel* ~ *giorno* on said day; (*rif. a persone*) above-named. **II** *s.m.* **1** (*il dire*) saying, telling. **2** (*sentenza*) saying; (*motto*) maxim: *i* –*i di Socrate* the maxims of Socrates. **3** (*proverbio*) proverb, proverbial saying, saw: *un antico* ~ an old saw. **4** *pl.* ⟨*Teat*⟩ previous characters: *Arlecchino e* –*i* Harlequin and previous characters. □ *così* ~ so–called; ~ *fatto* no sooner said than done; *è presto* ~ it's easier said than done; *propriamente* ~ better called, more properly known as, strictly speaking.

detumescenza *f.* ⟨*Med*⟩ detumescence.

deturpare *v.t.* to disfigure, to deface: *una cicatrice gli deturpava la guancia* his cheek was disfigured by a scar; (*moralmente*) to sully, to defile: *vizi che deturpano l'anima* vices which sully the soul; (*rovinare*) to spoil, to disfigure: *costruzioni che deturpano il paesaggio* buildings which disfigure (*o* are a blot on) the landscape. **deturpatore I** *s.m.* (*f.* -**trice**) **1** disfigurer, defacer, deformer. **2** ⟨*fig*⟩ sullier, defiler. **II** *a.* disfiguring. **deturpazione** *f.* disfigurement, defacement.

deumidificare *v.t.* (*deumidifico, deumidifichi*) to dehumidify. **deumidificazione** *f.* dehumidification.

deuterio *m.* ⟨*Chim*⟩ deuterium. □ *ossido di* ~ deuterium oxide.

deuteronomio *m.* ⟨*Bibl*⟩ Deuteronomy.

deutone *m.* ⟨*Fis*⟩ deuteron, deuton.

devalutazione *f.* ⟨*Econ*⟩ currency depreciation; (*svalutazione*) devaluation.

devastare *v.t.* **1** to devastate, to lay waste: *i soldati devastarono la regione* the soldiers devastated the region. **2** ⟨*fig*⟩ to devastate, to ravage, to ruin: *la grandine ha devastato il raccolto* the hail has devastated (*o* ruined) the harvest; *un viso devastato dalle sofferenze* a face ravaged by suffering. **devastatore I** *s.m.* (*f.* -**trice**) devastator, ravager. **II** *a.* devastating, ravaging. **devastazione** *f.* **1** devastation, ravage. **2** (*rovina*) devastation, ravages *pl,* damage; (*distruzione*) destruction.

deviamento *m.* **1** ⟨*Idr*⟩ diversion, deviation: ~ *del fiume* diversion of the river. **2** ⟨*El*⟩ deflection, deviation. **3** (*rif. a tram, treno*) shunting, switching. **4** (*nella scherma*) disengagement. **deviante I** *a.* ⟨*Sociol*⟩ deviant, differing from the accepted standards. **II** *s.m./f.* **1** deviant. **2** ⟨*estens*⟩ (*malato di mente*) insane, mentally deranged. **devianza** *f.* deviance, deviancy. **deviare** *v.* (*devio, devii*) **I** *v.i.* (*aus.* avere) **1** to deviate, to be deflected, to turn aside (*o* off from a course), to swerve, to diverge: *urtando l'ostacolo, la palla deviò verso destra* on hitting the obstacle, the ball was deflected to the right. **2** (*abbandonare una via per un'altra*) to turn aside (*o* off), to deviate, to swerve: *l'auto deviò per un sentiero a destra* the car turned off along a path to the right; (*fare una deviazione*) to make a detour. **3** ⟨*fig*⟩ to deviate, to stray, to turn aside (*o* away): ~ *dai propri principi* to deviate from one's principles. **4** ⟨*Mar*⟩ to yaw, to sheer (off, away), to fall off: ~ *dalla rotta* to yaw, to deviate from the course. **5** ⟨*Aer*⟩ to yaw. **II** *v.t.* **1** to divert, to turn aside, to deflect: *il prisma devia i raggi di luce* the prism deflects (*o* refracts) light rays. **2** ⟨*fig*⟩ (*sviare*) to divert, to turn aside, to distract: ~ *l'attenzione di qd.* to distract s.o.'s attention. **3** (*rif. a treno, tram*) to shunt, to switch. **4** ⟨*El*⟩ to deflect, to deviate, to shunt: ~ *la corrente* to shunt the current. **5** ⟨*Idr*⟩ to divert: *hanno deviato il corso del fiume* they have deviated (the course of) the river.

deviatoio *m.* ⟨*Ferr*⟩ (*scambio*) points *pl,* ⟨*am*⟩ switch. **deviatore** *m.* **1** ⟨*Ferr*⟩ pointsman, signalman, shunter, ⟨*am*⟩ switchman. **2** ⟨*El*⟩ switch. **deviazione** *f.* **1** (*il percorrere una via diversa*) detour, diversion, deviation: *durante il viaggio da Roma a Milano ho fatto una* ~ *per Livorno* during my journey from Rome to Milan, I made a detour through Leghorn. **2** ⟨*fig*⟩ deviation, straying, wandering, departure, swerving: ~ *da una regola* deviation from a rule; (*perversione*) perversion, corruption: ~ *morale* moral perversion. **3** ⟨*Mar*⟩ yaw, deviation from course; ⟨*Aer*⟩ yaw; (*deriva*) drift. **4** ⟨*El*⟩ deviation, deflection, swing, shift. **5** ⟨*Idr*⟩ diversion. **6** (*rif. a tram, treni*) shunting, switching. □ ~ *dell'ago* deflection of the needle; ⟨*Med*⟩ ~ *della* **colonna vertebrale** curvature of the spine; ~ **sessuale** sexual perversion; ⟨*Statist*⟩ ~ **standard** deviation; ~ *di* **traffico** (traffic) detour.

deviazionismo *m.* ⟨*Pol*⟩ deviationism. **deviazionista** *m./f.* deviationist. **deviazionistico** *a.* (*pl.* **-ci**) deviational.

deviometro *m.* ⟨*Aer*⟩ yaw meter.

devitalizzare *v.t.* ⟨*Med*⟩ to devitalize. **devitalizzazione** *f.* devitalization.

devitaminizzare *v.t.* to devitaminize. **devitaminizzato** *a.* ˈlacking in¹ (*o* deprived of) vitamins: *organismo* ~ organism lacking in (*o* poor) in vitamins.

devo → **dovere**[1].

devolutivo *a.* of transfer, of assignment, devolutionary. **devoluto** (*p.p. di* **devolvere**) *a.* devolved, transferred, assigned, transmitted. **devoluzione** *f.* **1** assignment, transfer. **2** ⟨*Dir*⟩ devolution, transfer, assignment, transmission. □ ⟨*Stor*⟩ *guerra di* ~ War of Devolution.

devolvere *v.t.* (**devolvo**; **devolvei/devolvetti**, **devoluto**) to assign, to transfer, to transmit, to devolve (*anche Dir.*): ~ *una somma a scopi di beneficenza* to assign a sum of money to charity; ~ *un diritto a qd.* to devolve a right on (*o* to) s.o., to transfer a right to s.o.

devoniano *a./s.m.* ⟨*Geol*⟩ Devonian.

devotamente *avv.* devoutly, devotedly. **devoto** **I** *a.* **1** religious, devotional: *libro* ~ religious book; *preghiera* –*a* devotional prayer. **2** (*dedito*) devoted, dedicated: ~ *al dovere* devoted to duty. **3** (*religioso, osservante*) devout, pious, religious: *è molto* ~ he is very devout. **4** (*affezionato, fedele*) devoted: *servitore* ~ devoted servant. **II** *s.m.* (*f.* **-a**) (assiduous) churchgoer, (regular) worshipper: *i –i si inginocchiarono a pregare* the worshippers (*o* congregation) knelt in prayer; (*persona devota a un santo, un culto*) devotee: *i –i di san Francesco* the devotees of St. Francis. □ ⟨*epist*⟩ *Suo devotissimo Mario Rossi* Yours very sincerely (*o* truly), Mario Rossi; *è* ~ *alla Vergine* he has great devotion for the Virgin.

devozione *f.* **1** devoutness: *pregare con* ~ to pray with devoutness; (*dedizione a un santo, un culto*) devotion: ~ *alla Vergine* devotion to the Virgin. **2** *pl.* (*preghiere*) devotions *pl*, prayers *pl*: *dire le –i* to be at one's devotions. **3** (*dedizione*) devotion, dedication: ~ *alla patria* dedication to one's country. **4** (*affetto*) devotion.

dg = *decigrammo* decigram(me) (*abbr.* dg., dg).

di[1] *prep.* (before an initial vowel *di* may be apostrophized; followed by the definite article it becomes **del** [*di* + *il*], **dello** [*di* + *lo*], **dell'** [*di* + *l'*], **della** [*di* + *la*], **dei** [*di* + *i*], **degli** [*di* + *gli*], **delle** [*di* + *le*]) **1** (*compl. di specificazione*) of: *il presidente della repubblica* the president of the republic; *il suono delle campane* the sound of the bells; *un professore* ~ *storia greca* a teacher of Greek history; *una veduta* ~ *Parigi* a view of Paris; (*rif. a persone e, a volte, ad animali*) *si traduce spesso con il genitivo di possesso*: *l'auto* ~ *mio padre* my father's car; *la madre del tuo amico* your friend's mother; *un'idea* ~ *Giovanni* an idea of John's; (*indicante l'autore di un'opera*) by: *un quadro* ~ *Picasso* a painting by Picasso; *il libro è* ~ *Hemingway* the book is by Hemingway; *spesso si rende con un sostantivo aggettivato o composto*: *il colletto della camicia* the shirt collar; *il direttore dell'albergo* the hotel manager; *il canto degli uccelli* bird song; (*compl. di specificazione oggettiva*) *si traduce con la preposizione che corrisponde al senso della frase*: *l'amore della patria* love of (*o* for) one's country; *la preoccupazione della famiglia* worry about the family. **2** (*in costruzioni appositive*) of: *la città* ~ *Venezia* the city of Venice; *il regno* ~ *Danimarca* the kingdom of Denmark; *il mese* ~ *maggio* the month of May; *a volte non si traduce*: *il nome* ~ *Carlo* the name (of) Charles; *che razza d'imbecille* what an idiot. **3** (*specificazione partitiva*) of: *un pezzo* ~ *formaggio* a piece of cheese; *due litri* ~ *vino* two litres of wine; *a volte non si traduce*: *un po'* ~

pazienza a little patience; *qualche cosa* ~ *nuovo* something new; *due milioni* ~ *lire* two million lire; *una dozzina* ~ *uova* a dozen eggs; (*tra di*) of: *molti* ~ *voi* many of you; *nessuno dei tuoi scolari* none of your pupils. **4** (*compl. partitivo*) some: *ho del denaro* I have some money; *ho portato dei libri* I have brought some (*o* a few) books; *vuoi del latte?* do you want (some, any) milk?; *vorrei della frutta* I should like some fruit. **5** (*paragone: coi comparativi*) than: *mio fratello è più grande* ~ *me* my brother is older than me (*o* I am); (*coi superlativi: rif. a persone, cose*) of: *la maggiore delle mie sorelle* the eldest of my sisters, my eldest sister; (*rif. a luogo*) in: *il più grande albergo della città* the biggest hotel in town. **6** (*argomento: intorno a*) about, of, on, concerning, with regard to: *parlo* ~ *te* I am speaking about you; *un trattato* ~ *fisica* a treatise on physics. **7** (*mezzo: con*) with: *colpire* ~ *spada* to strike with a sword; *macchiare* ~ *sugo* to stain with sauce. **8** (*materia*) *generalmente si rende con un sostantivo composto o aggettivato*: *uno scalone* ~ *marmo* a marble staircase; *un uomo* ~ *neve* a snowman. **9** (*origine, provenienza*) from, of: *sono* ~ *Roma* I come from Rome; *essere* ~ *umili natali* to be of lowly birth; *vengo* ~ *lontano* I come from far off. **10** (*determinazione, fine, scopo*) *si rende per lo più con un sostantivo composto o aggettivato*, *oppure con* for: *libro* ~ *lettura* reading book; *sala* ~ *musica* music room. **11** (*causa*) with, of, from: *morire* ~ *fame* to die of hunger; *ridere* ~ *gioia* to laugh with joy. **12** (*modo, maniera*) with, in, *spesso si rende con un participio presente o con un avverbio*: *vestire* ~ *nero* to dress in black; *mangiare* ~ *buon appetito* to eat ˈwith a hearty appetite¹ (*o* heartily); *giungere* ~ *corsa* to come running. **13** (*qualità*) of, *talvolta si rende con un aggettivo*: *un uomo* ~ *buon gusto* a man of (good) taste; *un oggetto* ~ *gusto* a tasteful object. **14** (*abbondanza, privazione*) in, of: *una regione ricca* ~ *metalli* a region rich in metals; *il libro è povero d'idee* the book is poor in ideas. **15** (*limitazione*) of, in: *debole* ~ *udito* hard of hearing; *debole* ~ *petto* weak in the chest. **16** (*colpa, pena*) of: *è colpevole* ~ *omicidio* he is guilty of murder. **17** (*tempo*) in, on, at, during, by: *d'inverno* in (the) winter; ~ *giorno* during the day, by day, in the daytime; ~ *sera* in the evening; ~ *notte* at (*o* by) night, during the night; ~ *domenica* on Sundays. **18** (*durata*) *di solito si traduce con il genitivo sassone, con un aggettivo o con* of: *la guerra dei cent'anni* the Hundred Years' War; *una passeggiata* ~ *due miglia* a two-mile walk. **19** (*età*) *si traduce con of o con un aggettivo*: *un ragazzo* ~ *dieci anni* a ten-year-old boy; *un uomo* ~ *cinquant'anni* a man of fifty (years of age). **20** (*misura, prezzo*) *generalmente si rende con un aggettivo composto*: *una multa* ~ *mille lire* a thousand–lira fine; *un carico* ~ *due tonnellate* a two-ton load. **21** (*seguito dall'infinito: in proposizioni oggettive e soggettive*) *traduzione idiomatica*: *mi promise* ~ *ritornare* he promised me he would come back; *digli* ~ *andare* tell him to go; *smette* ~ *disturbarmi* stop bothering me. **22** (*differenza*) of, *talvolta non si traduce*: *mi sono sbagliato* ~ *mille lire* I have made a mistake of a thousand lire; *è* ~ *due anni più anziano di me* he is two years older than I (am). □ ~ *giorno* **in** *giorno* from day to day; *andare* ~ *città* **in** *città* to go from town to town; ~ *quando in quando* every so often, every now and then; ~ *gran* **lunga** (very) much, (by) far, a great deal: *è* ~ *gran lunga migliore di me* he is much (*o* far) better than me; ~ **modo** *che* so that; ~ **nascosto** secretly; ~ **nuovo** (once) again; *al* **pari** ~ compared (*o* in comparison) with, like, in the same way as; (*nei comparativi di uguaglianza*) as ... as: *è ricco al pari del fratello* he is as rich as his brother.

di[2] *m./f.* D, the letter d.

dì *m.* day. □ *buon* ~ good morning; *notte e* ~ night and day.

di' → **dire**[1].

dia → **dare**[1].

diabete *m.* ⟨*Med*⟩ diabetes: ~ *mellito* diabetes mellitus.

diabetico *a./s.* (*pl.* **-ci**) **I** *a.* diabetic. **II** *s.m.* (*f.* **-a**) diabetic.

diabolicamente *avv.* diabolically, devilishly, fiendishly.

diabolico *a.* (*pl.* **-ci**) diabolic(al), devilish, fiendish: *per* *ispirazione* *–a* by diabolic inspiration; *un piano* ~ a diabolical plan; *sorriso* ~ fiendish smile.

diaccio *a.* ⟨*dial*⟩ (*ghiacciato*) frozen.

diaclasi *f.* ⟨*Geol*⟩ diaclase.

diaconale *a.* ⟨*Rel*⟩ diaconal. **diaconato** *m.* diaconate. **diaconessa** *f.* ⟨*Stor,Rel*⟩ deaconess. **diacono** *m.* deacon.

diacritico *a.* (*pl.* -ci) ⟨*Ling*⟩ diacritic(al). □ *segno* ~ diacritic.

diacronia *f.* ⟨*Ling*⟩ diachronism, diachrony. **diacronico** *a.* (*pl.* -ci) diachronic.

diade *f.* dyad.

diadema *m.* **1** diadem (*anche Stor.*). **2** (*gioiello che adorna il capo*) tiara: *la signora portava un* ~ *di brillanti* the lady was wearing a diamond tiara.

diadoco *m.* (*pl.* -chi) ⟨*Stor*⟩ Diadochos.

diafanità *f.* **1** ⟨*Meteor*⟩ atmospheric transparency. **2** ⟨*estens*⟩ transparency, diaphaneity. **diafano** *a.* **1** diaphanous, transparent. **2** ⟨*estens*⟩ ethereal, transparent, alabaster–: *volto* ~ alabaster face.

diafisi *f.* ⟨*Anat*⟩ diaphysis.

diafonia *f.* **1** ⟨*Mus*⟩ diaphony. **2** ⟨*Tel*⟩ cross–talk: *disturbo per* ~ cross–talk interference.

diaforesi *f.* ⟨*Med*⟩ diaphoresis. **diaforetico** *a.* (*pl.* -ci) diaphoretic.

diaframma *m.* **1** (*divisione*) screen: *un* ~ *divide le due cavità* the two cavities are separated by a screen. **2** ⟨*Anat*⟩ diaphragm, midriff. **3** (*di telefono*) diaphragm, tympanum; (*di grammofono*) mechanical pickup. **4** ⟨*Ott,Bot*⟩ diaphragm. **5** ⟨*Fot*⟩ diaphragm, stop, aperture. **6** ⟨*Mecc*⟩ diaphragm, baffle plate. **7** ⟨*Minier*⟩ brattice. **8** ⟨*Med*⟩ diaphragm. □ ⟨*Fot*⟩ ~ *di apertura* (*dell'obiettivo*) aperture diaphragm; *apertura di* ~ aperture, stop, diaphragm; ⟨*Fot*⟩ ~ *a iride* iris diaphragm; ⟨*Mecc*⟩ ~ *isolante* insulating diaphragm; ⟨*Fot*⟩ ~ *regolabile* (*o variabile*) compensator. **diaframmare** **I** *v.t.* ⟨*Fot*⟩ to stop (down), to diaphragm. **II** *v.i.* (*aus.* **avere**) ⟨*Fot*⟩ to stop down, to regulate the diaphragm. **diaframmatico** *a.* (*pl.* -ci) ⟨*Anat*⟩ diaphragmatic. **diaframmatura** *f.* ⟨*Fot*⟩ diaphragm opening.

diagenesi *f.* ⟨*Geol*⟩ diagenesis.

diagnosi *f.* ⟨*Med*⟩ diagnosis (*anche fig.*): *la* ~ *della situazione economica* the diagnosis of the economic situation. □ ⟨*Med*⟩ ~ *differenziale* differential diagnosis; *fare la* ~ to diagnose, to make a diagnosis; ~ *precoce* early diagnosis. **diagnostica** *f.* ⟨*Med*⟩ diagnostics *pl* (*costr. sing*): ~ *di laboratorio* laboratory diagnostics. **diagnosticare** *v.t.* (**diagnostico, diagnostichi**) to diagnose (*anche fig.*). **diagnostico** *a./s.* (*pl.* -ci) **I** *a.* diagnostic: *esame* ~ diagnostic examination. **II** *s.m.* diagnostician.

diagonale **I** *a.* **1** ⟨*Geom*⟩ diagonal. **2** ⟨*Tess*⟩ twilled: *tessuto* ~ twilled material. **II** *s.f.* ⟨*Geom*⟩ diagonal: *la* ~ *di un quadrato* the diagonal of a square. **III** *s.m.* **1** ⟨*Tess*⟩ (*tessuto*) diagonal (cloth), twill. **2** (*tiro del tennis*) cross court drive. □ *in* ~ diagonally; (*rif. a stoffe*) on the bias (*o* cross); *linea* ~ diagonal (line). **diagonalmente** *avv.* diagonally; (*rif. a stoffa*) on the cross (*o* bias).

diagramma *m.* diagram, graph, curve: *rappresentare un fenomeno con un* ~ to set out a phenomenon by means of a diagram; *su questa tabella è stato disegnato il* ~ *delle vendite* the sales curve has been plotted on this table. □ ⟨*Inform*⟩ ~ *a blocchi* flow diagram; ⟨*Mot*⟩ ~ *della distribuzione* timing diagram; ~ *di flusso* flowchart, system flowchart; ~ *funzionale* functional diagram; ~ *grafico* chart; ~ *di produzione* production curve.

diagrammare *v.t.* ⟨*Mat,Fis*⟩ to make a diagram of, to represent by a diagram, ⟨*am*⟩ to diagram. **diagrammatore** *m.* ⟨*Inform*⟩ plotter. **diagrammazione** *f.* ⟨*Inform*⟩ flowcharting.

dialettale *a.* **1** dialect–, dialectal: *accento* ~ dialect(al) accent; *vocabolo* ~ dialect word. **2** (*scritto in dialetto*) written in dialect: *poesia* ~ poetry written in dialect. **dialettalismo** *m.* dialect word; (*forma dialettale*) dialect form. **dialettismo** *m.* → **dialettalismo**. **dialettologia** *f.* dialectology, study of dialects. **dialettologico** *a.* (*pl.* -ci) dialectological. **dialettologo** *m.* (*f.* -a; *pl.* -gi/-ghi) dialectologist.

dialettica *f.* **1** (*arte del ragionare*) dialect, dialectics *pl* (*costr.sing.*). **2** ⟨*estens*⟩ dialectics *pl* (*costr.sing.*): ~ *stringente* cogent dialectics. **3** ⟨*Filos*⟩ dialectic. **dialetticamente** *avv.* dialectically (*anche estens.*). **dialettico** *a./s.* (*pl.* -ci) **I** *a.* dialectal) (*anche Filos.*): *abilità* *–a* dialectic ability. **II** *s.m.* dialectician.

dialetto *m.* dialect: *parlare in* ~ to speak in dialect.

dialipetalo *a.* ⟨*Bot*⟩ dialypetalous.

dialisi *f.* **1** ⟨*Chim*⟩ dialysis. **2** ⟨*Med*⟩ dialysis: ~ *renale* renal dialysis. **dialitico** *a.* (*pl.* -ci) **1** dialytic. **2** ⟨*Med*⟩ dialytic, dialysis–: *centro* ~ dialysis unit. **dializzare** *v.t.* to dialyze, to dialyse.

diallage *f.* ⟨*Ret*⟩ diallage.

dialogare *v.* (**dialogo, dialoghi**) **I** *v.i.* (*aus.* **avere**) ⟨*non com*⟩ to converse, to hold a dialogue. **II** *v.t.* to write the dialogue of: ~ *una scena* to write the dialogue of a scene. **dialogato** **I** *a.* put into dialogue: *parti* *–e* parts which have been put into dialogue. **II** *s.m.* dialogue. **dialogico** *a.* (*pl.* -ci) dialogic(al), in dialogue, dialogue–: *in forma* *–a* in dialogue, in dialogic (*o* dialogue) form. **dialogismo** *m.* dialogism. **dialogista** *m./f.* **1** writer of dialogues, dialogist. **2** ⟨*Cin*⟩ dialogue director. **dialogizzare** **I** *v.t.* to dialogue. **II** *v.i.* (*aus.* **avere**) (*conversare*) to talk, to make conversation. **dialogo** *m.* (*pl.* -ghi) **1** (*colloquio, discorso*) conversation, talk, dialogue: *dopo un breve* ~ *si separarono* after a short conversation they parted; *il film è bello, ma i dialoghi sono scadenti* the film is good, but the dialogue is very poor. **2** ⟨*Lett*⟩ dialogue: *i dialoghi di Platone* Plato's dialogues. **3** ⟨*Pol,Giorn*⟩ talks *pl*, negotiations *pl*.

diamagnetico *a.* (*pl.* -ci) ⟨*Fis*⟩ diamagnetic. □ *sostanza* *–a* diamagnet. **diamagnetismo** *m.* diamagnetism.

diamantato *a.* ⟨*tecn*⟩ diamond–edged: *lama* *–a* diamond–edged blade.

diamante *m.* **1** diamond. **2** (*arnese dei vetrai*) diamond (point). **3** ⟨*Mar*⟩ crown (of an anchor). **4** (*nel baseball*) diamond, infield. **5** ⟨*Tip*⟩ diamond. □ **anello** *di* *–i* diamond ring; ~ *artificiale* industrial diamond, bort; ~ *a* **brillante** brilliant; **collana** *di* *–i* diamond necklace; **difettoso** spotted stone; ~ **grezzo** rough diamond; **miniera** *di* *–i* diamond mine; **nozze** *di* ~ diamond wedding (anniversary); ~ *a* **rosetta** rose(–cut) diamond; ~ **sintetico** synthetic diamond.

diamantifero *a.* diamantiferous, diamondiferous: *filone* ~ diamantiferous vein.

diametrale *a.* **1** (*del diametro*) diametral, diametric(al). **2** (*opposto*) diametrical: *opposizione* ~ diametrical opposition. **diametralmente** *avv.* diametr(ic)ally. □ *caratteri* ~ *opposti* diametrically opposed characters. **diametro** *m.* ⟨*Geom*⟩ diameter: *il* ~ *del cerchio* the diameter of the circle.

diamine *intz.* ⟨*fam*⟩ (*con impazienza*) the dickens (*o* deuce, devil), on earth, ⟨*intens*⟩ the hell: *chi* ~ *cerchi?* who on earth are you looking for?; *che* ~ *vuoi?* what the devil do you want?; (*con disapprovazione*) my goodness, (good) heavens: ~, *che modi* heavens (*o* my goodness), what a way to behave; (*sì, certo*) of course, certainly, you bet: *mi chiedi se c'ero? - ma* ~*!* you ask if I was there? - I certainly was.

diana *f.* **1** ⟨*Mil*⟩ reveille. **2** ⟨*Mar*⟩ morning watch. □ ⟨*Mil*⟩ *sonare la* ~ to sound the reveille. **Diana** *N.pr.f.* Diana (*anche Mitol.*).

dianto *m.* ⟨*Bot*⟩ dianthus.

dianzi *avv.* ⟨*lett*⟩ **1** (*poco fa*) a short while (*o* time) ago: *l'ho visto* ~ I saw him a short while ago. **2** (*or ora*) just (now): *è uscito* ~ he has just gone out.

diapason *m.* **1** (*strumento*) tuning fork, diapason. **2** (*estensione: rif. a voce, strumento musicale*) compass, diapason. **3** ⟨*fig*⟩ (*tono*) pitch: *la discussione giunse al* ~ the discussion reached a high pitch. **4** (*nella musica greca*) diapason, octave.

diapositiva *f.* transparency, slide. □ *conferenza con proiezione di* *–e* slide lecture. **diapoteca** *f.* slide file store. **diaproiettore** *m.* slide (*o* transparency) projector.

diarchia *f.* diarchy, dyarchy (*anche estens.*).

diaria *f.* **1** (*paga giornaliera*) day's pay. **2** (*indennità giornaliera di trasferta*) daily allowance (for travelling expenses), per diem.

diario *m.* **1** diary, journal (*anche Lett.*): *registrare un avvenimento nel* ~ to enter an event in one's diary. **2** (*diario scolastico*) notebook (for homework): *segnare i compiti sul* ~ to write one's homework in one's notebook. □ ~ *di classe* class register; ~ *di guerra* war diary; *tenere un* ~ to keep a diary. **diarista** *m./f.* diarist.

diarrea *f.* ⟨*Med*⟩ diarr(ho)ea: *avere la* ~ to have diarrhoea. **diarroico** (*pl.* -ci) diarrheal, diarrhoic.

diartrosi *f.* ⟨*Med*⟩ diarthrosis.

diascopio *m.* (*proiettore per diapositive*) slide projector.

diaspora *f.* Diaspora: *la* ~ *degli ebrei* the Diaspora (of the Jews).

diaspro *m.* ⟨*Min*⟩ jasper.

diastasi *f.* **1** ⟨*Med*⟩ diastasis. **2** (*enzima*) diastase.

diastilo *m.* ⟨*Arch*⟩ diastyle.

diastole *f.* ⟨*Med,Metr*⟩ diastole. **diastolico** *a.* (*pl.* -ci) diastolic.

diastrofismo *m.* ⟨*Geol*⟩ diastrophism.

diaterman(e)ità *f.* ⟨*Fis*⟩ diatherma(n)cy. **diatermano** *a.* diatherm(an)ous, diathermic.

diatermia *f.* ⟨*Med*⟩ diathermy. **diatermico** *a.* (*pl.* -ci) diathermic.

diatesi *f.* ⟨*Med*⟩ diathesis. **diatetico** *a.* (*pl.* -ci) diathetic.

diatomea *f.* ⟨*Bot*⟩ diatom.

diatonia *f.* ⟨*Mus*⟩ diatonism. **diatonico** *a.* ⟨*pl.* -ci⟩ diatonic: *scala –a* diatonic scale.

diatriba (o *diatriba*) *f.* **1** ⟨*Stor*⟩ diatribe. **2** (*discorso o scritto violento*) diatribe, invective, bitter tirade.

diavola: ⟨*Gastr*⟩ *pollo alla* ~ broiled chicken. **diavoleria** *f.* **1** (*azione diabolica*) devilry, devilment, witchcraft, work of the devil: *incantesimi e altre* ~*e* spells and other works of the devil. **2** ⟨*fam*⟩ (*cosa strana*) oddity, freak, weird object. **3** ⟨*fam*⟩ (*invenzione bizzarra*) trick, cunning device, piece of mischief, devilry: *ha inventato una nuova* ~ *per non andare a scuola* he's found a new trick in order not to go to school. **diavolessa** *f.* she devil. **diavoleto** *m.* **1** (*baccano, scompiglio*) uproar, pandemonium, hubbub, babel. **2** (*sfuriata*) angry outburst, scolding, tirade. **diavoletto** *m.* **1** imp (*anche fig.*). **2** (*bigodino*) hair curler. □ ⟨*Fis*⟩ ~ *di Cartesio* Cartesian diver. **diavolino** *m.* **1** imp (*anche fig.*). **2** (*bigodino*) hair curler. **diavolio** *m.* (*baccano*) uproar, pandemonium, hubbub, shindy.

diavolo *m.* **1** devil (*anche fig.*): *quel ragazzo è un* ~ that boy's a devil. **2** ⟨*esclam*⟩ my goodness, heavens, good Lord: ~, *quanta fretta* heavens, what a hurry you're in; (*in domande*) what the devil (*o* deuce, dickens), what on earth, ⟨*fam*⟩ (*what*) the hell: *dove* ~ *ti sei cacciato?* where ⌐the devil⌐ (*o* on earth) have you got to?; *che* ~ *vuoi?* what ⌐on earth⌐ (*o* the hell) do you want?; (*sì, certo*) of course, I should say so (*o* think so), by Jove, ⟨*fam*⟩ you bet: *ci sei andato? –* ~*!* did you go? – ⌐I certainly did⌐ (*o* you bet I did)! □ *essere come il* ~ *e l'*acqua *santa* to be like cat and dog; **al** ~ to hell with: *al* ~ *la fretta* to hell with all this hurry; *andare al* ~ to go to ⌐the devil⌐ (*o* hell, blazes): *va al* ~ go to hell (*o* the devil); *mandare al* ~ *qd.* to tell s.o. to go to ⌐the devil⌐ (*o* hell); **avere** *il* ~ *in corpo* to be very restless (*o* excited), to be like one possessed; *avere un* ~ *per capello* to be beside o.s. with rage; ⟨*Stor*⟩ **avvocato** *del* ~ devil's advocate; **brutto** *come il* ~ as ugly as sin; ⟨*fam*⟩ *un* **buon** ~ a good fellow (*o* soul); *abitare a* **casa** *del* ~ to live at the back of beyond; *il* ~ *ci ha messo la* **coda** the devil has had a hand in this; *un* ~ *di* **donna** a devil of a woman; *avere una* **fame** *del* ~ to be very hungry; **fare** *il* ~ *a quattro* (*fare baccano*) to raise hell (*o* Cain); (*darsi un gran da fare*) to move heaven and earth; *fa un* **freddo** *del* ~ it's bitterly (*o* freezing) cold; **furbo** *più del* ~ as cunning as Old Nick; *che il* ~ *ti* **porti** the devil take you; *che il* ~ *mi porti se non è vero* may I be damned if it isn't true; ⟨*fam*⟩ *un* **povero** ~ a poor devil (*o* wretch, soul); **saperne** *più del* ~ to be up to more tricks than Old Nick; *i miei figli sono dei* ~*i* **scatenati** my children are ⌐real imps⌐ (*o* little devils let loose); *per* **tutti** *i* ~*-i* for goodness' (*o* heaven's) sake: *per tutti i* ~*-i, fatemi parlare* for goodness' sake, let me speak. *Prov.: il* ~ *non è*

poi così brutto come si dipinge the devil is not so black as he is painted; *un* ~ *caccia l'altro* one evil drives away another; *il* ~ *fa le pentole ma non i coperchi* the devil teaches us his tricks but not how to hide them.

diazotare *v.t.* ⟨*Chim*⟩ to diazotize. **diazotazione** *f.* diazotization.

dibattere *v.t.* to debate, to discuss: ~ *una questione* to debate a matter; ~ *il pro e il contro* to discuss (*o* weigh) the pros and cons. **dibattersi** *v.r.* **1** (*agitarsi*) to struggle, to writhe: *dibattersi nell'agonia* to struggle in death's clasp; (*divincolarsi*) to struggle, to writhe about, to wriggle: *il prigioniero si dibatteva per liberarsi* the prisoner struggled to get free; (*in acqua*) to flounder. **2** ⟨*fig*⟩ to struggle; (*rif. a dubbi*) to be torn; (*rif. a un problema*) to grapple (*in* with). **dibattimentale** *a.* of a hearing. **dibattimento** *m.* **1** (*dibattito*) debate, discussion. **2** ⟨*Dir*⟩ hearing, trial: ~ *a porte chiuse* hearing in camera, closed hearing.

dibattito *m.* **1** (*discussione*) debate, discussion: *un* ~ *sui rapporti tra stato e chiesa* a debate on Church–State relations. **2** ⟨*Dir,rar*⟩ (*dibattimento*) hearing, trial. □ *aprire il* ~ to open the debate; ⟨*Parl*⟩ ~ *sul* **bilancio** Budget debate; *dirigere un* ~ to lead (*o* conduct) a debate; ~ **parlamentare** parliamentary debate; *in* **sede** *di* ~ during the debate.

dibattuto *a.* (*controverso*) vexed, much–discussed: *un problema molto* ~ a vexed (*o* much–discussed) question.

diboscamento *m.* dis(af)forestation, deforestation. **diboscare** *v.t.* (**dibosco diboschi**) to dis(af)forest: ~ *un monte* to disforest a mountain.

dic. = *dicembre* December (*abbr.* Dec., D.).

dicastero *m.* (*ministero*) ministry, ⟨*SU*⟩ department. □ ~ *degli esteri* Ministry of Foreign Affairs, ⟨*GB*⟩ Foreign Office, ⟨*SU*⟩ State Department.

dicembre *m.* December.

diceria *f.* hearsay, rumour, gossip: *è solo una* ~ it's only ⌐a rumour⌐ (*o* hearsay).

dicessi, diceva → **dire**[1].

dichiarabile *a.* declarable. **dichiarante** *m./f.* ⟨*Dir*⟩ declarant.

dichiarare *v.t.* (**dichiaro, dichiari**) **1** to declare, to state: *dichiarò di non essere d'accordo* he declared his disagreement; *il testimone dichiara di non aver mai visto l'imputato* the witness states that he has never seen the accused. **2** (*manifestare*) to profess, to declare, to make known (*o* clear), to show: ~ *il proprio amore* to declare one's love; ~ *la propria stima* to show one's esteem. **3** (*proclamare*) to proclaim, to declare: *lo dichiararono vincitore* they declared him the winner. **4** (*nominare*) to nominate, to designate, to appoint: *ti dichiaro mio erede* I designate you as my heir. **5** (*giudicare*) to find, to judge, to declare: *fu dichiarato colpevole* he was found guilty. **6** (*attestare, certificare*) to testify, to certify, to declare: *si dichiara che il signor Rossi presta servizio in questa scuola* it is hereby certified that Mr. Rossi teaches at this school. **7** (*denunziare*) to declare: ~ *il reddito* to declare one's income; *ha qualcosa da* ~*?* have you anything to declare? **dichiararsi** *v.r.* **1** to declare o.s., to proclaim o.s.: *dichiararsi vinto* to declare o.s. beaten; *l'imputato si dichiarò innocente* the accused declared ⌐that he was⌐ (*o* himself to be) innocent. **2** (*confessare il proprio amore*) to propose, to declare o.s. (*o* one's love): *dopo qualche mese di corteggiamento, si dichiarò* after several months of courtship, he proposed. □ ~ **aperta** *la seduta* to declare the meeting open; ~ *in* **arresto** *qd.* to declare s.o. under arrest; ~ *le* **carte** to declare one's cards; ~ **guerra** *a un paese* to declare war on a country; ~ **marito** *e moglie* to join in wedlock; ~ **nullo** *qc.* to invalidate (*o* nullify) s.th., to declare null and void.

dichiaratamente *avv.* declaredly, openly. **dichiarativamente** *avv.* declaratively. **dichiarativo** *a.* declarative: *proposizione* –*a* declarative clause. **dichiarato** *a.* **1** declared, stated. **2** (*manifesto*) declared, avowed, open: *nemico* ~ avowed (*o* sworn) enemy.

dichiarazione *f.* **1** declaration, statement: *una* ~ *del ministro degli esteri* a statement by the Minister for Foreign Affairs. **2** (*manifestazione*) profession, expression, declaration: *la lettera contiene molte –i di stima* the letter contains many professions of respect. **3** (*attestazione, certificato*) declaration: *occorre una ~ del padre* a declaration from the father is required. **4** (*dichiarazione d'amore*) proposal, declaration (of love). **5** (*nei giochi di carte*) bid. □ ~ *di accettazione* declaration of acceptance; ⟨*Pol*⟩ ~ *di non* **belligeranza** declaration of non belligerency; ~ *di* **cessione** declaration of transfer; ⟨*Pol*⟩ ~ *di* **cobelligeranza** declaration of cobelligerency; ~ *dei* **diritti** declaration of rights; ⟨*Stor*⟩ ~ *dei diritti dell'uomo e del cittadino* Declaration of the Rights of Man and of the Citizen; ~ **doganale** customs declaration; ⟨*Comm*⟩ ~ **fallimentare** adjudication in bankruptcy; **fare** *una ~* to make a declaration (*o* statement); (*dichiarare il proprio amore*) to declare one's love, to propose; ~ **giurata** affidavit, sworn statement; ~ **governativa** government statement; ~ *di* **guerra** declaration of war; *d'***indipendenza** declaration of independence; ⟨*Dir*⟩ *d'***intenti** declaration of intent; ~ *di* **morte** (*o nascita*) notice (*o* notification) of death (*o* birth); ⟨*Pol*⟩ ~ *di* **neutralità** declaration of neutrality; ~ *di* **paternità** declaration of paternity; ~ *dei* **redditi** (income) tax return, declaration (*o* statement) of income: *presentare la ~ dei redditi* to file a tax return; **rilasciare** *una ~* to issue a statement; ~ *di* **sinistro** notice (*o* notification) of accident; ~ *per la* **stampa** press release, hand–out; ~ **ufficiale** official statement; ~ *del* **valore** declaration of value.

diciannove *a./s.inv.* **I** *a.* nineteen. **II** *s.m.* **1** (*numero*) nineteen. **2** (*nelle date*) nineteenth. **III** *s.f.pl.* seven (o'clock). **diciannovenne** **I** *a.* ⟨*attr*⟩ nineteen–year–old, ⟨*pred*⟩ nineteen years old, ⟨*pred*⟩ of nineteen. **II** *s.m./f.* nineteen–year–old. **diciannovesimo** **I** *a.* nineteenth. **II** *s.m.* (*f.* -a) nineteenth.

diciassette *a./s.inv.* **I** *a.* seventeen. **II** *s.m.* **1** (*numero*) seventeen. **2** (*nelle date*) seventeenth. **III** *s.f.pl.* five (o'clock). **diciassettenne** **I** *a.* ⟨*attr*⟩ seventeen–year–old, ⟨*pred*⟩ of seventeen, ⟨*pred*⟩ seventeen years old. **II** *s.m./f.* seventeen–year–old. **diciassettesimo** **I** *a.* seventeenth. **II** *s.m.* (*f.* -a) seventeenth.

diciottenne **I** *a.* ⟨*attr*⟩ eighteen–year–old, ⟨*pred*⟩ of eighteen, ⟨*pred*⟩ eighteen years old. **II** *s.m./f.* eighteen–year–old. **diciottesimo** **I** *a.* eighteenth. **II** *s.m.* (*f.* -a) eighteenth. **diciotto** *a./s.inv.* **I** *a.* eighteen. **II** *s.m.* **1** (*numero*) eighteen. **2** (*nelle date*) eighteenth. **III** *s.f.pl.* six (o'clock).

dicitore *m.* (*f.* -trice) reciter. □ *è un ottimo ~* he is a very good reciter; *fine ~* cabaret (*o* music hall) reciter. **dicitura** *f.* **1** (*breve scritta*) words *pl*, phrase: *c'era una targhetta con la ~ «vietato fumare»* there was a sign with the words "no smoking" on it. **2** (*didascalia*) caption.

dico → **dire**[1].

dicotiledone **I** *a.* ⟨*Bot*⟩ dicotyledonous. **II** *s.f.* dicotyledon.

dicotomia *f.* (*divisione in due parti*) dichotomy. **dicotomico** *a.* (*pl.* -ci) ⟨*Bot*⟩ dichotomous. **dicotomo** *a.* ⟨*Bot*⟩ dichotomous, dichotomic.

dicroico *a.* (*pl.* -ci) ⟨*Fis*⟩ dichroic. **dicroismo** *m.* dichroism, dichromatism.

dicromatico *a.* (*pl.* -ci) dichromatic.

dicrotismo *m.* ⟨*Med*⟩ dicrotism.

dictafono *m.* dictaphone.

didascalia *f.* **1** (*spiegazione di una illustrazione*) caption. **2** ⟨*Teat*⟩ stage direction. **3** ⟨*Cin*⟩ (sub)title. □ ⟨*Cin*⟩ *-e iniziali* credit titles, credits *pl*. **didascalico** *a.* (*pl.* -ci) **1** didactic: *poema ~* didactic poem. **2** (*relativo all'insegnamento*) teaching–, didactic: *metodo ~* teaching method.

didattica *f.* didactics *pl* (*costr. sing. o pl.*). **didattico** *a.* (*pl.* -ci) **1** didactic, teaching–: *principi –i* didactic principles. **2** (*istruttivo*) educational, didactic: *un film ~* an educational film. □ ⟨*Scol*⟩ *centro ~* centre for teaching research; *direttore ~* (primary) school headmaster; *piano ~* course of study; *programma ~* syllabus, teaching programme.

didentro *m.* ⟨*fam*⟩ **1** inside. **2** ⟨*fig*⟩ within, inside: *una voce dal ~* a voice from within.

didietro (*o di dietro*) **I** *a.inv.* back, rear, hind: *le zampe ~*

the hind legs. **II** *s.m.* **1** back (part), rear: *la finestra dà sul ~* the window looks out on the back. **2** (*fam*) (*sedere*) behind, bottom: *mi ha dato un calcio nel ~* he gave me a kick in the behind.

Didone *N.pr.f.* ⟨*Mitol*⟩ Dido.

dieci *a./s.inv.* **I** *a.* ten. **II** *s.m.* **1** (*numero*) ten. **2** (*nelle date*) tenth. **III** *s.f.pl.* ten (o'clock). □ *un biglietto da ~ dollari* a ten–dollar bill; ⟨*Stor*⟩ *il consiglio dei ~* the Council of Ten; ~ *volte tanto* tenfold, ten times as much. **diecimila** *a./s. inv.* ten thousand. **diecimillesimo** **I** *a.* (*decimillesimo*) ten thousandth. **II** *s.m.* (*f.* -a) ten thousandth. **diecina** *f.* (*decina*) about (*o* some) ten, ten or so.

diedi → **dare**[1].

diedro *m.* ⟨*Geom*⟩ (*anche angolo diedro*) dihedral (angle), dihedron.

dielettricità *f.* dielectricity. **dielettrico** *a./s.* (*pl.* -ci) **I** *a.* dielectric. **II** *s.m.* dielectric.

diencefalico *a.* (*pl.* -ci) ⟨*Anat*⟩ diencephalic. **diencefalo** *m.* diencephalon.

diene *m.* ⟨*Chim*⟩ diene.

dieresi *f.* ⟨*Metr,Fon,Med*⟩ diaeresis.

diesel *ted.* [di:zl] **I** *a.inv.* diesel: *motore ~* diesel engine. **II** *s.m.* **1** (*motore*) diesel, diesel engine. **2** (*carburante*) diesel, diesel oil. **III** *s.f./m.* (*autoveicolo*) diesel, vehicle driven by a diesel engine.

diesis *m.* ⟨*Mus*⟩ sharp: *sinfonia in do ~* symphony in C sharp.

dieta[1] *f.* diet (*anche Med.*). □ ~ **dimagrante** slimming (*o* reducing) diet; **essere** *a ~* to be ⌐on a diet⌐ (*o* dieting); **fare** *una ~* to diet; ~ **lattea** milk diet; ~ *latteo-vegetariana* milk and vegetable diet; **mettere** *qd. a ~* to put s.o. on a diet; **seguire** *la ~* to keep to one's diet.

dieta[2] *f.* (*assemblea*) diet (*anche Stor.*). □ *la ~ di Worms* the Diet of Worms.

dietetica *f.* dietetics *pl* (*costr. sing. o pl.*). **dietetico** *a.* (*pl.* -ci) dietetic(al): *alimenti –i* dietetic foodstuffs. □ *regime ~* diet. **dietista** *m./f.* dietician. **dietologia** *f.* dietetica. **dietologo** *m.* (*pl.* -gi) → **dietista**. **dietoterapia** *f.* dietotherapy.

dietro I *prep.* **1** behind, at the back of: *sta ~ la porta* it is behind the door; *si nascose ~ la tenda* he hid behind the curtain. **2** (*rif. a tempo: dopo*) after: *gli incidenti capitarono uno ~ l'altro* the accidents occured one after another. **3** ⟨*Comm,burocr*⟩ on, against: *consegna ~ pagamento* delivery on payment; ~ *compenso* on payment. **II** *avv.* **1** (*stato*) behind, at the back: *io ero in prima fila, gli altri sedevano ~* I was in the front row, the others sat behind; (*rif. ad automobile*) in the back. **2** (*moto*) behind, to the back: *venite ~ con noi* come to the back with us; (*in coda, dopo*) behind, in the rear. **3** (*nella parte posteriore*) at the back, behind: *il vestito pende ~* the dress hangs down at the back. **III** *s.m.* back, rear: *la cucina sta sul ~ della casa* the kitchen is at the back of the house. **IV** *a.* (used after the noun) back, rear, hind: *le zampe di ~* the hind legs. □ ~ *a:* 1 (*stato*) behind, at the back of: ~ *alla casa* behind the house; 2 (*moto*) behind, to the back of: *andare ~ alla casa* to go to the back (*o* rear) of the house; *andare ~ a qd.* to follow s.o.; **andare** ~ *alla moda* to follow the fashion; **correre** ~ *a qd.* to run (*o* be) after s.o. (*anche fig.*): *non fa che correre ~ alle donne* he is always after some woman; ⟨*fig*⟩ *correre ~ a qc.* to pursue (*o* be after) s.th.; *da ~* from behind (*o* the back); ~ *di:* 1 (*stato*) behind, at the back of: *camminavo ~ di te* I was walking behind you; 2 (*moto*) behind, after, to the back of: *di ~* behind, at (*o* to) the back: *siedi avanti, io mi metterò di ~* you sit in front, I'll go behind; (*rif. ad automobile*) in the back; *il vestito si abbottona di ~* the dress buttons down the back; ~ **dichiarazione** on declaration; ⟨*dial*⟩ **essere** ~ *a fare qc.* to be busy (*o* occupied in) doing s.th.: *è tutto il giorno ~ a lavorare* he is busy working all day; *mi gridò ~ un insulto* he shouted an insult after me; *là ~* back there; **lasciarsi** ~ to leave behind (*anche fig.*): *si lasciò ~ il paese* he left the country behind; ~ **ordinazione** to order; **portarsi** ~ to take (with one); **qui** ~ back here; ⟨*fig*⟩ ~ *le* **quinte** (*in segreto*) behind the scenes; ~ **ricevuta** against receipt; ~ **richiesta** on (*o* by) request, on demand (*o* application); ~ **richiesta** *di qd.* at s.o.'s request; ~ **le spalle** behind one's back; ⟨*fig*⟩ **star** ~ *a qd.*: 1 (*sorvegliarlo*) to ⌈watch over⌉ (*o* keep an eye on) s.o.; 2 (*badargli*) to take care of s.o., to look after s.o.; 3 (*non lasciargli pace*) to stand over s.o., to keep on at s.o., to dog (*o* pester) s.o.; *star* ~ *a una donna* to run after a woman; *non riusciamo a* **tener** ~ *a tutto il lavoro* we can't cope with all the work; ⟨*fig*⟩ **tirarsi** ~ *qc.* (*attirarsi qc.*) to draw s.th. upon o.s., to attract s.th.; *tirarsi* ~ *qd.* to bring s.o. (along) with one; *uscimmo* **uno** ~ *l'altro* we came out one behind the other.

dietrofrọnt (o *diẹtro frọnt*) *m.* **1** about turn (*anche esclam.*). **2** ⟨*fig*⟩ volte–face. □ *fare* ~ to about turn; ⟨*fig*⟩ to make a volte–face.

difạtti (o *di fạtti*) *congz.* (*infatti*) as a matter of fact, in fact.

difẹndere *v.t.* (**difẹsi, difẹso**) **1** to defend: *pochi soldati difendevano il ponte* only a few soldiers defended the bridge. **2** (*riparare*) to protect, to shelter: *la lana difende dal freddo* wool protects one from the cold. **3** (*tutelare*) to defend, to protect, to look after: ~ *gli interessi di qd.* to look after s.o.'s interests. **4** (*sostenere*) to defend, to stand up for, to uphold: ~ *una tesi* to defend a theory; ~ *un amico* to stand up for a friend. **5** ⟨*Dir*⟩ (*rif. a persona*) to plead for (*o* the case of); (*rif. a causa*) to plead. **difẹndersi** *v.r.* **1** to defend o.s. (*da* against, from). **2** (*ripararsi*) to protect o.s.: *difendersi dal freddo* to protect o.s. from the cold. **3** (*cavarsela*) to manage, to get by (*o* along): *non sono un esperto nel tennis, ma mi difendo* I'm no expert tennis player, but I get by. □ *difendersi bene dagli anni* to be (*o* look) young for one's years; *difendersi male dagli anni* to show one's age; *sapersi* ~ to know how to look after o.s.

difendịbile *a.* defensible.

difensịva *f.* ⟨*Mil*⟩ defensive. □ *mettersi sulla* ~ to take up (*o* assume) the defensive (*anche fig.*); *stare sulla* ~ to be on the defensive (*anche fig.*). **difensịvo** *a.* defensive, of defence: *armi –e* defensive weapons; *guerra –a* defensive war.

difensọre *m.* (*f.* **difenditrịce**) **1** defender: ~ *della patria* defender of one's country. **2** (*sostenitore*) upholder, supporter, champion: *strenuo* ~ *della democrazia* staunch upholder of democracy. □ **avvocato** ~ counsel for the defence; ~ **civico** ombudsman; *farsi* ~ *di una causa* to champion (*o* take up) a cause; ~ *del* **consumatore** consumer advocate; ~ *della* **fede** defender of the faith; ⟨*Dir*⟩ ~ *d'***ufficio** counsel for the defence appointed by the Court.

difẹsa *f.* **1** defence (*anche Dir.,Sport.,Mil.*). **2** (*parole di difesa*) defence; (*arringa di difesa*) speech for the defence; (*scritto di difesa*) defence, apology. **3** ⟨*Dir*⟩ (*avvocato difensore*) (counsel for) the defence: *dare la parola alla* ~ to call upon the defence. **4** *pl.* (*fortificazioni*) defences *pl,* defensive works *pl.* **5** *pl.* (*zanne*) tusks. □ *a* ~ *di* in defence of, defending; (*a riparo*) protecting, screening; *una staccionata a* ~ *del campo* a stockade to defend the camp; *accorrere in* ~ *di qd.* to run to s.o.'s defence; ~ **aerea** air defence; ~ *dell'***ambiente** environmental protection; ⟨*Mil*⟩ ~ **antisbarco** anti–landing defence; **armi** *di* ~ weapons of defence; **assumere** *la* ~ *di qd.* to defend (*o* side with) s.o.; ⟨*Dir*⟩ to undertake s.o.'s defence; *le –e del* **cinghiale** the boar's tusks; ⟨*Dir*⟩ **collegio** *di* ~ (counsel for) the defence; ⟨*Mil*⟩ ~ **costiera** coastal defence; ⟨*Dir*⟩ **legittima** ~ self–defence: *ha ucciso per legittima* ~ he killed in self–defence; ⟨*Mil*⟩ **linea** *di* ~ line of defence; ~ **nazionale** national defence; **parlare** *in* ~ *di qd.* to speak in defence of s.o.; ⟨*Dir*⟩ ~ **personale** self–defence; *mettersi in* **posizione** *di* ~ to take up a defensive position; ⟨*Dir*⟩ **presentare** *una* ~ to set up a defence; **senza** ~ defenceless; ⟨*Mil*⟩ **spese** *per la* ~ defence expenditure; ~ *del* **suolo** protection of the soil.

difẹsi → **difẹndere**. **difẹso** (*p.p. di difendere*) *a.* **1** defended: *una trincea ben –a* a well–defended trench; (*fortificato*) fortified. **2** (*riparato*) sheltered, protected.

difettạre *v.i.* (*difẹtto; aus.* **avere**) **1** (*mancare*) to be lacking (*o* wanting) (*di* in), to lack (s.th.): *il giovane non* *difetta di ingegno* the youth is not lacking in talent. **2** (*essere difettoso*) to be defective: *difetta nella pronunzia* his pronunciation is defective. **difettịvo** *a.* defective (*anche Gramm.*): *verbi –i* defective verbs.

difẹtto *m.* **1** (*mancanza*) lack, want: *c'è* ~ *d'acqua* there is a lack of water. **2** (*imperfezione*) defect: *un* ~ *del legno* a defect in the wood; (*irregolarità*) flaw: *il piatto costa poco perché c'è un* ~ *nella porcellana* the plate is cheap because there is a flaw in the china. **3** (*rif. a persona: difetto fisico*) defect, blemish; (*difetto morale*) defect, fault, flaw, blemish: *tutti abbiamo i nostri –i* we all have our faults. □ ~ *di* **costruzione** construction fault; ~ **ereditario** hereditary defect; **essere** *in* ~ (*trovarsi in colpa*) to be at fault; ~ *di* **fabbricazione** manufacturing defect; **far** ~*:* 1 (*mancare*) to lack: *non gli fa certo* ~ *la faccia tosta* he certainly doesn't lack cheek; 2 (*venir meno*) to fail: *mi fa* ~ *la memoria* memory fails me; ~ *di* **lavorazione** defect in workmanship; ~ *di* **pronuncia** defect in pronunciation; **senza** *–i* flawless, faultless; *quel film ha un* **solo** ~*: è troppo lungo* there's only one thing wrong with that film: it's too long.

difettosamẹnte *avv.* defectively; (*imperfettamente*) imperfectly. **difettọso** *a.* **1** (*imperfetto*) defective, imperfect: *pronuncia –a* defective pronunciation. **2** (*che funziona male*) defective, faulty, imperfect: *motore* ~ faulty engine.

diffamạre *v.t.* **1** to defame. **2** ⟨*Dir*⟩ to slander; (*per iscritto*) to libel. **diffamạto** *a.* defamed, libelled, slandered. **diffamatọre** *m.* (*f.* **-trice**) defamer, libeller, slanderer. **diffamatọrio** *a.* defamatory: *una lettera –a* a defamatory letter. **diffamazịone** *f.* **1** defamation. **2** ⟨*Dir*⟩ slander; (*per iscritto*) (defamatory) libel: *querela per* ~ libel action.

differẹnte *a.* different: *essere* ~ *da qc.* to be different from (*o* to) s.th.; *due persone –i per cultura* two people of different cultural backgrounds. □ ~ *di* **colore** of different colours; *ma allora è* ~ but that's different; ~ *di* **forma** different in form. **differentemẹnte** *avv.* differently, in a different way.

differẹnza *f.* **1** (*diversità*) difference (*di* in): ~ *di colori* difference in colour. **2** (*divario*) difference, discrepancy: *tra le nostre idee c'è una grande* ~ there is considerable discrepancy between our opinions. **3** (*somma mancante*) difference (*anche Mat.*): *pagare la* ~ to pay the difference. **4** ⟨*Mat*⟩ (*risultato della sottrazione*) difference: *la* ~ *tra dieci e sei è quattro* the difference between ten and six is four. □ **a** ~ *di* unlike: *a* ~ *del fratello, lui è pigro* unlike his brother, he is lazy; *c'è una* **bella** ~ that makes a lot of difference!; ⟨*Sociol*⟩ *–e di* **classe** class differences; *con la* ~ *che* with the difference that; **dividere** *a metà la* ~ to split the difference; *c'è una bella* ~ there's ⌈a big⌉ (*o* quite a) difference; *non c'è* ~ there's no difference; ~ *d'***età** age difference; **far** ~ to make a difference; *un maestro non deve far* ~ *tra gli allievi* a teacher must be impartial with his pupils; *non fa alcuna* ~ it makes no difference; ~ *in* **meno** deficiency, shortfall; ~ *in* **più** excess.

differenziạbile *a.* differentiable (*anche Mat.*). **differenziabilità** *f.* differentiability.

differenziạle **I** *a.* differential. **II** *s.m.* ⟨*Mecc*⟩ differential gear(ing), differential. □ ⟨*Mat*⟩ **analisi** (o *calcolo*) ~ differential calculus; ⟨*Scol*⟩ **classi** *–i* special classes; ⟨*Med*⟩ **diagnosi** ~ differential diagnosis; ⟨*Aut*⟩ **gruppo** *del* ~ differential unit; **scatola** *del* ~ differential housing (*o* case); **tariffa** ~ differential rate.

differenziamẹnto *m.* differentiation (*anche Biol.*). **differenziạre** *v.t.* (**differẹnzio, differẹnzi**) **1** to differentiate, to make different, to distinguish. **2** ⟨*Mat*⟩ to differentiate. **differenziạrsi** *v.r.* **1** (*essere differente*) to differ, to be different: *si differenziano per cultura* they differ in their cultural backgrounds. **2** (*distinguersi*) to differentiate, to become (*o* grow) different: *il suo stile si differenziò sempre più da quello del maestro* his style became more and more different from that of his teacher. **3** ⟨*Biol*⟩ to differentiate. **differenziạto** *a.* differentiated. **differenziazịone** *f.* differentiation (*anche Mat.,Min., Biol.*).

differịbile *a.* deferrable, postponable: *la data non è* ~ the date is not deferrable. **differimento** m. deferment, postponement. **differire** v. (**differisco, differisci**) I v.i. (aus. avere) to differ, to be different: la seconda edizione non differisce molto dalla prima the second edition does not differ greatly from the first; i caratteri degli uomini differiscono men's characters are different. II v.t. (rinviare) to defer, to postpone, to put off: ~ il pagamento to defer payment. □ ~ in qc. to differ in s.th.: differiscono molto nelle idee they differ greatly in their ideas; ⟨Comm⟩ ~ la scadenza di una cambiale to extend the maturity of a bill. **differito** a. postponed, deffered. □ imposta –a deffered tax; ⟨Rad,TV⟩ trasmissione in –a delayed broadcasting.

difficile I a. 1 difficult, hard: un'impresa ~ a difficult undertaking. 2 (rif. a persona: scontroso) difficult, hard to get on with: un ragazzo ~ a difficult boy; (incontentabile) hard to please, difficult, exacting; (schizzinoso) difficult, finicky, fastidious, fussy: è molto ~ nel mangiare he's very fussy about his food. 3 (improbabile) unlikely, improbable: è ~ che io lo veda I am unlikely to see him, it is unlikely (o improbable) that I shall see him. II s.m. 1 difficulty, hard (o difficult) part, what is difficult: il ~ è persuaderlo the hard part is persuading him. 2 m./f. difficult person. □ ~ da [inf] difficult (o hard) to [inf]; di ~ (seguito dal sostantivo) difficult to (seguito dal verbo): libro di ~ lettura difficult book to read; digestione ~ poor (o laboured) digestion; fare il (o la) ~ (farsi pregare) to be difficult (o hard to get on with); essere di gusti –i to be hard to please; rendere la vita ~ a qd. to make life hard for s.o.; mi riesce ~ crederti I find it hard to believe you; mi sarà ~ persuaderlo I'll have a hard time persuading him; una situazione ~ an awkward situation; tempi –i hard times.

difficilmente avv. 1 (con difficoltà) with difficulty. 2 (con scarsa probabilità) unlikely: ~ potrò venire domani I am unlikely to be able to come tomorrow.

difficoltà f. 1 (l'essere difficile) difficulty. 2 (ostacolo) difficulty, trouble, hurdle, hitch. 3 (opposizione, obiezione) difficulty, objection: sollevare delle ~ to raise (o make) difficulties. 4 pl. (ristrettezze economiche) (financial) difficulties pl, straits pl: trovarsi in ~ to be in difficulties. □ appianare una ~ to smooth out a difficulty; non aver ~ a credere a qd. to have no difficulty in believing s.o.; con ~ (faticosamente) with difficulty (o an effort): parla con ~ he speaks with difficulty; respirava con ~ he had trouble breathing; fare ~ a raise (o make) difficulties; ciò non presenta alcuna ~ that presents no difficulty, that's no trouble; senza ~ without a hitch, without trouble (o difficulty); sono sorte delle ~ some difficulties have come up.

difficoltoso a. 1 difficult, hard. 2 (rif. a persona: scontroso) difficult; (incontentabile) hard to please, difficult, exacting. □ digestione –a poor digestion; respiro ~ laboured breathing.

diffida f. ⟨Dir⟩ warning, notice, intimation. □ notificare una ~ a qd. to serve a notice on s.o.; ~ di pagamento notice to pay. **diffidare** I v.i. (aus. avere) to mistrust, not to trust (di qc. s.th.), to be distrustful, to be suspicious (of), to have no faith (in): diffido delle sue promesse I don't trust his promises; egli diffida di tutti he is suspicious of everybody. II v.t. to warn, to caution, to give warning (o notice) to: ~ qd. dal fare qc. to warn s.o. not to do s.th.; il tribunale lo diffidò a lasciare la città the court gave him warning to leave the city. □ diffidate delle imitazioni beware of imitations. **diffidente** a. mistrustful, distrustful, suspicious. □ mi guardò con aria ~ he looked at me suspiciously; essere ~ con qd. to be distrustful (o suspicious) of s.o., to distrust s.o.: è ~ con gli estranei he distrusts (o is suspicious of) strangers. **diffidenza** f. distrust, mistrust, suspicion.

diffondere v.t. (diffusi, diffuso) 1 to give out, to shed, to diffuse: la lampada diffondeva una luce bianca the lamp shed a white light; il fuoco diffondeva calore nell'ambiente the fire gave out warmth to the room. 2 ⟨fig⟩ (divulgare) to spread (abroad): ~ una notizia to spread news; ~ il terrore to spread terror abroad. 3 (propagandare) to advertise, to publicize, to make known: ~ un giornale to

publicize a newspaper; (incrementare la vendita) to promote the sales of: ~ un prodotto to promote the sales of a product. 4 ⟨Rad⟩ (trasmettere) to broadcast. 5 ⟨TV⟩ to telecast. **diffondersi** v.r. 1 to spread (out): un improvviso rossore si diffuse sul suo volto a sudden flush spread over her face; (rif. a odori) to waft: dalla pentola si diffondeva l'odore dell'arrosto the smell of the roast wafted up from the pan. 2 ⟨fig⟩ to spread, to become widespread, to circulate: queste idee si diffusero rapidamente these ideas spread rapidly.

difforme a. (differente) different, unlike, dissimilar. **difformità** f. unlikeness, difference, dissimilarity.

diffrangere v.t. (diffrango, diffrangi; diffransi, diffranto) ⟨Fis⟩ to diffract. **diffrangersi** v.r. to be diffracted, to diffract. **diffrazione** f. diffraction. □ ~ acustica acoustic diffraction; ~ della luce light diffraction.

diffusamente avv. diffusely, fully, at length: trattare ~ un argomento to treat a subject fully (o at length), to go deeply (o thoroughly) into a subject. **diffusi** → diffondere. **diffusibile** a. diffusible. **diffusibilità** f. diffusibility. **diffusionale** a. distribution–: rete ~ distribution network. **diffusione** f. 1 spread, diffusion, propagation: la ~ del cristianesimo the spread of Christianity; ~ di notizie propagation of news; (rif. a giornali e sim.) circulation: ~ di pubblicazioni clandestine circulation of clandestine publications. 2 ⟨Rad⟩ broadcast, ⟨TV⟩ telecast. 3 ⟨Fis,Atom⟩ scattering. 4 ⟨Ott,Met,Chim⟩ diffusion. □ ⟨Zool,Biol⟩ area di ~ area of diffusion; ~ della luce diffusion of light; ~ del suono diffusion of sound; ~ termica thermal diffusion. **diffusivo** a. diffusive. **diffuso** (p.p. di diffondere) a. 1 widespread, diffuse(d): un'abitudine molto –a a widespread habit; (rif. a giornali e sim.) circulated: un giornale molto ~ a widely–circulated newspaper. 2 (prolisso) long–winded, prolix. 3 ⟨Fis⟩ diffused. □ calore ~ diffused heat; luce –a diffused (o flooded, indirect) light. **diffusore** m. 1 ⟨Mecc,Fis⟩ diffuser. 2 ⟨Atom⟩ scatterer. 3 ⟨Acu⟩ (sound) diffuser. 4 ⟨Aut⟩ choke (tube). 5 ⟨Ind⟩ diffuser.

difilato avv. 1 (direttamente) straight: vai ~ a scuola go straight to school. 2 (subito) straight away (o off): venne ~ a raccontarmi l'accaduto she came straight away to tell me what had happened.

difterico a. (pl. -ci) ⟨Med⟩ diphtheritic, diphtheria–. **difterite** f. diphtheria.

diga f. 1 (sbarramento di fiume) dam, barrage. 2 (argine litoraneo) dike, dyke; (frangiflutti) breakwater. 3 (opera portuale) breakwater. 4 ⟨fig⟩ defence, barrier, dike: una ~ al malcostume a defence against immorality. □ ~ artificiale artificial dam, barrage; ~ a contrafforti buttress (o counterfort) dam; ~ fluviale (river) dam, barrage; ⟨am⟩ levee; ~ marittima breakwater; ~ mobile movable dam; ~ di sbarramento (retaining) dam.

digamma m.inv. ⟨Paleogr⟩ digamma.

digerente a. digestive: apparato ~ digestive tract. **digeribile** a. 1 digestible: cibo facilmente ~ easily–digestible food. 2 ⟨fig⟩ tolerable. **digeribilità** f. digestibility. **digerire** v.t. (digerisco, digerisci) 1 to digest. 2 ⟨fig⟩ (smaltire) to let cool, to work off: ~ la rabbia to let one's anger cool. 3 ⟨fig⟩ (sopportare, tollerare) to swallow, to bear, to put up with: ~ un'offesa to swallow an affront; (rif. a persone) to bear, to stand: non lo posso ~ I can't stand him. 4 ⟨fig⟩ (assimilare) to digest, to take in: non digerisco la matematica I cannot take in mathematics. 5 ⟨Chim⟩ to digest. □ ~ bene (o male) to have a good (o poor) digestion. **digestione** f. digestion (anche Chim.). □ avere una buona ~ to have a good digestion; ⟨fig⟩ mi sono guastato la ~ I worried myself sick; ~ laboriosa difficult digestion. **digestivo** I a. digestive: processo ~ digestive process; liquore ~ digestive liqueur. II s.m. digestive, digestant, digester.

digesto m. ⟨Dir.rom⟩ digest.

digestore m. ⟨Ind⟩ digester.

digitale[1] a. finger–, digital: impronta ~ fingerprint. **digitale**[2] f. ⟨Bot⟩ foxglove, digitalis. **digitale**[3] a. ⟨Inform⟩ digital: tastiera ~ digital keyboard. **digitalina** f. ⟨Farm⟩ digitalin. **digitalizzare** v.t./i. (aus. avere) ⟨Inform⟩ to digitize.

digitalizzatore *m.* digitizer.
digitare *v.i./t.* (*aus.* avere) → **digitalizzare**.
digitato *a.* ⟨*Zool,Anat,Bot*⟩ digitate.
digitigrado I *a.* ⟨*Zool*⟩ digitigrade. **II** *s.m.* digitigrade.
digiunare *v.i.* (*aus.* avere) (*per penitenza*) to fast; (*patire la fame*) to go hungry.
digiuno[1] *m.* **1** fast(ing). **2** ⟨*fig*⟩ (*lunga privazione*) (long) privation. □ **a** ∼ on an empty stomach, before eating (*o* meals): *non fumo mai a* ∼ I never smoke on an empty stomach; *medicina da prendere a* ∼ medicine to be taken before meals; *essere a* ∼ not to have eaten; *tenere a* ∼ to keep without food, to starve; ⟨*fig*⟩ to starve, to keep without: *mi hai tenuto a* ∼ *di notizie* you have 'starved me' (*o* kept me short) of news; ⟨*Rel*⟩ ∼ **eucaristico** fasting before Communion; **far** ∼ to fast; **osservare** *il* ∼ to observe a fast; ⟨*Rel*⟩ ∼ **quaresimale** Lenten fasting; **rompere** *il* ∼ to break one's fast.
digiuno[2] *a.* **1** not having eaten, fasting: *stamattina sono ancora* ∼ I haven't eaten this morning. **2** ⟨*fig*⟩ (*privo*) without (*di qc.* s.th.), lacking (in): *esser* ∼ *di notizie* to be without news; *esser* ∼ *delle cognizioni più elementari* to be lacking in the most elementary knowledge. □ *è completamente* ∼ *di matematica* he knows no mathematics at all.
digiuno[3] *m.* ⟨*Anat*⟩ jejunum.
dignità *f.* **1** dignity: *la mia* ∼ *non mi permette di fare ciò* it is beneath my dignity to do this. **2** (*decoro*) decorum, dignity: *vestire con* ∼ to dress with decorum. **3** (*alto ufficio*) dignity, high office, rank: *conferire una* ∼ *a qd.* to confer a high office on s.o.; *elevare* (*o innalzare*) *alla* ∼ *papale* to raise to the papal dignity. **4** *pl.* (*dignitari*) dignitaries *pl.* □ *parole piene di* ∼ dignified words; *privo di* ∼ undignified. **dignitario** *m.* dignitary.
dignitosamente *avv.* with dignity, in a dignified manner. **dignitoso** *a.* **1** dignified. **2** (*decoroso*) decorous, decent: *abito* ∼ decorous dress.
digradante *a.* sloping (down). **digradare** *v.i.* (*aus.* avere) **1** to slope (down), to decline: *i colli digradano verso il fiume* the hills slope down towards the river. **2** (*rif. a colori*) to shade off. **digradazione** *f.* **1** sloping (down). **2** (*rif. a colori*) shading off.
digramma *m.* ⟨*Ling*⟩ digraph, digram.
digressione *f.* digression (*anche Astr.*): *fare una* ∼ to make a digression, to digress. **digressivo** *a.* digressive.
digrignamento *m.* grinding, gnashing. **digrignare** *v.t.* to grind, to gnash. □ ∼ *i denti* (*rif. ad animali*) to bare (*o* show) the teeth; (*rif. a persone*) to grind (*o* gnash) one's teeth.
digrossamento *m.* **1** trimming (down), cutting down. **2** (*sbozzatura*) rough-hewing. **3** ⟨*fig*⟩ (*dirozzamento*) refining. **digrossare** *v.t.* (*digrosso*) **1** (*sgrossare*) to trim (down), to reduce, to thin down: ∼ *un blocco di marmo* to trim a block of marble. **2** (*sbozzare*) to rough-hew, to rough-shape: ∼ *una scultura* to rough-hew a sculpture. **3** ⟨*fig*⟩ (*dirozzare*) to refine, to polish, to give polish to: *la vita di città lo digrossò* city life gave him polish.
diguazzare *v.i.* (*aus.* avere) to splash (about), to paddle, to dabble: *i bambini diguazzavano nella piscina* the children splashed about in the pool.
diktat *ted.* [dik'ta:t] *m.* ⟨*Pol*⟩ diktat.
dilagante *a.* on the increase, rampant: *il vizio* ∼ rampant vice. **dilagare** *v.i.* (*dilago, dilaghi; aus.* avere) **1** to flood (*in qc.* s.th.), to spread, to overflow (into): *le acque dilagarono nella campagna* the waters flooded the countryside. **2** ⟨*fig*⟩ to spread (far and wide), to be rampant: *la corruzione dilaga nel paese* corruption is spreading all over the country.
dilaniare *v.t.* (*dilanio, dilani*) **1** to tear to pieces, to rend, to lacerate. **2** ⟨*fig*⟩ (*tormentare*) to torment, to rend, to gnaw: *lo dilaniava il sospetto* he was tormented by suspicion, suspicion gnawed (at) him. **dilaniarsi** *v.r.* ⟨*recipr*⟩ **1** (*sbranarsi*) to tear e.o. to pieces. **2** ⟨*fig*⟩ to pull e.o. to pieces. □ *il suo corpo fu dilaniato dall'esplosione* he was blown to pieces by the explosion; *il colpevole era dilaniato dal rimorso* the guilty man was smitten by remorse.

dilapidare *v.t.* (*dilapido*) to squander, to waste, to dissipate: ∼ *un patrimonio* to squander a fortune. **dilapidatore** *m.* (*f.* -trice) squanderer, wastrel. **dilapidazione** *f.* waste, squandering, dissipation.
dilatabile *a.* expandable, expansible, dilatable, expanding. **dilatabilità** *f.* expandability, expansibility. **dilatare** *v.t.* **1** to open (up), to dilate: *questa crema dilata i pori* this cream opens up the pores. **2** ⟨*Fis*⟩ to dilate, to expand. **3** ⟨*Med*⟩ to dilate. **dilatarsi** *v.r.* **1** to dilate, to expand, to widen (out): *gli si dilatarono le pupille per l'ira* his pupils dilated with anger. **2** ⟨*Fis*⟩ to expand. **3** ⟨*Med*⟩ to dilate: *gli si è dilatato lo stomaco* his stomach is dilated. □ ∼ *le narici* to flare one's nostrils. **dilatato** *a.* dilated, enlarged: *pupille* -*e* dilated pupils. **dilatatore** *m.* **1** ⟨*Chir*⟩ dilator. **2** ⟨*Mecc*⟩ expansion joint (*o* bend). **dilatatorio** *a.* dilative, dilating, dilator-. **dilatazione** *f.* **1** dilation. **2** ⟨*Fis*⟩ expansion, dilatation. **3** ⟨*Med*⟩ dil(at)ation. □ ⟨*Med*⟩ ∼ *di cuore* dilation of the heart; ⟨*Mecc*⟩ *curva di* ∼ expansion bend; *giunto di* ∼ expansion joint; ⟨*Med*⟩ ∼ *di stomaco* dilation of the stomach. **dilatometro** *m.* dilatometer.
dilatorio *a.* ⟨*Dir*⟩ dilatory: *eccezione* -*a* dilatory exception.
dilavamento *m.* ⟨*Geol*⟩ washing away (*o* out). **dilavare** *v.t.* to wash away (*o* out). **dilavato** *a.* ⟨*Geol*⟩ washed away.
dilazionare *v.t.* (*dilaziono*) ⟨*burocr,Comm*⟩ to defer, to delay: ∼ *il pagamento* to defer payment. **dilazionato** *a.* deferred, postponed: *vendita a pagamento* ∼ hire-purchase sale. **dilazione** *f.* ⟨*burocr,Comm*⟩ extension, respite, delay. □ ∼ *nella consegna* delay in delivery; ∼ *di pagamento* extension of payment.
dileggiare *v.t.* (*dileggio, dileggi*) to mock, to scoff at. **dileggiatore** *m.* (*f.* -trice) mocker, scoffer. **dileggio** *m.* mocking, scoffing, derision: *per* ∼ in derision.
dileguare *v.* (*dileguo*) **I** *v.t.* **1** to disperse, to dispel, to dissipate: *il sole ha dileguato la nebbia* the sun has dispersed the mist. **2** ⟨*fig*⟩ to dispel, to dissipate: ∼ *ogni dubbio* to dispel all doubt. **II** *v.i.* (*aus.* essere), **dileguarsi** *v.r.* **1** to vanish, to disappear: *la figura si dileguò nella nebbia* the figure vanished into the mist. **2** ⟨*fig*⟩ to fade, to vanish: *tutte le nostre speranze si sono dileguate a questo annuncio* all our hopes faded at the news.
dilemma *m.* dilemma: *trovarsi di fronte a un* ∼ to be in a dilemma.
dilettante I *a.* amateur-, dilettante-: *pittore* ∼ amateur painter. **II** *s.m./f.* **1** amateur, dilettante: *è un* ∼ *di musica* he is an amateur musician. **2** ⟨*spreg*⟩ dabbler: *non è un sonatore, è solo un* ∼ he's not a player, he's a mere dabbler (*o* strummer). **3** ⟨*Sport*⟩ amateur: *campionato dei* -*i* amateur championship. □ ⟨*Teat*⟩ *compagnia di* -*i* amateur theatrical company; ⟨*spreg*⟩ *da* ∼ amateurish: *un quadro da* ∼ an amateurish painting. **dilettantesco** *a.* (*pl.* -chi) ⟨*spreg*⟩ amateurish: *un lavoro* ∼ an amateurish job. **dilettantismo** *m.* **1** dilettantism, ⟨*spreg*⟩ amateurishness. **2** ⟨*Sport*⟩ amateurism, non-professionalism. **dilettantistico** *a.* (*pl.* -ci) **1** amateur-, dilettante-, ⟨*spreg*⟩ amateurish. **2** ⟨*Sport*⟩ amateur-, non-professional: *sport* ∼ amateur sport.
dilettare *v.t.* (*diletto*) **1** to delight, to please, to enchant: *la musica mi diletta* music delights me. **2** (*far divertire*) to amuse, to entertain: *la nonna lo dilettava con fiabe* his grandmother amused him with fairy tales. **dilettarsi** *v.r.* **1** (*provare piacere*) to take pleasure, to delight (*di, a, in* in), to enjoy (s.th.): *si dilettò della musica* he took pleasure in the music. **2** (*occuparsi per diletto*) to delight (*di* in), to love (s.th.): *si diletta di pittura* he loves painting. **dilettevole** *a.* delightful, pleasing, amusing, ⟨*lett*⟩ delectable.
diletto[1] **I** *a.* beloved: *la sposa* -*a* the beloved bride. **II** *s.m.* (*f.* -a) beloved, loved one: *ha ricevuto una lettera dal suo* ∼ she has received a letter from her beloved.
diletto[2] *m.* delight, pleasure. □ *arrecare* ∼ to give pleasure, to delight; *con* ∼ with pleasure: *ho letto il libro con gran* ∼ I read the book with great pleasure; *per* ∼ for pleasure (*o* enjoyment), as an amateur: *dipinge per* ∼ he paints for pleasure.

diligente *a.* **1** diligent, hard–working, painstaking: *scolaro* ~ hard–working pupil. **2** (*accurato*) diligent, careful, painstaking: *lavoro* ~ diligent work. **diligentemente** *avv.* diligently, carefully.

diligenza[1] *f.* **1** diligence. **2** (*accuratezza*) care, pains *pl*: *eseguì l'incarico con molta* ~ he took great pains over the task. □ *con* ~ diligently, conscientiously: *studiare con* ~ to study conscientiously.

diligenza[2] *f.* ⟨*Stor*⟩ (*corriera*) stage coach, diligence; (*postale*) mail coach; (*zelo*) zeal. □ *assalto alla* ~ stage coach robbery.

diluente I *a.* ⟨*Chim*⟩ diluting, diluent. **II** *s.m.* diluent; (*per vernici e sim.*) thinner. **diluire** *v.t.* (**diluisco, diluisci**) **1** to dilute, to thin (down), to water down: ~ *una soluzione* to dilute a solution; ~ *una vernice* to thin a paint. **2** (*sciogliere*) to dissolve: ~ *la polvere in mezzo bicchiere d'acqua* to dissolve the powder in half a glass of water. **3** ⟨*fig*⟩ to water down. **diluizione** *f.* **1** dilution, thinning, watering down. **2** (*lo sciogliere*) dissolving.

dilungare *v.t.* (**dilungo, dilunghi**) ⟨*ant*⟩ (*allungare*) to lengthen. **dilungarsi** *v.r.* (*parlare a lungo*) to talk at length, to dwell.

diluviare *v.* (**diluvio**) **I** *v.i.impers.* (*aus.* **essere/avere**) to pour, ⟨*fam*⟩ to rain cats and dogs: *ha diluviato tutta la notte* it poured all night. **II** *v.i.* (*aus.* **avere**) to pour in, to come thick and fast: *diluviavano i colpi* the blows rained down; *diluviarono ordini* orders came thick and fast.

diluvio *m.* **1** downpour, deluge: *devo uscire con questo* ~ I've got to go out in this downpour. **2** ⟨*fig*⟩ hail, flood, torrent, shower: *un* ~ *di parole* a torrent of words; *un* ~ *di colpi* a hail of blows. **3** (*diluvio universale*) Flood, Deluge. **diluvium** *m.* ⟨*Geol*⟩ diluvium.

dimagramento *m.* **1** getting (*o* becoming) thin, slimming. **2** ⟨*Agr*⟩ impoverishment. **dimagrante** *a.* slimming–: *dieta* ~ slimming diet; *cura* ~ slimming cure. **dimagrare I** *v.i.* (*aus.* **essere**) **1** to get (*o* become) thin, to lose weight, to grow thinner (*o* slimmer); (*dimagrire di proposito*) to slim, to reduce. **2** ⟨*fig*⟩ to diminish, to drop, to go down, to fall: *le entrate dimagrano* takings are dropping. **3** ⟨*Agr*⟩ to become poor. **II** *v.t.* **1** (*far diventare magro*) to make thin. **2** (*far apparire snello*) to slim, to make look slim(mer): *il vestito nero ti dimagra molto* the black dress ⌐makes you look much slimmer¬ (*o* is very slimming on you). **dimagrimento** *m.* → **dimagramento. dimagrire** *v.i.* (**dimagrisco, dimagrisci**; *aus.* **essere**) to get (*o* become) thin, to lose weight; (*volontariamente*) to slim.

dimenamento *m.* **1** (*il dimenare*) wagg(l)ing, waving. **2** (*agitarsi*) tossing (about). **3** (*il divincolarsi*) struggling, wriggling. **dimenare** *v.t.* (**dimeno**) (*rif. agli arti*) to wave (about): ~ *le braccia* to wave one's arms about; (*dondolare*) to swing; (*rif. a coda*) to wag(gle). **dimenarsi** *v.r.* **1** to fidget, to fling (*o* throw) o.s. about: *il pazzo si dimenava per la stanza* the madman flung himself around the room. **2** (*nel letto*) to toss (about), to toss and turn: *si dimenò tutta la notte* he tossed and turned all night. **3** ⟨*fam*⟩ (*camminando*) to sway (one's hips), to wiggle. **4** (*divincolarsi*) to struggle, to writhe, to wriggle: *si dimenava per sfuggire alla stretta* he struggled to get free. **dimenio** *m.* **1** (*rif. agli arti*) waving; (*rif. alla coda*) wagg(l)ing. **2** (*il dimenarsi*) fidgeting; (*nel letto*) tossing (about).

dimensionale *a.* dimensional: *analisi* ~ dimensional analysis. **dimensionamento** *m.* ⟨*tecn*⟩ dimensioning. **dimensionare** *v.t.* (**dimensiono**) to dimension. **dimensione** *f.* **1** dimension (*anche Geom.,Fis.*). **2** *pl.* size, dimensions *pl*: *queste due stanze hanno le medesime –i* these two rooms are the same size. **3** (*grandezza; anche pl.*) scope, proportion, importance: *il fatto ha assunto una notevole* ~ the event has taken on great importance. □ ⟨*Atom*⟩ ~ *critica* critical size; ⟨*TV*⟩ ~ *dell'immagine* projection size, size of the image; ⟨*Mecc*⟩ ~ *nominale* nominal (*o* basic) size; *a tre –i* three-dimensional, ⟨*fam*⟩ 3-D: *film a tre –i* three-dimensional film, ⟨*fam*⟩ 3-D film.

dimenticanza *f.* **1** (*il dimenticare*) forgetfulness: ~ *dei propri doveri* forgetfulness (*o* neglect) of one's duties. **2** (*omissione*) omission; (*svista*) oversight, slip, inadvertence:

non invitarlo è stata una imperdonabile ~ not inviting him was an unpardonable oversight. **dimenticare** *v.t.* (**dimentico, dimentichi**) **1** to forget: *non ha dimenticato i vecchi amici* he has not forgotten his old friends. **2** (*trascurare*) to neglect, to overlook: ~ *i propri doveri* to neglect one's duties. **3** (*perdonare*) to forgive, to forget about: ~ *le offese* to forgive affronts. **4** (*lasciare per dimenticanza*) to leave (behind): *ho dimenticato l'ombrello in ufficio* I left my umbrella (behind) at the office. **dimenticarsi** *v.r.* to forget: *dimenticarsi (di) qc.* to forget (about) s.th.; *mi sono dimenticato di avvertirti* I forgot to notify you; *mi hai portato il libro? – no, me ne sono dimenticato* have you brought me the book? – no, I forgot (about it). □ *cercò di far* ~ *il suo passato* he tried to live down his past; ~ *il passato* to let bygones be bygones. **dimenticato** *a.* forgotten: *uno scrittore* ~ a forgotten writer; ~ *da Dio e dagli uomini* forgotten by God and man; (*rif. a luoghi*) godforsaken: *un paese* ~ *da tutti* a godforsaken village. **dimenticatoio** *m.* ⟨*scherz*⟩ oblivion: *cadere nel* ~ to fall (*o* sink) into oblivion; *lasciare* (*o mettere*) *nel* ~ *qc.* to consign s.th. to oblivion. **dimentico** *a.* (*pl.* -**chi**) **1** forgetful (*di* of), forgetting (s.th.): ~ *di sé* forgetting o.s. **2** (*noncurante*) oblivious, unmindful, unaware (*di* of): *sembrava* ~ *di tutto* he seemed oblivious of everything; ~ *dei propri doveri* unmindful of one's duties.

dimero *m.* ⟨*Chim*⟩ dimer.

dimessamente *avv.* (*umilmente*) humbly; (*modestamente*) modestly; (*rif. a vestiario*) plainly, shabbily: *vestire* ~ to dress shabbily.

dimesso[1] *a.* **1** (*umile*) humble, lowly; (*modesto*) modest, unassuming: *atteggiamento* ~ unassuming attitude. **2** (*rif. a vestiario: modesto*) plain, simple: *abiti –i* plain clothes; (*trascurato*) shabby. **3** (*rif. a stile e sim.*) plain, unpretentious.

dimesso[2] → **dimettere.**

dimestichezza *f.* familiarity. □ *avere* ~ *con qd.* to be friendly (*o* on familiar terms) with s.o.; *avere* ~ *con qc.* to be familiar with s.th.: *avere poca* ~ *con la matematica* not to be very ⌐familiar with¬ (*o* good at) mathematics.

dimetro *m.* ⟨*Metr*⟩ dimeter.

dimettere *v.t.* (**dimisi, dimesso**) **1** (*deporre*) to remove, to dismiss: ~ *da una carica* to remove from a post. **2** (*lasciar andare: dall'ospedale*) to discharge; (*dal carcere*) to release, to discharge. **dimettersi** *v.r.* to resign: *dimettersi da una carica* to resign from office.

dimezzamento *m.* halving. □ ⟨*Atom*⟩ *tempo di* ~ half-life. **dimezzare** *v.t.* (**dimezzo**) **1** to cut in half, to halve: ~ *una mela* to cut an apple in half; ~ *gli investimenti* to halve investments. **2** (*iperb*) (*diminuire*) to reduce drastically: *gli hanno dimezzato lo stipendio* his salary has been drastically reduced (*o* cut). **dimezzato** *a.* halved, divided in halves (*o* half).

diminuendo[1] *m.* ⟨*Mat*⟩ (*minuendo*) minuend.

diminuendo[2] *m.* ⟨*Mus*⟩ diminuendo.

diminuire *v.* (**diminuisco, diminuisci**) **I** *v.t.* **1** to diminish, to decrease, to reduce, to lessen, to lower; (*restringere*) to narrow; (*rimpicciolire*) to make smaller; (*accorciare*) to shorten. **2** (*abbassare*) to reduce, to lower, to cut (down): ~ *i prezzi* to lower (*o* cut) prices. **3** (*far regredire*) to reduce, to decrease, to lessen: ~ *la produttività* to reduce productivity. **4** ⟨*Lav.femm*⟩ to cast off. **II** *v.i.* (*aus.* **essere**) **1** to diminish, to decrease, to go down: *la popolazione del paese è diminuita a causa della migrazione* the population of the country has decreased as a result of emigration. **2** (*di prezzo*) to go down, to fall, to lower, to drop: *lo zucchero è diminuito di dieci lire al chilo* sugar has gone down by ten lire a kilo. **3** (*di altezza*) to fall, to sink: *la piena è diminuita di trenta centimetri* the floodwater has fallen thirty centimetres. **4** (*di peso*) to lose (weight), to go down: *durante la prigionia diminuii di dieci chili* while in prison I lost ten kilos. **5** (*di intensità*) to abate, to diminish, to fall (*o* ease) off: *la pioggia diminuisce* the rain is easing off; *il caldo sta diminuendo* the heat is abating. □ ~ *la distanza* to lessen (*o* shorten) the distance; *far* ~ to reduce, to lower, to bring down; *la febbre non accenna a* ~ the fever shows no sign of abating; ~ d'**importanza** to lose importance, to become less important; ~ le **tasse** to reduce taxes; ~ di **valore** to fall in value; ~ la **velocità** to slow down, to reduce speed.

diminutivo *a./s.m.* ⟨*Gramm*⟩ diminutive.

diminuzione *f.* **1** diminution, decrease, reduction, lessening; (*restringimento*) narrowing; (*accorciamento*) shortening. **2** ⟨*Lav.femm*⟩ decrease, casting off. **3** ⟨*Mus*⟩ diminution. □ ~ della **domanda** reduction (*o* fall off) in demand; ~ delle **esportazioni** drop in exports; **in** ~ on the decrease (*o* wane), falling, diminishing: *gli incidenti stradali sono in* ~ road accidents are on the decrease; ⟨*Dir*⟩ ~ di **pena** reduction of sentence; ~ del **personale** reduction of staff; ~ di **peso** loss of weight; ~ dei **prezzi** fall (*o* drop) in prices; ~ della **produttività** fall in productivity; ~ di **temperatura** drop (*o* fall) in temperature; ~ del **valore** reduction (*o* decline) in value.

dimisi → dimettere.

dimissionare *v.t.* (**dimissiono**) ⟨*burocr*⟩ to oblige to resign. **dimissionario I** *a.* outgoing, resigning: *governo* ~ outgoing government. **II** *s.m.* (*f.* -**a**) person who has resigned. □ *essere* ~ to have resigned. **dimissione** *f.* (usually plural) **1** resignation: -*i da una carica* resignation from a post. **2** (*da ospedale e sim.*) discharge. □ *accettare le -i di qd.* to accept s.o.'s resignation; *dare le* -*i* to resign; -*i del governo* resignation of the government; *lettera di* -*i* letter of resignation.

dimissorio: ⟨*Rel*⟩ *lettere* -*e* dimissorials *pl*, dimissory letters *pl*.

dimora *f.* **1** (*permanenza*) stay, sojourn, residence: *dopo una lunga* ~ *a Roma si trasferì a Firenze* after a long stay in Rome he moved to Florence. **2** (*luogo di dimora*) (place of) residence, dwelling place. **3** (*abitazione*) home, dwelling, residence, ⟨*lett*⟩ abode. **4** ⟨*Dir*⟩ (place of) abode, domicile. □ ~ *abituale* usual place of abode; ~ *fissa* fixed abode: *senza fissa* ~ of (*o* with) no fixed abode; *fissare la propria* ~ *in un luogo* to ⌈take up residence⌉ (*o* settle) in a place; ⟨*fig*⟩ *l'ultima* ~ the last resting place (*o* abode); ⟨*fig*⟩ *accompagnare qd. all'ultima* ~ to lay s.o. to rest. **dimorare** *v.i.* (**dimoro**; *aus.* avere) to stay, to live, to dwell: *dimorò lungamente a Roma* he stayed in Rome for a long time; *dimorò a casa di parenti* he lived with relatives.

dimorfismo *m.* ⟨*Biol*⟩ dimorphism. **dimorfo** *a.* dimorphous.

dimostrabile *a.* demonstrable. **dimostrabilità** *f.* demonstrability. **dimostrante** *m./f.* demonstrator (*anche Pol.*). **dimostrare** *v.t.* (**dimostro**) **1** to show, to display, to manifest, to demonstrate: *il cane dimostrò la sua gioia dimenando la coda* the dog showed its joy by wagging its tail; *dimostrò molto coraggio* he displayed great courage. **2** (*provare*) to prove, to show: *cercò di* ~ *la propria innocenza* he tried to prove his innocence; *questo dimostra che non hai capito nulla* this shows that you haven't understood a thing. **3** ⟨*Mat,Filos*⟩ to demonstrate, to prove: ~ *una tesi* to demonstrate a proposition; ~ *un teorema* to prove a theorem. **4** (*rif. all'età*) to show, to look: *ha quarant'anni, ma non li dimostra* he is forty but doesn't look it; *non dimostri l'età che hai* you don't look your age. **dimostrarsi** *v.r.* to show o.s. to be, to prove (to be): *si è dimostrato molto capace* he showed himself to be very able; (*rif. a cose: rivelarsi*) to prove (*o* turn out) to be: *quest'investimento si è dimostrato redditizio* this investment has turned out to be profitable. □ ⟨*Mat*⟩ *come dovevasi* (*o* *volevasi*) ~ Q.E.D. (which was to be demonstrated). **dimostrativo I** *a.* **1** demonstrative, demonstration-. **2** ⟨*Gramm*⟩ demonstrative: *aggettivo* ~ demonstrative adjective. **II** *s.m.* ⟨*Gramm*⟩ demonstrative pronoun. □ ⟨*Mil*⟩ *azione* -*a* demonstration. **dimostratore** *m.* (*f.* -**trice**) (*propagandista*) demonstrator.

dimostrazione *f.* **1** demonstration, display, show: ~ *di affetto* display of affection. **2** (*prova*) proof, demonstration: *le sue parole sono una* ~ *della sua innocenza* his words are proof of his innocence; *a ciò che ho detto citerò alcune cifre* as proof of what I have said I will quote some figures. **3** ⟨*Mat,Filos*⟩ demonstration, proof. **4** (*spiegazione dell'uso di un*

apparecchio) demonstration: ~ *pratica di una macchina* practical demonstration of a machine. **5** (*manifestazione*) demonstration: *una* ~ *contro il governo* a demonstration against the government. □ **dare** *la* ~ *di qc.* to give a demonstration of s.th.; **divieto** *di tenere una* ~ ban on demonstration; ~ *di* **forza** show of force; ~ *di* **piazza** (public) demonstration; ~ *di* **protesta** protest demonstration.

dina *f.* ⟨*Fis*⟩ dyne.

dinamica *f.* ⟨*Fis*⟩ dynamics *pl* (*costr. sing. o pl.*). □ *la* ~ *della vita* the dynamics of life; ~ *economica* economic dynamics; ⟨*Psic*⟩ ~ *di gruppo* group dynamics *pl* (*costr. sing.*); ~ *salariale* wage dynamics *pl*. **dinamicamente** *avv.* dynamically. **dinamicità** *f.* dynamism (*anche fig.*): *ammiro la tua* ~ I admire your dynamism. **dinamico** *a.* (*pl.* -**ci**) **1** dynamic: *concezione* -*a della vita* dynamic conception of life. **2** ⟨*fig*⟩ energetic, dynamic, lively: *una donna molto* -*a* a very energetic woman. □ ⟨*Edil*⟩ *coefficiente* ~ dynamic coefficient. **dinamismo** *m.* **1** dynamism (*anche Filos.*): ~ *di un sistema economico* dynamism of an economic system. **2** (*energia*) energy, dynamism, drive. □ *una persona piena di* ~ a very energetic person.

dinamitardo I *a.* dynamite-: *attentato* ~ dynamite attack. **II** *s.m.* (*f.* -**a**) dynamitard, dynamiter. **dinamite** *f.* dynamite: *far saltare un ponte con la* ~ to blow up a bridge with dynamite.

dinamo *f. inv.* ⟨*El*⟩ dynamo, generator. □ ~ *a corrente alternata* alternating current dynamo, a.c. generator; ~ *a corrente continua* direct current dynamo; ~ *a magneti* magneto-dynamo; ~ *in serie* series dynamo. **dinamometro** *m.* ⟨*Mecc*⟩ dynamometer. □ ~ *di resistenza* strength tester; ~ *di torsione* torquemeter.

dinanzi I *avv.* **1** (*avanti*) ahead, before, forward: *guardare* ~ to look ahead (*o* before one); (*davanti*) in front. **2** (*dirimpetto*) opposite, facing. **II** *s.m.* front (part). □ ~ *a*: **1** (*innanzi*) in front of, before: *mi sedeva* ~ *un signore* a man was sitting in front of me; *passò* ~ *alla casa* he went by in front of the house; **2** (*dirimpetto*) opposite, facing: ~ *alla chiesa c'è l'albergo* opposite the church stands the hotel; **3** (*alla presenza*) before, in the presence of: ~ *al giudice* before the judge; *hai tutta la vita* ~ (*a te*) you have your whole life ⌈ahead of⌉ (*o* before) you; *fuggire* ~ *a qd.* to fly before s.o., to run away from s.o.; *levati* ~ get out of my way.

dinaro *m.* (*unità monetaria*) dinar.

dinasta *m.* ⟨*lett*⟩ dynast. **dinastia** *f.* dynasty: *la* ~ *dei Borboni* the Bourbon dynasty. **dinastico** *a.* (*pl.* -**ci**) dynastic(al).

dindin (*o din din*) *onom.* ting-a-ling, ding-ding.

dindo *m.* ⟨*region*⟩ (*tacchino*) turkey.

dindon (*o din don*) **I** *onom.* ding-dong. **II** *s.m.* ding-dong: *il* ~ *delle campane* the ding-dong of the bells.

dingo *m.inv.* ⟨*Zool*⟩ dingo.

diniego *m.* (*pl.* -**ghi**) **1** (*rifiuto*) refusal. **2** (*negazione*) denial: *scosse il capo in segno di* ~ he shook his head in denial.

dinnanzi *avv.* → dinanzi.

dinoccolato *a.* lanky, loose-knit, loose-jointed: *un giovane* ~ a lanky youth. □ *camminare* ~ to slouch.

dinosauro *m.* ⟨*Paleont*⟩ dinosaur.

dintorno (*o d'intorno*) **I** *avv.* (a)round, (round) about: *quelli che stavano* ~ *lo guardarono* those who were standing around looked at him. **II** *s.m.pl.* (*vicinanze*) surroundings *pl*, environs *pl*, outskirts *pl*: *i* -*i di Firenze* the environs of Florence.

dio *m.* (*pl. gli* **dei**; *f.* **dea**) (*nella tradizione pagana*) god (*f* goddess) (*anche fig.*): *il denaro è il suo* ~ money is his god. □ ~ *dell'*amore god of Love; ⟨*iperb*⟩ **come un** ~ wonderfully, beautifully: *canta come un* ~ he sings beautifully; *bello come un* ~ very handsome; **considerare** *qd. un* ~ to make a god (*o* an idol) of s.o.; **credersi** *un* ~ to think o.s. ⌈a little tin god⌉ (*o* God almighty); ~ *della* **guerra** god of War; *gli dei degl'*inferi the infernal gods; **simile** *a un* ~ godlike.

Dio *N.pr.m.* **1** God. **2** ⟨*esclam*⟩ (good) heavens, (good)

Lord, (my) goodness, gracious, ⟨intens⟩ good God: ~, *quanta gente* heavens, what a crowd of people; ~, *che freddo* goodness, how cold it is; (*rif. a cose spiacevoli*) oh, dear: ~ *mio, come è tardi* oh dear (*o* heavens), how late it is, my God, it's late. □ ⟨esclam⟩ *per l'amor di* ~ for heaven's (*o* goodness') sake; ~ *mi assista* (may) God help me; ~ **benedetto** good Lord, my goodness; ~ *sia benedetto* God be praised; (*che*) ~ *ti benedica* (God) bless you; *il buon* ~ the good Lord, God above; ~ *buono!* good Lord!, heavens!; ⟨Bibl⟩ ~ *degli eserciti* God of Hosts; **fratelli** *in* ~ brothers in the Lord; ~ *l'abbia in gloria* God rest his soul; **gran** ~*!* good Lord!, ⟨intens⟩ good God!; **grazie** *a* ~ thank God; (*per fortuna*) thank heavens (*o* goodness); ~ *me ne* **guardi** God forbid; *questo ragazzo è un'ira di* ~ this boy is a holy terror; ~ *sia* **lodato** thank God, God (*o* heaven) be praised; *viene giù come* ~ *la* **manda** it's pouring, the skies have opened up; ~ *ce la mandi buona* let's keep our fingers crossed, let's hope for the best; *la* **mano** *di* ~: 1 (*rif. a un bene*) a godsend; 2 (*rif. a un castigo*) a judgement, the hand of God; ~ *ve ne* **renda** **merito** may God reward you; ~ **padre** God the Father; **per** ~ by God (*o* Jove, heavens); ~ **sa** goodness (*o* heaven) only knows, God knows: ~ *sa quante volte te l'ho ripetuto* goodness only knows how often I have told you; ~ *ci* **scampi** *e liberi* God forbid; **senza** ~ godless; ~ *m'è* **testimonio** (as) God is my witness; **va** *con* ~ be off with you; *il* **vero** ~ the true God; *com'è vero* ~ as God is my witness; ~ *lo* **voglia** God grant; ~ *voglia che sia così* God grant that it be so; ~ *non voglia* heaven (*o* God) forbid; ~ *non voglia che ci mandino via* God forbid that they should send us away; *come* ~ **volle** at last, finally, in the end: *come* ~ *volle arrivò il giorno della partenza* at last the day of departure came; *come* ~ **vuole** (*alla meno peggio*) somehow or other; *se* ~ *vuole* if all goes well, God willing. *Prov.*: ~ *li fa e poi li accoppia* (*o* appaia) birds of a feather flock together; ~ *non paga il sabato* the mills of God grind slowly.

diocesano *a.* ⟨Rel⟩ diocesan: *clero* ~ diocesan clergy. **diocesi** *f.* ⟨Rel⟩ diocese.

Diocleziano *N.pr.m.* ⟨Stor⟩ Diocletian.

diodo *m.* ⟨El,Rad⟩ diode. □ ~ *a* **cristallo** crystal diode (*o* rectifier); ~ *al* **germanio** germanium diode; ⟨El⟩ ~ **luminoso** light–emitting diode, LED; ~ **raddrizzatore** rectifier diode; ~ (*di*) **zener** Zener diode.

Diogene *N.pr.m.* ⟨Stor⟩ Diogenes.

Diomede *N.pr.m.* ⟨Stor,Mitol⟩ Diomed(es).

dionea *f.* ⟨Bot⟩ Venus's fly–trap, dionaea.

dionisiaco *a.* (*pl.* -ci) Dionysiac, Dionysian (*anche fig.*): *culto* ~ Dionysiac cult. □ *feste dionisiache* Dionysia *pl.* **Dioniso** *N.pr.m.* ⟨Mitol⟩ Dionysus.

diopside *f.* ⟨Min⟩ diopside.

diorama *m.* diorama.

diorite *f.* ⟨Min⟩ diorite.

Dioscuri *m.pl.* ⟨Mitol⟩ Dioscuri *pl.*

diossina *f.* ⟨Chim⟩ dioxin.

diottria *f.* ⟨Ott⟩ diopter, dioptre. **diottrica** *f.* dioptrics *pl* (*costr.sing.*). **diottrico** *a.* (*pl.* -ci) dioptric(al).

dipanare *v.t.* 1 to wind (up), to wind into a ball: ~ *la lana* to wind wool (up) into a ball; ~ *una matassa* to wind a skein into a ball. 2 (*fig*) (*sbrogliare*) to disentangle, to sort out, to unravel: ~ *una questione intricata* to sort out a tricky question. **dipanatura** *f.* winding (up).

dipartimentale *a.* departmental. **dipartimento** *m.* 1 department, district. 2 ⟨SU⟩ department. □ ⟨It⟩ ~ *militare marittimo* naval district (*o* coastal command); ⟨SU⟩ ~ *di Stato* State Department.

dipartirsi *v.r.* (mi **diparto**/**dipartisco**, ti **diparti**/**dipartisci**) 1 (*partire*) to leave, to depart, to go away. 2 (*diramarsi*) to branch off: *dalla strada si diparte un sentiero a destra* from the road a path branches off to the right. 3 ⟨fig⟩ (*scostarsi*) to stray, to wander: *dipartirsi dalla retta via* to ˈstray fromˈ (*o* go off) the straight and narrow path. 4 ⟨eufem⟩ (*morire*) to pass away. **dipartita** *f.* ⟨lett⟩ 1 (*partenza*) departure. 2 ⟨eufem⟩ (*morte*) passing away.

dipendente **I** *a.* depending, dependent (*da* on);

(*subordinato*) subordinate, subsidiary: *ufficio* ~ subsidiary office. **II** *s.m./f.* 1 (*impiegato*) employee; (*subordinato*) subordinate. 2 *pl.* staff, personnel, employees *pl: i* -*i* *di un'azienda* a firm's personnel (*o* employees). □ *impiegati* -*i* *dal comune* municipal employees; ⟨Gramm⟩ *proposizione* ~ subordinate (*o* dependent) clause; -*i statali* State employees, civil servants. **dipendenza** *f.* 1 (*il dipendere*) dependence: *la* ~ *dei figli dai genitori* children's dependence on their parents. 2 (*edificio annesso*) annex(e): *lo ospitarono in una* ~ *dell'albergo* they put him up in an annex of the hotel. 3 *pl.* (*annessi*) outbuildings *pl,* annexes *pl,* outhouses *pl: la villa e le sue* -*e* the villa and its outbuildings. 4 ⟨Comm⟩ (*filiale*) branch. □ *avere alle proprie* -*e molti impiegati* to have many employees working for one; ~ *dalla droga* drug dependence; *essere alle* -*e di qd.* to be in s.o.'s employ (*o* pay), to be under s.o.; ~ *petrolifera* oil dependence.

dipendere *v.i.* (dipesi, dipeso/*ant.* dipenduto; *aus.* essere) 1 to depend (*da* on, upon), to be due (to), to come (of), to hang (on): *il prezzo dipende dalla qualità* the price depends on the quality; *dalla tua decisione dipende il mio avvenire* my future hangs on your decision; *la riuscita dipende dalla tua buona volontà* success depends on your own efforts; *il tuo errore dipende da mancanza di attenzione* your error is due to carelessness; (*essere subordinato*) to depend (on, upon): *l'ora della partenza dipenderà dal tempo* the time of departure will depend on the weather. 2 (*essere in potere, in facoltà*) to be for (*o* up to) (s.o.), to depend (on, upon), to lie (*o* rest) (with): *dipende da te se accettare o meno* it is up to you to accept or not; *non dipende da noi decidere* it is not for us to decide. 3 (*essere alle dipendenze*) to be (*o* come) under (s.o.), to be under the supervision (*o* authority) (of), to be subordinated (to): *tutto il personale dipende da lui* all the staff are under him, he is ˈin charge ofˈ (*o* at the head of) the whole staff; *la filiale dipende dall'ufficio principale* the branch comes under the head office. 4 ⟨Gramm⟩ to depend (on, upon), to be subordinated (to). □ *non* ~ *da nessuno* to be one's own master; *se dipendesse da lui non si farebbe nulla* if it were up to him nothing would be done; *dipende* that (*o* it all) depends, we'll see: *accetterai l'incarico? - dipende* will you take the post? – it all depends. **dipesi, dipeso** → dipendere.

dipingere *v.t.* (dipingo, dipingi, dipinsi, dipinto) 1 (*ritrarre: rif. a persone*) to paint (the portrait of), to portray; (*rif. a cose*) to paint, to depict. 2 (*ornare di pitture*) to paint, to decorate; (*affrescare*) to fresco: ~ *le pareti di una chiesa* to paint (*o* fresco) the walls of a church. 3 (*pitturare*) to paint: *ho dipinto la cucina di* (*o* in) *giallo* I painted the kitchen yellow. 4 ⟨fig⟩ (*descrivere*) to describe, to depict, to portray: *lo ha dipinto come un mascalzone* he depicted him as a rogue. **dipingersi** *v.r.* 1 to paint o.s.; (*truccarsi*) to make up, to use make–up. 2 ⟨fig⟩ (*apparire: rif. a sentimenti*) to show, to be the picture of, to be portrayed (*o* written): *gli si dipinse sul viso la delusione* disappointment was written all over his face. □ ~ *ad* **acquarello** to paint in watercolour; *dipingersi le* **labbra** to use (*o* put on) lipstick; *dipingersi gli* **occhi** to make up one's eyes; ~ *a* **olio** to paint in oils; ~ *a* **pastello** to draw with pastels; ~ *su* **tela** to paint on canvas; ~ *a* **tempera** to paint with tempera; ~ *dal* **vero** to paint from life.

dipinsi → dipingere.

dipinto[1] (*p.p. di dipingere*) *a.* painted, decorated. □ *non starei in quel luogo neppure* ~ I wouldn't dream of staying there; ⟨fig⟩ *avere qc.* ~ *sul volto* to have s.th. written on one's face: *la gioia era -a sul suo volto* his face was the picture of joy.

dipinto[2] *m.* (*pittura*) painting. □ ~ *a olio* oil painting.

diplococco *m.* (*pl.* -chi) ⟨Biol⟩ diplococcus.

diploma *m.* diploma, certificate. □ ~ *di* **abilitazione** professional diploma; ~ *di abilitazione all'insegnamento* teaching diploma; **conseguire** *un* ~ to obtain a diploma; ~ *di* **laurea** degree certificate; ~ *di* **maestro** teaching certificate; ~ *di* **maturità** school–leaving certificate, ⟨GB⟩ General Certificate of Education; ~ *di* **ragioniere** diploma in accountancy.

diplomạre *v.t.* (**diplọmo**) to award a diploma to, ⟨*am*⟩ to graduate. **diplomarsi** *v.r.* to obtain (*o* get) a diploma, to qualify, ⟨*am*⟩ to graduate: *diplomarsi a pieni voti* to obtain one's diploma with full marks; *diplomarsi maestro* to obtain a teaching diploma (*o* certificate), to qualify as a schoolteacher. **diplomạtica** *f.* diplomatic, diplomatics *pl* (*costr.sing.*). **diplomaticamẹnte** *avv.* diplomatically (*anche fig.*).

diplomạtico *a./s.* (*pl.* **-ci**) **I** *a.* diplomatic (*anche fig.*): *una risposta molto -a* a very diplomatic reply. **II** *s.m.* diplomat(ist). □ ~ *di* **carriera** career diplomat; **corpo** ~ diplomatic corps; ⟨*Filol*⟩ **edizione** *-a* diplomatic edition; **fare** *il* ~ to be ˈa diplomatˈ (*o* in the diplomatic service); **relazioni** *diplomatiche* diplomatic relations: *rompere le relazioni diplomatiche* to break off diplomatic relations; **scrittura** *-a* chancery; **valigia** *-a* diplomatic bag (*o* pouch).

diplomạto **I** *a.* trained, holding a diploma, certificated: *ostetrica -a* trained midwife. **II** *s.m.* (*f.* **-a**) holder of a diploma, qualified person, ⟨*am*⟩ graduate. **diplomazịa** *f.* **1** diplomacy (*anche fig.*): *agire con* ~ to act with diplomacy. **2** (*collett*) diplomatic corps, diplomacy; (*la carriera*) diplomatic service: *entrare in* ~ to enter the diplomatic service.

dipodịa *f.* ⟨*Metr*⟩ dipody.

dipolạre *a.* ⟨*El*⟩ dipolar: *zona* ~ dipolar zone. **dipọlo** *m.* dipole.

dipoplịa *f.* ⟨*Med*⟩ dipoplia.

diportịsmo *m.* pleasure boating. **diportịsta** *m./f.* pleasure boater. **dipọrto** *m.* amusement, sport; (*passatempo*) pastime, hobby; (*ricreazione*) recreation. □ *imbarcazione da* ~ pleasure craft; *per* ~ for recreation, as a pastime (*o* hobby): *fare qc. per* ~ to do s.th. as a pastime; *viaggiare per* ~ to travel for pleasure.

diprẹsso: *a un* ~ (*circa*) approximately, roughly.

dipsọmane **I** *a.* ⟨*Med*⟩ dipsomaniacal. **II** *s.m./f.* dipsomaniac. **dipsomanịa** *f.* dipsomania.

diptero *m.* ⟨*Archeol*⟩ dipteral temple.

dir. = **1** ⟨*Ferr*⟩ *diretto* through train. **2** *diritto* law (*abbr. l.*).

diradamẹnto *m.* thinning (out) (*anche Agr.,Giard.*). □ *capelli in via di* ~ thinning hair. **diradạre** *v.t.* **1** to thin (out), to space out: *il bombardamento diradò le file nemiche* the bombing thinned out the enemy lines; (*rif. a nebbia, nubi*) to disperse, to dispel, to dissipate. **2** (*rendere meno frequente*) to reduce, to cut down, to make less frequent, to space out: *la società tranviaria ha diradato le corse* the tram company has reduced the number of runs. **3** ⟨*Agr,Giard*⟩ to thin (out): ~ *un bosco* to thin (out) a wood. **diradarsi** *v.r.* **1** to grow (*o* be) sparse, to be few and far between, to thin out, to disperse: *sulla cima del colle gli alberi si diradano* the trees on top of the hill are few and far between; *la folla si diradò* the crowd ˈthinned outˈ (*o* scattered); (*rif. a nebbia, nubi*) to clear up (*o* away), to be dispelled, to thin. **2** (*divenire meno frequente*) to become less frequent: *le sue visite si sono diradate* his visits have become less frequent. □ *i suoi capelli si diradano* his hair is growing thin; ~ *le visite a qd.* to visit s.o. less often.

diramạre *v.t.* to issue, to send out (*o* round): ~ *un ordine* to issue an order. **diramarsi** *v.r.* **1** (*ramificarsi*) to branch (*o* spread) out, to ramify: *la chioma dell'albero si dirama a ombrello* the treetop spreads out in the shape of an umbrella. **2** (*fig*) to branch (off, out), to fork: *la strada si dirama* the road forks. □ ~ *un invito* to send out an invitation; ~ *per radio* to broadcast. **diramazịone** *f.* **1** (*il comunicare, il trasmettere*) issuing, sending out; (*per radio*) broadcasting. **2** (*ramificazione*) branching (off, out), ramification. **3** (*ramo: rif. a strade*) branch, fork; (*rif. a fiumi, linee, tubi e sim.*) branch. **4** ⟨*Ferr*⟩ branch(line). **5** ⟨*Inform*⟩ branch: *eseguire una* ~ to take a branch.

dịre[1] *v.* (*pr.ind.* **dịco, dịci, dịce, diciạmo, dịte, dịcono**; *impf.* **dicẹvo**; *p.rem.* **dịssi, dicẹsti**; *fut.* **dirò**; *pr.cong.* **dịca, diciạmo, diciạte, dịcano**; *impf.cong.* **dicẹssi**; *imperat.* **di'**; *p.pr.* **dicẹnte**; *p.p.* **dẹtto**) **I** *v.t.* **1** to say: *mi disse poche parole* he said few words to me; *non è detta ancora l'ultima parola* the last word hasn'ṭ been said yet;

aspettami – disse – torno subito wait for me – he said – I shall be right back; (*proferire*) to utter: *non disse una parola* he did not utter a word. **2** (*recitare*) to say, to recite: ~ *il padrenostro* to say the Lord's prayer; ~ *una poesia* to recite a poem. **3** (*raccontare, riferire*) to tell: *dimmi che cosa è accaduto* tell me what happened; (*esprimere*) to tell, to express: *non so dirti quanto piacere mi ha fatto la tua lettera* I cannot tell you how pleased I was by your letter. **4** (*affermare, sostenere*) to say, to maintain: *questo lo dici tu* that's what you say; *lo dicevo io* I said so. **5** (*rif. a lettere e sim.*) to say: *che dice la sua lettera?* what does her letter say?, what does it say in her letter?; *il telegramma dice che arriverà domani* ˈthe telegram saysˈ (*o* it says in the telegram that) he will arrive tomorrow. **6** (*significare*) to mean: *che vuol* ~ *questa parola?* what does this word mean? **7** (*esprimere*) to say, to express, to speak: *i suoi occhi dicevano molte cose* his eyes ˈsaid many thingsˈ (*o* spoke worlds). **II** *v.i.* (*aus.* **avere**) **1** (*parlare*) to tell, to speak: *dimmi, ti ascolto* ˈtell meˈ (*o* go ahead), I'm listening; *dimmi un po', lo conosci?* tell me, do you know him? **2** (*continuare*) to go on, to continue: *poi, disse, andremo a casa* then, he went on, we'll go home. **3** (*dichiarare*) to state, to declare, to say: *il teste disse di non conoscere l'imputato* the witness declared that he did not know the accused; (*assicurare*) to say, to assure: *chi mi dice che manterrai la promessa?* who says you'll keep your promise? **4** (*ordinare, comandare*) to tell, to order, ⟨*lett*⟩ to bid: *digli di entrare* tell him to come in; *fate come vi ho detto* do as I ˈtold youˈ (*o* said), do as you've been told. **5** (*supporre*) to suppose, to believe, to say: *costerà, diciamo, centomila lire* it will cost, (let us) say, a hundred thousand lire; *non avrei mai detto che fosse un mascalzone* I would never have believed (*o* said) he was a scoundrel. **6** (*pensare*) to think (*di* of), to say (to): *che ne dici della mia proposta?* what do you ˈthink ofˈ (*o* say to) my proposal? **7** (*tradurre, esprimere*) to say: *come si dice «madre» in inglese?* how do you say "madre" in English?, what is the English word for "madre"? **8** (*enfat*) (*ripetere*) to tell, to say: *sono dieci giorni, dico dieci, che non si fa vedere* it's ten days, ten days I tell you, since he's shown his face. **dirsi** *v.r.* to say one is, to call o.s., to profess to be: *si diceva mio amico* he ˈsaid he wasˈ (*o* called himself) my friend; (*spacciarsi*) to claim to be: *si dice figlio di un nobile* he claims to be the son of a nobleman. □ (*come*) *sarebbe a* ~? what do you mean (by that)?; *a dir poco, ci saranno state cento persone* there must have been at least a hundred people; *a* ~ *il vero* to tell (you) the truth, to be honest; **addio**: **1** to say good-bye, ⟨*lett*⟩ to bid farewell: *le disse addio e partì* he said good-bye to her and left; **2** (*rinunziare*) to give up (the idea) (*a* of), to wipe off (s.th.), to forget (about): *ormai ho detto addio alla macchina nuova* I've given up the idea of a new car now; **altro** *è* ~ *e altro è fare* easier said than done; **avere** *da* ~ *su qc.* to find fault with s.th.; *avere da* ~ *con qd.* to have a bone to pick with s.o.; *dirne delle* **belle** to backbite, to talk (*o* gossip); ~ **bene** *di qd.* to speak well (*o* highly) of s.o.; *dico bene?* (am I) right?; ~ **buongiorno** to say good morning; *che* **dico**? no, rather; *che ti avevo detto?* what did I say (*o* tell you)?; *si dice che* it is said (*o* there is a rumour) that; *non dico che sia brutta, ma non è neppure bella* I don't say she's ugly, but she's no beauty either; *non c'è che* ~ there's no denying it, there's no doubt about it: *non c'è che* ~, *quel cappello ti sta proprio bene* there is no doubt about it, that hat really suits you; *a chi lo dici!* as if I didn't know!, you're telling me!; **come** *non detto* forget (about) it, it doesn't matter; *come dice la canzone?* how does the song go?; *se ne dicono tante sul suo* **conto** there is such a lot of gossip about him, he is so much talked about; *da non dirsi* unspeakable, incredible: *furono commesse atrocità da non dirsi* the most unspeakable atrocities were committed; ~ *di sì* to say yes; (*accondiscendere*) to agree, to accept; ~ *di no* to say no; (*rifiutare*) to refuse; *gli ho chiesto se gli piaceva, ma ha detto di no* I asked him if he liked it but he said he didn't; *è un bell'appartamento, non dico di no, ma è troppo caro per noi* it's a fine flat, I don't deny it, but it is too dear for us; *che ne diresti di?* what (*o* how) about?, what would you say to?: *che ne diresti di un caffè?* what would you say to (having) a cup of coffee?; e ~ *che* and to think that: *e ~ che non mi volevi credere* and to think that you didn't believe me; **essere** *detto* (*chiamarsi*) to be called (*o* known as); ~ *qc. in* **faccia** *a qd.* to say s.th. to s.o.'s face; **far** ~ *qc. a qd.* to put s.th. into s.o.'s mouth; *non se lo fece ~ due volte* he didn't wait to be told (*o* asked) twice; *detto* **fatto** no sooner said than done; *detto* **fra** *noi* between ourselves (*o* you and me); ~ *fra sé* to s.o.; *dirle* **grosse** to tell tall stories; **inutile** ~ *che* needless to say, it goes without saying that; **lasciar** ~: 1 to let have one's say: *lascialo ~, poi gli risponderai* let him have his say, then you can reply; 2 (*non preoccuparsi*) to let talk (on), to take no notice of: *lascialo ~, tanto nessuno gli crederà* let him talk, no one will believe him anyway; ~ **male** *di qd.* to speak ill of s.o., to run s.o. down; **mandare** *a ~ qc. a qd.* to send ˈwordˈ to s.o.ˈ (*o* s.o. a message); *la mamma ti manda a ~ di tornare a casa* Mummy says you're to come home; ~ *la* **messa** to say Mass; *questo romanzo non mi dice* **nulla** this novel doesn't appeal to me at all; *questo nome non mi dice nulla* this name means nothing to me; *ha un bel viso che però non dice nulla* she has a beautiful but inexpressive face; *te lo dirò in un* **orecchio** I'll whisper it in your ear; ~ **pane** *al pane* to call a spade a spade; *dico* **per** ~ let us suppose, supposing; *per dirla con Dante* as Dante says; *per dirla in parole* **povere** (*semplicemente*) to speak plainly; (*brevemente*) to cut a long story short; *per così* ~ so to speak; *per meglio* ~ to be more exact; *queste parole considerale come* (*o per*) *non dette* forget what I said; *avrò speso centomila lire a ~* **poco** I must have spent a hundred thousand lire at the very least; *è un mascalzone, e dico poco* to say he's a scoundrel is putting it mildly; *è* **presto** *detto* easier said than done; *si fa presto a ~* it's easy to talk; ~ *il* **rosario** to tell one's beads; ~ *qc. per* **scherzo** to say s.th. as a joke; **sentir** ~ to hear; *per sentito* ~ from hearsay; ~ *la* **sua** to have one's say, to give one's opinion, to say what one thinks; *come si* **suol** ~ as they say; **tanto** *disse e tanto fece che ottenne il posto* he left no stone unturned until he got the post; *è* **tutto** ~ I need say no more, and that's that; **vale** *a* ~ that is (to say), namely, in other words; *e poi* (**non**) *mi si* **venga** *a ~ che* don't let anyone tell me that; **voler** ~ to mean, to signify: *che vuol* ~ *questa parola?* what does this word mean?; *chissà cosa avrà voluto* ~ *con quel gesto?* whatever can he have meant by that gesture?; *ma tu non sai cosa voglia ~ lavorare* you don't know what ˈit means to workˈ (*o* work is); *vedi che vuol* ~ *non studiare?* you see what ˈcomes of not studyingˈ (*o* happens if you don't study)?; *vuol* ~ *molto* it's very important, it means a lot; *non vuol* ~ (*nulla*) it doesn't mean anything (*o* a thing); *vuol* ~ *che la prossima volta starai più attento* (well) next time you'll be more careful. *Prov.*: *dimmi con chi vai e ti dirò chi sei* you can tell a man by the company he keeps. ‖ *mi dicono che* I am told (that), I hear (that): *mi dicono che vive all'estero* I hear he lives abroad; *dicono* (*o si dice*) it is said, rumour has it: *si dice che sia malato* it is said that he is ill, he is said to be ill; *tornai a casa bagnato, ma che dico, inzuppato* I got home wet or, rather (*o* to be more exact), soaked to the skin; *così dicendo* so saying, with these words; *te lo dico io* mark my words; *dica, signora?* yes, Madam?; *l'hai detto* exactly, quite so, ⟨*am*⟩ you said it; *a sentirlo parlare lo si direbbe un'arca di scienza* to hear him talk you would think he was a walking encyclopaedia; *da come parla non si direbbe una persona bene educata* from his way of talking you would not ˈtake him forˈ (*o* say he is) a well-bred person; *da come parla non si direbbe che è inglese* you wouldn't think he is English to listen to him.

dire[2] *m.* **1** talk; (*il parlare*) talking. **2** (*parole, discorso*) words *pl*, speech, talk: *concluse il suo* ~ he concluded his speech. □ **a** ~ *di tutti* by all accounts, by general consent; *stando al suo* ~ according to him (*o* what he says); **altra** *cosa è il* ~, *altra il fare* it's easier said than done; *avere un* **bel** ~ to be no use: *ho un bel* ~ *che deve studiare, lui continua a non far nulla* it is no use my telling him to study, he still does nothing; *oltre* **ogni** ~ beyond all description. *Prov.*: *tra il* ~ *e il fare c'è di mezzo il mare* easier said than done.

diressi → **dirigere**. **diretta**: ⟨*TV*⟩ *trasmissione in* (*ripresa*) ~ live broadcast. **direttamente** *avv.* straight, direct(ly): *vado* ~ *a casa* I am going straight home; *la merce viene* ~ *dalla fabbrica* the goods come direct(ly) from the factory; *tratterò* ~ *con lui* I shall deal with him directly. **direttissima** *f.* **1** ⟨*Alp*⟩ shortest (*o* most direct) route. **2** ⟨*Ferr*⟩ high-speed line. □ ⟨*Dir*⟩ *per* ~ summarily; *essere processato per* ~ to be given a summary trial. **direttissimo** *m.* ⟨*Ferr*⟩ fast (through) train.

direttiva *f.* (usually plural) **1** (*istruzione*) instruction, direction, directive: *dare le -e* to give instructions; *seguire le -e* to follow instructions. **2** (*indirizzo di condotta*) policy, main lines *pl*, line: *le -e politiche di un partito* the policy of a party, the party line. □ ~ *generale* (*o quadro*) framework directive. **direttivo I** *a.* **1** guiding, leading, directing: *il principio* ~ the guiding principle. **2** (*attinente alla direzione*) managerial, managing, executive: *ha un posto* ~ he has a managerial post. **II** *s.m.* leaders *pl*, leadership: *il* ~ *del partito* the party leaders. □ *carriera -a* managerial (*o* executive) career; *organi -i* governing bodies.

diretto (*p.p. di* **dirigere**) **I** *a.* **1** (*rivolto*) on one's way (*a* to), headed (for), directed (towards): *essere* ~ *a casa* to be on one's way home; (*rif. a navi e sim.*) bound (for); ⟨*fig*⟩ aimed (at): *un'indagine -a ad appurare le cause della crisi* an inquiry aimed at ascertaining the causes of the crisis. **2** (*indirizzato*) to, (intended) for, addressed (to): *un messaggio* ~ *alla popolazione* a message to the people. **3** (*guidato*) conducted, run: *un'indagine ben -a* a well-conducted inquiry; (*rif. a concerti e sim.*) conducted: *un concerto ben* ~ a well-conducted concert. **4** (*breve*) short: *prese la via più -a* he took the shortest route. **5** (*immediato*) direct, immediate: *la conseguenza -a della riforma* the immediate consequence of the reform. **II** *s.m.* **1** ⟨*Ferr*⟩ (*treno diretto*) through train. **2** ⟨*Sport*⟩ (*nel pugilato*) straight (punch). □ ~ *verso il* **basso** downward; ⟨*Ferr*⟩ **carrozza** *-a* through coach; ⟨*Gramm*⟩ **complemento** ~ direct object; *discendere in* **linea** *-a da qd.* to be ˈthe direct descendant ofˈ (*o* directly descended from) s.o.; **luce** *-a* direct light; ~ *al* **sud** southbound.

direttore *m.* (*f.* **-trice**) director (*f* –tress), manager (*f* –ress); (*di scuola*) headmaster (*f* –mistress), principal; (*di giornale, ecc.*) editor-in-chief. □ ~ *d'*aeroporto airport controller (*o* director); ~ *d'*albergo hotel manager; ~ **amministrativo** (managing) director; ⟨*Cin*⟩ ~ **artistico** art director; ~ **aziendale** managing director; ~ *di* **banca** bank manager; ~ *del* **carcere** prison governor; ~ **commerciale** sales manager; ~ *del* **coro** choirmaster; ~ **esecutivo** executive director (*anche Cin.*); ~ *di* **fabbrica** works (*o* plant, factory) manager; ~ **finanziario** finance manager; ~ **generale** general manager, ⟨*am*⟩ president; (*di organizzazione internazionale*) director general; ⟨*Aer*⟩ ~ *di* **lancio** despatcher; ⟨*Mar*⟩ ~ *di* **macchina** chief engineer; ~ *d'*orchestra conductor; (*rif. a musica leggera*) band leader, bandmaster; ~ *del* **personale** personnel (*o* staff) manager; ⟨*Cin,TV*⟩ ~ *di* **produzione** production (*o* unit) manager, associate (*o* executive) producer; ⟨*Giorn*⟩ ~ **responsabile** editor (–in-chief); ~ *della* **ricerca** research manager; ~ **sanitario** medical director; ⟨*Teat*⟩ ~ *di* **scena** stage manager; ~ *di* **sede** head office manager; ⟨*Rel*⟩ ~ **spirituale** spiritual director; ~ **sportivo** (sports) manager; ~ **tecnico** technical (*o* works) manager; ⟨*Sport*⟩ team manager; ⟨*Mar.mil*⟩ ~ *di* **tiro** ordnance officer.

direttoriale *a.* directorial. **direttorio** *m.* **1** (*organismo direttivo*) board of directors. **2** ⟨*Stor*⟩ Directory. □ ⟨*Arred*⟩ *stile* ~ Directoire (*o* Directory) style. **direttrice** *f.* **1** directress, manageress; (*di scuola*) headmistress, (lady) principal; (*di ˙giornale*) (lady) editor(–in–chief). **2** ⟨*Mil*⟩ (*direttrice di marcia*) line (*o* route) of march, route. **3** ⟨*Pol*⟩ policy, line. **4** ⟨*Geom*⟩ directrix.

direzionale *a.* directional (*anche fig.*): *antenna* ~ directional antenna □ (*burocr*) *centro* ~ office district. **direzionalità** *f.* directionality.

direzione *f.* **1** direction, course (*anche fig.*): *il ladro è fuggito in questa* ~ the thief fled ˈin this directionˈ (*o* this way); *cercava di mantenere la stessa* ~ he tried to keep the same course. **2** (*il dirigere*) management: *la* ~ *di una fabbrica* factory management; (*rif. a una scuola*) headmastership; (*rif. a un giornale*) editorship. **3** (*sede*) head office, administrative offices *pl* (*o* department): *la* ~ *è stata trasferita* the head office has been transferred; (*ufficio del direttore*) manager's (*o* director's) office; (*ufficio del direttore di una scuola*) headmaster's office (*o* study). **4** ⟨collett⟩ (board of) directors. □ ~ *degli* **affari** business management; ~ **amministrativa** administration; **assumere** *la* ~ to take charge (*o* on the management); ~ *dell'***azienda** management of the firm; ~ **centrale** head office(s); ~ **commerciale** sales management; ~ **generale** general management; **in** *tutte le* –*i* in all directions, on all sides; *in* ~ *nord* in a northerly direction, (towards the) north, northwards; *in* ~ *verticale* vertically; *in quale* ~ *stai andando?* which way are you going?; *in* ~ *di* in the direction of, towards, ...wards: *si allontanò in* ~ *della scuola* he went off ⌈in the direction of⌉ (*o* towards) the school; ⟨Edil⟩ ~ *dei* **lavori** supervision of construction, building management; ~ *di* **marcia** line (*o* route) of march; ~ *del* **partito** party leadership; ⟨collett⟩ party leaders; ~ *del* **personale** personnel management; **prendere** *una* ~ to go in a direction; **sotto** *la* ~ *di* under the management (*o* direction) of; ~ **tecnica** technical management; ⟨Artigl⟩ ~ *del* **tiro** fire (*o* gun) control; ~ *del* **vento** direction of the wind; ~ *di* **volo** flight course.

dirigente I *a.* **1** directing, ruling, leading: *le classi* –*i* the ruling classes. **2** ⟨Comm⟩ managerial, executive: *il personale* ~ the managerial staff. **II** *s.m./f.* manager, executive. □ ~ *d'azienda* managing director; ~ *politico* leader; ~ *sindacale* trade–union officer, ⟨am⟩ union executive. **dirigenza** *f.* management, direction. □ ~ *aziendale* company management. **dirigenziale** *a.* managerial, directing.

dirigere *v.t.* (*dirigo, dirigi; diressi, diretto*) **1** (*volgere*) to direct, to turn, to bend (*anche fig.*): *diresse i suoi passi verso casa* he turned his steps towards home, he made for home; ~ *la propria attenzione su qc.* to turn (*o* direct) one's attention to s.th., to bend one's mind to s.th. **2** (*indirizzare*) to address: *diresse la lettera al rettore* he addressed the letter to the rector. **3** (*comandare*) to manage, to run: ~ *una scuola* to run (*o* be headmaster of) a school; ~ *una fabbrica* to manage a factory; (*sovrintendere*) to superintend, to supervise: ~ *i lavori* to superintend work; (*regolare*) to direct, to regulate: ~ *il traffico* to direct the traffic. **4** ⟨Mus⟩ to conduct: ~ *un'orchestra* to conduct an orchestra. **dirigersi** *v.r.* to go, to direct one's steps, to make one's way (*verso* towards), to head (for): *ci dirigemmo verso il villaggio* we ⌈went towards⌉ (*o* made for) the village; (*rif. a natante*) to sail, to steer (for); (*rif. a velivolo*) to fly (towards). □ *dirigersi al nord* to head north(wards): *la nave si diresse al nord* the ship headed north; *dirigersi a* **casa** to go homewards, to make for home; ~ *la* **casa** to run the house(hold), to keep house; ~ *un* **giornale** to edit a newspaper; ⟨Mar⟩ ~ *la* **rotta** *verso nord* to set a northerly course; ~ *il* **tiro** *contro un bersaglio* to aim (*o* shoot) at a target.

dirigibile *m.* ⟨Aer⟩ airship, dirigible (balloon), zeppelin. □ ~ *floscio* non–rigid airship, blimp. **dirigibilista** *m.* airship crew member.

dirigismo *m.* ⟨Pol⟩ dirigism. **dirigista I** *a.* of (*o* concerning) dirigisme. □ *politica* ~ dirigism. **II** *s.m./f.* supporter of dirigism. **dirigistico** *a.* (*pl.* -ci) → **dirigista.**

dirimente *a.* ⟨Dir⟩ diriment. □ ⟨Dir.can⟩ *impedimenti* –*i* diriment impediments. **dirimere** *v.t.* (*p.rem.* **dirimei/dirimetti;** no past participle) ⟨lett⟩ to settle, to put an end to: ~ *una controversia* to settle a controversy.

dirimpettaio *m.* (*f.* **-a**) ⟨fam⟩ person living opposite. **dirimpetto I** *avv.* opposite: *voltando a sinistra vedrà il palazzo proprio* ~ if you turn left you'll see the building right opposite. **II** *a.inv.* (following the noun) opposite: *abita nella casa* ~ he lives in the house opposite. □ ~ *a* opposite (to), facing: *la scuola sta* ~ *alla chiesa* the school ⌈is opposite⌉ (*o* faces) the church.

diritta *f.* right(–hand): *a* ~ to (*o* on) the right.

diritto¹ I *a.* **1** straight, direct: *una via* –*a* a straight road. **2** (*rif. a persona: eretto*) upright, erect, straight: *sta su* ~ stand up straight. **3** (*verticale*) upright, up, erect: *il giocoliere teneva il bastone* ~ *sul naso* the juggler held the stick upright on his nose. **4** (*liscio*) straight: *capelli* –*i* straight hair. **5** (*destro*) right: *mano* –*a* right hand. **6** ⟨fig⟩ (*onesto*) honest, upright. **7** (*usato avverbialmente: direttamente*) straight, directly: *andate* –*i a scuola* go straight to school. **II** *avv.* straight: *l'ubriaco non riusciva a camminare* ~ the drunk man could not walk straight. **III** *s.m.* **1** (*parte diritta*) right side; (*rif. a monete, medaglie*) obverse. **2** ⟨Sport⟩ (*nel tennis*) forehand. □ **andare** ~ to go straight (on, ahead): *vada* ~ *fino al semaforo* go (*o* keep) straight on till you get to the traffic lights; ~ **come** *un fuso* as straight as a poker (*o* rod); **gambe** –*e* straight legs; **naso** ~ straight nose; **per** ~ *o per traverso* (*in un modo o nell'altro*) by hook or by crook; *non* **reggersi** ~ not to stand (*o* hold o.s.) straight; ⟨fam⟩ **rigare** ~ to behave properly; *ogni* ~ *ha il suo* **rovescio** every rose has a thorn; *andare* ~ *allo* **scopo** to go straight to the point; **stoffa** *a due* –*i* double–faced cloth; **tirare** ~ *per la propria* **strada** to keep right on going (*anche fig.*).

diritto² *m.* **1** (*scienza*) law: *professore di* ~ professor of law; *studiare* ~ to study law. **2** (*facoltà riconosciuta*) right: *i* –*i e i doveri del cittadino* the rights and duties of citizen; *ognuno ha il* ~ *di esprimere la sua opinione* everyone has the right to express his opinion; *avanzare* (*o accampare*) *dei* –*i su qc.* to claim rights to s.th. **3** (*tassa*) due, duty, fee, charge: –*i di cancelleria* registry dues. □ **a** ~ rightly, by right: *a buon* ~ quite rightly, with good reason; *a maggior* ~ all the more reason; ~ **accessorio** incidental; **acquistare** *un* ~ to acquire a right; ~ **amministrativo** administrative law; *per* ~ *d'***anzianità** by right of seniority; ~ *di* **appello** right of appeal; ~ *dell'***aria** air legislation; ~ *di* **associazione** right of association; ⟨Aer⟩ ~ *di* **atterraggio** right to land; –*i di atterraggio* landing fees; ⟨Pol⟩ ~ *all'***autodeterminazione** right to self –determination; –*i d'***autore** (*il compenso*) royalties *pl;* ~ *d'autore* copyright; **avente** ~ entitled: *avente* ~ *ai dividendi* entitled to dividends; **aver** ~ *a qc.* to have a (*o* the) right to s.th., to be entitled to s.th.; *aver* ~ *a* (*o di*) *fare qc.* to have a (*o* the) right to do s.th., to be entitled to do s.th.: *che* ~ *hai di parlarmi così?* what right have you to speak to me like that?; ~ *di* **bollo** stamp duty; ~ **canonico** canon law; ~ **civile** civil law; –*i civili* civil rights; ~ **commerciale** commercial law; ~ **comparato** comparative law; ~ **comune** common law; ~ **comunitario** Community law; ~ **consuetudinario** customary law; –*i del* **consumatore** consumer rights; ~ **costituzionale** constitutional law; **credersi** *in* ~ *di fare qc.* to think (*o* believe) one ⌈has the right⌉ (*o* is entitled) to do s.th.; **dare** ~ to give the right, to entitle: *la tessera dà* ~ *a entrare in biblioteca* the card ⌈entitles the holder to enter⌉ (*o* gives the right of entry into) the library; **di** ~ by right, lawfully: *mi spetta di* ~ it is ⌈mine by⌉ (*o* my) right; **difendere** *i propri* –*i* to stand upon one's rights; ~ **diplomatico** diplomatic law; ~ **divino** divine right; –*i* **doganali** Customs duty; –*i della* **donna** women's rights; ~ **ecclesiastico** ecclesiastical law; ~ **ereditario** hereditary right; **esercitare** *un* ~ to exercise a right; ~ *all'***esistenza** right to exist; **essere** (*nel*) ~ *di qd.* to be s.o.'s right, to have the right: *è nel mio* ~ *sapere cosa sia stato deciso* ⌈I have the right⌉ (*o* it is my right) to know what has been decided; *essere nel proprio* ~ to be within one's rights; ~ **europeo** European law; ~ **fallimentare** bankruptcy law; ~ *di* **famiglia** family law; *il* ~ *del più* **forte** the survival of the fittest; ~ *delle* **genti** law of nations; ~ *d'***immunità** right of immunity; ~ *all'***informazione** right to information; ~ **internazionale** international law; ~ *al* **lavoro** right to work; ~ *del* **lavoro** labour law (*o* legislation); ~ *del* **mare** law of the sea; ~ **marittimo** maritime (*o* shipping) law; ~ **materiale** substantial right; –*i delle* **minoranze** minority rights; *per* ~ *di* **nascita** by birthright; ~ **naturale** natural law, law of nature; ~ *di* **noleggio** rental right; ~ *d'***opposizione** right to opposition; ~ *di* **opzione** (right of) option; –*i d'***ormeggio** moorage; *con* **pari** –*i* enjoying equal rights; –*i di* **pascolo** grazing rights *pl,* right of pasturage (*o* common); ~ **penale** criminal (*o* penal) law; ~ *alla* **pensione** right to a pension; **perdere** *un* ~ to lose a right; (*per inadempienza, ecc.*) to forfeit a right; *–i di* **pesca** fishing rights; *–i* **politici** political rights; ⟨*Strad*⟩ ~ *di* **precedenza** right of way; ~ *di* **prelazione** (right of) pre–emption; ~ *di primogenitura* (right of) primogeniture; ~ *di* **priorità** preferential right; **privare** *qd. dei suoi –i* to deprive s.o. of his rights; ~ **privato** private law; ~ *di* **proprietà** ownership; *–i di* **pubblicazione** copyright; ~ **pubblico** public law; **rinunciare** *a un* ~ to waive a right; **riservarsi** *il* ~ to reserve the right; *tutti i –i riservati* all rights reserved; ~ *di* **riunione** right of public meeting; **rivendicare** *un* ~ *a qc.* to lay claim to s.th.; ~ **romano** Roman law; ~ *di* **sciopero** freedom to strike; *–i* **sindacali** trade union rights; ~ **sociale** social legislation; ~ **societario** company law, ⟨*am*⟩ corporate law; ~ *di* **sovranità** sovereign right; ⟨*Econ*⟩ *–i* **speciali** *di prelievo* special drawing rights; ~ *allo* **studio** right to education; ~ *di* **successione** law (*o* right) of succession; *–i di successione* death (*o* probate) duties, ⟨*am*⟩ inheritance (*o* estate) taxes; ~ *di* **transito** right of transit; (*il pagamento*) transit duty; *–i* **umani** human rights: *tutela dei –i umani* human rights protection; *–i dell'***uomo** rights of man; ~ *alla* **vita** right to live; *avere ~ di vita e di morte su qd.* to have the power of life or death over s.o.; ~ *di* **voto** right to vote, voting right.

diritttura *f.* **1** (*direzione in linea retta*) straight course (*o* line). **2** ⟨*Sport*⟩ (*rettilineo*) straight. **3** (*fig*) (*rettitudine*) uprightness, honesty, rectitude. □ ⟨*Sport*⟩ ~ *d'arrivo* finishing straight.

dirizzóne: *prendere* (o *pigliare*) *un* ~: 1 to get s.th. (*o* an idea) into one's head, ⟨*fam*⟩ to get a bee in one's bonnet: *quando ha preso un ~ nessuno lo ferma più* when he gets an idea into his head there's no stopping him; 2 (*prendere una cantonata*) to make a big mistake.

dirò → **dire**[1].

diroccaménto *m.* demolition, dismantlement. **diroccàre** *v.t.* (**diròcco, diròcchi**) to demolish, to pull down, to raze: ~ *una fortezza* to raze a fortress. **diroccàto** *a.* ruined, in ruins, dilapidated: *un castello* ~ a ruined castle; (*cadente*) tumbledown.

dirompènte *a.* bursting, disruptive. □ *bomba* ~ fragmentation bomb; *forza* ~ explosive force (*o* power). **diròmpere** *v.t.* (**diruppi, diròtto**) **1** (*rompere*) to break. **2** (*rif. a lino, canapa: maciullare*) to scutch, to brake. **3** (*rif. alle membra: rendere agile*) to limber up, to make supple.

dirottaménte *avv.* copiously, abundantly, violently; (*rif. a pianto*) bitterly, uncontrollably; (*rif. a pioggia*) hard, heavily, in torrents.

dirottaménto *m.* **1** ⟨*Mar*⟩ changing of course; (*deviazione*) deviation (from course). **2** ⟨*estens*⟩ (*il dirigere in un'altra direzione*) diversion, deviation; (*il mutare direzione*) turning aside (*o* off), diverging. **3** (*rif. ad aerei*) hijacking, ⟨*am*⟩ skyjacking. **dirottàre** *v.* (**diròtto**) **I** *v.t.* **1** ⟨*Mar*⟩ to change the course of, to deviate: ~ *una nave* to change a ship's course. **2** ⟨*estens*⟩ to divert: ~ *il traffico* to divert traffic. **3** (*rif. ad aerei*) to hijack, ⟨*am*⟩ to skyjack. **II** *v.i.* (*aus.* **avere**) **1** ⟨*Mar*⟩ to change course: *la nave ha dirottato* the ship has changed course. **2** ⟨*estens*⟩ to deviate, to turn off (*o* aside): *la colonna dei dimostranti dirottò verso la piazza* the column of demonstrators turned off towards the square. □ ⟨*Econ*⟩ ~ *gli investimenti* to reroute investments. **dirottatóre** *m.* (*f.* **-trice**) (*rif. ad aerei*) hijacker, ⟨*am*⟩ skyjacker.

dirotto[1] *a.* copious, abundant, violent. □ *a* ~ in torrents, copiously, abundantly, violently; *piangere a* ~ to cry bitterly, to weep one's heart out; *piove a* ~ it's pouring, it's raining cats and dogs.

dirotto[2] → **diromperre**.

dirozzaménto *m.* **1** rough-hewing. **2** (*fig*) refinement, polishing. **dirozzàre** *v.t.* (**dirózzo**) **1** (*sbozzare*) to rough-hew, to rough-dress. **2** (*fig*) (*ingentilire: rif. a costumi e sim.*) to refine, to polish: ~ *i costumi di qd.* to polish s.o.'s manners; (*rif. a persone*) to refine, to teach breeding (*o* manners) to: *il maestro cercò di ~ il ragazzo* the teacher tried to teach the boy better manners.

dirozzarsi *v.r.* to acquire better manners, to become more refined.

dirupàre *v.i.* (*aus.* **essere**) to fall headlong down, to plunge (*o* hurtle) down. **dirupàto** *a.* precipitous, abrupt, steep: *cammino* ~ steep path. **dirupo** *m.* precipice, crag.

diruppi → **diromperre**.

disàbile **I** *a.* ⟨*Med*⟩ disabled, handicapped: ~ *fisico* physically disabled (*o* handicapped); ~ *psichico* mentally disabled (*o* handicapped). **II** *s.m./f.* disabled (person), handicapped (person). **disabilità** *f.* ⟨*Med*⟩ disability, handicap.

disabitàto *a.* **1** (*non abitato*) uninhabited: *una casa –a* an uninhabited house. **2** (*spopolato*) deserted, abandoned: *regioni –e* deserted regions.

disabituàre *v.t.* (**disabìtuo**) to disaccustom, to make unused (*a* to), to break (*o* get out) of a habit: *l'ozio lo ha disabituato al lavoro* idleness has ⌐made him unused to work⌐ (*o* got him out of the habit of working). **disabituarsi** *v.r.* to lose (*o* get out of, get rid of) a habit, to disaccustom o.s., to become unused: *disabituarsi a fare qc.* to lose (*o* get out of) the habit of doing s.th.

disaccàride *m.* ⟨*Chim*⟩ disaccharide.

disaccoppiaménto *m.* **1** ⟨*El*⟩ de–coupling. **2** ⟨*Mecc*⟩ uncoupling. **disaccoppiàre** *v.t.* (**disaccòppio, disaccòppi**) **1** ⟨*El*⟩ to de–couple. **2** ⟨*Mecc*⟩ to uncouple.

disaccòrdo *m.* **1** (*dissenso*) disagreement, variance. **2** ⟨*Mus*⟩ discord. □ *essere in* ~ *su una questione* to disagree on a matter; *trovarsi in* ~ *su qc.* to be at variance (*o* issue) over s.th.; *venire in* ~ *con qd.* to clash with s.o.

disadattaménto *m.* ⟨*Psic*⟩ maladjustment. **disadattàto** **I** *a.* maladjusted. **II** *s.m.* (*f.* **-a**) maladjusted person, misfit. **disadàtto** *a.* unsuited, ill–suited (*a* to), unfit, unsuitable: *essere* ~ *a un incarico* to be ill–suited to a post.

disadòrno *a.* plain, bare, unadorned.

disaeràre *v.t.* (**disàero**) ⟨*tecn*⟩ to de–aerate. **disaeratóre** *m.* de–aerator.

disaffezionàre *v.t.* (**disaffezióno**) to estrange, to alienate (*da* from), to make indifferent (to). **disaffezionarsi** *v.r.* to lose one's affection (*o* fondness) (*a, da* for), to become estranged (from). **disaffezióne** *f.* estrangement, alienation (*a, da* from), loss of affection (*o* fondness) (for).

disagévole *a.* uncomfortable, difficult, hard: *un viaggio* ~ an uncomfortable journey; *condurre una vita* ~ to lead a hard life.

disàggio *m.* ⟨*Econ*⟩ disagio.

disaggregàre *v.i.* (**disaggrègo, disaggrèghi**) ⟨*Chim*⟩ to disaggregate. **disaggregarsi** *v.r.* to disaggregate. **disaggregazióne** *f.* disaggregation.

disagiataménte *avv.* **1** (*senza agi*) uncomfortably. **2** (*poveramente*) poorly, in hardship, with difficulty. **disagiàto** *a.* **1** (*privo di agi*) uncomfortable, inconvenient. **2** (*povero*) poor, difficult, straitened, hard: *condizioni economiche –e* straitened economic conditions; *condurre una vita –a* to lead a hard life, to live in poverty. **disàgio** *m.* **1** (*mancanza di agi*) discomfort, lack of comfort; (*disturbo*) inconvenience. **2** *pl.* (*incomodi, fatiche*) discomfort, hardships *pl.*: *i disagi del viaggio* the hardships of the journey. **3** (*imbarazzo*) embarrassment; (*senso di molestia*) uneasiness, uncomfortableness. □ *essere* (o *sentirsi*) *a* ~ to be (*o* feel) uneasy.

disalberàre *v.t.* (**disàlbero**) ⟨*Mar*⟩ to dismast.

disambientàto *a.* out of place: *nel nuovo ufficio si sentiva* ~ he felt out of place in the new office.

disàmina *f.* close examination, careful investigation. □ *sottoporre a* ~ to examine carefully.

disamministrazióne *f.* mismanagement.

disamoràre *v.t.* (**disamòro**) to estrange, to alienate (*da* from), to make indifferent (to): ~ *qd. da qc.* to make s.o. ⌐indifferent to⌐ (*o* lose interest in) s.th. **disamorarsi** *v.r.* **1** to fall out of love (*di qd.* with s.o.). **2** (*estraniarsi*) to become estranged (*da* from), to lose interest (in), to become indifferent (to): *disamorarsi di qc.* to lose interest in s.th. **disamoràto** *a.* **1** loveless. **2** (*estraniato*) estranged (*da* from). **3** (*indifferente*) indifferent (to). **disamóre** *m.* **1** ⟨*non com*⟩ estrangement (*per, a* from). **2** (*indifferenza*) indifference (to).

disancorare v.t. (disàncoro) ⟨Mar⟩ to loosen from anchorage, to disanchor. **disancorarsi** v.r. 1 ⟨Mar⟩ to weigh anchor. 2 ⟨fig⟩ to break (o get) away (da from), to rid o.s. (of): *non si è ancora disancorato dai preconcetti borghesi* he hasn't yet rid himself of his bourgeois prejudices.

disanimare v.t. (disànimo) ⟨non com⟩ to dishearten, to discourage: *le tue parole mi hanno disanimato* your words have ⌐disheartened me⌐ (o made me lose heart). **disanimarsi** v.r. to lose heart, to be discouraged, to get disheartened: *si è disanimato alle prime difficoltà* he lost heart as soon as the first difficulties arose.

disappetenza f. poor (o lack of) appetite.

disapplicare v.t. (disàpplico, disàpplichi) to cease to apply.

disapprovare v.t. (disappròvo) 1 to disapprove (of): ~ *la condotta di qd.* to disapprove of s.o.'s way of behaving. 2 ⟨assol⟩ to show one's disapproval. **disapprovazione** f. disapproval: *lo guardò con* ~ he looked at him ⌐with disapproval⌐ (o disapprovingly). □ *parole di* ~ disapproving words.

disappunto m. 1 (delusione) disappointment: *l'affare, con suo grande* ~, *non si è concluso* to his great disappointment, the deal didn't come off. 2 (irritazione) vexation, annoyance.

disarcionare v.t. (disarcióno) to unhorse, to unsaddle.

disarmante a. disarming: *un sorriso* ~ a disarming smile. **disarmare** I v.t. 1 to disarm (anche fig.): ~ *i prigionieri* to disarm the prisoners. 2 (rif. a fortezze e sim.) to dismantle. 3 ⟨Mar⟩ to lay up, to unrig. 4 ⟨Edil⟩ to take down (the scaffolding from). II v.i. (aus. avere) 1 to disarm. 2 ⟨fig⟩ to give in, to yield, to surrender: *non disarma di fronte alle difficoltà* he doesn't give in in the face of difficulty. □ ~ *i remi* to ship oars. **disarmato** a. 1 unarmed (anche fig.). 2 (rif. a fortezze e sim.) dismantled. 3 ⟨Mar⟩ laid up, out of commission. **disarmo** m. 1 (rif. a persona) disarming, disarmament: *il* ~ *dei prigionieri* the disarming of the prisoners. 2 (rif. a fortezze e sim.) dismantlement, dismantling. 3 ⟨Pol⟩ disarmament. 4 ⟨Mar⟩ laying up, unrigging, paying off. □ ⟨Pol⟩ ~ *atomico* (o *nucleare*) nuclear disarmament; *bastimento in* ~ ship out of commission; ⟨Pol⟩ *conferenza sul* ~ disarmament conference.

disarmonia f. disharmony, discord(ance): *c'è* ~ *tra i componenti della famiglia* there is discord in the family. **disarmonicamente** avv. discordantly. **disarmonico** a. (pl. -ci) discordant, disharmonious, ill-matched, ill-assorted: *un insieme* ~ *di colori* an ill-assorted colour arrangement.

disarticolare v.t. (disartìcolo) to disarticulate, to disjoint (anche Chir.). **disarticolarsi** v.r. to be dislocated. **disarticolazione** f. disarticulation (anche Chir.).

disartria f. ⟨Med⟩ dysarthria.

disassortito a. broken (up), odd.

disassuefare v.t. (disassuefàccio, disassuefài; disassuefèci, disassuefàtto; → fare) to cause to give up a habit.

disastrare v.t. (disàstro) to ravage, to devastate: *un ciclone ha disastrato la campagna* a tornado ravaged the countryside. **disastrato** I a. (rif. a cosa) heavily damaged, ravaged, badly-hit, stricken: *le zone* -*e* the badly-hit areas; (rif. a persona) stricken, badly-hit. II s.m. (f. -a) victim: *i* -*i del terremoto* the earthquake victims.

disastro m. 1 disaster: *è accaduto un* ~ there has been a disaster. 2 (grave incidente) crash, bad accident. 3 pl. havoc, ravages pl, damage, destruction: *i* -*i del terremoto* the destruction (o havoc) caused by the earthquake. 4 ⟨fam,scherz⟩ complete failure, fiasco, disaster: *il pranzo è stato un* ~ the dinner was a fiasco; (rif. a persona) utter failure: *come professore è un* ~ he is an utter failure as a teacher. □ ~ *aereo* air crash; ~ **ecologico** ecological disaster, ecocatastrophe; *la tua versione di latino era un* ~ your Latin translation was dreadful (o atrocious); ~ **ferroviario** rail crash; ~ **finanziario** financial disaster, crash; *recarsi sul luogo del* ~ to go to the scene of the crash (o accident); ~ **militare** military disaster.

disastrosamente avv. disastrously. **disastroso** a. 1 (che

---

provoca disastri) disastrous, ruinous: *una grandinata* -*a* a disastrous hailstorm. 2 (pessimo) shocking, dreadful, terrible: *la tappezzeria è in condizioni* -*e* the upholstery is in a shocking state.

disattendere v.t. (disattèndo, disattèsi, disattèso) to disregard: ~ *una raccomandazione* to disregard a recommendation.

disattento a. inattentive, careless, heedless: *alunno* ~ inattentive pupil. **disattenzione** f. 1 inattention, lack of attention, carelessness; (distrazione) absent-mindedness. 2 (svista) oversight: *mi spiace non averti invitato: è stata una* ~ I'm sorry I didn't invite you: it was a pure oversight. 3 (errore) slip, mistake: *la traduzione è piena di* -*i* the translation is full of slips. □ *errore di* ~ lapse; (scrivendo) slip of the pen; (parlando) slip of the tongue.

disatteso (p.p. di disattendere) a. disregarded, not complied with.

disattivare v.t. to disarm: ~ *una bomba* to disarm a bomb. **disattivato** a. disarmed: *mina* -*a* disarmed mine.

disavanzo m. ⟨Econ⟩ deficit: *un* ~ *nelle pubbliche entrate* a deficit in public revenue. □ ~ *della bilancia commerciale* deficit in the balance of trade; ~ *patrimoniale* capital deficit.

disavventura f. mishap, mischance, misadventure, misfortune: *durante il viaggio gli accaddero molte* -*e* he met with many mishaps during his journey. □ *per* ~ unfortunately, unluckily.

disavvertenza f. carelessness, heedlessness, negligence, thoughtlessness.

disavvezzare v.t. (disavvèzzo) to disaccustom (da to), to break (o get out) of the habit (of), to cause to stop: *la moglie lo ha disavvezzato dal bere* his wife has made him stop drinking. **disavvezzarsi** v.r. to give up, to lose (o give up) the habit. **disavvezzo** a. disaccustomed (a to), out of the habit (of).

disborso m. ⟨Comm⟩ disbursement, payment, outlay. □ *essere in* ~ to be due for reimbursement.

disboscamento m. disforestation. **disboscare** v.t. (disbòsco, disbòschi) to disforest.

disbrigare v.t. (disbrìgo, disbrìghi) to dispatch, to expedite, to settle quickly: ~ *un affare* to settle a matter quickly. **disbrigarsi** v.r. to hurry (up), to make haste. **disbrigo** m. (pl. -ghi) (prompt) settlement, dispatch, clearing-up (di of), dealing (with). □ *attendere al* ~ *degli affari* to get one's business done; ~ *della corrispondenza* dealing with one's correspondence.

discanto m. ⟨Mus⟩ descant, discant.

discapitare v.i. (discàpito; aus. avere) to suffer loss, to lose. **discapito** m. (perdita) loss; (danno) damage; (svantaggio) detriment, disadvantage. □ *a* ~ *di qd.* to s.o.'s cost (o detriment): *se agirai così, lo farai a tuo* ~ if you act like this, you will do so at your cost.

discarica f. 1 (di miniera) mine dump. 2 (per rifiuti) dumping ground, refuse disposal site.

discarico m. (pl. -chi) (discolpa) defence, justification. □ *per* ~ *di coscienza* to ease (o clear, unburden) one's conscience; ⟨Dir⟩ *testimone a* ~ witness for the defence.

discendente I a. 1 descending, downward, down-. 2 (che deriva) descending, deriving. 3 ⟨Mus⟩ descending. II s.m./f. descendant. □ ~ *diretto* direct descendant; ⟨Dir⟩ ~ *in linea retta* lineal descendant; ⟨Mus⟩ *scala* ~ descending scale. **discendenza** f. 1 descent, lineage. 2 (collett) descendants pl, issue, offspring. □ *la* ~ *di Adamo* the seed of Adam; ~ *diretta* direct (o lineal) descent; (collett) direct descendants. **discendere** v. (discési, discéso) I v.i. (aus. essere) 1 to come down, to descend, to go down. 2 (smontare: da autobus, treno, tram) to get off (da qc. s.th.); (da automobile) to get out (of); (da cavallo) to dismount (s.th.), to get down (from). 3 (digradare) to slope down, to descend. 4 (calare) to come (o go) down, to fall: *la temperatura continua a* ~ the temperature is still falling. 5 (tramontare) to sink, to go down, to set. 6 (trarre origine) to be descended: ~ *da una famiglia illustre* to be descended from an illustrious family. 7 ⟨Mus⟩ to descend. II v.t. to come down, to go down, to descend: ~ *le scale* to come down the stairs.

discenderia *f.* ⟨*Minier*⟩ inclined shaft.

discensionale *a.* descensional.

discente *m./f.* (*alunno*) learner.

discepolo *m.* (*f.* -a) **1** (*scolaro*) pupil. **2** (*seguace*) follower, disciple: *i –i di Michelangelo* Michelangelo's disciples. **3** ⟨*Rel*⟩ disciple (*anche assol.*): *i –i di Cristo* the disciples of Christ.

discernere *v.t.* (*p.rem.* **discernei**; no past participle) ⟨*lett*⟩ **1** to discern, to make out, to descry, to see clearly: *al buio non riusciva a ~ gli oggetti* he could not make out the objects in the darkness. **2** ⟨*fig*⟩ to discern, to distinguish (*da* from, between), to see the difference, to discriminate (between): *~ il bene dal male* to distinguish ⸢between good and evil⸣ (*o* good from bad); *~ la verità* to discern the truth. **discernimento** *m.* discernment, insight; (*buon senso*) common sense. □ *agire con ~* to act sensibly; *l'età del ~* the age of discretion (*o* reason); *parlare senza ~* to talk foolishly.

discesa *f.* **1** (*il discendere*) descent: *la ~ richiese due ore* the descent took two hours. **2** (*con mezzi di trasporto*) descent, downward trip: *la ~ in funivia* the descent in the cableway; (*in automobile*) drive (*o* ride) down; (*rif. a miniere*) descent; (*col paracadute*) jump; (*rif. a palombaro*) dive. **3** ⟨*Sport*⟩ (straight) downhill run. **4** ⟨*Alp*⟩ descent: *~ in cordata* descent on the rope, roping down. **5** (*tratto in discesa*) slope, descent, downhill stretch. **6** (*abbassamento, diminuzione*) fall: *~ dei prezzi* fall in prices. **7** (*calata, invasione*) descent, invasion: *la ~ dei barbari in Italia* the barbarians' ⸢invasion of⸣ (*o* descent upon) Italy. □ *durante la ~ l'ascensore si fermò improvvisamente* on its way down, the lift suddenly stopped; *in ~* downhill, downward: *tratto in ~* downhill stretch; *la strada è tutta in ~* the road is all downhill; ⟨*Sport*⟩ *~* **libera** downhill racing, (straight) downhill run; ⟨*Aut*⟩ *~* **pericolosa** dangerous hill; ⟨*Aer*⟩ *~ in* **picchiata** nose-dive; *~* **ripida** steep slope; ⟨*Rel*⟩ *la ~ dello* **Spirito** *Santo* the descent of the Holy Ghost; *la* **strada** *è tutta salite e –e* the road is all ups and downs.

discesi → **discendere**. **discesismo** *m.* ⟨*Sport*⟩ downhill race. **discesista** *m./f.* **1** (*sciatore*) downhill skier. **2** (*ciclista*) downhill racer. **disceso** → **discendere**.

dischetto *m.* **1** ⟨*Sport*⟩ (*nel gioco del calcio*) penalty spot. **2** ⟨*Inform*⟩ diskette. □ ⟨*Inform*⟩ *~ flessibile* floppy disk, floppy.

dischiudere *v.t.* (**dischiusi, dischiuso**) ⟨*lett*⟩ **1** (*aprire*) to open: *~ le imposte* to open the shutters. **2** ⟨*fig*⟩ to reveal: *~ il vero* to reveal the truth. □ *~ il cuore alla speranza* to open one's heart to hope; *~ le labbra al sorriso* to part one's lips in a smile; *~ gli occhi* to open one's eyes.

dischiusi → **dischiudere**. **dischiuso** (*p.p. di dischiudere*) *a.* ⟨*lett*⟩ (*aperto*) (half-)open; (*rif. a porta*) ajar; (*rif. a fiore*) open.

discinesia *f.* ⟨*Med*⟩ dyskinesia, dyscinesia.

discinto *a.* scantily dressed.

disciogliere *v.t.* (**disciolgo, disciogli; disciolsi, disciolto**) **1** (*dissolvere*) to dissolve: *~ la polvere nell'acqua* to dissolve the powder in the water. **2** (*liquefare, fondere*) to melt, to thaw: *il calore ha disciolto la neve* the heat has thawed the snow. **3** ⟨*lett*⟩ (*slegare, slacciare*) to unfasten, to untie, to loosen. **disciogliersi** *v.r.* **1** (*dissolversi*) to dissolve. **2** (*fondersi*) to melt, to thaw. **3** ⟨*lett*⟩ (*slegarsi*) to untie o.s., to release o.s. **disciolsi** → **disciogliere**. **disciolto** (*p.p. di disciogliere*) *a.* **1** (*dissolto*) dissolved; (*fuso*) melted, thawed. **2** (*sciolto*) loose, unfastened, untied, unbound.

disciplina *f.* **1** discipline. **2** (*materia di studio*) branch of learning: *le –e storiche* the historical disciplines. **3** ⟨*fig*⟩ school, discipline, teaching, training: *la ~ del dolore* the school of grief. **4** (*flagello*) scourge, discipline. □ *di ~*: 1 disciplinary: *commissione di ~* disciplinary commission; *consiglio di ~* disciplinary committee; ⟨*Dir*⟩ disciplinary court; 2 ⟨*Mil*⟩ guard–, disciplinary: *compagnia di ~* disciplinary company; *sala* (*o camera*) *di ~* guard–room; *~* **ferrea** strict discipline; **mantenere** *la ~* to keep discipline; *~* **militare** military discipline; *~ di* **partito** party discipline; *~* **scolastica** discipline in school, class–room discipline; **senza** *~* undisciplined; *il maestro non sa* **tenere** *la ~* the teacher can't keep discipline; *~*

del **traffico** traffic control (*o* regulation).

disciplinare[1] *v.t.* **1** to discipline: *~ i propri scolari* to discipline one's pupils. **2** (*regolare*) to regulate, to control: *~ il traffico stradale* to regulate the traffic; ⟨*fig*⟩ to discipline, to bring under control: *~ gli impulsi dell'animo* to discipline the impulses of the heart. **disciplinarsi** *v.r.* to discipline o.s., to train o.s.

disciplinare[2] *a.* disciplinary. □ *norme –i* disciplinary regulations; *prendere un provvedimento ~* to take disciplinary action (*o* measures); *punizione ~* disciplinary punishment; *questioni –i* disciplinary matters.

disciplinato *a.* (well-)disciplined, orderly: *alunni –i* disciplined pupils; (*rif. a soldati e sim.*) well–drilled. □ *un ragazzo poco ~* an undisciplined (*o* a disorderly) boy.

disco *m.* (*pl.* -chi) **1** disk, disc: *un ~ di metallo* a metal disk. **2** (*disco fonografico*) (gramophone) record: *un ~ di Bach* a Bach record. **3** ⟨*Sport*⟩ (*in atletica*) discus; (*lancio*) discus–throwing. **4** ⟨*Sport*⟩ (*per l'hockey su ghiaccio*) puck. **5** ⟨*Ferr*⟩ (*segnale*) disk (*o* railway) signal. **6** ⟨*Mecc*⟩ plate, disk, wheel. □ *~* **abrasivo** sanding disk; **cambiare** *~* to change the record, to put another record on; ⟨*fig*⟩ to change (*o* get off) the subject; ⟨*Tel*⟩ *~* **combinatore** dial, finger disk (*o* plate); ⟨*Med*⟩ **ernia** *del ~* slipped disk; ⟨*Inform*⟩ *~* **fisso** fixed disk; *~* **flessibile** floppy disk; ⟨*Aut*⟩ *~ del* **freno** brake disk; ⟨*Aut*⟩ *~ della* **frizione** clutch plate, friction disk; **incidere** *un ~* to make a record (*o* recording), to record; **incisione** *su ~* (gramophone) recording; **lancio** *del ~* discus throwing; *il ~ della* **luna** the disk of the moon; *~* **microsolco** microgroove record; (*a 33 giri*) long–playing record, ⟨*fam*⟩ L.P.; (*a 45 giri*) extended–play record, ⟨*fam*⟩ E.P.; ⟨*Aut*⟩ *~* **orario** parking disk; *~* **rigido** hard disk; *~* **rosso** red disk signal; ⟨*fig*⟩ red light, stop (signal); ⟨*Aut*⟩ *~ della* **ruota** wheel disk; *~ a settori* **fissi** hard sectored disk; *~ di* **sistema** system disk; *~* **verde** green disk signal; ⟨*fig*⟩ green light, go–ahead signal; *~* **volante** flying saucer; *~* **winchester** Winchester disk.

discobolo *m.* (*lanciatore di disco*) discus thrower; (*nell'atletica antica*) discobolus.

discofilo *m.* (*f.* -a) discophile, collector of gramophone records.

disco|grafia *f.* **1** (gramophone) recording, record making; (*l'industria*) record industry. **2** (*catalogazione di dischi*) discography. **~grafico** *a./s.* (*pl.* -ci) **I** *a.* **1** (*rif. alla tecnica o all'industria dei dischi*) record–, recording: *industria –a* record industry; *casa –a* record company. **2** (*rif. alla catalogazione di dischi*) discographic(al). **II** *s.m.* (*f.* -a) person engaged in the record industry.

discoide **I** *a.* discoid. **II** *s.m.* ⟨*Farm*⟩ tablet, discoid.

discolibro *m.* (*pl.* **dischilibri/discolibri**) book accompanied by a record.

discolo **I** *a.* **1** (*scapestrato*) wild, ⟨*attr*⟩ madcap, reckless. **2** (*sbarazzino*) undisciplined, mischievous; (*scioperato*) idle. **II** *s.m.* (*f.* -a) **1** (*scapestrato*) madcap, daredevil, scapegrace, wild young man. **2** (*sbarazzino*) (little) rogue, rascal, (young) scamp, urchin; (*scioperato*) idler, ne'er–do–well.

discolpa *f.* excuse, justification, defence, exculpation. □ *propria ~* in one's defence (*o* vindication), for one's justification: *dico ciò a mia ~* I say this in my defence; *che hai da dire a tua ~?* what have you to say for yourself?; *testimone a ~* witness for the defence. **discolpare** *v.t.* (**discolpo**) to clear, to justify: *cercò di ~ l'amico* he tried to clear his friend. **discolparsi** *v.r.* to justify o.s., to clear o.s.

disconobbi → **disconoscere**. **disconoscente** *a.* (*ingrato*) ungrateful. **disconoscere** *v.t.* (**disconobbi, disconosciuto**) not to appreciate, to refuse to acknowledge (*o* recognize): *~ i meriti di qd.* ⸢to refuse to recognize⸣ (*o* not to appreciate) s.o.'s merits. □ ⟨*Dir*⟩ *~ la paternità di un figlio* to disclaim (*o* disown) the paternity of a child. **disconoscimento** *m.* disavowal, disownment, refusal to recognize: ⟨*Dir*⟩ *~ di paternità* disownment (*o* disavowal) of paternity. **disconosciuto** → **disconoscere**.

discontinuità *f.* discontinuity; (*interruzione*) discontinuance: *la ~ della tradizione* the discontinuance of the tradition; *~ di rendimento* discontinuity of output; *~*

di stile discontinuity of style; ~ *di una linea* discontinuity of a line. **discontinuo** *a.* **1** discontinuous (*anche Mat.*): *superficie -a* discontinuous surface. **2** (*disuguale*) discontinuous, uneven, fluctuating: *rendimento* ~ uneven (*o* fluctuating) yield. **3** ⟨*fig*⟩ (*incostante*) erratic, inconstant, unsteady: *il ragazzo è* ~ *nello studio* the boy is erratic in his work. □ *lavoro* ~ occasional (*o* casual) work.

discopatia *f.* ⟨*Med*⟩ discopathy.

discordante *a.* **1** clashing, conflicting, discordant: *testimonianze -i* conflicting evidence. **2** (*rif. a suoni*) dissonant, discordant; (*rif. a colori*) clashing. **3** ⟨*Geol*⟩ discordant, unconformable: *strati -i* discordant strata. **discordanza** *f.* **1** discordance, conflict, clash: ~ *di opinioni* clash of opinions. **2** (*rif. a suoni*) dissonance, discord(ance); (*rif. a colori*) clash(ing). **3** ⟨*Geol*⟩ discordance. **discordare** *v.i.* (*discordo; aus.* avere) **1** to disagree, to be at variance, to clash (*da* with): *le nostre opinioni discordano* our opinions clash (*o* are at variance); *gli storici discordano sulla data del documento* historians disagree on (*o* as to) the date of the document. **2** (*non essere conforme*) to clash, not to be in keeping (with): *la sua condotta discorda dalle sue parole* his behaviour is not in keeping with his words. **3** (*rif. a suoni*) to discord, to clash; (*rif. a colori*) to clash. **discorde** *a.* disagreeing, at variance, clashing, discordant, conflicting: *notizie -i* conflicting reports. □ *essere* ~ to disagree, to differ: *i due erano -i su molti punti* the two ⸢held discordant views⸣ (*o* disagreed) on many points. **discordemente** *avv.* discordantly. **discordia** *f.* **1** (*disaccordo*) discord, dissension, variance, disagreement: ~ *tra parenti* discord in the family. **2** (*divergenza*) disagreement, difference, clash, discrepancy: ~ *di opinioni* differences of opinion, clash of views. □ *-e civili* civil strife; *essere in* ~ *con qd.* to be ⸢at variance⸣ (*o* in disagreement) with s.o.; *il pomo della* ~ the apple of discord; *il seme della* ~ the seed of discord; *seminare la* ~ to sow discord (*o* strife).

discorrere[1] *v.i.* (*discorsi, discorso; aus.* avere) **1** (*conversare*) to talk (*di* about), to converse (on, about): ~ *d'arte* to talk about art; (*chiacchierare*) to chat: *sta sempre a* ~ *con le amiche* she's always chatting with her friends. **2** (*parlare*) to talk: *non ne discorriamo nemmeno* don't let's even talk about it; *discorre perché ha la bocca* he talks for the sake of talking. □ *si fa (tanto) per* ~ it's just for the sake of talking (*o* s.th. to say); ~ *di politica* to talk politics; ~ *del più e del meno* to talk about this and that; *e via discorrendo* and so on, and so forth.

discorrere[2] *m.* talk: *di questo matrimonio se ne fece un gran* ~ this marriage was much talked about, there was a lot of talk about this marriage.

discorsi → discorrere[1]. **discorsivo** *a.* **1** conversational: *stile* ~ conversational style. **2** (*loquace*) talkative, chatty, loquacious: *ieri il tuo amico era molto* ~ your friend was very talkative yesterday. **3** ⟨*Filos*⟩ discursive.

discorso[1] *m.* **1** (*conversazione*) talk, conversation: *-i amichevoli* friendly talks. **2** (*parole*) words *pl*, remarks *pl*: *dopo questo* ~ *lasciò la stanza* after ⸢these words⸣ (*o* saying this) he left the room. **3** (*ragionamento*) way of talking (*o* reasoning), argument(s): *è un* ~ *che non capisco* this is a way of reasoning that I can't follow. **4** (*orazione*) speech, address: *tenere un* ~ to make a speech, to give an address. □ *questo è un altro* ~ that's ⸢another matter⸣ (*o* a different story); ~ *d'*apertura opening speech; *attaccare* ~ *con qd.* to strike up a conversation with s.o.; *far cadere il* ~ *su qc.* to bring the conversation round to s.th.; *il* ~ *cadde sulla festa* conversation turned to the party; *cambiare* ~ to change the subject; *che -i sono questi?* what do you mean by that?; ⟨*Gramm*⟩ ~ **diretto** direct speech; *fare un* ~ (*una conversazione*) to have a conversation (*o* talk, chat); (*un'orazione*) to make a speech, to give an address; *fare strani -i* to talk in an odd way; *perdere il filo del* ~ to lose the thread (of what one was saying); ~ *d'*inaugurazione opening (*o* inaugural) speech; ⟨*Gramm*⟩ ~ **indiretto** indirect (*o* reported) speech; **leggere** *un* ~ to read a speech; *è un* ~ **lungo** it's a long story; *sarebbe un* ~ *troppo lungo* it would take too long to tell; ⟨*Gramm*⟩ *le* **parti** *del* ~ the parts of speech; **pochi** *-i!* don't make so

much fuss!; ~ **programmatico** policy address, ⟨*am*⟩ inaugural; *tocca* **sentire** *certi -i!* one does hear some odd things!; **senza** (*fare*) *tanti -i* without wasting words; *è sempre lo* **stesso** ~ it's the same old story; **sviare** *il* ~ to change the subject; ~ **ufficiale** official address.

discorso[2] → discorrere[1].

discostare *v.t.* (*discosto*) ⟨*non com*⟩ **1** (*allontanare*) to remove, to move away. **2** ⟨*fig*⟩ to put off, to drive away: *la sua superbia discosta tutti* his haughtiness puts everybody off. **discostarsi** *v.r.* to move away (*da* from); ⟨*fig*⟩ to wander, to move (*o* draw) away (from): *discostarsi dall'argomento* to wander from the subject. **discosto I** *a.* **1** (*lontano*) far (away) (*da* from), distant; (*poco lontano*) ⟨*pred*⟩ off (*da* qc. s.th.): *un paesino* ~ *dalla strada* a village which lies off the road. **2** ⟨*fig*⟩ far(-removed): ~ *dalla realtà* far-removed from reality. **II** *avv.* far off (*o* away): *abita poco* ~ he doesn't live far off.

discoteca *f.* **1** record library. **2** (*locale notturno*) discothèque, ⟨*fam*⟩ disco.

discredito *m.* discredit, disrepute. □ *cadere in* ~ to fall into disrepute; *gettare il* ~ *su qd.* to bring s.o. into discredit (*o* disrepute).

discrepante *a.* divergent, discrepant, differing: *opinioni -i* divergent views. **discrepanza** *f.* discrepancy, disagreement, divergence.

discretamente *avv.* **1** (*sufficientemente bene*) quite well (*o* nicely), fairly well: *il mio esame è andato* ~ my exam went off quite well; (*abbastanza*) quite, fairly: *è* ~ *ricco* he is quite rich. **2** (*con discrezione*) discreetly, tactfully. □ *di salute sto* ~ ⟨*fam*⟩ I'm not too bad. **discretezza** *f.* discretion: *svolse le indagini con la massima* ~ he carried out the investigations with great discretion. **discreto** *a.* **1** (*abbastanza buono*) quite (*o* fairly) good, fair, not bad: *questo quadro è* ~ this painting is quite good; *un vino* ~ a fairly good wine; *il tempo è stato* ~ the weather has been fair (*o* quite good). **2** (*sufficiente*) fair, reasonable, good: *ha in banca un* ~ *capitale* he has a fair amount of money in the bank; *ho un appetito* ~ I've got a pretty good appetite. **3** (*moderato*) fair, reasonable, moderate: *è stato molto* ~ *nelle sue richieste* he has been very reasonable in his requests; *prezzo* ~ fair price. **4** (*non importuno, riservato*) discreet, unobtrusive: *un ospite* ~ an unobtrusive guest; *contegno* ~ discreet behaviour. **5** ⟨*Scol*⟩ fair. □ *avere un* ~ *numero di amici* to have ⸢a fair⸣ (*o* quite a) number of friends. **discrezionale** *a.* ⟨*Dir*⟩ discretionary: *potere* (*o* *facoltà*) ~ discretionary power.

discrezionalità *f.* ⟨*Dir*⟩ discretionary power.

discrezione *f.* **1** (*discernimento*) discernment, discrimination, judgement. **2** (*moderazione*) moderation, restraint. **3** (*riservatezza*) discretion, circumspection, prudence: *mi affido alla tua* ~ I rely on your discretion. **4** (*arbitrio, potere*) discretion, judgement, free choice: *a* ~ *di qd.* at s.o.'s discretion. □ *a* ~ (*a volontà*) at discretion (*o* will, pleasure), ad lib: *avere pane a* ~ to have bread ad lib, to have as much bread as one wants; *arrendersi a* ~ to surrender at discretion; *gli* **anni** *della* ~ the years (*o* age) of discretion; **con** ~: **1** in (*o* with) moderation, moderately, with restraint; *chiedere con* ~ to be moderate in one's requests; **2** (*con tatto*) discreetly, tactfully: *si informò con* ~ *dell'accaduto* he made discreet enquiries about what had happened; **senza** ~ immoderate, wanting in restraint; (*senza tatto*) indiscreet.

discriminante[1] *f.* ⟨*Dir*⟩ extenuating circumstance.

discriminante[2] *m.* ⟨*Mat*⟩ discriminant.

discriminare *v.t.* (*discrimino*) **1** to discriminate: ~ *le persone secondo le loro idee politiche* to discriminate between people according to their political views. **2** ⟨*Dir*⟩ to extenuate. **discriminato** *m.* (*f.* -a) (*ebreo*) Jew freed from the restrictions of the anti-Jewish laws; (*ex-fascista*) person acquitted during the anti-Fascist trials. **discriminazione** *f.* discrimination. □ ~ *contro gli anziani* ageism; ~ *fiscale* tax discrimination; ~ *razziale* racial discrimination; ~ *tra i sessi* sex discrimination, discrimination on the basis of sex.

discussi → discutere. **discussione** *f.* **1** discussion. **2** (*rif. ad assemblea*) debate, discussion. **3** (*litigio*) argument, dispute, quarrel. □ ⟨*Parl*⟩ ~ *del bilancio pubblico* Budget debate; ⟨*Dir*⟩ ~ *della causa* pleading, argument (*o* trial) of a case; *essere fuori* (*di*) ~ to be ⌐beyond dispute⌐ (*o* indisputable); *essere in* ~ to be under discussion; *mettere in* ~ to debate, to discuss; ⟨*fig*⟩ (*mettere in dubbio*) to doubt, to question. **discutere** *v.* (**discussi/discutęi, discụsso**) I *v.t.* 1 to discuss, to debate: ~ *una questione* to discuss a matter; ~ *un progetto di legge* to debate a bill. 2 (*contrastare*) to argue: *non discuto la fondatezza delle sue ragioni* I'm not arguing as to whether he's right or not. II *v.i.* (*aus.* **avere**) 1 to discuss, to debate: ~ *su* (*o sopra, intorno*) *a qc.* to discuss s.th., to debate about s.th., to talk s.th. over; *discussero a lungo sul da farsi* they talked for a long time about what to do. 2 (*parlare*) to discuss (*di qc.* s.th.), to talk (about s.th.): *gli piace* ~ *di politica con gli amici* he likes talking politics with his friends. 3 (*litigare*) to argue, to quarrel. □ ⟨*Dir*⟩ ~ *una causa* to debate a suit; ~ *a fondo qc.* to go (deeply) into s.th., to talk s.th. over; *gli ordini non si discutono* there is no questioning orders; ~ *sul prezzo* to haggle (over the price), to argue over the price; *su questo non si discute* this is beyond question. **discutịbile** *a.* 1 debatable, questionable, disputable: *un'affermazione* ~ a questionable assertion. 2 (*dubbio*) questionable, doubtful: *la casa è arredata con gusto* ~ the house is furnished in doubtful taste.

disdegnạre *v.t.* (**disdęgno**) to disdain, to scorn, to spurn: ~ *le adulazioni* to scorn flattery. **disdęgno** *m.* disdain, scorn. □ *guardare qd. con* ~ to regard s.o. with disdain. **disdegnosamęnte** *avv.* disdainfully, scornfully. **disdegnọso** *a.* disdainful, scornful.

disdętta *f.* 1 ⟨*Dir*⟩ notice (of termination), notice to leave (*o* quit); (*rif. a merce*) cancellation. 2 (*sfortuna*) misfortune, bad luck: *che* ~! what bad luck!; *per mia* ~ to my misfortune. □ *dare la* ~ *all'inquilino* to give a tenant notice to quit.

disdịco → **disdire[1]**.

disdịre[1] *v.t.* (**disdịco, disdịci; disdịssi, disdętto**; → **dire**) 1 (*ritrattare*) to take back, to retract, to unsay: ~ *un'affermazione* to retract a statement, to take back what one has said. 2 (*annullare*) to cancel: ~ *un appuntamento* to cancel an appointment; ~ *un abbonamento* to cancel a subscription. 3 ⟨*Dir*⟩ to give notice (of termination of): ~ *l'appartamento* to give notice of termination of tenancy; (*rif. a ordinazioni*) to cancel; (*rif. a contratti e sim.*) to revoke, to rescind. □ ~ *un contratto* to give notice of termination of contract; ~ *un'ordinazione* to cancel an order; ~ *un ordine* to countermand an order; ⟨*Mil*⟩ ~ *la* **tregua** to give notice of termination of a truce.

disdịre[2] *v.i.impers.* (**disdịce; disdịsse**; → **dire**; only used in the third person singular and plural, no compound tenses); **disdirsi** *v.r.* (*essere sconveniente*) to be unbecoming (*a* to), to be unsuitable (for), to be unseemly (in): *questi discorsi si disdicono a una ragazza bene educata* this kind of talk ⌐is unseemly in⌐ (*o* does not become) a well-brought up girl.

disdirò, disdịssi → **disdire[1]**.

disdọro *m.* ⟨*non com*⟩ discredit, disgrace, disrepute: *questa azione torna a tuo* ~ this deed brings disgrace on you.

diseconomịa *f.* diseconomy.

diseducạre *v.t.* (**disęduco, disęduchi**) to miseducate: *i cattivi libri diseducano la gioventù* bad books miseducate youth. **diseducatịvo** *a.* (*non educativo*) contributing to bad upbringing, miseducating: *sistemi –i* methods contributing to bad upbringing. **diseducazịone** *f.* miseducation.

disegnạre *v.t.* (**disęgno**) 1 to draw, to sketch: ~ *un rettangolo* to draw a rectangle. 2 (*schizzare, progettare*) to design, to sketch: ~ *le scene e i costumi per una commedia* to design the sets and costumes for a play. 3 ⟨*fig*⟩ (*progettare, proporsi*) to plan, to design, to intend: *disegnammo di fare un viaggio* we planned to take a trip. 4 ⟨*fig*⟩ (*descrivere a parole*) to outline, to sketch (out), to describe: *l'oratore ha ben disegnato la gravità della situazione* the speaker has described the gravity of the situation very well. □ ~ *a contorno* to outline. **disegnatọre** *m.* (*f.* **-trice**) 1 drawer, sketcher. 2 ⟨*tecn*⟩ draughtsman (*f* –woman), draftsman (*f* –woman);

(*progettista, bozzettista*) designer. □ ⟨*Aut*⟩ ~ *di* **carrozzerie** stylist; ~ **meccanico** engineering draughtsman; ~ *di* **stoffe** textile designer; ~ **tecnico** draughtsman, (*am*) draftsman ~ *di* **vignette** *umoristiche* cartoonist.

disęgno *m.* 1 drawing, sketch. 2 (*su stoffe, carte e sim.*) pattern, design. 3 (*l'arte del disegnare*) drawing, sketching, design: *imparare il* ~ to learn drawing; ⟨*tecn*⟩ draughtsmanship, draftsmanship. 4 (*schizzo*) sketch, design: *il* ~ *dei costumi per un film* costume sketches for a film; (*progetto*) plan. 5 ⟨*fig*⟩ (*abbozzo*) outline, plan, draft, design: *il* ~ *di un romanzo* the outline of a novel. 6 ⟨*fig*⟩ (*proposito*) design, purpose, aim, intention: *il mio primo* ~ *era di partire* my first intention was to leave. □ **a** *–i* patterned: *una stoffa a –i* a patterned fabric; ⟨*Cin*⟩ *–i* **animati** (animated) cartoons; **blocco** *da* ~ drawing pad; **carta** *da* ~ drawing paper; ~ **decalcabile** stencil; *fare un* ~ to draw, to make a drawing (*o* sketch); ~ **geometrico** mechanical (*o* geometrical) drawing; ~ **industriale** industrial design; **insegnante** *di* ~ drawing master; ⟨*Scol*⟩ art teacher; ⟨*Pol*⟩ ~ *di* **legge** bill; ~ *di legge governativo* government bill, (*am*) administration bill; *presentare un* ~ *di legge in parlamento* to bring a bill before Parliament; ~ *a* **mano** *libera* free-hand drawing; ~ *a* **matita** pencil (*o* crayon) drawing; ~ **meccanico** mechanical drawing; ~ *di un* **particolare** detail drawing; ~ *a* **pastello** pastel (drawing); ~ *a* **penna** pen-and-ink drawing; *i –i della* **provvidenza** the designs of Providence; **puntina** *da* ~ drawing-pin; ⟨*tecn*⟩ ~ *in* **scala** scale drawing; ⟨*Parl*⟩ ~ *di legge per* **stanziamenti** *in bilancio* appropriation bill; ~ *per* **stoffa** fabric pattern; ~ **tecnico** technical drawing; ~ *a* **tratteggio** (out)line drawing; ~ *dal* **vero** real-life drawing.

disequazịone *f.* ⟨*Mat*⟩ inequation, inequality.

diserbạnte I *a.* ⟨*Agr*⟩ herbicidal. II *s.m.* herbicide, weed-killer. **diserbạre** *v.t.* (**disęrbo**) to weed, to free from weeds: ~ *un terreno* to weed a plot.

diseredạre *v.t.* (**diserędo**) to disinherit: ~ *un figlio* to disinherit a son. **diseredạto** I *a.* 1 disinherited: *figlio* ~ disinherited son. 2 ⟨*fig*⟩ underprivileged, unfortunate: *le classi –e* the underprivileged classes. II *s.m.* (*f.* **-a**; usually plural) disinherited person; ⟨*fig*⟩ underprivileged (*o* unfortunate) person, have-not: *i –i* ⌐*della vita*⌐ (*o dalla fortuna*) the underprivileged.

disertạre *v.* (**disęrto**) I *v.i.* (*aus.* **avere/essere**) 1 ⟨*Mil*⟩ to desert. 2 ⟨*fig*⟩ to desert, to leave: *militava nel partito ma ha disertato* he was a supporter of the party, but he has left it. II *v.t.* 1 (*non andare*) to fail to turn up at (*o* to), not to go to: *ha disertato la riunione* he didn't ⌐go to⌐ (*o* attend) the meeting. 2 (*abbandonare*) to desert, to abandon, to leave: *la popolazione disertò il paese* the population abandoned the town. **disertọre** *m.* 1 ⟨*Mil*⟩ deserter. 2 ⟨*fig*⟩ deserter, abandoner. **disercịone** *f.* 1 ⟨*Mil*⟩ desertion. 2 ⟨*fig*⟩ desertion, defection: *le sue dimissioni sono state considerate una* ~ his resignation is regarded as a defection.

disfaccia, disfaccio → **disfare**. **disfacimęnto** *m.* 1 ⟨*lett*⟩ (*decomposizione*) decomposition, decay. 2 ⟨*fig*⟩ (*sfacelo*) undoing, break-up. 3 ⟨*Geol*⟩ weathering. □ *in* ~ in decay (*o* process of decomposition), decaying, decomposing: *corpi organici in* ~ decaying organic bodies; *una famiglia in* ~ a family which is breaking up; *andare in* ~ to disintegrate, to fall into decay; *una società che va in* ~ a disintegrating society.

disfare *v.t.* (**disfaccio/disfo, disfai, disfà/disfa, disfiamo, disfate, disfanno/disfano; disfeci, disfatto**; → **fare**) 1 (*distruggere*) to undo: *ho dovuto* ~ *tutto il lavoro già fatto* I had to undo all the work I had already done. 2 (*sciogliere, slegare*) to untie, to undo: ~ *un nodo* to undo a knot; (*rif. a pacchi*) to unwrap, to unpack. 3 (*scucire*) to unpick: ~ *un vestito* to unpick a dress; (*rif. a lavori a maglia*) to unravel. 4 (*sconfiggere*) to defeat, to (put to) rout: *l'esercito fu disfatto dal nemico* the army was put to rout by the enemy. 5 (*liquefare*) to melt; (*rif. a neve*) to thaw: *il sole ha disfatto la neve* the sun has thawed (*o* melted) the snow. **disfarsi** *v.r.* 1 (*scucirsi*) to come undone (*o* to pieces). 2 (*sciogliersi, slegarsi*) to come undone, to be untied, to come unfastened (*o* loose): *ti si è disfatto il* *nodo della cravatta* the knot of your tie ⌐has come⌐ (*o* is) undone. **3** (*liquefarsi*) to melt; (*rif. a neve*) to thaw: *la neve si è disfatta all'apparire del sole* the snow thawed (*o* melted) as soon as the sun came out. **4** (*liberarsi*) to rid o.s., to get rid (*di* of): *non sono riuscito a disfarmi di quel seccatore* I haven't managed to get rid of that bore. □ *disfarsi in* bocca to melt in the mouth: *queste mele sono così tenere che si disfanno in bocca* these apples are so tender that they melt in your mouth; ~ *la* casa to strip (*o* shut up) a house; ~ *il* letto to strip the bed; ~ *le* valigie to unpack.

disfaşia *f.* ⟨*Med*⟩ dysphasia.

disfatta *f.* (total) defeat, overthrow, rout (*anche fig.*): *le ultime elezioni sono state una* ~ *per il nostro partito* the recent elections were a total defeat for our party. □ *subire una* ~ to suffer defeat. **disfattişmo** *m.* defeatism (*anche fig.*). □ ⟨*Dir*⟩ ~ *economico* economic defeatism; *fare del* ~ to be a defeatist, to spread alarm and despondency. **disfattişta I** *s.m./f.* defeatist (*anche fig.*). **II** *a.* defeatist- (*anche fig.*): *propaganda* ~ defeatist propaganda; *atteggiamento* ~ defeatist attitude. □ *fare il* ~ to be a defeatist. **disfatto** (*p.p. di disfare*) *a.* **1** (*sconfitto*) defeated: *l'esercito* ~ the defeated army. **2** (*liquefatto*) melted, thawed: *neve* –*a* thawed snow; *burro* ~ melted butter. **3** (*sfiorito*) haggard, wasted: *volto* ~ wasted (*o* haggard) face. **4** (*molto stanco*) worn-out, exhausted. □ *letto* ~ unmade bed.

disfavore *m.* ⟨*lett*⟩ **1** disfavour. **2** (*svantaggio, danno*) disadvantage, prejudice, harm. □ *a* ~ against; *a* ~ *di* against, unfavourable to; *quello che hai fatto tornerà a tuo* ~ what you have done will ⌐be to your prejudice⌐ (*o* go against you).

disfęci → disfare.

disfida *f.* ⟨*lett*⟩ **1** (*sfida*) challenge, defiance. **2** (*duello*) duel.

disfo → disfare.

disfonia *f.* ⟨*Med*⟩ dysphonia.

disfunzione *f.* ⟨*Med*⟩ disorder, dysfunction, ⟨*pop*⟩ trouble. □ ~ *cardiaca* heart disorder (*o* trouble); ~ *epatica* hepatic dysfunction, liver trouble; ~ *gastrica* gastric disorder; ⟨*Med*⟩ ~ *sessuale* sexual dysfunction.

disgelare *v.* (disgęlo) **I** *v.t.* **1** to thaw (out); (*rif. a frigoriferi*) to defrost. **2** ⟨*Aer*⟩ to de-ice. **II** *v.i.* (*aus.* essere), **disgelarsi** *v.r.* to thaw (out). **III** *v.i. impers.* (*aus.* essere/avere) to thaw. **disgęlo** *m.* thaw (*anche fig.*).

disgiungere *v.t.* (disgiungo, disgiunsi; disgiunto) to separate, to sever, to disjoin. **disgiungersi** *v.r.* to be separated, to separate, to part. **disgiunsi** → disgiungere. **disgiuntamente** *avv.* separately. **disgiuntivo** *a.* ⟨*Gramm,Filos*⟩ disjunctive: *congiunzione* –*a* disjunctive conjunction; *proposizione* –*a* disjunctive proposition. **disgiunto** (*p.p. di disgiungere*) *a.* (*separato*) separated, parted, detached, disjoined. **disgiunzione** *f.* disjunction.

disgrafia *f.* ⟨*Med*⟩ dysgraphia.

disgrazia *f.* **1** (*sfortuna*) misfortune, ill-luck, bad luck: *la* ~ *lo perseguita* he is dogged by ill-luck; *ha la* ~ *di essere sordo* he has the misfortune to be deaf. **2** (*avvenimento funesto*) misfortune, mishap: *gli sono accadute molte* –*e* many misfortunes have befallen him; (*incidente*) accident: *è accaduta una* ~ there has been an accident. **3** (*fatto involontario*) accident, mishap: *non l'ho fatto apposta, è stata una* ~ I didn't do it on purpose, it was an accident. **4** (*sfavore*) disgrace, disfavour: *essere in* ~ to be in disfavour (*o* disgrace). □ cadere *in* ~ *di qd.* to fall ⌐out of favour⌐ (*o* into disfavour) with s.o., to lose s.o.'s favour; per ~ unfortunately, unluckily; portare ~ to bring bad luck; *essere* vittima *di una* ~ to meet with an accident; ~ volle *che lo fermasse la polizia* ⌐as luck would have it⌐ (*o* ill-luck would have it that) he was stopped by the police. *Prov.*: *le* –*e non vengono mai sole* it never rains but it pours.

disgraziata *f.* **1** (*sfortunata*) wretched (*o* poor) woman. **2** (*sciagurata*) wretch, evil woman. **disgraziatamente** *avv.* unfortunately, unluckily, unhappily. **disgraziato I** *a.* **1** unfortunate, unlucky, wretched: *è stato* ~ *fin dalla nascita* he was born unlucky; *un'impresa* –*a* an unfortunate

undertaking; *un giorno* ~ an unlucky (*o* a bad) day. **2** (*deforme*) misshapen, deformed: *avere un corpo* ~ to have a misshapen body. **II** *s.m.* **1** (*persona sfortunata*) wretch, wretched (*o* poor) man. **2** (*mascalzone*) rascal, scoundrel, rogue, wretch. **3** (*deforme*) misshapen (*o* deformed) man. □ *un povero* ~ a poor wretch (*o* devil).

disgregabile *a.* breakable, that can be disgregated. **disgregamento** *m.* **1** disintegration, breaking up (*o* down), break-up. **2** ⟨*fig*⟩ disintegration, separation, break-up: *il* ~ *della famiglia* the break-up of the family. **disgregare** *v.t.* (disgrego, disgreghi) **1** to break up (*o* down), to disintegrate, to separate: *il gelo disintegra le rocce* frost breaks up rocks. **2** ⟨*fig*⟩ to break up, to separate, to disperse, to disunite: *l'egoismo disgrega le famiglie* selfishness causes families to break up. **3** ⟨*Chim*⟩ to disgregate, to disintegrate. **disgregarsi** *v.r.* **1** to break up (*o* down), to disintegrate, to separate, to decompose. **2** ⟨*fig*⟩ to break up, to disintegrate, to be dispersed: *la nostra società si è disgregata* our society has broken up. **disgregazione** *f.* **1** break-up, breaking down, disintegration: *la* ~ *delle rocce* the disintegration of rocks. **2** ⟨*fig*⟩ break-up, disintegration, dispersal. **3** ⟨*Chim*⟩ disgregation, decomposition. □ ~ *morale* moral collapse (*o* decay).

disguido *m.* (*errore: nel recapito*) going astray, wrong delivery: *a causa di un* ~ *la lettera è arrivata in ritardo* the letter went astray and arrived late. □ ~ *postale* going astray of mail, wrong delivery.

disgustare *v.t.* to disgust, to sicken, to nauseate, to make feel sick (*anche fig.*): *le sigarette mi disgustano* cigarettes disgust me; *il latte mi ha sempre disgustato* milk has always made me feel sick; *i suoi discorsi mi hanno disgustato* what he had to say disgusted me. **disgustarsi** *v.r.* **1** to be disgusted (*o* nauseated), to be sickened (*o* revolted) (*di* by), to loathe (s.th.); (*stancarsi*) to get sick (*o* tired) of, to go off: *a lungo andare mi disgusterò di questo lavoro* in the long run, I shall get tired (*o* sick) of this work. **2** (*recipr*) to fall out, to quarrel, to become estranged: *si sono disgustati per motivi d'interesse* they have fallen out over questions of interest. **disgustato** *a.* disgusted, sickened, nauseated, shocked, revolted (*di* by): *sono* ~ *del tuo comportamento* I am disgusted by your behaviour. □ *a quella scena rimase* ~ ⌐he was disgusted⌐ (*o* his stomach was turned) by the scene; *essere* ~ *della vita* to be tired of life. **disgusto** *m.* **1** disgust (*di, per* at, for), loathing (for), nausea (at); (*avversione*) aversion (to, from, for), dislike (of, for): *mi è venuto il* ~ *del vino* I have acquired a strong aversion to wine. **2** ⟨*fig*⟩ disgust (*di, per* at, for), nausea, indignation (at), repugnance (to), repulsion (for): *il suo cinismo mi ispira* ~ his cynicism ⌐arouses my disgust⌐ (*o* shocks me). □ *con* ~ in disgust, with a feeling of nausea: *inghiottì la medicina con* ~ he swallowed the medicine with a feeling of nausea; *assistere a una scena con* ~ to watch a scene in disgust; *provare* ~ *per qc.* to be disgusted by s.th. **disgustosamente** *avv.* disgustingly. **disgustoso** *a.* disgusting, sickening, nauseating, loathsome (*anche fig.*): *questa medicina ha un sapore* ~ this medicine has a disgusting taste; *una scena* –*a* a nauseating scene.

disidratante I *a.* ⟨*Chim*⟩ dehydrating. **II** *s.m.* dehydrator, dehydrant. **disidratare** *v.t.* **1** ⟨*Chim*⟩ to dehydrate. **2** (*Minier*) to dewater. **disidratarsi** *v.r.* **1** ⟨*Chim*⟩ to dehydrate. **2** ⟨*Med*⟩ to become dehydrated. **disidratato** *a.* ⟨*Chim,Med*⟩ dehydrated. **disidratatore** *m.* dehydrator. **disidratazione** *f.* **1** ⟨*Chim,Med*⟩ dehydration. **2** (*Minier*) dewatering.

disillabico *a.* (*pl.* -ci) dis(s)yllabic. **disillabo** *m.* dis(s)yllable.

disilludere *v.t.* (disillusi, disilluso) to disillusion, to disenchant: *mi dispiace doverti* ~, *ma il tuo esame è andato male* I'm sorry to have to disillusion you, but you have failed your exam. **disilludersi** *v.r.* to be disillusioned (*o* disenchanted): *iniziò il lavoro pieno di speranze, ma presto si disilluse* he took up the work full of hope, but was soon disenchanted. **disillusi** → disilludere. **disillusione** *f.* disillusion, disenchantement. □ *avere una* ~ to be disillusioned. **disilluso** (*p.p. di disilludere*) *a.*

disillusioned, disenchanted.

disimballaggio *m.* unpacking. **disimballare** *v.t.* to unpack: ~ *delle merci* to unpack goods.

disimparare *v.t.* to forget, to unlearn: *vivendo all'estero ha disimparato l'italiano* living abroad has made him forget his Italian; ~ *a nuotare* to forget how to swim.

disimpegnare *v.t.* (**disimpegno**) 1 (*liberare da un impegno*) to release (from an obligation), to disengage: *venne disimpegnato dall'obbligo di obbedire* he was released from the duty of obedience. 2 (*liberare un oggetto dato in pegno*) to redeem, to get out of pawn: ~ *un anello al Monte di Pietà* to get a ring out of pawn. 3 (*rendere libero, servibile*) to release, to free, to disengage, to clear: *cercò di ~ la corda* he tried to free the rope; ~ *l'ancora* to clear the anchor. 4 (*adempiere a un ufficio*) to fulfil, to perform, to carry out: ~ *bene i propri compiti* to perform one's tasks well. 5 (*Edil*) to make independent, to afford direct access to: *il corridoio centrale disimpegna le stanze* the corridor down the middle ⌐makes each room independent of the others⌐ (*o* affords direct access to each room). 6 (*Mil,Sport*) to relieve. 7 (*Mecc*) to disengage.

disimpegnarsi *v.r.* 1 (*liberarsi da un impegno*) to release o.s., to free o.s. (*da* from), (*fam*) to get out (of): *non so come disimpegnarmi da quell'incarico* I don't know how to get out of this job. 2 (*cavarsela*) to manage, to acquit o.s., to cope: *si disimpegnò assai bene nei suoi compiti di padrona di casa* she acquitted herself very well in her duties as hostess. **disimpegno** *m.* 1 (*rif. a oggetto dato in pegno*) redemption. 2 (*adempimento*) fulfilment, performance: *è molto diligente nel ~ dei propri compiti* he is very conscientious in the fulfilment of his duties. 3 (*Edil*) room affording direct access to others; (*ripostiglio*) boxroom, lumber room. 4 (*Pol*) disengagement.

disincagliare *v.t.* (**disincaglio, disincagli**) 1 (*Mar*) to refloat, to get afloat: ~ *una nave* to refloat a ship. 2 (*fig*) to get going (*o* moving) again: ~ *le trattative* to get negotiations going again. **disincagliarsi** *v.r.* 1 (*Mar*) to get afloat again, to get off. 2 (*fig*) to get going (*o* under way) again: *le trattative si sono disincagliate* negotiations are under way again.

disincantare *v.t.* (*fig*) (*disilludere*) to disenchant, to disillusion: *l'amico lo disincantò* his friend disenchanted him. **disincantato** *a.* (*fig*) (*disilluso*) disenchanted, disillusioned.

disincentivare *v.t.* to discourage. **disincentivo** *m.* disincentive.

disinfestante I *a.* (*Chim*) disinfesting. II *s.m.* disinfestant, disinfestor, insecticide. **disinfestare** *v.t.* (**disinfesto**) to disinfest: ~ *i campi* to disinfest the fields. **disinfestatore** *m.* disinfestor. **disinfestazione** *f.* disinfestation: ~ *chimica* disinfestation by means of insecticides.

disinfettante *a./s.m.* disinfectant. **disinfettare** *v.t.* (**disinfetto**) to disinfect: ~ *una ferita* to disinfect a wound. **disinfezione** *f.* disinfection.

disinflazione *f.* disinflation. **disinflazionistico** *a.* (*pl.* -ci) disinflationary.

disinformazione *f.* disinformation.

disingannare *v.t.* to disabuse, to disillusion, to disenchant. **disingannarsi** *v.r.* to be undeceived, to become disillusioned: *sperava di ricevere aiuti, ma dovette presto disingannarsi* he hoped to receive help, but was soon undeceived. **disinganno** *m.* 1 disabusement, disillusionment, disenchantment. 2 (*delusione*) disappointment: *subire un crudele ~* to have a sad disappointment.

disingranare *v.t.* (*Mecc*) to throw out of gear, to disengage.

disinibire *v.t.* (**disinibisco, disinibisci**) (*Psic*) to disinhibit, to remove an inhibitory effect. **disinibito** *a.* disinhibited. **disinibizione** *f.* disinhibition.

disinnamorare *v.t.* (**disinnamoro**) to estrange. **disinnamorarsi** *v.r.* to become estranged (from).

disinnescare *v.t.* (**disinnesco, disinneschi**) to defuse: ~ *una mina* to defuse a mine.

disinnestare *v.t.* (**disinnesto**) (*Mecc*) to disconnect, to disengage, to declutch, to throw out of gear: ~ *una mar-*

cia to throw out of gear. **disinnesto** *m.* (*Mecc*) disengagement, release, knock-off: ~ *automatico* self-acting disengagement, automatic disconnection.

disinquinamento *m.* depollution. **disinquinare** *v.t.* to depollute, to free from pollution: ~ *un fiume* to depollute a river.

disinserire *v.t.* (**disinserisco, disinserisci**) (*El,Mecc*) to switch off, to cut out: ~ *il motore* to switch off the motor.

disintegrare *v.t.* (**disintegro**) to disintegrate (*anche fig.*). **disintegrarsi** *v.r.* to disintegrate (*anche fig.*): *il razzo si è disintegrato* the rocket has disintegrated. **disintegrazione** *f.* disintegration (*anche fig.*): *la ~ di un'istituzione* the disintegration of an institution. □ ~ *atomica* (nuclear) disintegration; *processo di ~* process of disintegration (*o* decay).

disinteressamento *m.* lack (*o* loss) of interest (*di* in), unconcern (for). **disinteressare** *v.t.* (**disinteresso**) to make (*o* cause to) lose interest (*di* in): ~ *qd. di qc.* to make s.o. lose interest in s.th. **disinteressarsi** *v.r.* to take (*o* show) no interest (*di* in), to lose interest (in), to wash one's hands (of): *si è sempre disinteressato della politica* he has never taken any interest in politics; *si disinteressò completamente dei figli* he washed his hands of his children. **disinteressatamente** *avv.* disinterestedly. **disinteressato** *a.* 1 disinterested: *un uomo ~* a disinterested man; *amicizia –a* disinterested friendship. 2 (*altruistico*) unselfish. **disinteresse** *m.* 1 (*altruismo*) disinterestedness, unselfishness. 2 (*indifferenza*) indifference (*per* to), lack of interest (in): *mostrare ~ per qc.* to display indifference to s.th. □ *agire con ~* to act unselfishly.

disintermediazione *f.* (*Econ*) disintermediation, withdrawal of bank deposits.

disintossicante I *a.* detoxifying, detoxicating. II *s.m.* detoxicant. **disintossicare** *v.t.* (**disintossico, disintossichi**) 1 to detoxicate, to detoxify: *il latte disintossica* milk is detoxicating. **disintossicarsi** *v.r.* to clear one's system, to detoxify o.s. 2 (*rif a tossicomani*) to detoxify. **disintossicazione** *f.* detoxi(fi)cation, disintoxication.

disinvestimento *m.* (*Econ*) disinvestment, divestment, negative investment.

disinvoltamente *avv.* 1 casually, easily, in a free and easy way. 2 (*sfacciatamente*) boldly, cheekily, shamelessly: *mentire ~* to lie shamelessly. **disinvolto** *a.* 1 casual, (free and) easy, natural, self-confident, self-possessed: *essere ~ nel parlare* to talk in a self-confident way; *modi –i* free–and–easy ways. 2 (*sfacciato*) shameless, bold, cheeky. **disinvoltura** *f.* 1 casualness, ease, easiness, unconstraint, self–confidence, self–possession: *parlare con ~* to talk ⌐with unconstraint⌐ (*o* in an easy way). 2 (*sfacciataggine*) impudence, shamelessness, boldness, impertinence, cheekiness, (*fam*) cheek. □ *mentire con ~* to lie shamelessly (*o* unconcernedly).

disistima *f.* lack of esteem, disesteem: *meritare la ~ di qd.* to reserve s.o.'s disesteem. □ *cadere in ~* to fall into disrepute (*o* discredit). **disistimare** *v.t.* to hold in low estimation (*o* regard), to disesteem, to cease to esteem: *dopo quel fatto fu disistimato da tutti* after what had happened he went down in everybody's esteem.

dislalia *f.* (*Med*) dyslalia. □ ~ *sillabica* stuttering.

dislessia *f.* (*Mec*) dyslexia. **dislessico** *a.* (*pl.* -ci) (*Med*) dyslectic, dyslexic.

dislivello *m.* 1 difference in level, gradient; (*rif. ad altezza*) difference in height: *tra le due colline c'è un ~ di trecento metri* there is a difference in height of three hundred metres between the two hills; (*rif. a profondità*) difference in depth. 2 (*fig*) inequality, difference, gap: ~ *sociale* social inequality; ~ *di cultura* cultural difference; ~ *tecnologico* technological gap.

dislocabile *a.* (*Mil*) that may be stationed. **dislocamento** *m.* 1 (*Mil*) stationing, dislocation: ~ *di truppe* stationing of troops. 2 (*Mar*) displacement. **dislocare** *v.t.* (**disloco, dislochi**) 1 (*Mil*) to station, to dislocate, to position: ~ *truppe* to station troops. 2 (*Mar*) to displace. **dislocazione** *f.* 1 (*Mil*) deployment, posting, positioning, stationing: *rivelò la ~ delle truppe nemiche* he revealed the positions of the enemy troops. **2** ⟨*Mar.mil*⟩ detachment. **3** ⟨*Geol*⟩ dislocation, fault.

dismenorrea *f.* ⟨*Med*⟩ dysmenorrhea. **dismenorroico** *a.* (*pl.* -ci) dysmenorrheal, dysmenorrheic.

dismetabolia *f.* → **dismetabolismo**. **dismetabolico** *a./s.* (*pl.* -ci) **I** *a.* relating to a metabolic disorder. **II** *s.m.* (*f.* -a) person suffering from a metabolic disorder. **dismetabolismo** *m.* ⟨*Med*⟩ metabolic disorder.

dismisura *f.* lack of restraint (*o* sense of proportion), intemperance; (*eccesso*) excess. □ *a* ~ excessively, to excess, out of all proportion: *i prezzi crescono a* ~ prices are rising out of all proportion.

disobbediente **I** *a.* disobedient. **II** *s.m./f.* disobedient person. **disobbedienza** *f.* disobedience. □ ~ *civile* civil disobedience. **disobbedire** *v.i.* (**disobbedisco**, **disobbedisci**; *aus.* avere) to disobey (*a qd.* s.o.).

disobbligare *v.t.* (**disobbligo**, **disobblighi**) to release, to relieve: ~ *qd. da un incarico* to release s.o. from an office. **disobbligarsi** *v.r.* to free o.s. from an obligation.

disoccupato **I** *a.* unemployed, ⟨*pred*⟩ out of work, jobless: *sono* ~ *da sei mesi* I have been out of work for six months. **II** *s.m.* (*f.* -a) unemployed (*o* jobless) person; *pl.* the unemployed (*costr.pl.*).

disoccupazione *f.* unemployment. □ **assicurazione** *contro la* ~ unemployment insurance; ~ **giovanile** youth unemployment; ~ **cronica** (*o permanente*) chronic unemployment; **indice di** ~ = **tasso di disoccupazione**; ~ **intellettuale** unemployment of graduates; ~ **involontaria** involuntary unemployment; **lotta contro la** ~ fight against unemployment; ~ **nascosta** hidden unemployment; ~ **palese** overt (*o* visible) unemployment; ~ **stagionale** seasonal unemployment; ~ **strutturale** structural unemployment; **sussidio di** ~ unemployment benefit: *prendere il sussidio di* ~ to receive unemployment benefit; **tasso di** ~ unemployment rate; ~ **tecnica** frictional unemployment; ~ **tecnologica** technological unemployment; ~ **volontaria** voluntary unemployment.

disodontiasi *f.* ⟨*Dent*⟩ dysodontiasis.

disonestà *f.* **1** dishonesty. **2** (*immoralità*) immorality, dishonourable behaviour. **3** (*azione disonesta*) dishonesty, dishonourable (*o* dishonest) act, fraud: *commettere una* ~ to perform a dishonest act. **disonestamente** *avv.* dishonestly: *denaro guadagnato* ~ dishonestly acquired money, ill-gotten gains. **disonesto** *a.* **1** dishonest, deceitful: *commerciante* ~ dishonest tradesman; *usare mezzi* -i to make use of dishonest means. **2** (*immorale*) dishonourable, immoral, improper, unseemly: *pensieri* -i dishonourable thoughts; *donna* -a immoral (*o* loose) woman.

disonorante *a.* dishonourable, shameful: *un'azione* ~ a dishonourable act. **disonorare** *v.t.* (**disonoro**) to dishonour, to disgrace, to bring dishonour upon: *quest'azione lo ha disonorato di fronte a tutti* that deed has brought universal dishonour upon him; ~ *la propria reputazione* to disgrace o.s., to soil (*o* lose) one's reputation. **disonorarsi** *v.r.* to be dishonoured, to disgrace o.s., to bring dishonour upon o.s.: *con quest'azione si è disonorato per sempre* by this deed he has dishonoured himself for ever. □ ~ *una ragazza* to dishonour (*o* seduce) a girl. **disonorato** *a.* dishonoured, disgraced: *un nome* ~ a dishonoured name; *una ragazza* -a a dishonoured (*o* seduced) girl. **disonore** *m.* **1** dishonour, disgrace, shame: *preferì la morte al* ~ he preferred death to dishonour. **2** (*causa di disonore*) disgrace: *questo ragazzo è il* ~ *della famiglia* this boy is a disgrace to his family. □ *essere poveri non è un* ~ it is no disgrace to be poor; *recare* ~ *a qd.* to bring dishonour upon s.o., to bring s.o. into disrepute. **disonorevole** *a.* dishonourable, disgraceful, shameful: *un'azione* ~ a shameful deed. **disonorevolmente** *avv.* dishonourably, disgracefully, shamefully.

disopra (*o di sopra*) **I** *avv.* **1** (*nella parte superiore: con contatto*) on (top): *i libri più belli stavano* ~ the best books were on top; (*senza contatto*) above, high up, on high, overhead: *nella stanza c'è una credenza e* ~ *un quadro* there is a sideboard in the room with a painting above (*o* over) it. **2** (*al piano superiore*) upstairs: *la*

mamma è andata ~ Mummy has gone upstairs. **II** *a.inv.* (placed after the noun) **1** (*superiore*) upper, ⟨*pred*⟩ above: *la parte* ~ the upper part. **2** ⟨*fam*⟩ (*del piano superiore*) ⟨*pred*⟩ above, upstairs, next: *l'appartamento* ~ *è più grande* the flat above is larger; *la ditta si è trasferita al piano* ~ the firm has moved up to the next floor; (*rif. a persone*) ⟨*pred*⟩ above, upstairs: *gli inquilini* ~ the tenants upstairs. **III** *s.m.inv.* top, upper part (*o* side): *il* ~ *della torta è di crema* the top of the cake is made of cream. □ ~ **a:** **1** (*con contatto*) on (top of); **2** (*senza contatto: stato*) above, over(head): *il cielo* ~ *a noi era limpido* the sky above (us) was clear; *leggeva il giornale* ~ *alla mia spalla* he was reading the paper over my shoulder; *al* ~ **1** (*più di*) more than, (over and) above: *al* ~ *di ogni cosa* more than anything; *lo stimavo al* ~ *di tutti gli altri* I esteemed him more than all the others; **2** (*superiore*) above, superior to: *essere al* ~ *di ogni lode* to be above all praise; **3** (*maggiore*) over, above: *una temperatura al* ~ *del normale* a temperature above normal; *dal* ~ from above (*o* on high, overhead).

disordinare *v.* (**disordino**) **I** *v.t.* **1** to (throw into) disorder, to disarrange, to upset, to confuse, to muddle (up), to mess up: *qualcuno ha disordinato le mie carte* somebody has messed up my papers; ~ *le schiere nemiche* to throw the enemy ranks into confusion. **2** ⟨*fig*⟩ (*confondere*) to upset, to confuse, to trouble, to muddle: ~ *le idee a qd.* to confuse s.o. **II** *v.i.* (*aus.* avere) to exceed, to go to excess: ~ *nel mangiare* to eat to excess, to overeat; (*essere sregolato*) to be immoderate. **disordinatamente** *avv.* in disorder, in a disorderly way: *i nemici si ritirarono* ~ the enemy retreated in disorder. **disordinato** *a.* **1** untidy, disordered, muddled, topsy-turvy, upside-down, ⟨*fam*⟩ messy: *una stanza* -a an untidy room. **2** ⟨*fig*⟩ (*confuso*) confused, muddled, mixed-up: *idee* -e confused ideas; *cervello* ~ muddled brain. **3** (*poco preciso, poco esatto*) untidy, unmethodical, ⟨*fam*⟩ messy: *il ragazzo è molto* ~ the boy is very untidy; *lavorare in modo* ~ to work in an unmethodical way. **4** (*sregolato*) wild, irregular, intemperate: *condurre una vita* -a to lead a wild life.

disordine *m.* **1** disorder, untidiness, confusion, muddle, ⟨*fam*⟩ mess: *nella stanza c'era un gran* ~ the room was ⌈in a great mess⌉ (*o* very untidy). **2** ⟨*fig*⟩ (*confusione*) muddle: *nella sua mente c'è un gran* ~ his mind is in a complete muddle. **3** (*sregolatezza*) wildness, irregularity, intemperance. **4** *pl.* (*tumulti*) riots *pl,* rioting, disorders *pl,* disturbances *pl:* -i *politici* political riots. □ **gettare** *il* ~ *nelle file nemiche* to throw the enemy ranks into disorder (*o* disarray); **in** ~: **1** untidy, disorderly, in disorder (*o* confusion), in a muddle (*o* mess): *la tua stanza è ancora in* ~ your room is still untidy (*o* in a mess); **2** (*rif. a capelli*) dishevelled; **mettere** *in* ~ to upset, to make untidy, ⟨*fam*⟩ to make a mess of; -i **razziali** race riots; -i **studenteschi** student unrest.

disorganico *a.* (*pl.* -ci) incoherent, lacking in order (*o* co-ordination), disorganized. **disorganizzare** *v.t.* to disorganize: ~ *la difesa nemica* to disorganize the enemy defence. **disorganizzarsi** *v.r.* to become disorganized. **disorganizzato** *a.* **1** disorganized, badly organized: *ufficio* ~ disorganized office. **2** (*rif. a persona*) disorganized, muddled. **disorganizzazione** *f.* disorganization: ~ *di una ditta* disorganization of a firm.

disorientamento *m.* confusion, bewilderment: *ci fu un attimo di* ~ there was a moment of confusion. **disorientare** *v.t.* (**disoriento**) **1** to cause to lose one's bearings, to disorient. **2** ⟨*fig*⟩ (*confondere*) to confuse, to bewilder, to disorientate, to puzzle: *la domanda mi ha disorientato* I was confused by the question. **disorientarsi** *v.r.* **1** to lose one's bearings; (*smarrirsi*) to get lost: *si disorientò nel dedalo di viuzze* he got lost in the maze of sidestreets. **2** ⟨*fig*⟩ (*confondersi*) to get confused. **disorientato** *a.* **1** disorientated. **2** ⟨*fig*⟩ bewildered, puzzled. □ *si guardò intorno* ~ he looked about him in bewilderment.

disormeggiare *v.t.* (**disormeggio**, **disormeggi**) ⟨*Mar,Aer*⟩ to unmoor: ~ *la nave* to unmoor (*o* cast off) the ship; ~ *un dirigibile* to unmoor an airship. **disormeggio** *m.*

⟨*Mar*⟩ casting off, unmooring.

disossare *v.t.* (**disosso**) to bone: ~ *un pollo* to bone a chicken. **disossato** *a.* **1** boned, boneless. **2** ⟨*fig*⟩ (*dinoccolato*) lanky, loose–jointed.

disossidante **I** *a.* ⟨*Chim*⟩ deoxidizing, deoxidating. **II** *s.m.* deoxidizer. **disossidare** *v.t.* (**disossido**) to deoxidize, to deoxidate. **disossidazione** *f.* deoxidizing, deoxidation, deoxidization.

disostosi *f.* ⟨*Med*⟩ dysostosis, dysosteogenesis.

disotto (o *di sotto*) **I** *avv.* **1** (*nella parte inferiore*) below, underneath, ⟨*lett*⟩ beneath; (*in fondo*) at the bottom: *mise ~ la merce più scadente* he put the worst goods underneath (o at the bottom). **2** (*al piano inferiore*) downstairs, below: *mio fratello abita ~* my brother lives downstairs. **3** (*fuori di casa*) down(stairs), (down) below: *ti ho aspettato mezz'ora ~* I waited half an hour for you down below; *si sporse troppo dalla finestra e cadde ~* he leaned too far out of the window and fell down. **II** *a.inv.* (placed after the noun) **1** (*inferiore*) below, underneath: *scrivi nella riga ~* write on the line below; (*tra due*) lower; (*in fondo*) bottom: *i fazzoletti sono nel cassetto ~* the handkerchiefs are in the bottom drawer. **2** ⟨*fam*⟩ (*del piano inferiore*) downstairs, below: *l'appartamento ~ è più piccolo del nostro* the flat below is smaller than ours; *gli inquilini ~* the tenants downstairs. **III** *s.m.inv.* underneath, lower part (o side), underside; (*parte in fondo*) bottom. □ *~ a* under(neath), below, beneath: *il libro che cerchi sta ~ a tutti gli altri* the book you are looking for is underneath all the others; *al ~ di* (*inferiore a*) below, under, lower than: *intelligenza al ~ della media* below–average intelligence; *i bambini al ~ di un anno* children under one year old; *al ~ del livello del mare* below sea–level; *dal ~* from below (o underneath).

dispaccio *m.* ⟨*Dipl*⟩ dispatch, despatch. □ *~ telegrafico* (*telegramma*) telegram; (*cablogramma*) cable.

disparato *a.* dissimilar, different, disparate, unlike, distinct: *idee –e* unlike views. □ *nella sua vita ha fatto i lavori più –i* in the course of his life he has done all kinds of work.

disparere *m.* difference of opinion, dissension.

dispari *a.* **1** odd, uneven: *numero ~* odd number. **2** (*in numero dispari*) being (o making up) an odd number: *non possiamo fare questo gioco perché siamo ~* we cannot play this game because there is an odd number of us.

disparità *f.* **1** (*disuguaglianza*) disparity, inequality, dissimilarity: *~ di forze* disparity of forces. **2** (*divergenza*) divergence, difference, disparateness: *~ di opinioni* difference of opinions.

disparte: *in ~* (*moto*) aside, to one side, apart, withdrawn; (*stato*) on one side; (*lontano*) aloof, at a distance, off, away; (*da parte*) aside, by. □ *mettere qc. in ~* to set s.th. aside (o apart), to lay s.th. by; ⟨*fig*⟩ *mettere qd. in ~* to set s.o. to one side, to put s.o. on the shelf: *i soci cercarono di metterlo in ~* his partners tried to set him to one side; *prendere qd. in ~* to take s.o. aside (o apart), to draw s.o. to one side; *stare* (o *tenersi*) *in ~* to keep (o.s.) to o.s., to hold aloof (o off), to keep away (o at a distance), to stay 'by o.s.' (o on one's own); *tirarsi in ~* to draw off (o aside).

dispendio *m.* **1** expense, expenditure. **2** ⟨*fig*⟩ (*spreco*) waste: *~ di forze* waste of energy; *~ di tempo* waste of time. **dispendiosamente** *avv.* expensively, in a costly way. **dispendioso** *a.* expensive, costly: *vita –a* costly living; *impresa –a* expensive undertaking. □ *il viaggio è stato molto ~* the journey was very expensive.

dispensa *f.* **1** (*distribuzione*) distribution, dispensation: *~ gratuita di medicinali* free distribution of drugs. **2** (*stanza per le provviste*) pantry, larder, storeroom; (*mobile per le provviste*) sideboard; (*in cucina*) dresser, cupboard. **3** (*fascicolo*) number, issue, instalment: *l'opera si pubblica in –e* the work is being published in instalments; ⟨*Univ*⟩ (published) text of a course of lectures. **4** ⟨*Rel*⟩ dispensation. □ *a –e* in parts (o instalments), serialized, serial–: *a –e settimanali* in weekly issues; ⟨*Edit*⟩ *vendita a –e* instalment selling; ⟨*Dir.can*⟩ *~ matrimoniale* (o *da impedimenti matrimoniali*) dispensation to marry within the prohibited degrees; ⟨*Rel*⟩ dispensation from matrimonial impediments; ⟨*Dir.can*⟩ *~ dalle pubblicazioni matrimoniali* dispensation from publication of the banns; *~ dal servizio militare* exemption from military service.

dispensabile *a.* ⟨*lett*⟩ dispensable. **dispensare** *v.t.* (**dispenso**) **1** (*distribuire*) to distribute, to dispense: *~ il pane ai poveri* to distribute bread to the poor. **2** (*elargire*) to bestow, to dispense: *~ favori* to bestow favours; *~ sorrisi a tutti* to bestow smiles on everyone. **3** (*esonerare*) to dispense, to exempt, to release, to exonerate: *~ qd. da un obbligo* to dispense s.o. from an obligation. **4** ⟨*Dir.can*⟩ to dispense: *~ dai voti* to dispense from vows. **5** (*licenziare*) to dismiss: *~ dal servizio* to dismiss (from service); (*rif. a militari*) to superannuate. **dispensarsi** *v.r.* to abstain (*da* from), to get out (of), to excuse o.s. (from). □ ⟨*iron*⟩ *puoi dispensarti dal fare commenti* your comments are not required; ⟨*iron*⟩ *ti dispenso dal fare osservazioni* you may keep your remarks to yourself; *~ scapaccioni* to deal out slaps right and left; ⟨*giorn*⟩ (*negli annunci funebri*) *si dispensa dalle visite* no visits, please.

dispensario *m.* ⟨*Med*⟩ dispensary, welfare centre. □ *~ antitubercolare* antitubercolosis (o T.B.) dispensary.

dispensatore *m.* (*f.* -trice) (*chi distribuisce*) distributor, dispenser; (*chi elargisce*) bestower: *~ di grazie* bestower of favours. **dispensiere** *m.* (*f.* -a) **1** (*addetto alla dispensa*) steward (*f.* –ess). **2** ⟨*lett*⟩ (*dispensatore*) bestower.

dispepsia *f.* ⟨*Med*⟩ dyspepsia. **dispeptico** *a./s.* (*pl.* -ci) **I** *a.* dyspeptic. **II** *s.m.* (*f.* -a) dyspeptic.

disperare *v.i.* (**dispero**; *aus.* avere) to despair, to lose all hope, to give up hope (*di* of): *i medici disperano di salvarlo* the doctors have given up hope of saving him; *è stata molto coraggiosa, ma ora comincia a ~* she has been very brave, but now she is beginning to lose hope. **disperarsi** *v.r.* to (be in) despair, to give o.s. up to despair, to lose (all) hope (*anche iperb.*): *quando penso alle difficoltà del lavoro mi dispero* when I think how hard a task this is I just lose hope. □ *far ~* to drive to distraction (o despair), to drive mad (*anche iperb.*): *i figli la fanno ~* her children drive her mad; *non ~* ⟨*fam*⟩ never say die. **disperatamente** *avv.* **1** desperately. **2** (*con grande impegno*) very hard, frantically, ⟨*fam*⟩ like mad: *lavorare ~* to work like mad. □ *piangere ~* to cry (o weep) bitterly. **disperato** **I** *a.* **1** desperate, in despair, despairing: *trovò l'amico ~* he found his friend in despair. **2** (*causato dalla disperazione*) desperate: *azione –a* desperate deed; *pianto ~* desperate (o bitter) weeping. **3** (*senza speranza*) desperate, hopeless: *caso ~* desperate (o hopeless) case; *il malato è in condizioni –e* the patient is in a desperate state. **4** (*accanito*) desperate, reckless, wild, fierce: *una lotta –a* a desperate struggle. **5** (*miserabile*) wretched. **II** *s.m.* (*f.* -a) **1** despairing (o desperate) person. **2** (*miserabile*) wretch: *un ~ senza più una lira in tasca* a poor wretch without a penny in his pocket. □ *alla –a* in great haste, frantically, recklessly; *gridare come un ~* to shout like a madman; ⟨*fam*⟩ *sgobbare come un ~* to slave away; *situazione –a* desperate (o hopeless) situation. **disperazione** *f.* **1** despair, desperation, hopelessness: *essere in preda alla ~* to be seized by despair. **2** (*persona o cosa che fa disperare*) despair: *questo ragazzo è la ~ dei suoi genitori* this boy is the despair of his parents. □ *il coraggio della ~* the courage of despair; *dalla* (o *per la*) *~* out of despair, in despair: *si strappava i capelli dalla ~* he tore his hair in despair; *essere fuori di sé dalla ~* to be besides o.s. with despair; *questa pioggia continua è una ~* this endless rain is enough to drive one mad; *essere ridotto alla ~* to be driven to despair (o distraction); (*essere in difficoltà*) to be desperate for money.

disperdente **I** *a.* ⟨*Chim*⟩ dispersing. **II** *s.m.* dispersant. **disperdenza** *f.* ⟨*El*⟩ leak(ance). **disperdere** *v.t.* (**dispersi, disperso**) **1** to scatter, to disperse, to dispel: *~ i nemici* to scatter (o rout) the enemy; *la polizia ha disperso i dimostranti* the police dispersed the demonstrators. **2** (*rif. a nuvole, nebbia: dileguare*) to dissipate: *il vento ha disperso le nubi* the wind has dissipated the clouds. **3** ⟨*fig*⟩ to waste, to dissipate: *~ le energie* to dissipate one's energy. **disperdersi** *v.r.* **1** to scatter, to scatter: *all'apparire della polizia la folla si disperse* at the sight of the police the crowd dispersed. **2** (*dissiparsi*) to dissipate:

la nebbia si disperse the fog dissipated. **3** (*rif. a cosa: andare perduto*) to be scattered (*o* lost): *il calore si disperde in una stanza così grande* heat is lost in such a big room. **4** (*fig*) to lose o.s., to squander (*o* waste) one's energy, to dissipate one's efforts: *disperdersi in attività marginali* to dissipate one's efforts in sidelines. **5** (*rif. a gas*) to disperse.

dispermia *f.* ⟨*Biol*⟩ dispermy. **dispermo** *a.* ⟨*Bot*⟩ disperm(at)ous.

dispersi → disperdere.

dispersione *f.* **1** scattering, dispersion, dispersal: *la ~ di un popolo* the dispersion of a people. **2** ⟨*fig*⟩ scattering, dispersion, dissipation: *~ di forze* dissipation of strength. **3** ⟨*Chim*⟩ dispersion. **4** ⟨*Fis,Ott,Statist*⟩ dispersion, scatter. **5** ⟨*El*⟩ leak(ance). □ *~* **acustica** acoustic dispersion (*o* scattering); *~ di* **calore** loss of heat; *~ di* **corrente** loss of current; *~ della* **luce** dispersion of light; *~* **magnetica** magnetic leak; *~ dei* **voti** spreading of votes.

dispersivo *a.* ⟨*Fis*⟩ dispersive (*anche fig.*): *potere ~* dispersive power. **disperso** (*p.p. di disperdere*) **I** *a.* **1** scattered, dispersed: *una folla –a* a dispersed crowd. **2** (*smarrito*) missing, lost: *la lettera è andata –a* the letter has been lost. **3** ⟨*Mil*⟩ missing: *soldati –i* missing soldiers. **4** (*sprecato per mancanza di concentrazione*) dissipated, wasted: *voti –i* dissipated votes. **II** *s.m.* ⟨*Mil*⟩ missing soldier. □ *essere dato per ~* to be given up for lost. **dispersore** *m.* ⟨*El*⟩ earth (plate), ground (rod).

dispetto *m.* **1** (*piece of*) spite, nasty turn. **2** (*stizza, irritazione*) irritation, vexation, annoyance: *con suo grande ~ arrivò in ritardo* much to his annoyance he arrived late. □ *a ~ di qc.* despite (*o* in spite of) s.th.: *andrò al cinema a ~ del suo divieto* I shall go to the cinema despite his telling me not to; *a ~ di tutto* in spite of everything; *a ~ di qd.* to spite s.o., against s.o.'s will: *lo farò a tuo marcio ~* I shall do it just to spite you; *fare un ~ a qd.* to annoy (*o* tease) s.o., to play a trick on s.o.: *lo ha detto per farmi un ~* he said it to annoy me; *fare qc. per ~* to do s.th. ⌐out of spite⌐ (*o* on purpose): *pare che lo faccia per ~ ad arrivare sempre in ritardo* he always seems to arrive late on purpose.

dispettosamente *avv.* spitefully. **dispettoso** *a.* **1** (*che fa dispetti: con malizia*) spiteful; (*birichino*) mischievous, saucy: *un bambino ~* a mischievous child. **2** ⟨*estens*⟩ (*rif. a cose*) annoying: *che tempo ~* what annoying weather. **3** (*stizzoso*) peevish: *una risposta –a* a peevish answer; (*fatto per dispetto*) spiteful, vexing.

dispiaccio → dispiacere[2]. **dispiacente** *a.* sorry: *essere ~ di qc.* to be sorry for (*o* about) s.th.

dispiacere[1] *m.* **1** (*rammarico*) regret, sorrow; (*dolore*) grief; (*disapprovazione, malcontento*) displeasure; (*delusione*) disappointment. **2** *pl.* (*affanni*) troubles *pl*, worries *pl*: *i –i l'hanno invecchiato* his troubles have aged him. **3** *pl.* (*fastidi*) trouble, worry: *ha molti –i con il negozio* he has a lot of trouble with the shop, the shop gives him a lot of worry. □ *–i amorosi* disappointments in love; *avere dei –i* to have trouble(s); **con** *~* with regret: *con ~ ho saputo la notizia* I learnt the news with regret; *con mio grande ~* to my great regret, much to my regret; **dare** *dei –i* to give trouble, to worry; ⌐*dare un*⌐ (*o far*) *~ a qd.* to cause s.o. trouble; *ne provo* (*o sento*) *~* I am sorry about it.

dispiacere[2] *v.* (**dispiaccio, dispiaci; dispiacqui, dispiaciuto;** → **piacere**) **I** *v.i.* (*aus.* **essere**) **1** (*contrariare*) to displease, to upset (*a qd. s.o.*): *il suo comportamento dispiacque al padre* his behaviour upset his father. **2** (*non piacere*) to be disagreeable, not to please (s.o.), to dislike (*costr. pers.*), not to like (*costr. pers.*): *la cacciagione può ~ a chi non è abituato* those who are not used to eating game may not like it. **II** *v.i.impers.* (*aus.* **essere**) **1** to be sorry (*costr. pers.*), to regret (*costr. pers.*): *mi dispiace dover rifiutare* I am sorry to have to refuse, I regret having to refuse; *mi dispiace che tu non sia potuto venire* I am sorry that you were unable to come; *mi dispiace per te* I am sorry for your sake. **2** (*in espressioni di cortesia*) to mind (*costr. pers.*): *se non Le dispiace, io vado* if you don't mind, I shall be going; ⟨*iron*⟩ *ti dispiacerebbe*

lasciarmi tranquillo? would you mind leaving me alone (*o* in peace)? □ *non ~* (*piacere*) not to mind (*costr. pers.*), to quite like (*costr. pers.*), to be ⌐quite good⌐ (*o* not bad): *questo libro non mi dispiace* this book is ⌐not bad⌐ (*o* quite good), I quite like (*o* enjoy) this book; *questa ragazza non mi dispiace affatto* I really rather like this girl; *non mi dispiacerebbe fare un viaggetto* I shouldn't mind taking a short trip; *se non ti dispiace* if you don't mind, if you please; *mi* (*o me ne*) *dispiace* (*sono dolente*) I am sorry; (*scusandosi*) I beg your pardon, I'm sorry.

dispiaciuto (*p.p. di dispiacere*[2]) *a.* (*spiacente*) sorry: *sono molto ~ di ciò che è accaduto* I ⌐am very sorry about⌐ (*o* deeply regret) what has happened; (*contrariato*) annoyed, upset, vexed. **dispiacqui** → dispiacere[2].

displasia *f.* ⟨*Med*⟩ dysplasia. **displastico** *a.* (*pl.* -ci) dysplastic.

display *ingl.* [dis'plei] *m.* display: *~ a cristalli liquidi* liquid crystal display.

displuviale *f.* ⟨*Geol*⟩ (*anche linea displuviale*) watershed, divide. **displuvio** *m.* ⟨*Geol*⟩ watershed. □ *linea di ~*: 1 ⟨*Geol*⟩ → **displuviale**; 2 (*di un tetto*) ridge.

dispnea *f.* ⟨*Med*⟩ dyspn(o)ea. **dispnoico** *a./s.* (*pl.*-ci) **I** *a.* dyspn(o)eic. **II** *s.m.* (*f.* -a) patient affected with dyspn(o)ea.

dispongo → disporre. **disponibile I** *a.* **1** (*di cui si può disporre*) available, at one's disposal, on (*o* in) hand: *il denaro ~* the money available (*o* on hand). **2** (*libero*) free: *oggi sono ~* I am free today. **3** (*vuoto, non occupato*) free, vacant, available, left: *c'è ancora qualche posto ~ per lo spettacolo* there are still a few seats available (*o* left) for the performance; *la camera è ~* the room is vacant (*o* free). **II** *s.m.* ⟨*Econ*⟩ available funds *pl*, available (*o* liquid) assets *pl*: *il ~ in conto* funds available on one's account. **III** *s.f.* ⟨*Dir*⟩ disposable portion (of an estate).

disponibilità *f.* **1** (*l'essere disponibile*) availability, disposability. **2** *pl.* (*denaro disponibile*) available funds *pl*, available (*o* liquid) assets *pl*: *avere larghe ~* to have considerable liquid assets. **3** (*temporanea sospensione dal servizio*) temporary suspension (*o* retirement) from work, (state of) reserve: *mettere in ~ un funzionario* to put a public official ⌐in a state of reserve⌐ (*o* on half–pay). □ *avere ~ di una somma* to have a sum of money available, to dispose of an amount; *~ in* **banca** bank assets (*o* deposits); *~* **finanziarie** assets, (available) funds; *collocamento* **in** *~* placing of a public official in reserve, temporary suspension of a civil servant; *ufficiale in ~* public officer on the reserve; ⟨*Mar*⟩ **nave** *in ~* ship in ⌐care and maintenance⌐ (*o* dry dock); *~* **valutaria** currency holdings *pl*.

disporre *v.* (**dispongo, disponi; disposi, disposto;** → **porre**) **I** *v.t.* **1** (*collocare in un determinato ordine*) to (ar)range, to set out, to dispose, to (place in) order, to (put in) place: *~ i fiori nel vaso* to arrange the flowers in the vase; *~ i libri nello scaffale* to (ar)range the books on the shelf. **2** (*preparare opportunamente*) to arrange, to make the arrangements, to prepare, to plan (*a, per* for): *~ ogni cosa per la partenza* to make all the arrangements for the departure. **3** ⟨*fig*⟩ to prepare, to make ready, to dispose, to fit (*a* for), to set (to): *~ qd. a una cattiva notizia* to prepare s.o. for bad news; *~ la mente allo studio* to set one's mind to study; *cercò di disporlo alla clemenza* he sought to dispose him to mercy. **4** (*comandare, prescrivere*) to order, to direct: *il generale dispose il ritiro delle truppe* the general ordered the troops to retreat. **II** *v.i.* (*aus.* **avere**) **1** (*decidere*) to decide, to determine; (*stabilire*) to make arrangements, to arrange, to settle: *~ per il da farsi* to settle what is to be done. **2** (*avere a propria disposizione*) to have at one's disposal (*o* service), to have available, to gave on (*o* in) hand; (*fare assegnamento*) to rely, to depend (on): *se ti occorre un aiuto disponi pure di me* if you need any help ⌐you can depend on me⌐ (*o* I am at your disposal). **3** (*avere, possedere*) to have: *lo stadio dispone di ventimila posti* the stadium ⌐has twenty thousand seats⌐ (*o* holds twenty thousand); (*avere alle proprie dipendenze*) to have (in one's service). **disporsi** *v.r.* **1** to arrange o.s., to draw up, to place o.s.: *i soldati si disposero in ordine di battaglia* the soldiers drew up in battle array. **2** (*prepararsi*) to prepare (o.s.), to get ready, to fit o.s. (*a* for): *disporsi alla lotta* to prepare for the fight; *disporsi a ricevere i sacramenti* to fit o.s. to receive the sacraments; *mi disponevo ad andare a dormire, quando udii bussare alla porta* I was just getting ready for bed when I heard a knock on the door. □ ~ *l'animo alla morte* to ready (*o* prepare) one's soul for death; ~ *dei propri* **beni** *a favore di qd.* to make over one's property to s.o.; *i fanciulli si disposero in* **cerchio** the children formed a ring; ~ *in* **fila** to range; (*rif. a persone*) to line up; ~ *qc. in* **ordine** *alfabetico* to arrange (*o* put) s.th. in alphabetical order; ~ *di qd. a proprio* **piacimento** to deal with s.o. just as one pleases; ~ *con* **testamento** to make testamentary disposition (*o* provision); ~ *della propria* **vita** to live one's own life.

disporrò, disposi → **disporre.**

dispositivo **I** *a.* operative, enacting, regulating: *la parte –a di una legge* the ⌐operative part⌐ (*o* enacting terms) of a law. **II** *s.m.* ⟨*Mecc*⟩ (*congegno*) device, contrivance, apparatus; (*accessorio*) gear. □ ~ *d'***allarme** alarm (*o* warning) system; ~ **antifurto** burglar alarm, antitheft device; ~ *di* **chiusura** locking (*o* closing) device; ~ *di* **comando** control device; ⟨*Rad*⟩ ~ *di* (*o* *per*) *comando a distanza* remote–control device; ⟨*Mil*⟩ ~ *di* **difesa** defence system; ⟨*Inform*⟩ ~ **ingresso/uscita** input/output device; ~ *di* *fine* **nastro** tape out device; ~ *di* **sicurezza** safety device; (*rif. ad arma da fuoco*) safety catch; ⟨*Aer*⟩ retraction lock.

disposizione *f.* **1** arrangement, disposition: *la ~ dei mobili* the arrangement of the furniture. **2** (*rif. a scritti, opere: piano, disegno*) design, layout, arrangement, make–up. **3** (*facoltà di disporre*) disposal, disposition: *metto a tua ~ la mia auto* I am putting my car at your disposal. **4** ⟨*fig*⟩ (*condizione di spirito*) frame of mind, mood, spirits *pl*: *non sono nella ~ adatta per studiare* I am not in the right mood for studying. **5** ⟨*fig*⟩ (*inclinazione*) bent, inclination, turn, flair, penchant, disposition: *ha ~ per la musica* he has a bent for music. **6** (*comando*) order, instruction, direction. **7** (*norma, provvedimento*) provision, regulation: ~ *legale* (*o di legge*) provision of the law, regulation. **8** (*volontà*) disposition, wish: *rispettare le –i del defunto* to respect the deceased's wishes (*o* dispositions). **9** ⟨*Med*⟩ predisposition. □ **a** ~ at one's disposal: *essere* (*o tenersi*) *a ~ di qd.* to be at s.o.'s disposal; *mettere qc. a ~ di qd.* to put s.th. at s.o.'s disposal; *mettere a ~ un funzionario* to put an official on reserve (*o* half–pay); ~ *d'***animo** frame (*o* state) of mind; **dare** *le –i:* 1 to give instructions (*o* orders); 2 (*fare i preparativi*) to make arrangements, to arrange: *dare le –i per la partenza* to make the arrangements for departure; *–i* **generali** general provisions; ⟨*Sport*⟩ ~ *dei* **giocatori** position(ing) of the players; *fino a* **nuove** *–i* until further orders (*o* instructions); **per** ~ *del medico* by doctor's orders; ⟨*El*⟩ ~ *in* **serie** series connection (*o* arrangement); *–i di* **servizio** service (*o* official) regulations; ~ **testamentaria** disposition, testamentary provision; *–i* **vigenti** regulations in force.

disposto (*p.p. di disporre*) **I** *a.* **1** arranged, set (*o* laid) out: *nel nuovo appartamento le stanze sono –e bene* the rooms in the new flat are well laid out. **2** (*pronto*) ready, willing, open, prepared: *sono ~ a partire* I am ready to leave; *sono dispostissimo ad aiutarti* I am only too willing to help you; *non sono ~ a cedere su questo punto* I am not prepared to give in on this point; (*propenso*) inclined. **3** (*stabilito*) laid down, set out, established, disposed, provided (for): *le misure –e dal regolamento* the provisions set out in the regulation. **II** *s.m.* ⟨*Dir*⟩ provisions *pl,* provision: *secondo il ~ della legge* ⌐according to the provisions of⌐ (*o* as laid down by) the law. □ **ben** ~: 1 well–arranged; 2 ⟨*fig*⟩ well–disposed, favourably disposed: *essere ben ~ verso qd.* to be well–disposed towards s.o.; **mal** ~: 1 badly–arranged; 2 ⟨*fig*⟩ ill–disposed: *essere mal ~ verso qd.* to be ill–disposed towards s.o.; *sentirsi ~ a fare qc.* to be willing (*o* disposed) to do s.th.; (*sentirsi propenso*) to feel inclined to do s.th.; ~ *a trattare* willing to negotiate.

dispoticamente *avv.* despotically (*anche fig.*): *governare* ~ to rule despotically. **dispotico** *a.* (*pl.* **-ci**) despotic (*anche fig.*): *governo* ~ despotic rule; *atteggiamento* ~ despotic attitude. **dispotismo** *m.* despotism (*anche fig.*). □ ⟨*Stor*⟩ ~ *illuminato* enlightened despotism.

dispregiativo **I** *a.* **1** contemptuous, derogatory, disparaging. **2** ⟨*Gramm*⟩ pejorative, depreciatory: *epiteto* ~ pejorative epithet. **II** *s.m.* ⟨*Gramm*⟩ pejorative. **dispregio** *m.* scorn, contempt. □ *avere* (*o tenere*) *qd.* (*o qc.*) *in* ~ to disdain s.o. (*o* s.th.), to hold s.o. (*o* s.th.) in contempt; *in* ~ *alle* **leggi** in contempt of the law.

disprezzabile *a.* despicable, contemptible, negligible. □ *non* ~ (*considerevole*) considerable, sizable: *una cifra non* ~ a considerable sum. **disprezzare** *v.t.* (*disprezzo*) **1** to despise, to scorn, to look down upon, to spurn: ~ *le* **ricchezze** to spurn wealth. **2** (*non osservare, trascurare*) to disregard: ~ *i* **consigli** to disregard advice. □ *la sua proposta non è da disprezzarsi* his offer should be taken into consideration.

disprezzo *m.* **1** scorn, contempt. **2** (*sprezzo*) disregard, contempt. □ **con** ~ with contempt, contemptuously: *lo guardò con* ~ he looked at him with contempt; *trattare qd. con* ~ to treat s.o. contemptuously; *in* ~ *a qc.* in contempt of s.th.: *fare qc. in* ~ *alla* **legge** to do s.th. in contempt of the law; *incorrere nel* ~ *di qd.* to incur s.o.'s contempt; *mostrare* ~ *per qc.* to disdain s.th.; *mostrare* ~ *per qd.* to look down on s.o.; ~ *del* **pericolo** disregard of danger.

disprosio *m.* ⟨*Chim*⟩ dysprosium.

disputa *f.* **1** (*discussione*) dispute, debate, discussion: ~ *scientifica* scientific debate. **2** ⟨*Teol,Filos*⟩ disputation. **3** (*lite, contesa*) dispute, quarrel, argument: *si accese una* ~ a dispute broke out. **disputare** *v.* (*disputo/ant.* disputo) **I** *v.i.* (*aus.* **avere**) **1** (*discutere*) to debate, to discuss (*di, su qc.* s.th.), to dispute (about, on), to hold a disputation: ~ *su un argomento* to debate (*o* discuss) a matter. **2** (*litigare*) to quarrel. **II** *v.t.* **1** (*contendere*) to dispute, to contend for, to contest: ~ *il premio all'avversario* to contend for the prize with one's opponent. **2** ⟨*Sport*⟩ (*giocare*) to play: *si disputa oggi la partita Italia–Scozia* the Italy–Scotland match is being played today; (*gareggiare*) to take part in: ~ *una gara* to take part in a contest (*o* match). **disputarsi** *v.r.* (*contendersi*) to contend for, to dispute, to fight for (*o* over): *si disputavano il titolo di campione* they contended for the championship; *disputarsi il pallone* to fight to get the ball; *i locali notturni si disputavano il nuovo cantante* the nightclubs fought over the new singer.

disqualificare *v.t.* (*disqualifico*) to disqualify. **disquisitore** *m.* (*f.* **-trice**) disquisitor. **disquisizione** *f.* disquisition: *una dotta* ~ a learned disquisition.

disruttivo *a.* ⟨*Fis*⟩ disruptive. **disruttore** *m.* ⟨*Aer*⟩ spoiler.

dissabbiatore *m.* ⟨*Idr*⟩ sand trap (*o* collector).

dissacrante *a.* **1** desecrating. **2** ⟨*fig*⟩ profaning, irreverent. **dissacrare** *v.t.* ⟨*lett*⟩ to desecrate. **dissacrazione** *f.* desecration.

dissalamento *m.* desalinization. **dissalare** *v.t.* to desalinize. **dissalatore** *m.* desalinator. **dissalazione** *f.* → **dissalamento.**

dissaldare *v.t.* to unsolder. **dissaldatura** *f.* unsoldering.

dissanguamento *m.* **1** loss of blood, bleeding. **2** ⟨*fig*⟩ bleeding (white, dry), draining. □ *morire per* ~ to bleed to death. **dissanguare** *v.t.* (*dissanguo*) **1** to bleed: ~ *un maiale* to bleed a pig. **2** ⟨*fig*⟩ to bleed (white), to ruin: *le tasse ci dissanguano* taxation is ruining us; *il figliolo lo ha dissanguato* his son has bled him white; (*sfruttare*) to drain. **dissanguarsi** *v.r.* **1** to lose a great deal of blood, to bleed copiously. **2** ⟨*fig*⟩ to bleed o.s. white, to ruin o.s.: *si è dissanguato per aiutare i parenti* he has ruined himself in order to help his relatives. **dissanguato** *a.* **1** drained of blood, bled; (*privo di sangue*) bloodless. **2** ⟨*fig*⟩ bled (white), ruined, impoverished: *colonie –e dalla madrepatria* colonies bled white by their mother country. □ *morire* ~ to bleed to death.

dissapore *m.* slight disagreement, some unpleasantness, misunderstanding: *ci sono stati dei –i in famiglia* there has

been some unpleasantness in the family.
dissecare *v.t.* (**dissèco, dissèchi**) ⟨*Chir*⟩ to dissect.
disseccante *a./s.m.* ⟨*Chim*⟩ desiccative. **disseccare** *v.t.* (**dissècco, dissèchi**) **1** (*seccare*) to dry (up), to parch. **2** (*prosciugare*) to dry up, to drain. **disseccarsi** *v.r.* **1** (*seccarsi*) to dry up, to be parched. **2** ⟨*fig*⟩ (*esaurirsi*) to dry up, to wither: *la sua vena poetica si è disseccata* his poetic vein dried up. **disseccativo** *a.* desiccative.
disselciare *v.t.* (**dissèlcio, dissèlci**) ⟨*Strad*⟩ to unpave.
dissellare *v.t.* (**dissèllo**) to unsaddle: ~ *il cavallo* to unsaddle one's horse.
disseminare *v.t.* (**dissèmino**) **1** to scatter, to strew, to spread. **2** (*riempire*) to strew, to cover, to fill, to scatter: ~ *il campo di battaglia di cadaveri* to strew the battlefield with corpses. **3** (*diffondere*) to spread (abroad), to disseminate, to broadcast: *la notizia disseminò il panico nel paese* the news spread panic throughout the land. **disseminazione** *f.* ⟨*Bot*⟩ dissemination, scattering.
dissennatezza *f.* madness, insanity. **dissennato** *a.* ⟨*lett*⟩ mad, crazy, insane; (*sciocco*) foolish: *un giovane* ~ a foolish fellow; (*insensato*) senseless: *un'idea –a* a senseless (*o* ill–considered) idea.
dissenso *m.* **1** (*divergenza di opinioni*) dissent, disagreement: *sorsero dei –i tra i membri della commissione* disagreements arose between the members of the commission. **2** (*discordia*) discord, variance, dissension: *non ci fu mai motivo di* ~ *tra i coniugi* there was never any cause for discord between husband and wife. **3** (*disapprovazione*) dissent, disagreement, disapproval: *la proposta fu accolta dal* ~ *della maggioranza* the proposal met with the dissent of the majority.
dissenteria *f.* ⟨*Med*⟩ dysentery. **dissenterico** *a./s.m./f.* (*pl.* **-ci**) dysenteric.
dissentire *v.i.* (**dissento**; *p.pr.* **dissenziente**; *aus.* avere) to disagree (*da* with), to dissent (from), to differ (from, with): *dissento da voi su molti punti* I disagree with you on many points. **dissenziente** **I** *a.* dissenting, disagreeing, dissentient. **II** *s.m./f.* dissentient, dissenter. □ *essere* ~ to disagree, to differ.
dissepolto → **disseppellire**. **disseppellimento** *m.* **1** disinterment, exhumation. **2** ⟨*fig*⟩ unearthing, disinterring.
disseppellire *v.t.* (**disseppellisco, disseppellisci**; *p.p.* **dissepolto/disseppellito**) **1** ⟨*lett*⟩ to disinter, to exhume: ~ *un cadavere* to exhume a body. **2** (*riportare alla luce*) to bring to light, to unearth; (*rif. a costruzioni anche*) to dig up, to unearth: *gli archeologi hanno disseppellito un teatro romano* the archeologists have dug up a Roman theatre. **3** ⟨*fig*⟩ to unearth, to bring to light: ~ *una vecchia disposizione* to unearth an old regulation.
disserrare *v.t.* (**disserro**) **1** (*aprire*) to unfasten, to unlock, to (throw) open. **2** ⟨*fig*⟩ to disclose, to reveal, to make known. **disserrarsi** *v.r.* (*aprirsi*) to be released, to come forth.
dissertare *v.i.* (**disserto**; *aus.* avere) to dissert, to dissertate (*di, su* on): ~ *dottamente di letteratura* to discourse learnedly of literature. **dissertatore** *m.* (*f.* **-trice**) ⟨*lett*⟩ dissertator. **dissertazione** *f.* dissertation, disquisition, discourse: *una dotta* ~ a learned dissertation. □ *fare una* ~ *su qc.* to make (*o* give) a dissertation on (*o* concerning) s.th.
disservizio *m.* ill service, disservice; (*disorganizzazione*) bad (*o* faulty) service, inefficiency, disorganization.
dissestare *v.t.* (**dissesto**) **1** to impair, to disarrange, to unbalance: *il colpo ha dissestato il meccanismo* the blow has unbalanced the mechanism. **2** (*rif. a finanze e sim.*) to upset, to throw out (*o* off balance): *questa spesa ha dissestato tutte le mie finanze* this expence has upset all my finances. **dissestato** *a.* **1** disarranged, in disorder, unsettled. **2** (*rif. a finanze e sim.*) upset, ruined, unbalanced: *bilancio* ~ unbalanced budget. **dissesto** *m.* **1** disorder, confusion, impairment, unbalance. **2** (*rif. a finanze e sim.*) bad financial state. □ ~ *finanziario* financial trouble (*o* difficulty); *in* ~ unbalanced, in disorder, disarranged.
dissetante **I** *a.* thirst–quenching, refreshing: *bevanda* ~ refreshing drink. **II** *s.m.* thirst–quencher. **dissetare** *v.t.* (**disseto**) to quench (*o* slake) the thirst of; (*rif. ad animali*)

to water. **dissetarsi** *v.r.* to quench (*o* slake, satisfy) one's thirst: *dissetarsi alla fontana* to quench one's thirst at the fountain. □ *il tè disseta* tea is thirst–quenching.
dissezione *f.* ⟨*Chir*⟩ dissection.
dissi → **dire**[1].
dissidente **I** *a.* **1** dissident, dissenting, dissentient (*anche* Pol.). **2** ⟨*Rel*⟩ dissenting, nonconformist: *chiese –i* nonconformist churches. **II** *s.m./f.* **1** dissident, dissenter, dissentient (*anche* Pol.). **2** ⟨*Rel*⟩ dissenter, dissident, nonconformist. **dissidenza** *f.* ⟨*collet*⟩ dissidents *pl.*
dissidio *m.* **1** (*contrasto di opinioni*) disagreement, variance, difference of opinion: *sorse un* ~ *tra i generali* a difference of opinion arose among the generals. **2** (*lite*) quarrel, dissension, dispute, altercation. □ *comporre un* ~ to settle a quarrel; *essere in* ~ *con qd.* to be ⌜in disagreement⌝ (*o* at variance) with s.o.
dissigillare *v.t.* to unseal, to break the seal of.
dissimilazione *f.* ⟨*Ling*⟩ dissimilation. **dissimile** *a.* (*diverso*) unlike, different, dissimilar: *essere* ~ *da* (*o a*) *qd.* (*o qc.*) to be unlike s.o. (*o* s.th.), to be different to (*o* from) s.o. (*o* s.th.), to be dissimilar to s.o. (*o* s.th.); *caratteri –i* unlike natures; *ha gusti –i dai miei* he has different tastes from mine.
dissimmetria *f.* dissymmetry. **dissimmetrico** *a.* (*pl.* **-ci**) dissymmetrical.
dissimulare *v.* (**dissimulo**) **I** *v.t.* **1** to dissimulate, to dissemble: ~ *i propri sospetti* to dissemble one's suspicions. **2** (*nascondere*) to hide, to conceal. **3** (*fingere*) to feign, to pretend, to simulate: ~ *un attacco* to feign an attack. **II** *v.i.* (*aus.* avere) to dissemble, to dissimulate, to pretend: *sa tutto, ma dissimula* he knows everything but pretends not to. **dissimulatore** *m.* (*f.* **-trice**) dissimulator, dissembler. **dissimulazione** *f.* dissimulation, dissembling; (*finzione*) pretence, simulation: *l'arte della* ~ the art of pretence.
dissipabile *a.* dissipable, dispersable. **dissipare** *v.t.* (**dissipo**) **1** (*disperdere*) to dissipate, to dispel, to disperse: *il vento ha dissipato le nuvole* the wind has dispersed the clouds. **2** ⟨*fig*⟩ to dispel, to dissipate, to drive away: ~ *i timori di qd.* to dispel s.o.'s fears; *questo fatto dissipa ogni dubbio* this fact dissipates all doubt. **3** (*sperperare*) to dissipate, to waste, to squander, to fritter away: ~ *il patrimonio* to dissipate one's heritage; ~ *le forze* to dissipate one's energies. **dissiparsi** *v.r.* **1** to dissipate, to disperse, to vanish, to clear: *la nebbia si è dissipata* the fog has cleared. **2** ⟨*fig*⟩ to be dispelled, to vanish: *si è dissipato ogni sospetto su questa persona* all suspicion regarding this person has been dispelled. **dissipatamente** *avv.* dissolutely, in a dissipated way. **dissipatezza** *f.* dissipation, dissolute living. **dissipato** *a.* dissipated, dissolute: *un giovane* ~ a dissipated young man; *condurre una vita –a* to lead a dissolute life. **dissipatore** *m.* (*f.* **-trice**) squanderer, spendthrift. **dissipazione** *f.* **1** dissipation, wasting, squandering. **2** (*vita dissoluta*) dissipation, dissolute living: *vivere nella* ~ to live a life of dissipation. **3** ⟨*Fis,Rad*⟩ dissipation: ~ *anodica* plate (*o* anode) dissipation.
dissociabile *a.* dissociable, separable. **dissociabilità** *f.* dissociability, separableness. **dissociare** *v.t.* (**dissocio, dissoci**) **1** to dissociate, to separate. **2** ⟨*Chim*⟩ to dissociate. **dissociarsi** *v.r.* **1** ⟨*Chim*⟩ to dissociate. **2** ⟨*fig*⟩ to dissociate o.s. (*da* from). **dissociativo** *a.* dissociative: *processo* ~ dissociative process. **dissociato** **I** *a.* **1** dissociated, unconnected, unrelated: *idee –e* unrelated ideas. **2** ⟨*Psic,Chim*⟩ dissociated. **II** *s.m.* (*f.* **-a**) ⟨*Psic*⟩ sufferer from dissociation. □ ⟨*Med*⟩ *dieta –a* a specially balanced diet. **dissociazione** *f.* **1** dissociation, separation. **2** ⟨*Chim,Psic,Med*⟩ dissociation. □ ⟨*Chim*⟩ ~ *elettrolitica* electrolytic dissociation; ~ *psichica* psychic dissociation.
dissodamento *m.* ⟨*Agr*⟩ tillage, breaking up. **dissodare** *v.t.* (**dissodo**) ⟨*Agr*⟩ to till, to break (*o* plough) up: ~ *un terreno* to till land.
dissolto → **dissolvere**. **dissolubilità** *f.* (dis)solubility. **dissolutamente** *avv.* dissolutely, licentiously. **dissolutezza** *f.* **1** dissoluteness, licentiousness, looseness. **2** (*azione da dissoluto*) dissolute act. □ *le sue –e lo hanno rovinato* his dissolute behaviour has ruined him; *vivere*

nella ~ to lead a dissolute (*o* loose) life. **dissolụto** *a.* (*vizioso*) dissolute, loose, debauched: *vita –a* dissolute life. **dissoluziọne** *f.* **1** disintegration, break–up, dissolution (*anche fig.*): *la* ~ *di una famiglia* the break–up of a family; *la* ~ *della società* the disintegration of society. **2** ⟨*fig*⟩ (*dissolutezza*) dissoluteness, licentiousness, looseness. □ *in* ~ in dissolution (*o* decomposition), disintegrating, decomposing: *cadavere in* ~ decomposing corpse; *andare in* ~ to disintegrate, to decompose.

dissolvẹnza *f.* ⟨*Cin,TV*⟩ fading. □ *chiudere in* ~ to fade out; ~ *in apertura* fade–in; ~ *in chiusura* fade–out; ~ *incrociata* cross–fade, fade–over.

dissọlvere *v.t.* (**dissọlsi, dissọlto**) **1** (*dileguare*) to dissolve, to disperse, to dispel: *il sole ha dissolto la nebbia* the sun has dispersed the fog. **2** ⟨*lett*⟩ (*sciogliere*) to dissolve: ~ *la polvere in acqua* to dissolve the powder in water. **3** ⟨*fig*⟩ (*dissipare*) to dispel, to dissipate: *le tue parole hanno dissolto ogni dubbio* your words have dispelled all doubt. **4** ⟨*fig*⟩ (*dividere, disunire*) to disintegrate, to break up, to disconnect, to disunite, to dissolve. **dissolversi** *v.r.* **1** (*dileguarsi*) to dissolve, to disperse, to scatter, to clear: *la nebbia si è dissolta* the mist has dissolved (*o* cleared). **2** (*disfarsi*) to disintegrate, to decompose, to separate. **3** ⟨*lett*⟩ (*sciogliersi*) to dissolve, to melt: *dissolversi nell'acqua* to dissolve in water. **4** ⟨*fig*⟩ (*svanire*) to be dispelled (*o* dissipated), to clear up. □ ⟨*Cin,TV*⟩ ~ *in apertura* to fade in; ~ *in chiusura* to fade out. **dissolvimẹnto** *m.* ⟨*lett*⟩ dissolution, dispersion.

dissomiglianza *f.* ⟨*lett*⟩ unlikeness, dissimilarity, difference. **dissomigliạre** *v.i.* (**dissomịglio, dissọmigli;** *aus.* **avere**), **dissomigliarsi** *v.r.* to be unlike, to differ.

dissonạnte *a.* **1** ⟨*Mus*⟩ dissonant: *accordo* ~ dissonant chord. **2** ⟨*fig*⟩ (*discordante*) discordant, clashing, dissonant. **dissonạnza** *f.* **1** ⟨*Mus*⟩ dissonance, discord. **2** ⟨*fig*⟩ (*discordanza*) discordance, dissonance, disagreement, clash. **dissonạre** *v.i.* (**dissuọno, dissoniạmo;** *aus.* **avere**) **1** ⟨*Mus*⟩ to be out of tune, to sound discordantly. **2** ⟨*fig*⟩ (*discordare*) to disagree, to clash.

dissotterrạre *v.t.* (**dissottẹrro**) **1** to disinter: ~ *un cadavere* to disinter a corpse. **2** (*riportare alla luce*) to dig up, to excavate: *gli archeologi hanno dissotterrato una colonna romana* the archeologists dug up a Roman column. **3** ⟨*fig*⟩ to unearth, to bring to light, to bring up again: ~ *una vecchia questione* to bring an old matter up again.

dissuadẹre *v.t.* (**dissuạsi, dissuạso**) to dissuade, to deter (*da* from), to advise (against): ~ *qd. dal fare qc.* to dissuade (*o* deter) s.o. from doing s.th.; *nulla mi dissuaderà dal tentare ancora* nothing will deter me from trying again. **dissuạsi,** → **dissuadere**. **dissuasiọne** *f.* **1** dissuasion, determent. **2** ⟨*Pol*⟩ deterrence. **dissuạso** → **dissuadere**.

dissuẹto *a.* ⟨*lett*⟩ unaccustomed, no longer accustomed, disaccustomed. **dissuetụdine** *f.* disuse, desuetude: *caduto in* ~ fallen into disuse.

dissuggellạre *v.t.* (**dissuggẹllo**) ⟨*non com*⟩ to unseal (*anche fig.*): ~ *le labbra* to unseal one's lips.

distaccạbile *a.* detachable. **distaccamẹnto** *m.* **1** detachment, separation, cutting off. **2** ⟨*Mil*⟩ detachment: *un* ~ *di cavalleria* a cavalry detachment. **distaccạre** *v.t.* (**distạcco, distạcchi**) **1** (*staccare*) to detach, to separate; (*strappare*) to pull off (*o* away), to pluck: ~ *il frutto dal ramo* to pull (*o* pick) fruit from the branch; (*rimuovere*) to take off (*o* down): ~ *un quadro dalla parete* to take a picture off (*o* down from) the wall. **2** ⟨*fig*⟩ (*allontanare*) to alienate, to estrange, to draw away (*da* from): ~ *un ragazzo dalla famiglia* to alienate a boy from his family. **3** ⟨*Mil*⟩ (*trasferire*) to detach. **4** ⟨*burocr*⟩ (*trasferire: rif. a cose*) to set up: ~ *un ufficio* to set up a branch office; (*rif. a persone*) to detail, to transfer: ~ *un impiegato presso un altro ufficio* to detail an employee to another office. **3** ⟨*Sport*⟩ (*distanziare*) to outdistance: *il nostro corridore aveva distaccato il gruppo* our runner had outdistanced the group. **distaccarsi** *v.r.* **1** (*staccarsi*) to be detached, to get separated, to come off (*o* away): *mi si è distaccato un bottone* one of my buttons has come off. **2** (*allontanarsi spiritualmente*) to withdraw, to become detached (*o* cut

off), to retire (*da* from): *distaccarsi dal mondo* to withdraw from the world. **3** ⟨*fig*⟩ (*distinguersi, risaltare*) to stand out: *la figura principale si distacca dagli altri personaggi del romanzo* the main character of the novel stands out from the others. **distaccạto** *a.* **1** ⟨*Mil*⟩ detached: *compagnia –a* detached company. **2** ⟨*fig*⟩ detached: *parlare con tono* ~ to speak in a detached tone; (*indifferente*) indifferent, unconcerned. **distạcco** *m.* (*pl.* **-chi**) **1** detaching, detachment, removal, disjunction. **2** (*addio, separazione*) parting: *il* ~ *dalla famiglia* the parting from the family. **3** ⟨*fig*⟩ (*indifferenza*) detachment (*da* from), indifference (to), unconcern (for). **4** ⟨*Sport*⟩ interval, distance. **5** ⟨*Med*⟩ detachment: ~ *della retina* detachment of retina. □ *parlare di qd. con* ~ to speak of s.o. in a detached way; *giudicare con* ~ to judge with detachment; *è giunto il momento del* ~ the time has come to say good–bye; ⟨*Sport*⟩ *riportare una vittoria con* (*o per*) ~ to win a race easily (*o* hands down).

distạnte I *a.* **1** distant, far, away, off, from: *la casa è* ~ *cento metri dal negozio* the house is a hundred metres (away) from the shop; *il paese è poco* ~ *dal mare* the town is not very far from the sea. **2** (*lontano*) distant, far off (*o* away), a long way (off, away): *si udivano suoni –i* far–off (*o* distant) sounds were heard; *è andato ad abitare in un quartiere* ~ he has gone to live in a district a long way off. **3** (*rif. a tempo*) distant, remote, far off, a long time (ago), a long way (back): *fatti –i nel tempo* events which took place a long time ago. **4** ⟨*fig*⟩ (*riservato*) distant, reserved, detached, aloof: *tratta tutti con modi –i* he treats everyone in a very detached way. **II** *avv.* far (off, away), a long way (off, away): *abita poco* ~ *dall'ufficio* he doesn't live far from the office; *sono troppo* ~ *per leggere la scritta* I am too far off to read the writing. □ *molto* ~ a long (*o* good) way off, very far (away, off); *poco* ~ not far (away, off).

distạnza *f.* **1** distance: *la* ~ *tra i due paesi è di dieci chilometri* the distance between the two towns is ten kilometres. **2** (*intervallo di spazio, di tempo*) distance, interval: *dispose i ragazzi ⌐alla* ~ *di un metro⌐* (*o a un metro di distanza*) *l'uno dall'altro* he arranged the children at one–metre intervals. **3** ⟨*fig*⟩ (*differenza*) difference, distance, disparity; (*disparità sociale o di grado*) distance, reserve. **4** ⟨*Sport*⟩ (*percorso*) distance, course: *una corsa sulla* ~ *di mille metri* a race over a distance of a thousand metres. □ **a** ~: **1** long–distance, remote: *comando a* ~ remote control; **2** ⟨*fig*⟩ at a distance: *tenere qd. a* ~ to keep s.o. at a distance; *a* ~ *di* after, later: *lo rividi a* ~ *di un anno* I saw him again ⌐a year later⌐ (*o* after a year); ⟨*fig*⟩ **abolire** *le –e* to wipe out social differences; **alla** ~ *di* at a distance of, away, off: *si trovava alla* ~ *di cento metri* he was a hundred metres away (*o* off); ⟨*Aut*⟩ ~ *di* **arresto** stop distance; **coprire** *una* ~ to cover a distance; ⟨*Geom,Ott*⟩ ~ **focale** focal length (*o* distance); *a* **grande** ~ long–distance, long–range; **in** ~ in the distance, at a distance: *vedere qc. in* ~ to see s.th. in the distance; ~ *in* **linea** *d'aria* distance as the crow flies; ⟨*fig*⟩ **mantenere** *le –e* to keep ⌐one's distance⌐ (*o* at a distance); ~ **massima** maximum distance (*o* range); ⟨*Artigl*⟩ ~ *di* **sicurezza** safety range; **stare** *a* ~ to keep at a distance; *stare a rispettosa* ~ to keep at a safe distance.

distanziamẹnto *m.* **1** (*il distanziare*) outdistancing, outstripping. **2** ⟨*Aer*⟩ separation: ~ *laterale* lateral separation. **distanziạre** *v.t.* (**distạnzio, distạnzi**) **1** ⟨*Sport*⟩ to (out)distance, to outstrip, to outrun: *il corridore aveva distanziato tutti gli altri concorrenti* the runner had outdistanced all the other competitors. **2** ⟨*fig*⟩ to outstrip, to outdo, to surpass: *questo scrittore ha distanziato tutti i suoi contemporanei* this writer has surpassed all his contemporaries. **3** (*mettere a distanza determinata*) to space (out), to place at intervals (*o* gaps): ~ *i banchi di un metro* to place the benches at one–metre intervals. **distanziarsi** *v.r.* to outdistance, to outstrip, to outrun (*da qd.* s.o.), to go ahead (of). **distanziạto** *a.* **1** ⟨*Sport*⟩ outdistanced, ⟨*pred*⟩ outrun, outstripped: *corridore* ~ outdistanced runner. **2** (*intervallato*) spaced (out). **distanziatọre** *m.* ⟨*Mecc*⟩ distance piece, spacer.

distạre *v.i.* (not used in compound tenses) to be distant (*o* far), to be ... away: *la fermata dell'autobus dista pochi metri dal semaforo* the bus stop is only a few metres (away) from the traffic lights; *quanto dista la più vicina farmacia?* how far (away) is the nearest chemist's? □ ~ *molto* to be a long way off, to be far away; ~ *poco* not to be far, to be quite near.

distẹndere *v.t.* (**distẹsi, distẹso**) **1** to spread, to lay: ~ *la coperta sul letto* to lay the cover on the bed; (*spiegare*) to unfold, to spread (*o* lay) out. **2** (*allungare*) to stretch (out): ~ *le gambe* to stretch one's legs; (*rif. a mano, braccio*) to hold (*o* put) out. **3** (*spargere*) to spread (out), to lay (out): *distese i francobolli sul tavolo* he laid the stamps out on the table. **4** (*appendere*) to hang (out, up): ~ *i panni ad asciugare* to hang the washing out to dry. **5** (*mettere a giacere*) to lay: *distesero il malato sulla barella* they laid the sick man on the stretcher. **6** ⟨*fam*⟩ (*gettare a terra*) to knock down (*o* flat), to fell, to lay (*o* out): *lo distese con un pugno ben assestato* he knocked him flat with a well–aimed punch. **7** (*spalmare*) to spread: ~ *il burro sul pane* to spread butter on bread. **8** (*rilassare*) to relax: ~ *i muscoli del volto* to relax the muscles of one's face. **distendersi** *v.r.* **1** (*estendersi*) to spread (out), to extend, to stretch: *la pianura si distende verso sud* the plain extends southwards. **2** (*mettersi a giacere*) to lie (down): *andrò a distendermi sul letto per qualche minuto* I am going to lie down on the bed for a few minutes. **3** (*rilassarsi*) to relax, to let o.s. go. □ ~ *le ali* to spread one's wings; *distendersi sull'erba* to lie (*o* stretch out) on the grass; ~ *i nervi* to relax; ~ *la tovaglia sul tavolo* to lay the tablecloth; ⟨*Mar*⟩ ~ *le vele* to stretch (*o* extend) the sails.

distensiọne *f.* **1** (*stiramento*) stretching: ~ *delle membra* stretching of the limbs. **2** (*riposo, svago*) relaxation, rest: *dopo tanto lavoro ho bisogno di un po' di* ~ after all that work I need some relaxation. **3** ⟨*Pol*⟩ easing (*o* relaxation) of tension, détente: ~ *nei rapporti internazionali* a détente in international relations. □ *la* ~ *degli animi* the easing of tension. **distensịvo** *a.* **1** relaxing, relaxation–: *esercizio* ~ relaxation exercise. **2** (*riposante*) restful, relaxing: *è stato uno spettacolo piacevole e* ~ it was a pleasant and restful show. **3** ⟨*Pol*⟩ conciliatory: *politica –a* conciliatory policy.

distẹsa *f.* **1** (*grande estensione*) expanse, stretch, sweep: *la* ~ *del mare* the expanse of the sea. **2** (*fila di oggetti*) line, row, range: *una* ~ *di panni ad asciugare* a long line of washing hanging out to dry; (*insieme di oggetti*) heap, pile: *sul tavolo c'era una* ~ *di fogli* there was a heap of papers on the table. □ *le campane sonavano a* ~ the bells were ringing full peal.

distesamẹnte *avv.* in detail, at length. **distẹso** (*p.p. di distendere*) *a.* **1** extended, stretched. **2** (*allungato*) outstretched, stretched (*o* held) out: *con la mano –a* with outstretched hand. **3** (*sdraiato*) laid out, stretched (out), lying. **4** (*rilassato, riposato*) relaxed, rested: *avere il volto* ~ to have a relaxed look. □ *lungo* ~ full length, flat: *cadere lungo* ~ to fall flat (on one's face); *giaceva lungo* ~ he was lying full length.

distico *m.* (*pl.* -**ci**) ⟨*Metr*⟩ couplet, distich: ~ *elegiaco* elegiac couplet.

distillare *v.t.* **1** to distil(l). **2** (*versare stilla a stilla*) to exude, to trickle: *il pino distilla la resina* the pine tree exudes resin. **distillato I** *a.* distilled. **II** *s.m.* ~ *di erbe* a distillate of herbs. □ *acqua –a* distilled water; *non* ~ undistilled. **distillatọio** *m.* still. **distillatọre** *m.* **1** (*operaio*) distiller. **2** (*macchina*) still, distiller. **distillaziọne** *f.* distillation. □ ~ *clandestina* illegal distillation, ⟨*fam*⟩ moonshining; ~ *continua* continuous distillation; ~ *discontinua* batch distillation; *per* ~ by distillation; *prodotto di* ~ distillate. **distillerịa** *f.* distillery.

distilo[1] *a.* ⟨*Arch*⟩ distyle.
distilo[2] *a.* ⟨*Bot*⟩ distylous.

distịnguere *v.t.* (**distịnguo; distịnsi, distịnto**) **1** to distinguish, to tell, to differentiate, to discriminate: ~ *il bene dal male* to tell good from evil, to distinguish between good and evil. **2** (*vedere, discernere*) to distinguish, to make (*o* pick) out, to discern, to recognize: *non distinguevo le persone a causa della grande lontananza* I couldn't make out the people because they were so far away. **3** (*sentire distintamente*) to distinguish, to make (*o* pick) out: *non riuscivo a* ~ *le parole della conversazione* I was unable to make out the words of the conversation. **4** (*differenziare*) to distinguish, to differentiate, to mark (out, off): *la ragione distingue l'uomo dalla bestia* reason distinguishes man from animals. **5** (*caratterizzare*) to distinguish, to characterize: *una tendenza al realismo distingue le sue opere di questo periodo* his works of this period are characterized by a realistic trend. **6** (*dividere*) to divide, to separate, to distinguish: ~ *le opere di uno scrittore in due gruppi* to divide a writer's works into two groups. **7** (*contrassegnare*) to distinguish, to mark (off): *hanno distinto gli alberi da abbattere con un segno* they have marked the trees to be cut down. **8** (*segnalare*) to distinguish, to mark out, to give distinction to: *una vivace intelligenza lo distinse durante i suoi studi* a lively intelligence marked him out throughout his studies. **distinguersi** *v.r.* **1** to stand out, to be conspicuous (*o* distinguished): *la tua casa si distingue dalle altre per il buon gusto con cui è arredata* your house stands out from the others because of the taste with which it is furnished. **2** (*segnalarsi*) to distinguish o.s., to be distinguished, to stand out: *i soldati si distinsero nel combattimento* the soldiers distinguished themselves in battle; ⟨*iron*⟩ *si è distinto per la sua ignoranza* he stood out because of his ignorance. **distinguịbile** *a.* **1** distinguishable. **2** (*riconoscibile*) that can be recognized (*o* distinguished), conspicuous, recognizable: *l'alta statura lo rende facilmente* ~ his height makes him conspicuous. **3** (*visibile*) visible: *queste stelle sono –i a occhio nudo* these stars are visible to the naked eye. **distịnsi** → **distinguere**.

distịnta *f.* note, bill, slip, specification. □ ~ *di cassa* cash statement; ~ *delle merci* packing list; ~ *dei prezzi* price list; ~ *di versamento* deposit slip.

distintamẹnte *avv.* **1** (*separatamente*) distinctly, separately: *trattare* ~ *i due argomenti* to deal with the two matters separately. **2** (*chiaramente*) distinctly, clearly. □ ⟨*epist*⟩ ~ *salutiamo* yours faithfully (*o* truly).

distintịvo I *a.* distinctive, distinguishing: *caratteri –i* distinctive features; *segno* ~ distinguishing mark. **II** *s.m.* badge (*anche fig.*): *portare un* ~ *della Croce rossa* to wear a Red Cross badge.

distịnto (*p.p. di distinguere*) *a.* **1** (*differente*) distinct, different: *si tratta di due cose –e* these are two distinct matters. **2** (*chiaro*) distinct, clear: *parlare con voce –a* to speak in a clear voice. **3** (*raffinato*) distinguished, refined, well–bred: *una persona –a* a distinguished person. □ *appartiene a una famiglia –a* he comes from a distinguished family; ⟨*Teat*⟩ *posti ·–i* box seats, stalls; ⟨*epist*⟩ *–i saluti* Yours faithfully (*o* truly). **distinziọne** *f.* **1** distinction, difference: *tra le due interpretazioni non c'è molta* ~ there is not much difference between the two interpretations. **2** (*preferenza*) distinction, preferential treatment; (*riguardo*) (special) regard: *trattare qd. con* ~ to treat s.o. with regard. **3** (*onorificenza*) distinction, (mark of) honour: *conferire una* ~ *a qd.* to confer a distinction on s.o. **4** (*nobiltà, raffinatezza*) distinction, refinement, excellence. □ *persona di grande* ~ very distinguished person; *fare una* ~ to make (*o* draw) a distinction, to distinguish: *occorre fare una* ~ *tra i due fatti* a distinction must be made between the two facts; *una madre non dovrebbe fare* ~ *tra i figli* a mother should treat all her children alike; *senza* ~: **1** without distinction (*o* discrimination); **2** (*in modo equo*) impartially, fairly.

distocịa *f.* ⟨*Med*⟩ dystocia, dystokia. **distọcico** *a.* (*pl.* -**ci**) dystocial: *parto* ~ dystocial delivery.

distọgliere *v.t.* (**distọlgo, distọgli, distọlsi, distọlto**) **1** (*allontanare*) to remove, to withdraw, to take away: ~ *lo sguardo* to remove (*o* withdraw) one's gaze. **2** (*dissuadere*) to dissuade, to deter, to turn (away, aside): ~ *qd. da un proposito* to turn s.o. from a purpose. **3** (*distrarre*) to distract, to divert, to take one's mind off: *il chiasso lo distoglieva dalla lettura* the noise distracted him from his reading. □ ~ *l'attenzione di qd. da qc.* to distract s.o.'s attention from s.th.; *non riuscivo a ~ la mente da quel sospetto* I could not rid my mind of that suspicion; ~ *il pensiero da qc.* to turn one's thoughts from s.th. **distolgo, distolsi, distolto** → distogliere.

distonia *f.* ⟨*Med*⟩ dystonia.

distorcere *v.t.* (**distorco, distorci; distorsi, distorto**) 1 (*storcere*) to twist, to wrench: ~ *la bocca* to twist one's mouth. 2 ⟨*fig*⟩ (*alterare*) to distort, to twist: ~ *la verità* to distort the truth. **distorcersi** *v.r.* to sprain, to twist: *distorcersi una caviglia* to sprain one's ankle. **distorsi** → distorcere.

distorsione *f.* 1 ⟨*Med*⟩ sprain, twist, wrench. 2 ⟨*fig*⟩ distortion, twisting: ~ *della verità* distortion of the truth. 3 ⟨*Fis,TV,Mecc*⟩ distortion. □ ⟨*Econ*⟩ ~ *della* concorrenza distortion of competition; ⟨*TV*⟩ ~ *d'*immagine image distortion; ⟨*TV,Ott*⟩ ~ *del* quadro frame distortion; ⟨*TV,Rad*⟩ senza ~ undistorted; ⟨*TV,Ott*⟩ ~ trapezoidale keystone (*o* trapezium) distortion, keystone effect.

distorto (*p.p. di* distorcere) *a.* 1 ⟨*Med*⟩ sprained, twisted: *caviglia* –*a* sprained ankle. 2 ⟨*fig*⟩ (*alterato*) distorted, twisted: *avere una visione* –*a della realtà* to have a distorted view of reality.

Distr. = *distretto* district (*abbr.* dist.).

distrarre *v.t.* (**distraggo, distrai; distrassi, distratto;** → **trarre**) 1 to distract, to divert, to draw away: *le preoccupazioni lo distraggono dallo studio* his worries distract him from his studies. 2 (*divertire*) to amuse, to divert, to entertain: *cercò di ~ l'amico con storielle divertenti* he tried to amuse his friend by telling funny stories. **distrarsi** *v.r.* 1 to let one's thoughts wander, to be inattentive (*o* absent–minded). 2 (*divertirsi*) to amuse o.s., to have some relaxation (*o* fun): *dopo tanto lavoro ho bisogno di distrarmi* after all that work I need some relaxation. □ ~ *l'attenzione di qd.* to distract (*o* divert) s.o.'s attention; ~ *la mente* to distract the mind; ~ *il nemico con una finta manovra* to create a diversion; *non distrarti!* pay attention!; *questo ragazzo si distrae continuamente* this boy's attention is always wandering.

distrattamente *avv.* 1 (*con distrazione*) absent –mindedly, absently, without paying attention: *ascoltava ~ il discorso* he listened absent–mindedly to the speech. 2 (*inavvertitamente*) inadvertently, unthinkingly. **distratto** (*p.p. di* distrarre) *a.* 1 (*assente*) absent (–minded). 2 (*sbadato*) careless, heedless: *è molto ~ e perde sempre qualcosa* he is very careless and is always losing things. **distrazione** *f.* 1 absent–mindedness; (*disattenzione*) lack of attention, inattention: *è bastato un attimo di ~ per causare l'incidente* it took only a moment's inattention to cause the accident. 2 (*sbadataggine*) carelessness, heedlessness. 3 (*svago*) relaxation, distraction, recreation, diversion: *dopo lo studio ho bisogno di un po' di ~* after studying I need some relaxation. 4 (*rif. a denari, beni: storno*) embezzlement, misappropriation. □ ⟨*Dir*⟩ ~ *dolosa di fondi* fraudulent conversion of funds; *errore di ~* careless (*o* inadvertent) mistake; *per ~* carelessly, inadvertently, without thinking: *per ~ ho lasciato la finestra aperta* I left the window open without thinking.

distretto *m.* 1 (*circoscrizione territoriale*) district. 2 ⟨*Mil*⟩ recruiting office (*o* centre): *presentarsi al ~* to report to one's recruiting centre. 3 ⟨*Geol*⟩ (*regione*) region: ~ *vulcanico* volcanic region; ~ *carbonifero* carboniferous region. □ ~ **ferroviario** railway district; ~ **industriale** industrial zone; ~ **minerario** mining area; ~ *di* **polizia** police station, ⟨*am*⟩ precinct; ~ **postale** postal district; ~ **scolastico** school district.

distrettuale *a.* district–. □ *giudice* ~ district judge; *tribunale* ~ district court; *ufficio* ~ district office.

distribuibile *a.* 1 distributable. 2 (*assegnabile*) apportionable.

distribuire *v.t.* (**distribuisco, distribuisci**) 1 (*dividere*) to distribute, to give (*o* hand) out, to share (*o* deal) out (*a* to, among): *il ricavato fu distribuito ai poveri* the takings were distributed among the poor. 2 (*consegnare, portare*) to distribute, to deliver, to give (*o* hand) out: ~ *la posta* to deliver the post; ~ *le paghe* to hand out the wages. 3

(*ordinare, disporre*) to distribute, to arrange, to set out: ~ *i libri negli scaffali* to arrange books on shelves. □ ~ *il* **carico** *in modo uniforme* to spread the load evenly; ~ *le* **carte** to deal, to deal (out) the cards; ⟨*Econ*⟩ ~ *i* **dividendi** to distribute dividends; ⟨*Teat*⟩ ~ *le* **parti** *di un dramma* to cast (the parts in) a play; ~ *i* **posti** *a tavola* to assign places at table; ~ *i* **premi** to award (*o* give out) prizes; ~ **sorrisi** *a tutti* to bestow smiles on all and sundry; ⟨*Econ*⟩ ~ *gli* **utili** to distribute (*o* share out) profits.

distributivo *a.* distributive. □ ⟨*Gramm*⟩ *aggettivo* (*o numerale*) ~ distributive adjective (*o* numeral); *giustizia* –*a* distributive justice.

distributore *m.* 1 (*f.* **-trice**) distributor, dispenser, bestower. 2 ⟨*Mecc*⟩ slot machine, vending machine. □ ~ **automatico** slot machine; ~ *automatico di banconote* automated teller machine, cash dispenser, ⟨*am*⟩ cashomat; ~ *automatico di biglietti* ticket machine; ~ *automatico di* **francobolli** stamp machine; ~ *di* **benzina** (*o carburante*): 1 petrol (*o* filling) station; 2 (*colonnina*) petrol pump, ⟨*am*⟩ gas(oline) pump; ⟨*Ferr*⟩ ~ *di* **biglietti** railway ticket machine; ~ **cinematografico** film distributor; ~ *a* **gettone** slot machine; ~ *dei* **giornali** newspaper distributor; ~ *di* **sigarette** cigarette (vending) machine.

distributrice *f.* (*macchina*) automatic vendor (*o* vending machine).

distribuzionale *a.* ⟨*Ling*⟩ distributional.

distribuzione *f.* 1 distribution, dealing out, apportionment: *la ~ dei viveri* the distribution of foodstuffs; (*fornitura*) supply: *la ~ del gas* the gas supply. 2 (*recapito*) delivery, distribution: *la ~ della posta* postal delivery; (*consegna a mano o allo sportello*) handing (*o* giving) out. 3 (*disposizione*) distribution, arrangement: ~ *uniforme del carico* even load distribution (*o* spread); *la ~ delle stanze in un appartamento* the arrangement of the rooms in a flat. 4 ⟨*Aut,Mecc*⟩ timing system, (timing) gear. 5 ⟨*Statist,Econ*⟩ distribution. □ ~ *dell'*acqua potabile drinking water supply; ⟨*Statist*⟩ ~ **campionaria** sampling distribution; ⟨*Comm*⟩ ~ *del* **capitale** distribution of capital; ~ *dei* **compiti** task setting; ~ *di* **corrente** current supply; ~ *di* **frequenza** frequency distribution; ~ **idrica** water supply; ~ *del* **lavoro** allotment of work, work distribution; **meccanismo** *di ~* valve gear; ⟨*Teat,Cin*⟩ ~ *delle* **parti** casting; ~ *della* **posta** (postal) delivery, post; *la ~ dei* **premi** prize giving, the awarding of the prizes; ~ *della* **proprietà** distribution of property (*o* wealth); ~ *del* **reddito** income distribution; ~ *delle* **risorse** resource allocation; ~ *degli* **utili** distribution of profits.

districare *v.t.* (**districo, districhi**) 1 (*sbrogliare*) to unravel, to disentangle (*anche fig.*): ~ *una matassa* to unravel a skein; ~ *una situazione imbrogliata* to unravel a tangled situation. 2 ⟨*fig*⟩ (*togliere d'impaccio*) to extricate (*da* from), to get out (of): *non sapeva come districarlo da quella situazione* she didn't know how to get him out of that situation. **districarsi** *v.r.* 1 to disentangle o.s., to extricate o.s. 2 ⟨*fig*⟩ to extricate o.s. (*da* from), to get (o.s.) out (of): *non riesce a districarsi da questo imbroglio* he is unable to get (himself) out of this mess.

distrofia *f.* ⟨*Med*⟩ dystrophy: ~ *muscolare* muscular dystrophy. **distrofico** *a.* (*pl.* **-ci**) ⟨*Med*⟩ dystrophic: *bambino* ~ dystrophic child.

distruggere *v.t.* (**distrussi, distrutto**) 1 to destroy: *i bombardamenti hanno distrutto la maggior parte delle abitazioni* the bombing has destroyed most of the houses; *la grandine ha distrutto il raccolto* the hail has destroyed the crops; *l'esercito nemico fu completamente distrutto* the enemy army was completely destroyed. 2 ⟨*fig*⟩ to destroy, to wipe out, to bring to nought, to wreck: *il suo intervento ha distrutto tutti i nostri sforzi* his interference has brought all our efforts to nought. □ ~ *le speranze di qd.* to shatter (*o* destroy) s.o.'s hopes.

distruggidocumenti *m.inv.* paper shredder (*o* shredding machine).

distrussi → distruggere. **distruttibile** *a.* destructible, destroyable. **distruttivo** *a.* destructive (*anche fig.*). □ *critica* –*a* destructive criticism; *potere* ~ *di una bomba* destructive power of a bomb. **distrutto** (*p.p. di* *distruggere*) *a.* destroyed (*anche fig.*). □ *illusione –a* shattered illusion. **distruttore** I *s.m.* (*f.* **-trice**) destroyer (*anche fig.*). II *a.* destroying, destructive, of destruction: *mania distruttrice* mania of destruction. **distruzione** *f.* 1 destruction: *la ~ di Cartagine* the destruction of Carthage. 2 ⟨*fig*⟩ destruction, shattering, ruin: *la ~ delle nostre speranze* the shattering of our hopes. □ *~ di atti* (*o documenti*) destruction of deeds (*o* documents).

disturbare *v.t.* 1 to disturb, to trouble: *~ il sonno di qd.* to disturb (*o* interrupt) s.o.'s sleep; *il dottore ha una visita e non vuole essere disturbato* the doctor has a visit to make and does not want to be disturbed. 2 (*recare molestia*) to trouble, to bother, to disturb: *scusa se ti disturbo a quest'ora* I'm sorry to trouble you at this hour; *La disturbo se fumo?* ⌐*does it bother you*⌐ (*o* do you mind) if I smoke? 3 ⟨*Rad*⟩ to disturb; (*intenzionalmente*) to jam. **disturbarsi** *v.r.* to put o.s. out, to bother, to take (*o* go) to the trouble: *non si disturbi* don't trouble (*o* put yourself out); *che bel regalo, ma non dovevi disturbarti* what a lovely present, you really shouldn't have bothered (*o* gone to all that trouble). **disturbato** *a.* 1 (*indisposto*) upset, out of sorts: *stamattina mi sento ~* I feel out of sorts this morning. 2 ⟨*Rad*⟩ noisy, unintelligible: *una trasmissione molto –a* a very noisy broadcast; (*intenzionalmente*) jammed. **disturbatore** *m.* (*f.* **-trice**) disturber, troubler: *~ della quiete pubblica* disturber of the peace.

disturbo *m.* 1 (*seccatura*) nuisance, bother, inconvenience. 2 (*incomodo*) inconvenience, trouble, nuisance, annoyance. 3 (*indisposizione*) (slight) disorder, ailment, indisposition. 4 ⟨*Rad*⟩ noise, static; (*intenzionale*) jamming. □ ⟨*Rad*⟩ *–i atmosferici* static, atmospherics *pl*, atmospheric disturbances; *azione di ~* disturbance; *essere di ~* to be a nuisance (*o* bother); *prendersi il ~ di fare qc.* to take (*o* go to) the trouble of doing s.th.; ⟨*Dir*⟩ *~ della quiete pubblica* public nuisance; *recare ~ a qd.* to inconvenience (*o* be a trouble to) s.o.; *se non ti reca ~* if it's no trouble; ⟨*Rad*⟩ *~ di ricezione* receiving interference; *scusi il ~* I'm sorry to trouble you; ⟨*Rad,TV*⟩ *senza –i* noise-free; *togliere il ~* to go, to leave: *è quasi ora di cena, togliamo il ~* it's nearly supper time, so we shall be leaving (*o* saying goodbye).

disubbidiente *a.* disobedient: *ragazzo ~* disobedient boy. **disubbidienza** *f.* disobedience: *~ ai genitori* disobedience to (*o* of) one's parents; *~ a un ordine* disobedience to (*o* of) an order. **disubbidire** *v.i.* (**disubbidisco, disubbidisci**; *aus.* avere) 1 (*rif. a persone*) to disobey (*a qd. s.o.*): *~ ai genitori* to disobey one's parents. 2 (*rif. a cose*) to disobey, to break, to disregard: *~ a un comando* to disobey an order; *~ alla legge* to break the law. 3 (*essere disubbidiente*) to be disobedient, to refuse to obey.

disuguaglianza *f.* 1 inequality, difference, disparity. 2 ⟨*Mat*⟩ inequality. □ *–e sociali* social disparities; *le –e del terreno* the unevenness of the ground. **disuguale** *a.* 1 unequal, different, disparate; (*discordante*) discordant. 2 (*incostante*) uneven, irregular, variable, unequal: *rendimento ~ di un motore* irregular engine efficiency. 3 ⟨*Mat*⟩ unequal. □ *stile ~* uneven style; *terreno ~* uneven (*o* broken) ground.

disumanare *v.t.* ⟨*lett*⟩ to dehumanize. **disumanarsi** *v.r.* to become dehumanized.

disumanità *f.* inhumanity, brutishness. **disumanizzare** *v.t.* to dehumanize. **disumanizzazione** *f.* dehumanization. **disumano** *a.* 1 (*bestiale*) brutish, bestial; (*terribile*) terrible, fearful: *grido ~* terrible cry. 2 (*crudele, spietato*) inhuman, cruel: *padrone ~* cruel master; *leggi –e* inhuman laws.

disunione *f.* disunion, discord, dissension: *portare la ~ in una famiglia* to sow dissension in a family. **disunire** *v.t.* (**disunisco, disunisci**) 1 (*separare*) to disunite, to disjoin. 2 ⟨*fig*⟩ to disunite, to divide: *l'invidia disunisce gli uomini* envy divides men. **disunirsi** *v.r.* 1 to become disunited (*o* separated), to disunite. 2 ⟨*fig*⟩ to disunite, to be disunited, to divide. **disunito** *a.* 1 (*in discordia*) disunited, at variance, divided: *famiglia –a* divided family. 2 ⟨*fig*⟩ (*disorganico*) irregular, uneven,

fragmentary.

disusare *v.t.* ⟨*lett*⟩ 1 (*smettere di usare*) to cease to use, to lay aside. 2 (*disabituare*) to disaccustom (*da* to), to get out of the habit (of). **disusato** *a.* disused, no longer in use: *un metodo ~* a disused method; (*antiquato, invecchiato*) out-of-date, archaic: *parola –a* obsolete (*o* archaic) word. **disuso** *m.* desuetude, disuse. □ *in ~* antiquated, obsolete, outmoded; *cadere* (*o andare*) *in ~* to fall into disuse; *essere in ~* to be disused (*o* out-of-date).

disutile I *a.* ⟨*non com*⟩ 1 (*inutile*) useless. 2 (*rif. a persone: inetto*) useless, good-for-nothing. II *s.m.* (*deficit*) deficit, loss: *il ~ supera l'utile* losses exceed profits. **disutilità** *f.* disutility. **disvalore** *m.* disvalue (*anche Filos.*).

dita → **dito**. **ditale** *m.* 1 thimble. 2 (*dito di guanto*) fingerstall, cot. **ditata** *f.* 1 (*colpo*) jab (*o* thrust) with a finger. 2 (*impronta*) fingermark.

dite → **dire**[1].

diteggiare *v.t.* (**diteggio, diteggi**) ⟨*Mus*⟩ to finger. **diteggiatura** *f.* fingering.

ditirambico *a.* (*pl.* **-ci**) ⟨*Metr*⟩ dithyrambic: *poeta ~* dithyrambic poet. **ditirambo** *m.* dithyramb.

dito *m.* (*pl.* **i diti, le dita**; the plural in *–i* is used when followed by the finger's name) 1 (*della mano*) finger: *hai le –a sporche d'inchiostro* your fingers are inky; (*del piede*) toe. 2 ⟨*Anat,Zool*⟩ digit. 3 (*di guanto*) finger: *questi guanti hanno le –a troppo lunghe per me* these gloves are too long in the finger for me. 4 (*misura dello spessore di un dito*) finger breadth; (*rif. a liquidi*) drop, little: *dammi solo un ~ di vino* give me just a drop of wine; *versare nel tegame un ~ d'olio* pour a little oil into the pan; (*rif. a liquori*) finger. 5 (*iperb*) inch: *su questo tavolo c'è un ~ di polvere* the dust on this table is an inch deep. □ ⟨*fig*⟩ *non alzare un ~* not to lift (*o* stir) a finger, not to do a thing; *non poter alzare neppure un ~ in favore di qd.* to be unable to do a thing to help s.o.; **contare** *sulle* (*o sulla*) *punta delle) –a* to count on one's fingers: *i galantuomini si possono contare sulle –a di una mano* men of honour can be counted on the fingers of one hand; *~ di* **gomma** rubber fingerstall; ⟨*fig*⟩ **leccarsi** *le –a* to lick (*o* smack) one's lips; *un intingolo da leccarsi le –a* a mouth-watering (*o* delicious) sauce; *è roba da leccarsi le –a* it's enough to make one's mouth water; *se l'è* **legata** *al ~* he doesn't forget it; **mettere** *il ~ sulla piaga* to put one's finger on it (*o* the weak point); **mettersi** *le –a nel naso* to pick one's nose; **minacciare** *qd. col ~* to point one's finger threateningly at s.o., to shake one's finger at s.o.; ⟨*fig*⟩ **mordersi** *le –a:* 1 (*per rabbia*) to be (inwardly) raging; 2 (*per pentimento*) to repent bitterly; **mostrare** *a ~ qd.* to point s.o. out, to point (the finger) at s.o.; *avere qc. sulla* **punta** *delle –a* to have s.th. at one's fingertips; **succhiarsi** *il ~* to suck one's thumb; **toccare** *qc. con la punta di un ~* to touch s.th. with the tip of one's finger; *toccare il cielo con un ~* to be in seventh heaven, to be beside o.s. with joy. *Prov.: dagli un ~ e si prenderà il braccio* give him an inch and he'll take a mile.

ditola *f.* ⟨*Bot*⟩ club (*o* coral) fungus, fairy club.

ditta *f.* 1 (*nome di impresa*) firm; (*negli indirizzi*) Messrs. *pl.: ~ Rossi & C.* Messrs. Rossi and Co. 2 (*impresa*) firm, concern, business: *una ~ seria* a reliable (*o* reputable) firm. 3 ⟨*Teat*⟩ ensemble (acting as self-managers). □ *~ associata* associated form (*o* company); *~* **commerciale** commercial (*o* trading) house; *~* **concorrente** rival firm; *~* **esportatrice** export firm; *~* **fornitrice** (firm of) suppliers; *~* **importatrice** import firm; *~* **individuale** one-man business; ⟨*epist*⟩ **spettabile** *~* Dear Sirs, Gentlemen; (*nell'indirizzo*) Messrs.; **titolare** *della ~* principal (*o* proprietor) of the firm; *~ di* **vendita** *per corrispondenza* mail-order firm (*o* house).

dittafono *m.* dictaphone.

dittamo *m.* ⟨*Bot*⟩ fraxinella, burning bush, dittany.

dittatore *m.* (*f.* **-trice**) dictator (*anche fig.*): *il preside è un vero ~* the headmaster is a real dictator. □ ⟨*fig*⟩ *fare il ~* to lay down the law, ⟨*fam*⟩ to be bossy. **dittatoriale** *a.* dictatorial (*anche fig.*): *regime ~* dictatorial regime; *metodi –i* dictatorial methods. **dittatorio** *a.* dictatorial (*anche fig.*): *maniere –i* dictatorial ways. **dittatura** *f.* dictatorship (*anche fig.*): ~ *del proletariato* dictatorship of the proletariat.

ditteri *m.pl.* ⟨*Entom*⟩ dipterans *pl.*

dittero *m.* ⟨*Archeol*⟩ dipteral temple.

dittico *m.* (*pl.* -ci) ⟨*Art*⟩ diptych.

dittongare *v.* (**dittongo, dittonghi**) **I** *v.t.* ⟨*rar*⟩ to diphthongize: ~ *una vocale* to diphthongize a vowel. **II** *v.i.* (*aus.* **avere**) to diphthongize, to change into a diphthong. **dittongazione** *f.* ⟨*Ling*⟩ diphthongization. **dittongo** *m.* (*pl.* -ghi) diphthong.

diuresi *f.* ⟨*Med*⟩ diuresis. **diuretico** *a./s.m.* (*pl.* -ci) ⟨*Farm*⟩ diuretic.

diurna *f.* ⟨*Teat*⟩ matinée.

diurno **I** *a.* day–, daytime–, diurnal. **II** *s.m.* ⟨*Rel*⟩ diurnal. □ **albergo** ~ daytime hotel (offering baths, toilets, hairdressing and rest room facilities); **corsi** *–i e* **serali** day(time) and evening courses; **scuola** *–a* day school; *questa linea tranviaria fa solo* **servizio** ~ this tram line only runs during the day; **spettacolo** ~ matinée.

diva *f.* (*attrice: del cinema*) (film)star: *una* ~ *dello schermo* a screen star; (*del teatro*) stage celebrity (*o* star); (*cantante lirica*) prima donna.

divagare *v.t.* (**divago, divaghi**; *aus.* avere) to digress, to wander, to stray (*da* from): ~ *dal tema* to stray from the point; *la sua mente divagava* his mind was wandering. **divagazione** *f.* digression, straying: *–i poetiche su un argomento* poetical digressions on a subject.

divampare *v.i.* (*aus.* **essere**) **1** to flare up, to burst into flame(s), to blaze up: *il fuoco divampò improvvisamente* the fire suddenly flared up; (*rif. a incendio*) to break out. **2** ⟨*fig*⟩ to flare up, to blaze, to burn, to burst out: ~ *dall'ira* to blaze with anger; (*estendersi*) to spread like wildfire: *la notizia divampò* the news spread like wildfire.

divano *m.* **1** divan, sofa. **2** ⟨*Stor,Lett*⟩ divan, diwan. **divanoletto** *m.* day bed.

divaricare *v.t.* (**divarico, divarichi**) to open (out, wide), to stretch (*o* set) apart, to pull apart (*o* open). □ ~ *le gambe* to stretch one's legs apart, to straddle; ~ *i labbri di una ferita* to part (*o* open up) the lips of a wound; ~ *le sbarre di un'inferriata* to bend back the bars of a grille. **divaricata** *f.* ⟨*Ginn*⟩ scissor jump. **divaricato** *a.* wide apart, opened wide (*o* out): *sedere a gambe –e* to sit with one's legs wide apart. **divaricatore** *m.* ⟨*Chir*⟩ retractor. **divaricazione** *f.* (*atto*) opening (out), stretching apart.

divario *m.* difference, gap. □ *colmare il* ~ to bridge (*o* fill) the gap; ⟨*Econ*⟩ ~ *inflazionistico* inflationary gap; ~ *di opinioni* difference of opinion; ~ *tecnologico* technological gap.

divedere: *dare a* ~: **1** (*far capire*) to give to understand; **2** (*far credere*) to lead to believe: *gli dette a* ~ *di essere malato* he led him to believe that he was ill.

divellere *v.t.* (**divelsi**/*rar.* **divulsi, divelto**) **1** (*sradicare*) to uproot, to pull (*o* root) up (*anche estens.*): ~ *un albero dal terreno* to uproot a tree (from the ground); ~ *un palo* to pull up a stake. **2** ⟨*fig*⟩ to eradicate, to extirpate, to root out: ~ *un vizio* to eradicate a vice. **divelsi** → **divellere**.

divelto (*p.p. di divellere*) *a.* **1** (*sradicato*) uprooted. **2** ⟨*fig*⟩ eradicated.

divenire[1] *v.i.* (**divengo, divieni; divenni, divenuto**; → **venire**; *aus.* **essere**) (*diventare*) to become, to grow, to turn, to get.

divenire[2] *m.* ⟨*Filos*⟩ becoming.

diventare *v.i.* (**divento**; *aus.* **essere**) **1** to become: *tra due anni diventerò medico* in two years I shall be(come) a doctor; (*seguito da aggettivo*) to get: ~ *magro* to get thin; (*gradualmente*) to grow (into), to turn into: *mio figlio è diventato ormai un uomo* my son has now grown into a man; ~ *vecchio* to grow (*o* get) old. **2** (*trasformarsi*) to turn (*o* change) into: *il vino diventa aceto* wine turns into vinegar; *le foglie diventano gialle* the leaves are turning yellow; *l'amore può* ~ *odio* love can change to hate. **3** (*farsi diverso*) to change, to alter (for the worse): *come è diventato!* look what he's turned into! □ *diventerà un* **buon attore** he will make a good actor; ~ *di tutti i* **colori** (*arrossire*) to blush (to the roots of one's hair), to go red

(*o* scarlet); ~ **famoso** to become famous; *quando diventerò* **grande** when I grow up; ~ **matto** to go mad; ~ **pallido** to turn pale; ~ **qualcuno** to make a name for o.s.; ~ **rosso** to go red, to blush: *diventò rosso dalla vergogna* he blushed with shame; ~ **sindaco** to be elected mayor.

diverbio *m.* dispute, altercation, wrangle; (*lite*) quarrel, squabble: *avere un* ~ *con qd.* to have a quarrel with s.o.

divergente **I** *a.* diverging, divergent (*anche Fis.,Mat.*). **II** *s.m.* ⟨*Pesc*⟩ otter (*o* trawl) board. □ *linee* *–i* divergent lines; *opinioni –i* divergent (*o* differing) opinions; *strade –i* diverging roads. **divergenza** *f.* **1** (*diversità*) difference, divergence: ~ *d'opinioni* difference of opinion. **2** ⟨*fig*⟩ (*dissenso*) dissension, difference of opinion: *nacquero tra loro gravi –e* serious dissension arose between them. **3** ⟨*Mat,Fis*⟩ divergence. □ ⟨*Ott*⟩ *punto di* ~ point of divergence; ~ *di vedute* difference of views, disagreement.

divergere *v.i.* (**divergo, divergi**) **1** to diverge, to be divergent: *le due linee divergono* the two lines are divergent. **2** ⟨*fig*⟩ to differ, to diverge: *le nostre opinioni divergono* our opinions differ. **3** (*scostarsi*) to turn (*o* move) away (*o* off), to diverge (*da* from): *la strada diverge dal fiume* the road turns away from the river. **4** ⟨*Mat,Fis*⟩ to diverge.

diversamente *avv.* differently, in a different way, otherwise: *io la penso* ~ I think otherwise; *lo tratta* ~ *dagli altri* he treats him differently from the others; (*in vari modi*) in different ways, variously, differently: *il passo fu interpretato* ~ *dai vari traduttori* the various translators interpreted the passage in different ways.

diversificare *v.* (**diversifico, diversifichi**) **I** *v.t.* **1** (*rendere differente*) to differentiate, to distinguish: *la serietà lo diversifica dagli altri ragazzi* his seriousness distinguishes him from the other boys; (*rendere vario*) to diversify, to vary. **2** (*spec. Econ.*) to diversify: ~ *le esportazioni* to diversify exports. **II** *v.i.* (*aus.* avere), **diversificarsi** *v.r.* to be different, to differ. **diversificazione** *f.* **1** diversification, variation. **2** (*spec. Econ.*) diversification: ~ *dei prodotti* product diversification.

diversione *f.* **1** detour, diversion. **2** ⟨*Mil*⟩ (tactical) diversion: *fare una* ~ to create a diversion.

diversità *f.* **1** diversity, difference: ~ *di colori* diversity of colours; ~ *di prezzo* price differences. **2** (*varietà*) variety, diversity. **diversivo** *m.* **1** distraction, diversion, change: *cercare un* ~ *al lavoro* to seek a distraction from work; (*svago*) amusement, relaxation, recreation. **2** (*rif. a percorso*) detour. □ *per* (*o* come) ~ for amusement (*o* relaxation): *per* ~ *ascoltò la musica* for relaxation he listened to music; *è un* ~ *alle mie preoccupazioni* it takes my mind off my worries. **diverso** **I** *a.* **1** (*distinto*) different, diverse, distinct: *due interpretazioni –e* two different interpretations. **2** (*dissimile*) unlike (*da qd.* s.o.), dissimilar, different (from): *i due fratelli sono molto –i* the two brothers are very unlike. **3** (*premesso a sostantivi plurali: vari*) various, several, sundry: *per –e ragioni* for various (*o* several) reasons; (*parecchi*) several, a good many: *sono –i giorni che non lo vedo* it's several days since I saw him last. **II** *pron.pl.* (*parecchi*) several (people), many (people), a number of people: *–i pensano così* a number of people are of this opinion; *eravamo in –i* there were several of us. **III** *s.m.* **1** (*omosessuale*) homosexual, ⟨*sl*⟩ gay. **2** (*emarginato*) drop–out. **3** (*handicappato*) disabled, handicapped (person). □ *articoli –i* sundries *pl*; *è una cosa –a* that's a different (*o* another) matter; *ma allora è* ~ well, that's different; ⟨*Comm*⟩ *spese –e* sundry expenses.

divertente *a.* entertaining, enjoyable, pleasant: *un film* ~ an entertaining film; (*che fa ridere*) amusing, funny: *una storiella* ~ a funny (*o* an amusing) story. □ *è stato* ~ *it* was fun.

divertimento *m.* **1** amusement, fun, entertainment; (*piacere*) pleasure, enjoyment: *è un* ~ *sentirlo parlare* it is a pleasure to listen to him speak. **2** (*passatempo*) pastime, amusement, recreation, entertainment: *essere amante dei –i* to be fond of amusements; *il cinema è il mio* ~ *preferito* the cinema is my favourite entertainment. **3** ⟨*Mus*⟩ divertimento, divertissement. □ ⟨*iron*⟩ **bel** ~ how lovely; *è stato un bel* ~ it was great fun; ⟨*esclam*⟩ **buon** ~

have a good time, enjoy yourself; *con gran ~ dei presenti* ⌐to the great amusement⌐ (*o* much to the entertainment) of those present; **parco** *dei -i* amusement park; **per ~** for fun.

divertire *v.t.* (**diverto**) to entertain, to divert, to amuse, to cheer: *cercò di divertirlo con storielle allegre* he tried to amuse him by telling funny stories; *un pagliaccio divertiva il pubblico durante l'intervallo* a clown entertained the audience during the interval. **divertirsi** *v.r.* **1** to enjoy o.s., to have fun (*o* a good time), to amuse o.s.: *ieri sera sono andata a teatro e mi sono divertita molto* last night I went to the theatre and ⌐enjoyed myself very much⌐ (*o* had a wonderful time); *divertitevi!* enjoy yourselves!, have a good time! **2** (*provare piacere*) to enjoy, to like: *mi diverto a giocare a tennis* I like playing tennis; *si diverte a prendermi in giro* he enjoys making fun of me. □ *mi sono divertito da matto* I had the time of my life; *la pesca mi ha sempre divertito* I have always enjoyed fishing; *questo spettacolo mi diverte assai* I am enjoying this show very much. **divertito** *a.* amused: *guardava con aria -a* he looked on with an amused air.

divetta *f.* (*del cinema*) starlet.

divezzamento *m.* weaning. **divezzare** *v.t.* (**divezzo**) **1** (*disabituare*) to break (*da* of), to wean (from), to break of a habit: *~ qd. da un vizio* to break s.o. of a bad habit. **2** (*slattare*) to wean. **divezzarsi** *v.r.* (*disabituarsi*) to break o.s. (of the habit) (*da* of), to give up, to stop (s.th.), to wean o.s. (from): *divezzarsi dal fumo* to give up smoking. □ *~ qd. dal bere* to get s.o. to stop (*o* give up) drinking. **divezzato** *a.* weaned: *un bambino ~* a baby that has been weaned, a weanling.

dividendo *m.* (*Mat,Econ*) dividend. □ **cedola** *del ~* dividend warrant; **distribuire** *un ~* to distribute a dividend; **pagamento** *dei -i* payment of dividends; **~** *non* **riscosso** unclaimed dividend; **riscuotere** *i -i* to claim dividends; **senza ~ ex** dividend.

dividere *v.t.* (**divisi, diviso**) **1** to divide (up), to split: *~ un foglio in due* to divide a sheet of paper in two. **2** (*suddividere*) to divide (up), to split up: *~ un libro in capitoli* to divide a book (up) into chapters; *il maestro divise i ragazzi in due squadre* the teacher divided the boys into two teams. **3** (*separare*) to separate, to divide, to part: *i casi della vita divisero i due amici* circumstances separated the two friends; *solo la morte potrà dividerci* only death can divide us; *~ due litiganti* to part two brawlers. **4** (*distribuire*) to distribute, to share out: *~ gli utili tra i soci* to share out profits among the partners. **5** (*spartire*) to share (*anche fig.*): *divise la merenda con i compagni* he shared his snack with his companions; *~ una gioia con qd.* to share a joy with s.o. **6** (*Mat*) (*eseguire la divisione*) to divide: *~ 200 per 5* to divide 200 by 5. **dividersi** *v.r.* **1** to divide, to split (up): *dividersi in due parti* to divide into two (parts). **2** (*separarsi*) to part, to separate (*da* from): *si divise dagli amici con grande dolore* he parted from his friends with great sorrow; (*rif. a coniugi*) to separate: *si è diviso dalla moglie* he is separated from his wife. **3** (*essere diviso, constare*) to be divided (*in* into), to consist (of): *il dramma si divide in tre atti* the play is divided into three acts. **4** (*suddividersi*) to divide up (*o* off), to split up (*anche fig.*): *i ragazzi si divisero in due squadre* the boys split up into two teams; *la popolazione si divise in due fazioni* the people split up into two factions. **5** (*divergere*) to divide, to branch (off): *la strada si divide in due sentieri* the road divides (*o* branches off) into two paths. **6** (*spartire con altri*) to divide up, to share out, to split: *i ladri si divisero il bottino* the thieves split the loot. □ *dividersi tra la casa e il lavoro* to divide one's time between house and work; *~ una parola in sillabe* to divide a word into syllables, to syllabize a word.

divieto *m.* prohibition. □ **~** *di* **accesso** No Entry, Keep Out; **~** *d'*affissione post (*o* stick) no bills; **avere** *~ di* **esercitare** *una professione* to be debarred from practising a profession; **~** *di* ⌐segnali acustici⌐ (*o* segnalazioni acustiche) no horns; **~** *di* **sorpasso** no overtaking, (*am*) no passing; **~** *di* **sosta** no parking; **~** *di* **svolta** *a sinistra* no left turn; **~** *di* **transito** no thoroughfare, no through

traffic.

divina *f.* the divina (woman). **divinamente** *avv.* extremely, (*fam*) divinely: *una ragazza ~ bella* an extremely beautiful girl; *cantare ~* to sing divinely.

divinamento *m.* (*lett*) divination. **divinare** *v.t.* (*lett*) to divine: *i sacerdoti divinarono la sconfitta dell'esercito romano* the priests divined the defeat of the Roman army. **divinatore** I *s.m.* (*f.* -trice) (*lett*) diviner. II *a.* divining. **divinatorio** *a.* (*lett*) divinatory, divining. □ *arte -a* divination; *verga -a* divining rod. **divinazione** *f.* divination (*anche estens.*).

divincolare *v.t.* (**divincolo**) to twist (free), to wriggle: *cercò di ~ la mano* he tried to twist (*o* get) his hand free. **divincolarsi** *v.r.* to writhe, to twist (and turn), to wriggle: *si divincolava come un serpente per sfuggire alla presa* she writhed like a snake to escape his grasp. **divincolio** *m.* twisting (and turning), wriggling, writhing.

divinità *f.* **1** deity, divinity, god (*f* goddess): *le ~ dell'Olimpo* the gods of Olympus; *adorare le ~* to worship the gods. **2** (*natura divina*) divinity, godhead: *credere nella ~ di Cristo* to believe in the divinity of Christ. **divinizzare** *v.t.* to deify (*anche fig.*): *i romani divinizzarono Romolo* the Romans deified Romulus. **divinizzazione** *f.* deification (*anche fig.*). **divino** I *a.* **1** divine: *la misericordia -a* Divine mercy. **2** (*iperb*) (*eccellente*) excellent, heavenly, divine: *si udiva una musica -a* heavenly music was heard. II *s.m.* (*essenza divina*) Divine. □ (*Lett*) *la Divina Commedia* the Divine Comedy.

divisa[1] *f.* **1** (*uniforme*) uniform. **2** (*livrea*) livery. **3** (*Arald*) device. **4** (*motto*) motto. □ *~ di gala* gala (*o* full) dress; *in ~* in uniform, uniformed: *ufficiale in ~* officer in uniform; *essere in ~* to be in (*o* wearing) uniform.

divisa[2] *f.* (*Econ*) foreign exchange (*o* currency). □ *~ aurea* gold currency; *~ estera* foreign currency (*o* exchange); (*cambiale, tratta*) foreign bill; *~ pregiata* hard currency.

divisi → dividere. divisibile *a.* divisible: *12 è ~ per 3* 12 is divisible by 3. **divisibilità** *f.* divisibility: *~ di un bene* divisibility of property. **divisionale** *a.* (*Mil*) divisional: *comando ~* divisional command. □ (*Econ*) *moneta ~* divisional coin.

divisione *f.* **1** (*distinzione*) distinction, separation, division. **2** (*spartizione*) division, sharing-out, distribution. **3** (*fig*) (*discordia*) discord, disagreement, division. **4** (*Mil,Mar.mil*) division. **5** (*settore amministrativo*) (government) department, (*am*) bureau, (*am*) division. **6** (*rif. a ospedali e sim: reparto*) ward. **7** (*Sport*) division. **8** (*Mat*) division. **9** (*Dir*) division, distribution: *~ dei beni* division of property. **10** (*parete divisoria*) partition, division wall. **11** (*Mecc*) indexing. □ *~* **aerea** air division; *~* **alpina** alpine division; (*burocr*) **capo** *~* head of a department; (*Mil*) *~* **corazzata** armoured division; *di ~* dividing-, partition-: *muro di ~* partition (*o* dividing) wall; (*Dir*) *~* ⌐dell'eredità⌐ (*o dei beni ereditari*) distribution of the estate; (*Mil*) **generale** *di ~* major-general; *~ del* **lavoro** division of labour; **linea** *di ~* dividing line; (*Sport*) *~* **nazionale** national division; *~ in* **sillabe** syllabication; (*Comm*) *~ degli* **utili** profit-sharing.

divisionismo *m.* (*Pitt*) Divisionism. **divisionista** *a./s.m./f.* Divisionist. **divisionistico** *a.* (*pl.* -ci) Divisionist. **divisivo** *a.* dividing, divisive: *linea -a* dividing line.

divismo *m.* **1** (*Cin*) star system. **2** (*infatuazione per i divi*) star worship. **3** (*esibizionismo*) showing off.

diviso (*p.p. di dividere*) *a.* **1** divided: *una torta -a in parti uguali* a cake divided (*o* cut up) into equal slices. **2** (*separato*) separate(d), apart: *i miei genitori vivono -i* my parents are separated. **3** (*fig*) (*discorde*) at variance, discordant, divided: *i nostri pareri sono -i* our views are divided. **4** (*condiviso*) shared. **5** (*Mat*) divided. **divisore** *m.* **1** (*Mat*) divisor. **2** (*Mecc*) index (*o* dividing) head. □ (*Mat*) *~* **comune** common divisor (*o* factor); *massimo comun ~* highest common factor, greatest common divisor. **divisorio** I *a.* dividing, separating, partition-, division-. II *s.m.* (*parete divisoria*) partition (wall), dividing wall.

divistico *a.* (*pl.* **-ci**) star-, like a film–star: *atteggiamenti –i* film–star behaviour.

divo[1] *a.* ⟨*lett*⟩ divine, godlike: *il ~ Augusto* the divine Augustus.

divo[2] *m.* (*f.* **-a**) **1** (*attore: del cinema*) (film)star; (*del teatro*) stage celebrity (*o* star). **2** ⟨*estens*⟩ (*personaggio molto popolare*) popular figure, hero, star, idol: *un ~ del calcio* a star football player.

divorare *v.t.* (**divoro**) **1** to devour, to eat up, ⟨*fam*⟩ to wolf (down), to gobble down (*o* up): *il lupo divorò la preda* the wolf devoured its prey; *i bambini divorarono la merenda* the children gobbled down their tea. **2** ⟨*fig*⟩ (*distruggere*) to devour, to destroy, to consume: *le fiamme divorarono le abitazioni* the flames destroyed the houses. **3** ⟨*fig*⟩ (*rif. a passioni: consumare*) to devour, to consume: *l'invidia lo divora* he is consumed with envy. **4** ⟨*fig*⟩ (*leggere con avidità*) to devour, to read fast (*o* eagerly): *~ un romanzo* to devour a novel. **5** (*rif. a cammino e sim.: percorrere a gran velocità*) to eat up, to devour: *divorare la strada* to eat up the miles. **divorarsi** *v.r.* to be consumed (*o* eaten up) (*da* with), to be devoured (by): *divorarsi dalla rabbia* to be eaten up with rage. □ *essere divorato dalla curiosità* to be devoured by curiosity; *~ qd. con gli occhi* to devour s.o. with one's eyes. **divoratore I** *s.m.* (*f.* -trice/*pop.* -tora) **1** (great, greedy) eater, devourer: *un gran ~ di frutta* a great fruit eater. **2** ⟨*fig*⟩ (*lettore accanito*) avid (*o* keen) reader, devourer: *sono una divoratrice di romanzi gialli* I'm an avid reader of crime novels. **II** *a.* consuming, devouring, destroying: *passione divoratrice* consuming passion.

divorziare *v.i.* (**divorzio**, **divorzi**; *aus.* avere) **1** to divorce (*da qd.* s.o.): *hanno divorziato nel 1952* they divorced in 1952. **2** ⟨*fig*⟩ to split (*o* break) up, to part (company). **divorziato I** *a.* divorced. **II** *s.m.* (*f.* -a) divorcee. **divorzio** *m.* **1** ⟨*Dir*⟩ divorce: *ottenere il ~* to obtain (*o* get) a divorce. **2** ⟨*fig*⟩ splitting (*o* breaking) up, separation. □ ⟨*Dir*⟩ *presentare domanda di ~* to sue for divorce, to file a petition for divorce. **divorzista** *m./f.* **1** (*legale*) divorce lawyer. **2** (*sostenitore*) supporter (*o* advocate) of divorce. **divorzistico** *a.* (*pl.* -ci) **1** (*relativo al divorzio*) divorce-. **2** (*favorevole al divorzio*) for (*o* in favour of) divorce, divorce-: *la campagna –a* the campaign for (*o* to introduce) divorce.

divulgare *v.t.* (**divulgo**, **divulghi**) **1** (*rendere noto*) to make known; (*per radio*) to broadcast; (*per televisione*) to telecast; (*per stampa*) to publish: *~ una notizia* to publish a news item; (*rif. a segreti*) to divulge, to disclose, to reveal. **2** (*rendere accessibile*) to popularize, to vulgarize: *~ una dottrina* to vulgarize a doctrine. **divulgarsi** *v.r.* to spread, to travel: *la notizia si divulgò rapidamente* the news travelled fast. **divulgativo** *a.* popular: *opera –a* popular work. **divulgatore I** *s.m.* (*f.* -trice) popularizer, vulgarizer: *~ di una filosofia* popularizer of a philosophy. **II** *a.* popular. □ *fare opera divulgatrice* to popularize. **divulgazione** *f.* **1** (*il divulgare, il rendere noto*) making know; (*per radio*) broadcasting; (*per televisione*) telecasting; (*per stampa*) publication, publishing; (*rif. a segreti*) divulgence, disclosure, revelation; (*diffusione*) spreading, diffusion, propagation: *la ~ di una notizia* the spreading of news. **2** (*esposizione chiara e facile*) popularization, vulgarization. □ *opera di ~ scientifica* popular scientific work; *fare opera di ~* to popularize s.th.; *~ di voci* spreading of rumours.

dizigotico *a.* (*pl.* -ci) ⟨*Biol*⟩ dizygotic.

dizionario *m.* dictionary: *~ della lingua italiana* dictionary of the Italian language. □ *~* **bilingue** bilingual dictionary; *cercare una parola sul ~* to look a word up (in the dictionary); *~* **enciclopedico** encyclopaedic dictionary; *~* **etimologico** etymological dictionary; *~* **illustrato** pictorial dictionary; *~* **tascabile** pocket dictionary.

dizionarista *m.* lexicographer.

dizione *f.* **1** diction: *prendere lezioni di ~* to take diction lessons. **2** (*declamazione in pubblico*) recital, reading: *~ di poesie* poetry reading. **3** (*locuzione, modo di dire*) idiom, expression, phrase.

dl = *decilitro* decilitre (*abbr.* dl.).

dm = *decimetro* decimetre (*abbr.* dm.).

dmc = *decimetro cubo* cubic decimetre (*abbr.* cu.dec.).

dmq = *decimetro quadrato* square decimetre (*abbr.* sq.dec.).

D.N.A. = ⟨*Biol*⟩ *acido desossiribonucleico* desoxyribonucleic acid (*abbr.* DNA).

do *m.* ⟨*Mus*⟩ C, do(h). □ *~ bemolle maggiore* C flat major; *chiave di ~* key of C; *~ diesis minore* C sharp minor.

dò → **dare**[1].

dobbiamo → **dovere**[1].

doberman(n) *ted.* ['do:bərman] *m.* ⟨*Zool*⟩ doberman (pinscher).

doblone *m.* ⟨*Numism*⟩ doubloon.

doc, DOC = ⟨*Enol*⟩ *denominazione di origine controllata* controlled denomination of origin.

doccia *f.* (*pl.* -ce) **1** shower(bath); (*locale*) showers *pl.* **2** (*doccia terapeutica*) douche. **3** (*grondaia*) gutter. **4** (*apparecchio ortopedico*) shoulder brace. □ *fare* (*o* *prendere*) *una ~* to have (*o* take) a shower; *~ fredda* cold shower; ⟨*fig*⟩ wet blanket; *quella notizia è stata per noi una ~ fredda* that news damped our enthusiasm; *~ scozzese* alternately hot and cold shower. **docciatura** *f.* douching, douche. **doccione** *m.* **1** ⟨*Arch*⟩ gargoyle. **2** ⟨*Alp*⟩ (*colatoio*) crack.

docente I *s.m.* teaching: *corpo ~* teaching body (*o* staff). **II** *s.m./f.* teacher; ⟨*Univ*⟩ university teacher, ⟨*am*⟩ instructor. □ ⟨*Rel*⟩ *Chiesa ~* teaching Church; *libero ~* qualified lecturer. **docenza** *f.* ⟨*Univ*⟩ teaching. □ *libera ~* university teaching qualification, qualification as a university teacher (*o* lecturer); *ottenere la libera ~* to qualify for university teaching.

docile *a.* **1** docile, obedient, tractable, manageable: *un ragazzo ~* an obedient boy; *un cavallo ~* a tractable horse. **2** (*rif. a materiali*) soft, workable, malleable: *legno ~* softwood. □ *essere ~ come un agnellino* to be as meek as a lamb, to be meek and mild. **docilità** *f.* **1** obedience, tractability. **2** (*rif. a materiali*) malleability, workableness, softness. **docilmente** *avv.* docilely, with docility.

docimasia *f.* ⟨*Med,Chim*⟩ docimasia, docimasy: *~ polmonare* pulmonary docimasy. **docimastico** *a.* (*pl.* -ci) ⟨*Chim*⟩ docimastic.

docimologia *f.* docimology.

documentabile *a.* documentable. **documentare** *v.t.* (**documento**) **1** (*dimostrare*) to document: *~ un'accusa* to document an accusation. **2** (*corredare, fornire di documenti*) to document, to furnish with documents. **documentarsi** *v.r.* (*informarsi minuziosamente*) to collect background information (*su* about), to gather (*documentary*) evidence (about): *il giornalista si documentò sul fatto* the journalist collected background information about the event. **documentario I** *a.* documentary. **II** *s.m.* ⟨*Cin*⟩ documentary (film). □ ⟨*Cin*⟩ *~ di attualità* newsreel; ⟨*Econ*⟩ *credito ~* documentary credit; *~ didattico* educational film; *valore ~* documentary (*o* representational) value. **documentarista** *m./f.* documentary film maker (*o* director). **documentaristico** *a.* (*pl.* -ci) documentary-. **documentato** *a.* documented, supported by written evidence; (*rif. a persone*) well–informed, well–documented. **documentazione** *f.* **1** documentation: *la ~ di un'accusa* the documentation of a charge; *la ~ di un articolo* the documentation of an article. **2** (*insieme dei documenti*) documents *pl*, records *pl*, documentation.

documento *m.* **1** document: *la domanda deve essere accompagnata dai –i prescritti* the application should be accompanied by the prescribed supporting documents. **2** (*documento di identificazione e sim.*) document, paper: *esibire un ~* to show a document. **3** ⟨*fig*⟩ (*documento storico*) historical document, evidence, record. □ *~ apocrifo* spurious document; *~ d'appoggio* supporting document; ⟨*Comm*⟩ voucher; *~ in carta da bollo* stamped (*o* official) document; *~ in carta semplice* document on plain paper, unofficial document; *~ confidenziale* confidential document; *~ falsificato* forged document, forgery; *–i d'identificazione* (identity) papers; ⟨*Mar*⟩ *–i d'imbarco* shipping documents; ⟨*Comm*⟩ *–i per l'incasso* documents for collection; *–i di* **lavoro** work papers, ⟨*fam*⟩ cards; ~ **legalizzato** authenticated (*o* certified) document; ~ **originale** original (document); ~ **scaduto** expired document; ⟨*Inform*⟩ ~ **stampato** hard copy; ~ **ufficiale** official document.

dodecaẹdrico *a.* (*pl.* **-ci**) ⟨*Geom*⟩ dodecahedral. **dodecaẹdro** *m.* ⟨*Geom*⟩ dodecahedron.

dodecafonịa *f.* ⟨*Mus*⟩ dodecaphony. **dodecafọnico** *a.* (*pl.* **-ci**) dodecaphonic.

dodecạgono *m.* ⟨*Geom*⟩ dodecagon.

Dodeca(n)nẹso *N.pr.m.* ⟨*Geog*⟩ Dodecanese.

dodecasịllabo **I** *a.* ⟨*Metr*⟩ dodecasyllable. **II** *s.m.* dodecasyllabic.

dodicẹnne **I** *a.* ⟨*attr*⟩ twelve–year–old, ⟨*pred*⟩ of twelve, ⟨*pred*⟩ twelve years old. **II** *s.m./f.* twelve–year–old, boy (*f* girl) of twelve. **dodicẹsima** *f.* ⟨*Mus*⟩ twelfth. **dodicẹsimo** **I** *a.* twelfth. **II** *s.m.* **1** (*ordinale*; *f.* **-a**) twelfth. **2** (*frazionario*) twelfth (part). □ ⟨*Edit*⟩ volume in ~ twelvemo (*o* duodecimo) volume. **dọdici** *a./s.inv.* **I** *a.* twelve. **II** *s.m.* **1** (*numero*) twelve. **2** (*nelle date*) twelfth. **III** *s.f.pl.* twelve o'clock.

dọga *f.* **1** stave. **2** ⟨*Arald*⟩ pale.

dogạle *a.* of a doge, dogal, doge's.

dogạna *f.* **1** customs *pl* (*costr. sing.*). **2** (*sede*) custom(s)house, custom(s)office. □ **esente** (*o franco*) *da* ~ duty–free; **franco** *in* ~ duty–paid; **operazioni** *di* ~ clearance *sing*; **pagare** *la* ~ to pay duty; **passare** *la* ~ to get (*o* go) through the customs, to pass the customs; **soggetto** *a* ~ subject to duty; **spese** *di* ~ (customs) duty; **visita** *della* ~ customs inspection (*o* examination).

doganạle *a.* customs–, Customs–. □ **autorità** *–i* customs authorities; **barriere** *–i* customs barriers; **bolletta** ~ (customs) bill of entry; **dichiarazione** ~ customs declaration; **documẹnti** *–i* customs (clearance) papers; **tariffe** *–i* customs tariffs; **unione** ~ customs union.

doganịere *m.* customs officer.

dọglie *f.pl.* labour, labour pains *pl*: **avere le** ~ to be in labour.

dọglio *m.* ⟨*Archeol*⟩ dolium.

dọgma *m.* dogma (*anche estens.*). **dogmạtica** *f.* ⟨*Teol*⟩ dogmatics *pl* (*costr. sing. o pl.*), dogmatic theology. **dogmaticamẹnte** *avv.* dogmatically. **dogmạtico** *a.* (*pl.* **-ci**) dogmatic (*anche estens.*). **dogmatịsmo** *m.* dogmatism (*anche estens.*). **dogmatizzazione** *f.* dogmatization.

dọlce **I** *a.* **1** sweet; (*non piccante*) mild: *formaggio* ~ mild cheese; (*rif. a canti, voci*) sweet, dulcet; (*rif. a profumo*) fragrant. **2** ⟨*fig*⟩ (*piacevole*) sweet, pleasant, agreeable: *–i ricordi* sweet memories. **3** ⟨*fig*⟩ (*gentile, amabile*) sweet, kind, gentle, dear, charming; (*mite*) mild, gentle: *un carattere* ~ a mild character, a sweet temper; (*tenero*) sweet, tender: *le sussurrò –i parole* he whispered sweet nothings in her ear. **4** ⟨*fig*⟩ (*lieve*) gentle, mild: *soffiava una* ~ *brezza* a gentle breeze was blowing; *un* ~ *pendio* a gentle (*o* easy) slope. **5** ⟨*fig*⟩ (*facile a lavorarsi*) malleable, soft. **6** ⟨*Fon*⟩ (*sonoro*) soft, voiced: *una s* ~ a soft s; (*palatale*) palatal: *g* ~ palatal g. **II** *s.m.* **1** (*sapore dolce*) sweetness, sweet taste: *il* ~ *dello zucchero* the sweet taste of sugar. **2** (*portata*) sweet, (*am*) dessert: *servì il* ~ *e la frutta* she served the sweet and the fruit. **3** (*torta*) cake: *un* ~ *alla crema* a custard cake. **4** *pl.* (*dolciumi*) sweets *pl*, ⟨*am*⟩ candies *pl*; (*collett*) confectionery. □ **acqua** ~ (*non salata*) fresh water; **al** ~ (*alla fine del pranzo*) at the end of one's meal; *i convitati erano al* ~ *quando egli entrò* the guests were just finishing their meal when he came in; *il* ~ **far** *niente* sweet idleness, dolce far niente; **legno** ~ softwood; **liquore** ~ sweet liqueur; ~ *come il* **miele** as sweet as honey; ⟨*Lett*⟩ ~ **stil** *novo* dolce stil novo, sweet new style. *Prov.*: *dopo il* ~ *vien l'amaro* after the sweet comes the sour.

dolceamạro *a.* bitter–sweet (*anche fig.*). **dolcemẹnte** *avv.* **1** sweetly, gently, mildly, softly: *rimproverò il bambino* ~ she gently reproved the child. **2** (*con precauzione*) gently, carefully, delicately: *posò* ~ *l'oggetto sulla tavola* he carefully placed the object on the table. **dolcevịta** **I** *s.f.* turtleneck (sweater). **II** *a.inv.* turtleneck–: *maglione a* ~ turtleneck (sweater). **dolcẹzza** *f.* **1** sweetness, sweet taste:

la ~ *dello zucchero* the sweetness of sugar. **2** ⟨*fig*⟩ charm, enchantment, sweetness: *mi commosse la* ~ *di quei ricordi* I was moved by the enchantment of those memories. **3** ⟨*fig*⟩ (*mitezza*) mildness: *la* ~ *del clima* the mildness of the climate. **4** ⟨*fig*⟩ (*rif. a materiali*) malleability, softness. **5** ⟨*fig*⟩ (*precauzione*) care, gentleness, delicacy: *posò l'oggetto con* ~ he put down the object with care. **6** *pl.* (*piacere, gioia*) sweets *pl*, pleasures *pl*, delights *pl*: *le* *–e dell'amore* the delights of love. □ ~ *mia!* my sweet!, my darling! **dolciạrio** *a.* confectionery. □ *industria –a* confectionery. **dolciạstro** *a.* **1** sweetish. **2** ⟨*fig*⟩ (*mellifluo*) sugary, cloying, ingratiating: *modi –i* ingratiating manners. **dolcificạnte** *a.* sweetening: *potere* ~ sweetening power. **II** *s.m.* sweetener. **dolcificạre** *v.t.* (*dolcịfico, dolcịfichi*) to sweeten, to add sugar to. **dolcificatọre** *m.* (*anche dolcificatore d'acqua*) water softener. **dolcificazịone** *f.* (adding of) sweetener. □ ⟨*Chim*⟩ ~ *dell'acqua* softening of water.

dolciụme *m.* **1** (*sapore dolce e stucchevole*) cloying taste, over sweetness. **2** *pl.* sweets *pl*, sweetmeats *pl*, confectionery, ⟨*am*⟩ candies *pl*.

dolẹnte *a.* **1** (*che duole*) aching, painful, sore: *indicò al medico la parte* ~ he showed the doctor the aching part. **2** (*afflitto, contrariato*) (very) sorry, upset, grieved, distressed: *sono* ~ *di quanto è accaduto* I am sorry for what has happened. **3** (*che esprime dolore*) sorrowful, mournful, woeful: *voce* ~ sorrowful voice. □ *essere* ~ to be sorry (*o* grieved), to regret deeply: *sono* ~ *di avervi fatto attendere* I much regret having kept you waiting.

dolẹre *v.i.* (*pres.ind.* **dọlgo, duọli, duọle, doliạmo, dolẹte, dọlgono**; *fut.* **dorrò**; *p.rem.* **dọlsi**; *pres.cong.* **dọlga, doliạmo, doliạte, dọlgano**; *ger.* **dolẹndo**; *p.pr.* **dolẹnte**; *p.p.* **dolụto**; *aus.* essere/avere) **1** (*dar dolore, far male*) to ache, to hurt, to be sore: *mi duole la testa* my head is aching, my head hurts (me); *da due giorni mi duole questo dente* this tooth has been aching for two days. **2** ⟨*fig*⟩ (*dispiacere*) to regret (*di qc.* s.th.), to be sorry (about), to grieve (at): *mi duole della sua partenza* I am sorry he is leaving. **dolersi** *v.r.* **1** (*rammaricarsi*) to be (very) sorry (*di* about), to regret (s.th.), to be distressed (about): *mi dolgo dell'accaduto* I am sorry about what has happened. **2** (*lamentarsi*) to complain (*di* about).

dolico|cefalịa *f.* ⟨*Med*⟩ dolichocephaly, dolichocephalism. **~cẹfalo** **I** *a.* dolichocephalic, dolichocephalous. **II** *s.m.* (*f.* **-a**) dolicocephal.

dolịna *f.* ⟨*Geol*⟩ doline(n), dolina, sink(hole).

dọllaro *m.* dollar, ⟨*fam*⟩ buck. □ ⟨*Econ*⟩ *area del* ~ dollar area; ~ *USA* U.S. dollar.

dọlman *m.* dolman.

dọlmen *m.* ⟨*Archeol*⟩ dolmen.

dọlo *m.* ⟨*Dir*⟩ malice.

dolomịa *f.* ⟨*Min*⟩ dolomite (rock). **dolomịte** *f.* dolomite. **Dolomịti** *N.pr.f.pl.* ⟨*Geog*⟩ Dolomites *pl*. **dolomịtico** *a.* (*pl.* **-ci**) **1** ⟨*Min*⟩ dolomitic: *calcare* ~ dolomitic limestone. **2** (*delle Dolomiti*) Dolomite–: *paesaggio* ~ Dolomite landscape. **dolomitizzazịone** *f.* ⟨*Geol*⟩ dolomitization.

dolorạnte *a.* aching, sore, painful: *la parte* ~ the sore part. **dolorạre** *v.i.* (*dolọro*; *aus.* avere) ⟨*lett*⟩ (*sentire dolore*) to suffer, to ache.

dolọre *m.* **1** pain, ache. **2** (*sofferenza morale*) sorrow, grief: *la notizia gli diede un grande* ~ the news caused him great sorrow. **3** *pl.* ⟨*fig*⟩ (*dispiaceri*) trouble, troubles *pl*, worry: *raccontare a qd. i propri –i* to tell s.o. one's troubles; *quel ragazzo non ci dà che –i* that boy gives us nothing but trouble. □ ⟨*Rel*⟩ *atto di* ~ act of contrition; **avere** ~ *a* (*o in*) *un ginocchio* to have a sore knee; ~ *a un braccio* pain in an arm; *con* **mio grande** ~ to my great sorrow (*o* distress); ~ *di* **denti** toothache; ~ **lancinante** acute (*o* agonizing) pain; ⟨*fig*⟩ *letto di* ~ sick bed; **morire** *di* ~ to die of grief; *i –i del* **parto** labour pains; **per** *il* ~ with (*o* from, *o* in) pain: *gridare per il* ~ to cry out with pain; *essere* **pieno** *di –i* to ache all over, to be full of aches and pains; ~ **sordo** dull pain; *–i di* **stomaco** stomach ache; ~ *di* **testa** headache.

dolorịfico *a.* (*pl.* **-ci**) pain–producing, dolorific. □ *sensibilità –a* sensibility to pain. **dolorimetrịa** *f.* ⟨*Med*⟩ dolorimetry. **dolorosamẹnte** *avv.* painfully (*anche fig.*).

doloróso *a.* **1** painful: *una cura molto –a* a very painful treatment. **2** ⟨*fig*⟩ painful, sad, distressing, grievous: *avvenimento ~* sad happening; *rinuncia –a* painful renunciation; *lo conobbi in circostanze –e* I met him in sad circumstances. □ ⟨*Rel*⟩ *madre –a* Our Lady of Sorrows.

dolosaménte *avv.* ⟨*Dir*⟩ with malice. **dolosità** *f.* ⟨*Dir*⟩ malice, wilfulness. **dolóso** *a.* malicious. □ *fallimento ~* fraudulent bankruptcy; *incendio ~* arson.

dòlsi, dolùto → **dolere**.

domàbile *a.* tameable.

domànda *f.* **1** question: *fare una ~ a qd.* to ask s.o. a question, to put a question to s.o.; *non ha saputo rispondere alle –e* he could not answer the questions. **2** (*istanza*) application; (*richiesta*) request: ⟨*burocr*⟩ *su Vostra ~* at your request; (*richiesta di riconoscimento di un diritto*) claim: *~ di pensione* pension claim. **3** ⟨*Econ*⟩ demand. □ **accogliere** *una ~* to grant (*o* accept) a request; ⟨*burocr*⟩ to accept an application; *~ di* **adesione** application for membership; ⟨*Econ*⟩ *~* **aggregata** aggregate demand; *~ d'***ammissione** application for entry (*o* admission); ⟨*Econ*⟩ *la ~* **aumenta** demand is increasing (*o* on the rise); *~ in* **carta bollata** application (*o* request) on stamped paper; *ma che ~!* what a question!; **compilare** *una ~* to fill in an application; ⟨*Econ*⟩ *~* **debole** slack demand; ⟨*Econ*⟩ *la ~* **diminuisce** demand is dwindling (*o* falling off); **fare** *~* to apply, to put in (*di* for), to request (s.th.): *fare ~ di trasferimento* to request (*o* apply for) a transfer; **forte** *~* heavy (*o* great) demand; ⟨*Econ*⟩ *~* **globale** aggregate demand; *~ di* **grazia** petition for mercy; *~ d'***impiego** application for a post (*o* job); (*nei giornali*) *–e d'impiego* situations (*o* jobs) wanted; **incremento** *della ~* demand increase; *~ d'***iscrizione** application for enrolment (*o* registration); (*rif. a circolo*) application for membership; *~ di* **manodopera** demand for manpower; *~ di* **matrimonio** proposal; *fare una ~ di matrimonio* to propose; ⟨*Econ*⟩ **legge** *della ~ e dell'*offerta law of supply and demand; **presentare** *~* to make (an) application; **respingere** *una ~* to reject (*o* turn down) an application; ⟨*Dir*⟩ *~* **riconvenzionale** crossclaim; **soddisfare** *la ~* to satisfy (*o* meet the) demand; *la ~* **supera** *l'offerta* demand exceeds supply.

domandàre **I** *v.t.* **1** (*chiedere per sapere*) to ask, to enquire: *~ qc. a qd.* to ask s.o. s.th.; *~ l'ora* to ask the time; *perché lo domandi?* why do you ask? **2** (*chiedere per avere*) to ask for: *~ un consiglio a qd.* to ask s.o. for advice; (*pregare*) to beg (for): *~ l'elemosina* to beg (for alms); (*esigere*) to demand: *domando di essere ricevuto* I demand admission. **3** (*richiedere*) to ask, to charge, to want: *la sarta mi ha domandato ventimila lire per un abito* (*rif. a prezzo da pagare*) my dressmaker asked (*o* wanted) twenty thousand lire for a dress; (*rif. a prezzo già pagato*) my dressmaker charged me twenty thousand lire for a dress. **II** *v.i.* (*aus.* avere) **1** (*cercare*) to ask, to enquire, to look (*di* for), to want (s.o.): *ha telefonato un signore che domandava di te* a gentleman rang asking for you; *domandano di Lei* you are wanted. **2** (*informarsi*) to ask, to enquire (*di* after): *gli amici mi hanno domandato di te* our friends were asking after you. **domandarsi** *v.r.* (*chiedersi*) to wonder: *mi domando perché non sia ancora arrivato* I wonder why he has not arrived yet. □ *domando e dico* I ask you, well really: *ma io domando e dico se questa è l'ora di tornare a casa* well, really, is this a time to come home?; *~ il* **nome** *a qd.* to ask s.o.'s name; *~* **notizie** *di qd.* to ask (*o* enquire) after s.o.; *~ l'*opinione *di qd.* to ask s.o.'s opinion; *~ il* **prezzo** to ask ⌐the price⌐ (*o* what the price is); *~ a qd.* **ragione** *di qc.* to call s.o. to account for s.th.; (*domandare una spiegazione*) to ask s.o. ⌐for an explanation of⌐ (*o* to account for) s.th.; *~* **scusa** to apologize, to beg s.o.'s pardon. *Prov.: ~ è lecito, rispondere è cortesia* asking is lawful, answering is good manners; *non ~ all'oste se ha buon vino* no man cries stinking fish.

domàni I *avv.* **1** tomorrow: *~ è martedì* tomorrow is Tuesday. **2** ⟨*estens*⟩ (*l'avvenire, il futuro*) the future, tomorrow: *la moda di ~* tomorrow's (*o* the coming)

---

fashions. **3** ⟨*iron,scherz*⟩ (*mai*) some (*o* what a) hope, you've got a hope: *mi presti la tua automobile? – sì, ~!* will you lend me your car? – you've got a hope! **II** *s.m.* **1** (*il giorno dopo*) tomorrow; (*rif. ad avvenimenti al passato*) next (*o* following) day, day after: *pensava con piacere al ~* he was looking forward to the next day. **2** ⟨*estens*⟩ (*il futuro*) the future, tomorrow: *chissà che cosa ci riserva il ~* who knows what ⌐the future⌐ (*o* tomorrow) holds in store for us. □ *a ~* till (*o* until) tomorrow: *rimanderò il resto del lavoro a ~* I shall put off the rest of the work till tomorrow; (*arrivederci*) *a ~* see you tomorrow; *di ~* tomorrow's: *il giornale di ~* tomorrow's paper; **dopo** *~* the day after tomorrow; *~* **mattina** tomorrow morning; *dàgli* **oggi**, *dàgli ~* in the long run; *dall'oggi al ~* from day to day, from one day to the next; (*improvvisamente*) suddenly, overnight: *ha cambiato idea dall'oggi al ~* he changed his mind overnight; *~ a* **otto** tomorrow week; **pomeriggio** tomorrow afternoon; *~ a* **quindici** tomorrow fortnight; *~* **sera** tomorrow evening; **un** *~ potresti pentirti di queste parole* you may repent of these words some day.

domàre *v.t.* (**dòmo**) **1** (*rif. ad animali feroci*) to tame: *~ una tigre* to tame a tiger; (*rif. a cavalli e sim.*) to break (in), to train. **2** ⟨*scherz*⟩ (*rif. a persone*) to tame. **3** ⟨*fig*⟩ (*sedare*) to put down, to suppress: *~ una rivolta* to put down a revolt. **4** ⟨*fig*⟩ (*frenare*) to curb, to check, to control, to subdue: *~ le passioni* to curb one's passions. □ *~ un incendio* to put out a fire. **domàto** *a.* **1** tame(d); (*rif. a cavalli e sim.*) broken in. **2** ⟨*scherz*⟩ (*sottomesso*) tamed. □ ⟨*Lett*⟩ *la Bisbetica –a* The Taming of the Shrew. **domatóre** *m.* (*f.* **-trice**) tamer: *~ di leoni* lion tamer. □ *~ di cavalli* horse breaker.

domattìna *avv.* (*domani mattina*) tomorrow morning.

domatùra *f.* taming; (*di cavalli*) breaking (in).

doménica *f.* Sunday. □ *gli* **abiti** *della ~* Sunday clothes (*o* best); **la** (*o* di) *~* on Sunday; (*ogni domenica*) on Sundays: *questo negozio rimane chiuso la ~* this shop is closed on Sundays; *~* **mattina** Sunday morning; **osservare** *la ~* (*o* riposo) to keep the Sabbath; *non osservare la ~* to break the Sabbath; ⟨*Lit*⟩ *~ delle* **palme** Palm Sunday; *~ di* **Pasqua** Easter Sunday; *~ di* **passione** Passion Sunday.

domenicàle *a.* Sunday–: *riposo ~* Sunday rest; *scuola ~* Sunday school.

domenicàno I *a.* Dominican: *chiesa –a* Dominican church. **II** *s.m.* (*f.* **-a**) Dominican friar (*f* nun). **Domènico** *N.pr.m.* Dominic(k).

domèstica *f.* maid(servant), woman(servant); servant; (*cameriera*) (house)maid. □ *~ a* **ore** daily help, ⟨*fam*⟩ daily.

domesticàbile *a.* tameable, trainable. **domestichézza** *f.* (*dimestichezza*) familiarity, intimacy. □ *essere in ~ con qd.* to be on friendly (*o* familiar) terms with s.o.

domèstico *a./s.* (*pl.* **-ci**) **I** *a.* **1** (*della casa, della famiglia*) domestic, household–, home–, family–: *lavori –i* domestic tasks, housework. **2** (*rif. ad animali*) domestic: *animali –i* domestic animals. **3** (*rif. a piante*) cultivated. **II** *s.m.* **1** (*servitore;* *f.* **-a**) (man) servant. **2** *pl.* ⟨*collett*⟩ servant *pl,* household staff (*costr. pl.*). □ **bilancio** *~* domestic budget; **divinità** *domestiche* household gods; **economia** *–a* home (*o* household) economics *pl* (*costr. sing.*); *tra le* **pareti** *domestiche* at home; *di* (*o* per) **uso** *~* for domestic (*o* home, household) use; **vita** *–a* family (*o* home) life.

domiciliàre[1] *a.* (*del domicilio*) house–, home–. □ ⟨*Dir*⟩ *arresto ~* house arrest; *perquisizione ~* house search; *visita ~* domiciliary visit.

domiciliàre[2] *v.t.* (**domicìlio**, **domicìli**) ⟨*Comm*⟩ to domicile: *~ una cambiale* to domicile a bill. **domiciliarsi** *v.r.* (*prendere domicilio*) to take up residence, to make one's home: *si è domiciliato a Roma* he took up (his) residence in Rome.

domiciliàto *a.* domiciled, resident: *Mario Rossi, ~ a Roma* Mario Rossi, domiciled in Rome.

domicìlio *m.* **1** domicile, (place of) residence. **2** ⟨*Dir*⟩ place of abode, domicile. □ *a ~* at home, home–, house–: *lavoro a ~* work at home; *consegna a ~* home delivery; **avere** *~* to be domiciled (*o* resident): *ha il suo ~ a Roma* he is domiciled in Rome; **cambiamento** *di ~* change of residence; ~ **coatto** forced domicile (*o* residence); ~ **fiscale** residence for tax purposes; ~ **fisso** fixed residence (*o* abode); ⟨*Comm*⟩ **franco** ~ carriage free; ~ **legale** (*o necessario*) legal domicile; (*rif. a società*) registered office; **stabilire** *il proprio* ~ *in un luogo* to take up residence in a place; **trasferire** *il proprio* ~ to transfer one's residence; **vendita** *a* ~ house–to–house (*o* door–to–door) selling; ⟨*Dir*⟩ **violazione** *di* ~ housebreaking.

dominabile *a*. controllable, manageable, subduable (*anche fig.*). **dominante I** *a*. **1** (*che domina*) dominating, predominant, ruling, commanding. **2** ⟨*fig*⟩ (*predominante*) (pre)dominant, prevailing, prevalent, preponderant: *le opinioni –i* prevailing opinions. **II** *s.f.* ⟨*Mus*⟩ dominant. **III** *s.m./f.* **1** ruler, dominator, master. **2** ⟨*collett*⟩ rulers *pl*, dominators *pl*. □ ⟨*Biol*⟩ *caratteri –i* dominant characters; ⟨*Mus*⟩ *nota* ~ dominant; *pensiero* ~ one's dominant thought. **dominare** *v*. (**domino**) **I** *v.i.* (*aus.* avere) **1** (*avere potestà*) to dominate, to rule (*su, sopra qc.* s.th., over s.th.): ~ *sui mari* to rule the seas. **2** ⟨*fig*⟩ (*essere superiore*) to stand out (*su* from), to be outstanding (among), to be superior (to), to surpass (s.o.): *domina sui compagni per la sua intelligenza* he stands out from his companions for his intelligence. **3** ⟨*fig*⟩ (*predominare*) to predominate, to prevail (over): *un'idea dominava su tutte le altre* one idea predominated over all the others. **II** *v.t.* **1** (*tenere sottomesso*) to dominate (over), to rule (over): ~ *un popolo* to rule a people. **2** ⟨*fig*⟩ to dominate (over), to domineer, to rule: *la madre lo domina completamente* his mother completely dominates him; ~ *la situazione* to dominate (*o* be master of) the situation. **3** ⟨*fig*⟩ (*frenare: rif. a sentimenti*) to control, to curb, to be master of, to master, to check: ~ *un impulso* to check an impulse; ~ *le proprie passioni* to control one's passions. **4** ⟨*fig*⟩ (*rif. a luogo: sovrastare, essere in alto*) to dominate, to command, to overlook: *il paese domina la valle* the village overlooks the valley. **5** ⟨*fig*⟩ (*avvincere*) to dominate, to grip (the attention of): *l'oratore dominava l'uditorio* the speaker dominated his audience. **dominarsi** *v.r.* to control o.s., to master o.s.: *fu preso dalla collera e non riuscì a dominarsi* he was seized with rage and could not control himself. □ *non sapersi* ~ to have no self–control.

dominatore *m*. (*f.* **-trice**) ruler, master (*f* mistress): *–i del mare* rulers of the seas. **dominazione** *f.* **1** domination, rule, sway: *il paese era sotto la* ~ *della Francia* the country was under the rule of France. **2** *pl*. ⟨*Rel*⟩ Dominations *pl*. □ *sottrarsi alla* ~ to free o.s. from domination; ~ *straniera* foreign rule.

domineddio *m*. ⟨*fam*⟩ God (Almighty), the (good) Lord (*anche esclam.*).

dominicano *a./s.m.* (*f.* **-a**) Dominican. □ *Repubblica Dominicana* Dominican Republic.

dominio *m*. **1** dominion, rule, domination: *Venezia ebbe a lungo il* ~ *dei mari* Venice long had the dominion of the seas; *sotto il* ~ *della Spagna* under Spanish rule, under the dominion (*o* sway) of Spain. **2** (*territorio dominato*) dominion, domain. **3** (*campo, branca*) field, domain: *questo rientra nel* ~ *della scienza* this comes within the field of science. **4** ⟨*Mat*⟩ domain. □ ⟨*Mil*⟩ *il* ~ *dell'aria* control of the air; **avere** *il* ~ *di qc.* to be master (*o* mistress) of s.th., to hold sway over s.th., to rule (*o* control) s.th.; *avere il* ~ *dei propri nervi* to control one's nerves; **esercitare** *il* ~ *su qd.* to rule s.o.; ~ **pubblico** public property (*o* domain); *di* ~ *pubblico*: 1 ⟨*Dir*⟩ (*di proprietà generale*) public property; 2 ⟨*fig*⟩ (*noto a tutti*) common knowledge: *la notizia è ormai di* ~ *pubblico* the news is now common knowledge.

domino¹ *m.inv.* domino.

domino² *m.inv.* (*gioco*) dominoes *pl* (*costr.sing.*).

Domiziano *N.pr.m.* ⟨*Stor*⟩ Domitian.

don *m*. (*titolo laico italiano o spagnolo*) Don: ~ *Giovanni* Don Giovanni, Don Juan; (*rif. a sacerdoti*) Father, Don; (*rif. ai Benedettini*) Dom.

Don *N.pr.m.* ⟨*Geog*⟩ Don.

donare *v*. (**dono**) **I** *v.t.* to give, to present: ~ *qc. a qd.* to give s.o. s.th., to present ⌐s.th. to s.o.⌐ (*o* s.o. with s.th.); *le ho donato un libro per il suo compleanno* I gave her a book for her birthday; (*fare donazione: per beneficenza e*

sim.) to donate; (*sacrificare*) to give (up): ~ *la vita per la patria* to give one's life for one's country. **II** *v.i.* (*aus.* avere) (*addirsi*) to suit, to become (*a qd.* s.o.): *i colori scuri non le donano* dark colours do not suit her. □ ⟨*fig*⟩ ~ *il cuore a una donna* to give a woman one's heart; ~ *il sangue* to give one's blood. **donatario** *m*. (*f.* **-a**) ⟨*Dir*⟩ donee, donatee. **donativo** *m*. present, gift; (*in denaro*) bonus. **donatore** *m*. (*f.* **-trice**) **1** giver, donor. **2** ⟨*Dir*⟩ donor. □ ⟨*Med*⟩ ~ *d'organo* organ donor; ~ *di sangue* blood donor; ~ *di sperma* sperm donor. **donazione** *f.* ⟨*Dir*⟩ donatio(n). □ *atto* (*o contratto*) *di* ~ deed of gift; ⟨*Stor*⟩ *la* ~ *di Costantino* the Donation of Constantine; *fare una* ~ to make a donation.

donchisciotte *m.inv.* Don Quixote. □ *fare il* ~ to act quixotically. **donchisciottesco** *a.* (*pl.* **-chi**) quixotic. **donchisciottismo** *m*. quixotism.

donde ⟨*lett*⟩ **I** *avv.interr.* **1** (*da dove*) ⟨*lett*⟩ whence, where (from): ~ *vieni?* where do you come from? **2** (*per quale motivo*) why, ⟨*lett*⟩ wherefore: ~ *tante lacrime?* why all these tears? **3** (*da chi, da quale fonte*) from whom: ~ *l'hai saputo?* from whom did you hear it? **II** *avv.rel.* **1** (*dal luogo dal quale*) from where, ⟨*lett*⟩ whence: *venne* ~ *erano venuti gli altri* he came from where the others came; (*al luogo dal quale*) to where, ⟨*lett*⟩ whence: *torna* ~ *sei venuto* return whence you came. **2** (*dalla qual cosa*) for which reason, wherefore: ~ *concludo che egli ha ragione* for which reason I conclude he is right. **3** (*di che, con che*) the means with which, the wherewithal: *non abbiamo* ~ *vivere* we have not the wherewithal to live. **4** ⟨*ant*⟩ (*da cui*) from which, ⟨*lett*⟩ whence: *la città* ~ *vengo* the town from which I come. □ ⟨*ant*⟩ *averne ben* ~ to have good reason (*o* cause): *è offeso per la tua condotta e ne ha ben* ~ he is offended by your behaviour and ⌐he has good reason to be⌐ (*o* with reason).

dondolamento *m*. rocking; (*il penzolare*) dangling. **dondolare** *v*. (**dondolo**) **I** *v.t.* to rock, to swing; (*penzolare, ciondolare*) to dangle, to swing: ~ *i piedi* to dangle one's feet. **II** *v.i.* (*aus.* avere) to rock, to swing, to sway: *la barca dondolava sulle onde* the boat rocked on the waves. **dondolarsi** *v.r.* to swing, to sway, to rock (o.s.). □ ~ *le braccia camminando* to walk along swinging one's arms; ~ *la testa* to shake one's head. **dondolio** *m*. rocking, swinging; (*ciondolio*) dangling. **dondolo** *m*. rocking chair. □ *a* ~ rocking: *cavallo a* ~ rocking horse. **dondolone** *m*. (*f.* **-a**) (*bighellone*) idler, loafer. **dondoloni** *avv.* idly. □ *andar* (*a*) ~ to loaf about, to wander idly.

dongiovannesco *a.* (*pl.* **-chi**) Don Juan–like. **dongiovanni** *m*. Don Juan, libertine, ⟨*fam*⟩ lady killer: *essere un* ~ to be a ⌐Don Juan⌐ (*o* lady killer). **dongiovannismo** *m*. libertinage.

donna *f.* **1** woman: *una bella* ~ a beautiful woman. **2** ⟨*fam*⟩ (*compagna, amante*) woman, ⟨*fam*⟩ girl–friend. **3** ⟨*ant,lett*⟩ (*dama, signora*) lady, gentlewoman, dame. **4** (*nei titoli italiani*) Donna: ~ *Francesca* Donna Francesca; (*moglie di un nobile*) Lady. **5** (*domestica*) maid(servant), housemaid. **6** (*nelle carte da gioco, negli scacchi*) queen: ~ *di picche* queen of spades. □ ~ *d'affari* businesswoman; **andare** *a –e* to go with women; **buona** ~ good woman (*o* soul); (*meretrice*) prostitute, whore, harlot, ⟨*fam*⟩ tart; ⟨*volg*⟩ *figlio di buona* ~ son of a bitch; ~ **cannone** fat lady; ~ *di* **casa** housewife; (*chi ama la vita familiare*) home–loving (*o* stay–at–home) woman; *le –e di casa* (*le donne della casa*) the women of the household; **da** ~ woman's, women's, lady's, ladies': *abiti da* ~ women's clothes; *bicicletta da* ~ lady's bicycle; *lavori da* ~ woman's work; ~ *di* **fatica** charwoman, ⟨*fam*⟩ char; ~ *a* **giornata** daily woman (*o* help); *le mie –e* (*le donne della famiglia*) my womenfolk, the women of my family; ~ *di* **mondo** woman of the world; (*cortigiana*) courtesan; ~ *a* **ore** charwoman (paid by the hour), daily help; ~ **perduta** lost woman; ~ *del* **popolo** woman of the people, working–class woman; ⟨*Teat*⟩ **prima** ~ prima donna; ~ *delle* **pulizie** charwoman, ⟨*fam*⟩ char; ~ *di* **servizio** maid; ~ *a* **mezzo servizio** part–time charwoman; ~ *di* **strada** street–walker; ~ **tuttofare** maid–of–all–work. *Prov.:* *chi dice* ~ *dice danno* women spell trouble; *–e e buoi dei paesi tuoi* choose wives and cattle from your home town.

donnaccia *f.* (*pl.* -ce) ⟨*spreg*⟩ slut, hussy. **donnaiolo** *m.* lady-killer, flirt, ladies' man. **donnesco** *a.* (*pl.* -chi) women's, woman's, womanish: *chiacchiere donnesche* women's gossip. □ *lavori donneschi* women's work. **donnicciola** *f.* ⟨*spreg*⟩ **1** silly (*o* empty-headed) woman. **2** (*uomo debole*) weakling, (*fam*) sissy. **donnina** *f.* ⟨*vezz*⟩ **1** (*donna piccola e graziosa*) pretty little woman. **2** (*fanciulla assennata*) sensible little girl, little woman. □ ~ *allegra* woman of easy virtue, loose (*o* fast) woman.

donnola *f.* ⟨*Zool*⟩ weasel.

dono *m.* **1** gift, present: *un ~ prezioso* a precious gift. **2** (*donazione*) donation. **3** (*dote naturale, qualità*) gift, talent, flair: ~ *di natura* natural gift (*o* talent). □ *avere il ~ di una buona memoria* to be gifted with a good memory; ~ *del cielo* godsend; *far ~ di qc. a qd.* to give ⌜s.o. s.th.⌝ (*o* s.th. to s.o.), to make a present of s.th. to s.o.; *far ~ di sé* to give o.s. (up); *in ~* as a gift; *ho avuto in ~ un disco* I got a record as a gift; *dare qc. in ~* to give s.th., to make a present of s.th.; *ricevere* (*o avere*) *qc. in ~* to be given (*o* presented with) s.th., to get s.th.; *il ~ della* **parola** the gift of speech; *i sette -i dello* **Spirito Santo** the seven gifts of the Holy Ghost; *i -i della* **terra** the fruits of the earth.

donzella *f.* ⟨*lett*⟩ maid(en), damsel.

dopamina *f.* ⟨*Biol*⟩ dopamine.

dopante I *a.* ⟨*Sport*⟩ doping. **II** *s.m.* doping agent. **dopare** *v.t.* (**dopo**) to dope, to administer a narcotic (to).

dopo I *avv.* **1** (*rif. a tempo: poi*) then, after(wards): *ho sgridato mio figlio e ~ me ne sono pentito* I scolded my son and afterwards I was sorry; (*più tardi*) later (on), after(wards): *ci vedremo ~* see you later. **2** (*rif. a luogo*) after, next: *imbocca la strada che viene ~* take the next road. **II** *prep.* (when used with a personal pronoun *dopo* is followed by *di*) **1** (*rif. a tempo*) after, later: *vieni ~ di me* come after me; *lo rividi ~ un anno* I saw him a year later; *se ne parlerà ~ Pasqua* it will be dealt with after Easter; (*da, a partire da*) since: ~ *Natale non l'ho più visto* I haven't seen him since Christmas. **2** (*rif. a luogo*) past, beyond, after: ~ *la chiesa voltate a destra* after the church turn right. **III** *a.inv.* (following the noun: *seguente*) ⟨*attr*⟩ following, ⟨*pred*⟩ after: *gli telefonai il giorno ~* I phoned him the ⌜day after⌝ (*o* next day). **IV** *s.m.* (what comes) afterwards: *non pensare al ~* don't think about what comes afterwards. **V** *congz.* (*davanti al participio passato*) after, when: ~ *morto* after his death; ~ *mangiato si alzò* ⌜when he had finished lunch⌝ (*o* after eating) he rose. □ *a ~*: 1 until (*o* till) after: *a ~ Natale* till after Christmas; *rimandare a ~ le vacanze* to put off until after the holidays; 2 (*a più tardi*) until later, till later (on); 3 (*nei saluti*) see you later; ~ **che** → **dopoché**; ~ *di che* after (*o* upon) which, whereupon; ~ *di ciò* then, after that, thereupon; *e ~?* (*che accadde?*) and then?, and afterwards?; *qualche* **giorno** ~ some days later; **molto** (*tempo*) ~ a long time afterwards, much later; **per** ~ till afterwards, for later (on): *conservò il dolce per ~* he kept the sweet for later; **poco** (*tempo*) ~ a short time later, a little (while) later, a short while after; **prima** *o* ~ before or after; **subito** ~ immediately after; **uno** ~ *l'altro* one after another (*o* the other): *entrarono uno ~ l'altro* they came in one after the other; **venire** ~ to follow behind (*o* on), to come after: *il cinque viene ~ il quattro* five comes after four; *andate avanti, io vengo ~* you go on, I'll ⌜follow you⌝ (*o* come on later).

dopo|barba *a./s.inv.* **I** *a.* ⟨*Cosmet*⟩ aftershave. **II** *s.m.* (*lozione dopobarba*) after shavelotion. **~borsa** *m.inv.* street market, afterhours. **~cena** *m.inv.* after-dinner party.

dopoché (*o dopo che*) *congz.* after, when; (*da quando*) since: ~ *è partito non ho più avuto sue notizie* since he left I've had no news of him. **dopodiché** *congz.* after which.

dopo|domani *avv.* the day after tomorrow. **~elezioni** *m.inv.* period after the elections. **~guerra** *m.inv.* post-war period. □ *del ~* post-war-: *gli anni del ~* the post-war years; *il primo ~* the period after the first World

War. **~lavoro** *m.* workmen's club, recreational activities *pl.* **~pranzo I** *avv.* after lunch (*o* dinner): *ci vedremo ~* we shall see each other after lunch. **II** *s.m.inv.* afternoon: *passai il ~ leggendo* I spent the afternoon reading. □ *domani ~* tomorrow afternoon; *oggi ~* this afternoon. **~scì** (*o dopo sci*) *a./s.inv.* **I** *a.* après-ski, after-ski: *scarpe ~* after-ski shoes. **II** *s.m.* (*abito*) après-ski outfit; ⟨*collett*⟩ après-ski wear. **~scuola** *m.inv.* afterschool activities *pl.* **~tutto** (*o dopo tutto*) *avv.* after all: ~ *sarai tu a subire le conseguenze della tua condotta* after all you are the one who will suffer for your behaviour.

doppia *f.* **1** (*consonante doppia*) double consonant. **2** ⟨*Numism*⟩ doubloon.

doppiaggio *m.* ⟨*Cin*⟩ dubbing.

doppiamente *avv.* doubly: *ti sono ~ grato per quello che hai fatto* I am doubly grateful for what you have done.

doppiare[1] *v.t.* (**doppio, doppi**) **1** ⟨*Mar*⟩ to double, to round: ~ *un promontorio* to round a promontory; (*doppiare sopravvento*) to weather. **2** ⟨*Met*⟩ (*placcare*) to plate. **3** ⟨*Tess*⟩ to wind together.

doppiare[2] *v.t.* (**doppio, doppi**) ⟨*Cin*⟩ to dub: ~ *un film* to dub a film; ~ *un attore* to dub an actor. **doppiato I** *a.* ⟨*Cin*⟩ dubbed: *film ~* dubbed film. **II** *s.m.* dubbed soundtrack. **doppiatore** *m.* (*f.* -trice) dubber.

doppiatura[1] *f.* ⟨*Mar*⟩ strengthening, stiffening.

doppiatura[2] *f.* ⟨*Tess*⟩ double texture proofing.

doppiere, doppiero *m.* two-branched candlestick (*o* candelabra).

doppietta 1 *f.* (*fucile a due canne*) double-barrelled (shot)gun. **2** (*doppio colpo di fucile*) shot fired from a double-barrelled gun, double shot.

doppiezza *f.* (*falsità, ipocrisia*) duplicity, falseness, double-dealing.

doppino *m.* **1** ⟨*El*⟩ duplex cable. **2** ⟨*Mar*⟩ bight.

doppio I *a.* **1** double: *-a paga* double pay. **2** (*duplice*) double, dual, two-, twofold, twin: ~ *mento* double chin; *è stato per me un ~ dolore* it was a twofold grief to me. **3** ⟨*fig*⟩ (*ambiguo, falso*) double-dealing, deceitful, false, two-faced. **II** *s.m.* **1** double, twice ⌜as much⌝ (*o* the amount): *dare il ~* to give twice as much; *pagare il ~* to pay double; *pesa il ~ di me* he weighs twice as much as I do; (*rif. a plurale*) twice ⌜as many⌝ (*o* the number). **2** ⟨*Sport*⟩ doubles *pl.*: ~ *maschile* men's doubles. **III** *avv.* double, twofold, doubly: *vederci ~* to see double (*anche fig.*). □ *a ~ effetto* double-acting; ⟨*Sport*⟩ ~ *femminile* women's doubles; *fare il ~ gioco* to double-cross; ⟨*Sport*⟩ ~ *misto* mixed doubles; ⟨*Giorn,Edit*⟩ *numero ~* double issue; ⟨*Comm*⟩ *partita -a* double entry; ~ *senso* double meaning; *avere una -a vita* to lead a double life.

doppiofondo (*o doppio fondo*) *m.* (*pl.* **doppifondi**) **1** double (*o* false) bottom. **2** ⟨*Mar*⟩ double bottom; (*rif. a sommergibile*) ballast tank.

doppiogiochismo *m.* double-crossing. **doppiogiochista** *m./f.* double-crosser.

doppione *m.* **1** duplicate (copy): *questo francobollo è un ~* this stamp is a duplicate. **2** ⟨*Ling*⟩ doublet.

doppiopetto (*o doppio petto*) *a./s.inv.* ⟨*Sart*⟩ **I** *a.* double-breasted: *abito ~* double-breasted suit. **II** *s.m.* (*cappotto*) double-breasted coat; (*giacca*) double-breasted jacket.

doppista *m./f.* (*nel tennis*) doubles-player.

dorare *v.t.* (**doro**) **1** to gild; (*con lamine*) to gold-plate. **2** ⟨*fig,poet*⟩ to gild, to make golden, to tinge with gold: *il sole dorava le cime dei monti* the sun tinged the mountain tops with gold. **3** ⟨*Gastr*⟩ to brown, to fry until (golden) brown. □ ⟨*fig*⟩ ~ *la pillola* to gild the pill. **dorato** *a.* **1** gilded, gilt, golden: *argento ~* gilded silver; (*coperto di lamine d'oro*) gold-plated. **2** ⟨*fig*⟩ golden: *capelli ~* golden hair; *biondo ~* golden blonde. **3** ⟨*Gastr*⟩ golden-brown: *carciofi fritti -i* golden-brown fried artichokes. □ *gioventù -a* golden youth. **doratore** *m.* (*f.* -trice) gilder. **doratura** *f.* **1** (*il dorare*) gilding (process); (*con lamine d'oro*) gold plating. **2** (*oro che ricopre*) gold leaf, gilding. **3** (*fregio*) gold leaf work, gilt ornament (*o* decoration): *il soffitto era pieno di -e* the ceiling was covered with gilt decoration. **4** ⟨*Legat*⟩ gilding.

dorico *a./s.* (*pl.* -ci) **I** *a.* **1** Dorian. **2** ⟨*Ling,Arch*⟩ Doric.

II *s.m.* (*dialetto dorico*) Doric.
dorifora *f.* ⟨*Entom*⟩ potato beetle.
dormeuse *fr.* [dɔrˈmøz] *f.* chaise–longue, sofa.
dormicchiare *v.i.* (**dormicchio, dormicchi**; *aus.* **avere**) to doze, to drowse, to slumber; ⟨*fam*⟩ to snooze. **dormiente I** *a.* sleeping. **II** *s.m./f.* **1** sleeper, sleeping man (*f* woman): *non svegliate i –i* do not wake the sleepers. **2** ⟨*Arch*⟩ beam, joist. **dormiglione** *m.* (*f.* **-a**) sleepyhead, late riser.
dormire *v.* (**dormo**; *p.pr.* **dormiente**) **I** *v.i.* (*aus.* **avere**) **1** to sleep, to be asleep (*anche estens.*): *stanotte ho dormito solo cinque ore* last night I ⸢slept for only five hours⸣ (*o* had only five hours' sleep); *dormi?* are you asleep? **2** (*alloggiare*) to sleep, to spend the night: *dormirò in albergo* I shall spend the night in a hotel. **3** ⟨*fig*⟩ (*rif. a lavori, pratiche: essere fermo*) to be pigeon–holed (*o* shelved): *in questi uffici le pratiche dormono per mesi e mesi* in these offices files are pigeon–holed for months and months. **4** ⟨*fig*⟩ (*rif. a sentimenti e sim.: essere sopito*) to lie dormant, to sleep, to slumber: *le passioni dormivano nel suo cuore* passion was slumbering (*o* dormant) in her heart. **II** *v.t.* to sleep: ~ *sonni tranquilli* to sleep peacefully. □ ~ **abbastanza** to get enough sleep; ⟨*fig*⟩ ~ *sugli* **allori** to rest on one's laurels; **andare** *a* ~ to go to bed; ~ **bene** to sleep well (*o* soundly); (*abitualmente*) to be a sound sleeper; ~ **bocconi** to sleep on one's stomach; **far** ~: **1** to make sleep: *questa pillola ti farà* ~ this pill will make you sleep; **2** ⟨*fig*⟩ (*essere noioso*) to send to sleep, to be boring; ~ *su* (*di*) *un* **fianco** to sleep on one's side; ~ **fuori** (*di casa*) to sleep out (*o* away from home); ~ *come un* **ghiro** to sleep like a log (*o* top); ⟨*fig*⟩ ~ *fra due* **guanciali** to have nothing to worry about; **mandare** *a* ~ *i* **bambini** to send the children to bed; **mettere** *a* ~ to put to bed; ⟨*fig*⟩ *mettere a* ~ *una* **pratica** to pigeon–hole (*o* shelve) a matter; ⟨*fig*⟩ **non** ~ (*fai presto*) don't dawdle, get a move on; ~ *con un* **occhio** *solo* to sleep with one eye open; ⟨*fig*⟩ ~ *in* **pace** to rest in peace; **parlare** *dormendo* to talk in one's sleep; ⟨*fig*⟩ ~ *in* **piedi** to be dead on one's feet; ~ (*o dormirsela*) **saporitamente** to sleep soundly (*o* peacefully); ~ **sodo** to sleep soundly (*o* deeply), to be fast asleep; ⟨*fig*⟩ ~ *il* **sonno** *eterno* to sleep eternally; ⟨*fig*⟩ ~ *il sonno del giusto* to sleep the sleep of the just; ~ *tutto d'un sonno* to sleep (right) through the night; *dormirci* **su** (*o sopra*) to sleep on (*o* over) s.th.; ~ **supino** to sleep on one's back. *Prov.: chi dorme non piglia pesci* the early bird catches the worm.
dormita *f.* (good, sound) sleep: *fare una bella* ~ to have a good sleep. **dormitina** *f.* nap, snooze, doze: *fare una* ~ to have a nap. **dormitorio** *m.* dormitory (*anche fig.*). □ ~ **pubblico** free hostel, doss–house. **dormiveglia** *m.inv.* drowsiness. □ *essere nel* ~ to be ⸢half–asleep⸣ (*o* drowsy).
dorrò → **dolere**.
dorsale I *a.* ⟨*Anat,Zool,Fon,Bot*⟩ dorsal: *articolazione* ~ dorsal articulation. **2** ⟨*Sport*⟩ back–: *nuoto* ~ backstroke. **II** *s.f.* **1** ⟨*Geol*⟩ crest, hog's back; (*catena*) range, ridge. **2** ⟨*Fon*⟩ dorsal sound. □ ~ **alpina** Alpine ridge; ⟨*Itt*⟩ *pinne –i* dorsal fins; ⟨*Anat*⟩ *spina* ~ backbone. **dorsalmente** *avv.* dorsally. **dorsista** *m./f.* ⟨*Sport*⟩ backstroke swimmer.
dorso *m.* **1** back. **2** ⟨*Sport*⟩ (*nuoto*) backstroke. **3** ⟨*Bot*⟩ dorsal. **4** ⟨*Geol*⟩ ridge, crest. **5** ⟨*Legat*⟩ spine. □ *a* ~ *di* **cammello** on camelback; ~ *del* **cavallo** horseback; ~ *della* **mano** back of the hand; ~ *del* **monte** mountain crest (*o* ridge); ⟨*fig*⟩ **spianare** *il* ~ *a qd.* to beat s.o. black and blue, to give s.o. a good hiding; **sul** ~ on one's back; *nuotare sul* ~ to do backstroke.
dorsoventrale *a.* ⟨*Zool,Bot*⟩ dorsoventral.
dosabile *a.* measurable. **dosaggio** *m.* ⟨*Farm,Chim*⟩ dosage: ~ *delle* **medicine** dosage of drugs. **dosare** *v.t.* (**doso**) **1** to measure out: ~ *gli* **ingredienti** to measure out the ingredients; (*medicine e sim.*) to dose. **2** ⟨*fig*⟩ to dole out, to weigh, to give sparingly: ~ *le* **lodi** to give praise sparingly; ~ *le* **parole** to weigh one's words.
dose *f.* **1** quantity, amount; (*rif. a medicine e sim.*) dose. **2** ⟨*fig*⟩ portion, amount, deal: *una buona* ~ *di fortuna* a great (*o* good) deal of luck. □ *una buona* ~ *di bastonate*

a sound thrashing; *in* **doppia** ~ in double doses; ~ **eccessiva** overdose; *a forti –i* in strong doses; ⟨*Med*⟩ ~ **letale** lethal dose; ~ **minima** minimum dose; ~ **mortale** lethal dose; *a piccole –i* in small doses; ⟨*Farm*⟩ ~ **quotidiana** daily dose; ⟨*fig*⟩ **rincarare** *la* ~ to lay it on thick; (*raccontando*) to exaggerate; ~ **terapeutica** average dose.
dosimetria *f.* ⟨*Med*⟩ dosimetry. **dosimetro** *m.* ⟨*Fis,Chim*⟩ dosimeter.
dossale *m.* **1** (*copertura di panno per mobili e sim.*) ornamental cover. **2** (*copertura del messale*) missal cover. **3** (*paliotto*) altar frontal. **4** ⟨*Edil*⟩ lagging.
dossier *fr.* [doˈsje] *m.* dossier.
dosso *m.* **1** (*dorso*) back. **2** ⟨*Geol*⟩ knoll, hillock, mound. **3** ⟨*Strad*⟩ cat's–back. □ *di* ~ off: *togliersi gli abiti di* ~ to take one's clothes off; ⟨*fig*⟩ *togliersi un peso di* ~ to get a weight off one's mind; *scuotersi di* ~ *la polvere* to shake the dust off (o.s.).
dossologia *f.* ⟨*Lit*⟩ doxology.
dot *m.* ⟨*Tel*⟩ dot.
dotale *a.* dotal, of (*o* from) a dowry: *beni –i* dotal property. **dotare** *v.t.* (**doto**) **1** (*dare la dote*) to give a dowry to, to settle a dowry on, to dower: ~ *qd. di qc.* to dower s.o. with s.th. **2** (*fornire, munire: di beni e sim.*) to equip, to provide, to furnish, to supply (*di* with): ~ *la scuola di banchi* to furnish the school with desks. **3** ⟨*fig*⟩ to endow (with), to bestow (on, upon): *la natura lo ha dotato di una intelligenza pronta* nature has endowed him with a lively mind. **dotato** *a.* **1** gifted, endowed (*di* with): *essere* ~ *di una buona memoria* to ⸢be endowed with⸣ (*o* have) a good memory. **2** ⟨*assol*⟩ gifted, talented: *uno scultore molto* ~ a very gifted sculptor; *è un fanciullo* ~ he is a gifted boy. **3** (*munito, fornito*) equipped, provided (*di* with): *uno stabilimento* ~ *dei più moderni macchinari* a factory equipped with the most up–to–date machinery.
dotazione *f.* **1** (*macchine e sim.*) equipment, outfit, supplies *pl.* **2** ⟨*Teat*⟩ properties *pl.* **3** (*rendita assegnata a un istituto e sim.*) endowment: *le –i di un collegio* a college's endowments. **4** ⟨*Mil*⟩ equipment, kit. □ ~ *di* **attrezzi** tool outfit; ⟨*Mar*⟩ ~ *di* **bordo** ship's equipment (*o* outfit); ~ *di* **capitale** capital on (*o* at) hand; ~ *della* **corona** civil list; ⟨*Dir*⟩ *fondo di* ~ endowment fund; **avere** *in* ~ *qc.* to be equipped with s.th; ⟨*Aut*⟩ *di* ~ **normale** standard; ~ *di* **serie** current (production) accessories.
dote *f.* **1** dowry. **2** (*rif. a istituto e sim.*) endowment: *assegnare una* ~ *a un ospedale* to make an endowment to a hospital. **3** ⟨*fig*⟩ (*qualità, dono naturale*) accomplishment, endowment, gift, talent. □ *andare a* **caccia** *di* ~ to look for a rich wife; **cacciatore** *di* ~ fortune hunter; **fare** *la* ~ *a una ragazza* to supply a girl with a dowry, to dower a girl; *dare in* ~ to give as a dowry; *portare in* ~ to bring as one's dowry; *le –i dell'***ingegno** the gifts of the mind; ~ **naturale** natural gift (*o* talent); **sposare** *la* ~ to marry (for) money.
dott., Dott. = *dottore* doctor (*abbr.* Dr.).
dottamente *avv.* learnedly, in a learned way.
dotto¹ I *a.* **1** (*rif. a persona: istruito*) learned, well–read: *un uomo* ~ a learned man; (*erudito in un determinato campo*) learned, expert: *essere* ~ *di* (*o in*) *qc.* to be learned in s.th. **2** (*rif. a cose*) learned, scholarly: *un* ~ *articolo* a learned article; *il libro è ricco di –e citazioni* the book is full of scholarly quotations. **II** *s.m.* (*f.* **-a**) scholar, learned person, person of learning.
dotto² *m.* ⟨*Anat*⟩ duct. □ ~ **cistico** cystic duct; ~ *deferente* deferent duct.
dottora *f.* ⟨*scherz*⟩ → **dottoressa**.
dottorale *a.* **1** doctoral, Doctor's. **2** ⟨*iron*⟩ learned, erudite: *sussiego* ~ learned airs. □ *tono* ~ high–and–mighty tone. **dottorato** *m.* degree; (*rif. a dottorato di ricerca*) doctorate, doctor's degree. □ *dare il* ~ *a qd.* to confer a degree (*o* doctorate) upon s.o.; ⟨*Univ*⟩ ~ *di ricerca* doctorate of research.
dottore *m.* (*f.* **-essa**/*scherz.* **-a**) **1** (*laureato*) graduate. **2** (*medico*) doctor. □ ⟨*Rel*⟩ *i –i della* **Chiesa** the Doctors of the Church; ~ *in* **farmacia** pharmacist, pharmacy graduate; ⟨*Bibl*⟩ **Gesù** *tra i –i* Jesus among the Scribes; ~

honoris *causa* Doctor honoris causa, honorary Doctor (*o* graduate); ~ *in* **ingegneria** engineering graduate, engineer; ~ *in* **legge** law graduate; ~ *in* **lettere** Bachelor of Arts; ~ *in* **matematica** mathematics graduate; ~ *in* **medicina** doctor of medicine, medical doctor; **saperne** *quanto un* ~ to be very wise (*o* erudite); ~ *in* **scienze** *commerciali* (*o economiche*) graduate in economics; ~ *in scienze naturali* Bachelor of Science; ~ *in scienze politiche* graduate in political science.

dottoreggiare *v.i.* (**dottoreggio, dottoreggi;** *aus.* avere) ⟨*scherz,spreg*⟩ to show off one's learning, to pontificate.

dottorescamente *avv.* ⟨*spreg*⟩ donnishly, pedantically.

dottoresco *a.* (*pl.* **-chi**) ⟨*spreg*⟩ donnish, pedantic.

dottoressa *f.* 1 (*laureata*) (woman) graduate. 2 (*donna medico*) (lady, woman) doctor, (woman) physician.

dottrina *f.* 1 (*cultura*) learning, culture, erudition: *uomo di molta* ~ man of great learning. 2 (*l'insieme dei principi di una scienza, filosofia e sim.*) teachings *pl*, doctrine: *la* ~ *di Aristotele* the teachings of Aristotle. 3 (*l'insieme dei principi della fede cristiana*) doctrine; (*catechismo*) catechism. 4 ⟨*Pol*⟩ doctrine. □ *la* ~ *di Cristo* the teachings of Christ; ~ *filosofica* philosophical doctrine; ~ *politica* political doctrine; ~ *dello stato* doctrine of the State. **dottrinale** *a.* doctrinal. **dottrinalmente** *avv.* doctrinally. **dottrinario I** *a.* doctrinaire: *affermazioni* –*e* doctrinaire assertions. **II** *s.m.* doctrinarian, doctrinaire. **dottrinarismo** *m.* doctrinairism, doctrinairianism.

dove I *avv.* 1 where: ~ *abiti?* where do you live?; *dimmi dov'è* tell me where it is; ~ *vai?* where are you going? 2 (*nel luogo in cui: stato*) where: *sta* ~ *stanno tutti gli altri* it is where all the others are; (*moto*) (to) where: *andò* ~ *stavano i suoi amici* he went to where his friends were. 3 (*il luogo in cui*) where: *ecco* ~ *ho visto i ladri* this is where I saw the thieves. 4 (*in cui: stato*) where, in which, that (*o* which) ... in, ⟨*lett*⟩ wherein: *la casa* ~ *abito* the house where I live; (*moto*) where, to (*o* into) which, that (*o* which) ... to, that (*o* which) ... into: *la stanza* ~ *entrammo era grande* the room (that) we went into was a big one. **II** *s.m.* place, where: *voglio sapere il* ~ *e il quando* I want to know the time and place. □ *chissà* ~ goodness (*o* Heaven) knows where; *da* (*o di*) ~ from where, where (from), ⟨*lett*⟩ whence: *da* ~ *vieni?* where do you come from?; *non so da* ~ *cominciare* I don't know where to begin; *fin* ~ as far as, up to: *ti aiuterò fin* ~ *mi è possibile* I shall help you as far as I can; (*in proposizioni interrogative*) how far?: *fin* ~ *lo hai accompagnato?* how far did you go with him?; *da* ~ **ogni** ~ from everywhere, from all sides (*o* places); *per* ~ *si passa?* which way must we go?; *per* ~ *è partito?* where has he gone?

dovere¹ *v.* (*pr.ind.* **devo/debbo, devi/**poet. **dei, deve, dobbiamo, devi, devono/debbono;** *fut.* **dovrò;** *p.rem.* **dovei/dovetti;** *pr.cong.* **deva/debba, dobbiamo, dobbiate, devano/debbano;** *pr.cond.* **dovrei;** no imperative; *p.p.* **dovuto;** when *dovere* is used as a modal verb it usually takes the auxiliary required by the verb it is used with) **I** *v.i.* 1 (*obbligo, necessità*) to have to, must: *devi lavorare di più* you must work harder; *sono dovuto uscire* I had to go out; (*obbligo occasionale*) to have got to: *domani dovrò essere in ufficio per le 8.30* tomorrow I've got to be in the office by 8.30; (*in proposizioni negative: essere obbligato*) must, to have to, *talvolta si rende con il verbo* to be + to: *tu non devi lavorare più di otto ore* you mustn't (*o* haven't to) work more than eight hours; (*essere necessario*) need, to have (got) to: *non devi stare in casa* (*se non vuoi*) you needn't (*o* don't have to) stay at home, you haven't got to stay at home. 2 (*necessità assoluta o logica*) must: *tutti devono morire* all men must die; *per spendere così deve essere ricco* if he can spend like that he must be rich. 3 (*essere lecito*) may: *non si deve fumare in biblioteca* you may not smoke in the library, no smoking in the library. 4 (*ordine, perplessità*) *si rende con il verbo* to be + to: *devi partire subito* you are to leave at once; *che cosa devo fare?* what am I to do? 5 (*programma stabilito*) *si rende con il verbo* to be (due) + to *o con il presente progressivo*: *mi deve telefonare alle tre* he is ringing (*o* due to ring) me at three. 6 (*essere inevitabile*) to be bound to: *presto o tardi doveva succedere* it was bound to happen sooner or later.

7 (*al condizionale*) should, ought to: *dovresti avvertirlo* you ought to warn him; *non dovresti rispondere così sgarbatamente* you shouldn't answer so rudely. 8 (*all'imperfetto: opportunità, dovere morale*) should have, ought to have: *non dovevi dirglielo* you shouldn't have told him. 9 (*al passato remoto*) to be obliged (*o* compelled) to, to have to: *dovette andare* he ⸢was obliged⸣ (*o* had) to go. 10 (*in forme di cortesia*) shall: *devo aprire la finestra?* shall I open the window? **II** *v.t.* (*essere debitore*) to owe (*anche fig.*): *gli devo diecimila lire* I owe him ten thousand lire; *mi devi una spiegazione* you owe me an explanation; *dobbiamo la salvezza alla sua presenza di spirito* we owe our safety to his presence of mind. □ *dovessi campare cent'anni* ⸢even if I were⸣ (*o* were I) to live to be a hundred; *come si deve* properly, well: *fare le cose come si deve* to do things properly; *una persona come si deve* a decent person; *dovrò forse assentarmi per qualche giorno* I may be away for a few days; *devi* (*o* dovete) *sapere che* I must tell you that; *se io dovessi tardare occupati tu della cosa* if I should be late, you see to the matter.

dovere² *m.* 1 duty: *fare il proprio* ~ to do one's duty; *i –i verso la famiglia* one's duties towards one's family. 2 *pl.* ⟨*rar*⟩ (*ossequi, saluti*) regards *pl*, respects *pl*: *i miei –i a Sua moglie* my respects to your wife. □ **a** ~ properly, as it should be, in the right way, correctly, well: *fare le cose a* ~ to do things properly; **adempiere** *al proprio* ~ to do one's duty; **attaccamento** *al* ~ attachment to duty; **avere** *il* ~ to have the duty, to be duty-bound; *abbiamo il* ~ *di aiutarci l'un l'altro* it is our duty to help each other; **chi** *di* ~ the person responsible (*o* in charge); **coniugale** ~ conjugal duty; **credere** *proprio* ~ to feel it one's duty, to feel (duty-)bound: *credo mio* ~ *dirvi la mia opinione* I feel it my duty to tell you what I think; **dimentico** *del proprio* ~ forgetful (*o* unmindful) of one's duty; **farsi** *un* ~ *di fare qc.* to feel obliged (*o* bound) to do s.th., to make a point of doing s.th.; *un uomo* **ligio** *al* ~ a dutiful man; **mancare** *al* ~ to fail in one's duty; **per** ~ out of duty; **richiamare** *qd. al* ~ to remind s.o. of his duty; **richiamo** *al* ~ call to duty; *è il mio* **sacrosanto** ~ it is my bounden duty; **senso** *del* ~ sense of duty.

doverosamente *avv.* duly, dutifully, properly. **doveroso** *a.* right and proper, only right, rightful: *è* ~ *dirglielo* it is only right to tell him. □ *credo* ~ *avvertirvi* I feel ⸢duty-bound⸣ (*o* that I ought) to warn you.

dovete → dovere¹.

dovizia *f.* ⟨*lett*⟩ plenty, wealth, abundance: *narrare qc. con* ~ *di particolari* to tell s.th. with a wealth of detail. □ *a* ~ in plenty (*o* abundance). **dovizioso** *a.* ⟨*lett*⟩ (*ricco: rif. a persone*) wealthy, rich; (*rif. a cose*) abundant, plentiful, copious.

dovrò → dovere¹.

dovunque *avv.* (*dappertutto*) everywhere, ⟨*fam*⟩ all over the place; (*in qualsiasi luogo*) anywhere, wherever, no matter where: *il mio cagnolino mi segue* ~ my puppy follows me everywhere (*o* wherever I go).

dovutamente *avv.* duly. **dovuto** (*p.p. di* dovere¹) **I** *a.* 1 (*che si deve dare*) due, owing, owed: *la somma* –*a* the amount due; (*che si deve pagare*) payable: *il prezzo* ~ the price payable. 2 (*debito*) due, right(ful), proper: *prendere le* –*e precauzioni* to take due precautions; *trattare qd. coi –i riguardi* to treat s.o. with all proper regard. **II** *s.m.* (*amount*) due: *pagare il* ~ *a qd.* to pay s.o. his due; *dare più del* ~ to give more than what is due. □ *ciò che mi è* ~ what is owing to me, my due.

down *ingl.* ['daun] **I** *a.* ⟨*Med*⟩ affected with Down's syndrome, ⟨*pop*⟩ mongoloid: *bambini* ~ children affected with Down's syndrome. **II** *s.m./f.* person affected with Down's syndrome, ⟨*pop*⟩ mongoloid.

dozz. = *dozzina, dozzine* dozen, dozens (*abbr.* doz., dz.).

dozzina *f.* 1 (*dodici*) dozen: *una* ~ *di alunni* a dozen pupils; *una mezza* ~ half a dozen. 2 (*circa dodici*) about a dozen, about twelve. 3 ⟨*rar*⟩ (*pensione*) board and lodging: *pagare la* ~ to pay for one's board and lodging. □ *a* –*e:* 1 by the dozen, in dozens; 2 (*in gran numero*) dozens, scores: *se ne trovano a* –*e* you can find dozens of them. **dozzinale** *a.* 1 (*ordinario, scadente*) cheap, second-rate, common(place), shoddy: *un abito* ~ a shoddy dress; *scherzi –i* commonplace (*o* trite) jokes; *merce* ~ cheap goods. **2** (*rif. a persone*) second–rate, commonplace, mediocre: *scrittore* ~ mediocre writer. **dozzinalità** *f.* cheapness.

D.P. = ⟨*Pol*⟩ *Democrazia proletaria* Proletarian Democracy (an Italian party).

D.P.C. = *Decreto del presidente del consiglio* Premier's decree.

D.P.R. = *Decreto del presidente della repubblica* Presidential decree.

dracena *f.* ⟨*Bot*⟩ dracaena.

dracma *f.* → **dramma²**.

Dracone *N.pr.m.* ⟨*Stor.gr*⟩ Draco. **draconiano** *a.* Draconian (*anche fig.*).

draga *f.* **1** dredge(r), dredging machine, drag. **2** ⟨*Pesc*⟩ (*rete a strascico*) trawl, dragnet. **3** (*rete per dragare le mine*) sweep. □ ~ *ad aspirazione* suction dredger; ~ *a benna* clamshell dredge; ⟨*Econ*⟩ ~ *fiscale* fiscal drag; ~ *a secchie* (o *noria*) bucket dredger. **dragaggio** *m.* **1** dredging. **2** (*rif. a mine*) minesweeping. **dragamine** *m.inv.* ⟨*Mar*⟩ minesweeper, minedredger. **dragare** *v.t.* (*drago, draghi*) **1** to dredge, to drag: ~ *un fiume* to dredge a river. **2** (*rif. a mine*) to sweep, to drag. **dragata** *f.* dredging (of the seabed).

draglia *f.* ⟨*Mar*⟩ stay, runner.

drago *m.* (*pl.* -ghi) **1** (*animale favoloso*) dragon. **2** ⟨*Zool*⟩ (flying) dragon. **2** (*pallone drago*) kite balloon.

dragomanno *m.* dragoman.

dragona *f.* ⟨*Mil*⟩ sabre knot, sword knot. **dragone** *m.* **1** (*drago*) dragon. **2** ⟨*Mil*⟩ dragoon. **3** (*barca a vela*) dragon (–class boat).

dragoncello *m.* **1** ⟨*Zool*⟩ guinea worm. **2** ⟨*Bot*⟩ (*dragonella*) tarragon.

dragonella *f.* ⟨*Bot*⟩ tarragon.

dramma¹ *m.* **1** drama, play. **2** (*componimento teatrale*) dramatic play. **3** ⟨*fig*⟩ tragedy. □ ~ *pastorale* pastoral drama (*o* play).

dramma² *f.* **1** (*unità monetaria*) drachm(a). **2** ⟨*ant*⟩ (*misura di peso*) dram, drachm(a).

drammatica *f.* dramatic art, dramatics *pl* (*costr. sing.*), the drama. **drammaticamente** *avv.* dramatically. **drammaticità** *f.* dramatic force, drama: *la* ~ *di un personaggio di un romanzo* the dramatic force of a character in a novel; ~ *di una situazione* drama of a situation. **drammatico** *a.* (*pl.* -ci) **1** dramatic: *poesia –a* dramatic poetry; *unità drammatiche* dramatic unities. **2** ⟨*estens*⟩ dramatic, stage–: *attore* ~ (stage)actor; *spettacolo* ~ stageplay, dramatic (*o* stage) performance. **3** ⟨*fig*⟩ (*doloroso, tragico*) dramatic. **4** ⟨*fig*⟩ (*teatrale, esagerato*) theatrical, (melo)dramatic, histrionic: *gesti –i* theatrical gestures. □ *arte –a* dramatic art, drama, dramatics *pl* (*costr. sing.*); *scrittore* (*o autore*) ~ dramatist, playwright. **drammatizzare** *v.t.* **1** ⟨*fig*⟩ to dramatize: ~ *una situazione* to dramatize a situation. **2** ⟨*assol.fig*⟩ to dramatize, to be melodramatic: *non* ~, *non è successo nulla di grave* don't be melodramatic, nothing terrible has happened. **drammatizzazione** *f.* dramatization. **drammaturgia** *f.* dramaturgy. **drammaturgo** *m.* (*pl.* -ghi) dramatist, playwright. **drammone** *m.* ⟨*spreg*⟩ melodrama.

drappeggiare *v.t.* (*drappeggio, drappeggi*) to drape: ~ *una tenda* to drape a curtain. **drappeggiarsi** *v.r.* to drape o.s.: *drappeggiarsi nel mantello* to drape one's cloak over one's shoulders. **drappeggio** *m.* **1** drapery, hangings *pl*, drapes *pl*; (*l'insieme delle pieghe*) draping: *il* ~ *di una tenda* the draping of a curtain. **2** (*Sart*) drapes *pl*: *una camicetta ornata di drappeggi* a blouse decored with drapes.

drappello *m.* **1** ⟨*Mil*⟩ squad: *un* ~ *di soldati* a squad of soldiers. **2** ⟨*estens*⟩ band, group: *un* ~ *di persone veniva verso di lui* a group of people came towards him. □ ~ *armato* armed squad (*o* band).

drapperia *f.* **1** (*insieme di drappi*) drapery, drapes *pl*, hangings *pl.* **2** (*magazzino di tessuti*) draper's (shop).

drappo *m.* **1** ⟨*Tess*⟩ (*di lana*) (woollen) cloth; (*di seta*) (silk) cloth; (*per arredamenti*) heavy furnishing fabric; (*rasato*) sateen furnishing fabric. **2** (*panno verde dei tavoli da biliardo*) billiard cloth. □ ~ *funebre* pall.

drastico *a./s.* (*pl.* -ci) drastic: *decisione –a* drastic decision.

dravidico *a.* (*pl.* -ci) Dravidian, Dravidic: *lingua –a* Dravidian (language).

drenaggio *m.* **1** ⟨*Geol,Chir*⟩ drainage. **2** ⟨*Idr*⟩ drainage, draining. □ ⟨*Idr*⟩ *canale di* ~ drain, drainage canal; ⟨*Econ*⟩ ~ *fiscale* fiscal drag. **drenare** *v.t.* (*dreno*) ⟨*Idr,Chir*⟩ to drain: ~ *un acquitrino* to drain a swamp; ~ *una ferita* to drain a wound.

Dresda *N.pr.f.* ⟨*Geog*⟩ Dresden.

driade *f.* ⟨*Mitol*⟩ dryad.

dribblaggio *m.* ⟨*Sport*⟩ dribbling. **dribblare I** *v.i.* (*aus.* avere) to dribble. **II** *v.t.* (*schivare*) to dodge: ~ *l'avversario* to dodge one's adversary. **dribblatore** *m.* ⟨*Sport*⟩ dribbler.

drillo *m.* ⟨*Zool*⟩ drill.

drindrin (o *drin drin*) **I** *onom.* tinkle–tinkle, ting–a–ling, ding–ding. **II** *s.m.* tinkle, ring, ting–a–ling.

dritta *f.* **1** (*mano destra*) right hand. **2** (*parte destra*) right, right(hand) side. **3** ⟨*Mar*⟩ starboard. □ *a* ~: **1** (*a destra*) to the right: *girare a* ~ to turn to the right; **2** ⟨*Mar*⟩ to starboard; *a* ~ *e a manca* right and left.

dritto I *a.* (*diritto*) **1** straight, direct: *una via –a* a straight road. **2** (*rif. a persona*) upright, erect. **3** (*liscio*) straight: *capelli –i* straight hair. **4** (*destro*) right(hand): *la mano –a* the right hand. **5** ⟨*fam*⟩ (*astuto*) astute, cunning, sly. **6** (*usato avverbialmente: direttamente*) straight, directly: *andate –i a scuola* go straight to school. **II** *avv.* directly, straight: *andare* ~ *allo scopo* to go straight to the point. **III** *s.m.* **1** (*parte dritta: rif. a stoffa*) right side; (*rif. a indumento*) right side, outside. **2** ⟨*fam*⟩ slicker, sharper. **3** ⟨*Sport*⟩ (*nel tennis*) forehand (drive). **4** ⟨*Mar*⟩ post: ~ *dell'elica* propeller post. **5** (*rif. a monete, medaglie*) obverse, right side. **6** ⟨*Lav.femm*⟩ plain. □ *per* ~ up(right), erect: *metti il libro per* ~ stand the book up; ⟨*fig*⟩ *per* ~ *e per traverso* (in) one way or another, by hook or by crook; *reggersi* ~ to stand (properly, straight), to keep upright; ⟨*fam*⟩ **rigare** ~ to behave properly; (*rif. a ex detenuto*) to go straight; ⟨*Lav.femm*⟩ *un* ~, *un* **rovescio** knit one, purl one; **tirare** ~ *per la propria strada* to go one's way; *non ne va una –a* nothing goes right.

drittofilo (o *dritto filo*) *m.inv.* ⟨*Tess*⟩ grain. □ *tagliare* (*in*) ~ to cut on the grain.

drizza *f.* ⟨*Mar*⟩ halyard. **drizzare I** *v.t.* **1** (*raddrizzare*) to straighten (out): ~ *un fil di ferro* to straighten a wire. **2** (*volgere, indirizzare*) to turn, to direct (*anche fig.*): ~ *la prua al largo* to turn the prow to the open sea. **3** (*mettere in posizione verticale*) to stand up, to set upright. **4** (*erigere*) to erect, to set up: ~ *un muro di cinta* to erect a boundary wall. **II** *v.i.* (*aus.* avere) ⟨*Mar*⟩ to work the halyards. **drizzarsi** *v.r.* **1** (*rizzarsi*) to stand up, to rise. **2** (*raddrizzarsi*) to straighten (up). □ ⟨*fig*⟩ ~ *le orecchie* (*prestare attenzione*) to prick up one's ears; *drizzarsi in piedi* to stand up, to rise.

droga *f.* **1** (*sostanza aromatica*) spice. **2** (*stupefacente*) drug, narcotic, ⟨*fam*⟩ dope. □ *dedito alla* ~ drug addicted; *sotto l'effetto della* ~ in a drug daze, ⟨*am*⟩ spaced–out; ~ *leggera* soft drug; *lotta contro la* ~ fight against drug consumption; ~ *pesante* heavy drug.

drogaggio *m.* **1** ⟨*Sport*⟩ doping. **2** ⟨*tecn*⟩ doping. **drogare** *v.t.* (*drogo, droghi*) **1** to season, to spice. **2** (*aggiungere stupefacenti*) to drug, to dope, to doctor: ~ *il vino* to drug wine. **3** (*somministrare stupefacenti*) to drug, to dope. **4** ⟨*Sport*⟩ to dope. **drogarsi** *v.r.* to drug o.s.; (*abitualmente*) to take drugs. **5** ⟨*El*⟩ to dope: ~ *i semiconduttori* to dope semiconductors. **drogato I** *a.* **1** ⟨*Gastr*⟩ seasoned, spiced. **2** (*rif. a persona*) doped. **II** *s.m.* (*f.* –a) drug addict, ⟨*fam*⟩ drugster; (*tossicodipendente*) drug dependent.

drogheria *f.* grocer's shop, grocery. **droghiere** *m.* (*f.* -a) grocer.

dromedario *m.* ⟨*Zool*⟩ dromedary.

drosofila *f.* ⟨*Entom*⟩ drosophila, fruit fly.

drudo *m.* ⟨*lett*⟩ paramour.

druida *m./f.* ⟨*Rel*⟩ Druid (*f* –ess). **druidico** *a.* (*pl.* -ci) Druid–, Druidic(al): *culto* ~ Druid worship. **druidismo**

m. Druidism.

drupa *f.* ⟨*Bot*⟩ drupe, stone fruit. **drupacea** *f.* drupaceous tree. **drupaceo** *a.* drupaceous.

D.S.P. = ⟨*Econ*⟩ *diritti speciali di prelievo* special drawing rights (*abbr.* SDR).

duale I *a.* ⟨*Gramm,Mat*⟩ dual. II *s.m.* ⟨*Gramm*⟩ dual (number).

dualismo *m.* ⟨*Stor,Filos*⟩ dualism. **dualista** *m./f.* dualist. **dualistico** *a.* (*pl.* -ci) ⟨*Stor,Filos*⟩ dualist(ic): *concezione –a* dualistic concept. **dualità** *f.* duality (*anche Mat., Fis.*).

dubbio[1] *m.* 1 doubt, uncertainty: *non ci sono dubbi* there can be no doubt. 2 (*sospetto*) suspicion, doubt. 3 (*punto oscuro*) doubtful point: *ci sono ancora molti dubbi nell'interpretazione del passo* there are still many doubtful points regarding the interpretation of the passage. □ ~ **amletico** irresolution; *avere un* ~ to be in doubt; *avere dei dubbi* to have doubts: *ho i miei dubbi* I have my doubts (*su* as to, about); *in caso di* ~ if there should be any doubts, in case of doubt; *dissipare un* ~ to dispel a doubt; *dissipare ogni* ~ to clear up all doubt; *essere in* ~ to be uncertain (*o* doubtful): *sono in* ~ *se accettare o no* I am uncertain as to whether to accept or not; *è fuor di* ~ *che* it is beyond (*o* past) all doubt that, there can be no question (but) that; ⟨*Filos*⟩ ~ **metodico** methodic doubt; **mettere** *in* ~ to doubt: *nessuno mette in* ~ *la tua lealtà* nobody doubts your loyalty; *non c'è* **ombra** *di* ~ there is not a shadow of a doubt; **senza** ~ no (*o* without) doubt, doubtless, certainly, undoubtedly: *arriverà senza* ~ *prima di noi* he will certainly arrive before us; **sollevare** *un* ~ to raise a difficulty, to put forward an objection; *ciò mi fa* **venire** *un* ~ this makes me wonder; *mi viene un* ~ I am wondering (*o* doubtful). *Prov.: nel* ~, *astienti* when in doubt, wait, ⟨*scherz*⟩ if in doubt, don't.

dubbio[2] *a.* 1 (*incerto*) doubtful, dubious, uncertain: *un caso* ~ a dubious case; *l'esito è* ~ the outcome is doubtful (*o* uncertain). 2 (*non determinabile*) dubious, uncertain: *colore* ~ uncertain colour. 3 (*ambiguo*) dubious, ambiguous. □ *una persona di –a fama* a person of dubious reputation, a dubious (*o* doubtful) character; *frase –a* ambiguous sentence; *uno scherzo di* ~ *gusto* a jest in very doubtful taste.

dubbiosamente *avv.* doubtfully, uncertainly, dubiously.

dubbioso *a.* 1 (*incerto*) doubtful, dubious, in doubt, undecided: *ero* ~ *se accettare o no* I was doubtful (*o* in doubt) as to whether to accept or not; (*esitante*) irresolute: *essere* ~ *di fronte a una scelta* to be irresolute when faced with a choice. 2 (*su cui si è in dubbio*) doubtful, dubious, uncertain: *esito* ~ doubtful issue. **dubitabile** *a.* doubtful, questionable; (*incerto*) doubtful, uncertain. **dubitare** *v.i.* (**dubito**; *aus.* **avere**) 1 to doubt (*di qc.* s.th.): *dubitavo che tu venissi* I doubted whether (*o* that) you would come. 2 (*diffidare*) to distrust, to mistrust, to doubt, not to trust (s.th.): ~ *delle proprie forze* to mistrust one's own powers. □ *ne dubito* I doubt it: *riusciremo a prendere quel treno? – ne dubito* shall we manage to catch that train? – I doubt it; *non ne dubito* I have no doubt of it, I do not doubt it; *non* ~ (*essere certo*) to have no doubt, not to doubt: *non dubito che tu sia sincero* I do not doubt (but) that you are sincere, I do not question your sincerity; *non* ~ (*stai tranquillo*) depend upon it, you can be sure, ⟨*fam*⟩ don't worry: *non* ~, *mi pagherà quest'affronto* depend upon it, he will pay for this insult; *sarò puntuale, non* ~ I shall be on time, don't worry. **dubitativo** *a.* 1 of (*o* expressing) doubt, dubitative: *tono* ~ tone of doubt. 2 ⟨*Gramm*⟩ dubitative: *proposizione –a* dubitative clause. □ ⟨*Dir*⟩ *assolvere con formula –a* to acquit for want of evidence.

dublinese I *a.* Dublin–, of Dublin. II *s.m./f.* Dubliner. **Dublino** *N.pr.f.* ⟨*Geog*⟩ Dublin.

duca *m.* (*pl.* -chi) duke. **ducale** *a.* 1 (*del duca*) ducal, duke's: *corona* ~ ducal coronet. 2 (*del doge*) dogal, doge's. □ *palazzo* ~ ducal palace; (*a Venezia*) Doge's Palace.

ducato[1] *m.* 1 (*titolo*) dukedom. 2 (*territorio*) duchy, dukedom.

ducato[2] *m.* ⟨*Numism*⟩ ducat.

duce *m.* 1 (*capo, condottiero*) leader, chief. 2 ⟨*Fasc*⟩ Duce.

duchessa *f.* duchess. **duchessina** *f.* (*figlia di duca*) duke's daughter. **duchino** *m.* (*figlio di duca*) duke's son.

due *a./s.inv.* I *a.* 1 two. 2 ⟨*fam*⟩ (*piccola quantità*) a few, a couple (of): *gli ho scritto* ~ *righe* I have written him a few lines. II *s.m.* 1 (*numero*) two. 2 (*nelle date*) second. 3 (*nelle carte da gioco*) two, deuce: *il* ~ *di cuori* the two of hearts. 4 *pl.* (*rif. a persona*) two, couple, pair: *la sorte dei* ~ *è ignota* the couple's fate is unknown. III *s.f.pl.* two (o'clock). □ *a* ~ *a* ~ two by two(s), in pairs, in twos; ⟨*Mar*⟩ *un* ~ **alberi** a two–master; *fare* ~ **chiacchiere** to have a short chat; ⟨*Sport*⟩ ~ **con** coxed pair; ⟨*Sport*⟩ ~ *di* **coppia** double scull; *e* ~*!* that's the second time!, not again!; ⟨*fig*⟩ *farsi in* ~ to do one's best; **in** ~ in two (*o* half): *piega il foglio in* ~ fold the sheet in two (*o* half); **nessuno** *dei* ~: 1 neither (of them): *nessuno dei* ~ *fratelli è venuto* neither brother (*o* of the two brothers) came; 2 (*con verbo negativo*) either (of them): *non ho visto nessuno dei* ~ I haven't seen either of them; **noi** ~ we two; **ogni** ~ *giorni* every other day; *dire* ~ **parole** to say (*o* have) a word or two; *ti racconterò tutto in* ~ *parole* I'll tell you the whole story ⌐very briefly⌐ (*o* in just a few words); *fare* ~ **passi** to go for a short walk; **per** ~ (enough) for two, of two: *mangiare per* ~ to eat enough for two men; *lavorare per* ~ to do the work of two men; (*in aritmetica*) by two: *moltiplicare per* ~ to multiply by two; *dividere per* ~ to divide by two; ⟨*fig*⟩ *su* ~ **piedi** straight off, there and then, on the spot: *lo licenziò su* ~ *piedi* he sacked him on the spot; ~ **punti** (*doppio punto*) colon; ⟨*Sport*⟩ ~ **senza** coxwainless (*o* coxless) pair; **tutt'e** ~ both (of): *ho conosciuto tutt'e* ~ *i fratelli* I have met both (the) brothers; *sono qui tutti e* ~ both of them are here; **una** *delle* ~, *o ci aiuti o te ne vai* you can take your choice, either you help us or you go; *uno di voi* ~ *mi potrebbe aiutare* one of you two might be able to help me; ~ **volte** twice: ~ *volte al giorno* twice a day; ~ *volte tanto* twice as much (*o* many). *Prov.: non c'è* ~ *senza tre* it never rains but it pours.

duecentesco *a.* (*pl.* -chi) (*del duecento*) thirteenth–century–. **duecentesimo** I *a.* two–hundredth. II *s.m.* (*f.* -a) two–hundredth. **duecentista** *m./f.* 1 ⟨*Lett*⟩ (*scrittore*) thirteenth–century writer; (*artista*) thirteenth–century artist, artist of the thirteenth–century. 2 ⟨*Sport*⟩ → duecentometrista. **duecento** *a./s.inv.* I *a.* two hundred: ~ *lire* two hundred lire; *a pagina* ~ on page two hundred. II *s.m.* two hundred. **Duecento** *m.* thirteenth century; (*rif. all'arte e letteratura italiane*) Duecento. **duecentometrista** *m./f.* ⟨*Sport*⟩ two–hundred metre sprinter; (*nuotatore*) two–hundred metre swimmer.

duellante *m./f.* duellist. **duellare** *v.i.* (**duello**; *aus.* **avere**) to duel, to fight (*o* have) a duel. **duello** *m.* duel (*anche fig.*). □ **battersi** *in* ~ to fight (*o* have) a duel; ~ *alla* **pistola** duel fought with pistols; ~ **rusticano** rustic duel; ~ *all'ultimo* **sangue** duel to the death; **sfidare** *a* ~ *qd.* to challenge s.o. to a duel.

duemila *a./s.inv.* I *a.* two thousand. II *s.m.* 1 (*numero*) two thousand. 2 (*l'anno duemila*) (the year) two thousand.

duepezzi (*o* **due pezzi**) *m.inv.* 1 (*costume da bagno*) two–piece bathing costume (*o* suit). 2 (*abito composto di gonna e giacca*) two–piece (costume).

duetto *m.* ⟨*Mus*⟩ duet.

dugongo *m.* (*pl.* -ghi) ⟨*Zool*⟩ dugong.

dulcamara[1] *f.* ⟨*Bot*⟩ bitter–sweet, woody nightshade.

dulcamara[2] *m.inv.* (*ciarlatano*) ⟨*scherz*⟩ quack.

dulcina *f.* ⟨*Chim*⟩ Dulcin.

dulcinea *f.* ⟨*scherz*⟩ (*donna amata*) sweetheart, lady–love.

dulia *f.* ⟨*Rel*⟩ dulia.

duma *f.* ⟨*Stor*⟩ duma.

dum-dum *a.* ⟨*Mil*⟩ dumdum–: *proiettile* ~ dumdum (bullet).

duna *f.* ⟨*Geol*⟩ dune. □ ~ *litoranea* coastal dune; ~ *movente* moving (*o* wandering) dune.

Dunkerque *N.pr.f.* ⟨*Geog*⟩ Dunkirk.

dunque I *congz.* 1 (*quindi*) so, therefore: *ho già detto di no,* ~ *non insistere* I have already said no, so don't insist; ⟨*Filos*⟩ *penso,* ~ *sono* I think, therefore I am. 2

(*riprendendo il discorso*) well then, well (now): ~, *dicevamo che* well, we were saying that. **3** ⟨*enfat*⟩ (*in frasi esclamative*) then: *parla* ~ speak, then; (*in frasi interrogative*) well (then), so: *che vuoi* ~ *da me?* what do you want from me, then? **4** (*orbene*) well: ~, *non sei ancora pronto?* well, aren't you ready yet? **II** *s.m.* point: *venite al* ~ come to the point.

duo *m.inv.* ⟨*Mus*⟩ duo.

duo|dẹcima *f.* ⟨*Mus*⟩ (*dodicesima*) duodecimo. **~decimạle** *a.* duodecimal: *sistema di numerazione* ~ duodecimal system of numbering. **~dẹcimo** *a.* twelfth.

duodenạle *a.* ⟨*Med*⟩ duodenal: *ulcera* ~ duodenal ulcer. **duodenịte** *f.* duodenitis. **duodẹno** *m.* ⟨*Anat*⟩ duodenum.

duọli → dolere. **duọlo** *m.* ⟨*poet*⟩ grief, sorrow.

duọmo¹ *m.* cathedral: *il* ~ *di Milano* Milan Cathedral.

duọmo² *m.* ⟨*Mecc*⟩ (*di caldaia*) (steam) dome. □ ~ *di vapore* steam dome (*o* chest, drum).

duopọlio *m.* ⟨*Econ*⟩ duopoly.

dụplex I *a.* ⟨*Tel*⟩ party-, shared: *telefono* ~ shared telephone. **II** *s.m.* ⟨*Tel*⟩ party line, shared line.

duplicạre *v.t.* (dụplico, dụplichi) **1** (*raddoppiare*) to double: ~ *gli sforzi* to double one's efforts. **2** (*fare una seconda copia*) to duplicate. **duplicạto** *m.* (*copia di documento*) duplicate. □ *copia in* ~ duplicate (copy); ~ *di fattura* duplicate invoice. **duplicatọre** *m.* **1** duplicator, duplicating machine. **2** ⟨*Rad,El*⟩ doubler. □ ~ *litografico* multilith; ~ *tipografico* multigraph. **duplicaziọne** *f.* duplication. **dụplice I** *a.* double, twofold: *avrai un* ~ *vantaggio* you will have a double advantage. **II** *s.f.* ⟨*Equit*⟩ double. □ ⟨*Stor*⟩ ~ *alleanza* Dual Alliance; *documento in* ~ *copia* document in duplicate. **duplicità** *f.* **1** doubleness. **2** (*fig*) (*falsità*) duplicity, double-dealing.

duracịna *f.* **1** (*ciliegia*) hard-fleshed heart cherry. **2** (*pesca*) clingstone peach.

duraluminio *m.* ⟨*Met*⟩ dural, duralumin.

duramạdre (*o* dụra mạdre) *f.* ⟨*Anat*⟩ dura (mater).

durạme *m.* ⟨*Bot*⟩ duramen.

duramẹnte *avv.* (*con severità*) harshly, sternly; (*bruscamente, in malo modo*) roughly, rudely; (*gravemente*) seriously, heavily, hard.

durạnte *prep.* **1** during: ~ *la settimana* during the week. **2** (*per tutta la durata di*) throughout, all through: ~ *l'intero anno* throughout (*o* all through) the year. □ *vita natural* ~ for whole (*o* rest) of one's life.

durạre I *v.i.* (*aus.* essere/avere) **1** to last, to go on: *lo spettacolo dura due ore* the show lasts two hours; (*rif. a sentimenti*) to last: *la sua gioia durò poco* his joy ⸢did not last long⸣ (*o* was short-lived). **2** (*perdurare, prolungarsi*) to last, to continue, to hold, to persist, to keep on (*o* up): *il tempo è molto bello, speriamo che duri* the weather is lovely, let's hope it lasts (*o* keeps up). **3** (*mantenersi: rif. a merce deperibile*) to keep: *col freddo i cibi durano molto* when it is cold food keeps well; (*non logorarsi*) to wear (well): *questa stoffa è durata molto* this material has worn well. **4** (*resistere*) to last, to hold out: *il nuovo impiegato non durerà molto in quest'ufficio* the new clerk won't last long in this office. **5** (*fam*) (*andare avanti*) to last, to continue, to keep up, to go on: *così non può* ~ things can't go on like this. **II** *v.t.* (*lett*) (*sopportare*) to endure, to stand, to bear, to suffer. □ ~ *in eterno* to last forever, to be everlasting; ~ *fatica* to have difficulty (*o* a hard job), to be hardly able: *durai fatica a convincerlo* I had a hard job convincing him; *ho durato molta fatica a fare quel lavoro* that job ⸢took some doing⸣ (*o* was an effort for me). *Prov.: chi la dura la vince* slow and steady wins the race.

durạta *f.* **1** duration, length (of time), continuance. **2** (*rif. a stoffe e sim.: resistenza*) wear, endurance: *abito di lunga*

~ well-wearing garment, garment with plenty of wear in it. **3** (*periodo*) term, period: *la* ~ *di una carica* the term of an office. **4** ⟨*Mecc*⟩ (*vita*) working (*o* service) life. **5** ⟨*Fon*⟩ length. □ ~ *in* **carica** tenure (*o* term) of office; ~ *del* **contratto** life (*o* period of validity) of a contract; *di* ~ well-wearing, lasting: *una stoffa di* ~ a well-wearing fabric; *di breve* ~ short-lasting, short-lived, of short duration; (*rif. a merci*) perishable; (*rif. a stoffe e sim.*) badly wearing; ⟨*Veter*⟩ ~ *di* (*o della*) **gestazione** pregnancy duration; ⟨*Inform*⟩ ~ *di* **guasto** fault time; ⟨*Zootecn*⟩ ~ *d'*incubazione period of incubation, brooding time; ⟨*Fis*⟩ ~ *dell'*oscillazione period of oscillation; *per la* ~ *di un anno* for (the length of) one year; ~ *del* **soggiorno** length of stay; ~ *della* **vita** duration of life; ~ *media della vita* life expectancy; ⟨*tecn*⟩ ~ *di vita utile* service life.

duratụro *a.* **1** lasting, enduring: *fama –a* lasting fame. **2** (*rif. a materiale*) durable; (*rif. a colori*) fast. **durẹvole** *a.* lasting, durable: *pace* ~ lasting peace; ⟨*Econ*⟩ *beni –i* durable goods, durables *pl.* **durevolẹzza** *f.* durability, lastingness.

durẹzza *f.* **1** hardness: *la* ~ *della pietra* the hardness of the stone. **2** ⟨*fig*⟩ (*severità, asprezza*) harshness, severity, hardness. **3** ⟨*fig*⟩ (*mancanza di grazia*) hardness, stiffness: ~ *di lineamenti* hardness of features. □ ~ *dell'acqua* hardness of water; ~ *della carne* toughness of meat; *indice di* ~ degree of hardness; *scala di* ~ hardness scale.

durlindạna *f.* **1** ⟨*Lett*⟩ Durendal. **2** ⟨*scherz*⟩ (*spada*) sword.

dụro I *a.* **1** hard. **2** ⟨*fig*⟩ (*spiacevole, grave*) hard, ⟨*fam*⟩ tough: *tempi –i* hard times; *lo studio gli riesce* ~ he finds study very hard, study comes hard to him. **3** ⟨*fig*⟩ (*brusco*) hard, stern, harsh, sharp, brusque: *maniere –e* rough ways; *sono stato* ~ *con te* I have been hard on you; *un* ~ *rimprovero* a stern rebuke. **4** ⟨*fig*⟩ (*caparbio*) stubborn, pig-headed: *ho cercato di convincerlo, ma lui, finge di non capirmi* I have tried to persuade him, but he is stubborn and pretends not to understand. **5** ⟨*fig*⟩ (*privo di grazia*) hard, stiff: *lineamenti –i* hard features; *un disegno dai contorni –i* a drawing with hard outlines. **6** (*rif. a carne*) tough. **7** (*rif. a congegni e sim.*) stiff. **II** *avv.* hard: *ha studiato* ~ he has been studying hard. **III** *s.m.* **1** (*cosa o parte dura*) hard part, something hard. **2** ⟨*fam*⟩ (*rif. a persona: forte, insensibile*) hard-hearted person, ⟨*fam*⟩ bully, tough guy. □ ~ *di* **comprendonio** dull, slow-witted, ⟨*fam*⟩ slow on the uptake; ⟨*Fon*⟩ **consonante** *–a* hard consonant; *una* **corsa** *–a* a hard race; *dormire sul* ⸤~ to sleep on ⸢s.th. hard⸣ (*o* bare boards); *mi piace dormire sul* ~ I like a hard bed; ⟨*fam*⟩ **essere** *un* ~ to be tough; **fare** *il* ~ *con qd.* to be hard on s.o., ⟨*fam*⟩ to bully s.o.; ⟨*fig*⟩ *essere* ~ *a* **morire** to be tough (*o* a diehard); (*rif. a cosa*) to take a long time to die out, to die hard; *a* **muso** ~ resolutely; *essere* ~ *d'*orecchio to be hard of hearing; ⟨*fig*⟩ *un* **osso** ~ a hard nut to crack, a tough one; **pane** ~ stale bread; ⟨*fig*⟩ *avere la* **pelle** *–a* (*sopportare bene i disagi*) to be hardy (*o* tough); (*essere moralmente poco sensibile*) to be thick-skinned; ~ *come la* **pietra** as hard as rock; *avere il* **sonno** ~ to be a sound (*o* deep) sleeper; **tener** ~ to hold fast (*o* out), to resist.

durọne *m.* **1** (*callosità*) callosity, hard skin. **2** ⟨*region*⟩ (*marasca*) wild (*o* morello) cherry.

dụrra *f.* ⟨*Bot*⟩ sorghum, durra.

dụttile *a.* **1** ductile: *metallo* ~ ductile metal. **2** ⟨*fig*⟩ (*arrendevole*) ductile, compliant, yielding: *carattere* ~ compliant nature. **duttilità** *f.* **1** ductility. **2** ⟨*fig*⟩ flexibility, adaptability, suppleness: ~ *di stile* suppleness of style.

duumvirạto *m.* ⟨*Stor*⟩ duumvirate. **dụumviro** *m.* duumvir.

duvetịna, duvetine *fr.* [dyv'tin] *f.* ⟨*Tess*⟩ duvetyn(e).

E

e, E *f./m.* (*lettera dell'alfabeto*) e, E. □ *due* (*o doppia*) ~ two e's (*o* es), double e; *una ~ minuscola* a small e; *una E maiuscola* a capital E; ⟨*Tel*⟩ ~ *come Empoli* E for Edward; ⟨*Biol*⟩ *vitamina ~* vitamin E.

e *congz.* (before a word beginning with a vowel the preposition *e* often becomes *ed*) **1** and: *tra un filare ~ l'altro erano piantati degli ortaggi* vegetables were planted between one row and another; *aprì la porta ~ uscì* he opened the door and went out. **2** (*ma, invece*) but (then), and then: *doveva venire ~ non è venuto* he was to come but he didn't. **3** (*eppure*) (and) yet: *non capisce nulla, ~ sembrava tanto intelligente* he understands nothing yet he seemed so intelligent. **4** (*ebbene*) well, then: *vuoi venire? ~ vieni* do you want to come? ⌐come here⌐ (*o* well come). **5** ⟨*enfat*⟩ (*in frasi esclamative*) oh: ~ *stai zitto* oh, be quiet; (*in frasi interrogative*) and, but, *talvolta non si traduce: vuoi andare a casa? ~ perché?* you want to go home? (and) why? **6** ⟨*Mat*⟩ and, plus: *5 ~ 2 fanno 7* 5 and 2 are 7. □ *le vacanze sono bell' ~ finite* the holidays are really finished; *milioni ~ milioni* millions and millions; *tutt' ~ due* both; *tutti ~ tre* all three (of them); *~ ... ~* both ... and; *una giovane ~ bella ~ gentile* a beautiful and charming girl.

è → **essere**[1].

ebanista *m.* cabinet maker. **ebanisteria** *f.* **1** (*arte*) cabinet making. **2** (*officina*) cabinet maker's (shop).

ebanite *f.* ⟨*Ind*⟩ ebonite.

ebano *m.* **1** ⟨*Bot*⟩ ebony(tree). **2** (*legno*) ebony. □ *d' ~* (*o nero come l'ebano*) (as black as) ebony; *capelli d' ~* raven (*o* jet–black) hair.

ebbene *congz.* **1** well (then): *vuoi che parta? ~ partirò* you want me to go? well I'll go then. **2** (*nelle interrogazioni*) well: *~, hai deciso?* well, have you made up your mind?

ebbi → **avere**[1].

ebbio *m.* ⟨*Bot*⟩ danewort.

ebbrezza *f.* **1** intoxication, inebriation. **2** ⟨*fig*⟩ rapture, elation, exaltation, thrill: *provare l' ~ dei centocinquanta chilometri l'ora* to feel the thrill of doing a hundred and fifty kilometres an hour. □ *~ dei sensi* exaltation of the senses; *essere in stato di ~* to be drunk; *l' ~ della vittoria* the elation of victory. **ebbro** *a.* **1** intoxicated, inebriated. **2** ⟨*fig*⟩ elated, beside o.s., enraptured, intoxicated: *~ di gioia* beside o.s. with joy.

ebdomadario **I** *a.* ⟨*lett*⟩ (*settimanale*) weekly. **II** *s.m.* **1** ⟨*Giorn*⟩ weekly paper (*o* magazine). **2** ⟨*Rel*⟩ hebdomadary.

Ebe *N.pr.f.* ⟨*Mitol*⟩ Hebe.

ebete **I** *a.* obtuse, dull(–witted), doltish. **II** *s.m.* **1** idiot, dolt. **2** ⟨*esclam*⟩ idiot, half–wit. **ebetismo** *m.* **1** idiocy, dullness. **2** ⟨*Med*⟩ hebetude.

ebollizione *f.* boiling, ebollition: *essere in ~* to be boiling; *punto* (*o temperatura*) *di ~* boiling point.

ebraico *a./s.* (*pl.* -ci) **I** *a.* Hebrew, Hebraic, Jewish; (*rif. alla religione*) Jewish: *il popolo ~* the Jewish people; (*rif. alla lingua*) Hebrew. **II** *s.m.* (*lingua*) Hebrew. **ebraismo** *m.* **1** Hebraism (*anche Ling.*). **2** (*religione ebraica*) Judaism. **ebraista** *m./f.* Hebraist. **ebraizzare** *v.t./i.* (*aus.* **avere**) to Hebraize.

ebreo **I** *a.* Hebrew, Jewish: *il popolo ~* the Jewish people. **II** *s.m.* (*f.* **-a**) **1** Jew (*f* –ess), Hebrew. **2** ⟨*spreg*⟩ (*avaro*) Jew; (*usuraio*) Shylock. □ *~ errante* wandering Jew.

Ebridi *N.pr.f.pl.* ⟨*Geog*⟩ Hebrides *pl.*

Ebro *N.pr.m.* ⟨*Geog*⟩ Ebro.

ebullioscopia *f.* ⟨*Chim,Fis*⟩ ebullioscopy. **ebullioscopio** *m.* ebullioscope.

eburn(e)o *a.* ⟨*lett*⟩ **1** (*di avorio*) ivory. **2** ⟨*fig*⟩ as white as ivory, ivory(–white).

ECA = *Ente comunale di assistenza* Municipal Public Assistance Board.

Ecate *N.pr.f.* ⟨*Mitol*⟩ Hecate.

ecatombe *f.* **1** hecatomb. **2** ⟨*fig*⟩ (*strage*) massacre, bloodbath. **3** ⟨*scherz*⟩ murder: *l'esame è stato un' ~* the examination was murder.

ecc. = *eccetera* et cetera (*abbr.* etc.).

eccedentario *a.* ⟨*Econ*⟩ surplus: *prodotti –i* surplus products; *regione –a* surplus area.

eccedente *a.* **1** excess, in excess. **2** (*d'avanzo*) surplus. □ *importo ~* surplus; *peso ~* overweight.

eccedenza *f.* excess, surplus. □ *~* **alimentare** surplus of foodstuffs; *~* **contabile** book surplus; **in** *~* (*di troppo*) in excess; (*rif. a numero*) too many: *quanto al personale, ce n'è in ~* as for the staff, there are too many of them; *~ di* **manodopera** labour surplus; *~ di* **peso** overweight, excess weight; **smaltimento** *delle –e* surplus disposal; *~ di* **spesa** excess expenditure; *~ di* **valore** excess value.

eccedere *v.* (**eccedei/eccedetti, ecceduto**/*ant.* **eccesso**) **I** *v.t.* to exceed, to go beyond. **II** *v.i.* (*aus.* **avere**) to go too far, to overdo: *con questo scherzo avete ecceduto* you went too far with this joke. □ *ho ecceduto nel bere* I have drunk too much; *~ nel mangiare* to eat too much, to overeat.

eccellente *a.* **1** (*di gran valore*) excellent, superlative, first–rate, first–class: *un ~ pittore* an excellent painter. **2** (*squisito*) exquisite, excellent, delicious: *questo vino è ~* this wine is first–class (*o* delicious). **eccellentissimo** *a.* ⟨*epist*⟩ most excellent. **eccellenza** *f.* **1** excellence. **2** (*titolo*) Excellency: *Vostra ~* Your Excellency. □ *per ~* par excellence: *Dante è il poeta per ~* Dante is the poet par excellence. **eccellere** *v.i.* (**eccelsi, eccelso**; *aus.* **essere/avere**; compound tenses rarely used) to excel: *quel pittore eccelle nei paesaggi* that painter excels in landscapes; (*essere superiore*) to excel, to surpass (*su qd. s.o.*). **eccelsamente** *avv.* loftily, sublimely. **eccelso** → **eccellere**. **eccelso** *a.* **1** (*altissimo*) lofty, high: *una vetta –a* a lofty peak. **2** (*eccellente*) excellent: *qualità –e* excellent qualities; (*straordinario*) outstanding, exceptional: *avere –e doti pittoriche* to have exceptional talent for painting. **Eccelso** *m.* the Most High.

eccentricamente *avv.* eccentrically. **eccentricità** *f.* **1** eccentricity: *~ di una ruota* eccentricity of a wheel; (*rif. a eccentrici*) throw. **2** ⟨*fig*⟩ (*stravaganza*) eccentricity, oddity, peculiarity: *la sua ~ nel vestire rivela cattivo gusto* the eccentricity of her way of dressing reveals bad taste. **3** ⟨*fig*⟩ (*azione stravagante*) eccentric behaviour, eccentricity. **eccentrico** *a./s.* (*pl.* -**ci**) **I** *a.* **1** eccentric, off–centre: *ruote eccentriche* eccentric wheels. **2** ⟨*fig*⟩ eccentric, odd, peculiar: *una ragazza –a* a peculiar girl. **II** *s.m.* **1** ⟨*Mecc*⟩ cam, eccentric. **2** (*persona eccentrica; f.* -**a**) eccentric.

eccepìbile *a.* exceptionable, reprehensible, objectionable: *argomenti –i* objectionable topics; *contegno ~* reprehensible behaviour. **eccepire** *v.t.* (**eccepisco, eccepisci**) **1** (*obiettare*) to except, to object, to take exception to: *non ho nulla da ~* I have nothing to object. **2** ⟨*Dir*⟩ to object, to raise an objection.

eccessivamente *avv.* too (much), excessively, exceedingly: *sei stato ~ severo con tuo figlio* you were too severe with your son. **eccessività** *f.* excess(iveness). **eccessivo** *a.* excessive, extreme; (*smodato*) immoderate. □ *calore ~* (extreme) heat; *pretese –e* exaggerated claims; *prezzo ~* exorbitant price.

eccesso *m.* **1** (*smoderatezza*) immoderation. **2** (*parte eccedente*) excess, surplus. **3** (*atto violento*) excess: *si è lasciato andare a degli –i* he allowed himself all sorts of excesses. **4** (*intemperanza*) immoderacy, immoderation, excess: *gli –i nel bere sono dannosi alla salute* immoderacy in drinking is harmful to the health. **5** (*estremo*) extreme, limit: *la tua impertinenza è giunta all' ~* your impertinence has reached the limit. □ *all' ~* excessively: *una ragazza timida all' ~* an excessively timid girl; *spingere qc. all' ~* to go to extremes with s.th.; *~ di* **cibo** overeating; **in ~** (*di troppo*) in excess; ⟨*Econ*⟩ *~ di* **liquidità** excess liquidity; ⟨*Mat*⟩ *approssimazione* **per ~** approximation to the nearest greater whole number; *arrotondare per ~* to round off; *~ di* **peso** overweight, excess weight; *~ di* **popolazione** overpopulation; ⟨*Dir*⟩ *~ di* **potere** excess of authority; ⟨*Strad*⟩ *~ di* **velocità** exceeding the speed limit, speeding; *~ di* **zelo** over enthusiasm.

eccetera *avv.* etcetera, and so on (*o* forth).

eccetto *prep.* except(ing), save, but: *sono tutti d'accordo ~ te* they are all agreed but you; *tutti i giorni ~ il sabato* every day except Saturday. □ *~ che:* **1** (*tranne che*) except (for), but (for): *mi trovo bene con tutti ~ che con lui* I get on well with everyone except him; **2** (*a meno che*) unless: *vi raggiungerò al più presto, ~ che accada qualche imprevisto* I shall join you immediately unless something unexpected happens. **eccettuare** *v.t.* (**eccettuo**) to except, to exclude, to leave out: *è una persona simpatica, se si eccettua qualche difetto* she is a nice person if you except (*o* overlook) a few faults. **eccettuato** *a.* excepting, excepted, excluding: *il dottore riceve tutti i giorni, ~ il sabato* the doctor sees patients every day except Saturday; *nessuno ~* no one excepted.

eccezionale *a.* **1** (*insolito*) exceptional, unusual; (*singolare*) extraordinary, rare: *una donna di bellezza ~* a woman of rare beauty. **2** (*molto bello*) exceptionally good, exceptional, wonderful: *è stato uno spettacolo ~* it was a wonderful show. □ *caso ~* exceptional case; *offerta ~* special offer, bargain; *in via ~* exceptionally. **eccezionalità** *f.* exceptionality; (*rarità*) rarity, rareness. **eccezionalmente** *avv.* exceptionally, as an[1] (*o* by way of) exception.

eccezione *f.* **1** exception. **2** ⟨*Dir*⟩ exception, objection. □ *a ~ di* with the exception of, except for: *sono tutti d'accordo a ~ di tuo marito* they are all agreed with the exception of your husband; ⟨*Dir*⟩ *~* **dilatoria** dilatory plea; **fare ~** to be (*o* constitute) an exception: *questo sostantivo fa ~* this noun is an exception; *fare un' ~* to make an exception: *farò un' ~ per te* I will make an exception in your case; *~ alla* **regola** exception to the rule; **senza ~** without exception; ⟨*Dir*⟩ **sollevare** *un' ~* to raise an objection. *Prov.: l' ~ conferma la regola* the exception proves the rule.

ecchimosi (*o ecchimosi*) *f.* ⟨*Med*⟩ bruise, ecchymosis. **ecchimotico** *a.* (*pl.* -**ci**) ecchymotic.

eccidio *m.* slaughter, massacre.

eccipiente *a./s.m.* ⟨*Farm*⟩ excipient.

eccitàbile *a.* excitable: *carattere ~* excitable disposition. **eccitabilità** *f.* excitability (*anche Biol.*): *~ elettrica* electric excitability. **eccitamento** *m.* **1** excitement, agitation. **2** (*incitamento*) incitement, provocation: *~ al vizio* incitement to vice. **eccitante** **I** *a.* exciting, stimulating: *uno spettacolo ~* a stimulating show. **II** *s.m.* stimulant, excitant: *il caffè è un ~* coffee is a stimulant. **eccitare** *v.t.* (**eccito**) **1** to excite, to stimulate: *letture che eccitano la fantasia* reading that excites (*o* stimulates) imagination. **2** (*provocare*) to provoke, to (a)rouse, to cause: *~ il riso* to provoke (*o* cause) laughter. **3** (*incitare*) to incite, to provoke, to (a)rouse: *~ la folla* to arouse the crowd; *~ la rivolta* to incite rebellion. **4** ⟨*El*⟩ to excite. **eccitarsi** *v.r.* to get excited: *non eccitarti per così poco* don't get excited over so little. **eccitatore** **I** *s.m.* **1** (*f.* -**trice**) exciter (*anche Mecc.*). **2** ⟨*El*⟩ (*scaricatore*) discharge device. **II** *a.* ⟨*El*⟩ exciting. **eccitatrice** *f.* ⟨*El*⟩ exciter, exciting dynamo. **eccitazione** *f.* **1** excitation, stimulation: *~ della fantasia* stimulation of the imagination. **2** (*animazione*) fervour, excitement: *l'oratore parlava con grande ~* the orator spoke with great fervour. **3** ⟨*El,Atom*⟩ excitation.

ecclesiale *a.* relating to the ecclesia.

Ecclesiaste *m.* ⟨*Bibl*⟩ Ecclesiastes.

ecclesiàstico *a./s.* (*pl.* -**ci**) **I** *a.* **1** (*della chiesa*) ecclesiastic(al), church–: *beni –i* church property. **2** (*dei sacerdoti*) clerical: *abito ~* clerical dress. **II** *s.m.* ecclesiastic, churchman, priest, clergyman.

ecco *avv.* **1** here, there, that, this, there (*o* here) is (*o* are), this (*o* that) is (*o* are), look, see, ⟨*lett*⟩ behold: *vuoi il mio consiglio? eccolo* do you want my advice? this is it; *~ la mamma* (look) here's mother; *~ il nostro autobus* there's our bus; *eccolo che viene* here he (*o* it) comes; *~ cosa succede ai ragazzi svogliati* that's (*o* see) what happens to lazy boys. **2** (*seguito da un inf.*) lo and behold, suddenly: *quando meno se l'aspettavano, ~ tornare il padre* when they least expected it, suddenly their father returned. **3** (*seguito da un participio passato, da un aggettivo*) here, there: *eccoti nuovamente ubriaco* there you are, drunk again. **4** (*nelle risposte: sì, va bene*) all right, here I am: *andiamo, è tardi – ~, vengo subito* let's go it's late – all right, I'm coming now. **5** (*pleonastico*) see, so there: *~, sei uno sciocco* see, you are silly. □ *~ come stanno le cose* that's how things are; *~ fatto* that's done; *eccoli qua* here they are; *~ tutto* that's all.

eccome *avv.* certainly, yes indeed: *l'ho visto ~* yes, indeed I have seen him; *~ se c'ero, ho visto tutto* I certainly was there, I saw everything.

echeggiamento *m.* echoing, resounding. **echeggiante** *a.* echoing, resounding. **echeggiare** *v.i.* (**echeggio, echeggi**; *aus.* **essere/avere**) to echo, to (re)sound: *la sala echeggiava di applausi* the room resounded with applause.

echidna *f.* ⟨*Zool*⟩ echidna.

echino *m.* **1** ⟨*Zool*⟩ sea urchin. **2** ⟨*Arch*⟩ echinus. **echino|cocco** *m.* (*pl.* -**chi**) ⟨*Zool*⟩ echinococcus. **~coccosi** *f.* ⟨*Med*⟩ echinococcosis. **~dermi** *m.pl.* ⟨*Zool*⟩ echinoderms *pl.*

echio *m.* ⟨*Bot*⟩ echium.

ecidio *m.* ⟨*Bot*⟩ aecidium.

eclampsia *f.* ⟨*Med*⟩ eclampsia.

eclatante *a.* **1** (*evidente*) evident, obvious. **2** (*che colpisce*) striking, impressive.

ecletticamente *avv.* eclectically. **eclettico** *a./s.* (*pl.* -**ci**) **I** *a.* **1** eclectic: *filosofo ~* eclectic philosopher. **2** (*versatile*) versatile, eclectic: *è un ragazzo ~* he is a versatile boy. **II** *s.m.* **1** ⟨*Filos*⟩ eclectic. **2** (*persona che ha attività varie; f.* -**a**) versatile person. **eclettismo** *m.* ⟨*Filos*⟩ eclecticism.

eclissare *v.t.* **1** ⟨*Astr*⟩ to eclipse: *la luna eclissa il sole* the moon eclipses the sun. **2** ⟨*fig*⟩ to outshine, to eclipse, to put in the shade: *con la sua bellezza ha eclissato tutte le donne presenti* with her beauty she put all the other women present in the shade. **eclissarsi** *v.r.* **1** ⟨*Astr*⟩ to be eclipsed: *la luna si è eclissata* the moon is eclipsed. **2** ⟨*fig*⟩ to disappear, to steal (*o* slip) away, ⟨*fam*⟩ to make o.s. scarce. **eclisse, eclissi** *f.* ⟨*Astr*⟩ eclipse. □ *~ lunare* eclipse of the moon, lunar eclipse; *~ parziale* partial eclipse; *~ solare* eclipse of the sun, solar eclipse; *~ totale* total eclipse.

eclittica *f.* ⟨*Astr*⟩ ecliptic. **eclittico** *a.* (*pl.* -ci) ecliptic(al).

eco *f./m.* (*pl. gli* echi) **1** echo. **2** (*commenti*) comment, echo: *la tua partenza improvvisa ha destato molta* ~ your sudden departure ⸢caused a great deal of comment⸣ (*o* gave rise to a lot of gossip). □ ⟨*Giorn*⟩ *echi di cronaca* social (*o* gossip) column; ⟨*fig*⟩ *fare* ~ to echo, to be an echo of: *i compagni fecero* ~ *alle sue parole* his companions echoed his words; ⟨*Acu*⟩ *sala senza echi* echo-proof room.

ecocardiografia *f.* ⟨*Med*⟩ echocardiography.

ecocatastrofe *f.* ecocatastrophe, ecological catastrophe.

ecocidio *m.* ecocide, destruction of the natural environment.

ecofobia *f.* ⟨*Psic*⟩ oikophobia, ecophobia.

ecogoniometro *m.* ⟨*Mar*⟩ sonar, asdic.

ecografia *f.* ⟨*Radiol*⟩ echography, ultrasonography. **ecografo** *m.* echographer. **ecogramma** *m.* echogram.

ecologia *f.* ecology. □ ~ **animale** animal ecology; ~ **marina** marine ecology; ~ *del* **paesaggio** geo-ecology; ~ **sanitaria** health ecology; ~ **sociale** social ecology; ~ **umana** human ecology; ~ **vegetale** plant ecology.

ecologico *a.* (*pl.* -ci) **1** ecological. **2** (*non inquinante*) non polluting, not causing pollution. **ecologo** *m.* (*pl.* -gi; *f.* -a) ecologist. **ecologismo** *m.* environmentalism. **ecologista I** *a.* ecology-: *partito* ~ ecology party. **II** *s.m./f.* ecologist. □ *movimento* ~ environmentalist movement.

ecometro *m.* ⟨*Mar*⟩ echometer.

economato *m.* **1** supply (*o* purveying) office. **2** ⟨*Univ*⟩ bursar's office.

econometria *f.* econometrics *pl* (*costr.sing.*). **econometrista** *m./f.* econometrician.

economia *f.* **1** (*scienza*) economics *pl* (*costr. sing.*). **2** (*sistema economico*) economy. **3** (*amministrazione, gestione*) management, administration; (*il governo della casa*) household: *mia moglie cura l'* ~ *della famiglia* my wife manages the household. **4** (*risparmio*) saving, economy, thrift: *il padre gli raccomanda sempre l'* ~ his father is always preaching thrift to him. **5** *pl.* (*denari risparmiati*) savings *pl: ho investito nell'impresa tutte le mie* –e I put all my savings into the enterprise. □ ~ **agraria** agricultural economy; ~ **ambientale** environmental economics *pl;* ~ **applicata** applied economics *pl;* ~ **avanzata** advanced economy; ~ **aziendale** business management; ~ *del* **benessere** welfare economics *pl;* ~ **capitalista** capitalist economy; ~ **chiusa** closed economy; ~ **collettiva** (*o collettivista*) collective economy; ⟨*Univ*⟩ ~ *e* **commercio** business economics *pl;* ~ **competitiva** competitive economy; ~ **dirigista** centrally-planned economy; ~ **domestica:** 1 household management; 2 ⟨*Scol*⟩ domestic science, home economics; **fare** ~ *di qc.* to save s.th., to economize s.th.; *fare* –*e* to save, to economize; **in** ~ on a time and materials basis: ⟨*Edil*⟩ *lavori in* ~ work done on a time and materials basis; ~ **industriale** industrial economy; ~ **interna** internal economy; ~ **libera** free economy; ~ **liberalista** liberal economy; ~ *di* **mercato** market economy; **miracolo** *dell'* ~ economic miracle; ~ **nazionale** national economy; **per** ~ for the sake of economy, in order to save; ~ **pianificata** planned economy; ~ **politica** political economy; ⟨*Univ*⟩ economics *pl* (*costr.sing.*); ~ **pubblica** public economy; ~ *di* **rapina** wasteful use of natural resources, robber economy; ~ **sanitaria** health economics *pl;* **senso** *dell'* ~ sense of economy (*o* thrift); **senza** ~ freely, liberally: *spendere senza* ~ to spend freely; ~ **sociale** social economics *pl;* ~ **sommersa** shadow economy; ~ *di* **spazio** space saving; ~ *di* **tempo** time saving.

economicamente *avv.* economically. **economicità** *f.* inexpensiveness, cheapness. **economico** *a.* (*pl.* -ci) **1** economic: *dottrine economiche* economic doctrines; *politica* –*a* economic policy. **2** (*che richiede poca spesa*) economical; (*a buon mercato*) cheap: *edizione* –*a* cheap edition; *ristorante* ~ cheap restaurant. **3** (*finanziario*) financial, economic: *difficoltà economiche* financial difficulties. **economismo** *m.* economism. **economista** *m./f.* economist. **economizzare I** *v.t.* **1** (*risparmiare*) to save, to economize: ~ *il denaro* to save money; ~ *il*

tempo to save time; (*amministrare con parsimonia*) to economize on: ~ *lo spazio* to economize on space. **2** ⟨*assol*⟩ (*ridurre le spese*) to economize, to cut down on expenses. **II** *v.i.* (*aus.* avere) to economize. **economizzatore** *m.* ⟨*Mecc*⟩ economizer. **economo I** *s.m.* (*f.* -a) supply officer; (*di un circolo*) treasurer; (*di università, collegi*) bursar. **II** *a.* economical, thrifty, sparing: *una persona* –*a* a thrifty person.

ecoscandaglio *m.* → **ecometro**.

ecosistema *m.* ecosystem.

ecotipo *m.* ⟨*Biol*⟩ ecotype.

ectasia *f.* ⟨*Med*⟩ ectasis.

ectipografia *f.* ⟨*Tip*⟩ embossed (*o* raised) printing.

ectopia *f.* ⟨*Med*⟩ ectopia.

ectoplasma *m.* ⟨*Biol,Occult*⟩ ectoplasm.

Ecu *fr.* [e'ky] *m.* ⟨*Econ*⟩ Ecu.

Ecuador *N.pr.m.* ⟨*Geog*⟩ (*Equatore*) Ecuador. **ecuadoriano** *a./s.m.* (*f.* -a) Ecuadorian.

ecumene *f.* ⟨*Geog*⟩ ecumene. **ecumenicamente** *avv.* (o)ecumenically. **ecumenicità** *f.* (o)ecumenicity. **ecumenico** *a.* (*pl.* -ci) (o)ecumenic(al): *concilio* ~ (o)ecumenical council. **ecumenismo** *m.* ⟨*Rel*⟩ ecumenism.

eczema *m.* ⟨*Med*⟩ eczema. **eczematoso** *a.* eczematous.

ed → **e**.

edafico *a.* (*pl.* -ci) edaphic. **edafologia** *f.* edaphology. **edafon** *m.* ⟨*Biol*⟩ edaphon.

edelweiss *ted.* [–vais] *m.* ⟨*Bot*⟩ edelweiss.

edema (*o* *edema*) *m.* ⟨*Med*⟩ (o)edema: ~ *polmonare* pulmonary (o)edema. **edematoso** *a.* (o)edematous.

Eden *N.pr.m.* ⟨*Bibl*⟩ Eden. **eden** *m.* ⟨*fig*⟩ eden.

edera *f.* ⟨*Bot*⟩ ivy.

edetico *a.* (*pl.* -ci): ⟨*Chim*⟩ *acido* ~ edetic acid.

edicola *f.* **1** (*chiosco di giornali*) newsstand, (newspaper) kiosk, bookstall. **2** ⟨*Arch*⟩ aedicula; (*nicchia*) niche. □ *oggi in* ~ out today. **edicolante** *m./f.* newsagent, bookstall keeper, newsvendor. **edicolista** *m./f.* → **edicolante**.

edificabile *a.* buildable, (suitable, zoned) for building. □ *area* ~ building area.

edificante *a.* edifying, exemplary: *parole* –*i* edifying words. □ *uno spettacolo poco* ~ an unedifying sight.

edificare *v.t.* (**edifico, edifichi**) **1** to build, to erect: ~ *una casa* to build a house; ~ *un muro* to erect a wall. **2** ⟨*fig*⟩ (*fondare, istituire*) to found, to institute: ~ *una società* to found a company; (*costruire*) to build, to construct: ~ *un impero* to build an empire. **3** ⟨*fig*⟩ (*stimolare al bene*) to edify, to enlighten, to uplift. □ ⟨*fig*⟩ ~ *sulla rena* (*o sabbia*) to build on sand; ⟨*fig*⟩ ~ *sulla roccia* to build on a firm foundation. **edificatorio** *a.* edifying. **edificazione** *f.* **1** (*l'edificare*) building, construction. **2** ⟨*fig*⟩ (*ammaestramento*) edification, enlightenment.

edificio *m.* **1** building, construction, edifice: ~ *di pietra* stone building; *l'* ~ *grigio della caserma* the grey edifice of the barracks. **2** ⟨*fig*⟩ (*struttura organizzata*) structure, framework: *l'* ~ *dello stato* the structure of the state. □ *complesso di edifici* block of buildings; ~ **industriale** industrial building; ~ **privato** private building; *edifici* **pubblici** public buildings; ~ **scolastico** school building.

edile I *a.* building: *impresa* ~ building firm (*o* contractor). **II** *m.* **1** (*operaio*) worker in the building industry. **2** ⟨*Stor.rom*⟩ aedile. ~ **costruttore** ~ (*proprietario*) builder; (*imprenditore*) builder, building contractor; *perito* ~ master builder. **edilità** *f.* ⟨*Stor.rom*⟩ aedility. **edilizia** *f.* building, building trade (*o* industry); *l'* ~ *del dopoguerra* post-war building. □ ~ *agevolata* subsidized building; ~ *residenziale* building of dwelling houses; ~ *popolare* council-house (*o* municipal) building, ⟨*am*⟩ public housing; ~ *scolastica* building of schools. **edilizio** *a.* building-: *commissione* –*a* building commission; *cooperativa* –*a* building co-operative; *regolamento* ~ building regulations (*o* code).

Edimburgo *N.pr.f.* ⟨*Geog*⟩ Edinburgh.

edipico *a.* (*pl.* -ci) Oedipus– (*anche Psic.*): *complesso* ~ Oedipus complex.

edito *a.* published: *libro* ~ *a Roma* book published in Rome; *opere* –*e e inedite* published and unpublished works. **editore** I *s.m.* (*f.* **-trice**) **1** publisher. **2** (*curatore di un'edizione*) editor. II *a.* publishing. □ *casa editrice* publishing firm (*o* house), publishers; *libreria editrice* publisher(s) and bookseller(s). **editoria** *f.* **1** publishing. **2** (*industria del libro*) book industry, publishing trade (*o* business). **editoriale** I *a.* publishing: *impresa ~* publishing firm (*o* business). II *s.m.* 〈Giorn〉 editorial, leading article. **editorialista** *m./f.* 〈Giorn〉 editorialist.

editto *m.* 〈Stor.rom〉 edict (*anche estens.*): *emanare un ~* to issue an edict. □ 〈Stor〉 *~ di tolleranza* (*o* Nantes) Edict of Nantes.

edizione *f.* **1** edition: *un' ~ accurata* a well-produced edition; *curare l' ~ di un testo latino* to be responsible for the (critical) edition of a Latin text. **2** (*di quotidiano*) edition, issue. **3** 〈estens〉 (*rif. a manifestazioni e sim.*) *non si traduce: la decima ~ della mostra dell'artigianato sardo* the tenth exhibition of Sardinian craftsmanship. □ *~ ampliata* enlarged edition; *~ clandestina* pirate edition; 〈Filol〉 *~* **critica** critical edition; *~* **economica** cheap edition; *~* **integrale** unabridged edition; *~ di lusso* de luxe edition; 〈Giorn〉 *~ del* **mattino** morning edition; 〈Giorn〉 *~ della* **notte** night edition; *~* **purgata** expurgated edition; *~* **ridotta** abridged edition; *~* **riveduta** *e corretta* revised and corrected edition; *~* **scolastica** school edition; 〈Tip〉 *~ in* **sedicesimo** 16mo (*o* sixteenmo) edition; 〈Giorn〉 *~ della* **sera** evening edition; 〈Giorn〉 *~* **straordinaria** late (*o* extra) edition; *~* **tascabile** pocket edition; 〈Giorn〉 **ultima** *~* final.

Edoardo *N.pr.m.* Edward.

edonismo *m.* 〈Filos〉 hedonism (*anche estens.*). **edonista** *m./f.* 〈Filos〉 hedonist (*anche estens.*). **edonistico** *a.* (*pl.* **-ci**) 〈Filos〉 hedonistic (*anche estens.*).

edotto *a.* (*burocr*) informed (of, about), acquainted (with). □ *rendere ~* to inform: *lo resi ~ dell'accaduto* I informed him of the event.

EDP = *elaborazione elettronica dei dati* Electronic Data Processing (*abbr.* E.D.P.).

edredone *m.* 〈Ornit〉 common eider (duck).

educabile *a.* trainable. **educanda** *f.* boarding–school girl. □ *atteggiamenti da ~* convent–school attitudes. **educandato** *m.* girls' boarding school; (*di suore*) convent boardingschool. **educare** *v.t.* (*educo,* **educhi**) **1** to educate, to train: *i genitori devono ~ i figli* parents should educate their children; *~ il gusto* to educate one's taste. **2** (*poet*) (*coltivare*) to cultivate. □ *~ le masse* to educate the masses; *~ la voce* to train one's voice. **educativo** *a.* **1** (*dell'educazione*) educational: *metodi –i* educational methods. **2** (*che serve a educare*) educative, instructive: *romanzo ~* instructive novel. **educato** *a.* **1** well-bred, well-mannered, well-brought up, polite: *un ragazzo ~* a polite boy. **2** (*esercitato*) practised, trained; (*affinato*) refined, educated, attuned: *avere l'animo ~ al senso del bello* to have a soul attuned to beauty. □ *~ bene ~* well–educated, well–bred; *male ~* ill–bred, ill–mannered. **educatore** *m.* (*f.* **-trice**) **1** educator. **2** (*pedagogista*) educator, educationalist.

educazione *f.* **1** upbringing: *l' ~ dei figli* the upbringing of the children. **2** (*affinamento*) training, education: *l' ~ della mente* the training of the mind; *~ musicale* musical education. **3** (*comportamento corretto*) (good) breeding, good manners *pl: un ragazzo senza alcuna ~* an ill–mannered boy, a boy with no manners. **4** (*informazione*) education, instruction: *~ sessuale* sexual education. □ *~ degli* **adulti** adult education; *~* **ambientale** environmental education; *~* **artistica** art education; *~* **civica** civics *pl* (*costr. sing.*); *~ del* **consumatore** consumer education; **curare** *l' ~ di qd.* to take charge of s.o.'s education; *~* **fisica** physical training (*o* education); *insegnante di ~ fisica* gym and games teacher; *~ dei* **genitori** parent training; 〈fam〉 *impara l' ~!* learn some manners!; **insegnare** *l' ~ a qd.* to teach s.o. manners; **mancanza** *di ~* bad manners, rudeness; **permanente** continuing education; 〈Dir〉 *~ della* **prole** education of offspring; *~* **religiosa** religious education; *~* **sanitaria** health education; *~* **sessuale** sexual education; **sistema** *di ~* educational system; *~* **stradale** road safety.

edulcorante I *a.* edulcorating. II *s.m.* sweetener.

edulcorare *v.t.* (**edulcoro**) to edulcorate (*anche fig.*).

edule *a.* (*commestibile*) edible.

efebo *m.* **1** 〈Stor.gr〉 ephebe, ephebus. **2** 〈estens,spreg〉 effeminate young man.

efedrina *f.* 〈Chim〉 ephedrin(e).

efelide *f.* freckle; 〈Med〉 ephelis. □ *un volto cosparso di –i* a freckled face.

efemera *f.* 〈Zool〉 mayfly.

efendi *m.* effendi.

Efeso *N.pr.f.* 〈Geog.stor〉 Ephesus.

effe *f./m.inv.* name of the letter F.

effemeride *f.* ephemeris. □ *–i astronomiche* (*o* nautiche) astronomical (*o* nautical) almanac.

effeminare *v.t.* (**effemino**) 〈lett〉 to (make) effeminate: *~ i costumi* to effeminate manners. **effeminatezza** *f.* effeminacy. **effeminato** I *a.* effeminate, unmanly: *un giovane ~* an effeminate youth. II *s.m.* effeminate.

efferatamente *avv.* ferociously, cruelly. **efferatezza** *f.* **1** (*ferocia, crudeltà*) ferocity, cruelty. **2** (*atto efferato*) atrocity. **efferato** *a.* brutal, savage, cruel, ferocious: *delitto ~* brutal crime; *odio ~* savage hate.

efferente *a.* 〈Anat〉 efferent: *canali –i* efferent canals.

effervescente *a.* effervescent, fizzy, sparkling: *sostanza ~* effervescent substance; *una conversazione ~* a sparkling conversation. **effervescenza** *f.* **1** effervescence. **2** 〈fig〉 (*agitazione*) excitement.

effettivamente *avv.* really, actually, indeed: *hai ~ deciso di partire?* have you really decided to leave? **effettivo** I *a.* **1** (*reale*) real, actual; (*concreto*) concrete, definite: *il nuovo metodo di lavoro presenta –i vantaggi* the new method of work presents concrete advantages. **2** (*non provvisorio*) permanent, regular: *professore ~* permanent professor. **3** 〈Mil〉 (*in servizio permanente*) regular: *ufficiale ~* regular officer. **4** (*in contanti*) cash. II *s.m.* **1** 〈Mil〉 strength, force, effectives *pl.* **2** (*consistenza concreta*) sum total: *l' ~ del patrimonio ereditario* the sum total of the inheritance. □ *denaro ~* cash; *entrate –e* actual revenue; *membro ~* permanent (*o* active) member; 〈Econ〉 *valore ~* real value.

effetto *m.* **1** effect: *rapporto tra causa ed ~* relation between cause and effect. **2** (*validità, efficacia*) effect, validity: *una legge con ~ retroattivo* a law with retroactive effect. **3** (*viva impressione*) effect, impression, sensation: *la notizia ha suscitato grande ~* the news caused a great sensation. **4** 〈Sport〉 spin. **5** 〈Econ〉 (*cambiale*) bill (of exchange); (*pagherò*) promissory note; *pl.* (*titoli*) securities *pl.* **6** 〈Fis〉 effect. **7** *pl.* (*indumenti*) effects *pl,* belongings *pl: –i personali* personal belongings (*o* effects). □ *a questo* (*o tale*) *~* for this purpose; *a tutti gli –i* to all intents and purposes; **avere** *~:* **1** to take (*o* have an) effect, to work (*anche fig.*): *la medicina ha avuto ~* the medicine has taken effect (*o* worked); *i rimproveri non hanno alcun ~ su questo ragazzo* rebukes have no effect on this boy; **2** (*rif. a legge e sim.*) to take (*o* come into) effect; *~* **bancario** (*o* bancabile) bankable bill; 〈Econ〉 *~* **cambiario** bill of exchange; **con** *~ da* with effect from, as from; *con ~* **immediato** with immediate effect; *~* **contrario** opposite effect; 〈Acu〉 *~* **copia** print through; **di** *~* effective: *una scena di grande ~* a very effective scene; 〈Sport〉 *gioco d' ~* spin; **fare** *~* to take (*o* have an) effect, 〈fam〉 to work: *il sonnifero comincia a fare ~* the sedative is beginning to work; *mi ha fatto uno strano ~ rivederlo dopo tanto tempo* it was strange to see him again after so long; *~* **frenante** braking effect; **in** *–i* really, actually, in fact, indeed; *–i di* **luce** lighting effects; 〈Fis〉 *~* **luminoso** luminous effect; *ad ~* **mirato** targeted; *~* **ottico** optical effect; **parole** *a ~* pretentious words, claptrap *sing; ~* **passivo** note (*o* bill) payable; **per** *~ di* through the effect of, because of: *era allegro per ~ del vino* he was gay because of the wine he had drunk; **produrre** *un ~* to cause (*o* bring about) an effect; 〈Atom〉 *~* **radioattivo** radioactive effect; *~* **rapido** fast-acting; *~* **residuo** residual effect; *~* **ritardato** after–effect; *gli –i di una* **sbornia** hangover; 〈Econ〉 *~ a* **lunga** scadenza long–term bill; *~ a breve scadenza* short–term bill; *~* **secondario** secondary effect, side effect; **senza** *~* without effect; *le mie raccomandazioni restarono senza ~* my recommendations had no effect; 〈Fis〉 *~*

serra greenhouse (*o* hothouse) effect.

effettuabile *a.* feasible, realizable: *l'idea è facilmente ∼* the idea is perfectly realizable. **effettuale** *a.* (*effettivo*) real, actual, true: *causa ∼* true cause. **effettuare** *v.t.* (*effettuo*) to effect, to put into effect (*o* practice), to carry out: *∼ un piano* to carry out a plan; *∼ un versamento* to effect a payment. **effettuarsi** *v.r.* (*realizzarsi*) to be realized, to be carried out. **effettuazione** *f.* execution, carrying out.

efficace *a.* **1** efficacious, effective: *un rimedio ∼* an efficacious cure. **2** (*fig*) (*rif. a stile, discorso e sim.*) effective, telling: *un discorso ∼* an effective speech. □ (*Teol*) *grazia ∼* efficacious grace. **efficacemente** *avv.* efficaciously, effectively. **efficacia** *f.* **1** efficacy, effectiveness, efficaciousness: *l' ∼ di una medicina* the efficacy of a medicine. **2** (*fig*) (*calore, forza*) force, warmth, potency: *gli oratori hanno parlato con ∼* the orators spoke with force. □ *avere ∼* (*essere efficace*) to be efficacious (*o* effective): *il rimedio non ha avuto ∼* the remedy was not effective; *∼ giuridica* validity in law, legal effect.

efficiente *a.* efficient, effective: *causa ∼* efficient cause; *i nuovi macchinari sono molto –i* the new machinery is very efficient; *una segretaria ∼* an efficient secretary; (*in buono stato*) in good condition, serviceable, in working order. **efficientemente** *avv.* efficiently, effectively. **efficientismo** *m.* (high) efficiency. **efficientista** *m./f.* efficiency–minded person. **efficientistico** *a.* (*pl.* -ci) efficiency–. **efficienza** *f.* efficiency, effectiveness: *provare l' ∼ di un motore* to test the efficiency of a motor. □ *essere in ∼:* **1** to be in working order: *la macchina è in ∼* the machine is in working order; **2** (*rif. a legge*) to be in force (*o* effect); **3** (*rif. a persone*) to be fit: *è un uomo anziano ma ancora in piena ∼* he is getting on in years but he is still quite fit; *mantenere in ∼* to keep in force; (*Econ*) *∼ marginale* marginal efficiency; *una persona di grande ∼* a very efficient person.

effigiare *v.t.* (*effigio, effigi*) (*lett*) **1** to portray, to represent: *nel quadro è effigiato un cavaliere* the painting represents a knight; (*dipingere*) to paint, to depict. **2** (*scolpire effigi*) to sculpt(ure), to carve (with effigies). **effigiato** *a.* **1** portrayed, represented; (*dipinto*) painted, depicted. **2** (*scolpito*) sculptured, carved (with effigies). **effigie** *f.* (*pl.* effigi) **1** (*immagine*) effigy, image; (*ritratto*) portrait: *nel quadro risalta l' ∼ dell'autore* the portrait of the artist appears in the painting. **2** (*fig*) (*espressione*) portrait, image, mirror: *il volto è l' ∼ dell'anima* the face is the mirror of the soul.

effimera *f.* → efemera. **effimerità** *f.* (*lett*) ephemerality. **effimero** *a.* **1** (*che dura un giorno*) ephemeral. **2** (*estens*) ephemeral, short–lived, transient: *piaceri –i* short–lived pleasures; *le gioie –e della vita* the ephemeral joys of life.

efflorescente *a.* (*Chim*) efflorescent. **efflorescenza** *f.* **1** (*Chim*) efflorescence. **2** (*Geol*) bloom(ing): *∼ di zolfo* sulphur blooming.

effluente **I** *a.* effluent, outflowing, flowing out (*o* from): *l'acqua ∼ dal rubinetto* the water flowing from the tap. **II** *s.m.* (*rifiuti di fognature*) effluent. **efflusso** *m.* efflux, effusion, (out)flow: *l' ∼ dell'acqua da una falla* the flow of water from a leak; *∼ di sangue* flow of bood. **effluvio** *m.* (*lett*) **1** scent, fragrance: *l' ∼ dei fiori* the fragrance of the flowers. **2** (*scherz*) (*cattivo odore*) bad (*o* unpleasant) smell, stench: *dalla cucina veniva un ∼ di frittura* an unpleasant smell of frying came from the kitchen. □ *∼ elettrico* corona (discharge).

effondere *v.t.* (*effusi, effuso*) **1** (*versare*) to pour out (*o* forth); (*diffondere*) to diffuse, to send out, to give out (*o* off), to shed: *la lampada effondeva una luce bianca* the lamp gave out a white light. **2** (*fig*) to pour out, to give vent to: *∼ l'animo* to pour out one's soul. **effondersi** *v.r.* to spread, to pour, to be shed. □ *∼ lacrime* to shed tears.

effrazione *f.* (*Dir*) housebreaking, effraction; (*di notte*) burglary. □ *furto con ∼* larceny and housebreaking.

effusi → effondere. **effusione** *f.* **1** effusion, flow, pouring out: *∼ di un liquido* pouring out of a liquid; *∼ di un gas* effusion of a gas. **2** (*fig*) effusion: *i ragazzi mi accolsero con –i di gioia* the children welcomed me with effusions of joy. **3** (*Chim,Fis,Geol*) effusion: *∼ lavica* effusion of lava. **effusivo** *a.* (*Geol*) effusive: *roccia –a* effusive rock. **effuso** → effondere.

eforo *m.* (*Stor.gr*) ephor.

EFTA = *Associazione europea di libero scambio* European Free Trade Association (*abbr.* EFTA).

Egadi *N.pr.f.pl.* (*Geog*) Aegadean Islands *pl,* Egadi Islands *pl.*

egalitario *a.* → egualitario. **egalitarismo** *m.* egalitarianism.

egemone (*lett*) **I** *a.* hegemonic: *stato ∼* hegemonic state. **II** *s.m./f.* hegemone. **egemonia** *f.* **1** hegemony: *l' ∼ spartana in Grecia* the Spartan hegemony in Greece. **2** (*estens*) leadership,. supremacy: *∼ commerciale* commercial supremacy. **egemonico** *a.* (*pl.* -ci) hegemonic(al): *autorità –a* hegemonic authority.

egeo *a.* Aegean: *isole –e* Aegean Islands. **Egeo** *N.pr.m.* **1** (*Mitol*) Aegeus. **2** (*Geog*) (*anche mare Egeo*) Aegean (Sea).

Egeria *N.pr.f.* (*Mitol*) Egeria.

egida *f.* **1** (*Mitol*) aegis. **2** (*fig*) aegis, protection, defence: *essere sotto l' ∼ della legge* to be under the aegis of the law.

Egina *N.pr.f.* (*Geog*) Aegina.

egira (*o egira*) *f.* (*Rel*) hegira, hejira.

Egitto *N.pr.m.* (*Geog*) Egypt. **egittologia** *f.* Egyptology. **egittologo** *m.* (*pl.* -gi; *f.* -a) Egyptologist.

egiziaco *a.* (*pl.* -ci) (*lett*) Egyptian. **egiziano** **I** *a.* Egyptian. **II** *s.m.* **1** (*lingua*) Egyptian. **2** (*abitante; f.* -a) Egyptian. **3** (*Tip*) Egyptian (type–face). **egizio** *a.* (*dell'antico Egitto*) of ancient Egypt, ancient Egyptian, Egyptiac: *le piramidi –e* the pyramids of ancient Egypt.

eglefino *m.* (*Itt*) haddock.

egli *pron.pers.m.* he: *∼ ce lo disse* he told us; *∼ stesso* he himself.

eglino *pron.pers.m.pl.* (*ant*) they.

egloga *f.* (*Lett*) eclogue.

ego *lat. m.* (*Psic*) ego.

egocentricamente *avv.* egocentrically. **egocentricità** *f.* self–centredness, egocentricity. **egocentrico** *a./s.* (*pl.* -ci) **I** *a.* self–centred, egocentric. **II** *s.m.* (*f.* -a) self–centred (*o* egocentric) person. □ *essere un ∼* to be self–centred. **egocentrismo** *m.* self–centredness, egocentricity.

egoismo *m.* selfishness, egoism: *l' ∼ materno* maternal egoism. **egoista** **I** *s.m./f.* selfish person, egoist. **II** *a.* selfish, egoistic(al): *un carattere ∼* a selfish character; *sei un grande ∼* you are utterly selfish. **egoisticamente** *avv.* selfishly, egoistically. **egoistico** *a.* (*pl.* -ci) selfish, egoistic(al): *sentimenti –i* selfish feelings.

egotismo *m.* egotism, self-conceit. **egotista** *m./f.* egotist. **egotistico** *a.* (*pl.* -ci) egotistic(al).

egr., Egr. = *egregio.*

egregiamente *avv.* excellently, very well, extremely well: *ti sei comportato ∼* you behaved extremely well. **egregio** *a.* **1** excellent, eminent, distinguished, worthy: *un ∼ professore* a distinguished professor. **2** (*epist*) dear: *∼ signore* Dear Sir; (*negli indirizzi*) Mr., Esq.: *∼ signor Carlo Rossi* Mr. Charles Rossi, Charles Rossi, Esq.

egretta *f.* **1** (*Ornit*) egret. **2** (*Mod*) aigrette.

eguaglianza *f.* (*lett*) equality. **eguagliare** *v.t.* (*eguaglio, eguagli*) **1** to equalize, to make equal. **2** (*essere pari*) to equal, to be equal to. **eguale** *a.* equal. **egualità** *f.* equality. **egualitario** *a./s.m.* (*f.* -a) (*Pol*) egalitarian, equalitarian. **egualitarismo** *m.* egalitarianism, equalitarianism.

eh *intz.* **1** (*dolore*) oh dear, alas, ah: *∼, ormai non c'è più speranza* alas, there is no hope left; (*dubbio*) hum: *il lavoro sarà pronto per domani? – ∼, sarà difficile* will the work be ready for tomorrow? – hum, it is not very likely. **2** (*meraviglia*) phew, ah, (*fam*) wow: *l'appartamento mi è costato trenta milioni – ∼?* the flat cost me thirty million – phew! did it really? **3** (*rispondendo a chi chiama*) yes, what: *Mario? – ∼? Mario? –* Yes?

ehi *intz.* hey (there): *∼ tu, vieni qui* hey, you, come here.

ehm *intz.* (a)hem, hum: *∼, preferisco non parlare* hum, I should prefer not to say anything.

eiaculare *v.i.* (eiaculo; *aus.* **avere**) to ejaculate. **eiaculatore, eiaculatorio** *a.* ejaculatory. **eiaculazione** *f.* ejaculation.

eidetico *a.* (*pl.* -ci) ⟨*Filos,Psic*⟩ eidetic.

eiettabile *a.* that may be ejected, ejector-, ejection-: ⟨*Aer*⟩ *sedile* ∼ ejection (*o* ejector) seat. **eiettore** *m.* ⟨*Mecc*⟩ ejector. **eiezione** *f.* **1** ejection. **2** ⟨*Geol*⟩ ejecta *pl,* ejected matter (from a volcano).

einsteiniano [ainstain-] *a.* Einsteinian, Einstein-. **einsteinio** [ain'stain-] *m.* ⟨*Chim*⟩ einsteinium.

Eire *N.pr.f.* ⟨*Geog*⟩ Eire.

elaborare *v.t.* (elaboro) **1** to elaborate, to draw up: ∼ *un piano* to devise (*o* draw up) a plan; (*rif. a dati*) to process: ∼ *dati statistici* to process statistical data. **2** (*digerire*) to elaborate: *lo stomaco elabora i cibi* the stomach elaborates food. **3** ⟨*Biol*⟩ (*produrre*) to elaborate; (*secernere*) to secrete. **elaboratezza** *f.* elaborateness: *l'eccessiva* ∼ *dello stile* the overelaborateness of the style. **elaborato I** *a.* elaborate, carefully drawn up: *discorso* ∼ elaborate speech; *stile troppo* ∼ overelaborate style. **II** *s.m.* **1** secretion: *l'* ∼ *del pancreas* the secretion of the pancreas. **2** ⟨*Scol*⟩ (*compito*) paper: *gli -i d'esame* the examination papers. **elaboratore** *m.* **I** *a.* **1** elaborating. **2** ⟨*Inform*⟩ processing. **II** *s.m.* **1** elaborator. **2** ⟨*Inform*⟩ computer. □ ∼ **analogico** analog computer; ∼ **asincrono** asynchronous computer; ∼ **centrale** central computer; ∼ **digitale** digital computer; ∼ **domestico** home computer; ∼ **elettronico** electronic computer; ∼ *di* **parole** word processor; ∼ **personale** personal computer; ∼ *di* **testi** text processor; ∼ *da* **ufficio** desk–top computer.

elaborazione *f.* **1** elaboration, drawing up; (*rif. a dati*) processing. **2** (*digestione*) digestion. **3** ⟨*Biol*⟩ elaboration; (*secrezione*) secretion. **4** ⟨*Inform*⟩ processing: *dell'informazione* information processing. □ ⟨*Inform*⟩ ∼ *a* **blocchi** batch processing; *curare l'* ∼ *di un piano* to work out a plan; ∼ *dei* **dati** data processing; ∼ *a* **distanza** teleprocessing; ∼ **secondaria** background processing; ∼ *in* **serie** serial processing; ∼ *del* **suono** sound processing; ∼ *dei* **testi** text processing.

elargire *v.t.* (elargisco, elargisci) to lavish (*a* on), to give freely, to deal (*o* hand) out generously (to): ∼ *aiuti* to give help freely; ∼ *denari* to give money generously. **elargizione** *f.* donation, gift: *fare -i ai poveri to* ˈmake donationsˈ (*o* give generously) to the poor.

elasticamente *avv.* elastically. **elasticità** *f.* **1** elasticity; (*rif. a molla*) spring(iness). **2** (*agilità*) agility, nimbleness. **3** ⟨*fig*⟩ elasticity, adaptability: *l'* ∼ *di un concetto* the elasticity of a concept. **4** ⟨*fig*⟩ (*agilità mentale*) nimbleness, quickness: ∼ *di mente* nimbleness of wit, quick–wittedness. **5** ⟨*Econ,Mecc*⟩ elasticity. □ ⟨*Econ*⟩ ∼ *della domanda* elasticity of demand; ∼ *incrociata* cross elasticity; *limite di* ∼ limit of elasticity; ∼ *dell'offerta* elasticity of supply. **elasticizzato** *a.* elasticized: *tessuto* ∼ elasticized fabric.

elastico *a./s.* (*pl.* -ci) **I** *a.* **1** elastic: *sostanza -a* elastic substance; (*estensibile*) flexible, stretchy; (*di molle*) sprinpy. **2** (*agile*) nimble, agile. **3** ⟨*fig*⟩ elastic, flexible, adaptable: *un concetto* ∼ an elastic concept. **4** ⟨*fig*⟩ (*vivace, pronto*) lively, nimble, quick, supple: *mente -a* lively mind; (*cedevole, accomodante*) accommodating, compliant, elastic: *coscienza -a* elastic conscience; (*largo di vedute*) broad–minded. **5** ⟨*Mil*⟩ flexible, mobile: *fronte* ∼ mobile front; *ʼdifesa -a* flexible defence. **II** *s.m.* **1** (*tessuto*) elastic (web). **2** (*nastro, fettuccia*) elastic band (*o* cord), elastic; (*per pacchi e sim.*) rubber band. **3** (*del letto*) spring mattress. **4** (*delle calze*) garter; (*dei calzini*) sock suspender. □ *cintura -a* elastic belt; ⟨*Fis*⟩ *deformazione -a* elastic deformation; *camminare con passo* ∼ to walk with a springy step; *tessuto* ∼ elastic (webbing); ⟨*Biol*⟩ elastic tissue.

elastomero *m.* ⟨*Chim*⟩ elastomer.

elaterina *f.* ⟨*Chim*⟩ elaterin.

elaterio *m.* **1** ⟨*Bot*⟩ squirting cucumber. **2** ⟨*Entom*⟩ click (*o* snapping) beetle.

Elba *N.pr.f.* ⟨*Geog*⟩ **1** (*isola*) Elba: *l'isola d'* ∼ the island of Elba. **2** (*fiume*) Elbe.

elce *f./m.* ⟨*Bot*⟩ holm oak, ilex.

eldorado *m.* El Dorado, Eldorado (*anche fig.*).

eleatico *a./s.* (*pl.* -ci) ⟨*Filos*⟩ **I** *a.* Eleatic. **II** *s.m.* Eleatic (philosopher). **eleatismo** *m.* Eleaticism.

electron *m.* ⟨*Met*⟩ electron, elektron.

elefante *m.* ⟨*Zool*⟩ elephant. □ ∼ *africano* African elephant; ∼ *indiano* Asiatic (*o* Indian) elephant; ∼ *marino* sea elephant; ⟨*fig*⟩ *fare d'una mosca un* ∼ to make a mountain out of a molehill. **elefantesco** *a.* (*pl.* -chi) elephantine (*anche fig.*). **elefantessa** *f.* cow elephant, female elephant. **elefantiaco** (*pl.* -ci) *a.* **1** ⟨*Med*⟩ elephantiasic. **2** ⟨*fig*⟩ elephantine. **elefantiasi** *f.* ⟨*Med*⟩ elephantiasis (*anche fig.*).

elegante *a.* **1** elegant, smart, smartly–dressed: *una signora* ∼ an elegant (*o* smartly–dressed) lady; (*rif. ad abiti*) smart, elegant, chic: *un vestito* ∼ a smart dress. **2** (*fine, aggraziato*) elegant, graceful, stylish: *ha una figura* ∼ she has a graceful figure; *un tempio dalle -i linee classiche* a temple with elegant classical lines; *prosa* ∼ stylish prose. **3** (*sottile, ingegnoso*) nice, fine: *una questione* ∼ a nice point; (*ben condotto*) elegant, neat: *dimostrazione* ∼ elegant demonstration. **elegantemente** *avv.* **1** elegantly, smartly: *vestire* ∼ to dress smartly. **2** ⟨*fig*⟩ smartly, neatly, elegantly, stylishly: *è riuscito a cavarsela* ∼ *da questo brutto impiccio* he managed to get out of this nasty situation neatly (*o* gracefully). **elegantone** *m.* (*f.* -a) dandy, fop (*f* smart dresser). **eleganza** *f.* **1** elegance, smartness. **2** (*grazia, leggiadria*) elegance, gracefulness, stylishness: *l'* ∼ *delle linee architettoniche di un edificio* the elegance of a building's architectural lines.

eleggere *v.t.* (eleggo, eleggi; elessi, eletto) **1** to elect: ∼ *i deputati* to elect the Members of Parliament; *fu eletto presidente* he was elected President; (*nominare*) to appoint; to nominate. **2** ⟨*burocr*⟩ (*fissare, stabilire*) to fix: ∼ *il proprio domicilio a Roma* to fix one's domicile in Rome. **eleggibile** *a.* ⟨*Dir*⟩ eligible. **eleggibilità** *f.* eligibility.

elegia *f.* ⟨*Lett,Mus*⟩ elegy. **elegiaco** *a.* (*pl.* -ci) **1** elegiac(al). **2** ⟨*fig*⟩ (*mesto*) elegiac, mournful, plaintive, melancholy: *sentimenti -i* mornful feelings.

elementare *a.* **1** elemental, elementary: *corpo* ∼ elemental body. **2** (*naturale, della natura*) elemental, of nature: *le forze -i* the elemental forces. **3** (*fondamentale*) elementary, fundamental, basic: *concetti -i* elementary concepts; *le nozioni -i della fisica* elementary knowledge of physics, the elements (*o* rudiments) of physics. **4** (*estens*) (*facile, semplice*) simple, easy: *non capisce le spiegazioni più -i* he does not understand even the simplest explanations. □ *analisi chimica* ∼ elementary chemical analysis; *istruzione* ∼ primary (*o* elementary) education; *maestro* ∼ primary school teacher; ⟨*Fis*⟩ *materia* ∼ elementary material; ⟨*Atom*⟩ *particella* ∼ elementary particle; *scuola* ∼ primary (*o* elementary) school.

elementari *f.pl.* primary school.

elementarità *f.* elementariness; (*facilità*) simplicity, easiness. **elementarizzare** *v.t.* to make elementary, to simplify. **elementarmente** *avv.* elementarily; (*facilmente*) simply.

elemento *m.* **1** element: *la furia degli -i* the fury of the elements. **2** (*parte componente*) element, component (part), constituent (part), part: *gli -i di un edificio* the elements of a building; (*rif. a termosifone*) section. **3** (*dato*) fact, datum: *-i di giudizio* facts (*o* data) by which one can judge; *non avere -i per giudicare* ˈnot to have the factsˈ (*o* to have nothing) to go by. **4** (*individuo*) person, individual, ⟨*fam*⟩ fellow, ⟨*fam*⟩ chap: *un buon* ∼ a good fellow, a capable man; ⟨*fam*⟩ *che* ∼ ! (*che persona strana*) what an odd fellow!, what a queer chap!; *-i sovversivi* subversive individuals (*o* influences); (*lavoratore*) worker: *mancano buoni -i negli uffici* good office–workers are few and far between. **5** (*ambiente in cui vive un essere*) element. **6** *pl.* (*principi fondamentali*) elements *pl,* rudiments *pl:* *-i di matematica* elements of mathematics. **7** ⟨*Ling*⟩ part: *il primo* ∼ *di una parola composta* the first part of a compound word. **8** ⟨*Mecc*⟩ element, part, component, unit. **9** ⟨*El*⟩ element, cell: *gli -i di una pila* the cells of a storage battery. **10** ⟨*Chim,Mat*⟩ element. □

⟨Inform⟩ ~base di un'immagine pixel; ⟨fig⟩ un ~cattivo a bad lot; ~chimico (chemical) element; ~costitutivo constituent part (o element); ⟨tecn⟩ ~mobile moving part; ignorare i primi –i di una materia not to know even the rudiments of a subject; essere (o sentirsi) nel proprio ~to be in one's element; ⟨Dir⟩ ~di prova proof, evidence; i quattro –i the four elements; ⟨Aut⟩ ~del radiatore cell; ⟨Inform⟩ ~di scrittura write head.

elemosina f. 1 alms pl (costr. sing. o pl.), charity. 2 ⟨fig,spreg⟩ charity: aiutatemi, se volete, ma non voglio l' ~ di nessuno help me if you will, but I don't want anybody's charity. ☐campare d' ~to live on charity; cassetta delle –e alms box; chiedere l' ~to beg; dare (o fare) l' ~to give alms; ridursi all' ~to be reduced to begging (o poverty).

elemosinare v. (elemosino) I v.i. (aus. avere) to beg, to ask alms. II v.t. 1 to beg (for). 2 ⟨fig⟩ to beg, to entreat.

elemosiniere m. ⟨Stor⟩ almoner.

Elena N.pr.f. Helen(a). ☐⟨Geog⟩ l'isola di sant' ~(the island of) St. Helena; ⟨Mitol⟩ ~di Troia Helen of Troy.

elencare v.t. (elenco, elenchi) 1 (registrare in un elenco) to list, to make a list of. 2 ⟨estens⟩ to list, to enumerate: mi ha elencato tutte le sue disgrazie he enumerated all his misfortunes to me. **elencazione** f. 1 listing. 2 ⟨estens⟩ enumeration.

elenco m. (pl. -chi) 1 list, roll: l' ~degli esaminandi the list of examination candidates; (inventario) inventory. 2 (enumerazione) list, enumeration. ☐~per classi classified directory; fare un ~to make (o draw up) a list; ~di indirizzi list of addresses; ~degli iscritti list (o roll) of members, members' register; ~delle merci goods list; ~ telefonico telephone directory.

Eleonora N.pr.f. Eleanor.

elessi →eleggere.

elettivamente avv. 1 (per elezione) electively, by election. 2 (di preferenza) preferably, electively, for preference, by choice. **elettivo** a. 1 elective: carica –a elective post; nomina –a elective appointment. 2 (scelto volontariamente) chosen, selected, elective. ☐affinità –e elective affinities; domicilio ~domicile of choice, address for service; monarchia –a elective monarchy. **eletto** (p.p. di eleggere) I a. 1 elected: un deputato ~an elected member of Parliament. 2 (scelto) chosen, ⟨pred⟩ elect: il popolo ~the Chosen People. 3 (eccellente, nobile) select, noble, distinguished: un animo ~a noble heart; un ~pubblico a select audience. II s.m. (f. -a) 1 elected member: gli –i alla camera dei Comuni the members elected to the Commons. 2 ⟨Rel⟩ one chosen by God; pl. the elect, the chosen.

elettorale a. 1 electoral, election–, ballot–, poll–, polling. 2 ⟨Sport⟩ electoral. ☐cabina ~polling booth; campagna ~election campaign; corpo ~body of electors; discorso ~election address, electoral speech; lista ~poll book; manifesto ~election poster; propaganda ~electioneering; scheda ~ballot paper; sistema ~electoral system; slogan ~election slogan; urna ~ballot box.

elettoralismo m. electoralism. **elettoralistico** a. (pl. -ci) electoralistic.

elettorato m. 1 ⟨collett⟩ (gli elettori) electorate; (collegio elettorale) constituency. 2 ⟨Stor⟩ electorate. ☐~attivo franchise; ~fluttuante swing voters pl; ~passivo eligibility for election. **elettore** m. 1 (f. -trice) elector, voter; (di un collegio elettorale) constituent. 2 ⟨Stor⟩ (anche principe elettore) Elector. ☐~delegato¹ (o grande elettore) (grand) elector; essere ~to be an elector, to have the vote; lista degli –i poll book.

Elettra N.pr.f. ⟨Mitol⟩ Electra. ☐⟨Psic⟩ complesso di ~ Electra complex.

elettrauto m. 1 (officina) (workshop for) car electrical repairs. 2 (operaio) car electrician. **elettricamente** avv. electrically. **elettricista** m. electrician.

elettricità f. electricity. ☐~atmosferica atmospheric electricity; ~di contatto contact electricity; ~latente dissimulated electricity; ~(da fonte) nucleare electricity from nuclear source; ~(da fonte) solare electricity from sunlight; sorgente di ~source of electricity; ~statica static electricity.

elettrico a./s. (pl. -ci) I a. 1 electric(al): energia –a electrical energy. 2 (che funziona a elettricità) electric: cucina –a electric cooker. 3 ⟨fam⟩ (teso, nervoso) electric, highly–charged, excited: c'era un'atmosfera –a the atmosphere was electric. II s.m. electricity worker. ☐ carica –a electric charge; centrale –a power station (o plant); filo ~electric wire; fornello ~hot plate; luce –a electric light; motore ~electric motor; scarica –a electric discharge; sedia –a electric chair; ⟨Ferr⟩ trazione –a electric traction.

elettrificare v.t. (elettrifico, elettrifichi) to electrify: ~ una linea ferroviaria to electrify a railway line. **elettrificato** a. electrified: linea ferroviaria –a electrified railway line. **elettrificazione** f. electrification. **elettrizzante** a. electrifying, exciting: notizie –i electrifying news; musica ~exciting music. **elettrizzare** v.t. 1 ⟨El⟩ to electrify. 2 ⟨fig⟩ (eccitare) to electrify; (entusiasmare) to thrill: la notizia mi ha elettrizzato the news has thrilled me. **elettrizzarsi** v.r. 1 ⟨El⟩ to become electrified, to be charged with electricity. 2 ⟨fig⟩ (eccitarsi) to be electrified; (entusiasmarsi) to be thrilled. **elettrizzato** a. 1 ⟨El⟩ electrified, charged with electricity: corpo ~body charged with electricity. 2 ⟨fig⟩ (eccitato) electrified; (entusiasta) thrilled. **elettrizzazione** f. electrification.

elettro|acustica f. ⟨Fis⟩ electroacoustics pl (costr. sing.). ~biologia f. electrobiology. ~calamita f. electromagnet. ~cardiografia f. ⟨Med⟩ electrocardiography. ~cardiografo m. electrocardiograph. ~cardiogramma m. electrocardiogram. ~cardiologia f. electrocardiology. ~cauterio m. electrocautery. ~centrale f. power station (o plant). ~chimica f. electrochemistry. ~chimico a./s. (pl. -ci) I a. electrochemical: serie –a electrochemical series. II s.m. electrochemist. ~choc [-'ʃok] m. → elettroshock. ~cinetica f. electrokinetics pl (costr. sing.). ~coagulatore m. ⟨Chir⟩ electrocoagulator. ~coagulazione f. electrocoagulation. ~convulsivo a. ⟨Med⟩ electro–convulsive.

elettrocuzione f. ⟨SU⟩ electrocution.

elettro|deposizione f. electrodeposition; ⟨Met⟩ electroplating. ~diagnostica f. ⟨Med⟩ electrodiagnosis. ~dialisi f. ⟨Fis⟩ electrodialysis. ~dinamica f. ⟨Fis⟩ electrodynamics pl (costr. sing.). ~dinamico a. (pl. -ci) electrodynamic. ~dinamometro m. electrodynamometer.

elettrodo m. ⟨Fis,Mot,Mecc⟩ electrode.

elettro|domestico a./s. (pl. -ci) I a. of electric (household) appliances. II s.m. electric (household) appliance: negozio di –i shop selling electric household appliances. ☐–i bianchi white goods. ~dotto m. ⟨El⟩ power line, electric main. ~encefalografia f. ⟨Med⟩ electroencephalography. ~encefalografo m. electroencephalograph. ~encefalogramma m. electroencephalogram. ~esecuzione f. →elettrocuzione. ~fisiologia f. electrophysiology. ~foresi f. ⟨Fis,Chim⟩ electrophoresis. ~formatura f. ⟨Met⟩ electroforming.

elettrogeno a. generating electricity. ☐gruppo ~ generator. **elettrolisi** (o elettrolisi) f. ⟨Chim⟩ electrolysis. **elettrolita** m. →elettrolito. **elettrolitico** a. (pl. -ci) electrolytic. ☐bagno ~electrolytic (o galvanic) bath. **elettrolito** m. electrolyte. **elettrolizzare** v.t. electrolyze, to decompose by electrolysis.

elettro|logia f. ⟨Fis⟩ electrology. ~magnete m. electromagnet. ~magnetico a. (pl. -ci) electromagnetic: campo ~electromagnetic field; onda –a electromagnetic wave. ~magnetismo m. electromagnetism, electromagnetics pl (costr. sing.). ~massaggio m. electromassage. ~meccanica f. electromechanics pl (costr. sing.). ~meccanico a./s. (pl. -ci) I a. electromechanical. II s.m. (operaio) electrician. ~metallurgia f. electrometallurgy. ~metallurgico a. (pl. -ci) electrometallurgical. ~metria f. electrometry.

elettro|metro m. electrometer. ~miografia f. ⟨Med⟩ electromyography. ~motore I s.m. electric motor, electromotor. II a. electromotive: forza elettromotrice electromotive force. ~motrice f. ⟨Ferr⟩ electric railcar. ~narcosi f. ⟨Med⟩ electronarcosis.

elettrone m. ⟨Fis⟩ electron. ☐~di conduzione

conduction electron; *flusso di ~i* electron flow; *~negativo* negative electron, negatron; *~positivo* positive electron, positron. **elettronegativo** *a.* ⟨*Fis,Chim*⟩ electronegative. **elettronegatività** *f.* ⟨*Fis*⟩ electronegativity.

elettronica *f.* electronics *pl* (*costr. sing.*). □*~di consumo* consumer electronics *pl*; *~industriale* industrial electronics *pl*; *~medicale* medical electronics *pl*; *~quantica* quantum electronics *pl*; *~spaziale* space electronics *pl.*

elettronico *a.* (*pl.* -ci) electronic, electron-: *calcolatore ~* computer.

elettro|nucleare *a.*: *centrale ~*nuclear power plant (*o* station). *~*(o)ttico *a.* (*pl.* -ci) electro–optical. *~*pompa *f.* electropump, electric (*o* motor–driven) pump. *~*positività *f.* ⟨*Chim,Fis*⟩ electropositivity. *~*positivo *a.* electropositive. *~*scopio *m.* electroscope; *~condensatore* condensing (*o* condenser) electroscope; *~a foglie d'oro* gold–lead electroscope. *~*shock [-'ʃok] *m.* ⟨*Med*⟩ electroshock. *~*shockterapia *f.* ⟨*Med*⟩ electroshock (*o* electroconvulsive) therapy. *~*sincrotrone *m.* ⟨*Atom*⟩ electrosynchrotron. *~*statica *f.* ⟨*Fis*⟩ electrostatics *pl* (*costr. sing.*). *~*statico *a.* (*pl.* -ci) electrostatic: *lente ~a* electrostatic lens. *~*tecnica *f.* electrotechnology, electrotechnics *pl* (*costr. sing.*). *~*tecnico *a./s.* (*pl.* -ci) **I** *a.* electrotechnic(al). **II** *s.m.* (*operaio*) electrotechnician, electrical engineer. *~*terapia *f.* ⟨*Med*⟩ (*la scienza*) electrotherapeutics *pl* (*costr. sing.*); (*la cura*) electrotherapy. *~*terapico *a.* (*pl.* -ci) electrotherapeutical. *~*trazione *f.* electric traction. *~*treno *m.* ⟨*Ferr*⟩ (streamlined express) electric train. *~*valenza *f.* electrovalency. *~*valvola *f.* solenoid valve.

Eleusi *N.pr.f.* ⟨*Geog.stor*⟩ Eleusis. **eleusino** *a.* Eleusinian: *misteri ~i* Eleusinian mysteries.

elevabile *a.* raisable, that may be raised. **elevamento** *m.* raising, lifting, elevation. **elevare** *v.t.* (elevo/elevo) **1** (*alzare, innalzare*) to raise, to heighten, to elevate: *~l'edificio di un piano* to heighten the building by one floor, to add a floor to the building; *~il piano stradale* to raise the roadway; (*rif. a costruzioni*) to erect. **2** (*volgere verso l'alto*) to raise, to lift (up), to turn upwards: *~lo sguardo* to raise one's eyes. **3** (*fig*) (*innalzare*) to elevate, to uplift, to raise: *~l'animo a Dio* to raise one's heart to God; *una lettura che eleva lo spirito* reading which elevates, uplifting reading. **4** (*fig*) (*migliorare*) to raise, to improve: *l'istruzione eleva il livello culturale del popolo* education raises a people's cultural standards. **5** (*fig*) (*rif. a cariche e sim.*) to raise, to elevate: *~qd. alla dignità cardinalizia* to raise s.o. to the dignity of Cardinal; *~al trono* to raise to the throne. **6** ⟨*Mat*⟩ to raise: *~all'ennesima potenza* to raise to the nth power. **elevarsi** *v.r.* to rise; (*dominare dall'alto*) overlook (*su qc.* s.th.), to tower (*over* s.th.): *la montagna si eleva sul lago* the mountain overlooks the lake; ⟨*fig*⟩ to be elevated (*o* uplifted): *elevarsi con lo spirito* to be uplifted. □*~una contravvenzione a qd.* to fine s.o.; ⟨*Lit*⟩ *~l'ostia* to elevate the Host; *~una preghiera* to send (*o* lift up) a prayer; *~un numero al quadrato* to square a number. **elevatezza** *f.* **1** (*altezza*) highness. **2** ⟨*fig*⟩ loftiness: *~di sentimenti* loftiness of sentiment. □*~di pensieri* high thinking. **elevato** *a.* **1** (*alto*) high, elevated, soaring: *un monte ~a* high mountain. **2** (*importante*) high: *ricoprire una carica ~a* to hold a high office. **3** ⟨*fig*⟩ (*nobile*) lofty: *sentimenti ~i* lofty sentiments. □*prezzo ~*high price; *stile ~*lofty style. **elevatore** *m.* **1** ⟨*Mecc*⟩ elevator; (*montacarichi*) service lift. **2** (*nelle armi da fuoco*) magazine. □*~per balle* bale elevator; *~di cereali* grain elevator; ⟨*Agr*⟩ *~per covoni* sheaf loader; *~a nastro* belt (*o* endless band) elevator. **elevazione** *f.* **1** (*elevamento*) raising, lifting (up), uplifting, elevating. **2** ⟨*fig*⟩ (*innalzamento*) raising, uplifting, elevation: *~dello spirito* elevation of the mind. **3** (*luogo elevato*) elevation, rise, height: *le ~i del terreno* the rises in the ground. **4** ⟨*Lit,Artlgl*⟩ elevation. □⟨*Mat,Artlgl*⟩ *angolo di ~*angle of elevation; ⟨*Mat*⟩ *~a potenza* raising to a power, involution; ⟨*Mus*⟩ *~di un semitono* sharp, raising of the note by one semitone; *~al trono* raising to the throne.

elezione *f.* **1** election. **2** *pl.* elections *pl: indire le ~i* to call the elections. **3** (*scelta*) choice. □*~i amministrative* local government elections; *~i anticipate* early elections; **d'** *~* by (*o* of, from) choice, of one's own free will: *patria d' ~* country of choice; *~di domicilio* adoption of domicile of choice; *~i europee* European elections, Europoll; *~i generali* general elections; *giorno delle ~i* election (*o* polling) day; *~i legislative* parliamentary elections; *le ~i politiche* general (*o* parliamentary) election; *presentarsi come candidato alle ~i politiche* to stand for Parliament; *~presidenziale* presidential election; *~i regionali* (*o del consiglio regionale*) regional government elections; *~del senato* election of the Upper House; *~i a suffragio universale* elections by universal suffrage; *~supplementare* (*o suppletiva*) by-election.

elfo *m.* ⟨*Mitol.nord*⟩ elf.

Elia *N.pr.m.* ⟨*Bibl*⟩ Elijah.

eliaco *a.* (*pl.* -ci) ⟨*Astr*⟩ heliacal: *tramonto ~*heliacal setting; *levata ~a* heliacal rising.

eliangelo *m.* ⟨*Ornit*⟩ sun angel. **elianto** *m.* ⟨*Bot*⟩ helianthus. **eliantemo** *m.* ⟨*Bot*⟩ helianthemum, rock-rose.

elibus *m.* helibus.

elica *f.* **1** ⟨*Aer,Mar*⟩ screw, propeller; (*di elicottero*) rotor. **2** ⟨*Geom*⟩ helix. □*~d'aeroplano* airscrew, (screw) propeller; *pala dell' ~*screw blade; *~di propulsione* (*o propulsiva*) pusher propeller.

elice *f.* ⟨*Anat,Arch*⟩ helix. **elicoidale** *a.* **1** ⟨*Geom*⟩ helicoid(al). **2** ⟨*Mecc*⟩ helical, helicoidal. □*molla ~* helical (*o* spiral) spring; *moto ~*helicoidal motion; ⟨*Geom*⟩ *superficie ~*helicoid, screw surface. **elicoide I** *a.* →**elicoidale**. **II** *s.m.* ⟨*Geom*⟩ helicoid.

Elicona *N.pr.m.* ⟨*Geog.stor*⟩ Helicon. **eliconio** *a.* ⟨*lett*⟩ Heliconian.

elicottero *m.* helicopter. □*~da combattimento* combat helicopter; *~da salvataggio* rescue helicopter. **elicotterista I** *s.m.* **1** (*pilota*) helicopter pilot. **2** (*fabbricante*) helicopter manufacturer. **II** *a.* helicopter-.

elicriso *m.* ⟨*Bot*⟩ helychrisum, everlasting.

Elide *N.pr.f.* ⟨*Geog.stor*⟩ Elis.

elidere *v.t.* (elisi, eliso) **1** (*annullare*) to annul. **2** ⟨*Gramm*⟩ to elide. **elidersi** *v.r.* (*annullarsi*) to annul e.o.

eliminabile *a.* eliminable. **eliminare** *v.t.* (elimino) **1** to eliminate, to remove; (*toglier via*) to get rid of, to do away with: *~i peli superflui* to remove unwanted hair; *il deodorante elimina i cattivi odori* deodorant does away with bad smells. **2** (*espellere*) to eliminate, to expel: *l'organismo elimina le sostanze nocive* the organism eliminates waste matter. **3** ⟨*Sport*⟩ to eliminate, (*fam*) to knock out. **4** (*gerg*) (*uccidere*) to eliminate, to bump off. □*~la concorrenza* to oust one's competitors; *~un errore* to weed out an error. **eliminatoria** *f.* eliminating race, preliminary heat. **eliminatorio** *a.* eliminating, preliminary: *gare ~e* eliminating races, preliminary heats. **eliminazione** *f.* **1** elimination. **2** (*rimozione*) removal; (*il toglier via*) ridding, doing away with. **3** (*espulsione*) expulsion. **4** ⟨*Sport,Mat*⟩ elimination. □*per ~*by process of elimination; *nella ricerca ho proceduto per ~di determinati fattori* in my research work, I have proceeded by the elimination of certain factors.

elio *m.* ⟨*Chim*⟩ helium.

eliocentrico *a.* (*pl.* -ci) ⟨*Astr*⟩ heliocentric. **eliocentrismo** *m.* heliocentrism.

elioelettrico *a.* (*pl.* -ci): *centrale ~a* solar power plant (*o* station).

eliofilo *a.* ⟨*Bot*⟩ heliophilous: *pianta ~a* heliophilous plant. **eliofobia** *f.* ⟨*Med,Bot*⟩ heliophobia. **eliofobo** *a.* ⟨*Bot*⟩ heliophobous: *pianta ~a* heliophobous plant. **eliografia** *f.* ⟨*Astr,Tip*⟩ heliography. **eliografico** *a.* (*pl.* -ci) heliographic: *carta ~a* heliographic paper; *copia ~a* heliographic print. **eliografista** *m./f.* heliographer. **eliografo** *m.* heliograph.

elio|scopio *m.* **1** ⟨*Astr*⟩ helioscope. **2** ⟨*Topogr*⟩ heliotrope. *~*sfera *f.* heliosphere. *~*terapia *f.* ⟨*Med*⟩ heliotherapy. *~*terapico *a.* (*pl.* -ci) heliotherapeutic.

eliotipia *f.* ⟨*Fot*⟩ heliotypy; (*prodotto*) heliotype. **eliotipico** *a.* (*pl.* -ci) heliotype-.

eliotropio *m.* **1** ⟨*Bot*⟩ heliotrope; (*vaniglia*) garden heliotrope. **2** ⟨*Min*⟩ bloodstone, heliotrope. **eliotropìṣmo** *m.* ⟨*Bot*⟩ heliotropism.

elipòrto *m.* heliport.

Elìṣa *N.pr.f.* Eliza. **Eliṣabètta** *N.pr.f.* Elizabeth, Elisabeth. **eliṣabettiàno** *a.* Elizabethan: *teatro* ~Elizabethan theatre.

eliscàlo *m.* heliport, helipad, helistop.

elìṣi →**elidere**.

elìṣio **I** *s.m.* ⟨*Mitol*⟩ Elysium. **II** *a.* Elysian: *campi elisi* Elysian Fields.

eliṣiòne *f.* ⟨*Gramm*⟩ elision.

elìṣir *m.* elixir: ~*di lunga vita* elixir of life.

elìṣo[1] *m.* ⟨*Mitol*⟩ Elysium.

elìṣo[2] →**elidere**.

elitàrio *a.* elitist. **elitarìṣmo** *m.* elitism, élitism.

elitàxi *m.* helitaxi.

élite *fr.* [e'lit] *f.* élite, cream: *l'* ~*della società* the cream of society.

èlitra *f.* ⟨*Entom*⟩ elytron, elytrum.

elitrasportàre *v.t.* to carry by helicopter, to helicopter. **elitrasportàto** *a.* helicopter-borne.

èlla *pron.pers.f.* **1** she. **2** ⟨*forma di cortesia*⟩ you.

Èllade *N.pr.f.* ⟨*Geog.stor*⟩ Hellas.

èlle *f./m.inv.* name of the letter L. □*a* ⟨*forma di*⟩ ~ L-shaped.

ellèboro *m.* ⟨*Bot*⟩ hellebore.

ellenicità *f.* Hellenism. **ellènico** *a.* (*pl.* -**ci**) Hellenic: *mondo* ~Hellenic world. □*penisola* ~*a* Greek peninsula. **ellenìṣmo** *m.* ⟨*Stor,Ling*⟩ Hellenism. **ellenìsta** *m./f.* ⟨*lett*⟩ Hellenist. **ellenìstico** *a.* (*pl.* -**ci**) Hellenistic: *civiltà* ~*a* Hellenistic civilization. **ellenizzànte** *a.* ⟨*lett*⟩ Hellenized, Hellenizing. **ellenizzàre** *v.t.* to Hellenize.

ellepì *m.inv.* ⟨*fam*⟩ ⟨*disco microsolco*⟩ long playing record.

Ellespónto *N.pr.m.* ⟨*Geog.stor*⟩ Hellespont.

ellìsse *f.* ⟨*Geom*⟩ ellipse.

ellìssi *f.* ⟨*Gramm*⟩ ellipsis.

ellissoidàle *a.* ⟨*Geom*⟩ ellipsoidal. **ellissòide** *m.* ellipsoid.

ellìttico[1] *a.* (*pl.* -**ci**) ⟨*Geom,Bot*⟩ elliptic(al): *piano* ~ elliptical plane.

ellìttico[2] *a.* (*pl.* -**ci**) ⟨*Gramm*⟩ elliptic(al): *espressione* ~*a* elliptic expression.

elmétto *m.* helmet. □~*da minatore* miner's helmet; ~ *da pompiere* fireman's helmet; ~*protettivo* safety hat (*o* helmet); ⟨*Aut*⟩ crash-helmet.

elmìnti *m.pl.* ⟨*Zool*⟩ helminths *pl.* **elmintìaṣi** *f.* ⟨*Med*⟩ helminthiasis. **elminticìda** *m.* helminthicide. **elmintologìa** *f.* helminthology. **elmintòlogo** *m.* (*pl.* -**gi**; *f.* -**a**) helminthologist.

èlmo *m.* **1** ⟨*Mil,Arald*⟩ helmet, ⟨*ant*⟩ helm. **2** (*dell'alambicco*) head (of an alambic). □~*da corazziere* cuirassier's helmet; ~*da pompiere* fireman's helmet.

elocutòrio *a.* ⟨*lett*⟩ elocutionary. **elocuzióne** *f.* elocution.

elogiàbile *a.* praiseworthy, commendable. **elogiàre** *v.t.* (**elògio**, **elògi**) to praise, to commend, to eulogize: *il maestro lo elogiò davanti ai compagni* the teacher commended him in front of his classmates. **elogiatìvo** *a.* of praise, commendatory: *discorso* ~speech of praise. **elogiatóre** *m.* (*f.* -**trice**) praiser.

elògio *m.* **1** (*discorso o scritto elogiativo*) eulogy. **2** ⟨*estens*⟩ praise, commendation: *la tua azione merita un* ~ your deed is ⌐worthy of praise⌐ (*o* to be praised). □*fare gli elogi di qd.* to praise (*o* laud) s.o., to sing s.o.'s praises; ~*funebre* funeral oration; **parole** *di* ~(words of) praise; ⟨*Lett*⟩ ~*della* **pazzia** Praise of Folly; **ricevere** *un* ~to be praised.

elongazióne *f.* ⟨*Astr*⟩ elongation.

eloquènte *a.* **1** eloquent: *oratore* ~eloquent speaker. **2** ⟨*fig*⟩ (*espressivo*) eloquent, meaningful, significant: *gesto* ~ eloquent gesture; *sguardo* ~meaningful look. **eloquènza** *f.* **1** eloquence: *essere dotato di* ~to have the gift of eloquence. **2** ⟨*fig*⟩ eloquence, significance, meaningfulness: *l'* ~*di uno sguardo* the eloquence of a look. □*con* ~ eloquently, with eloquence: *parlare con* ~to speak with eloquence. **elòquio** *m.* ⟨*lett*⟩ speech, language.

èlsa *f.* hilt: *immergere la spada fino all'* ~to plunge in one's sword up to the hilt.

El Salvadòr *N.pr.m.* ⟨*Geog*⟩ El Salvador.

èlson *f.* ⟨*Sport*⟩ nelson.

elucubràre *v.t.* (**elùcubro**) **1** to elucubrate. **2** ⟨*iron*⟩ to think up, to brew: *che diavolo stai elucubrando?* what on earth are you thinking up now? **elucubrazióne** *f.* elucubration.

eludere *v.t.* (**elùṣi**, **elùṣo**) to elude, to escape, to dodge: ~ *la legge* to elude the law; ~*le guardie* to dodge one's guards; ~*una difficoltà* to dodge a difficulty.

eluènte **I** *a.* ⟨*Chim*⟩ eluting. **II** *s.m.* eluent, eluant. **eluìre** *v.t.* (**eluìsco**, **eluìsci**) to elute. **eluizióne** *f.* eluition.

elùṣi →**eludere**. **eluṣióne** *f.* ⟨*rar*⟩ elusion, evasion: ~ *delle leggi* evasion of the law. **eluṣività** *f.* evasiveness, elusiveness. **eluṣìvo** *a.* evasive, elusive: *risposta* ~*a* evasive reply. **elùṣo** →**eludere**.

eluviàle *a.* ⟨*Geol*⟩ eluvial. **elùvio** *m.* eluvium.

elvètico *a./s.* (*pl.* -**ci**) **I** *a.* **1** ⟨*Stor*⟩ Helvetic, Helvetian. **2** (*svizzero*) Swiss. **II** *s.m.* (*f.* -**a**) **1** ⟨*Stor*⟩ Helvetian. **2** (*svizzero*) Swiss. **Elvèzia** *N.pr.f* ⟨*Geog.stor*⟩ Helvetia.

elzeviriàno *a.* Elzevir-, Elzevirian. □⟨*Tip*⟩ *carattere* ~ Elzevir type; *edizione* ~*a* Elzevir edition. **elzevirìsta** *m./f.* ⟨*Giorn*⟩ writer of literary leaders. **elzevìro** (*o elzèviro*) **I** *a.* Elzevir-, Elzevirian. **II** *s.m.* **1** ⟨*Tip*⟩ Elzevir type. **2** ⟨*Giorn*⟩ literary leader.

Em. =*Eminenza* Eminence.

emaciàre *v.t.* (**emàcio**, **emàci**) to emaciate: *la fame lo ha emaciato* hunger has emaciated him. **emaciàto** *a.* emaciated, wasted; (*rif. al volto*) drawn.

emanàre **I** *v.i.* (*aus.* **essere**) **1** to emanate, to come, to be given off: *dalla lampada emanava una luce fioca* a wan light came from the lamp; *da queste violette emana un profumo delizioso* these violets give off a lovely smell. **2** ⟨*fig*⟩ (*derivare*) to derive, to emanate: *ogni bene emana da Dio* all good is derived from God. **II** *v.t.* **1** to give off (*o* out, forth), to send out: *l'arrosto emana un buon profumo* the roast gives off a good smell. **2** ⟨*fig*⟩ (*emettere*) to issue, to enact: ~*una legge* to issue a law. □~*una sentenza* to deliver (*o* pronounce) a judgement. **emanatìṣmo** *m.* ⟨*Filos*⟩ emanatism. **emanatìsta** *m./f.* emanatist. **emanatìstico** *a.* (*pl.* -**ci**) emanatistic. **emanazióne** *f.* **1** (*l'emanare*) emanation, efflux: ~*della luce* emanation of light; *le* ~*i dello stagno* the emanations from the pond. **2** ⟨*Filos,Fis*⟩ emanation. **3** (*emissione*) issue, issuing, promulgation: ~*di una legge* issuing of a law; ~*di un decreto* promulgation of a decree. □⟨*Atom*⟩ ~*radioattiva* radioactive emanation.

emancipàre *v.t.* (**emàncipo**) (*anche Dir.*): *l'indipendenza economica può* ~*la donna* economic independence can emancipate women; ~*un minore* to emancipate a minor; ~*uno schiavo* to emancipate a slave. **emanciparsi** *v.r.* to free o.s., to set o.s. free, to emancipate o.s. (*da* from), to make o.s. independent (of): *la ragazza si è emancipata dalla famiglia* the girl has made herself independent of her family. **emancipàto** *a.* **1** emancipated (*anche Dir.*): *popolazioni* ~*e* emancipated peoples. **2** (*spregiudicato*) open-minded, unprejudiced: *una ragazza* ~*a* an open-minded girl. **emancipatóre** *m.* (*f.* -**trice**) emancipator. **emancipazióne** *f.* emancipation (*anche Dir*): *l'* ~*della donna* the emancipation of women; ~*dei minori* emancipation of minors; ~*degli schiavi* emancipation of slaves.

emangiòma *m.* ⟨*Med*⟩ hemangioma.

Emanuèle *N.pr.m.* Emmanuel, Immanuel.

emarginàre *v.t.* (**emàrgino**) **1** ⟨*burocr*⟩ to make marginal notes on, to reference. **2** to marginalize, to cast out: ~*un individuo dalla società* to cast a person out from society. **emarginàto** *m.* **1** ⟨*burocr*⟩ (*annotazione al margine di un documento*) marginal note; (*documento*) document bearing marginal notes. **2** ⟨*fig*⟩ outcast: *un* ~*della società* a social outcast; *sentirsi* ~to feel an outcast. **emarginazióne** *f.* **1** ⟨*burocr*⟩ marginal note. **2** ⟨*fig*⟩ marginalization, social outcasting.

emàrtro *m.* ⟨*Med*⟩ hemarthrosis.

emasculazióne *f.* ⟨*Chir*⟩ emasculation.

emàtico *a.* (*pl.* -**ci**) h(a)ematic, blood-: *cellule ematiche* blood cells. **ematina** *f.* ⟨*Chim,Biol*⟩ haematin, hematine. **ematite** *f.* ⟨*Min*⟩ h(a)ematite. **ematologia** *f.* ⟨*Med*⟩ haematology. **ematologo** *m.* (*pl.* -gi) haematologist. **ematoma** *m.* ⟨*Med*⟩ haematoma. **ematopatia** *f.* → **emopatia**. **ematopoiesi** *f.* ⟨*Med*⟩ haemopoiesis. **ematopoietico** *a.* (*pl.* -ci) haemopoietic. **ematosi** *f.* ⟨*Med*⟩ haematosis. **ematossilina** *f.* ⟨*Chim*⟩ haematoxylin. **ematuria** (o *ematuria*) *f.* ⟨*Med*⟩ haematuria.

emazia *f.* ⟨*Biol*⟩ erythrocyte.

embargo *m.* (*pl.* -ghi) ⟨*Dir,Pol*⟩ embargo: *levare l'* ~ to lift the embargo; *mettere l'* ~ *su una nave* to embargo a ship.

emblema *m.* **1** emblem, device, badge. **2** ⟨*fig*⟩ (*simbolo*) emblem, symbol: *la colomba è l'* ~ *della pace* the dove is the emblem of peace. □ ~ *nazionale* national emblem (*o* device). **emblematico** *a.* (*pl.* -ci) emblematic, symbolic.

embolia *f.* ⟨*Med*⟩ embolism. **embolismo** *m.* → **embolia**. **embolo** *m.* embolus.

embricare *v.t.* (*embrico*, *embrichi*) to tile, to cover with tiles. **embricato** *a.* tiled, covered with tiles: *tetto* ~ tiled roof. **embrice** *m.* (plain roofing) tile, flat tile.

embriologia *f.* ⟨*Biol*⟩ embryology. **embriologico** *a.* (*pl.* -ci) embryologic(al). **embriologo** *m.* (*pl.* -gi) embryologist. **embrionale** *a.* embryonal, embryonic, embryo–: *vita* ~ embryonal life; *idee* –*i* embryonic ideas. **embrionario** *a.* ⟨*Biol*⟩ embryonary, embryonal. **embrione** *m.* ⟨*Biol,Bot*⟩ embryo. □ *in* ~ in embryo: *un progetto in* ~ a plan in embryo.

emendabile *a.* **1** amendable, rectifiable: *errore* ~ amendable error. **2** ⟨*Filol*⟩ emendable: *testo* ~ emendable text. **emendamento** *m.* **1** amendment, correction. **2** ⟨*Parl*⟩ amendment. **3** ⟨*Filol*⟩ emendation. □ ~ *di legge* amendment of a bill; *proposta di* ~ (motion of) amendment. **emendare** *v.t.* (**emendo**) **1** (*correggere*) to amend, to correct, to mend: ~ *i propri difetti* to correct one's faults. **2** ⟨*Parl*⟩ to amend: ~ *un progetto di legge* to amend a bill. **3** ⟨*Filol*⟩ to emend(ate): ~ *un testo* to emend a text. **emendativo** *a.* amendatory. **emendatore** *m.* (*f.* -trice) **1** ⟨*Parl*⟩ amender: ~ *di una legge* amender of a bill. **2** ⟨*Filol*⟩ emendator, emender: ~ *di un testo* emendator of a text.

emergente *a.* emergent, emerging. □ ⟨*Pol*⟩ *paesi* –*i* take–off countries. **emergenza** *f.* emergency. □ *caso di* ~ emergency: *in caso di* ~ in an emergency; *misure* (*o provvedimenti*) *di* ~ emergency measures (*o* steps); *stato di* ~ state of emergency. **emergere** *v.i.* (**emergo, emergi; emersi, emerso**; *aus.* essere) **1** (*venire a galla*) to emerge, to rise, to surface: *il sottomarino emerse a pochi chilometri dalla costa* the submarine surfaced a few kilometres from the coast. **2** (*elevarsi*) to rise, to stand out, to tower: *la torre emerge tra le case* the tower rises amid the houses. **3** ⟨*fig*⟩ (*distinguersi*) to stand out (*da, su* among), to rise (above): *quello scrittore emerge sui contemporanei* that writer stands out among his contemporaries. **4** ⟨*fig*⟩ (*risultare, apparire*) to emerge, to appear, to come out: *dall'interrogatorio è emersa l'innocenza dell'accusato* the innocence of the accused emerged from the interrogation.

emerito *a.* **1** emeritus: *professore* ~ Professor emeritus. **2** (*insigne, egregio*) outstanding, distinguished, illustrious: *un* ~ *studioso* a distinguished scholar. **3** ⟨*scherz*⟩ arrant, notorious, thorough: *un* ~ *briccone* an arrant knave.

emerocallide *f.* ⟨*Bot*⟩ hemerocallis.

emeroteca *f.* newspaper and periodical library.

emersi → **emergere**. **emersione** *f.* **1** emergence, emerging. **2** ⟨*Mar.mil*⟩ surfacing. **3** ⟨*Astr*⟩ emersion. □ ⟨*Mar.mil*⟩ *un sommergibile in* ~ a surfaced submarine. **emerso** (*p.p. di emergere*) *a.* floating, above sea-level, emergent: *le terre* –*e* the lands above sea-level; *continente* ~ floating continent.

emesso → **emettere**.

emetico *a./s.* (*pl.* -ci) I *a.* ⟨*Farm*⟩ emetic(al). II *s.m.* emetic. **emetina** *f.* ⟨*Chim*⟩ emetine.

emettere *v.t.* (**emisi, emesso**) **1** (*rif. a voce e sim.*) to give (*o* let) out, to utter, to emit: ~ *un grido* to give (*o* let out) a cry; ~ *un suono* to give out a sound; (*rif. a calore,*

vapore e sim.) to emit, to give out (*o* off), to send out. **2** ⟨*fig*⟩ (*esprimere, pronunciare*) to express, to emit, to deliver: ~ *un giudizio* to deliver a judgement. **3** ⟨*fig*⟩ (*emanare*) to issue: ~ *un ordine* to issue (*o* give) an order. **4** ⟨*Econ*⟩ to emit, to issue: ~ *un mandato di pagamento* to issue an order for payment; ~ *azioni* to issue shares. □ ~ *un assegno* to issue a cheque; ~ **banconote** to emit (*o* issue) banknotes; ~ **buoni** *del tesoro* to emit Treasury bonds; ~ *una* **cambiale** to draw a bill; ~ *un* **mandato** *di cattura* to issue a warrant of arrest; ~ *un* **prestito** to float (*o* issue) a loan; ~ *una* **sentenza** to pass sentence, to deliver a judgement.

emettitore *m.* ⟨*El*⟩ emitter.

emi|atrofia *f.* ⟨*Med*⟩ hemiatrophy. **~carpo** *m.* ⟨*Bot*⟩ hemicarp. **~cellulosa** *f.* ⟨*Chim*⟩ hemicellulose. **~ciclo** *m.* hemicycle. **~crania** *f.* ⟨*Med*⟩ migraine. **~dattilo** *m.* ⟨*Zool*⟩ hemidactyl.

emide *f.* ⟨*Zool*⟩ Emys.

emigrante I *a.* emigrating, emigrant–. **II** *s.m./f.* emigrant. **emigrare** *v.i.* (*aus.* essere/avere) to (e)migrate: *la sua famiglia è emigrata in America* his family has emigrated to America. **emigrato I** *a.* emigrated. **II** *s.m.* (*f.* -a) emigrant; (*per motivi politici o religiosi*) exile: ~ *politico* political exile. **emigratorio** *a.* migrational, (e)migratory. **emigrazione** *f.* **1** (e)migration. **2** (*rif. ad animali*) migration: *l'* ~ *delle rondini* the migration of the swallows. **3** ⟨*Econ*⟩ flow (*o* transfer) abroad: ~ *di capitali all'estero* flow (*o* transfer) of capital abroad. □ ~ *interna* internal migration; ⟨*Zool*⟩ ~ *stagionale* seasonal migration; *ufficio di* ~ emigration office.

Emilia *N.pr.f.* **1** Emily. **2** ⟨*Geog*⟩ Emilia. **3** (*via Emilia*) Via Aemilia. **emiliano I** *a.* Emilian, of Emilia. **II** *s.m.* (*f.* -a) native (*o* inhabitant) of Emilia. **Emilio** *N.pr.m.* **1** Emil(e). **2** ⟨*Stor*⟩ Aemilius.

emina *f.* ⟨*Chim*⟩ h(a)emin.

eminente *a.* **1** (*elevato*) high, lofty: *la villa sorge in un luogo* ~ the villa stands on high ground. **2** ⟨*fig*⟩ (*eccellente, illustre*) eminent, outstanding, distinguished: *un* ~ *scrittore* an outstanding writer; *ingegno* ~ eminent intellect. □ *in grado* ~ to a high degree, eminently. **eminentemente** *avv.* eminently. **eminentissimo** *a.* His Eminence; (*vocativo*) Your Eminence. **eminenza** *f.* **1** (*l'essere eminente*) height, loftiness. **2** ⟨*fig*⟩ (*eccellenza*) eminence: *l'* ~ *del suo ingegno* the eminence of his intellect. **3** ⟨*Anat*⟩ eminence, eminentia. **4** (*titolo*) Eminence. □ ⟨*Anat*⟩ ~ *frontale* frontal eminence; ⟨*fig*⟩ ~ *grigia* éminence grise, grey eminence.

emiplegia *f.* ⟨*Med*⟩ hemiplegia. **emiplegico** *a./s.m.* (*pl.* -ci) hemiplegi(a)c.

emirato *m.* emirate. □ ⟨*Geog*⟩ *Emirati Arabi Uniti* United Arab Emirates. **emiro** *m.* emir, emeer.

emisferico *a.* (*pl.* -ci) hemispheric(al): *calotta* –*a* hemispherical bowl; *superficie* –*a* hemispheric surface. **emisfero** *m.* hemisphere (*anche Geog.,Anat.*) □ ⟨*Geog*⟩ ~ *australe* southern hemisphere; ~ *boreale* northern hemisphere; ⟨*Astr*⟩ ~ *celeste* celestial hemisphere; ⟨*Anat*⟩ ~ *cerebrale* cerebral hemisphere.

emisi → **emettere**.

emissario[1] *m.* **1** (*fiume*) outlet, effluent: *l'* ~ *del lago* the outlet of the lake. **2** (*di fognature*) drain. **3** ⟨*Anat*⟩ emissary vein.

emissario[2] *m.* (*f.* -a) emissary.

emissione *f.* **1** emission. **2** ⟨*Econ*⟩ issue, emission, putting into circulation. **3** ⟨*Fis*⟩ emission. **4** ⟨*Rad*⟩ emission, broadcasting. **5** ⟨*TV*⟩ television broadcast, telecast. **6** (*di sostanze inquinanti*) emission. □ ~ *di un* **assegno** issue (*o* drawing) of a cheque; ~ *d'*azioni share (*o* stock) issue; **banca** *d'* ~ issuing bank; ~ *di* **banconote** issue (*o* emission) of banknotes; ~ *di una* **cambiale** issue (*o* drawing) of a bill; ⟨*Econ*⟩ ~ *di* **capitale** capital issue; ~ *di* **corrente** impulse of current; ~ *di* **francobolli** issue of stamps; ⟨*Econ*⟩ ~ **obbligazionaria** bond issue; ⟨*tecn*⟩ ~ *di* **polveri** dust emission; ~ *di un* **prestito** issue of a loan; ⟨*Fis*⟩ ~ **primaria** primary emission; ~ **secondaria** secondary emission.

emissivo *a.* emissive (*anche fig.*): *potere* ~ emissive power.

emistichio *m.* ⟨*Metr*⟩ hemistich.

emittente I *a.* **1** ⟨*Econ*⟩ issuing, emitting, issue-, of issue: *banca* ~ issuing (*o* note) bank, bank of issue. **2** ⟨*Rad*⟩ broadcasting, transmitting: *stazione radio* ~ broadcasting (*o* transmitting) station. **II** *s.f.* ⟨*Rad*⟩ **1** (*apparecchio*) transmitter, broadcaster. **2** (*stazione radio*) broadcasting (*o* transmitting) station. **III** *s.m./f.* ⟨*Econ*⟩ issuer, drawer. □ ~ *di un assegno* issuer of a cheque; ~ *di una cambiale* drawer of a bill; ⟨*Rad*⟩ ~ *clandestina* clandestine radio.

emittenza *f.* television broadcasters *pl.*

emitteri *m.pl.* ⟨*Entom*⟩ hemiptera *pl.*

emittore *m.* → **emettitore.**

emivita *f.* ⟨*Biol*⟩ half–life.

Emma *N.pr.f.* Emma.

emme *m./f.inv.* name of the letter M.

emmenthal *m.* ⟨*Alim*⟩ Emment(h)aler (cheese), Swiss (cheese).

emmetropia *f.* ⟨*Ott*⟩ emmetropia. **emmetropico** *a.* (*pl.* -ci) emmetropic.

emo|blastosi *f.* ⟨*Med*⟩ haemoblastosis. **~citoblasto** *m.* haemocytoblast. **~coltura** *f.* ⟨*Med*⟩ blood culture. **~cromocitometrico** *a.* (*pl.* -ci): ⟨*Med*⟩ *esame* ~ blood count. **~derivato** *m.* blood derivate. **~dialisi** *f.* ⟨*Med*⟩ haemodialysis. **~dinamica** *f.* ⟨*Med*⟩ hemodynamics *pl* (*costr.sing.*). **~filia** *f.* ⟨*Med*⟩ haemophilia. **~filiaco** *a./s.* (*pl.* -ci) **I** *a.* haemophilic. **II** *s.m.* (*f.* -a) haemophiliac.

emoftalmo *m.* ⟨*Med*⟩ haemophthalmus.

emo|globina *f.* ⟨*Biol*⟩ haemoglobin. **~lisi** *f.* ⟨*Med*⟩ haemolysis. **~litico** *a.* haemolytic.

emolliente I *a.* ⟨*Farm*⟩ emollient. **II** *s.m.* ⟨*Farm,Tess*⟩ emollient. □ ⟨*Cosmet*⟩ *crema* ~ emollient (*o* softening) cream.

emolumento *m.* emolument; (*compenso secondario*) casual (*o* extra) income.

emopatia *f.* h(a)emopathy, blood disease.

emopoiesi → **ematopoiesi. emopoietico** *a.* → **ematopoietico.**

emorragia *f.* ⟨*Med*⟩ haemorrhage: ~ *interna* internal haemorrhage. □ ⟨*Med*⟩ ~ *nasale* nasal haemorrhage, epistaxis. **emorragico** *a.* (*pl.* -ci) haemorrhagic.

emorroidale *a.* ⟨*Med*⟩ haemorrhoidal. **emorroidario** *a.* haemorrhoidal: *vena* –a hemorrhoidal vein. **emorroidi** *f.pl.* haemorrhoids *pl.*

emorroissa *f.* ⟨*Bibl*⟩ woman diseased with an issue of blood.

emostasi, emostasia *f.* ⟨*Med*⟩ haemostasis. **emostatico** *a./s.m.* (*pl.* -ci) haemostatic, styptic. □ *cotone* ~ styptic cotton; *matita* –a styptic pencil.

emoteca *f.* blood bank. **~tisi** *f.* → **emottisi.**

emotività *f.* **1** emotiveness, emotionality, emotivity. **2** ⟨*Psic*⟩ emotivity. **emotivo I** *a.* **1** emotional; (*sensibile*) sensitive, excitable: *una giovane* –a an excitable girl; *sconvolgimento* ~ emotional upset. **2** ⟨*Psic*⟩ emotional, emotive: *temperamento* ~ emotional temperament. **II** *s.m.* (*f.* -a) emotional person, emotionalist.

emottisi *f.* ⟨*Med*⟩ haemoptysis.

emozionabile *a.* emotionable, easily (*o* quickly) moved (*o* upset): *una persona facilmente* ~ a quickly–moved person. **emozionale** *a.* ⟨*Psic*⟩ emotional: *stato* ~ emotional state. **emozionante** *a.* (*eccitante*) exciting, stirring: *uno spettacolo* ~ a stirring sight. **emozionare** *v.t.* (*emoziono*) (*eccitare*) to excite, to stir; (*commuovere*) to move, to touch. **emozionarsi** *v.r.* (*eccitarsi*) to get excited, to be stirred: *il ragazzo si emozionò e non riuscì più a parlare* the boy got so excited that he could no longer speak; (*commuoversi*) to be moved (*o* touched). **emozionato** *a.* excited, deeply stirred; (*commosso*) moved, touched. **emozione** *f.* emotion: *provare una forte* ~ to experience a strong (*o* deep) emotion; (*eccitazione*) excitement: *il malato deve evitare le* –i the patient must avoid all excitement.

empatia *f.* ⟨*Psic*⟩ empathy.

Empedocle *N.pr.m.* ⟨*Stor*⟩ Empedocles. **empedocleo** *a.* Empedoclean.

empetiggine *f.* ⟨*Med*⟩ (*impetigine*) impetigo.

empiema *m.* ⟨*Med*⟩ empyema.

empietà *f.* **1** impiety, ungodliness, profanity. **2** (*azione*

empia) impiety, impious act; (*parole empie*) impious talk.

empio *a.* **1** (*irreligioso*) impious, ungodly, godless; (*sacrilego*) sacrilegious, profane: *parole* –e profane talk. **2** (*estens*) (*scellerato*) wicked, evil: *vita* –a wicked life. **3** ⟨*estens*⟩ (*spietato, crudele*) cruel, pitiless: *un* ~ *tiranno* a cruel tyrant.

empire *v.t.* (*pres.ind.* **empio, empi;** *p.rem.* **empii;** *ger.* **empiendo;** *p.p.* **empito**) **1** to fill (up): ~ *la brocca d'acqua* to fill the jug with water; (*rimpinzare, imbottire*) to stuff, to cram. **2** ⟨*fig*⟩ to fill: *la notizia mi ha empito di gioia* the news has filled me with joy; ~ *la casa di grida* to fill the house with shouts. **3** (*affollare*) to crowd, to throng, to pack: *la folla empiva la piazza* the crowd thronged the square. **4** (*rif. a moduli e sim.*) to fill in (*o* out). **empirsi** *v.r.* **1** (*diventare pieno*) to fill (up), to be filled: *gli occhi le si empirono di lacrime* her eyes filled with tears; *la sala si empì presto* the room soon filled (*o* grew crowded). **2** (*fam*) (*mangiare a sazietà*) to stuff (o.s.), to cram (o.s.), to fill up. □ *parole che empiono la bocca* high–sounding (*o* highfaluting) words; *empirsi lo stomaco* to fill one's stomach, to fill up; *empirsi la testa di nozioni* to cram (*o* stuff) one's head with ideas; *empirsi il ventre* to stuff (o.s.), to gorge (o.s.).

empireo I *s.m.* ⟨*Filos*⟩ empyrean. **II** *a.* empyrean, empyreal.

empiricamente *avv.* empirically. **empirico** *a./s.* (*pl.* -ci) **I** *a.* empiric(al) (*anche Filos*): *scienze empiriche* empirical sciences. **II** *s.m.* empiric(ist) (*anche Filos*). □ ⟨*Chim*⟩ *formula* –a empirical formula. **empirismo** *m.* ⟨*Filos*⟩ empiricism (*anche estens.*). **empirista** *m./f.* empiricist. **empiristico** *a.* (*pl.* -ci) empiristic.

empito → **empire.**

emporio *m.* **1** (*centro commerciale*) emporium, trade centre, market. **2** (*deposito di merci*) warehouse, store. **3** (*negozio*) general shop, emporium; (*grande magazzino*) department (*o* multiple) store. **4** ⟨*fig*⟩ (*ammasso disordinato*) jumble, medley, confused mass.

emù *m.* ⟨*Ornit*⟩ emu.

emulare *v.t.* (*emulo*) to emulate: *volle* ~ *il maestro* he sought to emulate his master. **emulativo** *a.* emulative. **emulatore** *m.* (*f.* -trice) emulator. **emulazione** *f.* emulation: ~ *della gloria* emulation of glory; *spirito di* ~ spirit of emulation. **emulo** *m.* (*f.* -a) emulator.

emulsionabile *a.* emulsifiable. **emulsionante I** *a.* ⟨*Chim*⟩ emulsifying. **II** *s.m.* emulsifier, emulsifying agent. **emulsionare** *v.t.* (*emulsiono*) to emulsify. **emulsione** *f.* ⟨*Chim,Fot,Med*⟩ emulsion. **emulsivo** *a.* emulsifying.

emungimento *m.* draining.

emuntorio *m.* ⟨*Anat*⟩ emunctory.

ENAL = *Ente nazionale assistenza lavoratori* National Agency for Workers' Welfare.

enalista *m./f.* member of ENAL.

enallage *f.* ⟨*Ret*⟩ enallage.

enalotto *m.* State lotto (*o* lottery).

enantiomorfismo *m.* enantiomorphism.

enarmonia *f.* ⟨*Mus*⟩ enharmonics *pl* (*costr. sing.*). **enarmonico** *a.* (*pl.* -ci) enharmonic.

enartrosi *f.* ⟨*Anat*⟩ enarthrosis.

encarpo *m.* ⟨*Archeol*⟩ encarpus.

encefalico *a.* (*pl.* -ci) ⟨*Anat*⟩ encephalic. **encefalite** *f.* ⟨*Med*⟩ encephalitis. **encefalitico** *a./s.* (*pl.* -ci) **I** *a.* encephalitic. **II** *s.m.* (*f.* -a) encephalitic patient. **encefalo** *m.* ⟨*Anat*⟩ encephalon. **encefalografia** *f.* ⟨*Med*⟩ encephalography. **encefalogramma** *m.* encephalogram.

enchiridio *m.* ⟨*rar*⟩ enchiridion.

enciclica *f.* ⟨*Rel*⟩ encyclical.

enciclopedia *f.* encyclop(a)edia. □ ⟨*fig*⟩ *essere un'* ~ *ambulante* to be a walking encyclop(a)edia. **enciclopedico** *a.* (*pl.* -ci) encyclop(a)edic (*anche fig.*): *mente* –a encyclop(a)edic mind. □ *dizionario* ~ encyclopaedic dictionary; *sapere* ~ wide range of knowledge, encyclop(a)edic learning. **enciclopedismo** *m.* ⟨*Stor*⟩ Encyclop(a)edism. **enciclopedista** *m./f.* Encyclop(a)edist.

enclave *fr.* [ã'kla:v] *f.* ⟨*Pol*⟩ enclave.

enclisi *f.* ⟨*Gramm*⟩ enclisis. **enclitica** *f.* enclitic. **enclitico** *a.* (*pl.* -ci) enclitic: *particella* –a enclitic particle.

encomiạbile a. praiseworthy. **encomiạre** v.t. (encọmio) to praise, to commend, to pay public tribute to: ~ l'eroismo dei soldati to pay public tribute to the soldiers' heroism. **encomiạsta** m. ⟨Stor.gr⟩ encomiast. **encomiạstico** a. (pl. -ci) 1 encomiastic(al), of praise: discorso ~ speech of praise; tono ~ encomiastic tone. 2 ⟨Stor.gr⟩ encomiastic(al): componimento ~ encomiastic composition. **encọmio** m. 1 (lode) praise, laud, commendation; (discorso encomiastico) encomium. 2 ⟨Mil⟩ mention in a dispatch, citation. 3 ⟨Stor.gr⟩ encomium. □ degno di ~ praiseworthy, commendable; lettera d' ~ letter of commendation.

endecạedro m. ⟨Geom⟩ hendecahedron. **endecasịllabo** I a. ⟨Metr⟩ hendecasyllabic. II s.m. hendecasyllable.

endemịa f. ⟨Med⟩ endemic (disease). **endemicità** f. endemicity, endemic nature: ~ della malaria endemicity of malaria. **endẹmico** a. (pl. -ci) 1 ⟨Med,Biol⟩ endemic: la malattia ha assunto un carattere ~ the disease has become endemic; razza –a endemic race. 2 ⟨fig⟩ endemic, native.

endịadi f. ⟨Ret⟩ hendiadys.

endo|cạrdio m. endocardium. **~cardịte** f. endocarditis. **~cạrp(i)o** m. endocarp. **~crạnio** m. ⟨Anat⟩ endocranium, endocrane. **~crạnico** a. (pl. -ci) endocranial.

endọ|crino a. ⟨Anat⟩ endocrine: ghiandole –e endocrine glands. **~crinologịa** f. ⟨Med⟩ endocrinology. **~crinọlogo** m. (pl. -gi) endocrinologist. **~dẹrma** m. 1 ⟨Bot⟩ endodermis. 2 ⟨Zool⟩ endoderm. **~dẹrmico** a. (pl. -ci) ⟨Bot,Zool⟩ endodermal, endodermic. **~dinạmica** f. ⟨Geol⟩ endogenic dynamics pl (costr.sing.).

endọ|fita m. ⟨Bot⟩ endophyte. **~fịtico** a. (pl. -ci) ⟨Bot,Med⟩ endophytic: malattia –a endophytic disease.

endogamịa f. ⟨Etnol,Biol⟩ endogamy. **endogạmico** a. (pl. -ci) endogamous: matrimonio ~ endogamous marriage. **endọgamo** a. endogamous: casta –a endogamous caste.

endogẹnesi f. ⟨Geol⟩ endogeny. **endọgeno** a. 1 ⟨Biol,Med,Bot⟩ endogenous. 2 ⟨Geol⟩ endogenic, endogenetic.

endọ|linfa f. ⟨Anat⟩ endolymph. **~mẹtrio** m. ⟨Anat⟩ endometrium. **~metriọsi** f. ⟨Med⟩ endometriosis. **~metrịte** f. endometritis. **~morfịsmo** m. ⟨Geol⟩ endomorphism. **~mọrfo** a. endomorphic. **~parassịta** m. ⟨Biol⟩ endoparasite. **~plạsma** m. endoplasm. **~reattọre** m. ⟨Aer⟩ rocket (engine).

endorfịne f.pl. ⟨Fisiol⟩ endorphins.

endo|scopịa f. ⟨Med⟩ endoscopy. **~scọpio** m. endoscope. □ ~ uterino uteroscope. **~spẹrma** m. ⟨Bot⟩ endosperm. **~spọra** f. endospore. **~tẹcio** m. ⟨Bot⟩ endothecium, endotheca. **~teliạle** a. ⟨Anat⟩ endothelial. **~tẹlio** m. endothelium. **~teliọma** m. ⟨Med⟩ endothelioma. **~tẹrmico** a. (pl. -ci) ⟨Fis,Chim⟩ endothermic, endothermal: reazione –a endothermic reaction. **~uterịno** a. ⟨Med⟩ intrauterine: dispositivo ~ intrauterine device (abbr. IUD).

endovẹna I s.f. ⟨Med⟩ intravenous injection. II avv. intravenously. □ iniettare ~ to make an intravenous injection. **endovenọsa** f. ⟨Med⟩ intravenous injection: fare un' ~ to give an intravenous injection. **endovenọso** a. ⟨Med⟩ intravenous.

ENEA = Comitato nazionale per la ricerca e lo sviluppo dell'energia nucleare e delle energie alternative National Council for Research and Development of Nuclear and Alternative Energies.

Enẹa N.pr.m. ⟨Stor⟩ Aeneas. **Enẹide** N.pr.f. ⟨Lett⟩ Aeneid.

ENEL = Ente nazionale per l'energia elettrica National Electricity Board.

energẹtica f. ⟨Fis⟩ energetics pl (costr. sing.). **energẹtico** a./s. (pl. -ci) I a. 1 energy-, energetic, of energy: trasformazione –a energy transformation; bilancio ~ energy balance; fonte –a source of energy. 2 ⟨Med⟩ energy-producing, invigorating: alimento ~ energy-giving food. II s.m. tonic, energy-giving remedy.

energịa f. 1 energy, vigour, strength: non ha ancora riacquistato le –e dopo la sua malattia he hasn't got his

strength back yet after his illness. 2 ⟨Fis⟩ energy. □ ~ chimica chemical energy; ~ cinetica kinetic energy; ~ elettrica electric energy (o power); fornitura (o erogazione) di ~ elettrica electric power (o energy) supply; ~ eolica wind energy; fonte di ~ power (o energy) source; ~ geotermica geothermal energy; ~ idroelettrica hydroelectric energy; ~ delle maree tidal energy; ~ motrice motive (o propellent) power; ~ nucleare nuclear (o atomic) energy; paese esportatore di ~ energy-exporting country; pieno di ~ energetic; ~ potenziale potential energy; ~ primaria primary energy; ~ secondaria secondary energy; ~ solare solar energy; ~ termica heat energy; ~ termonucleare thermonuclear energy; uso pacifico dell'~ nucleare utilization of nuclear energy for peaceful uses.

energicamẹnte avv. energetically. **enẹrgico** a. (pl. -ci) 1 energetic, forcible, vigorous, strong: un carattere ~ a strong character; un' –a protesta an energetic protest. 2 (radicale) drastic, energetic, vigorous: misure energiche drastic steps. 3 (efficace) energetic, powerful, potent, strong: rimedio ~ potent remedy.

energụmeno m. (f. -a) 1 (indemoniato) energumen, demonic. 2 (estens) (uomo violento e iroso) wild (o furious) man, madman.

enfant prodige fr. [ã,fãprɔ'diʒ] m. infant prodigy.

enfant terrible fr. [ã,fãte'ri:bl] m. enfant terrible, unconventional person (who causes embarrassment).

ẹnfasi f. 1 (undue) emphasis, overemphasis: parlare con ~ to speak with undue emphasis. 2 (importanza, rilievo) emphasis, stress. □ recitare con ~ to act melodramatically. **enfaticamẹnte** avv. over-emphatically. **enfạtico** a. (pl. -ci) 1 overemphatic. 2 (ampolloso) bombastic, grandiloquent: stile ~ bombastic style. **enfatizzạre** v.t. to emphasize, to give emphasis (to). **enfatizzaziọne** f. emphasizing.

enfiagiọne f. swelling. **enfiạre** v.t. (ẹnfio, ẹnfi) to inflate, to blow up (o out). **enfiarsi** v.r. to swell, to become swollen. **enfiạto** a. swollen, puffed up: volto ~ swollen face.

enfisẹma m. ⟨Med⟩ emphysema: ~ polmonare (pulmonary) emphysema. **enfisemạtico** a. (pl. -ci) emphysematous. **enfisematọso** a. emphysematous.

enfitẹusi f. ⟨Dir⟩ emphyteusis; (a tempo indeterminato) perpetual lease. **enfitẹuta** m./f. emphyteute; (in perpetuo) perpetual leaseholder. **enfitẹutico** a. (pl. -ci) emphyteutic, emphyteutal. □ contratto ~ (contract of) emphyteusis.

Engadịna N.pr.f. ⟨Geog⟩ Engadine.

ENI = Ente nazionale idrocarburi National Hydrocarbon Agency.

enigma m. puzzle, enigma; (indovinello) riddle, enigma: risolvere un ~ to solve a riddle; parlare per –i to speak in riddles; questa ragazza è un ~ this girl is an enigma. **enigmaticamẹnte** avv. enigmatically. **enigmạtico** a. (pl. -ci) enigmatic(al), puzzling: parole enigmatiche enigmatic words; (misterioso) mysterious, inscrutable: tono ~ mysterious tone. **enigmịsta** m/f. solver of puzzles. **enigmịstica** f. art of composing or solving puzzles. **enigmịstico** a. (pl. -ci) puzzle-: giornale ~ puzzle magazine. □ gioco ~ puzzle.

ENIT = Ente nazionale industrie turistiche (Italian) State Tourist Office.

ẹnne f./m.inv. name of the letter N.

ennẹsimo a. 1 ⟨Mat⟩ nth: elevare all' –a potenza to raise to the nth power. 2 ⟨fam⟩ umpteenth, hundredth: mi ha raccontato per l' –a volta le sue disgrazie he told me all his woes for the hundredth time.

enocianịna f. ⟨Chim⟩ oenocyanine. **enọfilo** a. wine(growing), oenological. **enologịa** f. oenology. **enọlogico** a. (pl. -ci) oenological. **enọlogo** m. (pl. -gi) oenologist. **enopọlio** m. co-operative wine store.

enọrme a. 1 enormous, huge: un albero ~ a huge tree. 2 ⟨fig⟩ enormous, tremendous: hai fatto uno sbaglio ~ you have made a tremendous mistake. □ la commedia ha avuto un ~ successo the play has been enormously successful. **enormemẹnte** avv. enormously, ⟨fam⟩ terribly. **enormità** f. 1 hugeness, enormousness, enormity. 2 ⟨fig⟩ enormity, unreasonableness: l' ~ delle *tue pretese mi ha scoraggiato* the unreasonableness of your demands has disheartened me; *commise ~ di ogni sorta* he committed all kinds of enormities.

enoteca *f.* stock of vintage wines.

Enotria *N.pr.f.* 〈*Geog.stor*〉 Oenotria.

ENPA = *Ente nazionale per la protezione degli animali* National Society for the Prevention of Cruelty to animals.

ENPAS = *Ente nazionale di previdenza e assistenza per i dipendenti statali* National Social Security Agency (for Civil Servants).

en passant *fr.* [ãpa'sã] *avv.* en passant, incidentally.

Enrichetta *N.pr.f.* Henrietta. **Enrico** *N.pr.m.* Henry, 〈*fam*〉 Harry.

enrosadira *m.* alpenglow, rosy glow (of mountains).

ensemble *fr.* [ã'sãbl] *m.* **1** (musical) ensemble. **2** 〈*Mod*〉 ensemble, coordinated outfit (or costume).

ensiforme *a.* 〈*Bot*〉 ensiform.

entasi *f.* 〈*Arch*〉 entasis.

ente *m.* **1** 〈*Filos*〉 being. **2** 〈*Dir*〉 corporation, (corporate) body, body corporate; 〈*GB*〉 (*organizzazione commerciale o industriale nazionalizzata*) public corporation; 〈*SU*〉 (*autorità federale per un determinato settore tecnico o economico*) agency. □ ~ **assicurativo** insurance company (*o* society), insurer; ~ **autonomo** autonomous board; ~ **consultivo** advisory body; 〈*burocr*〉 ~ **fiduciario** trustee company; ~ **locale** local board (*o* authority); ~ **morale** non–profit agency; ~ **previdenziale** social security agency; ~ **pubblico** public body; ~ *per la* **riforma** *agraria* Land Consolidation Office (*o* Administration); ~ **spaziale** space authority; ~ **supremo** (*Dio*) Supreme Being.

entelecheia, entelechia *f.* 〈*Filos*〉 entelechy.

entello *m.* 〈*Zool*〉 entellus (monkey).

enterico *a.* (*pl.* **-ci**) 〈*Med*〉 enteric. **enterite** *f.* enteritis.

entero|clisi *f.* 〈*Med*〉 enema. **~clisma** *m.* 〈*Med*〉 **1** → **enteroclisi**. **2** (*apparecchio*) enemator. **~colite** *f.* enterocolitis. **~logia** *f.* enterology. **~patia** *f.* enteropathy, intestinal disease. **~patico** *a.* (*pl.* **-ci**) enteropathic. **~ptosi** *f.* 〈*Med*〉 enteroptosis. **~rragia** *f.* enterorrhagia. **~tomia** *f.* enterotomy.

entità *f.* **1** 〈*Filos*〉 (*essenza*) entity; (*ente*) entity, being. **2** 〈*estens*〉 (*importanza*) importance, moment; (*valore*) value, amount; (*consistenza*) extent, degree, size: *l' ~ delle ordinazioni* the size of the orders. □ ~ *del danno* extent (*o* amount) of damage; *nell'incidente la macchina ha riportato un danno di lieve ~* the car was only slightly damaged in the accident; *calcolare l' ~ del danno* to estimate the (amount of) damage done.

entomofago *m.* (*pl.* **-gi**) 〈*Entom*〉 entomophagous. **entomofilia** *f.* 〈*Bot*〉 entomophily. **entomofilo** *a.* entomophilous. **entomologia** *f.* entomology. **entomologico** *a.* (*pl.* **-ci**) entomologic(al). **entomologo** *m.* (*pl.* **-gi**) entomologist.

entourage *fr.* [ãtu'ra:ʒ] *m.* **1** (*ambiente*) environment, entourage. **2** (*seguito*) retinue, entourage.

entozoo *m.* 〈*Biol*〉 entozoon.

entraîneuse *fr.* [ãtre'nø:z] *f.* night-club hostess.

entrambi I *pron.* (*f.* **entrambe**) both: *li vidi ~ ieri sera a teatro* I saw ⌐them both⌐ (*o* both of them) at the theatre last night; *sono -e prima di me* they are both before me. **II** *a.* both: ~ *i fratelli mi aiutarono* both (the) brothers helped me.

entrante *a.* coming, next: *il mese ~* next (*o* the coming) month; *la settimana ~* next week.

entrare *v.i.* (**entro**; *aus.* **essere**) **1** to enter (s.th.): ~ *in una stanza* to enter a room; (*allontanandosi da chi parla*) to go in(to), to enter (s.th.): *li vidi ~ in un cinema* I saw them go into a cinema; (*avvicinandosi a chi parla*) to come in(to), to enter (s.th.): *entrarono nella stanza in cui stavo studiando* they came into the room where I was studying; (*entrare con difficoltà*) to get in(to): *sono entrato dalla finestra* I got in through the window; (*entrare camminando*) to walk (*o* step) in(to): *entrò nella stanza* he walked into the room. **2** (*entrare solennemente*) to enter (s.th.), to make one's entry (in); (*rif. a truppe*) to march in(to), to enter (s.th.). **3** (*rif. ad automobile e sim.*) to drive in(to): *non si può ~ nel giardino della villa in*

automobile you are not allowed to drive into the garden of the villa; (*rif. a bicicletta, cavallo*) to ride in(to). **4** (*rif. a nave*) to enter (s.th.), to sail; (*rif. a nave a vapore*) to steam in(to); (*entrare in un porto*) to put in(to): *la nave entra nel porto* the ship ⌐sails into the port⌐ (*o* puts into port). **5** (*rif. ad aria, odori e sim.*) to waft (*o* drift) in(to); (*rif. ad acqua e sim.*) to enter (s.th.), to flow (*o* run) in(to); (*filtrare*) to seep in(to); (*entrare a fiotti*) to pour (*o* stream) in(to). **6** (*penetrare*) to go in, to sink in, to drive in(to): *il pugnale entrò fino al manico* the dagger sank (*o* went in) up to the hilt. **7** (*riuscire a passare per un'apertura*) to go in(to), to enter (s.th.), to get (through): *questa chiave non entra nel buco della serratura* this key ⌐will not go into⌐ (*o* does not fit) the lock. **8** (*rif. ad abiti e sim.*) to fit: *la giacca dell'anno scorso non mi entra più* last year's jacket doesn't fit me any more. **9** (*essere contenuto*) to go in (*o* into): *il due nel dieci entra cinque volte* two goes into ten five times. **10** 〈*fig*〉 (*essere ammesso a far parte*) to join (s.th.), to become a member (of): ~ *in un partito* to join a party; (*immischiarsi*) to have ⌐to do⌐ (*o* dealings) (with), to be (*o* get) mixed up (in): *non voglio che tu entri nei miei affari* I don't want you to have anything to do with my affairs. **11** 〈*Teat*〉 to enter: *entra Amleto* enter Hamlet. □ ~ *in* **affari** to go into business; ~ *in* **agonia** to ⌐enter upon⌐ (*o* be in) one's death throes; ~ *in* **argomento** to ⌐begin talking about⌐ (*o* come to) a matter; ~ *in* **azione** to go into action; ~ *in* **ballo** to start dancing; 〈*fig*〉 to come in (*o* up, into play); ~ *in* **carica** to ⌐come into⌐ (*o* take up) office, to enter into (*o* upon) office; ~ *in* **collisione** to come into collision, to collide; ~ *in* **commercio** to go into trade; ~ *in* **contatto** *con qd.* to make (*o* come into) contact with s.o., to get in touch with s.o.; ~ *in* **convento** to take the veil; ~ **correndo** (*o di corsa*) to run (*o* rush) in; ~ *nell'*esercito to go into the army; **far** ~ to show (*o* usher) in(to): *fai ~ la signora in salotto* show the lady into the drawing room; ~ *in* **funzione** to begin working, to start up; ~ **furtivamente** to steal (*o* creep) in; ~ *in* **guerra** to come into the war; **impedire** *a qd. di* ~ to keep s.o. out; **lasciar** ~ to let in, to allow to enter; *mi è entrata la polvere in un* **occhio** some dust has got into my eye; ~ *a far* **parte** *di un circolo* to join (*o* become a member of) a club; ~ *nei* **particolari** to go into details; ~ *in un* **personaggio** to get deeply into one's role; ~ *in* **possesso** *di qc.* to take (*o* enter into) possession of s.th., to come by s.th.; ~ *in* **relazione** *con qd.* to establish relations with s.o.; ~ *in* **scena** 1 〈*Teat*〉 to enter (the scene), to go on to the stage; 2 〈*fig*〉 to come on the scene, to make one's appearance; ~ *in* **servizio** to go on duty; ~ *in* **società** (*debuttare*) to make one's début; ~ *in società con qd.* to go into partnership with s.o.; ~ *in* **testa** *a qd.* to go into s.o.'s head, to be grasped (*o* understood): *questi concetti non vogliono entrarmi in testa* I cannot ⌐get these ideas into my head⌐ (*o* grasp these ideas); **vietato** ~ No Entry, No Admittance; ~ *in* **vigore** to come into force (*o* effect). ‖ *entra* (*o entrate*) come in: *entrate pure* do come in; **entrarci**: 1 (*starci, essere contenuto*) to be contained in, to take, to have room for, to be sufficient for, to hold: *non si entra in più di quattro nella macchina* the car won't take more than four; *in questa bottiglia c'entra un litro scarso di vino* this bottle holds (*o* takes) nearly a litre of wine; *in questo cappotto c'entro due volte* this coat is much too big for me; 2 (*avere relazione*) to have. to do with: *questo non c'entra con quanto ti ho detto* this has nothing to do with what I told you; 3 (*avere colpa*) to come into, to have to do with, to have a part in: *che c'entri tu?* where do you come in?, what have you got to do with it?; *io non c'entro* it has nothing to do with me; 〈*fam*〉 *entrarci come i cavoli a merenda* to have nothing to do with it.

entrata *f.* **1** (*ingresso*) entrance, way in, entry: *l' ~ è a destra* the entrance is to the right. **2** (*accesso per veicoli, treni, navi e sim.*) entrance, entry, means of access; (*rif. a un porto*) mouth: *l' ~ del porto* the mouth of the harbour. **3** *pl.* 〈*Econ*〉 income, earnings *pl*; 〈*Comm*〉 receipts *pl*, takings *pl*: *le -e di un teatro* (*o cinema*) box–office takings (*o* receipts); (*guadagno*) profit, proceeds *pl*; (*dello stato, di enti pubblici*) revenue. **4** 〈*Teat*〉 entrance, entry. **5** 〈*Minier*〉 adit. **6** 〈*Inform*〉input. □ 〈*Econ*〉 *-e* **accessorie**

supplementary income; ~ *dell'aria* air inlet (*o* intake); **biglietto** *d'* ~ (admission) ticket; ⟨*burocr*⟩ ~ *in* **carica** entrance into (*o* upon) office; ⟨*Econ*⟩ ~ *di* **cassa** cash takings (*o* receipts); **divieto** *d'* ~ (*cartello*) No Entry (*o* Admittance); ⟨*Econ*⟩ *-e* **effettive** actual income; *-e* **fiscali** tax yield; ~ *in* **guerra** entrance into war; ~ **laterale** side entrance; *-e* **personali** personal income; ~ *in* **possesso** taking possession of; ⟨*Teat*⟩ ~ *in* **scena** entrance (upon the stage); ⟨*Econ*⟩ **segnare** *in* *-e* to enter on the credit side; ~ *in* **servizio** taking up of office; ~ *dello* **stato** government revenue; *-e* **straordinarie** special revenue; *-e e* **uscite** income (*o* revenue) and expenditure, receipts and expenses; (*nella contabilità*) debit and credit; ~ *in* **vigore** coming into force.

entratura *f.* (*possibilità di accesso*) freedom of access, entrée; (*familiarità*) familiar terms *pl.* □ **avere** ~ (*o* *entrature*) *con* (*o* *presso*) *qd.* to have free access to s.o., to be on familiar terms with s.o.; *ha molte e con* (*o* *presso*) *persone influenti* he has great entrée with influential people.

entrecôte *fr.* [ãtrə'ko:t] *m.* ⟨*Gastr*⟩ rib steak, entrecôte.

entremets *fr.* [ãtrə'mɛ] *m.* **1** ⟨*Gastr*⟩ side-dish. **2** (*dessert*) dessert.

entro *prep.* **1** (*rif. a tempo*) in, within: *sarò di ritorno* ~ *un'ora* I shall be back in an hour (*o* hour's time); ~ *i prossimi otto giorni* within the next eight days; (*rif. a un periodo precisato*) by, not later than: ~ *sabato avrò finito* I'll have finished by Saturday. **2** (*lett*) (*rif. a luogo*) in, inside, within: ~ *casa* inside the house, at home.

entrobordo, entrofuoribordo *m.* ⟨*Mar*⟩ inboard motorboat.

entropia *f.* ⟨*Mat,Fis*⟩ entropy.

entroterra *m.inv.* hinterland, inland.

entusiasmante *a.* thrilling, exciting, stirring. **entusiasmare** *v.t.* to arouse enthusiasm in, to thrill, to stir: *lo spettacolo mi ha entusiasmato* the show thrilled (*o* delighted) me. **entusiasmarsi** *v.r.* to become enthusiastic (*per* about), to be thrilled (by): *entusiasmarsi per qc.* to get enthusiastic about s.th. **entusiasmo** *m.* enthusiasm, excitement: *l'* ~ *dei tifosi* the fans' enthusiasm; *mettersi al lavoro con grande* ~ to set to work with great enthusiasm. □ *con* ~ enthusiastically, with enthusiasm; *una persona facile agli* *-i* a person who is easily moved to enthusiasm; *provare* ~ *per qc.* to be enthusiastic about s.th.; *scatenare un'ondata di* ~ to arouse a wave of enthusiasm; *suscitare l'* ~ *del pubblico* to rouse the audience to great enthusiasm. **entusiasta** **I** *s.m./f.* enthusiast. **II** *a.* **1** enthusiastic: *temperamento* ~ enthusiastic temperament. **2** (*molto soddisfatto*) delighted, very pleased, highly satisfied (*di* with): *sono* ~ *dei tuoi risultati scolastici* I am highly satisfied with your results. **entusiasticamente** *avv.* enthusiastically, with enthusiasm. **entusiastico** *a.* (*pl.* -ci) enthusiastic: *la commedia ha avuto applausi* *-i* the play received an enthusiastic ovation.

enucleare *v.t.* (**enucleo**) **1** (*spiegare*) to explain, to enucleate: ~ *un concetto* to explain a concept. **2** ⟨*Chir*⟩ to enucleate: ~ *un tumore* to enucleate a tumour. **enucleazione** *f.* **1** explanation, enucleation: *l'* ~ *di una dottrina* the explanation of a doctrine. **2** ⟨*Chir*⟩ enucleation.

enumerare *v.t.* (**enumero**) to enumerate. **enumerativo** *a.* enumerative. **enumerazione** *f.* list, catalogue, enumeration: ~ *incompleta* incomplete list; *mi fece una* ~ *completa dei suoi mali* he gave me a detailed list of all his ailments.

enunciare *v.t.* (**enuncio, enunci**) to enunciate, to formulate: ~ *un teorema* to enunciate a theorem. **enunciativo** *a.* **1** enunciative. **2** ⟨*Gramm*⟩ declarative: *proposizione* *-a* declarative proposition. **enunciato** *m.* **1** enunciation, statement, proposition. **2** (*formulazione*) formulation, terms *pl.*: *l'* ~ *di un teorema* the terms of a theorem. **enunciazione** *f.* **1** statement, declaration, announcement, enunciation: ~ *sommaria* summary statement. **2** (*formulazione*) enunciation, formulation, terms *pl.*: *l'* ~ *del teorema non è chiara* the formulation of the theorem is not clear.

enuresi *f.* ⟨*Med*⟩ enuresis.

enzima *m.* ⟨*Chim, Biol*⟩ enzyme: *-i digestivi* digestive enzymes. **enzimatico** *a.* (*pl.* -gi) enzym(at)ic. **enzimologia** *f.* enzymology. **enzimologo** *m.* (*pl.* -gi) enzymologist.

eocene *m.* ⟨*Geol*⟩ Eocene (epoch).

Eolia *N.pr.f.* ⟨*Geog.stor*⟩ Aeolia, Aeolis.

eolico[1] *a.* (*pl.* -ci) **1** wind. **2** ⟨*Geol*⟩ (a)eolian. □ ⟨*Geol*⟩ *depositi* *-i* aeolian rocks; *erosione* *-a* wind erosion.

eolico[2] *a.* (*pl.* -ci) (*dell'Eolia*) Aeolian, Aeolic.

Eolie *N.pr.f.pl.* ⟨*Geog*⟩ Aeolian Islands *pl.*

eolio[1] *a.* (a)eolian, aerial. □ ⟨*Mus*⟩ *arpa* *-a* aeolian harp (*o* lyre).

eolio[2] *a.* (*eolico*) Aeolian: ⟨*Mus*⟩ *modo* ~ Aeolian mode.

Eolo *N.pr.m.* ⟨*Mitol*⟩ Aeolus.

épagneul *fr.* [epa'ɲœl] *m.* ⟨*Zool*⟩ spaniel.

eparina *f.* ⟨*Biol*⟩ heparin. **epatica** *f.* ⟨*Bot*⟩ liverwort, ⟨*am*⟩ liverleaf. **epatico** *a./s.* (*pl.* -ci) **I** *a.* hepatic, liver-: *insufficienza* *-a* hepatic insufficiency; *colica* *-a* liver attack. **II** *s.m.* (*f.* **-a**) person suffering from a liver disorder. □ *estratto* ~ liver extract. **epatite** *f.* ⟨*Med*⟩ hepatitis: ~ *virale* infectious hepatitis. **epatizzazione** *f.* hepatization.

epatobiliare *a.* ⟨*Med*⟩ hepatobiliary.

epatologia *f.* hepatology. **epatologo** *m.* (*pl.* -gi) hepatologist.

epato|nefrite *f.* hepatonephritis. **~patia** *f.* hepatopathy, liver disease. **~patico** *a.* (*pl.* -ci) hepatopathic. **~protettore** *m.* ⟨*Farm*⟩ hepatotropic drug. **~tomia** *f.* ⟨*Chir*⟩ hepatotomy, liver incision. **~tossico** *a.* (*pl.* -ci) hepatotoxic.

epatta *f.* ⟨*Astr*⟩ epact.

epentesi *f.* ⟨*Ling*⟩ epenthesis.

eperlano *m.* ⟨*Itt*⟩ sparling.

epesegesi *f.* ⟨*Gramm*⟩ epexegesis. **epesegetico** *a.* (*pl.* -ci) epexegetic(al): *proposizione* *-a* epexegetical clause.

epica *f.* epic poetry.

epi|cardio *m.* ⟨*Anat*⟩ epicardium. **~carp(i)o** *m.* ⟨*Bot*⟩ epicarp. **~centro** *m.* **1** ⟨*Geol*⟩ epicentre, epicentrum: ~ *sismico* seismic epicentre. **2** ⟨*fig*⟩ focus, (epi)centre: *l'* ~ *di una epidemia* the centre of an epidemic. **~ciclo** *m.* ⟨*Astr*⟩ epicycle. **~cicloidale** *a.* epicyclic(al): *moto* ~ epicyclic movement. **~cicloide** *f.* epicycloid.

epico *a.* (*pl.* -ci) epic (*anche estens.*): *poesia* *-a* epic poetry; *stile* ~ epic style; *le epiche gesta di Alessandro Magno* the epic deeds of Alexander the Great.

epicureismo *m.* **1** ⟨*Filos*⟩ Epicureanism. **2** (*atteggiamento da epicureo*) epicurism. **epicureo** **I** *a.* Epicurean: *dottrina* *-a* Epicurean doctrine. **II** *s.m.* (*f.* **-a**) **1** ⟨*Filos*⟩ Epicurean. **2** (*estens*) epicurean. **Epicuro** *N.pr.m.* ⟨*Stor*⟩ Epicurus.

epidemia *f.* ⟨*Med*⟩ epidemic (*anche fig.*): *un'* ~ *di influenza* a flu epidemic; *che* ~ *di matrimoni!* what an epidemic of weddings! **epidemico** *a.* (*pl.* -ci) epidemic(al) (*anche fig.*): *febbre* *-a* epidemic fever.

epidemiologia *f.* epidemiology. **epidemiologico** *a.* (*pl.* -ci) epidemiological. **epidemiologo** *m.* (*pl.* -gi) epidemiologist.

epidermico *a.* (*pl.* -ci) **1** ⟨*Anat*⟩ epidermal, epidermic: *cellule epidermiche* epidermal cells. **2** ⟨*fig*⟩ (*superficiale*) superficial, skin-deep: *una sensibilità* *-a* a superficial sensitivity. **epidermide** *f.* **1** ⟨*Anat,Bot*⟩ epidermis. **2** ⟨*fig*⟩ surface.

epididimo *m.* ⟨*Anat*⟩ epididymis.

epidittico *a.* (*pl.* -ci) ⟨*Ret*⟩ epideictic.

epidoto *m.* ⟨*Min*⟩ epidote.

Epifania *N.pr.f.* ⟨*Rel*⟩ Epiphany. □ *festa dell'* ~ (Feast of the) Epiphany; *la notte dell'* ~ Twelfth Night. *Prov.*: *tutte le feste porta via* the Twelfth Night ends the festive period.

epifenomeno *m.* ⟨*Med,Filos*⟩ epiphenomenon.

epifisario *a.* ⟨*Anat*⟩ epiphysial, epiphyseal. **epifisi** *f.* epiphysis, pineal body.

epifita *f.* ⟨*Bot*⟩ epiphyte.

epifonema *m.* ⟨*Ret*⟩ epiphonema.

epifora *f.* ⟨*Ret,Med*⟩ epiphora.

epi|gastrico *a.* (*pl.* -ci) ⟨*Anat*⟩ epigastric. **~gastrio** *m.* epigastrium. **~genesi** *f.* ⟨*Biol*⟩ epigenesis. **~genetico** *a.* (*pl.* -ci) epigenetic. **~glottide** *f.* ⟨*Anat*⟩ epiglottis.

epigono *m.* **1** follower, epigone. **2** *pl.* ⟨*non com*⟩ (*discendenti*) descendants *pl.*

epigrafe *f.* epigraph, inscription. **epigrafia** *f.* epigraphy. **epigraficamente** *avv.* **1** epigraphically. **2** ⟨*fig*⟩ (*concisamente*) tersely, concisely. **epigrafico** *a.* (*pl.* -ci) **1** epigraphic(al): *documenti –i* epigraphic documents. **2** (*conciso*) terse, concise: *stile* ~ terse style. **epigrafista** *m./f.* epigraphist.

epigramma *m.* ⟨*Lett*⟩ epigram. **epigrammatico** *a.* (*pl.* -ci) **1** epigrammatic(al): *poesia –a* epigrammatic poetry; *stile* ~ epigrammatic style. **2** (*estens*) epigrammatic, pithy. **epigrammista** *m./f.* epigrammatist.

epilessia *f.* ⟨*Med*⟩ epilepsy. **epilettico** *a./s.m.* (*pl.* -ci; *f.* -a) epileptic. **epilettoide** I *a.* epileptoid: *crisi* ~ epileptoid crisis. II *s.m./f.* epileptoid.

epilogo *m.* (*pl.* -ghi) **1** epilogue: *l'* ~ *di un libro* the epilogue of a book; (*di un discorso*) summing up: *l'* ~ *della predica* the summing up of the sermon. **2** ⟨*fig*⟩ (*conclusione, fine*) conclusion, epilogue. □ *una cena a ristorante fu l'* ~ *della giornata* the day came to an end with dinner at a restaurant.

epinicio *a./s.* (*pl.* -ci) ⟨*Lett*⟩ I *a.* epinician. II *s.m.* epinicion, epinikion.

Epiro *N.pr.m.* ⟨*Geog*⟩ Epirus.

episcopale *a.* episcopal, bishop's: *chiesa* ~ episcopal church; *sedia* ~ bishop's throne. **episcopaliano** I *a.* ⟨*Rel*⟩ Episcopal(ian). II *s.m.* (*f.* -a) Episcopalian. **episcopalismo** *m.* episcopalism. **episcopalista** I *a.* upholding episcopalism. II *s.m./f.* Episcopalian. **episcopato** *m.* **1** (*carica*) episcopate, bishopric: *innalzare all'* ~ to raise to the episcopate; (*periodo*) episcopate. **2** ⟨*collett*⟩ episcopacy, episcopate: *l'* ~ *cattolico* the catholic episcopacy.

episcopio[1] *m.* (*vescovado*) bishop's residence.

episcopio[2] *m.* ⟨*Ott*⟩ episcope.

episodico *a.* (*pl.* -ci) **1** episodic(al): *le parti episodiche del romanzo* the episodic parts of the novel; *poema* ~ episodic poem. **2** (*accidentale*) episodic(al), incidental, casual, occasional. **episodio** *m.* **1** ⟨*Lett*⟩ episode: *l'* ~ *dei Ciclopi nell'Odissea* the episode of the Cyclops in the Odyssey. **2** (*fatto secondario, vicenda*) episode: *la vita militare fu per lui un* ~ *di scarsa importanza* military life was an unimportant episode for him; *un triste* ~ a sad episode. **3** (*fatto d'armi*) engagement, action: *si distinse in molti episodi di eroismo* he distinguished himself in many heroic actions.

epistasi *f.* ⟨*Biol*⟩ epistasis.

epistassi *f.* ⟨*Med*⟩ epistaxis, nose bleeding.

epistemologia *f.* ⟨*Filos*⟩ epistemology. **epistemologo** *m.* (*pl.* -gi) epistemiologist.

epistilio *m.* ⟨*Arch*⟩ epistyle.

epistola *f.* ⟨*lett*⟩ epistle (*anche Lit.,Lett.*).

epistolare *a.* epistolary: *stile* ~ epistolary style. □ *corrispondenza* ~ personal correspondence; *scambio* ~ exchange of letters. **epistolario** *m.* collection of letters, letters *pl,* correspondence: *l'* ~ *del Machiavelli* Machiavelli's letters. **epistolografia** *f.* epistolography. **epistolografo** *m.* epistoler, epistolographist.

epistrofeo *m.* ⟨*Anat*⟩ epistropheus.

epitaffio *m.* epitaph.

epitalamico *a.* (*pl.* -ci) ⟨*Lett*⟩ epithalamic, epithalamial. **epitalamio** *m.* epithalamium, epithalamion. **epitalamo** *m.* ⟨*Anat*⟩ epithalamus.

epiteliale *a.* ⟨*Anat*⟩ epithelial: *cellule –i* epithelial cells. **epitelio** *m.* epithelium. **epitelioma** *m.* ⟨*Med*⟩ epithelioma.

epiteto *m.* **1** epithet. **2** (*titolo ingiurioso*) name, insult, epithet, (term of) abuse.

epitome *f.* epitome, summary, abridgement, compendium.

epi|zootico *a.* (*pl.* -ci) ⟨*Veter*⟩ epizootic. **~zoozia** *f.* epizooty.

epoca *f.* **1** (*periodo*) epoch, age, era, time, period: *l'* ~ *della prima guerra mondiale* the time of the First World War. **2** (*tempo*) time, period, days *pl:* *all'* ~ *del suo matrimonio* at the time of his marriage. **3** ⟨*Geol,Astr*⟩ epoch. □ *a quell'* ~ at that time, in those days: *a quell'~ ero studente* at that time I was a student; *da quell'* ~ *from*

that time on, since then; *fare* ~ to mark a new epoch; *quest'avvenimento farà* ~ this event will be epoch–making; ~ *del raccolto* harvest time. **epocale** *a.* epochal, pertaining to an epoch.

epodico *a.* (*pl.* -ci) ⟨*Lett*⟩ epodic. **epodo** *m.* ⟨*Metr,Lett*⟩ epode.

eponimo I *a.* eponymous. II *s.m.* (*f.* -a) eponym.

epopea *f.* **1** (*poema epico*) epic (poem). **2** (*genere epico*) epos, epopee. **3** (*estens*) (*imprese eroiche*) epic deeds *pl:* *l'* ~ *napoleonica* Napoleon's epic deeds. □ ~ *cavalleresca* epic of chivalry. **epos** *m.* epos.

epossidico *a.* (*pl.* -ci) epoxy: *resine epossidiche* epoxy resins.

eppure *congz.* **1** (*tuttavia*) and yet, nevertheless: *non è ancora arrivato, ~ sapeva che io avevo fretta* he still has not arrived, and yet he knew I was in a hurry. **2** (*in espressioni esclamative*) all (*o* just) the same, though: ~ *devi farlo* you must do it, though.

epsilon *m.* (*lettera dell'alfabeto greco*) epsilon.

epsomite *f.* ⟨*Min*⟩ epsomite.

eptagonale *a.* ⟨*Geom*⟩ heptagonal. **eptagono** *m.* heptagon.

epulone *m.* **1** ⟨*Stor.rom*⟩ epulo. **2** ⟨*Bibl*⟩ rich man. **3** ⟨*lett*⟩ (*mangione*) glutton.

epurare *v.t.* ⟨*Pol*⟩ (*rif. a cariche*) to purge, to weed out: ~ *la pubblica amministrazione* to purge the Civil Service; (*rif. a partito politico*) to purge; (*rif. a persona*) to remove, to expel: ~ *qd. da un ufficio* to remove s.o. from office. **epurato** *a.* purged, purified; (*rif. a persona*) eliminated, expelled: *funzionario* ~ eliminated official. **epurazione** *f.* ⟨*Pol*⟩ purge, purging, expulsion.

eq. = ⟨*Mat*⟩ *equazione* equation (*abbr.* eq.).

equalizzatore *m.* ⟨*Acu*⟩ equalizer. **equalizzazione** *f.* ⟨*Acu*⟩ equalization.

equamente *avv.* justly, fairly, equitably: *giudicare* ~ to judge fairly. **equanime** *a.* (*imparziale*) impartial, just, fair: *giudice* ~ impartial judge; *giudizio* ~ fair judgement. **equanimemente** *avv.* impartially, justly, serenely. **equanimità** *f.* (*imparzialità*) impartiality, justness, equanimity. □ *giudicare con* ~ to judge impartially.

equatore *m.* ⟨*Geog*⟩ (geographical, terrestrial) equator. □ ⟨*Astr*⟩ ~ *celeste* celestial equator; ~ *magnetico* magnetic equator; ⟨*Meteor*⟩ ~ *termico* thermal (*o* heat) equator. **equatoriale** I *a.* ⟨*Geog,Astr*⟩ equatorial. II *s.m.* (*cannocchiale astronomico*) equatorial (telescope). □ ⟨*Astr*⟩ *coordinate –i* equator co–ordinates; *diametro* ~ equatorial diameter.

equazione *f.* ⟨*Mat,Chim*⟩ equation. □ ⟨*Mat*⟩ ~ *algebrica* algebraic equation; ~ *biquadratica* biquadratic equation; ~ *esponenziale* exponential equation; ~ *di primo grado* linear (*o* first degree) equation; ~ *di secondo grado* quadratic equation; ~ *di terzo grado* cubic equation.

equestre *a.* equestrian (*anche Stor.rom.*): *monumento* ~ equestrian statue; *ordine* ~ equestrian order. □ *circo* ~ circus.

equiangolo *a.* ⟨*Geom*⟩ equiangular: *triangolo* ~ equiangular triangle.

equidi *m.pl.* ⟨*Zool*⟩ equids *pl.*

equidistante *a.* equidistant. **equidistanza** *f.* equidistance.

equilatero *a.* ⟨*Geom*⟩ equilateral.

equilibramento *m.* ⟨*Mecc*⟩ balancing. □ ~ *dinamico* dynamic balancing; *dispositivo di* ~ balancing device; ~ *statico* static balancing. **equilibrante** *a.* equilibrant. **equilibrare** *v.t.* to (counter)balance, to equilibrate (*anche fig.*): ~ *due pesi* to balance two weights; *un peso equilibra l'altro* one weight balances the other; *le spese equilibrano le entrate* expenditure balances income, expenditure and income balance out. **equilibrarsi** *v.r.* to (counter)balance (e.o.), to equilibrate (*anche fig.*): *le due forze si equilibrano* the two forces counterbalance each other; *le due nazioni si equilibrano* the two countries counterbalance each other. **equilibrato** *a.* **1** ⟨*Mecc*⟩ balanced: *ben* ~ well– (*o* correctly) balanced. **2** ⟨*fig*⟩ sensible, (well–) balanced. **equilibratore** I *s.m.* **1** (*f.* -trice) balancer, equalizer, equilibrator. **2** ⟨*Aer*⟩ elevator. **3** ⟨*Artigl*⟩ equilibrator. II *a.* **1** balancing. **2** ⟨*fig*⟩ steadying, balancing: *elemento* ~

steadying influence.

equilibrio *m.* **1** balance, equilibrium, poise: *i piatti della bilancia sono in* ~ the scales are in equilibrium. **2** ⟨*fig*⟩ (*proporzione*) balance, equilibrium: ~ *tra profitti e perdite* balance between profits and losses. **3** ⟨*Art*⟩ balance, proportion, harmony: ~ *delle masse* harmony of mass. **4** ⟨*fig*⟩ (*moderazione, senso della misura*) common sense, moderation, balance: *l'* ~ *di quest'uomo è ammirevole* this man's common sense is admirable. **5** ⟨*Aer,Mar*⟩ (*stabilità*) stability. □ ⟨*Ginn*⟩ **asse** *di* ~ balance beam; ⟨*Pol*⟩ ~ **atomico** nuclear balance; ⟨*Econ*⟩ ~ **costi-ricavi** cost–revenue balance; ⟨*Fis*⟩ ~ **dinamico** dynamic balance; ~ **ecologico** ecological balance; ~ **economico** (economic) equilibrium; **giochi** *di* ~ balancing acts, acrobatics; (*tenendo oggetti in equilibrio*) juggling tricks; ~ **idrico** water balance; ~ **instabile** unstable equilibrium; ~ **morale** moral balance; **perdere** *l'* ~ to lose one's balance; ~ **politico** balance of power; **ristabilire** *l'* ~ to restore the balance; ⟨*fig*⟩ to redress the balance; **rompere** *l'* ~ to upset the equilibrium; ⟨*Fis*⟩ ~ **stabile** stable equilibrium; ~ **statico** static balance; ⟨*Pol*⟩ ~ **strategico** strategic balance; **tenersi** *in* ~ to balance, to poise; *il giocoliere teneva un bastone in* ~ *sul naso* the juggler balanced a stick on his nose; ~ *del* **terrore** balance of terror.

equilibrismo *m.* acrobatics *pl* (*costr. sing. o pl.*). □ ⟨*fig*⟩ ~ *politico* political acrobatics *pl.* **equilibrista** *m./f.* **1** tightrope walker, acrobat; (*chi tiene oggetti in equilibrio*) juggler. **2** ⟨*fig*⟩ trimmer.

equino I *a.* horse–, of horses, horse's, equine: *carne –a* horse meat. **II** *s.m.* equine; *pl.* horses and related animals *pl.*

equinoziale *a.* ⟨*Astr*⟩ equinoctial. **equinozio** *m.* equinox: ~ *di autunno* autumnal equinox; ~ *di primavera* vernal (*o* spring) equinox.

equipaggiamento *m.* **1** (*l'equipaggiare*) equipment, outfitting. **2** (*fornimenti, bagagli e sim.*) equipment, outfit, kit: *l'* ~ *di un atleta* an athlete's kit. **3** ⟨*Mil*⟩ kit. ~ *da montagna* climbing equipment; ~ *da scherma* fencing equipment; ~ *da sci* skiing outfit. **equipaggiare** *v.t.* (**equipaggio, equipaggi**) **1** (*fornire di equipaggio*) to man: ~ *una nave* to man a ship. **2** (*fornire di equipaggiamento*) to equip, to fit out, to rig out (*di* with): ~ *un esercito* to equip an army; ~ *una spedizione scientifica* to fit out a scientific expedition. **equipaggiato** *a.* **1** ⟨*Mar,Aer*⟩ manned. **2** (*fornito dell'occorrente*) equipped, fitted out: *partimmo per l'ascensione –i di tutto punto* we set out for the climb fully equipped. **equipaggio** *m.* **1** ⟨*Mar,Aer,Sport*⟩ crew. **2** (*bagagli e seguito*) train, retinue, suite, equipage. □ ~ *dell'aereo* aeroplane crew; *alloggi dell'* ~ crew's quarters; ⟨*Astron*⟩ *senza* ~ unmanned: *volo senza* ~ unmanned flight.

equiparare *v.t.* to equalize, to level, to equate: ~ *gli stipendi* to level salaries. **equiparazione** *f.* equalizing. □ ⟨*Dir*⟩ ~ *dei diritti* equivalence of rights.

équipe *fr.* [e'kip] *f.* **1** team: *lavorare in* ~ to work as a team; *lavoro di* ~ team–work. **2** ⟨*Sport*⟩ team, side. □ ~ *direzionale* management team.

equipollente **I** *a.* equivalent, equipollent: *per l'ammissione al concorso occorre la laurea o altro titolo* ~ a degree or equivalent qualification is necessary for competition entrance. **equipollenza** *f.* equivalence, equipollence.

equisetacee *f.pl.* ⟨*Bot*⟩ horsetails *pl.* **equiseto** *m.* equisetum.

equità *f.* **1** fairness, equity: *l'* ~ *della decisione* the fairness of the judgement. **2** (*estens*) (*imparzialità*) impartiality. □ ~ *fiscale* equality of taxation; *giudicare con* ~ to judge fairly.

equitazione *f.* **1** (*il cavalcare*) (horse) riding. **2** (*arte*) horsemanship, equitation. □ *fare dell'* ~ to ride; *scuola di* ~ riding school.

equivalente **I** *a.* **1** equivalent. **2** (*corrispondente, dello stesso significato*) equivalent, tantamount: *questa risposta è* ~ *a un rifiuto* this answer is tantamount to a refusal. **II** *s.m.* equivalent (*anche Chim.,Fis.*): *mi diede l'* ~ *della somma in merce* he gave me the equivalent of the sum in goods. □ ~ *elettrochimico* electrochemical equivalent; *grammo* ~ gram equivalent. **equivalenza** *f.* equivalence

(*anche Fis.,Mat.*). **equivalere** *v.i.* (**equivalgo, equivali; equivalsi, equivalso;** → **valere;** *aus.* **essere/avere**) **1** (*avere lo stesso valore*) to be equivalent (*a* to), to be worth (s.th.): *il dollaro equivale a milleduecento lire circa* the dollar is equivalent to about one thousand two hundred lire. **2** (*corrispondere*) to be equivalent (*o* tantamount) (to), to be the same (as): *il tuo silenzio equivale a un consenso* your silence is tantamount to consent. **equivalersi** *v.r.* **1** to be equivalent (*o* on a par). **2** (*bilanciarsi, equilibrarsi*) to balance e.o. (*o* out), to be equivalent to e.o.: *i profitti e le perdite si equivalgono* profits and losses balance out. **3** (*rif. a denaro*) to be worth the same, to have the same value. **4** ⟨*fig*⟩ to have the same value, to be equally good: *i due metodi d'insegnamento si equivalgono* the two methods of teaching have the same value; (*rif. a forze e sim.*) to be equally matched, to be a match for e.o.: *il valore delle squadre in gara si equivale* the teams are 'equally matched' (*o* a match for e.o.). **equivalsi, equivalso** → **equivalere.**

equivocabile *a.* equivocal, deceptive. **equivocamente** *avv.* **1** (*in modo poco chiaro*) ambiguously: *mi rispose* ~ he answered me ambiguously, he gave me an ambiguous reply. **2** (*in modo immorale*) dubiously, questionably. **equivocare** *v.i.* (**equivoco, equivochi;** *aus.* **avere**) to mistake, to misunderstand: ~ *sul significato di qc.* to mistake the meaning of s.th. **equivocità** *f.* ⟨*non com*⟩ **1** ambiguity, equivocation: *l'* ~ *di una risposta* the ambiguity of an answer. **2** (*l'essere immorale*) dubious nature, shadiness: ~ *di un ambiente* dubious nature of an environment. **equivoco** *a./s.* (*pl.* **-ci**) **I** *a.* **1** ambiguous, equivocal: *la tua risposta è* –*a* your answer is ambiguous. **2** (*di dubbia moralità*) dubious, questionable, shady: *persona* –*a* dubious character. **II** *s.m.* **1** (*malinteso*) mistake, misunderstanding: *ci dev'essere un* ~ there must be some mistake. **2** (*parole, frasi a doppio senso*) double meaning; (*gioco di parole*) play on words, pun. □ *a scanso d'* –*i* to avoid any misunderstanding.

equo *a.* **1** (*giusto*) fair, just, equitable: *le condizioni sono* –*e* the terms are fair; *compenso* ~ fair reward; *prezzo* ~ fair price. **2** (*imparziale*) fair, impartial, just: *giudice* ~ impartial judge.

era[1] *f.* **1** (*in cronologia*) era. **2** (*epoca*) age, era, epoch, period: *l'* ~ *del colonialismo* the age of colonialism. **3** ⟨*Geol*⟩ era. □ ~ *atomica* atomic age; ~ *cristiana* Christian era; ~ *geologica* geological era; ~ *spaziale* space age.

era[2] → **essere**[1].

Eracle *N.pr.m.* ⟨*Mitol*⟩ Heracles. **Eraclito** *N.pr.m.* ⟨*Stor*⟩ Heraclitus.

erariale *a.* revenue–, fiscal, tax–, taxation–, public, state–, of the Exchequer (*o* Treasury). □ *imposta* ~ public (*o* state) tax; *spese* –*i* public (*o* government) expenditure; *tassa* ~ state (*o* revenue) tax; *ufficio* ~ revenue (*o* tax) office. **erario** *m.* (*tesoro pubblico*) Treasury, Exchequer. □ *le spese dell'* ~ public expenditure.

erasmiano *a.* Erasmian. **Erasmo** *N.pr.m.* ⟨*Stor*⟩ Erasmus.

Erato *N.pr.f.* ⟨*Mitol*⟩ Erato.

eravamo → **essere**[1].

erba *f.* **1** grass, herb: *sdraiarsi sull'* ~ to lie down on the grass. **2** ⟨*gerg*⟩ (*rif. a marijuana e sim.*) grass, pot, weed. **3** ⟨*Farm*⟩ herb. **4** ⟨*Gastr*⟩ (pot)herb. □ *mettere* (*o tenere*) *a* ~ (*far pascolare*) to put out to grass, to pasture, to graze; ⟨*Gastr*⟩ –*e* **aromatiche** (aromatic) herbs; ~ **betonica** wood betony; ~ **cipollina** chive; **coperto** *d'* ~ grassy, grass–covered; ~ **essiccata** dried grass; **fare** *l'* ~ (*falciarla*) to mow (*o* cut) the grass; ⟨*fig*⟩ **fare** *d'ogni* ~ *un fascio* to make no distinction, to mix the good with the bad indiscriminately; *un filo d'* ~ a blade of grass; –*e* **foraggere** fodder, forage; **in** ~: 1 green: *il grano è ancora in* ~ the corn is still green; 2 ⟨*fig*⟩ budding, in the making: *un avvocato in* ~ a budding lawyer; (*inesperto*) inexperienced, green; ⟨*fig*⟩ *mangiarsi il grano* (*o fieno*) *in* ~ to reap before one has sown; **mal'** ~ weed; ⟨*fig*⟩ tares *pl;* ⟨*fig*⟩ *non è* ~ *del tuo* **orto** (*non è farina del tuo sacco*) it's not your own idea (*o* work); ⟨*region*⟩ **piazza delle** –*e* (*mercato ortifrutticolo*) fruit and vegetable market; ⟨*Lav.femm*⟩ **punto** ~ satin stitch; ~ *da* **spazzole** broom grass (*o* sedge). *Prov.*: *l'* ~ *voglio non cresce neppure nel giardino del re* you cannot have everything you want; *l'* ~ *cattiva non muore mai* a bad penny is always turning up, ill weeds grow apace.

erbaccia *f.* (*pl.* **-ce**) weed: *un campo pieno di erbacce* a field 'overrun by weeds' (*o* grown to weed). ▢ *strappare le erbacce da un giardino* to weed a garden. **erbacee** *f.pl.* herbaceae. **erbaceo** *a.* herbaceous: *pianta* ~*a* herbaceous plant. **erbaggi** *m.pl.* (green) vegetables *pl*, greens *pl*, pot–herbs *pl.* ▢ *negozio di* ~ greengrocer's shop. **erbaiolo** *m.* (*f.* **-a**) greengrocer; (*ambulante*) street seller of vegetables. **erbario** *m.* **1** ⟨*ant*⟩ (*libro*) herbal. **2** (*raccolta*) herbarium. **erbaspagna** *f.* ⟨*Bot*⟩ lucerne, ⟨*am*⟩ alfalfa. **erbatico** *m.* ⟨*Dir*⟩ herbage, grazing rights *pl.* **erbicida** *m.* ⟨*Agr*⟩ weed–killer, herbicide.

erbio *m.* ⟨*Chim*⟩ erbium.

erbivendolo *m.* (*f.* **-a**) greengrocer; (*ambulante*) costermonger. **erbivoro I** *a.* herbivorous. **II** *s.m.* ⟨*Zool*⟩ herbivore. **erborista** *m./f.* herbalist, herborist. **erboristeria** *f.* **1** (*raccolta*) collection of medicinal herbs. **2** (*negozio*) herbalist's shop. **erboristico** *a.* (*pl.* **-ci**) herb–. **erborizzare** *v.i.* to herbalize. **erboso** *a.* grassy, grass–(covered), grass–grown. ▢ *terreno* ~ grassland; *luogo* ~ grassy spot; *tappeto* ~ (*prato*) lawn.

Ercolano *N.pr.f.* ⟨*Geog.stor*⟩ Herculaneum.

Ercole *N.pr.m.* ⟨*Mitol*⟩ Hercules. **ercole** *m.* ⟨*fig*⟩ (*uomo forte*) Hercules. ▢ *colonne d'* ~ Pillars of Hercules; *le fatiche d'* ~ the labours of Hercules. **erculeo** *a.* Herculean (*anche fig.*): *fatica* ~*a* Herculean task; *forza* ~*a* Herculean strength.

erede *m./f.* heir (*f* heiress): ~ *spirituale* spiritual heir. ▢ ~ **apparente** heir presumptive; **lasciare** *qd.* ~ to leave s.o. as one's heir; ~ **legittimo** heir at law, legal (*o* rightful) heir; **nominare** *un* ~ to appoint an heir; *essere* **senza** ~ to be heirless; ~ **testamentario** testamentary heir, heir under a will; **unico** ~ sole heir; ~ **universale** universal heir.

eredità *f.* **1** inheritance, legacy, heritage (*anche fig.*): ~ *d'affetti* heritage of love. **2** ⟨*Biol*⟩ heredity, inheritance. ▢ **accettazione** *dell'* ~ acceptance of inheritance; **adire** *un'* ~ to accept an inheritance; ⟨*Dir*⟩ ~ **giacente** vacant succession; **lasciare** *in* ~ to bequeath (*a qd.* to s.o., s.o.) (*anche fig.*); **parte** *d'* ~ portion (of inheritance); **ricevere** *in* ~ to inherit; **rinunciare** *a un'* ~ to refuse an inheritance; ~ **spirituale** spiritual succession; ~ **vacante** vacant inheritance.

ereditabile *a.* (in)heritable. **ereditare** *v.* (**erèdito**) **I** *v.t.* to inherit (*anche fig.*): *ha ereditato una grossa fortuna* he inherited a huge fortune; *ha ereditato la volontà ferrea del padre* he has inherited his father's iron will. **II** *v.i.* (*aus.* **avere**) to inherit: ~ *da un parente ricco* to inherit from a rich relative. **ereditarietà** *f.* inheritability, heredity (*anche Biol.*): ~ *di un titolo* inheritability of a title; ~ *di un carattere* inheritability of a character. ▢ ⟨*Biol*⟩ *leggi dell'* ~ laws of heredity; *teoria dell'* ~ theory of heredity. **ereditario** *a.* hereditary, inherited (*anche Biol.*): *carattere* ~ hereditary character. ▢ ⟨*Dir*⟩ *asse* ~ estate of a deceased person, inherited estate; *malattia* ~*a* hereditary disease; *principe* ~ heir apparent to a crown. **ereditiera** *f.* heiress: *sposare un'* ~ to marry an heiress.

eremita *m.* hermit, eremite. ▢ ⟨*fig*⟩ *fare vita da* ~ to lead a hermit–like existence. **eremitaggio** *m.* hermitage (*anche estens.*). **eremitico** *a.* (*pl.* **-ci**) hermit's, hermitic, eremitic: *vita* ~*a* hermit's life. **eremo** *m.* hermitage.

eresia *f.* **1** ⟨*Rel*⟩ heresy. **2** ⟨*fig*⟩ heresy; (*sproposito*) nonsense. **3** ⟨*fam*⟩ (*bestemmia*) curse, swear–word. ▢ ⟨*fam*⟩ *non mi far dire* ~*e* don't make me swear. **eresiarca** *m.* (*pl.* **-chi**) ⟨*Rel*⟩ heresiarch.

eressi → **erigere**.

ereticale *a.* heretical. **ereticamente** *avv.* heretically. **ereticità** *f.* hereticalness. **eretico** *a./s.* (*pl.* **-ci**) **I** *a.* heretical: *affermazione* ~*a* heretical statement; *setta* ~*a* heretical sect. **II** *s.m.* (*f.* **-a**) heretic (*anche fig.*).

eretismo *m.* ⟨*Med*⟩ erethism. **eretistico** *a.* (*pl.* **-ci**) ⟨*Psic*⟩ erethistic.

erettile *a.* ⟨*Biol,Fisiol*⟩ erectile: *organo* ~ erectile organ;

tessuto ~ erectile tissue. **erettilità** *f.* erectility. **eretto** (*p.p. di* **erigere**) *a.* (*dritto*) erect, straight, upright: *tenere il capo* ~ to hold one's head erect; *stare col busto* ~ to hold o.s. upright. **erezione** *f.* **1** (*l'erigere*) erection, building. **2** ⟨*fig*⟩ (*fondazione, istituzione*) foundation, establishment. **3** ⟨*Fisiol*⟩ erection.

erg *m.* ⟨*Fis*⟩ erg.

ergastolano *m.* (*f.* **-a**) prisoner (*o* convict) serving a life sentence, ⟨*fam*⟩ lifer. **ergastolo** *m.* **1** (*pena*) life imprisonment (with hard labour), life sentence. **2** (*stabilimento di pena*) prison, gaol. ▢ *condannare all'* ~ to sentence to life imprisonment.

ergere *v.t.* (**ergo, ergi; ersi, erto/erto**) ⟨*lett*⟩ to raise, to lift up. **ergersi** *v.r.* **1** (*rif. a monti e sim.*) to rise. **2** ⟨*fig*⟩ to set o.s. up (as).

ergo *lat. congz.* ⟨*lett,scherz*⟩ ergo, therefore.

ergometria *f.* ergometrics *pl* (*costr.sing.*). **ergometrico** *a.* (*pl.* **-ci**) ergometric. **ergometro** *m.* ⟨*Fis*⟩ ergometer.

ergonometria *f.* ergonometrics *pl* (*costr. sing.*). **ergonomia** *f.* ergonomics *pl* (*costr. sing.*). **ergonomico** *a.* (*pl.* **-ci**) ergonomical. **ergonomo** *m.* ergonomist.

ergosterina *f.*, **ergosterolo** *m.* ⟨*Chim*⟩ ergosterol, ergosterin.

ergoterapeuta *m.* → **ergoterapista**. **ergoterapia** *f.* ⟨*Med*⟩ ergotherapy, occupational therapy. **ergoterapista** *m./f.* work (*o* occupational) therapist.

ergotina *f.* ergot.

ergotismo *m.* ⟨*Med*⟩ ergotism.

erica *f.* ⟨*Bot*⟩ heath(er).

erigere *v.t.* (**erigo, erigi; eressi, eretto**) **1** to erect, to raise, to set (*o* put) up: ~ *un edificio* to erect a building; *è stato eretto un monumento alla memoria dei caduti* a war memorial has been erected (*o* put up). **2** ⟨*fig*⟩ (*elevare, innalzare*) to raise to the status (*a* of), to elevate (to): *la città fu eretta a vescovato* the town was raised to the status of a diocese. **erigersi** *v.r.* to set o.s. up (as): *erigersi a giudice* to set o.s. up as a judge. ▢ ⟨*Dir*⟩ ~ *in ente* to incorporate.

Erinni *N.pr.f.pl.* ⟨*Mitol*⟩ Erinyes.

erinnofilia *f.* ⟨*Filat*⟩ collecting of commemorative stamps.

erisipela *f.* ⟨*Med*⟩ erysipelas.

eristica *f.* ⟨*Filos*⟩ eristic. **eristico** *a.* (*pl.* **-ci**) eristic.

eritema *m.* ⟨*Med*⟩ erythema: ~ *solare* solar erythema. **eritematoso** *a.* erythematous.

Eritrea *N.pr.f.* ⟨*Geog*⟩ Eritrea.

eritremia *f.* ⟨*Med*⟩ erythremia.

eritreo *a./s.m.* (*f.* **-a**) Eritrean.

eritro|cita, **~cito** *m.* ⟨*Biol*⟩ erythrocyte, red (blood) cell. **~citosi** *f.* ⟨*Med*⟩ erythrocytosis. **~micina** *f.* ⟨*Farm*⟩ erythromycin.

erma *f./lett.m.* herm(a).

ermafrod(it)ismo *m.* ⟨*Biol,Med*⟩ hermaphroditism. **ermafrodito I** *a.* hermaphroditic(al). **II** *s.m.* hermaphrodite.

ermellino *m.* **1** ⟨*Zool*⟩ ermine, stoat. **2** (*pelliccia*) ermine.

ermeneuta *m.* hermeneut. **ermeneutica** *f.* hermeneutics *pl* (*costr. sing.*). **ermeneutico** *a.* (*pl.* **-ci**) hermeneutic.

Ermes *N.pr.m.* ⟨*Mitol*⟩ Hermes.

ermeticamente *avv.* hermetically: *un recipiente chiuso* ~ a hermetically sealed container; ⟨*estens*⟩ tight(ly), hermetically: *le finestre erano chiuse* ~ the windows were shut tight. **ermetico** *a.* (*pl.* **-ci**) **1** (*a perfetta tenuta*) air tight, hermetic(al): *chiusura* ~*a* hermetic seal; *contenitore* ~ air tight container; (*a tenuta d'acqua*) water tight; (*a tenuta di gas*) gas proof. **2** ⟨*fig*⟩ obscure, recondite, inscrutable, hermetic(al): *espressione* ~*a* obscure expression; *testo* ~ recondite text. **3** ⟨*Lett*⟩ hermetic: *poeta* ~ hermetic poet. **ermetismo** *m.* **1** (*impenetrabilità*) inscrutability, obscurity, obscureness, reconditeness: *l'* ~ *di uno sguardo* the inscrutability of a look. **2** ⟨*Lett*⟩ Hermeticism.

ermo *a.* ⟨*poet*⟩ remote, solitary.

Ernesto *N.pr.m.* Ernest.

ernia *f.* ⟨*Med*⟩ hernia, rupture. ▢ ~ *del disco* rupture of the disc; ~ *inguinale* inguinal hernia; ~ *ombelicale*

umbilical hernia; ~ *strozzata* strangulated hernia. **erniario** *a.* herniary, ruptured, hernial, hernia–: *cinto ~* (hernia) truss. **erniotomia** *f.* ⟨*Chir*⟩ herniotomy.
ero[1] → **essere**[1].
ero[2] *f.* ⟨*gerg*⟩ (*eroina*) heroin.
Erode *N.pr.m.* ⟨*Stor*⟩ Herod.
erodere *v.t.* (**erosi**, **eroso**) **1** to erode, to eat away. **2** ⟨*fig*⟩ to erode: ~ *il potere d'acquisto* to erode the purchasing power.
Erodiade *N.pr.f.* ⟨*Stor*⟩ Herodias.
Erodoto *N.pr.m.* ⟨*Stor*⟩ Herodotus.
eroe *m.* hero (*anche estens.*): *l' ~ del romanzo è un giovane medico* the hero of the novel is a young doctor. □ *culto degli –i* hero worship; *l' ~ del giorno* the hero of the day; *morire da ~* to die like a hero.
erogabile *a.* **1** (*rif. a denari*) distributable, donable: *somma ~* donable sum. **2** (*rif. ad acqua, gas e sim.*) deliverable, suppliable. **erogare** *v.t.* (**erogo**, **eroghi**) **1** (*rif. a denari*) to distribute, to give (away); (*in donazione, per beneficenza*) to donate: ~ *una somma* to donate a sum. **2** (*rif. ad acqua, gas e sim.*) to supply, to deliver: ~ *energia elettrica* to supply electrical power; *la tubatura eroga mille litri di acqua al minuto* the pipes deliver a thousand litres of water a minute. **erogatore I** *s.m.* (*f. -trice*) **1** distributor, donor. **2** ⟨*Mecc*⟩ distribution valve. **II** *a.* distributing, supplying. **erogazione** *f.* **1** (*rif. a denari*) distribution; (*donazione, beneficenza*) donation. **2** (*rif. ad acqua, gas e sim.*) supply, delivery: *l' ~ del gas sarà sospesa a causa dello sciopero* the gas supply will be cut off because of the strike. □ ~ *d'acqua potabile* drinking water supply; ~ *di corrente* power supply.
erogeno *a.* ⟨*Fisiol*⟩ erogenous: *zona –a* erogenous zone.
eroicamente *avv.* heroically: *combattere ~* to fight heroically. **eroico** *a.* (*pl. -ci*) **1** heroic(al): *impresa –a* heroic deed; *prendere una decisione –a* to make a heroic decision. **2** ⟨*Lett*⟩ heroic, epic: *poesia –a* heroic poetry. □ *morte –a* heroic death; ⟨*Lett*⟩ *verso ~* heroic verse (*o* meter). **eroicomico** *a.* (*pl. -ci*) mock–heroic, heroic–comic: *poema ~* mock–heroic (*o* heroic–comic) poem.
eroina[1] *f.* heroine (*anche estens.*): *l' ~ del film* the heroine of the film.
eroina[2] *f.* ⟨*Chim*⟩ heroin.
eroinomane *m./f.* heroin addict. **eroinomania** *f.* heroin addiction.
eroismo *m.* **1** heroism (*anche estens.*). **2** (*atto eroico*) heroic deed.
erompere *v.i.* (**eruppi**; no past participle or compound tenses) to burst (out, forth), to break (out): *la folla eruppe nel cortile* the crowd burst (*o* stormed) into the courtyard; *eruppe in grida di sdegno* he burst out into shouts of anger.
Eros *N.pr.m.* ⟨*Mitol*⟩ Eros. **eros** *m.* eros (*anche Psic.*).
erosi → **erodere**.
erosione *f.* **1** ⟨*Geol,Med*⟩ erosion. **2** ⟨*fig*⟩ erosion: *l' ~ dei salari reali* the erosion of real wages. □ ~ *eolica* wind erosion, deflation; ~ *glaciale* glacial erosion; ~ *superficiale* surface erosion; ⟨*Agr*⟩ ~ *del terreno* soil erosion. **erosivo** *a.* ⟨*Geol*⟩ erosive: *l'azione –a delle acque piovane* the erosive action of rain–water. **eroso** (*p.p. di erodere*) *a.* eroded.
eroticamente *avv.* erotically. **erotico** *a.* (*pl. -ci*) erotic: *sogno ~* erotic dream; *delirio ~* erotic frenzy; *poesia –a* erotic poetry. **erotismo** *m.* erot(ic)ism. **erotizzare** *v.t.* ⟨*Psic*⟩ to erotize. **erotizzazione** *f.* erotization. **erotomane** *m./f.* erotomaniac. **erotomania** *f.* erotomania.
ERP = *Piano di ricostruzione europea* European Recovery Program (*abbr.* E.R.P.).
erpete *m.* ⟨*Med*⟩ herpes. □ ~ *zoster* herpes zoster. **erpetico** *a.* (*pl. -ci*) herpetic: *febbre –a* herpetic fever. □ *virus ~* herpes virus. **erpetologia** *f.* herpetology. **erpetologo** *m.* (*pl. -gi*) herpetologist.
erpicare *v.t.* (**erpico**, **erpichi**) ⟨*Agr*⟩ to harrow. **erpicatura** *f.* harrowing. **erpice** *m.* harrow. □ ~ *a dischi* disc harrow; ~ *per erbacce* weeder, weed harrow; ~ *a maglie snodate* chain harrow.

errabondo *a.* ⟨*lett*⟩ wandering, rambling. **errante** *a.* wandering, roving, errant: *cavaliere ~* knight-errant; *l'Ebreo ~* the wandering Jew. **errare** *v.i.* (**erro**; *aus.* avere) **1** to wander, to roam, to ramble, to rove: *errammo per le vie deserte* we wandered through the desert streets. **2** (*ingannarsi, sbagliare*) to be mistaken (*o* wrong), to make a mistake: *se non erro* if I am not mistaken. **3** (*commettere una colpa*) to sin, to err. □ ~ *con la fantasia* to let one's imagination wander; ~ *con lo sguardo* to let one's eye wander.
errata (corrige) *m.inv.* ⟨*Tip*⟩ errata *pl*, corrigenda *pl*.
erratico *a.* (*pl. -ci*) wandering, erratic. □ ⟨*Geol*⟩ *masso ~* erratic (block). **errato** *a.* **1** (*non vero*) false, untrue: *le notizie ricevute sono –e* the news received is false. **2** (*inesatto, sbagliato*) wrong, mistaken, incorrect: *opinione –a* mistaken opinion; *pronuncia –a* incorrect pronunciation. □ *andare ~* to be mistaken (*o* wrong): *se non vado ~* if I am not mistaken.
erre *f./m.inv.* name of the letter R.
erroneamente *avv.* wrongly, mistakenly, erroneously. **erroneità** *f.* wrongness, erroneousness. **erroneo** *a.* wrong, mistaken, erroneous.
errore *m.* **1** mistake, error: *il compito è pieno di –i* the work is full of mistakes; *è stato un ~ pagare l'intera somma anticipatamente* it was a mistake to pay the whole amount in advance. **2** (*colpa, fallo*) error, fault, lapse: *un ~ di gioventù* a youthful error; (*peccato*) sin. □ ~ *di calcolo* miscalculation; ⟨*Statist*⟩ ~ *di campionamento* sampling error; ~ *casuale* random error; **commettere** *un ~* to make a mistake; ~ **comune** common mistake (*o* error); **correggere** *un ~* to correct a mistake; ⟨*Dir*⟩ ~ *di* **diritto** error in (*o* of) law; ~ *di* **fatto** error in (*o* of) fact; ~ **giudiziario** miscarriage of justice; ~ *di* **giudizio** error of judgement; ~ *di* **grammatica** grammatical mistake; *cadere in ~* to fall into error; *essere in ~* to be wrong; ~ *di* **ortografia** spelling mistake, misspelling; **per** ~ by mistake, in error; ⟨*Inform*⟩ ~ *di* **programma** bug; **salvo** ~ if I am not mistaken; *salvo –i e omissioni* errors and omissions excepted; ~ *di* **stampa** misprint; ~ *di* **trascrizione** clerical error, slip of the pen; ~ **umano** human error.
ersi → **ergere**. **erta** *f.* steep slope (*o* ascent). □ *all' ~!* look out!, careful!; ⟨*fig*⟩ *stare all' ~* to be on the alert (*o* look-out, qui vive). **erto** (*p.p. di ergere*) *a.* steep, precipitous.
erucico *a.* (*pl. -ci*): ⟨*Chim*⟩ *acido ~* erucic acid.
erudire *v.t.* (**erudisco**, **erudisci**) (*istruire*) to teach, to instruct, to educate: ~ *un discepolo* to teach a pupil; ⟨*scherz*⟩ *non ho mai giocato a canasta, erudiscimi nelle regole del gioco* I have never played canasta, teach me the rules of the game. **eruditamente** *avv.* eruditely, learnedly. **erudito I** *a.* learned, erudite, scholarly: *un articolo ~* a scholarly article; *discorso ~* learned discourse. **II** *s.m.* (*f. -a*) learned person, erudite, scholar. **erudizione** *f.* learning, erudition: *far mostra di ~* to show off one's learning.
eruppi → **erompere**.
eruttare *v.t.* **1** ⟨*Geol*⟩ to erupt, to belch forth, to throw (*o* spew) out. **2** ⟨*fig*⟩ to spew (*o* spit) out, to pour forth: ~ *bestemmie e insulti* to spew out curses and insults. **eruttivo** *a.* ⟨*Geol,Med*⟩ eruptive: *roccia –a* eruptive rock. **eruzione** *f.* **1** ⟨*Geol*⟩ (volcanic) eruption, eructation. **2** ⟨*Med*⟩ eruption, rash.
Erzegovina (*o Erzegovina*) *N.pr.f.* ⟨*Geog*⟩ Herzegovina.
erziano *a.* ⟨*Fis*⟩ (*hertziano*) Hertzian.
es. = *esempio* example (*abbr.* ex.).
esacerbare *v.t.* (**esacerbo**) **1** (*rendere più duro*) to increase, to intensify, to heighten, to sharpen: ~ *la pena* to increase the punishment. **2** (*rendere più grave*) to exacerbate, to aggravate, to make worse: ~ *una ferita* to exacerbate a wound. **3** ⟨*fig*⟩ to exacerbate, to embitter, to exasperate: *queste liti mi esacerbano* these quarrels exasperate me. **esacerbato** *a.* embittered, exacerbated: *animo ~* embittered heart. **esacerbazione** *f.* **1** heightening, worsening, increasing, exacerbation, aggravation: ~ *dei contrasti* heightening of discord. **2** ⟨*fig*⟩ embitterment.
esacordo *m.* ⟨*Mus*⟩ hexachord.

esadecimale *a.* hexadecimal.

esaedrico *a.* (*pl.* -ci) ⟨*Geom*⟩ hexahedral. **esaedro** *m.* hexahedron.

esagerare *v.* (esagero) **I** *v.t.* to exaggerate, to overstate: *tu esageri le difficoltà dell'impresa* you exaggerate the difficulties of the undertaking. **II** *v.i.* (*aus.* avere) to exaggerate, to overdo, to carry too far (*in qc.* s.th.): *nelle lodi* to overdo one's praises; ⟨*assol*⟩ to exaggerate, to go too far, ⟨*fam*⟩ to lay it on thick: *come esageri!* you do exaggerate (*o* lay it on thick)! □ ~ *nel mangiare* to overeat; *ci saranno state diecimila persone, non esagero* there must have been ten thousand people, without exaggeration. **esageratamente** *avv.* exaggeratedly, ridiculously: *questo prezzo è* ~ *alto* this price is ridiculously high. **esagerato** *a.* (*eccessivo*) exaggerated, excessive: *queste lodi sono* -e these praises are exaggerated; (*rif. a prezzi e sim.*) exorbitant, excessive. □ *essere* (*un*) ~ to overdo things, to go too far: *è un* ~ *in tutto* he overdoes everything, he always goes too far; ⟨*fam*⟩ *per la vecchia automobile voglio trecentomila lire* – ~*!* I want three hundred thousand lire for my old car – that's ⌜overdoing it⌝ (*o* asking too much)! **esagerazione** *f.* exaggeration, overstatement. □ *mi sembra un'* ~ *spendere tanto per un cappello* it seems to me an extravagance to spend so much on a hat; *settecento lire per un chilo di pesche? – che* ~ *!* seven hundred lire for a kilo of peaches? – what nonsense!; *senza* ~, *ci saranno state mille persone a quel ricevimento* ⌜without exaggeration⌝ (*o* I'm not exaggerating), there must have been a thousand people at the reception.

esagitare *v.t.* (esagito) ⟨*lett*⟩ to trouble: ~ *la mente* to trouble the mind. **esagitato I** *a.* ⟨*lett*⟩ troubled, restless: *animo* ~ troubled mind. **II** *s.m.* (*f.* -a) troubled person. **esagitazione** *f.* ⟨*lett*⟩ agitation.

esagonale *a.* ⟨*Geom*⟩ hexagonal, hexagon–, sexagonal. **esagono I** *s.m.* hexagon. **II** *a.* → esagonale.

esalamento *m.* exhalation. **esalare I** *v.t.* to give off (*o* out, forth), to exhale: *i fiori esalavano un profumo intenso* the flowers gave off a strong scent. **II** *v.i.* (*aus.* essere) to emanate, to exhale, to come (out) (*da* from), to be given off (by); (*rif. a cattivo odore*) to reek (*costr. pers.*). □ ~ *l'anima* to breathe one's last, to give up the ghost. **esalatoio** *m.* vent, outlet. **esalazione** *f.* exhalation.

esaltante *a.* exciting, stimulating, arousing. **esaltare** *v.t.* **1** (*innalzare a una dignità*) to exalt, to raise, to elevate: ~ *al trono di Pietro* to raise to the throne of Peter. **2** (*magnificare*) to exalt, to extol, to magnify, to glorify: ~ *gli eroi* to glorify the heroes. **3** (*valorizzare*) to enhance, to heighten, to set off, to intensify: *il vino esalta il sapore delle vivande* wine enhances the flavour of food; *la pettinatura esaltava la bellezza dei suoi lineamenti* her hair–style ⌜set off⌝ (*o* brought out) the beauty of her features. **4** (*entusiasmare*) to thrill, to (a)rouse, to stir: *questo spettacolo mi ha esaltato* I was thrilled by this show. **esaltarsi** *v.r.* to be (a)roused, to be thrilled (*o* elated), to be stirred. **esaltato I** *a.* (*eccitato*) excited: *una mente* -a an excited mind; (*fanatico*) fanatical; (*avventato*) hot–headed. **II** *s.m.* (*f.* -a) fanatic, hot–head: *è un* ~, *non ci si può ragionare* he is a fanatic, you cannot reason with him. **esaltazione** *f.* **1** (*lode*) exalting, extolling, glorification: *l'* ~ *delle virtù* the extolling of virtue. **2** (*eccitazione*) excitement: *nella sua* ~ *non riusciva a parlare* he was in such a state of excitement that he could not speak; (*entusiasmo*) enthusiasm, excitement, elation.

esame *m.* **1** examination, test; (*accurato*) scrutiny, inspection; (*controllo*) check; (*inchiesta*) investigation. **2** ⟨*Scol,Univ*⟩ examination, ⟨*fam*⟩ exam: *domani cominciano gli* -*i scritti* the written exams begin tomorrow. □ **commissione** *d'* ~ examining body (*o* board); ~ **complementare** examination in a subsidiary subject; ~ *di* **concorso** competitive examination; ~ *di* **coscienza** examination of one's conscience; *fare l'* ~ *di coscienza* to examine one's conscience; **dare** *un* ~ to take an examination, to sit (for) an examination; ~ *dei* **documenti** inspection of documents; ~ **elettrocardiografico** electrocardiographic test; ~ **elettroencefalografico** electroencephalographic test; **fare** *l'* ~: (*rif. a esaminando*)

to take (*o* sit for) the examination; (*rif. a esaminatore*) to hold the examination; –*i* **finali** final examinations, ⟨*fam*⟩ finals *pl;* ~ *di* **guida** driving test; ~ *di* **idoneità** aptitude test; **in** ~ under examination; (*in prova, in visione*) on approval; ~ *di* **laurea** graduation; ~ *di* **licenza** school–leaving examination; ~ *di* **maturità** school–leaving examination, ⟨*am*⟩ matriculation, ⟨*GB*⟩ A level examination; ~ **medico** medical examination; ~ **orale** oral examination; **passare** *gli* –*i* to pass one's examinations, ⟨*fam*⟩ to get through one's exams; ~ *della* **pratica** examination of the case; **prendere** *qc. in* ~ to examine s.th., to take s.th. into consideration; **procedere** *all'* ~ *di qc.* to examine s.th.; ~ **radiologico** X–ray (*o* radiological) examination; ⟨*Scol*⟩ *di* **riparazione** resit; ~ *del* **sangue** blood test; **sostenere** *un* ~ to take (*o* sit for) an exam; ⟨*Scol,Univ*⟩ ~ *di* **stato** state examination; ~ *di un* **testo** examination of a text; ~ *della* **vista** eye test.

esametro *m.* ⟨*Metr*⟩ hexameter.

esaminabile *a.* examinable. **esaminando** *m.* (*f.* -a) examinee, (examination) candidate. **esaminare** *v.t.* (esamino) **1** to examine, to test; (*accuratamente*) to scrutinize, to inspect; (*controllare*) to check; (*leggendo*) to look (*o* read) through, to look over: ~ *la corrispondenza* to look through one's mail. **2** ⟨*Scol,Univ*⟩ to examine: ~ *i candidati* to examine the candidates. **3** ⟨*fig*⟩ to search, to examine: ~ *la propria coscienza* to examine one's conscience, to search one's soul. **4** ⟨*Dir*⟩ to examine: ~ *i testimoni* to examine the witnesses. **5** (*considerare*) to examine, to consider, to take into consideration, to look (*o* go) into: ~ *una proposta* to consider (*o* look into) a proposal. **esaminato I** *a.* examined. **II** *s.m.* (*f.* -a) candidate (who has been examined). **esaminatore I** *s.m.* (*f.* -trice) examiner, examinant. **II** *a.* examining: *commissione esaminatrice* examining body, board of examiners.

esangue *a.* **1** bloodless, drained of blood, exsanguine. **2** ⟨*fig*⟩ (*pallido*) pale, white (as a sheet): *volto* ~ white face.

esanime *a.* lifeless, exanimate: *cadde* ~ *al suolo* he fell lifeless to the ground.

esano *m.* ⟨*Chim*⟩ hexane.

esantema *m.* ⟨*Med*⟩ exanthem(a). **esantematico** *a.* (*pl.* -ci) exanthematic.

esarazione *f.* ⟨*Geol*⟩ exaration.

esarca *m.* (*pl.* -chi) ⟨*Stor*⟩ exarch. **esarcato** *m.* exarchate.

esasperante *a.* exasperating, irritating, annoying: *oggi sei proprio* ~ you really are exasperating today; *lentezza* ~ exasperating slowness. **esasperare** *v.t.* (esaspero) **1** (*rendere più gravoso*) to increase, to sharpen, to heighten, to aggravate: ~ *una pena* to increase a punishment; ~ *il dolore* to sharpen sorrow. **2** (*irritare*) to exasperate, to annoy, to irritate: *il tuo contegno mi esaspera* your behaviour exasperates me. **esasperarsi** *v.r.* to get (*o* become) exasperated (*o* annoyed) (*per* by, at), to be irritated (by). **esasperato** *a.* exasperated, annoyed (*per* by, at), irritated (by): *sono veramente* ~ *per questa lunga attesa* I am really exasperated by this long wait. **esasperazione** *f.* **1** (*l'esasperare*) increase, heightening, sharpening, aggravation: *l'* ~ *del dolore* the sharpening of grief. **2** (*irritazione*) exasperation, annoyance, irritation: *la sua* ~ *è al colmo* his exasperation is at its height.

esastilo *a.* ⟨*Arch*⟩ hexastyle: *tempio* ~ hexastyle temple.

esattamente *avv.* exactly, accurately, precisely: *calcolare* ~ to calculate exactly; *sono* ~ *venti minuti che ti aspetto* I have been waiting for you exactly twenty minutes. □ *è* ~ *lo stesso* it's just (*o* exactly) the same. **esattezza** *f.* **1** exactitude, exactness, accuracy, precision: *l'* ~ *di un calcolo* the accuracy of a calculation; *il lavoro è fatto con molta* ~ the work is done with great accuracy; (*giustezza*) correctness, truth, rightness: *accertarsi dell'* ~ *di un'informazione* to ascertain the truth of a piece of information. **2** (*puntualità*) punctuality. □ *con* ~ exactly, precisely, accurately: *rispondete con* ~ *alle domande* answer the questions accurately; *non ricordo con* ~ *il numero degli invitati* I cannot remember the exact number of guests.

esatto[1] *a.* **1** exact, accurate, precise: *la radio ha trasmesso l'ora –a* the radio has broadcast the exact time; (*giusto*) correct, right: *informazione –a* correct information; *un lavoro* ~ an accurate piece of work. **2** (*puntuale*) punctual, prompt. **3** (*rif. a ore: in punto*) exactly, precisely: *arrivammo alle dieci –e* we arrived at exactly ten o'clock. □ *cercherò di essere* ~ *nei pagamenti* I will try to be on time with my payments; *il mio orologio è* ~ my watch is right; *(nelle risposte)* ~*!* that (*o* it) is right!, just (*o* quite) so!; *scienze –e* exact sciences.

esatto[2] (*p.p. di esigere*) *a.* (*riscosso*) collected, received: *la somma –a* the sum collected.

esattore *m.* (tax) collector, (tax) gatherer, (*fam*) (tax)man. □ ~ *comunale* municipal tax collector; ~ *del gas* gas man; ~ *delle imposte* tax collector; ~ *della luce* collector of electricity rates. **esattoria** *f.* collector's office. □ ~ *comunale* office of municipal tax collector, municipal office of rates and taxes.

Esaù *N.pr.m.* ⟨*Bibl*⟩ Esau.

esaudibile *a.* that can be granted. □ *desiderio facilmente* ~ easily-granted wish. **esaudimento** *m.* granting, fulfilment, satisfaction. **esaudire** *v.t.* (*esaudisco, esaudisci*) to grant, to answer: *Dio ha esaudito le mie preghiere* God has answered my prayers; ~ *un desiderio* to grant a wish. □ *è stato esaudito* he has been satisfied.

esauribile *a.* exhaustible. **esauribilità** *f.* exhaustibility. **esauriente** *a.* exhaustive, thorough, complete, full: *informazione* ~ exhaustive information. **esaurientemente** *avv.* exhaustively, thoroughly, completely, fully: *credo di aver risposto* ~ *a tutte le domande* I think I have answered all the questions fully. **esaurimento** *m.* **1** exhaustion, consumption, using up (*anche fig.*): ~ *di un pozzo d'acqua* exhaustion of a well. **2** ⟨*Med*⟩ (*esaurimento nervoso*) nervous breakdown. **3** ⟨*Comm*⟩ *svendita fino a* ~ *della merce* clearance sale, sell-out of goods. **esaurire** *v.t.* (*esaurisco, esaurisci*) **1** to use up, to exhaust, to consume, to expend, to run through (*o* out of): ~ *le provviste* to 'use up' (*o* run out of) supplies; ~ *tutti i mezzi* to exhaust all one's means; ~ *le munizioni* to expend one's ammunition; (*rif. a miniere*) to work out, to exhaust. **2** ⟨*fig*⟩ to exhaust, to use up, to consume, to expend: ~ *la pazienza di qd.* to exhaust s.o.'s patience; ~ *le proprie forze* to expend one's energies. **3** (*rif. a merci: venderle completamente*) to sell out: *questo articolo è esaurito* this article is sold out. **4** (*trattare compiutamente*) to exhaust: ~ *un argomento* to exhaust a subject. **5** ⟨*estens*⟩ (*debilitare*) to wear (*o* tire) out, to exhaust: *lo studio lo ha esaurito* study has worn him out. **esaurirsi** *v.r.* **1** to be 'used up' (*o* exhausted), to run out: *i nostri fondi si sono esauriti* our funds are exhausted; (*rif. a miniere*) to be worked out. **2** (*rif. a merci*) to be sold out; (*rif. a libri*) to be out of print. **3** ⟨*fig*⟩ (*estinguersi*) to dry up, to run dry: *la sua vena artistica si è esaurita* his artistic inspiration has dried up. **4** ⟨*estens*⟩ (*debilitarsi*) to wear o.s. out, to exhaust o.s., to become exhausted (*o* worn out): *con il troppo lavoro si è esaurito* he has worn himself out with overwork. **esaurito** *a.* **1** exhausted, consumed, used up, depleted; (*rif. a miniere e sim.*) worked out. **2** (*venduto completamente*) sold out, out of stock; (*rif. a libri*) out of print; (*rif. a teatri*) full; (*rif. a posti*) sold: *tutti i posti a sedere sono –i* all seats are sold out. **3** ⟨*estens*⟩ (*spossato*) exhausted, worn (*o* tired) out, spent; (*affetto da esaurimento nervoso*) run down, on the verge of a nervous breakdown. □ *tutto* ~ sold out, all gone; ⟨*Teat*⟩ full house.

esaustivo *a.* ⟨*lett*⟩ exhaustive. **esausto** *a.* **1** (*vuoto*) empty, exhausted: *l'erario è* ~ the treasury is empty. **2** ⟨*estens*⟩ (*spossato*) worn (*o* tired) out, exhausted, spent.

esautorare *v.t.* (*esautoro*) to deprive of power (*o* authority): ~ *il governo* to deprive the government of power. **esautorato** *a.* deprived of power: *governo* ~ government deprived of its power. **esautorazione** *f.* deprivation of power (*o* authority).

esavalente *a.* ⟨*Chim*⟩ hexavalent.

esazione *f.* collection, exaction, levy(ing): ~ *di crediti* debt collection; ~ *fiscale* tax collection.

esborsare *v.t.* (*esborso*) ⟨*burocr*⟩ to disburse. **esborso** *m.* ⟨*burocr*⟩ disbursement.

esca *f.* **1** ⟨*Pesc*⟩ bait. **2** ⟨*Venat*⟩ bait, decoy. **3** ⟨*fig*⟩ bait, lure, enticement, allurement. **4** (*per accendere il fuoco*) tinder, touchwood, ⟨*am*⟩ punk. **5** ⟨*fig*⟩ (*incitamento*) incitement, fuel. □ ⟨*fig*⟩ **aggiungere** ~ *al fuoco* (*aggravare una situazione difficile*) to add fuel to the flames; ⟨*Pesc*⟩ ~ **artificiale** artificial bait; ⟨*fig*⟩ **dare** ~ to feed, to foment, to stir up: *dare* ~ *all'odio* to foment hatred; **mettere** *l'* ~ *all'amo* to bait the hook; ⟨*fig*⟩ **pigliar** *fuoco come l'* ~ (*essere irascibile*) to flare up quickly; ⟨*fig*⟩ **prendere** *all'* ~ *qd.* to hook s.o.

escamotage *fr.* [ɛskamɔ'taʒ] *m.* sleight of hand, escamotage.

escandescenza *f.* (usually in pl.) fit of rage, outburst of anger. □ *dare in* –*e* to fly into a rage (*o* passion), to lose 'one's temper' (*o* control of o.s.), to have a fit of rage.

escapismo *m.* ⟨*Psic*⟩ escapism.

escara *f.* ⟨*Med*⟩ eschar.

escatologia *f.* ⟨*Teol*⟩ eschatology. **escatologico** *a.* (*pl.* -ci) eschatological.

escavatore *m.* **1** (*macchina*) excavator, digger. **2** ⟨*Chir*⟩ excavator. □ ~ *a benna* grab bucket excavator; ~ *a cucchiaio* (power) shovel. **escavatorista** *m.* excavator. **escavatrice** *f.* excavator, digger. **escavazione** *f.* **1** excavation, digging. **2** ⟨*Med*⟩ excavation.

eschileo *a.* Aeschylean. **Eschilo** *N.pr.m.* ⟨*Stor*⟩ Aeschylus.

eschimese **I** *a.* Eskimo–: *cane* ~ Eskimo dog, husky. **II** *s.* **1** *m.* (*lingua*) Eskimo(–Aleut). **2** *m./f.* (*abitante*) Eskimo.

Eschine *N.pr.m.* ⟨*Stor*⟩ Aeschines.

escissione *f.* ⟨*Chir*⟩ excision.

esclamare *v.i.* (*aus.* avere) to exclaim, to cry (out): *suvvia, esclamò, non perdete tempo* come on, he exclaimed, don't waste time. **esclamativo** *a.* exclamatory (*anche Gramm.*). □ *punto* ~ exclamation mark. **esclamazione** *f.* **1** exclamation: ~ *di gioia* exclamation of joy. **2** ⟨*Gramm*⟩ (*interiezione*) exclamation, interjection.

escludere *v.t.* (*esclusi, escluso*) **1** to exclude, to debar, to leave (*o* shut) out: ~ *qd. dagli esami* to exclude s.o. from the examinations. **2** (*non ammettere*) to exclude, to except: *un'ipotesi esclude l'altra* one hypothesis excludes the other; (*negare*) to refuse to admit: *escludo assolutamente che sia accaduto un fatto simile* I absolutely refuse to admit that such a thing happened. **esclusi** → **escludere**.

esclusione *f.* exclusion: *la tua* ~ *dagli esami è ben giustificata* your exclusion from the examinations is quite justified. □ *a* ~ *di* except: *tutti erano presenti a* ~ *del colpevole* everyone was present except the culprit; *per* ~ by (process of) elimination; *procedere per* ~ to proceed by exclusion; *senza* ~ *di colpi* (with) no holds barred; ⟨*Dir*⟩ ~ *dalla* **successione** exclusion from the succession.

esclusiva *f.* **1** exclusive (*o* sole) right. **2** ⟨*Comm*⟩ (*esclusiva di vendita*) exclusive (*o* sole) rights *pl* (of sale): *avere l'* ~ *di un prodotto* to have the exclusive rights of sale for a product. **3** ⟨*Rel*⟩ (right of) veto. □ ⟨*Cin*⟩ *film in* ~ exclusive film; *in* ~ *mondiale* with world copyright; *notizia in* ~ exclusive (news item). **esclusivamente** *avv.* only, exclusively: *si interessa* ~ *di calcio* he is only interested in football; *pensa* ~ *a se stesso* he thinks only of himself. **esclusivismo** *m.* **1** exclusivism. **2** ⟨*Pol,Econ*⟩ monopolism. **esclusivista** *m./f.* **1** dogmatic (*o* intolerant) person, bigot. **2** ⟨*Comm*⟩ (*unico rivenditore*) holder of exclusive rights of sale; (*unico rappresentante*) sole agent: ~ *di un prodotto* sole agent for a product. **esclusività** *f.* **1** (*l'essere esclusivo*) exclusiveness, exclusivity. **2** (*il godere di un diritto in esclusiva*) exclusive (*o* sole) right(s): ~ *di vendita* sole selling rights *pl.* **esclusivo** *a.* exclusive: *l'amore* ~ *delle madri* the exclusive love of a mother; *un circolo* ~ an exclusive club. □ *diritto* ~ exclusive (*o* sole) right; ⟨*Mod*⟩ *modello* ~ exclusive model; ⟨*Comm*⟩ *rappresentanza –a* sole agency; ⟨*Comm*⟩ *vendita –a* sole rights of sale, exclusive 'selling rights' (*o* agency selling).

escluso (*p.p. di escludere*) *a.* **1** excluded, shut out: *si sentiva* ~ *dalla società* he felt excluded from society. **2** (*impossibile*) impossible, out of the question: *è* ~ *che sia* *partito* it is impossible that he has left, he cannot (possibly) have left. **3** (*eccettuato*) except(ed): *nessuno ~* nobody excepted, no exceptions; *c'erano tutti ~ tuo padre* everyone was there except your father; (*non compreso*) exclusive of, excluding: *il pranzo costa diecimila lire, vino ~* the lunch costs ten thousand lire, exclusive of wine; *fino al 10 aprile ~* up to and excluding (*o* exclusive of) 10th April. **II** *s.m.* (*f.* -**a**) one who is excluded, outcast. □ *non è ~ che torni* he may (well) come back.

escogitare *v.t.* (**escògito**) to think up (*o* out), to excogitate, to contrive, to devise (*anche scherz.*): *~ un espediente* to devise (*o* think up) an expedient; ⟨*scherz*⟩ *che cosa avrai escogitato di nuovo per disturbarmi?* what new way of bothering me can you have thought up?

escoriare *v.t.* (**escòrio**, **escòri**) to graze, to excoriate. **escoriarsi** *v.r.* to graze (o.s.): *cadendo mi sono escoriato un ginocchio* I fell down and grazed my knee. **escoriato** *a.* grazed, excoriated. **escoriazione** *f.* graze, excoriation. □ *prodursi un' ~* to graze o.s.

escreato *m.* ⟨*Med*⟩ sputum.

escrementizio *a.* excrementitious, excremental: *materie* -*e* excrementitious matter. **escremento** *m.* (usually in pl.) excrement, faeces *pl;* (*rif. ad animali*) excrement, dung, droppings *pl:* ~ *di vacca* cow dung.

escrescenza *f.* ⟨*Anat*⟩ growth, excrescence.

escretivo *a.* excretory: *apparato ~* excretory organs. **escreto I** *a.* excreted. **II** *s.m.* (*escrezione*) excretion. **escretore**, **escretorio** *a.* excretory: *dotto ~* excretory duct. **escrezione** *f.* excretion.

escudo *m.* (*unità monetaria*) escudo.

Esculapio *N.pr.m.* ⟨*Mitol*⟩ Aesculapius.

escursione *f.* **1** (*gita*) trip, excursion, outing: *fare un' ~* to make (*o* go on) a trip (*o* excursion), to have (*o* go for) an outing; (*a piedi*) hike, walking-tour. **2** ⟨*Mecc*⟩ travel, stroke: *l' ~ del tergicristallo* the travel of the windscreen wiper. **3** ⟨*Meteor*⟩ range. **4** ⟨*Mil*⟩ manoeuvre. □ ⟨*Meteor*⟩ *~ annua* annual range; ⟨*Meteor*⟩ *~ diurna* daily range; ⟨*Meteor*⟩ *~ termica* temperature range.

escursionismo *m.* touring; (*a piedi*) hiking. **escursionista** *m./f.* excursionist, tourist, ⟨*fam*⟩ tripper; (*chi fa escursioni a piedi*) hiker. **escursionistico** *a.* (*pl.* -ci) excursion-, tourist-.

escussi → escutere. **escussione** *f.* ⟨*Dir*⟩ **1** (*rif. a testimoni*) examination. **2** (*rif. a debitori*) prosecution. **escusso** → escutere. **escutere** *v.t.* (**escussi**, **escusso**) ⟨*Dir*⟩ **1** (*rif. a testimoni*) to examine. **2** (*rif. a debitori*) to prosecute, to excuss.

esecrabile *a.* **1** (*riprovevole*) abominable, detestable, execrable: *gusto ~* execrable taste. **2** (*odioso*) hateful, loathsome, execrable: *una persona ~* a hateful person. **esecrabilità** *f.* execrableness, abominableness. **esecrando** *a.* ⟨*lett*⟩ execrable, abominable, detestable. **esecrare** *v.t.* (**esecro/esecro**) to execrate, to abominate, to abhor: *il popolo esecrava il tiranno* the people abhorred the tyrant. **esecrato** *a.* execrated, abominated, abhorred: *l' ~ tiranno* the abhorred tyrant. **esecrazione** *f.* execration, abhorrence, abomination.

esecutivo I *a.* executive (*anche Dir.*): *comitato ~* executive committee. **II** *s.m.* **1** (*potere esecutivo*) executive. **2** (*comitato esecutivo*) executive (committee): *l' ~ del partito* the party executive. □ ⟨*Dir*⟩ *disposizione* -*a* executive order; *potere ~* executive power; ⟨*concr*⟩ executive; *sentenza* -*a* executive judgement. **esecutore** *m.* (*f.* -**trice**) **1** executor (*anche Dir.*): *l' ~ di un ordine* the executor of an order; *l' ~ di un piano* the executor of a plan. **2** ⟨*Mus*⟩ performer. □ ⟨*Dir*⟩ *~ giudiziario* bailiff; ⟨*Dir*⟩ *~ fallimentare* trustee in bankruptcy; ⟨*Dir*⟩ *~ testamentario* executor; (*designato dal tribunale*) administrator. **esecutorietà** *f.* ⟨*Dir*⟩ enforceability. **esecutorio** *a.* executory, enforceable. □ *decreto ~* executive decree.

esecuzione *f.* **1** execution: *~ di un disegno* execution of a plan; (*realizzazione*) realization, accomplishment, achievement. **2** (*qualità, fattura*) workmanship, execution: *un'opera di finissima ~* an article of exquisite workmanship. **3** ⟨*Mus*⟩ performance. **4** ⟨*Dir*⟩ execution, enforcement, putting into effect. **5** (*esecuzione capitale*)

execution. □ ⟨*Dir*⟩ *~* **capitale** execution, capital punishment; *mandato di ~ capitale* death warrant; *in corso di ~* (*rif. a lavori*) in progress; **dare** *~ a qc.* to put s.th. into effect (*o* execution); *dare ~ a una sentenza* to enforce a judgement; *questo lavoro è di* **facile** *~* this work is easy to carry out; ⟨*Dir*⟩ *andare in ~* to become effective, to be executed; **mancata** *~* non–performance; *~ in* **massa** mass execution; ⟨*Dir*⟩ *~ del* **reato** perpetration of the crime; ⟨*Dir*⟩ *~* **sommaria** summary execution.

esedra *f.* ⟨*Archeol*⟩ exedra.

esegesi *f.* exegesis: *~ biblica* biblical exegesis. **esegeta** *m./f.* exegete, exegetist, exegesist. **esegetica** *f.* exegetics *pl* (*costr. sing. o pl.*). **esegetico** *a.* (*pl.* -**ci**) exegetic(al): *studi* -*i* exegetic studies.

eseguibile *a.* **1** that can be executed (*o* carried out, performed, put into effect), executable, feasible: *questo progetto è facilmente ~* this project ⌐is quite feasible⌐ (*o* can easily be put into effect); *un ordine difficilmente ~* an order that is difficult to carry out. **2** ⟨*Mus*⟩ for (performance), that can (*o* is to) be performed. **eseguibilità** *f.* feasibility: *~ di un piano* feasibility of a plan. **eseguire** *v.t.* (**eseguisco/eseguo**, **eseguisci/esegui**) **1** to carry out, to execute, to perform, to fulfil: *~ un lavoro* to carry out a piece of work, to do a job; *~ un piano* to carry out a plan; *~ un ordine* to carry out an order. **2** ⟨*Mus*⟩ to perform: *~ un concerto* to perform a concerto. **3** (*rappresentare*) to perform, to act. □ *~ un mandato* to carry out an order; *~ un'ordinazione* to fill an order; *~ un pagamento* to effect (*o* make) a payment; *~ una sentenza* to execute a judgement.

esempio *m.* **1** (*modello*) example, paragon, model, pattern: *è un ~ di fedeltà coniugale* he is a paragon (*o* model) of marital fidelity. **2** (*citazione, saggio*) example, instance, specimen: *questa grammatica contiene molti esempi* this grammar contains many examples; *un ~ di musica medievale* an example of medieval music. **3** (*ammaestramento*) example, lesson: *questo ti serva di ~* let this be an example (*o* a lesson) to you. □ **a** *~* for example (*o* instance), e.g.; *portare a ~* to give as an example; (*rif. a persona*) to hold up as an example; *prendere qd. a ~* to follow s.o.'s example; *dare l' ~* (*o il buon esempio*) to set an (*o* a good) example; *dare il cattivo ~* to set a bad example; *dimostrare con un ~* to illustrate by means of an example; *essere di ~ agli altri* to be an example to others; **per** *~* for example (*o* instance): *molte persone, per ~ mio padre, fumano la pipa* many people smoke a pipe, my father for instance; **seguire** *l' ~ di qd.* to follow s.o.'s example.

esemplare I *a.* exemplary, model–: *vita ~* exemplary life; *moglie ~* model wife; *castigo ~* exemplary punishment. **II** *s.m.* **1** (*modello*) example, model, pattern (*anche fig.*). **2** (*copia di libro*) copy, specimen, exemplar. **3** (*rif. a francobolli, monete e sim.*) specimen, example, exemplar; (*rif. a documenti*) copy. **4** (*individuo, oggetto*) example, specimen: *un bell' ~ di cane da pastore* a fine example of a sheepdog. □ *in due* -*i* in duplicate. **esemplarmente** *avv.* exemplarily, by way of example. **esemplificare** *v.t.* (**esemplifico**, **esemplifichi**) to exemplify: *~ una regola* to exemplify a rule. **esemplificativo** *a.* exemplifying, exemplificative. □ *a titolo ~* by way of example. **esemplificazione** *f.* **1** exemplification, illustration. **2** (*esempi*) examples *pl: una lunga ~* a wealth of examples.

esentare *v.t.* (**esento**) to exempt, to free (*da* from): *~ qd. dal servizio militare* to exempt s.o. from military service; *~ dal pagamento delle tasse* to exempt from taxation. **esentarsi** *v.r.* to get out of: *esentarsi da un impegno* to get out of ⌐doing s.th.⌐ (*o* a commitment). **esentasse** *a.inv.* tax–exempt, tax–free. **esente** *a.* **1** exempt(ed) (*da* from), free (of, from): *~ da dazio* free of duty, duty–free. **2** (*privo*) free (of, from), without (s.th.): *essere ~ da colpa* to be blameless (*o* without blame). □ *~ da imposte* (*o tasse*) duty–free, tax–free; *~ da ipoteche* not subject to mortgage; ⟨*Mil*⟩ *~ da servizio* exempt from military service.

esenzione *f.* exemption. □ *~ dagli esami* exemption from examinations; *~ fiscale* (*o dalle imposte*) tax exemption; ⟨*burocr*⟩ *~ dal servizio* release from duty; *~*

dal servizio militare exemption from military service.

eṣequie *f.pl.* funeral rites *pl,* obsequies *pl,* ⟨*lett*⟩ exequies *pl.*

eṣercente I *a.* practising. II *s.m./f.* shopkeeper. □ ~ *di esercizio pubblico* proprietor of premises open to the public. **eṣercire** *v.t.* (**eṣercisco, eṣercisci**) 1 (*esercitare un'attività*) to practise, to carry on. 2 (*rif. a un negozio*) to keep, to run.

eṣercitabile *a.* exercisable.

eṣercitare *v.* (**eṣercito**) I *v.t.* 1 to exercise: ~ *la mente* to exercise the mind. 2 ⟨*Mil*⟩ (*addestrare*) to train, to drill. 3 (*dedicarsi a una attività: rif. a professioni*) to practise; (*rif. a commercio e sim.*) to carry on. 4 (*usare, adoperare*) to exercise, to exert: ~ *il potere* to exercise (o wield) power. II *v.i.* (*aus.* **avere**) to practise: *è avvocato, ma non esercita* he is a lawyer but he does not practise. **esercitarsi** *v.r.* 1 to practise, to exercise o.s.: *devi esercitarti in inglese* you must practise your English; *esercitarsi a scrivere* to practise writing. 2 ⟨*Mil*⟩ to train, to drill. □ ~ *un'*attività *professionale* to practise a profession; ~ *la propria* autorità to exercise (o wield) one's authority; ~ *il* commercio to be in trade, to carry on a trade; ~ *il* contrabbando to be a smuggler; ~ *un* diritto to exercise a right; ⟨*Dir*⟩ to assert a right; ~ *un'*influenza *su qd.* to exert an influence on s.o.; ~ *l'*insegnamento to teach, to be a teacher; ~ *la* memoria to exercise the memory; ~ *un* monopolio to have (o hold) a monopoly; non ~ *più* (*rif. a professione*) to have given up one's practice; ~ *una* pressione to exert pressure; ⟨*fig*⟩ ~ *pressioni su qd.* to exert pressure on s.o.; ~ *la* voce *al canto* to train the voice.

eṣercitazione *f.* 1 exercise, practice, drill: ~ *scolastica* exercise in class; *il suo primo romanzo è una semplice* ~ *letteraria* his first novel is a mere literary excercise. 2 ⟨*Mil*⟩ exercises *pl,* manoeuvres *pl;* (*in caserma*) drill: ~ *antincendio* fire drill. □ ~ *navale* naval manoeuvres; ⟨*Mil*⟩ ~ *notturna* night manoeuvres; ⟨*Mil*⟩ ~ *di tiro* shooting practice.

eṣercito *m.* 1 (*forzè armate*) armed forces *pl;* (*forze terrestri*) army. 2 ⟨*fig*⟩ (*moltitudine*) host, crowd, army. □ capo *dell'* ~ head of the army; ⟨*Bibl*⟩ Dio *degli* –i God of Hosts; ~ *di un* diritto exercize (o assertion) of a right; entrare *nell'* ~ to join the army; ~ *di* occupazione army of occupatîon; ~ permanente standing army; ~ regolare regular army; ⟨*Rel*⟩ ~ *della* salvezza Salvation Army.

eṣercizio *m.* 1 exercise: *esercizi di pianoforte* piano exercises; *un* ~ *di latino* a Latin exercise. 2 (*pratica*) practice: *sa l'inglese benino ma gli manca l'* ~ he knows English quite well but he needs practice. 3 (*svolgimento di un'attività professionale*) practice, practising: *l'* ~ *di una professione* the practice of a profession. 4 (*l'usare, l'adoperare*) exercise, exertion, wielding: ~ *del potere* exercise (o wielding) of power. 5 (*gestione di un'azienda*) management, running, carrying on; (*l'azienda gestita*) business, concern: *aprire un* ~ to open a business; (*negozio*) shop. □ ⟨*Dir*⟩ ~ abusivo *di una professione* unauthorized practice of a profession; ⟨*Sport*⟩ *esercizi di* allenamento training exercises; ~ amministrativo administration; capitale *d'* ~ working capital; ⟨*Ginn*⟩ *esercizi a* corpo libero *free-standing* exercises; costi *d'* ~ running costs, ⟨*am*⟩ operating costs; ~ *di un* diritto exercise (o assertion) of a right; entrare *in* ~ (*rif. a impianti*) to go into operation; fare *un po' di* ~ (*di moto*) to take (some) exercise; ~ finanziario financial (o fiscal) year; ~ fisico physical exercise; nell' ~ *delle proprie* funzioni in the exercise of one's duties; *essere* fuori (*d'*) ~ to be out of practice; *fuori* ~ out of order; *esercizi* ginnici gymnastic (o physical training) exercises, gymnastics *pl* (*costr. sing.*); *tenersi* in ~ to keep (o.s.) in practice; *essere in* ~ to be operating; libro *di esercizi* book of exercises; licenza *d'* ~ trading licence; ~ *di* memoria exercise of the memory, memory-training; ~ *in* proprio privately-run concern; ~ provvisorio provisional carrying on of business; ~ pubblico public commercial concern; quaderno *degli esercizi* exercise-book; *esercizi* spirituali spiritual exercises; tassa *d'* ~ licence duty; ~ *di* traduzione translation exercise.

eṣergo *m.* (*pl.* **-ghi**) ⟨*Numism*⟩ exergue.

esfoliazione *f.* ⟨*Med*⟩ exfoliation.

eṣibire *v.t.* (**eṣibisco, eṣibisci**) to show, to exhibit, to produce, to display: ~ *la carta d'identità* to show one's identity card; ~ *un documento al giudice* to exhibit (o submit) a document to the judge. **esibirsi** *v.r.* 1 (*dare spettacolo*) to perform: *nel circo si esibisce un giovane acrobata* a young acrobat is performing in the circus. 2 ⟨*fig*⟩ to show off, to parade o.s. **eṣibizione** *f.* 1 presentation: ~ *di un documento* presentation of a document. 2 (*ostentazione*) show, display, exhibition. 3 (*spettacolo*) show, performance: *le –i degli acrobati* the acrobats' performance.

eṣibizionismo *m.* 1 (*ostentazione*) exhibition, ostentation, ⟨*fam*⟩ showing off. 2 ⟨*Psic*⟩ exhibitionism. **eṣibizionista** *m./f.* 1 exhibitionist, ⟨*fam*⟩ show-off. 2 ⟨*Psic*⟩ exhibitionist. **eṣibizionistico** *a.* (*pl.* **-ci**) exhibitionist(ic): *manie esibizionistiche* exhibitionist manias.

eṣigente *a.* exacting, demanding. **eṣigenza** *f.* 1 (*necessità*) necessity, need, requirement: *le –e della vita* the necessities of life. 2 (*pretesa*) demand, requirement: *avere molte –e* to make many demands, to be very demanding. □ *corrispondere alle –e* to meet (o fulfil) requirements; *per –e di servizio* for work reasons; *soddisfare alle –e di qd.* to meet s.o.'s requirements. **eṣigere** *v.t.* (**eṣigo, eṣigi; eṣigei/eṣigetti, eṣatto**) 1 (*pretendere*) to demand: *esigo una risposta* I demand an answer; ~ *soddisfazione* to demand satisfaction. 2 ⟨*fig*⟩ (*richiedere, imporre*) to demand, to require, to call for, to necessitate: *il lavoro esige prontezza* the work demands (o calls for) speed; *questo comportamento esige una spiegazione* this behaviour necessitates an explanation. 3 (*riscuotere*) to collect, to exact: ~ *le imposte* to collect taxes; ~ *il pagamento* to exact payment. **eṣigibile** *a.* due, collectable: *crediti –i* debts due; (*che si può riscuotere presso una cassa*) (en)cashable: *quest'assegno non è* ~ this cheque is not cashable. **eṣigibilità** *f.* collectability, payability. □ ⟨*Econ*⟩ *credito di dubbia* ~ doubtful debt.

eṣiguità *f.* meagreness, smallness, slightness, exiguity: ~ *del compenso* meagreness of the reward; ~ *della spesa* smallness of outlay. **eṣiguo** *a.* meagre, small, slight, exiguous: *numero* ~ small number.

eṣilarante (*p.p. di esilarare*) *a.* cheering, exhilarating. □ ⟨*Chim*⟩ *gas* ~ laughing gas. **eṣilarare** *v.t.* (**eṣilaro**) to cheer (up), to exhilarate, to gladden: *il suo racconto esilarò i pesenti* his story exhilarated those present.

eṣile *a.* 1 slender, slight, slim: *corporatura* ~ slight build; *spalle –i* thin shoulders. 2 ⟨*fig*⟩ (*rif. a suoni*) thin, weak, feeble: *una vocina* ~ a feeble little voice.

eṣiliare *v.t.* (**eṣilio, eṣili**) to exile, to banish: *il regnante esiliò gli avversari politici* the ruler exiled his opponents. **esiliarsi** *v.r.* 1 to go into exile. 2 ⟨*fig*⟩ (*ritirarsi*) to cut o.s. off, to withdraw: *esiliarsi dal mondo* to cut o.s. off from the world. **eṣiliato** I *a.* exiled, banished. II *s.m.* (*f. -a*) exile: *–i politici* political exiles. **eṣilio** *m.* exile, banishment: *andare in* ~ to go into exile (o banishment); (*luogo*) place of exile: *morire in* ~ to die in exile. □ *condannare all'* ~ to (sentence to) exile; *governo in* ~ government in exile; *mandare in* ~ to send into exile; *scegliere la via dell'* ~ to choose (o go into) exile; ~ *volontario* self-exile.

eṣilità *f.* 1 slenderness, slightness, slimness: ~ *di corporatura* slightness of build. 2 ⟨*fig*⟩ (*rif. a suoni*) thinness, weakness, feebleness.

eṣimere *v.t.* (no past participle) to exempt, to free, to release, to relieve: ~ *qd. da un obbligo* to free (o release) s.o. from an obligation. **esimersi** *v.r.* to get out (*da* of), to avoid: *non potei esimermi dall'aiutarlo* I could not get out of helping him.

eṣimio *a.* 1 (*egregio*) outstanding, distinguished, excellent: *uno scrittore* ~ an outstanding writer; (*rif. a cose*) rare, excellent, singular: *virtù –a* rare virtue. 2 (*titolo di cortesia*) distinguished, eminent: ~ *collega* my distinguished colleague. 3 ⟨*iron*⟩ real, thorough, out-and-out: *un* ~ *mascalzone* a real scoundrel.

Eṣiodo *N.pr.m.* ⟨*Stor*⟩ Hesiod.

eṣistente *a.* existent, in existence; (*rif. a documenti e sim.*) ⟨*pred*⟩ extant. **eṣistenza** *f.* 1 existence (*anche Filos.*):

ignorava l' ~ del libro he did not know of the existence of the book. **2** *(vita)* life, existence: *condusse un'~ felice* he led a happy life. ▢ *lottare per l' ~* to struggle for survival; *l' ~ terrena* earthly life. **esistenziale** *a.* existential *(anche Filos.)*: *problemi –i* existential problems. **esistenzialismo** *m.* ⟨*Filos*⟩ existentialism. **esistenzialista** *a./s.m./f.* existentialist. **esistenzialistico** *a.* *(pl.* **-ci**) existentialist. **esistere** *v.i.* (esistei/esistetti, esistito; *aus.* essere) to exist, to be: *le streghe non esistono* witches do not exist; *non esistono prove della sua colpevolezza* there is no proof of his guilt; *la ditta ha cessato di ~* the firm has ceased to exist. **esistito** → esistere.

esitante *a.* hesitant, hesitating: *mi guardò con aria ~* he looked at me with a hesitant air; *(rif. alla voce)* faltering. **esitare** *v.i.* (esito; *aus.* avere) to hesitate, to waver: *esitò a lungo prima di rispondere* he hesitated for a long time before answering. ▢ *~ a credere qc.* to find s.th. hard to believe; *non esito a credere che tu abbia ragione I* can well believe[1] (*o* have no doubt) that you are right. **esitazione** *f.* hesitation, hesitancy, wavering. ▢ *rispose con ~* he answered hesitatingly; *senza ~* without hesitation: *accettò l'incarico senza ~* he accepted the office without hesitation.

esito *m.* **1** *(risultato)* result, outcome, issue: *attendere l' ~ degli esami* to wait for the examination results; *l' ~ del colloquio* the outcome of the talk. **2** *(successo)* success, successful result: *garantire l' ~ di un'impresa* to guarantee the success of an undertaking. **3** *(smercio, vendita)* sale, turnover. ▢ *avere buon* (o *cattivo*) *~* to turn out well (*o* badly); ⟨*burocr*⟩ *dare ~ a una lettera* to reply to a letter; *senza ~* to no purpose, without result; *essere senza ~* to come to nothing.

esiziale *a.* **1** *(rovinoso)* ruinous, disastrous: *quei provvedimenti furono –i per l'economia* those measures were disastrous to the economy. **2** *(mortale)* fatal, mortal: *ferita ~* mortal wound.

eskimo *ingl. m.* ⟨*Vest*⟩ parka.

esobiologia *f.* exobiology.

eslege *a.* **1** *(che non è sottoposto a legge)* extra–legal, not governed by law. **2** *(che non si assoggetta alla legge)* defying the law.

esocarp(i)o *m.* ⟨*Bot*⟩ exocarp.

esocrino *a.* ⟨*Fisiol*⟩ exocrine: *ghiandola –a* exocrine gland.

esodo *m.* **1** ⟨*lett*⟩ *(emigrazione)* exodus *(anche estens.)*: *l'~ degli Ebrei dall'Egitto* the exodus of the Jews from Egypt; *con il caldo inizia l' ~ verso il mare e la montagna* when it gets hot the exodus to the seaside and mountains begins. **2** ⟨*fig*⟩ *(rif. a capitali e sim.)* flight: *~ di capitali all'estero* flight of capital (abroad). **3** ⟨*Bibl*⟩ Exodus. ▢ *~ dalle città* flight from the cities; *~ in massa* mass departure (*o* migration).

esofageo (o *esofageo*) *a.* ⟨*Med*⟩ (o)esophag(e)al. **esofagite** *f.* (o)esophagitis. **esofago** *m.* *(pl.* **-gi**) ⟨*Anat*⟩ (o)esophagus.

esoftalmo *m.* ⟨*Med*⟩ exophthalmos, exophthalmus.

esogeno *a.* ⟨*Geol,Biol,Bot*⟩ exogenous: *rocce –e* exogenous (*o* exogenetic) rocks.

esonerare *v.t.* (esonero) to exempt, to excuse, to free, to release, to exonerate: *sono stato esonerato dalle lezioni di educazione fisica* I have been excused from p.e. classes. ▢ *~ dal servizio militare* to exempt from military service; *~ qd. dalle tasse* to exempt s.o. from taxation. **esonero** *m.* exemption, release, exoneration: *chiedere l' ~* to ask for exemption. ▢ *~ dal servizio militare* exemption from military service; *~ dalle tasse* (o *fiscale*) exemption from taxation, tax relief; *~ dalle tasse scolastiche* exemption from school fees.

Esopo *N.pr.m.* ⟨*Stor*⟩ Aesop.

esorbitante *a.* exorbitant, excessive: *prezzo ~* exorbitant price; *richieste –i* excessive demands. **esorbitanza** *f.* excessiveness, exorbitance. **esorbitare** *v.i.* (esorbito; *aus.* avere) to exceed, to go (*o* be) beyond, to lie outside (*da qc.* s.th.): *~ dai propri diritti* to exceed one's rights; *il prezzo di questo articolo esorbita dalle mie possibilità* the price of this article is beyond my means.

esorcismo *m.* exorcism. ▢ *fare gli –i* to exorcize, to

perform exorcisms; *~ sopra gli ossessi* exorcism of the possessed. **esorcista** *m./f.* exorcist *(anche Rel.)*. **esorcistato** *m.* ⟨*Rel*⟩ exorcistate. **esorcistico** *a.* *(pl.* **-ci**) exorcismal, exorcistical, of exorcism: *formula –a* formula of exorcism; *preghiere esorcistiche* exorcismal prayers. **esorcizzare** *v.t.* to exorcize: *~ il demonio* to exorcize the devil; *~ un indemoniato* to exorcize one possessed. **esorcizzatore** *m.* *(f.* **-trice**) exorcist. **esorcizzazione** *f.* exorcism, exorcizing.

esordiente **I** *a.* making one's début, appearing for the first time, débutant: *un cantante ~* a singer making his début. **II** *s.m./f.* débutant *(f* débutante), beginner. **esordio** *m.* **1** introduction, preamble: *dopo un lungo ~ passò all'argomento centrale* after a long introduction he passed on to the main subject. **2** ⟨*estens*⟩ *(inizio)* beginning, start, opening; *(debutto)* début, first appearance: *l' ~ della cantante* the singer's début. ▢ *gli esordi della civiltà* the origins (*o* beginnings) of civilization. **esordire** *v.i.* (esordisco, esordisci; *aus.* avere) **1** *(cominciare un discorso)* to open, to begin: *l'oratore esordì delineando la situazione politica* the orator opened by outlining the political situation. **2** ⟨*estens*⟩ *(cominciare un'attività)* to begin (one's career), to start out: *esordì nel giornalismo con un servizio sui trovatelli* he began his career as a journalist with a report on waifs and strays; *(debuttare)* to make one's début (*o* first appearance): *l'attrice esordì giovanissima* the actress made her début at a very early age.

esornativo *a.* ⟨*lett*⟩ ornamental, embellishing.

esortare *v.t.* (esorto) to urge, to exhort: *ti esorto a dire la verità* I urge you to tell the truth. **esortativo** *a.* (ex)hortatory, (ex)hortative. **esortatore** *m.* *(f.* **-trice**) exhorter. **esortazione** *f.* exhortation.

eso|scheletro *m.* ⟨*Zool*⟩ exoskeleton. **~sfera** *f.* ⟨*Geol*⟩ exosphere.

esosità *f.* **1** *(avidità)* avarice, greed; *(avarizia)* meanness, stinginess. **2** *(rif. a prezzi e sim.)* exorbitance, excessiveness.

esoso[1] *a.* **1** *(avido)* avaricious, greedy: *usuraio ~* avaricious usurer; *(avaro)* mean, stingy. **2** *(rif. a prezzo e sim.)* exorbitant, excessive.

esoso[2] *m.* ⟨*Chim*⟩ hexose.

esoterico *a.* *(pl.* **-ci**) ⟨*Filos,Rel*⟩ esoteric *(anche estens.)*: *dottrine esoteriche* esoteric doctrines. **esoterismo** *m.* ⟨*Filos,Rel*⟩ esoter(ic)ism *(anche estens.)*.

esotermico *a.* *(pl.* **-ci**) ⟨*Fis*⟩ exothermic, exothermal.

esoticità *f.* exot(ic)ism: *~ di un'espressione* exoticism of an expression. **esotico** *a./s.* *(pl.* **-ci**) **I** *a.* exotic *(anche estens.)*: *frutti –i* exotic fruit. **II** *s.m.* exotic: *gusto dell' ~* taste for the exotic. **esotismo** *m.* exot(ic)ism *(anche estens.)*.

espandere *v.t.* (espansi, espanso) to expand, to extend, to spread: *~ i confini* to extend one's boundaries. **espandersi** *v.r.* **1** to spread (out), to expand, to extend: *la macchia di vino si espandeva sulla tovaglia* the wine stain spread out over the tablecloth; *la città si espande rapidamente* the city is spreading fast. **2** ⟨*Fis*⟩ to expand. **espansi** → espandere. **espansibile** *a.* expansible. **espansibilità** *f.* expansibility, expandability: *l' ~ di un gas* the expansibility of a gas. **espansione** *f.* **1** growth, expansion: *~ di un'industria* growth of an industry; *~ territoriale* territorial expansion; *la rapida ~ di una città* the rapid spread (*o* growth) of a city. **2** ⟨*fig*⟩ *(effusione d'affetto)* expansiveness, effusiveness, warmth: *le sue –i mi irritano* his effusiveness annoys me; *mi salutò con grande ~* he greeted me with great warmth. **3** ⟨*Fis,Mat*⟩ expansion, expanding: *~ di un gas* expansion of a gas. ▢ *~ economica* economic expansion (*o* growth); *in ~* expanding, growing; ⟨*El*⟩ *–i polari* pole pieces (*o* shoes); *~ della produzione* rise in production.

espansionismo *m.* ⟨*Pol,Econ*⟩ expansionism. **espansionista** **I** *s.m./f.* expansionist. **II** *a.* → espansionistico. **espansionistico** *a.* *(pl.* **-ci**) expansionist(ic): *politica –a* expansionist policy.

espansività *f.* **1** expansiveness, expansivity. **2** ⟨*fig*⟩ expansiveness, effusiveness, warmth. ▢ *~ di carattere* expansive character. **espansivo** *a.* **1** expansive: *forze –e* expansive forces. **2** ⟨*fig*⟩ demonstrative, expansive, warm, effusive: *un ragazzo* ~ a demonstrative boy.

espanso (*p.p. di espandere*) **I** *a.* **1** (*dilatato*) expanded (*anche Chim.*): *gas* ~ expanded gas; *resina sintetica* –*a* expanded plastic, plastic foam. **2** (*che si allarga verso l'alto, aperto*) open: *calice* ~ open chalice; (*spiegato*) open, unfolded, outstretched: *capitello corinzio a foglie* –*e* Corinthian capital with open leaves. **II** *s.m.* (plastic) foam.

espatriare *v.i.* (**espatrio, espatri;** *aus.* **essere**) to expatriate, to leave one's country; (*emigrare*) to emigrate. **espatrio** *m.* expatriation; (*emigrazione*) emigration. □ ~ *clandestino* (*o abusivo*) illegal emigration.

espediente *m.* **1** expedient, device, contrivance: *un buon* ~ *per un rapido disbrigo del lavoro* a good expedient for getting the work done quickly. **2** (*ripiego*) makeshift, expedient, shift: *vivere di* –*i* to live by makeshift (*o* one's wits). □ *andare avanti a forza di* –*i* to make shift; ~ *legale* legal quibble; *ricorrere a tutti gli* –*i* to resort to all methods (*o* shifts); *trovare un* ~ to find an expedient (*o* a way out).

espellere *v.t.* (**espulsi, espulso**) **1** to expel, to drive (*o* turn) out (*da* of): ~ *qd. da una scuola* to expel s.o. from a school. **2** (*emettere dal corpo*) to void, to discharge: ~ *escrementi* to void (*o* evacuate) the bowel; ~ *il catarro* to discharge catarrh. □ ~ *dall'aula* to expel (*o* eject) from the hall; ~ *da una società* to expel from an association; ~ *dallo stato* to expel from the state.

esperantista *m./f.* Esperantist. **esperanto** *m.* Esperanto.

Espèria *N.pr.f.* ⟨*Geog.stor*⟩ Hesperia.

Espèridi *N.pr.f.pl.* ⟨*Mitol*⟩ Hesperides *pl.* □ *il giardino delle* ~ the garden of the Hesperides.

esperiènza *f.* **1** experience (*anche Filos.*): *le* –*e della vita* the experiences of life; *raccontare le proprie* –*e* to narrate one's experiences. **2** (*tecn*) experiment: *un'* ~ *di fisica* a physics experiment. □ **avere** ~ *di qc.* to have experience of s.th.; *non ho alcuna* ~ *in questo campo* I have no experience in this field; *una persona di molta* ~ a very experienced person; *fare* ~ *di qc.* to get (*o* gain) experience in s.th.; *ne ho fatto* ~ *io stesso* I have ⌐experienced it⌐ (*o* been through this experience) myself; –*e di laboratorio* laboratory experiments; **per** ~ from (*o* by) experience: *parlare per* ~ to speak from experience; *imparare per* ~ to learn by experience; *senza* ~ without experience, inexperienced: *un giovane senza* ~ an inexperienced young man.

esperimentare *v.t.* (**esperimento**) **1** (*verificare con esperimenti*) to experiment, to test. **2** (*fare esperienza di qc.*) to experience. **esperimento** *m.* **1** (*tentativo, prova*) experiment, test, trial: *tentare un* ~ to make an experiment. **2** ⟨*tecn*⟩ experiment: ~ *chimico* chemical experiment. □ ~ *nucleare* nuclear test; *blocco degli* –*i nucleari* nuclear test ban.

esperire *v.t.* (**esperisco, esperisci; esperito**) to test, to try (out). □ ~ *un'indagine* to carry out an investigation.

Espero *N.pr.m.* ⟨*Astr*⟩ Hesperus. **espero** *m.* **1** ⟨*lett*⟩ (*occidente*) west. **2** (*vento di ponente*) west wind.

espèrto I *a.* ·**1** expert (*in* at, in), skilled (in), skilful (at): *non sono* ~ *in queste faccende* I am ⌐not expert in⌐ (*o* no expert in) these matters; *guidatore* ~ expert driver. **2** (*navigato*) experienced. **II** *s.m.* (*f.* -**a**) expert. □ *comitato di* –*i* committee of experts; ~ *contabile* chartered accountant; ~ *economico* economic expert; ~ *legale* legal expert.

espettorante *a./s.m.* ⟨*Farm*⟩ expectorant. **espettorare** *v.t.* (**espettoro**) to expectorate. **espettorato** *m.* ⟨*Med*⟩ expectorated matter, sputum: ~ *sanguigno* rusty sputum. **espettorazióne** *f.* **1** expectoration. **2** → **espettorato**.

espiàbile *a.* atonable, expiable.

espianto *m.* ⟨*Biol*⟩ explant, explanted matter.

espiare *v.t.* (**espio, espii**) **1** to expiate, to atone (*o* make amends) for: ~ *una colpa* to expiate one's guilt. **2** (*scontare*) to suffer, to undergo, to pay; (*rif. a pena detentiva*) to serve. **espiatore I** *s.m.* (*f.* -**trice**) expiator. **II** *a.* expiatory, propitiatory: *pena espiatrice* expiatory punishment. **espiatòrio** *a.* expiatory: *sacrificio* ~ expiatory sacrifice. □ ⟨*fig*⟩ *capro* ~ scapegoat.

espiazióne *f.* **1** expiation; (*rif. a pena e sim.*) suffering:

~ *di pena* suffering of punishment. **2** ⟨*Rel*⟩ atonement. □ ⟨*Rel.ebr*⟩ *giorno di* ~ Day of Atonement; *sopportare una sofferenza in* ~ *delle proprie colpe* to undergo suffering in expiation of one's sins.

espirare I *v.t.* to expire, to breathe out. **II** *v.i.* (*aus.* **avere**) to exhale, to breathe out. **espiratòrio** *a.* expiratory. **espirazióne** *f.* expiration.

espletaménto *m.* ⟨*burocr*⟩ fulfilment, dispatch, carrying out: ~ *di un incarico* fulfilment of a task. **espletare** *v.t.* (**espleto**) to carry out, to see through, to fulfil, to dispatch: ~ *le proprie funzioni* to carry out one's duties; ~ *una pratica* to see a case through. **espletivo** *a.* expletive.

esplicare *v.t.* (**esplico, esplichi**) (*svolgere*) to carry on (*o* out), to perform: ~ *un'attività* to carry on an activity. **esplicarsi** *v.r.* to be expressed, to unfold: *la sua personalità si esplica completamente nella sua attività artistica* his personality is fully expressed in his artistic activity. **esplicativo** *a.* explanatory, explicative: *note* –*e* explanatory notes. **esplicazióne** *f.* carrying on, exercise, performance: ~ *di un'attività* exercise of an activity.

esplicitaménte *avv.* explicitly, unequivocally, expressly. **esplicitare** *v.t.* (**esplicito**) to make explicit; (*esprimere chiaramente*) to make clear. **esplicitazióne** *f.* making explicit; (*il rendere chiaro*) making clear. **esplicito** *a.* explicit: *promessa* –*a* explicit promise; *parole* –*e* explicit words.

esplòdere *v.* (**esplosi, esploso**) **I** *v.i.* (*aus.* **essere/avere**; the auxiliary *avere* is only used in the sense of "to go off") **1** (*saltare in aria*) to explode, to blow up: *la polveriera esplose a causa di un incendio* the magazine exploded (*o* went up) because of a fire; (*scoppiare*) to burst, to explode, to go off: *il proiettile non è esploso* the shell did not go off. **2** ⟨*fig*⟩ to burst, to break out: *il caldo è esploso improvvisamente* the heat wave suddenly broke out. **3** ⟨*fig*⟩ (*esclamare con forza*) to explode, to burst (out): *basta, esplose, non sopporto questo linguaggio* that's enough, he exploded (*o* burst out), I won't stand such language; ~ *in un grido di rabbia* to burst out angrily. **II** *v.t.* to fire. □ *far* ~ to blow up, to explode. **esploditore** *m.* ⟨*El*⟩ electric cap.

esploràbile *a.* that can be explored. **esplorare** *v.t.* (**esploro**) **1** to explore: ~ *una regione sconosciuta* to explore an unknown region. **2** (*perlustrare*) to search: *hanno esplorato il bosco alla ricerca dell'evaso* they searched the wood for the fugitive. **3** ⟨*Mil*⟩ to reconnoitre, to scout: ~ *le posizioni nemiche* to reconnoitre the enemy positions. **4** ⟨*Med*⟩ to probe, to explore: ~ *una ferita* to probe a wound. □ ~ *il cielo con un cannocchiale* to search the sky with a telescope; ~ *il mare con il binocolo* to search (*o* sweep) the sea with one's binoculars. **esplorativo** *a.* exploratory, explorative (*anche fig.*): *spedizione* –*a* exploratory expedition. **2** ⟨*Chir*⟩ exploratory: *un intervento chirurgico* ~ an exploratory surgical operation. □ *colloquio* ~ exploratory talk. **esploratore** *m.* **1** (*f.* -**trice**) explorer. **2** ⟨*Mil*⟩ scout. **3** ⟨*Mar.mil*⟩ scout (ship). □ *giovani* –*i* Boy Scouts. **esploratrice** *f.* (*giovane esploratrice*) Girl Guide, ⟨*am*⟩ Girl Scout.

esplorazióne *f.* **1** exploration, exploring. **2** (*perlustrazione*) search(ing). **3** ⟨*Mil*⟩ reconnaissance, scouting, reconnoitring. **4** ⟨*Med*⟩ probing, exploration. □ *andare in* ~ to go exploring; –*i geografiche* geographical explorations; ⟨*Mar.mil*⟩ ~ *navale* naval reconnaissance; ~ *spaziale* exploration of space; ⟨*Mil*⟩ ~ *tattica* tactical reconnaissance.

esplosi → **esplodere**. **esplosióne** *f.* **1** explosion, burst(ing); (*rif. a mine*) explosion, blast(ing). **2** ⟨*fig*⟩ outburst, explosion, blast: ~ *d'ira* outburst of anger; *mi accolsero con* –*i di gioia* they welcomed me with outbursts of joy. □ ~ *atomica* (*o nucleare*) atomic (*o* nuclear) explosion; ~ *demografica* population explosion, baby boom; ~ *dei prezzi* price explosion; ~ *termonucleare* thermonuclear explosion (*o* burst); ~ *vulcanica* volcanic eruption. **esplosiva** *f.* ⟨*Fon*⟩ (ex)plosive. **esplosività** *f.* explosiveness (*anche fig.*). **esplosivo I** *a.* **1** explosive (*anche fig.*): *materia* –*a* explosive material; *il tono del* *discorso era* ~ the tone of the speech was explosive. **2** ⟨*fig*⟩ (*straordinario*) astonishing, extraordinary, remarkable: *una notizia –a* astonishing news, bombshell. **3** ⟨*Fon*⟩ explosive. **II** *s.m.* explosive: *deposito di –i* magazine (of explosives). **esploso** → **esplodere.**

esponente *m.* **1** exponent; (*portavoce*) spokesman; (*di un'istanza*) applicant, petitioner. **2** (*rappresentante*) representative: ~ *di un partito* party representative (*o* member). **3** (*lemma di dizionario*) headword, entry word. **4** ⟨*Mat*⟩ exponent. □ ⟨*Mar*⟩ ~ *di carico* deadweight capacity (*o* tonnage). **esponenziale** *a.* ⟨*Mat*⟩ exponential.

espongo → **esporre. esporre** *v.t.* (**espongo, esponi; esposi, esposto;** → **porre**) **1** to (put on) show, to exhibit, to display, to expose: ~ *un quadro* to exhibit a painting; (*mettere in vendita*) to expose (for sale): ~ *la merce* to expose goods for sale; (*appendere*) to hang out (*o* up), to put out (*o* up): ~ *una bandiera* to hang out a flag. **2** (*avventurare*) to expose, to lay open: ~ *qd. a un pericolo* to expose s.o. to a danger. **3** (*arrischiare*) to risk: ~ *la vita* to risk one's life. **4** (*rif. a bambini*) to expose. **5** (*spiegare un testo e sim.*) to explain, to expound. **6** (*riferire, raccontare*) to state, to tell, to explain: *vi ho esposto i fatti così come si sono svolti* I have explained the facts to you exactly as they took place; *ho esposto la mia opinione* I have stated (*o* given) my opinion. **7** ⟨*Fot*⟩ to expose. **8** ⟨*Lit*⟩ to expose: ~ *il Santissimo* to expose the Host. **esporsi** *v.r.* **1** to expose o.s.: *non esporti alle correnti d'aria* do not expose yourself to draughts; ⟨*fig*⟩ to expose o.s., to lay o.s. open: *esporsi alle critiche* to lay o.s. open to criticism. **2** (*compromettersi*) to compromise o.s., to commit o.s. □ ~ *all'aria* to expose to the air; ~ *un avviso* to put up a notice; ~ *al pubblico* to put on (public) view (*o* show); *esporsi a un rischio* to run a risk. **esporrò** → **esporre.**

esportabile *a.* exportable. **esportare** *v.t.* (**esporto**) to export (*anche fig.*): *l'Italia esporta agrumi* Italy exports citrus fruits. **esportatore I** *s.m.* (*f.* **-trice**) exporter; (*ditta esportatrice*) export firm. **II** *a.* exporting. □ ~ *su commissione* export agent; *paese* ~ *di petrolio* oil exporting country.

esportazione I *s.f.* export, exportation. **II** *a.inv.* export–: *tabacco* (*tipo*) ~ export tobacco. □ ~ *di armi* arms export; **articolo** *di* ~ export article, article for export; ~ *di* **capitale** capital export; **divieto** *di* ~ ban on exportation; **licenza** *d'* ~ export licence; **merci** *d'* ~ exports *pl*; **quota** *d'* ~ export quota.

esposi → **esporre. esposimetro** *m.* ⟨*Fot*⟩ exposure meter. **espositivo** *a.* **1** expository, expositive. **2** (*rif. ad esposizioni e fiere*) exhibit: *servizio* ~ exhibit service. **espositore I** *s.m.* (*f.* **-trice**) **1** exhibitor: *gli –i della fiera* the exhibitors at the fair. **2** (*chi spiega*) commentator, expounder, expositor. **II** *a.* exhibiting: *ditta espositrice* exhibiting firm.

esposizione *f.* **1** (*mostra*) exhibition, show, display, exposition. **2** (*spiegazione*) exposition, explanation, expounding. **3** (*narrazione*) statement, exposition, setting forth: ~ *dei fatti* statement of the facts. **4** (*posizione*) exposure, position: *casa con* ~ *a ponente* house with a western exposure. **5** (*rif. a bambini*) exposition. **6** (*rif. a salme*) laying out. **7** ⟨*Fot*⟩ exposure. **8** ⟨*Lit*⟩ exposition: ~ *del Santissimo* exposition of the Host. □ *l'appartamento ha l'* ~ **a** *mezzogiorno* the flat ⌐faces south⌐ (*o* has a southern exposure); ⟨*Fot*⟩ ~ **automatica** auto(matic) exposure; **durata** *dell'* ~ length of exposure; **edificio** *dell'* ~ exhibition hall; **inaugurare** *un'* ~ to open an exhibition; ~ *di* **merce** (*in vetrina*) (window) display; ~ *di* **quadri** exhibition of paintings; **sala** *d'* ~ showroom; ~ **universale** universal exhibition.

esposto (*p.p. di esporre*) **I** *a.* **1** exhibited, displayed, on show (*o* display): *merce –a* goods on display. **2** (*non riparato*) exposed, in: ~ *al sole* in (*o* exposed to) the sun; ⟨*fig*⟩ exposed, open: ~ *alle critiche* open to criticism. **3** (*orientato, posto*) having an exposure (*o* aspect): *questo appartamento è ben* ~ this flat has a good exposure; (*con indicazione di direzione*) facing: *una casa –a a mezzogiorno* a house facing south. **4** (*riferito, spiegato*)

explained, set forth (*o* out): *mi riferisco ai fatti –i nel precedente capitolo* I refer to the facts set forth in the previous chapter. **II** *s.m.* **1** ⟨*burocr*⟩ statement, account, exposé: *presentare un* ~ *al ministero* to present a statement to the minister. **2** (*trovatello*) foundling. □ ⟨*Chir*⟩ *frattura –a* compound fracture.

espressamente *avv.* expressly, ⟨*fam*⟩ on purpose: *andai* ~ *per vederlo* I went expressly to see it. **espressi** → **esprimere. espressione** *f.* **1** (*parola, frase*) expression: ~ *dialettale* dialectal expression; (*locuzione*) idiom. **2** ⟨*epist*⟩ *non si traduce*: *accolga le –i della mia riconoscenza* please accept my sincere thanks. **3** (*espressione del volto*) expression, look: *non cambiò* ~ his expression did not change; *questo ragazzo ha un'* ~ *intelligente* this boy has an intelligent look about him. **4** (*capacità espressiva*) expression, feeling: *recitare senza* ~ to recite ⌐without expression⌐ (*o* unexpressively). **5** ⟨*Mat*⟩ expression. □ ~ *poetica* poetical expression; *uno sguardo privo di* ~ an expressionless look.

espressionismo *m.* ⟨*Lett.Art*⟩ expressionism. **espressionista I** *s.m./f.* expressionist. **II** *a.* expressionist(ic): *movimento* ~ expressionist movement. **espressionistico** *a.* (*pl.* **-ci**) expressionist(ic).

espressivamente *avv.* expressively. **espressività** *f.* expressiveness, expressivity: *l'* ~ *del suo sguardo* the expressiveness of her look. **espressivo** *a.* expressive, significant: *occhi –i* expressive eyes.

espresso (*p.p. di esprimere*) **I** *a.* **1** (*manifesto*) express, explicit: *sono venuto per tuo* ~ *desiderio* I have come at your express wish. **2** (*veloce, rapido*) express, fast: *treno* ~ express train. **3** *inv.* ⟨*Post*⟩ express, ⟨*am*⟩ special delivery–: *lettera* ~ express letter. **II** *s.m.* **1** (*lettera espresso*) express letter, ⟨*am*⟩ special delivery letter; (*francobollo espresso*) express stamp, ⟨*am*⟩ special delivery stamp; (*scritta sulle lettere*) Express, ⟨*am*⟩ Special Delivery. **2** ⟨*Ferr*⟩ (*treno espresso*) express (train). **3** (*caffè espresso*) espresso. □ *per* ~ by express, ⟨*am*⟩ by special delivery; *consegna per* ~ express; *spedire una lettera per* ~ to send a letter express; *piatto* ~ dish cooked upon request. **esprimere** *v.t.* (**espressi, espresso**) **1** (*manifestare*) to express: ~ *le proprie idee* to express one's ideas; (*pronunciare*) to express, to utter, to state, to voice: ~ *la propria opinione* to state (*o* voice) one's opinion. **2** (*significare*) to express, to mean: *questa frase non esprime nulla* this sentence does not mean a thing. **3** (*rappresentare*) to express: *nei paesaggi lunari l'artista esprime la sua malinconia* in his lunar landscapes the artist expresses his melancholy. **esprimersi** *v.r.* to express o.s.: *non riesco a esprimermi con chiarezza* I cannot express myself clearly; *proverò a esprimermi in inglese* I will try to ⌐express myself in⌐ (*o* speak) English. □ ~ *le proprie condoglianze* to express one's condolences; *modo* (*o maniera*) *di esprimersi* (mode of) expression, way of talking, turn of speech; ~ *i propri ringraziamenti* to express one's thanks. **esprimibile** *a.* expressible, expressable, that can be expressed: *sentimento non* ~ *a parole* a feeling that cannot be expressed in words.

espropriare *v.t.* (**esproprio, espropri**) **1** to expropriate: ~ *un podere* to expropriate a farm. **2** ⟨*estens*⟩ (*privare*) to deprive, to dispossess, to strip (*di* of): *mi hanno espropriato di tutti i miei averi* they have deprived me of all my possessions. **espropriazione** *f.* expropriation. □ *decreto di* ~ expropriation order; ~ *per pubblico interesse* expropriation in the public interest. **esproprio** *m.* ⟨*burocr*⟩ → **espropriazione.**

espugnabile *a.* conquerable, expugnable. **espugnare** *v.t.* **1** to storm, to take by force (*o* storm), to conquer: ~ *un castello* to take a castle by storm. **2** ⟨*fig*⟩ to overcome, to get the better of, to corrupt: ~ *l'onestà di qd.* to corrupt s.o., to shake s.o.'s honesty. **espugnazione** *f.* storming, taking by force (*o* storm).

espulsi → **espellere. espulsione** *f.* **1** expulsion, driving (*o* turning) out: *l'* ~ *di un socio dalla società* the expulsion of a member from the club. **2** (*l'emettere dal corpo*) voiding, discharge: ~ *del catarro* discharge of catarrh; ~ *delle feci* voiding of bowels. **3** (*rif. a registratore a cassetta*) ejection. □

⟨*Artigl*⟩ ~ *del* **bossolo** ejection of the cartridge; **congegno** *di* ~ ejector; ⟨*Med*⟩ ~ *del* **feto** expulsion of the f(o)etus; ~ *dalla* **scuola** expulsion (from school); ~ *dallo* **stato** expulsion from the state.

espulsivo *a.* expulsive. **espulso** → espellere. **espulsore** *m.* ⟨*Artigl*⟩ ejector.

espungere *v.t.* (espungo, espungi; espunsi, espunto) to expunge, to delete: ~ *una parola* to expunge a word. **espunzione** *f.* expunction, deletion.

espurgabile *a.* that can be expurgated. **espurgare** *v.t.* (espurgo, espurghi) to expurgate, to bowdlerize: *edizione espurgata per le scuole* bowdlerized (o expurgated) school edition. **espurgazione** *f.* expurgation, bowdlerization: ~ *di un libro* expurgation of a book.

Esquilino *N.pr.m.* ⟨*Geog*⟩ Esquiline.

esquimese *a./s.* → eschimese.

essa *pron.pers.f.* **1** (*rif. a persone: soggetto*) she; (*complemento*) her. **2** (*rif. ad animali o cose*) it.

esse[1] *f./m.inv.* name of the letter S. □ *a* ~ S-shaped; *curva a* ~ S-bend.

esse[2] *pron.pers.f.pl.* **1** (*soggetto*) they. **2** (*complemento*) them.

essenza *f.* **1** ⟨*Filos*⟩ essence. **2** (*sostanza*) essence, main (*o* essential) point: *badare all'* ~ *delle cose* to care for the essence of things; *comprendere l'* ~ *di un problema* to understand the essential points of a problem. **3** ⟨*Chim*⟩ essence. **essenziale I** *a.* **1** essential, fundamental, main: *il punto* ~ the essential (*o* main) point; *questo fatto ha un'importanza* ~ this fact is of fundamental importance. **2** ⟨*Chim,Filos*⟩ essential: *olio* ~ essential (*o* volatile) oil. **II** *s.m.* essential (*o* important) thing, main point: *l'* ~ *è che tu stia bene* the important thing is that you are well. **essenzialità** *f.* essentiality, essentialness. **essenzialmente** *avv.* essentially, fundamentally.

essere[1] *v.i.* (*pr.ind.* sono, sei, è, siamo, siete, sono; *impf.* ero, eri, era, eravamo, eravate, erano; *fut.* sarò, sarai, sarà, saremo, sarete, saranno; *p.rem.* fui, fosti, fu, fummo, foste, furono; *pr.cong.* sia, siamo, siate, siano; *impf.cong.* fossi; *condiz.* sarei; *imperat.* sii, siate; *p.p.* stato; *ger.* essendo) **1** to be: *la bambina è piccola* the child is small; *il cane è un animale* the dog is an animal; *chi è? - sono io* who is it? - it's me; *siamo noi* it's us; (*usato impersonalmente*) to be: *è incredibile che tu non lo sappia* it's incredible that you don't know. **2** (*esistere*) to be, to exist: *penso, dunque sono* I think, therefore I am; ~ *o non* ~, *questo è il problema* to be or not to be, that is the question; *Dio è* God exists. **3** (*accadere, avvenire*) to be, to happen: *che cosa è stato?* what was it?, what happened?; *non è nulla* it's nothing. **4** (*consistere*) to lie in, to consist of, to be: *la sua unica gioia è accumulare denaro* his only joy is the hoarding of riches. **5** (*diventare*) to be(come), to grow: *quando sarai grande, capirai* when you are big (*o* grow up), you will understand. **6** (*andare*) to be: *sono stato a trovarlo* I have been to see him; (*arrivare*) to be (*a* at, in), to reach (s.th.), to get (to): *siamo quasi a Roma* we are nearly in Rome. **7** (*provenire*) to be, to come (*di* from): *è di Roma* he comes (*o* is) from Rome. **8** (*rif. a tempo*) to be: *che ore sono? - sono le quattro* what time is it? - it is four o'clock; *è tardi* it is late. **9** (*rif. a sapore*) to taste: *com'è la carne? - è buona* what is the meat like? - it is (*o* tastes) good; (*rif. ad aspetto*) to look, to be ... like: *com'è la sua fidanzata?* what is his fiancée like? **10** (*costare*) to be, to cost: *quanto sono queste pesche?* how much are these peaches? **11** (*trovarsi*) to be: *non è in casa* he isn't 'at home' (*o* in). **12** (*essere nascosto*) to be, to get to: *chi sa dov'è il giornale?* I wonder where the paper is? **13** (*ausiliare: con la forma attiva*) to have, *talvolta non si traduce: cosa è accaduto?* what has happened?; *non è ancora arrivata* she hasn't arrived yet; *è piovuto tutta la notte* it (has) rained all night; (*con la forma passiva*) to be: *questo libro è letto dai giovani* this book is read by young people. **14** (*appartenere*) to be, to belong to: *il libro è mio* this book 'is mine' (*o* belongs to me). **esserci 1** to be: *in questa stanza ci sono troppi mobili* there is too much furniture in this room; *c'era molta gente a riceverlo* there were a lot of people waiting to receive him. **2** (*essere presente*) to be: *c'ero*

anch'io I was there, too; (*andare*) to go: *sei stato alla conferenza?* did you go to the lecture? **3** (*offrirsi*) to be: *non c'è altra possibilità* there is no other choice; *che c'è di nuovo?* what's new?; (*rif. a occasioni e sim.*) to arise, to present o.s.: *se ci sarà l'occasione* if the opportunity arises; (*sussistere*) to be: *non c'è dubbio* there is no doubt. **4** (*vivere*) to be, to live: *c'era una volta un re* once upon a time there was a king, there once lived a king. **5** (*distare: rif. a spazio*) to be: *da qui alla posta ci sono cinquecento metri* it is five hundred metres from here to the post office; *quanto c'è fino al mare?* how far is it to the sea?; (*rif. a tempo*) to take, to be: *da qui alla casa ci sono venti minuti* it takes (*o* is) twenty minutes from here to the house. □ ~ **a** [*inf*]: *sono stato io a chiamarti* it was I who called you; *è stato lui a decidere* it was he who decided, he was the one who decided; *come sarebbe a dire?* what do you mean?; *sei d'*accordo *con me?* do you agree with me?; *non c'è* **altro** that's all; ~ ... **che**: **1** (*in determinazioni temporali*) *traduzione idiomatica: sono tre settimane che non ti vedo* I haven't seen you for three weeks; *è un anno che è partito* it is a year since he went away; *è molto che non mi scrivi* it is a long time since you wrote to me; *in un'ora che ti aspetto* I have been waiting for you for an hour; *è molto che non lo vedi?* is it very long since you last saw him?; **2** (*in espressioni dichiarative*) *traduzione idiomatica: non è che non sia intelligente, è pigro* it is not that he isn't intelligent, he is just lazy; *è che* (*causale*) it is because, the fact is that: *è che sei un galantuomo* it is because you are a good man; **com'è che** how is it that, why: *com'è che non siete venuti alla seduta?* how is it that you didn't come to the meeting?; *com'è che non risponde?* why doesn't he answer?; *sia come sia* be that as it may; ~ **contro** *qd.* to be against s.o.; *cosa c'è?* what's the matter?, what is it?, what's up?; *cos'è questo chiasso?* what's all this noise?; ~ **da** (*col sost.*): **1** (*convenire*) to be worthy of, to be like: *questa azione non è da te* this act is not worthy of you; **2** (*essere atto*) to be fit (*o* suitable, right) for, to be –worthy: *non è strada da automobili* this is not a road (fit) for cars; ~ **da** [*inf*]: **1** (*in proposizioni affermative: dovere*) to be, to have to: *il conto è ancora da pagare* the bill still has to be paid; *c'è da imballare tanta roba* there is so much to 'pack up' (*o* be packed up); **2** (*in proposizioni negative: potere*) to be: *non è da rimproverare* he is not to blame; *esserci da* [*inf*] to be, to make, to drive: *c'è da piangere* it makes you want to weep; *c'è da impazzire* it's enough to drive one mad; *in quest'affare c'è da guadagnare molto* there is a lot to make (*o* be made) out of this; *c'era da preoccuparsi* it was worrying; ~ **di**: **1** (*per indicare possesso*) to belong to: *quest'auto è di mio padre* this car is my father's; *di chi è?* whose is it?; **2** (*rif. a materia*) to be made of: *questa scala è di marmo* this staircase is made of marble, this is a marble staircase; **3** (*nelle indicazioni di autore*) to be by: *di chi è quest'articolo? - è del caporedattore* who is this article by? - it is by the editor–in–chief; *che sarà di lui?* what will 'happen to' (*o* become of) him?; ~ **in**: **1** (*con pron.pers.: essere al posto di*) to be: *se io fossi in te* if I were you; **2** (*rif. a indumenti*) to be in, to be wearing, to have on: ~ *in ciabatte* to be in one's slippers, to have one's slippers on; ~ *in sottoveste* to be in one's slip; *non* ~ *in sé* to be beside o.s., to be out of one's mind: *non era più in sé dalla gioia* he was beside himself for joy; *farò quanto è in me per aiutarti* I will do all I can to help you; *siamo in cinque* there are five of us; *è meglio che io vada* I had better go; *è per questo che* that's (*o* this is) why; *se non fosse stato per il tuo aiuto, non ci sarei mai riuscito* had it not been for your help, I should never have succeeded; ~ *per qd.* (*parteggiare*) to be on s.o.'s side, to be for s.o.; ~ *in* **piedi** to be standing; *a che* **punto** *sei?* how far have you got?; **quand'è** *che* when: *quand'è che ti rivedrò?* when shall I see you again?; *quand'è così, obbedisco* if that's how 'things are' (*o* matters stand) I shall obey; **quant'è** *che* how long is it since: *quant'è che non lo vedi?* how long is it since you last saw him?; *siamo alle* **solite** here we are (*o* go) again. ‖ *quel che è stato è stato* let bygones be bygones; *che è che non è* unexpectedly, suddenly, all of a sudden; *ci sono!* (*ho capito*) I've got it!; *ci siamo!* this is it!, here we go!; (*siamo arrivati*) here we are!; *Antonio Carli* (*del*) *fu Luigi* Antonio Carli, son of the late Luigi; *sarà!* (that) may be!, it's possible: *sarà, ma non ci credo* that may be, but I don't believe it; *sarà vero?* do you think (*o* suppose) it's true?; *vedrai che verrà anche lui* – *sarà!* you'll see, he'll come too – maybe (*o* we'll see)!; *sarà quel che sarà* whatever will be, will be; *e sia* very well then; *così sia!* so be it!; *sia pure* very well, all right; *se tu venissi, sia pure solo, sarei contento* even if you were to come alone I should be glad; *sia detto fra* (*di*) *noi* ⸌be it said⸍ (*o* let it be said) in confidence, between you and me; *sia ... sia* whether ... or: *sia bello o sia brutto, io verrò lo stesso* whether the weather is good or bad I shall come; *sia ... che both ... and: ho visto sia Maria che* (*o* sia) *sua sorella* I saw both Mary and her sister; *sia che ... sia che* whether ... or: *sia che tu venga, sia che non venga, io parto* whether you come or not, I am leaving.

essere[2] *m.* 1 being; (*esistenza*) existence. 2 (*ente*) being, creature: ~ *razionale* rational being; ~ *unicellulare* unicellular creature (*o* animal). 3 ⟨*fam*⟩ (*uomo, individuo*) creature, individual, fellow: *un* ~ *fortunato* a lucky creature (*o* fellow); *che* ~ *spregevole* what a despicable creature (*o* wretch). □ ~ *supremo* Supreme Being; ~ *umano* human being; *conoscere qd. nel suo vero* ~ to know s.o.'s true self, to know s.o. through and through; *gli* –*i viventi* living creatures.

essi *pron.pers.m.pl.* 1 (*soggetto*) they. 2 (*complemento*) them.

essiccare *v.t.* (*essicco, essicchi*) 1 to dry (up), to exsiccate. 2 (*prosciugare*) to drain: ~ *una palude* to drain (*o* dry up) a swamp. 3 ⟨*Ind*⟩ to desiccate, to dry: ~ *i materiali edilizi* to dry building materials. 4 ⟨*Alim*⟩ to desiccate: ~ *la frutta* to desiccate fruit. **essiccarsi** *v.r.* to dry up (*anche fig.*). **essiccativo** *a.* drying, (de)siccative: *olio* ~ drying oil. **essiccato** *a.* dried. □ ~ *all'aria* air-dried. **essiccatoio** *m.* 1 (*luogo*) drying room. 2 (*macchina*) dryer, drier; (*impianto*) drying unit; (*nelle lavanderie*) drier. **essiccatore** *m.* (*macchina*) dryer, drier. □ ~ *dell'aria* air dryer. **essiccazione** *f.* ⟨*Ind*⟩ drying (process), desiccation. □ ~ *al forno* oven–drying.

esso *pron.pers.m.sing.* 1 (*soggetto: rif. a persone*) he; (*rif. ad animali o cose*) it. 2 (*complemento: rif. a persone*) him; (*rif. ad animali o cose*) it. □ ⟨*burocr*⟩ *chi per* ~ *his representative*, whoever is acting for him: *è necessaria la firma del padre o di chi per* ~ the father's signature, or that of the person acting for him, is necessary.

essoterico *a.* (*pl.* -*ci*) ⟨*Filos*⟩ exoteric.

essudativo *a.* ⟨*Med*⟩ exudative. **essudato** *m.* exudate. **essudazione** *f.* exudation.

est *m.* east. □ *l'* ~ *europeo* Eastern Europe; *vento dell'* ~ east(erly) wind; *verso* ~ eastward(s), in an easterly direction.

estasi *f.* ecstasy, rapture (*anche estens.*). □ *andare in* ~ to go into ecstasy (*o* raptures); ~ *mistica* mystical ecstasy; *essere rapito in* ~ to be in ecstasy. **estasiare** *v.t.* (*estasio, estasi*) ⟨*non com*⟩ to send (*o* throw) into ecstasy, to enrapture, to send into raptures: *la musica lo estasiava* the music threw him into ecstasy. **estasiarsi** *v.r.* to be filled with ecstasy, to be enraptured. **estasiato** *a.* enraptured, in raptures.

estate *f.* summer. □ *d'* ~: 1 in summer(time); 2 (*estivo*) summer–, summer's: *vestito d'* ~ summer dress; *durante l'* ~ during the summer; *in* ~ in summer(time); ~ *di san Martino* Indian summer.

estatico *a.* (*pl.* -*ci*) 1 ecstatic: *lo trovai in* –*a contemplazione* I found him in ecstatic contemplation. 2 ⟨*fig*⟩ ecstatic, rapt, enraptured.

estemporaneità *f.* extemporaneousness. **estemporaneo** *a.* impromptu, extempore, extemporaneous, extemporary: *discorso* ~ impromptu speech; *oratore* ~ extempore speaker; *poeta* ~ extemporary poet.

estendere *v.t.* (*estesi, esteso*) 1 to extend, to expand, to enlarge (*anche fig.*): *ha esteso la sua attività anche nel meridione* he has extended his activities down into the south; ~ *la cerchia degli affari* to expand (*o* increase) one's range of business. 2 ⟨*fig*⟩ (*rif. a legge e sim.*) to

extend: ~ *il diritto di voto alle donne* to extend the right to vote to women. 3 ⟨*Mus*⟩ to extend the range of. **estendersi** *v.r.* 1 (*ampliarsi*) to extend, to reach (out), to spread. 2 (*stendersi*) to stretch, to extend, to reach, to spread; *il bosco si estende per molti chilometri* the wood stretches for many kilometres. 3 ⟨*fig*⟩ (*diffondersi*) to spread: *il contagio si estende* the contagion is spreading. **estensibile** *a.* 1 stretchable, extensible: *filo* ~ stretchable thread. 2 ⟨*fig*⟩ extensible, extendible, that may be extended: *il regolamento è* ~ *a tutta la provincia* the regulation may be extended to the whole province. **estensimetro** *m.* extensometer. **estensione** *f.* 1 extension, expansion (*anche fig.*): *l'* ~ *del territorio* the extension of the territory; *l'* ~ *della propria potenza* the extension of one's power. 2 (*dimensione*) extent, expanse, range (*anche fig.*): *l'* ~ *dell'impero romano* the extent of the Roman Empire; *sarai stupito dell'* ~ *della sua cultura* you will be astonished at the extent of his knowledge. 3 (*rif. a vocaboli, concetti*) extension. 4 (*rif. a leggi e sim.*) extension: *l'* ~ *di un diritto ai lavoratori stranieri* the extension of a right to foreign workers. 5 ⟨*Mus*⟩ compass, range: ~ *di una voce* range of a voice. 6 ⟨*Ginn*⟩ extension, straightening out, stretching. □ *per* ~ in a wider sense; *in tutta l'* ~ *del termine* in ⸌every sense⸍ (*o* the full meaning) of the word. **estensivamente** *avv.* extensively. **estensivo** *a.* 1 extensive (*anche Econ.,Agr.*): *coltivazione* –*a* extensive cultivation. 2 ⟨*fig*⟩ extended, broad, wide: *interpretazione* –*a della legge* broad interpretation of the law; *significato* ~ broad meaning, extended sense; *uso* ~ *di un vocabolo* broad use of a word. **estensore** *m.* 1 (*compilatore*) drafter, compiler, author, writer: ~ *di un articolo* writer of an article. 2 ⟨*Dir*⟩ draftsman: ~ *di un atto* draftsman (*o* drafter) of a deed. 3 ⟨*Anat*⟩ (*muscolo estensore*) extensor (muscle). 4 ⟨*Ginn*⟩ chest expander.

estenuante *a.* exhausting, fatiguing, wearing, wearisome: *fatica* ~ exhausting labour; *questa attesa è* ~ this waiting is wearing. **estenuare** *v.t.* (*estenuo*) 1 to exhaust, to wear (out), to fatigue, to enervate, to waste: *il caldo mi estenua* the heat ⸌enervates me⸍ (*o* takes it out of me); *questo lavoro mi estenua* this work wears me out. 2 (*indebolire*) to enfeeble, to weaken, to enervate: *la malattia lo ha estenuato* his illness has enfeebled him. 3 ⟨*Agr*⟩ to impoverish, to exhaust: ~ *un terreno* to impoverish a piece of land. **estenuarsi** *v.r.* to become exhausted, to wear o.s. out, to be(come) worn out. **estenuato** *a.* exhausted, worn–out. **estenuazione** *f.* exhaustion, weariness.

Ester *N.pr.f.* Esther.

estere *m.* ⟨*Chim*⟩ ester. **esterificare** *v.t.* (*esterifico, esterifichi*) ⟨*Chim*⟩ to esterify. **esterificazione** *f.* esterification.

esteriore *a.* ⟨*attr*⟩ outward, ⟨*attr*⟩ outer, external: *le circostanze* –*i ci indussero a credere nella sua innocenza* external circumstances led us to believe in his innocence; *doti* –*i* outward (*o* bodily) gifts. □ *atti* –*i del culto* outward forms of worship; *mondo* ~ outside (*o* external) world. **esteriorità** *f.* 1 externalism, outwardness: *l'* ~ *di un atto del culto* the externalism of an act of worship. 2 (*apparenza*) appearance. 3 *pl.* (outward) appearances *pl.*: *badare alle* ~ to care for appearances. **esteriorizzare** *v.t.* to externalize. **esteriorizzazione** *f.* externalization (*anche Psic.*). **esteriormente** *avv.* outwardly, externally.

esternamente *avv.* externally, outwardly, on the outside, exteriorly. **esternare** *v.t.* (*esterno*) to express, to manifest, to disclose: ~ *un sospetto* to disclose a suspicion; ~ *un desiderio* to express a wish. □ ~ *un pensiero* to speak (*o* utter) a thought. **esterno** I *a.* 1 external, ⟨*attr*⟩ outer, ⟨*attr*⟩ outside, exterior, ⟨*attr*⟩ outward: *parete* –*a* outer wall. 2 ⟨*Geom*⟩ exterior: *angolo* ~ exterior angle; *punto* ~ *a una circonferenza* point exterior to a circumference. II *s.m.* 1 (*parte esterna*) outside, exterior: *l'* ~ *della villa è dipinto di verde* the outside of the house is painted green. 2 ⟨*Scol*⟩ (*f.* -*a*) day boy (*f* girl), day pupil. 3 ⟨*Sport*⟩ outfielder. 4 ⟨*Cin,Fot*⟩ exterior, outdoor (*o* location) shot: *girare gli* –*i* (*di un film*) to shoot ⸌the exteriors⸍ (*o* on location). 5 (*rif. a* *medico d'ospedale, ecc.*) non–resident. □ *all'* ~ on the outside; *all'* ~ *di* outside; *dall'* ~ from (the) outside; ⟨*Farm*⟩ *per uso* ~ for external use; *verso l'* ~ towards the outside, outwards.

estero I *a.* foreign: *politica* –*a* foreign policy. II *s.m.* foreign countries *pl.* □ *all'* ~ abroad: *andare all'* ~ to go abroad; *gli italiani all'* ~ the Italians (living) abroad; *corrispondente in lingue* –*e* foreign correspondent; *ministero degli* (*affari*) –*i* Ministry of Foreign Affairs, ⟨*GB*⟩ Foreign Office, ⟨*SU*⟩ State Department; *ministro degli* (*affari*) –*i* Minister of Foreign Affairs, ⟨*GB*⟩ Foreign Secretary, ⟨*SU*⟩ Secretary of State.

esterofilia *f.* xenomania. **esterofilo** I *a.* excessively attached to foreign things. II *s.m.* (*f.* **-a**) person excessively attached to foreign things.

esterrefatto *a.* (*sbigottito*) amazed, astonished; (*scandalizzato*) shocked; (*atterrito*) aghast, terrified, appalled.

estesamente *avv.* extensively, widely; (*dettagliatamente*) in (full) detail, in full: *mi narrò il fatto* ~ he told me the story in full detail. **estesi** → **estendere**.

estesiologia *f.* ⟨*Fisiol*⟩ (a)esthesiology. **estesiometro** *m.* (a)esthesiometer.

esteso (*p.p. di estendere*) *a.* **1** (*ampio*) large, wide, broad, extensive: *la città è molto* –*a* the city is very large. **2** ⟨*fig*⟩ broad, extensive, ample: *cultura* –*a* broad culture. □ *per* ~: **1** (*in forma non abbreviata*) in full: *firmare per* ~ to sign one's ⸢full name⸣ (*o* name in full); **2** (*dettagliatamente*) in detail, with full particulars: *mi narrò il fatto per* ~ he told me everything in great detail; *scrivere per* ~ to write in full.

esteta *m./f.* aesthete. **estetica** *f.* **1** ⟨*Filos*⟩ aesthetics *pl* (*costr. sing.*). **2** (*bellezza*) beauty, harmony: *la nuova costruzione rovina l'* ~ *della piazza* the new building ruins the beauty of the square. **esteticamente** *avv.* aesthetically, from an aesthetic point of view: *giudicare* ~ *qc.* to judge s.th. from an aesthetic point of view. **estetico** *a.* (*pl.* **-ci**) **1** aesthetic(al): *critica* –*a* aesthetic criticism. **2** (*bello*) beautiful, lovely, attractive: *la facciata non è molto* –*a* the façade is not very beautiful. **estetismo** *m.* aestheticism. **estetista** *m./f.* beautician. **estetizzante** *a.* of (*o* professing) aestheticism: *atteggiamento* ~ affectation of aestheticism.

estimatore *m.* (*f.* **-trice**) judge, appraiser, estimator: ~ *di oggetti di antiquariato* judge of antiques; (*conoscitore*) connoisseur. **estimazione** *f.* estimate, evaluation, valuation, appraisal (*anche fig.*). **estimo** *m.* estimate, (e)valuation, rating. □ ~ *catastale* cadastral survey.

estinguere *v.t.* (**estinsi, estinto**) **1** (*spegnere*) to put out, to extinguish, to quench: ~ *un incendio* to put out a fire. **2** ⟨*fig*⟩ to wipe (*o* blot) out, to extinguish: ~ *il ricordo di qd.* to wipe out the memory of s.o. **3** ⟨*Econ*⟩ to wipe out, to pay (off), to discharge, to extinguish: ~ *un conto* to pay a bill; ~ *un debito* to ⸢pay off⸣ (*o* discharge) a debt. **estinguersi** *v.r.* **1** to go (*o* die) out: *l'incendio si estinse da sè* the fire died out. **2** ⟨*fig*⟩ to die away (*o* out), to fade (away): *la sua fama si è estinta* his fame has ⸢died away⸣ (*o* passed out of memory). **3** (*rif. a famiglia, specie e sim.*) to come to an end, to die out: *con la morte del principe si è estinta la casa regnante* with the death of the prince, the reigning house has come to an end; *questa specie animale si è estinta parecchi secoli fa* this animal species died out many centuries ago. □ ⟨*Dir*⟩ ~ *un pena* to serve one's term; (*graziando*) to remit a penalty; ⟨*Dir*⟩ ~ *un reato* to extinguish an offence; ~ *la sete* to quench (*o* slake) one's thirst. **estinguibile** *a.* **1** extinguishable, that may be put out: *un incendio facilmente* ~ a fire that is easy to put out. **2** ⟨*Econ*⟩ extinguishable, to be ⸢paid off⸣ (*o* wiped out): *un debito* ~ *in due anni* a debt to be paid off in two years. **estinsi** → **estinguere**. **estintivo** *a.* ⟨*Dir*⟩ extinctive. **estinto** (*p.p. di estinguere*) I *a.* **1** extinguished, extinct; (*rif. a sete*) quenched. **2** ⟨*Econ*⟩ extinguished, paid off, wiped out, discharged. **3** (*morto*) dead, deceased. **4** (*rif. a famiglia, specie e sim.: scomparso*) extinct, which has died out: *una specie* –*a* an extinct species. II *s.m.* (*f.* **-a**; *defunto*) deceased, departed. □ *gli* –*i* the dead *pl*; *il caro* ~ the loved one. **estintore**

m. (fire–)extinguisher: ~ *portatile* portable fire –extinguisher; ~ *schiumogeno* foam extinguisher.

estinzione *f.* **1** extinction, putting out: *l'* ~ *dell'incendio ha richiesto più di due ore* putting out the fire took over two hours; (*rif. a sete*) quenching. **2** ⟨*Econ*⟩ extinction, wiping–out, paying–off. **3** (*rif. a famiglia, specie e sim.*) extinction, dying out: *l'* ~ *di una dinastia* the extinction of a dynasty; ~ *di una specie animale* extinction of an animal species. □ ~ *di un debito* extinction (*o* discharge) of a debt; ⟨*Dir*⟩ ~ *di un'ipoteca* redemption of a mortgage; ⟨*Dir*⟩ ~ *del reato* extinction of an offence; *in via di* ~ faced with the danger of extinction.

estirpabile *a.* eradicable (*anche fig.*). **estirpamento** *m.* **1** extirpation, eradication, uprooting: ~ *delle erbacce* extirpation of weeds. **2** ⟨*fig*⟩ extirpation, eradication, rooting out. **3** ⟨*Chir*⟩ extirpation: ~ *di un tumore* extirpation of a tumor; (*rif. a denti*) extraction, pulling out. **estirpare** *v.t.* **1** to extirpate, to eradicate, to pull up (*o* out), to uproot: *ho estirpato le erbacce del giardino* I have ⸢pulled up⸣ the weeds out (*o* weeded) the garden. **2** ⟨*fig*⟩ to extirpate, to eradicate, to root (*o* wipe) out. **3** ⟨*Chir*⟩ to extirpate; (*rif. a denti*) to extract, to pull (out). □ ⟨*fig*⟩ ~ *un errore* to eradicate an error. **estirpatore** *m.* (*f.* **-trice**) **1** extirpator, eradicator (*anche fig.*). **2** ⟨*Agr*⟩ grubber. **estirpatura** *f.* ⟨*Agr*⟩ grubbing. **estirpazione** *f.* **1** extirpation, eradication, uprooting. **2** ⟨*fig*⟩ extirpation, eradication, rooting out: ~ *del vizio* extirpation of vice; ~ *di un errore* eradication of an error. **3** ⟨*Agr*⟩ grubbing. **4** ⟨*Chir*⟩ extirpation; (*rif. a denti*) extraction, pulling out.

estivare *v.t.* ⟨*Zootecn*⟩ to summer: ~ *il gregge* to summer the flock. **estivazione** *f.* **1** ⟨*Zootecn*⟩ summering. **2** ⟨*Zool*⟩ (*letargo estivo*) (a)estivation.

estivo *a.* summer–, summer's: *vacanze* –*e* summer holidays; *vestito* ~ summer(y) dress. □ *ora* –*a* summer time; *stagione* –*a* summer(–time).

estone (*o* **estone**) I *a.* Esthonian, Estonia–. II *s.* **1** *m.* (*lingua*) Est(h)onian. **2** *m./f.* (*abitante*) Est(h)onian. **Estonia** *N.pr.f.* ⟨*Geog*⟩ Estonia.

estorcere *v.t.* (**estorco, estorci; estorsi, estorto**) to extort, to wrest, to wring: *mi ha estorto il denaro con le minacce* he extorted the money from me by threats; ~ *una promessa* to extort a promise; ⟨*Dir*⟩ ~ *una confessione* to extort a confession. **estorsione** *f.* extortion, wringing, wresting (*anche fig.*): ~ *di denaro* extortion of money; ~ *di promesse* wresting of promises; ~ *di una confessione* extortion of a confession. **estorto** → **estorcere**.

estradabile *a.* extraditable. **estradando** *m.* extraditable person. **estradare** *v.t.* ⟨*Dir*⟩ to extradite: ~ *un criminale* to extradite a criminal. **estradizione** *f.* extradition. □ *passibile di* ~ extraditable; *richiesta di* ~ request of extradition; *trattato di* ~ extradition treaty.

estradosso *m.* ⟨*Arch*⟩ extrados.

estraggo → **estrarre**.

estraneità *f.* extraneousness. □ *la sua* ~ *al delitto è stata provata* it has been proved that he had no part in the crime.

estraneo I *a.* **1** outside, extraneous: *gente* –*a* people from outside, outsiders *pl*; *persone* –*e alla famiglia* people from outside the family. **2** (*alieno, contrario*) alien: ~ *alla politica* alien to politics. **3** (*che non ha relazione*) extraneous, unrelated (*a* to), unconnected (with), having no bearing (on): *digressione* –*a all'argomento* digression having no bearing on the matter in hand. II *s.m.* (*f.* **-a**) outsider, stranger: *essere trattato da* ~ to be treated like a stranger. □ *corpo* ~ foreign body; *essere* (*o rimanere*) ~ *a qc.*: **1** to have nothing to do with s.th.; *sono* ~ *alla faccenda* I have no part in this matter; **2** (*non partecipare*) to keep out of s.th.: *rimanere* ~ *a una discussione* to keep out of an argument; **3** (*non appartenere*) not to ⸢be a member of⸣ (*o* belong to) s.th.: *è* ~ *alla famiglia* he ⸢does not belong to⸣ (*o* is not one of) the family; *ho invitato tutti i parenti e pochi* –*i* I have invited all the family and a small number of other people. **estraniare** *v.t.* to estrange. **estraniarsi** *v.r.* to become estranged. **estraniazione** *f.* estrangement.

estrapolare *v.t.* **1** (**estrapolo**) ⟨*Mat*⟩ to extrapolate **2** ⟨*estens*⟩ to work out, to elaborate. **estrapolato** (*p.p. di* *estrapolare*) **I** *a.* extrapolated. **II** *s.m.* extrapolated value.

estrapolazione *f.* extrapolation (*anche estens.*).

estrarre *v.t.* (estraggo, estrai; estrassi, estratto; → trarre) **1** to extract, to take (out), to pull (out), to draw (out): ~ *una spina dal piede* to pull a thorn out of one's foot; ~ *il pugnale dal fodero* to draw one's dagger from its sheath; ~ *un chiodo dal muro* to take a nail out of the wall. **2** (*ricavare*) to extract (*anche Chim.*): ~ *il sale dall'acqua marina* to extract salt from sea water. **3** (*sorteggiare*) to draw: ~ *il nome del vincitore* to draw the name of the winner. **4** ⟨*Miner*⟩ to mine, to dig out; (*da una cava*) to quarry. **5** ⟨*Dent*⟩ to extract, to take out, to pull (out): ~ *la radice di un dente* to extract (*o* take out) the root of a tooth; *farsi* ~ *un dente* to have a tooth (taken) out. □ ⟨*Mat*⟩ ~ *una radice* (*quadrata*) to extract a (square) root; ~ *a sorte* to draw lots. **estrarrò, estrassi** → **estrarre.**

estrattivo *a.* ⟨*attr*⟩ mining: *industria* ~*a* mining industry.

estratto *m.* **1** extract: ~ *di carne* meat extract; (*profumo*) essence. **2** (*compendio: di libro*) abstract; (*di documento e sim.*) abstract, summary. **3** ⟨*Giorn*⟩ off print. **4** ⟨*Dir*⟩ abstract. **5** (*rif. a lotteria*) draw. □ ⟨*Gastr*⟩ ~ *per brodo* meat extract cube, bouillon cube; ⟨*Comm*⟩ ~ (*di*) *conto* statement of account; ~*i medicinali* medicinal extracts; ⟨*Dir*⟩ ~ *di sentenza* docket.

estrattore *m.* **1** (*nelle armi da fuoco*) extractor. **2** ⟨*Mecc*⟩ extractor, puller, stripper. **3** ⟨*Chir*⟩ extractor. **4** ⟨*Met*⟩ ejector, knockout.

estrazione *f.* **1** extraction. **2** (*sorteggio: atto*) drawing; (*effetto*) draw: *l'* ~ *del lotto* the drawing of the lottery numbers. **3** ⟨*Mecc,Chim,Dent,Chir*⟩ extraction. **4** ⟨*Minier*⟩ mining, digging (out); (*da una cava*) quarrying. **5** (*origine, condizione sociale*) extraction, origin, descent: *persona di bassa* ~ person of low extraction. **6** ⟨*Econ*⟩ drawing. □ ~ **dentaria** extraction of a tooth; ⟨*Chir*⟩ ~ *del* feto extraction of a f(o)etus; ⟨*Minier*⟩ **permesso** *di* ~ mining licence; ⟨*Mat*⟩ ~ *di* **radice** extraction of root; ~ *a* **sorte** drawing of lots.

Estremadura *N.pr.f.* ⟨*Geog*⟩ Estremadura.

estremamente *avv.* extremely, in the extreme.

estremismo *m.* extremism. **estremista** **I** *s.m./f.* extremist: ~ *di destra* right-wing extremist, extreme rightist. **II** *a.* → **estremistico. estremistico** *a.* (*pl.* **-ci**) extremist. **estremità** *f.* **1** end, extremity; (*punta*) tip, point: *l'* ~ *del dito* the tip of the finger, the fingertip; (*di cosa verticale*) top: *l'* ~ *del palo* the top of the post. **2** *pl.* (*arti*) extremities *pl*; (*piedi*) feet *pl*: *ho le* ~ *gelate* my feet are frozen. **3** ⟨*Mar*⟩ end: ~ *di baglio* beam end. □ ⟨*Aer*⟩ ~ *dell'ala* wing tip. **estremizzare** *v.t.* ⟨*Pol*⟩ **1** to exasperate: ~ *le tensioni sociali* to exasperate social tensions. **2** (*portare agli estremi*) to carry to the extreme.

estremo **I** *a.* **1** extreme, outermost, far(thest), utmost, uttermost: *gli* ~*i confini del mondo* the outermost bounds of the earth; *limite* ~ extreme limit. **2** (*ultimo*) last, final: *l'ora* ~*a* the last hour. **3** ⟨*fig*⟩ (*sommo, grandissimo*) extreme, utmost, (very) great, greatest: *ho* ~ *bisogno di denaro* I am in great need of money; *trovarsi in* ~ *pericolo* to be in very great danger. **4** ⟨*Pol*⟩ extreme: *l'–a destra* the extreme right. **II** *s.m.* **1** (*parte estrema, estremità*) extremity, end, tip. **2** (*momento estremo*) last moment. **3** ⟨*fig*⟩ (*eccesso*) extreme, excess: *passare da un* ~ *all'altro* to go from one extreme to the other. **4** ⟨*fig*⟩ (*colmo*) height, peak: *questo tuo atteggiamento è l'* ~ *della sfacciataggine* this behaviour of yours is the height of insolence. **5** *pl.* ⟨*Dir*⟩ conditions *pl*, terms *pl*, grounds *pl*, essential elements *pl*: *gli* ~*i di un reato* the essential elements of a crime; ⟨*burocr*⟩ essential references (*o* data) *pl*: *gli* ~*i di un documento* the essential data contained in a document. **6** ⟨*Sport*⟩ full back. **7** *pl.* ⟨*Mat*⟩ (*rif. a proporzioni*) extremes *pl*. □ **all'** ~ extremely, in the extreme: *è noioso all'* ~ he is extremely dull; *spingere le cose all'* ~ to carry matters to extremes; *resistere fino all'* ~ to hold out to the last; *essere agli* ~*i*: 1 (*in fin di vita*) to be on point of death; 2 (*sul punto di cedere*) to be in dire straits, to be about to give up; *un* **caso** ~ an extreme (*o* a desperate) case; ~ **Oriente** Far East; *l'* ~ **saluto** leave–taking (of the

dead); ⟨*Rel*⟩ ~*a* **unzione** extreme unction. *Prov.: gli* ~*i si toccano* extremes meet.

estremorientale *a.* Far East–.

estrinsecamente *avv.* extrinsically, externally.

estrinsecare *v.t.* (estrinseco, estrinsechi) to express, to manifest, to make known: ~ *il proprio pensiero* to express one's opinion; ~ *la propria volontà* to make one's wishes known. **estrinsecarsi** *v.r.* to be expressed (*o* voiced). □ *il suo pensiero non riusciva a estrinsecarsi* he was unable to express his thoughts. **estrinsecazione** *f.* expression, evincing, voicing: ~ *del pensiero* voicing of one's thoughts; ~ *della volontà* expression of one's will. **estrinseco** *a.* (*pl.* **-ci**) extrinsic (*anche Anat.*): *prove estrinseche* extrinsic proof; *causa* ~*a* extrinsic cause.

estro *m.* **1** ⟨*Entom*⟩ gadfly. **2** ⟨*fig*⟩ (*ghiribizzo*) fancy, whim: *mi è venuto l'* ~ *di dipingere* I have taken a fancy to painting; *agire secondo l'* ~ to follow one's fancy, to indulge one's whims. **3** ⟨*fig*⟩ (*ispirazione artistica*) inspiration: ~ *poetico* poetic inspiration. **4** (*talento*) bent, gift: *avere un* ~ *per la musica* to have a gift for music, to have a musical bent.

estrogeno **I** *a.* ⟨*Fisiol*⟩ (o)estrogenic. **II** *s.m.* (o)estrogen. □ *ormoni* ~*i* oestrogenic hormone.

estromettere *v.t.* (estromisi, estromesso) to drive (*o* turn, throw) out, to expel, to oust: ~ *qd. da un partito* to expel s.o. from a party; *è stato estromesso dal circolo* he has been thrown out of the club. **estromissione** *f.* expulsion, exclusion, driving out.

estrosamente *avv.* imaginatively; (*capricciosamente*) whimsically, capriciously, freakishly. **estroso** *a.* **1** original, inspired; (*dotato*) gifted, talented: *scrittore* ~ gifted writer. **2** (*capriccioso, lunatico*) whimsical, capricious; (*imprevedibile*) unpredictable: *carattere* ~ unpredictable character.

estroversione *f.* ⟨*Psic*⟩ extroversion. **estroverso** **I** *a.* extrovert(ed), extravert: *carattere* ~ extroverted personality. **II** *s.m.* (*f.* **-a**) extrovert. **estrovertersi** *v.r.* ⟨*Biol,Med*⟩ to extrovert, to turn outward.

estrusione *f.* ⟨*Geol,tecn*⟩ extrusion. **estrusivo** *a.* extrusive.

estuario *m.* estuary.

esuberante *a.* **1** (*vivace*) exuberant, lively: *temperamento* ~ exuberant temperament; *fantasia* ~ lively imagination. **2** (*eccessivo*) exuberant, lavish, profuse: *stile* ~ exuberant style. **3** ⟨*Econ*⟩ (*rif. a lavoratori*) redundant: *manodopera* ~ redundant labour. **esuberanza** *f.* **1** (*sovrabbondanza*) superabundance, exuberance, redundance. **2** ⟨*fig*⟩ (*vivacità*) exuberance, liveliness: ~ *di carattere* exuberance of character. □ ~ *di personale* redundancy.

esulare *v.i.* (esulo; *aus.* avere) (*essere estraneo*) to be beyond, to be outside: *questo incarico esula dalle mie competenze* this office lies outside my province.

esulcerare *v.t.* (esulcero) **1** (*ulcerare*) to ulcerate. **2** ⟨*fig*⟩ to exacerbate, to exasperate, to heighten, to embitter: ~ *il dolore di qd.* to heighten s.o.'s grief.

esule *m./f.* exile.

esultante *a.* exultant: *la folla* ~ the exultant crowd; *sguardo* ~ exultant look. **esultanza** *f.* exultation. □ *con* ~ exultantly. **esultare** *v.i.* (*aus.* avere) to exult (*per* at): *esultammo per la notizia* we exulted at the news.

esumare *v.t.* (esumo/esumo) **1** to exhume, to disinter: ~ *una salma* to exhume a body. **2** ⟨*fig*⟩ to unearth, to bring to light, to revive: ~ *una vecchia usanza* to revive (*o* bring back) an old custom. **esumazione** *f.* **1** exhumation, disinterment: ~ *di salma* exhumation (of a corpse). **2** ⟨*fig*⟩ unearthing, bringing to light, revival.

età *f.* **1** age: *gli chiesero il nome e l'* ~ they asked him his name and age; *stabilire l'* ~ *di un albero* to establish the age of a tree. **2** (*vecchiaia*) (old) age, years *pl*: *con l'* ~ *è diventato più curvo* with the years he has grown more bent. **3** (*tempo*) generation, age, times *pl*: *uno scrittore della nostra* ~ a writer of our own generation. **4** (*periodo, epoca*) age (*anche Geol.*): *l'* ~ *di Augusto* the age of Augustus. □ **all'** ~ *di vent'anni* at (the age of) twenty; *arrivare all'* ~ *di ottant'anni* to reach the age of eighty; *essere in* ~ **avanzata** to have reached a good (*o* ripe) old age; **avere** *l'* ~ *di trent'anni* to be thirty, to be thirty years old (*o* of age); *che* ~ *hai?* how old are you?; *avere la stessa* ~ to be the same age; ~ *del* **bronzo** Bronze Age; *persona di una* **certa** ~ elderly person, person who is getting on; *quella certa* ~ the difficult age; *l'* ~ **critica** climacteric, change of life; ~ **evolutiva** developmental age; ~ *del* **ferro** Iron Age; *nel* **fiore** *dell'* ~ in the bloom of youth; *essere* **innanzi** *con l'* ~ to be getting on; ~ **lavorativa** legal age (for working); ~ **legale** lawful age; **limiti** *di* ~ age limit; **maggiore** ~ full age; *raggiungere la maggiore* ~ to come of age; *essere in* ~ *da* **marito** to be of marriageable age, to be old enough to marry; ~ **mentale** mental age; *una signora di* **mezza** ~ a middle-aged lady; *essere in minore* ~ **minority**; *essere in minore* ~ to be under age; ⟨*Dir*⟩ to be an infant; ~ *dell'*oro Golden Age; ~ **pensionabile** pensionable age; ~ *della* **pietra** Stone Age; *la* **prima** ~ childhood, infancy; *le* **quattro** ~ *dell'uomo* the four ages of Man; *l'* ~ *della* **ragione** the age of discretion; ~ **scolare** school age; *superare l'* ~ to be over age; *in* **tarda** ~ in old age, when one is old; *in* **tenera** ~ (very) young; *la* **terza** ~ : 1 old age; 2 ⟨*collect*⟩ seniors.

etano *m.* ⟨*Chim*⟩ ethane.

etc. = *eccetera* etcetera (*abbr.* etc.).

etera *f.* 1 ⟨*Stor.gr*⟩ hetaera, hetaira. 2 (*cortigiana*) courtesan.

etere[1] *m.* ⟨*lett*⟩ (a)ether (*anche Filos.*).

etere[2] *m.* ⟨*Chim*⟩ ether.

etereo[1] *a.* ⟨*lett*⟩ 1 (*dell'etere*) ethereal, ether– (*anche Filos.*): *spazi –i* ethereal spaces. 2 ⟨*fig*⟩ ethereal, heavenly: *bellezza –a* ethereal beauty.

etereo[2] *a.* ⟨*Chim*⟩ ethereal, ether–, etheric.

eterico *a.* (*pl.* -ci) → **etereo**[2].

eterificare *v.* (*eterifico, eterifichi*) ⟨*Chim*⟩ I *v.t.* to etherify. II *v.i.* (*aus. essere*), **eterificarsi** *v.r.* to be etherified. **eterificazione** *f.* etherification. **eterizzare** *v.t.* ⟨*Med*⟩ to etherize. **eterizzazione** *f.* etherization.

eternamente *avv.* eternally. **eternare** *v.t.* (*eterno*) to immortalize, to perpetuate, to make eternal (*o* live for ever): ~ *il ricordo di qd.* to perpetuate s.o.'s memory; *Dante ha eternato Paolo e Francesca* Dante has ⌐immortalized Paolo and Francesca⌐ (*o* made Paolo and Francesca live for ever). **eternarsi** *v.r.* to be immortalized, to win eternal fame, to achieve immortality.

eternit (*o* *eternit*) *m.* ⟨*Edil*⟩ asbestos lumber.

eternità *f.* 1 eternity. 2 ⟨*fig*⟩ (*immortalità*) immortality, eternity, immortal fame: *con le sue opere acquistò l'* ~ his works won him immortal fame. 3 ⟨*fam,iperb*⟩ (*molto tempo*) ages *pl*: *ci mette un'* ~ *a vestirsi* she takes ages to get dressed; *è un* ~ *che non lo vedo* I haven't seen him for ages. ☐ *per* (*tutta*) *l'* ~ forever, throughout eternity.

eterno I *a.* 1 eternal: *Dio è* ~ God is eternal. 2 (*immortale, senza fine*) eternal, immortal, everlasting, undying: *la sua fama sarà –a* his fame shall ⌐be everlasting⌐ (*o* never die); *le giurò* ~ *amore* he swore her eternal (*o* undying) love. 3 ⟨*fam,iperb*⟩ (*lunghissimo*) interminable, endless, everlasting: *la conferenza è stata –a* the lecture was interminable; (*solido, resistente*) durable: *queste scarpe sono –e* these shoes are very durable. 4 ⟨*fam*⟩ (*continuo*) everlasting, eternal, perpetual, never-ending: *sono costretto ad ascoltare le sue –e lagnanze* I am forced to listen to her everlasting complaints; *ecco l'* ~ *seccatore* here is that perpetual nuisance. II *s.m.* eternity. **Eterno** *m.* (*Dio*) Eternal. ☐ *la* **città** *–a* (*Roma*) the Eternal City; *il* **fuoco** ~ (*l'inferno*) the never-ending fire (of Hell); **in** ~ forever, for ever (and ever), eternally: *vivere in* ~ to live for ever; *il* **padre** ~ the Eternal Father; *questa ragazza è l'* *–a* **scontenta** this girl is never satisfied; *il* **sonno** ~ everlasting sleep.

eterociclico *a.* (*pl.* -ci) ⟨*Chim,Bot*⟩ heterocyclic.

eteroclisia *f.* ⟨*Gramm*⟩ heteroclisis. **eteroclito** *a.* heteroclite (*anche fig.*).

eterodina *f.* ⟨*Rad*⟩ heterodyne.

eterodossia *f.* heterodoxy. **eterodosso** *a.* heterodox.

eterofillia *f.* ⟨*Bot*⟩ heterophylly. **eterofillo** *a.* heterophyllous.

eterogamia *f.* ⟨*Biol*⟩ heterogamy. **eterogamo** *a.* heterogamous.

eterogeneità *f.* heterogeneity. **eterogeneo** *a.* 1 heterogeneous (*anche Chim.,Gramm.*): *materia –a* heterogeneous matter. 2 (*disparato*) heterogeneous, mixed, miscellaneous, different: *un'accozzaglia di oggetti –i* a medley of different (*o* miscellaneous) objects; *una folla –a riempiva la piazza* a heterogeneous crowd filled the square.

eterogenesi *f.* ⟨*Biol*⟩ heterogenesis.

eteromane *m./f.* ⟨*Med*⟩ etheromaniac. **eteromania** *f.* etheromania.

eteromorfismo *m.* ⟨*Bot*⟩ heteromorphism. **eteromorfo** *a.* heteromorphic, heteromorphous. **eteromorfosi** *f.* ⟨*Biol*⟩ heteromorphosis.

eteronimia *f.* ⟨*Ling*⟩ heteronymous relationship. **eteronimo** *a.* heteronymous.

eteronomia *f.* ⟨*Filos*⟩ heteronomy. **eteronomo** *a.* heteronomous.

eterosessuale I *a.* heterosexual. II *s.m./f.* heterosexual (person). **eterosessualità** *f.* heterosexuality, heterosex.

etero|tassi, **~tassia** *f.* ⟨*Anat,Bot*⟩ heterotaxis, heterotaxia. **~trofia** *f.* ⟨*Biol*⟩ heterotrophism. **~trofo** *a.* heterotrophic. **~zigosi** *f.* ⟨*Biol*⟩ heterozygosis. **~zigote** I *a.* heterozygous. II *s.m.* heterozygote.

ethos *gr. m.inv.* ethos: *l'* ~ *rivoluzionario* the revolutionary ethos.

etica *f.* ⟨*Filos*⟩ ethics *pl* (*costr. sing.*). ☐ ~ *medica* medical ethics *pl*; ~ *professionale* professional ethics. **eticamente** *avv.* ethically.

etichetta[1] *f.* 1 label, docket, ticket; (*cartellino del prezzo*) price tag: *il prezzo è indicato sull'* ~ the price is shown on the label. 2 ⟨*fig*⟩ label. ☐ ~ *dell'*albergo hotel label; ~ *della* **bottiglia** bottle label; ~ *da* **incollare** gummed (*o* stick–on) label; **mettere** *un'* ~ *a qc.* to label s.th.; ~ *col* **prezzo** price label (*o* tag, ticket).

etichetta[2] *f.* (*cerimoniale*) etiquette: *l'* ~ *vuole che il giovane saluti per primo la persona più anziana* etiquette requires a young person to greet an older one first. ☐ **badare** *all'* ~ to be an observer of form, to stand on ceremony; ~ *di* **corte** court etiquette; *senza* ~ unceremoniously, informally.

etichettare *v.t.* (*etichetto*) 1 to label, to docket, to stick a label on. 2 ⟨*fig*⟩ to label. **etichettatrice** *f.* label marker. **etichettatura** *f.* labelling.

eticità *f.* ethicality.

etico[1] *a.* (*pl.* -ci) ethical: *problema* ~ ethical problem.

etico[2] *a./s.* (*pl.* -ci) I *a.* 1 ⟨*Med*⟩ hectic. 2 ⟨*Farm*⟩ ethical. II *s.m.* ⟨*Med*⟩ *a*) hectic. ☐ *febbre* *–a* hectic fever.

etile *m.* ⟨*Chim*⟩ ethyl. **etilene** *m.* ⟨*Chim*⟩ ethylene. **etilico** *a.* (*pl.* -ci) ⟨*Chim*⟩ ethyl–, ethylic: *alcol* ~ ethyl alcohol. **etilismo** *m.* ⟨*Med*⟩ alcoholism.

etimo *m.* ⟨*Ling*⟩ etymon. **etimologia** *f.* 1 etymology. 2 → **etimo**. **etimologicamente** *avv.* etymologically. **etimologico** *a.* (*pl.* -ci) etymologic(al). **etimologista** *m./f.* etymologist. **etimologo** *m.* (*pl.* -gi; *f.* -a) → **etimologista**.

etiope (*poet. etiope*) *a./s.m./f.* Ethiopian. **Etiopia** *N.pr.f.* ⟨*Geog*⟩ Ethiopia. **etiopico** *a.* (*pl.* -ci) 1 Ethiopian. 2 ⟨*Ling*⟩ Ethiopic.

etisia *f.* ⟨*Med*⟩ (*tisi*) phthisis.

etmoidale *a.* ⟨*Anat*⟩ ethmoidal. **etmoide** *m.* ethmoid.

Etna *N.pr.m.* ⟨*Geog*⟩ Etna.

etnico *a./s.* (*pl.* -ci) I *a.* ethnic(al): *affinità etniche* ethnic affinities; *gruppo* ~ ethnic group. II *s.m.* ⟨*Ling*⟩ ethnicon. **etnocentrico** *a.* (*pl.* -ci) ethnocentric. **etnocentrismo** *m.* ethnocentrism. **etnografia** *f.* ethnography. **etnografico** *a.* (*pl.* -ci) ethnographic: *atlante* ~ ethnographic atlas. **etnografo** *m.* (*f.* -a) ethnographer, ethnographist. **etnologia** *f.* ethnology. **etnologico** *a.* (*pl.* -ci) ethnologic(al). **etnologo** *m.* (*pl.* -gi; *f.* -a) ethnologist. **etnomusicologia** *f.* ethnomusicology.

etologia *f.* ethology. **etologo** *m.* (*pl.* -gi) ethologist. **etologico** *a.* (*pl.* -ci) ethological.

Etruria *N.pr.f.* ⟨*Geog.stor*⟩ Etruria. **etrusco** *a./s.* (*pl.* -chi) I *a.* Etruscan, Etrurian: *vaso* ~ Etruscan vase. II *s.m.* 1 (*lingua*) Etruscan. 2 (*abitante; f.* -a) Etruscan. **etruscologia** *f.* Etruscology. **etruscologo** *m.* (*pl.* -gi; *f.* -a) Etruscologist.

ettacordo *m.* ⟨*Mus*⟩ heptachord. **ettaedro** *m.* heptahedron. **ettagono** *m.* heptagon.

ettaro *m.* (*unità di misura*) hectare (2.471 acres).

ette *m.* ⟨*fam*⟩ (*nulla*) jot, whit, iota. □ *non capisco un ~ di questa faccenda* I don't understand the first thing about all this.

etto (*accorc. di ettogrammo*) *m.* hectogram(me). **ettogrammo** *m.* hectogram(me). **ettolitro** *m.* hectolitre. **ettometro** *m.* hectometre.

Ettore *N.pr.m.* Hector.

Eubea *N.pr.f.* ⟨*Geog*⟩ Euboea.

eubiotica *f.* eubiotics *pl* (*costr. sing.*).

eucalipto *m.* ⟨*Bot*⟩ eucalyptus. □ *olio di ~* eucalyptus oil. **eucaliptolo** *m.* ⟨*Chim*⟩ eucalyptol.

eucarestia, eucaristia *f.* ⟨*Rel*⟩ Eucharist. □ *ricevere l' ~* to receive Holy Communion. **eucaristico** *a.* (*pl.* -ci) Eucharistic. □ *convito ~* Eucharist, (Holy) Communion.

Euclide *N.pr.m.* ⟨*Stor*⟩ Euclid. **euclideo** *a.* Euclidean, Euclidian, Euclid's. □ *geometria -a* Euclidean geometry.

eudemonia *f.* ⟨*Filos*⟩ eud(a)emony, eudaemonia. **eudemonismo** *m.* eudaemonism, eudaimonism. **eudemonista** *m./f.* eud(a)emonist. **eudemonistico** *a.* (*pl.* -ci) eud(a)emonic, eud(a)emonistic: *concezione -a* eudemonic concept.

eudiometro *m.* ⟨*Mecc*⟩ eudiometer.

eufemismo *m.* ⟨*Ret*⟩ euphemism. □ *per ~* euphemistically. **eufemistico** *a.* (*pl.* -ci) euphemistic: *espressione -a* euphemistic expression.

eufonia *f.* ⟨*Fon*⟩ euphony. **eufonico** *a.* (*pl.* -ci) euphonic, euphonious: *consonante -a* euphonic consonant.

euforbia *f.* ⟨*Bot*⟩ spurge, euphorbia. **euforbiacee** *f.pl.* ⟨*Bot*⟩ Euphorbiaceae *pl.*

euforia *f.* 1 euphoria. 2 ⟨*estens*⟩ elation, light –heartedness, exhilaration, euphoria: *~ provocata dal vino* elation caused by drinking. **euforico** *a.* (*pl.* -ci) euphoric, elated, light–hearted, in high spirits, exhilarated: *sentirsi ~* to feel light–hearted. □ *stato ~* state of well–being. **euforizzante** *m.* ⟨*Farm*⟩ euphoric agent.

eufrasia *f.* ⟨*Bot*⟩ euphrasy.

Eufrate *N.pr.m.* ⟨*Geog*⟩ Euphrates.

eufuismo *m.* ⟨*Lett*⟩ euphuism. **eufuistico** *a.* (*pl.* -ci) euphuistic(al).

euganeo *a.* ⟨*Geog*⟩ Euganean: *colli Euganei* Euganean Hills.

eugenetica *f.* eugenics *pl* (*costr. sing.*). **eugenetico** *a.* (*pl.* -ci) eugenic(al): *controllo ~* eugenic control; *matrimonio ~* eugenic marriage.

Eugenia *N.pr.f.* Eugenia, Eugenie. **Eugenio** *N.pr.m.* Eugene.

eugenista *m./f.* eugenist.

eugenolo *m.* ⟨*Chim*⟩ eugenol.

Eumenidi *N.pr.f.pl.* ⟨*Mitol*⟩ Eumenides *pl.*

eumiceti *m.pl.* ⟨*Bot*⟩ eumycetes *pl.*

eunuchismo *m.* ⟨*Med*⟩ eunuchism. **eunuco** *m.* (*pl.* -chi) eunuch. **eunucoide** *a./s.m./f.* eunuchoid. **eunucoidismo** *m.* eunuchoidism.

eupatoria *f.* ⟨*Bot*⟩ agrimony.

eupepsia *f.* ⟨*Med*⟩ eupepsia. **eupeptico** *a.* (*pl.* -ci) ⟨*Farm*⟩ eupeptic.

EUR = *Esposizione universale di Roma* Rome Universal Exhibition.

Eurasia *N.pr.f.* ⟨*Geog*⟩ Eurasia. **eurasiano** *a./s.m.* (*f.* -a) Eurasian. **eurasiatico** *a.* (*pl.* -ci) Eurasiatic: *continente ~* Eurasiatic continent.

EURATOM = *Comunità europea dell'energia atomica* European Atomic Energy Community (*abbr.* EURATOM).

eureka *intz.* eureka.

Euridice *N.pr.f.* ⟨*Mitol*⟩ Eurydice.

Euripide *N.pr.m.* ⟨*Stor*⟩ Euripides. **euripideo** *a.* Euripidean.

euristica *f.* heuristic. **euristico** *a.* (*pl.* -ci) heuristic.

euritmia *f.* eurhythmy, harmonious proportion. 2 ⟨*Med*⟩ eurythmia, regularity of the pulse. **euritmico** *a.* (*pl.* -ci) 1 harmonious, eurhythmic(al): *stile ~* harmonious style. 2 ⟨*Med*⟩ regular: *polso ~* regular pulse.

euro|arabo *a.* European–Arabian. **~assegno** *m.* eurocheque. **~banca** *f.* Eurobank. **~centrico** *a.* (*pl.* -ci) euro-

pocentric, having Europe as its centre. **~comunismo** *m.* Eurocommunism. **~comunista** I *a.* Eurocommunist. II *s.m./f.* Eurocommunist.

Eurocrate *m.* Eurocrat. **eurocrazia** *f.* Eurocracy.

euro|credito *m.* Eurocredit. **~divisa** *f.* Eurocurrency: *mercato delle ~e* Eurocurrency market. **~dollaro** *m.* Eurodollar. **~emissione** *f.* European issue. **~gruppo** *m.* ⟨*Pol*⟩ Eurogroup. **~mercato** *m.* Euromarket. **~missile** *m.* ⟨*Mil*⟩ Euromissile, missile deployed in Europe. **~moneta** *f.* Euromoney. **~obbligazione** *f.* Eurobond.

Europa *N.pr.f.* 1 ⟨*Geog*⟩ Europe. 2 ⟨*Mitol,Astr*⟩ Europa. □ *~ del Nord* Northern Europe; *~ del Sud* Southern Europe; *~ verde* Green Pool.

europarlamentare *m./f.* member of European Parliament.

europeismo *m.* ⟨*Pol*⟩ Europeanism. **europeista** I *s.m./f.* supporter of Europeanism. II *a.* → **europeistico**. **europeistico** *a.* (*pl.* -ci) of Europeanism, leading to European unification: *politica -a* policy of European unification. **europeizzare** *v.t.* to Europeanize. **europeizzarsi** *v.r.* to become Europeanized. **europeizzazione** *f.* Europeanization. **europeo** I *a.* European, of Europe: *continente ~* continent of Europe. II *s.m.* (*f.* -a) European.

europio *m.* ⟨*Chim*⟩ europium.

eurosocialismo *m.* Eurosocialism. **eurosocialista** *m./f.* Eurosocialist.

eurovaluta *f.* Eurocurrency.

eurovisione *f.* ⟨*TV*⟩ Eurovision: *trasmissione in ~* Eurovision telecast. **eurovisivo** *a.* Eurovision–.

Eustachio *N.pr.m.* ⟨*Stor*⟩ Eustachius. □ ⟨*Anat*⟩ *tromba* (*o tubo*) *di ~* Eustachian tube.

eutanasia *f.* euthanasia.

eutettico *a./s.* (*pl.* -ci) I *a.* ⟨*Fis*⟩ eutectic. II *s.m.* eutectic. □ *lega -a* eutectic (alloy); *punto ~* (*o temperatura eutettica*) eutectic point.

eutocia *f.* ⟨*Med*⟩ eutocia. **eutocico** *a.* (*pl.* -ci) of natural childbirth: *parto ~* natural childbirth.

eutrofizzante *a.* eutrophicating: *sostanza ~* eutrophicating agent. **eutrofizzazione** *f.* eutrophication.

euzone *m.* ⟨*Mil*⟩ euzone.

eV = *elettronvolt* electron volt (*abbr.* e.v., ev.).

E.V. = 1 *era volgare* Christian era (*abbr.* C.E.). 2 *eccellenza vostra* Your Excellency.

Eva *N.pr.f.* 1 Eve, Eva. 2 ⟨*Bibl*⟩ Eve.

evacuamento *m.* evacuation. **evacuare** *v.* (*evacuo*) I *v.t.* 1 to evacuate, to clear out, to empty: *~ un territorio* to evacuate a territory. 2 (*liberare*) to evacuate, to empty: *~ gli intestini* to evacuate the bowels. 3 (*espellere dall'organismo*) to evacuate, to discharge: *~ le feci* to evacuate the feces; *~ gli umori* to discharge the body's humours. II *v.i.* (*aus. avere*) 1 to evacuate (*da qc. s.th.*): *la popolazione fu costretta a ~ dalla città* the population was forced to evacuate the city; (*ritirarsi*) to withdraw (from): *i soldati evacuarono dal forte* the soldiers withdrew from the fort. 2 (*defecare*) to evacuate (the bowels), to defecate. **evacuativo** *a.* ⟨*Farm*⟩ evacuant, evacuative: *rimedio ~* evacuant (agent). **evacuazione** *f.* 1 evacuation; (*ritiro*) withdrawal. 2 (*defecazione*) evacuation, defecation.

evadere *v.* (*evasi, evaso*) I *v.i.* (*aus. essere*) 1 to escape, to run away (*da* from): *~ dalla prigione* to escape from prison. 2 ⟨*fig*⟩ to escape, to get away (from): *~ dal proprio ambiente* to get away from one's environment. 3 (*rif. al fisco*) to evade, to dodge. II *v.t.* 1 ⟨*burocr*⟩ (*sbrigare*) to dispatch, to deal with: *~ una pratica* to deal with a matter. 2 (*eseguire*) to execute, to carry out: *~ ordini* to execute (*o carry out*) orders; (*sbrigare*) to clear (s.th.): *~ la corrispondenza* to clear correspondence. 3 (*rif. al fisco*) to evade, to dodge, to escape: *~ il fisco* (*o le imposte*) to escape (*o dodge*) the tax authorities.

evanescente *a.* 1 evanescent, vanishing, fading; (*rif. a suoni*) dying, fading, faint. □ ⟨*Cosmet*⟩ *crema ~* vanishing cream. **evanescenza** *f.* 1 evanescence, vanishing (away), fading (away, out); (*fugacità*) fleetingness; (*rif. a suono*) faintness; (*imprecisione*) dimness, haziness: *~ di un'immagine* haziness of an image. **2** ⟨*Rad*⟩ fading, swinging.

evangel(i)ario *m.* ⟨*Lit*⟩ evangelistary. **evangelicaménte** *avv.* evangelically. **evangèlico** *a./s.* (*pl.* -ci) **I** *a.* **1** Gospel–, evangelic(al): *precetti –i* Gospel teaching (*o* precepts); *parabola –a* Gospel parable. **2** (*protestante*) Evangelical: *pastore* ~ Evangelical clergyman. **II** *s.m.* (*f.* -a) Evangelical. □ *chiesa –a* Evangelical Church; *unione –a* Evangelical Union. **evangelista** *m.* ⟨*Bibl*⟩ Evangelist. **evangelizzàre** *v.t.* **1** to evangelize. **2** ⟨*fig*⟩ to win over, to convert. **evangelizzatóre** *m.* (*f.* -trice) evangelizer. **evangelizzazióne** *f.* evangelization. **evangèlo** *m.* ⟨*lett*⟩ (*vangelo*) Gospel.

evaporàbile *a.* evaporable. **evaporàre** *v.* (evaporo/evapòro) **I** *v.i.* (*aus.* essere/avere) to evaporate: *l'acqua è evaporata* the water has evaporated; *il profumo è evaporato completamente* the perfume has completely evaporated. **II** *v.t.* **1** to evaporate: ~ *un liquido* to evaporate a liquid; ~ *il latte* to evaporate milk. **evaporàto** *a.* evaporated: *latte* ~ evaporated milk. **evaporatóre** *m.* **1** evaporator. **2** (*per termosifoni*) humidifier. **evaporazióne** *f.* evaporation; (*vaporizzazione*) vaporization. □ ~ *sotto vuoto* vacuum evaporation. **evaporìmetro** *m.* ⟨*Fis,Meteor*⟩ evaporimeter.

evàsi → evadere.

evasióne *f.* **1** (*rif. a prigioni*) escape, ⟨*fam*⟩ getaway, jailbreaking. **2** ⟨*fig*⟩ escape: ~ *dalla vita di ogni giorno* escape from everyday life; (*distrazione*) diversion, distraction. **3** ⟨*burocr*⟩ dispatch, carrying out. □ ~ *carceraria* prison escape, ⟨*am*⟩ jailbreak; **dare** ~ *alla corrispondenza* to clear correspondence; *dare* ~ *a una pratica* to dispatch (*o* deal with) a matter; ⟨*Comm*⟩ *dare* ~ *a un ordine* to fill (*o* carry out) an order; ~ **fiscale** tax evasion; *tentativo di* ~ attempted jailbreak.

evasivaménte *avv.* evasively. **evasìvo** *a.* evasive, elusive: *risposta –a* evasive answer. **evàso** (*p.p. di evadere*) **I** *a.* **1** escaped: *ergastolano* ~ escaped convict. **2** ⟨*burocr*⟩ dispatched, dealt with; *pratiche –e* matters which have been dealt with. **II** *s.m.* fugitive, runaway. **evasóre** *m.* (*anche evasore fiscale*) tax evader, tax dodger.

Evelìna *N.pr.f.* Evelyn, Eveline, Evelina.

evèllere *v.t.* (not used in the preterite; *p.p.* evùlso) ⟨*lett*⟩ to uproot, to eradicate.

eveniènza *f.* event, occurrence, eventuality: *nell'* ~ *che tu venga a Roma, potrei ospitarti* ⸢in the event of your coming⸣ (*o* if you should come) to Rome, I could put you up. □ *per ogni* ~ in case of need, if need be. **evènto** *m.* case, event: *attendere gli –i* to wait on events. □ *i grandi –i* great events; *lieto* (*o fausto*) ~ happy event; *tenersi pronto per ogni* ~ to hold o.s. ready for all eventualities.

eventuàle *a.* ⟨*pred*⟩ if any, eventual, possible, probable: *un* ~ *ritardo nella pubblicazione del libro può pregiudicarne la vendita* any delay in the publication of the book may adversely affect sales. □ *tienimi informato di un* ~ *cambiamento di programma* let me know if there is any change in plans. **eventualità** *f.* **1** eventuality, contingency, possibility. **2** (*caso, evenienza*) case, chance, occasion: *fortunata* ~ lucky chance. □ *nell'* ~ *che* in the event of, if, in case; *nell'* ~ *che io ritardi, non preoccuparti* if I should be late, don't worry; *per ogni* ~ for all eventualities. **eventualménte** *avv.* in case, if necessary, in that case: ~ *dovessi sapere qualcosa* if (*o* in case) you should hear anything.

Èverest *N.pr.m.* ⟨*Geog*⟩ Everest.

eversióne *f.* **1** eversion (*anche Med.*). **2** ⟨*Pol*⟩ subversion. **eversìvo** *a.* **1** (*sovversivo*) subversive, revolutionary. **2** (*che distrugge*) destructive. **3** ⟨*Pol*⟩ subversive: *mezzi –i* subversive means. **eversóre** *m.* ⟨*Pol*⟩ subversive.

evidènte *a.* evident, obvious, manifest, plain, patent: *errore* ~ obvious mistake; *inganno* ~ evident trick. □ *è* ~ *che* it is clear (*o* plain) that; *rendere* ~ *qc.* to make s.th. clear; *dare segni –i di noia* to show clear (*o* unmistakable) signs of boredom; *verità* ~ self–evident truth. **evidenteménte** *avv.* evidently, clearly, obviously, plainly. **evidènza** *f.* clearness, obviousness, plainness, distinctness: *l'* ~ *di un errore* the obviousness of a mistake. □ *mettere in* ~ (*far rilevare*) to point (*o* bring) out; *mettere in* ~ *una*

pratica to put out a file for immediate handling; *mettersi in* ~ (*farsi notare*) to make o.s. conspicuous, to draw attention to o.s.; *negare l'* ~ *dei fatti* to deny the evidence of the facts. **evidenziàre** *v.t.* (evidènzio, evidènzi) **1** (*mettere in evidenza*) to point out. **2** ⟨*burocr*⟩ (*tenere in evidenza*) to keep out for immediate attention, to reserve for speedy dispatch. **evidenziatóre** *m.* marker.

eviràre *v.t.* to emasculate, to evirate. **eviràto I** *a.* emasculated, evirated. **II** *s.m.* ⟨*Stor*⟩ (*sopranista*) castrato. **evirazióne** *f.* emasculation, eviration.

evitàbile *a.* avoidable. □ *questo errore era* ~ this mistake could have been avoided. **evitàre** *v.t.* (èvito) **1** to avoid, to shun, to evade, to escape, to dodge: *non riuscirai a* ~ *il castigo* you will not succeed in escaping punishment; *per* ~ *malintesi* to avoid misunderstandings; *desidero* ~ *ogni discussione* I wish to avoid argument. **2** (*scansare*) to avoid, to by–pass: *l'automobilista riuscì a* ~ *il pedone* the motorist managed to avoid the pedestrian. **3** (*astenersi*) to avoid, to abstain, to refrain: ~ *di fare qc.* to avoid doing s.th., to abstain (*o* refrain) from doing s.th., not to do s.th. **4** (*non arrecare*) to spare, to save: *farò di tutto per evitarti questa noia* I shall do all I can to save you this trouble. □ *evita di affaticarti* don't tire yourself out.

evizióne *f.* ⟨*Dir*⟩ eviction.

èvo *m.* age, ages *pl*, times *pl.* □ ~ *antico* ancient times; ~ *medio* (*o di mezzo*) Middle Ages; ~ *moderno* modern times (*o* history).

evocàre *v.t.* (èvoco/*poet.* evòco, èvochi/*poet.* evòchi) **1** ⟨*Occult*⟩ to evoke, to call forth, to raise, to conjure (up): ~ *gli spiriti* to evoke spirits. **2** (*estens*) (*rievocare*) to evoke, to recall, to call up: ~ *il passato* to evoke the past. **evocatìvo** *a.* evocative. □ ⟨*Occult*⟩ *potere* ~ power to call forth spirits. **evocatóre I** *s.m.* (*f.* -trice) evocator. **II** *a.* → evocatorio. **evocatòrio** *a.* evocative, evocatory, of evocation: *rito* ~ rite of evocation. **evocazióne** *f.* ⟨*Occult*⟩ evocation, calling up (*o* forth), raising: ~ *degli spiriti* raising of spirits.

evolutìvo *a.* evolutionary, evolutional, evolutive: *fase –a* evolutionary phase; *processo* ~ evolutionary process. **evolùto** (*p.p. di evolvere*) *a.* **1** (*adulto*) fully–developed, evolved: *organismo* ~ fully–developed organism. **2** ⟨*estens*⟩ (*progredito*) advanced, progressive, up–to–date, highly–civilized: *idee –e* progressive ideas; *popolo* ~ highly–civilized nation; (*moderno, senza pregiudizi*) with up–to–date ideas, open–minded. **evoluzióne** *f.* **1** evolution, development, growth: *l'* ~ *della società* the evolution of society; *l'* ~ *di un'idea* the evolution (*o* working out) of an idea. **2** ⟨*Biol,Ginn,Mil*⟩ evolution. □ ~ **fonetica** phonetic change; ⟨*Econ*⟩ ~ *del* **mercato** market trend (*o* development); ~ **semantica** semantic change; ⟨*Biol*⟩ ~ *della* **specie** evolution of the species; ⟨*Astr*⟩ ~ **stellare** stellar evolution; ⟨*Biol*⟩ **teoria** *dell'* ~ theory of evolution.

evoluzionìsmo *m.* evolutionism. **evoluzionìsta** *m./f.* evolutionist. **evoluzionìstico** *a.* (*pl.* -ci) evolutionistic, evolutionist–. **evòlvere** *v.t.* (evòlsi, evolùto) ⟨*non com*⟩ to evolve. **evòlversi** *v.r.* to evolve: *la società si evolve* society evolves.

evònimo *m.* ⟨*Bot*⟩ euonymus.

evùlso (*p.p. di evellere*) *a.* uprooted, eradicated.

evvìva I *intz.* **1** (*usato da solo*) hurrah, hurray; (*seguito da un nome*) long live, up with, hurrah for: ~ *l'Italia* up with Italy; ~ *la libertà* long live freedom. **2** (*fam*) (*salute: per lo starnuto*) bless you. **II** *s.m.inv.* cheer, shout, hurrah: *gli* ~ *della folla* the cheers of the crowd. □ ⟨*iron*⟩ ~ *la modestia* there is nothing like being modest.

ex *lat.* **I** *prep.* ex, former: ~ *sindaco* ex–mayor, former mayor; *l'ho incontrato con la sua* ~ *fidanzata* I met him with his ex–fiancée. **II** *s.m./f.* (*fam*) (*ex marito*) former husband, ⟨*fam*⟩ ex; (*ex moglie*) former wife, ⟨*fam*⟩ ex.

ex aequo *lat.* ex aequo, equally, with equal merit, on an equal footing: *il premio è stato diviso* ~ *fra i tre concorrenti* the prize has been equally divided between the three competitors. □ *arrivarono secondi* ~ they both came in second.

ex cathedra *lat.* ⟨*Teol*⟩ ex cathedra.

exclave *fr.* [eks'klav] *f.* ⟨*pol*⟩ esclave.

excursus *lat. m.* excursus, digression.

ex libris *lat.* ex libris, bookplate.

ex novo *lat. m.* from the beginning, all over again.

expertise *fr.* [eksper'ti:z] *f.* expertise, expert's appraisement.

exploit *fr.* [eks'plwa] *m.* exploit, brilliant achievement.

expo *fr.* [eks'po] *f.inv.* exhibit(ion); (*esposizione mondiale*) world exhibition.

extra *a./s.inv.* **I** *a.* (placed after the noun) **1** best-quality, top-grade, first-rate, extra: *burro* ~ best-quality butter. **2** (*fuori del previsto*) extra, additional: *molte spese* ~ additional expenditure. **II** *s.m.* (*spesa extra*) extra: *gli* ~ *dell'albergo* the hotel extras. □ *qualità* ~ best-quality, finest-quality, first-rate.

extra|atmosferico *a.* (*pl.* **-ci**) outer: *spazio* ~ outer space. **~comunitario** *a.* non–EEC. **~coniugale** *a.* extramarital. **~contrattuale** *a.* not specified in (*o* laid down by) the contract. **~corporeo** *a.* ⟨*Med*⟩ extracorporeal: *circolazione* *–a* extracorporeal circulation. **~dotale** *a.* extradotal. □ *beni* *–i* paraphernalia. **~europeo** *a.* non–European: *paesi* *–i* non–European countries. **~galattico** *a.* (*pl.* **-ci**) ⟨*Astr*⟩ extragalactic: *nebulosa* *–a* extragalactic nebula. **~giudiziale** *a.* ⟨*Dir*⟩ extrajudicial: *confessione* ~ extrajudicial confession. **~legale** *a.* ⟨*Dir*⟩

extralegal: *provvedimento* ~ extralegal provision. **~linguistico** *a.* (*pl.* **-ci**) ⟨*Ling*⟩ extralinguistic. **~parlamentare** *a.* extraparliamentary: *partiti* *–i* extraparliamentary parties. **~professionale** *a.* extraprofessional. **~profitto** *a.* ⟨*Econ*⟩ extraprofit, excess profit. **~scolastico** *a.* (*pl.* **-ci**) out–of–school: *insegnamento* ~ out–of–school education. **~sensibile** *a.* extrasensitive. **~sensoriale** *a.* extrasensory, extrasensorial: *percezione* ~ extrasensory perception. **~sistole** *f.* ⟨*Med*⟩ extrasystole. **~sistolico** *a.* (*pl.* **-ci**) extrasystolic. **~stallia** *f.* ⟨*Mar*⟩ demurrage. **~strong** *f.* extrastrong paper. **~tariffario** *a.* ⟨*Econ*⟩ non–tariff: *barriere* *–e* non–tariff barriers. **~temporale** *a.* timeless, outside (*o* beyond) time, extratemporal. **~terrestre** **I** *a.* extraterrestrial. **II** *s.m.* extraterrestrial creature, ⟨*sl*⟩ alien. **~territoriale** *a.* extraterritorial. **~territorialità** *f.* extraterritoriality, extraterritorial status. **~universitario** *a.* off–campus, non–university. **~urbano** *a.* extraurban, out–of–town. **~uterino** *a.* ⟨*Med*⟩ extrauterine.

ex voto *lat. m.* ex–voto, votive offering.

Ezechiele *N.pr.m.* ⟨*Bibl*⟩ Ezekiel, Ezechiel.

eziandio *congz.* ⟨*ant*⟩ (*anche*) also, likewise; (*perfino*) even.

eziologia *f.* ⟨*Med,Stor*⟩ (a)etiology. **eziologico** *a.* (*pl.* **-ci**) (a)etiologic(al).

F

f, F ['ɛffe] *f./m.* (*lettera dell'alfabeto*) f, F, the letter f: *due f* two f's (*o* fs); *una f maiuscola* a capital F; *una f minuscola* a small f; ⟨*Tel*⟩ *f come Firenze* F for Frederick, ⟨*am*⟩ F for Fox.

f. = *femminile* feminine (*abbr.* f., fem.).

fa[1] *m.* ⟨*Mus*⟩ F, fa: *chiave di ~* key of F; *~ bemolle maggiore* F flat major; *~ diesis minore* F sharp minor.

fa[2], **fa'** → **fare**[1].

fabbiṣọgno *m.* requirements *pl,* needs *pl: coprire il ~ di un articolo* to meet the requirements for an article; *il ~ di grano* wheat requirements. □ *~* **alimentare** food requirements; *~ di* **capitale** capital requirement; *~ di* **carta** paper consumption; ⟨*Econ*⟩ *~ di* **cassa** cash requirements; **copertura** *del ~* meeting the requirements; *~ di* **denaro** financial needs (*o* requirements) *pl; ~* **eccedente** excess, surplus; *~* **idrico** water demand, water quantity requirements *pl; ~ di* **manodopera** labour requirements *pl,* workmen (*o* hands) needed; *~ di* **mercato** market requirements *pl; ~* **petrolifero** oil requirements *pl; ~* **totale** total requirements *pl; ~ di* **vitamine** vitamin requirements *pl.*

fạbbrica *f.* **1** (*stabilimento, opificio*) factory, manufactory, works *pl* (*costr. sing.*), mill: *una ~ di sapone* a soap factory; (*impianto*) plant; (*azienda industriale*) industry, industrial undertaking, company, factory, works *pl: una ~ di cinquecento operai* a factory with five hundred hands (*o* workers). **2** (*edificio*) building, fabric, edifice: *una ~ solida* a solid building; (*edificio in costruzione*) building under construction. □ (*scherz*) *la ~ dell'***appetito** the need to eat; *lavorare per la ~ dell'appetito* to work to keep body and soul together; *~ d'***armi** arms factory; *~ di* **automobili** car (*o* motor) works, ⟨*am*⟩ automobile plant; *~ di* **birra** brewery, brewing industry; *~ di* **ceramiche** pottery (workshop); **chiudere** *la ~* to shut down the factory; *~ di* **conserve** tinning factory, ⟨*am*⟩ cannery; **direttore** *di ~* works (*o* factory) manager; *~ di* **mattoni** brickyard, brick factory, brickworks; *~ di* **mobili** furniture factory; *~ di* **motori** motor works, engine factory; *~ di* **san** **Pietro** (*lavoro che non finisce mai*) never-ending job; **prezzo** *di ~* manufacturer's (*o* cost) price, prime cost; *~ di* **tessuti** cloth-mill.

fabbricạbile *a.* **1** manufacturable. **2** (*edificabile*) building-, that may be built on: *area ~* building site (*o* ground). **fabbricạnte** *m./f.* manufacturer, maker.

fabbricạre *v.t.* (**fạbbrico, fạbbrichi**) **1** (*innalzare, erigere*) to build, to construct, to erect: *~ una casa* to build a house. **2** (*costruire*) to manufacture, to make, to produce: *~ mobili* to make furniture; *il ragazzo si fabbricò una sciabola con due pezzi di legno* the boy made himself a sabre from two pieces of wood. **3** ⟨*fig*⟩ (*architettare, ideare*) to fabricate, to make up, to invent: *~ notizie false* to fabricate false rumours. □ *~ su campione* to make ⌐according to pattern⌐ (*o* as per sample); *hanno fabbricato molto alla periferia di Roma* there has been a lot of building in the suburbs of Rome; *~ su ordinazione* to make to order. **fabbricạto** *m.* building, edifice. □

imposte sui ~i house tax, ⟨*am*⟩ real estate tax; *~ industriale* industrial (*o* factory) building. **fabbricato-re** *m.* (*f.* **-trice**) **1** (*costruttore*) builder, constructor. **2** (*produttore*) maker, manufacturer. **3** ⟨*fig*⟩ fabricator, maker (*o* trumper) up, inventor, deviser: *~ di inganni* deviser of stratagems. **fabbricazione** *f.* **1** ⟨*Ind*⟩ manufacture, making, make: *la ~ della carta* paper making. **2** *pl.* (*oggetti fabbricati*) manufactures *pl,* products *pl: le ~i di guerra* war manufactures. **3** (*in urbanistica: edificazione*) building, construction: *~ intensiva* building up. □ *~ assistita dal calcolatore* computer-aided manufacturing; *di ~ inglese* made in England, of English make; *difetto di ~:* **1** manufacturing defect; **2** ⟨*Tess*⟩ flaw; *~ in serie* mass (*o* large-scale) production, serialization.

fabbricerịa *f.* ⟨*Dir.can*⟩ Board of Trustees, Council of Maintenance. **fabbriciẹre** *m.* Councilman, member of a church's Board of Trustees.

fạbbro *m.* **1** (*chi lavora in ferramenta*) blacksmith, smith; (*chi fa chiavi, serrature e sim.*) locksmith. **2** ⟨*lett*⟩ (*artefice*) maker (*anche fig.*). □ *~* **ferraio** blacksmith, smith; ⟨*fig*⟩ *dell'universo* ⟨*Dio*⟩ the Creator (*o* Maker) of the Universe. *Prov.: ciascuno è ~ della sua fortuna* each man is the forger of his own destiny.

fabianẹsimo, fabianịsmo *m.* ⟨*Pol*⟩ Fabianism. **fabiạno** *a./s.m.* Fabian.

Fạbio *N.pr.m.* Fabius.

faccẹnda *f.* **1** thing, matter; (*lavoro*) job, work: *ho una ~ da sbrigare* I have something to see to, there is a job I must do; (*affare*) matter, affair, (piece of) business. **2** *pl.* (*lavori domestici*) housework, chores *pl: accudire alle ~e* to do the housework. **3** (*caso, questione*) matter, affair, business, thing: *brutta ~* nasty business, unpleasant matter; *la ~ si mette male* the matter is going badly; *una ~ poco pulita* a shady (*o* dirty) business. □ *le ~e domestiche* the housework, the household chores (*o* duties); *fare le ~e* to do the housework; *una ~ grossa* an important matter; *essere in ~e* to be busy. **faccendiẹre, faccendiẹro** *m.* (*f.* **-a**) busybody, meddler.

faccẹtta *f.* (*di un poliedro*) facet: *le ~e di un diamante* the facets of a diamond. **faccettạre** *v.t.* (**faccẹtto**) to cut, to face. **faccettatụra** *f.* faceting.

facchinạggio *m.* porterage. **facchinạta** *f.* **1** (*sfacchinata*) drudgery, back-breaking job. **2** (*azione triviale*) vulgar action; (*parola triviale*) vulgar word. **facchịno** *m.* **1** (*portabagagli*) porter: *chiamare un ~* to call a porter. **2** ⟨*fig*⟩ (*persona rozza*) coarse (*o* rough) person. □ *da ~* (*villano*) coarse, low, vulgar, foul: *linguaggio da ~* foul language.

fạccia[1] *f.* (*pl.* **-ce**) **1** face: *avere la ~ smunta* to have a pale face; *una ~ rotonda* a round face. **2** (*espressione*) face, expression, look: *~ arcigna* sour face, sullen look. **3** (*apparenza, lato*) side, aspect: *le molte facce di una questione* the many sides to a question; *l'altra ~ della luna* the other side of the moon. **4** (*facciata*) façade, front: *la ~ del palazzo* the front of the building. **5** (*rif. a* *moneta*) side. **6** ⟨*Geom*⟩ face, side. □ (*a*) ~ **a** ~: 1 (*di fronte*) face to face: *si trovò* ~ *a* ~ *con il padre* he found himself face to face with his father; 2 (*a quattr'occhi*) face to face, to s.o.'s face; *mettere due testimoni* ~ *a* ~ to confront two witnesses; ⟨*volg*⟩ **alla** ~*!* blow me!; ⟨*volg*⟩ *alla* ~ *tua* (*a tuo dispetto*) blow you, damn you; ⟨*volg*⟩ *fare qc. alla* ~ *di qd.* to do s.th. just to spite (*o* show) s.o.; **avere** (*la*) ~ *di fare qc.* to have the cheek to do s.th.; **brutta** ~: 1 ugly face; 2 (*brutta cera*) unhealthy appearance, sickly look; *hai una brutta* ~ - *non stai bene?* you ⌈aren't looking very fit⌉ (*o* look poorly) - aren't you feeling well?; ⟨*fig*⟩ **cambiare** ~ to look different, to change expression; (*impallidire*) to go pale, to change colour; **di** ~ (*dirimpetto*) opposite, facing: *abita nella casa di* ~ he lives in the house opposite; ⟨*Inform*⟩ (*di dischetti*) *a* **doppia** ~ double-sided; *farsi la* ~ (*truccarsi*) to make o.s. up; ⟨*fig*⟩ **in** ~ (*apertamente*) frankly, openly: *dire le cose in* ~ to say things openly; *in* ~ *a*: 1 (*dirimpetto*) opposite, facing: *la casa è in* ~ *alla chiesa* the house is opposite the church; 2 (*al cospetto*) in the sight of, before: *in* ~ *al mondo* in the sight of the world; *dire qc. in* ~ *a qd.* to say s.th. to s.o.'s face; *ridere in* ~ *a qd.* to laugh in s.o.'s face; *chiudere la porta in* ~ *a qd.* to close the door in s.o.'s face; *guardare in* ~ *qd.* to look s.o. in the face: *non potrò più guardarlo in* ~ I shall never be able to look him in the face again; *guardare in* ~ *qc.* to face up to s.th.: *guardare in* ~ *il pericolo* to face up to danger; ⟨*fig*⟩ *non guardare in* ~ *nessuno* to go ahead regardless of everyone; *leggere qc. in* ~ *a qd.* to see s.th. ⌈at a glance⌉ (*o* written all over s.o.'s face): *gli si legge in* ~ *che è un bugiardo* you can see at a glance that he is a liar; *gli si leggeva in* ~ *la delusione* his disappointment was written all over his face; *fare la* ~ **lunga** to pull a long face; ~ **patibolare** face of a gallows bird; **perdere** *la* ~ to lose face; *una* ~ **pulita** a face without make-up; ⟨*fig*⟩ an outspoken face; ⟨*fig*⟩ **salvare** *la* ~ to save one's face; ~ *da* **schiaffi** shamelessly impudent person; *fare una* ~ **scura** to look grim (*o* stern, gloomy, sombre), to frown; ⟨*Inform*⟩ *a* **singola** ~ single –sided; *avere una* ~ **stanca** to look tired; *fare una* ~ *da* **stupido** to put on a stupid look; *un vento che* **taglia** *la* ~ a cutting wind; *il più gran mascalzone che ci sia mai stato sulla* ~ *della* **terra** the greatest rogue that has ever lived on the face of this earth; *scomparire dalla* ~ *della terra* to disappear from the face of the earth; ~ **tosta** face, cheek, nerve: *ha avuto la* ~ *tosta di negarlo* he had the face to deny it; *che* ~ *tosta!* what a cheek (*o* nerve)!; ⟨*Mar*⟩ **vento** *in* ~ head wind; **visto** *di* ~ seen from the front.

faccia² → **fare¹**.

facciale *a.* facial, face–. □ *nervo* ~ facial nerve; ⟨*Filat*⟩ *valore* ~ face value.

facciamo → **fare¹**.

facciata *f.* **1** façade, front, face: *la* ~ *di un palazzo* the front of a building; *una* ~ *rinascimentale* a Renaissance façade. **2** ⟨*fig*⟩ (*apparenza*) outside, appearances *pl: non giudicare dalla* ~ don't judge by appearances. **3** (*pagina*) page: *una lettera di tre* –*e* a three-page letter.

faccio → **fare¹**.

facciola *f.* bands *pl.*

face *f.* ⟨*poet*⟩ **1** (*fiaccola*) torch. **2** ⟨*fig*⟩ (*luce*) light.

facemmo, facendo, facente, facessi → **fare¹**.

facente *a.*: ~ *funzione* deputy; ~ *funzione di direttore* deputy manager.

faceto *a.* facetious, waggish, jesting: *persona* –*a* facetious person, wag; *un tono* ~ a jesting tone. □ *dire qc. tra il serio e il* ~ to say something half in jest.

facevo → **fare¹**.

facezia *f.* jest, witticism, pleasantry, witty remark.

fachiro *m.* fakir.

facies *lat. f.* ⟨*Med,Zool,Bot,Geol*⟩ facies.

facile I *a.* **1** easy, simple: *le domande d'esame erano tutte* –*i* the exam questions were all simple; (*leggero*) easy, light: *un lavoro* ~ an easy (*o* a light) job. **2** (*che si ottiene con poca fatica*) facile: *è stata una vittoria* ~ it was a facile (*o* an easy) victory. **3** (*chiaro, comprensibile*) easy, clear: *un libro* ~ an easy book; (*fluente, scorrevole*) easy, smooth, fluent: *stile* ~ smooth style. **4** ⟨*fig*⟩ (*affabile, mite*) easy–going, yielding, tractable: *carattere* ~

easy–going nature. **5** ⟨*fig*⟩ (*incline*) prone, quick, easily moved, inclined: *una persona* ~ *all'ira* a person easily moved to anger, a quick–tempered person; *come sei* ~ *a offenderti* how quick you are to take offence. **6** ⟨*fig*⟩ (*probabile*) probable, likely: *è* ~ *che piova* it is likely to rain, it may well rain. **II** *s.m.* easy: *lasciare il* ~ *per il difficile* to leave the easy for the difficult. □ ~ **a** [*inf*] easy [*inf*]: *è* ~ *a dirsi* it is easy to say; ~ **come** *bere un bicchier d'acqua* as easy as winking; *non è mica una* **cosa** ~ it's no ⌈mere child's play⌉ (*o* simple matter); **di** ~ (*seguito da sost.*) easy (to do), easily [*p.p.*]: *lavoro di* ~ *esecuzione* work that is easy to do; *persona di* ~ *contentatura* easily–contented person; *donna di* –*i costumi* woman of easy virtue; *avere la* **parola** ~ to have a glib tongue; *avere la* **pistola** ~ to be trigger–happy.

facilità *f.* **1** easiness, facility, ease: ~ *di un lavoro* easiness of a job; ~ *di un'impresa* easiness of an undertaking. **2** (*fluidità*) ease, smoothness, fluency. **3** (*attitudine, inclinazione*) talent, bent, aptitude (*di* for), facility (in): *ha una grande* ~ *allo studio* he has a great aptitude for study. **4** (*leggerezza*) lightness, irresponsibility, easiness: *ha accettato l'incarico con troppa* ~ he has accepted the office ⌈too lightly⌉ (*o* with too little sense of responsibility). □ *con* ~ with ease, easily, quickly, readily: *apprende con* ~ he learns readily (*o* with ease); *parlare una lingua con* ~ to speak a language fluently; *con grande* ~ with the greatest of ease; ~ *di mano* (*rif. a pittori e sim.*) ready talent; ~ *di parola* glibness. **facilitare** *v.t.* (*facilito*) **1** to facilitate, to make easy (*o* easier): *queste informazioni facilitano il mio compito* this information will make my task easier. **2** (*venire incontro*) to meet, to grant facilities to: *cercheremo di facilitarla nel pagamento* we shall try to ⌈meet you over payment⌉ (*o* make payment easier for you). **3** (*aiutare*) to help: *la conoscenza della lingua lo ha facilitato nel lavoro* his knowledge of the language has helped him in his work.

facilitazione *f.* **1** facility, facilitation: *fare delle* –*i a qd.* to give (*o* grant) s.o. facilities. **2** *pl.* facilities *pl*, easy terms *pl.* □ –*i di cassa* overdraft facilities; –*i di credito* credit facilities; –*i fiscali* tax abatement (*o* remission); –*i di pagamento* facilities for payment, easy terms. **facilmente** *avv.* **1** easily, with ease, readily: *con la macchina puoi arrivarci* ~ *in due ore* you can easily get there in two hours by car. **2** (*probabilmente*) probably.

facilone *m.* (*f.* -**a**) happy–go–lucky person. **faciloneria** *f.* superficiality, easy–goingness.

facinoroso I *a.* lawless, violent, ruffianly: *azione* –*a* lawless deed; *gente* –*a* violent people. **II** *s.m.* (*f.* -**a**) ruffian, lawless fellow, rough.

facoc(h)ero *m.* ⟨*Zool*⟩ warthog.

facola *f.* ⟨*Astr*⟩ facula.

facoltà *f.* **1** (*capacità*) faculty: *la* ~ *di intendere* the faculty of understanding. **2** (*potere, autorità*) faculty, power, authority: *questo esorbita dalle mie* ~ this is outside the scope of my powers; *non è* ⌈*nelle mie*⌉ (*o in mia*) ~ it is not in my power. **3** (*rif. a cosa: proprietà*) power: *questa medicina ha la* ~ *di calmare il dolore* this medicine has the power of alleviating pain. **4** ⟨*Univ*⟩ faculty, department: ~ *di lettere e filosofia* Faculty of Arts and Philosophy; (*sede*) faculty institute. **5** *pl.* (*beni*) possessions *pl*, wealth, means *pl: dispone di grandi* ~ he has great wealth. □ **conferire** *una* ~ *a qd.* to invest s.o. with a power; ⟨*Univ*⟩ *consiglio di* ~ faculty board; **dare** ~ *a qd. per qc.* to authorize (*o* allow) s.o. to do s.th.: *gli diedero la* ~ *di decidere a suo piacimento* they allowed him to decide as he preferred; ~ *di* **disporre** power to dispose, faculty of decision; **esercitare** *una* ~ to wield a power, to exercise a faculty; ~ *di* **giurisprudenza** Faculty of Law ; ~ *di* **ingegneria** Faculty of Engineering; ⟨*Dir*⟩ ~ *di* **intendere** *e di volere* full possession of one's faculties; ~ *di* **magistero** teacher training school; ~ **mentali** mental faculties (*o* powers): *non è in pieno possesso delle sue* ~ *mentali* he is not in full possession of his mental faculties.

facoltativamente *avv.* optionally. **facoltativo** *a.* **1** optional, facultative. **2** ⟨*Scol,Univ*⟩ optional, ⟨*am*⟩ elective: *materia* –*a* optional subject, ⟨*am*⟩ elective. □

fermata –a request stop.

facoltoso *a.* wealthy, moneyed, rich: *una famiglia –a* a moneyed family.

facondia *f.* eloquence, readiness of speech, fluency. **facondo** *a.* eloquent: *parlatore* ~ eloquent speaker.

facsimile *m.* **1** facsimile: *il* ~ *di un documento* the facsimile of a document. **2** ⟨*fig*⟩ (*rif. a persone*) image, double: *questo ragazzo è il* ~ *del fratello* this boy is his brother's double. □ ~ *di una firma* (*fatto a mano*) specimen signature; (*fatto meccanicamente*) facsimile signature.

factotum *m.inv.* factotum, man–of–all–work, ⟨*scherz*⟩ jack–of–all–trades.

faentina, faenza *f.* (*ceramica fatta a Faenza*) faience. **Faenza** *N.pr.f.* ⟨*Geog*⟩ Faenza.

faggeta *f.*, **faggeto** *m.* (*bosco di faggi*) beechwood. **faggio** *m.* **1** ⟨*Bot*⟩ (common) beech. **2** (*legno*) beech, beechwood. □ *di* (o *in*) ~ beech–: *una tavola di* ~ a beech table. **faggiola** *f.* (*frutto del faggio*) beech mast, beech nut.

fagianaia *f.* ⟨*Zootecn*⟩ pheasantry. **fagianella** *f.* ⟨*Ornit*⟩ little bustard. **fagiano** *m.* (*f.* -a) pheasant (*f* hen pheasant); (*fagiano giovane*) poult. **fagianotto** *m.* poult, young pheasant.

fagiolata *f.* ⟨*Gastr*⟩ bean soup. **fagiolino** *m.* (generally plural) ⟨*Bot*⟩ French bean, ⟨*am*⟩ string bean: *–i lessi* boiled French beans. **fagiolo** *m.* **1** bean: *piatto di –i* dish of beans. **2** ⟨*Univ*⟩ (*studente del secondo anno*) second–year student, ⟨*am*⟩ sophomore. □ (*fam*) *andare a* ~ to be to one's liking (o taste), to suit fine: *questo lavoro mi va a* ~ I like this work, this work suits me fine; (*fam*) *capitare a* ~ to happen at the right moment, to come at the right time; ⟨*Bot*⟩ ~ *nano* dwarf kidney bean.

faglia¹ *f.* → **faille**.

faglia² *f.* ⟨*Geol*⟩ fault: *piano di* ~ fault plane; ~ *longitudinale* strike fault; ~ *a gradinate* step fault.

fagocita *m.* → **fagocito**. **fagocitare** *v.t.* **1** ⟨*Biol*⟩ to phagocytize. **2** ⟨*fig*⟩ (*assorbire*) to absorb, to engulf: *le piccole imprese furono fagocitate dalle grandi aziende* the small concerns were absorbed by the large ones. **fagocito** *m.* phagocyte. **fagocitosi** *f.* phagocytosis.

fagottista *m.* (*sonatore di fagotto*) bassoonist.

fagotto¹ *m.* **1** bundle: *un* ~ *di stracci* a bundle of rags. **2** ⟨*fig*⟩ (*persona goffa*) clumsy–looking (o awkward) person, sack. □ ⟨*fig*⟩ *far* ~ (*partire*) to pack up and leave.

fagotto² *m.* ⟨*Mus*⟩ bassoon.

fai → **fare¹**.

faida *f.* ⟨*Stor*⟩ feud.

fai da te *m.inv.* do–it–yourself.

faille *fr.* [fɑːj] *f.* ⟨*Tess*⟩ faille.

faina *f.* ⟨*Zool*⟩ stone marten, beech marten.

falange *f.* **1** ⟨*Stor.gr,Anat,Zool*⟩ phalanx. **2** ⟨*fig*⟩ (*moltitudine*) host, army, mass: *una* ~ *di creditori* a host of creditors. **Falange** *f.* ⟨*Pol*⟩ Falange. **falangetta** *f.* ⟨*Anat*⟩ terminal (o ungual) phalanx. **falangina** *f.* ⟨*Anat*⟩ middle (o second) phalanx. **falangismo** *m.* ⟨*Pol*⟩ Falangism.

falangista¹ **I** *s.m./f.* ⟨*Pol*⟩ Falangist. **II** *a.* Falangist: *regime* ~ Falangist regime.

falangista² *m.* ⟨*Zool*⟩ phalanger.

falanster(i)o *m.* **1** (*edificio, comunità*) phalanstery. **2** ⟨*spreg*⟩ (*casamento popolare*) sprawling tenement house.

falasco *m.* (*pl.* -chi) ⟨*Bot*⟩ bog grass.

falcata *f.* **1** (*salto del cavallo*) curvet. **2** ⟨*Sport*⟩ (*nel podismo*) running step, stride. **3** ⟨*estens*⟩ (*passo*) stride. **falcato** *a.* **1** (*a forma di falce*) sickle–shaped, falcate. **2** ⟨*Astr*⟩ falcated. **3** (*munito di falci*) scythed, armed with scythes: ⟨*Mil.ant*⟩ *carro* ~ scythed chariot. □ ⟨*poet*⟩ *la –a luna* the crescent (o falcated) moon. **falce** *f.* **1** (*falce messoria*) sickle; (*falce fienaia*) scythe. **2** (*della luna*) crescent: *la* ~ *argentea della luna* the silver crescent of the moon. □ ~ *di luna* crescent moon; ⟨*Pol*⟩ ~ *e martello* hammer and sickle. **falcetto** *m.* reaping hook.

falchetto *m.* ⟨*Ornit*⟩ hobby.

falciare *v.t.* (*falcio, falci*) **1** to mow, to scythe: ~ *il fieno* to mow the hay. **2** ⟨*fig*⟩ (*uccidere*) to mow (o cut) down: *i soldati furono falciati da una scarica di mitragliatrice* the

soldiers were mown down by a machine–gun burst. **falciata** *f.* **1** mowing, scything: *il prato ha bisogno di una* ~ the lawn needs mowing. **2** (*colpo di falce fienaia*) sweep of a scythe, swath; (*colpo di falce messoria*) sickle–stroke. **3** (*quantità falciata in una volta*) swath. **falciatore** *m.* (*f. -trice/pop. -tora*) mower, reaper. **falciatrice** *f.* ⟨*Agr*⟩ mower, mowing machine. **2** ⟨*Giard*⟩ lawn–mower. **falciatura** *f.* **1** (*il falciare*) mowing. **2** (*periodo*) mowing time.

falcidia *f.* **1** (*riduzione*) reduction, cut. **2** ⟨*estens*⟩ (*strage*) massacre; ⟨*fig*⟩ disaster, drastic elimination. □ *il capitale ha subito una notevole* ~ the capital has been greatly reduced; *una* ~ *di candidati* a mass failure of candidates. **falcidiare** *v.t.* (*falcidio, falcidi*) **1** (*ridurre*) to reduce, to cut (down, into): *le tasse hanno falcidiato il patrimonio* taxation has greatly cut into the estate. **2** ⟨*estens*⟩ (*fare una strage*) to massacre, to slaughter, to mow down; (*rif. a malattie e sim.*) to carry off: *l'epidemia ha falcidiato la popolazione* the epidemic has carried off large numbers of the population.

falciola *f.* (*falce messoria*) sickle. **falcione** *m.* fodder cutter.

falco *m.* (*pl.* -chi) **1** ⟨*Ornit*⟩ hawk; (*usato per la caccia*) tiercel (*f* falcon). **2** ⟨*fig*⟩ (*persona fiera e vivace*) proud and spirited person. **3** ⟨*fig*⟩ (*persona avida*) hawk. **4** ⟨*pol*⟩ hawk. □ ~ *cappone* buzzard, ⟨*am*⟩ European buzzard; ~ *giocoliere* bateleur eagle; *occhi di* ~ keen (o hawk's) eyes: *avere occhi di* ~ to be hawk–eyed; ~ *pecchiaiolo* honey–buzzard; ~ *pescatore* osprey; ~ *della regina* Eleonora's falcon.

falcone *m.* **1** ⟨*Ornit*⟩ (*falco*) hawk; (*usato per la caccia*) tiercel (*f* falcon). **2** ⟨*Edil*⟩ derrick. **3** ⟨*Artigl*⟩ falcon. □ *caccia col* ~ hawking, falconry; *cacciare col* ~ to go hawking, to hawk. **falconeria** *f.* ⟨*Venat*⟩ falconry, hawking. **falconetto** *m.* ⟨*Artigl*⟩ falconet. **falconidi** *m.pl.* ⟨*Ornit*⟩ Falconidae *pl.* **falconiere** *m.* falconer, hawker.

falda *f.* **1** (*strato*) layer: *una* ~ *di bambagia* a layer of cotton–wool. **2** (*rif. a neve*) flake, snowflake: *la neve cadeva a larghe –e* the snow was falling in large flakes. **3** (*parte dell'abito sotto la vita*) flap, flounce, skirt: *le –e di un soprabito* the skirts of an overcoat; (*coda*) tail: *le –e della marsina* the tails of a (tail)coat. **4** (*tesa del cappello*) brim, flap: *un cappellino con la –a rialzata* a hat with an upturned brim. **5** (*base di pendio*) foot: *il paese è alle –e del monte* the village is at the foot of the mountain. **6** (*parte del tetto*) pitch. **7** ⟨*Lit*⟩ (*veste del papa*) Papal vestment. **8** ⟨*Geol*⟩ stratum. □ ⟨*Geol*⟩ ~ *acquifera* water bed, water–bearing stratum; ⟨*fig*⟩ *attaccarsi alle –e di qd.* ⟨*fam*⟩ to dog s.o., to hang on to s.o. for dear life; *i creditori mi si sono attaccati alle –e* my creditors are close on my heels; ⟨*Geol*⟩ ~ *freatica* water table, water–bearing stratum; ⟨*Geol*⟩ ~ *impermeabile* impermeable stratum; *cappello a larghe –e* broad–brimmed hat; *vestito a larghe –e* wide–skirted garment.

faldella *f.* ⟨*Tess*⟩ carded cotton (for linings).

faldistor(i)o *m.* ⟨*Lit*⟩ faldstool.

falecio **I** *a.* ⟨*Metr*⟩ Phalaecean–. **II** *s.m.* Phalaecean.

falegname *m.* (*per piccoli lavori*) joiner; (*per grandi lavori*) carpenter. □ *arnesi da* ~ carpenter's tools; *bottega di* ~ joiner's (o carpenter's) shop. **falegnameria** *f.* **1** (*arte*) joinery, carpentry. **2** (*laboratorio*) joiner's (o carpenter's) shop. □ *lavoro di* ~ joinery, woodwork.

falena *f.* **1** ⟨*Entom*⟩ moth. **2** ⟨*lett*⟩ (*prostituta*) streetwalker.

falerno *m.* ⟨*Enol*⟩ Falernian wine.

falesia *f.* ⟨*Geol*⟩ cliff.

falla *f.* breach, leak (*anche fig.*): *aprire una* ~ *nello schieramento nemico* to open a breach in the enemy ranks; *si è aperta una* ~ *nello scafo* the hull has sprung a leak. □ *la nave ha una* ~ the ship is leaking; *tappare una* ~ to stop a leak; ⟨*fig*⟩ to fill a gap.

fallace *a.* fallacious, misleading, deceptive, vain: *speranze –i* vain hopes. **fallacia** *f.* fallaciousness, deceptiveness, vainness, unsoundness, fallacy: *la* ~ *delle sue promesse* the unsoundness of his promises.

fallibile *a.* fallible, liable to err: *l'uomo è* ~ man is fallible. **fallibilità** f. fallibility.

fallico a. (pl. **-ci**) phallic: *simboli –i* phallic symbols.

fallimentare a. **1** ⟨Dir⟩ bankruptcy-. **2** ⟨fig⟩ (disastroso) ruinous, disastrous. □ **avere** *un esito* ~ to meet with failure; **bilancio** ~ statement of affairs; ⟨fig⟩ taking stock of one's failures; **concordato** ~ scheme of arrangement; **legge** ~ bankruptcy act; **procedura** ~ bankruptcy proceedings pl; **vendita** ~ bankruptcy sale.

fallimentarista m. ⟨Dir⟩ bankruptcy expert.

fallimento m. **1** failure: *il ~ delle trattative* the failure of negotiations. **2** ⟨fam⟩ (cosa mal riuscita) failure, ⟨fam⟩ flop: *la cena è stata un ~* the dinner was a failure; ~ *totale* complete failure, fiasco. **3** ⟨Dir,Comm⟩ bankruptcy. □ **curatore** *di ~* trustee in bankruptcy; ⟨Dir⟩ **dichiarare** ~ to adjudicate (o declare) a state of bankruptcy; ⟨fig⟩ to give up: *dopo i primi tentativi ha dovuto dichiarare ~* after his first attempts, he had to give up; ⟨Dir⟩ **dichiarazione** *di ~* adjudication (o declaration) of bankruptcy; **far** ~: **1** ⟨Comm⟩ to go bankrupt; **2** ⟨fig⟩ to meet with failure: *il governo ha fatto ~* the government has met with failure; ⟨Dir⟩ **giudice** *delegato al ~* referee in bankruptcy; *essere sull'orlo del ~* to be on the verge of bankrupcty; ⟨fig⟩ to be on the brink of failure.

fallire v. (**fallisco, fallisci**) **I** v.i. (aus. **essere**) **1** (non riuscire) to fail, to be unsuccessful (o in vain), to come to nothing: *le trattative sono fallite* the negotiations have come to nothing; *tutti i tentativi sono falliti* all our efforts have failed (o been in vain). **2** (rif. a colpi) to miss, to go astray. **3** (rif. a persona) to fail, to be unsuccessful: ~ *in un'impresa* to fail in an undertaking. **4** ⟨Dir,Comm⟩ (far fallimento) to go bankrupt: *il commerciante è fallito* the dealer has gone bankrupt. **5** (aus. **avere**; *mancare il colpo*) to miss: *tirò dieci colpi, senza mai ~* he fired ten shots and did not miss once. **II** v.t. to miss (anche fig.): ~ *il colpo* to miss the mark; ⟨fig⟩ ~ *il bersaglio* to miss (one's aim). □ *far ~ un progetto* to bring a plan to naught, to cause a plan to miscarry. **fallito I** a. **1** unsuccessful: *un tentativo miseramente ~* a miserably unsuccessful attempt. **2** ⟨Dir⟩ bankrupt: *un industriale ~* a bankrupt industrialist. **3** (che non colpisce il bersaglio) missed, unsuccessful: *colpo ~* missed shot. **II** s.m. (f. **-a**) **1** ⟨Dir,Comm⟩ bankrupt: *albo dei –i* register of bankrupts. **2** ⟨fig⟩ failure.

fallo[1] m. **1** (errore) error, mistake; (mancanza leggera) slip: *cadere in ~* to make a mistake, to slip up. **2** (errore morale) offence, fault, slip: *un ~ di gioventù* a youthful slip. **3** (imperfezione) flaw, fault, defect: *un ~ nel vetro* a fault in the glass. **4** ⟨Sport⟩ (nel calcio) foul; (nel tennis) fault. □ **cogliere** *qd. in ~* to catch s.o. out (o red–handed); **essere** *in ~* to be at fault; *mettere un piede in ~* to put a foot wrong, to take a false step; ⟨Sport⟩ ~ **laterale** kicking out of the ball; ⟨Sport⟩ ~ *di* **mano** handling, hands; ⟨Sport⟩ ~ *di* **piede** foot–fault; *mettere un piede in ~* to slip; ⟨fig⟩ to make a false step; **senza** ~ without fail, certainly, definitely: *arriverà senza ~ domani* he will certainly (o definitely) be coming tomorrow; *ti aspetto senza ~* I shall expect you without fail.

fallo[2] m. (membro virile) phallus.

fallocrate m. phallocrat. **fallocratico** a. (pl. **-ci**) phallocratic. **fallocrazia** f. phallocracy.

falloppiano: ⟨Anat⟩ *trombe –e* Fallopian tube.

falloso a. **1** ⟨Sport⟩ foul, rough, incorrect, dirty. **2** ⟨Ind⟩ flawed: *ceramica –a* flawed pottery.

falò m. **1** bonfire: *fare un ~ di qc.* to make a bonfire of s.th. **2** (per segnalazione) beacon.

faloppa f. imperfect cocoon.

falpalà m. ⟨Mod⟩ flounce, furbelow.

falsamente avv. falsely, untruthfully. **falsare** v.t. **1** to distort, to misrepresent, to alter: ~ *un fatto* to misrepresent a fact; *il pensiero del filosofo è stato falsato* the philosopher's ideas have been distorted. **2** ⟨lett⟩ (falsificare) to counterfeit, to falsify: ~ *monete* to counterfeit coins; (rif. a documenti) to forge. □ *questo specchio falsa le immagini* this mirror distorts. **falsariga** f. (pl. **falsarighe**) **1** guide sheet of ruled paper. **2** ⟨fig⟩ (modello, esempio) pattern, model, guide, example: *seguire la ~ di qd.* to follow s.o.'s example. □ *andare sulla ~ di*

qd. to follow in s.o.'s tracks. **falsario** m. (f. **-a**) (di monete) counterfeiter, coiner; (di documenti) forger.

falsatura f. ⟨Sart⟩ (guarnizione) insertion; (per nascondere l'abbottonatura) flap (concealing buttons).

falsetto m. falsetto. □ *cantare in ~* to sing falsetto; *parlare in ~* to talk in a falsetto voice; *voce di ~* falsetto (voice).

falsificabile a. falsifiable, that may be counterfeited.

falsificare v.t. (**falsifico, falsifichi**) **1** to counterfeit, to falsify, to fake: ~ *un'opera d'arte* to fake a work of art; (rif. a documenti) to forge. **2** ⟨fig⟩ (alterare) to distort, to alter: *hanno falsificato i fatti* they have distorted the facts. □ ~ *banconote* to counterfeit bank notes; ~ *cambiali* to forge bills; ~ *una firma* to forge (o counterfeit) a signature. **falsificato** a. counterfeit, falsified, faked, forged: *banconote –e* counterfeit notes. **falsificatore** m. (f. **-trice**) falsifier, counterfeiter, forger, faker. □ ~ *di monete* counterfeiter, coiner.

falsificazione f. falsification, counterfeiting, forgery, faking: ~ *dello stato civile* falsification of legal status. □ ~ *del* **bilancio** falsification of the balance sheet, ⟨fam⟩ cooking of the books; ~ *di* **documenti** forgery of documents; ~ *di* **monete** counterfeiting, coining; ~ *di* **opere** *d'arte* faking of works of art; ~ *di* **testamento** forgery of a will.

falsità f. **1** falseness, falsity: *la ~ di una notizia* the falseness of a piece of news; *dimostrare la ~ di un documento* to prove the falsity of a document. **2** (rif. a persona: ipocrisia) falseness, duplicity, deceitfulness: ~ *d'animo* falseness of heart, false–heartedness. **3** (affermazione falsa) falsehood, lie, untruth: *non dice che ~* he tells nothing but lies.

falso I a. **1** (non vero) false, untrue: *notizie –e* false news; *un'interpretazione –a* a false interpretation. **2** (errato, erroneo) wrong(ful), false, erroneous, incorrect, mistaken: *farsi un concetto ~ di qc.* to gain the wrong idea about s.th. **3** (non autentico) false, sham, imitation: *gioielli –i* false jewels, imitation jewellery; *denti –i* false teeth. **4** (falsificato) counterfeit, forged, falsified, false, faked: *documenti –i* forged documents; *monete –e* counterfeit coins. **5** (menzognero) false, lying, untrue, deceitful, untrustworthy: *–a testimonianza* false witness. **6** (finto, simulato) false, feigned, sham, mock: *–a modestia* false modesty, mock modesty. **II** s.m. **1** untruth, falsehood: *distinguere il vero dal ~* to tell truth from falsehood. **2** ⟨Dir⟩ (reato di falsificazione) forgery. **3** (persona menzognera; f. **-a**) false (o deceitful) person. □ ~ **allarme** false alarm; *–e* **apparenze** false appearance; ⟨Dir⟩ ~ *in* **atto** *pubblico* forgery of public document; ⟨fig⟩ *far* **carte** *–e* to do ⌐everything possible⌐ (o all one can): *farebbe carte –e per ottenere quel posto* he would do anything to get that post; **chiave** *–a* false (o skeleton) key; ~ **contabile** falsification of accounts; **firma** *–a* forged signature; **giuramento** ~ perjury; **giurare** *il ~* to commit perjury; ~ **ideologico** falsification of contents of a document; *un ~* **indizio** a false clue; *–e* **lacrime** crocodile tears; **luce** *–a* bad light; *mettere qd. in –a luce* to play s.o. down, to disparage s.o.; ⟨fig⟩ *sotto –a luce* in a false light; ~ **magro** person who is not so thin as he (o she) looks; **nome** ~ false (o assumed) name; ⟨Sport⟩ *–a* **partenza** false start; **passo** ~ false step; *fare un passo ~* to put a foot wrong; ⟨fig⟩ to make a bad move; *trovarsi in una* **posizione** *–a* to find o.s. in an awkward (o a false) position; ⟨Dir⟩ **reato** *di ~* forgery; ⟨Dir⟩ **reo** *di ~* (di falso giuramento) perjurer; (di falsificazione di documenti) forger; (di falsificazione di moneta, ecc.) counterfeiter; **suono** ~ false ring (anche fig.); *le sue parole avevano un suono ~* his words rang false; **testimoniare** *il ~* to bear false witness.

fama f. **1** (voce) report, rumour, word: *la ~ delle sue gesta arrivò al paese natio* word of his deeds reached his native town. **2** (reputazione) reputation, repute, name, fame. **3** (celebrità) fame, renown, celebrity: *conquistarsi la ~* to win (o achieve) fame. □ *avere ~ di* ⌐be known⌐ (o have a reputation) as, to be held: *avere ~ di santo* to be held a saint; *ha ~ di persona retta* he is known as an honest man; *avere* **cattiva** ~ to be notorious, to have a bad reputation; *di cattiva ~* ill–reputed, ill–famed; *di* **chiara** ~

of established reputation; **conoscere** *qd. di* (o *per*) ~ to have heard of s.o.; **corre** ~ *che* it is said (o rumoured) that; *persona di* **dubbia** ~ person of doubtful reputation, dubious character; è ~ *che* it is said that; **godere** *buona* ~ to be ⌈held in high repute⌉ (o thought highly of), to have a good reputation; *un medico di gran* ~ a ⌈very famous⌉ (o renowned) doctor; ~ **mondiale** world renown; *di* ~ *mondiale* world–famous.

fame *f.* **1** hunger: *i morsi della* ~ the pangs of hunger; (*inedia*) starvation. **2** ⟨*fig*⟩ (*bramosia*) hunger, thirst: ~ *di gloria* thirst for glory; ~ *di ricchezza* hunger for riches. □ *essere* **alla** ~ to be starving (o reduced to misery); **avere** ~ to be hungry; ⟨*fam*⟩ *ho una* ~ *che non ci vedo* I am starving (o very hungry); ⟨*fam*⟩ **brutto** *come la* ~ as ugly as sin; **fare** *la* ~: **1** to go hungry; **2** (*avere la vita difficile*) to go through hard times; *non avere di che* **levarsi** *la* ~ to have nothing with which to satisfy one's hunger; ⟨*fam*⟩ **lungo** *come la* ~ very long, interminable; (*rif. a persone*) very tall and thin; ⟨*fam*⟩ *avere una* ~ *da* **lupo** to be famished, to be as hungry as a wolf; **morire** *di* ~: **1** to starve to death, to die of starvation; **2** ⟨*fig*⟩ (*avere molta fame*) to be starving; **3** ⟨*fig*⟩ (*essere in miseria*) to be in great want, to be unable to keep body and soul together; **morto** *di* ~: **1** person who has starved to death; **2** ⟨*spreg*⟩ nobody, miserable fellow, wretched creature; **patire** *la* ~ to suffer hunger, to go hungry; (*in modo assoluto*) to starve; *prendere una città* **per** ~ to starve out a city; ⟨*iperb*⟩ *non* **reggersi** *in piedi dalla* ~ to be faint with hunger; ~ *di* **sapere** thirst for knowledge; **saziare** *la* ~ to satisfy one's hunger; **sciopero** *della* ~ hunger strike; *mi fa* **venire** ~ it makes me (feel) hungry.

famedio *m.* temple of Fame, memorial chapel.

famelicamente *avv.* ravenously. **famelico** *a.* (*pl.* -ci) **1** (*affamato*) ravenous, famished, starving: *lupi* –*i* ravenous wolves. **2** ⟨*fig,poet*⟩ (*bramoso*) eager, greedy: *sguardi* –*i* eager looks.

famigerato *a.* notorious, ill–famed: *il* ~ *bandito* the notorious bandit.

famiglia *f.* **1** family (*anche estens.*): *una* ~ *di cinque persone* a family of five; *tutta la* ~ *disapprovò il suo comportamento* the whole family disapproved of his behaviour. **2** (*casata, stirpe*) family, house, lineage, stock: *discende da un'illustre* ~ he comes of a distinguished family. **3** ⟨*Zool,Bot,Chim,Ling*⟩ family. □ ~ *d'arte* family of actors, stage (o acting) family; **avere** ~ to be married; **di** ~ family–: *vizio di* ~ family failing, defect that runs in the family; *vincoli di* ~ family ties; *essere di* ~ to be (like) one of the family, to be a close friend of the family; *essere di buona* ~ to come of a good (o respectable) family; *essere di* ~ *nobile* to come of noble lineage; **farsi** *una* ~ to start a family, to set up house; *una* **festa** *in* ~ a family party; **in** ~ at home, in the (bosom of the) family; *fare in* ~ (*alla buona*) to do things informally (o in a homely way, without ceremony); *vivere in* ~ to live at home; ~ **linguistica** language family; ~ **numerosa** large family; ~ **reale** royal family; ⟨*Rel,Art*⟩ **Sacra** ~ Holy Family; ⟨*scherz*⟩ *arriva il signor Rossi con tutta la sacra* ~ here comes Mr. Rossi with all his brood (o tribe); **senza** ~ without a family, homeless; *essere senza* ~ to have no family; **tipo** ~ cheap, for family use; (*grande*) family–size: *confezione tipo* ~ family (o family–size) package; *un uomo* **tutto** ~ a family man; *la* ~ **umana** the human race, mankind; ~ *di* **vocaboli** family of words.

famiglio *m.* ⟨*ant*⟩ servant, member of a household.

familiare I *a.* **1** (*della famiglia*) family–: *vita* ~ family life. **2** (*ben noto, consueto*) familiar, well–known: *questi luoghi mi sono* –*i* these places are familiar to me, I am familiar with these places. **3** (*naturale*) natural, normal, usual, habitual: *questo tono sprezzante gli è* ~ this contemptuous tone is normal to him. **4** (*semplice, alla buona*) informal, homely, unceremonious, familiar: *un'accoglienza* ~ a homely welcome. **5** ⟨*Biol,Med*⟩ familial. **II** *s.m./f.* **1** member of a family; (*parente*) relative, relation. **2** *pl.* family; (*parenti*) relations *pl,* ⟨*fam*⟩ folks *pl*: *a Natale andrò a trovare i miei* –*i* at Christmas, I am going to see my relations (o folks). □ *essere* ~ *con qd.* to be on familiar terms with s.o., to be ⌈close to⌉ (o

intimate with) s.o.; *essere* ~ *con qc.* to be familiar (o conversant) with s.th., to have a good knowledge of s.th.; *faccende* –*i* family matters; *quella lingua gli è* ~ *come la sua* he speaks that language as fluently as his own; *linguaggio* ~ colloquial speech.

familiarità *f.* **1** (*intimità di rapporti, amicizia*) familiarity, closeness, intimacy. **2** (*confidenza*) familiarity, informality, easy–goingness: *tratta i dipendenti con* ~ he treats his employees with familiarity. □ **acquistare** ~ *con qc.* to get to know s.th. well; **avere** ~ *con qc.* to be familiar (o well acquainted) with s.th., to be ⌈at home⌉ (o well up) in s.th.: *non ho molta* ~ *con la lingua inglese* I'm not very ⌈at home⌉ (o well up) in English; *avere* ~ *con qd.* to be on familiar terms with s.o., to be close to s.o.; **entrare** *in* ~ *con qd.* to become s.o.'s close friend; ~ *di* **modi** familiar ways, easy–goingness, informality; **prendersi** *eccessiva* ~ *con qd.* to be (over)familiar with s.o., to take liberties with s.o.

familiarizzare *v.i.* (*aus.* avere) to make (good) friends, to enter upon familiar terms (*con* with), to grow close (to): *i nostri ragazzi hanno subito familiarizzato* our children made friends at once. **familiarizzarsi** *v.r.* **1** (*entrare in familiarità*) to become friendly (*con* with). **2** (*acquistare esperienza, impratichirsi*) to make o.s. familiar (*con* with), to get to know (all about), to gain a good knowledge (of): *familiarizzarsi con una lingua straniera* to gain a good knowledge of a foreign language. **familiarmente** *avv.* familiarly, informally, simply.

famoso *a.* **1** famous, well–known, renowned, celebrated: *un pittore* ~ a famous painter; (*famigerato*) notorious, ill–famed. **2** ⟨*scherz*⟩ famous: *è questo il* ~ *cane che ti hanno regalato?* is this the famous dog you have been given? □ ~ *in tutto il mondo* world–famous, world–renowned; *il suo nome è* ~ he is renowned.

famulo *m.* ⟨*lett*⟩ servant.

fanale *m.* **1** lamp. **2** ⟨*ant*⟩ (*lanterna*) lantern. **3** ⟨*Aut,Mar,Ferr*⟩ light, lamp. □ ~ *ad* **acetilene** acetylene lamp; ⟨*Ferr,Aut*⟩ ~ **anteriore** headlight, headlamp; ⟨*Aut*⟩ ~ **antinebbia** fog lamp; ⟨*Aut*⟩ ~ *di* **arresto** (rear) stop lamp, braking light; ~ *di* **bicicletta** bicycle lamp (o light); ~ *di* **coda**: **1** ⟨*Ferr,Aut*⟩ tail–light; **2** ⟨*fig*⟩ tail ender; ⟨*Aut*⟩ ~ **lampeggiatore** flasher lamp; ⟨*Mar*⟩ –*i di* **navigazione** (o *posizione*) navigation (o side, position) lights; –*i di* **porto** harbour lights; *a* –*i* **spenti** with lights off.

fanalino *m.* lamp, light. □ ~ *di* **coda**: **1** ⟨*Aut*⟩ tail–light; **2** ⟨*Aer*⟩ tail lamp; **3** ⟨*fig*⟩ tail ender. **fanalista** *m.* **1** lighthouse–keeper. **2** (*lampionaio*) lamp lighter.

fanaticamente *avv.* fanatically. **fanatico** *a./s.* (*pl.* -ci) **I** *a.* **1** fanatic(al): *un cattolico* ~ a fanatical Catholic. **2** (*fam*) (*entusiasta*) mad (*per, di* about, on), wild (about), crazy (over, on, about): *le ragazze sono fanatiche per il nuovo cantante* the girls ⌈are wild⌉ (o rave) about the new singer. **II** *s.m.* (*f.* -**a**) **1** (*persona mossa da fanatismo religioso*) fanatic. **2** (*estens*) (*entusiasta*) enthusiast, keen supporter; (*tifoso*) fan. **fanatismo** *m.* **1** fanaticism: ~ *religioso* religious fanaticism. **2** (*estens*) wild enthusiasm, mania (*per* for), keenness (on), ⟨*fam*⟩ craze (for): *il* ~ *dei giovani per lo sport* young people's keenness on sport. □ *lavorare con* ~ to work like a maniac. **fanatizzare** *v.t.* to make fanatical, to fanaticize.

fanciulla *f.* (young) girl, ⟨*poet*⟩ maid, maiden. **fanciullaggine, fanciullata** *f.* (piece of) childishness, childish behaviour: *non perdere tempo in fanciullaggini* don't waste time with this childish behaviour. **fanciullescamente** *avv.* childishly, like a child: *comportarsi* ~ to behave like a child. **fanciullesco** *a.* (*pl.* -**chi**) children's, child's, childish: *giochi fanciulleschi* children's games; *contegno* ~ childish behaviour; *ripicche fanciullesche* childish pique. **fanciullezza** *f.* childhood: *ricordi della* ~ childhood memories; (*rif. a fanciulli*) boyhood; (*rif. a fanciulle*) girlhood. **fanciullo I** *s.m.* child, little (o young) boy: *un caro* ~ a dear little boy. **II** *a.* (*agli inizi*) young, in its early stages: *arte* –*a* art still in its early stages. □ *da* ~ child–like, child's, children's: *sguardo da* ~ childish gaze; *giochi da* –*i* children's games; ⟨*fig*⟩ *eterno* ~ person who has not grown up; ~ *prodigio* infant prodigy.

fandonia *f.* (tall *o* idle) story, yarn, humbug, nonsense: *sono tutte –e* it's all humbug (*o* nonsense); *raccontare –e* to tell (tall) stories, to spin yarns.

fanello *m.* ⟨*Ornit*⟩ linnet.

fanerogame *f.pl.* ⟨*Bot*⟩ phanerogams *pl.* **fanerogamo** *a.* phanerogamic, phanerogamous: *flora –a* phanerogamic flora.

fanfaluca *f.* 1 (*ciancia, frottola*) idle talk, tall story, nonsense, yarn: *raccontare fanfaluche* to tell tall stories, to spin yarns. 2 ⟨*fig*⟩ (*sciocchezza, cosa da nulla*) trifle, mere nothing; (*capriccio*) whim, fancy.

fanfara *f.* 1 (brass)band; (*militare*) military band. 2 (*pezzo musicale*) fanfare, flourish. **fanfaronata** *f.* swaggering, bragging behaviour; (*parole*) empty boasting, bragging (talk), fanfaronade. **fanfarone** *m.* braggart, boaster, swaggerer.

fangatura *f.* mud bath: *fare le –e* to have (*o* take) mud baths. **fanghiccio** *m.,* **fanghiglia** *f.* 1 (*fango*) mire, soft (*o* wet) mud: *la strada era coperta di ~* the road was miry (*o* covered with mud). 2 ⟨*Geol*⟩ ooze, sludge, slime, slush.

fango *m.* (*pl.* **-ghi**) 1 mud, mire: *il sentiero era coperto di ~* the path was covered with mud; (*viscido*) slime. 2 ⟨*fig*⟩ (*abiezione morale*) degradation, filth: *vivere nel ~* to lead a life of degradation; *raccogliere qd. dal ~* to take s.o. out of the gutter. 3 ⟨*Geol*⟩ mud. 4 *pl.* (*fangature*) mud baths *pl:* *fare i fanghi* to take (*o* have) mud baths; *la cura dei fanghi* mud bath treatment (*o* cure); (*luogo di cura*) mud baths *pl: andare ai fanghi* to go to the mud baths. □ ⟨*fig*⟩ *gettare ~ addosso a qd.* to throw mud at s.o.; ⟨*fig*⟩ *guazzare nel ~* to wallow in mud; ⟨*Minier*⟩ *~ di perforazione* drilling mud; *scarpe sporche di ~* muddy shoes; ⟨*Geol*⟩ *~ vulcanico* volcanic mud; ⟨*Geol*⟩ **vulcano** *di ~* mud volcano.

fangosità *f.* muddiness. **fangoso** *a.* muddy, miry: *un sentiero ~* a muddy path; *scarpe –e* muddy shoes.

fangoterapia *f.* ⟨*Med*⟩ mud treatment.

fanno → fare[1].

fannullaggine *f.* idleness, laziness, loafing. **fannullone** I *s.m.* (*f.* **-a**) idler, loafer, sluggard, ⟨*fam*⟩ lazybones. II *a.* idle, lazy, sluggish, slack. □ *fare il ~* to idle (*o* lounge) about; ⟨*Stor*⟩ *re –i* sluggard Kings *pl.*

fanone *m.* 1 ⟨*Lit*⟩ fanon. 2 ⟨*Zool*⟩ whalebone, baleen.

fantaccino *m.* (*soldato di fanteria*) infantryman, foot soldier.

fantapolitica *f.* political science fiction.

fantascientifico *a.* (*pl.* **-ci**) science fiction–: *romanzo ~* science fiction novel. □ *letteratura –a* science fiction.

fantascienza *f.* science fiction: *film di ~* science fiction film.

fantasia I *s.f.* 1 (*immaginazione*) fancy, fantasy; (*inventiva*) inventiveness, inventive power, imagination: *hai troppa ~* you have too much imagination, you are too imaginative. 2 (*fantasticheria*) reverie, daydream, fancies *pl: perdersi in –e* to lose o.s. in daydreams, to waste one's time daydreaming. 3 (*capriccio*) fancy, whim, caprice: *una ~ passeggera* a passing fancy. 4 ⟨*Mus*⟩ fantasia. 5 ⟨*Mod*⟩ (*usato come attr.*) fancy: *oggetti di ~* fancy goods; (*disegno*) pattern, design: *la ~ di questo tessuto è troppo vivace* the pattern of this fabric is too bold. II *a. inv.* ⟨*Mod*⟩ fancy; (*rif. al disegno*) patterned: *tessuto ~* (boldly–)patterned material. □ **avere ~** to be (very) imaginative; *avere poca ~* to have little imagination; ⟨*Tip*⟩ **caratteri ~** fancy types; **colori ~** bright colours; *colpire la ~ di qd.* to strike s.o.'s imagination: *quel racconto colpì la sua ~* the tale struck his imagination; *lasciare libero corso alla ~* to give one's imagination free rein; ⟨*Mod*⟩ **articoli di ~** fancy goods; *frutto di ~* fruit (*o* figment) of the imagination: *i tuoi sospetti sono frutto di ~* your suspicions are mere fruit of the imagination; **gioielli ~** fancy jewellery; **povero di ~** unimaginative; **ricco di ~** full of imagination, (powerfully) imaginative; *gli è* **venuta** *la ~ di andare in America* he has taken it into his head he wants to go off to America; *i voli della ~* flights of fancy.

fantasiosamente *avv.* fancifully, imaginatively. **fanta-**

sioso *a.* 1 fanciful, imaginative, with a lively imagination: *un ragazzo ~* a boy with a lively imagination; *una narrazione –a* an imaginative tale. 2 (*estroso, bizzarro*) fanciful, strange, fantastic: *uno spettacolo ~* a fantastic sight. **fantasista** *m./f.* variety artist.

fantasma I *s.m.* 1 (*spettro*) ghost, phantom, spectre: *credere ai –i* to believe in ghosts. 2 (*prodotto della fantasia*) fancy, fantasy, phantasm, figment, illusion: *i –i di una mente malata* the figments of a disordered mind. II *a.* phantom, ghost–. □ ⟨*Med*⟩ **arto ~** phantom limb; ⟨*Tel*⟩ **circuito ~** phantom circuit; **dolore ~** phantom limb pain; ⟨*Pol*⟩ **gabinetto ~** shadow cabinet; *essere il ~ di se stesso* to be the shadow of one's former self; ⟨*Mus*⟩ *il vascello ~* The Flying Dutchman.

fantasmagoria *f.* phantasmagoria, phantasmagory. **fantasmagorico** *a.* (*pl.* **-ci**) phantasmagoric(al): *spettacolo ~* phantasmagoric sight.

fantasticamente *avv.* fantastically, fancifully. **fantasticare** *v.* (*fantastico, fantastichi*) I *v.t.* to dream up (*o* about): *che cosa vai fantasticando?* what are you dreaming about?; (*arzigogolare*) to day-dream about. II *v.i.* (*aus.* **avere**) to (day)dream, to wool-gather, to let one's imagination run away with one. **fantasticheria** *f.* reverie, daydream, fancy: *perdersi in –e* to be lost in reverie. **fantastico** *a.* (*pl.* **-ci**) 1 (*della fantasia*) imaginative: *facoltà –a* imaginative faculty. 2 (*creato dalla fantasia*) imaginary, fanciful: *un racconto ~* an imaginary tale. 3 (*irreale*) fantastic, strange: *un paesaggio ~* a fantastic landscape. 4 (*infondato*) imaginary, fancied, unreal, untrue, groundless: *una notizia –a* a groundless report. 5 ⟨*fam*⟩ (*bellissimo*) wonderful, marvellous, magnificent, ⟨*fam*⟩ tremendous, ⟨*am.fam*⟩ great: *il film è ~* the film is wonderful; *tutti gli attori sono –i* all the actors are magnificent. 6 ⟨*fam*⟩ (*eccessivo*) fantastic, incredible: *un prezzo ~* 'a fantastic' (*o* an incredibly high) price. 7 ⟨*esclam*⟩ (that's) wonderful, (that's) marvellous, splendid, ⟨*am.fam*⟩ that's great: *verrai anche tu?; ~!* will you also be coming?; that's wonderful!

fante *m.* 1 infantryman, foot soldier. 2 (*nelle carte da gioco*) jack, knave: *il ~ di cuori* the jack of hearts. **fanteria** *f.* ⟨*Mil*⟩ infantry. □ *arma di ~* infantry, foot; *~ autotrasportata* motor-transported infantry; *~ di marina* marines *pl.* **fantesca** *f.* ⟨*lett,scherz*⟩ (*domestica*) maid(servant). **fantino** *m.* jockey: *berretto da ~* jockey cap.

fantocciata *f.* 1 (*rappresentazione di burattini*) puppet show, puppet play. 2 ⟨*fig,spreg*⟩ puppet-like (*o* childish) action. **fantoccio** I *s.m.* 1 (*pupazzo*) puppet; (*marionetta*) marionette; (*bambola*) doll: *un ~ di stracci* a ragdoll. 2 ⟨*fig*⟩ (*persona inetta*) puppet. II *a.* puppet–: *governo ~* puppet government.

fantolino *m.* ⟨*ant,poet*⟩ (*bambino*) baby, child.

fantomatico *a.* (*pl.* **-ci**) 1 (*immaginario, irreale*) phantom, imaginary, ghostly. 2 (*inafferrabile*) elusive, mysterious, uncatchable: *un ladro ~* an elusive thief.

FAO = *Organizzazione delle Nazioni Unite per l'Alimentazione e l'Agricoltura* Food and Agriculture Organization of the United Nations (*abbr.* FAO, F.A.O.).

farabutto *m.* (*f.* **-a**) rascal, scoundrel, rogue; (*imbroglione*) swindler, trickster, cheat, ⟨*fam*⟩ crook.

farad *m.* ⟨*El*⟩ farad. **faradico** *a.* (*pl.* **-ci**) farad(a)ic: *corrente –a* faradic current. **faradizzazione** *f.* faradization.

faraglione *m.* ⟨*Geol*⟩ faraglione (isolated crag in the sea).

farandola *f.* (*danza*) farandole, farandola.

faraona *f.* guinea fowl, guinea hen. **faraone** *m.* 1 ⟨*Stor*⟩ Pharaoh. 2 (*gioco d'azzardo*) faro. **faraonico** *a.* (*pl.* **-ci**) Pharaonic, of the Pharaohs: *l'età –a* the age of the Pharaohs.

farcia *f.* (*pl.* **-ce**) ⟨*Gastr*⟩ stuffing. **farcire** *v.t.* (**farcisco**, **farcisci**) to stuff: *~ un pollo di carne tritata* to stuff a chicken with minced meat.

fardello *m.* 1 bundle, package. 2 ⟨*fig*⟩ load, burden: *un pesante ~ di dolori* a heavy burden of cares. □ ⟨*fig*⟩ *far ~* to pack one's bags (and go).

fare[1] *v.* (*pr.ind.* **faccio, fai, fa, facciamo, fate, fanno;** *impf.*

faceyo; *p.rem.* fęci, facęsti, fęce, facęmmo, facęste, fęcero; *fut.* farò; *pr.cong.* faccia; *impf.cong.* facęssi; *imperat.* fa/fa'/fai, fąte; *ger.* facęndo; *p.pr.* facęnte; *p.p.* fatto) **I** *v.t.* **1** to do, to make: *cosa posso ~ per te?* what can I do for you?; *~ testamento* to make a will; *che vuoi ~ con il cacciavite?* what do you want to do with the screw-driver? **2** (*creare*) to make, to create: *Dio fece il mondo* God made (*o* created) the world. **3** (*costruire: rif. a edifici*) to build, to put up: *stanno facendo una scuola* they are building a school; (*rif. a mobili, oggetti e sim.*) to make. **4** (*confezionare*) to make, to sew: *~ una camicia* to make a shirt. **5** (*preparare, cucinare*) to make, to cook: *~ la minestra* to make the soup. **6** (*scrivere*) to write: *ci farò sopra un articolo* I shall write an article about it. **7** (*tenere*) to make, to hold: *~ un discorso* to make (*o* hold) a speech. **8** (*partorire*) to have, to bear: *la gatta ha fatto quattro gattini* the cat has had four kittens. **9** (*produrre*) to make, to produce: *la notizia ha fatto molta impressione* the news made a great impression; *spesso si traduce con il verbo appropriato*: *far piacere a qd.* to please s.o.; *far paura a qd.* to frighten s.o. **10** (*raccogliere*) to gather, to make, to get: *~ legna* to get (*o* gather) wood; *~ fieno* to make hay. **11** (*esercitare una professione: rif. alla persona*) to be: *da grande farò il medico* when I grow up I shall be a doctor; *~ l'avvocato* to be a lawyer. **12** (*praticare un'attività*) to go in for, to do, to engage in: *i miei figli fanno molto sport* my children go in for a lot of sport; *ogni mattina faccio un po' di ginnastica* every morning I do a few exercises. **13** (*assumere un atteggiamento, comportarsi*) to act, to play: *non ~ lo stupido* don't act (*o* play) the fool. **14** (*fingersi*) to act, to make o.s. out to be, to pretend: *fa lo stupido* he is pretending to be silly. **15** (*imitare*) to make, to imitate, to give: *~ il verso del gallo* to make (*o* give) the crow of the cock. **16** (*eleggere, nominare*) to make, to appoint: *lo fecero sindaco* they made him mayor. **17** (*rendere*) to make: *questa notizia mi ha fatto felice* this news has made me happy. **18** (*fam*) (*rassettare*) to, make: *~ il letto* to make the bed; (*rigovernare*) to do: *~ i piatti* to do the dishes. **19** (*avere, possedere*) to have: *questo paese fa cinquecento abitanti* this village has five hundred inhabitants. **20** (*dare come risultato*) to make, to be: *tre per tre fa nove* three times three makes (*o* is) nine; (*ammontare*) to come (*o* add up) to, to be: *quanto fa?* how much does it come to? **21** (*fare pagare*) to charge, to ask for: *quanto le fa queste pere?* how much do you charge (*o* are you asking) for these pears? **22** (*segnare*) to say, to show: *il mio orologio fa le cinque e venti* my watch says twenty past five; *il termometro fa venti gradi* the thermometer shows twenty degrees. **23** (*percorrere*) to do: *ho fatto dieci chilometri a piedi* I did ten kilometres on foot. **24** (*passare, trascorrere*) to spend: *farò le vacanze al mare* I am going to spend my holidays at the seaside; *ha fatto quattro anni di carcere* he has spent (*o* done) four years in prison. **25** (*compiere: rif. a età*) to be: *il bambino farà due anni a marzo* the baby will be two in March. **26** (*dire*) to say: *appena mi vide mi fece:* «*sei arrivato finalmente*» as soon as he saw me he said: "at last you've come"; *~ il nome di qd.* to say s.o.'s name. **27** (*adempiere*) to do, to perform: *~ il proprio dovere* to do one's duty; *~ un piacere a qd.* to do s.o. a favour. **28** (*percorrere*) to go (along), to travel: *facciamo la stessa strada* we go the same way; (*salire*) to climb, to go: *~ le scale* to go upstairs, to climb the stairs. **29** (*credere, pensare*) to think, to consider: *ti facevo più furbo* I thought you were more clever. **30** (*ordinare*) to make, to order, to get: *falli stare calmi* make them keep quiet. **31** ⟨*Teat*⟩ (*rappresentare*) to be on, to do, to play: *stasera a teatro fanno l'Amleto* ⌐Hamlet is on⌐ (*o* they are doing Hamlet) at the theatre tonight; ⟨*Cin*⟩ to be on, to show, to do: *cosa fanno al cinema?* what's on at the cinema?; (*fare la parte*) to play (the part of), to do: *l'attore più giovane fa il figlio* the youngest actor plays the son. **II** *v.i.* (*aus.* essere) **1** to do, to make: *fa come se fossi a casa tua* do as you would in your own house, make yourself at home; (*lavorare*) to do; *ho molto da ~* I have a lot to do. **2** (*decidere, regolarsi*) to decide, to do: *non so, fa' tu* I don't know, you decide; *fai come credi* do (*o* act) as you

think best. **3** (*agire: rif. a medicine e sim.*) to do, to act: *questa medicina mi fa bene* this medicine does me good; *~ da calmante* to act as a sedative. **4** (*potere, permettersi*) to be able: *come fai a dire certe cose?* how can you say such things? **5** (*convenire, essere adatto*) to be (suitable, right) (*per* for), to suit (s.o.): *questo lavoro non fa per me* this job is not for me, this job does not suit me. **6** (*nelle determinazioni temporali*) to be, to make: *fanno tre mesi oggi da che sono arrivato in Italia* it is three months today since I arrived in Italy. **7** (*seguito dall'inf. con valore causativo: se l'azione è voluta dal soggetto agente*) to have, to get: *mi farò ~ un vestito nuovo* I am going to have (*o* get) a new dress made; *ho fatto scrivere la lettera da Maria* I got Mary to write the letter, I had the letter written by Mary; (*se l'azione non è voluta dal soggetto*) to make, to get: *mi fai ridere* you make me laugh; *far parlare di sé* to get s.o. talked about. **III** *v.i.impers.* to be: *oggi fa freddo* it is cold today; (*diventare*) to get, to grow: *in inverno fa buio presto* in winter it gets dark early. **farsi** *v.r.* **1** (*diventare*) to grow, to get, to become: *come ti sei fatto grande* how big you have grown (*o* got); (*in modo improvviso*) to turn, to go: *farsi rosso in viso* to turn (*o* go) red. **2** (*procurarsi*) to get, to acquire: *farsi una grande clientela* to get a large clientele; ⟨*fam*⟩ *si è fatto la ragazza* he has got (himself) a girl(friend); (*comprarsi*) to buy, to get: *mi son fatto la macchina* I've bought a car; *si è fatto la casa in campagna* he has bought (himself) a house in the country. **3** (*rif. al tempo*) to get, to grow: *andiamo, si è fatto tardi* let's go, it has got⌐ (*o* is) late; *si è fatto giorno* it has got light. **4** (*seguito dall'inf.*) to make o.s.: *farsi leggere qc.* to have s.th. read to one; *farsi capire* to make o.s. understood; *si fa voler bene dagli insegnanti* he makes himself popular with the teachers; (*combinare, fare in modo che*) to get (*o* have) o.s.: *farsi invitare* to get o.s. invited; *farsi annunciare* to have o.s. announced. □ *~ a chi corre di più* to run a race, to see who comes first; *farsi a* (*affacciarsi: per mostrarsi*) to appear at, to come to; (*accostarsi per guardare*) to go and look out of: *si fece alla finestra* he went over to the window; ⟨*fam*⟩ *farsela addosso* to wet o.s., to do it in one's pants (*o* knickers); *avere altro da ~* to have better things to do; *non ~* (*altro*) *che* to do nothing but: *non fa altro che parlare* he does nothing but talk; *farsi degli amici* to make friends; *~ amicizia con qd.* to make friends with s.o.; *~ aspettare qd.* to keep s.o. waiting; *~ attenzione* to pay attention, to be careful; *farsi avanti* to step (*o* come) forward; ⟨*fig*⟩ to get ahead; *avere a che ~ con qd.* to have dealings (*o* s.th. to do) with s.o.: *ha avuto a che ~ con la polizia* he has had dealings with the police; *non avere nulla a che ~ con qc.* to have nothing to do with s.th., not to come into it; *~ avere* to let have, to send: *ti farò avere una copia del libro* I will let you have a copy of the book; *~* (*o farsi*) *la barba* to shave; *~ bene* to do good, to be good for: *la villeggiatura gli ha fatto bene* the holiday has done him good; *hai fatto bene a venire* you were right to come; *crede di ~ bene* he thinks he is doing the right thing; *~ del bene a qd.* to do s.o. good; *~ bere i cavalli* to water the horses; *non mi fa né caldo né freddo* it's all the same to me; *~ capire*: 1 to give to understand: *mi ha fatto capire che sarebbe venuto* he gave me to understand that he would come; 2 (*spiegare*) to explain; *~ che* [*cong*] to make, to get, to see that: *fa' che venga* get him to come; *fa' che esca* make him go out; *fa' che non esca* don't let him go out; *come ~?* what is to be done?, what can we do?; *come faccio a saperlo?* how should I know?; **comincia** *a ~ freddo* it's getting cold; *~ i compiti* to do one's homework; *farsi* **coraggio** to take heart; *~* **da**: 1 (*fare le funzioni*) to be (like): *gli ha fatto da padre* he was (like) a father to him; 2 (*lavorare da*) to act as: *fare da segretaria* to act as secretary; 3 (*servire da*) to serve as (*o* for): *la giacca ripiegata gli faceva da cuscino* his folded jacket served as his pillow; *non sono cose da farsi* you shouldn't do this sort of thing; **dare** *da ~ a qd.* to busy s.o., to keep s.o. busy; *darsi da ~* to busy (*o* bestir) o.s., to get busy; **detto** *fatto* no sooner said than done; *farsi in* **disparte** to stand aside; *~* **disperare** *qd.* to drive s.o. to despair; *farsi un* **dovere** *di qc.* to consider it one's duty, to take it upon o.s.: *si fece un dovere di telefonarmi* he took it upon himself to telephone me; **ecco** *fatto* there we (*o* you) are, that's that; ~ **entrare** (*permettere*) to let in; (*accompagnare*) to show in; ~ *un* **errore** to make a mistake; *farla* **finita** *con qc.* to have done with s.th.; *farla finita con la vita* to put an end to one's life; ⟨*fam*⟩ *fa* **fino** (*è elegante*) it is smart, it's the fashion (*o* thing); *farla* **franca** to get away with s.th. (*o* it); *far* **funzionare** to start (up), to put into operation, to make work; *facente* **funzioni** acting: *il facente funzioni di sindaco* the acting mayor; ~ *la* **guerra** to make war; *farsi* **in** *là* to step to one side; *farsi* **incontro** *a qd.* to go forward to greet s.o.; ~ **inquietare** *qd.* to worry (*o* upset, trouble) s.o., to get s.o. worked up; **lasciar** ~ *a qd.* to let s.o. do s.th., to leave a matter ⌐in s.o.'s hands⌐ (*o* to s.o.): *lascia* ~ *a me* leave it to me; ~ **male**: 1 (*dolere*) to hurt, to be painful, to ache: *il dente mi fa male* my tooth aches; 2 (*nuocere*) to be bad for: *mangiare troppo fa male* overeating is bad for you; 3 (*agire male*) to be wrong: *hai fatto male a non venire* you were wrong not to come; ~ *del male a qd.* to harm (*o* hurt) s.o.; *farsi le* **mani** (*curarle*) to do one's nails; *farsi* ~ *le* **mani** to have one's hands done; ~ *del proprio* **meglio** to do one's best, to use one's best efforts; *faresti meglio a studiare* you would do better to study, you'd better study; ~ **nascere** (*suscitare*) to cause, to bring about; (*destare*) to arouse, to awaken, to give rise to; **niente** *da* ~ it's no good (*o* use), ⟨*fam*⟩ nothing doing; *non fa* **nulla** (*non importa*) it doesn't matter, never mind; *non* ~ *nulla tutto il giorno* (*stare ozioso*) to ⌐do nothing⌐ (*o* idle about) all day; ~ **osservare** *qc. a qd.* to draw s.o.'s attention to s.th., to point s.th. out to s.o.; ~ **passare**: 1 (*fare attraversare*) to let through; 2 (*far venire avanti*) to allow to come to the front; 3 (*fare entrare*) to let in; ~ **per** to make ⌐as if⌐ (*o* a move) to, to be ⌐about to⌐ (*o* on the point of): *fece per andarsene* he made as if to go away, he was about to leave; *si fa per scherzare* it's only a joke; *non fo per vantarmi* it's not that I'm bragging, I don't want to boast; *non fo per dire* I don't want to say anything, I shouldn't say so; *questo non fa per voi* this is not for you; *non* **posso** *farci nulla* I cannot do anything about it; *far* **presente** *qc. a qd.* to point s.th. out to s.o., to remind s.o. of s.th.; *fai* **presto** be quick, hurry up; ~ *un* **quadro** to paint a picture; **saperci** ~ : 1 (*essere in gamba*) to be a clever (*o* an able) person; 2 (*con le donne*) to be a lady-killer; *far sapere qc. a qd.* to let s.o. know s.th.; ~ **senza** *di qc.* (*o qd.*) to do (*o* manage) without s.th. (*o* s.o.): *se non troveremo una guida, faremo senza* if we don't find a guide, we shall do without one; ~ **sì** *che* [*cong*] to have, to get, to work things in such a way that: *il maestro fece sì che l'alunno fosse espulso* the teacher had the pupil expelled; *farla* **sporca** to do the dirty; **strada** *facendo* on the way, going along; ~ **tacere** *qd.* to make s.o. keep quiet, ⟨*fam*⟩ to shut s.o.'s mouth; ~ *di* **tutto** to do everything possible; ~ **valere** *un diritto* to enforce a right; ~ **vedere** *qc. a qd.* to show s.o. s.th.; ⟨*fam*⟩ *gli farò vedere io* I'll show him; *fammi vedere* let me see; ~ **venire** *qd.* to get s.o. to come; (*permettere*) to let s.o. come. *Prov.*: ~ *e disfare è tutt'un lavorare* it's all go, it's a hard life; *chi la fa l'aspetti* you will get as good as you gave; *chi fa da sé fa per tre* if you want something done, do it yourself; *non* ~ *agli altri ciò che non vorresti fosse fatto a te* do as you would be done by; *tutto fa brodo* every little helps; *chi non sa* ~ *non sa comandare* a bad worker is a bad master. ‖ *farcela* (*riuscire*) to be able (to do it), to do, to succeed, to manage, ⟨*fam*⟩ to make it; *non ce la faccio* I can't (do it); (*non resisto più*) I cannot go on; *non ce la faccio per le sei* I can't make it by six; *farla a qd.* to take s.o. in: *quel briccone me l'ha fatta* that scoundrel took me in; *permette? - faccia pure* may I? - please do; *faccia Lei* you decide, I'll leave it to you; *quanto Le devo? - faccia Lei* how much do I owe you? - I'll leave it to you; *faccia, faccia* (*espressione di cortesia*) please do, ⟨*fam*⟩ go (right) ahead; *chi me lo fa* ~? why do I do it?, what do I do it for?; *farsela con qd.* to go (*o* mix, be in) with s.o.: *farsela con una ragazza* to ⌐have an affair⌐ (*o* be going) with a girl; *farsene* to do with: *che me ne faccio?* what am I going to do with it?; *di quell'affare, non se ne farà più nulla*

nothing more is being done about that matter; *una ne fa e mille ne pensa* he's always thinking new things up; *fa* (*in determinazioni temporali*) ago: *due mesi fa* two months ago; *poco tempo fa* a short time ago.

fare[2] *m.* manner, way: *ha un* ~ *che non mi piace* he has a manner I do not like. □ *il dolce far niente* pleasant idleness; *sul far del giorno* at daybreak (*o* dawn); *sul far della notte* at nightfall.

faretra *f.* quiver.

farfalla *f.* **1** butterfly; (*falena*) moth. **2** ⟨*fig*⟩ (*persona volubile*) fickle (*o* flighty, inconstant) person, flibbertigibbet. **3** ⟨*fig,scherz*⟩ (*biglietto sgradito*) unwelcome paper (*o* note, document). **4** ⟨*fig,scherz*⟩ (*biglietto clandestino tra carcerati*) secret note (between prisoners). **5** (*cravatta a farfalla*) bow tie. **6** ⟨*Mecc*⟩ (*valvola a farfalla*) throttle (valve); (*nelle stufe e sim.*) butterfly (valve). **7** ⟨*Sport*⟩ butterfly (stroke), butterfly breaststroke. **farfallina** *f.* ⟨*fig*⟩ (*ragazza leggera*) flighty girl, butterfly. **farfallino** *m.* **1** (*persona vana, leggera*) butterfly, flibbertigibbet. **2** (*cravatta a farfalla*) bow tie. **farfallista** *m./f.* ⟨*Sport*⟩ butterfly stroke swimmer. **farfallone** *m.* (*zerbinotto*) dandy, fop; (*vagheggino*) philanderer.

farfara *f.* ⟨*Bot*⟩ coltsfoot. **farfaraccio** *m.* ⟨*Bot*⟩ butterbur, flea dock.

farfugliare *v.t./i.* (**farfuglio, farfugli**; *aus.* **avere**) to mumble, to mutter: ~ *parole incomprensibili* to mumble incomprehensible words. **farfuglione** *m.* (*f.* **-a**) mumbler, mutterer.

farina *f.* flour; (*integrale*) meal. □ *d'*avena oatmeal; ~ **bianca** white flour; ~ *di* **castagne** chestnut flour; **fior** *di* ~ finest white flour; ⟨*Geol*⟩ ~ **fossile** fossil flour; ~ *di* **frumento** wheat flour; ~ **gialla** corn (*o* Indian) meal; ~ **integrale** (whole)meal; ~ **lattea** malted milk; ~ *di* **patate** potato flour (*o* starch); ~ *di* **riso** rice meal, ground rice; ⟨*fig*⟩ *non è* ~ *del suo* **sacco** it is not his own work; ~ *di* **segale** rye flour. *Prov.*: *la* ~ *del diavolo va tutta in crusca* ill-gotten gains do not bring prosperity.

farinaceo I *a.* floury, farinaceous: *sostanze* –*e* floury substances. **II** *s.m.pl.* starchy (*o* farinaceous) foods *pl*, starches *pl*: *la dieta esclude i* –*i* the diet excludes starchy foods.

faringe *f./m.* ⟨*Anat*⟩ pharynx. **faringeo** (*o faringeo*) *a.* pharyng(e)al: *arteria* –*a* pharyngeal artery. **faringite** *f.* ⟨*Med*⟩ pharyngitis. **faringoscopia** *f.* ⟨*Med*⟩ pharyngoscopy.

farinoso *a.* floury, mealy. □ *neve* –*a* powdery snow.

farisaicamente *avv.* ⟨*lett*⟩ hypocritically, pharisaically. **farisaico** *a.* (*pl.* **-ci**) ⟨*lett*⟩ **1** (*dei farisei*) Pharisaic, Pharisean: *la setta* –*a* the Pharisaic sect. **2** ⟨*fig*⟩ hypocritical, pharisaic(al): *comportamento* ~ hypocritical behaviour. **fariseismo** *m.* **1** Pharisaism, Phariseeism. **2** ⟨*fig*⟩ (*atteggiamento ipocrita*) hypocrisy, Pharisaism. **fariseo** *m.* (*f.* **-a**) **1** ⟨*Rel*⟩ Pharisee. **2** ⟨*fig*⟩ (*ipocrita*) hypocrite, pharisee.

farmaceutico *a.* (*pl.* **-ci**) pharmaceutical, drug-. □ *chimica* –*a* pharmaceutical chemistry; *industria* –*a* pharmaceutical industry; *preparati* –*i* pharmaceutical preparations, pharmaceuticals *pl*; *prodotti* –*i* pharmaceutical products, drugs *pl*.

farmacia *f.* **1** (*arte*) pharmacy. **2** (*negozio*) chemist's (shop), ⟨*am*⟩ drugstore, ⟨*am*⟩ pharmacy. □ ~ **comunale** municipal pharmacy; **facoltà** *di* ~ faculty of pharmacy; ~ **notturna** chemist's open at night, ⟨*am*⟩ all-night drugstore; –*e di* **turno** chemists' shops (whose turn is to stay) open on a holiday; *da* **vendersi** *solo in* ~ prescription-.

farmacista *m./f.* chemist, ⟨*am*⟩ druggist, ⟨*am*⟩ pharmacist.

farmaco *m.* (*pl.* **-ci/-chi**) **1** drug, medicine. **2** ⟨*fig*⟩ (*rimedio*) cure, remedy, medicine: *il vino è un ottimo* ~ *contro la tristezza* wine is an excellent cure for sadness. □ *il tempo è un ottimo* ~ *contro il dolore* time is a great healer.

farmaco|cinetica *f.* ⟨*Med*⟩ pharmacokinetics *pl* (*costr. sing.*). **~cinetico** *a.* (*pl.* **-ci**) pharmacokinetic. **~dinamica** *f.* pharmacodynamics *pl* (*costr. sing.*).

~dipendente *a./s.m./f.* drug dependent. **~dipendenza** *f.* drug dependence.

farmacologia *f.* pharmacology. **farmacologico** *a.* (*pl.* -ci) pharmacological. **farmacologo** *m.* (*pl.* -gi) pharmacologist. **farmacopea** *f.* pharmacop(o)eia. **farma-coterapia** *f.* ⟨*Med*⟩ pharmacotherapeutics *pl* (*costr. sing. o pl.*), pharmacologic therapy.

farneticare *v.i.* (farnetico, farnetichi; *aus.* avere) **1** to rave, to be delirious: *il malato farneticava per la febbre* the sick man was raving with fever. **2** ⟨*fig*⟩ to rave, to talk wildly (*o* nonsense). **farneticamento** *m.* raving, delirium. **farneticazione** *f.* raving, delirious (*o* irrational) speech.

faro *m.* **1** (*torre*) lighthouse; (*fanale*) light, beacon. **2** ⟨*fig*⟩ beacon: *Atene fu ~ di civiltà* Athens was the beacon of civilization. **3** ⟨*Aut*⟩ headlight, headlamp. **4** ⟨*Aer*⟩ beacon, light. □ ⟨*Aut*⟩ ~ **abbagliante** headlights (*o* high) beam, ⟨*am*⟩ brights *pl*; ⟨*Aut*⟩ -i **alogeni** halogen lights; ~ **anabbagliante** (*o antiabbagliante*) dipped headlight (*o* headlamp), ⟨*am*⟩ low beam; ~ **antinebbia** fog light (*o* lamp); ⟨*Aer*⟩ ~ **d'atterraggio** landing light; -i **fendinebbia** fog lights (*o* lamps); ⟨*Mar*⟩ ~ **galleggiante** lightship, light-vessel, floating beacon; ⟨*Aut*⟩ -i *allo* **iodio** iodine lights; -i **posteriori** *antinebbia* rear fog-lights; ⟨*Aer*⟩ -i *di* **rotta** airway beacons.

farò → **fare**[1].

farragine *f.* muddle, jumble, medley, farrago: *una ~ di carte* a jumble of papers; *una ~ di parole* a farrago of words. **farraginoso** *a.* muddled, jumbled, farraginous: *un articolo ~* a muddled article.

farro *m.* ⟨*Bot*⟩ spelt.

farsa *f.* ⟨*Lett*⟩ farce (*anche fig.*): *smettila con questa ~* stop this farce; *la cerimonia si ridusse a una ~* the ceremony degenerated into a farce.

Farsalo *N.pr.f.* ⟨*Geog.stor*⟩ Pharsalus.

farsesco *a.* (*pl.* -chi) **1** of a farce: *rappresentazione –a* performance of a farce. **2** ⟨*fig*⟩ farcical: *una situazione –a* a farcical situation.

farsetto *m.* **1** ⟨*Stor*⟩ doublet. **2** ⟨*Mil,Mar*⟩ (*anche farsetto a maglia*) sweater.

fascera *f.* ⟨*Alim*⟩ mould for making cheese.

fascetta *f.* **1** (*per spedire stampe, per banconote*) wrapper; (*del sigaro*) band. **2** (*anello di metallo*) ring, band; (*del fucile*) hoop. **3** (*busto*) girdle. □ ~ *editoriale* (*o .pubblicitaria*) publisher's blurb (*o* band).

fascia *f.* (*pl.* -ce) **1** (*striscia di stoffa*) band, strip; (*per fasciature*) bandage; (*per bambini*) swaddling clothes (*o* bands) *pl*, swathing bands *pl*; (*di cuoio*) strap. **2** (*fusciacca*) sash: *la ~ tricolore del sindaco* the mayor's tricolour sash; *una ~ bianca le cingeva la vita* she wore a white sash round her waist; (*intorno al capo*) fillet. **3** (*striscia di carta*) wrapper, (paper) band. **4** (*zona di territorio*) strip, belt: ~ *costiera* coastal strip. **5** ⟨*Mecc*⟩ band; (*anello*) ring. **6** ⟨*Arald*⟩ fess(e). **7** ⟨*Anat,Arch*⟩ fascia. □ ⟨*Anat*⟩ ~ **dentata** (dentate) fascia; ~ **elastica:** 1 ⟨*Med*⟩ elastic bandage; 2 ⟨*Mod*⟩ elastic belt, roll-on; 3 ⟨*Mot*⟩ piston ring; ⟨*Geog*⟩ ~ **equatoriale** equatorial belt (*o* zone); ⟨*Med*⟩ ~ *di* **garza** gauze bandage; ⟨*Med*⟩ ~ **gessata** plaster (*o* chalk) bandage; *in fasce* in swaddling clothes; *bambino in fasce* (*molto piccolo*) babe–in–arms, small baby; ⟨*Anat*⟩ ~ **muscolare** fascia, aponeurosis; ⟨*Arch*⟩ ~ **ornamentale** moulding; ⟨*fig*⟩ *sin dalle fasce* since infancy.

fasciame *m.* ⟨*Mar*⟩ (*in metallo*) plating; (*in legno*) planking. **fasciare** *v.t.* (fascio, fasci) (*rif. a ferite*) to bandage, to dress: ~ *una ferita* to bandage a wound; ~ *una caviglia distorta* to bandage a sprained ankle; (*rif. a bambini*) to wrap, to swathe, to swaddle. □ *l'abito le fasciava il corpo* she wore a close–fitting dress. *Prov.*: *non bisogna fasciarsi il capo prima di romperselo* cross your bridges when you come to them. **fasciatoio** *m.* dressing table, dresser. **fasciatura** *f.* **1** bandaging, dressing, binding. **2** ⟨*concr*⟩ bandage, dressing, bandaging: ~ *lenta* loose bandaging; ~ *di emergenza* emergency bandage.

fascicolo *m.* **1** (*opuscolo*) pamphlet, booklet. **2** (*numero di riviste e sim.*) issue, number: *il primo ~ è già in vendita* the first issue is already on sale; (*dispensa*) instalment. **3**

⟨*burocr*⟩ (*incartamento*) file. **4** ⟨*Anat*⟩ fasciculus, bundle.

fascina *f.* fag(g)ot; (*per opere di fortificazione e riparo*) fascine. **fascinaia** *f.* woodpile, woodstore. **fascinare** *v.i.* (fascino; *aus.* avere) (*fare fascine*) to make faggots. **fascinata** *f.* mattress.

fascino *m.* **1** fascination, charm, glamour: *una donna ricca di ~* a woman full of fascination. **2** ⟨*fig*⟩ (*allettamento*) fascination, glamour, attraction, lure: *il ~ dell'avventura* the fascination of adventure. **3** (*lett*) (*malia, stregoneria*) spell, charm. □ *avere ~* to be fascinating (*o* glamorous); *esercitare un ~ su qd.* to fascinate (*o* charm) s.o.; *subire il ~ di qd.* to be fascinated by s.o. **fascinoso** *a.* fascinating, enchanting, charming, bewitching (*anche fig.*): *sguardo ~* bewitching look.

fascio *m.* **1** bundle, bunch, sheaf: *un ~ d'erba* a bundle of grass; *un ~ di spighe* a sheaf of corn; *un ~ di rose rosse* a bunch of red roses. **2** (*estens*) (*mucchio*) bundle, sheaf: *un ~ di carte* a bundle of papers. **3** ⟨*Stor.rom*⟩ fasces *pl* (*costr. sing*). **4** ⟨*Fasc*⟩ (*simbolo*) fasces *pl* (*costr. sing.*); (*partito fascista*) Fascist Party: *essere iscritto al ~* to be a member of the Fascist Party; (*casa del fascio*) local Fascist branch (*o* headquarters). **5** ⟨*Bot*⟩ bundle: ~ **vascolare** vascular bundle. **6** ⟨*Anat*⟩ fasciculus, bundle: ~ *di nervi* nerve bundle; ~ **muscolare** muscular fasciculus, muscle bundle. **7** ⟨*Geom*⟩ sheaf: ~ *di rette* sheaf of straight lines; ~ *di piani* sheaf of planes. □ *a fasci* in bundles; ⟨*El*⟩ ~ *di* **cavi** loom, bundle (*o* group, cluster) of cables; ⟨*Stor*⟩ *Fasci di* **combattimento** militant Fascist groups; ⟨*Fis*⟩ ~ **elettronico** electron beam (*o* ray, stream); ⟨*fig*⟩ **fare** ⌜*tutt'un*⌝ (*o di ogni erba un*) ~ to throw (*o* lump) things together; ⟨*Geom*⟩ ~ *di* **linee** sheaf of lines; ⟨*Stor.rom,Fasc*⟩ ~ **littorio** (lictor's) fasces; ⟨*Fis*⟩ ~ **luminoso** beam, pencil of light; **raccogliere** *in un* ~ to make a bundle of; ~ *di* **raggi** beam (*o* bundle, pencil) of rays; ⟨*Fis*⟩ ~ *di raggi* X X–ray beam.

fascismo *m.* ⟨*Pol*⟩ Fascism. **fascista I** *s.m./f.* Fascist. **II** *a.* Fascist: *governo ~* Fascist government. □ *il ventennio ~* the twenty years of Fascism.

fase *f.* **1** phase, stage, period: *la nuova ~ della malattia* the new phase of the illness; *le varie –i della battaglia* the various phases of the battle; ~ *critica* critical stage. **2** ⟨*Sport*⟩ round: *la prima ~ del campionato* the first round of the championship. **3** ⟨*Astr,El,Fis,Mot*⟩ phase: ⟨*Fis*⟩ *concordanza di ~* phase coincidence; *le –i lunari* the phases of the moon; ⟨*Mot*⟩ *motore a tre –i* three–phase motor; (*rif. a motore a scoppio*) stroke. **4** ⟨*Chim*⟩ phase, state of aggregation. □ ⟨*Mot*⟩ ~ *di* **aspirazione** inlet stroke; ⟨*Fis*⟩ **cambiamento** *di* ~ change of phase; ⟨*Mot*⟩ ~ *di* **compressione** compression stroke; ⟨*El*⟩ **differenza** (*o* *discordanza*) *di* ~ phase difference; ⟨*Mot,El*⟩ **essere fuori** ~ to be out of phase; ⟨*fig*⟩ to be out of form (*o* sorts); ~ *di* **lavorazione** working cycle, cycle of operations; ⟨*Mot*⟩ **mettere** *in* ~ to time; ⟨*Fis*⟩ **ritardo** *di* ~ phase delay (*o* lag, retardation); ⟨*Mecc*⟩ ~ *di* **scarico** exhaust (*o* scavenging) stroke.

fasianidi *m.pl.* ⟨*Ornit*⟩ phasianids *pl.*

fasmidi *m.pl.* ⟨*Entom*⟩ phasmids *pl.*

fasometro *m.* ⟨*El*⟩ phasemeter, phase indicator.

fastello *m.* (large) bundle, sheaf, bunch: *un ~ di fieno* a large sheaf of hay; (*di legna*) faggot.

fasti *m.pl.* **1** ⟨*Stor.rom*⟩ (*giorni e calendario*) fasti *pl*; (*liste*) lists *pl.* **2** ⟨*fig*⟩ (*memorie gloriose*) annals *pl*, memorials *pl*: *i –i della nazione* the annals of the nation. □ *i –i e i nefasti* the glorious and inglorious events.

fastidio *m.* **1** (*molestia*) annoyance, vexation, trouble. **2** (*noia, tedio*) boredom, weariness, tiredness, tediousness. **3** (*cosa fastidiosa*) annoyance, bother, vexation, nuisance: *i fastidi della vita in città* the (trials and) tribulations of town life; (*scomodità*) inconvenience. □ *dare* (*o recare*) ~ *a qd.*: 1 (*rif. a persone*) to annoy (*o* bother, irritate) s.o.: *dare ~ a una ragazza* to annoy a girl; 2 (*rif. a cose*) to trouble (*o* bother, upset) s.o.; *Le dà ~ il fumo?* do you mind if I smoke?; *dare dei fastidi a qd.* to give s.o. trouble, to cause s.o. worry; *provare ~ per qc.* to be annoyed (*o* irritated, put out) by s.th. **fastidiosamente** *avv.* troublesomely. **fastidioso** *a.* **1** (*seccante*) annoying, irritating, troublesome, vexing: *mosche –e* irritating flies;

(*noioso*) tiresome, troublesome: *come sei ~ con queste continue domande* ⌈how tiresome⌉ (*o* what a nuisance) you are with these continual questions. **2** (*irritabile*) irritable, touchy: *carattere ~* irritable character. **3** ⟨*lett*⟩ (*incontentabile, schifiltoso*) finicky, fussy, fastidious.

fastigiato *a.* ⟨*Bot*⟩ fastigiate. **fastigio** *m.* **1** ⟨*Arch*⟩ pediment, fastigium. **2** ⟨*fig*⟩ (*culmine*) peak, apex, height, summit: *giungere ai fastigi della gloria* to reach the heights of glory.

fasto[1] *m.* (*only in sing.*) pomp, splendour, magnificence: *il ~ della corte* the pomp of the court.

fasto[2] *a.* ⟨*lett*⟩ auspicious, propitious. □ ⟨*Stor.rom*⟩ *giorni –i fasti pl.*

fastosamente *avv.* sumptuously, splendidly, magnificently. **fastosità** *f.* pomp, splendour, magnificence. **fastoso** *a.* sumptuous, splendid, magnificent, gorgeous: *cerimonia –a* magnificent ceremony.

fasullo *a.* counterfeit, false, fake, bogus, sham: *monete –e* counterfeit coins.

fata *f.* fairy: *i racconti delle –e* fairy tales. □ *bella come una ~* as beautiful as a fairy; *mani di ~* dexterous hands, light fingers; *il regno delle ~* fairyland.

fatale *a.* **1** (*voluto dal fato*) fated, (pre)destined, fateful: *avvenimento ~* predestined event; (*rif. a persona: strumento del fato*) of destiny, chosen by fate: *l'uomo ~* the man of destiny. **2** (*ineluttabile*) inevitable: *era ~ che ciò accadesse* it was inevitable that this should happen. **3** (*funesto, mortale*) fatal: *il viaggio gli fu ~* the journey was fatal to him; *un'imprudenza ~* fatal carelessness; *il giorno ~* the fatal day. **4** ⟨*scherz*⟩ (*irresistibile*) irresistible, killing: *sguardo ~* irresistible look. □ *donna ~* femme fatale, vamp. **fatalismo** *m.* fatalism. **fatalista** *m./f.* fatalist. **fatalistico** *a.* (*pl.* -ci) fatalistic. **fatalità** *f.* **1** fatality, fate, evil destiny: *la ~ si accanisce contro di me* fate is against me. **2** (*avvenimento funesto*) fatality, (piece of) bad luck, misfortune: *la sua morte è stata una ~* his death was a fatality. □ *~ volle che* as (ill) luck would have it, unfortunately: *~ volle che io non fossi presente* unfortunately I was not present. **fatalmente** *avv.* **1** (*inevitabilmente*) fatally, inevitably. **2** (*disgraziatamente*) fatally, unfortunately. **fatalone** *m.* (*f.* -a) ⟨*scherz*⟩ lady killer (*f* femme fatale, vamp). **fatato** *a.* magic, enchanted, fairy: *bacchetta –a* magic wand.

fate → **fare**[1].

fatica *f.* **1** effort, exertion, toil, labour: *le fatiche della giornata* the day's toil; *vive col frutto delle sue fatiche* he lives by the fruit of his labours. **2** (*affaticamento, stanchezza*) fatigue, tiredness, weariness, exhaustion: *non reggersi in piedi dalla ~* to be dropping with fatigue. **3** ⟨*fig*⟩ (*difficoltà*) difficulty; (*pena*) trouble, effort. □ **a ~** with difficulty: *il malato respira a ~* the patient is breathing with difficulty; *poté a ~ distinguere la donna* he could hardly (*o* scarcely) make out the woman; *a gran ~* with great difficulty; *non badare a fatiche* to spare no pains (*o* effort); *~ da bestie* drudgery, hard (*o* back-breaking) work; *~ di braccia* manual work (*o* labour); *che ~!* what hard work!, ⟨*fam*⟩ what a fag!; **costare ~** to require an effort, to mean hard work; *una* **dura ~** a hard task, hard work; **durare ~** to find difficult, to have a hard job (*o* time): *duro ~ a crederci* I find it difficult to believe; ⟨*Mitol*⟩ *le dodici fatiche di* **Ercole** the twelve labours of Hercules; **fare ~** to have trouble (*o* difficulty): *fa ~ a camminare* he has trouble walking, walking is difficult for him; *una lieve ~* a light task, an easy job; *~* **mentale** mental effort (*o* work); ⟨*tecn*⟩ *~ del* **metallo** metal fatigue; ⟨*Mecc*⟩ **prova** *di ~* fatigue test; **reggere** (*o* **resistere**) **alla ~** to stand the strain; **resistenza** *alla ~* endurance, stamina; *~* **risparmiata!** that's one job less to do, it's (all) effort saved; **senza ~** without difficulty, effortlessly: *apprendere senza ~* to learn effortlessly, to have no trouble in learning; *~* **sprecata** wasted effort; **tenuta** *di ~* fatigues *pl,* work clothes; **uomo** *di ~* man who does the heavy work.

faticare *v.i.* (*fatico, fatichi; aus.* **avere**) **1** to toil, to labour: *~ dalla mattina alla sera* to toil from morning to night. **2** ⟨*fig*⟩ to have (great) trouble (*o* difficulty), to have a ⌈hard time⌉ (*o* job), to find it difficult: *faticava a*

sollevare la valigia he had a job to lift the suitcase; *il ragazzo fatica a imparare a memoria* the boy ⌈finds it difficult to learn⌉ (*o* has trouble in learning) by heart. **faticata** *f.* effort, exertion, hard task (*o* work), tiring job, ⟨*fam*⟩ sweat: *è stata una gran ~* it was a great effort.

faticosamente *avv.* laboriously. **faticoso** *a.* (*che affatica*) tiring, wearing, exhausting, laborious: *lavoro ~* tiring work; (*difficile*) hard, difficult: ⟨*fig*⟩ *strada –a* difficult road.

fatidico *a.* (*pl.* -ci) **1** (*profetico*) prophetic, ⟨*lett*⟩ fatidic: *un augurio ~* a prophetic omen. **2** (*fatale*) fateful: *giorno ~* fateful day.

fatiscente *a.* ⟨*lett*⟩ crumbling: *edificio ~* crumbling building.

fato *m.* **1** ⟨*Mitol*⟩ Fate. **2** (*destino*) fate, destiny: *il ~ volle che non s'incontrassero* fate willed that they should not meet; (*sorte*) lot: *un triste ~* an unhappy lot.

fatt. = *fattura* invoice (*abbr.* inv.).

fatta *f.* kind, type, sort: *non avevo mai conosciuto gente di tal ~* I had never met people ⌈of this sort⌉ (*o* like this) before. □ *male –e* misdeeds *pl,* wrongdoings *pl; gente d'ogni ~* people of all kinds. **fattaccio** *m.* ⟨*fam*⟩ wicked deed, crime.

fattezze *f.pl.* features *pl: ~ delicate* delicate features.

fattibile *a.* practicable, feasible, possible: *questo lavoro non mi sembra ~* this job does not seem practicable to me. **fattibilità** *f.* practicability, feasibility: *studio di ~* feasibility study.

fattispecie *f.inv.* ⟨*Dir*⟩ case (*o* matter) ̦in question, case in point (*o* issue), present case. □ *nella ~* in this case (*o* particular instance), in the case in point; ⟨*Dir*⟩ *~ del reato* type of offence.

fattivo *a.* active, energetic, busy: *temperamento ~* energetic temperament; *un ~ interessamento* an active interest.

fatto[1] (*p.p. di fare*[1]) *a.* **1** made, done. **2** (*confezionato*) ready-made: *ho comprato un abito ~* I have bought a ready-made suit. **3** (*maturo*) ripe: *mele –e* ripe apples. **4** (*pienamente sviluppato*) full-grown: *mio figlio ormai è un uomo ~* my son is now a full-grown man. □ *~* **a:** 1 (*a forma di*) in the shape (*o* form) of, –shaped: *una spilla –a a stella* a brooch in the shape of a star, a star–shaped brooch; 2 (*eseguito con*) –made: *~ a mano* hand–made; *~ a macchina* machine–made; **ben ~:** 1 well–made; 2 (*bello*) with a good figure, shapely; *una ragazza ben –a* a girl with a good figure; 3 ⟨*esclam*⟩ (*bene*) well done, good; *a* **conti** *–i* after reckoning up; ⟨*fig*⟩ all things considered; **così** *~* (*tale*) such, like that; *è un uomo ~ così* he is that kind of man; **detto** *~* no sooner said than done; *~* **di** made of, of, *spesso si traduce con un aggettivo: un letto ~ di ferro* a bed made of iron, an iron bed; *una scala –a di* ⌈*marmo* a marble staircase; *è –a* that's that (*o* done), there; *a* **giorno** *~* in broad daylight; *a* **notte** *–a* when it is quite dark; *essere* **~ per:** 1 (*rif. a persona*) to be made (*o* cut out) for: *non sei ~ per studiare* you are not cut out for studying; 2 (*rif. a lavoro e sim.*) to be (right, suitable) for: *questo lavoro non è ~ per me* this is not ⌈the job for me⌉ (*o* my kind of job); *è* **presto** *~* it is soon done; *è* **subito** *~* right away; *~ dall'*uomo man–made; **venir** *~:* 1 (*capitare*) to happen: *se ti vien ~ di incontrarlo, salutamelo* if you happen to meet him, give him my regards; 2 (*venir naturale*) to just have to: *a quelle parole mi venne ~ di ridere* at those words I just had to laugh.

fatto[2] *m.* **1** (*avvenimento*) event, occurrence, happening: *è successo un ~ strano* a strange event has happened; *i –i degli ultimi anni* the events of the last few years. **2** (*azione*) action, deed: *un ~ glorioso* a glorious deed. **3** (*affare*) business, affair, matter: *questi sono –i miei* that is my business (*o* affair). **4** (*realtà concreta*) deed, action: *voglio –i, non chiacchiere* I want deeds, not words. **5** (*vicenda, intreccio*) story, plot: *il ~ si svolge in America* the story takes place in America. **6** (*argomento*) point, main issue: *veniamo al ~* let's get to the point. **7** (*realtà, verità*) fact, truth: *il ~ è che sono stufo di questo lavoro* the fact is, I'm fed up with this job. □ *~ d'*armi feat of arms; **cogliere** *qd. sul ~* to catch s.o. ⌈in the act⌉ (*o* red–handed); *~* **compiuto** fait accompli, accomplished fact: *mettere qd. davanti al ~ compiuto* to present s.o.

with a fait accompli; ~ *di* **cronaca** news item; **di** ~ de facto; **dire** *il ~ suo* to have one's say; *dire a qd. il ~ suo* to give s.o. a piece of one's mind; 'è *un ~*' (o *il fatto è*) *che* 'it is a fact' (o *the fact is*) that: *è un ~ che il traffico è cresciuto* the fact is that the traffic has got heavier; *esposizione dei i* factual report; ⟨*Dir*⟩ ~ **illecito** tort; **in** ~ *di* (*riguardo, relativamente*) as far as... goes (o is concerned), as for, on: *è un esperto in ~ di musica* he is an expert in music; *in ~ di eleganza, nessuno è da più di lei* as far as smartness goes, she is the last word; *i i* **parlano** *da soli* the facts speak for themselves; 'andarsene per i' (o *badare ai*) *i* **propri** to mind one's own business, to go about one's own affairs; *sapere il ~ proprio* to know what one is about (o doing), to know one's job; *alla* **prova** *dei i* when it comes to the point; ~ *di* **sangue** bloodshed; (*assassinio*) murder; *non per* **sapere** *i i Suoi, ma Lei quanto guadagna?* I don't want to 'be nosey' (o seem curious), but how much do you earn?; *passare alle* **vie** *di* ~ to resort to violence, to come to blows.

fattore *m.* **1** ⟨*lett*⟩ maker, creator: *il ~ di tutte le cose* the Creator of all things. **2** ⟨*estens*⟩ (*elemento determinante*) factor, element: *i i del progresso* the factors of progress. **3** (*capo di fattoria*) bailiff, steward. **4** ⟨*Mat,Biol*⟩ factor. **5** ⟨*Fis*⟩ factor, coefficient. □ ~ **ambientale** environmental factor; ⟨*Fis*⟩ ~ *di* **assorbimento** absorption factor (o coefficient); ⟨*Fis*⟩ ~ *di* **carico** load factor; ~ **climatico** climatic factor; ⟨*Econ*⟩ ~ *di* **conversione** conversion factor; ~ *di* **crescita** growth factor; ~ *di* **disturbo** disturbing element; ⟨*Biol*⟩ ~ **ereditario** hereditary factor; ⟨*Mat*⟩ *i* **primi** prime factors; ⟨*Econ*⟩ ~ *di* **produzione** factor of production; *il* **sommo** (o *supremo*) ~ (*Dio*) our Maker.

fattoressa *f.* **1** stewardess, bailiff. **2** (*moglie del fattore*) bailiff's wife. **fattoria** *f.* **1** (*casa del fattore*) steward's (o bailiff's house); (*nelle colonie*) farmhouse; ⟨*SU*⟩ ranch. **2** (*podere*) estate; (*nelle colonie*) farm. □ ⟨*Agr*⟩ ~ **modello** model farm. **fattoriale** *a.* ⟨*Mat,Psic*⟩ factorial: *analisi ~* factorial analysis. **fattorino** *m.* messenger(boy), errand boy: ~ *di banca* bank messenger; (*di ufficio*) office boy; (*di negozio*) delivery boy, errand boy; (*di albergo*) page, ⟨*fam*⟩ buttons, ⟨*am.fam*⟩ bellhop. □ ⟨*Post*⟩ ~ *degli* **espressi** express messenger, ⟨*am*⟩ special delivery messenger; ~ *del* **telegrafo** telegraph boy.

fattorizzare *v.t.* ⟨*Mat*⟩ to factorize, to factor. **fattorizzazione** *f.* factorization.

fattrice *f.* ⟨*Zootecn*⟩ brood female; (*cavalla*) brood–mare.

fattuale *a.* (*effettivo*) factual, real.

fattucchiere *m.* (*f.* **-a**) wizard (*f* witch), sorcerer (*f* –ceress), magician.

fattura *f.* **1** (*il fare*) making, manufacture. **2** (*confezione*) making; (*rif. a vestiti*) making up: *la ~ costa quindicimila lire* the making up costs fifteen thousand lire. **3** (*compenso di una prestazione*) charge for making (up), cost of manufacture. **4** (*maniera in cui qualcosa è fatto*) workmanship, make, execution: *un gioiello di pregevole ~* a jewel of fine workmanship; (*rif. a vestiti e sim.*) cut, design. **5** (*conto*) bill, account: *la ~ dell'idraulico* the plumber's bill. **6** ⟨*Comm*⟩ invoice. **7** (*modulo di fattura*) invoice, bill-head: *blocco delle e* pad of bill-heads. **8** (*maleficio*) witchcraft, sorcery. □ **come** *da* ~ as per invoice; ~ **commerciale** invoice; ~ *di* **consegna** delivery note; **copia** *di* ~ duplicate invoice; ~ **dettagliata** fully-priced invoice; ~ **doganale** custom-house invoice; **pagare** *una* ~ to pay (o settle) a bill; ~ **pro forma** pro forma invoice; ~ **provvisoria** provisional invoice; ~ **quietanzata** receipted bill; **rilasciare** *una* ~ to send (o submit) a bill.

fatturare *v.t.* **1** ⟨*Comm*⟩ to invoice, ⟨*am*⟩ to bill: *non abbiamo ancora fatturato la merce* we have not yet invoiced the goods. **2** (*adulterare*) to adulterate, to doctor: ~ *vino* to adulterate wine. **fatturato I** *a.* (*adulterato*) adulterated, doctored: *bevande e* adulterated drinks. **II** *s.m.* ⟨*Comm*⟩ sales *pl*, billing: ~ *totale* total sales. **fatturatrice** *f.* invoicing machine, ⟨*am*⟩ billing machine. **fatturazione** *f.* ⟨*Comm*⟩ invoicing, ⟨*am*⟩ billing: *la ~ della merce* the billing of the goods. **fatturista** *m./f.* invoice (o accounts) clerk.

fatuità *f.* foolishness, fatuity. **fatuo** *a.* foolish, fatuous: *discorso ~* fatuous talk. □ *fuoco ~* will-o'-the-wisp, ignis fatuus.

fauci *f.pl.* **1** ⟨*Anat*⟩ fauces *pl* (*costr. sing.*). **2** ⟨*estens*⟩ jaws *pl*, maw: *le ~ del leone* the lion's jaws.

fauna *f.* fauna. **Fauna** *N.pr.f.* ⟨*Mitol*⟩ Fauna. □ ~ *abissale* deep–sea fauna; ~ *tropicale* tropical fauna. **faunesco** *a.* (*pl.* **-chi**) of a faun, faun–like: *aspetto ~* faun–like look. **faunistico** *a.* (*pl.* **-ci**) faunistic, pertaining to the geographic distribution of fauna. **faunistica** *f.* study of fauna (of a region). **fauno** *m.* ⟨*Mitol*⟩ faun.

faustiano *a.* Faustian: *personaggio ~* Faustian character. **fausto** *a.* favourable, auspicious, propitious: *giorno ~* auspicious day. □ ~ *evento* happy event.

fautore *m.* (*f.* **-trice**) supporter, upholder, champion: *i i di un partito* the supporters of a party.

fauve *fr.* [fo:v] **I** *s.m.* ⟨*Pitt*⟩ Fauvist. **II** *a.inv.* fauve. **fauvismo** *m.* Fauvism.

fava *f.* ⟨*Bot*⟩ broad (o horse) bean, fava (bean).

favella *f.* speech, talk(ing). □ *perdere la ~* to lose the power of speech; *riacquistare la ~* to regain the power of speech. **favellare** *v.i.* (**favello**; *aus.* avere) ⟨*lett*⟩ to speak, to talk.

favilla *f.* spark (*anche fig.*). □ ⟨*fam*⟩ *far e:* **1** (*eccellere in qualità*) to sparkle; **2** (*riuscire brillantemente*) to shine.

favo *m.* **1** comb. **2** ⟨*Med*⟩ favus. □ ~ *artificiale* artificial honeycomb; ~ *di cera* wax comb; ~ *del miele* honeycomb.

favola *f.* **1** fable, story, tale: *le e di Esopo* Aesop's fables. **2** (*fiaba*) fairy–tale. **3** (*fandonia*) tall story, (idle) talk, yarn: *son tutte e* they are all tall stories, it's all talk. **4** ⟨*Lett*⟩ (*dramma*) drama: ~ *pastorale* pastoral drama. □ *da ~* (*meraviglioso*) fabulous; *essere la ~ della città* to be the talk of the town; *la morale della ~* the moral of the story. **favoleggiare** *v.i.* (**favoleggio, favoleggi**; *aus.* avere) **1** to tell fables (o stories). **2** (*fantasticare*) to make up stories (*di* about), to imagine (s.th.), to tell fantastic tales (of). **favolello** *m.* ⟨*Lett*⟩ fabliau. **favolista** *m./f.* (*scrittore di favole*) fabulist, writer of fables. **favolosamente** *avv.* fabulously, fantastically. **favoloso** *a.* fabulous, fantastic: *mi hanno offerto una cifra a* they offered me a fabulous sum; *ricchezze e* fabulous wealth; *animale ~* a fabulous beast.

favonio *m.* ⟨*lett*⟩ west wind.

favore *m.* **1** (*benevolenza*) favour, goodwill: *ottenne il ~ dei superiori* he obtained the favour of his superiors. **2** (*approvazione*) favour, approval: *il nuovo prodotto ha incontrato il ~ del pubblico* the new product has 'met with the public's approval' (o found favour with the public). **3** (*rif. a cose: aiuto, protezione*) help, cover: *fuggì col ~ delle tenebre* he escaped under cover of darkness. **4** (*piacere*) favour, kindness: *devo chiederti un ~* I have a favour to ask of you. □ *a ~* favourable, in favour, for: *voti a ~* favourable votes; *a ~ di* in favour (o aid) of, for the benefit of, on behalf of: *testimoniare a ~ di qd.* to give evidence on s.o.'s behalf; *testimone a ~ di qd.* witness for s.o.; **concedere** *i propri i a qd.* to grant s.o. one's favours; *biglietto* **di** ~ complimentary ticket; *cambiale di ~* accommodation bill (o paper); *entrata di ~* free admittance; *prezzo di ~* special (o low) price; **fare** *un ~ a qd.* to do s.o. a favour: *mi faresti il ~ di aiutarmi?* would you 'do me the favour of helping me' (o be good enough to help me)?; **godere** *il ~ di qd.* to enjoy s.o.'s favour; *godere i i di una donna* to enjoy a woman's favours; **guadagnarsi** *il ~ di qd.* to gain s.o.'s favour; **per** ~ please: *un caffè, per* ~ a cup of coffee, please; **perdere** *il ~ di qd.* to lose favour with s.o., to fall out of s.o.'s favour; ~ **popolare** popular favour; *col ~ del* **vento** with the help of the wind.

favoreggiamento *m.* (aiding and) abetting. □ ~ *del* **nemico** aiding the enemy; ~ *alla prostituzione* procuring. **favoreggiare** *v.t.* (**favoreggio, favoreggi**) **1** (*aiutare*) to favour: *le circostanze lo favoreggiarono* circumstances favoured him. **2** ⟨*Dir*⟩ to aid: ~ *il colpevole* to aid the culprit. **favoreggiatore** *m.* (*f.* **-trice**) ⟨*Dir*⟩ abettor.

favorevole *a.* in favour, favourable: *voto ~* vote in favour; *attendiamo il momento ~* let us wait for a favourable moment; *circostanze –i* favourable circumstances. ☐ *essere* ~ to be for, to support: *lui è ~, io sono contrario* he is for it, I am against it; *essere ~ a qd.* (o *qc.*) to be for (o in favour of) s.o. (o s.th.), to support (o back) s.o. (o s.th.): *essere ~ a una proposta* to back a proposal; ⟨*Dir*⟩ *sentenza ~* favourable judgement; *vento ~* favourable wind. **favorevolmente** *avv.* favourably.

favorire *v.* (**favorisco, favorisci**) **I** *v.t.* **1** to favour (*anche fig.*): ~ *un concorrente* to favour a candidate. **2** (*incoraggiare, promuovere*) to encourage, to foster, to further, to favour: ~ *le arti* to encourage the arts. **3** (*fare l'onore*) to (do the) honour, to favour: *ci favorisca di una Sua visita* do us the honour of visiting us. **4** (*porgere cortesemente*) to hand, to give, to pass: *favoriscimi il vino* would you pass me the wine, please?, kindly pass me the wine. **II** *v.i.* (*aus.* **avere**) **1** (*accomodarsi*) to go, to come: *favorisca in salotto* please come into the sitting room; *favorisca alla cassa* kindly ⌐pay at⌐ (o go to) the cash desk. **2** (*servirsi*) to have some, to help o.s. **3** (*negli ordini, seguito dall'inf.*) to be so kind (o good) as [*inf*], kindly, please: *favorisca uscire* kindly leave, be so good as to leave; *favorisca seguirmi al commissariato* please come with me to the police station. ☐ *favorisca attendere un momento* would you (please) wait a moment; *favoriscono il biglietto* tickets, please; *grazie, tanto per ~* just a taste (o bite) thank you; *vuol ~?* won't you ⌐help yourself⌐ (o have some)?; (*vuol pranzare con noi?*) won't you join us for lunch?

favorita *f.* **1** (*prediletta*) favourite, darling, pet: *Maria è la ~ della mamma* Maria is her mother's favourite. **2** (*amante di re e sim.*) favourite. **3** ⟨*Sport*⟩ favourite. **favoritismo** *m.* favouritism. **favorito I** *a.* **1** (*prediletto*) favourite: *il Boccaccio è il mio scrittore ~* Boccaccio is my favourite author. **2** ⟨*Sport*⟩ favourite. **II** *s.m.* (*f.* **-a**) **1** (*prediletto*) favourite, darling, pet: *il ~ degli dei* the darling of the gods; (*di un potente*) favourite: *il ~ dell'imperatore* the Emperor's favourite. **2** ⟨*Sport*⟩ favourite. **3** *pl.* (*fedine*) side (o muttonchop) whiskers *pl.* ☐ *il cavallo ~* the favourite; *un uomo ~ dalla sorte* a man favoured (o smiled upon) by fate; *i –i della sorte* fortune's darlings.

fazione *f.* faction, party: *la ~ avversaria* the opposing faction; *nel partito si formarono due –i* the party split into two factions. ☐ *essere* (o *montare*) *di ~* (*essere di sentinella*) to be on sentry duty. **faziosamente** *avv.* factiously. **faziosità** *f.* factiousness. **fazioso I** *a.* factious, subversive, seditious: *un giovane ~* a factious young man. **II** *s.m.* (*f.* **-a**) factionist: *un gruppo di –i* a group of factionists.

fazzoletto *m.* **1** handkerchief; (*da collo*) scarf; (*da testa*) (head)scarf, (head)square. **2** ⟨*fig*⟩ small patch (o plot) of land: *possiede un*⸱ ~ *di terra* he has a small plot of land. ☐ ~ *di carta* (paper) tissue; *fare un nodo al* ~ to tie a knot in one's handkerchief.

fco, f.co, F.co = ⟨*Comm*⟩ *franco* free.

Feaci *N.pr.m.pl.* ⟨*Mitol*⟩ Phaeaces *pl*, Phaeacians *pl.*

feb. = *febbraio* February (*abb.* Feb.).

febbraio *m.* February: *il 2* (*di*) ~ 2nd February, February 2nd; *rispondo alla Vostra* (*lettera*) *del 5* ~ in answer to your letter of 5th February.

febbre *f.* **1** temperature, fever: *il malato ha la ~ a quaranta* the patient has a temperature of forty; *mi è venuta la ~* I have a temperature; (*seguito dal nome di una malattia*) fever: ~ *gialla* yellow fever. **2** (*infiammazione delle labbra*) cold sore. **3** ⟨*fig*⟩ fever, thirst: *la ~ del sapere* the thirst for knowledge. ☐ *accesso di ~* attack of fever; *avere la ~ addosso* to have (o be running) a temperature; ⟨*fig*⟩ to be in a fever; ~ *alta* high temperature (o fever); *la ~ cala* the fever is abating (o going down); *la ~ del malato cresce* the patient's temperature is rising; ~ *da fieno* hay fever; ~ *maltese* Malta fever; *misurarsi la ~* to take one's temperature; *la ~ dell'oro* the gold rush; ⟨*fig*⟩ ~ *politica* political fever; ~ *ricorrente* recurrent (o relapsing) fever; *senza* ~ without fever, afebrile; ⟨*fig*⟩ *far venire la* ~ to upset, to work up, to worry.

febbriciattola *f.* slight fever. **febbricitante** *a.* feverish,

having a temperature: *il malato è ancora ~* the patient is still feverish; *andò al lavoro benché ~* he went to work although he had a temperature. **febbricola** *f.* ⟨*Med*⟩ febricula. **febbrifugo** *a./s.* (*pl.* **-ghi**) ⟨*Farm*⟩ **I** *a.* febrifugal. **II** *s.m.* febrifuge. **febbrile** *a.* **1** (*di febbre*) feverish, febrile, of fever: *accesso ~* attack of fever; *stato ~* feverish state. **2** ⟨*fig*⟩ feverish: *attesa ~* feverish wait; *impazienza ~* feverish impatience. **febbrilmente** *avv.* feverishly: *lavorare ~* to work feverishly.

Febo *N.pr.m.* ⟨*Mitol*⟩ Phoebus.

fecale *a.* f(a)ecal: *escrezione ~* fecal excretion. **fecaloide** *a.* ⟨*Med*⟩ fecaloid: *vomito ~* fecaloid vomit. **fecaloma** *m.* fecaloma.

feccia *f.* (*pl.* **-ce**) **1** dregs *pl*, lees *pl: la ~ del vino* the wine dregs. **2** ⟨*fig*⟩ dregs *pl*, scum, lees *pl: la ~ della società* the dregs of society. ☐ *bere il calice fino alla ~* to drain the cup to the dregs (o lees).

feci[1] *f.pl.* (*escrementi*) f(a)eces *pl*, excrement.

feci[2] → **fare**[1].

fecola *f.* starch(flour), flour: ~ *di patate* potato flour (o starch).

fecondabile *a.* fertilizable. **fecondabilità** *f.* fertilizability. **fecondamente** *avv.* fruitfully, fertilely. **fecondare** *v.t.* (**fecondo**) **1** ⟨*Biol*⟩ to fertilize, to fecundate. **2** (*rendere fertile*) to make fertile (o fruitful), to fertilize, to fecundate (*anche fig.*): *la pioggia feconda i campi* the rain makes the fields fertile. ☐ ~ *artificialmente* to inseminate artificially. **fecondativo** *a.* fecondative, fertilizing. **fecondato** *a.* fertilized, fecundated: *uovo ~* fertilized egg. ☐ ⟨*Bot*⟩ *fiore ~* pollinated flower. **fecondatore I** *s.m.* (*f.* **-trice**) fertilizer, fecundator. **II** *a.* **1** fertilizing, fecundating. **2** (*che rende fertile*) fertilizing, that makes fertile (o fruitful): *pioggia fecondatrice* rain that makes fertile. **fecondazione** *f.* ⟨*Biol*⟩ fertilization, fecundation. ☐ ~ *artificiale* artificial insemination; ~ *in vitro* in vitro fertilization. **fecondità** *f.* **1** fertility, fecundity (*anche fig.*): *periodo della ~* period of fertility, fertile period; *la ~ dei conigli* the fertility of rabbits; *la ~ di uno scrittore* the fertility of a writer. **2** (*fertilità*) fertility, fruitfulness: ~ *di un campo* fertility of a field. **fecondo** *a.* **1** fertile, fecund: *femmina –a* fertile female. **2** (*fertile*) fertile, fruitful: *campi –i* fertile fields. **3** ⟨*fig*⟩ fertile, fruitful: *ingegno ~* fertile intellect; *pace –a* fruitful peace; (*rif. a persona*) prolific: *scrittore ~* prolific writer. ☐ ⟨*estens*⟩ *giorni –i* (*del ciclo mestruale*) fertile days; *rendere ~* to make fertile (o fruitful).

fedain *m./f.* ⟨*Pol*⟩ Fedayeen.

fede *f.* **1** (*fiducia*) trust, confidence, faith: *avere ~ nella causa della libertà* to have faith in the cause of liberty. **2** (*convinzione, opinione*) belief, faith: ~ *politica* political belief. **3** (*credenza religiosa, l'essere credente*) faith: *abbracciare la ~* to embrace the faith. **4** (*fedeltà*) faith, loyalty, faithfulness, fidelity: ~ *coniugale* marital fidelity. **5** (*attestazione*) proof, evidence: *la sua risposta fa ~ della sua innocenza* his answer is proof of his innocence. **6** (*certificato*) certificate: ~ *di battesimo* certificate of baptism. **7** (*anello*) wedding ring: *portare la ~* to wear a wedding ring. ☐ ⟨*Rel*⟩ *articolo di ~* article of faith; *avere ~ in qd.* to have faith in s.o., to (place) trust in s.o.: *avere ~ in Dio* to trust in God; **buona** ~ good faith: *agire in buona ~* to act in good faith; **degno di** ~ trustworthy; ⟨*Comm*⟩ ~ *di* **deposito** deposit (o warehouse) warrant; *uomo di* ~ trustworthy (o reliable) man; *giurare ~ a qd.* to pledge one's loyalty to s.o.; **in** ~ (*in dichiarazioni e sim.*) in witness whereof; ⟨*burocr*⟩ *in* ~ *di qc.* in witness of s.th.; *in* ~ *mia* upon my word; **mala** ~ (*slealtà*) disloyalty, bad faith: *in mala ~* in bad faith; **meritare** ~ to be trustworthy (o reliable); (*essere credibile*) to be credible; ~ *di* **nascita** birth certificate; **perdere** *la ~* to lose (one's) faith; *uomo di* **poca** ~ man of little faith; **predicare** *la ~* to preach the faith; **prestare** ~ *a qd.* (o *qc.*) to have faith in s.o. (o s.th.), to trust (o believe, credit) s.o. (o s.th.); **rinnegare** *la ~* to renounce one's faith; **rompere** ~ to break faith (o one's word); **serbare** (o *tenere*) ~ *a qc.* to keep (o maintain) s.th.: *serbare ~ a una promessa* to keep a promise; ⟨*Bibl*⟩ *la ~* **smuove** *le montagne* faith can move mountains; **tenere** ~ *alla parola*

data to keep one's word.
fedecommęsso *m.* ⟨*Dir*⟩ **1** (*incarico*) fideicommissum. **2** (*cosa trasmessa*) property subject to a fideicommissum. **fedecommissąrio** *a./s.m.* (*f.* **-a**) fideicommissary.
fedęle I *a.* **1** faithful, true, loyal, constant: *un amico* ~ a true friend; *moglie* ~ faithful wife; *essere* ~ *alle tradizioni* to be faithful (*o* true) to tradition. **2** (*conforme*) true, faithful: *copia* ~ true copy; *ritratto* ~ faithful likeness; (*preciso, esatto*) exact, accurate, faithful: *narrazione* ~ exact account; (*rif. a persona*) accurate, faithful, exact, reliable: *interprete* ~ accurate interpreter; *traduttore* ~ reliable translator. II *s.m./f.* **1** (*devoto*) believer; *pl.* the faithful, congregation: *i* ~*i ascoltavano in ginocchio* the faithful (*o* congregation) listened on their knees. **2** (*cristiano*) Christian. **3** (*seguace*) (loyal) follower, supporter: *i* ~*i della monarchia* the loyal supporters of the monarchy. □ *avviso ai* ~*i* notice to parishioners; *restare* ~ *alle proprie opinioni* to stand by one's opinions; *rimanere* ~ *a qd.* to be true to s.o., to stand by s.o.; *rimanere* ~ *a qc.* to hold fast to s.th., to stick (*o* be true) to s.th. **fedelmęnte** *avv.* **1** (*con fedeltà*) faithfully, truly, loyally: *servire* ~ *il padrone* to serve one's master faithfully. **2** (*con esattezza*) faithfully, exactly, accurately: *l'ordine è stato* ~ *eseguito* the order was faithfully carried out; *tradurre* ~ to translate accurately. **fedeltà** *f.* **1** faithfulness, loyalty, constancy: *la* ~ *dei cani è proverbiale* the faithfulness of dogs is proverbial; ~ *agli ideali* faithfulness to ideals; (*fedeltà coniugale*) fidelity. **2** (*precisione, esattezza*) fidelity, faithfulness, exactness, accuracy; (*rif. a persona*) reliability, trustworthiness, accuracy. **3** ⟨*Acu*⟩ fidelity. □ ⟨*Acu*⟩ *alta* ~ high fidelity, ⟨*fam*⟩ hi-fi; *ad alta* ~ high-fidelity-, ⟨*fam*⟩ hi-fi-: *apparecchio ad alta* ~ high-fidelity set; ~ *all'azienda* company loyalty; *giurare* ~ *a qd.* to swear to be faithful (*o* true) to s.o.; *persona di provata* ~ tried (*o* trusty) person.
fędera *f.* pillow case, pillow slip.
federąle I *a.* ⟨*Pol*⟩ federal: *stato* ~ federal state. II *s.m.* ⟨*Fasc*⟩ provincial party secretary. **federalįsmo** *m.* ⟨*Pol*⟩ federalism. **federalįsta** *s.m./f.* federalist. II *a.* federalist(ic): *movimento* ~ federalist movement. □ ⟨*Stor*⟩ *partito* ~ Federalist Party. **federalįstico** *a.* (*pl.* **-ci**) federalist(ic). **federąto** *a.* (con)federate: *stati* ~*i* federate states. **federazione** *f.* **1** ⟨*Pol*⟩ (con)federation. **2** (*associazione*) federation, union, association. **3** ⟨*Sport*⟩ league: ~ *calcistica* football league. □ ~ (*dei*) *coltivatori diretti* farmers' association (*o* union); ~ *consorzi agrari* agricultural co-operative association; ~ *sindacale* trade union federation; ~ *sindacale mondiale* World Federation of Trade Unions.
Federcalcio *f.* (*Federazione italiana gioco calcio*) Italian Football Federation.
Federconsŏrzi *f.* (*Federazione italiana dei consorzi agrari*) Italian Federation of Agricultural Unions.
Federįco *N.pr.m.* Frederick.
Federmeccąnica *f.* (*Federazione dell'industria metalmeccanica italiana*) Italian Federation of Mechanical and Metallurgical Workers.
fedįfrago *a./s.* (*pl.* **-ghi**) I *a.* faithless. II *s.m.* (*f.* **-a**) faithless person.
fedįna *f.* **1** ⟨*Dir*⟩ (criminal, police) record: *avere la* ~ *sporca* to have a police record; *avere la* ~ *pulita* to have a clean record. **2** *pl.* (*basette lunghe*) side whiskers *pl.*
Fedŏne *N.pr.m.* ⟨*Stor*⟩ Phaedo.
Fędra *N.pr.f.* ⟨*Mitol*⟩ Phaedra.
Fędro *N.pr.m.* ⟨*Stor*⟩ Phaedrus.
fegatąccio *m.* ⟨*fam*⟩ **1** (*coraggio*) guts *pl.* **2** (*uomo coraggioso*) dare-devil. **fegatęlla** *f.* ⟨*Bot*⟩ hepatica, common liverwort. **fegatįno** *m.* ⟨*Gastr*⟩ chicken liver.
fęgato *m.* **1** ⟨*Anat,Gastr*⟩ liver: ~ *di maiale* pig's liver. **2** ⟨*fig*⟩ (*coraggio*) guts *pl.* □ ⟨*fig*⟩ **avere** *il* ~ *di fare qc.* to have the guts to do s.th.; *avere del* ~ to have guts; **mal** *di* ~ to have 'a liver complaint' (*o* liver trouble); ⟨*fig*⟩ *farsi venire il mal di* ~ *per qc.* to get all worked up about s.th.; **malato** *di* ~ sufferer from a liver complaint; ⟨*fig*⟩ **mangiarsi** *il* ~ to eat one's heart out; *pasticcio di* ~ *d'oca* pâté de foie gras; **olio** *di* ~ *di merluzzo* cod-liver oil; ~ *di*

vitello calf's liver.
fegatŏso I *a.* **1** (*malato di fegato*) suffering from liver trouble, ⟨*fam*⟩ liverish. **2** ⟨*fig*⟩ (*irascibile, rabbioso*) irritable, peevish, bilious: *un tipo* ~ an irritable sort. II *s.m.* (*f.* **-a**) **1** (*malato*) sufferer from liver trouble. **2** ⟨*fig*⟩ (*persona irascibile*) irritable person.
fęlce *f.* ⟨*Bot*⟩ **1** fern. **2** *pl.* true ferns *pl.*
feldmarescįallo *m.* ⟨*Mil*⟩ field-marshal.
feldspątico *a.* (*pl.* **-ci**) ⟨*Min*⟩ feldspathic: *roccia* -*a* feldspathic rock. **feldspąto** *m.* feldspar.
felibrįsmo *m.* ⟨*Lett*⟩ Félibrige. **felibro** *m.* Félibre.
felįce *a.* **1** happy: *un uomo* ~ a happy man; *giorni* -*i* happy days. **2** ⟨*fig*⟩ (*rif. a cosa: fortunato, opportuno*) happy, fortunate: *una* ~ *idea* a happy (*o* good) idea; (*indovinato*) appropriate, well-chosen: *un'espressione* ~ a well-chosen expression; (*ben riuscito*) successful, happy: *questi sono i suoi versi più* -*i* these are his most successful poems. **3** (*negli auguri*) happy, good, enjoyable: -*i feste* good holidays. **4** ⟨*fig*⟩ (*rif. a persona: fortunato*) lucky, fortunate, happy: *è stato* ~ *nella scelta della professione* he was lucky in his choice of profession. **5** (*nelle presentazioni*) pleased, glad, happy: ~ *di fare la Sua conoscenza* pleased to meet you, how do you do? **6** (*beato*) lucky: ~ *te che ti accontenti* lucky you, if you are satisfied. □ *avere la mano* ~ to be able (*o* skilful); *di* ~ *memoria* of blessed (*o* happy) memory; *un'espressione poco* ~ an ill-chosen (*o* unfortunate) expression.
felicemęnte *avv.* happily, luckily, successfully; (*rif. a viaggi*) safely. **felicità** *f.* **1** happiness, felicity, bliss(fulness): *intensa* ~ intense happiness, bliss. **2** (*fatto piacevole*) pleasure, delight: *è una* ~ *avervi con noi* it is a pleasure to have you with us. **3** ⟨*fig*⟩ (*opportunità*) felicity, fitness, appropriateness: ~ *di un'espressione* felicity of an expression. □ *auguri d'ogni* ~ I wish you all happiness; *l'eterna* ~ (*la beatitudine celeste*) eternal bliss; *fare la* ~ *di qd.* to make s.o. happy; *riempire qd. di* ~ to fill s.o. with happiness. **felicitarsi** *v.r.* (*mi felįcito*) **1** to congratulate, ⟨*lett*⟩ to felicitate (*con qd.* s.o.): *gli amici si felicitarono con lui* his friends congratulated him. **2** (*lett*) (*rallegrarsi*) to rejoice (at). **felicitazioni** *f.pl.* (*congratulazioni*) congratulations *pl*, ⟨*lett*⟩ felicitations *pl*: *vivissime* ~ hearty congratulations.
felįdi *m.pl.* ⟨*Zool*⟩ felids *pl.* **felįno** I *a.* **1** ⟨*Zool*⟩ feline: *razza* ~ a feline race. **2** (*di gatti*) cat-, cat's: *mostra* -*a* cat show. **3** ⟨*fig*⟩ (*da gatto*) feline, cat-like, of a cat: *andatura* -*a* feline gait; *agilità* -*a* nimbleness of a cat. II *s.m.* feline.
fellŏne *m.* (*f.* **-a**) **1** ⟨*lett*⟩ (*traditore*) traitor, felon. **2** ⟨*scherz*⟩ (*briccone*) rogue, rascal, scoundrel, villain. **fellonęsco** *a.* (*pl.* **-chi**) ⟨*non com*⟩ (*da fellone*) traitorous, treacherous, felonious. **fellonįa** *f.* **1** ⟨*Mediev*⟩ felony. **2** ⟨*lett*⟩ (*tradimento*) treason, treachery.
fęlpa *f.* ⟨*Tess*⟩ plush. □ *di* ~ plushy. **felpąto** *a.* **1** plush-, plushy; (*rivestito di felpa*) plush-lined, plush -covered: *pantofole* -*e* plush-lined slippers. **2** ⟨*fig*⟩ (*silenzioso*) stealthy, soft: *passo* ~ soft (*o* cat-like) tread. □ *tessuto* ~ plush.
feltrąre *v.t.* (*fęltro*) to felt; (*foderare di feltro*) to line with felt; (*coprire di feltro*) to cover with felt. **feltratura** *f.* ⟨*Tess*⟩ felting. **fęltro** *m.* **1** ⟨*Tess,Mar*⟩ felt. **2** (*cappello di feltro*) felt (hat). **3** (*imbottitura di feltro*) (felt) pad: ~ *per la macchina da scrivere* typewriter pad.
felųca *f.* ⟨*Mar*⟩ felucca. **2** (*cappello a due punte*) cocked (*o* two-pointed) hat.
fęlze *m.* (*cabina della gondola*) cabin of a gondola.
fem. = *femminile* female, feminine (*abbr.* f., fem.).
fęmmina I *s.f.* **1** female; (*donna*) woman; (*ragazza*) girl: *i maschi erano seduti a destra e le* ~ *a sinistra* the men (*o* boys) sat on the right and the women (*o* girls) on the left; *una* ~ *disonesta* a loose(-living) woman; *una mala* ~ a loose woman. **2** (*figlia*) daughter, girl: *ha un maschio e due* ~*e* he has ⌐one son and two daughters┐ (*o* one boy and two girls). **3** (*rif. ad animali*) female, ⟨*attr*⟩ she, ⟨*attr*⟩ cow, *spesso si traduce con un nome particolare*: *la* ~ *del lupo* the she-wolf; *la* ~ *dell'elefante* the cow-elephant; *la* ~ *del leone* the lioness; *la* ~ *del cervo* the doe, the hind; (*rif. ad alcuni volatili*) hen: *la* ~ *del fagiano* the hen

pheasant; *la* ~ *del tacchino* the turkey hen. **4** ⟨*Mecc*⟩ ⟨*attr*⟩ female, female part: *la* ~ *della vite* the female screw. **II** *a.* **1** ⟨*Zool*⟩ female, cow–, she–, hind–: *una lepre* ~ a female hare; (*rif. ad alcuni volatili*) hen–. **2** (*rif. a viti e sim.*) female: *vite* ~ female screw. **3** (*femminile*) feminine, womanly: *non è bella, ma è molto* ~ she is not beautiful, but she is very feminine. **femminẹlla** *f.* **1** (*dei gancètti*) eye. **2** ⟨*Mar*⟩ (rudder) gudgeon (*o* brace).
femmịneo *a.* ⟨*lett*⟩ **1** (*di donna*) woman's, female, feminine; (*di donne*) women's, female. **2** (*effeminato*) effeminate, womanish.
femminịle I *a.* **1** female, feminine: *sesso* ~ female sex; *psicologia* ~ female psycology; *astuzia* ~ feminine wiles; *una ragazza molto* ~ a very feminine girl. **2** (*rif. a uomo*) girlish, girl's, of a girl (*o* woman): *questo ragazzo ha i lineamenti quasi –i* this boy has almost girlish features; ⟨*spreg*⟩ womanish, effeminate, unmanly. **3** (*da donna*) woman's, women's: *lavori –i* woman's work. **4** (*per sole donne*) women's, woman's: *gara* ~ women's race; (*per ragazze*) girls', girl's: *scuola* ~ girls' school. **5** ⟨*Gramm*⟩ feminine: *genere* ~ feminine gender. **II** *s.m.* **1** ⟨*Gramm*⟩ (*genere, sostantivo*) feminine. **2** ⟨*Sport*⟩ (*torneo femminile*) women's tournament: *il* ~ *di scherma* women's fencing tournament. □ *abito* ~ (woman's) dress; *il* ~ *di slalom* the women's slalom. **femminilità** *f.* femininity, womanliness. □ *è una donna piena di* ~ she is very feminine; *mancare di* ~ to be unfeminine. **femminilmẹnte** *avv.* in a feminine (*o* womanly) way, femininely. **femminịno** *m.* (*femminilità*) femininity, feminine: *l'eterno* ~ the eternal feminine. **femminịsmo** *m.* feminism. **femminịsta I** *s.m./f.* feminist. **II** *a.* → **femministico. femminịstico** *a.* (*pl.* -ci) feminist, for women's rights: *movimento* ~ movement for women's rights. **femminụccia** *f.* (*pl.* -ce) **1** ⟨*vezz*⟩ little (*o* baby) girl: *le è nata una* ~ she has had a baby girl. **2** ⟨*spreg*⟩ milksop, sissy.
femorạle *a.* ⟨*Anat*⟩ femoral. □ *muscolo* ~ femoral muscle, vastus intermedius. **fẹmore** *m.* femur, thigh bone.
fenacetịna *f.* ⟨*Farm*⟩ phenacetin, acetophenetidin. **fenantrẹne** *m.* ⟨*Chim*⟩ phenanthrene. **fenạto** *m.* ⟨*Chim*⟩ phenate, phenolate.
fendẹnte *m.* downward stroke of a sabre. □ *menare un* ~ to deliver a downward blow (with a sabre), to strike a cleaving blow. **fẹndere** *v.t.* (**fendẹi/fendẹtti, fendụto/fẹsso**) **1** (*spaccare*) to split, to cleave, to rend, to hew asunder: ~ *un tronco con un colpo d'ascia* to cleave a trunk with a blow of the axe. **2** (*solcare*) to plough, to furrow: *l'aratro fende la terra* the plough furrows the earth; ~ *le onde* to plough through the waves. **3** (*attraversare*) to pass (*o* cut) through, to force (*o* elbow) one's way through: ~ *la folla* to force one's way through the crowd. **fendersi** *v.r.* to split, to cleave (in twain); (*rif. a vasi e sim.*) to crack. □ ~ *l'aria* to cleave the air; ~ *la nebbia* to pierce the mist. **fendinẹbbia** *m.inv.* ⟨*Aut*⟩ fog–light. **fenditọio** *m.* ⟨*Agr*⟩ grafting–knife. **fenditụra** *f.* **1** split, cleft, crack, cleavage, fissure, chink: *un tronco pieno di –e* a trunk full of cracks; *nel piatto c'era una piccola* ~ there was a slight crack on the plate; *il vento passava attraverso una* ~ *della finestra* the wind came in through a chink in the window. **2** ⟨*Fis,Cin*⟩ slit: ⟨*Fis*⟩ ~ *luminosa* luminous slit. **fendụto** → **fendere.**
fenestratụra *f.* opening, slit.
fenicạto *a.* ⟨*Chim*⟩ phenolic.
fenịce *f.* **1** ⟨*Mitol*⟩ phoenix. **2** ⟨*fig*⟩ (*cosa rara*) great rarity; (*persona rara*) rare bird. □ *araba* ~ phoenix; ⟨*fig*⟩ *essere raro come l'araba* ~ to be as rare as hens' teeth. **Fenịcia** *N.pr.f.* ⟨*Geog.stor*⟩ Phoenicia. **fenịcio I** *a.* Phoenician. **II** *s.m.* **1** (*lingua*) Phoenician. **2** (*abitante; f.* -a) Phoenician.
fẹnico: *acido* ~ → **fenolo.**
fenicọttero *m.* ⟨*Ornit*⟩ flamingo.
fenịle *m.* ⟨*Chim*⟩ phenyl.
fẹnnec *m.* ⟨*Zool*⟩ fennec.
fenolftaleịna *f.* ⟨*Chim*⟩ phenolphthalein. **fenọlico** *a.* (*pl.* -ci) ⟨*Chim*⟩ phenolic: *resine fenoliche* phenolic resins. **fenọlo** *m.* phenol.

fenologịa *f.* ⟨*Biol*⟩ phenology.
fenomenạle *a.* **1** (*che ha del fenomeno*) phenomenal. **2** ⟨*fam*⟩ (*straordinario*) phenomenal, extraordinary, exceptional: *intelligenza* ~ phenomenal intelligence; *una partita* ~ an exceptional match. **fenomẹnico** *a.* (*pl.* -ci) ⟨*Filos*⟩ phenomenal: *realtà –a* phenomenal reality; *il mondo* ~ the phenomenal world. **fenomenịsmo** *m.* phenomenalism.
fenọmeno *m.* **1** phenomenon (*anche estens.*): ~ *fisico* physical phenomenon; *–i storici* historical phenomena. **2** (*persona bravissima*) phenomenon, wonder, marvel, wizard: *è un* ~ *in disegno* he is ⌜a wizard⌝ (*o* wonderful) at drawing. □ ~ **artistico** artistic phenomenon; *–i atmosferici* weather phenomena; ⟨*Statist*⟩ ~ **collettivo** group phenomenon; *il* ~ *dell'*emigrazione the phenomenon of emigration; ⟨*fam*⟩ **essere** *un* ~ (*essere fenomenale*) to be phenomenal (*o* extraordinary): *questo cavallo è un* ~ this horse is extraordinary; ~ **linguistico** linguistic phenomenon; *–i* **naturali** natural phenomena; *i –i* **sociali** social phenomena.
fenomenologịa *f.* ⟨*Filos*⟩ phenomenology. **fenomenọlogico** *a.* (*pl.* -ci) phenomenologic(al).
fenoplạsto *m.* ⟨*Chim*⟩ phenoplast.
fenotịpico *a.* (*pl.* -ci) ⟨*Biol*⟩ phenotypic(al). **fenotịpo** *m.* phenotype.
feofịcee, feofịte *f.pl.* ⟨*Bot*⟩ brown algae *pl.*
FEOGA = *Fondo europeo di orientamento e garanzia per l'agricoltura* European Agricultural Guidance and Guarantee Fund (*abbr.* EAGGF).
ferạce *a.* ⟨*lett*⟩ fertile (*anche fig.*): *terreno* ~ fertile land; *mente* ~ fertile mind. **feracità** *f.* fertility (*anche fig.*).
ferạle *a.* ⟨*lett*⟩ funereal, gloomy, feral: *evento* ~ funereal event.
Ferdinạndo *N.pr.m.* Ferdinand.
fẹretro (*poet. fẹretro*) *m.* **1** (*bara coperta con la coltre*) bier. **2** (*estens*) coffin: *i parenti seguivano il* ~ the relatives followed the coffin.
fẹria *f.* **1** ⟨*Rel*⟩ feria, weekday. **2** *pl.* holidays *pl,* holiday, ⟨*am*⟩ vacation *sing: le –e estive* the summer holidays; *ho quindici giorni di –e* I have a fortnight's holiday. □ *–e* **anticipate** advanced annual leave; **diritto** *alle –e* right to paid holidays, holiday entitlement; *–e* **giudiziarie** vacation; *andare* (*o essere*) **in** *–e* to go (*o* be) on holiday; *–e* **pagate** paid holidays; *–e del* **parlamento** Parliamentary recess; **prendere** *le –e* to take one's holiday(s); **scaglionamento** *delle –e* staggered holidays.
feriạle *a.* **1** (*non festivo*) week–, work–, ⟨*attr*⟩ working: *giorno* ~ weekday, working day; *orario* ~ weekday timetable. **2** ⟨*Rel*⟩ ferial, weekday–: *messe –i* weekday (*o* ferial) masses.
ferimẹnto *m.* **1** (*il ferire*) wounding, injuring. **2** (*ferita*) wound, injury: ~ *grave* bad wound.
ferịno *a.* ⟨*lett*⟩ **1** ferine, feral. **2** ⟨*estens*⟩ (*bestiale*) of a wild beast, bestial, brutish, feral: *istinti –i* instincts of a wild beast. □ ⟨*Zool*⟩ *dente* ~ carnassial.
ferịre *v.t.* (**ferịsco, ferịsci, ferịto**) **1** to wound, to injure: *la pallottola lo ferì al braccio* the bullet wounded him in the arm; (*tagliare*) to cut: *gli sterpi lo ferivano alle gambe* the thorn bushes cut his legs; (*leggermente*) to hurt. **2** ⟨*fig*⟩ (*colpire*) to hurt, to strike: *questa luce intensa mi ferisce gli occhi* this bright light hurts my eyes. **3** ⟨*fig*⟩ (*offendere*) to hurt, to wound, to offend, to injure: ~ *l'onore di qd.* to offend s.o.'s honour; ~ *l'orgoglio di qd.* to hurt s.o.'s pride; (*addolorare*) to wound, to hurt, to cut: *le tue parole mi hanno profondamente ferito* your words have ⌜deeply wounded me⌝ (*o* cut me to the quick). **ferirsi** *v.r.* to hurt (o.s.), to injure (o.s.), to wound o.s.: *cadde e si ferì* he fell and hurt himself; *il ragazzo si è ferito a un ginocchio* the boy has hurt his leg. □ ~ *qd. nell'*amor *proprio* to inflict a blow on s.o.'s self–respect; *senza* **colpo** ~ without striking a blow; ~ *qd. di* **coltello** to inflict a knife wound on s.o.; ⟨*lett*⟩ ~ *il* **cuore** *di qd.* to grieve s.o. (*o* s.o.'s heart); ~ **gravemente** to injure seriously, to wound badly; ~ **leggermente** to hurt, to injure slightly; ~ *qd. a* **morte** to wound s.o. to death.
ferịta *f.* **1** wound, injury: *il soldato aveva una* ~ *a un braccio* the soldier had ⌜a wound in one arm⌝ (*o* an arm

wound). **2** ⟨*fig*⟩ wound, blow: *le –e d'amore* the wounds of love. □ ~ **aperta** open wound; ~ *d'***arma** *da fuoco* bullet–wound, gunshot wound; ~ **contusa** contused wound; **fasciare** *una* ~ to bind (*o* bandage) a wound; ~ **penetrante** (*o profonda*) penetrating (*o* deep) wound; **prodursi** *una* ~ to hurt o.s., to do o.s. an injury; **pulire** *una* ~ to cleanse a wound; **riaprire** *una* ~ to open up a wound; ⟨*fig*⟩ to open up an old sore; ~ **rimarginata** wound which has healed up; ~ *di* **striscio** graze; ~ **superficiale** flesh wound; ~ *da* **taglio** slash, gash, cut; ~ *alla* **testa** head wound.

ferito (*p.p. di ferire*) **I** *a.* wounded, injured, hurt: *un soldato* ~ a wounded soldier. **II** *s.m.* (*f.* **-a**) wounded (*o* injured) man, casualty: *nello scontro si sono avuti due morti e tre –i* in the crash there were two dead and three wounded. □ *un* ~ **grave** a (bad) casualty, a seriously–wounded man; ~ *di* **guerra** (war) casualty; ~ **leggermente** slightly hurt; *restare* ~ to be wounded (*o* hurt, injured). **feritoia** *f.* **1** (*nelle opere fortificate*) loophole; (*cannoniera*) embrasure; (*saettiera*) arrow slit. **2** ⟨*estens*⟩ (*stretta apertura*) slit, slot. **feritore** *m.* (*f.* **-trice**) wounder, injurer.

ferma *f.* **1** ⟨*Mil*⟩ (period of, term of) service. **2** ⟨*Venat*⟩ pointing. □ ⟨*Mil*⟩ ~ *abbreviata* shortened term of service (for family reasons); *cane da* ~ pointer, setter; ⟨*Mil*⟩ ~ *di leva* (period of) military service.

ferma|capelli *m.inv.* hair slide, barrette. **~carro** *m.* ⟨*Ferr*⟩ buffer stop, bumper. **~carte** *m.inv.* (*oggetto pesante*) paperweight; (*molla*) (spring) clip, spring holder. □ *unire i fogli con un* ~ to clip papers together. **~cravatta**, **~cravatte** *m.inv.* tie-pin.

fermaglio *m.* **1** clasp, fastener, clip; (*a fibbia*) buckle; (*a spillo*) pin; (*a gancio*) clasp, hook. **2** (*per fermare fogli: a gancio*) paper clip; (*a molla*) (spring) clip, spring holder. **3** (*di penna stilografica*) clip. **4** (*chiusura*) clasp, fastener: *il* ~ *della collana* the clasp of the necklace. **5** (*per capelli*) hair clip, hair buckle, hair clasp. **6** (*gioiello*) brooch, clasp, clip: *un* ~ *di* **brillanti** a diamond brooch. **7** ⟨*El,Mecc*⟩ fastener. **fermamente** *avv.* firmly (*anche fig.*).

fermanello *m.inv.* guard ring.

ferma|piedi *m.inv.* (*di bicicletta e sim.*) toe clip. **~porta** *m.*, **~porte** *m.inv.* doorstop.

fermare *v.* (**fermo**) **I** *v.t.* **1** to stop, to halt, to bring to a halt (*o* stop), to arrest: *fermò la macchina davanti all'ingresso* he stopped the car in front of the entrance; (*rif. a cavalli*) to pull up: ~ *il cavallo* to pull up (the horse), to rein in. **2** (*far fermare*) to stop: *fermò una macchina di passaggio* he stopped a passing car. **3** (*rif. a meccanismi*) to stop, to shut off: ~ *il motore* to stop the engine. **4** (*arrestare*) to check, to stop, to stay: *non si può* ~ *il corso della storia* one cannot stay the course of history; (*frenare, ritardare*) to stunt, to retard, to hold back: ~ *la crescita* to stunt growth; ⟨*Med*⟩ to stanch: ~ *un'emorragia* to stanch a haemorrhage. **5** (*trattenere*) to stop, to detain, to hold (*o* keep) back: *lo fermai mentre stava per uscire* I stopped him as he was going out; *voleva andar via, ma io l'ho fermato* he wanted to go, but I ʼstopped himʼ (*o* kept him back). **6** (*operare un fermo di polizia*) to take into custody, to detain, to hold (in custody): *alcuni scioperanti furono fermati* several of the strikers were taken into custody. **7** (*sospendere*) to stop, to break off, to suspend: ~ *il gioco* to stop play; (*interrompere*) to interrupt: ~, *il lavoro* to interrupt work. **8** (*fissare*) to fasten, to fix, to make firm (*o* fast), to secure: ~ *le imposte* to make the shutters fast; (*rif. a bottoni e sim.*) to sew on securely, to stitch on firmly. **II** *v.i.* (*aus.* avere) **1** to stop, to draw up: *fermerò al primo distributore* I shall stop at the first petrol station. **2** (*rif. a mezzi di trasporto*) to stop, to draw up: *l'autobus ferma davanti alla posta* the bus stops in front of the post-office. **3** ⟨*Venat*⟩ to point, to set. **4** ⟨*Sport*⟩ (*nel calcio*) to bring up. **fermarsi** *v.r.* **1** to stop, to come to a stop (*o* halt, stand), to halt: *si fermò davanti alla porta* he stopped before the door; *non fermatevi davanti a tutte le vetrine* don't stop to look in all the (shop-)windows. **2** (*restare*) to stay, to remain, ⟨*fam*⟩ to stop: *mi fermerò in ufficio fino a tardi* I shall be staying late in the office. **3** (*rif. a mezzi di trasporto: arrestarsi*) to pull (*o* draw) up, to come to a stop (*o* halt, standstill), to stop, to come to rest: *il treno si fermò con uno stridio di freni* the train pulled up with a screeching of brakes; *il treno si ferma quindici minuti* the train stops fifteen minutes. **4** (*rif. a meccanismi: cessare di funzionare*) to stop, to shut down: *mi si è fermato l'orologio* my watch has stopped; (*rif. a motori*) to stall. **5** (*interrompersi*) to stop, to pause: *parlava senza mai fermarsi* he talked on ʼand on and never stoppedʼ (*o* with never a pause). **6** (*trattenersi*) to stop o.s., to hold back, to restrain o.s.: *volevo dargli uno schiaffo, ma mi sono fermato in tempo* I wanted to give him a slap but stopped myself in time. **7** (*soffermarsi*) to dwell: *fermarsi su un argomento* to dwell on a subject. □ ~ *un* **assegno** to stop a cheque; ~ *l'***attenzione** *su qc.* to fix (*o* focus) one's attention on s.th.; *fermarsi di* **botto** to stop short; *gli si fermò il* **cuore** his heart stopped beating; ~ *gli* **occhi** *su qc.* to fasten one's gaze on s.th.; ⟨*fig*⟩ *fermarsi alla prima* **osteria** to take the first thing that comes; ~ *il* **pensiero** *su qc.* to fix one's thoughts on s.th.; ⟨*Lav.femm*⟩ ~ *il* **punto** (*nei lavori di cucito*) to fasten off; (*nei lavori a maglia*) to cast off; ~ *il* **sangue** to stanch blood, to check the flow of blood; ~ *il* **traffico** to bring traffic to a halt. || **ferma!** (*o* **fermate!**) stop!, halt!; (*invito a cessare dal fare qc.*) stop it!, don't!; **fermatelo!** stop him!; ⟨*fig*⟩ *non si ferma mai* (*è attivissimo*) he never stops, he is always on the go.

fermascambi(o) *m.* ⟨*Ferr*⟩ point (*o* switch) lock. **fermata** *f.* **1** halt, stop: *l'automobile fece una brusca* ~ the car came to ʼa sharp stopʼ (*o* an abrupt halt). **2** (*sosta, tappa*) stop, halt, stay: *faremo una breve* ~ we shall have a short stop; *il treno fa una* ~ *di dieci minuti* the train ʼmakes a ten-minute stopʼ (*o* stops for ten minutes). **3** (*luogo di sosta*) stop: *l'appuntamento è alla* ~ *dell'autobus* the appointment is at the bus-stop; ~ *del tram* tram-stop. □ ~ *facoltativa* request stop; *fare* ~ to stop; ~ *obbligatoria* compulsory stop; *senza –e* non-stop.

fermentabile *a.* fermentable. **fermentare** *v.i.* (**fermento**; *aus.* **avere**) to ferment, to work (*anche fig.*): *il mosto fermenta* must ferments; *il malcontento fermenta nella folla* discontent works in the mob; (*rif. a pasta*) to rise. **fermentativo** *a.* fermentative. **fermentato** *a.* fermented. **fermentazione** *f.* fermentation, fermenting, working; (*rif. a pasta*) rising. □ ~ *aerobica* aerobic (*o* oxidative) fermentation; ~ *alcolica* alcoholic fermentation; ~ *lattica* lactic (acid) fermentation; ~ *del mosto* fermentation of must. **fermento** *m.* **1** ⟨*Biol*⟩ ferment; (*enzima*) enzyme. **2** (*lievito: di pane*) leaven; (*di birra*) yeast. **3** ⟨*fig*⟩ (*agitazione*) ferment, agitation, turmoil: *la popolazione è in* ~ the people are in ferment. □ ~ *della* **birra** (beer) yeast; ~ *lattico* milk enzyme; ~ *per il pane* leaven; ~ *del vino* wine yeast.

fermezza *f.* **1** (*saldezza, stabilità*) firmness, steadiness, stability. **2** ⟨*fig*⟩ firmness, resoluteness, steadiness, steadfastness, strength: ~ *d'animo* strength of mind; ~ *di propositi* firmness (*o* steadiness) of purpose. □ *con* ~ firmly, with resolution: *negò con* ~ he firmly denied it.

fermio *m.* ⟨*Chim*⟩ fermium.

fermione *m.* ⟨*Fis*⟩ fermion.

fermo I *a.* **1** (*immobile*) still, motionless: *stai* ~ keep still; *il ragazzo stava* ~ *nel nascondiglio* the boy was motionless in his hiding–place; (*rif. a mezzi di trasporto*) at a halt (*o* standstill), standing (still): *il treno è* ~ *in stazione* the train is standing in the station. **2** (*non in funzione*) at a standstill (*o* stop), not working: *la fabbrica è –a* the factory is at a standstill. **3** (*saldo*) firm, steady, stable, unwavering: *voce –a* steady voice. **4** ⟨*fig*⟩ (*perseverante*) firm, steady, constant, staunch, steadfast: *è* ~ *nel suo rifiuto* he is firm in his refusal. **5** ⟨*fig*⟩ (*risoluto, deciso*) firm, resolute, determined: *rispose in tono* ~ he replied in a firm tone. **6** ⟨*fig*⟩ (*sicuro, stabilito*) firm, fixed, definite: *è nostra –a volontà continuare l'impresa* it is our firm intention to continue the undertaking. **7** ⟨*Econ*⟩ (*che languisce*) flat, dull, depressed: *il commercio è* ~ trade is flat. **8** (*esclam*) stop!, stay where you are!, keep still!, halt!, ⟨*fam*⟩ hold it! **II** *s.m.* **1** (*congegno per fermare*) catch, lock, stop, fastener, holder, clamp, retainer; (*di* *imposte e sim.*) latch, fastener, holder; (*della baionetta*) bayonet clip. **2** ⟨*Econ*⟩ (*sospensione della validità*) stop. **3** ⟨*Dir*⟩ detention, holding ˈin custodyˈ (*o* for questioning). ◻ **acqua** –*a* still water; *gli* **affari** *sono* –*i* business is at a standstill; **aria** –*a* close atmosphere; *mettere il* ~ *su di un* **assegno** to stop a check; ~ **automatico** automatic cut–off, self–stopping device; **essere** ~: 1 (*in piedi*) to stand still; 2 (*sedere immobile*) to sit still; 3 (*giacere immobile*) to lie still; 4 (*sostare*) to be stationary (*o* at a halt), to be standing (still); 5 (*non essere in funzione*) not to be working, to be out of order; (*essere scarico*) to have run down: *il mio orologio è* ~ my watch has stopped (*o* run down); ~ **là!** stop!, halt!, stay where you are!; ⟨*Comm*⟩ ~ *sul* **pagamento** stoppage (*o* blocking) of payment; **procedere** *al* ~ *di qd.* to take s.o. into custody, to arrest s.o.; –*e* **restando** *le disposizioni* without prejudice to the dispositions; ~ *restando che* it being understood that; ⟨*Ginn*⟩ **salto** *da* ~ standing jump; **stare** ~: 1 to be (*o* stand, sit) still, to be motionless; 2 (*stare composto*) to keep still: *i ragazzi non stanno mai* –*i* children ˈcan never keep stillˈ (*o* are always on the go); ⟨*fig*⟩ *non star* ~ *un minuto* never to be still for a moment; *stai* ~ *con le mani* keep your hands still; (*non toccarmi*) keep your hands to yourself; **tenere** ~ to hold fast, to keep a hold on; *lo tenni* ~ *perché non fuggisse* I held him tight so that he could not get away; –*i* **tutti!** everybody stays where he is!, nobody moves!

fermoposta (*o* **fermo posta**) **I** *avv.* poste restante, ⟨*am*⟩ general delivery: *spedire* ~ to send poste restante. **II** *a.inv.* poste restante–: *lettere* ~ poste restante letters. **III** *s.m.inv.* (*ufficio*) post office for poste restante mail, ⟨*am*⟩ general delivery.

Fernando *N.pr.m.* Ferdinand.

feroce *a.* **1** ferocious, wild, savage, fierce: *una bestia* ~ a wild (*o* fierce) animal; *un* ~ *tiranno* a fierce tyrant; *sguardo* ~ ferocious look. **2** (*atroce*) fierce, savage, cruel, terrible: *il periodo più* ~ *delle persecuzioni* the fiercest period of the persecutions; (*sanguinoso*) bloody, fierce, merciless: *una* ~ *battaglia* a bloody battle. **3** ⟨*fig*⟩ (*aspro, pungente*) fierce, sharp, biting: *critica* ~ sharp (*o* biting) criticism. **4** ⟨*fig*⟩ (*insopportabile*) fierce, sharp, violent, raging: *un dolore* ~ a sharp sorrow; *fame* ~ raging hunger. **ferocemente** *avv.* ferociously, fiercely, savagely. **ferocia** *f.* fierceness, ferocity, ferociousness, wildness, savagery. **ferocità** *f.* ⟨*lett*⟩ **1** fierceness, ferocity. **2** (*crudeltà*) cruelty.

ferodo *m.* ⟨*Mecc*⟩ lining; ~ *per freni* brake lining.

feromone *m.* ⟨*Biol*⟩ pheromone.

ferracavallo *m.* farrier, horseshoer.

ferraglia *f.* **1** ⟨*rottami di ferro*⟩ scrap–iron. **2** ⟨*spreg*⟩ (*oggetto deteriorato*) scrap, old iron. ◻ *rumore di* ~ clanking noise.

ferragosto *m.* **1** (*il 15 di agosto*) August holiday, Feast of the Assumption, August 'Bank Holiday'. **2** (*periodo*) August holidays *pl*, August holiday period: *passare il* ~ *in montagna* to spend the August holidays in the mountains.

ferraio *m.* blacksmith, smith; (*di chiavi e sim.*) locksmith. ◻ *fabbro* ~ blacksmith, smith; (*di chiavi e sim.*) locksmith. **ferrame** *m.* ironware, iron goods *pl*. **ferramenta** *f.pl.* **1** ironmongery, hardware, ironware, iron goods *pl*; (*per rifinire mobili, vetture e sim.*) iron fittings *pl*. **2** (*negozio di ferramenta*) ironmonger's (shop), ironmongery, ⟨*am*⟩ hardware store. **ferramento** *m.* (*pl. i* **ferramenti**, *le* **ferramenta**; *the latter form is used in a collective sense and also when it means "tool"*) **1** (*sostegno*) iron support (*o* strut); (*guarnizione*) iron fitting. **2** (*utensile*) tool, iron. **ferrare** *v.t.* (**ferro**) **1** (*rif. a cavalli*) to shoe. **2** (*rinforzare con ferro*) to put iron fittings on, to fit (*o* arm, bind) with iron: ~ *una botte* to bind a cask with iron, to hoop a cask. **3** (*munire di bullette*) to set with hobnails: ~ *un paio di scarponi* to set a pair of boots with hobnails. **ferrato** *a.* **1** (*rif. a cavalli*) shod: *cavallo* ~ shod horse. **2** (*rinforzato con ferro*) ironshod, ironclad: *bastone* ~ ironshod stick. **3** (*munito di bullette*) hobnailed: *scarpe* –*e* hobnailed shoes. **4** ⟨*fig*⟩ well read (*o* up, versed): *essere* ~ *in una materia* to be

well up in a subject. **ferratura** *f.* **1** (*rif. a cavalli*) shoeing: *la* ~ *dei cavalli* the shoeing of horses. **2** (*i ferri*) horseshoes *pl*, shoes *pl*. **ferravecchio** *m.* **1** scrap–metal dealer; (*rigattiere*) junk dealer. **2** ⟨*fig*⟩ (*rudere*) wreck, broken–down thing (*o* person). **ferreo** *a.* **1** (*di ferro*) iron–: *corona* –*a* Iron Crown; *età* –*a* Iron Age. **2** ⟨*fig*⟩ (*robusto*) iron, strong, robust, hard(y): *salute* –*a* iron constitution. **3** ⟨*fig*⟩ (*rigido*) iron–, strict, rigid: *disciplina* –*a* iron (*o* strict) discipline. **4** ⟨*fig*⟩ (*irremovibile*) iron–, inflexible, unyielding: *volontà* –*a* iron will, inflexible will. **5** ⟨*fig*⟩ (*tenace*) retentive, firm: *memoria* –*a* retentive memory. ◻ *governare con mano* –*a* to rule with a rod of iron. **ferrico** *a.* (*pl.* -**ci**) ⟨*Chim*⟩ ferric: *cloruro* ~ ferric chloride. **ferriera** *f.* ironworks *pl*, iron–foundry. **ferrifero** *a.* ferriferous, iron–yielding. **ferrigno** *a.* **1** (*simile al ferro*) iron–like. **2** (*che ha il colore del ferro*) iron–; (*che ha il sapore del ferro*) tasting of iron. **ferrista** *f.* ⟨*Chir*⟩ theatre nurse. **ferrite** *f.* ⟨*Met,Min*⟩ ferrite.

ferritina *f.* ⟨*Biol*⟩ ferritin.

ferro *m.* **1** ⟨*Chim*⟩ iron. **2** (*oggetto di ferro*) iron (implement); (*sbarra*) (iron) bar, (iron) rod: *lo colpì in testa con un* ~ he hit him on the head with an iron bar. **3** (*ferro da calza*) knitting needle. **4** (*ferro da stiro*) iron, flat–iron. **5** (*per arricciare i capelli*) curling–iron, tongs. **6** *pl.* (*arnesi*) tools *pl*: *i* –*i del fabbro* the blacksmith's tools; (*del chirurgo*) (surgical) instruments *pl.* **7** *pl.* (*catene per i carcerati*) irons *pl*, shackles *pl*, chains *pl*, fetters *pl*: *i carcerati avevano i* –*i ai piedi e alle mani* the prisoners had shackles on their hands and feet. **8** ⟨*lett*⟩ (*spada*) sword; (*pugnale*) dagger. ◻ ⟨*Gastr*⟩ **ai** –*i* grilled, broiled: *bistecca ai* –*i* grilled steak; ~ **alluminio** ferroaluminium; **battere** *il* ~ to hammer iron; ⟨*fig*⟩ *battere il* ~ *quando è caldo* to strike while the iron is hot; ~ **battuto** wrought iron: *letto in* ~ *battuto* wrought–iron bed; *lavori in* ~ *battuto* wrought–iron work; ~ *di* **cavallo** horseshoe–; *a* ~ *di cavallo* horseshoe–, horseshoe–shaped: *tavolo a* ~ *di cavallo* horseshoe table; *essere ai* –*i* **corti** to be at ˈdaggers drawnˈ (*o* loggerheads); *venire ai* –*i corti* to break out into open strife; **di** ~: 1 iron–; 2 ⟨*fig*⟩ cast–iron–: *un alibi di* ~ a cast–iron alibi; 3 ⟨*fig*⟩ (*tenace*) tenacious, retentive: *memoria di* ~ retentive memory; ⟨*Met*⟩ ~ **dolce** soft iron; **fil** *di* ~ (iron) wire; *mettere a* ~ *e* **fuoco** to put to fire and sword; ~ **grezzo** pig–iron; **incrociare** *i* –*i* (*combattere*) to cross swords; *i* –*i del* **mestiere** the tools of the trade; **rottami** *di* ~ scrap–iron; *essere* **sotto** *i* –*i* to undergo an operation; *morire sotto i* –*i* to die in the course of an operation; ~ **stagnato** tinned iron; **toccare** ~ (*per scaramanzia*) to touch wood: *tocca* ~! touch wood!; ~ *da stiro a* **vapore** steam iron; ~ **vecchio** scrap (*o* old) iron.

ferro|elettricità *f.* ⟨*Fis*⟩ ferroelectricity. ~**lega** *f.* ⟨*Met*⟩ ferro–alloy. ~**magnetico** *a.* (*pl.* -**ci**) ⟨*Fis*⟩ ferromagnetic. ~**magnetismo** *m.* ferromagnetism, paramagnetism.

ferromodellismo *m.* model railway construction; (*collezionismo*) model railway collecting. **ferromodellista** *m./f.* model railway constructor; (*collezionista*) model railway collector.

ferroso *a.* ⟨*Chim,Met*⟩ ferrous: *solfato* ~ ferrous sulphate. ◻ *non* ~ non–ferrous: *metalli non* –*i* non–ferrous metals.

ferro|tipia *f.* ⟨*Fot*⟩ ferrotype. ~**tranvia** *f.* (urban) metropolitan (*o* city) railway. ~**tranviario** *a.* rail and tram–: *servizio* ~ rail and tram service; *sciopero* ~ rail and tram strike. ~**tranvieri** *m.pl.* workers *pl* on the railways and tramways, rail and tram workers *pl*.

ferrovecchio *m.* (*pl.* **ferrovecchi**) dealer in old iron.

ferrovia *f.* **1** railway, ⟨*am*⟩ railroad. **2** ⟨*estens*⟩ (*stazione*) (railway) station: *imbucherò la lettera alla* ~ I shall post the letter at the station. ◻ ~ **aerea** overhead (*o* elevated) railway; ~ *a* **binario** *unico* one–track railway; ~ **circolare** circle railway, ⟨*am*⟩ beltline; ~ *a* **cremagliera** (*o* **dentiera**) rack railway; ~ **decauville** Decauville–type railway, Decauville line; **dipendente** *delle* –*e* railway employee, railwayman; ~ **elettrica** electric railway; ~ **metropolitana** underground (railway), ⟨*am*⟩ subway; (*a Londra*) Underground, ⟨*fam*⟩ Tube; **per** ~ by rail (*o* train), rail–: *spedire qc. per* ~ to send s.th. by rail; *trasporto per*

~ rail transport; *viaggiare per* ~ to go by train, to travel by rail; ~ *a* **scartamento** *largo* broad-gauge railway; ~ *a scartamento normale* standard-gauge railway; ~ *a scartamento ridotto* narrow-gauge (*o* light) railway; *–e dello* **stato** State Railways, ⟨GB⟩ British Railways; ~ *a* **trazione** *elettrica* electrified railway; ~ *a* **vapore** steam railway.

ferroviaria *f.* (*polizia ferroviaria*) railway police.

ferroviario *a.* railway-, train-, ⟨am⟩ railroad-. □ **biglietto** ~ railway (*o* train) ticket; **disastro** ~ train crash; **linea** *–a* railway line; **materiale** ~ rolling stock; **nodo** ~ railway junction; **orario** ~ railway timetable; **rete** *–a* railway system (*o* network).

ferroviere *m.* railway employee (*o* worker), railwayman; (*funzionario*) railway official; (*sui treni*) ticket collector.

ferruginosità *f.* ferruginous quality. **ferruginoso** *a.* ferruginous: *acque –e* ferruginous waters; *sorgente –a* ferruginous spring.

ferruminatorio: *cannello* ~ blowpipe.

fertile *a.* fertile (*anche fig.*): *campi –i* fertile fields; *immaginazione* ~ fertile imagination; *ingegno* ~ fertile (*o* inventive) mind. **fertilità** *f.* 1 fertility (*anche fig.*): ~ *del terreno* fertility of land; ~ *d'idee* fertility of ideas; ~ *d'ingegno* fertility of mind. 2 ⟨Statist⟩ fertility. **fertilizzante** I *a.* ⟨Agr⟩ fertilizing. II *s.m.* fertilizer. □ ~ *azotato* nitrate fertilizer; ~ *chimico* chemical fertilizer; *–i naturali* natural fertilizers. **fertilizzare** *v.t.* to fertilize: ~ *un terreno* to fertilize a piece of land. **fertilizzazione** *f.* 1 ⟨Agr⟩ fertilization. 2 ⟨Atom⟩ breeding: *processo di* ~ breeding process.

ferula *f.* 1 ⟨ant⟩ (*bacchetta per punire gli scolari*) rod, cane, ferule. 2 ⟨Stor.rom⟩ (*insegna sacerdotale*) priest's staff. 3 (*strumento ortopedico*) splint. 4 ⟨Bot⟩ ferula, giant fennel.

fervente *a.* 1 fervent, fervid, ardent: *preghiere –i* fervent prayers; *amore* ~ ardent love. 2 (*rif. a persona: pieno di zelo*) fervent, ardent, burning: ~ *di zelo* burning with zeal; *un cattolico* ~ a fervent Catholic. **fervere** *v.i.* (**fervei/fervetti**; no past participle or compound tenses) 1 (*essere al massimo*) to be ⌐at the height⌐ (*o* in full swing), to rage: *fervevano i preparativi della festa* preparations for the festivity were in full swing; *ferve la battaglia* the battle is raging; *ferveva la disputa* the dispute was at its height. 2 ⟨fig⟩ (*brulicare*) to swarm: *la piazza ferveva di folla* the square was swarming with people. **fervidamente** *avv.* fervidly, fervently, ardently. **fervido** *a.* 1 fervent, fervid: *una –a preghiera* a fervent prayer. 2 ⟨fig⟩ (*vivace*) lively, quick: *ingegno* ~ quick wit, lively mind; *una –a immaginazione* a lively imagination. □ *–i auguri* warmest (*o* heartfelt) wishes. **fervore** *m.* 1 (*ardore*) fervour, ardour: *pregare con* ~ to pray with ardour; *il* ~ *della passione* the fervour of passion. 2 (*zelo*) ardour, fervour, eagerness: *lavorare con* ~ to work with eagerness. 3 (*punto culminante*) height, heat: *nel* ~ *della lotta* at the height of battle. **fervorino** *m.* ⟨scherz⟩ (*paternale*) lecture, talking-to, ⟨fam⟩ pep talk. **fervoroso** *a.* fervent, ardent, fervid.

fesa *f.* ⟨Macell,region⟩ cut of rump (of veal).

fescennino *a.* ⟨Stor.rom⟩ Fescennine: *canto* ~ Fescennine song.

fessacchiotto *m.* ⟨scherz⟩ (silly) fool, nitwit. **fesseria** *f.* ⟨volg⟩ 1 (*azione sciocca*) silly action (*o* thing), foolishness: *hai fatto una* ~ you have done a (very) silly thing; (*parole sciocche*) foolish talk, rubbish, nonsense: *non dire –e* don't talk rubbish, don't say such silly things. 2 (*inezia, cosa da nulla*) trifle, mere nothing: *si è inquietato per una* ~ he got worked up over a mere trifle.

fesso¹ (*p.p. di fendere*) *a.* 1 (*spaccato*) split, cloven, cleft: *unghia –a* cloven hoof. 2 (*incrinato*) cracked: *vaso* ~ cracked vase. 3 ⟨estens⟩ (*rif. a suono, voce*) cracked: *suono* ~ cracked sound.

fesso² I *a.* ⟨volg⟩ silly, stupid, foolish, idiotic. II *s.m.* (*f. -a*) fool, idiot, blockhead, dolt, ⟨fam⟩ nitwit. □ *fare il* ~ to play the fool; *fare* ~ *qd.* (*imbrogliarlo*) to make a fool of s.o.

fessura *f.* 1 (*fenditura, spaccatura*) cleft, split, crack, cleavage: *una* ~ *nel muro* a crack in the wall. 2 (*buco,*

feritoia) slit, slot: *introdurre la moneta nell'apposita* ~ to put the coin in the slot provided. **fessurarsi** *v.r.* to split, to cleave, to crack. **fessurazione** *f.* 1 cracking, splitting: ~ *del cemento armato* cracking of concrete. 2 ⟨Geol⟩ fissuring, cracking: ~ *delle rocce* fissuring of rock.

festa *f.* 1 holiday, festival: ~ *civile* civil (*o* public, legal) holiday, ⟨GB⟩ Bank Holiday; ⟨Rel⟩ feast, feast day, holyday: *la* ~ *del Corpus Domini* the feast of Corpus Christi; (*con un nome particolare*) Day: *la* ~ *di san Giovanni* St. John's Day; *la* ~ *della mamma* Mother's Day. 2 *pl.* (*giorni festivi, vacanze*) holidays *pl*: *per le –e andrò a casa* I am going home for the holidays; (*di Natale*) Christmas holidays *pl*; (*di Pasqua*) Easter holidays *pl*. 3 ⟨fam⟩ (*onomastico*) name day, saint's day; (*compleanno*) birthday: *domani è la* ~ *della mamma* tomorrow is Mummy's birthday. 4 ⟨fam⟩ (*vacanza*) holiday. 5 (*festeggiamento*) celebration, feasting, festivity: *fare gran* ~ *per una ricorrenza* to hold great celebrations on some special occasion; (*ricevimento*) party, entertainment: *andare a una* ~ to go to a party. 6 (*allegria*) festivity, rejoicing, merriment: *l'arrivo dell'ospite fu una* ~ *per tutti* the arrival of the guest brought general festivity. 7 (*dimostrazione di gioia*) fuss, to-do; (*benvenuto*) warm welcome. □ *chiesa parata* a ~ church decked out with bright hangings and flowers; *essere vestito a* ~ to be dressed up in one's Sunday best; *le campane sonavano a* ~ the bells rang a festive peal; ~ *da* **ballo** dance; (*ballo importante*) ball; ⟨iron⟩ *che* **bella** ~ (*che seccatura*) what a nuisance, how lovely; ~ *di* **beneficenza** fête; **buone** *–e!* happy holidays!; (*per Natale*) a Merry Christmas and a Happy New Year!; (*per Pasqua*) Happy Easter!; *augurare le buone –e a qd.* to wish s.o. a happy Christmas (*o* Easter); ⟨Rel⟩ **celebrare** *una* ~ to celebrate a feast, to observe a feast-day; ~ **civile** legal holiday; ~ *di* **colori** riot of colours; ~ **commemorativa** commemoration, anniversary; **dare** *una* ~ to give a party; ~ *di* **famiglia** family celebration; **fare** ~: 1 (*non lavorare*) to have a holiday, to take a day off; 2 (*divertirsi*) to make merry, to have a good time; *fare* ~ *a qd.* to give s.o. a warm welcome; *fare* ~ *a qc.* (*gradirla*) to appreciate s.th.; ⟨fig⟩ *fare la* ~ *a qc.* (*consumarla*) to go right through s.th.; (*mangiarla*) to eat s.th. up; ⟨fig⟩ *fare la* ~ *a qd.* to bump s.o. off; *fare le –e*: 1 (*trascorrerle*) to spend one's holidays; 2 (*salutare calorosamente*) to give a hearty welcome (*a* to), to greet (s.o.) joyfully: *il cane faceva le –e al padrone* the dog greeted its master with joyful barks and wagging of tail; **guastare** *la* ~ to spoil the party; ⟨fig⟩ to spoil the fun; **in** ~ celebrating, rejoicing, jubilant, making merry: *la folla in* ~ the jubilant crowd; *la città era in* ~ the town was ⌐in the midst of festivities⌐ (*o* making merry); ~ *del* **lavoro** Labour Day; ~ *della* **liberazione** Liberation Day; ~ **mascherata** masked ball; ⟨Univ⟩ *la* ~ *delle* **matricole** freshmen's rag; **mezza** ~ half holiday; ~ **nazionale** national holiday, official public holiday; ~ **popolare** folk festivity; ⟨Rel⟩ ~ *di* **precetto** holiday of obligation; ⟨Bibl⟩ *ricordati di* **santificare** *le –e* remember to keep the sabbath day holy; *essere* **sotto** *le –e*: 1 (*vicino a Natale*) to be getting close to Christmas; 2 (*vicino a Pasqua*) to be getting close to Easter. *Prov.*: *fatta* (*o passata*) *la* ~ *gabbato lo santo* once on shore, we pray no more.

festaiolo *a.* (*amante delle feste*) festive, fond of feasting, jovial. □ **gente** *–a* merrymakers, revellers. **festante** *a.* ⟨lett⟩ (*in festa*) rejoicing, celebrating, making merry: *la città era* ~ *per la ricorrenza* the town was celebrating the anniversary. □ *gli amici mi corsero incontro –i* my friends ran joyfully towards me. **festeggiamento** *m.* 1 celebration: *il* ~ *di una ricorrenza* the celebration of an anniversary. 2 *pl.* (*feste, manifestazioni*) festivities *pl*, celebrations *pl*, feasting: *si fecero grandi –i in suo onore* great festivities were held in his honour. □ *comitato per i –i* festival committee. **festeggiare** *v.t.* (**festeggio, festeggi**) 1 to celebrate, to keep: ~ *un anniversario* to keep an anniversary; *oggi festeggiamo il compleanno della mamma* today we are celebrating my mother's birthday. 2 (*accogliere festosamente*) to give a hearty welcome to, to make merry in honour of: ~ *gli sposi* to make merry in honour of the bride and groom. **festeggiato I** *a.* warmly welcomed; (*rif. a una ricorrenza*) celebrated. **II** *s.m.* (*f.* **-a**) guest of honour: *fare un brindisi al* ~ to toast the guest of honour. **festicciola** *f.* small (*o* informal) party. **festino** *m.* **1** (*festa*) party, entertainment: *dare un* ~ to give a party. **2** (*pranzo*) feast, banquet.

festival *m.* festival. □ ~ *della canzone* Song Festival; ~ *cinematografico* Film Festival; ~ *musicale* (music) festival.

festività *f.* festivity, holiday; (*con un nome particolare*) Day: *la* ~ *di Natale* Christmas Day, the Feast of Christmas; *la* ~ *di Capodanno* New Year's Day. **festivo** *a.* Sunday, holiday-: *riposo* ~ Sunday rest. □ *biglietto* ~ week-end ticket; (*rif. a domenica*) Sunday ticket; *giorno* ~ holiday; *orario* ~ timetable for Sundays and holidays.

festonato *a.* **1** festooned. **2** (*ricamato a festoni*) scalloped. **festone** *m.* **1** festoon (*anche Art.*); (*di carta*) paper chain: *la sala era addobbata con -i di carta* the room was decorated with paper chains. **2** ⟨*Lav.femm*⟩ (*smerlo*) scallop.

festosamente *avv.* joyfully, merrily, cheerfully. **festosità** *f.* joyfulness, merriment, festiveness. **festoso** *a.* joyful, merry, festive, cheerful: *accoglienza -a* joyful welcome; *grida -e* cheerful cries; *voci -e* merry voices.

festuca *f.* **1** (piece of) straw. **2** ⟨*Bot*⟩ fescue (grass). □ ⟨*fig*⟩ *vedere la* ~ *nell'occhio del prossimo e non la trave nel proprio* to see a mote in another's eye and not a beam in one's own.

fetale *a.* ⟨*Biol*⟩ f(o)etal.

fetente I *a.* stinking, fetid, rank: *locali -i* fetid rooms. **II** *s.m.* ⟨*volg*⟩ skunk, stinker, dirty coward.

feticcio *m.* fetish, fetiche: *il culto dei feticci* the worship of fetishes, fetishism. **feticismo** *m.* fetishism. **feticista I** *s.m./f.* fetishist. **II** *a.* fetishistic, fetishist-. **feticistico** *a.* (*pl.* **-ci**) fetishistic.

fetidamente *avv.* fetidly, foully. **fetido** *a.* fetid, stinking, foul: *acqua -a* fetid water; *esalazioni -e* foul exhalations. **fetidume** *m.* **1** (*ammasso di cose fetide*) stinking things *pl,* heap of foul matter. **2** (*fetore*) stench, stink, fetor.

feto *m.* ⟨*Biol*⟩ f(o)etus. **fetologia** *f.* ⟨*Med*⟩ f(o)etology. **fetologo** *m.* (*pl.* **-gi**) f(o)etologist.

Fetonte *N.pr.m.* ⟨*Mitol*⟩ Phaethon.

fetore *m.* (*puzzo*) stench, stink, fetor.

fetoscopia *f.* ⟨*Med*⟩ fetoscopy.

fetta *f.* **1** slice: *una* ~ *di pane* a slice of bread; *una* ~ *di salame* a slice of salame; (*di prosciutto, pancetta*) rasher; (*spicchio*) slice, piece: *una* ~ *di torta* a slice (*o* piece) of cake. **2** ⟨*fig*⟩ (*striscia sottile*) strip, piece: *una* ~ *di terra* a strip of land. □ *fare* (*o tagliare*) *a -e* to slice, to cut into slices; *-e biscottate* rusks; ~ *di formaggio* slice of cheese.

fettuccia *f.* (*pl.* **-ce**) **1** (*nastro*) tape, ribbon: *le fettucce della federa* the tapes (*o* laces, strings) of the pillow-case; *grembiule guarnito con fettucce* apron edged with ribbon. **2** ⟨*Ind*⟩ (*striscia di barbabietola*) (beet) chip, cossette. **fettuccine** *f.pl.* ⟨*region*⟩ fettuccine (ribbon-shaped pasta).

feudale *a.* ⟨*Stor*⟩ feudal: *diritto* ~ feudal law; *signore* ~ feudal lord. **feudalesimo**, **feudalismo** *m.* feudalism, feudal system. **feudatario I** *s.m.* ⟨*Mediev*⟩ feudatory, feudal vassal (*o* lord). **II** *a.* feudatory-, feudal: *la nobiltà -a* the feudatory nobility. **feudo** *m.* **1** ⟨*Mediev*⟩ feud, fief, fee: *concedere* (*o dare*) *in* ~ *un territorio a qd.* to enfeoff s.o.; *i confini del* ~ the bounds of the feud. **2** ⟨*fig*⟩ (*grande proprietà terriera*) great landed estate. **3** ⟨*scherz*⟩ (*possesso esclusivo*) domain: *l'ufficio era diventato il suo* ~ the office had become his private domain.

feuilleton *fr.* [fœj'tɔ̃] *m.* feuilleton.

fez *m.* fez.

FF.AA. = *forze armate* armed forces.

FF.SS. = *Ferrovie dello Stato* State Railways.

fiaba *f.* **1** (fairy-)tale, story: *la* ~ *di Cenerentola* the story of Cinderella. **2** ⟨*fig*⟩ (*fandonia*) story, idle talk, tale. **fiabesco** *a.* (*pl.* **-chi**) **1** (*di fiaba*) fairy-tale-, fairy-like, ⟨*attr*⟩ fairy. **2** ⟨*fig*⟩ (*fantastico*) fairy-tale-, ⟨*attr*⟩ fairy, magic, wonderful, fantastic: *un paesaggio* ~ a fairy-tale landscape; (*favoloso*) fabulous. **fiabistica** *f.* fairy-tales

pl.

fiacca *f.* **1** (*stanchezza*) weariness, exhaustion, tiredness, lassitude. **2** (*pigrizia*) sluggishness, laziness. □ *avere la* ~ to feel tired, to be exhausted; *battere la* ~: **1** (*stare in ozio*) to be idle (*o* sluggish), to slack, to kick one's heels; **2** (*agire svogliatamente*) to slack off. **fiaccamente** *avv.* wearily, weakly, listlessly, sluggishly. **fiaccare** *v.t.* (*fiacco, fiacchi*) **1** (*indebolire*) to weaken, to enfeeble: *la malattia lo ha fiaccato* his illness has weakened him; (*spossare*) to weary, to tire, to exhaust, to wear out. **2** ⟨*fig*⟩ to weaken, to wear (*o* beat) down, to break (down): ~ *la volontà di qd.* to break s.o.'s will; ~ *la resistenza di qd.* to weaken (*o* wear down) s.o.'s resistance. □ ⟨*fig*⟩ ~ *le costole* (*o ossa*) *a qd.* to break s.o.'s bones, ⟨*fam*⟩ to tan s.o.'s hide; ~ *lo spirito* to dispirit, to depress.

fiaccheraio *m.* ⟨*region*⟩ (*vetturino*) cab driver, cabman.

fiacchezza *f.* **1** (*spossatezza*) weariness, tiredness, exhaustion, lassitude. **2** (*debolezza*) weakness; (*languore*) languor; ⟨*fig*⟩ weakness: ~ *morale* moral weakness. **3** (*pigrizia*) laziness. □ ~ *di stile* flabbiness of style. **fiacco** *a.* (*pl.* **-chi**) **1** (*spossato*) weary, tired, worn out: *oggi mi sento* ~ I feel worn out today; (*languido*) languid; (*debole*) weak, feeble; (*svogliato*) listless, slack, sluggish; (*pigro*) lazy. **2** ⟨*fig*⟩ weak, feeble, half-hearted. **3** ⟨*Econ*⟩ dull, slack: *mercato* ~ dull market. **4** ⟨*fam*⟩ (*scadente*) poor: *la sua recitazione è -a* his acting is poor.

fiaccola *f.* **1** torch: *la piazza era illuminata da -e* the square was lit by torches (*o* torchlight). **2** ⟨*fig*⟩ torch, flame, light: *la* ~ *della civiltà* the torch of civilization. **3** ⟨*fig*⟩ (*scintilla, causa*) spark, seed: *la* ~ *della discordia* the spark of strife, the seed of discord. □ *alla luce di -e* by torchlight; ~ *olimpica* Olympic torch. **fiaccolata** *f.* torchlight procession.

fiacre *fr.* [fjakr] *m.* horse cab, fiacre, hackney coach.

fiala *f.* ⟨*Farm*⟩ phial, vial; (*per iniezioni*) ampoule.

fiamma I *s.f.* **1** flame: *la* ~ *della candela* the flame of the candle; (*improvvisa, irregolare*) flare; (*molto viva*) blaze. **2** *pl.* (*incendio, fuoco*) flames *pl,* fire: *la casa fu distrutta dalle -e* the house was destroyed by the flames; *morire tra le -e* to die in a fire. **3** ⟨*fig*⟩ (*ardore, passione ardente*) flame, fervour, ardour: *le -e d'amore* the flames of love; *la* ~ *della fede* the ardour of faith. **4** ⟨*fig,scherz*⟩ (*persona amata*) flame, sweetheart: *la sua ultima* ~ his latest sweetheart (*o* girl-friend); *un'antica* ~ an old flame. **5** ⟨*fig*⟩ (*rossore*) flush: *sentirsi venire le -e al viso* to feel a flush come to one's cheeks, to feel o.s. flushing (*o* blushing, going red); (*di vergogna o pudore*) blush. **6** *pl.* ⟨*Mil*⟩ (*mostrine*) collar badges *pl.* **7** ⟨*Mar.mil*⟩ (*bandiera*) pennant, long pennon. **II** *a.* (*acceso*) flame-, bright: *rosso* ~ flame red. □ ⟨*Gastr*⟩ *alla* ~ flambé: *pollo alla* ~ chicken flambé; *condannare* (*o dare*) *alle* ~ *qc.* to order s.th. to be burnt, to burn s.th.; *di* ~ (*rosso vivo*) flame-coloured, flame-, flaming, bright red-: *cielo di* ~ flaming sky; *le Fiamme Gialle* (*finanzieri*) customs officers; *andare in -e* (*prendere fuoco*) to go up in flames, to catch fire; *essere in -e* (*bruciare*) to be on fire (*o* blazing, aflame, in flames): *la casa è in -e* the house is on fire; *le -e dell'inferno* hell-fire; ⟨*fig*⟩ *mandare -e* (*lampeggiare*) to flash, to blaze: *i suoi occhi mandavano -e* his eyes blazed; ~ *ossidrica* oxy-hydrogen flame; *ritorno di* ~: **1** ⟨*Mot*⟩ backfire; **2** ⟨*fig*⟩ unexpected outbreak of an old passion, fresh flush of sentiment; *senza* ~ flameless; ⟨*Mil*⟩ *-e verdi* (*alpini*) Alpine troops.

fiammante *a.* **1** (*che manda fiamme*) flaming, blazing, glowing, fiery. **2** ⟨*fig*⟩ (*rif. a colori: acceso*) bright, flame-, flaming: *ho una macchina rossa* ~ I have a bright red car. □ *nuovo* ~ (*nuovissimo*) brand new. **fiammata** *f.* **1** blaze, flare; (*improvvisa*) flare-up. **2** ⟨*fig*⟩ blaze (of passion), flare-up, outburst: *il suo amore fu una* ~ *improvvisa* his love was a sudden blaze of passion. □ *fare una* ~ (*bruciare*) to make a blaze, to flare up, to blaze (up): *il ceppo faceva una bella* ~ the log blazed merrily; *fare una* ~ *di qc.* (*bruciarla*) to make a bonfire of s.th.; *la paglia bruciò in una breve* ~ the straw flared up. **fiammato I** *a.* ⟨*Tess*⟩ iridescent, shot. **II** *s.m.* iridescent (*o* shot) fabric. **fiammeggiante** *a.* **1** flaming, blazing. **2** ⟨*fig*⟩ (*splendente*) blazing, bright, shining, fiery: *sguardo* ~

blazing eyes; (*ardente*) burning. **3** ⟨*fig,lett*⟩ (*rosso acceso*) glowing (red), flaming, burning, fiery: *nubi –i* glowing red clouds. **fiammeggiare** *v.i.* (**fiammeggio, fiammeggi**; *aus.* **avere**) **1** to flame, to blaze. **2** ⟨*fig*⟩ (*scintillare*) to blaze, to burn, to flash: *il suo sguardo fiammeggiava* his eyes blazed. **3** (*rosseggiare*) to glow, to be red, to flame: *al tramonto il cielo fiammeggiava* the sky was glowing (*o* fiery red) at sunset. **fiammella** *f.* (*lingua di fuoco*) tongue of flame.

fiammeraio *m.* (*f.* **-a**) **1** (*venditore ambulante*) seller of matches (*f* match–girl). **2** (*operaio*) maker of matches.

fiammifero *m.* match. □ ⟨*fig*⟩ *accendersi come un* ~ to be quick-tempered, to flare up easily; *–i paraffinati* wax matches; *scatola di –i* box of matches; *–i svedesi* (*o di sicurezza*) safety matches.

fiammingo *a./s.* (*pl.* **-ghi**) **I** *a.* Flemish: ⟨*Pitt*⟩ *scuola –a* Flemish school. **II** *s.m.* **1** (*lingua*) Flemish. **2** (*abitante; f.* **-a**) Fleming; *pl.* the Flemish. **3** *pl.* ⟨*Pitt*⟩ Flemish painters *pl.*

fiancata *f.* **1** (*urto dato col fianco*) blow given with the hip, blow in the side. **2** (*parete laterale*) side, side panel: *le –e del cassettone* the sides of the chest; (*rif. a costruzioni*) flank, side. **3** ⟨*Mar*⟩ broadside. □ *ho dato una* ~ *al tavolo* I knocked the table with my hip. **fiancheggiamento** *m.* **1** (*lo spalleggiare*) support, help, backing (up). **2** ⟨*Mil*⟩ flanking. □ ⟨*Mil*⟩ *elementi di* ~ flankers. **fiancheggiare** *v.t.* (**fiancheggio, fiancheggi**) **1** to flank, to border, to line: *il viale è fiancheggiato da platani* the avenue is lined with plane-trees; (*correre lungo*) to border, to flank, to run along: *la strada fiancheggia il fiume* the road borders (*o* runs along by) the river. **2** ⟨*fig*⟩ (*spalleggiare*) to support, to back (up), to help: ~ *un amico in una discussione* to back a friend up in an argument. **3** ⟨*Mil*⟩ to flank, to cover the flank of. **fiancheggiatore** *m.* (*f.* **-trice**) **1** (*spalleggiatore*) supporter, helper. **2** ⟨*Mil*⟩ flanker.

fianco *m.* (*pl.* **-chi**) **1** flank, side: *ho un dolore a un* ~ I have a pain in my side. **2** (*anca*) hip: *essere stretto di fianchi* to be narrow in the hips. **3** (*parte esterna*) side, flank: *il* ~ *destro del carro* the right side of the cart; (*rif. a nave*) side. **4** (*versante di montagna e sim.*) flank, side: *i fianchi della collina* the flanks of the hill; (*rif. a valle*) wall, side, slope. **5** ⟨*Mecc,Mil*⟩ flank. □ ~ **a** ~ side by side: *camminavano* ~ *a* ~ they walked along side by side; *i due palazzi si trovano* ~ *a* ~ the two buildings are adjacent (*o* next to each other); ⟨*Mil,Ginn*⟩ ~ **destro!** right turn!, by the right (turn); **di** ~: **1** (*lateralmente*) from the side, sideways (on): *la macchina è stata investita di* ~ the car was hit ⸢from the side⸣ (*o* sideways on); (*rif. a fotografie, ritratti*) in profile: *farsi fotografare di* ~ to have one's photo taken in profile; ⟨*Mil*⟩ on the flank: *attaccare la colonna di* ~ to attack the column on the flank; **2** (*laterale*) side–: *porta di* ~ side door; **3** (*accanto*) next(-door), neighbouring: *l'appartamento di* ~ the next(-door) flat; **di** ~ **a**: **1** (*vicino*) next to, by, beside: *la casa di* ~ *alla chiesa* the house by the church; **2** (*lungo*) alongside, along the side of: *la strada corre di* ~ *al colle* the road runs along the side of the hill; *stare di* ~ *a qd.* to be at s.o.'s side, to be beside (*o* next to) s.o.; *dormire sul* (*o su un*) ~ to sleep on one's side; *mettersi le mani sui fianchi* to put one's hands on one's hips; ⟨*fig*⟩ **offrire** (*o prestare*) **il** ~ to lay o.s. open: *offrire il* ~ *alle critiche* to lay o.s. open to criticism; ⟨*Mil,Ginn*⟩ ~ **sinistro!** left turn!; *stare al* ~ *di qd.* to be at s.o.'s side (*anche fig.*); ⟨*fam*⟩ **tenersi i fianchi dal gran ridere** to split one's sides with laughter.

Fiandra *N.pr.f.* ⟨*Geog*⟩ **1** Flanders *pl* (*costr. sing.*). **2** *pl.* Flanders *pl* (*costr. sing.*). **fiandra** *f.* ⟨*Tess*⟩ damask linen.

fiasca *f.* (*fiasco schiacciato*) flask; (*borraccia*) water-bottle, flask. **fiasciaio** *m.* (*f.* **-a**) **1** (*operaio delle vetrerie*) flask blower. **2** (*venditore*) flask seller. **fiaschetta** *f.* hip-flask. **fiaschetteria** *f.* (*negozio*) (retail) wine-shop; (*osteria*) tavern. **fiasco** *m.* (*pl.* **-chi**) **1** flask; (*contenuto*) flaskful: *bere un* ~ *di vino* to drink a flaskful of wine. **2** ⟨*scherz*⟩ (*insuccesso*) fiasco, failure, ⟨*fam*⟩ flop: *lo spettacolo è stato un* ~ *solenne* the show was ⸢a fiasco⸣ (*o* an utter flop). □ ⟨*fig*⟩ *fare* ~: **1** (*non riuscire*) to fail badly, to be completely

unsuccessful: *agli esami ho fatto* ~ I failed my exams badly; **2** (*non avere successo*) to be a fiasco, ⟨*fam*⟩ (to be a) flop (*o* wash–out): *la commedia ha fatto* ~ the play was a fiasco; *vino in fiaschi* wine bottled in flasks.

FIAT = *Fabbrica italiana automobili Torino.*

fiatare *v.i.* (*aus.* **avere**) (*aprire bocca*) to speak, to breathe (a word), to open one's mouth. □ *non* ~: **1** (*non parlare*) not to breathe (*o* say) a word; *guai a te se fiati* don't you dare breathe a word; **2** (*non protestare*) not to say a word; *senza* ~: **1** without batting an eyelid; **2** (*senza protestare*) without (saying) a word.

fiato *m.* **1** (*respiro, aria respirata*) breath. **2** (*sorsata*) gulp, draught: *vuotò il bicchiere in un* ~ he drained his glass in a draught (*o* single gulp). **3** (*resistenza*) staying power, stamina: *è un bravo nuotatore, ma ha poco* ~ he is a good swimmer, but he has little staying power. **4** *pl.* ⟨*Mus*⟩ wind, wind instruments *pl.* **5** ⟨*lett*⟩ (*soffio di vento*) breath of wind, gust. □ ⟨*fig*⟩ *finché avrò* ~ *in* **corpo** as long as there is breath in my body, till my last gasp; *non avere* ~ *in corpo* (*sentirsi debole*) to feel weak; **dare** ~ **alle trombe:** **1** (*sonarle*) to sound the trumpets; **2** ⟨*fig*⟩ (*ordinare l'inizio: rif. a impresa e sim.*) to order s.th. to be begun; (*tutto*) **d'un** ~ all in one breath (*o* go), at a breath: *disse queste parole tutte d'un* ~ he said these words all in one breath; *bere d'un* ~ to drain the cup at a single draught, to drink s.th. down in one gulp; *leggere un libro tutto d'un* ~ to read a book non-stop (*o* all in one go); *avere il* ~ **grosso** to be out of breath, to be breathless; ⟨*Sport*⟩ to be short-winded; *sentirsi* **mancare** *il* ~: **1** to be out of breath: *si sente mancare il* ~ he is ⸢out of breath⸣ (*o* breathless); **2** ⟨*fig*⟩ (*allibire*) to be breathless (*o* speechless, flabbergasted); *una salita che* **mozza** *il* ~ a climb that takes one's breath away; *a* **perdita** *di* ~ at the top of one's voice; **pigliare** *il* ~ to draw breath, to get one's breath (*o* wind) back; *gli* **puzza** *il* ~ he has bad breath; ⟨*fig*⟩ **risparmiare** *il* ~ to save one's breath; **scaldarsi** *le mani col* ~ to breathe on one's hands to warm them; ⟨*fig*⟩ **sprecare** *il* ~ to waste one's breath; *è tutto* ~ *sprecato* it's all just a waste of breath; **strumenti a** (*o da*) ~ wind instruments; **trattenere** (*o tirare*) *il* ~ to hold (*o* catch) one's breath. *Prov.: finché c'è* ~ *c'è speranza* while there's life there's hope.

fiatone *m.* heavy breathing, panting. □ *avere il* ~ to be ⸢out of breath⸣ (*o* breathless); *mi è venuto il* ~ I'm out of breath; *arrivai a casa col* ~ I reached home panting.

fibbia *f.* buckle: ~ *da cintura* belt buckle.

fibra *f.* **1** ⟨*Bot,Biol*⟩ fibre: ~ *muscolare* muscle fibre. **2** ⟨*Ind*⟩ (*cartone fibra*) (vulcanized) fibre: *una valigia di* ~ a fibre suitcase. **3** ⟨*fig*⟩ (*costituzione*) fibre, constitution, strength, toughness: *una* ~ *robusta* a strong constitution; *uomini di forte* ~ men of tough fibre. □ ~ **acrilica** acrylic fibre; ~ **alimentare** dietary fibre; ~ **artificiale** synthetic fibre; ~ *di* **canapa** hemp fibre; ~ *di* **cocco** coconut (*o* palm) fibre; (*am*) coco; ~ *di* **cotone** cotton staple (*o* fibre), lint; **dieta ricca di** *–e* high-fibre diet; ~ *di* **lino** flax fibre (*o* staple); ~ **ottica** optical fibre; *cavo a* *–e* **ottiche** optical-fibre cable, ⟨*am*⟩ fiberoptic cable; *–e* **sintetiche** synthetic fibres; ~ **tessile** textile fibre; ~ **tessile artificiale** man-made textile fibre; ~ **vegetale** vegetable fibre; ~ *di* **vetro** fibreglass.

fibrilla *f.* ⟨*Biol*⟩ fibril. **fibrillazione** *f.* ⟨*Med*⟩ fibrillation. **fibrina** *f.* ⟨*Biol*⟩ fibrin. **fibrinogeno** *m.* ⟨*Biol*⟩ fibrinogen. **fibrinoso** *a.* fibrinous: *essudato* ~ fibrinous exudate.

fibrocemento *m.* ⟨*Ind*⟩ asbestos cement.

fibroma *m.* ⟨*Med*⟩ fibroma. **fibrosi** *f.* ⟨*Med*⟩ fibrosis: ~ *del fegato* fibrosis of the liver. **fibrosità** *f.* fibrousness. **fibroso** *a.* fibrous: *tessuto* ~ fibrous tissue.

fibula *f.* ⟨*Archeol,Anat*⟩ fibula: ~ *aurea* gold fibula.

fica *f.* ⟨*triv*⟩ cunt.

ficcanasare *v.i.* (*aus.* **avere**) ⟨*fam*⟩ to nose (*o* pry) around, ⟨*fam*⟩ to poke one's nose in. **ficcanaso** *m./f.* (*m.pl.* **ficcanasi/ficcanaso,** *f.pl.* **ficcanaso**) ⟨*fam*⟩ meddler, busybody, nosey parker.

ficcare *v.t.* (**ficco, ficchi**) **1** to poke, to stick: *ficcarsi un dito in un occhio* to stick (*o* poke) a finger into one's eye. **2** (*conficcare*) to thrust, to drive: ~ *un palo in terra* to drive a stake into the ground; (*con un martello*) to hammer: ~ *un chiodo nel muro* to hammer (*o* drive) a nail into the wall. **3** (*cacciare, mettere*) to put, to stick: *ficcò i fogli nel cassetto* he put the sheets of paper into the drawer. **4** ⟨*fam*⟩ (*mettere, posare*) to put, to set: *dove hai ficcato i miei occhiali?* where have you put my glasses? **ficcarsi** *v.r.* **1** (*mettersi, cacciarsi*) to put (*o* thrust) o.s., to get: *ficcarsi sotto le lenzuola* to get (*o* huddle down) under the bed clothes. **2** ⟨*fam*⟩ (*andare a finire*) to get to: *dove si sono ficcati i miei guanti?* where have my gloves got to? **3** (*fig*) (*cacciarsi*) to get (o.s.) (*in* into), to become involved (in): *ficcarsi nei guai* to get into trouble. □ *ficcarsi le dita nel naso* to pick one's nose; *ficcarsi le* **mani** *in tasca* to thrust one's hands in one's pockets; ~ *il naso nelle faccende altrui* to poke one's nose into other people's business; *ficcarsi in* **testa** *qc.* to get s.th. into one's head.

fiche *fr.* [fiʃ] *f.* **1** (*nei giochi d'azzardo*) chip, counter. **2** (*scheda*) card.

fichęto *m.* fig orchard, fig garden. **fịco** *m.* (*pl.* -chi) **1** ⟨*Bot*⟩ fig (tree). **2** (*frutto*) fig. □ ⟨*fam*⟩ *non m'importa un* ~ I don't give a fig; ⟨*fam*⟩ *far le nozze coi fichi* (*secchi*) to do s.th. shabbily; *non valere un* ~ not to be worth a fig, to be worthless. **ficodịndia** (*o fịco d'Ịndia*) *m.* (*pl.* **fichidịndia/fichi d'Ịndia**) ⟨*Bot*⟩ prickly pear (cactus), ⟨*am*⟩ Indian fig.

ficomicẹti *m.pl.* ⟨*Bot*⟩ phycomycetes *pl.*

ficosęcco *m.* (*pl.* **fichisęcchi**) dried fig. □ ⟨*fam*⟩ *un* ~ (*niente*) a fig, a jot.

fịcus *m.* ⟨*Bot*⟩ rubber plant.

fịda *f.* land rented for grazing. □ *prezzo di* ~ rent for grazing rights.

fidanzamẹnto *m.* engagement, ⟨*lett*⟩ betrothal: *si sposarono dopo tre anni di* ~ they got married after a three-year engagement. □ *anello di* ~ engagement ring; *annunciare il* ~ to announce an engagement; *rompere il* ~ to break off an engagement; ~ *ufficiale* official engagement. **fidanzạre** *v.t.* to betroth, to engage: *hanno fidanzato la figlia a* (*o con*) *un architetto* they have betrothed their daughter to an architect. **fidanzarsi** *v.r.* to get (*o* become) engaged: *mi sono fidanzata con un mio compagno di studi* I have got engaged to a fellow student. **fidanzạto I** *a.* engaged, ⟨*lett*⟩ betrothed. **II** *s.m.* (*f.* -a) **1** ⟨*lett*⟩ fiancé (*f* fiancée). **2** *pl.* engaged couple. **3** ⟨*eufem*⟩ boy-friend (*f* girl-friend).

fidạre *v.i.* (*aus.* avere) **1** (*confidare*) to trust (*in* in, to), to confide (in), to rely (on): ~ *nelle proprie forze* to rely on one's own resources. **2** (*avere fede*) to trust, to have faith: ~ *in Dio* to trust in God. **fidarsi** *v.r.* **1** (*avere fiducia*) to trust (*di qd.* s.o.), to rely, to (place) trust, to confide (in s.o.): *non fidarti di lui* do not trust him. **2** (*avere il coraggio*) to dare, to trust o.s., to feel up to: *fidarsi di* (*o a*) *fare qc.* to dare (*o* trust o.s.) to do s.th., to feel up to doing s.th.; *non mi fido a* (*o di*) *guidare da solo* I don't feel up to driving by myself. □ *una persona di cui non ci si può* ~ an untrustworthy (*o* unreliable) person; *fidarsi delle promesse di qd.* to believe (*o* have faith in) s.o.'s promises. *Prov.: fidarsi è bene, non fidarsi è meglio* to trust is good, not to trust is better. **fidatẹzza** *f.* trustworthiness, reliability. **fidạto** *a.* reliable, trustworthy: *amico* ~ trustworthy friend.

fidecommessạrio *a./s.* → **fedecommissario**.
fidecommẹsso *m.* → **fedecommesso**.

fideịsmo *m.* ⟨*Filos*⟩ fideism. **fideịsta** *m./f.* fideist. **fideịstico** *a.* (*pl.* -ci) fideistic.

fideiussịone *f.* ⟨*Dir*⟩ suretyship, performance guarantee (*o* bond). □ ~ *per debito futuro* guarantee of future debt; *fare* ~ to guarantee, to stand surety. **fideiussọre** *m.* ⟨*Dir*⟩ guarantor. **fideiussọrio** *a.* guarantee-.

fidẹnte *a.* ⟨*lett*⟩ (*fiducioso*) trusting (*in* in, to), confiding (in), confident (of), relying (on): ~ *nelle proprie forze* relying on one's own strength; ~ *in Dio* trusting in God.

Fịdia *N.pr.m.* ⟨*Stor*⟩ Phidias. **fidịaco** *a.* (*pl.* -ci) Phidian, of (*o* by) Phidias: *sculture fidiache* Phidian sculpture, sculpture by Phidias.

fịdo¹ I *a.* faithful, devoted, loyal: *i suoi* -*i amici* his faithful friends. **II** *s.m.* (*seguace*) follower, supporter,

faithful attendant. □ *mal* ~ untrustworthy, unreliable.

fịdo² *m.* ⟨*Econ*⟩ credit: *richiedere un* ~ *di due milioni* to ask for a credit of two million lire. □ ~ **bancario** bank (*o* banker's) credit; ~ **cambiario** acceptance credit; **degno** *di* ~ credit worthy; **far** ~ to give (*o* allow) credit (*anche fig.*); *limite di* ~ (*fido massimo*) credit ceiling (*o* limit).

fiducia *f.* **1** trust, confidence (*in* in), reliance, dependence (on): ~ *in Dio* trust in God; (*certezza*) confidence (of): ~ *nella vittoria* confidence of victory. **2** (*credito*) credit: *la ditta gode di grande* ~ the firm enjoys great credit. **3** ⟨*Parl*⟩ confidence: *voto di* ~ vote of confidence; *negare la* ~ *al governo* to pass a vote of no confidence. □ *abusare della* ~ *di qd.* to abuse of s.o.'s confidence; *abuso di* ~ breach of trust; ~ *assoluta* absolute trust; *avere* ~ *in qd.* to trust (*o* rely on) s.o., to have confidence in s.o.; *avere* ~ *in qc.* to trust (*o* have confidence) in s.th.; *guardare con* ~ *all'avvenire* to regard the future with confidence; ⟨*Parl*⟩ *concedere la* ~ to give a vote of confidence; **di** ~: **1** (*di responsabilità*) responsible, of trust: *un incarico di* ~ *a* responsible task, a position of trust; *posto di* ~ responsible position; **2** (*fidato*) reliable, trustworthy: *persona di* ~ reliable person; *medico di* ~ family doctor; **godere** *la* (*o della*) ~ *di qd.* to be trusted by s.o., to enjoy s.o.'s confidence; **ispirare** ~ to inspire feelings of trust, to breed confidence; *per* **mancanza** *di* ~ for lack of trust; ⟨*Parl*⟩ **ottenere** *la* ~ to win a vote of confidence; ~ **piena** full confidence; ⟨*Parl*⟩ **questione** *di* ~ question of confidence: *porre la questione di* ~ to put the question of confidence; ~ *in se stesso* self-confidence, self-assurance.

fiduciaria *f.* ⟨*Econ*⟩ trust company (*o* corporation).

fiduciạrio I *a.* ⟨*Dir*⟩ trust-, fiduciary: *contratto* ~ fiduciary contract, trust indenture (*o* deed). **II** *s.m.* (*f.* -a) **1** official representative, (*di sindacato*) union steward: *il sindacato ha mandato un* ~ the union has sent an official representative. **2** ⟨*Dir*⟩ trustee, fiduciary. □ *amministrazione* -*a* trusteeship. **fiduciosamẹnte** *avv.* trustingly, confidently, trustfully. **fiduciọso** *a.* trusting (*in* in, to), confident (of), trustful: ~ *nelle proprie forze* trusting to one's own resources; ~ *in Dio* trusting in God.

fiẹle *m.* **1** (*bile*) bile, gall. **2** ⟨*fig*⟩ (*malanimo*) gall, bitterness; (*rancore*) rancour, grudge: *essere pieno di* ~ to be filled with rancour. □ *amaro come il* ~ as bitter as gall; ⟨*fig*⟩ *avere del* ~ *contro qd.* to bear s.o. a grudge.

fienagịone *f.* **1** (*azione*) hay making, hay harvest. **2** (*periodo*) hay time, haying season. **fienạio** *a.* hay-. □ *falce* -*a* scythe. **fienịle** *m.* (*locale*) barn; (*palco per il fieno*) hay loft. **fiẹno** *m.* hay. □ *fare il* ~ to make hay; ⟨*Med*⟩ *febbre da* ~ hay fever.

fiẹra¹ *f.* **1** fair (*anche fig.*). **2** (*esposizione*) exhibition; (*mostra*) show. □ ~ *di* **beneficenza** (charity) bazaar; ~ *del* **bestiame** cattle fair; ~ *del* **bianco** white sale; ~ **commerciale** trade fair; ~ **campionaria** trade (*o* sample) fair; ~ *del* **libro** book fair.

fiẹra² *f.* wild beast (*o* animal).

fieramẹnte *avv.* **1** (*orgogliosamente*) proudly; (*alteramente*) haughtily. **2** (*crudelmente*) cruelly; (*ferocemente*) wildly. **3** (*audacemente*) boldly, with spirit. **fierẹzza** *f.* **1** (*orgoglio*) pride. **2** (*alterigia*) haughtiness. □ ~ *d'animo* spirit, mettle.

fierịstico *a.* (*pl.* -ci) fair-, exhibition-, show-, of a fair. □ *manifestazione* -*a* fair, exhibition; *recinto* ~ fair ground.

fiẹro *a.* **1** (*altero*) haughty: *atteggiamento* ~ haughty bearing. **2** (*orgoglioso*) proud: *sono* ~ *di te* I am proud of you. **3** (*feroce*) fierce, cruel, wild: *il* ~ *tiranno* the fierce tyrant; ⟨*fig*⟩ *la* -*a sorte* cruel fate. **4** (*ardito, audace*) bold, daring, courageous. **5** (*violento, furioso*) fierce, violent, raging: -*a lotta* fierce fighting. **6** (*duro, doloroso*) hard, sharp, keen: *la sua morte fu un* ~ *colpo per tutti* his death was a hard blow for everyone.

fiẹvole *a.* feeble, faint, weak: *un* ~ *lamento* a feeble moan; *suono* ~ faint sound. **fievolmẹnte** *avv.* feebly, faintly, weakly.

fifa¹ *f.* ⟨*fam*⟩ (*paura*) funk: *avere* ~ to be in a funk.

fifa² *f.* ⟨*Ornit*⟩ lapwing, peewit.

fifo *m.* ⟨*Comm*⟩ FIFO, first in first out.

fifone *m.* (*f.* -a) ⟨*fam*⟩ (*pauroso*) funk.

fig. 1629 **fila**

fig. = *figurato* figurative (*abbr. fig.*).

figaro *m.* ⟨*scherz*⟩ (*barbiere*) barber.

figgere *v.t.* (**figgo, figgi; fissi, fitto**) ⟨*lett*⟩ to drive, to fix, to stick. □ *figgersi in capo strane idee* to get strange ideas into one's head; ~ *gli occhi* (*o lo sguardo*) *su qd.* (o *qc.*) to fix one's eyes on s.o. (*o s.th.*).

Figi *N.pr.f.pl.* ⟨*Geog*⟩ Fiji: *isole* ~ Fiji Islands *pl.*

figlia *f.* **1** daughter; (*ragazza*) girl: *la mia* ~ *maggiore si è sposata* my elder daughter (*o* girl) has got married; *povera* ~, *quanto ha sofferto* poor girl, how she has suffered. **2** (*cedola*) counterfoil. □ *bollettario a madre e* ~ counterfoil book; ~ *da marito* girl of marriageable age. **figliare** *v.i.* (**figlio, figli**; *aus.* **avere**) (*partorire: rif. ad animali*) to give birth; (*fare più piccoli in una volta*) to litter; (*rif. a cavalla*) to foal; (*rif. a cagna*) to pup, to whelp; (*rif. a pecora*) to lamb; (*rif. a mucca*) to calve; (*rif. a gatta*) to kitten, to have kittens; (*rif. a scrofa*) to farrow, to pig; (*rif. a belve*) to whelp. **figliastro** *m.* (*f.* **-a**) step child, step son (*f* step daughter). **figliata** *f.* litter: *una* ~ *di gattini* a litter of kittens.

figlio *m.* (*f.* **-a**) **1** child; *pl.* (**figli e figlie**) children *pl.*: *i miei figli sono già grandi* my children are big now; (*bambino piccolo*) baby: *aspetta un* ~ she is expecting a baby; (*figlio maschio*) son. **2** (*rif. ad animali*) young. **3** (*uomo*) man, ⟨*fam*⟩ fellow, ⟨*fam*⟩ chap: *povero* ~, *come l'hanno ridotto* poor fellow, look what they've done to him. □ ~ **adottivo** adopted (*o* adoptive) child, foster child; ~ **adulterino** adulterine child; ~ *dell'***amore** (*figlio naturale*) love child; ~ *d'***arte** actor who comes from a theatrical family; ⟨*volg*⟩ ~ *d'un* **cane** son of a bitch; **dare** *un* ~ *a qd.* to give s.o. a child, to bear s.o. a son; *il* ~ *di* **Dio** the Son of God; **fare** *un* ~ to have a child; *i* **figli** *dei* **figli**: **1** (*i nipoti*) one's grandchildren; **2** (*i posteri*) one's descendants; ~ **illegittimo** illegitimate child; ⟨*Dir*⟩ **legittimato** legitimized child; ~ **legittimo** legitimate (*o* lawful) child; ~ *di primo* **letto** child born of a first marriage; ~ **maggiore** firstborn, eldest child; (*tra due*) firstborn, elder child; (*rif. a figli maschi*) eldest son; (*tra due*) elder son; ⟨*spreg*⟩ ~ *di* **mamma** Mummy's boy (*o* darling); ~ **minore** youngest child; (*tra due*) younger child; ~ **nato morto** still-born child; ~ **naturale** natural child; ~ *di* **nessuno** waif, foundling; ⟨*spreg*⟩ ~ *di* **papà** spoilt young man; ~ *del* **popolo** man of the people (*o* humble birth); ⟨*volg*⟩ ~ *di* **puttana** son of a bitch; **senza** **figli** childless: *matrimonio senza figli* childless marriage; ~ *del suo* **tempo** man of his age; **tenere** *qd. come un* ~ to treat s.o. as if he were one's own child; ~ **unico** only child; (*rif. a figlio maschio*) only son; ⟨*Bibl*⟩ ~ *dell'***uomo** Son of man; ~ **uterino** uterine child.

figlioccio *m.* (*f.* **-a**) godson (*f* –daughter); (*senza distinzione di sesso*) godchild. **figliola** *f.* **1** (*figlia*) daughter, child. **2** (*ragazza*) girl. **figliolame** *m.* ⟨*scherz,spreg*⟩ brood, offspring. **figliolanza** *f.* children *pl,* offspring (*costr.pl.*): *una numerosa* ~ a lot of children, a large family. **figliolo** *m.* **1** (*figlio*) son; (*senza distinzione di sesso*) child. **2** *pl.* (**figli e figlie**) children *pl*: *ha tre –i* she has three children. **3** (*ragazzo*) boy, fellow, chap, lad: *un bravo* ~ a good lad. **4** (*uomo*) man: *quel* ~ *non è mai puntuale* that man's never on time. □ ⟨*Bibl*⟩ *il figliol prodigo* the Prodigal Son.

figura *f.* **1** figure, shape: ~ *tonda* round figure; *cambiare la propria* ~ to change shape; ~ *snella* slender figure; ~ *tozza* dumpy figure. **2** (*illustrazione*) illustration, picture: *un libro pieno di –e* a book full of illustrations; (*disegno*) drawing; (*tavola*) plate. **3** (*personaggio*) figure, character. **4** (*apparenza*) figure, appearance: *fare la* ~ *dello sciocco* to cut a foolish figure; (*buona apparenza*) fine (*o* good) figure, good appearance (*o* impression): *è una ragazza intelligente, ma non fa* ~ she is an intelligent girl, but she does not make a good impression (*o* show up to advantage). **5** ⟨*Geom*⟩ figure: ~ *piana* plane figure; ~ *solida* solid (figure). **6** ⟨*Art*⟩ figure: ~ *al naturale* life-size figure. **7** (*nelle carte*) court card, coat card. **8** (*negli scacchi*) chessman (other than a pawn). **9** (*nella danza, nel pattinaggio e sim.*) figure. **10** ⟨*Mus*⟩ (written) note. **11** ⟨*Dir*⟩ (*specie, tipo*) type, kind: ~ *di reato* type of offence. □ ⟨*Aer*⟩ ~ **acrobatica** acrobatic stunt (*o* figure),

piece of acrobatics; ⟨*fam*⟩ *fare una* ~ **barbina** to cut a very poor (*o* sorry) figure; *fare* **bella** (o **buona**) ~: **1** to cut (*o* make) a fine figure, to show up to advantage, to cut a dash; **2** ⟨*iron*⟩ to cut a fine (*o* sorry) figure; **3** (*riuscire bene*) to do (*o* come out) well; **fare brutta** (o **cattiva**) ~ to cut a poor (*o* sorry) figure; *far fare una brutta* ~ *a qd.* to make s.o. cut a poor figure; ⟨*esclam*⟩ *che* ~ (*che brutta figura*) *hai fatto!* what a sorry figure you cut! what a poor show!; ~ *a* **colori** colour illustration (*o* plate); **di** ~ (*che fa figura*) striking, smart, impressive: *un abito di* ~ a very smart dress; **fare** ~: **1** to cut (*o* make) a fine figure, to cut a dash, to show to advantage (*o* up well); **2** (*rif. a vestiti*) to look good (*o* smart, nice); *fare la* ~ *di* to (make o.s.) look: ⟨*fam*⟩ *fare la* ~ *del cretino* to look (like) a real fool; ⟨*Art*⟩ **mezza** ~ half-length; ~ **retorica** figure of speech.

figuraccia *f.* (*pl.* **-ce**) poor (*o* sorry) figure: *fare una* ~ to cut a sorry figure. **figurante** *m./f.* (*comparsa*) walker-on, figurant (*f* figurante).

figurare **I** *v.t.* **1** (*rappresentare*) to represent, to portray, to figure, to depict, to show: *la giustizia è figurata con una bilancia in mano* Justice is shown holding a pair of scales. **2** (*simboleggiare*) to symbolize, to stand for, to represent: *il cane figura la fedeltà* the dog stands for faithfulness. **3** (*mostrare, fingere*) to feign, to pretend: *figura di aver capito* he pretends he has understood. **II** *v.i.* (*aus.* **avere**) **1** (*risultare, esserci*) to appear, to be found (*o* shown, down): *il suo nome non figura nell'elenco* his name ⸢does not appear⸣ (*o* is not to be found) on the list. **2** (*trovarsi, esserci*) to be: *fra gli intervenuti figuravano alcuni ministri* among those present there were several ministers. **3** (*apparire*) to appear, to be shown; (*essere conosciuto*) to be known: *non volle* ~ *come autore della donazione* he did not want to be known as the giver of the donation. **figurarsi** *v.r.* to imagine, to suppose, to fancy, to picture: *me lo figuravo più giovane* I imagined him as being younger; *puoi figurarti il mio stupore* you can (just) imagine my astonishment. □ *figurati* (o *figuriamoci, figurarsi, figuratevi*) just think (*o* fancy, imagine), fancy that, you can just imagine, believe it or not: *si figuri che non sapevo nulla di tutto ciò* just think, I knew nothing of all this; *grazie – si figuri* thank you – don't mention it; *disturbo? – si figuri* am I troubling you? – ⸢not in the least⸣ (*o* of course not).

figuratamente, figurativamente *avv.* figuratively. **figurativismo** *m.* ⟨*Art*⟩ representational art. **figuratività** *f.* figurativeness, representationalism. **figurativo** *a.* figurative: *arti –e* figurative arts. **figurato** *a.* **1** figured, represented: *la scena era –a nel marmo* the scene was figured in marble. **2** (*che contiene figure*) figured, bearing figures: *vetro* ~ figured glass; (*rif. a libro*) illustrated. **3** ⟨*Ling*⟩ (*simbolico*) figurative: *espressione –a* figurative expression. **4** ⟨*Mus*⟩ figural, figured: *canto* ~ figured melody. □ *danza –a* figure dance; *linguaggio* ~ figurative language. **figurazione** *f.* figure, figuration: *un arazzo con –i mitologiche* a tapestry with mythological figures. **figuretta** *f.* **1** (*corporatura minuta*) slight figure, slim build. **2** (*statuetta*) figurine: *una* ~ *di terracotta* a terracotta figurine. **figurina** *f.* **1** (*cartoncino con una figura*) picture card: *le –e delle gomme americane* the picture cards found in packets of chewing gum. **2** (*statuetta*) figurine: *una* ~ *di alabastro* an alabaster figurine. **3** (*corporatura minuta*) slender figure, slight build. □ *album delle –e* picture-card album. **figurinista** *m./f.* **1** ⟨*Mod*⟩ dress designer, fashion designer. **2** ⟨*Teat*⟩ costume designer. **figurino** *m.* **1** ⟨*Mod*⟩ (*disegno*) fashion plate, fashion sketch. **2** ⟨*Teat*⟩ costume sketch. **3** (*giornale di moda*) fashion magazine. **4** ⟨*fig*⟩ (*rif. a persona: chi veste alla moda*) fashion-plate: *essere un* ~ to be a fashion-plate. **figuro** *m.* (*tipo losco*) shady character, suspicious-looking fellow. **figurona** *f.* good (*o* fine, brilliant) figure: *fare una* ~ to cut a brilliant figure, to make a show.

fila[1] *f.* **1** row, line, string: *una* ~ *di persone* a line of people; *una lunga* ~ *di macchine* a long line of cars. **2** (*coda*) queue, ⟨*am*⟩ line. **3** (*fila di posti*) row: *poltrona di prima* ~ front-row seat. **4** ⟨*fig*⟩ (*serie*) string, series, succession: *una* ~ *di disgrazie* a succession of accidents;

una ~ *di bestemmie* a string of oaths. □ ⟨Mil,Ginn⟩ *per* ~ **destr'** right wheel; **di** ~ running, in succession, on end, one after another, in a row: *è piovuto per cinque giorni di* ~ it rained for five days running; **disertare** *le -e* to desert; ⟨fig⟩ (*tradire una causa*) to abandon a cause; **doppia** ~ double file; **fare** *la* ~ (*la coda*) to queue (up), ⟨am⟩ to line up; **in** ~: 1 in a line; 2 (*uno dietro l'altro*) in file, lined up; 3 (*uno accanto all'altro*) in a row, lined up; 4 ⟨Mil⟩ in file; **in** ~ *per due* (o *in* double (o treble) file; *in* ~ **indiana** in single (o Indian) file; ⟨Mar⟩ **linea di** ~ (single) line ahead; **mettere** *in* ~ to line (o draw) up, to place in a row; *mettersi in* ~ to line up; (*fare una coda*) to queue up; **serrare** *le -e* to close the ranks; ⟨fig⟩ to unite, to join forces; *una* ~ *di soldati* a file of soldiers; **stare** *in* ~ to be 'in a row' (o lined up); ⟨Mil⟩ to be in file; **uscire** *dalla* ~ to leave a line (o queue); ⟨Mil⟩ to leave the ranks.

fila² → **filo.**

filàbile *a.* spinnable, fit for spinning. **filàccia** *f.* (*pl.* -ce) 1 (un)ravelling. 2 (*materiale usato per medicazione*) lint. **filaccicóso** *a.* 1 that frays easily: *tessuto* ~ cloth that frays easily; (*sfilacciato*) frayed. 2 (*rif. a carne*) stringy.

Filadèlfia *N.pr.f.* ⟨Geog⟩ Philadelphia.

filaménto *m.* 1 filament, thread; (*fibra*) fibre: *-i nervosi* nerve fibres. 2 ⟨Bot,El⟩ filament. **filamentóso** *a.* filamentous, filamentary.

filànca *f.* ⟨Tess⟩ helanca: *calze di* ~ helanca stockings. **filànda** *f.* spinning mill; (*per seta*) silk factory, silk mill, filature. **filandière** *m.* owner of a silk factory. **filandìna** *f.* spinner. **filàndra** *f.* (*cascame di filatura*) spinning waste; (*di tessitura*) weaving waste. **filànte** *stella* ~: 1 (*stella cadente*) shooting star; 2 (*striscia di carta*) (paper) streamer.

filantropìa *f.* philanthropy. **filantropicaménte** *avv.* philanthropically. **filantròpico** *a.* (*pl.* -ci) philanthropic. **filantropìsmo** *m.* philanthropism. **filàntropo** I *s.m.* (*f.* -a) philanthropist. II *a.* philanthropic(al).

filàre¹ I *v.t.* 1 to spin: ~ *la seta* to spin silk. 2 (*ridurre in fili mediante fusione*) to spin, to draw (out): ~ *il vetro* to spin glass. 3 ⟨Mar⟩ to pay out, to ease off, to slack away: ~ *un cavo* to pay out a rope. II *v.i.* (*aus.* essere/avere) 1 (*assumere forma di filo; aus.* avere) to go stringy: *il formaggio fila* the cheese is going stringy; (*rif. a liquido*) to rope. 2 (*colare; aus.* avere) to trickle. 3 (*fam*) (*flirtare; aus.* avere) to be going out, to go together, ⟨fam⟩ to go steady: ~ *con una ragazza* to be going out with a girl. 4 (*procedere velocemente; aus.* essere) to bowl (along), to speed (along), to spin, to run, to go at full speed: ~ *a cento all'ora* to speed along at a hundred miles an hour. 5 (*scorrere: rif. a discorso e sim; aus.* essere) to follow (on), to make sense, to hang together, to tally: *il ragionamento fila* the reasoning 'follows on logically' (o makes sense). 6 ⟨fam⟩ (*andarsene; aus.* essere) to make off, to clear off, to make o.s. scarce: *filò via prima che tornasse il padre* he made off before his father got back. □ ~ *in perfetto amore* to live in perfect harmony; ⟨fam⟩ *fare* ~ *qd.* to make s.o. behave (o toe the line); ⟨scherz⟩ ~ *all'inglese* to take French leave; ~ *a mano* to spin by hand; ⟨fam⟩ *fila!* scram!; *fila via!* off with you!, clear off!, beat it!

filàre² *m.* row, line: *un* ~ *di cipressi* a row of cypresses.

filària *f.* ⟨Zool⟩ filaria.

filarìno *m.* ⟨fam⟩ 1 (*giovane innamorato*) sweetheart. 2 (*amore poco impegnativo*) flirtation.

filariòsi *f.* ⟨Veter⟩ filariasis, filariosis.

filarmònica *f.* music (o philharmonic) society: ~ *locale* local music society. **filarmònico** *a./s.* (*pl.* -ci) I *a.* philharmonic: *società -a* philharmonic (o music) society. II *s.m.* philharmonic. □ *orchestra -a* philharmonic (orchestra).

filastròcca *f.* 1 (*poesiola infantile*) ⁀nursery rhyme, nonsense rhyme; (*per fare la conta*) counting-out rhyme. 2 (*serie lunga e noiosa di parole*) endless list, rigmarole: *una* ~ *di nomi* an endless list of names.

filatelìa, filatèlica *f.* philately. **filatèlico** *a./s.* (*pl.* -ci) I *a.* philatelic, philatelical: *esposizione -a* philatelic exhibition. II *s.m.* (*f.* -a) → **filatelista. filatelìsta** *m./f.* philatelist.

filatìccio *m.* ⟨Tess⟩ floss silk. **filàto** I *a.* 1 spun: *lana -a*

spun wool. 2 ⟨fig⟩ (*scorrevole*) smooth, easy: *discorso* ~ smooth (o easy) speech; (*coerente*) logical, consequent, consistent: *ragionamento* ~ logical reasoning. II *s.m.* ⟨Tess⟩ yarn. □ ~ *di canapa* hemp yarn; ~ *di lino* linen; ~ *ritorto fantasia* chain yarn; *zucchero* ~ candy floss, ⟨am⟩ cotton candy. **filatóio** *m.* 1 (*strumento domestico*) spinning wheel; (*macchina*) spinning machine (o frame), spinner. 2 (*locale*) spinning room. **filatóre** *m.* (*f.* -trice) (*operaio*) spinner. **filatrìce** *f.* 1 (*operaia*) spinner. 2 (*macchina*) spinning machine (o frame), spinner.

filattèria *f.*, **filattèrio** *m.* ⟨Lit⟩ phylactery.

filatùra *f.* spinning. □ ~ *manuale* hand-spinning; ~ *meccanica* machine-spinning.

fildifèrro (o *fìl di fèrro*) *m.* (iron) wire.

fillènico *a.* (*pl.* -ci) ⟨lett⟩ philhellenic. **fillenìsmo** *m.* philhellenism. **fillèno** I *a.* philhellenic. II *s.m.* philhellene, philhellenist.

Filèmone *N.pr.m.* ⟨Mitol⟩ Philemon.

filettàre *v.t.* (*filétto*) 1 to adorn, to decorate (with threads or ribbons); (*bordare*) to edge, to bind, to braid: ~ *un berretto* to braid a cap. 2 ⟨Legat⟩ to fillet (to adorn with a) fillet. 3 ⟨Mecc⟩ to thread, to cut (a thread in): ~ *una vite* to cut a screw; (*all'interno*) to tap. **filettàto** *a.* 1 adorned, decorated (with threads or ribbons); (*bordato*) edged, bound, braided: ⟨Mil⟩ *berretto* ~ braided cap. 2 ⟨Mecc⟩ threaded, screwed. **filettatrìce** *f.* (*macchina*) threader, thread-cutting (o screw cutting) machine. **filettatùra** *f.* 1 adorning, decorating (with threads or ribbons); (*il bordare*) edging, binding, trimming; (*filetti*) threads *pl,* ribbons *pl;* (*la bordatura*) edging, binding, braid. 2 ⟨Mecc⟩ threading, screw cutting; (*all'interno*) tapping; (*filetto*) (screw) thread: ~ *della vite* (screw) thread. □ ~ *destra* right-handed (o right screw) thread; ~ *sinistra* left-handed (o left screw) thread; ~ *al tornio* screw cutting on a lathe, chasing. **filétto** *m.* 1 (*filo sottile*) fine thread. 2 (*cordoncino*) thread; (*bordatura*) edging, border, braid, trimming: *un berretto con un* ~ *d'oro* a cap with gold braid, a gold-braided cap. 3 (*gallone*) braid, ribbon, trimming; (*di uniforme*) stripe, braid; (*dei calzoni*) (leg) stripe, leg band. 4 (*ornamento filiforme: su cornici e sim.*) line: *una cornice chiara con un* ~ *d'oro* a light-coloured frame with a gold line. 5 ⟨Legat⟩ fillet, band. 6 ⟨Tip⟩ rule. 7 (*in calligrafia*) hair stroke, serif. 8 ⟨Gastr⟩ fillet: ~ *di manzo* fillet of beef, tenderloin; ~ *di sogliola* fillet of sole. 9 ⟨Mecc⟩ (*filettatura*) (screw) thread, worm (of a screw). 10 (*morso per cavalli*) snaffle (bit). 11 ⟨Anat,pop⟩ (*frenulo*) fraenum, fraenulum. □ ⟨Tip⟩ ~ *chiaro* fine-face rule; ~ *fra due colonne* column rule; ~ *ornamentale* ornamented rule; ⟨Mecc⟩ ~ *sinistro* left-handed thread.

filiàle¹ *a.* filial: *amore* ~ filial love; *i doveri -i* filial duties.

filiàle² I *s.f.* branch; (*ufficio*) branch (o field) office. II *a.* ⟨Rel⟩ daughter-: *abbazia* ~ daughter house. □ ~ *autonoma* subsidiary (company), affiliate; ~ *estera* foreign branch.

filiazióne *f.* 1 filiation (*anche Dir.*). 2 ⟨fig⟩ (*derivazione*) derivation: *la* ~ *di un'idea da un'altra* the derivation of one idea from another.

filibustière *m.* 1 ⟨Stor⟩ filibuster, freebooter. 2 ⟨fig⟩ (*affarista senza scrupoli; f.* -a) unscrupulous character, adventurer, rogue, rascal.

filièra *f.* 1 ⟨Tess⟩ spinning machine, spinner; (*rif. a seta artificiale*) nozzle, spinneret. 2 ⟨Ind⟩ (*trafila*) die(plate), drawplate. 3 ⟨Mecc⟩ screw cutting die, threading die. 4 ⟨Zool⟩ spinneret.

filifórme *a.* filiform, thread-like.

filigràna *f.* 1 ⟨Oref⟩ filigree, filagree (*anche fig.*): ~ *d'argento* silver filigree. 2 ⟨Cart⟩ watermark: *la* ~ *dei francobolli* the watermark on stamps. **filigranàto** *a.* ⟨Cart⟩ watermarked: *carta -a* watermarked paper.

filipèndola, filipèndula *f.* ⟨Bot⟩ dropwort, filipendula.

Filìppi *N.pr.f.* ⟨Geog.stor⟩ Philippi. □ *ci rivedremo a* ~ we shall meet again at Philippi.

filìppica *f.* philippic, tirade: *fare una* ~ to deliver a tirade. **Filìppiche** *N.pr.f.pl.* ⟨Lett⟩ Philippics *pl.*

Filippìne *N.pr.f.pl.* ⟨Geog⟩ Philippines *pl,* Philippine Islands *pl.* **filippìno** I *a.* Philippine, Filipino. II *s.m.* (*f.*

-a) Filipino.

Filippo *N.pr.m.* Philip. □ ⟨*Stor*⟩ ~ *il Bello* Philip the Fair.

filisteịsmo *m.* Philistinism. **filistẹo I** *a.* ⟨*Stor*⟩ Philistine (*anche estens.*): *il popolo* ~ the Philistine people. **II** *s.m.* (*f.* **-a**) ⟨*Stor,fig,spreg*⟩ Philistine.

fịllio *m.* ⟨*Entom*⟩ leaf insect, walking leaf.

fillọssera *f.* ⟨*Entom*⟩ phylloxera: ~ *della vite* grape phylloxera (*o* leaf louse). **fillotạssi** *f.* ⟨*Bot*⟩ phyllotaxy, phyllotaxis.

film *m.* **1** ⟨*Fot*⟩ (*pellicola*) film. **2** (*opera cinematografica*) film, ⟨*fam*⟩ picture, ⟨*am*⟩ motion picture, ⟨*am.fam*⟩ movie: *un* ~ *di un regista francese* a film by a French director. **3** (*cinematografia*) film, films *pl*, cinema: *il* ~ *sonoro* the sound (*o* talking) film. **4** ⟨*tecn*⟩ (*foglio, strato*) film. □ ~ *d'*animazione animation film; ~ avventuroso (*o di avventure*) adventure film; ~ *d'*azione action film; ~ *in bianco* e *nero* black and white film; ~ *in* cinemascope cinemascope film; ~ *a* colori colour film; ~ didattico educational film; ~ *a* episodi serial film; ~ giallo detective film, ⟨*fam*⟩ thriller; girare *un* ~ to shoot a film; ~ *a corto* metraggio short (subject); ~ *a lungo metraggio* feature film; ~ musicale musical; ~ muto silent film; ~-opera filmed opera; ~ *dell'*orrore horror picture; ~ *a schermo* panoramico panorama (*o* wide-screen) film; ~ *a passo ridotto* sub standard (*o* sixteen-millimetre) film; proiettare *un* ~ to project a film; ⟨*Cin*⟩ to show (*o* screen) a film; ⟨*Cin*⟩ proiezione *di un* ~ (*atto*) showing (*o* screening) of a film; (*spettacolo*) film-show; ~ pubblicitario advertising film; ~ *a* puntate serial; ~ sentimentale romance picture; ~ sonoro talking (*o* sound) film, ⟨*fam*⟩ talkie; ~ stereofonico stereophonic film; ~ *in* technicolor technicolor film; ~ western Western.

filmạre *v.t.* **1** to film: ~ *un avvenimento* to film an event. **2** (*ridurre in edizione cinematografica*) to film, to make a film of, to put on the screen: ~ *un romanzo* to film a novel; (*girare*) to shoot. **filmạto I** *a.* filmed, made into a film: *racconto* ~ story made into a film, screen version of a story. **II** *s.m.* film (strip). **fịlmico** *a.* (*pl.* **-ci**) film-, cinema-, ⟨*am*⟩ motion picture-. **filmịstico** *a.* → filmico. **filmịna** *f.* ⟨*Fot*⟩ film strip. **filmografịa** *f.* filmography. **filmologịa** *f.* study of cinematography.

fịlo *m.* (*pl. i* fịli, *le* fịla; when used in a concrete sense the plural is in *-i*; when used figuratively or collectively the plural is in *-a*) **1** thread: *un* ~ *sottile* a fine thread; (*filato*) yarn: ~ *di lana* woollen yarn; ~ *di lino* linen (thread), flaxen yarn; (*per cucire*) sewing thread, thread; (*di cotone*) cotton: *un rocchetto di* ~ a reel of cotton. **2** (*filo metallico*) wire: ~ *di acciaio* steel wire. **3** ⟨*El*⟩ (*conduttore*) wire. **4** (*cotone*) cotton: *calzini di* ~ cotton socks. **5** (*rif. a collana*) string, row: ~ *di perle* a string of pearls; *collana a tre* –*i* three-row necklace. **6** (*foglia filiforme*) blade: ~ *di paglia* (blade of) straw. **7** (*taglio di lama*) cutting edge, edge: *il* ~ *del coltello* the knife edge; *la lama ha perso il* ~ the blade has lost its edge. **8** ⟨*fig*⟩ (*svolgimento logico*) thread: *il* ~ *del discorso* the thread of one's speech. **9** (*quantità minima*) scrap, ounce: *non ha un* ~ *di giudizio* he hasn't a scrap of sense. **10** *pl.* ⟨*fig*⟩ (*elementi essenziali*) threads *pl: le* –*a della congiura* the threads of the plot; *tiene lui le* –*a dell'affare* the threads of the matter are in his hands. **11** (*per stendere il bucato*) (washing) line, ⟨*am*⟩ clothes line. □ *un* ~ *d'*acqua a trickle (*o* fine stream) of water; *non c'è un* ~ *d'acqua* there's not a drop of water; ⟨*El,Tel*⟩ ~ aereo overhead (*o* aerial) wire; ⟨*Mitol*⟩ ~ *d'*Arianna Ariadne's thread; ⟨*fig*⟩ the clue to a difficult problem; ⟨*fig*⟩ essere attaccato (*o appeso*) *a un* ~ to be hanging by a thread; *il* ~ *del* baco *da seta* silk; *i* –*i dei* burattini puppet strings; ~ conduttore: 1 ⟨*El*⟩ conducting (*o* lead) wire; 2 ⟨*fig*⟩ (guiding) thread, clue, lead; ⟨*Ferr*⟩ ~ *di* contatto contact wire, (cat) whisker; dare *il* ~ *a una lama* to sharpen a blade; ⟨*El*⟩ ~ *in* derivazione derived (*o* branch) wire; *perdere il* ~ *del* discorso to lose the thread of what one was saying; *riprendere il* ~ *del discorso* to resume the thread of; ~ doppio double (*o* twin) wire; ⟨*fig*⟩ *essere cuciti* (*o legati*) *a* ~ *doppio* to be inseparable (*o* never apart); ~ elettrico electric wire (*o* flex); ~ *d'*erba blade

of grass; far *le* –*a* (*o i fili*) to go stringy, to rope: *il formaggio fa i* –*i* the cheese is going stringy; ⟨*fam*⟩ *fare il* ~ *a qd.* to curry favour with s.o., to court s.o.; ~ *di* ferro (iron) wire; ~ *per* imbastire tacking thread; ~ interdentale dental floss; ⟨*El*⟩ ~ isolato insulated wire; lana *a tre* –*i* three-ply wool; ⟨*El*⟩ ~ massa earth (*o* zero) wire, ⟨*am*⟩ ground wire; ⟨*fig*⟩ –*i d'*oro blonde (*o* fair) hair; per ~ *e per segno* in (minute) detail, with full particulars, thoroughly; ⟨*Edil*⟩ ~ *a* piombo plumb line; ~ *del* ragno cobweb, spider's thread; ⟨*Tess*⟩ ~ *da* rammendo darning thread (*o* yarn); ⟨*fig*⟩ *sul* ~ *del* rasoio on the razor's edge; ridurre *in* ~ to spin; ⟨*fig*⟩ *essere ridotto un* ~ to be worn down to the shadow of o.s.; ⟨*Tess*⟩ ~ ritorto twine, twist; ~ *della* schiena (*spina dorsale*) backbone, spine; ⟨*fig*⟩ *gli corse un brivido lungo il* ~ *della schiena* a shudder ran down his spine; ⟨*Tess*⟩ ~ *di* Scozia cotton thread, lisle, strong cotton yarn; senza –*i* wireless: *telegrafia senza* –*i* wireless telegraphy; *fagiolini senza* –*i* stringless French beans; ~ *di* seta silk (thread); ⟨*fig*⟩ *passare qd. a fil di* spada to put s.o. to the sword (*o* sword's edge); ~ spinato barbed wire; ~ telefonico (*o del telefono*) telephone wire; ⟨*El*⟩ ~ *ad alta* tensione high-tension cable; ⟨*fig*⟩ *dare del* ~ *da* torcere *a qd.* to make things very hard for s.o.; *il* ~ *della* vita the thread of life; *gli è rimasto un fil di vita* he is at his last gasp.

filoamericano *a.* pro-American.

fịlo|bus (*o fịlọbus*) *m.* trolley bus: ~ articolato trolley bus with trailer. **~cinẹse** *a.* pro-Chinese. **~comunịsta I** *s.m./f.* Communist sympathizer (*o* supporter), pro-Communist. **II** *a.* pro-Communist-.

filodẹndro *m.* ⟨*Bot*⟩ philodendron.

fịlo|diffusiọne *f.* wired wireless, ⟨*am*⟩ wired radio. **~diffusọre** *m.* piped-in music transmitter. **~drammạtica** *f.* amateur dramatic society. **~drammạtico** *a./s.* (*pl.* **-ci**) *a.* amateur (dramatic). **II** *s.m.* (*f.* **-a**) amateur actor (*f* actress): *compagnia di* –*i* company of amateur actors. **~europẹo** *a.* pro-European. **~fascịsta I** *s.m./f.* pro-Fascist, Fascist sympathizer (*o* supporter). **II** *a.* pro-Fascist, having Fascist sympathies (*o* tendencies): *governo* ~ government with Fascist tendencies. **~genịa, ~gẹnẹsi** *f.* ⟨*Biol*⟩ **1** (*storia dell'evoluzione*) phylogeny. **2** (*scienza*) phylogenetics *pl* (*costr.sing. o pl.*). **~genẹtico** *a.* (*pl.* **-ci**) phylogenetic: *storia* –*a* phylogeny.

filologịa *f.* **1** (*scienza*) philology. **2** (*i filologi*) philologists *pl*; (*gli studi filologici*) philological studies *pl: la* ~ *tedesca* German philological studies. □ ~ *classica* classical philology; ~ *comparata* comparative philology; ~ *romanza* Romance philology. **filolọgico** *a.* (*pl.* **-ci**) philologic(al): *ricerca* –*a* philological research. **filọlogo** *a./s.* (*pl.* **-gi/***pop.* **-ghi**) **I** *s.m.* (*f.* **-a**) philologist: *un* ~ *classico* a classical philologist. **II** *a.* philological.

filoncịno *m.* ⟨*Gastr*⟩ small French loaf.

filọne[1] *m.* **1** ⟨*Minier,Geol*⟩ seam, lode, vein: *un* ~ *d'oro* a gold vein; ~ *di carbone* coal seam. **2** ⟨*Idr*⟩ stream, strongest part of a current. **3** ⟨*fig*⟩ (*indirizzo, corrente*) current, course, stream, trend, line: *seguire un* ~ *di indagini* to follow a certain ⌐course of enquiries⌐ (*o* line of research). **4** (*pane di forma allungata*) long (*o* French) loaf.

filọne[2] *m.* (*f.* **-a**) ⟨*region*⟩ (*persona astuta*) sly fellow, ⟨*am*⟩ smart guy.

fịlo|nucleạre *m./f.* advocate of nuclear energy. **~occidentạle** *a.* pro-Western. **~orientạle** *a.* pro-Eastern. **~rụsso** *m.* pro-Russian.

filọso *a.* **1** (*simile a filo*) thread-like. **2** (*pieno di fili*) thready, full of threads, stringy, filamentous.

filosofạle *a.* ⟨*scherz*⟩ (*da filosofo*) philosopher's, philosophical. □ ⟨*Alchim*⟩ pietra ~ philosophers' stone. **filosofạre** *v.i.* (filọsofo; *aus.* avere) ⟨*iron,scherz*⟩ to philosophize. **filosofạstro** *m.* (*f.* **-a**) ⟨*spreg*⟩ philosophaster, pseudophilosopher. **filosofeggiạre** *v.i.* (filọsofeggio, filọsofeggi; *aus.* avere) ⟨*spreg*⟩ to play the philosopher, to pose as a philosopher. **filosofẹma** *m.* ⟨*Filos*⟩ philosopheme.

filosofịa *f.* philosophy (*anche estens.*): *i problemi della* ~ the problems of philosophy; ~ *aristotelica* Aristotelian philosophy. □ *prendere la vita con* ~ to take life philosophically; ~ *del diritto* philosophy of law; ~ *del* **linguaggio** philosophy of language; ~ **morale** moral philosophy; ~ *della* **scienza** philosophy of science; *⟨fig⟩* ~ **spicciola** common sense; **storia** *della* ~ history of philosophy.

filosoficamente *avv.* philosophically: *prendersela* ~ to take life philosophically. **filosofico** *a.* (*pl.* **-ci**) **1** (*di filosofia*) philosophic(al): *sistema* ~ philosophical system. **2** (*da filosofo*) of a philosopher, philosophical (*anche estens.*): *mente* *-a* mind of a philosopher; *atteggiamento* ~ philosophical attitude. **filosofismo** *m.* ⟨*spreg*⟩ philosophism. **filosofo** *m.* (*f.* *spreg.* **-a/-essa**) philosopher. □ ~ *aristotelico* Aristotelian (philosopher); ~ *esistenzialista* Existentialist; ~ *positivista* positivist.

filosovietico *a.* → **filorusso**.

filossera *f.* ⟨*pop*⟩ → **fillossera**.

filovia *f.* **1** (*linea di filobus*) trolley line, trolley bus service (*o* route). **2** ⟨*pop*⟩ → **filobus. filoviario** *a.* trolley–, trolley bus–: *linea -a* trolley bus line (*o* route). □ *vettura -a* trolley bus.

filtrabile *a.* filterable. **filtrabilità** *f.* filterability (*anche Biol.*). **filtraggio** *m.* filtering, filtration. **filtrare I** *v.t.* to filter, to strain: ~ *l'acqua* to filter water; ~ *il tè con il colino* to strain tea. **II** *v.i.* (*aus.* **essere**) **1** to filter, to percolate, to seep: *l'umidità è filtrata attraverso il soffitto* the dampness has seeped through the ceiling; (*stillare*) to ooze, to trickle. **2** ⟨*estens*⟩ (*rif. alla luce*) to filter (*o* pass) through: *la luce filtrava attraverso la fessura* the light filtered in through the chink. **3** ⟨*fig*⟩ (*trapelare*) to filter (out, through), to leak (*o* get) out: *la notizia filtrò alla fine* the news got out in the end. **filtrazione** *f.* filtration, filtering, straining, percolation: ~ *elettrica* electric filtering.

filtro[1] *m.* **1** filter. **2** (*colino*) strainer: *il* ~ *per il tè* the tea strainer. **3** (*di pipa*) filter; (*di sigaretta*) filter(tip). **4** ⟨*Fot*⟩ filter, screen. **5** ⟨*Rad*⟩ filter, suppressor. □ ⟨*Mot*⟩ ~ *dell'***aria** air filter, (*am*) air cleaner; ~ *di* **carta** filter paper; ⟨*Fot*⟩ ~ **colorato** colour filter; ⟨*Fot*⟩ ~ **giallo** yellow filter; ⟨*Mot*⟩ ~ *dell'***olio** oil filter; ⟨*Acu*⟩ ~ **passabanda** band–pass filter; ⟨*Fot*⟩ ~ *di* **selezione** colour–separation (*o* tricolour) filter; **sigarette** *con* ~ filter–tip(ped) cigarettes.

filtro[2] *m.* (*bevanda magica*) philtre. □ ~ *amoroso* love potion.

filtropressa *m.* (*pl.* **filtropresse**) ⟨*Chim*⟩ (*macchina*) filter press.

filugello *m.* ⟨*Entom*⟩ silkworm.

filza *f.* **1** string, row: *una* ~ *di salsicce* a string of sausages; ~ *di perle* string of pearls. **2** ⟨*fig*⟩ (*sequela*) string, series, row, long train: *una* ~ *di bestemmie* a string of oaths. **3** ⟨*Lav.femm*⟩ running stitch.

fimosi *f.* ⟨*Med*⟩ phimosis.

finale I *a.* **1** (*ultimo*) last, final, end–: *la scena* ~ the last scene. **2** (*definitivo, conclusivo*) final, conclusive, ultimate: *la decisione* ~ the final (*o* ultimate) decision. **3** (*che concerne il fine*) final, ultimate: *causa* ~ final (*o* ultimate) cause. **4** ⟨*Gramm*⟩ final: *congiunzione* ~ final conjunction; *proposizione* ~ final clause. **II** *s.m.* **1** (*ultima scena*) last scene: *il* ~ *del primo atto* the last scene of the first act; (*parte conclusiva*) end, ending, close: *il* ~ *del film* the end of the film. **2** ⟨*Mus*⟩ finale. **III** *s.f.* **1** (*lettera finale*) final, last letter. **2** (*di gara*) finals *pl*, final: *entrare in* ~ to reach the finals. **3** (*di concorso*) final (*o* last) round, final trial: *dieci canzoni sono entrate in* ~ ten songs have reached the last round. **4** ⟨*Gramm*⟩ (*proposizione finale*) final clause; (*congiunzione finale*) final conjuction. □ ⟨*Sport*⟩ ~ *di* **coppa** cup finals *pl*.

finalismo *m.* ⟨*Filos*⟩ finalism. **finalissima** *f.* ⟨*Sport*⟩ grand final. **finalista I** *s.m./f.* ⟨*Filos,Sport*⟩ finalist. **II** *a.* (*ammesso alla finale*) in (*o* having reached) the finals (*o* final round): *atleta* ~ athlete in the finals. **finalistico** *a.* (*pl.* **-ci**) ⟨*Filos*⟩ finalist–. **finalità** *f.* **1** ⟨*Filos*⟩ finality, teleology. **2** (*fine, scopo*) end, purpose, aim. **finalizzare** *v.t.* to orient toward a goal (*o* target). **finalizzato** *a.* target–oriented, goal–oriented: *progetto* ~ goal–oriented

project. □ *studio* ~ specifically designed study.

finalmente *avv.* **1** (*da ultimo*) finally, in (*o* at) the end, lastly: *ha viaggiato molto e* ~ *si è stabilito in Italia* he travelled a great deal and finally settled down in Italy. **2** (*alla fine, fortunatamente*) at last, finally: ~ *sei arrivato* at last you have come. **3** ⟨*esclam*⟩ at (long) last.

finanche *avv.* (*anche, perfino*) even: ~ *gli amici cari lo abbandonarono* even his best friends abandoned him.

finanza *f.* **1** finances *pl*, public revenue: *le -e dello stato* state finances, revenue. **2** (*attività finanziaria*) finance; (*politica finanziaria*) financial policy. **3** *pl.* ⟨*scherz*⟩ (*mezzi economici*) finances *pl*, means *pl*, financial state (*o* resources *pl*): *le mie -e non mi permettono di viaggiare in aereo* my finances will not allow me to fly. **4** (*finanzieri*) financiers *pl.* □ ⟨*fig*⟩ **allegra** lavish spending; **alta** ~ high finance; **guardia** *di* ~ Customs (*o* revenue) officer; (*lungo le coste*) coastguard; **intendenza** *di* ~ revenue office; **ministero** *delle –e* Ministry of Finance, ⟨*GB*⟩ Exchequer, ⟨*SU*⟩ Treasury; **ministro** *delle –e* Minister of Finance, ⟨*GB*⟩ Chancellor of the Exchequer, ⟨*SU*⟩ Secretary of the Treasury; *il* **mondo** *della* ~ the financial set; *-e* **pubbliche** public finances (*o* revenue); **scienza** *delle –e* finance.

finanziamento *m.* **1** (*il finanziare*) financing, financial support: *il* ~ *di un'impresa* the financing of an undertaking. **2** (*l'ammontare della somma erogata*) funds *pl*, capital: ~ *in disavanzo* deficit financing; ~ *a breve* (*medio*) *termine* short–term (medium–term) financing.

finanziare *v.t.* (**finanzio**, **finanzi**) to finance: ~ *un giornale* to finance a newspaper. **finanziaria** *f.* **1** financial trust (*o* institution); (*società di collocamento o investimento*) investment trust; (*società holding*) holding company. **2** (*legge finanziaria*) finance act. **finanziariamente** *avv.* financially. **finanziario** *a.* financial: *diritto* ~ financial law; *dal punto di vista* ~ *questo impiego non mi conviene* from the financial point of view this job is not worth my while. □ *anno* ~ financial (*o* fiscal) year; *società -a* → **finanziaria**. **finanziatore I** *s.m.* (*f.* **-trice**) (financial) backer, financer: *il* ~ *di un'impresa* the backer of a venture. **II** *a.* financing: *ente* ~ financing body. **finanziera** *f.* **1** ⟨*Mod*⟩ frock coat. **2** ⟨*Gastr*⟩ garnish (*o* stuffing) à la financière. **finanziere** *m.* **1** financier. **2** (*guardia di finanza*) customs (*o* revenue) officer; (*lungo le coste*) coastguard.

finca *f.* ⟨*burocr*⟩ (*colonna*) column (of a register or schedule).

finché *congz.* **1** (*per tutto il tempo che*) as long as, ⟨*non com*⟩ while: *ti amerò* ~ *vivo* I shall love you as long as I live; ~ *c'è vita c'è speranza* while there's life, there's hope. **2** (*fino al momento in cui*) until, till: *aspetta* ~ *io non sia tornato* wait ⸢until I⸣ (*o* for me to) return.

fin de siècle *fr.* [fɛ̃dəsjɛkl] **I** *s.f.* **1** end of the 19th century. **2** ⟨*Art*⟩ fin de siècle. **II** *a.inv.* fin de siècle.

fine[1] **I** *s.f.* **1** close, end(ing), conclusion: *dal principio alla* ~ from beginning to end; *raccontami la* ~ *del romanzo* tell me ⸢the end of the novel⸣ (*o* how the novel ends); *film a lieto* ~ film with a happy ending. **2** ⟨*eufem*⟩ (*la morte*) end, death: *il malato sentiva avvicinarsi la* ~ the sick man felt his end drawing near. **3** (*esito, riuscita*) result, conclusion, issue, end, outcome. **II** *s.m.* **1** (*scopo*) end, purpose, aim, goal, intention: *ottenere un* ~ to gain (*o* achieve) one's end, to attain one's goal; *agire con -i onesti* to act with honest intentions. **2** (*esito, riuscita*) result, issue, conclusion, end, outcome: *portare un'impresa a buon* ~ to bring an undertaking to a successful conclusion. □ **a** ~ **di** in order to, to, for... purposes, with a view to, with the object of: *a* ~ *di educare* for educational purposes; *condurre a* ~ to bring to a conclusion, to carry through; *portare a* ~ *un affare* to bring a transaction to a successful conclusion; **alla** ~: 1 (*rif. a spazio*) at the end: *alla* ~ *della strada troverai una chiesa* at the end of the road you will find a church; 2 (*rif. a tempo*) in the end, at length: *alla* ~ *si vedrà chi aveva ragione* we shall see who was right in the end; 3 (*finalmente*) at last, finally: *sei arrivato, alla* ~ at last you have come; ~ *dell'***anno** year's end; ⟨*Comm*⟩ *a* ~ *anno* at the close of the year; **avere** ~ to (come to an) end; *non avere* ~ to be endless (*o* never ending); *a fin di* **bene** with good intentions, to a good end; ⟨*Comm*⟩ *salvo* **buon** ~ subject to collection; *buona* ~ *e buon principio!* happy New Year!; *a che* ~? to what end?, for what reason?, why?, ⟨*fam*⟩ what for?; *in fin dei* **conti** after all, all things considered, on the whole; ⟨*Mecc*⟩ ~ *corsa* end of stroke; (*arresto*) end-stop; *fare una bella* (o *buona*) ~: 1 (*finire bene*) to end up well, to be successful; 2 ⟨*fig*⟩ (*morire bene*) to make (o come to) a good end; *fare una brutta* (o *cattiva*) ~: 1 (*finire male*) to ⌐end up⌐ (o turn out) badly; 2 ⟨*fig*⟩ (*morire male*) to come to a bad end; *che* ~ *ha fatto?* what has happened to?, what has become of?: *che* ~ *ha fatto tuo fratello?* what has happened to your brother?; *alla* **fin** ~ after all; **lieto** ~ happy ending; *un'avventura a lieto* ~ an adventure with a happy ending; *a* ~ **mese**: 1 at the end of the month; 2 ⟨*Comm*⟩ (for payment) at the end of the month, for monthly settlement; *alla* ~ *del mese* at the end of the month; *la* ~ *del* **mondo**: 1 the end of the world; 2 ⟨*fig*⟩ (*trambusto*) pandemonium, chaos, turmoil, bedlam: *successe la* ~ *del mondo* pandemonium broke out; ⟨*fam*⟩ *è la* ~ *del mondo* it's marvellous, ⟨*am*⟩ it's terrific; **porre** ~ *a qc.* to put ⌐a stop⌐ (o an end) to s.th., to bring s.th. to an end; *buona* ~ *e miglior* **principio!** a happy New Year!; **proporsi** *un* ~ to set o.s. a goal; *essere* ~ *a se stesso* to be an end in itself; ~ **secondario** secondary purpose; **secondo** ~ ulterior motive, hidden intention: *agire senza secondi* ~*i* to act ⌐without ulterior motives⌐ (o openly); **senza** ~ endless, never-ending, unending, boundless: *una distesa d'erba senza* ~ a boundless stretch of grass; *a tal* ~ to this end; *non vedere la* ~ *di qc.* not to know when s.th. is going to end; **verso** *la* ~ *dell'estate* in late summer; *essere in fin di* **vita** to be at death's door; **volgere** *alla* ~ to draw (o come) to an end (o close). *Prov.: il* ~ *giustifica i mezzi* the end justifies the means.

fine² *a.* **1** (*sottile*) fine, thin, slender: *un filo* ~ a fine thread. **2** (*impalpabile*) fine: *sabbia finissima* very fine sand. **3** (*di buon gusto*) fine, good-looking: *un abito molto* ~ a very good-looking dress; (*di qualità*) fine. **4** (*delicato*) fine, delicate: *ricamo* ~ fine embroidery; *lineamenti* ~*i* fine (o delicate) features. **5** (*signorile, raffinato*) refined, distinguished, fine: *una signora molto* ~ a very refined lady. **6** ⟨*fig*⟩ (*acuto, penetrante*) sharp, acute, discerning, subtle: *udito* ~ sharp (o keen) hearing; *intelletto* ~ subtle mind. □ *argento* ~ fine (o pure) silver; *aria* ~ (*pura*) pure air; ~ *ironia* subtle irony; *una pioggerella* ~ a fine drizzle.

finegranulante *a.* ⟨*Fot*⟩ fine-grain(ed).

finemente *avv.* **1** finely, thin(ly): *tagliare* ~ to cut thinly. **2** (*delicatamente, abilmente*) finely: *un ricamo* ~ *eseguito* finely-worked embroidery. **3** ⟨*fig*⟩ (*con acume*) subtly, shrewdly.

finesettimana *m./f.inv.* weekend: *trascorrerò il* ~ *in campagna* I shall spend the weekend in the country. □ *le vacanze di* ~ the weekend (holiday).

finestra *f.* **1** window: *la stanza ha quattro* ~*e* the room has four windows. **2** (*breccia*) breach: *la cannonata aprì una* ~ *nel muro* the cannonade made a breach in the wall; ⟨*poet*⟩ (*squarcio, ferita*) gash. **3** (*nelle buste commerciali*) (envelope) window. **4** ⟨*Giorn*⟩ box. **5** ⟨*Alp*⟩ (*avvallamento di una cresta*) depression in a mountain crest, inlier. □ *affacciarsi* (o *farsi*) *alla* ~ to come (o go) to the window; (*farsi vedere*) to appear at the window; (*guardare fuori*) to look out of the window; *essere* (o *stare*) *alla* ~ to be at the window; ~ *a* **battenti** casement-window; ~ *a due battenti* double-light window; ⟨*fig*⟩ **buttare** *i soldi dalla* ~ to throw money away; *buttarsi dalla* ~ to jump out of the window; *la* ~ *dà sul lago* the window overlooks (o looks out over) the lake; *il* **davanzale** *della* ~ the window sill; ~ **doppia** double glazed window; ~ **finta** blank (o blind) window; ~ *a* (o *alla*) **ghigliottina** sash window; **guardare** *dalla* ~ to look out of the window; ~ *con l'***inferriata** window with a grille; ~ **panoramica** large wide window; **porta**-~ French window; ⟨*fig*⟩ *uscito dalla porta è* **rientrato** *dalla* ~ there's no getting rid of him, you can't keep him out; ⟨*Geol*⟩ ~ **tettonica** tectonic fenster; ~ *a* **vetri** glass window; ~ *a vetri colorati* stained-glass window; *vetro della* ~ window

pane.

finestrino *m.* **1** (*di treni, auto e sim.*) window. **2** ⟨*Mar*⟩ (*oblò*) porthole. □ ⟨*Aut*⟩ ~ *deflettore* butterfly window, vent wing.

finezza *f.* **1** fineness, thinness: *la* ~ *di un capello* the fineness of a hair; *la* ~ *della sabbia* the fineness of the sand. **2** (*delicatezza*) fineness, delicacy, finesse: *la* ~ *di un intarsio* the delicacy of inlaid work. **3** (*raffinatezza, signorilità*) refinement: ~ *di gusti* refinement of taste. **4** ⟨*fig*⟩ (*acutezza*) sharpness, keenness: ~ *d'udito* sharpness (o keenness) of hearing; ~ *d'ingegno* shrewdness of mind. **5** (*sottigliezza*) nicety, subtlety: *le* ~*e della lingua* the niceties of the language.

fingere *v.* (**fingo, fingi; finsi, finto**) **I** *v.t.* **1** (*simulare*) to feign, to pretend, to sham: *finse uno svenimento* she feigned (o staged) a fainting fit; ~ *la pazzia* to feign madness, to pretend ⌐to be⌐ (o one is) mad. **2** (*immaginare, supporre*) to imagine, to suppose: *fingi per un attimo di essere un bambino* imagine for a moment that you are a child; (*ammettere*) to assume: *fingiamo che sia così* let us assume that is how it is. **II** *v.i.* (*aus. avere*) to pretend, to feign, to sham: *non sa* ~ *di fronte ai genitori* she cannot pretend to her parents; *non dorme, finge soltanto* he is not asleep, he is only pretending (o shamming). **fingersi** *v.r.* to pretend to be, to feign (o.s.), to sham: *si finse un ricco commerciante* he pretended (o made himself out) to be a rich merchant; *fingersi cieco* to feign blindness, to pretend to be blind; *fingersi morto* to sham death.

finimento *m.* **1** (*rifinitura*) finish, finishing (o last) touches *pl.* **2** *pl.* (*bardatura del cavallo*) harness. □ *mettere i* ~*i a un cavallo* to harness a horse; ⟨*Edil*⟩ *opere di* ~ finishings *pl.*

finimondo *m.* ⟨*fig*⟩ pandemonium, bedlam, chaos: *successe un* ~ pandemonium broke out, there was bedlam.

finire *v.* (**finisco, finisci**) **I** *v.t.* **1** (*portare a termine*) to finish, to end, to complete, to conclude, to bring to an end: *hai finito il lavoro?* have you finished your work? **2** (*esaurire, consumare*) to finish (up, off), to go through: *abbiamo finito le provviste* we have finished our provisions; (*spendere*) to spend: *ho finito lo stipendio in una settimana* I ⌐spent all⌐ (o went through) my salary in a week; (*vendere*) to run (o sell) out of: *il negoziante ha finito questo prodotto* the shopkeeper has run out of this product. **3** (*mangiare tutto*) to eat up, ⟨*scherz*⟩ to polish off; (*bere tutto*) to drink up (o down), to drain. **4** (*smettere*) to stop, to put an end to: *finisci le tue inutili lamentele* stop your useless moaning. **5** (*uccidere, dare il colpo di grazia*) to finish (off), to dispatch: *il cacciatore finì la lepre* the hunter finished off the hare. **II** *v.i.* (*aus. essere/avere; when used in relation to persons the auxiliary used is* **avere**) **1** (*cessare: rif. a cose*) to (come to) an) end, to finish, to be over: *la riunione finisce alle diciannove* the meeting ends (o is over) at seven o'clock; (*rif. a tempo*) to be up; (*rif. a persone*) to finish, to end, ⟨*fam*⟩ to be through: *l'oratore ha finito* the speaker has finished. **2** (*consumarsi, esaurirsi*) to be finished (o used up), to be (all) gone, to have run out: *il burro è finito* the butter is finished (o all gone); ⟨*Comm*⟩ to be sold out. **3** (*terminare*) to (come to an) end, to stop: *il nostro podere finisce al fiume* our holding ends at the river. **4** (*sboccare: rif. a fiumi*) to flow: *l'Aniene finisce nel Tevere* the Aniene flows into the Tiber; (*rif. a strade*) to lead: *questa strada finisce nella piazza del paese* this road leads to the town square. **5** (*concludersi*) to end (up): *come finisce il film?* how does the film end? **6** (*andare a capitare*) to end (o land) up: *l'arazzo è finito in soffitta* the tapestry has ended up in the lumber room; ~ *in galera* to ⌐end up⌐ (o land) in jail. **7** ⟨*Gramm*⟩ to end: *i sostantivi femminili generalmente finiscono in «a»* feminine nouns generally end in "a". **III** *v.i. impers.* to stop: *è finito di piovere* it has stopped raining. □ **andare** *a* ~: 1 (*capitare*) to happen (o get) to: *dove sono andati a* ~ *i miei occhiali?* where have my glasses got to, what has happened to my glasses?; 2 (*terminare*) to go (o lead) to, to end (up): *dove va a* ~ *questa strada?* where does this road go (o lead) to?; 3 (*concludersi*) to turn out, to end (up): *come è andata a ~ poi quella faccenda?* how did that matter end up?; *andare a ~ bene* (o *male*) to turn out well (o badly); *andrà a ~ male* no good will come of this, it will end badly, things will take a nasty turn; (*rif. a persona*) he will come to no good; **avere** *finito qc.* to have finished s.th., ⟨*fam*⟩ to be through (o done) with s.th.: *ho finito il lavoro* I have finished my work; *hai finito?* have you finished?; (*la smetti?*) are you through?, have you had your say?; ~ **che** (o *con*) to end up by: *finirà che dovrà pagare* he will end up by having to pay, he'll have to pay in the end; *finì coll'arrabbiarsi* he got angry in the end; ~ **di** [*inf*] to stop, to finish, to leave off [*ger*]: *ho appena finito di mangiare* I have just finished eating (o lunch); ~ *di parlare* to stop talking, to end one's speech; *ha finito di soffrire* his sufferings are over (o ended); ~ *i propri* **giorni** to end one's days; ~ **in** *bellezza* (o *gloria*) to end up with a bang; ~ *un* **libro** to finish (o get to the end of) a book; **non** ~ *mai* to be endless (o interminable, never-ending): *una strada che non finisce mai* a never-ending road; ~ **per** to end (up) by, to come to (*costr. pers.*): *finirà per ammalarsi* he will end up by falling ill; *finirò per odiarlo se seguita così* I shall come to hate him if he goes on like this; *ho finito per accettare* I ended up by accepting; *per ~* to end (o wind) up, to finish, in conclusion; *stare per ~ di fare qc.* to be about to finish doing s.th.; *la cosa non finisce qui* you will be hearing more about this matter, this is not the end of the matter; ~ *gli* **studi** to complete one's studies; *essere sul ~* to be nearly over (o at an end); *sul ~ del giorno* at the end of the day. *Prov.: tutto è bene quel che finisce bene* all's well that ends well. ‖ *finirla* to stop, to have done, ⟨*fam*⟩ to give over: *è ora di finirla* it is time to stop (o put a stop to) all this; *finiscila!* stop it!; *finiscila con queste chiacchiere sciocche* stop all this silly talk; *è ora di finirla con questa storia* it's time to put an end to this matter.

finissaggio *m.* ⟨*Tess*⟩ finish(ing).

finitezza *f.* **1** (*compiutezza, perfezione*) perfection, completeness: ~ *di stile* perfection of style. **2** (*limitatezza*) finiteness, limitedness.

finito **I** *a.* **1** (*completo, terminato*) finished, completed, over, done, concluded: *sarai pagato a lavoro* ~ you will be paid when the ⌜work is finished⌝ (o job is done); *arrivammo a festa* *–a* we arrived when the party was over; *la scuola è* *–a* term is over (o ended). **2** (*venduto, esaurito*) sold out, out of stock: *articolo* ~ article which is sold out. **3** (*concluso*) over, done with, ended, finished: *una faccenda* *–a da tempo* a matter which was all over a long time ago. **4** (*rif. a persona: rovinato*) done for, finished, ruined: *è un uomo* ~ he is finished (o done for). **5** (*rifinito, perfetto*) perfect, finished, polished: *un'opera* *–a in ogni particolare* a work which is perfect in every detail; *prodotto* ~ finished product. **6** (*bravo nella propria arte*) accomplished, expert, finished: *sarta* *–a* expert dressmaker. **7** (*passato*) over (and done), past: *è tutto* ~ it's all over (and done with). **8** ⟨*Filos, Mat,Gramm*⟩ finite: *quantità* *–a* finite quantity; *modi* *–i* finite moods. **II** *s.m.* ⟨*Filos*⟩ finite. □ *è* *–a* (*non c'è più nulla da fare*) it is all over (o up); *fra i due amici è* *–a* the two friends are through with each other; *tra noi tutto è* *–a* it's all over between us; *farla* *–a* (*smetterla*) to stop (it), ⟨*fam*⟩ to give over with (it): *falla* *–a con queste lamentele* stop all this complaining; *farla* *–a con qd.* to ⌜have done⌝ (o be through, break it off) with s.o.; *farla* *–a con la vita* to do away with o.s.

finitrice *f.* ⟨*Mecc*⟩ (*anche macchina finitrice*) finishing machine. **finitura** *f.* **1** finishing (off), completion. **2** (*rifinitura: atto*) finishing (off), trimming; (*effetto*) trimmings *pl*, finish: *le* *–e di un abito* the trimmings of a garment. □ ⟨*tecn*⟩ *elementi di* ~ finishing material **finizione** *f.* ⟨*tecn*⟩ finishing.

finlandese **I** *a.* Finnish, Finnic. **II** *s.* **1** *m.* (*lingua*) Finnish. **2** *m./f.* (*abitante*) Finn, Finlander. **Finlandia** *N.pr.f.* ⟨*Geog*⟩ Finland: *golfo di* ~ Gulf of Finland. **finlandizzare** *v.t.* to Finlandise, to Finlandize. **finlandizzazione** *f.* ⟨*Pol*⟩ Finlandisation, Finlandization. **finnico** *a./s.* (*pl.* **-ci**) **I** *a.* ⟨*Stor*⟩ Finnic. **II** *s.m.* (*lingua*)

Finnic.

fino[1] **I** *prep.* (used only before another preposition or an adverb; often shortened to *fin*) **1** (*rif. a tempo*) until, till, up to: *sarò qui* ~ *alle sei* I shall be here until six. **2** (*rif. a luogo*) as far as, to: *accompagnami* ~ *alla stazione* take me to the station; *ho letto* ~ *a pagina cinque* I have read ⌜(up) to⌝ (o as far as) page five. **II** *avv.* (*perfino, anche*) even, actually: ~ *gli amici lo abbandonarono* even his friends abandoned him. □ ~ **a**: **1** (*seguito dall'inf.*) until, till, to the extent that; (*tanto da*) so much that: *applaudirono* ~ *a spellarsi le mani* they clapped until (o so much that) their hands hurt; **2** (*rif. a tempo*) until, till, up to: *aspetterò* ~ *a domani* I shall wait till tomorrow; **3** (*rif. a luogo*) as far as, to: *abbiamo viaggiato insieme* ~ *a Venezia* we travelled together as far as Venice; ~ *a* **che** → **finché**; ~ *in* cima to the (very) top, right up; *fin* **da**: **1** (*rif. al presente o al futuro*) (as) from, from ... on(wards): *fin da domani* as from tomorrow, from tomorrow (onwards); **2** (*rif. al passato*) since, ⟨*enfat*⟩ ever since, as far back as: *fin da ieri* since yesterday; *fin dalla nascita* since birth, ever since he was born; *fin dove* to where, (*interr.*) how far?; ~ *in* **fondo** to the (very) bottom, right down: *dobbiamo andare* ~ *in fondo a questo affare* we must get to the bottom of this matter; *fin là* (as far as) there; ~ *a* ora so far, till now, up to now: *dove sei stato* ~ *a ora?* where have you been till now?; *fin d'ora* as from now: *te lo dico fin d'ora* I'm telling you as from now; ⟨*burocr*⟩ ~ *a* **nuovo** **ordine** till further notice; ~ *a* **quando** until; (*interr.*) till when?; (*per quanto tempo?*) how long?; *fin* (o *fino a*) **qui**: **1** (*rif. a distanza*) (as far as) here, this way; **2** (*fino a questo punto*) so (o thus) far, to this extent; ~ *all'*ultimo to the end, to the last.

fino[2] *a.* **1** (*sottile*) fine, thin, slender: *seta* *–a* fine silk. **2** (*rif. a lavoro: accurato*) fine, delicate. **3** ⟨*fig*⟩ (*acuto*) sharp, keen, subtle, acute: *ingegno* ~ keen mind. □ ⟨*fam*⟩ *fare* ~ (*essere distinto*) to be distinguished (o refined, smart), ⟨*fam*⟩ to be the thing; *capelli* *–i* very fine hair; *lavoro di* ~ delicate (o fine) work.

finocchio *m.* **1** ⟨*Bot*⟩ fennel. **2** ⟨*volg*⟩ queer, fairy, gay. □ *essenza di* ~ fennel oil; *semi di* ~ fennel seeds.

finora (o *fin ora*) *avv.* so far, until now, up to now, up till this time: *ho lavorato* ~ I have been working up to now; (*in frasi negative*) so far, yet: ~ *non ho ricevuto alcuna risposta* so far, I have had no reply, I have had no reply (as) yet.

finsi → **fingere**. **finta** *f.* **1** (*finzione, simulazione*) pretence, sham, feint: *il suo pentimento è una* ~ his repentance is a pretence. **2** ⟨*Sport*⟩ (*nel pugilato*) feint. □ *fare* ~ (*fingere*) to pretend, to sham, to put on a show: *fece* ~ *di non capire* he pretended ⌜he did not⌝ (o not to) understand; *fare* ~ *di nulla* to act as if nothing had happened; ⟨*Sport*⟩ *fare una* ~ to feint; *fare per* ~ to pretend, to put it on, to sham.

fintaggine *f.* duplicity, falseness.

fintantoché (o *fintanto che*) *congz.* **1** (*per tutto il tempo che*) as long as. **2** (*fino a quando*) until, till: *il bambino non smise di piangere* ~ *non lo presi in braccio* the baby did not stop crying until I took it in my arms.

finto (*p.p. di fingere*) *a.* **1** false: *baffi* *–i* a false moustache. **2** (*artificiale*) artificial, false, imitation: *scarpe di* ~ *coccodrillo* imitation crocodile shoes. **3** (*simulato*) false, sham, feigned, mock: *assalto* ~ feigned (o sham) attack. **4** ⟨*Dir*⟩ fictitious: *–a donazione* fictitious donation. □ ⟨*Mil*⟩ *–a battaglia* mock battle; *fare il* ~ *tonto* to play dumb; *finestra* *–a* false (o blind) window; *–a pelle* imitation leather, leatherette. **finzione** *f.* **1** pretence, sham: *il suo dolore è una* ~ his sorrow is ⌜a sham⌝ (o put on); *questa malattia è tutta una* ~ this illness is all pretence. **2** (*ipocrisia*) deceit, deceitfulness, duplicity, falsehood, hypocrisy. **3** ⟨*lett*⟩ (*creazione dell'immaginazione*) fiction, figment, invention, make –believe: ~ *poetica* poetic invention. □ ~ *giuridica* (o *legale*) legal fiction; ~ *scenica* theatrical make –believe.

fio *m.* penalty: *pagare il* ~ to pay (the penalty, the price) (*di* for): *pagare il* ~ *di una colpa* to pay for a fault.

fiocamente *avv.* weakly, faintly; (*rif. a luce*) dimly.

fioccare v. (**fiocco, fiocchi**) **I** v.i. (aus. **essere**) **1** (cadere a fiocchi) to snow, to fall in flakes: la neve fiocca lentamente the snow is falling slowly. **2** ⟨fig⟩ to pour (o shower) down. **II** v.i.impers. (nevicare) to snow: fiocca da due giorni it has been snowing for two days. □ fioccano le proteste we are snowed under with protests.

fiocco[1] m. (pl. **-chi**) **1** (nodo di nastro) bow, knot: aveva un ~ di velluto fra i capelli she had a velvet bow in her hair. **2** (bioccolo) tuft, flock, lock: ~ di lana flock of wool; ~ di cotone lock of cotton, cotton flock; (di fibre artificiali) staple. **3** (di neve) flake, snowflake: la neve cadeva a fiocchi the snow was falling in flakes. **4** (batuffolo) wad: un ~ d'ovatta a wad of cotton wool. **5** pl. ⟨Alim⟩ flakes pl: fiocchi di granturco cornflakes. □ fiocchi di avena oatflakes; ⟨fig⟩ coi fiocchi: 1 (eccellente) first-rate, excellent, capital, (fam) slap-up: un pranzo coi fiocchi a slap-up meal; un avvocato coi fiocchi a first-class lawyer; 2 (forte) real, thorough: un predicozzo coi fiocchi a real talking-to; cravatta a ~ bow-tie; fare un ~ to make a bow; sciogliere un ~ to undo (o loosen) a bow; ~ della spada sword tassel.

fiocco[2] m. (pl. **-chi**) ⟨Mar⟩ jib. □ gran ~ outer jib; secondo ~ inner jib.

fioccoso a. **1** (che ha molti fiocchi) fluffy, flocky: lana -a flocky wool. **2** (simile a fiocchi) fleecy, fluffy: nuvole -e fleecy clouds.

fiocina f. ⟨Pesc⟩ harpoon. **fiocinare** v.t. (**fiocino**) to harpoon, to spear: ~ un pesce to harpoon a fish. **fiocinata** f. blow with a harpoon. **fiocinatore** m. harpooner.

fiocine m. grape skin.

fiociniere m. → fiocinatore.

fioco a. (pl. **-chi**) **1** (rif. a suono) faint, weak, dim: un ~ lamento a weak (o feeble) moan; suono ~ faint sound. **2** (rif. a luce) dim, faint: un ~ chiarore a faint light.

fionda f. **1** ⟨Mil.ant⟩ sling. **2** (per ragazzi) catapult: tirare un sasso con la ~ to shoot a stone with a catapult, to catapult a stone.

fioraia f. florist; (ambulante) flower seller; (ragazza) flower girl. **fioraio** m. **1** florist; (ambulante) flower seller. **2** (negozio) florist, florist's shop; (chiosco) flower stall, flower stand.

fiorame m. flowered pattern. □ stoffa a -i flowered fabric.

fiorata f. (in tintoria) scum. **fiorato** a. (a fiori) flowered, with a floral design: carta -a flowered paper; stoffa -a flowered material. **fiordaliso** m. **1** ⟨Bot⟩ cornflower, bluebottle. **2** ⟨Arald⟩ (giglio) lily; (giglio di Francia) fleur-de-lis.

fiordo m. ⟨Geol⟩ fiord, fjord.

fiore m. **1** flower: un mazzo di -i a bunch of flowers; (di albero) blossom: ~ di mandorlo almond blossom. **2** (pianta di fiori) flower: coltivare i -i to grow flowers. **3** ⟨fig⟩ (parte migliore) flower, cream, pick: il ~ della nobiltà the cream of the aristocracy; (periodo più bello, massimo splendore) bloom, prime, flower: nel ~ della gioventù in the bloom of youth. **4** pl. (nelle carte francesi) clubs pl: asso di -i ace of clubs. **5** ⟨Enol⟩ flowers pl (of wine). □ a -i flowered, with a floral pattern (o design): abito a -i dress with a flowered pattern; carta a -i paper with a floral design; a fior di on the surface of, skimming over, level with: galleggiare a fior d'acqua to float on the surface of the water; a fior di labbra in a whisper, under one's breath; parole bisbigliate a fior di labbra barely-whispered words; sorridere a fior di labbra to give a half-smile; ho i nervi a fior di pelle I am terribly on edge; il ~ degli anni the bloom of youth; ~ d'arancio orange blossom; ~ artificiale artificial flower; ~ di campo wild flower; cogliere -i to pick (o gather) flowers; corona di -i wreath, garland; (per i funerali) wreath; fior di a lot (o mint) of: fior di quattrini a mint of money; fior di ragazza lovely (o very pretty) girl, beauty; fior di mascalzone real rascal, out and out rogue; essere in ~ to be in bloom (o flower); ⟨fig⟩ to be flourishing, to thrive; essere nel ~ dell'età to be in the prime of life; ⟨Enol⟩ fare il ~ to grow mould; fior di farina ⌜pure wheaten⌝ (o superfine) flour, whites pl; -i freschi fresh flowers; in ~ in

bloom (o flower), in blossom: mandorli in ~ almond trees in blossom; (rif. a piante di fiori) out: le rose sono in ~ the roses are out; ~ del latte cream; mazzo di -i bunch of flowers; (più formale) bouquet; mazzolino di -i nosegay; (da appuntare al vestito) ⟨am⟩ corsage; ⟨fig⟩ ~ all'occhiello (cause of) pride, flower: il ~ all'occhiello della nostra generazione the flower of our generation; aveva un ~ all'occhiello he wore a (flower in his) buttonhole; -i di prato meadow (o field, wild) flowers; -i recisi cut flowers; -i selvatici wild flowers; -i di serra hot house flowers; il ~ della società the cream of society; ⟨Chim⟩ -i di zolfo flowers of sulphur.

fiorellino m. floweret, floret. **fiorente** a. **1** flowering. **2** ⟨fig⟩ (prospero) flourishing, thriving: commercio ~ flourishing trade. **3** ⟨fig⟩ (rif. a persona) blooming, flourishing, thriving: una ragazza ~ a blooming girl.

fiorentina f. ⟨Gastr⟩ (grilled) T-bone steak. **fiorentineggiare** v.i. (**fiorentineggio, fiorentineggi**; aus. avere) to affect the Florentine manner. **fiorentinismo** m. Florentine idiom. **fiorentinità** f. Florentine nature: la ~ della lingua italiana the Florentine nature of the Italian language. **fiorentino I** a. Florentine. **II** s.m. **1** (dialetto) Florentine (dialect). **2** (abitante; f. **-a**) Florentine. □ ⟨Gastr⟩ bistecca alla ~ a (grilled) T-bone steak. **Fiorenza** N.pr.f. ⟨Geog.stor⟩ Florence.

fioretta f. ⟨Enol⟩ flowers (of wine), mould: fare la ~ to grow mould. **fiorettare** v.t. (**fioretto**) **1** (ornare eccessivamente) to embellish with flowers, to make florid: ~ una proposizione di figure retoriche to embellish a sentence with figures of speech. **2** ⟨Mus⟩ to over-embellish (with flourishes). **fiorettatura** f. **1** flourish, flowers pl of speech, embellishment: una prosa piena di -e prose abounding in flourishes. **2** ⟨Mus⟩ fioritura (generally in pl.).

fiorettista m./f. ⟨Sport⟩ foilsman.

fioretto[1] m. **1** (lett) (piccolo fiore) floweret, floret. **2** (ornamento del discorso) flower (generally in pl.), flourish, embellishment: -i retorici flowers of speech (o rhetoric). **3** ⟨Mus⟩ fioritura. **4** (piccolo sacrificio fatto per devozione) act of mortification. □ ⟨Lett⟩ Fioretti di san Francesco Little Flowers of St. Francis.

fioretto[2] m. **1** ⟨Sport⟩ foil: gara di ~ foils match. **2** (bottone protettivo di arma bianca) button (on a foil). **3** ⟨Minier⟩ drilling bit.

fioricoltore, fioricoltura e der. → floricoltore, floricoltura, e der.

fioriera f. **1** (cassetta) flower box. **2** (recipiente) flower holder. **fiorifero** a. ⟨Bot⟩ floriferous.

fiorino m. ⟨Numism⟩ florin.

fiorire v.i. (**fiorisco, fiorisci**; aus. **essere**) **1** to flower, to bloom; (rif. ad alberi da frutto) to blossom; (rif. a piante di fiori) to come (o be) out; (rif. a luoghi: coprirsi di fiori) to be in flower (o bloom), to be ⌜covered with⌝ (o full of) flowers: il prato è tutto fiorito the meadow is full of flowers. **2** ⟨fig⟩ (prosperare) to flourish: a Firenze fiorivano le arti e le scienze the arts and sciences flourished in Florence. **3** ⟨fig⟩ (nascere, apparire) to be born, to arise, to rise: la speranza fiorì nel suo animo hope was born in his heart. **4** ⟨Enol⟩ (fare la fioretta) to grow mould. **5** (rif. alla pelle: coprirsi di eruzioni) to come out in a rash. **fiorista** m./f. **1** (coltivatore, venditore) florist. **2** (fabbricante di fiori artificiali) artificial-flower maker. **fiorita** f. **1** (tappeto di fiori) carpet of flowers. **2** ⟨fig⟩ (florilegio) anthology. **fiorito** a. **1** (in fioritura) flowering, blooming, in flowers (o bloom); (rif. ad alberi da frutto) blossoming, in blossom: un albero ~ a tree in blossom; (rif. a luoghi: coperto di fiori) flowering, ⌜covered with⌝ (o full of) flowers, flowery, flowered: un giardino ~ a garden full of flowers. **2** (ornato di fiori) adorned (o decked) with flowers: altare ~ altar adorned with flowers. **3** (disegnato a fiori) flowered, having a floral design (o pattern). **4** ⟨fig⟩ (ornato) flowery, florid: linguaggio ~ flowery language. **5** ⟨Enol⟩ (che ha fatto il fiore) mouldy. **6** (che presenta eruzioni cutanee) covered with a rash. □ ⟨Arch⟩ gotico ~ flamboyant Gothic. **fioritura** f. **1** (il fiorire) flowering, blooming, florescence; (rif. ad alberi da frutto) blossoming; (periodo) flowering (time), bloom; (rif.

ad alberi da frutto) blossom time: *durante la ~ dei mandorli* in almond blossom time. **2** (*fiori*) bloom, flowers *pl;* (*rif. ad alberi da frutto*) blossom. **3** ⟨*fig*⟩ (*abbondanza*) crop, wealth: ~ *di poeti* crop of poets. **4** ⟨*Mus*⟩ fioritura. **5** (*eruzione cutanea*) rash, efflorescence. **fiorone** *m.* **1** ⟨*Bot*⟩ early fig. **2** ⟨*Arch*⟩ (*rosone*) rose window. **fiorrancio** *m.* ⟨*Bot*⟩ pot (*o* Scotch) marigold.

fiosso *m.* **1** instep. **2** ⟨*Calz*⟩ shank, waist.

fiottare *v.i.* (**fiotto**; *aus.* avere) **1** (*uscire a fiotti*) to gush (out), to spurt (out), to flow (out), to stream (out), to rush (out): *il sangue fiottava dalla ferita* the blood streamed out from the wound. **2** (*fam*) (*gorgogliare*) to gurgle. **3** ⟨*fam*⟩ (*piagnucolare*) to whimper, to whine, to moan; (*brontolare*) to grumble. **fiotto** *m.* **1** (*getto violento*) gush, spurt, stream, flood: *un ~ d'acqua sgorgò dalla falla* a gush of water poured out of the leak. **2** ⟨*fam*⟩ (*piagnucolio*) (constant) whimpering, whining, moaning; (*brontolio*) grumbling. □ *a –i* in streams (*o* floods): *il sangue usciva a –i dalla ferita* the blood flowed out of the wound in streams.

Firenze *N.pr.f.* ⟨*Geog*⟩ Florence.

firma *f.* **1** signature: *la tua ~ è illeggibile* your signature is illegible. **2** (*il firmare*) signing, signature: *la ~ del trattato è avvenuta ieri* the signing of the treaty took place yesterday. **3** (*facoltà di firmare*) authorization to sign. **4** ⟨*fig*⟩ (*nome*) name. **5** ⟨*fig*⟩ (*persona nota e apprezzata*) name, personality, celebrity; (*scrittore*) writer: *le grandi –e* the great writers. □ **apporre** *la propria ~*: 1 to affix (*o* put) one's signature; 2 ⟨*Dir*⟩ to set one's hand; ~ **autenticata** legalized (*o* certified) signature; **autenticare** *una ~* to authenticate (*o* certify) a signature; ~ **autografa** autograph (signature); ~ *in* **bianco** blank signature; ~ **depositata** specimen signature; ~ *per* **esteso** full signature; ~ **falsa** forged signature; **falsificare** *la ~ di qd.* to forge s.o.'s signature; ⟨*fam*⟩ *ci* **farei** *la ~* (*accetterei subito*) I should take it at once, I should have no hesitation in accepting; ⟨*Univ*⟩ ~ *di* **frequenza** signature testifying attendance; **legalizzare** *una ~* to legalize (*o* certify) a signature; **libro** *delle –e*: 1 (*nei musei e sim.*) visitors' book; 2 (*nelle banche*) autograph book; **passare** *alla ~* to submit for signature, to send up for signing; ~ *per* **quietanza** discharge signature; **raccogliere** *–e* to collect signatures; **raccolta** *di –e* signature collection, ⟨*am*⟩ sign–in; ⟨*Comm*⟩ ~ *di* **traenza** drawer's signature.

firmamento *m.* **1** (*la volta celeste*) firmament, vault of heaven. **2** ⟨*fig*⟩ world, sphere: *il ~ cinematografico* the film world.

firmare *v.t.* to sign: *la Francia non ha firmato il trattato* France has not signed the treaty. □ ⟨*fig*⟩ ~ *la propria condanna* to sign one's own death warrant, to seal one's doom; ~ *un contratto* to sign (*o* become a party to) a contract; ~ *con una croce* to put an x. **firmatario I** *s.m.* (*f.* -a) signer: *i firmatari della petizione* the signers of the petition; ⟨*Comm,Dir*⟩ signatory, signee: *il ~ di un contratto* the signatory to a contract. **II** *a.* signatory: *le potenze –e del trattato* the signatory powers to the treaty. **firmato** *a.* signed: ~, *il ministro degli affari esteri* signed, the Minister of Foreign Affairs; *un quadro ~* a painting signed by the artist.

fisarmonica *f.* ⟨*Mus*⟩ accordion. **fisarmonicista** *m./f.* accordionist, accordion player.

fiscale *a.* **1** (*del fisco*) fiscal; (*delle tasse*) fiscal, tax–, revenue–, taxation–: *leggi –i* tax (*o* fiscal) laws. **2** ⟨*fig,spreg*⟩ (*rigido, vessatorio*) rigid, strict, exacting. □ *medico ~* doctor employed by a management to check up on those on sick leave; *reati –i* tax offences; *sistema ~* fiscal (*o* financial) system. **fiscaleggiare** *v.i.* (**fiscaleggio**, **fiscaleggi**; *aus.* avere) to be oppressive (*o* too exacting), to be over–rigorous. **fiscalismo** *m.* **1** ⟨*Econ*⟩ financial (*o* fiscal) system. **2** ⟨*fig*⟩ (*l'essere rigido, vessatorio*) rigour, strictness. **fiscalista** *m./f.* tax adviser (*o* consultant). **fiscalità** *f.* **1** (*atteggiamento del fisco*) rigidity in the application of tax regulations. **2** ⟨*fig*⟩ (*atto vessatorio*) excessive rigidity.

fiscalizzare *v.t.* to exempt (from taxes): ~ *gli oneri sociali* to exempt from the payment of social–security contributions. **fiscalizzazione** *f.* exemption (from

taxes).

fischiare *v.* (**fischio, fischi**) **I** *v.i.* (*aus.* avere) **1** to whistle: ~ *al cane* to whistle to (*o* up) the dog. **2** (*rif. al vento*) to whistle; (*rif. a uccelli*) to whistle, to sing: *i merli fischiano* blackbirds whistle; (*rif. a serpenti*) to hiss. **3** (*rif. a macchine e sim.*) to (give a) whistle: *il treno fischiò* the train gave a whistle; (*rif. a sirene e sim.*) to hoot: *fischiano le sirene* the sirens are hooting, the hooters are sounding. **4** (*sibilare*) to whistle, to whizz: *i proiettili fischiavano sulle nostre teste* bullets whistled over our heads. **II** *v.t.* **1** (*zufolare*) to whistle: ~ *una canzone* to whistle a tune. **2** (*disapprovare con fischi*) to boo, to hiss, to catcall: ~ *un attore* to boo an actor. **3** ⟨*Sport*⟩ to give the whistle for, to blow (the whistle) for: ~ *una punizione* to blow for a penalty. □ *farsi* ~ to be booed, to get s.o. hissed; ⟨*Sport*⟩ ~ *la fine* (*della partita*) to give the ⌐whistle for end of play⌐ (*o* final whistle); ~ *con il fischietto* to (give a) whistle; *mi fischiano le orecchie* my ears are buzzing (*o* singing); ⟨*fig*⟩ my ears are burning. **fischiata** *f.* **1** (*fischio di disapprovazione*) boo(ing), hiss(ing), hoot(ing), catcall: *il cantante è stato accolto a –e* the singer was greeted with catcalls. **2** (*fischio di richiamo*) whistle: *dare una ~ al cane* to give the dog a whistle, to whistle up (*o* to) the dog. **fischiatina** *f.* whistle. □ *fare una ~* to whistle a merry tune. **fischiatore** *m.* (*f.* -trice) **1** whistler. **2** (*al teatro e sim.*) hisser, hooter, catcaller. **fischiettare** *v.* (**fischietto**) **I** *v.t.* to whistle (softly), to whistle to o.s.: ~ *una canzone* to whistle a song (to o.s.). **II** *v.i.* (*aus.* avere) to whistle (softly, to o.s.): ~ *tra i denti* to whistle between one's teeth. **fischiettio** *m.* (continual) whistling. **fischietto** *m.* **1** (*per segnali*) whistle. **2** ⟨*Mar.mil*⟩ (boatswain's) pipe.

fischio *m.* **1** (*suono*) whistle, whistling; (*di disapprovazione*) boo(ing), hoot(ing), hiss(ing), catcall: *l'oratore fu accolto con fischi dal pubblico* the audience greeted the speaker with catcalls. **2** (*rif. ad animali, al vento*) whistle, whistling; (*rif. a uccelli*) whistle, singing: *il ~ del merlo* the whistle of the blackbird; (*rif. a serpenti*) hiss(ing). **3** (*rif. a macchine e sim.*) whistle: *il ~ della locomotiva* the engine's whistle; (*rif. a segnali acustici*) hoot(ing); (*di avvertimento*) toot(ing). **4** (*sibilo*) whistle, whistling, whizz(ing): *il ~ delle pallottole* the whistle (*o* whizz) of bullets. **5** (*strumento*) whistle: *il ~ dell'arbitro* the referee's whistle. **6** ⟨*Mar.mil*⟩ pipe. □ ⟨*fam*⟩ **capire** *fischi per fiaschi* to get the wrong end of the stick; **fare** *un ~* to (give a) whistle; ⟨*Sport*⟩ ~ *della fine* final whistle; ~ *d'inizio* whistle for kick–off; ~ *nelle* **orecchie** buzzing in the ears; *il ~ del* **vento** the whistling of the wind.

fischione *m.* ⟨*Ornit*⟩ widgeon.

fisciù *m.* ⟨*Mod*⟩ fichu.

fisco *m.* **1** public treasury, ⟨*GB*⟩ Treasury, ⟨*GB*⟩ Exchequer, ⟨*GB*⟩ Office of Inland Revenue, ⟨*SU*⟩ Internal Revenue Service; (*le imposte*) (public) revenue, taxation, taxes *pl*, ⟨*GB*⟩ Inland Revenue: *l'esosità del ~* the oppressiveness of taxation. **2** (*amministrazione delle imposte*) revenue (*o* tax) authorities *pl*, Treasury officers *pl*. □ *evadere il ~* to evade (*o* dodge) taxation.

fisiatra *m./f.* ⟨*Med*⟩ physiatrist. **fisiatria** *f.* physiatrics *pl* (*costr. sing.*), physical therapy, physiatry. **fisiatrico** *a.* (*pl.* -ci) physiatrical.

fisica *f.* physics *pl* (*costr. sing.*). □ ~ **atomica** atomic physics; ~ **nucleare** nuclear physics *pl* (*costr. sing.*); ~ *del* **plasma** (*o dei plasma*) plasma physics *pl.* (*costr. sing.*), ~ *dello* **stato** *solido* solid state physics *pl* (*costr.sing.*); ~ **terrestre** (*geofisica*) geophysics *pl* (*costr. sing.*).

fisicamente *avv.* physically. **fisico** *a./s.* (*pl.* -ci) **I** *a.* **1** (*della fisica*) physical: *leggi fisiche* physical laws. **2** (*della natura*) physical, natural. **3** (*del corpo*) physical, bodily: *il dolore ~* physical pain. **II** *s.m.* **1** (*studioso di fisica; f.* -a) physicist: ~ *atomico* atomic physicist. **2** (*corpo*) body: *soffrire nel ~ e nel morale* to suffer body and soul; (*corporatura, costituzione*) physique, constitution, build: *avere un ~ gracile* to have a frail physique. □ *attrazione –a* physical attraction; ~ *nucleare* nuclear physicist.

fisima *f.* **1** (*ghiribizzo*) whim, fancy. **2** (*piccola fissazione*) fad, crotchet: *è pieno di –e* he is full of fads; (*idea infondata*) mere fancy.

fisiocinesiterapia *f.* physiokinesitherapy. **fisiocinesiterapista** *m./f.* physiokinesitherapist.

fisio|crate *m.* ⟨*Econ*⟩ physiocrat. **~cratico** *a./s.* (*pl.* -ci) I *a.* physiocratic. II *s.m.* → fisiocrate. **~crazia** *f.* physiocracy. **~gnomonia** *f.* ⟨*Filos*⟩ physiognomy. **~gnomonico** *a.* (*pl.* -ci) physiognom(on)ic.

fisiologia *f.* physiology. □ ~ **comparata** comparative physiology; ~ *del* **lavoro** work physiology; ~ *del sistema* **nervoso** neurophysiology; ~ **umana** human physiology; ~ **vegetale** plant physiology.

fisiologicamente *avv.* physiologically. **fisiologico** *a.* (*pl.* -ci) physiologic(al). □ *condizioni fisiologiche* physiological conditions; ⟨*Med*⟩ *soluzione* –*a* physiological saline (solution). **fisiologo** *m.* (*pl.* -gi; *f.* -a) physiologist.

fisionomia *f.* 1 (*espressione*) physiognomy; (*fattezze*) features *pl*, face: *questa* ~ *non mi è nuova* that face is not new to me. 2 ⟨*fig*⟩ physiognomy, (characteristic) aspect: *la* ~ *di un popolo* the physiognomy of a people; *le nuove costruzioni hanno cambiato la* ~ *della città* the new buildings have changed the face (*o* aspect) of the city. **fisionomico** *a.* (*pl.* -ci) physiognomic(al), characteristic. □ *tratti –i* features. **fisionomista** *m./f.* physiognomist. □ *non sono un buon* ~ I have a poor memory for faces.

fisio|patologia *f.* physiopathology. **~terapia** *f.* physiotherapy. **~terapico** *a.* (*pl.* -ci) physiotherapeutic. **~terapista** *m./f.* physiotherapist.

fiso I *a.* ⟨*poet*⟩ (*fisso*) fixed, intent: *sguardo* ~ fixed gaze. II *avv.* fixedly, intently.

fisonomia, fisonomista → fisionomia, fisionomista.

fisostigmina *f.* ⟨*Farm*⟩ physostigmine.

fissaggio *m.* 1 ⟨*tecn*⟩ fastening, fixing, clamping. 2 ⟨*Fot*⟩ fixing: *bagno di* ~ fixing bath. □ *dispositivo di* ~ clamp.

fissamaiuscole *m.inv.* (*di macchina da scrivere e sim.*) capitals lock.

fissamente *avv.* fixedly, hard. □ *guardare* ~ *qd.* to stare at s.o.

fissare *v.t.* 1 to fix, to fasten, to make firm (*o* fast): ~ *un gancio* to fix a hook; (*bloccare*) to lock, to block; (*appuntare*) to pin (up, down): ~ *la stoffa con spilli* to pin up material. 2 (*fermare: con chiodi*) to nail (up, down, in), to fasten with nails: *fissò una tavola* he nailed down a plank; (*con viti*) to screw (up, down), to fix with screws. 3 (*agganciare*) to fasten (with a hook), to hook (up, on): ~ *le imposte* to fasten the shutters. 4 (*guardare fissamente*) to gaze, to look hard (*o* steadily) at, to fix one's eyes on; (*in modo offensivo*) to stare at: *smettila di fissarmi così* stop staring at me. 5 (*stabilire, determinare*) to fix, to settle, to establish: ~ *il programma del viaggio* to decide upon one's 'travel programme' (*o* itinerary); (*rif. a riunioni, sedute e sim.*) to fix (the date for), to set, to settle: ~ *un'adunanza* to fix (the date for) a meeting. 6 (*pattuire*) to fix, to agree upon, to settle: ~ *il prezzo* to fix the price; (*accordarsi*) to agree: *fissarono di partire insieme* they agreed to leave together. 7 (*prenotare*) to book, to engage: ~ *una stanza* to book a room. 8 ⟨*Biol,Fot,Pitt*⟩ to fix: ~ *una negativa* to fix a negative. **fissarsi** *v.r.* 1 to stare, to gaze fixedly (*su* at), to fix one's eyes (*o* gaze) (on). 2 ⟨*fig*⟩ (*avere una fissazione*) to be obsessed by an idea, to get it into one's head: *si è fissato di essere perseguitato* he has got it into his head that he is being persecuted. 3 ⟨*fig*⟩ (*ostinarsi*) to be set, to insist, to be determined, to set one's heart: *si è fissato di riuscire nell'impresa* he has set his heart on succeeding. 4 (*stabilirsi*) to settle: *si fissò a Roma* he settled in Rome. □ ~ *un* **appuntamento** to arrange an appointment, ⟨*fam*⟩ to fix a date; ~ *l'*attenzione *su qc.* to fix one's attention on s.th.; ⟨*Bot*⟩ ~ *l'*azoto to fix nitrogen; ~ *i* confini to fix bounds; ~ *una* data to set a date; ~ *il* domicilio *in un luogo* to settle (*o* take up residence) in a place; ~ *un* limite to set a limit; *fissarsi in* mente *qc.* to get s.th. into one's head; ⟨*fig*⟩ ~ *gli* occhi *su qc.* to become set on s.th., to set one's heart on (having) s.th.; ~ *il* pensiero *su qc.* to fix one's mind on s.th.; ~ *una* scadenza to fix maturity; ~ *lo* sguardo *su qc.* to fix one's gaze (*o* eyes) on s.th., to stare (*o* gaze) at s.th.; ~ *un* termine to set a term; ~ *qd.*

in viso to look s.o. hard in the face.

fissativo I *s.m.* fixative. II *a.* fixing, fixative. □ *sostanza* –*a* fixative. **fissato** I *a.* 1 (*che ha una fissazione*) obsessed, ⟨*fam*⟩ with a bee in one's bonnet: *un vecchio signore un po'* ~ an old gentleman with a bee in his bonnet. 2 (*stabilito*) set, fixed, arranged, appointed: *si incontrarono il giorno* ~ they met on the appointed day. II *s.m.* (*f.* -a) (*persona che ha una fissazione*) person with an obsession¹ (*o* a bee in his bonnet), ⟨*fam*⟩ fuss–pot; (*maniaco*) fanatic, fiend. □ *è un* ~ *dell'ordine* he is mad (*o* very fussy) about tidiness. **fissato bollato** *m.* ⟨*Econ*⟩ contract note; (*rif. ad acquisti*) bought note, purchase confirmation; (*rif. a vendite*) sold note, sales confirmation.

fissatore I *s.m.* 1 (*f.* -trice) (*operaio*) fixer (of dyes). 2 ⟨*Fot*⟩ (*bagno fissatore*) fixing bath, fixer. 3 (*lacca per capelli*) hair lacquer, hair spray; (*lozione per fissare la messa in piega*) setting lotion. II *a.* fixing, fixative. □ ⟨*Bot*⟩ ~ *di azoto* nitrogen fixer. **fissazione** *f.* 1 (*il fissare*) fixing, fastening. 2 (*pensiero fisso*) obsession, fixed idea, mania: *il suo amore per l'ordine è diventato una vera* ~ his love for orderliness has become a real obsession. 3 ⟨*Psic*⟩ fixation.

fissi → figgere.

fissile *a.* 1 ⟨*Min*⟩ fissile, cleavable: *pietra* ~ fissile stone. 2 ⟨*Atom*⟩ fissionable, fissible. **fissilità** *f.* ⟨*Fis*⟩ fissility. **fissionabile** *a.* fissile. **fissione** *f.* ⟨*Atom*⟩ fission. □ ~ *nucleare* nuclear fission; ~ *termica* thermal fission.

fissità *f.* fixity, fixedness, steadiness: ~ *dello sguardo* steadiness of gaze; ~ *di un pensiero* fixity of a thought.

fisso¹ I *a.* 1 (firmly) fixed, fast, securely fastened. 2 (*che non varia*) fixed, definite, set: *compenso* ~ fixed payment, set wage. 3 (*stabile*) fixed, steady: *impiego* ~ steady job; (*rif. a persona*) fixed, permanent, regular: *impiegato* ~ employee on the permanent staff, regular employee. 4 (*rif. a occhi, sguardi*) fixed, staring: *tutti gli sguardi erano –i su di lui* all eyes were fixed on him, everybody was staring at him. 5 ⟨*fig*⟩ (*fermamente risoluto*) steady, firm, resolved, unwavering: *essere* ~ *in un proposito* to be steady (*o* firmly resolved) in one's purpose. 6 (*usato avverbialmente*) fixedly, intently, steadily: *la ragazza lo guardò* ~ the girl looked fixedly¹ (*o* stared) at him. II *s.m.* 1 (*stipendio fisso*) fixed salary: ~ *mensile* fixed monthly salary; (*salario fisso*) fixed (*o* set) wage; (*rendita fissa*) fixed income. 2 (*assegno fisso*) fixed allowance. □ ⟨*Econ*⟩ *cambio* ~ fixed exchange; *senza* –*a* dimora of no fixed address; idea –*a* fixed idea, idée fixe; *a* ore –*e* at set times; prezzo ~ fixed price; sguardo ~ fixed gaze, stare; ⟨*Astr*⟩ stelle –*e* fixed stars.

fisso² → figgere.

fistola *f.* ⟨*Med*⟩ fistula. **fistoloso** *a.* ⟨*Med,Bot*⟩ fistulous, fistular.

fitina *f.* ⟨*Biol*⟩ phytin.

fito|biologia *f.* phytobiology. **~chimica** *f.* phytochemistry. **~farmaceutico** *a.* phytopharmacological. **~farmacia** *f.* phytopharmacology. **~farmaco** *m.* plant protection product. **~fisiologia** *f.* plant physiology. **~genetica** *f.* phytogenesis, phytogeny. **~geografia** *f.* phytogeography. **~geografo** *m.* (*f.* -a) phytogeographer. **~lacca** *f.* ⟨*Bot*⟩ pokeweed. **~patologia** *f.* phytopathology, plant pathology. **~plancton** *m.* phytoplankton.

fitormone *m.* ⟨*Biol*⟩ phytohormone.

fito|sociologia *f.* phytosociology. **~terapia** *f.* ⟨*Med,Agr*⟩ phytotherapy. **~trone** *m.* ⟨*Fis*⟩ phytotron.

fitta *f.* 1 (*dolore acuto*) sharp (*o* shooting) pain, stab of pain, twinge: *sentire una* ~ *alla testa* to feel a sharp pain in one's head; *avere delle* –*e al fegato* to have shooting pains in the liver; (*intercostale*) stitch. 2 (*folla, calca*) crowd, throng, multitude, mass, crush. □ *una* ~ *al cuore* a sharp pain in the heart; ⟨*fig*⟩ *a quelle parole sentì una* ~ *al cuore* when she heard these words, she felt a pang (of grief).

fittamente *avv.* thickly, densely.

fittavolo *m.* (*f.* -a) tenant farmer.

fittezza *f.* 1 (*densità, foltezza*) thickness, density, denseness: *la* ~ *della nebbia* the thickness of the fog. 2 (*compattezza*) thickness, density: *la* ~ *della folla* the thickness of the crowd. **3** (*rif. a tessuti e sim.*) thickness, close weave (*o* texture).

fittile *a.* fictile, clay–.

fittizio *a.* fictitious, counterfeit.

fitto[1] **I** *a.* **1** driven (*in* into), thrust: *un palo ~ in terra* a stake driven into the ground. **2** (*fig*) fixed, rooted: *avere un pensiero ~ in capo* to have a thought fixed firmly in one's head. **3** (*denso, folto*) thick, dense: *una –a nebbia* a thick fog; *un ~ bosco* a thick wood. **4** (*compatto*) thick, compact, close-packed: *folla –a* thick crowd. **5** (*rif. a tessuti e sim.*) thick, closely woven: *tessuto ~* closely woven fabric; (*rif. a maglie e sim.*) close-meshed. **6** (*stretto*) close, close-set: (*Tip*) *caratteri –i* close type. **7** (*pieno*) crammed, packed (*di* with), full (*of*). **II** *avv.* thickly, closely, hard, heavily: *piove ~* it is raining hard (*o* heavily). **III** *s.m.* thick, depths *pl,* middle: *nel ~ del bosco* in the thick (*o* depths) of the wood; *nel ~ della notte* in the middle of the night, at dead of night. □ *buio ~* pitch dark; *a capo ~* headlong, head down (*o* first), head-foremost: *cadde a capo ~ nel pozzo* he fell head first into the well; *~ mistero* deep mystery; *pettine ~* tooth-comb.

fitto[2] *m.* rent; (*rif. a terreni*) rent, lease. □ *~ bloccato* restricted rent.

fitto[3] → **figgere**.

fittone *m.* main root, taproot: *radice a ~* taproot.

fiumana *f.* **1** (*corrente di fiume in piena*) raging flood (*of* a river). **2** (*fig*) stream, flood: *una ~ di gente* a stream of people; *una ~ di parole* a flood of words.

fiume **I** *s.m.* **1** river: *la città è attraversata da un ~* a river runs through the town. **2** (*fig*) stream, flood: *un ~ di parole* a stream of words; *versare un ~ di lacrime* to shed a flood of tears; *un ~ di gente* a stream of people. **II** *a.* never-ending: *una seduta ~* a never-ending sitting. □ *a –in* floods (*o* torrents), in abundance, abundantly; *il ~ Danubio* the (River) Danube; *un ~ di eloquenza* a flow (*o* flood) of eloquence; *–i d'inchiostro* floods of words (*o* ink); *il letto del ~* the river bed; *~ magro* shallow (*o* low) river; *~ navigabile* navigable river; *~ non navigabile* unnavigable river; *~ principale* main river; *romanzo ~* saga, roman-fleuve; *un ~ di sangue* a stream (*o* river) of blood; *~ sotterraneo* underground river.

fiutare I *v.t.* **1** (*annusare*) to smell, to sniff. **2** (*venat*) to scent: *il cane fiutò la lepre* the dog scented the hare. **3** (*fig*) (*intuire*) to sense, to scent, to get wind of: *~ il pericolo* to scent danger; *~ un buon affare* to get wind of a bargain. **II** *v.i.* (*aus.* avere) **1** (*annusare*) to sniff, to nose. **2** (*venat*) to scent. □ *~ qualcosa di losco* to smell a rat; *~ tabacco* to take snuff. **fiutata** *f.* **1** (*il fiutare*) sniff. **2** (*l'annusare*) smell, sniff. □ *dare una ~ a qc.* (*o qd.*) to sniff s.th. (*o* s.o.), to give s.th. (*o* s.o.) a sniff; *~ di tabacco* a pinch of snuff. **fiuto** *m.* **1** (*il fiutare*) scenting, smelling, sniffing. **2** (*odorato*) (sense of) smell; (*rif. ad animali*) scent, nose: *il cane ha un ~ finissimo* the dog has a very good nose. **3** (*fig*) (*intuizione*) nose, flair: *ha ~ negli affari* he has a nose (*o* flair) for business. □ *al ~* (*per istinto*) by instinct, instinctively; *giudicai al ~ che era un briccone* instinct told me that he was a scoundrel; *aver ~ di qc.* (*intuire*) to ⌈get wind⌉ (*o* have an inkling) of s.th.

flabello *m.* (*Bot*) flabellum.

flaccidamente *avv.* flabbily, flaccidly. **flaccidezza, flaccidità** *f.* flabbiness, flacidity. **flaccido** *a.* flabby, flaccid, slack: *pelle –a* flabby skin; *muscoli –i* flaccid (*o* slack) muscles.

flacone *m.* flacon; (*per medicinale*) medicine bottle. □ *un ~ di profumo* a bottle of perfume; *~ spruzzatore* (*o a spruzzo*) spray(er).

flagellamento *m.* **1** flagellation, scourging. **2** (*fig*) lashing. **flagellante** *m.* (*Stor*) Flagellant. **flagellare** *v.t.* (*flagello*) **1** to scourge, to flagellate: *~ uno schiavo* to scourge a slave. **2** (*fig*) to lash: *la pioggia flagella gli alberi* the rain lashes the trees. **flagellarsi** *v.r.* to scourge o.s., to flagellate o.s. **flagellati** *m.pl.* (*Zool*) flagellates *pl.* **flagellatore** *m.* (*f.* -trice) **1** scourger, flagellator. **2** (*fig*) chastiser, censurer: *~ dei vizi* censurer of vice. **flagellazione** *f.* **1** scourging, flagellation. **2** (*Art*)

Flagellation. **flagello** *m.* **1** (*sferza*) scourge, whip. **2** (*fig*) scourge: *il ~ della carestia* the scourge of famine. **3** (*fam*) (*gran quantità*) plenty, (*fam*) load: *ha un ~ di soldi* he has loads of money. **4** (*Biol,Bot*) flagellum. □ *Attila, il ~ di Dio* Attila, the Scourge of God; *percuotere col ~* to scourge.

flagrante *a.* **1** (*Dir*) in the act, (in) flagrante delicto. **2** (*estens*) (*evidente*) flagrant, glaring, evident, open: *essere in ~ contraddizione* to be in open contradiction. □ *cogliere qd. in ~:* 1 (*Dir*) to catch s.o. in ⌈the very act⌉ (*o* flagrante delicto); 2 (*estens*) to catch s.o. ⌈in the act⌉ (*o* red-handed): *l'ho colto in ~ mentre rubava la marmellata* I caught him red-handed⸱ stealing the jam. **flagranza** *f.* (*Dir*) flagrante delicto: *cogliere qd. in ~* to catch s.o. in flagrante delicto.

flambare *v.t.* (*Gastr*) to flambé. **flambé** *fr.* [flãˈbe] *a.* flambé: *bistecca ~* steak flambé.

flamine *m.* (*Stor.rom*) flamen.

Flaminio *N.pr.m.* (*Stor*) Flaminius.

flan *fr.* [flã] *m.* **1** (*Gastr*) flan. **2** → **flano**.

flanella *f.* (*Tess*) flannel. □ *~ di cotone* flannelette, cotton flannel; *~ di lana* wool flannel; *di ~* flannel–; *pantaloni di ~* flanneltrousers *pl.*

flangia *f.* (*pl.* -ge) (*Mecc*) flange. **flangiare** *v.t.* (*flangio, flangi*) (*Mecc*) to flange, to furnish with a flange.

flano *m.* (*Tip*) flong; (*matrice*) matrix, mat.

flash *ingl.* [flæʃ] *m.* **1** (*Fot*) flash. **2** (*Giorn*) news flash. □ (*Fot*) *~ automatico* automatic flash, autoflash.

flato *m.* (*Med*) flatus. **flatulento** *a.* flatulent. **flatulenza** *f.* (*Med*) flatulence.

flautato *a.* **1** (*Mus*) fluted, fluty. **2** (*estens*) (*gentile, dolce*) flute-like, melodious: *parlare con voce –a* to speak in flute-like tones. **flautista** *m./f.* fl(a)utist, flute, flute-player. **flauto** *m.* **1** (*Mus*) (*strumento*) flute. **2** (*sonatore*) fl(a)utist, flute, flute-player: *il primo ~* the first flute. □ (*Mus*) *il ~ magico* The Magic Flute; *~ di Pan* Pan's pipes *pl.*

flavo *a.* (*lett*) (*giallo*) yellow; (*biondo*) fair.

flebile *a.* **1** (*lamentoso*) plaintive, mournful: *un ~ lamento* a mournful lament. **2** (*fievole*) faint, feeble: *un suono ~ in lontananza* a faint sound in the distance. **flebilmente** *avv.* **1** (*lamentosamente*) plaintively, mournfully. **2** (*fiocamente*) faintly.

flebite *f.* (*Med*) phlebitis. **flebo** *f.* → **fleboclisi**. **fleboclisi** *f.* (*Med*) phleboclysis. **flebografia** *f.* phlebography. **flebologia** *f.* phlebology. **flebologo** *m.* (*pl.* -gi) phlebologist. **flebotomia** *f.* phlebotomy. **flebotomo** *m.* **1** phlebotomist. **2** (*Entom*) sandfly.

Flegrei: (*Geog*) *Campi ~* Phlegraean Fields *pl.*

flemma *f.* **1** (*calma*) coolness, phlegm, calm. **2** (*Chim*) phlegma. **3** (*nella medicina antica*) phlegm. **flemmatico** *a.* (*pl.* -ci) **1** (*calmo*) cool, calm, phlegmatic, unemotional. **2** (*nella medicina antica*) phlegmatic. □ *uomo ~* phlegmatic.

flemmone (*o flemmone*) *m.* (*Med*) phlegmon. **flemmonoso** *a.* phlegmonous, phlegmonic.

flessi → **flettere**. **flessibile** *a.* **1** (*pieghevole*) flexible, pliable, pliant: *ramo ~* flexible branch. **2** (*fig*) (*docile, arrendevole*) tractable, manageable, yielding, pliable, docile: *carattere ~* docile nature. **3** (*fig*) (*versatile*) versatile: *ingegno ~* versatile mind. **flessibilità** *f.* **1** flexibility, pliability, pliancy: *~ di una molla* flexibility of a spring. **2** (*fig*) (*docilità*) pliability, pliancy, docility, flexibility. **3** (*fig*) (*adattabilità*) flexibility, adaptability: *~ di un sistema economico* flexibility of an economic system. □ *~ d'ingegno* versatility; (*Econ*) *~ dei prezzi* price flexibility. **flessibilmente** *avv.* flexibly, pliably. **flessile** *a.* (*lett*) (*flessibile*) flexile, flexible, pliant. **flessimetro** *m.* (*Edil*) deflectometer.

flessione *f.* **1** bending, flexing, bowing: *la ~ di un ramo* the bending (*o* bowing) of a branch. **2** (*graduale diminuzione*) decline, (gradual) fall, drop, sag: *si è registrata una leggera ~ nelle vendite* there has been a slight fall in sales; (*rallentamento*) easing off; (*caduta improvvisa*) break. **3** (*Ginn*) (*atto*) bending; (*effetto*) bend: *fare dieci –i* to do ten bends; *~ delle gambe* knee-bend. **4** (*Gramm*) inflection, flexion. **5** (*Edil*) flexion, flexure; (*deviazione dalla linea retta*) deflection. □ ~ *sulle* **braccia** press–up; ~ *del* **busto** trunk bending; ~ *sulle* **ginocchia** knees full bend; ~ *dei* **prezzi** (gradual) fall in prices; ⟨*tecn*⟩ **sollecitazione** *di* ~ bending stress; **subire** *una leggera* ~ to drop (*o* fall) slightly.

flessivo *a.* ⟨*Ling*⟩ inflected, flexional, inflectional: *lingua –a* inflected language. **flesso** → flettere. **flessore** *m.* ⟨*Anat*⟩ (*anche muscolo flessore*) flexor (muscle). **flessuosamente** *avv.* supply, flexuously. **flessuosità** *f.* suppleness, flexuosity: ~ *dei movimenti* suppleness of movement. **flessuoso** *a.* supple, lithe: *corpo* ~ lithe body. **flessura** *f.* ⟨*Geol*⟩ flexure, fold.

flettere *v.t.* (flettei/flessi, flesso) **1** to bend, to bow: *il vento fletteva i rami* the wind bowed the branches. **2** (*rif. a membra*) to bend, to flex: ~ *le ginocchia* to bend the knees. **3** ⟨*Gramm*⟩ to inflect. **flettersi** *v.r.* to bend, to bow: *gli alberi si flettevano sotto la neve* the trees bowed beneath the snow.

flip–flop *m.* ⟨*El*⟩ flip–flop (circuit).

flipper *ingl. m.* pinball machine. □ *giocare a* ~ to have a game of pinball. **flipperista** *m./f.* pinball player.

flirt *ingl.* [flə:rt] *m.* **1** (*amore*) flirtation. **2** (*persona*) boy–friend (*f* girl–). **flirtare** [flə:rt–] *v.i.* (*aus.* avere) to flirt.

flit *m.* fly spray.

F.L.M. = *Federazione lavoratori metalmeccanici* Federation of Metalworkers.

F.lli = ⟨*Comm*⟩ *fratelli* Brothers (*abbr.* Bros.).

flocculare *v.i.* (*aus.* avere) ⟨*Chim*⟩ to flocculate. **flocculazione** *f.* flocculation.

flogistico *a.* (*pl.* -ci) ⟨*Med*⟩ phlogistic: *processo* ~ phlogistic process. **flogosi** *f.* phlogosis.

flora *f.* flora. □ ~ *alpina* Alpine flora; ~ *batterica* bacterial flora; ~ *batterica intestinale* intestinal flora; ~ *marina* marine flora. **Flora** *N.pr.f.* Flora (*anche Mitol.*). **floreale** *a.* floral: *decorazione* ~ floral decoration. □ ⟨*Arch*⟩ *stile* ~ Art Nouveau.

floricolo *a.* floricultural, flower–growing–: *azienda –a* floricultural concern. **floricoltore** *m.* (*f.* -trice) floriculturist, flower–grower. **floricoltura** *f.* floriculture, flower–growing. **floricultore** *m.* → **floricoltore**. **floricultura** *f.* → **floricoltura**.

Florida (*o* *Florida*) *N.pr.f.* ⟨*Geog*⟩ Florida.

floridamente *avv.* prosperously. **floridezza** *f.* **1** flourishing (*o* booming) state: *la* ~ *del commercio* the booming state of trade. **2** (*rif. a persona*) glowing health, healthy glow. **florido** *a.* **1** (*prospero*) thriving, booming, flourishing: *una –a industria* a flourishing industry. **2** (*rif. a persona*) flourishing, blooming, glowing with health: *una ragazza –a* a girl glowing with health. □ *aspetto* ~ healthy look; *finanze –e* healthy finances; *salute –a* glowing health.

florilegio *m.* anthology.

floscezza *f.* **1** limpness, floppiness. **2** (*flaccidità*) flabbiness, flaccidity. **floscio** *a.* **1** soft, limp, floppy: *cappello* ~ soft (*o* floppy) hat. **2** (*flaccido*) flabby, flaccid, slack: *gote flosce* flabby cheeks. **3** ⟨*fig*⟩ soft, weak, feeble, flabby: *carattere* ~ weak (*o* flabby) character.

flotta *f.* ⟨*Mar,Aer*⟩ fleet: *la* ~ *inglese* the English fleet. □ ~ *da carico* merchant fleet; ~ *da guerra* fleet; ~ *mercantile* (*o commerciale*) merchant fleet.

flottaggio *m.* ⟨*Aer*⟩ taxiing. **flottante I** *a.* **1** (*galleggiante*) floating. **2** (*ondeggiante*) waving, rocking. **II** *s.m.* ⟨*Econ*⟩ floating funds *pl*, shares *pl* on the market. □ ⟨*Econ*⟩ *cambio* ~ fluctuating rate of exchange; ⟨*Assic*⟩ *polizza* ~ floating policy. **flottare** *v.* (flotto) **I** *v.i.* (*aus.* avere) **1** (*galleggiare*) to float. **2** (*ondeggiare*) to wave, to rock. **3** ⟨*Aer*⟩ to taxi (along). **II** *v.t.* to float. **flottazione** *f.* ⟨*Minier*⟩ flotation.

flottiglia *f.* ⟨*Mar,Aer*⟩ flotilla. □ ~ *da pesca* fishing fleet.

flou *fr.* [flu] *a.* **1** ⟨*Mod*⟩ loose–fitting, flowing: *linea* ~ flowing line. **2** ⟨*Fot*⟩ fuzzy, blurred: *contorno* ~ fuzzy outline; *fotografia* ~ blurred photograph.

fluente *a.* **1** flowing: *le acque –i del fiume* the flowing waters of the river. **2** (*estens*) (*rif. a capelli, vesti e sim.*) flowing: *barba* ~ flowing beard. **fluidica** *f.* ⟨*tecn*⟩

fluidics *pl* (*costr. sing.*). **fluidico** *a.* (*pl.* -ci) fluidic. **fluidità** *f.* **1** fluidity: ~ *dell'acqua* fluidity of water. **2** ⟨*fig*⟩ (*scorrevolezza*) fluency, smoothness: ~ *di stile* fluency of style. **3** ⟨*fig*⟩ (*instabilità*) unsettled state, unstableness: *la* ~ *della situazione politica* the unsettled state of the political situation. **fluidificare** *v.t.* (fluidifico, fluidifichi) to fluidify. **fluido I** *a.* **1** fluid, flowing. **2** ⟨*fig*⟩ (*scorrevole*) fluent, flowing, smooth: *stile* ~ fluent style. **3** ⟨*fig*⟩ (*instabile*) unsettled, unstable: *situazione –a* unsettled situation. **II** *s.m.* ⟨*Fis*⟩ (*corpo*) fluid; (*stato*) fluidity. □ ~ *elettrico* electric fluid; ~ *magnetico* magnetic fluid; *olio poco* ~ viscous (*o* thick) oil; ~ *di raffreddamento* coolant, cooling fluid. **fluidodinamica** *f.* ⟨*Fis*⟩ fluid dynamics *pl* (*costr.sing. o pl.*).

fluire[1] *v.i.* (fluisco, fluisci; *aus.* essere) **1** to flow: *le acque fluivano lentamente* the waters flowed slowly along; (*rapidamente*) to stream, to gush: *il sangue fluisce dalla ferita* the blood is streaming from the wound. **2** ⟨*estens*⟩ (*rif. a barba, capelli*) to flow (down). **3** ⟨*fig*⟩ (*rif. a parole, versi e sim.*) to flow.

fluire[2] *m.* **1** flowing. **2** ⟨*fig*⟩ (*rif. a tempo*) passing, progress.

fluitare *v.i.* (fluito; *aus.* essere) **1** to float, to drift (downstream). **2** (*galleggiare*) to float; (*ondeggiare*) to wave, to rock. **fluitazione** *f.* floating, rafting: ~ *del legname* floating (*o* rafting) of timber.

fluorescente *a.* ⟨*Fis*⟩ fluorescent. □ *illuminazione* ~ fluorescent lighting; *lampada* ~ fluorescent lamp. **fluorescenza** *f.* fluorescence.

fluorico *a.* (*pl.* -ci) fluorine–. **fluoridrico**: ⟨*Chim*⟩ *acido* ~ hydrofluoric acid. **fluorina, fluorite** *f.* ⟨*Min*⟩ fluorite, fluorspar. **fluorizzazione** *f.* ⟨*Chim*⟩ fluoridation: ~ *delle acque* fluoridation of water. **fluoro** *m.* ⟨*Chim*⟩ fluorine. **fluorosi** *f.* ⟨*Med*⟩ fluorosis. **fluoruro** *m.* ⟨*Chim*⟩ fluoride: ~ *di uranio* uranium fluoride; ~ *di calcio* calcium fluoride.

flussione *f.* ⟨*Med*⟩ fluxion.

flusso *m.* **1** flow, flux, stream: *il* ~ *delle acque* the flow of the waters; *il* ~ *del gas nelle tubazioni* the flow of gas in the pipes. **2** ⟨*fig*⟩ onward course, progress, march, passing: *il* ~ *del tempo* the march of time; *il* ~ *della storia* the onward course of history. **3** ⟨*fig*⟩ (*gran quantità*) flow, stream, torrent: *un* ~ *di parole* a flow of words. **4** ⟨*fig*⟩ (*viavai continuo*) coming and going: *il* ~ *della gente per le vie* the coming and going of people in the streets. **5** ⟨*Med*⟩ flux, flow: *un* ~ *di sangue dal naso* a flow of blood from the nose. **6** ⟨*Fis,Met*⟩ flux: ~ *luminoso* light (*o* luminous) flux. **7** ⟨*Geol*⟩ (*alta marea*) flood, flood–tide. □ ⟨*Econ*⟩ ~ *di beni* flow of goods; ⟨*Fis*⟩ ~ *di* **calore** heat flow, thermal flux; ⟨*Econ*⟩ ~ *di* **cassa** cash flow; ⟨*Radiol*⟩ *densità di* ~ flux density; ⟨*Fis*⟩ ~ *di* **elettroni** electron flow; ~ **ematico** *cerebrale* cerebral blood flow; ⟨*Inform*⟩ ~ *dell'***informazione** information flow; ⟨*Ind*⟩ ~ *di* **materiali** flow of materials; ⟨*Med*⟩ ~ **mestruale** menstrual flow.

flussometro *m.* **1** ⟨*Idr*⟩ flowmeter. **2** ⟨*Fis*⟩ fluxmeter.

flutto *m.* (*onda*) wave; (*onda grossa*) billow, surge: *il naufrago fu inghiottito dai –i* the castaway was engulfed by the billows; (*moto ondoso*) swell. **fluttuante** *a.* ⟨*Econ*⟩ floating, fluctuating: *prezzi –i* fluctuating prices. □ ⟨*Anat*⟩ *costola* ~ floating rib; *debito* ~ floating debt.

fluttuare[1] *v.i.* (fluttuo; *aus.* avere) **1** (*ondeggiare: rif. al mare*) to rise and fall, to surge, to heave, to billow; (*rif. a navi e sim.*) to toss, to rock. **2** ⟨*fig*⟩ to fluctuate, to waver, to float. **3** ⟨*Econ*⟩ to float.

fluttuare[2] *m.* **1** (*del mare*) surging, heaving, tossing. **2** ⟨*fig*⟩ floating, surging, swaying: *il* ~ *della folla* the surging of the crowd.

fluttuazione *f.* **1** (*l'ondeggiare*) tossing, surging, rise and fall. **2** ⟨*fig*⟩ (*oscillazione, variazione*) fluctuation, unsteadiness, floating: ~ *dei prezzi* fluctuation of prices. □ ~ *dei* **cambi** fluctuation in the rate of exchange; ⟨*Econ*⟩ ~ **ciclica** cyclical fluctuation; *–i della* **congiuntura** economic (*o* cyclical) fluctuations; ~ *della* **manodopera** fluctuation of labour; ~ *del* **mercato** market fluctuation; *–i* **monetarie** monetary fluctuations.

fluviale *a.* river–, fluvial: *porto* ~ river port; *acque –i* river waters. □ *navigazione* ~ river (*o* inland) navigation; *pesca* ~ fresh–water fishing; *per via* ~ by river.

F.M. = **1** *forza motrice* motive power. **2** ⟨*Rad*⟩ *modulazione di frequenza* Frequency Modulation (*abbr.* F.M.).

F.M.I. = *Fondo monetario internazionale* International Monetary Fund (*abbr.* I.M.F.).

fob, F.O.B. = ⟨*Comm*⟩ *franco a bordo* free on board (*abbr.* f.o.b., F.O.B.).

fobia *f.* **1** ⟨*Psic*⟩ phobia. **2** (*fam*) (*forte antipatia*) aversion: *ha una vera* ~ *per il greco* Greek is his pet aversion, he really loathes Greek. **fobico** *a./s.* (*pl.* -ci) ⟨*Psic*⟩ **I** *a.* phobic. **II** *s.m.* (*f.* -a) phobi(a)c.

foca *f.* **1** ⟨*Zool*⟩ (common) seal, sea–calf. **2** (*pelle*) sealskin: *una cartella di* ~ a sealskin case; (*pelliccia*) sealskin, seal, seal–fur. **3** (*fig*) (*persona grassa e goffa*) elephant, ungainly person.

focaccia *f.* (*pl.* -ce) **1** (*schiacciata*) flat loaf: **2** (*dolce*) cake, bun. □ (*fig*) *rendere pan per* ~ to give tit for tat.

focaia: *pietra* ~ flint.

focale I *a.* ⟨*Fis,Geom,Med*⟩ focal: *asse* ~ focal axis; *distanza* ~ focal length. **II** *s.f.* (*distanza focale*) focal length (*o* distance). **focalizzare** *v.t.* ⟨*Fot*⟩ to focus, to focalize. **focalizzazione** *f.* focusing, focalization.

focato *a.* (*scuro con macchie fulve*) dark with tawny markings, dappled tawny: *cavallo baio* ~ bay with tawny markings. **focatura** *f.* tawny markings *pl.*

foce *f.* mouth, outlet: *la* ~ *del Tevere* the mouth of the Tiber. □ ~ *a delta* delta; ~ *a estuario* estuary; *la* ~ *del fiume* the river mouth.

focena *f.* ⟨*Zool*⟩ porpoise.

fochista *m.* **1** ⟨*Ferr*⟩ fireman, stoker. **2** ⟨*Mar,Ind*⟩ stoker.

Focide *N.pr.f.* ⟨*Geog.stor*⟩ Phocis.

focolaio *m.* **1** ⟨*Med*⟩ focus. **2** (*fig*) (*centro di diffusione*) hotbed.

focolare *m.* **1** hearth; (*camino*) fireplace. **2** (*fig*) (*casa*) home, hearth: *fare ritorno al proprio* ~ to go back home. **3** ⟨*tecn*⟩ furnace, firebox. **4** ⟨*Geol*⟩ focus. □ (*fig*) ~ *domestico* home.

focomelia *f.* ⟨*Med*⟩ phocomelia, phocomely. **focomelico** *a./s.* (*pl.*-ci) **I** *a.* phocomelic. **II** *s.m.* (*f.* -a) phocomelus.

focometro *m.* ⟨*Ott*⟩ focometer, focimeter.

focosamente *avv.* impetuously, ardently. **focoso** *a.* **1** fiery, impetuous: *temperamento* ~ fiery temperament. **2** (*ardente*) burning, ardent, passionate. □ *cavallo* ~ mettlesome horse.

fodera *f.* **1** (*di abiti*) lining; (*tessuto*) lining (material): *tre metri di* ~ three metres of lining. **2** (*rivestimento*) loose cover. □ ~ *del cuscino* cushion cover; (*rif. al cuscino del letto*) pillow slip, pillow case; ~ *del libro* dust jacket, dust cover; ~ *del materasso* mattress slip; ~ *di pelliccia* fur lining. **foderame** *m.* lining materials *pl.* **foderare** *v.t.* (*fodero*) **1** to line: ~ *una giacca di pelliccia* to line a jacket with fur, to fur–line a jacket. **2** (*rivestire: internamente*) to line: ~ *i cassetti di carta* to line drawers with paper; (*esternamente*) to cover, to put a cover on: ~ *un quaderno di plastica* to cover an exercise book with plastic. **foderato** *a.* **1** lined: *cappotto* ~ *di pelliccia* fur–lined overcoat; *gonna –a* lined skirt. **2** (*rivestito*) covered: *libro* ~ *di carta a fiori* book covered with flowered paper. **foderatura** *f.* **1** (*il foderare*) lining: ~ *di un abito* lining of a suit. **2** (*il rivestire*) covering. **foderina** *f.* ⟨*Legat*⟩ dust cover, dust jacket. **fodero** *m.* sheath: ~ *della spada* sword sheath. □ *trarre la spada dal* ~ to unsheathe one's sword.

foga *f.* enthusiasm, ardour: ~ *giovanile* youthful enthusiasm. □ *con* ~ heatedly, passionately; *discutere con* ~ to have a heated argument; *nella* ~ *della discussione* in the heat of the argument.

foggia *f.* (*pl.* -ge) **1** form, shape: *un lume a* ~ *di lanterna* a light in the form of a lantern. **2** (*modo di vestire o pettinarsi*) style, fashion: *pettinatura di* ~ *moderna* modern hair–style; *vestire alla* ~ *di Parigi* to dress in the Paris style. □ *a* ~ *di* in the form of, –shaped, shaped like: *a* ~ *di cilindro* cylinder–shaped; *un abito di* ~ *antica*

an old–fashioned dress. **foggiare** *v.t.* (*foggio, foggi*) to shape to form, to mould, to make in the shape of: ~ *un cappello a cono* to make a hat in the shape of a cone; ~ *un vaso* to mould a pot; ~ *un carattere* to mould a character. **foggiatura** *f.* ⟨*Ceram*⟩ moulding.

foglia *f.* **1** leaf. **2** *pl.* (*fogliame*) leaves *pl*, foliage, leafage. **3** *pl.* (*motivo ornamentale*) leafwork, foliage. **4** (*lamina*) foil, lamina: ~ *d'argento* silver foil. □ ⟨*Arch*⟩ ~ *di acanto* acanthus leaf; *-e di alloro* laurel (*o* bay) leaves; *una corona di -e di alloro* a laurel wreath; *al cadere delle -e* (*in autunno*) in autumn; ~ *composta* compound leaf; ~ *coperto di -e* leaf–strewn, leafy, covered with leaves; ~ *dentellata* denticulate leaf; ~ *di fico* fig leaf; *lamina della* ~ leaf–blade, lamina; ~ *lanceolata* lanceolate leaf; *larga la* ~ *e stretta la via, dite la vostra che ho detto la mia* and that's the end of my story; ~ *lobata* lobate leaf; ⟨*fig*⟩ *mangiare la* ~ to smell a rat; *mettere le -e* to come into leaf, to put forth leaves; ~ *d'oro* gold leaf; *-e persistenti* persistent leaves; ~ *secca* dead (*o* withered) leaf; *senza -e* leafless; *spuntano le -e* the leaves are coming out; ~ *di stagno* tinfoil; ~ *di tabacco* tobacco leaf; ~ *di tè* tea leaf; *tremare come una* ~ to shake like a leaf. *Prov.: non si muove* ~ *che Dio non voglia* not a leaf stirs but God wills it.

fogliaccio *m.* (*giornalaccio*) rag.

fogliaceo *a.* ⟨*Bot*⟩ foliaceous. **fogliame** *m.* foliage, leaves *pl*, leafage: *il viale era coperto di* ~ the avenue was covered with leaves. **fogliato** *a.* ⟨*Bot*⟩ foliate: *ramo* ~ foliate branch. □ *oro* ~ gold leaf; *metallo* ~ metal foil. **fogliazione** *f.* foliation.

foglietta *f.* ⟨*region*⟩ (*misura per liquidi*) half–litre.

foglietto *m.* **1** (*piccolo foglio di carta*) slip (*o* piece) of paper. **2** ⟨*Anat*⟩ pleural layer. □ ~ *pubblicitario* handbill, ⟨*am*⟩ dodger.

foglifero *a.* ⟨*Bot*⟩ leaf–, leaf–bearing: *gemme -e* leaf buds.

foglio *m.* **1** sheet (of paper), piece (of paper): *un* ~ *di carta da pacchi* a sheet of wrapping (*o* brown) paper; *scrivere gli appunti su un* ~ to take one's notes on a piece of paper; (*di libro o quaderno*) leaf, page. **2** (*facciata*) page, side: *ha riempito due fogli* he has filled two sides. **3** (*modulo*) form: *compilare il* ~ *d'iscrizione* to fill in the enrolment form; ~ *per la denuncia dei redditi* income tax form. **4** (*documento*) document, certificate. **5** (*biglietto di banca*) bank–note, note, ⟨*am*⟩ bill: *un* ~ *da diecimila lire* a tenthousand lira note. **6** (*giornale*) news–sheet. **7** (*lamina*) sheet, layer: ~ *di plastica* plastic sheet. □ ~ *di carta bollata* sheet of stamped paper, stamped sheet; ~ *di carta intestata* letter–head; ~ *di carta da lettere* piece of writing–paper; ~ *di compensato* sheet of plywood; ~ *da disegno* piece of drawing–paper; ⟨*Legat*⟩ *in* ~ (in) folio: *volume in* ~ volume in folio, folio (volume); *a -i mobili* loose–leaf–; ~ *di paga* pay sheet, pay roll; ~ *delle presenze* attendance sheet; ⟨*Inform*⟩ *di* ~ **programma** programme sheet; ~ **protocollo** sheet of foolscap; ~ *a quadretti* sheet of squared paper; ~ *a righe* sheet of ruled paper; ⟨*Aut*⟩ ~ *rosa* learner's (driving) permit; ~ *di verifica* coding sheet; ~ *di via:* 1 ⟨*Dir*⟩ travel order; 2 ⟨*Ferr*⟩ way bill; ~ **volante:** 1 loose sheet (*o* leaf, page): *quaderno a fogli volanti* loose–leaf notebook; 2 (*volantino*) leaflet.

fogna *f.* **1** sewer, drain. **2** (*fig*) (*luogo sudicio*) pigsty; (*luogo corrotto*) sink, cesspool. **3** ⟨*Agr*⟩ drain, drainage channel. **fognaiolo** *m.* sewage worker. **fognare** *v.t.* (*fogno*) (*fornire di fogne*) to provide with drainage. **fognario** *a.* sewer–: *rete -a* sewer system. **fognatura** *f.* **1** ⟨*Idr*⟩ drainage, sewerage (system). **2** (*rif. a terreni*) drainage.

föhn *ted.* [føːn] *m.* **1** ⟨*Meteor*⟩ Foehn, Föhn. **2** (*asciugacapelli*) hair–dryer.

foia *f.* (*eccitazione sessuale: rif. ad animali*) rut, heat; ⟨*spreg*⟩ (*rif. a persone*) lust, heat. □ *essere in* ~ to be in heat.

foiba *f.* ⟨*Geol*⟩ type of doline.

foie–gras *fr.* [fwa'gra] *m.* ⟨*Gastr*⟩ foie gras, fat (goose) liver.

foiolo *m.* ⟨*Macell*⟩ honeycomb tripe.

fola f. **1** (*fiaba*) fairy–tale. **2** (*frottola*) tall story: *inventare –e* to make up tall stories.
folade f. ⟨*Zool*⟩ pholas.
folaga f. ⟨*Ornit*⟩ coot.
folata f. gust, blast, rush: *una ~ di vento* a gust of wind. □ *a –e* in gusts: *il vento soffiava a –e* the wind was blowing in gusts.
folclore m. folklore. **folclorista** m./f. folklorist.
folcloristico a. (*pl.* -ci) **1** of (*o* relating to) folklore, folkloric: *studi –i* folklore studies. **2** (*popolare, caratteristico*) folk–: *canto ~* folk–song; *danze folcloristiche* folk–dances.
folgorante a. **1** (*abbagliante*) dazzling, glaring: *luce ~* dazzling light. **2** (*rif. allo sguardo*) flashing, glaring: *occhi –i* flashing eyes. **3** ⟨*fig*⟩ (*meraviglioso*) striking, dazzling: *bellezza ~* striking beauty. **folgorare** v. (*folgoro*) **I** v.i. (*aus.* **avere**) **1** (*lampeggiare*) to flash: *il cielo folgorava* lightning flashed in the sky. **2** ⟨*lett*⟩ (*scagliare fulmini*) to hurl (down) thunderbolts: *Giove folgorava dall'Olimpo* Jove hurled down his thunderbolts from Olympus. **3** ⟨*fig,lett*⟩ (*brillare*) to flash, to blaze, to shine: *i suoi occhi folgoravano* his eyes flashed. **4** ⟨*fig,lett*⟩ (*muoversi con la velocità di un fulmine*) to flash. **II** v.t. ⟨*Mitol*⟩ to strike with a thunderbolt, to rain thunderbolts upon: *Giove folgorò i giganti* Jove rained his thunderbolts upon the giants. **2** (*colpire con una scarica elettrica*) to electrocute: *fu folgorato da una scarica elettrica* he was electrocuted; (*rif. a fulmine*) to strike by lightning: *fu folgorato da un fulmine* he was struck by lightning. **3** (*uccidere con arma da fuoco*) to hit, to shoot (down): *fu folgorato da una scarica di mitragliatrice* he was hit by a burst of machine–gun fire. **4** (*abbagliare*) to dazzle: *una luce splendente mi folgorò* I was dazzled by a bright light. □ *restare folgorato* to be electrocuted; (*da un fulmine*) to be struck by lightning; ⟨*fig*⟩ to be dazzled (*o* overwhelmed); *~ qd. con lo sguardo* to wither s.o. with a glance.
folgorazione f. **1** (*fulminazione*) stroke (*o* flash) of lightning, thunderbolt. **2** (*fulminazione da corrente*) electrocution. **folgore** f. ⟨*lett*⟩ (*fulmine*) flash of lightning, thunderbolt: *essere colpito dalla ~* to be struck by lightning.
folgorite f. ⟨*Min*⟩ fulgurite.
folk *ingl.* ['fouk] **I** a.inv. folk: *cantante ~* folk–singer; *canzone ~* folk–song. **II** s.m.inv. folk–music.
folklore e der. → folclore e der.
folla (*o folla*) f. **1** crowd, throng, ⟨*spreg*⟩ mob: *una gran ~ si accalcò nella piazza* a large crowd thronged the square. **2** (*gran quantità*) host, large number, lot: *ha una ~ di amici* he has a host of friends. **3** ⟨*fig*⟩ (*rif. a cose astratte*) host: *una ~ di ricordi* a host of memories.
follare v.t. (*follo*) **1** ⟨*Tess*⟩ to full. **2** ⟨*Enol*⟩ to press, to tread. **follatoio** m. ⟨*Enol*⟩ grape press, wine press.
follatore m. **1** ⟨*Tess*⟩ fuller. **2** ⟨*Enol*⟩ treader. **follatrice** f. ⟨*Tess*⟩ fulling machine. **follatura** f. **1** ⟨*Tess*⟩ fulling. **2** ⟨*Enol*⟩ pressing, treading.
folle **I** a. **1** (*pazzo*) mad, insane. **2** ⟨*estens*⟩ foolish, mad, crazy: *sei stato ~ a sperare una cosa simile* you were foolish to hope for such a thing; *un'idea ~* a foolish idea; *~ terrore* mad terror. **3** ⟨*Mecc*⟩ idle. **4** ⟨*Aut*⟩ neutral. **II** s.m./f. (*pazzo*) madman (*f* –woman), lunatic. □ *comportarsi da ~* to act like a madman; *in ~*: 1 ⟨*Mecc*⟩ idle: *essere* (o *girare*) *in ~* to (run) idle; 2 ⟨*Aut*⟩ in neutral: *motore in ~* engine in neutral. **folleggiamento** m. (*il folleggiare*) frolicking. □ ⟨*scherz*⟩ *darsi al ~* to have a merry time. **folleggiare** v.i. (*folleggio, folleggi; aus.* **avere**) to frolic, ⟨*am.fam*⟩ to have a ball.
follemente avv. madly, crazily: *amare ~ qd.* to be madly in love with s.o., (*fam*) to be mad (*o* crazy) about s.o.
folletto **I** s.m. **1** (*essere fiabesco*) elf, sprite. **2** ⟨*fig*⟩ imp. **II** a. elfin: *spirito ~* elfin spirit; ⟨*fig*⟩ elfish.
follia f. **1** (*pazzia*) madness, lunacy: *in preda alla ~* in a fit of madness. **2** ⟨*estens*⟩ foolishness, folly; (*azione sconsiderata*) foolish act, piece of foolishness. □ (*fino*) *alla ~* madly, ⟨*pred*⟩ to distraction: *essere innamorato alla ~ di qd.* to be madly in love with s.o., to love s.o. to distraction; *commettere –e* to act senselessly; *fare –e* to frolic; *fare –e per qd.* (o *qc.*) to be mad (o crazy) about

s.o. (*o* s.th.).
follicolare a. ⟨*Anat*⟩ follicular. **follicolina** f. ⟨*Biol*⟩ folliculin. **follicolo** m. ⟨*Bot,Anat*⟩ follicle.
follone m. ⟨*Tess*⟩ fulling mill (*o* machine).
foltamente avv. thickly, closely. **foltezza** f. thickness, denseness: *la ~ della sua chioma* the thickness of her hair. **folto** **I** a. **1** thick, dense: *un ~ bosco* a thick wood. **2** ⟨*estens*⟩ (*numeroso*) large, numerous: *un ~ gruppo* a large group. **3** (*fitto, spesso*) dense, thick: *una –a nebbia* a dense fog; *–e tenebre* thick (*o* pitch) darkness. **II** s.m. thick, depths: *nel ~ del bosco* to go into the depths of the wood; *gettarsi nel ~ della mischia* to throw o.s. into the thick of the fray. □ *sopracciglia –e* bushy eyebrows.
fomentare v.t. (*fomento*) **1** to foment, to foster, to encourage: *~ il vizio* to encourage vice; *~ il malcontento* to foster discontent. **2** (*eccitare*) to stir up, to incite, to rouse: *~ gli animi* to stir people up. **fomentatore** m. (*f.* -**trice**) fosterer, fomenter. □ *~ di discordie* trouble–maker; *~ di guerre* warmonger. **fomentazione** f. fomentation. **fomento** m. **1** (*impacco caldo*) fomentation. **2** ⟨*fig*⟩ incitement: *~ al vizio* incitement to vice. **fomite** m. **1** (*incentivo*) incitement: *~ di discordie* incitement to discord. **2** (*causa*) source, cause; (*rif. a malattie*) fomes.
fon[1] m. (*asciugacapelli*) hair–dryer.
fon[2] m. ⟨*Acu*⟩ phone.
fonare v.t. (*fono*) ⟨*pop*⟩ to dry one's hair (with a hairdryer).
fonatorio a. ⟨*Fisiol*⟩ phonatory: *organo ~* phonatory organ. **fonazione** f. phonation.
foncé fr. [fɔ'se] a. deep, dark.
fonda f. **1** ⟨*Mar*⟩ anchorage. **2** (*borsa da sella*) saddlebag. **3** ⟨*Veter*⟩ (*imbragatura per tenere sospeso il cavallo*) (horse) sling. □ ⟨*Mar*⟩ *andare alla ~* to drop (*o* come to) anchor; *essere alla ~* to ride at anchor.
fondabile a. ⟨*Edil*⟩ suitable for (the laying of) foundations.
fondaccio m. ⟨*fam*⟩ **1** (*fondo, feccia*) dregs *pl*, lees *pl*: *il ~ del vino* the wine lees. **2** (*merce scadente*) leftover goods *pl*. □ *il ~ della botte* the scrapings of the barrel; *fondacci di magazzino* unsold stock.
fondaco m. (*pl.* -**chi**) ⟨*Mediev*⟩ store, warehouse.
fondale m. **1** depth, sounding: *~ minimo* minimum depth. **2** ⟨*Teat*⟩ backdrop. □ *~ alto* deep sea; *~ basso* shoal.
fondamenta → fondamento. **fondamentale** a. fundamental, basic: *principi –i* fundamental principles. **fondamentalismo** m. fundamentalism. **fondamentalista** m./f. fundamentalist. **fondamentalmente** avv. fundamentally, basically. **fondamento** m. (*pl. i* **fondamenti**, *le* **fondamenta**: in a concrete sense the plural is in *–a*; when used figuratively the plural is usually in *–i*) **1** ⟨*Edil*⟩ foundation: *gettare le –a di un palazzo* to lay the foundations of a building. **2** *pl.* ⟨*fig*⟩ (*base*) foundations *pl*: *scuotere le –a dello stato* to shake the State to its foundations. **3** ⟨*fig*⟩ (*principio fondamentale*) foundation, fundamental (principle): *i –i della nostra fede* the fundamentals of our faith; (*nozione fondamentale*) fundamental: *i –i di una scienza* the fundamentals of a science. □ *con* (*buon*) *~* with good grounds; *ti ho accusato con ~* I had good grounds for accusing you; ⟨*fig*⟩ *mancare di ~* to have no foundation, to be groundless; *privo di ~* groundless; *sospetti senza ~* groundless suspicions.
fondare v.t. (*fondo*) **1** to lay the foundations of, to found: *~ una costruzione* to lay the foundations of a building. **2** (*erigere*) to build, to found: *~ una città* to build a city. **3** (*istituire*) to establish: *~ una biblioteca* to found a library. **4** ⟨*estens*⟩ (*creare*) to found, to build up: *~ una colonia* to found a colony. **5** ⟨*fig*⟩ (*basare*) to base, to found, to ground: *~ l'accusa su prove* to base the charge on factual evidence. **fondarsi** v.r. (*basarsi*) to be founded (*o* based) (*su* on): *ragionamento che si fonda su presupposti errati* reasoning based on wrong premises; *fondarsi su dati sicuri* to base o.s. on fact. □ *~ una ditta* to establish a firm.
fondatamente avv. with good reason(s), with good

ground(s). **fondatezza** f. (*validità*) validity, soundness: ~ *di un motivo* validity (*o* soundness) of a reason; (*attendibilità*) truth, authenticity: *la ~ di una notizia* the truth of a piece of news. **fondato** a. **1** founded: *una ditta –a nel secolo scorso* a firm founded in the last century. **2** (*fig*) (*che ha solido fondamento*) well-founded, legitimate: *sospetti –i* legitimate suspicions; (*serio, giusto*) sound, valid: *ho –e ragioni per dubitare della sua onestà* I have sound reasons to doubt his honesty. **3** (*sicuro*) reliable: *notizia –a* reliable news. □ *ben* ~ well-grounded. **fondatore** I *s.m.* (*f.* -**trice**) founder: *il ~ di una città* the founder of a city. II *a.* foundation–: *socio* ~ foundation (*o* charter) member. **fondazione** f. **1** foundation, founding: *la ~ di Roma* the foundation of Rome; (*di una ditta*) establishment. **2** (*Edil*) foundation, groundwork. **3** (*Dir*) foundation: *la ~ Rossi per i bambini abbandonati* the Rossi foundation for foundlings.

fondello m. **1** (*Sart*) interlining of the seat of trousers. **2** (*parte posteriore del bossolo*) base (of a cartridge). **3** (*anima del bottone*) shank. □ (*fam*) *prendere qd. per i –i* to take s.o. for a ride.

fondente I *a.* melting. II *s.m.* **1** (*Dolc*) fondant. **2** (*Met*) flux, fluidizer. **3** *cioccolato* ~ plain chocolate. **fondere** v. (*fusi, fuso*) I *v.t.* **1** (*Met*) to (s)melt, to fuse: ~ *il ferro* to smelt iron; (*unire mediante fusione*) to fuse. **2** (*liquefare*) to melt: *il calore fonde la cera* heat melts wax; (*sciogliere*) to melt, to thaw: *il sole ha fuso la neve* the sun has thawed the snow. **3** (*gettare nella forma*) to cast, to mould: ~ *una statua* to cast a statue. **4** (*fig*) (*unire*) to unite, to fuse, to amalgamate: ~ *due partiti* to unite (*o* fuse) two parties; ~ *due società* to amalgamate two companies. **5** (*fig*) (*accostare armonicamente*) to blend: ~ *due colori* to blend two colours. II *v.i.* (*aus.* **avere**) **1** (*Met*) to melt, to fuse: *l'alluminio fonde a bassa temperatura* aluminium melts at a low temperature. **2** (*sciogliersi*) to melt, to thaw. **3** (*rif. a motore*) to seize: *ho fuso* my motor seized. **fondersi** *v.r.* **1** (*Met*) to melt, to fuse. **2** (*liquefarsi*) to melt: *la cera si fonde al calore* wax melts in heat; *il ghiaccio si è fuso* the ice has melted. **3** (*fig*) (*unirsi*) to unite, to merge. **4** (*El*) to fuse, to blow: *si è fusa una valvola* a fuse has blown. **fonderia** f. foundry.

fondiario a. land–, landed. □ *credito* ~ credit on land; *istituto di credito* ~ land (mortgage) bank; *imposta –a* land tax; *proprietà –a* landed property, real estate.

fondibile a. fusible.

fondiglio, fondigliolo m. dregs *pl*, sediment, lees *pl*; (*rif. al caffè*) grounds *pl*.

fondina¹ f. (*custodia della pistola*) holster.

fondina² f. (*region*) (*piatto fondo*) soup plate.

fondista m./f. **1** (*Sport*) long-distance (*o* marathon) runner; (*sciatore*) langlaufer; (*nuotatore*) long-distance (*o* marathon) swimmer. **2** (*Giorn*) writer of a leading article.

fonditore m. (*f.* -**trice**) **1** (*operaio*) founder, foundryman, smelter. **2** (*Tip*) (*fonditore di caratteri*) typecaster. **fonditrice** f. (*Tip*) casting machine, caster.

fondo¹ m. **1** (*parte inferiore*) bottom: *il ~ del bicchiere* the bottom of the glass. **2** (*parte più interna*) bottom: *in ~ al cortile* at the bottom of the courtyard; (*fine, estremità*) end, bottom: *lo vidi in ~ alla via* I saw him at the bottom of the street; (*parte posteriore*) back, rear: *i vagoni in ~ al treno* the carriages at the rear (*o* back) of the train. **3** (*fig*) (*parte intima*) bottom, depths *pl*: *in ~ all'animo* [in the depths] (*o* at the bottom) of one's heart; *gli sono riconoscente dal ~ del cuore* I am grateful to him from the bottom of my heart. **4** (*fig*) (*natura, indole*) bottom, heart, nature: *ha un ~ buono* he is a good fellow at bottom (*o* heart). **5** (*deposito, fondiglio*) dregs *pl*, lees *pl*: *il vino ha lasciato un po' di ~* the wine has left some lees (*o* dregs); (*rif. al caffè*) grounds *pl*. **6** (*superficie su cui posa una massa liquida*) bottom, bed: *il ~ del mare* the bottom of the sea, the sea bed. **7** (*colore base di un tessuto*) background, ground: *un tappeto a ~ rosso* a carpet with a red ground; *un abito a disegni rosa su ~ grigio* a dress with a pink pattern on a grey background. **8** (*Pitt*) (*mestica*) priming, primer. **9** (*Giorn*) (*articolo di fondo*)

editorial, leading article, leader. **10** (*Strad*) road bed, (*fam*) surface: *il ~ della strada è ottimo* the road surface is excellent. **11** (*Sport*) (*linea di fondo*) goal line. **12** (*Sport*) (*distanza lunga*) long distance. □ **a** ~: (*profondamente*) thoroughly, to the bottom: *esaminare a ~ qc.* to go [to the bottom of] (*o* thoroughly into) s.th.; *conoscere a ~ qd.* to know s.o. [through and through] (*o* inside–out); **2** (*con tutte le forze*) with all one's might, with might and main, very hard: *impegnarsi a ~* to do one's best, to strive with all one's might; **andare** *a ~*: 1 to go [to the bottom] (*o* down): *la nave è andata a ~* the ship sank (*o* went down); 2 (*fig*) (*non riuscire*) to founder, to fall through, to fail: *l'impresa è andata a ~* the enterprise fell through; *andare* [a ~ di] (*o in ~ a*) *una faccenda* to get to the bottom of a matter; *non avere* ~ to be bottomless; *il ~ del* **bicchiere**: 1 the bottom of the glass; 2 (*il liquido*) the last drops; (*fig,scherz*) ~ *di bicchiere* (*brillante falso*) false diamond; *il ~ della* **botte** cask head; **calare** *a* ~ (*affondare*) to sink; (*Sport*) **campione** *di* ~ long-distance champion; **dare** ~ (*consumare*) to consume, to go (*o* run, get) through, to use up: *dare ~ a un patrimonio* to run through an inheritance; (*rif. a cibo*) to do justice to, (*fam*) to polish off; **di** ~ back, far, last, end–: *la fila di* ~ the back row; *la stanza di* ~ the back–room; *la parete di* ~ the far (*o* opposite) wall; **doppio** ~ double (*o* false) bottom: *baule a doppio* ~ trunk with a false bottom; **fino** *in* ~: 1 to the end (*o* bottom): *leggere fino in* ~ to read to the end (*o* last page); 2 (*fig*) thoroughly: *fece il suo dovere fino in* ~ he did his duty thoroughly (*o* to the best of his ability); (*Sport*) **gara** *di* ~ long-distance race, distance trial; **in** ~: 1 (*nella parte più bassa: stato*) at the bottom; (*moto*) to the bottom; 2 (*dietro: stato*) at the back; 3 (*alla fine: stato*) at the end; (*moto*) to the end; 4 (*fig*) (*in conclusione*) after all, all things considered; *in* ~ *a*: 1 (*all'estremità di*) at the end (*o* bottom) of: *in* ~ *alla stanza* at the (far) end of the room; 2 (*nella parte inferiore*) at the bottom of; 3 (*alla fine*) at the end (*o* bottom) of: *in* ~ *alla lettera* at the end of the letter; *le note in* ~ *alla pagina* footnotes; *essere* (*o giacere*) *in* ~ *a un letto* (*malato*) to be bedridden, to lie sick in bed; (*Sport*) **linea** *di* ~ goal line; *–i di* **magazzino** old (*o* unsold) stock; **mandare** *a* ~ to sink; (*fig*) to cause to fail, to wreck; (*Sport*) **gara** *di* **mezzo** ~ middle–distance event; **musica** *di* ~ background music; *guardare qd. nel* ~ *degli* **occhi** to look deep into s.o.'s eyes; ~ *dei* **pantaloni** seat of the trousers; ~ *di un* **pozzo** bottom of a well; (*Minier*) shaft bottom; (*fig*) *pozzo senza* ~ bottomless pit; *languire nel* ~ *di una* **prigione** to lie mouldering in prison; **senza** ~ bottomless; (*senza fine*) endless; (*Cosmet*) ~ **tinta** foundation cream; (*fig*) **toccare** *il* ~ *di qc.* to reach the height (*o* climax) of s.th.: *toccare il* ~ *della disgrazia* to reach the climax of misfortune.

fondo² m. **1** (*appezzamento di terreno*) land, property, (real) estate, landed property: *coltivare un* ~ to farm an estate; (*fondo rustico*) country estate; (*terreno agricolo*) farm land; (*fondo urbano*) town property. **2** (*somma di denaro*) fund, sum of money: ~ *di riserva* reserve fund. **3** *pl.* (*denaro*) funds *pl*, money, (*fam*) cash: *avere necessità di –i* to need funds. **4** (*Dir*) fund: ~ *di assistenza e previdenza* sickness and insurance fund. **5** (*in borsa: titoli, azioni e obbligazioni*) securities *pl*, funds *pl*, stock, stocks *pl*: *–i privati* private funds; *–i pubblici* public funds, government stock. □ ~ *d'*adeguamento adjustment fund; ~ *di* ammortamento sinking fund; ~ *d'*assistenza relief fund; ~ **cassa** cash on hand; (*per spese minute*) petty cash; ~ (*monetario*) **comune** pool; *–i comuni d'investimento* investment trusts, (*am*) mutual funds; *–i congelati* frozen funds; *–i consolidati* consolidated annuities (*o* stock), (*fam*) consols *pl*; ~ *consolidato* consolidated fund; *–i di* **credito** loan funds; ~ *di* **dotazione** endowment fund; ~ *d'*esercizio working (*o* trading) capital; *–i all'*estero foreign funds; ~ *di* **garanzia** trust (*o* security, guarantee) fund; ~ *d'*investimento investment fund; ~ *d'investimento immobiliare* real estate investment trust; *–i* **liquidi** liquid assets, ready money; ~ **monetario** *europeo* European Monetary Fund; ~

monetario internazionale International Monetary Fund; *–i neri* slush money *sing;* ~ **pensioni** pension fund; *a* ~ **perduto** without security, permanently locked up; ~ *di* **previdenza** contingency fund; ~ *di* **riserva** reserve *(o* emergency) fund; *–i* **segreti** secret funds; ~ **sociale** *europeo* European Social Fund; ~ **speciale** special fund; **stanziare** *–i* to set funds apart *(o* aside), to earmark funds; ~ **svalutazione** provision account for depreciation; ~ **urbano** town property.

fondo[3] *a.* **1** *(profondo)* deep: *acqua –a* deep water; *un pozzo* ~ *dieci metri* a well ten metres deep. **2** *(folto, fitto)* thick, dense: *selva –a* thick wood. □ *a notte –a* at dead of night; *piatto* ~ soup-plate.

fondovalle *m.* *(pl.* **fondivalle**) bottom of the valley.

fondua *f.* → **fonduta.**

fondue *fr.* [fɔ̃ˈdy] *f.* ⟨*Gastr*⟩ fondue.

fonduta *f.* ⟨*Gastr*⟩ fondue.

fonema *m.* ⟨*Ling*⟩ phoneme.

fonendoscopio *m.* ⟨*Med*⟩ phonendoscope.

fonematica *f.* ⟨*Ling*⟩ phonem(at)ics *pl (costr. sing.)*. **fonematico** *a.* *(pl.* **-ci**) phonem(at)ic.

fonetica *f.* phonetics *pl (costr. sing.)*. **fonetico** *a.* *(pl.* **-ci**) phonetic(al). □ *sistema* ~ phonetic system; *trascrizione –a* phonetic transcription. **fonetismo** *m.* ⟨*Ling*⟩ phonetism. **fonetista** *m./f.* phonetician.

fonia *f.* *(telefonia)* telephony.

foniatra *m./f.* phoniatrist. **foniatria** *f.* phoniatrics *pl (costr.sing.)* **foniatrico** *a.* *(pl.* **-ci**) phoniatric.

fonicamente *avv.* phonically. **fonico** *a./s.* *(pl.* **-ci**) **I** *a.* phonic, sound–. **II** *s.m.* ⟨*Cin*⟩ sound technician. □ ⟨*Gramm*⟩ *accento* ~ stress.

fono|assorbente *a.* sound absorbent *(o* deadening). **~cassetta** *f.* *(musicassetta)* music cassette. **~dettatura** *f.* dictation of cables over the telephone. **~genico** *a.* *(pl.* **-ci**) suitable for sound recording. □ *voce –a* a voice that records well.

fonografia *f.* phonography. **fonografico** *a.* *(pl.* **-ci**) phonographic. **fonografo** *m.* phonograph, gramophone: ~ *elettrico* electric gramophone; ~ *meccanico* mechanical phonograph.

fono|gramma *m.* ⟨*Tel,Ling*⟩ phonogram. **~incisione** *f.* (sound) recording. **~incisore** *m.* sound recorder.

fonologia *f.* ⟨*Ling*⟩ phonology. **fonologico** *a.* *(pl.* **-ci**) phonologic(al). **fonologo** *m.* *(pl.* **-gi**) phonologist.

fonometria *f.* phonometry. **fonometro** *m.* phonometer.

fono|montaggio *m.* edited recording *(o* track); *(alla radio)* edited phonogramme. **~registratore** *m.* tape recorder, sound recorder. **~registrazione** *f.* sound *(o* tape) recording. **~riproduttore** *m.* phonograph, record player. **~riproduzione** *f.* ⟨*Cin*⟩ play back. **~rivelatore** *m.* *(pick up)* pick-up: ~ *a cristallo* crystal pick-up. **~scopio** *m.* phonoscope. **~teca** *f.* record library. **~telegramma** *m.* phone–in telegram. **~valigia** *f.* portable gramophone.

fontana *f.* **1** fountain. **2** *(modo di disporre la farina)* heap. □ ⟨*Geol*⟩ ~ *ardente* natural gas spring; ~ *monumentale* monumental fountain. **fontanazzo** *m.* ⟨*Idr*⟩ outflow.

fontanella *f.* **1** *(fontana a colonnina)* (drinking) fountain: *bere alla* ~ to drink at the fountain. **2** *(zampillo d'acqua sorgiva)* jet of water. **3** ⟨*Anat*⟩ fontanel(le). **fontaniere** *m.* *(idraulico)* plumber. **fontanile** *m.* **1** *(presa d'acqua)* spring. **2** *(abbeveratoio in muratura)* (drinking) trough.

fonte I *s.f.* **1** *(sorgente)* spring, source, well head: *le –i di un fiume* the sources of a river. **2** *(fontana)* fountain. **3** *(fig)* source, well(spring), fountain(head): ~ *di ricchezza* source of wealth; *(causa)* cause, root, source: *la miseria è* ~ *d'infiniti disagi* poverty is the cause of endless misery. **4** ⟨*fig*⟩ *(rif. a notizie e sim.)* source: *la* ~ *di un'informazione* the source of a piece of information. **5** *(documento originale)* source, original: *lo studio delle –i* the study of sources. **II** *s.m.* *(fontana)* fountain; *(vasca)* basin. □ *acqua di* ~ spring water; ~ *d'acqua viva* fountain head, well spring; *(fig) da* ~ **autorevole** from an authoritative source; ~ **battesimale** (baptismal) font; ~ *di* **calore** source of heat; *da* ~ *attendibile* from a reliable source; *da* ~ *bene informata* from a well–informed source; *da* ~ *sicura* on good authority; ⟨*Dir*⟩ *–i del* **diritto** sources

of the law; ~ ⌐*di* **energia**⌐ *(o energetica)* source of energy; ⟨*Econ*⟩ ~ *d'*entrata source of income; ⟨*Econ*⟩ **imposizione** *alla* ~ taxation at the source; ~ *del* **reddito** source of income; **ritenuta** *(o trattenuta) alla* ~ withholding.

fontina *f.* ⟨*Alim*⟩ fontina (kind of cheese).

footing *ingl.* ['futiŋ] *m.* ⟨*Sport*⟩ footing.

forabile *a.* pierceable, perforable. **foracchiare** *v.t.* (**foracchio**, **foracchi**) *(sforacchiare)* to riddle; *(con uno spillo)* to prick all over. **foracchiatura** *f.* holes *pl,* perforations *pl;* *(con uno spillo)* pricking.

foraggero *a.* ⟨*Agr*⟩ forage–, fodder–. □ *pianta –a* forage *(o* fodder) plant; *raccolto* ~ forage harvest. **foraggiamento** *m.* feeding, foraging: ~ *estivo* summer feeding. **foraggiare** *v.t.* (**foraggio**, **foraggi**) **1** *(fornire di foraggio)* to (supply with) forage, to (feed with) fodder: ~ *i cavalli* to fodder the horses. **2** *(fig,spreg)* *(rifornire di denaro)* to supply with money. **foraggio** *m.* fodder, forage.

foraminiferi *m.pl.* ⟨*Zool*⟩ foraminifers *pl.*

foraneo *a.* *(esterno al porto)* outer, offshore: *diga –a* outer breakwater; *opere –e* offshore structures. □ ⟨*Rel*⟩ *vicario* ~ vicar forane.

forare *v.* (**foro**) **I** *v.t.* **1** to pierce, to make a hole in, to riddle: *il proiettile forò il vetro* the bullet made a hole in the glass; *(trapanare)* to drill; *(trivellare)* to bore. **2** *(rif. a biglietti)* to punch: *il controllore forò il biglietto* the ticket collector punched the ticket. **II** *v.i.* *(aus.* **avere**) *(subire una foratura)* to have a puncture: *il ciclista forò due volte* the cyclist had two punctures. **forarsi** *v.r.* to go into holes, to get a hole in (it): *la suola si è forata* the sole has got a hole in it. **foratoio** *m.* *(arnese per forare)* (hollow) punch; *(trapano)* drill. **foratura** *f.* **1** *(il forare)* perforation, piercing; ~ *di una lamiera* drilling of a sheet *(o* plate) of metal; *(in profondità)* boring; *(il trapanare)* drilling. **2** *(di pneumatico: atto)* puncturing; *(effetto)* puncture: *subire una* ~ to have a puncture *(o* flat tyre).

forbice *f.* **1** ⟨*region*⟩ *(forbici)* scissors *pl.* **2** *pl.* scissors *pl: tagliare con le –i* to cut with the *(o* a pair of) scissors; *(cesoie)* shears *pl.* **3** *pl.* ⟨*fam*⟩ *(chele)* pincers *pl,* claws *pl,* nippers *pl: le –i del granchio* the crab's claws. **4** ⟨*Sport*⟩ scissors *pl (costr. sing.);* *(nel nuoto)* scissor kick. **5** *pl.* ⟨*Mar*⟩ kevel. □ *–i da* **carta** paper scissors; ⟨*fig*⟩ *le –i della* **censura** the censor's scissors; *–i da* **chirurgo** surgical scissors; **colpo** *di –i* clip, snip, cut (of the scissors); *(nel nuoto)* scissors kick; *–i da* **giardiniere** (gardening) shears *pl;* ⟨*fig*⟩ **lavorare** *di –i* *(censurare)* to censor, to blue–pencil; *un paio di –i* a pair of scissors; *–i per* **potare** pruning shears, secateurs *pl: –i da* **sarta** dressmaker's shears; ⟨*fig*⟩ *avere una lingua che* **taglia** *come le –i* to have a very sharp tongue; *–i per* **tosare** shears *pl; –i per* **unghie** nail scissors; *–i* **universali** multipurpose scissors.

forbiciata *f.* **1** *(colpo di forbici)* cut, stab. **2** *(taglio)* cut, trim: *dare una* ~ *ai capelli* to give one's hair a trim *(o* cut), to trim *(o* cut) one's hair. **3** ⟨*Sport*⟩ scissors *pl (costr. sing.).* **forbicina** *f.* ⟨*Entom*⟩ earwig. □ *–e per* **unghie** nail scissors.

forbire *v.t.* (**forbisco**, **forbisci**/*poet.* **forbi**) **1** *(pulire)* to clean; *(rif. a lacrime, bocca e sim.)* to wipe (away). **2** *(lucidare: rif. a metalli, specchi e sim.)* to polish, to furbish: ~ *le armi* to furbish one's arms. **3** ⟨*fig*⟩ *(raffinare)* to polish (up), to refine: ~ *lo stile* to refine one's style. **forbitamente** *avv.* elegantly, in a refined manner, with polish: *parlare* ~ to speak in a refined manner; *scrivere* ~ to write elegantly *(o* with polish). **forbitezza** *f.* *(l'essere forbito)* polish, clearness: ~ *di un metallo* polish of a metal. **2** ⟨*fig*⟩ polish, refinement, elegance: ~ *di linguaggio* refinement of language; ~ *di stile* elegance of style. **forbito** *a.* **1** *(raffinato)* polished, elegant, refined: *essere* ~ *nel parlare* to speak ⌐in a refined way⌐ *(o* with polish). **2** *(compito)* polite, courteous, refined.

forca *f.* **1** ⟨*Agr*⟩ pitchfork, fork; *(per fieno)* hayfork; *(per letame)* dung fork. **2** *(patibolo)* gallows, gibbet: *mandare alla* ~ to send to ⌐the gallows⌐ *(o* be hanged). □ *a* ~ *(biforcato)* forked, bifurcated; *condannare* **alla** ~ to sentence to hanging; *forche* **caudine** Caudine Forks; ⟨*region*⟩ *far* ~ *(marinare la scuola)* to play truant, ⟨*am*⟩

to play hooky; ⟨*volg*⟩ *fare la* ~ *a qd.* (*ingannarlo*) to take s.o. in, to swindle (*o* cheat) s.o.; **morire** *sulla* ~ to die on the gallows.

forcaiolo *m.* ⟨*spreg*⟩ (*reazionario*) reactionary. **forcata** *f.* **1** (*colpo di forca*) thrust (with a fork). **2** (*quantità sollevata con la forca*) forkful: *una* ~ *di fieno* a forkful of hay. **forcella** *f.* **1** fork. **2** (*biforcazione di tronco o di ramo*) fork, crutch. **3** ⟨*Mecc*⟩ fork. **4** (*forcina per capelli*) hairpin. **5** ⟨*Mar*⟩ rowlock, crutch. **6** ⟨*Geol*⟩ pass, col, saddle. **7** ⟨*Artigl*⟩ bracket, ⟨*am*⟩ ladder. **8** ⟨*Mus*⟩ crescendo or diminuendo symbol. **9** ⟨*Ornit,pop*⟩ wishbone. □ *a* ~ (*biforcato*) forked, bifurcated: *ramo a* ~ forked branch; ~ *della bicicletta* fork of a bicycle; ⟨*Tel*⟩ ~ *portamicrofono* microphone rest (*o* cradle).

forchetta *f.* **1** fork: *mangiare con la* ~ to eat with a fork. **2** (*forcella*) fork. **3** ⟨*Mar*⟩ boom crutch. □ ⟨*fig*⟩ *essere una buona* ~ to be a hearty eater; *parlare in punta di* ~ to speak affectedly (*o* mincingly); ⟨*Anat*⟩ ~ *sternale* jugular notch; ⟨*Anat*⟩ ~ *della vulva* fourchet(te). **forchettata** *f.* **1** (*colpo di forchetta*) fork-thrust. **2** (*quantità di cibo*) forkful: *una* ~ *di spaghetti* a forkful of spaghetti. **forchetto** *m.* forked stick. **forchettone** *m.* carving (*o* large) fork.

forcina *f.* **1** (*per capelli*) hairpin, ⟨*am*⟩ bobby pin. **2** (*forcella*) fork.

forcipe *m.* ⟨*Chir*⟩ forceps.

forcola *f.* fork.

forcone *m.* ⟨*Agr*⟩ pitchfork; (*per fieno*) hayfork; (*per letame*) dung fork, dung prong. **forcuto** *a.* (*biforcuto*) forked: *coda* –*a* forked tail.

forense *a.* forensic: *eloquenza* ~ forensic eloquence; *chimica* ~ forensic (*o* legal) chemistry.

foresta *f.* **1** forest. **2** ⟨*fig*⟩ (*rif. a capelli*) mop: *una* ~ *di capelli* a mop of thick hair. □ ~ *cedua* deciduous forest; ~ *demaniale* state (*o* national) forest; ~ *tropicale* (*o a parco*) tropical forest; ~ *vergine* virgin (*o* primeval) forest. **forestale** *a.* forest(al): *leggi* –*i* forest laws; *patrimonio* ~ forest heritage, forests *pl.* □ *corpo* ~ Corps of Foresters; *guardia* ~ Forester.

foresteria *f.* (*locali destinati ai forestieri*) guest-rooms *pl*, guest quarters *pl: la* ~ *del convento* the monastery guest-rooms. **forestierismo** *m.* ⟨*Ling*⟩ foreignism; (*parola*) foreign word. **forestiero** **I** *s.m.* (*f.* -**a**) **1** stranger: *la città è piena di* –*i* the city is full of strangers. **2** (*persona di altra nazione*) foreigner. **3** (*ospite*) guest, stranger: *abbiamo a cena dei* –*i* we have guests to dinner. **II** *a.* **1** strange. **2** (*di altra nazione*) foreign: *usi* –*i* foreign customs. □ *camera per i* –*i* guest-room; *movimento di* –*i* (*di turisti*) tourist traffic; *vocabolo* ~ foreign word. **forestierume** *m.* ⟨*spreg*⟩ **1** (*accozzaglia di forestieri*) motley crowd of foreigners (*o* strangers). **2** (*insieme di usanze forestiere*) foreign customs *pl;* (*insieme di locuzioni forestiere*) foreignisms *pl.* **forestio** **I** *a.* ⟨*region*⟩ (*forestiero*) strange. **II** *s.m.* (*f.* -**a**) (*forestiero*) stranger.

forfait[1] *fr.* [fɔrfɛ] *m.* lump sum. □ *a* ~ on a lump-sum basis, ⟨*attr*⟩ all-in: *prezzo a* ~ flat rate, all-in price. **forfait**[2] *fr.* [fɔrfɛ] *m.* ⟨*Sport*⟩ withdrawal. □ *dichiarare* ~ to scratch; ⟨*fig*⟩ to give up.

forfecchia *f.* → **forficula**.

forfeit *ingl.* ['fɔːrfit] *m.* → **forfait**[2].

forfetario *a.* → **forfettario**. **forfetizzazione** *f.* ⟨*Econ*⟩ forfeiting. **forfettario** *a.* lump-sum-, ⟨*attr*⟩ all-in. □ *compenso* ~ lump-sum payment; *prezzo* ~ all-in price, flat rate; *somma* –*a* lump sum.

forficula *f.* ⟨*Entom*⟩ earwig.

forfora *f.* dandruff: *capelli pieni di* ~ hair full of dandruff, dandruffy hair. **forforaceo** *a.* ⟨*Biol*⟩ furfuraceous. **forforoso** *a.* dandruffy: *testa* –*a* dandruffy hair.

forgia *f.* (*pl.* -**ge**) forge. **forgiabile** *a.* forgeable: *metallo* ~ forgeable metal. **forgiabilità** *f.* forgeability. **forgiare** *v.t.* (*forgio, forgi*) **1** ⟨*Met*⟩ to forge. **2** ⟨*fig*⟩ (*plasmare*) to mould, to shape: ~ *un carattere* to mould a character. **forgiatrice** *f.* ⟨*Mecc*⟩ forging machine. **forgiatura** *f.* forging.

foriero *a.* ⟨*lett*⟩ presaging, heralding. □ *essere* ~ *di qc.* to herald (*o* presage) s.th.

forma *f.* **1** form, shape: ~ *di un corpo* shape of a body. **2** (*aspetto*) form, shape, appearance: *demonio in* ~ *d'angelo* devil in angel's shape; *assumere* ~ *umana* to take on human form. **3** *pl.* (*conformazione del corpo*) figure, shape: *l'abito attillato metteva in evidenza le* –*e* the close-fitting dress showed off her figure. **4** (*modo di essere*) form: ~ *di governo* form of government; ~ *infettiva* infectious form. **5** ⟨*Filos*⟩ form. **6** (*stile*) style, form: *scrivere in buona* ~ *italiana* to write in good Italian style; *esprimersi in* ~ *chiara* to express o.s. in a clear form. **7** (*etichetta, esteriorità*) form, appearances *pl: salvare la* ~ to save (*o* keep up) appearances; *è una questione di* ~ it is a matter of form. **8** ⟨*Dir*⟩ (*procedura*) procedure: *vizio di* ~ breach of procedure. **9** ⟨*Gramm*⟩ form: *le* –*e del verbo* the forms of the verb. **10** (*condizione fisica o psichica*) form, shape: *essere in* (*buona*) ~ to be in (good) form (*o* shape); *il corridore non è in* ~ the racer is not in form. **11** (*stampo da cucina*) mould: *mettere il budino nella* ~ to put the pudding in the mould. **12** ⟨*Tip*⟩ form(e). **13** ⟨*Met*⟩ mould, matrix. **14** ⟨*Calz*⟩ last; (*per tenere in forma la scarpa*) shoe-tree. **15** ⟨*Alim*⟩ (*whole*) cheese: *una* ~ *di cacio* a whole cheese; *una* ~ *di parmigiano* a Parmesan cheese. □ *a* ~ *di* –*shaped*, shaped like, in the shape (*o* form) of: *a* ~ *d'uovo* egg-shaped; *a* ~ *di S* S-shaped; ⟨*Gramm*⟩ ~ **attiva** active form; ⟨*Med*⟩ ~ **benigna** benign form; ~ *per* **cappelli** hat-block; ~ **circolare** circle, ring; *in* ~ *circolare* round, circular; *nelle* **debite** –*e* in due (*o* proper) form; ~ **esteriore** outward appearance (*o* shape); ~ *in* **gesso** plaster mould; *essere giù di* ~ to be out of form; ⟨*Med*⟩ ~ **grave** severe form; ⟨*Med*⟩ ~ **maligna** malignant form; ~ **mutare** to change (one's) shape; ⟨*Gramm*⟩ ~ **nominale** noun form; **obbligo** *di* ~ formal requirement; ~ **passiva** passive form (*o* voice); ~ (*del*) **plurale** plural form; **prendere** *la* ~ *di* to take (on) the form (*o* shape) of, to turn o.s. into; ⟨*fig*⟩ **prendere** ~ (*assumere consistenza*) to take shape: *il progetto comincia a prendere* ~ the plan is beginning to take shape; *nella* ~ **prescritta** *dalla legge* in the form laid down by the law; *in* ~ **privata** in a private (*o* an unofficial) capacity; **pro** ~: 1 for appearances' (*o* form's) sake, as a mere formality; 2 ⟨*Comm*⟩ pro-forma: *fattura pro* ~ pro-forma invoice; ⟨*fig*⟩ **rispettare** *le* –*e* to keep up appearances, to respect convention; ⟨*Rel*⟩ ~ *di un* **sacramento** form of a sacrament; **senza** ~ formless, shapeless; *in* ~ **solenne** solemnly; **venir** *meno alle* –*e* to fail to respect the demands of convention; *in* ~ **ufficiale** officially, in an official form.

formabile *a.* formable, mouldable.

formaggiaio *m.* (*fabbricante*) cheese maker; (*venditore*) cheese monger, cheese seller. **formaggiera** *f.* dish for grated cheese, cheese dish. **formaggino** *m.* (processed) cream cheese.

formaggio *m.* cheese. □ ~ **affumicato** smoked cheese; ~ **caprino** goat's cheese; ~ *alla* **crema** cream cheese; ~ **dolce** mild cheese; ~ **fermentato** blue cheese; ~ **grasso** fat cheese; ~ **grattugiato** grated cheese; ~ **magro** skim cheese; ~ **molle** soft cheese; ~ **parmigiano** Parmesan cheese; ~ **pecorino** ewe's-milk cheese; ~ **piccante** strong cheese; ~ *da* **spalmare** spreading cheese; ~ **stagionato** ripe cheese.

formaldeide *f.* ⟨*Chim*⟩ formaldehyde.

formale *a.* **1** formal: *problema* ~ formal problem. **2** (*solenne*) formal, solemn: *promessa* ~ solemn promise.

formalina *f.* ⟨*Chim*⟩ formalin.

formalismo *m.* **1** ⟨*Filos,Art*⟩ formalism. **2** (*esteriorità*) formalism, conventionalism. **formalista** *m./f.* formalist. **formalistico** *a.* (*pl.* -**ci**) formalistic. **formalità** *f.* (generally in pl.) **1** formality, form: *le* ~ *per ottenere un documento* the formalities to obtain a document. **2** (*convenzione sociale*) formality, form. □ ~ *doganali* customs formalities.

formalizzare *v.t.* **1** to make formal. **2** ⟨*Dir*⟩ to refer to the enquiring magistrate. **formalizzarsi** *v.r.* to take offence. **formalizzazione** *f.* ⟨*Filos*⟩ formalization.

formalmente *avv.* formally.

formare *v.t.* (**formo**) **1** to form, to shape, to make: *il ruscello forma un laghetto* the stream forms a small lake; *i ragazzi formarono un cerchio* the children formed (*o* made) a ring; ~ *un periodo* to make a sentence. **2** (*costituire*) to form, to constitute, to set up, to establish: ~ *una compagnia teatrale* to establish a theatrical company. **3** ⟨*fig*⟩ (*plasmare, educare*) to mould, to form, to build (up): ~ *il carattere* to form (*o* build) character. **4** (*essere*) to be, to form, to constitute: *quest'opera forma il nostro orgoglio* this work is our great pride. **formarsi** *v.r.* **1** (*prodursi*) to form, to take shape: *ai piedi della cascata si è formato un lago* a lake has formed at the foot of the waterfall. **2** (*svilupparsi*) to develop (fully), to grow (up): *il suo corpo non si è ancora formato* his body is not yet fully-developed. **3** ⟨*fig*⟩ (*plasmarsi*) to be formed (*o* moulded, trained): *si formò alla scuola del dolore* he was trained in the school of grief. □ ~ *il governo* to form the government; *formarsi un'idea di qc.* to form (*o* get) an idea of s.th.; ⟨*Tel*⟩ ~ *un numero* to dial a number. **formativo** *a.* formative.

formato[1] *m.* size, format. □ ~ *della* **carta** paper size; ~ **commerciale** commercial size; ~ **in-folio** folio (format); ~ **in-ottavo** octavo (format); ~ **in-sedicesimo** sixteenmo (size); ~ **normale** standard (paper) size; ~ **protocollo** foolscap (size); ~ **ridotto** small size; ~ **tascabile** pocket (size); *libro* ~ *tascabile* pocket edition; *fotografia* ~ **tessera** passport-size photograph.

formato[2] *a.* fully-grown, fully-developed, grown-up: *un giovane* ~ a fully-grown young man. □ ~ **ben** ~ (*proporzionato*) well-built, well-proportioned: *corpo ben* ~ well-proportioned body.

formatore *m.* **1** (*f.* **-trice**) (*educatore*) educator. **2** ⟨*Met*⟩ moulder. □ ~ *d'opinione* opinion leader (*o* maker). **formatrice** *f.* ⟨*Met*⟩ moulding machine, moulder.

formattare *v.t.* ⟨*Inform*⟩ to format. **formattato** *a.* formatted. **formattazione** *f.* formatting.

formatura *f.* ⟨*Ceram,Met*⟩ moulding.

formazione *f.* **1** (*il formare, il formarsi*) formation, forming, development: ~ *di nubi* cloud formation. **2** ⟨*fig*⟩ moulding, formation, building: *la* ~ *di un carattere* the formation of a character, character building; (*addestramento*) training. **3** (*composizione*) composition: *la* ~ *di un acido* the composition of an acid. **4** ⟨*Mil,Aer,Geol,Bot*⟩ formation. **5** ⟨*Sport*⟩ formation, line-up: *la* ~ *della squadra* the formation of the team. □ ⟨*Mil*⟩ *in* ~ **aperta** in open formation; ⟨*Ped*⟩ ~ *di* **base** basic education; ⟨*Mil*⟩ ~ *di* **combattimento** fighting formation; *schierarsi in* ~ *di combattimento* to draw up in battle array; ⟨*Geol*⟩ ~ **corallina** coral formation; ~ *dei* **dirigenti** management training; ~ *del* **governo** formation of the government; *essere in* ~ (*non essere ancora formato*) to be in the process of formation; ~ **intellettuale** intellectual development; ~ *dei* **minerali** formation of minerals; ~ **politica** political education; ~ **professionale** vocational training; ⟨*Geol*⟩ ~ *delle* **rocce** rock formation; ⟨*Mil*⟩ *in* ~ **serrata** in close formation; ~ **sparsa** extended order (*o* line), scattered formation; ⟨*Meteor*⟩ ~ **temporalesca** storm (cloud) formation; ⟨*Aer*⟩ **volare** *in* ~ to fly in formation; ~ *di* **volo** flight formation; *volo in* ~ formation flying.

formella *f.* **1** (*mattonella*) tile, brick; (*di marmo*) marble slab; (*di ceramica*) tile. **2** ⟨*Art*⟩ (*riquadro*) panel. **3** ⟨*Arch*⟩ (*cassettone*) coffer. **4** (*mattonella combustibile*) briquette.

formiato *m.* ⟨*Chim*⟩ formate.

formica[1] *f.* ant. □ *formiche* **bianche** white ants; ~ **operaia** worker ant; ⟨*fig*⟩ *a passo di* ~ at a snail's pace; ~ **rossa** red ant; *uova di* ~ ant's eggs.

formica[2] *f.* ⟨*Ind*⟩ Formica.

formicaio *m.* **1** (*nido di formiche*) ants' nest, ant-nest; (*il mucchio che lo copre*) anthill. **2** ⟨*fig*⟩ swarm: *un* ~ *di gente* a swarm of people.

formicaleone *m.* ⟨*Entom*⟩ ant lion.

formichiere *m.* ⟨*Zool*⟩ ant-eater.

formico *a.* (*pl.* **-ci**) ⟨*Chim*⟩ formic: *acido* ~ formic acid.

formicolare *v.i.* (**formicolo**; *aus.* **essere/avere**) **1** (*brulicare; aus.* **avere**) to swarm: *la folla formicolava per le vie* the crowd was swarming through the streets. **2** (*rif. ad arti intorpiditi; aus.* **essere**) to tingle, to have pins and needles in (*costr. pers.*): *mi formicola una mano* my hand is tingling, I have pins and needles in my hand.

formicolio *m.* **1** (*brulichio*) swarm(ing): *un* ~ *di gente* a swarm of people. **2** (*rif. ad arti intorpiditi*) pins and needles *pl*, tingling (sensation): *provare un* ~ *a una mano* to feel a tingling sensation in one's hand.

formidabile *a.* **1** impressive, remarkable, tremendous: *un'intelligenza* ~ remarkable intelligence, an outstanding brain. **2** (*fortissimo*) powerful, formidable: *un pugno* ~ a powerful punch.

Formosa *N.pr.f.* ⟨*Geog*⟩ Formosa.

formosità *f.* **1** shapeliness, buxomness. **2** *pl.* (*forme appariscenti*) curves *pl*. **formoso** *a.* shapely, buxom, well-developed, ample, ⟨*fam,scherz*⟩ curvaceous: *seno* ~ ample bosom; *una ragazza* -*a* a shapely girl, ⟨*scherz*⟩ a buxom wench.

formula *f.* **1** formula: ~ *rituale* ritual formula. **2** ⟨*Chim,Mat*⟩ formula: *la* ~ *dell'acido solforico* the formula for sulphuric acid; ~ *algebrica* algebraic formula. **3** (*sistema*) form, system, lines *pl*: *il lancio pubblicitario del prodotto è stato fatto secondo una nuova* ~ the launching of the product has been done on new lines; (*metodo*) key, way: *quest'attrice ha trovato la* ~ *del successo* this actress has found the key to success. **4** ⟨*Sport*⟩ racing formula. □ ⟨*Rel*⟩ ~ *d'*assoluzione formula of absolution; ~ **augurale** set phrase expressing good wishes; ~ **chimica** chemical formula; ⟨*Dir*⟩ *assolvere con* ~ **dubitativa** to acquit for want of evidence; **gara** *automobilistica di* ~ *1* formula-1 race; ~ *di* **giuramento** form of oath; ⟨*Chim*⟩ ~ **greggia** empirical formula; ~ **magica** magic formula; ⟨*Dir*⟩ *assolvere con* ~ **piena** to give a full acquittal (to); ⟨*Chim*⟩ ~ *di* **struttura** structural formula.

formulare *v.t.* (**formulo**) **1** (*esprimere*) to express, to formulate: ~ *un augurio* (*o desiderio*) to express a wish; ~ *una definizione* to formulate a definition. **2** (*compilare*) to draw up, to compile, to word: ~ *un telegramma* to word a telegram. **3** (*avanzare*) to put forward, to propose, to make: ~ *un'ipotesi* to advance a hypothesis; ~ *una proposta* to ⌐put forward⌐ (*o* make) a proposal. **formulario** *m.* **1** formulary. **2** (*modulo*) form: *riempire un* ~ to fill in a form. □ ~ *farmaceutico* pharmaceutical formulary. **formulazione** *f.* **1** (*il formulare*) formulation; (*l'esprimere*) expression; (*l'avanzare*) proposal, putting forward, making; (*la compilazione*) drawing up, compilation. **2** (*testo*) text, wording: *la* ~ *definitiva di una legge* the final text of a law.

fornace *f.* **1** kiln; (*stabilimento*) brick-yard, brick works *pl*. **2** ⟨*Met*⟩ furnace. □ ~ *per la calce* lime-kiln; ~ *di* **mattoni** brick-kiln. **fornaciaio** *m.* **1** (*padrone*) owner of a brick-yard (*o* kiln); ⟨*Met*⟩ owner of a furnace. **2** (*operaio*) kiln man; ⟨*Met*⟩ furnace workman, furnace man.

fornaia *f.* (woman) owner of a bakery. **fornaio** *m.* **1** (*venditore di pane*) baker; (*il negozio*) baker's (shop). **2** (*proprietario di un forno*) bakery owner.

fornello *m.* **1** (*apparecchio da cucina*) stove, cooker: ~ *a gas* gas stove, gas cooker. **2** (*parte della caldaia*) firebox, furnace. **3** ⟨*Minier*⟩ rise(r), raise; (*di gettito*) chute, shoot. □ ~ *a* **carbone** coal stove; ~ **elettrico** electric cooker; ~ *a* **legna** wood stove; ⟨*Minier*⟩ ~ *di* **mina** blast hole; ~ *a* **petrolio** primus stove, oil-stove; ~ *della* **pipa** pipe bowl; ~ **portatile** portable stove; ~ *a* **spirito** spirit stove.

fornicare *v.i.* (**fornico, fornichi**; *aus.* **avere**) ⟨*lett*⟩ to fornicate. **fornicatore** *m.* (*f.* **-trice**) ⟨*lett*⟩ fornicator (*f* -trix). **fornicazione** *f.* ⟨*lett*⟩ fornication.

fornice *m.* **1** ⟨*Arch*⟩ barrel vault, (supporting) arch. **2** ⟨*Anat*⟩ fornix.

fornire *v.t.* (**fornisco, fornisci**) **1** (*provvedere*) to supply, to provide, to furnish: ~ *qd. di qc.* to supply (*o* provide, furnish) s.o. with s.th., to supply (*o* provide) sth. for s.o.; ~ *il denaro a qd.* to supply s.o. with money; ~ *la biblioteca di nuovi libri* to furnish the library with new books; ~ *la scuola di banchi* to provide the school with forms (*o* desks). **2** (*equipaggiare*) to equip (with): ~ *la fabbrica di macchinari* to equip the factory with machinery. **3** ⟨*Comm*⟩ to supply, to furnish, to purvey: ~ *una fabbrica di materie prime* to supply a factory with raw materials. **4** (*dare*) to supply, to give, to furnish: ~ *informazioni* to supply information. **fornirsi** *v.r.* **1**

(*procurarsi*) to procure, to get, to obtain (*di qc.* s.th.), to provide (*o* supply) o.s. (with), to get one's supplies (of): *si fornì di tutto il necessario* he provided himself with everything necessary. **2** ⟨*Comm*⟩ to obtain supplies, to buy (*presso* from), to deal (with): *fornirsi presso una ditta* to deal with a firm. □ ⟨*Dir*⟩ ~ *un alibi* to provide an alibi; ~ *chiarimenti* to supply (*o* give) an explanation; ~ *i dati necessari* to supply the necessary data; ~ *la prova* to furnish proof. **fornito** *a.* (*provvisto*) provided, furnished, supplied, stocked: *essere* ~ *di tutto* to be provided with everything; (*dotato*) endowed; (*equipaggiato*) equipped, fitted up. □ *ben* ~ well-stocked: *una dispensa ben -a* a well-stocked larder; *negozio ben* ~ well-stocked shop. **fornitore** *m.* (*f.* -**trice**) supplier, purveyor; (*all'ingrosso*) wholesaler; (*al dettaglio*) retailer. □ ~ *della Casa Reale* Purveyor to the Royal Household; *ditta fornitrice* supplier.

fornitura *f.* (*il fornitore, il fornirsi*) supplying, providing, furnishing; (*merce fornita*) supplies *pl,* supply, provision: *ottenere una grossa* ~ to obtain a large supply. □ ~ *di* **armi** arms supply; *-e* **belliche** munitions *pl;* **contratto di** ~ supply contract; ~ *d'energia elettrica* (electric) power supply; *-e* **militari** military supplies; ~ **petrolifera** oil supply; *-e per* **ufficio** office equipment.

forno *m.* **1** oven. **2** ⟨*Met,Chim,Fis*⟩ furnace. **3** (*per calce, cemento e sim.*) kiln: ~ *per mattoni* brick kiln; (*per vasellame*) stove. **4** (*bottega di fornaio*) bakery. **5** ⟨*Med*⟩ (*apparecchio*) apparatus used in thermotherapy. **6** *pl.* (*cura*) thermotherapy. **7** ⟨*fig*⟩ (*ambiente molto caldo*) oven, furnace: *questa stanza è un* ~ this room is like an oven. □ ⟨*Gastr*⟩ **al** ~: 1 (*rif. a carne, patate*) roast, baked: *pollo al* ~ roast chicken; 2 (*rif. a pasta e sim.*) baked; *avere una* **bocca** *che sembra un* ~ to have a huge mouth; ~ **crematorio** crematorium; ~ **elettrico** electric furnace; (*in cucina*) electric oven; ~ *d'*incinerazione incinerator.

foro[1] *m.* **1** hole: *fare un* ~ *nel muro* to make a hole in the wall. **2** (*buco da proiettile*) bullet hole: *il morto aveva un* ~ *in una tempia* the dead man had a bullet hole in his temple. □ ⟨*Inform*⟩ ~ *indice* index hole.

foro[2] *m.* **1** ⟨*Stor.rom*⟩ forum. **2** (*tribunale*) (law-)court. **3** (*gli avvocati*) (the) Bar, barristers *pl,* lawyers *pl.* □ ⟨*Stor.rom*⟩ ~ *boario* cattle fair; ⟨*Dir*⟩ ~ *competente* place of jurisdiction; *principe del* ~ famous (*o* outstanding) barrister; ⟨*Stor.rom*⟩ ~ *romano* Roman Forum.

foronidei *m.pl.* ⟨*Zool*⟩ phoronids *pl.*

forosetta *f.* ⟨*lett*⟩ country lass.

forra *f.* ⟨*Geol*⟩ ravine, gorge.

forse I *avv.* **1** perhaps, possibly, maybe: ~ *è meglio così* perhaps it is better this way; ~ *arriverò in ritardo* I may (possibly) be late; *verrai anche tu?* – ~ are you coming too? – maybe. **2** (*circa, quasi*) about, almost, some: *avrà* ~ *quindici anni* he must be about fifteen; *dalla villa al paese ci saranno* ~ *due chilometri* the villa ˹is about˺ (*o* must be some) two kilometres from the town. **3** (*per caso*) perhaps, by any chance: *avresti* ~ *paura?* would you be afraid by any chance?; *spesso non si traduce: credi* ~ *che io sia in condizioni migliori?* do you think I'm any better off? **4** (*nelle interrogazioni retoriche*) by any chance: *non hai* ~ *mentito?* ˹you were not˺ (*o* were you) by any chance lying? **II** *s.m.* doubt. □ *essere in* ~ to be in doubt; ~ *forse* very likely, in all probability: ~ *forse te la caverai* very likely you will get off; *mettere in* ~ to cast (*o* throw) doubt on: *mise in* ~ *la mia affermazione* he cast doubt on my statement.

forsennatamente *avv.* madly, furiously, frantically. **forsennato I** *a.* mad, crazy, ⟨*pred*⟩ out of one's mind (*o* wits), frantic. **II** *s.m.* (*f.* -a) madman, (*raving*) lunatic: *gridava come un* ~ he was shouting like a madman.

forte[1] **I** *a.* **1** strong: *il ragazzo cresce sano e* ~ the boy is growing up healthy and strong; *braccia -i* strong arms; *il suo cuore è* ~ his heart is strong. **2** (*robusto, grosso*) large, broad, ample: *fianchi -i* broad hips; *essere* ~ *di petto* to have a large bosom, to be big-busted. **3** (*in senso morale*) strong: *carattere* ~ strong character. **4** (*valente*) good: *essere* ~ *in matematica* to be good at mathematics. **5** (*resistente*) strong, tough, stout: *legatura* ~ stout binding.

6 (*violento*) hard, heavy, mighty, powerful, strong: *un* ~ *pugno* a powerful punch; *un* ~ *vento* a strong (*o* raging) wind. **7** (*rif. a sentimento: intenso, profondo*) deep, intense, strong, powerful, hearty: *nutre una* ~ *antipatia per i parenti* he has a hearty dislike of his relatives. **8** (*valido*) sound, convincing, valid, strong: *ho -i motivi per sospettare di lui* I have sound motives for suspecting him. **9** (*numeroso*) large, great, numerous: *un* ~ *numero di persone* a large number of people; (*con specificazione del numero*) ⟨*pred*⟩ strong: *un esercito* ~ *di centomila uomini* an army one hundred thousand strong. **10** (*potente*) strong, powerful: *una nazione* ~ a powerful nation. **11** (*grande*) great, large, heavy, considerable, ⟨*fam*⟩ sizable: *mi ha chiesto una* ~ *somma di denaro* he asked me for a large (*o* considerable) sum of money; ~ *guadagno* large profit; *una* ~ *spesa* a great outlay, heavy expenditure; *una* ~ *differenza* a great difference. **12** (*intenso: rif. a luce*) bright, dazzling: *una* ~ *luce mi colpì gli occhi* a dazzling light hit my eyes; (*rif. a colore*) bright; (*rif. a suono*) loud. **13** (*rif. a sapore*) strong; (*piccante*) hot, sharp: *cipolle -i* hot onions; (*acido*) sour, acid: *aceto* ~ acid vinegar; (*rif. a odore*) strong, heavy: *il profumo che porti è molto* ~ the perfume you are wearing is very heavy; *un* ~ *odore di frittura* a strong smell of frying. **14** (*rif. a bevande, medicine*) strong: *caffè* ~ strong coffee; *un liquore molto* ~ a very strong liqueur. **15** (*rif. a malattie e sim.*) bad, severe, serious: *ho una* ~ *emicrania* I have a bad (*o* splitting) headache. **16** ⟨*Gramm,Chim*⟩ strong; *verbo* ~ strong verb; *acido* ~ strong acid. **II** *avv.* **1** (*con forza*) hard, tight(ly): *tieni* ~ *questo spago* hold this string tight; *quel pugile picchia* ~ that boxer hits hard; (*con violenza*) hard, heavily: *piove* ~ it is raining hard (*o* heavily), it is pouring. **2** (*molto*) a lot: *mangiare* ~ to eat a lot. **3** (*grandemente, assai*) greatly, very much: *dubito* ~ *che tu possa aiutarmi* I greatly (*o* very much) doubt whether you can help me. **4** (*a voce alta*) loud(ly): *non ridere troppo* ~ do not laugh too loudly. **5** (*velocemente*) hard, fast: *correre* ~ to run hard. **6** ⟨*Mus*⟩ forte. **III** *s.m.* **1** (*persona forte*) strong person; *pl.* the strong (*costr. pl.*); (*persona coraggiosa*) brave person; *pl.* the brave (*costr. pl.*). **2** (*specialità*) strong point, forte: *la matematica è il suo* ~ mathematics is his strong point. **3** (*sapore acido*) sour taste: *il vino sa di* ~ the wine has a sour taste. □ **andare** ~: 1 (*velocemente*) to drive fast, to go quickly: *disse all'autista di andare più* ~ he told the chauffeur to ˹go more quickly˺ (*o* speed up); 2 (*fam*) (*avere successo*) to be successful, to be doing very well, to be going strong; *il cuore gli* **batte** ~ *forte* his heart is pounding (*o* beating fast); *un* ~ **bevitore** a hard drinker; **dimostrarsi** ~ *nel dolore* to display strength in grief; ⟨*fig*⟩ *lo puoi* **dire** ~ you can say that again; *un* ~ **dolore** a sharp pain; *avere -i* **dubbi** *su qc.* to have grave doubts about s.th.; ⟨*fig*⟩ **farsi** ~ to summon up courage; *farsi* ~ *di qc.* (*valersi*) to ˹avail o.s.˺ (*o* make use) of s.th.: *si fa* ~ *del suo diritto* he avails himself of his right; *un* ~ **fumatore** a heavy smoker; **giocare** ~ (*puntando grosse somme*) to gamble heavily; *dare* **man** ~ *a qd.* to back s.o. up; **parlate** ~*!* speak up!; ⟨*fig*⟩ *è* **più** ~ *di lui* he can't help it; ~ *come un* **toro** as strong as a horse (*o* an ox).

forte[2] *m.* (*fortezza*) fort, fortress: *gli indiani attaccarono il* ~ the Indians attacked the fort.

fortemente *avv.* **1** (*con forza*) hard, tight(ly): *picchiare* ~ to hit hard; *legare* ~ to tie tightly. **2** (*assai, intensamente*) very (much), greatly, deeply: *adirarsi* ~ to get very angry; *essere* ~ *innamorato* to be deeply (*o* greatly, very much) in love, to be head over heels in love. □ *volere* ~ *qc.* to want s.th. badly. **fortezza** *f.* **1** (*forza spirituale*) strength: ~ *d'animo* strength of mind; (*una delle virtù cardinali*) fortitude. **2** (*opera di fortificazione*) fort, fortress, stronghold: *espugnare una* ~ to take a fortress. □ ⟨*Aer.mil*⟩ ~ *volante* flying fortress. **fortificabile** *a.* fortifiable. **fortificante** *a.* strengthening, fortifying. **fortificare** *v.t.* (*fortifico, fortifichi*) **1** to strengthen, to fortify (*anche fig.*). **2** ⟨*Mil*⟩ to set up defence works, to raise a line of defence. **fortificato** *a.* fortified: *zona -a* fortified zone. **fortificatorio** *a.* of fortification, strengthening: *opere -e* works of fortification, defensive works. **fortificazione** *f.* ⟨*Mil*⟩ fortification: *le –i nemiche* the enemy fortifications; *opere di* ~ works of fortification, defensive works. **fortilizio** *m.* ⟨*Mil*⟩ small fortress (*o* fort). **fortino** *m.* ⟨*Mil*⟩ blockhouse.

fortore *m.* **1** sourness; (*odore forte*) strong acrid smell. **2** *pl.* (*acidità di stomaco*) acidity (of the stomach).

fortuitamente *avv.* by chance, fortuitously. **fortuito** *a.* ⟨*attr*⟩ chance, fortuitous, accidental: *incontro* ~ chance meeting. □ *per un caso* ~ by (pure) chance.

fortuna *f.* **1** (*sorte*) fortune, luck: *la* ~ *gli fu favorevole* fortune smiled on him; *la cattiva* ~ bad luck. **2** (*riuscita, successo*) success, fortune: *il suo tentativo non ebbe* ~ his attempt 'did not meet with success' (*o* was not attended by fortune). **3** (*patrimonio*) fortune: *ha ereditato una cospicua* ~ he has inherited a (large) fortune. □ **afferrare** *la* ~ *per i capelli* to seize one's chance; *la* ~ *gli* **arrise** fortune 'smiled on him' (*o* was on his side); *la* ~ *ti* **assista** may fortune favour you; **avere** ~: 1 to be lucky: *avere* ~ *al gioco* to be lucky at gambling; *avere* ~ *con le donne* to be lucky in love; *ebbi la* ~ *di incontrarlo* I was fortunate enough to meet him; 2 (*incontrare favore*) to meet with success, to be successful, ⟨*fam*⟩ to go down (*o* over) well: *un prodotto che ha avuto molta* ~ a product which has gone over very well; *avere la* ~ **avversa** to have fortune (*o* luck) against one; **beni di** ~ (*patrimonio*) wealth, means *pl:* *avere molti beni di* ~ to be a person of considerable means; ~ **benigna** kindly (*o* favourable) fortune; **buona** ~! good luck!: *augurare* (*la*) *buona* ~ *a qd.* to wish s.o. good luck; **cercare** ~ to seek one's fortune; **colpo** *di* ~ stroke of luck; **di** ~: 1 (*improvvisato*) improvised, makeshift: *arnesi di* ~ makeshift tools; 2 ⟨*Mar*⟩ jury: *albero di* ~ jury mast; *timone di* ~ jury rigged rudder; *vela di* ~ storm sail; 3 ⟨*Aer*⟩ emergency: *campo di* ~ emergency landing ground (*o* field); *atterraggio di* ~ emergency (*o* forced) landing; *essere la* ~ *di qd.* to be lucky for s.o.: *quel ritardo fu la nostra* ~ that delay was lucky for us; **fare** ~ to make one's fortune; *avere la* ~ **favorevole** to have fortune on one's side; **leggere** *la* ~ *a qd.* to tell (*o* read) s.o.'s fortune; *gli lesse la* ~ *sulla mano* he read his hand (*o* palm); **mezzi di** ~: 1 makeshift: *con mezzi di* ~ in a makeshift (*o* an improvised) way; 2 (*disponibilità patrimoniali*) means *pl;* **per** ~ → **fortunatamente; portare** ~ to bring luck; **la ruota della** ~ the wheel of fortune; **tentare** *la* ~ to try one's luck; **volle** as luck (*o* chance) would have it: ~ *volle che egli non fosse presente* as luck would have it he was not present. *Prov.:* *la* ~ *aiuta gli audaci* fortune favours the brave.

fortunale *m.* storm.

fortunatamente *avv.* fortunately, luckily. **fortunatissimo** (*sup. di* **fortunato**) *a.* (*nelle presentazioni*) how do you do? □ ~ *di conoscerla* I am very glad to meet you, ⟨*am*⟩ happy to know (*o* meet) you. **fortunato** *a.* **1** lucky, fortunate: *un uomo* ~ a lucky man. **2** (*che ha buon esito*) successful, lucky, happy: *un'impresa –a* a lucky venture. □ *per un caso* ~ by 'a lucky' (*o* mere) chance; *dirsi* ~ to be (*o* think o.s.) lucky: *puoi dirti* ~ *di essere uscito incolume da quell'incidente* you are very lucky to have come out unscathed from that accident; ~ *lui che è stato promosso* lucky him! – he passed his exams. *Prov.:* ~ *in amor non giochi a carte* unlucky at cards, lucky in love. **fortunoso** *a.* eventful: *un viaggio* ~ an eventful journey.

foruncolo *m.* boil, furuncle. **foruncolosi** *f.* ⟨*Med*⟩ furuncolosis. **foruncoloso** *a.* covered with boils, pimply: *viso* ~ pimply face.

forviare *v.* (**forvio, forvii**) **I** *v.i.* (*aus. avere*) to go astray. **II** *v.t.* (*mettere fuori strada*) to mislead, to put on the wrong track: *un falso indizio ha forviato la polizia* the police were misled (*o* put on the wrong track) by a false clue; ⟨*fig*⟩ to lead astray.

forza **I** *s.f.* **1** (*vigore fisico*) strength: *mi mancano le –e* my strength is failing. **2** (*forza morale*) strength; (*coraggio*) courage: *non ho avuto la* ~ *di dirglielo* I didn't have the courage to tell him. **3** (*impeto, intensità*) force, strength, intensity (*anche fig.*): *la* ~ *del vento* the force of the wind; *la* ~ *della corrente* the intensity of the current; *la* ~ *della sua passione* the intensity of his passion. **4** (*violenza*) force, violence: *adoperare la* ~ to use force. **5** (*potere*)

power, force, might: *la* ~ *della legge* the force of the law. **6** ⟨*Dir,tecn*⟩ force: *il decreto ha* ~ *di legge* the decree has legal force; ~ *di gravità* force of gravity. **7** *pl.* ⟨*Mil*⟩ forces *pl:* *sbaragliare le –e del nemico* to rout the enemy forces. **8** (*agenti di polizia*) police *pl,* police force: *intervenne la* ~ the police intervened. **9** ⟨*Mar*⟩ force: *mare di* ~ 8 force eight sea. **II** *intz.* **1** (*dai, coraggio*) come on. **2** (*presto*) come on, hurry up. □ **a** ~ (*con sforzo*) by force; *fare entrare qc. a* ~ to force s.th. in; *a* ~ *di:* 1 (*per mezzo di: seguito da sost.*) by, through, by dint (*o* means) of; *farsi strada a* ~ *di gomiti* to push (*o* elbow) one's way; 2 (*dopo tanto: seguito da infinito sostantivato o sost.*) after much (*o* a lot of), through: *a* ~ *di gridare ha perso la voce* through shouting so much he has lost his voice; ⟨*Mil*⟩ ~ **aeree** air forces; ~ **d'animo** strength of mind; *–e* **armate** armed forces; ⟨*Aer*⟩ ~ **ascensionale** lift; **atto** *di* ~ act of violence; ⟨*Fis*⟩ ~ **d'attrazione** attractive force, force of attraction; **avere** *molta* ~ to be very strong; ⟨*Mil*⟩ *la* **bassa** ~ the ranks, the rank and file; ⟨*iron*⟩ **bella** ~! it isn't difficult; *ho vinto io – bella* ~, *il tuo avversario è un buono a nulla* I've won – some victory! your opponent is hopeless; ~ **bruta** brute force; ~ *di* **carattere** strength (*o* force) of character; ⟨*Fis*⟩ **composizione** *delle –e* composition of forces; **con** ~ hard, heavily; *scagliare con* ~ *un sasso* to hurl (*o* fling) a stone; *con la* ~ by force; **dare** ~ (*confortare*) to give strength (*o* heart): *il buon risultato gli diede la* ~ *di continuare* the good result gave him the strength to go on; **di** ~ (*di prepotenza*) by force: *lo trascinarono via di* ~ they dragged him off by force; ⟨*Fis*⟩ ~ **effettiva** effective force; ~ **erculea** Herculean strength; **fare** ~ *a qd.* (*incoraggiarlo*) to encourage s.o.; *farsi* ~ (*non perdersi d'animo*) to pluck up courage; ~ **dell'immaginazione** power of the imagination; ⟨*Mil*⟩ **in** ~ on strength; *essere in –e* to be in good health; *rimettersi in –e* to get back one's strength, to gain strength; *in* ~ *di* (*a norma*) by virtue of, in accordance with: *in* ~ *della legge* in accordance with the law; ⟨*Fis*⟩ ~ **d'inerzia** force of inertia; *–e del* **lavoro** labour force; *la* ~ *della* **legge** the power of the law; **linea** *di* ~ line of force; ~ **maggiore** force majeure; *–e* **militari** armed forces; ~ **morale** moral courage; ~ **motrice** motive power; ~ **muscolare** muscular strength; *–e della* **natura** forces of nature; *–e* **navali** naval forces; ⟨*Mil*⟩ ~ *di* **offesa** striking force; ⟨*Pol*⟩ *di* **pace** peacekeeping force; ⟨*Mil*⟩ ~ *di pace multinazionale* multinational peacekeeping force; **per** ~: 1 (*controvoglia*) against one's will, unwillingly: *mangiare per* ~ to eat unwillingly; 2 (*naturalmente*) of course; *per amore o per* ~ whether one likes it or not, willy-nilly; *per* ~ *di cose* by force of circumstances; **perdere** *le –e* to lose one's strength; *–e di* **polizia** police force; *la* ~ **pubblica** the police *pl;* **riacquistare** *le –e* to recover (*o* regain) one's strength; **ricorrere** *alla* ~ to resort to force; **senza** ~ (*fiacco*) weak, listless; *essere superiore alle –e umane* to be beyond human strength (*o* powers); ⟨*Mil*⟩ *–e di* **terra** land forces; ⟨*Mecc*⟩ ~ *di* **trazione** tractive force; *con* **tutte** *le* ~ with all one's might (and main); ⟨*Fis*⟩ ~ **vapore** steam power; *avere* ~ *da* **vendere** to be bursting with strength; ~ **vitale** life force; *a* **viva** ~ by (main) force; ~ *di* **volontà** willpower. *Prov.:* *contro la* ~ *la ragion non vale* might is right.

forzaglia *f.* ⟨*Sart*⟩ canvas interlining.

forzare *v.t.* (**forzo**) **1** (*premere con forza*) to force: ~ *il coperchio sulla scatola* to force the lid on to the box. **2** (*scassinare: rif. a serratura*) to force; (*rif. a porta e sim.*) to break down; (*rif. a cassaforte*) to crack, to break open. **3** (*obbligare*) to force, to compel: *lo forzarono a firmare* they compelled him to sign. **4** (*accelerare*) to quicken, to accelerate: ~ *il passo* to quicken one's step. **5** ⟨*Mot*⟩ to run at full throttle. **6** ⟨*fig*⟩ (*interpretare arbitrariamente*) to strain, to twist: ~ *il significato di una parola* to twist the meaning of a word. **7** ⟨*Agr*⟩ to force: ~ *la fioritura di una pianta* to force a plant (to bloom). □ ⟨*Mil*⟩ ~ *un assedio* to lift (*o* raise) a siege; ~ *il blocco* to run the blockade; ⟨*Mil*⟩ ~ *la consegna* to disobey orders; ⟨*fig*⟩ ~ *la mano a qd.* to force s.o.'s hand. **forzatamente** *avv.* **1** (*con sforzo*) forcedly. **2** (*per forza*) against one's will. □ *ridere* ~ to give a forced laugh. **forzato** **I** *a.* **1** forced (*anche Agr.*): *riso* ~ forced laugh. **2** ⟨*fig*⟩ (*arbitrario*) strained, twisted: *interpretazione* –*a* strained interpretation. **II** *s.m.* (*condannato ai lavori forzati*) convict. □ ⟨*Idr*⟩ *condotta* –*a* penstock; *lavori* –*i* hard labour. **forzatura** *f.* **1** (*il forzare*) cracking, forcing, breaking (open): *la* ~ *di una cassaforte* the cracking of a safe. **2** ⟨*Agr*⟩ forcing, bringing on. **forziere** *m.* strong-box, coffer. **forzosamente** *avv.* compulsorily. **forzoso** *a.* **1** (*imposto dalla legge*) compulsory, enforced. **2** ⟨*Econ*⟩ forced. **forzuto** *a.* strong, robust: *un facchino* ~ a strong porter.

foschia *f.* haze, mist. □ *c'è* ~ it is misty. **fosco** *a.* (*pl.* -chi) **1** (*scuro*) dark, dull: *un arazzo a colori foschi* a dark–coloured tapestry. **2** (*offuscato*) overcast, dull: *cielo* ~ overcast sky. **3** (*torvo, cupo*) sullen, grim: *sguardo* ~ sullen look. □ ⟨*fig*⟩ *descrivere qc. a fosche tinte* to paint a black picture of s.th.

fosfatico *a.* (*pl.* -ci) phosphatic, phosphate–: *rocce fosfatiche* phosphate rocks. **fosfatizzare** *v.t.* ⟨*Ind*⟩ to phosphatize. **fosfatizzazione** *f.* phosphatizing. **fosfato** *m.* ⟨*Chim*⟩ phosphate. □ ~ *di ammonio* ammonium phosphate; ~ *di calcio* calcium phosphate. **fosfina** *f.* phosphine. **fosfito** *m.* phosphite. **fosforare** *v.t.* (*fosforo*) ⟨*Chim*⟩ to phosphorate. **fosforato** *a.* phosphorated. □ *idrogeno* ~ phosphine, hydrogen phosphide. **fosforeo** *a.* **1** (*di fosforo*) phosphoreal. **2** (*fosforescente*) phosphorescent. **fosforescente** *a.* **1** phosphorescent. **2** ⟨*estens*⟩ glowing, phosphorescent: *gli occhi* –*i del gatto* the cat's glowing eyes. **fosforescenza** *f.* phosphorescence. **fosforico** *a.* (*pl.* -ci) phosphoric. **fosforilare** *v.t.* (*fosforilo*) to phosphorylate. **fosforilazione** *f.* phosphorylation. **fosforismo** *m.* ⟨*Med*⟩ phosphorism, phosphorous poisoning. **fosforite** *f.* ⟨*Min*⟩ phosphorite.

fosforo[1] *m.* ⟨*Chim*⟩ phosphorus.

fosforo[2] *m.* ⟨*Ind*⟩ phosphor(e).

fosforoso *a.* ⟨*Chim*⟩ phosphorous. **fosfuro** *m.* phosphide.

fosgene *m.* ⟨*Chim*⟩ phosgene.

fossa *f.* **1** hole, pit: *scavare una* ~ to dig a hole. **2** ⟨*estens*⟩ (*tomba*) grave (*anche fig.*). **3** (*nelle autorimesse e sim.*) (inspection) pit. **4** ⟨*Geol*⟩ graben. **5** ⟨*Anat*⟩ fossa: –*e iliache* iliac fossae. □ ~ *biologica* septic tank; ⟨*Met*⟩ ~ *di* colata casting pit; ~ **comune** (*nei cimiteri*) pauper's grave; ⟨*Bibl*⟩ *Daniele nella* ~ *dei* leoni Daniel in the lions' den; ⟨*Geol*⟩ ~ **oceaniche** ocean deeps; ⟨*fig*⟩ *avere* (*o essere con*) *un* piede *nella* ~ to have one foot in the grave; ⟨*fig*⟩ *scavarsi la* ~ to dig one's own grave.

fossato *m.* **1** ditch: ~ *per lo scolo delle acque* drainage ditch; ~ *di confine* boundary ditch. **2** ⟨*Mil.ant*⟩ moat.

fossetta *f.* dimple: –*e delle guance* dimples in one's cheeks.

fossi → **essere**[1].

fossile **I** *a.* fossil: *resti* –*i* fossil remains. **II** *s.m.* fossil (*anche fig.*): ~ *guida* index (*o* guide) fossil. □ *carbon* ~ (pit) coal. **fossilifero** *a.* ⟨*Geol*⟩ fossiliferous. **fossilizzare** *v.t.* to fossilize (*anche fig.*). **fossilizzarsi** *v.r.* to fossilize, to become a fossil (*anche fig.*). **fossilizzazione** *f.* fossilization (*anche fig.*).

fosso *m.* **1** ditch. **2** ⟨*Mil.ant*⟩ moat. □ ~ *d'irrigazione* irrigation channel; ⟨*fig*⟩ *saltare il* ~ to take the plunge.

fosti → **essere**[1].

fot *m.* ⟨*Fis*⟩ phot.

foto *f.inv.* photo, picture: *farsi fare una* ~ to have one's photo (*o* picture) taken.

foto|allergia *f.* ⟨*Med*⟩ photoallergy. **~biologia** *f.* photobiology. **~calcografia** *f.* ⟨*Tip*⟩ photogravure. **~calcografo** *m.* photocomposer. **~camera** *f.* camera. **~cellula** *f.* photoelectric cell, photo cell. **~chimica** *f.* photochemistry. **~chimico** *a.* (*pl.* -ci) photochemical. **~coagulazione** *f.* photocoagulation. **~color** *m.* **1** colour photography. **2** ⟨*Tip*⟩ colour transparency. **~comporre** *v.t.* (*fotocompongo, fotocomponi; fotocomposi, fotocomposto*) to photocompose. **~compositore** *m.* photocomposer. **~compositrice** *f.* photocomposer. **~composizione** *f.* film setting, photocomposition. **~conduttività** *f.* photoconductivity. **~conduttivo** *a.* photoconductive. **~copia** *f.* photocopy. **~copiare** *v.t.*

(*fotocopio, fotocopi*) to photocopy. **~copiatore** *m.* (*macchina*) photocopier. **~copiatrice** *f.* photocopying machine. **~copiatura** *f.* photocopying. **~cronaca** *f.* ⟨*Giorn*⟩ photoreport. **~cronista** *m.* photoreporter. **~disco** *m.* ⟨*Fot*⟩ photodisc. **~elettrica** *f.* searchlight. **~elettricità** *f.* photoelectricity. **~elettrico** *a.* (*pl.* -ci) photoelectric. **~finish** *ingl.* [–'finiʃ] *m.* ⟨*Sport*⟩ photo-finish photograph. **~fit** *m.* photofit. **~fobia** *f.* ⟨*Med*⟩ photophobia. **foto|foro** *m.* **1** ⟨*Minier*⟩ miner's lamp. **2** ⟨*Med,Zool*⟩ photophore. **~genesi** *f.* ⟨*Biol*⟩ photogenesis. **~genia, ~genicità** *f.* photogenic quality. **~genico** *a.* (*pl.* -ci) photogenic. **~geologia** *f.* photogeology. **~giornale** *m.* illustrated (paper).

fotografare *v.t.* (*fotografo*) **1** to photograph, to take a picture of. **2** ⟨*fig*⟩ (*imprimersi nella memoria*) to photograph: ~ *mentalmente una scena* to photograph a scene in one's mind's eye.

fotografia *f.* **1** (*tecnica*) photography. **2** (*copia*) photograph; (*fam*) picture. □ ~ **aerea** aerial photography; *album di* –*e* photograph (*o* snapshot) album; ~ **automatica** automatic photo; ~ *in* bianco *e nero* black and white photograph; ~ *a* colori colour photograph; *fare una* ~ to (take a) photograph; ~ **istantanea** snapshot, ⟨*fam*⟩ snap; ~ **nitida** sharp photograph; ~ *formato* passaporto passport–size photo; ~ *a* posa time exposure; ~ *a* sviluppo *immediato* instant print; ~ **subacquea** underwater photography; ~ *formato* **tessera** passport–size photograph.

fotograficamente *avv.* photographically. **fotografico** *a.* (*pl.* -ci) **1** photographic. **2** (*fedele al modello*) true-to-life, faithful: *rappresentazione* –*a della realtà* faithful representation of reality. □ *ingrandimento* ~ enlargement; *macchina* –*a* camera; ⟨*Giorn*⟩ *servizio* ~ photographic service; *studio* ~ photographer's (*o* photographic) studio. **fotografo** *m.* (*f.* -a) photographer.

foto|gramma *m.* ⟨*Cin*⟩ frame. **~grammetria** *f.* photogrammetry. **~grammetrista** *m./f.* photogrammetrist. **~incisione** *f.* (*procedimento e copia*) photogravure, photoengraving. **~incisore** *m.* photoengraver. **~lito** *f.inv.* photolith. **~litografia** *f.* photolithography. **~litografico** *a.* (*pl.* -ci) photolithographic. □ *riproduzione* –*a* photolithograph, photolithoprint. **~litografo** *m.* photolithographer. **~meccanica** *f.* photomechanics *pl* (*costr.sing.*). **~meccanico** *a.* (*pl.* -ci) photomechanical.

fotometria *f.* ⟨*Ott*⟩ photometry. **fotometrico** *a.* (*pl.* -ci) photometric. **fotometro** *m.* **1** photometer. **2** ⟨*Fot*⟩ (*esposimetro*) exposure meter.

foto|mitragliatrice *f.* gun camera. **~modella** *f.* model; (*per le copertine*) cover-girl. **~montaggio** *m.* ⟨*Fot*⟩ photomontage.

fotone *m.* ⟨*Atom*⟩ photon.

foto|reazione *f.* ⟨*Chim*⟩ photoreaction. **~recettore** **I** *a.* ⟨*Anat*⟩ photoreceptive. **II** *s.m.* photoreceptor. **~reportage** *m.* ⟨*Giorn*⟩ photoreport. **~reporter** *m.* photoreporter. **~romanzo** *m.* ⟨*Giorn*⟩ picture story, comic–strip story. **~safari** *m.* photographic safari. **~sensibile** *a.* photosensitive, light–sensitive. **~sfera** *f.* ⟨*Astr*⟩ photosphere. **~sintesi** *f.* ⟨*Bot*⟩ photosynthesis. **~statico** *a.* (*pl.* -ci) photostatic: *copia* –*a* photostat (copy). **~teca** *f.* photograph library. **~telegrafia** *f.* phototelegraphy. **~terapia** *f.* ⟨*Med*⟩ phototherapy. **~tipia** *f.* ⟨*Tip*⟩ phototypy. **~tipista** *m.* phototypist. **~tropismo** *m.* ⟨*Biol*⟩ phototropism. **~voltaico** *a.* (*pl.* -ci) ⟨*El*⟩ photovoltaic: *cella* –*a* photovoltaic cell; *effetto* ~ photovoltaic effect.

fottere *v.t.* ⟨*triv*⟩ **1** to fuck. **2** ⟨*fig*⟩ (*ingannare*) to swindle, to cheat. **fottio** *m.* ⟨*volg*⟩ stacks *pl*, loads *pl*: *c'era un* ~ *di* gente there were stacks of people there; *un* ~ *di denaro* loads (*o* bags) of money. **fottuto** *a.* ⟨*triv*⟩ buggered.

foulard *fr.* [fu'la:r] *m.* **1** (*fazzoletto: da testa*) head–square, (head–)scarf; (*da collo*) scarf, neckerchief. **2** ⟨*Tess*⟩ foulard, light silk. **foularino** *m.* little scarf.

foyer *fr.* [fwa'je] *m.* **1** ⟨*Teat*⟩ foyer. **2** (*di alberghi e sim.*) hall.

fr. = *franco* franc (*abbr.* fr.).

fra[1] *prep.* (when followed by a personal pronoun it is generally used with *di*) **1** (*rif. a due persone o cose*) between: *sedeva ~ i genitori* he was sitting between his parents; *ci vedremo domani ~ le nove e le dieci* we'll meet tomorrow between nine and ten. **2** (*rif. a più persone o cose*) among, amongst, (*lett*) amid: *la pace ~ le nazioni* peace among nations. **3** (*in mezzo a*) among, in, in the middle of, in the midst of, (*lett*) amid: *un paesino ~ i monti* a village among (*o* in) the mountains; (*attraverso*) through: *cercare ~ le carte* to look through one's papers. **4** (*entro: rif. a tempo*) in, within: *tornerò ~ una settimana* I'll be back in a week's time; *~ quindici giorni.* within a fortnight. **5** (*partitivo*) of, among: *il più giovane ~ noi condurrà il gioco* the youngest of us will organize the game; *chi ~ di voi?* which of you? **6** (*per indicare un complesso, una totalità*) in: *~ tutti saranno stati una trentina* there must have been some thirty of them 'in all' (*o* altogether). **7** (*causale*) (what) with: *~ lavoro e studio se ne va tutta la giornata* what with work and study, the whole day slips by. □ *~ l'altro* among other things; (*inoltre*) besides; *stringere qd. ~ le braccia* to clasp s.o. in one's arms; *detto ~* (*di*) *noi* between ourselves; *~ ... e:* **1** (*con agg. o avv.*) half ... half: *un'espressione ~ triste e pensosa* a half sad, half thoughtful expression; **2** (*con l'inf.*) what with: *~ mangiare e dormire ho speso cinquemila lire* what with board and lodging I spent five thousand lire; (*fig*) **essere ~ *due fuochi*** to be between the devil and the deep blue sea; *~ oggi e domani* by tomorrow; *~ poco* in a little while, shortly, soon; *arrivammo ~ i* **primi** we were among the first to arrive; *~ sé to o.s.: parlare ~ sé* to talk to o.s.; *pensare ~ sé e sé* to think to o.s.; *essere ~ la* **vita** *e la morte* to hover between life and death.

fra[2] *m.* Fra, Brother.

frac *m.* (*Vest*) tailcoat, (*fam*) tails *pl*, (*fam*) white tie.

fracassare *v.t.* to smash, to shatter: *l'esplosione ha fracassato i vetri* the explosion has shattered the window panes; *per la rabbia fracassò tutte le stoviglie* he was so angry that he smashed all the dishes. **fracassarsi** *v.r.* to break up (*o* in pieces): *l'imbarcazione si fracassò sugli scogli* the boat broke up on the rocks; (*rif. a veicoli*) to crash: *l'automobile andò a fracassarsi contro un albero* the car crashed into a tree. □ *~ le ossa a qd.* to break all the bones in s.o.'s body. **fracasso** *m.* **1** crash, din: *la vetrata s'infranse con gran ~* the window broke with a great crash; (*di stoviglie*) crash, clatter; (*di ruote*) rumble, roar. **2** (*rif. a persone: chiasso*) din, row, uproar, hullabaloo, hubbub. □ *fare ~:* **1** to make an uproar (*o* a din), (*fam*) to make a row; **2** (*fig*) (*fare scalpore*) to make a great stir, to cause an uproar: *lo scandalo ha fatto un gran ~* the scandal caused an uproar; *un ~ indiavolato* pandemonium, bedlam. **fracassone** *m.* (*f.* -**a**) (*fam*) **1** (*persona maldestra*) clumsy person, (*fam*) bull in a china shop. **2** (*persona rumorosa*) noisy person.

fracco *m.* (*region*) heaps *pl*, stacks *pl*. □ *un ~ di soldi* pots of money; *un ~ di botte* a sound beating.

fradicio I *a.* **1** (*guasto*) rotten, decayed. **2** (*fig*) (*corrotto*) corrupt, rotten: *società -a* corrupt society. **3** (*zuppo*) soaking (wet), soaked, drenched: *abiti fradici* soaking wet clothes; *arrivai a casa ~* I arrived home drenched. **II** *s.m.* **1** (*parte fradicia*) rotten (*o* bad) part: *il ~ della mela* the bad part of the apple. **2** (*fig*) (*corruzione*) corruption. **3** (*terreno bagnato*) waterlogged ground. □ *bagnato ~* soaked to the skin, wet through; *legno ~* rotting wood; *~ di sudore* 'bathed in' (*o* dripping with) perspiration; (*fig*) *ubriaco ~* blind (*o* dead) drunk. **fradiciume** *m.* **1** (*roba guasta*) mass of rotten things; (*umidità*) wetness. **2** (*rif. a terreno*) bog, waterlogged ground. **3** (*fig*) (*corruzione*) corruption, rottenness.

fragile *a.* **1** brittle, fragile: *merce ~* fragile goods; (*su pacchi e sim.*) (handle) with care. **2** (*fig*) (*gracile, delicato*) frail, fragile, delicate: *costituzione ~* weak constitution; *salute ~* delicate (*o* poor) health. **3** (*fig*) (*inconsistente*) faint, weak, frail: *-i speranze* faint hopes. **fragilità** *f.* **1** fragility, brittleness. **2** (*fig*) (*gracilità*) delicacy, weakliness, frailness: *la ~ di una fanciulla* the delicacy of a young girl. **3** (*fig*) (*inconsistenza*) faintness,

weakness, frailty. □ *la ~ della natura umana* the frailty of human nature. **fragilmente** *avv.* weakly, fraily.

fragola *f.* (*Bot*) strawberry: *-e con la panna* strawberries and cream. □ *un vestito ~* a strawberry-coloured dress; *~ di bosco* wild (*o* wood) strawberry; *rosso ~* strawberry red. **fragolaia** *f.* strawberry bed.

fragolino *m.* (*Itt*) kind of sea bream.

fragore *m.* crash, din; (*di ruote*) rumble, roar. □ *il ~ degli applausi* the thunder of applause; *il ~ della cascata* the roar of the waterfall; *il ~ dell'esplosione* the roar of the explosion; *il treno passò sul ponte con gran ~* the train roared (*o* thundered) across the bridge. **fragorosamente** *avv.* loudly, noisily. **fragoroso** *a.* loud, resounding, roaring, crashing; (*assordante*) deafening: *uno scoppio ~* a deafening (*o* loud) explosion. □ *una risata -a* a guffaw.

fragrante *a.* fragrant, sweet-smelling, scented: *aria ~ di fiori* air fragrant with flowers; *pane ~* fragrant bread. **fragranza** *f.* fragrance, scent.

fraintendere *v.t.* (**fraintesi, frainteso**) to misunderstand, to misinterpret: *~ il senso di una frase* to misunderstand the meaning of a sentence. □ *non fraintendermi* don't get me wrong.

frale *a.* (*poet*) (*fragile*) frail. **fralezza** *f.* (*poet*) (*fragilità*) frailty.

frammassone *m.* Freemason. **frammassoneria** *f.* Freemasonry.

frammentare *v.t.* (**frammento**) to fragment, to break up, to subdivide: *~ una proprietà* to break up an estate; *~ la materia di un libro* to subdivide the subject matter of a book. **frammentariamente** *avv.* fragmentarily. **frammentarietà** *f.* fragmentary nature: *la ~ di un'opera* the fragmentary nature of a work. **frammentario** *a.* **1** (*incompleto*) fragmentary: *opera -a* fragmentary work. **2** (*fig*) (*privo di organicità*) scrappy, fragmentary, disjointed, disconnected: *racconto ~* disjointed tale; *cognizioni -e* scrappy knowledge. **frammentazione** *f.* fragmentation. □ *~ della proprietà terriera* fragmentation of landholdings. **frammento** *m.* fragment: *un ~ di vetro* a fragment of glass; *un ~ di vaso del periodo miceneo* a fragment of a vase belonging to the Mycenaean period; *-i di poesia medievale* fragments of medieval poetry. □ *~ di dente* chip of a tooth; *in -i* in smithereens; *~ di osso* bone splinter.

frammesso → **frammettere**. **frammettere** *v.t.* (**frammisi, frammesso**) to insert, to put between. **frammettersi** *v.r.* **1** (*interporsi*) to interpose, to come between: *frammettersi fra due avversari* to come between two enemies. **2** (*immischiarsi*) to interfere, to meddle: *frammettersi negli affari altrui* to meddle in other people's affairs. **frammezzare** *v.t.* (**frammezzo**) to intersperse. **frammezzo** *avv.* (*tra due*) between; (*tra più di due*) in the midst, in the middle: *porsi ~* to set o.s. in the middle. □ *~ a* among, amongst, amid, in the midst of; (*tra due*) between; (*attraverso*) through: *passare ~ alla folla* to go through the crowd. **frammischiare** *v.t.* (**frammischio, frammischi**) to mix, to intermingle. **frammisi** → **frammettere**. **frammisto** *a.* mixed, mixed up (*a* with).

frana *f.* **1** landslide, landslip: *l'automobile restò sepolta sotto la ~* the car was buried under the landslide. **2** (*fig*) collapse. **franabile** *a.* liable to slide: *terreno ~* land which is liable to slide. **franamento** *m.* **1** (*il franare*) sliding, slipping; (*frana*) landslip, landslide. **2** (*estens*) (*crollo*) collapse, caving-in: *~ del muro* the collapse of the wall. **3** (*fig*) collapse: *il ~ delle mie speranze* the collapse of my hopes. **franare** *v.i.* (*aus.* essere) **1** to slip, to slide (down). **2** (*estens*) (*crollare*) to cave in, to collapse: *il muro è franato* the wall has caved in. **3** (*fig*) to collapse, to come to nothing (*o* naught): *tutte le nostre speranze sono franate* all our hopes have come to naught.

francamente *avv.* frankly, candidly, openly: *parlare ~* to speak frankly (*o* one's mind).

Francesca *N.pr.f.* Frances.

francescanamente *avv.* in the way laid down by St. Francis, according to the spirit of St. Francis: *vivere ~* to live in the way laid down by St. Francis. **francescano I**

a. **1** ⟨*Rel*⟩ Franciscan: *la regola –a* Franciscan rule. **2** ⟨*fig*⟩ of a Franciscan. **II** *s.m.* (*f.* **-a**) Franciscan. □ *frate* ~ Franciscan friar; *suora –a* Franciscan nun; *terziario* ~ Franciscan tertiary. **Francẹsco** *N.pr.m.* Francis. □ *san* ~ *d'Assisi* St. Francis of Assisi.

francẹse I *a.* French. **II** *s.* **1** *m.* (*lingua*) French. **2** *m./f.* (*abitante*) Frenchman (*f* –woman); *pl.* (*popolo*) the French (*costr. pl.*); *pl.* (*gruppo determinato*) French people *pl:* tutti *i –i che io conosco* all the French people I know. □ *alla* ~ in the French style: *vestire alla* ~ to dress in the French style; *naso alla* ~ turned-up (*o* retroussé) nose; *Repubblica* ~ French Republic. **francesịsmo** *m.* ⟨*Ling*⟩ Gallicism. **francesịsta** *m./f.* specialist in French studies. **francesịzzare** *v.t.* to Frenchify.

franchẹzza *f.* frankness, openness, straightforwardness, outspokenness: *ammiro la sua* ~ I admire his frankness. □ ~ *d'animo* openness; *con* ~ frankly, sincerely; *ti risponderò con* ~ I shall give you a frank (*o* plain) answer; ~ *di linguaggio* frankness, outspokenness; *parlare in tutta* ~ to speak quite frankly.

franchịgia *f.* **1** ⟨*Econ,Comm*⟩ exemption, immunity. **2** ⟨*Mar.mil*⟩ shore leave. **3** ⟨*ant*⟩ (*libertà*) freedom. □ ⟨*Stor*⟩ *-e comunali* communal franchises; ~ *doganale* exemption from customs duty; (*in*) ~ *doganale* duty-free; (*Comm*) *ingresso in* ~ *doganale* duty free entry; (*in*) ~ *postale* post-free.

franchịsmo *m.* ⟨*Pol*⟩ Francoism. **franchịsta I** *s.m./f.* Francoist. **II** *a.* of Franco, Franco's. □ *regime* ~ Franco's regime; *la Spagna* ~ Spain under Franco.

Francia *N.pr.f.* ⟨*Geog*⟩ France.

francio *m.* ⟨*Chim*⟩ francium.

franco[1] **I** *a.* (*pl.* **-chi**) **1** (*aperto, schietto*) frank, open, sincere, straightforward, candid, outspoken: *carattere* ~ open character; *parole franche* frank words. **2** (*ardito*) bold: ~ *nell'affrontare il pericolo* bold in facing danger. **3** (*disinvolto*) confident, self-confident. **4** ⟨*Econ,Comm*⟩ free (*di* of), exempt (from): *merce –a di porto* carriage-free goods. **5** ⟨*Mar*⟩ off-duty: *personale* ~ off-duty crew members. **II** *avv.* frankly, candidly, openly: *parlare* ~ to speak frankly. □ ~ **banchina** ex dock, ex wharf (*o* quay); ~ *a* **bordo** free on board; ⟨*Mar*⟩ ~ *bordo* freeboard; **città** *-a* free town; ⟨*Comm*⟩ ~ **consegna** free on delivery; ~ **deposito** ex store (*o* warehouse); ~ **destinazione** free at destination; ~ *di* **dogana** duty-free; ~ (*di porto*) *a* **domicilio** delivery free, paid home, carriage paid; ~ **fabbrica** ex works (*o* factory); ⟨*fig*⟩ *farla –a* to get away (*o* off) scotfree, to get away with it; ~ **magazzino** free warehouse; ⟨*Mar*⟩ ~ *di* **nolo** freightage free; **porto** ~ free port; ⟨*Comm*⟩ ~ *di porto*[1] (*o in porto franco*) carriage free, freight paid, free dispatch; (*am*) delivered, (*am*) landed; ~ **raffineria** ex refinery; ~ **stabilimento** ex works; ~ **tiratore**: 1 ⟨*Mil*⟩ franc-tireur; 2 ⟨*Pol*⟩ defector; **zona** *-a* free zone.

franco[2] *m.* (*pl.* **-chi**) (*unità monetaria*) franc. □ ~ *belga* Belgian franc; ~ *francese* French franc; ~ *svizzero* Swiss franc.

franco[3] *a./s.* (*pl.* **-chi**) ⟨*Stor*⟩ **I** *a.* **1** Frankish. **2** (*francese: in composizione con altro aggettivo*) Franco-, French: *guerra* ~*-prussiana* Franco-Prussian War. **II** *s.m.* Frank.

Franco (*accorc. di Francesco*) *N.pr.m.* Frank.

francobọllo *m.* (postage) stamp: *collezionare –i* to collect stamps.

francofịlo I *a.* Francophil(e), pro-French. **II** *s.m.* (*f.* **-a**) Francophile. **francofọbo** *a./s.m.* (*f.* **-a**) Francophobe.

francofọno I *a.* French-speaking. **II** *s.m.* (*f* **-a**) Francophone, French-speaking person.

Francofọrte *N.pr.f.* ⟨*Geog*⟩ Frankfurt. □ ~ *sul Meno* Frankfurt-on-Main; ~ *sull'Oder* Frankfurt-on-Oder.

francolịno *m.* ⟨*Ornit*⟩ black partridge, francolin.

francone (*o francòne*) **I** *a.* **1** (*della Franconia*) Franconian. **2** (*dei franchi*) Frankish. **II** *s.m.* (*dialetto*) Franconian.

franco-normạnno *a.* Norman–French.

frangente *m.* **1** (*ondata*) breaker. **2** (*scogliera a fior d'acqua*) reef; (*scoglio*) shoal, shallows *pl.* **3** ⟨*fig*⟩ (*situazione difficile*) difficult situation, predicament, ⟨*fam*⟩ spot: *trovarsi in un brutto* ~ to be in a spot (*o* nasty

predicament). □ ⟨*fig*⟩ *in simili –i* in a situation like this. **frangere** *v.t.* (*frango, frangi; fransi, franto*) ⟨*lett*⟩ to break (*anche fig.*): ~ *la resistenza di qd.* to break s.o.'s resistance. **frangersi** *v.r.* to break, to dash. □ ~ *le olive* to crush (*o* press) olives.

frangetta, frangettịna *f.* (*acconciatura*) bang. **frangia** *f.* (*pl.* **-ge**) **1** fringe. **2** ⟨*fig*⟩ (*fronzolo, aggiunta*) frill, embellishment. □ *uno scialle con frange* a fringed shawl.

frangiare *v.t.* (*frangio, frangi*) to fringe. **frangiatura** *f.* **1** fringing. **2** (*l'insieme delle frange*) fringing, fringes *pl.*

frangibiạde *m.inv.* ⟨*Agr*⟩ grinder.

frangịbile *a.* breakable, easily broken.

frangi|fiạmme *m.inv.* flame arrester (*o* trap). **~flụtti** *a./s.inv.* **I** *s.m.* breakwater. **II** *a.* breakwater-: *diga* ~ breakwater (dam).

frangitọre *m.* (*frantoio per olive*) olive press. **frangitụra** *f.* (olive) pressing, (olive) crushing.

frangi|vẹnto *m.inv.* ⟨*Agr*⟩ windbreak. **~zọlle** *m.inv.* sod breaker.

franosità *f.* proneness to landslides. **franọso** *a.* subsidence-prone, subject to landslides: *terreno* ~ land subject to landslides.

fransi, franto → **frangere**. **frantoio** *m.* **1** (*macchina*) mill, crusher; (*per pietre*) crusher, breaker. **2** (*per olive*) olive press, oil press, oil mill. **3** ⟨*Tess*⟩ softening machine. **frantoịsta** *m.* (*operaio*) crusher, breaker.

frantumạre *v.t.* **1** (*mandare in frantumi*) to break into pieces, to break up, to shatter: *frantumò il vetro con un pugno* he shattered the pane with his fist. **2** ⟨*tecn*⟩ to crush, to break. **frantumarsi** *v.r.* to break into pieces, to shatter. □ ~ *un minerale* to crush a mineral. **frantumatọre** *m.* (*operaio, macchina*) crusher, breaker. **frantumatrịce** *f.* crusher. **frantumaziọne** *f.* shattering, breaking. **frantụme** *m.* (generally in pl.) (*frammento*) piece, shiver, bit; (*scheggia*) splinter, chip, flake. □ *in –i* in (*o* to) pieces: *il vaso cadde e si ridusse in –i* the vase fell and broke to pieces; *mandare in –i* to break to pieces, to shatter; *ridurre in –i* to smash to pieces (*o* bits); *ridursi in –i* to shatter, to break to pieces.

frạppa *f.* **1** fringe. **2** ⟨*Art*⟩ painted foliage. **3** ⟨*Dolc*⟩ fried puff–pastry cake.

frappé *fr.* [fra'pe] *m.* frappé, milk shake.

frappọrre *v.t.* (*frappongo, frapponi; frapposi, frapposto*; → *porre*) to interpose; (*rif. a difficoltà e sim.*) to set in the way. **frapporsi** *v.r.* **1** (*sorgere*) to arise: *si sono frapposte nuove difficoltà* new difficulties have arisen. **2** (*intromettersi, intervenire*) to come between, to intervene: *frapporsi tra due contendenti* to come between two rivals. □ ⟨*fig*⟩ ~ *indugi* to delay. **frapposiziọne** *f.* (*il frapporre*) interposition, putting in the way; (*il frapporsi*) intervention.

frasạrio *m.* **1** (*modo di esprimersi*) language, (style of) speech, phraseology. **2** (*linguaggio particolare*) jargon, language: *il* ~ *dei cineasti* the jargon of the film world. □ *usare un* ~ *ricercato* to be affected in one's speech.

frạsca *f.* **1** (*ramo fronzuto*) (leafy) branch, (leafy) bough: *il fringuello cantava tra le frasche* the finch was singing among the leafy branches. **2** (*ramoscello tagliato*) branch: *coprire il tetto di frasche* to cover the roof with branches. **3** (*in bachicoltura*) mulberry leaves *pl.* **4** (*insegna di osteria*) bush, leafy branch outside a tavern. **5** ⟨*fig*⟩ (*persona incostante*) flibbertigibbet, scatterbrain. **frascạme** *m.* (leafy) branches *pl*, (leafy) boughs *pl*: *nascondersi tra il* ~ to hide among the branches.

frascạti *m.* ⟨*Enol*⟩ Frascati (wine).

frascạto *m.* leafy bower, arbour, shelter of branches. **frascheggiạre** *v.i.* (*frascheggio, frascheggi; aus.* avere) **1** (*stormire*) to rustle. **2** ⟨*fig*⟩ (*civettare*) to flirt, to coquette. **frascheria** *f.* **1** (*capriccio*) whim, caprice. **2** (*ciancia*) nonsense, idle talk. **fraschẹtta** *f.* (*donna leggera*) flighty woman, coquette, flirt. **frasconạia** *f.* **1** (*luogo ricco di frasche*) thicket. **2** ⟨*venat*⟩ place where birds are snared.

frạse *f.* **1** ⟨*Gramm*⟩ (*proposizione*) clause; (*locuzione*) phrase; (*periodo*) sentence. **2** (*espressione*) phrase, expression: *trovare la* ~ *giusta* to find the right expression. **3** ⟨*Mus*⟩ phrase. □ ~ *compiuta* (complete sentence; ~ *fatta* (*espressione convenzionale*) set (*o* stock) phrase, idiom; (*luogo comune*) platitude, commonplace; *una ~ gentile* a kind expression; ~ *interrogativa* interrogative sentence; ⟨*Gramm*⟩ ~ *verbale* verbal phrase.

fraseggiare *v.i.* (*fraséggio, fraséggi; aus.* avere) ⟨*Mus*⟩ to phrase. **fraséggio** *m.* phrasing.

fraseologia *f.* **1** (*insieme di locuzioni tipiche*) phraseology: ~ *inglese* English phraseology. **2** (*linguaggio particolare*) terminology, jargon, phraseology: *la ~ alpinistica* mountaineering jargon. **fraseologico** *a.* (*pl.* -ci) phraseological: *dizionario* ~ phraseological dictionary.

frassinella *f.*, **frassinello** *m.* ⟨*Bot*⟩ fraxinella, gas plant, dittany. **frassineto** *m.* ash grove. **frassino** *m.* **1** ⟨*Bot*⟩ ash (tree). **2** (*legno*) ash.

frastagliamento *m.* cutting, intersection, indentation. □ *il ~ della costa* the jagged coastline. **frastagliare** *v.t.* (*frastaglio, frastagli*) to make cuts in, to indent, to notch, to jag: ~ *un foglio di carta* to make cuts in (the edge of) a sheet of paper. **frastagliato** *a.* **1** (*tagliuzzato ai margini*) indented, notched, jagged; (*non uniforme*) irregular, uneven: *terreno* ~ uneven ground. **2** ⟨*Bot*⟩ (*laciniato*) laciniate. □ ⟨*Geol*⟩ *costa –a* jagged (*o* indented) coastline. **frastagliatura** *f.* jagged effect, indentation. □ ⟨*Geol*⟩ *la ~ della costa* the indentation of the coast. **frastaglio** *m.* **1** (*lavoro d'intaglio*) bevelling. **2** *pl.* (*ornamenti minuti*) ornamentation, embellishments *pl.*

frastornare *v.t.* (*frastorno*) to disturb, to bother, to annoy: ~ *qd. di* (*o con le*) *chiacchiere* to disturb s.o. with one's chatter; (*distogliere, distrarre*) to distract: *il rumore lo frastornava dalla lettura* the noise distracted him from his reading. **frastornato** *a.* dazed, bewildered, confused: *sentirsi ~ per la stanchezza* to feel dazed with fatigue.

frastuono *m.* uproar, hubbub, din, deafening noise: *un ~ di voci* an uproar (*o* a babel) of voices, a hubbub. □ *un ~ indiavolato* a fiendish din, bedlam.

frate *m.* **1** ⟨*Rel*⟩ friar; (*monaco*) monk. **2** ⟨*Edil*⟩ raised tile (admitting light and air). **3** ⟨*Tip*⟩ (part accidentally left) blank. □ ~ **cappuccino** Capuchin (friar); ~ **domenicano** Dominican (friar), Black Friar; *farsi* ~ to become a friar; ~ **francescano** Franciscan (friar); ~ **laico** lay brother; *–i* **minori** Friars Minor, Minorites.

fratellanza *f.* **1** brotherhood, fraternity (*anche fig.*): *la ~ dei popoli* the brotherhood of nations; ~ *universale* universal brotherhood. **2** (*associazione*) fraternity. **fratellastro** *m.* half brother; (*per matrimonio precedente*) step brother. **fratello** *m.* **1** brother (*anche estens.*): *mio ~ Paolo* my brother Paul; *–i carissimi* dearly beloved brethren. **2** *pl.* (*fratelli e sorelle*) brothers and sisters *pl:* *ha tre –i, un maschio e due femmine* he has one brother and two sisters. **3** ⟨*Rel*⟩ brother. **4** *pl.* ⟨*Comm*⟩ brothers, Bros.: *la ditta –i Rossi* Rossi Bros. □ ~ **adottivo** adopted brother; ~ *d'armi* brother–in–arms, comrade–in–arms; ~ **carnale** full brother, brother–german; ~ **consanguineo** consanguineous brother; ~ *in* **Cristo** brother in Christ; ~ **gemello** twin brother; *–i di* **latte** foster brothers; ~ **maggiore** (*tra due*) elder brother; (*tra più di due*) eldest brother; ~ **minore** (*tra due*) younger brother; (*tra più di due*) youngest brother; *–i* **siamesi** Siamese twins; ~ **uterino** uterine brother.

fraternamente *avv.* fraternally, in a brotherly way, like a brother: *amarsi* ~ to love one another like brothers. **fraternità** *f.* brotherhood, fraternity, brotherliness. **fraternizzare** *v.i.* (*aus.* avere) to fraternize (*anche estens.*): *i soldati fraternizzarono con la popolazione* the soldiers fraternized with the people. **fraternizzazione** *f.* fraternization. **fraterno** *a.* fraternal, brotherly: *vincolo* ~ fraternal bond; *un rimprovero* ~ a brotherly reproach. □ *amore* ~ brotherly love.

fratesco *a.* (*pl.* chi) ⟨*spreg*⟩ of a monk, monkish, monk-like: *furberia –a* the wiliness of a monk. **fratina** *f.* (*tavolo da convento*) convent table.

fratino[1] *m.* **1** (*giovane frate*) young friar. **2** ⟨*Ornit*⟩ Kentish plover.

fratino[2] *a.* ⟨*Arred*⟩ convent-, monastery-: *mobili –i* convent furniture.

fratria (*o fratria*) *f.* ⟨*Etnol*⟩ phatry.

fratricida **I** *s.m./f.* fratricide (*anche estens.*). **II** *a.* fratricidal (*anche estens.*): *guerra* ~ fratricidal (*o* internecine) war. **fratricidio** *m.* fratricide (*anche estens.*).

fratta *f.* (*macchia intricata*) thicket, scrub, brake, spinney.

frattaglie *f.pl.* ⟨*Macell*⟩ entrails *pl,* chitterlings *pl:* (*di agnelli, vitelli*) liver and lights, pluck; (*di polli, conigli e sim.*) giblets *pl.*

frattanto *avv.* meanwhile, in the meantime: *preparati, ~ farò una telefonata* get ready, and in the meantime I'll make a phone call. □ *e ~* (*e intanto*) but, yet, and still: *e ~ gli aiuti non arrivavano* and still help didn't arrive.

frattempo: *nel* ~ meanwhile, in the meantime.

fratto *a.* ⟨*Mat*⟩ fractional, fractionary: *numero* ~ fractional number; (*diviso*) divided by: *a ~ b* a divided by b. **frattura** *f.* **1** (*rottura*) break, fracture, rupture. **2** ⟨*Med*⟩ fracture. **3** ⟨*Geol*⟩ (*atto*) faulting, fracture; (*effetto*) fault, fissure, fracture. □ ⟨*Med*⟩ ~ *aperta* (*o esposta*) open fracture; ~ *composta* compound fracture; *ha riportato la ~ della gamba destra* he has fractured his right leg; ~ *semplice* simple fracture. **fratturare** *v.t.* to fracture, to break: *cadendo si è fratturato un polso* he fell and fractured his wrist.

fraudolento *a.* ⟨*lett*⟩ fraudulent: *bancarotta –a* fraudulent bankruptcy. **fraudolenza** *f.* ⟨*lett*⟩ **1** fraudulence, deceitfulness. **2** (*inganno, frode*) fraud.

frazionabile *a.* divisible, that may be ⌈broken up⌉ (*o* subdivided): *credito* ~ divisible credit; *proprietà non* ~ property which cannot be broken up. **frazionamento** *m.* **1** (*suddivisione*) breaking up, parcelling (out), splitting up, subdivision. **2** ⟨*Chim*⟩ fractionation. **3** ⟨*Mat*⟩ fractionization. □ ~ *di azioni* shares (*o* stock) split; ~ *di un mutuo* splitting up of a loan. **frazionare** *v.t.* (*fraziono*) **1** (*suddividere*) to break up, to split up, to parcel (out), to divide, to subdivide: ~ *un lavoro* to split up a job; ~ *una proprietà* to ⌈parcel out⌉ (*o* break up) an estate. **2** ⟨*Chim*⟩ to fractionate. **3** ⟨*Mat*⟩ to fractionize. **frazionario** *a.* fractional, fractionary: *numero* ~ fractional number, fraction.

frazione *f.* **1** fraction, (small) part, portion: *il centesimo è una ~ di lira* the centesimo is a fraction of a lira. **2** ⟨*Mat*⟩ fraction. **3** ⟨*Econ*⟩ division. **4** (*borgata*) outlying administrative division of a municipality, country ward, hamlet: *una piccola ~ del capoluogo* a small outlying ward of the county town. □ ⟨*Mat*⟩ ~ **algebrica** algebraic fraction; ~ **decimale** decimal fraction; ~ **impropria** improper fraction; ⟨*Lit*⟩ *la ~ dell'ostia* the fraction (*o* breaking) of the Host; ⟨*Mat*⟩ ~ **propria** proper fraction; *in una ~ di secondo* in a split (*o* fraction of a) second; ⟨*Sport*⟩ *–i di* **tappa** legs *pl.*

frazionismo *m.* ⟨*Pol*⟩ fractionalism. **frazionista** *m.* **1** ⟨*Sport*⟩ relay runner. **2** ⟨*Pol*⟩ member of a splinter group. □ ⟨*Pol*⟩ *tendenza* ~ splinter tendency. **frazionistico** *a.* (*pl.* -ci) splinter-.

freatico *a.* (*pl.* -ci) ⟨*Geol*⟩ phreatic: *falda –a* phreatic stratum.

freccia *f.* (*pl.* -ce) **1** arrow, shaft: *scagliare una ~* to shoot an arrow. **2** (*fig*) (*frecciata, allusione maligna*) cutting remark, gibe, sharp words *pl,* taunt. **3** (*segnale*) arrow (*anche Strad.*): *una ~ indica l'entrata* the entrance is indicated by an arrow. **4** ⟨*Aut*⟩ (*freccia di direzione*) traffic (*o* direction) indicator, ⟨*am*⟩ blinker, ⟨*am*⟩ directional signal: *mettere la ~* to switch on the traffic indicator. **5** ⟨*Mod*⟩ (*baghetta*) clock. **6** ⟨*Geom*⟩ camber. **7** ⟨*Edil*⟩ height, rise. **8** ⟨*Tip*⟩ arrow. □ ~ *dell'arco:* 1 ⟨*Edil*⟩ height (*o* rise) of an arch; 2 ⟨*Geom*⟩ camber of a curve; (*fig*) *avere molte frecce al proprio arco* to have many strings to one's bow; ~ **avvelenata** poisoned arrow; *correre come una ~* to run like an arrow; *le frecce di* **Cupido** Cupid's darts; ⟨*fig*⟩ ~ *del* **Parto** Parthian shot (*o* shaft); *veloce come una ~* swift as an arrow, arrow–swift.

frecciata *f.* **1** arrow(shot): *essere colpito da una ~* to be hit by an arrow. **2** ⟨*fig*⟩ (*allusione maligna*) cutting remark, gibe, sharp words *pl,* taunt: *l'oratore lanciò qualche ~ contro l'avversario* the speaker made some cutting remarks about his opponent. **3** (*nella scherma*) running attack, flèche. **frecciatina** *f.* (*allusione maligna*) cutting remark, gibe, taunt.

freddamente *avv.* **1** coldly: *la mia proposta è stata accolta ~* my suggestion was received coldly. **2** (*con sangue freddo*) coolly, calmly, composedly: *agire ~* to act calmly.

freddare *v.t.* (**freddo**) **1** (*lasciar freddare*) to (let) cool, to allow to become cold: *~ il brodo* to cool the soup. **2** ⟨*fig*⟩ (*smorzare*) to cool, to damp: *~ l'entusiasmo di qd.* to damp s.o.'s enthusiasm. **3** ⟨*fig*⟩ (*uccidere*) to shoot dead: *lo freddò con una fucilata* he shot him dead with a rifle. **freddarsi** *v.r.* to become (*o* get) cold, to cool down (*anche fig.*): *mangia la carne prima che si freddi* eat your meat before it gets cold; *il suo entusiasmo si sta freddando* his enthusiasm is ⌐cooling down⌐ (*o* wearing off). **freddezza** *f.* **1** coldness, coolness (*anche fig.*): *la ~ degli spettatori* the coldness of the audience. **2** ⟨*fig*⟩ (*sangue freddo*) coolness, calmness, self-control, sang-froid: *conservare la ~* to keep calm, to keep one's head (*o* sang-froid). □ *accolse la proposta con ~* he received the suggestion coldly; *~ di carattere* coldness (of character).

freddo I *a.* **1** cold: *acqua ~a* cold water; (*fresco*) cool, chilly; (*gelido*) freezing, icy. **2** (*rif. a cibi*) cold: *carne ~a* cold meat. **3** ⟨*fig*⟩ (*indifferente*) cold, cool, chilly: *la proposta lo lasciò ~* the suggestion left him cold; *accoglienza ~a* cool reception. **4** ⟨*fig*⟩ (*calmo*) cool, calm, self-controlled: *restò ~ di fronte al pericolo* he remained calm in the face of danger. II *s.m.* **1** cold: *non uscire con questo ~* don't go out in this cold (weather). **2** (*stagione fredda*) cold (weather): *viene il ~* the cold weather is coming. **3** ⟨*fig*⟩ (*spavento, paura*) shivers *pl*, creeps *pl*, shudders *pl*: *mi viene il ~ a pensarci* it gives me the shivers to think of it. □ **a ~:** 1 cold, *spesso traduzione idiomatica*: ⟨*Met*⟩ *lavorazione a ~* cold working; *solubile a ~* soluble in a cold solution; 2 (*freddamente, deliberatamente*) deliberately, in cold blood: *lo uccise a ~* he killed him in cold blood; *insultare qd. a ~* to insult s.o. deliberately; **avere ~** to be (*o* feel) cold: *ho ~* I am cold; *ho ~ ai piedi* my feet are cold; ⟨*scherz*⟩ *un ~* **birbone** a devilish cold; *fa un ~* **cane** it's bitterly cold; **diventare ~** to become (*o* get) cold: *il caffè diventa ~* the coffee is getting cold; **fa ~** it's cold; *~ come il* **ghiaccio** as cold as ice, ice-cold; **industria** *del ~* refrigeration industry; *~* **intenso** intense cold; *~ come il* **marmo** as cold as marble; **morire** *di ~* to freeze to death; ⟨*fig*⟩ (*avere molto freddo*) to be freezing to death, to be dying of cold; **mostrarsi** *~ con qd.* to act coldly towards s.o.; *ai* **primi** *~i* at the first signs of the cold weather; *~* **rigido** severe cold; *~* **secco** dry cold; **soffrire** *il ~* to feel the cold; *~* **umido** damp cold. *Prov.*: *~ di mano, caldo di cuore* cold hands, warm heart.

freddoloso *a.* sensitive to the cold. □ *essere ~* to feel the cold; *persona ~a* person who feels the cold.

freddura *f.* witticism, quip, pun, play on words. **freddurista** *m./f.* wit, punster, joker, wag.

fregagione *f.* ⟨*pop*⟩ (*frizione*) massage, rub-down, friction.

fregare *v.t.* (**frego, freghi**) **1** to rub: *fregarsi gli occhi* to rub one's eyes; (*per lavare*) to scrub; (*per lucidare*) to polish: *~ il pavimento con uno straccio* to polish the floor with a rag. **2** (*rif. a fiammiferi e sim.*) to strike: *~ il cerino contro la parete* to strike the match against the wall. **3** ⟨*volg*⟩ (*ingannare*) to take in, to diddle; (*precedere*) to beat to it. **4** ⟨*volg*⟩ (*rubare*) to pinch, to lift, to swipe: *mi hanno fregato la macchina fotografica* they've pinched my camera. **fregarsene** *v.r.* ⟨*volg*⟩ (*infischiarsene*) not to give a damn (*di* about): *me ne frego dei suoi ordini* I don't give a damn about his orders; *e chi se ne frega?* who gives a damn? □ *restare* (*o rimanere*) *fregato* to have been swindled (*o* taken in).

fregarola *f.*, **fregarolo** *m.* ⟨*Itt*⟩ minnow.

fregata[1] *f.* **1** (*il fregare*) rubbing, scrubbing. **2** ⟨*volg*⟩ (*fregatura*) swindle, cheat. □ *ti hanno dato una ~* they have given you a bad deal; *una ~ di mani* a rubbing of hands.

fregata[2] *f.* ⟨*Mar.mil*⟩ frigate. □ *capitano di ~* commander.

fregata[3] *f.* ⟨*Ornit*⟩ frigate(bird).

fregatura *f.* ⟨*volg*⟩ **1** (*inganno*) swindle, cheat, ⟨*fam*⟩ sell. **2** (*contrattempo*) (damned) nuisance: *questa pioggia è una grossa ~* this rain is a damned nuisance. **3** (*cosa scadente*) wash-out: *lo spettacolo è stato una ~* the show was a wash-out. □ *prendere una ~* to be cheated (*o* had).

fregiare *v.t.* (**fregio/fregio, fregi/fregi**) **1** (*ornare con fregi*) to frieze; (*decorare*) to decorate, to embellish, to adorn. **2** ⟨*fig*⟩ (*dare una decorazione*) to bestow (up)on, to confer (up)on, to decorate: *~ qd. di una medaglia* to bestow (*o* confer) a medal upon s.o., to decorate s.o. with a medal. **fregiarsi** *v.r.* to confer upon o.s., to style o.s.: *fregiarsi di un titolo* to confer a title upon o.s.; (*essere fregiato*) to be decorated. **fregio** (*o fregio*) *m.* **1** ⟨*Arch*⟩ frieze. **2** (*ornamento*) decoration, embellishment, ornament, adornment. **3** ⟨*Legat*⟩ vignette, ornament. **4** ⟨*Tip*⟩ flourish. **5** ⟨*Mil*⟩ (*sul copricapo*) badge, insignia. □ *~ architettonico* frieze.

fregnaccia *f.* (*pl.* **-ce**) ⟨*region,volg*⟩ (*frottola*) tall story, tale; (*bugia*) fib, lie: *raccontare fregnacce* to tell tall stories.

frego *m.* (*pl.* **-ghi**) **1** stroke, line: *cancellare una parola con un ~* to put a stroke across a word. **2** (*sgorbio*) scrawl, scribble. □ ⟨*volg*⟩ *il film mi è piaciuto un ~* I liked the film very much; *tirare un ~ su qc.* to cross s.th. out.

fregola *f.* **1** ⟨*Zool*⟩ heat; (*rif. a pesci*) spawning; (*rif a cervi, ovini*) rutting. **2** ⟨*fig,volg*⟩ (*smania, frenesia*) itch, yen, craze: *gli è venuta la ~ di viaggiare* he got the itch to travel. □ *andare in ~* to go in heat; *essere in ~* to be in heat.

freisa *m./f.* ⟨*Enol*⟩ vine from which a Piedmontese red wine is made.

fremebondo *a.* ⟨*lett*⟩ quivering, shivering, trembling. **fremente** *a.* **1** agitated, excited. **2** (*tremante*) trembling, quivering, shaking: *mani ~i* trembling hands. □ *~ di desiderio* throbbing with desire; *~ di sdegno* quivering with indignation. **fremere** *v.i.* (*aus.* **avere**) **1** to be in a state of extreme agitation: *ascoltò fremendo l'ingiusta accusa* he listened to the unjust accusation in a state of extreme agitation. **2** (*tremare*) to tremble, to quiver; (*palpitare*) to throb. □ *~ d'amore* to throb with love; *~ d'ira* to quiver with anger; *~ di passione* to tremble with passion; *~ di sdegno* to quiver with indignation. **fremito** *m.* **1** quiver, shiver: *rispose con un ~ nella voce* he answered with a quiver in his voice; (*brivido*) shudder: *~ d'orrore corse tra la folla* a shudder of horror ran through the crowd. **2** (*rif. al mare*) roar; (*rif. ad alberi*) rustling. **3** ⟨*Med*⟩ fremitus. □ *~ di piacere* throb of pleasure; *~ di sdegno* quiver of indignation.

frenabile *a.* (*controllabile*) controllable, restrainable. **frenaggio** *m.* **1** ⟨*Mecc*⟩ locking. **2** ⟨*Aut,Sport*⟩ braking.

frenare *v.t.* (**freno/freno**) **1** to brake: *~ la vettura* to brake the car, to apply the car's brakes. **2** (*rif. a cavalcatura*) to rein in. **3** ⟨*fig*⟩ (*rif. a sentimenti*) to restrain, to curb, to control, to repress; (*rif. a persone*) to restrain, to control, to hold back. **frenarsi** *v.r.* to restrain o.s., to stop (o.s.), to control o.s., to hold o.s. back: *non riuscì a frenarsi e scoppiò a ridere* he could not control himself and burst out laughing. □ *~ gli* **abusi** to curb abuses; *~* **l'avanzata** nemica to check the enemy's advance; *~ la* **corsa** to slow down; *~ la* **curiosità** to restrain one's curiosity; *~ il* **desiderio** to control one's desire; *~ l'*impazienza to curb one's impatience; *~ l'ira* to hold back one's anger; *~ le* **lacrime** to hold back one's tears; *~ la* **lingua** to hold one's tongue; *~ il* **riso** to contain (*o* hold back) one's laughter.

frenastenia *f.* ⟨*Med*⟩ phrenasthenia, feeble-mindedness. **frenastenico** *a./s.* (*pl.* **-ci**) I *a.* feeble-minded. II *s.m.* (*f.* **-a**) oligophrenic.

frenata *f.* **1** braking. **2** (*segno*) tyre marks. □ *distanza di ~* braking distance; *fare una ~* to brake; ⟨*Sport*⟩ *~ a spazzaneve* snow plough. **frenatore** *m.* ⟨*Ferr,Sport*⟩ brakesman; (*am*) brakeman. **frenatura** *f.* **1** (*il frenare*) braking. **2** ⟨*Mecc*⟩ locking. □ *spazio di ~* braking distance; *tempo di ~* braking time.

frenesia *f.* frenzy (*anche estens.*): *~ del gioco* frenzy of gambling. **freneticamente** *avv.* frantically, frenziedly, in a frenzy, deliriously: *la folla applaudiva* ~ the crowd applauded frenziedly. **frenètico** *a./s.* (*pl.* **-ci**) **I** *a.* frenzied (*anche estens.*): *una danza –a* a frenzied dance. **II** *s.m.* (*f.* **-a**) madman, raving lunatic. □ *pazzo* ~ raving mad; *ritmo di vita* ~ frantic pace of living.

frènico *a.* (*pl.* **-ci**) 〈*Anat*〉 phrenic: *nervo* ~ phrenic nerve.

frèno (*o frèno*) *m.* **1** brake: *i –i dell'auto* the car brakes. **2** (*morso del cavallo*) bit. **3** 〈*fig*〉 check, restraint, curb, control: *piangeva senza* ~ she cried without restraint. □ 〈*Aer*〉 ~ **aerodinamico** air brake; **allentare** *i –i*: 1 to release the brakes; 2 〈*fig*〉 (*concedere maggiore libertà*) to slacken the reins; ~ **ad aria compressa** (compressed) air brake; 〈*Aut*〉 **azionare** *i –i* to apply (*o* put on) the brakes; **bloccare** *i –i* to jam on the brakes; *dare un* **colpo** *di* ~ to brake; ~ **a disco** disk brake; ~ **d'emergenza** emergency brake; ~ **idraulico** hydraulic brake; ~ **a mano** hand (*o* parking) brake; 〈*fig*〉 **mettere** *un* ~ *a qc.* to put a stop to s.th., to check (*o* curb) s.th.: *mettere un* ~ *alle spese* to curb expenditure; 〈*fig*〉 **mordere** *il* ~ to champ at the bit; ~ **a pedale** foot brake; **registrazione** *del* ~ brake adjustment; 〈*fig*〉 **senza** ~ without restraint, with no holds barred; **stringere** *i –i* to tighten the brakes; 〈*fig*〉 to tighten up, to clamp down; 〈*fig*〉 **tenere** *a* (*o in*) ~ to keep in check, to restrain: *tenere a* ~ *la scolaresca* to keep the class in check; *tenere a* ~ *la lingua* to hold one's tongue; **tirare** *il* ~ to apply (*o* put on) the brake.

frenologia *f.* phrenology. **frenològico** *a.* (*pl.* **-ci**) phrenologic. **frenòlogo** *m.* (*pl.* **-gi**; *f.* **-a**) phrenologist.

frèno-motóre *m.* compression retarder.

frenopatìa *f.* 〈*Med*〉 phrenopathy. **frenotomìa** *f.* 〈*Chir*〉 frenotomy.

frènulo *m.* 〈*Anat*〉 fr(a)enulum. □ ~ ⌐*della lingua*⌐ (*o linguale*) frenulum linguae.

frequentàbile *a.* frequentable. **frequentàre** *v.t.* (**frequènto**) **1** (*rif. a persone*) to associate (*o* go round) with: ~ *gli amici* to go round with one's friends; (*rif. a luoghi*) to frequent, to patronize, to go to often: ~ *l'Opera* to go to the opera often. **2** 〈*Scol,Univ*〉 to attend, to go to. □ ~ *cattive compagnie* to keep bad company. **frequentatìvo I** *a.* 〈*Gramm*〉 frequentative: *verbo* ~ frequentative verb. **II** *s.m.* frequentative. **frequentàto** *a.* frequented, patronized, visited, popular: *un ristorante molto* ~ a well–patronized (*o* very popular) restaurant; *strade –e* frequented roads. **frequentatóre** *m.* (*f.* **-trice**) frequenter, -goer: *un assiduo* ~ *di concerti* an assiduous concert-goer. **frequènte** *a.* frequent: *piogge –i* frequent rainfalls. □ *di* ~ → **frequentemènte**; 〈*Med*〉 *polso* ~ quick (*o* rapid) pulse. **frequentemènte** *avv.* frequently, often.

frequènza *f.* **1** frequency: *la* ~ *degli incidenti stradali* the frequency of road accidents. **2** (*visite frequenti*) frequent visits (*o* calls) *pl*: *gli amici notarono la sua* ~ *in casa Rossi* his friends noted his frequent visits to the Rossi's. **3** (*numero di persone o cose*) number: *gran* ~ *di spettatori* a great number of spectators. **4** 〈*Scol,Univ*〉 attendance. **5** 〈*Fis,Statist*〉 frequency. □ 〈*El*〉 **alta** ~ high frequency; **bassa** ~ low frequency; ~ **cardìaca** heart rate; 〈*Scol*〉 **certificato** *di* ~ attendance certificate; **con** ~ frequently, often: *vado al cinema con una certa* ~ I go to the cinema quite frequently; **intervallo** *di –e* frequency interval; 〈*Scol*〉 ~ **obbligatòria** compulsory attendance; 〈*Fis*〉 ~ **d'onde** wave frequency; 〈*Med*〉 ~ **del polso** pulse rate; 〈*Rad*〉 ~ *di* **sintonìa** tuning frequency; **trasformatóre** *di* ~ frequency changer (*o* converter); 〈*TV*〉 ~ **vìdeo** video frequency.

frequenzìmetro *m.* 〈*El*〉 frequency (*o* wave) meter.

frèsa *f.* **1** 〈*Mecc*〉 (*utensile*) (milling) cutter, mill(er); (*fresatrice*) milling machine, miller. **2** 〈*Dent*〉 burr. □ ~ **cilìndrica** cylindrical cutter; ~ **cònica** coned milling cutter. **fresàre** *v.t.* (**frèso**) 〈*Mecc*〉 to mill. **fresatóre** *m.* (*operaio*) milling machine operator, miller, millwright. **fresatrìce** *f.* (*macchina*) milling machine, miller. □ ~ **automàtica** automatic milling machine, self-acting miller; ~ **per filetti** thread miller (*o* milling machine); ~ **per ingranaggi** gear cutting machine. **fresatùra** *f.* milling.

freschèzza *f.* **1** freshness: *la* ~ *dell'acqua di fonte* the freshness of spring water; *la* ~ *del pane* the freshness of the bread; (*rif. al tempo*) coolness. **2** 〈*fig*〉 (*l'essere giovane*) freshness, bloom: *la* ~ *della gioventù* the bloom of youth. □ ~ *di* **stile** freshness (*o* purity) of style.

freschìsta *m.* (*pittore di affreschi*) fresco painter.

frésco *a./s.* (*pl.* **-chi**) **I** *a.* **1** cool: *venticello* ~ cool breeze. **2** (*preparato o fatto da poco*) fresh: *pane* ~ fresh bread. **3** (*ancora umido*) wet: *vernice –a* wet paint. **4** 〈*fig*〉 (*giovane*) fresh, youthful: *carnagione –a* fresh complexion. **5** 〈*fig*〉 (*vivace, naturale*) fresh, bright: *immagini fresche* fresh images. **6** 〈*fig*〉 (*recente*) fresh, recent: *notizia –a* recent news. **7** 〈*fig*〉 (*riposato*) fresh, refreshed: *truppe fresche* fresh troops. **II** *s.m.* **1** cool(ness), freshness: *il* ~ *della sera* the cool of the evening. **2** 〈*Tess*〉 light wool fabric. □ **dipingere a** ~ to (paint in) fresco; **al** ~ in the cool: *sedere al* ~ to sit out in the cool; *mettere al* ~ to put in a cool place; 〈*fig, scherz*〉 (*mettere in prigione*) to put away (*o* in the cooler); *tenere al* ~ to keep in a cool place; **fa** ~ it's cool; ~ *come una* **rosa** (as) fresh as a daisy; *giornale* ~ *di* **stampa** newspaper hot off the press; 〈*fig*〉 **stare** ~: 1 (*andare incontro a qualcosa di spiacevole*) to be in for it (*o* a surprise): *se lo fai, stai* ~ if you do it, you'll ⌐be in for it⌐ (*o* catch it); 2 (*sbagliarsi*) to be mistaken (*o* kidding o.s.): *stai* ~ *se aspetti il mio aiuto* you're kidding yourself if you expect me to help you; 〈*fig*〉 **essere** ~ *di* **studi** to be fresh from one's studies.

frescóne *m.* (*f.* **-a**) 〈*volg*〉 imbecile, blockhead.

frescùra *f.* cool(ness): *la* ~ *della sera* the cool of the evening.

frèsia *f.* 〈*Bot*〉 freesia.

frètta *f.* hurry, haste. □ *avere* ~ to be in a hurry; *ho* ~ *di arrivare* I can't (*o* can hardly) wait to get there; *che* ~ *hai di partire?* what's the hurry to leave?; *non c'è* ~ there's no hurry (*o* rush); *fare* ~ *a qd.* to hurry s.o. up; *in* ~ in a hurry, hurriedly, hastily; *un lavoro fatto troppo in* ~ a rushed job; *in* ~ *e furia* in a rush, in a great hurry, in great haste; *per la* ~ *ho dimenticato di chiudere le finestre* in my haste, I forgot to close the windows.

frettàre *v.t.* (**frètto**) 〈*Mar*〉 to scrub. **frettàzzo** *m.* scrubbing brush, scrubber.

frettolosamènte *avv.* hastily, hurriedly. **frettolóso** *a.* hurried, hasty, rushed: *lavoro* ~ rushed job; *preparativi –i* hasty preparations; (*superficiale*) superficial: *lettore* ~ superficial reader.

freudiàno [froi-] *a.* 〈*Psic*〉 Freudian. **freudìsmo** *m.* Freud(ian)ism.

Fr.f. = *franco francese* French franc (*abbr.* Fr).

friàbile *a.* friable, crumbly: *roccia* ~ friable rock. **friabilità** *f.* friability, friableness.

Fribùrgo *N.pr.f.* 〈*Geog*〉 **1** (*in Svizzera*) Fribourg. **2** (*in Germania*) Freiburg.

fricassèa *f.* 〈*Gastr*〉 fricassée: ~ *di pollo* chicken fricassée; *vitello alla* ~ veal fricassée.

fricatìvo *a.* 〈*Fon*〉 fricative.

frìggere *v.* (**frìggo, frìggi, frìssi, frìtto**) **I** *v.t.* to fry: ~ *il pesce* to fry the fish. **II** *v.i.* (*aus.* **avere**) **1** to sizzle, to frizzle. **2** (*stridere: rif. a metallo rovente*) to hiss. **3** 〈*fig*〉 to seethe, to fume: *ascoltò le sue parole friggendo per la rabbia* seething with rage he listened to his words. □ *andare a farsi* ~: 1 (*andare al diavolo*) to go to hell (*o* blazes); 2 (*andare in rovina*) to go ⌐down the drain⌐ (*o* up in smoke); *mandare qd. a farsi* ~ to tell s.o. to go to hell; ~ *con olio* to fry with (*o* in) oil; ~ *in padella* to fry in a pan, 〈*am*〉 to griddle. **friggitóre** *m.* (*f.* **-tora**) **1** (*chi frigge*) fryer, frier. **2** (*venditore*) vendor of fried food. **friggitrìce** *f.* fryer. **friggitorìa** *f.* fried–food shop.

Frìgia *N.pr.f.* 〈*Geog.stor*〉 Phrygia.

frigidàrio *m.* 〈*Archeol*〉 frigidarium.

frigidità *f.* **1** 〈*lett*〉 coldness: *la* ~ *del clima* the coldness of the climate. **2** 〈*fig*〉 coldness, frigidity, frigidness: ~ *di temperamento* coldness of temperament. **3** 〈*Med*〉 frigidity: ~ *fisiològica* physiological frigidity. **frìgido** *a.* **1** 〈*lett*〉 (*freddo*) cold, frigid (*anche fig.*): *mani –e* cold hands. **2** 〈*Med*〉 frigid.

frìgio I *a.* Phrygian. **II** *s.m.* (*f.* **-a**) Phrygian. □ 〈*Stor*〉 **berretto** ~ Phrygian cap.

frignàre *v.i.* (*aus.* **avere**) to whimper, to whine. **frignóne**

m. (f. -a) ⟨region⟩ whimperer, whiner.

frigo *m.inv. ⟨fam⟩* fridge, frig.

frigoconservazione *f.* preservation by chilling. **frigorifero I** *a.* refrigerant, refrigerating, freezing. **II** *s.m.* refrigerator. □ *armadio ~* refrigerator; *impianto ~* refrigeration plant; *magazzino ~* cold store (*o* room); *~ per surgelamento* deep–freeze. **frigorista** *m. (operaio)* refrigerator technician.

Frine *N.pr.f. ⟨Stor⟩* Phryne.

fringuello *m. ⟨Ornit⟩* chaffinch.

frinire *v.i.* (**frinisco, frinisci**; *aus.* **avere**) to chirp, to chirr.

frisata *f. ⟨Mar⟩* gunwale, gunnel.

Frisia *N.pr.f. ⟨Geog⟩* Friesland. **frisone I** *a.* Frisian. **II** *s.m.* 1 (*abitante; f. -a*) Frisian. 2 (*cavallo*) Friesland horse.

frissi → **friggere**.

frittata *f. ⟨Gastr⟩* omelet(te). □ *fare una ~*: 1 to break eggs; 2 ⟨*fig,scherz*⟩ (*combinare un pasticcio*) to make a mess (*o* hash); ⟨*fig*⟩ *rivoltare la ~* to turn the tables. **frittella** *f.* 1 ⟨*Dolc*⟩ pancake, ⟨*am*⟩ griddlecake, ⟨*am*⟩ flapjack. 2 ⟨*fam*⟩ (*macchia d'unto*) grease (*o* greasy) spot. **fritto** (*p.p. di friggere*) **I** *a.* fried: *patate –e* fried potatoes; *pesce ~* fried fish. **II** *s.m.* 1 (*piatto di cibi fritti*) fry. 2 (*vivande fritte*) fried food: *il ~ fa male al fegato* fried food is bad for the liver. □ ⟨*fig*⟩ *cose –e e rifritte* (*risapute*) old hat; ⟨*fam*⟩ *essere bell'e ~* to be done for, to have had it, to be in for it; *~ misto* mixed fry. **frittura** *f.* fry, fried food: *una ~ di pesce* a fish fry.

frivoleggiare *v.i.* (**frivoleggio, frivoleggi**; *aus.* **avere**) 1 (*dire cose frivole*) to talk (*o* chatter) frivolously. 2 (*comportarsi frivolamente*) to behave (*o* act) frivolously. **frivolezza** *f.* 1 frivolity, frivolousness. 2 ⟨*concr*⟩ trifle: *non perderti in –e* don't lose yourself in trifles. **frivolo** *a.* frivolous: *donna –a* a frivolous woman.

frizionare *v.t.* (**friziono**) 1 to rub, to massage: *~ la pelle* to massage the skin; *~ con alcol* to rub with alcohol. 2 ⟨*Aut*⟩ to declutch. **frizione** *f.* 1 friction, rub–down, massage: *una ~ di* (*o* con) *alcol* a rub–down with alcohol. 2 ⟨*Fis*⟩ friction. 3 ⟨*Aut*⟩ clutch; (*pedale*) clutch pedal. 4 ⟨*fig*⟩ (*contrasto*) friction, conflict. □ *~ a dischi multipli* multiple–disk clutch; *disinnestare la ~* to throw out the clutch, to declutch; *innestare la ~* to engage the clutch; *registrare la ~* to adjust (*o* reset) the clutch.

frizzante **I** *a.* 1 (*rif. a bevanda*) sparkling, fizzy: *vino ~* sparkling wine. 2 (*pungente*) biting, piercing: *vento ~* biting wind. 3 ⟨*fig*⟩ (*mordace*) biting, caustic, pungent: *motto ~* pungent quip. 4 ⟨*fig*⟩ (*vivace*) sparkling, vivacious, lively: *conversazione ~* lively conversation. **II** *s.m.* sparkle. **frizzare** *v.i.* (*aus.* **avere**) 1 (*pungere*) to tingle, to smart, to sting: *l'alcol frizzava sulla ferita* the alcohol made the wound smart. 2 (*rif. a bevande*) to effervesce, to sparkle, to fizz. 3 (*stridere: rif. a metallo rovente*) to hiss, to sizzle. **frizzo** *m.* caustic remark, gibe: *lanciare –i contro qd.* to make caustic remarks about s.o., to jeer at s.o.; (*motto arguto*) quip, witticism.

frocio I *a. ⟨region,volg⟩* homosexual. **II** *s.m.* homosexual, ⟨*volg*⟩ faggot.

frodare *v.t.* (**frodo**) 1 (*sottrarre con la frode*) to defraud, to swindle: *~ una somma a qd.* (*o* qd. di una somma) to swindle s.o. out of a sum (of money), to defraud s.o. of a sum (of money). 2 (*ingannare*) to defraud: *~ lo stato* to defraud the government. **frode** *f.* fraud, cheat, swindle. □ *~ alimentare* food fraud; *~ in commercio* commercial fraud; *~ fiscale* (*o* tributaria) tax evasion. **frodo** *m.* (only used in the singular) smuggling. □ *caccia* (*o* pesca) *di ~* poaching; *cacciare* (*o* pescare) *di ~* to poach; *cacciatore* (*o* pescatore) *di ~* poacher; *merce* (*introdotta*) *di ~* smuggled (*o* contraband) goods.

frogia *f.* (*pl.* **-gie/-ge**) nostril.

frollare *v.* (**frollo**) **I** *v.t.* to ripen, to let become high: *~ la selvaggina* to ripen the game. **II** *v.i.* (*aus.* **essere**), **frollarsi** *v.r.* to ripen, to become high. **frollatura** *f.* 1 ripening, making high. 2 (*stagionatura*) ripeness. **frollo** *a.* 1 ripe, high: *carne –a* ripe meat, meat that is high. 2 ⟨*fig*⟩ (*senza vigore*) lethargic, sluggish: *gioventù –a* lethargic youth. □ ⟨*Gastr*⟩ *pasta –a* short paste.

frombola *f. ⟨ant⟩* (*fionda*) sling. **fromboliere** *m. ⟨Stor⟩* slinger, slingsman.

fronda[1] *f.* 1 (*frasca*) (leafy) branch. 2 *pl.* (*foglie*) leafy fronds *pl*: *le –e degli ulivi* the leafy fronds of the olive trees. 3 ⟨*Bot*⟩ frond.

fronda[2] *f.* 1 ⟨*Stor*⟩ Fronde. 2 ⟨*fig*⟩ (*opposizione*) opposition; (*ribellione*) rebellion, revolt: *vento di ~* current of rebellion.

frondista I *s.m./f.* 1 ⟨*Stor*⟩ frondeur. 2 ⟨*fig*⟩ political opponent, rebel. **II** *a.* rebellious, seditious: *atteggiamento ~* rebellious attitude.

frondoso *a.* leafy: *albero ~* leafy tree.

frontale I *a.* 1 (*della fronte*) frontal: *osso ~* frontal bone. 2 ⟨*Mil,Art*⟩ frontal: *attacco ~* frontal attack. **II** *s.m.* 1 ⟨*Stor*⟩ (*ornamento della fronte*) frontlet, frontal. 2 (*nella bardatura*) front. 3 (*mensola del caminetto*) mantelpiece. □ ⟨*Anat*⟩ *bozze –i* frontal eminence, tuber frontale; *statua in posizione ~* statue in a frontal position.

frontaliere *m.* border worker.

frontalino *m.* (*alzata di scalino*) riser.

frontalmente *avv.* frontally.

fronte I *s.f.* 1 forehead, brow: *ha una ~ spaziosa* he has a wide (*o* broad) forehead. 2 (*faccia, volto*) face, head. 3 (*facciata*) front(age), façade: *la ~ dell'edificio* the front of the building. **II** *s.m.* 1 ⟨*Mil,Meteor*⟩ front: *partire per il ~* to leave for the front. 2 ⟨*Pol*⟩ front, coalition. □ *a ~* parallel: *testo a ~* parallel text; *traduzione a ~* parallel translation; *stare a ~ a* to stand up to, to bear comparison with, to compare with (*o* to), to equal: *nessuno gli può stare a ~* no one can compare with him; (*a*) *~ a ~* face to face: *i due avversari stavano ~ a ~* the two opponents were face to face; ⟨*fig*⟩ *a ~ alta* with one's head held high, proudly; ⟨*Mil*⟩ *aprire un nuovo ~* to open a new front; *~ artico* polar front; *~ bassa* low forehead; ⟨*fig*⟩ *a ~ bassa* shamefully; ⟨*Meteor*⟩ *~ caldo* (*o* d'aria calda*) warm front; *far ~ comune contro qd.* to make a common front against s.o.; ⟨*Mil*⟩ *~ a destr!* right turn (*o* front)!; *di ~*: 1 (*dirimpetto*) opposite: *il palazzo di ~* the building opposite; 2 (*da davanti*) from the front: *fotografare di ~* to photograph from the front; *di ~ a*: 1 in front of, before, facing: *l'auto si fermò di ~ alla chiesa* the car stopped in front of the church; 2 (*a paragone*) compared to (*o* with): *questo è niente di ~ a quello che accadde poi* this is nothing compared to what happened after; 3 (*in considerazione*) in the light of: *di ~ a tali circostanze* in the light of such circumstances; 4 (*in presenza, davanti*) before, in the face of: *fuggire di ~ al nemico* to flee in the face of the enemy; **fare ~ a**: 1 (*fronteggiare*) to face, to stand up to, to confront: *fare ~ al nemico* to face the enemy; 2 ⟨*fig*⟩ to cope with: *fare ~ a una difficoltà* to cope with a difficult situation; 3 (*adempiere*) to meet: *fare ~ a un impegno* to meet a commitment; ⟨*Meteor*⟩ *~ freddo* cold front; ⟨*Geol*⟩ *~ del ghiacciaio* glacier snout; *ti si legge in ~ la bugia* the lie is written all over your face; ⟨*Pol*⟩ *~ di liberazione nazionale* national liberation front; ⟨*Mar.mil*⟩ **linea di ~** line abreast, ⟨*am*⟩ line; ⟨*Pol*⟩ *~ popolare* popular front; *~ del rifiuto* rejection front; *su tutti i –i*: 1 ⟨*Mil*⟩ on all fronts; 2 ⟨*fig*⟩ (*in ogni campo*) in every field.

fronteggiare *v.t.* (**fronteggio, fronteggi**) 1 to face, to confront, to stand up to (*anche fig.*): *~ il nemico* to face the enemy; *l'oratore fronteggiò l'avversario* the orator stood up to his opponent. 2 ⟨*fig*⟩ (*provvedere*) to meet, to cope with: *~ le difficoltà* to cope with the difficulties; *~ il pericolo* to meet the danger. 3 (*stare di fronte*) to face, to be opposite, to front: *il palazzo fronteggia la chiesa* the palace faces the church. **fronteggiarsi** *v.r.* to face (e.o.): *i due nemici si fronteggiavano* the two enemies faced each other.

frontespizio *m.* 1 ⟨*Edit*⟩ title page. 2 (*frontone*) frontispiece.

frontiera *f.* 1 frontier, boundary, border. 2 ⟨*fig*⟩ (*confine*) boundary (line), line: *la ~ tra il bene e il male* the boundary line between good and evil. □ *di ~* border–: *paese di ~* border town; *linea di ~* border line; *passare la ~* to cross the frontier.

frontino *m. ⟨teat⟩* toupee.

frontismo *m.* ⟨*Pol*⟩ tendency towards forming a front. **frontista** I *s.m./f.* 1 ⟨*Pol*⟩ member of a political front. 2 ⟨*Dir*⟩ frontager; (*rif. a fiume*) riparian. II *a.* ⟨*Pol*⟩ of a political front.

frontone *m.* ⟨*Arch*⟩ pediment, fronton: *il* ~ *del palazzo* the pediment of the palace.

fronzolo *m.* (usually pl.) frill, frippery, gewgaw (*anche fig.*): *un abito pieno di –i* a dress covered with frills. □ *un discorso senza –i* a straightforward speech.

fronzuto *a.* ⟨*lett*⟩ leafy: *ramo* ~ leafy branch.

frosone *m.* ⟨*Ornit*⟩ hawfinch.

frotta *f.* crowd, group, throng, swarm, ⟨*fam*⟩ bunch: *una* ~ *di ragazzi* a group of boys. □ *a –e* (*a gruppi*) in groups, in swarms: *i ragazzi uscivano a –e dalla scuola* the children came out of the school in swarms.

frottola *f.* 1 (*fandonia*) tall story, humbug: *raccontare –e* to tell tall stories. 2 ⟨*Lett*⟩ old popular nonsense rhyme. 3 ⟨*Mus*⟩ frottola.

frou frou *fr.* [fru'fru] *m.* → fru–fru.

Fr.s. = *franco svizzero* Swiss franc (*abbr.* SwF).

fru-fru I *s.m.inv.* 1 (*fruscio*) rustle, rustling. 2 ⟨*Vest*⟩ frou–frou, ruffles *pl.* II *a.inv.* ruffled, frilly.

frugale *a.* 1 (*rif. a persona*) frugal, thrifty: *un uomo* ~ a frugal man. 2 (*rif. a cibo*) frugal, meagre, scanty: *pasto* ~ frugal meal. **frugalità** *f.* 1 (*rif. a persona*) frugality, thriftiness. 2 (*rif. a cibo*) frugality, meagreness, scantiness. **frugalmente** *avv.* frugally.

frugare *v.* (**frugo, frughi**) I *v.i.* (*aus.* **avere**) to search, to rummage: ~ *tra le carte* to search through the papers; ~ *nel cassetto* to search the drawer; ~ *tra le immondizie* to rummage among the garbage. II *v.t.* to search, to go through, to ransack: *frugarsi le tasche* to search one's pockets; *la polizia frugò la casa da capo a fondo* the police searched the house from top to bottom. □ ~ *in tutti gli angoli* to search ˹high and low˺ (*o* in every nook and cranny). **frugata** *f.* search.

frugolare *v.i.* (**frugolo;** *aus.* **avere**) 1 (*frugare*) to rummage, to search. 2 (*rif. a maiale*) to grub, to root. **frugoletto, frugolino, frugolo** *m.* (*f.* **-a**) lively child.

fruibile *a.* enjoyable, usable. **fruire** *v.i.* (**fruisco, fruisci;** *aus.* **avere**) to enjoy (*di qc.* s.th.), to benefit (from): ~ *di una pensione* to benefit from a pension; ~ *di una rendita* to enjoy an income. **fruitore** *m.* (*f.* **–trice**) 1 beneficiary. 2 (*utilizzatore*) user. **fruizione** *f.* ⟨*lett*⟩ fruition.

frullare I *v.i.* (*aus.* **avere**) 1 (*rif. a uccelli*) to whirr, to flutter. 2 (*estens*) (*girare rapidamente*) to spin, to whirl: *far* ~ *la trottola* to spin the top, to make the top spin. 3 ⟨*fig*⟩ (*agitarsi: rif. a idee e sim.*) to whirl. II *v.t.* to whip, to whisk, to beat (up): ~ *le uova* to beat the eggs. □ *non si capisce che cosa gli frulli per il capo* who knows what's going on in his mind. **frullato** I *a.* whipped, whisked, beaten up: *uovo* ~ whisked egg. II *s.m.* milk shake, frappé. □ ~ *di frutta* fruit mix. **frullatore** *m.* (*apparecchio*) mixer, ⟨*am*⟩ blender. **frullino** *m.* 1 (*utensile*) whisk, egg beater. 2 ⟨*Ornit*⟩ jacksnipe. **frullio** *m.* whirr(ing), flutter(ing). **frullo** *m.* 1 (*rumore*) whirr, flutter: *un* ~ *d'ali* a whirr of wings. 2 ⟨*Aer*⟩ (*mulinello*) (aileron) roll. □ ⟨*Venat*⟩ *sparare a* ~ to shoot on the hop. **frullone** *m.* (*buratto*) sifter, bolter.

frumentaceo *a.* frumentaceous. **frumentario** *a.* wheat–, cereal–, grain–: *commercio* ~ wheat trade. **frumento** *m.* wheat. □ ~ *nano* club wheat. **frumentone** *m.* (*granturco*) maize, Indian corn.

frusciare *v.i.* (**fruscio, frusci;** *aus.* **avere**) to rustle: *il vento fa* ~ *le foglie* the wind makes the leaves rustle. **fruscio** *m.* 1 rustle, rustling. 2 ⟨*Rad*⟩ ground noise.

frusta *f.* 1 whip, lash: *sferzare i cavalli con la* ~ to lash the horses with the whip. 2 (*utensile da cucina*) whisk: *montare la panna con la* ~ to whip the cream with the whisk. □ *condannare a dieci colpi di* ~ to sentence to ten lashes (*o* strokes of the lash); *fare schioccare la* ~ to crack the whip. **frustare** *v.t.* 1 to whip, to lash, to flog (*anche fig.*): ~ *il cavallo* to whip the horse; *frustarono i prigionieri* they flogged the prisoners. 2 ⟨*fig,region*⟩ (*logorare*) to wear out: ~ *un abito* to wear out a dress. □ ~ *qd. a sangue* to whip s.o. until he bleeds. **frustata** *f.* 1 lash: *gli diedero venti –e* they gave him ˈtwenty lashes. 2 ˋ

⟨*fig*⟩ (*critica severa*) lash(ing); (*incitamento energico*) spur, goad. □ *a suon di –e* to the tune of a whipping. **frustino** *m.* ⟨*Equit*⟩ riding whip, hunting crop. **frusto** *a.* 1 worn out, shabby, threadbare: *un abito* ~ a shabby dress. 2 ⟨*fig*⟩ old, stale: *una storiella –a* a stale joke.

frustrare *v.t.* to frustrate, to thwart: ~ *le speranze di qd.* to frustrate (*o* dash) s.o.'s hopes; *il tentativo di fuga fu frustrato* the attempt to escape was thwarted. **frustrazione** *f.* frustration (*anche Psic.*).

frutice *m.* shrub.

frutta *f.* (*pl.* **le frutta**) 1 fruit. 2 (*portata*) fruit, dessert. □ ~ **candita** candied fruit; **conserva** *di* ~ jam; ~ **cotta** compote, stewed (*o* cooked) fruit; **essere** *alla* ~ (*alla fine del pranzo*) to be at the end of the meal; ~ **fresca** fresh fruit; ~ *in* **guscio** shell fruit; ~ **sciroppata** fruit in syrup; ~ **secca** (*fichi, datteri, ecc.*) dried fruit; (*noci, nocciole, avellane, ecc.*) nuts *pl.*

fruttaiolo *m.* (*f.* **-a**) ⟨*region*⟩ → fruttivendolo.

fruttare I *v.i.* (*aus.* **avere**) 1 (*fruttificare*) to fruit, to bear, to yield. 2 (*estens*) (*rendere*) to yield, to give, to bring in: *il podere gli frutta poco* the farm doesn't bring him in very much. 3 ⟨*Econ*⟩ to yield, to earn. II *v.t.* 1 to yield, to give, to bring in: *l'affare gli fruttò qualche milione* the deal brought him in a few millions, he made a few millions on the deal. 2 ⟨*fig*⟩ (*procurare*) to earn, to get, to bring: *il suo servilismo gli ha fruttato una promozione* he got a promotion by bootlicking. □ *fare* ~ *un capitale* to invest capital.

frutteto *m.* orchard. **frutticoltore** *m.* fruit farmer, fruit grower. **frutticoltura** *f.* fruit farming, fruit growing. **fruttiera** *f.* fruit dish (*o* bowl). **fruttifero** *a.* 1 fruit–(bearing), fructiferous: *albero* ~ fruit(–bearing) tree. 2 ⟨*Econ*⟩ interest–bearing: *capitale* ~ interest–bearing capital. 3 (*redditizio*) profitable. ⟨*Econ*⟩ *buoni –i* interest–bearing securities. **fruttificare** *v.i.* (**fruttifico, fruttifichi;** *aus.* **avere**) 1 ⟨*Bot*⟩ to fructify, to bear (*o* produce) fruit. 2 ⟨*fig*⟩ to bear fruit, to pay (off). **fruttificazione** *f.* ⟨*Bot*⟩ fructification. **fruttivendolo** *m.* (*f.* **-a**) greengrocer, fruiterer. □ *negozio di* ~ greengrocer's, fruiterer's, ⟨*am*⟩ fruit and vegetable store. **fruttivoro** *a.* frugivorous: *animale* ~ frugivorous animal.

frutto *m.* 1 fruit: *il contadino viveva dei –i del suo campicello* the farmer lived on the fruits of his plot of ground. 2 (*figlio, prole*) fruit, issue: *i –i del loro matrimonio* the issue of their marriage. 3 ⟨*fig*⟩ fruit: *il* ~ *delle sue ricerche* the fruits of his research. 4 ⟨*fig*⟩ (*successo*) success, profit: *lavorò a lungo, ma senza molto* ~ he worked a great deal but without much success. 5 ⟨*fig*⟩ (*guadagno*) fruits *pl,* earnings *pl: il* ~ *di un mese di lavoro* the fruits of a month's work. 6 ⟨*Econ*⟩ interest, yield: *le azioni mi danno un* ~ *del dieci per cento* the shares give me a ten per cent yield, the shares yield me ten per cent. □ ⟨*fig*⟩ **cogliere** *il* ~ *quando è maturo* to strike while the iron is hot; *albero* **da** ~ fruit tree; ⟨*fig*⟩ **dare** *buoni –i* to be fruitful; ⟨*Gastr*⟩ *–i di* **mare** shellfish, ⟨*am*⟩ seafood; ⟨*Econ*⟩ **mettere** *a* ~ *un capitale* to put a capital to interest; ⟨*Bibl,fig*⟩ ~ **proibito** forbidden fruit; **senza** ~ (*inutilmente*) fruitlessly, uselessly; ~ *di* **stagione** seasonal fruit, fruit in season; *i –i della* **terra** the fruits (*o* produce) of the earth; **trarre** ~ *da un'esperienza* to profit by (*o* from) an experience; ⟨*Rel*⟩ **benedetto** *il* ~ *del* **ventre** *tuo* blessed be the fruit of thy womb. *Prov.: dal* ~ *si conosce l'albero* the tree is known by its fruit.

fruttosio *m.* ⟨*Chim*⟩ fructose. **fruttosuria** *f.* ⟨*Med*⟩ fructosuria.

fruttuoso *a.* 1 fruitful, fertile: *terreno* ~ fruitful ground. 2 ⟨*fig*⟩ fruitful, useful, profitable, advantageous: *studi –i* profitable studies.

FS → FF.SS.

ftaleina *f.* ⟨*Chim*⟩ phthalein. **ftalico** *a.* (*pl.* **-ci**) phthalic.

fu (*p.rem. di essere*[1]) *a.* (*defunto*) late: *Mario Rossi* (*del*) ~ *Federico* Mario Rossi son of the late Federico.

fuchsite *f.* ⟨*Min*⟩ fuchsite.

fucilare *v.t.* to shoot: *fucilarono gli ostaggi* they shot the hostages. **fucilata** *f.* 1 (*colpo di fucile*) gunshot; (*di carabina*) rifle–shot; (*rumore*) shot. 2 ⟨*Sport*⟩ (*nel calcio*) shot. **fucilazione** *f.* shooting, execution. □ *condannare alla* ~ to sentence to ˹be shot˺ (*o* the firing squad). **fucile** *m.* **1** gun; (*da caccia*) shotgun; (*carabina*) rifle. **2** ⟨*fig*⟩ (*tiratore*) shot: *un buon* ~ a good shot. □ ~ *ad* aria *compressa* air gun; ~ **automatico** automatic rifle; ~ *da* caccia ˹shotgun; ~ **calibro** *dodici* 12–gauge shotgun; ~ *a una* canna single–barrelled gun; ~ *a due canne* double–barrelled gun; ~ *a canne mozze* sawn–off shotgun; *un* colpo *di* ~ a shot; imbracciare *il* ~ to shoulder the rifle; ~ **mitragliatore** light machine–gun, LMG; ~ *a* ripetizione repeater, repeating rifle; scaricare *il* ~ (*togliere la carica*) to unload the rifle; (*sparare*) to discharge (*o* fire) the rifle; ~ **subacqueo** spear gun. **fucileria** *f.* musketry. □ *fuoco* (*o scarica*) *di* ~ fusillade. **fuciliere** *m.* ⟨*Mil*⟩ rifleman, fusilier. **fucina** *f.* **1** forge. **2** ⟨*fig*⟩ mine, source: *una* ~ *di nuove idee* a mine of new ideas; ⟨*spreg*⟩ hotbed: *una* ~ *di menzogne* a hotbed of lies. **fucinare** *v.t.* **1** ⟨*Met*⟩ to forge. **2** ⟨*fig*⟩ (*foggiare*) to forge, to form, to mould, to shape. **fucinatore** *m.* (*operaio*) forger. **fucinatura** *f.* forging; ~ *a stampo* drop forging. **fuco**[1] *m.* (*pl.* **-chi**) ⟨*Bot*⟩ fucus. **fuco**[2] *m.* (*pl.* **-chi**) ⟨*Entom*⟩ drone. **fucsia** *f.* ⟨*Bot*⟩ fuchsia. □ *color* ~ fuchsia. **fucsina** *f.* ⟨*Chim*⟩ fuchsin(e). **fuegino** *a./s.m.* (*f.* **-a**) Fuegian. **fuga** *f.* **1** escape, flight (*anche fig.*): *la* ~ *dei prigionieri* the prisoners' escape; *una* ~ *dalla realtà* an escape from reality. **2** (*rif. a liquidi, ad aeriformi*) leak, leakage, escape: *una* ~ *di gas* a gas leak. **3** (*serie*) series: *una* ~ *di archi* a series of arches; (*rif. a stanze*) suite. **4** ⟨*Sport*⟩ (*nel ciclismo*) sprint, spurt. **5** ⟨*Econ*⟩ flight: ~ *dei capitali* flight of capital. **6** ⟨*Mus,Psic*⟩ fugue. □ ~ *dei* cervelli brain drain; darsi *alla* ~ to take to flight; *darsi a* ~ *precipitosa* to take to one's heels; ⟨*Bibl*⟩ *la* ~ *in* Egitto the Flight into Egypt; ⟨*Med*⟩ ~ epilettica epileptic fugue; ~ *di* gas gas leak; mettere *in* ~ to put to flight; ~ *di* petrolio oil outflow; prendere *la* ~ to flee, to run away. **fugace** *a.* fleeting, short–lived, transient: *illusioni –i* short–lived illusions; *attimo* ~ fleeting moment. **fugacemente** *avv.* fleetingly, transiently. **fugacità** *f.* fleetingness, transiency: *la* ~ *dei piaceri* the fleetingness of pleasure. **fugare** *v.t.* (fugo, fughi) ⟨*lett*⟩ **1** (*mettere in fuga*) to put to flight, to rout: ~ *il nemico* to put the enemy to flight. **2** (*estens*) (*disperdere*) to disperse: *il vento fugò le nubi* the wind dispersed the clouds. **3** ⟨*fig*⟩ (*scacciare*) to drive away, to dispel: ~ *le preoccupazioni* to drive cares away; ~ *un dubbio* to dispel a doubt. **fugato** *a./s.m.* ⟨*Mus*⟩ fugate. **fuggente** *a.* fleeting, fugitive: *attimo* ~ fleeting moment. **fuggevole** *a.* fleeting, short–lived, transient: *istante* ~ fleeting moment; *uno sguardo* ~ a fleeting glance. **fuggi**: ~ *fuggi* rush, scramble, stampede: *ci fu un* ~ *fuggi generale* there was a general rush. **fuggiasco** *a./s.* (*pl.* **-chi**) **I** *a.* fugitive, runaway, fleeing: *soldati fuggiaschi* fugitive soldiers. **II** *s.m.* (*f.* **-a**) fugitive. **fuggire** *v.* (fuggo, fuggi) **I** *v.i.* (*aus.* essere) **1** to flee, to run away, to escape: *scagliò la pietra contro il vetro e fuggì* he threw the stone at the window and ran away; *riuscì a* ~ *dalla casa in fiamme* he managed to escape from the burning house; *la ragazza fuggì con l'amante* the girl ˹ran away˺ (*o* eloped) with her lover. **2** (*evadere*) to escape, to get away: ~ *dal carcere* to ˹escape from˺ (*o* break out of) jail. **3** (*mettersi in salvo*) to flee: *è fuggito in Svizzera per evitare l'arresto* he fled to Switzerland to avoid being arrested. **4** ⟨*fig*⟩ (*passare davanti velocemente*) to fly past (*o* by), to flash past (*o* by), to speed past (*o* by): *i pali telegrafici fuggivano davanti ai nostri occhi* the telegraph poles flashed past (like lightning) before our eyes. **5** ⟨*fig*⟩ (*passare velocemente*) to fly: *come fugge il tempo!* how time flies! **6** ⟨*Sport*⟩ to (make a) break. **II** *v.t.* to avoid: *gli amici lo fuggono* his friends avoid him. □ ~ *di casa* to run away from home; ~ *qd. come la peste* to avoid s.o. like the plague; ~ *via* to run away. **fuggitivo I** *a.* **1** fugitive. **2** ⟨*fig*⟩ (*fugace*) fleeting, short–lived, transient: *gioie –e* fleeting joys. **II** *s.m.* (*f.* **-a**) fugitive, runaway; (*disertore*) deserter.

fui → **essere**[1].
fulcro *m.* **1** fulcrum (*anche Bot.*): *il* ~ *della leva* the lever fulcrum. **2** ⟨*fig*⟩ (*punto fondamentale*) corner stone, hub, heart, essence: *questo è il* ~ *della questione* this is the heart of the matter. **fulgente** *a.* ⟨*lett*⟩ shining, brilliant, bright: *occhi –i* shining eyes. **fulgidamente** *avv.* brilliantly, brightly, resplendently, refulgently. **fulgido** *a.* shining, brilliant, bright, glittering: *una luce* ~ a bright light. **fulgore** *m.* brilliance, glitter, radiance: *il* ~ *delle gemme* the glitter of the gems. **fuliggine** *f.* soot. **fuligginoso** *a.* sooty, grimy. **fulmicotone** *m.* gun cotton. **fulminante I** *a.* **1** ⟨*fig*⟩ withering: *gli lanciò uno sguardo* ~ he gave him a withering glance. **2** ⟨*Med*⟩ fulminating: *malattia* ~ fulminating disease. **3** (*esplosivo*) fulminating: *polvere* ~ fulminating powder. **II** *s.m.* (*capsula esplosiva*) primer. **fulminare** *v.* (fulmino) **I** *v.t.* **1** (*rif. a fulmine*) to strike by lightning. **2** (*rif. a scariche elettriche*) to electrocute: *fu fulminato dalla corrente* he was electrocuted. **3** (*rif. ad armi da fuoco*) to strike dead. **4** ⟨*fig*⟩ (*folgorare, fare allibire*) to annihilate, to crush, to wither: *mi fulminò con un'occhiata* he gave me a withering glance. **II** *v.i.impers.* (*aus.* essere/avere) *traduzione idiomatica: tuonò e fulminò tutta la notte* there was thunder and lightning all night. **fulminarsi** *v.r.* ⟨*El*⟩ to burn out: *la lampadina si è fulminata* the light bulb has burnt out. □ *che Dio mi fulmini se ciò che dico non è vero* may God strike me dead if I'm not telling the truth; *che Dio ti fulmini!* God damn you!; *la notizia ci ha fulminati* we are shocked by the news. **fulminato I** *a.* **1** (*colpito dal fulmine*) struck by lightning. **2** (*colpito da scarica elettrica*) electrocuted. **3** ⟨*El*⟩ burnt out, blown: *lampadina è –a* the light bulb has burnt out. **4** (*freddato da arma da fuoco*) struck dead. **5** ⟨*fig*⟩ (*allibito*) dumbfounded. **II** *s.m.* ⟨*Chim*⟩ fulminate. **fulminazione** *f.* **1** (*il fulminare*) striking with lightning. **2** ⟨*Meteor*⟩ thunderbolt. **3** ⟨*Med*⟩ electrocution. **fulmine** *m.* **1** ⟨*Meteor*⟩ thunderbolt, lightning: *un* ~ *è caduto sulla casa* a thunderbolt struck the house; *il* ~ *illuminò la stanza* a flash of lightning lit up the room. **2** ⟨*fig*⟩ (*persona svelta*) live wire. □ ⟨*fig*⟩ *un* ~ *a ciel sereno* a bolt from the blue; *essere colpito da un* ~ to be struck by lightning; *corse via come un* ~ he went off like (a streak of) lightning. **fulmineamente** *avv.* (as) quick as lightning. **fulmineità** *f.* lightning speed. **fulmineo** *a.* (*rapido*) lightning(–swift), rapid: *un balzo* ~ a lightning–swift leap; (*improvviso*) sudden, lightning: *morte –a* sudden death. **fulminico** *a.* (*pl.* **-ci**) ⟨*Chim*⟩ fulminic: *acido* ~ fulminic acid. **fulvo** *a.* tawny. **fumacchio** *m.* **1** smoke (plume): *i fumacchi dei rifiuti bruciati* smoke from burning rubbish (*o* refuse). **2** (*rif. a legno*) smoky piece of partially burned wood. **3** ⟨*Geol*⟩ (jet of) vapour. **fumaiolo** *m.* **1** chimney pot, chimney top, chimney; (*di fabbrica*) chimney stack, smokestack; (*di locomotiva, di nave*) funnel, smokestack. **2** ⟨*Geol*⟩ (*di vulcano*) fumarole. **fumante** *a.* smoking, steaming, fuming: *minestra* ~ steaming soup. **fumare I** *v.i.* (*aus.* avere) **1** (*emettere fumo*) to smoke, to give off smoke: *la legna verde fuma* green wood smokes. **2** (*emettere vapore*) to steam, to give off steam, to fume: *la minestra fumava nei piatti* the soup was steaming in the plates. **II** *v.t.* to smoke: *vuole una sigaretta? - grazie, non fumo* would you like a cigarette? - no, thank you, I don't smoke. □ ~ *l'oppio* to smoke opium; ~ *la pipa* to smoke a pipe; ~ *come un turco* to smoke like a chimney; *vietato* ~ no smoking. **fumaria** *f.* ⟨*Bot*⟩ fumitory. **fumario** *a.* *canna –a* flue, chimney stack. **fumarola** *f.* ⟨*Geol*⟩ fumarole. **fumata** *f.* **1** smoke, cloud (*o* puff) of smoke: *dalle macerie si alzava una* ~ *nera* a cloud of black smoke rose from the ruins. **2** (*segnalazione*) smoke signal. **3** (*il fumare tabacco*) smoke: *fare una* ~ to have a smoke. □ ~ *bianca* (*nel conclave*) white smoke; ~ *nera* (*nel conclave*) black smoke. **fumatore** *m.* (*f.* **-trice**) smoker: *essere un accanito* ~ to be a heavy smoker. □ ~ *di pipa* pipe smoker; ⟨*Ferr*⟩ *scompartimento per –i* smoking

compartment, ⟨*fam*⟩ smoker; ~ *di sigaro* cigar smoker.
fumeggiare *v.i.* (**fumeggio, fumeggi;** *aus.* **avere**) to smoke, to 'give off' (*o* emit) smoke, to fume. **fumeria** *f.* opium den.
fumettista *m./f.* comic-strip writer. **fumettistico** *a.* (*pl.* -ci) **1** comic-strip-. **2** ⟨*spreg*⟩ (*di scarso valore*) novelettish, stereotyped. **fumetto** *m.* **1** balloon. **2** *pl.* strip cartoons *pl*, comic–strips *pl*, comics *pl*. **3** ⟨*spreg*⟩ banality. □ *giornale a –i* comic-strip magazine; *racconti a –i* comic–strip stories; *romanzo a –i* comic–strip story.
fumigante *a.* smoking, steaming. **fumigare** *v.i.* (**fumigo, fumighi;** *aus.* **avere**) **1** (*esalare fumo*) to smoke, to give off smoke. **2** (*esalare vapore*) to steam, to give off steam. **fumigatore** *m.* fumigator. **fumigazione** *f.* fumigation. □ ⟨*Agr*⟩ ~ *contro insetti dannosi* pest fumigation. **fumista** *m.* (*operaio*) boilermaker. **fumivoro:** *apparecchio* ~ smoke consumer.
fummo → **essere**[1].
fumo *m.* **1** smoke: *il* ~ *dei camini* the smoke from the chimneys. **2** (*il fumare tabacco*) smoking: *il* ~ *fa male alla salute* smoking is bad for one's health. **3** (*vapore*) steam: *il* ~ *che usciva dalla pentola* the steam coming from the pot. **4** *pl.* ⟨*fig*⟩ (*annebbiamento*) mist, haze, fumes *pl*: *i –i del vino* wine fumes. □ **andare in ~:** 1 (*fallire*) to come to nothing, to go up in smoke; 2 (*diventare vano*) to fade, to melt away, to become vain: *le loro speranze sono andate in* ~ their hopes have become vain; 3 (*disperdersi*) to be squandered: *le sue ricchezze sono andate in* ~ his wealth has been squandered; **anello di** ~ smoke ring; ⟨*fig*⟩ *molto* ~ *e poco* **arrosto** more appearance than substance, (a lot of) hot air; **aspirare** *il* ~ (*di sigarette e sim.*) to inhale (*o* draw in) smoke; *una* **colonna** *di* ~ a column of smoke; *le* **dà** *fastidio il* ~? do you mind if I smoke?; **filo** *di* ~ wisp of smoke; ~ *di* **Londra** (*colore*) dark grey: *un abito* ~ *di Londra* a dark grey suit; ⟨*fig*⟩ **mandare in ~:** 1 (*rovinare*) to send up in smoke, to bring to nothing: *mandare in* ~ *un progetto* to send a plan up in smoke; 2 (*rendere vano, deludere*) to dash: *mandare in* ~ *le speranze di qd.* to dash s.o.'s hopes; 3 (*sperperare*) to squander, to fritter away: *mandare in* ~ *un patrimonio* to squander a fortune; *vedere qd. come il* ~ **negli occhi** to be unable to stand s.o.; **senza** ~ smokeless; **vendere** ~ (*raccontare fandonie*) to talk big; **venditore di** ~ (*millantatore*) braggart, boaster, ⟨*fam*⟩ big mouth; *avere il* **vizio** *del* ~ to have the habit of smoking.
fumogeno I *a.* smoke(-producing): *bomba –a* smoke bomb; *cortina –a* smoke–screen. **II** *s.m.* smoke–producing substance. **fumosità** *f.* **1** (*l'essere fumoso*) smokiness; (*fumo*) smoke. **2** ⟨*fig*⟩ obscurity, vagueness. **fumoso** *a.* smoky, smoking: *legna –a* smoking wood; *locale* ~ smoky room.
funambolesco *a.* (*pl.* -chi) **1** funambulatory, rope walking. **2** ⟨*fig*⟩ acrobatic, fence sitting. **funambolismo** *m.* **1** tightrope walking, rope dancing, funambulism. **2** ⟨*fig*⟩ tightrope walking, fence sitting. **funambolo, funambulo** *m.* (*f.* -a) **1** tightrope walker, rope dancer, funambulist. **2** ⟨*fig*⟩ tightrope walker, fence sitter: *un* ~ *della politica* a political tightrope walker.
fune *f.* **1** (*corda*) rope, cord; (*grossa corda*) rope, cable. **2** (*per bucato*) clothes (*o* laundry, washing) line. **3** (*delle campane*) (bell) rope. **4** ⟨*Aer*⟩ (*di aliante*) tow–rope. **5** ⟨*Mar*⟩ (*cavo*) cable, hawser. □ ~ *di* **acciaio** steel cable; ~ *di* **canapa** hemp rope; **legare** *con una* ~ to rope, to tie with a rope; ~ **metallica** wire rope; ~ *da* **rimorchio** tow–rope, tow–line; *tiro alla* (*o della*) ~ tug–of–war.
funebre (*poet.* **funèbre**) *a.* **1** funeral: *ufficio* ~ funeral service. **2** ⟨*fig*⟩ (*mesto, lugubre*) gloomy, mournful, funereal, lugubrious: *aspetto* ~ funereal appearance. □ *carro* ~ hearse; *marcia* ~ funeral march. **funerale I** *s.m.* (often plural) funeral, obsequies *pl*: *assistere a un* ~ to go to a funeral. **II** *a.* ⟨*lett*⟩ (*funebra*) funeral. □ ~ *di prima classe* first–class funeral; ⟨*fig*⟩ *avere una faccia da* (*o che pare un*) ~ to have a long face; *fare un* ~ to hold a funeral; *–i a spese dello stato* State funeral. **funerario** *a.* funerary, funeral. □ *iscrizione –a* inscription on a tombstone; *urna –a* funeral urn. **funereo** *a.* **1** (*funebre*)

funeral, funereal. **2** ⟨*fig*⟩ mournful, gloomy, lugubrious, sad: *aspetto* ~ sad appearance.
funestare *v.t.* (**funèsto**) **1** (*causare grave danno*) to devastate, to lay waste, to ravage: *le guerre continue funestarono il paese* the country was ravaged by continual war. **2** (*rattristare*) to distress, to sadden, to grieve, to cast a pall over: *la cattiva notizia funestò il banchetto* the bad news cast a pall over the banquet. **funesto** *a.* **1** (*che causa lutto*) deadly, fatal, grievous: *discordie –e* fatal discord. **2** (*che causa grave danno*) ruinous, disastrous: *guerra –a* ruinous war. **3** (*triste, doloroso*) woeful, sorrowful, distressing: *notizia –a* distressing news.
fungaia *f.* **1** mushroom bed. **2** ⟨*spreg*⟩ mushrooming, profusion.
fungere *v.i.* (**fungo, fungi; funsi,** *rar.* **funto;** *aus.* **avere**) to act, to function (*da* as): ~ *da segretario* to act as secretary.
funghicoltore *m.* mushroom grower. **funghicoltura** *f.* mushroom growing (*o* cultivation).
fungibile *a.* ⟨*Dir*⟩ fungible. **fungibilità** *f.* fungibility.
fungicida I *a.* fungicidal. **II** *s.m.* fungicide.
fungo *a./s.* (*pl.* -ghi) **I** *s.m.* **1** mushroom. **2** ⟨*Bot,Med*⟩ fungus. **II** *a.* mushroom-: *città* ~ mushroom town. □ **andare** *a funghi* to go mushrooming; ~ **atomico** atomic mushroom; *funghi* **commestibili** edible mushrooms; *funghi* **secchi** dried mushrooms; ⟨*fig*⟩ **spuntare** (*o* **venire su**) *come i funghi* to shoot (*o* spring) up like mushrooms; ~ **velenoso** poisonous fungus, toadstool.
fungosità *f.* ⟨*Med*⟩ fungosity. **fungoso** *a.* fungoid, fungous.
funicella *f.* cord, string, thin rope.
funicolare *f.* funicular (railway), cable railway.
funicolite *f.* ⟨*Med*⟩ funiculitis. **funicolo** *m.* ⟨*Anat,Bot*⟩ funiculus.
funivia *f.* cableway, telpherage.
funsi, funto → **fungere**.
funzionale *a.* **1** functional, ⟨*fam*⟩ handy: *architettura* ~ functional architecture; *questo apriscatole è molto* ~ this can opener is very handy. **2** ⟨*Med,Mat*⟩ functional: *malattia* ~ functional disease. □ *linguistica* ~ functional linguistics; *psicologia* ~ functional psychology. **funzionalismo** *m.* functionalism. **funzionalità** *f.* functionality. **funzionamento** *m.* functioning, working, running, operation. □ *spiegami il* ~ *di questa macchina* show me how this machine works; ⟨*Mecc*⟩ ~ *a vuoto* idling. **funzionare** *v.i.* (**funziono;** *aus.* **avere**) **1** to work, to function: *funziona questo telefono?* does this telephone work?; (*rif. a motore*) to run. **2** (*essere in funzione*) to be on (*o* in operation), to work, to function, to operate: *il termosifone funziona dalle sei alle ventidue* the heating is on from six in the morning till ten in the evening. **3** (*rif. ad aziende e sim.*) to operate, to run, to go, to work: *l'azienda funziona bene* the business is going well. **4** ⟨*fig*⟩ (*procedere bene*) to go right, to work well: *nell'organizzazione c'è qualcosa che non funziona* there is s.th. wrong with the organization. □ *fare* ~ *qc.* to make s.th. work, to operate s.th.; *non* ~ not to work, to be out of order: *l'ascensore non funziona* the lift (*o* elevator) is 'not working' (*o* out of order).
funzionario *m.* official, officer, functionary. □ *alto* ~ high (*o* senior) official; ~ *di* **banca** bank official; ~ *di* **ministero** ministry official; ~ **responsabile** officer in charge; ~ *di* **stato** civil servant.
funzione *f.* **1** function, role: *ognuno ha la sua* ~ *nell'organizzazione* everyone has his function in the organization. **2** (*ufficio, carica*) office, position: *esercitare la* ~ *di segretario* to hold the office of secretary. **3** (*mansione*) duty, assignment: *queste sono le mie –i* these are my duties; (*compito*) task, function: *la* ~ *dell'educatore* the task (*o* mission) of a teacher. **4** (*attività*) operation, working, running: *il motore è in* ~ the engine is working (*o* in operation). **5** (*rif. a cose: scopo*) purpose, function: *un cornicione con* ~ *puramente ornamentale* a cornice with a purely ornamental function. **6** ⟨*Lit*⟩ service, ceremony. **7** ⟨*Biol,Gramm,Mat*⟩ function: ~ *digestiva* digestive function; *infinito con* ~ *di sostantivo* infinitive with the function of a noun. □ ~ **algebrica**

algebraic function; **entrare** *in* ~: 1 to come into operation, to take effect; 2 (*rif. a macchina*) to go into operation, to start up (*o* working); 3 (*rif. a persona*) to take up office; *nell'***esercizio** *delle proprie* –*i* in the performance of (*o* while carrying out) one's duties; ⟨*Mat*⟩ ~ **esponenziale** exponential function; **facente** –*i di* acting: *il facente* –*i di capufficio* the acting chief clerk; **in** ~ **di:** 1 ⟨*Mat*⟩ as a function of; 2 ⟨*fig*⟩ dependent upon, related to: *la qualità del lavoro è in* ~ *del tempo disponibile* the quality of the work depends on the time available; **mettere** *in* ~ *una macchina* to start (*o* switch on) a machine; ~ **religiosa** religious service (*o* ceremony); ⟨*Lit*⟩ ~ **solenne** solemn ceremony.

fuochista *m.* 1 ⟨*tecn*⟩ fireman. 2 ⟨*Mar,Ind*⟩ stoker.

fuoco *m.* (*pl.* **-chi**) 1 fire: *attizzare il* ~ to stoke the fire. 2 (*focolare, caminetto*) fireplace, fireside, hearth: *d'inverno la famiglia si raccoglie intorno al* ~ in the winter the family gathers around the fire(side). 3 (*fornello*) burner: *cucina a tre fuochi* three-burner stove. 4 (*incendio*) fire. 5 ⟨*fig*⟩ (*calore intenso*) fire: *il liquore gli mise il* ~ *in gola* the spirits set his throat on fire. 6 ⟨*fig*⟩ (*ardore, passione*) fire, ardour, passion: *recitare con* ~ to act with fire (*o* passion). 7 ⟨*Mil*⟩ fire (*anche esclam.*): *essere sotto il* ~ *nemico* to be under enemy fire. 8 ⟨*Fis,Mat,Fot*⟩ focus. □ ⟨*fig*⟩ *versare acqua sul* ~ to pour oil on troubled waters; *avere il* ~ **addosso** to be temperamental; (*essere irrequieto*) to be restless; **al** ~**!** fire!; ⟨*Med*⟩ ~ *di sant'***Antonio** St. Anthony's fire, erysipelas; **appiccare** *il* ~ *a qc.* to set fire to s.th.; *a* ~ *scoperto* on fire; ⟨*Mil*⟩ **aprire** *il* ~ to open fire; *fuochi* **artificiali** fireworks *pl;* ⟨*Mil*⟩ ~ *d'***artiglieria** gun (*o* artillery) fire; **bollare** *a* ~ to brand (*anche fig.*); ⟨*fig*⟩ **buttarsi** *nel* ~ *per qd.* to go through fire and water for s.o.; ⟨*Mil*⟩ **cessare** *il* ~ to cease fire; *il* ~ *cova sotto le ceneri* the fire is smouldering under the ashes; **dammi** *un po' di* ~ (*per accendere la sigaretta*) give me a light; **di** ~: 1 fiery, flaming, blazing: *croce di* ~ fiery cross; 2 ⟨*fig*⟩ (*vivace, ardente*) fiery, burning, bright: *occhi di* ~ bright (*o* flashing) eyes; 3 ⟨*fig*⟩ (*irato*) blazing, angry: *sguardi di* ~ angry glances; 4 (*appassionato*) passionate, ardent, fiery: *parole di* ~ passionate (*o* fiery) words; *fuochi di sant'***Elmo** St. Elmo's fire, Jack-o'-lantern; *il* ~ **eterno** (*l'inferno*) eternal fires *pl,* everlasting flames *pl;* ⟨*Mil*⟩ **far** ~ to (open) fire; **farsi** *di* ~ (*arrossire*) to blush, to flush, to redden; ~ **fatuo** ignis fatuus, will-o'-the-wisp, Jack-o'-lantern; ⟨*fig*⟩ will-o'-the-wisp; *mettere un paese a* **ferro** *e* ~ to put a country to fire and sword; *fare* ~ *e* **fiamme** *per ottenere qc.* to move heaven and earth to get s.th.; ~ *di* **fila:** 1 ⟨*Mil*⟩ barrage; 2 ⟨*fig*⟩ running fire: *un* ~ *di fila di domande* a running fire of questions; ⟨*Ott*⟩ **fuori** ~ out of focus; ~ *di* **legna** wood fire; *cuocere a* ~ **lento** to cook over a low flame; ⟨*Ott*⟩ **messa** *a* ~ focus, focussing; **mettere** *a* ~: 1 ⟨*Ott,Fot*⟩ to focus: *mettere a* ~ *l'immagine* to focus the image; 2 ⟨*fig*⟩ (*puntualizzare*) to focus, to focalize: *mettere a* ~ *la situazione* to focalize the situation; ⟨*fig*⟩ ~ *di* **paglia** flash in the pan; **pigliare** (*o prendere*) ~: 1 to catch fire: *la paglia prese* ~ *rapidamente* the straw quickly caught fire; 2 ⟨*fig*⟩ (*adirarsi*) to flare up; 3 ⟨*fig*⟩ (*entusiasmarsi*) to get excited; *essere preso fra due fuochi* to be caught between two fires (*anche fig.*); *a* **prova** *di* ~ fireproof; ⟨*Mil*⟩ ~ **radente** grazing fire; ~ **sacro** sacred fire (*anche fig.*); ⟨*Mil*⟩ ~ *di* **sbarramento** barrage; **scherzare** *col* ~ to play with fire; **soffiare** *sul* ~ to fan the flames; **spegnere** *il* ~ to put out (*o* extinguish) the fire; **tutto** ~ (*pieno di ardore*) hot-blooded, fiery, passionate: *una donna tutto* ~ a passionate woman.

fuorché (*o* *fuor che*) **I** *congz.* (*tranne che*) except, but: *chiedimi tutto,* ~ *di tradire i miei amici* ask me anything, but not to betray my friends. **II** *prep.* (*tranne*) except, save, but: *tutti erano presenti* ~ *il direttore* everyone was present except the director.

fuori I *avv.* 1 (*stato*) outside: *c'è un signore* ~ *che ti vuole parlare* there is a gentleman outside who wants to talk to you; (*all'aperto*) outdoors: ~ *fa freddo ma dentro si sta bene* it's cold outdoors but warm inside. 2 (*moto*) out(side): *venite* ~*!* come out(side)!; *ragazzi andate* ~ *a giocare* children, go out and play. 3 (*fuori di casa*) out (of the house): *stasera ceneremo* ~ this evening we are having

dinner out; (*fuori di città*) out of town, away: *parto domani e resterò* ~ *qualche giorno* I am leaving tomorrow and I shall be away for a few days; (*all'estero*) abroad: *ho viaggiato molto, in Italia e* ~ I have travelled a lot, both in Italy and abroad. 4 (*nella parte esterna*) outside. 5 (*esclam*) get out: *non voglio più sentire una parola,* ~*!* I won't listen to another word, get out! 6 ⟨*Sport*⟩ out. **II** *prep.* (often used with the preposition *di*) 1 (*stato*) out of, out(side): *abito* ~ *città* I live out of town (*o* outside the city); *è stato tutto il giorno* ~ *di casa* he has been out (of the house) all day. 2 (*moto*) out of, away from: *quest'anno andrò* ~ *Roma* this year I shall go away from Rome. **III** *s.m.* outside: *il* ~ *della brocca è dipinto a mano* the outside of the jug is hand-painted. □ **andare** *di* ~: 1 to go out; 2 (*traboccare*) to spill over, to overflow; (*bollendo*) to boil over; ⟨*Teat*⟩ ~ *l'***autore!** Author!; **avere** ~ (*rif. a denaro*) to have outstanding (*o* tied up): *ho* ~ *diversi milioni* I have several millions outstanding; ⟨*fam*⟩ **buttare** ~ to throw out; (*rif. a impiego*) to fire, to sack; ⟨*assol*⟩ to be sick; ⟨*Cin*⟩ ~ **campo** off-screen; ~ **commercio** not for sale; ~ **concorso** hors concours; ~ **corso:** 1 (*rif. a moneta*) out of circulation; 2 → **fuoricorso; da** ~ from outside: *vengo da* ~ *e ho le scarpe bagnate* I have been outside and my shoes are wet; *di* ~: 1 (*stato*) outside: *ero di* ~ *ad aspettarti* I was waiting for you outside; 2 (*moto*) out(side): *vieni di* ~, *devo parlarti* come outside, I want to talk to you; 3 (*temporale*) over, out of: *essere* ~ *dell'inverno* to be over the winter; ~ *di* (*eccetto*) except, apart from, but for: ~ *di questo non vidi altro* I did not see anything apart from this; *non lo sa nessuno* ~ *di noi* no one but us knows about it; *dal di* ~ from the outside: *la porta è chiusa dal di* ~ the door is closed from the outside; ⟨*fig*⟩ *guardare le cose dal di* ~ to take a detached view of things, to look at things objectively; *fuor di* **dubbio** beyond doubt; **essere** ~: 1 (*non essere in casa*) to be out; 2 (*essere uscito di prigione*) to be out, to have left prison: *è* ~ *da più di due anni* he has been out for more than two years; 3 (*essere partito*) to be away (*o* out of town); 4 (*non avere più parte in qc.*) to have no further connection, to take no further part; ⟨*fam*⟩ **far** ~: 1 (*uccidere*) to do in, to bump off; 2 (*sperperare*) to squander: *ha fatto* ~ *un capitale* he has squandered a fortune; 3 ⟨*Sport*⟩ to eliminate, to knock out; 4 (*distruggere*) to destroy, to account for; **in** ~ (*verso l'esterno*) out(wards); *sporgersi in* ~ to lean out; *petto in* ~*!* chest out!; **lasciare** ~ (*omettere*) to leave out; ~ **luogo** (*inopportuno*) out of place, uncalled for; ~ (*di*) **mano** out-of-the-way: *abitare* ~ *mano* to live in an out-of-the-way place; ~ *di* **misura** (*o modo*) excessively; ~ **moda** out of fashion (*o* date); *lavorare* ~ **orario** to work overtime (*o* after hours); *mangiare* ~ **pasto** (*o dei pasti*) to eat between meals; *il malato è* ~ **pericolo** the patient is out of danger; ~ (*di*) **posto** out of place: *questa scheda è* ~ *posto* this card is out of place; ~ *di* **qui!** get out (of here)!; **saltare** ~ *con qc.* to come out with s.th.; *essere* ~ *di* sé to be beside o.s.; *essere* ~ (*di*) **servizio** to be off duty; ~ *i* **soldi!** out with your money!, pay up!; ⟨*fam*⟩ **sputa** ~*!* (*quello che hai da dire*) spit it out!; ~ **stagione** out of season: *frutta* ~ *stagione* early fruit; ~ **strada:** 1 astray, off route; 2 ⟨*fig*⟩ (*rif. a ragionamento*) off the track; 3 (*rif. a veicoli*) off the road: *la macchina è andata* ~ *strada* the car ran off the road; 4 ⟨*sport*⟩ cross-country racing (with bicycles or motorcycles); **tagliare** ~ (*isolare*) to cut off: *la frana ha tagliato* ~ *il paese* the landslide has cut off the village; ⟨*Mus*⟩ *essere* ~ **tempo** to be out of time; ⟨*Edit*⟩ *illustrazioni* ~ **testo** plates *pl;* **tirare** ~ to take (*o* pull) out, to produce; ⟨*fig*⟩ to come out with, to dig up; ~ **tiro** out of range; ~ **uso:** 1 (*inservibile*) unserviceable; 2 (*guasto*) out of order, not working: *l'ascensore è* ~ *uso* the lift is out of order; *termini* ~ *uso* obsolete terms; **venire** ~: 1 (*uscire*) to come out; 2 (*dire all'improvviso*) to come out: *venne* ~ *con una battuta divertente* he came out with an amusing remark; 3 (*rif. a notizia: venirsi a sapere*) to come out, to become known: *la verità è venuta* ~ *durante le indagini* the truth came out during the investigations.

fuori|bordo *a./s.inv.* **I** *s.m.* outboard motorboat. **II** *a.*

outboard: *motore* ~ outboard motor. **~classe** *a./s.inv.* **I** *s.m./f.* **1** unequalled (*o* outstanding) person. **2** 〈*Sport*〉 undisputed champion. **II** *a.* outstanding, in a class by o.s. **~combattimento** (*o fuori combattimento*) *a./s.inv.* **I** *s.m.* knock-out, 〈*fam*〉 K.O. **II** *a.* knocked out. □ *mettere* ~: **1** 〈*Sport*〉 to knock out; **2** 〈*fig,scherz*〉 (*spossare*) to knock out: *queste scale mi hanno messo* ~ these stairs have knocked me out; ~ *tecnico* technical knock-out, 〈*fam*〉 T.K.O.; *vincere per* ~ to win by a knock-out. **~corso** (*o fuori corso*) *a./s.inv.* **I** *a.* 〈*Univ*〉 who has failed to take his degree in the time prescribed. **II** *avv.* after expiry of the prescribed period. **III** *s.m./f.* student who has failed to take his degree in the time prescribed. **~gioco** (*o fuori gioco*) *m.inv.* off-side. **~legge** *a./s.inv.* **I** *s.m./f.* outlaw. **II** *a.* illegal, outlawed, unlawful. □ *dichiarare un partito* ~ to outlaw a party. **~mano** *a.inv.* out-of-the-way. **~posto** *a.inv.* out of place. **~programma** *m.inv.* **1** additional, extra. **2** 〈*fig*〉 unexpected event. **~serie** *a./s.inv.* **I** *a.* made to order, 〈*am*〉 custom-built. **II** *s.f.* (*automobile*) specially-made car; (*fatta su ordinazione*) custom-built car. **~strada** *m.inv.* **I** *a.* 〈*Aut*〉 all-terrain. **II** *s.m.* all-terrain vehicle.

fuoriuscire *v.i.* (**fuoriesco, fuoriesci, fuoriuscii, fuoriuscito;** → **uscire;** *aus.* essere) to come out, to be discharged: *dalla ferita fuoriusciva il pus* pus was discharged from the wound. **fuoriuscita** *f.* emission, discharge: *la* ~ *dei vapori* the emission of fumes. □ ~ *di petrolio* oil spill. **fuoriuscito** *m.* (*f.* **-a**) (political) exile; (*profugo*) refugee.

fuorviante *a.* misleading, deceptive.

furbacchione **I** *s.m.* (*f.* **-a**) cunning (*o* crafty) fellow, 〈*fam*〉 slyboots. **II** *a.* wily, cunning, crafty. **furbamente** *avv.* cunningly, craftily. **furberia** *f.* **1** (*qualità*) cunningness, craftiness, wiliness; 〈*spreg*〉 slyness; (*scaltrezza*) shrewdness. **2** (*azione*) clever (*o* cunning) trick, ruse. □ *con* ~ craftily. **furbescamente** *avv.* cunningly, slyly. **furbesco** *a./s.* (*pl.* **-chi**) *a.* cunning, sly: *un ghigno* ~ a sly grin. **II** *s.m.* thieves' jargon, cant. □ *lingua* -*a* thieves' jargon, cant. **furbizia** *f.* wiliness, shrewdness. **furbo** **I** *a.* **1** cunning, crafty, wily; 〈*spreg*〉 sly, artful; (*scaltro*) shrewd. **2** (*malizioso*) roguish, artful: *un sorrisetto* ~ a roguish smile. **II** *s.m.* (*f.* **-a**) cunning (*o* artful) fellow. □ *un* ~ *matricolato* an out-and-out rogue; *fare il* ~ to try to be clever (*o* smart).

furente *a.* furious, raging, mad: *era* ~ *contro di te* he was furious with you. □ ~ *d'ira* raging with anger.

fureria *f.* 〈*Mil*〉 company office.

furetto *m.* 〈*Zool*〉 ferret.

furfantaggine *f.* rascality, roguery, knavery. **furfante** *m.* rascal, rogue, scoundrel, 〈*scherz*〉 scamp. **furfanteggiare** *v.i.* (**furfanteggio, furfanteggi;** *aus.* avere) (*fare il furfante*) to be (*o* act like) a rascal. **furfanteria** *f.* **1** (*qualità*) rascality, roguery. **2** (*azione*) rascally (*o* knavish) act (*o* trick). **furfantesco** *a.* (*pl.* **-chi**) rascally, scoundrelly, knavish, roguish.

furgoncino *m.* small (*o* light) van; (*motofurgone*) three-wheeled delivery van. **furgone** *m.* (delivery) van; (*cellulare della polizia*) police (*o* prison) van, 〈*fam*〉 Black Maria, 〈*am.fam*〉 paddy wagon; (*per il trasporto dei morti*) hearse; (*per traslochi*) furniture (*o* moving) van, pantechnicon (van). □ ~ *postale* mail van; ~ *per traslochi* moving van. **furgonista** *m.* van driver.

furia *f.* **1** (*collera, furore*) fury, rage, anger; (*accesso d'ira*) fit of passion (*o* temper, anger). **2** 〈*fig*〉 (*rif. a sentimenti*) vehemence, intensity; (*rif. a forze naturali*) fury, violence: *la* ~ *del vento* the fury (*o* violence) of the wind. **3** (*rif. a combattimento e sim.*) fury, heat, violence; (*rif. a malattie*) raging: *la* ~ *dell'epidemia* the raging of the epidemic. **4** (*grande fretta*) rush: *fare le cose con* ~ to do things in a rush. **5** (*persona adirata*) fury, 〈*fam*〉 maniac. **6** (*donna brutta*) hag. **Furia** *N.pr.f.* 〈*Mitol*〉 Fury. □ **a** ~ *di* by dint (*o* force) of, by ... again and again: *la convinse a* ~ *di pianti* she convinced her by dint of crying; *lo convinse a* ~ *di dirglielo* she convinced him by telling him again and again; **far** ~ *o qd.* to hurry s.o. (up), to rush s.o.; **montare** *in* ~ to fly into a rage (*o* passion); **quanta** ~! what's the rush?; *essere su* **tutte** *le* -*e* to be (absolutely) furious.

furibondo *a.* **1** (*furioso, adirato*) furious, enraged, irate, wrathful: *mi lanciò un'occhiata* -*a* he gave me a wrathful look. **2** 〈*fig*〉 (*violento*) furious, violent: *una battaglia* -*a* a violent battle.

furiere *m.* **1** 〈*Mil*〉 quartermaster. **2** 〈*Mar.mil*〉 paymaster.

furiosamente *avv.* furiously, angrily, madly; (*violentemente*) violently, furiously, wildly. **furioso** *a.* **1** furious, enraged, raging: *a quelle parole diventò* ~ at those words he became furious; *un* ~ *litigio* a furious quarrel. **2** (*rif. ad animali*) enraged, mad: *un toro* ~ an enraged (*o* a mad) bull. **3** 〈*fig*〉 (*rif. a sentimenti*) violent, burning: *gelosia* -*a* violent jealousy. □ *pazzo* ~ raving lunatic.

furlana *f.* (*danza*) forlana, furlana.

furono → **essere**[1].

furore *m.* **1** (*ira*) fury, rage, passion. **2** 〈*fig*〉 (*violenza*) fury, violence, frenzy: *il* ~ *della battaglia* the violence of the battle; *il* ~ *della tempesta* the fury of the storm. **3** (*esaltazione*) frenzy: ~ *bacchico* Bacchic frenzy; (*estro*) inspiration, impulse: ~ *poetico* poetic inspiration. □ ~ *cieco* blind rage; *con* ~ furiously, violently; *fare* ~ (*avere successo*) → **furoreggiare**; *a furor di popolo* by the people: *il tiranno fu cacciato a furor di popolo* the tyrant was driven out by the people; 〈*spreg*〉 by mob violence; (*rif. a successo e sim.*) by public acclaim. **furoreggiare** *v.i.* (**furoreggio, furoreggi;** *aus.* avere) to be 'a great success' (*o* all the rage), to make (*o* be) a hit.

furtivamente *avv.* (*di nascosto*) stealthily, furtively, surreptitiously. □ *si allontanò* ~ he stole off (*o* away). **furtivo** *a.* **1** stealthy, furtive, surreptitious, covert: *sguardo* ~ furtive (*o* covert) glance. **2** (*rubato*) stolen: *merce di provenienza* -*a* stolen goods. □ *allontanarsi con passo* ~ to steal away. **furto** *m.* **1** theft, larceny: *essere accusato di* ~ to be accused of theft. **2** (*cosa rubata*) stolen goods *pl* (*o* property), loot. □ ~ *aggravato* grand larceny; *fare un* ~ to steal, to commit larceny; ~ *letterario* (*plagio*) plagiarism; ~ *con scasso* burglary, housebreaking. || *è un* ~! (*è un prezzo troppo alto*) it's sheer (daylight) robbery!

fusa *fare le* ~ to purr.

fusaggine *f.* 〈*Bot*〉 spindle tree. **fusata** *f.* spindle(ful).

fuscello *m.* **1** (*ramoscello*) twig. **2** (*festuca di paglia*) straw. □ *magro come un* ~ as thin as a lath (*o* rake).

fusciacca *f.* sash.

fusellato *a.* 〈*Arch*〉 fusiform, spindle-shaped: *colonna* -*a* fusiform column. **fusello** *m.* **1** 〈*Lav.femm,Tess*〉 bobbin. **2** (*parte estrema della sala dei carri*) spindle, journal. **3** 〈*Tip*〉 ornamental rule. □ ~ *dell'assale* axle-tree spindle; ~ *di ruota* stub axle.

fusi → **fondere**. **fusibile** **I** *a.* meltable, fusible. **II** *s.m.* 〈*El*〉 fuse. **fusibilità** *f.* 〈*Fis*〉 fusibility.

fusiforme *a.* fusiform, spindle-shaped.

fusione *f.* **1** 〈*Met*〉 fusion, founding: *la* ~ *del bronzo* the fusion of bronze. **2** (*liquefazione*) melting: ~ *della cera* melting of wax; *la* ~ *del ghiaccio* the melting of ice. **3** (*colata, getto*) casting: *la* ~ *delle campane* the casting of the bells. **4** 〈*fig*〉 fusion, union, coalition: *la* ~ *di due popoli* the fusion of two peoples; *la* ~ *di due partiti* the coalition of two parties; 〈*Comm*〉 (*rif. a società*) merger. □ 〈*Tip*〉 ~ *di caratteri* type casting; 〈*Fis*〉 *punto di* ~ melting point.

fusionismo *m.* 〈*Pol*〉 fusionism. **fusionista** *m./f.* fusionist.

fuso[1] *m.* **1** spindle. **2** (*della ruota*) spindle, axle, journal. **3** 〈*Ferr*〉 (*fusello*) journal. □ 〈*Mar*〉 ~ *dell'ancora* shank of an anchor; *diritto come un* ~ as straight as a ramrod; 〈*fig*〉 *andarsene diritto come un* ~ (*difilato*) to go off like a shot; 〈*Geog*〉 ~ *orario* time zone; 〈*Mat*〉 ~ *sferico* spherical lune.

fuso[2] (*p.p. di fondere*) *a.* **1** 〈*Met*〉 melted; (*colato*) cast: *acciaio* ~ cast steel. **2** (*liquefatto*) melted: *burro* ~ melted butter; *neve* -*a* melted (*o* thawed) snow.

fusoliera *f.* 〈*Aer*〉 fuselage.

fusorio *a.* foundry-, founding, casting: *arte* ~ foundry craft.

fustagno *m.* 〈*Tess*〉 fustian.

fustaia *f.* 〈*Silv*〉 high forest.

fustella *f.* **1** ⟨*Mecc*⟩ (hollow) punch. **2** (*talloncino del prezzo dei medicinali*) price tag. **fustellare** *v.t.* ⟨*Mecc*⟩ to punch. **fustellatrice** *f.* (*macchina*) punch cutter.

fustigare *v.t.* (*fustigo, fustighi*) **1** to flog, to whip, to lash: ~ *a sangue qd.* to flog s.o. until he bleeds; (*con una canna*) to cane. **2** ⟨*fig*⟩ (*censurare*) to criticize, to censure, to lash out at. **fustigazione** *f.* flogging, lashing.

fustino *m.* bin: ~ *di detersivo* washing powder bin.

fusto *m.* **1** (*tronco*) trunk; (*stelo*) stalk, stem. **2** (*tronco umano*) trunk. **3** ⟨*fam*⟩ (*giovane atletico*) muscle man, ⟨*am*⟩ beefcake. **4** (*ossatura, intelaiatura*) frame(work): *il* ~ *dell'ombrello* the frame of an umbrella. **5** (*recipiente*) container; (*di metallo*) drum, can; (*di legno*) barrel, keg, cask: *un* ~ *di vino* a cask of wine. **6** ⟨*Arch*⟩ (*corpo della colonna*) shaft. □ *alto* ~ high trunk; *basso* ~ low trunk; ~ *di benzina* drum of petrol (*o* gasoline).

futile *a.* **1** (*di scarsa importanza*) futile, trifling, trivial; (*meschino*) paltry, petty: *hanno litigato per –i motivi* they quarrelled for petty reasons. **2** (*frivolo*) frivolous, silly: *discorsi –i* silly (*o* frivolous) talk. **futilità** *f.* **1** futility, triviality. **2** (*cosa frivola*) frivolity, trifle. **futilmente** *avv.* futilely.

futuribile *m.* ⟨*Filos, Teol*⟩ professional futurist. **futurismo** *m.* ⟨*Art, Lett*⟩ futurism. **futurista** I *s.m./f.* futurist. II *a.* futurist(ic): *arte* ~ futuristic art. □ *manifesto* ~ futurist manifesto; *movimento* ~ futurist movement; *pittore* ~ futuristic painter. **futuristico** *a.* (*pl.* -ci) futurist(ic).

futuro I *a.* future, to come, coming: *gli anni –i* the coming years, the years to come; *la mia –a sposa* my future wife, my bride-to-be; *il* ~ *presidente della società* the future president of the firm. II *s.m.* **1** future: *risparmiare per il* ~ to save for the future. **2** ⟨*Gramm*⟩ future. **3** *pl.* (*posteri*) posterity, future generations *pl.* □ ⟨*Gramm*⟩ ~ *anteriore* (*o esatto*) future perfect; *per il* ~ for the future; *in un prossimo* ~ in the near future; ⟨*Gramm*⟩ *tempo* ~ future tense; *la vita –a* the next life. **futurologia** *f.* futurology. **futurologico** *a.* (*pl.* –ci) futurologic. **futurologo** *m.* (*pl.* -gi) futurologist.

G

g, G [gi] *f./m.* (*lettera dell'alfabeto*) g, G: *due g* two g's; *una g maiuscola* a capital G; *una g minuscola* a small g; *doppia g* double g; ⟨*Tel*⟩ *g come Genova* G for George.

g = **1** *grammo* gram(me) (*abbr.* gm). **2** ⟨*Mecc*⟩ *accelerazione di gravità* acceleration due to gravity (*abbr.* g).

gabardine *fr.* [-'din] *f.* **1** (*stoffa*) gabardine. **2** (*soprabito*) (gabardine) overcoat; (*impermeabile*) (gabardine) raincoat.

gabba|minchioni *m.* ⟨*volg*⟩ → **gabbamondo. ~mondo** *m.inv.* (*imbroglione*) swindler, cheat, trickster.

gabbana *f.* (*gabbano*) hooded overcoat. □ ⟨*fig*⟩ *voltare* (*o mutare*) ~ (*cambiare opinione*) to turn one's coat, to be a weathercock. **gabbanella** *f.* **1** (*camice*) (white) coat, (white) overall. **2** (*veste da camera*) (short) dressing gown, dressing jacket, ⟨*am*⟩ robe, ⟨*am*⟩ housecoat. **gabbano** *m.* **1** (*soprabito*) (loose) overcoat. **2** (*veste da lavoro*) overall.

gabbare *v.t.* **1** (*ingannare*) to cheat, to swindle, to dupe, to hoodwink, to take in. **2** (*deridere, beffare*) to make fun of, to mock. **gabbarsi** *v.r.* (*prendersi gioco*) to laugh (*di* at), to make fun (of), to be amused (by): *gabbarsi della credulità altrui* to be amused by the credulity of others.

gabbia *f.* **1** cage: *la ~ dei leoni* the lions' cage. **2** ⟨*fam*⟩ (*prigione*) jail, gaol, ⟨*fam*⟩ cooler, ⟨*fam*⟩ clink: *mettere in ~ un ladro* to put a thief in jail, to lock up a thief. **3** (*da imballaggio*) crate. **4** ⟨*Edil*⟩ (*nelle costruzioni in cemento armato*) reinforcement. **5** (*tromba delle scale*) well. **6** ⟨*Minier*⟩ skip, cage. **7** ⟨*Pesc*⟩ (*nassa*) fish trap. **8** (*museruola per buoi*) muzzle. **9** ⟨*Mar*⟩ (*coffa*) crow's nest, top; (*vela quadra*) topsail. **10** ⟨*Mil.ant*⟩ (*torre di guardia*) watch tower; (*garitta su un baluardo*) look-out post (on ramparts). **11** ⟨*Met*⟩ (*incastellatura per cilindri di laminatoi*) stand, holsters, housing: ~ *a cilindri equilibrati* balanced stand. □ ~ *dell'*ascensore lift well, ⟨*am*⟩ elevator shaft; ⟨*Mar*⟩ **bassa** ~ lower main topsail; ~ **elettrostatica** (*o di Faraday*) Faraday cage; ⟨*Minier*⟩ ~ *di* **estrazione** skip; ~ *da* **imballaggio** crate; *la* ~ *degli* **imputati** the dock; ⟨*fig*⟩ *una* ~ *di* **matti** a madhouse; ~ *per* **polli** chicken coop; ⟨*Anat*⟩ ~ **toracica** chest, thoracic (*o* rib) cage; ~ *per* **uccelli** birdcage.

gabbiano *m.* ⟨*Ornit*⟩ gull, seagull.

gabbiata *f.* (*animali di una gabbia*) cage(ful) of animals. **gabbiere** *m.* ⟨*Mar*⟩ topman. **gabbionata** *f.* ⟨*Idr*⟩ gabionade. **gabbione** *m.* **1** ⟨*Idr,Mil*⟩ gabion. **2** (*gabbia degli imputati*) prisoner's dock.

gabbo *m.* (*beffa, burla*) joke, hoax. □ *farsi* ~ *di* qd. to mock (*o* make fun of) s.o.; *prendere a* ~ qc. (*alla leggera*) to take s.th. lightly.

gabbro *m.* ⟨*Min*⟩ gabbro.

gabella *f.* ⟨*Stor*⟩ tax, toll; (*dazio*) (excise) duty, gabelle. □ ⟨*fig*⟩ *fare il tonto per non pagar* ~ to play dumb.

gabellare *v.t.* (*gabello*) **1** ⟨*fig*⟩ (*far passare*) to pass off: *lo gabellarono per esperto* they passed him off as an expert. **2** ⟨*fig*⟩ (*accettare per vero*) to believe, ⟨*fam*⟩ to swallow: *questa frottola non la gabello* I don't believe this story. **gabelliere** *m.* ⟨*Stor*⟩ excise man, tax collector.

gabinetto *m.* **1** (*studio privato*) study. **2** (*studio: di medico*) consulting room, ⟨*am*⟩ office; (*di fotografo*) studio. **3** ⟨*Scol*⟩ (*aula per esperimenti*) laboratory, ⟨*fam*⟩ lab. **4** ⟨*Pol*⟩ (*ministero*) cabinet. **5** ⟨*Stor*⟩ (*consiglio privato del sovrano*) privy (*o* cabinet) council. **6** (*latrina*) lavatory, toilet, W.C., men's (*o* ladies') room, ⟨*am*⟩ bathroom, ⟨*am*⟩ wash room. □ ~ *di* **analisi** laboratory; ⟨*Pol*⟩ **capo** *di* ~ first private secretary; ~ *di* **coalizione** coalition cabinet; ~ *di* **decenza** bathroom; ~ **dentistico** dentist's surgery, ⟨*am*⟩ dentist's office; ~ *di* **fisica** physics laboratory (*o* room); ~ **fotografico** photographic studio; ~ *di* **lettura** reading-room; ⟨*GB*⟩ ~ **ombra** (*o fantasma*) shadow cabinet; ⟨*Pol*⟩ ~ *di* **transizione** caretaker (*o* transition) cabinet.

Gabriele *N.pr.m.* Gabriel: ⟨*Bibl*⟩ *l'arcangelo* ~ the Archangel Gabriel.

gadolinio *m.* ⟨*Chim*⟩ gadolinium. **gadolinite** *f.* ⟨*Min*⟩ gadolinite.

gaelico *a./s.* (*pl.* **-ci**) **I** *a.* Gaelic. **II** *s.m.* (*lingua*) Gaelic.

gaettone *m.* ⟨*Mar.mil*⟩ dogwatch.

gaffa *f.* ⟨*Mar*⟩ boat-hook.

gaffe *fr.* [gaf] *f.* gaffe, faux pas, blunder: *fare una* ~ to make (*o* commit) a gaffe, ⟨*fam*⟩ to put one's foot in it.

gagà *m.* fop, dandy.

gagate *f.* ⟨*Min*⟩ jet.

gaggia *f.* ⟨*Bot*⟩ huisache, cassie.

gagliarda *f.* ⟨*Mus*⟩ galliard.

gagliardetto *m.* ⟨*Mar*⟩ pennon, pennant.

gagliardia *f.* ⟨*lett*⟩ strength, vigour, hardiness. **gagliardo** *a.* **1** strong, vigorous, hardy, lusty; (*robusto*) strapping, robust: *un giovane* ~ a strapping young man; *vento* ~ strong wind. **2** (*coraggioso*) brave, courageous, bold: *un guerriero* ~ a brave warrior. **3** (*rif. a vino*) full-bodied, strong and generous. **4** ⟨*fig*⟩ (*vivace*) lively, forceful: *ingegno* ~ lively intellect.

gaglioffaggine *f.* foolishness, loutishness. **gaglioffo** **I** *s.m.* **1** oaf, lout; (*buono a nulla*) idler, ⟨*fam*⟩ good-for-nothing. **2** ⟨*ant*⟩ (*furfante*) rascal, scoundrel. **II** *a.* **1** oafish, loutish; (*goffo*) clumsy. **2** (*furfantesco*) rascally, ⟨*ant*⟩ knavish.

gaiamente *avv.* gaily, cheerfully, merrily. **gaiezza** *f.* gaiety, cheerfulness, merriness. **gaio** *a.* gay, cheerful, light-hearted, merry: *carattere* ~ cheerful character; *una* ~*a compagnia* a merry band; (*vivace*) lively; (*rif. a colori*) bright, lively. □ ⟨*Lett,Filos*⟩ *la* ~*a scienza* the gay science.

gaiserite *f.* (*geyserite*) geyserite.

gala **I** *s.f.* **1** (*lusso, sfarzo*) luxury, pomp, show. **2** (*ricevimento*) festivity, gala, feast. **3** (*striscia increspata: di stoffa*) frill, flounce. **4** (*nastro*) ribbon; (*fiocco*) bow. **5** (*cravatta a farfalla*) bow tie. **6** ⟨*Mar*⟩ (*pavese*) flags *pl*, flag dressing. **II** *a.* (*ricevimento*) gala. □ *di* ~ gala-: *serata di* ~ gala evening; *abito di* ~ formal dress; *pranzo di* ~ gala dinner.

galalite *f.* ⟨*Ind*⟩ galalith.

galante *a.* **1** gallant: *un signore* ~ a gallant gentleman. **2** (*amoroso*) love-: *avventura* ~ love–affair. **galantemente** *avv.* gallantly. **galanteria** *f.* gallantry.

galantina *f.* ⟨*Gastr*⟩ galantine: ~ *di pollo* chicken galantine.

galantuomo *m.* gentleman, man of honour, honest (*o* upright) man. □ *agire da* ~ to behave like a true gentleman; *ehi, galantuomini, ascoltate!* hullo there, listen!; *parola di* ~ (on my) word of honour.

galassia *f.* ⟨*Astr*⟩ galaxy; (*via Lattea*) Milky Way, Galaxy.

galateo *m.* **1** (*libro*) book of etiquette (*o* manners), code of politeness. **2** ⟨*estens*⟩ (*buona educazione*) etiquette, (good) manners *pl: questo è contro il* ~ this is not etiquette. □ *conoscere il* ~ to have good manners; *non conoscere il* ~ to have no manners; *dovresti imparare il* ~ you should learn some manners.

galattagogo *a./s.m.* (*pl.* -gi) ⟨*Farm*⟩ galactagogue.

galattico *a.* (*pl.* -ci) ⟨*Astr*⟩ galactic.

galattoforo *a.* ⟨*Anat*⟩ galactophorous. **galattometro** *m.* ⟨*Ind*⟩ galactometer. **galattopoiesi** *f.* ⟨*Fisiol*⟩ galactopoiesis. **galattosio** *m.* ⟨*Chim*⟩ galactose.

galaverna *f.* (*brina*) hoar–frost; (*ghiacciolo*) icicle.

galaxite *f.* ⟨*Min*⟩ galaxite.

galbula *f.* ⟨*Ornit*⟩ jacamar.

galbulo *m.* ⟨*Bot*⟩ cone.

galea[1] *f.* ⟨*Mar.ant*⟩ galley.

galea[2] *f.* ⟨*Stor.rom*⟩ (*elmo*) (leather) helmet.

galeazza *f.* ⟨*Mar.ant*⟩ galleass.

galena *f.* ⟨*Min*⟩ galena. □ *apparecchio a* ~ crystal set.

galenico *a.* (*pl.* -ci) galenic(al). □ ⟨*Farm*⟩ *preparato* ~ galenical. **Galeno** *N.pr.m.* ⟨*Stor*⟩ Galen.

galeone *m.* ⟨*Mar.ant*⟩ galleon.

galeopiteco *m.* ⟨*Zool*⟩ galeopithecus.

galeotta *f.* ⟨*Mar.ant*⟩ gal(l)iot. **galeotto** *m.* **1** ⟨*Mar.ant*⟩ galley slave. **2** (*carcerato*) convict. **3** ⟨*estens*⟩ (*furfante*) ruffian, scoundrel, knave. **galera** *f.* **1** ⟨*Mar.ant*⟩ galley. **2** (*lavori forzati*) penal servitude, (imprisonment with) hard labour: *fu condannato a dieci anni di* ~ he was sentenced to ten years' penal servitude; (*prigione*) prison, gaol, jail: *andare in* ~ to go to jail. **3** ⟨*fig*⟩ prison: *la casa era diventata per lui una* ~ the house had become a prison for him. □ ⌈*avanzo di*⌉ (*o pezzo da*) ~ jail–bird; ⟨*fig*⟩ *fare una vita da* ~ to drudge and slave.

galero *m.* Cardinal's hat.

galestro *m.* ⟨*Geol*⟩ marl.

Galilea *N.pr.f.* ⟨*Geog*⟩ Galilee: *mare di* ~ Sea of Galilee. **galileo** *a./s.m.* Galilean. □ *il* ~ (*Gesù Cristo*) the Galilean.

Galizia *N.pr.f.* ⟨*Geog*⟩ Galicia.

galla *f.* **1** ⟨*Bot,Veter*⟩ gall. **2** (*vescica*) blister, gall. □ **a** ~ (*a fior d'acqua*) afloat, floating; **rimanere** (o *stare*) **a** ~: 1 to float, to stay (*o* keep) afloat; 2 ⟨*fig*⟩ to keep one's head above water, to scrape through; **tenersi a** ~ to keep afloat (*anche fig.*); **venire a** ~: 1 to (come to the) surface; 2 ⟨*fig*⟩ to come out (*o* to light): *prima o poi i suoi imbrogli verranno a* ~ sooner or later his cheating will come to light.

gallare I *v.t.* to fertilize. **II** *v.i.* (*aus.* **avere**) to be fertilized. **gallato** *a.* fertilized: *uovo* ~ fertilized egg. **gallatura** *f.* fertilization.

galleggiabilità *f.* buoyancy. **galleggiamento** *m.* floating, flo(a)tation. □ ⟨*Mar*⟩ *centro di* ~ centre of buoyancy; ⟨*Mar*⟩ *linea di* ~ waterline; ⟨*Mar*⟩ *spinta di* ~ buoyancy. **galleggiante I** *a.* floating, ⟨*pred*⟩ afloat: *bacino* ~ floating dock. **II** *s.m.* **1** (*natante*) float, barge; (*pontone*) pontoon; (*zattera*) float. **2** (*boa*) buoy. **3** ⟨*Pesc,Idr,Aer*⟩ float. **galleggiare** *v.i.* (galleggio, galleggi; *aus.* **avere**) to float (*anche fig.*): *il sughero galleggia* cork floats.

gallego *a./s.m.* (*pl.* -ghi; *f.* -a) Galician.

galleria *f.* **1** (*traforo*) tunnel. **2** (*strada coperta*) arcade. **3** (*esposizione di opere d'arte*) gallery. **4** ⟨*Cin,Teat*⟩ balcony, circle. **5** ⟨*Arch*⟩ gallery, portico. **6** ⟨*Minier*⟩ gallery, tunnel, drift. **7** (*scavo fatto da animali*) burrow, tunnel. **8** ⟨*Mil*⟩ gallery. **9** ⟨*Aer*⟩ (*galleria del vento*) wind tunnel. □ ⟨*Minier*⟩ ~ *d'accesso* adit; ~ *d'arte moderna* modern art

gallery; ~ *della* **metropolitana** tube, ⟨*am*⟩ subway; ~ **Nazionale** National Gallery; ⟨*Minier*⟩ ~ *di passaggio* gangway; ⟨*Minier*⟩ ~ *in* **pendenza** slant; **scavare** *una* ~ to tunnel; (*rif. ad animali*) to burrow; ⟨*Minier*⟩ ~ *di* **ventilazione** wind (*o* air) way.

gallerista *m./f.* gallery director.

Galles *N.pr.m.* ⟨*Geog*⟩ Wales. **gallese I** *a.* Welsh. **II** *s.* **1** *m.* (*lingua*) Welsh. **2** *m./f.* (*abitante*) Welshman (*f* –woman).

galletta *f.* (*per soldati*) biscuit; (*per marinai*) ship's (*o* sea) biscuit, hard tack.

galletto *m.* **1** (*giovane gallo*) cockerel, young cock. **2** ⟨*fig*⟩ (*giovane vivace o arrogante*) young cock. **3** ⟨*Mecc*⟩ wing nut. □ ~ *di primo canto* cockerel; *fare il* ~: 1 (*essere arrogante*) to be cocky (*o* cheeky); 2 (*fare il galante*) to flirt.

Gallia *N.pr.f.* ⟨*Geog.stor*⟩ Gaul: ~ *Cisalpina* cisalpine Gaul. **gallicanesimo, gallicanismo** *m.* ⟨*Stor*⟩ Gallicanism. **gallicano** *a.* Gallic(an): *Chiesa* -*a* Gallican Church. **gallicismo** *m.* ⟨*Ling*⟩ gallicism. **gallicizzare** *v.t./i.* (*aus.* **avere**) to gallicize.

gallico[1] *a.* (*pl.* -ci) Gallic(an).

gallico[2]: ⟨*Chim*⟩ *acido* ~ gallic acid.

gallina *f.* hen. **1** ~ *faraona* guinea hen (*o* fowl); ⟨*fig*⟩ *andare a letto con le* -*e* to go to bed very early; ~ *ovaiola* laying hen, layer. *Prov.*: *chi di* ~ *nasce convien che razzoli* like father like son. **gallinaccio** *m.* **1** (*region*) (*tacchino*) turkey, turkey cock. **2** ⟨*Bot*⟩ chanterelle. **gallinaceo** *a.* gallinaceous. **II** *s.m.pl.* gallinaceans *pl.* **gallinella** *f.* **1** (*gallina giovane*) pullet. **2** ⟨*Ornit*⟩ (*porciglione*) water rail. **3** ⟨*Ornit*⟩ (*beccaccia*) woodcock. □ ⟨*Ornit*⟩ ~ *d'acqua* water (*o* moor) hen.

gallio *m.* ⟨*Chim*⟩ gallium.

gallismo *m.* ⟨*iron*⟩ exaggerated sense of masculinity.

gallo[1] *m.* **1** ⟨*Ornit*⟩ cock, rooster. **2** ⟨*Sport*⟩ bantam, bantamweight. **3** ⟨*iron*⟩ (*vanitoso nelle faccende amorose*) lady-killer. □ *al canto del* ~ (*all'alba*) at cock–crow (*o* dawn); ~ *di primo canto* cockerel; ~ **cedrone** wood (*o* great) grouse; ⟨*fig*⟩ *essere il* ~ *della* **Checca** (*essere vezzeggiato dalle donne*) to be a ladies' man, to be the only man among a lot of women; ~ *da* **combattimento** fighting cock; *combattimento di* -*i* cock fight; *fare il* ~: 1 (*imbaldanzirsi*) to be cocky, to strut; 2 (*darsi arie da conquistatore*) to flirt, to play the ladykiller; ⟨*Sport*⟩ **peso** ~ bantam(weight).

gallo[2] **I** *a.* ⟨*Stor*⟩ (*della Gallia*) Gallic. **II** *s.m.* Gaul.

gallofobia *f.* francophobia, gallophobia. **gallomania** *f.* gallomania.

gallonare *v.t.* (**gallono**) to (trim with) braid, to decorate with stripes. **gallonato** *a.* braided, gallooned: *divisa* -*a* braided uniform; (*rif. a usciere e sim.*) liveried.

gallone[1] *m.* **1** braid, galloon: *una tenda con* -*i dorati* a curtain with gold braid. **2** ⟨*Mil*⟩ stripe, chevron: *i* -*i di sergente* a sergent's stripes.

gallone[2] *m.* (*unità di misura*) gallon.

gallozz(ol)a *f.* **1** (*vescichetta*) blister. **2** (*bolla sulla superficie di un liquido*) bubble.

galoche *fr.* [ga'lɔʃ] *f.* (*caloscia*) galosh, golosh, overshoe.

galoppante *a.* ⟨*Med,Econ*⟩ galloping. **galoppare** *v.i.* (**galoppo**; *aus.* **avere**) **1** to gallop. **2** ⟨*fig*⟩ (*essere in continuo movimento*) to be always on the go. □ *avere il cervello che galoppa* (*avere troppa fantasia*) to have too vivid an imagination; ~ *con la fantasia* to let one's imagination run away with one. **galoppata** *f.* **1** (*corsa al galoppo*) gallop(ing). **2** ⟨*Equit*⟩ gallop. **3** ⟨*fig*⟩ (*lavoro intenso*) hard work. □ ⟨*fig*⟩ *fare una bella* ~ to make a great effort. **galoppatoio** *m.* riding track. **galoppatore** *m.* (*f.* -trice) galloper. **galoppino** *m.* **1** (*fam,spreg*) messenger (*o* errand) boy. **2** ⟨*tecn*⟩ pulley. □ ~ *elettorale* canvasser, ⟨*am*⟩ (ward) heeler.

galoppo *m.* **1** gallop: *mettere un cavallo al* ~ to gallop a horse. **2** (*danza*) galop(ade). □ *al* ~ at a gallop; *partire al* ~ to gallop off; *di* ~: 1 at a gallop; *il cavallo procedeva di* ~ the horse was galloping; 2 (*scherz*) (*in gran fretta*) at full speed, at the double; *il ladro si allontanò di* ~ the thief dashed off; *andare di* ~ to gallop; ⟨*fig*⟩ to go (*o* come) at the double, to dash; **gran** ~ full gallop; **piccolo**

~ canter.

galvanico a. (pl. **-ci**) ⟨El⟩ galvanic: corrente –a galvanic current. **galvanismo** m. galvanism. **galvanizzare** v.t. to galvanize (anche fig.). **galvanizzazione** f. ⟨Med,Met⟩ galvanization. **galvanometro** m. ⟨Fis⟩ galvanometer.

galvano|plastica f. ⟨tecn⟩ galvanoplasty, galvanoplastics pl (costr.sing.). **~plastico** a. (pl. -ci) galvanoplastic. **~stegia** f. ⟨Met⟩ electroplating. **~stegista** m./f. electroplater. **~tecnica** f. science of electroplating. **~terapia** f. ⟨Med⟩ (elettroterapia) electrotherapy. **~tipia** f. ⟨Tip⟩ electrotype. **~tipista** m. electrotypist.

gamba f. **1** leg (anche estens.): questi pantaloni sono troppo lunghi di ~ these trousers are too long in the leg; le –e del tavolo the legs of the table, the table legs. **2** ⟨asta: di lettera, di nota musicale⟩ stem. **3** pl. ⟨esclam, fam⟩ (via, vattene) be off, off with you. □ a tre –e three–legged; ~ anteriore foreleg; andare a –e all'aria: 1 to fall flat on one's back; 2 ⟨fig⟩ (fallire) to fail, to be ruined; ~ artificiale artificial leg; ⟨fig⟩ avere buone –e to be a good walker; darsela a –e (fuggire) to take to one's heels; ⟨fig⟩ in ~: 1 (valente) smart, bright, clever, ⟨fam⟩ on the ball: un tipo in ~ a smart fellow; 2 (in buona salute) well, ⟨fam⟩ on top of the world; (rif. a persona anziana) sprightly; (stai) in ~! (stai bene) keep well!; (stai in guardia) watch out! keep your eyes open! ~ di legno wooden leg; mettersi le –e in spalla to take to one's heels, to flee; (fino) a mezza ~ halfway up (o down) the leg; (rif. a gonna) calf–length; fare il passo più lungo della ~ to bite off more than one can chew; perdere le –e (perderne l'uso per malattia) to lose the use of one's legs; ~ posteriore hind leg; voler raddrizzare le –e ai cani to go on a wild goose chase; non reggersi sulle –e to be hardly able to stand; prendere sotto ~ una persona to have a poor opinion of s.o.; prendere qc. sotto ~ to take s.th. lightly; stirare le –e to stretch one's legs; –e storte bandy (o bow) legs; mi tremavano le –e per la paura my legs were trembling (o knees were knocking) with fright.

gambacorta m./f. ⟨fam,scherz⟩ **1** (persona zoppa) lame person. **2** (persona dalle gambe corte) short–legged person. **gambale** m. **1** (parte dello stivale) (boot)leg; (ghetta) legging. **2** (forma di legno) boot tree. **3** (gambiera di armatura) jamb(e). **gambalesta** (o gamba lesta) m./f. ⟨fam,scherz⟩ speedy. **gambalunga** m./f. ⟨scherz⟩ long–legs pl.

gambecchio m. ⟨Ornit⟩ little stint.

gamberetto m. ⟨Zool⟩ shrimp. **gambero** m. ⟨Zool⟩ crayfish, ⟨am⟩ crawfish. □ camminare come i –i (non fare progressi) to go backwards; ~ di fiume freshwater crayfish; ~ di mare European lobster; rosso come un ~ as red as a boiled lobster.

gambetto m. **1** (sgambetto) trip. **2** (nel gioco degli scacchi) gambit. □ dare (o fare) il ~ a qd. to push s.o. out (anche fig.).

gambiera f. ⟨Mil.ant⟩ jamb(e).

gambino m. (fosso di risaia) trench.

gambizzato a. shot in the leg. **gambizzare** v.t. to shoot in the leg.

gambo m. **1** (di fiore) stem, stalk: rose col ~ lungo long–stemmed roses; (di fungo) stipe, stalk. **2** ⟨Mecc⟩ shank.

gamella f. **1** ⟨Mil⟩ (gavetta) mess tin. **2** ⟨Mar⟩ (mess) kit.

gamete m. ⟨Biol⟩ gamete. **gametofito** m. ⟨Bot⟩ gametophyte. **gametogamia** f. ⟨Biol⟩ gametogony. **gamia** f. ⟨Biol⟩ gamic reproduction.

gamma[1] f. **1** ⟨Mus⟩ scale, gamut. **2** (rif. a colori) range, gamut (anche fig.): la ~ dei rossi the gamut of reds. **3** ⟨Rad⟩ band, range. □ una vasta ~ di articoli a wide range of articles; ~ di colori range of colours, colour range; ⟨Rad⟩ ~ di frequenza frequency range; ⟨Rad⟩ ~ (di lunghezza) d'onda waveband; ⟨Rad⟩ ~ di sintonia tuning band.

gamma[2] m.inv. (lettera dell'alfabeto greco) gamma. □ ⟨Fis⟩ fattore ~ gamma factor; raggi ~ gamma rays.

gammaglobulina f. ⟨Biol⟩ gammaglobulin.

gammato: croce –a (svastica) swastika, gammadion.

gamopetalo a. gamopetalus.

---

ganascia f. (pl. **-sce**) **1** jaw. **2** ⟨Mecc⟩ jaw, shoe. **3** (dei freni) (brake) shoe. **4** ⟨Ferr⟩ fish(ing) plate. □ mangiare a quattro ganasce to eat like a horse, to wolf down. **ganascino**: prendere per il ~ to pinch s.o.'s cheek.

gancio m. **1** hook (anche Vest.). **2** ⟨Sport⟩ (nel pugilato) hook. **3** ⟨fig⟩ (appiglio, pretesto) cavil, pretext.

Gand N.pr.f. ⟨Geog⟩ Ghent.

ganga[1] f. **1** (banda) gang, band: una ~ di malviventi a gang of criminals. **2** (compagnia, combriccola) gang, band, set.

ganga[2] f. ⟨Minier⟩ gang(ue).

Gange N.pr.m. ⟨Geog⟩ Ganges.

gangherella f. ⟨Vest⟩ eye. **ganghero** m. **1** hinge: i –i della porta the door hinges. **2** ⟨Vest⟩ (gancio per abbottonare) hook. □ ⟨fig⟩ essere fuori dei –i to be beside o.s.; ⟨fig⟩ uscire dai –i to lose one's temper.

gangliare [-gl-] a. ⟨Anat⟩ ganglionic, ganglion–: cellula ~ ganglion cell. **ganglio** m. **1** ⟨Anat,Med⟩ ganglion. **2** ⟨fig⟩ (centro vitale) nerve centre, ganglion, vital point: i gangli dell'economia the nerve centres of the economy. □ ~ linfatico lymph node; ~ nervoso ganglion. **ganglioma** m. ⟨Med⟩ ganglioma.

gangsterismo m. gangsterism. **gangsteristico** a. (pl. -ci) gangster–, gangsterism–.

Ganimede N.pr.m. ⟨Mitol⟩ Ganymede. **ganimede** m. (bellimbusto) dandy, fop, beau: fare il ~ to play the dandy.

ganoidi m.pl. ⟨Itt⟩ ganoids pl.

ganzo m. (f. **-a**) **1** ⟨spreg⟩ (amante) paramour. **2** ⟨pop⟩ (persona scaltra) smart fellow.

gap ingl. m. gap, disparity: ~ generazionale generation gap; ⟨Mil⟩ ~ missilistico missile gap.

gara f. **1** competition, contest: ~ poetica poetry competition. **2** ⟨Sport⟩ contest; (corsa) race; (fra due contendenti o squadre) match. **3** (concorso) competitive bidding. **4** ⟨fig⟩ competition, rivalry. □ a ~ in competition; fare a ~ to vie (o compete) with e.o., to try to outdo e.o.; abbandonare una ~ to drop out of a competition; ~ d'appalto tender for contract: ⟨Comm⟩ indire una ~ d'appalto to call for tenders; ~ automobilistica motor (o car) race; ~ ciclistica (bi)cycle race; ~ di corsa race; disputare una ~ to compete in an event; ~ eliminatoria heat; entrare (o essere) in ~ con qd. to compete with s.o.; fare a ~ to compete; ~ finale final; ~ di ginnastica gymnastic competition; iscriversi a una ~ to enter a competition; ~ di nuoto swimming race; ⟨Comm⟩ ~ a offerta segreta sealed bid tender; ~ di regolarità reliability trial; ~ di salto jumping competition; ~ di tiro shooting competition.

garage fr. [ga'ra:ʒ] m. garage. **garagista** m. **1** (operaio) garage attendant; (meccanico) motor mechanic. **2** (proprietario) garage proprietor (o owner).

garamond fr. [-'mɔ̃] m. ⟨Tip⟩ Garamond.

garante I a. guarantee–. II s.m. guarantor, surety, warrantor. □ essere ~ per qd. to vouch (o answer) for s.o.; farsi (o rendersi) ~ per qc. to vouch for s.th. **garantire** v. (garantisco, garantisci) I v.t. **1** (rendersi garante) to guarantee, to warrant: ~ il rimborso di un credito to guarantee the refund of a loan. **2** (rif. a merci) to guarantee: ~ un orologio per due anni to guarantee a watch for two years. **3** ⟨fig⟩ to vouch (o answer) for: posso ~ la sua onestà I can vouch for his honesty. **4** ⟨estens⟩ (assicurare) to assure, to warrant: ti garantisco che le cose stanno come ti ho detto I assure you that the situation is as I have described it. II v.i. (aus. avere) to go (o stand as) surety: ~ per qd. to go surety for s.o. **garantirsi** v.r. (procurarsi delle garanzie) to obtain guarantees. □ ⟨fam⟩ te lo garantisco io! I can tell you!

garantismo m. ⟨Pol⟩ advocacy of civil liberties. **garantista** m./f. advocate of civil liberties. **garantistico** a. (pl. -ci) of civil liberties.

garantito a. **1** guaranteed, warranted: tessuto ~ impermeabile guaranteed waterproof fabric. **2** ⟨esclam⟩ depend on it, no doubt, you can be sure of it; arriverà tardi, ~! he will arrive late, depend on it!; un frigorifero ~ per due anni a refrigerator with a two–year guarantee.

garanzia f. **1** guarantee, guaranty, surety, warranty: esigere *delle –e* to insist on guarantees. **2** ⟨*Comm,Pol,fig*⟩ guarantee: *l'orologio ha la ~ di un anno* the watch has a one-year guarantee; *il suo appoggio è una ~ di successo* his support is a guarantee of success. **3** ⟨*Econ*⟩ security. □ *un anno di ~* one-year warranty; *~* **bancaria** bank guarantee; **cartolina** *di ~* guarantee card; **certificato** *di ~* guarantee certificate; *~* **collaterale** collateral security; ⟨*Pol*⟩ *–e* **costituzionali** constitutional guarantees; **deposito** (o *fondo*) *di ~* guarantee deposit; *~* 'immobiliare real security, security on property; ⟨*Comm*⟩ **periodo** *di ~* warranty period; *~* **personale** personal guarantee; *~ di* **qualità** guarantee of quality; **senza** *~* without recourse; *dare ~ di* **serietà** to be reliable; *non dare ~ di serietà* to be unreliable.

garbare *v.i.* (*aus.* **essere**) to please, to suit, to like (*costr.pers.*): *i tuoi scherzi non mi garbano* I don't like your jokes; *il suo comportamento mi garba poco* I don't much like his behaviour. **garbatamente** *avv.* politely, courteously, amiably, nicely. **garbatezza** *f.* politeness, courtesy, good manners *pl.* **garbato** *a.* polite, courteous, well-mannered: *una persona –a* a well-mannered person; (*gentile*) kind, amiable, nice. **garbo** *m.* **1** (*gentilezza*) kindness. **2** (*modi garbati*) politeness, good (o nice) manners *pl,* courtesy; (*grazia*) grace(fulness), style; (*tatto*) tact. **3** ⟨*Mar*⟩ garboard. **4** (*atto, gesto*) gesture, action, deed: *un ~ da villano* a rough deed. □ *cantare con ~* to sing nicely (o prettily); *mal ~* (*scortesia*) bad grace, rudeness; *mi rispose con mal ~* he answered me rudely; *una persona piena di ~* a very courteous person; *persona senza ~* (*goffa*) awkward (o clumsy) person.

garbuglio *m.* **1** entanglement, tangle: *un ~ di fili* a tangle of threads. **2** ⟨*fig*⟩ confusion, muddle: *un ~ di sentimenti* a confusion of sentiments.

garçonnière *fr.* [garso'njer] *f.* garçonnière.

Garda *N.pr.m.* ⟨*Geog*⟩ Garda. □ *lago di ~* Lake Garda.

gardenia *f.* ⟨*Bot*⟩ gardenia.

gareggiamento *m.* competition. **gareggiare** *v.i.* (*gareggio, gareggi; aus.* **avere**) **1** to compete. **2** ⟨*fig*⟩ (*misurarsi*) to vie, to compete, to rival: *i due fratelli gareggiavano nello studio* the two brothers vied with each other in studying. **3** (*essere alla pari*) to compete, to come near: *nessuno può ~ con lui* nobody can compete with him.

garenna *f.* ⟨*Zootecn*⟩ rabbit warren.

garganella: *bere a ~* to pour down one's throat; ⟨*fig*⟩ to be a soak.

gargarismo *m.* **1** gargling. **2** (*soluzione medicamentosa*) gargle. □ *fare i –i* to gargle. **gargarizzare** *v.i.* (*aus.* avere), gargarizzarsi *v.r.* to gargle. **gargarozzo** *m.* ⟨*pop*⟩ throat, gullet.

gargotta *f.* (*bettola*) low tavern.

garibaldino **I** *a.* **1** (*di Garibaldi*) Garibaldian, Garibaldi's. **2** ⟨*fig*⟩ (*audace*) dashing, daring, reckless, bold. **II** *s.m.* (*soldato*) soldier in Garibaldi's army. □ *alla –a* boldly, daringly, impetuously.

garitta *f.* **1** ⟨*Mil*⟩ sentrybox. **2** ⟨*Stor*⟩ watchtower. **3** ⟨*Ferr*⟩ (brake) cabin. **4** ⟨*Mar*⟩ weather boards *pl.*

garnettare *v.t.* (*garnetto*) ⟨*Tess*⟩ to garnett. **garnettatrice** *f.* garnett. **garnettatura** *f.* garnetting.

garofano *m.* ⟨*Bot*⟩ carnation, gillyflower: *portava all'occhiello un ~ rosso* he wore a red carnation in his buttonhole. □ *~ a mazzetti* sweet william; *~ selvatico* wild pink; ⟨*Gastr*⟩ *chiodi di ~* cloves *pl.*

garrese *m.* withers *pl.*

garretto *m.* **1** (*di animale*) hock, hough. **2** (*nell'uomo*) ankle. □ ⟨*fig*⟩ *dai –i d'acciaio* sturdy-legged.

garrire *v.i.* (*garrisco, garrisci; aus.* avere) **1** to chirp, to twitter: *le rondini garriscono* the swallows are twittering. **2** ⟨*lett*⟩ (*sventolare*) to flap, to flutter: *le bandiere garrivano al vento* the flags were fluttering in the breeze. **garrito** *m.* chirping, twittering: *il ~ delle rondini* the twittering of the swallows.

garrotta *f.* garrote.

garrulità *f.* ⟨*lett*⟩ garrulity, garrulousness. **garrulo** *a.* ⟨*lett*⟩ **1** (*che garrisce*) chirping, twittering. **2** (*rif. a persona: ciarliero*) garrulous, loquacious.

garza *f.* gauze: *~ idrofila* surgical (o sterile) gauze.

garzare *v.t.* ⟨*Tess*⟩ to teasel, to teazle. **garzatore** *m.* (*f.* -trice) teaseler, teazler. **garzatrice** *f.* **1** (*operaia*) teaseler, teazler. **2** (*macchina*) teaseling machine. **garzatura** *f.* teaseling, teazling. **garzo** *m.* ⟨*Bot*⟩ (*cardo dei lanaioli*) teasel, teazle. □ ⟨*Tess*⟩ *dare il ~* to teasel.

garzone *m.* **1** boy, helper, labourer, hand. **2** (*nelle campagne*) farm labourer, farm hand. □ *~ di bottega* shop boy; *~ del fornaio* baker's boy; *~ di stalla* stable boy (o hand).

gas *m.* ⟨*Fis*⟩ gas. □ **a** *~* gas-: *cucina a ~* gas-cooker, gas-stove; **accendere** *il ~* to turn on the gas; *~* **asfissiante** poison(ous) gas; *~ in* **bombole** bottled gas; **chiudere** *il ~* to turn off the gas; *~* **combustibile** combustible (o fuel) gas; ⟨*Aut*⟩ **dare** *~* to accelerate; *dare tutto il ~* to open the throttle (wide); *~ per uso* **domestico** town gas; *~* **esilarante** laughing gas; *~* **illuminante** coal (o illuminating) gas; *~* **inerte** inert gas; *~* **lacrimogeno** tear gas; *~* **liquido** liquid gas; *~ di* **miniera** firedamp; *~* **naturale** natural gas; *~* **nervino** nerve gas; *~ delle* **paludi** marsh gas; *~ di* **rifiuto** (o *scappamento, scarico*) exhaust (o waste) gas; **spegnere** *il ~* to turn off the gas; ⟨*Aut*⟩ **togliere** *il ~* to shut off the gas; *a tutto ~*: 1 at full speed; 2 ⟨*fig*⟩ flat out.

gascromatografia *f.* gaschromatography.

gasdotto *m.* gas pipeline. **gasolina** *f.* ⟨*Chim*⟩ gasoline. **gasolio** *m.* ⟨*Chim*⟩ gas oil, diesel oil (o fuel).

gasometro *m.* → **gassometro**.

gassa *f.* ⟨*Mar*⟩ loop, eye. □ *~ d'amante* bowline knot.

gassare *v.t.* **1** (*rif. a liquidi*) to aerate, to carbonate. **2** (*uccidere con gas*) to gas. **gassato** *a.* **1** aerated, gassed, carbonated: *bevande –e* carbonated beverages. **2** (*ucciso da gas*) gassed. **gassatura** *f.* **1** (*rif. a liquidi*) aeration, carbonation. **2** (*uccisione con gas*) gassing. **gassificare** *v.t.* (*gassifico, gassifichi*) to gasify. **gassificazione** *f.* gasification: *~ del carbone* coal gasification. **gassista** *m.* **1** (*addetto alle apparecchiature*) gasman, gas-fitter. **2** ⟨*Met*⟩ (*operaio*) operator of a gas generator. **gassogeno** *m.* ⟨*tecn*⟩ gas generator (o producer). **gassometria** *f.* gasometry. **gassometrico** *a.* (*pl.* -ci) gasometric(al). **gassometro** *m.* gasometer. **gassosa** *f.* fizzy drink. **gassoso** *a.* **1** ⟨*Fis*⟩ gaseous: *stato ~* gaseous state. **2** (*di gas*) gas-: *emanazione –a* gas leak.

gastaldo *m.* ⟨*Mediev*⟩ (*castaldo*) chamberlain.

gasteropodi *m.pl.* ⟨*Zool*⟩ gast(e)ropods *pl.*

Gastone *N.pr.m.* Gaston.

gastralgia *f.* ⟨*Med*⟩ gastralgia.

gastrectasia *f.* ⟨*Med*⟩ gastrectasia. **gastrectomia** *f.* ⟨*Chir*⟩ gastrectomy.

gastrico *a.* (*pl.* -ci) gastric. □ *lavanda –a* gastric lavage, stomach pumping. **gastrite** *f.* ⟨*Med*⟩ gastritis.

gastro|cele *m.* ⟨*Med*⟩ gastrocele. **~duodenale** *a.* ⟨*Anat*⟩ gastroduodenal. **~enterico** *a.* (*pl.* -ci) gastroenteric. **~enterite** *f.* gastroenteritis. **~enterologia** *f.* gastro-enterology. **~enterologo** *m.* (*pl.* -gi) gastroenterologist. **~epatico** *a.* (*pl.* -ci) gastrohepatic. **~epatite** *f.* gastrohepatitis. **~intestinale** *a.* gastrointestinal. **~logia** *f.* gastrology.

gastronomia *f.* gastronomy. **gastronomico** *a.* (*pl.* -ci) gastronomic(al): *specialità gastronomiche* gastronomic specialities. **gastronomo** *m.* gastronome, gastronomist.

gastro|patia *f.* ⟨*Med*⟩ gastropathy. **~scopia** *f.* gastroscopy. **~tomia** *f.* gastrotomy.

gastrula *f.* ⟨*Biol*⟩ gastrula.

gâteau *fr.* [ga'to] *m.* ⟨*Dolc*⟩ gateau, cake; (*farcito*) pie.

gatta *f.* she cat, female cat. □ *qui ~ ci cova* I smell a rat, there is a snake in the grass; ⟨*fig*⟩ *una ~ da pelare* a hard (o tough) nut to crack; *ho altre –e da pelare* I have other fish to fry. *Prov.*: *la ~ frettolosa fece i gattini ciechi* (the) more haste (the) less speed; *quando manca la ~ i topi ballano* when the cat's away the mice will play; *tanto va la ~ al lardo che ci lascia lo zampino* the pitcher went once too often to the well.

gattabuia *f.* ⟨*pop*⟩ (*prigione*) clink, quod, cooler: *mettere qd. in ~* to put s.o. in the clink.

gattaiolo *f.* hole in a door for cats to pass through.

gattamorta *f.* (*pl.* gattemorte) ⟨*fam*⟩ wily person, sly one. □ *fare la ~* to act slyly. **gattesco** *a.* (*pl.* -chi) (*di* *gatto*) cat–like, cattish, feline.

gattice *m.* ⟨*Bot*⟩ white poplar.

gattinara *m.* ⟨*Enol*⟩ gattinara (a red wine from Vercelli).

gattino[1] *m.* kitten. □ ⟨*fam*⟩ *fare i –i* (*vomitare*) to be sick.

gattino[2] *m.* ⟨*Bot*⟩ catkin.

gatto *m.* (*f.* **-a**) **1** cat; (*gatto maschio*) tom cat, cat, he cat, male cat. **2** (*pelliccia*) cat fur. □ ~ *d'Angora* Angora cat; *essere come* **cane** *e* ~ to be like cat and dog; ~ *a nove* **code** cat–o'nine–tails; ~ **persiano** Persian cat; ⟨*fam*⟩ *c'erano* **quattro** *–i* there was hardly anybody (*o* a soul) there; ~ **rosso** ginger cat; *sciopero a* ~ **selvaggio** wildcat strike; ~ **selvatico** European wild cat; ~ **siamese** Siamese cat; ~ **soriano** tabby cat; ⟨*Lett*⟩ *il* ~ *con gli* **stivali** Puss–in–Boots.

gattomammone (*o* **gatto** **mammone**) *m.* bog(e)y.

gattonare *v.t.* (**gattono**) to stalk: ~ *la* **preda** to stalk the prey.

gattoni *avv.* on all fours. □ *gatton* ~ (*quatto quatto*) stealthily: *avanzare gatton* ~ to creep stealthily.

gattopardo *m.* ⟨*Zool*⟩ (*africano*) serval; (*americano*) ocelot.

gattuccio[1] *m.* ⟨*Itt*⟩ small spotted dogfish.

gattuccio[2] *m.* ⟨*Fal*⟩ turning (*o* compass) saw.

gauchista *fr.* [go'ʃi-] **I** *a.* leftist, left–wing. **II** *s.m./f.* leftist, left–winger.

gaudente **I** *s.m./f.* reveller, pleasure lover, pleasure seeker. **II** *a.* pleasure–loving, pleasure–seeking. □ *frati –i* Knights of Our Lady. **gaudio** *m.* bliss, joy. **gaudiosamente** *avv.* joyfully. **gaudioso** *a.* ⟨*lett*⟩ joyful. □ ⟨*Rel*⟩ *misteri –i* the Joyful Mysteries.

gaullista [gol-] *a./s.m./f.* ⟨*Pol*⟩ Gaullist.

gauss *ted.* *m.* ⟨*Fis*⟩ gauss. **gaussiano** *a.* ⟨*Mat*⟩ Gaussian: *curva –a* Gaussian curve.

gavetta *f.* **1** mess tin. **2** ⟨*Mar*⟩ (mess) kit. □ *venire dalla* ~ (*rif. a ufficiali*) to rise (*o* come) from the ranks; ⟨*fig*⟩ to be a self–made man.

gaviale *m.* ⟨*Zool*⟩ gavial.

gavina *f.* ⟨*Ornit*⟩ common gull.

gavitello *m.* ⟨*Mar*⟩ buoy.

gavotta *f.* ⟨*Mus*⟩ gavotte.

Gaza *N.pr.f.* ⟨*Geog*⟩ Gaza: *la striscia di* ~ the Gaza Strip.

gazza *f.* ⟨*Ornit*⟩ magpie (*anche fig.*).

gazzarra *f.* uproar, hubbub, din, row. □ *fare* ~ to make a hullabaloo, to kick up a row.

gazzella *f.* ⟨*Zool*⟩ gazelle.

gazzetta *f.* **1** gazette. **2** ⟨*fig*⟩ (*persona pettegola*) newsmonger, gossip. □ ~ *dello sport* sports newspaper; *la* ~ *ufficiale* the Official Gazette. **gazzettiere** *m.* ⟨*spreg*⟩ hack reporter. **gazzettino** *m.* **1** news–sheet. **2** ⟨*fig*⟩ (*persona pettegola*) newsmonger, gossip. □ ⟨*Giorn*⟩ ~ *rosa* gossip column.

gazzosa *f.* → **gassosa**.

geco *m.* (*pl.* **-chi**) ⟨*Zool*⟩ gecko.

Geenna *N.pr.f.* ⟨*Bibl*⟩ Gehenna. **geenna** *f.* (*inferno*) gehenna.

gel *m.* ⟨*Chim*⟩ gel.

gelare *v.* (**gelo**) **I** *v.i.* (*aus.* **essere**) **1** to freeze (over), to become frozen: *stanotte il lago è gelato* the lake froze over last night. **2** (*rif. a persona: avere molto freddo*) to be frozen, to be freezing. **II** *v.i.impers.* (*aus.* **essere**/avere) to freeze: *durante la notte ha* (o è) *gelato* it froze during the night. **III** *v.t.* **1** to freeze: *il vento le gelava le membra* her limbs were frozen by the cold wind; (*rif. a bibite e sim.*) to chill, to ice. **2** (*rif. a piante*) to (frost)bite, to kill, to ruin: *la brina gelò le colture* the frost ruined the crops. **3** ⟨*fig*⟩ (*spaventare*) to horrify: *la notizia ci ha gelato* the news horrified us. **gelarsi** *v.r.* to freeze, to be frozen: *mi si sono gelate le mani* my hands are frozen. □ *fare* ~ to freeze: *il freddo ha fatto* ~ *l'acqua nei tubi* the cold has frozen the water in the pipes; ⟨*fig*⟩ (*fare*) ~ *il sangue* to make one's blood run cold; ⟨*fig*⟩ *sentirsi* ~ to be terrified (*o* petrified); ⟨*fig*⟩ *mi sentii* ~ my heart missed a beat.

gelata *f.* hard frost, frost: *la* ~ *ha rovinato i germogli* the frost has ruined the buds.

gelataio *m.* (*f.* **-a**) ice–cream man (*o* vendor). **gelateria** *f.* ice–cream shop. **gelatiera** *f.* ice–cream machine.

gelatina *f.* **1** ⟨*Gastr*⟩ jelly. **2** ⟨*Chim*⟩ gelatin(e). **3** ⟨*Teat*⟩ gelatin. □ ~ *esplosiva* nitrogelatine; ~ *di frutta* fruit jelly; *in* ~ in gelatine (*o* aspic): *carne in* ~ meat in aspic; ~ *reale* royal jelly. **gelatinizzare** *v.t.* to gelatinize, to gelatinate. **gelatinizzarsi** *v.r.* to gel. **gelatinizzazione** *f.* gelling. **gelatinoso** *a.* gelatinous.

gelato **I** *a.* **1** frozen, icy. **2** (*gelido*) cold, freezing: *avere le mani –e* to have cold hands. **II** *s.m.* ⟨*Dolc*⟩ ice, ice –cream. □ *cono* ~ ice–cream cone; *una coppa di* ~ a dish of ice–cream; ~ *di fragola* strawberry ice–cream; ~ *da passeggio* ice–cream on a stick.

gelicidio *m.* ⟨*Meteor*⟩ glazed frost, ⟨*am*⟩ glaze.

gelidamente *avv.* icily, coldly, frigidly, gelidly (*anche fig.*). **gelido** *a.* icy, ice cold, gelid (*anche fig.*): *acqua –a* ice cold water; *accoglienza –a* cold reception; *vento* ~ icy wind.

gelificante *m.* jellying agent. **gelificare** *v.* (**gelifico**, **gelifichi**) **I** *v.t.* ⟨*Chim,Fis*⟩ to gelatinize. **II** *v.i.* (*aus.* essere), **gelificarsi** *v.r.* to gel. **gelificazione** *f.* → gelatinizzazione.

gelo *m.* **1** (*freddo intenso*) (intense) cold. **2** ⟨*Agr*⟩ (black) frost: *il* ~ *ha rovinato i raccolti* the (black) frost has ruined the harvest. **3** (*ghiaccio*) ice; (*brina*) frost: *la campagna è coperta di* ~ the countryside is covered with frost. **4** ⟨*fig*⟩ (*sensazione di freddo, paura*) chill: *sentirsi il* ~ *nelle ossa* to feel a chill in one's bones. **5** ⟨*fig*⟩ (*freddezza*) chill, chilliness: *un* ~ *improvviso cadde sulla conversazione* a sudden chill descended over the conversation. □ ⟨*fig*⟩ *diventare* (*o farsi*) *di* ~ to freeze; ⟨*fig*⟩ *essere di* ~ (*essere insensibile*) to be cold–hearted; *resistenza al* ~ frost hardiness, frost resistance; *sensibile al* ~ frost–susceptible. **gelone** *m.* ⟨*Med*⟩ chilblain.

gelosamente *avv.* **1** jealously, enviously. **2** (*con cura scrupolosa*) jealously, scrupulously: *custodire* ~ *un segreto* to guard a secret jealously.

gelosia[1] *f.* jealousy: *essere roso dalla* ~ to be consumed with jealousy. □ ~ *di mestiere* professional jealousy; *provare* ~ *per qd.* to be jealous of s.o.; *una scena di* ~ a scene of jealousy.

gelosia[2] *f.* (*persiana*) jalousie, shutter; (*sportello apribile nella persiana*) shutter hatch (*o* flap).

geloso *a.* **1** jealous: *la ragazza è –a del fidanzato* the girl is jealous of her fiancé. **2** (*invidioso*) envious, jealous: *essere* ~ *del successo di un amico* to be envious (*o* jealous) of a friend's success. **3** (*attaccato*) particular, jealous: *essere* ~ *della propria intimità* to be jealous of one's privacy; *sono –a dei miei libri* I am particular about my books.

gelseto *m.* ⟨*Agr*⟩ mulberry grove (*o* plantation). **gelsicoltore** *m.* (*f.* **-trice**) mulberry grower (*o* farmer). **gelsicoltura** *f.* mulberry growing. **gelso** *m.* ⟨*Bot*⟩ mulberry, mulberrytree. □ *mora di* ~ mulberry.

gelsomino *m.* ⟨*Bot*⟩ jasmine, jessamine.

gemebondo *a.* ⟨*lett*⟩ moaning, mournful, lamenting, plaintive.

gemellaggio *m.* twinship: *il* ~ *tra Roma e Parigi* the twinship between Rome and Paris. **gemellare** *a.* twin–: *gravidanza* ~ twin (*o* bigeminal) pregnancy; *parto* ~ twin birth, twinning. **Gemelli** *N.pr.m.pl.* **1** ⟨*Astr*⟩ Gemini. **2** (*persona nata sotto il segno dei Gemelli*) Gemini. **gemellipara** *f.* mother of twins. **gemello** **I** *a.* twin: *la mia sorella –a* my twin sister; *letti –i* twin beds. **II** *s.m.* (*f.* **-a**) **1** twin: *una coppia di –i* a pair of twins. **2** *pl.* (*doppi bottoni fermapolso*) cufflinks *pl.* **III** *s.f.* ⟨*Mar*⟩ (*nave gemella*) sister ship. □ *anime –e* twin souls; *assomigliarsi come –i* to be as alike as twins; *–i biovulari* (*o dizigotici*) diovular (*o* dizygotic) twins; *–i monovulari* (*o monozigotici*) monovular (*o* monozygotic) twins. **gemellologia** *f.* gemellology, study of twins.

gemere *v.i.* (**gemei/gemetti**, **gemuto**; *aus.* **avere**) **1** (*lamentarsi*) to moan, to groan (*anche fig.*): *i feriti gemevano* the wounded were moaning; *il popolo geme sotto il giogo straniero* the people are groaning under the yoke of foreign domination. **2** (*rif. a colombe, tortore*) to coo. **3** (*stridere, scricchiolare*) to creak, to groan: *la trave* *gemette sotto il peso* the beam groaned under the weight. **4** (*rif. a liquidi: perdere*) to leak: *la tinozza geme* the tub leaks; (*colare goccia a goccia*) to drip, to trickle, to ooze: *il sangue geme dalla ferita* blood is oozing from the wound. □ (*fig*) *far ~ i torchi* (*stampare*) to go to press.

geminare *v.t.* (gemino) (*Ling*) to geminate. **geminata** *f.* (*Fon*) geminate. **geminato I** *a.* (*Ling,Min,Bot*) geminate. **II** *s.m.* (*Min*) geminate crystal. **geminazione** *f.* (*Ling,Min*) gemination. **gemino I** *a.* twin, geminous. **II** *s.m.* (*Biol*) geminate.

gemito *m.* wail(ing), lamentation, lamenting, groan(ing) (*anche fig.*): *il ~ dei feriti* the moaning of the wounded men; *il ~ del vento* the wailing (*o* mournful cry) of the wind.

gemma *f.* **1** (*Bot*) bud, gemma. **2** (*pietra preziosa*) gem, precious stone. **3** (*fig*) (*cosa preziosa*) gem, jewel, pearl: *le ~e della letteratura italiana* the gems of Italian literature. **4** (*catarifrangente*) cat's eye. □ (*Bot*) ~ *apicale* terminal bud; ~ *avventizia* adventitious bud; ~ *florale* flower bud. **gemmare** *v.i.* (gemmo; *aus.* avere) (*Bot*) to gemmate, to bud. **gemmato** *a.* begemmed. **gemmazione** *f.* (*Bot,Biol*) gemmation. **gemmifero** *a.* (*Bot,Min*) gemmiferous. **gemmologia** *f.* gemmology. **gemmula** *f.* (*Bot*) gemmule.

gen. = (*Mil*) *generale* general (*abbr.* Gen.).

gendarme *m.* **1** gendarme. **2** (*fam*) (*donna grossa ed energica*) battle-axe, virago. **gendarmeria** *f.* **1** (*corpo dei gendarmi*) gendarmerie: ~ *pontificia* papal gendarmerie. **2** (*caserma*) police station.

gene *m.* (*Biol*) gene. **genealogia** *f.* **1** genealogy. **2** (*rif. ad animali*) pedigree. **genealogico** *a.* (*pl.* -ci) genealogic(al). □ *albero ~* family tree. **genealogista** *m./f.* genealogist.

genepì *m.* **1** (*Bot*) wormwood. **2** (*liquore*) genepi liqueur.

generalato *m.* generalship.

generale[1] **I** *a.* **1** general: *norme -i* general rules; *opinione ~* general opinion. **2** (*principale: rif. a ente*) general, head-: *la direzione ~ della società* the company's head office; *direttore ~* general manager. **II** *s.m.* general: *il ~ ed il particolare* the general and the particular. □ *in ~*: 1 (*per sommi capi*) in general (terms); 2 (*di solito*) usually, as a rule, in general, generally (speaking); *stare* (*o mantenersi*) *sulle -i* to keep (*o* stick) to generalities.

generale[2] *m.* **1** (*Mil*) general. **2** (*Rel*) superior general; (*dei benedettini*) abbot general; (*dei francescani*) minister general. □ ~ *d'armata* general; ~ *di corpo d'armata* lieutenant general; ~ *di brigata* brigadier, (*am*) brigadier general; ~ *di divisione* major general. **generalessa** *f.* **1** (*moglie di generale*) general's wife. **2** (*Rel*) superior general, general. **3** (*scherz*) (*donna di carattere imperioso*) battle axe, virago. **generalissimo** *m.* (*Mil*) generalissimo, commander-in-chief.

generalità *f.* **1** (*l'essere generale o comune*) commonness, universality, generality: *la ~ di un'opinione* the commonness of an opinion. **2** (*la maggior parte*) majority: *la ~ degli uomini* the majority of men; *quello che tu dici è vero nella ~ dei casi* what you say is true in the majority of (*o* most) cases. **3** (*notizie sull'identità*) personal particulars *pl*, name and address: *declinare false ~* to give a false name and address.

generalizio *a.* (*Rel*) of a superior general. □ *casa -a* mother house.

generalizzare I *v.t.* to generalize: ~ *un principio* to generalize a principle. **II** *v.i.* (*aus.* avere) to generalize. **generalizzazione** *f.* generalization. **generalmente** *avv.* **1** generally: ~ *parlando* generally speaking. **2** (*di solito*) in general, generally, usually, as a rule: ~ *arriva puntuale* he generally arrives punctually (*o* on time).

generare *v.t.* (genero) **1** to give birth to, to beget, to procreate, to breed: *Abramo generò Isacco* Abraham begot Isaac. **2** (*estens*) (*dare vita*) to give birth to, to produce, to breed: *la Grecia generò poeti e filosofi* Greece produced (*o* gave birth to) poets and philosophers; *la terra genera una grande varietà di piante* the earth produces a large variety of plants. **3** (*fig*) (*provocare*) to arouse, to breed, to generate: *il suo atteggiamento genera sospetti* his

attitude arouses suspicion; *l'ignoranza genera le superstizioni* ignorance breeds superstition. **4** (*tecn*) to generate, to produce: ~ *elettricità* to generate electricity. **5** (*Geom*) to generate, to form. **generarsi** *v.r.* to be produced (*o* formed). **generativo** *a.* generative.

generatore I *s.m.* (*tecn*) generator. **II** *a.* generative, generating, productive: *principio ~* generative (*o* productive) principle. □ ~ *acustico* acoustic generator; (*tecn*) ~ *eolico* wind generator; ~ *di gas* gas generator; (*Rad*) ~ *di radiofrequenza* oscillator; ~ *solare* solar generator; ~ *di vapore* steam generator. **generatrice** *f.* **1** (*Mat*) generatrix. **2** (*El*) generator.

generazionale *a.* generational: *conflitti -i* conflicts between generations, generational conflicts.

generazione *f.* **1** (*il generare*) generation, begetting, procreation: *la ~ dell'uomo* the generation (*o* procreation) of man. **2** (*discendenti*) descendants *pl*; (*stirpe*) house, race: *la ~ di David* the house of David. **3** (*individui della stessa età*) generation. **4** (*tecn*) generation, production: ~ *di elettricità* generation of electricity. **5** (*tecn*) generation. □ *di ~ in ~* (*di padre in figlio*) from generation to generation, from father to son; *le -i future* future generations, the generations to come; *le -i passate* past generations; *elaboratore della prima ~* first-generation computer; *computer di quarta ~* fourth-generation computer; (*Biol*) ~ *spontanea* spontaneous generation.

genere *m.* **1** (*tipo, specie*) type, kind, sort, manner, way: *questo ~ di vita non fa per me* this kind of life is not for me; *nel suo ~ è un artista* in his own way he is an artist. **2** (*Comm*) (*tipo di merce*) product, article, line: *l'argenteria è un ~ che si vende molto* silverware is an article which sells well. **3** (*Lett,Mus*) genre. **4** (*Biol*) genus. **5** (*Gramm*) gender. **6** (*Filos*) category, class. □ ~ *di affari* line (*o* type) of business; *-i alimentari* foodstuffs *pl*; *negozio di -i alimentari* grocer's (shop), (*am*) grocery store; *-i di consumo* consumer goods *pl*; *dei ~ (del tipo)* of the (same) kind, like, similar: *non ho mai conosciuto un birbante del ~* I have never met ʿsuch a scoundrelʾ (*o* a scoundrel like him); (*Lett*) ~ *drammatico* drama, dramatic genre; (*Lett*) *il ~ epico* the epic; ~ *grammaticale* gender; *in ~* generally, usually, as a rule; ~ *letterario* literary genre; ~ *di lusso* luxury article; *imposta sui -i di lusso* luxury tax; *-i di prima necessità* basic commodities; *di nuovo ~* new; *persone d'ogni ~* all kinds of people; *qualcosa del ~* something of the sort; *nel suo ~* in his own way; *il ~ umano* mankind; *unico nel suo ~* unique; *-i voluttuari* luxury goods.

genericamente *avv.* generically. □ *ci siamo accordati ~* we came to a general (*o* an overall) agreement. **genericità** *f.* lack of precision, indefiniteness: *la ~ delle sue cognizioni* the lack of precision in his concepts. **generico** *a./s.* (*pl.* -ci) **I** *a.* **1** (*che riguarda il genere*) generic: *caratteri -i* generic characteristics. **2** (*generale*) general, generic: *discorsi -i* general remarks; (*impreciso*) generic, imprecise: *cognizioni generiche* generic concepts. **3** (*rif. a persona: non specializzata*) general, non-specialized: *medico ~* general practitioner. **II** *s.m.* (*pl.* -a) **1** (*Teat,Cin*) utility (*o* all-round) actor (*f* -tress), extra. **2** (*ciò che ha valore generico*) general, generalities *pl*: *restare nel ~* to stick to generalities.

genero *m.* son-in-law.

generosamente *avv.* generously, liberally, munificently. **generosità** *f.* generosity, munificence, liberality: ~ *nel donare* generosity in giving; ~ *verso i nemici* generosity towards one's enemies. **generoso** *a.* **1** generous, liberal; (*abbondante*) generous: *una -a porzione di dolce* a generous helping of dessert. **2** (*rif. a vino: forte*) generous. **3** (*rif. a terreno: fertile*) rich, fertile. □ *fare il ~* to be lavish; *scollatura -a* plunging neckline.

genesi *f.* genesis, origin, birth (*anche Lett.,Art.*): *la ~ dell'uomo* the genesis of man; *la ~ di un'opera d'arte* the genesis (*o* birth) of a work of art. **Genesi** *N.pr.f.* (*Bibl*) Genesis. **genetica** *f.* (*Biol*) genetics *pl* (*costr.sing.*). □ ~ *molecolare* molecular genetics *pl* (*costr. sing.*); ~ *umana* human genetics *pl* (*costr. sing.*). **genetico** *a.* (*pl.* -ci) genetic (*anche Biol.*): *caratteri -i* genetic characteristics. **genetista** *m./f.* geneticist.

genetliaco *a./s.* (*pl.* -ci) **I** *a.* ⟨*lett*⟩ birthday–. **II** *s.m.* birthday: *il ~ del re* the king's birthday.

genetta *f.* ⟨*Zool*⟩ genet.

gengiva *f.* ⟨*Anat*⟩ gum, gingiva. **gengivale** *a.* gingival, gum–, of the gums: *infiammazione ~* inflammation of the gums. **gengivario** *m.* ⟨*Farm*⟩ mouthwash for the gums. **gengivectomia** *f.* ⟨*Dent*⟩ gingiv(o)ectomy, gum resection. **gengivite** *f.* ⟨*Med*⟩ gingivitis.

genia *f.* **1** ⟨*ant,lett*⟩ (*stirpe, razza*) race, family. **2** ⟨*spreg*⟩ (*accolta di gentaglia*) tribe, pack, gang, crowd: *non voglio avere a che fare con una simile ~* I don't want to have anything to do with such a crowd.

geniale *a.* **1** (*rif. a persona*) clever, ingenious, talented, gifted: *un artista ~* a talented (*o* gifted) artist. **2** (*rif. a cosa*) brilliant, ingenious, clever: *ha avuto un'idea ~* he had a brilliant (*o* an ingenious) idea. **genialità** *f.* **1** (*rif. a persona*) cleverness, talent, ingeniousness, brilliance: *la ~ di un artista* an artist's talent. **2** (*rif. a cosa*) brilliance, ingeniousness: *la ~ di una scoperta* the ingeniousness of a discovery. **genialmente** *avv.* brilliantly, cleverly, ingeniously. **genialoide I** *a.* gifted but eccentric. **II** *s.m./f.* erratic genius.

genico *a.* (*pl.* -ci) ⟨*Biol*⟩ gene–, genic.

genicolato *a.* ⟨*Bot,Anat*⟩ geniculate(d).

geniere *m.* ⟨*Mil*⟩ pioneer, sapper.

genio[1] *m.* **1** genius: *il ~ della casa* the tutelary genius of the house; (*folletto*) genie, sprite, fairy. **2** (*talento, disposizione*) genius, talent, gift: *avere ~ per la musica* to have a gift (*o* talent) for music. **3** (*carattere distintivo*) character, genius, nature: *il ~ di un popolo* the character (*o* genius) of a nation. **4** (*ingegno superiore*) genius: *il ~ di Dante* Dante's genius; *Leonardo fu un ~* Leonardo was a genius. □ **andare** *a ~* to be to one's liking (*o* taste): *questo lavoro non mi va a ~* this work is not to my liking; *~* **benefico** guardian angel, beneficent spirit; **buon** *~* good genius; **cattivo** *~* evil genius; *~* **familiare** genius familiae; *~* **incompreso** misunderstood genius (*anche iron.*); *avere un lampo di ~* to have a stroke of genius; *il ~ del* **male** evil spirit; **persona** *di ~* gifted (*o* talented) person; *~* **tutelare** guardian angel, tutelary genius.

genio[2] *m.* ⟨*Mil*⟩ engineers *pl,* ⟨*GB*⟩ Royal Engineers *pl,* ⟨*SU*⟩ Engineer Corps. □ *~* **aeronautico** aircraft engineering; *~* **civile** engineers; *~* **militare** military engineers; *soldato del ~* sapper.

genitale I *a.* genital: *apparato ~* genital apparatus. **II** *s.m.pl.* genitals *pl,* genitalia *pl.*

genitivo I *s.m.* ⟨*Gramm*⟩ genitive. **II** *a.* genitive: *caso ~* genitive case. □ *~* **sassone** possessive case.

genitore *m.* **1** father. **2** *pl.* (*padre e madre*) parents *pl.*

genitourinario *a.* ⟨*Anat*⟩ urogenital, genitourinary: *apparato ~* urogenital tract.

genitrice *f.* ⟨*lett*⟩ **1** genetrix. **2** (*madre*) mother.

gennaio *m.* January. □ *di ~* in (*o* of) January, January–.

genocidio *m.* genocide.

genoma *m.* ⟨*Biol*⟩ genome. **genomico** *a.* (*pl.* -ci) genomic.

genotipico *a.* (*pl.* -ci) ⟨*Biol*⟩ genotypical. **genotipo** *m.* genotype.

Genova *N.pr.f.* ⟨*Geog*⟩ Genoa. **genovese** *a./s.m./f.* Genoese.

gentaglia *f.* ⟨*spreg*⟩ mob, rabble, scum.

gente *f.* **1** people *pl,* persons *pl: le strade sono piene di ~* the streets are full of people; *sfuggire la ~* to avoid people. **2** (*ospiti*) guests *pl,* people *pl: ieri abbiamo avuto ~ a cena* yesterday we had some guests (*o* people in) for dinner. **3** (*famiglia, parenti*) family, parents *pl,* people *pl,* ⟨*fam*⟩ folks *pl: la mia ~ vive al paese* my family (*o* folks) live in the village; (*concittadini, connazionali*) countrymen *pl.* **4** ⟨*lett*⟩ (*popolo*) people: *le ~i italiche* the Italic peoples. □ *~ d'arme* (*o* armata) soldiers *pl; ~ per* **bene** nice (*o* decent) people; *la ~* **bene** the upper middle class; **brava** *~* good (*o* nice) people; *ehi,* **buona** *~!* hey, folks!; *~ alla buona* easy-going people; *~ di* **campagna** country folk (*o* people); *~ di* **chiesa** church-goers *pl; ~ di* **città** city folk (*o* people); **povera** *~* (*poveretti*) poor people; *~ di* **teatro** stage folk, theatrical people; *tutta la ~* everybody.

gentildonna *f.* gentlewoman, lady. **gentile I** *a.* **1** (*cortese*) kind, polite, courteous: *è ~ con tutti* he is polite to everyone; *vuoi essere così ~ da chiudere la porta?* would you be so kind as to close the door? **2** (*aggraziato, fine*) fine, graceful, gracious: *lineamenti –i* graceful features. **3** (*nobile, elevato*) noble, lofty: *sentimenti –i* noble sentiments. **4** (*epist*) (*nell'intestazione*) Dear: *–i signori* Dear Sirs; (*sulla busta*) *non si traduce: ~ signora Maria Bianchi* Mrs. Maria Bianchi. **5** (*rif. a cose: delicato*) delicate: *profumo ~* delicate perfume. **II** *s.m./f.* (*non ebreo*) Gentile. **gentilezza** *f.* **1** kindness, politeness, courtesy. **2** (*atto gentile*) kindness, favour: *fare una ~ a qd.* to do s.o. a favour (*o* kindness). □ *~ d'animo* kindheartedness; ⟨*iron*⟩ *fammi la ~ di andartene* do me the favour (*o* kindness) of leaving (*o* going away); *per ~* (*per favore*) please; *gli usarono molte –e* they showered kindnesses upon him. **gentilizio** *a.* **1** family–, gentilitial: *nome ~* family name. **2** (*di famiglia nobile*) noble, aristocratic, gentilitial. □ *stemma ~* coat of arms. **gentilmente** *avv.* kindly, courteously, politely. **gentiluomo** *m.* (*pl.* **gentiluomini**) **1** (*nobile*) noble, nobleman, gentleman. **2** (*persona retta o di modi signorili*) gentleman: *è un vero ~* he's a true gentleman; *comportarsi da ~* to behave like a gentleman. □ *~ di camera* (*o palazzo*) chamberlain; *~ di campagna* (country) squire.

gentucola *f.* (*gente da poco*) common people.

genuflessione *f.* genuflection, genuflexion. □ *fece una ~ davanti all'altare* he genuflected in front of the altar. **genuflesso** (*p.p. di genuflettersi*) *a.* kneeling, on one's knees: *pregava ~* he was praying on his knees. **genuflettersi** *v.r.* (**mi genufletto/mi genuflessi, genuflesso**) to genuflect, to kneel (down).

genuinamente *avv.* genuinely. **genuinità** *f.* **1** genuineness, authenticity: *~ di un documento* authenticity of a document. **2** (*spontaneità*) naturalness, spontaneity. **genuino** *a.* **1** natural, spontaneous, genuine: *sentimenti –i* genuine feelings. **2** (*autentico*) authentic, genuine: *documento ~* authentic document.

genziana *f.* ⟨*Bot*⟩ gentian. **genzianella** *f.* gentianella.

geo|botanica *f.* geobotany, phytogeography. **~centrico** *a.* (*pl.* -ci) ⟨*Astr*⟩ geocentric. **~centrismo** *m.* geocentrism. **~chimica** *f.* geochemistry.

geode *m.* ⟨*Min*⟩ geode. **geodesia** *f.* geodesy. **geodeta** *m./f.* geodesist, geodecist. **geodetica** *f.* ⟨*Geom*⟩ geodesic (*o* geodetic) line. **geodetico** *a.* (*pl.* -ci) geodesic, geodetic(al): *rilevamento ~* geodetic survey.

geo|dinamica *f.* ⟨*Geol*⟩ geodynamics *pl* (*costr.sing.*). **~dinamico** *a.* (*pl.* -ci) geodynamic(al): *fenomeno ~* geodynamic phenomenon. **~ecologia** *f.* geo-ecology. **~fisica** *f.* geophysics *pl* (*costr. sing.*). **~fisico** *a./s.* (*pl.* -ci) **I** *a.* geophysical. **II** *s.m.* geophysicist.

geografia *f.* geography. □ *~ economica* economic geography; *~ fisica* physical geography; *~ politica* political geography. **geograficamente** *avv.* geographically. **geografico** *a.* (*pl.* -ci) geographic(al): *atlante ~* geographical atlas; *carta –a* (geographical) map. **geografo** *m.* (*f.* -a) geographer. **geoide** *m.* ⟨*Geol*⟩ geoid.

geolinguistica *f.* linguistic geography. **geologia** *f.* geology. **geologicamente** *avv.* geologically. **geologico** *a.* (*pl.* -ci) geologic(al): *era –a* geological era (*o* age); *struttura –a* geological structure. **geologo** *m.* (*pl.* -gi; *f.* -a) geologist.

geomagnetismo *m.* geomagnetism, magnetism of the earth.

geomante *m./f.* geomancer. **geomantico** *a.* (*pl.* -ci) geomantic. **geomanzia** *f.* geomancy.

geometra *m.* land surveyor, surveyor. **geometria** *f.* geometry. □ *~ analitica* analytic geometry; *~ euclidea* (*o elementare*) Euclidean geometry; *~ piana* plane geometry; *~ proiettiva* projective geometry. **geometricamente** *a.* geometrically. **geometricità** *f.* geometric quality. **geometrico** *a.* (*pl.* -ci) geometric(al): *disegno ~* geometric design; *figura –a* geometric figure. **geometrizzare** *v.t.* to geometrize.

geo|morfologia *f.* geomorphology. **~politica** *f.* geopolitics *pl* (*costr. sing.*). **~politico** *a.* (*pl.* -ci) geopolitical: *teorie geopolitiche* geopolitical theories.

georgiano[1] **I** *a.* (*della Georgia*) Georgian. **II** *s.m.* **1** (*lingua*) Georgian. **2** (*abitante; f.* **-a**) Georgian.

georgiano[2] *a.* ⟨*Stor*⟩ Georgian.

georgico *a.* (*pl.* **-ci**) ⟨*lett*⟩ georgic(al). □ ⟨*Lett*⟩ *poesia* –*a* georgics *pl*, georgic poetry.

geo|sinclinale *f.* ⟨*Geol*⟩ geosyncline, geosynclinal. **~sincrono** *a.* ⟨*Astron*⟩ → **geostazionario. ~sistema** *m.* geosystem. **~stazionario** *a.* ⟨*Astron*⟩ geostationary: *satellite* ~ geostationary satellite. **~tecnica** *f.* geotechnics *pl* (*costr. sing.*). **~termale** *a.* geothermal, geothermic. **~termica** *f.* geothermics *pl* (*costr. sing.*). **~termico** *a./s.* (*pl.* **-ci**) **I** *a.* ⟨*Geol,El*⟩ geothermal, geothermic: *centrale* –*a* geothermal power station. **II** *s.m.* geothermal power. **~tropico** *a.* (*pl.* **-ci**) ⟨*Bot*⟩ geotropic. **~tropismo** *m.* geotropism.

Geova *N.pr.m.* ⟨*Bibl*⟩ Jehovah. □ ⟨*Rel*⟩ *testimoni di* ~ Jehovah's Witnesses.

geranio *m.* ⟨*Bot*⟩ geranium. □ ~ *edera* ivy-leaved pelargonium.

gerarca *m.* (*pl.* **-chi**) **1** ⟨*Rel*⟩ hierarch. **2** ⟨*Pol*⟩ high official, hierarch, (party) leader, ⟨*scherz*⟩ bigwig. **gerarchia** *f.* **1** hierarchy (*anche Rel.*). **2** *pl.* (*persone che fanno parte dell'ordinamento gerarchico*) hierarchs *pl*, members *pl* of a hierarchy: *erano presenti tutte le* –*e dello stato* all the government hierarchs were present. □ ~ *amministrativa* administrative structure; ~ *aziendale* company hierarchy; *le* –*e celesti* the celestial hierarchy. **gerarchicamente** *avv.* hierarchically. **gerarchico** *a.* (*pl.* **-ci**) hierarchical. □ *grado* ~ hierarchical rank; *ordinamento* ~ hierarchical organization (*o* system); *per via* –*a* through official channels. **gerarchizzare** *v.t.* to hierarchize. **gerarchizzazione** *f.* hierarchization.

Geremia *N.pr.m.* ⟨*Bibl*⟩ Jeremiah. □ ⟨*Bibl*⟩ *le lamentazioni di* ~ the lamentations of Jeremiah. **geremiade** *f.* jeremiad.

gerente *m./f.* **1** manager, director. **2** (*di giornale*) editor. **gerenza** *f.* management, direction.

gergale *a.* slang: *espressione* ~ slang expression. **gergalismo** *m.* slang term.

gergo *m.* (*pl.* **-ghi**) **1** (*linguaggio convenzionale*) slang, jargon: *il* ~ *della malavita* underworld slang. **2** (*linguaggio di un ambiente, di una professione*) jargon (*anche estens.*): ~ *teatrale* theatrical jargon. □ ~ **burocratico** officialese; ~ *dei* **computer** computerese; ~ **giornalistico** journalese; ~ **studentesco** student slang; ~ **politico** political jargon.

geriatra *m./f.* geriatrist, geriatrician. **geriatria** *f.* ⟨*Med*⟩ geriatrics *pl* (*costr. sing.*). **geriatrico** *a.* (*pl.* **-ci**) geriatric. □ *istituto* ~ geriatric institution, nursing home.

Gerico *N.pr.m.* ⟨*Geog*⟩ Jericho.

gerla *f.* pan(n)ier.

gerlo *m.* ⟨*Mar*⟩ sail gasket.

germanesimo *m.* Germanism. **germani** *m.pl.* ⟨*Stor*⟩ Germans *pl.* **Germania** *N.pr.f.* ⟨*Geog*⟩ Germany. □ ~ *Occidentale* West Germany; ~ *Orientale* East Germany. **germanico** *a.* (*pl.* **-ci**) **1** ⟨*Stor*⟩ (*dei germani*) Germanic. **2** (*tedesco*) German: *la cultura* –*a* German culture. **3** ⟨*Ling*⟩ Germanic: *filologia* –*a* Germanic philology. **germanio** *m.* ⟨*Chim*⟩ germanium: *diodo a* ~ germanium diode. **germanismo** *m.* Germanism (*anche Ling.*). **germanista** *m./f.* Germanist. **germanistica** *f.* Germanistics *pl* (*costr. sing.*), Germanics *pl* (*costr. sing.*). **germanizzare** **I** *v.t.* to Germanize. **II** *v.i.* (*aus.* avere) to Germanize. **germanizzarsi** *v.r.* to become Germanized. **germano**[1] **I** *a.* blood–, full, german. **II** *s.m.* (*f.* **-a**) full brother (*f* sister). □ *fratello* ~ brother german, full brother; *sorella* –*a* sister german, full sister.

germano[2] *m.* ⟨*Stor*⟩ (*ancient*) German.

germano[3] *m.* ⟨*Ornit*⟩: ~ *forestiero* ruddy sheldrake; ~ *nero* (*folaga*) coot; ~ *reale* mallard.

germanofilia *f.* pro–German sentiments *pl.* **germanofilo** *a./s.m.* (*f.* **-a**) Germanophil(e). **germanofobia** *f.* Germanophobia. **germanofobo** **I** *a.* Germanophobic. **II** *s.m.* (*f.* **-a**) Germanophobe. **germanofono** **I** *a.* German–speaking. **II** *s.m.* (*f.* **-a**) German–speaking person.

germe *m.* **1** germ. **2** ⟨*fig*⟩ (*principio, origine*) germ, seed: *il* ~ *del vizio* the seed of vice; *il* ~ *della nuova civiltà* the germ of the new civilization. □ ~ *di grano* wheat germ; *in* ~ in embryo, in embryonic form; ~ *patogeno* pathogenic germ. **germicida** **I** *a.* germicidal. **II** *s.m.* germicide.

germinabilità *f.* germination power. □ *analisi di* ~ germination test; *tasso di* ~ germination percentage. **germinale** *a.* ⟨*Biol*⟩ germinal: *cellule* –*i* germinal cells. **germinare** *v.i.* (*germino; aus.* essere/avere) ⟨*Bot*⟩ to germinate. **germinativo** *a.* ⟨*Bot*⟩ germinative. **germinazione** *f.* germination (*anche fig.*).

germogliare *v.i.* (*germoglio, germogli; aus.* essere/avere) **1** ⟨*Bot*⟩ to bud, to sprout, to germinate: *le piantine sono germogliate* the plants have sprouted. **2** ⟨*fig*⟩ to germinate, to spring up. **germoglio** *m.* ⟨*Bot*⟩ bud, sprout, shoot. □ ~ *da innesto* budwood.

gerocomio *m.* → **gerontocomio.**

geroglifico [–gl–] *a./s.* (*pl.* **-ci**) **I** *a.* hieroglyphic: *scrittura* –*a* hieroglyphic writing. **II** *s.m.* **1** hieroglyph(ic): *iscrizioni in* –*i* hieroglyphic inscriptions. **2** ⟨*fig*⟩ (*scrittura incomprensibile*) hieroglyphics *pl.*

Gerolamo *N.pr.m.* → **Girolamo.**

geronto|comio *m.* home for the aged. **~crazia** *f.* ⟨*Pol*⟩ gerontocracy. **~-filia** *f.* gerontophilia. **gerontoiatria** *f.* → **geriatria. gerontologia** *f.* gerontology. **gerontologico** *a.* (*pl.* **-ci**) gerontologic(al). **gerontologo** *m.* (*pl.* **-gi**) gerontologist.

gerosolimitano **I** *a.* (*di Gerusalemme*) of Jerusalem, Jerusalem. **II** *s.m.* (*f.* **-a**) **1** inhabitant of Jerusalem. **2** ⟨*Rel*⟩ Knight of St. John of Jerusalem, Hospitaler.

gerundio *m.* ⟨*Gramm*⟩ gerund. **gerundivo** **I** *s.m.* gerundive. **II** *a.* gerundi(v)al: *costruzione* –*a* gerundial construction.

Gerusalemme *N.pr.f.* ⟨*Geog*⟩ Jerusalem.

gessaia *f.* (*cava di gesso*) chalk pit, gypsum quarry. **gessaio** *m.* **1** (*venditore*) seller of plaster. **2** (*fabbricante di statuine di gesso*) maker of plaster figurines. **gessare** *v.t.* (*gesso*) **1** ⟨*Agr*⟩ to (treat with) gypsum. **2** ⟨*Enol*⟩ to plaster. **gessatura** *f.* **1** ⟨*Agr*⟩ liming. **2** ⟨*Enol*⟩ plastering. **gessetto** *m.* (piece of) chalk: –*i colorati* coloured chalks. **gesso** *m.* **1** ⟨*Min*⟩ gypsum. **2** (*per scrivere sulla lavagna*) chalk. **3** (*opera d'arte in gesso*) plaster cast. **4** ⟨*Med*⟩ plaster cast: *fare un* ~ to make a (plaster) cast. □ ~ *da murare* wall plaster; ~ *in polvere* plaster powder; ~ *a pronta presa* plaster of Paris; *sala dei* –*i* (*nei musei*) gallery of plaster casts. **gessoso** *a.* **1** (*che contiene gesso*) containing gypsum, gypsum–: *rocce* –*e* rocks containing gypsum. **2** (*simile al gesso*) chalky.

gesta *f.pl.* (*azioni gloriose*) feats *pl*, exploits *pl*, deeds *pl*: *le* ~ *dei cavalieri antichi* the feats of the knights of old. **2** ⟨*iron*⟩ exploits *pl*, feats *pl*: *non fa che vantare le sue* ~ *amorose* he is always bragging about his amorous exploits. □ *canzoni di* ~ chansons de geste.

gestaltico [ge–] *a.* (*pl.* **-ci**) ⟨*Psic*⟩ gestalt. **gestaltismo** *m.* Gestalt psychology.

gestante *f.* pregnant woman, expectant mother.

Gestapo *ted.* [ge–] *f.* ⟨*Naz*⟩ Gestapo.

gestatorio *a.* ⟨*Lit*⟩ gestatorial: *sedia* –*a* gestatorial chair.

gestazione *f.* **1** pregnancy, gestation. **2** ⟨*fig*⟩ gestation. □ ⟨*fig*⟩ *in* ~ in preparation.

gesticolamento *m.* gesticulation. **gesticolare** *v.i.* (*gesticolo; aus.* avere) to gesticulate: *non riesce a parlare senza* ~ he can't talk without gesticulating. **gesticolazione** *f.* gesticulation.

gestionale *a.* managerial; (*operativo*) operational.

gestione *f.* ⟨*Comm,Dir*⟩ management, direction. □ ⟨*Dir*⟩ ~ *di* **affari** *altrui* management of s.o. else's business; ⟨*Comm*⟩ ~ **automatizzata** automated management; ~ **aziendale** business management; ~ *di* **cassa** cash management; ~ *consiglio di* ~ board of trustees (*o* directors); ~ *del* **credito** credit management; ⟨*Inform*⟩ ~ *dei* **dati** data management; ⟨*Dir*⟩ ~ **fallimentare** bankruptcy management; ⟨*Econ*⟩ ~ **fiduciaria** trusteeship; ~ **finanziaria** financial administration; ~ **ordinaria** day–to–day management; ~ *del* **personale** staff management; ~ *di* **progetto** project management; ~ **simulata** business game; ⟨*Inform*⟩ ~ *dei* **sistemi** systems management; ~ *del* **tempo** time management.

gestire[1] *v.* (gestisco, gestisci; *aus.* avere) → **gesticolare.**

gestire[2] *v.t.* (**gestisco, gestisci**) to manage, to administrate, to run: ~ *un'azienda* to manage a firm.

gesto *m.* **1** gesture: *fare un ~ di rabbia* to make an angry gesture. **2** (*cenno*) gesture, sign; (*col capo*) nod; (*con la mano*) wave: *mi salutò con un ~ della mano* he greeted me with a wave (of his hand). **3** (*posa, piglio*) pose, attitude, position: ~ *teatrale* theatrical attitude. **4** (*estens*) (*azione*) gesture, act: *un ~ generoso* a generous gesture.

gestore *m.* manager, director: ~ *di negozio* shop manager.

gestòsi *f.* (*Med*) gestosis.

gestuale *a.* gestural: *arte ~* gestural art. **gestualità** *f.* expressiveness (by gestures).

Gesù *N.pr.m.* **1** Jesus. **2** (*esclam*) Good Heavens, (*am*) Jesus, (*am.fam.*) gee. □ ~ *Bambino* the Christ Child (*o* Infant Jesus); (*Rel*) *la compagnia di ~* the Society of Jesus; ~ *Cristo* Jesus Christ.

gesuita **I** *s.m.* **1** Jesuit. **2** (*spreg*) Jesuit, hypocrite: *fare il ~* to be a hypocrite. **II** *a.* jesuitic(al), Jesuitic(al). **gesuiticamènte** *avv.* jesuitically. **gesùitico** *a.* (*pl.* -ci) Jesuitic(al) (*anche spreg.*). **gesùitismo** *m.* **1** Jesuitism. **2** (*spreg*) jesuitry, hypocrisy.

gesummaria *intz.* good Heavens, good Lord.

Getsèmani *N.pr.m.* (*Bibl*) Gethsemane. □ *l'orto di ~* the garden of Gethsemane.

gettacarte *m.inv.* waste-paper basket.

gettare *v.* (**getto**) **I** *v.t.* **1** (*buttare*) to throw, to cast: ~ *qc. dalla finestra* to throw s.th. out (of) the window; (*lanciare*) to toss: *gli gettò il pacchetto di sigarette* he tossed him the packet of cigarettes; (*scagliare con violenza*) to hurl, to fling. **2** (*emettere: rif. a suoni*) to let out: ~ *un grido* to let out a scream. **3** (*versare: rif. a liquidi*) to spout, to gush: *la ferita getta sangue* the wound is spouting blood. **4** (*Econ*) (*rendere, fruttare*) to yield, to bring in. **5** (*Met,Scult*) to cast: ~ *una statua in bronzo* to cast a statue in bronze. **6** (*Edil*) to lay: ~ *le fondamenta di un edificio* to lay the foundations of a building. **II** *v.i.* (*aus. avere*) **1** (*rif. a sorgente e sim.: sgorgare*) to flow: *la fontana non getta più* the fountain has stopped flowing. **2** (*rif. a piante: germogliare*) to sprout, to bud, to shoot. **gettarsi** *v.r.* **1** (*scagliarsi*) to throw o.s., to hurl o.s., to fling o.s.: *gettarsi in acqua* to throw o.s. into the water; *si gettò a terra piangendo* he threw himself down on the ground and cried. **2** (*correre*) to rush, to run headlong: *si gettò giù per la discesa correndo* he ran (*o* rushed) headlong down the slope. **3** (*confluire: rif. a fiumi e sim.*) to flow: *il torrente si getta nel lago* the stream flows into the lake. □ *gettarsi* **addosso**: **1** (*indossare in fretta*) to throw on: *si gettò addosso la giacca e uscì* he threw on his jacket and went out; **2** (*scagliarsi*) to hurl o.s., to fling o.s., to spring: *gettarsi addosso a qd.* to spring on s.o.; ~ *in alto* to toss (in the air); ~ *l'amo* to cast the line; ~ *le* **armi** to throw down one's arms; *gettarsi in* **avanti** to push forward; ~ *un bacio a qd.* to throw s.o. a kiss; ~ *le* **braccia** *al collo di qd.* to throw one's arms around s.o. (*o* s.o.'s neck); ~ *la* **colpa** *su* (*o addosso*) *a qd.* to throw (*o* cast) the blame on s.o.; ~ *qc. in* **faccia** *a qd.* to throw s.th. in s.o.'s face (*anche fig.*); *gettarsi in* **ginocchio** to fall on one's knees; ~ **giù**: **1** to throw down; **2** (*abbattere, demolire*) to knock down; **3** (*fig*) (*scrivere in fretta*) to jot down, to dash off: *gettare giù degli appunti* to jot down notes; *gettare giù un articolo* to dash off an article; (*fig*) ~ *il* **guanto** to fling down the gauntlet; (*fig*) ~ **luce** *su qc.* to throw (*o* cast) light upon s.th.; (*fig*) ~ *la* **maschera** to 'throw down' (*o* tear off) the mask; ~ *nella* **miseria** to leave in dire poverty; (*fig*) ~ *un'*ombra *su qc.* to cast a shadow over s.th.; ~ *uno* **sguardo** *a qd.* to cast a glance (*o* an eye) at s.o.; (*fig*) ~ *i* **soldi** *dalla finestra* to throw money down the drain; ~ *a* **terra** to knock down; *gettare* **via** to throw away (*o* out), (*fig*) (*sprecare*) to throw away, to waste.

gettata *f.* **1** (*il gettare*) throwing, casting, hurling: *la ~ delle reti* the casting of the nets. **2** (*Artigl*) range. **3** (*tecn*) cast: *una ~ di gesso* a plaster cast. **4** (*diga*) jetty. □ *diga a ~* jetty. **gettato** *a.* thrown, cast, hurled. □ (*Lav.femm*) *maglia -a* looped stitch. **gettito** *m.* **1** (*Econ*) revenue, yield: *il ~ di un'imposta* a tax revenue. **2**

(*Mar*) jetsam.

getto[1] *m.* **1** (*il gettare*) throwing, hurling; (*lancio*) throw (*anche Sport.*). **2** (*emissione: rif. a liquidi, gas*) jet, spout: *un ~ d'acqua* a jet of water. **3** (*Met,Scult*) (*azione*) casting; (*oggetto ottenuto*) cast. **4** (*Edil*) casting. **5** (*Bot*) sprout, shoot. □ ~ *d'aria* air jet, air blast; ~ *di colata* runner; *a ~ continuo*: **1** in a continual stream, continual flow–; **2** (*fig*) non–stop: *parlare a ~ continuo* to talk non–stop; *di ~* straight off: *un romanzo scritto di ~* a novel written straight off.

getto[2] *m.* (*Aer*) jet. □ *propulsione a ~* jet propulsion.

gettonare *v.t.* **1** (**gettono**) (*fam*) (*telefonare*) to ring up: ~ *un amico* to ring up a friend. **2** (*fam*) (*suonare al juke-box*) to select on a juke-box. **gettone** *m.* **1** token, counter, (*am*) slug. **2** (*nei giochi*) counter, chip. **3** (*contromarca*) token, check. □ *apparecchio a ~* slot machine; *introdurre il ~* to put the token in; ~ *di presenza* attendance counter; ~ *telefonico* telephone token. **gettoniera** *f.* telephone token vending machine.

gettopropulsione *f.* (*Aer*) jet propulsion.

geyser *ingl.* ['gaizə] *m.* (*Geol*) geyser. **geyserite** [gai–] *f.* (*Min*) geyserite.

Ghana *N.pr.m.* (*Geog*) Ghana.

ghepardo *m.* (*Zool*) cheeta(h).

Ghepeù *f.* GPU.

gheppio *m.* (*Ornit*) kestrel.

Gherardo *N.pr.m.* Gerard.

gheriglio *m.* (*Bot*) kernel.

gherlino *m.* (*Mar*) hawser.

gherminella *f.* **1** (*gioco di mano*) sleight-of-hand. **2** (*fig*) trick.

ghermire *v.t.* (**ghermisco, ghermisci**) **1** (*afferrare con gli artigli*) to clutch, to seize (in one's talons): *l'aquila ghermì la preda* the eagle clutched the prey. **2** (*afferrare*) to grab, to seize, to snatch: *il guardiano ghermì il ladro per un braccio* the watchman grabbed the thief by the arm.

gherone *m.* **1** (*Vest*) gusset. **2** (*Mar*) gore. **3** (*Arald*) gyron.

Ghestapo *f.* → Gestapo.

ghetta *f.* **1** (*Calz*) gaiter; (*ghetta bassa*) spat. **2** *pl.* (*pantaloncini per bambini*) (knee) breeches *pl.*

ghettizzare *v.t.* to ghettoize, to set apart in a ghetto; (*isolare*) to isolate. **ghettizzazione** *f.* ghettoization; (*isolamento*) isolation.

ghetto *m.* ghetto (*anche estens.*).

ghia *f.* (*Mar*) whip, gantline.

ghiacciaia *f.* **1** (*locale*) ice-house. **2** (*mobile*) icebox (*anche fig.*): *d'inverno questa stanza è una ~* in the winter this room is an icebox. □ ~ *portatile* picnic cooler.

ghiacciaio *m.* glacier. **ghiacciare** *v.* (**ghiaccio, ghiacci**) **I** *v.i.* (*aus.* **essere**) to freeze (over): *per il freddo le fontane sono ghiacciate* the fountains have frozen on account of the cold. **II** *v.t.* **1** to freeze, to ice: *il gelo ha ghiacciato l'acqua nei tubi* the extreme cold has frozen the water in the pipes. **2** (*fig*) to freeze, to send chills down one's spine: *le sue parole mi ghiacciarono* his words sent chills down my spine. **ghiacciata** *f.* iced drink. **ghiacciato** *a.* **1** frozen: *lago ~* frozen lake. **2** (*rif. a parti del corpo*) freezing: *ho i piedi -i* my feet are freezing. **3** (*rif. a bevande*) iced, ice-: *acqua -a* ice water.

ghiaccio[1] *m.* ice. □ ~ **artificiale** artificial ice; **banco** *di ~* ice floe; *un blocco di ~* a block of ice; **borsa** *per ~* ice bag (*o* pack); ~ *in* **cubetti** ice cubes; *di ~*: **1** (*freddissimo*) freezing, frozen, ice–cold: *ho i piedi di ~* my feet are freezing (*o* frozen); **2** (*fig*) cold, icy, numb: *cuore di ~* cold heart(ed); **lastra** *di ~* ice slab; (*fig*) **rompere** *il ~* to break the ice; ~ **secco** dry ice; ~ **tritato** crushed ice.

ghiaccio[2] *a.* (*f.pl.* -ce) cold, icy: *avere le mani ghiacce* to have cold hands; *sudore ~* cold sweat.

ghiacciolo *m.* **1** icicle. **2** (*gelato*) ice lolly, (*am*) popsickle. **3** (*macchia delle pietre preziose*) flaw.

ghiaia *f.* gravel: ~ *grossa* coarse gravel; ~ *piccola* fine gravel. **ghiaietto** *m.* fine gravel. **ghiaione** *m.* (*Geol*) scree. **ghiaioso** *a.* gravelly.

ghianda *f.* **1** (*Bot*) acorn. **2** (*guarnizione per tende*) acorn-shaped button.

ghiandaia *f.* (*Ornit*) jay.

ghiandola f. ⟨Anat⟩ gland: ~ linfatica lymph (o lymphatic) gland; ~ salivare salivary gland; ~ tiroidea thyroid gland. **ghiandolare** a. glandular.

ghibellinismo m. ⟨Stor⟩ Ghibellinism. **ghibellino I** a. Ghibelline–. **II** s.m. Ghibelline.

ghibli m. ⟨Meteor⟩ gibleh.

ghiera f. **1** (puntale) ferrule: la ~ del bastone the ferrule of the walking stick. **2** ⟨Mecc⟩ ring nut. **3** ⟨Arch⟩ arched lintel. **ghierato** a. ferruled.

ghigliottina f. guillotine. **ghigliottinare** v.t. to guillotine.

ghignare v.i. (aus. avere) to sneer, to grin sarcastically. **ghignata** f. (fam) sneer. **ghigno** m. **1** (smorfia) grimace. **2** (riso beffardo) sneer: ~ sardonico sardonic sneer; ~ satanico satanic sneer.

ghimberga f. ⟨Arch⟩ gothic pediment.

ghindare v.t. to hoist: ~ una bandiera to hoist a flag.

ghinea f. **1** ⟨Numism⟩ guinea. **2** ⟨Tess⟩ coarse cotton fabric.

ghingheri: ⟨fam⟩ in ~ dressed up, in one's Sunday best.

ghiotta f. (leccarda) drip(ping)pan. **ghiotto** a. greedy; (appetitoso) delicious, appetizing. □ un boccone ~ a titbit; essere ~ di qc. to be very fond of s.th. **ghiottone** m. (f. -a) **1** glutton, greedy person. **2** ⟨Zool⟩ glutton. **ghiottoneria** f. **1** gluttony, greed, greediness. **2** ⟨concr⟩ (cibo ghiotto) titbit, tasty morsel.

ghiozzo m. ⟨Itt⟩ goby.

ghirba f. **1** (recipiente) water bag. **2** ⟨mil.,fig⟩ (la pelle, la vita) skin, hide: riportare a casa la ~ to save one's skin. □ ci ha lasciato la ~ he was killed, (fam) he got his.

ghiribizzo m. whim, fancy, caprice.

ghirigoro m. doodle, scribble, squiggle. □ disegnare –i su un foglio to doodle on a piece of paper.

ghirlanda f. wreath, garland: una ~ di fiori a garland of flowers; una ~ d'alloro a laurel wreath.

ghiro m. **1** ⟨Zool⟩ dormouse. **2** ⟨fig⟩ (dormiglione) lazybones pl (costr. sing.). □ dormire come un ~ to sleep like a log (o mouse).

ghisa f. ⟨Met⟩ cast iron. □ ~ bianca white (cast) iron; di ~ iron, cast–iron; ~ greggia pig iron; ~ temprata chilled iron.

Ghz = Gigahertz gigahertz.

gi f./m. (lettera dell'alfabeto) G, the letter G.

G.I. = giudice istruttore investigating magistrate.

già avv. **1** already: quando arrivai era ~ partito when I arrived he had already left. **2** (prima d'ora) before, already: ho visto ~ quell'uomo I have seen that man before; ti ho ~ avvertito più volte I have already warned you several times. **3** (ex) formerly, once: piazza della Repubblica, ~ piazza dell'Esedra Piazza della Repubblica, formerly Piazza dell'Esedra; (con funzione aggettivale) ex, former: l'onorevole Ròssi, ~ ministro della Pubblica Istruzione Rossi M.P., ex–Minister for Education. **4** ⟨fam⟩ (nelle risposte: sì) yes, of course, indeed: sei arrivato adesso? – ~! have you just arrived? – Yes, I have!; ~, hai ragione of course, you're right. □ ~ citato above–mentioned, above–cited; di ~ already: di ~ le dieci? is it already ten o'clock?

Giacarta N.pr.f. ⟨Geog⟩ Djakarta.

giacca f. jacket. □ ~ da casa smoking (o house) jacket, housecoat; ~ di maglia cardigan; ~ di pelle leather jacket; ~ a un petto single–breasted jacket; ~ a doppio petto double–breasted jacket; ~ dello smoking dinner (o tuxedo) jacket; ~ sportiva sports jacket; ~ del tailleur suit jacket; ~ a vento wind–cheater, wind–jacket, ⟨am⟩ wind breaker.

giacché congz. as, since, inasmuch as: ~ insisti, te lo dirò since you insist, I will tell you.

giacchetta f. jacket.

giaccio → giacere. **giacente** a. **1** (in sospeso) pending, in abeyance: affari –i pending business. **2** (invenduto) unsold: merci –i unsold goods. **3** ⟨Post⟩ unclaimed, dead, undelivered: lettera ~ dead letter; pacco ~ unclaimed package. **4** ⟨Econ⟩ uninvested, idle, unproductive: capitali –i idle capital. **5** ⟨Comm⟩ in stock. **giacenza** f. **1** (avanzo, merce invenduta) (unsold) stock. **2** (periodo) lay over, waiting period. **3** pl. ⟨Econ⟩ (somme depositate)

deposits pl. □ ~ di cassa cash on hand; capitale in ~ idle (o uninvested) capital; merce in ~ goods in stock (o store); ~ di magazzino stock, inventory; ~ monetaria deposits pl.

giacere v.i. (pr.ind. giaccio, giaci, giace, giacciamo /giaciamo, giacete, giacciono; p.rem. giacqui; pr.cong. giaccia, giacciamo, giacciate, giacciano; p.p. giaciuto; aus. essere) **1** to lie: il ferito giaceva su una branda the wounded man was lying on a cot. **2** (rif. a luoghi: trovarsi) to be situated, to be located, to lie: il paesino giace in una valle ridente the village is situated in a charming valley. **3** (ristagnare, essere in sospeso) to lie idle, to be pending, to be in abeyance, ⟨fam⟩ to be pigeon–holed: la pratica giace da tempo the file has been pigeon–holed for some time. **4** ⟨Comm⟩ to lie, to be stored: la merce giace in magazzino the goods are lying in the warehouse. **5** ⟨Geom⟩ to lie: la retta giace sul piano the line lies in the plane. □ ⟨fig⟩ ~ nel più completo abbandono to lie in complete desolation; ~ con qd. (congiungersi carnalmente) to lie with s.o.; ~ malato to lie ill; mettersi a ~ to lie down; qui giace (nelle iscrizioni funebri) here lies.

giaciglio m. pallet. □ ~ di paglia pallet, straw bed.

giacimento m. ⟨Geol⟩ deposit, bed, layer. □ ~ carbonifero coal bed (o seam); ~ di ferro iron ore deposit; ~ minerario mineral (o ore) body (o deposit); ~ petrolifero oil field.

giacinto m. ⟨Bot,Min⟩ hyacinth.

giacitura f. (posizione) lying position (o posture).

giaciuto → giacere.

giaco m. (pl. -chi) ⟨Mediev⟩ coat of mail.

Giacobbe N.pr.m. ⟨Bibl⟩ Jacob.

giacobinismo m. ⟨Stor⟩ Jacobinism (anche estens.). **giacobino I** s.m. ⟨Stor⟩ Jacobin (anche estens.). **II** a. Jacobinic(al). **giacobita** m. ⟨Rel,Stor⟩ Jacobite.

giacomo: ⟨pop⟩ fare ~ (tremare) to tremble, to shake: le gambe mi facevano ~ ~ my legs were trembling.

Giacomo N.pr.m. **1** James. **2** ⟨Bibl⟩ Jacob.

giacqui → giacere.

giaculatoria f. **1** (preghiera) short prayer. **2** ⟨fig⟩ (discorso noioso) boring words pl. **3** ⟨fig⟩ (imprecazione) curse.

giada f. ⟨Min⟩ jade: una statuetta di ~ a jade statuette. □ color ~ jade; di ~ jade; verde ~ jade green.

Giaffa N.pr.f. ⟨Geog⟩ Jaffa.

giaggiolo m. ⟨Bot⟩ iris.

giaguaro m. ⟨Zool⟩ jaguar. □ ⟨scherz⟩ amico del ~ one who sides with one's friend's opponents.

giaietto m. ⟨Min⟩ jet.

gialappa f. ⟨Bot⟩ jalap plant.

giallastro a. yellowish: colorito ~ yellowish (o jaundiced) complexion.

giallistica f. detective fiction, crime stories pl. **giallista** m./f. crime writer. **giallorosa** a.inv.: film ~ romance thriller.

giallo I a. **1** yellow. **2** (rif. al colorito del viso) sallow, yellow. **3** (poliziesco) crime-, detective-, mystery-: film ~ detective (o mystery) film, ⟨fam⟩ thriller. **4** ⟨giorn⟩ (scandalistico) yellow: stampa –a yellow press. **II** s.m. **1** (colore) yellow. **2** (romanzo giallo) thriller, detective (o mystery) story; (film giallo) detective (o mystery) film. □ ~ arancio orange-yellow; ~ di cromo chrome yellow; ⟨Geog⟩ Fiume ~ Yellow River; ~ limone lemon-yellow; ~ oro golden yellow; pericolo ~ yellow peril; razza –a yellow race; ~ dell'uovo egg yolk.

giallognolo a. yellowish. **giallore** m. **1** yellowness. **2** (colorito malsano) sallow (o yellow) complexion.

giallorosso I s.m. ⟨Sport⟩ Player of the Roma soccer team. **II** a. supporting the Roma soccer team.

Giamaica N.pr.f. ⟨Geog⟩ Jamaica. **giamaicano** a./s.m. (f. -a) Jamaican.

giambico a. (pl. -ci) ⟨Metr⟩ iambic. **giambo** m. iambus, iamb.

giammai avv. (enfat,scherz) never: non ti crederò ~ I will never believe you; assisterai alla cerimonia? – ~! will you attend the ceremony? never (o not on your life)!

gianduia m. ⟨Dolc⟩ gianduia (chocolate cream).

gianduiotto *m.* ⟨*Dolc*⟩ gianduiotto (kind of Piedmontese chocolate).

Gianicolo *N.pr.m.* (*colle di Roma*) Janiculum.

giannizzero *m.* **1** janissary, janizary. **2** ⟨*fig,spreg*⟩ henchman.

Giano *N.pr.m.* ⟨*Mitol*⟩ Janus: ~ *bifronte* two-faced Janus.

Giansenio *N.pr.m.* ⟨*Stor*⟩ Jansen. **giansenismo** *m.* ⟨*Rel*⟩ Jansenism. **giansenista** I *s.m./f.* Jansenist. II *a.* Jansenist(ic). **giansenistico** *a.* (*pl.* -ci) Jansenistic.

Giappone *N.pr.m.* ⟨*Geog*⟩ Japan. **giapponese** I *a.* Japanese, Japan-. II *s.* **1** *m.* (*lingua*) Japanese. **2** *m./f.* (*abitante*) Japanese.

giara *f.* (*recipiente*) jar.

giarda *f.* ⟨*Veter*⟩ spavin.

giardinaggio *m.* gardening. **giardinetta** I *s.f.* ⟨*Aut*⟩ station wagon. II *a.* station-wagon-. **giardinetto** *m.* **1** ⟨*Econ*⟩ diversified portfolio. **2** ⟨*Comm*⟩ spread investment. **giardiniera** *f.* **1** (woman) gardener; (*moglie di giardiniere*) gardener's wife. **2** ⟨*Gastr*⟩ (*sottaceti misti*) mixed pickles *pl.* **3** (*fioriera*) jardinière, flower stand. **4** ⟨*Aut*⟩ station wagon. **giardiniere** *m.* (*f.* -a) gardener.

giardino *m.* garden. □ ~ **botanico** botanical garden; ~ *alla* **francese** French garden; ~ *d'*infanzia kindergarten, nursery school; ~ *all'*inglese English garden; ~ *d'*inverno winter garden; ~ *all'*italiana Italian (*o* formal) garden; ~ **pensile** hanging garden, roof garden; -*i* **pubblici** public gardens; ~ **zoologico** zoo, zoological gardens.

giarrettiera *f.* **1** (*nastro elastico*) garter; (*del busto o del reggicalze*) suspender, ⟨*am*⟩ garter. **2** (*da uomo*) suspender, ⟨*am*⟩ garter. □ *ordine della* ~ Order of the Garter.

Giasone (*o* **Giasone**) *N.pr.m.* ⟨*Mitol*⟩ Jason.

giaurro *m.* ⟨*spreg*⟩ giaour.

Giava *N.pr.f.* ⟨*Geog*⟩ Java. **giavanese** I *a.* Javanese, Java-, Javan. II *s.* **1** *m.* (*lingua*) Javanese. **2** *m./f.* (*abitante*) Javanese, Javan.

giavazzo I *s.m.* ⟨*Min*⟩ jet. II *a.* (*rif. al mantello del cavallo*) jet.

giavellottista *m./f.* ⟨*Sport*⟩ javelin thrower. **giavellotto** *m.* javelin (*anche Sport.*): *lancio del* ~ javelin throwing.

gibbone *m.* ⟨*Zool*⟩ gibbon.

gibbosità *f.* ⟨*lett*⟩ **1** (*l'essere gobbo*) gibbousness, gibbosity. **2** (*gobba*) hump: *le* ~ *del cammello* the camel's humps. **3** (*rif. a terreno*) unevenness. **gibboso** *a.* **1** (*gobbo*) gibbous, humped: *schiena* -*a* gibbous spine. **2** (*rif. a terreno*) undulating, hilly.

giberna *f.* ⟨*Mil*⟩ cartridge pouch (*o* box).

gibigian(n)a *f.* (*region*) flash of reflected light.

Gibilterra *N.pr.f.* ⟨*Geog*⟩ Gibraltar: *stretto di* ~ Strait(s) of Gibraltar.

gibus *m.* ⟨*Mod*⟩ gibus (hat), opera (*o* crush) hat.

Gibuti *N.pr.m.* ⟨*Geog*⟩ Djibuti.

giellismo *m.* ⟨*Stor.it*⟩ G.L. movement. **giellista** *m./f.* member of the G.L. movement.

giga *f.* **1** (*strumento*) gigue, giga. **2** (*danza*) jig, gigue.

gigahertz *m.* ⟨*Fis*⟩ gigahertz.

gigante I *s.m.* **1** (*anche estens.*). **2** ⟨*fig*⟩ genius, giant: *un* ~ *della musica* a musical giant. II *a.* (placed after the noun) (*altissimo*) gigantic, huge, colossal (*anche fig.*): *albero* ~ huge tree; *un'impresa* ~ a colossal undertaking. □ *fare passi da* (o *di*) ~ to take giant steps; ⟨*fig*⟩ (*fare rapidi progressi*) to progress by leaps and bounds, to make rapid progress. **giganteggiare** *v.i.* (**giganteggio**, **giganteggi**; *aus.* avere) to tower, to loom (*anche fig.*): *lo scrittore giganteggia sui suoi contemporanei* the writer towers over his contemporaries. **gigantesco** *a.* (*pl.* -chi) **1** gigantic: *proporzioni gigantesche* gigantic proportions. **2** ⟨*fig*⟩ gigantic, gigantesque, huge, colossal, tremendous: *sforzi giganteschi* tremendous efforts. **gigantessa** *f.* giantess (*anche estens.*). **gigantismo** *m.* ⟨*Med,Bot*⟩ gigantism. **gigantografia** *f.* photo mural. **gigantomachia** *f.* ⟨*Mitol*⟩ battle of the Giants.

gigionata *f.* hamming. **gigione** *m.* **1** ⟨*teat*⟩ ham (actor). **2** (*persona presuntuosa*) presumptuous person. **gigioneggiare** *v.i.* (**gigioneggio**, **gigioneggi**; *aus.* avere) to ham. **gigionesco** *a.* (*pl.* -chi) ham, hammy. **gigionismo** *m.* hamming.

gigliacee *f.pl.* ⟨*Bot*⟩ lilies *pl.* **gigliato** *a.* lilied: *stemma* ~ lilied banner (*o* coat of arms); (*rif. a moneta*) stamped with a lily.

giglio *m.* **1** ⟨*Bot*⟩ lily (*anche fig.*). **2** ⟨*Arald*⟩ fleur-de-lis, lily. □ ~ **bianco** white (*o* madonna) lily; *bianco come un* ~ lily-white, as white as a lily; ⟨*Arald*⟩ ~ *di* **Firenze** Florentine fleur-de-lis, fleur-de-lis of Florence; ⟨*Arald*⟩ ~ *di* **Francia** (French) fleur-de-lis; *puro come un* ~ as pure as a lily.

Gilberto *N.pr.m.* Gilbert.

gilda *f.* ⟨*Mediev*⟩ guild.

gimcana *f.* → gincana.

gimnosperme *f.pl.* ⟨*Bot*⟩ gymnosperms *pl.*

gimnoto *m.* ⟨*Itt*⟩ gymnotid.

gin *m.* gin.

gincana *f.* ⟨*Sport*⟩ gymkhana.

gineceo *m.* ⟨*Archeol*⟩ gynaeceum (*anche Bot.*).

ginecologia *f.* ⟨*Med*⟩ gynaecology. **ginecologico** *a.* (*pl.* -ci) gynaecologic(al). **ginecologo** *m.* (*pl.* -gi; *f.* -a) gynaecologist.

ginecomastia *f.* ⟨*Med*⟩ gynaecomastia.

ginepraio *m.* **1** juniper thicket. **2** ⟨*fig*⟩ (*situazione intricata*) labyrinth, maze. □ *cacciarsi in un* ~ to get o.s. into a fix. **ginepro** *m.* ⟨*Bot*⟩ juniper: *bacca di* ~ juniper berry.

ginestra *f.* ⟨*Bot*⟩ broom. **ginestrella** *f.* ⟨*Bot*⟩ dyer's broom, dyer's green weed. **ginestrone** *m.* ⟨*Bot*⟩ furze, gorse.

Ginevra¹ *N.pr.f.* ⟨*Geog*⟩ Geneva. □ ⟨*Pol*⟩ *convenzione di* ~ Geneva Convention; *lago di* ~ Lake Geneva.

Ginevra² *N.pr.f.* ⟨*Lett*⟩ Guinevere.

ginevrino I *a.* Genevan, Geneva-. II *s.m.* (*f.* -a) Genevan.

gingillare I *v.t.* (*intrattenere, divertire*) to amuse, to entertain. II *v.i.* (*aus.* essere) ⟨*region*⟩, **gingillarsi** *v.r.* **1** (*giocherellare*) to toy, to fiddle: *il bambino si gingillava con delle palline colorate* the baby was fiddling with coloured balls. **2** (*perdere tempo*) to idle, to loiter, to loaf, to hang about: *ha passato tutta la mattina a gingillarsi senza combinare nulla* he spent the whole morning hanging about without doing anything. **gingillo** *m.* **1** (*ninnolo*) knick-knack, trinket, trifle. **2** (*balocco*) toy. **3** (*ciondolo*) pendant, bauble, charm.

ginnare *v.t.* ⟨*Tess*⟩ to gin, to remove with a gin. **ginnatrice** *f.* (cotton) gin. **ginnatura** *f.* ginning.

ginnasiale I *a.* (*del ginnasio*) gymnasial, grammar school-. II *s.m./f.* grammar school student. **ginnasio** *m.* **1** ⟨*Stor.gr*⟩ gymnasium. **2** ⟨*Scol*⟩ grammar school, ⟨*am*⟩ junior high school.

ginnasta *m./f.* gymnast (*anche Stor.gr.*).

ginnastica *f.* **1** gymnastics *pl* (*costr. sing.*), physical training (*o* culture); (*esercizi collettivi*) drill. **2** (*moto*) exercise: *andrò a piedi per fare un po' di* ~ I'll walk to get a little exercise. **3** ⟨*fig*⟩ exercise, training: *il calcolo a memoria è una* ~ *per la mente* doing mathematics in your head is good mental exercise. □ ~ *agli* **attrezzi** apparatus work; *fare* ~ to do (physical) exercises; ~ *per* **gestanti** pre-natal exercise; ~ **medica** (*o terapeutica, ortopedica*) remedial gymnastics; ~ **ritmica** callisthenics *pl* (*costr.sing. o pl.*); *scarpe da* ~ gym shoes, ⟨*am*⟩ sneakers *pl;* ~ **svedese** Swedish exercises (*o* gymnastics, drill).

ginnastico *a.* (*pl.* -ci) gymnastic, ⟨*fam*⟩ gym-. □ *attrezzi* -*i* gymnastic apparatus; *esercizio* ~ gymnastic exercise; *gara* -*a* gymnastic competition. **ginnico** *a.* (*pl.* -ci) gymnastic: *saggio* ~ gymnastic display.

ginocchia → ginocchio. **ginocchiata** *f.* **1** (*colpo dato col ginocchio*) blow with the knee. **2** (*colpo preso sul ginocchio*) blow on the knee. **ginocchiello** *m.* (*protezione dei ginocchi dei cavalli*) knee pad. **ginocchiera** *f.* **1** knee cap; (*elastica*) knee band; (*imbottita*) knee pad, knee guard. **2** (*di armatura*) knee piece, genouillière. **3** (*dei cavalli*) knee pad.

ginocchio *m.* (*pl.* i **ginocchi**, le **ginocchia**; the latter form is used in the collective sense) **1** knee. **2** (*dei calzoni*) (trouser) knee. **3** ⟨*Mecc*⟩ knee joint. **4** ⟨*Mar*⟩ (*parte del* *remo*) loom. □ **al** ~ knee–length: *gonna al* ~ knee–length skirt; *gettarsi alle –a di qd.* to fall (*o* go down) on one's knees before s.o.; *stare in* ~ to kneel, to be kneeling; *in ~!* down on your knees!; ⟨*fig*⟩ *mettere qd. in* ~ to bring s.o. to his knees; *mettersi in* ~ to kneel (down), to go down on one's knees; *pregare in* ~ to pray on one's knees; **piegare** *un* ~ to bend one's knee; *sentirsi piegare le –a* to feel one's knees buckling; **prendere** *sulle –a qd.* to take s.o. on one's knee(s) (*o* lap); ⟨*Med*⟩ ~ **valgo** genu valgum, knock–knees.

ginocchione, ginocchioni *avv.* (*in ginocchio*) on one's knees, kneeling (down): *gettarsi* ~ *davanti a qd.* to fall on one's knees before s.o.; *stare* ~ to kneel.

ginseng *m.* ⟨*Bot*⟩ ginseng.

Giobbe *N.pr.m.* ⟨*Bibl*⟩ Job. □ ⟨*fig*⟩ *la pazienza di* ~ the patience of Job.

giocare *v.* (**giuoco/gioco, giuochi/giochi**) **I** *v.i.* (*aus.* avere) **1** to play: *i bambini giocavano in giardino* the children were playing in the garden. **2** (*rif. a lotterie, giochi di carte e sim.*) to play: *sai* ~ *a carte?* can you play cards?; (*avere il vizio del gioco*) to gamble, to be a gambler. **3** (*in borsa*) to speculate, to gamble on the Stock–Exchange, to play the (stock) market. **4** ⟨*Sport*⟩ to play: *la Roma gioca contro il Napoli* Rome is playing Naples. **5** (*giocherellare*) to play, to toy: ~ *con i bottoni della giacca* to toy with the buttons of one's jacket. **6** ⟨*fig*⟩ (*agire, avere peso*) to count, to be important, to play a part: *in queste cose gioca molto la fortuna* in these things luck counts a lot. **7** (*avere gioco: rif. a chiave*) to turn; (*rif. ad aria*) to circulate; (*rif. a luce*) to penetrate. **II** *v.t.* **1** (*rif. a partita: disputare*) to play. **2** (*rif. a carta da gioco*) to play: ~ *un asso* to play an ace; (*rif. a pedine e sim.*) to move. **3** (*nel gioco del lotto*) to bet on: ~ *un ambo* to bet on a double. **4** (*rif. a denari: puntare*) to bet, to stake, to wager: ~ *mille lire su una carta* to stake one thousand lire on a card. **5** ⟨*fig*⟩ (*mettere a repentaglio*) to risk, to jeopardize: ~ *la propria vita* to risk one's life. **6** (*ingannare*) to take in, to outwit: *sono stato giocato* I've been had (*o* taken in). **giocarsi** *v.r.* **1** (*perdere al gioco*) to gamble away, to lose (by gambling): *si è giocato una fortuna* he has gambled away a fortune. **2** ⟨*fig*⟩ (*mettere in pericolo*) to risk, to jeopardize. **3** (*perdere per leggerezza*) to lose, to throw away: *con i suoi continui ritardi si giocherà il posto* if he continues to come late he will lose his job. **4** (*beffarsi*) to make fun (*o* game) (*di* of), to toy, to trifle (with): *si è giocato di noi* he made fun of us. □ **giocarsi l'anima** to bet one's shirt; ~ *d'astuzia* to rely on one's wits, to resort to cunning; ~ *d'azzardo* to gamble; ~ **con** *qd.*: **1** (*averlo come avversario*) to play (against) s.o.; **2** (*averlo come compagno*) to play with s.o.; ~ *alle* **corse** to bet on horses; ~ **forte** to play for high stakes; ⟨*fig*⟩ *a che* **gioco** *giochiamo?* what do you think you are doing?; ~ *alla* **palla** to play ball; ~ *a* **pallone** to play football; ~ *sulle* **parole** to play upon words; ~ *a* **rincorrersi** to play chasings (*o* tag); ~ *un* **tiro** *a qd.* to play a trick (*o* joke) on s.o.

Giocasta *N.pr.f.* ⟨*Mitol*⟩ Jocasta, Jocaste.

giocata *f.* **1** (*partita*) game: *fare una* ~ *a biliardo* to play a game of billiards. **2** (*puntata*) stake: *raddoppiare la* ~ to double the stake(s). **3** (*nel gioco del lotto*) bet. **giocatore** *m.* (*f.* **-trice/***pop.* **-tora**) **1** player: *è un bravo* ~ *di tennis* he is a good tennis player. **2** (*giocatore d'azzardo*) gambler: *un* ~ *accanito* an inveterate gambler; (*giocatore di carte*) card player. □ ~ *di biliardo* billiard player; ~ *di calcio* football player, footballer; ~ *di golf* golf player, golfer; ~ *di scacchi* chess player. **giocattolo** *m.* **1** toy, plaything. **2** ⟨*fig*⟩ (*rif. a persona*) plaything: *essere un* ~ *nelle mani di qd.* to be a plaything in s.o.'s hands. □ ~ *meccanico* mechanical toy; *negozio di –i* toyshop.

giocherellare *v.i.* (**giocherello**; *aus.* avere) to toy, to fiddle: ~ *con la catena dell'orologio* to fiddle with one's watch chain. **giochetto** *m.* **1** (*passatempo*) pastime. **2** ⟨*fig*⟩ (*lavoro di poco impegno*) child's play: *questa traduzione è un* ~ *per lui* this translation is child's play for him. **3** ⟨*fig*⟩ (*tranello*) trick: *mi ha fatto un* ~ he played a trick on me.

gioco *m.* (*pl.* **-chi**) **1** game: *i giochi dei bambini* children's games; *il* ~ *delle carte* (the game of) cards; (*il giocare in*

genere) play; (*passatempo*) pastime. **2** (*gioco d'azzardo*) gambling: *avere il vizio del* ~ to be addicted to gambling. **3** (*partita*) game. **4** (*combinazione delle carte di un giocatore*) hand. **5** (*posta*) stake(s): *raddoppiare il* ~ to double the stakes. **6** (*contrasto, effetto*) play: *giochi d'acqua* play of water. **7** ⟨*fig*⟩ (*scherzo*) joke, fun: *fare qc. per* ~ to do s.th. ⌈in fun⌉ (*o* jokingly). **8** (*beffa, tiro*) trick, practical joke: *fare un brutto* ~ *a qd.* to play a nasty trick on s.o. **9** ⟨*Sport*⟩ (*nel tennis*) game. **10** ⟨*Mecc*⟩ (*corsa morta*) play; (*spazio tra due superfici*) clearance. □ ~ *di* **abilità** game of skill; ⟨*Mecc*⟩ ~ **assiale** end float (*o* play); ~ *d'azzardo* game of chance; ~ *di* **borsa** speculation; *avere* **buon** ~: **1** (*avere carte favorevoli*) to have a good hand; **2** ⟨*fig*⟩ to be in a good (*o* favourable) position; ⟨*fig*⟩ **coprire** *il proprio* ~ to play a deep game; **da** ~ gaming: *sala da* ~ gaming (*o* game) room; ~ *dei* **dadi** (game of) dice; ~ *della* **dama** (game of) draughts, ⟨*am*⟩ checkers; ~ **didattico** educational game; ⟨*fig*⟩ *fare il* **doppio** ~ to run with the hare and hunt with the hounds, to double–cross; ~ **elettronico** electronic game; ~ **enigmistico** puzzle; ⟨*fig*⟩ **entrare** *in* ~ to come into play; **fare** *il* ~ *di qd.* to play s.o.'s game; ⟨*Sport*⟩ ~ *di* **gambe** (*nel calcio*) footwork; *essere in* ~ to be at stake; ~ **infantile** children's game; ⟨*Sport*⟩ *giochi* **invernali** Winter games; ⟨*Mecc*⟩ ~ **laterale** side clearance (*o* play); ⟨*Sport*⟩ ~ **leale** fair play; ~ *di* **mano** conjuring (*o* magic) trick, sleight of hand; ⟨*fig*⟩ **mettere** *in* ~: **1** (*fare agire*) to call upon (*o* into play), to bring into action: *mise in* ~ *tutte le sue risorse* he called upon all his resources; **2** (*rischiare*) to risk, to stake: *mettere in* ~ *il proprio onore* to stake one's honour; *il* ~ *dei* **muscoli** the movement of the muscles; ~ *di* **parole** pun; ⟨*Sociol*⟩ ~ *delle* **parti** role playing; **per** ~ for fun; **perdere** *al* ~ to lose (at) gambling; ~ **pesante** rough play; ⟨*fig*⟩ ~ *di* **potere** power game; ⟨*fig*⟩ **prendersi** ~ *di qd.* to make fun of s.o.; *giochi* **proibiti** forbidden games; ⟨*fig*⟩ ~ *da* **ragazzi** child's play, ⟨*fam*⟩ a piece of cake; ⟨*fig*⟩ **rivelare** *il proprio* ~ to show one's hand, to put one's cards on the table; ~ *degli* **scacchi** (game of) chess; ~ *di* **società** party (*o* parlour) game; **stanza** *dei giochi* (*per bambini*) nursery, play–room; ~ *da* **tavolo** table game; ⟨*Sport*⟩ ~ *di* **testa** (*nel calcio*) header; **vincere** *al* ~ to win by gambling. *Prov.: un bel* ~ *dura poco* jokes should not be carried too far.

giocoforza: *essere* ~: **1** (*inevitabile*) to have to, to be obliged (*o* compelled) to (*costr. pers.*): *gli fu* ~ *accettare* he had to accept; **2** (*necessario*) to be necessary: *era* ~ *svegliarlo* it was necessary to wake him.

giocoliere *m.* juggler.

giocondamente *avv.* cheerfully, merrily, joyfully. **giocondità** *f.* gaiety, cheerfulness, mirth, joy. **giocondo** *a.* cheerful, merry, joyous, joyful. **giocosità** *f.* jocosity, playfulness. **giocoso** *a.* **1** jocose, playful, jesting. **2** ⟨*Lett*⟩ burlesque: *poesia –a* burlesque poetry.

giogaia[1] *f.* mountain range: *la* ~ *appenninica* the Apennine range.

giogaia[2] *f.* ⟨*Zool*⟩ dewlap.

giogo *m.* (*pl.* **-ghi**) **1** yoke (*anche fig.*): *languire sotto il* ~ *straniero* to languish under the yoke of the foreigner. **2** (*della bilancia*) beam. **3** (*sommità di monte*) top, summit; (*valico montano*) pass, col. □ ~ *maritale* marriage yoke; ⟨*fig*⟩ *passare sotto il* ~ to pass under the yoke; ⟨*fig*⟩ *scuotere il* ~ to throw off the yoke.

gioia[1] *f.* **1** joy, delight, gladness: *provare (una)* ~ to feel joy, to be delighted; *le –e della maternità* the joys of motherhood. **2** (*rif. a persona*) joy, darling, delight: *questo ragazzo è la* ~ *della famiglia* this boy is the joy of the family. □ **con** ~ joyfully, with pleasure, gladly; **di** ~: **1** (*o* with) joy, joyful: *grida di* ~ cries of joy; **2** (*dalla gioia*) for (*o* with) joy: *piangere di* ~ to weep for joy; *raggiante di* ~ radiant with joy; ~ **mia!** my love!; *darsi alla* **pazza** ~ to let one's hair down; ~ *di vivere* joy of living, joie de vivre.

gioia[2] *f.* **1** (*pietra preziosa*) jewel, gem, precious stone. **2** *pl.* jewellery, jewels *pl.* □ *l'astuccio delle –e* the jewel case.

gioielleria *f.* (*negozio*) jeweller's (shop). **gioielliere** *m.* (*f.* **-a**) jeweller. **gioiello** *m.* jewel (*anche fig.*): *un* ~ *di* *cameriera* a jewel of a maid. □ *i –i della corona* the Crown jewels.

gioioso *a.* joyful, merry: *il dono fu accolto con grida –e* the gift was welcomed with joyful cries. **gioire** *v.i.* (**gioisco, gioisci**; *aus.* **avere**) to rejoice, to delight, to be delighted: ~ *della notizia* to rejoice at the news.

Giona *N.pr.f.* ⟨*Bibl*⟩ Jonah.

Giordania *N.pr.f.* ⟨*Geog*⟩ Jordan. **giordano** *a./s.m.* (*f.* **-a**) Jordanian. **Giordano** *N.pr.m.* ⟨*Geog*⟩ Jordan.

Giorgio *N.pr.m.* George.

giornalaccio *m.* rag. **giornalaio** *m.* (*f.* **-a**) newsagent, news–vendor.

giornale *m.* **1** newspaper, paper; (*quotidiano*) daily (paper); (*scientifico*) journal; (*di un solo foglio*) news sheet. **2** (*sede*) newspaper office. **3** (*diario*) diary, daily, daily record: ~ *di viaggio* travel diary. **4** ⟨*Comm*⟩ journal, daybook. □ ~ *aziendale* house organ; ⟨*Mar*⟩ ~ *di* **bordo** (ship's) log, logbook; ⟨*Scol*⟩ ~ *di* **classe** class record book; ~ **finanziario** financial paper; ~ **illustrato** illustrated magazine; ~ **letterario** literary magazine; ~ *del* **mattino** morning paper; ~ *di* **moda** fashion magazine; ~ **murale** poster, placard; ~ *di* **opinione** journal of opinion; ~ *di* **partito** party organ; ~ **radio** news (bulletin), newscast; **scrivere** *in un* ~ to write for a newspaper; ~ *della* **sera** evening paper; ~ **settimanale** weekly (paper).

giornaliero I *a.* **1** daily, everyday: *lavoro* ~ daily work. **2** (*variabile*) variable, changeable: *umore* ~ changeable mood. **II** *s.m.* (*f.* **-a**) day labourer: ~ *agricolo* farm day labourer; (*impiegato*) jobbing clerk. **giornalino** *m.* (*giornale per bambini*) children's paper. **giornalismo** *m.* **1** journalism: *dedicarsi al* ~ to take up journalism. **2** ⟨*collett*⟩ press. □ ~ *radiofonico* broadcast journalism.

giornalista *m./f.* journalist, newspaper–man (*f* –woman), ⟨*am*⟩ newsman (*f* –woman), ⟨*am*⟩ pressman (*f* –woman); (*cronista*) reporter. □ ~ *indipendente* freelance (journalist). **giornalistico** *a.* (*pl.* **-ci**) journalistic; (*di giornale*) newspaper-, news-. □ *servizio* ~ news service.

giornalmastro *m.* ⟨*Comm*⟩ master ledger. **giornalmente** *avv.* daily, everyday. **giornante** *f.* daily help, charwoman, ⟨*fam*⟩ char.

giornata *f.* **1** (*giorno*) day: *una* ~ *d'inverno* a winter's day. **2** (*giornata lavorativa*) work(ing) day; (*lavoro di un giorno*) day's work. **3** (*paga*) day's pay. **4** (*cammino di un giorno*) day's distance: *il paese dista una* ~ (*di cammino*) the village is a day's distance away. **5** (*festa, ricorrenza*) day: *la* ~ *della mamma* Mother's Day. □ **a** ~ daily, by the day: *prendere una donna a* ~ to employ a daily woman; *lavorare* (*o andare*) *a* ~ to work by the day; *lavoratore a* ~ day–labourer; *vivere alla* ~ to live from hand to mouth; ~ **commemorativa** day of commemoration; **di** ~: **1** (*fresco*) fresh, today's; (*rif. a uova*) new–laid; **2** (*di turno*) on duty, duty–: *il medico di* ~ the doctor on duty; ⟨*Mil*⟩ *ufficiale di* ~ duty officer; ⟨*Mil*⟩ *essere di* ~ to be on duty; ~ **festiva** holiday; **in** ~ today, by the end of today: *finirò il lavoro in* ~ I shall finish the work today; *l'intera* ~ the whole day; *una* ~ *di* **marcia** a day's march; *a* **mezza** ~ by the half–day: *essere impiegato a mezza* ~ to be employed part time; *la* ~ **missionaria** Mission Day; ~ (*lavorativa*) *di* **otto ore** eight–hour (working) day; ~ *di* **riposo** day of rest, free day; **tutta** *la* ~ all day, the whole day.

giorno *m.* **1** day. **2** *pl.* (*periodo di tempo*) days *pl*, time(s): *i –i spensierati della scuola* the carefree school–days. □ **a** ~: **1** brightly: *illuminato a* ~ brightly lit; **2** ⟨*Oref*⟩ à jour: *legare a* ~ *una pietra* to mount a stone à jour; *montatura a* ~ à jour mounting; **3** ⟨*Lav.femm*⟩ *punto a* ~ hemstitch; *a –i*: **1** (*fra pochi giorni*) in a few days (time); **2** (*a intervalli*) sometimes: *a –i è triste ed a –i è allegro* sometimes he is sad and other times he is gay; *ai –i nostri* nowadays; *dalle origini ai –i nostri* from the beginning to the present day; *al* ~ a day: *guadagna quattromila lire al* ~ he earns four thousand lire a day; *l'altro* ~ (*l'altro ieri*) the day before yesterday; (*qualche giorno fa*) a few (o couple of) days ago, the other day; *un* ~ *o l'altro ti verrò a trovare* one of these days I shall come and see you; *da un* ~ *all'altro*: **1** (*improvvisamente*) suddenly, overnight; **2** (*imminentemente*) at any moment, any day now; ~

*d'***arrivo** day of arrival; ⟨*fam*⟩ *un* **bel** ~ one (fine) day; *passare* **brutti** *–i* to have a bad (o an unpleasant) time; **buon**~*!* good day!, good afternoon!; (*fino a mezzogiorno*) good morning!; **che** ~ *è oggi?* (*rif. al mese*) what's the date (today)?; (*rif. alla settimana*) what day (of the week) is it?; *ha i –i* **contati** his days are numbered; *è una* **cosa** *di –i* it's a question of days; **del** ~ of the day, day's: *i* **fatti** *del* ~ the day's events; *l'uomo del* ~ the man of the moment; *la notizia del* ~ the news of the day; *di* ~ (by) day, (in the) daytime; *di* ~ *in* ~ from day to day, every day; *il* ~ **dopo** the next day, the day after; *è* ~ it's morning; *è* ~ **chiaro** (*o fatto*) it's broad daylight; *è ancora* ~ it's still light; ~ *di* **emissione** day of issue; *si* **fa** ~ it's morning, day is breaking; *sul far del* ~ at daybreak; ~ **feriale** weekday, working day; *prendere un* ~ *di* **ferie** to take a day off; ~ **festivo** holiday, feast day; **finire** *i propri –i* to end one's days; *il* ~ *del* **giudizio** (*universale*) the day of judgement, judgement day; *il* **gran** ~ the great day; **per** *–i* **interi** for whole days, for days on end; ~ **lunare** lunar day; ~ *di* **mercato** market day; *il* ~ *dei* **morti** All Souls'Day; *il* ~ *di* **Natale** Christmas Day; ~ *e* **notte** night and day; *fare di notte* ~ to turn night into day; *al* ~ *d'***oggi** today, nowadays; **ogni** ~ every day; *d'ogni* ~ everyday, daily: *la vita d'ogni* ~ everyday (o daily) life; **dare** *gli* **otto** *–i a qd.* to give s.o. a week's notice; ~ *di* **paga** pay day; ~ **per** ~ day by day, each day; *in* (o di) **pieno** ~ in broad daylight; *fra* **pochi** *–i* in a few days (time); *il* ~ **precedente** (*o prima*) the day before, the previous day; *tutto il* **santo** ~ all day long; ⟨*Sport*⟩ *la* **sei** *–i* the six–day race; *un* ~ **sì** *e uno* **no** every other (o second) day; *il* ~ *del* **Signore** the Lord's Day; ~ **solare** solar day; *un* ~ *di* **sole** a sunny (o fine) day; **tutti** *i –i è la stessa storia* it's the same old story every day; **un** ~: **1** (*una volta: nel futuro*) some day, one of these days: *un* ~ *ti spiegherò* some day I'll explain it to you; **2** (*nel passato*) one day.

Giosafat(te) *N.pr.m.* ⟨*Bibl*⟩ Jehoshaphat.

giostra *f.* **1** ⟨*Mediev*⟩ joust; (*torneo*) tournament, jousts *pl*. **2** (*carosello delle fiere*) merfy–go–round, roundabout, ⟨*am*⟩ carousel. **giostrare** *v.i.* (**giostro**; *aus.* **avere**) **1** ⟨*Mediev*⟩ to joust (*anche estens.*). **2** ⟨*fig*⟩ (*destreggiarsi*) to manage.

Giosuè *N.pr.m.* ⟨*Bibl*⟩ Joshua.

giottesco *a.* (*pl.* **-chi**) (*alla maniera di Giotto*) Giottesque.

giovamento *m.* benefit, advantage. □ *essere di* ~ to be useful; *non essere di* ~ to be useless, to be of no avail; *recare* ~ to benefit; *trarre* ~ *da qc.* to benefit from s.th.

giovane I *a.* **1** young: *è più* ~ *di quanto pensassi* he is younger than I thought. **2** (*giovanile*) youthful, young: *avere un aspetto* ~ to have a youthful appearance. **3** (*nato da poco tempo*) young: *una pianticella* ~ a young plant. **4** (*non stagionato*) fresh, new: *vino* ~ new wine. **5** (*di età minore*) younger, junior: *Plinio il* ~ Pliny the younger. **II** *s.m./f.* **1** young man (*f* woman), youth (*f* girl): *ha sposato un* ~ *del suo paese* she married a young man from her village. **2** *pl.* ⟨*collett*⟩ young people *pl*, youth. **3** (*aiutante*) assistant, boy: *il* ~ *di* **studio** the office boy; ~ *di* **bottega** shop boy. □ ~ *d'***anni** young (in years); *da* ~ in one's youth, when (o as) a young man (*f* woman); *i –i ed i* **vecchi** the young and the old; *in* ~ *età* young. *Prov.:* *si è –i una volta sola* you're only young once. **giovanetta** *f.* girl, ⟨*fam*⟩ lass. **giovanetto** *m.* boy, ⟨*fam*⟩ lad. **giovanile** *a.* juvenile; (*da giovane*) youthful, young. □ *gli* **anni** *–i* the years of youth; *entusiasmi –i* youthful enthusiasms; *gli* **errori** *–i* juvenile errors; *le opere –i di un poeta* a poet's early works.

Giovanna *N.pr.f.* Joan, Jo(h)anna, Jean, Jane. □ ⟨*Stor*⟩ ~ *d'***Arco** Joan of Arc. **Giovanni** *N.pr.m.* John. □ **san** ~ *Apostolo* St. John the Apostle; ~ (*il*) *Battista* John the Baptist; ~ *Evangelista* John the Evangelist; ⟨*Stor*⟩ ~ *senza* **terra** John Lackland.

giovanotto *m.* **1** young man, youth. **2** ⟨*fam*⟩ (*scapolo*) bachelor.

giovare *v.* (**giovo**) **I** *v.i.* (*aus.* **avere/essere**) **1** (*essere utile*) to be useful (o of use), to help, to be ⸢a help⸥ (o of avail): ~ *agli amici* to be a help to one's friends; *a nulla gli è* (o *ha*) *giovato il mio aiuto* my help was of no avail to him. **2** (*fare bene*) to do good: *il cambiamento d'aria gli gioverà* the change of air will do him good. **II** *v.i.impers.* (*aus.* **avere**) to be useful (*o* of use), to do good, to be worth–while: *a nulla giova piangere* it's no use crying. **giovarsi** *v.r.* to take advantage of: *giovarsi di un'occasione favorevole* to take advantage of a favourable opportunity.

Giove *N.pr.m.* **1** ⟨*Mitol*⟩ Jove, Jupiter. **2** ⟨*Astr*⟩ Jupiter.

giovedì *m.* Thursday. ☐ ~ **grasso** Carnival Thursday; **il** (*o di*) ~ on Thursday; (*ogni giovedì*) on Thursdays; ~ **prossimo** next Thursday, Thursday next; ~ **santo** Holy Thursday; ~ **scorso** last Thursday; ~ **sera** Thursday evening.

Giovenale *N.pr.m.* ⟨*Stor*⟩ Juvenal.

giovenca *f.* heifer. **giovenco** *m.* (*pl.* **-chi**; *f.* **-a**) bullock.

gioventù *f.* **1** youth: *ha avuto una ~ triste* he had a sad youth. **2** (*i giovani*) youth, young people (*o* folk) *pl,* the young (*costr. pl.*). ☐ *in ~* in one's youth, when young; *per la ~* for the young, for young people: *libri per la ~* books for young people.

giovevole *a.* advantageous, profitable, beneficial; (*buono per la salute*) beneficial, good: *questi esercizi sono –i alla salute* these exercises are good for the health.

gioviale *a.* jovial, jolly, genial, good–humoured, hearty: *carattere ~* jovial temperament. **giovialità** *f.* joviality, jollity, geniality, good–humour, heartiness. **giovialmente** *avv.* jovially, genially, good–humouredly, heartily. **giovialone** *m.* (*f.* **-a**) jolly fellow.

giovinastro *m.* hooligan, ⟨*am*⟩ hoodlum. **giovincello** *m.* ⟨*scherz*⟩ lad, stripling. **giovine** *a./s.* ⟨*lett*⟩ → **giovane**. **giovinetto** *m.* → **giovanetto**. **giovinezza** *f.* youth: *durante la ~ è vissuto all'estero* in his youth he lived abroad. ☐ *essere nel fiore della ~* to be in the flower of youth; *prima ~* childhood; ⟨*scherz*⟩ *seconda ~* second childhood.

gipeto *m.* ⟨*Ornit*⟩ lammergeyer.

gipsoteca *f.* plaster casts gallery.

girabile *a.* ⟨*Econ*⟩ negotiable, endorsable.

gira|capo *m.* **1** (*capogiro*) dizziness, giddiness. **2** (*fastidio*) annoyance, vexation. **~dischi** *m.inv.* record player. **~dito** *m.inv.* ⟨*Med*⟩ whitlow. **~nastri** *m.inv.* cassette recorder. **~tubi** *m.inv.* ⟨*Mecc*⟩ pipe.

giraffa *f.* **1** ⟨*Zool*⟩ giraffe (*anche fig.*). **2** ⟨*Cin,TV*⟩ boom. **giraffista** *m./f.* ⟨*Cin,TV*⟩ boom operator.

girale *m.* ⟨*Arch*⟩ plant volute. **giramaschio** *m.inv.* ⟨*Mecc*⟩ tap wrench. **giramento** *m.* (*di capo*) (fit of) dizziness (*o* giddiness), dizzy spell: *ho avuto un improvviso ~ di capo* I had a sudden fit of dizziness, I suddenly felt dizzy; *soffre di –i di capo* he suffers from dizzy spells. ☐ ⟨*fig,volg*⟩ ~ *di scatole* pain in the neck. **giramondo** *m.inv.* tramp, vagrant, rolling stone, ⟨*am.fam*⟩ bum.

girandola *f.* **1** (*fuoco d'artificio*) Catherine–wheel. **2** (*giocattolo*) toy windmill. **3** (*banderuola*) weathercock (*anche fig.*). **girandolare** *v.i.* (*girandolo; aus.* **avere**) (*girellare*) to wander (about), to saunter, to ramble, to stroll about. **girandolone** *m.* (*f.* **-a**) rambler, wanderer. **girandoloni**: *andare ~* to go strolling (*o* wandering) about.

girante[1] *m./f.* ⟨*Econ*⟩ endorser.

girante[2] *f.* ⟨*Mecc*⟩ rotor.

girare I *v.t.* **1** (*fare rotare*) to turn: ~ *la chiave nella serratura* to turn the key in the lock. **2** (*avvolgere con corde e sim.*) to wind, to tie: ~ *una cordicella intorno ad un pacco* to tie a string around a package. **3** (*volgere*) to turn: ~ *gli occhi* to turn one's eyes. **4** (*andare attorno*) to go (a)round; (*a piedi*) to walk round; (*con veicolo*) to drive round; (*con imbarcazione*) to round: ~ *un capo* to round a cape. **5** (*rif. a cosa: correre in giro, circondare*) to go (*o* run) around, to encircle, to wind around: *la strada gira il lago* the road runs round the lake. **6** ⟨*fig*⟩ (*evitare*) to get round (*o* over), to avoid: ~ *una difficoltà* to get round a difficulty. **7** (*percorrere, visitare viaggiando*) to tour, to travel around: *ho girato tutta l'Italia* I have toured the whole of Italy; (*a piedi*) to walk (*o* go) round: *girammo tutti i musei di Parigi* we went round all the museums in Paris. **8** (*andare da un posto all'altro*) to go around: *ho girato molti negozi per trovare un bel regalo* I went around

a lot of shops to find a nice present. **9** (*disporre le parole in ordine diverso*) to turn, to change the order of: ~ *la frase* to turn the phrase. **10** (*trasferire*) to pass on. **11** ⟨*Econ*⟩ to endorse. **12** ⟨*Cin,TV*⟩ to shoot, to take. **II** *v.i.* (*aus.* **avere**) **1** (*rotare*) to go (*o* turn) round: *la terra gira intorno al sole* the earth goes round the sun; (*rapidamente*) to spin; (*turbinare*) to whirl. **2** (*rif. a uccelli, aerei e sim.*) to circle. **3** (*andare in giro*) to go around; (*con veicolo*) to drive around; (*a cavallo*) to ride around. **4** (*girellare*) to wander, to ramble, to stroll about: *mi piace ~ per le vie della città* I like to wander about the streets of the city. **5** (*rif. a denaro: circolare*) to be in circulation, to circulate. **6** ⟨*fig*⟩ (*diffondersi*) to circulate, to go around: *girano brutte notizie sul suo conto* nasty rumours are going around about him. **7** (*cambiare direzione*) to turn: *il sentiero gira a destra* the path turns to the right; ~ *all'angolo* to turn the corner. **8** ⟨*Mot*⟩ to run, to be running. **9** (*venire in mente; aus.* **essere**) to come over, to feel like (*costr. pers.*): *se mi gira, parto domani* if I feel like it I shall leave tomorrow; *che ti gira?* what's come over you. **girarsi** *v.r.* **1** (*voltarsi*) to turn: *si girò a salutarla* he turned to greet her; (*completamente*) to turn round. **2** (*rigirarsi*) to toss and turn: *passò tutta la notte a girarsi nel letto* he spent the whole night tossing and turning in bed. ☐ ~ *l'angolo* to turn (*o* round) the corner; ~ *il discorso* to change the subject; ~ *un film* to shoot (*o* make) a film; ⌐*al largo*⌐ (*o alla larga*) to give a wide berth; ⟨*Mot*⟩ ~ *al minimo* to idle; ~ *la pagina* to turn the page; ⟨*fig*⟩ *gira e rigira* whichever way you look at it; *fare ~ la testa a qd.*: **1** (*causare vertigini*) to make s.o. dizzy; **2** (*rif. a vino e sim.*) to go to s.o.'s head; **3** ⟨*fig*⟩ (*fare innamorare*) to turn s.o.'s head; *mi gira la testa* my head is swimming (*o* spinning); ~ *in tondo* to go round and round; ~ *come una trottola* to spin like a top; ⟨*Mot*⟩ ~ *a vuoto* to idle; ⟨*fig*⟩ to turn idly. ‖ ⟨*Cin*⟩ *si gira!* camera!; *silenzio, si gira!* silence, shoot!

girarrosto *m.* spit, roasting jack: *cuocere al ~* to cook on the spit.

girasole *m.* ⟨*Bot*⟩ sunflower.

girata *f.* **1** (*il girare*) turn(ing); (*l'avvolgere*) turn: *legare con tre –e di fune* to tie with three turns of the rope. **2** (*passeggiata: a piedi*) walk, stroll, turn; (*con veicolo*) drive: *ho fatto una ~ con la macchina* I went for a drive in the car. **3** (*nei giochi: giro di carte*) deal. **4** ⟨*Econ*⟩ endorsement. **5** ⟨*fig,region*⟩ (*rimprovero*) telling–off, ⟨*fam*⟩ dressing–down: *dare una ~ a qd.* to give s.o. a telling–off. ☐ *dare una ~ all'arrosto* to turn the roast; ⟨*Econ*⟩ ~ *in bianco* blank endorsement; *dare due –e di chiave* to give the key two turns. **giratario** *m.* ⟨*Econ*⟩ endorsee. **girato** *a.* ⟨*Econ*⟩ endorsed: *assegno ~* endorsed cheque.

girautensili *m.* ⟨*Mecc*⟩ die stock.

giravite *m.inv.* screwdriver.

giravolta *f.* **1** (*giro su se stesso*) turn, twirl. **2** (*curva*) twist, turn, bend. **3** ⟨*fig*⟩ (*mutamento improvviso*) shift, change, about–face. ☐ *fare –e* to twirl (*o* spin) around.

girella I *s.f.* (*carrucola*) pulley. **II** *s.m.inv.* (*persona incostante*) weathercock. **girellare** *v.i.* (*girello; aus.* **avere**) to stroll (*o* saunter) about, to lounge about. **girello** *m.* **1** (*dischetto*) small disc; (*rotella*) small wheel; (*cerchietto*) small ring. **2** (*per bambini*) (baby) walker. **3** ⟨*Macell*⟩ topside. **4** (*del carciofo*) heart. **giretto** *m.* (*piccola passeggiata*) short walk, stroll. **girevole** *a.* turning, revolving: *palcoscenico ~* revolving stage.

girfalco, girifalco *m.* (*pl.* **-chi**) ⟨*Ornit*⟩ gyrfalcon, gerfalcon.

giri/min = *giri al minuto* revolutions per minute (*abbr.* r.p.m.).

girino *m.* ⟨*Zool*⟩ tadpole.

giri/sec = *giri al secondo* revolutions per second (*abbr.* r.p.s.).

giro *m.* **1** turn, twist: *dare un ~ alla manovella* to give the handle a turn, to turn the handle. **2** (*movimento circolare, rotazione*) turn, rotation: *i –i dell'elica* the rotations (*o* turns) of the propeller. **3** (*deviazione*) detour: *fece un lungo ~ per evitare di incontrarlo* he made a long detour to avoid meeting him. **4** (*giro della pista*) lap: *il corridore* *ha distaccato il suo avversario di mezzo ~* the runner is a half lap ahead of his opponent. **5** *(curva)* curve, turn, bend: *la ferrovia fa un lungo ~ intorno alla collina* the train makes a wide curve around the hill. **6** *(itinerario, percorso abituale)* round (usually in pl.): *il postino ha iniziato il suo ~* the postman has begun his rounds. **7** *(viaggio)* trip; *(gita)* excursion, tour. **8** *(passeggiata: a piedi)* walk, stroll: *perché non vai a fare un ~ nel parco?* why don't you go for a stroll (*o* walk) in the park?; *(in automobile)* drive; *(in bicicletta, a cavallo)* ride. **9** *(viaggio di artisti, sportivi e sim.)* tour: *la compagnia teatrale ha fatto un ~ per l'Italia* the theatrical company ˹made a tour of˺ (*o* toured) Italy. **10** *(circolo)* circle, ring: *sedersi in ~* to sit in a circle. **11** *(periodo di tempo)* period, space, course, time: *tutto si è svolto nel ~ di poche ore* everything happened in the space of a few hours. **12** *(turno)* turn: *è il tuo ~ adesso* it's your turn now. **13** *(circolazione: rif. a moneta)* circulation: *le monete da cinquecento lire non si vedono più in ~* five hundred lire coins are no longer in circulation. **14** ⟨*Mot,Mecc*⟩ revolution: *il motore fa duemila –i al minuto* the engine does two thousand ˹revolutions per minute˺ (*o* r.p.m.). **15** ⟨*Econ*⟩ transfer. **16** ⟨*Lav.femm*⟩ row. □ *(Comm)* ~ *d'*affari volume of business, turnover; ~ **bancario** bank clearing; ⟨*fig*⟩ ~ *di* **boa** turning point; ~ *di* capitali capital turnover; *ho chiuso la porta con tre –i di* chiave I locked the door with three turns of the key; *⟨Mod⟩* ~ collo neck; ~ **elettorale** election campaign tour; ⟨*fig*⟩ essere *del* ~ to be in the swim; ⟨*fig*⟩ *il* ~ *della* **droga** the drug ring; fare *il* ~: 1 *(andare attorno)* to go round: *fare il* ~ *del campo* to go round the field; 2 *(andare da uno all'altro)* to make the rounds, to circulate: *la notizia fece il* ~ *della comitiva* the news made the rounds of the group; 3 *(visitare)* to go round, to make a tour of, to visit: *fare il* ~ *dei monumenti* to make a tour of the monuments; *fare un* ~ *su se stesso* to spin round; ⟨*Sport*⟩ ~ *di* **Francia** Tour de France; *essere* in ~: 1 *(essere fuori)* to be out (*o* away): *essere in* ~ *per affari* to be out on business; 2 *(circolare)* to be somewhere (*o* around); *c'è in* ~ *la voce che presto si sposerà* there is a rumour going round that he is getting married soon; *guardare in* ~ to look around (*o* about); *andare in* ~ to go about, to walk around: *va in* ~ *vestito come uno straccione* he goes about dressed like a tramp; *condurre in* ~ to take around; *(in veicolo)* to drive around; *mettere in* ~ *delle voci* to spread rumours; *per due miglia in* ~ for two miles around; ⟨*Sport*⟩ ~ *d'*Italia Tour of Italy; ⟨*Mod*⟩ ~ *(della)* manica arm hole; mezzo ~ half turn; *fare il* ~ *del* mondo to travel around the world; ⟨*Aer*⟩ *fare il* ~ *della* morte to loop the loop; ~ *di* parole *(perifrasi)* circumlocution; *il motore* perde *(di) –i* the engine is losing revs; *a* ~ *di* posta by return of post, ⟨*am*⟩ by return mail; prendere *in* ~ *qd.* to pull s.o.'s leg; presa *in* ~ joke; ⟨*Mot*⟩ *andare* su *di –i* to rev up; *essere su di –i* to be revved up; ⟨*fig*⟩ to be elated; ~ **turistico** tour, tourist trip; *fare un* ~ *di* valzer to dance a waltz; ⟨*fig*⟩ ~ *di* vite *(provvedimento restrittivo)* tightening up, clamping down.

giro|bussola *f.* gyroscopic compass, gyrocompass. **~collo I** *s.m.* round-neck shirt, polo shirt. **II** *a.inv.* round-neck-. **~conto** *m.* ⟨*Econ*⟩ clearance account, transfer entry.

Girolamo *N.pr.m.* Jerome.

Gironda *N.pr.f* ⟨*Geog*⟩ Gironde. **girondino** *m.* ⟨*Stor*⟩ Girondist.

girondolare *v.* (girondolo) → girandolare.

girone *m.* **1** *(nell'inferno dantesco)* circle. **2** ⟨*Sport*⟩ division. □ ⟨*Sport*⟩ ~ *di andata* first half of the season; ~ *di ritorno* second half of the season.

gironzolare *v.i.* (gironzolo; *aus.* avere) **1** *(andare in giro)* to stroll (*o* saunter) about, to wander about: ~ *per la città* to wander about the city. **2** *(girare intorno a un luogo, a una persona)* to hang around: *smetti di gironzolarmi intorno* stop hanging around me.

giro|pilota *m.* ⟨*Mar*⟩ automatic pilot, gyropilot. **~plano** *m.* ⟨*Aer*⟩ gyroplane. **~scopico** *a.* (*pl.* -ci) gyroscopic, gyro-. **~scopio** *m.* gyroscope. **~stabilizzatore** *m.* ⟨*Mar*⟩ gyrostabilizer.

girotondo *m.* ring-a-ring-a-roses.

girovagare *v.i.* (girovago, girovaghi; *aus.* avere) to wander, to roam about. **girovago** *a./s.* (*pl.* -ghi) **I** *a.* wandering, itinerant, strolling: *attore* ~ itinerant actor, strolling player. **II** *s.m.* (*f.* -a) wanderer, tramp, vagrant.

gita *f.* trip, excursion: *una* ~ *al mare* a trip to the seaside. □ *andare in* ~ to go on (*o* for) a trip, to make an excursion; ~ *in* **automobile** car ride (*o* trip); ~ *in* **barca** boat trip (*o* excursion); ~ **organizzata** guided tour; ~ **scolastica** school outing; ~ **turistica** sight-seeing trip.

gitano I *s.m.* (*f.* -a) Spanish gypsy. **II** *a.* gypsy: *danze -e* gypsy dances.

gitante *m./f.* excursionist, tripper: *una comitiva di –i* a group of excursionists.

gittata *f.* **1** *(lancio)* throw. **2** ⟨*Artigl*⟩ range.

giù *avv.* **1** down: *cadere* ~ to fall down; *tira* ~ *la valigia* get the suitcase down; *ti butto* ~ *le chiavi* I'll throw the keys down to you. **2** *(dabbasso)* down, downstairs: *noi ti aspettiamo* ~ we'll wait downstairs for you; *vieni* ~ *un momento* come down(stairs) for a minute. **3** *(sotto)* below, underneath: *da* ~ *non si vede niente* from below you can't see anything. **4** *(rafforzativo)* and down came, then there was, *traduzione spesso idiomatica: e* ~ *botte da orbi* then there was a hail of blows; *e* ~ *parolacce* then he came out with a torrent of oaths. **5** *(negli ordini: via)* down, off: *le mani!* (take your) hands off!; ~ *il cappello!* hats off!; *(scendi)* come (*o* get) down: ~ *dal muro!* get down from the wall!; *(al cane)* down!; ⟨*Mil*⟩ *(a terra)* down!, take cover! □ **giù** ~ all the way down, ⟨*fam*⟩ way (*o* right) down: *ci narrò la storia della famiglia dal capostipite giù* ~ *fino agli ultimi eredi* he told us the family history from the founder right (*o* all the way) down to the last heirs; **in** ~: 1 *(moto)* down, downward(s): *guardare in* ~ to look down; 2 *(stato)* low: *il bottone è attaccato troppo in* ~ the button is (sewn on) too low; *da ... in* ~: 1 *(al di sotto)* from ... down: *dal ginocchio in* ~ from the knee down(wards); 2 ⟨*fig*⟩ *(in meno)* and under: .*non sono ammessi i ragazzi dai sedici anni in* ~ children of sixteen and under are not admitted; **lì** ~ down there; ~ *di lì* thereabouts, round about *(anche fig.)*: *avrà sessant'anni o* ~ *di lì* he must be sixty or thereabouts, he must be round sixty; *essere* ~ *di* **moda** to be out of fashion (*o* date), to be old-fashioned; *essere* ~ *di* **morale** to be depressed, ⟨*fam*⟩ to be (*o* feel) blue; **più** *in* ~: 1 *(più in basso)* lower (*o* further) down: *attacca il quadro un po' più in* ~ hang the painting a little lower; 2 *(più avanti)* further on (*o* down).

giubba *f.* **1** *(giacca)* jacket. **2** ⟨*Mil*⟩ tunic, jacket. **giubbetto** *m.* jacket; *(da donna)* bodice. **giubbone** *m.* jacket. **giubbotto** *m.* *(giubba sportiva)* sports jacket. □ ~ *da salvataggio* life jacket.

giubilante *a.* overjoyed, jubilant, exultant.

giubilare[1] *v.* (giubilo) **I** *v.i.* (*aus.* avere) to rejoice, to exult, to be jubilant. **II** *v.t.* **1** *(mettere in pensione)* to pension off. **2** ⟨*scherz*⟩ *(dimettere da una carica)* to sack, to fire.

giubilare[2] *a.* *(del giubileo)* jubilee-, jubilean: *anno* ~ jubilee year.

giubilazione *f.* **1** ⟨*lett*⟩ jubilation. **2** *(collocazione a riposo)* pensioning off.

giubileo *m.* ⟨*Rel*⟩ jubilee *(anche estens.)*: ~ *sacerdotale* priest's jubilee. □ *anno del* ~ Jubilee Year. **giubilo** *m.* jubilation, rejoicing, exultation. □ *con* ~ joyfully, with jubilation; *accolse con* ~ *la bella notizia* he became jubilant at the good news.

Giuda *N.pr.m.* ⟨*Bibl*⟩ Judas. **giuda** *m.* Judas. □ *il bacio di* ~ Judas kiss. **giudaico** *a.* (*pl.* -ci) Judaic: *la legge -a* Judaic law. **giudaismo** *m.* Judaism. **Giudea** *N.pr.f.* ⟨*Geog*⟩ Jud(a)ea. **giudeo I** *a.* **1** *(della Giudea)* Jud(a)ean. **2** *(ebreo)* Judaic. **II** *s.m.* (*f.* -a) **1** *(abitante della Giudea)* Jud(a)ean. **2** *(ebreo)* Jew (*f* -ess).

giudicabile *a.* that may be judged. **giudicante I** *a.* judging, judicial. **II** *s.m.* *(giudice)* judge. □ ~ *tribunale* court trying the case. **giudicare** *v.* (giudico, giudichi) **I** *v.t.* **1** to judge: *non mi* ~ *troppo severamente* don't judge me too severely. **2** ⟨*Dir*⟩ *(esaminare)* to try, to judge: ~ *una causa* to try a case; *(emettere un verdetto, pronunziare* *una sentenza*) to find: *l'imputato fu giudicato innocente* the accused was found innocent. **3** (*ritenere, reputare*) to judge, to deem, to consider: *tutti lo giudicano un galantuomo* everyone considers him a gentleman. **II** *v.i.* (*aus. avere*) **1** (*dare un giudizio*) to judge (*di qc.* s.th.). **2** (*decidere, discernere*) to judge, to decide: *giudica tu chi è il migliore* you decide who is the best. □ *a ~ da* judging by: *a ~ dalle sue parole, si direbbe sincero* judging by what he says, one would say he is sincere; *~ dalle apparenze* to judge by appearances; *~ bene (male) qd.* to think well (ill) of s.o. **giudicato** *m.* ⟨*Dir*⟩ (*cosa giudicata*) res judicata, decided question; (*sentenza definitiva*) decision; (*civile*) judgement; (*penale*) sentence. □ ⟨*Dir*⟩ *cosa –a* res judicata; *passare in ~* to become final (*o* definitive).

giudice *m.* **1** judge (*anche fig.*). **2** ⟨*Bibl*⟩ Judge. □ *d'appello* justice of appeal; ⟨*Sport*⟩ *~ d'*arrivo finish line judge; *essere* **buon** *~* to be a good judge; ⟨*Sport*⟩ *~ di* classifica place judge; *~* **conciliatore** Justice of the Peace; **erigersi** *a ~* to set o.s. up as a judge; *~ di* ⸢*primo grado*⸣ (*o prima istanza*) judge of first instance; *~* **istruttore** investigating (*o* examining) magistrate; (*per accertare le cause di un decesso*) coroner; *~ del* **lavoro** judge of a labour court; *~* **popolare** juror, juryman; *il ~* **supremo** (*Dio*) the Supreme Judge; *~ di* **tempo** time keeper; *~ non* **togato** lay judge; *~* **tutelare** tutelary judge; *~* **unico** judge sitting alone.

Giuditta *N.pr.f.* Judith.

giudiziale *a.* judicial, judiciary, legal: *potere ~* legal power. □ *casellario ~* criminal record. **giudiziario** *a.* legal, judiciary, judicial: *carriera –a* legal career; *ordinamento ~* legal system.

giudizio *m.* **1** judgement: *un ~ giusto* a fair judgement. **2** (*opinione, parere*) opinion: *dare un ~ su qc.* to give an opinion on s.th.; (*giudizio critico*) appraisal, critical opinion, criticism: *i giudizi sul nuovo romanzo non sono concordi* the critical opinions of the new novel are not in agreement. **3** (*discernimento, ragione*) discretion, wisdom, reason: *l'età del ~* the age of reason; *uomo di ~* man of wisdom, wise man; (*senno*) (common) sense: *certi ragazzi hanno poco ~* some young people don't have much sense. **4** ⟨*Dir*⟩ (*sentenza*) judgement, sentence, decision: *emettere un ~ di assoluzione* to pronounce a decision of acquittal. **5** ⟨*Dir*⟩ (*processo*) trial, proceedings *pl*, suit. **6** (*verdetto*) verdict, decision, judgement: *la commissione lo ha dichiarato vincitore a ~ unanime* the commission declared him the winner by unanimous decision. **7** ⟨*Filos*⟩ judgement. □ *in attesa di ~* awaiting trial; *avere ~* to be sensible; **citare** *in ~ qd.* to summons s.o., to subpoena s.o.; **comparire** *in ~* to appear before a court (*o* judge); ⟨*Filos*⟩ *la* **critica** *del ~* the Critique of Judgement; **dare** *un ~ su qd.* to give an (*o* one's) opinion on s.th.; ⟨*Mediev*⟩ *~ di* **Dio** ordeal; **mettere** *~* (*ravvedersi*) to become sensible, to turn over a new leaf: *far mettere ~ a qd.* to make s.o. turn over a new leaf; *il ~ di* **Paride** Paris' Judgement; **rappresentare** *in ~* to represent legally; **rimettersi** *al ~ di qd.* to submit o.s. to s.o.'s judgement (*o* decision); **rinviare** *qd. a ~* to ⸢commit s.o.⸣ (*o* send s.o. up) for trial; **spese** *di ~* legal expenses; *a suo ~* in his opinion; ⟨*Bibl*⟩ *~* **universale** Last Judgement.

giudiziosamente *avv.* sensibly, judiciously. **giudizioso** *a.* sensible, judicious: *una ragazza –a* a sensible girl.

giudoista *m./f.* ⟨*Sport*⟩ judoist.

giuggiola *f.* jujube. □ *andare in brodo di –e* to go into raptures (*o* ecstasies); *mandare in brodo di –e* to send into ecstasies. **giuggiolo** *m.* ⟨*Bot*⟩ jujube (tree). **giuggiolone** *m.* (*f.* -a) simpleton, fool.

giugno *m.* June. □ *di ~* in (*o* of) June; *in ~* in June.

giugulare **I** *a.* ⟨*Anat*⟩ jugular. **II** *s.f.* jugular vein.

giulebbare *v.t.* (*giulebbo*) (*sciroppare*) to cook in syrup. **giulebbarsi** *v.r.* ⟨*fam,scherz*⟩ (*sopportare*) to (have to) put up with. **giulebbe** *m.* julep.

Giulia *N.pr.f.* Julia.

Giuliana *N.pr.f.* Juliana.

giuliano *a.* (*di Giulio Cesare*) Julian: *calendario ~* Julian calendar.

Giuliano *N.pr.m.* Julian.

Giulie *N.pr.f.pl.* ⟨*Geog*⟩ (*anche Alpi Giulie*) Julian Alps *pl.*

Giulietta *N.pr.f.* Juliet. □ ⟨*Lett*⟩ *~ e Romeo* Romeo and Juliet.

Giulio *N.pr.m.* Julius. □ ⟨*Stor*⟩ *~ Cesare* Julius Caesar.

giulivamente *avv.* joyously, joyfully, gaily, blithely. **giulivo** *a.* joyful, merry, cheerful, blithe.

giullare *m.* **1** ⟨*Mediev*⟩ (*cantastorie*) minstrel; (*giocoliere*) juggler; (*buffone di corte*) jester, buffoon. **2** (*fig*) (*buffone, persona senza dignità*) clown. **giullaresco** *a.* (*pl.* -chi) ⟨*Mediev*⟩ troubadour–, minstrel–: *letteratura –a* troubadour literature. **2** ⟨*spreg*⟩ (*buffonesco*) clownish.

giumella *f.* two handfuls *pl.*

giumenta *f.* **1** (*bestia da soma*) (female) pack animal; (*asina*) she ass. **2** (*cavalla da sella*) mare. **giumento** *m.* (*bestia da soma*) pack animal; (*asino*) donkey, ass.

giunca *f.* ⟨*Mar*⟩ junk. **giuncaia** *f.* → giuncheto. **giuncata** *f.* ⟨*Alim*⟩ junket, curds and whey. **giuncheto** *m.* rushes *pl*, bed of rushes. **giunchiglia** *f.* ⟨*Bot*⟩ jonquil. **giunco** *m.* (*pl.* -chi) ⟨*Bot*⟩ rush. □ *stuoia di ~* rush mat.

giungere *v.* (**giungo, giungi; giunsi, giunto**) **I** *v.i.* (*aus.* essere) **1** (*arrivare*) to arrive (*a* at, in), to reach (s.th.), to get (to), to get as far as (s.th.): *la delegazione giungerà all'aeroporto alle venti* the delegation will arrive at the airport at eight p.m.; *sono giunto al capitolo terzo* I ⸢have got as far as⸣ (*o* am up to) chapter three. **2** (*estendersi*) to stretch, to spread: *la pineta giunge fino al mare* the pine wood stretches (*o* goes right) down to the sea. **3** (*fig*) (*arrivare al punto*) to go so far as, to come to the point: *a tanto è giunta la sua sfacciataggine?* has his impudence come to this point? **II** *v.t.* to join, to clasp: *giunse le mani in atto di preghiera* he joined his hands in prayer. □ *~ nuovo* to be new (*o* news): *questa notizia mi giunge nuova* this is news to me.

giungla *f.* jungle (*anche fig.*): ⟨*fig*⟩ *~ di asfalto* the asphalt jungle.

Giunone *N.pr.f.* ⟨*Mitol*⟩ Juno. **giunonico** *a.* (*pl.* -ci) Junoesque: *bellezza –a* Junoesque beauty.

giunsi → giungere.

giunta¹ *f.* **1** (*aggiunta*) addition. **2** (*rif. ad abiti*) added (*o* extra) piece: *fare una ~ al vestito* to let an extra piece into the dress. **3** (*merce in sovrappiù*) surplus, extra. **4** ⟨*Mar*⟩ butt. □ *per ~* (*inoltre*) in addition, into the bargain; ⟨*iron*⟩ *ti ho aiutato e per ~ mi rimproveri* I helped you and then you go and reproach me.

giunta² *f.* **1** council, commission, board. **2** ⟨*Pol*⟩ junta. □ *~ comunale* municipal (*o* town) council; *~ militare* military junta; *~ provinciale* provincial council; *~ regionale* regional council.

giuntare *v.t.* **1** (*unire, aggiustare*) to join, to connect. **2** ⟨*Cin*⟩ to splice. **3** ⟨*Lav.femm*⟩ to sew together. **giuntatore** *m.* (*f.* -trice/-tora) (*operaio*) joiner, jointer. **giuntatrice** *f.* **1** (*operaia*) joiner, jointer. **2** ⟨*Fal*⟩ (*macchina*) jointer. **3** ⟨*Cin*⟩ splicer. **giuntista** *m.* ⟨*Tel*⟩ cable jointer.

giunto¹ (*p.p. di giungere*) *a.* joined, clasped: *pregare a mani –e* to pray with one's hands joined.

giunto² *m.* ⟨*Mecc*⟩ joint; (*accoppiamento*) coupling; (*punto di giunzione*) junction. □ *~ articolato* (*o cardanico*) universal joint; *~ di dilatazione* expansion joint; *~ elastico* flexible coupling; *~ a gomito* elbow joint; *~ idraulico* (*o idrodinamico*) hydraulic (*o* hydrodrive) coupling, fluid flywheel.

giuntura *f.* **1** (*il congiungere insieme*) joining, connecting, coupling. **2** (*punto di congiunzione*) joint, junction. **3** ⟨*Anat*⟩ (*connessione delle ossa*) joint; (*articolazione*) articulation. **4** ⟨*Mecc,Fal*⟩ joint, connection: *~ a perno* pivot joint. **giunzione** *f.* ⟨*Mecc*⟩ (*giunto*) joint, coupling, connection. □ ⟨*Tel*⟩ *cavo di ~* junction cable; ⟨*Fal*⟩ *~ a cerniera* hinged joint; *linea di ~* seam; *scatola di ~* junction (*o* joint) box.

giuocare, giuoco, e der. → **giocare, gioco, e der.**

Giura *N.pr.m.* ⟨*Geog*⟩ Jura.

giuramento *m.* oath (*anche Mil.*). □ *~ falso* perjury; *fare un ~* to take an oath, to swear; ⟨*fig*⟩ *fare ~* (*fare proposito*) to swear: *ho fatto ~ di non rivederlo mai più* I have sworn never to see him again; ~ *di* **fedeltà** oath of allegiance; **formula** *di* ~ wording of an oath; **mantenere** (*o osservare*) *il* ~ to keep one's oath (*o* vow); **prestare** ~ to take an oath, to be sworn in: *i cadetti hanno prestato* ~ the cadets ⌐were sworn in⌐ (*o* took their oaths); **sciogliere** *dal* ~ to release (*o* relieve) from oath; **sotto** ~ under oath: *deporre sotto* ~ to give evidence under oath.

giurare I *v.i.* (*aus.* **avere**) **1** to swear, to take an oath. **2** ⟨*iperb*⟩ (*assicurare*) to swear, to assure: *ti giuro che non sono stato io* I swear (*o* assure you) that it wasn't I; *potrei* ~ *di averlo visto* I could swear that I saw him. **II** *v.t.* to swear, to vow: ~ *amore eterno* to vow eternal love. □ ~ *sulla* **Bibbia** to swear on the Bible; ~ *davanti a* **Dio** to swear before God; ~ *il* **falso** to commit perjury; ~ *sul proprio* **onore** to swear on one's honour; ~ *e* **spergiurare** to swear black and blue; ~ *sulla* **testa** *di qd.* to swear in the name of s.o.; ~ **vendetta** to swear revenge (*o* vengeance); ⟨*Dir*⟩ ~ *di dire la* **verità**, *tutta la verità e nient'altro che la verità* to swear to tell the truth, the whole truth, and nothing but the truth. ‖ *giurarla a qd.* to swear to get even with s.o.

giurassico *a./s.m.* (*pl.* **-ci**) ⟨*Geol*⟩ Jurassic.

giurato I *a.* sworn (*anche estens.*): *deposizione* –*a* sworn testimony; *perito* ~ sworn expert; *è mio nemico* ~ he's my sworn enemy. **II** *s.m.* (*f.* **-a**) ⟨*Dir*⟩ juror, juryman (*f* –**woman**), member of the jury. □ *i* –*i* the jury; *lista dei* –*i* panel.

giureconsulto *m.* jurisconsult.

giurì *m.* (*giuria*) jury. **giuria** *f.* **1** jury. **2** (*commissione di concorso*) jury, panel of judges, judges *pl.* **3** ⟨*Sport*⟩ judges *pl.*

giuridicamente *avv.* juridically. **giuridicità** *f.* juridical nature. **giuridico** *a.* (*pl.* **-ci**) **1** legal, juridical: *ordinamento* ~ legal system. **2** (*della giurisprudenza*) law–, legal: *studi* –*i* legal (*o* law) studies. □ *stato* ~ *di un impiegato* legal status of an employee.

giurisdizionale *a.* jurisdictional: *competenza* ~ jurisdictional competence.

giurisdizione *f.* jurisdiction. □ ~ **amministrativa** administrative jurisdiction; ~ **civile** civil jurisdiction; ~ **ecclesiastica** ecclesiastical jurisdiction; ~ **extraterritoriale** extraterritorial jurisdiction; ~ **militare** military jurisdiction; ~ **penale** criminal jurisdiction; ⟨*Dir*⟩ ~ **volontaria** voluntary jurisdiction.

giurisperito *m.* jurisprudent, jurisconsult. **giurisprudenza** *f.* jurisprudence: ~ *civile* civil jurisprudence. **giurista** *m./f.* jurist.

Giuseppe *N.pr.m.* Joseph.

Giuseppina *N.pr.f.* Josephine.

giusepp(in)ismo *m.* ⟨*Stor*⟩ Josephinism, Josephism.

giusnaturalismo *m.* ⟨*Filos*⟩ doctrine of natural law.

giusquiamo *m.* ⟨*Bot*⟩ (black) henbane.

giustac(u)ore *m.* ⟨*Stor*⟩ just–au–corps, justicoat.

giustamente *avv.* **1** (*secondo giustizia*) fairly, justly: *giudicare* ~ to judge fairly. **2** (*esattamente*) correctly, rightly, properly.

giustapporre *v.t.* (*giustappongo, giustapponi; giustapposi, giustapposto; → porre*) to juxtapose. **giustapposizione** *f.* juxtaposition (*anche Ling.*). **giustapposto** (*p.p. di giustapporre*) *a.* juxtaposed.

giustezza *f.* **1** correctness, exactness. **2** ⟨*Tip*⟩ justification: ~ *di riga* justification of the line.

giustificabile *a.* justifiable. **giustificare** *v.t.* (*giustifico, giustifichi*) **1** (*rendere giusto*) to justify: *il fine giustifica i mezzi* the end justifies the means. **2** (*discolpare, scagionare*) to justify, to excuse, to exculpate. **3** ⟨*Scol*⟩ to justify, to excuse: ~ *un'assenza* to justify (*o* excuse) an absence. **giustificarsi** *v.r.* **1** to justify o.s. **2** (*scusarsi*) to excuse o.s. **giustificativo** *a.* justifying, justificatory: *documento* ~ justificatory document, supporting document (*o* voucher). **giustificato** *a.* **1** justified: *spese* –*e* justified expenses; *la tua sfiducia è* –*a* your distrust is justified. **2** ⟨*Scol*⟩ excused, justified: *assenza* –*a* excused (*o* justified) absence. **giustificazione** *f.* **1** justification; (*scusa*) excuse: *come* ~ *addusse un'indisposizione* illness was his excuse. **2** (*documento*) voucher, justification: *presentare le* –*i di una spesa* to present the expense vouchers. **3**

⟨*Scol*⟩ excuse. □ ⟨*Scol*⟩ *libretto delle* –*i* justified absence vouchers.

giustinianeo *a.* Justinian: *codice* ~ Justinian code. **Giustiniano** *N.pr.m.* ⟨*Stor*⟩ Justinian.

giustizia *f.* **1** justice; (*rif. a cosa*) justness: *la* ~ *di un provvedimento* the justness of a measure. **2** (*equità*) fairness, impartiality, equity: *giudicare con* ~ to judge ⌐with impartiality⌐ (*o* impartially). **3** (*autorità*) law, justice, authorities *pl*: *consegnare qd. alla* ~ to ⌐hand s.o. over⌐ (*o* turn s.o. in) to the law, to bring s.o. to justice. □ **amministrare** *la* ~ to administer justice (*o* the law); *la* ~ **divina** Divine Justice; **fare** ~ (*giustiziare*) to execute, to put to death; *fare* ~ *di qd.* (*trattarlo secondo il merito*) to give s.o. what he deserves; *farsi* ~ *da sé* to take the law into one's own hands; ~ **fiscale** tax equity; *non c'è* ~ *a questo* **mondo** there's no justice in this world; **ottenere** ~ to obtain justice; **per** ~ out of fairness, in justice; **rendere** ~ *a qd.* (*riconoscerne i meriti*) to give s.o. his due; **ricorrere** *alla* ~ to turn to the law; **secondo** ~ according to justice; ~ **sociale** social justice; *fare* ~ **sommaria** to carry out summary proceedings.

giustiziare *v.t.* (*giustizio, giustizi*) to execute, to put to death: *i condannati furono giustiziati all'alba* the condemned men were executed at dawn. **giustiziato I** *a.* executed. **II** *s.m.* (*f.* **-a**) executed man. **giustiziere** *m.* **1** (*carnefice, boia*) executioner, hangman. **2** (*vendicatore*) avenger.

giusto I *a.* **1** just: *una sentenza* –*a* a just sentence; (*equo*) fair: *giudice* ~ fair judge. **2** (*legittimo*) rightful, legitimate, lawful: *un* ~ *desiderio* a legitimate desire; –*e rivendicazioni* rightful (*o* lawful) claims. **3** (*rispondente al vero*) correct, exact, accurate, ⟨*pred*⟩ right: *una* –*a osservazione* a correct (*o* an accurate) observation; *hai detto una cosa molto* –*a* what you said is quite right. **4** (*adatto, conveniente*) right, suitable: *aspettare il momento* ~ to wait for the right moment. **5** (*proporzionato*) fair: *una paga* –*a* a fair wage. **6** (*preciso, esatto*) right, correct, exact: *il conto è* ~ the bill is right; *peso* ~ exact weight. **7** ⟨*esclam*⟩ (*è vero*) right, correct, true: ~, *non ci avevo pensato* ⌐you're right⌐ (*o* it's true), I hadn't thought of it. **II** *avv.* **1** (*esattamente*) correctly, precisely, justly: *hai risposto* ~ you answered correctly, your answer is right. **2** (*proprio, per l'appunto*) just, precisely: *cercavo* ~ *te* you're ⌐just the⌐ (*o* the very) one I was looking for; *l'ho incontrato* ~ *ieri* I met him just (*o* only) yesterday. **3** (*appena*) just (about), barely: *ho fatto* ~ *in tempo a salutarlo* I just had time to say good–bye to him. **III** *s.m.* **1** (*uomo giusto*) just (*o* righteous, upright) man; *pl.* the just (*o* righteous, upright) (*costr. pl.*). **2** (*ciò che è giusto*) (what is) right: *operare il* ~ to do right. **3** (*ciò che è dovuto*) one's due, justice: *pretendere il* ~ to claim one's due. □ –*a* **causa** just cause; *fare le* **cose** –*e* (*essere imparziale*) to be fair, to do things fairly; **essere** *nel* ~ to be (in the) right; *per essere* –*i* (*a dire il vero*) to tell the truth; *quel che è* ~ *è* ~ what's right is right, fair is fair; *non è* ~ *trattarlo così* it's not right (*o* fair) to treat him like that; *siamo* –*i!* let's be fair!; *il* ~ **mezzo** the happy medium; *l'*ora –*a* the right (*o* correct) time; *è più che* ~ it's only fair; *la minestra è* –*a di* **sale** the soup has enough salt in it.

G.L. = ⟨*Stor.it.*⟩ *Giustizia e Libertà* Justice and Freedom (an Italian political movement).

glabro *a.* ⟨*lett*⟩ hairless, glabrous: *volto* ~ hairless face.

glacé *fr.* [gla'se] *a.* **1** glacé. **2** ⟨*Gastr*⟩ glacé, sugared.

glaciale *a.* **1** glacial (*anche Geol.,Chim.*): *oceano* ~ arctic (*o* antarctic) ocean; *periodo* ~ glacial period. **2** (*freddissimo*) icy, freezing, glacial: *tirava un vento* ~ an icy wind was blowing. **3** ⟨*fig*⟩ icy, chilly, glacial, cold: *accoglienza* ~ cold reception. □ *silenzio* ~ frozen silence. **glacialismo** *m.* → **glaciazione**. **glacialità** *f.* ⟨*fig*⟩ iciness, chillness. **glaciazione** *f.* ⟨*Geol*⟩ glaciation. **glaciologia** *f.* glaciology. **glaciologico** *a.* (*pl.* **-ci**) glaciological. **glaciologo** *m.* (*pl.* **-gi**) glaciologist.

gladiatore *m.* ⟨*Stor.rom*⟩ gladiator. **gladiatorio** *a.* gladiatorial: *spettacolo* ~ gladiatorial spectacle. **gladio** *m.* gladius.

gladiolo (*o gladiolo*) *m.* ⟨*Bot*⟩ gladiolus.

glagolitico *a.* (*pl.* **-ci**) Glagolit(h)ic: *alfabeto* ~ Glagolitic alphabet.

glande *m.* ⟨*Anat*⟩ glans.

glandola *f.* ⟨*lett*⟩ gland. **glandolare** *a.* glandular.

glassa *f.* ⟨*Dolc*⟩ icing, frosting. **glassare** *v.t.* to frost, to ice: ~ *un dolce* to ice a cake; (*con cioccolato*) to chocolate–coat, to frost with chocolate icing. **glassatura** *f.* frosting, icing; (*con cioccolato*) chocolate coating.

glauco *a.* (*pl.* -chi) ⟨*lett*⟩ blue–green, glaucous: *occhi glauchi* blue–green eyes.

glaucoma *m.* ⟨*Med*⟩ glaucoma.

gleba *f.* ⟨*lett*⟩ (*zolla di terra*) clod; (*campo*) glebe. □ ⟨*Stor*⟩ *servitù della* ~ serfdom; *servo della* ~ serf.

glena, glene, glenoide *f.* ⟨*Anat*⟩ glenoid cavity.

gli[1] *art.m.pl.* → il.

gli[2] *pron.* (*rif. a persona*) him, to him; (*rif. a cosa*) it, to it.

glicemia [gli–] *f.* ⟨*Med*⟩ glyc(a)emia. **glicemico** *a.* (*pl.* -ci) glyc(a)emic.

glicerico *a.* (*pl.* -ci) ⟨*Chim*⟩ glyceric. **gliceride** [gli–] *m.* ⟨*Chim*⟩ glyceride. **glicerina** *f.* glycerin(e). **glicerofosfato** *m.* glycerophosphate.

glicine [gli–] *m.* ⟨*Bot*⟩ wisteria, wistaria.

glicogeno [gli–] *m.* ⟨*Chim*⟩ glycogen. **glicol** *m.* ⟨*Chim*⟩ glycol. **glicolato** *m.* glycolate. **glicolico** *a.* (*pl.* -ci) glycolic: *acido* ~ glycolic acid.

glicosuria [gli–] *f.* ⟨*Med*⟩ glycosuria.

gliela (o *glie la*) *pron.* (fusion of *gli* + *la*) → gli[2].

gliele (o *glie le*) *pron.* (fusion of *gli* + *le*) → gli[2].

glieli (o *glie li*) *pron.* (fusion of *gli* + *li*) → gli[2].

glielo (o *glie lo*) *pron.* (fusion of *gli* + *lo*) → gli[2].

gliene (o *glie ne*) *pron.* (fusion of *gli* + *ne*) → gli[2].

glifo [gli–] *m.* **1** ⟨*Arch*⟩ glyph. **2** ⟨*Ferr*⟩ link (block). □ ~ *della distribuzione* motion link.

glissando [gli–] *s.m./avv.* ⟨*Mus*⟩ glissando.

glittica [gli–] *f.* glyptics *pl.* **glittico** *a.* (*pl.* -ci) glyptic. **glittografia** *f.* glyptography. **glittografico** *a.* (*pl.* -ci) glyptographic. **glittografo** *m.* glyptograph. **glittoteca** *f.* **1** (*luogo*) glyptograph museum. **2** (*raccolta*) glyptic (*o* glyptograph) collection.

globale *a.* overall, comprehensive, all–inclusive, global: *importo* ~ overall sum; ⟨*Ped*⟩ *metodo* ~ global method. **globalismo** *m.* ⟨*Ped*⟩ (*metodo globale*) teaching based on the global method. **globalmente** *avv.* overall.

globicefalo *m.* ⟨*Zool*⟩ black whale.

globo *m.* **1** globe: *un* ~ *di cristallo* a crystal globe. **2** (*terra, mondo*) globe, earth: *in ogni parte del* ~ all over the globe. □ ~ *celeste* celestial globe; ⟨*Anat*⟩ ~ *oculare* eyeball; ~ *terrestre* (o *terracqueo*) (terrestrial) globe. **globoide** *m.* ⟨*Bot,Geom*⟩ globoid. **globosità** *f.* globosity.

globulare *a.* **1** (*a forma di globo*) globular. **2** ⟨*Med*⟩ (*relativo ai globuli rossi*) red corpuscle–. **globulina** *f.* ⟨*Biol*⟩ globulin. **globulinuria** *f.* ⟨*Med*⟩ globulinuria. **globulo** *m.* ⟨*Fisiol*⟩ corpuscle: *-i bianchi* white corpuscles, white blood cells; *-i rossi* red corpuscles, red blood cells. **globuloso** *a.* globulous.

glomerulo *m.* **1** ⟨*Bot*⟩ glomerule. **2** ⟨*Anat*⟩ glomerulus.

gloria[1] *f.* **1** glory: *coprirsi di* ~ to be covered with glory; ~ *a Dio nel più alto dei cieli* glory be to God ⌈on high⌉ (*o* in the highest). **2** (*vanto*) pride, glory: *essere la* ~ *della famiglia* to be the pride (and joy) of the family. **3** (*azione gloriosa*) glory, splendour: *le -e dell'impero romano* the glories of the Roman Empire. **4** (*beatitudine*) glory, heavenly bliss. **5** ⟨*Art*⟩ glory. □ *la* ~ *di Dio* the glory of God; *a maggior* ~ *di Dio* to the greater glory of God; *Dio l'abbia in* ~ God rest his soul; ⟨*iron*⟩ may the devil take him; ~ *immortale* immortal fame (*o* glory); ⟨*scherz*⟩ *lavorare per la* ~ to work for love (*o* a song); ~ *militare* military glory.

gloria[2] *m.inv.* ⟨*Rel*⟩ Gloria.

gloriarsi *v.r.* (mi *glorio*, ti *glori*) (*compiacersi*) to glory (*di* in), to be proud (of); (*vantarsi*) to boast (of): ~ *dei propri successi* to boast of one's own successes. **glorificare** *v.t.* (glorifico, glorifichi) to exalt, to honour, to glorify: ~ *un eroe* to exalt (*o* honour) a hero; ~ *Dio* to glorify God. **glorificazione** *f.* glorification, glorifying: *la* ~ *degli eletti* the glorification of the elect. **gloriosamente** *avv.*

gloriously. **glorioso** *a.* **1** glorious, illustrious: *stirpe -a* illustrious descent (*o* parentage); *una -a spedizione* a glorious expedition. **2** ⟨*Teol*⟩ glorified: *essere* ~ *in cielo* to be glorified in heaven. **3** ⟨*fam*⟩ (*soddisfatto*) triumphant, exultant. □ *essere* (o *andare*) ~ *di qc.* (*gloriarsene*) to glory in s.th.; (*vantarsene*) to boast about s.th.; *di -a memoria* illustrious.

glossa *f.* **1** (*spiegazione*) gloss. **2** (*annotazione*) gloss, annotation, (explanatory) note: ~ *marginale* marginal note. **glossare** *v.t.* (glosso) to gloss, to annotate, to comment upon. **glossario** *m.* glossary. **glossatore** *m.* glossarist, commentator.

glossema *m.* ⟨*Ling*⟩ glosseme. **glossematica** *f.* glossematics *pl* (*costr. sing.*).

glossina *f.* ⟨*Entom*⟩ glossina.

glossite *f.* ⟨*Med*⟩ glossitis. **glossofaringeo** *a.* ⟨*Anat*⟩ glossopharyngeal.

glossografia *f.* ⟨*Filol*⟩ glossography. **glossografico** *a.* (*pl.* -ci) glossographical. **glossografo** *m.* glossographer.

glottide *f.* ⟨*Anat*⟩ glottis.

glottocronologia *f.* ⟨*Ling*⟩ glottochronology.

glottologia *f.* glottology. **glottologico** *a.* (*pl.* -ci) glottological. **glottologo** *m.* (*pl.* -gi; *f.* -a) glottologist.

gloxinia *f.* ⟨*Bot*⟩ gloxinia.

glucide *m.* ⟨*Chim*⟩ glucide. **glucoside** *m.* ⟨*Chim*⟩ glycoside. **glucosio** *m.* glucose.

glu glu **I** *onom.* **1** (*rif. a liquidi*) glug glug. **2** (*rif. a tacchini*) gobble gobble. **II** *s.m.* **1** (*rif. a liquidi*) gurgling. **2** (*rif. a tacchini*) (gobble) gobble, gobbling.

gluma *f.* ⟨*Bot*⟩ glume. **glumetta** *f.* glumella.

glutammato *m.* ⟨*Chim*⟩ glutamate. **glutammico** *a.* (*pl.* -ci) glutamic, glutaminic: *acido* ~ glutamic (*o* glutaminic) acid. **glutammina** *f.* glutamine. **glutamminico** *a.* (*pl.* -ci) → glutammico.

gluteo *m.* ⟨*Anat*⟩ (*anche muscolo gluteo*) gluteus (muscle).

glutinato *a.* gluten–, glutenous: *pasta -a* gluten pasta. **glutine** *m.* ⟨*Biol*⟩ gluten. **glutinosità** *f.* glutinosity. **glutinoso** *a.* gluten–.

gneis(s) ['gnæis, 'gnais] *m.* ⟨*Geol*⟩ gneiss.

gnocco *m.* (*pl.* -chi) **1** *pl.* ⟨*Gastr*⟩ gnocchi (kind of dumplings usually of flour or potato). **2** (*grumo*) lump, clot. **3** (*region*) (*bernoccolo*) bump, lump. □ *gnocchi di farina* flour gnocchi; *gnocchi di patate* potato gnocchi; *gnocchi ⌈alla romana⌉* (o *di semolino*) semolina gnocchi.

gnome *f.* ⟨*Filol*⟩ gnome. **gnomico** *a./s.* (*pl.* -ci) **I** *a.* gnomic: *poesia -a* gnomic poetry. **II** *s.m.* gnomic (poet). **gnomo** *m.* gnome.

gnomone *m.* gnomon.

gnorri: *fare lo* ~ (*fingere di non sapere*) to feign ignorance; (*fingere di non capire*) to pretend not to understand.

gnoseologia *f.* ⟨*Filos*⟩ gnosiology. **gnoseologico** *a.* (*pl.* -ci) gnosiological. **gnosi** *f.* ⟨*Teol*⟩ gnosis. **gnosticismo** *m.* ⟨*Rel*⟩ gnosticism. **gnostico** *a./s.m.* (*pl.* -ci; *f.* -a) gnostic.

gnu *m.* ⟨*Zool*⟩ gnu.

gobba *f.* **1** hump, hunch, hunchback, humpback. **2** (*cammello o dromedario*) hump, hunch. **3** (*protuberanza*) bump, lump, swelling. **4** (*irregolarità del terreno*) bump, mound: *le -e della strada* the bumps in the road. □ ⟨*fig*⟩ *spianare la* ~ *a qd.* to give s.o. a thrashing. **gobbo** **I** *a.* **1** hunchbacked, humpbacked: *è* ~ *dalla nascita* he was born hunchbacked (*o* a hunchback). **2** (*con le spalle curve*) round–shouldered, stooped, hunched up: *non stare* ~ don't sit all hunched up. **3** (*rif. a cosa: curvo, convesso*) curved, bent, convex. **II** *s.m.* (*f.* -a) hunchback, humpback. □ *camminare* ~ to walk with a stoop.

gobelin *fr.* [gɔ'blɛ:] *m.* Gobelin.

goccia *f.* (*pl.* -ce) **1** drop (*anche estens.*): *bere fino all'ultima* ~ to drink (down) to the last drop; *versami una* ~ *di vino* pour me out a drop of wine; (*goccia che stilla*) drip. **2** (*goccia di pioggia*) raindrop, drop (of rain): *cade già qualche* ~ a few drops of rain are already falling. **3** (*ornamento di lampadari, orecchini*) pendant, drop: *un lampadario a gocce di cristallo* a chandelier with crystal pendants. **4** *pl.* ⟨*Arch*⟩ guttae *pl*, drops *pl.* □ **a** ~ (*a forma di goccia*) drop–, pendant: *orecchino a* ~ drop earring; (*a*) ~ *a* ~ drop by drop; ⟨*fig*⟩ little by little; *una ~ d'acqua* a drop of water; *assomigliarsi come due gocce d'acqua* to be alike as two peas in a pod; *essere come una ~ nel mare* to be (like) a drop in the ocean; *avere la ~ al naso* to have a runny (*o* dripping) nose; *una ~ di rugiada* a dewdrop; *una ~ di sangue* a drop of blood; *una ~ di sudore* a bead of sweat; ⟨*fig*⟩ *la ~ che fa traboccare il vaso* the last straw. *Prov.: la goccia scava la pietra* slow and steady wins the race.

gocciare *v.* (**goccio, gocci**) → **gocciolare. goccio** *m.* drop, ⟨*fam*⟩ spot: *un ~ di vino* a drop of wine. **gocciola** *f.* 1 (*goccia*) drop (*anche estens.*): *-e di rugiada* dewdrops *pl; non c'è più una ~ d'acqua* there's not a drop of water left. 2 (*pendente di orecchino*) drop, pendant. **gocciolante** *a.* dripping, running: *mani -i d'acqua* dripping hands. **gocciolare** *v.* (**gocciolo**) I *v.t.* to drip, to drop: *la candela gocciolava cera* the candle was dripping wax. II *v.i.* (*aus.* essere) to drip, to trickle: *l'acqua gocciola dal rubinetto* the water drips from the tap; (*rif. a naso*) to drip, to run: *gli gocciolava il naso per il freddo* his nose was dripping (*o* running) from the cold. **gocciolatoio** *m.* ⟨*Edil*⟩ dripstone, drip moulding. **gocciolio** *m.* dripping, trickling.

godere *v.* (*pr.ind.* **godo**; *p.rem.* **godei/godetti**; *fut.* **godrò**; *p.p.* **goduto**) I *v.i.* (*aus.* avere) 1 to be delighted (*di* at, by, with), to delight (in), to be glad, to rejoice (at, over): *godeva dei successi dell'amico* he was delighted at his friend's success; *godo di saperti in buona salute* I am glad to hear that you are in good health; *sembra che tu goda a tormentarlo* you seem to enjoy (*o* delight in) tormenting him. 2 (*condurre vita spensierata*) to enjoy o.s. (*o* life), to have a good time: *da giovani bisogna ~* one must enjoy life when one is young. 3 (*possedere, avere*) to enjoy (s.th.), to benefit (from): ~ *di un privilegio* to enjoy a privilege; ~ *della fiducia di qd.* to enjoy s.o.'s confidence, to have s.o.'s trust. 4 (*provare il godimento sessuale*) to have 'an orgasm' (*o* one's climax). II *v.t.* 1 (*gustare*) to enjoy, to delight in, to take pleasure in: ~ *il fresco della sera* to enjoy the fresh evening air. 2 (*possedere*) to enjoy, to benefit from: ~ *un'ottima rendita* to enjoy an excellent income; (*avere*) to have: *l'albergo gode una bella vista sul lago* the hotel has a beautiful view over the lake. **godersi** *v.r.* 1 to enjoy: *godersi uno spettacolo* to enjoy a show; *voglio godermi i miei nipotini tutto il giorno* I want to enjoy having my grandchildren with me all day long. 2 (*iron*) (*sopportare*) to put up with, to make the best of: *lo ha voluto sposare? e ora se lo goda* she wanted to marry him, didn't she? now she must put up with him. □ ~ *buona fama* to have a good reputation; ~ *del male altrui* to take pleasure in other people's misfortunes; ~ *ottima salute* to enjoy (*o* be in) excellent health; *godersi i soldi* to enjoy one's money; *godersi la vita* to enjoy (*o* get the most out of) life. ‖ *godersela* (*spassarsela*) to have a good time, to enjoy o.s.

godereccio *a.* (*dedito ai godimenti*) pleasure–loving: *gente -a* pleasure–loving people; (*che dà piacere*) enjoyable, pleasant.
godet *fr.* [gɔ'dɛ] *m.* ⟨*Sart*⟩ flare. □ *gonna a ~* flared skirt.
godibile *a.* enjoyable, possessable: *beni -i* possessable goods. **godimento** *m.* 1 enjoyment, pleasure, delight. 2 ⟨*Dir*⟩ enjoyment, possession: ~ *di un diritto* enjoyment of a right; (*usufrutto*) usufruct. □ ~ *estetico* aesthetic pleasure; ⟨*Dir*⟩ ~ *pieno* full possession (*o* enjoyment); *trarre ~ da qc.* to get pleasure out of s.th. **godrò** → **godere**.
goduria *f.* ⟨*region, scherz*⟩ pleasure.
goethiano [go–] *a.* Goethian, Goethe's, of Goethe.
goffaggine *f.* 1 (*l'essere goffo*) awkwardness, clumsiness: ~ *di movimenti* awkwardness (of movement), awkward way of moving. 2 (*atto goffo*) clumsy action; (*parole goffe*) awkward remark, blunder. **goffamente** *avv.* awkwardly, clumsily. **goffo** *a.* 1 (*impacciato*) awkward, clumsy: *con un ~ movimento fece cadere il bicchiere* with a clumsy movement he knocked the glass over. 2 (*senza eleganza, malfatto*) badly–made, clumsily made: *un abito ~ a* badly–made dress.

goffrare *v.t.* (**goffro**) ⟨*tecn*⟩ to emboss: ~ *la carta* to emboss paper. **goffrato** *a.* embossed: *tessuto ~* embossed fabric. **goffratrice** *f.* ⟨*tecn*⟩ embosser, embossing machine. **goffratura** *f.* embossing.
Goffredo *N.pr.m.* Geoffrey, Godfrey.
gogna *f.* pillory: *condannare alla ~* to condemn to the pillory; ⟨*fig*⟩ *mettere qd. alla ~* (*schernirlo*) to pillory s.o.
go–kart *ingl.* ['gouka:t] *m.* (go–)kart.
gol *m.inv.* ⟨*Sport*⟩ goal.
gola *f.* 1 throat: *avere la ~ secca* to have a dry throat. 2 (*collo*) throat, neck. 3 (*golosità*) greed, greediness; (*ghiottoneria*) gluttony. 4 (*fumaiolo*) stack; (*di camino*) flue. 5 (*scolo di acquaio e sim.*) drain, drainpipe. 6 (*valle stretta e profonda*) gorge. 7 ⟨*Arch*⟩ (*modanatura*) moulding, cyma. 8 ⟨*Mar*⟩ throat. 9 ⟨*Mecc*⟩ groove; (*scarico*) relief. □ ⟨*fig*⟩ *avere l'acqua alla ~* to be in deep water; *fare ~* to tempt, to make one's mouth water (*anche fig.*); ⟨*pop*⟩ *mal di ~* sore throat; *avere un nodo in ~* to have a lump in one's throat; *peccato di ~* sin of gluttony; *prendere qd. per la ~* to catch s.o. by the throat; ⟨*fig*⟩ to have s.o. where one wants him, to have the whip (*o* upper) hand over s.o.; ⟨*fig*⟩ *essere preso per la ~* to be forced to do s.th.; *raschiarsi la ~* to clear one's throat; ⟨*fig*⟩ *ricacciare un insulto in ~ a qd.* to make s.o. eat his words; *ridere a ~ spiegata* to roar with laughter; *tagliare la ~ a qd.* to cut (*o* slit) s.o.'s throat; *voce di ~* throaty voice.
Golan *N.pr.m.* ⟨*Geog*⟩ Golan: *alture del ~* Golan Heights.
goletta[1] *f.* ⟨*Mod*⟩ embroidered (*o* lace) collar.
goletta[2] *f.* ⟨*Mar*⟩ schooner: ~ *a due alberi* two–masted schooner.
golf[1] *m.* (*gioco*) golf. □ *campo da ~* golf course; *giocatore di ~* golfer.
golf[2] *m.* (*giacca di lana*) cardigan.
golfista *m./f.* ⟨*Sport*⟩ golfer. **golfistico** *a.* (*pl.* -ci) golf–, golfing: *associazione -a* golf club.
golfo *m.* ⟨*Geog*⟩ gulf. □ ~ *Arabico* Arabian Gulf; *corrente del ~* Gulf Stream.
Golgota *N.pr.m.* ⟨*Bibl*⟩ Golgotha.
Golia *N.pr.m.* ⟨*Bibl*⟩ Goliath.
goliardia *f.* 1 (*i goliardi*) university students *pl*, student body. 2 (*spirito goliardico*) university spirit. **goliardico** *a.* (*pl.* -ci) student–, student's: *canti -i* student songs; *berretto ~* student's cap. **goliardo** *m.* 1 (*studente universitario*) (university) student. 2 ⟨*Mediev*⟩ goliard.
gollismo *m.* ⟨*Pol*⟩ Gaullism. **gollista** *a./s.m./f.* Gaullist.
golosità *f.* 1 (*l'essere goloso*) greediness; (*ghiottoneria*) gluttony. 2 (*leccornia*) titbit, dainty, delicacy. **goloso I** *a.* greedy; (*ghiotto*) gluttonous. **II** *s.m.* (*f.* -a) glutton, gourmand. □ *sono ~ di dolci* I have a sweet tooth.
golpe[1] *f.* ⟨*Agr*⟩ smut, mildew.
golpe[2] *sp. m.* ⟨*Pol*⟩ putsch, Putsch. **golpista I** *a.* putschist, Putschist; *governo ~* putschist government. **II** *s.m./f.* putschist, Putschist.
gomena *f.* ⟨*Mar*⟩ cable, hawser.
gomitata *f.* 1 (*colpo di gomito*) blow (*o* dig) with the elbow. 2 (*urto al gomito*) bump (on one's elbow). □ *farsi avanti a forza di -e* to elbow one's way forward; ⟨*fig*⟩ to elbow one's way ahead; *ho dato una ~ contro il muro* I bumped (*o* banged) my elbow against the wall. **gomito** *m.* 1 elbow (*anche estens.*): *appoggiare i -i sul tavolo* to lean (*o* rest) one's elbows on the table; *una giacca con i -i logori* a jacket 'with frayed elbows' (*o* frayed at the elbows). 2 (*curva brusca*) sharp bend (*o* turn): *il fiume fa un ~* the river makes a sharp turn. 3 ⟨*Mecc*⟩ (*raccordo di tubazioni*) elbow; (*di albero*) crank, trow. □ *albero a ~* crankshaft; *raccordo a ~* elbow joint; ~ *a ~* side by side: *i due ragazzi sedevano ~ a ~* the two boys were sitting side by side; ⟨*fig*⟩ *alzare il ~* to lift the elbow.
gomitolatrice *f.* (*macchina*) winder. **gomitolo** *m.* ball: *un ~ di lana* a ball of wool.
gomma *f.* 1 rubber: *una palla di ~* a rubber ball. 2 (*colla*) gum. 3 (*gomma per cancellare*) rubber, ⟨*am*⟩ eraser. 4 (*pneumatico*) tyre. 5 ⟨*Med*⟩ gumma. □ ⟨*Ind*⟩ ~ *d'amido* (*destrina*) dextrin; **arabica** gum arabic; *di ~* rubber–,

made of rubber: *articoli di* ~ rubber articles; ~ *da inchiostro* ink rubber; ~ *da* **masticare** chewing–gum; ~ *da* **matita** pencil rubber; ⟨*Aut*⟩ **montare** *una* ~ to put a tyre on; ~ **rigenerata** reclaimed (*o* recuperated) rubber; ~ **sintetica** synthetic rubber; ⟨*Aut*⟩ ~ *a* **terra** flat tyre, ⟨*fam*⟩ flat; ~ **vulcanizzata** vulcanized rubber.

gomma|lacca *f.* shellac. **~piuma** *f.* foam rubber: *materasso di* ~ foam rubber mattress.

gommare *v.t.* (**gommo**) **1** (*coprire di gomma*) to rubberize: ~ *un tessuto* to rubberize a fabric. **2** (*coprire di colla*) to gum: ~ *la carta* to gum paper. **gommato** *a.* **1** (*coperto di gomma*) rubberized: *tessuto* ~ rubberized fabric. **2** (*coperto di colla*) gummed: *carta –a* gummed paper. **gommatura** *f.* gumming, rubberizing. **gommifero** *a.* ⟨*Bot*⟩ gummiferous. **gommificio** *m.* rubber factory. **gommino** *m.* (*guarnizione di gomma*) rubber washer; (*tappo di medicinali, profumi e sim.*) rubber top (*o* cap). **gommista** *m.* **1** tyre repairer. **2** (*venditore*) tyre dealer. **3** (*officina*) tyre repair shop.

gommone *m.* (*canotto*) rubber dinghy.

gommoresina *f.* gum resin. **gommosi** *f.* ⟨*Bot*⟩ gummosis. **gommosità** *f.* **1** gumminess, stickiness. **2** (*contenuto di gomma*) rubber content. **gommoso** *a.* gummy, rubbery.

Gomorra *N.pr.f.* ⟨*Bibl*⟩ Gomorrah.

gonade *f.* ⟨*Biol*⟩ gonad. **gonadotropina** *f.* gonadotrop(h)in. **gonartrite** *f.* ⟨*Med*⟩ gonarthritis.

gondola *f.* **1** gondola: *andare in* ~ to go for a ride in a gondola. **2** ⟨*Aer*⟩ nacelle: ~ *passeggeri* passenger nacelle (*o* gondola). **gondoliere** *m.* gondolier.

gonfalone *m.* **1** ⟨*Mediev*⟩ gonfalon. **2** (*per le processioni*) banner, standard. **gonfaloniere** *m.* **1** ⟨*Mediev*⟩ (*magistrato*) gonfaloniere. **2** ⟨*ant*⟩ (*chi porta il gonfalone*) standard–bearer, gonfalonier.

gonfiabile *a.* inflatable.

gonfiare *v.t.* (**gonfio, gonfi**) **1** to inflate, to blow up: ~ *un palloncino* to blow up a balloon; (*con la pompa*) to pump up: ~ *un pneumatico* to ⌐pump up⌐ (*o* inflate) a tyre. **2** (*rif. al vento: distendere*) to swell, to fill: *il vento gonfiava le vele* the wind filled the sails. **3** (*ingrossare: rif. a oggetti*) to swell (up, out), to puff (out, up), to make bulge: *questo portafoglio ti gonfia la tasca* this wallet makes your pocket bulge. **4** (*dilatare: rif. a cibi, bevande*) to make swell, to swell (up), to puff (out), to bloat: *i liquidi gonfiano lo stomaco* liquids make one's stomach swell; (*rif. a umidità, fiumi e sim.*) to (make) swell: *le piogge hanno gonfiato il torrente* the rains have swollen the stream. **5** ⟨*fig*⟩ (*esagerare*) to exaggerate, to puff (*o* blow) up, to magnify: *hanno gonfiato i fatti e ne è venuto fuori uno scandalo* they exaggerated the facts and made a scandal out of it. **gonfiarsi** *v.r.* **1** to swell (up, out), to become swollen: *gli si è gonfiato un occhio* his eye has swollen (up). **2** (*rif. a fiumi e sim.*) to rise, to become (*o* be) swollen, to swell: *in primavera i torrenti si gonfiano* the streams are swollen in spring. **3** (*dilatarsi*) to swell. □ ~ *la* **faccia** *di schiaffi a qd.* to give s.o. a sound slapping; ~ *le* **guance** to blow (*o* puff) out one's cheeks; *gli occhi gli si gonfiarono di lacrime* his eyes filled with tears; ~ *qd. di* **pugni** to beat s.o. up; ~ *il* **torace** to swell (*o* puff) out one's chest.

gonfiato *a.* swollen, blown up, inflated; (*con la pompa*) pumped up; (*rif. a corsi d'acqua*) ⟨*pred*⟩ risen, swollen. □ ⟨*fig*⟩ *pallone* ~ conceited (*o* puffed–up) person. **gonfiatoio** *m.* pump, inflater. **gonfiatura** *f.* **1** (*atto*) swelling (up), blowing up (*o* out); (*effetto*) inflation; (*con la pompa*) pumping up. **2** ⟨*fig*⟩ (*montatura, esagerazione*) exaggeration, puffing up. □ ~ *pubblicitaria* publicity stunt, boost. **gonfiezza** *f.* **1** swelling. **2** ⟨*fig*⟩ (*ampollosità*) pomposity, bombast. □ ~ *di stile* bombast. **gonfio** *a.* **1** swollen, inflated; (*gonfiato con la pompa*) pumped up. **2** (*enfiato*) swollen, puffy: *avere le caviglie –e* to have swollen ankles. **3** (*rif. allo stomaco*) full, bloated: *sentirsi lo stomaco* ~ to feel full. **4** (*rif. a fiumi e sim.*) swollen. **5** ⟨*fig*⟩ (*tronfio*) full of o.s., puffed up. **6** ⟨*fig*⟩ (*ampolloso*) bombastic. □ *aveva il cuore* ~ *di tristezza* his heart was heavy with sadness; *aveva gli occhi gonfi di pianto* his eyes were swollen with tears; *un portafoglio* ~

di soldi a wallet bulging with money. **gonfiore** *m.* swelling: *ho un* ~ *sotto l'occhio* I've got a swelling under my eye.

gong *m.inv.* gong: *un colpo di* ~ a stroke of a gong.

gongolante *a.* overjoyed, rejoicing. **gongolare** *v.i.* (**gongolo**; *aus.* **avere**) to rejoice, to be overjoyed. □ ~ *di gioia* to be overjoyed.

gongorismo *m.* ⟨*Lett*⟩ gongorism.

gonidio *m.* ⟨*Biol*⟩ gonidium.

goniometria *f.* ⟨*Topogr*⟩ goniometry. **goniometrico** *a.* (*pl.* **-ci**) goniometric: *misurazioni goniometriche* goniometric measurements. **goniometro** *m.* goniometer.

gonna *f.* skirt. □ ~ *a* **campana** bell–shaped skirt; ~ **diritta** straight skirt; ~ *pantalone* trouser skirt, pantskirt; ~ *a* **pieghe** pleated skirt; ~ *a portafoglio* wraparound skirt; ~ **svasata** flared skirt. **gonnella** *f.* **1** (*gonna*) skirt. **2** ⟨*fig*⟩ (*donna*) woman, ⟨*fam*⟩ skirt: *in questa casa comandano le* –e in this house the women wear the trousers. □ *essere attaccato alla* ~ *della madre* to be tied to one's mother's apron strings; *correre dietro alle* –e to be a skirt chaser. **gonnellino** *m.* short skirt. □ ~ *degli scozzesi* kilt.

gonococco *m.* (*pl.* **-chi**) ⟨*Biol*⟩ gonococcus. **gonorrea** *f.* ⟨*Med*⟩ gonorrhea. **gonorroico** *a.* (*pl.* **-ci**) gonorrheal.

gonzo **I** *a.* foolish, silly. **II** *s.m.* (*f.* **-a**) simpleton, fool.

gora *f.* **1** (*canale murato*) irrigation canal, channel. **2** (*canale di mulino*) millcourse, millrace; (*bottaccio*) millpond. **3** (*acqua stagnante*) marsh, swamp.

gorbia *f.* (*puntale*) ferrule.

gordiano *a.* Gordian. □ *nodo* ~ Gordian knot (*anche fig.*); *tagliare il nodo* ~ to cut the Gordian knot.

gorgheggiamento *m.* trilling. **gorgheggiare** *v.* (**gorgheggio, gorgheggi**) **I** *v.i.* (*aus.* **avere**) **1** (*rif. a cantanti*) to trill. **2** (*estens*) (*rif. a uccelli*) to warble. **II** *v.t.* to trill.

gorgheggio[1] *m.* **1** (*nel canto*) trill, trilling. **2** (*rif. a uccelli*) warbling: *i gorgheggi dell'usignolo* the nightingale's warbling.

gorgheggio[2] *m.* (*continual*) trilling.

gorgia *f.* (*pl.* **-ge**) **1** ⟨*lett*⟩ (*gola*) throat. **2** ⟨*Fon*⟩ guttural pronunciation. **gorgiera** *f.* **1** (*parte dell'armatura*) gorget, throat piece. **2** (*nella scherma*) bib, neck guard. **3** ⟨*Stor*⟩ (*collare di pizzo increspato*) ruff, frilled collar.

gorgo *m.* (*pl.* **-ghi**) whirlpool, vortex: *i gorghi del fiume* the whirlpools of the river.

gorgogliare *v.i.* (**gorgoglio, gorgogli**; *aus.* **avere**) **1** to gurgle; (*rif. a liquido che bolle*) to bubble. **2** (*rif. agli intestini*) to rumble.

gorgoglio[1] *m.* **1** gurgling, bubbling. **2** (*rif. agli intestini*) rumbling.

gorgoglio[2] *m.* **1** continuous gurgling (*o* bubbling). **2** (*rif. agli intestini*) rumbling.

gorgoglione *m.* ⟨*Entom*⟩ aphis.

Gorgone (*o* **Gorgone**) *N.pr.f.* ⟨*Mitol*⟩ Gorgon. **gorgone** *f.* gorgon.

gorgonia *f.* ⟨*Zool*⟩ Gorgonia.

gorgonzola *m.* ⟨*Alim*⟩ gorgonzola.

gorilla **1** *m.inv.* ⟨*Zool*⟩ gorilla (*anche fig.*). **2** (*guardia del corpo*) bodyguard, ⟨*sl*⟩ muscle man.

gota *f.* ⟨*lett*⟩ (*guancia*) cheek.

gotico *a./s.* (*pl.* **-ci**) **I** *a.* ⟨*Stor,Art*⟩ Gothic. **II** *s.m.* ⟨*Ling,Art,Tip*⟩ Gothic: *il* ~ *francese* French Gothic. □ ~ **arrotondato** rotunda; **carattere** ~ Gothic type, black letter, Old English; ⟨*Art*⟩ ~ **fiorito** (*o* *fiammeggiante*) flamboyant Gothic; ⟨*Stor*⟩ **linea** *–a* Gothic line; **stile** ~ Gothic style; ⟨*Tip*⟩ ~ **tedesco** German type, Fraktur.

goto **I** *s.m.* ⟨*Stor*⟩ Goth. **II** *a.* Gothic.

gotta *f.* ⟨*Med*⟩ gout: *avere la* ~ to suffer from gout.

Gottardo *N.pr.m.* Gothard. □ ⟨*Geog*⟩ *san* ~ St. Gothard.

gottare *v.* (**gotto**) **I** *v.t.* ⟨*Mar*⟩ to bail out. **II** *v.i.* (*aus.* **avere**) to bail. **gottazza** *f.* ⟨*Mar*⟩ bailer, bailing scoop.

gotto *m.* **1** (*bicchiere con manico*) mug; (*contenuto*) mug(ful). **2** ⟨*region*⟩ (*bicchiere*) glass; (*contenuto*) glass(ful).

gottoso **I** *a.* **1** (*di gotta*) gout–, of gout, gouty: *attacco* ~ attack of gout. **2** (*affetto da gotta*) gouty. **II** *s.m.* (*f.* **-a**) man (*f* woman) with gout, gouty person.

governabile *a.* governable (*anche Pol.*). **governabilità** *f.* governability (*anche Pol.*).

governante I *s.m.* (*chi è a capo del governo*) ruler, governer. II *s.f.* 1 housekeeper. 2 (*di bambini*) nurse.

governare *v.* (**governo**) I *v.t.* 1 to govern, to rule: ~ *il paese* to govern the country. 2 (*rif. ad animali*) to tend: ~ *il bestiame* to tend the cattle; (*rif. a cavalli*) to groom; (*dare da mangiare*) to feed: ~ *i polli* to feed the chickens. 3 (*pilotare, guidare*) to steer: ~ *una nave* to steer a ship. 4 (*fig*) (*dominare*) to rule, to dominate: *non lasciarsi* ~ *dalle passioni* not to allow o.s. to be ruled by one's passions. II *v.i.* (*aus.* avere) ⟨*Mar*⟩ to answer the helm: *la nave non governa più* the ship no longer answers the helm. **governarsi** *v.r.* to govern o.s., to rule o.s.: *il popolo si governa da sé* the people govern themselves.

governativo *a.* 1 (*del governo*) government–, governmental: *decreto* ~ government decree. 2 (*che appoggia il governo*) pro–government–: *giornale* ~ pro–government newspaper. **governatorato** *m.* (*carica*) governorship; (*territorio*) governorate. **governatore** *m.* (*f.* -trice/*scherz.* -tora) ⟨*Pol,Stor*⟩ governor (*anche estens.*). □ ~ *della Banca d'Italia* governor of the Bank of Italy. **governatura** *f.* (*rif. ad animali*) tending, feeding: *la* ~ *del bestiame* the tending of cattle; (*rif. a cavalli*) grooming.

governo *m.* 1 government; (*l'insieme dei ministri*) government, cabinet. 2 (*direzione*) management, running. 3 (*rif. ad animali*) tending, feeding; (*rif. a cavalli*) grooming. 4 (*guida, pilotaggio*) steering. □ ~ **assoluto** absolute government; ~ **bipartito** two–party government; ~ *della* **casa** housekeeping; ~ **centrale** central government; ~ *di* **coalizione** coalition government; **costituire** *il* ~ to form the government; ~ **democratico** democratic government; ~ *di* **destra** right–wing government; ~ **fantoccio** puppet government; ~ **federale** federal government; ⟨*esclam*⟩ ~ **ladro** bloody government; ~ *di* **maggioranza** majority rule; ~ *di* **minoranza** minority rule; **palazzo** *del* ~ government house; ~ **provvisorio** caretaker (*o* provisional) government; **rovesciare** *il* ~ to overthrow (*o* bring down) the government; ~ *di* **sinistra** left–wing government.

gozzo *m.* 1 ⟨*Ornit*⟩ crop. 2 ⟨*Med*⟩ goitre. 3 ⟨*pop*⟩ (*gola*) throat; (*stomaco*) stomach, belly. □ *empirsi il* ~ to gorge (*o* stuff) o.s.

gozzoviglia *f.* revelry, gluttony. **gozzovigliare** *v.i.* (**gozzoviglio, gozzovigli**; *aus.* avere) to revel, to feast gluttonously.

gozzuto *a.* 1 ⟨*Ornit*⟩ cropped. 2 (*rif. a persona*) suffering from (*o* affected with) goitre.

gracchiamento *m.* croaking. **gracchiare** *v.i.* (**gracchio, gracchi**; *aus.* avere) to croak (*anche fig.*): *i corvi gracchiano* ravens croak.

gracchio *m.* ⟨*Ornit*⟩ chough.

gracidamento *m.* croaking. **gracidare** *v.i.* (**gracido**; *aus.* avere) to croak (*anche fig.*). **gracidio** *m.* croaking.

gracile *a.* 1 (*delicato*) delicate, weak, frail: *una* ~ *fanciulla* a delicate girl. 2 (*sottile, magro*) thin, slender: *braccia –i* thin arms; *il* ~ *gambo di un fiore* the thin stem of a flower. 3 (*fig*) (*inconsistente*) weak, lacking in consistency: *la trama del racconto è piuttosto* ~ the plot of the story is somewhat lacking in consistency. **gracilità** *f.* 1 slenderness, frailness, frailty. 2 (*rif. a cosa*) thinness, slenderness. 3 (*fig*) (*inconsistenza*) weakness.

gradassata *f.* 1 (*azione*) bravado. 2 (*discorso*) boasting, bragging. **gradasso** *m.* braggart, boaster. □ *fare il* ~ to brag, to boast.

gradatamente *avv.* gradually, by degrees. **gradazione** *f.* 1 (*passaggio graduale*) gradation: ~ *di colori* colour gradation. 2 (*sfumatura*) shade: *tre diverse –i di rosso* three different shades of red. 3 ⟨*Ret,Fot,TV*⟩ gradation. 4 (*gradazione alcolica*) strength, alcoholic content.

gradevole *a.* pleasant, agreeable, nice: *odore* ~ pleasant smell; *di aspetto* ~ nice–looking. **gradevolezza** *f.* pleasantness, agreeableness. **gradevolmente** *avv.* pleasantly, agreeably.

gradiente *m.* ⟨*Mat,Meteor*⟩ gradient. □ ⟨*Meteor*⟩ ~ *barico* (*o* *barometrico*) barometric gradient; ~ *termico* thermal gradient.

gradimento *m.* 1 pleasure, satisfaction, liking: *esprimere il proprio* ~ to express one's satisfaction. 2 ⟨*burocr*⟩ (*accettazione, approvazione*) approval. □ *essere* (*o riuscire*) *di* ~ to be to s.o.'s liking; *indice di* ~ popularity rating; *trovare qc. di proprio* ~ to find s.th. to one's liking.

gradina *f.* ⟨*Scult*⟩ gradine.

gradinamento *m.* ⟨*Alp*⟩ step cutting.

gradinare[1] *v.t.* (*lavorare con la gradina*) to chisel. **gradinare**[2] *v.i.* (*aus.* avere) ⟨*Alp*⟩ to cut steps.

gradinata *f.* 1 ⟨*Arch*⟩ steps *pl,* flight of steps: *la* ~ *della chiesa* the church steps. 2 (*ordine di posti: negli stadi e sim.*) tier of seats, ⟨*am*⟩ bleachers *pl.* □ *la* ~ *di piazza di Spagna* the Spanish Steps.

gradinatura *f.* ⟨*Scult*⟩ chiselling (with a gradine).

gradino *m.* 1 step: *attento! c'è un* ~ mind the step!; (*rif. a scala portatile*) rung. 2 ⟨*fig*⟩ (*grado*) step: *salire un* ~ *nella considerazione di qd.* to go up (a step) in s.o.'s esteem; (*in una gerarchia*) step, rung, stage: *il primo* ~ *della carriera è il più difficile* the first step in one's career is the most difficult. 3 ⟨*Alp*⟩ foothold, step.

gradire *v.* (**gradisco, gradisci**) I *v.t.* 1 (*avere piacere*) to appreciate, to enjoy, to like: *l'ammalato gradisce la compagnia degli amici* the patient enjoys the company of his friends. 2 (*accettare*) to accept: *voglia* ~ *il nostro dono* will you please accept our gift; (*epist*) to accept, *generalmente non si traduce*: *vogliate* ~ *i nostri più distinti saluti* (please accept) our kindest regards. 3 (*desiderare*) to like: *gradirei che venissi anche tu* I should like you to come too; *gradirei un bicchiere d'acqua* I should like a glass of water. 4 (*rif. a persona: desiderare di vederla*) to welcome: *non lo gradivano in casa loro* he was not welcome in their house. II *v.i.* (*aus.* avere) (*rif. a cibi, bevande*) to like (*costr. pers.*): *gradireste una tazza di tè?* would you like a cup of tea? □ ~ *per* ~ only (*o* just) to oblige: *vuoi un cognac? – solo un poco, tanto per* ~ would you like some cognac? – a little, just to oblige. **gradito** *a.* 1 agreeable, ⟨*pred*⟩ appreciated, ⟨*attr*⟩ welcome: *dono* ~ welcome gift. 2 (*piacevole, gradevole*) pleasant, agreeable: *–a compagnia* pleasant company. □ ⟨*epist*⟩ *la Vostra –a lettera del 20 luglio* your kind letter of July 20th.

grado[1] *m.* 1 (*stadio*) degree, level: ~ *d'istruzione* educational level; ~ *di civiltà* degree of civilization. 2 (*posto di una gerarchia*) step, rank, rung: *i –i della carriera* the ranks (*o* steps) of the profession. 3 (*condizione sociale, rango*) rank (*anche Mil.*). 4 ⟨*Mat,Fis,Mus,Alp*⟩ degree: *un angolo di novanta –i* a ninety degree angle; *il termometro segnava trentasette –i* the thermometer read thirty seven degrees; *ascensione di terzo* ~ a third degree climb. □ *a –i* (*step*) by step, gradually: *procedere a –i* to proceed by steps; *a* ~ *a* ~ step by step; ~ *di* **acidità** degree of acidity; ⟨*Gramm*⟩ ~ *dell'*aggettivo degree of an adjective; **avanzamento** *di* ~ promotion; **avanzare** *di* ~ to be promoted; ⟨*Mil*⟩ ~ *di* **capitano** rank of captain; ~ **centigrado** degree centigrade; ⟨*Gramm*⟩ ~ **comparativo** comparative degree; ⟨*Mat*⟩ ~ *di un'*equazione degree of an equation; *essere in* ~ to be in a position; ~ *d'*invalidità degree of incapacity; ~ *di* **latitudine** degree of latitude; *al massimo* ~ to the highest degree; ~ *di* **maturazione** stage of maturity (*o* ripening); **mettere** *in* ~ to enable; ~ *di* **parentela** degree of relationship; ⟨*Mil*⟩ **perdere** *i –i* (*essere degradato*) to be demoted, to lose one's rank; *cugino di primo* ~ first (degree) cousin; **privare** *del* ~ to demote, to deprive of a rank; ⟨*Chim*⟩ ~ *di* **saturazione** degree of saturation; *in* **sommo** ~ in (*o* to) the highest degree; **superiore** *di* ~ *a qd.* above s.o. in rank; ⟨*Gramm*⟩ ~ **superlativo** superlative degree; ⟨*fig*⟩ *fare il* **terzo** ~ *a qd.* to put s.o. through a third degree; ⟨*Fis*⟩ ~ *di* **umidità** degree of humidity.

grado[2]: *di buon* ~ (*volentieri*) willingly, gladly: *acconsentire di buon* ~ to agree (*o* consent) willingly.

gradone *m.* ⟨*Agr*⟩ terrace.

graduabile *a.* that can be graduated (*o* graded).

gradualità *f.* capability of being graduated (*o* graded).

graduale I *a.* gradual: *aumento* ~ gradual increase; (*graduato*) graded: *esercizi –i* graded exercises. II *s.m.* ⟨*Lit*⟩ gradual. **gradualismo** *m.* gradualism.

gradualista *m./f.* gradualist. **gradualistico** *a.* (*pl.* **-ci**) gradualistic. **gradualità** *f.* graduality, gradualness: ~ *delle riforme* gradualness of the reforms. **gradualmente** *avv.* gradually, by degrees: *aumentare* ~ *la dose* to increase the dose gradually. **graduare** *v.t.* (**graduo**) **1** to grade, to scale, to dose: ~ *le dosi di una medicina* to grade the dosage of a medicine. **2** (*riportare una graduazione*) to graduate: ~ *uno strumento* to graduate an instrument. **3** ⟨*Mil*⟩ (*conferire un grado*) to confer rank upon. **graduato I** *a.* **1** graded: *esercizi –i secondo la difficoltà* exercises graded according to difficulty. **2** (*provvisto dei segni dei gradi*) graduated: *termometro* ~ graduated thermometer. **II** *s.m.* ⟨*Mil*⟩ (*anche graduato di truppa*) non-commissioned officer, N.C.O. **graduatoria** *f.* (*ordine* (*o classification*) place (*o classification*) list, graded list: *entrare in* ~ to enter the classification list; (*elenco*) list: *essere il primo della* ~ to be the first on the list, to be at the top of the list. **graduazione** *f.* **1** (*il graduare*) grading: ~ *delle difficoltà* grading of difficulties. **2** (*suddivisione secondo una graduatoria*) placing, classification. **3** (*rif. a strumenti*) graduation.

grafema *m.* ⟨*Ling*⟩ grapheme. **grafematica** *f.* graphemics *pl* (*costr.sing.*).

graffa *f.* **1** ⟨*Mur*⟩ cramp. **2** ⟨*Tip*⟩ brace. **graffare** *v.t.* **1** ⟨*Mur*⟩ to cramp. **2** (*unire con graffette*) to staple, to clip. **graffatrice** *f.* stapler. **graffatura** *f.* stapling. **graffetta** *f.* staple, clip.

graffiare *v.t.* (**graffio, graffi**) **1** to scratch: *il gatto gli graffiò le mani* the cat scratched his hands. **2** ⟨*fig*⟩ (*pungere con parole*) to lash out at. **graffiarsi** *v.r.* **1** to scratch o.s. **2** (*recipr*) to scratch e.o. **graffiata** *f.* scratch. **graffiatura** *f.* scratch: *ha avuto un incidente di macchina ma se l'è cavata con poche –e* he had a car accident but he came out of it with only a few scratches. **graffio** *m.* scratch. □ *fare un* ~ *a qd.* to scratch s.o.

graffire *v.t.* (**graffisco, graffisci**) to make a graffito design. **graffito** *m.* graffito: *i –i di Pompei* the graffiti of Pompei. □ *disegno* ~ graffito design.

grafia *f.* **1** spelling: *l'esatta* ~ *di una parola* the exact spelling of a word. **2** (*calligrafia, scrittura*) writing, handwriting: *una* ~ *illeggibile* (an) illegible handwriting.

grafica *f.* **1** (*arte grafica*) graphic art. **2** (*produzione artistica in bianco e nero*) graphics *pl* (*costr. sing.*). □ ~ *del computer* (*o elettronica*) computer graphics *pl;* ~ *finanziaria* business graphics *pl.* **graficamente** *avv.* graphically. **grafico** *a./s.* (*pl.* **-ci**) **I** *a.* **1** graphic, spelling-: *le varianti grafiche di una parola* the spelling variants of a word. **2** (*per mezzo di un disegno, di un diagramma*) graphic: *rappresentazione –a* graphic representation. **II** *s.m.* **1** (*diagramma*) graph. **2** (*operaio*) printer. □ *arti grafiche* graphic arts; ~ *cartesiano* line chart; *disegnatore* ~ graphic designer; *segni –i* graphic signs.

grafitare *v.t.* ⟨*tecn*⟩ to graphitize, to graphite. **grafitazione** *f.* graphitization. **grafite** *f.* ⟨*Min*⟩ graphite.

grafo *m.* ⟨*Mat*⟩ graph. □ ⟨*Inform*⟩ *–i di flusso* flowchart.

grafologia *f.* graphology. **grafologico** *a.* (*pl.* **-ci**) graphological, handwriting-: *esame* ~ handwriting examination. **grafologo** *m.* (*pl.* **-gi**; *f.* **-a**) graphologist. **grafomane** *m./f.* incurable scribbler. **grafomania** *f.* mania for writing. **grafospasmo** *m.* ⟨*Med*⟩ graphospasm, writer's cramp.

gragnola *f.* (*scarica*) hail, shower, flood, torrent: *una* ~ *di colpi* a hail of blows; *una* ~ *di insulti* a torrent of abuse.

Gral *N.pr.m.* ⟨*Lett*⟩ Grail.

gramaglia *f.* ⟨*lett*⟩ **1** (usually in pl.; *abito da lutto*) mourning (dress). **2** (*drappo da lutto*) pall. □ *essere in –e* to be in mourning.

gramigna *f.* **1** ⟨*Bot*⟩ couch grass. **2** ⟨*estens*⟩ (*erba cattiva*) weed (*anche fig.*). □ ⟨*fig*⟩ *crescere come la* ~ to spring up like a mushroom.

graminacee *f.pl.* ⟨*Bot*⟩ Gramineae *pl.*

grammatica *f.* **1** grammar: *la* ~ *inglese* English grammar. **2** (*libro*) grammar (book): *una* ~ *per le scuole* a school grammar book. □ ~ *generativa* generative grammar; ~

universale universal grammar. **grammaticale** *a.* grammatical-, grammar-: *errore* ~ grammatical error; *regola* ~ grammar rule. **grammaticalmente** *avv.* grammatically. **grammatico** *m.* (*pl.* **-ci**) grammarian.

grammatologia *f.* grammatology.

grammatura *f.* weight in grams. **grammo** *m.* gram(me). □ ⟨*Fis*⟩ ~*-massa* gram mass; ~*-peso* gram weight.

grammo-atomo *m.* (*pl.* **grammi-atomo**) ⟨*Fis*⟩ gramatom.

grammofonico *a.* (*pl.* **-ci**) gramophone-: *disco* ~ gramophone record. **grammofono** *m.* record player, gramophone: ~ *a valigia* portable record player.

grammo-|molecola *f.* (*pl.* **grammo-molecole**) mole, gram molecule. ~**molecolare** *a.* gram molecular.

gram-negativo *a.* ⟨*Biol*⟩ gram-negative. **gram-positivo** *a.* gram-positive.

gramo *a.* **1** ⟨*lett*⟩ (*misero*) wretched, miserable. **2** (*triste*) sad: *vita –a* sad life.

gramola *f.* **1** ⟨*Tess*⟩ flax brake. **2** ⟨*Alim*⟩ kneading machine. **gramolare** *v.t.* (**gramolo**) **1** ⟨*Tess*⟩ to brake. **2** ⟨*Alim*⟩ to knead. **gramolatura** *f.* **1** ⟨*Tess*⟩ braking. **2** ⟨*Alim*⟩ kneading.

grana[1] **I** *s.f.* grain. **II** *s.m.inv.* (*formaggio*) Parmesan (cheese). □ ~ *fine* fine grain; *di* ~ *fine* fine-grained; ~ *grossa* coarse grain; *di* ~ *grossa* coarse-grained.

grana[2] *f.* ⟨*fam*⟩ (*seccatura*) trouble. □ *piantare una* ~ to make (*o* stir up) trouble; *un sacco di –e* a lot of headaches; *fare scoppiare una* ~ to cause a scandal.

grana[3] *f.* ⟨*gerg*⟩ (*denaro*) dough. □ *star male a* ~ to be broke; *essere pieno di* ~ to be well-heeled.

granaglie *f.pl.* **1** cereal, corn, grain: *commercio delle* ~ corn trade. **2** ⟨*Oref*⟩ granulated gold or silver. **granaio** *m.* **1** (*locale*) barn, granary; (*solaio*) loft. **2** ⟨*fig*⟩ granary: *la Sicilia è il* ~ *d'Italia* Sicily is the granary of Italy. **granario** *a.* grain-, corn-, cereal-: *mercato* ~ corn market.

granata[1] *f.* (*scopa di saggina*) broom.

granata[2] **I** *s.f.* **1** (*melagrana*) pomegranate. **2** ⟨*Min*⟩ (*granato*) garnet. **II** *s.m.* (*colore*) garnet (red). **III** *a.inv.* garnet (red), wine-coloured.

granata[3] *f.* **1** (*bomba a mano*) hand-grenade. **2** (*proiettile di artiglieria*) shell.

granatiere *m.* **1** ⟨*Mil*⟩ grenadier. **2** ⟨*fig,scherz*⟩ giant.

granatiglio *m.* (*anche legno granatiglio*) granadilla.

granatina *f.* **1** (*sciroppo di melagrane*) pomegranate syrup. **2** ⟨*region*⟩ → **granita**.

granato *a.* ⟨*Min*⟩ garnet.

Gran Bretagna *N.pr.f.* ⟨*Geog*⟩ Great Britain.

grancassa *f.* ⟨*Mus*⟩ bass drum. □ ⟨*fig*⟩ *battere la* ~ to blow the trumpet.

grancevola *f.* ⟨*Zool*⟩ spiny spider crab.

granchio *m.* **1** crab. **2** ⟨*fig*⟩ (*errore grossolano*) mistake, blunder: *prendere un* ~ to make a blunder. **3** ⟨*Fal*⟩ (*sul banco*) clamp; (*del martello*) claw.

grandangolare *m.* ⟨*Fot*⟩ wide-angle lens.

grande I *a.* (*compar.* più **grande/maggiore**, *sup.* **grandissimo/massimo**; before words beginning with a vowel sound *grande* may be shortened to *grand'*; before words beginning with a consonant sound, except *s* + consonant, *z, gn, ps* and *x*, it may be shortened to *gran*) **1** large, big, great: *una* ~ *casa si erge sulla collina* a large house stands on the hill; *avere un* ~ *ingegno* to have a great mind; (*alto*) high, tall, great: *un gran monte* a high mountain; (*profondo*) deep, great: *un* ~ *abisso* a deep abyss; (*largo, esteso*) wide, broad: *una* ~ *strada divide il villaggio* there is a wide road running through the village; *quanto è* ~ *questo appezzamento di terreno?* how big is this plot of land?; (*ampio*) large, big, spacious: *le camere sono –i e luminose* the rooms are bright and spacious; *una* ~ *finestra* a large window. **2** (*rif. a persona: grosso*) big: *un uomo* ~ a big man; (*alto*) tall: *è diventato più* ~ *di suo padre* he has grown taller than his father. **3** (*adulto*) grown up, (*fam*) big: *quando sarò* ~ *viaggerò molto* when I ˹am big˺ (*o grow up*), I will travel a lot. **4** (*lungo*) long: *ho fatto un gran viaggio* I went for a long trip. **5** (*numeroso*) great, large, big: *un* ~ *esercito* a large army; *c'era una gran folla* there was a big crowd. **6** (*forte*) strong, hard, great: *un gran pugno* a hard punch; *tira un* *gran vento* a strong wind is blowing. **7** (*rif. a sentimenti: intenso*) great, strong: *una gran collera* great anger; *ho un gran desiderio di rivederlo* I have a great desire to see him again. **8** (*rif. a suoni, rumori*) loud, ⟨*fam*⟩ mighty: *cacciò un ~ urlo* he let out a loud (*o* mighty) yell. **9** (*grave, serio*) great, considerable, serious: *ho incontrato –i difficoltà nel tradurre questo libro* I had great difficulty in translating this book. **10** (*importante*) great: *una ~ scoperta nel campo della medicina* a great discovery in the field of medicine; *un ~ poeta* a great poet. **11** (*sontuoso, solenne*) grand: *un gran ballo* a grand ball. **12** (*generoso*) big: *ha un gran cuore* he has a great (*o* big) heart. **13** (*illustre*) great, distinguished, illustrious: *il più ~ chirurgo dei nostri giorni* the greatest surgeon of our time; *proviene da una ~ famiglia* he comes from an illustrious family; *fu un ~ condottiero* he was a great leader. **14** (*di condizioni sociali elevate*) great, big: *un gran signore* a great gentleman; *un ~ industriale* a big business man. **15** (*in titoli di dignità o di carica*) Grand, High: *gran cancelliere* High Chancellor; *grand'ammiraglio* Grand Admiral; (*epiteto di regnanti e sim.*) Great: *la ~ Caterina* Catherine the Great. **16** (*con funzione rafforzativa*) great, big, hard, through, real: *sei un gran chiacchierone* you're a great talker; *un gran farabutto* a real crook. **17** (*only before adjectives*) very, extremely, really: *una gran bella donna* a very beautiful woman; *un gran brav'uomo* a really good man. **II** *s.m.* **1** (*adulto*) grown–up. **2** (*personaggio illustre*) great man; *pl.* the great (*costr. pl.*): *seguire l'esempio dei –i* to follow the example of the great. **3** (*persona influente*) influential (*o* powerful) man, big man, ⟨*fam*⟩ big. **4** (*nobile spagnolo*) grandee. □ *se ne dice un gran bene* he is very well spoken of; *un gran bevitore* a hard (*o* heavy) drinker; ⟨*fam*⟩ *gran che:* 1 (*cosa pregevole*) s.th. special (*o* outstanding): *questo quadro non è un gran che* this picture is nothing special; 2 (*molto*) very much: *non mi intendo gran che di sport* I don't know very much about sport; ⟨*esclam*⟩ *gran* **Dio** good God, my God; **fare** *il ~ to act big;* ⟨*pop*⟩ *farsi ~* (*crescere*) to grow up; *~ e* **grosso** hefty, heavily–built; **in** *~ on a large scale: riprodurre in ~* to reproduce on a large scale; *commerciare in ~* to do business on a large scale; *fare le cose in ~* to do things in a big way; *si fece un gran* **parlare** there was a lot (*o* great deal) of talk about it; ⟨*Pol*⟩ *i* **quattro** *–i* the Big Four; ⟨*Stor*⟩ *i –i di* **Spagna** the Spanish grandees.

grandeggiare *v.i.* (**grandeggio, grandeggi**; *aus.* **avere**) **1** (*sovrastare*) to tower (*su* above, over): *il castello grandeggia sulle case del paese* the castle towers above the houses of the village; (*con senso minaccioso*) to loom (up). **2** ⟨*fig*⟩ to stand out (above, among), to tower (above): *Omero grandeggia su tutti i poeti* Homer stands out above all poets. **3** (*darsi arie da gran signore*) to put on airs, to show off. **grandemente** *avv.* (*molto*) greatly, very much, highly: *ammirare ~ qd.* to admire s.o. very much; (*profondamente*) deeply.

grandezza *f.* **1** (*l'essere grande*) greatness, bigness. **2** (*estensione*) extent, range. **3** (*mole*) bulk. **4** (*larghezza*) width; (*ampiezza*) breadth. **5** (*profondità*) depth. **6** (*altezza*) height. **7** (*dimensione, misura*) size. **8** (*taglia: rif. ad abiti*) size: *abiti di tutte le –e* dresses of all sizes; (*formato*) size, format. **9** ⟨*fig*⟩ greatness: *la ~ di Roma* the greatness of Rome. **10** *pl.* (*ostentazione di lusso*) lavishness, love of display: *le sue –e finiranno col rovinarlo* his lavishness will be his ruin. **11** ⟨*Mat,Fis*⟩ quantity. **12** ⟨*Astr*⟩ magnitude: *stella di prima ~* star of the first magnitude. □ *~ d'*animo loftiness (*o* greatness) of soul; *~* **naturale** life-size: *un ritratto a ~ naturale* a life-size portrait; ⟨*Mat*⟩ *–e* **omogenee** homogeneous quantities; **Sua** *~* His Highness, His Lordship; ⟨*Fis*⟩ *~* **vettoriale** vector quantity.

grandiloquenza *f.* grandiloquence.

grandinare *v.* (**grandina**) **I** *v.i.impers.* (*aus.* **essere/avere**) to hail: *comincia a ~* it's beginning to hail. **II** *v.i.* (*aus.* **essere/avere**) to hail (down), to shower (down), to rain (thick and fast): *grandinavano sassi* stones were hailing down. □ *le bombe grandinavano sulla città* a hail of bombs was falling on the city. **grandinata** *f.* **1** hailstorm. **2** ⟨*fig*⟩ hail, shower: *una ~ di sassi* a (*o* shower) of stones; (*rif. a insulti e sim.*) torrent, hail: *una ~ di insulti* a torrent of abuse. **grandine** *f.* **1** hail. **2** ⟨*fig*⟩ hail, shower, torrent: *una ~ di proiettili* a hail of shells; *una ~ di insulti* a torrent of abuse. □ *chicco di ~* hail-stone. **grandinifugo** *a.* (*pl.* **-ghi**) anti–hail: *razzo ~* anti–hail rocket.

grandiosamente *avv.* grandly, magnificently, grandiosely. **grandiosità** *f.* **1** grandiosity, magnificence. **2** (*ostentazione di ricchezza*) ostentation of wealth, lavishness. **grandioso** *a.* **1** grandiose, grand, majestic: *il monumento è ~* it is a grand monument; *uno spettacolo ~* a grand spectacle. **2** ⟨*fig*⟩ grandiose, grand: *progetti –i* grandiose projects. **3** (*rif. a persona*) lavish: *un uomo eccessivamente ~* an over–lavish man. □ *gli piace fare il ~* he likes to act big.

granduca *m.* (*pl.* **-chi**) grand duke. **granducale** *a.* grand–ducal. **granducato** *m.* (*territorio*) Grand Duchy; (*titolo*) title of Grand Duke. **granduchessa** *f.* grand duchess.

granello *m.* **1** grain, speck: *–i di sabbia* grains of sand. **2** ⟨*fig*⟩ (*quantità minima*) grain, atom, ounce: *non ha un ~ di buonsenso* he hasn't got an ounce of common sense. **3** (*chicco di cereali*) grain: *un ~ di riso* a grain of rice. **4** (*seme di frutto*) pip, seed: *i –i della pera* pear pips. **5** (*chicco d'uva*) grape pip (*o* seed). **granelloso** *a.* granular, granulous.

granguignolesco [–gi–] *a.* (*pl.* **-chi**) Grand Guignol. **granicolo** *a.* grain–, wheat–: *colture –e* wheat crops. **granicoltura** *f.* wheat growing. **granifero** *a.* wheat–producing.

graniglia *f.* grit.

granire[1] *v.t.* (**granisco, granisci**) **1** (*ridurre in grani*) to granulate. **2** ⟨*Met,Vetr,Tip*⟩ (*sottoporre a granitura*) to granulate, to grain.

granire[2] *v.i.* (**granisco, granisci**; *aus.* **essere**) **1** (*fare i chicchi*) to form grains, to seed. **2** ⟨*fig*⟩ (*formarsi*) to form.

granista *m./f.* ⟨*pop*⟩ troublemaker.

granita *f.* ⟨*Dolc*⟩ granita.

granitico *a.* (*pl.* **-ci**) granitic (*anche fig.*): *rocce granitiche* granitic rocks; *fede –a* granitic faith. **granito** *m.* ⟨*Min*⟩ granite.

granivoro *a.* granivorous: *uccello ~* granivorous bird.

grano *m.* **1** ⟨*Bot*⟩ wheat. **2** *pl.* (*cereali*) grain, corn: *commercio dei –i* corn trade. **3** (*chicco di cereali*) grain: *un ~ di miglio* a grain of millet. **4** (*granello*) grain: *un ~ di sabbia* a grain of sand. **5** ⟨*fig*⟩ (*quantità minima*) grain, atom, ounce: *non ha un ~ di buonsenso* he hasn't got an ounce of common sense. **6** (*unità di peso*) grain. □ *di ~* of grain (*o* corn); *campo di ~* corn field; *spiga di ~* ear of corn; ⟨*Bot*⟩ *~* **duro** durum wheat; **in** *–i* in grains; *~ di* **pepe** peppercorn; ⟨*Bot*⟩ *~* **saraceno** buck wheat; *~* **tenero** common wheat.

granoturco *m.* (*pl.* **-chi**) ⟨*Bot*⟩ Indian corn, maize, ⟨*am*⟩ corn. □ *cartocci di ~* maize husks, ⟨*am*⟩ corn husks; *~* **dolce** sugar maize, ⟨*am*⟩ sweet corn; *farina di ~* Indian (*o* maize) meal, ⟨*am*⟩ corn meal; *~* **tenero** soft maize, ⟨*am*⟩ soft corn; **tutolo** *di ~* maize cob, ⟨*am*⟩ corn cob.

granturismo *f.inv.* ⟨*Aut*⟩ Gran Turismo, grandtouring car.

granulare[1] *a.* **1** granular. **2** ⟨*Farm*⟩ granulated. □ *struttura ~* crumb (*o* granular) structure.

granulare[2] *v.t.* (**granulo**) to granulate.

granulato *a.* granulated. **granulazione** *f.* granulation. **granulo** *m.* **1** (*granello*) granule. **2** ⟨*Farm*⟩ pellet. **granuloma** *m.* ⟨*Med*⟩ granuloma. **granulomatoso** *a.* granulomatous. **granulometria** *f.* ⟨*tecn*⟩ granulometry. **granulosità** *f.* granulosity. **granuloso** *a.* granulose, granulous.

grappa[1] *f.* ⟨*Edil*⟩ cramp. **2** ⟨*Tip*⟩ brace.

grappa[2] *f.* (*liquore*) eau–de–vie.

grappatura *f.* ⟨*tecn*⟩ clamping.

grappino[1] *m.* ⟨*Mar*⟩ grapnel.

grappino[2] *m.* (*bicchierino di grappa*) tot of eau–de–vie.

grappolo *m.* **1** bunch, cluster: *un ~ d'uva* a bunch of grapes; (*rif. a fiori*) cluster. **2** (*estens*) cluster, swarm: *un ~ di api* a swarm of bees. □ *a –i* in bunches.

graptoliti *m./f.pl.* ⟨*Paleont*⟩ graptolites *pl.*
graspo *m.* (*raspo*) grape–stalk.
grassaggio *m.* ⟨*Mecc*⟩ greasing.
grassatore *m.* robber, highwayman. **grassazione** *f.* robbery, hold–up.
grassella *f.* ⟨*Zool*⟩ patella.
grassello *m.* **1** (*pezzetto di grasso*) piece (*o* lump) of fat. **2** (*calce spenta*) slaked lime. **grassetto** *m.* ⟨*Tip*⟩ bold face (type). **grassezza** *f.* **1** fatness, stoutness. **2** (*contenuto di grasso*) fattiness. **3** (*untuosità*) greasiness. **4** ⟨*Agr*⟩ richness.
grasso I *a.* **1** fat, stout: *una donna –a* a fat woman. **2** (*che contiene grasso*) fatty: *carne –a* fatty meat. **3** (*ricco di grassi*) rich: *formaggio* ~ rich cheese. **4** (*unto, untuoso*) greasy, oily: *capelli –i* greasy hair. **5** ⟨*Agr*⟩ rich: *terreno* ~ rich land. **6** ⟨*fig*⟩ (*ricco, abbondante*) abundant, fat, prosperous: *annata –a* prosperous year; *guadagni –i* fat profits. **7** ⟨*fig*⟩ (*licenzioso, piccante*) licentious, lewd: *barzellette –e* lewd jokes. **II** *s.m.* **1** fat, grease: ~ *di maiale* pork fat. **2** (*adipe*) fat. **3** (*sostanza untuosa*) grease: *una macchia di* ~ a grease stain. **4** (*lubrificante*) grease. **5** *pl.* ⟨*Chim*⟩ fat. □ ⟨*Chim*⟩ **acido** ~ fatty acid; *–i* **alimentari** food fats; ~ **animale** animal fat; **cibi** *–i* rich foods; ⟨*Rel*⟩ **giorni** *di* ~ days on which meat may be eaten; **mangiare** *di* ~ to eat meat; **parlare** ~ (*fare discorsi licenziosi*) to make lewd remarks; ~ *come un* **porco** as fat as a pig; *una –a* **risata** a hearty laugh, a guffaw; ~ *per* **scarpe** dubbin; ⟨*Alim*⟩ **senza** *–i* fat–free; ⟨*Chim*⟩ **serie** *–a* fat series; ~ *come un* **tordo** as fat as a goose; ~ **vegetale** vegetable fat.
grassoccio *a.* plump: *un bambino* ~ a plump baby.
grassone *m.* (*f.* -a) fat person, ⟨*fam*⟩ fatty.
grata *f.* grating, grille: *la* ~ *della finestra* the window grating; ~ *del confessionale* grille of the confessional.
gratella *f.* **1** (*ingraticolata*) grating: *la* ~ *del lavandino* the grating of the sink. **2** (*graticola*) grill. □ *bistecche in* ~ grilled steaks; *cuocere sulla* ~ to grill. **graticcia** *f.* (*pl.* -ce) ⟨*Teat*⟩ rigging loft. **graticciare** *v.t.* (**graticcio, graticci**) (*coprire con graticci*) to trellis; (*circondare con graticci*) to fence with hurdles. **graticciata** *f.* trellis–work. **graticcio** *m.* **1** hurdle, trellis; (*di legno*) wooden hurdle (*o* trellis), duckboard; (*di canne, di vimini*) wickerwork trellis. **2** (*per seccare la frutta*) mat.
graticola *f.* **1** (*per arrostire*) grill, gridiron. **2** ⟨*Pitt*⟩ graticule. □ *cuocere sulla* ~ to grill. **graticolare** *v.t.* (**graticolo**) ⟨*Pitt*⟩ to place a graticule over. **graticolato I** *a.* **1** (*provvisto di grata*) with a grille (*o* grating). **2** (*fatto a grata*) grille–shaped. **II** *s.m.* **1** grating. **2** (*per piante rampicanti*) trellis.
gratifica *f.* (*compenso straordinario*) bonus: *concedere una* ~ to give a bonus. □ ~ *annuale* annual bonus; ~ *natalizia* Christmas bonus. **gratificante** *a.* gratifying, rewarding: *un lavoro non* ~ an unrewarding job. **gratificare** *v.t.* (**gratifico, gratifichi**) **1** (*concedere una gratifica*) to give a bonus (to). **2** ⟨*fig,iron*⟩ to gratify, to reward. □ ~ *qd. di insolenze* to insult s.o. without cause; *sentirsi gratificato* to feel satisfied. **gratificazione** *f.* **1** → gratifica. **2** ⟨*fig*⟩ satisfaction, reward.
gratin *fr.* [gra'tɛ̃] *m.* gratin. □ *al* ~ au gratin. **gratinare** *v.t.* ⟨*Gastr*⟩ to gratinate. **gratinato** *a.* au gratin, gratinated: *pomodori –i* tomatoes au gratin, gratinated tomatoes.
gratis I *a.* free, gratis: *l'ingresso è* ~ admission is free. **II** *avv.* for nothing, without pay, gratuitously: *lavorare* ~ to work ⸢without pay⸣ (*o* for nothing). □ ~ *et amore Dei* for love, for a song.
gratitudine *f.* gratitude, gratefulness: *mostrare* ~ *a qd.* to show one's gratitude to s.o. **grato** *a.* **1** (*riconoscente*) grateful, thankful, obliged: *ti sono* ~ *del tuo aiuto* I am grateful for your help. **2** (*gradito*) welcome: *un dono* ~ a welcome gift. **3** (*gradevole*) agreeable, pleasant: *un* ~ *profumo* a pleasant perfume. □ *accettare con animo* ~ to accept gratefully.
grattacapo *m.* worry, annoyance, problem, ⟨*fam*⟩ headache: *avere dei –i* to have problems. □ *dare un* ~ *a qd.* to give s.o. s.th. to worry about. **~cielo** *m.* skyscraper.

grattare I *v.t.* **1** to scratch: *grattarsi la schiena* to scratch one's back. **2** (*cancellare*) to scratch out, to erase: ~ *una parola* to erase a word. **3** (*grattugiare*) to grate: ~ *il formaggio* to grate cheese. **4** ⟨*fig,pop*⟩ (*rubare*) to pinch, to whip: *mi hanno grattato il portafoglio* they have pinched my wallet. **II** *v.i.* (*aus. avere*) **1** ⟨*fam*⟩ (*stridere*) to be scratchy (*o* scratching): *la puntina del giradischi gratta* the gramophone needle is scratchy. **2** ⟨*Aut,Mecc*⟩ to clash, to grind. **grattarsi** *v.r.* to scratch o.s.; (*contro qc.*) to rub o.s. □ *grattarsi il capo* (*in segno di preoccupazione*) to scratch one's head; ⟨*volg*⟩ *grattarsi la pancia* (*stare in ozio*) to twiddle one's thumbs; ~ *via* to scrape off: ~ *via la ruggine da una superficie* to scrape the rust off a surface; ⟨*scherz*⟩ ~ *il violino* to scrape the fiddle. **grattata** *f.* scratching, scraping. □ ⟨*Aut,Mecc*⟩ *fare una* ~ to clash, to grind; *darsi una* ~ to scratch o.s. **grattatura** *f.* **1** (*il grattare*) scratching, scraping. **2** (*segno*) scratch, scrape. **grattino** *m.* **1** (*arnese degli incisori*) engraver's scraper. **2** (*per cancellare*) (steel) erasure.
grattugia *f.* (*pl.* -gie/-ge) grater. **grattugiare** *v.t.* (**grattugio, grattugi**) to grate. **grattugiato** *a.* grated. □ *pane* ~ bread crumbs.
gratuità *f.* gratuitousness (*anche fig.*). **gratuitamente** *avv.* **1** free (of charge), without payment. **2** ⟨*fig*⟩ (*senza fondamento*) groundlessly, gratuitously. □ *asserire qc.* ~ to make a groundless assertion. **gratuito** *a.* **1** free (of charge), gratuitous: *l'ingresso al teatro è* ~ admission to the theatre is free; *campione* ~ free sample. **2** ⟨*fig*⟩ (*infondato*) unfounded, gratuitous, groundless, uncalled for: *accuse –e* unfounded (*o* groundless) accusations; *asserzione –a* uncalled for remark.
gravabile *a.* ⟨*Econ*⟩ taxable: *redditi –i* taxable income; (*rif. a ipoteche*) mortgageable: *beni –i* mortgageable property. **gravame** *m.* **1** (*peso*) burden, weight: *il* ~ *di un lavoro* the burden of a job. **2** ⟨*Econ*⟩ encumbrance, imposition; (*imposta*) tax; (*ipoteca*) mortgage. **3** ⟨*Dir*⟩ appeal. **gravare I** *v.t.* **1** to burden, to weigh down, to load: ~ *le proprie spalle di un peso* to load a weight upon one's shoulders. **2** ⟨*fig*⟩ to burden, to heap upon: ~ *gli alunni di compiti* to burden the pupils with work. **3** ⟨*Econ*⟩ to impose (a tax) on, to tax: ~ *il commercio di imposte* to tax (*o* impose taxes on) trade. **II** *v.i.* (*aus. avere*) **1** (*fare peso*) to weigh upon, to rest on: *l'arco grava su due colonne* the arch ⸢rests on⸣ (*o* is supported by) two pillars. **2** ⟨*fig*⟩ to fall on, to rest with, to lie (heavily) on, to be burdened with: *tutta la responsabilità grava su di lui* all the responsibility falls on him; *le spese gravano tutte sopra di me* I am burdened with all the expenses. □ ~ *di imposte* to tax; ~ *d'ipoteca* to mortgage. **gravato** *a.* ⟨*Econ*⟩ burdened (*di* with), encumbered (by). □ ~ *d'ipoteca* mortgaged.
grave I *a.* **1** (*pesante*) heavy, weighty: *un* ~ *fardello* a heavy burden. **2** (*grande*) great, heavy, serious: *questa è una* ~ *responsabilità* this is a heavy responsibility. **3** (*cattivo*) serious, bad, grave: *la situazione politica è* ~ the political situation is serious (*o* grave). **4** (*duro*) hard, heavy: *una* ~ *fatica* a hard task. **5** (*doloroso*) heavy, grievous: *subire –i perdite* to suffer heavy losses. **6** (*severo*) severe, harsh: *prendere un* ~ *provvedimento* to take severe measures (*o* action). **7** (*appesantito*) heavy: *sentirsi la testa* ~ to feel heavy–headed. **8** (*rif. a malattia e sim.*) serious, dangerous: *lesioni –i* serious injuries; (*rif. a malato*) seriously (*o* dangerously) ill: *il paziente è* ~ the patient is seriously (*o* dangerously) ill. **9** ⟨*Fis*⟩ heavy. **10** ⟨*Mus*⟩ low(–pitched), grave, deep: *suono* ~ low–pitched sound. **II** *s.m.* ⟨*Fis*⟩ mass, body. □ ~ *d'anni* burdened with years; *un* ~ *errore* a big mistake; ~ *lutto* deep mourning. **gravemente** *avv.* **1** (*seriamente*) seriously: *essere* ~ *ammalato* to be seriously ill. **2** (*solennemente*) gravely, solemnly.
graveolente *a.* ⟨*lett*⟩ evil–smelling, foul–smelling. **graveolenza** *f.* ⟨*lett*⟩ foul smell.
gravezza *f.* (*pesantezza*) weight, heaviness (*anche fig.*): *la* ~ *di un fardello* the heaviness of a burden.
gravidanza *f.* pregnancy. □ ~ *extrauterina* extrauterine pregnancy; ~ *gemellare* bigeminal (*o* twin) pregnancy;

interruzione della ~ interruption of pregnancy. **gravidico** *a.* (*pl.* **-ci**) pregnancy–, of pregnancy. □ *è al terzo mese di* ~ she is three months pregnant; *interruzione volontaria della* ~ voluntary termination of pregnancy; *stato di* ~ pregnancy. **gravido** *a.* **1** pregnant. **2** ⟨*fig*⟩ pregnant, laden (with), full (of), fraught (with). □ *una cavalla –a a mare* in foal; *una mucca –a* a cow in calf; *nubi –e di pioggia* clouds heavy with rain.

gravimetria *f.* ⟨*Chim,Geol*⟩ gravimetry. **gravimetrico** *a.* (*pl.* **-ci**) gravimetric(al). **gravimetro** *m.* gravimeter.

gravina[1] *f.* (*piccone a zappa*) mattock.

gravina[2] *f.* ⟨*Geol*⟩ (*crepaccio*) gorge.

gravità *f.* **1** gravity, seriousness: *la* ~ *di una colpa* the seriousness of a fault; *la* ~ *della situazione* the gravity of the situation. **2** (*solennità, austerità*) gravity, solemnity, austerity. **3** (*durezza*) severity, harshness: ~ *di un provvedimento* harshness of a measure. **4** ⟨*Fis*⟩ gravity. □ ⟨*Fis*⟩ *assenza di* ~ weightlessness, absence of gravity; *con* ~ gravely, solemnly; ⟨*Fis*⟩ *legge di* ~ law of gravity.

gravitare *v.i.* (**gravito**; *aus.* avere) ⟨*Fis*⟩ to gravitate (*anche fig.*): *i pianeti gravitano intorno al sole* the planets gravitate around the sun; *i giovani sembrano* ~ *verso la città* young people seem to gravitate towards the city.

gravitazionale *a.* ⟨*Fis*⟩ gravitational: *campo* ~ gravitational field. **gravitazione** *f.* gravitation. □ ~ *universale* gravitation.

gravosamente *avv.* heavily, painfully, grievously. **gravosità** *f.* **1** onerousness, irksomeness: ~ *di un lavoro* irksomeness of a job. **2** (*l'essere duro*) harshness: ~ *di un'imposta* harshness of a tax. **gravoso** *a.* **1** (*duro*) heavy, hard, onerous, oppressive: *condizioni –e* hard conditions; *imposte –e* oppressive (*o* heavy) taxes. **2** (*faticoso, difficile*) hard, difficult: *compito* ~ difficult task; *lavoro* ~ hard work.

grazia *f.* **1** gracefulness, charm: *la* ~ *di una fanciulla* the charm of a girl. **2** (*compostezza di modi*) grace, gracefulness: *muoversi con* ~ to move 'with grace' (*o* gracefully). **3** *pl.* (*vezzi*) charms *pl*: *nessuno può resistere alle sue –e* nobody can resist her charms. **4** (*rif. a stile o forma*) grace. **5** (*benevolenza*) grace, favour: *trovare* ~ *presso qd.* to find favour with s.o., to get into s.o.'s good graces. **6** (*concessione generosa*) grace, favour: *chiedere una* ~ *a qd.* to ask a favour of s.o.; (*clemenza*) mercy, leniency: *chiedere* ~ *per qd.* to ask for leniency on s.o.'s behalf. **7** (*miracolo*) grace: *Dio gli ha fatto la* ~ *di guarirlo* he has been cured by the grace of God. **8** ⟨*Dir*⟩ grace, mercy. **9** ⟨*Teol*⟩ (*state of*) grace: *morire in* ~ *di Dio* to die in 'the grace of God' (*o* a state of grace). □ *anno di* ~ year of grace: *nell'anno di* ~ *1225* in the year of grace 1225; ⟨*Teol*⟩ ~ **attuale** actual grace; ⟨*fam*⟩ **buona** ~ (*cortesia*) courtesy, good manners; *buone –e* (*benevolenza*) good graces: *entrare nelle buone –e di qd.* to get into s.o.'s good graces; **concedere** *le proprie –e a qd.* (*diventarne l'amante*) to grant s.o. one's favours; *di* ~ (*per favore*) kindly, please; *la* ~ *di* **Dio** good things: *la sua casa è piena di ogni* ~ *di Dio* his house is filled with all sorts of good things; *essere fuori dalla* ~ *di Dio* to be beside o.s.; *essere in* ~ *di Dio* to be in a state of grace; *per* ~ *di Dio* thank God (*o* goodness); ⟨*Dir*⟩ **domanda** *di* ~ petition for mercy; **essere** *in* ~ *di qd.* to be in s.o.'s favour; **fare** ~ *di qc. a qd.*: **1** (*dispensarlo*) to dispense s.o. from s.th.; **2** (*risparmiargliela*) to spare s.o. s.th.: *ti faccio* ~ *dei particolari* I'll spare you the details; *fare* ~ *della vita a qd.* to spare s.o.'s life; **mala** ~ bad grace: *fare qc. di mala* ~ to do s.th. with bad grace; **rendere** *–e a Dio* to thank (*o* give thanks to) God; **rendimento** *di –e* thanksgiving; **senza** ~ ungraceful, inelegant: *stile senza* ~ ungraceful (*o* clumsy) style; **Sua** ~ His (*o* Her) Grace; **troppa** ~ (*sant'Antonio*)! it's too much of a good thing!

graziare *v.t.* (**grazio, grazi**) to pardon, to reprieve: ~ *un condannato* to pardon a convict; ~ *un condannato a morte* to reprieve a condemned man. **graziato** **I** *a.* pardoned, reprieved. **II** *s.m.* (*f.* **-a**) pardoned (*o* reprieved) person.

grazie **I** *intz.* **1** thanks, thank you: *eccoti il denaro –* ~! here is the money – thanks!; (*accettando un invito*) yes, please; (*rifiutando un invito*) no, thanks. **2** ⟨*iron*⟩ (*certo*) no wonder, naturally: *si permette dei lussi?* ~, *suo padre è*

ricchissimo he can afford luxuries? no wonder, his father is fabulously rich! **II** *s.m.* thanks: *un* ~ *di cuore* heartfelt thanks. □ ~ **a** thanks to: *ottenne il posto* ~ *alle sue capacità* he got the job thanks to his ability; ~ *al* **cielo** thank heavens; ~ *a* **Dio** thank God; *dire* ~ (*ringraziare*) to thank, to say thank you: *dì* ~ *alla signora* say thank you to the lady; ~ **tante** thank you so much; ⟨*iron*⟩ thanks (for nothing).

graziosamente *avv.* **1** (*con grazia*) gracefully: *inchinarsi* ~ to bow gracefully. **2** ⟨*lett*⟩ (*cortesemente, con benevolenza*) graciously, kindly: *accogliere* ~ *qd.* to welcome s.o. graciously. **graziosità** *f.* gracefulness. **grazioso** *a.* **1** graceful, charming: *sorriso* ~ charming smile. **2** (*carino*) pretty: *una* ~ *a casetta* a pretty cottage (*o* little house). **3** (*piacevole*) nice, pleasant, agreeable. **4** (*rif. a sovrani, a principi*) gracious: *la nostra –a regina* our gracious queen.

greca *f.* (*ornamento*) Greek key (*o* fret) design.

grecale **I** *s.m.* north–east wind. **II** *a.* north–east: *vento* ~ noth–east wind.

Grecia *N.pr.f.* ⟨*Geog*⟩ Greece. **grecismo** *m.* ⟨*Ling*⟩ Gr(a)ecism. **grecista** *m./f.* Hellenist. **grecità** *f.* ⟨*lett*⟩ Hellenism, Gr(a)ecism. **grecizzare** **I** *v.t.* to Hellenize, to Gr(a)ecize: ~ *un paese* to Hellenize a country. **II** *v.i.* (*aus.* avere) (*imitare i greci*) to Hellenize.

greco *a./s.* (*pl.* **-ci**) **I** *a.* Greek. **II** *s.m.* **1** (*lingua*) Greek. **2** (*abitante; f.* **-a**) Greek. **3** (*vento di nord–est*) north–east wind. □ ~ **antico** ancient Greek; **croce** *–a* Greek cross; ~ **moderno** modern Greek; *il mondo* ~ Greek (*o* classical) civilization; **naso** ~ Grecian nose; **profilo** ~ Grecian profile; ~**-romano** Graeco–Roman: *lotta* ~*-romana* Graeco–Roman wrestling.

gregario **I** *s.m.* **1** (*soldato semplice*) private. **2** (*rif. a partito*) member, follower. **3** ⟨*Sport*⟩ team mate. **II** *a.* **1** (*da gregario*) gregarious, herd–: *istinto* ~ herd instinct. **2** ⟨*Zool,Bot*⟩ gregarious. **gregarismo** *m.* gregariousness, herd instinct (*anche fig.*).

gregge *m.* (*pl.* **le greggi**/*le* **gregge**/*non com. i* **greggi**) **1** flock, herd: *un* ~ *di pecore* a flock of sheep. **2** ⟨*fig*⟩ (*moltitudine*) crowd, host, herd. **3** ⟨*fig*⟩ (*rif. a fedeli*) flock.

greggio **I** *a.* **1** (*non lavorato*) raw: *seta –a* raw silk. **2** ⟨*fig*⟩ (*rozzo, grossolano*) coarse, crude. **II** *s.m.* **1** ⟨*Ind*⟩ (*prodotto non lavorato*) raw (*o* crude) product. **2** (*petrolio greggio*) crude (oil).

gregoriano *a.* Gregorian: *calendario* ~ Gregorian calendar; *canto* ~ Gregorian chant. **Gregorio** *N.pr.m.* Gregory.

grembiulata *f.* apronful: *una* ~ *di castagne* an apronful of chestnuts. **grembiule** *m.* **1** apron; (*con pettino*) pinafore. **2** (*sopravveste*) overall, smock. □ ~ *da* **commessa** shop coat, overall; ~ *da scuola* school smock. **grembiulino** *m.* pinafore: *il* ~ *di scuola* the school pinafore (*o* smock).

grembo *m.* **1** lap: *tenere un bambino in* ~ to hold a child on one's lap. **2** (*ventre*) womb. **3** ⟨*fig*⟩ bosom: *tornare in* ~ *alla famiglia* to return to the bosom of one's family. □ *portare in* (*o nel*) ~ *un bambino* to carry a child.

gremire *v.t.* (**gremisco, gremisci**) to fill up, to crowd (*o* pack) into: *la folla gremiva la piazza* the crowd packed into the square. **gremirsi** *v.r.* to become crowded with: *le strade si gremirono di gente* the streets became crowded with people. **gremito** *a.* **1** (*affollato*) crowded, packed: *la sala era –a* the room was crowded. **2** (*pieno*) full (*di* of), filled (with), crammed (with).

greppia *f.* (*rastrelliera*) (hay) rack; (*mangiatoia*) manger.

grès *m.* ⟨*Ceram*⟩ grès.

greto *m.* (gravelly) shore: ~ *del fiume* shore of a river.

gretola *f.* **1** (*stecca di gabbia*) bar. **2** (*scheggia*) splinter, chip.

grettamente *avv.* **1** meanly, stingily. **2** ⟨*fig*⟩ meanly, pettily. **grettezza** *f.* **1** meanness, stinginess, miserliness. **2** ⟨*fig*⟩ pettiness, narrow–mindedness. □ ~ *d'animo* smallness of mind. **gretto** *a.* **1** (*avaro*) mean, stingy, miserly: *una persona –a* a mean person. **2** ⟨*fig*⟩ (*meschino*) narrow, narrow–minded, petty, limited: *animo* ~ narrow mind; *idee –e* limited ideas.

greve *a.* (*pesante*) heavy. □ *aria* ~ oppressive (*o* heavy) air.

grezzo *a./s.m.* → **greggio**.

grida[1] *f.* ⟨*Stor*⟩ (*ordine, editto*) proclamation, edict.

grida[2] → **grido**.

gridare I *v.i.* (*aus.* **avere**) **1** to shout, to cry (out), to yell: *si mise a ~ per richiamare l'attenzione dei passanti* he started shouting to attract the attention of the passers–by; (*strillare*) to scream. **2** (*parlare a voce alta*) to shout: *non ~, non sono sordo* don't shout, I'm not deaf. II *v.t.* **1** to shout, to yell, to bawl, to call out: *gli gridò un insulto* he shouted (*o* yelled) an insult at him. **2** (*invocare*) to call (*o* shout) for: *~ aiuto* to call for help. □ *~* **dietro** to shout (*o* hurl) after; *~ a* **squarciagola** to shout at the top of one's voice; *~* **vendetta**: **1** to cry out (to Heaven) for vengeance: *soprusi che gridano vendetta* outrages which cry out for vengeance; **2** (*scherz*) to be outrageous (*o* an eyesore): *un abito che grida vendetta* an outrageous dress; *~ qc. ai quattro* **venti** to shout s.th. from the rooftops; *~* **vittoria** to exult; *~ a* (*o con*) *gran* **voce** to shout loudly, to cry out.

gridio *m.* shouting, calling (out); (*lo strillare*) screeching.

grido *m.* (*pl.* **i gridi**, *le* **grida**; the plural in *–a* is used in the case of human cries referred to collectively) **1** shout, cry, yell: *emettere un ~* to give (*o* let out) a yell, to utter a cry; (*strillo*) scream. **2** ⟨*fig*⟩ (*invocazione*) cry, lament: *il ~ dei popoli oppressi* the lament of the oppressed peoples. **3** (*rif. ad animali*) cry, call; (*strillo*) screech, scream. □ *a ~* (*o* **grida**) *di popolo* by public acclamation; *~ d'*aiuto cry for help; *~ d'*allarme alarm; **cacciare** (*o* **dare**) *un ~* to give a shout, to let out a cry, to utter a yell; *di ~*: **1** (*famoso, noto*) famous, well–known, renowned, celebrated: *un medico di ~* a well–known doctor; *uno scrittore di ~* a well–known writer; **2** (*rif. alla moda*) fashionable: *una sarta di ~* a fashionable dressmaker; *~ di* **dolore** cry of pain; *~ di* **gioia** cry of joy; *~ di* **guerra** war cry; **levare** *alte –a* to shout (*o* call out) loudly, to give loud shouts; *~ di* **rabbia** cry (*o* shout) of rage; *~ di* **richiamo**: **1** shout, hail; **2** (*al cane*) call to heel; **3** ⟨*Venat*⟩ decoy call; *l'*ultimo *~* (*della moda*) the latest thing (*o* fashion), the last word (in fashion): *questi orecchini sono l'ultimo ~* these earrings are the latest fashion.

grifagno *a.* **1** (*rapace*) predatory, rapacious: *l'aquila –a* the predatory eagle. **2** ⟨*fig*⟩ (*minaccioso*) fierce, threatening.

griffa *f.* **1** ⟨*Mecc*⟩ claw, clutch, jaw; (*innesto a denti*) dog (*o* jaw) clutch. **2** ⟨*Cin*⟩ claw. **3** (*chiodo per scarpe sportive*) spike. **4** (*gancio dei pattini*) clamp.

grifo *m.* **1** ⟨*Zool*⟩ snout. **2** ⟨*spreg*⟩ (*faccia*) (ugly) mug.

grifone *m.* **1** ⟨*Ornit*⟩ griffon vulture, griffin. **2** ⟨*Mitol,Arald*⟩ griffin, griffon, gryphon.

grigiastro *a.* greyish, dirty grey.

grigio I *a.* **1** grey, ⟨*am*⟩ gray: *occhi grigi* grey eyes. **2** (*rif. a persona*: **brizzolato**) grey, grey–haired, grizzled: *a quarant'anni è già ~* at the age of forty he is already grey–haired. **3** ⟨*fig*⟩ (*monotono, scialbo*) dull, drab, dreary, grey: *vita –a* drab life. II *s.m.* grey, gray: *vestire in* (*o di*) *~* to dress in grey. □ *~* **acciaio** steel–grey; **antracite** anthracite–grey; *~* **ardesia** slate–grey; *~* **argento** silver–grey; *~* **chiaro** light (*o* pale) grey; **cielo** *~* grey (*o* overcast) sky; *~* **ferro** iron–grey; *~* **perla** pearl–grey; *~* **scuro** dark grey; **tempo** *~* cloudy weather.

grigiore *m.* **1** greyness, ⟨*am*⟩ grayness: *il ~ del cielo* the greyness of the sky. **2** ⟨*fig*⟩ dullness, drabness, dreariness, greyness: *il ~ della sua vita* the dullness of his life; *il ~ di una personalità* the dullness of a personality.

grigioverde (*o* **grigio verde**) I *a.* grey–green, greenish–grey, greyish–green: *divisa ~* grey–green uniform. II *s.m.* **1** grey–green. **2** (*stoffa*) grey–green cloth. **3** ⟨*estens*⟩ (*divisa*) uniform.

griglia *f.* **1** grating, grid, grill(e). **2** (*per sabbia e sim.*) riddle, screen, sieve. **3** (*per arrostire*) grill, grid, grid–iron, ⟨*am*⟩ broiler. **4** (*grata del focolare*) grate. **5** (*inferriata*) grille, grating. **6** (*cancellata*) railings *pl.* **7** ⟨*region*⟩ (*persiana, saracinesca*) shutter. **8** ⟨*Rad*⟩ grid. **9** ⟨*Met*⟩ grate. **10** ⟨*Min*⟩ grizzly. □ ⟨*Gastr*⟩ *alla ~* grilled: *pesce alla ~* grilled fish; *cuocere sulla ~* to grill; *~ di protezione*: **1** ⟨*Mecc*⟩ protective grille (*o* guard); **2** ⟨*El*⟩ shield grid; ⟨*Aut*⟩ *~ ~ del radiatore* radiator grille.

grill *ingl. m.* **1** (*graticola*) grill, grid iron. **2** (*carne arrostita ai ferri*) grilled meat. **3** (*ristorante*) grillroom.

grilletto *m.* trigger: *premere il ~* to pull the trigger.

grillo *m.* **1** ⟨*Entom*⟩ cricket. **2** ⟨*fig*⟩ (*capriccio, ghiribizzo*) whim, fancy. □ ⟨*fig*⟩ *avere dei –i per il* **capo** to be full of strange ideas; *avere il* **cervello** *di un ~* to be bird–brained; *~ del* **focolare** hearth (*o* domestic) cricket; **indovinala** *~!* Heaven only knows!; *essere* **pieno** *di –i* to be full of fancies; *gli è* **saltato** (*o* **venuto**) *il ~ di partire* he has taken it into his head to leave.

grillotalpa *f./m.* (*pl. le* **grillotalpe**) ⟨*Entom*⟩ mole cricket.

grimaldello *m.* picklock. □ *~ dei ladri* burglar's jemmy (*o* jimmy).

grinfia *f.* **1** ⟨*pop*⟩ (*artiglio*) claw. **2** ⟨*fig*⟩ clutch: *cadere nelle –e di qd.* to fall into s.o.'s clutches.

grinta *f.* **1** sulky (*o* sullen, grim) expression. **2** ⟨*Sport*⟩ pluck, grit. □ *fare la ~* (*mostrarsi corrucciato*) to sulk; *hai una ~ da far paura* the expression on your face would frighten anybody.

grinza *f.* **1** (*ruga*) wrinkle: *una fronte piena di –e* a wrinkled brow. **2** (*rif. ad abiti*) crease, pucker. □ *non fare una ~*: **1** (*rif. ad abito: stare a pennello*) to fit perfectly; **2** ⟨*fig*⟩ (*filare perfettamente*) to be perfect; *il suo ragionamento non fa una ~* there is not a flaw in his argument, his reasoning is flawless. **grinzosità** *f.* **1** (*l'essere grinzoso*) wrinkledness. **2** (*spiegazzatura*) crease.

grinzoso *a.* **1** wrinkled: *fronte –a* wrinkled brow. **2** (*spiegazzato*) creased, puckered, crumpled.

grippaggio *m.* ⟨*Mecc*⟩ seizing, seizure. **grippare** *v.i.* (*aus.* avere), **gripparsi** *v.r.* to seize: *il motore ha grippato* the motor has seized.

grisaglia *f.* ⟨*Tess,Pitt*⟩ grisaille.

grisantemo *m.* ⟨*pop*⟩ (*crisantemo*) chrysanthemum.

grisella *f.* ⟨*Mar*⟩ ratline.

grisou *fr.* [gri'zu] *m.* ⟨*Minier*⟩ firedamp.

grissinificio *m.* breadstick bakery. **grissino** *m.* thin (*o* crisp) breadstick. □ ⟨*fig*⟩ *magro come un ~* as thin as a rake.

groenlandese I *a.* Greenland. II *s.m./f.* Greenlander. **Groenlandia** *N.pr.f.* ⟨*Geog*⟩ Greenland.

grog *ingl.* [grɔg] *m.* hot grog.

grolla *f.* (*coppa di legno*) wooden goblet (with a lid).

gromma *f.* **1** (*incrostazione delle botti*) tartar. **2** (*nei condotti d'acqua*) fur, scale. **3** (*nelle pipe*) sediment. **grommato, grommoso** *a.* **1** (*di botti*) covered with tartar. **2** (*di condotti d'acqua*) furred up, incrusted with scale.

gronda *f.* **1** eave, eaves *pl.* **2** ⟨*estens*⟩ overhang. **grondaia** *f.* **1** gutter. **2** (*gronda*) eave, eaves *pl.* **grondante** *a.* dripping, oozing: *essere ~ di sudore* to be dripping with sweat. **grondare** *v.* (**grondo**) I *v.i.* (*aus.* essere) **1** (*colare*) to pour: *il sudore gli grondava dalla fronte* sweat was pouring down his face; (*stillare*) to drip. **2** (*essere bagnato fradicio*) to be dripping (*o* soaking) wet: *ho gli abiti che grondano* my clothes are soaking wet. II *v.t.* (*stillare*) to drip (with): *i suoi abiti grondavano acqua* his clothes were dripping with water. □ ⟨*fig*⟩ *~ lacrime* to shed tears. **grondone** *m.* gutter.

grongo *m.* (*pl.* **-ghi**) ⟨*Itt*⟩ conger eel.

groppa *f.* **1** back, rump: *la ~ del mulo* the mule's rump. **2** ⟨*fam*⟩ (*schiena*) back, shoulders *pl*: *portare in ~ un bambino* to carry a child on one's shoulders. **3** ⟨*fig*⟩ *avere molti anni sulla ~* to be very old; ⟨*fig*⟩ *piegare la ~* (*essere servile*) to bow down; ⟨*fig*⟩ *restare sulla ~* (*rif. ad articoli rimasti invenduti*) to remain on one's hands, to be left over; *salire in ~ al cavallo* to get up on the horse's back, to mount the horse. **groppata** *f.* buck. **groppiera** *f.* (*finimento del cavallo*) crupper strap.

groppo *m.* **1** (*groviglio*) tangle: *un ~ di filo* a tangle of thread. **2** ⟨*Meteor*⟩ squall. □ *avere un ~ alla gola* to have a lump in one's throat.

groppone *m.* **1** ⟨*scherz*⟩ (*schiena*) shoulders *pl*, back. **2** ⟨*Ornit*⟩ rump. □ *accarezzare il ~ a qd.* to beat (*o* thrash) s.o.; *avere molti anni sul ~* to be very old; *piegare il ~* (*sgobbare*) to slave; (*umiliarsi*) to bow down.

gros *fr.* [gro] *m.* ⟨*Tess*⟩ gros. **gros-grain** *fr.* [gro'grɛ̃] *m.* **1** (*tessuto*) grosgrain. **2** (*nastro*) petersham.

grossa *f.* **1** ⟨*Comm*⟩ (*dodici dozzine*) gross. **2** (*in bachicoltura*) third sleep period of silkworms. □ *dormire della* (o *la*) ~ to sleep like a log.

grossezza *f.* largeness, bigness; (*altezza*) highness; (*volume*) size: *la* ~ *di un masso* the size of a boulder; (*diametro*) width; (*spessore*) thickness: *la* ~ *di un bastone* the thickness of a stick; (*rif. a filo e sim.*) thickness, coarseness: *corde di uguale* ~ ropes of equal thickness.

grossista *m./f.* wholesaler.

grosso I *a.* **1** big, large: *una* –*a pietra* a large stone; (*di grande diametro, spesso*) thick: *un* ~ *bastone* a thick stick; (*rif. a filo, corda e sim.*) thick, coarse. **2** (*di grana grossa*) coarse: *sale* ~ coarse (o unrefined) salt. **3** (*esteso*) large, big: *un* ~ *borgo montano* a large mountain village; (*largo*) wide: *un* ~ *fiume bagna la pianura* a wide river flows through the plain. **4** (*rif. a corporatura*) big: *un uomo* ~ a big man. **5** (*numeroso*) large, big: *un* ~ *esercito* a large army. **6** (*elevato*) large, high: *un* ~ *stipendio* a high salary. **7** (*cospicuo*) large, considerable, substantial: *ha avuto in eredità un* ~ *patrimonio* he inherited a considerable (o substantial) fortune. **8** (*importante*) big, great: *un* ~ *complesso industriale* a big industry; *una* –*a scoperta* a great discovery; *un* ~ *possidente terriero* a big landowner. **9** (*forte*) heavy, hard: *gli diede un* ~ *pugno* he gave him a heavy blow; (*violento*) big, great, heavy: *un* ~ *temporale si è abbattuto sulla città* a heavy storm broke over the city. **10** (*rif. ad acque: agitato*) rough: *mare* ~ rough sea; (*in piena*) in flood: *il fiume è* ~ the river is in flood. **11** (*grave, serio*) bad, serious, great: *un* ~ *errore* a bad (o serious) mistake. **12** (*rif. ad arma: pesante, di grosso calibro*) heavy, large calibre-. **II** *avv.* heavily, thickly: *una penna che scrive* ~ a pen which writes thickly. **III** *s.m.* **1** (*la parte più rilevante*) greater (o main) part: *il* ~ *del lavoro è ancora da fare* the greater part of the work still remains to be done. **2** ⟨*Mil*⟩ main body: *il* ~ *dell'esercito* the main body of the army. □ *un* ~ **affare** a big deal; *essere* ~ *di* **cervello** to be thick; *di* ~ (*grandemente*) very, quite: *sbagliarsi di* ~ to be quite wrong, to make a big mistake; *dirla* –*a* to say a very stupid thing; ~ *come un* **elefante** as big as an elephant; ⟨*fig*⟩ **farla** –*a* to do something very silly, to make a big blunder; *farne di* –*e* to make (o cause) trouble; ~ **modo** (*all'incirca*) roughly; *fra i due corsero* **parole** –*e* they had words; **qualcosa** *di* ~ s.th. serious (o important): *deve essere successo qualcosa di* ~ something serious must have happened; **questa** *è* –*a* that's a tall one; ⟨*fig*⟩ **sparare** ~ (*chiedere un prezzo molto alto*) to ask an exhorbitant price; ⟨*fig*⟩ **spararle** –*e* to tell tall stories.

grossolanamente *avv.* roughly, coarsely. □ *sbagliarsi* ~ to make a bad (o big) mistake. **grossolanità** *f.* (*rif. a persone*) coarseness, rudeness; (*rif. a cose*) roughness, coarseness. □ *dire* ~ to use vulgar (o coarse) language.

grossolano *a.* **1** rough, coarse, crude: *un lavoro* ~ rough work, a badly-finished piece of work; (*dozzinale, scadente*) shoddy, cheap: *panno* ~ shoddy cloth. **2** ⟨*fig*⟩ coarse, rude, vulgar: *una persona* –*a* a coarse person. □ *errore* ~ blunder.

grotta *f.* cave, grotto: *le* –*e di Postumia* the caves of Postumia. □ ⟨*Geog*⟩ *la* ~ *azzurra* the Blue Grotto; ~ *carsica* stalactite cave.

grottesca *f.* ⟨*Pitt*⟩ grotesque. **grottescamente** *avv.* grotesquely. **grottesco** *a./s.* (*pl.* -chi) I *a.* grotesque (*anche Pitt.*): *figure grottesche* grotesque figures. II *s.m.* grotesque (*anche Pitt.*).

groviera *m./f.inv.* → gruviera.

groviglio *m.* **1** tangle: *un* ~ *di filo* a tangle of thread. **2** (*massa confusa*) tangled mass, confused heap, entanglement: *un* ~ *di rami* a tangled mass of branches. **3** ⟨*fig*⟩ confusion, muddle, mess: *un* ~ *di idee* a confusion of ideas.

gru[1] *f.inv.* ⟨*Ornit*⟩ crane.

gru[2] I *s.f.* ⟨*Mecc*⟩ crane. II *a.* crane-: *carro* ~ wrecker crane. □ ~ *a* **braccio** jib crane; *braccio di* ~ jib (o boom) of a crane; ~ *a braccio* **girevole** jib (o slewing) crane; ~ *a braccio* **mobile** luffing jib crane; ~ *da* **carico** loading

crane; ~ **girevole** rotary crane; ~ *delle* **imbarcazioni** boat davit; ~ *di* **sollevamento** derrick crane; ⟨*Mecc*⟩ ~ *a* **torre** tower crane.

gruccia *f.* (*pl.* -ce) **1** (*strumento ortopedico*) crutch: *camminare con le grucce* to walk with (o on) crutches. **2** (*per appendere abiti*) ·coat hanger. **3** (*posatoio per uccelli*) perch.

gruccione *m.* ⟨*Ornit*⟩ bee eater.

gr.uff. = *grand'ufficiale*.

grufolare *v.i.* (*grufolo; aus.* avere) **1** to root, to grub: ~ *nel trogolo* to root in the trough. **2** ⟨*fig*⟩ to gobble. **grufolarsi** *v.r.* (*rotolarsi nel sudiciume*) to wallow in filth (*anche fig.*).

grugnire *v.* (*grugnisco, grugnisci*) I *v.i.* (*aus.* avere) **1** to grunt, to snort. **2** ⟨*estens*⟩ (*brontolare*) to grunt, to mutter. II *v.t.* (*brontolare*) to grunt, to mutter: ~ *parole incomprensibili* to mutter unintelligibly. **grugnito** *m.* **1** grunt, snort. **2** ⟨*estens*⟩ (*borbottio*) grunt: *rispose con un* ~ he replied with a grunt, he grunted a reply. **grugno** *m.* **1** (*muso del maiale*) snout. **2** ⟨*estens,spreg*⟩ (*viso*) (ugly) face, ⟨*fam*⟩ (ugly) mug. □ *dire qc. sul* ~ *a qd.* to say s.th. (rudely) to s.o.'s face; *rompere il* ~ *a qd.* to smash s.o.'s face (in).

gruista *m.* crane operator, craneman.

grullaggine *f.* (*l'essere grullo*) silliness, foolishness. **grulleria** *f.* (*azione sciocca*) foolish (o silly) action; (*parole sciocche*) nonsense: *hai detto un mucchio di* –*e* you have talked a lot of nonsense. □ *fare una* ~ to do s.th. silly. **grullo** I *a.* silly, foolish. II *s.m.* (*f.* -a) fool, ⟨*fam*⟩ silly ass, ⟨*fam*⟩ dope. □ *fare il* ~ to play the fool.

gruma *f.* → gromma.

grumo *m.* **1** clot: *un* ~ *di sangue* blood clot. **2** ⟨*estens*⟩ lump: *la crema è piena di* –*i* the custard is ⌈full of lumps⌉ (o lumpy).

grumolo *m.* ⟨*Bot*⟩ heart, core: *il* ~ *dell'insalata* the heart of the lettuce.

grumoso *a.* lumpy: *crema* –*a* lumpy custard. □ *latte* ~ curdled milk.

gruppettaro *m.* (*f.* -a) member of a small political grouping.

gruppetto *m.* ⟨*Mus*⟩ turn.

gruppo *m.* **1** group, knot: *un* ~ *di ragazzi* a group of boys; *un* ~ *di case* a group of houses; (*di alberi*) cluster, clump. **2** ⟨*Art,Fot*⟩ group: *un* ~ *marmoreo* a marble group; *questo* ~ *è ben riuscito* this group has come out well. **3** ⟨*Mil,Parl*⟩ group: *il* ~ *democristiano* the Christian-Democrat group. **4** ⟨*Sport*⟩ main bunch, field. **5** ⟨*Econ*⟩ (trust) group, syndicate, trust. **6** ⟨*Mecc*⟩ group, unit: ~ *motore* power unit. **7** ⟨*Biol,Chim,Mat*⟩ group: ~ *sanguigno* blood group. **8** ⟨*Mus*⟩ division. □ *a* –*i* in groups; ~ *di* **appartenenza** membership group; ⟨*Econ*⟩ ~ **bancario** banking group; ⟨*Med*⟩ ~ *di* **controllo** control group; ~ **demografico** population group; *di* ~ team-, group-: *lavoro di* ~ team (o group) work; ~ **editoriale** associated publishers; ~ **elettrogeno** generating set, generator; ~ *di* **esperti** team of experts; ~ *di* **età** age group; ~ **etnico** ethnic group; ~ **fonetico** phonetic group; *in* ~ in a group, group-: *in* –*i di tre* in groups of three; ~ **industriale** industrial group; *d'*interesse interest group; ~ *di* **lavoro** team, working group; ⟨*Parl*⟩ ~ *di* **maggioranza** majority group; ⟨*Parl*⟩ ~ *di* **minoranza** minority group; ~ **pacifista** pacifist(ic) group; ~ **parlamentare** parliamentary group; ~ *di* **pressione** *politica* lobby; ~ **serrato** tight bunch; ~ **sportivo** sports team; ~ *di* **studio** study group; ~ **termico** thermoelectric generating set; ~ **terroristico** terrorist group.

gruppuscolo *m.* ⟨*Pol,spreg*⟩ small political grouping.

gruviera *m./f.inv.* ⟨*Alim*⟩ Gruyère (cheese).

gruzzolo *m.* **1** (*mucchietto di monete*) hoard. **2** (*risparmi*) savings *pl*, ⟨*fam*⟩ nest-egg: *ha radunato un bel* ~ he has put aside a nice little nest-egg.

guada *f.* ⟨*Bot*⟩ dyer's rocket.

guadabile *a.* fordable.

guadagnare I *v.t.* **1** to earn: ~ *trecentomila lire al mese* to earn three hundred thousand lire a month. **2** ⟨*assol*⟩ (*guadagnare molto*) to make a lot of money: *un commerciante che guadagna* a business man who makes a lot of money. **3** (*ottenere*) to earn, to win, to gain (*anche fig.*): ~ *una medaglia* to win a medal. **4** (*trarre vantaggio*) to gain, to get: *che cosa ci guadagno io in quest'affare?* what do I get out of this deal? **5** (*buscarsi*) to get, to catch: *guadagnarsi un raffreddore* to get (*o* catch) a cold. **6** (*raggiungere*) to reach, to gain, to get to: ~ *la porta* to reach (*o* get to) the door. **II** *v.i.* (*aus.* **avere**) (*avere un aspetto migliore*) to look better: *con le gonne lunghe ci guadagna* when she wears longer skirts she looks better. □ ~ **bene** to earn a lot, to make a lot of money; ~ **male** to earn little; *guadagnarsi il* **pane** to make one's living, to earn one's daily bread; *in quest'affare ha guadagnato una* **somma** *considerevole* he made a considerable profit on this deal; **tanto** *di guadagnato* all (*o* so much) the better; *non c'è* **niente** *da* ~ there's nothing to be gained; ~ **tempo**: **1** (*risparmiarlo*) to save time; **2** (*ottenere una dilazione*) to obtain an extension; ~ **terreno**: **1** ⟨*Mil*⟩ to gain ground; **2** ⟨*Sport*⟩ to gain: *il corridore guadagnava terreno* the runner was gaining; ~ **velocità** to gain speed; *guadagnarsi da* **vivere** to earn a (*o* one's) living.

guadagno *m.* **1** earnings *pl*, profit (*anche Comm.*): ~ *mensile* monthly earning; *non pensa che al* ~ all he thinks of is making a profit. **2** (*vantaggio*) gain, advantage, benefit: *da questo cambiamento di orario non ho ricevuto alcun* ~ I have gained no advantage from this change of timetable. **3** ⟨*iron*⟩ reward: *ecco il* ~ *che ho avuto a fidarmi di lui* this is the reward (*o* what) I get for trusting him. **4** *pl.* (*risparmi*) savings *pl*. **5** ⟨*Acu,Rad*⟩ gain. □ *far* ~ to earn, to make a profit; *ha fatto davvero un bel* ~ *a sposare quell'uomo* a nice match she made when she married that man; ~ **lordo** gross profit; ⟨*Comm*⟩ **margine** *di* ~ profit margin; ~ **netto** net profit; **realizzare** *un* ~ to make a profit.

Guadalupa *N.pr.f.* ⟨*Geog*⟩ Guadaloupe.
guadare *v.t.* to ford.
guadino *m.* ⟨*Pesc*⟩ landing net.
guado *m.* ford. □ *passare a* ~ to ford.
guaglione *m.* (*f.* **-a**) ⟨*region*⟩ (*ragazzo*) boy; (*monello*) urchin.
guai *intz.* woe betide, Heaven help: ~ *a te se esci con questa pioggia* ˹woe betide˺ (*o* Heaven help) you if you go out in this rain. □ ⟨*Stor*⟩ ~ *ai vinti!* woe to the vanquished!, vae victis!
guaiaco *m.* (*pl.* **-chi**) ⟨*Bot*⟩ guaiacum, lignum vitae.
guaiacolo *m.* ⟨*Chim*⟩ guaiacol.
guaina (*o* *guaina*) *f.* **1** (*fodero*) sheath: *la* ~ *del pugnale* the sheath of the dagger. **2** (*custodia*) case. **3** (*busto*) corset, girdle. **4** (*abito aderente*) sheath dress. **5** (*orlo in cui si passa un cordoncino*) slot (for cord ribbon). **6** ⟨*Anat,Bot,Atom*⟩ sheath.
guaio *m.* **1** (*disgrazia*) misfortune, trouble: *mi è capitato un grosso* ~ I have had a great misfortune; *essere nei guai* to be in trouble. **2** (*danno*) damage: *combinare un* ~ to do some damage; (*rif. a bambini*) mischief: *quel bambino combina sempre guai* that child is always (getting) up to mischief. **3** (*inconveniente*) trouble, snag: *il* ~ *è che non ricordo il suo indirizzo* the trouble (*o* snag) is that I don't remember his address; *andare in cerca di guai* to go looking for trouble. □ *è un bel* ~ it's a real problem (*o* fix); *cacciarsi nei guai* to get into trouble; *che* ~ *hai combinato?* what have you been up to?; *essere in un mare di guai* to be in great difficulties; *mettere nei guai qd.* to get s.o. into trouble.
guaiolare *v.i.* (**guaiolo**; *aus.* **avere**) to whimper, to whine.
guaire *v.i.* (**guaisco, guaisci**; *aus.* **avere**) **1** to yelp, to whine, to howl. **2** ⟨*spreg*⟩ (*piagnucolare*) to whine. **guaito** *m.* **1** yelp, whine, howl. **2** ⟨*spreg*⟩ (*lamento*) whine.
gualdrappa *f.* **1** (*di palafreno antico*) caparison. **2** (*coperta da sella*) saddlecloth.
guanaco *m.* (*pl.* **-chi**) ⟨*Zool*⟩ guanaco.
guancia *f.* (*pl.* **-ce**) **1** cheek: *guance rosse* rosy cheeks. **2** ⟨*Macell*⟩ cheek, half a head: ~ *di maiale* pig's cheek. □ ~ *a* ~ cheek to cheek: *ballare* ~ *a* ~ to dance cheek to cheek; ~ *del fucile* cheekpiece; ⟨*fig*⟩ *porgere l'altra* ~ to turn the other cheek.
guancialata *f.* (*colpo di guanciale*) blow with a pillow.

guanciale *m.* **1** pillow; (*cuscino*) cushion. **2** ⟨*region*⟩ (*lardo*) streaky bacon (made from pig's cheek).
guancialetto *m.* ⟨*Sart*⟩ (*imbottitura*) pad, padding.
guano *m.* guano.
guantaio *m.* (*f.* **-a**) glover, glove seller.
guantiera *f.* **1** (*scatola per guanti*) glove box. **2** (*vassoio*) (fancy) tray.
guanto *m.* glove: *infilarsi i* -*i* to put on one's gloves. □ ~ *da* **bagno** washing glove; ~ *da* **baseball** mitt; **calzare** *come un* ~: **1** (*aderire perfettamente*) to fit like a glove: *l'abito mi calza come un* ~ the dress fits me like a glove; **2** (*adattarsi perfettamente*) to suit perfectly (*o* down to a T): *questo soprannome gli calza come un* ~ that nickname ˹suits him perfectly˺ (*o* just suits him); -*i* **chirurgici** surgical gloves; -*i di* **ferro** (*delle armature antiche*) gauntlets *pl*; ⟨*fig*⟩ **gettare** *il* ~ to throw down the gauntlet; ⟨*fig*⟩ *ladro in* -*i* **gialli** gentleman-thief, ⟨*fam*⟩ Raffles; -*i di* **gomma** rubber gloves; -*i a* **manopola** mittens *pl*; **mezzi** -*i* mitts *pl*; -*i di* **pelle** leather gloves; ~ *da* **pugilato** boxing glove; ⟨*fig*⟩ **raccogliere** *il* ~ (*accettare la sfida*) to take up the gauntlet; ⟨*fig*⟩ **trattare** *qd. con i* -*i* to treat s.o. with kid gloves.
guantone *m.* (*per il pugilato*) boxing glove. □ ⟨*fig*⟩ *appendere i* -*i al chiodo* to hang one's (boxing) gloves.
guarda|barriere *m./f.inv.* ⟨*Ferr*⟩ level-crossing keeper (*o* attendant). **~boschi** *m.inv.* forester. **~caccia** *m.inv.* gamekeeper, game warden. **~coste** *m.inv.* **1** (*corpo militare, soldato*) coastguard. **2** (*nave*) coastguard cutter (*o* vessel). **~fili** *m.inv.* linesman. **~linee** *m.inv.* **1** ⟨*Ferr*⟩ (*operaio*) fettler. **2** ⟨*Sport*⟩ trackman. **~macchine** *m.inv.* parking lot attendant. **~mano** *m.inv.* **1** (*guardia della sciabola e sim.*) hilt. **2** (*guanto per operai*) (protective) glove. **3** ⟨*Mar*⟩ handrail. **~parco** *m.inv.* forester. **~pesca** *m.inv.* water bailiff. **~porto** *m.* guard ship. **~portone** *m.inv.* doorman, doorkeeper.
guardare **I** *v.t.* **1** to look at: *ci fermammo a* ~ *le vetrine* we stopped to look at the shop-windows. **2** (*scrutare*) to look at, to eye: *mi guardarono sospettosi* they eyed me suspiciously. **3** (*stare a vedere*) to watch, to look at: ~ *il treno che passa* to watch the passing train. **4** (*considerare*) to look at, to consider: *guardate la questione dal nostro punto di vista* look at the matter from our point of view; *ma guarda un po' cosa mi doveva capitare!* well, look what has happened to me! **5** (*esaminare*) to look over (*o* through), to examine: ~ *i compiti degli alunni* to look over the pupils' work. **6** (*custodire, vigilare*) to mind, to look after, to take care of, to watch (over): ~ *le pecore* to mind (*o* watch over) the sheep. **7** (*sorvegliare*) to guard: *le sentinelle guardavano il ponte* the sentries were guarding the bridge. **II** *v.i.* (*aus.* **avere**) **1** to look: ~ *dalla finestra* to look out of the window. **2** (*andare a vedere*) to (go and) see: *guarda se è tornato* (go and) see if he's back. **3** (*dare un'occhiata*) to have (*o* take) a look: *guarda in giardino* have a look in the garden. **4** (*osservare con attenzione*) to (look and) see, to have a look and see: *guarda se il conto è esatto* look and see if the bill is correct. **5** (*badare, fare attenzione*) to take care, to mind: *guarda di non cadere* mind you don't fall. **6** (*dare importanza*) to only care (*a* about), to only be interested (in): *guardo solo al risultato* all I'm interested in is the result, the result is all I care about. **7** (*curarsi, badare*) to mind: ~ *ai fatti propri* to mind one's own business. **8** (*cercare, sforzarsi*) to try: *guarderò di accontentarlo* I'll try to satisfy him. **9** (*pensare*) to look: *tutti guardavano a lui come a un esempio da seguire* everybody looked up to him as an example to be followed. **10** (*affacciarsi*) to look out: *la finestra guarda sul lago* the window looks out on the lake; (*essere orientato*) to face: *il locale guarda a settentrione* the room faces north. **guardarsi** *v.r.* **1** to look at o.s.: *guardarsi allo specchio* to look at o.s. in the mirror. **2** (*fare attenzione*) to beware (*da* of): *guardatevi dalle cattive compagnie* beware of bad company; (*evitare*) to avoid (s.th.), to take care ... not to: *si guardò bene dall'ammettere la sua colpa* he ˹took great care˺ (*o* was very careful) not to admit his fault. **3** (*astenersi*) to abstain (*da* from): *guardarsi dal bere* to abstain from drinking. **4** ⟨*recipr*⟩ to look at e.o.: *si guardarono a*

lungo negli occhi they looked into e.o.'s. eyes for a long time. □ ~ *qd. dall'alto in basso* to look down on s.o.; **andare** *a* ~ to go and see (*o* have a look); ~ *a* **bocca aperta** to gaze at; **Dio** (*ne*) **guardi!** Heaven (*o* God) forbid!; *Dio me ne guardi* I wouldn't dream of it; ~ *in* **faccia** *qd.* to look s.o. straight in the face; ~ *in faccia la morte* to look death straight in the face; (*fig*) *non* ~ *in faccia nessuno* not to 'care about' (*o* be afraid of) anybody; ~ **fisso** to stare (*o* gaze) at; ~ **indietro** to look back; ~ *con* **insistenza** to gaze (*o* stare) at; *guardarsi* **intorno** to look around; ~ **male** (*con ostilità*) to glare at, (*fam*) to look daggers at; ~ *di buon* **occhio** to favour; ~ *con la coda dell'occhio* to look out of the corner of one's eye; ~ *da un'altra* **parte** to look away; *guarda un po'* well well, look here, hey look; *guarda che roba!* just look at that!; ~ *di* **sfuggita** to glance at; ~ *per il* **sottile** to split hairs; *guardarsi alle* **spalle** to protect one's rear; *senza* ~ *a* **spese** regardless of expense; **stare** *a* ~ to look on (*anche fig.*); ~ *di* (*o a*) **traverso:** 1 to give a sidelong glance; 2 (*fig*) = *guardare* **male;** ~ *a* **vista** to keep a close watch over.
guardaroba I *s.m.inv./f.* (*armadio, insieme di abiti*) wardrobe; (*locale*) cloakroom, (*am*) coatroom. II *a.* wardrobe-. □ *armadio* ~ wardrobe. **guardarobiere** *m.* (*f.* **-a**) 1 (*persona di servizio*) servant in charge of linen. 2 (*nei locali pubblici*) cloakroom attendant. 3 (*Teat*) wardrobe keeper.
guarda|sala *m.inv.* (*Ferr*) platform inspector. **~sigilli** *m.inv.* (*Stor*) Chancellor. □ *ministro* ~ Minister for Justice.
guardata *f.* look, glance: *darò una* ~ *a questo libro* I will take a look (*o* glance) at this book.
guardavia *m.* (*Strad*) guardrail.
guardia *f.* 1 (*custodia, vigilanza*) guard, watch: *tenere qd. sotto buona* ~ to keep a close watch over s.o. 2 (*rif. a militari*) guard; (*rif. a custodi, medici di ospedali*) duty. 3 (*complesso di soldati addetti alla guardia*) guard, watch; (*complesso di custodi*) keepers *pl,* watchmen *pl;* (*negli ospedali*) personnel on duty, on–duty shift. 4 (*soldato di sentinella*) sentry, guard, sentinel; (*custode*) watchman, custodian, keeper; (*negli ospedali: inserviente di guardia*) attendant on duty. 5 (*corpo di milizia*) guards *pl,* guard: *la* ~ *a cavallo* the horseguards; *la* ~ *nazionale* National Guard; (*singolo militare*) guardsman. 6 (*guardia di pubblica sicurezza*) policeman, police officer, (*am*) patrolman: *una* ~ *in borghese* a plain-clothes policeman, (*am*) plain-clothesman. 7 (*Sport*) (*nella scherma*) guard; (*nel pugilato*) guard. 8 (*di fiume*) safety high–water mark. 9 (*Legat*) flyleaf. 10 (*parte dell'elsa*) guard. 11 (*parte del morso del cavallo*) cheek piece. □ (*Sport*) ~ **alta** high on guard; ~ **bassa** low on guard; *fare* **buona** ~ to keep a sharp watch (*o* look–out); **cambio** *della* ~: 1 changing of the guard; 2 (*fig,Pol*) Cabinet reshuffle; ~ **campestre:** 1 (*corpo*) land wardens, (*am*) rangers *pl;* 2 (*un singolo*) land warden, (*am*) ranger; ~ **carceraria,** prison guard; (*Stor*) ~ **civica** municipal police; ~ **confinaria** frontier (*o* border) guard; ~ *del* **corpo:** 1 (*corpo*) guards *pl;* (*del sovrano inglese*) Life Guards; 2 (*un singolo*) bodyguard; (*del sovrano inglese*) Life Guardsman; ~ **costiera** coastguard; ~ **daziaria** (*o doganale*): 1 (*corpo*) customs (service); 2 (*un singolo*) customs officer; **di** ~ on duty: *soldato di* ~ soldier on (guard) duty; *medico di* ~ doctor on duty; *essere di* ~ to be on duty; *fare la* ~: 1 (*sorvegliare*) to guard, to watch, to (keep) watch over; *fare la* ~ *a qd.* to guard s.o.; 2 (*badare*) to watch over (*o* out for); ~ *di* **finanza:** 1 (*corpo*) Customs (Service); 2 (*un singolo*) customs (*o* excise) officer; ~ **forestale:** 1 (*corpo*) Forestry Service; 2 (*un singolo*) forester, (*am*) ranger; ~ **giurata** security guard; **in** ~*!*: 1 (*Sport*) on guard!; 2 (*fig*) look out!, be careful!; (*fig*) *mettere qd. in* ~ *contro qc.* to warn s.o. about s.th.; *giocare a* ~*-e e* **ladri** to play cops and robbers; *il fiume è sopra il* **livello** *di* ~ the river is above the safety high–water mark; (*Mil*) **montare** *la* (*o di*) ~ to mount guard; ~ **municipale:** 1 (*corpo*) town (*o* city) police force; 2 (*un singolo*) policeman, (*am*) patrolman; ~ **nobile** Guard of Nobles; ~ **notturna** night–watchman; ~ *d'***onore** guard of honour, honour guard; (*Pol*) ~*e* **Rosse** Red Guards; **servizio** *di* ~ guard duty; ~ *di pubblica*

sicurezza: 1 (*corpo*) police force, police *pl;* 2 (*un singolo*) policeman, police officer, (*am*) patrolman; **smontare** *la* (*o di*) ~ to go off duty; ~ **svizzera:** 1 (*corpo*) Swiss Guards; 2 (*un singolo*) Swiss guard; (*Mil*) **ufficiale** *di* ~ officer of the watch; (*fig*) *la* **vecchia** ~ the old guard.
guardiamarina *m.inv.* (*Mar.mil*) midshipman, (*am*) ensign.
guardiano *m.* (*f.* **-a**) 1 keeper, guardian, watchman; (*di stabilimento o villa*) caretaker; (*di palazzo pubblico*) custodian, (*am*) janitor; (*carceriere*) warder. 2 (*Rel*) guardian. □ ~ *di un faro* lighthouse keeper; ~ *notturno* night–watchman; *padre* ~ (*nei conventi*) Father Guardian; ~ *di pecore* shepherd.
guardina *f.* lock-up. □ *essere in* ~ to be in jail.
guardinfante *m.* (*Mod*) farthingale.
guardingamente *avv.* cautiously, warily, guardedly.
guardingo *a.* (*pl.* **-ghi**) cautious, wary.
guardiola *f.* 1 porter's lodge. 2 (*nelle fortificazioni medievali*) look–out tower.
guardone *m.* (*pop*) Peeping Tom.
guarentigia *f.* (*Dir,Pol*) guarantee, security: *-e costituzionali* constitutional guarantees. □ (*Stor*) *legge delle -e* Law of Guarantees.
guaribile *a.* curable, healable. □ *il ferito è* ~ *in dieci giorni* the wounded man will take ten days to recover.
guarigione *f.* recovery: *augurare a qd. una pronta* ~ to wish s.o. a speedy recovery. □ *essere in via di* ~ to be (well) on the way to recovery; ~ *spontanea* spontaneous recovery. **guarire** *v.* (**guarisco, guarisci**) I *v.t.* 1 to cure, to heal, to restore to health: ~ *una malattia* to cure an illness; ~ *qd. da una polmonite* to cure s.o. of pneumonia. 2 (*fig*) to cure: ~ *qd. da un vizio* to cure s.o. of a bad habit. II *v.i.* (*aus.* **essere**) 1 (*rif. a malato*) to recover, to be cured (*o* healed): ~ *da una ferita* to recover from a wound; (*rif. a ferita*) to heal (up). 2 (*fig*) to be cured of, to give up: ~ *dal vizio del fumo* to be cured of the smoking habit. **guaritore** *m.* (*f.* **-trice**) healer.
guarnigione *f.* garrison: *essere di* ~ to be on garrison duty. **guarnire** *v.t.* (**guarnisco, guarnisci**) 1 (*ornare*) to decorate, to ornament, to (be)deck. 2 (*rif. ad abiti e sim.*) to trim, to furbish: ~ *un abito di merletti* to trim a dress with lace. 3 (*Gastr*) to garnish. 4 (*Mil*) to garrison: ~ *una fortezza di soldati* to garrison a fort (with troops). 5 (*Mar*) to rig (up). **guarnito** *a.* 1 (*ornato*) decorated, ornamented, adorned. 2 (*rif. ad abiti e sim.*) trimmed: *un cappellino* ~ *di piume* a feather–trimmed cap. 3 (*Gastr*) garnished. □ (*fam*) *essere ben* ~ (*avere molti soldi*) to be well-heeled.
guarnizione *f.* 1 trimming, decoration. 2 (*rif. ad abiti e sim.*) trimming: *un vestito con -i di velluto* a dress with velvet trimming. 3 (*Gastr*) garnish. 4 (*tecn*) gasket, packing. □ (*Mecc*) ~ *ad* **anello** (*o anello di guarnizione*) rubber ring; ~ *del* **cappello** hat trimming; ~ *di* **cuoio** leather packing; ~ *di* **gomma** rubber ring; ~ **isolante** insulating gasket; ~ *di* **pelliccia** fur trimming; ~ *di* **rubinetto** washer; ~ *di* **sughero** cork packing gasket.
Guascogna *N.pr.f.* (*Geog*) Gascony. □ *Golfo di* ~ Bay of Biscay. **guasconata** *f.* gasconade. **guascone** I *a.* 1 (*della Guascogna*) Gascon. 2 (*fig*) (*millantatore*) gascon. II *s.m.* (*f.* **-a**) 1 (*della Guascogna*) Gascon. 2 (*fig*) (*persona millantatrice*) gascon.
guasta|feste *m./f.inv.* spoil-sport, killjoy, wet blanket. **~mestieri** *m./f.inv.* 1 bungler, botcher. 2 (*concorrente disonesto*) unfair competitor, cut–price trader.
guastare I *v.t.* 1 (*rovinare, danneggiare*) to spoil, to damage, to ruin: *le violenti piogge hanno guastato le strade* the heavy rains damaged the roads; *il gelo ha guastato il raccolto* the frost has ruined the harvest; *i troppi dolci guastano i denti* too many sweets ruin the teeth. 2 (*rif. a meccanismi*) to break, to damage: ~ *un orologio* to break a watch. 3 (*rif. a commestibili: fare andare a male*) to spoil, to make s.th. go bad: *il caldo guasta i cibi* heat makes food go bad. 4 (*fig*) (*danneggiare*) to spoil, to ruin, to wreck: *il suo intervento guastò le trattative* his interference wrecked the negotiations. 5 (*fig*) (*corrompere*) to ruin: *le cattive compagnie lo hanno guastato* he has been ruined by bad company; (*viziare*) to

spoil. **6** (*disfare*) to undo, to unpick, to take to pieces: *ho guastato quel vecchio abito e ne ho ricavato una gonna* I took that old dress to pieces and made a skirt out of it. **II** *v.i.* (*aus.* **avere**) to do harm, to hurt (*anche scherz.*): *un po' di orgoglio non guasta mai* a little pride never does any harm; *uno stipendio più alto non guasterebbe* a higher salary wouldn't hurt. **guastarsi** *v.r.* **1** (*rif. a meccanismi*) to break (down): *si è guastato il mio orologio* my watch is broken. **2** (*rif. a commestibili*) to spoil, to go bad: *con questo caldo la carne si è guastàta* this heat has made the meat go bad. **3** (*fig*) (*corrompersi*) to be spoiled, to be ruined. **4** (*fig*) (*rompere il buon accordo*) to fall out, to quarrel: *guastarsi con un amico* to fall out with a friend. **5** (*rif. al tempo*) to change for the worse: *il tempo si sta guastando* the weather is changing for the worse. □ *guastarsi l'*appetito to spoil one's appetite; *guastarsi la* salute to ruin one's health; (*fig*) *guastarsi il* sangue (*arrabbiarsi*) to lose one's temper; ~ *i* sogni *di qd.* to take away s.o.'s illusions; *guastarsi lo* stomaco to ruin one's stomach; *guastarsi la* vita to worry.

guastatore *m.* (*Mil*) sapper.

guasto¹ *a.* **1** (*rif. a meccanismi*) broken (down), out of order, not working: *orologio* ~ broken watch; *la macchina è –a* the car has broken down. **2** (*rif. a cibi*) bad, rotten, spoiled: *un uovo* ~ a bad (*o* an addled) egg; *pesce* ~ rotten fish. **3** (*rif. a denti*) decayed. **4** (*fig*) addled: *avere il cervello* ~ to have an addled brain; (*viziato*) spoilt.

guasto² *m.* **1** (*Mecc*) breakdown, failure: ~ *al motore* engine failure; *riparare un* ~ to repair a breakdown. **2** (*danno*) damage: *i –i della grandine* damage caused by the hail. **3** (*fig*) (*marcio, corruzione*) corruption, something rotten: *c'è del* ~ *nella nostra società* there's something rotten in our society. □ *localizzazione di un* ~ tracing of a breakdown, trouble–shooting; *sensibile ai –i* trouble prone.

guatare *v.t.* (*ant*) (*guardare con sospetto*) to eye suspiciously; (*di traverso*) to look askance at.

Guatemala *N.pr.m.* (*Geog*) Guatemala. **guatemalteco** *a./s.* (*pl.* -chi) **I** *a.* Guatemalan, Guatemaltecan. **II** *s.m.* (*f.* -a) Guatemalan.

guazza *f.* dew.

guazzabuglio *m.* **1** mixture, medley, concoction: *un* ~ *di ingredienti* a concoction of ingredients. **2** (*fig*) muddle, jumble, hotchpotch, (*fam*) mix–up: *un* ~ *di idee* a jumble of ideas.

guazzare *v.i.* (*aus.* **avere**) to wallow, to splash about, to flounder: ~ *nell'acqua* to wallow (*o* splash about) in the water. **guazzetto** *m.* (*Gastr*) stew. □ *agnello in* ~ stewed lamb, lamb stew. **guazzo** *m.* **1** (*gran bagnato per terra*) pool, puddle. **2** (*Pitt*) gouache.

guelfismo *m.* (*Stor*) Guelph faction (*o* ideology). **guelfo** **I** *a.* (*Stor*) Guelphic, Guelph–: *partito* ~ Guelph faction. **II** *s.m.* Guelph.

guercio **I** *a.* **1** (*strabico*) squinting, cross–eyed: *essere* ~ to be cross–eyed, to have a squint. **2** (*cieco da un occhio*) blind in one eye. **II** *s.m.* (*f.* -a) **1** (*persona strabica*) squinter. **2** (*persona cieca da un occhio*) person who is blind in one eye. □ *essere* ~ *da un occhio:* 1 (*essere strabico*) to have a squint in one eye; 2 (*essere cieco da un occhio*) to be blind in one eye.

guerra *f.* **1** war: *è scoppiata la* ~ war has broken out; (*il guerreggiare*) warfare. **2** (*fig*) (*ostilità*) feud, strife, discord: *una* ~ *tra suocera e nuora* a feud between mother–in–law and daughter–in–law. □ *andare in* ~ to go to war; (*Stor*) ~ *dei cento* anni Hundred Years' War; *l'*arte *della* ~ the art of war, warfare; ~ atomica atomic war(fare); ~ batteriologica bacteriological warfare; ~ biologica biological warfare; ~ calda hot war; *in caso di* ~ in the event of war; ~ chimica chemical warfare; ~ civile civil war; ~ commerciale trade war; ~ *di* conquista war of conquest; *da* ~ war–, military: *aeroplani da* ~ military aircraft, (*am*) warplanes *pl;* *di* ~ war–: *vedova di* ~ war–widow; dichiarare (*la*) ~ to declare war (*anche fig.*): *dichiarare* ~ *ai pregiudizi* to declare war on prejudice; ~ doganale tariff war; entrare *in* ~ to come into the war; essere *in* ~ to be at war; fare ~ to make (*o* wage) war; *fare la* ~ (*parteciparvi*) to fight in the war: *ha*

fatto la prima ~ *mondiale* he fought in the First World War; (*fig*) *fare la* ~ *a qc.* to wage war on (*o* against) s.th., to fight (*o* battle) against s.th.; ~ fredda cold war; giocare *alla* ~ to play soldiers; *la* grande ~ the great war; ~ guerreggiata (*combattuta apertamente*) hot (*o* shooting) war; ~ *di* indipendenza war of independence; ~ lampo blitzkrieg, (*fam*) blitz; ~ *di* liberazione war of liberation; ~ *di* logoramento war of attrition; ~ mondiale world war: *la prima* ~ *mondiale* the First World War; ~ navale naval warfare, war at sea; ~ *dei* nervi war of nerves; ~ nucleare nuclear warfare; *la* ~ *del Medio* Oriente the Midle East war; *in* ~ *e in* pace in war and peace; perdere *la* ~ to lose the war; ~ *di* posizione trench warfare; ~ *dei* prezzi price war; ~ *per* procura war by proxy; ~ *di* religione religious war, war of religion; (*Stor*) *la* ~ *delle due* rose the Wars of the Roses; (*Stor*) ~ santa holy war; *lo* scoppio *della* ~ the outbreak of war; (*Stor*) ~ *di* secessione war of secession; ~ *dei sei giorni* Six–Day War; (*fig*) ~ sorda silent war; ~ spaziale (*o dello spazio*) space war; stato *di* ~ state of war; ~ *di* sterminio war of extermination; ~ *di* successione war of succession; *in* tempo *di* ~ in wartime, in time of war; ~ terrestre war on land, land war; ~ *di* trincea trench warfare; ~ *d'*usura war of attrition; zona *di* ~ war zone.

guerrafondaio **I** *a.* (*spreg*) warmongering. **II** *s.m.* (*f.* -a) warmonger.

guerreggiare *v.i.* (**guerreggio, guerreggi**; *aus.* **avere**) to wage war (*con* on, against), to fight (against): ~ *con le popolazioni vicine* to fight against the neighbouring peoples. **guerreggiarsi** *v.r.* (*recipr*) to make war on e.o., to fight against e.o. **guerresco** *a.* (*pl.* -chi) **1** (*di guerra*) war–: *canti guerreschi* war songs. **2** (*bellicoso*) warlike, bellicose: *animo* ~ warlike disposition. **guerriero** **I** *s.m.* warrior. **II** *a.* warlike, bellicose: *un popolo* ~ a warlike people. **guerriglia** *f.* guer(r)illa warfare. □ ~ urbana urban guerrilla. **guerrigliero** *m.* guer(r)illa.

gufo *m.* **1** (*Ornit*) owl. **2** (*fig*) unsociable person.

guglia *f.* **1** (*Arch*) spire. **2** (*Geol*) aiguille, pinnacle. **gugliata** *f.* needleful of thread.

Guglielmina *N.pr.f.* Wilhelmina. **Guglielmo** *N.pr.m.* William. □ (*Stor*) ~ *il Conquistatore* William the Conqueror.

Guiana *N.pr.f.* (*Geog*) Guiana.

guida *f.* **1** leader. **2** (*guida turistica*) (tourist) guide; (*guida alpina*) (Alpine) guide. **3** (*fig*) guide: *la stella polare fu la sua* ~ the Pole star was his guide. **4** (*libro*) guide (book): ~ *di Roma* guide-book of Rome, guide to Rome; ~ *allo studio della filosofia* guide to the study of philosophy. **5** (*comando*) guidance, leadership, direction: *studiare sotto la* ~ *di un maestro* to study under (the direction of) a master; (*la direzione*) management, direction, conduct: *la* ~ *degli affari* the conduct of the business. **6** (*il guidare veicoli*) driving, drive: *lezioni di* ~ driving lessons; (*pilota*) driver. **7** (*Aut*) (*comandi*) controls *pl;* (*sterzo*) steering. **8** (*tappeto*) stair carpet, runner. **9** (*scanalatura*) runners *pl,* slide. □ ~ autorizzata official guide; (*Aut*) comportamento *alla* ~ driving behaviour; (*Aut*) ~ *a* destra right–hand drive; ~ difensiva defensive driving; (*Mecc*) ~ *a* distanza remote control; ~ *in stato d'*ebbrezza drunken driving, driving under the influence of alcohol; (*Aut*) esame *di* ~ driving test; (*Aut*) essere *alla* ~ to be at the wheel, to be driving; fare *da* ~ *a qd.* to guide s.o., to act as s.o.'s guide; ~ imprudente careless driving; *una* ~ *dell'*Italia a guide to Italy; nazione ~ leading nation; ~ operistica opera handbook; posto *di* ~ driving position, driver's seat; (*Aut*) scuola (*di*) ~ driving school, school of motoring; (*Aut*) ~ *a* sinistra left–hand drive; ~ spirituale spiritual guide; ~ sportiva racing; ~ telefonica telephone directory (*o* book); ~ turistica tourist (*o* sightseeing) guide.

guidare **I** *v.t.* **1** to guide, to lead: ~ *i soldati all'assalto* to lead the soldiers into the attack; ~ *un esercito* to lead an army. **2** (*fig*) to guide, to lead, to show the way. **3** (*dirigere*) to manage, to run, to direct: ~ *un'azienda* to manage a business. **4** (*condurre: rif. a veicoli*) to drive: ~ *l'automobile* to drive a car; (*rif. a moto e sim.*) to ride. **5** (*rif. ad aerei*) to fly, to pilot; (*rif. a navi*) to steer, to pilot.

II *v.i.* (*aus.* **avere**) (*guidare l'automobile*) to drive: *non so* ~ I can't drive; ~ *male* to drive badly, to be a bad driver. □ ~ *la* **carrozza** to drive the carriage; ~ *un* **cieco** to guide (*o* lead) a blind man; ~ *le* **danze** to lead the dances; **incapace** *di* ~ unable to drive; **incapacità** *di* ~ inability to drive; ⟨*fig*⟩ **lasciarsi** ~ *come un bambino* to allow o.s. to be led like a child; ~ *la* **mano** *di qd.* to guide s.o.'s hand.

guidatore *m.* (*f.* **-trice**) driver.

guiderdone *m.* ⟨*lett*⟩ reward, ⟨*poet*⟩ guerdon.

Guido *N.pr.m.* Guy.

guidone *m.* ⟨*Mil*⟩ guidon, pennant.

guidoslitta *f.* bob-sleigh, bob-sled.

guidrigildo *m.* ⟨*Mediev*⟩ wergild.

guiggia *f.* (*pl.* **-ge**) **1** (*per lo scudo*) armstrap. **2** ⟨*Calz*⟩ sandle strap.

Guinea *N.pr.f.* ⟨*Geog*⟩ Guinea. □ ~ *Equatoriale* Equatorial Guinea; *golfo di* ~ Gulf of Guinea; *Nuova* ~ New Guinea.

guineano *a./s.m.* (*f.* **-a**) Guinean.

guinzaglio *m.* **1** leash, lead: *mettere il* ~ *al cane* to put the dog on a leash. **2** (*per bambini*) leading strings *pl,* leash. □ *tenere il cane al* ~ to keep the dog on a leash; ⟨*fig,spreg*⟩ *tenere al* ~ *qd.* to keep a tight rein on s.o.

guisa *f.* ⟨*lett*⟩ (*maniera*) way, manner: *mi rispose in questa* ~ he answered me ⌈in this way⌉ (*o* like this). □ *in* (*o a*) ~ *di* like, in the manner of; *in tal* (*o questa*) ~ in such a way.

guitto *m.* **1** (*attore girovago*) strolling player. **2** ⟨*spreg*⟩ (*attore da strapazzo*) ham (actor).

guizzante *a.* flashing, darting. **guizzare** *v.i.* (*aus.* **essere**) **1** (*rif. a pesci*) to dart; (*rif. a serpenti*) to wriggle, to slither. **2** (*rif. a lampi*) to flash, to flicker. **3** (*rif. a fiamme*) to flicker, to quiver. **4** (*rif. a persone: balzare*) to jump, to leap, to spring: *guizzò in piedi e fuggì* he leaped to his feet and fled. **guizzo** *m.* **1** (*rif. a pesci*) dart; (*rif. a serpenti*) wriggle, slither. **2** (*rif. a lampi*) flash, flicker. **3** (*rif. a fiamme*) flicker, quiver. **4** (*rif. a persone*) jump, leap, spring. □ *dare un* ~ (*rif. a persona*) to leap.

gulasch *ted.* [-aʃ] *m.* ⟨*Gastr*⟩ goulash.

guru *m.* **1** guru. **2** ⟨*estens*⟩ (*padre spirituale*) spiritual teacher, guru; (*capo*) leader, guide.

guscio *m.* **1** shell: ~ *di chiocciola* snail's shell. **2** (*di frutti o semi*) shell: ~ *della castagna* chestnut shell; (*di legumi*) pod; (*di cereali*) husk. **3** ⟨*tecn*⟩ shell, housing. **4** ⟨*Arch*⟩ cove. □ ⟨*fig*⟩ *chiudersi nel proprio* ~ to retire into one's shell; ~ *di noce:* 1 nutshell; 2 ⟨*fig*⟩ (*barchetta*) punt; ~ *d'uovo* eggshell; ⟨*fig*⟩ *uscire dal* ~ (*viaggiare*) to leave the nest; (*cambiare abitudini*) to come out of one's shell.

gustare I *v.t.* **1** to taste: *con questo raffreddore non riesco a* ~ *nulla* I can't taste anything with this cold; *gusta un po' di questo vino* taste a drop of this wine. **2** (*trovare buono*) to enjoy, to relish, to savour: *hanno gustato la mia cenetta* they enjoyed my dinner. **3** ⟨*fig*⟩ (*godere*) to enjoy,

to appreciate: ~ *la musica* to appreciate music. **II** *v.i.* (*aus.* **avere**) ⟨*fam*⟩ (*piacere*) to like (*costr.pers.*), to please (*costr.impers.*) (*anche fig.*): *ti gusta questo liquore?* do you like this liqueur? **gustativo** *a.* taste-, gustatory, gustative: *organi -i* gustatory organs; *papille -e* taste buds.

gustatore *m.* (*f.* **-trice**) (*intenditore*) connoisseur, good judge.

gusto *m.* **1** taste, palate: *avere il* ~ *fine* to have a delicate palate; *senso del* ~ sense of taste. **2** (*sapore*) taste, flavour: *questo vino ha un* ~ *troppo forte* this wine has too strong a flavour. **3** (*piacere del mangiare*) enjoyment, relish: *mangiare con* ~ to eat with relish. **4** (*piacere*) enjoyment, pleasure: *trovare* ~ *in qc.* to take pleasure in s.th., to enjoy s.th. **5** (*voglia, desiderio*) taste, fancy, liking: *mi è venuto il* ~ *di viaggiare* I've developed a taste for travelling. **6** (*preferenza*) taste: *ognuno ha i suoi -i* each to his own taste. **7** (*gradimento*) taste, liking: *è di tuo* ~ *questa cravatta?* is this tie to your liking? **8** (*senso, valore estetico*) (good) taste: *quella donna non ha* ~ that woman has no taste; *un soprammobile di* ~ *squisito* an ornament in perfect taste. □ *averci* ~ to be delighted (*o* glad): *è stato rimandato a ottobre, ci ho* ~*!* I'm delighted to say that he'll have to take the exam again in October; *che -i barbari!* what barbarous tastes!; ⟨*iron*⟩ *bel* ~*!* what do you see in it?; **buon** ~ (good) taste: *ha molto buon* ~ he has very good taste; *di buon* ~ in very good taste; **cattivo** ~ bad taste; *avere cattivo* ~: 1 (*rif. a cibo*) to have a bad (*o* nasty) taste; 2 (*rif. a persona*) to have bad taste; *di cattivo* ~ tasteless, in bad taste; *hai certi -i!* what a peculiar taste you have!; **che** ~*!* what taste!; **con** ~ tastefully, with taste, in good taste; **di** ~: 1 (*di cuore*) heartily: *ridere di* ~ to laugh heartily; 2 (*volentieri*) willingly, gladly; ⟨*fig*⟩ **incontrare** *il* ~ *di qd.* to meet s.o.'s taste; **levarsi** *il* ~ *di qc.* to satisfy one's desire for s.th.; *provarci un* ~ **matto** to take a great delight in it; **prenderci** ~ to take (a liking) to, to acquire a taste for; *prendersi il* ~ *di fare qc.* to have the pleasure of doing s.th.; *è* **questione** *di -i* it's a matter of taste; **senza** ~ tastelessly, in bad taste; **trovare** ~ *in qc.* to take pleasure in s.th., to enjoy s.th., to get pleasure from (*o* out of) s.th.: *che* ~ *ci trovi a stuzzicarlo?* what pleasure do you get out of teasing him? *Prov.:* *tutti i -i sono -i* there's no accounting for tastes.

gustosamente *avv.* with relish. **gustosità** *f.* **1** tastiness. **2** ⟨*fig*⟩ delightfulness, pleasantness. **gustoso** *a.* **1** tasty, savoury: *un piatto* ~ a tasty dish. **2** ⟨*fig*⟩ (*divertente*) amusing, delightful, charming: *una scenetta -a* an amusing little scene.

guttaperca *f.* gutta-percha.

gutturale I *a.* guttural (*anche Fon.*). **II** *s.f.* ⟨*Fon*⟩ guttural consonant. **gutturalismo** *m.* gutturalism. **gutturalizzazione** *f.* ⟨*Ling*⟩ gutturalization. **gutturalmente** *avv.* gutturally.

Guyana *N.pr.f.* ⟨*Geog*⟩ Guyana.

H

h, H ['akka] *f./m. (lettera dell'alfabeto)* h, H: *un'h* an h; *due h* two h's; *bomba H* H bomb; *un'h maiuscola* a capital H; *un'h minuscola* a small h; ⟨*Tel*⟩ *h come hotel* H for Harry; ⟨*Biol*⟩ *vitamina H* Vitamin H.

h = *ora* hour *(abbr.* H, hr).

ha¹ = *ettaro* hectare.

ha² → **avere¹**.

habitat *lat.* ['ab–] *m.* ⟨*Biol*⟩ habitat *(anche estens.).*

habitué *fr.* [abity'e:] *m.* habitué, ⟨*fam*⟩ regular.

habitus *lat.* ['ab–] *m.* **1** ⟨*Biol,Med*⟩ habit. **2** *(comportamento)* behaviour.

hai → **avere¹**.

Haiti *N.pr.f.* ⟨*Geog*⟩ Haiti. **haitiano I** *a.* Haitian, of (*o* from) Haiti. **II** *s.m.* (*f.* **-a**) Haitian.

halibut *m.* ⟨*Itt*⟩ halibut, butt.

hall *ingl.* [hɔ:l] *f.* hall.

handicap *ingl.* ['hændikæp] *m.* **1** ⟨*Equit*⟩ handicap. **2** ⟨*fig*⟩ disadvantage, handicap. **3** ⟨*Med*⟩ handicap, disability: ~ *mentale* mental handicap. □ *portatore di* ~ handicapped, disabled. **handicappare** [andi–] *v.t.* ⟨*Equit,fig*⟩ to handicap. **handicappato I** *a.* **1** ⟨*Equit*⟩ handicapped. **2** ⟨*fig*⟩ at a disadvantage, handicapped. **3** ⟨*Med*⟩ handicapped, disabled. **II** *s.m.* (*f.* **-a**) ⟨*Med*⟩ disabled (person): ~ *fisico* physically disabled; ~ *psichico* mentally disabled; ~ *della vista* visually disabled.

hangar *fr.* [ã'ga:r] *m.* **1** *(rimessa)* shed. **2** *(aviorimessa)* hangar.

hanno → **avere¹**.

happening *ingl.* ['hæpəniŋ] *m.* ⟨*Art*⟩ happening.

harakiri *m.* harakiri: *fare* ~ to commit harakiri.

hardware *ingl.* ['ha:dweə] *m.* ⟨*Inform*⟩ hardware.

harem (*o* **harem**) *m.* harem.

hashish *ar.* [ha'ʃi:ʃ] *m.* hashish.

haute couture *fr.* [otku'ty:r] *f.* high fashion.

hawaiano [av–] **I** *a.* Hawaiian. **II** *s.m.* **1** *(lingua)* Hawaiian. **2** *(abitante; f.* **-a**) Hawaiian. **Hawaii** *N.pr.f.pl.* ⟨*Geog*⟩ Hawaii.

hegeliano [ege–] **I** *a.* ⟨*Filos*⟩ Hegelian. **II** *s.m.* (*f.* **-a**) Hegelian. **hegelismo** *m.* Hegelianism, Hegelism.

henna, henné *f.* **1** ⟨*Bot*⟩ henna. **2** *(tintura)* henna.

herpes *lat. m.* ⟨*Med*⟩ herpes. □ ~ *labiale* herpes labialis, cold sore; ~ *zoster* shingles *pl,* (herpes) zoster.

hertz *ted.* ['hɛrts] *m.* ⟨*Fis*⟩ hertz. **hertziano** *a.* hertzian: *onda -a* hertzian wave.

hg = *ettogrammo* hectogram(me).

hindi *m.* ⟨*Ling*⟩ Hindi.

hinterland *ted.* ['hin–] *m.* ⟨*Pol*⟩ *(retroterra)* hinterland, interior.

hippy *ingl. m./f.* hippy, hippie.

hitleriano I *a.* ⟨*Stor*⟩ Hitlerian. **II** *s.m.* (*f.* **-a**) Hitlerian, Hitlerite. **hitlerismo** *m.* Hitlerism.

hl = *ettolitro* hectolitre *(abbr.* hl).

hm = *ettometro* hectometre *(abbr.* hm).

ho → **avere¹**.

hobby *ingl.* ['hɔ:bi] *m.* hobby. **hobbista** *m./f.* hobbyist, person engaged in hobbies. **hobbistica** *f.* hobbies *pl.*

hockeista *m.* ⟨*Sport*⟩ hockey player. **hockeistico** *a. (pl.* **-ci**) hockey–. **hockey** *ingl.* ['hɔki] *m.* hockey. □ ~ *su ghiaccio* ice hockey; ~ *su prato* grass hockey.

hollywoodiano [olivud–] *a.* Hollywood–.

Honduras *N.pr.m.* ⟨*Geog*⟩ Honduras. **honduregno I** *a.* *(dell'Honduras)* Honduran(ean). **II** *s.m.* (*f.* **-a**) Honduran.

hop là *intz.* ups–a–daisy.

Hormuz *N.pr.m.* ⟨*Geog*⟩ Hormuz, Ormuz: *stretto di* ~ Strait of Hormuz.

horror *ingl. m.* horror film.

hors d'oeuvre *fr.* [ɔr'doe:vr] *m.* appetizer, hors d'oeuvre.

hostess *ingl.* ['hɔ:stes] *f.* (air) hostess, stewardess. □ ~ *di terra* ground hostess.

hôtel *fr.* [o'tɛl] *m.* hotel.

HP = ⟨*Fis*⟩ *horse–power* horse–power *(abbr.* HP).

humus *m.* **1** ⟨*Agr*⟩ humus, organic soil. **2** ⟨*fig*⟩ fertile ground.

hurrà, hurràh *intz.* hurrah.

Hz = ⟨*Fis*⟩ *hertz* hertz, cycles per second *(abbr.* cps).

I

i, I *f./m.* (*lettera dell'alfabeto*) i, I: *due i* two i's; *doppia i* double i; *una i minuscola* a small i; *una i maiuscola* a capital I; ⟨*Tel*⟩ *i come Imola* I for Isaac. □ *i greco* y; *i lungo* j.

i → **il.**

Iacopo *N.pr.m.* **1** James. **2** ⟨*Stor*⟩ Jacobus.

Iafet *N.pr.m.* ⟨*Bibl*⟩ Japheth.

ialino *a.* ⟨*tecn*⟩ hyaline. **ialite** *f.* ⟨*Min*⟩ hyalite. **ialurgia** *f.* glass manufacture (*o* work).

iamatologia *f.* Japanology. **iamatologo** *m.* (*pl.* -gi) Japanologist.

iarda *f.* yard.

IATA = *Associazione internazionale di trasporti aerei* International Air Transport Association (*abbr.* IATA, I.A.T.A.).

iato *m.* ⟨*Fon,Anat*⟩ hiatus (*anche fig.*).

iatrogenicità *f.* ⟨*Med*⟩ iatrogenicity. **iatrogeno** *a.* iatrogenic.

iattanza *f.* arrogance, haughtiness.

iattura *f.* misfortune.

ib. = *ibidem* ibidem (*abbr.* ibid., b.).

ibero *m.* ⟨*Stor*⟩ Iberian. **Iberia** *N.pr.f.* ⟨*Geog.stor*⟩ Iberia. **iberico** *a.* (*pl.* -ci) Iberian: *penisola –a* Iberian Peninsula.

ibernante *a.* ⟨*Zool,Bot*⟩ hibernating. **ibernare** *v.i.* (iberno; *aus.* avere) ⟨*Zool,Bot*⟩ to hibernate. **ibernazione** *f.* ⟨*Zool,Bot,Chir*⟩ hibernation.

ibid. → **ib.**

ibidem *lat. avv.* ibidem, in the same place.

ibis *m.* ⟨*Ornit*⟩ ibis: ~ *sacro* sacred ibis.

ibisco *m.* (*pl.* -chi) ⟨*Bot*⟩ hibiscus.

ibridare *v.t.* (ibrido) ⟨*Zool,Bot*⟩ to hybridize. **ibridatore** *m.* hybridizer. **ibridazione** *f.* hybridization. **ibridismo** *m.* **1** ⟨*Zool,Bot*⟩ hybridization, hybridity. **2** ⟨*fig*⟩ hybridism. **ibrido** *a./s.m.* ⟨*Zool,Bot*⟩ hybrid (*anche fig.*).

Icaro *N.pr.m.* ⟨*Mitol*⟩ Icarus.

icastica *f.* representative art. **icastico** *a.* (*pl.* -ci) representative, figurative: *arte –a* representative (*o* representational) art.

iceberg *ingl.* ['aisberg] *m.* iceberg: ⟨*fig*⟩ *la punta dell'*~ the tip of the iceberg.

icneumone *m.* ⟨*Zool*⟩ ichneumon.

icnografia *f.* ichnography, ground plan. **icnografico** *a.* (*pl.* -ci) ichnographic(al), ground-: *pianta –a* ichnographic (*o* ground) plan.

icona *f.* ⟨*Art*⟩ icon.

icono|clasta **I** *s.m.* ⟨*Stor*⟩ iconoclast (*anche fig.*). **II** *a.* ⟨*fig*⟩ iconoclastic. ~**clastia** *f.* ⟨*Stor*⟩ iconoclasm (*anche fig.*). ~**clastico** *a.* (*pl.* -ci) ⟨*Stor*⟩ iconoclastic (*anche fig.*).

iconografia *f.* iconography. **iconografico** *a.* (*pl.* -ci) iconographic(al). **iconografo** *m.* (*f.* -a) iconographic expert (*o* scholar).

icono|latra **I** *s.m./f.* iconolater. **II** *a.* of iconolatry. ~**latria** *f.* iconolatry. ~**logia** *f.* iconology. ~**logico** *a.* (*pl.* -ci) iconological. ~**logista** *m./f.* iconologist. ~**scopio**

m. ⟨*TV*⟩ iconoscope, ⟨*gerg*⟩ ike.

iconostasi *f.* ⟨*Archeol*⟩ iconostas(is).

icore *m.* ⟨*Mitol*⟩ ichor.

icosaedro *m.* ⟨*Geom*⟩ icosahedron.

ics *m./f.inv.* letter X.

ictus *lat. m.* ⟨*Metr,Mus,Med*⟩ ictus. □ ~ *cerebrale* apoplexy.

id. = *idem* idem (*abbr.* id.).

Ida *N.pr.m.* ⟨*Geog.stor*⟩ Ida.

idalgo *m.* (*pl.* -ghi) ⟨*Stor*⟩ hidalgo.

Iddio *N.pr.m.* God. □ *benedetto* ~! good heavens!, good Lord!, good gracious!

idea *f.* **1** idea: *l'* ~ *del bene* the idea of good; *avere un'* ~ *chiara di qc.* to have a clear idea of s.th.; *farsi un'* ~ *di qc.* to get an idea of s.th. **2** (*impressione*) idea, impression; (*presentimento*) feeling, fancy: *ho* ~ *che accetterà* I have a feeling (*o* an idea) that he will accept. **3** (*prospettiva*) idea, prospect, thought: *l'* ~ *di rivederlo mi fece piacere* I was pleased at the thought (*o* idea) of seeing him again. **4** (*pensiero*) thought, idea: *non ho seguito l'ordine delle tue –e* I didn't follow your train of thought. **5** (*trovata*) idea, inspiration: *l'* ~ *è stata sua* it was his idea; *mi è venuta un'* ~ *luminosa* I have got a brillant idea. **6** (*opinione*) mind, opinion, view(s): *siamo tutti della tua stessa* ~ we all share your opinion (*o* hold the same view), we are all of the same mind. **7** *pl.* (*convinzioni*) convictions *pl*, ideas *pl*: *–e liberali* liberal ideas; *avere il coraggio delle proprie –e* to have the courage of one's convictions. **8** (*ideale*) ideal: *morire per un'*~ to die for an ideal (*o* a cause). **9** (*scopo, fine*) aim, purpose. **10** ⟨*Filos*⟩ idea. □ *accarezzare un'* ~ to toy with an idea; *associazione d'* –e association of ideas; *avere* ~ to have an idea: *non ho* ~ *di ciò che farò stasera* I have no idea what I shall do this evening; *da non averne* ~ (*indicibile*) indescribable, unimaginable, unspeakable; *non hai* ~ *di come era bello* you can't imagine how beautiful it was; ⟨*iron*⟩ *bell'* ~! what an idea!, that was a good idea!; **cambiare** ~ to change one's mind; **dare** *l'* ~ : **1** (*sembrare*) to seem, to give the impression (*o* feeling): *mi dà l'* ~ *che stavolta va a finir male* I have the impression (*o* feeling) that this time it will turn out badly; **2** (*somigliare*) to seem (*o* to), to look like, to give the impression of being: *vista da lontano, la villa dà l'* ~ *di un castello* seen from a distance the villa looks like a castle; *perdere il filo delle –e* to lose the thread of an argument, to lose one's train of thought; ~ *fissa* obsession, idée fixe; *avere una* **mezza** ~ *di fare qc.* to have half a mind to do s.th.; *non avere la* **minima** ~ *di qc.* to have no (*o* not the faintest) idea of s.th.; *non ha la più* **pallida** ~ *di cosa significhi lavorare* he hasn't the slightest idea of what it means to work; *neanche* (*o nemmeno*) *per* ~ I wouldn't dream (*o* think) of it, certainly not, ⟨*fam*⟩ not on your life; *mi piace l'* ~ ! I like that!; *–e politiche* political convictions; *privo d'–e* lacking in ideas; **scambio** *d'–e* exchange of opinions; **scarso** *d'–e* uninspired, unoriginal; **un'** ~ (*un poco*) a little, a hint, a scrap, a bit, a touch: *un'*~ *di sale* a little (*o* pinch of) salt; *un'*~ *più in alto* slightly (*o* a little) higher; (*rif. a liquidi*) a drop.

ideale I *a.* ideal: *bellezza* ~ ideal beauty; *la donna* ~ the ideal woman. II *s.m.* **1** ⟨*Filos*⟩ ideal, ideas *pl: la sfera dell'* ~ the world of ideas. **2** ⟨*estens*⟩ ideal: *questo è il suo* ~ *di donna* that is his ideal of what a woman should be; *l'* ~ *sarebbe che tutti avessero un lavoro piacevole* the ideal thing would be for everybody to have a pleasant job; *un uomo senza* –*i* a man without ideals. **idealismo** *m.* idealism (*anche Filos., Art.*). **idealista** I *s.m./f.* idealist (*anche Filos.*). II *a.* → **idealistico**. **idealistico** *a.* (*pl.* -**ci**) idealistic (*anche Filos.*). **idealità** *f.* **1** idealness, ideality. **2** (*ideale*) ideals *pl*, ideal, ideals. **idealizzare** *v.t.* to idealize (*anche Art.*): ~ *la donna* to idealize women. **idealizzazione** *f.* idealization (*anche Art.*). **idealmente** *avv.* ideally. **ideare** *v.t.* (**ideo**) **1** to think out (*o* up), to conceive: ~ *uno scherzo* to think up a joke. **2** (*inventare*) to invent, to devise. **3** (*progettare*) to plan: ~ *un viaggio* to plan a trip. **ideatore** *m.* (*f.* -**trice**) inventor (*f* –tress). **ideazione** *f.* **1** (*invenzione*) invention. **2** (*progetto*) plan. **3** ⟨*Psic*⟩ ideation.

idem *lat.* I *pron.* (*la stessa cosa*) idem, the same. II *avv.* ⟨*fam*⟩ (*pure*) also, too, so: *io sono stato sciocco e tu* ~ I have been silly and ˈso have youˈ (*o* the same goes for you).

identico *a.* (*pl.* -**ci**) identical, the same: *i due gemelli sono* –*i* the twins are identical. □ *copia* –*a all'originale* identical copy; *la stessa* –*a persona* the very same person; *due parole di significato* ~ two words having the same meaning. **identificabile** *a.* identifiable. **identificare** *v.t.* (**identifico, identifichi**) to identify: ~ *il colpevole* to identify the culprit; ~ *le cause di un fenomeno* to identify the causes of a phenomenon. **identificarsi** *v.r.* to identify o.s. □ ⟨*Teat*⟩ *identificarsi con un personaggio* to get into (*o* under the skin of) a character. **identificazione** *f.* identification.

identi-kit *a.* (*o identikit*) *ingl. m.* identikit.

identità *f.* **1** (*l'essere identico*) identicalness, identity: *l'* ~ *di due firme* the identicalness of two signatures. **2** ⟨*burocr*⟩ identity (*anche Mat.*): *stabilire l'* ~ *di una persona* to establish a person's identity. □ *carta d'* ~ identity card; ⟨*Psic*⟩ *crisi d'* ~ identity crisis.

ideo|crazia *f.* ideocracy. **~grafia** *f.* ideography. **~grafico** *a.* (*pl.* -**ci**) ideographic(al). **~gramma** *m.* **1** ideogram (*anche Statist.*). **2** (*su tasti e sim.*) symbol.

ideologia *f.* ⟨*Pol,Filos*⟩ ideology. **ideologico** *a.* (*pl.* -**ci**) ideological. **ideologismo** *m.* ideology. **ideologizzare** *v.t.* to express ideologically, to ideologize. **ideologizzazione** *f.* ideologization. **ideologo** *m.* (*pl.* -**gi**; *f.* -**a**) ideologist (*anche Filos.*).

idi *f./m.pl.* ides *pl: le* ~ *di marzo* the ides of March.

idilliaco, idillico *a.* (*pl.* -**ci**) ⟨*Lett,fig*⟩ idyllic: *poesia* –*a* idyllic poetry. **idillio** *m.* **1** ⟨*Lett*⟩ idyll. **2** ⟨*fig*⟩ (*relazione amorosa*) romance, idyll: *un* ~ *tra adolescenti* a teenage romance. **3** ⟨*fig*⟩ (*vita serena*) idyllic (*o* quiet) life.

idioelettrico *a.* (*pl.* -**ci**) ⟨*El*⟩ idioelectric.

idioletto *m.* ⟨*Ling*⟩ idiolect.

idioma *m.* (*lett*) language, idiom: *l'* ~ *toscano* the Tuscan idiom. **idiomatico** *a.* (*pl.* -**ci**) idiomatic: *frase* –*a* idiomatic expression, idiom.

idiomorfo *a.* ⟨*Min*⟩ idiomorphic.

idiopatia *f.* ⟨*Med*⟩ idiopathy. **idiopatico** *a.* (*pl.* -**ci**) idiopathic.

idiosincrasia *f.* **1** ⟨*Med*⟩ idiosyncrasy. **2** ⟨*estens*⟩ aversion (*per* for, to): *ha una* ~ *per la matematica* he has an aversion for mathematics.

idiota I *s.m./f.* idiot (*anche Med.*): *è un perfetto* ~ he is an utter idiot. II *a.* idiotic, foolish, stupid: *una risposta* ~ a stupid answer.

idiotipo *m.* ⟨*Biol*⟩ idiotype.

idiotismo[1] *m.* ⟨*Med*⟩ idiocy.

idiotismo[2] *m.* ⟨*Ling*⟩ idiom.

idiozia *f.* **1** idiocy (*anche Med.*). **2** (*azione stupida*) idiocy; (*discorso stupido*) nonsense: *non dire* –*e* don't talk nonsense. □ *è stato un'* ~ *accettare* it was idiotic to accept.

idolatra I *s.m./f.* idolater (*f* –tress) (*anche fig.*). II *a.*

(*idolatrico*) idolatrous, of idols: *culto* ~ worship of idols. **idolatrare** *v.t.* **1** to worship: ~ *una statua* to worship a statue. **2** ⟨*fig*⟩ to idolize: *i giovani idolatrano il nuovo astro del cinema* young people idolize the new film star. **idolatria** *f.* idolatry (*anche fig.*). **idolatrico** *a.* (*pl.* -**ci**) **1** idolatrous, of idols: *culto* ~ worship of idols, *idol* worship. **2** ⟨*fig*⟩ idolatrous. **idoleggiare** *v.t.* (**idoleggio, idoleggi**) ⟨*lett*⟩ to idolize, to make an idol (*o* a god) of: ~ *una donna* to idolize a woman. **idolo** *m.* idol (*anche fig.*): *il culto degli* –*i* idol worship; *farsi un* ~ *di qd.* to idolize (*o* make an idol of) s.o.

idoneamente *avv.* suitably. **idoneità** *f.* **1** fitness: ~ *al lavoro* fitness for work, able–bodiedness; (*l'essere adatto*) suitability, fitness. **2** ⟨*burocr*⟩ fitness, ability: ~ *professionale* professional ability. □ *certificato di* ~ testimonial. **idoneo** *a.* **1** fit: *essere* ~ *al servizio militare* to be fit for military service; (*qualificato*) qualified. **2** ⟨*estens*⟩ (*adatto*) suitable, fit. □ *essere* ~ *a* [*inf*] to be able (*o* fit) [*inf*]; ~ *all'insegnamento* qualified to teach; ~ *al lavoro* fit for work; *non* ~ *al lavoro* unfit for work; *riconoscere* (*o giudicare*) *qd.* ~ *a qc.* to qualify (*o* pass) s.o. for s.th., to declare s.o. fit to do s.th.

Idra *N.pr.f.* ⟨*Mitol*⟩ Hydra. **idra** *f.* ⟨*Zool*⟩ hydra.

idracido *m.* ⟨*Chim*⟩ hydracid.

idrante *m.* **1** hydrant. **2** (*autobotte*) fire engine, water tender.

idratante *a.* **1** ⟨*Chim*⟩ hydrating. **2** ⟨*Cosmet*⟩ moisturizing, moisture–: *crema* ~ moisturizing (*o* moisture) cream. **idratare** *v.t.* **1** ⟨*Chim*⟩ to hydrate. **2** ⟨*Cosmet*⟩ to moisturize. **idratazione** *f.* hydration. **idrato** I *s.m.* ⟨*Chim*⟩ hydrate: ~ *di calcio* calcium hydrate. II *a.* hydrated.

idraulica *f.* ⟨*Fis*⟩ hydraulics *pl* (*costr. sing.*). **idraulico** *a./s.* (*pl.* -**ci**) I *a.* hydraulic: *freno* ~ hydraulic brake; *ingegnere* ~ hydraulic engineer. II *s.m.* (*operaio*) plumber. □ *impianto* ~ hydraulic system; ⟨*Edil*⟩ plumbing.

idrazina *f.* ⟨*Chim*⟩ hydrazine.

idria *f.* ⟨*Archeol*⟩ hydria.

idrico *a.* (*pl.* -**ci**) water–, hydric: *approvvigionamento* ~ water supply. □ *bacino* ~ watershed; *impianto* ~ waterworks.

idro|biologia *f.* hydrobiology. **~biologico** *a.* (*pl.* -**ci**) hydrobiological. **~biologo** *m.* (*pl.* -**gi**; *f.* -**a**) hydrobiologist. **~carburo** *m.* ⟨*Chim*⟩ hydrocarbon. **~cefalia** *f.* → **idrocefalo**. **~cefalico** *a./s.* (*pl.* -**ci**) ⟨*Med*⟩ hydrocephalic. II *s.m.* (*f.* -**a**) hydrocephalic. **~cefalo** *m.* hydrocephalus. **~chinone** *m.* ⟨*Chim*⟩ hydroquinone, hydroquinol. **~coltura** *f.* ⟨*Agr*⟩ hydroponics *pl* (*costr. sing.*). **~coro** *a.* ⟨*Bot*⟩ hydrochoric. □ *pianta* –*a* hydrochore. **~dinamica** *f.* ⟨*Fis*⟩ hydrodynamics *pl* (*costr. sing.*). **~dinamico** *a.* (*pl.* -**ci**) **1** ⟨*Fis*⟩ hydrodynamic. **2** ⟨*Mar*⟩ streamlined. **~elettrico** *a.* (*pl.* -**ci**) hydroelectric: *centrale* –*a* hydroelectric ˈgenerating stationˈ (*o* power plant). **~estrattore** *m.* ⟨*tecn*⟩ hydroextractor. **~filia** *f.* ⟨*Bot*⟩ hydrophily.

idrofilo[1] *a.* **1** ⟨*tecn*⟩ hydrophile, hydrophilic, absorbent. **2** ⟨*Bot*⟩ hydrophilous. □ *cotone* ~ cotton wool.

idrofilo[2] *m.* ⟨*Entom*⟩ scavenger beetle.

idrofita *f.* ⟨*Bot*⟩ hydrophyte. **idrofobia** *f.* **1** ⟨*Med*⟩ hydrophobia. **2** ⟨*Med,Veter*⟩ (*rabbia*) rabies. **idrofobo** *a.* **1** ⟨*Med*⟩ hydrophobic. **2** ⟨*Med,Veter*⟩ (*rabbioso*) rabid: *cane* ~ rabid (*o* mad) dog. **3** ⟨*fig*⟩ (*rif. a persona: furioso*) furious, raging: *a quelle parole diventò* ~ at those words he got furious. **idrofonico** *a.* (*pl.* -**ci**) of a hydrophone, hydrophone–. **idrofono** *m.* (*apparecchio*) hydrophone. **idroforo** *a.* ⟨*tecn*⟩ water (carrying), water supply–: *impianto* ~ water supply system. **idrofugo** *a.* (*pl.* -**ghi**) waterproof.

idro|genare *v.t.* (**idrogeno**) ⟨*Chim*⟩ to hydrogenate. **~genazione** *f.* hydrogenation. **~genione** *m.* hydrogenion.

idrogeno *m.* ⟨*Chim*⟩ hydrogen. □ *bomba all'* ~ hydrogen bomb; ~ *leggero* light hydrogen; ~ *pesante* heavy hydrogen, deuterium; ~ *solfato* sulphuretted hydrogen, hydrogen sulphide.

idrogeologia *f.* hydrogeology. **idrogetto** *m.* water jet.

idrografia *f.* hydrography. **idrografico** *a.* (*pl.* -ci) hydrographic. □ *bacino* ~ catchment basin (*o* area). **idrografo** *m.* (*f.* -a) hydrographer. **idrolisi** *f.* ⟨Chim⟩ hydrolysis. **idrolitico** *a.* (*pl.* -ci) hydrolytic. **idrolizzare** *v.t.* ⟨Chim⟩ to hydrolize. **idrologia** *f.* hydrology. **idrologico** *a.* (*pl.* -ci) hydrologic(al). **idrologo** *m.* (*pl.* -gi; *f.* -a) hydrologist.
idro|mante *m./f.* ⟨Occult⟩ hydromancer. **~manzia** *f.* hydromancy. **~massaggio** *m.* ⟨Med⟩ hydromassage. **~meccanica** *f.* hydromechanics *pl* (*costr. sing.*). **~meccanico** *a.* (*pl.* -ci) hydromechanical. **~mele** *m.* hydromel.
idrometra[1] *m.* ⟨Entom⟩ marsh treader.
idrometra[2] *m.* (*chi si occupa di idrometria*) expert in hydrometry. **idrometria** *f.* ⟨Idr⟩ hydrometry. **idrometrico** *a.* (*pl.* -ci) hydrometrical. **idrometro** *m.* water gauge, depth scale.
idro|pico *a./s.* (*pl.* -ci) I *a.* ⟨Med⟩ dropsical, dropsied. II *s.m.* (*f.* -a) sufferer from dropsy. **~pisia** *f.* dropsy, hydrops. **~pittura** *f.* water paint (*o* colour). **~plano** *m.* hydroplane; (*aliscafo*) hydrofoil (boat). **~pneumatico** *a.* (*pl.* -ci) hydropneumatic. **~ponica** *f.* ⟨Agr⟩ hydroponics *pl* (*costr. sing.*). **~repellente** *a.* water-repellent. **~scalo** *m.* seaplane base (*o* station), water airport, hydroport. **~sci** *m.* 1 (*sci d'acqua*) water ski. 2 (*lo sport*) water skiing. **~sciatore** *m.* (*f.* -trice) water skier. **~sciistico** *a.* (*pl.* -ci) water ski–. **~scivolante** *m.* ⟨Mar⟩ hydroplane, gliding boat; (*aliscafo*) hydrofoil. **~scopio** *m.* hydroscope. **~sfera** *f.* ⟨Geog⟩ hydrosphere. **~solubile** *a.* water soluble. **~solubilità** *f.* solubility in water.
idrossido *m.* ⟨Chim⟩ hydroxide: ~ *d'alluminio* aluminium hydroxide.
idro|statica *f.* ⟨Fis⟩ hydrostatics *pl* (*costr. sing.*). **~statico** *a.* (*pl.* -ci) hydrostatic. □ *spinta* –a buoyancy. **~terapeutico** *a.* → idroterapico. **~terapia** *f.* ⟨Med⟩ hydrotherapy, hydrotherapeutics *pl* (*costr. sing.*). **~terapico** *a.* (*pl.* -ci) hydrotherapeutic. **~termale** *a.* hydrothermal: *sorgenti* –*i* hydrothermal springs. **~tropismo** *m.* hydrotropism. **~via** *f.* waterway. **~volante** *m.* ⟨Aer⟩ seaplane, ⟨non com⟩ hydroplane; (*a galleggianti*) flying boat.
idrovora *f.* ⟨Idr⟩ water-scooping machine. **idrovoro** *a.* water-scooping, pumping, drainage–.
idrozoi *m.pl.* ⟨Zool⟩ hydrozoans.
idruro *m.* ⟨Chim⟩ hydride.
IDS = *Iniziativa di difesa strategica* Strategic Defense Initiative (*abbr.* SDI).
Iehova(h) *N.pr.m.* ⟨Rel⟩ Jehovah.
iella *f.* ⟨region⟩ (*sfortuna*) bad luck, jinx, ⟨am⟩ hex: *avere* ~ to have bad luck; *portare* ~ to bring bad luck. **iellato** *a.* ⟨roman⟩ unlucky: *essere* ~ to be unlucky.
iena *f.* 1 ⟨Zool⟩ hy(a)ena. 2 ⟨fig⟩ hyena, cruel and rapacious person. □ ~ *macchiata* spotted hyena; ~ *striata* striped hyena.
ieraticamente *avv.* 1 hieratically. 2 (*solennemente*) solemnly. **ieraticità** *f.* solemnity, stateliness: ~ *dei gesti* stateliness of gestures. **ieratico** *a.* (*pl.* -ci) 1 ⟨lett⟩ (*sacerdotale*) hieratic(al). 2 ⟨estens⟩ solemn, stately: *atteggiamento* ~ solemn bearing. □ ⟨Paleogr⟩ *scrittura* –*a* hieratic (writing).
ieri I *avv.* 1 yesterday: *sono arrivato* ~ I arrived yesterday. 2 ⟨estens⟩ (*qualche tempo fa*) yesterday, a short time ago, recently: *fino a* ~ *era uno sconosciuto* until recently he was unknown. II *s.m.* yesterday (*anche estens.*). □ ~ (*o ier*) *l'altro* the day before yesterday; **da** ~ since yesterday; (*a partire da ieri*) as from yesterday; *da* ~ *a oggi* in the last twenty-four hours, overnight; **di** ~ yesterday's: *il giornale di* ~ yesterday's paper; ~ **mattina** yesterday morning; ⟨fig⟩ *non sono nato* ~ I wasn't born yesterday; ~ **notte** last night; ~ **pomeriggio** yesterday afternoon; ~ **sera** yesterday evening, last night.
iero|cratico *a.* (*pl.* -ci) hierocratic. **~crazia** *f.* hierocracy. **~fante** *m.* ⟨Stor.gr⟩ hierophant. **~grafia** *f.* ⟨Rel⟩ hierography.
iettare *v.t.* (*ietto*) ⟨region⟩ to cast the evil eye on, to hoodoo, to jinx, ⟨am⟩ to hex. **iettato** *a.* (*sfortunato*) unlucky, unfortunate, jinxed. **iettatore** *m.* (*f.* -trice) one

who casts the evil eye. **iettatura** *f.* 1 (*influsso malefico*) evil eye. 2 ⟨estens⟩ (*sfortuna*) bad (*o* ill) luck. □ *avere la* ~ *addosso* to be unlucky.
Ifigenia *N.pr.f.* ⟨Mitol⟩ Iphigenia. □ ~ *in Aulide* Iphigenia in Aulis; ~ *in Tauride* Iphigenia in Tauris.
IGE = *Imposta generale sull'entrata* turnover tax.
igiene *f.* 1 hygiene, health, sanitation; (*pulizia*) hygiene, cleanliness. 2 (*scienza*) hygiene, hygienics *pl* (*costr. sing.*). □ ~ **alimentare** food hygiene; ~ **ambientale** environmental hygiene; ~ *della* **bocca** oral hygiene; ~ *del* **corpo** personal hygiene; ~ **dentale** dental hygiene; ~ *del* **lavoro** industrial (*o* occupational) hygiene; ~ **mentale** mental hygiene; *norme d'* ~ sanitary (*o* health) regulations; ~ **orale** = *igiene della bocca*; ~ **pubblica** public health; *ufficio d'* ~ public health office.
igienicamente *avv.* hygienically. **igienico** *a.* (*pl.* -ci) 1 (*che riguarda l'igiene*) hygienic, sanitary, health–: *prescrizioni igieniche* hygienic (*o* sanitary) regulations; *impianto* ~ (*o igienico–sanitario*) sanitary facilities. 2 ⟨estens⟩ (*sano*) healthy: *un sistema* ~ *di vita* a healthy way of life. 3 ⟨fam⟩ (*opportuno*) advisable, prudent. □ *assorbente* ~ sanitary towel (*o* napkin, pad); *carta* –*a* toilet paper.
igienico-sanitario *a.* sanitary.
igienista *m./f.* 1 hygienist. 2 ⟨Dent⟩ dental hygienist.
iglò, iglù *m.* igloo.
igname *m.* ⟨Bot⟩ yam.
ignaro *a.* ignorant, unaware, unknowing: *non sono* ~ *dei pericoli che corro* I am not unaware of the risks I am running. □ *è* ~ *dell'accaduto* he does not know what has happened; ~ *di tutto* knowing nothing, ⟨fam⟩ (completely) in the dark; ~ *della vita* (*inesperto*) inexperienced.
ignavia *f.* ⟨lett⟩ indolence, sloth. **ignavo** I *a.* ⟨lett⟩ indolent, slothful, sluggish. II *s.m.* (*f.* -a) indolent (*o* slothful) person.
Ignazio *N.pr.m.* Ignatius.
igneo *a.* ⟨lett⟩ igneous (*anche Geol.*): *rocce* –*e* igneous rocks. **ignifero** *a.* ⟨lett⟩ igniferous. **ignifugare** *v.t.* (*ignifugo, ignifughi*) to fire-proof. **ignifugazione** *f.* fireproofing. **ignifugo** *a.* (*pl.* -ghi) fireproof, antifire–.
ignitron, ignitrone *m.* ⟨Fis⟩ ignitron.
ignizione *f.* ⟨Chim⟩ ignition.
ignobile *a.* ignoble, base, mean, low, despicable: *un essere* ~ a despicable creature. **ignobilmente** *avv.* ignobly, basely. **ignobiltà** *f.* baseness, lowness.
ignominia *f.* (*infamia, vergogna*) ignominy, disgrace, shame: *cadere nell'* ~ to fall into ignominy (*o* disgrace). 2 (*azione disonorante*) ignominy, disgraceful (*o* dishonourable) action. 3 (*rif. a persona*) disgrace, shame: *essere l'* ~ *della famiglia* to be a disgrace to one's family. 4 ⟨scherz⟩ (*oggetto brutto*) outrage, horror, monstrosity: *questo monumento è un'* ~ this monument is an outrage. □ *commettere un'* ~ to do s.th. ignominious, to behave disgracefully. **ignominioso** *a.* 1 ignominious, shameful, disgraceful, infamous: *un gesto* ~ an ignominious gesture. 2 (*rif. a persona*) despicable, despised, disgraced.
ignorantaggine *f.* crass ignorance. **ignorante** I *a.* 1 (*che non sa*) ignorant (*di* of), knowing nothing (about). 2 (*inesperto, incompetente*) ignorant (of), unacquainted (with): ~ *di grammatica* ˹ignorant of˺ (*o* knowing no) grammar. 3 (*ignaro*) ignorant, unaware, unknowing. 4 (*incolto*) ignorant, uneducated, illiterate, unlearned: *un contadino* ~ an ignorant (*o* illiterate) peasant. 5 ⟨fam⟩ (*villano*) rude, boorish, churlish. II *s.m.* 1 ignorant person, ignoramus. 2 ⟨fam⟩ (*persona villana*) boor, churl: *quanto sei* ~! what a boor you are! □ *essere* ~ *di musica moderna* to know nothing about modern music.
ignoranza *f.* 1 (*mancanza di conoscenza*) ignorance, lack of knowledge: *confesso la mia* ~ *in questo campo* I must confess my ignorance of this subject. 2 (*mancanza di istruzione*) ignorance, illiteracy: *vivere nell'* ~ to live in ignorance. 3 ⟨fam⟩ boorishness. □ ⟨scherz⟩ *beata* ~! ignorance is bliss!; ~ *crassa* crass ignorance; ⟨Dir⟩ *la legge non ammette* ~ ignorance of the law is no excuse; *santa* ~! how can you be so ignorant! **ignorare** *v.t.* (*ignoro*) 1 (*non conoscere*) not to know: *ignoriamo le cause* we do not know the reasons; *ignoro chi abbia*

spedito la lettera I do not know who sent the letter. **2** (*trascurare, non considerare*) to ignore, to overlook, to pass over: *non si possono ~ certi fatti* certain matters cannot be ignored (*o* overlooked); *ignorò la mia domanda* he ignored my question. □ *non ignoro che* I am aware that; *non puoi ~ che* you must know (*o* be aware) that.

ignoto I *a.* (*sconosciuto*) unknown: *opera di autore ~* work by an unknown author, anonymous work. **II** *s.m.* **1** unknown: *il terrore dell' ~* the terror of the unknown. **2** (*persona sconosciuta; f.* **-a**) unknown person: *il furto è stato commesso dai soliti –i* the theft was committed by the usual unknown persons. □ *denuncia contro –i* accusation against 'a person' (*o* persons unknown); *figlio di* (*genitori*) *–i* child of unknown parents; ⟨*iron*⟩ *un illustre ~* a nobody; *il Milite ~* the Unknown Soldier.

ignudo I *a.* ⟨*lett*⟩ (*nudo*) nude, naked (*anche estens.*): *il ferro ~* the naked sword. **II** *s.m.* (*f.* **-a**) naked person. □ *mezzo ~* half naked; ⟨*Bibl*⟩ *vestire gli –i* to clothe the naked.

igrofilo *a.* ⟨*Bot*⟩ hygrophilous, hygrophile.

igrometria *f.* ⟨*Meteor*⟩ hygrometry. **igrometrico** *a.* (*pl.* **-ci**) hygrometric. **igrometro** *m.* hygrometer.

igro|scopia *f.* ⟨*Meteor*⟩ hygroscopy. **~scopicità** *f.* hygroscopicity. **~scopico** *a.* (*pl.* **-ci**) hygroscopic. **~scopio** *m.* hygroscope.

igrostato *m.* ⟨*tecn*⟩ hygrostat, humustat.

iguana *f.* ⟨*Zool*⟩ (i)guana. **iguanodonte** *m.* ⟨*Paleont*⟩ iguanodont.

ih *intz.* (*stupore*) oh, ah; (*disgusto*) ugh; (*stizza, noia*) oh.

ikebana *m.* ikebana.

il *art.m.* (*pl.* **i**; used before all masculine nouns beginning with a consonant, except *gn, pn, ps, s* + consonant, *x, z*) the.

ilare *a.* cheerful: *mi venne incontro tutto ~* he came towards me looking very cheerful. **ilarità** *f.* cheerfulness, mirth: *la sua risposta destò l'~ del pubblico* his reply aroused the audience's mirth.

ileo *m.* ⟨*Anat*⟩ **1** (*osso*) ilium. **2** (*segmento dell'intestino tenue*) ileum.

ileocecale *a.* ⟨*Med*⟩ ileoc(a)ecal.

iliaco¹ *a.* (*pl.* **-ci**) ⟨*lett*⟩ (*di Ilio*) Ilian, of Ilium.

iliaco² *a.* (*pl.* **-ci**) ⟨*Anat*⟩ iliac. □ *arteria –a* iliac artery; *fossa –a* iliac fossa; *muscolo ~* iliac muscle; *osso ~* iliac bone, ilium.

Iliade *N.pr.f.* ⟨*Lett*⟩ Iliad.

ilio *m.* ⟨*Anat*⟩ ilium.

Ilio *N.pr.f.* ⟨*Geog.stor*⟩ Ilium.

illanguidimento *m.* **1** (*il rendere languido*) weakening, enfeeblement. **2** (*il diventare languido*) becoming weak (*o* feeble), languishing. **illanguidire** *v.* (**illanguidisco, illanguidisci**) **I** *v.t.* to weaken, to enfeeble: *la malattia ha illanguidito le sue energie* the illness has weakened (*o* drained) his energy. **II** *v.i.* (*aus.* **essere**) to become weak (*o* feeble), to languish. **illanguidirsi** *v.r.* to become weak (*o* feeble), to languish.

illativo *a.* ⟨*lett*⟩ inferential, illative: *ragionamento ~* inferential reasoning. **illazione** *f.* inference, illation: *un' ~ arbitraria* an arbitrary inference.

illecito I *a.* illicit, unlawful: *guadagni –i* unlawful earnings, illicit gains. **II** *s.m.* ⟨*Dir*⟩ offence. □ ⟨*Dir*⟩ *~ civile* civil offence, tort; *~ penale* criminal offence, crime; *relazione –a* liaison, illicit love affair.

illegale *a.* illegal, unlawful: *ricorrere a mezzi –i* to resort to unlawful means. **illegalismo** *m.* ⟨*Pol*⟩ illegality, illegitimacy. **illegalità** *f.* **1** illegality, unlawfulness: *l' ~ di un'azione* the unlawfulness of an action. **2** (*atto illegale*) illegality, illegal (*o* unlawful) act: *commettere un' ~* to commit an illegal act, to do s.th. illegal (*o* against the law). **illegalmente** *avv.* illegally, unlawfully.

illeggiadrire *v.* (**illeggiadrisco, illeggiadrisci**) **I** *v.t.* to beautify, to make more graceful (*o* charming). **II** *v.i.* (*aus.* **essere**), **illeggiadrirsi** *v.r.* to become (more) beautiful.

illeggibile *a.* **1** illegible, undecipherable: *firma ~* illegible signature. **2** ⟨*fig*⟩ unreadable, illegible: *un autore ~* an unreadable author.

illegittimità *f.* illegitimacy, unlawfulness: *~ di un atto* unlawfulness of an act; (*rif. a figli*) illegitimacy.

illegittimo I *a.* **1** illegitimate, unlawful, illegal: *sovrano ~* unlawful sovereign (*o* ruler); (*rif. a figli*) illegitimate. **2** ⟨*estens*⟩ illegitimate: *una deduzione –a* an illegitimate inference. **II** *s.m.* (*f.* **-a**) (*figlio illegittimo*) illegitimate child.

illeso *a.* **1** unhurt, uninjured, unharmed: *il guidatore è rimasto ~* the driver was unhurt. **2** ⟨*fig*⟩ intact, unsullied: *serbare ~ l'onore* to maintain one's honour unsullied.

illetterato I *a.* **1** (*analfabeta*) illiterate. **2** ⟨*estens*⟩ (*incolto*) unlettered, uncultured. **II** *s.m.* (*f.* **-a**) **1** (*analfabeta*) illiterate. **2** (*persona incolta*) unlettered (*o* uneducated) person.

illibatezza *f.* **1** (*integrità, purezza*) integrity, purity: *~ di costumi* moral integrity. **2** (*rif. a donna*) virginity, purity, chastity. **illibato** *a.* **1** (*integro, puro*) pure, blameless, uncorrupted: *condurre una vita –a* to lead a blameless life. **2** (*rif. a donna: vergine*) virgin, pure, chaste.

illiberale *a.* illiberal: *legge ~* illiberal law. **illiberalità** *f.* illiberality: *~ di un governo* illiberality of a government. **illibertà** *f.* lack of freedom, bondage.

illiceità *f.* ⟨*Filos,Dir*⟩ illicitness, unlawfulness.

illimitatamente *avv.* unlimitedly, without limit. **illimitatezza** *f.* unlimitedness. **illimitato** *a.* unlimited, boundless: *spazio ~* boundless space; *fiducia –a* boundless faith.

Illiria *N.pr.f.* ⟨*Geog.stor*⟩ Illyria. **illirico** *a.* (*pl.* **-ci**) Illyrian.

illividire *v.* (**illividisco, illividisci**) **I** *v.t.* to make livid. **II** *v.i.* (*aus.* **essere**), **illividirsi** *v.r.* (*farsi livido*) to become livid; (*di contusioni*) to turn black and blue.

ill.mo = ⟨*epist*⟩ *illustrissimo*.

illogicamente *avv.* illogically. **illogicità** *f.* illogicality. **illogico** *a.* (*pl.* **-ci**) illogical: *ragionamento ~* illogical (*o* unsound) reasoning.

illudere *v.t.* (**illusi, illuso**) **1** (*ingannare*) to delude, to deceive, ⟨*fam*⟩ to fool: *lasciarsi ~ dalle apparenze* to let o.s. be deceived by appearances. **2** (*fare sperare*) to beguile, to trick with false hopes: *~ qd. con promesse* to beguile s.o. with promises. **illudersi** *v.r.* (*sperare*) to hope (against hope), to be under the illusion, to cherish the fond hope: *s'illude di riuscire* he is under the illusion that he will succeed. □ *non c'è da illudersi* it is no use our fooling ourselves.

illuminante I *a.* illuminating: *gas ~* illuminating gas. **II** *s.m.* (*proiettile illuminante*) flare. **illuminare** *v.t.* (**illumino**) **1** to illuminate, to light: *il salone era illuminato da cento candele* the hall was lit (*o* illuminated) by a hundred candles; (*con riflettori*) to floodlight, to illuminate. **2** (*rischiarare*) to light up: *il sole illuminava la stanza* the sun lit up the room. **3** ⟨*fig*⟩ (*rendere radioso*) to light up, to illuminate: *un sorriso le illuminava il volto* a smile lit up her face. **4** ⟨*fig*⟩ (*rif. a mente e sim.*) to illuminate, to enlighten. **illuminarsi** *v.r.* **1** to light up, to be 'lit up' (*o* illuminated): *improvvisamente si illuminò una finestra* a window suddenly lit up. **2** (*diventare radioso*) to light up, to brighten (up): *a queste parole il suo volto si illuminò* his face brightened (*o* lit up) at these words. □ *~ a festa* to illuminate; *~ a gas* to light (*o* illuminate) by gas; *illuminarsi di gioia* to 'light up' (*o* become radiant) with joy; *~ a giorno* to light up as though it were day–time, to light brightly. **illuminato** *a.* **1** illuminated, lit: *una parete –a dal sole* a wall lit by the sun; (*rischiarato*) lit up. **2** (*dotato d'impianti d'illuminazione*) lit, illuminated: *piazza ben –a* well-lit square. **3** ⟨*fig,Pol*⟩ enlightened: *mente –a* enlightened mind; *dispotismo ~* enlightened despotism. □ *vie scarsamente –e* badly-lit streets. **illuminatore** *s.m.* (*f.* **-trice**) illuminator.

illuminazione *f.* **1** (*impianto d'illuminazione*) lighting. **2** (*luminaria*) illuminations *pl.* **3** ⟨*fig*⟩ (*intuizione*) illumination, (flash of) inspiration: *ebbe un'improvvisa ~* he had a sudden inspiration. **4** (*dotazione di fari e sim.*) lighting, lights *pl*: *l' ~ di un aeroporto* airport lighting. □ *~ diurna* daylight; ⟨*Teol*⟩ *~ divina* divine illumination (*o* inspiration); *~ esterna* outdoor illumination; *~ a gas* gas lighting; *~ indiretta* indirect lighting; *~ interna* indoor lighting; *l' ~ di un monumento* the floodlighting of a monument; *~ al neon* neon lighting; *~ notturna* night

lighting; ⟨Aut⟩ ~ del **quadro** dashboard illumination, instrument (panel) lighting; ~ delle **scale** stair lighting; ~ **solare** sunlight; ~ **stradale** street lighting.
illuminismo m. ⟨Stor⟩ Enlightenment. **illuminista** I s.m./f. follower of the Enlightenment movement. II a. → illuministico. **illuministico** a. (pl. -ci) enlightened, of Enlightenment: idee illuministiche enlightened ideas.
illuminometro m. ⟨tecn⟩ illuminometer.
illuminotecnica f. lighting engineering. **illuminotecnico** m. (pl. -ci) lighting engineer.
illusi → illudere. **illusione** f. 1 illusion: ~ ottica optical illusion; distruggere un' ~ to destroy an illusion. 2 (falsa speranza) illusion, false (o fond) hope: pascersi di –i to cherish false hopes. □ farsi delle –i to cherish false (o fond) hopes, to be under an illusion; non mi faccio –i I have no illusion; ~ · dei sensi sensory illusion. **illusionismo** m. 1 conjuring: spettacolo di ~ conjuring show (o act). 2 ⟨Art,Teat⟩ illusionism. **illusionista** m./f. (prestigiatore) conjurer, illusionist. **illusionistico** a. (pl. -ci) 1 conjuring: gioco ~ conjuring trick. 2 ⟨Art,Teat⟩ illusionistic: effetto ~ illusionistic effects. **illuso** (p.p. di illudere) I a. deluded, deceived, ⟨fam⟩ fooled. II s.m. (f. -a) dreamer, fool, cherisher of fond hopes: è un povero ~ he is a poor fool. **illusorietà** f. illusiveness, deceptiveness. **illusorio** a. illusory, illusive, vain, fond: speranze –e vain (o fond) hopes; felicità –a illusory happiness.
illustrare v.t. 1 to illustrate: ~ un'opera con disegni to illustrate a work with drawings. 2 (spiegare) to illustrate, to explain: ~ una teoria con esempi to illustrate a theory by (means of) examples. **illustrativo** a. explanatory, illustrative: note –e explanatory notes. **illustrato** a. illustrated: il libro è riccamente ~ the book is fully illustrated; giornale ~ illustrated paper. **illustratore** m. (f. -trice) illustrator. **illustrazione** f. 1 illustration: l' ~ di un volume the illustration of a volume. 2 ⟨concr⟩ (figura) illustration, picture: un volume pieno di –i a book full of illustrations. 3 (spiegazione) illustration, explanation: l' ~ di una teoria the illustration of a theory. □ –i fuori testo plates pl.
illustre a. 1 famous, illustrious, renowned: un ~ scienziato a famous scientist; ⟨iron,scherz⟩ arch–, thorough, notorius: un ~ imbroglione a notorious rogue. 2 (nobile) illustrious, noble: stirpe ~ illustrious lineage. 3 (di riguardo) distinguished, eminent: l' ~ ospite the illustrious guest. 4 (appellativo nelle lettere) → illustrissimo. □ ⟨iron⟩ un ~ ignoto a nobody. **illustrissimo** a. most illustrious; (negli indirizzi) non si traduce: ~ Signor Lorenzo Rossi Lorenzo Rossi, Esq., Mr. Lorenzo Rossi.
ilmenite f. ⟨Min⟩ ilmenite.
ilo m. 1 ⟨Bot⟩ hilum. 2 ⟨Anat⟩ hilus.
ILOR = imposta locale sui redditi local income tax.
ilota m./f. ⟨Stor.gr⟩ Helot.
ilozoismo m. ⟨Filos⟩ hylozoism. **ilozoista** m./f. hylozoist.
Imalaia (o Imalaia) N.pr.m. ⟨Geog⟩ Himalaya.
imàn, imano m. ⟨Rel⟩ imam.
imbaccuccare v.t. (imbaccucco, imbaccucchi) to wrap up: lo imbaccuccò in un cappotto he wrapped him up in a coat. **imbaccuccarsi** v.r. to wrap (o.s.) up, to muffle o.s. up.
imbaldanzire v. (imbaldanzisco, imbaldanzisci) I v.t. to embolden, to make bold. II v.i. (aus. essere), **imbaldanzirsi** v.r. to become bold.
imballaggio m. 1 (l'imballare) packing, wrapping: l' ~ di un oggetto fragile the packing of a fragile object; (in balle) baling: ~ del cotone cotton baling. 2 (involucro) packing, package, pack: ~ resistente strong packing. □ ~ in casse packing in crates, crating; da ~ packing, wrapping: carta da ~ wrapping (o brown) paper; ⟨Comm⟩ ~ incluso packing included; ~ a perdere non returnable packing; ~ a rendere returnable packing, package to be returned; spese di ~ cost of packing; tela da ~ burlap, sackcloth; ~ sotto vuoto vacuum pack.
imballare¹ v.t. 1 to pack, to wrap up; (in casse) to crate. 2 (raccogliere in balle) to bale: ~ la lana to bale wool. **imballare²** v.t. ⟨Mot⟩ to race: ~ il motore to race the engine. **imballarsi** v.r. (rif. a motore) to race.

imballato a. 1 packed, wrapped up: merce mal –a badly–packed goods; (in casse) crated. 2 (in balle) baled: cotone ~ baled cotton. □ non ~ unbaled, unpacked.
imballatore m. (f. -trice) (operaio) packer. **imballatrice** f. (macchina) packing machine; (per balle) baling machine, baler.
imballatura¹ f. → imballaggio.
imballatura² f. ⟨Mot⟩ racing.
imballo m. (imballaggio) packing: ~ a rendere packing to be returned.
imbalsamare v.t. (imbalsamo) 1 to embalm: ~ un cadavere to embalm a body. 2 (impagliare) to stuff: ~ un animale to stuff an animal. **imbalsamato** a. 1 embalmed. 2 (impagliato) stuffed: uccello ~ stuffed bird. **imbalsamatore** m. (f. -trice) 1 embalmer. 2 (impagliatore) taxidermist. **imbalsamazione** f. 1 (l'imbalsamare) embalming. 2 (l'impagliare) taxidermy, stuffing.
imbambolarsi v.r. (m'imbambolo, t'imbamboli) to get astounded (o bewildered). **imbambolato** a. astounded, bewildered, astonished; (rif. agli occhi) blank, glassy. □ restò ~ a guardare la scena he watched the scene in astonishment.
imbandierare v.t. (imbandiero) to deck (o hang) with flags: ~ la città per la festa to deck the city with flags for the feast. □ ⟨Mar⟩ ~ la nave to dress ship. **imbandierato** a. decorated (o bedecked) with flags, beflagged. □ finestre –e windows hung with flags.
imbandigione f. ⟨lett⟩ 1 (l'imbandire) preparation (of the table for a banquet). 2 (vivande imbandite) array (of food), spread. **imbandire** v.t. (imbandisco, imbandisci) to prepare, to lay (for a banquet), to spread, to set; (rif. a cibi) to prepare. □ ~ la mensa to lay (o set) the table. **imbandito** a. (sumptuously) laid, set, prepared (for a feast): una tavola ben –a a sumptuously laid table, a table set for a feast.
imbarazzante a. embarrassing, awkward: domanda ~ embarrassing question. **imbarazzare** v.t. 1 (mettere in imbarazzo) to embarrass, to make uncomfortable (o ill at ease): la presenza della ragazza lo imbarazzava the girl's presence embarrassed him; (confondere) to bewilder, to puzzle, to perplex: la domanda lo imbarazzò the question puzzled him. 2 (impedire) to hamper, to encumber, to hinder: la gonna stretta le imbarazzava il passo her tight skirt hampered her when she walked. □ ~ lo stomaco to load (o upset) the stomach, to lie heavy on the stomach. **imbarazzato** a. embarrassed, uncomfortable, awkward, ill at ease: sentirsi ~ to feel embarrassed (o awkward); (confuso, perplesso) bewildered, puzzled.
imbarazzo m. 1 embarrassment, awkwardness: cercava di nascondere il suo ~ he tried to hide his embarrassment; (perplessità) bewilderment, confusion. 2 (impaccio, disturbo) hindrance, trouble: la folla accorsa dava più ~ che aiuto the crowd which gathered was more of a hindrance than a help. 3 (difficoltà) difficulty, embarrassment, trouble: trovarsi in –i finanziari to be in financial difficulties. □ essere d' ~ a qd. to be a nuisance (o hindrance) to s.o., to get in s.o.'s way; essere in grande ~ to be in serious difficulty; (di fronte a una scelta difficile) to be 'in a quandary' (o at a loss); mettere in ~ qd. to put s.o. in an awkward situation; (metterlo a disagio) to make s.o. uncomfortable (o ill at ease); non avere che l' ~ della scelta to be able to 'take one's pick' (o pick and choose); ~ di stomaco indigestion, stomach upset; togliere d' ~ qd. to get s.o. out of a difficulty (o fix).
imbarbarimento m. barbarization, decline, corruption: l' ~ dei costumi the decline of morals. **imbarbarire** v. (imbarbarisco, imbarbarisci) I v.t. to barbarize, to corrupt: ~ un popolo to barbarize a people; ~ i costumi to corrupt morals; ~ la lingua to barbarize (o corrupt) the language. II v.i. (aus. essere), **imbarbarirsi** v.r. to become barbarous (o corrupt).
imbarcadero m. landing stage, jetty, wharf.
imbarcare v.t. (imbarco, imbarchi) 1 to embark, to take on (board), to take aboard: ~ i passeggeri to take the passengers on (board); ~ i passeggeri sull'aereo to embark

the passengers on the plane. **2** (*contenere*) to carry: *la nave può ~ novecento passeggeri* the ship can carry nine hundred passengers. **3** ⟨*scherz*⟩ (*rif. a veicoli*) to pack, to load: *imbarcò tutta la famiglia sulla macchina e partì* he packed all his family into the car and drove off. **4** ⟨*fig*⟩ to involve, to implicate (*in* in), to get (into): *lo hanno imbarcato in un affare sbagliato* they got him into a nasty affair. **imbarcarsi** *v.r.* **1** to embark, to take (ship), to board (a ship): *s'imbarcò per l'America* he embarked for America; *mi imbarcherò sulla prima nave in partenza* I shall take the first ship sailing. **2** (*arruolarsi*) to sign on, to go to sea: *imbarcarsi come mozzo* to sign on as cabin boy. **3** ⟨*scherz*⟩ (*rif. a veicoli*) to pile: *c'imbarcammo tutti sulla sua vecchia automobile* we all piled into his old car. **4** ⟨*fig*⟩ (*mettersi*) to embark (*in* on), to engage (in): *imbarcarsi in un'impresa* to embark on an enterprise. □ *~ acqua* (*per falla*) to leak; (*per mare grosso*) to ship water; *~ clandestinamente* to stow away; *~ un colpo di mare* to ship water.

imbarcarsi *v.r.* (m'imbarco, t'imbarchi) ⟨*Fal*⟩ to warp.

imbarcatoio *m.* **1** (*sulle navi*) gangway, gangplank. **2** → **imbarcadero**. **imbarcatura** *f.* ⟨*Fal*⟩ warping.

imbarcazione *f.* boat, craft: *-i di ogni genere* all kinds of craft. □ *~ da* **competizione** racing boat; *~ da* **diporto** pleasure craft; *~ a* **fuoribordo** outboard motorboat; *~ leggera* skiff; *~ di* **salvataggio** lifeboat; *~ a* **vela** sailing boat, ⟨*am*⟩ sailboat.

imbarco *m.* (*pl.* -**chi**) **1** (*rif. a passeggeri*) embarkation. **2** (*rif. a merci*) embarkation, shipment, loading. **3** (*arruolamento*) signing on. **4** (*banchina*) landing stage. **5** ⟨*Aer*⟩ boarding: *cancello d'~* boarding gate. □ **buono** *d' ~* shipping order (*o* note), receiving note; *~* **clandestino** stowing away; **data** *d' ~* date of shipment; **documenti** *d' ~* shipping documents; **ottenere** *un ~* **come mozzo** to sign on as cabin boy; **permesso** *d' ~* backed note; **porto** *d' ~* port of embarkation (*o* shipment).

imbardare *v.i.* (*aus.* avere), **imbardarsi** *v.r.* ⟨*Aer*⟩ to yaw. **imbardata** *f.* yaw.

imbarilare *v.t.* to barrel, to pack (*o* store) in barrels: *~ il pesce salato* to pack salted fish in barrels.

imbastardimento *m.* **1** degeneration. **2** ⟨*fig*⟩ degeneration, corruption: *l' ~ della lingua* the corruption of the language. **imbastardire** *v.* (imbastardisco, imbastardisci) **I** *v.i.* (*aus.* essere) **1** to degenerate, to deteriorate. **2** ⟨*fig*⟩ (*degenerare*) to degenerate, to be corrupted. **II** *v.t.* **1** to debase, to bastardize: *~ una razza canina* to bastardize a breed of dogs. **2** ⟨*fig*⟩ to corrupt.

imbastire *v.t.* (imbastisco, imbastisci) **1** to tack, to baste. **2** ⟨*fig*⟩ (*abbozzare*) to outline, to draft, to sketch out: *~ un discorso* to draft a speech. **3** ⟨*Mecc*⟩ to tack. **imbastitura** *f.* **1** tacking, basting. **2** ⟨*Mecc*⟩ tacking. □ *fare un' ~* to tack, to baste.

imbattersi *v.r.* **1** to meet (up), to fall in (*in* with), to run (into), to come (across): *s'imbattè in un conoscente* he ran into an acquaintance. **2** (*rif. a cose*) to come (across), to run up (against), to meet (with): *~ in una difficoltà* to run up against a difficulty. **3** (*avere per caso*) to happen (on), to run (*o* come) up (against): *si è imbattuto in un insegnante severo* he has come up against a strict teacher. □ *~ bene* to fare well, to be lucky.

imbattibile *a.* unbeatable, invincible. **imbattibilità** *f.* invincibility.

imbavagliare *v.t.* (imbavaglio, imbavagli) **1** to gag. **2** ⟨*fig*⟩ to gag, to silence: *~ la stampa* to silence the press.

imbeccare *v.t.* (imbecco, imbecchi) **1** to feed, to put food into the beak of: *la rondine imbecca i piccoli* the swallow feeds its young. **2** ⟨*fig*⟩ (*suggerire*) to prompt, to tell, to suggest to: *~ qd. su ciò che deve dire* to tell s.o. what he should say. **imbeccata** *f.* **1** beakful. **2** ⟨*fig*⟩ suggestion, prompt(ing). □ ⟨*fig*⟩ *dare l' ~ a qd.* to prompt s.o. as to what to say, to put the words into s.o.'s mouth. **imbeccatoio** *m.* (bird's) feeding-dish.

imbecillaggine *f.* **1** imbecility, stupidity. **2** (*azione stupida*) stupid action (*o* thing to do), imbecility; (*discorso stupido*) nonsense, rubbish, foolish talk, imbecility: *non dire -i* don't talk nonsense (*o* rubbish). **imbecille I** *a.* **1**

imbecile, imbecilic, stupid. **2** ⟨*Med*⟩ imbecile. **II** *s.m./f.* imbecile, fool, idiot: *non fare l' ~* don't play the fool (*o* be stupid). **2** ⟨*Med*⟩ imbecile. **imbecillità** *f.* **1** imbecility, stupidity. **2** ⟨*Med*⟩ imbecility.

imbelle *a.* ⟨*lett*⟩ **1** unwarlike: *popolo ~* unwarlike people. **2** (*estens*) (*vile*) faint-hearted, cowardly.

imbellettare *v.t.* (imbelletto) to make up, ⟨*spreg*⟩ to paint. **imbellettarsi** *v.r.* to make (o.s.) up, ⟨*spreg*⟩ to paint o.s. **imbellettatura** *f.* making up.

imbellire *v.* (imbellisco, imbellisci) **I** *v.t.* to beautify, to make (more) beautiful (*o* lovely): *la nuova pettinatura ti imbellisce* your new hairstyle makes you look beautiful. **II** *v.i.* (*aus.* essere), **imbellirsi** *v.r.* to become (more) beautiful, to grow lovely (*o* pretty).

imberbe *a.* **1** beardless: *un giovanetto ~* a beardless youth. **2** (*estens*) (*molto giovane*) beardless, callow, young, inexperienced.

imberrettato *a.* wearing a cap (*o* hat).

imbestialire *v.i.* (imbestialisco, imbestialisci; *aus.* essere), **imbestialirsi** *v.r.* to become enraged (*o* furious), to fly into a rage (*o* temper): *la sua testardaggine mi fa ~* his obstinacy makes me furious (*o* mad).

imbevere *v.t.* (*inzuppare*) to soak, to steep (*di* in): *~ la spugna d'acqua* to soak the sponge in water. **imbeversi** *v.r.* **1** to absorb, to soak up (*di qc.* s.th.). **2** ⟨*fig*⟩ to become imbued (with), to imbibe (s.th.). **imbevibile** *a.* undrinkable. **imbevuto** (*p.p. di* imbevere) *a.* **1** soaked, steeped (*di* in). **2** ⟨*fig*⟩ imbued (with), steeped (in): *una società -a di pregiudizi* a society imbued with prejudices.

imbiaccare *v.t.* (imbiacco, imbiacchi) (*coprire di biacca*) to cover with ceruse, to paint with white lead. **imbiaccatura** *f.* cerusing, white leading.

imbiancamento *m.* (*l'imbiancare*) whitening; (*di tessuti*) bleaching; (*di muri*) whitewashing. **imbiancare** *v.* (imbianco, imbianchi) **I** *v.t.* **1** (*rendere bianco*) to whiten, to turn white: *la neve imbianca i colli* the snow whitens the hills. **2** ⟨*Mur*⟩ to whitewash: *~ la facciata di un edificio* to whitewash the front of a building. **3** ⟨*Tess*⟩ (*candeggiare*) to bleach. **II** *v.i.* (*aus.* essere), **imbiancarsi** *v.r.* **1** to whiten, to become (*o* turn) white. **2** (*rischiararsi*) to light (*o* brighten) up. **imbiancato** *a.* whitened, white(d); (*rif. a pareti*) whitewashed. **imbiancatore** *m.* (*f.* -trice) ⟨*Tess*⟩ (*operaio*) bleacher; (*macchina*) bleaching engine. **imbiancatura** *f.* **1** ⟨*Tess*⟩ bleaching. **2** ⟨*Mur*⟩ whitewashing. **imbianchimento** *m.* ⟨*Ind*⟩ bleaching, decolourization: *~ della carta* bleaching of paper. **imbianchino** *m.* **1** painter, house painter, whitewasher. **2** ⟨*spreg*⟩ (*pittore scadente*) bad painter, dauber. **imbianchire** *v.* (imbianchisco, imbianchisci) **I** *v.t.* **1** (*rendere bianco*) to whiten, to make white; (*rif. a pareti e sim.*) to whitewash. **2** ⟨*Ind*⟩ to bleach. **II** *v.i.* (*aus.* essere) to become (*o* turn) white, to whiten.

imbibizione *f.* ⟨*Fis*⟩ imbibition.

imbiettare *v.t.* (imbietto) ⟨*Mecc*⟩ to key, to wedge up (*o* in).

imbiondire *v.* (imbiondisco, imbiondisci) **I** *v.t.* **1** (*rif. a capelli*) to turn (*o* dye) blond, to make fair. **2** (*estens*) to make (*o* turn) golden, to turn yellow: *il sole imbiondiva le messi* the sun turned the crops golden. **II** *v.i.* (*aus.* essere), **imbiondirsi** *v.r.* **1** to become (*o* turn) golden, to turn yellow: *le spighe già imbiondiscono* the ears are already turning golden. **2** (*rif. a capelli*) to turn fair(er), to grow blond(er).

imbizzarrire *v.i.* (imbizzarrisco, imbizzarrisci; *aus.* essere), **imbizzarrirsi** *v.r.* **1** (*rif. a cavallo*) to become restive (*o* frisky). **2** ⟨*fig*⟩ (*rif. a persona*) to get excited (*o* worked up). **imbizzire** *v.i.* (imbizzisco, imbizzisci; *aus.* essere) ⟨*region*⟩ **1** (*stizzirsi*) to lose one's temper, to get angry. **2** (*rif. a cavallo: imbizzarrirsi*) to become restive (*o* frisky).

imboccare *v.* (imbocco, imbocchi) **I** *v.t.* **1** to feed: *~ un bambino* to feed a baby. **2** ⟨*fig*⟩ (*suggerire*) to put the words into the mouth of, to prompt. **3** (*portare alla bocca*) to put to one's mouth: *~ la tromba* to put the trumpet to one's mouth. **4** (*entrare diritto*) to enter, to turn into (*o* down): *~ una strada* to turn down a street; (*con veicolo*) to drive (*o* turn) into, to enter; (*rif. a nave*) to sail into, to enter. **II** *v.i.* (*aus.* **avere**) **1** (*sfociare: rif. a strade*) to lead, to open, to run (into); (*rif. a fiumi*) to flow (into). **2** (*adattarsi, incastrarsi*) to fit (into). □ ⟨*fig*⟩ ~ *la via del successo* to find the way to success. **imboccatura** *f.* **1** (*apertura, orifizio*) mouth, opening: *l' ~ della bottiglia* the bottle mouth. **2** (*entrata, ingresso*) entrance, mouth, way in: *l' ~ dell'autostrada* the entrance to the motorway; *l' ~ della galleria* the tunnel mouth. **3** ⟨*Mus*⟩ mouthpiece, embouchure. □ *l' ~ del porto* the entrance to the port, the harbour–mouth; *l' ~ della valle* the valley mouth (*o* entrance). **imbocco** *m.* (*pl.* -**chi**) entrance, mouth.

imbolsimento *m.* ⟨*rar*⟩ broken–wind(edness). **imbolsire** *v.i.* (**imbolsisco, imbolsisci**; *aus.* **essere**) **1** (*rif. a cavallo*) to become broken–winded. **2** ⟨*estens*⟩ (*rif. a persona: diventare fiacco*) to grow weak.

imbonimento *m.* **1** (*discorso dell'imbonitore*) sales talk, (salesman's) patter, barking. **2** ⟨*fig*⟩ puff. **imbonire** *v.t.* (**imbonisco, imbonisci**) **1** (*rif. a imbonitore*) to persuade (to buy), to talk (into buying): ~ *il pubblico* to persuade the public to buy. **2** ⟨*fig*⟩ to puff. **imbonitore** *m.* (*f.* -**trice**) **1** barker. **2** ⟨*fig*⟩ tout, puffer.

imborghesimento *m.* becoming bourgeois, getting into middle–class ways. **imborghesire** *v.* (**imborghesisco, imborghesisci**) **I** *v.t.* to make (*o* turn into a) bourgeois. **II** *v.i.* (*aus.* **essere**), **imborghesirsi** *v.r.* to become bourgeois, to become middle–class in one's ways and habits.

imboscamento *m.* **1** hiding in a wood. **2** (*il sottrarsi al servizio militare*) shirking from military service. **3** (*rif. a merci*) cornering. **imboscare** *v.t.* (**imbosco, imboschi**) **1** (*nascondere nel bosco*) to hide in a wood. **2** ⟨*estens*⟩ (*nascondere, occultare*) to hide. **3** (*sottrarre al servizio militare*) to help to evade military service. **4** (*rif. a merci*) to corner. **imboscarsi** *v.r.* **1** (*nascondersi nel bosco*) to hide in a wood. **2** (*sottrarsi al servizio militare*) to evade military service; (*farsi assegnare a servizi poco pericolosi*) to get a cushy job. **imboscata** *f.* ambush: *cadere in un' ~* to fall into an ambush; *tendere un' ~* to lay (*o* set) an ambush. **imboscato I** *a.* ⟨*mil*⟩ shirking. **II** *s.m.* shirker (of military service).

imboschimento *m.* ⟨*Silv*⟩ afforestation. **imboschire** *v.* (**imboschisco, imboschisci**) **I** *v.t.* to afforest. **II** *v.i.* (*aus.* **essere**), **imboschirsi** *v.r.* **1** to turn into a forest, to become wooded (*o* covered with trees). **2** (*rif. a zone coltivate*) to run wild.

imbottare *v.t.* (**imbotto**) to put into casks (*o* barrels), to cask, to barrel. **imbottatura** *f.* barrelling, casking.

imbotte *f.* ⟨*Arch*⟩ intrados.

imbottigliamento *m.* **1** bottling: ~ *del vino* bottling of wine. **2** ⟨*fig*⟩ hemming in. **3** ⟨*Mar*⟩ blockade. **4** ⟨*Mil*⟩ encirclement, cutting off. **5** (*rif. al traffico*) traffic jam. **imbottigliare** *v.t.* (**imbottiglio, imbottigli**) **1** to bottle. **2** ⟨*fig*⟩ to hem in. **3** ⟨*Mar*⟩ to blockade. **4** ⟨*Mil*⟩ to encircle, to cut off, to surround: ~ *il nemico* to encircle the enemy. **5** (*rif. a veicoli*) to hold up, to block. **imbottigliarsi** *v.r.* (*rif. a veicoli*) to be caught in a traffic jam, to be stuck (*o* held up) in the traffic. **imbottigliato** *a.* **1** bottled, in bottles: *vino ~* bottled wine. **2** (*rif. a veicoli*) caught (*o* held up, stuck) in a traffic jam. **imbottigliatore** *m.* (*f.* -**trice**) (*operaio*) bottler. **imbottigliatrice** *f.* bottling machine, bottler.

imbottire *v.t.* (**imbottisco, imbottisci**) **1** to stuff, to pad: ~ *un materasso* to stuff a mattress; (*trapuntare*) to quilt: ~ *una coperta* to quilt a blanket. **2** ⟨*Sart*⟩ to pad, to wad: ~ *le spalle di una giacca* to pad the shoulders of a jacket. **3** (*riempire con companatico*) to fill. **4** ⟨*fig*⟩ (*riempire*) to fill, to stuff, to pack: *gli imbottirono la testa di sciocchezze* they filled his head with nonsense. **imbottita** *f.* quilt. **imbottito** *a.* **1** stuffed, padded, filled; (*trapuntato*) quilted. **2** ⟨*Sart*⟩ padded, wadded. **3** (*riempito con companatico*) filled. **4** ⟨*fig*⟩ (*rif. a persona: vestito pesantemente*) muffled (up), wrapped (up). **imbottitura** *f.* **1** (*l'imbottire, il materiale*) stuffing, padding, filling. **2** ⟨*Sart*⟩ padding, wadding: *l' ~ della giacca* the jacket padding.

imbozzacchire *v.i.* (**imbozzacchisco, imbozzacchisci**; *aus.* **essere**) **1** (*diventare bozzacchio*) to shrivel. **2** ⟨*fig*⟩ to be stunted.

imbozzimare *v.t.* (**imbozzimo**) **1** ⟨*Tess*⟩ to (cover with) size. **2** ⟨*estens*⟩ to plaster, to smear. **imbozzimatura** *f.* sizing.

imbraca *f.* **1** (*finimento del cavallo*) breeching, breeching strap. **2** (*braca, cinghia di sicurezza*) sling. **imbracare** *v.t.* (**imbraco, imbrachi**) **1** to sling, to secure for hoisting. **2** (*mettere la cinghia di sicurezza*) to fasten a sling around. **imbracatura** *f.* **1** (*l'imbracare*) slinging, strapping. **2** ⟨*concr*⟩ (*funi con cui si imbraca*) sling. □ ~ *del paracadute* parachute harness.

imbracciare *v.t.* (**imbraccio, imbracci**) to put (*o* sling) on one's arm; (*rif. ad arma da fuoco*) to bring to the shoulder, to raise. **imbracciatura** *f.* placing on the arm, slinging (on).

imbranato *a.* ⟨*gerg*⟩ (*inesperto*) raw, uncouth, green.

imbrancare *v.t.* (**imbranco, imbranchi**) **1** (*rif. a pecore*) to gather in a flock. **2** ⟨*estens*⟩ (*rif. a persone*) to herd (*o* gather) together: ~ *i prigionieri* to herd the prisoners together. **imbrancarsi** *v.r.* **1** to herd together; (*rif. a pecore*) to flock together. **2** ⟨*fig*⟩ (*rif. a persone*) to gather together, to join (up): *s'imbrancò con gli altri* he joined the others.

imbrattacarte *m./f.inv.* ⟨*spreg*⟩ scribbler, hack (*o* third–rate) writer. **imbrattamuri** *m./f.* → **imbrattatele**. **imbrattare** *v.t.* to soil, to dirty, to smear; (*macchiare*) to stain: *hai imbrattato l'abito di gelato* you have stained your dress with ice cream; (*con liquidi*) to stain, to spot: ~ *la pagina d'inchiostro* to spot (*o* blot) the page with ink. **imbrattarsi** *v.r.* to dirty o.s., to get dirty: *imbrattarsi di fango* to dirty o.s. with mud, to get muddy; (*macchiarsi*) to stain o.s. □ ⟨*fig*⟩ *imbrattarsi le mani di sangue* to stain one's hands with blood. **imbrattatele** *m./f.inv.* dauber, bad painter. **imbrattatura** *f.* **1** soiling, dirtying, smearing. **2** ⟨*concr*⟩ (*macchie, segni*) stains *pl*, (dirty) marks *pl*, spots *pl*. **imbratto** *m.* **1** (*dipinto scadente*) daub, bad painting; (*scritto scadente*) third–rate writing, scribble. **2** (*broda per maiali*) pigwash, hogwash.

imbrecciare *v.t.* (**imbreccio, imbrecci**) ⟨*Strad*⟩ to (cover with) gravel. **imbrecciatura** *f.* gravelling.

imbriaco *a.* (*pl.* -**ci**) ⟨*pop*⟩ (*ubriaco*) drunk, ⟨*fam*⟩ high.

imbrifero: ⟨*Meteor*⟩ *bacino ~* catchment basin.

imbrigliare *v.t.* (**imbriglio, imbrigli**) **1** (*mettere le briglie*) to bridle: ~ *un cavallo* to bridle a horse. **2** ⟨*fig*⟩ (*tenere a freno*) to bridle, to curb, to hold in: ~ *le passioni* to curb one's passions. **3** ⟨*tecn*⟩ (*rif. a terreno*) to consolidate, to make compact. **4** ⟨*Idr*⟩ to dike, to build an embankment for: ~ *un torrente* to dike a stream. **imbrigliatura** *f.* **1** (*l'imbrigliare*) harnessing, bridling. **2** ⟨*concr*⟩ harness, bridle. **3** ⟨*tecn*⟩ (*rif. a terreno*) consolidation. **4** ⟨*Idr*⟩ diking, enclosing by an embankment.

imbrillantinare *v.t.* to put brilliantine on, to sleek (*o* smear, smooth) with brilliantine. **imbrillantinarsi** *v.r.* to put brilliantine on (one's) hair.

imbroccare *v.t.* (**imbrocco, imbrocchi**) **1** (*colpire nel mezzo*) to hit (in the centre), to strike: ~ *il bersaglio* to hit the target (*o* mark), to score a bull's eye. **2** ⟨*fig*⟩ (*azzeccare, indovinare*) to guess correctly, to get right: *non ha imbroccato neanche una risposta* he didn't get one answer right. □ ⟨*fig*⟩ ~ *la strada giusta* to hit upon the right way; *non ne imbrocca una* he never gets anything right.

imbrodare *v.t.* (**imbrodo**) to stain, to spill soup on, to dirty. □ *Prov.:* *chi si loda s'imbroda* self–praise is no recommendation.

imbrogliare *v.t.* (**imbroglio, imbrogli**) **1** to mix up, to muddle up, to jumble up, to mess up, to (en)tangle: ~ *i fili* to entangle the wires. **2** ⟨*fig*⟩ (*complicare*) to muddle, to mess (*o* mix) up, to confuse, to embroil: ~ *un affare* to confuse a matter. **3** ⟨*fig*⟩ (*confondere*) to confuse, to mix up: ~ *le idee a qd.* to confuse s.o.'s ideas, to mix s.o. up. **4** ⟨*fig*⟩ (*raggirare*) to take in, to dupe: *non è uomo che si possa facilmente ~* he is not a man to be taken in easily; (*frodare*) to swindle, to cheat. **imbrogliarsi** *v.r.* **1** to get tangled (*o* mixed, jumbled) up, to get into a muddle: *la lana si è imbrogliata* the wool has got ⌐tangled up⌐ (*o* into a tangle). **2** ⟨*fig*⟩ (*complicarsi*) to become complicated (*o* involved, intricate). **3** ⟨*fig*⟩ (*confondersi*) to get confused (o mixed up, into a muddle): *m'imbrogliai con tutte quelle cifre* I was confused by all those figures. □ ~ *le carte* to mix up the cards; *gli si è imbrogliata la lingua* he was tongue–tied; ⟨*fig*⟩ ~ *la matassa* to muddle things; ⟨*Mar*⟩ ~ *le vele* to clew up sails. **imbrogliata** *f.* swindle, fraud. □ *prendere un'* ~ to get swindled, to be cheated. **imbrogliato** *a.* **1** tangled, muddled, confused. **2** ⟨*fig*⟩ (*complicato*) involved, intricate, complicated: *una faccenda –a* an intricate matter. **imbroglio** *m.* **1** (*groviglio*) tangle, confusion, muddle: *un ~ di fili* a tangle of wires. **2** (*faccenda imbrogliata*) mess, involved (*o* complicated) situation, mix–up, ⟨*fam*⟩ fix: *ci siamo cacciati in un bell'* ~ we have got into a nice mess. **3** (*raggiro, truffa*) cheat, swindle, trick, fraud: *la sua proposta nasconde un ~* there is some trick behind his proposal; *cadere nell'* ~ to be taken in; *ottenere un posto con imbrogli* to get a position by fraud. **4** ⟨*Mar*⟩ clew line, brail. **imbroglione I** *s.m.* (*f.* -a) cheat, swindler, trickster. **II** *a.* dishonest, fraudulent: *un amministratore ~* a dishonest administrator.

imbronciare *v.i.* (**imbroncio, imbronci**; *aus.* **essere**), **imbronciarsi** *v.r.* **1** (*fare il broncio*) to sulk, to get the sulks, to become sulky. **2** (*rif. al cielo*) to cloud over, to grow overcast (*o* dark). **imbronciato** *a.* **1** sulky, pouting, frowning: *viso ~* pouting face, sulky look. **2** (*rif. al cielo*) overcast, cloudy, dark. □ *essere* ~ to sulk, to pout, to have the sulks.

imbrunire[1] *v.* (**imbrunisco, imbrunisci**) **I** *v.i.* (*aus.* **essere**) to grow (*o* get) dark, to darken: *l'orizzonte già imbruniva* the horizon was already growing dark. **II** *v.i.impers.* (*aus.* **essere/avere**) to get dark: *comincia a ~* it is getting (*o* beginning to get) dark.

imbrunire[2] *m.* nightfall, dusk. □ *all'* (*o* *sull'*) ~ at dusk, at nightfall.

imbruttire *v.* (**imbruttisco, imbruttisci**) **I** *v.t.* to make ugly, to mar. **II** *v.i.* (*aus.* **essere**) to become (*o* grow) ugly.

imbucare *v.* (**imbuco, imbuchi**) **I** *v.t.* (*impostare*) to post, ⟨*am*⟩ to mail: *hai imbucato la lettera?* have you posted the letter? **II** *v.i.* (*aus.* **avere**) to post a letter: *sono uscito per ~* I went out to post a letter.

imbudellare *v.t.* (**imbudello**) ⟨*Alim*⟩ to put into sausage skins.

imbullettare *v.t.* (**imbulletto**) to tack; (*rif. a calzature*) to hobnail.

imburrare *v.t.* to butter, to spread with butter: *~ una fetta di pane* to butter a slice of bread.

imbussolare *v.t.* (**imbussolo**) to put into a (ballot) box.

imbustare *v.t.* to put into an envelope.

imbutiforme *a.* funnel–shaped. □ *cratere* ~ crater cone. **imbuto** *m.* funnel. □ *a* ~ funnel–shaped.

imene[1] *m.* ⟨*Anat*⟩ hymen.

imene[2] *m.* ⟨*poet*⟩ (*nozze*) hymen. **imeneo** *m.* **1** ⟨*Lett*⟩ hymeneal. **2** *pl.* ⟨*fig,poet*⟩ (*nozze*) hymen. **imenio** *m.* ⟨*Bot*⟩ hymenium.

imenotteri *m.pl.* ⟨*Entom*⟩ hymenoptera *pl.*

imitabile *a.* imitable. **imitare** *v.t.* (**imito/imito**) **1** to imitate: *i bambini imitano i grandi* children imitate adults; (*scimmiottare*) to ape: *~ i gesti del maestro* to ape the teacher's gestures. **2** (*riprodurre*) to imitate, to reproduce, to copy: *~ un quadro* to reproduce a painting. **3** (*assomigliare*) to look (*o* be) like, to be similar to, to imitate: *questa stoffa imita la seta* this material looks like silk. □ ~ *l'esempio di qd.* to follow s.o.'s example; ~ *la firma di qd.* to forge s.o.'s signature; ~ *lo stile di uno scrittore* to imitate (*o* copy) a writer's style. **imitativo** *a.* imitative. **imitatore** *m.* (*f.* -**trice**) imitator. **imitazione** *f.* **1** (*l'imitare*) imitation. **2** (*emulazione*) emulation, imitation: *l' ~ dei grandi* emulation of the great. **3** (*riproduzione*) imitation, reproduction: *l' ~ della natura nell'arte* the imitation of Nature in art; *un' ~ di un gioiello antico* an imitation of an antique jewel; *un' ~ scadente* a bad imitation. □ ⟨*Rel*⟩ ~ *di Cristo* Imitation of Christ; ⟨*Comm*⟩ *diffidate delle –i* beware of imitations; ~ *di pelle* imitation leather.

Immacolata *N.pr.f.* ⟨*Rel*⟩ **1** (*festa*) Immaculate Conception. **2** (*Madonna*) Blessed Virgin, Mary

Immaculate. □ *la festa dell'* ~ the feast of the Immaculate Conception.

immacolato *a.* spotless, immaculate.

immagazzinamento *m.* storing (up), storage. **immagazzinare** *v.t.* to store (*anche fig.*): ~ *merci* to store goods.

immaginabile *a.* **1** imaginable, conceivable. **2** ⟨*iperb*⟩ possible: *provare con tutti i mezzi –i* to try all possible means. □ *non* ~ inconceivable, unbelievable.

immaginare *v.t.* (**immagino**) **1** to imagine, to fancy: *è facile ~ la sua gioia* you can easily imagine 'his joy' (*o* how happy he was). **2** (*pensare, supporre*) to think, to imagine, to suppose: *l'appartamento è più grande di quanto avessi immaginato* the flat is larger than I thought; *me lo immagino* I can just imagine it; *chi l'avrebbe immaginato!* who would ever have thought it! **3** (*intuire, prevedere*) to guess: *il ritardo era tale che immaginai fosse successo qualcosa* there was such a delay that I guessed something had happened. □ *non si può ~ la città senza questo monumento* the town is unimaginable (*o* unthinkable) without this monument; *non puoi ~ quanto mi dispiaccia* you can't imagine how sorry I am; *è l'uomo più generoso che si possa ~* he is the most generous man you can imagine; *non riesco ad ~ che egli sia capace di simili azioni* I can't imagine him (*o* his) being capable of such actions. || *immaginati:* **1** (*come affermazione*) of course, ⟨*fam*⟩ rather: *sei d'accordo? – immaginati* do you agree? – of course (I do); **2** (*come negazione*) not at all, not in the least, not a bit of it, of course not: *sei seccato? – immaginati* are you annoyed? – not at all; **3** (*come risposta ad un ringraziamento*) don't mention it, not at all, ⟨*am*⟩ you're welcome: *ti ringrazio molto – immaginati* thank you very much – don't mention it; *c'era da immaginarselo* it was only to be expected. **immaginario** *a.* (*anche Mat.*): *personaggio ~* imaginary character; *i suoi timori sono soltanto immaginari* his fears are only imaginary. **immaginativa** *f.* imagination, imaginativeness. □ *non avere* ~ to have no imagination, to be unimaginative; *ricco di* ~ imaginative. **immaginativo** *a.* of imagination, imaginative: *facoltà –a* faculty of imagination; *scrittore* ~ imaginative writer. **immaginazione** *f.* **1** imagination, fancy. **2** (*invenzione, cosa inventata*) (figment of the) imagination, fancy: *questa è una tua* ~ this is a figment of your imagination. **3** ⟨*Filos*⟩ imagination. □ *avere* ~ to be imaginative, to have imagination; *non avere* ~ to be unimaginative, to have no imagination; ~ *ricca* lively imagination.

immagine *f.* **1** image: *vide la sua* ~ *nello specchio* he saw his image in the mirror. **2** (*figura*) figure, picture: *disegnare l' ~ di un gatto* to draw the figure of a cat. **3** (*ritratto*) picture, portrait: *alla parete era appesa l' ~ di una fanciulla* the picture of a girl hung on the wall; (*statua*) statue, image: ~ *in marmo* marble statue. **4** (*rif. a persona: ritratto*) image, (exact) likeness, ⟨*fam*⟩ spitting image: *quel ragazzo è l' ~ di suo padre* that boy is the image of his father. **5** (*rappresentazione mentale*) (mental) picture, image: *serbare nel cuore l' ~ di una persona amata* to keep in one's heart the image of a loved one. **6** (*simbolo*) image, symbol, picture: *il sonno è l' ~ della morte* sleep is the symbol of death. **7** (*espressione di un concetto*) image, simile, figure: *un' ~ ardita* a bold image; *pl.* imagery. **8** ⟨*Ott,Fot*⟩ image. **9** ⟨*Cin,TV*⟩ picture, image. □ *a* ~ *di* (*a modello di*) in the image of, like, after; ⟨*Bibl*⟩ *Dio creò l'uomo a sua* ~ *e somiglianza* God created Man in His own image; ~ *aziendale* corporate image; ⟨*Fot,TV*⟩ ~ *poco* **chiara** blurred picture; ~ **contrastata** high–contrast image; *culto delle –i* image worship; ⟨*TV*⟩ ~ **distorta** distorted image; ⟨*Ott*⟩ ~ **invertita** inverted (*o* upside–down) image; ⟨*Fot,Cin*⟩ ~ **nitida** sharp (*o* high definition) picture; *–i poetiche* poetic imagery; ~ *del* **prodotto** product image; ⟨*Fis*⟩ ~ **reale** real image; ⟨*fig*⟩ *ricco di –i* figurative; ~ **sacra** sacred image; *essere l' ~ della* **salute** to be a picture of health; ⟨*Acu*⟩ ~ **stereo** stereo image; ~ **stereoscopica** stereoscopic image; ⟨*Fis*⟩ ~ **virtuale** virtual image; ~ **votiva** votive image.

immaginifico *a.* (*pl.* -**ci**) figurative. **immaginismo** *m.* ⟨*Lett*⟩ imaginism. **immaginoso** *a.* **1** (*dotato di* *immaginazione*) imaginative: *scrittore* ~ imaginative writer. **2** (*ricco di immagini*) rich in images, figurative: *stile* ~ style rich in images.

immalinconire *v.* (**immalinconisco, immalinconisci**) **I** *v.t.* to make melancholy (*o* sad): *questi pensieri m'immalinconiscono* these thoughts make me melancholy. **II** *v.i.* (*aus.* essere), **immalinconirsi** *v.r.* to grow (*o* become) melancholy.

immancabile *a.* unfailing, inevitable: *ci sarà l' ~ discorso di apertura* there will be the inevitable opening speech; (*rif. a persona*) constant, ever-present: *lo seguiva l' ~ segretario* he was followed by his ever-present secretary. **immancabilmente** *avv.* unfailingly, inevitably.

immane *a.* **1** ⟨*lett*⟩ (*enorme*) huge, enormous. **2** ⟨*fig*⟩ (*terribile*) terrible, fearful, dreadful: *un' ~ sciagura* a terrible disaster.

immanente *a.* ⟨*Filos*⟩ immanent: *causa* ~ immanent cause. **immanentismo** *m.* immanentism. **immanentista** *m./f.* immanentist. **immanentistico** *a.* (*pl.* -ci) immanentist(ic). **immanenza** *f.* immanence.

immangiabile *a.* uneatable.

immanità *f.* ⟨*lett*⟩ **1** (*l'essere enorme*) hugeness, enormousness. **2** ⟨*fig*⟩ (*l'essere terribile*) dreadfulness, frightfulness.

immantinente *avv.* ⟨*lett*⟩ (*subito*) immediately, at once.

immateriale *a.* **1** immaterial, incorpor(e)al: *sostanza* ~ immaterial substance. **2** ⟨*fig*⟩ (*spirituale*) spiritual, airy, ethereal. □ ⟨*Dir*⟩ *beni –i* intangible property. **immaterialismo** *m.* ⟨*Filos*⟩ immaterialism. **immaterialità** *f.* immateriality, immaterialism: *l' ~ dell'anima* the immateriality of the soul.

immatricolare *v.t.* (**immatricolo**) to register (*anche Aut.*). **immatricolarsi** *v.r.* **1** to register. **2** ⟨*Univ*⟩ to matriculate, to enrol. **immatricolazione** *f.* **1** registration (*anche Aut.*). **2** ⟨*Univ*⟩ matriculation, enrolment. □ *numero di ~* registration number.

immaturamente *avv.* prematurely, untimely, before one's time: *l'attore ~ scomparso* the actor who ⌐ came to an untimely end⌐ (*o* died an early death). **immaturità** *f.* **1** unripeness, immaturity. **2** ⟨*fig*⟩ immaturity: ~ *intellettuale* intellectual immaturity. **immaturo** *I a.* **1** unripe, immature: *frutto* ~ unripe fruit. **2** (*rif. a persona*) immature: *un giovane* ~ an immature young fellow. **3** ⟨*fig*⟩ (*rif. a cosa: prematuro*) premature, untimely: *morte –a* untimely end. **4** ⟨*Med*⟩ immature. **II** *s.m.* ⟨*Med*⟩ immature child. □ ⟨*Med*⟩ *reparto –i* specialist unit for immature children.

immedesimare *v.t.* (**immedesimo**) to unify. **immedesimarsi** *v.r.* to identify o.s. (*in* with): *immedesimarsi nella parte* to identify o.s. with the part, to live one's part. □ *immedesimarsi in una situazione* to place (*o* put) o.s. in a situation. **immedesimazione** *f.* (*l'immedesimarsi*) identification, self–identification.

immediatamente *avv.* immediately, at once, instantly. □ ~ *dopo* immediately afterwards, straight after; ~ *prima* right before. **immediatezza** *f.* **1** immediacy (*anche Filos.*). **2** (*subitaneità*) immediateness. **3** (*spontaneità*) immediacy, spontaneity. **immediato** *a.* **1** immediate: *nelle –e vicinanze* in the immediate vicinity. **2** (*spontaneo*) spontaneous: *stile* ~ spontaneous style. □ *pagamento* ~ down payment.

immemorabile *a.* immemorial: *da tempo* ~ from time immemorial. **immemore** *a.* forgetful, unmindful: ~ *di un'antica amicizia* forgetful of an old friendship; ~ *dei propri doveri* forgetful of one's duties.

immensamente *avv.* **1** (*smisuratamente*) immensely, enormously: *un lago* ~ *grande* an immensely large lake. **2** (*moltissimo*) infinitely, enormously, tremendously: *ti sono* ~ *riconoscente* I am infinitely grateful to you. **immensità** *f.* **1** immensity, vastness: *l' ~ dell'universo* the vastness of the universe. **2** (*grande quantità*) infinite (*o* enormous) number, mass: *ha fatto un' ~ di sproposti* he made an enormous number of mistakes. **immenso** *a.* **1** (*smisurato*) immense, vast, boundless: *l' ~ mare* the boundless sea; *un salone* ~ *accoglieva gli ospiti* the guests were received in an immense hall. **2** (*assai numeroso*) immense, enormous, huge: *una folla –a* a huge crowd.

immergere *v.t.* (**immergo, immergi; immersi, immerso**) **1** to dip, to immerse, to plunge: ~ *il pennino nell'inchiostro* to dip the nib in the ink; (*lasciare immerso*) to soak: ~ *i panni nell'acqua* to soak the washing. **2** (*far penetrare*) to plunge, to drive, to sink: *le immerse il pugnale nel petto* he plunged his dagger into her heart. **immergersi** *v.r.* **1** to plunge, to submerge; (*tuffarsi*) to dive: *immergersi nel fiume* to dive into the river. **2** (*rif. a galleggianti*) to dive, to submerge: *il sottomarino s'immerse* the submarine submerged. **3** ⟨*fig*⟩ (*addentrarsi, scomparire*) to disappear (*in* into), to be swallowed up (by): *immergersi nella notte* to disappear into the night. **4** ⟨*fig*⟩ (*dedicarsi completamente*) to be immersed (*o* absorbed), to immerse o.s. (in): *immergersi nel lavoro* to be absorbed in one's work.

immeritatamente *avv.* **1** (*senza merito*) undeservingly, undeservedly: *essere lodato* ~ to be undeservingly praised. **2** (*ingiustamente*) unjustly: *essere punito* ~ to be unjustly punished. **immeritato** *a.* **1** (*non meritato*) undeserved, unmerited: *lodi –e* undeserved praise. **2** (*ingiusto*) unjust: *castigo* ~ unjust punishment. **immeritevole** *a.* undeserving.

immersi → **immergere**. **immersione** *f.* **1** immersion, dipping, plunging. **2** (*rif. a galleggianti*) submerging, diving: *l' ~ di un sommergibile* the submerging of a submarine. **3** ⟨*Mar*⟩ (*pescaggio*) draught, draft. **4** ⟨*Astr,Ott*⟩ immersion. **5** ⟨*Stor*⟩ dive, diving. □ ⟨*Rel*⟩ *battesimo per ~* (baptism by) immersion; ⟨*Mar*⟩ *linea di ~* waterline; *manovra d' ~* immersion manoeuvre; ~ *in profondità* deep–sea diving. **immerso** (*p.p. di immergere*) *a.* **1** immersed; (*rif. a galleggianti*) submerged. **2** ⟨*fig*⟩ plunged, sunk: *la stanza era –a nell'oscurità* the room was (sunk) in darkness. **3** ⟨*fig*⟩ (*intento*) immersed, absorbed: ~ *nei propri pensieri* absorbed in one's thoughts; ~ *nella lettura* immersed in reading.

immesso → **immettere**. **immettere** *v.t.* (**immisi, immesso**) **1** to let, to admit; (*rif. a liquidi*) to run: ~ *acqua in un tubo* to run water into a pipe; (*introdurre soffiando*) to blow. **2** ⟨*fig*⟩ to bring, to let, to introduce: ~ *nuove forze in un partito* to introduce new forces into a party. **3** ⟨*Dir*⟩ to put in possession: ~ *qd. nel possesso di un bene* to put s.o. in possession of property. **immettersi** *v.r.* to penetrate. □ ⟨*Econ*⟩ ~ *in circolazione* to issue, to put (*o* introduce) into circulation; ⟨*Comm*⟩ ~ *sul mercato* to put on the market.

immigrante **I** *a.* immigrating, (im)migratory. **II** *s.m./f.* (im)migrant. **immigrare** *v.i.* (*aus.* essere) **1** to (im)migrate. **2** ⟨*Econ*⟩ (*rif. a capitali*) to flow in (from abroad). **immigrato** **I** *a.* (im)migrated. **II** *s.m.* (*f.* -a) (im)migrant. **immigrazione** *f.* **1** immigration, migration: ~ *in quota* quota immigration. **2** (*gli immigrati*) (im)migration, (im)migrants *pl.* **3** ⟨*Econ*⟩ inflow, migration from foreign markets. □ *paese d' ~* immigration country.

imminente *a.* **1** (*prossimo*) imminent, not far off. **2** (*minaccioso*) imminent, impending, threatening: *pericolo* ~ impending danger. □ *il libro è di ~ pubblicazione* publication of the book is forthcoming. **imminenza** *f.* **1** imminence, nearness. **2** (*minaccia*) imminence: *l' ~ del pericolo* the imminence of danger. □ *nell' ~ delle feste* with the approach of the holidays, with the holidays coming up.

immischiare *v.t.* (**immischio, immischi**) to involve, to mix up, to draw: *non voglio* ~ *i miei parenti in questo affare* I don't want to involve my relatives in this matter. **immischiarsi** *v.r.* to meddle (*in* with), to interfere (with, in), to get involved (*o* mixed up) (in): *non immischiarti in ciò che non ti riguarda* don't interfere in other people's business.

immiserire *v.* (**immiserisco, immiserisci**) **I** *v.t.* to impoverish (*anche fig.*). **II** *v.i.* (*aus.* essere), **immiserirsi** *v.r.* **1** to be(come) impoverished, to be made wretched. **2** ⟨*fig*⟩ to grow weak.

immisi → **immettere**. **immissario** *m.* tributary, affluent: *l' ~ del lago* the tributary of the lake. □ ~ *sotterraneo* underground affluent. **immissione** *f.* **1** letting in, admission: ~ *dell'acqua in un serbatoio* letting of water into a tank; (*sbocco*) inlet: *canale d'* ~ inlet channel. **2** ⟨*fig*⟩ introduction, bringing. **3** ⟨*Dir*⟩ putting (in possession): ~ *nel possesso* putting in possession. **4** ⟨*Inform*⟩ entry: ~ *dei dati* data entry. □ ⟨*tecn*⟩ ~ *dell'aria* air intake.

immobile I *a*. still, motionless, immobile: *restare* ~ to keep (*o* stand) still, to be motionless. **II** *s.m.* ⟨*Dir*⟩ immovable property. □ *beni -i* immovables *pl*, real property (*o* estate). **immobiliare** *a*. ⟨*Dir*⟩ immovable, real. □ *credito* ~ mortgage credit; *imposta* ~ tax on real property; *proprietà* ~ real estate; *società* ~ construction company. **immobiliarista** *m./f.* real estate agent, ⟨*am*⟩ realtor.

immobilismo *m*. ⟨*Pol*⟩ ultra-conservatism, wait-and-see policy, inactivity: ~ *economico* economic inactivity. **immobilistico** *a*. (*pl*. **-ci**) ultra-conservative, wait-and-see: *linea politica -a* wait-and-see policy. **immobilità** *f*. stillness, motionlessness, immobility: ~ *politica* political immobility. □ *ha l'* ~ *di una statua* he is as motionless as a statue; *l'ingessatura mi costringe ad un'* ~ *assoluta* the plaster cast forces me to keep absolutely still. **immobilizzare** *v.t.* **1** to immobilize, to render immobile. **2** ⟨*Chir*⟩ to immobilize. **3** ⟨*Econ*⟩ to immobilize, to convert into fixed assets. **immobilizzato** *a*. **1** immobilized. **2** ⟨*Econ*⟩ tied (*o* locked) up, sunk. **immobilizzazione** *f*. immobilization (*anche Chir.,Econ.*). □ ⟨*Econ*⟩ *-i finanziarie* fixed assets. **immobilizzo** *m*. ⟨*Econ*⟩ locking (*o* tying) up, sinking.

immoderatamente *avv*. immoderately, to excess. **immoderatezza** *f*. immoderateness, immoderation: ~ *di un desiderio* immoderation of a desire. **immoderato** *a*. immoderate, excessive: *essere* ~ *nel bere* to be immoderate in drinking. □ *essere* ~ *nel mangiare* to overeat.

immodestia *f*. immodesty. **immodesto** *a*. immodest.

immolare *v.t.* (**immolo**) **1** to sacrifice, to immolate: ~ *un bue a una divinità* to sacrifice an ox to a deity. **2** ⟨*fig*⟩ to sacrifice, to give: ~ *la vita per la patria* to give one's life for one's country. **immolarsi** *v.r.* to sacrifice o.s., to immolate o.s. **immolazione** *f*. **1** immolation, sacrifice. **2** ⟨*fig*⟩ sacrifice, self-sacrifice.

immondezza *f*. **1** dirtiness, filthiness, foulness (*anche fig.*). **2** (*spazzatura*) rubbish, garbage, ⟨*am*⟩ trash. **immondezzaio** *m*. **1** (*luogo per le immondizie*) rubbish dump, garbage heap. **2** ⟨*fig*⟩ (*ambiente turpe*) gutter, sink, place of filth.

immondizia *f*. **1** (*sporcizia*) dirt, filth. **2** (generally in pl.; *spazzatura*) rubbish, garbage, ⟨*am*⟩ trash. □ **bidone** *delle -e* dustbin, ⟨*am*⟩ garbage (*o* trash) can; **camion** *delle -e* garbage truck; **deposito** *delle -e* garbage (*o* rubbish) dump; **gettare** *qc. tra le -e* to throw s.th. in the dustbin; *è vietato lo* **scarico** *delle -e* no dumping (*o* tipping).

immondo *a*. dirty, filthy, foul (*anche fig.*).

immorale *a*. immoral: *atti -i* immoral acts; *persona* ~ immoral person. **immoralismo** *m*. ⟨*Filos*⟩ immoralism. **immoralista** *m./f.* immoralist. **immoralità** *f*. immorality.

immortalare *v.t.* to immortalize. **immortalarsi** *v.r.* to immortalize o.s., to become (*o* make o.s.) immortal. **immortale I** *a*. **1** immortal. **2** (*estens*) (*imperituro*) immortal, (ever)lasting: *fama* ~ everlasting fame. **II** *s.m./f.* (*divinità*) immortal. **immortalità** *f*. **1** immortality: *l'* ~ *dell'anima* the immortality of the soul. **2** (*estens*) immortality, enduring fame: *conquistare l'* ~ *con le proprie opere* to win enduring fame by one's works.

immotivato *a*. unmotivated.

immoto *a*. ⟨*lett*⟩ immobile, motionless, still.

immucidire *v.i.* (**immucidisco, immucidisci**; *aus.* **essere**) to grow musty, to go mouldy.

immune *a*. **1** free, immune (*da* from): *nessuno è* ~ *da difetti* no one is ⌜free from fault⌝ (*o* faultless). **2** ⟨*Med,Pol*⟩ immune: ~ *dal contagio* immune from contagion. **immunità** *f*. **1** ⟨*Pol,Med*⟩ immunity. **2** ⟨*Stor*⟩ tax exemption. □ ~ *ecclesiastica* ecclesiastical immunity; ~ *diplomatica* diplomatic immunity; ~ *parlamentare* parliamentary immunity. **immunitario** *a*. ⟨*Med*⟩ immune, of immunity: *sistema* ~ immune system. □

⟨*Med*⟩ *malattia -a* immune complex disease (*o* disorder); *risposta -a* immune response.

immunizzante *a*. ⟨*Med*⟩ immunizing: *siero* ~ immunizing serum. **immunizzare** *v.t.* to immunize. **immunizzarsi** *v.r.* to become immune, to immunize o.s. **immunizzazione** *f*. immunization.

immuno|deficienza *f*. ⟨*Med*⟩ immune deficiency. **~fluorescente** *a*. immunofluorescent. **~fluorescenza** *f*. immunofluorescence. **~genetica** *f*. immunogenetics *pl* (*costr.sing.*).

immunogeno *a*. immunogenic, antigenic. **immunoglobulina** *f*. ⟨*Med*⟩ immunoglobulin.

immunologia *f*. ⟨*Med*⟩ immunology. **immunologico** *a*. (*pl*. **-ci**) immunologic(al). **immunologo** *m*. (*pl*. **-gi**; *f*. **-a**) immunologist.

immuno|patologia *f*. immunopathology. **~reazione** *f*. immune reaction. **~soppressione** *f*. immunosuppression. **~soppressivo I** *a*. immunosuppressive. **II** *s.m.* immunosuppressive agent. **~terapia** *f*. immunotherapy.

immunsiero *m*. immune serum.

immusonirsi *v.r.* (**m'immusonisco, t'immusonisci**) to sulk, to pout. **immusonito** *a*. sulky, pouting, with a long face.

immutabile *a*. **1** immutable, unchangeable: *destino* ~ immutable destiny. **2** (*forte, costante*) unswerving, constant, firm: *volontà* ~ unswerving will. **immutabilità** *f*. **1** immutability, unchangeableness. **2** (*forza, costanza*) constancy, firmness: *l'* ~ *di una decisione* the firmness of a decision. **immutato** *a*. **1** unchanged, identical, the same (as before): *l'ordine è rimasto* ~ the order is unchanged (*o* the same as ever). **2** (*costante*) unswerving, unfailing.

imo I *a*. lowest, deep(est), bottom(most). **II** *s.m.* bottom, depths *pl*, lowest part: *dall'* ~ *del cuore* from the bottom of one's heart.

imoscapo *m*. ⟨*Arch*⟩ lower scape (*o* shaft).

impaccare *v.t.* (**impacco, impacchi**) to pack, to wrap up, to make a parcel of: ~ *i libri* to pack books. **impacchettare** *v.t.* (**impacchetto**) to package, to make ⌜into a package⌝ (*o* a package of): ~ *le sigarette* to package cigarettes. **impacchettatrice** *f*. packer.

impacciare *v.t.* (**impaccio, impacci**) **1** (*impedire*) to hinder, to encumber, to impede, to hamper: *il cappotto m'impaccia i movimenti* the coat hampers my movements. **2** (*ostacolare, disturbare*) to trouble, to bother, to hinder: *invece di aiutarmi m'impaccia* instead of helping me he hinders me. **impacciato** *a*. **1** (*impedito*) hindered, hampered: *avere i movimenti -i* to be hampered in one's movements. **2** (*goffo, maldestro*) awkward, clumsy. **3** (*imbarazzato*) embarrassed, awkward, ill at ease, uncomfortable. **impaccio** *m*. **1** (*imbarazzo*) embarrassment, awkwardness. **2** (*situazione imbarazzante*) embarrassing (*o* awkward) situation, predicament: *trovarsi in un* ~ to be in an embarrassing situation. **3** (*ostacolo, intralcio*) hindrance; (*fastidio*) trouble, bother. **4** ⟨*concr*⟩ (*cosa che impaccia*) encumbrance; *pl*. clutter, litter: *togli dal tavolo tutti gli impacci* take all the clutter off the table. □ *essere d'* ~ *a qd.* to be (*o* get) in s.o.'s way, to hinder s.o.: *questi abiti mi sono d'* ~ these clothes get in my way; *trarsi d'* ~ to get out of a fix.

impacco *m*. (*pl*. **-chi**) ⟨*Med*⟩ compress: *un* ~ *umido* a wet compress.

impadronirsi *v.r.* (**m'impadronisco, t'impadronisci**) **1** (*occupare, impossessarsi*) to take possession, to get hold (*di* of), to seize (s.th.): *il nemico s'impadronì della città* the enemy seized the town. **2** ⟨*fig*⟩ (*rif. a sentimenti*) to take hold (of), to be seized (*o* carried away) (by) (*costr. pers.*), to seize: *la passione s'impadronì di lui* passion seized (*o* took hold of) him, he was carried away by passion. **3** (*appropriarsi indebitamente*) to misappropriate, to embezzle (s.th.): *s'impadronì di tutti i suoi averi* he embezzled all his possessions; (*rubare*) to steal (s.th.): *il ladro s'impadronì dei gioielli* the thief stole the jewels. **4** (*afferrare, prendere: rif. a oggetto*) to grab, to seize (s.th.): *s'impadronì della mia valigia e me la portò in camera* he seized my suitcase and carried it up to my room. **5** ⟨*fig*⟩ (*imparare a fondo*) to master (s.th.): ~ *di una lingua* to master a language. □ ~ *del potere* to seize (*o* usurp) power.

impagabile *a.* **1** invaluable, priceless: *mi ha reso un servigio* ~ he did me an invaluable service. **2** ⟨*estens*⟩ (*piacevole, divertente*) priceless: *una scenetta* ~ a priceless scene.

impaginare *v.t.* (impagino) ⟨*Tip*⟩ to make up (into pages), to page (up). **impaginato I** *a.* paged. **II** *s.m.* page proof: *correggere l'* ~ to correct the page proof. **impaginatore** *m.* (*f.* **-trice**) pager, maker-up. **impaginazione** *f.* making-up, paging (up).

impagliare *v.t.* (impaglio, impagli) **1** (*rivestire di paglia*) to cover with straw: ~ *un fiasco* to cover a flask with straw. **2** (*per imballaggio*) to pack in straw: ~ *oggetti fragili* to pack fragile objects in straw. **3** (*rif. ad animali*) to stuff: ~ *uccelli* to stuff birds. □ ~ *una seggiola* to bottom a chair with straw. **impagliato** *a.* **1** covered with straw, straw-covered; (*rif. a sedie*) straw-bottomed. **2** (*rif. ad animali*) stuffed: *uccello* ~ stuffed bird. **impagliatore** *m.* (*f.* **-trice**) **1** chair mender. **2** (*di animali*) stuffer, taxidermist. **impagliatura** *f.* **1** covering with straw; (*rif. a sedie*) chair mending, straw bottoming; (*il rivestimento*) (straw) covering, straw plaiting. **2** (*rif. ad animali*) stuffing.

impala *m.* ⟨*Zool*⟩ impala.

impalamento *m.* (*supplizio*) impalement. **impalare** *v.t.* **1** (*suppliziare*) to impale. **2** ⟨*Agr*⟩ to stake, to prop up: ~ *le viti* to stake vines. **impalarsi** *v.r.* to stiffen. **impalato** *a.* **1** impaled. **2** (*fig*) stiff as a ramrod (*o* poker). □ *beh, non stare lì* ~, *fai qualcosa!* well, don't just stand there, do something!

impalcare *v.t.* (impalco, impalchi) to lay the floor joists of, to floor. **impalcatura** *f.* **1** ⟨*Edil*⟩ (*struttura provvisoria*) scaffolding. **2** ⟨*Edil*⟩ (*struttura portante*) framework (of beams), beams *pl*, timbers *pl*. **3** (*fig*) framework, structure: *l'* ~ *dello stato* the framework of the state. **4** ⟨*Silv*⟩ ramification. **5** ⟨*Zool*⟩ antlers *pl*.

impallidire *v.i.* (impallidisco, impallidisci; *aus.* essere) **1** to (turn) pale, to blanch: ~ *per la paura* to turn pale with fright, to blanch. **2** (*sbiadire, offuscarsi*) to pale, to grow dim: *le stelle impallidivano* the stars grew dim. **3** (*fig*) to fade (away), to die away: *la sua fama impallidì* his fame died away. **impallidito** *a.* pale, wan, white.

impallinare *v.t.* to hit (*o* riddle) with shot: ~ *la selvaggina* to hit game with shot. **impallinatura** *f.* hitting (*o* riddling) with shot.

impalmare *v.t.* ⟨*lett,scherz*⟩ to marry: ~ *una fanciulla* to marry a girl.

impalpabile *a.* impalpable. **impalpabilità** *f.* impalpability.

impaludare *v.t.* to make swampy. **impaludarsi** *v.r.* to become (*o* turn) swampy, to turn ⌐into a swamp¬ (*o* to marshland).

impanare[1] *v.t.* ⟨*Gastr*⟩ (*panare*) to bread, to ⌐cover with¬ (*o* dip in) bread crumbs: ~ *le costolette* to cover the chops with bread crumbs.

impanare[2] **I** *v.t.* ⟨*Mecc*⟩ to thread. **II** *v.i.* (*aus.* avere) to screw up.

impanato *a.* ⟨*Gastr*⟩ breaded, bread-crumbed: *carne –a* breaded meat.

impanatura *f.* ⟨*Mecc*⟩ thread.

impaniare *v.t.* (impanio, impani) **1** ⟨*Venat*⟩ to lime. **2** (*fig*) (*intrappolare*) to entangle, to get into, to involve, to mix up: *lo impaniarono in un affare sbagliato* they got him into a nasty affair. **impaniarsi** *v.r.* ⟨*fig*⟩ to get involved (*o* mixed up) (*in* in), to get o.s. (into), to be entangled (*o* drawn): *impaniarsi in una situazione senza uscita* to get involved in a hopeless situation; ⟨*assol*⟩ to fall into the trap. **impaniato** *a.* **1** limed. **2** ⟨*fig*⟩ caught (up), involved, mixed up: *rimase* ~ *in un affare losco* he got mixed up in a shady affair.

impannare *v.t.* to cover with cloth, to fasten paper over: ~ *una finestra* to fasten paper over a window. **impannata** *f.* **1** cloth covering. **2** ⟨*estens*⟩ (*infisso*) window frame.

impantanare *v.t.* (*ridurre a pantano*) to turn into a swamp, to make muddy (*o* miry). **impantanarsi** *v.r.* **1**

(*ridursi a pantano*) to become swampy (*o* muddy), to be reduced to mire. **2** (*affondare in un pantano*) to get stuck (*o* bogged down) in the mud, to sink (in the mud): *l'automobile si è impantanata* the car has got bogged down in the mud. **3** ⟨*fig*⟩ (*rif. a pratiche e sim.*) to get bogged down, to be (*o* get) held up: *la pratica si è impantanata* the case has got held up.

impaperarsi *v.r.* (m'impapero) ⟨*fam*⟩ to trip up, to make a slip.

impappinarsi *v.r.* to falter, to stammer, to trip up: *s'impappinò nel rispondere* he faltered in his answer.

imparabile *a.* ⟨*Sport*⟩ unstoppable.

imparare *v.t.* **1** to learn: ~ *a camminare* to learn (how) to walk; ~ *una lingua straniera* to learn a foreign language. **2** (*imparare a memoria*) to learn (by heart), to memorize: ~ *una poesia* to learn a poem by heart. **3** ⟨*fig*⟩ to learn: *abbiamo tutti qualcosa da* ~ *da lui* we all have something to learn from him. □ *così imparerai a dire* **bugie** that will teach you not to tell lies; *da chi hai imparato l'* **educazione**? where did you get your manners from?; ~ *a proprie* **spese** to learn to one's cost; *nella* **vita** *c'è sempre da* ~ we never stop learning; ~ *a* **vivere** to learn how to live. *Prov.*: *sbagliando s'impara* we learn by our mistakes.

imparaticcio *m.* **1** (*nozioni mal assimilate*) half-baked knowledge. **2** (*lavoro di principiante*) beginner's (*o* novice's) work.

impareggiabile *a.* incomparable, unparalleled, peerless: *bellezza* ~ incomparable (*o* peerless) beauty.

imparentare *v.t.* (imparento) to relate. **imparentarsi** *v.r.* to become related (*con* to); (*per matrimonio*) to marry (into): *imparentarsi con una famiglia ricca* to marry into a wealthy family.

impari *a.inv.* **1** unequal, uneven: *una lotta* ~ an unequal struggle. **2** (*inferiore: per qualità*) unequal, inferior (*a* to), unfit (for): *essere* ~ *al proprio compito* to be unequal (*o* not up) to one's task. **3** ⟨*non com*⟩ (*dispari*) odd.

imparidigitato *a.* ⟨*Zool*⟩ unequal-toed. **~pennato** *a.* ⟨*Bot*⟩ imparipinnate. **~sillabo I** *a.* ⟨*Metr,Gramm*⟩ imparisyllabic. **II** *s.m.* imparisyllabic noun.

imparità *f.* inequality, unevenness, disparity.

imparruccare *v.t.* (imparrucco, imparrucchi) to put a wig on. **imparruccarsi** *v.r.* to put on a wig. **imparruccato** *a.* with one's wig on: *le dame –e* the ladies with their wigs on.

impartire *v.t.* (impartisco, impartisci) to give, ⟨*lett*⟩ to impart: ~ *un ordine* to give an order; ~ *lezioni private* to give private lessons; ~ *la benedizione* to give the blessing.

imparziale *a.* impartial, unbiased: *giudice* ~ impartial judge; (*giusto*) fair: *decisione* ~ fair decision. **imparzialità** *f.* impartiality, fairness. **imparzialmente** *avv.* impartially, fairly.

impasse *fr.* [ɛ̃'pɑːs] *m.* ⟨*fig*⟩ impasse, deadlock.

impassibile *a.* impassible, impassive, unmoved: *ascoltò* ~ he listened unmoved. □ *restare* ~ to be unmoved. **impassibilità** *f.* impassibility, impassiveness.

impastare *v.t.* **1** to knead, to work into dough: ~ *il pane* to knead bread dough; ~ *la farina con l'acqua* to work flour and water into dough; (*lavorare*) to mix: ~ *la malta* to mix mortar. **2** (*rif. a colori*) to mix. **impastato** *a.* **1** kneaded; (*mescolato*) mixed. **2** ⟨*fig*⟩ (*misto*) mixed, mingled: *una timidezza –a di arroganza* shyness mingled with arrogance. **3** ⟨*fig*⟩ (*rif. a persona: permeato*) full (*di* of), riddled (with): *essere* ~ *di pregiudizi* to be riddled with prejudice. □ *avere la lingua –a* to have a furred tongue; ⟨*fam*⟩ *essere* ~ *di sonno* to be a sleepyhead. **impastatrice** *f.* ⟨*Alim*⟩ (*macchina*) kneading machine. □ ~ *per calcestruzzo e malta* concrete mixer; ~ *elettrica* electric dough machine; ~ *per pane* bread kneading machine. **impastatura** *f.* kneading. **impasticciarsi** *v.r.* ⟨*fam*⟩ to drug o.s. **impasticciare** *v.t.* (impasticcio, impasticci) **1** to mix. **2** ⟨*fig*⟩ (*abborracciare*) to botch, to bungle, to make a mess of: ~ *un lavoro* to make a mess of a job. **3** ⟨*fig*⟩ (*ingarbugliare*) to muddle (up): ~ *un discorso* to muddle a speech. **impasticciarsi** *v.r.* (*ingarbugliarsi*) to get into a mess, to get mixed up.

impasto *m.* **1** mixture: *aggiungere all' ~ del prezzemolo tritato* add chopped parsley to the mixture; (*per il pane*) dough. **2** ⟨*fig*⟩ (*mescolanza*) mixture, medley, blend.

impastocchiare *v.t.* (**impastocchio, impastocchi**) to make up: *~ qualche scusa per discolparsi* to make up some excuse to justify o.s.; (*imbrogliare*) to cheat.

impastoiare *v.t.* (**impastoio, impastoi**) **1** (*mettere le pastoie*) to fetter, to hobble. **2** (*inceppare, intralciare*) to hamper, to hinder (*anche fig.*).

impataccare *v.t.* (**impatacco, impatacchi**) ⟨*fam*⟩ to stain, to spot, to smear.

impattare **I** *v.i.* (*aus.* **avere**) (*chiudere il gioco alla pari*) to be even, to draw; (*rif. al gioco*) to be a draw. **II** *v.t.* to draw. □ ⟨*fam*⟩ *impattarla con qd.* to be even with s.o.

impatto *m.* **1** impact (*anche Artigl.*): *punto d' ~* point of impact. **2** ⟨*fig*⟩ impact: *l' ~ economico di un provvedimento* the economic impact of a measure. □ ⟨*Aer.mil*⟩ *zona d' ~* impact area.

impaurire *v.* (**impaurisco, impaurisci**) **I** *v.t.* to frighten, to scare: *~ qd. con minacce* to frighten s.o. with threats. **II** *v.i.* (*aus.* **essere**), **impaurirsi** *v.r.* to be (*o* get) frightened, to be scared (*per, a* by): *si impaurisce per ogni piccolo rumore* she is frightened by every little noise.

impavesare *v.t.* (**impaveso**) ⟨*Mar*⟩ to dress (with flags). **impavesata** *f.* bunting, flags *pl.*

impavido *a.* ⟨*lett*⟩ fearless, undaunted: *rimanere –i davanti al pericolo* to be ⌈fearless in the face of⌉ (*o* undaunted by) danger.

impaziente *a.* **1** impatient: *mostrarsi ~ con qd.* to be impatient with s.o. **2** (*fortemente desideroso*) impatient, anxious, eager: *sono ~ di partire* I am anxious to leave. **impazientemente** *avv.* impatiently, anxiously. **impazientire** *v.i.* (**impazientisco, impazientisci**; *aus.* **essere**), **impazientirsi** *v.r.* to lose one's patience, to become (*o* get) impatient: *si impazientisce per ogni sciocchezza* he loses his patience over every trifle. **impazienza** *f.* **1** impatience. **2** (*ansietà*) impatience, anxiety, eagerness. □ *un gesto d' ~* a gesture of impatience, an impatient move; *dare segni d' ~* to show signs of impatience.

impazzare *v.i.* (*aus.* **essere**) to run wild; (*rif. a festa e sim.*) to be in full swing: *il carnevale impazza* carnival is in full swing. **impazzata:** *all' ~* wildly: *colpiva l'avversario all' ~* he hit out wildly at his opponent; (*rif. a corse e sim.*) at breakneck speed: *correre all' ~* to run at breakneck speed. **impazzimento** *m.* **1** (*l'impazzire*) going mad. **2** ⟨*fig*⟩ trouble, bother, trying task. □ *i bambini piccoli sono un ~* small children (are enough to) drive one mad. **impazzire** *v.i.* (**impazzisco, impazzisci**; *aus.* **essere**) **1** to go mad (*o* crazy, insane), to lose one's wits: *~ per il dolore* to go mad with grief. **2** (*estens*) to rack one's brains, to nearly go mad: *sono impazzito per trovare una soluzione* I nearly went mad trying to find a solution. **3** ⟨*Mar*⟩ (*rif. alla bussola*) to go (*o* run) wild. **4** ⟨*region*⟩ (*rif. a salse: impazzare*) to curdle. □ *~ per una donna* to be madly (*o* head over heels) in love with a woman; *c'è da ~* it's enough to drive one mad; ⟨*fig*⟩ *fare ~* to drive mad (*o* crazy): *oggi i ragazzi mi hanno fatto ~* the children have been driving me mad today; *sei impazzito?* are you mad?, ⟨*fam*⟩ are you crazy?

impeccabile *a.* impeccable, flawless, faultless: *contegno ~* impeccable behaviour. □ *abito di taglio ~* perfectly–cut suit. **impeccabilità** *f.* faultlessness, impeccability: *~ di stile* faultlessness of style. **impeccabilmente** *avv.* impeccably, faultlessly, flawlessly.

impeciare *v.t.* (**impecio, impeci**) to tar, to smear (*o* coat) with tar. **impeciatura** *f.* **1** tarring, coating with tar (*o* pitch). **2** ⟨*concr*⟩ (*pece*) (coat of) tar.

impedenza *f.* ⟨*El,Aer*⟩ impedance.

impedimento *m.* **1** impediment, hindrance, obstacle: *superare un ~* to overcome an obstacle. **2** ⟨*Dir.can*⟩ impediment. **3** *pl.* ⟨*lett*⟩ (*bagagli*) baggage, luggage, impedimenta *pl.* □ ⟨*Dir.can*⟩ *~ dirimente* diriment impediment; *essere d' ~* to be a hindrance (*o* an obstacle); ⟨*Dir.can*⟩ *~ impediente* impedient impediment; *~ legale* legal impediment; *~ matrimoniale* impediment to marriage.

impedire *v.t.* (**impedisco, impedisci**) **1** to prevent, to keep (*di* from), to stop: *il rumore m'impedisce di lavorare* the noise ⌈prevents me from⌉ (*o* stops me) working; *chi t'impedisce di andartene?* who is stopping you (from) leaving?, who is preventing you from going?; *~ una disgrazia* to prevent an accident. **2** (*frapporsi*) to block, to obstruct, to shut off (*o* out), to cut off: *le case impediscono la vista del mare* the houses block (*o* shut out) the view of the sea. **3** (*impacciare*) to hinder, to hamper, to impede: *era impedito dalla pesante armatura* he was hindered by his heavy armour. **impedito** *a.* **1** (*chiuso da un ostacolo*) blocked, obstructed, barred. **2** (*impacciato*) hindered, hampered, impeded: *era –a dall'abito lungo* she was hampered by her long dress. **3** (*paralizzato*) paralysed: *avere un braccio ~* to have a paralysed arm.

impegnare *v.t.* (**impegno**) **1** to pawn, to pledge: *~ un orologio* to pawn a watch. **2** (*vincolare*) to pledge, to bind, to give: *~ la propria parola* to pledge (*o* give) one's word. **3** (*fissare, prenotare*) to book, to reserve, to take: *~ una stanza* to book a room. **4** (*tenere occupato*) to keep busy, to take (up): *il lavoro m'impegna quattro ore al giorno* the job keeps me busy for four hours a day; *il lavoro m'impegnerà per una settimana* the job will take me a week. **5** (*obbligare*) to oblige: *la sua posizione lo impegna ad un alto tenore di vita* his position obliges him to keep up a high standard of living. **6** ⟨*Mil*⟩ (*impiegare*) to employ, to bring into action: *il nemico impegnò tutte le sue forze in quell'attacco* the enemy employed all his forces in that attack; (*tenere occupato il nemico*) to engage: *~ una divisione nemica* to engage an enemy division. **7** ⟨*Sport*⟩ to keep under pressure: *~ l'avversario* to keep one's opponent under pressure. **impegnarsi** *v.r.* **1** to engage (o.s.), to commit (*o* pledge) o.s., to undertake, to take it upon o.s.: *mi sono impegnato a finire presto il lavoro* I have undertaken to finish the job quickly. **2** (*dedicarsi*) to devote (*o* engage) o.s., to give o.s. up (*o* over): *impegnarsi nello studio* to devote o.s. to one's studies. **3** (*cacciarsi*) to become involved, to engage (o.s.) (*in* in), to get o.s. (into), to let o.s. in (for): *impegnarsi in un'impresa rischiosa* to let o.s. in for a risky venture. **4** ⟨*Mil*⟩ (*iniziare la lotta*) to engage: *impegnarsi con il nemico* to engage the enemy. □ *~ un* **ballo** to reserve (*o* keep) a dance; *~ (anche) la* **camicia** to be left without the shirt on one's back; *~ il* **combattimento** to start fighting; *impegnarsi a* **fondo** to strive with might and main; *una* **risposta** *che non impegna* a non–committal answer.

impegnativo *a.* **1** (*che obbliga*) binding (*anche Comm.*). **2** (*che richiede impegno*) demanding, exacting, telling: *lavoro ~* exacting work. **impegnato** *a.* **1** pawned: *oggetti –i* pawned objects, objects in pawn. **2** (*prenotato*) booked, reserved, taken: *questa stanza è già –a* this room is already booked (*o* taken). **3** (*occupato*) busy, engaged: *domani sarò ~ tutto il giorno* tomorrow I shall be busy all day; (*trattenuto da impegni*) taken up. **4** ⟨*fig*⟩ (politically) committed: *un intellettuale ~* a committed intellectual.

impegno *m.* **1** (*obbligo*) engagement, commitment, obligation, pledge: *prendere un ~* to make an engagement; *oggi ho molti –i* I have many engagements today. **2** (*zelo, assiduità*) diligence, enthusiasm, zeal, eagerness, pains *pl.*: *mostrare poco ~* to show little enthusiasm. **3** ⟨*fig*⟩ (*rif. a intellettuali*) commitment. **4** ⟨*Econ*⟩ commitment, obligation, engagement. **5** ⟨*Pol,Sociol*⟩ engagement. □ *avere un ~ precedente* to have a previous engagement; *~ civico* civil commitment; *con ~* hard, with care, diligently: *fa i suoi compiti con molto ~* he does his homework ⌈with great care⌉ (*o* very carefully); *lavorare con ~* to work hard; *tener fede ai propri –i* to meet (*o* fulfil) one's obligations; *non tener fede ai propri –i* to fail to meet one's obligations; *mettere molto ~ in qc.* to do s.th. with a will; *~ scritto* written undertaking; *senza ~* without (any) obligation, not binding; *senza ~ da parte del cliente* without obligation on the customer's part.

impegolare *v.t.* (**impegolo**) (*impeciare*) to tar, to (smear with) pitch. **impegolarsi** *v.r.* ⟨*fig*⟩ to get involved (*o* mixed up): *non t' ~ in questa faccenda* don't get involved in this matter.

impelagarsi *v.r.* (m'impelago, t'impelaghi) to get involved (*o* mixed up).

impellente *a.* driving, compelling, impelling: *motivi –i* impelling motives.

impellicciare *v.t.* (impelliccio, impellicci) (*vestire di pelliccia*) to dress in fur.

impenetrabile *a.* 1 impenetrable: *foresta* ~ impenetrable forest. 2 ⟨*fig*⟩ impenetrable, inscrutable: *segreto* ~ impenetrable (*o* deep) secret; *uomo* ~ inscrutable man. □ ~ *all'aria* airtight. **impenetrabilità** *f.* impenetrability, imperviousness (*anche fig.*): *l'* ~ *del suo carattere* the impenetrability of his character.

impenitente *a.* 1 (*che non si pente*) impenitent, unrepentant. 2 (*ostinato*) obstinate, confirmed, inveterate: *scapolo* ~ confirmed bachelor. **impenitenza** *f.* impenitence.

impennacchiare *v.t.* (impennacchio, impennacchi) to deck out with plumes. **impennacchiarsi** *v.r.* ⟨*scherz*⟩ to be decked out.

impennaggio *m.* ⟨*Aer*⟩ empennage.

impennarsi *v.r.* (m'impenno) 1 (*rif. a cavalli e sim.*) to rear (up). 2 ⟨*fig*⟩ (*risentirsi*) to flare (*o* bridle) up. 3 ⟨*Aer*⟩ to nose (*o* pull) up, to go into a climb. 4 ⟨*Mar*⟩ to go down the stern. **impennata** *f.* 1 (*rif. a cavalli e sim.*) rearing (up). 2 ⟨*fig*⟩ flaring up, bridling. 3 ⟨*Aer*⟩ nose–up, pull–up. 4 ⟨*Mar*⟩ going down by the stern. 5 ⟨*Econ*⟩ upswing; (*rif. a prezzi e sim.*) run–up: *un'* ~ *dei prezzi* a run–up in prices.

impensabile *a.* 1 unthinkable, inconceivable: *l'infinito è* ~ the infinite is inconceivable. 2 (*impossibile*) unthinkable, impossible. **impensatamente** *avv.* 1 (*senza pensarci*) without thinking, thoughtlessly, unthinkingly: *ho agito* ~ I did it without thinking. 2 (*inaspettatamente*) suddenly, unexpectedly. **impensato** *a.* unthought of; (*inaspettato*) unforeseen, unexpected: *soluzione –a* unforeseen solution.

impensierire *v.t.* (impensierisco, impensierisci) to worry: *il suo ritardo m'impensierisce* his lateness worries me. **impensierirsi** *v.r.* (*preoccuparsi*) to be worried (*o* troubled) (*per* by), to worry, to get worried. **impensierito** *a.* worried (*per* by).

imperante *a.* 1 (*dominante*) ruling: *la dinastia* ~ the ruling dynasty; (*regnante*) reigning. 2 ⟨*fig*⟩ prevailing, ruling, reigning: *il gusto* ~ *nel dopoguerra* the prevailing taste in the post–war period. **imperare** *v.i.* (impero; *aus.* avere) 1 to rule (*su qc.* s.th., over s.th.), to reign (over): *Cleopatra imperava sull'Egitto* Cleopatra ruled (*o* reigned over) Egypt; (*essere imperatore*) to be emperor: *quando imperava Diocleziano* when Diocletian was Emperor, under Diocletian (*o* Diocletian's rule). 2 ⟨*fig*⟩ to rule, to reign (supreme), to prevail: *qui impera la violenza* violence rules here, here violence reigns supreme. **imperatività** *f.* ⟨*Dir*⟩ imperativeness. **imperativo** I *s.m.* ⟨*Gramm,Filos*⟩ imperative: ⟨*Filos*⟩ ~ *categorico* categorical imperative. II *a.* 1 ⟨*Gramm*⟩ imperative, imperatival. 2 (*di comando*) commanding, imperative: *parlare con tono* ~ to speak in a commanding tone. **imperatore** *m.* emperor: *l'* ~ *del Giappone* the Emperor of Japan. **imperatorio** *a.* imperial, imperatorial: *gesto* ~ imperial gesture; *insegne –e* imperial insignia. **imperatrice** *f.* empress.

impercettibile *a.* imperceptible: *rumore* ~ imperceptible noise. **impercettibilità** *f.* imperceptibility, imperceptibleness. **impercettibilmente** *avv.* imperceptibly.

imperdonabile *a.* unforgivable, unpardonable: *una colpa* ~ an unforgivable fault; *errore* ~ unpardonable error.

imperfettamente *avv.* imperfectly. **imperfettivo** *a.* ⟨*Gramm*⟩ imperfective. **imperfetto** I *a.* faulty, imperfect, defective. II *s.m.* ⟨*Gramm*⟩ imperfect. **imperfezione** *f.* 1 imperfection, imperfectness: *l'* ~ *della natura umana* the imperfection of human nature. 2 (*difetto*) imperfection, defect, flaw, fault.

imperiale[1] I *a.* imperial: *famiglia* ~ imperial family. II *s.m.* ⟨*Stor*⟩ Imperial(ist).

imperiale[2] *m./ant. f.* imperial, top (of coach).

imperialismo *m.* ⟨*Pol*⟩ imperialism. **imperialista** I *a.* imperialist(ic). II *s.m./f.* imperialist (*anche Pol.*). **imperialistico** *a.* (*pl.* -ci) imperialist(ic). **imperiosità** *f.*

1 imperiousness. 2 (*impellenza*) imperiousness, urgency. **imperioso** *a.* 1 imperious, commanding: *modi –i* imperious ways. 2 ⟨*fig*⟩ (*impellente*) imperious, pressing, urgent: ~ *bisogno* pressing need.

imperituro *a.* ⟨*lett*⟩ imperishable, (ever)lasting, undying: *fama –a* everlasting (*o* undying) fame.

imperizia *f.* unskilfulness, inexperience.

imperlare *v.t.* (imperlo) 1 to adorn (*o* decorate) with pearls. 2 ⟨*fig*⟩ to bead, to pearl: *il sudore gli imperlava la fronte* his forehead was ⌐beaded with⌐ (*o* covered with beads of) sweat.

impermalire *v.t.* (impermalisco, impermalisci) to put out, to annoy, to irritate. **impermalirsi** *v.r.* to be (*o* get) annoyed, to be put out (by): *impermalirsi per un'inezia* to be put out by a mere trifle.

impermeabile I *a.* 1 impermeable, impervious: *terreno* ~ impermeable (*o* impervious) soil; (*rif. a rocce*) impervious. 2 (*rif. a tessuti*) waterproof; (*impermeabile alla pioggia*) rainproof. II *s.m.* ⟨*Mod*⟩ raincoat, mackintosh, waterproof, ⟨*fam*⟩ mack. **impermeabilità** *f.* imperviousness, impermeability: ~ *del terreno* impermeability of the soil; (*rif. a rocce*) imperviousness. **impermeabilizzare** *v.t.* to waterproof, to impermeabilize: ~ *un tessuto* to waterproof a material; (*rendere impermeabile alla pioggia*) to rainproof. **impermeabilizzatore** *m.* (*f.* -trice) waterproofer. **impermeabilizzazione** *f.* impermeabilization, waterproofing.

impermutabile *a.* unexchangeable.

imperniare *v.t.* (imperni[i]o, imperni) 1 to pivot, to hinge. 2 ⟨*fig*⟩ (*basare, fondare*) to base, to found: *la sua difesa era imperniata sulla infermità mentale* his defence was based on the plea of insanity. **imperniatura** *f.* pivoting, hinging.

impero I *s.m.* 1 empire. 2 ⟨*fig*⟩ (*autorità*) rule, command, sway: *esercitava il suo* ~ *su tutti i membri della famiglia* he held sway over all the members of the family. II *a.* Empire–: *stile* ~ Empire style. □ ⟨*Stor*⟩ ~ *austroungarico* Austro–Hungarian Empire; ⟨*Stor.rom*⟩ ~ *basso* ~ later Roman Empire; ~ **britannico** British Empire; ~ **coloniale** colonial empire; ~ **romano** *d'Occidente* Western Roman Empire; ~ *romano d'Oriente* Eastern Roman Empire; **Sacro** *Romano* ~ Holy Roman Empire.

imperscrutabile *a.* inscrutable: *l'* ~ *volontà degli dei* the inscrutable will of the gods. **imperscrutabilità** *f.* inscrutability.

impersonale *a.* 1 ⟨*Gramm*⟩ impersonal (*anche fig.*): *verbo* ~ impersonal verb; *uno stile* ~ an impersonal style. 2 (*non diretto a qualcuno in particolare*) general, impersonal: *osservazioni –i* general remarks. **impersonalità** *f.* impersonality. **impersonalmente** *avv.* impersonally. **impersonare** *v.t.* (impersono) 1 (*simboleggiare*) to personify, to embody, to symbolize: *Venere impersona la bellezza* Venus symbolizes beauty. 2 ⟨*Teat*⟩ (*interpretare*) to play, to act (the part of), to impersonate. **impersonarsi** *v.r.* 1 (*personificare*) to personify, to be the personification of: *in lui si impersona la bontà* he is ⌐goodness itself⌐ (*o* the personification of goodness). 2 ⟨*Teat*⟩ (*immedesimarsi*) to live, ⟨*fam*⟩ to get under the skin of: *l'attore si impersona nel personaggio* the actor really lives his part.

imperterrito *a.* 1 undaunted, unflinching. 2 (*indifferente*) imperturbable, cool, impassive. □ *continuare* ~ *la propria strada* to go ⌐on one's way undaunted⌐ (*o* coolly on one's way).

impertinente I *a.* impertinent, saucy, ⟨*fam*⟩ cheeky: *una risposta* ~ an impertinent answer. II *s.m./f.* impertinent person, ⟨*fam*⟩ cheeky fellow. **impertinenza** *f.* 1 impertinence, sauciness, ⟨*fam*⟩ cheek. 2 (*atto o detto impertinente*) impertinence: *ne ho abbastanza delle tue –e* I've had enough of your impertinence.

imperturbabile *a.* imperturbable, impassive. □ *rimanere* ~ not to be put out, to be cool, calm and collected. **imperturbabilità** *f.* imperturbability. **imperturbabilmente** *avv.* imperturbably. **imperturbato** *a.* unperturbed, unmoved.

imperversare *v.i.* (imperverso; *aus.* avere) 1 (*rif. a persona*) to rage, to storm, to rail, to rave: ~ *contro qd.* to rage against s.o., to storm at s.o., to rail (*o rave*) at (*o against*) s.o. **2** ⟨*fig*⟩ to rage: *la tempesta imperversa da parecchie ore* the storm has been raging for hours.

impervio *a.* inaccessible, impassable, impervious, impracticable: *sentiero* ∼ impassable path.

impetigine *f.* ⟨*Med*⟩ impetigo: ∼ *erpetiforme* impetigo herpetiformis.

impeto *m.* **1** force, vehemence: *l' ∼ del vento* the force of the wind; (*assalto*) assault, onslaught, impact: *la guarnigione sostenne l'∼ degli assalitori* the garrison withstood the attackers' onslaught. **2** ⟨*fig*⟩ (*accesso*) outburst, fit: *un ∼ di collera* 'an outburst' (*o* a fit) of rage. **3** ⟨*fig*⟩ (*slancio*) impetus, impulse, driving force, fire: ∼ *lirico* lyrical fire. □ *con ∼* (*impetuosamente*) impetuously; (*con forza*) violently.

impetrare *v.t.* (**impetro**) **1** ⟨*lett*⟩ (*ottenere supplicando*) to impetrate: ∼ *misericordia* to impetrate mercy. **2** (*domandare supplicando*) to implore, to beg (*o* pray) for, to entreat, to beseech: *impetrò la grazia* he begged for pardon.

impettito *a.* stiff, erect, straight. □ *camminare ∼* to strut.

impetuosamente *avv.* impetuously, impulsively. **impetuosità** *f.* impetuosity, impetuousness: *l' ∼ è la sua rovina* his impetuosity is his downfall. **impetuoso** *a.* **1** impetuous, furious, raging: *soffiava un vento ∼* a raging (*o* furious) wind was blowing. **2** ⟨*fig*⟩ impetuous, impulsive: *ha un carattere ∼ e ribelle* he has an impulsive, rebellious nature.

impiallacciare *v.t.* (**impiallaccio, impiallacci**) ⟨*Fal*⟩ to veneer. **impiallacciato** *a.* veneered: *mobili –i di mogano* mahogany–veneered furniture. **impiallacciatore** *m.* (*operaio*) veneerer. **impiallacciatura** *f.* **1** (*atto*) veneering. **2** (*effetto*) veneer: *rovinare l' ∼ del tavolo* to ruin the veneer of the table.

impiantare *v.t.* **1** ⟨*tecn*⟩ to fit (together, up), to install, to set up: ∼ *una centrale elettrica* to install a power' (*o* an electric) plant. **2** ⟨*estens*⟩ (*fondare*) to set up, to establish, to found, to start: ∼ *un'azienda* to establish a concern. **3** ⟨*fig*⟩ to set out, to state, to formulate: ∼ *una discussione* to formulate a discussion. □ ⟨*Comm*⟩ ∼ *un conto* to open an account. **impiantista** *m.* installer. **impiantistica** *f.* plant engineering. **impiantistico** *a.* plant engineering–. **impiantito** *m.* ⟨*Edil*⟩ floor, flooring.

impianto *m.* **1** (*l'impiantare*) establishment, setting up, foundation: *l' ∼ di una società* the establishment of a company; (*installazione*) installation. **2** ⟨*concr*⟩ (*complesso di attrezzature*) plant, installation, equipment, system. **3** ⟨*Tel*⟩ installation. **4** ⟨*Chir*⟩ implant; (*atto*) implantation. □ ∼ **antincendio** sprinkler (*o* fire extinguisher) system; ∼ *di* **condizionamento** *d'aria* air–conditioning system; ∼ *di* **depurazione** stripper; ∼ *di depurazione dell'aria* air purifying plant; ∼ *di* **distillazione** distillation plant; ∼ **elettrico:** 1 electric installation (*o* system); 2 ⟨*Aut*⟩ electrical equipment; ∼ **frigorifero** cooling plant; ∼ *d'* **illuminazione** lighting installation; ⟨*Aut*⟩ ∼ **lavafari** headlight washer; ∼ **pilota** pilot plant; ∼ *di* **raffreddamento** cooling plant; ∼ *di* **ricerca** research plant; ⟨*Atom*⟩ ∼ *di* **rigenerazione** reprocessing facility; ⟨*Sport*⟩ ∼ *di* **risalita** skilift; ∼ *di* **riscaldamento** heating system (*o* plant); ∼ **solare** solar installation; ∼ **sperimentale** test plant; **spese** *d' ∼* installation costs (*o* charges); ∼ **telefonico** telephone installation (*o* equipment).

impiastrare *v.t.* **1** (*imbrattare*) to smear, to soil, to dirty. **2** (*rif. a pittore*) to daub: ∼ *la tela* to daub paint on the canvas. **impiastrarsi** *v.r.* to smear (o.s.), to dirty (o.s.), to soil (o.s.). **impiastricciare** *v.t.* (**impiastriccio, impiastricci**) ⟨*spreg*⟩ **1** (*imbrattare*) to smear, to dirty (o.s.), to mess up: *attento a non ∼ il libro* be careful not to dirty the book. **2** (*imbellettare eccessivamente*) to smear, to plaster (with make–up): *non t' ∼ il viso* don't plaster your face with make–up. **impiastro** *m.* **1** (*cataplasma*) poultice, ⟨*non com*⟩ cataplasm: ∼ *di semi di lino* linseed poultice. **2** ⟨*fam*⟩ (*persona malaticcia*) sickly person; (*persona uggiosa*) bore, nuisance, tiresome person.

impiccagione *f.* hanging. **impiccare** *v.t.* (**impicco,**

impicchi) **1** to hang. **2** ⟨*fig*⟩ to choke, to strangle: *questo colletto m'impicca* this collar is choking me. **impiccarsi** *v.r.* to hang o.s.: *s'impiccò ad un albero* he hanged himself on (*o* from) a tree. □ *non studia neanche se l'impiccano* nothing will get him to study; *impiccati!* go hang yourself! **impiccato** **I** *a.* hanged. **II** *s.m.* (*f.* **-a**) hanged man (*f* woman). □ *morire ∼ sulla forca* to be hanged, to die on the gallows; *sentirsi ∼* (*avere il colletto troppo stretto*) to feel choked.

impicciare *v.t.* (**impiccio, impicci**) **1** (*rif. a cose: ingombrare*) to clutter (up), to encumber, to be in the way: *tutti questi libri m'impicciano il tavolo* all these books are cluttering up the table. **2** (*ostacolare*) to block, to obstruct, to bar; (*rif. a persona*) to be (*o* get) in the way, to hamper. **impicciarsi** *v.r.* to meddle (*di* with, in), to interfere (in): *non impicciarti dei fatti che non ti riguardano* don't interfere in other people's business, mind your own business. **impiccio** *m.* **1** clutter, litter, lumber, encumbrance: *sgombra il tavolo di tutti questi impicci* clear all this litter off the table; (*ostacolo*) hindrance, impediment. **2** (*seccatura*) trouble, bother. **3** (*situazione intricata*) trouble, ⟨*fam*⟩ fix, ⟨*fam*⟩ mess: *mi hai combinato un bell' ∼* you have got me into a nice mess. □ *essere d' ∼* to be in the way; *essere in un ∼* to be in trouble (*o* a fix).

impicciolire *v.t.* (**impicciolisco, impicciolisci**) ⟨*non com*⟩ → **impiccolire.**

impiccione *m.* (*f.* **-a**) busybody, meddler.

impiccolire *v.* (**impiccolisco, impiccolisci**) **I** *v.t.* **1** to make smaller, to reduce, to diminish. **2** (*far sembrare più piccolo*) to make appear (*o* look) smaller: *questa lente impiccolisce gli oggetti* this lens makes objects appear smaller. **II** *v.i.* (*aus.* essere), **impiccolirsi** *v.r.* to get (*o* grow) smaller, to diminish, to decrease: *aumentando la distanza l'isola* (*s'*)*impiccoliva* the island grew smaller as we drew away.

impidocchiare *v.t.* (**impidocchio, impidocchi**) to infest with lice, to make lousy. **impidocchiarsi** *v.r.* to become lousy (*o* infested with lice).

impiegabile *a.* employable, usable. **impiegare** *v.t.* (**impiego, impieghi**) **1** to use, to make use of, to employ: *impiega un po' più di cervello* use your head a bit more. **2** (*spendere*) to spend: ∼ *male il proprio denaro* to spend one's money badly; (*investire*) to invest. **3** (*rif. a tempo: spendere*) to spend, to employ: ∼ *bene il proprio tempo* to spend one's time well; (*metterci*) to take (*costr. pers. o impers.*): *ho impiegato venti minuti fino alla stazione* 'I took' (*o* it took me) twenty minutes to get to the station. **4** (*assumere*) to employ, to engage: *ha impiegato i figli nella sua azienda* he has employed his sons in his firm. **impiegarsi** *v.r.* to be employed, to get 'a job' (*o* employment, work) (*in* in). **impiegatizio** *a.* clerical, white–collar–: *categoria –a* clerical class, white–collar workers.

impiegato *m.* (*f.* **-a**) employee, clerk, white–collar worker, clerical (*o* office) worker; *pl.* staff, personnel. □ *–i d'* **amministrazione** administrative clerks (*o* staff); ∼ *di* **banca** bank clerk; ∼ **comunale** municipal employee; *essere ∼ di una società* to 'work for' (*o* be on the staff of) a company; ∼ **fisso** permanent employee, member of the permanent staff; ∼ *d'* **ordine** junior clerk, line employee; ∼ *delle* **poste** post office clerk (*o* employee), ⟨*am*⟩ mailing clerk; ∼ **statale** civil servant.

impiego *m.* (*pl.* **-ghi**) **1** (*uso*) use, employment: *l' ∼ di una macchina* the use of a machine; *un grande ∼ di manodopera* large–scale employment of labour. **2** (*rif. a denari: investimento*) investment: ∼ *di capitale* investment of capital. **3** (*occupazione*) employment: *il problema del pieno ∼* the problem of full employment; (*posto*) employment, job, post, position, situation: *un buon ∼ in un'impresa privata* a good position in a private company; *ottenere un ∼* to get a job (*o* post). □ **aspirare** *a un ∼* to be after a job; *essere in* **cerca** *d'un ∼* to be looking for work (*o* a job), ⟨*fam*⟩ to be job–hunting; **domanda** *d' ∼* application for a position; **offerte** *d' ∼* offers of employment; **perdere** *l' ∼* to lose one's job; **pieno** ∼ full employment; **procurare** *un ∼ a qd.* to find (*o* get) s.o. a job; ~ **stabile** fixed (*o* regular) employment; *avere un* ~ **statale** to be in the Civil Service.

impietosire *v.t.* (**impietosisco, impietosisci**) to move (to pity). **impietosirsi** *v.r.* to be moved (to pity). **impietoso** *a.* ⟨*lett*⟩ pitiless.

impietrire *v.* (**impietrisco, impietrisci**) I *v.t.* to petrify (*anche fig.*). II *v.i.* (*aus.* **essere**), **impietrirsi** *v.r.* to petrify, to become petrified (*anche fig.*).

impigliare *v.t.* (**impiglio, impigli**) to entangle, to catch (at). **impigliarsi** *v.r.* to get entangled (*o* caught up) (*anche fig.*).

impigrire *v.* (**impigrisco, impigrisci**) I *v.t.* to make lazy: *l'inattività impigrisce* inactivity makes one lazy. II *v.i.* (*aus.* **essere**), **impigrirsi** *v.r.* to grow lazy (*o* sluggish).

impillaccherare *v.t.* (**impillacchero**) to splash with mud. **impillaccherarsi** *v.r.* to splash (*o* get splashed) with mud.

impinguamento *m.* fattening. **impinguare** *v.t.* (**impinguo**) **1** to fatten, to (make) fat: ~ *il pollame* to fatten the poultry. **2** ⟨*fig*⟩ (*arricchire*) to fill (out), ⟨*spreg*⟩ to stuff, ⟨*spreg*⟩ to cram. **impinguarsi** *v.r.* **1** to fatten (out), to get fat. **2** ⟨*fig*⟩ (*arricchirsi*) to get rich, ⟨*spreg*⟩ to get fat.

impinzare *v.t.* to stuff, to cram, to fill (up): ~ *lo stomaco* to stuff o.s., to fill up (*o* to bursting). **impinzarsi** *v.r.* to stuff o.s., to cram o.s., to fill o.s. (*o* up): *impinzarsi di dolci* to stuff o.s. with sweets.

impiombare *v.t.* (**impiombo**) **1** (*rivestire di piombo*) to lead, to cover (*o* coat) with lead. **2** (*riempire di piombo*) to fill (*o* stop) with lead; (*rif. a denti*) to fill. **3** (*sigillare con piombo*) to seal (with lead), to plumb: ~ *un carro ferroviario* to seal a railway wagon. **4** (*rif. a cavi: incordonare*) to splice. **impiombatura** *f.* **1** (*il rivestire di piombo*) covering with lead; (*il sigillare con piombo*) sealing, plumbing. **2** ⟨*concr*⟩ (*rivestimento*) lead covering, leading. **3** (*sigillo*) (lead) seal. **4** ⟨*Dent*⟩ filling. **5** (*rif. a cavi*) splice: ~ *corta* short splice.

impiparsi *v.r.* ⟨*volg*⟩ not to give (*o* care) a damn, not to care a jot (*di* about, for): *se ne impipa dei miei rimproveri* he doesn't give a damn about my scolding. □ *me ne impipo* I couldn't care less.

impiumare *v.t.* to feather. **impiumarsi** *v.r.* (*rif. a uccelli*) to become fledged, to grow feathers.

implacabile *a.* implacable: *odio* ~ implacable hatred; *nemico* ~ implacable foe; (*inesorabile*) relentless, unrelenting. **implacabilità** *f.* implacability; (*inesorabilità*) inexorability, relentlessness. **implacabilmente** *avv.* implacably.

implantologia *f.* ⟨*Dent*⟩ implantodontics *pl* (*costr.sing.*), implantology. **implantologo** *m.* (*pl.* -gi) implantodontist.

implementare *v.t.* (**implemento**) ⟨*tecn*⟩ to implement. **implementazione** *f.* implementation.

implicare *v.t.* (**implico, implichi**) **1** (*coinvolgere*) to involve (*in* in): *lo implicarono nella truffa* they involved him in the fraud; (*compromettere*) to implicate. **2** (*comportare*) to involve, to imply, to entail: *i miei studi implicano grandi sacrifici* my studies entail great sacrifice. **implicarsi** *v.r.* to become involved (*o* implicated), to get mixed up: *si è implicato in una faccenda poco pulita* he has become involved in a somewhat shady affair.

implicitamente *avv.* implicitly. **implicito** *a.* **1** implicit, implied; (*tacito*) tacit: *assenso* ~ implicit (*o* tacit) consent. **2** ⟨*Mat*⟩ implicit: *funzione* -*a* implicit function.

implodere *v.i.* (**implosi, imploso**; *aus.* **essere**) ⟨*Fis*⟩ to implode, to undergo implosion.

implorante *a.* imploring, beseeching: *occhi* -*i* imploring eyes. **implorare** *v.t.* (**imploro**) to entreat, to implore, ⟨*lett*⟩ to beseech: ~ *qc. da qd.* to entreat s.th. of s.o., to beseech s.o. for s.th.; *il condannato implorò il re affinché gli concedesse la grazia* the condemned man implored the king for mercy. **implorazione** *f.* **1** (*l'implorare*) imploring. **2** (*preghiera*) entreaty, supplication.

implosione *f.* ⟨*Fis,Ling*⟩ implosion. **implosiva** *f.* ⟨*Ling*⟩ (*consonante implosiva*) implosive.

implume *a.* unfledged, featherless: *uccellini* -*i* unfledged birds.

impluvio *m.* **1** ⟨*Archeol*⟩ impluvium. **2** ⟨*Edil*⟩ gutter, valley. □ ⟨*Geol*⟩ *linea d'* ~ watershed.

impolitico *a.* (*pl.* -ci) **1** unpolitical. **2** ⟨*estens*⟩ (*imprudente*) ill-advised, impolitic, inexpedient.

impollinare *v.t.* (**impollino**) ⟨*Bot*⟩ to pollinate, to pollen: ~ *un fiore* to pollinate a flower. **impollinazione** *f.* pollination: ~ *anemofila* anemophilous pollination; ~ *entomofila* entomophilous pollination.

impolpare *v.t.* (**impolpo**) **1** (*fare ingrassare*) to fatten. **2** ⟨*fig, scherz*⟩ to stuff, to pad (out), to fill (*di* with): *ha impolpato l'articolo di citazioni* he padded out the article with quotations. **impolparsi** *v.r.* (*ingrassare*) to gain (*o* put on) weight.

impoltronire *v.* (**impoltronisco, impoltronisci**) I *v.t.* to make lazy (*o* indolent, slack). II *v.i.* (*aus.* **essere**), **impoltronirsi** *v.r.* to become lazy (*o* indolent), to grow (*o* get) sluggish.

impolverare *v.t.* (**impolvero**) to cover with dust, to make dusty. **impolverarsi** *v.r.* to get dusty, to become (*o* be) covered with dust: *mi sono impolverata dalla testa ai piedi* I am covered with dust from head to foot, I am dusty all over. **impolverato** *a.* dusty: *vestiti* -*i* dusty clothes.

impomatare *v.t.* **1** to put ointment on, to dress with liniment. **2** ⟨*scherz*⟩ (*ungere di brillantina*) to put (*o* smear) brilliantine on; (*rif. a baffi*) to wax. **impomatarsi** *v.r.* **1** to put liniment on o.s. **2** ⟨*scherz*⟩ (*ungersi di brillantina*) to put brilliantine on one's hair. **impomatato** *a.* covered (*o* shining) with brilliantine; (*da elegantone*) dandified.

imponderabile I *a.* imponderable (*anche fig.*): *fattori* -*i* imponderable factors. II *s.m.* (generally in pl.) imponderable (*anche fig.*). **imponderabilità** *f.* **1** imponderability. **2** ⟨*Astron*⟩ (*nei voli spaziali*) weightlessness.

imponente *a.* imposing, impressive: *l'edificio ha un aspetto* ~ the building has an imposing appearance; *un uomo* ~ an imposing man. **imponenza** *f.* imposingness, impressiveness.

imponibile I *a.* (*tassabile*) taxable, rateable: *reddito* ~ taxable income. II *s.m.* taxable income. **imponibilità** *f.* ⟨*Econ*⟩ taxability.

impopolare *a.* unpopular: *provvedimento* ~ unpopular measure. **impopolarità** *f.* unpopularity: *l'* ~ *di una legge* the unpopularity of a law.

imporporare *v.t.* (**imporporo**) to turn (*o* paint) red, to (turn) crimson; (*per timidezza, pudore e sim.*) to turn scarlet, to redden: *la timidezza le imporporava le gote* shyness made her cheeks turn scarlet. **imporporarsi** *v.r.* to grow (*o* go) red; (*arrossire*) to blush.

imporre *v.t.* (**impongo, imponi; imposi, imposto;** → **porre**) **1** to impose: ~ *qc. a qd.* to impose s.th. on s.o.; ~ *la restituzione dei beni* to impose the restitution of the goods. **2** (*costringere*) to force, to oblige, to make: *la sua salute gli impone una vita tranquilla* his health forces him to lead a quiet life. **3** (*far valere*) to enforce, to impose: ~ *la propria volontà* to enforce one's will, to make one's will felt. **4** (*ingiungere*) to order, to lay down: ~ *il silenzio* to order silence. **5** (*infliggere*) to impose, to inflict: ~ *un castigo* to inflict a punishment. **6** (*comportare*) to entail, to involve: *il matrimonio impone sacrifici* marriage entails sacrifices. **7** (*dare*) to give, ⟨*lett*⟩ to impose: ~ *un nome al bambino* to give the baby a name. **imporsi** *v.r.* **1** to assert o.s. (*o* one's authority), to prevail (*a* over): *s'impose ai propri dipendenti* he asserted his authority over his employees. **2** (*eccellere*) to stand out (*su* from, among), to surpass, to outclass (s.o.): *si impose su tutti i pretendenti* he stood out among all the suitors. **3** (*attirare l'attenzione*) to attract attention, to make an impression, to be striking: *s'impone con la sua bellezza* her beauty ˈattracts attention (*o* is striking). **4** (*essere necessario*) to be necessary, to become inevitable: *s'impone una revisione del processo* a rehearing of the trial became necessary. **5** ⟨*fig*⟩ (*incontrare favore*) to become popular (*o* widespread, the rage), to go down well: *è una moda che si è imposta da poco tempo* it's a fashion which has only recently become popular. □ *imporsi all'attenzione* to attract attention; *imporsi all'attenzione di* to come to the attention of s.o.; ⟨*Lit*⟩ ~ *le mani sul capo* to lay on hands; ~ *la propria presenza a qd.* to impose one's presence on s.o.; ~ *tasse* (o *tributi*) to impose (*o* levy) taxes.

importabile *a.* importable: *merci* –*i* importable goods.

importante **I** *a.* important. **II** *s.m.* important (*o* main) thing, ⟨*fam*⟩ great thing: *l' ~ è che tu superi l'esame* the important thing is ⌐that you⌐ (*o* for you to) pass the exam.

importanza *f.* importance, consequence, significance, matter, ⟨*lett*⟩ moment: *l' ~ di un avvenimento* the importance of an event. □ **acquistare** ~ to become important; **avere** ~ to be important (*o* of consequence); *non ha* ~ (*non importa*) it doesn't matter; **dare** ~ *a qc.* to attach importance to s.th.; *dare* ~ *a qd.* to mind s.o., to take s.o. seriously; *darsi* ~ to make o.s. out to be important; *di* **grande** ~ very important, of great importance (*o* moment); *di* **nessuna** ~ unimportant, of no importance; **perdere** ~ to lose importance; *di* **poca** ~ of slight importance; *di* **secondaria** ~ incidental, secondary; *di* **somma** ~ of the utmost (*o* greatest) importance.

importare *v.* (**importo**) **I** *v.i.* (*aus.* **essere**) to matter, to care (*costr. pers.*): *ciò che più m'importa è la salute* health is what ⌐matters most to me⌐ (*o* I care most about). **II** *v.i.impers.* (*aus.* **essere**) **1** to matter, to be important, to care (*costr. pers.*): *m'importa molto della sua felicità* I care very much about his happiness, his happiness ⌐matters a great deal⌐ (*o* is of great concern) to me. **2** (*essere necessario*) to be necessary, to need (*costr. pers.*), to have to (*costr. pers.*), to trouble (*costr. pers.*): *non importa che tu venga tutti i giorni* ⌐you needn't⌐ (*o* don't trouble to) come every day, it isn't necessary for you to come every day. **3** ⟨*fam*⟩ (*interessare*) to care (*costr. pers.*), to matter: *che me ne importa delle tue beghe?* what do I care about your troubles?, what do your troubles matter to me? **III** *v.t.* **1** (*introdurre dall'estero*) to import: ~ *grano* to import corn. **2** (*comportare: rif. a spese*) to come to, to involve, to entail: *l'addobbo importò una grande spesa* the decoration involved great expenditure. □ *non importa* it doesn't matter; ⟨*fam*⟩ *non m'importa un accidente* I don't care (*o* give) a damn; *ciò che più importa* the most important thing. **importatore I** *s.m.* (*f.* **-trice**) importer. **II** *a.* importing: *paese* ~ importing country.

importazione *f.* **1** import, importation: *si occupa d' ~ ed esportazione* he is in the import–export business. **2** *pl.* (*beni importati*) imports *pl:* *quest'anno le* –*i superano le esportazioni* this year imports exceed exports. **3** ⟨*fig*⟩ (*introduzione*) introduction, importation: *l' ~ di una nuova moda* the introduction of a new fashion. □ **articoli** *d' ~* imports imported goods; **blocco** *delle* –*i* suspension of imports, import freeze; ~ *di* **capitali** importation (*o* bringing in) of capital; **contingente** *d' ~* import quota; **ditta** *d' ~* import firm; **divieto** *d' ~* embargo on imports; **licenza** *d' ~* import permit (*o* licence); **restrizioni** *all' ~* import restrictions, restrictions on imports.

importo *m.* (total) amount, (sum) total: *l' ~ delle spese* the (sum) total of expenses, total expenses; (*prezzo*) price, charge: *l' ~ è indicato in dollari* the price is given in dollars. □ ~ *approssimativo* rough amount (*o* figure); ~ **complessivo** total amount, sum total; ~ **lordo** gross amount; ~ **netto** net amount.

importunare *v.t.* to trouble, to bother, to importune: *mi importuna con continue richieste di denaro* he is always bothering me for money. **importunità** *f.* importunity.

importuno *a.* **1** (*fastidioso, che dà noia*) troublesome, tiresome, bothersome, annoying, irksome: *domande* –*e* tiresome questions; *vento* ~ bothersome wind. **2** (*rif. a persona: che insiste nel chiedere*) importunate. □ ⟨*esclam*⟩ *che uomo* ~ what a nuisance of a man; *essere* ~ to be a nuisance.

imposi → **imporre**. **impositivo** *a.* (*relativo alle imposte*) tax–, taxation–: *autonomia* –*a* taxation power.

imposizione *f.* **1** (*l'imporre*) imposition, enforcement: *l' ~ di un obbligo* the imposition of an obligation. **2** (*ordine*) order, command: *sono stufo delle tue* –*i* I am fed up with your orders. **3** (*tassazione*) taxation, imposition, levying. □ ⟨*Lit*⟩ ~ *delle mani* laying on of hands, imposition; ~ *del nome* giving of a name; ~ *di tasse* (*o tributi*) levying of taxes.

impossessamento *m.* ⟨*Dir*⟩ appropriation. **impossessarsi** *v.r.* (**m'impossesso**) **1** to take possession (*di* of), to seize, to appropriate (s.th.): *si impossessarono di tutti i suoi beni* they seized all his goods; *i rivoltosi s'impossessarono di due guardie* the rioters seized two guards. **2** ⟨*fig* ⟩ (*soggiogare*) to gain a hold (*di* over), to get in one's grip (s.o.): *il vizio si impossessò di lui* vice got him in its grip.

impossibile **I** *a.* **1** impossible: *è tecnicamente ~* it is technically impossible; *un ragazzo ~* an impossible boy; *una situazione ~* an impossible situation **2** (*assurdo*) impossible, absurd, ridiculous: *un ragionamento ~* a ridiculous way of reasoning. **3** (*di pessima qualità*) impossible, terrible, awful: *questa carne è ~* this meat is awful. **II** *s.m.* (what is) impossible. □ *fare l' ~* to do all one can, to do one's utmost (*o* best); *è umanamente ~* it is not ⌐humanly possible⌐ (*o* within human powers).

impossibilità *f.* **1** impossibility. **2** ⟨*Dir*⟩ impossibility; (*incapacità*) incapacity. □ *essere* (*o trovarsi*) *nell' ~ di fare qc.* to be unable to do s.th.; *mettere qd. nell' ~ di fare qc.* to make it impossible for s.o. to do s.th., to stop s.o. doing s.th. **impossibilitare** *v.t.* (**impossibilito**) **1** (*rendere impossibile*) to make impossible, to prevent: ~ *la fuga* to make flight impossible, to prevent flight. **2** (*mettere nell'impossibilità*) to make it impossible, to prevent: ~ *qd. a fuggire* to make it impossible for s.o. to escape, to prevent s.o. from escaping. **impossibilitato** *a.* unable, prevented. □ *essere* ~ to be unable, to be impossible (*costr. impers.*): *sono ~ a raggiungerti* it is impossible for me to join you, I cannot (*o* am unable to) join you.

imposta[1] *f.* **1** shutter: *aprire le* –*e* to open the shutters. **2** ⟨*Arch*⟩ impost; (*di arco, volta*) springer.

imposta[2] *f.* ⟨*Econ*⟩ tax, levy, duty. □ ~ **addizionale** additional tax, surtax; ~ *sui* **cani** dog tax; *colpire qd. con* ~ to levy a tax on s.o.; ~ **complementare** *progressiva* progressive (supplementary) income tax; ~ **complementare** *sul reddito* income surtax; –*e* **comunali** rates; ~ *di* **consumo** excise duty (*o* tax); –*e e* **contributi** rates and taxes; ~ **diretta** direct tax; ~ *sulle* **donazioni** gift duty; ~ **generale** *sull'***entrata** turnover tax; ~ **erariale** revenue tax; **esente** *da* ~ tax-free, duty-free; ~ *sui* **fabbricati** house (*o* real estate) tax; ~ *di* **famiglia** rates *pl,* local tax; ~ *sul* **giro** *d'affari* turnover tax; ~ **immobiliare** tax on real estate; ~ **indiretta** indirect tax; ~ *in* **natura** tax in kind; ~ *sul* **patrimonio** capital levy; ~ *sui* **profitti** profits tax; ~ **progressiva** progressive (*o* graduated) tax; ~ *sul* **reddito** income tax; ~ *sul reddito delle persone fisiche* personal income tax; ~ *sul reddito delle persone giuridiche* tax on the income of corporate bodies; ~ *sul reddito dei fabbricati* tax on revenue from buildings; ~ *di* **registro** stamp tax (*o* duty); ~ **societaria** (*o sulle società*) company (profits) tax, ⟨*am*⟩ corporate tax; **soggetto** *a* ~ taxable, dutiable; ~ *di* **soggiorno** visitors' tax; ~ *di* **successione** death duty; ~ *sui* **terreni** land tax; **ufficio** *delle* –*e* tax office; *ufficio delle* –*e* **dirette** ⟨*GB*⟩ Inland Revenue Office, ⟨*SU*⟩ Internal Revenue Service; ~ *sul* **valore** *aggiunto* (*IVA*) added-value tax, value-added tax, VAT.

impostare[1] *v.t.* (**imposto**) **1** (*sistemare la base di una struttura*) to lay, to build, to put (*o* set) in position: ~ *un muro* to build a wall; (*sostenere*) to support. **2** ⟨*fig*⟩ (*avviare*) to begin, to start (off), to get under way, to set off (*o* going): ~ *un lavoro* to begin a job, to get work under way. □ ~ *un conto* to open an account; ~ *la voce* to pitch the voice.

impostare[2] *v.t.* (**imposto**) to post, ⟨*am*⟩ to mail: ~ *una lettera* to post a letter.

impostazione[1] *f.* **1** (*l'impostare*) laying, setting in position. **2** ⟨*fig*⟩ approach, setting out, statement, definition, outlining: *l' ~ del problema* the statement of the problem, the approach to the problem. **3** ⟨*fig*⟩ (*preparazione di base*) style: *quella ballerina ha un'ottima ~* that dancer has an excellent style. □ ~ *della voce* pitching of the voice; ~ *pubblicitaria* advertising approach.

impostazione[2] *f.* ⟨*Post*⟩ posting, ⟨*am*⟩ mailing.

imposto → **imporre**.

impostore *m.* (*f.* **-a**) impostor. **impostura** *f.* imposture.

impotente I *a.* **1** helpless, powerless: *i medici sono –i di fronte a questa malattia* the doctors are powerless to deal with the disease. **2** (*inefficace*) ineffectual, ineffective, impotent: *leggi –i* ineffectual laws. **3** ⟨*Med*⟩ impotent. II *s.m.* ⟨*Med*⟩ impotent man. □ *rabbia* ~ helpless rage. **impotenza** *f.* **1** powerlessness, helplessness, impotence. **2** ⟨*Med*⟩ impotence, impotency. □ ⟨*fig*⟩ *ridurre all'* ~ *qd.* to make s.o. powerless.

impoverimento *m.* impoverishment: ~ *del terreno* impoverishment of soil. □ ~ *del sangue* thinning of the blood. **impoverire** *v.t.* (**impoverisco, impoverisci**) to impoverish (*anche fig.*): ~ *le casse dello stato* to impoverish the Treasury; ~ *un terreno* to impoverish land. **impoverirsi** *v.r.* to grow (*o* become) poor (*anche fig.*).

impraticabile *a.* (*rif. a strade*) impassable, impracticable; (*rif. a terreni e sim.*) inaccessible; (*rif. a campi da gioco*) unfit for play, out of use. **impraticabilità** *f.* (*rif. a strade*) impracticability, impassability; (*rif. a terreni e sim.*) inaccessibility; (*rif. a campi da gioco*) unfitness for play (*o* use).

impratichire *v.t.* (**impratichisco, impratichisci**) to train, to exercise, to drill: ~ *qd. in un mestiere* to train s.o. in a trade. **impratichirsi** *v.r.* to practise (*in qc.* s.th.), to get practise (*o* training) (in), to make o.s. familiar (with).

imprecare *v.i.* (**impreco, imprechi**; *aus.* **avere**) to curse, ⟨*lett*⟩ to imprecate (*contro qc.* s.th.): ~ *contro la sorte* to curse fate. **imprecazione** *f.* curse, imprecation: *scagliare –i a qd.* to hurl curses at s.o.

imprecisabile *a.* indeterminable, indefinite, indefinable: *un numero* ~ *di persone* an indefinite number of people. **imprecisato** *a.* undetermined. **imprecisione** *f.* **1** inaccuracy, imprecision: ~ *nella scelta delle parole* inaccuracy in the choice of words. **2** ⟨*concr*⟩ (*inesattezza*) inaccuracy: *ci sono delle –i nel calcolo* there are some ⌐inaccuracies in the calculation⌐ (*o* miscalculations). **impreciso** *a.* **1** (*inesatto*) inaccurate: *calcolo* ~ inaccurate calculation, miscalculation. **2** (*indeterminato*) indefinite, imprecise: *fattezze –e* indefinite features.

impregiudicato *a.* **1** open, undecided: *la questione è rimasta –a* the matter is still open. **2** ⟨*Dir*⟩ unprejudiced.

impregnare *v.t.* (**impregno**) **1** (*inzuppare*) to soak, to saturate (*di* with). **2** ⟨*fig*⟩ to imbue, to permeate. **3** ⟨*tecn*⟩ to impregnate: ~ *un corpo con una sostanza fluida* to impregnate a body with a fluid. **4** (*rendere pregno*) to impregnate. **impregnarsi** *v.r.* **1** to become impregnated (*o* soaked) (*di* with). **2** ⟨*fig*⟩ to be imbued (with).

imprendibile *a.* impregnable, unconquerable, unassailable: *una fortezza* ~ an impregnable fortress.

imprenditore *m.* (*f.* **-trice**) entrepreneur; (*appaltatore*) contractor. □ ~ *agricolo* (independent) farmer; ~ *edile* building contractor; ~ *di pompe funebri* undertaker, ⟨*am*⟩ mortician; ~ *di trasporti* carrier, forwarding agent. **imprenditoria** *f.* entrepreneurs *pl.* **imprenditoriale** *a.* entrepreneurial. **imprenditorialità** *f.* **1** entrepreneurship. **2** ⟨*collett*⟩ entrepreneurs *pl.*

impreparato *a.* **1** unprepared: *alunno* ~ unprepared pupil. **2** (*rif. a lavoratori*) unskilled, untrained. **impreparazione** *f.* **1** unpreparedness, lack of preparation. **2** (*rif. a lavoratori*) lack of training (*o* skill).

impresa *f.* **1** (*iniziativa*) undertaking, enterprise: *abbandonare l'* ~ to give up the undertaking. **2** (*azione ardimentosa*) exploit, deed, feat: ~ *eroica* heroic exploit, deed of prowess. **3** ⟨*Comm*⟩ (*azienda*) concern, business, enterprise, undertaking. □ ~ **agricola** farm; ⟨*Comm*⟩ ~ **collettiva** joint enterprise (*o* venture); ~ **commerciale** (commercial) concern, business enterprise; *condurre a termine un'* ~ to go through with an undertaking; ~ (*di*) **costruzioni** building contractor, ⟨*fam*⟩ builders *pl;* ~ **creditrice** creditor firm; ~ **debitrice** debtor firm; ⟨*Econ*⟩ ~ **familiare** family concern (*o* business); ~ **fortunata** successful undertaking; ⟨*Comm*⟩ **grande** ~ big (*o* important) concern; ⟨*Agr*⟩ ~ **individuale** individual farm; ~ *a scopo di* **lucro** profit–making concern; **mettersi** *in un'* ~ to undertake (*o* go into) s.th.; ~ **nazionalizzata** nationalized concern; ~ **ortofloricola** horticultural enterprise; ~ **parastatale** state–controlled business; **piccola** ~ small(–scale) concern; ~ *di* **pompe** *funebri* (firm of) undertakers, undertaking business; ~ **primaria** leading concern; ~ **privata** private enterprise (*o* undertaking); ⟨*Agr*⟩ ~ private farm; ~ **pubblica** public (*o* state) enterprise; ~ *di* **trasporti** forwarding agency; ~ *d'*utilità *pubblica* public utility concern.

impresario *m.* (*f.* **-a**) **1** ⟨*Teat*⟩ impresario, (theatre) manager, ⟨*am*⟩ producer. **2** (*imprenditore*) entrepreneur; (*appaltatore*) contractor.

imprescindibile *a.* not to be ignored (*o* set aside), inexorable, unavoidable, (absolutely) necessary: *doveri –i* unavoidable duties; *necessità* ~ inexorable necessity.

imprescrittibile *a.* ⟨*Dir*⟩ indefeasible. **imprescrittibilità** *f.* indefeasibility.

impressi → **imprimere**.

impressionabile *a.* **1** impressionable, susceptible, sensitive: *temperamento* ~ susceptible nature; (*che si spaventa facilmente*) easily frightened. **2** ⟨*Fot,Cin*⟩ sensitive. **impressionabilità** *f.* **1** impressionability, susceptibility. **2** ⟨*Fot,Cin*⟩ sensitivity. **impressionante** *a.* **1** impressive, striking: *visione* ~ impressive scene; (*che spaventa*) frightening; (*che turba*) upsetting, shocking. **2** ⟨*Fot,Cin*⟩ exposing, exposure–. **impressionare** *v.t.* (**impressiono**) **1** (*fare impressione*) to make an impression on, to strike, to impress: *mi ha impressionato la crudezza delle sue parole* I was struck by the harshness of his words; *mi ha bene impressionato* he made a good impression on me; (*spaventare*) to frighten, to scare; (*turbare*) to upset, to shock, to affect; (*scuotere*) to shake: ~ *l'opinione pubblica* to shake (*o* shock) public opinion. **2** ⟨*Fot,Cin*⟩ to expose. **impressionarsi** *v.r.* **1** (*rimanere colpito*) to be struck (*o* impressed); (*spaventarsi*) to be frightened (*o* scared); (*turbarsi*) to be upset (*o* shocked): *m'impressionò molto la notizia* I was very upset to hear the news, the news greatly (*o* deeply) affected me. **2** ⟨*Fot*⟩ to be exposed. □ ~ *favorevolmente* to impress, to make a good impression on. **impressionato** *a.* **1** struck, impressed; (*spaventato*) frightened, scared; (*turbato*) upset, shocked, affected; (*scosso*) shaken. **2** ⟨*Fot,Cin*⟩ exposed: *pellicola –a* exposed film. □ *ben* ~ (favourably) impressed; *mal* ~ unfavourably impressed.

impressione *f.* **1** impress(ion), imprint, mark: *l'* ~ *del sigillo sulla ceralacca* the impression of the seal on the wax. **2** (*sensazione fisica*) sensation: ~ *di caldo* sensation of heat. **3** ⟨*fig*⟩ (*sensazione astratta*) impression, feeling: *la mia prima* ~ *fu buona* my first impression was favourable; *ho l'* ~ *che sia meglio andare via* I have a feeling that it would be better to leave. **4** ⟨*fig*⟩ (*turbamento*) upset, emotion: *l'annuncio della disfatta ha procurato una grande* ~ the news of the defeat caused great emotion. **5** ⟨*Tip*⟩ (*stampa*) printing; (*modo di essere impresso*) impression. □ *dare l'* ~ to give the impression; **fare** ~ to impress; (*spaventare*) to frighten; (*turbare*) to upset, to affect; *fare una buona* (*o* *cattiva*) ~ *a qd.* to make a good (*o* bad) impression on s.o.; *che* ~ *ti ha fatto?* how did he strike you?; *giudicare dalla* **prima** ~ to go by first impressions; **ricevere** *un'* ~ to have an impression; **suscitare** *una profonda* ~ to make a great (*o* deep, strong) impression; *avere la* **vaga** ~ *che* to have the feeling that.

impressionismo *m.* ⟨*Art,Lett,Mus*⟩ impressionism. **impressionista** I *s.m./f.* impressionist. II *a.* impressionist(ic). **impressionistico** *a.* (*pl.* **-ci**) impressionist(ic).

impresso (*p.p. di* imprimere) *a.* impressed, imprinted, stamped (*anche fig.*): *le tue parole sono –e nella mia mente* your words are impressed on my mind. □ *mi è rimasto* ~ I can still remember it. **impressore** *m.* ⟨*Tip*⟩ printer.

imprestare *v.t.* (**impresto**) ⟨*fam*⟩ to lend, to loan: ~ *un libro a qd.* to lend s.o. a book.

imprevedibile *a.* unforeseeable, unpredictable: *caso* ~ unforeseeable event; (*rif. a persona*) unpredictable. **imprevidente** I *a.* improvident. II *s.m./f.* improvident person. **imprevidenza** *f.* improvidence, lack of foresight.

imprevisto I *a.* unforeseen, unexpected: *un avvenimento* ~ an unexpected event. **II** *s.m.* unforeseen event, unexpected occurrence. □ *salvo –i* unless anything unexpected happens, circumstances permitting.

impreziosire *v.t.* (**impreziosisco, impreziosisci**) **1** to make (more) precious: ~ *un diadema di gemme* to make a tiara precious with jewels. **2** ⟨*fig*⟩ to embellish: ~ *il proprio stile* to embellish one's style.

imprigionamento *m.* imprisonment. **imprigionare** *v.t.* (**imprigiono**) **1** to imprison, to put in prison: *il ladro fu imprigionato* the thief was put in prison. **2** (*ingabbiare*) to (put in a) cage, to confine: ~ *un uccello* to put (o keep) a bird in a cage.

imprimatur *lat. m.* ⟨*Dir.can*⟩ imprimatur.

imprimé *fr.* [ɛ̃pri'me] **I** *a.* ⟨*Tess*⟩ printed, print–. **II** *s.m.* print (dress).

imprimere *v.t.* (**impressi, impresso**) **1** to impress, to imprint, to stamp, to mark: ~ *un sigillo su una lettera* to stamp (o impress) a seal on a letter; (*a fuoco*) to burn in (o on): ~ *un marchio* to burn on a brand. **2** ⟨*fig*⟩ to impress, to engrave, to imprint, to stamp: ~ *qc. nel cuore di qd.* to engrave s.th. in s.o.'s heart. **3** (*dare*) to give, to impart, to convey: ~ *una spinta a un corpo* to give a body a push. **imprimersi** *v.r.* to be impressed (*anche fig.*): *le sue parole si sono impresse nella mia mente* his words are impressed on my mind. □ ~ *un movimento a qc.* to set s.th. in motion; ~ *velocità a qc.* to speed s.th. up.

imprimitura *f.* ⟨*Pitt*⟩ priming.

improbabile *a.* improbable, unlikely. **improbabilità** *f.* improbability, unlikelihood.

improbità *f.* ⟨*lett*⟩ dishonesty, improbity. **improbo** *a.* **1** ⟨*lett*⟩ dishonest; (*malvagio*) wicked. **2** ⟨*fig*⟩ (*faticoso*) hard: *un lavoro* ~ hard work.

improcrastinabile *a.* undelayable. **improcrastinabilità** *f.* impossibility to delay (s.th).

improduttività *f.* unproductiveness. **improduttivo** *a.* **1** unproductive. **2** ⟨*Econ*⟩ idle: *capitale* ~ idle capital.

impronta *f.* **1** mark, impression, (im)print, sign: *l'* ~ *di un sigillo* the impression of a seal; (*orma*) (im)print, mark: *lasciò l'* ~ *dei suoi passi sulla rena* he left his footprints on the sand. **2** ⟨*fig*⟩ (*contrassegno*) (hall)mark, sign, stamp: *l'* ~ *del genio* the hallmark of genius. □ *cancellare un'* ~ to erase (o wipe out) a mark; ⟨*fig*⟩ *dare la propria* ~ *a qc.* to 'leave one's mark' (o put one's stamp) on s.th.; ~ *digitale* fingerprint. **improntare** *v.t.* (**impronto**) **1** to (im)press, to imprint, to mark: ~ *la ceralacca col sigillo* to impress the seal on the wax. **2** ⟨*fig*⟩ to leave (o set) one's mark on, to stamp, to mark: ~ *il secolo del proprio genio* to leave the mark (o stamp) of one's genius on a century. **improntarsi** *v.r.* to be (o become) marked (*a, di* with), to take on a look (of): *il suo volto si improntò a* (o *di*) *paura* his face took on a look of fear. **improntato** *a.* marked, characterized (*a* by), full (of): *sguardo* ~ *a mestizia* look full of sadness, sad expression.

improntitudine *f.* impertinence, effrontery, impudence, ⟨*fam*⟩ nerve.

impronunziabile *a.* unpronounceable.

improperio *m.* insult, remark; *pl.* abuse. □ *coprire qd. d'improperi* to insult (o abuse) s.o.

improponibile *a.* that cannot be proposed.

impropriamente *avv.* improperly, inappropriately, incorrectly, wrongly: *parola usata* ~ wrongly–used word. **improprietà** *f.* impropriety, inappropriateness, incorrectness. □ ~ *di linguaggio* incorrect usage. **improprio** *a.* **1** improper, inappropriate, incorrect, wrong: *modo di dire* ~ improper (o incorrect) expression. **2** ⟨*Ling,Mat*⟩ improper: *dittongo* ~ improper diphthong; *frazione –a* improper fraction.

improrogabile *a.* that cannot be delayed (o extended), that cannot be postponed (o put off), unalterable. □ *termine* ~ (absolute) deadline. **improrogabilità** *f.* inalterability. **improrogabilmente** *avv.* unalterably, definitely.

improsciuttire *v.i.* (**improsciuttisco, improsciuttisci;** *aus.* **essere**) to become thin, to grow lean.

improvvidenza *f.* ⟨*lett*⟩ improvidence. **improvvido** *a.* improvident.

improvvisamente *avv.* suddenly, all at once, all of a sudden. **improvvisare** *v.t.* **1** to improvise, to ad–lib: ~ *un discorso* to ad–lib (o improvise) a speech; *l'attore sta improvvisando* the actor is improvising. **2** (*allestire lì per lì*) to improvise, ⟨*fam*⟩ to fix up: *improvvisò un'ottima cenetta* she improvised an excellent supper. **improvvisarsi** *v.r.* to play, to act as, to turn o.s. into: *m'improvvisai cuoco* I acted as cook. **improvvisata** *f.* surprise; (*visita*) surprise visit. □ *fare un'* ~ *a qd.* to give s.o. a (pleasant) surprise; (*fargli visita*) to pay s.o. a surprise visit. **improvvisato** *a.* improvised, extempore: *discorso* ~ improvised speech. **improvvisatore** *m.* (*f.* -**trice**) (*poeta, compositore*) improvisator. **improvvisazione** *f.* improvisation: *l'* ~ *di un discorso* the improvisation of a speech. **improvviso I** *a.* sudden: *partenza –a* sudden departure; (*inaspettato, inatteso*) unexpected. **II** *s.m.* ⟨*Mus,Lett*⟩ impromptu.

imprudente *a.* imprudent, incautious, unwary; (*avventato*) rash: *una decisione* ~ a rash decision. **imprudentemente** *avv.* imprudently. **imprudenza** *f.* imprudence, unwariness; (*sventatezza*) rashness, heedlessness. □ *commettere un'* ~ to act imprudently.

impubere *a.* impuberal, not come to puberty.

impudente *a.* impudent, ⟨*fam*⟩ cheeky: *un contegno* ~ impudent behaviour. **impudentemente** *avv.* impudently. **impudenza** *f.* impudence, ⟨*fam*⟩ cheek, ⟨*fam*⟩ nerve: *avere l'* ~ *di fare qc.* to have the impudence (o nerve) to do s.th. □ *mentire con* ~ to lie shamelessly.

impudicamente *avv.* immodestly, improperly, indecently. **impudicizia** *f.* immodesty, impropriety, indecency. **impudico** *a.* (*pl.* -**chi**) **1** (*rif. a persona*) immodest, wanton. **2** (*rif. a cosa*) immodest, improper, indecent: *gesti impudichi* indecent gestures.

impugnabile *a.* ⟨*Dir*⟩ impugnable, contestable: *il testamento non è* ~ the will is not impugnable.

impugnare[1] *v.t.* **1** (*afferrare*) to grasp, to seize, to grip: ~ *un bastone* to grasp (o seize) a stick. **2** (*tenere in mano*) to hold, to grip: *non sa neppure* ~ *la racchetta* he doesn't even know how to hold the racket. □ ⟨*fig*⟩ ~ *le armi* to take up arms.

impugnare[2] *v.t.* **1** (*contestare*) to contest, to question: *la sua dichiarazione non può essere impugnata* his declaration cannot be questioned. **2** ⟨*Dir*⟩ to impugn, to contest: ~ *una sentenza* to impugn a sentence.

impugnatura *f.* **1** (*modo di impugnare*) grip, grasp. **2** (*manico*) handle; (*rif. a spada e sim.*) hilt; (*rif. a coltello*) haft, handle. □ ~ *della racchetta* racquet grip.

impugnazione *f.* **1** (*l'impugnare*) contestation, questioning (*di* of), opposition (*to*): *l'* ~ *di un'opinione* the contestation of an opinion. **2** ⟨*Dir*⟩ impugnment, contestation (*of*), appeal (*against*): ~ *di una sentenza* appeal against a sentence.

impulsivamente *avv.* impulsively. **impulsività** *f.* impulsiveness. **impulsivo** *a.* **1** impulsive (*anche Psic., Med.*): *un uomo* ~ an impulsive man; (*avventato*) rash, heedless. **2** ⟨*Fis*⟩ impulse–, impulsive, impelling. **impulso** *m.* **1** (*spinta*) impulse, thrust, drive. **2** ⟨*fig*⟩ (*spinta irrazionale*) impulse: *seguire i propri –i* to act on impulse. **3** ⟨*fig*⟩ (*incremento*) boost, impulse: *l'industria ha ricevuto un notevole* ~ industry has been given a substantial boost. **4** ⟨*Fis,Med,Psic*⟩ impulse. □ ~ *di comando* control pulse; *dare* ~ *a qc.* to boost s.th.: *dare* ~ *all'economia* to boost the economy.

impune *a.* ⟨*lett*⟩ unpunished. **impunemente** *avv.* with impunity. □ *non credere di poterlo fare* ~ don't think you can get away with it. **impunibile** *a.* unpunishable (*anche Dir.*): *reato* ~ unpunishable crime. **impunibilità** *f.* ⟨*Dir*⟩ unpunishability, unpunishableness. **impunità** *f.* impunity: *concedere l'* ~ to grant impunity. **impunito** *a.* unpunished: *il suo delitto non rimarrà* ~ his crime will not go unpunished.

impuntarsi *v.r.* **1** (*arrestarsi*) to stop, to stop short (o dead), to refuse to budge: *il bambino s'impuntò* the child stopped dead; (*rif. a cavalli e sim.*) to jib. **2** ⟨*fig*⟩ (*ostinarsi*) to cling, to stick obstinately (to), to make a point: *impuntarsi in un'idea* to stick obstinately to an idea; *impuntarsi di fare qc.* to make a point of doing s.th.

impuntire *v.t.* (**impuntisco, impuntisci**) to stitch, to quilt: ~ *un materasso* to stitch a mattress. **impuntura** *f.* ⟨*Sart*⟩ (*cucitura*) stitching, quilting; (*punto*) quilting, lock–stitch. **impunturare** *v.t.* to stitch. **impunturato** *a.* stitched.

impuramente *avv.* impurely. **impurità** *f.* **1** ⟨*Teol*⟩ (*l'essere impuro*) impurity; (*atto impuro*) impure action. **2** ⟨*Chim*⟩ impurity. □ ⟨*Ling*⟩ ~ *di linguaggio* linguistic impurity. **impuro** *a.* **1** impure, foul, defiled: *acqua –a* impure water. **2** ⟨*fig*⟩ (*impudico*) impure, unchaste, foul: *pensieri –i* impure thoughts. **3** ⟨*Rel,Etnol*⟩ (*immondo*) unclean. □ *lingua –a* impure language; ⟨*Gramm*⟩ *s –a* impure s.

imputabile *a.* **1** imputable, attributable, due: *l'incidente è* ~ *all'imperizia del conducente* the accident is due to the driver's inexperience. **2** ⟨*Dir*⟩ chargeable. **imputabilità** *f.* **1** imputability. **2** ⟨*Dir*⟩ chargeableness, liability. **imputare** *v.t.* (**imputo/imputo**) **1** to impute, to attribute, to ascribe: ~ *al caso la causa di una sciagura* to impute an accident to chance. **2** ⟨*Dir*⟩ to charge (*di* with), to accuse (of). □ ~ *qc. a biasimo* (o *colpa*) *a qd.* to blame (o put the blame on) s.o. for s.th. **imputato** *m.* (*f.* -a) ⟨*Dir*⟩ accused, defendant. **imputazione** *f.* ⟨*Dir*⟩ charge, imputation, accusation: *l'* ~ *era di omicidio premeditato* the charge was premeditated murder. □ *atto d'* ~ indictment; *capo d'* ~ count of indictment.

imputridimento *m.* putrefaction. **imputridire** *v.i.* (**imputridisco, imputridisci**; *aus.* essere) to putrefy, to rot, to decompose: *i cadaveri imputridivano sul campo di battaglia* the bodies were rotting (o decomposing) on the battlefield.

impuzzolentire *v.t.* (**impuzzolentisco, impuzzolentisci**) to cause to stink, to stink (o smell) out: *l'odore del fritto ha impuzzolentito la casa* the smell of frying has stunk out the house.

in *prep.* (when followed by the definite article it contracts to **nel** [*in+il*], **nello** [*in+lo*], **nell'** [*in+l'*], **nella** [*in+la*], **nei** [*in+i*], **negli** [*in+gli*], **nelle** [*in+le*]; in poetry also *ne'* instead of *nei*) **1** (*stato in luogo*) in: *abito* ~ *Italia* I live in Italy; *vivere* ~ *campagna* to live in the country; (*nel corso di*) on, during: ~ *viaggio* on a trip; (*rif. a opere d'arte*) in: *nella Bibbia* in the Bible; (*sopra, su*) on: *col cappello* ~ *testa* with one's hat on one's head; ~ *tavola* on the table. **2** (*moto a luogo*) to: *vado* ~ *chiesa* I am going to church; *sono andato* ~ *Svizzera* I went to Switzerland; *cadere* ~ *terra* to fall to (o on to) the ground; (*dentro*) into: *andò* ~ *cucina* she went into the kitchen; (*rif. a casa*) indoors, in: *entrare* ~ *casa* to go indoors (o in); (*contro*) into, (up) against, *spesso non si traduce*: *urtare* ~ *un tavolo* to run into (o up against) a table; (*su, sopra*) into, in: *prendere il bambino* ~ *braccio* to take the baby in one's arms. **3** (*moto per luogo*) in, round, through, about: *passeggiare* ~ *giardino* to take a walk round the garden; *viaggiare* ~ *Europa* to travel through (o about in) Europe. **4** (*trasformazione, mutamento*) into, to: *convertire* ~ *oro* to change into gold; *mutarsi* ~ *pietra* to turn (in)to stone. **5** (*tempo determinato*) in: *nel 1815* in 1815; ~ *gioventù* in one's youth; ~ *primavera* in (the) spring; (*con le parti del giorno*) in: *nella mattinata* in the morning; *nella notte* at (o in the) night; (*rif. a giorno*) on: ~ *quel giorno* (on) that day. **6** (*durata del tempo: entro*) in, within: ~ *un anno* in a year; ~ *un attimo* in a minute; (*nel corso di, durante*) during: *lo farò* ~ *settimana* I will do it ⌐during the week⌐ (o by the end of the week). **7** (*modo e maniera*) in, *spesso si traduce con un avverbio*: *vivere* ~ *pace* to live peacefully (o in peace); *ascoltare* ~ *silenzio* to listen in silence; *parlare* ~ *tedesco* to speak (in) German; (*rif. al modo di vestire*) in, wearing, with... on: *una ragazza* ~ *abito da sera* a girl in (o wearing) an evening gown. **8** (*circostanza, occasione*) in: *morì* ~ *un incidente automobilistico* he died in a car accident; (*seguito dall'infinito sostantivato*: ⌐nel momento che⌐) on, upon: *nel pronunciare queste parole* ⌐upon saying⌐ (o as he said) these words; (*mentre*) as, while, when: *nel tornare a casa* as I was going home. **9** (*limitazione*) at, in: *sei molto debole* ~ *matematica* you are very weak in (o at)

mathematics; (*rif. a voti*) for: *ricevere un dieci* ~ *condotta* to get ten for conduct; (*con specificazione di materia*) in, *talvolta si traduce con un sostantivo composto: dottore* ~ *legge* doctor in law. **10** (*rif. a mezzo di trasporto*) by: *viaggiare* ~ *treno* to travel by train. **11** (*partizione, divisione*) in: *tagliare* ~ *quattro* to cut in (o into) four. **12** (*quantità*) of: *siamo* ~ *tre* there are three of us; *eravamo* ~ *molti* there were a lot of us. **13** (*materia*) of, in, *spesso si traduce con un aggettivo: una statua* ~ *marmo* a marble statue. **14** (*fine, scopo*) as, on, in, to: *dare qc.* ~ *dono* to give s.th. as a gift; *correre* ~ *aiuto di qd.* to rush to s.o.'s aid; *spendere i soldi* ~ *cose inutili* to spend money on useless things. **15** (*qualità*) in, about, of: *non trovo nulla di interessante* ~ *ciò* I don't find anything interesting in that; ~ *quella donna mi piace la sincerità* what I like about that woman is her sincerity. **16** (*sposata*) née: *Maria Rossi* ~ *Bianchi* Maria Bianchi née Rossi. □ ~ **alto** (*stato in luogo*) up (there), high, above; (*moto a luogo*) up, upwards; *non è* ~ *casa* he's not in (o at home); ~ **compagnia** *di* in the company of, (in company) with; ~ **conformità** *a* in conformity with, conforming to; *di* ... ~ from ... to: *di mano* ~ *mano* from hand to hand; *di giorno* ~ *giorno* from day to day; ~ **fondo** at the bottom, deep down; ⟨*fig*⟩ after all; ~ **fretta** *e furia* in great haste; ~ **giù** (*stato in luogo*) down; (*moto a luogo*) down(wards); *più* ~ **là** further on; ~ **men** *che non si dica* in a jiffy (o twinkling); *stare* ~ **piedi** to stand (up), to be standing (o on one's feet); *eravamo* ~ **pochi** there were only a few of us; *siamo* ~ **primavera** it is springtime; ~ **quanto** *a* (*per ciò che riguarda*) as for, regarding; *per quanto è* ~ *me*, *sono d'accordo* as far as I'm concerned, I agree; ~ **seguito** *a* following (on), after; (*di conseguenza*) as a result of; *andare* ~ **strada** to go into the street; ~ **su** up, upwards; *arrivare* ~ **tempo**: 1 (*puntualmente*) to come on time; 2 (*in tempo utile*) to come in time; ⟨*fig*⟩ *mettersi* ~ **testa** *qc.* to get s.th. into one's head; *essere* ~ **vita** to be alive.

INA = *Istituto nazionale delle assicurazioni* National Insurance Agency.

inabile *a.* **1** unable, incapable; (*fisicamente*) unfit: *è* ~ *a svolgere un lavoro faticoso* he is unfit for heavy work; (*per infortunio*) disabled. **2** ⟨*Mil*⟩ unfit. **3** ⟨*Dir*⟩ disqualified, ineligible, not competent. □ ~ *al lavoro* unable to work, unfit for work; ~ *al servizio militare* unfit for military service. **inabilità** *f.* **1** inability, incapacity; (*fisica*) unfitness; (*per infortunio*) disability, disablement. **2** ⟨*Dir*⟩ ineligibility, disability, disqualification. □ ~ *al lavoro* inability to work, unfitness for work; (*per infortunio*) disability; ~ *permanente al lavoro* permanent disablement. **inabilitare** *v.t.* (**inabilito**) **1** to disable (*a* from, for), to make unfit, to incapacitate (for): *la malattia lo inabilitò al lavoro* his illness made him ⌐unfit for⌐ (o unable to) work. **2** ⟨*Dir*⟩ to disable, to disqualify, to incapacitate. **inabilitato I** *a.* ⟨*Dir*⟩ disabled, disqualified, incapacitated. **II** *s.m.* (*f.* -a) disqualified (o incapacitated) person. **inabilitazione** *f.* **1** unfitness, disability, incapacity. **2** ⟨*Dir*⟩ disqualification, incapacitation, disability.

inabissamento *m.* sinking (*anche fig.*). **inabissare** *v.t.* to sink. **inabissarsi** *v.r.* to sink, to be swallowed up: *l'aereo precipitò in mare e si inabissò* the aeroplane crashed into the sea and sank.

inabitabile *a.* uninhabitable. **inabitabilità** *f.* uninhabitableness. **inabitato** *a.* ⟨*lett*⟩ uninhabited: *luogo* ~ uninhabited place.

inabrogabile *a.* ⟨*Dir*⟩ not repealable.

inaccessibile *a.* **1** inaccessible, beyond reach: *valichi –i* inaccessible passes. **2** ⟨*fig*⟩ inaccessible (*a* to), unmoved (by): ~ *a lusinghe* unmoved by flattery; (*difficilmente accostabile*) unapproachable. **3** (*incomprensibile*) incomprehensible (*a* to), beyond the reach (o grasp) (of): *opera* ~ *al comune lettore* work beyond the grasp of the common reader. **inaccessibilità** *f.* **1** inaccessibility; ~ *di un luogo* inaccessibility of a place. **2** ⟨*fig*⟩ unapproachableness, inaccessibility. **3** (*incomprensibilità*) incomprehensibility.

inaccettabile *a.* unacceptable. **inaccettabilità** *f.* unacceptableness: *l'* ~ *di una proposta* the unacceptableness of a proposal.

inaccostabile *a.* unapproachable, inaccessible (*anche fig.*): *persona* ~ unapproachable person.

inacerbire *v.t.* (**inacerbisco, inacerbisci**) (*inasprire*) to embitter, to exacerbate. **inacerbirsi** *v.r.* (*inasprirsi*) to become exacerbated.

inacetire *v.* (**inacetisco, inacetisci**) I *v.i.* (*aus.* **essere**) to turn to vinegar: *il vino inacetisce facilmente* wine easily turns to vinegar. II *v.t.* to turn to vinegar, to make sour.

inacidimento *m.* 1 acidification. 2 ⟨*fig*⟩ (*il divenire astioso*) embitterment, souring. **inacidire** *v.* (**inacidisco, inacidisci**) I *v.t.* 1 to (turn) sour, to make acid: *il caldo ha inacidito il latte* the heat has turned the milk sour. 2 ⟨*fig*⟩ (*inasprire*) to embitter, to sour: *la vita l'ha inacidita* life embittered her. 3 ⟨*Chim*⟩ (*acidificare*) to acidify. II *v.i.* (*aus.* **essere**), **inacidirsi** *v.r.* 1 to turn sour (*o* to acid): *la salsa* (*si*) *è inacidita* the sauce has turned sour. 2 ⟨*fig*⟩ (*inasprire*) to become embittered, to be soured. **inacidito** *a.* 1 sour, acid: *latte* ~ sour milk. 2 ⟨*fig*⟩ sour(ed), embittered.

inacutire *v.t.* (**inacutisco, inacutisci**) to sharpen, to heighten: ~ *un dolore* to heighten grief. **inacutirsi** *v.r.* to heighten, to sharpen, to become sharper.

inadattabile *a.* unadaptable, inadaptable. **inadattabilità** *f.* inadaptability. **inadatto** *a.* 1 unsuitable, unfit (*a* for), unsuited (to): *parole –e* unsuitable words. 2 (*incapace*) unable, incapable: *un uomo* ~ *a comandare* a man unable to command.

inadeguatamente *avv.* inadequately. **inadeguatezza** *f.* inadequacy, insufficiency. **inadeguato** *a.* inadequate (*a* to); (*insufficiente*) insufficient: *disporre di mezzi –i* to have insufficient means at one's disposal.

inadempibile *a.* that cannot be fulfilled, unfulfillable: *dovere* ~ obligation that cannot be fulfilled. **inadempiente** I *a.* defaulting. II *s.m./f.* 1 defaulter, defaulting party. 2 (*debitore*) debtor. □ *essere* ~ *a un contratto* to fail to fulfil (*o* comply with) a contract. **inadempienza** *f.* non–fulfilment, non–performance, default. □ ~ *contrattuale* breach of contract. **inadempimento** *m.* non–fulfilment, non–performance, default: ~ *della clausola di un trattato* non–fulfilment (*o* breach) of the clause of an agreement.

inadoperabile *a.* useless, unserviceable, unusable, ⟨*pred*⟩ no use: *questo ombrello è ormai* ~ this umbrella is of no use any more.

inafferrabile *a.* 1 elusive, uncatchable: *il ladro era* ~ the thief was elusive. 2 ⟨*fig*⟩ incomprehensible, difficult to grasp.

inaffidabile *a.* unreliable. **inaffidabilità** *f.* unreliability, unreliableness.

inaffondabile *a.* unsinkable.

inagibile *a.* 1 unfit for use. 2 (*rif. a strada*) not practicable. **inagibilità** *f.* unfitness for use.

inalante *a.* ⟨*Med*⟩ inhalant. **inalare** *v.t.* to inhale (*anche Med.*): ~ *un gas tossico* to inhale a toxic gas. **inalatore** I *s.m.* ⟨*Med*⟩ inhaler, inhalator. II *a.* inhalant. □ ~ *d'ossigeno:* 1 ⟨*Med*⟩ oxygen set (*o* breathing apparatus); 2 ⟨*Aer*⟩ oxygen respirator. **inalatorio** I *a.* inhalant, inhaling: *apparecchio* ~ inhaling apparatus, inhaler. II *s.m.* (*ambiente*) inhaling chamber. □ *per via –a* by inhalation. **inalazione** *f.* inhalation: ~ *secca* dry inhalation.

inalberare *v.t.* (**inalbero**) to raise, to hoist. **inalberarsi** *v.r.* 1 (*rif. a cavallo: impennarsi*) to rear (up). 2 ⟨*fig*⟩ to take offense (*o* umbrage), to lose one's temper, to get angry.

inalienabile *a.* ⟨*Dir*⟩ inalienable, non–transferable: *diritti –i* inalienable rights; *la libertà è un bene* ~ liberty is an inalienable blessing. **inalienabilità** *f.* ⟨*Dir*⟩ inalienability: *clausola d'* ~ inalienability clause.

inalterabile *a.* 1 unalterable, unchangeable; (*rif. a colori*) fast, permanent; (*rif. a stoffe: irrestringibile*) unshrinkable, non–shrink. 2 (*immutabile*) immutable, unchanging, constant, undying: *sentimento* ~ unchanging (*o* constant) sentiment. **inalterabilità** *f.* 1 unalterability, permanence; (*rif. a colori*) fastness. 2 (*immutabilità*) constancy,

immutability, unchangingness. **inalterabilmente** *avv.* unalterably, unchangingly. **inalterato** *a.* 1 unaltered, unchanged; (*rif. a cibi: fresco*) fresh, unspoilt. 2 (*invariato*) unchanged, unvarying. □ *il cibo si conservò a lungo* ~ the food kept for a long time (without going bad).

inalveare *v.t.* (**inalveo**) ⟨*Idr*⟩ to canalize, to divert into a river bed. **inalveazione** *f.* canalization.

INAM = *Istituto nazionale per l'assicurazione contro le malattie* National Health Insurance Agency.

inamidare *v.t.* (**inamido**) to starch. **inamidato** *a.* 1 starched: *colletto* ~ starched (*o* stiff) collar. 2 ⟨*fig,scherz*⟩ (*rigido*) stiff, starchy: *sembrare* ~ to be stiff, to be as stiff as a poker (*o* ramrod). **inamidatura** *f.* starching.

inammissibile *a.* inadmissible: *pretesa* ~ inadmissible claim. **inammissibilità** *f.* inadmissibility.

inamovibile *a.* 1 (*rif. a persona: che non può essere deposto*) irremovable, not subject to dismissal, who cannot be dismissed: *impiegato* ~ employee who cannot be dismissed. 2 (*rif. a cose*) irremovable. **inamovibilità** *f.* irremovability: ~ *di un magistrato* irremovability of a magistrate.

inane *a.* ⟨*lett*⟩ vain, useless: *sforzo* ~ vain effort.

inanellare *v.t.* (**inanello**) to curl, to make into ringlets: ~ *le chiome* to curl hair. **inanellato** *a.* 1 curled, curly, in ringlets (*o* curls): *chiome –e* curled hair. 2 (*pieno di anelli*) covered with rings.

inanimato *a.* 1 inanimate: *esseri –i* inanimate beings. 2 (*privo di vita*) lifeless, dead: *corpo* ~ lifeless (*o* dead) body.

inanità *f.* ⟨*lett*⟩ vanity, uselessness.

inanizione *f.* ⟨*Med*⟩ inanition.

inappagabile *a.* insatiable, that cannot be satisfied: *desiderio* ~ insatiable desire. **inappagato** *a.* unsatisfied; (*insoddisfatto*) dissatisfied.

inappellabile *a.* 1 (*definitivo*) final, definite, irrevocable: *la mia decisione è* ~ my decision is final. 2 ⟨*Dir*⟩ final, against which there is no appeal: *sentenza* ~ sentence against which there is no appeal. **inappellabilità** *f.* 1 finality, definiteness, irrevocableness. 2 ⟨*Dir*⟩ inappellability.

inappetenza *f.* inappetence, lack of appetite.

inapplicabile *a.* inapplicable. **inapplicabilità** *f.* inapplicability.

inapprezzabile *a.* 1 (*inestimabile*) inestimable, invaluable, priceless. 2 (*di minimo valore*) negligible, inappreciable.

inappuntabile *a.* irreproachable, faultless, impeccable: *vestito* ~ impeccable dress; *contegno* ~ irreproachable conduct.

inarcamento *m.* 1 (*l'inarcare, l'inarcarsi*) bending, curving, arching. 2 ⟨*tecn*⟩ camber(ing). **inarcare** *v.t.* (**inarco, inarchi**) to bend, to curve, to arch: *il gatto inarca la schiena* the cat arches its back. **inarcarsi** *v.r.* to bend, to bow, to be (*o* become) bent, to arch. □ ~ *le sopracciglia* to raise one's eyebrows.

inargentare *v.t.* (**inargento**) 1 to (coat with) silver, to silver–plate. 2 ⟨*fig,lett*⟩ to silver, to turn (to) silver: *la luna inargentava il mare* the moon turned the sea to silver. **inargentarsi** *v.r.* to become (*o* turn) silvery, to silver. **inargentato** *a.* 1 silver–plated, silvered. 2 ⟨*fig*⟩ silver(ed), silvery; (*rif. a capelli*) silvery (grey), silvered.

inaridimento *m.* 1 (*l'inaridire*) drying up, making arid; (*l'inaridirsi*) drying up, withering. 2 (*rif. ad acque*) running dry. 3 ⟨*fig*⟩ hardening, dulling; (*rif. a estro e sim.*) exhaustion, running dry. **inaridire** *v.* (**inaridisco, inaridisci**) I *v.t.* 1 to dry (up), to parch, to make arid: *la siccità ha inaridito le campagne* the drought has parched the countryside; (*rif. a piante*) to wither. 2 ⟨*fig*⟩ to harden, to drain of feeling; (*rif. alla mente, allo spirito*) to dull. II *v.i.* (*aus.* essere), **inaridirsi** *v.r.* 1 (*diventare arido*) to dry up, to become arid (*o* dry); (*rif. ad acque*) to run dry; (*rif. a piante*) to wither. 2 ⟨*fig*⟩ to harden, to be drained of feeling; (*rif. alla mente, allo spirito*) to become dull; (*rif. a estro e sim.*) to run dry: *la sua fantasia si è inaridita* his imagination has run dry. **inaridito** *a.* 1 dried up, parched, run dry: *sorgente –a* spring that has run dry; (*rif. a piante*) withered. 2 ⟨*fig*⟩ dulled, hardened: *cuore* ~ *dal dolore* heart hardened by grief.

inarrestabile *a.* inexorable, relentless: *l' ~ corso degli eventi* the inexorable course of events.

inarrivabile *a.* **1** unattainable, inaccessible, unreachable: *luogo ~* unreachable (*o* inaccessible) place. **2** ⟨fig⟩ (*inimitabile*) incomparable, unequalled, unparalleled, matchless.

inarticolato *a.* inarticulate: *grida –e* inarticulate cries.

inascoltato *a.* unheard, unheeded: *le mie raccomandazioni sono rimaste –e* my advice went unheeded.

inasinire *v.i.* (*inasinisco, inasinisci; aus.* **essere**) ⟨rar⟩ (*diventare ignorante*) to become dull, to grow stupid.

inaspettatamente *avv.* unexpectedly, without warning.

inaspettato *a.* unexpected, unforeseen: *fortuna –a* unexpected luck; *ospite ~* unexpected guest.

inasprimento *m.* embitterment, exacerbation (*anche fig.*): *~ di malattia* exacerbation of an illness; (*peggioramento*) worsening: *un ~ nei rapporti tra due paesi* a worsening of relations between two countries. □ *~ fiscale* tax increase. **inasprire** *v.* (*inasprisco, inasprisci*) **I** *v.t.* **1** to sharpen, to exacerbate, to aggravate: *~ l'odio* to sharpen hatred. **2** ⟨fig⟩ (*esasperare*) to embitter, to sour. **II** *v.i.* (*aus.* **essere**), **inasprirsi** *v.r.* **1** to turn bitter (*o* sour), to go sour: *il vino (si) è inasprito* the wine has turned sour. **2** ⟨fig⟩ (*esasperarsi*) to become embittered (*o* bitter), to be soured.

inastare *v.t.* to fix: *~ la baionetta* to fix bayonets; (*rif. a bandiera*) to hoist. **inastato** *a.* fixed; (*rif. a bandiera*) hoisted.

inattaccabile *a.* **1** unassailable, impregnable: *una cittadella ~* an impregnable fortress. **2** ⟨fig⟩ irreproachable, irreprehensible, beyond criticism: *reputazione ~* irreproachable reputation. **3** ⟨fig⟩ (*resistente*) –proof: *~ dagli acidi* acid–proof; *~ dalle tarme* moth–proof. **inattaccabilità** *f.* **1** impregnability, unassailableness. **2** ⟨fig⟩ irreprehensibility, irreproachability. **3** ⟨fig⟩ (*resistenza*) resistance, proof.

inattendibile *a.* unreliable, untrustworthy: *teste ~* unreliable witness. **inattendibilità** *f.* unreliableness, unreliability.

inatteso *a.* unexpected: *ospite ~* unexpected guest.

inattivare *v.t.* ⟨Chim⟩ to inactivate. **inattivazione** *f.* inactivation. **inattività** *f.* **1** inactivity, sluggishness: *l' ~ nuoce alla salute* inactivity is bad for one's health; ⟨estens⟩ idleness: *dopo un periodo d' ~ si riprese il lavoro* after a period of idleness, work began again; *~ di un vulcano* inactivity of a volcano. **2** ⟨Chim⟩ inactivity. **inattivo** *a.* **1** (*inoperoso*) idle, inactive: *la fabbrica è –a da più di un mese* the factory has been idle (*o* at a standstill) for over a month. **2** ⟨Chim⟩ inactive. **3** ⟨Mecc⟩ standing.

inattuabile *a.* impracticable, unrealizable, unfeasible: *programma ~* unfeasible programme. **inattuabilità** *f.* unfeasibility, impracticability: *~ di un progetto* impracticability of a scheme. **inattuale** *a.* old–fashioned, behind the times, out–of–date.

inaudito *a.* unheard, unheard–of, never before heard (of); (*senza precedenti*) unprecedented.

inaugurale *a.* inaugural: *discorso ~* inaugural address. □ *viaggio ~* maiden voyage. **inaugurare** *v.t.* (*inauguro*) **1** to inaugurate, to open (officially): *hanno inaugurato la nuova scuola* they have inaugurated the new school; *~ una mostra* to open a show; (*rif. a monumenti e sim.: scoprire*) to unveil. **2** ⟨fig⟩ (*iniziare*) to begin, to start, to usher in: *~ un nuovo modo di vivere* to begin a new way of life. **inaugurazione** *f.* inauguration, opening (*anche* Univ.); (*rif. a monumenti e sim.*) unveiling.

inauspicato *a.* ⟨lett⟩ **1** (*iniziato sotto auspici avversi*) inauspicious. **2** (*non auspicato*) undesired, unwelcome.

inavvedutamente *avv.* inadvertently, (*senza volere*) unintentionally. **inavvedutezza** *f.* inadvertence. **inavveduto** *a.* (*rif. ad azione*) inadvertent, careless.

inavvertenza *f.* inadvertence, carelessness. □ *avere l' ~ di fare qc.* to be careless enough to do s.th. **inavvertitamente** *avv.* inadvertently, unintentionally. **inavvertito** *a.* unobserved, unnoticed: *il suo gesto passò ~* his gesture went unnoticed.

inavvicinabile *a.* unapproachable, inaccessible.

inazione *f.* inaction, inactivity, idleness. □ *la malattia lo ha costretto all' ~* the illness forced him to remain idle.

inca *a./s.* (*pl.* **incas**) ⟨Stor⟩ **I** *a.* Inca(ic), Incan. **II** *s.m./f.* Inca, Incan.

incadaverire *v.i.* (*incadaverisco, incadaverisci; aus.* **essere**) **1** to take on a corpse–like (*o* cadaverous) appearance. **2** ⟨fig⟩ (*diventare cadavere*) to putrefy, to rot.

incagliamento *m.* ⟨Mar⟩ running aground, stranding. **incagliare** *v.* (*incaglio, incagli*) **I** *v.i.*, **incagliarsi** *v.r.* **1** ⟨Mar⟩ to run aground: *la nave si è incagliata sugli scogli* the ship is (*o* has run) aground on the rocks. **2** ⟨fig⟩ to come to a standstill, to get stuck. **II** *v.t.* (*intralciare*) to hamper, to hinder, to hold up: *il suo atteggiamento incaglia le trattative* his attitude hampers the negotiations. **incaglio** *m.* **1** ⟨Mar⟩ grounding, running aground. **2** (*ostacolo*) obstacle, hindrance, check.

incalcolabile *a.* incalculable, inestimable, countless: *una quantità ~* a countless number; *i danni sono –i* the damage is incalculable.

incallimento *m.* (*atto*) hardening; (*effetto*) callosity. **incallire** *v.* (*incallisco, incallisci*) **I** *v.t.* to make callous (*o* hard). **II** *v.i.* (*aus.* **essere**), **incallirsi** *v.r.* **1** to harden, to become callous (*o* hardened). **2** ⟨fig⟩ to become hardened, to grow inveterate: *incallirsi nel vizio* to become a hardened sinner. **incallito** *a.* **1** callous(ed), hard(ened), horny: *mani ~* horny hands. **2** ⟨fig⟩ (*inveterato*) inveterate, hardened; (*insensibile*) hard, callous: *cuore ~* hard heart.

incalorimento *m.* heating, warming (up). **incalorire** *v.t.* (*incalorisco, incalorisci*) to inflame, to heat. **incalorirsi** *v.r.* **1** to become hot. **2** ⟨fig⟩ (*accalorarsi*) to get excited (*o* heated), to get worked–up.

incalzante *a.* **1** chasing, pursuing. **2** (*imminente*) imminent, pressing: *pericolo ~* imminent danger. **incalzare** **I** *v.t.* **1** to chase (*o* pursue) closely, to be hard on the heels of: *i cani incalzavano la volpe* the dogs were hard on the fox's heels. **2** ⟨fig⟩ to press, to urge. **II** *v.i.* (*aus.* **avere**) **1** (*urgere*) to be pressing, to press: *il tempo incalza* time presses; (*essere imminente*) to be imminent: *il pericolo incalza* danger is imminent. **2** (*susseguirsi rapidamente*) to follow e.o. closely (*o* swiftly), to follow hard on e.o.'s heels: *gli avvenimenti incalzano* events follow one another swiftly.

incamerabile *a.* liable to expropriation (*o* confiscation), confiscable. **incameramento** *m.* ⟨Dir⟩ expropriation, confiscation. **incamerare** *v.t.* (*incamero*) to expropriate, to confiscate.

incamiciare *v.t.* (*incamicio, incamici*) **1** to cover, to coat, to line, to plaster: *~ un muro* to plaster a wall. **2** ⟨Mecc⟩ to line. □ ⟨Mar⟩ *~ una vela* to cover (*o* put a cover on) a sail. **incamiciatura** *f.* **1** (*atto*) covering, coating, lining, plastering; (*effetto*) coat, cover, lining. **2** ⟨Mecc⟩ lining.

incamminare *v.t.* **1** (*avviare*) to send (*o* start) off, to put on one's way. **2** ⟨fig⟩ to start (up), to get going: *~ un'industria* to start up an industry. **3** ⟨fig⟩ (*rif. ad arti, professioni e sim.*) to train, to teach, to start off: *~ qd. in un'arte* to teach s.o. an art. **incamminarsi** *v.r.* to set out (*o* off), to make (*verso* for): *ci incamminammo verso casa* we set off for home; (*assol*) to set off, to get going.

incanaglire *v.i.* (*incanaglisco, incanaglisci; aus.* **essere**) to sink low, to mix with bad company, to become rascally (*o* disreputable).

incanalamento *m.* **1** canalization: *~ delle acque di un fiume* canalization of the waters of a river. **2** ⟨fig⟩ (*il dirigere*) direction, channelling: *~ del traffico* traffic direction. **incanalare** *v.t.* **1** to canalize: *~ le acque di una palude* to canalize the water of a swamp. **2** ⟨fig⟩ (*dirigere*) to direct, to guide, to channel. **incanalarsi** *v.r.* **1** to flow, to run, to be canalized: *le acque s'incanalarono nel nuovo alveo* the waters flowed into the new channel. **2** ⟨fig⟩ (*dirigersi insieme*) to converge (*verso* on), to run (*o* stream, flow) together (towards): *le automobili si incanalarono verso l'autostrada* the cars converged on the motorway. **incanalatura** *f.* **1** (*l'incanalare*) canalization. **2** (*canale*) canal, channel.

incancellabile *a.* **1** indelible, ineffaceable: *macchie –i* indelible stains. **2** ⟨*fig*⟩ indelible; (*indimenticabile*) unforgettable: *ricordo* ~ unforgettable memory; (*imperdonabile*) unforgivable, unpardonable: *onta* ~ unpardonable affront.

incancherire *v.i.* (**incancherisco, incancherisci;** *aus.* **essere**) **1** to become cancerous. **2** ⟨*fig*⟩ to become inveterate.

incancrenire *v.i.* (**incancrenisco, incancrenisci;** *aus.* **essere**), **incancrenirsi** *v.r.* to become gangrenous: *la ferita si è incancrenita* the wound has become gangrenous.

incandescènte *a.* **1** incandescent, white–hot: *metallo* ~ white–hot metal. **2** ⟨*fig*⟩ heated, burning, fiery: *la discussione si fece* ~ the argument grew heated. **incandescènza** *f.* incandescence, white heat.

incannàggio *m.* ⟨*Tess*⟩ winding, spooling. **incannàre** *v.t.* to wind, to spool. **incannatóio** *m.* winder, spooler. **incannatóre** *m.* (*f.* -trice) winder, spooler. **incannatura** *f.* winding, spooling.

incannicciatura *f.* ⟨*Edil*⟩ lathwork, lathing. **incannucciàre** *v.t.* (**incannuccio, incannucci**) **1** (*circondare con cannucce*) to fence with reeds. **2** (*appoggiare a cannucce*) to stake, to support by canes: ~ *i fiori* to stake flowers. **incannucciàta** *f.* **1** trellis(–work). **2** ⟨*Edil*⟩ lathwork, lathing.

incantaménto *m.* (*incantesimo*) enchantment, magic spell. **incantàre** *v.t.* **1** to enchant, to cast a spell on, to bewitch. **2** ⟨*fig*⟩ (*ammaliare*) to bewitch, to charm: *i suoi modi gentili incantano tutti* her winning ways charm everyone. **incantarsi** *v.r.* **1** to be enchanted (*o* bewitched), to fall under a spell: *a quella vista si incantò* he was enchanted by the sight. **2** (*rimanere intontito*) to seem spellbound, to stand (*o* be) in a daze: *sbrigati, ti sei incantato?* hurry up, are you in a daze?; (*perdersi nei propri pensieri*) to go off in a daydream (*o* reverie, trance). **3** (*arrestarsi: rif. a meccanismi*) to stop, to get stuck, to jam: *mi si è incantato l'orologio* my watch has stopped. **incantàto** *a.* **1** enchanted, magic: *castello* ~ enchanted castle. **2** (*trasognato, ammirato*) entranced, spellbound, charmed; (*intontito*) dazed, in a daze, staring: *rimanere* ~ to stand staring (*o* in a daze). **incantatóre** **I** *s.m.* (*f.* -trice) **1** sorcerer (*f* –ress), wizard (*f* witch), enchanter (*f* –tress), charmer: *un* ~ *di serpenti* a snake charmer. **2** ⟨*fig*⟩ (*persona affascinante*) charmer. **II** *a.* bewitching, enchanting, fascinating: *occhi* –*i* bewitching eyes. **incantèsimo** *m.* **1** spell, charm, enchantment: *liberare qd. da un* ~ to free s.o. from a spell. **2** (*formula magica*) (magic) spell, charm. ~ *rompere l'* ~ to break (*o* lift) the spell. **incantévole** *a.* enchanting, delightful, charming, bewitching: *una ragazza* ~ a delightful girl.

incanto[1] *m.* **1** (*incantesimo*) spell, charm, enchantment. **2** ⟨*fig*⟩ (*fascino*) spell, enchantment, magic, charm: *l'* ~ *delle sue parole mi rapì* I was carried away by the magic of his words. □ *canta che è un* ~ she sings beautifully (*o* wonderfully); *come per* ~ as if by magic.

incanto[2] *m.* ⟨*Dir*⟩ auction. □ *comperare all'* ~ to buy at an auction; *mettere all'* ~ to put up for auction; *vendere all'* ~ to sell by auction.

incanutire *v.* (**incanutisco, incanutisci**) **I** *v.i.* (*aus.* **essere**) to go white, to turn grey: *è incanutito precocemente* he has gone prematurely grey. **II** *v.t.* to cause to turn grey (*o* white): *le preoccupazioni lo incanutirono* all his worries made him go grey (*o* turned his hair white). **incanutito** *a.* grey(–haired).

incapàce **I** *a.* **1** incapable, unable: *è* ~ *di mentire* he is incapable of lying. **2** (*inetto*) incapable, incompetent, poor: *un allievo* ~ a poor student. **II** *s.m./f.* **1** incapable person. **2** ⟨*Dir*⟩ incapable (person), incompetent person. □ *essere* ~ *di fare qc.* to be incapable of doing s.th.; ⟨*Dir*⟩ ~ *d'intendere e di volere* not in full possession of one's faculties. **incapacità** *f.* **1** inability, incapability, incapacity. **2** (*inettitudine*) incapability, incompetence, inefficiency. **3** ⟨*Dir*⟩ incapacity, incompetence. □ ~ *assoluta* absolute incapacity; ~ *fisica* physical incapacity; ~ *di intendere e di volere* incapability; ~ *totale* total incapacity.

incaparbire *v.i.* (**incaparbisco, incaparbisci;** *aus.* **essere**), **incaparbirsi** *v.r.* to become obstinate, to get pigheaded (*o*

stubborn).

incaponirsi *v.r.* (**m'incaponisco, t'incaponisci**) to be stubborn (*o* pigheaded), to get obstinate, to get (s.th.) into one's head. □ ~ *in un'idea* to get an idea firmly into one's head.

incappàre *v.i.* (*aus.* **essere**) **1** to stumble (*in* into, against), to fall (over), to get, to run (into): ~ *in una rete* to run into a net. **2** ⟨*fig*⟩ (*incontrare*) to run up (*in* against), to run, (*fam*) to bump (into), to fall (in): ~ *in un ostacolo* to run up against an obstacle.

incappottàre *v.t.* (**incappotto**) to wrap up in an overcoat. **incappottarsi** *v.r.* to put on an overcoat, to wrap o.s. up (in an overcoat). **incappottàto** *a.* wrapped up (well), bundled up (in an overcoat): *tutto* ~ all wrapped up in his overcoat.

incappucciàre *v.t.* (**incappuccio, incappucci**) to cover with a hood, to put a hood on. **incappucciarsi** *v.r.* **1** to put on one's hood. **2** ⟨*fig*⟩ to be covered (*o* clad, mantled), to become snow–capped: *i monti s'incappucciarono di neve* the mountains were mantled with snow. **incappucciàto** **I** *a.* hooded, wrapped (in a hood), wearing a cowl. **II** *s.m.* (*f.* -a) **1** person wearing a hood (*o* cowl). **2** *pl.* (*membri del Ku–Klux–Klan*) Ku Klux Klanners *pl.*

incapricciàrsi *v.r.* (**m'incapriccio, t'incapricci**) **1** to take a fancy (*di* to), to have a fancy (*o* whim) (for). **2** (*invaghirsi*) to become infatuated, to fall in love (*di* with), to go crazy (over): *si è incapricciato di una ballerina* he became infatuated with a dancer.

incapsulaménto *m.* (en)capsulation; (*rif. a denti*) crowning. **incapsulàre** *v.t.* (**incapsulo**) **1** to (en)capsule; (*rif. a denti*) to crown. **2** (*rif. a bottiglie e sim.*) to fit a capsule to.

incarceràre *v.t.* (**incàrcero**) **1** to imprison, to incarcerate: *i ribelli furono incarcerati* the rebels were imprisoned. **2** ⟨*fig*⟩ (*rinchiudere*) to confine, to restrict. **incarcerazióne** *f.* incarceration, imprisonment.

incaricàre *v.t.* (**incàrico, incàrichi**) **1** to charge, to (en)trust to: ~ *qd. di fare qc.* to charge s.o. to do s.th., to entrust ⌐s.th. to s.o.⌐ (*o* s.o. with s.th.). **2** (*ordinare*) to instruct, to tell: *mi incaricò di fare alcune spese* she told me to do some shopping. **incaricarsi** *v.r.* to take upon o.s., to take charge (*o* over), to see to, to attend to: *mi incarico io di questa faccenda* I will see to this matter. **incaricàto** **I** *a.* in charge (*di* of), entrusted, charged (with), responsible (for): *la persona* –*a* the person in charge. **II** *s.m.* (*f.* -a) **1** deputy, appointee, delegate; (*funzionario*) official, officer. **2** ⟨*Univ, Scol*⟩ teacher with a temporary appointment. □ ~ *d'affari* chargé d'affaires, business agent. **incàrico** *m.* (*pl.* -chi) (*incombenza*) task, assignment, job, charge: *ha l'* ~ *di sorvegliare i ragazzi* she ⌐has the job of looking after⌐ (*o* is in charge of) the children. □ *affidare un* ~ *a qd.* to entrust ⌐s.th. to s.o.⌐ (*o* s.o. with s.th.); *assumere un* ~ to accept an assignment; *il ministro ha avuto l'* ~ *di formare il nuovo governo* the minister has been charged with forming the new government; ~ *d'insegnamento* temporary teaching appointment; *per* ~ *di* on behalf of; (*per ordine*) by order of.

incarnàre *v.t.* **1** (*rappresentare*) to incarnate, to embody: ~ *un'idea* to embody an idea. **2** ⟨*fig*⟩ (*rif. ad attori: impersonare*) to impersonate, to play (the part of): ~ *un personaggio* to impersonate a character. **incarnarsi** *v.r.* **1** (*personificarsi*) to be embodied (*o* personified). **2** ⟨*Teol*⟩ to become (*o* be) incarnate, to be made flesh.

incarnàto[1] *a.* **1** (*personificato*) personified, incarnate: *è la bontà* –*a* he is goodness personified (*o* itself). **2** ⟨*Teol*⟩ incarnate, made flesh: *il Verbo* ~ the Word Incarnate (*o* made Flesh).

incarnàto[2] **I** *s.m.* flesh–colour, rosiness, flesh–pink. **II** *a.* rosy, flesh pink.

incarnazióne *f.* **1** embodiment, incarnation: ~ *di un ideale* incarnation of an ideal. **2** ⟨*Teol*⟩ Incarnation.

incarnire *v.i.* (**incarnisco, incarnisci;** *aus.* **essere**), **incarnirsi** *v.r.* (*rif. a unghia*) to grow in (*o* into the flesh). **incarnito** *a.* ingrowing, ingrown: *unghia* –*a* ingrowing nail.

incarognire *v.i.* (**incarognisco, incarognisci;** *aus.* **essere**)

1 (*rif. ad animali*) to become broken down. **2** ⟨*estens*⟩ (*rif. a persone*) to become a scoundrel. **incarognirsi** *v.r.* **1** (*diventare malvagio*) to grow wicked (*o* bad). **2** ⟨*fam*⟩ (*diventare ozioso*) to grow lazy, to sink into sloth.

incartamento *m.* ⟨*burocr*⟩ dossier, file, papers *pl*, documents *pl*.

incartapecorire *v.i.* (**incartapecorisci, incartapecorisci;** *aus.* **essere**), **incartapecorirsi** *v.r.* to wrinkle, to shrivel. **incartapecorito** *a.* wrinkled, shrivelled: *pelle* –*a* wrinkled skin.

incartare *v.t.* to wrap (up) in paper: ∼ *un oggetto* to wrap up an object. **incartata** *f.* wrapping. □ *dare un'* ∼ *a qc.* to wrap s.th. (up).

incartocciare *v.t.* (**incartoccio, incartocci**) to put in a paper bag (*o* twist, cornet).

incartonare *v.t.* (**incartono**) ⟨*Legat*⟩ to put between (paste–)boards, to bind (in hard covers).

incasellare *v.t.* (**incasello**) **1** to pigeon–hole, to put into boxes: ∼ *la posta* to put the mail into the letter–boxes. **2** ⟨*fig*⟩ to pigeon hole: *tutto ciò che ha appreso è incasellato nella sua mente* everything he has learnt is pigeon–holed in his mind.

incasinare *v.t.* ⟨*pop*⟩ to make a mess of, ⟨*volg*⟩ to make a balls–up. **incasinato** *a.* **1** messy, messed–up. **2** (*rif. a persona*) very busy.

incassabile *a.* cashable, collectable, collectible.

incassare *v.t.* **1** (*sistemare in casse*) to pack (in cases), to box: ∼ *la merce* to box (*o* pack) the merchandise; (*sistemare in gabbie da imballaggio*) to crate. **2** (*riscuotere*) to collect, to cash: *ha incassato una cifra considerevole* he collected a considerable sum; ∼ *un assegno* to cash (*o* draw) a cheque. **3** (*incastonare*) to set, to mount: ∼ *una gemma* to set a gem. **4** (*arginare*) to embank. **5** ⟨*Sport*⟩ to take, to stand up to: ∼ *colpi* to take punishment. **incassato** *a.* **1** packed, boxed: *merce* –*a* boxed merchandise. **2** ⟨*fig*⟩ (*stretto*) set, confined, enclosed: *una strada* –*a tra ripidi pendii* a road set between steep slopes; (*rif. a fiumi*) embanked. **incassatore** *s.m.* (*f.* **-trice**) **1** packer, boxer. **2** ⟨*Sport*⟩ boxer who can take (*o* stand up to) a lot of punishment. **incassatura** *f.* **1** (*l'incassare*) packing, boxing. **2** ⟨*concr*⟩ (*cavità*) hollow, cavity, socket. **3** ⟨*Edil*⟩ chase, recess. **4** (*incastonatura*) setting, mount(ing). **incasso** *m.* **1** (*l'incassare*) collection, cashing, encashment; (*entrata*) takings *pl*, receipts *pl*, proceeds *pl*: ∼ *giornaliero* daily takings. **2** ⟨*Econ*⟩ collection (of a bill). □ *gli* –*i di un film* the (box–office) receipts from a film.

incastellamento *m.* battlements *pl*. **incastellare** *v.t.* (**incastello**) **1** to build the scaffolding for. **2** (*fortificare*) to fortify (with battlements). **incastellato** *a.* fortified (with battlements). **incastellatura** *f.* **1** (*impalcatura*) scaffolding: ∼ *metallica* metal scaffolding. **2** ⟨*Mecc*⟩ (*alloggiamento*) casing, housing.

incastonare *v.t.* (**incastono**) to set, to mount: ∼ *una gemma* to set a gem. **incastonatura** *f.* setting, mounting: *un'* ∼ *di platino* a platinum setting.

incastrare I *v.t.* **1** to fit, to fix, to embed, to drive; (*a mo' di cuneo*) to wedge. **2** ⟨*fig*⟩ (*imprigionare*) to catch, to trap, to sandwich: ∼ *qd. tra due macchine* to sandwich s.o. between two cars. **3** ⟨*fam*⟩ (*mettere alle strette*) to catch, to trap; (*impegolare*) to involve, to mix up. **4** (*in carpenteria*) to mortise. **II** *v.i.* (*aus.* **avere**) to fit (in). **incastrarsi** *v.r.* to stick, to drive: *la lancia s'incastrò nel tronco dell'albero* the spear stuck in the tree trunk. □ ⟨*Fal*⟩ ∼ *a linguetta* to tongue; ∼ *a coda di rondine* to dovetail; ∼ *a maschio e femmina* to groove and tongue. **incastratura** *f.* **1** (*l'incastrare*) fitting, embedding; (*incastro*) joint. **2** (*cavità*) hollow, cavity, groove; ⟨*Edil*⟩ chase. **incastro** *m.* **1** hollow, recess, slot, groove. **2** ⟨*Edil*⟩ fixed joint. **3** ⟨*Fal*⟩ gain, dap joint. □ ∼ *a coda di rondine* dovetail joint; ∼ *a dente* cogging; ∼ *a maschio e femmina* groove and tongue joint.

incatenamento *m.* chaining. **incatenare** *v.t.* (**incateno**) **1** to chain up: ∼ *un cane* to chain up a dog; (*rif. a persone*) to put in chains (*o* irons, fetters), to chain, to fetter: ∼ *un prigioniero* to put a prisoner in chains. **2** ⟨*Edil*⟩ to strengthen with tie rods, to reinforce with truss beams. **3**

⟨*fig*⟩ to tie, to rivet: *questo lavoro m'incatena al tavolino* this job keeps me tied to my desk. **incatenarsi** *v.r.* (*concatenarsi*) to be linked to e.o. **incatenatura** *f.* ⟨*Edil*⟩ (reinforcement with) tie rods.

incatramare *v.t.* **1** ⟨*Strad,tecn*⟩ to tar. **2** (*rif. a navi*) to pay. **incatramarsi** *v.r.* (*coprirsi di catrame*) to be covered (*o* dirtied) with tar. **incatramato** *a.* tarred: *corda* –*a* tarred rope. **incatramatura** *f.* tarring.

incattivire *v.* (**incattivisco, incattivisci**) **I** *v.t.* to make bad (*o* wicked); (*irritare*) to irritate, to annoy. **II** *v.i.* (*aus.* **essere**), **incattivirsi** *v.r.* to become wicked, to turn nasty; (*andare in collera*) to grow ill–tempered (*o* cross); (*rif. a bambini*) to get naughty.

incautamente *avv.* incautiously, rashly. **incauto** *a.* incautious, imprudent: *comportamento* ∼ imprudent behaviour.

incavalcare *v.t.* (**incavalco, incavalchi**) **1** ⟨*Artigl*⟩ to mount. **2** ⟨*Lav.femm*⟩ to slip a stitch. **incavallatura** *f.* ⟨*Edil*⟩ (*capriata*) truss.

incavare *v.t.* **1** to hollow (*o* scoop) out: ∼ *un tronco d'albero* to hollow out a tree trunk. **2** (*al tornio*) to bore, to hollow out. **incavato** *a.* **1** hollow, hollowed out: *tronco* ∼ hollow trunk. **2** ⟨*fig*⟩ (*infossato*) hollow: *guance* –*e* hollow cheeks; (*rif. a occhi*) deep–set; (*per malattia, vecchiaia, ecc.*) sunken. **incavatura** *f.* **1** hollowing (*o* scooping) out. **2** (*cavità*) hollow, recess: *l'* ∼ *del muro* the hollow in the wall; (*solco*) groove.

incavigliare *v.t.* (**incaviglio, incavigli**) **1** ⟨*Mecc*⟩ to peg, to fasten with pegs. **2** ⟨*Fal*⟩ to dowel. **incavigliatura** *f.* ⟨*Fal*⟩ dowelling.

incavo *m.* **1** hollow, cavity: *aprire un* ∼ *in qc.* to make a hollow in s.th., to hollow s.th. out; (*scanalatura*) groove. **2** ⟨*Mecc*⟩ notch. **3** ⟨*Anat*⟩ socket. □ ⟨*Sart*⟩ ∼ *della manica* armhole, sleeve opening.

incazzare *v.i.* (*aus.* **essere**), **incazzarsi** *v.r.* ⟨*volg*⟩ to get angry, ⟨*fam*⟩ to fly off the handle. **incazzato** *a.* ⟨*volg*⟩ angry, annoyed. **incazzatura** *f.* ⟨*volg*⟩ rage, temper: *prendersi un'* ∼ to fly into a rage.

incedere[1] *v.i.* (*aus.* **avere**) ⟨*lett*⟩ to advance, to proceed: *incedeva con passo lento e solenne* he advanced with slow and solemn steps.

incedere[2] *m.* ⟨*lett*⟩ gait.

incendiare *v.t.* (**incendio**) **1** to set fire to, to (set on) fire, to burn: ∼ *una casa* to set a house on fire. **2** ⟨*fig*⟩ to inflame, to fire: ∼ *l'animo di qd.* to fire s.o.'s soul. **incendiarsi** *v.r.* **1** to catch fire, to burst into flames. **2** ⟨*fig*⟩ to flare (*o* flame, blaze) up. **incendiario I** *a.* incendiary: *proiettile* ∼ incendiary shell; ⟨*scherz*⟩ *bionda* –*a* incendiary blonde. **II** *s.m.* (*f.* **-a**) arsonary, arsonist.

incendio *m.* □ **bocca** *d'* ∼ fire hydrant; ⟨*Dir*⟩ ∼ **doloso** arson; **domare** *un* ∼ to get a fire under control; **pericolo** *d'* ∼ danger of fire; **spegnere** *un* ∼ to extinguish (*o* put out) a fire.

incenerimento *m.* **1** incineration (*anche Ind.*). **2** ⟨*Chim*⟩ ashing, calcination. □ *impianto di* ∼ incinerator. **incenerire** *v.t.* (**incenerisco, incenerisci**) **1** to reduce to ashes, to incinerate, to burn down: *l'incendio incenerì il granaio* the fire burned down the barn. **2** ⟨*fig*⟩ (*annientare*) to crush, to wither, to annihilate: *il suo sguardo m'incenerì* his look crushed me, he withered me with a glance. **3** ⟨*Chim*⟩ to ash, to calcine. **incenerirsi** *v.r.* to burn down, to be burnt (to ashes). **inceneritore** *m.* ⟨*tecn*⟩ incinerator.

incensamento *m.* **1** ⟨*Lit*⟩ censing, incensation. **2** ⟨*fig*⟩ (*adulazione*) adulation, flattery. **incensare** *v.t.* (**incenso**) **1** to cense: ∼ *l'altare* to cense the altar. **2** ⟨*fig*⟩ (*adulare*) to flatter, to adulate. **incensata** *f.* **1** swing of the censer, incensation. **2** ⟨*fig*⟩ flattery, adulation. **incensatore** *m.* (*f.* **-trice**) (*adulatore*) flatterer, adulator, fawner. **incensiere** *m.* censer, thurible. **incenso** *m.* **1** incense. **2** ⟨*fig*⟩ (*adulazione*) flattery, adulation.

incensurabile *a.* irreproachable, above criticism, beyond reproach, irreprehensible: *il suo comportamento è* ∼ his conduct is beyond reproach. **incensurabilità** *f.* irreproachableness. **incensurato** *a.* **1** blameless, above criticism, irreproachable, uncensured. **2** ⟨*Dir*⟩ with (*o* having) a clean record: *l'imputato è* ∼ the defendant has a clean record.

incentivare *v.t.* to boost, to provide incentives for, to offer incentives to: ~ *la produzione* to boost production. **incentivazione** *f.* **1** incentive, stimulation: ~ *delle esportazioni* export stimulation. **2** (*promozione*) promotion: ~ *delle vendite* sales promotion. **3** (*rif. a dipendenti*) bonus: *programma d'* ~ bonus scheme. **incentivo** *m.* incentive, spur, incitement: *l'* ~ *del guadagno* the spur of profit. □ *essere d'*~ *a qc.* to be an incentive (*o* incitement) to s.th.; ~ *salariale* wage incentive; ~ *di vendita* sales incentive.

incentrare *v.t.* to (place in the) centre, to centralize. **incentrarsi** *v.r.* to centre (*in* on): *il romanzo s'incentra nella figura del capo famiglia* the novel centres on the figure of the head of the family. **incentro** *m.* ⟨*Geom*⟩ incenter.

inceppamento *m.* **1** blocking; (*rif. ad armi*) jamming. **2** ⟨*Mecc*⟩ jamming, sticking, stoppage. **inceppare** *v.t.* (**inceppo**) to obstruct, to hinder, to hamper, to interfere with: ~ *un'attività* to interfere with an activity. **incepparsi** *v.r.* **1** ⟨*Mecc*⟩ to jam, to stick, to be blocked: *il congegno si è inceppato* the mechanism has jammed; (*rif. ad armi*) to jam. **2** ⟨*Mar*⟩ (*rif. all'ancora*) to foul.

incerare *v.t.* (**incero**) to wax, to polish: ~ *un pavimento* to wax a floor. **incerata** *f.* **1** (*tela*) oilcloth, tarpaulin. **2** ⟨*Mar*⟩ (*impermeabile*) oilskins *pl.* **incerato** *a.* waxed, polished, wax-: *carta* -*a* waxed paper; *tela* -*a* wax cloth, oilcloth. **inceratura** *f.* waxing.

incertezza *f.* **1** uncertainty, unreliability: *l'* ~ *delle notizie* the uncertainty of the news. **2** (*instabilità*) uncertainty, instability: *l'* ~ *della situazione economica* the instability of the economic situation. **3** (*mancanza di decisione*) uncertainty, hesitancy: *l'* ~ *della scrittura* the uncertainty of the handwriting. □ *lasciare nell'* ~ *qd.* to leave s.o. in doubt; *restare nell'* ~ to be doubtful (*o* uncertain).

incerto I *a.* **1** (*dubbioso: rif. a persone*) doubtful, dubious, uncertain; (*rif. a prove e sim.*) circumstantial, unproven: *indizi* -*i* circumstantial evidence. **2** (*indeciso*) undecided, uncertain: *è ancora* ~ *sulla scelta della facoltà* he is still undecided about (*o* as to) which faculty to choose; *è* -*a la sua adesione* his support is uncertain. **3** (*malsicuro*) hesitant, faltering, unsteady: *i primi* -*i passi di un bambino* a baby's first unsteady steps. **4** (*imprevedibile*) uncertain, unpredictable, unforeseeable: *l'esito della malattia è* ~ the outcome of the illness is uncertain. **5** (*rif. a tempo*) unsettled; (*variabile*) changeable. **II** *s.m.* **1** (what is) uncertain: *lasciare il certo per l'* ~ to give up what is certain for what is uncertain. **2** ⟨*fig*⟩ (*accidente imprevisto*) uncertainty, risk: *sono gli* -*i del mestiere* they are 'the risks of the profession' (*o* occupational hazards). **3** *pl.* (*introiti secondari*) perquisites *pl*, ⟨*fam*⟩ perks *pl.* □ *luce* -*a* poor (*o* dim) light.

incespicare *v.t.* (**incespico, incespichi**; *aus.* **avere**) **1** to stumble, to trip, to trip up (*in* over, against): ~ *in un gradino* to trip over a step. **2** ⟨*fig*⟩ (*impuntarsi*) to stammer, to stumble, to falter.

incessante *a.* incessant, never-ending, non-stop, unceasing, constant: *pioggia* ~ incessant rain; *un'* ~ *preoccupazione* a constant worry. **incessantemente** *avv.* incessantly.

incesto *m.* incest: *commettere un* ~ to commit incest. **incestuosamente** *avv.* incestuously. **incestuoso** *a.* incestuous.

incetta *f.* buying up, cornering, forestalling. □ *fare* ~ *di* to corner, to make a corner in, to buy up. **incettare** *v.t.* (**incetto**) to buy up, to corner, to make a corner in, to forestall. **incettatore** *m.* (*f.* -**trice**) cornerer, buyer–up.

inchiavardare *v.t.* ⟨*tecn*⟩ to bolt.

inchiesta *f.* **1** inquiry, investigation, survey: ~ *statistica* statistical survey. **2** ⟨*Dir*⟩ investigation, inquiry: *aprire un'* ~ to open an inquiry. **3** ⟨*Giorn*⟩ report: *un'* ~ *sull'India* a report on India. □ ~ *per* **campione** sample survey; **commissione** *d'* ~ committee (*o* board) of inquiry; **fare** *un'* ~ to hold an inquiry, to conduct an investigation; ~ **parlamentare** parliamentary inquiry; ~ **sociale** social survey.

inchinare *v.t.* to bow, to bend (down): ~ *il capo* to bow

one's head; (*abbassare*) to lower: ~ *gli occhi* to lower one's eyes, to look down. **inchinarsi** *v.r.* **1** to bow (down) (*a* to), to stoop; (*rif. a donna*) to curtsey (to). **2** ⟨*fig*⟩ to yield, to give in, to bow: *inchinarsi al proprio destino* to bow to one's fate. **inchino** *m.* bow; (*rif. a donna*) curtsey. □ *fare un* ~ to (make a) bow; (*rif. a donna*) to curtsey, to make (*o* drop) a curtsey.

inchiodare *v.t.* (**inchiodo**) **1** to nail: ~ *un quadro alla parete* to nail a picture to the wall; (*chiudere con chiodi*) to nail up (*o* down): ~ *un uscio* to nail up a door. **2** ⟨*fig*⟩ (*immobilizzare*) to nail, to immobilize, to pin (down): *l'avversario lo inchiodò con un diretto* his opponent nailed him with a straight punch; (*legare*) to tie, to bind, to hold: ~ *qd. alle sue responsabilità* to hold s.o. to his responsibilities. **3** ⟨*fig*⟩ (*obbligare a rimanere*) to confine: *la malattia lo ha inchiodato a letto* his illness has confined him to his bed. **inchiodarsi** *v.r.* ⟨*fam*⟩ (*fermarsi di colpo*) to stop dead. **inchiodatrice** *f.* box–nailing machine. **inchiodatura** *f.* **1** nailing (down, up): *l'* ~ *di una cassa* the nailing down of a crate. **2** (*complesso di chiodi*) nailing, nails *pl.*

inchiostrare *v.t.* (**inchiostro**) ⟨*Tip*⟩ to ink: ~ *i rulli* to ink the rollers. **inchiostratore I** *s.m.* ⟨*Tip*⟩ **1** (*operaio*) inker. **2** (*anche rullo inchiostratore*) inker, inking roller. **II** *a.* inking. **inchiostrazione** *f.* inking.

inchiostro *m.* **1** ink: *scrivere con l'* ~ to write in ink. **2** ⟨*Tip*⟩ (*printer's o* printing) ink. □ ~ *di* **China** India (*o* China) ink; ~ **copiativo** copying ink; ⟨*fig*⟩ *versare fiumi d'* ~ to write reams; ~ **simpatico** invisible (*o* sympathetic) ink; ~ *per* **stampa** printer's (*o* printing) ink.

inciampare *v.i.* (*aus.* **avere**) **1** to stumble, to trip (up) (*in* over, against): ~ *in una sedia* to stumble over a chair. **2** ⟨*fig*⟩ (*imbattersi*) to run (into, across), ⟨*fam*⟩ to bump (into): ~ *in un seccatore* to run into a bore. □ *fare* ~ *qd.* to trip s.o. (up). **inciampo** *m.* obstacle, hindrance (*anche fig.*). □ *essere d'* ~ *a qd.* to be (*o* get) in s.o.'s way.

incidentale *a.* **1** (*casuale*) incidental, casual. **2** ⟨*Gramm*⟩ parenthetic(al): *proposizione* ~ parenthetical clause. **3** ⟨*Dir*⟩ interlocutory: *appello* ~ interlocutory appeal. **incidentalmente** *avv.* incidentally. **incidentato** *a.* ⟨*burocr*⟩ damaged: *vettura* -*a* damaged car.

incidente[1] *a.* **1** ⟨*Fis,Ott*⟩ incident: *raggio* ~ incident ray. **2** ⟨*Geom*⟩ of incidence.

incidente[2] *m.* **1** (*disgrazia*) accident: *è successo un* ~ there has been an accident; (*scontro*) crash: ~ *automobilistico* car crash (*o* accident). **2** (*contrattempo*) incident, contretemps, mishap. **3** (*disputa*) argument, dispute: *sollevare* (*o* *creare*) *un* ~ to cause an argument. **4** (*episodio*) incident. **5** ⟨*Dir*⟩ objection, intervention. □ ~ **aereo** air crash; ⟨*fig*⟩ *considerare* **chiuso** *l'* ~ to regard the incident as closed, to consider the incident closed; ~ **ferroviario** railway (*o* train) accident; ~ *di* **frontiera** border incident; ~ *sul* **lavoro** industrial injury, labour accident; ~ **mortale** fatal accident; ~ **nucleare** nuclear incident; *l'* ~ *non ha avuto* **seguito** the incident went no further; ~ **stradale** road accident; **vittima** *di un* ~ casualty, accident victim.

incidenza *f.* incidence: *l'* ~ *di una tassa sul bilancio* the incidence of a tax on the budget; *l'* ~ *di una malattia sulla popolazione* the incidence of a disease on the population; ⟨*Ott*⟩ *angolo d'* ~ angle of incidence.

incidere[1] *v.t.* (**incisi, inciso**) **1** to cut into: ~ *il tronco di un albero* to cut into a tree trunk. **2** (*intagliare*) to cut, to carve: ~ *un nome sulla parete* to carve a name on the wall. **3** ⟨*Art*⟩ to engrave; (*all'acquaforte*) to etch. **4** ⟨*fig*⟩ (*fissare*) to engrave, to impress (*in* upon), to fix (in): ~ *un volto nella memoria* to fix s.o.'s face in one's memory. **5** (*registrare un suono*) to record, to make a recording of; (*su nastro*) to record, to tape-record: ~ *un discorso* to record a speech. **6** (*rif. ad alberi: per ricavarne resina, ecc.*) to tap. **7** ⟨*Chir*⟩ to incise, to lance: ~ *un ascesso* to incise an abscess. **incidersi** *v.r.* (*fissarsi*) to be engraved (*o* impressed) (*in* upon), to become fixed: *le sue parole si incisero nella mia mente* his words were engraved upon my mind. □ ~ *all'acquaforte* to etch; ~ *un disco* to make a record(ing); ~ *in legno* to do woodcarving, to make a woodcut.

incidere[2] *v.i.* (**incisi**, **inciso**; *aus.* **avere**) **1** (*gravare*) to weigh, to bear (*su* on, upon): *questa spesa inciderà molto sul nostro bilancio* this expense will weigh heavily upon our budget. **2** (*influire*) to affect (*su qc.* s.th.), to influence (on): *l'ambiente incide sulla formazione del carattere* environment affects character building. **3** ⟨*Ott*⟩ to strike. **incile** *m.* ⟨*Idr*⟩ (*imbocco*) inlet.

incinerare *v.t.* (**incinero**) **1** (*cremare*) to cremate. **2** (*ridurre in cenere*) to burn to ashes, to incinerate. **inceneratore** *m.* (*per rifiuti*) incinerator. **incinerazione** *f.* **1** (*cremazione*) cremation. **2** (*incenerimento*) incineration.

incinta *a.* pregnant, ⟨*fam*⟩ in the family way, ⟨*fam*⟩ expecting: *è ~ di tre mesi* she is three months pregnant; *mettere ~* to get pregnant, ⟨*fam*⟩ to get into trouble; *rimanere ~* to get pregnant.

incipiente *a.* **1** incipient, beginning, early: *maternità ~* early pregnancy. **2** (*rif. a malattia*) in the early stages, incipient: *un ~ raffreddore* a cold in its early stages.

incipriare *v.t.* (**inciprio**, **incipri**) to powder: *~ i capelli* to powder one's hair. **incipriarsi** *v.r.* to (put on) powder: *incipriarsi il naso* to powder one's nose.

incirca (o *in circa*) *avv.* (*circa*) ⟨*attr*⟩ about, approximately, ⟨*pred*⟩ (or) thereabouts. □ *all'* (o *a un*) *~* more or less, very nearly.

incisi → **incidere**[1] *e* **incidere**[2]. **incisione** *f.* **1** (*atto*) cutting, incision, carving; (*effetto*) cut, incision, carving: *un' ~ profonda* a deep cut. **2** ⟨*concr*⟩ (*immagine ottenuta*) engraving. **3** ⟨*Tip*⟩ engraving, etching. **4** (*registrazione di un suono*) recording; (*su nastro*) taping, (tape)recording. **5** ⟨*Chir*⟩ incision, lancing. □ ⟨*Tip*⟩ *~ all'*acquaforte etching; *~ di un disco* making of a record, recording; *~ su legno*: 1 (*atto*) wood engraving; 2 (*effetto*) woodcut; *~ su rame* copper(plate) engraving.

incisività *f.* incisiveness, sharpness: *l' ~ delle sue parole* the incisiveness of his words. **incisivo I** *a.* incisive, sharp (*anche fig.*): *stile ~* incisive style. **II** *s.m.* ⟨*Anat*⟩ (*dente incisivo*) incisor.

inciso *m.* ⟨*Gramm*⟩ interpolated clause. □ (*sia detto*) *per ~* by the way, incidentally.

incisore *m.* **1** ⟨*Art*⟩ engraver. **2** ⟨*Tip*⟩ (copperplate) engraver. **3** ⟨*Cin*⟩ cutter, mechanical recording head. □ *~ all'acquaforte* etcher; *~ su rame* copperplate engraver.

incisorio *a.* **1** ⟨*Art*⟩ of engraving: *arte –a* art of engraving. **2** ⟨*Tip*⟩ engraving, etching: *tecnica –a* engraving technique. **3** ⟨*Chir*⟩ incisory.

incistamento *m.* ⟨*Med*⟩ encystment. **incistarsi** *v.r.* to encyst, to form a cyst.

incitamento *m.* **1** incitement, instigation (*anche Dir.*): *~ a delinquere* incitement to crime, instigation to commit a crime; *~ alla ribellione* instigation to rebellion. **2** (*stimolo*) incitement, spur, stimulus, incentive. **incitare** *v.t.* (**incito/incìto**) **1** (*stimolare*) to incite, to urge (on), to spur (on): *~ qd. al bene* to urge s.o. to do good. **2** (*istigare*) to instigate, to stir up: *~ qd. al male* to instigate s.o. to do evil.

incitrullire *v.i.* (**incitrullisco**, **incitrullisci**; *aus.* **essere**) to become dull (o silly, foolish).

inciuchire *v.i.* (**inciuchisco**, **inciuchisci**; *aus.* **essere**) to grow stupid, to become a fool.

incivile *a.* **1** uncivilized, barbarous, barbaric: *popoli –i* uncivilized peoples; *provvedimenti –i* barbarous measures. **2** (*villano*) rough, boorish, gross: *modi –i* rough ways; (*scortese*) uncivil, impolite, rude. **incivilimento** *m.* civilizing, civilization. **incivilire** *v.t.* (**incivilisco**, **incivilisci**) **1** to civilize: *~ popoli primitivi* to civilize primitive peoples. **2** (*dirozzare, ingentilire*) to refine, to civilize. **incivilirsi** *v.r.* **1** to become civilized. **2** (*dirozzarsi, ingentilirsi*) to become refined. **incivilmente** *avv.* rudely, impolitely. **inciviltà** *f.* **1** barbarism, lack of civilization. **2** (*maleducazione*) bad manners *pl*, rudeness, incivility.

inclassificabile *a.* **1** (*pessimo*) disgraceful, unspeakable, dreadful: *la tua condotta è stata ~* your behaviour was disgraceful. **2** ⟨*Scol*⟩ too bad for a mark: *compito ~* homework that is too bad for a mark.

inclemente *a.* **1** (*inesorabile*) inexorable, relentless: *il tempo è un giudice ~* time is an inexorable judge;

(*crudele*) cruel, merciless: *un tiranno ~* a cruel tyrant. **2** ⟨*fig*⟩ (*rif. a clima*) inclement, severe, harsh. **inclemenza** *f.* **1** inclemency, relentlessness; (*crudeltà*) mercilessness, cruelty. **2** ⟨*fig*⟩ inclemency, severity, harshness.

inclinabile *a.* inclinable, tilting: *piano ~* tilting plane. **inclinare I** *v.t.* **1** to tilt, to tip, to incline: *inclinò la bottiglia per vuotarla* he tilted the bottle to empty it. **2** ⟨*fig*⟩ (*rendere incline*) to dispose, to incline, to bend: *~ l'animo di qd. alla clemenza* to dispose s.o.'s heart to mercy. **II** *v.i.* (*aus.* **avere**) (*propendere*) to be inclined, to tend: *inclino a credere alle tue parole* I am inclined to believe what you say. **inclinarsi** *v.r.* to tilt, to bend (over), to slant, to lean: *gli alberi si erano inclinati* the trees (were) bent over. **inclinato** *a.* **1** slanted, tilting, inclined: *piano ~* inclined plane. **2** (*propenso, disposto*) inclined, disposed: *avere l'animo ~ a fare qc.* to be inclined to do s.th. **inclinazione** *f.* **1** inclination, tilt: *l' ~ della torre* the inclination of the tower; (*pendenza*) slope, slant: *l' ~ di un tetto* the slope of a roof. **2** ⟨*fig*⟩ (*attitudine*) bent: *un' ~ per la pittura* a bent for painting. **3** ⟨*fig*⟩ (*simpatia*) liking, fondness. **4** ⟨*Geom*⟩ (angle of) inclination. **5** ⟨*Fis*⟩ dip, inclination: *~ dell'ago magnetico* dip of the magnetic needle. □ *angolo d' ~*: 1 ⟨*Geom*⟩ angle of inclination; 2 ⟨*Astr*⟩ inclination of an orbit; *~ di una strada* road gradient. **incline** *a.* inclined, disposed, prone (*a* to): *~ alla bontà* inclined to goodness; *~ all'ira* prone to anger.

inclinografo *m.* ⟨*tecn*⟩ inclinograph. **inclinometro** *m.* inclinometer.

inclito *a.* ⟨*lett*⟩ illustrious, famous, glorious.

includere *v.t.* (**inclusi**, **incluso**) **1** (*comprendere*) to include, to comprise: *~ un nome in una lista* to include a name in a list. **2** (*accludere*) to enclose, to attach: *~ qc. in una lettera* to enclose s.th. in a letter. **inclusi** → **includere**. **inclusione** *f.* inclusion: *l' ~ di parole straniere in un dizionario* the inclusion of foreign words in a dictionary. **inclusivo** *a.* inclusive. **incluso** (*p.p. di includere*) *a.* **1** (*compreso*) inclusive: *rimarrò in città fino a martedì ~* I will stay in town until Tuesday inclusive; *–e le spese* expenses included. **2** (*accluso*) enclosed, attached: *qui ~* herewith enclosed.

incoagulabile *a.* incoagulable, uncoagulable. **incoagulabilità** *f.* non-coagulability.

incoativo *a.* ⟨*Gramm*⟩ inchoative: *verbo ~* inchoative (verb).

incoccare *v.t.* (**incocco**, **incocchi**) to notch, to nock: *~ la freccia alla corda dell'arco* to nock the arrow to the bowstring.

incocciare *v.t.* (**incoccio**, **incocci**) **1** ⟨*fam,region*⟩ (*imbattersi*) to run into. **2** ⟨*Mar*⟩ to hook on, to grapple. **incocciarsi** *v.r.* ⟨*fam*⟩ (*ostinarsi*) to persist (*in* in), to stick stubbornly (to). □ *~ bene* (o *male*) to be lucky (o unlucky). **incocciatura** *f.* **1** (*ostinazione*) stubbornness, doggedness. **2** (*arrabbiatura*) rage, temper.

incoercibile *a.* **1** irrepressible, incoercible: *vitalità ~* irrepressible vitality. **2** ⟨*Chim,Fis*⟩ incoercible, incompressible. **incoercibilità** *f.* **1** irrepressibility, incoercibility. **2** ⟨*Chim,Fis*⟩ incompressibility.

incoerente *a.* **1** incoherent, loose: *le sabbie sono rocce –i* sand is loose rock. **2** ⟨*fig*⟩ (*slegato, sconnesso*) disconnected, disjointed, incoherent: *discorso ~* disjointed speech. **3** ⟨*fig*⟩ (*incongruente*) inconsistent, incongruous. **incoerenza** *f.* **1** (*mancanza di coesione*) incoherence. **2** ⟨*fig*⟩ (*illogicità*) inconsistency, incongruity. **3** ⟨*fig*⟩ (*mancanza di uniformità*) incoherence, incoherency, looseness, disjointedness.

incogliere *v.i.* (**incolgo**, **incogli**; **incolsi**, **incolto**; *aus.* **avere**) ⟨*lett*⟩ (*capitare*) to befall, to happen. □ *mal gliene incolse* no good came of it.

incognita *f.* **1** ⟨*Mat*⟩ unknown, unknown quantity (o value). **2** (*estens*) (*fatto imprevedibile*) uncertainty; (*rif. a persone*) puzzle, ⟨*fam*⟩ dark horse. □ *l'avvenire è pieno di –e* no one can tell what the future has in store. **incognito I** *a.* unknown. **II** *s.m.* incognito: *mantenere l' ~* to preserve one's incognito. □ *in ~* incognito: *viaggiare in ~* to travel incognito.

incollamento *m.* sticking, glueing, gumming, pasting.

incollare *v.t.* (**incollo**) **1** to stick, to glue, to paste, to gum: ~ *un foglio alla parete* to stick a sheet of paper on the wall. **2** (*chiudere incollando*) to stick down, to glue up. **3** (*unire con colla*) to stick (*o* paste) together; (*attaccare con colla da falegname*) to glue together. **4** (*cospargere di colla*) to cover with glue, to glue (*o* paste) over. **5** ⟨*fig*⟩ to glue: *il bimbo incollò il viso contro la finestra* the child glued his face to the window. **6** ⟨*Cart*⟩ to size. **incollarsi** *v.r.* **1** to stick (together), to get stuck: *i due fogli si sono incollati* the two pages have stuck together. **2** ⟨*fig*⟩ to stick, to cling: *il vestito mi s'incollava addosso* my dress was sticking to me. **incollatrice** *f.* (*macchina*) glueing machine.

incollatura[1] *f.* **1** sticking; (*di legno*) glueing; (*di carta*) pasting. **2** ⟨*Cart,Tess*⟩ sizing. **3** ⟨*Cin*⟩ splicing.

incollatura[2] *f.* ⟨*Equit*⟩ neck: *vincere di una* ~ to win by a neck.

incollerire *v.i.* (**incollerisco, incollerisci**; *aus.* **essere**), **incollerirsi** *v.r.* to get (*o* become) angry, to lose one's temper, to fly into a rage: *incollerirsi di* (*o per*) *qc.* to get angry about s.th. **incollerito** *a.* angry, enraged, wrathful.

incolonnamento *m.* **1** (*rif. a numeri e sim.*) ⌐drawing up in⌐ (*o* putting into) columns. **2** (*rif. a persone*) formation (*o* drawing up) of columns. **3** ⟨*Tip*⟩ printing in columns.

incolonnare *v.t.* (**incolonno**) **1** (*rif. a numeri e sim.*) to ⌐set out⌐ (*o* draw up) in columns, to put (*o* divide) into columns: ~ *cifre* to divide figures (off) into columns; (*con la macchina da scrivere*) to tabulate. **2** (*rif. a persone*) to ⌐draw up in⌐ (*o* form into) columns: ~ *soldati* to draw soldiers up in columns. **3** ⟨*Tip*⟩ to print in columns. **incolonnarsi** *v.r.* (*disporsi in colonna*) to form columns; (*mettersi in fila*) to get into line, to queue up. **incolonnatore** *m.* (*nelle macchine per scrivere*) tabulator.

incolore *a.* **1** colourless: *liquido* ~ colourless liquid. **2** ⟨*fig*⟩ colourless, dull, dreary: *stile* ~ colourless style; *vita* ~ dull (*o* dreary) life.

incolpabile *a.* culpable, chargeable. **incolpare** *v.t.* (**incolpo**) **1** to blame (*di* for), to accuse (of), to charge (with): *non si deve* ~ *gli altri dei propri sbagli* we must not blame others for our own mistakes. **2** ⟨*fig*⟩ to blame, to lay the blame on: ~ *il destino di qc.* to blame fate for s.th. **incolparsi** *v.r.* **1** to take the blame, to accuse o.s. (of): *per salvarci s'incolpò lui dell'incidente* to save us he took the blame for the accident. **2** ⟨*recipr*⟩ to accuse (*o* blame) e.o.

incoltivabile *a.* untillable, uncultivable.

incolto[1] *a.* **1** uncultivated, untilled: *terreno* ~ uncultivated (*o* untilled) land. **2** ⟨*fig*⟩ (*trascurato, non curato*) untidy, unkempt. **3** ⟨*fig*⟩ (*privo di cultura*) uneducated, uncultured, uncultivated, untrained: *ingegno* ~ untrained mind; (*rozzo*) rough, coarse. □ *barba –a* straggling beard.

incolto[2] → **incogliere**.

incolume *a.* unhurt, unharmed, uninjured, unscathed: *è uscito* ~ *dall'incidente* he came out of the accident unscathed. **incolumità** *f.* **1** safety. **2** ⟨*fig*⟩ security: *l'* ~ *delle istituzioni dello stato* the security of state institutions. □ ⟨*Dir*⟩ *l'* ~ *pubblica* public safety; *attentare all'* ~ *di qd.* to make an attempt on s.o.'s life.

incombente *a.* imminent, impending: *pericolo* ~ imminent danger. □ *essere* ~ to be imminent; (*minacciare*) to threaten, to loom up. **incombenza** *f.* **1** (*dovere*) duty, responsibility. **2** (*incarico*) task, charge, commission: *ricevere un'* ~ to be given a task.

incombere *v.i.* (**incombei /incombetti**; no past participle) **1** (*sovrastare*) to be imminent (*o* impending); (*minacciare*) to threaten, to loom (up): *un temporale incombeva* a storm was threatening. **2** (*spettare*) to be incumbent (*a* on, upon), to be up (to), to be one's job.

incombustibile *a.* incombustible, uninflammable. **incombustibilità** *f.* incombustibility. **incombusto** *a.* ⟨*lett*⟩ unburnt, unburned.

incominciare *v.* (**incomincio, incominci**) **I** *v.t.* to begin, to start, to commence: ~ *una lettera* to start a letter. **II** *v.i.* (*aus.* **essere/avere**) **1** (*avere inizio; aus.* **essere**) to begin, to start: *è incominciata l'estate* summer has begun; *dopo il primo incrocio incomincia il nuovo quartiere* the new district begins after the first crossing. **2** (*dare inizio; aus.* **avere**) to begin, to start, to commence: ~ *a fare qc.* to begin (*o* start) ⌐doing s.th.⌐ (*o* to do s.th.). □ ~ *ad avere fame* to get (*o* begin feeling) hungry; ~ *a diventare freddo* to grow (*o* get) cold; *tanto per* ~ to begin with.

incommensurabile *a.* ⟨*Mat*⟩ incommensurable. **incommensurabilità** *f.* incommensurability.

incommutabile *a.* ⟨*Dir*⟩ incommutable, final: *pena* ~ incommutable sentence. **incommutabilità** *f.* incommutability.

incomodare *v.t.* (**incomodo**) to inconvenience, to trouble, to bother, to be a trouble (*o* nuisance): *non m'incomoda affatto* it is no trouble at all; *scusi se l'ho incomodato* I'm sorry if I've troubled you. **incomodarsi** *v.r.* **1** (*prendersi incomodo*) to trouble, to bother, to go to trouble (*o* bother): *La prego, non s'incomodi per causa mia* please don't go to any trouble on my account. **2** ⟨*iron*⟩ to put o.s. out: *non t'incomodare, so fare da solo* don't put yourself out, I can do it myself.

incomodo[1] *a.* **1** uncomfortable: *viaggio* ~ uncomfortable journey. **2** (*inopportuno*) inconvenient, awkward, unwelcome: *ora –a* awkward time. □ *il terzo* ~ the odd man out; *fare il terzo* ~ to play gooseberry.

incomodo[2] *m.* **1** inconvenience, nuisance, bother, annoyance. **2** *pl.* (*acciacchi*) (slight) ailments *pl*, complaints *pl*, infirmities *pl*. □ *essere d'* ~ *a qd.* to be a nuisance to s.o.; *levare l'* ~ to take one's leave; *scusate l'* ~ sorry to trouble (*o* have troubled) you.

incomparabile *a.* (*rif. a cose*) incomparable, peerless, matchless, unequalled: *grazia* ~ incomparable grace; (*rif. a persone*) exceptional, unequalled. **incomparabilità** *f.* incomparability, matchlessness, peerlessness. **incomparabilmente** *avv.* incomparably, superlatively.

incompatibile *a.* **1** incompatible, inconsistent, irreconcilable. **2** ⟨*Dir,Chim*⟩ incompatible. **incompatibilità** *f.* **1** incompatibility, inconsistency: ~ *di opinioni* incompatibility of opinions. **2** ⟨*Dir,Med,Chim*⟩ incompatibility: ~ *di due cariche pubbliche* incompatibility of two public offices. □ ⟨*Dir*⟩ ~ *di carattere* incompatibility of character; ~ *di funzioni* incompatibility of duties.

incompetente *a.* **1** incompetent, not competent, unqualified. **2** ⟨*spreg*⟩ (*inetto*) incompetent, incapable: *medico* ~ incompetent doctor. **3** ⟨*burocr*⟩ incompetent, not competent: *tribunale* ~ incompetent court. **II** *s.m./f.* incompetent (person). **incompetenza** *f.* **1** incompetence: ~ *in materia di politica* incompetence as regards politics. **2** ⟨*burocr*⟩ incompetence, incompetency, lack of jurisdiction. □ *dichiarare la propria* ~ to say that one is not competent (*o* qualified, able); ⟨*Dir*⟩ ~ *del giudice* incompetency of a judge.

incompiutezza *f.* incompleteness, unfinished state: *l'* ~ *di un lavoro* the incompleteness of a piece of work. **incompiuto** *a.* unfinished, uncompleted, incomplete: *l'edificio rimase* ~ the building was left unfinished. □ ⟨*Mus*⟩ ⌐*la Sinfonia –a*⌐ (*o l'Incompiuta*) the Unfinished Symphony.

incompletezza *f.* incompleteness. **incompleto** *a.* **1** incomplete, not complete: *collezione –a* incomplete collection. **2** (*difettoso*) defective, lacking.

incomprensibile *a.* **1** unintelligible, incomprehensible: *parole –i* unintelligible words; *idee –i* incomprehensible ideas. **2** (*rif. a persona: strano*) hard to understand, unfathomable, incomprehensible. **incomprensibilità** *f.* incomprehensibility, incomprehensibleness. **2** (*rif. a persone*) strangeness, oddness. **incomprensione** *f.* incomprehension, lack of understanding: ~ *tra marito e moglie* incomprehension between husband and wife. **incompreso** *a.* (*non compreso*) not understood: *teorie –e* theories which are not understood; (*compreso male*) misunderstood: *genio* ~ misunderstood genius.

incomprimibile *a.* ⟨*Fis*⟩ incompressible. **incomprimibilità** *f.* incompressibility.

incomputabile *a.* incalculable, incomputable.

incomunicabile *a.* **1** incommunicable. **2** ⟨*fig*⟩ inexpressible, indescribable, incommunicable: *sentimento*

~ inexpressible sentiment. **incomunicabilità** *f.* incommunicability (*anche estens.*): *l' ~ di un sentimento* the incommunicability of a sentiment.

inconcepibile *a.* **1** inconceivable, unthinkable: *idee –i inconceivable* ideas. **2** (*straordinario, assurdo*) unthinkable, inconceivable, incredible: *comportamento ~* incredible behaviour. **inconcepibilità** *f.* inconceivability (*anche Filos.*).

inconciliabile *a.* irreconcilable: *avversari –i* irreconcilable adversaries. **inconciliabilità** *f.* **1** irreconcilability. **2** ⟨*fig*⟩ incompatibility, irreconcilability: *~ di due teorie* incompatibility of two theories.

inconcludente **I** *a.* **1** (*sconclusionato*) inconclusive; (*sconnesso*) disconnected, desultory, rambling. **2** (*vano*) vain, unsuccessful, inconclusive: *sforzi –i* vain efforts. **3** (*rif. a persona*) ineffectual, inconclusive, inefficient, feckless. **II** *s.m./f.* ineffectual person, drifter. **inconcludenza** *f.* **1** inconclusiveness, ineffectiveness; (*l'essere sconnesso*) desultoriness. **2** (*inutilità*) inconclusiveness, vainness, uselessness.

incondizionatamente *avv.* unconditionally. **incondizionato** *a.* **1** (*senza condizioni*) unconditional, uncontioned: *resa –a* unconditional surrender. **2** (*pieno, intero*) complete, unconditional, unreserved, absolute: *fiducia –a* complete faith. **3** ⟨*Dir*⟩ unconditional. □ ⟨*Fisiol*⟩ *riflesso ~* unconditioned reflex.

inconfessabile *a.* unavowable, that cannot be confessed. **inconfessato** *a.* **1** unconfessed, secret, unavowed: *errori –i* unavowed errors. **2** (*tenuto segreto a se stesso*) repressed, secret: *impulsi –i* repressed impulses. **inconfesso** *a.* pleading not guilty: *colpevole ~* offender pleading not guilty.

inconfondibile *a.* unmistakable: *fisionomia ~* unmistakable features.

inconfutabile *a.* irrefutable, incontrovertible, indisputable: *argomenti –i* irrefutable arguments.

incongelabile *a.* ⟨*Fis*⟩ unfreezable, non-freezing.

incongruente *a.* **1** incongruous, inconsistent, incongruent, self-contradictory: *atti –i* inconsistent behaviour. **2** ⟨*Chim*⟩ incongruent. **incongruenza** *f.* incongruity, incongruousness, inconsistency, (self-)contradiction. **incongruo** *a.* incongruous.

inconoscibile *a./s.m.* ⟨*Filos*⟩ unknowable.

inconsapevole *a.* **1** unconscious, unwitting. **2** (*ignaro*) ignorant, ⟨*pred*⟩ unaware. **inconsapevolezza** *f.* **1** unconsciousness, unwittingness. **2** (*l'essere ignaro*) ignorance, unawareness. **inconsapevolmente** *avv.* unconsciously, unwittingly.

inconscio **I** *a.* **1** unconscious, unwitting: *impulso ~* unconscious impulse. **2** (*rif. a persona*) unconscious, ⟨*pred*⟩ unaware: *essere ~ del pericolo* to be unaware of danger. **II** *s.m.inv.* ⟨*Psic*⟩ unconscious.

inconseguente *a.* inconsistent, inconsequent. **inconseguenza** *f.* inconsequence, inconsistency: *l' ~ del suo ragionamento* the inconsistency of his reasoning.

inconsiderabile *a.* negligible, inconsiderable: *incremento ~* negligible increase. **inconsideratamente** *avv.* thoughtlessly, inconsiderately. **inconsideratezza** *f.* thoughtlessness, heedlessness; (*avventatezza*) rashness. **inconsiderato** *a.* **1** thoughtless, heedless. **2** (*avventato*) rash.

inconsistente *a.* **1** insubstantial, flimsy, lacking in consistency: *stoffa ~* flimsy material. **2** ⟨*fig*⟩ (*privo di fondamento*) unfounded, groundless, insubstantial: *ragionamento ~* groundless argument. **3** ⟨*fig*⟩ (*povero di concetti*) empty, shallow. **inconsistenza** *f.* **1** insubstantiality, flimsiness, lack of consistency. **2** ⟨*fig*⟩ (*infondatezza*) groundlessness, insubstantiality, lack of foundation: *l' ~ di un'accusa* the groundlessness of an accusation. **3** ⟨*fig*⟩ (*povertà di concetti*) emptiness, shallowness.

inconsolabile *a.* inconsolable: *era ~ per la morte del marito* she was inconsolable over her husband's death. **inconsolabilmente** *avv.* inconsolably.

inconsueto *a.* unusual.

inconsultamente *avv.* rashly, heedlessly. **inconsulto** *a.* rash, heedless.

incontaminabile *a.* incontaminable. **incontaminato** *a.* **1** uncontaminated, unpolluted. **2** ⟨*fig*⟩ unblemished, spotless, uncontaminated: *reputazione –a* unblemished (*o* spotless) reputation.

incontenibile *a.* **1** unrestrainable, uncheckable, irresistible: *l' ~ assalto del nemico* the irresistible (*o* uncheckable) assault of the enemy. **2** (*che non si può reprimere*) irrepressible, unrestrainable: *un ~ desiderio di vivere* an irrepressible desire to live.

incontentabile *a.* **1** exacting, hard (*o* difficult, impossible) to please: *cliente ~* exacting customer. **2** (*rif. a desideri e sim.: insaziabile*) insatiable, unsatisfiable: *l' ~ sete di sapere* insatiable thirst for knowledge. □ *è ~* there's no pleasing (*o* satisfying) him. **incontentabilità** *f.* **1** exactingness, hardness to please. **2** (*rif. a desideri e sim.: insaziabilità*) insatiability.

incontestabile *a.* incontestable, indisputable, unquestionable: *verità ~* indisputable truth. **incontestabilità** *f.* incontestability, indisputability: *l' ~ dei diritti del popolo* the incontestability of the people's rights. **incontestato** *a.* undisputed, unquestioned: *verità –a* undisputed truth.

incontinente *a.* incontinent, unrestrained, intemperate: *uomo ~* incontinent man. **incontinenza** *f.* **1** incontinence, lack of restraint, intemperance. **2** ⟨*Med*⟩ incontinence: *~ fecale* incontinence of the faeces.

incontrare *v.* (**incontro**) **I** *v.t.* **1** to meet (*anche fig.*): *ho incontrato tuo padre* I met your father; *incontrai il suo sguardo* I met his look (*o* eyes); (*incontrare per caso*) to meet (up with), ⟨*fam*⟩ to run (*o* bump) into, ⟨*fam*⟩ to come (*o* run) across. **2** (*trovare*) to find, to meet with: *~ favore* to meet with approval. **3** (*imbattersi: rif. a cose*) to meet with, to come up against, to run into: *~ ostacoli* to come up against obstacles. **4** ⟨*Sport*⟩ to meet, to encounter, to play: *domenica scorsa la nazionale italiana ha incontrato la squadra inglese* last Sunday Italy played England; (*rif. al pugilato*) to meet, to fight. **II** *v.i.* (*aus. essere*) to be popular (*o* successful), to be a success (*o* well-liked): *questo prodotto incontra molto* this product is very popular (*o* sells well). **incontrarsi** *v.r.* **1** to meet (*con qd. s.o.*), to meet up (with): *sabato s'incontrerà con il suo amico* he is meeting his friend on Saturday. **2** (*recipr*) (*trovarsi per caso*) to meet (e.o.), to come (*o* run) across e.o., ⟨*fam*⟩ to run (*o* bump) into e.o. **3** ⟨*fig,Mat*⟩ to meet: *i loro occhi s'incontrarono* their eyes met. **4** (*coincidere, andare d'accordo*) to agree, to think alike, to correspond: *le loro idee s'incontrano perfettamente* their ideas correspond perfectly. **5** ⟨*Sport*⟩ to meet, to play, to encounter; (*rif. al pugilato*) to meet, to fight. □ *~ il favore di qd.* to meet with s.o.'s approval; *~ il gusto dei clienti* to appeal to the customers; *~ la morte* to meet one's death.

incontrario: *all' ~* the opposite, the contrary. □ ⟨*fig*⟩ *andare all' ~* to go wrong: *oggi mi va tutto all' ~* everything is going wrong today.

incontrastabile *a.* **1** irresistible; (*ineluttabile*) inevitable, unavoidable. **2** (*inoppugnabile*) incontestable, indisputable: *argomento ~* indisputable argument. **incontrastato** *a.* uncontested, undisputed.

incontro[1] *m.* **1** meeting; (*casuale, ostile*) encounter. **2** (*convegno*) meeting: *l' ~ dei capi di stato* the meeting of the Heads of State. **3** ⟨*Sport*⟩ match. **4** (*rif. a strade*) junction. **5** ⟨*Mat*⟩ point of intersection: *l' ~ di due rette* the point of intersection of two lines. □ *fare un brutto ~* to meet an unpleasant person; (*incontrare un malvivente*) to meet up with a nasty character; *~ di calcio* football match; ⟨*Sport*⟩ *disputare un ~* to play a match; (*nel pugilato*) to fight, to meet; *che felice ~!* how pleasant (*o* nice) to meet you!; *~ di pugilato* boxing match, ⟨*am*⟩ fight; *punto d' ~ di due strade* place where two roads meet; *~ segreto* secret meeting; ⟨*Pol*⟩ *~ al vertice* summit meeting.

incontro[2] *avv.* toward(s): *ci corse ~* he ran towards (*o* to meet) us. □ *~ a* toward(s), (up) to: *il bimbo corse ~ alla madre* the child ran to his mother; ⟨*fig*⟩ *andare ~ a qc.*: **1** (*avvicinarsi*) to go to (*o* towards) s.th., to (draw, get) near s.th.: *andiamo ~ all'estate* we are nearing summer.

summer is coming (*o getting near*); 2 (*esporsi*) to run (*a into, up against*), to head (for): *andare ~ a dispiaceri* to be heading for trouble; (*rif. a spese*) to run (into), to incur (s.th.); *andare ~ a qd.:* 1 to (go to) meet s.o.; 2 ⟨*fig*⟩ (*aiutarlo*) to meet s.o. halfway, to help s.o. (out); *andare ~ ai desideri di qd.* to try to meet (*o* satisfy) s.o.'s wishes; **muovere** *~ a qd.* to move towards s.o., to make (*o* head) for s.o.; **venirsi** *~* to meet half way.

incontrollabile *a.* 1 uncontrollable, incontrollable. 2 (*irreprimibile*) unrestrainable, uncontrollable: *risata ~* unrestrainable burst of laughter. **incontrollato** *a.* 1 uncontrolled. 2 (*sfrenato*) unrestrained, uncontrolled.

incontrovertibile *a.* incontrovertible, indisputable. **incontrovertibilità** *f.* incontrovertibility, indisputability.

inconveniente *m.* 1 difficulty, inconvenience: *è sorto un grave ~* a serious difficulty has come up; (*ostacolo*) obstacle. 2 (*svantaggio*) disadvantage, drawback, handicap: *la tua proposta presenta gravi -i* there are serious drawbacks to your proposal.

inconvertibile *a.* ⟨*Econ*⟩ inconvertible, non–convertible. **inconvertibilità** *f.* inconvertibility.

incoordinazione *f.* incoordination (*anche Med.*).

incoraggiamento *m.* 1 encouragement. 2 ⟨*concr*⟩ (*parole incoraggianti*) encouragement, encouraging (*o* heartening) words *pl.* □ *premio d' ~* (*in una gara*) consolation prize. **incoraggiante** *a.* encouraging. **incoraggiare** *v.t.* (*incoraggio, incoraggi*) 1 (*rincorare*) to encourage, to hearten, to give courage to. 2 (*favorire*) to promote, to encourage, to boost: *~ la produzione* to boost production.

incordare *v.t.* (*incordo*) ⟨*Mus*⟩ to string: *~ un violino* to string a violin. **incordatura** *f.* 1 (*l'incordare*) stringing: *~ di una racchetta da tennis* stringing of a tennis racquet. 2 ⟨*concr*⟩ (*l'insieme delle corde*) strings *pl:* *l' ~ dell'arpa* the harpstrings.

incornare *v.t.* (*incorno*) (*infilare con le corna*) to gore: *il toro incornò il torero* the bull gored the bullfighter; (*colpire con le corna*) to toss, to butt. **incornata** *f.* (*infilzata, ferita*) goring; (*colpo*) toss, butt.

incorniciare *v.t.* (*incornicio, incornici*) to frame (*anche fig.*): *~ una fotografia* to frame a photograph; *i monti incorniciano il panorama* the mountains frame the view. **incorniciato** *a.* framed (*anche fig.*). **incorniciatura** *f.* 1 framing: *l' ~ di un ritratto* the framing of a portrait. 2 ⟨*concr*⟩ (*cornice*) frame.

incoronare *v.t.* (*incorono*) 1 to crown (*anche estens.*): *~ qd. imperatore* to crown s.o. emperor; *~ qd. di fiori* to crown s.o. with flowers; *~ qd. poeta* to crown s.o. poet. 2 ⟨*fig*⟩ (*fare corona, cingere*) to encircle, to enclose, to ring: *alte montagne incoronano la città* the city is ringed by lofty mountains. **incoronarsi** *v.r.* to crown o.s. **incoronata** *f.* 1 (*appellativo della Madonna*) Blessed Virgin Mary Crowned. 2 ⟨*Lit*⟩ (*festa*) (feast of the) Coronation of the Blessed Virgin Mary. **incoronato** *a.* crowned (*anche fig.*): *poeta ~* crowned poet. **incoronazione** *f.* 1 crowning, coronation. 2 (*cerimonia*) coronation.

incorporabile *a.* incorporable. **incorporare** *v.t.* (*incorporo*) 1 (*mescolare*) to mix, to incorporate, to blend; (*girando*) to stir: *~ bene le uova nell'impasto* to stir the eggs well into the mixture. 2 ⟨*fig*⟩ (*unire in un organismo più vasto: rif. a cose*) to incorporate, to embody: *le nuove clausole sono state incorporate nel contratto* the new clauses were incorporated in(to) the contract. 3 ⟨*fig*⟩ (*annettere*) to annex, to incorporate: *lo stato ha incorporato i nuovi territori* the State has annexed the new territories. **incorporarsi** *v.r.* 1 to become incorporated (*o* mixed), to blend, to mix: *la farina si è incorporata con l'acqua* the flour has blended with the water. 2 (*rif. a paesi*) to join. □ ⟨*Econ*⟩ *~ una società* to absorb (*o* take over) a company. **incorporato** *a.* 1 (*annesso*) annexed. 2 ⟨*tecn*⟩ incorporated, built–in: *esposimetro ~* built–in exposure meter. **incorporazione** *f.* 1 incorporation (*anche fig.*). 2 ⟨*Comm*⟩ (*rif. a società*) takeover, merger. 3 (*annessione*) annexation: *~ di un territorio* annexation of a territory.

incorporeità *f.* incorporeity, immateriality. **incorporeo** *a.*

1 incorporeal, immaterial. 2 ⟨*estens*⟩ ethereal: *creatura -a* ethereal creature.

incorreggibile *a.* 1 incorrigible, incurable: *difetto ~* incorrigible defect. 2 (*rif. a persona: inveterato*) incorrigible, inveterate, hardened: *bevitore ~* hardened drinker. 3 (*rif. a compiti, lavori scolastici*) uncorrectable, impossible to correct. **incorreggibilità** *f.* 1 incorrigibility, incurableness. 2 (*rif. a persone*) incorrigibility, inveterateness.

incorrere *v.i.* (*incorsi, incorso; aus. essere*) to incur (*in qc. s.th.*), to meet (with), to run (into), *spesso non si traduce:* *~ in peccato* to sin; *~ in un pericolo* to run (*o* get) into danger; *~ in una pena* to incur a penalty; *~ nell'ira di qd.* to incur s.o.'s wrath; (*rif. a errori e sim.*) to fall (into), to make (s.th.): *~ in un errore* • to fall into error, to make a mistake.

incorrotto *a.* 1 incorrupt(ed). 2 ⟨*fig*⟩ (*incontaminato*) untainted, unblemished. 3 ⟨*fig*⟩ (*rif. a persona: retto*) upright, honest, incorrupt: *giudice ~* honest judge. **incorruttibile** *a.* incorruptible (*anche fig.*): *magistrato ~* incorruptible magistrate. **incorruttibilità** *f.* incorruptibility (*anche fig.*).

incorsi, incorso → **incorrere.**

incosciente I *a.* 1 unconscious: *il malato è ancora ~* the patient is still unconscious. 2 ⟨*fig*⟩ (*sconsiderato*) irresponsible, careless: *un ragazzo ~* an irresponsible boy. II *s.m./f.* irresponsible person. **incoscientemente** *avv.* unconsciously; (*sconsideratamente*) irresponsibly, carelessly, recklessly. **incoscienza** *f.* 1 unconsciousness. 2 (*sconsideratezza*) irresponsibility, recklessness, foolhardiness. □ *è un' ~* it is sheer foolhardiness (*o* madness).

incostante *a.* 1 (*instabile, mutevole*) changeable, variable, unsteady, unsettled: *temperatura ~* variable temperature. 2 (*volubile*) inconstant, changeable, fickle: *umore ~* changeable mood. **incostanza** *f.* 1 (*instabilità, mutevolezza*) changeableness, variability, mutability: *l' ~ dei venti* the variability of the winds. 2 (*volubilità*) inconstancy, changeableness, fickleness: *~ di sentimenti* inconstancy of feelings.

incostituzionale *a.* ⟨*Dir*⟩ unconstitutional. **incostituzionalità** *f.* unconstitutionality.

incravattare *v.t.* to put a tie on.

incredibile *a.* incredible, unbelievable: *notizia ~* incredible news. **incredibilità** *f.* incredibility. **incredibilmente** *avv.* incredibly, unbelievably. **incredulità** *f.* incredulity, disbelief. **incredulo** I *a.* incredulous, disbelieving: *atteggiamento ~* incredulous attitude. II *s.m.* (*f.* -*a*) unbeliever.

incrementale *a.* ⟨*Mat*⟩ incremental.

incrementare *v.t.* (*incremento*) 1 (*aumentare*) to increase: *~ le proprie entrate* to increase one's income. 2 (*fare prosperare*) to foster, to promote: *~ il commercio* to promote trade.

incremento *m.* 1 (*sviluppo*) development, boost(ing), increase: *~ degli studi* development of studies. 2 (*aumento numerico*) increase, increment, growth, rise (in number): *~ del capitale* increase of capital; *~ demografico* population growth. □ *~ annuo* yearly increase; *dare ~ a qc.* to develop (*o* boost) s.th.; *~ della produttività* rise in productivity; *ricevere ~* to be expanded (*o* increased); *~ di valore* increase in value.

increscere *v.i.* (*incresco, incresci; increbbi, incresciuto; aus. essere*) ⟨*lett*⟩ (*rincrescere*) to regret, to mind.

increscioso *a.* 1 regrettable, unfortunate: *incidente ~* regrettable incident. 2 (*molesto, sgradito*) unpleasant, disagreeable, annoying: *lavoro ~* disagreeable work.

increspamento *m.* → **increspatura. increspare** *v.t.* (*increspo*) 1 (*rif. ad acqua*) to ripple, to ruffle. 2 (*rif. a capelli*) to frizz. 3 (*rif. alla pelle*) to wrinkle: *~ la fronte* to wrinkle one's brow. 4 (*rif. a stoffa e sim.*) to gather, to pucker. 5 ⟨*Cart*⟩ to crêpe. **incresparsi** *v.r.* 1 (*rif. ad acqua*) to ripple. 2 (*rif. a capelli*) to grow frizzy. 3 (*rif. alla pelle*) to wrinkle (up). **increspato** *a.* 1 (*rif. ad acqua*) rippling, ruffled. 2 (*rif. a capelli*) frizzy. 3 (*rif. alla pelle*) wrinkled. 4 (*rif. a stoffa e sim.*) gathered. 5 ⟨*Cart*⟩ crêpe–, craped. **increspatura** *f.* 1 (*rif. ad acqua:*

l'increspare) rippling, ruffling; (*la superficie increspata*) ripples *pl*. **2** (*rif. a capelli: atto*) frizzing; (*effetto*) frizziness. **3** (*rif. a stoffa e sim.: atto*) gathering, puckering; (*effetto*) gathers *pl*.

incretinimento *m*. besotting, stultification. **incretinire** *v*. (**incretinisco, incretinisci**) **I** *v.t.* to make stupid (*o* silly), to stultify, to besot. **II** *v.i.* (*aus.* **essere**) to become (*o* grow) stupid, (*fam*) to go silly.

increto *m*. ⟨*Fisiol*⟩ incretion.

incriminabile *a*. ⟨*Dir*⟩ imputable, liable to prosecution, impeachable. **incriminante** *a*. incriminating: *documenti –i* incriminating documents. **incriminare** *v.t.* (**incrimino**) to charge, to indict, to incriminate, to impeach: ~ *qd. per falsa testimonianza* to ʿcharge s.o. withʾ (*o* indict s.o. for) perjury. **incriminazione** *f*. (*atto*) incrimination, indictment, impeachment; (*effetto*) indictment, charge.

incrinare *v.t.* **1** to crack. **2** ⟨*fig*⟩ (*intaccare*) to damage, to injure, to hurt: *l'episodio ha incrinato la sua reputazione* the episode has damaged his reputation. **incrinarsi** *v.r.* **1** to crack: *il vaso si è incrinato* the vase cracked. **2** ⟨*fig*⟩ (*intaccarsi*) to break up, to deteriorate, (*fam*) to crack up. **incrinato** *a*. cracked, flawed. **incrinatura** *f*. **1** (*crepatura*) crack: *il bicchiere aveva varie –e* the glass had several cracks in it; (*difetto di lavorazione*) flaw. **2** ⟨*fig*⟩ rift, flaw. **3** ⟨*Med*⟩ infraction, greenstick fracture.

incriticabile *a*. uncensurable, irreproachable, ⟨*pred*⟩ beyond criticism: *comportamento* ~ irreproachable behaviour.

incrociare *v*. (**incrocio, incroci**) **I** *v.t.* **1** to cross: ~ *le gambe* to cross one's legs. **2** (*tagliare, attraversare*) to cut across, to cross: ~ *la rotta a un bastimento* to cut across the route of a ship, to cross the bows of a ship. **3** ⟨*Zootecn*⟩ (*ibridare*) to cross, to crossbreed. **4** ⟨*Bot*⟩ to cross-fertilize, to cross, to cross-pollinate. **II** *v.i.* (*aus.* **avere**) ⟨*Mar,Aer*⟩ to cruise. **incrociarsi** *v.r.* **1** ⟨*recipr*⟩ (*intersecarsi*) to intersect, to cross (e.o.): *le due strade s'incrociano prima della città* the two roads intersect before the town. **2** ⟨*fig*⟩ to be exchanged, to fly (back and forth): *fra gli amici s'incrociavano battute spiritose* witty remarks flew back and forth among the friends. **3** ⟨*recipr*⟩ (*incontrarsi*) to cross: *le nostre lettere si sono incrociate* our letters crossed. **4** ⟨*Geom*⟩ to intersect. **5** ⟨*recipr*⟩ (*ibridarsi*) to cross, to crossbreed, to hybridize. □ ~ *le braccia*: 1 to fold (*o* cross) one's arms; 2 ⟨*fig*⟩ (*scioperare*) to down tools; ⟨*Mil*⟩ ~ *il fuoco* to cross fire; ~ *le spade* to cross swords. **incrociato** *a*. **1** (*disposto a croce*) crossed, cross–: *due linee –e* two crossed lines. **2** ⟨*Zootecn*⟩ cross, crossbred, crossed. **3** ⟨*Bot*⟩ cross-fertilized, cross-pollinated. □ ⟨*Mil*⟩ *fuoco* ~ crossfire; *parole –e* crossword (puzzle).

incrociatore *m*. ⟨*Mar.mil*⟩ cruiser. □ ~ *da battaglia* battle-cruiser; ~ *corazzato* armoured cruiser; ~ *leggero* light cruiser; ~ *pesante* heavy cruiser.

incrocio *m*. **1** (*l'incrociare*) crossing. **2** (*punto d'incrocio*) crossing, crossing point, cross: *l'* ~ *di due travi* the crossing of two beams. **3** ⟨*Strad*⟩ (*urbano*) crossing; (*fuori città*) crossroads *pl* (*costr. sing. o pl.*). **4** ⟨*Ferr*⟩ crossing. **5** ⟨*Zootecn*⟩ (*l'incrociare*) crossing, crossbreeding, interbreeding; (*frutto dell'incrocio*) cross, crossbreed. **6** ⟨*Bot*⟩ cross-fertilization, cross-pollination; (*frutto dell'incrocio*) cross. □ ~ *autostradale* highway intersection; ⟨*Strad*⟩ ~ *pericoloso* dangerous crossing; ~ *stradale* crossroads, (road) intersection.

incrodarsi *v.r.* (**m'incrodo**) ⟨*Alp*⟩ to get stuck halfway up (*o* down).

incrollabile *a*. **1** indestructible, firm: *costruzione* ~ indestructible construction. **2** ⟨*fig*⟩ (*fermo, irremovibile*) firm, unshakable, steady: *fede* ~ unshakable faith.

incrostare *v.t.* (**incrosto**) **1** to encrust, to crust over: *l'acqua ha incrostato i condotti* the water has encrusted the pipes; ~ *di gemme* to encrust with gems. **2** ⟨*Mar*⟩ to foul. **incrostarsi** *v.r.* **1** (*ricoprirsi di sedimenti*) to become encrusted; (*rif. a caldaie*) to scale. **2** ⟨*Mar*⟩ to foul, to become fouled. **incrostato** *a*. encrusted: *tiara –a di gioielli* jewel-encrusted tiara. **incrostazione** *f*. **1** (en)crusting, encrustation; (*rif. a caldaie e sim.*) scaling. **2** (*il rivestire qualcosa per ornamento*) encrustation. **3** ⟨*Mar*⟩

fouling, encrustation. □ ~ *calcarea* calcareous deposit; *–i del motore* engine deposits; ~ *di tartaro* tartar (deposit).

incrudelire *v.i.* (**incrudelisco, incrudelisci**; *aus.* **essere/avere**) **1** (*diventare crudele; aus.* **essere**) to become cruel (*o* pitiless), to grow more cruel. **2** (*commettere crudeltà; aus.* **avere**) to be cruel (*su* to), to inflict cruelties (upon), to treat cruelly (*o* harshly) (s.o.): *i vincitori non devono* ~ *sui vinti* conquerers must not be cruel to the vanquished. **3** ⟨*fig*⟩ (*infierire; aus.* **avere**) to be pitiless (*o* cruel) (*contro* to), to be hard (on): *il fato ha incrudelito contro di lui* fate has been hard on him. **incrudelirsi** *v.r.* (*diventare crudele*) to become (*o* grow) cruel.

incrudire *v*. (**incrudisco, incrudisci**) **I** *v.i.* (*aus.* **essere**) **1** (*rif. a tempo, stagioni*) to become harsh (*o* severe), to grow (*o* turn) inclement: *l'inverno incrudisce sempre più* winter is getting more and more severe. **2** (*rif. a persone: incrudelire*) to become cruel, to grow harsh. **3** ⟨*Met*⟩ to become work-hardened. **II** *v.t.* (*inasprire*) to embitter, to sharpen, to aggravate: ~ *l'odio di qd.* to sharpen s.o.'s hatred. **incrudirsi** *v.r.* to worsen.

incruento *a*. bloodless: *rivoluzione –a* bloodless revolution. □ *sacrificio* ~ (*la messa*) (sacrifice of the) Mass; ⟨*Med*⟩ *trattamento* ~ bloodless treatment.

incruscare *v.t.* (**incrusco, incruschi**) to cover with bran.

incubare *v.t.* (**incubo/incubo**) ⟨*Zootecn*⟩ to incubate. **incubatrice** *f*. incubator. **incubazione** *f*. **1** ⟨*Zootecn*⟩ incubation, hatching. **2** ⟨*Med*⟩ incubation; (*periodo*) incubation period.

incubo *m*. **1** nightmare, incubus. **2** ⟨*fig*⟩ (*angoscia*) nightmare, obsession, constant worry: *l'* ~ *degli esami* the nightmare of exams.

incudine *f*. **1** anvil. **2** ⟨*Anat*⟩ incus. □ ⟨*fig*⟩ *essere tra l'* ~ *e il martello* to be between the devil and the deep blue sea.

inculare *v.t.* ⟨*triv*⟩ to bugger (*anche fig.*).

inculcare *v.t.* (**inculco, inculchi**) to inculcate, to instil (*a* in): ~ *a qd. il senso del dovere* to inculcate (*o* instil) a sense of duty in s.o.

incunabolo *m*. incunabulum: *–i preziosi* precious incunabula.

incuneare *v.t.* (**incuneo**) to wedge (in). **incunearsi** *v.r.* to wedge o.s. in (*anche fig.*).

incupire *v*. (**incupisco, incupisci**) **I** *v.t.* to darken, to make dark: *queste tende incupiscono l'ambiente* these curtains make the room dark; (*rif. a tinte*) to deepen, to darken. **II** *v.i.* (*aus.* **essere**), **incupirsi** *v.r.* **1** (*diventare scuro*) to darken, to grow (*o* become, get) dark; (*annuvolarsi*) to cloud over: *il cielo* (*s'*)*incupisce* the sky is ʿgrowing darkʾ (*o* clouding over). **2** ⟨*fig*⟩ (*diventare di cattivo umore*) to become gloomy (*o* surly); (*oscurarsi in volto*) to scowl, to frown.

incurabile **I** *a*. **1** incurable (*anche fig.*): *vizio* ~ incurable habit. **2** ⟨*fig*⟩ (*rif. a persone: incorreggibile*) incurable, inveterate, hardened, confirmed: *fumatore* ~ inveterate smoker. **II** *s.m./f.* incurable: *ospedale degli –i* home (*o* hospital) for incurables. **incurabilità** *f*. incurability, incurableness. **incurabilmente** *avv*. incurably. **incurante** *a*. **1** (*sprezzante*) heedless, careless, negligent (*di* of): ~ *del proprio dovere* negligent of one's duty. **2** (*indifferente*) indifferent (*di* to).

incuria *f*. negligence, neglect, carelessness: *l'edificio va in rovina per l'* ~ *delle autorità* the building is falling down through the negligence (*o* neglect) of the authorities. □ ~ *nel vestire* slovenliness.

incuriosire *v.t.* (**incuriosisco, incuriosisci**) to make curious, to arouse curiosity (*o* interest) in. **incuriosirsi** *v.r.* to become (*o* get) curious, to grow inquisitive. **incuriosito** *a*. curious, inquisitive.

incursione *f*. raid, incursion, foray, inroad. □ ~ *aerea* air raid, (*am*) (air) strike; *fare un'* ~ to raid, to make a raid; ~ *piratesca* pirate raid.

incurvamento *m*. → **incurvatura**. **incurvare** *v.t.* to bend (over), to curve, to arch: ~ *un ramo* to bend a branch. **incurvarsi** *v.r.* (*diventare curvo*) to bend, to curve, to bow: *l'albero s'incurvava sotto il peso dei frutti* the tree ʿwas bendingʾ (*o* bowed down) under the weight of the fruit; (*rif. a lamiera*) to bulge. **2** (*descrivere una curva*) to curve: *la strada s'incurva dopo il bivio* the road curves after the crossing. □ ~ *la schiena* to bow (*o* bend), to stoop. **incurvato** *a.* curved, bent, bowed: *spalle –e* bowed (*o* stooping) shoulders. **incurvatura** *f.* **1** bending, curving; (*rif. a lamiera*) bulging. **2** (*effetto*) bend, curve, incurvation, curvature; (*della lamiera*) bulge.

incussi, incusso → incutere.

incustodito *a.* unguarded, unattended: *vettura –a* unattended car.

incutere *v.t.* (**incussi/incutei, incusso**) to command, to strike: ~ *rispetto* to command respect; ~ *terrore nell'animo di qd.* to strike terror into s.o.'s heart.

indaco *m.* **1** (*sostanza colorante*) indigo (blue). **2** (*colore*) indigo.

indaffarato *a.* busy.

indagare *v.* (**indago, indaghi**) **I** *v.t.* to investigate, to enquire into, to look into: ~ *i misteri della natura* to investigate the mysteries of nature. **II** *v.i.* (*aus.* avere) to enquire (*su, intorno a* into), to investigate (s.th.), to make investigations (*o* enquiries) (about). **indagatore I** *s.m.* (*f.* **-trice**) investigator, enquirer. **II** *a.* enquiring, investigating: *sguardo* ~ enquiring (*o* searching) look.

indagine *f.* **1** investigation, enquiry, inquiry: *condurre un'* ~ to hold an enquiry. **2** (*Dir*) investigations *pl,* enquiries *pl: le –i si sono concluse con l'arresto del colpevole* the investigations led to the arrest of the culprit. **3** (*ricerca, studio*) research, survey. □ ~ **campionaria** sample survey; ~ **demoscopica** opinion (*o* Gallup) poll; ~ **filologica** philological research; ~ **linguistica** linguistic research; (*Med*) ~ *di* **massa** screening; ~ *di* **mercato** market survey (*o* research); (*Statist*) ~ **pilota** sample survey, (*am*) pilot survey; ~ **storica** historical research; *svolgere –i* to hold an investigation (*o* enquiry), to investigate, to make enquiries; (*rif. a indagini demoscopiche*) to hold a Gallup poll; ~ **telefonica** telephone research.

indantrene *m.* (*Chim*) indanthrene: *colori all'* ~ indanthrene dyes.

indebitamente *avv.* **1** unduly. **2** (*illecitamente*) unlawfully. **3** (*immeritatamente*) undeservedly. □ *appropriarsi* ~ *di qc.* to misappropriate s.th. **indebitamento** *m.* (*Econ*) indebtedness: ~ *a* **breve** (*termine*) short –term indebtedness. **indebitare** *v.t.* (**indebito**) to get (*o* plunge) into debt, to involve in debt. **indebitarsi** *v.r.* (*contrarre debiti*) to get (*o* run) into debt, to run up debts. □ *indebitarsi 'fin sopra i capelli'* (*o* *fino al collo*) to get up to one's neck in debt; *indebitarsi con qd.* to get into debt with s.o.

indebito I *a.* **1** (*non dovuto*) undue, not due: *prestazione –a* undue service. **2** (*illecito*) unlawful, illicit: *mezzi –i* unlawful means; (*ingiusto*) wrong(ful), unjust: (*Dir*) *arricchimento* ~ unjust(ified) enrichment. **3** (*immeritato*) undeserved: *lodi –e* undeserved praise. **4** (*inopportuno*) undue, unsuitable: *giungere ad ora –a* to arrive at an unsuitable (*o* unreasonable) hour. **II** *s.m.* (*Dir*) undue payment. □ (*Dir*) *appropriazione –a* embezzlement, misappropriation.

indebolimento *m.* **1** weakening, enfeeblement. **2** (*debolezza*) weakness, feebleness; (*rif. a persona*) weakness, debility. **3** (*fig*) (*infiacchimento*) weakening, failing: ~ *della memoria* failing of the memory. **4** (*Fon*) weakening. **5** (*Fot*) reduction. **indebolire** *v.t.* (**indebolisco, indebolisci**) to weaken (*anche fig.*): *le forti perdite hanno indebolito il nemico* the heavy losses have weakened the enemy; *i vizi indeboliscono la volontà* vice weakens (*o* undermines) one's will power. **indebolirsi** *v.r.* to weaken, to grow weak: *il malato (s')indebolisce sempre di più* the patient is getting weaker and weaker; (*rif. alla memoria, vista e sim.*) to fail, to be impaired; (*rif. a suoni, colori*) to fade.

indecente *a.* **1** indecent, improper: *parole –i* indecent (*o* foul) language; *sei* ~ *con questo costume da bagno* you are indecent in that bathing costume. **2** (*indecoroso*) untidy, shabby: *casa* ~ untidy house. **3** (*villano*) disgraceful, uncivil. **indecentemente** *avv.* indecently. **indecenza** *f.* **1** (*mancanza di pudore*) indecency, immodesty. **2** (*vergogna*) disgrace, shame, outrage: *è proprio un'* ~! it's a disgrace! **3** (*mancanza di decoro*) untidiness, shabbiness.

indecifrabile *a.* **1** indecipherable, illegible: *scrittura* ~ illegible writing. **2** (*fig*) unintelligible; (*rif. a persona*) inscrutable.

indecisione *f.* indecision, irresoluteness, irresolution, indecisiveness. **indeciso** *a.* **1** undecided, irresolute, uncertain: *sono* ~ *su ciò* I am undecided about it. **2** (*non risolto, instabile*) undecided, unsettled: *lasciare* ~ *qc.* to leave s.th. unsettled; *la stagione è ancora –a* the weather is still unsettled. **3** (*fig*) (*indefinito*) vague, indistinct, blurred: *contorni –i* blurred outlines.

indeclinabile *a.* (*Gramm*) indeclinable: *parola* ~ indeclinable word.

indecorosamente *avv.* indecorously; (*indecentemente*) indecently. **indecoroso** *a.* indecorous, unseemly, unbecoming; (*non dignitoso*) undignified.

indefessamente *avv.* indefatigably, tirelessly. **indefesso** *a.* indefatigable, tireless, untiring: *lavoratore* ~ indefatigable worker.

indefettibile *a.* unfailing, indefectible. **indefettibilità** *f.* indefectibility.

indefinibile *a.* **1** indefinable, undefinable. **2** (*eufem*) (*inqualificabile*) unspeakable: *comportamento* ~ unspeakable behaviour. □ (*scherz*) *un colore* ~ a nondescript colour. **indefinibilità** *f.* indefinableness, indeterminableness. **indefinitamente** *avv.* indefinitely. **indefinitezza** *f.* indefiniteness, vagueness: ~ *di un'idea* vagueness of an idea. **indefinito I** *a.* **1** (*indeterminato*) indefinite, unspecified, indeterminate: *rinviare a tempo* ~ to postpone to an unspecified date' (*o* indefinitely); (*impreciso*) indefinite, indistinct, vague. **2** (*non risolto*) unsettled, indeterminate: *questione –a* unsettled question; (*Dir*) (*non giudicato*) sub judice. **3** (*Gramm,Mat*) indefinite. **II** *s.m.inv.* (*Filos*) indefinite.

indeformabile *a.* non–deformable. **indeformabilità** *f.* non–deformability.

indegnamente *avv.* unworthily; (*vergognosamente*) contemptibly. **indegnità** *f.* **1** unworthiness (*anche Dir.*). **2** (*concr*) (*atto indegno*) base (*o* contemptible) action, unworthy deed. **indegno** *a.* **1** unworthy, undeserving: ~ *a ricoprire una carica* unworthy to hold an appointment; *è cosa –a di te* it is unworthy of you. **2** (*Dir*) unworthy, disqualified, debarred: ~ *a succedere* unworthy to inherit, disqualified (*o* debarred) from inheriting.

indeiscente *a.* (*Bot*) indehiscent. **indeiscenza** *f.* indehiscence.

indelebile *a.* **1** indelible: *inchiostro* ~ indelible ink; (*rif. a colori e sim.*) fast; (*rif. a rossetti*) indelible, (*fam*) non–smear. **2** (*fig*) indelible, lasting: *ricordo* ~ lasting (*o* unforgettable) memory.

indelicatezza *f.* **1** tactlessness, indelicacy. **2** (*concr*) (*atto indelicato*) tactlessness, indelicate (*o* coarse) action. **indelicato** *a.* tactless, indiscreet, indelicate.

indemagliabile *a.* non–run: *calze –i* non–run stockings.

indemaniare *v.t.* (**indemanio, indemani**) to incorporate into State property.

indemoniare *v.i.* (**indemonio, indemoni**; *aus.* essere) **1** to be possessed by the devil. **2** (*fig*) (*divenire furente*) to be infuriated, to fly into a frenzy, to become like one possessed. **indemoniarsi** *v.r.* (*fly into a*) rage. □ *fare* ~ *qd.* to drive s.o. into a frenzy. **indemoniato I** *a.* **1** possessed (by the devil), demoniac. **2** (*fig*) (*iroso*) frenzied, furious, frantic. **II** *s.m.* (*f.* **-a**) **1** demoniac: *l'* ~ *fu bruciato sul rogo* the demoniac was burnt at the stake. **2** (*fig*) (*energumeno*) maniac, one possessed: *gridava come un* ~ he was shouting like one possessed.

indenne *a.* (*incolume*) unharmed, uninjured, unhurt, unscathed: *è uscito* ~ *dall'incidente* he came out of the accident unscathed; (*che non ha subito danni*) undamaged.

indennità *f.* **1** allowance: ~ *di residenza* residence allowance. **2** (*risarcimento di danni*) indemnity, (compensatory) damages *pl,* compensation, indemnification. □ ~ *di* **alloggio** accommodation (*o* housing) allowance; ~ *di* **anzianità** *di servizio* severance payment; ~ *di* **buonuscita** compensation for loss of office; ~ *di* **contingenza** living allowance; ~ *di* **disoccupazione** unemployment benefit; ~ *per i* **figli** (*a carico*) family allowance; ~ *di* fine *rapporto* severance pay; ~ *di* **guerra** war indemnity; ~ *di* **lavoro** *straordinario* overtime pay; ~ **parlamentare** parliamentary emoluments; ~ *di* **rischio** danger money; ~ *di* **trasferta** travelling allowance, travel pay; ~ *di* **turno** shift differential (*o* premium); ~ *di* **viaggio** travel allowance.

indennizzabile *a.* compensable, eligible for compensation (*o* indemnification): *danno* ~ compensable damage. **indennizzare** *v.t.* to compensate, to indemnify. **indennizzo** *m.* 1 (*risarcimento di danni*) indemnification, indemnity. 2 (*somma di risarcimento*) (compensatory) damages *pl,* indemnity, compensation. □ *richiesta di* ~ claim for damages (*o* compensation); *a titolo di* ~ in compensation.

indentro (*o in dentro*) *avv.* (*nella parte più interna*) in(side), within. □ *all'* ~ (*verso l'interno*) inwards: *la porta si apre all'* ~ the door opens inwards; *più* ~ further in.

inderogabile *a.* unbreakable, intransgressible: *impegno* ~ unbreakable commitment. **inderogabilmente** *avv.* absolutely.

indescrivibile *a.* indescribable: *bellezza* ~ indescribable beauty.

indesiderabile I *a.* undesirable, unwelcome: *ospite* ~ undesirable (*o* unwelcome) guest. **II** *s.m./f.* undesirable. **indesiderato** *a.* 1 (*rif. a persone*) undesirable, unwelcome. 2 (*rif. a cose: contrario ai desideri*) undesired: *effetto* ~ undesired effect.

indeterminabile *a.* indeterminable: *quantità* ~ indeterminable quantity. **indeterminatamente** *avv.* indeterminately, indefinitely. **indeterminatezza** *f.* indeterminateness, indefiniteness, vagueness: ~ *di un'affermazione* vagueness of a statement. **indeterminativo** *a.* ⟨Gramm⟩ indefinite. **indeterminato** *a.* 1 indefinite, indeterminate, unspecified: *rinviare a tempo* ~ to put off 'to an unspecified date' (*o* indefinitely). 2 (*vago*) indeterminate, vague: *risposta –a* vague reply. 3 ⟨Gramm⟩ indefinite. **indeterminazione** *f.* 1 indeterminateness, vagueness, indefiniteness: ~ *di concetti* vagueness of concepts. 2 (*irresolutezza*) irresoluteness, uncertainty. 3 ⟨Mat⟩ indeterminacy. **indeterminismo** *m.* ⟨Filos⟩ indeterminism. **indeterministico** *a.* (*pl.* -ci) indeterministic.

indetto → **indire**.

indi *avv.* ⟨lett⟩ 1 (*temporale: dopo*) then, afterwards. 2 (*moto da luogo*) from there, ⟨lett⟩ thence. 3 (*perciò*) therefore, thus, hence.

India *N.pr.f.* ⟨Geog⟩ India. □ *–e occidentali* West Indies; *–e olandesi* Dutch East Indies; *–e orientali* East Indies; ⟨Stor⟩ *Compagnia delle –e Orientali* East India Company. **indianista** *m./f.* Indianist. **indianistica** *f.* Indology. **indianistico** *a.* (*pl.* -ci) Indological. **indiano I** *a.* 1 (*dell'India*) Indian: *arte –a* Indian art. 2 (*dell'America*) Indian, Red (*o* American) Indian. **II** *s.m.* (*f.* -a) 1 (*abitante dell'India*) Indian. 2 (*indigeno d'America*) Indian, Red (*o* American) Indian. □ *fare l'*~ to turn a deaf ear.

indiavolato *a.* 1 (*indemoniato*) demoniac, possessed (by the devil). 2 ⟨fam⟩ (*insopportabile*) dreadful, terrible, unbearable: *chiasso* ~ terrible noise, ⟨fam⟩ awful row; (*molto vivace*) wild, unruly, very lively, high(-)spirited. 3 ⟨fam⟩ (*trascinante*) frenzied, stirring: *musica –a* stirring music; *ritmo* ~ frenzied rhythm.

indicare *v.t.* (**indico, indichi**) 1 (*mostrare*) to show, to indicate: *indicami dove abiti* show me where you live; (*col dito*) to point to (*o* at). 2 (*rif. a strumenti*) to show, to indicate, to register, to read: *il barometro indica bel tempo* the barometer shows fine weather; (*rif. a segnali*) to show, to mark, to indicate: *il segnale indica un crocevia* the sign shows that there is a crossroad. 3 (*fare conoscere*) to state, to indicate: ~ *il motivo di qc.* to explain (*o* state) the reason for s.th. 4 (*significare*) to mean, to signify. 5 (*consigliare*) to suggest, to advise. 6 (*denotare*) to denote, to show, to betoken: *il tuo rifiuto indica il tuo disinteresse* your refusal denotes your lack of interest. **indicativo I** *a.* 1 indicating, showing, pointing (to): *segnale* ~ *della direzione* sign pointing the way, sign indicating the

direction. 2 (*sintomatico*) indicative, revealing: *il suo atteggiamento è* ~ his attitude is revealing. **II** *s.m.* 1 ⟨Gramm⟩ indicative. 2 ⟨Tel⟩ dialling code, ⟨am⟩ area code. □ ⟨Tel⟩ ~ *interurbano* code for trunk calls, ⟨am⟩ area code for long distance calls.

indicato *a.* 1 (*adatto, efficace*) efficacious, good (*per, a, contro* for): *medicina –a* efficacious medicine. 2 (*appropriato, opportuno*) suitable, fit, right: *questo libro non è* ~ *per i ragazzi* this book is not suitable (*o* fit) for children; *l'uomo* ~ *per un incarico* the right man for a job; (*consigliabile*) advisable.

indicatore I *s.m.* 1 indicator, gauge, pointer; (*lancetta*) pointer; (*quadrante*) dial. 2 (*rif. a titoli di libri, giornali e sim.*) guide, guide book, directory, index. 3 ⟨Chim⟩ indicator. **II** *a.* sign–, pointing, showing, indicating. □ ⟨Aut⟩ ~ *di* **arresto** stop light (*o* lamp); **cartello** ~ road sign; ~ **commerciale** trade directory; ⟨Tel⟩ ~ *di* **conteggio** chargeable–time indicator; ~ *di* **direzione** direction indicator; (*lampeggiatore*) blinker, ⟨am⟩ directional light; ~ *della direzione del vento* wind direction indicator; ~ **economico** economic indicator; ⟨El⟩ ~ *di* **fase** phase indicator; ⟨Inform⟩ ~ *a* **led** LED display; ~ *del livello dell'acqua* water (level) gauge; ⟨Aut⟩ ~ *di livello dell'olio* oil gauge, oil level indicator; ~ *della* **pressione** pressure gauge; ~ *di pressione del pneumatico* tyre pressure gauge (*o* indicator); ⟨Aer⟩ ~ *di* **rotta** flight path recorder, track guide (*o* indicator); **segnale** ~ signal; ~ **stradale** signpost, road (*o* traffic) sign, guide post; (*indicatore di direzione*) finger–post; (*guida*) road directory; ~ *di* **velocità** speedometer, tachometer.

indicazione *f.* 1 (*l'indicare*) indication, pointing (out, to). 2 (*dato, notizia*) information: *–i sbagliate* wrong information; (*cenno*) sign(al); (*consiglio*) suggestion, (piece of) advice. 3 (*istruzione per l'uso*) direction, instruction: *seguire le –i allegate* follow the enclosed instructions. 4 ⟨Med⟩ indication. 5 ⟨Inform⟩ display: ~ *digitale* digital display. □ ~ *del contenuto* description of contents; ~ *a distanza* telemetering; ~ *del prezzo* price tag; *–i stradali* road (*o* carriageway) markings.

indice I *s.m.* ⟨Anat⟩ index (finger), forefinger. 2 (*rif. a strumenti di misura*) indicator, needle, index; (*lancetta*) hand, pointer. 3 ⟨fig⟩ sign, indication, index: *parlare a voce alta è* ~ *di maleducazione* shouting is a sign of bad manners. 4 (*nei libri*) index, (table of) contents: ~ **generale** general index. 5 ⟨Mat⟩ index. 6 ⟨Statist,Econ⟩ index (number). **II** *a.* index: *numero* ~ index number. **Indice** *m.* ⟨Rel.catt⟩ Index. □ ~ **alfabetico** alphabetical index; ~ **analitico** analytical index; ⟨Rad,TV⟩ ~ *d'*ascolto audience rating; ⟨Edit,Bibliot⟩ ~ *per* autore author index; ~ *del* **costo** *della vita* cost–of–living index; ~ *di* **disoccupazione** unemployment rate; ~ *di* **efficienza** efficiency ratio; ⟨Ling⟩ ~ *di* frequenza word–frequency index; ~ *di* **gradimento** popularity rating; ~ *di* **indebitamento** debt ratio; ⟨Rel.catt⟩ *essere* **messo** *all'* ~ to be placed on the Index; ⟨fig⟩ to be banned (*o* black–listed); ~ *della* **mortalità** mortality (*o* death) rate; ~ ⟨Statist⟩ ~ **ponderato** weighted index; ⟨Statist⟩ ~ *di* **popolamento** population index; ~ *dei* **prezzi** *al consumo* consumer price index; ~ *dei prezzi all'ingrosso* wholesale price index; ~ *di* **produttività** productivity index; ~ *di* **prosperità** (*o benessere*) index of economic well–being; ~ *di* **rifrazione** index of refraction, refractive index; ~ *a* **schede** card index.

indicibile *a.* indescribable, ineffable, inexpressible, unutterable: *felicità* ~ ineffable happiness; *confusione* ~ indescribable confusion; ⟨spreg⟩ unspeakable. **indicibilmente** *avv.* indescribably, ineffably.

indicizzare *v.t.* ⟨Econ⟩ to index, to link to the cost–of–living index. **indicizzato** *a.* 1 indexed, index–linked, index–tied. 2 (*rif. a titoli*) floating–rate–. **indicizzazione** *f.* indexation, index–linking: ~ *dei salari* wage indexation.

indietreggiare *v.i.* (**indietreggio, indietreggi**; *aus.* essere/avere) 1 (*farsi indietro*) to retreat, to withdraw, to draw back: ~ *di fronte al pericolo* to retreat in the face of danger; ⟨Mil⟩ (*ripiegare*) to fall back. 2 (*ritrarsi camminando all'indietro*) to step back(wards), to take a step backwards, to back: *indietreggiò di pochi passi* he took a few steps backwards, he stepped back a little.

indietro *avv.* **1** (*stato*) behind, back: *tenersi* ~ to keep behind; (*moto*) backward(s), back: *due passi* ~ two steps backwards. **2** (*di ritorno*) back: *rimandare* ~ *qc.* to send s.th. back. **3** ⟨*Mar*⟩ astern. **4** ⟨*esclam*⟩ keep back, stand (*o* move, get) back. □ *all'* ~ (*a ritroso*) backward(s): *andare* (*o camminare*) *all'* ~ to walk (*o* go) backwards, to back; *cadere all'* ~ to fall backwards (*o* on one's back); **andare** ~ (*rif. a orologi*) to be slow: *il mio orologio va* ~ my watch is slow; **dare** ~ to give back, to return; **domandare** (*o chiedere*) ~ *qc.* to ask for s.th. back; **essere** ~: 1 (*in arretrato*) to be behind (*o* in arrears); 2 (*rif. a orologi*) to be slow; 3 ⟨*fig*⟩ (*capire poco*) to be backward (*o* slow-witted): *per avere cinque anni è molto* ~ he is very backward for a child of five; 4 ⟨*fig*⟩ (*essere debole*) to be weak (*o* poor): *è* ~ *in latino* he is weak in Latin; **lasciare** ~ *qc.* (*tralasciarla*) to omit (*o* pass over) s.th.; ⟨*Mar*⟩ **macchina** ~! astern!, back her!; **mettere** *l'orologio* ~ *di due ore* to put one's watch back two hours; *fare un* **passo** ~ to take a step backward; **rimanere** ~ to be left behind, to fall behind; **tirarsi** ~ to (draw) back, to withdraw; ⟨*fig*⟩ to back out, to shirk; ⟨*Mar*⟩ ~ *a* **tutta** *forza!* full speed astern!; **voltarsi** ~ to turn back.

indifendibile *a.* indefensible, untenable (*anche fig.*).

indifeso *a.* **1** undefended: *lasciare la città* ~*a* to leave the town undefended. **2** ⟨*fig*⟩ (*inerme*) defenceless: *fanciullo* ~ defenceless boy.

indifferente I *a.* **1** all the same, indifferent: *per me è* ~ it's all the same to me, it makes no difference to me. **2** (*che non interessa*) unimportant, of no importance: *quel ragazzo mi è* ~ that boy ⸢is of no importance⸣ (*o* means nothing) to me; *parlare di cose* ~*i* to speak of unimportant things. **3** (*insensibile*) indifferent (*a* to), uninterested (in): *è* ~ *all'arte* he is indifferent to art. **II** *s.m./f.* indifferent. □ *fare l'* ~ to feign indifference; *mi lascia* ~ it leaves me cold; *non* ~ considerable, large: *una somma non* ~ a large sum. **indifferentemente** *avv.* without distinction, indifferently: *assumiamo* ~ *uomini e donne* we employ men and women without distinction. **indifferentismo** *m.* ⟨*Rel,Pol*⟩ indifferentism. **indifferenza** *f.* indifference, unconcern, lack of interest. **indifferenziato** *a.* undifferentiated.

indifferibile *a.* that cannot be deferred (*o* put off).

indigeno I *a.* native, indigenous: *popolazione* ~*a* indigenous (*o* native) population. **II** *s.m.* (*f.* -a) native.

indigente I *a.* poor, poverty-stricken, indigent. **II** *s.m./f.* needy person. **indigenza** *f.* **1** poverty, indigence. **2** (*lett*) (*penuria*) lack, need. □ *cadere nell'* ~ to be reduced to poverty.

indigeribile *a.* indigestible. **indigeribilità** *f.* indigestibility. **indigestione** *f.* ⟨*Med*⟩ indigestion. □ *fare* ~ *di qc.*: 1 to get indigestion from s.th.; 2 ⟨*fig*⟩ (*saturarsene*) to have ⸢a surfeit⸣ (*o* more than enough) of s.th.; (*rif. a libri*) to read too many: *ho fatto* ~ *di romanzi gialli* I have read too many detective stories. **indigesto** *a.* **1** indigestible. **2** ⟨*fig*⟩ (*rif. a persona*) unbearable, intolerable; (*rif. a cosa*: *noioso*) boring, tiresome: *conferenza* ~*a* boring lecture.

indignare *v.t.* to make indignant, to fill with indignation: *la sua proposta m'indigna* his proposal makes me indignant. **indignarsi** *v.r.* to be (*o* get) indignant, to be filled with indignation: *mi sono molto indignato per il tuo comportamento* I was very indignant at your behaviour. **indignazione** *f.* indignation: *la proposta suscitò l'* ~ *di tutti* the proposal ⸢aroused everyone's indignation⸣ (*o* made everyone indignant).

indimenticabile *a.* unforgettable.

indimostrabile *a.* indemonstrable, impossible to prove. **indimostrabilità** *f.* indemonstrability. **indimostrato** *a.* unproved, unproven.

indio[1] **I** *a.* Indian: *artigianato* ~ Indian handicrafts. **II** *s.m.* (*pl.* anche **indios**; *f.* -a) Indian.

indio[2] *m.* ⟨*Chim*⟩ indium.

indipendente I *a.* **1** independent (*da* of): *rendersi* ~ *dalla famiglia* to make o.s. independent of one's family; *uno stato* ~ an independent (*o* a free) state; *giornale* ~

independent newspaper. **2** (*non interdipendente*) unrelated, not connected: *i due fatti sono del tutto* ~*i* the two facts are quite unrelated. **II** *s.m./f.* ⟨*Pol*⟩ independent. □ *persona* ~ self-reliant (*o* self-sufficient) person. **indipendentemente** *avv.* independent(ly) (*da* of); (*prescindendo*) apart, aside (from). **indipendentismo** *m.* ⟨*Pol*⟩ independence movement. **indipendentista I** *s.m./f.* supporter of independence. **II** *a.* for independence, independence-: *movimento* ~ independence movement. **indipendentistico** *a.* (*pl.* -ci) for independence, independence-. **indipendenza** *f.* independence: *conquistare l'* ~ to win (*o* achieve) independence; ~ *di opinioni* freedom of thought; *l'* ~ *di un fatto da un altro* the independence of one fact from another. □ *dichiarazione d'* ~ declaration of independence.

indire *v.t.* (*indico, indici; indissi, indetto;* → *dire*) to announce, to proclaim: ~ *una crociata* to proclaim a crusade; (*rif. a elezioni*) to hold: ~ *le elezioni* to hold elections; (*radunare*) to call: ~ *un'assemblea* to call a meeting; (*rif. a concorsi e sim.*) to announce, to publish.

indirettamente *avv.* indirectly. **indiretto** *a.* indirect: *conseguenza* ~*a* indirect result. □ *per vie* ~*e* indirectly.

indirizzare *v.t.* **1** to direct, to turn, to bend, to steer: ~ *i passi verso casa* to bend (*o* direct) one's steps homewards. **2** (*avviare*) to start (off), to encourage to take up: ~ *qd. ad un mestiere* to start s.o. in a trade; (*far istruire, allenare*) to have taught (*o* trained in): ~ *qd. a un'arte* to have s.o. taught (*o* trained in) an art. **3** ⟨*fig*⟩ (*rivolgere*) to turn, to direct: ~ *il pensiero a qc.* to turn one's thoughts to s.th.; (*rif. a parola, a discorso*) to address: ~ *una preghiera a Dio* to address a prayer to God. **4** ⟨*fig*⟩ (*destinare*) to direct, to dedicate: ~ *i propri sforzi alla realizzazione di un'impresa* to direct one's energies towards the realization of an undertaking. **5** ⟨*fig*⟩ (*mandare*) to send, to direct (*da* to): *l'ho indirizzato dal mio medico* I sent him to my doctor. **6** (*rif. a lettere: spedire*) to send, (*am*) to mail: *mi ha indirizzato un biglietto* he sent me a note. **indirizzarsi** *v.r.* (*rivolgersi*) to turn, to go, to apply (*a* to): *indirizzarsi a un avvocato* to go to a lawyer.

indirizzario *m.* (alphabetical) list of addresses; (*rubrica*) address book.

indirizzo *m.* **1** address: *com'è il tuo indirizzo?* what's your address? **2** (*avviamento*) start: *dare un buon* ~ *agli affari* to get one's business off to a good start. **3** (*tendenza*) trend, tendency: *gli* ~*i della narrativa moderna* the trends in modern narrative writing; ~ *politico* political tendency (*o* trend). **4** (*discorso*) address, speech. **5** ⟨*Inform*⟩ address. □ *all'* ~ *di qd.* (*verso*) to (*o* at) s.o., aimed at s.o.; *al mio* ~ to my address; ⟨*fig*⟩ to me, meant for me; ⟨*Inform*⟩ ~ *di* **aggancio** link; ~ **commerciale** business address; ~ **guida** home address; ~ **indiretto** indirect address; ~ *a più* **livelli** multilevel address; ~ *di* **memoria** memory location; ~ *del* **mittente** sender's (*o* return) address; ⟨*fig*⟩ **mutare** ~ (*cambiare modo d'agire*) to change course (*o* tactics), to adopt a new policy; ~ **relativo** relative address; ⟨*fig*⟩ **sbagliare** ~ to come (*o* go) to the wrong person: *se credi che io ti possa aiutare, hai sbagliato* ~ if you think I can help you, you've come to the wrong person.

indisciplina *f.* lack (*o* want) of discipline, indiscipline, unruliness: *l'* ~ *di una scolaresca* the unruliness of a class. □ *atto di* ~ breach of discipline. **indisciplinabile** *a.* intractable, rebellious, undisciplinable: *carattere* ~ rebellious character. **indisciplinatamente** *avv.* without discipline. **indisciplinatezza** *f.* lack of discipline, unruliness, indiscipline. **indisciplinato** *a.* undisciplined (*anche estens.*): *truppe* ~*e* undisciplined troops; *ingegno* ~ undisciplined (*o* disorderly) mind.

indiscreto *a.* (*senza tatto*) indiscreet, tactless, inconsiderate: *sguardo* ~ indiscreet look, prying eyes; (*invadente*) intrusive, pushing. **indiscrezione** *f.* **1** indiscretion, tactlessness, lack of discretion (*o* tact); (*invadenza*) intrusiveness. **2** (*concr*) (*atto o parola indiscreta*) indiscretion. **3** (*rivelazione di un segreto*) leak: ~ *della stampa* press leak.

indiscriminabile *a.* not discriminable. **indiscri-**

minatamẹnte *avv.* indiscriminately. **indiscriminạto** *a.* indiscriminate. □ *fare uso* ~ *di qc.* to use s.th. indiscriminately.

indiscụsso *a.* unquestioned, incontrovertible: *verità* ~*a* self-evident truth. **indiscutịbile** *a.* unquestionable, indisputable. **indiscutibilmẹnte** *avv.* indisputably, unquestionably.

indispensạbile I *a.* indispensable: *la tua presenza è* ~ your presence is indispensable; *rendersi* ~ to make o.s. indispensable. II *s.m.* necessities *pl,* bare (*o* basic) necessities *pl,* indispensable: *l'* ~ *per il viaggio* the bare necessities for the trip. □ *il minimo* (o *lo stretto*) ~ the (bare) minimum. **indispensabilità** *f.* indispensableness, indispensability.

indispettịre *v.* (**indispettịsco, indispettịsci**) I *v.t.* to irritate, to annoy, ⟨*fam*⟩ to get on the nerves of. II *v.i.* (*aus.* essere), **indispettirsi** *v.r.* to become irritated, to get annoyed (*o* angry). **indispettịto** *a.* annoyed, irritated.

indisponẹnte *a.* irritating, annoying, off-putting: *parole* ~*i* irritating words. **indispọrre** *v.t.* (**indispọngo, indispọni; indispọsi, indispọsto;** → **porre**) 1 to put off, to make an unfavourable impression on: *le tue parole lo hanno indisposto* your words made an unfavourable impression on him. 2 ⟨*assol*⟩ to be off-putting, to make a bad impression: *un contegno che indispone* off-putting behaviour. **indisposịzione** *f.* indisposition, slight illness: *una lieve* ~ *lo teneva a letto* a slight indisposition forced him to stay in bed. **indispọsto** (*p.p. di indisporre*) *a.* indisposed, unwell.

indissolụbile *a.* indissoluble: *matrimonio* ~ indissoluble marriage. **indissolubilità** *f.* indissolubility. **indissolubilmẹnte** *avv.* indissolubly.

indistinguịbile *a.* indistinguishable. **indistintamẹnte** *avv.* 1 (*senza far distinzione*) without distinction (*o* exception), indiscriminately. 2 (*in modo vago*) vaguely, confusedly, indistinctly. **indistịnto** *a.* 1 indistinct. 2 (*vago, indeterminato*) indistinct, vague, confused, faint, dim: *forma* ~*a* indistinct shape; *avere un ricordo* ~ to have a faint recollection.

indistruttịbile *a.* indestructible (*anche fig.*). **indistruttibilità** *f.* indestructibility (*anche fig.*): *l'* ~ *della materia* the indestructibility of matter. **indistruttibilmẹnte** *avv.* indestructibly.

indisturbạto *a.* undisturbed.

indịvia *f.* ⟨*Bot*⟩ endive. □ ~ *del Belgio* endive, Belgian (*o* French) endive.

individuạle I *a.* individual: *qualità* ~*i* individual qualities. II *s.f.* ⟨*Sport*⟩ singles match, competition (*o* race, match) for individuals. **individualịsmo** *m.* individualism (*anche Filos.*). **individualịsta** *m./f.* individualist (*anche Filos.*). **individualịstico** *a.* (*pl.* **-ci**) individualistic, individualist (*anche Filos.*). **individualità** *f.* individuality: *l'* ~ *di uno stile* the individuality of a style. **individualizzạre** *v.t.* to individualize. **individualizzạzione** *f.* individualization. **individualmẹnte** *avv.* individually. **individuạre** *v.t.* (**indivịduo**) 1 to individualize, to individuate, to characterize. 2 (*determinare*) to determine, to locate: ~ *la posizione di un luogo* to locate a place. 3 (*riconoscere*) to single (*o* pick) out, to recognize: ~ *una persona tra la folla* to single a person out in the crowd. 4 (*scoprire*) to discover, to find (out): ~ *le cause di un guasto* to discover the causes of a breakdown. **individuarsi** *v.r.* (*prendere forma compiuta*) to take shape, to develop: *si va individuando una nuova società* a new society is taking shape. **individuazịone** *f.* 1 (*l'individuarsi*) individualization, individuation. 2 (*determinazione*) determination, location: *l'* ~ *di un obiettivo* the determination of an objective. 3 (*riconoscimento*) recognition, singling (*o* picking) out, spotting. 4 (*scoperta*) discovery, finding: *l'* ~ *del colpevole* the discovery of the guilty man. 5 ⟨*Psic,Filos*⟩ individuation. **indivịduo** *m.* 1 individual; (*uomo*) man. 2 ⟨*spreg*⟩ individual, fellow, character, ⟨*am*⟩ guy: *un losco* ~ a shady character.

indivisịbile *a.* 1 indivisible (*anche Mat.*). 2 ⟨*Dir*⟩ indivisible, that cannot be partitioned; (*in possesso di più individui*) joint, jointly owned: *proprietà* ~ jointly owned property. **indivisịbilità** *f.* indivisibility (*anche Dir.,*

Mat.). **indivịso** *a.* undivided, joint: *eredità* ~*a* undivided succession. □ ⟨*Dir*⟩ *proprietà* ~*a* joint ownership.

indiziạre *v.t.* (**indịzio, indịzi**) to point to, to render suspect, to cast suspicion on: *la sua deposizione lo ha indiziato come colpevole* his deposition rendered him suspect. **indiziạrio** *a.* circumstantial, presumptive: *prova* ~*a* circumstantial (*o* presumptive) evidence. □ *processo* ~ trial based on circumstantial evidence. **indiziạto** I *a.* suspect(ed). II *s.m.* (*f.* **-a**) suspect. □ ~ *di reato* suspected of a crime. **indịzio** *m.* 1 (*segno*) sign, indication, mark: *non c'è* ~ *di miglioramento* there is no sign of improvement. 2 ⟨*Dir*⟩ (circumstantial) evidence: *l'accusato ha tutti gli indizi contro di lui* all the evidence points to the guilt of the accused. □ *non aver indizi* to have nothing to go on (*o* by). **indizione** *f.* 1 ⟨*burocr*⟩ proclamation, announcement. 2 ⟨*Stor*⟩ (cycle of) indiction.

Ịndo *N.pr.f.* ⟨*Geog*⟩ Indus.

indọcile *a.* (*rif. a persona*) unruly, recalcitrant, intractable: *alunni* ~*i* unruly pupils; (*rif. ad animali*) restive, unmanageable, untamed: *cavallo* ~ restive horse; ~ *al morso* not broken to the bit. **indocilità** *f.* (*rif. a persona*) unruliness, indocility, intractability; (*rif. ad animali*) restiveness.

Indocịna *N.pr.f.* ⟨*Geog*⟩ Indochina.

indo|cinẹse I *a.* Indochinese. II *s.* 1 *m.* (*lingua*) Indochinese. 2 *m./f.* (*abitante*) Indochinese. **~europeịsta** *m./f.* ⟨*Ling*⟩ Indo-Europeanist. **~europeịstica** *f.* Indo-European linguistics *pl* (*costr. sing.*). **~europẹo** I *a.* ⟨*Ling*⟩ Indo-European. II *s.m.* 1 ⟨*Ling*⟩ Indo-European. 2 (*in antropologia; f.* **~a**) Indo-European.

ịndole *f.* 1 nature, temperament, disposition, character. 2 ⟨*fig*⟩ characteristics *pl,* traits *pl: l'* ~ *di un popolo* the characteristics of a people. □ *essere d'*~ *buona* (*o cattiva*) to be good-natured (*o* bad-natured); *essere portato per* ~ *a qc.* to have a bent for s.th.

indolẹnte *a.* 1 (*apatico*) indolent, lazy, slothful: *scolaro* ~ lazy pupil. 2 ⟨*Med*⟩ indolent. **indolẹnza** *f.* 1 indolence, laziness, sluggishness. 2 ⟨*Med*⟩ indolence.

indolenzimẹnto *m.* ache, aching, numbness, soreness: *l'* ~ *delle gambe* aching of the legs. **indolenzịre** *v.* (**indolenzịsco, indolenzịsci**) I *v.t.* to make ache, to (make) numb: *lo scrivere a lungo mi ha indolenzito la mano* all this writing has made my hand ache. II *v.i.* (*aus.* essere), **indolenzirsi** *v.r.* to begin to ache, to grow numb. **indolenzịto** *a.* aching, sore, numb. □ *ho le braccia* ~*e* my arms ache.

indolọre, indolọro *a.* painless: *operazione* ~ painless operation.

indomạbile *a.* 1 untameable; (*rif. a cavalli*) that cannot be broken. 2 ⟨*fig*⟩ indomitable, unyielding: *volontà* ~ indomitable will. □ *incendio* ~ fire that cannot be ⸢put out⸣ (*o* got under control).

indomạni (always used with the definite article) I *avv.* (on) the following day, the next day, the day after: *decise di tornare l'* ~ he decided to come back the next day. II *s.m.* following (*o* next) day, day after, ⟨*lett*⟩ morrow.

indomạto *a.* ⟨*lett*⟩ 1 untamed, wild, savage: *belva* ~*a* wild beast. 2 ⟨*fig*⟩ violent, savage: *odio* ~ violent (*o* savage) hatred. **indọmito** *a.* ⟨*lett*⟩ 1 untamed; (*rif. a persona*) unsubdued, unbeaten. 2 ⟨*fig*⟩ (*indomabile*) indomitable, resolute, unyielding: *con* ~ *coraggio* with resolute courage.

Indonẹsia *N.pr.f.* ⟨*Geog*⟩ Indonesia. **indonesịano** *a./s.m.* (*f.* **-a**) Indonesian.

indorạre *v.t.* (**indọro**) 1 to gild: ~ *una cornice* to gild a picture frame. 2 ⟨*Gastr*⟩ to ⸢dip in⸣ (*o* brush with) egg yolk. 3 (*fig,poet*) to touch with gold, to gild: *il sole indorava i monti* the sun touched the mountains with gold. **indorarsi** *v.r.* to turn (*o* become) golden. □ ⟨*fig*⟩ ~ *la pillola* to gild the pill. **indoratọre** *m.* (*f.* **-trice**) gilder. **indoratụra** *f.* (*doratura: atto*) gilding; (*effetto*) gilt, gilding.

indossạre *v.t.* (**indọsso**) 1 to put on, ⟨*fam*⟩ to slip into: ~ *la giacca* to put on one's jacket. 2 (*avere indosso*) to wear, to have on: *indossava una gonna verde* she had a green skirt on, she was wearing a green skirt. 3 (*rif. a* *indossatrice*) to model. **indossatore** *m.* (*f.* -trice) **1** model, mannequin. **2** ⟨*Arred*⟩ clothes stand. **indossatrice** *f.* fashion model, mannequin. □ ~ *volante* free-lance model.

indosso (o *in dosso*) *avv.* (*addosso*) on: *porta sempre ~ molti gioielli* she always 'has on' (*o* wears) a lot of jewels. □ *avere* ~ to have on, to wear: *ha ~ un vestito nuovo* she has a new dress on, she is wearing a new dress.

Indostan *N.pr.m.* ⟨*Geog*⟩ Hindustan. **indostano I** *a.* Hindustani, Hindostani. **II** *s.m.* **1** (*lingua*) Hindustani, Hindostani. **2** (*abitante; f.* -a) Hindu.

indotto I *a.* **1** ⟨*Fis,Chim,Psic*⟩ induced: *delirio ~* induced delirium. **2** ⟨*El*⟩ induced, induction-: *corrente –a* induced current. **II** *s.m.* ⟨*El*⟩ armature, ⟨*am*⟩ rotor.

indottrinamento *m.* indoctrination. **indottrinare** *v.t.* to indoctrinate.

indovinare *v.t.* **1** to guess: ~ *i pensieri di qd.* to guess s.o.'s thoughts. **2** (*prevedere*) to (fore)tell, to divine: ~ *il futuro* to tell the future. **3** (*immaginare*) to imagine, to think, to guess: *questa non l'avrei indovinata* I should never have guessed (*o* thought) it. **4** (*azzeccare, trovare*) to hit the mark (*o* nail on the head). □ *indovina chi ho incontrato oggi* guess who I met today; *chi l'indovina è bravo* it's anyone's guess; *non indovinarne una* to be consistently unsuccessful; *tirare a ~* to (make a) guess; *indovinarla* to hit the nail on the head. **indovinato** *a.* **1** (*ben riuscito*) successful, inspired: *un lavoro ~* successful work; *un pranzo ~* 'an excellent' (*o* a successful) dinner. **2** (*ben scelto*) well chosen, just the right thing; (*rif. a vestiti e sim.*) becoming, flattering: *un'acconciatura –a* a becoming hairstyle. **indovinello** *m.* **1** riddle, puzzle, conundrum: *sciogliere* (*o* *risolvere*) *–i* to solve puzzles. **2** ⟨*fig*⟩ (*enigma*) riddle, puzzle; (*rif. a persona*) enigma, mystery: *quest'uomo è per me un ~* this man is a mystery to me. **indovino I** *s.m.* (*f.* -a) fortune teller, soothsayer. **II** *a.* prophetic, foreseeing, presaging.

indù I *a.* Hindu: *tempio ~* Hindu temple. **II** *s.m./f.* Hindu.

indubbiamente *avv.* undoubtedly, certainly, unquestionably. **indubbio** *a.* certain, undoubted, indubitable: *un'opera di ~ valore* a work of undoubted value. **indubitabile** *a.* indubitable, unquestionable: *realtà ~* indubitable fact.

inducente *a.* **1** (*che induce*) conducive, inducing. **2** ⟨*Fis*⟩ inductive, inducing, induced, induction-: *corrente ~* induction current. **induco** → **indurre.**

indugiare *v.i.* (*indugio, indugi; aus.* avere) **1** to take one's (*o* a long) time, to linger (over): *indugiai a scrivere la lettera* I took my time (in) writing the letter. **2** (*dilungarsi*) to dwell, to spend too much time (*su* on): *indugiò troppo sull'argomento* he dwelled too long on the subject. **indugiarsi** *v.r.* **1** (*soffermarsi*) to stop (for a while), to stay on (*o* behind), to linger: *s'era indugiato a discutere* he had stayed behind to talk. **2** (*attardarsi*) to linger, to dally, to loiter, to dawdle: *mi indugiai per strada* I lingered on the way. □ *senza* ~ without delay, at once. **indugio** *m.* delay, lingering: *dopo molti indugi mi decisi a partire* after much delay I decided to leave. □ *mettere* (*o porre*) *indugi* to delay, to linger, to take (one's) time; *senza indugi* without delay.

induismo *m.* ⟨*Rel*⟩ Hinduism. **induista** *m./f.* Hindu. **induistico** *a.* (*pl.* -ci) Hindu.

indulgente *a.* **1** indulgent (*con, verso* with), lenient (towards): *essere ~ con* (*o verso*) *i figli* to be an indulgent parent. **2** (*mite: rif. a cose*) mild, light, lenient: *sentenza ~* light sentence. **indulgenza** *f.* **1** indulgence, leniency: *usare ~ con qd.* to treat s.o. with indulgence. **2** ⟨*Rel.catt*⟩ indulgence: ~ *plenaria* plenary indulgence. **indulgere** *v.i.* (*indulgo, indulgi; indulsi, indulto; aus.* avere) to indulge (*a* in): ~ *al vizio del fumo* to indulge in smoking. **indulsi** → **indulgere.**

indulto *m.* **1** ⟨*Dir*⟩ pardon. **2** ⟨*Rel.catt*⟩ indult.

indumento *m.* garment; *pl.* clothes *pl:* *–i usati* second-hand (*o* old) clothes. □ *–i per bambini* children's wear (*o* clothing); *–i intimi* underwear, underclothes *pl;* (*per donna*) lingerie.

indurimento *m.* **1** hardening. **2** ⟨*Med*⟩ induration.

indurire *v.* (*indurisco, indurisci*) **I** *v.t.* **1** to harden, to make hard: *la siccità ha indurito la terra* the drought has hardened the soil. **2** ⟨*fig*⟩ to harden, to toughen (up): *le sofferenze hanno indurito il suo animo* his sufferings have hardened his heart. **II** *v.i.* (*aus.* essere), **indurirsi** *v.r.* to harden, to grow hard (*anche fig.*). **indurito** *a.* hard, hardened (*anche fig.*): *animo ~* hard heart.

indurre *v.t.* (*induco, induci; indurrò; indussi, indotto*) **1** to induce, to persuade: *ho indotto il mio amico a partire con me* I persuaded my friend to leave with me. **2** (*persuadere al male*) to lead: ~ *in tentazione* to lead into temptation. **3** ⟨*Fis*⟩ to induce. **indursi** *v.r.* to make up one's mind, to decide, to resolve. □ ~ *qd. in errore* to mislead s.o.; ⟨*fig*⟩ to lead s.o. astray.

indusio *m.* ⟨*Biol,Bot*⟩ indusium.

indussi → **indurre.**

industria *f.* **1** industry. **2** (*impresa*) industrial concern (*o* enterprise); ⟨*collett*⟩ (*imprese di un settore*) industry: ~ *dell'abbigliamento* clothing industry. **3** (*lett*) (*operosità*) industry, diligence, hard work. □ ~ **alberghiera** hotel industry; ~ **alimentare** food industry; ~ **automobilistica** motor industry, ⟨*am*⟩ automobile industry; ~ *della* **birra** brewing (trade); ~ *dei* **calciatori** computer industry; ~ *delle* **calzature** footwear (*o* shoe) industry; ~ *della* **carta** paper industry; ~ **casearia** cheese industry; ~ *della* **ceramica** ceramics (industry), pottery (industry); ~ **chimica** chemical industry; ~ **cinematografica** film (*o* motion–picture) industry, ⟨*am*⟩ movie industry; ~ *e* **commercio** commerce and industry; ~ **conserviera** canning (*o* tinning) industry; ~ **dolciaria** confectionery (trade); ~ *a* **domicilio** cottage industry; ~ **editoriale** publishing (trade); ~ **elettronica** electronics industry; **esercitare** *un'* ~ to carry on a trade, to manage an industry; ~ **esportatrice** (*o* *d'esportazione*) export industry; ~ **farmaceutica** pharmaceutical (*o* drug) industry; ~ *dei* **giocattoli** toy trade; **grande** ~ big industries, ⟨*fam*⟩ big business; ~ **lattiero-***casearia* dairy (*o* creamery) industry; ~ **leggera** light industry; ~ **locale** local industry; ~ **manifatturiera** manufacturing (industry); ~ **meccanica** (mechanical) engineering; ~ **metallurgica** metallurgical (*o* metal–working) industry; ~ **mineraria** mining (industry); **ministero** *dell'* ~ *e commercio* Ministry of Industry and Commerce, ⟨*GB*⟩ Board of Trade, ⟨*SU*⟩ Department of Trade (*o* Commerce); ~ **nascente** infant industry; ~ **nazionalizzata** nationalized industry; ~ **pesante** heavy industry; ~ **petrolchimica** petrochemical industry; ~ **petrolifera** oil (*o* petroleum) industry; **piccola** ~ small industries (*o* trades); ~ *della* **plastica** plastics industry; ~ **privata** private industry; ~ **serica** (*o* *della seta*) silk manufacture; ~ *dei* **servizi** service industry; ~ **siderurgica** iron and steel industry; ~ *dello* **spettacolo** show business, ⟨*am.fam*⟩ showbiz; ~ *del* **tempo** *libero* leisure industry; ~ **tessile** textile industry; ~ *di* **trasformazione** processing industry; ~ **turistica** tourist industry.

industriale I *a.* industrial: *rivoluzione ~* Industrial Revolution; *scuola ~* industrial (*o* trade) school. **II** *s.m.* industrialist, manufacturer: *grande ~* big (*o* important) industrialist, manufacturer; *piccolo ~* small–scale manufacturer, small businessman. **industrialismo** *m.* ⟨*Econ*⟩ industrialism. **industrializzare** *v.t.* to industrialize. **industrializzazione** *f.* industrialization. □ *paesi di nuova ~* newly–industrialized countries.

industriarsi *v.r.* (m'industrio, t'industri) to do 'one's best' (*o* all one can), to try (hard), to strive: ~ *per trovare un lavoro* to do all one can to find a job; (*ingegnarsi*) to contrive. **industriosamente** *avv.* industriously. **industrioso** *a.* industrious, hard–working.

induttanza *f.* ⟨*El*⟩ inductance. □ ~ *mutua* mutual inductance; ~ *propria* self–inductance. **induttività** *f.* ⟨*Fis*⟩ inductivity. **induttivo** *a.* ⟨*Filos,Fis*⟩ inductive: *metodo ~* inductive method. **induttore I** *s.m.* ⟨*El*⟩ inductor. **II** *a.* ⟨*Biol,El*⟩ inductive. □ *magnete ~* exciter magnet; ~ *a nucleo magnetico* iron–core inductor.

induzione *f.* ⟨*Filos,El,Biol*⟩ induction: *argomentare per ~* to argue by induction, to make inferences. □ ~ *elettrostatica* electrostatic induction; ~ *magnetica* magnetic induction.

inebetire v. (inebetisco, inebetisci) **I** v.t. **1** (incretinire) to make stupid, to dull. **2** (stordire) to stun, to daze: il colpo lo inebetì the blow stunned him. **II** v.i. (aus. essere), **inebetirsi** v.r. to become stupid, to grow dull–witted. **inebetito** a. **1** (intontito: rif. a persona) dazed, dulled. **2** (imbambolato: rif. a cose) blank, dull: sguardo ~ blank look. **3** (rincretinito) stupid, dull–witted, idiotic.

inebriante a. **1** intoxicating, heady: liquore ~ intoxicating liquor. **2** ⟨fig⟩ (esaltante) intoxicating, stirring, heady: musica ~ stirring music. **inebriare** v.t. (inebrio, inebri) to intoxicate, to inebriate (anche fig.). **inebriarsi** v.r. **1** (diventare ebbro) to become intoxicated, ⟨fam⟩ to get tipsy (o high, stoned). **2** ⟨fig⟩ (esaltarsi) to become intoxicated, to rejoice, to delight: inebriarsi di gioia to become intoxicated with joy; inebriarsi alle parole di qd. to 'delight in' (o rejoice at) s.o.'s. words.

ineccepibile a. irreprehensible, unexceptionable.

inedia f. starvation. □ morire d' ~ to starve (to death); ⟨fig⟩ (annoiarsi) to be bored stiff (o to death).

inedificabile a. that cannot be built on.

inedito I a. **-1** (rif. a scritti) unpublished: opera –a unpublished work; (rif. ad autori) whose works are unpublished. **2** ⟨fig⟩ new: una storia –a a new story. **II** s.m. ⟨Edit⟩ unpublished work.

ineducabile a. ineducable. **ineducato** a. **1** (non educato) impolite, ill–mannered. **2** (incolto) uncultivated, untrained: ingegno ~ uncultivated (o untrained) mind. **ineducazione** f. rudeness, impoliteness.

ineffabile I a. **1** ineffable, unutterable: una musica ~ ineffable music. **2** ⟨fam,scherz⟩ (impareggiabile) incomparable, peerless, unique. **II** s.m. ineffable. **ineffabilità** f. ineffability, ineffableness.

ineffettuabile a. unrealizable, unfeasible, impracticable. **ineffettuabilità** f. unrealizability, infeasibility, impracticability.

inefficace a. **1** inefficacious, ineffective, ineffectual: medicina ~ ineffective medicine. **2** ⟨fig⟩ (debole, fiacco) ineffective, weak, feeble: stile ~ ineffective style. **inefficacia** f. ineffectiveness, ineffectualness, inefficacy.

inefficiente a. inefficient, unproductive: personale ~ inefficient personnel. **inefficienza** f. inefficiency.

ineguagliabile a. without equal, matchless, that cannot be equalled. **ineguaglianza** f. **1** (disparità) inequality, disparity: ~ sociale social injustice (o inequality). **2** (mancanza di uniformità) unevenness, irregularity: le –e del terreno the unevenness of the ground. **ineguale** a. **1** (disuguale) unequal: trattamento ~ unequal treatment. **2** (non uniforme) uneven, irregular, unequal; (incostante) inconstant, changeable, changing: umore ~ changeable disposition.

inelasticità f. ⟨Econ⟩ (anelasticità) inelasticity. **inelastico** a. (pl. -ci) inelastic.

inelegante a. **1** inelegant, unrefined. **2** (sgraziato) ungraceful, clumsy. **ineleganza** f. inelegance, lack of elegance.

ineleggibile a. ineligible, not eligible. **ineleggibilità** f. ineligibility.

ineluttabile a. ineluctable, unavoidable, inevitable: fato ~ ineluctable fate. **ineluttabilità** f. ineluctability, unavoidability, inevitability. **ineluttabilmente** avv. ineluctably.

inenarrabile a. unspeakable: ~ sofferenza unspeakable suffering.

inequivocabile a. unequivocal, unmistakable.

inerente a. inherent (a in), concerning (s.th.), applicable (to): incartamenti –i a una inchiesta files concerning an inquiry. **inerenza** f. inherence, inherency.

inerme a. **1** (disarmato) unarmed, disarmed. **2** (indifeso) defenceless, helpless (anche fig.): popolo ~ defenceless population.

inerpicarsi v.r. (m'inerpico, t'inerpichi) to climb (su, per qc. s.th., up s.th.), to clamber (up), to scale (s.th.): ci inerpicammo per la montagna we climbed the mountain.

inerte a. **1** inert. **2** (inoperoso) indolent, sluggish, slothful. **3** ⟨Chim,Fis⟩ inert: gas –i inert gases. □ ⟨Econ⟩ capitale ~ idle (o unproductive) capital. **inerzia** f. **1** inertia,

inertness. **2** (inattività) inactivity, idleness, sluggishness: ~ spirituale spiritual idleness. **3** ⟨Fis⟩ inertia. □ ⟨Fis⟩ forza d' ~ force of inertia, inertial force; ⟨fig⟩ andare avanti per forza d' ~ to keep going, to go blindly (o automatically) on; ⟨Fis⟩ principio d' ~ law of inertia. **inerziale** a. ⟨Fis⟩ inertial: massa ~ inertial mass.

inesattezza f. **1** inexactness, inexactitude, imprecision. **2** ⟨concr⟩ inaccuracy. □ ~ di calcolo wrong calculation; questa è un' ~ this is not correct.

inesatto[1] a. **1** (impreciso) inexact, inaccurate, imprecise. **2** (erroneo) incorrect, mistaken, erroneous.

inesatto[2] a. (non riscosso) uncollected, unpaid, outstanding.

inesaudibile a. that cannot be granted: il tuo desiderio è ~ your wish cannot be granted. **inesaudito** a. ungranted, not granted. □ desiderio ~ unsatisfied wish.

inesauribile a. **1** inexhaustible (anche fig.): fantasia ~ inexhaustible imagination. **2** (infinito) infinite, endless: pazienza ~ endless patience. **inesauribilità** f. **1** inexhaustibility, inexhaustibleness (anche fig.). **2** ⟨fig⟩ (l'essere infinito) endlessness.

inesausto a. unexhausted.

ineseguibile a. **1** that cannot be performed (o executed): ordine ~ order that cannot be executed; (irrealizzabile) unrealizable, impracticable: progetto ~ impracticable plan. **2** (rif. a opera teatrale) that cannot be performed. **ineseguito** a. not executed (o carried out); (rif. a opera teatrale) unperformed.

inesercitato a. ⟨lett⟩ out of training (o practice), untrained, unpractised.

inesigibile a. ⟨Comm⟩ uncollectable. □ credito ~ irrecoverable debt. **inesigibilità** f. unrecoverability, irrecoverableness.

inesistente a. **1** non–existent, ⟨lett⟩ inexistent: colpa ~ non–existent offence. **2** (immaginario) imaginary, unreal: malattia ~ imaginary illness. **inesistenza** f. non–existence, ⟨lett⟩ inexistence.

inesitato a. ⟨Post⟩ undelivered.

inesorabile a. inexorable, implacable, relentless: destino ~ inexorable destiny. **inesorabilità** f. inexorableness, inexorability, relentlessness, implacability. **inesorabilmente** avv. inexorably, relentlessly.

inesperienza f. inexperience, lack of experience: ~ del mondo lack of wordly experience. **inesperto** a. **1** (rif. a persone) inexpert, inexperienced (di in); (rif. a cose) inexpert, untrained (in): mano –a untrained hand. **2** (ignaro) inexpert, unskilled, ⟨fam⟩ no good: ~ di cucina no good at cooking. **3** (ingenuo) inexperienced, naive, ingenuous: ragazza –a inexperienced girl.

inespiabile a. inexpiable, unatonable. **inespiato** a. unexpiated, unatoned (for).

inesplicabile a. inexplicable, unaccountable. **inesplicabilità** f. inexplicableness, unaccountableness. **inesplicabilmente** avv. inexplicably, unaccountably.

inesplorabile a. **1** that cannot be explored. **2** ⟨fig⟩ unfathomable, impenetrable, inscrutable: misteri –i unfathomable mysteries. **inesplorato** a. unexplored.

inesploso a. unexploded: bomba –a unexploded bomb.

inespressivo a. inexpressive, expressionless, dull: occhi –i inexpressive eyes, dull (o blank) gaze. **inespresso** a. **1** unexpressed. **2** ⟨fig⟩ unspoken, tacit, hidden. **inesprimibile** a. **1** inexpressible: sentimenti –i inexpressible feelings. **2** (iperb) (indicibile) unspeakable, inexpressible: dolore ~ unspeakable grief.

inespugnabile a. **1** impregnable, inexpugnable: fortezza ~ impregnable fortress. **2** ⟨fig,scherz⟩ (rif. a persona) who cannot be conquered (o won): una ragazza ~ a girl who cannot be conquered (o seduced). **inespugnabilità** f. impregnability, inexpugnability. **inespugnato** a. unconquered.

inestensibile a. inextensible: materiale ~ inextensible material.

inestimabile a. inestimable, invaluable, priceless. **inestimabilmente** avv. inestimably.

inestinguibile a. **1** inextinguishable, that cannot be extinguished: incendio ~ fire that cannot be extinguished. **2** ⟨fig⟩ unquenchable, inextinguishable: ~ ardore unquenchable ardour.

inestirpabile *a.* ⟨*lett*⟩ ineradicable (*anche fig.*): *male* ~ ineradicable evil.

inestricabile *a.* inextricable (*anche fig.*).

inettitudine *f.* ineptitude, ineptness, inadequacy. **inetto I** *a.* inept. **II** *s.m.* (*f.* **-a**) incompetent (*o* inadequate) person.

inevaso *a.* ⟨*burocr*⟩ outstanding, not dispatched; (*rif. a lettera*) unanswered.

inevitabile I *a.* inevitable, unavoidable, inescapable. **II** *s.m.inv.* inevitable: *rassegnarsi all'* ~ to resign o.s. to the inevitable. **inevitabilità** *f.* inevitability. **inevitabilmente** *avv.* inevitably, unavoidably.

in extremis *lat.* **1** (*in punto di morte*) at the point of death, in extremis. **2** ⟨*fig*⟩ (*all'ultimo momento*) at the last moment, at the eleventh hour.

inezia *f.* trifle, mere nothing; (*rif. a denaro*) mere bagatelle: *cento milioni di vincita: un'* ~! you won a hundred million lire? that's a mere bagatelle! □ *adombrarsi per un'* ~ to get angry over a mere nothing; *comprare qc. per un'* ~ to get s.th. for a song; *l'esame è stato per lui un'* ~ the examination was child's play to him.

infagottare *v.t.* (**infagotto**) **1** (*coprire per difendere dal freddo*) to wrap up (well, warmly), to bundle up: ~ *un bambino* to wrap a child up well. **2** (*rif. a vestiti*) to make look bulky (*o* awkward), to make bulge: *questo cappotto t'infagotta* this coat makes you look bulky. **infagottarsi** *v.r.* **1** to wrap (o.s.) up, to bundle o.s. up. **2** (*vestirsi senza eleganza*) to dress badly.

infallibile *a.* **1** infallible, unerring: *nessuno è* ~ nobody is infallible. **2** (*sicuro*) sure, infallible, unfailing: *rimedio* ~ sure cure. **3** ⟨*Teol*⟩ infallible. **infallibilità** *f.* infallibility (*anche Teol.*): *dogma dell'* ~ dogma of infallibility. **infallibilmente** *avv.* infallibly, unfailingly.

infalsificabile *a.* that cannot be forged, unforgeable.

infamante *a.* defamatory, slanderous: *un pettegolezzo* ~ slanderous gossip. □ ⟨*Mediev*⟩ *pena* ~ infamous punishment. **infamare** *v.t.* to disgrace, to defame. □ ~ *qd. con calunnie* to slander s.o. **infamatorio** *a.* defamatory; (*calunniatore*) slanderous: *discorso* ~ slanderous speech. **infame** *a.* **1** infamous, disgraceful: *individuo* ~ infamous person; ~ *menzogna* infamous (*o* wicked) lie. **2** ⟨*fam*⟩ (*pessimo*) awful, abominable, vile, dreadful: *che tempo* ~ what vile weather. **infamia** *f.* **1** infamy, disgrace, shame. **2** ⟨*concr*⟩ (*azione infame*) infamy, infamous (*o* disgraceful, shameful) act. **3** (*calunnia*) slander, calumny. **4** (*cosa pessima*) disgrace, abomination: *questo spettacolo è un'* ~ this show is a disgrace⌐ (*o* dreadful). □ ⟨*fam*⟩ *essere un'* ~ to be dreadful (*o* awful, shocking, vile): *questa carne è un'* ~ this meat is awful (*o* atrocious).

infanatichire *v.i.* (**infanatichisco, infanatichisci**; *aus.* **essere**), **infanatichirsi** *v.r.* to become a fanatic.

infangare *v.t.* (**infango, infanghi**) **1** to (make) muddy, to cover with mud. **2** ⟨*fig*⟩ (*disonorare*) to disgrace, to besmirch, to throw (*o* sling) mud at, to cast a blot on: ~ *la memoria di qd.* to cast a blot on s.o.'s memory. **infangarsi** *v.r.* **1** to (become) muddy, to get spattered with mud. **2** ⟨*fig*⟩ to dishonour (*o* disgrace) o.s. **infangato** *a.* muddy, dirty (*o* spattered) with mud.

infanta *f.* ⟨*Stor*⟩ infanta.

infante[1] **I** *s.m./f.* (*bambino*) infant, (new born) baby, ⟨*lett*⟩ babe (in arms). **II** *a.* ⟨*lett*⟩ infant, baby–, new born.

infante[2] *m.* (*f.* **-a**) ⟨*Stor*⟩ infante.

infanticida *m./f.* infanticide. **infanticidio** *m.* infanticide.

infantile *a.* **1** childlike, infantile, child's, of a child (*o* baby): *ingenuità* ~ childlike naivety. **2** (*dedicato all'infanzia*) children's, juvenile, infants': *letteratura* ~ children's books. **3** (*puerile*) childish, infantile: *atteggiamento* ~ childish attitude. □ *asilo* ~ kindergarten, nursery school. **infantilismo** *m.* infantilism (*anche Med.*) □ *malato di* ~ immature. **infantilmente** *avv.* childishly, in a puerile way. **infanzia** *f.* **1** infancy, (early) childhood, babyhood: *un'* ~ *felice* a happy childhood. **2** ⟨*collett*⟩ children *pl*, infants *pl*: *educazione dell'* ~ children's upbringing. **3** ⟨*fig*⟩ (*primordi*) infancy,

beginnings *pl*, early stages *pl*: *l'* ~ *dell'umanità* the infancy of mankind. □ *dall'* ~ since childhood; *letteratura per l'* ~ children's books.

infarcire *v.t.* (**infarcisco, infarcisci**) **1** to stuff, to fill: ~ *un pollo* to stuff a chicken. **2** ⟨*fig*⟩ to cram, to stuff: ~ *un saggio di citazioni* to cram an essay with quotations; ~ *la mente di nozioni inutili* to stuff one's head with useless facts.

infarinare *v.t.* to (cover with) flour; (*rivoltare nella farina*) to (dip in) flour: ~ *il pesce* to dip fish in flour. **infarinarsi** *v.r.* **1** (*imbrattarsi di farina*) to cover o.s. with flour. **2** ⟨*scherz*⟩ (*incipriarsi*) to powder (o.s.), to put on powder: *infarinarsi il naso* to powder one's nose. **infarinatura** *f.* **1** flouring, dusting (*o* coating) with flour; (*il rivoltare nella farina*) dipping in flour. **2** ⟨*fig*⟩ smattering: *avere un'* ~ *di qc.* to have only a smattering of s.th.

infarto *m.* ⟨*Med*⟩ infarct(ion).

infastidire *v.t.* (**infastidisco, infastidisci**) to annoy, to bother, to irritate, to worry: ~ *qd. con le proprie lamentele* to bother s.o. with one's complaints; *questa emicrania mi infastidisce da due giorni* this headache has been bothering me for two days. **infastidirsi** *v.r.* (*irritarsi*) to become annoyed, to get irritated: *si infastidisce per un nonnulla* he gets annoyed at the slightest little thing.

infaticabile *a.* tireless, untiring, indefatigable: *lavoratore* ~ tireless worker. **infaticabilità** *f.* tirelessness, indefatigability. **infaticabilmente** *avv.* tirelessly, indefatigably.

infatti *congz.* in fact, as a matter of fact, in point of fact: *sono andata male all'esame:* ~ *non avevo studiato* I did badly in the exam, in fact, I hadn't studied; (*invero*) really, indeed, actually.

infatuare *v.t.* (**infatuo**) to make enthusiastic (*o* infatuated) about, to arouse enthusiasm in. **infatuarsi** *v.r.* to become (*o* get) infatuated (*di* with), ⟨*fam*⟩ to fall (for): *si è infatuato di un'attrice* he has become infatuated with an actress. **infatuato** *a.* infatuated, madly in love (with). □ *essere* ~ *di se stesso* to be full of o.s. **infatuazione** *f.* infatuation (with). □ *avere un'* ~ *per qd.* to be infatuated with s.o.; *avere un'* ~ *per qc.* to be mad about (*o* on) s.th.

infausto *a.* **1** unhappy, unlucky: *giorno* ~ unhappy day; (*che annuncia disgrazia*) inauspicious, unfavourable, unpropitious: *presagi* *–i* unfavourable omens; (*malaugurato*) ill-omened. **2** ⟨*Med*⟩ unfavourable: *prognosi* *–a* unfavourable prognosis.

infecondità *f.* **1** (*rif. a persone*) sterility, barrenness, infertility. **2** ⟨*fig*⟩ unproductiveness. **3** ⟨*lett*⟩ (*rif. a terreni*) infertility, unproductiveness, barrenness. **infecondo** *a.* **1** sterile, barren, infertile: *donna* *–a* sterile (*o* barren) woman. **2** ⟨*fig*⟩ unproductive, infertile. **3** (*rif. a terreni*) infertile, unproductive, unfruitful, barren. □ ⟨*Fisiol*⟩ *giorni* *–i* infertile days.

infedele I *a.* **1** unfaithful, faithless, untrue; (*falso*) false: *amico* ~ false (*o* faithless) friend; (*rif. a coniugi*) unfaithful. **2** (*non conforme all'originale, ai fatti*) unfaithful, inaccurate, inexact: *traduzione* ~ inexact translation; *storico* ~ inaccurate historian. **II** *s.m./f.* ⟨*Stor*⟩ infidel, unbeliever. **infedelmente** *avv.* unfaithfully. **infedeltà** *f.* **1** unfaithfulness, faithlessness; (*rif. a coniugi*) infidelity, unfaithfulness. **2** (*non conformità all'originale*) unfaithfulness, inaccuracy: *la traduzione presenta molte* ~ the translation contains many inaccuracies.

infelice I *a.* **1** unhappy; (*sventurato*) wretched, unlucky. **2** (*negativo*) unfortunate, unsuccessful: *esito* ~ unsuccessful outcome. **3** (*inopportuno*) unfortunate, untimely, inappropriate, misplaced: *osservazione* ~ unfortunate remark. **4** (*mal riuscito*) bad, poor: *una traduzione* ~ a bad translation. **II** *s.m./f.* **1** unhappy person. **2** (*sventurato*) (poor) wretch. **3** (*menomato*) misshapen wretch. **4** (*deficiente*) mental deficient. **infelicemente** *avv.* unhappily, unfortunately, unsuccessfully. **infelicità** *f.* **1** unhappiness; (*sventura*) wretchedness. **2** (*insuccesso*) failure: *l'* ~ *di un matrimonio* the failure of a marriage. **3** (*inopportunità*) inappropriateness, inopportuneness.

infeltrimento *m.* felting. **infeltrire** *v.* (infeltrisco,

infeltrisci) I *v.t.* to felt. **II** *v.i.* (*aus.* **essere**), **infeltrirsi** *v.r.* to felt up.

inferenza *f.* ⟨*Filos*⟩ inference.

inferi *m.pl.* ⟨*Mitol*⟩ **1** (*divinità e abitanti dell'oltretomba*) infernal gods *pl.* **2** (*luoghi infernali*) infernals *pl.*

inferiore (*compar. di basso*) **I** *a.* **1** lower: *la parte ~ della colonna* the lower part of the column; *il corso ~ di un fiume* the lower course of a river. **2** (*rif. a statura*) lower: *la sua statura è ~ alla media* his height is below (*o* lower than) average; (*rif. a temperatura, misura e sim.*) lower, less(er). **3** (*rif. a numeri*) under, below: *numero ~ a cento* number below a hundred. **4** (*minore di rango*) lower, inferior: *gli strati –i della popolazione* the lower classes; (*in una gerarchia*) lower ranking. **5** (*meno pregiato*) inferior: *merce di qualità ~* inferior merchandise. **6** (*da meno*) unequal, (*fam*) not up (*a* to): *è ~ al proprio compito* he is not up (*o* unequal) to his task; *essere ~ alla propria fama* to be unequal (*o* fail to live up to) one's reputation; (*più debole*) lesser, weaker, worse: *essere ~ a un concorrente* to be worse than (*o* not to come up to) a competitor. □ *s.m./f.* subordinate. □ *animali –i* lower animals; *arti –i* lower limbs; *essere ~ a qd.* to be inferior to s.o., to be s.o.'s inferior; *non sono ~ a nessuno* I am as good as the next man; *essere ~ all'aspettativa* not to come up to expectations; *di età ~* younger; *di età ~ ai quindici anni* under fifteen; *al piano ~* on the floor below, downstairs; *a un prezzo ~* cheaper.

inferiorità *f.* inferiority. **inferiormente** *avv.* lower down, at the bottom.

inferire *v.t.* (**inferisco, inferisci; infersi/inferii, inferto/inferito**) **1** (*arrecare*) to inflict: *~ perdite al nemico* to inflict losses on the enemy. **2** (*assestare*) to deal, to give: *~ un colpo a qd.* to deal s.o. a blow. **3** (*dedurre*) to infer, to deduce, to conclude: *da questo si inferisce facilmente che egli è colpevole* it is easy to infer from this that he is guilty.

infermeria *f.* infirmary; (*su una nave*) sick bay. **infermiera** *f.* (hospital) nurse. □ ~ *caposala* nursing sister, matron; ~ *diplomata* trained nurse, ⟨*GB*⟩ State Registered Nurse, ⟨*fam*⟩ S.R.N., ⟨*SU*⟩ registered nurse, ⟨*am.fam*⟩ R.N.; ~ *di sala operatoria* theatre nurse; ~ *specializzata* specialist nurse. **infermiere** *m.* male nurse. □ ~ *abilitato* (*o autorizzato*) qualified (*o* certified) nurse. **infermieristico** *a.* (*pl.* -ci) nursing–, nurse's. □ *assistenza –a* nursing.

infermità *f.* infirmity, illness, sickness: *una grave ~ lo costringe a letto* a serious illness has confined him to his bed. □ ~ *mentale* insanity. **infermo I** *a.* ⟨*pred*⟩ ill, ⟨*attr*⟩ sick; (*fisicamente debole*) infirm; (*costretto a letto*) bedridden. **II** *s.m.* (*f.* **-a**) invalid, sick person; *pl.* the sick (*costr. pl.*): *visitare gli –i* to visit the sick. □ *essere ~ alle gambe* to have s.th. wrong with one's legs; ~ *di mente* mentally ill, insane.

infernale *a.* **1** infernal, ⟨*pred*⟩ of hell: *regioni –i* infernal regions. **2** ⟨*fig*⟩ (*terribile*) dreadful, terrible, awful, hellish, infernal: *passare una giornata ~* to have a dreadful (*o a hell of a*) day; *chiasso ~* infernal noise. **3** ⟨*fig*⟩ (*diabolico*) diabolical, hellish, devilish. **4** ⟨*fig*⟩ (*faticoso*) wearisome, hard: *lavoro ~* hard work, toil, grind. □ *macchina ~* infernal machine; ⟨*Farm*⟩ *pietra ~* infernal stone; *gli spiriti –i* the powers of darkness, the fiends of hell.

inferno *m.* **1** ⟨*Rel*⟩ hell. **2** ⟨*fig*⟩ hell, inferno: *questo ufficio è un ~* this office is hell. **3** ⟨*Lett*⟩ (*parte della Divina Commedia*) Inferno, Hell. □ *all' ~!* damn (it)!, blast (it)!; **andare** *all' ~* to go to hell; ⟨*fam*⟩ *va all' ~* go to hell; ⟨*fig*⟩ *d' ~*: **1** infernal: *un baccano d' ~* an infernal row; **2** (*faticoso*) terrible, dreadful: *una giornata d' ~* (*faticosa*) a hell of a day; **discesa** *all' ~* descent into hell; **mandare** *qd. all' ~* to tell s.o. to go to hell. *Prov.*: *la via dell' ~ è lastricata di buone intenzioni* the way to Hell is paved with good intentions.

inferocire *v.* (**inferocisco, inferocisci**) **I** *v.t.* to make fierce (*o* ferocious). **II** *v.i.* (*divenire feroce; aus.* **essere/avere**) **1** (*aus.* **essere**) to grow fierce (*o* ferocious). **2** (*infierire; aus.* **avere**) to act cruelly (*su* towards), to be fierce (*to*). **inferocirsi** *v.r.* to become fierce.

inferriata *f.* iron bars *pl*, grating, grille.

infersi, inferto → inferire.

infervorare *v.t.* (**infervoro/infervoro**) to rouse, to work up, to fire, to arouse enthusiasm in: *~ alla lotta* to rouse to the fight. **infervorarsi** *v.r.* to be carried away, to get excited (*o* worked up), to be aroused. □ *infervorarsi nella discussione* to be carried away by an argument; *infervorarsi nel lavoro* to get wrapped up in one's work. **infervorato** *a.* fervent, enthusiastic.

infestamento *m.* infestation. **infestare** *v.t.* (**infesto**) to infest (*anche fig.*). **infestato** *a.* infested (*anche Med.*). □ ~ *da malerbe* infested with weeds.

infettare *v.t.* (**infetto**) **1** to infect: *~ una ferita* to infect a wound. **2** ⟨*estens*⟩ (*contaminare*) to pollute, to contaminate, to infect: *~ l'aria* to pollute the air. **infettarsi** *v.r.* to become infected, to get an infection. **infettivo** *a.* **1** (*che infetta*) infectious, catching: *malattia –a* infectious disease. **2** (*che concerne l'infezione*) infective: *processo ~* infective process. □ *agente ~* agent of infection. **infetto** *a.* **1** infected: *soggetto ~* infected person. **2** ⟨*estens*⟩ (*inquinato*) polluted, contaminated, tainted: *acqua –a* polluted water.

infeudamento *m.* enfeoffment, infeudation. **infeudare** *v.t.* (**infeudo**) ⟨*Stor*⟩ to enfeoff. **infeudarsi** *v.r.* to become the vassal (*a* of).

infezione *f.* ⟨*Med*⟩ infection (*anche estens.*). □ ⟨*Med*⟩ ~ *batterica* bacterial infection; ~ *per contatto* contagion, contact infection; ~ *tetanica* tetanic infection; ~ *virale* virus infection.

infiacchimento *m.* enfeeblement, weakening. **infiacchire** *v.* (**infiacchisco, infiacchisci**) **I** *v.t.* to weaken, to enfeeble, to enervate. **II** *v.i.* (*aus.* **essere**), **infiacchirsi** *v.r.* to weaken, to become weak, to lose one's vigour.

infialettare *v.t.* (**infialetto**) to put into a phial (*o* vial).

infiammabile I *a.* **1** inflammable: *gas ~* inflammable gas. **2** ⟨*fig*⟩ (*facile all'ira*) quick tempered, irascible, inflammable. **II** *s.m.* inflammable. □ *non ~* non–inflammable; *merci –i* inflammables *pl.* **infiammabilità** *f.* inflammability. **infiammare** *v.t.* **1** to kindle, to ignite, to set on fire, to set fire to: *~ un gas* to ignite a gas. **2** ⟨*fig*⟩ (*entusiasmare*) to inflame, to fire, to rouse, to kindle: *~ i cuori d'amor patrio* to fire with patriotism. **3** ⟨*fig*⟩ (*far arrossire*) to redden, to flush: *la vergogna le infiammò le gote* shame reddened her cheeks. **4** ⟨*Med*⟩ to inflame. **infiammarsi** *v.r.* **1** to catch fire, to burst into flames, to flare up. **2** ⟨*Med*⟩ to become inflamed. **3** ⟨*fig*⟩ (*entusiasmarsi*) to be fired (*o* roused), to burn with enthusiasm. **4** ⟨*fig*⟩ (*arrossire*) to turn red, to blush, to flush. **infiammatorio** *a.* ⟨*Med*⟩ inflammatory: *processo ~* inflammatory process. **infiammazione** *f.* ⟨*Med*⟩ inflammation.

infiascare *v.t.* (**infiasco, infiaschi**) to put into flasks. **infiascatura** *f.* putting into flasks.

infibulamento *m.* ⟨*Med*⟩ pinning (of a fractured bone) with steel needles. **infibulare** *v.t.* (**infibulo**) **1** ⟨*Med*⟩ to pin (a fractured bone) with steel needles. **2** ⟨*Etnol*⟩ to infibulate. **infibulazione** *f.* ⟨*Etnol*⟩ infibulation. **infibulo** *m.* ⟨*Med*⟩ pin.

inficiare *v.t.* (**inficio, infici**) **1** ⟨*Dir*⟩ (*infirmare*) to question the validity of, to challenge, to impugn. **2** (*dichiarare sospetto*) to declare suspect (*o* untrustworthy), to discredit: *~ un testimone* to discredit a witness.

infidamente *avv.* treacherously, faithlessly. **infido** (*o infido*) *a.* treacherous, unreliable, untrustworthy.

infierire *v.i.* (**infierisco, infierisci**; *aus.* **avere**) **1** to treat with ferocity (*su, contro qd.* s.o.), to act ferociously (*o* cruelly) (towards): *il nemico infierì sui vinti* the enemy treated the vanquished with ferocity. **2** ⟨*fig*⟩ to rage, to be (*o* run) rampant: *l'epidemia infieriva sulla città* the epidemic was rampant in the city.

infiggere *v.t.* (**infiggo, infiggi; infissi, infisso**) to drive, to thrust, to plunge: *gli infisse la spada nel petto* he drove the sword into his breast. **infiggersi** *v.r.* **1** to penetrate, to sink (deeply), to go deep: *la spina gli s'infisse nella carne* the thorn sank into his flesh. **2** ⟨*fig*⟩ to sink (deep), to become rooted (*o* stamped): *infiggersi nella mente* to sink into one's mind.

infila|aghi *m.inv.* needle threader. **~nastri** *m.inv.* ⟨*Sart*⟩

bodkin. **~perle** *m.inv.* strong thread (for stringing pearls).

infilare *v.t.* **1** to thread: ~ *l'ago* (o *il filo nell'ago*) to thread the needle; (*rif. a perle e sim.*) to thread, to string. **2** (*introdurre*) to put, to insert, to slip: *infilò la chiave nella toppa* he put the key in the lock. **3** (*rif. a custodie, rivestimenti e sim.*) to put (o slip) on: ~ *un ditale* to put a thimble on. **4** (*trafiggere*) to pierce, to run (o drive) through: ~ *qd. con la spada* to pierce s.o. (*o* run s.o. through) with one's sword; (*in uno spiedo*) to spit, to skewer. **5** (*indossare*) to put (o slip) on: ~ (o *infilarsi*) *le scarpe* to put one's shoes on. **6** (*imboccare*) to take, to go down, to turn (o come) into: ~ *una via* to turn into a street. **7** (*fig*) (*imboccare*) to succeed (in), to get (o do) right: *non ne infila una* he never succeeds in anything. **8** (*fam*) (*fare*) to make, to do, to pile up; (*dire*) to say; (*avere*) to have, to strike, to run into: *ho infilato due settimane di bel tempo* I had (o struck) a fortnight's good weather. **9** (*Mil*) (*colpire d'infilata*) to enfilade, to rake. **infilarsi** *v.r.* to thread (o make) one's way; (*scivolare*) to slip, to glide; (*mischiarsi, confondersi*) to mingle: *infilarsi nel letto* to slip (o get) into bed; (*mischiarsi, confondersi*) to mingle: *infilarsi tra la folla* to ˈthread one's way throughˈ (o mingle with) the crowd. □ *infilarsi un anello al dito* to put (o slip) a ring on one's finger; ~ *l'uscio* to go through the door. **infilata** *f.* (*serie*) string, row, series: *un'* ~ *di perle* a string of pearls. □ *d'* ~ (*consecutivamente*) one after the other, in a row, (*pred*) running: *dare d'* ~ *quattro esami* to take four examinations ˈone after the otherˈ (o in a row); (*Mil*) *battere* (o *colpire*) *d'* ~ to enfilade, to rake. **infilatura** *f.* threading.

infiltramento *m.* filtering, (in)filtration. **infiltrarsi** *v.r.* **1** to filter, to infiltrate, to penetrate: *i gas venefici s'infiltrarono attraverso le fessure* the poisonous gases filtered through the cracks. **2** (*fig*) (*introdursi*) to insinuate o.s., to slip, to creep. **3** (*Mil*) to infiltrate. **infiltrato** *m.* (*Med*) infiltrate. **infiltrazione** *f.* **1** infiltration, filtering, penetration. **2** (*fig,Med*) infiltration.

infilzare *v.t.* **1** (*infilare*) to thread, to string: ~ *i fichi secchi* to string dried figs. **2** (*trafiggere*) to pierce, to run through: *lo infilzò con la spada* he ran him through with his sword; (*in uno spiedo*) to spit, to skewer. **3** (*dire, fare*) to say, to string together, to say (o tell) one after another: ~ *bugie* to tell a string (o pack) of lies. **infilzarsi** *v.r.* **1** to be pierced (o impaled, run through), to transfix o.s. **2** (*recipr*) to pierce (o stab) e.o., to run e.o. through. **infilzata** *f.* **1** string, row, series. **2** (*fig*) (*serie*) string, series: *un'* ~ *di sciocchezze* a string of silly words. □ *un'* ~ *di bugie* a pack of lies.

infimo (*sup. di basso*) *a.* **1** lowest. **2** (*fig*) low(est), mean(est): *le classi* –*e* the lowest classes. **3** (*di nessun valore*) worthless, poorest, worst: *merce d'–a qualità* worthless (o shoddy) goods.

infine *avv.* **1** (*alla fine*) in the end, at last, finally: ~ *ammise la sua colpevolezza* in the end he admitted his guilt. **2** (*in conclusione*) well, in short, to sum up: ~, *che cosa pretendi da me?* in short, what do you expect from me?

infingardaggine *f.* laziness, idleness, sluggishness, sloth. **infingardire** *v.* (*infingardisco, infingardisci*) **I** *v.t.* to make lazy (o idle). **II** *v.i.* (*aus.* **essere**), **infingardirsi** *v.r.* to become lazy, to grow sluggish. **infingardo** *I* *a.* lazy, idle, slothful, sluggish. **II** *s.m.* (*f.* -**a**) idler, sluggard.

infinità *f.* **1** infinity, infinitude. **2** (*iperb*) (*enormità*) enormous quantity, tremendous (o vast) number: *un'* ~ *di errori* a tremendous number of mistakes. □ *un'* ~ *di gente* swarms (o masses, thousands) of people. **infinitamente** *avv.* **1** infinitely. **2** (*iperb*) extremely, enormously, (*fam*) awfully; (*profondamente*) deeply. **infinitesimale** *a.* infinitesimal (*anche Mat.*): *calcolo* ~ infinitesimal calculus. **infinitesimo I** *a.* (*Mat*) infinitesimal. **II** *s.m.* **1** small fraction, minute quantity. **2** (*Mat*) infinitesimal. **infinitezza** *f.* infinitude, infiniteness. **infinitivo** *a.* (*Gramm*) infinitive: *proposizione –a* infinitive clause (o proposition).

infinito I *a.* **1** infinite, endless, never ending: *tempo* ~ infinite time. **2** (*innumerevole*) countless, innumerable,

infinite: –*e volte* countless times, on innumerable occasions. **3** (*immenso*) boundless, infinite: *l'–a distesa delle acque* the boundless expanse of water. **4** (*Gramm*) infinitive. **II** *s.m.* **1** infinity, endlessness; (*immensità*) boundlessness. **2** (*Mat*) infinity. **3** (*Gramm*) (*modo infinito*) infinitive. □ *all'* ~: 1 without end, endless(ly); (*per sempre*) forever; (*infinite volte*) countless times; 2 (*Fot*) on (o at) infinity: *andare all'* ~ to set the focus on infinity.

infinocchiare *v.t.* (*infinocchio, infinocchi*) (*fam*) (*imbrogliare*) to deceive, to trick, (*fam*) to take in.

infioccare *v.t.* (*infiocco, infiocchi*) to decorate with bows (o tassels).

infiorare *v.t.* (*infioro*) **1** (*ornare con fiori*) to decorate (o deck) with flowers: ~ *un altare* to decorate an altar with flowers; (*cospargere di fiori*) to strew with flowers. **2** (*fig*) (*abbellire*) to embellish, to adorn, to decorate. **3** (*fig,iron*) to fill, to stud, to cram, to pack: *questa traduzione è infiorata di errori* this translation is ˈpacked withˈ (o full of) mistakes. **infiorescenza** *f.* (*Bot*) inflorescence.

infirmare *v.t.* (*Dir,lett*) to invalidate.

infischiarsi *v.r.* (*m'infischio, t'infischi*) to care nothing, (*fam*) not to give a damn, (*fam*) not to care a rap (*di* about, for): *mi* (o *me ne*) *infischio di lui* I ˈdon't give a damnˈ (o couldn't care less) about him.

infissi → **infiggere**. **infisso** (*p.p. di infiggere*) **I** *a.* fixed. **II** *s.m.* fixture; (*rif. a porte, finestre*) frame, casing.

infistolire *v.i.* (*infistolisco, infistolisci*; *aus.* **essere**), **infistolirsi** *v.r.* to become fistulous.

infittire *v.* (*infittisco, infittisci*) **I** *v.t.* to thicken. **II** *v.i.* (*aus.* **essere**), **infittirsi** *v.r.* to thicken, to grow thick, to become dense.

inflattivo *a.* inflationary. **inflazionare** *v.t.* (*inflaziono*) (*Econ*) to inflate. **inflazionato** *a.* inflated: *moneta –a* inflated currency.

inflazione *f.* **1** (*Econ*) inflation. **2** (*fig*) (*invasione*) flood, invasion, surfeit. □ **combattere** *l'* ~ to combat inflation; ~ *da* **costi** cost(–push) inflation; ~ *da* **domanda** demand-push inflation; *frenare l'* ~ to bring inflation under control; ~ **galoppante** galloping (o runaway) inflation; ~ **latente** (o *strisciante*) creeping inflation; ~ **monetaria** monetary inflation; ~ *da* **salari** wage(–push) inflation. **inflazionismo** *m.* (*Econ*) inflationism. **inflazionista** *m./f.* inflationist. **inflazionistico** *a.* (*pl.* -**ci**) inflationary. □ *pressione –a* inflationary pressure; *tendenza –a* inflationary tendence.

inflessibile *a.* inflexible, unbending; (*irremovibile*) unshakable, unyielding. **inflessibilità** *f.* inflexibility, unyieldingness; (*rigidezza*) rigidity. **inflessibilmente** *avv.* inflexibly.

inflessione *f.* **1** inflection, modulation: ~ *dialettale* regional inflection. **2** (*Mat,Acu*) inflection. **3** (*Fis*) diffraction: ~ *di un raggio luminoso* diffraction of a light ray.

infliggere *v.t.* (*infliggo, infliggi; inflissi, inflitto*) **1** to inflict, to impose (*a* on): ~ *una punizione a qd.* to inflict a punishment on s.o. **2** (*fare subire*) to do, to cause, to inflict: ~ *un danno a qd.* to cause harm to s.o., to do s.o. harm; (*rif. a perdite, a sconfitte*) to inflict. **3** (*fig*) (*imporre*) to impose, to lay (*a* on): ~ *un onere a qd.* to impose a task on s.o. **4** (*fig,scherz*) to inflict: *mi ha inflitto la sua compagnia* he inflicted his company on me. **inflissi, inflitto** → **infliggere**.

influente *a.* influential: *persona* ~ influential person. **influenza** *f.* **1** influence: *l'* ~ *del clima sulla flora* the influence of climate on flora; *avere* (o *esercitare*) *una buona* ~ *su qd.* to have a good influence on s.o. **2** (*Med*) influenza, (*pop*) flu. □ ~ *reciproca* interaction; *sfera d'* ~ sphere of influence (*anche Pol.*); *subire l'* ~ *di qd.* to be under s.o.'s influence.

influenzabile *a.* influenceable, (easily) influenced. **influenzale** *a.* influenza–, of influenza, (*pop*) flu–: *epidemia* ~ influenza (o flu) epidemic. □ *febbre* ~ influenza. **influenzare** *v.t.* (*influenzo*) to influence: *si lascia facilmente* ~ *dagli altri* he is easily influenced (by others). **influenzato** *a.* (*ammalato di influenza*) suffering from influenza. □ *è a letto* ~ he is in bed with the flu.

influire *v.i.* (influisco, influisci; *aus.* avere) to influence, to affect (*su qc.* s.th.): *il suo atteggiamento ha influito sulla mia decisione* his attitude influenced my decision. **influsso** *m.* influence: *la madre ha molto* ~ *su di lui* his mother has a great deal of influence on him.

infocare *v.t.* (infuoco/infoco, infuochi/infochi) **1** (*arroventare*) to make red hot: ~ *il metallo* to make metal red hot. **2** ⟨*fig*⟩ to enflame, to kindle. **infocarsi** *v.r.* **1** (*divenire rovente*) to become (*o* turn) red hot. **2** ⟨*fig*⟩ (*infervorarsi*) to get (*o* grow) heated (*o* worked up). **3** ⟨*fig*⟩ (*arrossire*) to flush. **infocato** *a.* **1** red hot. **2** ⟨*estens*⟩ (*caldissimo*) burning, (red) hot: *sabbia* –*a* red hot sand. **3** ⟨*fig*⟩ (*infiammato*) fiery: *discorso* ~ fiery speech; (*imporporato*) flushed, burning: *guance* –*e* burning cheeks.

infoderare *v.t.* (infodero) to sheathe: ~ *la spada* to sheathe one's sword.

infognarsi *v.r.* (m'infogno) ⟨*fam*⟩ **1** to get bogged down, to become steeped (*in* in): ~ *nei vizi* to become steeped in vice. **2** ⟨*assol*⟩ to get into trouble (*o* a fix), ⟨*fam*⟩ to be in the soup.

infoibare *v.t.* (infoibo) to throw (the corpse of) into a ditch.

in-folio **I** *a.* ⟨*Tip*⟩ ⟨*attr*⟩ folio, ⟨*pred*⟩ in folio. **II** *s.m.* (volume in) folio.

infoltire *v.* (infoltisco, infoltisci) **I** *v.i.* (*aus.* essere) to become (*o* get) thicker. **II** *v.t.* to make thicker.

infondatezza *f.* groundlessness. **infondato** *a.* groundless, unfounded: *accusa* –*a* groundless accusation.

infondere *v.t.* (infusi, infuso) to instil, to infuse, to imbue: ~ *coraggio in qd.* to infuse (*o* instil) courage into s.o.

inforcare *v.t.* (inforco, inforchi) **1** to fork, to pitch(fork): ~ *il fieno* to fork hay. **2** (*mettersi a cavalcioni*) to get on (*o* astride): ~ *la motocicletta* to get on one's motorcycle. □ ~ *gli occhiali* to put one's glasses on. **inforcata** *f.* forkful. **inforcatura** *f.* (*l'inforcare*) forking. **2** (*biforcazione*) fork (*anche Anat.*): *l'* ~ *di un ramo* the fork of a branch.

informale **I** *a.* **1** ⟨*Art*⟩ non-figurative: *pittura* ~ non-figurative painting. **2** (*non ufficiale*) informal: *colloqui* –*i* informal talks. **II** *s.m.* non-representational art.

informare *v.t.* (informo) **1** to inform, to tell, ⟨*lett*⟩ to acquaint: ~ *qd. di qc.* to inform s.o. of s.th. **2** (*plasmare*) to form, to mould, to shape (*anche fig.*): ~ *l'animo dei giovani all'esempio dei grandi* to form young people's minds after the example of adults. **informarsi** *v.r.* **1** to enquire, to make enquiries, to get information (*di* about): *si informò della tua salute* he ⸢enquired about⸣ (*o* asked after) your health. **2** (*uniformarsi*) to adapt o.s. (*a* to), to fit in (with): *informarsi al gusto della maggioranza* to fit in with the tastes of the majority.

informatica *f.* informatics *pl* (*costr.sing.*), information science. **informatico** *a./s.* (*pl.* -ci) **I** *a.* relating to informatics, information–. **II** *s.m.* information specialist.

informativo *a.* informative, informational, informatory: *un articolo* ~ an informative article. □ *a titolo* ~ for information.

informatizzare *v.t.* to computerize. **informatizzazione** *f.* computerization.

informato *a.* **1** (well–)informed (*di* about), ⟨*fam*⟩ well up (in). **2** ⟨*fig*⟩ (*improntato*) characterized (*a* by), marked (by): *un'opera* –*a una sorprendente originalità* a work characterized by surprising originality. □ *da fonte ben* –*a* from a reliable source; *mal* ~ misinformed, ill-informed; *tenere* ~ *qd. di* (*o su*) *qc.* to keep s.o. informed of s.th.

informatore **I** *s.m.* (*f.* -trice) **1** informant, informer. **2** (*spia, agente*) informer: *gli* –*i della polizia* police informers. **II** *a.* formative, ⟨*pred*⟩ informing; (*rif. a principi e sim.*) guiding.

informazione *f.* (piece of) information: *domandare delle* –*i* to seek (*o* ask for) information; *un'* ~ *preziosa* a valuable piece of information; ⟨*Mil*⟩ intelligence; (*notizia*) (piece of) news. □ **agenzia** *d'* ~ *giornalistica* press agency; **assumere** –*i sul conto di qd.* to make

investigations (*o* enquiries) about s.o.; *da* –*i* **avute** from information received; –*i* **commerciali** credit status information, ⟨*am*⟩ credit (*o* business) report; –*i* **confidenziali** = informazioni riservate; –*i* **militari** military intelligence; ⟨*fig*⟩ **moltiplicatore** *d'* ~ information multiplier; **richiesta** *di* –*i* request for information; –*i* **riservate** confidential information; (*in elettronica*) **ritrovamento** *dell'* ~ information retrieval; **servizio** –*i* information service; ⟨*GB*⟩ Intelligence Service; *a* **titolo** *d'* ~ for information; **ufficio** –*i* enquiry office, information bureau; *per* **ulteriori** –*i* for further information.

informe *a.* formless, shapeless: *massa* ~ shapeless mass.

informicolarsi *v.r.* (m'informicolo) to tingle, to have pins and needles: *mi si è informicolato il piede* I have pins and needles in my foot.

infornaciare *v.t.* (infornacio, infornaci) to put into a furnace (*o* kiln).

infornare *v.t.* (inforno) **1** to put into an oven: ~ *il pane* to put the bread ⸢into the oven⸣ (*o* in to bake). **2** ⟨*assol*⟩ to bake. **infornata** *f.* batch (*anche fig.*): *un'* ~ *di nuovi impiegati* a batch of new employees.

infortunarsi *v.r.* to be injured (*o* hurt): ~ *sul lavoro* to be injured at work. **infortunato** **I** *a.* injured, hurt (in an accident). **II** *s.m.* (*f.* -a) injured person, casualty. □ *rimanere* ~ to be injured (*o* hurt). **infortunio** *m.* accident: ~ *automobilistico* car accident. □ ~ *sul lavoro* industrial accident, accident at work; ~ *stradale* road accident. **infortunistica** *f.* study of (industrial) accidents. **infortunistico** *a.* (*pl.* -ci) accident–, of (*o* concerning) accidents: *legislazione* –*a* accident legislation.

infoscare *v.t.* (infosco, infoschi) **I** *v.t.* to darken, to make dark. **II** *v.i.* (*aus.* essere), **infoscarsi** *v.r.* to grow (*o* become) dark, to darken.

infossamento *m.* (*depressione*) hollow, pit. **infossare** *v.t.* (infosso) to put in a pit (*o* hollow). **infossarsi** *v.r.* **1** (*incavarsi*) to become hollow (*o* sunken). **2** (*affondare nel terreno*) to sink. **infossato** *a.* (*rif. a guance*) hollow; (*rif. a occhi: per natura*) deep-set; (*per malattia, vecchiaia, ecc.*) sunken, hollow.

infradiciare *v.* (infradicio, infradici) **I** *v.t.* **1** (*rendere marcio*) to rot, to make go bad; (*rif. a legname*) to make rot. **2** (*bagnare completamente*) to soak, to drench. **II** *v.i.* (*aus.* essere), **infradiciarsi** *v.r.* **1** (*marcire*) to rot, to go rotten (*o* bad); (*rif. a legname*) to rot. **2** (*bagnarsi completamente*) to get soaked (*o* drenched). **infradiciato** *a.* (*bagnato completamente*) drenched, soaked, wet through.

inframmettente *a.* interfering, meddling. **inframmettenza** *f.* interference, meddling, intrusion. **inframmettere** *v.t.* (inframmisi, inframmesso) to interpose. **inframmettersi** *v.r.* to interfere, to meddle. **inframmezzare** *v.t.* (inframmezzo) to interpose, to put between.

infrancesare *v.t.* (infranceso) ⟨*lett*⟩ to Frenchify: ~ *la lingua* to Frenchify one's speech. **infrancesarsi** *v.r.* to become Frenchified, to take on French ways. **infrancesato** *a.* Frenchified.

infrangere *v.t.* (infrango, infrangi; infransi, infranto) **1** to break, to shatter, to smash. **2** ⟨*fig*⟩ to break (down), to shatter, to crush: ~ *la resistenza di qd.* to break down s.o.'s resistance. **3** ⟨*fig*⟩ (*trasgredire*) to break, to go against: ~ *la legge* to break the law; ~ *una promessa* to break a promise. **infrangersi** *v.r.* **1** to break, to smash: *il vaso si infranse* the vase broke. **2** (*rif. a navi*) to be wrecked; (*rif. a onde*) to break, to dash. **3** ⟨*fig*⟩ to be shattered. **infrangibile** *a.* unbreakable. □ *vetro* ~ unbreakable glass; ⟨*Aut*⟩ shatterproof glass. **infransi** → **infrangere**. **infranto** (*p.p. di infrangere*) *a.* broken, shattered (*anche fig.*): *cuore* ~ broken heart; *ideali* –*i* shattered ideals. □ *idolo* ~ fallen idol.

infrarosso *a.* ⟨*Fis*⟩ infra-red: *raggi* –*i* infra-red rays.

infrascare *v.t.* (infrasco, infraschi) to cover with (leafy) branches. **infrascarsi** *v.r.* (*nascondersi fra le frasche*) to hide among the (leafy) branches.

infra|scritto *a.* ⟨*burocr*⟩ undermentioned, undernoted. ~**settimanale** *a.* midweek–, (falling) during the week: *vacanza* ~ holiday falling during the week, midweek holiday. **~sonoro** *a.* ⟨*Acu*⟩ infrasonic. **~struttura** *f.* infrastructure. **~strutturale** *a.* infrastructural. **~suono** *m.* ⟨*Acu*⟩ infrasonic wave.

infrazione *f.* breach, violation, infraction.

infreddare *v.i.* (infreddo; *aus.* essere), **infreddarsi** *v.r.* to catch (a) cold. **infreddato** *a.* (*raffreddato*) having a cold. □ *sono* ~ I have a cold. **infreddatura** *f.* cold: *prendersi un'* ~ to catch (a) cold. **infreddolire** *v.i.* (infreddolisco, infreddolisci; *aus.* essere), **infreddolirsi** *v.r.* to get cold, to feel chilled. **infreddolito** *a.* cold: *essere* ~ to be (*o* feel) cold.

infrenabile *a.* unrestrainable, uncontrollable.

infrequente *a.* infrequent, uncommon. **infrequenza** *f.* infrequency.

infrollimento *m.* **1** (*rif. a selvaggina*) hanging, tenderising. **2** ⟨*fig*⟩ weakening, becoming slack. **infrollire** *v.i.* (infrollisco, infrollisci; *aus.* essere), **infrollirsi** *v.r.* **1** to become high. **2** ⟨*fig*⟩ to weaken, to slacken, to become feeble.

infruttescenza *f.* ⟨*Bot*⟩ infructescence.

infruttifero *a.* **1** unfruitful, fruitless. **2** ⟨*Econ*⟩ bearing (*o* yielding) no interest, non–interest bearing, (lying) idle: *capitale* ~ idle capital. **infruttuosamente** *avv.* fruitlessly, unfruitfully. **infruttuoso** *a.* **1** unfruitful, infertile. **2** ⟨*fig*⟩ fruitless, vain, useless: *sforzi –i* vain efforts.

infula *f.* ⟨*Stor.rom,Lit*⟩ infula.

infungibile *a.* ⟨*Dir*⟩ non–fungible.

infuocare *v.* → infocare.

infuori *avv.* (*in fuori*) out. □ *all'* ~ outwards, out; *all'* ~ *di* (*eccetto*) except, with the exception of, but: *all'* ~ *di me* except me.

infuriare *v.i.* (infurio, infuri; *aus.* essere), **infuriarsi** *v.r.* **1** (*divenire furioso*) to get angry, to lose one's temper, to fly into a rage. **2** ⟨*fig*⟩ (*imperversare*) to rage: *la tempesta infuriò per tutta la notte* the storm raged all night. **infuriato** *a.* enraged, furious.

infusi → infondere. **infusibile** *a.* infusible, not fusible. **infusibilità** *f.* infusibility. **infusione** *f.* infusion. **infuso** **I** *a.* infused. **II** *s.m.* infusion. □ *un* ~ *di camomilla* camomile tea; ~ *di erbe* herb(al) tea.

infusori *m.pl.* ⟨*Zool*⟩ infusorians *pl.*

ing. = ingegnere engineer (*abbr.* eng.).

ingabbiare *v.t.* (ingabbio, ingabbi) **1** (*mettere in gabbia*) to (put in a) cage; (*rif. a gabbia da imballaggio*) to crate. **2** ⟨*fig*⟩ to shut (*o* hem) in, to cage, to coop up. **ingabbiatura** *f.* ⟨*Edil*⟩ framework.

ingaggiare *v.t.* (ingaggio, ingaggi) **1** (*assumere alle proprie dipendenze*) to engage, to employ, to take on, to hire: ~ *operai* to take on workmen; (*arruolare*) to enlist, to enrol, to recruit. **2** ⟨*Mar*⟩ to sign on, to enlist. **3** ⟨*Sport*⟩ to sign on. **4** (*rif. a lotta e sim.: iniziare*) to engage, to join: ~ *battaglia* to join battle. **ingaggiatore** *m.* recruiter. **ingaggio** *m.* **1** engagement, hiring; (*arruolamento*) enlistment, enrolment, recruitment. **2** ⟨*Mar*⟩ signing on, enlistment. **3** ⟨*Sport*⟩ (*l'ingaggiare*) signing on; (*premio d'ingaggio*) transfer (*o* signing on) fee, ⟨*am*⟩ bonus.

ingagliardire *v.* (ingagliardisco, ingagliardisci) **I** *v.t.* to invigorate, to strengthen. **II** *v.i.* (*aus.* essere), **ingagliardirsi** *v.r.* to become vigorous (*o* strong), to be strengthened; (*acquistare animo*) to pluck up courage.

ingannabile *a.* deceivable, easily cheated: *una persona difficilmente* ~ a person who is hard to deceive (*o* not to be taken in easily). **ingannare** *v.t.* **1** to deceive: *se la memoria non m'inganna* if my memory does not deceive me; ~ *il nemico con un falso attacco* to deceive the enemy by a false attack; (*rif. a cose: essere ingannevole*) to be deceptive: *l'apparenza inganna* appearances can be deceptive. **2** (*imbrogliare*) to cheat, to swindle. **3** (*tradire*) to betray, to deceive; (*rif. a coniugi*) to be unfaithful to: ~ *la moglie* to be unfaithful to one's wife. **4** (*eludere*) to elude, to evade, to dodge: ~ *la sorveglianza* to evade supervision. **ingannarsi** *v.r.* to be mistaken (*o* wrong): *mi ero ingannato sul tuo conto* I was mistaken about you. □ ~ *l'attesa* to while away the time; ~ *la fame* to still the pangs of hunger; ~ *la noia* to alleviate boredom, to

beguile tedium; ~ *il tempo* to kill (*o* while away the) time. **ingannatore** *s.m.* (*f.* **-trice**) deceiver; (*imbrogli*) cheat swindler. **II** *a.* deceptive, deceitful, misleading: *apparenza ingannatrice* deceptive appearance. **ingannevole** *a.* **1** deceptive, deceitful, misleading. **2** (*illusorio*) illusory, deceptive: *speranze –i* illusory hopes. **inganno** *m.* **1** deceit, deception; (*azione insidiosa*) trick: *un vile* ~ a low trick; (*imbroglio*) swindle, cheat, fraud. **2** (*illusione*) illusion: *l'* ~ *dei sensi* sensory illusion. □ *gli amorosi –i* the illusions of love; *cadere in* ~ to be deceived; *pieno d'–i* deceitful; *trarre in* ~ to mislead, to take in, to deceive.

ingarbugliamento *m.* entanglement, muddle, confusion. **ingarbugliare** *v.t.* (ingarbuglio, ingarbugli) **1** (*arruffare*) to (en)tangle: ~ *la matassa* to tangle the skein. **2** ⟨*fig*⟩ (*confondere*) to confuse, to mix up, to muddle. **ingarbugliarsi** *v.r.* **1** (*complicarsi*) to become confused (*o* complicated), to get involved. **2** (*imbrogliarsi*) to become entangled, to get tangled up: *le corde si sono ingarbugliate* the ropes got entangled. **ingarbugliato** *a.* **1** tangled. **2** ⟨*fig*⟩ involved; (*complicato*) complicated: *una faccenda –a* a complicated affair; (*confuso*) confused, muddled.

ingegnarsi *v.r.* (m'ingegno) **1** (*industriarsi*) to do one's best, to strive, to try (hard). **2** (*arrabattarsi*) to contrive, to manage. □ ~ *alla meglio* to get by as best one can; ~ *per vivere* to live by one's wits.

ingegnere *m.* (graduate) engineer. □ ~ **aeronautico** aircraft engineer; ~ **automobilistico** automotive engineer; ~ **capo** chief engineer; ~ **civile** civil engineer; ~ **elettronico** electronics engineer; ~ **genetico** genetic engineer; ~ **informatico** information engineer; ~ **minerario** mining engineer; ~ **navale** marine engineer, naval constructor (*o* architect); ~ **nucleare** nuclear engineer; ~ **progettista** project engineer.

ingegneria *f.* **1** engineering. **2** ⟨*Univ*⟩ (*facoltà*) Engineering. □ ~ **aeronautica** aeronautical (*o* aircraft) engineering; ~ **aerospaziale** aerospace engineering; ~ **ambientale** environmental engineering; ~ **chimica** chemical engineering; ~ **civile** civil engineering; ~ **elettronica** electronic engineering; ~ **elettrotecnica** electrical engineering; ~ **genetica** genetic engineering; ~ **idraulica** hydraulic engineering; ~ **industriale** industrial engineering; ~ **meccanica** mechanical engineering; ~ **navale** marine engineering; ~ **nucleare** nuclear engineering; ~ **umana** human engineering.

ingegno *m.* **1** intelligence, mind, wits *pl,* wit, brains *pl.* **2** ⟨*fig*⟩ (*persona dotata di ingegno*) mind, brain, genius: *i grandi –i di una nazione* the great minds of a nation. □ **aguzzare** *l'* ~ to sharpen one's wits; **alzata** *di* ~ (*trovata brillante*) brainwave, stroke (*o* flash) of genius (*anche iron.*); *un* **bell'** ~ (*bello spirito*) a wit; **opera** *d'* ~ (*notevole*) brilliant work; **prontezza** *d'* ~ quick–wittedness, quickness (*o* readiness) of mind.

ingegnosamente *avv.* ingeniously, cleverly. **ingegnosità** *f.* ingeniousness, cleverness. **ingegnoso** *a.* ingenious, clever: *una persona –a* a clever person; *invenzione –a* ingenious invention.

ingelosire *v.* (ingelosisco, ingelosisci) **I** *v.t.* to make jealous: ~ *un marito* to make a husband jealous. **II** *v.i.* (*aus.* essere), **ingelosirsi** *v.r.* to become jealous (*di* of).

ingemmare *v.t.* (ingemmo) to stud (*o* adorn, deck) with gems: ~ *una corona* to stud a crown with gems.

ingenerare *v.t.* (ingenero) to produce, to cause, to generate, to create: ~ *confusione* to cause (*o* create) confusion; ~ *odio* to generate hatred.

ingenerosamente *avv.* ungenerously. **ingenerosità** *f.* lack of generosity. **ingeneroso** *a.* ungenerous.

ingenito *a.* innate, inborn (*in* in).

ingente *a.* huge, enormous, immense: *danno* ~ immense damage.

ingentilimento *m.* refinement, polishing. **ingentilire** *v.* (ingentilisco, ingentilisci) **I** *v.t.* to refine, to polish: ~ *i costumi* to refine customs. **II** *v.i.* (*aus.* essere), **ingentilirsi** *v.r.* to become (more) refined, to acquire polish.

ingenua *f.* ⟨*Teat*⟩ ingenue. **ingenuamente** *avv.* ingenuously. **ingenuità** *f.* ingenuousness, naïvety, candour, artlessness. **ingenuo** **I** *a.* ingenuous, naïve,

artless, innocent: *una domanda –a* a naïve question. **II**
s.m. (*f.* **-a**) **1** naïve (*o* ingenuous) person. **2** ⟨*Teat*⟩
ingénue. □ *fare l'* ~ to feign innocence.

ingerenza *f.* interference, meddling. **ingerire** *v.t.*
(**ingerisco, ingerisci**) to swallow, ⟨*lett*⟩ to ingest: ~ *cibo*
to swallow food. **ingerirsi** *v.r.* to interfere, to meddle.

ingessare *v.t.* (**ingesso**) **1** ⟨*Med*⟩ to put in plaster (*o* a
plaster cast): ~ *una gamba* to put a leg in plaster. **2**
(*murare con gesso*) to plaster (up); (*spalmare con gesso*) to
plaster. **ingessatura** *f.* ⟨*Med*⟩ **1** (*l'ingessare*) putting in
plaster. **2** ⟨*concr*⟩ plaster (cast).

ingestione *f.* swallowing, ⟨*lett*⟩ ingestion: ~ *di cibo*
swallowing of food.

inghiaiare *v.t.* (**inghiaio, inghiai**) **1** to (cover with) gravel.
2 ⟨*Ferr,Strad*⟩ to ballast. **inghiaiatura** *f.* **1** gravelling;
⟨*Ferr,Strad*⟩ ballasting. **2** ⟨*concr*⟩ gravel; ⟨*Ferr,Strad*⟩
ballast.

Inghilterra *N.pr.f.* ⟨*Geog*⟩ England.

inghiottimento *m.* swallowing (*anche fig.*). **inghiottire**
v.t. (**inghiotto/inghiottisco, inghiotti/inghiottisci**) to
swallow (up): *la nave fu inghiottita dalle onde* the ship was
swallowed up by the waves. □ ⟨*fig*⟩ ~ *un rospo* to
swallow a bitter pill.

inghippo *m.* ⟨*region*⟩ (*imbroglio*) cheat, swindle, fraud.

inghirlandare *v.t.* to wreathe, to garland.

ingiallire *v.* (**ingiallisco, ingiallisci**) **I** *v.t.* to yellow, to
make (*o* turn) yellow: *l'autunno ingiallisce le foglie* autumn
turns the leaves yellow. **II** *v.i.* (*aus.* **essere**), **ingiallirsi** *v.r.*
to (turn) yellow. **ingiallito** *a.* yellowed, turned yellow. □
denti –i dal tabacco tobacco stained teeth.

ingigantimento *m.* **1** magnifying. **2** ⟨*fig*⟩ exaggeration,
overstatement. **ingigantire** *v.* (**ingigantisco, ingigantisci**)
I *v.t.* to enlarge, to magnify (*anche fig.*). **II** *v.i.* (*aus.*
essere) to become gigantic (*o* enormous).

inginocchiamento *m.* kneeling down. **inginocchiarsi**
v.r. (**m'inginocchio, t'inginocchi**) to kneel (down), to go
down on one's knees: *s'inginocchiò per pregare* he knelt
down and prayed. **inginocchiatoio** *m.* prie-dieu.

ingioiellare *v.t.* (**ingioiello**) to bejewel, to set (*o* stud,
adorn) with jewels. **ingioiellato** *a.* jewelled, studded with
jewels; (*rif. a persona*) bejewelled, decked with jewels.

ingiù *avv.* (*in giù*) down, downwards. □ *all'* ~ down
(wards); *dall'* ~ from the bottom (upwards).

ingiudicato *a.* ⟨*Dir*⟩ sub judice.

ingiungere *v.t.* (**ingiungo, ingiungi; ingiunsi, ingiunto**) to
enjoin, to order, to command: ~ *a qd. di tacere* to order
s.o. to be silent, to enjoin silence on s.o. **ingiunsi** →
ingiungere. ingiuntivo *a.* commanding, enjoining.
ingiunto → **ingiungere. ingiunzione** *f.* injunction
(*anche Dir.*). □ ~ *di pagamento* order to pay;
procedimento di ~ injunction proceedings.

ingiuria *f.* **1** insult; *pl.* abuse: *coprire qd. di –e* to cover
s.o. with insults (*o* abuse), to hurl insults at s.o. **2**
⟨*estens*⟩ (*torto*) wrong: *fare* ~ *a qd.* to wrong s.o. **3**
⟨*fig,lett*⟩ (*danno*) damage, ravages *pl:* *le –e del tempo* the
ravages of time, weathering. **4** ⟨*Dir*⟩ offence. □ ~ *grave*
serious offence. **ingiuriare** *v.t.* (**ingiurio, ingiuri**) to
insult, to abuse. **ingiuriarsi** *v.r.* ⟨*recipr*⟩ to insult e.o., to
hurl insults at e.o. **ingiurioso** *a.* insulting, abusive,
injurious.

ingiustamente *avv.* unjustly, wrongly.

ingiustificabile *a.* unjustifiable. **ingiustificato** *a.* **1**
unjustified: *assenza –a* unjustified (*o* unexplained)
absence. **2** (*non legittimo*) unwarranted, groundless:
pretesa –a groundless claim.

ingiustizia *f.* **1** injustice, unfairness: *l'* ~ *di una
disposizione* the injustice of an order. **2** (*atto ingiusto*)
injustice: *commettere un'* ~ *contro qd.* to do s.o. an
injustice. **ingiusto I** *a.* **1** unjust: *giudice* ~ unjust judge.
2 (*parziale*) unfair. **3** (*non meritato*) unjust, undeserved:
punizione –a unjust punishment. **II** *s.m.inv.* injustice,
wrong: *non distingue il giusto dall'* ~ he makes no
distinction between justice and injustice, he cannot tell
right from wrong.

inglese I *a.* **1** English. **2** (*britannico*) British: *cittadino* ~
British subject. **II** *s.m.* **1** (*lingua*) English. **2** *m./f.*
(*abitante*) Englishman (*f* –woman); *pl.* (*popolo*) the English

(*costr. pl.*); *pl.* (*gruppo determinato*) English people: *tutti
gli –i che io conosco* all the English people I know. □
⟨*scherz*⟩ *andarsene* (*o filare*) *all'* ~ to take French leave;
⟨*Tip*⟩ *carattere* ~ italics *pl* (*costr. pl. o sing.*); *impero* ~
British Empire; *zuppa* ~ trifle.

ingloriosamente *avv.* ingloriously. **inglorioso** *a.* **1**
inglorious, obscure: *vita –a* obscure life. **2** (*biasimevole*)
inglorious, ignominious, shameful: *fuga –a* ignominious
flight.

ingluvie *f.* ⟨*Ornit*⟩ ingluvies.

ingobbire *v.i.* (**ingobbisco, ingobbisci**; *aus.* **essere**),
ingobbirsi *v.r.* to become bent (*o* hunched). **ingobbito** *a.*
bent, hunched, hunchbacked.

ingoffire *v.* (**ingoffisco, ingoffisci**) **I** *v.t.* (*rendere goffo*) to
make awkward (*o* clumsy). **II** *v.i.* (*aus.* **essere**) to become
awkward (*o* clumsy).

ingoiare *v.t.* (**ingoio, ingoi**) **1** (*inghiottire*) to gulp (down),
to swallow (down). **2** ⟨*fig*⟩ to swallow (up): *il mare ingoiò
la barchetta* the sea swallowed up the boat; ~ *un boccone
amaro* to swallow a bitter pill.

ingolfamento *m.* ⟨*Mot*⟩ flooding: ~ *del carburatore*
flooding of the carburetor. **ingolfare** *v.t.* (**ingolfo**) ⟨*Mot*⟩
to flood: ~ *il motore* to flood the engine. **ingolfarsi** *v.r.* **1**
⟨*Mot*⟩ to get flooded. **2** (*rif. al mare: formare un golfo*) to
form a gulf. **3** ⟨*fig*⟩ (*impegnarsi*) to involve (*o* get) o.s., to
plunge (*in* into); (*immergersi*) to immerse o.s., to become
engrossed (in): *si ingolfò nel lavoro* he immersed himself
in his work. □ *ingolfarsi nei debiti* to get deeply into
debt.

ingollare *v.t.* (**ingollo**) **1** (*mangiare avidamente*) to
swallow greedily. **2** (*inghiottire in fretta*) to gulp (down). **3**
⟨*fig*⟩ (*sopportare*) to swallow (up).

ingolosire *v.* (**ingolosisco, ingolosisci**) **I** *v.t.* to make
one's mouth water: *questo buon odore mi ingolosisce* this
good smell makes my mouth water. **2** ⟨*fig*⟩ (*invogliare*) to
entice. **II** *v.i.* (*aus.* **essere**), **ingolosirsi** *v.r.* **1** to become (*o*
get) greedy. **2** ⟨*fig*⟩ (*incapricciarsi*) to take a fancy (to).

ingombrante *a.* cumbersome, bulky: *merce* ~ bulky
goods. **ingombrare** *v.t.* (**ingombro**) to encumber, to
clutter (up), to block, to obstruct: *un'automobile
ingombrava il passaggio* a car was blocking (*o* in) the way;
(*impedire*) to hinder, to impede, to hamper. □ ⟨*fam*⟩ ~
lo stomaco to fill one's stomach.

ingombro¹ *a.* cluttered (up), littered (*di* with): *un tavolo* ~
di libri a table cluttered with books.

ingombro² *m.* obstacle, encumbrance, hindrance, clutter.
□ *essere d'* ~: **1** to be in the way; **2** ⟨*fig*⟩ to be a
hindrance, to hinder; *di minimo* ~ compact, taking up
little room; *di poco* ~ space-saving.

ingommare *v.t.* (**ingommo**) **1** (*incollare*) to gum, to stick.
2 (*spalmare di gomma*) to gum.

ingordamente *avv.* greedily. **ingordigia** *f.* **1** greed,
greediness. **2** ⟨*fig*⟩ greed: ~ *di denaro* greed for money.
ingordo *a.* **1** greedy. **2** ⟨*fig*⟩ (*bramoso*) eager, greedy,
thirsty: *essere* ~ *di piaceri* to be greedy for pleasure, to
thirst (*o* long) for pleasure.

ingorgarsi *v.r.* (**m'ingorgo, t'ingorghi**) to choke, to be
blocked; (*al traffico*) to be blocked (*o* jammed).
ingorgo *m.* (*pl.* **ghi**) **1** blockage, obstruction. **2** ⟨*Med*⟩
engorgement. **3** ⟨*estens*⟩ (*rif. al traffico*) (traffic) jam,
block: ~ *stradale* traffic jam.

ingovernabile *a.* ⟨*Pol*⟩ ungovernable. **ingovernabilità** *f.*
ungovernablenes.

ingozzare *v.t.* (**ingozzo**) **1** (*inghiottire*) to swallow, to
gobble: *i polli ingozzano ogni genere di cibo* chickens
gobble all kinds of food. **2** (*rimpinzare*) to cram, to stuff,
to fatten (up): ~ *le oche* to cram geese; *non* ~ *il bambino
con troppi dolci* don't stuff the child with too many cakes.
ingozzarsi *v.r.* to gobble.

ingracilire *v.i.* (**ingracilisco, ingracilisci**; *aus.* **essere**) to
become frail, to weaken.

ingranaggio *m.* **1** ⟨*Mecc*⟩ gear. **2** *pl.* gears *pl*, gearing. **3**
⟨*fig*⟩ mechanism, works *pl*, clockwork: *gli ingranaggi della
politica* the mechanism of politics. □ ~ *del cambio di
velocità* gear; ~ **conico** bevel gear; ~ *del differenziale*
differential gear; ~ *della prima* **velocità** first (*o* low) gear;
~ *della seconda velocità* second gear; ~ *della terza*

velocità third gear; ~ *della quarta velocità* high (*o* top) gear.

ingranare I *v.i.* (*aus.* **avere**) **1** to engage, to mesh, to go into gear: *le ruote non hanno ingranato* the wheels have not engaged; *questa macchina ha la terza* (*marcia*) *che non ingrana* this car will not go into third gear. **2** ⟨*fig,fam*⟩ to fit in, to get along, to get on (well): *non ingrana con i colleghi* he does not 'fit in' (*o* get on) with his colleagues. **II** *v.t.* **1** to engage, to pitch, to mesh. **2** ⟨*Aut*⟩ to engage, to (put into) gear: ~ *la marcia* to engage the gears, ⟨*fam*⟩ to put into gear.

ingrandimento *m.* **1** (*l'ingrandire*) enlargement, extension: ~ *di una stanza* enlargement of a room. **2** ⟨*Ott*⟩ magnification. **3** ⟨*Fot*⟩ enlargement. □ ⟨*Ott*⟩ *lente di* ~ magnifying glass. **ingrandire** *v.* (**ingrandisco**, **ingrandisci**) **I** *v.t.* **1** to enlarge: ~ *un'ala del palazzo* to enlarge a wing of the building; (*espandere*) to expand, to extend. **2** ⟨*fig*⟩ (*esagerare*) to magnify, to exaggerate: *non devi* ~ *le difficoltà* you must not exaggerate the difficulties. **3** ⟨*Ott*⟩ to magnify. **4** ⟨*Fot*⟩ to enlarge. **II** *v.i.* (*aus.* **essere**) (*aumentare*) to increase, to grow. **ingrandirsi** *v.r.* to become larger, to get bigger; (*crescere, aumentare*) to grow, to increase; (*espandersi*) to expand, to spread: *questa industria si è molto ingrandita* this industry has expanded greatly. **ingranditore I** *s.m.* (*f.* **-trice**) enlarger (*anche Fot.*). **II** *a.* enlarging, magnifying.

ingrassaggio *m.* ⟨*Mecc*⟩ greasing. **ingrassamento** *m.* **1** (*l'ingrassare*) fattening (up), making fat; (*l'ingrassarsi*) getting fat, fattening. **2** (*concimazione*) manuring, fattening. □ ~ *al pascolo* fattening on pasture; ~ *del pollame* fattening of fowl. **ingrassare I** *v.t.* **1** to be fattening, to make fat, to fatten: *i dolci ingrassano* cakes 'are fattening' (*o* make one fat). **2** ⟨*Zootecn*⟩ to fatten (up): ~ *i capponi* to fatten capons. **3** (*lubrificare*) to oil, to lubricate. **4** (*concimare*) to manure, to fatten. **II** *v.i.* (*aus.* **essere**), **ingrassarsi** *v.r.* **1** to get fat, to put on weight: *questa ragazza s'ingrassa ogni giorno di più* this girl is getting fatter every day; (*rif. ad animali*) to fatten up. **2** (*arricchirsi*) to get rich, to fatten, to thrive (*con, su* on): (*si*) *è ingrassato con i profitti di guerra* he got rich on his war profits. □ ⟨*fam*⟩ *andare a* ~ *i cavoli* (*morire*) to go and push up daisies; *quel vestito ti ingrassa* that dress makes you look fatter. **ingrassatore** *m.* (*f.* **-trice**) **1** (*operaio*) greaser, oiler; (*lubrificatore*) lubricator. **2** (*apparecchio*) lubricator. **ingrasso** *m.* **1** (*rif. ad animali*) fattening: *bestiame da* ~ cattle for fattening. **2** (*concimazione*) manuring, fertilizing. □ *mettere all'* ~ to fatten.

ingraticciare *v.t.* (**ingraticcio**, **ingraticci**) to fence (with trellis–work), to trellis. **ingraticciata** *f.* trellis(–work). **ingraticolare** *v.t.* (**ingraticolo**) to close with a grating, to put a grating round (*o* across).

ingratitudine *f.* ingratitude, ungratefulness. **ingrato I** *a.* **1** ungrateful, unthankful: *essere* ~ *con* (*o verso*) *qd.* to be ungrateful to s.o. **2** (*spiacevole*) thankless, unrewarding: *lavoro* ~ thankless task. **II** *s.m.* (*f.* **-a**) ungrateful person.

ingravidare *v.* (**ingravido**) **I** *v.t.* to make pregnant. **II** *v.i.* (*aus.* **essere**) to become pregnant.

ingraziare *v.t.* (**ingrazio**, **ingrazi**) to ingratiate o.s. with, to win the favour of, ⟨*fam*⟩ to get into the good books of: *ingraziarsi il principale* to get into the boss's good books.

ingrediente *m.* ingredient.

ingresso *m.* **1** entrance, entry: *fare il proprio* ~ to make one's entrance. **2** (*porta*) entrance, door. **3** (*locale d'ingresso*) (entrance) hall. **4** (*facoltà di entrare*) admission, admittance: *l'* ~ *è libero* admission (is) free. **5** (*prezzo pagato per l'ingresso*) entrance fee, entrance–money, admission; (*biglietto d'ingresso*) ticket. **6** ⟨*Inform*⟩ input. □ ⟨*Inform*⟩ **dati di** ~ data input; ~ **laterale** side door; ~ **posteriore** back door; ~ **principale** main entrance; ~ *di* **servizio** tradesmen's (*o* service) entrance; ⟨*Inform*⟩ ~/**uscita** input/output; **vietato** *l'* ~ no admittance.

ingrommare *v.t.* (**ingrommo**) to form a crust on. **ingrommarsi** *v.r.* to encrust.

ingrossamento *m.* **1** (*l'ingrossare, l'ingrossarsi*) swelling, thickening, increasing. **2** (*rigonfiamento*) swelling. **3** (*accrescimento*) increase, growth. **ingrossare** *v.* (**ingrosso**) **I** *v.t.* **1** (*aumentare: di volume*) to augment, to increase; (*di livello, numero*) to swell: *le piogge hanno ingrossato il fiume* the rain has swollen the river; ~ *le file dell'esercito* to swell the army ranks. **2** (*far apparire grosso*) to make look fat (*o* big): *questo vestito ti ingrossa* this dress makes you look fat. **II** *v.i.* (*aus.* **essere**), **ingrossarsi** *v.r.* **1** (*aumentare: di volume*) to augment, to grow (*o* get) bigger, to increase; (*di livello*) to swell: *il credito ingrossa* the credit is growing. **2** (*rif. a parti del corpo*) to swell: *il fegato* (*si*) *è ingrossato* the liver has swollen. **3** (*rif. a persone*) to get fat, to put on weight. □ *il fiato mi s'ingrossa* I lose my breath, I get out of breath; *il mare* (*s'*)*ingrossa* the sea is getting rough.

ingrosso: *all'* ~: **1** ⟨*Comm*⟩ wholesale: *comprare all'* ~ to buy wholesale; *commercio all'* ~ wholesale trade; **2** (*all'incirca*) roughly, about, approximately.

ingrugnare *a.* ⟨*fam*⟩ sulky, pouting.

ingrullire *v.* (**ingrullisco**, **ingrullisci**) ⟨*region*⟩ **I** *v.t.* (*rendere grullo*) to make silly. **II** *v.i.* (*aus.* **essere/avere**), **ingrullirsi** *v.r.* to grow silly.

inguaiare *v.t.* (**inguaio**, **inguai**) ⟨*fam*⟩ to get into trouble (*o* difficulties). **inguaiarsi** *v.r.* to get (o.s.) into trouble (*o* difficulties). □ *essere inguaiato fino ai capelli* to be up to one's neck in trouble; ⟨*fam*⟩ ~ *una ragazza* to get a girl into trouble.

inguainare *v.t.* (**inguaino/inguaino**) to sheathe.

ingualcibile *a.* wrinkle–proof, crease–proof, non–crease: *tessuto* ~ wrinkle–proof fabric.

ingualdrappare *v.t.* to caparison.

inguantare *v.t.* to put gloves on. **inguantarsi** *v.r.* to put on one's gloves. **inguantato** *a.* gloved: *mano* ~*a* gloved hand.

inguaribile *a.* **1** incurable. **2** ⟨*fig*⟩ (*incorreggibile*) incurable, incorrigible: *un bugiardo* ~ an incorrigible liar.

inguinale *a.* ⟨*Anat*⟩ inguinal. **inguine** *m.* groin.

ingurgitare *v.t.* (**ingurgito**) to gulp (down), to swallow (down).

inibire *v.t.* (**inibisco**, **inibisci**) **1** (*impedire*) to inhibit, to hinder, to restrain. **2** ⟨*Psic,Biol*⟩ to inhibit. **inibirsi** *v.r.* to restrain o.s. **inibito I** *a.* ⟨*Psic*⟩ inhibited. **II** *s.m.* (*f.* **-a**) inhibited person. **inibitore I** *s.m.* (*f.* **-trice**) **1** (*chi inibisce*) prohibiter. **2** ⟨*Chim*⟩ inhibitor. **II** *a.* inhibitory. **inibitorio** *a.* **1** restraining, prohibiting. **2** ⟨*Psic*⟩ inhibitory. **inibizione** *f.* **1** prohibition, restraint. **2** ⟨*Biol,Psic*⟩ inhibition.

inidoneità *f.* unsuitability, unfitness (*a* for). **inidoneo** *a.* unsuitable, unfit (for).

iniettare *v.t.* (**inietto**) to inject. □ *iniettarsi di sangue* to become bloodshot: *gli occhi le si iniettarono di sangue* her eyes became bloodshot. **iniettato** *a.* injected. □ *occhi* ~*i di sangue* bloodshot eyes.

iniettore *m.* ⟨*Mecc,Mot*⟩ injector. **iniezione** *f.* **1** injection, ⟨*fam*⟩ shot: ~*i di penicillina* penicillin injections. **2** ⟨*Mot*⟩ injection: *motore a* ~ *diretta* direct–injection engine. □ ⟨*fig*⟩ ~ *di capitale* capital injection; ~ *endovenosa* intravenous injection; ~ *intramuscolare* intramuscular injection.

inimicare *v.t.* (**inimico**, **inimichi**) to make hostile, to alienate, to estrange: *ha inimicato padre e figlio* he has estranged father and son. **inimicarsi** *v.r.* to make an enemy of, to turn against o.s., to antagonize: *inimicarsi qd.* (*o con qd.*) to antagonize (*o* make an enemy of) s.o. **inimicizia** *f.* enmity, hostility, antagonism. □ *avere* ~ *per qd.* to be hostile to s.o.; *la loro* ~ *è di vecchia data* they have been enemies for a long time.

inimitabile *a.* inimitable, matchless, peerless.

inimmaginabile *a.* unimaginable.

ininfiammabile *a.* uninflammable.

inintelligibile *a.* **1** unintelligible, obscure: *spiegazione* ~ unintelligible explanation. **2** (*che non si riesce a intendere*) inaudible: *parole* ~*i* inaudible words. **3** (*indecifrabile*) illegible, indecipherable: *scrittura* ~ illegible writing.

ininintermediari *avv.* no agents.

ininterrottamente *avv.* non–stop, uninterruptedly, unceasingly: *piove ~ da due giorni* it has been raining non–stop for two days. **ininterrotto** *a.* uninterrupted; (*continuo*) unbroken, non–stop.

iniquamente *avv.* iniquitously, wickedly. **iniquità** *f.* 1 iniquity, injustice, unfairness: *~ di una legge* injustice of a law. 2 (*concr*) (*azione iniqua*) iniquity, wicked action. **iniquo** *a.* 1 unjust, unfair, iniquitous: *sentenza –a* unjust sentence. 2 (*fam,scherz*) (*pessimo*) dreadful, horrible, awful.

iniziale I *a.* 1 initial, opening, beginning, starting: *fase ~* opening phase. 2 (*Ling*) initial: *la s ~* the initial s. II *s.f.* 1 initial (letter), (first) letter: *~ maiuscola* capital letter. 2 (*monogramma*) monogram; (*lettera iniziale di nome o cognome*) initial.

inizializzare *v.t.* (*Inform*) to initialize: *~ un dischetto* to initialize a floppy disk. **inizializzazione** *f.* initialization.

inizialmente *avv.* initially, at the beginning (*o* start).

iniziare *v.* (*inizio, inizi*) I *v.t.* 1 to begin, to start: *~ gli studi* to start one's studies; *~ un lavoro* to start a job. 2 (*avviare*) to open, to start: *~ le trattative* to open (*o* start) negotiations. 3 (*rif. a riti religiosi e sim.*) to initiate. 4 (*fig*) to initiate: *~ qd. agli studi classici* to initiate s.o. into classical studies. II *v.i.* (*aus.* essere), **iniziarsi** *v.r.* to begin, to start, to commence; (*rif. a stagione*) to come (*o* set) in, to begin. □ *~ un viaggio* to set out on a journey.

iniziatico *a.* (*pl.* -ci) initiatory, initiation–: *rito ~* initiation rite.

iniziativa *f.* 1 initiative, enterprise: *avere ~* to have initiative, to be enterprising. 2 (*concr*) (*azione intrapresa*) enterprise, undertaking. □ *~* **civica** community action, grass roots action; *~ di difesa strategica* Strategic Defense Initiative; **libera** *~* free enterprise; **per** *~ di* on the initiative of; **prendere** *l' ~* to take the initiative; (*Econ*) *~* **privata** private enterprise; *di propria ~* on one's own initiative.

iniziato I *a.* (*Rel*) initiated (*a* into). II *s.m.* (*f.* -a) initiate, initiated person (*anche estens.*). **iniziatore** *m.* (*f.* -trice) 1 (*lett*) initiator. 2 (*promotore*) promoter. **iniziazione** *f.* initiation (*anche estens.*): *~ ai misteri* initiation into the mysteries. **inizio** *m.* 1 beginning, start, opening: *l' ~ dell'anno scolastico* the beginning of the school year; *l' ~ delle ostilità* the opening of hostilities; *l' ~ della poesia* the beginning of the poem. 2 *pl.* beginning, early days *pl.* □ *avere ~* to start, to begin, to commence; *dare ~ a qc.*: 1 to begin s.th.; 2 (*intraprendere*) to start s.th. off, to get s.th. going; (*Etnol*) *rito d' ~* initiation rite; *sin dall' ~* from the very beginning, (right) from the start.

innacquare *v.* (*innacquo*) → annacquare.

innaffiamento *m.* watering. **innaffiare** *v.t.* (*innaffio, innaffi*) to water: *~ i fiori* to water the flowers; (*rif. a strade*) to sprinkle. **innaffiatoio** *m.* (*annaffiatoio*) watering–can. **innaffiatrice** *f.* (*annaffiatrice*) waterer, (road) sprinkler, road watering vehicle. **innaffiatura** *f.* (*annaffiatura*) watering; (*rif. a strade*) sprinkling.

innalzamento *m.* raising, elevation (*anche fig.*): *~ a una carica* raising to an office. **innalzare** *v.t.* 1 to raise, to lift (up) (*anche fig.*): *~ gli occhi al cielo* to raise (*o* lift up) one's eyes to heaven. 2 (*erigere*) to put (*o* set) up, to erect, to raise: *~ un monumento* to erect (*o* put up) a monument. 3 (*far salire*) to raise, to send up: *~ la temperatura* to raise the temperature; (*rif. a voce*) to raise; (*rif. al livello di un fluido*) to raise (the level of), to make higher. 4 (*fig*) (*elevare a una carica*) to raise, to elevate: *~ al trono* to raise to the throne. 5 (*fig*) (*nobilitare*) to elevate, to make loftier, to raise. **innalzarsi** *v.r.* 1 to rise, to stand: *la statua s'innalza nella piazza* the statue stands in the square. 2 (*fig*) (*elevarsi socialmente*) to rise, (*fam*) to go (*o* take a step) up in the world. □ *~ la bandiera* to raise (*o* hoist, run up) the flag; (*Mat*) *~ un numero all'ennesima potenza* to raise a number to the nth power; *~ una preghiera* to raise a prayer; (*fig*) *~ alle stelle* (*esaltare*) to praise (*o* laud) the skies.

innamoramento *m.* falling in love, (*lett*) enamourment.

innamorare *v.t.* (*innamoro*) 1 to cause to fall in love, to make love one, (*lett*) to enamour. 2 (*estens*) (*incantare*) to delight, to enchant, to charm, to beguile, to fascinate. **innamorarsi** *v.r.* 1 to fall in love (*di* with). 2 (*recipr*) to fall in love: *i due s'innamorarono a prima vista* the two fell in love at first sight. 3 (*entusiasmarsi*) to fall in love (with), to enthuse (over), to be (*o* become) enthusiastic (about): *innamorarsi di un gioiello* to fall in love with a jewel. □ *fare ~ qd.* to make s.o. fall in love.

innamorato I *a.* 1 in love (*di* with): *~ cotto* head over heels in love. 2 (*appassionato*) very fond (*of*), enthusiastic, (*fam*) crazy (about): *è ~ della caccia* he is very fond of hunting, he loves (*o* adores) hunting. II *s.m.* (*f.* -a) lover, sweetheart; (*amichetto*) boy (*f* girl) friend.

innanzi I *avv.* 1 (*stato*) in front, ahead. 2 (*moto*) forward: *fare un passo ~* to take a step forward. II *prep.* (*prima*) before: *~ l'alba* before dawn. III *a.inv.* (placed after the noun) before, previous: *l'anno ~* the year before, the previous year; *alcuni anni ~* several years before (*o* previously). □ *~* **a:** 1 (*rif. a luogo*) in front of: *~ al cinema* in front of the cinema; 2 (*alla presenza di*) in the presence of, before: *~ all'imperatore* in the emperor's presence; *fu portato ~ al giudice* he was brought before the judge; **essere** *~ negli* (*o con gli*) *anni* to be getting on (in years); *essere ~ con il lavoro* to be ahead with one's work; **farsi** *~* to come forward; *d'ora ~* from now on, (*lett*) henceforth; *~ tempo* prematurely, before one's time; **tirare** *~* to go on, to proceed; (*fig*) (*vivacchiare*) to keep going, to manage somehow; *~* **tutto** first of all, in the first place.

innario *m.* hymnal, hymn book.

innastare *v.t.* to hoist, to fix (at the top of a pole): *~ la baionetta* to fix one's bayonet.

innatismo *m.* (*Filos*) innatism. **innato** *a.* innate, inborn: *idee –e* innate ideas.

innaturale *a.* unnatural.

innavigabile *a.* unnavigable: *corso d'acqua ~* unnavigable waterway. **innavigabilità** *f.* unnavigability.

innegabile *a.* undeniable: *progressi –i* undeniable progress. **innegabilità** *f.* undeniability. **innegabilmente** *avv.* undeniably.

inneggiamento *m.* (*non com*) 1 (*l'inneggiare*) singing of hymns. 2 (*l'esaltare*) extolling, praising. 3 *pl.* (*lodi*) praise, praises *pl.* **inneggiare** *v.i.* (*inneggio, inneggi*; *aus.* avere) 1 (*cantare inni*) to sing hymns (*a* to), to hymn (s.o.). 2 (*fig*) (*esaltare*) to extol, to praise, to sing the praises (of).

innervare *v.t.* (*innervo*) to innervate. **innervazione** *f.* (*Anat*) innervation.

innervosire *v.t.* (*innervosisco, innervosisci*) to get on the nerves of, to make nervy. **innervosirsi** *v.r.* to become (*o* get) nervous, to get on edge.

innescamento *m.* 1 (*Pesc*) baiting. 2 (*rif. a ordigni esplosivi e sim.*) priming. **innescare** *v.t.* (*innesco, inneschi*) 1 to bait: *~ un amo* to bait a hook. 2 (*rif. a ordigni esplosivi e sim.*) to prime. 3 (*Fis*) to trigger off. **innescato** *a.* 1 (*Pesc*) baited. 2 (*di armi*) primed. **innesco** *m.* (*pl.* -chi) 1 (*parte della spoletta*) primer. 2 (*Fis*) triggering off; (*dispositivo d'innesco*) trigger. 3 (*El*) (*di arco o scintilla*) striking.

innestare *v.t.* (*innesto*) 1 (*Agr,Chir*) to graft. 2 (*Med*) (*inoculare*) to inoculate. 3 (*Mecc*) to engage. 4 (*El*) (*rif. a spina*) to plug. **innestarsi** *v.r.* to be inserted (*in* into), to be grafted (on to). □ (*Mecc*) *~ la frizione* to engage (*o* let in) the clutch; (*Mecc*) *~ la marcia* to put the car into gear, to go into gear; *~ una spina nella presa di corrente* to put a plug in the socket, to plug in. **innestatoio** *m.* (*Agr*) grafting knife. **innestatura** *f.* 1 grafting, graftage. 2 (*punto d'innesto*) graft.

innesto *m.* 1 (*Agr*) grafting, graft(age). 2 (*punto d'innesto*) graft; (*soggetto*) graft, scion. 3 (*Chir*) graft. 4 (*Med*) (*inoculazione*) inoculation. 5 (*Mecc*) clutch, coupling. 6 (*El*) connection; (*per mezzo di spina*) plugging in; (*spina*) plug. □ (*Mecc*) *~ a* **baionetta** bayonet joint; (*Agr*) *~ per* **copulazione** (*o a linguetta*) tongue grafting; (*Mecc*) *~ a* **dentatura** (*o denti*) claw (*o* dog) clutch; *~ a* **frizione** friction clutch; *~ a* **intarsio** notch grafting; *~ a* **occhio**

budding; ~ a **spacco** cleft (o wedge) grafting.

innevamento m. **1** snowing. **2** (quantità di neve caduta) snowfall; (condizioni della neve) snow conditions pl. **innevato** a. covered in snow, snow–clad.

inno m. hymn (anche fig.): ~ alla bellezza hymn to beauty. □ ~ nazionale national anthem.

innocente I a. **1** innocent, guiltless; ⟨Dir⟩ not guilty: dichiarare ~ qd. to find s.o. innocent (o not guilty). **2** (privo di malizia) innocent: un bacio ~ an innocent kiss. **II** s.m./f. **1** innocent person: hanno condannato un ~ they condemned an innocent person. **2** (trovatello) foundling, waif. □ ⟨Dir⟩ dichiararsi ~ to plead not guilty; fare l' ~ to play the innocent, to put on an innocent air; ospedale degli –i Foundling Hospital. **innocentemente** avv. innocently. **innocentismo** m. upholding an accused person's innocence. **innocentista** m./f. upholder of an accused person's innocence. **innocenza** f. **1** innocence: provare l' ~ di qd. to prove s.o.'s innocence. **2** (purezza d'animo) innocence, purity. □ con tutta ~ in all innocence.

Innocenzo N.pr.m. Innocent.

innocuità f. harmlessness, innocuity. **innocuo** a. innocuous, harmless: pianta –a innocuous plant; persona –a harmless person.

innodia f. hymnody. **innografia** f. **1** hymnography. **2** (produzione di inni) hymnody, hymn writing. **innologia** f. hymnology, hymnody.

innominabile a. unmentionable, unnameable. **innominato** a. unnamed. □ ⟨Lett⟩ l'~ the Unnamed.

innovare v.t. (innovo) **1** to introduce innovations into, to make changes in: ~ l'arredamento di una stanza to make changes in the decoration of a room. **2** ⟨assol⟩ to make changes (o innovations), to innovate. **innovatore** I s.m. (f. -trice) innovator. **II** a. innovative, innovatory. **innovazione** f. innovation, change: fare un' ~ to make a change.

innumerevole a. innumerable, countless, numberless.

inoculare v.t. (inoculo) ⟨Med⟩ to inoculate (anche fig.): ~ il germe della gelosia to inoculate the seeds of jealousy. **inoculazione** f. inoculation.

inodore, inodoro a. odourless, inodorous: essere ~ to be odourless, to have no smell.

inoffensivo m. a. inoffensive, innocuous, harmless.

inoltrare v.t. (inoltro) **1** (avviare) to send, to forward, to transmit: ~ una lettera to forward a letter; ~ merci to forward (o ship) goods. **2** ⟨burocr⟩ (presentare) to submit, to present: ~ una petizione to submit a petition; (trasmettere) to further, to pass (o send) on, to transmit: ~ una domanda al competente ufficio to pass an application on to the office concerned. **inoltrarsi** v.r. **1** (addentrarsi) to advance, to penetrate, to go forward: inoltrarsi nella foresta to penetrate (into) the forest. **2** (fig) (avanzare) to go ahead, to proceed (in with), to bury o.s. (in): inoltrarsi nella lettura di un libro to bury o.s. in the reading of a book. □ con preghiera di ~ please forward. **inoltrato** a. advanced, well on: di età –a well on in years, getting on. □ a notte –a late at' (o at dead of) night; fino a notte –a far into the night; a stagione –a late in the season, well into the season.

inoltre congz. **1** (in più) besides, also, as well. **2** (per di più) moreover, further(more), ⟨fam⟩ what's more.

inoltro m. **1** forwarding, sending (on); (rif. a merci) (re)shipment. **2** ⟨burocr⟩ (il presentare) submission, presentation; (il trasmettere) transmittal, passing (o sending) on. □ con preghiera di ~ please forward.

inondare v.t. (inondo) **1** to flood (anche fig.): ~ un paese to flood a village; le merci estere inondano il mercato foreign goods are flooding the market. **2** ⟨fig⟩ to fill: ~ di gioia to fill with joy. □ le lacrime le inondavano il viso tears poured down her cheeks. **inondato** a. **1** flooded: terreni –i flooded lands. **2** (rif. a sentimenti) filled (with). □ volto ~ di lacrime face filled with tears, face bathed in tears. **inondazione** f. (atto) flooding: l' ~ dei campi the flooding of the fields; (effetto) flood. □ ⟨Comm⟩ ~ del mercato (da parte di un prodotto) flooding of the market.

inoperabile a. ⟨Chir⟩ inoperable.

inoperante a. inoperative.

inoperosamente avv. idly. **inoperosità** f. **1** idleness, inactivity; (inerzia) sluggishness. **2** (rif. a macchinari e sim.) outage. **inoperoso** a. **1** inactive, idle, at a standstill; (ozioso) idle, slack, sluggish, lazy. **2** (rif. a macchine e sim.) idle, at a standstill. **3** (rif. a denaro e sim.) idle: capitale ~ idle capital.

inopinabile a. unthinkable, unimaginable. **inopinatamente** avv. unexpectedly. **inopinato** a. **1** (imprevedibile) unforeseeable, unpredictable. **2** (improvviso) unexpected, sudden.

inopportunamente avv. inopportunely, inconveniently. **inopportunità** f. inconvenience, inopportuneness, untimeliness. **inopportuno** a. **1** inopportune, out of place, inconvenient: domanda –a question which is out of place. **2** (intempestivo) untimely, inappropriate, at the wrong moment.

inoppugnabile a. **1** incontrovertible, incontestable: fatti –i incontrovertible facts. **2** ⟨Dir⟩ indisputable. **inoppugnabilità** f. **1** incontrovertibility: l' ~ delle prove the incontrovertibility of the evidence. **2** ⟨Dir⟩ indisputability.

inorganicamente avv. inorganically. **inorganicità** f. inorganic nature (anche Chim.). **inorganico** a. (pl. -ci) inorganic: chimica –a inorganic chemistry.

inorgoglire v. (inorgoglisco, inorgoglisci) I v.t. to make proud. **II** v.i. (aus. essere), **inorgoglirsi** v.r. to become proud (di of), to pride o.s. (on).

inorridire v. (inorridisco, inorridisci) I v.t. to horrify, to strike (o fill) with horror. **II** v.i. (aus. essere) to be horrified: a quelle parole inorridì he was horrified by those words. □ fare ~ to horrify.

inospitale a. inhospitable: regione ~ inhospitable region. **inospitalità** f. inhospitality.

inosservabile a. (che non si può rispettare) that cannot be observed (o kept): patto ~ pact that cannot be kept. **inosservante** m./f. non–observer. **inosservanza** f. non–observance (di of), non–compliance (with), failure to comply (with). **inosservatamente** avv. unobservedly. **inosservato** a. **1** unobserved, unnoticed: passare ~ to go unobserved, not to be noticed. **2** (non rispettato) not observed, not kept: legge –a law which is not kept.

inossidabile a. ⟨Chim⟩ inoxidizable; (che non arrugginisce) stainless, rust–proof: acciaio ~ stainless steel.

inox a.inv. made of stainless steel.

INPS = Istituto nazionale della previdenza sociale National Social Insurance Agency.

inquadramento m. **1** framing. **2** ⟨Mil,Pol,burocr⟩ organization. **3** (estens) (il mettere in relazione) setting (against a background): l' ~ di un poeta nel suo tempo setting a poet in his times. **inquadrare** v.t. **1** (incorniciare) to frame: ~ un ritratto to frame a portrait. **2** (estens) (mettere in relazione) to set (o see) against a background: ~ un artista nel proprio tempo to see (o set) an artist against the background of his times. **3** ⟨Mil,Pol,burocr⟩ to form into cadres, to organize. **4** ⟨Fot,Cin⟩ to frame (in the viewfinder). **inquadratura** f. **1** ⟨Fot,Cin⟩ shot. **2** ⟨Cin⟩ (ripresa) shot, take.

inqualificabile a. unspeakable, disgraceful, contemptible: azione ~ disgraceful action.

inquartata f. ⟨Sport⟩ (nella scherma) quart(e).

inquietamente avv. anxiously. **inquietante** a. **1** (preoccupante) worrying, alarming. **2** (che turba) disquieting, disturbing: bellezza ~ disquieting beauty. **inquietare** v.t. (inquieto) to worry, to alarm, to disquiet. **inquietarsi** v.r. **1** (adirarsi) to become (o get) angry, to lose one's temper, to be irritated. **2** (preoccuparsi) to worry (per about, over), to be worried (by). □ ti inquieti con troppa facilità you are too short–tempered; fare ~ qd. to annoy s.o. **inquieto** a. **1** (agitato) restless: spirito ~ restless spirit. **2** (preoccupato) worried (per about, by). **3** (arrabbiato) angry, annoyed, cross. **inquietudine** f. **1** restlessness. **2** (preoccupazione) worry, apprehension: la notizia destò grande ~ the news aroused great apprehension.

inquilinato m. ⟨collet⟩ tenants pl, lodgers pl. **inquilino** m.

(*f.* -a) **1** tenant, lodger. **2** ⟨*Zool*⟩ inquiline.

inquinamento *m.* pollution. □ ~ *delle* **acque** = *inquinamento* **idrico**; ~ *delle acque fluviali* river pollution; ~ **acustico** noise pollution; ~ **ambientale** (o *dell'ambiente*) environmental pollution; ~ *dell'*a**ria** air contamination (*o* pollution); ~ **atmosferico** atmospheric (*o* air) pollution; ~ *delle* **coste** coastal pollution; **grado** *di* ~ degree of pollution; ~ **idrico** water pollution (*o* poisoning, contamination); ~ **industriale** industrial pollution; **lotta** *contro l'*~ pollution control; ~ **marino** (o *del mare*) marine pollution; ~ *da* **petrolio** oil pollution; ~ *da sostanze* **radioattive** nuclear contamination; ~ '*da* **rumore**' (o *sonoro*) = *inquinamento* **acustico**; ~ *del* **suolo** soil contamination.

inquinante I *a.* polluting, contaminating. **II** *s.m.* pollutant: ~ **chimico** chemical pollutant; ~ **organico** organic pollutant. **inquinare** *v.t.* to pollute: ~ *l'*acqua to pollute the water.

inquirente I *a.* investigating, examining, enquiring, ⟨*pred*⟩ of enquiry: *giudice* ~ examining judge; *commissione* ~ board of enquiry. **II** *s.m.* enquirer. **inquisire** *v.* (**inquisisco**, **inquisisci**) **I** *v.t.* **1** ⟨*Dir*⟩ to investigate, to enquire (*o* hold an enquiry) into. **2** ⟨*fig*⟩ to delve (*o* pry, search) into. **II** *v.i.* (*aus.* avere) to investigate (s.th.); (*con malanimo*) to pry (into). **inquisitivo** *a.* enquiring. **inquisitore I** *s.m.* (*f.* -trice) **1** investigator, enquirer, inquisitor. **2** ⟨*Stor*⟩ Inquisitor. **II** *a.* **1** ⟨*Dir*⟩ investigating, enquiring. **2** ⟨*estens*⟩ (*che cerca di scoprire*) inquiring, searching; (*in modo maligno*) prying, inquisitive: *sguardo* ~ prying (*o* searching) look. □ ⟨*Stor*⟩ *Grande* ~ Grand Inquisitor. **inquisitorio** *a.* ⟨*Dir*,*Stor*⟩ inquisitorial (*anche estens.*): *processo* ~ inquisitorial trial. **inquisizione** *f.* ⟨*Stor*⟩ inquisition. □ *la Santa* ~ the Inquisition.

insabbiamento *m.* **1** ⟨*tecn*⟩ covering with sand; (*rif. a porto e sim.*) silting (up). **2** ⟨*fig*⟩ shelving, pigeon–holing: ~ *di una pratica* pigeon–holing of a case. **insabbiare** *v.t.* (**insabbio**, **insabbi**) **1** to cover with sand; (*seppellire nella sabbia*) to bury in sand. **2** ⟨*fig*⟩ to shelve, to pigeon–hole. **insabbiarsi** *v.r.* **1** to be covered with sand; (*rif. a porto e sim.*) to silt up. **2** ⟨*fig*⟩ to be shelved (*o* pigeon–holed): *la pratica si è insabbiata* the case has been shelved. **3** ⟨*fig*⟩ (*rif. a persona*) to bury o.s.

insaccare *v.t.* (**insacco**, **insacchi**) **1** to put in a sack (*o* bag), to bag, to sack: ~ *la farina* to bag flour. **2** ⟨*fig*⟩ (*stipare*) to pack. **3** (*imbaccucare*) to bundle up. **insaccarsi** *v.r.* **1** (*stiparsi*) to pack. **2** (*vestirsi goffamente*) to dress badly. □ ~ *la carne* to make sausages; ⟨*fig*⟩ ~ *il collo* (o *la testa*) to draw one's head back (*o* in). **insaccata** *f.* **1** shaking down (of a sack or bag). **2** ⟨*fig*⟩ jolt. **insaccato I** *a.* **1** bagged, (packed) in sacks, in bags: *grano* ~ bagged wheat. **2** ⟨*fig*⟩ (*infagottato*) bundled up. **3** ⟨*fig*⟩ (*stipato*) packed. **II** *s.m.pl.* (*carne insaccata*) sausages *pl.* **insaccatore** *m.* (*f.* -trice) **1** packer. **2** (*chi insacca carni*) sausage maker. **insaccatrice** *f.* (*macchina*) bagging machine, bag packer. □ ~ *per salami* sausage filler. **insaccatura** *f.* **1** packing (into bags), filling (of sacks). **2** (*rif. a salumi*) sausage making.

insacchettamento *m.* putting into bags. **insacchettare** *v.t.* (**insacchetto**) to pack (*o* put) in bags.

insalata *f.* **1** salad. **2** ⟨*fig*⟩ (*mescolanza confusa*) muddle, hotchpotch, mixture. □ **condire** *l'* ~ to dress the salad; ⟨*Gastr*⟩ ~ *di* **gamberetti** shrimp salad; ~ **mista** mixed salad; ~ *di* **pollo** chicken salad; ~ *di* **pomodori** tomato salad; ~ **russa** Russian salad; ~ **verde** green salad. **insalatiera** *f.* salad bowl.

insaldare *v.t.* (*inamidare*) to starch.

insalivare *v.t.* ⟨*Fisiol*⟩ to insalivate. **insalivazione** *f.* insalivation.

insalubre *a.* unhealthy. **insalubrità** *f.* unhealthiness.

insalutato *a.* ⟨*lett*⟩ ungreeted. □ ⟨*scherz*⟩ *andarsene* ~ *ospite* to slip off, to take French leave.

insanabile *a.* **1** incurable, unhealable. **2** ⟨*fig*⟩ (*irrimediabile*) irremediable, unhealable. **3** ⟨*fig*⟩ (*implacabile*) implacable: *odio* ~ implacable hatred. **insanabilità** *f.* **1** incurability. **2** ⟨*fig*⟩ irremediableness.

insanguinare *v.t.* (**insanguino**) to stain with blood, to

cover in blood: ~ *il fazzoletto* to stain (*o* spot, spatter) one's handkerchief with blood. **insanguinarsi** *v.r.* **1** to become blood-stained. **2** ⟨*fig*⟩ (*commettere un delitto*) to stain o.s. with (s.o.'s) blood. **insanguinato** *a.* blood-stained, bloody: *coltello* ~ bloody knife; *mani* –*e* blood-stained hands.

insania *f.* insanity, madness, folly. **insanire** *v.i.* (**insanisco**, **insanisci**; *aus.* essere) ⟨*lett*⟩ to go mad (*o* out of one's mind), to become insane. **insano** *a.* ⟨*lett*⟩ insane, mad, ⟨*fam*⟩ crazy: *una passione* –*a* an insane passion.

insaponare *v.t.* (**insapono**) to soap: *insaponarsi le mani* to soap one's hands; (*coprire con schiuma*) to lather: *insaponarsi il viso prima di radersi* to lather one's face before shaving. **insaponata** *f.* (quick) soaping. **insaponatrice** *f.* ⟨*Tess*⟩ soaping machine. **insaponatura** *f.* soaping; (*con schiuma*) lathering.

insapore *a.* tasteless, flavourless. **insaporire** *v.t.* (**insaporisco**, **insaporisci**) to make tasty, to flavour: ~ *con sale e pepe* to (flavour with) salt and pepper. **insaporirsi** *v.r.* to become tasty.

insaputa: *all'* ~ *di* unknown to, without the knowledge of: *partì all'* ~ *dei genitori* he left without his parents' knowledge; *a tua* ~ unknown to you, without your knowledge (*o* knowing it); *all'* ~ *di tutti* without anybody knowing.

insaturabile *a.* ⟨*Chim*⟩ unsaturable.

insaziabile *a.* **1** insatiable: *appetito* ~ insatiable appetite; (*rif. a sete*) unquenchable. **2** ⟨*fig*⟩ insatiable, unquenchable, greedy: *avidità* ~ insatiable greed; *desiderio* ~ greedy desire. **insaziabilità** *f.* insatiability (*anche fig.*).

inscatolamento *m.* ⟨*Alim*⟩ tinning, ⟨*am*⟩ canning. **inscatolare** *v.t.* (**inscatolo**) ⟨*Alim*⟩ to tin, ⟨*am*⟩ to can. **inscatolatrice** *f.* (*macchina*) tinning machine, ⟨*am*⟩ canning machine.

inscenare *v.t.* (**insceno**) **1** ⟨*Teat*⟩ to stage, to put on: ~ *un dramma* to stage a play. **2** ⟨*fig*⟩ (*organizzare*) to organize, to prepare: ~ *una dimostrazione* to organize a demonstration.

inscindibile *a.* **1** (*che non si può scindere*) indissoluble: *legame* ~ indissoluble bond. **2** (*che non si può separare*) inseparable, unbreakable. **inscindibilità** *f.* **1** indissolubility. **2** (*inseparabilità*) inseparableness. **inscindibilmente** *avv.* inseparably.

inscrissi → **inscrivere**. **inscritto** (*p.p. di inscrivere*) *a.* ⟨*Geom*⟩ inscribed: *poligono* ~ inscribed polygon. **inscrivere** *v.t.* (**inscrissi**, **inscritto**) ⟨*Geom*⟩ to inscribe. **inscrizione** *f.* inscription, inscribing (*anche Geom.*).

inscusabile *a.* inexcusable.

insecchire *v.i.* (**insecchisco**, **insecchisci**; *aus.* essere) **1** to dry up, to become dry. **2** (*dimagrire*) to grow (*o* get) thin.

insediamento *m.* **1** installation: ~ *in una carica* installation in office. **2** ⟨*Geog*⟩ settlement: ~ *rurale* rural settlement. □ *cerimonia d'* ~ inaugural ceremony; ~ *industriale* industrial settlement. **insediare** *v.t.* (**insedio**) to install: ~ *nuovi ministri* to install new ministers. **insediarsi** *v.r.* to take (*o* enter upon) office, to take over, to be installed, to install o.s.

insegna *f.* **1** (*contrassegno*) sign, mark, badge, emblem. **2** *pl.* insignia *pl*: –*e episcopali* episcopal insignia. **3** (*stemma*) arms *pl*, bearings *pl*, emblem, charge: *il giglio è l'* ~ *di Firenze* the lily is the emblem of Florence. **4** (*bandiera*) ensign, banner, standard, flag; *pl.* colours *pl.* **5** (*scritta*) sign: *l'* ~ *di un albergo* a hotel sign. □ *all'* ~ *di:* **1** at (the sign of): *all'* ~ *dell'Elefante bianco* at the sign of the White Elephant; **2** ⟨*fig*⟩ under the banner of; ~ **luminosa** (luminous) sign; **militare** *sotto le* –*e di qd.* to fight 'under s.o.'s banner' (*o* on s.o.'s side), to fight for s.o.; ⟨*fig*⟩ *militare sotto le* –*e di un partito* to support (the cause of) a party; ~ *al* **neon** neon sign; –*e* **onorifiche** decorations *pl*, insignia *pl*, badges of honour; ~ **pubblicitaria** advertising sign, advertisement.

insegnabile *a.* teachable.

insegnamento *m.* **1** teaching: *l'* ~ *della matematica* the teaching of mathematics. **2** (*professione dell'insegnante*) teaching: *voglio dedicarmi all'* ~ I want to take up teaching. **3** (*precetto*) teaching, precept: *gli* –*i paterni* one's father's teachings; (*lezione*) lesson: *servire d' ~ a qd.* to be a lesson to s.o. □ ~ **elementare** primary school teaching; **materia** *d'* ~ subject (taught); ~ **pratico** practical teaching; ~ **privato** private tuition, tutoring; ~ **teorico** theoretical teaching; **trarre** *frutto dagli –i altrui* to learn from others; ~ **universitario** university (*o* higher) teaching.

insegnante I *s.m./f.* teacher, school teacher; (*uomo*) schoolmaster; (*donna*) schoolmistress. II *a.* teaching. □ **corpo** ~ (*di una scuola*) staff (of a school); ~ *di disegno* drawing teacher; ~ (*di scuola*) **elementare** primary–school teacher; ~ **medio** (o *di scuola media*) secondary (o high) school teacher; ~ **privato** private teacher, tutor; ~ **universitario** university lecturer.

insegnare *v.* (**insegno**) I *v.t.* 1 to teach: ~ *l'inglese a qd.* to teach s.o. English; ~ *una poesia a qd.* to teach s.o. a poem. 2 (*mostrare, indicare*) to show, to point out: ~ *la strada a qd.* to show s.o. the way. 3 ⟨*fig*⟩ to teach, to show: *la storia insegna che* history teaches us that. II *v.i.* (*aus.* avere) 1 to teach: ~ *a leggere a qd.* to teach s.o. to read (*o* reading). 2 (*esercitare la professione d'insegnante*) to teach, to be a teacher: ~ *al liceo* to teach in high school, to be a secondary schoolteacher. □ *chi ti ha insegnato l'educazione?* where did you learn your manners?

inseguimento *m.* pursuit, chase. □ ⟨*Sport*⟩ *gara a ~* pursuit race; *lanciarsi all' ~ di qd.* to set off in pursuit (*o* chase) of s.o. **inseguire** *v.t.* (**inseguo**) 1 to pursue, to chase: ~ *un ladro* to pursue a thief. 2 ⟨*fig*⟩ (*vagheggiare*) to pursue, to cherish: ~ *un sogno* to pursue (o cherish) a dream. **inseguitore** *m.* (*f.* -trice) 1 pursuer, chaser. 2 ⟨*Sport*⟩ pursuer.

insellare *v.t.* (**insello**) ⟨*Mar*⟩ to sag. **insellatura** *f.* 1 (*rif. ad animali*) hollow of the back. 2 ⟨*Mar*⟩ sheer.

inselvatichire *v.* (**inselvatichisco, inselvatichisci**) I *v.t.* to make (become) wild (*anche fig.*). II *v.i.* (*aus.* essere), **inselvatichirsi** *v.r.* to grow (o run) wild (*anche fig.*).

inseminare *v.t.* (**insemino**) ⟨*Biol*⟩ to inseminate. **inseminazione** *f.* insemination.

insenatura *f.* inlet, creek, cove, small bay.

insensatamente *avv.* senselessly, foolishly. **insensatezza** *f.* 1 senselessness, foolishness. 2 (*azione o parola insensata*) absurdity, nonsense: *non dire –e* don't talk nonsense. **insensato** I *a.* foolish, senseless, absurd: *un uomo* ~ a foolish man; *idee –e* senseless ideas. II *s.m.* (*f.* -a) fool, senseless (o foolish) person: *parlare da* ~ to talk like a fool. □ *parole –e* nonsense.

insensibile *a.* 1 insensitive, insensible (*a* to): ~ *al freddo* insensitive to cold. 2 (*indifferente*) indifferent (to); unconcerned (by, about), unmoved (by): ~ *ai rimproveri* indifferent to reproach; (*privo di sentimenti*) unfeeling. 3 (*impercettibile*) slight, imperceptible: *miglioramento* ~ slight improvement. **insensibilità** *f.* 1 insensitiveness, insensibility: ~ *al dolore* insensitiveness to pain. 2 (*indifferenza*) indifference, insensibility, lack of concern; (*mancanza di sentimento*) hard-heartedness, lack of feeling. 3 (*impercettibilità*) slightness, imperceptibility. **insensibilmente** *avv.* (very) slightly, imperceptibly.

inseparabile *a.* inseparable (*anche Gramm.*): *concetti –i* inseparable concepts; *amici –i* inseparable friends. **inseparabilità** *f.* inseparability, inseparableness. **inseparabilmente** *avv.* inseparably.

insepolto *a.* unburied: *cadaveri –i* unburied bodies.

insequestrabile *a.* ⟨*Dir*⟩ not subject to sequestration.

inserimento *m.* 1 insertion, fitting: *l' ~ di un tubo nell'altro* the fitting of one tube into another. 2 ⟨*fig*⟩ (*inclusione*) inclusion, including. 3 ⟨*El,Tel*⟩ connection; (*a innesto*) plugging in: ~ *di chiamata* ⌜plugging in⌝ (*o* putting through) of a call. **inserire** *v.t.* (**inserisco, inserisci**) 1 (*introdurre*) to put, to introduce, to insert, to fit: ~ *la chiave nella serratura* to put the key in the lock; ~ *una scheda nello schedario* to insert a card in the index; ~ *una clausola in un contratto* to insert (*o* put) a clause into a contract; ~ *un nome in una lista* to ⌜put a name on⌝ (*o* include a name in) a list. 2 ⟨*Giorn*⟩ (*pubblicare*) to publish, to insert. 3 ⟨*El,Tel*⟩ to connect: ~ *in parallelo* to connect in parallel, to shunt; (*mediante innesto*) to plug

in; (*in circuito*) to join up, to put in circuit. **inserirsi** *v.r.* (*introdursi*) to become part (*in* of), to fit, to get (into), to get o.s. included (in). **inserito** *a.* ⟨*El*⟩ ⟨*pred*⟩ (switched) on; (*rif. a una spina*) plugged in. **inserto** (*p.p. di inserire*) *m.* 1 file, dossier. 2 (*fascicolo in giornali e sim.*) insert. 3 ⟨*Cin*⟩ insert, ⟨*fam*⟩ cut–in.

inservibile *a.* unserviceable, useless, of no use.

inserviente *m./f.* servant, attendant; (*in un ufficio*) handyman, ⟨*am*⟩ janitor.

inserzione *f.* 1 (*l'introdurre*) insertion, putting, fitting. 2 (*l'aggiungere*) adding, inserting. 3 ⟨*Giorn*⟩ insertion; (*annuncio*) announcement; (*pubblicità*) advertisement, ⟨*fam*⟩ ad: *fare un' ~ sul giornale* to put an advertisement in the paper. 4 ⟨*Anat,Bot*⟩ insertion. 5 ⟨*El,Tel*⟩ connection. **inserzionista** I *s.m./f.* advertiser. II *a.* advertising: *ditte –e* firms advertising, advertisers *pl.* **inserzionistico** *a.* (*pl.* -ci) newspaper-, (newspaper) advertising: *pubblicità –a* newspaper advertising.

insetticida I *a.* ⟨*Chim*⟩ insecticide-, insecticidal, insect-: *polvere* ~ insect powder, insecticide. II *s.m.* insecticide, insect-killer, pesticide. **insettifugo** *a./s.* (*pl.* -ghi) I *a.* insectifuge-, insect–repellent. II *s.m.* insect repellent, insectifuge. **insettivori** *m.pl.* ⟨*Zool*⟩ insectivores *pl.* **insettivoro** *a.* insectivorous, insect–eating: *pianta –a* insectivorous plant. **insetto** *m.* ⟨*Zool*⟩ insect, ⟨*am*⟩ bug.

insicurezza *f.* 1 insecurity, instability. 2 (*incertezza*) uncertainty, unsureness. **insicuro** *a.* 1 insecure, unstable. 2 (*incerto*) uncertain, unsure.

insidia *f.* 1 (*inganno*) trick, deception, deceit. 2 (*tranello*) trap, snare: *tendere un' ~ a qd.* to set s.o. a trap, to lay a trap for s.o. 3 ⟨*estens*⟩ (*pericolo nascosto*) peril, (insidious) danger: *le –e del mare* the perils of the sea. 4 ⟨*fig*⟩ (*allettamento*) lure, enticement. **insidiare** *v.* (**insidio, insidi**) I *v.t.* 1 to lay snares (*o* traps) for, to lie in wait for. 2 ⟨*fig*⟩ to make an attempt on: ~ *la vita di una persona* to make an attempt on s.o.'s life. II *v.i.* (*aus.* avere) to (make an) attempt (*a* on); (*screditare*) to detract (from): ~ *al buon nome di qd.* to detract from s.o.'s good name. □ ~ *la virtù di una ragazza* to try to seduce a girl. **insidiosamente** *avv.* insidiously. **insidioso** *a.* 1 insidious, deceitful, cunning: *trappola –a* cunning trap. 2 (*capzioso*) captious, tricky, insidious: *domanda –a* tricky (*o* loaded) question. 3 (*rif. a malattie*) insidious.

insieme I *avv.* 1 (*unitamente*) together: *i due volumi si vendono* ~ the two volumes are sold together; *lavorare* ~ to work together. 2 (*contemporaneamente*) at the same time: *terminare* ~ to finish at the same time; *il film è istruttivo e* ~ *divertente* the film is instructive and at the same time entertaining. 3 ⟨*esclam*⟩ all together (now). II *s.m.* 1 (*complesso*) whole: *giudicare dall'* ~ to judge as a whole. 2 ⟨*Teat*⟩ ensemble, (whole) cast. 3 ⟨*Mod*⟩ (*completo*) outfit, ensemble. 4 (*servizio, assortimento*) set. 5 (*armonia, accordo*) harmony; (*rif. a opera d'arte*) unity, composition: *l'opera manca d'* ~ the work lacks harmony; (*rif. a quadro, libro, edificio, ecc.*) composition. □ ~ *a* (*contemporaneamente*) at the same time as; (*in compagnia*) together, along with; ~ **con** (together, along) with: *sono uscita* ~ *con mia madre* I went out with my mother; **d'** ~ overall, general: *visione d'* ~ overall picture; **mettere** ~: 1 to pool, to put together: *mettere* ~ *i propri sforzi* to pool efforts; 2 (*radunare*) to get together, to gather; 3 (*raggranellare*) to accumulate, to put together: *mettere* ~ *una fortuna* to make (*o* accumulate) a fortune; 4 ⟨*Mecc*⟩ to assemble, to fit (*o* put) together; *non sa mettere* ~ *due parole* he cannot express himself; *mettersi* ~ to get together, to join up (*o* forces); **nell'** ~ on the whole, as a whole; **stare** ~ (*rif. a persone*) to be together; (*rif. ad un gruppo di persone*) to keep together; ⟨*fig*⟩ to go well together, ⟨*fam*⟩ to go: *colori che non stanno bene* ~ colours which do not go (well together); ⟨*fig*⟩ **tenere** ~ to keep together; **tutti** (*quanti*) ~: 1 all together; 2 (*contemporaneamente*) all ... at the same time, together: *parlavano tutti* ~ they were all talking at the same time; *tutto* ~: 1 (*in una volta*) in one go: *lo bevve tutto* ~ he drank it down in one go; 2 (*senza dividere*) as a unit; *tutto l'* ~ the whole thing (*o* lot): *è tutto l'* ~ *che non va* the whole thing is wrong.

insiemistica *f.* ⟨*Mat*⟩ theory of sets. **insiemistico** *a.* (*pl.* -ci) set–.

insigne *a.* **1** (*illustre*) distinguished, illustrious, eminent: *un ~ scienziato* a distinguished scientist; (*famoso*) famous, renowned. **2** (*estens*) outstanding, signal: *meriti –i* outstanding merits.

insignificante *a.* **1** (*senza significato*) meaningless: *parole –i* meaningless words. **2** ⟨*fig*⟩ (*senza importanza*) insignificant: *una perdita ~* an insignificant loss; (*di nessun valore*) negligible, trifling: *errore ~* trifling error.

insignire *v.t.* (**insignisco, insignisci**) (*rif. a onorificenze*) to decorate, to confer, to award: *~ qd. di qc.* to decorate s.o. with s.th., to confer s.th. on s.o., to award s.th. to s.o.; (*di un titolo nobiliare*) to make: *~ qd. del titolo di duca* to make s.o. a duke.

insilaggio, insilamento *m.* ⟨*Agr*⟩ ensilage. **insilatrice** *f.* ensilage blower. **insilare** *v.t.* to ensile, to silo.

insincerità *f.* insincerity. **insincero** *a.* insincere.

insindacabile *a.* not liable (*o* subject) to criticism, unquestionable, uncensurable: *l'operato della commissione è ~* the work of the committee is uncensurable. **insindacabilità** *f.* unquestionableness, uncensurability.

insinuante *a.* **1** wheedling: *voce ~* wheedling voice; (*ingraziante*) ingratiating. **2** (*subdolo*) insinuating, insinuative. **insinuare** *v.t.* (**insinuo**) **1** (*far penetrare*) to slip, to insert, to slide, ⟨*lett*⟩ to insinuate: *~ la mano in una fessura* to slip one's hand into a crack. **2** ⟨*fig*⟩ (*immettere, instillare*) to instil, to insinuate: *~ un sospetto in qd.* to insinuate suspicion into s.o.'s mind. **3** ⟨*fig*⟩ (*far credere*) to insinuate, to hint at. **insinuarsi** *v.r.* **1** (*penetrare, infiltrarsi*) to penetrate, to creep; (*rif. a liquidi*) to seep, to trickle, to filter: *l'acqua si era insinuata attraverso le fessure* the water had trickled through the cracks. **2** (*rif. a persona: inserirsi*) to slip, to slide: *insinuarsi tra la folla* to slip through the crowd; (*furtivamente*) to creep, to sneak. **3** ⟨*fig*⟩ (*penetrare subdolamente*) to insinuate o.s.: *insinuarsi nel cuore di qd.* to insinuate o.s. into s.o.'s affections. **insinuazione** *f.* **1** insinuation. **2** (*allusione subdola*) insinuation, hint: *fare un' ~ su qc.* to make an insinuation about s.th. □ ⟨*Dir*⟩ *~ di un credito* proof of a debt in bankruptcy.

insipidezza *f.* **1** insipidity, tastelessness. **2** ⟨*fig*⟩ (*banalità*) dullness, insipidity, flatness. **insipido** *a.* **1** tasteless, insipid: *pietanza –a* tasteless dish. **2** ⟨*fig*⟩ (*scialbo*) dull, insipid: *un racconto ~* a dull story. □ *faccia –a* expressionless face.

insipiente *a.* ⟨*lett*⟩ (*ignorante*) ignorant; (*sciocco*) silly, foolish. **insipienza** *f.* ⟨*lett*⟩ (*ignoranza*) ignorance; (*stoltezza*) silliness, foolishness.

insistente *a.* **1** (*petulante*) insistent, persistent, nagging: *richieste –i* insistent requests; (*molesto*) annoying. **2** (*persistente, incessante*) incessant, unceasing, persistent: *febbre ~* persistent fever; *pioggia ~* incessant rain. **insistentemente** *avv.* insistently, persistently. **insistenza** *f.* **1** insistence, persistence. **2** (*continuità, durata ininterrotta*) persistence. □ *con ~* insistently.

insistere *v.i.* (**insistei/insistetti, insistito;** *aus.* **avere**) **1** to urge, to press, to insist: *~ presso qd. perché faccia qc.* to urge s.o. to do s.th.; *insisto per essere ricevuto* I insist on being received. **2** (*perseverare, persistere*) to persist, to persevere (*in, su* in): *~ nei propri propositi* to persist in one's aims. **3** (*ripetere*) to dwell (*su* on): *ha insistito molto su questo punto* he dwelled considerably on this point. **4** ⟨*Geom*⟩ to be subtended (*su* by). □ *~ a dire che* to keep (*o* persist in) saying that; *~ nel fare qc.* to insist on doing s.th.; (*seguitare a fare qc.*) to keep on doing s.th.; *ti prego di non ~* please don't insist; *non voglio ~* I won't insist.

insito *a.* **1** (*innato*) innate, inborn (*in* in). **2** (*inerente*) inherent.

insoddisfatto *a.* unsatisfied (with); (*rif. a speranze e sim.*) unfulfilled. **insoddisfazione** *f.* dissatisfaction.

insofferente *a.* intolerant, impatient (*di* of). □ *carattere ~* impatient disposition; *essere ~ di qc.* to be unable to bear s.th. **insofferenza** *f.* intolerance, impatience: *~ di ogni costrizione* intolerance of restraint.

insoffribile *a.* unbearable, intolerable.

insolazione *f.* **1** (*esposizione ai raggi solari*) insolation (*anche Meteor.,Geol.*). **2** ⟨*Med*⟩ sunstroke: *prendere un' ~* to get sunstroke.

insolente **I** *a.* insolent, ⟨*fam*⟩ cheeky, ⟨*fam*⟩ saucy. **II** *s.m./f.* insolent (person), ⟨*fam*⟩ cheeky fellow. **insolentemente** *avv.* insolently. **insolentire** *v.* (**insolentisco, insolentisci**) **I** *v.i.* (*aus.* essere/avere) **1** (*diventare insolente; aus.* essere) to become insolent. **2** (*comportarsi insolentemente; aus.* avere) to be insolent, to be rude (*contro* to), to treat (s.o.) insolently. **II** *v.t.* to abuse, to insult. **insolenza** *f.* **1** insolence, ⟨*fam*⟩ cheek(iness), ⟨*fam*⟩ sauce. **2** ⟨*concr*⟩ insolent (*o* rude) remark.

insolitamente *avv.* unusually. **insolito** *a.* **1** unusual: *avvenimento ~* unusual event. **2** (*strano*) strange, odd, peculiar.

insolubile *a.* **1** insoluble, unsolvable: *enigma ~* unsolvable riddle. **2** ⟨*Chim*⟩ insoluble. **insolubilità** *f.* insolubility (*anche Chim.*).

insoluto *a.* **1** unsolved, unsettled, unresolved: *problema ~* unsolved problem. **2** ⟨*Comm*⟩ unpaid, outstanding: *effetto ~* outstanding bill.

insolvente *a.* ⟨*Dir*⟩ insolvent: *debitore ~* insolvent (debtor). **insolvenza** *f.* insolvency. □ *stato di ~* insolvency. **insolvibile** *a.* insolvent: *debitore ~* insolvent (debtor). **insolvibilità** *f.* insolvency.

insomma *avv.* **1** (*in conclusione*) in conclusion. **2** (*dunque*) well, then: *è chiaro ~?* is it clear, then? **3** (*in breve*) in short, in a word: *~, la questione è ancora insoluta* in short, the question is still unsettled. **4** ⟨*esclam*⟩ well (then); (*infine*) for goodness' (*o* heaven's) sake: *~, finiscila!* for heaven's sake, stop it!

insommergibile *a.* unsinkable.

insondabile *a.* unfathomable (*anche fig.*).

insonne *a.* **1** awake, wakeful. **2** (*rif. a tempo*) sleepless: *notti –i* sleepless nights. **insonnia** *f.* **1** ⟨*Med*⟩ insomnia: *soffrire d' ~* to suffer from insomnia. **2** (*stato di veglia*) sleeplessness, wakefulness. **insonnolito** *a.* sleepy, drowsy, ⟨*pred*⟩ half asleep.

insonorizzare *v.t.* (**insonorizzo**) to soundproof. **insonorizzazione** *f.* soundproofing. **insonoro** *a.* soundproof.

insopportabile *a.* unbearable, intolerable: *dolore ~* unbearable pain. **insopportabilità** *f.* unbearableness, intolerableness.

insopprimibile *a.* insuppressible, unrestrainable.

insordire *v.i.* (**insordisco, insordisci;** *aus.* essere) to become (*o* go) deaf.

insorgente *a.* early, initial, arising: *complicazioni –i* initial complications. **insorgenza** *f.* onset, beginning. **insorgere** *v.i.* (**insorgo, insorgi, insorsi, insorto;** *aus.* essere) **1** (*ribellarsi*) to rise (up), to rebel, to revolt: *il paese insorse contro il nemico* the country rose up against the enemy. **2** (*manifestarsi improvvisamente*) to come (*o* crop, turn) up, to arise, to occur: *sono insorte varie difficoltà* various difficulties arose.

insormontabile *a.* unsurmountable, insuperable.

insorsi → insorgere. **insorto** **I** *a.* (*ribelle*) insurgent, ⟨*attr*⟩ rebel, rebellious: *popolazioni –e* insurgent peoples. **II** *s.m.* (*f.* -a) insurgent, rebel.

insospettabile *a.* **1** beyond (*o* above) suspicion. **2** (*imprevedibile*) unsuspected, unexpected. **insospettato** *a.* **1** unsuspected, not suspected. **2** (*imprevedibile*) unsuspected, unexpected. **insospettire** *v.* (**insospettisco, insospettisci**) **I** *v.t.* to make suspicious, to arouse the suspicions of, to alert: *la sua reticenza insospettì il giudice* his reticence made the judge suspicious. **II** *v.i.* (*aus.* essere), **insospettirsi** *v.r.* to become (*o* get) suspicious.

insostenibile *a.* **1** unsustainable, untenable: *la nostra posizione è ~* our position is untenable. **2** (*rif. a oneri e sim.*) that cannot be met: *spese –i* expenses that cannot be met. **3** ⟨*fig*⟩ (*che non si può difendere*) untenable: *teoria ~* untenable theory. **4** (*insopportabile*) unbearable, unendurable: *angoscia ~* unbearable anguish.

insostituibile *a.* irreplaceable: *collaboratore ~* irreplaceable collaborator. □ *nessuno è ~* nobody is indispensable.

insozzare *v.t.* (**insozzo**) **1** (*sporcare*) to dirty, to soil, to stain: ~ *il pavimento* to dirty the floor. **2** ⟨*fig*⟩ to sully, to disgrace. **insozzarsi** *v.r.* **1** (*sporcarsi*) to dirty o.s., to get dirty: *insozzarsi le mani* to get one's hands dirty. **2** ⟨*fig*⟩ to degrade (*o* debase) o.s.

insperabile *a.* beyond expectation(s); (*insperato*) unhoped-for: *un esito* ~ an unhoped-for result. **insperabilmente, insperatamente** *avv.* unexpectedly. **insperato** *a.* unhoped-for, unexpected, unlooked-for: *fortuna* –*a* unhoped-for luck; *un difensore* ~ an unexpected champion.

inspessimento, inspessire → ispessimento, ispessire.

inspiegabile *a.* inexplicable, unaccountable. **inspiegabilmente** *avv.* inexplicably, unaccountably.

inspirare *v.t.* to breathe in, to inhale: ~ *l'aria* to inhale air. **inspiratori** *m.pl.* ⟨*Anat*⟩ inspiratory muscles. **inspiratorio** *a.* inspiratory: *fase* –*a* inspiratory phase. **inspirazione** *f.* breathing in, inhalation, inspiration.

instabile *a.* **1** unstable, unsettled: *situazione* ~ unstable situation; (*malfermo*) unstable, unsteady, wobbly; (*mutevole*) variable, changeable, unstable: *fortuna* ~ changeable (*o* uncertain) luck. **2** (*incostante: rif. a persona*) unstable, inconstant, fickle. **3** ⟨*Meteor,Ling,Fis*⟩ unstable: *equilibrio* ~ unstable equilibrium. □ *essere d'umore* ~ to be changeable (*o* moody). **instabilità** *f.* **1** instability, unstableness, unsteadiness; (*mutevolezza*) variability, changeability, instability; (*incostanza*) inconstancy, fickleness, instability. **2** ⟨*Fis,Meteor*⟩ instability. **instabilmente** *avv.* unstably, unsteadily.

installare *v.t.* **1** (*insediare*) to install: *è stato installato nella sua carica* he has been installed in his post. **2** (*sistemare in un alloggio*) to settle, to install: ~ *un ospite in un albergo* to settle a guest in a hotel. **3** (*collocare e montare*) to install, to set up: ~ *un frigorifero* to install a refrigerator. **installarsi** *v.r.* **1** (*alloggiare*) to settle (in, down), to install o.s. **2** (*rif. a cariche*) to install o.s. (in office). □ ~ *gli impianti della luce elettrica in una casa* to wire a house; ~ *l'impianto del gas* to install the gas. **installatore** *m.* (*operaio*) installer, fitter. **installazione** *f.* **1** installation: *l'* ~ *del telefono* the installation of the telephone. **2** (*impianto*) installation, plant: ~ *termica* heating plant.

instancabile *a.* **1** tireless, indefatigable, untiring: *operaio* ~ indefatigable worker. **2** ⟨*estens*⟩ (*incessante*) unremitting, incessant. **instancabilità** *f.* tirelessness, indefatigability. **instancabilmente** *avv.* tirelessly, indefatigably.

instaurare *v.t.* (**instauro**) **1** to institute, to establish, to set up: ~ *la repubblica* to set up the republic. **2** ⟨*fig*⟩ (*introdurre*) to introduce, to bring in: ~ *nuovi gusti* to introduce new tastes. **instaurarsi** *v.r.* to start, to begin. **instauratore** *m.* (*f.* -trice) establisher, founder. **instaurazione** *f.* **1** institution, establishment, setting up. **2** ⟨*fig*⟩ (*introduzione*) introduction.

insterilire *v.* → isterilire.

instillare, instillazione *e der.* → istillare, istillazione, *e der.*

instituire *v.* → istituire.

instradare *v.* → istradare.

instupidire *v.* → istupidire.

insù *avv.* up, upwards. □ *all'* ~ up(wards): *guardare all'* ~ to look up; *naso all'* ~ turned-up nose; *da ... all'* ~ up(wards), on(wards), and more (*o* over): *ragazzi da dieci anni* ~ boys of ten and over (*o* up).

insubordinato *a.* **1** insubordinate. **2** ⟨*estens*⟩ (*indisciplinato*) unruly, undisciplined, insubordinate. **insubordinazione** *f.* **1** insubordination (*anche Mil.*). **2** ⟨*concr*⟩ (*atto di insubordinazione*) act of insubordination.

insuccesso *m.* failure, ⟨*fam*⟩ flop: *l'* ~ *dell'impresa* the failure of the undertaking.

insudiciare *v.t.* (**insudicio, insudici**) **1** (*sporcare*) to dirty, to soil; (*macchiare*) to stain. **2** ⟨*fig*⟩ to defile, to besmirch: ~ *l'onore di qd.* to besmirch s.o.'s honour. **insudiciarsi** *v.r.* **1** to get (o.s.) dirty, to dirty (o.s.). **2** ⟨*fig*⟩ to defile o.s.

insufficiente *a.* **1** insufficient, scanty: *i viveri erano* –*i*

provisions were insufficient; *razione* ~ scant ration. **2** (*inadeguato*) inadequate, insufficient: *spiegazione* ~ inadequate explanation. **3** ⟨*Scol*⟩ below standard, unsatisfactory; (*rif. a voti*) low, failing. **insufficientemente** *avv.* insufficiently. **insufficienza** *f.* **1** (*scarsità*) insufficiency, shortage, scarcity, deficiency, scantiness: ~ *delle aule scolastiche* shortage of classrooms. **2** (*inadeguatezza*) inadequacy, insufficiency: ~ *di mezzi* inadequacy of means. **3** ⟨*Scol*⟩ (*voto insufficiente*) mark below standard. **4** ⟨*Med*⟩ insufficiency: ~ *cardiaca* cardiac insufficiency. □ ⟨*Dir*⟩ ~ *di prove* lack of proof (*o* evidence); ⟨*Med*⟩ ~ *respiratoria* respiratory insufficiency.

insufflare *v.t.* ⟨*lett*⟩ **1** (*soffiare sopra o dentro*) to insufflate, to blow on (*o* into). **2** ⟨*fig*⟩ (*ispirare*) to inspire. **insufflatore** *m.* ⟨*Med*⟩ insufflator. **insufflazione** *f.* insufflation (*anche Med.*).

insulare *a.* insular, island–: *clima* ~ insular climate. **insularità** *f.* insularity.

insulina *f.* ⟨*Chim*⟩ insulin. **insulinico** *a.* (*pl.* -ci) insulin–: *terapia* –*a* insulin therapy. **insulinismo** *m.* ⟨*Med*⟩ insuline intolerance.

insulsaggine *f.* **1** (*rif. a cose*) flatness, dullness, silliness; (*rif. a persone*) insipidity, dullness. **2** ⟨*concr*⟩ inanity, silly remark. **insulsamente** *avv.* insipidly, inanely. **insulso** *a.* (*rif. a cose*) flat, dull: *una barzelletta* –*a* a flat (*o* wet) joke; (*sciocco*) inane, silly: *discorsi* –*i* inane remarks, nonsense; (*rif. a persone*) insipid, dull.

insultante *a.* insulting: *parole* –*i* insulting words. **insultare** *v.t.* to insult, to abuse, to affront: ~ *un superiore* to insult a superior; ~ *la memoria di qd.* to insult s.o.'s memory. **insulto** *m.* **1** (*ingiuria*) insult, affront, abuse: *mi lanciò un* ~ *atroce* he hurled (*o* flung) a terrible insult at me. **2** ⟨*Med*⟩ insult(us). □ *l'* ~ *del tempo* the ravages of time.

insuperabile *a.* **1** impassable, insuperable: ~ *catena di montagne* impassable mountain range. **2** ⟨*fig*⟩ (*insormontabile*) insuperable, insurmountable: *difficoltà* –*i* insurmountable difficulties. **3** (*ineguagliabile*) unsurpassable, unequalled, insuperable. **insuperato** *a.* **1** unsurpassed. **2** ⟨*fig*⟩ unsurpassed, matchless: *gloria* –*a* matchless glory.

insuperbire *v.* (**insuperbisco, insuperbisci**) **I** *v.t.* to make proud (*o* haughty), ⟨*lett*⟩ to puff up: *tante lodi lo hanno insuperbito* all that praise has made him haughty. **II** *v.i.* (*aus.* essere), **insuperbirsi** *v.r.* to grow (*o* get) proud, to become haughty (*di* about, over).

insurrezionale *a.* insurrectionary, insurrectional, ⟨*pred*⟩ of revolt. □ *tribunale* ~ revolutionary court; *tentativo* ~ attempt at revolt. **insurrezione** *f.* insurrection, (up)rising, revolt: ~ *armata* armed rising.

insussistente *a.* **1** (*inesistente*) non-existent, inexistent: *pericolo* ~ non-existent danger. **2** (*infondato*) groundless, baseless, unfounded: *sospetti* –*i* groundless suspicions. **insussistenza** *f.* **1** non-existence, inexistence: *l'* ~ *di un fatto* the inexistence of a fact. **2** (*infondatezza*) groundlessness, baselessness, lack of foundation: *l'* ~ *di un'accusa* the baselessness of an accusation.

intabaccare *v.t.* (**intabacco, intabacchi**) to stain (*o* soil) with tobacco.

intabarrare *v.t.* **1** to wrap in a cloak. **2** (*imbacuccare*) to wrap (*o* muffle) up. **intabarrarsi** *v.r.* **1** to wrap o.s. in one's cloak. **2** (*imbacuccarsi*) to wrap (o.s.) up, to muffle (o.s.) up.

intaccabile *a.* **1** (*che può essere alterato*) corrodible (*da* by), susceptible (to): *metallo* ~ *dalla ruggine* metal corrodible by rust. **2** ⟨*fig*⟩ (*che può essere leso*) damageable, that may be harmed. **intaccare** *v.* (**intacco, intacchi**) **I** *v.t.* **1** to notch, to make notches in: ~ *il legno* to make notches in wood. **2** (*corrodere, alterare*) to corrode, to eat into (*o* away): *la ruggine intacca il metallo* rust corrodes metal. **3** (*rif. a malattie: colpire*) to affect, to damage. **4** (*ridurre, sottrarre una parte*) to break (*o* cut, eat, dip) into, to draw on: ~ *i risparmi* to draw on one's savings. **5** ⟨*fig*⟩ (*pregiudicare*) to damage, to injure, to impair: ~ *la fama di qd.* to damage s.o.'s reputation; (*sciupare*) to spoil. **II** *v.i.* (*aus.* avere) (*incepparsi nel parlare*) to stutter, to stammer. **intaccatura** *f.* **1** (*tacca*) notch, nick, indentation, dent. **2** ⟨*Fal*⟩ notch; (*fatta con un'accetta*) kerf. **intacco** *m.* (*pl.* **-chi**) notch, nick; (*ammaccatura*) dent.

intagliare *v.t.* (**intaglio, intagli**) **1** (*incidere: rif. a legno e sim.*) to carve, to cut: ~ *l'avorio* to carve ivory; (*rif. a metallo, pietre*) to engrave, to intaglio, to incise. **2** ⟨*Lav.femm*⟩ to cut out. **intagliato** *a.* (*inciso: rif. a legno e sim.*) carved, cut; (*rif. a metallo, pietra*) engraved, incised, chiselled, intaglioed. **intagliatore** *m.* (*rif. a legno, avorio e sim.*) carver, cutter; (*rif. a pietra*) stone cutter, cutter, inciser, chiseller; (*rif. a metallo*) (metal) engraver, inciser. □ ~ *in legno* wood carver; ~ *di pietre preziose* gem cutter. **intaglio** *m.* **1** (*rif. a legno e sim.*) carving, cutting; (*rif. a metallo, pietra*) engraving, incision, intaglio. **2** (*tacca*) notch, nick. □ *l'arte dell'* ~ intaglio, engraving.

intanarsi *v.r.* (*rif. ad animali: rintanarsi*) to hide in one's den (*o* hole, burrow), to lair: *il topo si è intanato nel buco* the mouse hid in its hole; (*rif. a persone*) to hide (away), to conceal o.s.

intangibile *a.* **1** intangible, untouchable. **2** ⟨*fig*⟩ (*inviolabile*) inviolable: *diritti –i* inviolable rights. **intangibilità** *f.* **1** untouchability, intangibility. **2** ⟨*fig*⟩ inviolability.

intanto *avv.* **1** (in the) meantime, (in the) meanwhile: *preparati, io* ~ *finisco questa lettera* you get ready, in the meantime I'll finish this letter. **2** ⟨*fam*⟩ (*invece*) while, but, whereas: *io lavoro e voi* ~ *vi divertite* I work while you amuse yourselves; (*resta il fatto che*) the fact remains that: *dica ciò che vuole,* ~ *ho vinto io* he can say what he likes, but the fact remains that I've won. □ ~ *che* while: ~ *che mangi, io faccio una telefonata* while you are eating I'll make a phone call; *e* ~ in the meantime, and while one is waiting (*o* about it): *e* ~ *tutto va male* and while we're waiting everything is going wrong.

intarlare *v.i.* (*aus.* **essere**), **intarlarsi** *v.r.* to be (*o* become) worm–eaten.

intarsiare *v.t.* (**intarsio, intarsi**) to inlay: ~ *una cassapanca di madreperla* to inlay a chest with mother–of–pearl. **intarsiato** *a.* inlaid: *tavolino* ~ *di avorio* table inlaid with ivory, ivory inlaid table. **intarsiatore** *m.* (*f.* **-trice**) inlayer. **intarsio** *m.* **1** (*arte*) inlaying, marquetry. **2** (*concr*) (*opera intarsiata*) inlaid work, inlay, marquetry. **3** ⟨*Dent,Lav.femm*⟩ inlay. □ *lavori di* ~ inlaid work.

intasamento *m.* stopping (up), stoppage, clogging, block(age), obstruction: ~ *del traffico* traffic block (*o* jam). **intasare** *v.t.* **1** to stop up, to block, to clog, to obstruct, to choke (up): ~ *un tubo* to clog a pipe. **2** ⟨*Strad*⟩ to obstruct, to jam, to block. **intasarsi** *v.r.* to become obstructed (*o* stopped, clogged), to be blocked (*o* choked). **intasatura** *f.* stopping, stoppage, clogging, block(age), obstruction.

intascare *v.t.* (**intasco, intaschi**) **1** to pocket, to put in one's pocket: ~ *la ricompensa* to pocket the reward. **2** ⟨*Mar*⟩ to roll up; (*rif. a bandiera*) to furl.

intatto *a.* **1** untouched: *terra –a dall'aratro* earth untouched by the plough. **2** ⟨*fig*⟩ (*intero, non manomesso*) intact, whole, entire, complete: *sigillo* ~ intact (*o* unbroken) seal; (*illeso*) intact, uninjured, undamaged. **3** ⟨*fig*⟩ (*incontaminato*) unsullied, unblemished: *onore* ~ unsullied honour. **4** ⟨*fig*⟩ (*rif. a donna: vergine*) intact, virginal.

intavolare *v.t.* (**intavolo**) to start, to begin, to enter into, to initiate: ~ *trattative* to enter into negotiations. **intavolato** *m.* **1** (*assito*) partition. **2** (*pavimento di tavole*) plank floor; (*parete ricoperta di tavole*) wainscot, panelled wall.

intedescare *v.t.* (**intedesco, intedeschi**) to Germanize. **intedescarsi** *v.r.* to become German(ized).

integerrimo (*sup. di integro*) *a.* absolutely honest (*o* upright).

integrabile *a.* integrable (*anche Mat.*).

integrafo *m.* ⟨*Mat*⟩ integraph.

integrale **I** *a.* **1** integral, total, complete, entire: *rinnovamento* ~ complete renewal. **2** (*non ridotto*) unabridged, uncut: *edizione* ~ unabridged (*o* unexpurgated) edition. **3** ⟨*Mat*⟩ integral: *calcolo* ~ integral calculus. **4** ⟨*Alim*⟩ wholemeal–. **II** *s.m.* ⟨*Mat*⟩ integral. □ ⟨*fam*⟩ *idiota* ~ complete idiot; *pane* ~ wholemeal (*o* wholewheat) bread. **integralismo** *m.* ⟨*Pol*⟩ integralism. **integralista** *m./f.* integralist. **integralmente** *avv.* integrally, entirely, totally, ⟨*pred*⟩ in full. **integrante** *a.* integral, integrant, integrating: *parte* ~ integral part. **integrare** *v.t.* (**integro**) **1** to integrate, to complete: ~ *la teoria con la pratica* to integrate theory with practice; (*rif. a personale e sim.*) to bring up to strength. **2** ⟨*Mat*⟩ to integrate. **3** ⟨*Sociol*⟩ to integrate. **integrarsi** *v.r.* to make up a whole, to become integrated. **integrativo** *a.* integrative, integrating. **integrato** *a.* integrated.

integratore *m.* integrator (*anche Mat.*). **integrazione** *f.* **1** integration, completion. **2** ⟨*Mat,Econ,Psic*⟩ integration. **3** ⟨*Social*⟩ integration. □ ⟨*Econ*⟩ ~ *orizzontale* horizontal integration; ⟨*Pol*⟩ ~ *razziale* racial integration; ⟨*Fis*⟩ ~ *su larga scala* large scale integration; ⟨*Econ*⟩ ~ *verticale* vertical integration.

integrazionismo *m.* ⟨*Pol*⟩ integrationism. **integrazionista** **I** *s.m./f.* (racial) integrationist. **II** *a.* → **integrazionistico**. **integrazionistico** *a.* (*pl.* **-ci**) racial integration–, for racial integration: *movimento* ~ movement for racial integration.

integrità *f.* **1** (*totalità*) entirety, integrity, completeness, wholeness: *la faccenda va considerata nella sua* ~ the matter must be considered ⌐in its entirety⌐ (*o* as a whole). **2** ⟨*fig*⟩ (*rettitudine*) integrity, uprightness, honesty. **integro** *a.* (*sup.* **integerrimo**) **1** (*intero*) integral, complete, whole. **2** ⟨*fig*⟩ (*onesto*) upright, (strictly) honest: *vita –a* upright life.

intelaiare *v.t.* (**intelaio, intelai**) **1** (*mettere sul telaio*) to mount (*o* stretch) on a frame, to frame: ~ *la stoffa per un ricamo* to stretch fabric on a frame for embroidery; ⟨*Tess*⟩ to mount (*o* stretch) on a loom. **2** ⟨*tecn*⟩ to assemble, to set up. **intelaiatura** *f.* **1** mounting, framing; ⟨*tecn*⟩ assembly, setting up. **2** (*telaio*) frame. **3** ⟨*fig*⟩ (*struttura*) framework, structure. **4** ⟨*Edil*⟩ frame(work), fabric. **5** ⟨*Fal*⟩ framework; (*di finestra o porta a vetri*) sash, frame. □ ~ *in legno* timber frame; ~ *di sostegno:* **1** ⟨*Mar*⟩ cradle; **2** ⟨*Aer*⟩ outrigger.

intellettivo *a.* intellective, intellectual: *potere* ~ intellective power. **intelletto** *m.* intellect, mind (*anche estens.*): *comprendere con l'* ~ to understand with one's mind; *è uno dei migliori –i del nostro secolo* he is one of the best minds of our century. □ *non avere il ben dell'* ~ to be stupid (*o* dull–witted, unintelligent); *perdere il ben dell'* ~ to lose one's wits, to go out of one's mind. **intellettuale** **I** *a.* **1** intellectual: *facoltà* ~ intellectual faculty. **2** (*rif. a persona*) intellectual, ⟨*fam,spreg*⟩ highbrow, ⟨*am.fam*⟩ eggheaded. **II** *s.m./f.* intellectual, ⟨*fam,spreg*⟩ highbrow, ⟨*am.fam*⟩ egghead; (*rif. a donna*) ⟨*fam*⟩ blue stocking. □ *lavori –i* brainwork. **intellettualismo** *m.* intellectualism (*anche Filos.*). **intellettualista** *m./f.* intellectualist (*anche Filos.*). **intellettualistico** *a.* (*pl.* **-ci**) intellectualistic. **intellettualità** *f.* **1** intellectuality, intellectualism. **2** ⟨*collett*⟩ (*gli intellettuali*) intellectuals *pl,* brains *pl.* **intellettualizzare** *v.t.* to intellectualize. **intellettualmente** *avv.* intellectually. **intellettualoide** **I** *s.m./f.* ⟨*spreg*⟩ would–be intellectual. **II** *a.* pseudo–intellectual. **intellezione** *f.* ⟨*Filos*⟩ intellection.

intelligente *a.* **1** intelligent: *l'uomo è un essere* ~ man is an intelligent being. **2** (*sagace, perspicace*) intelligent, bright, clever, ⟨*fam*⟩ smart: *un ragazzo svogliato, ma* ~ a lazy but bright boy. **intelligentemente** *avv.* intelligently, cleverly. **intelligenza** *f.* **1** intelligence; (*abilità*) cleverness. **2** (*sagacia, perspicacia*) shrewdness, sagacity. **3** (*uomo intelligente*) intellect, brain, mind. **4** ⟨*lett*⟩ (*comprensione*) understanding, comprehension. □ ⟨*Inform*⟩ ~ *artificiale* artificial intelligence; ~ *con il nemico* intelligence with the enemy.

intellighenzia *f.* intelligentsia, intelligentzia. **intelligibile** **I** *a.* intelligible, comprehensible, understandable: *teoria* ~ intelligible theory; (*che si può udire*) audible. **II** *s.m. inv.* ⟨*Filos*⟩ intelligible. **intelligibili-**

tà *f.* intelligibility, comprehensibility, understandability; (*mediante l'udito*) audibility.

intemerata *f.* **1** scolding, lecture, rebuke: *fare un' ~ a qd.* to give s.o. a lecture. **2** (*discorso lungo e noioso*) rigmarole. **intemerato** *a.* unblemished, blameless: *vita –a* blameless life. □ *cittadino ~* upright citizen.

intemperante *a.* intemperate, immoderate: *un uomo ~* an intemperate man; *linguaggio ~* immoderate language. □ *essere ~ nel mangiare* to overeat, to be a glutton. **intemperanza** *f.* intemperance, excess: *~ nel bere* drinking to excess. □ *~ nel mangiare* overeating.

intemperie *f.pl.* bad (*o* inclement) weather: *le ~ hanno provocato molti danni* the bad weather has caused great damage.

intempestivamente *avv.* **1** inopportunely, unseasonably, untimely. **2** (*inopportunamente*) inappropriately, unsuitably. **intempestività** *f.* **1** untimeliness, unseasonableness: *l' ~ di un provvedimento* the untimeliness of a measure. **2** (*l'essere inopportuno*) inappropriateness, unsuitableness, awkwardness: *l' ~ di una domanda* the awkwardness of a question. **intempestivo** *a.* **1** untimely, unseasonable: *proposta –a* untimely proposal. **2** (*inopportuno*) inappropriate, unsuitable, awkward: *reazione –a* unsuitable reaction.

intendente *m.* intendant. □ *~ di finanza* Provincial Finance Officer. **intendenza** *f.* intendancy. □ *~ di finanza* Finance (*o* Revenue) Office.

intendere *v.t.* (**intesi, inteso**) **1** (*avere intenzione*) to intend, to mean: *intendeva andare a casa subito* he intended to go home at once; *non intendevo farti male* I didn't mean to hurt you. **2** (*volere*) to mean, to wish, to want: *che cosa intendi dire?* what do you mean? **3** (*esigere*) to insist, to mean: *intendo* (*di*) *essere ubbidito* I will (*o* mean to) be obeyed. **4** (*voler dire, voler significare*) to mean: *intendevo tutt'altro* I meant something else. **5** (*sentire, udire*) to hear: *hai inteso l'ultima?* have you heard the latest? **6** (*capire*) to understand, (*fam*) to get it into one's head: *la vuoi ~, sì o no?* will you get it into your head or not? **7** (*interpretare*) to interpret, to understand. **8** (*dar retta*) to listen to, to heed: *non intende consigli* he won't heed (*o* listen to, take) advice. **9** (*pensare*) to think, to see, to look at: *io non la intendo come te* I see (*o* look at) things differently, I don't agree with you, I don't share your viewpoint. **intendersi** *v.r.* **1** (*accordarsi*) to reach (*o* come to) an agreement (*o* understanding), to come to terms, to agree: *intendersi sulle condizioni di pagamento* to agree on (*o* as to) the terms of payment; (*rif. ad accordi illeciti*) to have an understanding (*o* agreement); (*capirsi*) to understand e.o.: *vedo che cominciamo a intenderci* I see we're beginning to understand each other. **2** (*andare d'accordo*) to get on (*o* along): *s'intendono a meraviglia* they get on splendidly. **3** (*essere competente*) to be a ⌐good judge⌐ (*o* connoisseur) (*di* of), to be an expert (on): *s'intende di musica* he is an expert in music. □ *intendimi* **bene** look here, mind what I say; *darla a ~ a qd.* to lead s.o. to believe, to get s.o. to swallow; **fare** (*o* lasciare) *~ qc. a qd.* to give s.o. to understand s.th., to let s.o. see s.th.; *farsi ~* to make o.s. understood; *non ~* **ragione** to refuse to listen to reason: *non intende ragione* he won't (*o* refuses to) listen to reason. ‖ *s'intende!* of course!, naturally!, certainly!; *s'intende che* it ⌐goes without saying that, of course: *s'intende che verrai* ⌐of course⌐ (*o* it goes without saying that) you'll be coming; *intendiamoci!* mind you!, let this be quite clear!; *intesi!* agreed!, (*fam*) fine!, O.K.!; *intendersela con qd.:* **1** (*avere una relazione amorosa*) to have an affair with s.o.; **2** (*spreg*) (*rif. a intese segrete o illecite*) to have an understanding with s.o.; *tanto per intenderci* let us be quite clear about this.

intendimento *m.* **1** (*intenzione*) intention. **2** (*intelligenza*) intelligence, understanding. **intenditore** *m.* (*f.* -trice) connoisseur, good judge (*di* of), expert (on): *~ di vini* connoisseur of wines. □ *Prov.: a buon intenditor poche parole* a word to the wise (is sufficient).

intenerimento *m.* **1** (*fig*) emotion, compassion, sympathy. **intenerire** *v.t.* (**intenerisco, intenerisci**) **1** to soften, to make tender; (*rif. a carne*) to tenderize. **2** (*fig*) (*muovere a pietà*) to move (to pity), to

touch (the heart of). **intenerirsi** *v.r.* **1** to become tender (*o* soft), to soften. **2** (*fig*) (*commuoversi*) to be moved, to be touched (*a* by): *s'intenerì alle sue lacrime* he was moved by her tears. **inteneritore** *m.* (*Gastr*) tenderizer.

intensamente *avv.* intensely. **intensificare** *v.t.* (**intensifico, intensifichi**) **1** to intensify; (*aumentare*) to increase, to step up: *~ la produzione* to step up production. **2** (*rendere più frequente*) to make more frequent. **intensificarsi** *v.r.* **1** (*divenire più intenso*) to intensify, to become more intense; (*aumentare*) to increase, to be stepped up: *il lavoro si è intensificato* work has increased. **2** (*divenire più frequente*) to become more frequent: *gli attacchi si sono intensificati* the attacks have become more frequent. **intensificazione** *f.* intensification (*di* of); (*aumento*) increase (in).

intensità *f.* **1** intensity, strength: *l' ~ del desiderio* the intensity of desire. **2** (*rif. a colori*) intensity, brightness, depth. **3** (*Fis,Statist*) intensity. □ (*Fis*) *~ di* (*o del*) *campo* field strength (*o* intensity); *con ~* intensely, strongly; *desiderare qc. con ~* to long for s.th.; *~ luminosa* (*di luce*) luminous intensity; *~ di suono* sound intensity. **intensivamente** *avv.* intensively. **intensivo** *a.* intensive (*anche Agr.*). □ (*Med*) *terapia –a* intensive care. **intenso** *a.* **1** (*forte*) intense, strong: *freddo ~* intense cold; *profumo ~* strong perfume. **2** (*violento*) intense, violent, acute: *dolore ~* intense (*o* acute) pain. **3** (*penetrante*) intense, searching: *sguardo ~* intense (*o* searching) look. **4** (*rif. a colori*) intense, strong; (*cupo*) deep.

intentabile *a.* (*Dir*) that may be ⌐proceeded upon⌐ (*o* taken to court). **intentare** *v.t.* (**intento**) (*Dir*) to bring, to start. □ (*Dir*) *~ un'azione* to bring an action, to start proceedings; *~ una causa* (*o un processo*) *a* (*o contro*) *qd.* to ⌐institute proceedings⌐ (*o* bring an action) against s.o. **intentato** *a.* unattempted, untried. □ *non lasciare nulla d' ~* to leave no stone unturned.

intento[1] *a.* intent (*a* on, upon), absorbed, concentrating (on): *essere ~ ad ascoltare* to be absorbed in listening; (*occupato*) busy: *essere ~ a scrivere* to be busy writing.

intento[2] *m.* (*scopo*) purpose, aim, goal: *raggiungere un ~* to achieve a purpose; (*tentativo*) attempt: *morì nell' ~ di salvarlo* he died in the attempt to rescue him; (*intenzione*) intention, intent: *con l' ~ di nuocere* with the intention of doing harm.

intenzionale *a.* **1** intentional, deliberate. **2** (*Dir*) wilful. **intenzionalità** *f.* **1** deliberateness. **2** (*Dir*) wilfulness. **3** (*Filos*) intentionality. **intenzionalmente** *avv.* intentionally, deliberately, on purpose. **intenzionato** *a.* intending, inclined; (*nei composti*) intentioned. □ *bene ~* well-intentioned; *essere ~ a fare qc.* to intend to do s.th.; *male ~* ill-disposed, ill-intentioned.

intenzione *f.* **1** intention: *ho l' ~ di passare le vacanze in montagna* I intend⌐ (*o* it is my intention) to spend my holidays in the mountains. **2** (*fine*) intention; (*finalità*) aim, purpose, end. **3** (*Dir*) intent, purpose. □ *avere l' ~ di fare qc.* to intend to do s.th., to have the intention of doing s.th.; *avere* **buone** *–i* to have good intentions; *avere* **cattive** *–i* to have evil intentions; *con ~* intentionally, on purpose, deliberately; (*Dir*) *~* **criminosa** (*o delittuosa*) malicious intent; *essere ~ di qd.* to be s.o.'s intention, to intend: *è mia ~ aiutarlo* I intend (*o* mean) to help him; *non era nelle mie –i offenderti* I did not mean to offend you; (*Dir*) *~* **fraudolenta** fraudulent intention; *avere una* **mezza** *~ di fare qc.* to have half a mind to do s.th.; *con tutte le* **migliori** *–i* with the best of intentions; *~* **omicida** intent to kill; *senza ~* unintentional(ly).

interagente *a.* interactive. **interagire** *v.i.* (**interagisco, interagisci**; *aus.* avere) to interact.

interalleato *a.* inter-allied: *patto ~* inter-allied pact.

interamente *avv.* entirely, wholly, completely, quite.

inter|asse *m.* (*Aut*) axle (*o* wheel) base. **~atomico** *a.* (*pl.* -ci) interatomic.

interattivamente *avv.* interactively. **interattivo** *a.* (*Ped,Inform*) interactive: *terminale ~* interactive terminal.

interaziendale *a.* between (*o* common to) several firms, inter-company-: *accordo ~* agreement between firms.

inter|bancario *m.* ⟨*Econ*⟩ interbank–: *prestiti –i* interbank loans. **~base** *f.* ⟨*Sport*⟩ short stop. **~bellico** *a.* (*pl.* **-ci**) interwar–. **~blocco** *a.* ⟨*tecn*⟩ interblock.

intercalare[1] **I** *a.* intercalary, intercalated: *mese* ~ intercalary month. **II** *s.m.* (*parola ripetuta*) pet phrase (*o* word), stock phrase.

intercalare[2] *v.t.* to intercalate, to insert, to interpolate: ~ *al testo tavole sinottiche* to insert synoptic tables into the text; ⟨*fig*⟩ to insert, to slip, to put (*a* in).

intercalazione *f.* insertion, interpolation, intercalation.

inter|cambiabile *a.* interchangeable (*anche Mecc.,Fot.*). **~cambiabilità** *f.* interchangeability (*anche Mecc.*). **~capedine** *f.* **1** space, air (*o* hollow) space, interspace. **2** ⟨*Mar*⟩ cofferdam.

intercedere *v.i.* (**intercedei/intercedetti, interceduto**/*lett.* **intercesso**; *aus.* **avere**) to intercede, to plead: ~ *in favore di qd. presso il tribunale* to intercede with the court on s.o.'s behalf.

intercellulare *a.* ⟨*Biol*⟩ intercellular.

intercessione *f.* intercession: *per l'* ~ *di qd.* through s.o.'s intercession. **intercessore** *m.* (*f.* **interceditrice**) intercessor.

intercettare *v.t.* (**intercetto**) **1** to intercept: *il nemico ha intercettato i rifornimenti* the enemy has intercepted the supplies; ~ *il pallone* to intercept the ball. **2** ⟨*Tel*⟩ to tap, to intercept. □ ~ *il suono* to cut off the sound; ~ *una tubazione* to shut off a pipeline. **intercettatore I** *s.m.* (*f.* **-trice**) interceptor (*anche Aer.mil.*). **II** *a.* interceptive, intercepting. □ ⟨*Aer.mil*⟩ *caccia* ~ interceptor; ~ *telefonico* tapping device, ⟨*fam*⟩ bug. **intercettazione** *f.* **1** interception (*anche Mil.,Sport.*): *l'* ~ *di un messaggio* the interception of a message. **2** ⟨*Tel*⟩ tapping, wire–tapping, ⟨*fam*⟩ bugging. **3** ⟨*Sport*⟩ tackling, interception. **intercettore** *m.* ⟨*Aer*⟩ interceptor.

interclassismo *m.* ⟨*Sociol*⟩ interclass movement (*o* collaboration). **interclassista I** *s.m./f.* supporter (*o* advocate) of interclass collaboration. **II** *a.* → **interclassistico**. **interclassistico** *a.* (*pl.* **-ci**) interclass–, supporting the interclass movement.

inter|columnio *m.* ⟨*Arch*⟩ intercolumn(i)ation. **~comunale** *a.* intercity–, intermunicipal. □ *telefonata* ~ (*a breve distanza*) toll–call; (*a lunga distanza*) trunk–call. **~comunicante** *a.* (inter)communicating: *stanze –i* (inter)communicating rooms. **~confederale** *a.* between confederations; (*rif. a sindacato*) inter–union: *patto* ~ inter–union agreement. **~confessionale** *a.* ⟨*Rel*⟩ interconfessional, inter-denominational.

interconnessione *f.* ⟨*El*⟩ interconnection. **interconnettere** (*o* **interconnettere**) *v.t.* (**interconnetto/interconnetto; interconnettei/interconnessi/interconnessi; interconnesso/interconnesso**) to interconnect, to connect reciprocally.

inter|continentale *a.* intercontinental. **~corrente** *a.* ⟨*Med*⟩ intercurrent. **~correntizio** *a.* ⟨*Pol*⟩ between political groups.

intercorrere *v.i.* (**intercorsi, intercorso**; *aus.* **essere**) **1** (*rif. a tempo*) to elapse, to pass, to intervene (*tra* between): *diversi anni intercorsero tra i due avvenimenti* several years elapsed (*o* passed) between the two events; *negli anni che intercorsero* in the ⌜intervening years⌝ (*o* years between). **2** (*rif. a cose*) to lie, to be (between): *tra i due giardini intercorre una siepe* there is a hedge between the two gardens; (*distare*) to be apart: *fra i pilastri intercorrono sei metri* the pillars are six metres apart. **3** (*esserci*) to be, to exist: *tra le due ditte sono sempre intercorsi buoni rapporti* there have always been good relations between the two firms.

inter|costale *a.* ⟨*Anat*⟩ intercostal: *dolore* ~ intercostal pain. **~culturale** *a.* intercultural. **~dentale** *a.* ⟨*Dent*⟩ interdental.

interdetto[1] (*p.p. di interdire*) **I** *a.* **1** (*proibito*) forbidden, prohibited. **2** (*sbalordito*) dumbfounded, speechless; (*sconcertato*) disconcerted, nonplussed, put out. **3** ⟨*Dir*⟩ interdicted, debarred, disqualified (*da* from). **II** *s.m.* (*f.* **-a**) ⟨*Dir*⟩ interdicted (*o* debarred, incapable) person, interdict. □ *sosta –a* no parking.

interdetto[2] *m.* ⟨*Dir.can, Dir.rom*⟩ interdict. □ ⟨*Dir.can*⟩ *lanciare l'* ~ *a* (*o contro*) *una città* to lay a town under an interdict.

interdigitale *a.* ⟨*Anat*⟩ interdigital.

interdipendente *a.* interdependent. **interdipendenza** *f.* interdependence.

interdire *v.t.* (**interdico, interdici; interdissi, interdetto**) **1** (*proibire*) to forbid, to interdict: ~ *a qd. di fare qc.* to forbid s.o. to do s.th. **2** ⟨*Dir*⟩ to disqualify s.o. from (doing s.th.), to interdict ⌜s.th. to s.o.⌝ (*o* s.o. from doing s.th.). **3** ⟨*Dir.can,Mil*⟩ to interdict. **4** ⟨*Mar*⟩ to blockade: ~ *un porto* to blockade a port; (*per ragioni sanitarie*) to close a port. □ ⟨*Dir*⟩ ~ *dai pubblici uffici* to ban from holding public offices.

interdisciplinare *a.* interdisciplinary. **interdisciplinarità** *f.* interdisciplinarity.

interdizione *f.* **1** (*divieto*) prohibition, interdict(ion). **2** ⟨*Dir*⟩ disqualification, restraint, interdiction, debarment: ~ *giudiziale* judicial restraint, interdiction. □ ⟨*Dir*⟩ ~ *da una professione* debarment from a profession; ⟨*Dir*⟩ ~ *dai pubblici uffici* disqualification from holding public office.

interessamento *m.* **1** interest (*per* in): *non ha alcun* ~ *per lo studio* he has no interest in study(ing). **2** (*sollecitudine*) concern, interest; (*partecipazione a un dolore*) sympathy. **3** (*intervento*) good offices *pl,* intervention: *ha avuto il posto per l'* ~ *di un parente* he got the job through the good offices of a relative.

interessante *a.* **1** interesting: *un film molto* ~ a very interesting film. **2** (*affascinante*) interesting, attractive. □ *donna in stato* ~ expectant mother; *essere in stato* ~ to be expecting a baby.

interessare *v.* (**interesso**) **I** *v.t.* **1** to interest: *un libro che mi ha interessato molto* a book which greatly interested me. **2** (*riguardare*) to affect, to concern, to involve: *l'aumento interesserà tutti gli statali* the increase will affect all government employees; (*essere nell'interesse*) to be in the interest of, to be the concern of: *la difesa della libertà interessa tutti* the defence of freedom is everybody's concern. **3** (*stare a cuore*) to matter (*o* be of concern) to, to be concerned about (*costr. pers.*): *la sua sorte interessa tutti* we are all concerned about his fate. **4** (*far prendere interesse*) to interest, to arouse interest in: *bisogna* ~ *i giovani alla lettura* we must interest young people in reading. **5** ⟨*Comm*⟩ (*cointeressare*) to give a share⌝ (*o* an interest) to, to share with: ~ *qd. agli utili* to share profits with s.o. **6** (*far intervenire*) to get interested (in), to draw attention to: *ho interessato il ministro al tuo caso* I have got the Minister interested in your case. **II** *v.i.* (*aus.* **avere**) **1** (*importare*) to interest (*a qd.* s.o.), to be of interest (to s.o.): *non m'interessano le tue chiacchiere* your gossip does not interest me; (*riguardare*) to concern (s.o.): (*essere nell'interesse*) to be in the interest (of). **2** (*stare a cuore*) to matter (*a* to), to care about (*costr. pers.*): *so che questo ragazzo t'interessa molto* I know that ⌜this boy matters to you⌝ (*o* you care about this boy) very much. **interessarsi** *v.r.* **1** to be interested, to take an interest (*a* in): *s'interessava molto al mio racconto* he was very interested in (*o* by) my story. **2** (*prendersi cura*) to take care (*di* of), to care (for), to see (to): *il governo si interesserà alla sorte degli alluvionati* the government will take care of the flood victims; (*adoperarsi*) to take up (*a* qc. s.th.), to go (into), to interest (*o* busy) o.s.: *si è interessato personalmente della tua pratica* he ⌜has taken up⌝ (*o* is going into) your case himself. **3** (*attendere, occuparsi*) to take an interest, to be interested (*di, a* in): *interessarsi di numismatica* to take an interest in coin collecting. **4** (*impicciarsi*) to interfere (*di* in); (*in frasi negative*) to mind (s.th.): *non interessarti dei fatti miei* don't interfere in my affairs, ⟨*fam*⟩ mind your own business.

interessato I *a.* **1** interested (*a* in), concerned (with, about). **2** (*mosso da interesse*) interested, selfish. **3** ⟨*Comm*⟩ having ⌜an interest⌝ (*o* a share) in: *essere* ~ *in un'azienda* to have an interest in a business. **II** *s.m.* (*f.* **-a**) ⟨*burocr*⟩ interested party, party (*o* person) concerned: *tutti gli –i* all those concerned. □ *amore* ~ cupboard love; *a tutti gli –i* to whom it may concern.

interesse *m.* **1** interest (*per* in): *ha un grande* ~ *per le* *scienze* he has a great interest in science. **2** (*sollecitudine*) interest, concern: *dimostra molto ~ per i bambini* he takes a great interest in children. **3** (*utilità, vantaggio*) interest, advantage: *lo dico nel tuo ~* I am saying it in your own interest. **4** (*tornaconto, guadagno*) profit, advantage, money: *fa tutto per ~* he does everything for profit (*o* money); *litigare per motivi d' ~* to quarrel over money. **5** *pl.* (*affari*) interests *pl,* affairs *pl: badare agli –i di qd.* to look after s.o.'s interests. **6** (*attrattiva*) interest: *ho letto un articolo di grande ~* I read an article of great interest. **7** (*Econ,Comm*) interest: *ha –i in varie imprese* he has an interest in various concerns. □ *mettere denaro* **a** ~ to invest money; *prendere* (*o prestare*) *denaro a ~* to borrow (*o* lend) money at interest; *–i accumulati* interest due; *~ acquisito* vested interest; (*fig*) **agire** *contro i propri –i* to act against one's own interests; *–i* **arretrati** arrears of interest, back interest; **avere** *~ per qc.* to have an interest in s.th.; *~* **bancario** bank interest; *~ del tre per* **cento** three per cent interest; **con** *~* interest–bearing; *–i* **consolidati** consolidated interest; *~* **creditore** credit interest; **dare** *il 10% di ~* to bear an interest of ten percent, to carry an interest of ten percent; *~* **debitore** debit interest; *–i di* **famiglia** family affairs (*o* business); (*Econ*) *~* **fisso** fixed (rate of) interest; *di* **grande** *~* very interesting, of great interest; *~* **legale** legal interest; *d' ~* **mondiale** of world-wide interest; *agire* **nell'** *~ di qd.* to act ⌈on s.o.'s behalf⌉ (*o* in s.o.'s interest); *essere nell' ~ di qd.* to be ⌈in s.o.'s interest⌉ (*o* to s.o.'s advantage); *non è nel mio ~* I have nothing to ⌈get out of⌉ (*o* gain from) it; *non ho* **nessun** *~ a tacere* I have nothing to gain from keeping silent; **senza** *~* interest–free; (*Dir,Pol*) **sfera** *d' –i* sphere of interest.

interessenza *f.* (*Comm*) profit–sharing, share (of the profits); (*nelle vendite*) percentage on sales.

intereuropeo *a.* inter–European.

interezza *f.* entirety, wholeness; (*completezza*) completeness.

inter|faccia *f.* (*pl.* -ce) (*Inform*) interface: *~ parallela* parallel interface; *~ seriale* serial interface. **~facoltà I** *s.f.* (*Univ*) student council. **II** *a.* from (*o* concerning) more than one faculty. **~fase** *f.* (*Biol*) interphase. **~federale** *a.* **1** between federations. **2** (*rif. a federazioni sindacali*) interunion–, between (trade–)unions.

interferenza *f.* **1** (*tecn*) interference. **2** (*fig*) interference, meddling (*in* in, with). □ (*TV*) *~ d'immagine* image interference; (*Rad*) *~ nella ricezione* interference; *senza –e* interference–free, noise–free; *soppressione d' ~* interference elimination. **interferenziale** *a.* (*Fis*) interferential. **interferire** *v.i.* (*interferisco, interferisci; aus.* avere) **1** (*tecn*) to interfere with (*o* in). **2** (*fig*) to interfere, to meddle (*in* in, with): *~ negli affari altrui* to interfere in other people's business.

interferometria *f.* interferometry. **interferometro** *m.* interferometer.

interferon, interferone *m.* (*Biol*) interferon.

interfogliare *v.t.* (*interfoglio, interfogli*) (*Legat*) to slipsheet, to interleave. **interfoglio** *m.* slipsheet, interleaf.

interfonico, interfono *m.inv.* (*Tel*) interphone, (*fam*) intercom.

intergovernativo *a.* intergovernmental.

interiettivo *a.* (*Gramm*) interjectional. **interiezione** *f.* interjection.

interim *m.* (*tempo*) interim, interval; (*incarico*) interim office. □ *ad ~* interim–, ad interim: *ministro ad ~* Minister ad interim; *assumere l' ~* to carry on (during a vacancy), to take temporary charge; *assumere l' ~ di un ministero* to be interim Minister. **interinale** *a.* (*provvisorio*) interim–, ad interim, temporary, (*attr*) acting: *amministratore ~* acting administrator. □ *governo ~* caretaker government. **interinato** *m.* **1** interim, temporary period of office. **2** (*ufficio di un interino*) temporary office, office ad interim. **interino** *m.* **1** substitute. **2** (*rif. a medico*) locum (tenens).

interiora *f.pl.* **1** (*di animali*) entrails *pl.* **2** (*scherz*) (*di persone*) bowels *pl,* (*scherz*) innards *pl.* **interiore I** *a.* **1** (*interno*) inside, inner, internal, interior. **2** (*fig*)

(*spirituale*) inner, inward, interior: *vita ~* inner life. **II** *s.m.* inside, interior. **interiormente** *avv.* internally, inside; (*fig*) inwardly. **interiorità** *f.* spiritual life, spirituality, inner nature. **interiorizzare** *v.t.* to interiorize. **interiorizzazione** *f.* interiorization.

interlinea *f.* (*Tip*) (*lamina metallica*) lead; (*spazio tra due righe*) space between lines, spacing.

interlineare¹ *a.* interlinear, between the lines: *spazio ~* interlinear space; *nota ~* interlinear annotation.

interlineare² *v.t.* (*interlineo*) **1** (*Tip*) to lead (out). **2** (*spaziare le righe di un dattiloscritto*) to space. **3** (*scrivere fra riga e riga*) to interline.

interlineato *a.* (*Tip*) leaded: *composizione –a* leaded matter. □ *non ~* set solid. **interlineatura** *f.* (*Tip*) **1** leading (out). **2** (*rif. a dattiloscritto*) spacing. **3** (*tra riga e riga*) interlineation.

interlinguistico *a.* (*pl.* -ci) interlinguistic.

interlocutore *m.* (*f.* -trice) interlocutor. **interlocutorio** *a.* interlocutory (*anche Dir.*). **interloquire** *v.i.* (*interloquisco, interloquisci; aus.* essere) **1** (*intervenire*) to join in a conversation, to have one's say, to put in a word or two; (*interrompendo*) to interrupt, (*fam*) to butt (*o* chip, chime) in: *interloquisce sempre a sproposito* he is always butting in with silly remarks. **2** (*Dir,ant*) to issue an interlocutory sentence.

inter|ludio *m.* (*Mus*) interlude (*anche estens.*). **~lunio** *m.* (*novilunio*) interlunation, interlunar period.

intermediario I *a.* intermediary. **II** *s.m.* (*f.* -a) **1** intermediary, go–between; (*fra contendenti*) mediator. **2** (*Comm*) middleman; (*sensale*) broker. □ *~ di borsa* floor broker; *~ di cambio* foreign exchange broker; *fare da ~* to act as a go–between; (*fra contendenti*) to mediate. **intermediazione** *f.* intermediation, mediation; (*senseria*) brokerage. **intermedio** *a.* **1** intermediate, intervening: *periodo di tempo ~* intermediate stage; (*Geog*) *punti intermedi* intermediate points. **2** (*Chim*) intermediate. **II** *s.m.* (*Chim*) intermediate.

intermezzo *m.* **1** (*Mus,Lett*) intermezzo. **2** (*intervallo teatrale*) interval.

interminabile *a.* interminable, endless, never–ending: *un lavoro ~* an endless job.

interministeriale *a.* interministerial.

intermittente *a.* intermittent (*anche El.*). □ (*Med*) *febbre ~* intermittent fever; *luce ~* intermittent light. **intermittenza** *f.* intermittence. □ *a ~* intermittent; (*Med*) *~ del polso* intermittence of the pulse.

inter|modulazione *f.* (*Tel*) intermodulation. **~molecolare** *a.* (*Chim,Fis*) intermolecular.

internamente *avv.* **1** internally, inside. **2** (*fig*) (*nel proprio intimo*) inwardly, innerly: *soffrire ~* to suffer inwardly.

internamento *m.* **1** (*Med*) commitment (to a mental home). **2** (*Dir*) internment. **internare** *v.t.* (*interno*) **1** (*Med*) to commit to a mental home). **2** (*Dir*) to intern. **internarsi** *v.r.* **1** (*addentrarsi*) to penetrate; (*allontanarsi dalla costa*) to go inland. **2** (*fig*) to go deeply (*in* into), to examine thoroughly (s.th.).

internato¹ I *a.* **1** (*Med*) committed (to a mental home). **2** (*Dir*) interned. **II** *s.m.* (*f.* -a) **1** inmate (of a mental home). **2** (*Dir*) internee.

internato² *m.* (*Scol*) boarding school.

internazionale I *a.* international: *conferenza ~* international conference; (*Sport*) *incontro ~* international match; *uno scrittore di fama ~* an internationally renowned writer. **II** *s.f.* **1** (*movimento*) International (Working Men's Association). **2** (*inno*) International(e). **internazionalismo** *m.* (*Pol,Econ*) internationalism. **internazionalista** *m./f.* internationalist. **internazionalistico** *a.* (*pl.* -ci) internationalist(ic). **internazionalità** *f.* internationality. **internazionalizzare** *v.t.* internationalize. **internazionalizzazione** *f.* internationalization.

internista *m./f.* (*Med*) internist, specialist in internal medicine.

interno (*compar.* più *interno/interiore, sup.* intimo) **I** *a.* **1** inside, (*attr*) inner, interior, internal: *porta –a* inner door; *medicina –a* internal medicine. **2** (*rif. a stati*) internal, home–, domestic: *una questione di sicurezza –a* a question of internal security; *il mercato* ~ the home market. **3** ⟨*fig*⟩ *(che concerne l'animo)* ⟨*attr*⟩ inner, inward: *dolore* ~ inner sorrow. **4** ⟨*Geog*⟩ inland: *mari –i* inland seas. **5** ⟨*Scol*⟩ boarding. **II** *s.m.* **1** inside, interior: *l'* ~ *di una casa* the interior of a house. **2** *(fodera)* lining: *cappotto con* ~ *di pelliccia* coat with a fur lining, fur–lined coat. **3** *(numero della porta di un appartamento)* flat (number), apartment (number). **4** ⟨*Pitt*⟩ interior: *un bravo pittore di –i* a good painter of interiors. **5** ⟨*Fot,Cin*⟩ interior, indoor *(o studio)* shot: *girare gli –i* to shoot the interiors. **6** ⟨*Tel*⟩ extension (number). **7** ⟨*Scol*⟩ boarder. **8** ⟨*Univ*⟩ intern(e). **9** ⟨*Sport*⟩ inside forward. □ *all'* ~ (on the) inside; *(dentro casa, al chiuso)* indoor(s); *(nel territorio nazionale)* (at) home: *all'* ~ *e all'estero* (at) home and abroad; *all'* ~ *di* on the inside of, inside; **commissione** *–a* *(rif. a sindacati)* shop committee; **dall'** ~ from the inside; **ministero** *dell'* ~ Ministry of the Interior, ⟨*GB*⟩ Home Office, ⟨*SU*⟩ Department of the Interior; **ministro** *dell'* ~ Minister of the Interior, ⟨*GB*⟩ Home Secretary, ⟨*GB*⟩ Secretary of State for Home Affairs, ⟨*SU*⟩ Secretary of the Interior; **più** ~ innermost.

internucleare *a.* internuclear.

internunziatura *f.* ⟨*Rel.catt*⟩ internuncioship. **inter-nunzio** *m.* internuncio.

intero I *a.* **1** whole, entire: *una pagnotta –a* a whole loaf; *gli ho restituito l'–a somma* I gave him back the whole amount; *l' –a verità* the whole truth. **2** *(intatto)* intact, unbroken. **3** *(rif. a tempo)* whole, entire, full: *un'ora –a* a full *(o* whole*)* hour; *(rif. a spazio)* whole, entire: *ho visitato l'* ~ *paese* I visited the whole country. **4** *(non ridotto)* full: *biglietto* ~ full fare. **5** ⟨*Mat*⟩ whole: *numeri –i* whole numbers. **II** *s.m.* **1** whole: *le parti che costituiscono l'* ~ the parts which make up the whole. **2** ⟨*Mat*⟩ integer, whole number. □ *latte* ~ whole *(o* full–cream*)* milk; *per* ~ in full, fully, entirely: *firmare per* ~ to sign in full; *ti ho raccontato l'accaduto per* ~ I have given you a full account of the event.

interoceanico *a. (pl.* -ci*)* interoceanic.

inter|parlamentare *a.* ⟨*Pol*⟩ interparliamentary: *unione* ~ interparliamentary union. **~particellare** *a.* ⟨*Fis*⟩ interparticle. **~partitico** *a. (pl.* -ci*)* interparty–: *accordo* ~ interparty agreement.

interpellanza *f.* interpellation: *presentare un'* ~ *alla Camera* to make an interpellation in the Chamber. **interpellare** *v.t.* **(interpello) 1** *(chiedere consiglio)* to consult: ~ *un avvocato* to consult a solicitor. **2** ⟨*Parl*⟩ to interpellate: ~ *il governo* to interpellate the Government.

inter|personale *a.* interpersonal: *comunicazione* ~ interpersonal communication. **~planetario** *a.* interplanetary, between planets: *viaggi interplanetari* interplanetary travel.

Interpol *f.* Interpol.

interpolare *v.t.* **(interpolo)** ⟨*Filol,Mat*⟩ to interpolate. **interpolato** *a.* ⟨*Filol,Mat*⟩ interpolated. **interpolatore** *m.* *(f.* -trice*)* ⟨*Filol*⟩ interpolater. **interpolazione** *f.* ⟨*Filol,Mat*⟩ interpolation.

interporre *v.t.* **(interpongo, interponi; interposi, interposto; → porre)** to interpose: ~ *ostacoli* to interpose obstacles, to place *(o* set*)* obstacles in the way. **interporsi** *v.r.* **1** *(porsi nel mezzo)* to come between, to interpose o.s. **2** *(intervenire)* to intervene; *(fare da mediatore)* to mediate. **interposizione** *f.* **1** interposition. **2** *(mediazione)* mediation, intervention. **interposto** *(p.p. di interporre)* *a.* interposed, intervening. □ *per –a persona* by means of a third party.

interpretabile *a.* interpretable, that can be interpreted. **interpretare** *v.t.* **(interpreto) 1** to interpret, to explain: ~ *un passo* to interpret a passage. **2** *(attribuire un significato)* to interpret: *come* ~ *il suo gesto?* how should his gesture be interpreted?; ~ *un sogno* to interpret a dream. **3** *(farsi interprete)* to interpret, to give voice to: ~ *i desideri di qd.* to interpret s.o.'s wishes. **4** ⟨*Teat,Cin,Mus*⟩ to play, to interpret. □ ~ *male le parole di qd.* to misinterpret s.o.'s words. **interpretariato** *m.* interpreting. □ *scuola d'* ~ interpreters' school.

interpretativo *a.* **1** interpret(at)ive, explanatory. **2** *(rif. ad attore)* acting: *capacità –a* acting ability.

interpretazione *f.* **1** interpretation. **2** ⟨*Teat,Cin*⟩ acting, interpretation, performance. **3** ⟨*Mus*⟩ rendering, interpretation. □ ~ *della Bibbia* interpretation of the Bible; ~ *critica* critical rendering; ~ *della legge* interpretation of the law; ~ *dei sogni* interpretation of dreams. **interprete** *m./f.* **1** interpreter. **2** ⟨*Teat,Cin*⟩ actor, performer. **3** ⟨*Mus*⟩ interpreter, performer. □ *fare da* ~ to act as interpreter; *farsi* ~ *di qc. presso qd.* to express s.th. to s.o.; *farsi* ~ *dei sentimenti di qd.* to voice *(o* express*)* s.o.'s feelings, to speak for s.o.; ~ *simultaneo* simultaneous interpreter.

inter|professionale *a.* interprofessional. **~provinciale** *a.* interprovincial.

interpungere *v.t.* **(interpungo, interpungi; interpunsi, interpunto)** to punctuate. **interpunzione** *f.* punctuation: *segni d'* ~ punctuation marks.

interramento *m.* **1** burying, interment. **2** *(rif. a seme)* sowing. **3** *(il colmare di terra)* filling in, filling up (with earth); *(il ricoprire di terra)* covering (with earth). **interrare** *v.t.* **(interro) 1** to bury, to inter: *il cane ha interrato un osso* the dog has buried a bone. **2** *(rif. a seme)* to sow, to plant. **3** *(sistemare sotto terra: rif. a cavi e sim.)* to lay underground. **4** *(coprire di terra)* to cover with earth. **interrarsi** *v.r.* to fill up (with earth); *(rif. a porti e sim.)* to silt up, to get *(o* become*)* silted up. **interrato I** *a.* **1** *(colmato di terra)* filled in; *(rif. a bacino e sim.)* silted up; *(coperto di terra)* covered with earth. **2** *(sistemato nel terreno)* buried, interred; ⟨*Mil*⟩ entrenched, dug in: *batteria –a* a dug–in battery. **II** *s.m. (piano interrato)* basement.

inter|raz(z)iale *a.* interracial, interrace–. **~regionale** *a.* interregional. **~regno** *m.* interregnum. **~relazione** *f.* interrelation(ship).

interrogante *m./f.* **1** questioner, interrogator. **2** ⟨*Parl*⟩ interpellant.

interrogare *v.t.* **(interrogo, interroghi) 1** to question, to interrogate: ~ *qd. intorno a qc.* to question s.o. about s.th.; *sono stato interrogato in latino* I was questioned in Latin. **2** ⟨*fig*⟩ *(esaminare)* to look into, to search, to examine: ~ *il proprio cuore* to search one's heart. **3** *(consultare)* to consult: ~ *l'oracolo* to consult the oracle. **4** ⟨*Dir*⟩ to interrogate, to question; *(rif. a testimoni)* to examine, to cross–examine. **interrogativa** *f.* ⟨*Gramm*⟩ interrogative sentence. **interrogativamente** *avv.* questioningly, interrogatively. **interrogativo I** *a.* **1** questioning, enquiring, interrogative: *mi guardò con occhi –i* he gave me a questioning look. **2** ⟨*Gramm*⟩ interrogative. **II** *s.m.* **1** *(domanda)* question: *la scienza pone sempre nuovi –i* science is always asking new questions. **2** ⟨*fig*⟩ *(cosa misteriosa, ignota)* mystery; *(persona incomprensibile)* enigma. **3** *(punto interrogativo)* question mark. □ ⟨*Gramm*⟩ *proposizione –a* interrogative sentence. **interrogatorio I** *a.* interrogatory, interrogative, questioning: *tono* ~ interrogatory tone; *espressione –a* questioning expression. **II** *s.m.* **1** interrogation, (close) questioning. **2** ⟨*Dir*⟩ interrogation, questioning; *(rif. a testimoni)* examination. □ ~ *di terzo grado* third degree; *subire un* ~ to be questioned. **interrogazione** *f.* **1** interrogation, questioning; *(domanda)* question, query. **2** ⟨*Scol*⟩ oral examination *(o* test*)*. **3** ⟨*Dir*⟩ interrogation, questioning; *(rif. a testimoni)* examination, cross–examination.

interrompere *v.t.* **(interruppi, interrotto) 1** to interrupt, to break off *(o* up*)*, to break: ~ *la conversazione* to interrupt *(o* break off*)* conversation; ~ *il viaggio* to break one's journey; *(rif. a elettricità, ad acqua, ecc.)* to cut off, to disconnect. **2** *(sospendere)* to suspend, to stop, to break *(o* leave*)* off: ~ *il lavoro* to stop work. **interrompersi** *v.r.* **1** to stop, to break off, to interrupt o.s.: *interrompersi nel racconto* to break off one's story. **2** *(rif. a cose)* to be disconnected *(o* cut off, interrupted*)*: *la corrente si è interrotta* the current has been cut off. **3** *(essere interrotto)* to be discontinued *(o* stopped*)*, to stop; *(rif. a strada)* to be closed *(o* up*)*. □ ~ *una comunicazione telefonica* to cut off a phone call. **interrotto** *(p.p. di interrompere)* *a.*

1 interrupted, broken, discontinued: *con voce –a* in a broken voice; (*rif. a strada*) blocked; (*per lavori*) ⟨*pred*⟩ up. **2** (*impedito, troncato*) cut (off), broken off: *comunicazione –a* call that is cut off. **interruppi** → **interrompere. interruttivo** *a.* interruptive.

interruttore *m.* ⟨*El*⟩ switch. □ *aprire l'* ~ to switch (*o* turn) on; ~ *automatico* automatic breaker (*o'* cut–out); ~ *a levetta* tumbler switch; ~ *a pedale* pedal switch; ~ *a pulsante* press (*o* pushbutton) switch.

interruzione *f.* **1** (*l'interrompere*) interruption, interrupting; (*l'interrompersi*) breaking off, stopping. **2** (*sospensione*) break, stop, stoppage, cut; (*pausa*) pause. **3** (*il venire meno, mancanza*) interruption, suspension; (*nel funzionamento*) breakdown; ⟨*El*⟩ black–out. □ ⟨*Sport*⟩ *di giuoco* suspension of play (*o* the game); ⟨*Med*⟩ ~ *della gravidanza* miscarriage; (*procurata*) abortion; *senza* ~ uninterruptedly, without a break.

interscambiabile *a.* interchangeable. **interscambio** *m.* **1** ⟨*Econ*⟩ exchange. **2** ⟨*Strad*⟩ intersection. **3** (*scambio di informazioni, ecc.*) exchange: ~ *culturale* cultural exchange.

intersecare *v.t.* (*interseco, intersechi*) to intersect (*anche Geom.*). **intersecarsi** *v.r.* **1** to intersect, to cross, to cut across e.o. **2** ⟨*Geom*⟩ to intersect.

intersessuale *a.* ⟨*Biol*⟩ intersexual. **intersessualità** *f.* intersexuality.

intersettoriale *a.* intersectorial.

interstiziale *a.* ⟨*Biol*⟩ interstitial. □ ⟨*Anat*⟩ *cellule –i* interstitial cells. **interstizio** *m.* interstice, (narrow) space; (*fessura*) crack.

inter|strutturale *a.* interstructural. **~tedesco** *a.* (*pl.* -chi) inter–German. **~tempo** *m.* ⟨*Sport*⟩ half time.

intertrigine *f.* ⟨*Med*⟩ intertrigo.

interurbana *f.* ⟨*Tel*⟩ (*telefonata o chiamata interurbana*) trunk call, long–distance (*o* toll) call, ⟨*am.fam*⟩ out–of–town call. **interurbano** *a.* **1** interurban, between (*o* connecting) towns. **2** ⟨*Tel*⟩ trunk–, long–distance–, toll–: *rete –a* trunk (*o* toll) network.

intervallare *v.t.* to space (out), to alternate. **intervallo** *m.* **1** (*rif. a spazio*) space, gap, distance. **2** (*rif. a tempo*) interval, break: *a –i regolari* at regular intervals. **3** (*pausa*) pause, break; (*a teatro*) interval, ⟨*am*⟩ intermission; (*nelle aziende*) break; (*in Inghilterra*) tea break; (*negli Stati Uniti*) coffee break. **4** ⟨*Scol*⟩ break. **5** ⟨*Mat,Mus*⟩ interval. **6** ⟨*Tip*⟩ space. □ ⟨*Mus*⟩ ~ *aumentato* augmented interval; ⟨*Mus*⟩ ~ *diminuito* diminished interval; ⟨*Mus*⟩ ~ *di un tono* whole–tone interval.

interveniente *m./f.* ⟨*Dir*⟩ intervener, intervenor.

intervenire *v.i.* (*intervengo, intervieni; intervenni, intervenuto;* → *venire; aus.* essere) **1** (*intromettersi*) to intervene, to interfere, to meddle: ~ *in una discussione* to intervene in a dispute. **2** (*partecipare*) to take part, to participate (*a* in); (*assistere*) to attend (s.th.), to be present (at): ~ *a un ricevimento* to attend a reception. **3** (*rif. a polizia e sim.*) to take action, to step in. **4** ⟨*Pol*⟩ to intervene. **5** ⟨*Chir*⟩ to operate. □ *fare* ~ *la polizia* to bring the police in (*o* on the scene); ~ *in favore di qd.* to take s.o.'s part, to stand up for s.o.

interventismo *m.* ⟨*Pol,Econ*⟩ interventionism. **interventista I** *s.m./f.* interventionist. **II** *a.* →**interventistico. interventistico** *a.* (*pl.* -ci) of intervention, interventionist–.

intervento *m.* **1** intervention, interposition: *l'* ~ *della polizia nei disordini* police intervention in the disorders. **2** (*intrusione*) interference. **3** (*partecipazione*) participation; (*presenza*) presence, attendance: *coll'* ~ *di* in the presence of. **4** ⟨*Pol,Econ,Sport*⟩ intervention. **5** ⟨*Chir*⟩ operation: ~ *chirurgico* surgical operation. □ ⟨*Pol*⟩ ~ **armato** armed intervention; **chiedere** *l'* ~ *della polizia* to call in the police; ~ *a* **favore** *di qd.* intervention on s.o.'s behalf; *politica del* **non** ~ policy of non–intervention; **pronto** ~ flying squad; ~ **statale** state intervention.

intervenuto I *a.* present, attending. **II** *s.m.* (*f.* -a) person present: *gli –i* those present *pl.*

intervista *f.* interview: *concedere un'* ~ to grant (*o* give) an interview. □ ~ *d'assunzione* employment interview. **intervistare** *v.t.* to interview. **intervistato** *m.* (*f.* -a) **1**

interviewee. **2** (*per un'indagine di opinione*) pollee. **intervistatore** *m.* (*f.* -trice) **1** interviewer. **2** (*per un'indagine di opinione*) poll(st)er.

inter|vocalico *a.* (*pl.* -ci) ⟨*Ling*⟩ intervocal(ic). **~zonale** *a.* interzone–, interzonal.

intesa *f.* **1** (mutual) understanding, agreement: ~ *segreta* secret understanding; (*patto*) agreement, pact, accord. **2** ⟨*Pol*⟩ entente. **3** ⟨*Sport*⟩ team–play, team–work. **4** ⟨*Econ*⟩ agreement, combine. □ ⟨*Stor*⟩ ~ *cordiale* Entente Cordiale; *venire a un'* ~ to reach (*o* come to, make) an agreement; ~ *verbale* gentlemen's agreement. **intesi** → **intendere. inteso** (*p.p. di intendere*) *a.* **1** (*volto a un fine*) intended, meant, aimed: *politica –a a migliorare le condizioni di vita* policy 'intended to improve' (*o* aimed at improving) the standard of living. **2** (*compreso*) understood. **3** ⟨*esclam*⟩ (*d'accordo*) agreed, ⟨*fam*⟩ (all) right, ⟨*fam*⟩ O.K. □ *non darsi per* ~ *di qc.* to take no notice of s.th.; *è* (*o resta*) ~ *che* it's understood that; *restiamo –i così* let's leave it at that.

intessere *v.t.* (*intessei, intessuto*) **1** to interweave. **2** ⟨*fig*⟩ (*ordire*) to weave, to plot, to hatch: ~ *una congiura* to hatch (*o* lay) a plot. □ ~ *le lodi di qd.* to sing s.o.'s praises. **intessuto** (*p.p. di intessere*) *a.* (inter)woven: *una veste –a d'oro* a dress interwoven with gold. □ *un discorso* ~ *di bugie* a tissue of lies.

intestardirsi *v.r.* (*m'intestardisco, t'intestardisci*) to be stubborn (*in* about), to get (s.th.) into one's head.

intestare *v.t.* (*intesto*) **1** to head, to write one's name on (*o* at the top of): ~ *il foglio* to write one's name at the top of the page. **2** (*mettere a nome di qd.*) to put (*o* register) in the name of: *ha intestato l'appartamento alla moglie* he registered the apartment in his wife's name. **3** ⟨*Edil*⟩ to join end–to–end. **intestarsi** *v.r.* (*incaponirsi*) to take it into one's head, to be stubborn. □ ⟨*Econ*⟩ ~ *un assegno* to make out a cheque; ~ *un conto a qd.* to open an account in s.o.'s name. **intestatario** *m.* (*f.* -a) holder: ~ *di un conto* holder of an account; (*rif. a titoli*) registered holder.

intestato[1] *a.* **1** headed. **2** ⟨*Econ*⟩ registered: *titolo di credito* ~ registered instrument of credit. **3** (*incaponito*) obstinate, stubborn, pigheaded. □ ~ *a qd.* in s.o.'s name; *carta –a* headed paper.

intestato[2] *a.* ⟨*Dir*⟩ intestate.

intestatura *f.* ⟨*Edil*⟩ butt.

intestazione *f.* **1** registration. **2** (*dicitura, titolo*) heading; (*rif. a lettere*) letterhead. **3** ⟨*Giorn*⟩ headline; (*a caratteri grandi*) banner headline.

intestinale *a.* intestinal.

intestino[1] *a.* civil, domestic, intestine: *lotte –e* civil strife.

intestino[2] *m.* ⟨*Anat*⟩ intestine. □ ~ *cieco* caecum; ~ *crasso* large intestine; ~ *tenue* small intestine.

intiepidire *v.* (*intiepidisco, intiepidisci*) **I** *v.t.* **1** to make (luke)warm (*o* tepid); (*aumentando il calore*) to warm; (*diminuendo il calore*) to cool. **2** ⟨*fig*⟩ to ̈damp(en), to cool: ~ *l'entusiasmo di qd.* to cool (*o* damp) s.o.'s enthusiasm. **II** *v.i.* (*aus.* essere), **intiepidirsi** *v.r.* **1** to become (luke)warm; (*scaldarsi*) to warm (up); (*freddarsi*) to cool (down). **2** ⟨*fig*⟩ to cool (down).

intima *f.* ⟨*Anat*⟩ · intima. **intimamente** *avv.* **1** (*profondamente*) intimately, through and through: *conoscere* ~ *una persona* to know a person through and through. **2** (*strettamente*) closely: *i due avvenimenti sono* ~ *connessi* the two events are closely related. **3** (*nell'intimo*) deeply, inwardly: *era* ~ *compiaciuta* she was inwardly pleased; *essere* ~ *commosso* to be deeply moved. **4** (*confidenzialmente*) intimately, confidentially.

intimare *v.t.* (*intimo/intimo*) **1** to summon: ~ *la resa al nemico* to summon the enemy to surrender. **2** (*ordinare*) to order, to command, to enjoin: *gli intimò di troncare ogni discussione* he ordered him to stop arguing. **3** ⟨*Dir*⟩ to notify, to summon(s): ~ *il pagamento a qd.* to summon s.o. to pay. □ ⟨*Dir*⟩ ~ *la comparizione in giudizio* to serve a summons on s.o.; ~ *guerra* to declare war. **intimazione** *f.* **1** summons. **2** (*ordine*) order, command, injunction. **3** ⟨*Dir*⟩ notice, summons, injunction: ~ *di pagamento* injunction to pay.

intimidatorio *a.* threatening, intimidatory: *tono* ~ threatening tone. **intimidazione** *f.* **1** intimidation. **2** *(atto di minaccia)* threat. **intimidire** *v.* (intimidisco, intimidisci) **I** *v.t.* **1** to make timid (*o* shy). **2** *(intimorire)* to intimidate, to threaten. **II** *v.i.* *(aus.* essere), intimidirsi *v.r.* to become shy (*o* timid); *(spaventarsi)* to be frightened. **intimidito** *a.* shy, timid; *(impaurito)* frightened, intimidated.

intimismo *m.* ⟨*Art*⟩ intimism. **intimista** *a./s.m./f.* intimist.

intimità *f.* **1** intimacy: ~ *di rapporti* intimacy of relations, intimate relations; *(familiarità)* familiarity. **2** *(rif. ad ambienti)* cosiness, intimate atmosphere; *(lontananza da indiscrezioni di estranei)* privacy: *nell'* ~ *della propria camera* in the privacy of one's own room. ▢ *avere (o essere in)* ~ *con qd.* to be on intimate (*o* familiar) terms with s.o.; *non voglio disturbare la vostra* ~ I don't want to break in on your privacy; *nell'* ~ *among friends; (nella vita privata)* in one's private life. **intimo I** *a.* **1** *(il più interno)* innermost, inmost. **2** ⟨*fig*⟩ *(profondo)* intimate, inner, inmost, deepest: *-a ispirazione* inner inspiration; *sentimenti -i* intimate feelings. **3** *(strettamente congiunto)* close, tight: *-a coesione* close cohesion. **4** ⟨*fig*⟩ *(rif. a legami tra persone)* close, intimate: *-a amicizia* close friendship; *essere* ~ *di qd.* to be familiar (*o* on intimate terms) with s.o. **5** *(rif. ad ambienti)* cosy, intimate; *(lontano da indiscrezioni di estranei)* private. **6** *(rif. a parti intime del corpo)* private: *parti -e* private parts; *(personale)* personal: *pulizia -a* personal cleanliness. **II** *s.m.* **1** *(la parte più riposta)* bottom, depths *pl,* heart (of hearts): *nell'* ~ *del cuore* in one's heart of hearts. **2** *(amico stretto)* intimate, close friend; *(parente stretto)* near relation. ▢ *colloquio* ~ tête-à-tête; *indumenti -i* underwear, underclothes *pl;* ⟨*eufem*⟩ *rapporti -i* sexual relations.

intimorimento *m.* **1** *(l'intimorire)* frightening. **2** *(l'intimorirsi)* becoming frightened. **intimorire** *v.t.* (intimorisco, intimorisci) to frighten. **intimorirsi** *v.r.* to become frightened, to get afraid. **intimorito** *a.* frightened, ⟨*pred*⟩ afraid.

intingere *v.t.* (intingo, intingi; intinsi, intinto) to dip: ~ *la penna nell'inchiostro* to dip one's pen in the ink. ▢ ⟨*fig*⟩ ~ *la penna nel fiele* to dip one's pen in gall.

intingolo *m.* **1** *(salsa)* sauce; *(a base di sugo di carne)* gravy. **2** *(pietanza saporita)* tasty dish.

intinsi, intinto → **intingere.**

intirizzimento *m.* *(atto)* (be)numbing; *(effetto)* numbness, benumbment. **intirizzire** *v.* (intirizzisco, intirizzisci) **I** *v.t.* to (be)numb, to make stiff (with cold). **II** *v.i.* *(aus.* essere), intirizzirsi *v.r.* **1** to grow numb. **2** ⟨*estens*⟩ *(patire il freddo)* to be frozen (*o* freezing). **intirizzito** *a.* numb, benumbed.

intisichire *v.* (intisichisco, intisichisci) **I** *v.i.* *(aus.* essere) **1** to become consumptive. **2** *(rif. a piante)* to wilt. **II** *v.t.* to make consumptive.

intitolare *v.t.* (intitolo) **1** to entitle, to give a title to. **2** *(dedicare)* to call, to name (*a* after): *hanno intitolato la strada a Garibaldi* they named the street after Garibaldi; *(rif. a chiese)* to dedicate: *hanno intitolato la chiesa a San Francesco* they dedicated the church to St. Francis. **intitolarsi** *v.r.* **1** to be entitled; *(avere per nome)* to be called: *il quadro s'intitola «La primavera»* the painting is called "Spring". **2** *(prendere nome)* to take (*o* get) one's name: *l'antologia s'intitola da un verso di Dante* the anthology takes its name from one of Dante's verses. **intitolazione** *f.* **1** entitling. **2** *(titolo)* title, heading. **3** *(dedica)* dedication.

intoccabile *a./s.m./f.* untouchable.

intollerabile *a.* intolerable, unbearable: *sete* ~ unbearable thirst. **intollerabilmente** *avv.* intolerably. **intollerante** *a.* intolerant: *carattere* ~ intolerant character; *essere* ~ *di ogni rimprovero* to be intolerant of reproach. **intolleranza** *f.* intolerance.

intonacare *v.t.* (intonaco, intonachi) to plaster; *(dare il bianco)* to whitewash: ~ *le pareti di una stanza* to whitewash the walls of a room. ▢ ~ *a spruzzo* to spray with plaster. **intonacatore** *m.* *(operaio)* plasterer.

intonacatrice *f.* *(attrezzo)* plaster sprayer. **intonacatura** *f.* **1** plastering, whitewashing: ~ *a spruzzo* gun plastering. **2** ⟨*concr*⟩ *(intonaco)* plaster. **intonaco** *m.* (*pl.* -ci/-chi) plaster.

intonare *v.t.* (intono) **1** to strike up, to lead off into: ~ *una canzone* to strike up a song. **2** *(accordare)* to tune: *il pianoforte* to tune the piano; *(rif. a più strumenti insieme)* to tune up. **3** *(rif. a voce: educarla)* to train to sing in tune; *(metterla in giusto tono)* to put in tune. **4** ⟨*fig*⟩ *(armonizzare)* to match, to harmonize: ~ *i colori* to match colours. **intonarsi** *v.r.* *(armonizzarsi)* to match, to fit *(a qc.* s.th.), to harmonize, to tone (in), to be in tune (*o* harmony) (with): *il discorso non s'intonava all'occasione* the speech did not fit the occasion. ▢ ~ *le lodi di qd.* to sing s.o.'s praises. **intonato** *a.* **1** *(rif. a persona)* ⟨*pred*⟩ able to sing in tune; *(rif. a voce)* melodious, tuneful. **2** *(accordato)* ⟨*pred*⟩ in tune, tuned, ⟨*pred*⟩ pitched; *(rif. a più strumenti insieme)* tuned up. **3** ⟨*fig*⟩ *(armonizzato)* matching, harmonizing, in harmony: *colori perfettamente -i* perfectly matching colours; *(adatto)* suitable: *il suo abito non era* ~ *all'occasione* her dress ⌐was unsuitable for⌐ (*o* did not suit) the occasion. ▢ *essere* ~ to be (*o* keep) in tune.

intonazione *f.* **1** intonation. **2** *(note d'avvio)* tone, pitch: *dare l'* ~ *ai violini* to set the tone for the violins. **3** *(tono)* tone: *hai preso un'* ~ *troppo bassa* your tone was too low. **4** ⟨*estens*⟩ *(inflessione)* tone, intonation: ~ *sarcastica* sarcastic tone. **5** ⟨*fig*⟩ *(armonia)* harmony, matching: ~ *di colori* harmony of colours. **6** ⟨*Ling*⟩ intonation.

intonso *a.* ⟨*lett*⟩ **1** *(non raso)* unshaven; *(rif. ad animali)* unshorn. **2** *(rif. a libro)* uncut.

intontire *v.* (intontisco, intontisci) **I** *v.t.* to stun, to daze: *tutto questo frastuono mi ha intontito* all this noise has stunned me; *(rif. a bevande alcoliche)* to befuddle. **II** *v.i.* *(aus.* essere), intontirsi *v.r.* to be dazed (*o* stunned). **intontito** *a.* dazed, stunned; *(da bevande alcoliche)* befuddled.

intoppo *m.* **1** *(ostacolo)* obstacle, hindrance. **2** ⟨*fig*⟩ *(difficoltà)* difficulty, hindrance, stumbling block, impediment.

intorbidamento *m.* clouding *(anche fig.).* **intorbidare** *v.* (intorbido) **I** *v.t.* **1** to make turbid, to muddy. **2** ⟨*fig*⟩ *(offuscare)* to cloud, to confuse, to muddle: ~ *il cervello* to muddle (*o* cloud) the brain; *(rif. alla vista)* to dim, to darken. **3** ⟨*fig*⟩ *(turbare)* to disturb, to trouble. **II** *v.i.* *(aus.* essere), intorbidarsi *v.r.* **1** to become turbid (*o* muddy). **2** ⟨*fig*⟩ *(offuscarsi)* to be confused (*o* muddled), to cloud; *(rif. alla vista)* to (grow) dim, to darken. **intorbidire** *v.* (intorbidisco, intorbidisci) **I** *v.t.* *(intorbidare)* to make turbid, to muddy. **II** *v.i.* *(aus.* essere), intorbidirsi *v.r.* to become turbid (*o* muddy).

intorno I *avv.* (a)round: *guardarsi* ~ to look (a)round; *(in giro)* (a)round, about, round about. **II** *a.inv.* ⟨*fam*⟩ ⟨*attr*⟩ surrounding, nearby, ⟨*pred*⟩ around, ⟨*pred*⟩ round (about): *il paesaggio* ~ the surrounding countryside. ▢ ~ **a:** **1** (a)round: *girava* ~ *all'edificio* he walked round the building; **2** *(argomento)* about, on, dealing with: *un saggio* ~ *al romanticismo* an essay about (*o* on) romanticism; **3** *(approssimazione)* (round) about, around, roughly: *morì* ~ *al millenovecento* he died in about nineteen–hundred; **4** ⟨*fam*⟩ *(presso, con)* on, at, with: *darsi da fare* ~ *a una macchina* to work away at a machine; *all'* ~ (all) around, on all sides; *avere qd. sempre* ~ to have s.o. around all the time; *d'* ~ around; *levarsi uno d'* ~ *(liberarsene)* to get rid of s.o.; *levati d'* ~ *(vattene)* go away, ⟨*fam*⟩ get out of here; *là* ~ round there; **qua** ~ around here; *stare* ~ *a qd.* to stick to s.o., ⟨*fam*⟩ to hang around s.o.

intorpidimento *m.* **1** numbness, torpor: ~ *degli arti* numbness of the limbs. **2** ⟨*fig*⟩ dullness, torpor, numbness. **intorpidire** *v.* (intorpidisco, intorpidisci) **I** *v.t.* **1** to numb, to make torpid. **2** ⟨*fig*⟩ to dull, to make sluggish: *l'inattività intorpidisce la mente* inactivity dulls the mind. **II** *v.i.* *(aus.* essere), intorpidirsi *v.r.* **1** to become torpid, to grow numb. **2** ⟨*fig*⟩ to become sluggish. **intorpidito** *a.* **1** torpid, numb, benumbed. **2** ⟨*fig*⟩ dull(ed), torpid, sluggish.

intossicare *v.t.* (intossico, intossichi) to poison *(anche* *fig.*). **intossicarsi** *v.r.* to be poisoned (*con* by). **intossicato** *a.* poisoned (*anche fig.*): *mente –a dal dubbio* mind poisoned by doubt. **intossicazione** *f.* intoxication, poisoning. □ ~ *alimentare* food poisoning; ~ *da gas venefici* gas poisoning; ~ *del sangue* blood poisoning.

intra|cellulare *a.* ⟨*Biol*⟩ intracellular. **~comunitario** *a.* (*rif. alla Comunità Europea*) intra–Community: *commercio* ~ intra–Community trade. **~cranico** *a.* (*pl.* -ci) ⟨*Anat*⟩ intracranial. **~dermico** *a.* (*pl.* -ci) intradermic, intrader- mal. **~dermoreazione** *f.* ⟨*Med*⟩ intradermoreaction, intradermal reaction. **~dosso** *m.* ⟨*Arch*⟩ 1 intrados. 2 (*rif. a porte, finestre*) inner surface of a (door or window) frame.

intraducibile *a.* 1 untranslatable. 2 (*inesprimibile*) inexpressible, indescribable. **intraducibilità** *f.* untranslatableness.

intralciare *v.t.* (**intralcio, intralci**) 1 to block, to obstruct, to hold up, to hamper: ~ *il traffico* to hold up the traffic. 2 ⟨*fig*⟩ to hinder, to hold up, to get in the way of, to hamper: ~ *le operazioni* to hold up operations. **intralciarsi** *v.r.* 1 (*complicarsi*) to become involved, to get complicated: *la questione s'intralcia ogni giorno di più* the matter becomes more complicated every day. 2 ⟨*recipr*⟩ (*ostacolarsi*) to get in e.o.'s way. **intralcio** *m.* 1 hindrance, obstruction. 2 (*ostacolo*) hindrance, obstacle. □ *essere d'* ~ to be in the way.

intralicciatura *f.* ⟨*El*⟩ bracing, lattice(work).

intrallazzare *v.i.* to have illegal (*o* shady) dealings, to tamper. **intrallazzatore** *m.* (*f.* -trice) tamperer. **intrallazzo** *m.* underhand dealing (*o* negotiation).

intramezzare *v.t.* (**intramezzo**) to alternate: ~ *il lavoro con qualche minuto di sosta* to alternate work with a few minutes' rest.

intramolecolare *a.* ⟨*Chim,Fis*⟩ intramolecular.

intramontabile *a.* eternal, undying.

intramuscolare I *a.* ⟨*Med*⟩ intramuscular. II *s.f.* (*anche iniezione intramuscolare*) intramuscular injection.

intransigente *a.* uncompromising, intransigent, strict. **intransigenza** *f.* intransigence, strictness.

intransitabile *a.* impracticable, intransitable, impassable: *strada* ~ impracticable road. **intransitabilità** *f.* impracticability.

intransitivamente *avv.* ⟨*Gramm*⟩ intransitively: *verbo usato* ~ verb used intransitively. **intransitività** *f.* intransitiveness. **intransitivo** I *a.* intransitive. II *s.m.* intransitive (verb).

intraosseo *a.* ⟨*Anat*⟩ intra–osseous.

intrappolare *v.t.* (**intrappolo**) to (en)trap, to (en)snare (*anche fig.*).

intraprendente *a.* enterprising; (*che ricorre a espedienti criticabili*) forward; (*ardito*) bold: *un innamorato* ~ a bold lover. **intraprendenza** *f.* enterprise, initiative; (*audacia*) boldness. **intraprendere** *v.t.* (**intrapresi, intrapreso**) 1 to undertake, to engage in, to embark (*o* take, venture) on, to begin: ~ *un'opera* to undertake a job. 2 (*dedicarsi a*) to go in for, to take up: ~ *una carriera* to take up a career. □ ~ *gli studi* to begin (*o* take up) one's studies; ~ *un viaggio* to set out on a journey. **intrapresi, intrapreso** → intraprendere.

intrasferibile *a.* ⟨*Econ*⟩ non–transferable, non–negotiable: *assegno* ~ non–transferable cheque. **intrasferibilità** *f.* non–transferability.

intrasportabile *a.* not transportable.

intrattabile *a.* intractable, unmanageable, refractory, ⟨*fam*⟩ impossible. **intrattabilità** *f.* intractability.

intrattenere *v.t.* (**intrattengo, intrattieni; intrattenni, intrattenuto**; → **tenere**) 1 to entertain, to amuse: ~ *qd. con il racconto delle proprie avventure* to entertain s.o. with the account of one's adventures. 2 (*parlare*) to engage in conversation, to converse (*o* make conversation) with: ~ *qd. su un argomento* to engage s.o. in conversation on a subject. **intrattenersi** *v.r.* 1 (*trattenersi*) to stop, to linger: *intrattenersi a parlare con qd.* to stop (*o* linger) to talk to s.o. 2 (*indugiare su un argomento*) to dwell (*su* on, upon), to linger (over).

intra|uterino *a.* ⟨*Anat*⟩ intrauterin. **~vascolare** *a.* ⟨*Anat*⟩ intravascular.

intravedere *v.t.* (**intravedo; intravidi, intravisto**; → **vedere**) 1 (*vedere indistintamente*) to glimpse, to catch sight (*o* a glimpse) of, to spot: *l'ho intravisto tra la folla* I caught sight of him in the crowd. 2 ⟨*fig*⟩ (*intuire*) to see, to perceive (by intuition), to sense.

intrecciamento *m.* interlacement. **intrecciare** *v.t.* (**intreccio, intrecci**) 1 to intertwine, to interlace, to twist; (*rif. a capelli, a nastri*) to plait, to braid. 2 (*allacciare*) to weave (*o* put) together, to link, to join up (*anche fig.*): ~ *le fila di un racconto* to weave together the threads of a story. 3 (*collegare strettamente*) to twist, to intertwine, to interlace; (*rif. a dita, a mani*) to clasp: *intrecciò le dita* he clasped his hands. **intrecciarsi** *v.r.* 1 to interlace, to intertwine, to be interwoven (*o* braided), to twist. 2 ⟨*fig*⟩ to (inter)mingle, to intersect. □ ~ *le danze* to dance. **intrecciato** *a.* 1 intertwined, interlaced, twisted, (inter)woven; (*rif. a nastri, a capelli*) braided, plaited. 2 ⟨*fig*⟩ (*arruffato, confuso*) confused, muddled. **intreccio** *m.* 1 interlacement, plait(ing), braid(ing): *un* ~ *di fili* an interlacement of threads. 2 ⟨*fig*⟩ (*trama*) plot, story: *un libro povero d'* ~ a book with a very thin plot.

intrepidamente *avv.* intrepidly, fearlessly. **intrepidezza** *f.* intrepidity, fearlessness, bravery. **intrepido** *a.* intrepid, fearless, brave.

intricare *v.t.* (**intrico, intrichi**) 1 to (en)tangle; (*rif. a capelli*) to tousle, to dishevel, to ruffle (up). 2 ⟨*fig*⟩ to confuse, to entangle, to muddle (up): ~ *una faccenda* to confuse a matter. **intricarsi** *v.r.* 1 to become (en)tangled, to get into a tangle. 2 ⟨*fig*⟩ to become complicated, to get involved. **intricato** *a.* 1 *tangled (up), entangled: una matassa di lana –a* a tangled skein of wool. 2 ⟨*fig*⟩ intricate, complicated, involved, confused. **intrico** *m.* (*pl.* -chi) 1 tangle, network: *l'* ~ *della vegetazione* the tangle of vegetation. 2 ⟨*fig,lett*⟩ (*situazione difficile*) predicament, difficulty.

intridere *v.t.* (**intrisi, intriso**) (*imbevere*) to soak; (*rif. a farina: impastare*) to knead: ~ *la farina per fare la pasta* to knead flour to make dough.

intrigante I *a.* intriguing, scheming, interfering, meddling. II *s.m./f.* intriguer, schemer, meddler. **intrigare** *v.i.* (**intrigo, intrighi**; *aus.* avere) to intrigue, to manoeuvre, to scheme. **intrigarsi** *v.r.* (*intromettersi*) to interfere (*di* with), to meddle (in), to get involved, (*fam*) to poke (*o* stick) one's nose (into): *non intrigarti negli affari altrui* don't poke your nose into other people's business. **intrigo** *m.* (*pl.* -ghi) 1 intrigue, plot: *ordire intrighi* to lay (*o* hatch) plots. 2 (*situazione confusa*) confused (*o* involved) situation, difficult knotty matter. 3 ⟨*Lett*⟩ intrigue: *commedia d'* ~ comedy of intrigue. □ ~ *amoroso* (*tresca*) love–affair, intrigue.

intrinsecamente *avv.* intrinsically. **intrinseco** *a./s.* (*pl.* -ci/*ant.* -chi) I *a.* 1 intrinsic, essential, inherent: *qualità –a* intrinsic quality; *valore* ~ intrinsic value. 2 (*intimo*) intimate, close: *amicizia –a* close friendship. II *s.m.* 1 (*sostanza*) essence, heart, core: *guardare all'* ~ *delle cose* to care for the essence of things. 2 (*persona intima*) intimate (friend). **intrinsichezza** *f.* ⟨*non com*⟩ intimacy.

intrisi → intridere. **intriso** (*p.p. di intridere*) *a.* 1 soaked, soaking, dripping, drenched. 2 (*bagnato*) wet (*di* with), bathed, soaked (in): *mani –e di sangue* blood–soaked hands.

intristire *v.i.* (**intristisco, intristisci**; *aus.* essere) 1 (*rif. a persone: deperire*) to languish, to droop, to pine. 2 (*rif. a piante*) to wilt, to wither. **intristito** *a.* 1 (*rif. a persone: deperito*) in decline, languishing, wasting. 2 (*rif. a piante*) withered, wilted.

introdotto (*p.p. di introdurre*) *a.* 1 ⟨*fig*⟩ well–known, with many contacts, well–connected: *essere bene* ~ *nell'ambiente giornalistico* to be well–known in journalistic circles. 2 (*esperto*) well–acquainted (*in* with), with a good knowledge (of), well up (on). **introduco** → introdurre.

introdurre *v.t.* (**introduco, introduci; introdussi, introdotto**; → **condurre**) 1 to put, to insert, to introduce: ~ *la chiave nella toppa* to put (*o* insert) the key in the keyhole; (*infilare*) to slip, to slide. 2 (*fare entrare*) to show, to usher, to let in: *lo introdusse dal direttore* he showed him into the manager's office. **3** (*diffondere*) to introduce, to bring in: ~ *un nuovo uso* to bring in a new custom. **4** ⟨*fig*⟩ (*iniziare a uno studio*) to introduce (*a, in* to): ~ *qd. alla matematica* to introduce s.o. to mathematics. **5** (*inserire*) to introduce: ~ *una descrizione in un racconto* to introduce a description into a story. **6** ⟨*Comm*⟩ (*importare*) to import. **7** ⟨*Gramm*⟩ to introduce: *questa congiunzione introduce una proposizione temporale* this conjunction introduces a time clause. **introdursi** *v.r.* **1** (*rif. a persone: penetrare*) to enter (*in qc.* s.th.), to get (in, into); (*entrare furtivamente*) to steal, to creep, to slip: *s'introdusse nottetempo nel giardino* he stole into the garden in the dead of night; (*con la forza*) to break, to force one's way (in). **2** (*diffondersi*) to be introduced, to become popular (in): *questa moda s'introdusse in Italia nell'ottocento* this style became popular in Italy in the nineteenth century. □ ~ *di contrabbando* to smuggle in; ⟨*Comm*⟩ ~ *sul mercato* to put on the market.

introdussi → **introdurre. introduttivo** *a.* introductory: *capitolo* ~ introductory chapter. **introduzione** *f.* **1** introduction: *l' ~ di una nuova moda* the introduction of a new fashion; ~ *di una legge* introduction of a law; ~ *alla fisica* introduction to physics. **2** ⟨*Inform*⟩ input, entry: ~ *dei dati* data input.

introflessione *f.* ⟨*Anat*⟩ introflection. **introflesso** *a.* introflexed. **introflettersi** *v.r.* (m'**introfletto**) to introflex.

introiezione *f.* ⟨*Psic*⟩ introjection.

introitare *v.t.* (**introito**) ⟨*burocr*⟩ to collect, to cash. **introito** *m.* **1** (*incasso*) collection, encashment; (*provento*) proceeds *pl*, receipts *pl*, takings *pl*, returns *pl*; (*entrata*) income, revenue. **2** ⟨*Lit*⟩ introit.

intromettersi *v.r.* (**mi intromisi, intromesso**) **1** (*immischiarsi*) to interfere, to meddle, ⟨*fam*⟩ to butt in: *non intrometterti nei nostri discorsi* don't butt in when we're talking. **2** (*interporsi*) to come, to intervene: *intromettersi tra due litiganti* to come between two quarrellers. **intromissione** *f.* **1** (*intervento*) intervention; (*mediazione*) mediation. **2** (*ingerenza*) interference, intrusion, meddling.

intronare *v.t.* (**introno**) to deafen: *le vostre grida mi hanno intronato* your shouts have deafened me; (*intontire*) to stun, to daze.

introspettivamente *avv.* introspectively. **introspettivo** *a.* introspective. **introspezione** *f.* ⟨*Filos,Psic*⟩ introspection.

introvabile *a.* not to be found, unfindable: *il libro è* ~ the book cannot (*o* is not to) be found.

introversione *f.* ⟨*Psic*⟩ introversion. **introverso** (*p.p. di introvertere*) **I** *a.* introvert(ed), introversive. **II** *s.m.* (*f.* -a) introvert. **introvertere** *v.t.* (no past tense; *p.p.* **introverso**) to introvert. **introvertersi** *v.r.* to become introverted. **introvertire** *v.* (**introvertisco, introvertisci**) → **introvertere. introvertito I** *a.* ⟨*Psic*⟩ introvert(ed), introversive. **II** *s.m.* (*f.* -a) introvert.

intrufolare *v.t.* (**intrufolo**) ⟨*fam*⟩ to slip, to slide, to thrust. **intrufolarsi** *v.r.* to slip (in), to slide, to sneak: *s'intrufolò tra la folla* he slipped in among the crowd.

intrugliare *v.t.* (**intruglio, intrugli**) ⟨*fam*⟩ to mix, to concoct; (*rif. a vino*) to adulterate. **intrugliarsi** *v.r.* (*invischiarsi*) to get involved (*o* mixed up). **intruglio** *m.* **1** (*rif. a liquidi*) brew, slop. **2** ⟨*fig*⟩ (*rif. a scritti, discorsi*) jumble, mix-up, mess, muddle. **3** ⟨*fig*⟩ (*imbroglio*) intrigue, shady business.

intruppamento *m.* **1** joining up. **2** ⟨*concr*⟩ (*gruppo di persone*) band, crowd, troop. **intrupparsi** *v.r.* **1** to join the troop. **2** ⟨*spreg*⟩ (*imbrancarsi*) to fall in, to associate, to herd in (*con* with).

intrusione *f.* intrusion (*anche Geol.*). **intrusivo** *a.* ⟨*Geol*⟩ intrusive: *rocce* -e intrusive rocks. **intruso** *m.* (*f.* -a) intruder.

intubazione *f.* ⟨*Med*⟩ intubation.

intubettare *v.t.* (**intubetto**) to put into tubes. **intubettatrice** *f.* tube–filling machine.

intuibile *a.* intuitable. **intuibilità** *f.* capacity of being known by intuition. **intuire** *v.t.* (**intuisco, intuisci**) to know by intuition, to sense, to guess (at), to intuit.

intuitivamente *avv.* intuitively, by intuition. **intuitivismo** *m.* ⟨*Filos*⟩ → **intuizionismo. intuitività** *f.* intuitiveness. **intuitivo** *a.* intuitive: *conoscenza* -*a* intuitive knowledge; *verità* -*a* intuitive truth. □ ⟨*Scol*⟩ *metodo* ~ (*metodo globale*) direct method. **intuito** *m.* **1** intuition: *capire per* ~ to know by intuition. **2** (*perspicacia*) insight. **intuizione** *f.* **1** intuition: *l' ~ del male* the intuition of evil. **2** (*presentimento*) presentiment, foreboding: *ebbe l' ~ del pericolo* he had a presentiment of danger. **intuizionismo** *m.* ⟨*Filos,Mat*⟩ intuitionism. **intuizionista** *m./f.* intuitionist.

intumescente *a.* intumescent. **intumescenza** *f.* intumescence. **intumidire** *v.i.* (**intumidisco, intumidisci**; *aus.* **essere**) to become tumid.

inturbantato *a.* wearing a turban.

inturgidimento *m.* swelling (up), turgescence. **inturgidire** *v.i.* (**inturgidisco, inturgidisci**; *aus.* **essere**), **inturgidirsi** *v.r.* to swell (up), to become turgid.

inula *f.* ⟨*Bot*⟩ inula. **inulina** *f.* ⟨*Chim*⟩ inulin.

inumanamente *avv.* inhumanely. **inumanità** *f.* **1** inhumanity. **2** (*atto inumano*) (act of) inhumanity. **inumano** *a.* inhuman(e). □ *ambiente* ~ inhuman environment.

inumare *v.t.* to inhume, to bury. **inumazione** *f.* inhumation, burial.

inumidimento *m.* dampening, moistening. **inumidire** *v.t.* (**inumidisco, inumidisci**) to dampen, to moisten: ~ *la biancheria* to dampen the laundry; *s'inumidì le labbra* he moistened his lips. **inumidirsi** *v.r.* to become damp (*o* wet), to grow moist.

inurbamento *m.* urbanization.

inurbanamente *avv.* uncivilly, rudely, impolitely. **inurbanità** *f.* incivility, rudeness, impoliteness. **inurbano** *a.* uncivil, rude, impolite: *modi -i* uncivil manners.

inurbarsi *v.r.* **1** (*trasferirsi in città*) to move to the town. **2** ⟨*fig*⟩ (*incivilire*) to become refined, to acquire polish.

inusitato *a.* unusual, uncommon.

inutile *a.* **1** useless, ⟨*pred*⟩ no use (*o* good): *discorsi -i* useless talk; *è ~ che tu insista* it's no use your insisting. **2** (*superfluo*) pointless, unnecessary, superfluous. **3** (*rif. a persona: improduttivo*) useless, ineffectual. □ *bocca* ~ (*mangiapane a ufo*) hanger–on, sponger; ~ *dire* needless to say; *è* ~, *non ci riuscirò mai* it's no good, I'll never succeed. **inutilità** *f.* **1** uselessness; (*l'essere vano*) futility. **2** (*l'essere superfluo*) pointlessness. **3** (*rif. a persone*) uselessness, ineffectualness. **inutilizzabile** *a.* useless, unserviceable, ⟨*pred*⟩ (of) no use. **inutilizzato** *a.* unused. **inutilmente** *avv.* uselessly.

invadente I *a.* intrusive, interfering, pushing. **II** *s.m./f.* intruder, ⟨*fam*⟩ nosey parker, ⟨*fam*⟩ busybody. **invadenza** *f.* intrusiveness. **invadere** *v.t.* (**invasi, invaso**) **1** to invade: *gli eserciti invasero il paese* the armies invaded the land. **2** (*entrare in folla*) to rush, to burst, to swarm into (*o* onto): *i tifosi invasero il campo* the fans swarmed onto the playing field. **3** (*inondare*) to flood. **4** (*funestare*) to overrun: *le cavallette invasero la regione* the locusts overran the region. **5** ⟨*fig*⟩ (*diffondersi*) to invade, to spread throughout; (*rif. a tenebre*) to engulf, to fill; (*rif. a mode, a vizi, ad abitudini*) to invade, to lay hold of. **6** (*sconfinare*) to invade, to encroach upon, to trespass upon: ~ *il campo di qd.* to invade s.o.'s field, to encroach (*o* trespass) upon s.o.'s territory. □ ⟨*Comm*⟩ ~ *il mercato* to invade (*o* flood) the market.

invaghirsi *v.r.* (**mi invaghisco, ti invaghisci**) **1** to become infatuated (*di* with): *si è invaghito di una compagna di scuola* he became infatuated with a school friend. **2** (*incapricciarsi*) to take a fancy (to), to be attracted (by), to become fond (of): *mi sono invaghito di questa casetta* I have taken a fancy to this house.

invalere *v.i.* (**invalgo, invali; invalsi, invalso;** → **valere**; *aus.* **essere**; generally used only in the 3rd person singular and plural and the past participle) to become established, to take root.

invalicabile *a.* insurmountable, insuperable.

invalidabile *a.* ⟨*Dir*⟩ that can be invalidated. **invalidamento** *m.* **1** invalidation, invalidating. **2** (*an-*

nullamento) nullification, annulment. **invalidare** *v.t.* (**invalido**) **1** ⟨*Dir*⟩ to invalidate: ~ *una prova* to invalidate evidence. **2** (*dichiarare nullo*) to annul, to make null and void. **invalidità** *f.* **1** ⟨*Med*⟩ (*per mutilazione*) disablement, disability; (*invalidità cronica*) invalidism, (chronic) infirmity. **2** ⟨*Dir*⟩ invalidity. □ ⟨*Assic*⟩ *grado d'* ~ degree of invalidity; ~ *al lavoro* inability to work; *percentuale di* ~ disability percentage; ~ *permanente* permanent disablement; ~ *totale* (o *assoluta*) total disability. **invalido I** *a.* **1** (*per mutilazione o ferita*) invalid, disabled: *ha il padre* ~ he has an invalid father; (*per malattia*) invalid, infirm. **2** ⟨*Dir*⟩ invalid, (null and) void: *testamento* ~ invalid will. **II** *s.m.* (*f.* **-a**) **1** invalid, disabled person. **2** ⟨*Mil*⟩ disabled serviceman, invalid soldier. □ *grande* ~ seriously disabled person; ~ *di guerra* disabled serviceman.

invalsi, invalso → invalere.

invano *avv.* in vain, vainly, to no purpose (o end), uselessly: *i medici hanno lottato* ~ *contro il male* the doctors fought the disease in vain.

invariabile *a.* **1** invariable: *leggi* –*i* invariable laws. **2** (*costante*) steady, constant. **3** ⟨*Gramm*⟩ indeclinable, uninflected: *sostantivo* ~ indeclinable noun. **invariabilità** *f.* invariability, constancy, steadiness. **invariabilmente** *avv.* invariably. **invarianza** *f.* ⟨*Fis*⟩ invariance. **invariato** *a.* unchanged.

invasare¹ *v.t.* to fill, to lay hold of, to grip, to overcome: *essere invasato dall'ira* to be filled (o seething) with rage; (*rif. al demonio*) to possess.

invasare² *v.t.* **1** (*mettere in vaso*) to put into a vase (o pot); (*rif. a piante*) to (put in a) pot. **2** (*rif. a bacini*) to fill, to flood. **3** ⟨*Mar*⟩ to cradle.

invasato *a.* **1** possessed: *essere* ~ *dal demonio* to be possessed by the devil. **2** (*fortemente turbato*) like ‘one possessed’ (o a madman), in a fury (o frenzy): *si agitava come un* ~ he flung himself about like a madman.

invasatura *f.* **1** (*il mettere in vaso*) putting into a vase (o pot); (*rif. a piante*) potting. **2** ⟨*Mar*⟩ (launching) cradle.

invasi → invadere. **invasione** *f.* **1** invasion: *un'* ~ *nemica* an enemy invasion. **2** (*l'entrare in folla*) bursting (into, upon), storming, swarming. **3** (*inondazione*) flooding. **4** ⟨*fig*⟩ (*diffusione*) invasion, spread. **5** ⟨*Med*⟩ invasion. □ ⟨*Stor*⟩ –*i barbariche* barbarian invasions; ⟨*Sport*⟩ ~ *del campo* invasion of the (playing) field.

invaso¹ *m.* **1** ⟨*Giard*⟩ potting. **2** ⟨*Idr*⟩ (*capacità di un serbatoio*) storage; (*afflusso dell'acqua in un serbatoio*) filling.

invaso² → invadere.

invasore I *s.m.* invader. **II** *a.* invading.

invecchiamento *m.* **1** ageing (*anche tecn.*): *prova d'* ~ ageing test. **2** ⟨*fig*⟩ ageing; (*il passare di moda*) going out of date, dating: ~ *di una moda* dating of a style. **3** ⟨*Enol*⟩ ageing, maturing. **invecchiare** *v.* (*invecchio*, **invecchi**) **I** *v.i.* (*aus.* **essere**) **1** to age, to grow old; (*assumere l'aspetto di vecchio*) to age, to look older. **2** ⟨*fig*⟩ (*passare di moda*) to age, to go out of date, to date. **3** ⟨*Alim,Enol*⟩ to age, to mature. **II** *v.t.* **1** to age. **2** (*fare apparire vecchio*) to age, to make look older: *questa acconciatura t'invecchia* this hair style makes you look older. **3** ⟨*Alim,Enol*⟩ to age, to mature: ~ *artificialmente i vini* to age wine artificially. □ *un libro che non invecchierà mai* a book which will always be read. **invecchiato** *a.* **1** aged, older-looking. **2** ⟨*fig*⟩ (*superato*) out-of-date, old-fashioned, obsolete: *un vocabolario ormai* ~ an out-of-date dictionary. □ *sembra* ~ *di dieci anni* he looks ten years older.

invece (o *in vece*) *avv.* but, instead: *speravo di trovare un posto e* ~ *il treno era affollato* I hoped to find a seat but the train was crowded; (*anzi*) on the contrary, (*mentre*) whereas, while. □ ~ *che* instead of: ~ *che a scuola andò a giocare* instead of going to school he went off to play; ~ *di* instead of: ~ *di Maria è venuta sua sorella* Mary's sister came instead of her; ~ *di lei* instead of her, in her place (o stead).

inveire *v.i.* (**inveisco**, **inveisci**; *aus.* **avere**) to inveigh (*contro* against), to rail (against, at): *inveiva contro il governo* he railed against the government. □ ~ *contro il*

destino to curse one's fate.

invelenire *v.* (**invelenisco**, **invelenisci**) **I** *v.t.* to envenom, to embitter. **II** *v.i.* (*aus.* **essere**), **invelenirsi** *v.r.* to become embittered. **invelenito** *a.* embittered, envenomed.

invendibile *a.* unsal(e)able: *merce* ~ unsaleable merchandise.

invendicato *a.* unavenged, unrevenged.

invenduto I *a.* unsold. **II** *s.m.* unsold goods *pl.*

inventare *v.t.* (**invento**) **1** to invent. **2** (*escogitare*) to invent, to think up (o of), to devise: ~ *un nuovo gioco* to think up a new game. **3** (*pensare o dire cose non vere*) to make up, to invent, to fabricate: *si è inventato tutto* he made it all up. □ *inventarne di tutti i colori* to ‘come up with’ (o get up to) all sorts of tricks; *inventarne una ogni giorno* to be always coming up with something new; ~ *di sana pianta* to make s.th. up (from start to finish); ⟨*fig*⟩ *non ha inventato la polvere* that's no discovery.

inventariare *v.t.* (**inventario**, **inventari**) to inventory, to make an inventory of. **inventario** *m.* inventory; ⟨*Comm*⟩ stock–taking. □ ⟨*Dir*⟩ *beneficio d'* ~ benefit of inventory; ~ *fallimentare* bankruptcy inventory; *fare l'* ~ to take (o make, draw up) an inventory; ⟨*Comm*⟩ to take stock; *operazioni d'* ~ taking of an inventory; ⟨*Comm*⟩ stock–taking.

inventato *a.* **1** (*creato con la fantasia*) fictitious, invented: *personaggio* ~ fictitious character. **2** (*falso*) made up, fabricated. **inventiva** *f.* inventiveness, creativity. □ *ricco d'* ~ inventive, imaginative. **inventivo** *a.* inventive, creative: *capacità* –*a* inventiveness, creativity. **inventore** *m.* (*f.* **-trice**) inventor (*f* –tress). **invenzione** *f.* **1** invention: *l'* ~ *del telegrafo senza fili* the invention of the wireless; *un'interessante* ~ an interesting invention. **2** (*menzogna*) lie, falsehood, story: *questa è una mera* ~ this is a downright lie. **3** ⟨*Mus,Ret*⟩ invention. **4** ⟨*Dir*⟩ finding. □ ~ *brevettata* patented invention; *ricco d'* ~ inventive, imaginative.

inverdire *v.i.* (**inverdisco**, **inverdisci**; *aus.* **essere**), **inverdirsi** *v.r.* to turn (o become) green, to green.

inverecondia *f.* shamelessness, immodesty. **inverecondo** *a.* **1** shameless, immodest. **2** (*sfacciato*) unashamed, impudent.

invergare *v.t.* (**invergo**, **inverghi**) ⟨*Tess*⟩ to lease. **invergatura** *f.* lease.

inverminire *v.i.* (**inverminisco**, **inverminisci**; *aus.* **essere**), **inverminirsi** *v.r.* to become infested with worms, to grow worm–ridden.

invernale *a.* **1** winter–: *i mesi* –*i* the winter months; *sport* –*i* winter sports. **2** (*simile all'inverno*) wintry. □ *la stagione* ~ winter, wintertime. **invernamento** *m.* (*in apicoltura*) wintering. **invernata** *f.* winter, wintertime. **invernengo** (o *invernengo*) *a.* (*pl.* **-ghi**) ⟨*Agr*⟩ winter–.

inverniciare, e der. → verniciare, e der.

inverno *m.* winter. □ *nel cuore dell'* ~ in the heart (o depths) of winter; *d'* ~: **1** (*in inverno*) in winter; **2** (*invernale*) winter–, winter's: *vestito d'* ~ winter suit; *Palazzo d'* ~ (*a Leningrado*) Winter Palace.

invero (*rar. in vero*) *avv.* ⟨*lett*⟩ indeed, really, truly, ⟨*lett*⟩ in truth.

inverosimiglianza *f.* unlikelihood, improbability. **inverosimile** *a.* improbable, unlikely. □ *questa storia ha dell'* ~ this story sounds unlikely.

inversamente *avv.* inversely. **inversione** *f.* **1** reversal, inverting, inversion. **2** (*rif. a marcia*) reversal, reversing. **3** ⟨*Chim,Mat,Ret*⟩ inversion. **4** ⟨*Fot*⟩ reversal. **5** ⟨*Med*⟩ (sexual) inversion. □ ⟨*Strad*⟩ *divieto d'* ~. no U–turns; ⟨*El*⟩ ~ *di fase* phase inversion; ⟨*Fot*⟩ ~ *dell'immagine* reversal of the image; ⟨*Mar*⟩ ~ *della rotta* reversal of course, turnabout; ~ *di tendenza* reversal of trend, turnabout; ⟨*Med*⟩ ~ *dell'utero* inversion of the uterus. **inverso I** *a.* **1** inverse, inverted, reverse; (*contrario*) opposite, contrary: *in senso* ~ in the opposite direction. **2** ⟨*dial*⟩ (*di cattivo umore*) moody. **3** ⟨*Mat*⟩ inverse, inverted: *funzione* –*a* inverse function. **II** *s.m.* inverse, opposite, reverse, contrary.

invertebrati *m.pl.* ⟨*Zool*⟩ invertebrates *pl.* **invertebrato** *a.* **1** ⟨*Zool*⟩ invertebrate. **2** ⟨*fig*⟩ spineless, weak–kneed.

invertibile *a.* reversible, invertible. **invertire** *v.t.* (**inverto;** **inverti**) **1** to invert, to reverse; (*rif. a una collocazione*) to reverse (the order of), to change (in order, in position). **2** ⟨*fig*⟩ (*rovesciare*) to reverse, to upset. **3** ⟨*Chim, Mat*⟩ to invert. □ ⟨*Aut*⟩ ~ *la marcia* to reverse; ~ *le parti* to exchange roles (*anche fig.*); ⟨*Mar*⟩ ~ *la rotta* to ⌐bring a ship⌐ (*o come*) about. **invertito I** *a.* **1** reverse, inverted: *ordine* ~ reverse order. **2** ⟨*Chim*⟩ invert(ed): *zucchero* ~ invert sugar. **II** *s.m.* (*f.* **-a**) (*omosessuale*) invert. **invertitore** *m.* **1** ⟨*Mot*⟩ reversing gear. **2** ⟨*El*⟩ reverser, reversing switch, inverter. **3** ⟨*Inform*⟩ inverter.

investigare *v.* (**investigo, investighi**) **I** *v.t.* to investigate, to examine, to look (*o* inquire) into. **II** *v.i.* (*aus.* **avere**) to make investigations (*su* to, about), to inquire (into), to investigate (s.th.): *la polizia sta investigando* the police are investigating; (*fare ricerche*) to do research (into). **investigativo** *a.* investigating, investigative, inquiry–: *ufficio* ~ investigating office. □ *agente* ~ detective. **investigatore I** *s.m.* (*f.* **-trice**) **1** investigator, enquirer, researcher. **2** (*detective*) dectective: ~ *privato* private detective. **II** *a.* investigating, investigatory, of inquiry. **investigazione** *f.* investigation, examination, inquiry: ~ *giudiziaria* judicial inquiry.

investimento *m.* **1** ⟨*Econ*⟩ investment. **2** ⟨*Aut*⟩ (*scontro con persone*) knocking (*o* running) down; (*se il veicolo passa sopra il corpo*) running over. **3** ⟨*Mar*⟩ collision. □ ⟨*Econ*⟩ ~ **azionario** share investment, investment in stocks; ~ *in* **beni** *rifugio* non–monetary investment; ~ *di* **capitale** (capital) investment; ~ *di* **denaro** investment; ~ **diretto** direct investment; ~ *all'***estero** foreign (*o* overseas) investment; ~ *di* **portafoglio** portfolio investment.

investire *v.i.* (**investo**) **1** (*concedere: rif. a cariche e sim.*) to invest (*di* with); (*rif a feudi*) to enfeoff: ~ *qd. di un feudo* to invest s.o. with a fief, to enfeoff s.o.; ~ *qd. di un potere* to invest s.o. with a power. **2** (*incaricare*) to entrust, to assign, to charge: ~ *qd. di una questione* to entrust ⌐s.o. with a matter⌐ (*o* a matter to s.o.). **3** ⟨*Econ*⟩ to invest. **4** (*rif. a veicoli: scontrarsi con persone*) to knock (*o* run) down: *l'autobus ha investito tre persone* the bus knocked three people down; (*passando sopra il corpo*) to run over; (*scontrarsi*) to collide (with). **5** (*rif. a navi*) to collide with, to ram. **6** (*rif. a persone: assalire*) to attack, to assail: *lo investì con un diluvio di parolacce* he attacked him with a torrent of abuse. **7** ⟨*Mil*⟩ to invest, to lay siege to. **investirsi** *v.r.* **1** to be fully conscious (*di* of): *investirsi della propria autorità* to be fully conscious of one's authority. **2** (*immedesimarsi*) to identify o.s. (with), to live (s.th.): *investirsi di una parte* to live a part. □ ~ *in azioni* to invest in shares. **investitore** *m.* ⟨*Econ*⟩ investor: ~ **istituzionale** institutional investor. **investitura** *f.* (*rif. a feudi*) investiture, enfeoffment. □ ⟨*Stor*⟩ *lotta per le -e* War of Investitures.

inveterato *a.* **1** (*rif. a vizi e sim.*) inveterate, deep–rooted, ingrained: *un'abitudine -a* an inveterate habit. **2** (*rif. a persone*) incurable, confirmed: *scapolo* ~ confirmed bachelor.

invetriare *v.t.* (**invetrio, invetri**) ⟨*Ceram*⟩ to glaze. **invetriata** *f.* (*finestra*) glass window; (*porta*) glass door. **invetriato** *a.* ⟨*Ceram*⟩ glazed. **invetriatura** *f.* ⟨*Ceram*⟩ glaze, glazing.

invettiva *f.* invective.

inviare *v.t.* (**invio, invii**) **1** (*rif. a cose*) to send (off), to dispatch, to forward: ~ *una lettera* to send a letter; (*inoltrare*) to forward; (*alla redazione di un giornale e sim.*) to send in; (*per nave*) to ship. **2** (*rif. a persone*) to send, to dispatch: ~ *un corriere* to send a messenger. **3** (*trasmettere*) to send, to transmit. **inviato** *m.* (*f.* **-a**) **1** ⟨*Giorn*⟩ correspondent. **2** ⟨*Dipl*⟩ envoy. □ ⟨*Giorn*⟩ ~ *speciale* special correspondent: *dal nostro* ~ *speciale* from our special correspondent.

invidia *f.* envy: *crepare d'* ~ to be dying with envy. □ *destare l'* ~ *di qd.* to make s.o. envious, to arouse s.o.'s envy; *essere roso dall'* ~ to be eaten up with envy; *da fare* ~ enviable. **invidiabile** *a.* enviable, to be envied; (*eccellente*) excellent, splendid: *gode di una salute* ~ he enjoys excellent (*o* the best of) health. **invidiare** *v.t.* (**invidio, invidi**) to envy: *invidio la tua casa* I envy you

your house. □ *non* ~ *qc. a qd.* not to envy (*o* begrudge) s.o. s.th.; *non avere nulla da* ~ *a qd.* to be in no way inferior to s.o. **invidioso** *a.* envious: *sono -i di te* they ⌐are envious of⌐ (*o* envy) you.

invigliacchire *v.i.* (**invigliacchisco, invigliacchisci;** *aus.* **essere**), **invigliacchirsi** *v.r.* to become a coward.

invigorimento *m.* strengthening, invigoration. **invigorire** *v.* (**invigorisco, invigorisci**) **I** *v.t.* to invigorate, to strengthen (*anche fig.*). **II** *v.i.* (*aus.* **essere**), **invigorirsi** *v.r.* to gain strength, to be strengthened (*o* invigorated).

invilire *v.* (**invilisco, invilisci**) **I** *v.t.* **1** to debase; (*scoraggiare*) to cause to lose heart. **2** (*rif. a valore, a prezzo: sminuire*) to cheapen, to depreciate, to lower. **II** *v.i.* (*aus.* **essere**), **invilirsi** *v.r.* **1** (*divenire vile*) to become cowardly (*o* faint–hearted), to lose heart. **2** (*perdere stima*) to be lowered (*o* degraded).

inviluppamento *m.* **1** (*l'inviluppare*) wrapping (up), enveloping; (*l'invilupparsi*) wrapping o.s. up. **2** ⟨*concr*⟩ (*viluppo*) tangle. **inviluppare** *v.t.* to wrap (up), to envelop. **invilupparsi** *v.r.* **1** to wrap o.s. up, to envelop o.s. **2** ⟨*fig*⟩ to become entangled (*o* involved), to get mixed up: *invilupparsi in difficoltà* to get involved in a difficult situation. **inviluppo** *m.* **1** (*ciò che inviluppa*) wrapper, wrapping, cover(ing). **2** (*intrico*) tangle.

INVIM = *imposta comunale sull'incremento di valore degli immobili* communal tax on increases of real estate value.

invincibile *a.* **1** invincible, unbeatable: *esercito* ~ invincible army. **2** ⟨*fig*⟩ invincible, unswerving: *fede* ~ unswerving faith. **invincibilità** *f.* invincibility. **invincibilmente** *avv.* invincibly.

invio *m.* **1** sending, dispatch(ing): ~ *di denaro* sending of money; (*per posta*) posting, mailing; (*alla redazione di un giornale e sim.*) sending in. **2** (*rif. a merci*) delivery, shipment. **3** (*singola spedizione*) shipment, consignment, delivery. **4** ⟨*Metr*⟩ envoi, envoy.

inviolabile *a.* inviolable. **inviolabilità** *f.* inviolability. **inviolato** *a.* inviolate(d).

inviperire *v.i.* (**inviperisco, inviperisci;** *aus.* **essere**), **inviperirsi** *v.r.* to become furious. **inviperito** *a.* furious, enraged.

invischiare *v.t.* (**invischio, invischi**) **1** to lime. **2** ⟨*fig*⟩ to involve, to mix up, to get: ~ *qd. in una faccenda poco pulita* to get s.o. into a shady business. **invischiarsi** *v.r.* **1** to be caught (*o* snared). **2** ⟨*fig*⟩ to become involved, to get mixed up.

inviscidire *v.i.* (**inviscidisco, inviscidisci;** *aus.* **essere**) to become slimy (*o* viscous).

invisibile *a.* invisible. □ ⟨*scherz*⟩ *si è fatto* ~ he has vanished (*o* disappeared from circulation). **invisibilità** *f.* invisibility.

inviso *a.* disliked, hated (*a* by); (*malvisto*) unpopular (with).

invitante *a.* inviting, pleasant, attractive. **invitare** *v.t.* **1** to invite, to ask (*a, in* to): ~ *qd. a pranzo* to invite s.o. to dinner. **2** (*pregare di intervenire*) to invite. **3** (*pregare, chiedere*) to ask, to request, to invite: *lo invitò a salire sul palco* he requested him to come up on to the platform. **4** (*ingiungere*) to enjoin; (*esortare*) to invite, to urge, to encourage. **5** ⟨*fig*⟩ (*invogliare*) to invite, to induce, to tempt, to entice. **6** ⟨*assol*⟩ (*nelle carte: chiamare*) to call (*a* for). **invitarsi** *v.r.* to invite o.s., to come unasked (*o* uninvited). □ *La invito ad andarsene* please (*o* kindly) leave; ~ *a ballare una ragazza* to ask a girl to (*o* for a) dance; ~ *qd. a casa propria* to ask (*o* invite) s.o. in. **invitato** *m.* (*f.* **-a**) guest. **invito** *m.* **1** invitation: ~ *a pranzo* invitation to dinner. **2** ⟨*concr*⟩ (*cartoncino d'invito*) invitation (card). **3** (*esortazione*) exhortation, urging. **4** ⟨*fig*⟩ (*allettamento*) lure, call, invitation, inducement. **5** ⟨*Sport*⟩ (*nella scherma, nel pugilato*) invitation. **6** (*nel gioco delle carte: posta*) stake, stakes *pl.* □ *solo su* ~ by invitation only.

in vitro *lat. m.* in vitro: *coltura* ~ in vitro culture.

invitto *a.* ⟨*lett*⟩ **1** unconquered; (*invincibile*) invincible. **2** (*indomito*) indomitable, unswerving.

in vivo *lat. m.* in vivo.

invocare *v.t.* (**invoco, invochi**) **1** to invoke, to call upon:

~ *un santo* to invoke a saint. **2** (*chiedere*) to call (*o* ask) for, to cry (out) for: ~ *aiuto* to call for help. **3** (*appellarsi*) to invoke, to appeal to, to call (up)on: ~ *la legge a difesa dei propri diritti* to invoke the law in defence of one's rights. □ ~ *la testimonianza di qd.* to call on s.o. to give evidence. **invocativo** *a.* invocatory. **invocatore** I *s.m.* (*f.* **-trice**) invoker. II *a.* invoking, entreating, calling. **invocazione** *f.* **1** invocation, appeal. **2** (*grido*) cry, shout: *–i di aiuto* cries for help.

invogliare *v.t.* (**invoglio, invogli**) to tempt, to attract, to invite, to make want: ~ *a comprare* to tempt to buy; *questo sole invoglia a uscire* this sunshine makes one want to go out. **invogliarsi** *v.r.* (*incapricciarsi*) to take a fancy (*di* to). **invogliato** *a.* eager, desirous (*a* for), attracted (by): *essere ~ a qc.* to 'be eager' (*o* long) for s.th.

involare[1] *v.t.* (**involo**) (*lett*) to steal, to snatch. **involarsi** *v.r.* to vanish, to take flight, to fly away.

involare[2] *v.i.* (**involo;** *aus.* **avere**) (*Aer*) to take off.

involgarire *v.* (**involgarisco, involgarisci**) I *v.t.* to render vulgar. II *v.i.* (*aus.* **essere**), **involgarirsi** *v.r.* to become vulgar.

involgere *v.t.* (**involgo, involgi, involsi, involto**) (*avvolgere*) to wrap (up): ~ *un regalo in un foglio di carta* to wrap a gift in a sheet of paper.

involo *m.* (*Aer*) take off.

involontariamente *avv.* involuntarily, unintentionally. **involontario** *a.* involuntary, unintentional.

involsi → involgere.

involtare *v.t.* (**involto**) (*fam*) to wrap (up), to envelop. **involtarsi** *v.r.* (*avvolgersi*) to wrap o.s. **involtino** *m.* (*Gastr*) roulade: *–i di manzo* roulades of beef.

involto[1] *m.* package, parcel; (*fagotto*) bundle.

involto[2] → involgere, involvere.

involucro *m.* **1** cover(ing), wrapper, envelope; (*custodia*) case. **2** (*tecn*) envelope: ~ *di piombo* lead envelope. □ ~ *di protezione* housing, casing.

involutivo *a.* involutional, involution–: *fase –a* involutional phase. **involuto** (*p.p. di involvere*) *a.* involved, involute. **involuzione** *f.* **1** (*regresso*) regression, involution. **2** (*l'essere intricato*) complexity, intricacy, involution. **3** (*Biol*) involution. □ (*Med*) ~ *senile* senile involution. **involvere** *v.t.* (no preterite; *p.p.* **involto**/**involuto**) (*lett*) (*involgere*) to wrap (up), to envelop.

invulnerabile *a.* invulnerable (*anche fig.*). **invulnerabilità** *f.* invulnerability (*anche fig.*).

inzaccherare *v.t.* (**inzacchero**) to splash (*o* spatter) with mud. **inzaccherarsi** *v.r.* to get muddy (*o* spattered with mud). **inzaccherato** *a.* muddy, mud–splashed.

inzeppare[1] *v.t.* (**inzeppo**) to wedge.

inzeppare[2] *v.t.* (**inzeppo**) (*riempire*) to stuff, to cram, to fill to bursting: ~ *lo stomaco di cibo* to cram one's stomach with food; ~ *un saggio di citazioni* to cram an essay with quotations. **inzepparsi** *v.r.* to stuff o.s., to gorge o.s.

inzolfare *v.t.* (**inzolfo**) to sulphur. **inzolfatoio** *m.* sulphurator. **inzolfatura** *f.* sulphuration.

inzotichire *v.i.* (**inzotichisco, inzotichisci;** *aus.* **essere**) to become uncouth, to grow boorish.

inzuccarsi *v.r.* (**mi inzucco, ti inzucchi**) (*intestardirsi*) to get it into one' head.

inzuccherare *v.t.* (**inzucchero**) to sugar: ~ *il caffè* to sugar coffee; (*cospargere di zucchero*) to (sprinkle with) sugar. □ ~ *la pillola* to sugar the pill. **inzuccherato** *a.* sugared; (*cosparso di zucchero*) sprinkled with sugar.

inzuppare *v.t.* **1** to soak: ~ *i biscotti nel latte* to soak biscuits in milk. **2** (*infradiciare*) to drench, to soak. **inzupparsi** *v.r.* **1** to become soaked. **2** (*infradiciarsi*) to be soaked, to get wet through (*o* to the skin), to get drenched (*o* soaking wet). **inzuppato** *a.* (*bagnato*) drenched, wet, soaking, soaked, dripping (with).

io I *pron.pers.sogg.* (*atono*: usually omitted when it precedes the verb) I: *vorrei andarmene* I should like to go away; ~ *sottoscritto* I the undersigned. **2** (*tonico*) I, (*fam,esclam*) me: ~ *e la mia amica abbiamo cenato insieme* my friend and I had supper together; *sono stato* ~ *a volerlo* it was me who wanted it; *chi mi chiama? – sono* ~ who's calling me? – it's me; *anch'* ~ I too, also I,

(*fam*) me too. II *s.m.* (*Filos,Psic*) ego. □ ~ *assoluto* absolute ego; *non* ~ non–ego; ~ *per me* as far as I'm concerned, speaking for myself; *non sono più* ~ I am no longer myself (*o* what I used to be).

iodato I *s.m.* (*Chim*) iodate. II *a.* iodized, iodated: *sale* ~ iodized salt. **iodico** *a.* (*pl.* **-ci**) iodic: *acido* ~ iodic acid. **iodidrato** *m.* (*Chim*) iodhydrate. **iodio** *m.* (*Chim*) iodine. □ *tintura di* ~ tincture of iodine. **iodurazione** *f.* iodization. **ioduro** *m.* (*Chim*) iodide.

ioga *m.* yoga.

iogurt *m.* yog(h)urt.

iode *m.* (*Anat*) hyoid bone.

iodismo *m.* (*Med*) iodism, poisoning by iodine. **iodoformio** *m.* (*Chim*) iodoform. **iodoterapia** *f.* (*Med*) iodotherapy.

iole *f.* (*Mar*) **1** (*nelle navi mercantili*) jolly bat, yawl. **2** (*imbarcazione sportiva*) gig.

ione *m.* (*Fis*) ion.

Ionia *N.pr.f.* (*Geog.stor*) Ionia.

ionico[1] *a./s.* (*pl.* **-ci**) (*Stor.gr*) I *a.* Ionic, Ionian: *colonna –a* Ionic column. II *s.m.* **1** (*dialetto*) Ionic. **2** (*metro ionico*) ionic.

ionico[2] *a.* (*pl.* **-ci**) (*del mar Ionio*) Ionian.

ionico[3] *a.* (*pl.* **-ci**) (*Chim,Fis*) ionic.

ionio *m.* (*Fis*) ionium.

Ionio *N.pr.m.* (*Geog*) (*anche mar Ionio*) Ionian Sea.

ionizzante *a.* ionizing: *radiazione* ~ ionizing radiation. **ionizzare** *v.t.* (*Fis*) to ionize. **ionizzato** *a.* ionized: *gas* ~ ionized gas. **ionizzazione** *f.* ionization.

ionoforesi *f.* (*Med*) iontophoresis.

ionometro *m.* (*Chim*) ionometer.

ionosfera *f.* (*Astr*) ionosphere.

ionoterapia *f.* ion therapy.

iosa *a* ~ (*in gran quantità*) (*pred*) galore.

iota *m./f.inv.* iota, letter j.

iotacismo *m.* (*Filol*) iotacism.

ipallage *f.* (*Ret*) hypallage.

ipecacuana *f.* (*Bot*) ipecacuanha, ipecac.

iper|acidità *f.* (*Med*) hyperacidity. **~acusia** *f.* hyperacusia, hyperacusis. **~acuto** *a.* hyperacute. **~alimentazione** *f.* hyperalimentation, overfeeding. **~attività** *f.* hyperactivity. **~attivo** *a.* hyperactive. **~azotemia** *f.* (*Med*) hyperazotemia.

iperbarico *a.* (*pl.* **-ci**) (*Fis*) hyperbaric: *camera –a* hyperbaric chamber.

iperbato *m.* (*Ret*) hyperbaton.

iperbole *f.* **1** (*Ret*) hyperbole. **2** (*estens*) (*esagerazione*) exaggeration, overstatement. **3** (*Mat*) hyperbola. **iperbolico** *a.* (*pl.* **-ci**) **1** (*Ret*) hyperbolic(al). **2** (*estens*) (*esagerato*) exaggerated, overstated, excessive. **3** (*Mat*) hyperbolic(al). **iperboloide** *m.* (*Mat*) hyperboloid.

iperboreo *a.* (*poet*) hyperborean.

iper|calorico *a.* (*pl.* **-ci**) rich (*o* high) in calories. **~catalettico** *a.* (*pl.* **-ci**) (*Metr*) hypercatalectic. **~cinesi, ~cinesia** *f.* hypercinesia, hyperkinesia. **~cloridria** *f.* (*Med*) hyperchlorhydria. **~cloruria** *f.* hyperchloruria. **~correttismo** *m.* (*Ling*) hypercorrection. **~corretto** *a.* hypercorrect, overcorrect. **~critica** *f.* hypercriticism. **~criticismo** *m.* tendency to hypercriticism. **~critico** *a.* (*pl.* **-ci**) hypercritic(al). **~cromia** *f.* (*Med*) hyperchromia. **~dulia** *f.* (*Teol*) hyperdulia. **~eccitabile** *a.* overexcitable. **~emesi** *f.* (*Med*) hyperemesis. **~emia** *f.* hyper(a)emia. **~estesia** *f.* hyper(a)esthesia. **~focale** *a.* (*Fot*) hyperfocal. **~funzionante** *a.* hyperfunctioning. **~funzione** *f.* hyperfunction. **~glicemia** *f.* (*Med*) hyperglycemia. **~globulia** *f.* hyperglobulinemia.

iperico *m.* (*pl.* **-ci**) (*Bot*) Klamath weed.

iperinflazione *f.* hyperinflation.

ipermercato *m.* hypermarket.

ipermetria *f.* (*Med,Metr*) hypermetry. **ipermetro** *a.* (*Metr*) hypermetric(al).

iper|metrope I *a.* hypermetropic(al), hyperopic. II *s.m./f.* hypermetrope, hyperope. **~metropia** *f.* hypermetropia, hyperopia. **~nutrizione** *f.* hypernutrition.

iperone *m.* (*Fis*) hyperon.

iper|piressia *f.* hyperpyrexia. **~plasia** *f.* (*Biol*) hyperplasia. **~sensibile** *a.* hypersensitive; (*eccessivamente* *suscettibile*) oversensitive, touchy. **~sensibilità** *f.* hypersensibility; ⟨*estens*⟩ oversensitivity. **~sonico** *a.* (*pl.* -ci) ⟨*Fis*⟩ (*supersonico*) supersonic, hypersonic. **~sostentatore** *m.* ⟨*Aer*⟩ (wing) flap. **~spazio** *m.* ⟨*Mat*⟩ hyperspace. **~statico** *a.* (*pl.* -ci) ⟨*Edil*⟩ statically indeterminate. **~surrenalismo** *m.* ⟨*Med*⟩ hypersuprarenalism. **~tensione** *f.* ⟨*Med*⟩ hypertension: ~ *arteriosa* arterial hypertension. **~tensivo** *a.* hypertensive. **~termia** *f.* hyperthermia. **~teso** *a./s.m.* (*f.* -a) hypertensive. **~tiroideo I** *a.* hyperthyroid. **II** *s.m.* (*f.* -a) sufferer from hyperthyroidism. **~tiroidismo** *m.* hyperthyroidism. **~tonia** *f.* ⟨*Med*⟩ hypertonia. **~tonico** *a.* (*pl.* -ci) ⟨*Chim*⟩ hypertonic. **~tricosi** *f.* ⟨*Med*⟩ hypertrichosis. **~trofia** *f.* ⟨*Biol*⟩ hypertrophy. **~trofico** *a.* (*pl.* -ci) ⟨*Biol*⟩ hypertrophic. **~trofizzarsi** *v.r.* to hypertrophy. **~urbanismo** *m.* ⟨*Ling*⟩ hyperurbanism. **~uricemia** *f.* ⟨*Med*⟩ hyperuricemia. **~vitaminico** *a.* (*pl.* -ci) vitamin-rich, hypervitaminic. **~vitaminosi** *f.* hypervitaminosis.

ipnologia *f.* hypnology. **ipnologo** *m.* (*pl.* -gi; *f.* -a) hypnologist. **ipnopedia** *f.* sleep teaching; (*apprendimento*) sleep learning.

ipnosi *f.* hypnosis. **ipnoterapia** *f.* hypnotherapy. **ipnotico** *a./s.m.* (*pl.* -ci) hypnotic. **ipnotismo** *m.* hypnotism. **ipnotizzare** *v.t.* to hypnotize (*anche fig.*). **ipnotizzatore** *m.* (*f.* -trice) hypnotist, hypnotizer.

ipo|acusia *f.* ⟨*Med*⟩ hyp(o)acusis. **~alimentazione** *f.* hypoalimentation. **~allergico** *a.* (*pl.* -ci) ⟨*Cosmet*⟩ hypo-allergenic. **~azotide** *f.* ⟨*Chim*⟩ nitrogen tetroxide. **~calorico** *a.* (*pl.* -ci) low in calories, low-calorie-. **~centro** *m.* ⟨*Geol*⟩ focus. **~cinesi, ~cinesia** *f.* ⟨*Med*⟩ hypokinesis, hypocinesis, hypocinesia. **~cinetico** *a.* (*pl.* -ci) hypokinetic. **~cloridria** *f.* ⟨*Med*⟩ hypochlorhydria. **~clorito** *m.* ⟨*Chim*⟩ hypochlorite. **~cloroso**: *acido* ~ hypochlorous acid.

ipocondria *f.* ⟨*Psic*⟩ hypochondria, hypochondriasis. **ipocondriaco** *a./s.m.* (*pl.* -ci) ⟨*Psic*⟩ **I** *a.* hypochondriac(al). **II** *s.m.* (*f.* -a) hypochondriac. **ipocondrio** *m.* ⟨*Anat*⟩ hypochondrium.

ipocoristico *m.* ⟨*Ling*⟩ hypochorism.

ipocrisia *f.* hypocrisy. **ipocrita I** *s.m./f.* hypocrite. **II** *a.* hypocritical. **ipocritamente** *avv.* hypocritically.

ipo|derma *m.* ⟨*Anat*⟩ hypoderm(is). **~dermico** *a.* (*pl.* -ci) ⟨*Med*⟩ hypodermic: *iniezione* ~a hypodermic injection. **~dermoclisi** *f.* ⟨*Med*⟩ hypodermoclysis.

ipofisario *a.* ⟨*Anat*⟩ hypophysial, hypophyseal. **ipofisi** *f.* hypophysis.

ipo|fosfato *m.* ⟨*Chim*⟩ hypophosphate. **~fosfito** *m.* hypophosphite. **~gastrico** *a.* (*pl.* -ci) ⟨*Anat*⟩ hypogastric. **~gastrio** *m.* hypogastrium.

ipogeo I *s.m.* ⟨*Archeol*⟩ hypogeum. **II** *a.* hypogean, hypogeal.

ipo|glicemia [–gli–] *f.* ⟨*Med*⟩ hypoglycemia. **~glicemico** *a.* (*pl.* -ci) hypoglycemic. **~globulia** *f.* hypoglobulia. **~glosso** *m.* ⟨*Anat*⟩ hypoglossus. **~glottide** *f.* hypoglottis.

ipomea *f.* ⟨*Bot*⟩ ipom(o)ea, morning glory.

ipo|metrope I *a.* myopic. **II** *s.m./f.* myope. **~metropia** *f.* myopia. **~nitrito** *m.* ⟨*Chim*⟩ hyponitrite. **~nutrizione** *f.* hyponutrition, undernutrition. **~secrezione** *f.* ⟨*Med*⟩ hyposecretion. **~solfito** *m.* ⟨*Chim*⟩ hyposulphite.

ipostasi *f.* ⟨*Filos,Teol,Med*⟩ hypostasis. **ipostatico** *a.* (*pl.* -ci) hypostatic.

ipo|talamico *a.* (*pl.* -ci) ⟨*Anat*⟩ hypothalamic. **~talamo** *m.* hypothalamus.

ipoteca *f.* ⟨*Dir*⟩ mortgage. □ *accendere un'* ~ *su un fondo* to raise a mortgage on a property; *estinguere un'* ~ to redeem a mortgage; *garantire con un'* ~ to secure by a mortgage; *libero da* ~ unencumbered, free from encumbrances. **ipotecabile** *a.* mortgageable. **ipotecare** *v.t.* (**ipoteco, ipotechi**) ⟨*Dir*⟩ to mortgage. □ ⟨*fig*⟩ ~ *il futuro* to count one's chickens before they are hatched. **ipotecario** *a.* ⟨*Dir*⟩ mortgage: *mutuo* (*o prestito*) ~ mortgage loan. □ *creditore* ~ mortagagee; *debitore* ~ mortgager; *iscrizione* ~a registration of mortgage. **ipotecato** *a.* mortgaged.

ipotensione *f.* ⟨*Med*⟩ hypotension. **ipotensivo** *a.*

hypotensive. **ipoteso** *a./s.m.* (*f.* -a) ⟨*Med*⟩ hypotensive.

ipotenusa *f.* ⟨*Geom*⟩ hypot(h)enuse.

ipotesi *f.inv.* **1** (*supposizione*) hypothesis, assumption, supposition, conjecture. **2** ⟨*Mat,Filos*⟩ hypothesis. □ *nella migliore delle* ~ at best, should all go well; *nell'* ~ *che* if, in the case that: *nell'* ~ *che tutto vada male* if things (should) go badly; *nella peggiore delle* ~ if the worst comes (*o* should come) to the worst; *ammettiamo per* ~ *che* supposing that, suppose, let us assume (*o* suppose) that; (*se*) *per* ~ if by chance, if for example.

ipoteso *a./s.m.* (*f.* -a) ⟨*Med*⟩ hypotensive.

ipoteticamente *avv.* hypothetically. **ipotetico** *a.* (*pl.* -ci) hypothetical. □ ⟨*Gramm*⟩ *periodo* ~ conditional sentence.

ipo|tiposi *f.* ⟨*Ret*⟩ hypotyposis. **~tiroideo** *a./s.m.* (*f.* -a) ⟨*Med*⟩ hypothyroid. **~tiroidismo** *m.* hypothyroidism. **~tonia** *f.* ⟨*Med*⟩ hypotonia, hypotony. **~trofia** *f.* ⟨*Med,Bot*⟩ hypotrophy. **~vedente** *a.* visually handicapped. **~vitaminosi** *f.* ⟨*Med*⟩ hypovitaminosis.

ippica *f.* ⟨*Sport*⟩ horse racing. □ ⟨*fig,scherz*⟩ *darsi all'* ~ to go in for s.th. else, to take up knitting. **ippico** *a.* (*pl.* -ci) horse-, (*of o* relating to) horses: *concorso* ~ horse show; *gara* ~a horse-race.

ippocampo *m.* ⟨*Itt*⟩ sea horse.

ippocastano *m.* ⟨*Bot*⟩ horse chestnut (tree).

Ippocrate *N.pr.m.* ⟨*Stor*⟩ Hippocrates. **ippocratico** *a.* (*pl.* -ci) Hippocratic.

ippodromo (*o ippodromo*) *m.* **1** racecourse, race-track. **2** ⟨*Archeol*⟩ hippodrome.

ippoglosso *m.* ⟨*Itt*⟩ halibut.

ippogrifo *m.* ⟨*Lett*⟩ hippogriff, hippogryph.

ippopotamo *m.* ⟨*Zool*⟩ hippopotamus.

ippotrainato *a.* ⟨*Mil*⟩ horse-drawn, drawn by horses (*o* mules).

iprite *f.* ⟨*Chim*⟩ yperite, mustard gas.

ipsilon *m./f.inv.* **1** (*lettera dell'alfabeto greco*) ypsilon, letter y. **2** (*nell'alfabeto latino*) Y, the letter Y. □ *a* ~ Y-shaped.

ipso facto *lat. m.* immediately, at once.

ipsofono *m.* ⟨*Tel*⟩ (automatic) answering service. **ipsografo** *m.* ⟨*El*⟩ recording transmission, measuring set.

ipsometria *f.* ⟨*Geog*⟩ hypsometry. **ipsometrico** *a.* (*pl.* -ci) hypsometric(al). **ipsometro** *m.* hypsometer.

ira *f.* **1** wrath, anger, ⟨*lett*⟩ ire. **2** (*sdegno*) wrath. **3** ⟨*fig*⟩ (*rif. a venti e sim.*) fury, rage, anger: *l'* ~ *del mare* the fury of the sea. **4** ⟨*Teol*⟩ ire. □ *accendersi d'* ~ to fly into a rage; ~ *di Dio* wrath of God; *costare un'* ~ *di Dio* to cost a fortune; ⟨*fam*⟩ *essere un'* ~ *di Dio* to be a pest (*o* menace); ⟨*fam*⟩ *fare un'* ~ *di Dio* to raise the roof; ⟨*fam*⟩ *dire l'* ~ *di Dio di qd.* to tear s.o. apart; *successe l'* ~ *di Dio* all hell broke loose; *suscitare le* ~e *di qd.* to make s.o. angry, to arouse s.o.'s anger.

iracheno *a./s.m.* (*f.* -a) Iraqi, Iraki.

iracoidei, iracoidi *m.pl.* ⟨*Zool*⟩ hyracoids *pl.*

iracondia *f.* irascibility. **iracondo** *a.* irascible, quick-tempered, hot-tempered.

Iran *N.pr.m.* ⟨*Geog*⟩ Iran. **iraniano I** *a.* Iranian, Iranic. **II** *s.m.* (*f.* -a) Iranian. **iranico** *a./s.m.* (*pl.* -ci) **I** *a.* (*rif. all'antico Iran*) Iranian. **II** *s.m.* **1** (*lingua*) Iranian. **2** (*abitante; f.* -a) Iranian. **iranista** *m./f.* specialist in Iranian studies. **iranistica** *f.* Iranian studies.

Iraq *N.pr.m.* ⟨*Geog*⟩ Iraq, Irak.

irascibile *a.* irascible, quick-tempered. **irascibilità** *f.* irascibility, hot (*o* short) temper. **iratamente** *avv.* angrily. **irato** *a.* angry, furious: *parole* ~e angry words.

irbis *m.* ⟨*Zool*⟩ irbis.

Irene *N.pr.f.* Irene.

ireos *m.* ⟨*Bot*⟩ iris.

IRI = *Istituto per la ricostruzione industriale* Institution for Industrial Reconstruction.

iridacee *f.pl.* ⟨*Bot*⟩ iridaceae *pl.* **iridare** *v.t.* (**irido**) **1** (*tingere con i colori dell'iride*) to paint the colours of the rainbow. **2** (*conferire iridescenza*) to make iridescent, to iris. **iridato I** *a.* rainbow, rainbow-coloured, rainbow-hued. **II** *s.m.* ⟨*Sport*⟩ world cycling champion. □ ⟨*Sport*⟩ *maglia* ~a rainbow-striped jersey (awarded to a world cycling champion). **iride** *f.* **1** (*arcobaleno*) rainbow, ⟨*lett*⟩ iris: *i sette colori dell'* ~ the seven colours of the rainbow. **2** ⟨*Anat*⟩ iris. **3** ⟨*Bot*⟩ (*giaggiolo*) iris. **Iride** *N.pr.f.* ⟨*Mitol*⟩ Iris. **iridescente** *a.* iridescent. **iridescenza** *f.* iridescence.

iridio *m.* ⟨*Chim*⟩ iridium.

iridodiagnostica *f.* iridodiagnosis. **iridologia** *f.* iridology. **iridologo** *m.* (*pl.* -**gi**; *f.* -**a**) iridologist.

iris *f.* ⟨*Bot*⟩ iris.

irite *f.* ⟨*Med*⟩ iritis.

Irlanda *N.pr.f.* ⟨*Geog*⟩ Ireland; ⟨*Pol*⟩ Eire. □ ⟨*Pol*⟩ ~ *del Nord* Northern Ireland. **irlandese I** *a.* Irish. **II** *s.* **1** *m.* (*lingua*) Irish. **2** *m./f.* (*abitante*) Irishman (*f* –woman); *pl.* (*popolo*) the Irish (*costr. pl.*); *pl.* (*gruppo determinato*) Irish people: *tutti gli –i che io conosco* all the Irish people I know.

irochese I *a.* ⟨*Stor*⟩ Iroquois. **II** *s.m./f.* **1** Iroquoian. **2** *pl.* Iroquois.

ironia *f.* irony. □ *con* ~ ironically; *fare dell'* ~ to be ironical; *per* ~ ironically; ⟨*Filos*⟩ ~ *socratica* Socratic irony. **ironicamente** *avv.* ironically. **ironico** *a.* (*pl.* -**ci**) ironic(al): *sguardo* ~ ironic look. **ironizzare I** *v.t.* (*beffare*) to be ironical about, to ironize, to mock, to ridicule. **II** *v.i.* (*aus.* **avere**) to ironize, to speak (*o* write) ironically.

irosamente *avv.* angrily. **iroso** *a.* **1** angry. **2** (*incline all'ira*) irascible, hot–tempered.

IRPEF = *imposta sul reddito delle persone fisiche* personal income tax.

IRPEG = *imposta sul reddito delle persone giuridiche* tax on income of corporate bodies.

irradiamento *m.* **1** (*atto*) irradiation. **2** (*il prendere direzioni diverse*) radiation. **3** ⟨*Fis*⟩ (ir)radiation. **irradiare** *v.* (**irradio**, **irradi**) **I** *v.t.* **1** to irradiate, to shed (rays of) light on, to shine upon: *il sole irradia la terra* the sun irradiates the earth. **2** ⟨*estens*⟩ (*diffondere*) to radiate, to spread, to give off (*o* out): ~ *calore* to radiate heat. **3** ⟨*fig*⟩ (*illuminare*) to light up: *la gioia irradiava il suo volto* his face lit up with joy, his face shone (*o* beamed) with joy. **4** ⟨*Med*⟩ to irradiate. **II** *v.i.* (*aus.* **avere**) to radiate (*anche fig.*). **irradiarsi** *v.r.* **1** (*divergere*) to radiate. **2** ⟨*fig*⟩ (*propagarsi*) to spread. **irradiazione** *f.* **1** (ir)radiation: ~ *di calore* radiation of heat. **2** (*diffusione*) radiation, spreading (out). **3** ⟨*concr*⟩ (*energia irradiata*) radiation. **4** ⟨*Med*⟩ (*in patologia*) (ir)radiation. **irraggiamento** *m.* (ir)radiation. **irraggiare** *v.* (**irraggio**, **irraggi**) → **irradiare**.

irraggiungibile *a.* **1** unreachable, beyond one's reach; (*in corsa*) uncatchable, that cannot be caught up with. **2** ⟨*fig*⟩ (*irrealizzabile*) unattainable, unreachable: *meta* ~ unattainable goal. □ *desiderio* ~ pipe–dream.

irragionevole *a.* **1** (*non dotato di ragione*) irrational. **2** (*rif. a persona: che non vuole usare la ragione*) unreasonable. **3** (*non conforme a ragione*) irrational, unreasonable, senseless: *discorso* ~ irrational talk. **4** (*esagerato*) unreasonable, absurd, inordinate, exorbitant. **irragionevolezza** *f.* **1** (*rif. a cose*) irrationality, unreasonableness, senselessness. **2** (*rif. a persone*) unreasonableness, irrationality. **3** (*esagerazione*) unreasonableness, absurdity. **irragionevolmente** *avv.* unreasonably.

irrancidimento *m.* going rancid. **irrancidire** *v.i.* (**irrancidisco**, **irrancidisci**; *aus.* **essere**) to go (*o* turn) rancid.

irrazionale I *a.* irrational. **II** *s.m.inv.* irrational: *l'* ~ *nell'arte* the irrational in art. **irrazionalismo** *m.* ⟨*Filos*⟩ irrationalism. **irrazionalità** *f.* irrationality. **irrazionalmente** *avv.* irrationally.

irreale *a.* unreal; (*fantastico*) imaginary, dream–, fantastic: *vivere in un mondo* ~ to live in a dream world. **irrealizzabile** *a.* unrealizable. **irrealizzabilità** *f.* impracticability, impracticableness. **irrealtà** *f.* unreality.

irrecuperabile *a.* **1** irrecoverable, irretrievable. **2** ⟨*fig*⟩ irretrievable. **irrecuperabilità** *f.* irrecoverableness.

irrecusabile *a.* **1** unrefusable, irrecusable. **2** (*irrefutabile*) irrefutable.

irredentismo *m.* ⟨*Pol*⟩ irredentism. **irredentista I**

s.m./f. irredentist. **II** *a.* → **irredentistico**. **irredentistico** *a.* (*pl.* -**ci**) irredentist. **irredento** *a.* unredeemed.

irredimibile *a.* irredeemable (*anche Econ.*).

irrefrenabile *a.* uncontrollable, unrestrainable: *movimento* ~ uncontrollable movement. **irrefrenabilmente** *avv.* uncontrollably, irrepressibly.

irrefutabile *a.* irrefutable, indisputable. **irrefutabilità** *f.* irrefutability. **irrefutabilmente** *avv.* irrefutably.

irreggimentare *v.t.* (*irreggimento*) to regiment (*anche fig.*). **irreggimentazione** *f.* regimentation (*anche fig.*).

irregolare I *a.* **1** irregular: *lineamenti –i* irregular facial features; ⟨*Gramm*⟩ *nomi –i* irregular nouns; ⟨*Mil*⟩ *formazione* ~ irregular troops, irregulars *pl.* **2** (*non uniforme*) irregular, erratic, uneven: *terreno* ~ uneven ground; *passo* ~ irregular step. **3** (*in contrasto con le norme morali*) irregular, disorderly: *condotta* ~ irregular conduct. **4** (*contrario al regolamento*) irregular, against the rules, out of order. **5** ⟨*Dir*⟩ (*illecito*) illegal, unlawful, illicit: *unione* ~ unlawful union. **6** ⟨*Sport*⟩ foul, not according to the rules, irregular. **II** *s.m.* irregular. □ ⟨*Sport*⟩ *carica* ~ foul. **irregolarità** *f.* **1** irregularity. **2** (*concr*) (*cosa, azione irregolare*) irregularity; (*reato*) offence; (*peculato*) embezzlement, misappropriation: ~ *amministrativa* embezzlement of public funds. **3** (*mancanza di uniformità*) irregularity, unevenness, erraticism. **4** (*l'essere in contrasto con le norme morali*) irregularity, disorderliness. **5** ⟨*Dir*⟩ (*illiceità*) illegality, unlawfulness. **6** ⟨*Sport*⟩ foul(ing), breach of rules. **irregolarmente** *avv.* irregularly.

irreligione *f.* irreligion. **irreligiosamente** *avv.* irreligiously. **irreligiosità** *f.* irreligiousness, irreligiosity. **irreligioso** *a.* irreligious.

irremovibile *a.* inflexible, unshakable, unyielding: *decisione* ~ unshakable decision. □ *volontà* ~ iron will. **irremovibilità** *f.* unshakableness, inflexibility. **irremovibilmente** *avv.* unshakably, firmly.

irreparabile *a.* **1** irreparable: *danno* ~ irreparable damage. **2** (*inevitabile*) inevitable. **irreparabilità** *f.* **1** irreparableness. **2** (*inevitabilità*) inevitability. **irreparabilmente** *avv.* irreparably; (*inevitabilmente*) inevitably.

irreperibile *a.* impossible to find, nowhere to be found. □ *rendersi* ~ to disappear (into thin air); ⟨*fam,scherz*⟩ to make o.s. scarce. **irreperibilità** *f.* impossibility of finding.

irreprensibile *a.* irreproachable, irreprehensible; (*inappuntabile*) impeccable, flawless. **irreprensibilità** *f.* irreproachableness, irreprehensibility; (*inappuntabilità*) flawlessness. **irreprensibilmente** *avv.* irreproachably; (*in modo inappuntabile*) faultlessly, impeccably.

irrepugnabile *a.* incontrovertible, irrefutable: *prove –i* irrefutable evidence.

irrequietezza *f.* restlessness, uneasiness, fretfulness, fidgeting. **irrequieto** *a.* restless, uneasy, fretful, fidgety: *una scolaresca –a* a restless class.

irresistibile *a.* irresistible: *esercitare un fascino* ~ to have irresistible charm. **irresistibilmente** *avv.* irresistibly.

irresolubile *a.* **1** insoluble, indissoluble. **2** ⟨*fig*⟩ insoluble, unsolvable: *problema* ~ unsolvable problem. **irresolutamente** *avv.* irresolutely. **irresolutezza** *f.* irresolution, indecision, uncertainty. **irresoluto** *a.* irresolute, undecided, uncertain.

irrespirabile *a.* **1** impossible to breathe, unbreathable; (*che sa di rinchiuso*) stuffy; (*afoso*) stifling. **2** ⟨*fig*⟩ stifling, oppressive.

irresponsabile *a.* irresponsible (*anche Dir.*). **irresponsabilità** *f.* irresponsibility. **irresponsabilmente** *avv.* irresponsibly.

irrestringibile *a.* unshrinkable.

irretire *v.t.* (**irretisco**, **irretisci**) **1** to (catch with a) net. **2** ⟨*fig*⟩ to lure, to trap, to (en)snare.

irretroattivo *a.* ⟨*Dir*⟩ non–retroactive, not–retroactive.

irreversibile *a.* ⟨*Med,Biol,Chim*⟩ irreversible. **irreversibilità** *f.* irreversibility (*anche Med.*). □ ⟨*Econ*⟩ ~ *della pensione* non–transferability of a pension.

irrevocabile *a.* irrevocable. **irrevocabilità** *f.* irrevocability. **irrevocabilmente** *avv.* irrevocably. **irrevocato** *a.* unrevoked.

irriconoscìbile *a.* unrecognizable. **irriconoscibilmẹnte** *avv.* unrecognizably.

irrìdere *v.t.* (irrìsi/irrìsi, irrìso) ⟨*lett*⟩ to scorn, to mock, to deride.

irriducìbile *a.* **1** irreducible, inflexible, unshakable: *volontà* ∼ unshakable will. **2** ⟨*Mat,Med*⟩ irreducible. **irriducibilità** *f.* **1** irreducibility, unshakableness. **2** ⟨*Mat,Med*⟩ irreducibility.

irriflessiọne *f.* thoughtlessness, heedlessness. **irriflessìvo** *a.* thoughtless, heedless, unreflecting.

irrigàbile *a.* irrigable. **irrigàre** *v.t.* (irrìgo, irrìghi) **1** to irrigate: ∼ *i campi* to irrigate the fields. **2** (*rif. a corsi d'acqua: bagnare*) to flow through (*o* across). **3** ⟨*Med*⟩ to irrigate. □ ∼ *a pioggia* to spray. **irrigatọre I** *s.m.* (f. -trice) irrigator (*anche Med.*). **II** *a.* irrigation-, irrigational: *canale* ∼ irrigation canal. □ ∼ *da giardino* lawn sprinkler; ∼ *rotativo* circular (*o* revolving) sprayer; ⟨*Med*⟩ ∼ *vaginale* vaginal irrigator. **irrigatọrio** *a.* irrigational, irrigation-. **irrigaziọne** *f.* irrigation (*anche Med.*). □ ∼ *antibrina* frost protection irrigation; *impianto d'* ∼ irrigation system (*o* plant); ∼ *a pioggia* (*o per aspersione*) spray (*o* sprinkler) irrigation; ∼ *per sommersione* irrigation by flooding.

irrigidimẹnto *m.* **1** stiffening. **2** (*rif. a clima, stagione e sim.: atto*) turning colder; (*effetto*) increasing cold. **3** ⟨*fig*⟩ (*ostinazione*) persistence, obstinacy. **irrigidìre** *v.* (irrigidìsco, irrigidìsci) **I** *v.t.* **1** to stiffen, to make stiff: *il freddo mi ha irrigidito le gambe* the cold has stiffened my legs (*o* made my legs stiff). **2** (*rif. a clima, stagione e sim.*) to make colder, to turn harsher. **II** *v.i.* (aus. essere) to become rigid (*o* stiff), to stiffen: ∼ *dal freddo* to become stiff from the cold. **irrigidìrsi** *v.r.* **1** to become rigid (*o* stiff), to stiffen. **2** (*rif. a clima, stagione e sim.*) to become (*o* turn) colder, to grow harsher (*o* sharper, more severe). **3** ⟨*fig*⟩ (*ostinarsi*) to stick obstinately (to), to be stubborn (about), to stand (by). □ *irrigidirsi sull'attenti* to stand stifly at attention.

irriguardọso *a.* disrespectful, irreverent.

irrìguo *a.* **1** (well-)irrigated, well-watered: *zone* –*e* well-irrigated areas; *coltura* –*a* irrigated cultivation. **2** (*che riguarda l'irrigazione*) irrigation-; (*rif. a fiume e sim.*) irriguous. □ *acqua* –*a* irrigation water; *canale* ∼ irrigation channel; *terreni* –*i* irrigated land.

irrilevànte *a.* insignificant, slight, negligible, unimportant: *i danni sono* –*i* the damage is slight.

irrimediàbile *a.* irreparable, irretrievable, irremediable: *errore* ∼ irreparable mistake. **irrimediabilmẹnte** *avv.* irremediably.

irrinunciàbile *a.* **1** which cannot be renounced. **2** ⟨*Dir*⟩ inalienable: *diritti* –*i* inalienable rights.

irripetìbile *a.* unrepeatable. **irripetibilità** *f.* uniqueness.

irrìsi (*o irrìsi*) → **irridere. irrisiọne** *f.* (*scherno*) derision, mockery, sneering. **irrìso** → **irridere.**

irrisolutẹzza *f.* → **irresolutezza. irrisolụto** *a.* → **irresoluto.**

irrisọrio *a.* **1** derisive, scornful, mocking: *sguardo* ∼ derisive look. **2** (*di scarso valore*) ridiculous, trifling, trivial, insignificant: *danno* ∼ insignificant damage. □ *a prezzi irrisori* at ridiculously low prices.

irrispettosamẹnte *avv.* disrespectfully. **irrispettọso** *a.* disrespectful.

irritàbile *a.* **1** irritable, easily annoyed. **2** ⟨*Med*⟩ (*sensibile*) irritable, abnormally sensitive. **irritabilità** *f.* **1** irritability. **2** ⟨*Med*⟩ irritability, undue sensitiveness. **irritànte I** *a.* **1** irritating, annoying, provoking. **2** ⟨*Med*⟩ irritant. **II** *s.m.* ⟨*Med*⟩ irritant. **irritàre** *v.t.* (ìrrito) **1** to irritate, to provoke, to nettle: *le tue sciocche osservazioni mi irritano* your silly comments irritate me. **2** ⟨*Med*⟩ (*produrre un'infiammazione*) to irritate, to inflame: *il fumo irrita gli occhi* smoke irritates the eyes. **irritàrsi** *v.r.* **1** to become (*o* get) irritated, to get angry. **2** ⟨*Biol*⟩ to become irritated. □ ∼ *i nervi di qd.* to get on s.o.'s nerves. **irritàto** *a.* **1** irritated, impatient (*con, contro* with). **2** ⟨*Med*⟩ (*infiammato*) inflamed, irritated; (*rif. alla gola*) sore. **irritaziọne** *f.* **1** irritation, vexation, annoyance. **2** ⟨*Med*⟩ (*infiammazione*) inflammation, irritation; (*rif. alla gola*) soreness.

irriverẹnte *a.* irreverent. **irriverentemẹnte** *avv.* irreverently. **irriverẹnza** *f.* irreverence.

irrobustìre *v.t.* (irrobustìsco, irrobustìsci) to strengthen. **irrobustìrsi** *v.r.* to become (*o* grow) stronger, to strengthen o.s.

irrọmpere *v.i.* (*p.rem.* irrụppi; no past participle or compound tenses) **1** to burst, to break (*in* in, into): *il nemico irruppe nella città* the enemy burst into the city; (*fluire, riversarsi*) to pour, to stream: *le acque irrompevano nei campi* the water poured into the fields; *gli studenti irruppero nell'aula* the students streamed into the hall. **2** ⟨*fig*⟩ to break out.

irroràre *v.t.* (irrọro) **1** to wet, to bathe: *le lacrime le irroravano il volto* tears bathed her cheeks. **2** (*spruzzare, aspergere*) to spray, to sprinkle. **irroratọre** *m.* ⟨*Giard*⟩ (*apparecchio*) sprinkler (system). **irroratrìce** *f.* ⟨*Agr*⟩ (*macchina*) sprayer, spraying machine. □ ∼ *a motore* motor sprayer; ∼ *portatile* piston sprayer; ∼ *a zaino* knapsack sprayer. **irroraziọne** *f.* spraying, sprinkling.

irruẹnte *a.* **1** impetuous, vehement: *temperamento* ∼ impetuous temperament. **2** ⟨*lett*⟩ (*irrompente*) bursting, rushing: *acque* –*i* rushing (*o* streaming) waters. **irruẹnza** *f.* **1** (*impeto*) rush, impetus. **2** ⟨*fig*⟩ (*l'essere impetuoso*) impetuosity, vehemence. □ *con* ∼ impetuously.

irrụppi → **irrompere.**

irruvidimẹnto *m.* roughening. **irruvidìre** *v.* (irruvidìsco, irruvidìsci) **I** *v.t.* to roughen, to make rough. **II** *v.i.* (aus. essere), **irruvidìrsi** *v.r.* **1** to roughen, to become rough. **2** ⟨*fig*⟩ to become tough, to grow coarse. **irruvidìto** *a.* **1** rough: *pelle* –*a* rough skin. **2** ⟨*fig*⟩ rough, coarse.

irruziọne *f.* **1** irruption, bursting (*o* breaking) in, rush: *l'* ∼ *delle acque* the rush of the waters. **2** (*invasione*) invasion, storming. □ *fare* ∼ to burst (*o* break) in(to).

irsụto *a.* hairy, shaggy, hirsute: *mento* ∼ hairy chin.

ìrto *a.* **1** bristly, shaggy. **2** ⟨*fig*⟩ (*pieno*) fraught, bristling, filled, thick (*di* with): ∼ *di difficoltà* fraught with difficulties; (*rif. a oggetti aguzzi*) spiked, bristling (with); *spiaggia* –*a di scogli* beach filled (*o* bristling) with jagged rocks.

Isabẹlla *N.pr.f.* Isabella, Isabel.

Isàcco *N.pr.m.* ⟨*Bibl*⟩ Isaac.

isàgoge *f.* ⟨*lett*⟩ isagoge. **isagọgico** *a.* (*pl.* -ci) isagogic(al).

Isàia *N.pr.m.* ⟨*Bibl*⟩ Isaiah.

isatìna *f.* ⟨*Chim*⟩ isatin.

ìsba, isbà *f.* isba, izba.

isbàglio: *per* (o *in*) ∼ in error, by mistake.

Iscariọta *N.pr.m.* ⟨*Bibl*⟩ Iscariot.

ischemìa *f.* ⟨*Med*⟩ isch(a)emia. **ischẹmico** *a.* (*pl.* -ci) isch(a)emic.

ischialgìa *f.* ⟨*Med*⟩ ischialgia. **ischiàtico** *a.* (*pl.* -ci) ischiatic. **ìschio** *m.* ⟨*Anat*⟩ ischium.

iscrìtto[1]: *per* (o *in*) ∼ in writing: *mettere qc. per* ∼ to put s.th. (down) in writing, ⟨*fam*⟩ to put s.th. (down) in black and white.

iscrìtto[2] (*p.p. di iscrivere*) **I** *a.* enrolled, registered. **II** *s.m.* (f. -a) person enrolled (*o* registered); (*rif. a circoli, partiti e sim.*) member, trade-unionist; ∼ *al sindacato* union member; (*rif. a gare, concorsi e sim.*) entrant, competitor.

iscrìvere *v.t.* (iscrìssi, iscrìtto) **1** to register, to enter; (*far ammettere*) to enrol(l): ∼ *i figli in una scuola* to enroll one's children in a school; (*rif. a gare, concorsi e sim.*) to enter. **2** (*registrare*) to record, to register: ∼ *un'ipoteca* to register a mortgage. **3** ⟨*Univ*⟩ to register; (*immatricolare*) to matriculate. **iscrìversi** *v.r.* **1** to join (s.th.), to become a member (of): *iscriversi a un partito* to join (*o* become a member of) a party; (*rif. a gare, concorsi e sim.*) to enter (for). **2** ⟨*Univ,Scol*⟩ to enrol(l), to register: *mi sono iscritto alla facoltà di chimica* I enrolled in the chemistry faculty. □ ∼ *all'ordine del giorno* to put on the agenda. **iscriziọne** *f.* **1** enrolment, registration (*a* in), joining (of); (*di gare, concorsi e sim.*) entry. **2** (*registrazione*) registration: ∼ *del prestito* registration of the loan. **3** (*scritta incisa*) inscription. **4** ⟨*Univ*⟩ registration; (*immatricolazione*) matriculation. □ *fare domanda d'* ∼ to apply for admission, to submit an application; (*rif. a* *gare, concorsi e sim.*) to apply to enter; (*rif. a circoli, partiti e sim.*) to apply ⌈to join⌉ (*o* for membership); ~ *ipotecaria* registration of a mortgage; *modulo d'* ~ application form; ~ *sepolcrale* sepulcral inscription; *tassa d'* ~: 1 admission (*o* entrance) fee; 2 (*rif. a circoli, partiti e sim.*) membership fee; 3 ⟨*Univ*⟩ matriculation fee.

Iside *N.pr.f.* ⟨*Mitol*⟩ Isis.

islam *m.* ⟨*Rel*⟩ Islam. **islamico** *a.* (*pl.* -ci) Islamic. **islamismo** *m.* 1 (*religione islamica*) Islamism. 2 (*civiltà islamica*) Islam. **islamista** *m./f.* Islamist. **islamita** *m./f.* (*seguace dell'islamismo*) Islamite. **islamizzazione** *f.* Islamization.

Islanda *N.pr.f.* ⟨*Geog*⟩ Iceland. **islandese I** *a.* Icelandic. **II** *s.* 1 *m.* (*lingua*) Icelandic. 2 *m./f.* (*abitante*) Icelander.

Ismaele *N.pr.m.* ⟨*Bibl*⟩ Ishmael. **ismaelita I** *a.* (*arabo*) Ishmaelitish, Ishmaelitic. **II** *s.m./f.* Ishmaelite.

isoalino: ⟨*Geog*⟩ *linea* –*a* isohaline.

isobara *f.* ⟨*Geog*⟩ isobar. **isobarico** *a.* (*pl.* -ci) ⟨*Fis,Geog*⟩ isobaric. **isobaro** *a.* ⟨*Fis*⟩ isobaric.

isobata *f.* ⟨*Geog*⟩ isobath.

isocianico *a.* (*pl.* -ci) ⟨*Chim*⟩ isocyanic.

isoclina *f.* ⟨*Geog*⟩ isoclinal (line), isoclinic (line). **isoclinale** *a.* isoclinal.

isocromatico *a.* (*pl.* -ci) ⟨*Ott*⟩ isochromatic.

isocronismo *m.* ⟨*Fis*⟩ isochronism. **isocrono** *a.* isochronous.

isodinamico *a.* (*pl.* -ci) isodynamic. **~dinamismo** *m.* ⟨*Fisiol*⟩ isodynamic law. **~elettrico:** ⟨*El*⟩ *punto* ~ isoelectric point.

isoglossa *f.* ⟨*Ling*⟩ isogloss.

isogona *f.* ⟨*Geog*⟩ isogonic (line), isogonal. **isogono** *a.* isogonic.

isoieta *f.* ⟨*Geog*⟩ isohyet. **~ipsa** *f.* contour (*o* level) line.

isola *f.* 1 island, ⟨*lett,poet*⟩ isle. 2 (*isolato*) block; ⟨*Strad*⟩ (safety) island, pedestrian island. 3 ⟨*fig*⟩ island: ~ *linguistica* linguistic island. 4 ⟨*Anat*⟩ island, islet. □ ⟨*Geog*⟩ *Isole britanniche* British Isles; ⟨*Geog*⟩ ~ *corallina* coral island; ⟨*Strad*⟩ ~ *pedonale* traffic-free zone, pedestrians–only zone; ⟨*Geog*⟩ ~ *vulcanica* volcanic island.

isolabile *a.* isolable, isolatable. **isolamento** *m.* 1 isolation (*anche Pol.*). 2 (*solitudine*) loneliness. 3 (*rif. a malati*) isolation. 4 ⟨*Fis*⟩ insulation. □ ~ *acustico* soundproofing; ⟨*Edil*⟩ deadening; ⟨*Med*⟩ *reparto (di)* ~ isolation ward; ⟨*Stor*⟩ *splendido* ~ splendid isolation; ~ *termico* thermal insulation.

isolano I *a.* island-, insular. **II** *s.m.* (*f.* -a) islander.

isolante I *a.* ⟨*Fis*⟩ insulating, insulation-: *materiale* ~ insulating material. **II** *s.m.* 1 ⟨*Fis*⟩ insulator. 2 ⟨*Chim*⟩ insulating material. □ ~ *acustico* soundproofing material, deadening; ~ *termico* insulating material, thermic insulant. **isolare** *v.t.* (*isolo*) 1 (*separare*) to isolate, to separate, to detach. 2 ⟨*fig*⟩ (*privare di amicizie, appoggi e sim.*) to isolate, to cut off. 3 ⟨*Pol,Chim*⟩ to isolate. 4 ⟨*Fis*⟩ to insulate. **isolarsi** *v.r.* 1 to cut o.s. off, to keep to o.s., to withdraw, to live apart. 2 ⟨*Pol*⟩ to become isolationist. □ ~ *acusticamente* to sound-proof.

isolato[1] *a.* 1 (*appartato*) isolated, set apart: *un luogo* ~ an isolated (*o* out-of-the-way) place; *cima* –*a* isolated peak; (*tagliato fuori*) cut off, stranded. 2 (*singolo*) isolated, unique: *caso* ~ isolated case. 3 ⟨*Fis*⟩ insulated. 4 ⟨*Acu*⟩ soundproofed.

isolato[2] *m.* 1 (*in urbanistica*) block. 2 ⟨*Sport*⟩ independent, free-lance.

isolatore *m.* ⟨*El*⟩ insulator.

isolazionismo *m.* ⟨*Pol*⟩ isolationism. **isolazionista I** *s.m./f.* isolationist. **II** *a.* → **isolazionistico**. **isolazionistico** *a.* (*pl.* -ci) isolationist.

isoletta *f.* islet, small island.

isomeria *f.* ⟨*Chim*⟩ isomerism. **isomerizzazione** *f.* ⟨*Chim*⟩ isomerization. **isomero** *a.* isomeric.

iso|metrico *a.* (*pl.* -ci) isometric(al). □ ⟨*Min*⟩ *sistema* ~ isometric system. **~morfico** *a.* (*pl.* -ci) isomorphic, isomorphous. **~morfismo** *m.* ⟨*Mat,Chim*⟩ isomorphism. **~morfo** *a.* isomorphic, isomorphous.

isopodi *m.pl.* ⟨*Zool*⟩ isopods *pl.*

isoscele *a.* ⟨*Geom*⟩ isosceles: *triangolo* ~ isosceles triangle.

isostasi, isostasia *f.* ⟨*Geol*⟩ isostasy, isostacy.

iso|terma *a.* ⟨*Geog*⟩ isotherm, isothermal line. **~termico** *a.* (*pl.* -ci) isothermic. **~tonia** *f.* ⟨*Chim*⟩ isotonicity. **~tonico** *a.* (*pl.* -ci) isotonic. **~topia** *f.* isotopy. **~topico** *a.* (*pl.* -ci) isotopic, isotope–.

isotopo *m.* ⟨*Chim*⟩ isotope. □ ~ *radioattivo* radioisotope.

isotropia *f.* ⟨*Fis*⟩ isotropy. **isotropo** *a.* isotropic, isotropous.

Isotta *N.pr.f.* Iseult, Isolde.

ispanico *a.* (*pl.* -ci) Hispanic. **ispanismo** *m.* ⟨*Ling*⟩ Hispanism, Hispanicism. **ispanista** *m./f.* Hispanist. **ispano** *a.* 1 Hispanic. 2 (*nelle parole composte*) Hispano–.

ispano-americano *a.* Hispano–American, Spanish–American.

ispessimento *m.* thickening. **ispessire** *v.t.* (*ispessisco, ispessisci*) to thicken. **ispessirsi** *v.r.* to thicken, to become thicker.

ispettivo *a.* inspective, inspecting, inspectional. **ispettorato** *m.* 1 (*carica*) inspectorship, inspectorate. 2 (*ente*) inspectorate, bureau (*o* board) of inspection. 3 (*sede*) inspectorate. □ ~ *del lavoro* Department of Labour; ~ *provinciale del lavoro* district department of labour.

ispettore *m.* (*f.* -trice) inspector, overseer, supervisor, ⟨*burocr*⟩ surveyor: ~ *di polizia* police inspector. □ ~ *capo* chief inspector; ~ *di dogana* customs inspector; ~ *delle finanze* revenue inspector; ~ *di reparto* floor–walker, shop–walker; ~ *scolastico* school inspector; ⟨*Comm*⟩ ~ *delle vendite* sales supervisor; ⟨*Comm*⟩ ~ *di zona* field supervisor (*o* manager).

ispezionare *v.t.* (*ispeziono*) 1 to inspect: ~ *una scuola* to inspect a school. 2 (*esaminare*) to inspect, to examine, to investigate; (*controllare*) to inspect, to check. 3 (*perlustrare*) to inspect, to scout, to reconnoitre, to patrol. **ispezione** *f.* 1 inspection. 2 (*esame*) inspection, examination, investigation; (*controllo*) inspection, check, check–up. □ ⟨*Mil*⟩ *d'* ~ duty-, orderly-: *capitano d'* ~ duty (*o* orderly) captain; *fare un'* ~ to hold (*o* carry out) an inspection; ⟨*Comm*⟩ ~ *dei libri* audit, auditing; ~ *scolastica* school inspection.

ispidezza *f.* 1 bristliness, shagginess. 2 ⟨*fig*⟩ (*scontrosità*) intractability, roughness. **ispido** *a.* 1 bristly, shaggy: *capelli* –*i* bristly hair. 2 ⟨*fig*⟩ (*scontroso*) bristly, intractable.

ispirare *v.t.* 1 (*suscitare*) to inspire, to arouse: ~ *fiducia a qd.* to inspire ⌈confidence in s.o.⌉ (*o* s.o. with confidence). 2 (*eccitare la fantasia*) to inspire, to fire: *i poeti sono ispirati dalle muse* poets are inspired by the Muses. 3 (*suggerire, dettare*) to inspire, to prompt, to suggest, to dictate. **ispirarsi** *v.r.* to be inspired (*a* by). **ispirato** *a.* 1 inspired: *un poeta* ~ an inspired poet. 2 ⟨*estens*⟩ (*estasiato*) rapturous, enraptured, ecstatic: *sorriso* ~ rapturous smile. 3 (*improntato*) full (*a* of), inspired, marked (by): *discorso* ~ *a sentimenti di amicizia* speech inspired by friendly sentiments. **ispiratore I** *s.m.* (*f.* -trice) inspirer. **II** *a.* inspiring: *parole ispiratrici di nobili sentimenti* words inspiring (*o* arousing) noble sentiments.

ispirazione *f.* 1 inspiration: *attingere* ~ *dalla natura* to draw one's inspiration from nature. 2 (*consiglio, suggerimento*) dictate, suggestion, prompting: *le* –*i del cuore* the promptings of one's heart. 3 (*idea felice*) good idea, happy thought, ⟨*fam*⟩ inspiration: *mi venne l'* ~ *di andare da lui* I had the good idea of going to see him. 4 (*tendenza, indirizzo*) tendency, leaning: *d'* ~ *socialista* tending (*o* leaning) towards Socialism.

Israele *N.pr.m.* ⟨*Geog*⟩ Israel. **israeliano** *a./s.m.* (*f.* -a) Israeli. **israelita I** *s.m./f.* (*ebreo*) Jew (*f* Jewess), ⟨*lett*⟩ Israelite. **II** *a.* → **israelitico**. **israelitico** *a.* (*pl.* -ci) Jewish, ⟨*lett*⟩ Israelite.

issa *intz.* heave ho, heave away. **issare** *v.t.* to hoist, to heave (*anche Mar.*): *il bagaglio fu issato sul tetto della macchina* the luggage was heaved onto the car roof; (*rif. a* *bandiera*) to hoist. **issarsi** *v.r.* to pull o.s. up, to hoist o.s.

issopo *m.* ⟨*Bot*⟩ hyssop.

istallare *e der.* → **installare** *e der.*

istamina *f.* ⟨*Biol*⟩ histamin(e). **istaminico** *a.* (*pl.* -ci) histaminic.

Istanbul *N.pr.f.* ⟨*Geog*⟩ Istanbul.

istantanea *f.* ⟨*Fot*⟩ snapshot, ⟨*fam*⟩ snap. **istantaneamente** *avv.* instantaneously. **istantaneità** *f.* instantaneousness; (*immediatezza*) immediacy, instancy. **istantaneo** *a.* instantaneous: *la morte fu –a* death was instantaneous. □ *fotografia –a* → **istantanea. istante** *m.* 1 instant, moment: *il rumore durò un* ~ the noise lasted an instant. 2 (*breve spazio di tempo*) minute, moment: *sarò assente solo pochi –i* I shall only be gone for a few minutes. □ *all'* ~ at the moment; (*immediatamente*) immediately, instantly, on the instant; *in un* ~ in an instant, ⟨*fam*⟩ in a jiffy (*o* sec); *in quel preciso* ~ in that very instant.

istanza *f.* 1 (*petizione*) petition, instance, application. 2 (*insistenza*) insistency, urgency, earnest solicitation. □ *cedere alle –e di* qd. to yield to s.o.'s entreaties; ~ *fallimentare* (*o di fallimento*) petition in bankruptcy; *presentare un'* ~ to make a petition; *respingere un'* ~ to reject an application; ⟨*Dir*⟩ *giudizio di seconda* ~ judgement on appeal; ⟨*Dir*⟩ *tribunale di ultima* ~ court of final jurisdiction.

ISTAT = *Istituto centrale di statistica* Central Statistics Office.

istaurare *e der.* → **instaurare** *e der.*

isterectomia *f.* ⟨*Chir*⟩ hysterectomy.

isteresi (*o isteresi*) *f.* ⟨*Fis*⟩ hysteresis.

isteria *f.* ⟨*Psic*⟩ hysteria. **istericamente** *avv.* hysterically. **isterico** *a./s.* (*pl.* -ci) I *a.* ⟨*Psic*⟩ hysterical (*anche estens.*): *crisi –a* hysterical attack, hysterics *pl* (*costr. sing.*). II *s.m.* (*f.* -a) ⟨*Psic*⟩ hysteric (*anche estens.*). □ *avere un attacco* ~ to have hysterics.

isterilire *v.t.* (*isterilisco, isterilisci*) 1 to make barren , to sterilize. 2 ⟨*fig*⟩ to dry up, to wither, to devitalize. **isterilirsi** *v.r.* 1 to become barren (*o* sterile). 2 ⟨*fig*⟩ to dry up, to become unproductive, to lose vitality. **isterilito** *a.* barren, unfruitful, unproductive (*anche fig.*).

isterismo *m.* ⟨*Psic*⟩ hysteria; (*attacco isterico*) hysterics *pl* (*costr. sing.*). □ ~ *collettivo* mass hysteria.

isteroscopia *f.* ⟨*Med*⟩ hysteroscopy. **isteroscopio** *m.* hysteroscope. **isterotomia** *f.* ⟨*Chir*⟩ hysterotomy.

istigare *v.t.* (*istigo/istigo, istighi/istighi*) to instigate, to incite, to stir up: ~ qd. *a fare del male* to incite s.o. to do wrong. **istigatore** I *s.m.* (*f.* -trice) instigator. II *a.* instigating, of incitement. **istigazione** *f.* instigation, incitement. □ ~ *a delinquere* incitement to crime; ~ *alla prostituzione* procuring; ~ *al suicidio* incitement to commit suicide.

istillare *v.t.* to instil (*anche fig.*). **istillazione** *f.* 1 ⟨*Med*⟩ instillation. 2 ⟨*fig,poet*⟩ instilling.

istintivamente *avv.* instinctively, by instinct. **istintività** *f.* instinctivity. **istintivo** *a.* instinctive, spontaneous: *una reazione –a* an instinctive reaction.

istinto *m.* instinct (*anche estens.*): ~ *di conservazione* instinct of self-preservation; *i bassi –i degli uomini* man's base instincts; ~ *degli affari* business instinct (*o* sense). □ ⟨*Psic*⟩ ~ *di* **gregge** herd instinct; ~ **materno** maternal instinct; ⟨*Psic*⟩ ~ *di* **morte** death instinct; **per** ~ instinctively, by instinct; ~ **sessuale** sexual instinct; ~ **sociale** social instinct; ~ *di vita* life instinct.

istintuale *a.* instinctual, of the instinct(s).

istituire *v.t.* (*istituisco, istituisci*) 1 (*fondare*) to found, to institute, to set up, to establish: ~ *una scuola* to found a school. 2 (*introdurre*) to introduce, to bring in. 3 (*porre, stabilire*) to make, to establish: ~ *un confronto* to make a comparison, to compare. □ ~ *una borsa di studio* to found a scholarship; ~ qd. *erede* to establish s.o. as one's heir, to institute s.o.; ~ *un premio* to found an award. **istitutivo** *a.* institutive.

istituto *m.* 1 institute; (*ente*) institution, foundation; (*ospizio*) home, asylum: ~ *dei ciechi* home for the blind.

2 ⟨*Scol*⟩ institute; (*scuola*) school: *il capo dell'* ~ the head of the school, the headmaster. 3 ⟨*Univ*⟩ institute, college. 4 ⟨*Dir*⟩ institution: *l'* ~ *della famiglia* the institution of the family. □ ~ *superiore di* **agraria** agricultural college; ~ **bancario** bank; ~ *di* **bellezza** beauty parlour; ~ *di* **credito** credit institution; ~ *di credito agrario* agricultural credit bank; ⟨*Econ*⟩ ~ *di* **emissione** issuing bank (*o* house); ~ **giuridico** legal institution; ~ *d'*istruzione educational institution; ~ **magistrale** teachers' training school; ~ *di* **pena** penitentiary; ~ *di* **prevenzione** reform (*o* disciplinary) school; ~ *di* **ricerche** research institute; ~ *per* **sordomuti** deaf and dumb home; ~ *di* **statistica** statistical institute; ~ **tecnico** technical (*o* vocational) school; ~ *tecnico commerciale* commercial (*o* business) college (*o* school).

istitutore *m.* (*f.* -trice) 1 founder, establisher. 2 (*nei collegi*) assistant housemaster, ⟨*am*⟩ proctor. **istitutrice** *f.* (*governante*) governess.

istituzionale *a.* 1 institutional. 2 (*rif. a disciplina di studio*) elementary, basic: *corso* ~ basic course. **istituzionalismo** *m.* ⟨*Econ*⟩ institutionalism, institutional economics *pl* (*costr. sing. o pl.*). **istituzionalista** *m./f.* institutionalist.

istituzionalizzare *v.t.* to institutionalize, to make into an institution. □ ~ *una consuetudine* to institutionalize a habit. **istituzionalizzazione** *f.* institutionalization.

istituzione *f.* 1 (*l'istituire*) founding, institution, establishment: ~ *di un ordine* founding of an order; ~ *di un'unione doganale* institution of a customs union. 2 ⟨*concr,Sociol,Pol*⟩ institution: *l'* ~ *del matrimonio* the institution of marriage. 3 ⟨*Dir*⟩ (*istituto giuridico*) legal institution. 4 *pl.* (*principi fondamentali*) institutes *pl.*

istmico *a.* (*pl.* -ci) Isthmian: ⟨*Stor.gr*⟩ *giochi –i* Isthmian Games. **istmo** *m.* ⟨*Geog,Anat*⟩ isthmus. □ ~ *di Corinto* Isthmus of Corinth.

istogenesi *f.* ⟨*Biol*⟩ histogenesis.

istogramma *m.* ⟨*Statist*⟩ histogram.

istologia *f.* ⟨*Biol*⟩ histology. **istologico** *a.* (*pl.* -ci) histologic(al). **istologo** *m.* (*pl.* -gi; *f.* -a) histologist. **istopatologia** *f.* ⟨*Med*⟩ histopathology, pathologic histology.

istoriare *v.t.* (*istorio, istori*) 1 to decorate with historical (or legendary) scenes. 2 (*illustrare*) to illustrate. **istoriato** *a.* historiated.

istradamento *m.* routing (*anche Post.*). **istradare** *v.t.* 1 to guide, to direct, to set on the road; (*inoltrare*) to send on, to forward; (*rif. a merci*) to dispatch. 2 ⟨*fig*⟩ (*avviare*) to set on the way, to start (off). 3 (*dare corso*) to start on its way. **istradarsi** *v.r.* to get started, to be on one's way. **istradato** (*p.p. di istradare*) *a.* on the road (*anche fig.*).

Istria *N.pr.f.* ⟨*Geog*⟩ Istria. **istriano** *a./s.m.* (*f.* -a) Istrian.

istrice *m./f.* 1 ⟨*Zool*⟩ porcupine. 2 ⟨*fig*⟩ (*persona scontrosa e irritabile*) touchy (*o* cantankerous) person.

istrione *m.* (*f.rar.* -essa) 1 ⟨*Stor.rom*⟩ (*attore*) histrion. 2 ⟨*fig,spreg*⟩ ham. **istrionesco** *a.* (*pl.* -chi) ⟨*spreg*⟩ histrionic, theatrical, stag(e)y. **istrionico** *a.* (*pl.* -ci) ⟨*spreg*⟩ histrionic, theatrical, stag(e)y.

istruire *v.t.* (*istruisco, istruisci*) 1 to teach, to instruct: ~ qd. *nella grammatica* to teach s.o.⌐ (*o* instruct s.o. in) grammar. 2 (*informare*) to instruct, to give instructions (*o* directions) to, to inform: ~ qd. *sul modo di comportarsi* to instruct s.o. how to behave. 3 (*addestrare*) to train: ~ *le reclute* to train the recruits. 4 ⟨*Dir*⟩ to prepare, to collect the evidence for: ~ *un processo* to collect the evidence for a case, to prepare a case (for trial). **istruirsi** *v.r.* 1 (*formarsi una cultura*) to educate o.s., to improve one's education. 2 (*informarsi*) to learn, to find out, to get information (*su* about). □ ~ *un'inchiesta* to start an investigation, to open an enquiry; ~ qd. *a puntino* to prepare (*o* prompt) s.o. **istruito** *a.* cultured, educated; (*dotto*) learned.

istrumento *m.* ⟨*Dir*⟩ deed, instrument, (legal) document.

istruttivo *a.* instructive, educational, informative: *film* ~ educational film; *una conversazione –a* an instructive talk.

istruttore I *s.m.* (*f.* -trice) 1 instructor (*f* –tress): ~ *di sci* ski instructor; ~ *di volo* flying instructor. 2 ⟨*Mil*⟩

instructor, drill sergeant. **II** *a.* **1** ⟨*Dir*⟩ investigating, examining: *giudice* ~ examining magistrate, investigating judge. **2** ⟨*Mil*⟩ instructing, drill–: *ufficiale* ~ instructing officer.

istruttoria *f.* ⟨*Dir*⟩ (preliminary) investigation, inquiry, inquest, examination. **istruttorio** *a.* preliminary, investigating, of inquiry: *fase –a* preliminary stage. □ *atto* ~ document relating to a preliminary investigation.

istruzione *f.* **1** education, instruction: ~ *obbligatoria* compulsory education. **2** (*addestramento*) training: ~ *militare* military training. **3** (*cultura*) culture, knowledge, learning, education. **4** (generally pl.: *direttive*) instruction, direction, order: *dare –i a qd.* to give s.o. instructions. **5** *pl.* (*norme per l'uso*) instructions *pl*, directions *pl.* **6** (*prescrizione*) instruction, order: *le –i del medico* doctor's orders. **7** ⟨*Inform*⟩ instruction. □ **attenersi** *alle –i* to follow instructions; ⟨*Ped*⟩ ~ *di* **base** basic education; ⟨*Scol*⟩ ~ **elementare** primary education; *–i per il* **funzionamento** operating instructions; **libretto** *delle –i* operator's handbook (*o* manual); ⟨*Inform*⟩ ~ *di* **macchina** machine instruction; ⟨*Ped*⟩ ~ **magistrale** teacher training; ~ **privata** private education; ~ **professionale** vocational training; ~ **pubblica** public education; *ministero della* **pubblica** ~ Ministry of Education; ⟨*Inform*⟩ ~ *di* **richiamo** call instruction; ~ *di* **salto** jump (*o* branch) instruction; ~ **secondaria** secondary education; ~ **superiore** higher (*o* further) education; ~ **tecnica** technical training (*o* instruction); ~ **universitaria** university education; *–i per l'uso* instructions for use.

istupidire *v.* (istupidisco, istupidisci) **I** *v.t.* **1** to make stupid, to dull. **2** (*intontire*) to daze, to stun: *tutto questo rumore mi ha istupidito* all this noise has stunned me. **II** *v.i.* (*aus.* essere), **istupidirsi** *v.r.* **1** to become stupid, to grow dull (*o* dull–witted). **2** (*intontirsi*) to become dazed (*o* stupefied). **istupidito** *a.* dazed, silly, stunned.

Itaca *N.pr.f.* ⟨*Geog*⟩ Ithaca.

Italia *N.pr.f.* ⟨*Geog*⟩ Italy. □ ~ *centrale* Central Italy; ⟨*Stor*⟩ *giovane* ~ Young Italy; ~ *meridionale* Southern Italy; ~ *settentrionale* Northern Italy. **italianamente** *avv.* like an Italian. **italianismo** *m.* ⟨*Ling*⟩ Italianism. **italianista** *m./f.* Italianist. **italianità** *f.* Italianity, Italian character (*o* sentiment). **italiano I** *a.* Italian: *il popolo* ~ the Italian people. **II** *s.m.* **1** (*lingua*) Italian. **2** (*abitante*; *f.* -a) Italian. □ *all'–a* Italian-style–, Italian, in Italian fashion: *giardino all'–a* Italian garden.

italico *a.* (*pl.* -ci) ⟨*Stor*⟩ Italic. □ ⟨*Tip*⟩ *carattere* ~ italic (character); *pl.* italics *pl* (*costr. sing. o pl.*), italic type. **italo** *a.* **1** ⟨*poet*⟩ (*italico*) Italic. **2** (*nelle parole composte*) Ital(o)–: ~*-americano* Italamerican, Italo–American, Italian–American.

iter *lat. m.* ⟨*burocr*⟩ passage, course: *l'* ~ *parlamentare di una legge* the passage of a law through Parliament.

iterativo *a.* iterative (*anche Gramm.*). **iterazione** *f.* **1** (*ripetizione*) repetition, (re)iteration. **2** ⟨*Ling,Mat*⟩ iteration.

itinerante ⟨*lett*⟩ **I** *a.* wandering, itinerant: *predicatori –i* itinerant preachers. **II** *s.m./f.* wanderer, itinerant. **itinerario** *m.* **1** itinerary, route; (*percorso nelle vie di una città*) route, way. **2** (*concr*) (*guida*) guide book, road book, itinerary: ~ *illustrato* illustrated guide book. **3** ⟨*Sport*⟩ (*nelle gare su strada*) route.

itterbio *m.* ⟨*Chim*⟩ ytterbium.

itterico *a./s.* (*pl.* -ci) ⟨*Med*⟩ **I** *a.* icteric, jaundiced. **II** *s.m.* (*f.* -a) icteric, person with jaundice. **itterizia** *f.* ⟨*Med*⟩ jaundice.

ittero[1] *m.* ⟨*Med*⟩ icterus.

ittero[2] *m.* ⟨*Ornit*⟩ American oriole.

ittico *a.* (*pl.* -ci) fish–, fishing: *mercato* ~ fish market; *industria –a* fishing industry.

ittiocolla *f.* (*colla di pesce*) fish glue.

ittiolo *m.* ⟨*Farm*⟩ ichthyol.

ittiologia *f.* ichthyology. **ittiologico** *a.* (*pl.* -ci) ichthyological. **ittiologo** *m.* (*pl.* -gi; *f.* -a) ichthyologist.

ittiosauro *m.* ⟨*Paleont*⟩ ichthyosaur(us).

ittita *a./s.m./f.* ⟨*Stor*⟩ Hittite.

ittrio *m.* ⟨*Chim*⟩ yttrium.

iucca *f.* ⟨*Bot*⟩ yuc(c)a.

iugero *m.* (*antica unità di misura*) juger.

Iugoslavia *N.pr.f.* ⟨*Geog*⟩ Yugoslavia, Jugoslavia. **iugoslavo** *a./s.m.* (*f.* -a) Yugoslav(ian), Jugoslav(ian).

iugulare I *a.* ⟨*Anat*⟩ jugular. **II** *s.f.* jugular (vein). **iugulatorio** *a.* ⟨*lett*⟩ (*oppressivo*) oppressive.

iuta *f.* ⟨*Bot,Tess*⟩ jute. **iutiero** *a.* jute–: *industria –a* jute industry. **iutificio** *m.* jute factory.

iva *f.* ⟨*Bot*⟩ bugle.

IVA = *imposta sul valore aggiunto* value–added tax.

ivi *avv.* ⟨*lett*⟩ **1** (*lì*) there, therein. **2** (*nelle citazioni*) ibidem, ibid.

ivoriano *a./s.m.* (*f.* -a) Ivoirien.

izba *f.* → **isba.**

J

j, J [i'lunga] *f./m.* (*lettera dell'alfabeto*) j, J: *una j maiuscola* a capital J; *una j minuscola* a small j; ⟨*Tel*⟩ *j come jolly* J for Jack.

J = ⟨*Fis*⟩ *joule* joule (*abbr.* J, j).

jabot *fr.* [ʒa'bo] *m.* ⟨*Mod*⟩ jabot, ruffles *pl.*

jack *ingl.* [dʒɛk] *m.* ⟨*El*⟩ jack.

Jacopo *N.pr.m.* **1** James. **2** ⟨*Stor*⟩ Jacobus.

jacquard *fr.* [ʒa'kar] *m.* ⟨*Lav.femm*⟩ **1** (*tessuto*) Jacquard. **2** (*punto*) Jacquard stitch.

jainismo *m.* ⟨*Rel*⟩ Jainism.

jais *fr.* [ʒɛ] *m.* ⟨*Min*⟩ jet.

jarovizzazione *f.* ⟨*Biol*⟩ yarovization, vernalization.

jazz *ingl.* [dʒæz] **I** *s.m.* ⟨*Mus*⟩ jazz. **II** *a.* jazz. □ ~ *caldo* hot jazz; ~ *freddo* cool jazz; *musica* ~ jazz. **jazzista** *m./f.* jazz player (*o* musician), jazzman. **jazzistico** *a.* (*pl.* -ci) jazz–.

jeans *ingl.* [dʒi:nz] *s.pl.* (blue) jeans. **jeanseria** *f.* ⟨*fam*⟩ jeans shop.

jersey *ingl.* ['dʒe:zi] *m.* jersey.

jet *ingl.* [dʒet] *m.* jet (aircraft), jet plane. □ ⟨*Med*⟩ *intervallo* ~ jet lag (*o* syndrome); *trasportato in* ~ jetborne; *viaggiare in* ~ to travel by jet plane, ⟨*fam*⟩ to jet.

job *ingl.* [dʒɔb] *m.* job, employment.

jogging *ingl.* ['dʒɔgin] *m.* jogging.

jogurt *m.* (*yogurt*) ⟨*Alim*⟩ yogurt, yogh(o)urt. **jogurtiera** *f.* yog(h)urt making machine.

Jolanda *N.pr.f.* Yolande, Yolanda.

jolly *ingl.* ['dʒɔli] *m.* (*matta*) joker.

joule *ingl.* ['dʒaul] *m.* ⟨*Fis*⟩ joule.

judo [dʒu'dɔ] *m.* judo. **judoista** *m./f.* → **judoka**. **judoistico** *a.* (*pl.* -ci) judo–. **judoka** *m./f.inv.* judoist.

jumbista *m.* pilot of a jumbo (jet). **jumbo** *ingl.* ['dʒʌmbou] **I** *s.m.* ⟨*Aer*⟩ jumbo (jet). **II** *a.* (*gigantesco*) jumbo, very large.

junior *a.* (*pl.* juniores) junior.

K

k, K ['kappa] *f./m.* (*lettera dell'alfabeto*) k, K: *due k* two k's; *una k maiuscola* a capital K; *una k minuscola* a small k; ⟨*Tel*⟩ *k come Kursaal* K for King; ⟨*Biol*⟩ *vitamina K* vitamin K.

kabuki *m.inv.* ⟨*Teat*⟩ kabuki.

kafkiano *a.* **1** ⟨*Lett*⟩ of Kafka. **2** ⟨*fig*⟩ hallucinating.

kaki *a./s.inv.* **I** *a.* khaki. **II** *s.m.* (*colore*) khaki.

kamikaze *m.* Kamikaze, suicide pilot.

kantiano I *a.* ⟨*Filos*⟩ Kantian, of Kant. **II** *s.m.* (*f.* -a) Kantian. **kantismo** *m.* Kantianism.

kaone *m.* ⟨*Fis*⟩ kaon.

kapok *m.* ⟨*Bot*⟩ kapok, capoc.

kappaò *avv./s.m.* knock-out.

karakiri *m.inv.* harakiri, harikari.

karakul *m.* ⟨*Zool*⟩ karakul, caracul.

karatè *m.inv.* ⟨*Sport*⟩ karate. **karateka** *m./f.* karateist.

karma(n) *m.* ⟨*Rel*⟩ karma.

kart *m.* ⟨*Sport*⟩ go-kart. **kartismo** *m.* karting, kart racing. **kartista** *m./f.* kart racer.

kashmir ['kaʃmir] *m.* ⟨*Tess*⟩ cashmere. **Kashmir** *N.pr.m.* ⟨*Geog*⟩ (*Cascemir*) Kashmir.

kayak *m.* ⟨*Sport*⟩ kayak. **kayakista** *m.* kayaker.

kc = ⟨*Fis*⟩ *chilociclo* kilocycle (*abbr.* kc., kc).

kcal = ⟨*Fis*⟩ *chilocaloria* kilocalorie (*abbr.* kcal).

kcis = ⟨*Fis*⟩ *chilocicli al secondo* kilocycles per second (*abbr.* kcis).

kedivè *m.* ⟨*Stor*⟩ khedive.

kefir *m.* kefir, kephir.

Kendo *m.* ⟨*Sport*⟩ kendo.

Kenya *N.pr.m.* ⟨*Geog*⟩ Kenya. **keniota** *a./s.m./f.* Kenyan.

képi *fr.* [ke'pi] *m.* (*chepì*) kepi.

kepleriano *a.* ⟨*Astr*⟩ Keplerian, Kepler's. **Keplero** *N.pr.m.* ⟨*Stor*⟩ Kepler: *leggi di ~* Kepler's laws.

kermes *m.* **1** ⟨*Zool*⟩ kermes. **2** (*colorante*) kermes. □ ⟨*Bot*⟩ *quercia del ~* kermes.

kermesse *fr.* [ker'mes] *f.* kermess, kermis.

kerosene *m.* ⟨*Chim*⟩ kerosene.

keynesiano [kein–] *a.* ⟨*Econ*⟩ Keynesian.

kg = *chilogrammo* kilogram (*abbr.* kg., kg, kilog., kilo.).

kgm = *chilogrammetro* kilogram-metre (*abbr.* kgm).

kibbutz *m.* kibbutz.

Kilimangiaro *N.pr.m.* ⟨*Geog*⟩ (*Chilimangiaro*) Kilimanjaro.

kimono *m.* (*chimono*) kimono. □ *manica a ~* kimono sleeve.

kippur *ebr. m.* Yom Kippur, Days of Atonement.

kirsch *ted.* [–ʃ] *m.* (*acquavite di ciliegie*) kirsch, kirschwasser.

kit *ingl. m.* kit (*anche Med.*): *~ per aeromodellismo* model airplane kit.

kitsch *ted.* [kitʃ] **I** *s.m.* kitsch. **II** *a.* kitschy.

kivi, kiwi[1] *m.* ⟨*Ornit*⟩ kiwi.

kiwi[2] *m.* ⟨*Bot*⟩ kiwi.

kl = *chilolitro* kilolitre (*abbr.* kl., kl, kilol.).

kleksografia *f.* ink blot test.

km = *chilometro* kilometre (*abbr.* km., km, kilom.).

km[2] = *chilometro quadrato* square kilometre (*abbr.* km², sq. km.).

km/h = *chilometri all'ora* kilometres per hour (*abbr.* km/h).

kmq → **km[2]**.

km/sec = *chilometri al secondo* kilometres per second (*abbr.* km/sec).

k.o. = ⟨*Sport*⟩ *knock-out* knock-out (*abbr.* k.o.). □ *mettere qd. ~* to knock s.o. out; ⟨*sl*⟩ to K.O.

koala *m.inv.* ⟨*Zool*⟩ koala (bear).

koinè *f.* ⟨*Stor.gr*⟩ (*coinè*) koine.

kolchoz *russ.* [–'kɔs] *m.* (*colcos*) kolk(h)oz, kolkhos. **kolchoziano** *a.* (*colcosiano*) of a kolkhoz.

krapfen *ted. m.* ⟨*Dolc*⟩ doughnut.

krill *m.* ⟨*Zool*⟩ krill.

kristiania *m.* ⟨*Sport*⟩ (*cristiania*) Christiania, Christy, Christie.

krypton *m.* ⟨*Chim*⟩ (*cripto*) krypton.

Kurdistan *N.pr.m.* ⟨*Geog*⟩ Kurdistan.

kursaal *ted. m.* **1** (*casinò*) casino. **2** (*stabilimento balneare*) bathing establishment.

Kuwait *N.pr.m.* ⟨*Geog*⟩ Kuweit. **kuwaitiano** *a./s.m.* (*f.* -a) Kuweiti.

kV = ⟨*El*⟩ *chilovolt* kilovolt (*abbr.* kV., kV).

kVA = ⟨*El*⟩ *chilovoltampère* kilovolt-ampere (*abbr.* kVa, kV.–a).

kW = ⟨*El*⟩ *chilowatt* kilowatt (*abbr.* kW., kW).

K-way *ingl.* [kei'wei] *m.* ⟨*Vest*⟩ K-way, wind jacket.

kWh = ⟨*El*⟩ *chilowattora* kilowatt-hour (*abbr.* K.W.H., kW–h, kW.–hr.).

kyrie *m.* ⟨*Lit*⟩ Kyrie.

L

l, L ['ɛlle] *f./m.* (*lettera dell'alfabeto*) l, L: *due l* two l's (*o* ls); *doppia l* double l; *una l maiuscola* a capital L; *una l minuscola* a small l; ⟨*Tel*⟩ *l come Livorno* l for Lucy; *a* (*forma di*) *L* L-shaped: *una stanza a L* an L-shaped room.

l = *litro* litre (*abbr.* l.).

la[1] *art.f.* (*pl.* **le**: before feminine nouns beginning with a vowel the article *la* becomes *l'*) the: ~ *gatta* the she-cat.

la[2] *pron.pers.f.* (before words beginning with a vowel *la* often becomes *l'*) **1** (*compl. oggetto: rif. a persona*) her: ~ *vedo* I see her; *l'ho avvertita* I warned her; (*rif. a cosa o animale*) it: *ecco la lettera: prendila* there's the letter – take it. **2** (*con valore indeterminato*) this, that, it, *spesso non si traduce*: *me* ~ *pagherai* you'll pay for that (*o* it); *non dovete prendervela* you must not take it in heart; *smettila* stop it. **3** (*compl. oggetto: forma di cortesia; usually spelled with a capital first letter*) you: *non vorrei disturbarLa* I do not want to disturb you.

la[3] *m.* ⟨*Mus*⟩. □ ~ *bemolle maggiore* A flat major; *chiave di* ~ key of A; *dare il* ~: 1 to give the A: *dare il* ~ *all'orchestra* to give the orchestra the A; 2 ⟨*fig*⟩ to set the tone; ~ *diesis minore* A sharp minor.

là *avv.* **1** there: *si trovava* ~ *per caso* he happened to be there; ⟨*Mil*⟩ *chi va* ~? who goes there?; *andrò* ~ *domani* I'll go there tomorrow. **2** (*pleonastico: in unione con quello*) there, *talvolta non si traduce*: *quella casa* ~ that house (over) there; *preferisco quei libri* ~ I prefer those books there *dammi quello* ~ give me that one (there). □ *al di* ~ beyond, on the other side: *al di* ~ *del fiume* beyond (*o* on the other side of) the river; *al di* ~ *del bene e del male* beyond good and evil; **alto** ~*!* stop!, halt!; *di* ~ (*moto da luogo*) from there; (*moto a luogo, stato in luogo*) over there: *chi c'è di* ~? who's that over there?; (*là dentro*) in there, inside; *di* ~ *dai monti* beyond (*o* on the other side of) the mountains; *il malato era più di* ~ *che di qua* the patient was more dead than alive; **dietro** back there; **eccoli** ~ there they are; **ehi** ~*!* (hey,) you there!; *quest'anno gli esami andranno molto* **in** ~ this year the exams will end very late; *essere in* ~ *con gli anni* to be getting on (in years); (*fam*) ~ **là** now (then), come now, come: ~ *là, piano con le insinuazioni* now then, careful with your insinuations; *il* **mondo** *di* ~ the other world, the hereafter; *più in* ~ (*più tardi*) later (on); *farsi più in* ~ to move up, to make room; *abitare più in* ~ to live further on; *di qua e di* ~ here and there; *girare di qua e di* ~ to go from one place to another, to wander around (*o* about); *i libri erano sparsi qua e* ~ the books were scattered about; ~ **sopra** up there; ~ **sotto** down (*o* under) there; ⟨*fam*⟩ *ma va'* ~*!* go on (with you)!: *va'* ~ *che ti conosco bene* go on! I know you; *cose di* ~ *da* **venire** things to come; *via di* ~*!* get away from there!

lạbaro *m.* **1** banner, standard. **2** ⟨*Stor.rom*⟩ labarum.

lạbbra ~ labbro.

lạbbro *m.* (*pl.* **i lạbbri**, **le lạbbra**; when used in the concrete sense the plural is in –*a*; when used figuratively

the plural is in –*i*) **1** lip: -*a sottili* thin lips; *accostare il cibo alle* -*a* to raise one's food to one's lips. **2** (*margine rilevato*) lip: *i* -*i di una ferita* the lips of a wound; (*orlo*) rim, brim, edge, border. **3** *pl.* ⟨*Anat*⟩ labia *pl*, lips *pl*. □ -*a* **carnose** fleshy lips; **dipingersi** *le* -*a* to put lipstick on, to paint (*o* make up) one's lips; **dire** *qc. a* **fior** *di* -*a* to murmur (*o* mutter) s.th.; **sorridere** *a fior di* -*a* to give a faint smile; ⟨*Anat*⟩ **grandi** -*a* **labia majora**; **increspare** *le* -*a* to curl one's lip; ~ **inferiore** lower lip; **mordersi** *le* -*a* to bite one's lips (*anche fig.*); ⟨*fig*⟩ **pendere** *dalle* -*a di* *qd.* to hang on s.o.'s every word; ⟨*Anat*⟩ **piccole** -*a* **labia minora**; -*a* **screpolate** chapped lips; ~ **sporgente** protuberant lip; **avere** *il cuore* **sulle** -*a* to wear one's heart on his sleeve; *la parola gli morì* **sulle** -*a* the word died on his lips; ~ **superiore** upper lip.

labdacịsmo *m.* → **lambdacismo**.

labiạle I *a.* ⟨*Med,Fon*⟩ labial, lip-. **II** *s.f.* ⟨*Fon*⟩ labial (consonant), lip consonant. **labializzạre** *v.t.* ⟨*Fon*⟩ to labialize. **labializzazịọne** *f.* labialization. **labiạte** *f.pl.* ⟨*Bot*⟩ labiates *pl*.

lạbile *a.* **1** unstable, unsteady: *equilibrio* ~ unstable equilibrium. **2** (*caduco*) frail, perishable; (*fugace*) fleeting, ephemeral, transient. **3** (*rif. alla memoria: debole*) weak, poor. **labilità** *f.* **1** instability, unsteadiness. **2** (*caducità*) frailness, perishableness; (*fugacità*) fleetingness, transitoriness. **3** (*rif. alla memoria: debolezza*) weakness.

labiodentạle I *a.* ⟨*Fon*⟩ labiodental. **II** *s.f.* labiodental (consonant). **labiolettụra** *f.* lip-reading. **labiovelạre I** *a.* labiovelar. **II** *s.f.* labiovelar (consonant).

labirịntico *a.* (*pl.* **-ci**) **1** labyrinthic, labyrinthine. **2** ⟨*fig*⟩ involved, intricate, labyrinthine. **3** ⟨*Med*⟩ labyrinthine. **labirintịte** *f.* ⟨*Med*⟩ labyrinthitis. **labirịnto** *m.* **1** ⟨*Mitol,Anat*⟩ labyrinth. **2** (*in un giardino*) maze. **3** ⟨*fig*⟩ labyrinth, maze. **4** (*in enigmistica*) maze. □ ⟨*fig*⟩ *cacciarsi in un* ~ to get into a muddle; ~ *di specchi* (*nei Luna Park*) mirror maze.

laboratọrio *m.* **1** laboratory, ⟨*fam*⟩ lab. **2** (*officina*) workshop; (*locale per lavori manuali*) workshop, workroom. **3** ⟨*Fot*⟩ dark room. □ ~ *di* **analisi** *cliniche* clinical laboratory; ~ *di* **chimica** chemical (*o* chemistry) laboratory; **da** (*o di*) ~ laboratory-, ⟨*fam*⟩ lab-: *analisi di* ~ laboratory analysis; *animali da* ~ laboratory (*o* lab) animals; ~ *di* **diagnosi** diagnostic laboratory; ~ **linguistico** language laboratory; ~ **odontoiatrico** dental laboratory; ~ *di* **ricerca** research laboratory; ~ *di* **sartoria** tailor's (*o* dressmaker's) workshop; ~ **spaziale** space laboratory; ~ **sperimentale** testing laboratory; **tecnico** *di* ~ laboratory technician (*o* assistant).

laboratorịsta *m./f.* laboratory technician.

laboriosamẹnte *avv.* laboriously. **laboriosità** *f.* **1** (*operosità*) industriousness, laboriousness. **2** (*difficoltà*) laboriousness, arduousness. **laboriọso** *a.* **1** (*attivo*) industrious, laborious, hard-working. **2** (*difficile*) laborious, arduous, difficult: *parto* ~ difficult delivery. **3** (*pieno di lavoro*) busy, heavy: *giornata* -*a* busy day.

labradorite *f.* labradorite.

labro *m.* ⟨*Itt*⟩ wrasse.

laburismo *m.* ⟨*Pol*⟩ Labour (movement). **laburista I** *s.m./f.* (*seguace*) Labour Party member. **II** *a* Labour–: *deputati* –*i* Labour Members of Parliament; *partito* ~ Labour Party. **laburistico** *a.* (*pl.* -ci) Labour–.

laburno *m.* ⟨*Bot*⟩ laburnum.

lacca *f.* **1** lacquer; (*oggetto decorato*) lacquer (ware). **2** (*sostanza ricavata da insetti emitteri*) lac(ca). **3** ⟨*Cosmet*⟩ (*fissatore per capelli*) hair spray (*o* lacquer); (*smalto per unghie*) nail polish (*o* varnish), lacquer. □ *colori a* ~ lakes *pl;* ~ *del Giappone* Japanese lacquer.

laccamuffa *f.* ⟨*Chim*⟩ litmus, lacmus.

laccare *v.t.* (**lacco, lacchi**) **1** (*verniciare con lacca*) to lacquer, to varnish: *laccarsi le unghie* to varnish (*o* polish) one's nails, to put on nail polish. **2** (*smaltare*) to enamel. **laccato** *a.* (*verniciato con lacca*) lacquered, varnished; (*smaltato*) enamelled. **laccatore** *m.* (*f.* -trice) lacquerer. **laccatura** *f.* lacquering, varnishing; (*rif. a mobili*) varnishing.

lacchè *m.* **1** lackey, flunkey, footman. **2** ⟨*fig,spreg*⟩ lackey, flunkey, toady.

laccio *m.* **1** noose, slip knot. **2** ⟨*Venat*⟩ snare; (*lasso*) lasso(o). **3** (*rif. a vestiario*) lace, tie; (*rif. a scarpe*) (shoe)lace. **4** ⟨*fig*⟩ (*insidia*) trap, snare. **5** ⟨*Med*⟩ loop. □ ⟨*fig*⟩ *cadere nel* ~ to fall into the trap; ⟨*Med*⟩ ~ *emostatico* tourniquet; ⟨*fig*⟩ *mettere il* ~ *al collo di qd.* to put a noose round s.o.'s neck; *prendere al* ~ to trap, to snare (*anche fig.*); (*con il lasso*) to lasso(o). **lacciolo** *m.* ⟨*Venat*⟩ (small) snare.

laccolite *m./f.* ⟨*Geol*⟩ laccolith.

lacedemone *a./s.m./f.* ⟨*lett*⟩ Lacedaemonian. **Lacedemone** *N.pr.f.* ⟨*Geog.stor*⟩ Lacedaemon.

lacerabile *a.* lacerable, that may be torn. **lacerante** *a.* (*straziante*) lacerating, piercing, shrill: *grido* ~ shrill cry; (*che tormenta*) agonizing, harrowing: *rimorsi* –*i* agonizing remorse. **lacerare** *v.t.* (**lacero**) **1** (*strappare*) to tear (*to pieces*), to rip, to lacerate. **2** ⟨*fig*⟩ (*tormentare, straziare*) to harrow, to rend, to tear, to lacerate: *essere lacerato dal sospetto* to be torn by suspicion. **lacerarsi** *v.r.* **1** to tear, to rip, to come apart. **2** ⟨*fig*⟩ to be rent (*o* torn). □ *rimorsi che lacerano l'anima* soul–destroying remorse; *che lacera gli orecchi* ear–splitting. **laceratura, lacerazione** *f.* **1** laceration, tearing, ripping, rending. **2** (*effetto*) tear, rip, rent, laceration. **3** ⟨*Med*⟩ laceration, (lacerated) wound. □ ⟨*Med*⟩ ~ *muscolare* torn muscle. **lacero** *a.* **1** (*stracciato*) torn, ripped, rent. **2** (*cencioso*) ragged, tattered, tatty, ⟨*pred*⟩ in rags: *un mendicante tutto* ~ a ragged beggar. **3** ⟨*Med*⟩ lacerated: *ferita* –*a* lacerated wound. **lacero-contuso** ⟨*Med*⟩ *ferita* –*a* lacerated and contused wound.

lacerto *m.* ⟨*Anat*⟩ lacertus.

laconicamente *avv.* laconically, concisely. **laconicità** *f.* laconism, conciseness. **laconico** *a.* (*pl.* -ci) (*conciso*) laconic, concise.

lacrima *f.* **1** tear: *asciugarsi una* ~ to dry a tear. **2** ⟨*estens*⟩ (*goccia*) drop (*anche fig.*). **3** (*oggetto a forma di lacrima*) drop, teardrop. □ ⟨*fig*⟩ –*e di* **coccodrillo** crocodile tears; *commuoversi* **fino** *alle* –*e* to be moved to tears; *ridere fino alle* –*e* to laugh until ⌐one cries⌐ (*o* the tears come into one's eyes); ⟨*Bot*⟩ –*e di* **Giobbe** Job's tears; –*e di* **gioia** tears of joy; *in* –*e* in tears, tearful; *ingoiare le* –*e* to hold back one's tears; *avere le* –*e agli* **occhi** to have tears in one's eyes; **piangere** –*e* **amare** to shed bitter tears; *piangere a* **calde** –*e* to shed scalding tears; *viso* **rigato** *di* –*e* tear–streaked face, face streaming with tears; **sciogliersi** *in* –*e* to cry one's heart out; *gli* **spuntò** *una* ~ a tear welled up; **strappare** *le* –*e a qd.* to move s.o. to tears; *avere le* –*e in* **tasca** to cry easily; **trattenere** *le* –*e* to hold (*o* keep) back one's tears.

lacrimale *a.* ⟨*Anat*⟩ lachrymal, tear–. □ *ghiandola* ~ lachrymal gland; *condotto* ~ tear duct; *sacco* ~ lachrymal sac; ⟨*Archeol*⟩ *vaso* ~ lachrymatory. **lacrimare** *v.i.* (**lacrimo**; *aus.* **avere**) **1** to water: *mi lacrimano gli occhi* my eyes are watering. **2** (*piangere*) to cry, to weep, to shed tears. **3** ⟨*Bot*⟩ (*stillare*) to ooze, to run. **lacrimato** *a.* ⟨*lett*⟩ lamented, mourned. **lacrimatoio** *m.* **1** ⟨*Archeol*⟩

tear bottle, lachrymatory. **2** ⟨*Zool*⟩ lachrymal sac.

lacrimazione *f.* **1** (*secrezione lacrimale*) lachrymation, weeping; (*causata da irritazione e sim.*) watering. **2** ⟨*Bot*⟩ oozing. **lacrimevole** *a.* (*che induce alla pietà*) pitiful, pathetic, heart–rending. **2** (*piangente*) tearful: *voce* ~ tearful voice. **3** (*triste*) sad, dismal: *un caso* ~ a sad case. □ *una commedia* ~ ⟨*fam*⟩ a tear–jerker. **lacrimogeno I** *a.* tear–, lachrymatory: *gas* ~ tear gas; *bomba* –*a* tear shell, lacrymatory bomb. **II** *s.m.* ⟨*Chim*⟩ tear gas, lachrymator. **lacrimosamente** *avv.* **1** (*in lacrime*) tearfully, in tears. **2** (*in modo da suscitare lacrime*) movingly. **lacrimoso** *a.* **1** (*pieno di lacrime*) tearful, tear–filled: *occhi* –*i* tear–filled eyes. **2** (*commovente*) pathetic, that moves one to tears: *una storia* –*a* a story that moves one to tears. **3** (*piangente*) weeping; (*piagnucoloso*) whimpering, whining.

lacuale *a.* lake–, lacustrine: *porto* ~ lake harbour.

lacuna *f.* **1** gap, blank, lacuna: *colmare una* ~ to fill a gap. **2** ⟨*fig*⟩ (*mancanza*) gap, blank, hole: ~ *culturale* gap in one's knowledge. **3** ⟨*Biol*⟩ lacuna. □ ~ *della memoria* lapse of memory, ⟨*fam*⟩ blank; ~ *di mercato* market gap. **lacunare** *m.* ⟨*Arch*⟩ lacunar. **lacunosamente** *avv.* incompletely. **lacunosità** *f.* incompleteness. **lacunoso** *a.* full of gaps (*o* blanks): *manoscritto* ~ manuscript which is full of blanks.

lacustre *a.* lake–, lacustrine: *piante* –*i* lacustrine plants; ⟨*Etnol*⟩ *abitazioni* –*i* lake dwellings.

laddove I *congz.* ⟨*ant*⟩ while, whereas. **II** *avv.* where, in which.

ladino I *a.* ⟨*Ling*⟩ Ladin. **II** *s.m.* **1** (*lingua*) Ladin. **2** (*abitante; f.* -a) Ladin.

ladra *f.* **1** (*woman*) thief. **2** ⟨*region*⟩ (*tasca interna*) inside pocket. **ladreria** *f.* robbery. **ladresco** *a.* (*pl.* -chi) thieving, thievish.

ladro I *s.m.* (*f.* -a) **1** thief, robber; (*scassinatore*) house breaker; (*scassinatore notturno*) burglar; (*borsaiolo*) pickpocket. **2** ⟨*estens*⟩ (*persona disonesta, esosa*) thief. **II** *a.* **1** thieving, dishonest: *servo* ~ thieving servant. **2** ⟨*scherz*⟩ (*rif. a occhi*) roguish. □ *al* ~! stop thief!; ~ *di* **automobili** car thief; ⟨*fig*⟩ ~ *di* **cuori** lady–killer; ⟨*fam*⟩ *da* –*i* wretched, foul, ⟨*fam*⟩ awful: *tempaccio da* –*i* awful (*o* foul) weather; ~ *di* **galline** chicken thief; ~ *in* **guanti** **gialli** gentleman thief; ~ **matricolato** out–and–out thief; ~ **professionale** professional thief; ⟨*fig*⟩ *andare* **vestito** *come un* ~ to be dressed like a tramp.

ladrocinio *m.* theft, robbery. **ladrone** *m.* **1** robber, thief. **2** (*brigante*) highwayman, bandit. □ ⟨*Bibl*⟩ *il buon* ~ the good thief; ⟨*Bibl*⟩ *il cattivo* ~ the bad thief. **ladroneccio** *m.* robbery, theft; (*serie continuata di furti*) series of thefts, thefts *pl.* **ladroneria** *f.* robbery, thievery. **ladronesco** *a.* (*pl.* -chi) thieving, dishonest. **ladruncolo** *m.* (*f.* -a) **1** petty thief, pilferer. **2** (*giovane ladro*) boy (*o* young) thief.

laggiù *avv.* **1** down there: *guarda* ~ look down there. **2** (*di là*) over there. **3** (*a sud*) down (south): ~ *in Africa faceva molto caldo* down in Africa it was very hot. □ *da* (*o di*) ~ from down there.

laghetto *m.* (*stagno*) pool, pond. **laghista** *m.* ⟨*Lett*⟩ Lake poet.

lagna *f.* **1** ⟨*fam*⟩ (*piagnisteo*) whine, whining, ⟨*fam*⟩ moan(ing): *smettila con questa* ~ stop that whining. **2** ⟨*fam*⟩ (*discorso o persona noiosa*) drag, bore. **lagnanza** *f.* complaint. □ *presentare le proprie* –*e* to complain, to make (*o* lodge) complaints. **lagnarsi** *v.r.* **1** (*emettere lamenti*) to moan, to groan: *il paziente si lagna* the patient is moaning. **2** (*lamentarsi*) to complain, to grumble: ~ *di un forte mal di testa* to complain of a bad headache; ~ *per il servizio* to complain about the service. **3** (*dolersi, rammaricarsi*) to complain (*di* about): *il maestro si è lagnato di un alunno* the teacher complained about a pupil; *non posso lagnarmi* I can't complain. □ *avere motivi di* ~ to have grounds for complaint. **lagnoso** *a.* **1** complaining, grumbling. **2** ⟨*region*⟩ (*noioso*) boring. □ *quanto sei* ~! what a bore (*o* nuisance) you are!

lago *m.* (*pl.* -ghi) **1** lake: *il* ~ *di Garda* Lake Garda. **2** ⟨*iperb*⟩ (*grande quantità di liquido*) pool, sea: ~ *di sangue* pool of blood. □ ~ **alluvionale** alluvial lake; ~ **alpino** alpine lake; ~ **aperto** open lake, lake with an outlet; ~ **artificiale** artificial lake; ~ **glaciale** glacial lake; ⟨Geog⟩ **regione** dei laghi Lake District; ~ **salato** salt lake; essere in un ~ di **sudore** to be ⌈dripping with⌉ (o bathed in) sweat; ~ **vulcanico** volcanic lake.

lagopo(do) m. ⟨Ornit⟩ willow grouse, ⟨am⟩ willow ptarmigan.

lagotric(h)e f. ⟨Zool⟩ woolly monkey, barrigudo.

laguna f. lagon. **lagunare** a. lagoonal, lagoon-: fauna ~ lagoonal fauna.

lai m.pl. ⟨poet⟩ (lamenti) lamentations pl.

L'Aia N.pr.f. ⟨Geog⟩ The Hague.

laicale a. ⟨attr⟩ lay, laic(al): stato ~ lay state. □ associazioni –i lay organizations; scuola ~ lay (o non-denominational) school; ridurre allo stato ~ to reduce to lay state. **laicato** m. 1 lay state. 2 ⟨collett⟩ laity. **laicismo** m. laicism. **laicista** m./f. supporter of laicism. **laicistico** a. (pl. -ci) ⟨attr⟩ lay, non-confessional, laical. **laicità** f. lay state, laicality. **laicizzare** v.t. 1 (rif. a scuole e sim.) to laicize, to secularize. 2 (rif. a persone) to reduce to the lay state. **laicizzazione** f. 1 (rif. a scuole e sim.) laicization, secularization. 2 (rif. a persone) reduction to the lay state. **laico** a./s. (pl. -ci) I s.m. 1 (f. -a) layman (f –woman), laic. 2 (frate laico) lay brother. II a. (non ecclesiastico) ⟨attr⟩ lay, laic(al): apostolato ~ lay apostolate; (non confessionale) non-denominational, secular, non-confessional: scuola –a non-denominational (o secular) school.

laidezza f. ⟨lett⟩ 1 (sporcizia) filth(iness), foulness. 2 ⟨fig⟩ (oscenità) obscenity. **laido** a. ⟨lett⟩ 1 (sporco) filthy, foul. 2 ⟨fig⟩ (osceno) obscene, indecent, foul. **laidume** m. 1 (sporcizia) filth(iness), dirt(iness). 2 ⟨concr⟩ filth, dirt. 3 ⟨fig⟩ (corruzione) corruption, depravity.

lama[1] f. 1 blade. 2 (spada) sword, ⟨lett⟩ blade. 3 ⟨fig⟩ (spadaccino) swordsman, blade. 4 ⟨Sport⟩ (rif. al bastone per hockey su ghiaccio) blade. □ ~ del **coltello** knife blade; ⟨Mar⟩ ~ di **deriva** centre board; ~ di **falce** scythe blade; ~ del **rasoio** razor blade; ⟨Mecc⟩ ~ **rotante** rotary blade; ~ della **sega** saw blade (o web); ~ a doppio **taglio**: 1 double-edged blade; 2 ⟨fig⟩ double-edged weapon.

lama[2] f. (terreno paludoso) swamp, marshy ground.

lama[3] m.inv. ⟨Rel⟩ lama. □ Dalai-~ Dalai-Lama.

lama[4] m.inv. ⟨Zool⟩ llama.

lamaismo m. Lamaism.

lamare v.t. 1 ⟨Mecc⟩ to spot-face. 2 ⟨Fal⟩ to plane off, to smooth. **lamatura** f. ⟨Mecc⟩ spot-facing.

lambdacismo m. ⟨Med⟩ la(m)bdacism.

lambert m. ⟨Fis⟩ lambert.

lambiccamento m. 1 distilling. 2 ⟨fig⟩ pondering. □ ⟨fig⟩ ~ di cervello racking of the brains. **lambiccare** v.t. (lambicco, lambicchi) to distil. **lambiccarsi** v.r. to rack (o cudgel) one's brains. □ lambiccarsi il cervello to rack one's brains. **lambiccato** a. 1 (distillato) distilled. 2 ⟨fig⟩ (affettato) affected, stilted, artificial: stile ~ affected style. **lambicco** m. (pl. -chi) (alambicco) still, alembic.

lambire v.t. (lambisco, lambisci) 1 (leccare) to lick, to lap. 2 ⟨fig⟩ (rif. ad acqua) to lap; (rif. a fiamma) to lick: le fiamme lambivano già la casa the flames were already licking the house.

lamblia f. ⟨Biol⟩ giardia, lamblia. **lambliasi** f. ⟨Med⟩ giardiasis, lambliasis.

lambrecchini m.pl. lambrequins pl (anche Arch.).

lambrusco m. (pl. -chi) ⟨Enol⟩ lambrusco (kind of red wine).

lamé I a. ⟨Tess⟩ lamé. II s.m. lamé: un abito di ~ a lamé dress.

lamella f. 1 (lamina) thin plate (o sheet, layer). 2 (membrana) membrane, film. 3 ⟨Zool,Bot,Anat⟩ lamella. **lamellare** a. 1 lamellate, lamellar. 2 ⟨Min,Met⟩ foliated. **lamellibranchi** m.pl. ⟨Zool⟩ lamellibranchs pl, lamellibranchiates pl.

lamentanza f. ⟨lett⟩ (lagnanza) complaint, plaint. **lamentare** v.t. (lamento) 1 (compiangere) to mourn (over), to lament, to bewail: ~ la perdita di un amico to mourn the loss of a friend. 2 (deplorare) traduzione idiomatica: nell'incidente si lamentano tre morti there were

three deaths in the accident. **lamentarsi** v.r. 1 to complain (di of): si lamentava di un forte mal di testa he complained of a bad headache. 2 (lagnarsi) to complain, to grumble. □ come va? – non mi lamento how are things? – I can't complain; lamentarsi con qd. delle proprie disgrazie to tell s.o. all one's troubles. **lamentazione** f. lamentation. □ ⟨Bibl⟩ –i di Geremia Lamentations of Jeremiah. **lamentela** f. complaint, complaining. **lamentevole** a. 1 (lamentoso) mournful, plaintive, complaining: voce ~ plaintive voice. 2 (degno di compassione) lamentable, pitiful, deplorable. **lamentio** m. wailing, lamentations pl. **lamento** m. 1 lament, lamentation, wail; (per dolore fisico) moan, groan; (il lamentarsi prolungato) wailing, lamentation; (per dolore fisico) moaning, groaning. 2 (rif. ad animali) whimper, whine, moan. 3 (rimostranza) complaint. □ ~ funebre funeral lament, dirge. **lamentosamente** avv. mournfully, sorrowfully. **lamentoso** a. mournful, plaintive, doleful: voce –a plaintive voice.

lametta f. (del rasoio di sicurezza) razor blade.

lamiera f. plate, sheet. □ ~ di **acciaio** sheet steel; ~ da **carrozzeria** coachwork (o body) sheet, ⟨am⟩ chassis sheet; di ~ sheet-metal–; ~ di **ferro** sheet iron; ~ **ondulata** corrugated sheet iron; ~ **stagnata** tinplate.

lamierino m. lamination, sheet. □ ~ di acciaio: 1 sheet steel; 2 ⟨El⟩ lamina; ~ magnetico magnetic sheet iron, lamination.

lamina f. 1 (lastra) thin layer (o sheet, plate), lamina; (foglio) leaf, foil: ~ d'oro (pale) gold leaf; ~ di platino platinum foil. 2 ⟨Bot,Anat,Geol⟩ lamina. □ ⟨tecn⟩ ~ di contatto brush plate; ⟨El⟩ ~ magnetica magnetic shell; ~ di metallo metal foil; ~ vertebrale (vertebral) lamina; ~ di vetro glass sheet.

laminare[1] a. laminar, laminate(d).

laminare[2] v.t. (lamino) 1 to laminate. 2 ⟨Met⟩ to roll. □ ⟨Met⟩ ~ a caldo to hot-roll; ~ a freddo to cold-roll.

laminaria f. ⟨Bot⟩ sea-tangle, oarweed.

laminato[1] I a. ⟨Tess⟩ lamé: tessuto ~ lamé cloth. II s.m. lamé.

laminato[2] I a. 1 laminated. 2 ⟨Met⟩ rolled: ferro ~ rolled iron. II s.m. ⟨Met⟩ rolled section. □ ~ di legno laminated wood; ~ plastico laminated plastic, (synthetic resin bonded) laminate.

laminatoio m. ⟨Met⟩ (macchina, officina) rolling mill. □ ~ per **barre** bar (rolling) mill; ~ a due **cilindri** two-high mill, pull-over mill; ~ a **freddo** cold-rolling mill; ~ per **lamiere** plate rolling mill; ~ **multiplo** (o a più cilindri) multiroller plant; ~ per **profilati** section rolling mill.

laminatura f. 1 lamination. 2 ⟨Met⟩ rolling (mill process). **laminazione** f. ⟨Met⟩ rolling (mill process).

lampada f. lamp. □ accendere la ~ to turn on the light; (rif. a lampada non elettrica) to light the lamp; ~ ad **acetilene** acetylene (gas) lamp; ~ ad **arco** arc lamp; ~ **fluorescente** (o a fluorescenza) fluorescent lamp; ~ a **gas** gas lamp; ~ a **incandescenza** incandescent lamp; ~ a **lampo** flash lamp; ~ al **magnesio** magnesium lamp; ~ da **minatore** miner's lamp; ~ a **morsetto** clamp-on lamp; ~ al **neon** neon lamp (o tube); ~ a **petrolio** oil lamp; ~ a **pila** flashlight; ~ **portatile** portable (o test) lamp; ~ al **quarzo** quartz lamp; ~ a **raggi** infrarossi infra-red lamp; ~ a raggi **ultravioletti** ultraviolet lamp, sun lamp; ~ da **saldatore** soldering lamp, blow lamp; ~ da **scrittoio** desk lamp; ⟨Ferr⟩ ~ di **segnalazione** signal lamp; ~ di **sicurezza** safety (o Davy) lamp; ~ **smerigliata** frosted lamp (o bulb); ~ a **spirito** spirit lamp; ~ a **stelo** floor lamp; ~ da **tavolo** table lamp, reading lamp; ~ **votiva** votive lamp.

lampadario m. chandelier. **lampadina** f. (electric-light) bulb, (incandescent) lamp. □ ~ **mignon** small-based electric-light bulb; ~ tascabile pocket flashlight (o torch).

lampante a. (evidente) clear, crystal clear, evident, obvious: prove –i clear evidence. □ ⟨fig⟩ chiaro ~ crystal clear; olio ~ lamp oil.

lampara f. ⟨Pesc⟩ night fishing lamp.

lampeggiamento m. 1 ⟨Meteor⟩ lightning, flashing. 2 ⟨Aut⟩ blinking, winking. **lampeggiare** v. (lampeggio, lampeggi) I v.i. (aus. avere) 1 to flash, to gleam, to sparkle: *la spada lampeggiava al sole* the sword flashed in the sun. **2** ⟨*fig*⟩ to flash, to sparkle, to dart: *l'ira lampeggiava nei suoi occhi* his eyes ⸢flashed with⸣ (*o* darted) anger. **3** ⟨*Aut*⟩ to wink, to blink. **II** *v.i.impers.* (*aus.* **avere/essere**) to lighten, to flash lightning. **lampeggiatore** *m.* **1** ⟨*Aut*⟩ blinker, direction indicator. **2** ⟨*Fot*⟩ flashgun. ☐ ⟨*Aut*⟩ ~ *di emergenza* warning flasher. **lampeggio** *m.* flashing.

lampionaio *m.* lamplighter. **lampioncino** *m.* (*lampioncino alla veneziana*) Chinese (*o* paper) lantern. **lampione** *m.* **1** street lamp; (*il palo*) lamp post. **2** (*da carrozza*) carriage lamp. **lampista** *m.* lampman. **lampisteria** *f.* lamp room.

lampo I *s.m.* **1** ⟨*Meteor*⟩ (*il fenomeno*) lightning: *avere paura dei –i* to be afraid of lightning; (*un singolo lampo*) flash of lightning: *un ~ illuminò la stanza* a flash of lightning lit up the room. **2** (*bagliore*) flash, beam. **3** ⟨*fig*⟩ (*intuizione improvvisa*) flash, gleam: *un ~ di genio* a flash (*o* stroke) of genius. **4** ⟨*fig*⟩ (*tempo brevissimo*) flash, wink, instant. **5** ⟨*Fot*⟩ flash (unit), flash–light. **II** *s.f.* (*cerniera lampo*) zip (fastener), zipper. **III** *a.inv.* (*rapido, velocissimo*) lightning, flash–: *sciopero ~* lightning strike; (*rif. a treni, telegrammi e sim.*) express: *telegramma ~* express telegram. ☐ ⟨*Meteor*⟩ *–i di calore* heat lightning; *scappò* **come un ~** he took to his heels like greased lightning; **guerra ~** blitzkrieg, lightning war; **in un ~** in (*o* quick as) a flash, ⟨*fam*⟩ like a shot; ⟨*Fot*⟩ ~ *al* **magnesio** magnesium flash; ⟨*fig*⟩ *i suoi* **occhi** *mandarono un ~ di collera* his eyes flashed with anger; **passare** *come un ~* to flash by, ⟨*fam*⟩ to whizz by; **veloce** *come un ~* lightning–fast.

lampone *m.* ⟨*Bot*⟩ raspberry.

lampreda *f.* ⟨*Itt*⟩ lamprey (eel).

lana *f.* **1** wool. **2** (*laniccio*) fluff. ☐ ~ *d'*acciaio steel wool; ⟨*fam*⟩ **buona ~** (*ragazzo birichino*) scamp, imp; (*cattivo soggetto*) scoundrel, rogue; ⟨*fig*⟩ *disputare* (*o far questioni*) *di ~* **caprina** to split hairs; **di ~** wool–, woollen: *un paltò di ~* a woollen coat; *filo di ~* woollen yarn; ~ **greggia** raw wool; ~ **di legno** wood wool; ~ **mista** mixed wool; ~ *di* **pecora** sheep's wool; ~ **pettinata** combed wool; (*il tessuto*) worsted; *vestito di* **pura** ~ pure wool suit; **tessuto** *di* ~ wool web; ~ **vergine** virgin wool; ~ *di* **vetro** glass wool, fibreglass.

lanario *m.* ⟨*Ornit*⟩ lanner (falcon).

lanca *f.* ⟨*Geog*⟩ branch of a river (enclosing stagnant water).

lanceolato *a.* **1** lanceolate, lance–shaped. **2** ⟨*Bot*⟩ lanceolate. **lancetta** *f.* **1** hand, pointer; (*di orologio*) hand; (*di bussola*) needle. **2** ⟨*Chir*⟩ lancet. **3** ⟨*Bot*⟩ wild tulip. ☐ ~ *dei minuti* minute hand; ~ *delle ore* hour hand.

lancia[1] *f.* (*pl. –ce*) **1** lance; (*asta, picca*) spear. **2** ⟨*Pesc*⟩ lance, harpoon. **3** (*becco di estintore*) nozzle. **4** ⟨*Stor*⟩ (*soldato armato di lancia*) lance(r). ☐ *colpo di ~* lance thrust; *mettere la ~ in resta* to lay one's lance at rest; ⟨*fig*⟩ *spezzare una ~ in favore di qd.* to come to s.o.'s defence, to plead s.o.'s cause.

lancia[2] *f.* (*pl. –ce*) ⟨*Mar*⟩ (ship's) boat, launch: ~ *di salvataggio* lifeboat; ~ *a motore* motor launch.

lancia⎮bombe *m.inv.* **1** ⟨*Artigl*⟩ trench mortar. **2** ⟨*Mar.mil*⟩ depth–charge thrower. **~fiamme** *m.inv.* flame–thrower. **~granate** *m.* → lanciabombe. **~missili** *a./s.inv.* **I** *a.* rocket (*o* missile) launching. **II** *s.m.* rocket (*o* missile) launcher. **~razzi** *m.inv.* rocket launcher; (*per segnalazione*) rocket gun.

lanciare *v.t.* (**lancio**, **lanci**) **1** to throw, to fling, to launch: ~ *un sasso contro qd.* to throw (*o* fling) a stone at s.o., to launch a stone at (*o* against) s.o.; (*con violenza*) to hurl; (*lanciare in alto*) to toss: ~ *in aria una moneta* to toss a coin. **2** ⟨*fig*⟩ to hurl, to fling, to launch: ~ *uno sguardo a qd.* to throw s.o. a look. **3** (*far partire con impeto: rif. a cani*) to loose, to release; (*rif. a cavalli*) to set (*o* start) off: ~ *un cavallo al galoppo* to set a horse off at a gallop; (*rif. a veicoli*) to start up, to set off (at full speed). **4** ⟨*fig*⟩ (*diffondere*) to spread, to launch: ~ *un'idea* to spread an idea; ~ *un articolo* to launch a product. **5** ⟨*Mil*⟩ to launch, to fire: ~ *un razzo* to launch a rocket; (*sganciare*)

to drop, to release: ~ *bombe* to drop bombs. **6** ⟨*Sport*⟩ to throw: ~ *il giavellotto* to throw the javelin. **lanciarsi** *v.r.* **1** to throw o.s. (*contro, su* on, upon, at), to fling o.s., to hurl o.s., to dash: *lanciarsi fuori della porta* to dash (*o* fling o.s.) out of the door. **2** ⟨*fig*⟩ to launch (out), to embark (*in* on): *lanciarsi in un'impresa* to embark on an enterprise. **3** (*con veicolo*) to race (*o* speed) off: *lanciarsi a corsa pazza* to race madly off. **4** (*dall'alto*) to jump, to drop, to throw o.s. down; (*col paracadute*) to bail (*o* bale) out. ☐ *lanciarsi all'*inseguimento to dash (*o* set) off in pursuit; ~ *una* **moda** to set a fashion; ⟨*Aut*⟩ ~ *il* **motore** to speed up the engine; ⟨*Econ*⟩ ~ *un* **prestito** to float a loan; ⟨*fig*⟩ ~ *una* **proposta** to throw out a suggestion; ~ *un* **urlo** to let out a cry.

lanciasiluri *m.inv.* ⟨*Mar.mil*⟩ torpedo tube.

lanciato *a.* **1** (*rif. a veicolo*) speeding (*o* racing) along, going at full speed, off. **2** ⟨*fig*⟩ (*infervorato*) off, ⟨*fam*⟩ rolling: *quando è ~ nessuno lo ferma più* once he's off there's no stopping him. **3** ⟨*Sport*⟩ flying: *chilometro ~* flying kilometre. **lanciatore** *m.* (*f. –*trice) **1** thrower, hurler, flinger, launcher. **2** ⟨*Sport*⟩ thrower; (*nel baseball*) pitcher. ☐ ⟨*Sport*⟩ ~ *del disco* discus thrower; ~ *del martello* hammer thrower; ~ *del peso* shot–putter.

lanciere *m.* **1** (*soldato*) lancer. **2** *pl.* (*danza*) lancers *pl* (*costr.sing.*).

Lancillotto *N.pr.m.* Lancelot, Launcelot.

lancinante *a.* shooting, stabbing, piercing.

lancio *m.* **1** (*atto*) throwing, flinging, hurling, launching; (*effetto*) throw, fling, toss, cast. **2** (*salto dall'alto*) jump, drop. **3** ⟨*fig*⟩ (*lancio pubblicitario*) launching. **4** ⟨*Mil*⟩ launching, firing; (*sganciamento*) dropping, release: ~ *di bombe* dropping of bombs; (*col paracadute*) drop, parachuting: ~ *con apertura ritardata* delayed drop. **5** ⟨*Aer,Astron*⟩ launch(ing): ~ *di un satellite* launching of a satellite; (*rif. a razzi*) launch(ing), blast–off, lift–off. **6** ⟨*Sport*⟩ (*atto*) throwing, pitching; (*effetto*) throw, pitch; (*nel calcio*) shot at goal. ☐ ~ *del* **disco** discus throw, throwing of the discus; ~ *del* **giavellotto** javelin throw(ing); ⟨*Inform*⟩ ~ **iniziale** bootstrap; ~ *del* **martello** hammer throw(ing); ⟨*Sport*⟩ ~ *del* **peso** shotput(ting); **programma** *di* ~ **iniziale** bootstrap program; ~ **pubblicitario** build–up, boost; **rampa** *di* ~ launching pad; ⟨*Astron*⟩ ~ *nello* **spazio** space shot.

landa *f.* moor(land), heath(land).

landò *m.* landau.

laneria *f.* (generally in pl.) woollens *pl,* woollen goods *pl.* **lanetta** *f.* (*leggero tessuto di lana*) lightweight wool; (*tessuto misto*) mixed wool.

langravio *m.* landgrave.

languidamente *avv.* languidly. **languidezza** *f.* **1** languor, faintness. **2** ⟨*fig*⟩ (*fiacchezza*) feebleness, weakness: ~ *di stile* feebleness of style. **3** (*svenevolezza*) simpering, languishing (look), ⟨*fam*⟩ sheep's eyes *pl.* **languido** *a.* **1** *fiacco*) weak, languid, faint. **2** (*sentimentale*) languishing, simpering. **3** ⟨*fig*⟩ pale, faint, weak, dim: *luce –a* faint light. ☐ *occhi –i* (*per debolezza*) dull (*o* listless) eyes; (*per amore*) languishing eyes; *sentirsi lo stomaco ~* to feel pangs of hunger.

languire *v.i.* (**languisco/languo**, **languisci/langui**; *aus.* avere) **1** to languish: ~ *malato nel letto* to languish sick in bed; (*rif. a piante*) to droop, to wither. **2** (*venir meno*) to (be) faint, to grow weak, to languish: ~ *dalla fame* to be faint from hunger. **3** ⟨*fig*⟩ (*struggersi, patire*) to pine (away), to languish: ~ *d'amore* to pine with love; ~ *in carcere* to languish in prison. **4** ⟨*fig*⟩ (*rif. a luce, indebolirsi*) to weaken, to fade, to die (down), to dim: *la luce languisce* the light is dimming (*o* fading). **5** ⟨*fig*⟩ (*non prosperare, scemare*) to flag, to languish, to be slack (*o* slow): *le arti languono* art languishes; *la conversazione langue* conversation is flagging.

languore *m.* **1** languor, faintness, weakness. **2** (*atteggiamento, espressione languida*) languor: *sguardo pieno di ~* look filled with languor, languishing look. **3** *pl.* (*smancerie*) simpering, languishing, languishing looks *pl.* ☐ ~ *di stomaco* pangs of hunger.

laniccio *m.* fluff. **laniere** *m.* wool(len) manufacturer. **laniero** *a.* wool–, woollen: *industria –a* wool industry.

lanifìcio *m.* wool mill (*o* factory).

lanìsta *m.* ⟨*Stor.rom*⟩ lanista.

lanolìna *f.* ⟨*Chim*⟩ lanolin(e), wool fat: ~ *idrata* hydrous wool fat. **lanosità** *f.* woolliness. **lanoso** *a.* woolly (*anche estens.*): *capelli –i* woolly hair.

lantana *f.* ⟨*Bot*⟩ wayfaring tree.

lantànide *m.* ⟨*Chim*⟩ lanthanide. **lantànio** *m.* lanthanum.

lanterna *f.* **1** lantern. **2** (*parte più alta del faro*) lantern, light; (*faro*) lighthouse; (*fanale portuale*) harbour light; (*fanale all'estremità del molo*) pierhead light. **3** ⟨*Arch*⟩ lantern. **4** ⟨*Cin*⟩ lamp housing. □ ~ *cieca* dark (*o* police) lantern; ⟨*Cin*⟩ ~ *magica* magic lantern. **lanternìno** *m.* ⟨*Strad*⟩ warning light. □ ⟨*fig*⟩ *cercare qc.* (*o qd.*) *col* ~ to look high and low for s.th. (*o s.o.*); ⟨*fam*⟩ *cercarsele col* ~ (*andare in cerca di guai*) to be asking for trouble.

lanùgine *f.* down. **lanuginoso** *a.* downy. **lanuto** *a.* woolly.

lanzarda *f.*, **lanzardo** *m.* ⟨*Itt*⟩ Spanish mackerel.

lanzichenecco *m.* (*pl.* -chi) ⟨*Stor*⟩ lansquenet.

Laocoonte *N.pr.m.* ⟨*Mitol*⟩ Laocoon.

Laos *N.pr.m.* ⟨*Geog*⟩ Laos. **laotiano I** *a.* Laotian, Lao(s). **II** *s.m.* (*f.* -a) Lao(tian).

lapalissiano *a.* (*ovvio, evidente*) obvious, self-evident.

laparo|scopìa *f.* ⟨*Med*⟩ laparoscopy. **~scopio** *m.* laparoscope. **~tomìa** *f.* ⟨*Chir*⟩ laparotomy.

lapidàre *v.t.* (*làpido*) **1** to stone (to death), to lapidate. **2** ⟨*fig*⟩ (*criticare aspramente*) to criticize violently, to demolish; ⟨*fam*⟩ to pull to pieces. **lapidàrio I** *a.* **1** lapidary, lapidarian. **2** ⟨*fig*⟩ lapidary: *stile* ~ lapidary style. **II** *s.m.* **1** (*incisore di lapidi*) stone cutter, engraver on stone. **2** (*trattato medievale*) lapidary. **lapidatóre** *m.* (*f.* -trice) stoner. **lapidazione** *f.* stoning, lapidation.

làpide *f.* **1** (*lastra tombale*) tombstone, headstone, gravestone. **2** (*lastra commemorativa*) memorial stone; (*su muri e sim.*) memorial tablet (*o* slab).

lapìllo *m.* ⟨*Geol*⟩ lapillus.

lapin *fr.* [la'pɛ̃] *m.* ⟨*Conc,Vest*⟩ cony.

làpis *m.* pencil: ~ *copiativo* indelible (*o* copying) pencil. □ ⟨*Farm*⟩ ~ *emostatico* styptic pencil.

lapislàzzuli *m.* ⟨*Min*⟩ lapislazuli.

làppa *f.* ⟨*Bot*⟩ burdock.

lappàre *v.i.* (*aus.* avere) to lap (up).

làppola *f.* ⟨*Bot*⟩ cocklebur.

lappóne (*o làppone*) **I** *a.* Lapp-, Lappish, Lappic. **II** *s.* **1** *m.* (*lingua*) Lapp, Lappish. **2** *m./f.* (*abitante*) Lapp, Laplander. **Lapponia** *N.pr.f.* ⟨*Geog*⟩ Lapland.

làpsus *lat. m.* lapse, slip, lapsus. □ ~ *calami* slip of the pen, lapsus calami; ~ *freudiano* Freudian slip; ~ *linguae* slip of the tongue, lapsus linguae; ~ *memoriae* lapse of memory, slip of the memory.

lardàceo *a.* lard-like, lardaceous. **lardatóio** *m.* ⟨*Gastr,region*⟩ larding needle. **lardellàre** *v.t.* (*lardèllo*) **1** ⟨*Gastr*⟩ to lard. **2** ⟨*fig*⟩ to lard, to fill, to cram: ~ *di errori una pagina* to fill a page with errors. **lardellatùra** *f.* **1** ⟨*Gastr*⟩ larding. **2** ⟨*fig, non com*⟩ larding, filling, cramming. **lardèllo** *m.* ⟨*Gastr*⟩ lardoon. **làrdo** *m.* **1** bacon fat. **2** ⟨*region*⟩ (*strutto*) lard. **lardoso** *a.* fat, fatty.

làre *m.* **1** ⟨*Mitol*⟩ lar. **2** *pl.* (*famiglie*) lares, home *sing.* □ ⟨*fig*⟩ *tornare ai patri –i* to return home.

largaménte *avv.* **1** widely, broadly. **2** (*diffusamente*) fully, at length, in full detail: *parlare* ~ *di qc.* to speak at length of s.th. **3** (*in larga misura*) generously, liberally, freely, abundantly: *ricompensare qd.* ~ to reward s.o. generously.

largàre *v.t.* (*làrgo, làrghi*) ⟨*Mar*⟩ to put out, to get under way, to push off. **largheggiàre** *v.i.* (*larghèggio, larghèggi*; *aus.* avere) to be generous (*o* open-handed), to give freely, to lavish: ~ *col denaro* to be generous with one's money. □ ~ *nelle mance* to be a generous tipper. **larghétto** *avv./s.m.* ⟨*Mus*⟩ larghetto.

larghézza *f.* **1** width, breadth: ~ *di una strada* width of a road; ~ *dei fianchi* width of the hips. **2** ⟨*fig*⟩ (*liberalità*) liberality, generosity. **3** ⟨*fig*⟩ (*abbondanza*) abundance, plenty. **4** ⟨*fig*⟩ (*apertura mentale*) broad-mindedness, breadth of mind. □ *che* ~ *ha?* how wide is it?, what's the width?; *calcolare con* ~ to allow something extra; *donare*

con ~ to give generously; ~ *d'idee* broad-mindedness, breadth of mind; *avere* ~ *di mezzi* to have ⸢plentiful means⸣ (*o* ample resources); *misurare quattro metri di* ~ to be four metres wide, to be four metres in width (*o* breadth); ~ *di torace* chest measurement; ~ *di vedute* broad-mindedness; ⟨*Sart*⟩ ~ *della vita* waist measurement (*o* girth).

làrgo *a./s.* (*pl.* -ghi) **I** *a.* **1** wide, broad: *questa stoffa è –a un metro* this cloth is a metre wide. **2** (*rif. a vestiario: comodo*) roomy, ample, wide: *un vestito* ~ a roomy suit; (*troppo ampio*) loose. **3** ⟨*fig*⟩ (*generoso*) generous, liberal, open-handed. **4** ⟨*fig*⟩ (*abbondante, copioso*) abundant, plentiful, ample: *–a messe* abundant harvest; (*grande*) big, great: *fare larghe concessioni* to make big concessions. **5** ⟨*Fon*⟩ (*aperto*) broad, open: *pronuncia –a* broad pronunciation. **II** *avv.* ⟨*Mus*⟩ largo. **III** *s.m.* **1** (*larghezza*) width, breadth. **2** (*mare aperto*) open sea. **3** ⟨*Strad*⟩ (*small*) square. **4** ⟨*Mus*⟩ largo. □ *al* ~: 1 ⟨*Mar*⟩ offshore: *tenersi al* ~ to stand offshore; 2 ⟨*fig*⟩ to keep (*o* steer) clear, to keep out of the way; ⟨*Mar*⟩ *al* ~ off, offshore: *stare al* ~ *della costa* to lie off the coast; *alla –a!* (*rif. a persone*) keep (*o* get) away!, keep your distance!; (*rif. a cose*) keep (*o* take) it away!; *stare alla –a da qd.* to keep clear of s.o.; *fare* ~ to make way (*o* room): *fate ~!* make way (*o* room)!; *farsi* ~ *tra la folla* to ⸢make one's way⸣ (*o* push) through the crowd; *farsi* ~ *a forza di gomiti* to elbow one's way (*anche fig.*); ⟨*fig*⟩ *farsi* ~ *nella vita* to get on in life; *essere* ~ *di fianchi* to have broad (*o* wide, big) hips; *a gambe larghe* with legs wide apart; ~ *ai giovani!* give the young people a chance!; *una gonna –a* (*ampia*) a full skirt; *in lungo e in* ~ everywhere, all over, far and wide: *girare un paese in lungo e in* ~ to travel all over a country; ⟨*fig*⟩ ~ *di manica* easy-going, indulgent; *un insegnante* ~ *di manica* a lenient teacher; *in –a misura* to a great extent, very much; *per il* ~ breadthwise, broadways on; *larghi poteri* wide powers; *prendere il* ~: 1 ⟨*Mar*⟩ to put out to sea; 2 ⟨*fig*⟩ to make off, to slip away; *prendere una curva –a* to take a bend on the outside; ⟨*fig*⟩ *prenderla –a* to approach a matter in a roundabout way; *su –a scala* on a large scale, large-scale; *nel significato più* ~ in the widest sense; ~ *di spalle* broad-shouldered; *stare* ~ (*di vestiti e sim.*) to be roomy; (*essere troppo ampio*) to be loose, to hang (on s.o.); *stare larghi* (*in un posto*) to have plenty of room; *a larghi tratti* in outline, with strokes.

lariano *a.* of lake Como.

làrice *m.* ⟨*Bot*⟩ larch: *di* ~ larch-, of larch. **lariceto** *m.* larch wood.

laringe *f./m.* ⟨*Anat*⟩ larynx. **laringectomìa** *f.* ⟨*Chir*⟩ laryngectomy. **laringèo** (*o laringeo*) *a.* ⟨*Anat*⟩ laryngeal. **laringìsmo** *m.* ⟨*Med*⟩ laryngismus, laryngospasm. **laringite** *f.* laryngitis.

laringoiatra *m./f.* laryngologist. **laringologìa** *f.* laryngology. **laringòlogo** *m.* (*pl.* -gi; *f.* -a) laryngologist.

laringo|patìa *f.* laryngopathy. **~scopìa** *f.* ⟨*Med*⟩ laryngoscopy. **~scopico** *a.* (*pl.* -ci) laryngoscopic(al). **~scopio** *m.* laryngoscope. **~spasmo** *m.* laryngospasm. **~tomìa** *f.* ⟨*Chir*⟩ laryngotomy.

làrva *f.* **1** ⟨*Zool*⟩ larva: ~ *di formica* ant larva. **2** ⟨*fig*⟩ shadow, (mere) semblance, apology: *una* ~ *d'uomo* mere semblance of a man. **3** ⟨*fig*⟩ (*vana apparenza*) vain appearance, outward show. □ ⟨*fig*⟩ *diventare la* ~ *di se stesso* to become a shadow of one's former self; ⟨*fig*⟩ *essere ridotto una* ~ to have become a skeleton, to be skin and bones. **larvale** *a.* ⟨*Zool*⟩ larval. **larvataménte** *avv.* ⟨*lett*⟩ disguisedly, in a veiled (*o* hidden) way. **larvàto** *a.* ⟨*lett*⟩ masked, hidden, disguised (*anche fig.*). □ *–e minacce* veiled threats.

lasàgna *f.* ⟨*Gastr*⟩ lasagna (broad flat noodle).

lascàre *v.t.* (*lasco, laschi*) ⟨*Mar*⟩ to slacken, to ease off, to loosen.

lasciapassàre *m.inv.* pass, permit, laissez-passer: ~ *di frontiera* frontier pass.

lasciàre *v.* (*làscio, làsci*) **I** *v.t.* **1** (*abbandonare*) to leave, to desert, to give up, ⟨*fam*⟩ to quit: ~ *la carriera militare* to give up a military career; *ha lasciato l'antico padrone* he left his old master; *ho lasciato New York ieri mattina* I left New York yesterday morning. **2** (*lasciare in eredità*) to leave, to bequeath: *lasciò i suoi beni al convento* he left his property to the convent. **3** (*lasciare dietro di sé*: rif. *a tracce, a segni*) to leave (behind): *il ladro lasciò le sue impronte digitali* the thief left his fingerprints. **4** (*non prendere con sé*) to leave (behind): *ho lasciato l'ombrello in ufficio* I left my umbrella at the office. **5** (*cedere vendendo, concedere*) to leave, to let have, to give: *me lo lasciò per poche sterline* he let me have it for a few pounds. **6** (*liberare, lasciare andare*) to release, to (set) free, to let go: *il gatto lasciò il topo* the cat let the mouse go; ~ *la presa* to let go; (*lasciar cadere*) to drop. **7** (*lasciare da parte, serbare*) to keep, to leave (aside), to put aside. **8** (*consegnare*) to leave: ~ *in custodia qc. a qd.* to leave s.th. in s.o.'s care, to entrust s.th. to s.o.; *hanno lasciato una lettera per te* a letter has been left for you; *a chi posso* ~ *le chiavi?* who can I leave the keys with? **9** (*causativo: fare, permettere*) to let: *lascia pure che parta* let him leave; *il vetro lascia passare la luce* glass lets light through. **II** *v.i.* (*aus. avere*) (*permettere*) to let, to allow: ~ *che qd. si sfoghi* to let s.o. vent his feelings; *lascia che io ti dica questo* let me tell you this. **lasciarsi** *v.r.* **1** to let o.s., to allow o.s., to be: *lasciarsi convincere* to let o.s. be persuaded; *non mi lascio ingannare* I won't be taken in. **2** (*recipr*) to leave e.o., to say goodbye to e.o., to part: *pranzammo insieme, poi ci lasciammo* we dined together and then parted; (*rif. a fidanzati*) to leave e.o., to part, (*fam*) to split up: *i due si sono lasciati dopo un anno di fidanzamento* they split up after being engaged for a year. □ ~ *la luce* **accesa** to leave the light on; *lasciar* **andare** to let go, to allow to leave: ~ *andare qd.* to let s.o. go; *lascia andare!* never mind (all that)!, forget it!; *lasciar andare un colpo* to deal a blow; (*rif. a colpo di fucile*) to fire a shot; *lasciar andare uno schiaffo* (*darlo*) to (give a) slap; *lasciarsi andare* to let o.s. go (*anche fig.*); ~ *aperto* to leave open; ~ *una riga in* **bianco** to leave a line blank; (*fig*) *lasciar* **correre** to let things go (their own way); ~ *a* **desiderare** to be unsatisfactory: *il tuo lavoro lascia molto a desiderare* your work is very unsatisfactory; *lasciar* **detto** to leave word (o a message); ~ **entrare** *qd.* to let s.o. in; *lasciar* **fare** (*non preoccuparsi*) to let things alone (o be), not to worry; *lascia fare a me* leave it to me; *lasciar fare qd.* to let (o leave) s.o. alone, to let s.o. go his own way; ~ **fuori**: 1 to leave outside; 2 (*fig*) (*escludere*) to exclude, to cut out; ~ *qd. nell'***imbarazzo** to leave s.o. in a fix; *vi lascio* **immaginare** *la mia sorpresa!* you can just imagine my surprise!; ~ **libero** *qd.* to set s.o. free; ~ *a* **mezzo** to leave unfinished; ~ *il* **mondo** (*morire*) to pass away, to depart this life; (*segregarsi*) to withdraw (o retire) from the world; ~ *in* **pace** *qd.* to leave s.o. alone (o in peace); ~ **passare**: 1 (*rif. a tempo*) to let go by; 2 (*rif. a persone*) to let in, to admit; 3 (*lasciare attraversare*) to let through; *lasciar* **perdere** to forget about s.th., to drop s.th.: *lascia perdere!* never mind!, drop it!, forget it!; (*non prendersela*) take it easy!; ~ **perplesso** *qd.* to puzzle s.o.; *o* **prendere** *o* ~*!* take it or leave it!; ~ *ogni* **speranza** to give up; *lasciate ogni speranza* abandon all hope; *lasciar* **stare** *qc.* (*smettere di toccarla*) to leave s.th. alone; *lascia stare la torta* don't touch the cake, keep your hands off the cake; *lasciar* **tempo** *al tempo* time is a great healer; *questo lascia il tempo che trova* it makes no difference, it leaves things as they were; ~ **tutto** *come sta* to leave everything as it is; ~ **uscire** *qd.* to let s.o. out; *lasciar* **vivere** *qd.* (*non importunarlo*) to leave s.o. in peace, to leave s.o. be (o alone). ‖ *lasciarci* to lose: *lasciarci una gamba* to lose a leg; *lasciarci la pelle* to lose one's life; *ci ha lasciato la vita* it cost him his life; *lasciati baciare* let me kiss you.

lascito *m.* legacy, bequest.

lascivamente *avv.* lasciviously, lustfully. **lascivia** *f.* lasciviousness, lust, wantonness. **lascivo** *a.* lascivious, lustful, wanton.

lasco *a./s.* (*pl.* **-chi**) **I** *a.* ⟨*Mar*⟩ slack, loose: *cavo* ~ slack (*o* loose) line. **II** *s.m.* slack.

laser *m.* laser: *raggi* ~ laser radiation. **laserfoto** *f.* laser photo. **laserterapia** *f.* laser therapy.

lassa *f.* ⟨*Metr*⟩ laisse.

lassativo *a./s.m.* ⟨*Farm*⟩ laxative.

lassismo *m.* **1** ⟨*Rel.catt*⟩ laxism. **2** ⟨*fig*⟩ laxity. **lassista** **I** *s.m./f.* laxist. **II** *a.* laxist.

lassità *f.* ⟨*Med*⟩ relaxation.

lasso: ~ *di tempo* interval, lapse (*o* space) of time.

lassù *avv.* **1** up there: ~ *in cima* up there, on top; *vado* ~ I'm going up there. **2** (*in cielo*) up above. **3** (*al nord*) up (north).

lastra *f.* **1** slab: ~ *di marmo* marble slab; (*metallica*) plate; (*di vetro*) pane, sheet (of glass); (*di ghiaccio*) sheet. **2** ⟨*Fot,Tip*⟩ plate. **3** (*radiografia*) radiograph, X-ray. □ ~ *di ardesia* slate; *farsi fare le* ~ to have an X-ray (taken); ⟨*Tip*⟩ ~ *stereotipa* stereotype.

lastratura *f.* ⟨*Aut*⟩ steel bodywork.

lastricamento *m.* paving. **lastricare** *v.t.* (**lastrico**, **lastrichi**) to pave, to flag: ~ *una strada* to pave a road. **lastricato I** *a.* paved, flagged. **II** *s.m.* paving. **lastricatore** *m.* paver. **lastricatura** *f.* **1** paving, flagging. **2** (*lastricato*) paving. **lastrico** *m.* (*pl.* **-chi**/*non com.* **-ci**) paving, pavement. □ *abbandonare qd. sul* ~ to abandon s.o. in dire want; *gettare qd. sul* ~ to reduce s.o. to poverty; *ridursi sul* ~ to be reduced to poverty, to be down and out. **lastrone** *m.* **1** (*grossa lastra*) (large) slab, sheet. **2** ⟨*Alp*⟩ sheer face (*o* wall) of rock.

lat. = **1** *latino* Latin (*abbr.* L., Lat.). **2** ⟨*Geog*⟩ *latitudine* latitude (*abbr.* l., lat.).

latebra (*o* **latebra**) *f.* ⟨*lett*⟩ **1** secret place. **2** ⟨*fig*⟩ innermost recess.

latente *a.* latent, hidden: *intenzioni* **-i** hidden intentions; ⟨*Fis*⟩ *calore* ~ latent heat; (*rif. a malattia*) latent. **latenza** *f.* latency (*anche Med.,Psic.*).

laterale I *a.* **1** side-, lateral: *ingresso* ~ side entrance; *una via* ~ a sidestreet. **2** ⟨*Mat,Fon,Bot,Anat*⟩ lateral. **3** ⟨*Chim*⟩ side-: *reazione* ~ side reaction. **II** *s.m.pl.* ⟨*Sport*⟩ right and left half-backs *pl.* **III** *s.f.* ⟨*Fon*⟩ lateral (consonant). **lateralmente** *avv.* sideways (*o* in), laterally.

lateranense *a.* Lateran-: *concilio* ~ Lateran Council; *patti* **-i** Lateran Pacts. **Laterano** *N.pr.m.* Lateran.

laterite *f.* ⟨*Geol*⟩ laterite. **laterizio I** *a.* ⟨*Edil*⟩ brick-. **II** *s.m.* ⟨*Edil*⟩ brick: ~ *forato* hollow (clay) tile, perforated brick; *fabbrica di laterizi* brickworks. □ *materiale* ~ bricks *pl.*

latice *m.* ⟨*Bot,Ind*⟩ latex.

laticlavio *m.* laticlave.

latifoglia *f.* ⟨*Bot*⟩ broadleaf.

latifondista *m./f.* **1** large landowner. **2** ⟨*Stor*⟩ latifundista. **latifondo** *m.* **1** large (landed) estate. **2** ⟨*Stor*⟩ latifundium.

latineggiante *a.* (*rif. a persona*) Latinizing, fond of Latinisms; (*rif. a stile e sim.*) Latinized, full of Latinisms. **latineggiare** *v.i.* (**latineggio**, **latineggi**; *aus.* avere) to Latinize, to use Latinisms. **latinismo** *m.* ⟨*Ling*⟩ Latinism. **latinista** *m./f.* Latinist. **latinità** *f.* Latinity. **latinizzare** *v.t.* to Latinize. **latinizzazione** *f.* **1** Latinization. **2** ⟨*concr*⟩ (*forma latinizzata*) Latin(ized) form.

latino I *a.* Latin. **II** *s.m.* **1** Latin. **2** (*abitante*; *f.* **-a**) Latin. □ ⟨*Ling*⟩ **basso** ~ low Latin; ~ **classico** classical Latin; ~ **maccheronico** macaronic Latin, dog Latin; **quartiere** ~ (*a Parigi*) Latin Quarter; **vela** **-a** lateen sail.

latino-americano *a./s.m.* (*f.* **-a**) Latin American.

latitante I *a.* in hiding: *rendersi* ~ to go into hiding, to become a fugitive. **II** *s.m./f.* fugitive (from justice). **latitanza** *f.* being 'in hiding' (o at large). □ *darsi alla* ~ to go into hiding, (*fam*) to be on the run.

latitudinale *a.* ⟨*Geog*⟩ latitudinal. **latitudine** *f.* latitude: *alle nostre* **-i** in our latitudes. □ ⟨*Geol*⟩ ~ *geocentrica* geocentric latitude; ~ *nord* latitude north; ⟨*fig*⟩ *sotto tutte le* **-i** everywhere, all over the earth; ~ *sud* latitude south.

lato[1] *m.* **1** (*rif. a persona: fianco*) side; (*rif. a cosa: parte*) side, part; (*estremità*) end. **2** ⟨*fig*⟩ (*aspetto*) side, aspect: *vedere il* ~ *cattivo delle cose* to look on the dark side of things. **3** ⟨*fig*⟩ (*punto di vista*) point of view, viewpoint. **4** ⟨*Geom*⟩ side. □ *a* ~ *di qd.* beside s.o., at s.o.'s side; *d'altro* ~ (*d'altronde*) on the other hand; *per un certo* ~ in one way, from a certain point of view; *da un* ~: 1

(*provenienza*) from one side; 2 (*in una parte*) on one side: *il vestito ti pende da un* ~ your skirt is hanging on one side; *dal* ~ *destro:* 1 (*stato*) on the right; 2 (*moto*) from the right; *farsi da un* ~ to stand aside, to make way (*o* room); *da un* ~ ... *dall'altro* on the one hand ... on the other (hand); ⟨*fig*⟩ ~ **debole** weak side (*o* point); *di due* –*i* two–sided; *in* (*o da*) **ogni** ~ on (*o* from) all sides; *dal* ~ *del* **sentimento** as far as feelings go; *prendere qd. dal* ~ *del sentimento* to prey on s.o.'s feelings; ⟨*fig*⟩ *non* **sentirci** *da quel* ~ to turn a deaf ear to certain matters.

lato² *a.* ⟨*lett*⟩ **1** (*largo*) broad, wide. **2** ⟨*fig*⟩ broad: *in senso* ~ in a broad sense.

latomia *f.* (generally in pl.) ⟨*Stor.rom*⟩ latomia, latomy.

Latona *N.pr.f.* ⟨*Mitol*⟩ Latona.

latore *m.* (*f.* -**trice**) bearer: *il* ~ *della presente* the bearer of this letter.

latrare *v.i.* (*aus.* avere) to bark; (*ululare*) to howl. **latrato** *m.* barking.

latria *f.* ⟨*Rel.catt*⟩ latria.

latrina *f.* lavatory; (*in luoghi di abitazione collettiva*) latrine. □ ~ *pubblica* public lavatory.

latrocinio *m.* → **ladrocinio.**

latta *f.* **1** (*lamiera*) tin, tinplate. **2** (*recipiente*) can: *una* ~ *di benzina* a can of petrol; (*barattolo*) tin, ⟨*am*⟩ can. □ ~ *bianca* (*o stagnata*) tinplate; *di* ~ tin–.

lattaia *f.* milk woman. **lattaio** *m.* milkman.

lattame *m.* ⟨*Chim*⟩ lactam.

lattante I *a.* breast–fed; (*rif. ad animali*) sucking. II *s.m.* suckling, baby, babe–in–arms; (*rif. ad animali*) suckling.

Lattanzio *N.pr.m.* ⟨*Stor*⟩ Lactantius.

lattario *m.* ⟨*Bot*⟩ milk cap. **lattasi** *f.* ⟨*Chim*⟩ lactase. **lattato** *m.* ⟨*Chim*⟩ lactate. **lattazione** *f.* lactation.

latte *m.* milk: *un bicchiere di* ~ a glass of milk. □ ~ **acido** sour milk; **al** ~ milk–, with milk, milky: *cioccolato al* ~ milk chocolate; ⟨*Bot*⟩ **albero** *del* ~ cow tree; ~ *di* **asina** ass's milk; **bianco** ~ milk–white; *bianco come il* ~ as white as milk; **bidone** *da* ~ milk can; ⟨*fig*⟩ *avere ancora il* ~ *alla* **bocca** to be green, to be still wet behind the ears; ~ *in* **bottiglia** bottled milk; ~ **cagliato** curdled milk; ⟨*Chim*⟩ ~ *di* **calce** milk of lime; ~ *di* **cocco** coconut milk; ~ **condensato** condensed milk; ~ **crudo** raw milk; **dare** *il* ~ *al bambino* to feed (*o* nurse) the baby; ⟨*Cosmet*⟩ ~ **detergente** cleansing milk; **fratello** *di* ~ foster brother; ~ **fresco** fresh milk; ~ *di* **gallina** (*bevanda*) eggnog; (*dolce*) crème caramel; ⟨*fig*⟩ *far venire il* ~ *alle* **ginocchia** to bore, to be a nuisance; ~ **intero** whole (*o* full–cream) milk; ~ **magro** skim(med) milk; *maialino di* ~ suck(l)ing pig; ~ *di* **mandorle** almond milk; ~ **materno** mother's milk; ~ *di* **mucca** cow's milk; ~ **omogeneizzato** homogenized milk; ~ **pastorizzato** pasteurized milk; ~ *di* **pecora** sheep's milk; ~ *di* **pesce** milt, fish semen; ~ *in* **polvere** powdered milk; ~ *scremato in polvere* skimmed milk powder; ⟨*Dolc*⟩ ~ *alla* **portoghese** crème caramel; ~ *in* **scatola** tinned milk; **succhiare** *il* ~ to suck milk, to feed (at the breast); ⟨*fig*⟩ *succhiare qc. col* ~ to· be brought up doing (*o* on) s.th., to be brought up to believe (in) s.th.; **togliere** *il* ~ *a un bambino* to wean a baby; ~ *di* **vecchia** kind of ·rosolio.

latte(m)miele *m.inv.* whipped cream. □ *essere tutto* ~ *con qd.* to be as sweet as sugar to s.o. **latteo** *a.* **1** (*di latte*) milk–, milky: *secrezione* –*a* milky secretion; *dieta* –*a* milk diet. **2** (*simile al latte*) milky, milk–like. □ ⟨*Med*⟩ *febbre* –*a* milk fever; *la Via* –*a* the Milky Way. **latteria** *f.* dairy. **lattescente** *a.* milky, milk–like, lactescent. **lattescenza** *f.* milkiness, lactescence. **lattice** *m.* → **latice. latticello** *m.* buttermilk. **latticin(i)o** *m.* (generally in pl.) dairy product. **lattico** *a.* (*pl.* -**ci**) ⟨*Chim*⟩ lactic: *acido* ~ lactic acid; *fermentazione* –*a* lactic fermentation. **lattiera** *f.* milk–jug. **lattiero** *a.* dairy–, milk–. **lattifero** *a.* **1** (*che produce latte*) milk–, milch–: *vacca* –*a* milk cow. **2** ⟨*Anat*⟩ (*che conduce il latte*) lactiferous, milk–: *dotto* ~ lactiferous (*o* milk) duct. **lattiginoso** *a.* **1** milky. **2** ⟨*Bot*⟩ lactiferous, lactescent. **lattime** *m.* ⟨*Med,pop*⟩ milk crust.

lattina *f.* (*barattolo*) tin, ⟨*am*⟩ can: ~ *di birra* tin of beer.

lattivendolo *m.* (*f.* -**a**) milkman. **lattobacillo** *m.* ⟨*Biol*⟩

lactobacillus. **lattodensimetro** *m.* lactometer, lactodensimeter. **lattogeno** *a.* lactogenic. **lattone** *m.* **1** (*maialino di latte*) suck(l)ing pig. **2** (*vitello di latte*) suck(l)ing calf.

lattoniere *m.* (*stagnaio*) tinsmith, ⟨*am*⟩ tinman.

lattonzo(lo) *m.* **1** (*animale poppante*) suckling. **2** (*maialino di latte*) suckling pig.

lattosio *m.* ⟨*Chim*⟩ lactose.

lattuga *f.* **1** ⟨*Bot*⟩ lettuce. **2** (*collare*) ruff.

lauda *f.* ⟨*Lett*⟩ lauda, laude, laud.

laudano *m.* ⟨*Farm*⟩ laudanum.

laudativo *a.* ⟨*lett*⟩ laudatory, of praise: *parole* –*e* words of praise.

Laura *N.pr.f.* Laura.

lauracee *f.pl.* ⟨*Bot*⟩ laurel family.

laurea *f.* degree. □ *conferire la* ~ to confer a degree; *conseguire* (*o prendere*) *la* ~ to obtain (*o* get) one's degree, to graduate: *prendere la* ~ *in medicina* to ⌐get one's degree⌐ (*o* graduate) in medicine; ~ ⌐*ad honorem*⌐ (*o honoris causa*) honorary degree, degree honoris causa. **laureando** I *s.m.* (*f.* -**a**) ⟨*Univ*⟩ final year student (*o* undergraduate), ⟨*am*⟩ senior. II *a.* final year–, ⟨*am*⟩ senior. **laureare** *v.t.* (*laureo*) to confer a degree on, ⟨*am*⟩ to graduate. **laurearsi** *v.r.* to graduate, to obtain (*o* get) a degree: *laurearsi in filosofia* to graduate in philosophy, to get a philosophy degree. □ *laurearsi a pieni voti e lode* to graduate with full marks and honours. **laureato** I *a.* **1** graduate–, graduated, having a degree: *essere* ~ *in medicina* to have a degree in medicine. **2** (*coronato d'alloro*) laureate, crowned with laurel. II *s.m.* (*f.* -**a**) graduate: ~ *in legge* law graduate. □ *poeta* ~ (poet) laureate.

Laurenziana *N.pr.f.* Laurentian Library (of Florence). **laurenziano** I *a.* **1** Laurentian: *codice* ~ Laurentian codex. **2** (*del fiume San Lorenzo*) Laurentian: *bacino* ~ Laurentian basin. **3** ⟨*Geol*⟩ Laurentian. II *s.m.* ⟨*Geol*⟩ Laurentian (episode).

lauro *m.* **1** ⟨*Bot*⟩ laurel, bay. **2** ⟨*fig*⟩ laurels *pl*, laurel: *il* ~ *della vittoria* the laurels of victory. **3** (*titolo olimpionico*) Olympic title. **lauroceraso** *m.* ⟨*Bot*⟩ cherry laurel.

lautamente *avv.* (*abbondantemente*) generously, handsomely, lavishly, abundantly: *ricompensare* ~ *qd.* to reward s.o. handsomely. **lauto** *a.* **1** (*abbondante*) lavish, abundant, rich, generous: ~ *trattamento* generous treatment; –*a cena* lavish dinner. **2** (*iperb*) large, high: ~ *stipendio* high salary; –*i guadagni* large profits.

lava *f.* ⟨*Geol*⟩ lava: *colata di* ~ lava flow, stream of lava.

lavaauto *m./f.* → **lavamacchine. lavabiancheria** *f.inv.* washing–machine. □ ~ *a caricamento frontale* front loading washing–machine. **lavabile** *a.* washable: *seta* ~ washable silk. **lavabo** *m.* **1** (*lavandino*) wash–basin. **2** ⟨*Lit*⟩ lavabo. **lavabottiglie** *a./s.inv.* I *s.m.* bottle washer, bottle–washing machine. II *a.* bottle–washing, bottl–: *spazzola* ~ bottle brush. **lavacro** *m.* **1** ·washing, bathing. **2** ⟨*fig*⟩ (*purificazione*) purification, cleansing. □ ~ *di sangue* (*martirio*) bloodbath, martyrdom. **lavadita** *m.inv.* finger bowl. **lavafari** *m.inv.* ⟨*Aut*⟩ headlight washer. **lavafrutta** *m.inv.* bowl (for washing fruit). **lavaggio** *m.* **1** washing. **2** (*rif. ad auto*) car washing. **3** ⟨*Minier,Met*⟩ washing. **4** ⟨*Mot*⟩ scavenge, scavenging. **5** ⟨*Med*⟩ (*lavanda*) lavage. **6** ⟨*Chim*⟩ (*rif. a gas*) scrubbing. □ ⟨*fig*⟩ ~ *del cervello* brainwashing; ⟨*Tess*⟩ ~ *della lana* scouring of wool; ~ *a secco* dry cleaning.

lavagna *f.* **1** ⟨*Min*⟩ slate. **2** (*nelle scuole*) blackboard: *chiamare un alunno alla* ~ to call a pupil to the blackboard. **3** (*colore*) slate grey.

lava|macchine *m.inv.* car washer. **~mano** *m.inv.* wash–stand.

lavanda¹ *f.* **1** wash(ing). **2** ⟨*Med*⟩ lavage. □ ⟨*Med*⟩ ~ *gastrica* gastric lavage; ~ *oculare* eyewash; ⟨*Lit*⟩ ~ *dei piedi* washing of the feet, maundy.

lavanda² *f.* ⟨*Bot*⟩ lavender.

lavandaia *f.* **1** laundress, washerwoman. **2** ⟨*fig,spreg*⟩ (*donna sboccata*) fishwife. **lavandaio** *m.* (*f.* -**a**) **1** laundryman, washerman. **2** ⟨*Tess*⟩ (*candeggiatore*) bleacher. **lavanderia** *f.* laundry; (*con apparecchi automatici per uso dei clienti*) launderette, ⟨*am*⟩ laundromat; (*in casa*) laundry. □ ~ *a gettone* coin-operated launderette, ⟨*am*⟩ laundromat. **lavandino** *m.* **1** (*per la pulizia personale*) wash-basin. **2** (*lavello*) sink. □ ~ *di cucina* kitchen sink.

lavapiatti **I** *s.m./f.inv.* dishwasher. **II** *s.f.inv.* ⟨*fam*⟩ (*macchina*) dishwasher, dishwashing machine.

lavare *v.t.* **1** to wash: ~ *l'automobile* to wash the car; ~ (*o lavarsi*) *le mani* to wash one's hands; (*rif. a panni*) to wash, to launder: ~ *i panni* to wash the clothes, to do one's washing (*o* laundry); (*rif. a stoviglie*) to wash up: ~ *i piatti* to wash up, to do the washing up; (*rif. a finestre*) to clean. **2** ⟨*fig*⟩ (*purificare*) to cleanse, to purify: ~ *l'anima dai peccati* to cleanse one's soul from sin. **3** ⟨*Mot*⟩ to scavenge. **4** ⟨*Minier,Met,Fot*⟩ to wash. **lavarsi** *v.r.* to wash (o.s.), to have a wash. □ **dare** *a ~ fuori* to give the washing (*o* laundry) to be done; *lavarsi come i gatti* to give o.s. a cat's lick; ⟨*fig*⟩ *lavarsene le mani* to wash one's hands of s.th.; ⟨*fig*⟩ ~ *l'onta nel sangue* to wipe out an offence with blood; ~ *a secco* to dry-clean. *Prov.: chi lava il capo all'asino perde il ranno e il sapone* there's no marking a blackamoor white; *una mano lava l'altra, e tutte e due lavano il viso* you scratch my back and I'll scratch yours; *i panni sporchi vanno lavati in casa* (*o famiglia*) don't wash your dirty linen in public.

lavarello *m.* ⟨*Itt*⟩ whitefish.

lavasecco *m./f.inv.* **1** dry cleaner('s), cleaner('s). **2** (*macchina*) dry cleaning machine. □ ~ *a gettone* coin-operated dry cleaning machine.

lavastoviglie *m./f.inv.* → **lavapiatti**. **lavata** *f.* wash(ing). □ ⟨*fig*⟩ *dare una ~ di capo a qd.* to give s.o. a ⌈telling off⌉ (*o* dressing down), to tell s.o. off; *ricevere una ~ di capo* to be told off.

lavativo *m.* **1** ⟨*pop*⟩ (*clistere*) enema, clyster. **2** ⟨*fig*⟩ (*scansafatiche; f.* -a) shirker, slacker, idler; (*persona noiosa*) pain in the neck.

lavato *a.* washed; (*pulito*) clean(ed). □ *bianco come un panno* (*o cencio*) ~ as white as a sheet. **lavatoio** *m.* (public) wash-house; (*vasca*) washing trough, wash-tub. **lavatrice** *f.* **1** (*macchina*) washing-machine. **2** ⟨*Minier*⟩ washer. **3** ⟨*Tess*⟩ (*per lana*) scouring machine. □ ~ *automatica* automatic washing machine; *resistente in ~* machine-resistant. **lavatura** *f.* **1** (*lavaggio*) washing. **2** (*acqua*) dirty water; (*acqua dei piatti lavati*) dishwater, slops *pl.* □ ⟨*fig,spreg*⟩ ~ *di fiaschi* (*vino annacquato*) watered-down wine; ⟨*fig,spreg*⟩ ~ *di piatti* dishwater, slops *pl;* ~ *a secco* dry cleaning. **lavello** *m.* (*acquaio*) sink; (*lavandino*) wash-basin. **laveria** *f.* ⟨*Minier*⟩ washery: ~ *del carbone* coal washery.

lavico *a.* (*pl.* -ci) lava-, lavic: *corrente -a* flow of lava, lava stream.

lavina *f.* ⟨*Geol*⟩ avalanche; (*frana*) landslide, landslip.

lavoracchiare *v.i.* (lavoracchio, lavoracchi; *aus.* avere) (*lavorare poco*) to do little work; (*di tanto in tanto*) to work now and again.

lavorante *m./f.* worker, workman (*f* -woman), hand; (*per lavori faticosi*) labourer.

lavorare *v.* (lavoro) **I** *v.i.* (*aus.* avere) **1** to work (*a* on): ~ *alla costruzione di un edificio* to work on the construction of a building; (*con fatica*) to labour, to toil, to drudge. **2** (*fare un certo tipo di lavoro*) to do, *oppure si traduce col verbo appropriato*: ~ *d'ago* to do needlework (*o* sewing), to sew; ~ *a maglia* to knit, to do knitting. **3** (*rif. a macchine: funzionare*) to work, to operate, to be working (*o* running). **4** (*rif. ad aziende, negozi e sim.: avere molto lavoro*) to do good business, to have a lot of customers (*o* clients). **5** (*agire di nascosto, subdolamente*) to work: *lavorava ai nostri danni* he was working against us. **6** (*recitare*) to act, to play. **II** *v.t.* **1** to work; (*rif. a materie prime*) to process; (*elaborare, perfezionare*) to perfect, to polish, to finish off. **2** (*coltivare*) to till, to cultivate. **3** ⟨*fig*⟩ (*circuire*) to get round, to work on. **4** ⟨*fig,gerg*⟩ (*picchiare*) to beat up. □ ⟨*fig*⟩ *sott'acqua* to work in an underhanded way; ~ *a caldo* to hot-work; ~ **come** *segretaria* to ⌈work as⌉ (*o* be) a secretary; ~ *a* **cottimo** to do piece-work; ~ *da falegname* to be a carpenter; ⟨*fig*⟩ ~ *come un* **dannato** to (work like a) slave; ~ *di* **fantasia** to

use one's imagination; (*fantasticare*) to daydream, to indulge in fancies; (*esagerare*) to tell tall stories, to exaggerate; **far** ~: 1 (*impiegare*) to employ; 2 (*dare da fare*) to keep busy (*o* on the go); ~ *a* **freddo** to cold-work; ~ *a* **giornata** to work by the day; ~ *cinque* **giorni** *alla settimana* to work a five-day week; ⟨*fig*⟩ ~ *per la* **gloria** to work for love; ~ *di* **gomiti** to elbow one's way (*anche fig.*); ~ **intorno** *a qc.* to work on (*o* at) s.th.; ~ *a* **macchina** to machine; ~ *a* **mano** to do handwork, to work by hand; ⟨*fam*⟩ ~ *come un* **negro** to work like a slave; ⟨*Gastr*⟩ ~ *la* **pasta** to knead dough; ~ *per qd.* to work for s.o.; ~ **presso** *una società* to work for a firm; ~ *in* **proprio** to work on one's own account, to be self-employed; ~ **sodo** to work hard; ~ *di* **testa** to do brainwork; *far* ~ **troppo** to overwork. *Prov.: chi non lavora, non mangia* no work, no pay.

lavorativo *a.* **1** working: *ore -e* working hours; *giornata -a* weekday, working day; (*compenso*) man-day. **2** (*rif. a terreno*) arable. **lavorato** *a.* **1** worked; (*sottoposto a processo industriale*) processed; (*a macchina*) machined; (*rif. a metallo*) wrought; (*rif. a pietra, a legno*) carved; (*rif. a pellame*) tooled. **2** (*eseguito*) made, manufactured, wrought: ~ *in oro* made of gold, wrought in gold. **3** (*intarsiato*) inlaid. **4** (*rif. a terreno: coltivato*) tilled, cultivated. **5** (*rif. a prodotto industriale: finito*) finished. □ ~ *a mano* handmade; *un maglione* ~ *a mano* a hand-knitted sweater.

lavoratore **I** *s.m.* (*f.* -trice) **1** worker; (*operaio*) workman (*f* -woman), hand; (*chi fa un lavoro faticoso*) labourer. **2** (*chi lavora molto*) (hard) worker. **II** *a.* working: *classe lavoratrice* working class. □ ~ **agricolo** agricultural labourer, farm-hand; ~ **autonomo** self-employed person; ~ **dipendente** employee; ~ **edile** builder's labourer; *un gran* ~ a hard worker; ~ *dell'***industria** industrial worker; ~ **manuale** manual worker; ~ **migrante** migrant worker; ~ **portuale** dock worker, docker; ~ **qualificato** skilled workman; ~ **specializzato** skilled (*o* specialized) worker; ~ **stagionale** seasonal worker; ~ *a* **tempo** *parziale* part-time worker; ~ *a tempo pieno* full-time worker.

lavoratrice *f.* (female) worker: ~ *domestica* domestic worker, home help.

lavorazione *f.* **1** work(ing), manufacture; (*rif. a materie prime*) processing. **2** (*produzione*) production, making: ~ *di un film* production of a film. **3** (*modo*) workmanship, work: *una* ~ *perfetta* perfect workmanship. **4** ⟨*Agr*⟩ tilling, cultivation. □ ~ **alimentare** food processing; ⟨*Met*⟩ ~ *a* **caldo** hot-working; ~ *a* **catena** line (*o* belt) production; ~ *su* **commessa** jobbing; ⟨*Met*⟩ ~ *a* **freddo** cold-working; **in** ~ being made (*o* produced); *essere in* ~ to be in process; ~ *a* **macchina** machining, machine work; ~ *a* **mano** handiwork; ~ *dei* **metalli** metalworking; ~ *in* serie mass-production.

lavoricchiare *v.i.* (lavoricchio, lavoricchi; *aus.* avere) **1** (*lavorare svogliatamente*) to work half-heartedly (*o* slackly). **2** (*lavorare occasionalmente*) to work now and again.

lavorio *m.* **1** (*lavoro intenso, movimentato*) intense activity. **2** ⟨*fig*⟩ (*maneggi*) intrigue, plotting; (*sobillazione*) stirring up.

lavoro *m.* **1** work; (*lavoro faticoso*) labours *pl,* labour, toil: *i frutti del proprio* ~ the fruits of one's labours. **2** (*attività applicata*) work: *mettersi al* ~ to start (*o* get to) work; (*attività*) activity, job, task: *un* ~ *ingrato* a thankless task (*o* job). **3** (*occupazione retribuita*) work, employment, post, ⟨*fam*⟩ job: *cercare* ~ to look for work (*o* a job). **4** (*opera*) (piece) of work, job: *un bel* ~ a fine job (*o* piece of work); *gli ultimi -i del pittore* the painter's latest works. **5** (*luogo*) work: *andare al* ~ to go to work. **6** (*insieme di lavoratori*) labour, workers *pl.* **7** (*azione degli agenti naturali*) action: *il* ~ *dei venti* the action of the wind. **8** ⟨*Fis*⟩ work. □ ~ *in* **appalto** contract work; ~ **artigianale** craftwork; ~ **artistico** art work; ~ **autonomo** self-employment; ⟨*iron*⟩ *che* **bel** ~*!* what a mess!; *hai combinato un bel* ~ you've made a fine mess of things, ⟨*fam*⟩ now you've done it; ~ *dei* **campi** farm (*o* agricultural) work; ⟨*fig*⟩ ~ *da* **cane** nasty job; *-i di* **casa** housework; **condizioni** *di* ~ working conditions; ⟨*Strad*⟩

–i in **corso** work in progress; *(segnalazione stradale)* roadworks ahead; ~ *a* **cottimo** piece-work; ~ *di* **cucito** needlework; **da** ~ work–, working: *stanza da* ~ workroom; **datore** *di* ~ employer; *–i a* **domicilio** homework; **doppio** ~ second job, *(fam)* moonlighting; **essere** *al* (o *sul*) ~ to be at work; ~ *di* **fabbrica** factory work; ~ **femminile** woman's work; **festa** *del* ~ Labour Day; ~ **festivo** work done during a holiday; *(Comm) a* ~ **finito** on completion of work; *–i* **forzati** hard labour; ~ *a* **giornata** work by the day; ~ *di* **gruppo** team-work; ~ **intellettuale** brainwork; ~ *in* **legno** woodwork; ~ *a* **maglia** knitting; **maniaco** *del* ~ workaholic; ~ *fatto a* **mano** hand made; ~ **manuale** handiwork; *(pesante)* manual labour; ~ *di* **manutenzione** maintenance work; *–i in* **muratura** masonry; ~ **nero** illegal work; ~ **notturno** night–work; ~ *a* **orario** *pieno* full–time work (*o* job); ~ *a* **orario** *ridotto* part–time employment (*o* job); *orario di* ~ working hours; *(in un ufficio)* office hours; ~ *di* **pazienza** job requiring patience; ~ **pesante** heavy (*o* hard) work; *–i* **preliminari** preparatory work; **presentarsi** *al* ~ to report for work; **prestatore** *di* ~ employee, worker; ~ *senza* **prospettive** dead–end job; *–i* **pubblici** public works; *ministero dei –i pubblici* Ministry of Public Works; ~ **qualificato** skilled labour; *–i di* **ricerca** research; *–i* **saltuari** odd jobs; *fare lavori saltuari* to job; *senza* ~ unemployed, jobless; ~ *in* **serie** mass production; **sospendere** *il* ~ to stop work; ~ **specializzato** skilled labour; ~ *a* **squadre** teamwork; ~ **stagionale** seasonal work; *–i* **stradali** roadworks *pl;* ~ **straordinario** overtime; ~ *in* **subappalto** subcontract work; ~ **subordinato** work for an employer; ~ *a* **tavolino** desk work; ~ **teatrale** play; ~ *a* **tempo** *parziale* part–time work; ~ *a* **tempo** *pieno* full–time work; *avere troppo* ~ *da fare* to be overworked; **turno** *di* ~ shift, work shift; ~ *in* **turni** shift work; ~ **d'ufficio** office work; *(Fis)* ~ **utile** capacity; *(rendimento)* output; *(Fis)* ~ **virtuale** virtual work. *Prov.: il* ~ **nobilita** *l'uomo* work ennobles man.

laziale I *a.* of Latium, Latian. II *s.* 1 inhabitant of Latium. 2 *(Sport) (tifoso)* fan of the Latium team; *(giocatore)* player of the Latium team. **Lazio** *N.pr.m. (Geog)* Latium.

lazzaretto *m.* lazaretto, lazar house.

Lazzaro *N.pr.m.* Lazarus.

lazzaronata *f.* ruffianly action. **lazzarone** *m.* 1 *(mascalzone)* ruffian, scoundrel. 2 *(scansafatiche)* slacker, good-for-nothing. 3 *(Stor)* lazzarone.

lazzo *m.* joke, jest, quip.

l.c., l.cit. = *luogo citato* in the place cited *(abbr.* loc.cit., l.c.).

L/C = *lettera di credito* letter of credit *(abbr.* l/c, L/C).

le[1] *art.f.pl. di* **la**[1].

le[2] *pron.pers.* (used enclitically with the infinitive, participles, gerund, imperative and *ecco*) I *f.sing.* (*a lei*) (to) her: ~ *ho detto di essere puntuale* I told her to be punctual; *portale questi fiori* take her these flowers, take these flowers to her. II *m./f.sing.* (*in formule di cortesia*) (to) you: ~ *è piaciuto il film?* did you like the film?; *voglio esserle utile* I want to help (*o* be of help to) you. III *f.pl. (complemento oggetto)* them *pl: le ho viste ieri* I saw them yesterday; *chiamale* call them. □ *sballarle grosse* to tell tall stories; ~ *pensa* (o *studia*) *tutte* he is up to every kind of trick; *eccole il denaro* here is your money.

leale *a.* 1 *(sincero)* sincere: *amico* ~ sincere friend. 2 *(onesto)* fair: *avversario* ~ fair competitor. 3 *(fedele)* loyal, faithful. □ *poco* ~ unfair. **lealismo** *m. (Pol)* loyalism. **lealista** *a./s.m./f.* loyalist. **lealmente** *avv.* 1 *(sinceramente)* sincerely. 2 *(onestamente)* fairly. 3 *(fedelmente)* loyally, faithfully. **lealtà** *f.* 1 *(sincerità)* sincerity. 2 *(onestà)* fairness; *(in senso sportivo)* fair play. 3 *(fedeltà)* loyalty, faithfulness.

Leandro *N.pr.m. (Mitol)* Leander.

leasing *ingl.* ['li:sŋ] *m.* leasing: ~ *automobilistico* auto leasing; ~ *finanziario* financial leasing.

lebbra *f.* 1 *(Med)* leprosy. 2 *(fig)* leprosy, evil. **lebbrosario** *m.* leper hospital (*o* colony). **lebbroso** I *a.* leprous. II *s.m.* (*f.* -a) leper. □ *fuggire qd. come un* ~ to

shun s.o. as if he were a leper.

leccaculo *m./f. (volg)* bootlicker.

lecca lecca *m.inv. (Dolc)* lollipop. **leccapiedi** *m./f.inv. (spreg)* bootlicker. **leccarda** *f.* dripping pan. **leccare** *v.t.* (**lecco, lecchi**) 1 to lick: ~ *il gelato* to lick one's ice cream; ~ *il piatto* to lick the plate clean. 2 *(fig,spreg) (adulare)* to flatter, to butter up, to toady to, to fawn on. 3 *(fig) (rif. a opere, a scritti: curare eccessivamente)* to polish (excessively). **leccarsi** *v.r.* to lick o.s. □ *(fig) leccarsi i baffi* (o *le dita*) to lick (*o* smack) one's lips; *(volg)* ~ *i piedi a qd.* to lick s.o.'s boots. **leccata** *f.* lick(ing). □ *dare una* ~ *a qc.* to lick s.th., to give s.th. a lick. **leccato** *a.* 1 *(eccessivamente rifinito)* overpolished, overelaborate. 2 *(fig) (affettato)* affected.

lecceto *m.* ilex grove. **leccio** *m. (Bot)* holm oak, ilex.

leccornia (o *leccornia*) *f.* delicacy, dainty, titbit.

lecitina *f. (Chim)* lecithin.

lecito I *a.* 1 *(permesso)* right, permitted, allowed; *(Dir)* lawful, licit: *atti –i* lawful acts. 2 *(ammissibile)* permissible, allowable. II *s.m.* right; *(ciò che è ammesso)* what is allowed (*o* permitted). □ *il* ~ *e l'illecito* right and wrong; *pensa che tutto le sia* ~ she thinks she can do what she likes; *che stai facendo, se è* ~? what are you doing, if I may ask?

led *m. (El,Rad)* light emitting diode, led, LED: *indicatore a* ~ LED indicator.

Leda *N.pr.f.* Leda.

ledere *v.t.* (**ledo; lesi, leso**) 1 *(danneggiare)* to damage, to injure, to impair: ~ *la fama di qd.* to damage s.o.'s reputation; ~ *un organo vitale* to damage a vital organ. 2 *(offendere)* to damage, to prejudice, to be prejudicial (*o* detrimental) to: ~ *gli interessi di qd.* to damage (*o* be prejudicial to) s.o.'s interests.

lega[1] *f.* 1 *(accordo tra stati)* league. 2 *(associazione)* league, association, society. □ *(Stor)* ~ **anseatica** Hanseatic League; ~ **araba** Arab League; ~ *dei* **consumatori** consumers' association; *far* ~ *con i mascalzoni* to be in league with rogues, *(fam)* to be in with a bad lot; *far* ~ *contro qd.* to be in league against s.o.; *formare una* ~ to form a league; *(Stor)* ~ *delle* **nazioni** League of Nations; *(Stor)* ~ **santa** Holy League.

lega[2] *f. (Met)* alloy. □ ~ *d'*alluminio aluminium alloy; ~ **antifrizione** antifriction alloy, Babbitt metal; *di bassa* ~ low–percentage; *di buona* ~ good quality–, high–percentage, *(fig)* good quality–, sterling; *(fig) scherzo di cattiva* ~ joke in bad taste; *fare* ~ to alloy; ~ **leggera** light alloy; ~ *di* **stagno** pewter; ~ **ultraleggera** ultralight alloy.

lega[3] *f. (unità di misura)* league: ~ *marina* nautical (*o* marine) league.

legaccio *m.* string, tape, lace. □ *legacci delle scarpe* shoe laces, shoestrings.

legale I *a.* 1 *(della legge)* legal, law–: *mezzo* ~ legal means; *studi –i* law studies. 2 *(conforme alla legge)* lawful. 3 *(giudiziario)* judicial, forensic: *medicina* ~ forensic medicine. II *s.m.* lawyer, *(am)* attorney; *(giurisperito)* solicitor, legal adviser: *consultare il* ~ to consult a solicitor. □ *numero* ~ quorum; *ora* ~ summer time, *(am)* daylight–saving time; *spese –i* legal costs *pl.* **legalismo** *m.* legalism. **legalista** *m./f.* legalist. **legalistico** *a.* (*pl.* -ci) legalistic. **legalità** *f.* legality, lawfulness: *di un atto* legality of a deed. □ *rimanere nella* ~ to keep within the law. **legalitario** *a.* that keeps to legal (*o* constitutional) means. **legalizzare** *v.t.* 1 *(autenticare)* to authenticate. 2 *(regolarizzare)* to legalize, to regularize. □ ~ *un atto* to certify a deed; ~ *una firma* to authenticate a signature. **legalizzazione** *f.* 1 *(autenticazione)* authentication. 2 *(regolarizzazione)* legalization, regularization. **legalmente** *avv.* legally.

legame *m.* 1 *(vincolo)* tie, ties *pl,* bond, bonds *pl: il* ~ *del matrimonio* the bonds of marriage; *–i di* **parentela** family ties. 2 *(relazione amorosa)* liaison. 3 *(fig) (nesso logico)* link, connexion, connection: *non c'è alcun* ~ *tra questi fatti* there is no connexion between these events. 4 *(Chim)* bond, link. □ *il* ~ *dell'amicizia* the bonds of friendship; ~ *chimico (valenza)* chemical bond; *(Chim)* **doppio** ~ double bond; ~ **molecolare** molecular bond.

legamento *m.* **1** (*il legare*) tying (up), binding. **2** (*unione, connessione*) link, connexion. **3** (*legaccio*) string, tape, tie. **4** ⟨*Ling*⟩ liaison. **5** ⟨*Anat*⟩ ligament(um): *rottura dei –i* rupture of the ligaments. **6** ⟨*Mus*⟩ ligature, slur.

legante I *a.* ⟨*Ind*⟩ binding: *materia* ~ binding material. **II** *s.m.* **1** ⟨*Ind*⟩ binder, binding material. **2** ⟨*Met*⟩ alloying element.

legare[1] *v.* (**lego, leghi**) **I** *v.t.* **1** to tie (up), to bind: ~ *un pacco* to tie up a parcel; ~ *i capelli con un nastro* to tie one's hair with a ribbon. **2** (*fermare con funi e sim.*) to fasten, to tie: ~ *la barca alla riva* to fasten the boat to the bank. **3** ⟨*fig*⟩ (*unire*) to bind (together), to link, to unite, to join: *li lega una sincera amicizia* they are bound by a sincere friendship. **4** ⟨*fig*⟩ (*connettere*) to connect, to link up: ~ *le parti di un discorso* to link up the parts of a speech. **5** ⟨*fig*⟩ (*attrarre, avvincere*) to hold, to bind. **6** ⟨*Legat,Edil,Chim*⟩ to bind: ~ *un libro in mezza pelle* to bind a book in quarter leather. **7** ⟨*Oref*⟩ to mount, to set: ~ *a giorno* to mount à jour. **II** *v.i.* (*aus.* **avere**) **1** (*fare lega, unirsi*) to unite. **2** ⟨*fig*⟩ (*andare d'accordo*) to get on (well), to mix; (*rif. a cose: stare bene*) to go (well). **3** ⟨*fig*⟩ (*avere connessione*) to be connected (*o* linked), to connect, to fit in: *i due episodi non legano con il resto del racconto* the two episodes don't fit in (*o* have no connection) with the rest of the story. **4** ⟨*Met*⟩ to alloy. **5** ⟨*Bot*⟩ (*allegare*) to set. **legarsi** *v.r.* **1** to bind (*o* tie) o.s. **2** ⟨*fig*⟩ (*fare lega*) to join in, to strike up a friendship, ⟨*fam*⟩ to get on (*con* with). **3** ⟨*fig*⟩ (*impegnarsi*) to bind o.s.: *legarsi con promesse* to bind o.s. by promises, to promise, to make promises. □ *legarsi di* **amicizia** *con qd.* to strike up a friendship with s.o.; ⟨*fig*⟩ ~ *l'*asino *dove vuole il padrone* to obey without question; ~ *le* campane *per tutti* to silence the bells; ~ *il* cane *alla catena* to chain up the dog; *pazzo da* ~ as mad as a hatter; ⟨*fig*⟩ *legarsela al* dito to bear a grudge; ~ *in* fascio to tie in a bundle; ⟨*fig*⟩ ~ *la* lingua *a qd.* to tie s.o.'s tongue; ⟨*fig*⟩ ~ *le* mani *a qd.* to tie s.o.'s hands; *legarsi in* matrimonio to get married; ~ *il proprio* nome *a un'impresa* to link one's name with an undertaking.

legare[2] *v.t.* (**lego, leghi**) ⟨*Dir*⟩ to bequeath, to will.

legastenia *f.* ⟨*Med*⟩ legasthenia. **legastenico** *a./s.m.* (*pl.* -**ci**; *f.* -**a**) legasthenic.

legata *f.* tying (up), quick fastening. □ *dare una* ~ *a un pacco* to tie up a parcel quickly (*o* roughly).

legatario *m.* (*f.* -**a**) ⟨*Dir*⟩ legatee. **legatizio** *a.* of a legate, legate's, legatine.

legato[1] *a.* stiff, awkward: *essere* ~ *nei movimenti* to be stiff in one's movements; (*rif. a stile e sim.*) stilted, stiff, cramped. □ ⟨*fig*⟩ *ho le mani –e* (*o* *sono legato mani e piedi*) my hands are tied.

legato[2] *m.* **1** (*ambasciatore del papa*) legate: ~ *a latere* legate a latere. **2** ⟨*Stor*⟩ legate, delegate, envoy; (*ambasciatore*) ambassador.

legato[3] *m.* ⟨*Dir*⟩ legacy, bequest: *fare un* ~ *a un nipote* to leave a legacy (*o* make a bequest) to a nephew.

legatore *m.* (*f.* -**trice**) bookbinder. **legatoria** *f.* **1** (*laboratorio*) bookbinding establishment, bookbinders' (workshop), ⟨*am*⟩ bookbindery. **2** (*arte*) bookbinding.

legatura *f.* **1** (*atto*) tying, binding, fastening; (*effetto*) fastening, binding. **2** ⟨*Legat*⟩ (*atto*) bookbinding; (*modo*) binding: ~ *cartonata* stiff paper binding. **3** ⟨*Oref*⟩ mounting, setting. **4** ⟨*Chir*⟩ (*allacciatura*) ligature: ~ *di un'arteria* ligature of an artery. **5** ⟨*Mus*⟩ ligature, slur.

legazione *f.* **1** ⟨*Pol,Stor*⟩ legation. **2** (*edificio*) legation; (*personale*) (staff of a) legation.

legge *f.* law: *obbedire alla* ~ to obey the law. **2** (*norma giuridica*) law; (*votata dal Parlamento*) act: *abrogare una* ~ to repeal an act. **3** ⟨*Univ,Rel*⟩ law: *studiare* ~ to study law. **4** (*ordine, imposizione*) command, order, law: *i tuoi desideri sono* ~ *per me* your slightest wish is my command; *dettare* (*o* *dare*) ~ to lay down the law. **5** (*norma, regola*) rule: *le –i della buona educazione* the rules of good manners; *conoscere le –i del gioco* to know the rules of the game. □ ~ **agraria** agricultural law; *applicare la* ~ to enforce the law; **approvare** *una* ~ to pass a bill; ⟨*fig*⟩ *il* **braccio** *della* ~ the long arm of the law; ~ **cornice** = *legge* **quadro**; ~ **delega** law made under

delegated power; **discutere** *una* ~ to debate a bill; ~ **divina** Divine Law; ⟨*Econ*⟩ *la* ~ *della* **domanda** *e dell'offerta* the law of supply and demand; *–i* **economiche** economic laws; ~ **fallimentare** bankruptcy law; *in* **forza** *della* ~ in accordance with the law; *avere forza di* ~ to be legally binding; **fuori** ~ illegal; (*rif. a persona: agg.*) outlawed; (*sost.*) outlaw; ⟨*Statist*⟩ *dei* **grandi numeri** law of large numbers; ~ **marziale** martial law; ⟨*Biol*⟩ *–i di* **Mendel** Mendel's laws; ~ **morale** moral law; ⟨*Rel*⟩ *la* ~ **mosaica** the Mosaic Law; ~ **naturale** natural law; *in* **nome** *della* ~ in the name of the law; *a* **norma** *di* ~ by (*o* according to the) law; *essere* **osservante** *della* ~ to be law-abiding; **osservare** *la* ~ to abide by the law; ~ **parlamentare** act of parliament; **per** ~ by law; ~ **ponte** bridge law; ~ *di* **probabilità** probability law; **progetto** *di* ~ bill; **promulgare** *una* ~ to promulgate (*o* issue) a law; **proposta** *di* ~ draft bill; ~ **quadro** outline law; ~ **retroattiva** retroactive law; ~ **scritta** written law, Statutory Law; ~ *non scritta* (*legge consuetudinaria*) common (*o* customary, unwritten) law; ~ *del* **taglione** law of retaliation (*o* talion); *procedere a* **termini** *di* ~ to proceed as by law enacted; **trasgredire** *la* ~ to break the law; *la* ~ *è* **uguale** *per tutti* everybody is equal before the law; (*lett*) **uomo** *di* ~ man of law; **vietato** *dalla* ~ forbidden (*o* prohibited) by law; ~ **vigente** law in force; **votare** *una* ~ to pass a bill. *Prov.: fatta la* ~, *trovato l'inganno* every law has a loophole.

leggenda *f.* **1** legend: ~ *eroica* heroic legend; ~ *agiografica* hagiographic legend. **2** ⟨*fig*⟩ (*cosa inventata*) story, tale. **3** (*didascalia*) caption, legend. **4** ⟨*Numism*⟩ legend, inscription. **5** (*in cartografia*) legend. **leggendariamente** *avv.* legendarily.

leggendario[1] *a.* **1** legendary, of legend: *mondo* ~ legendary world. **2** ⟨*fig*⟩ (*meraviglioso*) wonderful, marvellous: *di –a* *bellezza* of wonderful beauty.

leggendario[2] *m.* legendary.

leggere *v.* (**leggo, leggi; lessi, letto**) **I** *v.t.* to read (*anche estens.*): ~ *un libro* to read a book; ~ *una poesia a qd.* to read s.o. a poem; *gli si leggeva negli occhi la felicità* his happiness could be read in his eyes. **II** *v.i.* (*aus.* **avere**) to read: *imparare a* ~ to learn 'to read' (*o* reading); *hai letto di quello scontro ferroviario?* have you read about that train crash? □ *letto e* **approvato** read and approved; *si legge che* it is said that; *si legge in Virgilio che* Virgil says that; ~ *da* **cima** *a* **fondo** to read (right) through; (*rif. a libro*) to read from cover to cover; ~ *nel* **cuore** *di qd.* to read s.o.'s heart; ⟨*fam*⟩ **lasciarsi** ~ (*rif. a libro e sim.*) to be readable; ~ *la* **mano** *a qd.* to read s.o.'s hand (*o* palm); *una persona che ha letto* **molto** a well-read person; ~ *il* **pensiero** to thought-read, to read (s.o.'s) thoughts; ⟨*fig*⟩ ~ *fra le* **righe** to read between the lines.

leggerezza *f.* **1** lightness: *la* ~ *di una piuma* the lightness of a feather. **2** (*agilità*) nimbleness, lightness, agility. **3** (*scioltezza, facilità*) ease, smoothness, lightness: ~ *di stile* smoothness of style. **4** ⟨*fig*⟩ (*volubilità*) inconstancy, fickleness; (*tendenza a civettare*) flirtatiousness. **5** ⟨*fig*⟩ (*sconsideratezza*) thoughtlessness, heedlessness; ⟨*concr*⟩ piece of thoughtlessness, thoughtless action. □ ⟨*fig*⟩ *con* ~ lightly, thoughtlessly; ⌐*agire con*⌐ (*o* *commettere una*) ~ to act thoughtlessly (*o* irresponsibly); ⟨*Pitt*⟩ ~ *di tocco* lightness of touch. **leggermente** *avv.* **1** (*con dolcezza*) gently, lightly: *premere* ~ to press gently. **2** (*gradatamente, appena*) slightly: *la strada s'incurva* ~ the road bends slightly. **3** (*poco*) slightly: *ferito* ~ slightly injured. **4** (*agilmente*) nimbly, lightly, agilely. **5** ⟨*fig*⟩ (*con leggerezza*) thoughtlessly, lightly, frivolously.

leggero *a.* **1** light: *cassa –a* light case; *un'imbarcazione –a* a light craft. **2** (*agile, svelto*) nimble, light, agile: *passi –i* light steps. **3** (*facilmente digeribile*) light, digestible. **4** (*poco alcolico*) light: *un vino* ~ a light wine; (*lungo, non denso*) weak, thin: *un brodo* ~ a weak (*o* thin) broth; *tè* ~ weak tea. **5** ⟨*fig*⟩ (*facilmente sopportabile*) slight, mild: *un* ~ *mal di testa* a slight headache. **6** ⟨*fig*⟩ (*poco importante*) slight, trivial: *una –a mancanza* a slight fault. **7** ⟨*fig*⟩ (*non pericoloso*) mild, light, slight: *una –a indisposizione* a slight ailment. **8** ⟨*fig*⟩ (*piccolo*) slight: *una –a differenza* a slight difference. **9** ⟨*fig*⟩ (*debole*) light, gentle: *un tocco* ∼ a light touch; (*debolmente percepibile*) slight, faint: *un* ∼ *rumore* a faint noise. **10** ⟨*fig*⟩ (*sconsiderato*) thoughtless, heedless. **11** ⟨*fig*⟩ (*incostante*) inconstant, fickle; (*incline alla civetteria*) flirtatious; ⟨*spreg*⟩ (*rif. a donna*) fast, loose. **12** ⟨*fig*⟩ (*non severo*) mild, easy, light: *punizione –a* mild (*o* light) punishment. **13** ⟨*tecn,Mil,Sport*⟩ light: *atletica –a* athletics *pl* (*costr.sing.*), track and field sports *pl.* □ **alla** *–a* thoughtlessly, lightly: *prendere tutto alla –a* to take everything lightly; *a* **cuor** ∼ light–heartedly; **musica** *–a* light music; ∼ *come una* **piuma** as light as a feather; *avere il* **sonno** ∼ to be a light sleeper; **tenersi** ∼ *nel mangiare* to eat lightly (*o* little); ⟨*fam*⟩ *essere* **vestito** ∼ to be lightly dressed.

leggerone *m.* (*f.* **-a**) irresponsible (*o* thoughtless) person, ⟨*fam*⟩ scatter–brain.

leggiadramente *avv.* prettily, gracefully. **leggiadria** *f.* loveliness, prettiness, elegance: ∼ *di stile* elegance of style. **leggiadro** *a.* pretty, lovely, fair, comely: *fanciulla –a* lovely girl; (*rif. a movimenti*) graceful.

leggibile *a.* **1** (*rif. a scrittura*) legible, readable. **2** (*rif. a opere di lettura*) readable, worth reading. □ *calligrafia poco* ∼ handwriting which is hard to read. **leggibilità** *f.* **1** (*rif. a scrittura*) legibility, readability. **2** (*rif. a opere di lettura*) readability, readableness. **leggicchiare** *v.t.* (**leggicchio, leggicchi**) **1** (*leggere con scarso impegno*) to skim through, to read in a cursory fashion. **2** (*leggere stentatamente*) to read with difficulty.

leggina *f.* ⟨*Parl*⟩ by(e)–law.

leggio *m.* **1** book–rest, reading–desk; (*per musica*) music –stand, music–rest. **2** (*in chiesa*) lectern. **leggiucchiare** *v.* → **leggicchiare.**

legiferare *v.i.* (**legifero;** *aus.* avere) **1** to legislate, to make laws. **2** ⟨*fig,scherz*⟩ to lay down the law.

legionario I *a.* legionary. **II** *s.m.* ⟨*Stor.rom*⟩ legionary. **2** ⟨*Stor*⟩ legionary, legionnaire. **legione** *f.* **1** ⟨*Stor.rom*⟩ legion. **2** (*corpo di soldati volontari*) legion: ∼ *straniera* Foreign Legion. **3** ⟨*fig*⟩ (*moltitudine*) legion, multitude, host. □ ∼ *d'onore* Legion of Honour.

legislative *f.pl.* (*elezioni legislative*) parliamentary elections. **legislativo** *a.* legislative, lawmaking: *assemblea –a* legislative assembly; *potere* ∼ legislative power. **legislatore** *m.* (*f. non com.* **-trice**) legislator, lawmaker, lawgiver. **legislatura** *f.* legislature.

legislazione *f.* **1** (*formazione delle leggi*) legislation, law–making. **2** (*complesso di leggi*) legislation, laws *pl,* law: ∼ *commerciale* commercial legislation. □ ∼ **agraria** agrarian law; ∼ **doganale** tariff legislation; ∼ *del* **lavoro** labour legislation (*o* laws); ∼ **sociale** welfare legislation; ∼ **societaria** company law.

legista *m.* (*giurista*) jurist, legist.

legittima *f.* ⟨*Dir*⟩ portion of estate of which a testator cannot dispose freely. **legittimamente** *avv.* legitimately. **legittimare** *v.t.* (**legittimo**) **1** ⟨*Dir*⟩ to legitimate, to legitimize. **2** (*giustificare*) to justify, to excuse. **legittimario** *m.* forced (*o* legal) heir, heir at law. **legittimazione** *f.* legitimation, legitimization.

legittimismo *m.* ⟨*Pol*⟩ legitimism. **legittimista I** *s.m./f.* legitimist. **II** *a.* → **legittimistico. legittimistico** *a.* (*pl.* **-ci**) legitimist.

legittimità *f.* ⟨*Dir,Pol*⟩ legitimacy. **legittimo** *a.* **1** (*conforme alle leggi*) lawful, legal, legitimate: *sovrano* ∼ lawful sovereign; *matrimonio* ∼ lawful wedlock; *figlio* ∼ legitimate child. **2** ⟨*fig*⟩ (*giusto, lecito*) proper, right, legitimate: *uso* ∼ *di un vocabolo* correct use of a word; *desiderio* ∼ legitimate wish; (*fondato*) legitimate, justifiable: *dubbi –i* justifiable doubts. □ ⟨*Dir*⟩ *–a difesa* self-defence.

legna *f.* (fire)wood. □ ∼ *da ardere* firewood; *fare* ∼ to gather firewood; ∼ *secca* dry wood. **legnaia** *f.* wood–store; (*capanna*) wood–shed. **legnaiolo** *m.* **1** (*falegname*) carpenter, woodworker. **2** (*taglialegna*) woodcutter. **legname** *m.* timber, wood; (*già segato o spaccato*) lumber. □ ∼ ⌐*per carpenteria*⌐ (*o da costruzione*) timber, lumber; ∼ *industriale* (industrial) timber; ∼ *stagionato* seasoned timber; ∼ *non stagionato* green lumber; ∼ *in tronchi* logs *pl.*

legnata *f.* blow (with a stick or cudgel). □ ⟨*fam*⟩ *un fracco di –e* a good hiding, a beating up.

legno *m.* **1** wood: ∼ *stagionato* seasoned wood. **2** (*pezzo di legno*) piece of wood. **3** (*bastone*) stick, cane. **4** *pl.* ⟨*Mus*⟩ woodwinds *pl.* **5** (*nave*) ship, vessel; (*imbarcazione a vela*) sailing boat. **6** (*silografia: tecnica*) wood engraving, woodcutting; (*incisione*) woodcut, wood engraving. ∼ **compensato** plywood; **di** ∼ wooden, of wood, wood–: *una gamba di* ∼ a wooden leg; ∼ **dolce** softwood; ∼ **duro** hardwood; ∼ **fresco** fresh (*o* green) wood; *lavoro* **in** ∼: **1** woodwork; **2** ⟨*Edil*⟩ timberwork; ⟨*Mar*⟩ ∼ **mercantile** merchantship; **pasta** *di* ∼ wood–pulp; ∼ *di* **quercia** oak (wood); ⟨*Edil*⟩ **rivestimento** *in* ∼ wainscot; **rivestire** *di* ∼ to line (*o* cover) with wood; (*rif. a muri interni*) to wainscot, to panel; ∼ *di* **rosa** rosewood.

legnosità *f.* **1** woodiness, woodenness. **2** ⟨*fig*⟩ (*rigidezza*) stiffness. **legnoso** *a.* **1** woody, wooden, ligneous. **2** (*duro come il legno*) hard; (*fibroso*) tough: *carne –a* tough meat. **3** ⟨*fig*⟩ (*rigido*) stiff.

lego *m.* building block.

leguleio *m.* ⟨*spreg*⟩ pettifogger.

legume *m.* ⟨*Bot*⟩ **1** (*baccello*) pod, legume. **2** *pl.* legumes *pl;* (*ortaggi*) vegetables *pl.* □ *minestra di –i* vegetable soup. **legumiera** *f.* vegetable dish. **leguminosa** *f.* ⟨*Bot*⟩ leguminous plant, legume(n).

lei I *pron.pers.f.* **1** (*soggetto*) she: ∼ *non ne vuole sapere* she won't hear of it; *l'ha detto* ∼ *stessa* she said it herself. **2** (*la stessa*) herself: *non sembra più* ∼ she doesn't seem herself any more. **3** (*complemento oggetto*) her: *preferisco* ∼ I prefer her; (*con preposizioni*) her: *con* ∼ with her. **II** *pron.pers.m./f.* (*forma di cortesia*) you: ∼ (*o Lei*) *è molto gentile, signora* you are very kind, madam; *questa lettera è per* ∼*, signore* this letter is for you, sir. □ *dare del* ∼ *a qd.* to speak to s.o. using the polite form.

Leida *N.pr.f.* ⟨*Geog*⟩ Leyden, Leiden. □ ⟨*Fis*⟩ *bottiglia di* ∼ Leyden jar.

leishmania [–ʃ–] *f.* ⟨*Zool*⟩ leishmania. **leishmaniosi** *f.* ⟨*Med*⟩ leishmaniasis, leishmaniosis.

leitmotiv *ted.* ['laitmoti:f] *m.* ⟨*Mus*⟩ leitmotiv, leitmotif (*anche estens.*).

lem *m.* ⟨*Astron*⟩ lunar excursion module, LEM.

Lemano *N.pr.m.* ⟨*Geog*⟩ (Lake) Leman.

lembo *m.* **1** (*rif. a vestito: angolo*) edge; (*orlo*) hem: *il* ∼ *della gonna* the hem of the skirt. **2** (*parte terminale*) tip, end: *l'estremo* ∼ *della penisola* the tip (*o* far end) of the peninsula; (*orlo*) edge, margin, rim: *i –i di una ferita* the edges of a wound. **3** (*striscia*) strip: *un* ∼ *di stoffa* a strip of material. **4** ⟨*Bot*⟩ (*lamina*) lamina, blade, limb. □ ⟨*Chir*⟩ ∼ *cutaneo* skin graft.

lemma *m.* **1** headword, entry word, main entry. **2** ⟨*Filos,Mat*⟩ lemma. **lemmario** *m.* word list, list of entry words. **lemmatizzare** *v.t.* to list (a word) in a dictionary. **lemmatizzazione** *f.* listing in a dictionary.

lemme lemme *avv.* ⟨*fam*⟩ very slowly, in one's own good time.

lemming *ingl.* ['lemiŋ] *m.* ⟨*Zool*⟩ lemming.

lemure *m.* ⟨*Zool*⟩ lemur. **lemuri** *m.pl.* ⟨*Mitol*⟩ lemures *pl.* **lemuridi** *m.pl.* ⟨*Zool*⟩ lemurids *pl,* lemurs *pl.*

lena *f.* **1** (*vigore, forza*) vigour, energy, strength: *riprendere* ∼ to get one's strength back. **2** (*forza di volontà*) will–power, heart. **3** (*lett*) (*respiro*) breath. □ *di* (*buona*) ∼: **1** (*con forza, con costanza*) hard, steadily; *lavorare di buona* (*o gran*) ∼ to work with a will; **2** (*con ritmo veloce*) quickly; *con nuova* ∼ with renewed vigour.

lendine *m./rar.f.* nit. **lendinoso** *a.* nitty; (*pidocchioso*) lousy.

lene *a.* **1** ⟨*lett*⟩ (*lieve, soave*) mild, gentle, soft; (*leggero*) light. **2** ⟨*Fon*⟩ lenis.

lenimento *m.* soothing, relief, alleviation: *non c'è* ∼ *alle sue sofferenze* there is no alleviation of his sufferings.

Leningrado *N.pr.f.* ⟨*Geog*⟩ Leningrad.

leninismo *m.* ⟨*Pol*⟩ Leninism. **leninista** *a./s.m./f.* Leninist.

lenire *v.t.* (**lenisco, lenisci**) to soothe, to relieve, to soften, to alleviate: ∼ *il dolore a* (*o di*) *qd.* to relieve s.o.'s pain.

lenitivo I *a.* ⟨*Farm*⟩ soothing, pain–killing, lenitive: *pomata –a* soothing ointment. **II** *s.m.* pain–killer,

lenitive.
lenocinio *m.* **1** ⟨*Dir*⟩ panderism, procuring. **2** ⟨*fig*⟩ (*rif. a stile*) artifice. **lenone** *m.* (*f.* -a) **1** ⟨*Dir*⟩ procurer. **2** ⟨*lett*⟩ (*ruffiano*) pimp, pander.
lentamente *avv.* slowly.
lente *f.* **1** ⟨*Ott,Fot,Geol,Anat*⟩ lens. **2** (*lente d'ingrandimento*) magnifying lens (*o* glass), magnifier. **3** *pl.* (*occhiali*) glasses *pl,* spectacles *pl:* *portare le –i* to wear glasses. **4** ⟨*Bot*⟩ lentil. □ ~ **bifocale** bifocal lens; *–i a contatto* contact lenses; ~ *a contatto morbida* soft contact lens; ~ *a contatto rigida* hard contact lens; ~ **convergente** converging (*o* positive) lens; ⟨*Anat*⟩ ~ **cristallina** crystalline (*o* eye) lens; ~ **divergente** diverging (*o* negative) lens; ~ *a* **fuoco** *regolabile* zoom lens; *–i degli occhiali* spectacle lenses.
lentezza *f.* slowness. □ *con* ~ slowly.
lenticchia *f.* ⟨*Bot*⟩ lentil. **lenticolare** *a.* lenticular, lentiform.
lentiggine *f.* freckle. **lentigginoso** *a.* freckled.
lentisco *m.* (*pl.* -chi) ⟨*Bot*⟩ lentiscus, mastic tree (*o* shrub), lentisk.
lentissimo *a.* ⟨*Mus*⟩ lentissimo, very slow. **lento** **I** *a.* **1** slow: ~ *come una lumaca* as slow as a snail; *morte –a* slow death. **2** (*che dura a lungo*) lengthy, slow, long (drawn out): *faccenda –a* lengthy business. **3** (*che opera adagio*) slow(-working): *un veleno* ~ a slow-working poison. **4** (*non teso, non fermo*) loose, slack: *fune –a* slack rope. **5** (*non stretto*) loose(-fitting): *una fasciatura –a* a loose bandage; *una giacca –a* a loose jacket. **6** (*dolce*) gentle, gradual: *un* ~ *pendio* a gentle slope. **7** ⟨*fig*⟩ (*indolente*) sluggish, indolent, idle; (*tardo*) dull. **II** *avv.* **1** slowly. **2** ⟨*Mus*⟩ lento, slowly. □ *essere a capire* to be slow-witted (*o* dull), ⟨*fam*⟩ to be slow on the uptake; *cuocere a fuoco* ~ to cook ⌐over a low flame⌐ (*o* gently); (*in un forno*) to bake in a slow oven.
lenza *f.* **1** (fishing) line. **2** ⟨*fig,region*⟩ cunning (*o* crafty) person: ⟨*fam*⟩ *è una* ~ he's as cunning as they make them.
lenzuola *f.pl.* → lenzuolo.
lenzuolo *m.* (*pl.* i lenzuoli, le lenzuola; the form in *–a* is used only in a collective sense) **1** sheet. **2** ⟨*fig*⟩ (*strato*) blanket, layer: ~ *di neve* blanket of snow. □ ~ *da* **bagno** bath towel, bath sheet; ⟨*fig*⟩ **covare** *le –a* (*poltrire a letto*) to laze in bed; ~ *a una* **piazza** single sheet; ~ *di* **sopra** topsheet; ~ *di* **sotto** undersheet.
leonardesco *a.* (*pl.* -chi) Leonardesque, of (*o* after) Leonardo. **Leonardo** *N.pr.m.* Leonard.
leone *m.* ⟨*Zool*⟩ lion. □ **battersi** *come un* ~ to fight like a lion; **coraggioso** *come un* ~ lion-hearted; ⟨*Zool*⟩ ~ **marino** sea-lion; *fare la* **parte** *del* ~ to take the lion's share; ⟨*Stor*⟩ **Riccardo** *cuor di* ~ Richard Coeur de Lion, Richard the Lionhearted; **sentirsi** *un* ~ to feel as strong as a lion.
Leone *N.pr.m.* **1** Leon, Leo. **2** ⟨*Stor,Astr*⟩ Leo. **3** (*persona nata sotto il segno del Leone*) Leo.
leonessa *f.* lioness.
Leonida *N.pr.m.* ⟨*Stor*⟩ Leonidas.
leonino *a.* **1** (*di leone*) lion's, lion-, leonine: *pelle –a* lion-skin. **2** ⟨*estens*⟩ leonine, lion-like: *chioma –a* leonine mane. **3** ⟨*fig*⟩ lion's, of a lion: *coraggio* ~ courage of a lion.
Leonora *N.pr.f.* Eleanor, Leonora.
leopardo *m.* **1** ⟨*Zool*⟩ leopard (*f –dess*). **2** (*pelliccia*) leopard, leopard skin. □ ~ *americano* jaguar.
Leopoldo *N.pr.m.* Leopold.
lepade *f.* ⟨*Zool*⟩ goose barnacle, lepadid.
Lepanto *N.pr.f.* ⟨*Geog*⟩ Lepanto.
lepidezza *f.* **1** wit. **2** ⟨*concr*⟩ (*facezia*) witticism. **lepido** *a.* witty.
lepidotteri *m.pl.* ⟨*Entom*⟩ lepidopters *pl,* lepidopterans *pl.*
lepisma *f.* ⟨*Entom*⟩ lepismid.
Lepontine *N.pr.f.pl.* ⟨*Geog*⟩ Lepontine Alps *pl.*
leporino *a.* hare-, leporine: *labbro* ~ hare lip.
lepre *f.* **1** ⟨*Zool*⟩ hare; (*maschio*) buck (hare), jack (hare); (*femmina*) doe (hare). **2** (*carne*) hare. □ ~ *arrosto* roast hare; *correre come una* ~ to run like a hare; ~ *meccanica*

hare (used in greyhound racing); ⟨*Gastr*⟩ ~ *in salmì* jugged hare. **leprotto** *m.* leveret.
leptone *m.* ⟨*Fis*⟩ lepton.
lercio (*o lercio*) *a.* filthy, foul (*anche fig.*). **lerciume** *m.* filth.
lesbica *f.* ⟨*Psic*⟩ Lesbian. **lesbico** *a.* (*pl.* -ci) Lesbian (*anche Psic.*): *poesia –a* Lesbian ode. □ *amore* ~ lesbianism. **lesbismo** *m.* ⟨*Psic*⟩ lesbianism. **Lesbo** *N.pr.f.* ⟨*Geog*⟩ Lesbos.
lesena *f.* ⟨*Arch*⟩ pilaster strip.
lesi → ledere.
lesina (*o lesina*) *f.* **1** ⟨*Calz*⟩ awl. **2** ⟨*fam*⟩ (*taccagneria*) stinginess, niggardliness, miserliness. **lesinare** *v.* (*lesino/lesino*) **I** *v.t.* to skimp, to be stingy with. **II** *v.i.* (*aus.* avere) to skimp (*su* on): ~ *sul cibo* to skimp on the food. □ ~ *il centesimo* to count the pennies; ~ *sul prezzo* to haggle over the price.
lesionare *v.t.* (*lesiono*) to damage. **lesionarsi** *v.r.* to be damaged. **lesione** *f.* **1** (*il ledere*) damaging, harming; (*danno*) damage, harm, injury. **2** (*offesa*) injury, offence: ~ *all'onore* offence against s.o.'s honour. **3** ⟨*Med*⟩ lesion. □ ~ *colposa* culpable injury; ~ *personale* bodily harm, personal injury. **lesivo** *a.* offending, damaging, detrimental, prejudicial: ~ *agli interessi di qd.* prejudicial to s.o.'s interests. **leso** (*p.p. di ledere*) *a.* **1** (*danneggiato*) damaged, harmed. **2** (*ferito*) injured, wounded. **3** ⟨*fig*⟩ injured, damaged, prejudiced. □ ⟨*Dir*⟩ *delitto di –a maestà* crime of lese majesty; ⟨*Dir*⟩ *parte –a* injured party.
lessare *v.t.* (*lesso*) ⟨*Gastr*⟩ to boil. **lessata** *f.* boil(ing). □ *dare una* ~ *alla carne* to boil the meat a little. **lessatura** *f.* → lessata.
lessema *m.* ⟨*Ling*⟩ lexeme.
lessicale *a.* lexical. **lessico** *m.* (*pl.* -ci) **1** (*dizionario*) lexicon, dictionary. **2** (*complesso dei vocaboli di una lingua o una speciale parte di essa*) lexicon, vocabulary: *il* ~ *inglese* the lexicon of the English language. **lessicografia** *f.* lexicography. **lessicografico** *a.* (*pl.* -ci) lexicographic(al). **lessicografo** *m.* (*f.* -a) lexicographer. **lessicologia** *f.* lexicology. **lessicologico** *a.* (*pl.* -ci) lexicologic(al). **lessicologo** *m.* (*pl.* -gi; *f.* -a) lexicologist.
lesso (*p.p. di lessare*) **I** *a.* boiled: *patate –e* boiled potatoes. **II** *s.m.* boiled meat; (*manzo*) boiled beef. □ *a* ~ boiled; ~ *di pollo* boiled chicken.
lestamente *avv.* quickly; (*agilmente*) nimbly; (*frettolosamente*) hastily. **lestezza** *f.* **1** quickness, swiftness, speed. **2** (*prontezza*) promptness, readiness. **lesto** **I** *a.* **1** (*svelto*) quick, fast, swift: *essere* ~ *a mangiare* to be a quick eater; (*agile*) nimble, agile. **2** (*sbrigativo*) hasty, hurried: *decisione –a* hasty (*o* quickly-taken) decision. **II** *avv.* quickly, fast. □ ~ *di mano* (*per rubare*) light-fingered; (*per picchiare*) free with one's fists. **lestofante** *m.* swindler, cheat.
letale *a.* **1** (*mortale*) lethal, deadly: *veleno* ~ lethal poison. **2** (*di morte*) death-, of death, dying: *spasimi –i* pangs of death.
letamaio *m.* **1** (*mucchio*) manure heap, dungheap, dunghill. **2** ⟨*estens*⟩ (*luogo sudicio*) pigsty. **letamazione** *f.* manuring, dunging. **letame** *m.* **1** manure, dung. **2** ⟨*fig*⟩ dirt, filth. □ ~ *artificiale* artificial manure; ~ *bovino* cowshed manure, cow dung; *interrare il* ~ to turn under manure, to plough in; *spargere il* ~ to spread manure.
letargia *f.* **1** ⟨*Med*⟩ lethargy. **2** ⟨*fig*⟩ sluggish indifference, lethargy; (*apatia*) apathy. **letargico** *a.* (*pl.* -ci) **1** ⟨*Med*⟩ lethargic: *sonno* ~ lethargic sleep. **2** (*rif. ad animale: ibernante*) hibernating; (*estivante*) (a)estivating. **3** ⟨*fig*⟩ lethargic, drowsy. **letargo** *m.* (*pl.* -ghi) **1** ⟨*Zool*⟩ (*invernale*) hibernation; (*estivo*) (a)estivation. **2** ⟨*Med*⟩ lethargy. **3** ⟨*fig*⟩ (*inerzia*) lethargy, apathy; (*torpore*) torpor. □ *essere in* ~: **1** ⟨*Zool*⟩ to be in hibernation (*o* aestivation); **2** ⟨*Med*⟩ to be in a state of lethargy.
Lete, Letè *N.pr.m.* ⟨*Mitol*⟩ Lethe.
letizia *f.* joy, gladness, delight.
Letizia *N.pr.f.* Letitia, Lettice.
letta *f.* glance (through), quick look (*o* read). □ *dare una* ~ *al giornale* to have (*o* give) a quick look at the newspaper.

lettera *f.* **1** (*segno alfabetico*) letter: *le –e dell'alfabeto* the letters of the alphabet. **2** (*comunicazione scritta*) letter: *scrivere una ~* to write a letter; ⟨*Bibl,lett*⟩ epistle: *~ di S. Paolo ai Corinti* St. Paul's Epistle to the Corinthians. **3** ⟨*fig*⟩ (*senso letterale*) letter: *attenersi alla ~ della legge* to keep to the letter of the law. **4** *pl.* (*letteratura*) literature, letters *pl*; (*studi umanistici*) Arts *pl*, humanities *pl: uno studente di –e* an Arts student. □ *~ d'accompagnamento* covering letter; *~ d'affari* business letter; **alla** *~* literally, to the letter: *eseguire un ordine alla ~* to obey an order to the letter; *prendere qc.* (o *qd.*) *alla ~* to take s.th. (o s.o.) literally; *tradurre alla ~* to translate literally (o word for word); *~ d'amore* love letter; ⟨*Post*⟩ *~* **assicurata** insured letter; *~ di* **assunzione** hire letter; ⟨*Ferr*⟩ *~ di* **avviso** advice note; *le* **belle** *–e* belles lettres *pl* (*costr. sing.*), humanities *pl*, Arts *pl; ~ di* **cambio** bill of exchange; *~* **circolare** circular (letter); *–e* **classiche** classics *pl*, classical studies; *~ di* **condoglianze** letter of condolence; ⟨*Econ*⟩ *~ di* **credito** letter of credit; ⟨*Giorn*⟩ *titolo in* (o a) *–e* **cubitali** banner headline; **da** *–e* letter–, writing: *carta da –e* writing paper, letter paper, note paper; *~ di* **dimissioni** letter of resignation; ⟨*Giorn*⟩ *–e al* **direttore** letters to the editor; ⟨*Post*⟩ *~* **espresso** express (letter), ⟨*am*⟩ special delivery letter; ⟨*Univ*⟩ **facoltà** *di –e* Faculty of Arts; *~* **ferma** *in posta* letter poste restante, ⟨*am*⟩ general delivery letter; ⟨*Dir*⟩ *~ d'*intenti letter of intent; **laurearsi** *in –e* to take an Arts degree; **laureato** *in –e* Bachelor of Arts; *~* **maiuscola** capital (o block) letter; ⟨*Tip*⟩ uppercase letter; *~* **minatoria** threatening letter, ⟨*fam*⟩ poison–pen letter; *~* **minuscola** small letter, lower–case letter; ⟨*fig*⟩ *rimanere ~* **morta** to remain a dead letter; **parola** *formata di sei –e* six–letter word; **per** *~* by letter: *rispondere per ~* to reply by letter; *~ per* **posta aerea** airmail letter; *~ per posta* **pneumatica** letter by pneumatic dispatch; *~ di* **presentazione** letter of introduction; ⟨*Post*⟩ *~* **raccomandata** registered letter; *~ di* **raccomandazione** letter of recommendation; *~* **respinta** letter returned to sender; *~ di* **ringraziamento** letter of thanks, ⟨*fam*⟩ thank–you letter; *~* **smarrita** letter which has gone astray; *~ di* **sollecito** reminder; ⟨*Comm*⟩ *~ di* **trasporto** *aereo* airway bill; *in* **tutte** *–e* in full, in words.

letterale *a.* literal: *senso ~* literal meaning. **letteralmente** *avv.* literally (*anche fig.*): *tradurre ~* to translate literally (o word for word); *sono ~ sfinito* I am literally worn out.

letterariamente *avv.* literarily. **letterario** *a.* **1** (*rif. alla letteratura*) literary, of literature: *opere –e* literary works. **2** (*rif. ai letterati*) literary, of letters, learned. **3** (*rif. a parole, a espressioni*) literary, (*spreg*) bookish. *~* **proprietà** *–a* copyright. **letterato** *m.* (*f.* -**a**) scholar, man of letters, literate: *più che un poeta è un ~* he is a scholar rather than a poet. **letteratura** *f.* literature: *la ~ inglese* English literature; *la ~ dantesca* the literature on Dante. □ *~* **amena** light reading (o literature); *~ per l'infanzia* children's literature (o books); *~* **poliziesca** crime fiction.

lettiera *f.* **1** bedstead. **2** (*giaciglio per animali*) litter, bedding.

lettiga *f.* **1** (*portantina*) litter. **2** (*barella*) stretcher, litter; (*munita di ruote*) trolley. **lettighiere** *m.* **1** stretcher bearer, litter carrier. **2** ⟨*ant*⟩ (*portatore di portantina*) litter bearer.

lettino *m.* (*letto per bambini*) cot, ⟨*am*⟩ crib. □ *~* **abbronzante** sunbed; *~ a* **baldacchino** canopy bed; *~ a* **castello** bunk bed; *~* **clinico** examination couch (o table).

lettisternio *m.* (*Stor.rom*) lectisternium.

letto[1] *m.* **1** bed. **2** ⟨*Med*⟩ examination couch. **3** ⟨*fig*⟩ (*matrimonio*) marriage: *figlio di primo ~* child by one's first marriage. **4** (*cosa su cui si pone un'altra*) bed, layer: *un ~ di foglie per le fragole* a layer of leaves for the strawberries. **5** (*lettiera per il bestiame*) litter, bedding. **6** (*alveo*) river bed, bed. **7** ⟨*Geol*⟩ bed, layer. **8** ⟨*tecn,Agr,Anat*⟩ bed. □ **alzarsi** *dal ~* to get up; **andare** *a ~* to go to bed; *è ora di andare a ~* it is bedtime; *andare a ~ con qd.* to go to bed with s.o., to sleep with s.o.; ⟨*fig*⟩ *andare a ~ con* (o *come*) *le galline* to go to bed early; **balzare** *dal ~* to leap (o jump) out of bed; ⟨*fig*⟩ **buttare** *qd. giù dal ~* to get s.o. out of bed; **camera** *a un ~* (o *due letti*) single (o double) room; *camera da ~* bedroom; *~ da* **campo** camp (o field) bed; **cascare** *dal ~* to fall out of bed; ⟨*fig*⟩ *sei cascato dal ~* **stamattina?** what got you up so early this morning?; *~ a* **castello** bunk bed; ⟨*Met*⟩ *~ di* **colata** casting bed; *~ a* **colonne** four–poster (bed); **disfare** *il ~* to strip the bed; *~ di* **dolore** sick–bed; **essere** *a ~* (*coricato*) to be in bed; (*malato*) to be ill (o confined to bed); **ficcarsi** *a ~* to hop (o slip) into bed; *~ di* **fiori** flowerbed; *~ di* **fortuna** shakedown; *–i* **gemelli** twin beds; *essere* **inchiodato** *in un ~* to be bedridden; *~* **matrimoniale** double bed; **mettere** *a ~ un bambino* to put a child to bed; **mettersi** *a ~* to go to bed; (*ammalarsi*) to take to one's bed; *~ di* **morte** deathbed; *~ per gli* **ospiti** spare bed; *~ a una* **piazza** *e mezzo* large single bed, ⟨*am*⟩ queen–size bed; *~ a un* **posto** (o *una piazza*) single bed; *~* **ribaltabile** wall bed; **rifare** *il ~* to make the bed; **rimanere** *a ~* to stay in bed; ⟨*fig*⟩ *essere in un ~ di* **rose** to be in ⌐a bed of roses⌐ (o clover); *~ a* **rotelle** bed on wheels; **scendere** *dal ~* to get out of bed; ⟨*Agr*⟩ *~ di* **semina** seed bed; ⟨*fig*⟩ *essere in un ~ di* **spine** to be on tenterhooks; *~* **turco** divan; ⟨*Ferr*⟩ **vagone** *~* sleeping car, ⟨*fam*⟩ sleeper.

letto[2] → **leggere**.

lettone (o *lettone*) **I** *a.* Latvian, Lettish. **II** *s.* **1** *m.* (*lingua*) Latvian, Lett, Lettish. **2** *m./f.* (*abitante*) Latvian, Lett. **Lettonia** *N.pr.f.* ⟨*Geog*⟩ Latvia.

lettorato *m.* **1** ⟨*Univ*⟩ lectorship, ⟨*am*⟩ assistantship. **2** ⟨*Rel.catt*⟩ lectorate, lectureship.

lettore *m.* (*f.* -**trice**) **1** reader: *~ di libri gialli* reader of detective stories. **2** ⟨*Univ*⟩ lecturer, ⟨*am*⟩ assistant: *~ di tedesco* lecturer in German. **3** ⟨*Rel.catt*⟩ lector. **4** ⟨*tecn*⟩ reader. *~* **avvertimento** *al ~* note to the reader; ⟨*Inform*⟩ *~ di* **caratteri** character reader; *~ per* **microfilm** micro–reader; *~ di* **nastro** *magnetico* magnetic tape reader; *~* **ottico** optical reader; *~* **perforatore** read–punch unit; *il* **pubblico** *dei –i* the reading public; *~ di* **schede** card reader; *~ di* **schede** *perforate* punch card reader.

lettura *f.* **1** reading: *dedicare molte ore alla ~* to ⌐spend a lot of time⌐ (o do a lot of) reading. **2** (*concr*) reading (matter): *–e* **amene** light reading (o literature). **3** (*recitazione*) recitation, reading: *~ di versi* poetry reading. **4** (*lezione, conferenza*) lecture. **5** (*rif. a strumenti di misura*) reading: *~* **diretta** direct reading. **6** ⟨*Filol*⟩ reading, interpretation: *~* **controversa** controversial reading. **7** ⟨*Parl*⟩ reading: *la ~ di un disegno di legge* the reading of a bill. □ *~ delle* **bozze** proof–reading; *~ di un* **contatore** reading of a meter; ⟨*burocr*⟩ **dare** *~ di qc.* to read s.th. (out); ⟨*tecn*⟩ *a ~* **diretta** direct–reading–; *di* **facile** *~* easy to read; ⟨*Bibliot*⟩ **dare** *in ~* to lend out; *essere in ~* to be (lent) out, to be out on loan: *il libro è in ~* the book is out; **libro** *di ~* reading book; (*per insegnare a leggere*) primer; *~ del* **pensiero** thought–reading; *essere di* **piacevole** *~* to make pleasant reading; *a una* **prima** *~* on first reading; ⟨*Parl*⟩ *in prima ~* on the first reading; **sala** *di ~* reading room; *in* **seconda** *~* on the second reading.

letturista *m.* meter reader. □ *~ del* **gas** gasman.

leucemia *f.* ⟨*Med*⟩ leuk(a)emia, leuc(a)emia. **leucemico** *a./s.* (*pl.* -**ci**) **I** *a.* leuk(a)emic. **II** *s.m.* (*f.* -**a**) person suffering from leuk(a)emia.

leucite *f.* ⟨*Min*⟩ leucite.

leuco|blasto *m.* ⟨*Biol*⟩ leukoblast. **~cita** *m.* leukocyte. **~citario** *a.* leukocytic, leukocytal. **~citosi** *f.* ⟨*Med*⟩ leukocytosis. **~dermia** *f.* leukoderm(i)a.

leucoma *m.* ⟨*Med*⟩ leukoma, leucoma. **leucoplasto** *m.* ⟨*Bot*⟩ leucoplast(id). **leucorrea** *f.* ⟨*Med*⟩ leukorrh(o)ea, leucorrh(o)ea.

leva[1] *f.* **1** lever (*anche fig.*): *le –e del* **potere** the levers of power. **2** ⟨*fig*⟩ (*stimolo*) lever, incentive, stimulus. **3** ⟨*Mecc*⟩ lever; (*palanchino*) crowbar. **4** ⟨*Dent*⟩ (screw) elevator. □ ⟨*Mot*⟩ *~ di* **avviamento** starting lever; ⟨*Aut*⟩ *~ a* **braccio** steering arm; ⟨*Aut*⟩ *~ del* **cambio** gearbox lever, gear(shift) lever, ⟨*am*⟩ gearshift; *~ di* **comando**: 1 control lever; 2 ⟨*fig*⟩ reins *pl*; **far** *~* to prise; ⟨*fig*⟩ *far ~ su qc.* to appeal to s.th.; (*sfruttarla*) to work on s.th.; *~ del* **freno** brake lever; *~ della* **frizione** clutch lever; ⟨*Fis*⟩ *~ di primo* **genere** lever of the first order; *~*

di secondo genere lever of the second order; ~ **dell'interlinea** (*di macchina da scrivere*) carriage lever; ⟨*Mecc*⟩ ~ a **mano** hand lever; ~ a **pedale** foot control lever; ~ *per smontare* (o *montare*) **pneumatici** tyre lever, ⟨*am*⟩ tire iron; ⟨*fig*⟩ *le -e del* **potere** *politico* the levers of political power.

leva² *f.* ⟨*Mil*⟩ **1** call-up, conscription, levy, ⟨*am*⟩ draft(ing). **2** (*contingente di uomini*) conscripts *pl,* ⟨*am*⟩ draft; (*classe di leva*) class. **3** ⟨*fig*⟩ recruits *pl,* new blood. □ **chiamare** *alla* ~ to call up, to conscript, ⟨*am*⟩ to draft; **essere** *di* ~ to be due for call-up, to be liable for national service; **giovani** *-e del lavoro* those reaching working age; **lista** *di* ~ conscription (o draft) list; ⟨*fig*⟩ **nuove** *-e* new recruits; **obbligo** *di* ~ liability for national (o military) service.

leva|capsule *m.inv.* crown–cork opener. **~fogli** *m.inv.* ⟨*Tip*⟩ page remover. **~noccioli** *m.inv.* fruit stoner.

levante I *a.* rising: *il sole* ~ the rising sun. **II** *s.m.* **1** (*oriente*) east: *dirigersi verso* ~ to go east. **2** (*vento di levante*) east wind; (*nel Mediterraneo*) levanter. **3** (*insieme di paesi posti a oriente dell'Italia*) Near East, ⟨*lett*⟩ Levant. □ *a* ~ eastwards, towards the east. **levantino** *a./s.m.* (*f.* **-a**) Levantine.

levare¹ *v.t.* (**levo**) **1** (*alzare, sollevare*) to raise, to lift (up): ~ *gli occhi al cielo* to raise one's eyes to Heaven. **2** (*togliere*) to take (away): *leva quella sedia* take that chair away; (*dal di sopra di*) to take off: *leva dal tavolo tutti questi libri* take all these books off the table; (*dal di dentro*) to take out: *leva l'arrosto dal forno* take the roast out of the oven. **3** (*rif. a indumenti: togliere*) to take off, to remove: *levarsi la giacca* to take off one's jacket. **4** (*estrarre*) to take (o pull) out, to remove, to extract: ~ *un chiodo dal muro* to take a nail out of the wall; ~ *un dente* to take (o pull) out a tooth. **5** (*rif. a persone: condurre via*) to take away: ~ *qd. di collegio* to take s.o. away from boarding school. **6** (*detrarre*) to subtract, to take (away, off). **7** (*liberare*) to free, to get: ~ *qd. dagli impicci* to get s.o. out of trouble. **8** (*abolire*) to abolish, to remove: ~ *una tassa* to abolish a tax; (*far cessare*) to close, to (bring to an) end: ~ *la seduta* to close the session. **9** ⟨*fig*⟩ (*elevare*) to raise, to send up, to lift: ~ *una preghiera a Dio* to raise a prayer to God. **10** ⟨*fig*⟩ (*appagare, soddisfare*) to satisfy: *levarsi un capriccio* to satisfy a whim. **11** ⟨*Venat*⟩ to flush, to raise, to put up. **levarsi** *v.r.* **1** (*alzarsi: in piedi*) to get (o stand) up, to rise (to one's feet); (*dal letto*) to get up. **2** (*innalzarsi*) to (a)rise; (*rif. ad aeroplani*) to take off. **3** ⟨*fig*⟩ (*ribellarsi*) to rise (up), to stand up: *levarsi in armi* to rise in arms; *levarsi in difesa di qd.* to rise up in s.o.'s support. **4** (*lievitare*) to rise. **5** (*rif. a vento*) to rise, to blow (o get) up. **6** ⟨*Astr*⟩ (*sorgere*) to rise, to come up: *il sole si leva alle sei* the sun rises at six. □ ~ *l'*ancora to weigh anchor; ~ *l'*assedio to raise the siege; ~ *di* bocca: 1 to get (o worm) out: *non gli si leva una parola di bocca* you cannot get a word out of him; 2 (*prevenire nel dire*) to take the words (right) out of s.o.'s mouth: *me lo hai levato di bocca* you have taken the words out of my mouth; ⟨*fig*⟩ *levarsi il pane di bocca* to give the shirt off one's back; ⟨*Mil*⟩ ~ *il* campo to strike camp; *levarsi qd. dal* cuore to put s.o. out of one's mind; *levami una* curiosità (just) out of curiosity; ⟨*fig*⟩ ~ *il* disturbo to take one's leave; *levarsi la* fame to satisfy one's hunger; ~ *il* fiato to take one's breath away, to leave one breathless (anche fig.); ~ *un'*idea *dalla mente di qd.* to get an idea out of s.o.'s head; ~ *una* macchia to remove a spot; ~ *qc.* ⌐dalle mani⌐ (o di mano) a qd. to take s.th. out of s.o.'s hands; *levami le mani di dosso* get your hands off me; *levarsi la* maschera to take off one's mask; ⟨*fig*⟩ to drop one's mask; *levare di* mezzo *qc.*: 1 (*portarla via*) to get (o take) s.th. out of the way, to remove s.th.; 2 (*sbarazzarsene*) to get rid of s.th.; *levare di mezzo qd.* (*allontanarlo, rimuoverlo*) to get rid of s.o.; ⟨*eufem*⟩ (*ucciderlo*) to bump s.o. off, to do s.o. in; *levati di mezzo!* get out of here!, ⟨*fam*⟩ scram!, ⟨*am.fam*⟩ beat it!; ~ *la* pelle *a qd.* to skin s.o., to flay s.o. alive; *levarsi qd. dai* piedi to get rid of s.o.; ⟨*Dir*⟩ ~ **protesto** to lodge a protest; ~ *il* saluto *a qd.* to cut (o slight) s.o.; *due* schiaffi *non te li leva nessuno* ⌐you're in for⌐ (o nobody's

going to save you from) a good slapping; *levarsi la* sete to quench one's thirst; ~ *la* spada *dal fodero* to draw (o unsheathe) one's sword; ~ *qd. alle* stelle to praise s.o. to the skies; ~ *le* tende to strike (o move) camp; ⟨*fig*⟩ to pack up and go; ⟨*fig*⟩ ~ *dalla* testa *qc. a qd.* to get s.th. out of s.o.'s head; *levatelo dalla testa!* get it out of your head!, forget it!; *levarsi di* torno *qd.* to get rid of s.o.; *levati di torno!* ⟨*fam*⟩ clear off!, scram!; *levarsi di cattivo* umore to get out of bed on the wrong side; *levarsi una* voglia to satisfy a whim; *levarsi in* volo to take flight (o wing); (*rif. ad aeroplano*) to take off.

levare² *m.* **1** ⟨*Astr*⟩ rise, rising: *il* ~ *del sole* sunrise. **2** ⟨*Mus*⟩ upbeat: *in* ~ on the upbeat.

levata *f.* **1** (*il sorgere*) rising, rise. **2** (*il levarsi dal letto*) getting up, ⟨*lett*⟩ rising. **3** ⟨*Post*⟩ collection. **4** (*rif. a merci*) wholesale purchase. **5** ⟨*Agr*⟩ germination, sprouting, spearing. **6** ⟨*Mil*⟩ reveille. □ *fare una* ~ *di scudi contro qd.* to rebel (o rise) against s.o. **levataccia** *f.* (*pl.* **-ce**) very early rising. □ *fare una* ~ to get up ⌐very early⌐ (o at an ungodly hour). **levato** *a.* **1** (*in piedi, senza andare a letto*) ⟨*pred*⟩ up, ⟨*pred*⟩ awake: *restare* ~ to stay up. **2** (*eccettuato*) except for, apart (o aside) from. □ *correre a gambe -e* to run ⌐at full speed⌐ (o as fast as one's legs will take one).

levatoio: *ponte* ~ drawbridge.

levatrice *f.* midwife.

levatura *f.* (*grado di intelligenza*) intelligence, mental capacity.

leveraggio *m.* ⟨*Mecc*⟩ compound lever.

Leviatano *N.pr.m.* ⟨*Bibl,Filos*⟩ Leviathan.

levigare *v.t.* (**levigo, levighi**) **1** to smooth, to dress, to polish: ~ *il marmo* to polish marble. **2** ⟨*Mecc*⟩ (*per mezzo di abrasivi*) to grind down; (*con carta vetrata*) to sandpaper; (*pomiciare*) to rub down. **levigatezza** *f.* **1** smoothness. **2** ⟨*fig*⟩ smoothness, polish. **levigato** *a.* **1** (*naturalmente liscio*) smooth: *una parete di roccia -a* a wall of smooth rock. **2** (*sottoposto a levigazione*) smoothed, dressed. **3** ⟨*fig*⟩ (*curato*) smooth, polished. **levigatrice** *f.* lapping machine. **levigatura, levigazione** *f.* **1** (*atto*) smoothing, dressing, polishing; (*effetto*) smoothness, polish. **2** ⟨*Mecc*⟩ (*per mezzo di abrasivi*) grinding down; (*con carta vetrata*) sandpapering; (*pomiciatura*) rubbing down. **3** ⟨*Geol*⟩ smoothing, polishing.

levita *m.* ⟨*Bibl*⟩ Levite.

levità *f.* ⟨*lett*⟩ (*leggerezza*) lightness, levity.

levitare *v.i.* (**levito**; *aus.* **avere**) ⟨*Occult*⟩ to levitate. **levitazione** *f.* levitation.

levitico *a.* (*pl.* **-ci**) ⟨*Bibl*⟩ Levitic(al). **Levitico** *m.* Leviticus.

levogiro *a.* ⟨*Fis,Chim*⟩ l(a)evorotatory, l(a)evorotary, l(a)evogyrate.

levriere *m.* greyhound. □ *correre come un* ~ to run ⌐like a hare⌐ (o very fast).

levulosio *m.* ⟨*Chim*⟩ levulose.

lezione *f.* **1** lesson (*anche fig.*); (*a scuola*) lesson, class: *la* ~ *di geografia* the geography class (o lesson). **2** ⟨*Univ*⟩ lecture. **3** (*compito a casa*) homework: *hai studiato la* ~? have you done your homework? **4** ⟨*fig*⟩ (*esempio*) lesson, example, paragon: *la sua vita è stata una* ~ *di bontà* his life was a paragon of goodness; (*salutare ammaestramento*) lesson: *questo ti serva di* ~ let this be a lesson to you. **5** ⟨*Filol,Lit*⟩ lection, reading. □ *non* **accetto** *-i da nessuno* nobody tells me what to do; **andare** *a* ~ *da qd.* to take lessons from s.o., to go to s.o. for lessons; **assistere** *a una* ~ to attend a lesson; ~ *di* **ballo** dancing lesson; **ciclo** *di -i* series of lessons; **dare** *-i* to give lessons; ⟨*fig*⟩ *dare a qd. una buona* ~ to teach s.o. a lesson; *oggi non c'è* ~ there's no school today; **fare** ~ (*a scuola*) to take a class; ⟨*Univ*⟩ to give (o deliver) a lecture, to hold a class (o lesson); ~ *di* **ginnastica** gym (class); ~ *di* **nuoto** swimming lesson; **orario** *delle -i* school timetable, ⟨*am*⟩ class schedule; **prendere** *-i* to take lessons; *-i* **private** private lessons.

leziosaggine *f.* affectation. **leziosamente** *avv.* affectedly. **leziosità** *f.* affectedness, mawkishness. **lezioso** *a.* **1** (*smorfioso*) simpering, mawkish. **2** (*fatto o detto con* *affettazione*) affected: *modi –i* affected ways.

lezzo *m.* **1** (*fetore*) stink, stench. **2** (*sudiciume*) filth (*anche fig.*).

li *pron.pers.m.pl.* (*complemento oggetto*) them: ~ *hai visti?* have you seen them? □ *eccoli qua!* here they are!

lì *avv.* **1** there: *ero ~ da due giorni* I had been there for two days. **2** (*pleonastico in unione con quello*) there, *a volte non si traduce: dammi quel libro ~* give me that book (there); *vorrei quello ~* I would like that one (there). **3** (*rafforzativo*) just, there, *spesso non si traduce: fermo ~!* stop!; *guarda ~ come s'è ridotto* just look what a state he's in. □ *~ accanto* beside (*o* next to) it; *da ~* from there; *~ dentro* in there; *di ~* (*moto da luogo*) from there: *di ~ a casa mia ci saranno cento metri* it's about a hundred metres from there to my house; *di ~ a* (*rif. a tempo*) ⟨*pred*⟩ later, after: *di ~ a un mese* a month later; *di ~ a qualche giorno* a few days later; *eccola ~* there she is; *essere ~:* 1 (*essere alle solite*) to be always the same old story: *siamo sempre ~, non fate che litigare* it's always the same old story – you do nothing but quarrel; 2 (*mancarci poco*) to be close (*o* near) to it, to be almost (*o* nearly): *se non è mezzanotte, siamo ~* midnight can't be far off, it must be nearly midnight; *essere ~ lì per* to be on the verge (*o* point) of, to be about to: *eravamo ~ lì per andarcene* we were (just) about to leave, we were on the point of leaving; *fin ~* as far as there, up to there (*o* that point); *finire ~* to end there: *tutto finì ~* it all ended there; *la cosa non finirà ~* it won't end there; *~ fuori* out there; *giù di ~:* 1 down there; 2 (*all'incirca*) or so, or thereabouts, about: *costa cento lire o giù di ~* it costs ˹about a hundred lire˺ (*o* a hundred lire or so); *~ per ~:* 1 (*sul momento*) then and there, on the spur of the moment: *~ per ~ non seppi cosa rispondergli* I did not know how to answer him on the spur of the moment; 2 (*dapprima*) at first; *~ sopra* on (*o* up) there; *su di ~* up there; *~ vicino* near there, close by.

liana *f.* ⟨*Bot*⟩ liana, liane.

libagione *f.* libation (*anche scherz.*).

libanese *a./s.m./f.* Lebanese. **Libano** *N.pr.m.* ⟨*Geog*⟩ Lebanon.

libare *v.t.* **1** (*compiere un'offerta sacrificale*) to offer up (a libation to), to libate. **2** ⟨*lett*⟩ (*sorbire a fior di labbra*) to sip, to taste. **libatorio** *a.* libationary, libatory.

libbra *f.* libra; (*nei paesi anglosassoni*) pound. □ *di una ~* (one) pound–; *di tre –e* three–pound–; *~ inglese* (English) pound.

libecciata *f.* south–westerly gale, southwester. **libeccio** *m.* ⟨*Meteor*⟩ south–west wind, libeccio.

libellista *m./f.* libeller, libellist, defamer. **libello** *m.* libel.

libellula *f.* ⟨*Entom*⟩ dragonfly.

liberaldemocratico *a./s.m.* (*pl.* **-ci**; *f.* **-a**) Liberal–Democratic.

liberale **I** *a.* **1** (*generoso*) liberal, generous, open–handed: *dono ~* generous gift. **2** (*che rispetta la libertà altrui*) liberal. **3** ⟨*Pol*⟩ Liberal: *partito ~* Liberal Party. **4** ⟨*ant,lett*⟩ liberal: *arti –i* liberal arts. **II** *s.m./f.* **1** liberal. **2** ⟨*Pol*⟩ Liberal. **liberaleggiante** *a.* liberalist(ic), tending towards Liberalism. **liberalismo** *m.* ⟨*Econ,Pol*⟩ liberalism. □ *~ economico* free trade, laissez–faire. **liberalistico** *a.* (*pl.* **-ci**) liberalist(ic), liberal. **liberalità** *f.* **1** generosity, liberality. **2** ⟨*concr*⟩ act of generosity, liberality. **liberalizzare** *v.t.* ⟨*Econ*⟩ to liberalize. **liberalizzazione** *f.* liberalization: *~ degli scambi* liberalization of trade. **liberalmente** *avv.* generously, liberally, freely. **liberalsocialismo** *m.* ⟨*Pol*⟩ Liberal Socialism. **liberalsocialista** **I** *s.m./f.* Liberal Socialist. **II** *a.* Liberal Socialist. **liberamente** *avv.* freely: *parla pure ~* speak freely.

liberare *v.t.* (**libero**) **1** to (set) free, ⟨*lett*⟩ to liberate: *~ uno schiavo* to free a slave. **2** (*lasciare libero*) to leave free (*o* vacant, empty); (*rif. ad appartamento e sim.*) to vacate. **3** (*rilasciare: dal carcere e sim.*) to release, to free: *~ un prigioniero* to release a prisoner. **4** ⟨*fig*⟩ to free: *~ qd. da un timore* to free s.o. from a fear. **5** (*sottrarre*) to deliver, to save, to rescue, to free: *~ la città dal contagio* to save the city from the plague. **6** (*sciogliere*) to release, to free, to

loose, to let off: *~ i prigionieri dalle catene* to free the prisoners from their chains; *~ il cane dal guinzaglio* to let the dog off the leash. **7** ⟨*fig*⟩ (*esimere*) to release, to (set) free, to exempt: *~ qd. da una promessa* to release s.o. from a promise. **8** (*riscattare*) to free, to redeem: *~ da ipoteche* to free from mortgage. **9** ⟨*tecn*⟩ (*disinnestare*) to release, to trip. **10** ⟨*Chim*⟩ to liberate. **11** ⟨*Mar*⟩ to free: *~ l'ancora* to free the anchor. **liberarsi** *v.r.* **1** to free o.s. (*da* from), to make o.s. free, to get free (of); (*sciogliersi*) to release o.s., to loose o.s.; (*con la forza*) to break free. **2** (*disfarsi*) to get rid, to rid o.s. (*di* of); (*levarsi di torno*) to get rid (*di* of). **3** ⟨*fig*⟩ (*esimersi*) to free o.s. (*da* from), to get out (of). □ *Dio ne* (*scampi e*) *liberi!* God (*o* heaven) forbid!; *liberarsi dal giogo straniero* to shake off the foreign yoke; *~ l'intestino* to evacuate the bowels. **liberatore** **I** *s.m.* (*f.* **-trice**) liberator, deliverer. **II** *a.* of liberation, liberating: *esercito ~* army of liberation. **liberatorio** *a.* **1** ⟨*Dir,Econ*⟩ redeeming. **2** ⟨*Econ*⟩ payable before clearing. **liberazione** *f.* **1** liberation, freeing, release, ridding; (*da un assedio e sim.*) relief. **2** (*rif. a persona*) freeing, release: *~ di uno schiavo* freeing of a slave; *~ anticipata* early release. **3** ⟨*Econ*⟩ paying up: *~ di azioni* paying up of shares. **4** ⟨*Chim,Fis*⟩ liberation.

libercolo *m.* trite (*o* worthless) book.

Liberia *N.pr.f.* ⟨*Geog*⟩ Liberia. **liberiano** *a./s.m.* (*f.* **-a**) Liberian.

liberismo *m.* ⟨*Econ*⟩ laissez–faire. **liberista** **I** *s.m./f.* supporter of laissez–faire. **II** *a.* laissez–faire–.

libero **I** *a.* **1** free: *uomo ~* free man; *–a stampa* free press; *università –a* free university; *sei ~ di pensare come vuoi* you are free to think whatever (*o* as) you please; *~ da pregiudizi* free from prejudices; *ingresso ~* free entry; *avere le mani –e* to have one's hands free. **2** (*rif. ad animale: non legato*) (on the) loose, (running) free: *lasciare ~ il cane* to let the dog run free. **3** (*ardito, impudente*) free, loose, unrestrained: *essere troppo ~ nel parlare* to be too free (*o* loose) in one's talk. **4** (*rif. a tempo*), free, ⟨*attr*⟩ leisure–: *avere molto tempo ~* to have a lot of leisure (*o* spare) time. **5** (*sgombro*) clear, open: *lasciare il passaggio ~* to keep the passageway clear; (*non occupato*) free, vacant: *è ~ questo posto?* is this seat free? **6** (*non sposato*) free, unmarried, single. **7** ⟨*Dir*⟩ (*esente*) free, exempt: *~ da ipoteche* free from mortgage, mortgage–free. **8** ⟨*Econ*⟩ free: *mercato ~* free market; *~ scambio* free trade. **II** *s.m.* (*f.* **-a**) ⟨*Stor.rom*⟩ freeman (*f* –woman). □ *aria –a* open air: *all'aria –a* in the open air; ⟨*fig*⟩ *campo ~* freedom of action; *donna –a* (*di facili costumi*) loose woman; *non essere ~:* 1 (*essere indaffarato*) to be busy (*o* engaged); 2 (*rif. a posti e sim.*) to be taken; *giorno ~* (*dal lavoro*) day off; *~ da imposte* tax–free; *lasciare ~:* 1 (*liberare*) to (set) free; 2 (*sgomberare*) to clear; *~ da preoccupazioni* free from worries; *–a professione* profession; *tassì ~* taxi for hire; *dare via –a* to give the go–ahead.

liberoscambismo *m.* ⟨*Econ*⟩ free trade. **liberoscambista** **I** *a.* free trade–. **II** *s.m./f.* free trader.

libertà *f.* **1** freedom, liberty: *privare qd. della ~* to deprive s.o. of his liberty; *~ di movimenti* freedom of movement; *chiedo la ~ di decidere* I ask for liberty of deciding. **2** (*l'essere libero da impegni*) freedom, free time: *il lavoro non mi lascia un attimo di ~* my work doesn't leave me a minute's free time. **3** (*licenza, impudenza*) liberty: *prendersi la ~ di fare qc.* to take the liberty of doing s.th.; (*licenziosità*) broadness, looseness: *~ di costumi* looseness of conduct. □ *~ di associazione* freedom of association; *~ d'azione* freedom of action; *~ dal bisogno* freedom from want; *discorrere con ~* to speak freely; *~ di concorrenza* free competition; *~ contrattuale* freedom of contract; *~ di coscienza* freedom of conscience; *~ di costumi* looseness of behaviour; *~ di culto* freedom of worship; *giorno di ~* day off, free day; *essere in ~* to be free (*o* at liberty); (*essere a proprio agio*) to be comfortable (at ease); *in tutta ~* freely; *~ d'informazione* freedom of information; *~ dei mari* freedom of the seas; *mettere in ~* to (set) free, to liberate, to release; (*licenziare*) to dismiss; *mettersi in ~* (*indossare gli abiti di casa*) to put on casual clothes, to dress comfortably; ~ *di* **opinione** freedom of opinion; ~ *di* **parola** freedom of speech; ~ *di* **pensiero** freedom of thought; ~ **personale** personal (*o* individual) freedom; ~ **politica** political liberty (*o* freedom); **prendersi** *la* ~ *di* to take the liberty of; (*ardire*) to make so bold as to; *prendersi delle* ~ *con qd.* to take liberties with s.o.; 〈*Dir*〉 ~ **provvisoria** release on parole; ~ **religiosa** freedom of religion, religious freedom; ~ *di* **riunione** freedom of assembly; ~ *di* **scelta** freedom of choice; ~ **sessuale** sexual freedom; ~ *di* **stabilimento** freedom of establishing; ~ *di* **stampa** freedom of the press; **statua** *della* ~ Statue of Liberty; 〈*Dir*〉 ~ **vigilata** probation: *essere in* ~ *vigilata* to be on probation.

libertario I *a.* anarchic(al). II *s.m.* (*f.* **-a**) anarchist. **libertarismo** *m.* anarchism.

liberticida I *a.* liberticide. II *s.m./f.* liberticide, destroyer of liberty. **liberticidio** *m.* liberticide. •

libertinaggio *m.* libertinage, libertinism. **libertinismo** *m.* 〈*Stor*〉 libertinism. **libertino** I *a.* 1 libertine, licentious, dissolute. 2 〈*Stor*〉 libertine. II *s.m.* 1 libertine, profligate, rake. 2 〈*Stor*〉 libertine. **liberto** *m.* (*f.* **-a**) freedman (*f* –woman).

liberty *m.* (*anche stile liberty*) Art Nouveau.

Libia *N.pr.f.* 〈*Geog*〉 Libya. **libico** *a.* (*pl.* **-ci**) I *a.* Libyan. II *s.m.* 1 (*lingua*) Libyan. 2 (*abitante; f.* **-a**) Libyan. 3 (*vento*) south–west wind.

libidico *a.* (*pl.* **-ci**) 〈*Psic*〉 libidinal, of the libido. **libidine** *f.* 1 lustfulness, lecherousness. 2 〈*fig*〉 (*brama sregolata*) lust: ~ *di potere* lust for power. □ 〈*Dir*〉 *atti di* ~ indecent assault. **libidinoso** *a.* lustful, libidinous, lecherous, lascivious. **libido** *lat.f.* 〈*Psic*〉 libido.

libra *f.* → **libbra**. **Libra** *N.pr.f.* 〈*Astr*〉 Libra, Balance.

libraio *m.* 1 bookseller. 2 (*bottega*) bookshop, 〈*am*〉 bookstore.

librarsi *v.r.* to hover: ~ *in aria* to hover in the air. □ ~ *in volo* to soar.

librario *a.* book–, of books: *commercio* ~ book trade. **librata** *f.* blow with a book.

librazione *f.* 〈*Astr*〉 libration.

libreria *f.* 1 (*negozio*) bookshop, bookseller, 〈*am*〉 bookstore. 2 (*mobile*) bookcase; (*stanza*) library. 3 (*raccolta di libri*) library. □ ~ *antiquaria* (*o di occasioni*) antiquarian (*o* second–hand) bookshop. **libresco** *a.* (*pl.* **-chi**) 〈*spreg*〉 book–, bookish: *cultura* –*a* book learning. **librettino** *m.* booklet. **librettista** *m./f.* librettist.

libretto *m.* 1 booklet, (small) book. 2 (*taccuino di appunti*) notebook. 3 (*documento di riconoscimento*) identification card. 4 〈*Mus*〉 libretto. 5 〈*Econ*〉 (bank)–book. □ ~ *degli* **assegni** cheque–book; ~ *della* **cassa** *mutua* sickness insurance booklet; 〈*Aut*〉 ~ *di* **circolazione** registration book, 〈*fam*〉 log–book; ~ *di* **conto** *corrente* current–account book, 〈*am*〉 check book; ~ *di* **deposito** deposit book; ~ *di* **lavoro** employment card; ~ *al* **portatore** bearer's bank book; ~ *di* **risparmio** savings (account) book, 〈*am*〉 passbook; ~ *di* **risparmio** *postale* postal savings book; ~ **universitario** student's record book.

libro *m.* 1 book: *aprire un* ~ to open a book. 2 (*parte di un'opera letteraria*) book: *il sesto* ~ *dell'Eneide* the sixth book of the Aeneid. 3 (*registro*) book, register. 4 〈*Bot*〉 liber. □ **a** ~ folding, hinged: *porta a* ~ folding door; 〈*fig*〉 *essere un* ~ **aperto** to be an open book; 〈*Dipl*〉 ~ **bianco** White Paper; 〈*Mar,Aer*〉 ~ *di* **bordo** log, log–book; 〈*Comm*〉 ~ *di* **cassa** cash book (*o* register); –*i* **contabili** (account) books, ledgers *pl;* ~ *di* **cucina** cook(ery) book; 〈*Comm*〉 ~ **fatture** invoice book; ~ **fondiario** land register, register of real properties; ~ **giallo** detective story, thriller; 〈*Comm*〉 ~ **giornale** daybook; –*i per la* **gioventù** young people's books; ~ **illustrato** illustrated book, picture book; ~ *di* **lettura** reader, reading book; 〈*Comm*〉 ~ **mastro** ledger; ~ *da* **messa** missal; 〈*Comm*〉 **mettere** *a* ~ (*registrare*) to book, to enter, to post; 〈*fig*〉 ~ **nero** black list: *segnare qd. nel libro nero* to put s.o. on the black list, to blacklist s.o.; 〈*Rel*〉 ~ *d'ore* Book of Hours; 〈*Comm*〉 –*i* **obbligatori** statutory books; ~ *delle* **ordinazioni** order book; ~ *d'oro* golden book, 〈*am*〉 bluebook; ~ **paga** payroll; ~ *di* **preghiere** prayer book; *i*

–*i* **sacri** (*la Bibbia*) the sacred books; ~ **scolastico** school book; ~ *dei* **sogni** dreambook; 〈*scherz*〉 *parlare come un* ~ **stampato** to talk like a book; **stare** *sempre sui* –*i* to pore over one's books; ~ *di grande* **successo** best–seller; 〈*Comm*〉 **tenere** *i* –*i* to keep the accounts; ~ *di* **testo** text–book; ~ **usato** second–hand book; ~ *dei* **verbali** minute book.

licantropia *f.* 〈*Med*〉 lycanthropy. **licantropo** *m.* werewolf, lycanthrope.

licaone (*o licaone*) *m.* 〈*Zool*〉 African hunting dog.

licciaiola *f.* 〈*Mecc*〉 saw–set. **liccio** *m.* 〈*Tess*〉 heald, 〈*am*〉 heddle.

liceale I *a.* secondary school–, grammar school–, 〈*am*〉 high school–. II *s.m./f.* (*studente*) secondary schoolboy (*f* –girl), boy (*f* girl) attending grammar (*o* high) school. □ *licenza* ~ school–leaving examination.

liceità *f.* lawfulness.

licenza *f.* 1 (*permesso*) permission, leave: *dare* ~ *di parlare* to give leave to speak. 2 (*libertà*) liberty: *prendersi la* ~ *di fare qc.* to take the liberty of doing s.th.; *si prende troppe* –*e* he takes too many liberties. 3 (*dissolutezza*) licentiousness, licence. 4 (*patente*) licence, authorization, permission; (*documento*) licence, permit: ~ *di caccia* hunting (*o* shooting) licence. 5 (*concessione di un brevetto*) licence. 6 〈*Scol*〉 (*esame*) school–leaving examination; (*attestato*) certificate, diploma. 7 〈*Mil,burocr*〉 leave, furlough: *andare in* ~ to go on leave (*o* furlough); (*permesso di allontanarsi dal lavoro*) leave: *essere in* ~ to be on leave. 8 〈*Mil*〉 (*foglio di licenza*) pass. 9 〈*Metr*〉 (*commiato*) envoi, envoy. □ **chiedere** ~ *di parlare* to ask (leave) to speak; **con** ~ *parlando* if you'll excuse my saying so; **concedere** *una* ~ to grant a licence; **concessione** *di* ~ licensing; **contratto** *di* ~ licensing contract; 〈*Mil*〉 ~ *di* **convalescenza** sick leave; ~ **edilizia** builder's certificate; ~ **elementare** primary–school certificate; ~ **esclusiva** exclusive licence; ~ *d'esercizio* licence to carry on a business, trading licence; ~ *d'esportazione* export licence; ~ *di* **fabbricazione** manufacturing licence; ~ *d'importazione* import licence; 〈*Scol*〉 ~ **liceale** school–leaving certificate, 〈*am*〉 high school diploma; ~ *per* **malattia** sick leave; ~ **matrimoniale** marriage licence; 〈*Scol*〉 ~ **media** secondary (*o* middle) school certificate, 〈*am*〉 junior high school diploma; *essere* **munito** *di* ~ to be licensed; ~ **poetica** poetic licence; ~ *per* **porto** *d'armi* gun licence; 〈*Mil*〉 ~ **premio** special leave.

licenziabile *a.* dismissable. **licenziamento** *m.* dismissal, discharge, 〈*fam*〉 sacking, 〈*fam*〉 firing: *lettera di* ~ letter of dismissal. □ ~ *collettivo* collective dismissal; ~ *immotivato* wrongful dismissal (*o* discharge); *preavviso di* ~ notice; ~ *senza preavviso* dismissal (*o* discharge) without notice; ~ *in tronco* dismissal on the spot, 〈*fam*〉 firing. **licenziare** *v.t.* (**licenzio, licenzi**) 1 to dismiss, to discharge, 〈*fam*〉 to sack, 〈*fam*〉 to fire: ~ *la domestica* to dismiss the maid. 2 〈*Scol*〉 to award a school–leaving certificate to, to give a diploma to, 〈*am*〉 to graduate. 3 〈*Mil*〉 to discharge. **licenziarsi** *v.r.* 1 (*rinunciare al proprio servizio*) to give notice, to leave; (*rassegnare le dimissioni*) to resign, to quit. 2 〈*Scol*〉 to obtain one's school–leaving certificate (*o* diploma), 〈*am*〉 to graduate (from high school). □ ~ *le bozze di stampa* to pass proofs; ~ *senza preavviso* (*o in tronco*) to discharge without notice, to sack on the spot. **licenziato** I *a.* 1 discharged, dismissed, 〈*fam*〉 sacked, 〈*fam*〉 fired. 2 〈*Scol*〉 certificated, 〈*am*〉 graduated. II *s.m.* (*f.* **-a**) 〈*Scol*〉 holder of a school–leaving certificate, 〈*am*〉 high school graduate.

licenziosità *f.* licentiousness. **licenzioso** *a.* licentious, dissolute, loose: *versi* –*i* licentious verses.

liceo *m.* grammar school, 〈*am*〉 high school, liceo. □ ~ **artistico** art school; ~ **classico** classical (secondary) school, liceo specialized in classical studies; ~ **linguistico** modern language school; ~ **scientifico** secondary school specialized in scientific studies.

lichene *m.* 〈*Bot*〉 lichen.

Licia *N.pr.f.* 〈*Geog.stor*〉 Lycia.

licitare *v.i.* (**licito;** *aus.* **avere**) 〈*Dir*〉 to take part at an auction; (*offrire un prezzo*) to bid. **licitazione** *f.* **1** (*forma di contrattazione*) selling by auction, putting up for the highest bidder. **2** (*offerta*) bid, bidding.

licnide *f.* ⟨*Bot*⟩ lychnis.

licopodio *m.* ⟨*Bot*⟩ club moss, lycopodium.

Licurgo *N.pr.m.* ⟨*Stor*⟩ Lycurgus.

Lidia *N.pr.f.* Lydia (*anche Geog.stor.*).

lido *m.* **1** (*spiaggia sabbiosa*) beach, shore. **2** ⟨*poet*⟩ (*regione, paese*) region, country, ⟨*poet*⟩ shore: *partire per altri –i* to leave for faraway countries; *tornare ai patri –i* to return to one's native shores. □ ~ *di Venezia* Lido of Venice.

lieto *a.* **1** happy, glad: *fu ~ di vedermi* he was happy to see me; (*allegro*) cheerful, merry. **2** (*che è causa di letizia*) happy, glad, joyous, good: ~ *evento* happy event; *una –a notizia* good news. □ ~ *di conoscerla* pleased (*o* delighted) to meet you, how do you do?; *essere ~ di qc.* to be happy (*o* glad) about s.th.

lieve *a.* **1** light: *un ~ peso* a light burden. **2** (*agevole*) easy, gentle: *una ~ salita* a gentle slope. **3** (*poco importante*) slight: *un ~ danno* slight damage; *una ~ differenza* a slight difference. **4** (*debole*) light, gentle: *una ~ brezza* a light breeze. **5** (*appena percepibile*) faint, soft: *un ~ rumore* a faint noise. **lievemente** *avv.* **1** lightly, slightly. **2** (*delicatamente*) lightly, delicately, gently, softly: *accarezzare ~ qd.* to caress s.o. lightly (*o* gently). **lievità** *f.* **1** (*leggerezza*) lightness. **2** (*tenuità*) faintness, tenuousness. **3** (*scarsa intensità*) faintness, softness, gentleness. **4** (*scarsa importanza*) slightness.

lievitare *v.* (*lievito*) **I** *v.i.* (*aus.* **essere**) **1** to rise: *il pane sta lievitando* the bread is rising. **2** ⟨*fig*⟩ to grow, to work, to gain strength (*o* force); (*rif. a prezzi e sim.*) to rise, to go up. **II** *v.t.* to leaven, to make rise: ~ *la pasta* to leaven dough. **lievitatura** *f.* **1** (*atto*) leavening. **2** (*effetto*) rising. **lievitazione** *f.* **1** → **lievitatura**. **2** ⟨*fig*⟩ (*rif. a prezzi e sim.*) rise. **lievito** *m.* **1** (*lievito di birra*) yeast; (*lievito naturale*) leaven(ing); (*lievito chimico in polvere*) baking powder. **2** ⟨*fig*⟩ spark, leaven(ing), yeast, ferment.

ligio *a.* **1** faithful, loyal: ~ *al dovere* faithful to one's duty. **2** (*attaccato, osservante*) observant (*di* of): ~ *ai regolamenti* observant of the rules.

lignaggio *m.* ⟨*lett*⟩ lineage, descent: *d'alto ~* of high descent.

ligneo *a.* wood–, wooden: *statua –a* wooden statue. **lignificare** *v.t.* (*lignifico, lignifichi*) ⟨*Bot*⟩ to lignify, to turn into wood. **lignificarsi** *v.r.* to become wood(y), to lignify. **lignificazione** *f.* lignification. **lignina** *f.* ⟨*Chim*⟩ lignin. **lignite** *f.* lignite, brown (*o* wood) coal.

ligroina *f.* ⟨*Ind*⟩ ligroin(e).

ligure **I** *a.* Ligurian: *mar ~* Ligurian Sea. **II** *s.m./f.* Ligurian. **Liguria** *N.pr.f.* ⟨*Geog*⟩ Liguria.

ligustro *m.* ⟨*Bot*⟩ privet.

liliacee *f.pl.* ⟨*Bot*⟩ (*anche piante liliacee*) lilies *pl.* **liliale** *a.* ⟨*lett*⟩ pure, lily–white.

lilla **I** *s.m.inv.* (*colore*) lilac. **II** *a.* lilac.

lillà *m.* ⟨*Bot*⟩ lilac.

lillipuziano *a./s.m.* (*f.* **-a**) lilliputian.

lima *f.* file. □ ⟨*Cosmet*⟩ ~ *di cartone* emery board; ~ *da ferro* iron file; ⟨*fig*⟩ *lavoro di ~* polishing, refining, finishing off; ~ *da legno* rasp, rasping file; ~ *piatta* flat file; ~ *tonda* round (*o* rat–tail) file; ~ *triangolare* triangular (*o* three–square) file; ~ *da unghie* nail file.

limaccia *f.* (*pl.* **-ce**) ⟨*Zool*⟩ slug.

limaccioso *a.* slimy, muddy, miry; (*paludoso*) swampy.

limantria *f.* ⟨*Entom*⟩ nun moth.

limare *v.t.* **1** to file, to rasp. **2** ⟨*fig*⟩ (*rif. a scritti*) to polish, to perfect. **limatrice** *f.* (*macchina*) shaper, shaping machine. **limatura** *f.* **1** filing (down), shaping. **2** ⟨*concr*⟩ filings *pl.*

limbo *m.* ⟨*Teol*⟩ Limbo.

limetta *f.* (*da unghie*) nail–file.

limicolo *a.* ⟨*Zool*⟩ limicolous, mud–dwelling.

limiere *m.* ⟨*Zool*⟩ (*bracco*) bloodhound.

liminare *a.* liminal. **limine** *m.* ⟨*lett*⟩ limen. □ *visita ai* (*sacri*) *–i* visit ad limina.

limitabile *a.* limitable.

limitare[1] *v.t.* (*limito*) **1** to limit: ~ *il numero dei* concorrenti to limit the number of competitors; ~ *il potere di qd.* to limit s.o.'s power. **2** (*circoscrivere*) to surround, to bound, to mark the bounds of: ~ *il giardino con un muro* to surround the garden with a wall. **3** (*assegnare un limite*) to limit, to restrict: ~ *la zona di caccia* to limit hunting to a certain area. **4** (*ridurre*) to restrict: *gli alberi limitavano la visuale* the trees restricted our vision. **5** (*fare da confine*) to bound, to demarcate, to mark off: *un fiume limita a nord la regione* a river bounds the region to the north. **limitarsi** *v.r.* to limit o.s.: *limitarsi nel fumare* to limit (*o* cut down) one's smoking.

limitare[2] *m.* (*soglia*) threshold (*anche fig.*).

limitatamente *avv.* within certain limits (*o* bounds), to a limited degree. □ ~ *alle mie possibilità* in so far as I can.

limitatezza *f.* narrowness. **limitativo** *a.* limiting, limitative; (*restrittivo*) restrictive: *clausole –e* restrictive clauses. **limitato** *a.* **1** limited, restricted: *spazio ~* limited space; (*circoscritto*) bounded. **2** (*ristretto, scarso*) limited, scanty, scarce: *mezzi –i* limited means. **3** (*mediocre*) limited, mediocre. **limitazione** *f.* **1** limitation; (*restrizione*) restriction. **2** (*limite*) limit: *porre delle –i* to set limits. □ ~ *degli armamenti* arms control; ~ *delle nascite* birth control; *senza –i* without limitation; ⟨*Strad*⟩ ~ *di velocità* speed limit.

limite *m.* **1** (*confine*) bound(ary), limit, confine (*anche fig.*): *i –i di un podere* the bounds of a farm. **2** (*livello massimo*) limit, line. **3** (*grado, punto estremo*) limit, maximum, peak, ⟨*fam*⟩ high: ~ *massimo* maximum, utmost limit. **4** (*termine che non si può o non si deve superare*) limit: *oltrepassare i –i di velocità* to exceed the speed limit. **5** ⟨*Sport*⟩ boundary, bound: *fuori ~* out of bounds. **6** ⟨*Mat*⟩ limit. □ *al ~* at worst; ⟨*fig*⟩ *non avere –i* to know no limits; ~ *del bosco* forest boundary, edge of the wood; *carico ~* maximum (*o* limit) load; *caso ~* borderline case; *conoscere i propri –i* to know one's limitations; ⟨*Fis*⟩ ~ *di elasticità* limit of elasticity, elastic limit; *entro certi –i* within limits; *–i di età* age limit; (*per pensionamento*) retirement age; *pensionamento per –i di età* retirement on account of age; *fissare dei ~* to fix (*o* set) limits; ~ *di guardia* safety level (*anche fig.*); ~ *inferiore* lower limit; *mettere un ~ a qc.* to limit (*o* set a limit to) s.th.; *nei –i del possibile* as far (*o* much) as possible; ⟨*fig*⟩ *passare ogni ~* to go too far; *ciò passa ogni ~* that's the limit; *porre un ~ a qc.* to set a limit to s.th.; *porre un ~ alle spese* to limit one's expenses; *nei –i del possibile* within the bounds of possibility; *prezzo ~* stop price, limit of price; *restare nei –i* to keep within bounds; ~ *di rottura* breaking point; *senza –i* unlimited, limitless, boundless; *la sua avidità è senza –i* there is no limit to his greed; ~ *di sicurezza* safety limit; ~ *di tempo* time limit; (*data di scadenza*) deadline; *–i di tolleranza* degree of tolerance; ~ *di velocità* speed limit. *Prov.*: *ogni cosa ha un ~* there's a limit to everything.

limitrofo *a.* neighbouring: *paesi –i* neighbouring countries.

limnologia *f.* ⟨*Biol*⟩ limnology. **limnologo** *m.* (*pl.* **-gi**; *f.* **-a**) limnologist.

limo *m.* **1** (*fango*) slime, mud, mire. **2** ⟨*Geol*⟩ silt.

limonaia *f.* (*serra*) lemon house. **limonare** *v.i.* (*limono; aus.* avere) ⟨*fam,region*⟩ to cuddle, ⟨*fig*⟩ to pet. **limonata** *f.* lemonade: ~ *al selz* fizzy lemonade; (*spremuta*) lemon squash. **limoncina** *f.* ⟨*Bot*⟩ (*anche erba limoncina*) lemon verbena. **limone** *m.* ⟨*Bot*⟩ (*pianta*) lemon tree; (*frutto*) lemon. □ ~ *color* (*o giallo*) ~ lemon (yellow); ⟨*fig*⟩ *spremere qd. come un ~* (*sfruttarlo*) to use (*o* milk) s.o., to squeeze s.o. dry; ⟨*fig*⟩ ~ *spremuto* person who has been used (*o* exploited); *succo di ~* lemon juice.

limonite *f.* ⟨*Min*⟩ limonite.

limosità *f.* sliminess. **limoso** *a.* slimy, muddy.

limousine *fr.* [limu'zin] *f.* ⟨*Aut*⟩ limousine.

limpidamente *avv.* clearly, limpidly. **limpidezza** *f.* clearness, limpidity (*anche fig.*). **limpido** *a.* **1** limpid, clear: *acqua –a* limpid water; *cielo ~* clear sky. **2** ⟨*fig*⟩ clear, pellucid; (*sereno*) serene, clear; (*lucido*) lucid: *mente –a* lucid mind; (*puro*) pure. **3** ⟨*Ott*⟩ transparent.

linacee *f.pl.* ⟨*Bot*⟩ linums *pl.* **linaria** *f.* ⟨*Bot*⟩ linaria.

lince *f.* ⟨*Zool*⟩ lynx. □ *avere occhi di* ~ to be lynx–eyed.

linceo[1] *a.* (*di lince*) lynx–, lyncean: *occhi –i* lynx eyes.

linceo[2] *m.* (*membro dell'Accademia dei Lincei*) member of the Academy of the Lincei.

linciaggio *m.* lynching. **linciare** *v.t.* (**lincio, linci**) to lynch. **linciatore** *m.* (*f.* **-trice**) lyncher.

lindamente *avv.* neatly, cleanly, tidily. **lindo** *a.* **1** spick and span, neat and clean. **2** (*accurato, ben vestito*) neat, spruce, tidy.

linea *f.* **1** line: *tracciare una* ~ to draw a line; *le –e della mano* the lines of the hand. **2** (*contorno*) line, outline, contour: *purezza di –e* purity of line; (*rif. a figura umana*) line; (*rif. al viso*) feature. **3** (*snellezza*) (slim) figure: *perdere la* ~ to lose one's figure. **4** (*foggia*) line; (*taglio*) cut: *la* ~ *classica di un abito* the classical cut of a dress. **5** (*limite*) line, bound(ary), border: ~ *di demarcazione* line of demarcation, borderline. **6** (*direzione*) line, direction. **7** (*percorso*) line: *la* ~ *Roma–Milano* the Rome–Milan line; (*rif. ad autobus*) route. **8** (*servizio di comunicazione*) line: *–e marittime* shipping lines; (*rif. ad autobus*) service. **9** (*ordine di successione nella parentela*) line. **10** ⟨*Mil*⟩ line: *prima* ~ front line. **11** ⟨*El,Tel,Tip*⟩ line. **12** ⟨*Tel*⟩ (*segno dell'alfabeto Morse*) dash. □ ~ **aerea** airline; ⟨*El,Tel*⟩ overhead line; ~ **aerodinamica** streamline; ⟨*El*⟩ ~ *di* **alimentazione** feeder line, mains; *in* ~ *d'aria* as the crow flies; ⟨*Sport*⟩ ~ *d'*arrivo finish(ing) line; ⟨*Sport*⟩ ~ *di* **base** base line; ⟨*Sport*⟩ ~ *di* **battuta** service line; ⟨*Pol*⟩ ~ **calda** hot line; ⟨*Sport*⟩ ~ *di metà* **campo** halfway line; ~ *di* **carico** load line; ~ *di* **condotta** line of conduct; ~ *di* **confine** boundary–line, borderline; **conservare** *la* ~ to keep one's figure; ⟨*Geom*⟩ ~ **curva** curved line; *di* ~: 1 regular, scheduled: *servizi di* ~ regular services; 2 ⟨*Mil,Mar.mil*⟩ of the line: *un vascello di* ~ a ship of the line, a line of battle ship; ⟨*Mil*⟩ ~ *di* **difesa** line of defence; ⟨*Tel*⟩ ~ **diretta** direct line; ~ **direttrice** (*o direttiva*) guideline; **discendere** *in* ~ *diretta da qd.* to be s.o.'s direct descendant; ~ *di* **displuvio**: 1 ⟨*Edil*⟩ ridge, crest; 2 ⟨*Geog*⟩ watershed; ⟨*Pol*⟩ ~ **dura** hard line; *fautore della* ~ **dura** hard liner; *avere qualche* ~ *di* **febbre** to have a slight temperature; ~ **ferroviaria** railway line, ⟨*am*⟩ railroad line; ⟨*Inform*⟩ ~ *di* **flusso** flow line; ⟨*Sport*⟩ ~ *di* **fondo**: 1 (*nel calcio*) goal line; 2 (*nel tennis*) baseline; *stati della* ~ *del* **fronte** front–line states; ⟨*Mil*⟩ ~ *di* **fuoco** firing line; *a* **grandi** *–e* in (broad) outline, sketched out (*anche fig.*); *disegnare a grandi –e* to outline, to sketch out; ⟨*Mar*⟩ ~ *di massima* **immersione** Plimsoll line; *essere in* ~: 1 to be in line; 2 (*fig*) (*attenersi alle direttive*) to toe the line; 3 (*fig*) (*fare il proprio dovere*) to do one's duty; ⟨*Tel*⟩ **mettere** *in* ~ to put through, to connect; ⟨*Tel*⟩ **restare** *in* ~ to hold the line; ⟨*Tel*⟩ ~ **interurbana** long–distance line, ⟨*am*⟩ toll line; ~ *di* **lavorazione** production line; ~ **maschile** (*nella parentela*) male line; *in* ~ *di* **massima** as a rule, generally (*o broadly*) speaking; ~ **materna** (*nella parentela*) female line; ⟨*Sport*⟩ ~ **mediana** (*nel calcio*) halfway line; ⟨*Ind*⟩ ~ *di* **montaggio** assembly line; ⟨*Pol*⟩ ~ **morbida** soft line; *fautore della* ~ **morbida** soft liner; ~ *di* **navigazione** shipping line; ⟨*Tel*⟩ ~ **occupata** line engaged, ⟨*am*⟩ busy line; *segnale di* ~ **occupata** engaged (*o busy*) signal; ⟨*Sport*⟩ ~ *di* **partenza** starting line; (*fig*) ~ *del* **partito** party line; *in* **prima** ~: 1 ⟨*Mil*⟩ in the front line, front–line–: *truppe in prima* ~ front–line troops; 2 (*fig*) to the fore, first; *avere* **problemi** *di* ~ to worry about one's figure; ~ **punteggiata** dotted line; ~ **retta** straight line; (*nella parentela*) direct line; *in* ~ **retta** in a straight line, straight: *avanzare in* ~ **retta** to go straight ahead; ~ *di* **rotta** (ship's) course; *passare in* **seconda** ~ to take on secondary importance; **servizio** *di* ~ regular line (*o* service); ⟨*Ferr*⟩ ~ **suburbana** suburban line; ⟨*Statist*⟩ ~ *di* **tendenza** trend line; ⟨*El*⟩ ~ *ad alta* **tensione** high–tension line; ⟨*El*⟩ ~ *a* **terra** earthed line; ⟨*Mil*⟩ ~ *di* **tiro** line of fire; ~ **tranviaria** tram line, ⟨*am*⟩ trolley (*o* streetcar) line; ~ **tratteggiata** dashed line; ⟨*Mil*⟩ *su* **tutta** *la* ~ all along the line (*anche fig.*); ~ *della* **vita** line of life, life line.

lineamenti *m.pl.* **1** (*fattezze*) features *pl*: *avere* ~ *regolari* to have regular features. **2** (*fig*) (*elementi essenziali*) main features *pl*, distinctive marks *pl*, outlines *pl*.

lineare *a.* **1** linear, line–: *disegno* ~ line–drawing. **2** (*fig*) steadfast, straightforward: *condotta* ~ steadfast conduct. **3** ⟨*Mat*⟩ linear: *sistema* ~ linear system. **linearità** *f.* **1** steadfastness; (*coerenza*) consistency. **2** ⟨*Mat,Fis,TV*⟩ linearity.

lineetta *f.* **1** dash. **2** (*trattino: in parole composte*) hyphen; (*per introdurre un discorso diretto*) dash.

lineria *f.* linen, linen goods *pl*.

linfa *f.* **1** ⟨*Anat*⟩ lymph. **2** ⟨*Bot*⟩ sap. **3** (*fig*) sap, nourishment, food, blood: ~ *vitale* life blood. **linfadenite** *f.* ⟨*Med*⟩ lymphadenitis. **linfadenoma** *m.* ⟨*Med*⟩ lymphadenoma. **linfangite** *f.* ⟨*Med*⟩ lymphangitis. **linfatico** *a.* (*pl.* **-ci**) ⟨*Anat,Med*⟩ lymphatic: *costituzione –a* lymphatic constitution. **linfatismo** *m.* ⟨*Med*⟩ lymphatism.

linfo|cito *m.* ⟨*Anat*⟩ lymphocyte. ~**citosi** *f.* lymphocytosis. ~**ghiandola** *f.* ⟨*Anat*⟩ lymphoglandula, lymph gland (*o* node). ~**grafia** *f.* ⟨*Med*⟩ lymphograpy. ~**granuloma** *m.* ⟨*Med*⟩ lymphogranuloma.

linfoma *m.* ⟨*Med*⟩ lymphoma.

linfo|penia *f.* ⟨*Med*⟩ lymphop(a)enia. ~**sarcoma** *m.* ⟨*Med*⟩ lymphosarcoma.

lingotto *m.* **1** ingot, bar: ~ *di ferro* iron ingot; (*di metallo prezioso*) bullion, bar: ~ *d'oro* gold bullion. **2** ⟨*Tip*⟩ clump, reglet.

lingua *f.* **1** ⟨*Anat,Gastr*⟩ tongue: *fai vedere la* ~ let me see your tongue, (*fam*) stick (*o* put) your tongue out. **2** (*idioma, linguaggio*) language, tongue: *la* ~ *francese* the French language, French; *la* ~ *di Dante* the language of Dante; ~ *madre* mother tongue. **3** *pl.* (*lingue straniere*) (foreign) languages *pl*: *avere il dono delle –e* to have a natural bent for languages. **4** (*striscia*) tongue, strip: ~ *di* **terra** tongue of land. □ ⟨*Gastr*⟩ ~ **affumicata** smoked tongue; ~ *di* **arrivo** target language; ~ **bifida** (*o biforcuta*) forked tongue; (*fig*) *avere la* ~ **biforcuta** to be false; (*fig*) *che* ~! (*che malalingua*) what a (spiteful) gossip!; (*che chiacchierone*) what a chatterbox!; ~ *e* **classiche** classical languages; **conoscenza** *delle lingue* knowledge of languages; ~ **corrente** everyday speech; *di* ~ *tedesca* German–speaking; *cittadini di* ~ *francese* French–speaking citizens; (*fig*) *parlare* **due** *–e diverse* to speak two different languages; ~ **franca** lingua franca; **frenare** *la* ~ (*o tenere la lingua a freno*) to hold (*o* keep a check on) one's tongue; ~ *di* **fuoco** tongue of flame; ⟨*Dolc*⟩ *–e di* **gatto** finger biscuits; ⟨*Geol*⟩ ~ **glaciale** ice tongue; ~ **internazionale** international language; ⟨*Med*⟩ ~ **lampone** strawberry (*o* raspberry) tongue; ~ *di* **lavoro** business language; (*fig*) *avere la* ~ **lunga** to be quick with a nasty reply (*o* remark); *che* ~ **lunga**! what a gossip (*o* chatterbox)!; ~ **mala** ~ backbiter, gossip; (*fig*) **metter** (*la*) ~ (*interferire*) to interfere, to have one's say; ~ **mordace** sharp tongue; **mordersi** *la* ~ to bite one's tongue (*anche fig.*); ~ **morta** dead language; ~ **nazionale** national tongue; ⟨*Med*⟩ ~ **nera** black tongue; ~ *d'*oc langue d'oc; ~ *d'*oïl langue d'oïl; **parla** *solo perché ha la* ~ (*in bocca*) he talks just for the sake of talking; ~ **parlata** spoken language; ~ *di* **partenza** source language; *avere perso la* ~ to have lost one's tongue, to be tongue–tied (*o* struck dumb); *in* ~ **povera** in plain words; (*fig*) *sulla* **punta** *della* ~ on the tip of one's tongue: *ho sulla punta della* ~ *il nome di quel signore* I have that man's name on the tip of my tongue; ⟨*Lett*⟩ *la* **questione** *della* ~ the language question; ⟨*Gastr*⟩ ~ **salmistrata** corned tongue; **sciogliere** *la* ~ *a qd.* (*farlo parlare*) to loosen s.o.'s tongue; *gli si è sciolta la* ~ he has found his tongue again; *il vino scioglie la* ~ wine loosens one's tongue; *avere la* ~ **sciolta** to have a ready (*o* glib) tongue; ~ **scritta** written language; (*fam*) *che gli si* **secchi** *la* ~ curse his tongue, may his tongue rot; ~ **sporca** coated tongue; ⟨*Geog*⟩ ~ *di* **terra** tongue of land; **tirare** *fuori la* ~ to stick (*o* put) one's tongue out; ~ **ufficiale** official language; ⟨*Gastr*⟩ ~ *di* **vitello** calf's tongue; ~ **viva** living language; ~ **volgare** vulgar tongue. Prov.: *la* ~ *batte dove il dente duole* the tongue ever turns to the aching tooth; *ne uccide più la* ~ *che la spada* the pen is mightier than the sword.

linguaccia *f.* (*pl.* -ce) (*malalingua*) (vicious) gossip; (*persona maldicente*) slanderer, backbiter. **linguacciuto I** *a.* (*maldicente*) slanderous, backbiting; (*pettegolo*) gossipy. **II** *s.m.* (*f.* -a) slanderer, backbiter; (*persona pettegola*) gossip.

Linguadoca *N.pr.f.* ⟨*Geog*⟩ Languedoc.

linguaggio *m.* **1** language, (faculty of) speech: *il* ~ *è proprio dell'uomo* language is exclusive to Man; (*lingua*) language, tongue. **2** (*modo di comunicare*) language: *il* ~ *dei muti* deaf–and–dumb language. **3** (*modo di esprimersi*) language, talk, speech: ~ *volgare* vulgar language; ~ *infantile* baby talk; (*gergo, linguaggio tecnico*) jargon, slang, ⟨*fam*⟩ lingo. **4** (*stile*) language: *il* ~ *di Dante* the language of Dante. □ ~ *degli* **animali** animal language; ⟨*Inform*⟩ ~ *di* **assemblaggio** assembly language; ~ **burocratico** bureaucratic language, ⟨*fam*⟩ officialese; ~ **commerciale** commercial jargon; ~ **corporeo** (o *del corpo*) body language; ~ **corrente** everyday language (*o* speech); ~ **erudito** learned language; ~ **familiare** colloquial speech; ~ **figurato** figurative language; *il* ~ *dei* **fiori** the language of flowers; ~ **giuridico** legal terminology; ⟨*Inform*⟩ ~ *ad alto* **livello** high level language; ~ *a livello inferiore* low level language; ~ **macchina** machine (*o* computer) language; ~ **marinaresco** sailor's jargon, seamen's talk; ⟨*Inform*⟩ ~ *di* **programmazione** programming (*o* program) language; ~ **ricercato** affected speech; ~ **simbolico** symbolic language; ~ *di* **sistema** system language; ~ **tecnico** technical terminology.

linguale I *a.* ⟨*Anat,Fon*⟩ lingual. **II** *s.f.* ⟨*Fon*⟩ lingual (sound).

linguamadre *f.* mother tongue.

linguatulidi *m.pl.* ⟨*Zool*⟩ linguatulids *pl.*

linguetta *f.* **1** (*nelle buste: chiudenda*) flap. **2** ⟨*Calz,Sart,Fal*⟩ tongue. **3** ⟨*Mus*⟩ (*ancia*) reed, tongue. **4** ⟨*Mecc*⟩ tang, tongue. **linguista** *m./f.* linguist. **linguistica** *f.* linguistics *pl* (*costr. sing.*). ~ *computazionale* computational linguistics *pl.* **linguistico** *a.* (*pl.* -ci) linguistic, language–: *area* –*a* linguistic area; *studi* –*i* linguistic studies (*o* science). **lingula** *f.* ⟨*Anat*⟩ lingula.

linificio *m.* linen mill, flax mill.

linimento *m.* ⟨*Farm*⟩ liniment: ~ *canforato* camphor liniment.

linite *f.* ⟨*Med*⟩ linitis: ~ *plastica* linitis plastica.

Linneo *N.pr.m.* ⟨*Stor*⟩ Linnaeus.

lino *m.* **1** ⟨*Bot*⟩ flax. **2** (*fibra tessile*) flax. **3** (*tessuto*) linen. □ *di* ~ linen–: *biancheria di* ~ linen (articles); *filo di* ~ linen; ~ **greggio** raw flax; *olio di* ~ linseed oil; *semi di* ~ linseed.

linoleico ⟨*Chim*⟩ *acido* ~ linoleic (*o* linolenic) acid. **linoleina** *f.* linolein, linolenin.

linoleum *m.* ⟨*Ind*⟩ linoleum, ⟨*fam*⟩ lino. □ *pavimento di* ~ linoleum (floor covering), lino–laid floor.

linosa *f.* ⟨*Bot*⟩ linseed.

linotipia *f.* ⟨*Tip*⟩ **1** (*procedimento*) linotyping. **2** (*locale, ditta*) linotype shop. **linotipista** *m./f.* linotyper, linotypist.

linotype *ingl.* ['lainotaip] *m.* linotype.

linseme *m.* linseed.

liocorno *m.* ⟨*Mitol*⟩ unicorn.

liofilizzare *v.t.* ⟨*Ind*⟩ to lyophilize, to freeze–dry. **liofilizzato I** *a.* freeze–dried. **II** *s.m.* freeze–dried product. **liofilizzatore** *m.* freeze dryer. **liofilizzazione** *f.* lyophilization, freeze–drying. **liofilo** *a.* ⟨*Chim*⟩ lyophilic, lyophil(e). **liofobo** *a.* lyophobic, lyophobe.

lionato *a.* ⟨*lett*⟩ tawny.

Lione *N.pr.f.* ⟨*Geog*⟩ Lyons, Lyon.

Lionello *N.pr.m.* Lionel.

liparite *f.* ⟨*Min*⟩ liparite.

lipasi *f.* ⟨*Biol*⟩ lipase. **lipemia** *f.* ⟨*Med*⟩ lip(a)emia. **lipide** *m.* ⟨*Biol*⟩ lipid(e). **lipidico** *a.* (*pl.* -ci) lipidic. **lipizzano** *m.* ⟨*Zool*⟩ Lippizaner.

lipoide *m.* ⟨*Biol*⟩ lip(o)id. **lipolisi** *f.* ⟨*Biol*⟩ lipolysis. **lipoma** *m.* ⟨*Med*⟩ lipoma. **lipomatosi** *f.* lipomatosis. **lipo|proteina** *f.* ⟨*Biol*⟩ lipoprotein. **~sarcoma** *m.* ⟨*Med*⟩ liposarcoma. **~solubile** *a.* ⟨*Chim*⟩ liposoluble, fat soluble.

lippa *f.* (*gioco*) tipcat.

Lipsia *N.pr.f.* ⟨*Geog*⟩ Leipzig.

liquame *m.* sewage. **liquazione** *f.* ⟨*Met*⟩ liquation. **liquefare** *v.t.* (liquefaccio/liquefò/liquefo, liquefai, liquefà/liquefa, liquefanno/liquefano; liquefeci, liquefatto; → **fare**) **1** to liquefy: ~ *un gas* to liquefy a gas. **2** (*fondere*) to melt: ~ *la cera* to melt wax. **liquefarsi** *v.r.* **1** to liquefy. **2** (*fondersi*) to melt: *il ghiaccio si liquefà al calore* ice melts when heated. **3** ⟨*fig*⟩ (*dispergersi*) to melt away, to be dissipated: *il suo capitale si è liquefatto in poco tempo* his capital was soon dissipated. **4** ⟨*iperb*⟩ (*sciogliersi in sudore*) to melt. **liquefazione** *f.* **1** liquefaction. **2** (*fusione, scioglimento*) melting.

liquerizia *f.* ⟨*pop*⟩ → **liquirizia**.

liquida *f.* ⟨*Fon*⟩ liquid (consonant).

liquidabile *a.* **1** that may be liquidated. **2** ⟨*fig*⟩ that may be disposed (*o* got rid) of. **liquidare** *v.t.* (liquido) **1** to liquidate, to settle; (*rif. a persone*) to pay off, to pay severance pay to; (*rif. a conti*) to liquidate, to settle, to pay up. **2** (*rif. ad aziende*) to wind up, to liquidate. **3** (*svendere*) to sell off, to clear. **4** (*concludere, risolvere: rif. ad affari*) to settle, to close; (*rif. a controversie e sim.*) to settle. **5** ⟨*fig*⟩ (*sbarazzarsi*) to get rid of, to dispose of; (*uccidere*) to kill, to eliminate, ⟨*fam*⟩ to knock (*o* bump) off. **6** (*licenziare*) to dismiss, ⟨*fam*⟩ to sack. **7** ⟨*assol Comm*⟩ to put into liquidation, to wind up. □ ~ *un debito* to settle (*o* pay up) a debt; ~ *una pensione* to pay (out) a pension. **liquidatore** *m.* (*f.* -trice) liquidator. □ ⟨*Assic*⟩ ~ *d'avaria* average adjuster; ~ *di società* (*per fallimento*) official receiver (in bankruptcy).

liquidazione *f.* **1** (*pagamento*) liquidation, settlement, payment; (*rif. a conti*) settlement, paying up. **2** (*rif. ad aziende*) winding–up, liquidation: *andare in* ~ to go into liquidation, to wind up. **3** (*svendita*) (clearance) sale: *merci in* ~ sale goods. **4** (*rif. ad affari*) settlement. **5** (*computo*) settlement, reckoning. **6** ⟨*Dir*⟩ winding–up, liquidation. **7** (*somma liquidata a un dipendente*) severance pay. **8** ⟨*fig*⟩ ridding, disposal. □ ~ *di* **conti** settlement of accounts; ~ *di un'***eredità** winding–up of a deceased's estate; ~ **giudiziaria** winding–up by Court; ~ *della* **pensione** lump–sum payment of a pension; ⟨*Comm*⟩ ~ *a* **saldo** settlement in full; ⟨*Assic*⟩ ~ *di* **sinistro** payment of damages; ~ *delle* **spese** payment of expenses; ~ *di fine* **stagione** end–of–season sale; **vendita** *di* ~ (clearance) sale.

liquidità *f.* **1** (*stato liquido*) liquidity, liquidness, liquid state. **2** ⟨*Econ*⟩ liquidity: ~ *monetaria* monetary liquidity. **liquido I** *a.* **1** liquid: *colla* –*a* liquid glue; (*acquoso*) watery. **2** ⟨*fig,poet*⟩ clear, pure, liquid. **3** ⟨*Fon*⟩ liquid. **4** ⟨*Econ*⟩ liquid, ready, available: *denaro* ~ ready money. **II** *s.m.* **1** liquid, fluid. **2** ⟨*Econ*⟩ (*denaro in contanti*) liquid (*o* ready) money, ⟨*fam*⟩ cash. □ ~ *per freni* brake fluid; ⟨*Mecc*⟩ ~ *refrigerante* coolant; *stato* ~ liquid state.

liquigas *m.* bottled gas, liquefied petroleum gas.

liquirizia *f.* **1** ⟨*Bot*⟩ liquorice, ⟨*am*⟩ licorice. **2** (*droga polverizzata*) liquorice (*o* licorice) powder. □ *bastoncino di* ~ licorice twist.

liquor *lat. m.* ⟨*Anat*⟩ cerebrospinal fluid.

liquore *m.* **1** (*bevanda alcolica*) liquor, liqueur. **2** *pl.* liquor, spirits *pl*, alcoholic drinks *pl*, ⟨*fam*⟩ alcohol. **liquoreria** *f.* **1** liquor distillery. **2** (*spaccio*) liquorshop. **liquorista** *m.* **1** (*fabbricante*) liquor distiller. **2** (*venditore*) dealer in spirits. **liquoristico** *a.* (*pl.* -ci) liquor–, spirits–, of (*o* in) liquor. **liquoroso** *a.* liqueur–like, liquorish: *vino* ~ liqueur–like wine.

lira[1] *f.* (*unità monetaria italiana*) lira: *un biglietto da mille* –*e* a thousand–lira note; (*straniera*) pound, lira. □ ~ **egiziana** Egyptian pound; ~ **israeliana** Israeli pound; ~ **sterlina** pound sterling; ~ **turca** Turkish pound.

lira[2] *f.* **1** ⟨*Mus*⟩ lyre. **2** ⟨*fig,lett*⟩ (*poesia lirica*) (lyric) poetry. **3** ⟨*Ornit*⟩ (*anche uccello lira*) lyrebird. **Lira** *N.pr.f.* ⟨*Astr*⟩ Lyra, Lyre.

lirica *f.* **1** lyric poetry: *la* ~ *greca* Greek lyric poetry. **2** (*componimento*) lyric (poem). **3** ⟨*Mus*⟩ (*breve composizione*) lyric; (*musica lirica*) opera: *teatro di* ~ opera house. **liricamente** *avv.* lyrically. **liricità** *f.* ⟨*Lett,Mus*⟩ lyricism. **lirico** *a./s.* (*pl.* -ci) **I** *a.* **1** lyric(al) (*anche estens.*): *poesia* –*a* lyric poetry. **2** ⟨*Mus*⟩ opera–, operatic: *cantante* ~ opera singer. **II** *s.m.* lyric poet. □ *dramma* ~ opera.

liriodendro *m.* ⟨*Bot*⟩ tulip–tree.

lirismo *m.* lyricism.

Lisandro *N.pr.m.* ⟨*Stor*⟩ Lysander.

Lisbona *N.pr.f.* ⟨*Geog*⟩ Lisbon.

lisca *f.* ⟨*Itt*⟩ fish bone, bone; (*spina dorsale*) backbone (of a fish).

liscia *f.* (*pl.* -ce) ⟨*Conc*⟩ sleeker. **lisciamento** *m.* **1** (*il lisciare*) smoothing, stroking. **2** ⟨*fig*⟩ (*adulazione*) flattery, fawning. **lisciare** *v.t.* (*liscio, lisci*) **1** to smooth. **2** (*levigare*) to polish. **3** (*accarezzare*) to smooth, to stroke: *lisciarsi la barba* to stroke one's beard. **4** ⟨*fig*⟩ (*rifinire con cura minuziosa*) to polish, to refine. **5** ⟨*fig*⟩ (*adulare*) to flatter, to fawn upon. **lisciarsi** *v.r.* (*ravviarsi, azzimarsi*) to spruce (*o* doll) o.s. up; (*imbellettarsi*) to make up. □ *lisciarsi i capelli* (*pettinarli con cura*) to smooth one's hair down; ⟨*fig*⟩ ~ *il pelo a qd.:* 1 (*bastonarlo*) to beat s.o.; 2 (*adularlo*) to flatter (*o* fawn on) s.o. **lisciata** *f.* **1** smoothing, stroke. **2** ⟨*fig*⟩ flattery. □ *darsi una ~ ai capelli* to smooth one's hair. **lisciatura** *f.* **1** smoothing. **2** ⟨*fig*⟩ (*adulazione*) flattery.

liscio I *a.* **1** smooth, glossy: ~ *come uno specchio* as smooth as glass; *pelle –a* smooth skin; (*diritto*) straight: *capelli lisci* straight (*o* sleek) hair; (*levigato*) polished. **2** (*senza fregi e ornamenti*) plain, simple: *vestito* ~ plain dress. **3** ⟨*fig*⟩ (*semplice, facile*) smooth, easy, simple. **4** (*rif. a bevande*) straight, neat. **5** ⟨*Anat*⟩ smooth, unstriated: *muscolo* ~ smooth muscle. **6** (*rif. a pneumatici: consumato*) smooth, worn. **II** *s.m.* ballroom dance. □ ⟨*fig*⟩ *andare* ~ to go smoothly, to be plain sailing: *tutto va* ~ *come l'olio* everything is going smoothly; ⟨*fig*⟩ *passarla a* (*senza danno*) to get off unscathed, to be unhurt (*o* untouched); (*senza punizione*) to get off scotfree, to get away with it.

lisciva *f.* ⟨*pop*⟩ → **liscivia. liscivia** *f.* lye. □ ~ *caustica* (*o dei saponi*) caustic lye; *fare la* ~ to wash in lye. **lisciviare** *v.t.* (*liscivio*) to leach, to lixiviate (*anche* Chim.). **lisciviatura** *f.* ⟨*Cart*⟩ boiling, digesting; ~ *degli stracci* boiling of rags. **lisciviazione** *f.* leaching, lixiviation (*anche Chim.*).

liscoso *a.* bony.

lisergico: ⟨*Chim*⟩ *acido* ~ lysergic acid.

liseuse *fr.* [li'zo:z] *f.* ⟨*Vest*⟩ bed jacket.

lisi *f.* ⟨*Med,Biol*⟩ lysis.

Lisippo *N.pr.m.* ⟨*Stor*⟩ Lysippus.

liso *a.* worn (out), threadbare: *una giacca –a ai gomiti* a jacket worn at the elbows.

lisoformio *m.* ⟨*Farm*⟩ lysoform. **lisolo** *m.* ⟨*Chim*⟩ lysol. **lisozima** *m.* ⟨*Biol*⟩ lysozym(e).

lissa *f.* ⟨*Med,Veter*⟩ lyssa.

lista *f.* **1** (*striscia*) strip, band: *una* ~ *di carta* a strip of paper; (*riga, segno tracciato*) stripe, band. **2** (*elenco*) list, ⟨*am*⟩ schedule: ~ *delle merci* list of goods; ~ *del bucato* laundry list; (*registro, albo*) roll, register: ~ *elettorale* electoral roll, register of voters. **3** ⟨*Pol*⟩ (party) list, slate: *candidato della* ~ *democratica* candidate on the Democrats' list, slated Democrat. □ ~ *d'attesa* waiting list (*anche Aer.*); ~ *dei* **candidati** list of candidates; ⟨*Pol*⟩ ~ **elettorale** register of voters; **fare** *una* ~ to make (*o* draw up) a list; **mettere** *in* ~ to put on the list; ⟨*fig*⟩ ~ **nera** black list: *essere nella* ~ *nera di qd.* to be on s.o.'s black list; *mettere sulla* ~ *nera* to blacklist; ⟨*Inform*⟩ ~ *delle* **opzioni** menu; ~ *dei* **prezzi** price list; ~ *di* **proscrizione** list of proscribed persons; ~ *delle* **spese** list of expenditure; ⟨*Pol*⟩ ~ **unica** single list of candidates (for two or more parties); ~ *dei* **vini** wine list; ~ *delle* **vivande** menu, bill of fare.

listare *v.t.* to stripe; (*bordare*) to edge, to border: ~ *a lutto* to edge in black. **listato I** *a.* striped; (*bordato*) edged, bordered: *busta –a a lutto* black–edged envelope. **II** *s.m.* ⟨*Inform*⟩ listing. **listello** *m.* **1** ledge. **2** ⟨*Edil*⟩ (*cantinella*) softwood joist (*o* rod). **3** ⟨*Arch*⟩ (*modanatura*) list, listel fillet; (*di colonna*) cincture. **listino** *m.* list. □ ~ *di borsa* Stock–Exchange list; ~ *dei cambi* exchange list; ~ *dei prezzi* price–list; *prezzo di* ~ list price; ~ *valori* share list.

Lit. = *Lire italiane* Italian lire.

litania *f.* **1** ⟨*Lit*⟩ litany. **2** ⟨*fig*⟩ (*sequela*) string, series, rigmarole. **3** ⟨*fig*⟩ (*lamentela, lagna*) complaint, whining: *piantala con questa* ~*!* stop this whining! □ *una* ~ *di ingiurie* a torrent of abuse.

litantrace *m.* lithanthrax.

litargirio *m.* ⟨*Chim*⟩ litharge, lithargite.

lite *f.* **1** quarrel, wrangle, argument. **2** ⟨*Dir*⟩ lawsuit, suit, action: ~ *civile* civil action. □ *attaccare* ~ *con qd.* to ⸢start a quarrel⸣ (*o* pick a fight) with s.o.; *essere in* ~ *con qd.* to be quarrelling with s.o.; ~ *pendente* pending suit (*o* action).

litiasi *f.* ⟨*Med*⟩ lithiasis.

litico *a.* (*pl.* -ci) (*di pietra*) lithic: *monumenti –i* lithic monuments.

litigante I *a.* ⟨*Dir*⟩ litigant: *le due parti –i* the two parties litigant. **II** *s.m./f.* **1** quarreller, wrangler. **2** ⟨*Dir*⟩ litigant, party to a suit. □ *Prov.: fra i due –i il terzo gode* the onlooker gets the best of a fight. **litigare** *v.i.* (*litigo, litighi; aus.* avere) **1** to quarrel, to fight, to argue, to wrangle: *litiga con tutti* he fights with everybody. **2** ⟨*Dir*⟩ to litigate. **litigarsi** *v.r.* to contend for, to dispute, to fight for (*o* over), to wrangle over: *litigarsi il posto in autobus* to fight for (*o* to get) a seat on the bus. **litighino** *m.* (*f.* -a) quarrelsome person, picker of quarrels. **litighio** *m.* quarrelling, wrangling. **litigio** *m.* quarrel, wrangle, argument: *comporre un* ~ to settle a dispute. **litigiosità** *f.* quarrelsomeness, contentiousness. **litigioso** *a.* **1** quarrelsome, contentious; (*rif. a liti giudiziarie*) litigious. **2** ⟨*Dir*⟩ litigious, disputable at law: *diritti –i* litigious rights.

litio *m.* ⟨*Chim*⟩ lithium. **litioso** *a.* lithic, lithium–; (*rif. ad acque minerali*) lithia–: *acqua –a* lithia water.

litis|consorte *m.* ⟨*Dir*⟩ co–litigant, co–party. ~**consorzio** *m.* joint litigation. ~**pendenza** *f.* ⟨*Dir*⟩ simultaneous pendency of two identical suits.

lito|clasi *f.* ⟨*Geol*⟩ lithoclase. ~**genesi** *f.* ⟨*Min*⟩ lithogenesis.

litografare *v.t.* (*litografo*) ⟨*Tip*⟩ to lithograph. **litografia** *f.* **1** (*procedimento*) lithography, lithographic (*o* offset) printing. **2** (*copia*) lithograph, lithographic print. **3** (*stabilimento*) lithographic printing works, lithographer's. **litografico** *a.* (*pl.* -ci) lithographic. **litografo** *m.* lithographer.

litologia *f.* ⟨*Geol*⟩ lithology. **litologo** *m.* (*pl.* -gi) ⟨*Geol*⟩ lithologist.

litorale I *a.* coastal, lit(t)oral, coast–. **II** *s.m.* coast(–line), littoral: *il* ~ *atlantico* the Atlantic coast. **litoranea** *f.* ⟨*Strad*⟩ coast–road. **litoraneo** *a.* coastal, littoral, coast–, shore–: *città –a* coastal town.

lito|sfera *f.* ⟨*Geol*⟩ lithosphere. ~**stratigrafia** *f.* ⟨*Geol*⟩ lithostratigraphy. ~**stroto** *m.* (*mosaico pavimentale*) tessellated pavement.

litote *f.* ⟨*Ret*⟩ litotes.

litotomia *f.* ⟨*Chir*⟩ lithotomy.

litro *m.* **1** litre. **2** (*recipiente*) one–litre bottle (*o* measure). □ *a –i* in litres, by the litre; *mezzo* ~ half–litre bottle (*o* measure).

littore *m.* ⟨*Stor.rom*⟩ lictor. **littoriale I** *a.* ⟨*Fasc*⟩ lictorian. **II** *s.m.pl.* (*ludi littoriali: culturali*) (cultural) lictorian contests *pl;* (*sportivi*) lictorian games *pl.*

littorina *f.* ⟨*Ferr*⟩ diesel railcar; (*elettromotrice*) electric railcar.

littorio *a.* **1** ⟨*Stor.rom*⟩ lictorian: *fascio* ~ lictorian fasces. **2** (*fascista*) Fascist.

Lituania *N.pr.f.* ⟨*Geog*⟩ Lithuania. **lituano I** *a.* Lithuanian. **II** *s.m.* **1** (*lingua*) Lithuanian. **2** (*abitante; f.* -a) Lithuanian.

lituo *m.* ⟨*Stor.rom*⟩ lituus.

liturgia *f.* liturgy. **liturgico** *a.* (*pl.* -ci) liturgic(al). **liturgista** *m.* liturgist.

liutaio *m.* **1** (*fabbricante di liuti*) lute maker, lutist. **2** (*fabbricante di strumenti a corda*) maker of stringed instruments. **liuteria** *f.* **1** (*arte*) making of stringed instruments. **2** (*laboratorio*) workshop of a stringed instrument maker. **liutista** *m./f.* lute player, lutist. **liuto** *m.* ⟨*Mus*⟩ lute.

livęlla *f.* level. □ ~ *ad acqua* waterlevel; ~ *a bolla d'aria* spirit level. **livellamęnto** *m.* levelling (*anche fig.*): ~ *dei prezzi* levelling of prices.

livellare[1] *v.t.* (*livęllo*) **1** to level, to make level (*o even*). **2** ⟨*fig*⟩ to level: ~ *le condizioni sociali* to level social conditions. **livellarsi** *v.r.* **1** to become level. **2** ⟨*fig*⟩ (*equilibrarsi*) to even (*o* level) out, to balance (out). **livellare**[2] *a.* ⟨*Dir*⟩ emphyteutic.

livellatọre I *s.m.* (*f.* -**trice**) leveller (*anche fig.*). II *a.* levelling. **livellatrịce** *f.* ⟨*Strad*⟩ bulldozer, grader. **livellazịọne** *f.* ⟨*Topogr*⟩ levelling.

livęllo[1] *m.* **1** level: ~ *dell'acqua* level of the water, water-level. **2** ⟨*fig*⟩ level, standard: ~ *culturale* cultural level; ~ *d'istruzione* standard of education; *conferenza a* ~ *tecnico* conference at a technical level. **3** ⟨*tecn*⟩ (*tubo di livello*) water glass (*o* gauge). □ **a** ~ (*alla stessa altezza*) at the same level; (*all'altezza della strada*) at ground level, ground level–; *essere* (*o trovarsi*) *al* ~ *di qd.* to be on a level with s.o.; ⟨*fig*⟩ *ad* **altissimo** ~ (at) top-level; (*al vertice*) summit–: *conferenza ad altissimo* ~ top-level (*o* summit) conference; **alto** ~ high level (*o* standard); ⟨*fig*⟩ *ad alto* ~ top-level; *di alto* ~ (*rif. a cultura*) of a high standard (*o* level); (*rif. a persona*) top-ranking; **basso** ~ low level; *di basso* ~ low level–; ⟨*fig*⟩ poor, low standard–; ⟨*Topogr*⟩ ~ **a cannocchiale** dumpy (*o* surveyor's) level; **differenza** *di* ~ difference in level; ~ **freatico** ground–water level; ~ *di* **guardia** danger level (*anche fig.*); ~ *del* **mare** sea–level: *mille metri sopra il* ~ *del mare* one thousand metres above sea–level; ~ **massimo**: 1 peak, ⟨*am*⟩ high; 2 ⟨*Econ*⟩ ceiling; ~ **minimo**: 1 lowest level, ⟨*am*⟩ low; 2 ⟨*Econ*⟩ floor; ~ **occupazionale** level of employment; ⟨*Ferr*⟩ **passaggio** *a* ~ level crossing; ~ *dei* **prezzi** price level; ~ *del* **rumore** noise level; ~ **salariale** wage level, level of wages; *essere allo* **stesso** ~ *di* to be on the same level as; ⟨*fig*⟩ to be equal to, to be of the same standard as; **sotto** *al* ~ *normale* below (*o* not up to) standard; ~ *del* **suono** sound level; ~ *di* **vita** standard of living.

livęllo[2] *m.* ⟨*Dir*⟩ emphyteusis.

lividęzza *f.* lividness, ghastly pallor. **lịvido** I *a.* **1** livid, bluish; (*per percosse*) bruised, black and blue. **2** ⟨*estens*⟩ grey, wan, colourless: *luce –a* wan light. II *s.m.* bruise. □ ~ *di collera* livid (*o* white) with rage; ~ *di invidia* green with envy. **lividụra** *f.* bruise.

Lịvio *N.pr.m.* ⟨*Lett*⟩ Livy: *le opere di* ~ Livy's works.

livọre *m.* spite, malice.

livornęse I *a.* Leghorn–, of Leghorn. II *s.m./f.* inhabitant of Leghorn; (*persona nata a Livorno*) native of Leghorn. **Livọrno** *N.pr.m.* ⟨*Geog*⟩ Leghorn.

livręa *f.* **1** livery. **2** ⟨*Zool*⟩ coat, colouring; (*di uccelli*) plumage. □ *cocchiere in* ~ liveried coachman; ⟨*fig*⟩ *portare la* ~ *di qd.* to be s.o.'s servant (*o* flunky); *non portare la* ~ *di nessuno* to be one's own master.

lịzza *f.* ⟨*Stor*⟩ lists *pl.* □ ⟨*fig*⟩ *entrare* (*o scendere*) *in* ~ to enter the lists (*o* arena).

l.m. = *livello marino* sea–level (*abbr.* SL).

lo[1] *art.m.* (*pl.* **gli**; used before masculine nouns beginning with *z* or *s* + the consonants, *gn, ps, pn, x* and before words beginning with a vowel, but in the latter case normally becomes *l*'; the form *lo* is sometimes used before the semiconsonant *i*; the plural form *gli* is used with the apostrophe only before *i*) the: ~ *scolaro* the pupil.

lo[2] *pron.pers.m.* (used with the apostrophe only before a vowel) **1** (*oggetto: maschile*) him: *l'hai visto?* did you see him?; (*esclam*) he: *eccolo qua!* here he is!; (*neutro*) it: *non* ~ *fare* don't do it; *dov'è il libro? – eccolo!* where's the book? – there it is!, *talvolta non si traduce: non* ~ *so* I don't know. **2** (*tale, tali*) *non si traduce: sii gentile, anche se altri non* ~ *sono* be nice even if others are not.

lobare *a.* ⟨*Anat,Med*⟩ **1** lobar, lobe–: *polmonite* ~ lobar pneumonia. **2** (*costituito da lobi*) lobe–, lobate. **lobato** *a.* **1** ⟨*Biol,Med*⟩ lobar, lobe–. **2** ⟨*Zool,Bot*⟩ lobate.

lọbbia *f./m.* Homburg (hat).

lọbby *ingl. f.* lobby. **lobbịsmo** *m.* lobbyism. **lobbịsta** *m./f.* lobbyist.

lobectomịa *f.* ⟨*Chir*⟩ lobectomy.

lobęlia *f.* ⟨*Bot*⟩ lobelia.

lọbo *m.* **1** ⟨*Anat*⟩ lobe, lobus. **2** ⟨*Biol,Arch,Fis*⟩ lobe. □ ⟨*Anat*⟩ *–i cerebrali* lobi cerebri, lobes of the cerebellum; ~ *dell'orecchio* ear lobe. **lobotomịa** *f.* ⟨*Chir*⟩ lobotomy. **lobulare, lobulato** *a.* ⟨*Anat*⟩ lobulate(d): *struttura –a* lobulated structure. **lọbulo** *m.* ⟨*Anat,Biol*⟩ lobule, lobulus.

locale[1] *a.* local: *usanze –i* local customs; *anestesia* ~ local anaesthesia.

locale[2] *m.* **1** (*ambiente*) room; *pl.* premises *pl: –i uso ufficio* office premises. **2** (*pubblico esercizio: ristorante*) restaurant; (*caffè*) café; (*bar*) bar; (*locale notturno*) night–club; ~ *da* **ballo** ballroom, dance hall; ⟨*Mar*⟩ ~ **caldaie** stokehold; ~ *di* **divertimento** place of amusement (*o* entertainment); ~ **macchine** engine room; ~ *di* **servizio** duty room.

località *f.* locality, place, spot: ~ *montana* mountain locality; (*di villeggiatura*) resort: ~ *marittima* seaside resort. **localizzạbile** *a.* **1** (*accertabile*) locatable. **2** (*che si può circoscrivere*) localizable. **localizzạre** *v.t.* **1** (*determinare una posizione*) to locate: ~ *una nave* to locate a ship. **2** (*circoscrivere, limitare*) to localize: ~ *l'incendio* to localize the fire. **localizzarsi** *v.r.* to be localized, to localize. **localizzatọre** I *s.m.* localizer, locator. II *a.* locating, localizing. □ ⟨*Aer*⟩ *radio* radio locator; ⟨*Acu*⟩ ~ *di suono* sound locator. **localizzazịọne** *f.* **1** location, locating; (*rif. a navi, aerei e sim.*) location, position finding. **2** (*delimitazione*) localization, localizing: ~ *di un'epidemia* localization of an epidemic. **3** ⟨*Psic,Med,Fis*⟩ localization. □ ⟨*Mil*⟩ ~ *di un bersaglio* location (*o* spotting) of a target; ~ *di un guasto* location of a breakdown. **localmęnte** *avv.* locally.

locạnda *f.* inn. **locandięre** *m.* (*f.* -**a**) innkeeper.

locandịna *f.* theatre bill, playbill.

locạre *v.t.* (*lọco, lọchi*) to let, to rent, to lease: ~ *un appartamento* to let a flat. □ *si loca* to let. **locatạrio** *m.* (*f.* -**a**) **1** renter; (*inquilino*) tenant. **2** (*rif. a beni produttivi*) lessee, lease holder.

locatịvo[1] I *a.* ⟨*Gramm*⟩ locative. II *s.m.* (*caso locativo*) locative.

locatịvo[2] *a.* ⟨*Dir,Econ*⟩ rent–, rental: *valore* ~ rental value.

locatọre *m.* (*f.* -**trice**) ⟨*Dir*⟩ **1** lessor, letter. **2** (*rif. a beni produttivi*) lessor. **locazịọne** *f.* ⟨*Dir*⟩ **1** (*atto*) letting, renting; (*rif. a beni produttivi*) leasing, letting. **2** (*effetto*) rent(al); (*rif. a beni produttivi*) lease, tenancy. **3** (*rapporto giuridico*) lease. □ *contratto di* ~ rent agreement, lease; *dare qc. in* ~ to rent s.th.; (*rif. a beni produttivi*) to lease (*o* let) s.th.; ~ *a vita* tenancy for life.

lọco *m.* (*pl.* -**chi**) ⟨*ant,poet*⟩ place. □ *in alto* ~ at (*o* to) the top, high–up, in high places.

locomotịva *f.* ⟨*Ferr*⟩ locomotive, engine. □ ~ **Diesel** diesel engine; ~ **elettrica** electric engine; ~ *di* **manovra** shunting engine (*o* locomotive), shunter; **sbuffare** *come una* ~ to puff and pant; ~ *a* **vapore** steam locomotive.

locomotọre I *s.m.* ⟨*Ferr*⟩ (electric) locomotive, (electric) engine. II *a.* locomotor(y), locomotive (*anche Fisiol.*). **locomotọrio** *a.* ⟨*Fisiol*⟩ locomotor(y), locomotive. **locomotorịsta** *m.* ⟨*Ferr*⟩ engine driver, ⟨*am*⟩ engineer. **locomotrịce** *f.* (electric) locomotive. **locomozịọne** *f.* locomotion (*anche Fisiol.*). □ *mezzi di* ~ means of transport.

lọculo *m.* **1** locule, (burial) niche. **2** ⟨*Bot*⟩ loculus.

locụsta *f.* ⟨*Entom*⟩ locust. □ *come le –e* (*rif. a persone avide o moleste*) like a swarm of locusts. **locustọne** *m.* ⟨*Entom*⟩ long–horned grasshopper.

locuzịọne *f.* phrase, locution: ~ *avverbiale* adverbial phrase; ~ *iterativa* iterative phrase; (*frase idiomatica*) idiom, idiomatic expression.

lodạbile *a.* praiseworthy, commendable. **lodạre** *v.t.* (*lọdo*) **1** to praise, to commend: ~ *qd. per la sua modestia* to praise s.o. for his modesty; ~ *il comportamento di qd.* to praise s.o.'s (*o* s.o. for his) behaviour. **2** (*celebrare*) to praise, to glorify, to extol, ⟨*lett*⟩ to laud: ~ *il Signore* to praise the Lord. **lodạrsi** *v.r.* **1** to boast, to brag. **2** ⟨*Dio sia lodato* thank God, God be praised; ⟨*Lit*⟩ *sia lodato Gesù Cristo! – sempre sia lodato* blessed be the name of the Lord! – now and for ever. *Prov.: chi si loda s'imbroda* self–praise is no recommendation. **lodativo** *a.* eulogistic, laudatory: *discorso* ~ eulogistic speech. **lodatore** *m.* (*f.* **-trice**) praiser, ⟨*lett*⟩ lauder.

lode *f.* **1** praise, commendation: ~ *meritata* deserved praise. **2** (*gloria*) praise, glory, ⟨*lett*⟩ laud: *sia* ~ *a Dio* God be praised, praise be to God. **3** ⟨*Univ*⟩ first–class honours *pl,* summa cum laude: *passare gli esami con* ~ to gain first–class honours. □ **a** ~ *di* to the credit of; **cantare** *le –i di qd.* to praise s.o., to sing s.o.'s praises: *cantare le –i del Signore* to praise the Lord; ⟨*Scol*⟩ *dieci* **con** ~ ten out of ten; **degno** *di* ~ praiseworthy; **dire** *qc. a* ~ *di qd.* to say s.th. to s.o.'s credit; **fare** *le –i di qd.* to praise s.o.; **in** ~ *di qd.* in praise of s.o.; **riscuotere** (*le*) *–i* to earn (*o* win) praise; **senza** *infamia e senza* ~ in an undistinguished way; **tornare** *a* ~ *di qd.* to be to s.o.'s credit; *a* ~ *del* vero to tell the truth.

loden *ted. m.* **1** (*panno di lana*) loden (cloth). **2** (*cappotto*) loden coat. □ *di* ~ loden–.

lodevole *a.* praiseworthy, commendable. **lodevolmente** *avv.* commendably, laudably, praiseworthily.

lodo *m.* ⟨*Dir*⟩ (arbitrators') award.

lodolaio *m.* ⟨*Ornit*⟩ hobby.

loess *ted.* [løs] *m.* → **löss.**

loff(i)a *f.* wind.

loffio *a.* ⟨*region*⟩ **1** (*floscio*) flabby. **2** (*fiacco*) weak; (*insulso*) silly.

lofio *m.* ⟨*Itt*⟩ angler (fish).

log. = ⟨*Mat*⟩ *logaritmo* logarithm (*abbr.* log.).

logaritmico *a.* (*pl.* **-ci**) ⟨*Mat*⟩ logarithmic(al). **logaritmo** *m.* logarithm.

loggia *f.* (*pl.* **-ge**) **1** ⟨*Arch*⟩ loggia. **2** ⟨*region*⟩ verandah. **3** (*nella massoneria*) lodge. **4** ⟨*estens*⟩ ⟨*massoneria*⟩ Freemasonry. **5** ⟨*Bot*⟩ (*loculo*) loculus. **6** ⟨*Anat*⟩ cavity, space: ~ *prevertebrale* prevertebral space. **loggiato** *m.* ⟨*Arch*⟩ open gallery. **loggione** *m.* ⟨*Teat*⟩ gallery, ⟨*scherz*⟩ gods *pl.* **loggionista** *m./f.* spectator in the gallery, ⟨*scherz*⟩ god.

logica *f.* **1** ⟨*Filos*⟩ logic: ~ *formale* formal logic; (*trattato*) logic. **2** (*giustezza di ragionamento*) logic, way of thinking: *ha una* ~ *tutta sua* he has a peculiar way of thinking; *la* ~ *dei fatti* the logic of events. □ *a fil di* ~ logically; *privo di* ~ illogical, inconsistent; *a rigor di* ~ logically (speaking); *dimostrare qc. con* ~ *serrata* to demonstrate s.th. with inexorable logic. **logicamente** *avv.* logically. **logicismo** *m.* ⟨*Filos*⟩ logicism. **logicista** *m./f.* logicist. **logicità** *f.* logicality, logicalness. **logico** *a./s.* (*pl.* **-ci**) **I** *a.* **1** logical. **2** ⟨*Inform*⟩ logic(al): *circuito* ~ logic(al) circuit. **II** *s.m.* logician. □ *la cosa più* ~ *sarebbe aspettare* the obvious thing would be to wait; *è* ~ *che* it stands to reason that, it is only natural that, of course.

logistica *f.* ⟨*Mil*⟩ logistics *pl* (*costr. sing. o pl.*). **logistico** *a.* (*pl.* **-ci**) ⟨*Mil*⟩ logistic(al), supply–: *servizi –i* supply and transport, supplies and communications.

loglio *m.* ⟨*Bot*⟩ rye–grass. □ ⟨*fig*⟩ *separare il grano dal* ~ to separate the wheat from the tares.

logografo *m.* ⟨*Stor.gr*⟩ logographer. **logogramma** *m.* ⟨*Ling*⟩ logogram. **logogrifo** (*o logogrifo*) *m.* logogriph. **logomachia** *f.* ⟨*lett*⟩ logomachy. **logopatia** *f.* logopathy. **logopedia** *f.* ⟨*Med*⟩ speech therapy. **logopedista** *m./f.* speech therapist. **logoplegia** *f.* ⟨*Med*⟩ logoplegia. **logoterapeuta** *m./f.* logotherapist.

logoramento *m.* **1** wear (and tear), wearing (out). **2** ⟨*fig*⟩ wearing out: ~ *delle forze* wearing out of one's strength. **3** ⟨*tecn*⟩ (*usura*) wear. **4** ⟨*Mil*⟩ wearing down. **logorante** *a.* wearing (*anche fig.*). **logorare** *v.t.* (**logoro**) **1** to wear out (*o* down); (*rif. a vestiario*) to wear out. **2** (*rif. all'animo*) to wear down (*o* out), to tell on: *i dispiaceri lo hanno logorato* his troubles have told on him; (*rif. al corpo*) to wear out, to take it out of: *la malattia lo ha logorato* his illness has taken it out of him; (*rif. a forza*) to waste, to use up. **logorarsi** *v.r.* **1** to wear out (*o* down). **2** ⟨*fig*⟩ to wear o.s. out: *logorarsi nello studio* to wear o.s. out studying (*o* with study); (*rif. ai sensi e sim.*) to ruin, to spoil, to impair: *logorarsi la vista* to ruin one's eyesight. □ ~ *la resistenza di qd.* to wear (*o* beat) down s.o.'s resistance. **logorio** *m.* **1** wear and tear, strain. **2** ⟨*fig*⟩ strain, wearing: *il* ~ *della vita moderna* the strain of

modern life. **3** ⟨*tecn*⟩ wear, wearing out. **logoro** *a.* **1** worn, worn out (*o* down); (*rif. a stoffe*) worn out, threadbare. **2** ⟨*fig*⟩ worn (out), wasted (away), spoiled: *salute –a* wasted health.

logorrea *f.* **1** ⟨*Psic*⟩ logorrhea. **2** (*verbosità*) verbosity. **logorroico** *a.* (*pl.* **-ci**) **1** ⟨*Psic*⟩ logorrheic. **2** (*loquace*) verbose.

logos *m.* ⟨*Filos,Teol*⟩ logos.

lolita *f.* nymphet.

lolla *f.* chaff, husks *pl.*

lollardi *m.pl.* ⟨*Stor*⟩ Lollards *pl.*

lombaggine *f.* ⟨*Med*⟩ lumbago.

Lombardia *N.pr.f.* ⟨*Geog*⟩ Lombardy. **lombardo I** *a.* Lombard(ic): ⟨*Stor*⟩ *lega –a* Lombard League. **II** *s.m.* (*f.* **-a**) Lombard.

lombare *a.* ⟨*Anat*⟩ lumbar. **lombata** *f.* ⟨*Macell*⟩ loin: ~ *di vitello* loin of veal. □ ~ *di bue arrosto* roast sirloin of beef. **lombo** *m.* **1** ⟨*Anat,Macell*⟩ loin. **2** *pl.* (*fianchi*) hips *pl.* **3** ⟨*scherz,lett*⟩ (*stirpe*) line, stock. **lombosacrale** *a.* lumbosacral.

lombricali *m.pl.* ⟨*Anat*⟩ lumbricales *pl,* lumbrical muscles *pl.*

lombrico *m.* (*pl.* **-chi**) earthworm. **lombricoltore** *m.* earthworm breeder. **lombricoltura** *f.* earthworm growing (*o* breeding).

lomento *m.* ⟨*Bot*⟩ loment.

londinese I *a.* London–. **II** *s.m./f.* Londoner. **Londra** *N.pr.f.* ⟨*Geog*⟩ London.

long. = ⟨*Geog*⟩ *longitudine* longitude (*abbr.* long.).

longanime *a.* forbearing, ⟨*lett*⟩ longanimous. **longanimità** *f.* forbearance, ⟨*lett*⟩ longanimity.

longarina *f.* → **longherina. longarone** *m.* → **longherone.**

longevità *f.* longevity. **longevo** *a.* long–lived, long(a)evous. □ *la sua famiglia è –a* in his family they all live to a ripe old age.

longherina *f.* **1** ⟨*Ferr*⟩ longitudinal sleeper (track). **2** ⟨*Edil*⟩ iron girder. **longherone** *m.* ⟨*Aer*⟩ (*di fusoliera*) longeron; (*dell'ala*) spar. □ ⟨*Aut*⟩ ~ *del telaio* side (frame) member.

longilineo *a.* long–limbed.

longitudinale *a.* **1** (*disposto nel senso della lunghezza*) longitudinal, lengthwise: *taglio* ~ lengthwise cut. **2** ⟨*Geog*⟩ longitudinal. **longitudinalmente** *avv.* longitudinally, lengthwise. **longitudine** *f.* ⟨*Geog,Astr*⟩ longitude. □ ~ *celeste* celestial longitude; *grado di* ~ degree of longitude; ~ *in gradi* longitude in arc; *a trenta gradi di* ~ thirty degrees longitude.

longobardo I *a.* Lombard–, Lombardic, Longobard(ic): *dominazione –a* Lombardic domination. **II** *s.m.* (*f.* **-a**) Lombard, Longobard.

long play *ingl.* ['lɔŋplei] **I** *a.* long–playing: *disco* ~ long–playing record. **II** *s.m.* long–playing record, long player, ⟨*fam*⟩ LP.

lontanamente *avv.* **1** distantly, remotely: ~ *imparentato* distantly related. **2** (*appena, vagamente*) vaguely, slightly. □ *non immaginare* ~ *una cosa* to have no (*o* not the faintest) idea of s.th.; *non avere neppure* ~ *l'intenzione* not to have the slightest intention. **lontananza** *f.* **1** distance: *scorgere qd. in* ~ to see s.o. in the distance. **2** (*assenza*) absence. **3** ⟨*fig*⟩ (*separazione*) separation.

lontano I *a.* **1** (*nello spazio*) far–off (*o* away), distant: *un paese* ~ a far–off land; (*di difficile accesso*) remote; (*rif. al cammino da percorrere: in frasi affermative*) a long way (off): *il paese è molto* ~ the village is a long way off; (*in frasi negative e interrogative*) far (off, away): *non è molto* ~ *da qui* it's not very far from here; *quant'è –a la chiesa?* how far away is the church?; (*specificando la distanza*) away, off: *è* ~ *un miglio* it's a mile away; *talvolta non si traduce: l'albergo è* ~ *cento metri dalla posta* the hotel is a hundred metres from the post office. **2** (*nel tempo*) far–off, remote, distant: *in tempi –i* in far–off times, long ago; (*rif. soltanto al passato*) early: *ricordi –i* early memories. **3** (*assente*) absent, far–off: *gli amici –i* absent friends. **4** (*rif. a parentela*) distant, remote. **5** ⟨*fig*⟩ far, away: *era* ~ *dalle mie intenzioni* it was far from my intentions; *tenersi* ~ *dalle tentazioni* to keep away from temptation. **6** ⟨*fig*⟩ (*vago*) vague, remote, slight: *una –a idea* a vague idea; *non avere neppure una –a idea* not to have the slightest (*o* foggiest) idea. **II** *avv.* far (away, off), a long way (off): *vivere* ~ to live a long way off; (*dal centro*) far out: *abitare* ~ *dal centro* to live far out; (*specificando la distanza*) away, off: *l'odore si sente* ~ *un miglio* you can smell it a mile away. □ **alla** *–a* (*vagamente*) vaguely, slightly: *accennare qc. alla –a* to mention s.th. vaguely; *parente alla –a* distant relation; ⟨*fig*⟩ *prenderla alla –a* to approach a matter in a roundabout way; **andare** ~ to go far away; ⟨*fig*⟩ to go far; ~ **da** (o *di*) far (away) from, a long way from; *da* (o *di*) ~ from a distance, from far off: *da* ~ *ci vedo poco* I can't see very well from a distance; *seguire qd. da* ~ to follow s.o. at a distance; *venire da* (o *di*) ~ to come from far off; *sono ben* ~ *dal credere che* I certainly don't believe that; ⟨*fig*⟩ ~ *un* **miglio** miles away; *in un* ~ **passato** a long time ago; **più** ~ farther, further; ⟨*fig*⟩ further; *sedere –i l'uno dall'altro* to sit far apart; **stare** ~ *da qd.* to keep clear of s.o.; **tenere** ~ *qd. da qc.* to keep s.o. away from s.th.; *è* **troppo** ~ *per andare a piedi* it is too far to walk; ⟨*fig*⟩ **vedere** ~ to be far-sighted. *Prov.*: *lontan dagli occhi, lontan dal cuore* out of sight out of mind.

lontra *f.* **1** ⟨*Zool*⟩ otter. **2** (*pelliccia*) otter fur.

lonza[1] *f.* ⟨*ant*⟩ (*animale feroce*) leopard.

lonza[2] *f.* **1** (*tipo di salume*) pork sausage. **2** ⟨*Macell*⟩ (*lombata*) loin.

looping *ingl.* ['lu:piŋ] *m.* ⟨*Aer*⟩ looping the loop, loop.

loppa *f.* **1** (*pula*) chaff, husks *pl.* **2** ⟨*Met*⟩ slag, dross.

loquace *a.* **1** loquacious, talkative. **2** ⟨*fig*⟩ (*eloquente*) eloquent: *un'occhiata* ~ an eloquent look. **loquacemente** *avv.* loquaciously, talkatively. **loquacità** *f.* loquacity, loquaciousness, talkativeness. **loquela** *f.* ⟨*lett*⟩ (*modo di parlare*) manner of speech, way of talking; (*pronuncia*) accent.

lordare *v.t.* (**lordo**) **1** to dirty, to soil, to filthy. **2** ⟨*fig*⟩ to soil, to sully; (*macchiare*) to stain. **lordarsi** *v.r.* to dirty (*o* soil) o.s. **lordo** *a.* **1** (*sudicio*) dirty, filthy, soiled; (*imbrattato*) stained, spattered, besmirched: ~ *di fango* mud-spattered; ~ *d'inchiostro* ink-stained. **2** ⟨*fig*⟩ filthy, dirty. **3** (*rif. a peso, guadagno e sim.*) gross: *peso* ~ gross weight. □ *coscienza –a* guilty (*o* bad) conscience; *mani –e di sangue* blood-stained hands.

lordosi *f.* ⟨*Med*⟩ lordosis. **lordotico** *a.* (*pl.* **-ci**) lordotic.

lordume *m.* **1** filth, dirt. **2** ⟨*fig*⟩ filth, sink, cesspool. **lordura** *f.* **1** dirtiness, filthiness, foulness. **2** ⟨*fig*⟩ baseness, vileness, filth; (*cosa lorda*) dirt, filth; (*persona lorda*) vile (*o* filthy) person; ⟨*collett*⟩ scum.

Lorena *N.pr.f.* ⟨*Geog*⟩ Lorraine. **lorenese I** *a.* Lorraine-, of Lorraine. **II** *s.m./f.* Lorrainer.

lorenzio *m.* ⟨*Chim*⟩ lawrencium.

Lorenzo *N.pr.m.* Laurence, Lawrence.

lori *m.* ⟨*Zool*⟩ (slender) loris.

lorica *f.* ⟨*Stor.rom*⟩ lorica. **loricati** *m.pl.* ⟨*Zool*⟩ loricates *pl.*

loro I *pron.pers.m./f.pl.* **1** (*oggetto e con preposizione*) them: *ho visto* ~ *non voi* I saw them not you; *sono uscito con* ~ I went out with them; ⟨*recipr*⟩ themselves: *bisticciano fra di* ~ they quarrel among themselves. **2** (*soggetto: essi, esse*) they: *l'hanno detto* ~ they said it. **3** ⟨*pred*⟩ (*dopo i verbi parere, sembrare*) themselves: *non sembrano più* ~ they don't seem themselves any more; (*dopo il verbo essere*) they; (*colloquialmente*) them: *se foste in* ~ if you were them. **4** (*forma di cortesia*; generally written with a capital L) you: *come* ~ *desiderano* as you wish. **5** (*nelle comparazioni*) they, them: *facciamo come* ~ let's do as they do; *ammiro voi quanto* ~ I admire you as much as them. **II** *a.* **1** (*di essi, di esse*) their: *la* ~ *famiglia* their family; *con i* ~ *libri* with their books. **2** ⟨*pred*⟩ (*proprietà, possesso*) theirs: *la penna è* ~ the pen is theirs. **3** (*forma di riguardo*) your: *le* ~ *maestà* Your Majesties. **4** (*nelle espressioni ellittiche*) their: *sto dalla* ~ (*parte*) I am on their side. **III** *pron.poss. m./f.pl.* theirs: *questi sono i vostri libri, quelli i* ~ these are your books, those are theirs; *il nostro giardino è più grande del* ~ our garden is bigger than theirs; (*forma di cortesia*) yours. **IV** *s.m.* **1** (*averi, beni*) their own (property), what is theirs,

their means (*o* income). **2** *pl.* (*familiari*) their relatives *pl,* their family; (*seguaci*) their supporters (*o* followers) *pl.* □ *beati* ~ lucky them; *lo faranno da* ~ they will do it by themselves; ~ *due* the two of them, those two.

losanga *f.* **1** lozenge, diamond. **2** ⟨*Arald,Geom*⟩ lozenge.

Losanna *N.pr.f.* ⟨*Geog*⟩ Lausanne.

losco *a.* (*pl.* **-chi**) **1** (*bieco*) sinister, surly, grim. **2** (*disonesto, sospetto*) shady, ⟨*fam*⟩ fishy: *affari loschi* shady dealings; *un* ~ *figuro* a suspicious character, ⟨*fam*⟩ a shady(-looking) customer. □ *sguardo* ~ sinister look.

löss *ted.* [lø:s] *m.* ⟨*Min*⟩ loes.

lossodromia (*o* **lossodromia**) *f.* ⟨*Geom,Geog*⟩ rhumb line, loxodrome. **lossodromico** *a.* (*pl.* **-ci**) loxodromic(al).

loto[1] *m.* ⟨*Bot*⟩ lotus.

loto[2] *m.* ⟨*lett*⟩ (*fango*) slough.

Lotofagi *N.pr.m.pl.* ⟨*Mitol*⟩ Lotus Eaters *pl,* Lotophagi *pl.*

lotta *f.* **1** fight, struggle (*anche fig.*): *impegnarsi in una* ~ to engage in a struggle; ~ *per il potere* struggle for power; (*campagna organizzata*) campaign: ~ *contro l'analfabetismo* campaign against illiteracy. **2** (*battaglia*) battle, combat. **3** ⟨*Sport*⟩ wrestling: ~ *libera* all-in wrestling. □ ~ *di* **classe** class struggle, class struggle (*o* conflict); ~ **corpo** *a* **corpo** hand-to-hand combat; ~ *contro la* **criminalità** fight against crime; ~ **elettorale** electoral battle (*o* campaign); ~ *per l'***esistenza** struggle for survival (*o* life); ⟨*Sport*⟩ **fare** *la* (*o* *alla*) ~ to wrestle; ~ **greco-romana** Graeco–Roman wrestling; ⟨*fig*⟩ *essere* in ~ *con qd.* to be ˼on bad terms˺ (*o* in conflict) with s.o.; ~ *per l'***indipendenza** struggle for independence; ⟨*Stor*⟩ ~ *delle* **investiture** Investiture struggle (*o* contest); *–e del* **lavoro** labour conflicts; ~ *a* **oltranza** fight to the bitter end; ~ *per il* **potere** fight for power; ~ *senza* **quartiere** fight to the death; ~ *contro il* **rumore** noise control.

lottare *v.i.* (**lotto**; *aus.* **avere**) **1** to fight (*contro qd.* s.o., with s.o., against s.o.), to struggle, to battle (with, against): ~ *contro le onde* to battle against the waves. **2** ⟨*fig*⟩ to fight, to battle (*contro* against, with): ~ *contro la miseria* to fight against poverty; ~ *contro la morte* to battle with death. **3** ⟨*Sport*⟩ to wrestle. □ ~ *con se stesso* to struggle with o.s.; ~ *col sonno* to fight off sleep. **lottatore** *m.* (*f.* **-trice**) **1** fighter, struggler (*anche fig.*). **2** ⟨*Sport*⟩ wrestler.

lotteria *f.* lottery; (*collegata a corse di cavalli*) sweepstake. □ *giocare alla* ~ to buy a lottery ticket; ~ *di beneficenza* charity lottery.

lottizzare *v.t.* to divide into lots, to lot. **lottizzazione** *f.* **1** lotting, division into lots. **2** (*area lottizzata*) land divided into lots, allotments *pl.* **3** ⟨*Pol, spreg*⟩ patronage.

lotto *m.* **1** (*gioco*) lotto, (State) lottery: *giocare al* ~ to play lotto. **2** (*appezzamento di terreno*) lot, allotment; (*per scopo edilizio*) lot, site. **3** ⟨*Comm*⟩ lot, batch, parcel. □ *a –i* in lots; *dividere in –i* to divide into lots, to parcel off; ⟨*scherz*⟩ *è come indovinare i numeri al* ~ it's all a question of luck, it's mere guesswork.

lozione *f.* lotion: ~ *per capelli* hair lotion.

LSD = *dietilammide dell'acido lisergico* lysergic acid diethylamide (*abbr.* LSD).

l.s.m. = *livello sul mare* see-level.

L.st. = *lira sterlina* pound sterling (*abbr.* Lstg.).

ltd. = ⟨*Econ*⟩ *limited* limited (*abbr.* ltd., Ltd.).

Lubiana *N.pr.f.* ⟨*Geog*⟩ Ljubljana.

lubricità *f.* (*indecenza, oscenità*) lewdness, lubricity. **lubrico** (*o* *lubrico*) *a.* (*pl.* **-ci**) (*indecente, osceno*) lewd, lubricous: *discorsi –i* lewd talk.

lubrificante I *a.* lubricant, lubricating. **II** *s.m.* lubricant. □ ~ *liquido* (lubricating) oil; ~ *solido* grease. **lubrificare** *v.t.* (**lubrifico, lubrifichi**) ⟨*tecn*⟩ to lubricate, to grease. **lubrificatore** *a.* lubricant, lubricating: *apparecchio* ~ lubricating machine. **lubrificazione** *f.* lubrication, greasing.

Luca *N.pr.m.* Luke.

lucchetto *m.* padlock, lock. □ *mettere un* ~ *a qc.* to padlock s.th.; ⟨*fig*⟩ *mettere il* ~ *alla bocca di qd.* to seal s.o.'s lips.

luccicante *a.* sparkling, glittering. **luccicare** *v.i.* (**luccico,**

lụccichi; *aus.* **avere)** to sparkle, to glitter, to twinkle: *gli occhi le luccicavano per la gioia* her eyes sparkled with joy; *(rif. alle stelle)* to twinkle. **luccichịo** *m.* glitter(ing), sparkle, twinkling. **luccicọne** *m.* (generally in pl.) (large) tear, teardrop.

lụccio *m.* ⟨*Itt*⟩ pike.

lụcciola *f.* **1** ⟨*Entom*⟩ firefly; *(senza ali)* glow worm. **2** ⟨*Cin,Teat*⟩ *(maschera)* usherette. □ ⟨*fig*⟩ *mostrare –e per lanterne* to take s.o. in, to throw dust in s.o.'s eyes.

lụce *f.* **1** light *(anche Fis.)*. **2** *(lucentezza, splendore)* glitter, brightness, gleam: *aveva una strana ~ negli occhi* there was a strange gleam in his eyes; *(rif. a pietre preziose)* brilliance. **3** *(luce del sole)* light, sunlight, daylight: *lasciare entrare la ~* to let in the light. **4** ⟨*estens*⟩ *(luce artificiale)* light. **5** ⟨*fig*⟩ light: *la ~ della fede* the light of faith. **6** *(finestra, vetrina)* window. **7** ⟨*Edil*⟩ span. **8** ⟨*poet*⟩ *(vista)* sight; *pl. (occhi)* eyes *pl.* **9** ⟨*fig,poet*⟩ *(Dio)* Light. □ ⟨*Aut*⟩ *–i* **abbaglianti** headlights, ⟨*am*⟩ high beams; **accendere** *la ~* to put *(o* turn) on the light; *(mediante interruttore)* to switch *(o* turn) on the light; *~ ad* **arco** arc light; ⟨*Aut*⟩ *–i di* **arresto** stop–lights; ⟨*Fis*⟩ *~* **bianca** white light; *il quadro è in* **buona** *~* the picture is in a good light; ⟨*fig*⟩ *mettere in* **cattiva** *~ qd.* to put s.o. in a bad light; ⟨*Aut*⟩ *–i di* **città** town lights; *~ di* **cortesia** courtesy lamp; *~* **crepuscolare** twilight; **dare** *~ a una stanza* to let some light into a room; *dare alla ~ (un figlio)* to give birth; *~* **diffusa** diffused *(o* flood) lighting; ⟨*Aut*⟩ *–i di* **direzione** blinkers, direction lights; *~ di* **emergenza** emergency lighting; *~* **falsa** bad light *(anche fig.)*; **fare** *~* to light (up); ⟨*fig*⟩ *fare ~ su qc.* to shed *(o* throw) light upon s.th.; *(risolverla)* to clear s.th. up; *alla ~ dei* **fatti** in the light of the facts; *–i* **fendinebbia** fog–lights; *~* **fissa** fixed light; ⟨*Fis*⟩ *~* **fredda** cold light; *~ a* **gas** gas–light; *~ del* **giorno** daylight; ⟨*fig*⟩ *agire alla ~ del giorno* to act openly *(o* publicly); **mettersi in** *~* to make o.s. noticed; *~* **indiretta** indirect light(ing); *~ di* **ingombro** clearance lamp *(o* light); *alla ~ della* **lampada** by lamplight; *~* **lunare** moonlight; **mezza** *~* half light, shadow; *~ al* **neon** neon light(ing); ⟨*Fis*⟩ *~* **nera** black light; *~ degli* **occhi** sight, eyesight; *~ degli occhi miei!* light of my eyes *(o* life)!; *trovarsi in* **piena** *~* to be (right) in the light; ⟨*Aut*⟩ *–i di* **posizione** parking lights; ⟨*Fot*⟩ **prendere** *~* to be exposed to the light; *prendere ~ da qc.* to be lit by s.th.; *alle* **prime** *–i (all'alba)* at daybreak; ⟨*Aut*⟩ *~ del* **quadro** instrument panel light; *~ di* **retromarcia** back–up light; ⟨*Teat*⟩ *–i della* **ribalta** footlights *pl;* *~* **rossa** *(del semaforo)* stoplight; ⟨*Teat*⟩ *–i di* **scena** stage lighting *(o* lights); ⟨*fig*⟩ *alla ~ del* **sole** openly, publicly; *~ di uno* **specchio** glass of a mirror; **spegnere** *la ~* to put out the light; *(mediante interruttore)* to switch *(o* turn) off the light; *~ delle* **stelle** starlight; *~ di* **targa** number–plate light; ⟨*Cin*⟩ **tecnico** *delle –i* light technician; `vedere la` (o *venire alla*) *~:* **1** *(nascere)* to be born; **2** *(essere pubblicato)* to be published *(o* issued), to come out; **3** ⟨*fig*⟩ *(manifestarsi)* to come to light; *~* **visibile** visible light.

lucente *a.* shining, bright, brilliant: *metallo ~* shining metal; *occhi –i* bright eyes. **lucentẹzza** *f.* brightness, brilliance, lustre, gloss(iness); *(rif. a cosa lucidata)* shine, polish; *(rif. a stoffe)* sheen, gloss.

lucẹrna *f.* **1** oil lamp. **2** ⟨*fam,scherz*⟩ *(cappello: dei preti)* clerical hat; *(dei carabinieri)* three–cornered *(o* tricorn) hat. **3** ⟨*Itt*⟩ *(uranoscopo)* star gazer.

lucernạrio *m.* ⟨*Edil*⟩ skylight.

lucẹrtola *f.* **1** ⟨*Zool*⟩ lizard. **2** *(pelle)* lizard skin, lizard.

lucherịno *m.* ⟨*Ornit*⟩ siskin, aberdevine.

Lucịa *N.pr.f.* Lucy.

Lucịano *N.pr.m.* Lucian *(anche Stor.,Lett.).*

lucidamẹnte *avv.* lucidly. **lucidạre** *v.t.* (lụcido) **1** to polish; *(rif. a pavimenti)* to polish; *(a cera)* to wax. **2** *(riprodurre un disegno su carta trasparente)* to trace. **lucidatọre** *m.* (f. -trice) polisher. **lucidatrịce** *f.* *(elettrodomestico)* floor *(o* electric) polisher. **lucidatụra** *f.* **1** polishing; *(rif. a pavimenti)* polishing; *(a cera)* waxing, wax finishing *(o* polishing). **2** *(nei disegni)* tracing. **lucidẹzza** *f.* shine, brightness, sheen: *perdere la ~* to lose

one's shine, to become dulled; *(rif. a pelo di animali)* gloss(iness); *(lucidatura)* polish. **lucidịsta** *m./f.* tracer.

lucidità *f.* lucidity, clearness: *~ di pensiero* clearness of thought, clear–headedness. □ *giudicare con ~* to judge clear–sightedly; *conservare la (propria) ~ fino alla morte* to `remain lucid` *(o* have one's mental faculties) until death; *momenti di ~* lucid intervals.

lụcido I *a.* **1** shining, bright, glossy; *(lucidato)* polished: *scarpe –e* shining *(o* well–polished) shoes; *(rif. a pelo di animali)* glossy; *(rif. al viso)* shiny: *avere il naso ~* to have a shiny nose. **2** ⟨*fig*⟩ *(chiaro)* lucid, clear: *una –a esposizione dei fatti* a clear statement of the facts; *mente –a* lucid mind. **II** *s.m.* **1** *(lucentezza)* shine, brightness, lustre, gloss; *(rif. a cosa: lucidata)* polish. **2** *(sostanza)* polish; *(per scarpe)* shoe polish, shoe cream. **3** *(disegno)* tracing. □ **carta** *–a* glossy paper; *(per disegnare)* tracing paper; ⟨*fig*⟩ **essere** *~* to be lucid *(o* clear–headed); **intervalli** *–i* lucid intervals; *avere gli* **occhi** *–i* to have bright *(o* shining) eyes; *~ come uno* **specchio** shining, bright; *tenere la casa –a come uno specchio* to keep one's house spick and span; **tirare** *a ~* to polish.

luciferịno *a.* satanic, Luciferian, devilish. **Lucịfero** *N.pr.m.* ⟨*Bibl,Astr*⟩ Lucifer.

lucịgnolo *m.* wick.

lucịlia *f.* ⟨*Entom*⟩ greenbottle flies *pl,* greenbottles *pl.*

Lụcio *N.pr.m.* ⟨*Stor*⟩ Lucius.

luciopẹrca *f./m.* *(pl. le* **luciopẹrche***)* ⟨*Itt*⟩ zander.

lucrạbile *a.* to be gained. **lucrạre** *v.t.* **1** *(guadagnare)* to make, to earn, to gain. **2** *(rif. a beni spirituali)* to gain, to win. **lucratịvo** *a.* lucrative, profitable.

Lucrẹzia *N.pr.f.* ⟨*Stor.rom*⟩ Lucretia, Lucrece.

Lucrẹzio *N.pr.m.* ⟨*Stor*⟩ Lucretius.

lụcro *m.* profit, gain, ⟨*lett*⟩ lucre. □ ⟨*Econ*⟩ *~* **cessante** lost profit, profit loss; *per ~* for money, for profit; *fare qc. a scopo di ~* to do s.th. `for money` *(o* with a view to profit); *organizzazione senza scopo di ~* non profit–making organization; *trarre ~ da qc.* to make money out of s.th. **lucrọso** *a.* lucrative, profitable.

lucullịano *a.* Lucull(i)an, sumptuous, lavish: *pranzo ~* sumptuous dinner. **Lucụllo** *N.pr.m.* ⟨*Stor.rom*⟩ Lucullus.

lucumọne *m.* ⟨*Stor*⟩ lucumo(n).

luddịsmo *m.* ⟨*Stor*⟩ Luddism, Ludditism.

ludịbrio *m.* **1** mockery, scorn. **2** *(oggetto di scherno)* laughing stock, butt. □ *mettere in ~* to hold up to ridicule, to mock.

lụdo *m.* ⟨*Stor.rom*⟩ game. □ *–i olimpici* Olympic games; ⟨*Stor.rom*⟩ *–i scenici* theatrical performances, plays *pl;* ⟨*Stor.rom*⟩ *–i secolari* secular games.

ludoterapịa *f.* ⟨*Med*⟩ play therapy.

lụe *f.* ⟨*Med*⟩ lues, syphilis. **luẹtico** *a./s.* *(pl.* -ci) **I** *a.* luetic. **II** *s.m.* *(f.* -a) syphilitic.

lụffa *f.* ⟨*Bot*⟩ loofa(h).

lugarịno *m.* → **lucherino.**

lugliạtico *a.* *(pl.* -ci) ⟨*Agr*⟩ ripening in July. **luglịenga** *f.* ⟨*Agr*⟩ grape that ripens in July. **lụglio** *m.* July. □ *di (o in) ~* in July, July–.

lụgubre *a.* mournful, dismal, gloomy, ⟨*lett*⟩ lugubrious: *spettacolo ~* dismal sight. **lugubremẹnte** *avv.* mournfully, dismally.

lụi *pron.pers.m.* **1** *(con preposizione)* him: *dallo a ~ personalmente* give it to him personally; *l'ha fatto per ~* he did it for him. **2** *(soggetto)* he: *nemmeno ~ lo sa* even he doesn't know; *~ permettendo* if he agrees; *l'ha detto ~* he said it, *(enfat)* he said it himself; *(esclam)* him: *è ~!* it's him! **3** *(complemento oggetto)* him: *cercano proprio ~* they are looking for him; *ho incontrato ~* I met him. **4** *(nelle comparazioni)* he, him: *è alta più di ~* she is taller than him *(o* he is). **5** *(dopo i verbi parere, sembrare)* himself: *non sembra più ~* he doesn't seem himself any more; *(dopo il verbo essere)* he, ⟨*fam*⟩ him: *se io fossi ~* if I were he *(o* him). □ ⟨*burocr*⟩ *il di ~ figlio* his son; *beato ~!* lucky him *(o* man)!

lụi *m.* ⟨*Ornit*⟩ leaf warbler, willow warbler *(o* wren).

Luịgi *N.pr.m.* Louis, Lewis. **luịgi** *m.* ⟨*Numism*⟩ louis: *~ d'oro* louis d'or.

Luịsa *N.pr.f.* Louise, Louisa.

lumaca f. 1 ⟨Zool⟩ slug; ⟨pop⟩ (chiocciola) snail. 2 ⟨fig⟩ (persona molto lenta) snail, slowcoach, sluggard. □ a passo di ~ at a snail's pace. **lumachella** f. ⟨Min⟩ lumachel(le), lumachella. **lumacone** m. 1 ⟨Zool⟩ slug. 2 ⟨fig⟩ (persona lenta; f. -a) snail, slowcoach.

lumaio m. (fabbricante) lamp maker; (riparatore) lamp mender; (venditore) lamp seller.

lume m. 1 light; (lampada) lamp. 2 (chiarore) light, faint (o pale) light: a ~ di candela by candlelight; il ~ delle stelle the pale light of the stars, starlight. 3 ⟨fig⟩ (luminare) great man (o figure), luminary, leading light: i -i della scienza the great figures of science. 4 (ammaestramento, consiglio) enlightenment, advice: chiedere ~ a qd. to ask s.o. for advice, to seek s.o.'s advice. □ ⟨fig⟩ **accendere** un ~ alla Madonna to thank one's lucky stars; **fare** ~ to light (s.o.'s way): fammi ~ per le scale light me down the stairs; ~ a gas gas–light; ⟨fig⟩ a (o con) questi -i di luna in these hard times; a ~ di naso at a guess, by intuition; ~ a petrolio petroleum lamp; perdere il ~ della ragione to lose one's temper, to be beside o.s.; ⟨fig⟩ **reggere** il ~ to play gooseberry; secolo dei -i Age of Enlightenment.

lumeggiamento m. 1 (chiarimento) throwing light on. 2 (in cartografia) shading. **lumeggiare** v.t. (lumeggio, lumeggi) 1 ⟨Pitt⟩ to heighten. 2 (in cartografia) to shade. 3 ⟨fig⟩ (dare rilievo) to throw into relief, to highlight, to bring out. 4 ⟨fig⟩ (chiarire) to throw light on.

lumen m. ⟨Fis⟩ lumen.

lumen Christi lat. m. ⟨Lit⟩ Paschal candle.

lumicino (dim. di lume) m. small light (o lamp). □ ⟨fig⟩ cercare qc. col ~ to hunt for s.th. high and low; ⟨fig⟩ essere ridotto al ~ to be down to one's last; (essere agli estremi) to be at death's door. **lumiera** f. (lampadario) chandelier.

luminal m. ⟨Farm⟩ luminal.

luminanza f. ⟨Ott⟩ luminance.

luminare m. luminary: un ~ della scienza a luminary of science. **luminaria** f. 1 (illuminazione pubblica per feste) illuminations pl. 2 (quantità di lumi accesi) lights pl, sea of lights.

luminescente a. luminescent. **luminescenza** f. 1 ⟨Fis⟩ luminescence: ~ catodica cathode luminescence. 2 (elettroluminescenza) glow: lampada a ~ glow (o gas–discharge) lamp.

luminismo m. ⟨Pitt⟩ luminarism. **luminista** m./f. (anche pittore luminista) luminarist.

lumino m. (small) oil lamp. □ ~ da notte night light; ~ a olio (small) oil lamp.

luminosamente avv. 1 luminously, brightly. 2 ⟨fig⟩ clearly. **luminosità** f. 1 luminosity, brightness, luminousness, brilliance: la ~ del cielo the brightness of the sky. 2 ⟨Fot⟩ F–number. 3 ⟨Fis,Astr⟩ luminosity. 4 ⟨TV⟩ brightness, brilliance: controllo della ~ brightness (o brilliance) control. **luminoso** a. 1 bright, shining, luminous: una stella -a a shining star. 2 (pieno di luce) bright, well-lit, luminous: un ambiente ~ a bright room. 3 ⟨fig⟩ (evidente, chiaro) clear, obvious: una verità -a an obvious truth. 4 ⟨fig⟩ (insigne) shining: un ~ esempio di bontà a shining example of goodness. 5 ⟨Fis⟩ luminous, light–, of light: raggio ~ luminous ray, light–ray; fascio ~ beam of light. □ ⟨fig⟩ idea ~a bright (o brilliant) idea; sguardo ~ radiant look; sorriso ~ dazzling smile.

luna f. 1 ⟨Astr⟩ moon. 2 (lunazione) lunation, moon; (mese) (lunar) month. 3 ⟨fig⟩ (luogo fuori dalla realtà) world of one's own, clouds pl, moon: vivere nella ~ to live in a world of one's own. 4 ⟨fig⟩ (cosa impossibile a ottenersi) moon: desiderare la ~ to reach (o cry) for the moon. 5 ⟨fig⟩ (malumore) moodiness, bad mood, bad temper: avere la ~ (di traverso) to be in a bad mood, (fam) to have got out of bed on the wrong side. □ ~ calante waning moon, moon on the wane; ⟨fig,fam⟩ chiari di ~ (tempi difficili) hard times; chiaro di ~ moonlight, moonshine; ~ crescente crescent (o waxing) moon; ⟨fig⟩ essere nella ~ to have one's head in the clouds, to be absent–minded; la faccia della ~ the face of the moon; ⟨Astr⟩ ~ falcata crescent moon; ~ di miele honeymoon; è ancora nel mondo della ~ he was born yesterday, he is

raw (o green); una notte di ~ a moonlight (o moonlit) night; ~ nuova new moon; il paesaggio della ~ the moonscape; ⟨Itt⟩ pesce ~ moonfish; ~ piena full moon; ⟨fig⟩ faccia di ~ piena face like a full moon; mostrare la ~ nel pozzo to make s.o. believe that the moon is made of green cheese; scendere sulla ~ to land on the moon, to make a moon landing; senza ~ moonless; il sorgere della ~ moonrise; ⟨scherz⟩ vieni dalla ~? do you live in another world?

luna-park m. fun–fair, amusement park.

lunare a. lunar, moon–, of the moon: mese ~ lunar month; sonda ~ moon probe. □ i crateri -i the moon craters; le fasi -i the phases of the moon; ⟨Astron⟩ modulo ~ lunar module. **lunaria** f. ⟨Bot⟩ honesty. **lunario** m. almanac. □ sbarcare il ~ to make (both) ends meet. **lunarista** m./f. almanac compiler. **lunatico** a. (pl. -ci) moody, changeable: essere ~ to be moody, to have continual ups and downs. **lunato** a. crescent–shaped. **lunauta** m./f. lunar astronaut. **lunazione** f. ⟨Astr⟩ lunation.

lunedì m. Monday. □ di (o il) ~ on Monday; ogni ~ on Mondays; ~ di Pasqua Easter Monday; un ~ one Monday.

lunetta f. 1 ⟨Arch⟩ lunette; (finestra) fanlight. 2 ⟨Aut⟩ rear (o back) window. 3 ⟨Orol⟩ bezel. 4 ⟨Lit,Mil.ant⟩ lunette. 5 ⟨tecn⟩ (pezzo del tornio) steady rest.

lunga f. ⟨Mus,Fon⟩ long. **lungaggine** f. 1 slowness; (ritardo) delay: ~ i burocratiche bureaucratic delays, ⟨fam⟩ red tape. 2 (prolissità) prolixity. **lungagnata** f. ⟨fam⟩ 1 (discorso) rigmarole; (spettacolo) long and boring show. 2 (faccenda che va per le lunghe) long–drawn–out affair. **lungamente** avv. for a long time, long.

lunghezza f. length (anche Geom.,Sport.): la ~ di una trave the length of a beam; vincere per una ~ to win by a length. □ che ~ ha? how long is it?; ~ media average length: di media ~ of average length; la trave misura tre metri in (o di) ~ the beam is three metres long (o in length); ⟨Fis⟩ ~ d'onda wavelength; svilupparsi in ~ to extend lengthwise (o lengthways); ~ totale overall length; percorrere la via per tutta la sua ~ to go all the way down the street.

lungi avv. ⟨lett⟩ far, far off (o away): la casa era poco ~ the house was not very far away. □ sono ben ~ dal credere che I am certainly not going to believe that; ~ da far (away) from: ~ da me questo sospetto! far be it from me to suspect such a thing!; sono ~ dal pensare una cosa simile I wouldn't dream of thinking such a thing; ero ~ dal pensare che I little thought that.

lungimirante a. far–sighted. **lungimiranza** f. far –sightedness.

lungo[1] a./s. (pl. -ghi) I a. 1 long (anche Metr.,Fon.): questa fune è -a tre metri this rope is three metres long; portare i capelli lunghi to have long hair; il film era molto ~ the film was very long. 2 (lungo e molesto) long–drawn–out, lengthy: una -a malattia a long–drawn–out illness. 3 (alto di statura) tall, ⟨fam⟩ long. 4 ⟨fam⟩ (lento) slow; (prolisso) long–winded. 5 (che arriva lontano) long, far–reaching: tiro ~ long shot. 6 (diluito) weak, watery, thin: caffè ~ weak coffee. II s.m. length. □ a ~ (per molto tempo) for a long time, long; (distesamente) at length: spiegare a ~ qc. to explain s.th. at length; alla -a in the long run; andare in ~ to go on too long; per lunghi anni for many years; non lo vedo da due lunghi anni I haven't seen him for two whole years; cadere ~ disteso to fall headlong; di -a durata long–lasting; essere ~ nel mangiare to be slow at eating; quanto sei ~! how slow you are!; essere ~ a venire to take a long time (coming); sei troppo ~ a vestirti you take too long dressing (o to dress); di gran -a far, by far: è di gran -a la più carina she is by far the prettiest; in ~ e in largo far and wide, all over, throughout; ⟨fig⟩ (nei dettagli) in every (o full) detail, thoroughly: conoscere qc. in ~ e in largo to know s.th. thoroughly; per le lunghe for a long time; andare per le lunghe to drag on; tirare qc. per le lunghe to draw (o spin) s.th. out; per (il) ~ lengthways (on), lengthwise: segare un asse per (il) ~ to saw a plank lengthways; ~ come una pertica as tall as a lamp–post; più a ~ longer, more: non *aspetterò più a* ~ I shan't wait any longer; ~ *come una* **quaresima** as long as a wet weekend; *una faccenda –a a* **risolversi** a lengthy (*o* long–drawn–out) business; **saperla** *–a* (*avere gran pratica*) to know the ropes; (*essere scaltro*) to know 'what's what' (*o* a thing or two); *tirare di* ~ (*procedere senza fermarsi*) to keep straight on; ⟨*fig*⟩ *tirare in* ~ to take a long time.

lungo[2] *prep.* **1** along, by (the side of), beside: ~ *la riva* along the bank; *camminare* ~ *il muro* to walk beside the wall. **2** (*durante*) during; (*per l'intera durata*) throughout: ~ *tutto il secolo sedicesimo* throughout the sixteenth century; ~ *il viaggio* during the journey.

lungodegente *m./f.* ⟨*Med*⟩ long–term patient.

lungo|fiume *m.* riverside, embankment. **~lago** *m.* (*pl.* -ghi) lakeside. **~mare** *m.* seafront, waterfront; (*passeggiata a mare*) promenade, seafront. **~metraggio** *m.* ⟨*Cin*⟩ feature (*o* full–length) film. **~tevere** *m.* Tiber embankment, Tiber side.

lunotto *m.* ⟨*Aut*⟩ back (*o* rear) window. **lunula** *f.* **1** ⟨*Geom,Archeol*⟩ lunule. **2** ⟨*Anat*⟩ lunule, ⟨*pop*⟩ half–moon.

luogo *m.* (*pl.* -ghi) **1** place, spot, locality: *un* ~ *umido* a damp place; *un* ~ *ameno* a pleasant spot; (*determinato dall'azione che vi avviene*) scene, site: ~ *del delitto* scene of the crime. **2** (*posto, spazio*) room: *c'è* ~ *per tutti* there is room for everyone. **3** (*punto*) place, spot: *il quadro è stato restaurato in più luoghi* the picture has been restored in several places; (*rif. a parti del corpo*) part, place. **4** (*edificio, parte di edificio*) place: ~ *di divertimento* place of amusement. **5** (*passo di uno scritto*) passage. **6** ⟨*Geom*⟩ locus. □ *in* **alto** ~ in high circles, high up; ⟨*fig*⟩ *essere in alto* ~ to move in high circles; *in* **altro** ~ somewhere else, ⟨*lett*⟩ elsewhere; *da un altro* ~ from another place, from somewhere else; *da un* ~ *all'altro* from one place to another; ~ *di* **approdo** landing place; **aver** ~ to take place, to occur: *l'incontro avrà* ~ *domani* the meeting will take place tomorrow; ⟨*Teat*⟩ ~ *dell'*azione place of action; *nel* ~ *citato* in the place cited; ~ **comune** commonplace, cliché, platitude; *luoghi di* **culto** places of worship; **dar** ~: **1** (*cedere il posto*) to give place (*a* to), to make way; **2** (*dar motivo*) to give rise (*a* to), to cause (s.th.); (*condurre a*) to lead (to); ~ *di* **decenza** lavatory, (*eufem*) public convenience; **del** ~ local: *autorità del* ~ local authorities; *essere del* ~ to be a native (*o* local); *non sono del* ~ I'm a stranger here, I don't live here; ~ *di* **destinazione** (*place of*) destination; ⟨*Gramm*⟩ *di* ~ of place: *avverbio di* ~ adverb of place; ~ *di* **emissione** place of issue; **fare** ~ *a qd.* to make room for s.o.; (*farlo passare*) to make way for s.o., to let s.o. pass; *fate* ~*!* make way!; *farsi* ~ to make one's way; (*a forza*) to push one's way; **fuor** (*di*) ~ (*inopportuno*) out of place, untimely, unseasonable; (*inopportunamente*) inopportunely; **in** ~ *di* (*invece di*) instead of; (*rif. a persona*) in the place (*o* stead) of, instead of: *vengo in* ~ *di mio padre* I am here in my father's stead; ~ *dell'*incidente scene of the accident, place where the accident took place; ~ *d'*incontro meeting place (*o* point); *luoghi d'*interesse turistico sights; ~ *di* **nascita** place of birth, birthplace; *in nessun* ~ nowhere; (*col verbo negativo o interrogativo*) anywhere; *da nessun* ~ from nowhere; *in ogni* ~ everywhere; ~ *d'*origine place of origin; ~ *di* **partenza** place of departure; ~ *di* **pena** (*carcere*) prison, penitentiary; *in* **primo** ~ in the first place, first of all, firstly; *mettere qc. in primo* ~ to put s.th. first, to give s.th. (top) priority; ⟨*Dir*⟩ *non* ~ *a* **procedere** non–suit; *dichiarare un non* ~ *a procedere* to dismiss a case, to quash an indictment; ~ (*aperto al*) **pubblico** public place; *in* **qualche** ~ somewhere; *in* **qualsiasi** ~ anywhere; (*in frasi concessive*) wherever; *in* **questo** ~ in this place, here; ~ *di* **raduno** meeting place; ~ *di* **residenza** (*place of*) residence, dwelling place; ~ **sacro** sacred place; (*destinato al culto*) place of worship; *Luoghi* **Santi** Holy Places; *in* **secondo** ~ in the second place, secondly; **sul** ~ on the spot; *a* **tempo** *e* ~ at the proper (*o* right) time and place; **tenere** (*il*) ~ *di qd.* (*farne le veci*) to act for s.o., to take s.o.'s place; *in* **ultimo** ~ lastly, last of all.

luogotenente *m.* **1** lieutenant (*anche Mil.ant.*) **2** (*vice*)

deputy, representative. **luogotenenza** *f.* lieutenancy (*anche Mil.*).

lupa *f.* **1** she wolf. **2** ⟨*Agr*⟩ (*carie dell'olivo*) dry rot. □ ⟨*Art*⟩ *la* ~ *capitolina* the Capitoline she wolf; ⟨*Med*⟩ *mal della* ~ b(o)ulimia. **lupacchiotto** *m.* (*cucciolo*) wolf cub; (*giovane lupo*) young wolf.

lupanare *m.* ⟨*lett*⟩ lupanar, brothel.

lupara *f.* **1** (*cartuccia*) buckshot. **2** (*fucile*) sawn–off shotgun.

luparia *f.* ⟨*Bot*⟩ wolfs–bane.

lupercali *m./f.pl.* ⟨*Stor.rom*⟩ (*anche feste lupercali*) Lupercalia *pl.*

lupetto *m.* **1** wolf–cub; (*cucciolo di cane lupo*) Alsatian (*o* German shepherd) pup. **2** (*scout*) wolf-cub, cub scout.

lupinaio *m.* (*f.* -a) lupin–seller. **lupinella** *f.* ⟨*Bot*⟩ sainfoin.

lupino[1] *a.* of a wolf, wolf's, wolfish, lupine.

lupino[2] *m.* ⟨*Bot*⟩ lupin(e).

lupinosi *f.* ⟨*Veter*⟩ lupinosis.

lupo *m.* (*f.* -a) **1** ⟨*Zool*⟩ wolf. **2** (*pelliccia*) wolf skin, wolf. **3** ⟨*Tess*⟩ willow. □ *al* ~*!* wolf! wolf!; *in bocca al* ~*!* good luck!; *cane* ~ Alsatian, German shepherd dog; ⟨*Tess*⟩ ~ **cardatore** carding willow; *mangiare come un* ~ to eat like a horse; ~ **mannaro**: **1** (*licantropo*) werewolf, lycantrope; **2** (*nelle fiabe*) werewolf; ~ *di* **mare** (*vecchio marinaio*) old salt, sea dog; ~ *delle* **praterie** (*coyote*) coyote, prairie wolf; ⟨*fig*⟩ **tempo** *da –i* foul weather. *Prov.: il* ~ *perde il pelo, ma non il vizio* the leopard doesn't change its spots; ~ *non mangia* ~ dog doesn't eat dog.

luppolo *m.* ⟨*Bot*⟩ hop.

lupus *m.* ⟨*Med*⟩ lupus.

lupus in fabula *lat.* speak of the devil (and he's sure to appear).

luridezza *f.* filth, dirt. **lurido** *a.* **1** filthy. **2** ⟨*fig*⟩ foul, dirty. **luridume** *m.* **1** filth, filthiness; ⟨*fig*⟩ squalor, sordidness. **2** (*cose sporche*) filth, dirt, filthy mess; ⟨*fig*⟩ dregs *pl.* ‘

lusco *a.* (*pl.* -chi) ⟨*ant,lett*⟩ (*losco*) squinting, cross–eyed. □ *tra* ~ *e brusco* at dusk; ⟨*fig*⟩ (*rif. al volto*) half cross and half kind.

lusiade *a./s.m./f.* ⟨*lett*⟩ Lusitanian.

lusinga *f.* **1** (*allettamento*) allurement, enticement; (*adulazione*) flattery: *cedere alle lusinghe di qd.* to be won over by s.o.'s flattery. **2** (*illusione*) illusion, false hope, delusion. **lusingare** *v.t.* (**lusingo, lusinghi**) **1** (*allettare*) to allure, to entice: ~ *qd. con promesse* to entice s.o. with promises. **2** (*fare piacere*) to be gratified (*o* flattered): *mi lusinga molto la sua stima* I am very gratified by his esteem. **3** (*adulare*) to flatter: ~ *la vanità di qd.* to flatter s.o.'s vanity. **4** (*illudere*) to deceive, to delude. **lusingarsi** *v.r.* **1** to flatter o.s.; (*illudersi*) to entertain illusions (*o* false hopes), to delude o.s. **2** (*in frasi di cortesia: sperare*) to hope, to trust: *mi lusingo di averti giovato* I hope that I have helped you. **lusingatore I** *s.m.* (*f.* -trice) flatterer, wheedler. **II** *a.* flattering. **lusinghiero** *a.* (*che lusinga*) flattering; (*che soddisfa l'amor proprio*) flattering, gratifying: *complimenti –i* gratifying compliments.

Lusitania *N.pr.f.* ⟨*Geog.stor*⟩ Lusitania. **lusitano** *a./s.m.* (*f.* -a) Lusitanian.

lussare *v.t.* to dislocate, to luxate: *lussarsi una spalla* to dislocate one's shoulder. **lussazione** *f.* dislocation, luxation: ~ *congenita dell'anca* congenital luxation of the hip.

lussemburghese I *a.* Luxemb(o)urgian. **II** *s.m./f.* Luxemb(o)urger. **Lussemburgo** *N.pr.m.* ⟨*Geog*⟩ Luxemb(o)urg.

lusso *m.* **1** sumptuousness, luxury, pomp: ~ *orientale* oriental pomp; *vivere nel* ~ to live in (the lap of) luxury. **2** ⟨*fig*⟩ (*abbondanza*) wealth, abundance: *raccontare qc. con gran* ~ *di particolari* to tell s.th. with a wealth of detail. **3** (*spesa eccessiva*) luxury, extravagance: *sono –i che non possiamo permetterci* we cannot afford luxuries like these. □ *concedersi il* ~ *di* to allow o.s. the luxury of; *di* ~ luxury, de luxe: *un albergo di* ~ a luxury (*o* de luxe) hotel. **lussuosamente** *avv.* luxuriously. **lussuoso** *a.* luxurious, grand, sumptuous.

lussureggiante *a.* luxuriant. **lussureggiare** *v.i.*

(**lussurẹggio, lussurẹggi;** *aus.* **avere**) to be luxuriant. **lussuria** *f.* lust (*anche Teol.*). **lussuriosamẹnte** *avv.* lustfully. **lussuriọso** *a.* lustful.

lustrạle *a.* **1** ⟨*lett*⟩ lustral, purifying: *acque –i* lustral waters. **2** ⟨*Lit*⟩ holy: *acqua* ~ holy water.

lustrạre *v.t.* to polish: ~ *i mobili* to polish the furniture; ~ *le scarpe* to clean (*o* shine, polish) one's shoes; (*a cera*) to wax. **lustrascạrpe** *m.inv.* shoeblack, ⟨*am*⟩ shoeshine. **lustrạta** *f.* (quick) shine, polish (over): *dare una* ~ *a qc.* to give s.th. a quick shine. **lustratọre** *m.* (*f.* **-trice**/*pop.* **-tora**) polisher. **lustratụra** *f.* **1** (*atto*) polishing, shining. **2** (*effetto*) polish, shine.

lustrịno *m.* ⟨*Vest*⟩ sequin, spangle.

lụstro[1] **I** *a.* **1** (*lucido*) shining, bright: ~ *come uno specchio* as bright as a mirror; (*lustrato*) polished. **2** (*rif. alla pelle*) shiny; (*rif. al pelo di animali*) glossy. **II** *s.m.* **1** (*lucentezza*) shine, polish, gloss, lustre, brilliance. **2** ⟨*fig*⟩ lustre, prestige, fame. ▢ *dare* ~ *alla propria città* to bring honour to[1] (*o* shed lustre on) one's city; ⟨*fig*⟩ *di gran* ~ *of* great renown, glorious; ⟨*fig*⟩ *avere gli occhi –i* (*per le lacrime*) to have bright (*o* moist, dewy) eyes; (*per la febbre*) to have watery eyes.

lụstro[2] *m.* **1** (*spazio di cinque anni*) period of five years, lustrum. **2** ⟨*Stor.rom*⟩ lustrum.

luteịna *f.* ⟨*Chim,Biol*⟩ lutein. **lụteo** *a.* (*giallo*) (golden) yellow, ⟨*lett*⟩ luteous. ▢ ⟨*Med*⟩ *corpo* ~ corpus luteum.

luteranẹsimo, luteranịsmo *m.* ⟨*Rel*⟩ Lutheranism. **luterạno I** *a.* Lutheran: *la chiesa –a* the Lutheran Church. **II** *s.m.* (*f.* **-a**) Lutheran. **Lutẹro** *N.pr.m.* ⟨*Stor*⟩ Luther.

lutẹzio *m.* ⟨*Chim*⟩ lutetium, lutecium.

lụto *m.* ⟨*Ceram*⟩ lute, luting.

lutoterapịa *f.* ⟨*Med*⟩ mud–bath treatment.

lutrẹola *f.* ⟨*Zool*⟩ mink.

lụtto *m.* **1** mourning. **2** (*perdita, morte*) bereavement, loss: *la guerra causa solo –i e dolore* war brings nothing but bereavement and sorrow. **3** (*segno esteriore di cordoglio*) mourning: *portare* (*o prendere*) *il* ~ to wear mourning. ▢ **chiuso** *per* ~ closed for family mourning; **da** ~ mourning–: *abito da* ~ mourning (dress); **essere** *in* ~ *per qd.* to be in mourning for s.o.; **mezzo** ~ half mourning; ~ **nazionale** national mourning; **partecipare** *al* ~ to sympathize with s.o.; **smettere** *il* ~ to come out of mourning; ~ **stretto** deep mourning; **vestito** *a* ~ (dressed) in mourning.

luttuosamẹnte *avv.* mournfully, sorrowfully. **luttuọso** *a.* sorrowful, mournful, doleful.

lux *m.* ⟨*Fis*⟩ lux.

lyddịte *f.* ⟨*Chim*⟩ lyddite.

M

m, M ['emme] *f./m.* (*lettera dell'alfabeto*) m, M: *due m* two m's; *una m maiuscola* a capital M; *una m minuscola* a small m; ⟨*Tel*⟩ *m come Milano* M for Mary, ⟨*am*⟩ M for Mike.

m = **1** *metro* metre (*abbr.* m.). **2** ⟨*Fis*⟩ *massa* mass (*abbr.* m.).

ma I *congz.* **1** but: *lo pensavo anch'io, ~ mi sbagliavo* I thought so too, but I was wrong. **2** (*preceduto dalla negazione*) but, *spesso si sostituisce con un verbo: non è rosso ~ verde* it's not red, it's green. **3** (*anzi, addirittura*) why, indeed, in fact: *un uomo intelligente? ~ è un genio* is he intelligent? why, he's a genius; (*al contrario*) on the contrary. **4** (*rafforzativo*) really, so: *è una donna brutta ~ tanto brutta* she is an ugly woman, ⌐really very⌐ (*o* oh so) ugly. **5** (*avversativo*) but, (and) yet, still, though, nevertheless: *queste rose sono molto belle, ~ non profumano* these roses are very beautiful, but they have no scent; *è ricchissimo, ~ porta sempre vestiti vecchi* he's very rich, yet he always wears old clothes. **6** (*in frasi esclamative*) why, but, for Heaven's sake: *~ smettila con questo chiacchierio!* for Heaven's sake stop that chattering! **7** (*in frasi interrogative*) but, *spesso non si traduce: ~ perché?* but why? **II** *intz.* ⟨*chissà*⟩ goodness (*o* who) knows, I don't know: *che sarà successo? – ~!* what can have happened? – goodness knows! **III** *s.m.inv.* but, objection: *non c'è ~ che tenga* but me no buts. □ ~ **che hai?** what's the matter with you?; ~ *che bugiardo!* what a liar!; ~ **come?** what!; ~ **ecco** but then; ~ **insomma!** for Heaven's (*o* goodness') sake!; ~ **no!** no!, not at all!, certainly (*o* of course) not!; (*esprimendo incredulità*) no!, really?, you don't say so!; ~ **però** but, yet; ~ **sì!** (yes) of course!: ~ *sì che ti amo* of course I love you; ~ *sì che lo conosci* you do know him; *non solo ...,* ~ *anche* not only ..., but even (*o* also); ~ **va!** go on!

macabro (*o* **macàbro**) *a.* macabre, gruesome. □ *danza –a* danse macabre, dance of death.

macaco *m.* (*pl.* **-chi**) **1** ⟨*Zool*⟩ macaque. **2** ⟨*fig*⟩ fool, simpleton.

macadam *m.* ⟨*Strad*⟩ macadam. **macadamizzare** *v.t.* to macadamize.

macao *m.* (*gioco d'azzardo*) macao, makao.

macaone *m.* ⟨*Entom*⟩ swallow tail (butterfly).

Maccabei *N.pr.m.pl.* ⟨*Bibl*⟩ Maccabees *pl.*

maccarello *m.* ⟨*Itt*⟩ (*sgombro*) mackerel.

maccartismo *m.* ⟨*Pol*⟩ McCarthyism. **maccartista** *m./f.* McCarthyist.

macché *intz.* not at all, not a bit of it, ⟨*fam*⟩ not on your life: *hai studiato? – ~!* have you studied? – not at all!

maccheronata *f.* **1** feast of macaroni. **2** (*pranzo fra amici senza formalità*) informal meal. **3** ⟨*fig*⟩ (*errore grossolano*) blunder. **maccheroni** *m.pl.* macaroni *sing: questi ~ sono buoni* this macaroni is good. □ ⟨*fig*⟩ *cascare come il cacio sui –i* to be just what the doctor ordered.

maccheronico *a.* (*pl.* **-ci**) **1** ⟨*Lett*⟩ macaronic(al): *poesia –a* macaronic poetry. **2** (*rif. a lingua: storpiato*) bad, bastard, pidgin, macaronic.

macchia[1] *f.* **1** spot, stain, blot: *la tovaglia è piena di –e di vino* the tablecloth is covered with wine stains. **2** (*sulla pelle*) blotch, blemish; ⟨*Med*⟩ macula, spot; (*sul pelo di animali*) patch. **3** ⟨*fig*⟩ (*disonore*) blemish, blot, stain, spot: *avere una reputazione senza ~* to be without a blot on one's reputation, to have an unblemished (*o* unsullied) reputation. **4** ⟨*Pitt*⟩ sketch. □ *a –e* spotted, with spots (on), mottled; ~ *d'*inchiostro (ink) blot, ink-spot, ink-stain; ⟨*Astr*⟩ *–e* lunari lunar oceans (*o* seas), seas of the moon; ~ *d'*olio oil stain; (*sull'acqua*) oil slick; *dilatarsi a macchia d'~* to spread rapidly; ~ *di* sangue blood-stain; senza ~ stainless, spotless, flawless (*anche fig.*); ⟨*Astr*⟩ *–e* solari sunspots *pl.*

macchia[2] *f.* **1** (*boscaglia*) underbrush, bush, scrub. **2** (*nella zona mediterranea*) maquis. □ *alla ~* (*clandestinamente*) clandestinely, underground: *stampare alla ~* to print clandestinely; *darsi alla ~*: **1** (*darsi al brigantaggio*) to take to the bush; **2** ⟨*Pol*⟩ to join the Maquis (*o* a resistance movement); **3** ⟨*fig*⟩ (*rendersi irreperibile*) to go into hiding; *stare* (*o* *vivere*) *alla ~*: **1** to be on the run, to be a runaway (*o* fugitive); **2** (*rif. a bandito*) to be an outlaw; **3** ⟨*Pol*⟩ to be one of the Maquis (*o* partisans).

macchiaiolo *m.* ⟨*Pitt*⟩ **1** one of the Macchiaioli, Florentine impressionist painter. **2** *pl.* Macchiaioli *pl.*

macchiare *v.t.* (**macchio, macchi**) **1** to stain, to spot, to blot: *hai macchiato la tovaglia di vino* you stained the tablecloth with wine; (*di fango*) to (be)spatter; (*di unto*) to smear. **2** ⟨*fig*⟩ to sully, to blemish: ~ *l'onore di qd.* to sully s.o.'s reputation. **3** ⟨*Pitt*⟩ to sketch. **4** ⟨*assol*⟩ to stain, to spot; (*rif. a liquidi*) to blot: *questa penna macchia* this pen blots. **macchiarsi** *v.r.* **1** to spot o.s., to get stains on o.s. **2** ⟨*fig*⟩ to soil (*o* sully) o.s. □ *macchiarsi di un delitto* to stain o.s. with a crime. **macchiato** *a.* spotted; (*chiazzato*) dappled. □ *caffè ~* coffee with a drop of milk in it.

macchietta *f.* **1** speck, speckle, fleck. **2** (*vignetta caricaturale*) caricature. **3** ⟨*fig*⟩ (*persona buffa*) (real) character, sketch: *sei una vera ~* you're a real character. **macchiettare** *v.t.* (**macchietto**) to speckle, to dapple, to fleck. **macchiettato** *a.* speckled, dappled, flecked. **macchiettista** *m./f.* **1** (*chi disegna caricature*) caricaturist. **2** ⟨*Teat*⟩ character actor (*f* –tress).

macchina *f.* **1** (*trasformatrice di energia*) engine: ~ *a vapore* steam engine. **2** (*congegno meccanico*) machine: ~ *per cucire* sewing machine. **3** (*automobile*) car, motorcar, ⟨*am*⟩ automobile: *salire in ~* to get into the car. **4** ⟨*fig*⟩ (*meccanismo*) mechanism, machinery: *la ~ elettorale* the electoral machinery; (*struttura*) framework, structure: *la ~ dello stato* the structure of the state. **5** ⟨*fig*⟩ (*rif. a persona: automa*) robot, automaton, machine. **6** ⟨*Sport*⟩ length: *distanziare un concorrente di una ~* to outdistance a competitor by one length. □ **a** ~ by (*o* on a) machine, machine-: *fatto a* ~ machine–made; *battere* (*o* *scrivere*) *a* ~ to type; ~ **agricola** farm (*o* agricultural) machine; ⟨*Giorn*⟩ *al momento di* andare *in* ~ going to press, as we

go to press, at the time of going to press; ~ *da* **caffè** coffee machine; *fare qc.* **come** *una* ~ to do s.th. mechanically; ⟨*Tip*⟩ ~ **compositrice** composing (*o* typesetting) machine; ~ **contabile** bookkeeping machine; ⟨*Aut*⟩ ~ *da* **corsa** racing car; ~ *da* **cucire** sewing machine; ~ **elettrica** electric machine; ~ *per* **fatturare** invoicing machine; ~ **fotografica** camera; ~ *fotografica da studio* studio camera; ~ *fotografica tascabile* pocket camera; ⟨*Stor*⟩ ~ *da* **guerra** engine of war; ~ **idraulica** hydraulic machine; ⟨*Tip*⟩ *essere in* ~ to be in the press; *fare* ~ **indietro** to reverse; ⟨*fig*⟩ to go back on a decision, to change one's mind; ~ *stampa* **indirizzi** addressing machine, addressograph; ~ **infernale** (*ordigno esplosivo*) infernal machine; ~ *per* **maglieria** knitting machine, knitter; ⟨*Tip*⟩ **messa** *in* ~ imposition; ~ *per la* **pasta** dough maker; ⟨*Mecc*⟩ ~ **perforatrice** perforating machine; ⟨*Tip*⟩ ~ **piana** flat bed press (*o* machine); ⟨*Legat*⟩ ~ **piega-fogli** (paper)folding machine; ⟨*Cin*⟩ ~ *da* **presa** cinecamera, motion-picture camera, ⟨*am*⟩ movie camera; ~ **rifilatrice** trimming machine; ⟨*Tip*⟩ ~ **rotativa** rotary (*o* cylinder) printing press; **sala** *-e* engine room; ~ *da* **scrivere** typewriter; ~ *da scrivere elettrica* electric typewriter, ⟨*am.fam*⟩ electric; ~ *da scrivere portatile* portable typewriter; ⟨*Ind*⟩ ~ **selezionatrice** grading (*o* sorting) machine, grader; ~ *da* **stampa** printing press; ⟨*Mecc*⟩ ~ *da* **taglio** cutting machine; ~ **teatrale** theatrical machinery; ~ *del tempo* time machine; ~ *da* **ufficio** office machine; ~ **usata** second-hand car; ~ **utensile** machine tool; ~ *della* **verità** lie detector.
macchinale *a.* mechanical: *gesto* ~ mechanical gesture. **macchinalmente** *avv.* mechanically. **macchinare** *v.t.* (**macchino**) **1** to plot, to scheme: ~ *la rovina di qd.* to plot s.o.'s ruin. **2** ⟨*assol*⟩ to conspire, to plot, to hatch plots. □ ~ *congiure* to conspire, to hatch plots. **macchinario** *m.* machinery, machines *pl.* □ ~ *agricolo* farm machinery. **macchinazione** *f.* plot, intrigue, machination. **macchinismo** *m.* mechanization. **macchinista** *m.* **1** ⟨*Ferr*⟩ engine driver, ⟨*am*⟩ engineer. **2** ⟨*Mar*⟩ (ship's) engineer. **3** ⟨*Teat*⟩ stage hand. **4** ⟨*Ind*⟩ machinist, machine operator.
macchinosamente *avv.* complicatedly, involvedly. **macchinoso** *a.* (unnecessarily) complicated, complex, involved.
macchiolina *f.* speck, speckle, fleck.
macedone **I** *a.* Macedonian, Macedonic. **II** *s.m./f.* Macedonian. **macedonia** *f.* ⟨*Gastr*⟩ fruit salad. **Macedonia** *N.pr.f.* ⟨*Geog*⟩ Macedonia.
macellabile *a.* fit for slaughtering. **macellaio** *m.* **1** butcher, slaughterer. **2** (*venditore*) butcher. **3** ⟨*fig,spreg*⟩ (*rif. a chirurgo*) butcher. **macellare** *v.t.* (**macello**) to slaughter, to butcher (*anche fig.*): ~ *clandestinamente* to slaughter illicitly. **macellatore** *m.* (*f.* **-trice**) butcher, slaughterer (*anche fig.*). **macellazione** *f.* slaughtering, butchering. **macelleria** *f.* butcher's (shop). **macello** *m.* **1** (*mattatoio*) slaughterhouse, shambles *pl* (*costr.sing.*). **2** (*macellazione*) butchering, slaughtering. **3** ⟨*fig*⟩ (*strage*) slaughter, massacre, butchery. **4** ⟨*fam,scherz*⟩ (*fiasco*) shambles *pl* (*costr. sing.*), mess. □ *bestie da* ~ animals for slaughter.
macerare *v.t.* (**macero**) **1** to macerate, to step; ⟨*Tess*⟩ to ret; ⟨*Conc*⟩ to bate. **2** ⟨*fig*⟩ (*mortificare*) to mortify: ~ *il corpo* to mortify the flesh. **macerarsi** *v.r.* to waste away, to pine: *macerarsi con i digiuni* to waste away by fasting. **maceratoio** *m.* ⟨*Tess*⟩ rettery. **maceratore** *m.* (*macchina*) macerator. **macerazione** *f.* **1** steeping, maceration; ⟨*Tess*⟩ retting; ⟨*Conc*⟩ bating. **2** ⟨*fig*⟩ (*mortificazione*) mortification. **macerie** *f.pl.* ruins *pl*, débris, rubble, wreckage. **macero** *m.* **1** (*macerazione*) steeping, maceration. **2** ⟨*Tess*⟩ retting; (*maceratoio*) rettery. **3** ⟨*Cart*⟩ maceration; (*impianto*) pulping plant. □ ⟨*Cart*⟩ *mandare al* ~ to send for pulping, to scrap; ⟨*Tess*⟩ *mettere al* ~ to ret, to steep.
Mach *ted.* [-x]: ⟨*Aer*⟩ *numero di* ~ Mach number.
machiavellico *a.* (*pl.* **-ci**) **1** Machiavellian. **2** ⟨*fig*⟩ Machiavellian, cunning, crafty. **machiavellismo** *m.* **1** Machiavellianism, Machiavellism. **2** ⟨*fig*⟩ duplicity, cunning.

machmetro *m.* ⟨*Aer*⟩ Machmeter.
macho *sp.* [-tʃo] *m.* macho.
macigno *m.* **1** sandstone. **2** (*sasso grande*) boulder, rock. □ *essere un* ~ (*uggioso*) to be a bore (*o* nuisance).
macilento *a.* emaciated, ⟨*fam*⟩ skinny. **macilenza** *f.* emaciation.
macina *f.* **1** (*macchina*) grinder. **2** (*mola*) millstone, grindstone. **macinabile** *a.* grindable, millable.
macina|caffè *m.inv.* coffee-grinder. **~colori** *m.inv.* muller(stone). **~pepe** *m.inv.* pepper-grinder (*o* mill).
macinare *v.t.* (**macino**) **1** to mill, to grind; (*rif. a colori*) to grind, to mull. **2** (*estens*) (*ridurre in polvere: rif. a caffè, pepe e sim.*) to grind. **3** ⟨*fig*⟩ (*sperperare*) to squander, to waste, to go through. □ ~ *chilometri* to eat up the miles; ~ *parole* to jabber. **macinata** *f.* **1** grinding, milling; (*rif. a caffè, pepe e sim.*) grinding. **2** (*quantità*) quantity ground. **macinato** *m.* meal, grist; (*farina*) flour. □ ⟨*Stor*⟩ *imposta sul* ~ tax on flour (*o* meal), grist tax. **macinatoio** *m.* mill; (*per olive*) oil (*o* olive) press; (*per minerali*) edge mill. **macinatura** *f.* **1** grinding, milling; (*rif. a colori*) grinding, mullering. **2** (*prezzo della macinatura*) grinding fee, cost of milling. **macinazione** *f.* grinding, milling; (*rif. a colori*) grinding, mullering. **macinino** *m.* **1** (*per il caffè*) coffee grinder (*o* mill); (*per il pepe*) pepper-grinder (*o* mill). **2** ⟨*scherz*⟩ (*automobile vecchia*) jalopy. **macinio** *m.* grinding, milling.
macis *m./f.* ⟨*Bot*⟩ mace. □ *olio di* ~ mace oil.
maciste *m.* ⟨*scherz*⟩ (*uomo di corporatura imponente*) colossus, giant.
maciullare *v.t.* **1** ⟨*Tess*⟩ to brake, to scutch. **2** (*estens*) (*stritolare*) to crush, to mangle.
macò *a./s.m.* → **makò**.
macramè *m.* ⟨*Tess*⟩ macramé.
macrobiosi *f.* macrobiosis, longevity. **macrobiotica** *f.* macrobiotics *pl* (*costr. sing.*). **macrobiotico** *a./s.* (*pl.* **-ci**) **I** *a.* macrobiotic: *dieta* *-a* macrobiotic diet; *ristorante* ~ macrobiotic restaurant. **II** *s.m.* (*f.* **-a**) macrobiotic, follower of macrobiotics.
macro|blasto *m.* ⟨*Bot*⟩ macroblast. **~cefalia** *f.* ⟨*Med*⟩ macrocephaly. **~cefalo** **I** *a.* macrocephalous, megacephalic. **II** *s.m.* (*f.* **-a**) macrocephalus. **~clima** *m.* ⟨*Meteor*⟩ macroclimate. **~cosmo** *m.* ⟨*Filos*⟩ macrocosm. **~economia** *f.* macroeconomics *pl* (*costr. sing.*). **~economico** *a.* (*pl.* **-ci**) macroeconomic. **~evoluzione** *f.* macroevolution. **~fisica** *f.* macrophysics *pl* (*costr. sing.*). **~fotografia** *f.* macrophotography. **~globulina** *f.* ⟨*Biol*⟩ macroglobulin. **~glossa** *f.* ⟨*Entom*⟩ hawk (*o* humming-bird) moth. **~glossia** *f.* ⟨*Med*⟩ macroglossia. **~linguistica** *f.* macrolinguistics *pl* (*costr. sing.*). **~melia** *f.* ⟨*Med*⟩ macromelia. **~molecola** *f.* ⟨*Chim*⟩ macromolecule, macromole. **~molecolare** *a.* macromolecular. **~scelide** *m.* ⟨*Zool*⟩ elephant shrew. **~scopico** *a.* (*pl.* **-ci**) **1** macroscopic. **2** ⟨*fig*⟩ glaring, gross: *errore* ~ glaring error, gross blunder, ⟨*fam*⟩ howler. **~sistema** *m.* macrosystem. **~spora** *f.* ⟨*Bot*⟩ macrospore, megaspore. **~sporangio** *m.* macrosporange, macrosporangium. **~struttura** *f.* macrostructure.
macula *f.* ⟨*Anat,Biol*⟩ macula: ~ *lutea* macula lutea. **maculare** *a.* macular. **maculato** *a.* ⟨*lett*⟩ **1** spotted, speckled, dappled. **2** ⟨*fig*⟩ sullied, defiled, stained.
Madagascar *N.pr.m.* ⟨*Geog*⟩ Madagascar.
madama *f.* **1** ⟨*scherz*⟩ madam, (fine) lady: *darsi arie da* ~ to play the fine lady, to put on airs. **2** ⟨*Stor*⟩ Madame. **madamigella** *f.* **1** ⟨*scherz*⟩ mademoiselle. **2** ⟨*Stor*⟩ Mademoiselle.
madapolam *m.* ⟨*Tess*⟩ madapollam.
Maddalena *N.pr.f.* Magdalen(e), Madeleine.
madera *m.* ⟨*Enol*⟩ Madeira (wine).
Madera *N.pr.f.* ⟨*Geog*⟩ Madeira.
madia *f.* kneading trough, ⟨*am*⟩ dough tray; (*credenza*) kitchen cupboard.
madido *a.* (*umido*) moist, damp; (*bagnato*) wet, soaked: ~ *di sudore* soaked (*o* bathed) in sweat.
madierè *m.* ⟨*Mar*⟩ floor; (*rif. a nave di legno*) floor timber; (*rif. a nave di ferro*) floor plate.
madonna *f.* ⟨*ant*⟩ **1** (*appellativo*) madonna, lady. **2** (*donna amata*) my lady. **Madonna** *f.* **1** ⟨*Rel*⟩ Our Lady,

Madonna. **2** ⟨*Art*⟩ madonna. ▢ ⟨*fig*⟩ *viso da* ~ angelic face. **madonnina** *f.* **1** ⟨*Art*⟩ (*dipinta o scolpita*) (small) madonna; (*medaglietta*) medal of Our Lady. **2** ⟨*fig*⟩ (*giovinetta di pura bellezza*) angelic–looking girl. ▢ ⟨*fam*⟩ ~ *infilzata* (*santerellina*) prude, ⟨*fam*⟩ goody–goody; *sembra una* ~ *infilzata* she looks as if butter wouldn't melt in her mouth.

madornale *a.* enormous, huge, gross: *errore* ~ huge mistake, gross blunder, ⟨*fam*⟩ howler, ⟨*am.fam*⟩ blooper.

madras *m.* ⟨*Tess*⟩ madras.

madre I *s.f.* **1** mother. **2** (*rif. ad animali*) dam, mother. **3** (*rif. a religiose*) Mother. **4** ⟨*fig*⟩ (*causa, origine*) cause, mother, source. **5** (*dell'aceto*) mother (of vinegar). **6** ⟨*Comm*⟩ (*matrice*) counterfoil, stump. **7** ⟨*Tip*⟩ matrix. **II** *a.* **1** mother–. **2** ⟨*fig*⟩ (*principale*) fundamental, basic, chief: *idea* ~ fundamental idea. ▢ *l'antica* ~ (*la terra*) mother earth; ~ **badessa** Mother Abbess; **casa** ~: **1** ⟨*Comm*⟩ head (office); **2** ⟨*Rel*⟩ mother house; *la* ~ *di* **Dio** the Mother of God; ⟨*Anat*⟩ **dura** ~ dura mater; ~ *di* **famiglia** mother (of a family); *fare da* ~ *a qd.* to mother s.o., to be like a mother to s.o.; ~ **natura** mother nature; *come* ~ *natura l'ha fatto* (*nudo*) in his birthday suit; ~ **naturale** natural mother; ~ **nubile** unmarried mother; *per* **parte** *di* ~ on one's mother's side; ⟨*Anat*⟩ **pia** ~ pia mater; **ragazza** ~ teenage unmarried mother; **regina** ~ queen mother; ⟨*Comm*⟩ **registro** *a* ~ *e figlia* counterfoil register; **senza** ~ motherless; ~ **superiora** Mother Superior.

madrelingua (o *madre lingua*) *f.* mother tongue. ▢ *insegnante di* ~ native language teacher. **madrepatria** *f.* motherland, native (o mother) country. **madreperla I** *s.f.* mother–of–pearl, nacre. **II** *a.* pearly, mother–of–pearl–, nacreous. ▢ ~ *artificiale* imitation mother–of–pearl; *color* ~ pearl–coloured, pearly; ~ *naturale* natural mother–of–pearl. **madreperlaceo** *a.* mother–of–pearl–, pearly, nacreous. **madrepora** *f.* ⟨*Zool*⟩ madrepore. **madreporico** *a.* (*pl.* -ci) madreporic, madreporian, madrepore–. **madreselva** *f.* ⟨*Bot*⟩ honeysuckle. **madrevite** *f.* ⟨*Mecc*⟩ **1** nut (o female) screw, female thread. **2** (*nelle macchine utensili*) die: ~ *per bulloni* bolt die.

Madrid *N.pr.f.* ⟨*Geog*⟩ Madrid.

madrigale *m.* ⟨*Lett,Mus*⟩ madrigal. **madrigaleggiare** *v.i.* (**madrigaleggio, madrigaleggi**; *aus.* avere) (*scrivere madrigali*) to compose (o write) madrigals; (*cantare madrigali*) to sing madrigals. **madrigalesco** *a.* (*pl.* -chi) madrigalian, madrigalesque, of madrigals, madrigal–. **madrigalista** *m.* madrigalist, composer of madrigals.

madrileno I *a.* of Madrid, Madrilenian. **II** *s.m.* (*f.* -a) native (o inhabitant) of Madrid, Madrilenian.

madrina *f.* **1** godmother, sponsor, matron. **2** ⟨*estens*⟩ (*rif. al varo di una nave*) sponsor, lady who launches a ship. ▢ ~ *di cresima* sponsor at Confirmation; ~ *di nozze* Matron of honour; *fare da* ~ *a qd.* to act as godmother to s.o., to be s.o.'s godmother.

maestà *f.* **1** majesty, dignity, loftiness, stateliness. **2** (*titolo*) Majesty: *Vostra* ~ Your Majesty. **3** ⟨*Art*⟩ majesty. ▢ ⟨*Dir*⟩ *delitto di* (*lesa*) ~ lese majesty; *le Loro* ~ Their Majesties; (*formula di cortesia*) Your Majesties. **maestosamente** *avv.* majestically. **maestosità** *f.* majesty, dignity, loftiness, stateliness. **maestoso** *a.* majestic, lofty, stately, imposing: *l'aspetto* ~ *di un edificio* the imposing appearance of a building.

maestra (o *maestra*) *f.* **1** teacher, schoolteacher, schoolmistress. **2** (*donna particolarmente abile in un'attività*) expert, mistress. **3** ⟨*fig*⟩ (*guida, esempio*) teacher, guide: *l'esperienza è* ~ *di vita* experience is life's teacher. ▢ ~ *di cucito* sewing teacher; ⟨*Mar*⟩ *albero di* ~ mainmast; *vela di* ~ mainsail; ~ **elementare** primary schoolteacher; ~ **giardiniera** nursery teacher; ~ *di* **pianoforte** piano teacher.

maestrale *m.* north–west wind, mistral.

maestranza *f.* (generally in pl.) workers *pl,* workmen *pl,* hands *pl:* -*e di un cantiere navale* shipyard workmen (o hands). ▢ ⟨*Mar.mil*⟩ -*e di bordo* ship hands *pl;* -*e portuali* dockers *pl,* ⟨*am*⟩ longshoremen *pl;* -*e specializzate* skilled workers, skilled labour *sing.*

maestria *f.* **1** mastery, skill, dexterity. **2** (*accortezza*) astuteness, adroitness, shrewdness, cunning.

maestro[1] (o *maestro*) *m.* (*f.* -a) **1** master. **2** (*insegnante*) teacher; (*maestro di scuola*) master, schoolteacher, schoolmaster. **3** ⟨*fig*⟩ (*guida*) master, teacher. **4** (*persona particolarmente abile in un'attività*) master, expert. **5** (*rif. a musicisti professionisti*) maestro, master; (*direttore d'orchestra*) conductor. **6** (*operaio specializzato*) master: ~ *falegname* master carpenter. **7** (*titolo*) Master. **8** ⟨*Art*⟩ master: *i grandi* -*i del cinquecento* the old masters of the sixteenth century. ▢ ~ *d'*armi fencing master; ~ *d'*ascia: **1** ⟨*Fal*⟩ (chief) carpenter; **2** ⟨*Mar*⟩ shipwright; ~ *di* **ballo** dancing master; ⟨*Stor*⟩ -*i* **cantori** mastersingers *pl,* meister singers *pl;* ~ *di* **cappella** chapel master; ~ *di* **cerimonie** master of ceremonies; *un colpo* (*da*) ~ a masterstroke; ⟨*Mus*⟩ ~ **concertatore** (*direttore d'orchestra*) conductor; ~ *del* **coro** choir master; ⟨*Teat*⟩ chorus master; *da* ~: **1** (*magistrale*) masterly: *un tiro da* ~ a masterly shot; **2** (*magistralmente*) skilfully, in a masterly way; ~ **elementare** primary schoolteacher; *Gran* ~ *della* **massoneria** Grand Master of the Lodge; ~ **muratore** master mason; ~ *di* **musica** music master; ~ *di* **nuoto** swimming instructor; ⟨*Stor*⟩ ~ *di* **palazzo** major–domo; ~ *di* **sci** ski(ing) instructor. *Prov.: nessuno nasce* ~ everyone has to learn.

maestro[2] (o *maestro*) *a.* **1** (*magistrale*) masterly, skilful: *un colpo* ~ a masterly stroke, a masterstroke. **2** (*principale*) main, master–: ⟨*Mar*⟩ *albero* ~ mainmast.

maestro[3] *m.* ⟨*Meteor*⟩ (*vento maestrale*) north–west wind, mistral.

mafia (o *maffia*) *f.* **1** Mafia, Maffia. **2** ⟨*estens*⟩ (*arroganza*) arrogance. ▢ ⟨*fam,scherz*⟩ *far la* ~ (*sfoggiare un'eleganza vistosa*) to swank, to be dolled up. **mafioso I** *a.* **1** of the Mafia. **2** ⟨*estens*⟩ (*arrogante*) arrogant, overbearing. **II** *s.m.* (*f.* -a) **1** member of the Mafia. **2** ⟨*fam,scherz*⟩ (*elegantone*) dandy.

maga *f.* sorceress, enchantress.

magagna *f.* **1** flaw, imperfection, defect, blemish. **2** ⟨*fig*⟩ (*difetto*) defect, flaw, imperfection. **3** (*malanno*) infirmity, ailment.

magari I *intz.* **1** I wish, if only: ~ *tu non fossi partito* I wish you had not left; ~ *fosse vero* if only it were true. **2** (*volentieri*) of course, I should say so, ⟨*fam*⟩ and how: *ti piacerebbe essere promosso?* - ~*!* would you like to be promoted? - ⌐of course⌐ (o I should say so)! **II** *congz.* ⟨*fam*⟩ (*anche se*) even if.

magazzeno *m.* ⟨*region*⟩ → magazzino. **magazzinaggio** *m.* **1** storage. **2** (*prezzo*) storage charges *pl.* ▢ ⟨*Comm*⟩ *diritti di* ~ warehouse dues, storage charges. **magazziniere** *m.* (*f.* -a) **1** storekeeper, warehouse keeper. **2** ⟨*Mil*⟩ storekeeper.

magazzino *m.* **1** (*stanza*) store; (*edificio*) warehouse, storehouse, depot; (*insieme delle merci*) stores *pl.* **2** (*negozio*) (department) store. **3** ⟨*Giorn,Fot,Tip*⟩ magazine. ▢ ⟨*Ind*⟩ ~ *con* **aria** *refrigerata* dry store; -*i di* **bacino** docks *pl;* ~ *di* **deposito** depository, depot, storehouse; ~ **doganale** bonded warehouse; **fondi** *di* ~ unsold stock; ⟨*Ind*⟩ ~ **frigorifero** cold store; ~ *di* **frutta** fruit warehouse (o shed, store); -*i* **generali** bonded warehouse; **grandi** -*i* department store(s); *avere in* ~ to have ⌐in stock⌐ (o on hand); ⟨*Ferr*⟩ ~ **merci** goods shed; -*i* **militari** military stores (o depots); **rifornire** *il* ~ to replenish stock; ~ *di* **transito** transit store; ⟨*Mar*⟩ ~ *per* **viveri** victualling yard.

Magellano *N.pr.m.* ⟨*Stor*⟩ Magellan. ▢ ⟨*Geog*⟩ *Stretto di* ~ Straits of Magellan.

magenta *a./s.inv.* **I** *a.* magenta–. **II** *s.m.* magenta.

maggengo (o *maggengo*) *a./s.* (*pl.* -ghi) **I** *a.* ⟨*Agr*⟩ May–, first crop–. **II** *s.m.* May (o first) crop. **maggese I** *a.* (*di maggio*) of May, May–: *fieno* ~ May (o first crop) hay. **II** *s.m./f.* **1** ⟨*Agr*⟩ fallowing. **2** (*terreno*) fallow ground.

maggio *m.* **1** May: *il due* (*di*) ~ the second of May, May the second. **2** ⟨*fig*⟩ bloom, prime: *nel* ~ *della vita* in the prime of life. **3** (*festa del primo maggio*) May Day; (*per i lavoratori*) Labour Day. ▢ *di* ~ in (o of) May, May–; *il mese di* ~ the month of May. **maggiociondolo** *m.* ⟨*Bot*⟩ laburnum. **maggiolata** *f.* ⟨*Mus*⟩ May song.

maggiolini *a./s.* → **maggiolino**[1].
maggiolino[1] **I** *a.* ⟨*Arred*⟩ inlaid, in the style of Maggiolini. **II** *s.m.* inlaid piece of furniture (made by Maggiolini).
maggiolino[2] *m.* ⟨*Entom*⟩ cockchafer.
maggiolino[3] *m.* ⟨*Aut,fam*⟩ beetle.
maggiorana *f.* ⟨*Bot*⟩ sweet marjoram.
maggioranza *f.* majority, greater number (*o* part): *la* ~ *degli uomini* the majority of men, most men. □ *essere eletto* **a** ~ to be elected by a majority; ~ **assoluta** absolute majority; *avere la* ~ to have a majority; ~ **governativa** government majority; **in** ~ mostly, mainly: *i miei libri sono in* ~ *romanzi gialli* most of my books are thrillers; *essere in* ~ to be in the majority; *con larga* ~ by a large majority; ~ **parlamentare** parliamentary majority; **partiti** *di* ~ majority parties; ~ **relativa** relative majority; *prendere una decisione a* ~ **semplice** to take a decision by a simple majority; *la* ~ **silenziosa** the silent majority; *la* ~ *dei* **voti** the majority of votes, a majority vote.
maggiorare *v.t.* ⟨maggioro⟩ to increase, to raise, to put up. **maggiorasco** *m.* (*pl.* **-chi**) ⟨*Stor*⟩ majorat. **maggiorato** *a.* increased, raised, put up, higher. □ ⟨*scherz*⟩ *–a fisica* sex bomb (*o* pot). **maggiorazione** *f.* increase, raising, putting up; (*aumento*) increase, rise.
maggiordomo *m.* **1** butler, house steward. **2** ⟨*Stor*⟩ major–domo.
maggiore I *a. compar.* **1** greater, bigger, larger: *il danno è stato* ~ *di quanto si prevedesse* the damage was greater than expected; (*più alto*) higher. **2** (*rif. all'età*) older: *è* ~ *di me di due anni* he is two years older than I (am); (*rif. a membri di una stessa famiglia*) elder. **3** (*maggiorenne*) ⟨*pred*⟩ of age. **4** (*superiore in ordine gerarchico*) senior, chief: *sagrestano* ~ chief sacristan. **5** ⟨*Mil*⟩ major: *sergente* ~ sergeant major. **6** ⟨*Mus*⟩ major: *terza* ~ major third; *do diesis* ~ C sharp major; *accordo* ~ major chord. **II** *a.sup.* **1** the greatest, the biggest, the largest: *con la* ~ *diligenza possibile* with the greatest possible care; *la pianura padana è la* ~ *d'Italia* the plain of the Po is the largest in Italy; (*rif. ad altezza*) highest. **2** (*rif. all'età*) the oldest; (*rif. a membri di una stessa famiglia*) the eldest: *il* ~ *dei miei nipoti* my eldest grandchild, the eldest of my grandchildren; (*fra due*) elder, older: *il* ~ *dei due* the older of the two. **3** (*il più importante*) the most important, the greatest, ⟨*am*⟩ major: *i –i poeti del trecento* the most important fourteenth–century poets; (*principale*) main, chief, high, ⟨*am*⟩ major: *la piazza* ~ *del paese* the main square of the town. **4** (*rif. a opere di scrittori, artisti e sim.*) chief, greatest, most important: *l'Omero* ~ Homer's most important works. **III** *s.m./f.* **1** superior; (*d'età*) elder. **2** *pl.* (*avi*) ancestors *pl,* forefathers *pl.* **3** ⟨*Mil*⟩ major. **4** ⟨*Aer*⟩ squadron leader. **Maggiore** *m./f.* (*appellativo*) Elder: *Catone* ~ Cato the Elder. □ *caporal* ~ corporal; ~ *età* (full) age, majority; *essere* ~ *d'età* to be of age; ~ *medico* surgeon major; *andare per la* ~ (*essere in voga*) to be popular, ⟨*fam*⟩ to be in; *per la maggior parte* mostly, mainly.
maggiorenne I *a.* of (full) age. **II** *s.m./f.* person of age, major, adult. □ *diventare* ~ to come of age.
maggiorente *m.* **1** notable, important (*o* influential) person. **2** *pl.* notables *pl,* important people *pl.*
maggiorità *f.* ⟨*Mil*⟩ (*rif. a reggimento*) regimental (*o* staff) office; (*rif. a battaglione*) orderly room.
maggioritario *a.* majority–: *sistema* ~ majority system.
maggiormente *avv.* **1** mainly, chiefly, mostly. **2** (*di più*) more, to a greater extent; (*tanto più*) all the more; (*a maggior ragione*) much (*o* even) more.
magia *f.* **1** magic. **2** ⟨*fig*⟩ (*fascino*) magic, enchantment, charm. □ ~ *bianca* (*o naturale*) white (*o* natural) magic; ~ *nera* black magic.
magiaro *a./s.m.* (*f.* **-a**) Magyar.
magico *a.* (*pl.* **-ci**) **1** magic, magical: *formula –a* magic formula; *bacchetta –a* magic (*o* fairy) wand. **2** ⟨*fig*⟩ (*che incanta*) magical, enchanting, charming. **3** ⟨*fig*⟩ (*che ha effetti inattesi e straordinari*) magic, extraordinary. **magio** *m.* (generally in pl.) Magus, ⟨*fam*⟩ Wise Man. □ ⟨*Bibl*⟩ *i re Magi* the Magi, the three Kings (*o* Wise Men).
magione *f.* ⟨*lett*⟩ abode, dwelling.

magiostrina *f.* ⟨*region*⟩ (*paglietta*) straw hat.
magistero *m.* **1** (*insegnamento*) teaching (*anche estens.*). **2** ⟨*fig*⟩ (*maestria*) mastery, skill, ability, command. **3** ⟨*Univ*⟩ faculty of arts (for intending teachers). **4** ⟨*Chim, ant*⟩ magistery. **magistrale** *a.* **1** teachers', teaching, magistral, magisterial: *scuola* (*o istituto*) ~ normal school, teachers' training college. **2** (*da maestro*) magisterial, magistral; (*iron*) professorial: *parlare con tono* ~ to speak in a professorial tone. **3** (*fatto con maestria*) masterly, skilful, excellent. **4** ⟨*Farm*⟩ magistral. **magistralmente** *avv.* skilfully, in a masterly manner.
magistrato *m.* **1** ⟨*Dir*⟩ magistrate. **2** (*persona investita di una carica pubblica*) magistrate, (public) official, authority. □ ⟨*Stor*⟩ ~ *delle acque* water magistracy. **magistratura** *f.* magistrature, magistracy; (*insieme dei magistrati*) Bench, magistracy. □ *entrare in* (*o nella*) ~ to become a member of the Bench; *esercitare la* ~ to be a member of the magistrature.
maglia *f.* **1** stitch: *accavallare una* ~ to pass over a stitch. **2** (*lavoro a maglia: a rete*) mesh; (*ai ferri*) knitting, knitted work; (*all'uncinetto*) crochet (work). **3** (*tessuto*) jersey, tricot; (*maglieria*) knitwear, knitted goods *pl.* **4** (*indumento: portato sotto la camicia*) vest, undershirt; (*tipo camicia*) light jersey. **5** (*anello di catena*) link. **6** (*spazio tra nodo e nodo di una rete*) mesh: *i pesci scapparono attraverso le –e* the fishes escaped through the meshes. **7** ⟨*fig*⟩ net, trap, web: *cadere nelle –e di una congiura* to fall into the web of a conspiracy. **8** ⟨*Stor*⟩ (*corazza a maglia*) coat of mail. □ ⟨*Sport*⟩ ~ *azzurra* (*indumento*) blue jersey; (*persona*) member of the Italian national team; *calze di* ~ knitted stockings; ⟨*Lav.femm*⟩ **diminuire** *le –e* to cast off; ⟨*Lav.femm*⟩ ~ **diritta** plain stitch, knit (stitch); ⟨*Sport*⟩ ~ **gialla** (*indumento*) yellow jersey; (*persona*) point–score leader in the Tour de France; ⟨*Sport*⟩ ~ **iridata** (*indumento*) stripped jersey; (*persona*) world cycling champion; **lavorare** *a* ~ to knit, to do knitting; (*all'uncinetto*) to crochet; **lavoro** *a* ~ knitting, knitted work; (*all'uncinetto*) crochet work; ⟨*Lav.femm*⟩ **montare** *le –e* to cast on; ⟨*Lav.femm*⟩ **perdere** *una* ~ to drop a stitch; ⟨*Lav.femm*⟩ **riprendere** *una* ~ to pick up a stitch; ⟨*Sport*⟩ ~ **rosa** (*indumento*) pink jersey; (*persona*) point–score leader in the Tour of Italy; ⟨*Lav.femm*⟩ ~ **rovescia** purl, inverted stitch.
magliaia *f.* knitter. **magliaro** *m.* **1** travelling cloth salesman. **2** (*estens*) swindler. **maglieria** *f.* **1** (*fabbrica*) hosiery (*o* knitwear) mill. **2** (*negozio*) hosier's (*o* knitwear) shop. **3** (*tessuti o indumenti di maglia*) knitwear, hosiery, woollens *pl.* **magliettta** *f.* **1** ⟨*Vest*⟩ vest, ⟨*am*⟩ undershirt; (*tipo camicia*) light jersey. **2** (*del fucile*) sling swivel. **3** (*gancio per appendere i quadri*) picture hook. **4** (*nei vestiti: asola a cordoncino*) loop, eye. **maglificio** *m.* knitwear factory.
maglio *m.* **1** mallet. **2** ⟨*Met*⟩ (*macchina*) power hammer. **3** ⟨*Sport*⟩ (*nella pallamaglio*) mall, mallet. □ ~ *ad aria compressa* compressed–air (*o* air) hammer; ~ *a caduta libera* drop hammer; ~ *a comando meccanico* power hammer; ~ *pneumatico* pneumatic hammer.
magliolo *m.* ⟨*Agr*⟩ shoot (of a vine).
maglione *m.* ⟨*Vest*⟩ sweater, (thick) jumper, pullover: ~ *da sci* ski sweater.
magma *m.* ⟨*Geol,Chim*⟩ magma. **magmatico** *a.* (*pl.* **-ci**) magmatic, magma–.
magnaccia, magnaccio *m.* ⟨*region,spreg*⟩ **1** (*mantenuto*) gigolo. **2** (*protettore*) pimp.
magnalio *m.* ⟨*Met*⟩ magnalium.
magnanimamente *avv.* magnanimously. **magnanimità** *f.* magnanimity, generosity, loftiness (*o* nobility) of spirit. **magnanimo** *a.* magnanimous, generous, high–minded, noble, noble–minded.
magnano *m.* ⟨*region*⟩ (*fabbro*) smith, locksmith.
magnate *m.* **1** (*grande industriale*) magnate, tycoon: *un* ~ *dell'industria petrolifera* an oil magnate. **2** ⟨*Stor*⟩ (*in Ungheria e Polonia*) magnate. **3** ⟨*Mediev*⟩ nobleman.
magnesia *f.* ⟨*Chim*⟩ magnesia. □ ~ *calcinata* calcined (*o* light) magnesia; ~ *effervescente* effervescent magnesia; *latte* (*o magma*) *di* ~ milk of magnesia, magnesia magma.
magnesio *m.* magnesium. □ *citrato di* ~ magnesium

citrate; *solfato di* ~ magnesium sulfate. **magnesite** *f.* magnesite.

magnete *m.* **1** magnet. **2** ⟨*Mot*⟩ magneto. □ ⟨*Mot*⟩ ~ *d'accensione* ignition magneto; ⟨*Mot*⟩ ~ *d'avviamento* starting (*o booster*) magneto; ~ *a ferro di cavallo* horseshoe magnet; ~ *naturale* natural magnet.

magneticamente *avv.* magnetically. **magnetico** *a.* (*pl.* -ci) magnetic (*anche fig.*): *sguardo* ~ magnetic look. **magnetismo** *m.* ⟨*Fis*⟩ magnetism (*anche fig.*). □ ~ *animale* animal magnetism; ~ *terrestre* terrestrial magnetism, geomagnetism. **magnetite** *f.* ⟨*Min*⟩ magnetite, lodestone. **magnetizzabile** *a.* ⟨*El*⟩ magnetizable. **magnetizzare** *v.t.* to magnetize. **magnetizzatore** *m.* (*f.* -trice) **1** magnetizer. **2** ⟨*El*⟩ magnetizing apparatus. **magnetizzazione** *f.* magnetization: ~ *residua* residual magnetization.

magneto|chimica *f.* magnetochemistry. **~dinamico** *a.* (*pl.* -ci) magnetodynamic.

magnetofonico *a.* (*pl.* -ci) **1** (*del magnetofono*) magnetophone-. **2** (*registrato con magnetofono*) tape-recorded. □ *registrazione* -*a* tape recording. **magnetofono** *m.* tape recorder, magnetophone. □ ~ *a filo* wire recorder; ~ *a nastro* tape recorder. **magnetometria** *f.* magnetometry. **magnetometrico** *a.* (*pl.* -ci) magnetometric. **magnetometro** *m.* ⟨*Fis*⟩ magnetometer. **magnetomotrice**: *forza* ~ magnetomotive force. **magnetone** *m.* magneton.

magneto|ottica *f.* ⟨*Fis*⟩ magnetooptics *pl* (*costr. sing.*). **~pausa** *f.* ⟨*Astr*⟩ magnetopause. **~sfera** *f.* magnetosphere. **~sferico** *a.* (*pl.* -ci) magnetospheric. **~strizione** *f.* magnetostriction. **~statica** *f.* magnetostatics *pl* (*costr. sing.*). **~statico** *a.* (*pl.* -ci) magnetostatic. **~terapia** *f.* ⟨*Med*⟩ magnetotherapy. **~terapico** *a.* (*pl.* -ci) magnetotherapeutic.

magnetron *m.* ⟨*Fis*⟩ magnetron.

magnificamente *avv.* magnificently. **magnificare** *v.t.* (*magnifico, magnifichi*) to exalt, to magnify, to glorify. **magnificat** *m.* ⟨*Lit*⟩ Magnificat. **magnificatore** *m.* (*f.* -trice) (*esaltatore*) praiser, extoller, magnifier. **magnificazione** *f.* extolment, exaltation, magnification. **magnificenza** *f.* **1** magnificence, grandeur, grandiosity, majesty; (*sontuosità*) sumptuousness, splendour. **2** (*generosità*) generosity, munificence. **3** ⟨*enfat*⟩ magnificent (*o splendid*) thing, marvel, beauty, delight: *un film che è una* ~ a splendid (*o wonderful*) film. **4** *pl.* (*bellezze*) beauties *pl*, splendours *pl*, marvels *pl*. **magnifico** *a.* (*pl.* -ci/*ant.* -chi) **1** magnificent, grand, grandiose, majestic; (*sontuoso*) sumptuous, brilliant, splendid. **2** (*bellissimo*) marvellous, wonderful, splendid, magnificent, excellent, gorgeous: *abbiamo trascorso una serata* -*a* we spent a wonderful evening; *tempo* ~ splendid (*o glorious*) weather. **3** (*generoso*) generous, munificent. **4** ⟨*ant*⟩ (*rif. a principi, magistrati e sim.*) magnificent: *Lorenzo il* ~ Lorenzo the Magnificent. □ *fare il* ~ to spend (*o give*) lavishly; (*ostentare grandezza*) to make a great show, to give o.s. airs of greatness.

magniloquente *a.* ⟨*lett*⟩ magniloquent, grandiloquent. **magniloquenza** *f.* ⟨*lett*⟩ magniloquence.

magnitudine *f.* ⟨*Astr*⟩ magnitude.

magno *a.* ⟨*lett*⟩ (*grande*) great (*anche scherz.*). **Magno** *m.* (*appellativo*) the Great: *Alessandro* ~ Alexander the Great. □ *aula* -*a* main hall; ⟨*Stor*⟩ *Magna C*(*h*)*arta* Magna C(h)arta; *Magna Grecia* Magna Graecia; *in pompa* -*a* in full pomp.

magnolia *f.* ⟨*Bot*⟩ magnolia.

mago *m.* (*pl.* -ghi) **1** magician, sorcerer, wizard. **2** (*guaritore*) healer, ⟨*spreg*⟩ quack. **3** ⟨*fig*⟩ (*rif. a persona molto abile in una scienza*) magician, genius, wizard: *un* ~ *della medicina* a medical genius. **4** (*illusionista*) conjurer, illusionist. **5** (*indovino*) fortune-teller. **6** ⟨*Stor*⟩ (*sacerdote*) magus. □ ⟨*Bibl*⟩ *i tre magi* the Three Wise Men.

magona *f.* iron foundry, ironworks *pl;* ⟨*estens*⟩ (*industria siderurgica*) iron industry.

magone *m.* ⟨*region*⟩ **1** (*ventriglio di pollo*) gizzard. **2** ⟨*fig*⟩ (*accoramento*) grief, upset; (*nodo alla gola*) lump in one's throat.

Magonza *N.pr.f.* ⟨*Geog*⟩ Mainz.

magra *f.* **1** low water. **2** ⟨*fig*⟩ (*difficoltà economiche*) hard (*o lean*) times *pl.* **3** ⟨*fam*⟩ (*figuraccia*) sorry (*o poor*) figure. □ *essere in* ~ (*rif. a fiumi*) to be down (*o low*); ⟨*fig*⟩ to be low on money. **magramente** *avv.* thinly, scantily, meagrely.

Magreb *N.pr.m.* ⟨*Geog*⟩ Maghreb, Maghrib. **magrebino** Maghrebian, Maghribian.

magrezza *f.* **1** thinness, leanness. **2** ⟨*fig*⟩ (*scarsezza*) shortage, scarcity, poorness. **3** (*rif. a fiumi*) lowness. **magro I** *a.* **1** thin, lean. **2** (*che contiene poco grasso*) lean: *carne* -*a* lean meat. **3** ⟨*fig*⟩ (*scarso*) scant(y), meagre, poor: *raccolto* ~ poor harvest; -*i guadagni* scant (*o slender*) earnings. **4** ⟨*fig*⟩ (*misero*) poor, bad: *hai fatto una* -*a figura* you cut a poor figure; (*debole*) poor, flimsy, lame: *una* -*a scusa* a flimsy (*o lame*) excuse. **5** (*rif. a fiumi*) low. **6** ⟨*Agr*⟩ infertile, poor, barren. **II** *s.m.* (*parte magra*) lean (part): *il* ~ *del prosciutto* the lean part of the ham. □ ~ *come un'acciuga* (*o un chiodo*) as thin as a rake; *di* ~ meatless; *mangiare di* ~ to abstain from eating meat; *minestra di* ~ vegetable soup; *pranzo di* ~ meal without meat.

mah *intz.* hum, huh; (*non lo so*) goodness knows.

mai *avv.* **1** (*nessuna volta*) never: *questo non accadrà* ~ this will never happen. **2** (*qualche volta*) ever: *hai* ~ *visto Parigi?* have you ever seen Paris?; *se* ~ *ti ho amato* if I ever loved you; *chi l'avrebbe* ~ *detto?* who would (ever) have believed it? **3** (*in frasi comparative*) ever: *più che* ~ more than ever. □ *quant'altri* ~ more than anybody (*o* anything); **caso** ~ *telefonasse* if he should phone; **come** ~ *sei qui?* why ever (*o* in the world) are you here?; **dove** ~? wherever?; *ora meno che* ~ (now) less than ever; *ora più che* ~ (now) more than ever; ~ *più* never again (*o* more); ~ *e poi* ~ absolutely not, on no account; **quanto** ~ very (*o* so) much, very; *non lo vedo* **quasi** ~ I hardly ever see him; *non si sa* ~ you never can tell; *non sia* ~ may it never happen, let that never be.

maia *f.* ⟨*Zool*⟩ maja.

maialatura *f.* ⟨*Macell*⟩ preparation and dressing of pork. **maiale** *m.* **1** ⟨*Zool*⟩ pig, swine; (*il maschio: castrato*) hog; (*la femmina*) sow. **2** ⟨*Macell*⟩ pork, pig meat: *braciola di* ~ pork chop. **3** ⟨*fig*⟩ (*grassone, ingordo*) pig. **4** ⟨*fig*⟩ (*sudicione*) pig (*f* sow), ⟨*am.fam*⟩ slob; (*essere abietto*) swine. **5** ⟨*Mar.mil*⟩ (*manned*) limpet mine. **maialesco** *a.* (*pl.* -chi) **1** (*da maiale*) piggish, swinish. **2** ⟨*fig*⟩ (*sconcio*) swinish. **maialino** *m.* **1** piglet. **2** ⟨*fig*⟩ (*rif. a bambini*) dirty little thing, ⟨*fam*⟩ piggy. □ ~ *di latte* suckling-pig.

maidico *a.* (*pl.* -ci) (*del mais*) maize-, of maize. **maidicolo** *a.* maize-, of maize. **maidismo** *m.* ⟨*Med*⟩ maidism, maidismus.

maiestatico *a.* (*pl.* -ci) royal, of majesty: *il plurale* ~ the royal plural.

maieutica *f.* ⟨*Filos*⟩ maieutic system. **maieutico** *a.* (*pl.* -ci) maieutic.

maiolica *f.* majolica. **maiolicaio** *m.* (*f.* -a) **1** (*fabbricante*) maker of majolica ware. **2** (*venditore*) seller of majolica ware. **maiolicato** *a.* tiled with majolica, majolica-.

maionese *f.* ⟨*Gastr*⟩ mayonnaise.

Maiorca *N.pr.f.* ⟨*Geog*⟩ Majorca. **maiorchino** *a.* Majorcan.

mais *m.* ⟨*Bot*⟩ maize, Indian corn. **maiscoltore** *m.* maize grower (*o* farmer). **maiscoltura** *f.* growing of maize.

maîtresse *fr.* [me'tres] *f.* madam, woman who manages a brothel.

maiuscola *f.* capital letter. **maiuscoletto** *m.* ⟨*Tip*⟩ small capital (*o* cap). **maiuscolo I** *a.* **1** capital: *lettera* -*a* capital letter. **2** ⟨*fig*⟩ (*enorme*) enormous, huge. **II** *s.m.* capital, cap: ~ *corsivo* italic capitals.

makò *m.* ⟨*Tess*⟩ maco.

mala *f.* ⟨*sl*⟩ → **malavita**.

malacca *f.* Malacca (*cane*).

Malacca *N.pr.f.* ⟨*Geog*⟩ Malacca.

malacchetto (*o mal accetto*) *a.* unwelcome. **malaccio** *avv.* ⟨*fam*⟩ badly. □ *come stai? – non c'è* ~ how are you? – not (too) bad. **malaccortamente** *avv.* incautiously, rashly, imprudently. **malaccorto I** *a.* incautious, rash, imprudent. **II** *s.m.* (*f.* **-a**) imprudent (*o* incautious) person.

malachite *f.* ⟨*Min*⟩ malachite.

malacia *f.* ⟨*Med*⟩ malacia.

malacologia *f.* ⟨*Zool*⟩ malacology. **malacologo** *m.* (*pl.* **-gi**; *f.* **-a**) malacologist.

malacreanza *f.* (*pl.* **malecreanze**) impoliteness, bad manners *pl.* **malafatta** (o *mala fatta*) *f.* (*pl.* **malefatte**) (generally in pl.) misdeed, wrongdoing. **malafede** (o *mala fede*) *f.* bad faith: *in* ~ in bad faith; *essere in* ~ to be in bad faith. **malaffare**: *donna di* ~ prostitute, ⟨*fam*⟩ tart; *gente di* ~ crooks *pl; casa di* ~ brothel.

malaga I *s.m.* ⟨*Enol*⟩ Malaga (wine). **II** *s.f.* (*varietà di uva*) Malaga grape.

malagevole *a.* **1** hard, difficult; (*scomodo*) inconvenient, uncomfortable. **2** (*faticoso*) hard, ardous, exacting, tiring. **malagrazia** (o *mala grazia*) *f.* bad (*o* ill) grace. □ *trattare qd. con* ~ to be rude to s.o. **malalingua** (o *mala lingua*) *f.* (*pl.* **malelingue**) (malicious) gossip, backbiter.

malamente *avv.* badly; (*miseramente*) poorly, wretchedly.

malandato *a.* **1** (*rif. alla salute*) in poor health, poorly, run down, ⟨*fam*⟩ in bad shape; (*a condizioni finanziarie*) badly off, ⟨*fam*⟩ hard up. **2** (*sciatto*) shabby, sloppy, ⟨*fam*⟩ down and out: ~ *nel vestire* shabbily dressed.

malandrinaggio *m.* **1** (*brigantaggio*) brigandage, highway robbery. **2** (*malandrini*) bandits *pl*, brigands *pl*, robbers *pl.* **malandrinesco** *a.* (*pl.* **-chi**) brigandish, brigand's, of highway robbery; ⟨*estens*⟩ ruffianly, rascally. **malandrino I** *s.m.* **1** bandit, brigand, highwayman, (highway) robber. **2** (*persona disonesta*) scoundrel, rogue, ruffian. **II** *a.* **1** (*disonesto*) dishonest; (*cattivo*) wicked, bad, evil, crooked: *gente –a* ruffians *pl*, evil-doers *pl*, ⟨*fam*⟩ bunch of crooks, ⟨*fam*⟩ rough customers *pl.* **2** ⟨*scherz*⟩ (*rif. a cose attraenti*) bewitching, captivating: *occhi –i* bewitching eyes.

malanimo (o *mal animo*) *m.* ill-will, malice, hostility, malevolence. □ *con* ~ malevolently; *di* ~ unwillingly, reluctantly.

malanno *m.* **1** misfortune, ill luck, mishap. **2** (*malattia*) ailment, illness, sickness, affliction.

malaparata (o *mala parata*): ⟨*fam*⟩ *vedere la* ~ to see the danger.

malapena: *a* ~ (*a stento*) hardly, scarcely, with difficulty: *riesco a* ~ *a vederti* I can hardly (*o* only just) see you.

malaria *f.* ⟨*Med*⟩ malaria, malarial fever. **malarico** *a./s.* (*pl.* **-ci**) **I** *a.* malarial: *zona –a* malarial region. **II** *s.m.* (*f.* **-a**) malarial, person who has malaria.

malarioterapia *f.* malariotherapy.

malasorte (o *mala sorte*) *f.* bad (*o* ill) luck. □ *per* ~ unluckily.

malaticcio *a.* sickly, ailing, poorly, feeble.

malato I *a.* **1** ⟨*pred*⟩ ill, ⟨*attr*⟩ sick; (*indisposto*) unwell; (*rif. a parte del corpo*) diseased. **2** ⟨*fig*⟩ unsound, sick, unhealthy, diseased: *società –a* sick society; (*morboso*) morbid, unsound. **II** *s.m.* **1** (*f.* **-a**) patient, sick person; (*invalido*) invalid. **2** *pl.* ⟨*collett*⟩ the sick (*costr. pl.*). □ *cadere* ~ to fall ill, ⟨*am*⟩ to get sick; *darsi* ~ to say one is sick; ⟨*Mil*⟩ to report (*o* go) sick; *essere* ~ *di qc.:* I to suffer from s.th., to have ... trouble: *sono* ~ *di fegato* I have liver trouble; *è* ~ *d'influenza* he has (*o* is down with) influenza (*o* the flu); **2** ⟨*fig*⟩ to suffer from s.th.: *è –a di gelosia* she suffers from jealousy; *fantasia –a* morbid imagination; ~ *immaginario* hypochondriac; ~ *di mente* mentally ill, insane.

malattia *f.* **1** illness, sickness, disease: ~ *grave* serious illness; *il morbillo è una* ~ measles is a disease; ~ *cardiaca* heart disease. **2** ⟨*fig*⟩ (*male spirituale*) malady, disease, (spiritual) sickness: *la superbia è una* ~ *dell'animo* pride is a spiritual malady. □ *assicurazione contro le –e* sickness (*o* medical) insurance; ~ *da carenza* deficiency disease; ~ *dei cassoni* caisson disease; *di che* ~ *è morto?* what did he die of?; ~ *da civilizzazione* civilization disease; ~ **concomitante** accompanying disease; ~ **congenita** congenital disease; ~ **contagiosa** contagious disease; ~ **degenerativa** degenerative disease; ⟨*fig,scherz*⟩ ~ **diplomatica** (socially) convenient

indisposition; ~ **ereditaria** hereditary disease; *farne una* ~ (*soffrirne moltissimo*) to make o.s. ill over s.th.; ~ **infantile** children's disease; ~ **infettiva** infectious disease; ~ *del* **lavoro** occupational disease; ~ ⌜*del* **manager**⌝ (o *dei dirigenti*) manager's disease; ~ **mentale** mental illness (*o* disorder); ⟨*Dir*⟩ mental infirmity; ~ **mortale** fatal illness; ~ *degli* **occhi** eye complaint; ~ *della* **pelle** skin disease; ~ *delle* **piante** plant disease; ~ **professionale** occupational disease; ⟨*fig*⟩ ~ *del* **secolo** mal du siècle; ~ **senile** geriatric disorder; ~ *del* **sistema nervoso** nervous disease; **soffrire** *di una* ~ to ⌜**suffer from**⌝ (o be affected by) a disease; ~ *del* **sonno** sleeping sickness; ~ *a* **trasmissione** *sessuale* sexually transmitted disease; ~ **venerea** venereal disease; ~ *da* **virus** virus disease.

malauguratamente *avv.* unfortunately, by ill chance. **malaugurato** (o *mal augurato*) *a.* unlucky, ill-omened, inauspicious. **malaugurio** (o *mal augurio*) *m.* ill –omen, bad omen. □ *essere di* ~ to bring bad luck; *uccello del* ~ bird of ill omen; ⟨*fig*⟩ Jonah.

malavita *f.* **1** gangsterism, low (*o* evil) life. **2** ⟨*collett*⟩ underworld, gangsters *pl,* ⟨*fam*⟩ crooks *pl,* ⟨*am.fam*⟩ hoods *pl.* □ *darsi alla* ~ to become a gangster; (*rif. a donna*) to go on the streets. **malavitoso** *m.* gangster, criminal.

malavoglia (o *mala voglia*) *f.* (*pl.* **malevoglie**) reluctance, unwillingness, ill-will. □ *di* ~ unwillingly, reluctantly, against one's will: *lavorare di* ~ to work unwillingly. **malavveduto** *a.* (*malaccorto*) incautious, rash, imprudent, unwise.

malavvezzo *a.* **1** (*abituato male*) spoiled, having bad habits, over-indulged. **2** (*maleducato*) ill-bred, ill-mannered.

Malaysia *N.pr.f.* ⟨*Geog*⟩ Malaysia.

malcaduco (o *mal caduco*) *m.* (*pl.* **-chi**) ⟨*pop*⟩ (*epilessia*) falling sickness.

malcapitato (o *mal capitato*) **I** *a.* unfortunate, unlucky: *il professore sgridò il* ~ *alunno* the teacher reprimanded the unfortunate pupil. **II** *s.m.* (*f.* **-a**) victim, unlucky person.

malcelato (o *mal celato*) *a.* illconcealed. **malconcio** *a.* **1** (*rif. a persone*) in bad shape (*o* condition), in a bad way, in a sorry state (*o* plight): *è uscito piuttosto* ~ *da quell'incidente* he was in a rather bad way after that accident. **2** (*rif. a cose*) in a bad state, battered, damaged.

malconsigliato *a.* (*imprudente*) ill-advised, imprudent.

malcontento I *a.* dissatisfied, discontented, not satisfied (*o* content) (*di* with): *è una persona sempre –a di tutto* he is never satisfied. **II** *s.m.* **1** (*stato d'animo*) discontent, dissatisfaction. **2** (*persona;* *f.* **-a**) malcontent.

malcorrisposto (o *mal corrisposto*) *a.* unrequited, not returned: *affetto* ~ unrequited affection. **malcostume** (o *mal costume*) *m.* **1** immorality, immoral behaviour. **2** ⟨*Dir*⟩ malpractice.

maldestramente *avv.* inexpertly; (*senza grazia*) awkwardly, clumsily. **maldestro** *a.* inexpert, inexperienced; (*impacciato*) awkward, clumsy: *una mossa –a* a clumsy move.

maldicente I *a.* malicious, slanderous. **II** *s.m./f.* backbiter, slanderer; (*pettegolo*) gossip. **maldicenza** *f.* **1** slander, backbiting; (*il pettegolare*) gossiping. **2** ⟨*concr*⟩ vicious gossip, slander.

maldisposto *a.* ill-disposed: *essere* ~ *verso qd.* to be ill-disposed towards s.o.

Maldive *N.pr.f.pl.* ⟨*Geog*⟩ Maldives.

male[1] (*compar.* **peggio**, *sup.* **malissimo/pessimamente**) *avv.* **1** badly: *ti sei comportato* ~ you behaved badly; *cucina molto* ~ she cooks very badly. **2** (*erroneamente*) badly, wrong(ly), not properly (*o* well): *il verso è stato* ~ *interpretato* the verse was not properly understood; *hai fatto* ~ you did wrong. **3** (*non del tutto*) not, not very well, ill, badly: *mal celata antipatia* ill-concealed dislike; (*malvolentieri*) reluctantly, unwillingly: *mal ci si rassegna a un lavoro così* one accepts a job like this reluctantly. **4** (*esclam*) that's bad. □ *abituarsi* ~ to get into bad habits; *andar* ~ (*non riuscire*) to turn out badly; *mi è andata* ~ I didn't succeed; *né* **bene** *né* ~ so-so; *camminare* ~ to limp; *capire* ~ to misunderstand; *hai capito* ~ you have got it wrong; *finire* ~: **1** (*morire in povertà*) to die in poverty; 2 to come to a bad end; 3 (*morire di mala morte*) to die a bad death; **guardare** ~ *qd.* to glare at s.o.; *mal gliene* **incolga!** woe to him!; **mettersi** ~ to take a bad turn; **parlare** ~ *di qd.* to speak ill of s.o.; **passarsela** ~ not to get on well; **pensare** ~ *di qd.* to have a poor opinion of s.o.; (*sospettarlo*) to suspect s.o.; **restarci** ~: 1 (*offendersi*) to take amiss, to be hurt (*o* offended); 2 (*dispiacersi*) to be sorry; 3 (*essere deluso*) to be disappointed; **rispondere** ~ (*sbagliando*) to give a wrong answer; (*sgarbatamente*) to give a rude answer; **sentirsi** ~ to feel ill; **stare** ~: 1 (*essere malato*) to be ill (*o* sick, unwell); 2 (*non adattarsi*) not to fit (well), not to suit: *quel vestito ti sta* ~ that dress does not fit (*o* suit) you; **trovarsi** ~ to be ill at ease; *in Francia mi sono trovato* ~ I didn't feel at home in France.

male[2] *m.* 1 evil, wrong, bad: *non saper distinguere il bene dal* ~ not to know ˹right from wrong˺ (*o* good from evil); *l'avarizia è la radice di ogni* ~ avarice is the root of all evil. 2 (*danno, svantaggio*) bad (thing), harm, hurt, trouble, woe: *spesso da un* ~ *nasce un bene* good often comes from bad. 3 (*disgrazia*) misfortune, harm, ill-luck, ill. 4 (*dolore fisico*) pain, hurt, ...ache: *mal di denti* toothache; ~ *alla schiena* backache; (*malattia*) illness, sickness, disease: *il suo* ~ *non gli dà tregua* his illness gives him no peace. 5 (*peccato*) sin, evil: *fuggire il* ~ to flee from sin. □ *andare* **a** ~ to go bad; *mandare a* ~ to spoil, to ruin; *aversene a* ~ to take s.th. badly (*o* amiss), to take offence at s.th.; (*fig*) *mal d'Africa* nostalgia for Africa; *mal d'amore* love sickness; *mal d'aria* air-sickness; *mal d'auto* car-sickness; **aver** ~ to have a pain: *ho* ~ *a un piede* I have a pain in my foot; (*Med*) *mal caduco* falling sickness, epilepsy; *mal di cuore* heart disease; ~ **ereditario** hereditary disease; *che* ~ *c'è?* what harm is there (in it)?, what's wrong with it?; *il* ~ *è che* the trouble is that; *non c'è* ~ it's not (too) bad; *non c'è nulla di* ~ there's no harm in it; **fare** ~: 1 (*dolere*) to hurt, to ache; 2 (*dispiacere*) to hurt, to upset: *m'ha fatto molto* ~ *sentirti parlare così* I was very hurt to hear you talk like that; 3 (*rif. alla salute*) to be bad: *questo cibo ti fa* ~ this food is bad for you; *far* ~ *a fare qc.* to be wrong in doing s.th.; *fare del* ~ *a qd.* to hurt (*o* harm) s.o., to do s.o. wrong; *farsi* ~ to hurt o.s., to get hurt; *farsi* ~ *al piede* to hurt one's foot; ~ **francese** syphilis; *avere mal di gola* to have a sore throat; ~ **inguaribile** incurable disease; *mal di* **mare** sea-sickness; *avere il mal di mare* to be sea-sick; **meno** ~! thank goodness (*o* heavens)!; *meno* ~ *che se n'è andato* thank goodness he's gone; *andare di* ~ *in peggio* to go from bad to worse; **poco** ~ it doesn't matter, never mind; *non sarà* ~ *telefonarle* it wouldn't be a bad idea to phone her; **soffrire** *di un* ~ to have (*o* suffer from) a disease; *mal* **sottile** consumption; *avere mal di* **testa** to have a headache; *non ci* **vedo** *nulla di* ~ I see no harm in it, I see nothing wrong; **volere** ~ *a qd.* to hate s.o., to bear s.o. ill-will. *Prov.*: *non tutto il* ~ *vien per nuocere* every cloud has a silver lining; *a* ~*i estremi, estremi rimedi* critical situations call for drastic measures; *mal comune mezzo gaudio* a trouble shared is a trouble halved; *chi ha fatto il* ~ *faccia la penitenza* you made your bed and now you must lie in it.

maledettamente *avv.* (*fam*) terribly. **maledetto** *a.* 1 cursed, damned. 2 (*fam*) (*eccessivo, fastidioso*) damned, wretched, beastly, cursed: *non ho ancora finito questo* ~ *lavoro* I haven't finished this wretched job yet. □ *le anime* –*e* (the souls of the) damned; *che tu sia* ~ curse you, a curse upon you. **maledico** → **maledire**. **maledire** *v.t.* (*pr.ind.* **maledico, maledici;** *impf.* **maledicevo/***pop.* **maledivo;** *p.rem.* **maledissi/***pop.* **maledii;** *imperat.* **maledici;** *p.p.* **maledetto;** → **dire**) 1 to curse, to damn: *sia maledetto chi mi è nemico* cursed be he who is my enemy. 2 (*imprecare, deprecare*) to curse. 3 (*esclam*) curse (it). **maledissi** → **maledire**. **maledizione** *f.* 1 curse, malediction: *la* ~ *di Dio è su questa casa* God's curse is on this house. 2 (*fig*) (*rovina*) curse, disaster, ruin, calamity: *questa siccità è stata una* ~ *per le campagne* this drought has been a disaster for the countryside; *i cattivi compagni sono una* ~ *per lui* bad company will be the ruin of him. 3 (*esclam*) damn (it),

blast (it), curse (it).

maleducatamente *avv.* rudely, impolitely. **maleducato I** *a.* rude, impolite, ill-mannered, ill-bred. **II** *s.m.* (*f.* -a) rude person. **maleducazione** *f.* rudeness, impoliteness, bad manners *pl*, ill-breeding.

malefatta *f.* → **malafatta. maleficamente** *avv.* wickedly, malignantly. **maleficio** *m.* witchcraft, sorcery. **malefico** *a.* (*pl.* -ci) 1 baleful, evil, malefic, maleficent: *influssi* –*i* baleful (*o* evil) influences. 2 (*dannoso*) harmful, bad: *compagnia* –*a* bad company. □ *arti malefiche* magic arts, witchcraft. **maleodorante** *a.* evil-smelling, malodorous. **malerba** *f.* weed (*anche fig.*). □ *crescere come la* ~ to shoot up; *la* ~ *non muore mai* the bad outlive the good.

malese I *a.* Malay, Malayan; (*dell'arcipelago malese*) Malaysian, Malay. **II** *s.* 1 *m.* (*lingua*) Malay. 2 *m./f.* (*abitante*) Malay; (*dell'arcipelago malese*) Malaysian. □ *arcipelago* ~ Malaysia. **Malesia** *N.pr.f.* (*Geog*) Malaya.

malessere *m.* 1 malaise, discomfort. 2 (*fig*) uneasiness.

malestro *m.* mischief, harm, damage.

malevolenza *f.* ill-will, malevolence, malice. **malevolmente** *avv.* malevolently, maliciously. **malevolo** *a.* malevolent, malicious.

malfamato *a.* ill-famed, of ill repute: *un locale* ~ a place of ill repute.

malfare *v.i.* (used only in the infinitive) to do evil (*o* wrong), to make (*o* get up to) mischief. **malfatto I** *a.* 1 (*rif. a persona: sgraziato*) ungainly, awkward; (*sproporzionato*) ill-proportioned. 2 (*rif. a cosa: imperfetto*) badly made (*o* done), botched. 3 (*rif. a cosa: riprovevole*) bad, ill, evil. **II** *s.m.* misdeed: *rimediare al* ~ to make amends for a misdeed. **malfattore** *m.* evil-doer, wrongdoer; (*criminale*) criminal.

malfermo *a.* 1 shaky, unsteady, wobbly (*anche fig.*): *sedia* –*a* wobbly chair; *passi* –*i* shaky (*o* uncertain) steps; *voce* –*a* shaky voice. 2 (*cagionevole*) poor, delicate, frail: *salute* –*a* poor health. **malfidato** *a.* suspicious, distrustful. **malfido** *a.* unreliable. **malfondato** *a.* ill-founded, ill-grounded: *speranze* –*e* ill-founded hopes. **malformato** *a.* ill-formed, misshapen. **malformazione** *f.* malformation (*anche Med.*): ~ *congenita* congenital (*o* birth) defect. **malfunzione** *f.* malfunction, malfunctioning.

malga *f.* Alpine summer pasture.

malgarbo *m.* rudeness, impoliteness.

malgascio I *a.* Madagascan, Madagascar, Malagasy. **II** *s.m.* 1 (*lingua*) Malagasy. 2 (*abitante; f.* -a) Madagascan, Malagasy.

malgovernabile *a.* 1 (*Pol*) ungovernable. 2 (*non controllabile*) not controllable, uncontrollable. **malgoverno** *m.* 1 mismanagement, maladministration. 2 (*Pol*) bad government, misgovernment.

malgrado I *prep.* in spite of, despite, notwithstanding: *è voluta uscire* ~ *il cattivo tempo* she would go out in spite of the bad weather. **II** *congz.* (al)though: *mi salutò* ~ *avessimo litigato* he greeted me although we had had a quarrel. □ ~ *che* (al)though; *mio* ~ against my will.

Mali *N.pr.m.* (*Geog*) Mali.

malia *f.* 1 spell, charm, enchantment. 2 (*fig*) (*fascino*) charm, fascination, enchantment. **maliardo I** *a.* bewitching, charming. **II** *s.m.* (*f.* -a) charmer.

malico: (*Chim*) *acido* ~ malic acid.

malignamente *avv.* maliciously, malignantly. **malignare** *v.i.* (*aus.* **avere**) to slander, to malign (*su qd.* s.o.), to speak ill (of). **malignità** *f.* 1 malice, malignancy. 2 (*fig*) (*rif. a cose*) badness, balefulness, unpropitiousness. 3 (*concr*) malignity, malicious action. 4 (*Med*) malignancy. □ *con* ~ maliciously, with an ill-will. **maligno I** *a.* 1 malicious, malignant: *commenti* –*i* malicious comments, nasty remarks. 2 (*lett*) (*avverso, sfavorevole*) adverse, unfavourable, baleful. 3 (*Med*) malignant. **II** *s.m.* (*f.* -a) malicious person. □ *il* ~ the Evil One.

malinconia *f.* 1 melancholy, low spirits *pl*, sadness, (*fam*) the blues *pl*. 2 *pl.* gloomy (*o* sad) thoughts *pl*: *non pensare a queste* –*e* forget these gloomy thoughts. 3 (*Psic*) melancholia. □ *far venire la* ~ *a qd.* to make s.o. sad, (*fam*) to give s.o. the blues. **malinconicamente** *avv.* in a melancholy way. **malinconico** *a.* *(pl.* **-ci)** **1** *(rif. a persona)* melancholy, sad, depressed; *(rif. a cose)* melancholy, sad, depressing. **2** *⟨Psic⟩* melancholic.

malincuore: *a* ~ reluctantly, unwillingly, against one's will.

malinformato *a.* badly informed.

malintenzionato I *a.* ill-intentioned: *essere ~ nei riguardi di qd.* to be ill-intentioned towards s.o. II *s.m.* *(f.* **-a)** ill-intentioned person. **malinteso** I *a.* misunderstood; *(sbagliato)* mistaken, wrong. II *s.m.* misunderstanding. □ *chiarire un* ~ to clear up a misunderstanding.

malioso *a.* bewitching, enchanting, charming, fascinating: *occhi* –*i* bewitching eyes.

malizia *f.* **1** malice. **2** *(astuzia)* astuteness, artfulness. **3** *⟨estens⟩* *(espediente)* trick, cunning device. □ *con* ~ maliciously, craftily; *senza* ~ guileless, artless. **maliziosamente** *avv.* **1** maliciously. **2** *(in modo gaio e birichino)* mischievously. **malizioso** *a.* **1** malicious: *domanda* –*a* malicious question. **2** *(gaio e birichino)* mischievous, roguish, naughty.

mallardo *m.* *⟨Ornit⟩* mallard.

malleabile *a.* **1** *⟨Met⟩* malleable. **2** *⟨fig⟩* malleable, pliable. **malleabilità** *f.* **1** *⟨Met⟩* malleability. **2** *⟨fig⟩* malleability, pliability.

malleolare *a.* *⟨Anat⟩* malleolar. **malleolo** *m.* malleolus.

mallevadore *m.* *(f.* **-drice)** *⟨Dir⟩* guarantor *(anche fig.).* **malleveria** *f.* surety, security: *ottenere* ~ to obtain security; *prestare* ~ to stand surety, to give security.

mallo *m.* *⟨Bot⟩* hull.

mallofagi *m.pl.* *⟨Entom⟩* bird lice *pl.*

malloppo *m.* **1** *⟨region⟩* *(fagotto)* bundle. **2** *⟨fig⟩* *(peso, ansietà)* weight, lump. **3** *⟨gerg⟩* *(refurtiva)* loot, swag, booty.

malmaritata I *a.f.* unhappily-married. II *s.f.* unhappily-married woman.

malmenare *v.t.* **(malmeno)** **1** to mistreat, to ill-treat, to ill-use. **2** *⟨fig⟩* to ill-use, to mishandle, to ill-treat, to misuse. □ ~ *uno strumento* to play an instrument atrociously; ~ *una lingua* to murder a language. **malmesso** *a.* **1** *(rif. a persona)* shabby, badly-dressed. **2** *(rif. ad abitazione)* badly-furnished. **malnato** *a.* **1** *(screanzato)* ill-bred, unmannerly: *ragazzacci* –*i* ill-bred louts. **2** *(sfortunato)* unlucky, unfortunate. **malnutrito** *a.* undernourished, ill-fed. **malnutrizione** *f.* malnutrition.

malo *a.* *⟨lett⟩* bad, evil, wicked, ill: –*a parata* evil plight. □ –*a parola* bitter word; *ridurre qd. a mal partito* to get s.o. with his back against the wall; *a* –*a pena* with difficulty, hardly; *di* –*a voglia* unwillingly.

malocchio *m.* evil eye: *gettare il* ~ *su qd.* to cast the evil eye on s.o.

malora *f.* ruin. □ *alla* ~! to the devil!; *andare in* ~ to go to the dogs; *la casa va in* ~ the house is falling to pieces; *vada in* ~! go to the devil!; *mandare in* ~ *qd.* *(rovinarlo)* to bring s.o. to ruin; *⟨volg⟩ della* ~ damned, cursed.

malore *m.* attack, indisposition; *(svenimento)* faintness.

malparlante I *a.* speaking badly *(o* incorrectly). II *s.m./f.* person who speaks incorrectly. **malpensante** I *a.* wrong-minded, wrong-thinking. II *s.m./f.* person who thinks the worst of others. **malpreparato** *a.* badly prepared, unprepared: *essere* ~ *in una materia* to be unprepared in a subject. **malridotto** *a.* **1** *(rif. a persona)* in bade shape, in a sorry state. **2** *(rif. a cosa)* in a bad state, in bad repair. **malsanamente** *avv.* unhealthily, unsoundly. **malsano** *a.* **1** unhealthy, unwholesome: *clima* ~ unhealthy climate. **2** *(malaticcio)* sickly, unhealthy. **3** *⟨fig⟩* sick, morbid: *fantasia* –*a* morbid *(o* sick) imagination. **malservito** *a.* ill-served; *(rif. a linee di comunicazione)* badly run. **malsicuro** *a.* **1** *(vacillante)* unsteady, uncertain, faltering, shaky: *passo* ~ faltering step. **2** *(inattendibile)* unreliable, untrustworthy: *testimonianza* –*a* unreliable evidence. **3** *(esitante)* hesitant, uncertain, unsure. **4** *(pericoloso)* dangerous, risky, unsafe.

malta *f.* *⟨Mur⟩* mortar. □ ~ *asfaltica* asphaltic mortar; ~ *di cemento* cement mortar, grout; ~ *(di calce)* *idraulica* hydraulic mortar; ~ *liquida* grout, larry.

Malta *N.pr.f.* *⟨Geog⟩* Malta. □ *Cavalieri di* ~ Knights of Malta.

maltasi *f.* *⟨Biol⟩* maltase.

maltempo *m.* bad weather.

maltenuto *a.* badly kept; *(disordinato)* untidy.

maltese I *a.* Maltese. II *s.* **1** *m.* *(lingua)* Maltese. **2** *m./f.* *(abitante)* Maltese. □ *febbre* ~ Malta fever.

maltina *f.* *⟨Chim⟩* maltine. **malto** *m.* malt: ~ *di frumento* wheat malt; ~ *d'orzo* barley malt.

maltolto *m.* ill-gotten gains *pl,* extorted goods *pl.*

maltosio *m.* *⟨Chim⟩* maltose.

maltrattamento *m.* mistreatment, ill-treatment. □ *soffrire* –*i* to be mistreated; *⟨Dir⟩* ~ *di animali* cruelty to animals; *⟨Dir⟩* –*i in famiglia* cruelty to a member of the family. **maltrattare** *v.t.* to ill-treat, to ill-use, to mistreat; *(rif. a cose)* to misuse. □ *⟨fig⟩* ~ *un autore* to misinterpret an author; *⟨fig⟩* ~ *una lingua* to murder a language.

maltusianismo *m.* *⟨Econ⟩* Malthusianism. **maltusiano** *a./s.m.* *(f.* **-a)** Malthusian.

malumore *m.* **1** bad mood; *(irritabilità)* bad temper; *(tristezza)* low spirits *pl.* **2** *(fermento di ribellione)* discontent, unrest, dissatisfaction. □ *essere di* ~ to be in a bad mood; *(essere irritabile)* to be in a bad temper; *mettere il* ~ to put in a bad mood.

malva *f.* *⟨Bot⟩* common mallow. **malvaceo** *a.* malvaceous.

malvagiamente *avv.* wickedly. **malvagio** I *a.* **1** wicked, evil. **2** *⟨fam⟩* *(inclemente)* inclement, bad: *tempo* ~ inclement weather. **3** *⟨scherz⟩* bad: *questo libro non è* ~ this book isn't bad. II *s.m.* *(f.* **-a)** wicked man. **malvagità** *f.* **1** wickedness, iniquity, evilness. **2** *(azione malvagia)* evil deed, wicked thing to do.

malvasia *f.* **1** *(uva)* malvasia. **2** *(vino)* malmsey.

malversare *v.t.* **(malverso)** *⟨Dir⟩* to embezzle. **malversatore** *m.* *(f.* **-trice)** embezzler. **malversazione** *f.* embezzlement.

malvestito *a.* poorly *(o* badly) dressed, shabby. **malvissuto** *a.* who has lived an evil life. **malvisto** *a.* disliked *(da* by), unpopular (with). **malvivente** *m./f.* criminal, delinquent, gangster, *⟨fam⟩* crook.

malvolentieri *avv.* unwillingly, reluctantly, against one's will.

malvolere[1] *v.t.* (only the infinitive and the past participle **malvoluto** are in use) to dislike: *essere malvoluto da tutti* to be disliked by everyone. □ *farsi* ~ *da qd.* to earn s.o.'s dislike; *prendere qd. a* ~ to take a dislike to s.o. **malvolere**[2] *m.* **1** *(cattiva disposizione d'animo)* ill-will, malevolence. **2** *(cattiva volontà)* unwillingness.

mamelucco *m.* *(pl.* **-chi)** *⟨Stor⟩* Mamluk, Mameluk(e).

mamma *f.* **1** Mummy, *⟨fam⟩* Mum, *⟨am⟩* Mommy, *⟨am.fam⟩* Ma: *la* ~ *e il babbo* Mummy and Daddy; *(usato non come appellativo)* mother, *⟨infant⟩* mummy: *la mia* ~ my mother; *amore di* ~ a mother's love, mother-love. **2** *⟨fig⟩* mother: *è una* ~ *per gli orfanelli* she is a mother to the orphans. □ *come lo fece* ~ *(nudo)* as mother nature made him, *⟨scherz⟩* in his birthday suit; *⟨fig⟩ essere attaccato alle gonne della* ~ to be tied to one's mother's apron-strings; ~ *mia!* good gracious *(o* heavens)!, my goodness!

mammologia *f.* mammology.

mammalucco *m.* *(pl.* **-chi)** **1** *⟨pop⟩* → **mamelucco.** **2** *⟨fig⟩* *(sciocco)* fool, dolt, simpleton, *⟨fam⟩* nitwit.

mammamia *intz.* good heavens, my goodness.

mammario *a.* *⟨Anat⟩* mammary: *ghiandola* –*a* mammary gland.

mammasantissima *m.* *⟨gerg⟩* Mafia boss.

mammella *f.* **1** *⟨Anat⟩* mamma, breast. **2** *⟨Zool⟩* mamma, udder. □ *avere un bimbo alla* ~ to have a child at one's breast; *dare la* –*a (allattare)* to suckle. **mammellone** *m.* *(poggio a contorni arrotondati)* knoll. **mammifero** I *s.m.* *⟨Zool⟩* **1** mammal. **2** *pl.* mammals *pl.* II *a.* mammalian. □ *animale* ~ mammal. **mammillare** *a.* *⟨Anat⟩* mammillary.

mammismo *m.* momism. **mammista** *m./f.* pampered person, *⟨fam⟩* mummy's pet.

mammografia *f.* *⟨Radiol⟩* mammography. **mammogramma** *m.* mammogram, roentgengram of the breast.

mammola *f.* **1** ⟨*Bot*⟩ sweet violet. **2** ⟨*fig,scherz*⟩ shy (*o* shrinking) violet.

mammona *m./f.* ⟨*Bibl*⟩ Mammon (*anche fig.*). □ *non si può servire insieme a Dio e a* ~ you cannot serve God and Mammon.

mammone *m.* ⟨*fam*⟩ child tied to his mother's apron strings.

mammoplastica *f.* mammaplasty, mammoplasty.

mammut *m.* ⟨*Paleont*⟩ mammoth.

management *ingl.* ['mænidʒmənt] *m.* management. **manager** *ingl.* ['mænidʒə] *m.* manager. **manageriale** *a.* (*di manager*) managerial: *capacità –i* managerial skills. **managerialità** *f.* manageriality.

manaiuola *f.* (*piccola scure*) hatchet.

manale *m.* half glove. **manata** *f.* **1** slap: *dare una* ~ *sulla spalla a qd.* to give s.o. a slap on the back. **2** (*manciata*) handful. □ *a –e* by the handful.

manca *f.* left hand. □ *a* ~ (to the) left, on the left (hand side).

mancamento *m.* **1** (*difetto, colpa*) defect, shortcoming. **2** (*svenimento*) faint, fainting fit, swoon. **mancante I** *a.* **1** missing, lacking, ⟨*pred*⟩ wanting: *le parti –i* the missing parts. **2** (*disperso*) missing: *risultare* ~ to be missing. **3** (*privo*) lacking, wanting (*di* in), in need (of); (*povero*) poor: ~ *di spirito* poor in spirit. **II** *s.m./f.* absent person. □ *importo* ~ deficit.

mancanza *f.* **1** lack, want: *per* ~ *di tempo* for lack of time; (*scarsità*) shortage, scarcity: ~ *di lavoro* shortage of jobs; (*interruzione*) failure, breakdown: ⟨*El*⟩ ~ *di corrente* power failure. **2** (*assenza*) absence; (*rif. a persona morta*) loss. **3** (*errore, fallo*) fault, shortcoming, failing. □ ~ *di alloggi* housing shortage; ~ *di denaro* lack (*o* shortage) of money; ~ *di educazione* ill-breeding; **in** ~ *di* for want of, failing; (*rif. a persona*) in the absence of; *in* ~ *di meglio* for want of something better; *in* ~ *d'altro* failing all else; ⟨*Dir*⟩ *per* ~ *di* **prove** for lack of evidence; ~ *di* **rispetto** lack of respect; **sentire** *la* ~ *di qd.* to miss s.o.; ~ *di* **tatto** tactlessness.

mancare *v.* (*manco, manchi*) **I** *v.i.* (*aus.* essere/avere) **1** (*non essere sufficiente; aus.* essere) to be lacking (*o* wanting, short), not to be sufficient: *è il tempo che manca* time is short, 'we haven't' (*o* there isn't enough) time; *mi manca il coraggio di farlo* I haven't (*o* lack) the courage to do it. **2** (*non esserci; aus.* essere) to be missing, not to be there: *manca l'inchiostro nella penna* there is no ink in the pen; *manca la data* there is no date, the date is missing. **3** (*venir meno; aus.* essere) to fail: *il vento mancò* the wind failed (*o* died away); *si sentì* ~ *le forze* he felt his strength failing. **4** (*essere assente; aus.* essere) to be absent (*o* missing): ~ *alla lezione* to be absent from class; (*in frasi negative*) to miss: *ti prego di non* ~ *alla festa* please don't miss (*o* fail to come to) my party; (*essere lontano*) to be (*o* live) away: *manca da questa città da due anni* he has 'been away from' (*o* not been living in) this town for two years. **5** (*sentire la mancanza; aus.* essere) to miss (*costr. pers.*): *ci manca molto* we miss him very much. **6** (*rif. a spazio, a tempo; aus.* essere) to be left (to go), to be (still): *mancano dieci giorni a Natale* it's ten days to Christmas, ten days left (*o* to go) to Christmas; *mancano due chilometri all'arrivo* (there are) two kilometres to go, another (*o* still) two kilometres; *manca poco alla fine dello spettacolo* it's not long now (*o* till) the end of the show; (*nelle indicazioni dell'ora*) it's ...: *mancano dieci minuti alle tre* it's ten to three. **7** (*essere privo; aus.* avere) to lack, to want, not to have (*di qc.* s.th.), to be lacking (in): *manca di intelligenza* he lacks intelligence; *gli mancano i denti* he has no teeth; (*essere sprovvisto*) to need (s.th.), to be short (of): *mi manca un vestito da sera* I need an evening dress. **8** (*non mantenere, tradire; aus.* avere) to break, to fail to keep: ~ *alla parola* (*data*) to break one's word. **9** ⟨*assol*⟩ (*commettere un fallo; aus.* avere) to go (*o* do) wrong, to make a mistake. **10** (*trascurare, omettere; aus.* avere) to fail, to forget: *salutami la tua famiglia – non mancherò* say hello to your family for me – I shan't fail to. **11** ⟨*lett*⟩ (*morire; aus.* essere) to die, to pass away. **II** *v.t.* to miss: *l'attaccante ha mancato il gol* the forward missed the goal; ~ *il colpo* to miss the mark. □ *ci mancherebbe*

altro! that would be the limit (*o* last straw)!; *è mancata la corrente* there was a power failure; *non farsi* ~ *nulla* to want for nothing; *mi mancò il fiato* I got out of breath; *è mancato il gas* the gas was cut off; *il denaro non gli manca* money is no problem to him; ~ *un'opportunità* to miss a chance; *mancò poco che cadessi* I nearly fell; *se non è morto poco ci manca* he is on his last legs; *ci mancava questa!* this is all we needed!; ~ *di rispetto* to lack respect, to be disrespectful; *mi sento* ~ I feel faint; ⟨*fig*⟩ *sentirsi* ~ *il terreno sotto i piedi* to feel lost; ⟨*scherz*⟩ *gli manca un venerdì* he has a screw loose; **venire** *a* ~: **1** (*venire meno*) to faint; **2** (*morire*) to die, to pass away; *mi mancò la voce* I couldn't speak.

mancato *a.* **1** missed: *appuntamento* ~ missed appointment. **2** (*fallito*) unsuccessful, vain: *tentativo* ~ unsuccessful attempt. **3** (*non avvenuto*) non-: ~ *pagamento* non payment. **4** (*inadempiuto*) unkept, broken: *promessa –a* unkept (*o* broken) promise. **5** (*rif. a persona*) unfulfilled, frustrated, manqué: *un artista* ~ an artist manqué. □ *tiro* ~ miss.

mancese *a./s.m./f.* Manchurian, Manchu.

manche *fr.* [mãʃ] *f.* **1** ⟨*Sport*⟩ heat; (*nel tennis*) set. **2** (*nei giochi di carte*) hand.

manchette *fr.* [mãʃet] *f.* **1** ⟨*Giorn*⟩ headline. **2** ⟨*Edit*⟩ book band, book wrapper. **3** ⟨*Sport*⟩ wrist hold.

manchevole *a.* **1** (*difettoso*) faulty, defective: *regia* ~ faulty direction. **2** (*insufficiente*) deficient, inadequate. **manchevolezza** *f.* **1** faultiness, defectiveness. **2** (*difetto*) defect, shortcoming, fault.

mancia *f.* (*pl.* -ce) tip, gratuity: *dare la* ~ *al cameriere* to give the waiter a tip, to tip the waiter. □ ~ *competente* reward; *lauta* ~ generous (*o* handsome) reward.

manciata *f.* handful. □ *a –e* in handfuls, in plenty.

mancina *f.* left hand: *scrivere con la* ~ to write with one's left hand. □ *a* ~ on (*o* to) the left. **mancinismo** *m.* left-handedness, mancinism. **mancino I** *a.* **1** left-handed. **2** ⟨*fig*⟩ (*sleale*) treacherous, ⟨*fam*⟩ dirty: *tiro* ~ dirty trick. **II** *s.m.* (*f.* -a) left-handed person, left-hander, ⟨*fam*⟩ lefty.

manciù I *a.* Manchu, Manchurian. **II** *s.* **1** *m.* (*lingua*) Manchu. **2** *m./f.* (*abitante*) Manchu, Manchurian. **Manciuria** *N.pr.f.* ⟨*Geog*⟩ Manchuria.

manco¹ *a.* (*pl.* -chi) ⟨*lett*⟩ (*sinistro*) left. □ *a* (*mano*) -*a* on (*o* to) the left.

manco² *avv.* ⟨*fam*⟩ (*nemmeno*) not even. □ ~ *per idea* I wouldn't dream of it; ~ *male!* just as well!; ~ *per sogno* not on your life.

mancolista *f.* list of pieces lacking in a collection.

mancorrente *m.* (*corrimano*) handrail.

mandamentale *a.* district-. **mandamento** *m.* ⟨*Dir*⟩ (administrative) district.

mandante *m.* **1** principal, instigator. **2** ⟨*Econ*⟩ mandator, principal.

mandarancio *m.* ⟨*Bot*⟩ clementine, temple orange.

mandare *v.t.* **1** to send, ⟨*lett*⟩ to dispatch: *fu mandato ambasciatore a Parigi* he was sent as ambassador to Paris. **2** (*far andare in giro*) to send about, to let go around; (*mandare fuori*) to send off (*o* away): *la madre lo manda sempre in ordine e ben vestito* his mother always sends him off neat and well dressed. **3** (*emettere: rif. a suono*) to give, to utter, to let out: ~ *un grido* to give (*o* let out) a cry; (*rif. a luce, calore*) to give off, to send out, to emit. **4** (*dispensare*) to send, to give: *Iddio vi mandi tanta felicità* may God send you great happiness. □ ~ *all'aria*: **1** (*fare sfumare*) to bring to nothing; **2** (*rovinare*) to spoil, to ruin; ~ **avanti** *la casa* to keep the home going; ⟨*fig*⟩ ~ *avanti la baracca* to keep going somehow or other; ~ *a* **chiamare** *qd.* to send for s.o.; ~ **dentro** *qd.* (*in prigione*) to send s.o. to gaol; ~ *qd. al* **diavolo** to tell s.o. to go to hell; *che* **Dio** *ce la mandi buona!* God help us!; ~ *a* **dire** *qc. a qd.* to send word to s.o. of s.th.; ⟨*fam*⟩ *non mandarle a dire a qd.* to give s.o. a piece of one's mind; ~ **fuori**: **1** to send out (*o* forth); **2** (*cacciare*) to throw (*o* turn) out; ~ **giù**: **1** to send down; **2** (*inghiottire*) to swallow; *non riesco a* ~ *giù suo figlio* I can't stand his son; ~ *per le* **lunghe** to put off, to delay; ~ *a* **memoria** *qc.* to learn s.th. by hearth; ~ *qd. all'altro* **mondo** to send s.o. to the next world; ~ *a* **morte** to send to one's death; (*condannare a morte*) to (have) put to death; ~ *cattivo* **odore** to smell bad; ~ *a* **prendere** *qd.* (o *qc.*) to send for s.o. (*o s.th.*); ~ *in* **rovina** to let go to ⌐rack and ruin⌐ (*o* the bad); ⟨*fig*⟩ ~ *a* **spasso** *qd.* to get rid of s.o.; (*licenziarlo*) to fire (*o* sack) s.o.; ~ *via*: 1 to send away (*o* off); 2 (*cacciare*) to throw (*o* turn) out; 3 (*licenziare*) to fire, to sack.

mandarinato *m.* ⟨*Stor*⟩ mandarinate.

mandarino[1] *m.* mandarin.

mandarino[2] *m.* ⟨*Bot*⟩ mandarin orange, tangerine.

mandata *f.* 1 lot, batch: *ho ricevuto la merce in due* –e I received the merchandise in two lots. 2 (*rif. a serratura*) turn (of the key). □ *chiudere a doppia* ~ to double–lock.

mandatario I *s.m.* (*f.* -a) 1 ⟨*Dir*⟩ mandatory, agent. 2 ⟨*Stor*⟩ mandatary, mandatory. II *a.* mandatary–.

mandato *m.* 1 (*ordine scritto*) (written) order, mandate. 2 ⟨*Dir*⟩ warrant, writ: ~ *d'arresto* warrant of arrest. 3 (*incarico*) mandate, commission: *eseguire un* ~ to carry out a commission. 4 ⟨*Econ*⟩ order for payment. 5 ⟨*Pol*⟩ mandate. □ ⟨*Dir*⟩ ~ *di* **cattura** warrant of arrest; ~ *di* **comparizione** summons (to appear); ⟨*Comm*⟩ ~ *di* **consegna** warrant for delivery; **emettere** *un* ~ to issue a warrant; ⟨*Econ*⟩ ~ *d'***incasso** money (*o* collection) order, cash warrant; ~ *di* **pagamento** order ⌐to pay⌐ (*o* for payment), cash order; ~ **parlamentare** Parliamentary mandate; ~ *di* **perquisizione** search warrant; **rinnovare** *il* ~ *a qd.* to renew s.o.'s term of office.

mandibola *f.* ⟨*Anat*⟩ mandible, lower jaw. **mandibolare** *a.* mandibular(y).

mandola *f.* ⟨*Mus*⟩ mandola.

mandolinata *f.* ⟨*Mus*⟩ mandolin work (*o* composition). **mandolinista** *m./f.* mandolinist, mandolin player. **mandolino** *m.* mandolin.

mandorla *f.* 1 (*frutto, seme*) almond: *dolce di* –e almond cake; –e *amare* bitter almonds. 2 ⟨*estens*⟩ (*seme di altri frutti*) kernel. 3 ⟨*Art*⟩ mandorla. □ *a* ~ almond–, almond–shaped: *occhi a* ~ almond–eyes; *latte di* ~ almond milk; ⟨*Dolc*⟩ *pasta di* –e marzipan; –e *salate* salted almonds. **mandorlato** I *a.* with almonds, almond–: *cioccolato* ~ chocolate with almonds. II *s.m.* ⟨*Dolc*⟩ almond cake. **mandorlo** *m.* ⟨*Bot*⟩ almond tree.

mandragola, mandragora *f.* ⟨*Bot*⟩ mandrake, mandragora.

mandria *f.* 1 herd, drove: *una* ~ *di buoi* a herd of cattle. 2 ⟨*spreg*⟩ (*rif. a persone: branco*) herd, gang, crowd, ⟨*fam*⟩ bunch: *una* ~ *di mascalzoni* a gang of rascals. **mandriano** *m.* herdsman, ⟨*am*⟩ cowboy.

mandrillo *m.* 1 ⟨*Zool*⟩ mandrill. 2 ⟨*fig*⟩ (*uomo libidinoso*) lecher, ⟨*fam*⟩ goat.

mandrinare *v.t.* ⟨*Mecc*⟩ to expand. **mandrinatura** *f.* expanding. **mandrino** *m.* 1 ⟨*Mecc*⟩ spindle, ⟨*am*⟩ arbor. 2 ⟨*Mecc*⟩ (*allargatubi*) (tube) expander, mandrel. 3 ⟨*Mecc*⟩ (*portapunta*) chuck. □ ~ *portafresa* milling spindle; ~ *portapezzo* chuck, jaw chuck.

mandritta *a* ~ (*a destra*) on (*o* to) the right; *voltare a* ~ to turn (to the) right.

manducare *v.t.* (*manduco, manduchi*) ⟨*ant,scherz*⟩ (*mangiare*) to eat, to manducate.

mane *f.* (*mattina*) morn. □ *da* ~ *a sera* from morn to eve.

maneggevole *a.* 1 handy, manageable, easy to handle. 2 ⟨*fig*⟩ (*arrendevole*) tractable, compliant, accommodating. **maneggevolezza** *f.* 1 handiness, manageability, ease of handling. 2 (*rif. a persone*) tractability. **maneggiabile** *a.* → **maneggevole. maneggiare** *v.t.* (**maneggio**, **maneggi**) 1 (*lavorare con le mani*) to mould, to work, to fashion: ~ *la creta* to mould clay. 2 (*tenere o muovere fra le mani*) to handle, to finger. 3 (*adoperare*) to use, to handle, to wield: *sa* ~ *assai bene il pennello* he handles his brush skilfully. 4 ⟨*fig*⟩ (*usare*) to use, to make use of, to employ. 5 ⟨*fig*⟩ (*rif. a persone: guidare, governare*) to manage, to handle, to deal with. 6 (*amministrare*) to manage, to administer. 7 ⟨*Mar*⟩ (*manovrare*) to manoeuvre. 8 ⟨*Equit*⟩ (*addestrare*) to train.

maneggio[1] *m.* 1 (*l'adoperare*) handling, wielding, use: *il* ~

delle **armi** the use of arms, arms drill. 2 ⟨*fig*⟩ (*amministrazione*) management, handling: *il* ~ *del denaro* the management of money. 3 (*governo, direzione*) government, direction, handling: *il* ~ *dello stato* government of the state. 4 (*azione segreta*) plot, manoeuvre; (*intrigo*) intrigue, scheming. 5 ⟨*Equit*⟩ horsemanship, manège; (*il luogo ove si addestra il cavallo*) riding ground. □ ⟨*Equit*⟩ *scuola di* ~ riding school, manège.

maneggio[2] *m.* (*armeggio*) bustling, fussing about.

maneggione *m.* (*f.* -a) ⟨*spreg*⟩ intriguer, schemer, busybody, meddler.

manesco *a.* (*pl.* -chi) rough, free with one's fists, pugnacious.

manetta *f.* 1 ⟨*Mecc*⟩ (hand) lever: ~ *del gas* throttle lever. 2 ⟨*Mar*⟩ thimble. 3 *pl.* handcuffs *pl*: *mettere le* –e *a qd.* to handcuff (*o* put the handcuffs on) s.o. □ ⟨*fig*⟩ *mettere le* –e *a qd.* to oppress (*o* shackle) s.o.

manforte: *dare* (*o prestare*) ~ *a qd.* to back s.o. up, to give s.o. help (*o* support), to come to s.o.'s aid.

Manfredi, Manfredo *N.pr.m.* Manfred.

manganare *v.t.* (**mangano**) ⟨*Tess*⟩ to mangle.

manganato *m.* ⟨*Chim*⟩ manganate: ~ *di bario* barium manganate.

manganatura *f.* mangling.

manganellare *v.t.* (**manganello**) to club, to cudgel, to bludgeon. **manganellata** *f.* blow with a club. **manganello** *m.* club, cudgel.

manganese *m.* ⟨*Chim*⟩ manganese: *biossido di* ~ manganese black (*o* dioxide). **manganite** *f.* ⟨*Min*⟩ manganite.

mangano *m.* 1 ⟨*Tess*⟩ mangle. 2 (*grosso apparecchio da stiro*) mangle. □ ⟨*Tess*⟩ *dare il* ~ *a* to mangle.

mangereccio *a.* edible: *funghi mangerecci* edible mushrooms. **mangeria** *f.* ⟨*fam*⟩ graft. **mangiabile** *a.* eatable.

mangia|dischi *m.* portable record-player. **~fumo** *a.* perfumed candle (to clear the air from smoke). **~nastri** *m.* portable cassette player; (*registratore*) portable cassette recorder. **~pane** *m.inv.* loafer, idler, sponger. **~polenta** *m.inv.* 1 polenta eater. 2 ⟨*spreg*⟩ person from the Veneto. **~preti** *m.inv.* rabid anticlerical.

mangiare[1] *v.t.* (**mangio, mangi**) 1 to eat: *questa pietanza si mangia fredda* this dish is eaten cold; (*mangiare voracemente*) to gobble (up), to gorge, to stuff; (*completamente*) to eat up, to get through: *ha mangiato tutta la torta* he has got through the whole cake. 2 (*rif. ad animali: pungere*) to sting, to bite; (*rosicchiare*) to eat into, to gnaw. 3 (*corrodere, consumare*) to eat away (*o* into), to corrode: *la ruggine mangia il ferro* rust corrodes iron. 4 ⟨*fig*⟩ (*dissipare*) to squander, to waste: *ha mangiato tutti i suoi soldi* he squandered all his money. 5 (*rif. agli scacchi, alla dama e sim.*) to take, to capture: ~ *un pezzo* to take a piece; (*nel gioco delle carte*) to beat; 6 ⟨*fig*⟩ (*guadagnare illecitamente*) to get fat (*o* rich) on. □ ~ *con* **appetito** to tuck in; ~ *qd. di* **baci** to cover (*o* smother) s.o. with kisses; ~ *alla* **carta** to eat à la carte; *non avere da* ~ to have nothing to eat; *portarsi dietro da* ~ to bring one's food along with one; *dar da* ~ *a qd.* to feed s.o.: ⟨*Bibl*⟩ *dar da* ~ *agli affamati* to feed the hungry; ⟨*fig*⟩ *mangiarsi il* **fegato** to fret and fume; ⟨*fig*⟩ ~ *qd.* (*o qc.*) *con gli* **occhi** to devour s.o. (*o s.th.*) with one's eyes; ~ *a* **quattro** **palmenti** to devour one's food; *mangiarsi le* **parole** (*non pronunciarle bene*) to mumble; **roba** *da* ~ food; ~ *a* **sazietà** to eat one's fill; ⟨*fig*⟩ *mangiarsi una* **sillaba** to clip a syllable, not to pronounce a syllable; ⟨*fig*⟩ ~ *alle* **spalle** *di qd.* to sponge off s.o.; ~ **svogliatamente** to pick at one's food; *mangiarsi le* **unghie** to bite (*o* chew) one's nails. *Prov.*: *si mangia per vivere, non si vive per* ~ you should eat to live, not live to eat.

mangiare[2] *m.* 1 eating. 2 (*cibo*) food; (*pasto*) meal: *il* ~ *è pronto* the meal is ready; (*rif. ad animali*) food, fodder. 3 (*cucina*) cooking: *il* ~ *qui è ottimo* the cooking is excellent here.

mangiasoldi: *macchina* ~ slot machine.

mangiata *f.* ⟨*fam*⟩ hearty (*o* square) meal; (*scorpacciata*) good feed. □ *farsi una bella* ~ *di dolci* to fill up on sweets; *farsi una gran* ~ to have one's fill, ⟨*fam*⟩ to have a good tuck in. **mangiatoia** *f.* **1** manger, trough. **2** ⟨*fig,scherz*⟩ ⟨*fonte di guadagno*⟩ gold mine. **mangiatore** *m.* (*f.* **-trice**) eater. □ ~ *di fuoco* fire eater; ~ *di spade* sword swallower. **mangiatoria** *f.* ⟨*scherz*⟩ eating. **mangime** *m.* **1** (*foraggio*) fodder, feed. **2** (*becchime*) bird seed. □ *-i complementari* supplementary feed; ~ *completo* complete feed, all–mash (feed). **mangione** *m.* (*f.* **-a**) **1** ⟨*fam*⟩ big (*o* heavy) eater. **2** ⟨*fig*⟩ grafter. **mangiucchiare** *v.t.* (**mangiucchio, mangiucchi**) to nibble, to pick.

mango *m.* (*pl.* **-ghi**) ⟨*Bot*⟩ mango.

mangostano *m.* ⟨*Bot*⟩ mangosteen.

mangrov(i)a *f.* ⟨*Bot*⟩ mangrove.

mangusta *f.* ⟨*Zool*⟩ mongoose.

mani *m.pl.* ⟨*Stor.rom*⟩ manes *pl.*

mania *f.* **1** mania (*anche Psic.*). **2** ⟨*fig*⟩ obsession, fixation, mania. □ ~ *di persecuzione* persecution complex. **maniacale** *a.* ⟨*Psic*⟩ maniac(al). **maniaco** *a./s.* (*pl.* **-ci**) **I** *a.* **1** ⟨*Psic*⟩ maniac(al). **2** ⟨*fig*⟩ (*rif. a persona: fissato*) obsessed (*di* by), mad, ⟨*fam*⟩ crazy (about). **II** *s.m.* (*f.* **-a**) maniac (*anche fig.*). □ ~ *sessuale* sex maniac. **maniaco-depressivo** *a.* ⟨*Psic*⟩ manic-depressive.

manica *f.* **1** sleeve. **2** ⟨*fig,spreg*⟩ (*gruppo di persone*) bunch, gang, ⟨*fam*⟩ pack: *una* ~ *di ladri* a gang of thieves. **3** ⟨*Aer*⟩ neck. **4** ⟨*Met*⟩ (*di altoforno*) downtake; (*di pompa*) suction hose. □ ~ *per acqua* hose; ~ **antincendio** fire hose; ⟨*Aer*⟩ ~ *d'aria* air sleeve (*o* sock); *in maniche di* **camicia** in one's shirt-sleeves; ~ *a* **chimono** kimono sleeve; ~ **corta** short sleeve; *essere nelle maniche di qd.* to be in s.o.'s good books (*o* graces), to be in with s.o.; *essere di* ~ **larga** to be indulgent; *vestito con le maniche* **lunghe** long-sleeved dress; **mezze** *maniche* short sleeves *pl*, sleevelets *pl*; *è un altro paio di maniche* that's another kettle of fish; ~ *a* **palloncino** puff sleeve; ~ *a* **raglan** raglan sleeve; **rimboccarsi** *le maniche* to roll up one's sleeves (*anche fig.*); *vestito* **senza** *maniche* sleeveless dress; ⟨*fig*⟩ *essere* **stretto** *di* ~ to be severe (*o* strict); ⟨*Aer*⟩ ~ *a* **vento** wind sleeve (*o* cone, sock).

Manica *N.pr.f.* ⟨*Geog*⟩ (*anche canale della Manica*) (English) Channel.

manicaretto *m.* delicacy, choice dish, dainty.

manicheismo *m.* ⟨*Filos*⟩ Manich(a)eism. **manicheo I** *a.* Manich(a)ean (*anche fig.*). **II** *s.m.* (*f.* **-a**) Manichee, Manich(a)ean.

manichetta *f.* **1** (*soprammanica*) sleevelet, oversleeve. **2** ⟨*tecn*⟩ hose: ~ *antincendio* fire hose; ~ *da palombaro* diver's air hose.

manichino *m.* **1** ⟨*Sart*⟩ tailor's dummy. **2** ⟨*Art*⟩ mannequin, manikin. **3** (*da vetrina*) mannequin, dummy. □ *essere* (*o sembrare*) *un* ~ (*molto elegante*) to be (*o* look) very smart; (*rigido*) to be stiff; ~ *per prove* test dummy; ~ *per vetrina* show window dummy.

manico *m.* (*pl.* **-chi/-ci**) **1** handle: ~ *dell'ombrello* umbrella handle; (*di martello, coltello e sim.*) handle, shaft; (*di frusta e sim.*) handle, stock, butt; (*di borsa e sim.*) grip. **2** ⟨*Mus*⟩ neck. □ ~ *di scopa* broomstick.

manicomiale *a.* crazy, mad. **manicomio** *m.* **1** lunatic asylum, mental hospital (*o* home). **2** ⟨*fam,scherz*⟩ (*rif. a luogo pieno di confusione*) madhouse. □ ~ *giudiziario* criminal lunatic asylum; ⟨*fam*⟩ *è roba da* ~! it's incredible!

manicotto *m.* **1** ⟨*Vest*⟩ muff. **2** ⟨*Mecc*⟩ sleeve, coupling. □ ~ *di giunzione* hose coupling; ⟨ *Mecc*⟩ ~ *di raccordo* union sleeve; ~ *riduttore* reducing socket (*o* pipe joint); ~ *di riscaldamento* heating muff.

manicure *f./m.inv.* **1** (*persona*) manicurist, manicure. **2** (*operazione*) manicure: *farsi fare il* ~ to have a manicure, ⟨*fam*⟩ to have one's nails done.

maniera *f.* **1** way, manner, fashion: ~ *di parlare* way of speaking; (*usanza*) manner, way, (*of*) custom, usage. **2** (*modo di comportarsi, condotta*) way (*of* behaviour), manner. **3** *pl.* (*creanza*) manners *pl*: *le buone -e* good manners. **4** ⟨*Art*⟩ (*stile*) style; ⟨*spreg*⟩ mannerism. □ **alla** ~ *di* (*nello stile di*) in the style (*o* manner) of, after the fashion of; *alla* ~ *spagnola* Spanish-style; **belle** *-e!* what manners!; *con le* **buone** *-e* with good manners; *di buone -e*

good–mannered; *con le* **cattive** *-e* unpleasantly, roughly; *hai* **certe** *-e!* what strange ways you have!; ⟨*Art*⟩ **di** ~ mannered; *di* ~ *che* in such a way as..., so that...; **in** ~ *che* so that, in order that; *in* ~ *da* so as to; *in qual* ~ (*come*) how, in what way; *in* **qualche** ~ somehow, in some way or other; *in tal* ~ this way, like this, in such a way.

manierato *a.* **1** (*ricercato, affettato*) affected, unnatural, artificial. **2** ⟨*Art*⟩ mannered. **manierismo** *m.* ⟨*Art*⟩ mannerism. **manierista** *m./f.* mannerist.

maniero *m.* **1** ⟨*Mediev*⟩ manor-house. **2** (*castello*) castle.

manieroso *a.* affected, ceremonious.

manifattura *f.* **1** manufacture, manufacturing: *costo di* ~ cost of manufacture. **2** (*concr*) manufactured article, manufacture. **3** *pl.* (*rif. a vestiti*) ready–made clothes *pl*, ready–to–wear clothing: *-e per uomo* men's ready –made clothing, men's–wear. **4** (*stabilimento*) factory, works *pl* (*costr.sing. o pl.*). □ *di* ~ *inglese* made in England. **manifatturiere** *m.* factory worker (*o* hand); (*fabbricante*) manufacturer. **manifatturiero** *a.* manufacturing.

manifestabile *a.* manifestable. **manifestamente** *avv.* manifestly. **manifestante** *m./f.* demonstrator. **manifestare** *v.* (**manifesto**) **I** *v.t.* **1** (*mostrare*) to show, to display, to manifest. **2** (*esprimere*) to express, to evince. **3** (*rivelare*) to reveal, to disclose. **II** *v.i.* (*aus.* avere) to demonstrate, to take part in a demonstration. **manifestarsi** *v.r.* to show (*o* reveal) o.s.; (*rivelare le proprie capacità*) to prove (o.s.): *manifestarsi incapace* to prove incapable. □ *al primo manifestarsi di* at the first sign of.

manifestazione *f.* **1** display, show, manifestation, demonstration: ~ *di gioia* display of joy. **2** (*apparizione*) appearance, manifestation. **3** (*sintomo, indizio*) sign, symptom, manifestation, token: *le -i della malattia* the symptoms of the disease. **4** (*dimostrazione pubblica*) demonstration. **5** (*spettacolo pubblico*) display, show, entertainment: ~ *pirotecnica* firework display; (*festival*) festival: ~ *musicale* music festival. □ ~ *di piazza* street demonstration; ~ *di protesta* protest meeting; ~ *sindacale* union action; ~ *sportiva* sports event (*o* meeting); ~ *vietata* unlawful demonstration.

manifestino *m.* leaflet.

manifesto[1] *a.* **1** (*palese*) evident, clear, (quite) apparent, manifest; (*noto*) (generally) known, well–known. **2** ⟨*Psic,Med*⟩ manifest.

manifesto[2] *m.* **1** poster, bill, placard, ⟨*am*⟩ billboard: *attaccare* (*i*) *-i* to post bills; (*avviso*) notice. **2** (*programma politico e culturale*) manifesto: ⟨*Stor*⟩ ~ *del partito comunista* Communist Manifesto. □ ~ *elettorale* election poster; ~ *pubblicitario* advertising poster, advertisement.

maniglia *f.* **1** handle: *la* ~ *del cassetto* the drawer handle. **2** (*sostegno per passeggeri: nei veicoli*) strap, handhold.

manigoldo *m.* (*f.* **-a**) scoundrel, rascal, rogue.

manilla[1] *f.* (*fibra tessile*) Manila (hemp), Manilla: *cavo di* ~ Manil(l)a cable.

manilla[2] *m.inv.* (*tipo di sigari*) Manila (cigar), Manilla.

manioca *f.* ⟨*Bot*⟩ manioc(a).

manipolare *v.t.* (**manipolo**) **1** to prepare, to concoct; (*impastare*) to knead, to work. **2** ⟨*estens*⟩ to manipulate: ~ *l'opinione pubblica in proprio favore* to manipulate the public opinion in one's favour. **3** ⟨*fig*⟩ (*ordire, macchinare*) to plot, to plan, to hatch, to brew: ~ *una truffa* to plan a swindle. **4** ⟨*fig*⟩ (*rielaborare grossolanamente*) to piece together, to put (*o* throw) together. **manipolatore** *m.* (*f.* **-trice**) **1** manipulator; (*adulteratore*) adulterator. **2** ⟨*fig*⟩ plotter, schemer, manoeuvrer, hatcher. **3** ⟨*El*⟩ sending (*o* Morse) key. **manipolazione** *f.* **1** preparation, concoction; (*adulterazione*) adulteration. **2** manipulation: ~ *del mercato* market manipulation. **3** *pl.* (*intrighi, imbrogli*) plots *pl*, plotting, schemes *pl.* **4** ⟨*fig*⟩ (*grossolana rielaborazione*) hotchpotch, patchwork. **5** ⟨*El*⟩ keying. □ ~ *elettorale* vote rigging; ~ *genetica* genetic manipulation.

manipolo *m.* **1** squad, band, platoon: *un* ~ *di soldati* a band of soldiers. **2** ⟨*Stor.rom,Lit*⟩ maniple.

maniscalco *m.* (*pl.* **-chi**) **1** farrier, blacksmith. **2** ⟨*Stor*⟩ marshal.

manismo *m.* ⟨*Etnol*⟩ manism.

manitù *m.* ⟨*Etnol*⟩ manitu, manito(u).
manna *f.* **1** ⟨*Bibl*⟩ manna. **2** ⟨*fig*⟩ (*bene inaspettato*) godsend, blessing (from heaven), manna. **3** ⟨*fig*⟩ (*cibo buono*) food for the gods, dainty dish, treat; (*bevanda buona*) nectar. □ ⟨*fig*⟩ *aspettare la ~ dal cielo* to wait for something to ˈfall into one's lapˈ (*o* turn up).
mannaggia *intz.* ⟨*region*⟩ damn, blast, hang it. □ *~ la miseria!* damn (it)!, curse it!
mannaia *f.* **1** (*grossa scure*) axe, chopper; (*scure del boia*) executioner's axe. **2** ⟨*estens*⟩ (*lama della ghigliottina*) blade of the guillotine. **3** ⟨*Macell*⟩ cleaver, meat axe. □ *finire sotto la ~* (*essere condannato a morte*) to be condemned to death.
mannaro: *lupo ~* werewolf.
mannequin *fr.* [man'kɛ̃] *f.* (*indossatrice*) mannequin, (fashion) model.
mannite *f.* ⟨*Chim*⟩ mannite.
mano *f.* **1** hand: *lavarsi le ~i* to wash one's hands. **2** ⟨*fig*⟩ (*stile, impronta*) hand, style, mark. **3** ⟨*fig*⟩ (*potere*) hands *pl,* hand, control: *l'isola è in ~ al nemico* the island is in enemy hands; *avere in ~ la situazione* to have the situation under control. **4** (*strato: di vernice e sim.*) coat. **5** (*nei giochi di carte: giro*) hand; (*vantaggio di giocare per primo*) lead. **6** (*direzione*) side, direction, hand: *contro ~* on the wrong side of the road. **7** (*scrittura*) handwriting: *di sua ~* in his own handwriting. □ **a** *~* by hand, hand–: *cucire a ~* to sew by hand; *cucito a ~* hand-sewn; *lavoro a ~* hand-work; *mettere le ~i addosso a qd.* to lay hands on s.o.; **alla** *~:* 1 (*rif. a cosa: vicino, pronto*) at hand, ready (to hand): *passaporti alla ~!* have your passports ready!; 2 (*rif. a persona: affabile*) easy to get along with, easy–going; *–i in alto!* hands up!; *alzare la ~ contro qd.* to raise one's hand against s.o.; *alzare le –i (per arrendersi)* to put one's hands up; *a ~ armata* armed; ⟨*fig*⟩ *mettere le –i avanti* to keep on the safe side, to safeguard o.s.; *far man bassa* (*rubare*) to make a clean sweep; **battere** *le –i* to clap one's hands; (*applaudire*) to applaud, to clap; *dare una ~ di bianco a qc.* to whitewash s.th.; ⟨*fig*⟩ *avere le –i bucate* to be a spendthrift; *essere in buone –i* to be in good hands; **cadere** *nelle –i di qd.* to fall into s.o.'s hands (*o* clutches); ⟨*fig*⟩ **cambiare** *~* to change hands; ⟨*fig*⟩ *mettersi le –i nei capelli* to tear one's hair; **chiedere** *la ~ di una ragazza* to ask for a girl's hand; ⟨*Pitt*⟩ *~ di colore* coat of paint; *andare contro ~* to drive on the wrong side of the road; *mettersi una ~ sul cuore* to put one's hand on one's heart; **dare** *la ~ a qd.* to shake hands with s.o.; ⟨*fig*⟩ *dare una ~ a qd.* to lend s.o. a (helping) hand; (*in modo continuo*) to help s.o. out: *mia figlia mi dà una ~ nel negozio* my daughter helps me out in the shop; *~* **destra** right hand; **essere** *nelle –i di Dio* to be in God's hands; *essere di ~* (*nei giochi di carte*) to have the lead; *la lettera è di sua ~* the letter is in his own (hand)writing; **fare** *la ~ a qc.* to get one's hand in at s.th.; *farsi le –i (la manicure)* to do one's nails; ⟨*fig*⟩ *–i di fata* fairy hands (*o* fingers); ⟨*fig*⟩ **ferma** steady hand; ⟨*fig*⟩ firm hand: *governare con ~ ferma* to rule with a firm hand; ⟨*fig*⟩ *~ di ferro in guanto di velluto* iron hand in a velvet glove; *dare man forte a qd.* to support s.o., to back s.o. up; *fregarsi le –i* to rub one's hands; ⟨*fig*⟩ *mettere la ~ sul fuoco* to stake one's life on s.th.; *mettere la ~ sul fuoco per qd.* to swear for s.o.; **fuori** (*di*) *~* out of the way, off the beaten track; **giù** *le –i!* hands off!; **giungere** *le –i* to fold (*o* clasp) one's hands; ⟨*fig*⟩ **lavarsi** *le –i di qc.* to wash one's hands of s.th.; ⟨*fig*⟩ *avere le –i legate* to have one's hands tied; *avere la ~ leggera* to have a light hand (*o* touch); *a ~ libera* free–hand–: *disegno a ~ libera* free-hand drawing; ⟨*fig*⟩ *avere le –i lunghe:* 1 (*rubare*) to be light-fingered; 2 (*essere molto potente*) to be long-armed; **man** *~* little by little, ⟨*fam*⟩ bit by bit; *man ~ che* (*mentre*) while, as; (*come*) as; **menare** *le –i* to fight; **metter** *~ a qc.* to begin (*o* set one's hand to) s.th.; *metter ~ al coltello* to draw (*o* seize) one's knife; *mettere le ~i su qc.* (*o qd.*) to get one's hands on s.th. (*o* s.o.); ⟨*fig*⟩ *mettersi nelle –i di qd.* to put o.s. in s.o.'s hands; ⟨*fig*⟩ *mordersi le –i per qc.* to feel like kicking o.s. over s.th.; *~ nella ~* hand in hand; **passare** *da una ~ all'altra* to pass from hand to hand; ⟨*fig*⟩ *avere le –i in pasta* to have a finger in the pie; ⟨*fig*⟩ *avere qc.*

per le –i to have s.th. in hand; *avere la ~ pesante* to be heavy-handed (*o* rough); ⟨*fig*⟩ *dare a piene –i* to give liberally; *a portata di ~* within reach, handy, at (*o* to) hand; *tenere le –i a posto* (*non prendersi confidenze*) to keep one's distance; **prendere** *la ~* (*rif. a persona: sottrarsi alla disciplina*) to get out of hand (*o* control); ⟨*fig*⟩ *farsi prendere la ~ da qd.* to let s.o. get out of hand, to lose control over s.o.; *prendere la ~ a qc.* to become skilful (*o* good) at s.th.; *prendere per ~* to take by the hand; **prima** *~* undercoat, primer; *di prima ~* first-hand–: *comprare di prima ~* to buy first-hand (*o* new); *informazioni di prima ~* first-hand information; *lettera di propria ~* letter in one's own handwriting; ⟨*fig*⟩ *mi prudono le –i* I'm itching to hit you; *sonare a quattro –i* to play piano duets; ⟨*fam*⟩ *avere le –i di ricotta* to be a butter-fingers; *di seconda ~* second-hand; *~ sinistra* left hand; (*di*) *sotto ~* underhand, secretly, on the sly; ⟨*fig*⟩ *sporcarsi le –i* to get mixed up in s.th. unsavoury; ⟨*fig*⟩ *stare con le –i in ~* not to lift a finger, to twiddle one's thumbs; *una stretta di ~* a handshake; **stringere** *la ~ a qd.* to shake ˈs.o.'s handˈ (*o* hands with s.o.); ⟨*Epist*⟩ *sue proprie* (*o gentilissime*) *–i* personal; **tener** *~ a qd.* (*essere complice*) to aid and abet s.o.; *tener ~ a qc.* to aid and abet in s.th.; *tenere la ~* (*procedere sul lato consentito*) to keep to the right side (of the road); *tenersi per ~* to be holding hands; ⟨*fig*⟩ **toccare** *con ~ qc.* to see s.th. with one's own eyes; **ungere** *le –i di qd.* (*corromperlo*) to grease s.o.'s palm; **venire** *alle –i* to come to blows; *a ~ vuote* empty-handed. *Prov.:* *–i fredde, cuore caldo* cold hands, warm heart; *una ~ lava l'altra* (*e tutt'e due lavano il viso*) you scratch my back and I'll scratch yours.
manodopera (*o* **mano d'opera**) *f.* **1** labour, workers *pl,* manpower. **2** (*costo del lavoro umano*) labour, cost of labour. □ *ad alta intensità di ~* labour intensive; *~ avventizia* temporary workers *pl;* *a corto di ~* short-handed; *costo della ~* labour costs *pl;* *~ femminile* female labour; *~ fissa* regular workers; *~ migrante* migrant labour; *~ occasionale* casual labour, casual workers *pl;* *~ organizzata* organized labour; *~ qualificata* skilled labour (*o* workers); *~ salariata* hired labour (*o* workers); *~ non specializzata* (*o qualificata*) unskilled labour; *~ stagionale* seasonal labour; *~ straniera* foreign manpower.
manomesso (*p.p. di manomettere*) *a.* (illegally) opened, tampered with: *corrispondenza –a* corrispondence that is illegally opened.
manometro *m.* manometer, pressure gauge. □ *~ differenziale* differential pressure gauge; *~ a mercurio* mercury gauge; ⟨*Mot*⟩ *~ dell'olio* oil pressure gauge; ⟨*Aut*⟩ *~ per pneumatici* tyre gauge.
manomettere *v.t.* (**manomisi, manomesso**) **1** to tamper with, to break (open) illegally: *i sigilli della lettera furono manomessi* the seals on the letter were broken; *hanno manomesso il pacco* the parcel has been tampered with. **2** ⟨*fig*⟩ (*violare*) to violate, to infringe: *~ un diritto* to violate a right. **manomissione** *f.* **1** tampering, illegal opening, breaking. **2** ⟨*fig*⟩ (*violazione*) violation, infringement.
manomorta *f.* ⟨*Dir*⟩ **1** mortmain, dead hand. **2** (*beni inalienabili*) property in mortmain. **manonera** *f.* ⟨*Stor*⟩ Black Hand.
manopola *f.* **1** hand-grip, ball-grip; (*del manubrio*) handlebar grip. **2** (*di apparecchio radio e sim.*) knob. **3** (*guanto*) mitten. **4** ⟨*Sart*⟩ (*risvolto*) cuff. **5** (*nelle armature*) gauntlet. □ *~ di comando* control knob; ⟨*Rad*⟩ *~ di sintonia* tuning knob; ⟨*Rad*⟩ *~ di volume* volume knob.
manoscritto **I** *s.m.* manuscript. **II** *a.* handwritten, in manuscript: *un articolo ~* a handwritten article.
manovalanza *f.* **1** (*manovali*) (manual) labourers *pl,* unskilled workers *pl.* **2** (*opera di manovali*) manual labour. **manovale** *m.* (manual) labourer, unskilled worker.
manovella *f.* crank, winch. □ ⟨*Mecc*⟩ *~ d'accoppiamento* coupling crank; ⟨*Aut*⟩ *~ d'avviamento* starting (*o* cranking) handle, crank; ⟨*Cin*⟩ *dare il primo giro di ~* to start shooting. **manovellismo** *m.* ⟨*Mecc*⟩ crank gear (*o.*

mechanism).

manovra *f.* **1** (*comando*) control, handling; (*guida*) steering, driving, manoeuvring. **2** ⟨*fig*⟩ (*provvedimento, azione*) move, manoeuvre: *una ~ falsa* a false move. **3** *pl.* ⟨*fig*⟩ (*mene, intrighi*) schemes *pl*, plots *pl*, manoeuvres *pl*: *-e delittuose* criminal schemes. **4** ⟨*Aut,Mar*⟩ manoeuvre. **5** ⟨*Ferr*⟩ shunting, marshalling. **6** *pl.* ⟨*Mil*⟩ manoeuvres *pl*, drill. **7** *pl.* ⟨*Mar*⟩ rigging, cordage. □ ⟨*Mil*⟩ *~ accerchiante* outflanking movement; ⟨*Mil*⟩ *-e* **aeree** air manœuvres; ⟨*Econ*⟩ *-e di* **borsa** manipulations on the stock exchange; ⟨*Ind*⟩ *~* **centralizzata** central control; ⟨*Pol*⟩ *-e di* **corridoio** lobbying; *~* **elettorale** vote–catching manoeuvre; **far** *~*: 1 ⟨*Ferr*⟩ to shunt; 2 ⟨*Aut,Mar*⟩ to manoeuvre; ⟨*Mil*⟩ **grandi** *-e* manoeuvres *pl*; **libertà** *di ~* freedom of manoeuvre (*anche fig.*); **margine** *di ~* margin for manoeuvre; ⟨*Ferr*⟩ *~ degli* **scambi** throwing over the points, ⟨*am*⟩ operation of switches; ⟨*Mil*⟩ *~* **strategica** strategic manoeuvre; ⟨*Mil*⟩ *~* **tattica** tactical manoeuvre; **zona** *di ~* manoeuvring area.

manovrabile *a.* manoeuvrable, controllable; (*maneggevole*) manageable, handy. **manovrabilità** *f.* manoeuvrability, controllability; (*maneggevolezza*) manageability, ease of handling. **manovrare** *v.* (**manovro**) **I** *v.t.* **1** to handle, to control, to manage; (*guidare*) to steer, to drive, to manoeuvre. **2** ⟨*fig*⟩ to manage, to manoeuvre, to conduct: *sa ~ bene i suoi affari* he manages his affairs (*o* business) well. **II** *v.i.* (*aus.* avere) **1** to manoeuvre. **2** ⟨*fig*⟩ to manoeuvre, to scheme, to plot. **manovratore** *m.* (*f.* -*trice*) **1** tactician (*anche fig.*). **2** (*conducente: di tram e sim.*) driver, ⟨*am*⟩ motorman; (*di macchine*) driver, operator, ⟨*am*⟩ machinist. **3** ⟨*Ferr*⟩ shunter; (*rif. a scambi*) signalman, shunter, switchman. **manovriero I** *a.* handy, manageable. **II** *s.m.* clever tactician, manoeuvrer.

manrovescio *m.* **1** back of one's hand, backhander: *dare un ~ a qd.* to give s.o. ⸢a slap⸣ (*o* the back of one's hand), to slap s.o. **2** (*nella scherma*) backhanded blow, backstroke.

mansalva (*o* **man salva**): *a ~* (*liberamente*) freely.

mansarda *f.* mansard, mansard roof; (*stanza*) garret; (*finestra*) dormer (window), mansard window. **mansardato** *a.* with a mansard.

mansione *f.* duty, task, job, function; (*ufficio*) office. □ *impiegato con –i direttive* executive.

mansueto *a.* **1** tame, gentle, docile. **2** (*rif. a persona*) gentle, quiet, meek, mild: *~ come un agnello* as gentle as a lamb, lamb–like. **mansuetudine** *f.* **1** mildness, docility, gentleness, meekness. **2** (*rif. ad animali*) tameness, docility, gentleness.

manta *f.* ⟨*Itt*⟩ manta (ray), devil fish.

manteca *f.* **1** (*pomata*) pomade. **2** (*impasto*) thick mixture, paste. **mantecare** *v.t.* (**manteco, mantechi**) to whip, to whisk. **mantecato** *m.* ⟨*Dolc*⟩ soft ice–cream.

mantella *f.* **1** (*mantello*) cloak, mantle. **2** (*mantello militare o femminile*) cape. **mantelletto** *m.* **1** mantelet, short cloak. **2** ⟨*Mil.ant*⟩ mantelet. **mantellina** *f.* **1** cape: *~ di pelliccia* fur cape. **2** (*soprabito militare*) cape.

mantello *m.* **1** cloak, mantle; (*cappotto*) coat, overcoat; (*cappotto militare*) greatcoat. **2** ⟨*Mod*⟩ (*soprabito femminile*) coat, wrap, manteau. **3** ⟨*fig*⟩ mantle, blanket: *un ~ verde ricopriva la valle* a green mantle covered the valley; *un ~ di neve* a blanket of snow. **4** ⟨*Zool*⟩ coat, fur; (*del cavallo*) coat. **5** ⟨*Mot*⟩ skirt. **6** ⟨*Mecc*⟩ shell: *~ del forno* (furnace) shell. □ *~ estivo* summer coat (*anche Zool.*); *~ invernale* winter coat (*anche Zool.*); ⟨*fig*⟩ *mutar ~* (*cambiare opinione*) to change one's mind; ⟨*Vest*⟩ *~ a ruota* (full–cut) mantle.

mantenere *v.t.* (**mantengo, mantieni; mantenni, mantenuto; →** tenere) **1** (*conservare*) to maintain, to keep, to preserve: *~ la disciplina* to keep discipline. **2** (*provvedere al sostentamento*) to support, to maintain: *deve ~ moglie e cinque figli* he has a wife and five children to support. **3** (*difendere*) to hold, to defend, to maintain: *~ la posizione* to hold one's position. **4** (*persistere*) to maintain, to uphold, to hold by, to stick to: *~ la propria opinione* to maintain one's opinion. **5** (*tener fede*) to keep, to abide by: *~ la parola data* to keep (*o* be true to) one's word; *~ il giuramento* to keep one's oath. **mantenersi** *v.r.*

1 (*conservarsi*) to keep (o.s.): *si mantiene giovane* he keeps young; *il mare si mantiene calmo* the sea is keeping calm. **2** (*provvedere al proprio sostentamento*) to keep o.s., to earn one's living. □ *mantenersi bene* to look well (for one's age), to be in good shape; *~ in ordine* to keep in order; *~ i rapporti con qd.* to keep up relations with s.o.

mantenimento *m.* **1** (*conservazione*) maintenance, upkeep. **2** (*sostentamento*) support, maintenance: *provvedere al ~ della propria famiglia* to provide for (the support of) one's family. **3** (*difesa*) maintenance, keeping, defence, preserving: *la polizia è addetta al ~ dell'ordine* the police are responsible for the maintenance of law and order. **4** (*manutenzione*) maintenance, upkeep, care. **5** ⟨*Dir*⟩ (*alimenti: rif. a coniuge separato*) alimony. **6** ⟨*Med*⟩ *dose di ~* maintenance dose. **mantenuta** *f.* ⟨*spreg*⟩ mistress, kept woman. **mantenuto** (*p.p. di mantenere*) ⟨*spreg*⟩ **I** *a.* kept, maintained. **II** *s.m.* gigolo.

mantice *m.* **1** bellows *pl* (*costr. sing.*): *azionare il ~* to blow the bellows. **2** ⟨*Aut*⟩ hood; (*nelle carrozze*) bellows top. □ *a ~* folding, accordion–; ⟨*fig*⟩ *soffiare come un ~* to (puff and) pant.

mantide *f.* ⟨*Entom*⟩ mantis, mantid. □ *~ religiosa* praying mantis.

mantiglia *f.* **1** ⟨*Vest*⟩ mantilla. **2** ⟨*Stor*⟩ (*mantellina*) short cape (*o* cloak).

mantissa *f.* ⟨*Mat*⟩ mantissa.

manto *m.* **1** mantle, cloak: *~ d'ermellino* ermine mantle. **2** ⟨*estens*⟩ (*carica, dignità*) office, dignity: *deporre il ~* to resign from office. **3** ⟨*fig*⟩ (*strato uniforme*) mantle, blanket: *~ di neve* blanket of snow. **4** ⟨*fig*⟩ (*finzione*) appearance, guise, cloak: *sotto il ~ della carità spesso si cela l'egoismo* charity is often a cloak for selfishness. **5** ⟨*Zool*⟩ coat, fur; (*del cavallo*) coat. **6** ⟨*Strad*⟩ surface, blanket. □ ⟨*Strad*⟩ *~ di asfalto* asphalt surface; *~ bitumato* bitumen surface; *~ di porpora* purple mantle; *~ stradale* feather edge.

Mantova *N.pr.f.* ⟨*Geog*⟩ Mantua. **mantovana** *f.* **1** ⟨*Arch*⟩ gable-board. **2** (*parte del tendaggio*) pelmet. **mantovano I** *a.* Mantuan, of Mantua. **II** *s.m.* (*f.* -a) Mantuan.

manuale[1] **I** *a.* manual: *lavoro ~* manual labour. **II** *s.m.* ⟨*Mus*⟩ manual.

manuale[2] *m.* manual, handbook: *~ di filosofia* philosophy handbook; *~ di vendita* sales manual.

manualista *m.* **1** writer of handbooks. **2** ⟨*spreg*⟩ compiler. **manualistico** *a.* (*pl.* -ci) like a handbook (*o* manual). **manualità** *f.* (*abilità nell'uso delle mani*) manual skill, dexterity. **manualizzare** *v.t.* (*divulgare*) to popularize in handbook form. **manualmente** *avv.* manually, by hand.

manubrio *m.* **1** (*manico, maniglia*) handle. **2** (*nei veicoli*) handlebars *pl*, handlebar: *~ della bicicletta* (bicycle) handlebars. **3** ⟨*Sport*⟩ (*nel sollevamento pesi*) dumb bell. **4** ⟨*Zool*⟩ manubrium.

manufatto I *a.* manufactured: *prodotto ~* manufactured product. **II** *s.m.* **1** manufactured article, manufacture. **2** ⟨*estens*⟩ (*rif. a costruzioni stradali, ferroviarie e sim.*) minor construction job.

manutengolo *m.* **1** aider and abetter. **2** (*mezzano*) go-between.

manutenzione *f.* maintenance, upkeep; (*rif. a macchinari e sim.*) maintenance, servicing. □ **addetto** *alla ~* maintenance worker; *personale addetto alla ~* maintenance staff; **avere** *la ~* to be responsible for the maintenance; **contratto** *di ~* maintenance contract; ⟨*Mecc*⟩ **eseguire** *la ~ di* to service; *di* **facile** *~* easily maintained; **fermo** *per ~* out of order; **lavori** *di ~*: 1 maintenance work; 2 ⟨*Mecc*⟩ servicing; **manuale** *di ~* service handbook (*o* manual); **riparazioni** *di piccola ~* small repairs; *~* **stradale** road maintenance; **tecnico** *della ~* maintenance engineer.

manzo *m.* **1** steer, bullock; (*giovenco*) young steer. **2** ⟨*Macell*⟩ beef. □ *~* **arrosto** roast beef; *~* **brasato** braised beef; *~* **lesso** boiled beef.

manzoniano I *a.* of Manzoni. **II** *s.m.* (*f.* -a) imitator of Manzoni, follower of Manzoni's linguistic theory.

maoismo *m.* ⟨*Pol*⟩ Maoism. **maoista** *a./s.m./f.* Maoist. **maoistico** *a.* (*pl.* -ci) Maoist.

maomettano *a./s.m.* (*f.* **-a**) Mohammedan. **maomettismo** *m.* Mohammedanism. **Maometto** *N.pr.m.* ⟨*Stor*⟩ Mohammed, Mahomet.

maona *f.* ⟨*Mar*⟩ barge, lighter.

maori (o *maori*) *m./f.* ⟨*Etnol*⟩ Maori.

mappa *f.* ⟨*Geog*⟩ map. □ ~ *catastale* cadastral map; ~ *lunare* moon map. **mappamondo** *m.* **1** (*planisfero*) map of the world, world map. **2** (*globo terrestre*) globe. □ ~ *celeste* map of the heavens, celestial map.

mappare *v.t.* ⟨*Biol*⟩ to map.

maquillage *fr.* [maki'ja:ʒ] *m.* (*trucco, arte del trucco*) make-up.

mar. = **1** *martedì* Tuesday (*abbr.* Tues., Tu.). **2** *marzo* March (*abbr.* Mar.).

Mar. = ⟨*Mil*⟩ *maresciallo* marshal.

marabù *m.* ⟨*Ornit*⟩ marabou (stork).

marabutto *m.* (*santone, mausoleo*) marabout.

marachella *f.* prank, trick, scrape.

maragià *m.* (*maharaja*) maharaja(h).

maramaldo *m.* person who attacks the defenceless. □ *fare il* ~ to be cruel to the defenceless.

marameo *intz.* ⟨*fam,scherz*⟩ fiddledeedee. □ *far* ~ to cock a snook.

marangone *m.* ⟨*Ornit*⟩ cormorant.

marasca *f.* ⟨*Bot*⟩ marasca (cherry). **maraschino** *m.* (*liquore*) Maraschino (liqueur). **marasco** *m.* (*pl.* **-chi**) ⟨*Bot*⟩ marasca cherry (tree).

marasma *m.* **1** ⟨*Med*⟩ marasmus. **2** ⟨*fig*⟩ (*decadenza*) decay, decline. **3** ⟨*fig*⟩ (*grande confusione*) chaos.

marasso *m.* ⟨*Zool*⟩ viper.

Maratona *N.pr.f.* ⟨*Geog.stor*⟩ Marathon. **maratona** *f.* **1** ⟨*Sport,fig*⟩ marathon. **2** ⟨*fig*⟩ marathon: *una* ~ *diplomatica* a diplomatic marathon. □ ~ *di ballo* dance marathon; ~ *di marcia* walking marathon. **maratoneta** *m./f.* ⟨*Sport*⟩ marathon runner, long–distance runner.

marc' [–ʃ] *intz.* ⟨*Mil,Sport*⟩ march: *avanti* ~! forward march!

marca[1] *f.* **1** (*segno*) mark: *imprimere una* ~ *su un oggetto* to put a mark on (*o* mark) an object; (*marchio*) trade mark. **2** (*ditta produttrice*) firm, company, trade name; (*prodotto avente il marchio di una certa ditta*) brand: *questa è la migliore* ~ *di tè* this is the best brand of tea. **3** (*bollo*) stamp. **4** (*scontrino, contromarca*) check, token, tally. □ **articolo** *di* ~ branded product; ~ **assicurativa** (welfare) insurance stamp; ~ *da* **bollo** revenue stamp; ⟨*Mar*⟩ ~ *di* **bordo** *libero* freeboard marking; ~ *di* **controllo** check; ~ **depositata** registered trademark; *di* ~ high (*o* good) quality, choice: *vino di* ~ high quality wine; ~ *di* **fabbrica** trade mark; **fedeltà** *alla* ~ brand loyalty; ⟨*Comm*⟩ **immagine** *della* ~ brand image; ~ **tipografica** imprint, printer's mark.

marca[2] *f.* ⟨*Stor*⟩ march, borderland.

marcamento *m.* ⟨*Sport*⟩ marking, covering.

marcantonio *m.* ⟨*scherz*⟩ big hefty fellow.

Marcantonio *N.pr.m.* ⟨*Stor*⟩ Mark Antony.

marcapezzi *m.inv.* (*marcatore*) marker. **marcapiano** *m.inv.* ⟨*Edil*⟩ string course.

marcare *v.* (**marco, marchi**) **I** *v.t.* **1** to mark, to stamp: ~ *le posate* to mark the cutlery; (*a fuoco*) to brand. **2** (*segnare, registrare*) to keep (*o* make a) note of, to score up: ~ *i punti* to score (*o* chalk) up the points, to keep score. **3** (*accentuare, rafforzare*) to accentuate, to sharpen. **4** ⟨*Sport*⟩ to mark, to cover. **II** *v.i.* (*aus.* **avere**) ⟨*Sport*⟩ (*segnare un gol*) to score (a goal). □ ⟨*Mil*⟩ ~ *visita* to report sick.

marcasite, marcassite *f.* ⟨*Min*⟩ marcasite.

marcatempo *m.inv.* **1** ⟨*Ind*⟩ (*impiegato*) timekeeper. **2** ⟨*Mecc*⟩ time stamp. **marcato** *a.* **1** marked, stamped. **2** (*accentuato*) marked, sharp, prominent: *lineamenti* *–i* marked features; *naso* ~ prominent nose. **marcatore** *m.* (*f.* **-trice**) **1** ⟨*Ind*⟩ marker. **2** ⟨*Sport*⟩ (*chi segna un gol*) scorer (of a goal); (*chi marca l'avversario*) marker. **marcatura** *f.* **1** marking. **2** ⟨*Sport*⟩ (*marcamento*) marking.

Marcello *N.pr.m.* ⟨*Stor*⟩ Marcellus.

marcescente *a.* rotting, decaying. **marcescibile** *a.* ⟨*lett*⟩ perishable.

march [–ʃ] *intz.* → **marc'**.

Marche *N.pr.f.pl.* ⟨*Geog*⟩ Marches *pl.*

marchesa *f.* marchioness; (*in Italia*) marchesa; (*in Francia*) marquise. **marchesato** *m.* marquisate. **marchese** *m.* marquis, marquess; (*in Italia*) marchese; (*in Francia*) marquis. **marchesina** *f.* daughter of a marquis. **marchesino** *m.* son of a marquis.

marchetta *f.* **1** (*marca assicurativa*) (welfare) insurance stamp. **2** (*gettone per le prostitute nei bordelli*) prostitute's token. **3** ⟨*volg*⟩ (*omosessuale che si prostituisce*) male prostitute.

marchiano *a.* gross, glaring: *errore* ~ gross error, ⟨*fam*⟩ howler.

marchiare *v.t.* (**marchio, marchi**) **1** to mark; (*bollare: a timbro*) to stamp, to seal; (*a fuoco*) to brand: ~ *i capi di bestiame* to brand cattle. **2** ⟨*fig*⟩ to brand, to stamp, to mark: ~ *qd. come traditore* to brand s.o. as a traitor. **marchiatura** *f.* marking. □ ~ *a fuoco* branding.

marchingegno *m.* **1** device, contrivance. **2** ⟨*fig*⟩ clever device (of plan).

marchio *m.* **1** (*segno impresso*) mark; (*bollo*) stamp; (*rif. ad animali*) brand. **2** (*strumento con cui s'imprime il segno*) marker; (*a fuoco*) branding iron, brand. **3** ⟨*fig*⟩ (*taccia*) stigma, mark, brand. **4** ⟨*Comm*⟩ brand, trade mark. **5** (*incisione su metalli preziosi*) hallmark, sterling mark (*o* stamp), plate mark. □ ~ *d'*autenticità hallmark; ~ **depositato** registered trade mark; ~ *di* **fabbrica** trade–mark; ~ *a* **fuoco** brand; ⟨*Mediev*⟩ ~ *di* (*o* *dell'*) **infamia** brand (*o* mark) of infamy (*anche fig.*); ⟨*fig*⟩ *bollare qd. d'un* ~ *d'infamia* to brand s.o. with infamy; ~ *d'*origine mark of origin, certification mark; ~ *di* **qualità** quality mark.

marchionale *a.* ⟨*lett*⟩ of a marquis.

marcia *f.* (*pl.* **-ce**) **1** march (*anche Mil.*): *essere in* ~ to be on the march. **2** (*funzionamento*) running, going, working: *mettere in* ~ *un'industria* to set an industry going. **3** ⟨*Sport*⟩ walking. **4** ⟨*Mot*⟩ gear, speed. **5** ⟨*Mus*⟩ march. □ ~ **avanti** forward running (*o* movement); ⟨*Mot*⟩ forward gear (*o* speed); ~ **bassa** low gear; **cambiamento** *di* ~ changing (*o* shifting) of gears; (*inversione*) reversing; ⟨*Pol*⟩ ~ *per i* **diritti** *civili* civil rights march; ⟨*Mot*⟩ **disinnestare** *una* ~ to go (*o* throw) out of gear; ⟨*Mil*⟩ ~ **forzata** forced march; ⟨*Mus*⟩ ~ **funebre** funeral (*o* dead) march; ⟨*fig*⟩ *sembrare una* ~ *funebre* to be very gloomy; ~ **indietro** reverse running; ⟨*Mot*⟩ reverse (gear): *andare a* ~ *indietro* to go into reverse; *fare* ~ *indietro:* **1** ⟨*Mot*⟩ to back up, to reverse; (*per uscire*) to back out; **2** ⟨*fig*⟩ to back out, to withdraw; **3** ⟨*fig*⟩ (*rimangiarsi la parola*) to go back on what one has said; ~ **inferiore** low gear; *avere la* ~ **ingranata** to be in gear; **inversione** *di* ~ reversing, reverse; **messa** *in* ~ starting up; **mettersi** *in* ~ to start off; (*a passo di marcia*) to march off; ⟨*Mus*⟩ ~ **militare** military march; ⟨*Mus*⟩ ~ **nuziale** wedding march; *in* **ordine** *di* ~ in marching order; ~ *della* **pace** peace march; **passare** *a una* ~ **superiore** to shift up (*o* into a higher gear); ⟨*Mot*⟩ **prima** ~ bottom (*o* low) gear; ~ *di* **protesta** protest march; ~ *del* **silenzio** silent march; ⟨*Stor*⟩ ~ *su* Roma March on Rome; *a tempo di* ~ in march time; ⟨*Mus*⟩ ~ **trionfale** triumphal march.

marciano *a.* St. Mark's: *biblioteca* *–a* St. Mark's Library.

marciapiede *m.* **1** pavement, ⟨*am*⟩ sidewalk. **2** ⟨*Ferr*⟩ platform. **3** ⟨*Mar*⟩ foot-rope (under a yard). □ ⟨*eufem*⟩ *battere il* ~ to walk the streets; *donna da* ~ street-walker.

marciare *v.i.* (**marcio, marci**; *aus.* **avere**) **1** to march (*anche Mil.*): *l'esercito marciò sul nemico* the army marched on the enemy. **2** ⟨*fig,scherz*⟩ (*rigare diritto*) to behave, to toe the line. **3** ⟨*fam*⟩ (*funzionare*) to run, to work: *la mia macchina marcia che è una meraviglia* my car runs beautifully. **4** ⟨*Sport*⟩ to walk. □ ~ *in colonna* to march in a column; ⟨*fig*⟩ *far* ~ *qd.* to make s.o. behave (*o* work). **marciatore** *m.* (*f.* **-trice**) **1** marcher. **2** ⟨*Sport*⟩ walker. □ ~ *per la pace* peace marcher.

marcio I *a.* **1** rotten, (gone) bad, spoiled, decayed: *frutta* *–a* rotten (*o* bad) fruit. **2** ⟨*fam*⟩ (*purulento*) festering, infected. **3** ⟨*fig*⟩ (*corrotto*) corrupt, depraved: *società* *–a* corrupt society. **II** *s.m.* **1** (*qualità*) rottenness, badness;

(*parte marcia*) rotten (*o* bad) part: *togliere il* ~ to remove the bad part. **2** (*pus*) pus. **3** ⟨*fig*⟩ (*corruzione*) corruption, depravity, rottenness. □ *a suo* ~ *dispetto* to spite him; *avere torto* ~ to be absolutely wrong; *ubriaco* ~ blind drunk, ⟨*fam*⟩ stoned.

marcire *v.i.* (marcisco, marcisci; *aus.* essere) **1** (*andare a male*) to go bad (*o* off), to rot, to decay, to spoil: *le uova sono marcite* the eggs 'are rotten' (*o* have gone bad). **2** (*guastarsi per l'umidità*) to rot. **3** (*rif. a parti del corpo*) to fester, to suppurate. **4** ⟨*fig*⟩ to waste (*o* pine) away: ~ *nell'ozio* to waste away in idleness. **marcita** *f.* ⟨*Agr*⟩ irrigated meadow.

marcitoio *m.* ⟨*Cart*⟩ retting pit, macerating vat. **marciume** *m.* **1** bad (*o* rotten) part; (*insieme di cose marce*) rot, rottenness. **2** (*pus*) pus. **3** ⟨*fig*⟩ corruption, rottenness, depravity. **4** ⟨*Bot*⟩ rot.

marco *m.* (*pl.* -chi) (*unità monetaria*) mark. □ ~ *oro* gold mark; ~ *tedesco* German (*o* Deutsche) mark.

Marco *N.pr.m.* **1** Mark. **2** ⟨*Stor*⟩ Marcus.

Marco Aurelio *N.pr.m.* ⟨*Stor.rom*⟩ Marcus Aurelius.

marconigrafia *f.* ⟨*Rad*⟩ wireless telegraphy. **marconigramma** *m.* marconigram. **marconista** *m.* radio (*o* wireless) operator. **marconiterapia** *f.* ⟨*Med*⟩ diathermy.

mare *m.* **1** sea; (*luogo di villeggiatura*) seaside, sea: *andare al* ~ to go to the seaside. **2** ⟨*estens, fig*⟩ sea: *un* ~ *di dubbi* a sea of doubts. □ ~ *agitato* heavy (*o* rough) sea; ⟨*Meteor*⟩ moderate sea; *alto* ~ high sea; *in alto* ~ (*in mare aperto*) on the high (*o* open) sea; *essere in alto* ~ to be on the high sea(s); ⟨*fig*⟩ to be all at sea; (*rif. a cosa*) to be far from completion; *buttare qc. a* ~ to throw s.th. overboard; ⟨*fig*⟩ to give s.th. up; ~ *calmo* calm sea; ~ *corto* choppy sea; *divinità del* ~ sea god; *gente di* ~ seafolk; ⟨*fig*⟩ *gettare a* ~ *qc.* (*disfarsene*) to throw s.th. overboard (*o* out); ⟨*fig*⟩ *una goccia nel* ~ a drop in the ocean (*o* bucket); ~ *grosso* very rough sea; *uomo in* ~! man overboard!; ~ *interno* inland sea; ⟨*Dir*⟩ ~ *libero* open (*o* high) sea; *libertà dei* ~*i* freedom of the seas; *un* ~ *di luce* a flood of light; ⟨*fig*⟩ *lupo di* ~ sea dog; ⟨*Geog*⟩ *mar* **Morto** Dead Sea; ⟨*Geog*⟩ *mar* **Nero** Black Sea; ⟨*Geog*⟩ ~ *del* **Nord** North Sea; *per* ~ by sea; *per* ~ *e per terra* by land and sea; ⟨*fig*⟩ *cercare per* ~ *e per terra* to look everywhere (*o* high and low); *pesce di* ~ salt-water fish; *promettere* ~ *i e monti* to promise the earth; ⟨*Geog*⟩ *mar* **Rosso** Red Sea; ~ *territoriale* territorial waters *pl*; *uomo di* ~ seaman, sailor; *via* ~ by sea (*o* ship); *spedire via* ~ to send by surface mail, ⟨*comm*⟩ to ship.

marea *f.* **1** ⟨*Geog*⟩ tide. **2** ⟨*estens*⟩ (*massa liquida*) sea: ~ *di fango* sea of mud. **3** ⟨*fig*⟩ (*grande quantità*) flood, sea: *una* ~ *di gente* a sea of people. □ *alta* ~ high tide; *bassa* ~ low tide; ~ *discendente* ebb tide; *grandi* -*e* (*maree massime*) spring-tides; -*e minime* neap-tides; ~ *montante* flood tide; ~ *nera* marine oil pollution.

mareggiare *v.i.* (mareggio, mareggi; *aus.* avere) **1** to surge, to swell, to toss, to heave (*anche fig.*). **2** (*ondulare*) to fluctuate, to undulate. **mareggiata** *f.* stormy sea; (*burrasca*) sea-storm. **mareggio** *m.* swell(ing), surging.

maremma *f.* ⟨*Geog*⟩ swampy coastland, maremma. **maremmano I** *a.* of the Maremma: *clima* ~ climate of the Maremma. **II** *s.m.* **1** (*f.* -a) inhabitant (*o* native) of the Maremma. **2** ⟨*Zool*⟩ Maremma sheepdog. □ *febbre* -*a* (*malaria*) malaria, marsh fever.

maremoto *m.* ⟨*Geog*⟩ sea-quake, submarine earthquake. □ *onda di* ~ tidal wave.

marena *f.* (*region*) (*amarena*) morello cherry, sour black cherry.

marengo (*o* marengo) *m.* (*pl.* -ghi) ⟨*Numism*⟩ marengo.

mareografo *m.* marigraph, mareograph, tide gauge.

marescialla *f.* wife of a marshal. **maresciallato** *m.* ⟨*Mil*⟩ marshalship, marshalcy. **maresciallo** *m.* **1** (*sottufficiale*) warrant officer. **2** ⟨*Mil*⟩ (*in Francia, Germania, ecc.*) marshal; (*feldmaresciallo*) field marshal. **3** ⟨*Stor*⟩ marshal. □ ~ *d'alloggio* quartermaster; ~ *dell'aria* Air Marshal, ⟨*SU*⟩ General of the Air Force; *bastone di* ~ field-marshal's baton; ⟨*fig*⟩ *ottenere il bastone di* ~ to reach the top, to rise to the highest rank; ⟨*Fasc*⟩ ~

d'Italia marshal.

maretta *f.* **1** choppy (*o* short) sea. **2** ⟨*fig*⟩ (*tensione*) tension. □ ⟨*fig*⟩ *c'è* ~ it looks as if there's a storm brewing.

marezzare *v.t.* (marezzo) **1** ⟨*Tess*⟩ to water. **2** (*rif. a legno e sim.*) to vein. **marezzato** *a.* **1** ⟨*Tess*⟩ watered, moiré. **2** (*rif. a legno e sim.*) veined. □ *carta* -*a* marbled paper. **marezzatura** *f.* **1** ⟨*Tess*⟩ (*atto*) watering; (*effetto*) moiré (effect). **2** (*rif. a legno e sim.*) veining. **3** ⟨*Ind*⟩ marbling. **marezzo** *m.* **1** (*striatura del marmo*) marbling; (*rif. a legno e sim.*) veining. **2** ⟨*Tess*⟩ moiré, watering.

margarina *f.* margarine, ⟨*fam*⟩ marge.

margherita *f.* **1** ⟨*Bot*⟩ daisy: *sfogliare una* ~ to pluck a daisy's petals. **2** *pl.* (*conterie*) (glass) beads *pl.* **3** ⟨*Inform*⟩ daisy wheel.

Margherita *N.pr.f.* Margaret.

marginale *a.* **1** marginal, fringe-: *zona* ~ fringe area; *nota* ~ marginal note. **2** ⟨*fig*⟩ (*secondario*) secondary, fringe, marginal: *attività* ~ marginal activity. **3** ⟨*Econ*⟩ marginal: *analisi* ~ marginal analysis. □ *condurre un'esistenza* ~ to lead a marginal life; *figura* ~ second-rate person, second-rater; ⟨*Sociol*⟩ *gruppo* ~ fringe group; *tema* ~ side issue. **marginalmente** *avv.* **1** marginally. **2** ⟨*fig*⟩ (*incidentalmente*) incidentally.

marginare *v.t.* (margino) **1** to border, to edge; (*lasciare il margine*) to leave a margin on (*o* down). **2** ⟨*Tip*⟩ to (set the) margin. **marginatore** *m.* margin(al) stop (*anche Tip.*). **marginatura** *f.* ⟨*Tip*⟩ (*atto*) margining; (*effetto*) margin.

margine *m.* **1** margin, edge, border, brink: *il* ~ *del fosso* the edge of the ditch. **2** ⟨*fig*⟩ (*eccedenza*) margin: ~ *di guadagno* margin of profit. **3** ⟨*Tip*⟩ margin; (*regoli*) furniture. **4** ⟨*Econ*⟩ margin. □ ⟨*Econ*⟩ ~ *di copertura* (cover) margin; ⟨*Econ*⟩ ~ *di credito* margin of credit; ~ *esterno* outside margin; *in* ~ in the margin; ⟨*Econ*⟩ ~ *di interesse* margin of interest; ~ *interno* inside margin; ⟨*Econ*⟩ ~ *operativo* operating margin; ⟨*fig*⟩ ~ *di potere* margin of power; ~ *sul prezzo* margin, mark-up; ⟨*Econ*⟩ ~ *di produttività* (*o rendimento*) marginal productivity; ~ *di sicurezza* margin of safety, safety margin; *ai* -*i della società* on the fringe of society; ⟨*Econ*⟩ ~ *di utile* profit margin, margin of profit.

margotta *f.* ⟨*Giard*⟩ layerage, layering. **margottare** *v.t.* (margotto) to layer. **margotattura** *f.* layering.

margravio *m.* ⟨*Stor*⟩ margrave.

Maria *N.pr.f.* Mary.

Marianna *N.pr.f.* Marianne.

mariano *a.* of Mary, Marian: *anno* ~ year of Mary.

marijuana *ingl.* [ma:ri'wa:na] *f.* marijuana, marihuana.

marina *f.* **1** navy. **2** (*litorale*) shore, seashore; (*costa*) coast(-line). **3** ⟨*Pitt*⟩ seascape, marine (landscape): *pittore di* -*e* marine painter. □ ⟨*Mar.mil*⟩ **fanteria** *di* ~ marine corps; ~ **mercantile** merchant navy; ~ **militare** navy; **Ministero** *della* ~ Ministry of the Navy, ⟨*GB*⟩ Admiralty, ⟨*SU*⟩ Department of the Navy; **Ministro** *della* ~ Minister of the Navy, ⟨*GB*⟩ First Lord of the Admiralty, ⟨*SU*⟩ Secretary of the Navy.

marinaio *m.* **1** sailor, seaman, ⟨*lett*⟩ mariner. **2** ⟨*fig*⟩ (*esperto uomo di mare*) seaman, ⟨*fam*⟩ sea-dog, ⟨*fam*⟩ (old) salt. □ ⟨*scherz*⟩ ~ *d'acqua dolce* land-lubber; ~ *scelto* able seaman. **marinara** *f.* ⟨*Mod*⟩ **1** (*abito*) sailor-suit. **2** (*cappello*) sailor-hat. **marinare** *v.t.* ⟨*Gastr*⟩ to marinate, to pickle. □ ~ *la scuola* to play truant, ⟨*am*⟩ to play hooky. **marinaresco** *a.* (*pl.* -chi) sailor-, sailor's: *gergo* ~ sailor's jargon. **marinaro** *a.* (*di mare*) sea-, seafaring: *popolo* ~ seafaring people; *città* -*a* seaside town; (*dei marinai*) sailor-, sailor's. □ ⟨*Mod*⟩ *alla* -*a* sailor-, in sailor-fashion: *vestito alla* -*a* (*da uomo*) sailor suit; *nuotare alla* -*a* to swim sidestroke. **marinata** *f.* ⟨*Gastr*⟩ marinade (sauce). **marinato** *a.* ⟨*Gastr*⟩ marinated, pickled: *anguille* -*e* pickled eels. **marinatura** *f.* marinating, pickling. **marineria** *f.* (*marina*) navy, marine.

marinismo *m.* ⟨*Lett*⟩ Marinism. **marinista** *m./f.* Marinist.

marino *a.* **1** sea-, marine: *mostro* ~ sea monster; *flora* -*a* marine flora; *cavalluccio* ~ sea horse. **2** (*che riguarda la* *navigazione*) nautical, sea–, maritime: *carta –a* nautical chart. □ *aria –a* sea–air; *città –a* seaside town, town on (*o by*) the sea; *color blu* ~ navy blue; *paesaggio* ~ seascape.

Mario *N.pr.m.* **1** Mario. **2** ⟨*Stor*⟩ Marius.

marioleria *f.* **1** roguery. **2** (*azione*) roguery, ⟨*lett*⟩ knavish trick; (*truffa*) swindle, cheat; (*da ragazzi*) prank. **mariolo** *s.m.* (*f.* **-a**) **1** (*furfante*) rascal, rogue, scoundrel; (*truffatore*) swindler, ⟨*fam*⟩ crook; (*ladruncolo*) petty thief, pilferer. **2** ⟨*scherz*⟩ (*bambino irrequieto*) rascal, scamp, urchin.

mariologia *f.* ⟨*Teol*⟩ Mariology.

marionetta *f.* **1** marionette, puppet. **2** ⟨*fig*⟩ (*persona senza carattere*) puppet. □ *fare la* ~ to play (*o* act) the fool. **marionettista** *m./f.* marionette player, puppet player.

maritale *a.* husband's, husbandly, ⟨*ant*⟩ marital: *potestà* ~ husband's authority. **maritalmente** *avv.* as husband and wife: *vivere* ~ to live as husband and wife. **maritare** *v.t.* **1** to give in marriage, to marry; (*riuscire a maritare*) to marry off. **2** ⟨*fig*⟩ to mate; (*mescolare*) to mix: ~ *l'acqua al vino* to mix water with wine. **maritarsi** *v.r.* to get married, to marry. □ *maritarsi bene* to make a good match; *maritarsi presto* to get married young. **maritata** *f.* married woman. □ *nome da* ~ married name.

marito *m.* **1** husband. **2** ⟨*Agr*⟩ prop, vine prop. □ *avere* ~ to be married; **cercare** ~ to be after a husband; **da** ~ marriageable: *ragazza da* ~ girl of marriageable age; **dare** ~ *a una ragazza* to marry a girl off; **perdere** *il* ~ to lose one's husband; **prendere** ~ to get married; *non* **trovare** ~ to be unable to find a husband.

maritozzo *m.* ⟨*Dolc*⟩ currant bun.

marittimo **I** *a.* maritime, sea–, marine: *clima* ~ maritime climate. **II** *s.m.* sailor, seaman. □ ⟨*Geog*⟩ *Alpi –e* Maritime Alps; *città –a* seaside town.

marketing *ingl.* ['ma:kitiŋ] *m.* marketing.

marmaglia *f.* mob, rabble, riff–raff.

marmellata *f.* jam: ~ *di fragola* strawberry jam; (*confettura di agrumi*) marmalade: ~ *di arance* orange marmalade.

marmetta *f.* ⟨*Edil*⟩ marble tile. **marmifero** *a.* **1** marble–, abounding in marble: *cava –a* marble quarry. **2** (*rif. all'estrazione del marmo*) marble–, marble–extracting: *società –a* marble–extracting company. **marmista** *m.* **1** (*artigiano*) marble–worker, marble–carver. **2** (*operaio*) marble–cutter.

marmitta *f.* **1** marmit(e), pot, kettle. **2** ⟨*Mot*⟩ silencer, ⟨*am*⟩ muffler. □ ⟨*Mil*⟩ ~ *da campo* field cooking pot; ⟨*Geog*⟩ *–e dei giganti* potholes *pl*, (giants') kettles *pl*. **marmittone** *m.* ⟨*mil*⟩ raw recruit, ⟨*am*⟩ rookie.

marmo *m.* **1** marble. **2** (*scultura*) marble (statue). **3** (*lastra*) marble slab. □ *di* ~: **1** marble–: *cava di* ~ marble quarry; **2** ⟨*fig*⟩ (*duro, insensibile*) marble–, stony, hard: *faccia di* ~ stony face; **3** (*freddo*) icy, frozen, cold, marble–; *duro come il* ~ as hard as stone.

marmocchio *m.* (*f.* **-a**) ⟨*fam*⟩ kid, ⟨*spreg*⟩ brat.

marmoreo *a.* **1** marble–: *statua –a* marble statue. **2** ⟨*fig*⟩ (*simile al marmo*) marmoreal, marble–. **marmorizzare** *v.t.* to marble, ⟨*am*⟩ to marbleize. **marmorizzato** *a.* marbled, ⟨*am*⟩ marbleized: *carta –a* marbled paper.

marmotta *f.* **1** ⟨*Zool*⟩ marmot. **2** ⟨*fig*⟩ (*poltrone*) lazybones, loafer, idler; (*dormiglione*) sleepyhead. □ ⟨*Zool*⟩ ~ *americana* woodchuck, ground hog; ~ *comune* (*o delle Alpi*) Alpine marmot.

marna *f.* ⟨*Geol*⟩ marl, loam rock: *–e argillose* shaley marl.

Marna *N.pr.f.* ⟨*Geog*⟩ Marne.

marnare *v.t.* ⟨*Agr*⟩ to marl, to fertilize with marl. **marniera** *f.* marl pit. **marnoso** *a.* marly: *terreno* ~ marly soil.

marocchinare *v.t.* ⟨*Conc*⟩ to tan into morocco leather.

marocchino[1] *a./s.m.* (*f.* **-a**) Moroccan.

marocchino[2] *m.* ⟨*Conc*⟩ morocco (leather): *scarpe di* ~ morocco shoes.

Marocco *N.pr.m.* ⟨*Geog*⟩ Morocco.

maronita **I** *s.m.* ⟨*Rel*⟩ Maronite. **II** *a.* Maronite–.

maroso *m.* billow, breaker.

marquise *fr.* [mar'ki:z] *f.* **1** ⟨*Oref*⟩ marquise (ring). **2** (*poltroncina*) marquise. **3** (*tenda*) marquee.

marra *f.* **1** ⟨*Agr*⟩ mattock; (*per le erbe*) hoe. **2** ⟨*Mur*⟩ hoe. **3** ⟨*Mar*⟩ fluke, arm.

marrancio *m.* ⟨*Macell*⟩ (butcher's) cleaver, butcher's knife.

marrano *m.* **1** ⟨*Stor*⟩ convert (from Judaism or Mohammedanism). **2** ⟨*lett*⟩ (*fellone*) boor, cad, ⟨*lett*⟩ churl. □ ⟨*scherz*⟩ *vil* ~ cad, rotter.

marranzano *m.* ⟨*region*⟩ (*scacciapensieri*) Jew's harp.

marrone[1] **I** *s.m.* **1** ⟨*Bot*⟩ chestnut. **2** (*colore castano*) chestnut–brown. **II** *a.* brown; (*castano*) chestnut.

marrone[2] *m.* (*grosso errore*) blunder, ⟨*fam*⟩ howler, ⟨*am.fam*⟩ boob.

marrubio *m.* ⟨*Bot*⟩ (white) horehound.

marsala *m./pop. f.* ⟨*Enol*⟩ Marsala (wine).

marsc', marsch [–ʃ] *intz.* → **marc'**.

Marsiglia *N.pr.f.* ⟨*Geog*⟩ Marseilles.

marsigliese[1] **I** *a.* (*di Marsiglia*) Marseillais, of Marseilles. **II** *s.m./f.* (*abitante*) Marseillais.

marsigliese[2] *f.* (*inno francese*) Marseillaise.

marsina *f.* ⟨*Vest*⟩ tailcoat, ⟨*fam*⟩ tails *pl*.

marsupiale *a.* ⟨*Zool*⟩ marsupial. **marsupio** *m.* ⟨*Zool*⟩ marsupium.

mart. = *martedì* Tuesday (*abbr.* Tues.).

Marta *N.pr.f.* Martha.

Marte *N.pr.m.* ⟨*Mitol,Astr*⟩ Mars. □ *campo di* ~ (*piazza d'arme*) parade (*o* drill) ground; *giorno di* ~ (*martedì*) Tuesday.

martedì *m.* Tuesday. □ *di* (*o il*) ~ on Tuesday; ~ *grasso* Shrove Tuesday.

martellamento *m.* **1** hammering, pounding, thumping, beating (*anche fig.*). **2** ⟨*fig*⟩ (*rif. a fuoco d'artiglieria*) pounding. **3** (*pulsazione*) throbbing. **martellante** *a.* **1** hammering, knocking. **2** ⟨*fig*⟩ (*insistente*) running, continuous, incessant, pounding: *fuoco* ~ running fire; (*rif. a dolori e sim.*) throbbing: *dolore* ~ throbbing pain. **martellare** *v.* (**martello**) **I** *v.t.* **1** to hammer; (*battere, colpire*) to hammer, to pound, to thump. **2** ⟨*fig*⟩ (*colpire ripetutamente*) to hammer, to beat, to hail, to shower: ~ *qd. di calci* to shower kicks on s.o.; (*rif. a fuoco d'artiglieria*) to pound. **II** *v.i.* (*aus.* avere) **1** to hammer. **2** (*pulsare*) to throb: *le tempie gli martellavano* his temples were throbbing; (*rif. al cuore*) to beat fast, to hammer, ⟨*fam*⟩ to thump: *il cuore gli martellava in petto* his heart was thumping in his breast. □ ~ *qd. di domande* to fire questions at s.o. **martellata** *f.* **1** hammer blow. **2** ⟨*fig*⟩ heavy blow. □ *darsi una* ~ *sul dito* to hit one's finger with a hammer. **martellato** *a.* **1** hammered (*anche Met.*): *ferro* ~ hammered (*o* wrought) iron. **2** ⟨*Mus*⟩ martellato, martelé. □ *cristallo* ~: **1** ⟨*Minier*⟩ faceted crystal; **2** ⟨*Met*⟩ hammered crystal. **martellatore** *m.* **1** (*operaio*) hammerer, ⟨*am*⟩ hammerman. **2** ⟨*fig*⟩ (*rif. a pugile*) slugger. **martellatura** *f.* hammering (*anche Conc.*). **martelletto** *m.* **1** small (*o* light) hammer: *d'assemblea e sim.*) gavel. **2** (*rif. a pianoforte*) hammer. **3** (*rif. a macchina da scrivere*) type bar. **4** ⟨*Med*⟩ (*martello percussore*) percussion hammer. **martellina** *f.* ⟨*Mur*⟩ pick, mason's hammer, chip hammer; (*per rifinire pietre sbozzate*) hack (*o* facing) hammer; (*di scultori e scalpellini*) marteline, double–pointed hammer. **martellinare** *v.t.* **1** to dress. **2** ⟨*Art*⟩ to chip, to hammer. **martellinatura** *f.* **1** ⟨*Mur*⟩ stone dressing. **2** ⟨*Art*⟩ hammering. **martellio** *m.* **1** (continuous) hammering. **2** (*estens*) (*pulsazione dolorosa*) throbbing. **martellista** *m./f.* ⟨*Sport*⟩ hammer thrower.

martello *m.* **1** hammer. **2** ⟨*Sport*⟩ hammer: *lancio del* ~ throwing the hammer; *hammer throw.* **3** ⟨*Anat,Chir*⟩ malleus, hammer. **4** ⟨*Mil.ant*⟩ martel–de–fer. □ ⟨*Mus*⟩ ~ *da* **accordatore** tuning–hammer; **battere** *con il* ~ to hammer; ~ *da* **carpentiere** claw hammer; ~ *da* **cesello** (en)chasing hammer; **colpo** *di* ~ hammer blow; ~ *da* **fabbro** smith's (*o* sledge) hammer; ~ *di* **gomma** rubber mallet; ~ *da* **lattoniere** tinsmith's hammer; **lavorare** *a* ~ to hammer; ~ *di* **legno** mallet; ~ *da* **maniscalco** shoeing hammer; ~ *da* **muratore** brick(layer's) hammer; *dell'*orologio striker, hour hammer; ⟨*Med*⟩ ~ **percussore**

percussion hammer; ~ **perforatore** hammer drill; ⟨*Itt*⟩ **pesce** ~ hammer head (shark); ~ **pneumatico** pneumatic (*o* jack) hammer; ~ *da* **roccia** piton hammer; ~ *da* **scultore** marteline; **sonare** *a* ~ to ring the tocsin (*o* alarm bell).

martin ⟨*Ornit*⟩ ~ **pescatore** kingfisher.

martinello, martinetto *m.* ⟨*Mecc*⟩ jack. □ *alzare con il* ~ to jack (up); ~ **idraulico** hydraulic jack; ~ *a vite* screw jack, jackscrew.

martingala *f.* **1** half belt. **2** (*rif. a cavalli*) martingale. **3** (*nei giochi d'azzardo*) martingale.

Martinica *N.pr.f.* ⟨*Geog*⟩ Martinique.

martinicca *f.* wagon brake, wagon lock.

martino *m.* ⟨*Itt*⟩ angler, frog fish.

Martino *N.pr.m.* Martin. □ *estate di san* ~ Indian (*o* St. Martin's) summer; *fare il san* ~ (*cambiare casa*) to move (house). *Prov.: per un punto Martin perse la cappa* for want of a nail the shoe was lost.

martire *m./f.* martyr (*anche fig.*). □ ⟨*scherz*⟩ *atteggiarsi a* ~ to play the martyr. **martirio** *m.* **1** martyrdom. **2** ⟨*fig*⟩ agony, torture, torment. **martirizzare** *v.t.* **1** to martyr(ize). **2** ⟨*fig*⟩ to torture, to torment. **martirologio** *m.* ⟨*Lit*⟩ martyrology.

martora *f.* **1** ⟨*Zool*⟩ marten (cat). **2** (*pelliccia*) sable, marten.

martoriare *v.t.* (**martorio, martori**) **1** (*tormentare*) to torment, to torture. **2** (*ant*) (*martirizzare*) to martyr(ize).

marxismo *m.* Marxism. **marxismo-leninismo** *m.* ⟨*Pol*⟩ Marxism–Leninism. **marxista I** *s.m./f.* Marxist. **II** *a.* → marxistico. **marxista-leninista** *m./f.* Marxist–Leninist. **marxistico** *a.* (*pl.* -ci) Marxist.

marza *f.* ⟨*Bot*⟩ graft.

marzaiola *f.* ⟨*Ornit*⟩ garganey (teal). **marzaiolo** *a.* March–: *limoni* –i March lemons.

marzapane *m.* ⟨*Dolc*⟩ marzipan, marchpane.

marziale *a.* **1** martial. **2** ⟨*Chim*⟩ martial, ferruginous. □ *corte* ~ court-martial; *legge* ~ martial law. **marzialità** *f.* (*bellicosità*) warlikeness, bellicosity.

marziano *a./s.m.* (*f.* -a) ⟨*Astr*⟩ Martian.

marzo *m.* March. □ *di* ~ in March; ⟨*Stor*⟩ *le idi di* ~ the Ides of March; *il mese di* ~ (the month of) March; ⟨*fig,scherz*⟩ *essere nato di* ~ (*essere volubile*) to be as mad as a March hare; ~ **pazzerello** March many weathers; *il primo* (*di*) ~ the first of March, March the first.

marzolino *a.* March–: *vento* ~ March wind.

mas *m.* ⟨*Mar.mil*⟩ motor torpedo–boat, ⟨*pop*⟩ M.T.B., ⟨*pop*⟩ E–boat.

mascalzonata *f.* rascally trick, nasty trick. **mascalzone** *m.* (*f.* -a) scoundrel, rascal, rogue.

mascara *m.* ⟨*Cosmet*⟩ mascara.

mascarpone *m.* ⟨*Alim*⟩ mascarpone (mild creamy cheese).

mascella *f.* **1** ⟨*Anat,Zool*⟩ jaw, jaw bone. **2** (*nei frantoi*) jaw. **3** ⟨*Mecc*⟩ jaw, shoe, cheek. □ ⟨*Anat*⟩ ~ *inferiore* lower jaw; ⟨*scherz*⟩ *far lavorare le* –e to eat, to munch; ⟨*Anat*⟩ ~ *superiore* upper jaw. **mascellare I** *a.* ⟨*Anat*⟩ maxillary, jaw–. **II** *s.m.* jaw bone, maxillary bone.

maschera *f.* **1** mask. **2** (*travestimento*) disguise; (*per andare a un ballo, ecc.*) fancy dress. **3** (*persona mascherata*) masquerader, masker. **4** ⟨*fig*⟩ (*finzione*) blind, mask, guise. **5** (*calco funebre*) death mask. **6** (*schermatura*) shade. **7** ⟨*Lett*⟩ mask. **8** ⟨*Teat,Cin*⟩ (*inserviente*) usher (*f* –ette). **9** ⟨*Inform*⟩ mask. □ ⟨*Med*⟩ ~ *per* **anestesia** mask for anaesthesia; ~ **antigas** gas mask; **ballo** *in* ~ fancy dress (*o* masked) ball; ⟨*Cosmet*⟩ ~ *di* **bellezza** face pack; ⟨*Cosmet*⟩ ~ **facciale** face pack; ⟨*Stor*⟩ ~ *di* **ferro** iron mask; ⟨*fig*⟩ *gettare la* ~ to drop one's mask; ⟨*fig*⟩ *giù la* ~ say what you mean, ⟨*fam*⟩ spit it out; ⟨*fig*⟩ *levarsi la* ~ to throw off (*o* drop) the mask; **mettersi** *in* ~ to put on a fancy dress, to masquerade; ⟨*Med*⟩ ~ *per* **ossigeno** oxygen mask; ~ *da* **scherma** fencing mask; ⟨*fig*⟩ *sotto la* ~ *dell'amicizia* under the mask of friendship; ~ **subacquea** diving (*o* underwater) mask; *avere il viso come una* ~ to be heavily (*o* thickly) made–up; ⟨*fig*⟩ to have a poker face.

mascherare *v.t.* (**maschero**) **1** to mask, to put a mask on;

(*travestire*) to disguise; (*per andare a un ballo, ecc.*) to dress up, to put on a fancy dress. **2** (*coprire, nascondere*) to hide, to conceal. **3** ⟨*fig*⟩ (*dissimulare*) to disguise, to mask, to hide. **4** ⟨*Mil*⟩ to camouflage. **5** ⟨*tecn*⟩ (*schermare*) to screen, to shade. **mascherarsi** *v.r.* to wear (*o* put on) a mask, to masquerade; (*travestirsi*) to disguise o.s.; (*a un ballo, ecc.*) to dress up, to wear (*o* put on) a fancy dress: *mascherarsi da zingaro* to dress up as a gipsy.

mascherata *f.* masquerade (*anche fig.*). **mascherato** *a.* **1** masked: *ballo* ~ masked ball; (*travestito*) disguised; (*a un ballo, ecc.*) in fancy dress, dressed (up); (*nascosto*) hidden, concealed. **2** ⟨*Mil*⟩ camouflaged **3** (*col viso coperto*) masked. **mascheratura** *f.* **1** masking, masquerade; (*travestimento*) disguise. **2** ⟨*Inform*⟩ masking.

mascherina *f.* **1** (*mezza maschera*) domino, half mask. **2** (*donna mascherata*) masquerader, girl in fancy dress; (*bambino mascherato*) child in fancy dress. **3** ⟨*Calz*⟩ toe cap. **4** ⟨*Aut*⟩ grille. □ ⟨*fig*⟩ *ti conosco* ~! you can't fool me!; ⟨*Chir*⟩ ~ *asettica* surgical mask; ⟨*Aut*⟩ ~ *copriradiatore* ornamental radiator cap. **mascherone** *m.* **1** ⟨*spreg*⟩ grotesque mask. **2** ⟨*Arch*⟩ mask, mascaron.

maschiaccio *m.* **1** wild (*o* rough) boy. **2** ⟨*scherz*⟩ (*rif. a ragazza*) tomboy, hoyden. **maschiare** *v.t.* (**maschio, maschi**) ⟨*Mecc*⟩ to tap. **maschiatura** *f.* tapping.

maschietta *f.* boyish girl. □ *capelli alla* ~ bobbed hair. **maschietto** *m.* (*cardine*) hinge, pin hinge. **maschile I** *a.* **1** male, masculine, man's: *voce* ~ male (*o* man's) voice. **2** (*per uomini*) men's, man's: *abiti* –i men's wear; (*per ragazzi*) boys': *collegio* ~ boys' school. **3** ⟨*Gramm*⟩ masculine. **II** *s.m.* ⟨*Gramm*⟩ masculine (gender).

maschilismo *m.* masculinism. **maschilista** *m.* masculinist.

maschio[1] **I** *s.m.* **1** (*ragazzo*) boy, male; (*uomo*) man, male; (*figlio*) son, boy: *ha due* (*figli*) *maschi* he has two sons (*o* boys). **2** (*rif. ad animali*) male: *il* ~ *dell'antilope* the male antelope. **3** ⟨*Mecc*⟩ male; (*per filettare le viti*) (screw) tap. **II** *a.* **1** male, masculine. **2** (*virile*) virile, manly: *carattere* ~ manly character; (*rif. a donna*) mannish.

maschio[2] *m.* ⟨*Mediev*⟩ (*torre principale*) donjon, keep.

mascolinità *f.* masculinity. **mascolinizzare** *v.t.* to masculinize. **mascolinizzarsi** *v.r.* to become masculine, to take on male characteristics. **mascolinizzazione** *f.* masculinization. **mascolino** *a.* (*da uomo*) masculine, man's, male, manlike: *atteggiamenti* –i male attitudes; (*rif. a donna*) mannish.

mascone *m.* ⟨*Mar*⟩ bow, forecastle.

mascotte *fr.* [ma'skɔt] *f.* mascot.

masnada *f.* (*schiera*) band, gang, set: *una* ~ *di ladri* a gang of thieves. **masnadiere, masnadiero** *m.* **1** (*persona disonesta*) scoundrel, ruffian. **2** (*ladrone*) highwayman, bandit, brigand.

maso *m.* ⟨*region*⟩ farm (holding), farmstead. □ ~ *chiuso* family holding, hereditary farm.

masochismo *m.* ⟨*Psic*⟩ masochism. **masochista** *m./f.* masochist. **masochistico** *a.* (*pl.* -ci) masochistic.

masonite *f.* ⟨*Edil*⟩ masonite.

massa *f.* **1** mass: ~ *di fango* mass of mud. **2** (*grande quantità*) heap, lot, lots *pl*, mass, load: *una* ~ *di libri* lots (*o* a heap) of books; *una* ~ *di errori* lots of mistakes; (*rif. a persone*) mass, crowd, multitude, host. **3** ⟨*spreg*⟩ (*masnada*) gang, bunch: ~ *di delinquenti* gang of delinquents. **4** ⟨*Fis*⟩ mass. **5** ⟨*El*⟩ (*terra*) earth, ⟨*am*⟩ ground. **6** ⟨*Dir*⟩ (*fondi*) assets *pl.* □ ⟨*El*⟩ **a** ~ earthed, ⟨*am*⟩ grounded; *non a* ~ unearthed, ⟨*am*⟩ ungrounded; *collegare* (*o* *mettere*) *a* ~ to earth, ⟨*am*⟩ to ground; *d'acqua* body of water; –e *d'aria* air masses; ⟨*Anat*⟩ ~ **cerebrale** brain, cerebral mass; ⟨*Dir*⟩ ~ *dei* **debiti** total liability; **fare** ~ (*affollarsi*) to crowd, to mass; ⟨*Dir*⟩ ~ **fiduciaria** fiduciary assets *pl*; ⟨*Fis*⟩ ~ **gravitazionale** gravitational mass; **in** ~: 1 en masse, mass–: *adunata in* ~ mass meeting; 2 (*in blocco*) in a body, all together, as a whole; 3 ⟨*Comm*⟩ ~ (*o* by) bulk; ⟨*Fis*⟩ ~ **inerte** inertial mass; ⟨*Fis,El*⟩ ~ **isolante** isolating mass; –e **lavoratrici** working masses; ⟨*Fis*⟩ ~ **molecolare** molecular mass; ~ **monetaria** money supply (*o* stock); **partito** *di* ~ party appealing to the masses; ⟨*Econ*⟩ **produzione** *in* ~ mass production.

massacrante *a.* (*estenuante*) exhausting. **massacrare** *v.t.*
1 to massacre, to slaughter, to butcher: *gli ostaggi furono
massacrati* the hostages were massacred. **2** ⟨*iperb*⟩
(*picchiare*) to beat up, ⟨*fam*⟩ to slaughter. **3** ⟨*fig*⟩
(*rovinare*) to ruin, to spoil, to murder: ~ *un vestito* to
ruin a dress. **massacro** *m.* **1** massacre, slaughter,
butchery. **2** ⟨*fig*⟩ (*scempio*) havoc. **3** ⟨*fig*⟩ (*rif. a cosa mal
fatta*) disgrace, mess.

massaggiare *v.t.* (**massaggio, massaggi**) to massage.
massaggiatore *m.* (*f.* **-trice**) **1** masseur (*f* masseuse),
massager: ~ *estetico* beauty masseur. **2** (*apparecchio*)
massager. **massaggio** *m.* massage: *sottoporsi a* ~ to have
a massage; ~ *a vibrazione* vibration massage. □ ~
cardiaco cardiac massage; ~ *facciale* facial massage; ~
podalico foot massage; ~ *zonale* zonal massage.

massaia *f.* housewife. **massaio** *m.* (*capo di un'azienda
agricola*) bailiff; (*agricoltore*) farmer.

massellare *v.t.* (**massello**) ⟨*Met*⟩ to beat out, to ingot.
massellatura *f.* beating out, ingotting. **massello** *m.* **1**
⟨*Met*⟩ ingot. **2** ⟨*Edil*⟩ block. **3** ⟨*Bot*⟩ duramen.

Massenzio *N.pr.m.* ⟨*Stor*⟩ Maxentius.

masseria *f.* farm; (*casa colonica*) farm house. **masserizia**
f. (generally in pl.) furniture and fittings *pl*, household
goods *pl*; (*di cucina*) kitchen utensils *pl*.

massetere *m.* ⟨*Anat*⟩ masseter (muscle).

massicciamente *avv.* massively.

massicciata *f.* **1** ⟨*Strad*⟩ roadbed. **2** ⟨*Ferr*⟩ ballast.

massiccio I *a.* **1** solid, massive, massy: *oro* ~ solid gold.
2 (*tozzo, pesante*) massive, bulky: *un edificio* ~ a massive
building. **3** (*rif. a corporatura*) massive, stout, ⟨*fam*⟩
hefty. **4** ⟨*fig*⟩ (*grossolano*) enormous, glaring, gross: *errori
massicci* glaring errors, ⟨*fam*⟩ howlers. **II** *s.m.* ⟨*Geog*⟩
massif. □ ⟨*Geog*⟩ ~ *centrale* Massif Central; ~ *montuoso*
massif.

massico *a.* (*pl.* **-ci**) ⟨*Fis*⟩ mass–.

massificare *v.t.* (**massifico, massifichi**) to standardize.
massificazione *f.* standardization.

massima *f.* **1** (*sentenza*) maxim, saying. **2** (*principio*)
principle, maxim; (*precetto*) precept; (*norma*) rule, norm:
~ *giuridica* juridical norm. **3** ⟨*Meteor*⟩ maximum
(temperature). □ *di* ~ preliminary, general, informal:
accordo di ~ informal agreement; *progetto di* ~
preliminary project; *in* (*linea di*) ~ generally (speaking);
(*nel complesso*) on the whole. **massimale I** *a.* maximal,
maximum. **II** *s.m.* **1** (*limite massimo*) maximum, limit,
ceiling, top. **2** (*Assic*) maximum sum insurable.
massimalismo *m.* ⟨*Pol*⟩ maximalism. **massimalista**
m./f. maximalist. **massimalistico** *a.* (*pl.* **-ci**) maximalist–.

Massimiliano *N.pr.m.* Maximilian.

massimizzare *v.t.* to maximize (*anche Mat.*).
massimizzazione *f.* maximization: ~ *del profitto* profit
maximization.

massimo (*sup. di grande*) **I** *a.* **1** maximum, greatest,
largest, most: *con la* –*a cura* with the greatest care. **2** (*il
più alto*) highest, top, peak–: *il livello* ~ *di un fiume* the
highest level of a river; (*il più lungo*) longest; (*il migliore*)
best; (*l'estremo*) utmost; *della* –*a importanza* of the utmost
importance. **II** *s.m.* **1** most, utmost, maximum, top, peak:
questo è il ~ *che posso fare* this is the most I can do. **2**
(*limite*) limit, end: *sono al* ~ *della sopportazione* I am at
the end of my patience. **3** ⟨*Meteor*⟩ maximum (*o certain*)
temperature. **4** ⟨*Mat,tecn*⟩ maximum. □ *al* ~ (*tutt'al più*)
at (the) most; (*moltissimo*) very much; *il* ~ *della pena* the
maximum penalty; *il* ~ *della pensione* the highest pension;
il ~ *della velocità* top speed; *col* ~ *dei voti* with top (*o
full*) marks.

Massimo *N.pr.m.* Maximus (*anche Stor.*).

massivo *a.* massive: *dose* –*a* massive dose.

massmediale *a.* (*pl.* **-ci**) mass media.

masso *m.* **1** boulder, rock. **2** ⟨*fig*⟩ (*cosa massiccia*) bulk.
□ ⟨*Strad*⟩ *caduta* –*i!* Beware: falling rocks!; ⟨*Geol*⟩ ~
erratico erratic (boulder).

massofisioterapia *f.* massotherapy and physiotherapy.

massone *m.* Freemason, mason. **massoneria** *f.* **1**
Freemasonry, masonry. **2** ⟨*fig*⟩ freemasonry. **massonico**

a. (*pl.* **-ci**) Masonic, Freemason–: *loggia* –*a* Masonic
lodge.

massoterapia *f.* ⟨*Med*⟩ massagetherapy. **massoterapico**
a. (*pl.* **-ci**) massotherapeutical. **massoterapista** *m./f.*
massotherapist.

mastalgia *f.* ⟨*Med*⟩ mastalgia. **mastectomia** *f.* ⟨*Chir*⟩
mastectomy, mammectomy.

mastello *m.* tub, vat.

masticare *v.t.* (**mastico, mastichi**) **1** to chew, to masticate:
~ *gomma americana* to chew gum; (*facendo rumore*) to
crunch, to munch. **2** ⟨*fig*⟩ (*borbottare*) to mutter, to
mumble. **3** ⟨*fam*⟩ (*parlare stentatamente una lingua*) to
have a smattering of: ~ *un po' d'inglese* to have a
smattering of English. □ ⟨*scherz*⟩ ~ *amaro* (*reprimere
una forte stizza*) to nurse one's resentment; ~ *le parole*
(*tra i denti*) to mutter, to mumble; ~ *delle scuse* to mutter
excuses. **masticatore** *a.* ⟨*Anat*⟩ masticatory, chewing:
muscoli –*i* masticatory muscles. **masticatorio** *a.* ⟨*Anat*⟩
masticatory, masticating, chewing: *apparato* ~ masticatory
apparatus. **masticazione** *f.* **1** chewing, mastication. **2**
(*tecn*) mastication, plasticization.

mastice *m.* mastic, rubber solution, adhesive; (*per
tubazioni, vetri e sim.*) putty.

mastino *m.* **1** ⟨*Zool*⟩ mastiff. **2** ⟨*fig*⟩ (*persona burbera*)
bear.

mastio *s.* ⟨*region*⟩ → **maschio**[2].

mastite *f.* ⟨*Med*⟩ mastitis.

mastocarcinoma *m.* ⟨*Med*⟩ mastocarcinoma.

mastodonte *m.* **1** ⟨*Paleont*⟩ mastodon. **2** ⟨*fig*⟩ (*persona
grossa e goffa*) elephant. **mastodontico** *a.* (*pl.* **-ci**)
(*enorme*) colossal, gigantic, enormous.

mastoide *f.* ⟨*Anat*⟩ mastoid (bone). **mastoidectomia** *f.*
mastoidectomy. **mastoideo** *a.* ⟨*Anat*⟩ mastoid. **mastoidite** *f.* ⟨*Med*⟩ mastoiditis.

mastro *m.* **1** master: ~ *falegname* master carpenter. **2**
⟨*Comm*⟩ (*anche libro mastro*) ledger. **3** ⟨*region*⟩ (*titolo di
rispetto*) Master. □ ⟨*Mar*⟩ ~ *d'ascia* shipwright, boat
builder.

mastruc(c)a *f.* sheepskin (*o goatskin*) jacket.

masturbare *v.t.* to masturbate. **masturbarsi** *v.r.* to
masturbate. **masturbazione** *f.* masturbation.

masurio *m.* ⟨*Chim,ant*⟩ masurium.

masut *m.* ⟨*Chim*⟩ maz(o)ut, masut.

matafione *m.* ⟨*Mar*⟩ reef(ing) point.

matassa *f.* **1** hank, skein: *una* ~ *di lana* a hank of wool.
2 ⟨*fig*⟩ (*situazione intricata*) tangle, muddle. □ ⟨*fig*⟩
dipanare la ~ to unravel a difficulty; ⟨*fig*⟩ *imbrogliare la*
~ to make things more muddled.

match *ingl.* [mætʃ] *m.* match.

mate, matè *m.* maté.

matematica *f.* mathematics *pl* (*costr. sing.*), ⟨*fam*⟩ maths
pl (*costr. sing.*). □ *alta* ~ higher mathematics; ~
applicata applied mathematics; ~ *attuariale* actuarial
mathematics; ~ *pura* pure mathematics.
matematicamente *avv.* mathematically. **matematico**
a./s. (*pl.* **-ci**) **I** *a.* mathematical (*anche estens.*): *certezza* –*a*
mathematical certainty. **II** *s.m.* (*f.* **-a**) mathematician.

materassaio *m.* (*f.* **-a**) mattress maker. **materassino** *m.*
mattress: ~ *pneumatico* inflatable mattress.

materasso *m.* mattress: *rifare un* ~ to retease a mattress.
□ ~ *ad* **acqua** water bed; ~ *di* **crine** hair mattress; ~ *di*
gommapiuma foam rubber mattress; ~ *di* **lana** wool
mattress; ~ *a* **molle** (inner)spring mattress.

materia *f.* **1** matter. **2** (*sostanza*) substance; (*materiale*)
material. **3** (*argomento*) subject (matter), theme, matter:
entrare in ~ to broach (*o go into*) a subject. **4** (*disciplina,
campo di attività*) subject, field: *non rientra nella mia* ~ it
falls outside my field. **5** (*occasione, motivo*) grounds *pl*,
cause, reason: *offrire* ~ *a chiacchiere* to give grounds for
gossip. **6** ⟨*fam*⟩ (*pus*) matter, pus. **7** ⟨*Filos,Fis*⟩ matter.
□ ~ **cerebrale** cerebral matter; ~ **colorante** dye(stuff);
⟨*Scol,Univ*⟩ ~ **complementare** subsidiary (*o minor*)
subject; ~ *d'***esame** examination subject; ⟨*Fisiol*⟩ –*e* **fecali**
f(a)ecal matter; ⟨*Scol,Univ*⟩ ~ **fondamentale** basic subject;
~ **greggia** raw material; ⟨*Anat*⟩ ~ **grigia** grey matter
(*anche fig.*); **in** ~ on (*o in*, about) the subject, on the
matter: *non so nulla in* ~ I know nothing of (*o about*) the

subject; ~ *d'*insegnamento subject; ~ **obbligatoria** compulsory subject; ~ **prima** raw material; ⟨*Scol,Univ*⟩ ~ *di* **scelta** elective (subject); ~ *di* **studio** subject (of study).

materiale I *a.* **1** material: *danno* ~ material damage; *aiuto spirituale e* ~ spiritual and material aid. **2** (*reale, effettivo*) *traduzione idiomatica: sono nell'impossibilità* ~ *di aiutarti* I simply cannot help you; *non ho il tempo* ~ *di farlo* I just haven't the time to do it. **3** (*rozzo, grossolano; rif. a persona, azione*) coarse, crude, rough, rude; (*rif. a cosa*) massive, heavy, bulky. II *s.m.* **1** material, stuff. **2** (*attrezzatura*) equipment, supplies *pl*, materials *pl*: ~ *scolastico* school equipment. □ ~ **agricolo** farm equipment; ⟨*Geol*⟩ ~ **alluvionale** alluvium; ⟨*Fis*⟩ ~ **attivo** active material; ⟨*Mil*⟩ ~ **bellico** munitions *pl*, war material; *–i* **contaminanti** polluting (waste) matter *sing; –i non* **non-polluting** non-polluting (waste) matter; ~ *di* **copertura** roofing materiel; ~ *da* **costruzione** building materials; ~ **fissile** fissile material; ~ **grezzo** raw material, stock; ~ *d'*insegnamento teaching aids *pl;* ~ **isolante** insulating material; ~ **pubblicitario** advertising material; ~ *di* **rivestimento** lining; ~ *di* **scarto** scrap; ~ *di* **sterro** cut, excavated material; ⟨*fig*⟩ ~ **umano** manpower.

materialismo *m.* ⟨*Filos*⟩ materialism (*anche fig.*): ~ *dialettico* dialectic materialism; ~ *storico* historical materialism. **materialista** *m./f.* materialist. **materialistico** *a.* (*pl.* **-ci**) materialistic. **materialità** *f.* **1** materiality, materialness. **2** (*grossolanità*) grossness. **materializzare** *v.t.* to materialize. **materializzarsi** *v.r.* to materialize (*anche fig., Occult.*). **materializzazione** *f.* materialization (*anche Occult.*). **materialmente** *avv.* **1** materially. **2** (*effettivamente*) really, simply, quite, *spesso non si traduce: è* ~ *impossibile* it's quite impossible. **materialone** *m.* (*f.* **-a**) (*persona grossolana*) lout, oaf.

maternamente *avv.* maternally. **maternità** *f.* **1** motherhood, maternity. **2** (*ospedale*) maternity hospital; (*clinica*) maternity home; (*reparto*) maternity ward. □ *le gioie della* ~ the joys of motherhood; ~ *incipiente* early pregnancy; *Opera nazionale* ~ *e infanzia* National Organization for Mother and Child Welfare. **materno** *a.* maternal, mother's, mother–, motherly: *amore* ~ mother love; *cure –e* motherly care; *avo* ~ maternal grandfather; *lingua –a* mother tongue.

Matilde *N.pr.f.* Mat(h)ilda, Maud.

matinée *fr.* [mati'ne:] *f.* ⟨*Teat*⟩ afternoon performance, matinée.

matita *f.* **1** pencil; (*a pastello*) crayon, pastel. **2** ⟨*Farm,Cosmet*⟩ pencil. □ ~ **automatica** retractable pencil; ~ **colorata** coloured pencil; ~ **copiativa** indelible pencil; *disegnare a* ~ to draw in pencil; ~ *da* **disegno** drawing pencil; ~ **emostatica** styptic pencil; ~ **nera** lead pencil; ~ *a* **sfera** ball-point (pen).

matraccio *m.* ⟨*Chim*⟩ (round-bottomed) flask.

matriarcale *a.* matriarchal. **matriarcato** *m.* matriarchy, matriarchate.

matrice *f.* **1** ⟨*Tip*⟩ matrix, mould. **2** (*modulo, madre*) counterfoil, stub. **3** ⟨*Mat*⟩ matrix. **4** ⟨*fig*⟩ basis, foundation. **5** ⟨*fig*⟩ origin, matrix. □ ~ *per caratteri da stampa* type mould; ⟨*Anat*⟩ ~ *dell'unghia* nail matrix. **matriciale** *a.* ⟨*Mecc,Mat*⟩ matrix–: *calcolo* ~ matrix calculation.

matricida *m./f.* matricide. **matricidio** *m.* matricide.

matricola *f.* **1** (*registro*) register, roll, list (of members), matricula. **2** (*numero*) registration (*o* serial) number. **3** ⟨*univ*⟩ (*studente del primo anno*) freshman. **4** ⟨*Mil*⟩ regimental roll, muster roll. □ ~ *delle automobili* car number plate, ⟨*am*⟩ car license plate; *numero di* ~*:* 1 registration number; 2 ⟨*Univ*⟩ student number; 3 ⟨*Tv*⟩ serial number. **matricolato** *a.* ⟨*scherz,spreg*⟩ out-and-out, downright, arrant; (*riconosciuto da tutti*) notorious: *ladro* ~ notorious thief.

matrigna *f.* stepmother. □ *natura* ~ harsh nature.

matrimoniabile *a.* marriageable. **matrimoniale** *a.* matrimonial, marriage–, married, conjugal: *vita* ~ married life. □ *letto* ~ double bed; *pubblicazioni –i* banns *pl.* **matrimonialista** *m./f.* ⟨*Dir*⟩ lawyer specialized in

marriage law.

matrimonio *m.* **1** marriage, matrimony, ⟨*lett*⟩ wedlock: ~ *felice* happy marriage. **2** (*durata*) marriage, married life: *dopo quattro anni di* ~ after four years of married life. **3** (*rito nuziale*) wedding, marriage: *celebrare un* ~ to celebrate a marriage; ~ *civile* civil (*o* registry–office) wedding. □ ~ *d'*amore love match; *fare un* **buon** ~ to make a good match; ~ **consumato** consummated marriage; **contrarre** ~ *con qd.* to marry (*o* get married to) s.o.; ~ *di* **convenienza** marriage of convenience; **dare** *in* ~ to give in marriage, to marry (off); ~ *senza* **figli** childless marriage; ~ *d'*interesse marriage for money; ~ **misto** mixed marriage; ~ **nullo** marriage which is null and void; ~ *per* **procura** marriage by proxy; ⟨*Dir*⟩ ~ **rato** *e consumato* marriage celebrated and consummated; ~ **religioso** church wedding; ⟨*fam*⟩ ~ **riparatore** shot-gun wedding; **unire** *in* ~ to marry, to join in wedlock; *unirsi in* ~ to get married, to marry.

matrizzare *v.i.* (*aus.* avere) to take after one's mother.

matrona (*o* **matrona**) *f.* **1** matron: *una* ~ *romana* a Roman matron. **2** ⟨*fig,scherz*⟩ (*donna formosa*) matronly woman. **matronale** *a.* matronly, matronal, matron–like: *incedere* ~ matronly gait. **matroneo** *m.* ⟨*Arch*⟩ women's gallery. **matronimico** *a./s.* (*pl.* **-ci**) I *a.* matronymic, metronymic. II *s.m.* matronymic.

matta *f.* (*nelle carte*) joker.

mattacchione *m.* (*f.* **-a**) wag, joker, lively spark, ⟨*fam*⟩ card; (*buontempone*) jolly fellow. **mattana** *f.* ⟨*fam*⟩ fit of temper, bad mood (*o* temper); (*capriccio*) whim, caprice.

mattanza *f.* ⟨*Pesc*⟩ tunny (*o* tuna) massacre.

mattarello *m.* ⟨*region*⟩ → **matterello**.

mattata *f.* ⟨*scherz*⟩ mad thing to do, foolish action.

mattatoio *m.* slaughterhouse, shamble(s). **mattatore** *m.* **1** slaughterman. **2** ⟨*Teat*⟩ showman (*anche estens.*).

Matteo *N.pr.m.* Matthew.

matterello *m.* rolling pin.

Mattia *N.pr.m.* Mat(t)hias.

mattina *f.* morning, ⟨*lett,poet*⟩ morn: *una bella* ~ *di maggio* a fine May morning. □ *l'altra* ~ the other morning; **dalla** ~ *alla sera* from morning till night; *di* ~ in the morning; **domani** ~ tomorrow morning; *la* ~ **dopo** the morning after, the next morning; **giovedì** ~ Thursday morning; **ieri** ~ yesterday morning; *la* (*o di*) ~ **presto** early in the morning; *di* **prima** ~ early in the morning; **questa** ~ this morning; **tutte** *le sante –e* every blessed morning.

mattinata *f.* **1** morning. **2** (*spettacolo di pomeriggio*) matinée, afternoon performance. **3** ⟨*Mus*⟩ aubade, mattinata. □ *in* ~ in the morning, before noon. **mattiniero** *a.* early-rising, ⟨*pred*⟩ up early: *oggi sei* ~ you're up early this morning. **mattino** *m.* morning (*anche estens.*): *le ore del* ~ the morning hours. □ *di buon* ~ early in the morning; *sul far del* ~ at daybreak; *giornale del* ~ morning newspaper; ⟨*fig*⟩ *il* ~ *della vita* (*la fanciullezza*) the morning of life. *Prov.: il buon dì si vede dal* ~ well begun is half done.

matto[1] I *a.* **1** (*pazzo*) mad, crazy, insane, (mentally) deranged. **2** ⟨*estens*⟩ (*bizzarro*) eccentric, odd, mad, ⟨*fam*⟩ crazy. **3** ⟨*fig*⟩ (*rif. a persona: eccitato*) mad, wild, beside o.s., ⟨*fam*⟩ crazy: *era* ~ *dalla gioia* he was wild (*o* beside himself) with joy. **4** ⟨*fam*⟩ (*grande, enorme*) great, extreme, enormous, *traduzione spesso idiomatica: ci prova un gusto* ~ he gets a great kick out of it; *volere un bene* ~ *a qd.* to be crazy about s.o. **5** (*rif. ad arti inferiori*) lame, ⟨*fam*⟩ game. **6** (*falso*) false, imitation, costume, artificial: *gioielli –i* costume jewelry. **7** ⟨*tecn*⟩ (*opaco*) mat(t), dull: *oro* ~ dead (*o* dull) gold. II *s.m.* (*f.* **-a**) **1** madman (*f –*woman), lunatic, insane person: *urlare come un* ~ to shout like a madman. **2** ⟨*estens*⟩ (*persona bizzarra*) eccentric, wild person, ⟨*am.fam*⟩ oddball. □ ⟨*fig*⟩ *andar* ~ *per qc.* (*o qd.*) ⟨*fam*⟩ to be mad (*o* crazy, wild) about s.th. (*o* s.o.): *va* ~ *per il calcio* he is mad about football; *cavallo* ~ skittish (*o* high-spirited) horse; *c'è da* **diventare** *–i* it is enough to drive one crazy; *far diventare* ~ *qd.* to drive s.o. mad (*o* out of his wits); *fossi* ~! do you think I'm crazy?; *essere* ~ *da* **legare** to be raving mad, to be as mad as a hatter (*o* March hare); **mezzo** ~ half crazy; *è*

roba *da –i* it's just incredible, it's sheer madness; *una testa –a* a hot head; *ne ho una* **voglia** *–a* I'm dying (*o* longing) for it.

matto[2] *a.* (*negli scacchi*): *scacco* ~ checkmate.

mattoide I *a.* crazy, ⟨*fam*⟩ touched. **II** *s.m./f.* madcap.

mattonaia *f.* brickyard, brick field. **mattonare** *v.t.* (**mattono**) to pave (*o* floor) with bricks. **mattonato I** *a.* paved (*o* floored) with bricks. **II** *s.m.* brick pavement (*o* floor).

mattone *m.* **1** brick. **2** ⟨*fig*⟩ (*rif. a persona*) bore; (*rif. a cosa*) bore, drag. □ ~ **cavo** hollow brick; **color** ~ brick red; ~ **cotto** baked brick; ~ **crudo** green (*o* air–dried) brick; ~ **forato** hollow (clay) tile, perforated brick; ~ **refrattario** firebrick; ~ **smaltato** enamelled (*o* glazed) brick; ⟨*fig*⟩ *un* ~ *sullo* **stomaco** a weight on one's stomach.

mattonella *f.* **1** ⟨*Edil*⟩ (paving) tile. **2** ⟨*Strad*⟩ block. **3** (*gelato*) ice brick. **4** (*nel biliardo*) cushion. □ ~ *di carbone* briquette, coal brick; ~ *di torba* peat briquette.

mattonificio *m.* brick–field, brick factory.

mattutino I *a.* morning–: *visita* –a morning visit. **II** *s.m.* **1** ⟨*Lit*⟩ matins *pl* (*costr. sing. o pl.*). **2** (*suono della campana*) (sound of the) bell announcing daybreak.

maturando *m.* (*f.* -a) ⟨*Scol*⟩ candidate (for school–leaving examination).

maturare I *v.i.* (*aus.* **essere**) **1** to ripen, to grow ripe, to mature. **2** (*stagionarsi*) to mature, to season. **3** ⟨*fig*⟩ to mature, to come to maturity; (*rif. a tempo*) to ripen. **4** ⟨*Med*⟩ to maturate, to come to a head. **5** ⟨*Econ*⟩ (*rif. a interessi e sim.*) to mature, to accrue. **II** *v.t.* **1** to ripen, to mature: *il sole matura il grano* the sun ripens the corn. **2** ⟨*fig*⟩ to mature. **3** ⟨*Scol*⟩ (*dichiarare maturo*) to pass (at school–leaving examination). **maturarsi** *v.r.* to ripen, to become ripe, to mature, to come to maturity. **maturato** *m.* (*f.* -a) high–school graduate. **maturazione** *f.* **1** ripening, maturing. **2** (*maturità*) maturity, ripeness. **3** ⟨*fig*⟩ (*formazione*) maturing. **4** ⟨*fig*⟩ (*compimento*) maturation, fulfilment. **5** ⟨*Econ*⟩ (*rif. a interessi e sim.*) maturity, accrual. **6** ⟨*Med*⟩ maturation. **maturità** *f.* **1** maturity, ripeness. **2** ⟨*fig*⟩ maturity. **3** ⟨*Scol*⟩ (*esame di maturità*) school–leaving (*o* final) examination. □ ~ *classica* school–leaving examination in a classical liceo; *giungere alla* ~ to reach maturity; ⟨*Scol*⟩ ~ *scientifica* school–leaving examination in a scientific liceo. **maturo** *a.* **1** ripe, mature: *uva –a* ripe grapes. **2** (*stagionato*) seasoned, matured; (*rif. a vino*) mellow. **3** (*adulto*) mature; (*di mezza età*) middle–aged. **4** ⟨*fig*⟩ mature: *giudizio* ~ mature judgement; *dopo –a riflessione* after mature reflection. **5** ⟨*Scol*⟩ having passed one's school–leaving examination. **6** ⟨*Econ*⟩ mature, accrued.

matusa *m.* ⟨*gerg*⟩ (*vecchio*) old fogey. **Matusalemme** *N.pr.m.* ⟨*Bibl*⟩ Mathuselah, Methuselah. □ ⟨*fam*⟩ *avere gli anni di* ~ to be as old as Mathuselah (*o* the hills).

Mauritania *N.pr.f.* ⟨*Geog*⟩ Mauritania.

Maurizio *N.pr.m.* Maurice.

mausoleo *m.* mausoleum.

maxi|calcolatore *m.* big computer. **~cappotto** *m.* maxicoat. **~gonna** *f.* maxiskirt.

maxillo-facciale *a.* ⟨*Med*⟩ maxillo–facial, pertaining to the jaws and face: *chirurgia* ~ maxillo-facial surgery.

maxwell *ingl.* ['maekswel] *m.* ⟨*Fis*⟩ maxwell.

maya I *a.* Mayan. **II** *s.* **1** *m.* (*lingua*) Maya. **2** *m./f.* (*abitante*) Maya.

mazurca, mazurka *f.* ⟨*Mus*⟩ mazurka.

mazza *f.* **1** cudgel, bludgeon, club. **2** (*bastone di comando*) mace, baton; (*insegna del mazziere*) baton. **3** ⟨*Sport*⟩ (*nel golf*) club; (*nel baseball, cricket*) bat; (*nell'hockey*) stick. **4** ⟨*Mecc*⟩ (*pesante martello*) maul, sledge hammer; (*di legno*) mallet. **5** (*bastone da passeggio*) walking stick, cane.

mazzacavallo *m.* **1** ⟨*Agr*⟩ well sweep. **2** (*battipalo*) pile driver. **mazzapicchio** *m.* **1** (*martello di legno*) cooper's mallet. **2** ⟨*Macell*⟩ pole axe.

mazzata *f.* **1** (*colpo; col bastone*) (heavy) blow; (*con la clava*) blow with a club; (*col martello*) sledge–hammer blow. **2** ⟨*fig*⟩ (*danno, grave dolore*) (heavy) blow, (dreadful) shock: *la notizia fu per lui una* ~ the news came to him as a shock.

mazzeranga *f.* ⟨*Strad*⟩ tamper.

mazzetta[1] *f.* ⟨*Alp*⟩ hammer.

mazzetta[2] *f.* **1** (*biglietti di banca*) bundle (*o* wad) of notes. **2** (*campioni di stoffa*) bunch of samples.

mazziere *m.* mace bearer.

mazzo *m.* **1** bunch, bundle: *un* ~ *di chiavi* a bunch of keys; (*di fiori*) bunch. **2** (*di carte da gioco*) pack. □ *a –i* in bunches, in bundles; *alzare il* ~ (*nel gioco delle carte*) to cut the cards; *fare il* ~ (*nel gioco delle carte*) to shuffle the cards; ⟨*fig*⟩ *mettere tutti in un* ~ to lump good and bad together.

mazzolare *v.t.* (**mazzuolo**/*pop.* **mazzolo**) (*rif. a grano*) to thresh; (*rif. al lino o alla canapa*) to beat.

mazzolino *m.* (*di fiori*) nosegay, posy.

mazzuola *f.* mallet. **mazzuolo** *m.* **1** mallet; (*da scalpellino*) stonemason's hammer; ⟨*Fal*⟩ wooden (*o* carpenter's) mallet. **2** ⟨*Sport*⟩ head (of a golf club). **3** (*bacchetta per sonare la grancassa*) drumstick.

mc = *metro cubo* cubic metre (*abbr.* m³, cu.m.).

Mc = ⟨*Fis*⟩ megaciclo megacycle (*abbr.* mc).

m.c. = *mese corrente* current (*o* this) month; (*con la data*) instant (*abbr.* inst.).

M.C.D. = ⟨*Mat*⟩ *massimo comune divisore* greatest common divisor (*abbr.* G.C.D., g.c.d.).

m.c.m. = ⟨*Mat*⟩ *minimo comune multiplo* lowest (*o* least) common multiple (*abbr.* L.C.M., l.c.m.).

me *pron.pers.* **1** (*oggetto*) me: *chiami* ~? are you calling me? **2** (*preceduto da prep.*) me: *è stato duro per* ~ it was hard for me; *si è scordato di* ~ he has forgotten about me. **3** (*soggetto: in espressioni esclamative*) me: *misero* ~! poor me!; (*in forme comparative*) I, ⟨*fam*⟩ me: *sei bravo quanto* ~ you are as good as I (am). **4** (*complemento di termine*) me: ~ *lo hai già detto* you have already told me. □ *da* ~ (*da solo*) (by) myself, (all) alone: *ho imparato l'inglese da* ~ I learned English by myself; *fra* ~ *e* ~ to myself: *pensavo fra* ~ *e* ~ I thought to myself; ~ *medesimo* (I) myself; *quanto a* ~ as for me, as far as I am concerned.

meandro *m.* **1** ⟨*Geog*⟩ meander. **2** (*labirinto*) maze, labyrinth. **3** *pl.* ⟨*fig*⟩ meander, meandering, intricacy.

Meandro *N.pr.m.* ⟨*Geog*⟩ Meander.

meato *m.* ⟨*Anat*⟩ meatus.

MEC = *Mercato comune europeo* European Common Market.

Mecca *N.pr.f.* ⟨*Geog*⟩ Mecca. **mecca** *f.* ⟨*fig*⟩ mecca.

meccanica *f.* **1** ⟨*Fis*⟩ mechanics *pl* (*costr. sing. o pl.*). **2** (*meccanismo*) mechanism. **3** ⟨*fig*⟩ mechanics *pl* (*costr. sing. o pl.*), mechanism. **4** ⟨*Fisiol*⟩ process: ~ *della digestione* digestive process. □ ~ *degli* **aeriformi** pneumatics *pl* (*costr. sing.*); ~ **applicata** applied mechanics; ⟨*Astr*⟩ ~ **celeste** celestial mechanics; ~ *dei* **fluidi** fluid mechanics, mechanics of fluids; ~ *di* **precisione** precision engineering; ⟨*Fis*⟩ ~ **quantistica** quantum mechanics; ~ **razionale** theoretical (*o* pure, abstract) mechanics.

meccanicamente *avv.* mechanically (*anche fig.*). **meccanicismo** *m.* ⟨*Filos*⟩ mechanism. **meccanicistico** *a.* (*pl.* -ci) mechanistic. **meccanicità** *f.* mechanicalness. **meccanico** *a./s.* (*pl.* -ci) **I** *a.* mechanical (*anche fig.*): *gesto* ~ mechanical gesture. **II** *s.m.* mechanic, mechanician; (*montatore*) fitter. □ ~ **aggiustatore** (*o* *montatore*) fitter; *stampa –a* power press; ⟨*Tess*⟩ *telaio* ~ power loom.

meccanismo *m.* **1** mechanism, works *pl*; (*congegno*) mechanism, gear, device; (*funzionamento*) working, mechanics *pl* (*costr. sing. o pl.*). **2** ⟨*fig*⟩ mechanism, mechanics *pl* (*costr. sing. o pl.*); (*processo*) process. □ ~ *d'arresto* *automatico* automatic stop motion; ⟨*Mot*⟩ ~ *di* **comando** control (*o* driving) gear; ⟨*Psic*⟩ ~ *di* **difesa** defence mechanism; ~ *di* **disinnesto** throw–out; ~ *di* **mercato** market mechanism; *il* ~ *dei* **prezzi** the price mechanism.

meccanizzare *v.t.* to mechanize: ~ *il lavoro dei campi* to mechanize farm work. **meccanizzarsi** *v.r.* to become mechanized. **meccanizzato** *a.* **1** mechanized. **2** (*motorizzato*) motorized: *truppe –e* motorized troops. **meccanizzazione** *f.* mechanization: ~ *agricola* agricultural (*o* farm) mechanization.

meccano *m.* (*giocattolo*) meccano.

meccanografia *f.* 〈*El*〉 machine accounting. **meccanografico** *a.* (*pl.* **-ci**) data processing–, punched card–: *centro* ~ data processing centre. □ *addetto* ~ punch card reader.

meccanoterapia *f.* 〈*Med*〉 mechanotherapy.

Mecenate *N.pr.m.* 〈*Stor*〉 Maecenas. **mecenate** *m.* 〈*fig*〉 patron, Maecenas. **mecenatismo** *m.* patronage.

mèche *fr.* [mɛʃ] *f.* streak.

mechitarista *m.* 〈*Rel*〉 Mekhitarist, Mechitarist.

meco *pron.* 〈*ant,lett*〉 (*con me*) with me.

meconio *m.* **1** (*oppio*) opium, meconium. **2** 〈*Fisiol*〉 meconium.

meda *f.* 〈*Mar*〉 beacon.

medaglia *f.* **1** medal. **2** (*rif. a persona: decorato*) medallist. **3** (*distintivo*) badge, token. □ ~ *d'*argento silver medal; ~ **commemorativa** commemorative medal; ~ **alla memoria** memorial medal; ~ **al merito** medal for merit; ~ *d'*oro gold medal; (*la persona*) gold medallist; *il* **rovescio** *della* ~ the reverse of the medal; 〈*fig*〉 the other side of the coin; ~ *al* **valor** *civile* medal (awarded) for civil bravery; ~ *al valor militare* medal for military valour. *Prov.*: *ogni* ~ *ha il suo rovescio* there are two sides to every coin.

medagliere *m.* collection of medals; (*mobile*) medal show case. **medaglietta** *f.* **1** small medal, medal(l)et. **2** (*dei parlamentari*) parliamentary deputy's medal. **3** (*dei cani*) dog tag. **medaglione** *m.* **1** large medal, medallion. **2** (*gioiello*) locket. **3** 〈*Gastr*〉 medallion. **medaglista** *m./f.* medallist. **medaglistica** *f.* numismatics *pl* (*costr. sing.*).

Medea *N.pr.f.* 〈*Mitol*〉 Medea.

medesimo I *a.* **1** (*stesso*) same, identical: *abitiamo al* ~ *piano* we live on the same floor. **2** (*uguale*) same, 〈*attr*〉 like: *sono della* –*a statura* they are the same height. **3** (*con pronomi personali*) –self: *verrò io* ~ I shall come myself. **4** (*in persona*) itself, personified: *tua madre è la bontà* –*a* your mother is kindness itself. **II** *avv.* (*proprio*) very, just, itself: *oggi* ~ this very day, just today. **III** *pron.* (*f.* **-a**) **1** (*la stessa persona*) same (person): *è il* ~ *che ho incontrato ieri* he is the same person I met yesterday.

media *f.* **1** (*valore medio*) average. **2** 〈*Mat*〉 mean: ~ *aritmetica* arithmetical mean. **3** 〈*Scol*〉 (*voto medio*) (end–of–term) average. **4** 〈*Scol*〉 (*scuola media*) secondary school, 〈*am*〉 junior high school. **5** 〈*Rad*〉 (*media frequenza*) medium frequency. □ ~ **annua** annual average; 〈*Statist*〉 ~ **campionaria** sample mean; *fare una* ~ *di qc.* to average s.th.: *abbiamo fatto una* ~ *di cento chilometri all'ora* we averaged a hundred kilometres an hour; **in** ~ on the (*o* an) average; **inferiore** *alla* ~ below average; **oraria** average per hour, hourly average; **superiore** *alla* ~ above average.

Media *N.pr.f.* 〈*Geog.stor*〉 Media.

mediale *a.* 〈*Anat*〉 medial. **mediamente** *avv.* on (the) average. **mediana** *f.* **1** 〈*Geom*〉 median (line). **2** 〈*Statist*〉 median. **3** 〈*Sport*〉 halfway line, centre line.

medianico *a.* (*pl.* **-ci**) 〈*Occult*〉 mediumistic. **medianità** *f.* mediumism.

mediano I *a.* median, medial, middle; (*medio*) mean, average: *valore* ~ mean value. **II** *s.m.* **1** 〈*Sport*〉 half–back; (*nel rugby*) back. **2** 〈*Bot*〉 (*piano mediano*) median plane. □ 〈*Sport*〉 *centro* ~ centre–half; ~ *destro* right–half.

mediante[1] *f.* 〈*Mus*〉 mediant.

mediante[2] *prep.* (*per mezzo di: rif. a cosa*) through, by (means of); (*rif. a persona*) through; (*con l'aiuto di*) with the help of.

mediare *v.* (**medio**, **medi**) **I** *v.i.* (*aus.* **avere**) **1** (*essere in mezzo*) to stand (*o* be) between, to intermediate. **2** (*fare da mediatore*) to act as mediator. **II** *v.t.* **1** 〈*Filos*〉 to supply an intermediary between. **2** 〈*Mat,Fis*〉 to find the mean of, to average.

mediastinico *a.* (*pl.* **-ci**) 〈*Anat*〉 mediastinal. **mediastino** (*o mediastino*) *m.* mediastinum.

mediatamente *avv.* indirectly. **mediato** *a.* indirect. **mediatore I** *s.m.* (*f.* **-trice**) **1** mediator, intermediary: ~ *di pace* peace mediator. **2** (*sensale*) broker, middleman,

〈*fam*〉 go–between. **II** *a.* mediating. □ ~ *di borsa* stockbroker; *fare da* ~ to act as mediator. **mediazione** *f.* **1** mediation. **2** 〈*Comm*〉 brokerage. **3** (*compenso*) brokerage, (broker's) commission.

medica *f.* 〈*Bot*〉 (*anche erba medica*) lucerne.

medicamento *m.* medicament, medicine. **medicamentoso** *a.* **1** (*atto a curare*) medicinal: *erbe* –*e* medicinal herbs. **2** (*fatto con medicamenti*) medical: *terapia* –*a* medical treatment. **medicare** *v.t.* (**medico**, **medichi**) to treat, to medicate, to doctor; (*rif. a ferita*) to dress. **medicarsi** *v.r.* to medicate o.s., to doctor o.s. □ ~ *il vino* to doctor wine. **medicastro** *m.* 〈*spreg*〉 quack, charlatan. **medicazione** *f.* treatment, medication; (*rif. a ferite*) dressing. □ 〈*Mil*〉 *posto di* ~ dressing station, first–aid post.

mediceo *a.* Medici–, Medicean: 〈*Arch*〉 *cappelle* –*e* Medici chapels.

medichessa *f.* 〈*scherz,spreg*〉 would–be doctor.

medicina *f.* **1** medicine. **2** (*professione di medico*) medicine, medical profession. **3** (*preparato*) (patent) medicine, 〈*am*〉 drug. **4** 〈*fig*〉 (*rimedio*) remedy, cure, medicine, healer: *il tempo è la migliore* ~ time is the best healer. □ ~ **aeronautica** air (*o* aviation) medicine; ~ **aerospaziale** aerospace medicine; ~ **alternativa** non traditional medicine; *l'*altra ~ the non traditional medicine; ~ **assicurativa** insurance medicine; ~ **classica** classical medicine; **dottore** *in* ~ doctor of medicine; ~ **generale** general medicine; ~ **interna** internal medicine; ~ *del* **lavoro** industrial medicine; ~ **legale** forensic (*o* legal) medicine; ~ **nucleare** nuclear medicine; ~ **organica** organic medicine; ~ **preventiva** preventive medicine; ~ **sociale** social medicine; ~ **spaziale** space medicine; ~ **sportiva** sports medicine; **studente** *di* ~ medical student; ~ **tropicale** tropical medicine; ~ **ufficiale** = *medicina classica*.

medicinale I *a.* medicinal, healing, curative: *prodotti* –*i* medicinal preparations. **II** *s.m.* medicine, 〈*am*〉 drug.

medico *a./s.* (*pl.* **-ci**) **I** *s.m.* **1** doctor (of medicine), physician: *essere in cura da un* ~ to be under a doctor's care, to be treated by a doctor. **2** 〈*fig*〉 (*rif. a persona*) doctor; (*rif. a cosa: rimedio*) healer, cure. **II** *a.* medical: *congresso* ~ medical congress; *consulto* ~ medical consultation. □ **andare** *dal* ~ to see a doctor; **assistenza** –*a* medical care; 〈*Mar*〉 ~ *di* **bordo** ship's doctor; ~ *di* **campagna** country doctor; ~ (*autorizzato*) *della* **cassa mutua** doctor on health insurance panel, panel doctor; **certificato** ~ doctor's (*o* medical) certificate; ~ **chirurgo** surgeon; ~ **condotto** (local) medical officer; ~ **convenzionato** panel doctor; ~ *di* **corte** court physician; ~ **curante** doctor in charge (of a case); ~ *di* **famiglia** family doctor; ~ *di* **fiducia** doctor of one's choice; (*di famiglia*) family doctor; ~ **fiscale** company doctor; ~ **generico** general practitioner; ~ **internista** physician, internist; ~ **legale** police doctor, 〈*am*〉 medical examiner; ~ **libero** *professionista* physician in a private practice; ~ **militare** medical officer; ~ **ospedaliero** hospital doctor (*o* practitioner); ~ **provinciale** provincial (*o* district) medical officer; **ricetta** –*a* doctor's (*o* medical) prescription; ~ **sportivo** sports physician (*o* doctor).

medico–sociale *a.* medical and social. □ *assistente* ~ medical social worker. **medico–specialistico** *a.* specialist medical.

medieuropeo *a.* Central European.

medievale *a.* medi(a)eval, of the Middle Ages. **medievalismo** *m.* medi(a)evalism. **medievalista** *m./f.* medi(a)evalist. **medievalistica** *f.* medi(a)eval studies *pl*.

medio I *a.* **1** middle–, medium: *essere di* –*a età* to be middle–aged; *statura* –*a* medium height; (*nelle parole composte*) mid–. **2** (*mediocre*) middling, fair, average, mediocre: *di* –*a intelligenza* of average intelligence; *qualità* –*a* middling quality. **3** (*ottenuto facendo la media*) average: *temperatura* –*a* average temperature. **4** 〈*Mat*〉 mean. **5** 〈*Scol*〉 secondary, 〈*am*〉 high–; (*medio inferiore*) intermediate, middle–, 〈*am*〉 junior high–: *licenza* –*a* intermediate (*o* secondary) school certificate. **6** 〈*Econ*〉 medium–sized: *le* –*e* **imprese** the medium–sized enterprises. **II** *s.m.* **1** (*parte di mezzo*) middle. **2** (*dito* *medio*) middle finger. **3** *pl.* ⟨*Mat*⟩ mean (term). □ *il ceto* ~ the middle class(es); ⟨*Fon*⟩ *consonante –a* middle consonant; ⟨*Econ*⟩ *nel* ~ *periodo* in the medium term; *valore* ~ mean value.

mediocre **I** *a.* **1** mediocre, middling, fair, poor: *un libro* ~ a poor (*o* mediocre) book. **2** (*medio*) medium, middle, average, middling: *persona di* ~ *altezza* person of average (*o* medium) height. **3** (*scadente*) of poor quality, poor-quality–: *merce* ~ poor-quality goods. **II** *s.m./f.* mediocre person, mediocrity.

mediocredito *m.* **1** medium-term credit. **2** (*istituto*) medium-term credit institute.

mediocremente *avv.* **1** moderately. **2** (*poco, modestamente*) poorly, scarcely. **3** (*piuttosto male*) rather badly: *parlare una lingua* ~ to speak a language rather badly. **mediocrità** *f.* **1** mediocrity, second-rateness, poorness. **2** (*persona*) mediocrity. □ *l'aurea* ~ the golden (*o* happy) mean; *essere una* ~ to be a mediocrity.

medioeuropeo *a.* → **mediureopeo**.

medioevo (*o medio evo*) *m.* Middle Ages *pl: alto* ~ Dark Ages, early Middle Ages; *basso* ~ late Middle Ages.

medio|latino *a.* ⟨*Ling*⟩ middle (*o* Medi(a)eval) Latin–. **~leggero** (*o medio-leggero*) **I** *a.* ⟨*Sport*⟩ welter–: *peso* ~ welter weight. **II** *s.m.* welter weight. **~massimo** (*o medio-massimo*) **I** *a.* ⟨*Sport*⟩ light heavy–: *peso* ~ light heavy weight. **II** *s.m.* light heavy weight.

medioorientale *a.* Middle East(ern): *stato* ~ Middle East State; *la questione* ~ the Middle East(ern) question.

meditabondo *a.* thoughtful, meditating, pensive. **meditare** *v.* (*medito*) **I** *v.t.* **1** to ponder (over), to meditate (on). **2** (*progettare*) to plan, to think out: ~ *la fuga* to plan an escape. **3** (*avere in mente*) to intend, to think of, to meditate. **II** *v.i.* (*aus.* **avere**) **1** to meditate (*su, intorno* on), to ponder (over), to muse, to brood (on, over). **2** (*raccogliersi in meditazione*) to meditate. □ ~ *a fondo qc.* to think s.th. over carefully. **meditatamente** *avv.* **1** meditatively. **2** (*apposta*) on purpose, deliberately. **meditativo** *a.* (*disposto alla meditazione*) meditative, reflective, pensive; (*contemplativo*) contemplative. **meditato** *a.* meditated, thought-out (*o* over), considered: *proposta ben –a* well thought-out proposal; *decisione ben –a* carefully-considered decision. **meditazione** *f.* **1** meditation. **2** (*riflessione*) reflection, consideration. **3** *pl.* ⟨*Lett*⟩ meditations *pl.* □ ~ *trascendentale* transcendental meditation.

mediterraneo *a.* Mediterranean: *clima* ~ Mediterranean climate. **Mediterraneo** *N.pr.m.* (*mare Mediterraneo*) Mediterranean (Sea).

medium [1] *m./f.* ⟨*Occult*⟩ medium.

medium [2] *ingl.* ['mi:djum] *m.* medium, means of mass communication.

medusa *f.* ⟨*Zool*⟩ jellyfish, medusa. **Medusa** *N.pr.f.* ⟨*Mitol*⟩ Medusa.

meeting *ingl.* ['mi:tiŋ] *m.* meeting.

Mefistofele *N.pr.m.* ⟨*Lett*⟩ Mephistopheles. **mefistofelico** *a.* (*pl.* -ci) Mephistophelean, Mephistophelian.

mefitico *a.* (*pl.* -ci) pestilential, mephitic(al).

megaciclo *m.* ⟨*Rad*⟩ megacycle.

megafonista *m./f.* megaphonist. **megafono** *m.* megaphone, ⟨*am*⟩ bullhorn.

megahertz *m.* ⟨*Rad*⟩ megahertz.

megalite *m.* ⟨*Archeol*⟩ megalith. **megalitico** *a.* (*pl.* -ci) megalithic.

megalo|blasto *m.* ⟨*Biol*⟩ megaloblast. **~cefalia** *f.* ⟨*Anat*⟩ megalocephalia, megalocephaly. **~cefalo** *a.* megalo--cephalous, megacephalous.

megalomane **I** *a.* megalomaniac(al). **II** *s.m./f.* megalomaniac. **megalomania** *f.* megalomania.

megalopoli *f.* megalopolis.

mega|ohm *m.* ⟨*El*⟩ megaohm. **~struttura** *f.* mega-structure.

megaton, megatone *m.* ⟨*Atom*⟩ megaton.

mega|volt *m.* ⟨*El*⟩ megavolt. **~watt** *m.* ⟨*El*⟩ megawatt.

Megera *N.pr.f.* ⟨*Mitol*⟩ Megaera. **megera** *f.* ⟨*fig*⟩ vixen, shrew, hag.

meglio **I** *avv.* (*compar. di bene*) **1** better: *questa macchina va* ~ this car is running (*o* working) better; *scrivi un po'* ~

write a bit better, write more clearly. **2** (*più facilmente*) easier, better. **3** (*di più*) better, more: *è pagato* ~ *di me* he is ┌better paid┐ (*o* paid more) than I am. **4** (*piuttosto*) rather, better, ⟨*fam*⟩ sooner: ~ *la morte che la schiavitù* better death than slavery, death rather than slavery. **5** (*con senso superlativo*) best: *è quello che lavora* ~ he is the one who works best; *i quadri* ~ *riusciti* the best painted pictures; *si traduce spesso con il sup. dell'agg. che segue: i ragazzi* ~ *educati* the politest (*o* most polite) boys. **II** *a.inv.* (*compar. di buono*) **1** (*migliore*) better: *il mio lavoro è* ~ *del tuo* my work is better than yours. **2** (*preferibile*) better, preferable: *è* ~ *rimandare tutto a domani* it is better to put everything off until tomorrow; *è* ~ *non parlarne* it's better not to talk about it. **III** *s.m./f.inv.* (*la cosa migliore*) the best (thing): *ognuno desidera il* ~ *per se stesso* everyone wants the best for himself. □ **al** ~ at best; *alla* ~ as best one can; (*miseramente*) somehow or other: *vivere alla* ~ to scrape along, to manage (somehow or other); **andare** ~: **1** (*procedere meglio*) to go (*o* get) better, to be (doing) better; **2** (*rif. alla salute*) to feel (*o* be) better; *ti va* ~ *oggi pomeriggio?* (*ti conviene?*) would this afternoon suit you better?; **avere** *la* ~ to come off better; *vorrei qc. di* ~ I should like s.th. better; *non chiedo di* ~ I couldn't ask for (anything) better; **fare** (*o il*) *proprio* ~ to do one's best (*o* utmost); *faresti* ~ *ad andartene* you had better leave; **o** ~ (*ovvero*) or rather; *per il* ~ (*nel modo migliore*) for the best, in the best way; *il* ~ **possibile** as well as possible, the (*o* as) best one can, to the best of one's ability; **tanto** ~ so much the better; *tanto* ~ *per lui* so much the better for him. *Prov.:* ~ *tardi che mai* better late than never; ~ *soli che male accompagnati* better alone than in ill company; ~ *un uovo oggi che una gallina domani* a bird in the hand is worth two in the bush; ~ *poco che niente* half a loaf is better than no bread.

mehari *m.* ⟨*Zool*⟩ mehari. **meharista** *m.* meharist(e).

mela *f.* apple. □ ~ *cotogna* quince; ~ *cotta* stewed apple; ~ *ranetta* rennet; ~ *selvatica* crab apple. **melagrana** *f.* pomegranate.

melanconia, melanconico → **malinconia, malinconico**.

Melanesia *N.pr.f.* ⟨*Geog*⟩ Melanesia. **melanesiano** *a./s.m.* (*f.* -a) Melanesian.

mélange *fr.* [me'lɑ̃ʒ] *m.* mixture, mélange.

melanina *f.* ⟨*Biol*⟩ melanin. **melanismo** *m.* melanism. **melanite** *f.* ⟨*Min*⟩ melanite. **melanodermia** *f.* ⟨*Med*⟩ melanoderma. **melanoma** *m.* ⟨*Med*⟩ melanoma. **melanosi** *f.* ⟨*Med*⟩ melanosis.

melanzana *f.* ⟨*Bot*⟩ egg plant, aubergine.

melarancia *f.* (*pl.* -ce) sweet orange.

melario **I** *s.m.* (*in apicoltura*) honeycomb. **II** *a.* honey–.

melarosa *f.* ⟨*Bot*⟩ rose apple.

melassa *f.* treacle, molasses *pl* (*costr. sing.*).

melata *f.* honeydew. **melato** *a.* **1** sweetened with honey, honeyed. **2** ⟨*fig*⟩ (*mellifluo*) honeyed; (*lusinghiero*) flattering.

Melchiorre *N.pr.m.* Melchior.

Melchisedec *N.pr.m.* ⟨*Bibl*⟩ Melchizedek.

melchita *a./s.m./f.* ⟨*Rel*⟩ Melchite, Melkite.

melensaggine *f.* **1** dullness, doltishness. **2** ⟨*concr*⟩ nonsense. **melenso** **I** *a.* dull, doltish, ⟨*fam*⟩ dopey; (*stolido*) stolid. **II** *s.m.* simpleton, dull fellow.

meleto *m.* ⟨*Agr*⟩ apple orchard.

melica [1] *f.* ⟨*Lett*⟩ melic (poetry).

melica [2] *f.* ⟨*Bot*⟩ (*mais*) maize, Indian corn.

melico *a.* (*pl.* -ci) ⟨*Lett*⟩ melic.

meliloto *m.* ⟨*Bot*⟩ melilot.

melinite *f.* ⟨*Min*⟩ melinite.

melisma *m.* ⟨*Mus*⟩ melisma.

melissa *f.* ⟨*Bot*⟩ lemon (*o* garden) balm.

mellifero *a.* melliferous, honey–: *api –e* honey bees. **mellificare** *v.i.* (**mellifico, mellifichi**; *aus.* **avere**) to make honey. **mellificazione** *f.* honey making.

mellifluamente *avv.* mellifluously. **mellifluità** *f.* mellifluousness. **mellifluo** *a.* ⟨*fig*⟩ mellifluous, unctuous, ⟨*fam*⟩ sugary.

mellite *f.* ⟨*Min*⟩ mellite.

mellito *m.* ⟨*Farm*⟩ mellite.

mellivora f. ⟨Zool⟩ ratel.

melma f. **1** slime; (fango) mud, mire. **2** ⟨fig⟩ dirt, filth, smut. **melmosità** f. sliminess; (fangosità) muddiness, miriness. **melmoso** a. slimy; (fangoso) muddy, miry.

melo m. ⟨Bot⟩ apple tree. □ ~ cotogno quince (tree).

melodia f. **1** ⟨Mus⟩ melody, melodiousness. **2** (aria) melody, tune, air. **3** ⟨fig⟩ (dolcezza) melodiousness, sweetness. **melodico** a. (pl. -ci) melodious, melodic. **melodioso** a. **1** melodious. **2** ⟨fig⟩ (dolce) melodious, sweet. **melodista** m./f. ⟨Mus⟩ melodist.

melodramma m. **1** opera. **2** ⟨fig,spreg⟩ melodrama. **melodrammatico** a. (pl. -ci) **1** operatic. **2** ⟨fig,spreg⟩ melodramatic(al).

melofobo m. music hater.

melograno m. ⟨Bot⟩ pomegranate (tree).

melolonta m. ⟨Entom⟩ melolonthid.

melomane m./f. melomaniac. **melomania** f. melomania.

melone m. ⟨Bot⟩ (musk) melon.

melopea f. ⟨Mus⟩ melopoeia.

Melpomene N.pr.f. ⟨Mitol⟩ Melpomene.

membra → **membro**.

membrana f. **1** ⟨Anat,Biol⟩ membrane. **2** ⟨Mecc⟩ diaphragm; (lamina sottile) membrane, film. □ ⟨Biol⟩ ~ cellulare cell wall (o membrane); ~ nucleare nuclear membrane. **membranaceo** a. ⟨Anat,Biol⟩ membranous, membranaceous, membrane. **membranoso** a. membranous; (dotato di membrane) webbed. **membratura** f. **1** ⟨Anat⟩ frame. **2** ⟨Arch⟩ frame, framework.

membro m. (pl. i membri, le membra: the form –a is only used collectively) **1** ⟨Anat⟩ limb. **2** ⟨fig⟩ (persona) member: i –i del parlamento the Members of Parliament. **3** ⟨Gramm,Mat,Arch⟩ member. **4** ⟨Anat⟩ (pene) member. □ il ~ più anziano senior member; ~ di diritto member by right; ~ di pieno diritto fully–fledged member; ~ elettivo elective member; ~ fondatore foundation member; ~ del governo member of the government; ~ onorario honorary member; ~ ordinario ordinary member; paesi –i member countries; ~ del personale staff member, ⟨fam⟩ staffer; ~ a vita life–member.

membruto a. strong–limbed.

memento lat.m. **1** ⟨Lit⟩ memento. **2** ⟨fig,scherz⟩ (ammonizione) warning.

memorabile a. memorable, unforgettable: avvenimento ~ memorable event. **memorabilmente** avv. memorably, unforgettably. **memorandum** m. **1** memorandum: diplomatico diplomatic memorandum. **2** (libretto di appunti) memorandum (o note) book. **3** ⟨burocr⟩ (carta da lettere) small writing paper. **memore** a. ⟨lett⟩ **1** mindful (di of). **2** (grato) grateful (di for).

memoria f. **1** memory: avere buona ~ to have a good memory. **2** (ricordo) memory, recollection, remembrance: serbare una buona ~ di qd. to have a pleasant memory of s.o. **3** (cimelio) relic; (oggetto conservato per ricordo) souvenir, keepsake, memento; (ricordo di famiglia) heirloom. **4** pl. ⟨Lett⟩ memoirs pl. **5** (annotazione) note, memo. **6** ⟨Dir⟩ memorial. **7** ⟨Inform⟩ memory, storage, store. □ a ~ by heart: imparare a ~ to learn by heart; sapere a ~ to know by heart; alla ~ di in memory of; ⟨Inform⟩ ~ ad accesso casuale random access memory (o store); avere ~ to have memory; ~ a bolle bubble memory; ~ breve short–term memory; ⟨Inform⟩ capacità della ~ storage capacity; ~ centrale main storage; ~ dei dati data storage; degno di ~ memorable; ~ a disco magnetico magnetic disk store; ~ esterna external memory; di felice ~ of happy memory; (rif. a defunti) of blessed memory; ~ di ferro excellent (o tenacious) memory; ⟨fig⟩ impresso nella ~ stuck in one's memory; in ~ di in memory of; ⟨Inform⟩ ~ interna internal memory; ~ di lavoro working memory (o store); ~ a sola lettura read–only memory; libro di –e (book of) memoirs; ⟨Inform⟩ ~ di massa mass memory; ~ modificabile erasable storage; ~ a nastro magnetico magnetic tape storage; ~ a nuclei magnetici magnetic core store; ~ numerica (o per i numeri) memory for numbers; perdita della ~ loss of memory; ~ permanente permanent store; a perpetua ~ di in perpetual memory of; ~ per le persone

memory for people; ~ principale main (o primary) store; ~ di programma program store; riacquistare la ~ to recover one's memory; richiamare alla ~ qc. to call s.th. to mind, to recollect s.th.; rinfrescare la ~ to refresh one's memory; essere senza ~ to have no (o a bad) memory; ~ uditiva aural memory; a ~ d'uomo within living memory; uscire dalla ~ to go out of one's mind (o head); mi è uscito di ~ it slipped (o escaped) my memory; ~ a lungo termine long–term memory; ~ visiva visual memory.

memoriale m. **1** (libro di memorie) memoir. **2** (raccolta di documenti storici) record. **3** (supplica) memorial, petition. **memorialista** m./f. ⟨Lett⟩ memorialist (anche Stor.).

memorizzabile a. **1** memorizable. **2** ⟨Inform⟩ storable. **memorizzare** v.t. ⟨Inform⟩ to store, to memorize; (salvare) to save. **memorizzato** a. **1** memorized. **2** ⟨Inform⟩ stored: programma ~ stored program. **memorizzazione** f. ⟨tecn⟩ storage, memorization. □ ⟨Inform⟩ capacità di ~ memory capacity.

mena f. intrigue, plot, scheming: sventare le –e di qd. to foil s.o.'s plot; (manovra) manoeuvre.

menabò m. ⟨Tip⟩ dummy, layout.

menade f. ⟨lett⟩ maenad.

menadito: a ~ (perfettamente) perfectly, at one's fingertips: so la lezione a ~ I have the lesson at my fingertips.

menagramo m. ⟨region⟩ Jonah, jinx.

Menandro N.pr.m. ⟨Stor⟩ Menander.

menarca m. ⟨Fisiol⟩ menarche.

menare v.t. (meno) **1** (portare) to lead, to take, to bring; (guidare) to lead, to guide; (rif. a strade: condurre) to lead, to go. **2** (trascinare) to drag. **3** (rif. a modo di vivere) to lead, to live. **4** (agitare) to shake, to wave; (rif. alla coda del cane) to wag. **5** (assestare) to deal, to deliver, to give: gli menò un sonoro ceffone she gave him a resounding slap. □ ~ il can per l'aia to beat about the bush; menar le mani to be free with one's fists; ⟨fig⟩ ~ qd. per il naso to lead s.o. by the nose; ~ vanto di qc. to boast of s.th.

menarola f. ⟨Fal⟩ breast drill.

menda f. ⟨lett⟩ (difetto) defect, flaw.

mendace a. ⟨lett⟩ lying, false, mendacious. **mendacemente** avv. falsely, mendaciously. **mendacità** f. ⟨lett⟩ untruthfulness, mendacity.

mendelevio m. ⟨Chim⟩ mendelevium.

mendeliano a. ⟨Biol⟩ Mendelian, Mendel's: leggi –e Mendel's laws. **mendelismo** m. Mendelism, Mendelianism.

mendicante I s.m./f. beggar. **II** a. **1** begging, mendicant. **2** ⟨Rel⟩ mendicant: ordine ~ mendicant order. **mendicare** v. (mendico, mendichi) **I** v.t. **1** to beg (for) (anche fig.): ~ un po' di pane to beg for a crust of bread; ~ un lavoro to beg for a job. **2** (rif. a pretesti e sim.) to seek, to look for; (rif. a lodi e sim.) to be after, ⟨fam⟩ to fish for. **II** v.i. (aus. avere) to beg. **mendicità** f. beggary, mendicancy, mendicity. □ ospizio (o ricovero) di ~ poorhouse, almshouse. **mendico** a./s. (pl. -chi) ⟨lett⟩ **I** s.m. beggar, mendicant. **II** a. mendicant.

menefreghismo m. couldn't–care–less attitude. **menefreghista I** s.m./f. person who could not care less. **II** a. indifferent. □ è un ~ he couldn't care less, ⟨fam⟩ he doesn't give a damn.

meneghino I a. ⟨fam⟩ Milanese. **II** s.m. **1** (dialetto di Milano) Milanese (dialect). **2** (abitante; f. -a) Milanese.

Menelao N.pr.m. ⟨Lett⟩ Menelaus.

menestrello m. ⟨Mediev⟩ minstrel.

Menfi N.pr.f. ⟨Geog.stor⟩ Memphis.

meninge f. **1** ⟨Anat⟩ meninx. **2** pl. ⟨fam,scherz⟩ brains pl: spremersi le –i to rack one's brains. **meningeo** (o meningeo) a. meningeal. **meningite** f. ⟨Med⟩ meningitis. **meningocele** m. ⟨Anat⟩ meningocele. **meningococco** m. (pl. -chi) ⟨Med⟩ meningococcus.

menippeo a. ⟨Lett⟩ Menippean. **Menippo** N.pr.m. ⟨Stor⟩ Menippus.

menisco m. (pl. -chi) ⟨Anat,Geom,Fis⟩ meniscus. □ lacerazione del ~ rupture of meniscus.

meno (compar. di poco) **I** avv. **1** less: dovresti mangiare ~

you should eat less. **2** (*in frasi comparative*) not as, not so (much); less: *tu sei ~ alto di me* you are not as (*o* so) tall as I am. **3** (*in frasi superlative*) least: *la soluzione ~ pericolosa* the least dangerous solution; (*fra due cose*) less. **4** ⟨*Mat*⟩ minus: *10 ~ 3 è uguale a 7* 10 minus 3 is 7. **5** (*rif. a temperatura: sotto zero*) minus, below (zero): ~ *cinque* five below zero, minus five degrees. **6** (*rif. all'ora*) to: *sono le sei ~ dieci* it is ten to six. **7** ⟨*Scol*⟩ minus: *sei ~ six* minus. **II** *a.inv.* **1** (*minore*) less, not so (much); (*in frasi comparative*) not as (*o* so), less: *ha ~ forza di me* he is not so strong as I am. **2** (*in minor numero*) fewer, not as many: *ha fatto ~ errori di te* he made fewer errors than you did. **III** *prep.* (*tranne*) except (for), but (for), apart from: *sono tutti d'accordo ~ lui* they all agree except him; *tutti i giorni ~ la domenica* every day except Sunday. **IV** *s.m.inv.* **1** least: *è il ~ che gli possa capitare* it's the least that can happen to him **2** *pl.* (*minoranza*) minority, fewest *pl: i ~ furono esclusi dalla lista* the minority was excluded from the list. **3** ⟨*Mat*⟩ minus (sign). ▢ **a** ~ *che* unless: *verrò a ~ che non piova* I shall come unless it's raining; **ancor** ~ even less; *men che* not very ... at all, decidedly not: *il suo comportamento è stato men che cortese* his behaviour was not very polite at all; *essere da ~ di qd.*: 1 to be less than s.o.; 2 (*inferiore*) to be inferior to s.o.; **di** ~ less, not so much: *parla (di)* ~ talk less, don't talk so much; (*rif. a numero*) fewer, (*fam*) less: *due di* ~ two fewer; *non ~ di no* less (*o* fewer) than, at least, as good: *l'appartamento deve avere non ~ di tre stanze* the flat must have at least three rooms; *ha tre anni ~ di lui* she is three years younger than him; **differenza** *in* ~ less, fewer, shortage: *c'è una differenza in ~ di sei* there are six fewer (than there should be); **fare** *a* ~ *di qc.*: 1 (*privarsene*) to do (*o* go) without s.th.; 2 (*rinunciarvi*) to give s.th. up; 3 (*astenersene*) to refrain from s.th., to stop (doing) s.th.; 4 (*evitarla*) to avoid s.th.; *potevi fare a ~ di dirglielo* you needn't have told him; *farei volentieri a ~ di andare* I'd be very glad not to have to go; *non poter fare a ~ di qc.* not to be able to manage (*o* do) without s.th.; *non poter fare a ~ di fare qc.* to be unable to help doing s.th.: *non posso fare a ~ di ridere* I can't help laughing; **in** ~: 1 (*rif. a tempo*) in less (time); 2 (*in minor numero*) less: *ho avuto mille lire in* ~ I got one thousand lire less; *in men che non si dica* in the twinkling of an eye; ~ *che* **mai** less than ever; ⟨*esclam*⟩ ~ **male** thank goodness; ~ *male che* it's a good thing (that), thank goodness; ~ *male che sei venuto* thank goodness you've come; ~ *se ne parla*, **meglio** *è* the least said the better; **niente** ~ *che* (*rif. a cosa*) no less than; (*rif. a persona*) none other than: *niente ~ che il ministro in persona* none other than the minister himself; ⟨*iperb*⟩ ~ *che niente* (a mere) nothing; **per** *lo* ~ (*perlomeno*) at least; **più** *o* ~ (*all'incirca*) more or less, about, roughly; *più ... ~* the more ... the less; *né più né ~*: 1 neither more nor less; 2 (*proprio così*) exactly, just; *discorrere del più e del* ~ to talk about this and that; **poco** ~: 1 a little less, just under: *manca poco ~ di un'ora alla partenza* it's ⌜just under⌝ (*o* less than) an hour to departure time; 2 (*quasi*) nearly: *se non è un chilo, è poco* ~ it's nearly (*o* not far off) a kilo; *il* ~ **possibile** ⌜the least⌝ (*o* as little as) possible; **quanto** ~ at least; ⟨*esclam*⟩ ~ **storie** don't make such a fuss; **venir** ~: 1 (*mancare*) to fail: *gli venne ~ il coraggio* his courage failed him; 2 (*svenire*) to faint: *venir ~ per la fame* to faint from hunger; *venir ~ a*: 1 to fail to observe (*o* keep), not to fulfil: *venir ~ agli impegni* not to fulfil one's obligations; 2 (*violare*) to break: *venir ~ alla parola data* to break one's word.

Meno *N.pr.m.* ⟨*Geog*⟩ Main.

menomare *v.t.* (*menomo*) **1** to lessen, to diminish, to disparage, to belittle: ~ *i meriti di qd.* to disparage (*o* belittle) s.o., to detract from s.o.'s merit. **2** (*danneggiare: rif. al corpo*) to maim, to disable. **menomato I** *a.* **1** lessened, diminished, disparaged, belittled. **2** (*minorato*) maimed, disabled. **II** *s.m.* (*f.* -**a**) disabled person. ▢ ~ *fisico* physically handicapped; ~ *psichico* mentally handicapped; **menomazione** *f.* **1** lessening, diminution, disparagement. **2** (*danno: rif. al corpo*) disability, disablement.

menomo *a.* ⟨*region*⟩ → **minimo**.

menopausa *f.* ⟨*Fisiol*⟩ menopause. **menorragia** *f.* ⟨*Med*⟩ menorrhagia. **menostasi** (*o* menostasi) *f.* menostasis, menostasia.

mensa *f.* **1** (*tavola imbandita*) table: *essere a* ~ to be at table. **2** (*locale per pasti collettivi*) refectory; (*nelle università*) refectory, ⟨*am*⟩ cafeteria; (*nelle fabbriche*) canteen, ⟨*am*⟩ cafeteria; (*sulle navi, nelle caserme*) mess. **3** ⟨*Dir.can*⟩ revenue, income. ▢ ~ **aziendale** canteen; ~ **comunale** town soup–kitchen; ⟨*Rel*⟩ ~ **eucaristica** Holy Communion, Eucharist; ⟨*lett*⟩ **imbandire** *la* ~ to set (*o* lay) the table; *al levar delle –e* at the end of the meal; ~ **ufficiali** officers' mess.

menscevico *a./s.* (*pl.* -**chi**) **I** *a.* ⟨*Stor*⟩ Menshevist. **II** *s.m.* Menshevik.

mensile I *a.* monthly. **II** *s.m.* **1** (*stipendio mensile*) monthly pay (*o* salary); (*l'ammontare*) month's pay (*o* salary). **2** ⟨*Giorn*⟩ monthly (magazine). **mensilità** *f.* **1** (*retribuzione mensile*) monthly instalment (*o* payment). **2** (*periodicità mensile*) monthly character (*o* nature). **mensilmente** *avv.* monthly; (*una volta al mese*) once a month.

mensola *f.* **1** ⟨*Arch*⟩ corbel. **2** (*mobile*) bracket; (*ripiano*) shelf.

menta *f.* **1** ⟨*Bot*⟩ mint. **2** ⟨*Dolc*⟩ (*caramella*) peppermint. **3** (*bibita*) mint. ▢ ~ *piperita* peppermint.

mentale[1] *a.* mental: *malattia* ~ mental illness; *calcolo* ~ mental arithmetic; *orazione* ~ mental prayer.

mentale[2] *a.* (*del mento*) mental, of the chin: *nervo* ~ mental nerve.

mentalità *f.* mentality, outlook, frame of mind: ~ *borghese* middle–class outlook. ▢ *avere una* ~ *ristretta* to be narrow–minded. **mentalmente** *avv.* mentally.

mente *f.* **1** mind: ~ *aperta* open mind; *sano di* ~ of sound mind; *avere la* ~ *altrove* to have one's mind on s.th. else. **2** (*memoria*) mind, head, memory: *richiamare alla* ~ *qc.* to call s.th. to mind, to recollect s.th. **3** (*persona*) mind, intellect, brain: *essere una grande* ~ to have a great mind. **4** (*testa*) head: *mettersi in* ~ *qc.* to take s.th. into one's head. **5** (*intenzione*) mind, intention. ▢ **a** ~ by heart: *imparare a* ~ to learn by heart; (*mentalmente*) mentally, in one's head; ⟨*fig*⟩ *essere ancora nella* ~ *di* **Dio** to be in the future, to be still to come; *a* ~ **fredda** coldly, with cold determination; *a* ~ **fresca** with a clear mind; *avere in* ~ *qc.* to have s.th. in mind; *avere in* ~ *di fare qc.* to intend (*o* have a mind) to do s.th.; *a* ~ **leggera** light–heartedly; **levarsi** *qd. dalla* ~ to forget s.o.; *levarsi qc. dalla* ~ to get s.th. off one's mind, to forget s.th.: *levatelo dalla* ~ (*non ci sperare*) you can forget it; *far* ~ *locale* to concentrate; *a* ~ **lucida** with a clear mind; *essere* **malato** *di* ~ to be mentally ill, to be of unsound mind; **passare** *di* ~ to slip one's mind (*o* memory); *passare per la* ~ to cross (*o* come into) one's mind; **por** ~ *a qc.* to turn one's mind to s.th.; ~ **sana** *in corpo sano* a sound mind in a sound body; **tenere** *a* ~ *qc.* to keep (*o* bear) s.th. in mind; **togliersi** *qc. dalla* ~ to get s.th. out of one's mind; **tormentarsi** *la* ~ to rack one's brains; **uscire** *di* ~ (*uscire di senno*) to go out of one's mind; *mi è uscito di* ~ it went out of my head; *venire in* ~ *a qd.* to occur to s.o., to cross s.o.'s mind: *come gli è venuto in* ~? how did it occur to him?; *mi venne in* ~ *un'idea* an idea ⌜struck me⌝ (*o* flashed into my mind); *che cosa ti è venuto* (*o saltato*) *in* ~? what came over you?; *non mi è venuto in* ~ *di chiamarti* I didn't think of calling you; *far venire in* ~ *qc. a qd.* to remind s.o. of s.th.

mentecatto I *s.m.* (*f.* -**a**) **1** (*pazzo*) madman, lunatic. **2** (*persona stupida*) fool, idiot, half–wit. **II** *a.* **1** (*pazzo*) mad, insane. **2** (*stupido*) stupid, foolish, idiotic.

mentina *f.* peppermint drop.

mentire *v.i.* (*mento/mentisco, menti/mentisci*; *aus.* avere) **1** to lie: ~ *a qd.* to lie to s.o., to tell s.o. a lie. **2** ⟨*fig*⟩ (*ingannare*) to be deceitful. ▢ ⟨*scherz*⟩ ~ *per la gola* to lie in one's teeth (*o* throat); ~ *sapendo di* ~ to tell a deliberate lie. **mentito** *a.* false, sham: *-a modestia* false modesty; *sotto –e spoglie* under false pretences. **mentitore I** *s.m.* (*f.* -**trice**) liar. **II** *a.* lying, false.

mento *m.* chin: *starsene con il* ~ *tra le mani* to cup one's hands under one's chin. ▢ *doppio* ~ double chin;

⟨*scherz*⟩ *l'onor del* ~ (*barba*) the beard.
mentolo *m.* ⟨*Chim*⟩ menthol.
mentoniera *f.* ⟨*Mus*⟩ chin rest. **mentore** *m.* mentor.
mentre *congz.* **1** while, as, whilst, when: *l'ho incontrato* ~ *usciva* I met him as I was going out. **2** (*laddove*) whereas, while, whilst. □ *nel* ~ *che* while, whilst, as, when; *in quel* ~ at that (very) moment, just then.
menù *m.* **1** (*lista*) menu, bill of fare. **2** (*insieme di vivande*) menu. **3** ⟨*Inform*⟩ menu.
menzionare *v.t.* (**menziono**) to mention, to make mention of, to name. **menzionato** *a.* mentioned, referred to: *le opere* -*e* the works referred to. **menzione** *f.* mention. □ *degno di* ~ worthy of note, noteworthy; *fare* ~ *di* to mention; ~ *onorevole* honourable mention.
menzogna *f.* lie, falsehood: *tessuto di* -*e* tissue of lies.
menzognero *a.* **1** (*rif. a persona*) lying, untruthful, ⟨*lett*⟩ mendacious. **2** (*rif. a cosa*) untrue, false; (*ingannevole, fallace*) false, deceptive.
mer. = *mercoledì* Wednesday (*abbr.* Wed.).
meraviglia *f.* **1** wonder, wonderment; (*unita a un senso di timore*) awe; (*stupore*) amazement, astonishment. **2** (*cosa o persona meravigliosa*) wonder, marvel, *di solito si traduce con l'aggettivo appropriato: una* ~ *di ragazza* a wonderful girl; (*opera meravigliosa*) wonder: *le* -*e del creato* the wonders of creation. □ *a* ~ (*ottimamente*) wonderfully (well); *che* ~ *di orologio* what a wonderful watch; *che* ~ *se* how wonderful it would be if; *con* ~ in amazement, in astonishment; **destare** ~ to cause surprise (*o* amazement); **dire** -*e di qd.* to praise s.o. to the skies; *che è una* ~ wonderfully, beautifully; *suona che è una* ~ he plays beautifully; **fare** -*e* to work wonders; *crede di aver fatto chissà che* -*e* he thinks he has done s.th. wonderful; *farsi* ~ *di qc.* (o *qd.*) to be amazed at s.th. (*o* s.o.); *con sua grande* ~ to his great astonishment; *le sette* -*e del* **mondo** the seven wonders of the world; **nessuna** ~ *che* it's no wonder (that); *il* **paese** *delle* -*e* wonderland; **pieno** *di* ~ filled with wonder; (*stupito*) surprised, amazed; **raccontare** -*e* to tell of wonderful things.
meravigliare *v.t.* (**meraviglio**, **meravigli**) to surprise (greatly), to amaze, to astonish, to astound: *le tue parole mi hanno meravigliato* your words surprised me. **meravigliarsi** *v.r.* to be surprised (*o* amazed) (*di* at, by), to wonder, to marvel (at): *mi meraviglio di te* I'm surprised at you. **meravigliato** *a.* surprised, astonished, amazed.
meravigliosamente *avv.* wonderfully, marvellously; (*straordinariamente*) extraordinarily. **meraviglioso I** *a.* **1** wonderful, marvellous: *un paesaggio* ~ a wonderful landscape. **2** (*sorprendente*) surprising, amazing, astonishing. **II** *s.m.* **1** supernatural. **2** (*ciò che suscita stupore*) wonder, marvel.
merc. = *mercoledì* Wednesday (*abbr.* Wed.).
mercante *m.* (*f.* -**essa**) merchant, trader, dealer; (*bottegaio*) shopkeeper, tradesman, trader, retailer. □ ~ *di cavalli* horse dealer; ~ *di schiavi* slave dealer, slave trader, slaver; ~ *di stoffa* clothier, cloth merchant; ~ *di vini* wine merchant. **mercanteggiamento** *m.* bargaining.
mercanteggiare *v.* (**mercanteggio**, **mercanteggi**) **I** *v.i.* (*aus.* avere) **1** (*contrattare*) to bargain, to haggle (*su* over). **2** (*speculare*) to speculate (*anche fig.*). **II** *v.t.* to traffic in.
mercantesco *a.* (*pl.* -**chi**) trader's, ⟨*spreg*⟩ mercenary: *mentalità* -*a* mercenary outlook. **mercantile I** *a.* **1** mercantile, merchant–, commercial, trading: *diritto* ~ mercantile law. **2** ⟨*Mar*⟩ mercantile, merchant–: *flotta* ~ merchant fleet, mercantile (*o* merchant) marine. **II** *s.m.* ⟨*Mar*⟩ merchant ship, merchantman.
mercantilismo *m.* ⟨*Econ,Pol*⟩ mercantilism. **mercantilista** *m./f.* mercantilist. **mercantilistico** *a.* (*pl.* -**ci**) mercantilist.
mercanzia *f.* **1** (*merce*) merchandise, goods *pl,* wares *pl,* commodities *pl.* **2** ⟨*fam,spreg*⟩ (*roba*) stuff, trash. □ ⟨*fig*⟩ *far valere la propria* ~ to put o.s. over, to sell o.s.
mercaptano *m.* ⟨*Chim*⟩ mercaptan.
mercatino *m.* ⟨*Econ*⟩ unlisted (securities) market, over–the–counter market.
mercato *m.* **1** market: *andare al* ~ to go to market; (*il luogo*) market place. **2** ⟨*fig*⟩ (*luogo rumoroso*) bedlam. **3** ⟨*Econ*⟩ market: *il* ~ *dei diamanti* the diamond market;

(*trattazione, affare*) bargain, ⟨*fam*⟩ deal. □ ~ *all'***aperto** open–air (*o* outdoor) market; ⟨*Econ*⟩ ~ *aperto* open market; ~ **attivo** brisk market; ~ **automobilistico** car market; ~ **azionario** stock–market; ~ *del* **bestiame** cattle market; *a* **buon** ~ (*avv.*) cheaply; (*agg.*) cheap, inexpensive; ⟨*fig*⟩ *cavarsela a buon* ~ to get off lightly; ~ *dei* **cambi** foreign exchange market; ~ **comune** *europeo* European Common Market; *a* **condizioni** *di* ~ under market conditions; ~ *di* **consumo** consumer market; ~ **coperto** indoor (*o* covered) market; ~ **debole** = *mercato* fiacco; ⟨*Econ*⟩ ~ **depresso** flat market; ~ *delle* **divise** foreign exchange market; ~ *delle* **erbe** vegetable market; **essere** *sul* ~ to be on the market; ~ **estero** foreign market; **far** ~ *del proprio corpo* to prostitute o.s.; ~ **favorevole** favourable (*o* buoyant) market; ~ **fermo** firm market; ~ **fiacco** dull (*o* slack) market; ~ **finanziario** financial market; ~ *dei* **fiori** flower market; **gettare** (*o* buttare) *sul* ~ *un prodotto* to throw a product on the market; **giorno** *di* ~ market day; ~ **grigio** grey market; **immettere** *sul* ~ to put on the market; **immissione** *sul* ~ marketing; ~ *all'***ingrosso** wholesale market; **inondare** *il* ~ to flood the market; ~ **internazionale** world market; ~ **interno** home (*o* domestic) market; ~ *del* **lavoro** labour market; ~ **libero** free market; ~ **marginale** fringe market; ~ *delle* **materie** *prime* raw material market; ~ **monetario** money market; ~ **nero** black market: *comprare qc. al* ~ *nero* to buy s.th. on the black market; ~ **orientato** *al* ~ market–oriented; ~ *del* **pesce** fish market; ~ **petrolifero** oil market; ⟨*Econ*⟩ ~ *a* **pronti** spot market; ~ *di* **prova** test market; ⟨*pop*⟩ ~ *delle* **pulci** flea market; ~ *al* **rialzo** bullish (*o* sellers') market; ~ *al* **ribasso** bearish (*o* buyers') market; **ricerche** *di* ~ market research *sing;* ⟨*Econ*⟩ ~ **sostenuto** steady market; ~ **stabile** steady (*o* stable) market; **studio** *di* ~ marketing; ⟨*Econ*⟩ ~ *dei* **titoli** stock (*o* securities) market; ~ *dei titoli a reddito fisso* bond market; ~ **tranquillo** quiet market; **trovare** *un* ~ *per un prodotto* to find a market for a product; ~ **valutario** foreign exchange market; ~ **ufficiale** official market.
merce *f.* goods *pl,* merchandise, commodities *pl,* wares *pl.* □ ⟨*fig*⟩ *non è* ~ **comune** it is a rare quality (*o* thing); ~ *di* **contrabbando** smuggled goods; ~ **deperibile** perishable goods; ~ *in* **deposito** goods in consignment; ~ *d'***esportazione** export goods, goods for export, exports *pl;* ~ *d'***importazione** imported goods, imports *pl;* ~ *in* **magazzino** goods ⌐on hand⌐ (*o* in stock); **natura** *della* ~ description of goods; ~ *di* **scarto** (*inferiore*) inferior (*o* shoddy) goods; (*danneggiata*) spoiled (*o* damaged) goods; ~ **semigrezza** (*o* semilavorata) unfinished (*o* semi–finished, semi–manufactured) goods; ~ **venduta** **sottocosto** loss leaders; **treno** -*i* goods train, ⟨*am*⟩ freight train; ~ *in* **vetrina** goods on display; ~ **viaggiante** (*o* in viaggio) goods on track.
mercé *f.* **1** (*pietà*) mercy, pity: *chiedere* ~ to beg for mercy; (*grazia*) grace, favour. **2** (*arbitrio*) discretion. □ *essere alla* ~ *di qd.* to be at s.o.'s mercy; *rimettersi alla* ~ *di qd.* to throw o.s. at s.o.'s mercy. **mercede** *f.* ⟨*lett*⟩ **1** (*compenso*) payment: *lavorare a* ~ to work for payment. **2** (*ricompensa*) reward, recompense, requital. □ *mettersi alla* ~ *di qd.* to throw o.s. at s.o.'s mercy.
mercenario I *a.* mercenary (*anche fig.*). **II** *s.m.* **1** ⟨*Stor*⟩ mercenary (soldier). **2** ⟨*fig,spreg*⟩ (*f.* -**a**) venal (*o* mercenary) person.
merceologia *f.* study of commodities. **merceologico** *a.* (*pl.* -**ci**) market–, marketing–.
merceria *f.* **1** (*negozio*) haberdashery, haberdasher's shop. **2** *pl.* (*articoli per cucire*) haberdashery.
mercerizzare *v.t.* ⟨*Tess*⟩ to mercerize. **mercerizzato** *a.* mercerized. **mercerizzazione** *f.* mercerization.
merciaio *m.* (*f.* -**a**) haberdasher. □ ~ **ambulante** pedlar, hawker.
mercimonio *m.* (*traffico illecito*) illicit trade, trafficking, prostitution.
mercoledì *m.* Wednesday. □ ⟨*Rel*⟩ ~ *delle ceneri* Ash Wednesday.
mercuriale[1] *a.* ⟨*Farm*⟩ mercurial.
mercuriale[2] *f.* ⟨*Comm*⟩ market report.
mercurialismo *m.* ⟨*Med*⟩ mercurialism, mercury

poisoning. **mercurio** *m.* ⟨*Chim*⟩ mercury. **Mercurio** *N.pr.m.* ⟨*Mitol,Astr*⟩ Mercury.

merda *f.* ⟨*volg*⟩ **1** shit. **2** ⟨*fig*⟩ (*cosa disgustosa*) filth, muck. **merdaio** *m.* ⟨*volg*⟩ **1** shit–heap. **2** (*luogo assai sporco*) filthy (*o* disgusting) place. **3** ⟨*fig*⟩ (*ambiente sozzo*) sink, cesspool. **merdoso** *a.* ⟨*volg*⟩ **1** shitty. **2** ⟨*fig,spreg*⟩ filthy, disgusting.

merenda *f.* tea, (afternoon) snack. □ *fare* ~ to have (*o* take) a snack.

meretrice *f.* prostitute, whore. **meretricio** *m.* prostitution, whoredom, harlotry.

mergo *m.* (*pl.* **-ghi**) ⟨*Ornit*⟩ (*smergo*) merganser.

meridiana *f.* (*orologio solare*) sundial. **meridiano I** *a.* **1** (*di mezzogiorno*) midday–, noon–, noonday–, meridian: *calore* ~ midday heat. **2** ⟨*Geom,Geog*⟩ meridian. **II** *s.m.* ⟨*Geog,Astr*⟩ meridian. □ ⟨*Geog*⟩ ~ *astronomico* (*o celeste*) celestial meridian; ~ *fondamentale* prime (*o* first) meridian.

meridionale I *a.* southern, south–, southerly, meridional: *venti* –*i* south winds; *slavo* ~ southern Slav. **II** *s.m./f.* **1** southerner, meridional. **2** (*italiano meridionale*) Southern Italian. **meridionalismo** *m.* ⟨*Ling*⟩ South Italian idiom (*o* expression). **meridionalista** *s.m./f.* expert on problems of Southern Italy. **meridionalistico** *a.* (*pl.* **-ci**) southern, meridional. **meridione** *m.* **1** south. **2** (*Italia meridionale*) Southern Italy. □ *essere a* ~ *di* to be south of.

meriggio *m.* ⟨*lett*⟩ midday, noon, noontide. □ *di* ~ at noon; *in pieno* ~ at high noon.

meringa *f.* ⟨*Dolc*⟩ meringue.

merino *m.* **1** (*razza*) Merino. **2** ⟨*Tess*⟩ merino.

meristema *m.* ⟨*Bot*⟩ meristem. **meristematico** *a.* (*pl.* **-ci**) meris(te)matic.

meritare *v.* (**merito**) **I** *v.t.* **1** to deserve, to merit, to be deserving of: ~ (*o meritarsi*) *la fiducia di qd.* to deserve s.o.'s trust; (*essere degno*) to be worthy of. **2** ⟨*assol,lett*⟩ (*acquistare merito*) to deserve well: *ben* ~ *di qd.* to deserve well of s.o. **3** (*far acquistare*) to procure, to earn: *l'avvenimento gli meritò molta fama* the event earned him great reputation. **II** *v.i.impers.* (*aus.* **avere**; *valere la pena*) to be worth (while), to be useful (*o* of use): *non merita che se ne parli* it's not worth talking about. □ *che merita di essere letto* worth reading; *non merita conto* it's not worth while; *se l'è meritato* (*gli sta bene*) it serves him right, he deserved it. **meritatamente** *avv.* deservedly; (*giustamente*) justly, rightly. **meritevole** *a.* **1** deserving (*di qc.* s.th., *of* s.th.), worthy (of): *azione* ~ *di lode* praiseworthy action, action deserving praise. **2** (*degno di lode*) meritorious, praiseworthy. □ ~ *di biasimo* blameworthy.

merito *m.* **1** merit; (*servizio*) service: *i suoi* –*i verso il proprio paese* his services to his country; *il tuo maggior* ~ *è l'onestà* your greatest merit is your honesty; (*diritto alle lodi*) credit: *dare* (*o rendere*) *a qd.* ~ *di qc.* to give s.o. credit for s.th. **2** (*sostanza*) merits *pl,* substance: *entrare nel* ~ *di una questione* to discuss the merits of a question, to go into a question. □ *non so niente* **in** ~ *a* I know nothing about it; *in* ~ *a* as to, as regards, regarding, with regard (*o* respect) to; *di* **nessun** ~ worthless, of no merit; *a* **pari** ~ equal; (*in concorsi e sim.*) tied; *di pari* ~ of equal worth (*o* merit); **per** ~ *di qd.* through s.o., thanks to s.o.; ⟨*burocr*⟩ **promozione** *per* ~ promotion by merit; *Dio vi renda* ~ may God reward you; **secondo** *il* ~ according to merit; **tornare** *a* ~ *di qd.* to be to s.o.'s credit.

meritocratico *a.* (*pl.* **-ci**) meritocratic. **meritocrazia** *f.* meritocracy.

meritorio *a.* meritorious, well–deserving, worthy.

merla *f.* ⟨*Ornit*⟩ hen blackbird. □ ⟨*region*⟩ *i tre giorni della* ~ (*gli ultimi giorni di gennaio*) the last three days of January.

merlano *m.* ⟨*Itt*⟩ whiting.

merlare *v.t.* (**merlo**) (*guarnire di merli*) to embattle, to crenel(l)ate. **merlato** *a.* **1** embattled, battlemented, crenel(l)ated. **2** ⟨*Arald*⟩ embattled. **merlatura** *f.* battlement, crenel(l)ation.

merlettaia *f.* (*artigiana*) lace maker, lace worker. **merlettare** *v.t.* (**merletto**) to trim (*o* adorn) with lace, to

lace. **merlettatura** *f.* lace trimming, lace. **merletto** *m.* lace.

merlino *m.* ⟨*Mar*⟩ marline, marling.

Merlino *N.pr.m.* ⟨*Lett*⟩ Merlin.

merlo[1] *m.* (*f.* **-a**) **1** ⟨*Ornit*⟩ blackbird. **2** ⟨*fig*⟩ fool, simpleton, ass.

merlo[2] *m.* ⟨*Arch*⟩ merlon.

merlotto *m.* **1** (*giovane merlo*) young blackbird. **2** ⟨*fig*⟩ (*persona sciocca*) fool, simpleton, ass.

merluzzo *m.* ⟨*Itt*⟩ cod: *olio di fegato di* ~ cod–liver–oil.

mero *a.* ⟨*lett*⟩ mere, sheer: *è stata una* –*a combinazione* it was a mere coincidence.

merope *m.* ⟨*Ornit*⟩ (*gruccione*) bee–eater.

Merovingi *N.pr.m.pl.* ⟨*Stor*⟩ Merovingians *pl.* **merovingico** *a.* (*pl.* **-ci**) Merovingian.

mesata *f.* (*salario di un mese*) month's pay (*o* wages).

mescal *m.* mescal.

mescalina *f.* ⟨*Chim*⟩ mescaline.

mescere *v.t.* (**mesco**, **mesci**; **mescéi**, **mesciuto**) to pour (out): ~ *il vino* to pour the wine.

meschinamente *avv.* scantily, shabbily, poorly; (*grettamente*) meanly, pettily; (*miseramente*) wretchedly. **meschinità** *f.* **1** scantiness, shabbiness, poorness. **2** (*grettezza*) meanness; (*limitatezza*) narrow–mindedness, pettiness. **3** (*azione meschina*) mean action. **meschino I** *a.* **1** (*scarso*) scanty, poor. **2** (*gretto*) mean; (*limitato*) narrow–minded, petty. **3** ⟨*lett*⟩ (*misero*) wretched, poor. **II** *s.m.* (*f.* **-a**) **1** mean (*o* petty) person, small–minded person. **2** (*persona misera*) (poor) wretch, poor fellow.

mescita *f.* **1** (*il mescere*) pouring (out). **2** (*osteria*) tavern, public house. **mescitore** *m.* (*f.* **-trice**) barman (*f* –maid). **mesciuto** → **mescere**.

mescolamento *m.* mixing, mingling. **mescolanza** *f.* **1** mixture, blend, mix. **2** ⟨*fig*⟩ mixture, blend, medley. **mescolare** *v.t.* (**mescolo**) **1** to mix, to blend, to mingle: ~ *il vino con l'acqua* to mix wine with water. **2** (*rimestare*) to stir, to mix. **3** ⟨*fig*⟩ to mix, to mingle. **mescolarsi** *v.r.* **1** to mix, to blend. **2** (*disordinarsi*) to get mixed (*o* jumbled) up. **3** (*unirsi, confondersi*) to mix, to mingle (*a, fra* with). **4** ⟨*fig*⟩ (*impicciarsi*) to meddle, to get mixed up: *mescolarsi nelle faccende altrui* to meddle in other people's business. □ ~ *le carte* to shuffle the playing cards. **mescolata** *f.* **1** mix, mixing; (*rif. a carte da gioco*) shuffle, shuffling (of the playing cards). **2** (*il rimestare*) stir(ring). **mescolatore** *m.* (*f.* **-trice**) mixer. **mescolatura** *f.* mixing, blending. **mescolio** *m.* mixing, mingling.

mese *m.* **1** month. **2** (*paga*) month's pay (*o* wages); (*stipendio*) month's salary. **3** (*canone d'affitto*) month's rent. □ **al** ~ a (*o* per) month; *del* ~ **corrente**: 1 of this month; **2** (*Comm*) instant: *il giorno 10 del* ~ *corrente* on the 10th instant; **di** ~ *in* ~ from month to month, month by (*o* after) month; *di due* –*i* two months old; *il* ~ **entrante** next month, the coming month; **entro** *il* ~ by the end of the month; *entro un* ~ in a month; *un* ~ **fa** a month ago; ~ **lunare** lunar month; **per** –*i e* –*i* for months and months; *per tutto il* ~ all month, for the whole month; *ai* **primi** *del* ~ ⸀early in⸀ (*o* at the beginning of) the month; **quanti** *ne abbiamo del* ~? what day of the month is it?; *agli* **ultimi** *del* ~ at the end of (*o* late in) the month.

mesencefalico *a.* (*pl.* **-ci**) ⟨*Anat*⟩ mesencephalic. **mesencefalo** *m.* mesencephalon. **mesenchima** *m.* mesenchyma, mesenchyme. **mesenchimale** *a.* mesenchymal. **mesentere** *m.* mesentery. **mesenterico** *a.* (*pl.* **-ci**) mesenteric. **mesenterite** *f.* ⟨*Med*⟩ mesenteritis.

mesmerico *a.* (*pl.* **-ci**) ⟨*Med*⟩ mesmeric. **mesmerismo** *m.* mesmerism. **mesmerizzare** *v.t.* to mesmerize.

mesocarp(i)o *m.* ⟨*Bot*⟩ mesocarp. ~**cefalo** *m.* (*f.* **-a**) ⟨*Anat*⟩ mesocephal. ~**colon** *m.* mesocolon. ~**derma** *m.* mesoderm.

mesolitico *a./s.* (*pl.* **-ci**) **I** *a.* Mesolithic. **II** *s.m.* Mesolithic civilization.

mesomeria *f.* ⟨*Chim*⟩ mesomerism. **mesomero** *a.* mesomere.

mesone *m.* ⟨*Fis*⟩ meson. **mesonico** *a.* (*pl.* **-ci**) mesonic.

Mesopotamia *N.pr.f.* ⟨*Geog.stor*⟩ Mesopotamia.

mesoterapia *f.* ⟨*Med*⟩ mesotherapy.

meso|torio *m.* ⟨*Chim*⟩ mesothorium. **~trone** *m.* ⟨*Fis*⟩ mesotron. **~zoi** *m.pl.* ⟨*Zool*⟩ Mesozoa *pl.* **~zoico** *a./s.* (*pl.* -ci) ⟨*Geol*⟩ **I** *a.* Mesozoic. **II** *s.m.* Mesozoic (era).

messa[1] *f.* ⟨*Lit*⟩ Mass: *assistere alla* ~ to hear Mass. □ ~ **bassa** Low Mass; ~ *al* **campo** camp Mass; **dire** *la* ~ to say Mass; *far dire una* ~ *per qd.* to have a Mass said for s.o.; ~ **grande** High Mass; ~ *di* **mezzanotte** Midnight Mass; ~ *di* **Natale** Christmas Day Mass; ~ **prima** early Mass; ~ *di (da)* **requiem** Requiem Mass; **rispondere** (o *servire*) ~ to serve Mass; ~ **vespertina** evening Mass.

messa[2] *f.* (*il mettere*) putting, placing, setting, laying. □ ~ *in* **azione**: 1 (*avviamento*) switching on, starting; 2 ⟨*fig*⟩ putting into operation (*o* action): *la* ~ *in azione di un piano* the putting into action of a plan; ⟨*Ott*⟩ ~ *a* **fuoco** focusing; ⟨*Fot*⟩ ~ *a fuoco automatica* automatic focusing, autofocusing; ⟨*Tip*⟩ ~ *in* **macchina** lock up, imposing, imposition; ⟨*Mot*⟩ ~ *in* **marcia** putting into gear; ~ *in* **moto** starting; ~ *in* **opera**: 1 installation; 2 ⟨*Edil*⟩ laying; ~ *in* **piega**: 1 (*atto*) setting (of hair); 2 (*effetto*) (hair) set; ~ *a* **punto**: 1 ⟨*Mecc*⟩ setting up; 2 ⟨*Mot*⟩ tuning, tune-up; (*di registrazioni o circuiti in serie*) line-up; (*di trasmissione e sim.*) tuning; 3 ⟨*fig*⟩ restatement, definition, clarification; ~ *in* **scena**: 1 ⟨*Teat*⟩ staging, mise-en-scène; 2 ⟨*fig*⟩ pretence, ⟨*fam*⟩ act; *è tutta una* ~ *in scena* it's all a put on show; ⟨*El*⟩ ~ *a* **terra** earthing, (*am*) grounding.

messaggeria *f.* (generally in pl.) book and magazine distribution agency. **messaggero I** *s.m.* (*f.* -a) 1 messenger; (*latore*) bearer. 2 ⟨*fig*⟩ herald, forerunner, harbinger. 3 ⟨*Post*⟩ postal official. **II** *a.* herald-, ⟨*pred*⟩ announcing. **messaggio** *m.* message (*anche fig.*): ~ *di vittoria* victory message; ~ *telegrafico* telegraphic message; ~ *natalizio* Christmas message. □ ⟨*Cin, Tv*⟩ ~ *pubblicitario* advertisement.

messale *m.* missal, Mass book.

Messalina *N.pr.f.* ⟨*Stor*⟩ Messalina.

messe *f.* 1 (*mietitura*) reaping, harvesting. 2 (*raccolto*) crop, harvest (*anche fig.*): *un'abbondante* ~ a good crop. 3 (*grano*) corn, wheat: *le* -*i ondeggianti* the rippling wheat.

messere *m.* ⟨*ant*⟩ (*seguito da nome proprio*) master; (*seguito da nome comune*) my lord (the); (*vocativo*) Sir, my Lord.

messia *m.* 1 ⟨*Bibl*⟩ Messiah. 2 ⟨*fig*⟩ (*salvatore*) saviour, messiah. □ ⟨*fig*⟩ *aspettare qd. come il* ~ to await s.o.'s coming eagerly. **messianico** *a.* (*pl.* -ci) Messianic. **messianismo** *m.* Messianism (*anche fig.*).

messicano I *a.* Mexican, of Mexico. **II** *s.m.* 1 (*abitante*; *f.* -a) Mexican. 2 ⟨*Gastr*⟩ stuffed veal (*o* pork). **Messico** *N.pr.m.* ⟨*Geog*⟩ Mexico. □ *città del* ~ Mexico City; *golfo del* ~ Gulf of Mexico.

messinscena *f.* 1 staging, mise-en-scène: *la* ~ *di una commedia* the staging of a play. 2 ⟨*fig*⟩ pretence, sham, ⟨*fam*⟩ act: *è tutta una* ~ it's all ⸢an act⸣ (*o* a put on show).

messo[1] → **mettere**.

messo[2] *m.* 1 messenger. 2 (*nei pubblici uffici*) messenger, usher: ~ *comunale* town-hall usher.

mestamente *avv.* sadly, mournfully, dismally.

mestare *v.t.* (**mesto**) 1 stir (up): ~ *la minestra* to stir the soup; (*agitare*) to shake (up). 2 (*assol*) (*intrigare, brigare*) to intrigue, to plot; (*interferire negli affari altrui*) to meddle. **mestatoio** *m.* stirrer, mixer; (*per agitare*) shaker; (*cucchiaio*) stirring spoon.

mestica *f.* ⟨*Pitt*⟩ priming, primer, dressing. **mesticare** *v.t.* (**mestico**, **mestichi**) 1 to mix, to blend. 2 (*applicare la mestica*) to prime, to ground. **mestichino** *m.* palette knife.

mestierante I *s.m./f.* ⟨*spreg*⟩ money grubber; (*rif. a scrittore*) hack, potboiler. **II** *a.* ⟨*fam*⟩ money grubbing; (*rif. a scrittore*) hack-, potboiling.

mestiere *m.* 1 trade: *mettere qd. in un* ~ to put s.o. to a trade; (*arte manuale*) craft. 2 (*attività*) job, occupation; (*professione*) profession; (*lavoro*) work, ⟨*fam*⟩ job. 3 ⟨*spreg*⟩ business, mere job: *ha fatto dell'insegnamento un* ~ he has reduced teaching to a mere job. 4 (*pratica*) experience, skill, specialized (*o* inside) knowledge. □ **cambiare** ~ to change one's trade (*o* job); *di* ~: 1 by

trade (*o* profession): *fare l'avvocato di* ~ to be a lawyer (by profession); *faccio il pianista di* ~ I am a professional pianist; 2 ⟨*spreg*⟩ (*privo di genialità*) uninspired, mediocre: *un'opera di* ~ an uninspired work; **esercitare** *un* ~ to practise (*o* carry on) a trade; **essere** *del* ~ (*essere competente*) to be an expert, ⟨*fam*⟩ to know ⸢one's job⸣ (*o* what one is about); ⟨*scherz*⟩ *è il mio* ~ I'm an old hand at it; ⟨*scherz*⟩ *non è il mio* ~ it's not my line; ~ *di* **falegname** carpenter's trade, carpentry; **fare** *tutti* -*i* (*arrabattarsi*) to be a jack-of-all-trades; ⟨*fig*⟩ *fare bene il proprio* ~ to be good at one's job; *pensa a fare il tuo* ~*!* mind your own business!; *che* ~ *fa?* what is he?, what does he do (for a living)?; *i* **ferri** *del* ~ the tools of the trade (*anche fig.*); **imparare** *il* ~ to learn the business (*o* ropes); ~ *del* **muratore** bricklayer's trade, bricklaying; **uno** *del* ~ an expert, a professional. *Prov.: a ciascuno il suo* ~ every man to his trade.

mestizia *f.* sadness, melancholy, dismalness. **mesto** *a.* sad, dismal, melancholy.

mestola (*o* **mestola**) *f.* 1 ladle, dipper. 2 (*cazzuola*) trowel. 3 *pl.* ⟨*scherz*⟩ (*mani larghe e grosse*) (ham-like) hands *pl.* □ ~ *forata* (*o bucata*) skimmer, strainer. **mestolata** *f.* (*quantità*) ladleful. **mestolo** *m.* ladle, dipper. □ ⟨*fig*⟩ *avere il* ~ *in mano* (*comandare*) to be the boss. **mestolone** *m.* ⟨*Ornit*⟩ shoveler.

mestruale *a.* menstrual: *ciclo* ~ menstrual cycle. **mestruazione** *f.*, **mestruo** *m.* menstruation.

meta[1] *f.* 1 destination. 2 ⟨*fig*⟩ aim, goal, end: *proporsi una* ~ *nella vita* to give one's life a purpose. 3 ⟨*Archeol*⟩ meta. 4 ⟨*Sport*⟩ (*traguardo*) goal; (*nel rugby*) try. □ *senza* ~ aimless(ly), purposeless(ly).

meta[2] *f.* (*mucchio di paglia, fieno e sim.*) heap, pile, stack.

meta[3] *m.inv.* ⟨*Chim*⟩ (*metaldeide*) metaldehyde.

metà *f.* 1 half: *ha mangiato la* ~ *della bistecca* he ate half the steak; *vendere a* ~ *prezzo* to sell at half price. 2 (*parte mediana*) middle, centre, mid: *verso la* ~ *del mese* towards the middle of the month. 3 ⟨*fig,scherz*⟩ (*consorte*) other (*o* better) half. □ *a* ~ half, by half: *vuotare la bottiglia a* ~ to half empty the bottle; *a* ~ *di agosto* in the middle of August; *a* ~ (*della*) *strada* halfway, midway: *siamo a* ~ *strada* we are halfway there; *a* ~ *prezzo* (at) half price; *a* ~ *pagina* halfway down the page; ⟨*fig*⟩ *avere qc. a* ~ *con qd.* to share s.th. equally with s.o.; *una* **buona** ~ a good half; **dire** *le cose a* ~ to leave some things unsaid; *la sua casa è la* ~ *della mia* his house is only half as big as mine; **fare** *a* ~ (*spartire ugualmente*) to share equally, ⟨*fam*⟩ to go halves (*o* fifty-fifty); (*dividere*) to halve; *fare le cose a* ~ to do things by halves; **lasciare** *qc. a* ~ to leave s.th. half done; **per** ~: 1 half-: *è finito per* ~ it is half-finished; 2 (*nel mezzo*) (*o* down) the middle: *spaccare per* ~ to cut down the middle; 3 (*in due parti uguali*) in half: *dividere per* ~ to divide in half; *a* ~ *settimana* by midweek.

metabolico *a.* (*pl.* -ci) ⟨*Biol*⟩ metabolic. **metabolismo** *m.* metabolism. □ ⟨*Med*⟩ ~ *basale* basal metabolic rate; ~ *energetico* energy metabolism. **metabolizzare** *v.t.* to metabolize.

meta|carpo *m.* ⟨*Anat*⟩ metacarpus. **~centro** *m.* ⟨*Mar*⟩ metacentre.

metacrilato *m.* ⟨*Chim*⟩ methacrylate. **metacrilico** *a.* (*pl.* -ci) methacrylic: *acido* ~ methacrylic acid.

metadone *m.* ⟨*Farm*⟩ methadone.

metaemoglobina *f.* ⟨*Med*⟩ meth(a)emoglobin. **~fase** *f.* ⟨*Biol*⟩ metaphase.

metafisi *f.* ⟨*Anat*⟩ metaphysis.

metafisica *f.* ⟨*Filos*⟩ metaphysics *pl* (*costr. sing.*). **metafisicamente** *avv.* metaphysically. **metafisico** *a./s.* (*pl.* -ci) **I** *a.* 1 metaphysical. 2 ⟨*fig,spreg*⟩ (*astruso*) abstruse. **II** *s.m.* metaphysician.

metafonesi, **metafonia** *f.* ⟨*Ling*⟩ metaphony.

metafora *f.* ⟨*Ret*⟩ metaphor. □ *fuor di* ~ (*esplicitamente*) clearly, explicitly; ⟨*fam*⟩ *parlare per* -*e* to be allusive. **metaforicamente** *avv.* metaphorically. **metaforico** *a.* (*pl.* -ci) metaphoric(al).

metagenesi *f.* ⟨*Biol*⟩ metagenesis.

metaldeide *f.* ⟨*Chim*⟩ metaldehyde.

metalinguistica *f.* metalinguistics *pl* (*costr. sing.*).

metallico *a.* (*pl.* **-ci**) **1** metallic, metal–: *recipiente* ~ metal recipient. **2** ⟨*estens*⟩ metallic: *voce –a* metallic (*o* harsh) voice. **metallifero** *a.* metalliferous. **metalliforme** *a.* metalliform. **metallina** *f.* ⟨*Met*⟩ matte. **metallizzare** *v.t.* to metallize. **metallizzato** *a.* metallized: *lastra –a* metallized plate. **metallizzazione** *f.* metallization, metallizing.

metallo *m.* **1** metal. **2** ⟨*fig*⟩ (*rif. a voce e sim.: timbro*) (metallic) timbre, tone. □ ~ **alcalino** alkali metal; ~ **antifrizione** antifriction (*o* Babbitt) metal; ~ **base** base (*o* parent) metal; ~ **bianco** white metal; ~ *non* **ferroso** non–ferrous metal; ~ **laminato** sheet metal; ~ **nobile** noble metal; ~ **pesante** heavy metal; ~ **strutturale** structural metal; ~ **terroso** earth metal; ~ **vile** base metal.

metallochimica *f.* chemistry of metals. **metallografia** *f.* metallography (*anche Tip.*). **metallografico** *a.* (*pl.* **-ci**) metallographic(al). **metalloide** *m.* metalloid. **metallurgia** *f.* metallurgy. **metallurgico** *a./s.* (*pl.* **-ci**) **I** *a.* metallurgic(al): *industria –a* metallurgical industry. **II** *s.m.* metal worker. **metallurgista** *m./f.* metallurgist.

metalmeccanico *a./s.* (*pl.* **-ci**) **I** *a.* iron–: *industrie metalmeccaniche* iron works. **II** *s.m.* metal and mechanical worker.

metameria *f.* ⟨*Zool,Chim*⟩ metamerism. **metamero I** *a.* ⟨*Chim*⟩ metameric. **II** *s.m.* **1** ⟨*Zool*⟩ metamere. **2** ⟨*Chim*⟩ metamer.

metamorfico *a.* (*pl.* **-ci**) metamorphic. **metamorfismo** *m.* ⟨*Geol*⟩ metamorphism. **metamorfo** *a.* metamorphic. **metamorfosare** *v.t.* (**metamorfoso**) to metamorphose. **metamorfosi** *f.* metamorphosis. □ *subire una* ~ to metamorphose.

metaniera *f.* methane tanker. **metanifero** *a.* methane–producing. **metanizzare** *v.t.* (*fornire di metano*) to supply with methane. **metanizzazione** *f.* **1** supply with methane. **2** (*rif. ad autoveicoli*) conversion to methane. **metano** *m.* methane. **metanodotto** *m.* methane pipeline.

metanolo *m.* ⟨*Chim*⟩ methanol. □ *intossicazione da* ~ methanol poisoning.

meta|plasma *m.* ⟨*Anat*⟩ metaplasm. **~plasmo** *m.* ⟨*Ling*⟩ metaplasm. **~psichica** *f.* metapsychics *pl* (*costr. sing.*). **~psichico** *a.* (*pl.* **-ci**) metapsychic(al).

metasemia *f.* ⟨*Ling*⟩ change of meaning.

metastasi *f.* ⟨*Med*⟩ metastasis. **metastatico** *a.* (*pl.* **-ci**) metastatic. **metastatizzare** *v.i.* (*aus.* **avere**) to metastasize.

metatarso *m.* ⟨*Anat*⟩ metatarsus. **metatesi** *f.* ⟨*Ling*⟩ metathesis. **metazoi** *m.pl.* ⟨*Zool*⟩ metazoans *pl.* **meteco** *m.* (*pl.* **-ci**) ⟨*Stor.gr*⟩ metic. **metempsicosi** *f.* metempsychosis.

meteora *f.* **1** ⟨*Astr*⟩ meteor. **2** ⟨*fig*⟩ meteor, shooting star. □ *–e acquee* aqueous meteors; ⟨*fig*⟩ *passare come una* ~ to shoot (*o* flash) past. **meteorico** *a.* (*pl.* **-ci**) meteoric. **meteorismo** *m.* ⟨*Med*⟩ meteorism. **meteorite** *m./f.* ⟨*Astr*⟩ meteorite. **meteoritico** *a.* (*pl.* **-ci**) meteoritic.

meteorografia *f.* meteorography. **meteorografo** *m.* meteorograph. **meteorogramma** *m.* meteorogram. **meteorologia** *f.* meteorology. **meteorologico** *a.* (*pl.* **-ci**) meteorologic(al): *stazione –a* weather station; *previsioni meteorologiche* weather forecast. **meteorologista** *m./f.* → **meteorologo**. **meteorologo** *m.* (*pl.* **-gi**/*pop.* **-ghi**; *f.* **-a**) meteorologist.

meteoropatia *f.* ⟨*Med*⟩ meteoropathy. **meteoropatico** *a./s.* (*pl.* **-ci**) **I** *a.* meteoropathic. **II** *s.m.* (*f.* **-a**) meteoropath.

meticcio I *a.* **1** half–caste–, of mixed blood. **2** ⟨*Zool*⟩ hybrid, crossbred, mongrel. **II** *s.m.* (*f.* **-a**) **1** half–caste, half–breed; (*rif. a razza bianca e india*) mestizo (*f* mestiza). **2** ⟨*Zool*⟩ hybrid, cross, mongrel.

meticolosamente *avv.* meticulously. **meticolosità** *f.* meticulousness; (*pignoleria*) fastidiousness. **meticoloso** *a.* meticulous; (*pignolo*) particular, fastidious.

metilarancio *m.* ⟨*Chim*⟩ methyl orange. **metilare** *v.t.* ⟨*Chim*⟩ to methylate. **metilazione** *f.* methylation.

metilcellulosa *f.* methyl cellulose. **metile** *m.* ⟨*Chim*⟩ methyl. **metilene** *m.* methylene. □ *blu di* ~ methylene blue. **metilico** *a.* (*pl.* **-ci**) methylic, methyl–. **metilpropano** *m.* ⟨*Chim*⟩ methylpropane.

metodica *f.* methodology (*anche Ped.*). **metodicamente** *avv.* methodically, with method. **metodicità** *f.* methodicalness, method; (*regolarità*) regularity. **metodico** *a./s.* (*pl.* **-ci**) **I** *a.* methodical, systematic: *studio* ~ systematic study. **II** *s.m.* (*f.* **-a**) methodist.

metodismo *m.* ⟨*Rel*⟩ Methodism. **metodista** *m./f.* Methodist. **metodistico** *a.* (*pl.* **-ci**) Methodist, Methodistic(al).

metodo *m.* **1** method, system. **2** (*manuale*) manual, handbook, tutor, primer, method. **3** ⟨*Ped*⟩ method, system (of teaching). **4** (*modo di agire*) behaviour; (*maniera*) way: *che –i sono questi?* this is no way to behave. □ **avere** ~ to be methodical; **con** ~ methodically, systematically; ⟨*Mat*⟩ ~ *d'***insieme** theory of sets; ~ *di* **lavoro** working procedure (*o* method); **senza** ~ without method: *lavorare senza* ~ to work without method; ~ *di* **vita** way of life.

metodologia *f.* methodology. **metodologico** *a.* (*pl.* **-ci**) methodological. **metodologo** *m.* (*pl.* **-gi**; *f.* **-a**) methodologist.

metonimia (*o* *metonimia*) *f.* ⟨*Ret*⟩ metonymy. **metonimico** *a.* (*pl.* **-ci**) metonymic(al).

metopa, metope *f.* ⟨*Archeol*⟩ metope.

metraggio *m.* **1** (*estensione*) length (in metres). **2** ⟨*Cin*⟩ footage, film length. □ *a* ~ by the metre, by length; *film a corto* ~ short (film); *film a lungo* ~ feature (*o* full–length) film; *merce a* ~ goods *pl* sold in metres.

metralgia *f.* ⟨*Med*⟩ metralgia.

metratura *f.* **1** (*misurazione*) measurement (in metres). **2** (*estensione*) length (in metres). **metrica** *f.* **1** metrics *pl* (*costr. sing. o pl.*). **2** ⟨*Lett*⟩ prosody. **metricamente** *avv.* metrically. **metrico** *a.* (*pl.* **-ci**) metrical. □ *sistema* ~ metric system.

metrite *f.* ⟨*Med*⟩ metritis.

metro *m.* **1** metre. **2** ⟨*concr*⟩ (*a nastro*) tape–measure; (*ad asta*) ruler. **3** ⟨*fig*⟩ (*criterio*) yardstick, standard: *non si può giudicare tutti con lo stesso* ~ you can't judge everyone by the same yardstick. **4** ⟨*Metr*⟩ metre. □ *a –i* by the metre; ~ **articolato** folding ruler; ⟨*Fis*⟩ ~ **campione** standard metre; ~ **cubo** cubic metre; ~ **lineare** linear metre; ~ **quadrato** square metre; ⟨*fig*⟩ ~ *di* **valutazione** yardstick.

metrò *m.* underground (railway), ⟨*fam*⟩ tube, ⟨*am*⟩ subway.

metrologia *f.* metrology.

metronomo *m.* ⟨*Mus*⟩ metronome.

metronotte *m.inv.* night–watchman.

metropoli *f.* metropolis: ~ *industriale* industrial metropolis. **metropolita** *m.* ⟨*Rel*⟩ metropolitan. **metropolitana** *f.* (*anche ferrovia metropolitana*) underground (railway), ⟨*fam*⟩ tube, ⟨*am*⟩ subway. **metropolitano I** *a.* metropolitan (*anche Rel.*). **II** *s.m* (*vigile urbano*) (city) policeman.

mettere *v.* (**misi, messo**) **I** *v.t.* **1** (*collocare*) to put, to place, to set, to lay; (*in posizione verticale*) to put: *ho messo il fiasco sul tavolo* I put the bottle on the table; (*in posizione orizzontale*) to lay (down), to put: ~ *un libro sulla scrivania* to lay a book on the desk; (*seduto*) to sit, to put: *metti il bambino sulla seggiola* sit the child on the chair. **2** (*infilare*) to put: ~ *la mano in tasca* to put one's hand in one's pocket. **3** (*gettare*) to put: *hai messo il sale nella minestra?* have you put the salt in the soup?; (*versare*) to pour (out), to put. **4** (*deporre*) to put, to place, to deposit: ~ *i bagagli nel ripostiglio* to put the luggage in the store–room. **5** (*indossare*) to put (*o* slip) on: ~ *gli occhiali* to put one's glasses on. **6** (*applicare: incollando*) to stick (on), to put (on): ~ *il francobollo a una lettera* to stick a stamp on a letter; (*cucendo*) to sew, to put: *ti ho messo una toppa alla manica* I have sewn a patch on your sleeve. **7** (*rif. a belletti, colori e sim.*) to put on, to apply. **8** (*appendere*) to hang (up), to put: *ho messo il quadro alla parete del salotto* I have hung the picture on the drawing-room wall. **9** ⟨*fig*⟩ (*causare*) to cause, to make: ~ *fame* to cause hunger; *il sale mette sete* salt makes one thirsty; ~ *allegria a qd.* to make s.o. merry. **10** (*rif. a persone: mandare*) to send, to put: ~ *i figli in collegio* to send one's children to boarding school. **11** (*rif. a denaro: depositare*) to put, to deposit: *ho messo un milione in banca* I have put a million lire in the bank. **12** (*puntare*) to bet, to stake, to wager, to put: *ho messo cinquemila lire sul ventisette* I have bet five thousand lire on number twenty-seven. **13** (*imporre*) to put, to impose, to levy; ~ *una nuova tassa* to levy a new tax. **14** (*rif. a denti*) to cut; (*rif. a piante*) to put down, to take, to strike: ~ *le radici* to take (*o* strike) root, to put down roots; (*fare germogliare*) to put forth (*o* out): ~ *fiori* to put forth flowers. **15** ⟨*fam*⟩ (*installare*) to put in, to install; (*rif. a condutture e sim.*) to put in, to lay. **II** *v.i.* (*aus. avere*) **1** (*dare, guardare: rif. a finestre e sim.*) to give, to look (*su, in* onto), to lead (into): *la porta mette nel giardino* the door gives onto the garden. **2** (*supporre*) to suppose: *mettiamo che io vada via* (let us) suppose that I go away, supposing I go away. **mettersi** *v.r.* **1** (*collocarsi*) to put (*o* place, set) o.s.; (*sedersi*) to sit down, to seat o.s.: *mettersi accanto a qd.* to sit down beside s.o.; (*sdraiarsi*) to lie down. **2** (*assumere un andamento*) to (take a) turn: *le cose si mettono bene* things are taking a turn for the good. **3** (*vestirsi*) to put on: *mettersi in abito da sera* to put on an evening dress; (*infilarsi*) to slip on. **4** (*avviarsi*) to take: *mettersi per una strada* to take a road. **5** (*iniziare*) to begin, to start, to set to (*o* about): *mettersi a lavorare* to set to work; *si è messo a piovere* it has started to rain. □ ~ **addosso** to put on; *mettersi a proprio* **agio** to make o.s. comfortable (*o* at home); ~ *qd. in* **ansia** to worry s.o.; ~ **avanti** *l'orologio* to put the clock (*o* watch) forward (*o* ahead); *mettersi al* **bello** (*rif. al tempo*) to turn out fine, to clear up; *essere* **ben** *messo:* 1 (*ben vestito*) to be well-dressed; 2 (*d'aspetto florido*) to look well; *mettersi al* **brutto** to turn nasty; **come** *la mettiamo?* what are we going to do about it?; *mettersi in* **comunicazione** *con qd.* to get in touch (*o* contact) with s.o.; *mettersi* **con** *qd.:* 1 (*associarsi*) to join forces with s.o., to become s.o.'s partner; 2 (*rif. a rapporti amorosi*) to go (out) with s.o.; 3 (*vivere coniugalmente*) to live with s.o.; ~ *a* **confronto** to compare; *mettersi* **contro** *qd.* to oppose (*o* fight) s.o., ⟨*fam*⟩ to go against s.o.; ~ **dentro** to put in; ⟨*fam*⟩ ~ *dentro qd.* (*imprigionarlo*) to put s.o. in jail; *mettersi a* **fare** *qc.* (*cominciare*) to start doing s.th.; (*rif. a professioni, mestieri*) to start doing s.th., to take up s.th.: *si mise a fare il calzolaio* he started working as a shoemaker; *mettersi a fare l'insegnante* to become a teacher; ~ **fine** *a qc.* to put an end to s.th.; ~ **fuori:** 1 (*scacciare*) to drive (*o* throw, put) out; 2 (*sborsare*) to lay (*o* pay) out, to spend; 3 (*esporre: rif. a bandiera e sim.*) to put (*o* hang) out; ~ **giù** (*deporre*) to put (*o* lay) down; ~ **indietro** *l'orologio* to put the clock (*o* watch) back; ⟨*fig*⟩ ~ **innanzi** to produce, to put (*o* bring) forward; ~ **insieme:** 1 to put together; 2 (*montare*) to assemble; 3 (*raccogliere*) to collect, to get together; 4 ⟨*fig*⟩ (*accumulare*) to amass, to pile up; 5 (*organizzare, allestire*) to organize, ⟨*fam*⟩ to get up; *mettersi a* **letto:** 1 (*per dormire*) to go to bed; 2 (*infilarsi dentro*) to get into bed; 3 (*per malattia e sim.*) to take to one's bed; *mettersi in* **malattia** to take sick leave; *il tempo si mette* **male** the weather is getting worse; ⟨*fig*⟩ ~ *qd. in* **mezzo** (*comprometterlo*) to involve s.o., to get s.o. mixed up in s.th.; *sapersi* ~ (*sapersi vestire*) to know how to dress; ~ *a* **sedere** *qd.* to seat s.o.; *mettersi a sedere* to sit down; ~ **sotto:** 1 to put underneath; 2 ⟨*fig*⟩ (*sopraffare*) to get the better (*o* upper hand) of, to overcome; 3 (*rif. a bestie: mettere al lavoro*) to put (*o* set) to work; *mettersi sotto* (*sgobbare*) to get down to it; ~ **su:** 1 (*fondare*) to set up, to establish: ~ *su casa* to set up house; 2 (*organizzare*) to organize, ⟨*fam*⟩ to get up; 3 (*aprire, avviare*) to set up: ~ *su negozio* to ⌜set up⌝ (*o* open a) shop; 4 ⟨*fam*⟩ (*mettere a cuocere*) to put on; ~ *a* **tacere** *qd.* to silence s.o.; ~ *a tacere una storia* to hush a matter up; ⟨*fig*⟩ *mettercela* **tutta** to do one's best; ~ **via** (*riporre*) to put away. ‖ **metterci:** 1 (*impiegare, dedicare*) to devote, to take, to give: *ci mise molta cura* he took (*o*

gave it) a lot of care; 2 (*rif. a tempo*) to take (*costr.pers. o impers.*): *ci ho messo tre quarti d'ora per venire fin qui* ⌜I took⌝ (*o* it took me) three-quarters of an hour to come here; **mettercisi:** 1 (*mettersi in mezzo*) to intervene; 2 ⟨*fig*⟩ (*mettersi d'impegno*) to get down to it.

metti|foglio *m.inv.* (*operaio, macchina*) feeder. **~male** *m./f.inv.* ⟨*fam*⟩ troublemaker. **~tutto** *m.inv.* ⟨*Arred*⟩ cupboard.

meublé *fr.* [mœ'ble] *a.* (*rif. ad albergo*) without board.

mezza *f.* **1** half-hour: *è sonata la* ~ the half-hour has struck. **2** (*mezzogiorno e mezzo*) half past twelve.

mezzadria *f.* ⟨*Dir*⟩ share cropping, métayage. □ *condurre un podere a* ~ to share crop, to hold land as a share cropper. **mezzadrile** *a.* share cropping, métayage-, métayer-. **mezzadro** *m.* (*f.* **-a**) share cropper, métayer.

mezzala (o *mezz'ala*) *f.* (*pl.* **mezzali**) ⟨*Sport*⟩ inside forward. □ ~ *destra* inside right; ~ *sinistra* inside left.

mezzalana (o *mezza lana*) *f.* (*pl.* **mezzelane**) ⟨*Tess*⟩ linsey-woolsey.

mezzaluna (o *mezza luna*) *f.* (*pl.* **mezzelune**) **1** half-moon, crescent (moon). **2** (*arnese da cucina*) chopping (*o* mincing) knife. **3** ⟨*Stor*⟩ (*islamismo*) Islam.

mezzana *f.* **1** (*ruffiana*) procuress, bawd. **2** ⟨*Mar*⟩ (*albero*) miz(z)en-mast; (*vela*) miz(z)en sail, crossjack. **mezzanino** *m.* mezzanine (floor), entresol. **mezzano I** *a.* middling, medium, average, middle: *statura* -*a* medium height. **II** *s.m.* **1** (*mediatore*) mediator, intercessor. **2** (*ruffiano*) pimp, procurer, pander. **3** (*sensale*) go-between, broker.

mezza|notte *f.* (*pl.* **mezzenotti**) **1** midnight: *a* ~ at midnight. **2** (*nord*) north. □ *il sole di* ~ the midnight sun. **~quaresima** (o *mezza quaresima*) *f.* (*pl.* **mezzequaresime**) mid-Lent. **~tacca:** di ~ (*mediocre*) mediocre, middling. **~tela** *f.* (*pl.* **mezzetele**) ⟨*Tess*⟩ mixed linen. **~tinta** *f.* (*pl.* **mezzetinte**) **1** half-tone, half-shade, half-tint. **2** ⟨*fig*⟩ (*effetto attenuato*) undertone. **~vela** (o *mezza vela*) *f.* (*pl.* **mezzevele**) ⟨*Mar*⟩ jib.

mezzena *f.* ⟨*Macell*⟩ half.

mezzeria *f.* **1** middle. **2** ⟨*Strad,Edil*⟩ centre line. □ *linea di* ~ centre line.

mezzo¹ I *a.* **1** half (a): ~ *panino* half a roll; ~ *metro* half a metre; -*a festa* half-holiday. **2** (*medio*) middle, ⟨*attr*⟩ medium, middling: *di* -*a età* middle-aged. **3** ⟨*fam*⟩ (*vago*) vague, ⟨*fam*⟩ kind of; (*lontananza*) distant: *siamo* -*i parenti* we are ⌜distant relatives⌝ (*o* distantly related); (*debole*) faint, slight: *una* -*a speranza* a faint hope. **4** ⟨*iperb*⟩ half, nearly all: *lo sa ormai* -*a città* half the town knows about it by now. **II** *avv.* half, semi-: *è* ~ *vuoto* it is half empty. **III** *s.m.* **1** half. **2** (*parte centrale*) middle, centre: *nel* ~ *della sala* in the middle of the hall. **3** (*dopo un numerale*) half: *due chili e* ~ two and a half kilos; *un chilo e* ~ a kilo and a half. **4** (*nell'indicare l'ora*) ⟨*attr*⟩ half past, ⟨*pred*⟩ -thirty: *sono le nove e* ~ (*o* mezza) it's half past nine, it's nine-thirty. □ **a** -*a via* halfway (there); **andarci di** ~: 1 (*subire un danno*) to lose by it, to suffer for it; 2 (*essere responsabile*) to be answerable, to be held responsible; *bandiera a mezz'asta* flag at half-mast (*o* half-staff), half masted flag; *nel* **bel** ~ right in the middle: *nel bel* ~ *dello spettacolo* right in the middle of the show; **di** ~ middle, in the middle; **esserci di** ~ to be involved; (*rif. a ostacoli*) to be in the way; *lavorare a* ~ **giornata** to work half-time, to be on half-time; *il giusto* ~ the golden mean, the happy medium; -*i* **guanti** mittens, mitts; **in** ~: 1 (*stato*) in the middle; 2 (*moto*) into the middle; *in* ~ *a:* 1 (*stato*) in the middle of: *fermarsi in* ~ *alla strada* to stop in the middle of the street; 2 (*moto*) into the middle of; 3 (*fra: stato*) in the middle (*o* midst) of, among, amid(st): *si nascose in* ~ *alla folla* he hid among the crowd; (*fra due cose o persone*) between; 4 (*fra: moto*) into the middle (*o* midst) of, among, amid(st); *vestiti di* ~ **lutto** half-mourning; **mettersi di** ~ (*interporsi*) to intervene; (*fra due cose o persone*) to come between; (*intromettersi*) to interfere; -*e* **misure** half-measures; ⟨*fig*⟩ ~ **mondo** everyone; *a* -*a* **paga** on half-pay; *rilegatura in* -*a* **pelle** half-binding; *libro rilegato in* -*a* **pelle** half-bound book; *la* -*a* **stagione** the in-between season; **togliere di** ~:

1 to get rid of, to eliminate; 2 ⟨fam⟩ ⟨uccidere⟩ to kill, ⟨fam⟩ to bump off; togliersi di ~ ⟨andarsene⟩ to leave, ⟨fam⟩ to clear off; ⟨fam⟩ ⟨uccidersi⟩ to do away with o.s.; togliti di ~ get out of the way, ⟨am.fam⟩ beat it; via di ~ middle course (o way); a -a voce in a low voice.

mezzo² m. **1** means pl (costr. sing. o pl.): con -i leciti o illeciti by fair or foul means; (modo) way: tentare ogni ~ to try all means (o ways). **2** pl. (disponibilità finanziarie) means pl, money, funds pl: ha molti -i he is a man of means, he has a lot of money. **3** ⟨Biol⟩ (ambiente) environment, habitat. **4** ⟨Fis⟩ medium. □ **a** ~ (di) by, by means of, through; (rif. a spedizioni e sim.) by, through: a ~ posta by post; ⟨Econ⟩ -i amministrati total deposits, managed capital sing; ⟨Mil⟩ ~ **anfibio** amphibious craft; ~ d'assalto assault craft; ~ di **comunicazione**: 1 = mezzo di **trasporto**; 2 (rif. a informazioni) means of communication; -i di comunicazione di massa mass media; ⟨Mil⟩ ~ **corazzato** armoured vehicle; -i di **fortuna** makeshift transport; viaggiare con -i di fortuna to travel by any means available; ~ di **pagamento** means of payment; **per** ~ di: 1 (rif. a persona) by: ho mandato il pacco per ~ di un parente I sent the parcel by a relative; (attraverso) through; 2 (rif. a cosa) by, by means of, through: abbiamo comunicato per ~ della radio we communicated by radio; -i **pubblici** public transport sing; ⟨Mil⟩ ~ da **sbarco** landing craft; **sprovvisto** di -i destitute, penniless, ⟨fam⟩ broke; -i di **sussistenza** livelihood; ~ di **trasporto** means of transport. Prov.: il fine giustifica i -i the end justifies the means.

mezzo³ a. (troppo maturo) overripe.

mezzo|busto (o mezzo busto) m. (pl. **mezzibusti**) bust; (ritratto) head and shoulders portrait: dipingere qd. a ~ to paint a head and shoulders portrait of s.o. **~dì** m. → **mezzogiorno**. **~fondista** m./f. ⟨Sport⟩ middle–distance runner (o racer). **~fondo** m. (anche gara di mezzofondo) middle–distance race.

mezzogiorno m. (pl. non com. **mezzogiorni**) **1** noon, midday. **2** (ore dodici) twelve o'clock: è appena sonato ~ twelve o'clock has just struck. **3** (sud) south. **4** (Italia meridionale) Southern Italy. □ a ~ south–, in the south; (verso sud) to the south; (alle dodici circa) at noon, at midday, at twelve (o'clock); ~ e **mezzo** half past twelve; in punto twelve o'clock sharp; ~ e un quarto a quarter past twelve.

mezzora (o mezz'ora) f. (pl. **mezze ore**) half an hour, half–hour: arriverò fra ~ I shall be there in half an hour; la ~ che passammo insieme the half–hour we spent together.

mezzo|rilievo m. ⟨Scult⟩ mezzo–relievo, half–relief. **~sangue** (o mezzo sangue) m./f.inv. ⟨Zootecn⟩ half–breed (anche estens.). **~servizio** m. part–time domestic service. □ a ~ part–time: domestica a ~ part–time maid. **~soprano** (o mezzo soprano) m. (pl. **mezzisoprani**) mezzo soprano.

mezzuccio m. ⟨spreg⟩ petty subterfuge, low trick.

M.F. = **1** ⟨Fis⟩ media frequenza medium frequency (abbr. MF, mf). **2** ⟨Rad⟩ modulazione di frequenza frequency modulation (abbr. FM).

mg = milligrammo milligram(me) (abbr. mg., mgm).

mi¹ pron.pers. **1** (me: compl. oggetto) me: ~ vedi? do you see me?; non guardarmi così don't look at me like that. **2** (a me: compl. di termine) (to) me: ~ dai la matita? will you give me the pencil?; dimmi la verità tell me the truth. **3** (riflessivo) myself: ~ lavo I wash myself. **4** (con valore di dativo etico) me, generalmente non si traduce: stammi bene! keep well!; ~ mangerò una bistecca I'll eat a steak.

mi² m. ⟨Mus⟩ E, mi. □ ~ bemolle maggiore E flat major; chiave di ~ key of E; ~ minore E minor.

miagolamento m. miaowing, mewing. **miagolare** v.i. (**miagolo**; aus. avere) **1** to miaow, to mew. **2** ⟨estens⟩ (lamentarsi) to mewl, to whine. **3** (cantare male) to caterwaul. **miagolata** f. miaowing, mewing. **miagolio** m. miaowing, mewing.

mialgia f. ⟨Med⟩ myalgia.

miao onom. miaow, mew.

miasma m. **1** miasma. **2** ⟨estens⟩ (fetore) stench, stink.

miastenia f. ⟨Med⟩ myasthenia.

mica¹ avv. ⟨fam⟩ **1** (con la negazione) at all, certainly: non sono stato ~ io it certainly wasn't me. **2** (senza negazione) not: sono cose vere, ~ storie this is fact, not fiction. □ ~ male not bad (at all): ~ male questo vino this wine's not bad at all; non ci sarai ~ andato? you didn't go, did you?

mica² f. ⟨Min⟩ mica.

micaceo a. micaceous, micacious. **micascisto** m. ⟨Min⟩ mica–schist.

miccia f. (pl. -ce) fuse; (a combustione rapida) quick match. □ ⟨fig⟩ dar fuoco alla ~ to spark off; ~ di sicurezza safety fuse; ~ a tempo time fuse.

micelio m. ⟨Bot⟩ mycelium.

micella f. ⟨Chim⟩ micelle.

Micene N.pr.f. ⟨Geog⟩ Mycenae. **miceneo** a. Mycenaean.

micete m. ⟨Bot⟩ fungus, mushroom.

michelaccio m. loafer, lounger, idler. □ fare il ~ to idle away one's time, to loaf around.

Michelangelo N.pr.m. ⟨Stor⟩ Michelangelo. **michelangiolesco** a. (pl. -chi) of Michelangelo, Michelangelo's; (della scuola di Michelangelo) after (o in the style of) Michelangelo.

Michele N.pr.m. Michael.

michetta f. ⟨region⟩ (panino) roll.

micidiale a. deadly (anche fig.): veleno ~ deadly poison.

micino m. (f. -a) ⟨fam⟩ kitten, pussy–cat. **micio** m. (f. -a) ⟨fam⟩ (gatto) tom–cat, ⟨fam⟩ pussy–cat; (gatta) she–cat, ⟨fam⟩ pussy–cat.

micologia f. ⟨Bot⟩ mycology. **micologico** a. (pl. -ci) mycologic(al). **micologo** m. (pl. -gi; f. -a) mycologist.

micorriza, micorrizia f. ⟨Bot⟩ mycorrhiza. **micosi** f. ⟨Med,Biol⟩ mycosis.

micragnoso a. ⟨region⟩ poor, pennyless; (tirchio) stingy, miserly; (rif. a cosa) poor, mean.

micro|ampere m. ⟨El⟩ micro ampere. **~amperometro** m. micro ammeter. **~analisi** f. ⟨Chim⟩ micro analysis. **~analista** m. microanalyst. **~bar** m. ⟨Fis⟩ microbar.

microbicida a. microbicide. **microbico** a. (pl. -ci) microbial, microbian, microbic.

micro|biologia f. microbiology. **~biologico** a. (pl. -ci) microbiologic(al). **~biologo** m. (pl. -gi; f. -a) microbiologist.

microbo m. ⟨Biol⟩ microbe.

micro|calcolatore m. ⟨Inform⟩ microcomputer. **~camera** f. ⟨Fot⟩ microcamera. **~cefalia** f. ⟨Med⟩ microcephalia, microcephaly. **~cefalico** a. (pl. -ci) microcephalic. **~cefalo** I a. microcephalous, microcephalic. II s.m. **1** microcephalous. **2** ⟨spreg⟩ idiot. **~chimica** f. microchemistry. **~chirurgia** f. microsurgery. **~circuito** m. ⟨El⟩ microciruit. □ ~ integrato chip.

microcito m. microcyte.

micro|climatico a. (pl. -ci) microclimatic. **~climatologia** f. microclimatology. **~cosmico** a. (pl. -ci) microcosmic(al). **~cosmo** m. microcosm(os). **~dischetto** m. ⟨Inform⟩ microfloppy. **~economia** f. micro–economics pl (costr. sing.). **~economico** a. (pl. -ci) microeconomic. **~elaboratore** m. microcomputer. **~elettronica** f. microelectronics pl (costr.sing.). **~elettronico** a. (pl. -ci) microelectronic. **~fiche** f. ⟨Inform⟩ microcard. **~farad** m. ⟨El⟩ microfarad.

microfilm m. ⟨Fot,Cin⟩ microfilm. □ archivio su ~ microfilm file; lettore di ~ microfilm viewer. **microfilmare** v.t. to microfilm, to make a microfilm of. **microfilmato** a. microfilmed. □ testo ~ microtext. **microfilmatrice** f. (macchina) microfilmer. **microfilmatura** f. microfilming.

microfisica f. microphysics pl (costr. sing.).

microfonico a. (pl. -ci) microphonic. **microfonista** m. microphone technician.

microfono m. microphone, ⟨fam⟩ mike: parlare al ~ to speak over the microphone. □ ~ da **collo** neck microphone; ~ a **colonna** stand microphone; ~ a **condensatore** condenser microphone; giraffa del ~ sound (o microphone) boom; ~ a **nastro** ribbon microphone; ~

onnidirezionale omnidirectional microphone.
micro|fossile m. ⟨Geol⟩ microfossil. **~fotografia** f. 1 microphotography. 2 (fotografia eseguita con microscopio) photomicrography. □ ~ **elettronica** electronic photomicrograph(y). **~grammo** m. microgram(me). **~informatica** f. microinformatics pl (costr. sing.). **~interruttore** m. ⟨El⟩ microswitch. **~litro** m. microlitre. **~meccanica** f. micromechanics pl (costr. sing. o pl.). **~meteorologia** f. micrometeorology.
micrometria f. micrometry. **micrometrico** a. (pl. -ci) micrometric(al). **micrometro** m. micrometer.
micro|micete m. ⟨Biol⟩ micromycete. **~millimetro** m. micromillimetre, millimicron. **~miniaturizzare** v.t. ⟨El⟩ to microminiaturize, to subminiaturize. **~miniaturizzazione** f. microminiaturization. **~motore** m. 1 small motor. 2 (veicolo) small motor vehicle; (ciclomotore) moped.
micron m. micron.
micro|nucleo m. ⟨Biol⟩ micronucleus. **~ohm** m. ⟨El⟩ microhm. **~onda** f. ⟨Fis⟩ microwave: forno a ~e microwave oven; terapia a ~e microwave therapy, microkymatotherapy. **~organismo** m. ⟨Biol⟩ micro-organism.
micropaleontologia f. micropaleontology.
micropilo m. ⟨Zool⟩ micropyle.
micro|processore m. ⟨Inform⟩ microprocessor. **~programma** m. ⟨Inform⟩ microprogram. **~programmazione** f. microprogramming. **~registratore** m. microcartridge recorder. **~riproduzione** f. microform. **~scheda** f. 1 microfiche. 2 ⟨Inform⟩ microcard. **~scopia** f. microscopy: ~ elettronica electron microscopy. **~scopico** a. (pl. -ci) microscopic(al): analisi ~a microscopic analysis.
microscopio m. microscope. □ ~ **binoculare** binocular (o stereoscopic) microscope; ~ **composito** compound microscope; ~ **elettronico** electron microscope; **guardare** (o osservare) al ~ to examine under the microscope; ~ a **riflessione** reflecting microscope; ~ **spettroscopico** spectromicroscope; **visibile** al ~ visible under the microscope.
microscopista m./f. microscopist.
microsistema m. microsystem.
microsolco m. (pl. -chi) 1 microgroove. 2 (anche disco microsolco) long-playing record, ⟨fam⟩ L.P.; (a 45 giri) extended-play record, ⟨fam⟩ E.P.
microsonda f. microprobe.
microspia f. bug.
microtelefono m. (hand) microtelephone.
microtomo m. ⟨tecn⟩ microtome.
microtrone m. ⟨Fis⟩ microtron.
microvolt m. ⟨El⟩ microvolt.
Mida N.pr.m. ⟨Mitol⟩ Midas.
midi|cappotto m. midi, coat of mid-calf length. **~gonna** f. midi, skirt of mid-calf length.
midolla¹ f. (mollica) crumb.
midolla² → midollo.
midollare a. ⟨Anat,Bot⟩ medullar(y). **midollo** m. (pl. le midolla) 1 ⟨Anat⟩ medulla, marrow. 2 ⟨Bot⟩ medulla, pith. 3 (fig.) (parte interna) pith (and marrow), core, kernel. □ ~ **allungato** medulla oblongata; (fig) fino al ~ to the bone (o skin, marrow): bagnarsi fino al ~ to get wet ⌐to the skin⌐ (o through); ~ **osseo** medulla ossium, bone marrow; ~ **spinale** spinal cord, medulla spinalis.
midriasi f. ⟨Med⟩ mydriasis.
miele m. 1 honey. 2 (fig) (dolcezza) sweetness, honey. □ color ~ honey (yellow); (fig) di ~ honied, sweet.
mielina f. ⟨Anat⟩ myelin(e). **mielinico** a. (pl. -ci) myelinic. **mielite** f. ⟨Med⟩ myelitis. **mieloide** a. myeloid. **mieloma** m. myeloma. **mielosi** f. myelosis.
mietere v.t. 1 to reap, to harvest: ~ il grano to harvest wheat. 2 (fig) (ricavare frutto) to reap, to harvest: ~ allori to reap laurels. 3 (fig,poet) (uccidere) to cut (o mow) down: la morte miete gli umili e i grandi death cuts down great and small alike. □ la carestia ha mietuto molte vittime the famine took a heavy toll of lives.
mietilega, **mietilegatrice** f. ⟨Agr⟩ reaper–binder.
mietitore m. reaper, harvester. **mietitrebbia,**

mietitrebbiatrice f. combine harvester. **mietitrice** f. 1 (persona) (woman) reaper, harvester. 2 (macchina) reaper, harvester. **mietitura** f. 1 reaping, mowing, harvesting. 2 (periodo) harvest time. 3 (messe) harvest, crop.
miglia → miglio¹.
migliaccio m. ⟨Gastr⟩ (sanguinaccio) black (o blood) pudding.
migliaio m. (pl. le migliaia) 1 thousand. 2 (circa mille) about a thousand, some thousand: un ~ di persone about a thousand people. 3 pl. (iperb) thousands pl, hundreds pl, ⟨fam⟩ loads pl, ⟨fam⟩ lots pl: c'erano ~a di oggetti in giro there were loads of things lying around. □ a ~a by the thousand, in thousands.
migliarino m. ⟨Ornit⟩ reed bunting, reed sparrow.
miglio¹ m. (pl. le miglia) 1 mile: lontano un ~ a mile away. 2 ⟨Strad⟩ milestone, milepost. □ ~a e ~a miles and miles; ~ **geografico** geographical mile; (fig) essere lontano mille miglia to be miles away; ~ **marino** (o nautico) nautical (o sea) mile; ~ **terrestre** statute mile.
miglio² m. ⟨Bot⟩ millet.
miglioramento m. 1 improvement, betterment: ~ delle condizioni di lavoro improvement of working conditions. 2 (aumento) increase: ~ dei salari salary increase, ⟨fam⟩ rise. **migliorare** v. (miglioro) I v.t. 1 to improve, to better, to ameliorate: ~ la propria posizione economica to improve one's economic position. 2 (aumentare) to increase, to raise. II v.i. (aus. essere/avere) to improve, to get better. **migliorativo** a. ⟨Med⟩ curative, remedial.
migliore (compar. di buono) I a.compar. better: oggi hai un aspetto ~ you look better today; nessuno è ~ di lui come insegnante no one is a better teacher than he; aspettare un'occasione ~ to wait for a better occasion. II a.sup. best: i ~i auguri best wishes; è il ~ impiegato della nostra azienda he is the best employee in our company. III s.m. 1 best (thing). 2 m./f. best (person): vinca il ~ may the best man win. □ siamo i ~i amici del mondo we are the best of friends; è in condizioni finanziarie ~i delle mie he is better off than I am; nel miglior modo possibile in the best possible way; senz'altro il ~ the very best; passare a miglior vita (morire) to go to meet one's Maker.
miglioria f. 1 improvement, betterment. 2 (bonifica) reclamation. □ opere di ~ improvements pl.
mignatta f. ⟨Zool⟩ leech. □ stare alle costole come una ~ to stick like a leech.
mignattaio m. ⟨Ornit⟩ glossy ibis.
mignola f. ⟨Agr⟩ olive blossom.
mignolo m. 1 (anche dito mignolo) little finger. 2 (dito del piede) little toe.
mignon fr. [mi'ɲɔ̃] a. 1 (piccolissimo) tiny. 2 ⟨El⟩ mignon.
mignotta f. ⟨region,volg⟩ (prostituta) slut, tart.
migrante a. 1 migrant (anche Zool.): lavoratore ~ migrant worker. 2 ⟨Med⟩ floating, wandering: rene ~ floating (o wandering) kidney. **migrare** v.i. (aus. essere) to migrate. **migratore** I s.m. (f. -trice) migrant. II a. migrant, migratory: uccelli ~i migratory birds, migrants pl. **migratorio** a. migrant, migratory. □ ⟨Sociol⟩ movimento ~ migration movement; ondata ~a migration wave.
migrazione f. 1 migration: ~i di popoli migrations of peoples. 2 ⟨tecn⟩ migration. □ ~ **interna** internal migration; ⟨Chim⟩ ~ **ionica** migration of ions; ~ dell'oro exodus of gold; ~ **pendolare** commuting; ⟨Sociol⟩ ~ **stagionale** seasonal migration.
milanese I a. Milanese. II s.m./f. (abitante) Milanese. III s.f. ⟨Gastr⟩ (cotoletta alla milanese) wiener schnitzel.
Milano N.pr.f. ⟨Geog⟩ Milan.
Mileto N.pr.f. ⟨Geog.stor⟩ Miletus.
miliardario I a. multimillionaire, ⟨am⟩ billionaire, ⟨fam,pred⟩ worth millions. II s.m. (f. -a) multimillionaire, ⟨am⟩ billionaire. **miliardo** m. milliard, ⟨am⟩ billion.
miliare¹ a. mile-: pietra ~ milestone.
miliare² a. ⟨Med⟩ miliary: tubercolosi ~ miliary tuberculosis; febbre ~ miliary fever.
milionario I a. millionaire. II s.m. (f. -a) millionaire (f -ress). **milione** m. million: un ~ di copie a million copies. □ (iperb) un ~ di volte hundreds of times,

umpteen (*o* countless) times. **milionęsimo** *a./s.m.* millionth.

milit. = *militare* military (*abbr.* milit.).

militạnte I *a.* militant, active: *la chiesa* ~ the Church Militant. **II** *s.m./f.* militant, activist. **militạnza** *f.* **1** militancy. **2** (*rif. a partiti politici e sim.*) political activism.

militạre[1] **I** *a.* military: *carriera* ~ military career; *disciplina* ~ military discipline; *vita* ~ military life. **II** *s.m.* **1** soldier, military man. **2** *pl.* ⟨*collett*⟩ armed forces *pl,* soldiers *pl.* □ *alla* ~ in military fashion, like a soldier, military; ~ *in servizio permanente* regular soldier.

militạre[2] *v.i.* (**mịlito**; *aus. avere*) **1** (*fare il soldato*) to be a soldier, to serve (in the army). **2** ⟨*fig*⟩ to support, to militate.

militaręsco *a.* (*pl.* **-chi**) soldierly, soldier-like. **militarịsmo** *m.* militarism. **militarịsta I** *a.* militarist(ic). **II** *s.m./f.* militarist. **militarịstico** *a.* (*pl.* **-ci**) militarist(ic). **militarizzạre** *v.t.* to militarize. **militarizzazione** *f.* militarization. **militarmẹnte** *avv.* militarily. **mịlite** *m.* soldier, militiaman. □ *–i di Cristo* (*cristiani*) soldiers of Christ; ~ *ignoto* Unknown Soldier. **militeșẹnte I** *a.* ⟨*burocr*⟩ exempt from military service. **II** *s.m.* person who is exempt from military service.

milịzia *f.* **1** military life (*o* profession), soldiering. **2** (*speciale corpo armato*) militia; (*esercito*) army. **3** *pl.* forces *pl,* troops *pl.* **4** ⟨*fig*⟩ (*lotta*) struggle. **5** ⟨*poet*⟩ (*schiera*) host: *le –e celesti* the Heavenly Host. □ ⟨*Stor*⟩ *–e ausiliarie* auxiliary troops; ⟨*Stor*⟩ *–e cittadine* militia *sing;* ~ **civica** militia, civic guard; ~ **confinaria** frontier militia; ~ **ferroviaria** railway militia; *–e* **mercenarie** mercenary troops; ~ **nazionale** national guard, home reserve; ~ **stradale** highway militia; ~ **territoriale** territorial army.

milizịano *m.* militiaman.

millantamẹnto *m.* bragging, boasting. **millantạre** *v.t.* to brag about, to boast of: ~ *le proprie avventure* to boast of one's adventures. **millantạto** *a.* much vaunted. □ ⟨*Dir*⟩ ~ *credito* false pretence. **millantatọre** *s.m.* (*f.* **-trice**) boaster, braggart. **II** *a.* boastful, bragging. **millanterịa** *f.* **1** boastfulness. **2** ⟨*concr*⟩ brag(ging), boast(ing).

mịlle *a./s.inv.* **I** *a.* **1** *a* (*o* one) thousand: ~ *luci* a thousand lights. **2** (*circa mille*) (about) a thousand: *ci saranno state* ~ *persone* there must have been about a thousand people. **3** ⟨*iperb*⟩ (*molti, parecchi*) hundreds *pl,* thousands *pl.* **II** *s.m.* **1** (*numero*) one (*o* a) thousand. **2** (*anno mille*) year one thousand: *nel* ~ in the year one thousand; (*secolo undicesimo*) eleventh century. □ **a** ~ *a* ~ in thousands, by the thousand; *mi sembrano* ~ **anni** it seems ages; *biglietto da* ~ (*lire*) a thousand lira note; ~ **grazie** thank you very much; ⟨*Lett*⟩ *le –e e una* **notte** the Thousand and One Nights, Arabian Nights; **per** ~ per (*o* out of a) thousand: *tre per* ~ three out of a thousand; *ti faccio* ~ **scuse** I'm very (*o* terribly) sorry.

millecẹnto *a./s.inv.* **I** *a.* one thousand one hundred, eleven hundred. **II** *s.m.* twelfth century. **III** *s.f./m.* ⟨*Aut*⟩ eleven hundred.

millefọglie *m.inv.* **1** ⟨*Dolc*⟩ napoleon. **2** ⟨*Bot*⟩ milfoil, yarrow.

millenạrio I *a.* **1** (*che dura mille anni*) millennial, millenary, millenarian: ⟨*Rel*⟩ *l'impero* ~ millenary empire. **2** (*che ricorre ogni mille anni*) millenary. **II** *s.m.* millennium: *il* ~ *della fondazione di Roma* the millennium of the founding of Rome. **millenarịsmo** *m.* ⟨*Rel*⟩ millenarism. **millẹnnio** *m.* millennium.

millepiẹdi *m.inv.* ⟨*Zool*⟩ millipede, millepede.

millęșimo I *a.* thousandth. **II** *s.m.* **1** thousandth. **2** (*millesima parte*) thousandth (part).

milli|ampẹre *m.inv.* ⟨*El*⟩ milliampere. **~bạr** *m.* ⟨*Fis*⟩ millibar. **~grạmmo** *m.* milligram(me). **~lịtro** *m.* millilitre. **~metrạre** *v.t.* (**millịmetro**) to divide into millimetres, to mark off in millimetres. **~metrạto** *a.* millimetric. **~mẹtrico** *a.* (*pl.* **-ci**) **1** millimetric. **2** (*lungo un millimetro*) one millimetre (long).

millịmetro *m.* millimetre.

milli|mịcron *m.* millimicron. **~secọndo** *m.* millisecond. **~vọlt** *m.* ⟨*El*⟩ millivolt.

milonịte *f.* ⟨*Min*⟩ mylonite.

mịlza *f.* ⟨*Anat*⟩ spleen.

milzadẹlla *f.* ⟨*Bot*⟩ spotted dead nettle.

Milzịade *N.pr.m.* ⟨*Stor*⟩ Miltiades.

mimạre *v.t.* to mime. **mimẹși** *f.* ⟨*Filos*⟩ mimesis. **mimẹtico** *a.* (*pl.* **-ci**) **1** (*imitativo*) mimetic, imitative: *facoltà –a* imitative faculty. **2** ⟨*Zool,Min*⟩ mimetic. **3** (*mimetizzante*) camouflage-: *vernice –a* camouflage paint. **4** ⟨*Mil*⟩ (*mimetizzato*) camouflaged. **mimetịsmo** *m.* **1** ⟨*Zool*⟩ mimetism, mimicry. **2** (*mimetizzazione*) camouflage: ~ *bellico* military camouflage. **mimetizzạre** *v.t.* ⟨*Mil*⟩ to camouflage: ~ *un accampamento* to camouflage a camp. **mimetizzarsi** *v.r.* **1** ⟨*Mil*⟩ to camouflage o.s. **2** ⟨*Zool*⟩ to mimic. **3** ⟨*fig*⟩ to be a time-server (*o* an opportunist). **mimetizzạto** *a.* ⟨*Mil*⟩ camouflaged. **mimetizzazione** *f.* **1** ⟨*Mil*⟩ camouflage. **2** ⟨*Zool*⟩ mimicry.

mịmica *f.* **1** ⟨*Teat*⟩ mime. **2** (*estens*) (*gesticolazione*) gesticulation. **mịmico** *a.* (*pl.* **-ci**) **1** mimic, of mime. **2** (*ricco di mimica*) mimetic: *linguaggio* ~ mimetic language. □ *arte –a* (art of) mime.

mịmmo *m.* (*f.* **-a**) ⟨*infant*⟩ (*bimbo*) child.

mịmo *m.* (*f.* **-a**) (*attore*) mime.

mimọsa *f.* ⟨*Bot*⟩ mimosa.

min. = **1** *minuto* minute (*abbr.* min., m.). **2** *minimo* minimum (*abbr.* min.).

mịna[1] *f.* **1** mine. **2** (*della matita*) lead. □ ~ **anticarro** anti-tank mine; ⟨*Mil*⟩ **armare** *una* ~ to arm a mine, to make a mine live; ~ *a* **contatto** contact mine; ~ **galleggiante** floating mine; ~ *di* **ricambio** (*rif. a matita*) refill; *far* **saltare** *una* ~ to 'blow up' (*o* explode) a mine; ~ **subacquea** submarine (*o* torpedo) mine; ~ **terrestre** land mine; ~ **vagante** drifting mine.

mịna[2] *f.* ⟨*Stor.gr*⟩ mina.

minạccia *f.* (*pl.* **-ce**) threat, menace (*anche fig.*): ~ *per la salute* threat to one's health. **minacciạre** *v.t.* (**minạccio,** **minạcci**) **1** to threaten, to menace (*anche fig.*): 'la morte a qd.' (*o* *di morte*) to threaten s.o. with death. **2** ⟨*fig*⟩ (*far presentire*) to threaten, to look like: *il cielo minaccia tempesta* the sky is threatening, it looks as if there's a storm brewing up. □ *le nubi minacciano pioggia* it looks like rain. **minacciosamẹnte** *avv.* threateningly. **minacciọso** *a.* threatening, menacing.

minạre *v.t.* **1** to mine: ~ *un campo* to mine a field. **2** ⟨*fig*⟩ (*insidiare*) to undermine: ~ *la reputazione di qd.* to undermine s.o.'s reputation.

minarẹto *m.* minaret.

minạto *a.* **1** mined. **2** ⟨*fig*⟩ undermined. □ *zona –a* minefield. **minatọre** *m.* miner. □ ~ *di carbone* coal miner, collier. **minatọrio** *a.* threatening, menacing: *lettera –a* threatening letter.

minchionạggine *f.* ⟨*volg*⟩ **1** foolishness, idiocy. **2** ⟨*concr*⟩ foolish talk (*o* behaviour), nonsense. **minchionạre** *v.t.* (**minchiọno**) ⟨*volg*⟩ (*canzonare*) to make fun (*o* a fool) of, to mock. **2** (*imbrogliare*) to take in, to cheat, to swindle, ⟨*fam*⟩ to do. **minchionatụra** *f.* ⟨*volg*⟩ mocking, joking; (*azione*) mockery, derision. □ *prendere una* ~ to be taken in, to get hoaxed (*o* tricked). **minchiọne** *m.* (*f.* **-a**) ⟨*volg*⟩ fool, idiot, ⟨*fam*⟩ dope, ⟨*fam*⟩ nitwit. □ *fare il* ~ to play dumb (*o* the fool); *rimanere come un* ~ to be fooled (*o* taken in). **minchionerịa** *f.* ⟨*volg*⟩ **1** foolishness, idiocy. **2** (*sproposito*) blunder, mistake. **3** *pl.* (*idee balorde*) foolishness, nonsense.

minerạle I *a.* mineral: *colori –i* mineral colours. **II** *s.m.* **1** mineral. **2** ⟨*Minier*⟩ ore, mineral. **III** *s.f.* (*bottiglia di acqua minerale*) bottle of mineral water. □ ~ *d'argento* silver ore; ~ *di* **ferro** iron ore; ~ *di* **piombo** lead ore; ~ **povero** lean (*o* low-grade) ore; ~ *di* **stagno** tin ore.

mineralịsta *m./f.* (*studioso*) mineralogist, mineralist. **mineralizzạre** *v.t.* to mineralize. **mineralizzarsi** *v.r.* to mineralize, to become mineralized. **mineralizzạto** *a.* mineralized. **mineralizzazione** *f.* mineralization. **mineralogịa** *f.* mineralogy. **mineralọgico** *a.* (*pl.* **-ci**) mineralogical. **mineralogịsta** *m./f.* mineralogist. **minerạria** *f.* mining engineering. **minerạrio** *a.* **1** (*che riguarda le miniere*) mining: *ingegnere* ~ mining engineer. **2** (*che*

riguarda i minerali) ore–: *giacimento* ~ ore deposit.
minęrva *f.* ⟨*Med*⟩ Minerva jacket.
Minęrva *N.pr.f.* ⟨*Mitol*⟩ Minerva.
minęstra *f.* soup. □ ⟨*rar*⟩ ~ **asciutta** pasta (without broth); ~ *in* **brodo** *(di pastina)* noodle soup, pasta in clear broth; ⟨*fig*⟩ **lavorare** *per la* ~ to work for a crust; ⟨*fig*⟩ ~ **riscaldata** old hat; ~ *di* **riso** rice dish; ⟨*fig*⟩ *trovare la* ~ *bell'e* **scodellata** to find one's work already done for one; ⟨*fig*⟩ *è sempre la stessa* ~ it's the same old story. *Prov.: o mangiar questa* ~ *o saltar questa finestra* take it or leave it.
minestrọne *m.* 1 minestrone. 2 ⟨*fig*⟩ *(miscuglio)* mixture, jumble, hodgepodge.
mingherlịno *a.* thin, slim, lean, slender, ⟨*fam*⟩ skinny; *(delicato)* delicate, frail.
mịni *f.* 1 ⟨*Mod*⟩ miniskirt. 2 ⟨*Aut*⟩ minicar.
mini|abito *m.* minidress. **~appartamęnto** *m.* very small flat.
miniạre *v.t.* (**mịnio, mịni**) 1 to illuminate, to miniate. 2 ⟨*fig*⟩ *(dipingere)* to paint ⌐with great finesse⌐ (*o* to perfection); *(scrivere)* to describe minutely (*o* in detail), to write to perfection. **miniạto** *a.* 1 illuminated, miniated. 2 ⟨*fig*⟩ finely drawn, highly detailed, beautifully finished.
miniatọre *m.* (*f.* **-trice**) 1 miniaturist; *(di manoscritti)* illuminator, miniator. 2 *(rif. a scrittore)* perfectionist.
miniatụra *f.* 1 *(arte)* miniature (painting). 2 *(l'arte dell'illustrazione miniata)* illumination, miniating; ⟨*concr*⟩ illumination, miniature. 3 ⟨*fig*⟩ miniature. □ *in* ~: 1 in miniature, miniature–; 2 ⟨*fig*⟩ *(piccolissimo)* miniature–; 3 *(rif. a persone)* small, on a small scale: *un commerciante in* ~ a small businessman. **miniaturịsta** *m./f.* miniaturist.
miniaturizzạre *v.t.* ⟨*El*⟩ to miniaturize. **miniaturizzạto** *(p.p. di miniaturizzare) a.* miniaturized. **miniaturizzaziọne** *f.* miniaturization.
mini|bus *m.* minibus. **~calcolatọre, ~computer** *m.* ⟨*Inform*⟩ minicomputer. **~dịsco** *m.* (*pl.* **-chi**) ⟨*Inform*⟩ minifloppy.
miniẹra *f.* mine *(anche fig.).* □ ~ **abbandonata** abandoned mine; ~ *d'*argento silver mine; ~ *di* **carbone** coal mine, colliery, coal–pit; ~ *a* **cielo** *aperto* open–cut mine; ~ *di* **ferro** iron mine; ~ *d'*oro gold mine; ~ *a* **pozzo** drift mine; ~ *di* **sale** salt mine.
mini|furgone *m.* small delivery van. **~gọlf** *m.* 1 *(gioco)* miniature golf. 2 *(campo)* miniature golf–course. **~gọnna** *f.* ⟨*Vest*⟩ mini–skirt.
mịnima *f.* 1 ⟨*Mus*⟩ minim, half–note. 2 ⟨*Meteor*⟩ minimum. **minimamęnte** *avv.* very little; *(dopo una negazione)* not in the least, not at all. □ *non ci credo* ~ I don't believe it at all.
mini|market *ingl. m.* minimarket. **~mạssimo, ~max** *m.* ⟨*Mat*⟩ minimax.
minimizzạre *v.t.* to minimize *(anche fig.)*: ~ *la portata della crisi* to minimize the magnitude of the crisis. **minimizzaziọne** *f.* minimization.
mịnimo *(sup. di piccolo)* **I** *a.* 1 minimum, least, slightest: *tariffa –a* minimum (*o* lowest) charge; *senza il* ~ *sforzo* without the slightest (*o* least) effort; *non ho il* ~ *dubbio* I haven't the slightest (*o* least) doubt. 2 *(piccolissimo)* very small (*o* slight): *una differenza –a* a very small (*o* slight) difference; *(bassissimo)* very low. 3 *(il più basso)* lowest, minimum, bottom–: *temperatura –a* lowest temperature; ⟨*Mat*⟩ ~ *comun* **denominatore** lowest common denominator. **II** *s.m.* 1 least, minimum: *questo è proprio il* ~ *che possiate fare* this is really the least you can do. 2 ⟨*Mot*⟩ idling speed: *regolare il* ~ to adjust idling speed. □ **al** ~ *a* (at the) least: *mi ci vuole un'ora al* ~ it takes me ⌐at least an hour⌐ (*o* an hour at least); ⟨*Mot*⟩ *tenere il motore al* ~ to idle the motor; ~ *di* **paga** minimum wage; *il* ~ *della* **pena** the minimum (*o* lightest) penalty; *con una spesa* –a ~ a very cheaply (*o* inexpensively); *ridotto ai –i* **termini** reduced to the simplest terms; *il motore non* **tiene** *il* ~ the motor keeps stalling; ~ *di* **velocità** minimum (*o* lowest, bottom) speed.
mịnio *m.* minium, red lead (oxide).
mini|pịllola *f.* ⟨*Med*⟩ minidose pill, minipill. **~stạto** *m.* ministate, microstate.

ministeriạle *a.* 1 ministerial: *decreto* ~ ministerial decree. 2 *(governativo)* ministerial, governmental, cabinet–: *crisi* ~ cabinet (*o* ministerial) crisis.
ministęro *m.* 1 *(dicastero)* ministry, office, board, ⟨*SU*⟩ department; *(carica di ministro)* ministry; *(edificio)* ministry. 2 *(governo)* ministry, government; *(gabinetto)* cabinet: *formare un nuovo* ~ to form a new cabinet. 3 ⟨*fig*⟩ *(missione)* mission. □ ~ *dell'*aeronautica Air Ministry, ⟨*SU*⟩ Department of the Air Force; ~ *dell'*agricoltura *e foreste* Ministry of Agriculture and Forestry, ⟨*SU*⟩ Department of Agriculture; ~ *del* commercio Ministry of Commerce, ⟨*GB*⟩ Board of Trade, ⟨*SU*⟩ Department of Commerce; ~ *della* difesa Ministry of Defence, ⟨*SU*⟩ Department of Defense; ~ *degli (affari)* esteri Ministry of Foreign Affairs, ⟨*GB*⟩ Foreign Office, ⟨*SU*⟩ Department of State; ~ *delle* finanze Ministry of Finance, ⟨*GB*⟩ Exchequer, ⟨*SU*⟩ (Department of the) Treasury; ~ *di* **grazia** *e giustizia* Ministry of Justice, ⟨*GB*⟩ Lord Chancellor's Department, ⟨*SU*⟩ Department of Justice; ~ *della* **guerra** Ministry of War, ⟨*GB*⟩ War Office; ~ *dell'*industria *e commercio* Ministry of Industry and Commerce, ⟨*GB*⟩ Board of Trade, ⟨*SU*⟩ Department of Commerce; ~ ⌐*dell'*interno⌐ (*o degli interni*) Ministry of the Interior, ⟨*GB*⟩ Home Office, ⟨*SU*⟩ Department of the Interior; ~ *della pubblica* istruzione Ministry of Public Education, ⟨*GB*⟩ Ministry of Education, ⟨*SU*⟩ Department of Health, Education, and Welfare; ~ *dei* lavori *pubblici* Ministry of Public Works; ~ *del lavoro e della previdenza sociale* Ministry of Labour and Social Security, ⟨*GB*⟩ Ministry of Labour, ⟨*SU*⟩ Department of Labor; ~ *della* **marina** Navy Ministry, ⟨*GB*⟩ Admiralty, ⟨*SU*⟩ Department of the Navy; ~ *della marina mercantile* Ministry of the Merchant Marine; ~ *delle* partecipazioni *statali* Ministry of State Economic Participation; ~ *delle* poste *e delle telecomunicazioni* Ministry of the Postal and Telecommunication Services, ⟨*GB*⟩ Post Office, ⟨*SU*⟩ Post Office Department; ⟨*Dir*⟩ pubblico ~ Public Prosecutor, ⟨*SU*⟩ Prosecuting Attorney; ~ **sacerdotale** sacred ministry, priesthood; ~ *della* **sanità** Ministry of Health, ⟨*SU*⟩ Department of Health, Education and Welfare; ~ *del* **tesoro** Ministry of the Treasury, ⟨*GB*⟩ Treasury, ⟨*SU*⟩ (Department of the) Treasury; ~ *dei* trasporti *e dell'aviazione civile* Ministry of Public Transport and Civil Aviation; ~ *del* turismo *e dello spettacolo* Ministry of Tourism and Entertainment.
minịstro *m.* 1 minister, secretary. 2 ⟨*fig*⟩ *(divulgatore)* minister, propagator. 3 *(capo di comunità religiosa)* minister; *(protestante)* clergyman, *(cattolico)* priest; *(superiore di un ordine religioso)* minister, minister general. □ ~ *dell'*agricoltura *e delle foreste* Minister of Agriculture and Forestry, ⟨*SU*⟩ Secretary of Agriculture; ~ *dei beni culturali* cultural assets minister; Consiglio *dei –i* Cabinet; ~ *del* culto minister of religion; ~ *della* difesa Minister of Defence, ⟨*SU*⟩ Secretary of Defense; ~ *degli (affari)* esteri Minister of Foreign Affairs, ⟨*GB*⟩ Foreign Secretary, ⟨*SU*⟩ Secretary of State; ~ *delle* finanze Finance Minister, ⟨*GB*⟩ Chancellor of the Exchequer, ⟨*SU*⟩ Secretary of the Treasury; ~ *di* **grazia** *e giustizia* Minister of Justice, ⟨*GB*⟩ Lord (High) Chancellor, ⟨*SU*⟩ Attorney General; ~ *della* **guerra** Minister of War, ⟨*GB*⟩ Secretary (of State) for War; ~ ⌐*dell'*interno⌐ (*o degli interni*) Minister of the Interior, ⟨*GB*⟩ Home Secretary, ⟨*SU*⟩ Secretary of the Interior; ~ *per il lavoro e la previdenza sociale* Minister of Labour and Social Security, ⟨*SU*⟩ Secretary of Labor; ~ *della* marina Navy Minister, ⟨*GB*⟩ First Lord of the Admiralty, ⟨*SU*⟩ Secretary of the Navy; ~ *della* pianificazione *economica* minister of economic planning; ⟨*Dipl*⟩ ~ plenipotenziario minister plenipotentiary; ~ *senza* portafoglio minister without portfolio; ~ *delle* poste Postmaster General; primo ~ Prime Minister, Premier; ~ *della* protezione *civile* civil defence minister; ~ *della* sanità Minister of Health, ⟨*SU*⟩ Secretary of Health, Education and Welfare; ~ *del* tesoro Minister of the Treasury, ⟨*GB*⟩ Chancellor of the Exchequer, ⟨*SU*⟩ Secretary of the Treasury.
minitrattrịce *f.* ⟨*Agr*⟩ small tractor.
minọico *a.* (*pl.* **-ci**) ⟨*Archeol*⟩ Minoan: *civiltà –a* Minoan

civilization.

minoranza *f.* minority. □ *essere in* ~ to be a (*o* in the) minority.

minorasco *m.* (*pl.* -**chi**) ⟨*Dir*⟩ right of a younger son to inheritance.

minorato **I** *a.* disabled, handicapped. **II** *s.m.* (*f.* -**a**) disabled person. □ ~ *fisico* physically disabled person, cripple; ~ *del linguaggio* speech handicapped; ~ *psichico* mental deficient; (*subnormale*) subnormal (person); ~ *dell'udito* hearing handicapped. **minorazione** *f.* **1** (*diminuzione*) diminution, lessening. **2** (*l'essere minorato*) disablement. **3** ⟨*concr*⟩ disablement, disability, handicap: *soffre di una* ~ *fisica* he has a physical handicap.

minore (*compar. di piccolo*) **I** *a.compar.* **1** less, ⟨*attr*⟩ lesser, smaller: *con uno sforzo* ~ with less effort; *in misura* ~ to a lesser extent; ~ *del previsto* less than expected; (*più piccolo*) smaller; (*più breve*) shorter, less: *in un tempo* ~ in less (*o* a shorter) time. **2** (*più giovane*) younger: *è* ~ *di te di un anno* he is a year younger than you. **3** (*rif. a numeri*) smaller, lower. **4** (*minorenne*) under age, minor: *sua figlia è ancora* ~ his daughter is still under age. **5** (*inferiore*) lower, ⟨*attr*⟩ lesser, inferior: *grado* ~ lower rank. **6** (*meno importante*) minor, ⟨*attr*⟩ lesser: *i poeti* -*i* the minor poets; *il Manzoni* ~ Manzoni's minor works. **7** ⟨*Mus*⟩ minor: *do diesis* ~ C sharp minor. **II** *a.sup.* (always preceded by the definite article) **1** (*fra due*) lesser: *il* ~ *fra due mali* the lesser of two evils; (*fra più di due*) least; (*il più piccolo: fra due*) smaller; (*fra più di due*) smallest; (*il più breve: fra due*) shorter; (*fra più di due*) shortest. **2** (*il più giovane: fra due*) younger, junior; (*fra più di due*) youngest: *il* ~ *dei quattro fratelli* the youngest of the four brothers. **III** *s.m./f.* **1** (*fra due*) younger brother (*f* sister); (*fra più di due*) youngest brother (*f* sister). **2** (*minorenne*) minor, person under age. **Minore** *m./f.* (*appellativo*) the Younger: *Catone* ~ Cato the Younger. □ **arti** -*i* minor arts; **età** ~ minority; ⟨*Rel*⟩ **Frate** ~ Friar Minor, Minorite; *in* ~ **misura** to a lesser extent; *la minor* **parte** the minority; *a minor* **prezzo** at a lower price; **vietato** *ai* -*i di anni diciotto* no admittance to persons under eighteen.

minorenne **I** *a.* under age, minor (*anche Dir.*). **II** *s.m./f.* minor, juvenile, person who is under age (*anche Dir.*).

minorile *a.* ⟨*Dir*⟩ juvenile: *delinquenza* ~ juvenile delinquency.

minorita *m.* ⟨*Rel*⟩ Friar Minor, Minorite.

minorità *f.* minority (*anche Dir.*). □ *uscire di* ~ to come of age. **minoritario** *a.* of the minority, minority-.

Minosse *N.pr.m.* ⟨*Mitol*⟩ Minos.

Minotauro *N.pr.m.* ⟨*Mitol*⟩ Minotaur.

minuendo *m.* ⟨*Mat*⟩ minuend.

minuetto *m.* ⟨*Mus*⟩ minuet.

minugia *f.* (*pl. le minugia/le minugie*) **1** (*budello*) gut; (*per strumenti musicali*) catgut. **2** *pl.* (*interiora*) entrails *pl*, guts *pl*, intestines *pl*.

minuscola *f.* small (*o* lower-case) letter. **minuscolo** **I** *a.* **1** small: *lettera* -*a* small letter; *scrivere in lettere* -*e* to write in small letters. **2** ⟨*Tip*⟩ lower-case. **3** ⟨*Paleogr*⟩ minuscule. **4** ⟨*estens*⟩ (*piccolissimo*) tiny, minute. **II** *s.m.* ⟨*Tip*⟩ lower-case (letter), minuscule (letter).

minusvalenza *f.* ⟨*Econ*⟩ capital loss.

minuta *f.* rough copy (*o* draft): *stendere la* ~ to make a draft.

minutaglia *f.* **1** ⟨*spreg*⟩ odds and ends *pl*, bits and pieces *pl*. **2** (*pesciolini per frittura*) small fish *pl* (for frying).

minutamente *avv.* minutely, in detail, meticulously.

minutante *m.* **1** drafter, minute writer. **2** ⟨*Comm*⟩ (*dettagliante*) retailer.

minuteria *f.* (*ninnoli*) trinkets *pl*, gew-gaws *pl*, baubles *pl*. **minutezza** *f.* minuteness, smallness.

minutino *a.* (*gracile*) slight, slender, frail.

minuto[1] *m.* **1** minute (*anche Geom.*): *mancano dieci* -*i alle otto* it is ten (minutes) to eight. **2** (*iperb*) (*momento*) minute, moment, instant: *è affare di due* -*i* it won't take a minute (*o* moment), it will only take a minute (or so). □ **a** *cinque* -*i di strada* a five minutes walk (away); *a cinque* -*i di macchina* five minutes by car; ⟨*fig*⟩ **contare** *i* -*i* to look forward; *ho i* -*i contati* I have very little time; (*sono*

prossimo a morire) my time (*o* end) is near; **di** ~ *in* ~ any moment now; *tra pochi* -*i* in a few minutes, in a few minutes' time; ~ **primo** minute; ~ **secondo** second; ⟨*fig*⟩ **spaccare** *il* ~: 1 (*rif. a persona*) to be very punctual; 2 (*rif. a orologio*) to be right (*o* dead) on time.

minuto[2] *a.* **1** minute, small, tiny: *pezzi* -*i* small (*o* minute) pieces; *bestiame* ~ small cattle. **2** (*sottile*) fine, thin: *una pioggia* -*a* fine rain, drizzle. **3** (*delicato*) delicate, fine: *lineamenti* -*i* delicate features; (*gracile*) slight, slender, frail. **4** (*particolareggiato*) minute, detailed, circumstantial. **5** (*rif. a condizione sociale*) common, lower-class: *gente* -*a* common people. □ *al* ~ retail-: *commercio al* ~ retailing, retail business (*o* trade); *comprare al* ~ to buy at retail (prices).

minuzia *f.* (*inezia*) trifle, minor (*o* petty) detail: *perdersi in* -*e* to get bogged down in trifles. □ *badare alle* -*e* to stick to trifles, to be finicky. **minuziosaggine** *f.* ⟨*spreg*⟩ **1** pettiness, minuteness, meticulousness. **2** ⟨*concr*⟩ (*cavillo*) cavil, quibble. **minuziosamente** *avv.* minutely, meticulously. **minuziosità** *f.* meticulousness, fastidiousness, minuteness. **minuzioso** *a.* **1** (*rif. a persona: scrupo-loso*) meticulous, fastidious, scrupulous, precise. **2** (*rif. a cose*) minute, meticulous, (extremely) detailed, very careful: *esame* ~ very careful examination.

minzione *f.* ⟨*Fisiol*⟩ urination, miction.

mio **I** *a.poss.* **1** my: *il* ~ *cane* my dog; *molti miei amici* many of my friends, many friends of mine; *in vece* -*a* in my place; (*mio proprio*) my own: *l'ho visto con i miei occhi* I saw it with my own eyes. **2** ⟨*pred*⟩ mine: *questa penna è* -*a* this pen is mine. **3** (*nelle espressioni ellittiche*) my, *seguito dal sostantivo appropriato*: *voglio dire anch'io la* -*a* (*opinione*) I want to have my say too; *loro stanno dalla* -*a* (*parte*) they are on my side. **II** *pron.poss.* mine: *questa casa è più grande della* -*a* this house is bigger than mine. **III** *s.m.* **1** (*averi*) means *pl* (*costr. sing. o pl.*), property (of my own), my resources *pl*, what I have: *vivo del* ~ I have independent means, I have means of my own; *mi contento del* ~ I am satisfied with what I have; (*ciò che mi spetta di diritto*) what is mine (*o* due to me). **2** *pl.* (*parenti*) my family, my relatives *pl*: *passerò le vacanze con i miei* I will spend the holidays with my family; (*genitori*) my parents *pl*; ⟨*fam*⟩ my folks *pl.* □ *sta a casa* -*a* he is staying at my house (*o* with me); ⟨*esclam*⟩ *figlia* -*a!* my (dear) girl!; *tesoro* ~! (my) darling!

mio|cardia *f.* ⟨*Med*⟩ myocardia. **~cardico** *a.* (*pl.* -**ci**) myocardial, myocardiac. **~cardio** *m.* ⟨*Anat*⟩ myocardium. **~cardite** *f.* ⟨*Med*⟩ myocarditis.

miocene *m.* ⟨*Geol*⟩ Miocene (epoch). **miocenico** *a.* (*pl.* -**ci**) Miocene, Miocenic.

miologia *f.* ⟨*Anat*⟩ myology.

mioma *m.* ⟨*Med*⟩ myoma.

miope **I** *a.* ⟨*Med*⟩ myopic, short-sighted (*anche fig.*). **II** *s.m./f.* myope, short-sighted person (*anche fig.*). **miopia** *f.* myopia, short-sightedness (*anche fig.*).

miosi *f.* ⟨*Med*⟩ miosis, myosis.

miosite *f.* ⟨*Med*⟩ myosite.

miosotide *f.* ⟨*Bot*⟩ forget-me-not, myosote.

miotico *a./s.* (*pl.* -**ci**) **I** *a.* ⟨*Med,Farm*⟩ miotic, myotic. **II** *s.m.* ⟨*Farm*⟩ miotic, myotic. **miotonia** *f.* ⟨*Med*⟩ myotonia.

mira *f.* **1** aim. **2** (*bersaglio*) target. **3** ⟨*fig*⟩ (*fine, scopo*) aim, goal, object: *ha una sola* ~: *fare soldi* he has only one aim: to make money. **4** (*congegno di mira*) sight. □ *avere delle* -*e su qd.* to have designs on s.o.; ⟨*fig*⟩ *avere di* ~ *qc.* to aim at s.th.; *avere una* **buona** ~ to be a good shot; *avere una* **cattiva** ~ to be a poor shot; **linea** *di* ~: 1 line of sight (*o* aim); 2 ⟨*Topogr*⟩ line of collimation; **prendere** *la* ~ to take aim; ⟨*fig*⟩ *prendere di* ~ *qd.* to attack s.o.; *tutte le sue* -*e sono* **rivolte** *a ciò* he has only one goal before him.

mirabile *a.* admirable, wonderful. **mirabilia** *f.pl.* wonders *pl*: *dire* ~ *di qd.* to speak wonders of s.o. □ *promettere* ~ to promise the moon. **mirabilmente** *avv.* admirably, wonderfully. **mirabolante** *a.* ⟨*scherz*⟩ (*strabiliante*) amazing, astonishing.

miracolato **I** *a.* miraculously healed. **II** *s.m.* (*f.* -**a**) miraculously healed person. **miracolismo** *m.* utopianism. **miracolista** *m.//.* utopian. **miracolo** *m.* **1** miracle (*anche fig.*): *per ~ non fui investito* it was a miracle I wasn't run over; *i –i della scienza* the wonders (*o* miracles) of science. **2** ⟨*Mediev*⟩ (*sacra rappresentazione*) miracle play. **3** (*esclam*) what a miracle (*o* wonder): *ti sei tagliato i capelli: ~!* you've had your hair cut: what a miracle! □ *~ economico* economic miracle; *fare –i* to work (*o* perform) miracles; ⟨*fig*⟩ to work wonders: *questa medicina fa –i* this medicine works wonders; *gridare al ~* to make a great clamour over s.th. **miracolosamente** *avv.* miraculously, surprisingly. **miracoloso I** *a.* miraculous (*anche fig.*): *immagine –a* miraculous image; *medicina –a* miraculous (*o* miracle) drug; *guarigione –a* miraculous recovery. **II** *s.m.inv.* miraculous nature, wonderful quality. □ *ha del ~* there is something miraculous about it; *luogo◦ ~* site of miracles (*o* a miracle).

miraggio *m.* mirage (*anche fig.*).

mirare I *v.t.* ⟨*lett*⟩ to gaze (*o* look, stare) at. **II** *v.i.* (*aus.* avere) **1** to aim (*a* at), to sight (s.th.); (*assol*) to take aim. **2** ⟨*fig*⟩ (*tendere*) to aim (*a* at), to tend (towards). **mirarsi** *v.r.* to look at o.s., to admire o.s.: *mirarsi allo specchio* to look at o.s. in the mirror. □ *~* (*troppo*) *in alto* to aim (too) high; *~ a ottenere qc.* to aim at getting s.th.

miriade *f.* myriad. □ *a –i* in great numbers, by the thousand.

miriagrammo *m.* myriagramme. **miriametro** *m.* myriametre. **miriapodi** *m.pl.* ⟨*Zool*⟩ myriopods *pl,* myriapods *pl.*

mirino *m.* **1** sight. **2** ⟨*Fot*⟩ viewfinder, viewer. □ *~ a cannocchiale* telescopic view finder; ⟨*Fot*⟩ *~ a pozzo* waist–level finder; *~ a visione diretta* direct vision finder.

miristica *f.* ⟨*Bot*⟩ nutmeg tree.

mirmidone (*o mirmidone*) *m.* ⟨*Stor.gr*⟩ Myrmidon.

mirmillone *m.* ⟨*Stor.rom*⟩ mirmillon.

Mirone *N.pr.m.* ⟨*Stor*⟩ Myron.

mirra *f.* myrrh.

mirtacee *f.pl.* ⟨*Bot*⟩ mirtaceae.

mirtillo *m.* ⟨*Bot*⟩ whortleberry, bilberry.

mirto *m.* ⟨*Bot*⟩ myrtle.

misantropia *f.* misanthropy, misanthropism. **misantropico** *a.* (*pl.* -ci) misanthropic(al). **misantropo I** *s.m.* (*f.* -a) misanthrope, misanthropist. **II** *a.* misanthropic(al).

miscela *f.* **1** mixture, mix. **2** (*rif. al caffè*) blend: *~ per famiglia* family (*o* economy) blend. **3** ⟨*Met*⟩ mixture. **4** ⟨*Mot*⟩ (*di aria e benzina*) mixture: *~ carburante* fuel mixture; (*di olio e benzina*) petroil. □ ⟨*Mot*⟩ *~ anticongelante* antifreeze; *~ esplosiva* explosive mixture; *~ frigorifera* freezing mixture; *~ normale* normal mixture, ⟨*am*⟩ regular gas. **miscelare** *v.t.* (*miscelo*) **1** to mix, to blend. **2** ⟨*Aut*⟩ to mix. **miscelatore** *m.* (*f.* -trice) **1** (*operaio*) mixer. **2** (*macchina*) mixer, mixing machine, blender. **3** ⟨*Rad*⟩ mixer. **miscelatrice** *f.* **1** (*operaia*) mixer. **2** (*macchina*) mixer, mixing machine, blender. **miscelatura, miscelazione** *f.* mixing.

miscellanea *f.* ⟨*lett*⟩ **1** (*mescolanza*) mixture, medley, miscellany. **2** (*titolo di libri*) miscellany; (*gli scritti raccolti*) anthology, miscellanies *pl.* **miscellaneo** *a.* ⟨*lett*⟩ miscellaneous.

mischia *f.* **1** fray, scuffle, tussle: *entrare nella ~* to enter the fray; (*rissa*) brawl, fight. **2** ⟨*Sport*⟩ scrum, scrummage. **3** ⟨*Tess*⟩ mixing, blending. **mischiare** *v.t.* (*mischio, mischi*) to mix, to blend, to mingle: *~ l'acqua con il vino* to mix water with wine. **mischiarsi** *v.r.* **1** to mix, to blend, to (inter)mingle. **2** ⟨*fig*⟩ (*impicciarsi*) to interfere, to meddle, to get mixed up (*in* in). □ *~ le carte* to shuffle (the cards). **mischiata** *f.* quick mix. □ *dare una ~ alle carte* to shuffle the cards. **mischiatura** *f.* (*atto*) mixing, blending, mingling; (*effetto*) mixture, blend.

misconoscere *v.t.* (*misconosco, misconosci; misconobbi, misconosciuto*) ⟨*lett*⟩ to refuse to recognize (*o* acknowledge), to disregard: *~ l'utilità di un consiglio* to refuse to recognize the value of advice; (*non apprezzare*) to underestimate. □ *~ i benefici ricevuti* to be ungrateful.

misconosciuto (*p.p. di misconoscere*) *a.* ⟨*lett*⟩ disregarded, unacknowledged, ignored.

miscredente I *a.* **1** (*incredulo*) unbelieving. **2** (*estens*) (*non religioso*) non–religious, unreligious. **II** *s.m.//.* unbeliever; (*empio, chi ha una falsa credenza*) misbeliever, miscreant. **miscredenza** *f.* **1** (*incredulità*) unbelief, disbelief, lack of belief (*o* faith); (*falsa credenza*) miscreance, misbelief. **2** (*estens*) (*mancanza di fede*) lack of faith, irreligiousness.

miscuglio *m.* **1** mixture, jumble, medley, hodgepodge (*anche fig.*). **2** ⟨*Chim*⟩ mixture, mix; (*dosato*) blend.

miserabile I *a.* **1** miserable, wretched. **2** (*che suscita pietà*) wretched, pitiful, unhappy, miserable. **3** (*di scarso valore*) miserable, worthless, ⟨*spreg*⟩ paltry. **4** ⟨*spreg*⟩ (*rif. a persona*) despicable, vile, wretched, ⟨*fam*⟩ no–good: *un ~ ricattatore* a despicable blackmailer; (*rif. a cosa*) miserable, shabby, low, shameful. **II** *s.m.//.* **1** (*poor*) wretch, miserable (*o* wretched) person. **2** ⟨*spreg*⟩ wretch, scoundrel. **miserabilità** *f.* **1** wretchedness, misery. **2** ⟨*spreg*⟩ wretchedness, shabbiness, miserableness. **miserabilmente** *avv.* miserably, wretchedly. **miseramente** *avv.* **1** miserably, pitifully. **2** (*poveramente*) poorly, meanly, wretchedly. **3** (*meschinamente*) miserably, meagrely, scantily.

miserando *a.* pitiful, pitiable, wretched, unhappy. **miserere** *m.* ⟨*Rel,Mus*⟩ miserere. **miserevole** *a.* wretched, pitiful, miserable.

miseria *f.* **1** (*povertà estrema*) poverty, indigence: *vivere nella più squallida ~* to live in dire poverty; (*squallore*) misery, wretchedness, dreariness. **2** (*infelicità*) misery, unhappiness, distress. **3** (*inezia*) pittance, trifle, (mere) nothing. **4** *pl.* (*situazioni tristi*) misfortunes *pl,* troubles *pl,* miseries *pl.* **5** (*penuria*) shortage, scarcity: *~ d'acqua* water shortage. **6** ⟨*Bot*⟩ (*anche erba miseria*) spiderwort. □ *che ~ questo dramma!* what a terrible play!; *costare una ~* to cost very little, to be very cheap; *~ nera* dire poverty (*o* want); ⟨*fam*⟩ *per la ~!* (*sorpresa*) good heavens!; (*indignazione*) for heaven's sake!; *per la ~ di mille lire* for a mere⌐ (*o* the paltry sum of a) thousand lire; *comprare* (*o vendere*) *qc. per una ~* to buy (*o* sell) s.th. for a song; ⟨*fam*⟩ *piangere ~* to cry poverty, to complain that one is hard up; ⟨*pop*⟩ *porca ~!* damn (it)!, blow (it)!, blast (it)!; *ridursi in ~* to be reduced to poverty; *una ~ di stipendio* a pittance.

misericordia *f.* **1** mercy, mercifulness. **2** (*compassione*) pity, compassion: *provare ~* to feel pity. **3** (*esclam*) my goodness, (good) heavens. **4** ⟨*Stor*⟩ (*pugnale*) misericord. □ *avere ~ di qd.* to have mercy (*o* upon) s.o.: *Dio abbia ~ di noi* Lord have mercy upon us; *opera di ~:* 1 ⟨*Teol*⟩ work of mercy (*o* charity); 2 ⟨*scherz*⟩ (*cosa gradita*) favour, blessing, good deed; *senza ~:* 1 merciless, pitiless; 2 (*spietato*) ruthless, relentless; *usare ~ a qd.* (*soccorrerlo*) to take pity on s.o.; (*perdonarlo*) to have mercy on s.o., to pardon s.o. **misericordioso** *a.* merciful.

miserino *a.* poor, scanty. **misero** *a.* **1** (*povero: rif. a persone*) poor, poverty–stricken, wretched; (*rif. a cose*) poor, wretched, shabby. **2** (*infelice*) miserable, sad, unfortunate: *una –a sorte* a sad fate. **3** (*insufficiente, scarso*) miserable, paltry, sorry, poor, scanty: *un ~ pranzo* a poor meal. **4** (*meschino*) miserable, poor, sorry, mean, pitiful: *una –a scusa* a poor (*o* sorry, lame) excuse. **5** (*rif. ad abiti: stretto*) tight, skimpy. **miserrimo** *sup. di* misero.

misfatto *m.* misdeed; (*delitto*) crime.

misi → mettere.

misirizzi *m.* (*balocco*) tumbler, roly–poly.

misoginia *f.* misogyny, misogynism. **misogino I** *a.* misogynic. **II** *s.m.* misogynist. **misoneismo** *m.* misoneism. **misoneista** *s.m.//.* misoneist.

missaggio *m.* ⟨*Cin,TV*⟩ mixing. □ ⟨*Cin,TV*⟩ *apparecchio per il ~* mixer; ⟨*Cin,TV*⟩ *tavolo di ~* mixing table; *tecnico del ~* mixer. **missare** *v.t.* to mix.

missile *m.* missile. □ *~ antiaereo* anti–aircraft missile; *~ aria–aria* air–to–air missile; *~ balistico* ballistic missile; *~ comandato* guided missile; ⟨*Mil*⟩ *~ da crociera* cruise missile; *~ intercontinentale* intercontinental (ballistic) missile; ~ **monostadio** single–stage missile; ~ **polistadio** multi–stage missile; ~ *a medio* **raggio** medium–range missile; ~ *a due* **stadi** two–stage missile; ~ *con* **testata** *nucleare* nuclear–warhead missile; ~ *a* **testate** *multiple* multiple–warhead missile.

missilistica *f.* rocketry, missilery. **missilistico** *a.* (*pl.* -ci) missile–: *base* –*a* missile base.

missino I *a.* of the M.S.I. Party, Neofascist–. II *s.m.* (*f.* -a) member of the M.S.I. party.

missionario I *s.m.* (*f.* -a) ⟨*Rel*⟩ missionary (*anche fig.*). II *a.* missionary (*anche fig.*): *suore* –*e* missionary sisters.

missione *f.* mission (*anche estens.*). □ ⟨*Dipl*⟩ ~ **accreditata** accredited mission; ~ **commerciale** trade mission; *portare a compimento una* ~ to ⌈carry out⌉ (*o* fulfil) a mission; ~ **compiuta** mission accomplished; ~ **diplomatica** diplomatic mission; ⟨*Rel*⟩ ~ **divina** divine mission; ⟨*Mil*⟩ ~ *di* **guerra** (war) mission; ~ **segreta** secret mission (*o* assignment); *in* ~ **speciale** on a special mission.

Mississippi (*o* *Mississippi*) *N.pr.m.* ⟨*Geog*⟩ Mississippi.

missiva *f.* missive, letter, message.

misterico *a.* (*pl.* -ci) ⟨*Rel*⟩ mystery–. **misteriosamente** *avv.* mysteriously. **misteriosità** *f.* mysteriousness. **misterioso** *a.* **1** mysterious; (*enigmatico*) inscrutable, enigmatical, mysterious. **2** (*segreto*) secret, covert. □ *fare il* ~ to behave mysteriously.

mistero *m.* **1** mystery (*anche Teol.*): *i* –*i dell'animo umano* the mysteries of the human soul; *per me è un* ~ it is a mystery (*o* puzzle) to me. **2** *pl.* ⟨*Rel*⟩ mysteries *pl*: *i* –*i dionisiaci* the Dionysiac mysteries. **3** ⟨*Lett*⟩ mystery (play). □ *circondarsi di* ~ to act mysteriously; ⟨*Rel*⟩ *i* –*i dolorosi* the Sorrowful Mysteries (of the Rosary); *far* –*i* to be mysterious; *far* ~ *di qc.* to make a mystery of s.th.; *non far* ~ *di qc.* to make no secret of s.th.; ⟨*Rel*⟩ *i* –*i gaudiosi* the Joyful Mysteries; ⟨*fam*⟩ **quanti** –*i!* how secretive you are!

mistica *f.* mysticism, mystical theology. **misticamente** *avv.* mystically. **misticismo** *m.* mysticism. **misticità** *f.* mysticality, misticity. **mistico** *a./s.* (*pl.* -ci) I *a.* mystic(al). II *s.m.* (*f.* -a) mystic.

mistificare *v.t.* (*mistifico, mistifichi*) to mystify, to hoax. **mistificato** *a.* (*adulterato*) adulterated, doctored. **mistificatore** *m.* (*f.* -trice) mystifier, mystificator. **mistificazione** *f.* **1** mystification. **2** (*imbroglio*) deception, hoax.

mistione *f.* (*mescolanza*) mixture, medley. **misto** I *a.* **1** mixed, blended, mingled: *latte* ~ *a caffè* milk mixed with coffee; *matrimonio* ~ mixed marriage. **2** ⟨*Scol*⟩ (*rif. a classi*) mixed, ⟨*pred*⟩ for (*o* of) boys and girls: *classe* –*a* mixed class, class of boys and girls; (*rif. a scuole*) coeducational, ⟨*fam*⟩ coed. II *s.m.* mixture. □ ~ *lana* wool mixture, mixed wool; ~ *seta* mixed silk.

mistrà *m.* anisette.

mistral *m.* ⟨*Meteor*⟩ mistral.

mistura *f.* **1** (*mescolanza*) mixture. **2** ⟨*spreg*⟩ (*bevanda sgradevole*) (vile) brew, disgusting mixture.

misura *f.* **1** measure (*anche fig.*): ~ *di capacità per liquidi* liquid measure; *l'uomo è la* ~ *di tutte le cose* man is the measure of all things. **2** (*dimensione*) measurements *pl,* dimensions *pl*: *prendere le* –*e di qd.* to take s.o.'s measurements. **3** (*taglia*) size: *porto la quarta* ~ I take size four. **4** (*misurazione*) measurement, measuring. **5** ⟨*fig*⟩ (*provvedimento*) step, measure: *prendere delle* –*e* to take steps. **6** ⟨*fig*⟩ (*moderazione*) moderation, restraint: *non conosce* ~ he lacks moderation, he has no restraint. **7** ⟨*fig*⟩ (*limite*) limit, bounds *pl*: *superare ogni* ~ to exceed all limits (*o* bounds). **8** ⟨*fig*⟩ (*proporzione*) measure, extent, degree: *in uguale* ~ in equal measure, to the same extent; *nella* ~ *delle mie possibilità* as much (*o* far) as I can. **9** ⟨*Metr*⟩ measure, metre. **10** ⟨*Sport*⟩ measure, (limit of) distance. **11** ⟨*Mus*⟩ (*battuta*) beat, measure. □ ~ *di* **altezza** (measurement of) height; ~ *di* **capacità** (measure of) capacity; ⟨*Dir*⟩ –*e* **cautelari** precautionary measures; ⟨*fig*⟩ *la* ~ *è* **colma** that's the limit (*o* last straw); ⟨*fig*⟩ **colmare** *la* ~ to go too far; ⟨*fig*⟩ **con** ~ (*con moderazione*) within measure (*o* limits); –*e* **correttive** corrective measures; **della** ~ *di* measuring; *a* ~ **fissa**

fixed–size; ~ *di* **larghezza** (measure of) width; ⟨*Sport*⟩ ~ **lunga** out of distance; ~ ⌈*di* **lunghezza**⌉ (*o* *lineare*) linear measure, (measurement of) length; ⟨*fig*⟩ **mezze** –*e* half–measures; ~ **normale** standard measure; **oltre** (*ogni*) ~ beyond measure; ⟨*fig*⟩ **passare** *la* ~ to go too far, to overstep the mark; ⟨*fig*⟩ *usare due* **pesi** *e due* –*e* to be unfair (*o* partial); **prendere** *le* –*e di qc.* to measure s.th.; ~ **preventiva** preventive measure; –*e* **profilattiche** preventive measures; –*e* **promozionali** promotion (*o* development) measures; ~ *di* **sicurezza** safety measure; **su** ~ made to measure, custom–made; *fare un abito su* ~ to make a suit to measure; ~ *di* **superficie** square measure; ⟨*Sport*⟩ **vincere** *di* ~ to win by a narrow margin; ~ *di* **volume** measure of capacity.

misurabile *a.* measurable. **misurabilità** *f.* measurability.

misurare I *v.t.* **1** to measure; (*rif. a terreno e sim.*) to survey; ⟨*tecn*⟩ (*con strumenti di precisione*) to gauge, to measure. **2** (*pesare*) to weigh. **3** (*provare: indossando*) to try on; (*facendo indossare*) to fit for: *la sarta mi ha misurato il vestito* the dressmaker fitted me for my dress. **4** (*percorrere*) to pace. **5** ⟨*fig*⟩ (*valutare*) to estimate, to measure, to weigh up: ~ *le difficoltà di un'impresa* to estimate the difficulties of an undertaking. **6** ⟨*fig*⟩ (*contenere*) to limit, to keep down, to keep within limits (*o* bounds): ~ *le spese* to keep expenses down. **7** ⟨*fig*⟩ (*paragonare*) to compare, to measure, to set. **8** ⟨*fig*⟩ (*ponderare*) to measure, to weigh: ~ *le parole* to weigh one's words. II *v.i.* (*aus.* avere) to measure. **misurarsi** *v.r.* **1** (*rif. a indumenti: provare*) to try on. **2** (*competere*) to measure o.s., to try one's strength (*con* against), to compete, to contend (with): *misurarsi in una gara* to compete in a race. □ ~ *le proprie forze* to try (*o* measure) one's strength; ⟨*scherz*⟩ ~ *il pavimento* (*cadere lungo disteso*) to measure one's length; *misurarsi con qd.* (*cimentarsi*) to cross swords with s.o.; ~ *la temperatura a qd.* to take s.o.'s temperature.

misuratamente *avv.* with measure, measuredly.

misurato *a.* **1** (*moderato*) moderate; (*prudente*) cautious. **2** (*limitato*) limited. **3** (*ponderato*) measured, considered: *parole* –*e* measured words. □ *essere* ~ *nel parlare* to measure (*o* weigh) one's words, to speak thoughtfully.

misuratore *m.* (*f.* -trice) (*strumento*) meter, gauge. □ ⟨*Topogr*⟩ ~ *di livello* hypsometer; ⟨*Idr*⟩ ~ *di portata* displacement meter; ~ *di profondità* depthometer; ~ *di terreno* land surveyor. **misurazione** *f.* measuring, measurement; (*rif. a terreni*) surveying; ⟨*tecn*⟩ (*con strumenti di precisione*) gauging. **misurino** *m.* measure.

mite *a.* **1** mild, gentle, meek. **2** (*dettato da mitezza*) mild, light, lenient: *sentenza* ~ light sentence. **3** (*temperato*) mild, temperate: *un inverno* ~ a mild winter. **4** (*moderato*) moderate, reasonable: *prezzo* ~ moderate price. □ *venire a più* –*i* *consigli* to see reason. **mitezza** *f.* **1** (*rif. a persone*) mildness, gentleness, meekness. **2** (*rif. a cose*) mildness, leniency, lightness: *la* ~ *d'una pena* the lightness of a sentence; (*rif. al tempo*) mildness, temperateness.

miticamente *avv.* mythically. **mitico** *a.* (*pl.* -ci) mythical.

mitigabile *a.* mitigable. **mitigare** *v.t.* (*mitigo, mitighi*) **1** to mitigate, to lessen, to lighten: ~ *una pena* to mitigate a sentence. **2** (*lenire*) to relieve, to alleviate: ~ *il dolore* to relieve pain. **mitigarsi** *v.r.* **1** (*moderarsi*) to abate, to subside, to lessen. **2** (*calmarsi*) to calm (down); (*rif. al tempo*) to become milder. **mitigazione** *f.* mitigation; (*di passioni*) appeasement; (*di dolore*) relief.

mitilo *m.* ⟨*Zool*⟩ mussel.

mitizzare *v.t.* to mythicize. **mitizzazione** *f.* mythicizing. **mito** *m.* myth (*anche estens.*): *i* –*i degli dei* the myths of the gods; *fare crollare un* ~ to destroy (*o* explode) a myth.

mitocondrio *m.* ⟨*Biol*⟩ mitochondrion.

mitografia *f.* mythography. **mitografo** *m.* mythographer.

mitologia *f.* mythology (*anche estens.*): ~ *nordica* Norse mythology; ~ *classica* classical mythology. **mitologico** *a.* (*pl.* -ci) mythological: *figura* –*a* mythological figure. **mitologo** *m.* (*pl.* -gi, *f.* -a) mythologist.

mitomane *m./f.* ⟨*Psic*⟩ mythomaniac. **mitomania** *f.*

mythomania.
mitosi f. ⟨Biol⟩ mitosis. **mitotico** a. (pl. -ci) mitotic.
mitra[1] f. ⟨Lit,Stor.gr⟩ mitre.
mitra[2] m.inv. sub–machine–gun, ⟨fam⟩ tommy–gun.
mitraglia f. 1 (fuoco di mitragliatrice) machine–gun fire.
2 (mitragliatrice) machine–gun. 3 ⟨Mil.ant⟩ grapeshot,
mitraille. **mitragliamento** m. 1 machine–gunning, (il
fuoco) machine–gun fire. 2 ⟨fig⟩ (martellamento)
hammering, pounding. **mitragliare** v.t. (mitraglio,
mitragli) 1 to machine–gun. 2 ⟨fig⟩ (martellare) to
hammer, to bombard, to pound: ~ qd. di domande to
bombard s.o. with questions. **mitragliata** f. 1
machine–gunning, machine–gun fire. 2 ⟨Mil.ant⟩ volley of
grapeshot. **mitragliatore** I a. sub–machine–, light
machine–: fucile ~ light machine–gun; pistola
mitragliatrice sub–machine–gun. II s.m. light
machine–gun. **mitragliatrice** f. machine–gun. □ ~
automatica (automatic) machine–gun; ⟨fig⟩ sembrare una
~ to rattle away, to jabber. **mitragliera** f. machine–gun.
mitragliere m. machine–gunner.
mitrale a. ⟨Anat,Biol⟩ mitral: valvola ~ mitral valve.
mitrato I a. mitred. II s.m. (prelato della chiesa)
prelate.
Mitridate N.pr.m. ⟨Stor⟩ Mithridates. **mitridatico** a. (pl.
-ci) 1 ⟨Stor.rom⟩ Mithridatic. 2 ⟨Med⟩ (del mitridatismo)
mithridatic. **mitridatismo** m. ⟨Med⟩ mithridatism.
mitridatizzare v.t. to mithridatize. **mitridatizzarsi** v.r. to
mithridatize o.s. (contro against). **mitridatizzazione** f.
mithridatization.
Mitteleuropa N.pr.f. ⟨Geog⟩ Central Europe.
mitteleuropeo a. Central European.
mittente m./f. ⟨Post⟩ sender: indicare il ~ indicate the
sender's name; (indicazione sulla corrispondenza) sender:
~ Maria Rossi sender Maria Rossi.
mixedema m. ⟨Med⟩ myxedema.
mixomiceti m.pl. ⟨Bot⟩ myxomycetes pl.
MKS = ⟨Fis⟩ metro–chilogrammo–secondo
metre–kilogramme–second (abbr. MKS).
ml = millilitro millilitre (abbr. ml., ml).
M.L.D. = movimento di liberazione della donna Women's
Liberation, Women's Lib, Fem Lib.
mm = millimetro millimetre (abbr. mm., mm).
mnemonica f. mnemonics pl (costr. sing.), mnemotechny.
mnemonicamente avv. mnemonically. **mnemonico** a.
(pl. -ci) 1 mnemonic(al): esercizio ~ mnemonic exercise.
2 ⟨spreg⟩ (meccanico) mechanical, rote: apprendimento ~
rote learning. **mnemonismo** m. mnemonics pl (costr.
sing.), mnemotechny. **Mnemosine** (o Mnemosine) N.pr.f.
⟨Mitol⟩ Mnemosyne. **mnemotecnica** f. → mnemonica.
mo' (apoc. di modo) m. ⟨ant⟩ way. □ a ~ di by way of,
as, like: a ~ d'esempio by way of example; a ~ di
mantello like a cloak.
M.O. = Medio Oriente Middle East, Mideast.
moabita m./f. Moabite. **moabitico** a./s. (pl. -ci) I a.
Moabitic, Moabite. II s.m. (lingua) Moabite.
mobile[1] I a. 1 mobile, moving: scala ~ moving staircase;
⟨Econ⟩ sliding scale. 2 (che si può muovere) movable,
mobile. 3 ⟨Med⟩ floating: rene ~ floating kidney. 4
⟨Dir⟩ movable. II s.m. ⟨Dir⟩ (bene mobile) personal
property, movable. III s.f. (squadra mobile) flying squad.
□ caratteri –i movable types; ⟨Lit⟩ feste –i movable
feasts; sabbie –i quick (o shifting) sands.
mobile[2] m. 1 piece of furniture; pl. furniture. 2 ⟨Fis⟩
mobile. □ –di acciaio steel furniture; ~ bar bar; –i
componibili unit (o sectional) furniture; –i imbottiti
upholstered furniture; ⟨Astrol⟩ primo ~ primum mobile;
–i da ufficio office furniture.
mobilia f. (mobili) furniture.
mobiliare[1] a. ⟨Dir,Econ⟩ movable, personal: capitale ~
movable goods, movables pl, personal property.
mobiliare[2] v.t. (mobilio, mobili) to furnish. **mobiliato** a.
furnished: vivere in una camera –a to live in a furnished
room.
mobiliere m. 1 (fabbricante) furniture manufacturer. 2
(venditore) furniture seller. **mobilificio** m. furniture
factory.
mobilità f. 1 mobility, movability. 2 ⟨fig⟩ (mutevolezza)

changeableness, mutability. 3 ⟨fig⟩ (volubilità) fickleness,
inconstancy. □ ~ della manodopera labour mobility; ~
del personale staff mobility; sociale social mobility.
mobilitare v.t. (mobilito) ⟨Mil,Econ⟩ to mobilize.
mobilitazione f. mobilization (anche fig.): ⟨Mil⟩ ~
generale general mobilization; ⟨fig⟩ la ~ dell'opinione
pubblica the mobilization of public opinion.
moca I s.m.inv. (bevanda) mocha (coffee). II s.f.inv.
(macchina) mocha machine.
mocassino m. moccasin.
moccio m. mucus (of the nose), ⟨volg⟩ snot. **moccioso** I
a. (rif. al naso) snotty; (rif. a persona) snotty–nosed. II
s.m. (f. -a) ⟨fig,spreg⟩ young whipper–snapper.
moccolo (o moccolo) m. 1 candle end; ⟨spreg⟩ (candela)
candle. 2 (scolatura di cera) candle drippings pl. 3
⟨fam⟩ (bestemmia) oath, swear word. □ ⟨fig⟩ reggere il ~
to play gooseberry; tirare un ~ to swear, to curse.
moda f. 1 fashion, style. 2 (costume) custom, usage. 3 (rif.
ad abbigliamento) fashion, fashions pl: la ~ parigina Paris
fashion, the Paris fashion. 4 ⟨Statist⟩ mode. □ alla ~
fashionable, in fashion (o style): un cappello all'ultima ~
a hat in the latest fashion; una signora alla ~ a
fashionable woman; alta ~ haute couture, high fashion;
andare di ~ to be ⌜the fashion⌝ (o fashionable); di ~
fashionable, ⟨fam⟩ the rage (o thing), ⟨pred,fam⟩ in: è di
~ andare in vacanza all'estero it's the thing now to go on
holiday abroad; quest'anno è di gran ~ lo sci acquatico
water–skiing is (all) the rage this year; fuori (di) ~ out of
fashion, ⟨pred,fam⟩ out; negozio di –e fashion (o dress)
shop; passare di ~ to go out (of fashion); ritornare di ~
to come back into fashion; seguire la ~ to follow the
dictates of fashion.
modale a. 1 ⟨Gramm⟩ modal; (rif. ad avverbi) of manner.
2 ⟨Mus,Filos,Dir⟩ modal. **modalità** f. 1 way, manner,
form. 2 ⟨Dir,burocr⟩ formality, procedure: nelle (o
secondo le) ~ previste dalla legge in accordance with the
procedure laid down by the law. □ ~ per l'uso
instructions for use.
modanare v.t. (modano) to mould. **modanato** a.
moulded. **modanatura** f. moulding (anche Arch.).
modella f. 1 model: fare da ~ a un pittore to be a
painter's model, to pose for a painter. 2 (indossatrice)
(fashion) model, mannequin. **modellabile** a. mouldable,
that can be modelled (o fashioned). **modellare** v.t.
(modello) to model, to shape, to mould: ~ l'argilla to
model clay. **modellarsi** v.r. to model o.s. (su on), to take
as a model (s.o.). **modellato** I a. modelled, moulded,
formed, shaped. II s.m. ⟨Scult,Pitt⟩ modelling.
modellatore I s.m. (f. -trice) modeller. II a. modelling.
modellatura, modellazione f. 1 modelling, moulding.
2 ⟨Geol⟩ mo(u)ld.
modellino m. miniature. **modellismo** m. model–making;
(aeromodellismo) model aircraft construction. **modellista**
m./f. 1 ⟨Mod⟩ model (o pattern) maker. 2 ⟨tecn⟩ pattern
maker. 3 (chi idea piccoli modelli di veicoli, macchine e
sim.) designer of models. **modellistica** f. design and
construction of models. **modellistico** a. (pl. -ci) model–,
of models.
modello I s.m. 1 model, pattern, design: copiare un ~ to
follow a pattern. 2 ⟨Sart⟩ (cartamodello) (paper) pattern;
(figurino) fashion sketch; (vestito) model, original
(creation): questo vestito è un ~ this dress is an original. 3
⟨fig⟩ (esempio) model, example, pattern: seguire il ~ dei
classici to take classical writers as one's model; un ~ di
impiegato a model employee. 4 (riproduzione in scala
ridotta) (scale) model. 5 (tipo) model, type: un'automobile
ultimo ~ a new model car. 6 ⟨Art⟩ (chi posa; f. -a)
(artist's) model. 7 ⟨tecn,Econ⟩ model. 8 ⟨Met⟩ pattern,
mould. II a.inv. model: scuola ~ model school. □ ~
brevettato patented model (o design); ~ in cera wax
model; citare qd. come ~ to cite s.o. as an example; ~
depositato registered pattern; ⟨Mod⟩ ~ esclusivo
exclusive model; ~ d'esposizione showroom model; ~ da
fonderia pattern; ~ in gesso plaster cast; ~ di nave
model of a ship; (modellino) model ship; proporsi qd.
come ~ to take s.o. as one's model, to model o.s. on s.o.;
~ in scala scale model; ⟨Aut⟩ ~ di serie standard (o

current) model; ~ *fuori serie* special model; **sfilata** *di –i* fashion parade; ⟨*Aut*⟩ ~ **sportivo** sport model.

modem *m.* ⟨*Inform*⟩ modem. □ ~ *acustico* acoustic coupler.

modenese *a./s.m./f.* Modenese.

moderabile *a.* that can be moderated. **moderare** *v.t.* (mòdero) **1** (*dominare*) to control, to restrain, to curb: ~ *le passioni* to control one's passions. **2** ⟨*estens*⟩ (*attenuare*) to moderate, to mitigate, to temper; (*diminuire*) to reduce, to lessen, to moderate: ~ *la velocità* to reduce speed, to slow down. **3** (*rif. a dibattiti e simili*) to lead. **moderarsi** *v.r.* to control (o.s.), to limit (o.s.): *moderarsi nel bere* to limit (o cut down) one's drinking. □ *moderarsi nel fumo* to cut down one's smoking.

moderatamente *avv.* moderately. **moderatezza** *f.* moderation, temperance. **moderatismo** *m.* ⟨*Pol*⟩ moderatism. **moderato I** *a.* **1** moderate, temperate: *un uomo* ~ *nel mangiare* a moderate eater. **2** ⟨*Pol*⟩ moderate, middle-of-the-road: *tendenze –e* moderate tendencies. **II** *s.m.* (*f.* -a) ⟨*Pol*⟩ moderate, middle-of-the-road. **moderatore I** *s.m.* (*f.* -trice) **1** moderator (*anche Chim.,Atom.*). **2** (*rif. a dibattiti*) moderator. **3** (*rif. gruppi di lavoro*) team leader. **II** *a.* **1** moderating. **2** ⟨*tecn*⟩ moderator–. **moderazione** *f.* moderation, temperance. □ *avere* (o *usare*) ~ *in qc.* to be moderate in (doing) s.th.; *con* ~ in moderation, moderately; *senza* ~ without moderation, immoderately.

modernamente *avv.* in a modern way, modernly. **modernismo** *m.* **1** modernism. **2** ⟨*Rel.catt*⟩ Modernism. **modernista I** *s.m./f.* modernist (*anche Rel.catt.*). **II** *a.* → **modernistico. modernistico** *a.* (*pl.* -ci) modernist(ic) (*anche Rel.catt.*). **modernità** *f.* modernity. **modernizzare** *v.t.* to modernize. **modernizzarsi** *v.r.* to bring o.s. up-to-date. **modernizzazione** *f.* modernization. **moderno I** *a.* **1** modern: *la poesia –a* modern poetry; *la vita –a* modern life. **2** (*al passo con i tempi*) modern, up-to-date. **II** *s.m.* modern.

modestamente *avv.* modestly: *vivere* ~ to live modestly. **modestia** *f.* **1** modesty; (*mancanza di pretese*) unpretentiousness. **2** (*pudore*) modesty, bashfulness. **3** (*mediocrità*) poorness, mediocrity. □ *falsa* ~ false modesty; *a parte* I don't want to boast (but); *senza* ~ immodest. **modesto** *a.* **1** modest, unassuming, unpretentious: *atteggiamento* ~ unassuming air; *una casa –a* an unpretentious house. **2** (*non agiato*) poor, humble, modest. **3** (*pudico*) modest, bashful. **4** (*scarso*) scant(y), poor, small: *un* ~ *compenso* a small reward. **5** (*mediocre*) poor, mediocre. **6** (*modico*) moderate, reasonable, modest. □ *fare il* ~ to affect modesty; *secondo il mio* ~ *parere* in my humble opinion; *troppo* ~! you are ⸢too modest⸣ (o overmodest)!

modicità *f.* moderateness, reasonableness, lowness. **modico** *a.* (*pl.* -ci) moderate, reasonable, low: *prezzi –i* low (o reasonable) prices. □ *a prezzi –i* cheap(ly).

modifica *f.* alteration, modification, change: *è stata apportata una* ~ *al regolamento* a change has been made in the rules. □ *salvo modifiche* subject to alterations. **modificabile** *a.* alterable, modifiable. **modificabilità** *f.* alterableness, modifiability. **modificare** *v.t.* (modifico, modifichi) to alter, to change, to modify; (*emendare*) to amend: ~ *un progetto di legge* to amend a bill. **modificarsi** *v.r.* to change, to alter. **modificativo** *a.* modifying, modificative. **modificatore I** *s.m.* (*f.* -trice) modifier. **II** *a.* modifying, modificative, modificatory. **modificazione** *f.* alteration, modification, change.

modista *f.* milliner. **modisteria** *f.* **1** (*arte*) millinery. **2** (*negozio*) milliner's shop.

modo *m.* **1** way, manner: ~ *di vivere* way of life. **2** (*procedimento, metodo*) method, way; (*mezzo*) means *pl* (*costr. sing. o pl.*), way: *trovare il* ~ *di arricchirsi* to find a way of getting rich. **3** (*occasione*) opportunity, chance: *non ho avuto* ~ *di parlargli* I did not have a chance to speak to him. **4** (*comportamento;* generally in pl.) manners *pl:* *-i cortesi* good manners. **5** (*abitudine, usanza*) way, manner, custom; (*foggia, guisa*) style, fashion, way: *vestire al* ~ *dei contadini* to wear peasant-style clothes. **6** (*modo di dire*) expression, idiom. **7** (*misura*) measure; (*limite*) limit. **8** ⟨*Gramm*⟩ mood. **9** ⟨*Mus,Filos*⟩ mode. □ **a** ~: **1** (*rif. a persone*) nice, polite, well-bred; **2** (*con garbo*) well, properly, nicely; *a* ~ *suo* (*a sua volontà*) as he wishes, (in) his own way: *lascialo fare a* ~ *suo* let him do as he wishes, let him have his own way; ~ *d'agire* behaviour; **aver** ~ *di fare qc.* to be able to do s.th.; *in certo* (*qual*) ~ in a way (o sense); ~ **congiuntivo** subjunctive (mood); *in* ~ **da** so as to, so that; **dar** ~ *a qd.* to enable (o allow) s.o., to give s.o. ⸢an opportunity⸣ (o a chance); ⟨*Gramm*⟩ *di* ~ modal; (*rif. ad avverbi*) of manner: *avverbio di* ~ adverb of manner; *di* ~ *che* (*affinché*) so that; (*e così*) (and) so; *per* ~ *di* **dire** so to speak; *esserci* ~ to be a way: *non c'è* ~ *di cavarsela* there's no way of getting out of it; *non è* (*il*) ~ (*di fare*) that's no way to behave; *c'è e* ~ there is a right and a wrong way of doing everything; ~ *di* **fare** manner, behaviour; *fare in* ~ *che* to see that: *fai in* ~ *che egli venga* see that he comes; ~ **imperativo** imperative (mood); *in* ~ *elegante* elegantly; *in che* ~? (*come*) how?, in what way?; *in che* ~ *posso aiutarti?* how can I help you?; *in un* ~ *o nell'altro* whatever happens; (*in qualche modo*) somehow, (in) one way or another; *in* ⸢~ *particolare*⸣ (o *particolar modo*) (e)specially, particularly; *in* **malo** ~ rudely, roughly; *nel* ~ **migliore** in the best possible way, as best one can; *in* **nessun** ~ (*con nessun mezzo*) by no means; (*a nessun patto*) on no account; *a* **ogni** ~ (*comunque sia*) anyhow, anyway, at any rate, in any case (o event); *in ogni* ~ (*comunque*) anyway, anyhow; **oltre** ~ excessively, over-: *oltre* ~ *prudente* overcautious; ~ *di* **pagamento** means of payment; ~ *di* **procedere** way of going about things; *in* **qualche** ~ somehow (or other); ⟨*region*⟩ (*alla bell'e meglio*) as best one can; *in* **questo** ~ (*così*) in this way, like this; *al* (o *nel*) **solito** ~ in the usual way; *in* **tal** ~ *che* so ... that; **tentare** *tutti i –i* to try everything, to leave no stone unturned; *in* **tutti** *i –i:* **1** in every way; **2** (*comunque sia*) anyway, anyhow, at any rate; **3** (*in ogni caso*) in any case (o event), at all events; ~ *di* **vedere** point of view; *a mio* ~ *di vedere* in my opinion, to my mind.

modulabile *a.* that can be modulated.

modulare[1] *v.t.* (modulo) to modulate.

modulare[2] *a.* modular: *progettazione* ~ modular design.

modulario *m.* block of forms.

modularità *f.* modularity (*anche Inform.*).

modulatore I *s.m.* ⟨*Fis,Rad*⟩ modulator. **II** *a.* modulating, modulation–: *tubo* ~ modulating tube. □ ~ *di ampiezza* amplitude modulator; ~ *di frequenza* frequency modulator; ~ *di tonalità* tone modulator.

modulazione *f.* ⟨*Arch,Fis,Rad*⟩ modulation. □ ~ *di ampiezza* amplitude modulation; ~ *di corrente* current modulation; ~ *di frequenza* frequency modulation.

modulo *m.* **1** form, ⟨*am*⟩ blank: *riempire un* ~ to fill up (o in) a form. **2** (*formulario, modello*) standard, exemplar, model: ~ *di contratto* standard contract. **3** ⟨*Arch,Art*⟩ module. **4** ⟨*Art*⟩ (*canone*) canon. **5** ⟨*Numism*⟩ diameter. **6** ⟨*Mat,tecn*⟩ modulus. □ ~ *in* **bianco** blank form; ⟨*Astron*⟩ ~ *di* **comando** command module; ~ *di* **domanda** application form; ~ *d'*iscrizione registration (o enrolment) form; ⟨*Astron*⟩ ~ **lunare** lunar module; ⟨*burocr*⟩ ~ **prestampato** preprinted form; ~ *per* **telegramma** telegram form.

mofeta (o *mofeta*) *f.* ⟨*Geol*⟩ mofette.

moffetta *f.* ⟨*Zool*⟩ skunk.

mogano *m.* mahogany.

moggio *m.* (*pl. le* **moggia**) **1** ⟨*Stor*⟩ (*antica misura*) modius. **2** ⟨*fig*⟩ (*grande quantità*) plenty, heap. □ ⟨*Bibl*⟩ *mettere la fiaccola sotto il* ~ (*nascondere una virtù*) to hide one's candle under a bushel.

mogio *a.* downcast, dejected, downhearted, crestfallen.

moglie *f.* wife: *la* ~ *del sindaco* the mayor's wife. □ *avere* ~ to be married; *avere* ~ *e figli* to have a wife and family; **chiedere** *in* ~ *qd.* (*all'interessata*) to propose to s.o.; (*ai parenti dell'interessata*) to ask (for) s.o.'s hand in marriage; **dare** ~ *a qd.* to get a man married off, to give a man a wife; *dare in* ~ to give in marriage, to marry off; **prendere** ~ to get married; **riprendere** ~ to remarry. *Prov.:* *tra* ~ *e marito non mettere il dito* never interfere between husband and wife.

mogol *m.* ⟨*Stor*⟩ Mogul: *gran* ~ Great Mogul.
mohair *fr.* [mɔ'ɛ:r] *m.* ⟨*Tess*⟩ mohair.
moietta *f.* ⟨*tecn*⟩ metal strip, hot–rolled strip, metal band.
moina *f.* **1** (*il blandire*) wheedling, cajolery, coaxing. **2** *pl.* (*smancerie*) simpering, affectation, affected (*o mincing*) ways *pl.* □ *fare mille* –*e a qd.* to coax s.o.
moire *fr.* [mwa'r] *f.* ⟨*Tess*⟩ moiré (silk).
moka *m.inv.* → **moca**.
mola[1] *f.* **1** ⟨*Mecc*⟩ (grinding) wheel; (*macchina*) grinder. **2** ⟨*ant,region*⟩ (*macina da mulino*) millstone, grindstone. □ ~ *abrasiva* lapping wheel; ~ *a disco* disk grinding wheel; ~ *da gioielliere* lap.
mola[2] *f.* ⟨*Itt*⟩ ocean sunfish.
molare[1] *v.t.* (**molo**) ⟨*tecn*⟩ to grind: ~ *il vetro* to grind glass; (*affilare*) to whet.
molare[2] **I** *a.* (*della mola*) mill–: *pietra* ~ millstone. **II** *s.m.* ⟨*Anat*⟩ (*dente molare*) molar (tooth).
molare[3] *a.* ⟨*Chim,Fis*⟩ molar. **molarità** *f.* molarity.
molassa *f.* ⟨*Geol*⟩ molasse.
molato *a.* ⟨*tecn*⟩ ground. **molatrice** *f.* (*macchina*) grinder. **molatura** *f.* (*atto*) grinding; (*effetto*) finish.
molazza *f.* **1** ⟨*Met*⟩ muller, pan mill. **2** ⟨*Edil*⟩ mixing machine.
moldavo *a./s.m.* (*f.* **-a**) Moldavian.
mole[1] *f.* **1** massive structure. **2** ⟨*Stor.rom*⟩ mole: *la* ~ *Adriana* the Mole of Hadrian. **3** (*massa*) mass, bulk; ⟨*scherz*⟩ (*rif. al corpo umano*) bulk(iness), weight, size. **4** (*grandezza*) size, proportions *pl,* dimensions *pl;* (*volume*) volume. **5** ⟨*fig*⟩ (*quantità*) amount, volume, entity, extent: *la* ~ *degli affari* the volume of business. □ *di gran* ~ bulky, massive, voluminous, huge; (*importante*) big, important, weighty.
mole[2] *f.* ⟨*Chim*⟩ mole.
molecola *f.* **1** molecule: ~ *attivata* activated molecule. **2** ⟨*estens*⟩ (*particella*) particle. **molecolare** *a.* molecular.
molestamente *avv.* annoyingly, vexingly. **molestare** *v.t.* (**molesto**) **1** to molest, to annoy, to bother. **2** (*tormentare, irritare*) to tease, to pester: ~ *gli animali* to tease animals. **3** (*disturbare*) to disturb, to interfere with: ~ *il riposo altrui* to disturb other people's sleep. **molestia** *f.* **1** (*fastidio*) annoyance, worry, trouble, bother. **2** (*azione molesta*) nuisance, molestation. **3** (*irritazione*) teasing, pestering. □ *recare* ~ *a qd.* to trouble (*o* bother) s.o. **molesto** *a.* troublesome, annoying, bothersome, vexatious, irritating: *rumore* ~ irritating noise. □ *essere* (*o riuscire*) ~ *a qd.* to annoy s.o., to be a nuisance to s.o.
molibdenite *f.* ⟨*Min*⟩ molybdenite. **molibdeno** *m.* ⟨*Chim*⟩ molybdenum.
molinetto *m.* ⟨*Mar*⟩ windlass.
molinismo *m.* ⟨*Teol*⟩ Molinism. **molinista** *m./f.* Molinist.
molino *m.* → **mulino**.
molitorio *a.* milling: *industria* –*a* milling industry. **molitura** *f.* milling.
molla *f.* **1** spring. **2** ⟨*fig*⟩ (*impulso, spinta*) mainspring, incentive, springs *pl.* **3** *pl.* (*per zucchero, pane e sim.*) tongs *pl;* (*per la brace*) firetongs *pl.* □ **a** ~ spring–: *bilancia a* ~ spring balance; ~ *di* **carica** feed spring; ~ *di* **compressione** compression spring; *un argomento da* **prendere** *con le* –*e* a delicate (*o* tricky) question; ⟨*fig*⟩ *far* **scattare** *la* ~ to set things moving; *scattare come una* ~ to spring into action; ~ (*a*) **spirale** coil spring.
mollare *v.* (**mollo**) **I** *v.t.* **1** (*lasciar andare*) to let go; (*liberare*) to release, to free: ~ *un ostaggio* to free a hostage. **2** ⟨*Mar*⟩ to let go, to cast off. **3** ⟨*fam*⟩ (*assestare*) to give, to deal, ⟨*fam*⟩ to land: ~ *uno schiaffo a qd.* to give s.o. a slap, to slap s.o. **II** *v.i.* (*aus.* **avere**) (*cedere*) to give in (*o* up). □ ⟨*Mar*⟩ ~ *l'ancora* to let go the anchor; ~ *la presa* to let go.
molle **I** *a.* **1** soft, tender, yielding: *parti* –*i* tender parts; (*floscio*) flabby, slack; (*flaccido*) limp; (*poroso*) soft: ⟨*Anat*⟩ *tessuto* ~ soft tissue. **2** (*bagnato*) (soaking) wet. **3** ⟨*fig*⟩ (*fiacco, debole*) weak, feeble: *carattere* ~ weak character; (*effeminato*) effeminate, unmanly; (*rilassato*) slack, loose. **4** ⟨*fig,poet*⟩ (*lieve, dolce*) soft, gentle: *un* ~ *pendio* a gentle

slope. **5** ⟨*Fon*⟩ (*palatalizzato*) soft, lenis. **II** *s.m.* **1** soft part; (*del corpo*) fleshy part. **2** (*terreno umido, bagnato*) wet ground. □ ~ *come la cera* as soft as wax.
molleggiamento *m.* **1** springing; (*delle anche*) swaying, ⟨*fam,scherz*⟩ wiggle. **2** ⟨*Aut*⟩ suspension. □ ~ *sulle ginocchia* knee–bending. **molleggiare** *v.* (**molleggio, molleggi**) **I** *v.i.* (*aus.* **avere**) to be springy (*o* resilient, elastic): *la poltrona molleggia poco* the armchair is not 'very springy' (*o* well sprung). **II** *v.t.* to spring, to fit with springs: ~ *una vettura* to fit a car with springs. **molleggiarsi** *v.r.* to move with a springy step; (*sulle anche*) to sway, ⟨*fam,scherz*⟩ to wiggle (one's hips); (*in esercizi ginnici, nello sci*) to bend, to flex. **molleggiato** *a.* **1** sprung: *un divano ben* ~ a well–sprung sofa. **2** ⟨*fig*⟩ (*sciolto, elastico*) springy, elastic: *passo* ~ springy step. **molleggio** *m.* **1** (*nell'arredamento*) springs *pl,* springing. **2** ⟨*Aut*⟩ suspension, springs *pl.* **3** (*elasticità*) springiness.
mollemente *avv.* **1** languidly. **2** (*senza asperità*) softly.
molletta *f.* **1** (*per la biancheria*) clothes peg (*o* pin); (*per i capelli*) hair clip, ⟨*am*⟩ bobbypin. **2** *pl.* (*per zucchero e sim.*) tongs *pl:* –*e per il ghiaccio* ice tongs.
mollettiera *f.* ⟨*Mil,Alp*⟩ puttee. **mollettone** *m.* ⟨*Tess*⟩ (thick) flannel.
mollezza *f.* **1** (*debolezza*) weakness, feebleness, softness: ~ *d'animo* weakness of character. **2** ⟨*fig*⟩ (*rilassatezza*) laxness, laxity, looseness; (*effeminatezza*) effeminacy. **3** *pl.* (*piaceri*) luxury, pleasure.
mollica *f.* **1** soft part (of bread), crumb. **2** *pl.* (*briciole*) crumbs *pl.*
molliccio **I** *a.* **1** wettish, moist, dampish. **2** (*floscio*) limp. **3** (*fiacco*) weak, flabby, ⟨*fam*⟩ weak–kneed. **II** *s.m.* (*terreno bagnato*) wet (*o* soggy) ground.
mollo *a.* ⟨*fam,pop*⟩ soaked, drenched, dripping. □ *mettere a* ~ to soak, to steep, to put in (*o* to) soak; *tenere a* ~ to keep soaking; *tenere i piedi a* ~ to bathe one's feet.
mollusco *m.* (*pl.* **-chi**) **1** ⟨*Zool*⟩ mollusc, mollusk, ⟨*pop*⟩ shellfish. **2** *pl.* ⟨*Zool*⟩ molluscs *pl.* **3** ⟨*fig,spreg*⟩ jellyfish, spineless person. **4** ⟨*Med*⟩ molluscum.
molo *m.* pier, jetty; (*banchina*) wharf.
moloc *m.* ⟨*Zool*⟩ moloch.
Moloc *N.pr.m.* ⟨*Mitol*⟩ Moloch, Molech. **moloc** *m.* ⟨*fig*⟩ Moloch.
molosso *m.* ⟨*Zool*⟩ Molossian (hound).
molotov *f.* (*anche bottiglia molotov*) Molotov cocktail.
molteplice *a.* **1** manifold, many, numerous, various. **2** ⟨*fig*⟩ many–sided, manifold. **molteplicità** *f.* **1** multiplicity. **2** (*varietà*) variety.
moltiplica *f.* **1** ⟨*Mecc*⟩ gear ratio. **2** (*rif. a biciclette*) pedal wheel. **3** ⟨*pop*⟩ (*moltiplicazione*) multiplication. **moltiplicabile** *a.* multipliable. **moltiplicabilità** *f.* multiplicability. **moltiplicando** *m.* ⟨*Mat*⟩ multiplicand. **moltiplicare** *v.t.* (**moltiplico, moltiplichi**) **1** to increase, to multiply: ~ *le entrate* to increase income. **2** ⟨*Mat,Mecc*⟩ to multiply: *tre moltiplicato per quattro fa dodici* three multiplied by four is twelve. **moltiplicarsi** *v.r.* **1** (*riprodursi*) to multiply, to breed: *gli insetti si moltiplicano rapidamente* insects multiply rapidly. **2** (*aumentare*) to increase. **3** ⟨*enfat*⟩ (*prodigarsi*) to do all one can, to make every effort. **moltiplicativo** *a.* multiplicative (*anche Mat.*). **moltiplicatore** **I** *s.m.* (*f.* **-trice**) multiplier (*anche Mat.,Mecc.*). **II** *a.* ⟨*Mecc*⟩ multiplying. □ ⟨*Fis*⟩ ~ *elettronico* (electron) multiplier; ~ *di frequenza* frequency multiplier; ⟨*El*⟩ ~ *di tensione* voltage multiplier; ⟨*Mecc*⟩ ~ *di velocità* overdrive. **moltiplicatrice** *f.* calculating machine.
moltiplicazione *f.* multiplication (*anche Mat.*). □ ⟨*Bot*⟩ ~ **asessuale** (*o vegetativa*) vegetative propagation; *eseguire una* ~ to multiply; ~ **generativa** generative propagation; ⟨*Bibl*⟩ *la* ~ *dei* **pani** the miracle of the loaves and fishes; ~ *per* **talea** propagation by cuttings.
moltitudine *f.* **1** (*gran numero*) multitude, host, great number. **2** (*folla*) (great) crowd, multitude, throng; (*massa*) ⟨*spreg*⟩ mob.
molto **I** *a.* **1** (*in frasi affermative*) a lot of, lots of, a great (*o* good) deal of, a great (*o* large) quantity of: *è caduta* –*a pioggia* there has been a lot of rain; (*in frasi negative e interrogative*) much, a lot of: *non c'è* ~ *latte* there isn't

much milk. **2** (*in gran numero: in frasi affermative*) a lot of, lots of, a large number of, plenty of, a good (*o* great) many: *ha letto –i libri* he has read lots of books; (*in frasi negative e interrogative*) many, a lot of. **3** (*intenso, forte*) great, intense, *di solito si traduce con un avverbio: c'era ~ freddo* it was very cold; *fai –a attenzione* be very careful. **4** (*grande*) great, a lot of: *la tua visita mi ha fatto ~ piacere* your visit has given me great pleasure. **5** (*lungo: rif. a tempo; in frasi affermative*) a long time: *starò via per ~ tempo* I shall be gone (for) a long time; (*in frasi negative e interrogative*) long: *ci vuole ~* (*tempo*)*?* will it take long?; (*rif. a distanza: in frasi affermative*) a long way; (*in frasi negative e interrogative*) far: *c'è ~ da qui al mare?* is it far to the sea? **6** (*troppo, abbondante*) (quite) a lot: *duemila lire al metro sono –e* two thousand lire a metre is a lot. **II** *avv.* **1** (*quantità*) (very) much, a great (*o* good) deal, ⟨*fam*⟩ a lot: *lavora ~* he works a great deal; *mi piace ~* I like it very much. **2** (*con aggettivi comparativi*) much, (by) far, a great (*o* good) deal, ⟨*fam*⟩ a lot: *tuo fratello è ~ migliore di te* your brother is far (*o* much) better than you. **3** (*intensità*) very: *scrive ~ bene* he writes very well; (*seguito da participio passato*) (very) much, greatly, (very) well, widely: *è ~ apprezzato* it is much (*o* greatly) appreciated. **4** (*a lungo: in frasi affermative*) a long time: *ho aspettato ~* I waited a long time; (*in frasi negative e interrogative*) long: *non ci metto ~ per andare a casa* it doesn't take me long to get home. **5** (*spesso*) often, a great (*o* good) deal, ⟨*fam*⟩ a lot: *esce ~* he goes out often (*o* a lot). **6** (*rif. a prezzo: caro*) dear, ⟨*fam*⟩ a lot: *l'hai pagato ~?* did you pay much for it?, was it dear? **III** *pron.* **1** (*in frasi affermative*) a lot, lots, a great (*o* good) deal, plenty; (*in frasi negative e interrogative*) much, ⟨*fam*⟩ a lot: *non ho ~ da fare* I haven't much to do. **2** *pl.* (*in frasi affermative*) a great (*o* good) many *pl*, many *pl*, ⟨*fam*⟩ a lot (*costr. pl.*), ⟨*fam*⟩ lots *pl: –i di noi* many of us; *sono in –i* there are a lot of them; (*in frasi negative e interrogative*) many *pl*, a lot (*costr. pl.*); (*molta gente*) many (*o* a lot of) people *pl.* **IV** *s.m.* much, a great (*o* good) deal, a lot. ☐ *–i altri* many others; *~ avanti* far (*o* a long way) ahead; ⟨*fig*⟩ *ci corre ~* there's a great difference; **da ~**: 1 (*rif. a tempo*) for a long time: *non lo vedo da ~* I haven't seen him for a long time; 2 (*in frasi interrogative*) long: *sei qui da ~?* have you been here long?; *a* **dir** *~* at (the) most; *~* **dopo** a long time afterwards, much later; *è ~* (*tempo*) it is a long time; *è ~ che ti cerco* I have been looking for you for a long time; *è già ~ se* it is quite an achievement if; **fra** *non ~* shortly, soon, before long; *m'importa ~* I care a lot; **per** *~* (*tempo*) for a long time; *né ~ né* **poco** (*affatto*) at all; *~* **prima** a long time before, long before; *gli* **voglio** *~ bene* I love him dearly (*o* very much).

Molucche *N.pr.f.pl.* ⟨*Geog*⟩ Moluccas *pl.*

momentaneamente *avv.* at the moment, just (*o* right) now. **momentaneo** *a.* **1** (*brevissimo*) momentary, brief, short–lived: *una gioia –a* a short–lived joy. **2** ⟨*estens*⟩ (*passeggero*) momentary, passing, temporary: *indisposizione –a* passing indisposition. *☐ una disattenzione –a* a moment's carelessness. **momentino** *m.* minute, second, ⟨*fam*⟩ sec, ⟨*fam*⟩ tick: *aspetta un ~* wait a second.

momento *m.* **1** moment: *ha avuto un ~ di esitazione* he hesitated for a moment; (*attimo*) instant, moment, minute, second. **2** (*periodo*) time, moment: *abbiamo passato dei –i felici insieme* we have spent some happy times together. **3** (*occasione*) opportunity, chance, moment: *cogliere il ~ favorevole* to seize a favourable opportunity; *non è questo il ~* this is not the right moment. **4** ⟨*lett*⟩ (*gravità, importanza*) moment, importance, weight. **5** ⟨*Filos,Fis*⟩ moment. ☐ *a –i*: 1 (*tra poco tempo*) in a moment, (*very*) shortly, soon, in a few minutes: *giungerà a –i* he will be here in a few minutes; 2 (*quasi, per poco*) nearly, almost: *a –i finivo sotto una macchina* I was nearly run over by a car; 3 (*a periodi*) at times; *a –i ..., a –i* sometimes ..., other times; **al** *~ di* just as, on the point of, about to: *al ~ di partire abbiamo ricevuto la notizia* we heard the news just as we were leaving; *il ~* **culminante** the climax; **da** *un ~ all'altro*: 1 at any moment, ⟨*fam*⟩ any minute

now; 2 (*all'improvviso*) suddenly, ⟨*fam*⟩ all of a sudden; *cambia opinione da un ~ all'altro* he changes his mind from one moment to the next; *da quel ~* from that moment (on), since then; *dal ~ che*: 1 (*ever*) since, from the moment (that); 2 (*non appena*) as soon as; 3 (*poiché*) since; *del ~*: 1 (*attuale*) current, present; 2 (*momentaneo*) momentary, passing, of the first moment; 3 (*di moda*) fashionable, in fashion; *(di successo*) of the moment, popular: *è l'attore del ~* he is the actor of the moment; *di ~ in ~* at any moment, ⟨*fam*⟩ any minute now: *lo aspettiamo di ~ in ~* we expect him at any moment; ⟨*lett*⟩ *di* (*gran*) *~* of a great moment (*o* importance); *è il ~ di agire* now is the time to act; *quando è il ~* when the right time comes; **fino** *a quel ~* until then, until that moment (*o* time); *fino a questo ~* (*finora*) until (*o* up to) now, so far; *fin da questo ~* (*fin da ora*) from now on, (as) from now; *fin dal primo ~* from the very beginning; *in un ~* in a moment, ⟨*fam*⟩ in no time, ⟨*fam*⟩ in a flash; *in un ~ di debolezza* in a moment of weakness; *in questo ~* at the moment, just (*o* right) now; *in qualsiasi ~* at any time; *non ho mai un ~* **libero** I never have a free moment; **nel** *~ del pericolo* ⌈in the moment⌉ (*o* at the time) of danger; (*a*) **ogni** *~* (*continuamente*) continually, always; **per** *il ~* for the time being; *al* (*o sul*) **primo** *~* at first; *dal primo all'ultimo ~* all the time, from beginning to end; *nello* **stesso** *~* at the same time; *in quello stesso ~* at that very moment; **sul** *~* (*immediatamente*) immediately, right away; (*lì per lì*) at first; ⟨*Fis*⟩ *~* **torcente** torque; *all'*ultimo *~* at the last moment (*o* minute); **un** *~!* just a moment (*o* minute)!; *non* **vedere** *il ~ di* [*inf*] to look forward to [*ger*].

monaca *f.* **1** (cloistered) nun. **2** ⟨*Ornit*⟩ white wagtail. ☐ *farsi ~* to become a nun. **monacale** *a.* monastic, ⟨*lett*⟩ monachal; (*da monaco*) monk's; (*da monaca*) nun's: *velo ~* nun's veil. **monacato** *m.* **1** monastic life. **2** ⟨*collett*⟩ monks *pl* and nuns. **monacazione** *f.* (*rif. a monaci*) taking the habit; (*rif. a monache*) taking the veil; (*cerimonia*) taking of (monastic) vows. **monachesimo** *m.* monasticism. **monachina** *f.* **1** (*monaca giovane*) young nun. **2** (*fig,iron*) (*ragazza timida e modesta*) prim girl, prude. **monaco** *m.* (*pl.* -ci/*ant.* -chi) **1** monk. **2** ⟨*Zool*⟩ monk seal. **3** ⟨*Arch*⟩ king post, queen post. ☐ *farsi ~* to become a monk.

Monaco[1] *N.pr.f.* ⟨*Geog*⟩ (*Monaco di Baviera*) Munich. **Monaco**[2] *N.pr.f.* ⟨*Geog*⟩ Monaco: *principato di ~* Principality of Monaco.

monade *f.* ⟨*Filos*⟩ monad. **monadismo** *m.* monadism.

monarca *m.* (*pl.* -chi) monarch. **monarchia** *f.* monarchy. *☐ ~ assoluta* absolute monarchy; *~ costituzionale* constitutional monarchy; *~ illuminata* enlightened monarchy; *~ parlamentare* parliamentary monarchy. **monarchicamente** *avv.* monarchically. **monarchico** *a./s.* (*pl.* -ci) **I** *a.* monarchic(al): *governo ~* monarchical government. **II** *s.m.* (*f.* -a) monarchist, royalist.

monastero *m.* monastery; (*per monache*) convent. **monastico** *a.* (*pl.* -ci) monastic: *vita –a* monastic life; *ordine ~* monastic order.

monatto *m.* monatto (remover of corpses during a plague).

Moncenisio *N.pr.m.* ⟨*Geog*⟩ Mont Cenis.

moncherino *m.* stump. **monco** *a./s.* (*pl.* -chi) **I** *a.* **1** (*privo di un braccio*) with only one arm, one–armed; (*senza braccia*) armless. **2** ⟨*fig*⟩ (*incompleto*) incomplete, defective. **II** *s.m.* (*f.* -a) maimed (*o* mutilated) person. ☐ *essere ~ di un braccio* to have only one arm, to be one–armed. **moncone** *m.* stump.

monda *f.* (*nelle risaie*) weeding.

mondana *f.* ⟨*eufem*⟩ (*cortigiana*) mondaine, demi–mondaine. **mondanamente** *avv.* in a worldly manner. **mondanità** *f.* **1** worldliness. **2** (*vita mondana*) society life. **mondano** *a.* **1** (*terreno*) worldly, earthly: *beni –i* worldly goods. **2** (*della società elegante*) worldly, society–, fashionable: *vita –a* society life; *cronaca –a* society events (*o* news). **3** (*rif. a persona*) society.

mondare *v.t.* (*mondo*) **1** (*sbucciare*) to peel; (*togliere il guscio*) to shell, to husk, to hull; (*togliere il filo*) to string. **2** (*ripulire*) to clean; (*da erbacce*) to weed. **3** ⟨*fig*⟩

(*purificare*) to cleanse, to purify. **mondarsi** *v.r.* (*purificarsi*) to purify o.s. □ ~ *il riso* to weed the rice fields; (*prima di cuocerlo*) to clean rice. **mondariso** *m./f.inv.* rice weeder. **mondatrice** *f.* 1 cleaner. 2 (*macchina per mondare il cotone*) peeling machine, ⟨*am*⟩ cotton gin. **mondatura** *f.* 1 (*lo sbucciare*) peeling, husking, hulling. 2 (*pulitura*) clean(s)ing; (*da erbacce*) weeding. 3 ⟨*concr*⟩ (*buccia*) husks *pl*, peel; (*scorie*) dross.

mondezza *f.* 1 cleanliness, cleanness. 2 ⟨*fig*⟩ (*purezza*) purity, cleanness. **mondezzaio** *m.* 1 (*mucchio*) rubbish heap (*o* dump); ⟨*am*⟩ garbage dump; (*fossa*) rubbish pit; (*letamaio*) dunghill, manure heap. 2 ⟨*fig*⟩ (*ambiente sudicio*) pigsty; (*moralmente*) sink, den.

mondiale *a.* world-: *esposizione* ~ world exhibition; (*diffuso in tutto il mondo*) world-wide: *avvenimento di importanza* ~ event of world-wide importance.

mondiglia *f.* 1 refuse; (*scorie*) dross. 2 ⟨*Agr*⟩ (*loppa*) chaff.

mondina *f.* (*mondariso*) rice weeder.

mondo[1] *m.* 1 (*universo, terra*) world: *ha girato tutto il* ~ he has travelled all over the world. 2 (*vita*) world, life: *i giovani non conoscono il* ~ young people don't know anything about life; *avere esperienza del* ~ to know the ways of the world. 3 (*umanità*) world, humanity, mankind: *tutto il* ~ *lo ha acclamato* he has been acclaimed by the whole world. 4 (*ambiente sociale*) world: *vivere nel* ~ *degli artisti* to live in the artists' world. 5 ⟨*fam*⟩ (*grande quantità*) world, host, great deal (*o* many), ⟨*fam*⟩ lots *pl*: *ha un* ~ *di preoccupazioni* he has a great many worries. □ *al* ~ in the world: *nessuno al* ~ nobody in the world; *essere al* ~ to be alive; *l'altro* ~ (*l'aldilà*) the next world, the hereafter; *andare all'altro* ~ to pass away; *mandare all'altro* ~ *qd.* to send s.o. ꞌkingdom comeꞋ (*o* meet his Maker); (*sono*) *cose dell'altro* ~ it's incredible; **andare** *per il* ~ to roam the world; **bel** ~ high society; ⟨*fam*⟩ **cane!** blast!, damn!, hell!; *in capo al* ~ at (*o* to) the ends of the earth; ⟨*fam*⟩ *cascasse il* ~ (*ad ogni costo*) at all costs, even if the roof fell in; ⟨*fam*⟩ *caschi il* ~ (*qualsiasi cosa accada*) come what may; *il* ~ **civile** the civilized world; ⟨*fam*⟩ **dacché** ~ *è* ~ from time immemorial; (*fino a prova contraria*) unless proved to the contrary; *uomo* **di** ~ man of the world; *donna di* ~ society (*o* fashionable) woman; ⟨*eufem*⟩ (*prostituta*) mondaine; *non* **essere** *più di questo* ~ to have passed away; ⟨*fam*⟩ *non è la* **fine** *del* ~ it's not the end of the world; ~ **fisico** physical world; ⟨*fig*⟩ **fuori** *del* ~ unworldly; **girar** *il* ~ to travel (all over) the world; **gran** ~ high society; ⟨*Filos*⟩ ~ *delle* **idee** world of ideas; ~ **interiore** inner world; ~ *delle* **lettere** literary world; **mettere** *al* ~ *un figlio* to give birth to a child; **mezzo** ~ half the world, (almost) everybody: *lo sa mezzo* ~ everybody knows it; *per* **nulla** *al* ~ on no account; **nuovo** ~ (*America*) New World; ~ **occidentale** Western World, West; ~ **orientale** Eastern World, East; *il* ~ *è* **piccolo** it's a small world; ⟨*volg*⟩ **porco** ~! bloody hell!; **prendere** *il* ~ *come viene* to take things as they come; *il* **quarto** ~ the fourth world; *il* ~ **romano:** 1 Roman civilization; 2 (*l'impero romano*) the Roman Empire; *non* **saper** *stare al* ~ to be unworldly; *saper stare al* ~ to know the ways of the world; **Terzo** ~ Third World; *paesi del terzo* ~ third-world countries; ⟨*fig*⟩ *far* **tremare** *il* ~ to raise Cain; **tutto** *il* ~ the whole world, all the world; (*tutti*) everybody; *per tutto il* ~ all over the world, the world over; *un uomo famoso in tutto il* ~ a man famous the world over; ⟨*fam*⟩ **un** ~ a lot, immensely, enormously: *mi sono divertito un* ~ I enjoyed myself immensely; *così* **va** *il* ~ that's (*o* such is) life; **vecchio** ~ Old World; ~ **vegetale** vegetable kingdom, flora; **venire** *al* ~ to be born; **vivere** *nel* ~ *della luna* to live (*o* have one's head) in the clouds. *Prov.*: *tutto il* ~ *è paese* people are the same the whole world over; *il* ~ *è fatto a scale, chi le scende e chi le sale* life is all ups and downs; *il* ~ *è bello perché è vario* variety is the spice of life.

mondo[2] *a.* 1 (*pulito*) clean(ed). 2 ⟨*fig,lett*⟩ (*puro*) pure; (*esente*) free (*da* from): *essere* ~ *dal peccato* to be free from sin. 3 ⟨*Rel*⟩ clean, undefiled: *animale* ~ clean animal.

mondovisione *f.* ⟨*TV*⟩ world vision, intercontinental Telstar televising.

monegasco *a./s.m.* (*pl.* -chi; *f.* -a) Monegasque, Monacan.

monella *f.* tomboy, lively (*o* mischievous) girl. **monelleria** *f.* 1 (*qualità*) mischievousness. 2 (*azione*) prank, (piece of) mischief, mischievous trick. **monello** *m.* 1 (*discolo*) urchin. 2 (*vezz*) imp, scamp.

monema *m.* ⟨*Ling*⟩ moneme.

moneta *f.* 1 coin, piece: ~ *d'argento* silver coin. 2 (*valuta*) currency; (*denaro*) money. 3 ⟨*region*⟩ (*spiccioli*) (small) change. □ **battere** ~ to strike (*o* mint) coins; ⟨*Econ*⟩ **carta** ~ paper money; ⟨*Econ*⟩ ~ **circolante** currency; ~ **contante** cash; ~ **corrente** current money, currency; ⟨*Econ*⟩ ~ **debole** soft (*o* weak) currency; ~ **estera** foreign currency (*o* money); ~ **falsa** counterfeit coin; ~ **flottante** floating currency; ⟨*Econ*⟩ ~ **forte** hard currency; ~ **fuori** *corso* coin no longer in circulation; ~ (*a corso*) **legale** legal tender (*o* currency); ~ **metallica** metal coin, specie; ~ **nazionale** national currency; ~ *d'oro* gold coin; ⟨*fig*⟩ **pagare** *qd. della stessa* ~ to pay s.o. back in his own coin; ~ **sonante** hard cash: *pagare in* ~ *sonante* to pay in hard cash; ~ **spicciola** small change (*o* money); ⟨*Econ*⟩ ~ **tosa** clipped coin.

monetabile *a.* that can be monetized. **monetaggio** *m.* mintage. **monetare** *v.t.* (**moneto**) to monetize. **monetario** *a.* monetary: *sistema* ~ monetary system. □ *mercato* ~ money market. **monetarismo** *m.* ⟨*Econ*⟩ monetarism. **monetarista** *m./f.* monetarist. **monetaristico** *a.* (*pl.* -ci) monetarist. **monetazione** *f.* minting, coining, mintage, monetization. **monetizzare** *v.t.* 1 to value, to assess. 2 (*trasformare in denaro*) to convert into cash. **monetizzazione** *f.* assessment, valuation.

mongolfiera *f.* ⟨*Aer*⟩ montgolfier.

Mongolia *N.pr.f.* ⟨*Geog*⟩ Mongolia. □ ~ *estrema* Outer Mongolia; ~ *interna* Inner Mongolia. **mongolico** *a.* (*pl.* -ci) Mongolian, Mongol, Mongolic. **mongolismo** *m.* ⟨*Med*⟩ Mongolism. **mongolo** I *a.* Mongol(ian), Mongolic. II *s.m.* 1 (*lingua*) Mongolic, Mongolian. 2 (*abitante; f.* -a) Mongol(ian). **mongoloide** I *a.* 1 Mongoloid: *razza* ~ Mongoloid race. 2 ⟨*Med*⟩ Mongolian, Mongoloid. II *s.m./f.* Mongoloid (*anche Med.*).

mongomeri *m.* → **montgomery.**

monile *m.* 1 (*collana*) necklace. 2 (*gioiello*) jewel.

monismo *m.* ⟨*Filos*⟩ monism. **monista** *m./f.* monist. **monistico** *a.* (*pl.* -ci) monistic(al).

Monital = *Monopolio italiano* (Italian) State Monopoly.

monito *m.* warning: *che ti serva di* ~ let this be a warning to you.

monitor *ingl. m.* ⟨*TV*⟩ monitor (*anche Inform.*).

monitoraggio *m.* monitoring (*anche Med.*): ~ *cardiaco* cardiac monitoring. **monitorizzare** *v.t.* to monitor.

monitore *m.* 1 ⟨*Mar.mil,Tel*⟩ monitor. 2 ⟨*Minier*⟩ monitor (nozzle). □ ~ *di radiazioni* radiation monitor.

mono|albero *a.* ⟨*Mot*⟩ single-camshaft. **~atomico** *a.* (*pl.* -ci) ⟨*Fis*⟩ monatomic. **~aurale** *a.* ⟨*Rad,Acu*⟩ monophonic, monaural. **~basico** *a.* (*pl.* -ci) ⟨*Chim*⟩ monobasic. **~bikini** *m.* monokini. **~blocco** *a./s.inv.* I *a.* monobloc-: *motore* ~ monobloc engine. II *s.m.* 1 cylinder block, monobloc. 2 (*per cucina*) kitchen unit; (*per bagno*) bathroom unit. **~camera** *f.* one-room flat (*o* apartment).

monocamerale *a.* ⟨*Pol*⟩ unicameral: *sistema* ~ unicameral system. **monocameralismo** *m.* unicameralism.

monocilindrico *a.* (*pl.* -ci) single-cylinder-: *motore* ~ single-cylinder engine.

monoclino *a.* 1 ⟨*Min*⟩ monoclinic. 2 ⟨*Bot*⟩ monoclinous.

monoclonale *a.* ⟨*Biol*⟩ monoclonal: *anticorpi* -*i* monoclonal antibodies.

monocolo I *a.* (*che ha un solo occhio*) one-eyed. II *s.m.* (*f.* -a) 1 one-eyed person. 2 (*lente*) monocle, eyeglass.

mono|colore I *a.inv.* ⟨*Pol*⟩ single-party-, one-party-: *governo* ~ single-party government. II *s.m.* ⟨*Pol*⟩ one-party government. **~coltura** *f.* ⟨*Agr*⟩ single-crop system (of farming).

monocorde a. ⟨lett⟩ (monotono) monotonous. **monocordo** m. ⟨Mus⟩ monochord.

monocotiledone a. ⟨Bot⟩ monocotyledonous.

monocromatico a. (pl. -ci) ⟨Pitt,Ott,Med⟩ monochrome–, monochromatic. **monocromatismo** m. ⟨Med⟩ monochromatism, monochromasy. **monocromia** f. ⟨Pitt⟩ monochromy. **monocromo** (o monocromo) I a. ⟨Pitt⟩ monochrome–, monochromatic, monochromic(al). II s.m. monochrome.

monodia f. ⟨Mus⟩ monody. **monodico** a. (pl. -ci) monodic(al).

monodose f. single dose.

monofase a.inv. ⟨El,Fis⟩ single-phase–, one-phase–: corrente ~ single-phase current.

monofisismo m. ⟨Rel⟩ Monophysitism, Monophysism. **monofisista** I s.m. Monophysite. II a. Monophysitic.

monofonia f. monophony. **monofonico** a. (pl. -ci) ⟨Rad,Acu⟩ monophonic.

monoftalmia f. ⟨Med⟩ cyclopia, synophthalmia. **monoftalmo** a. monophthalmic.

monogamia f. monogamy (anche Zool.). **monogamico** a. (pl. -ci) monogamous, monogamic. **monogamo** I a. monogamous (anche Dir.). II s.m. (f. -a) monogamist.

mono|genesi f. ⟨Biol⟩ monogenesis. **~grafia** f. monograph. **~grafico** a. (pl. -ci) monographic(al): studio ~ monographic study. **~gramma** m. monogram.

monoicismo m. ⟨Bot⟩ monoecism, monoeciousness.

monokini m. ⟨Mod⟩ monokini, one-piece.

mono|lama a.inv. ⟨Mecc⟩ single-blade–. **~lingue** a. monolingual.

monolitico a. (pl. -ci) monolithic (anche fig.). **monolito** m. 1 monolith. 2 ⟨Alp⟩ jagged rock.

monolocale m.inv. one-room flat.

monologo m. (pl. -ghi) monologue (anche Teat.). □ ⟨Lett⟩ ~ interiore stream of consciousness.

monomane I a. ⟨Psic⟩ monomaniacal. II s.m./f. monomaniac. **monomania** f. monomania. **monomaniaco** a./s. (pl. -ci) I a. monomaniacal. II s.m. (f. -a) monomaniac.

monomio m. ⟨Mat⟩ monomial.

mono|molecolare a. ⟨Chim⟩ monomolecular. **~motore** I a. ⟨Aer⟩ single-engine–. II s.m. single-engine plane. **~nucleosi** f. ⟨Med⟩ mononucleosis. **~ovulare** a. single-ovum–. **~pattino** m. 1 scooter. 2 (skate-board) skateboard. **~plano** m. ⟨Aer⟩ monoplane. **~polare** a. ⟨Fis⟩ unipolar, monopolar.

monopoli m.inv. (gioco) monopoly.

monopolio m. 1 ⟨Econ⟩ monopoly, exclusive rights pl. 2 ⟨fig⟩ (proprietà esclusiva) monopoly, exclusive possession, privilege. □ ~ commerciale trade (o trading) monopoly; esercitare un ~ to have (o hold) a monopoly; ~ di fabbricazione monopoly on manufacture; generi di ~ goods subject to monopoly. **monopolista** m./f. monopolist. **monopolistico** a. (pl. -ci) monopolistic. **monopolizzare** v.t. to monopolize (anche fig.). **monopolizzatore** I s.m. (f. -trice) monopolizer. II a. monopolizing. **monopolizzazione** f. monopolization.

monoposto a./s.inv. I a. single-seater–. II s.m. single-seater.

monorchidia f. ⟨Med⟩ monorchidism.

mono|reattore m. ⟨Aer⟩ single-jet. **~rotaia** a./s.inv. I a. monorail–. II s.f. (ferrovia monorotaia) monorail. **~saccaride** a. ⟨Chim⟩ monosaccharide. **~sci** m. ⟨Sport⟩ monoski. **~scopio** m. ⟨TV⟩ monoscope. **~sillabico** a. (pl. -ci) monosyllabic, of one syllable: parola ~ a word of one syllable. **~sillabo** I a. → **monosillabico**. II s.m. monosyllable: rispondere a –i to answer in monosyllables. **~spermia** f. ⟨Biol⟩ monospermy.

monossido m. ⟨Chim⟩ monoxide.

monostabile a. ⟨Inform⟩ monostable.

mono|stadio a.inv. single-stage–: missile ~ single-stage missile. **~teismo** m. ⟨Rel⟩ monotheism. **~teista** I a. monotheist, monotheistic(al). II s.m./f. monotheist. **~teistico** a. (pl. -ci) monotheistic(al). **~telismo** m. Monotheletism, Monothelitism. **~tematico** a. (pl. -ci) ⟨Mus⟩ monothematic.

monotipia f. ⟨Tip⟩ monotype (process). **monotipico** a. (pl. -ci) monotypic. **monotipista** m./f. (operaio) monotyper. **monotipo** m. monotype.

monotonia f. monotony, tediousness. **monotono** a. monotonous, humdrum, tedious, dull: condurre una vita –a to lead a humdrum life.

monotremi m.pl. ⟨Zool⟩ monotremes pl.

monotype [-'taip] f. ⟨Tip⟩ monotype.

monouso a.inv. disposable, one-way, ⟨fam⟩ one-trip: siringa ~ disposable syringe.

monovalente a. ⟨Chim⟩ monovalent, univalent.

monovulare a. ⟨Biol⟩ monovular.

monozigotico a. (pl. -ci) ⟨Biol⟩ monozygotic.

mons. = monsignore Monsignor (abbr. Msgr., Mgr., Monsig., Mon.).

monsignore m. ⟨Rel.catt⟩ Monsignor.

monsone m. ⟨Meteor⟩ monsoon. **monsonico** a. (pl. -ci) monsoon–, monsoonal: clima ~ monsoon climate.

monta f. 1 ⟨Zootecn⟩ mounting, covering; (luogo) stud. 2 ⟨Equit⟩ riding, mount. 3 ⟨Edil⟩ rise.

montacarichi m.inv. 1 goods lift (o hoist), ⟨am⟩ freight (o service) elevator. 2 ⟨Minier⟩ elevator hoist.

montaggio m. 1 assembly, assembling: catena (o linea) di ~ assembly line. 2 ⟨Cin⟩ (cutting and) editing, montage. 3 ⟨Tip⟩ mounting.

montagna f. 1 mountain; ⟨collett⟩ mountains pl: vivere in ~ to live in the mountains. 2 ⟨fig⟩ (grande quantità) mountain, heap, pile, lots pl: una ~ di lettere heaps of letters. □ alta ~ high mountains; andare in ~ to go to the mountains; la ~ partorisce il topo the mountain laboured and brought forth a mouse; ⟨Geog⟩ Montagne rocciose Rocky Mountains; –e russe switchback, ⟨am⟩ roller coaster; sport di ~ mountain sports. Prov.: se la ~ non va da Maometto, Maometto andrà dalla ~ if the mountain won't come to Mohammed, Mohammed must go to the mountain.

montagnardo m. ⟨Stor⟩ Mountaineer, Montagnard. **montagnoso** a. mountainous, mountain–: regione –a mountainous region. **montanaro** I a. mountain–: popolazioni –e mountain dwellers. II s.m. (f. -a) mountain dweller, mountaineer. **montanello** m. ⟨Ornit⟩ linnet. **montanino** a. mountain–: aria –a mountain air. **montano** a. 1 mountain–: paesaggio ~ mountain landscape. 2 ⟨Biol⟩ alpine, montane: flora –a montane flora.

montante I a. mounting, rising. II s.m. 1 upright, post. 2 ⟨Mecc⟩ (colonna) column, pillar. 3 ⟨Aer⟩ strut. 4 ⟨Sport⟩ (nella boxe) uppercut; (nel calcio: palo della porta) goal post. 5 ⟨Comm⟩ (total) amount. □ ~ della finestra window post; ~ della porta (door) jamb.

montare v. (monto) I v.t. 1 (salire) to go up, to climb, to ascend. 2 (salire sulla cavalcatura) to mount, to get on (to): ~ un cavallo to mount (o get on) a horse; (cavalcare) to ride. 3 ⟨fig⟩ (rendere presuntuoso) to turn (o go to) the head of, to puff up: il successo lo ha montato success has gone to his head. 4 ⟨fig⟩ (aizzare) to stir up. 5 ⟨fig⟩ (esagerare) to exaggerate, to blow up: l'importanza di questo avvenimento è stata montata dalla stampa the importance of this event has been exaggerated by the press. 6 (munire di cornice) to mount, to frame: ~ una fotografia to mount a photograph; (incastonare) to set, to mount. 7 (mettere insieme) to assemble, to set up: ~ un letto to set up a bed; ~ una macchina to assemble a machine. 8 ⟨Gastr⟩ to whip, to beat (up): ~ la panna to whip cream. 9 (arredare) to furnish: ~ una casa to furnish a house. 10 ⟨Cin⟩ to edit, to cut. 11 ⟨Zootecn⟩ (coprire) to mount, to cover. II v.i. (aus. essere) 1 to climb (su onto), to get up (on, onto), to mount (s.th.): ~ sulla sedia to get (up) on the chair. 2 (prendere posto: su un veicolo scoperto) to get (in on): ~ in bicicletta to get on a bicycle; (su un veicolo coperto) to get (in, into): ~ in auto to get into a car. 3 (cavalcare) to ride. 4 (crescere di livello) to rise, to mount: la marea monta the tide is rising. 5 ⟨Gastr⟩ to rise. 6 (prendere servizio) to go on duty. **montarsi** v.r. (insuperbirsi) to become swollen-headed. □ ⟨fig⟩ ~ in cattedra to mount the pulpit; ~ in collera to fly into a rage; ~ la guardia to mount guard; ⟨Gastr⟩ ~ a neve to whip (o beat) to a froth; **saper** ~ to ride well; ~ **su** to get on, to board: ~ su un treno to get on (o in) a train; montarsi la **testa** to become swollen–headed, to be puffed up; il vino mi è montato alla testa the wine has gone to my head; gli montò il sangue alla testa (per la rabbia) the blood rushed to his head.

montata f. (salita) mounting, climbing. ☐ ⟨Med⟩ ~ lattea commencement of lactation. **montato** a. **1** (rif. a uova, panna e sim.) whipped, beaten. **2** ⟨fig⟩ (pieno di boria) swollen–headed, full of o.s. **3** ⟨Mil⟩ mounted. **montatoio** m. step, footboard. **montatore** I s.m. (f. -trice) **1** ⟨Cin⟩ (film) editor. **2** ⟨Mecc⟩ assembler; (installatore) fitter. **3** ⟨Mar.mil,Aer.mil⟩ fitter. **II** a. mounting, assembling.

montatura f. **1** assembly, assembling, fitting, setting up: ~ di una macchina assembly of a machine. **2** (incorniciatura) mounting, framing; (cornice,telaio) mount, frame; (per occhiali) frames pl. **3** (incastonatura) mounting, setting (anche concr.). **4** ⟨fig⟩ (esagerazione) exaggeration, blow–up: ~ giornalistica press exaggeration. ☐ ~ pubblicitaria (publicity) stunt.

montavivande m.inv. service lift, dumb–waiter.

monte m. **1** mountain; (davanti a nome) Mount, Mt.: ~ Rosa Mount (o Mt.) Rosa. **2** ⟨fig⟩ (grande quantità) mountain, heap, pile. **3** (nel gioco delle carte) talon; (carte scartate) discards pl, discarded cards pl. **4** (in chiromanzia) mount. ☐ a ~ upriver, upstream: una località a ~ di Firenze a place upriver from Florence; ⟨fig⟩ **andare** a ~ to fail, to come to nothing; ~ **Bianco** Mont Blanc; ⟨fig⟩ **mandare** a ~ to cause to fail; (disdire) to cancel; ~ ⌐dei **pegni**⌐ (o di pietà) pawnshop, pawnbroker's; portare qc. al ~ di **pietà** to pawn s.th.; ~ **premi** prize money, jackpot; ⟨Anat⟩ ~ di **Venere** mons veneris.

montebianco m. ⟨Dolc⟩ montebianco (cake of chestnuts and whipped cream).

Montecchi N.pr.m.pl. ⟨Lett⟩ Montagues pl.

montenegrino a./s.m. (f. -a) Montenegrin. **Montenegro** N.pr.m. ⟨Geog⟩ Montenegro.

montepremi (o monte premi) m.inv. prize money, ⟨fam⟩ jackpot.

montgomery ingl. [mɔŋˈgɔmeri] m. ⟨Vest⟩ duffle coat.

montonata f. ⟨Equit⟩ buck(ing), buckjump.

montone m. **1** (ariete) ram, tup. **2** ⟨Macell⟩ mutton. **3** ⟨Conc⟩ sheepskin. ☐ salto del ~ buckjump.

montuosità f. **1** mountain, hill. **2** (l'essere ricco di monti) hilliness, mountains pl, hills pl. **montuoso** a. mountainous, hilly.

monumentale a. **1** monumental. **2** ⟨estens⟩ (grandioso) monumental, imposing, grand. **monumentalità** f. monumentality, imposingness. **monumento** m. monument: erigere un ~ a qd. to put up a monument to s.o. ☐ ~ ai caduti war memorial; ~ funerario (o sepolcrale) sepulchral monument; ~ nazionale national monument; visitare i –i di una città to (go to) see the sights of a town.

moquette fr. [mɔˈkɛt] f. ⟨Arred⟩ moquette, ⟨am⟩ wall–to–wall carpeting.

mora[1] f. ⟨Bot⟩ (del gelso) mulberry; (del rovo) blackberry.

mora[2] f. **1** ⟨Dir⟩ default, (negligent) delay. **2** (entità dell'onere) arrears pl. ☐ cadere in ~ to fall into arrears; essere in ~ col pagamento to be in arrears (o default) with payment.

mora[3] f. ⟨pop⟩ (ragazza bruna) brunette.

morale I a. moral (anche Filos.): libertà ~ moral freedom. **II** s.f. **1** morality, morals pl: ~ accomodante lax morals. **2** (etica) morals pl, ethics pl. **3** (insegnamento) moral, lesson: la ~ della predica the moral of the sermon. **III** s.m. morale: il ~ dei soldati era basso the soldiers' morale was low. ☐ la ~ della **favola** the moral of the story; ⟨fig⟩ the fact of the matter; essere **giù** di ~ to be in low spirits; **rialzare** il ~ a qd. to boost s.o.'s morale; essere **su** di ~ to feel cheerful; **trarre** la ~ da qc. to draw a moral from s.th.

moraleggiare v.i. (moraleggio, moraleggi; aus. avere) to moralize. **moralismo** m. moralism. **moralista** I s.m./f. moralist. **II** a. moralistic(al), moralist–. **moralistico** a. (pl. -ci) moralistic(al). **moralità** f. **1** morality. **2** (morale)

morals pl, ethics pl. **3** pl. morality (play).

moralizzare v.t. to moralize. **moralizzatore** I s.m. (f. -trice) moralizer. **II** a. moralizing. **moralizzazione** f. moralization. **moralmente** avv. morally.

moratoria f. **1** ⟨Dir⟩ moratorium. **2** ⟨estens⟩ deferment, postponement. **moratorio** m. moratory.

Moravia N.pr.f. ⟨Geog⟩ Moravia. **moravo** (o moravo) a./s.m. (f. -a) Moravian.

morbidamente avv. softly. **morbidezza** f. **1** softness: la ~ di una stoffa the softness of a material. **2** ⟨fig⟩ (dolcezza) sweetness, softness, gentleness. **3** ⟨Art⟩ mellowness, softness. **morbido** I a. **1** soft: letto ~ soft bed. **2** ⟨fig⟩ (delicato) soft, delicate, gentle: mani –e soft hands. **3** (rif. ad abiti e sim.) loose–fitting, flowing: abito di linea –a loose–fitting dress. **4** ⟨Art⟩ mellow, soft. **II** s.m. soft place. ☐ dormire sul ~ to sleep comfortably (o on something soft).

morbilità f. ⟨Statist⟩ morbidity, sick rate.

morbilliforme a. ⟨Med⟩ morbilliform. **morbillo** m. measles pl (costr. sing. o pl.).

morbo m. ⟨Med⟩ (malattia epidemica) infectious disease, epidemic; (peste) plague. **2** ⟨Med⟩ ~ blu blue disease; ~ di Parkinson Parkinson's disease; ~ di Pott Pott's disease. **morbosamente** avv. morbidly. **morbosità** f. morbidness, morbidity. **morboso** a. morbid (anche fig.): gelosia –a morbid jealousy.

morchella f. ⟨Bot⟩ morel.

morchia f. **1** marc (of olives). **2** ⟨estens⟩ (residuo grasso) oily (o greasy) deposit, dregs pl. **3** ⟨Mecc⟩ dirt. ☐ ~ di olio lubrificante sludge.

mordace a. biting, cutting, sharp, pungent: lingua ~ sharp tongue. **mordacemente** avv. bitingly, cuttingly, sharply. **mordacità** f. mordacity, bitingness, sharpness, mordancy.

mordente I a. **1** biting, piercing: freddo ~ biting cold. **2** ⟨fig⟩ (mordace) biting, cutting, sharp, pungent. **II** s.m. **1** (sostanza per fissare) mordant. **2** ⟨fig⟩ bite; (spirito aggressivo) drive, push. **3** ⟨Mus⟩ mordent. ☐ ⟨fig⟩ privo di ~ weak.

mordere v.t. (morsi, morso) **1** to bite (anche fig.): il cane lo ha morso the dog bit him. **2** (addentare) to bite into (o at): morse la mela con avidità he bit hungrily into the apple. **3** (fare presa) to grip. **4** ⟨fam⟩ (rif. a insetti: pungere) to bite, to sting. ☐ ⟨fig⟩ mordersi le **dita** to tear one's hair; ⟨fig⟩ ~ il **freno** to champ at the bit; mordersi le **labbra** to bite one's lips; mordersi la **lingua** to bite one's tongue; ~ la **polvere** to bite the dust; ~ la **strada** (rif. a pneumatico) to hold the road; (rif. a ciclista) to sprint.

mordicchiare v.t. (mordicchio, mordicchi) to nibble (at), to gnaw. ☐ mordicchiarsi le unghie to bite (o chew) one's nails.

morello I a. blackish. **II** s.m. black (o dark) horse.

morena f. ⟨Geol⟩ moraine. ☐ ~ frontale terminal moraine; ~ glaciale glacial moraine; ~ laterale lateral moraine; ~ mediana medial moraine. **morenico** a. (pl. -ci) morainic, morainal.

morente I a. **1** dying, moribund. **2** ⟨fig⟩ dying, fading. **II** s.m./f. dying man (f woman). ☐ il sole ~ the sinking sun.

moresco a. (pl. -chi) Moorish, Moresque, Moresco: architettura –a Moorish architecture.

moretta f. ⟨Ornit⟩ tufted duck.

more uxorio lat. m. as man and wife: convivere ~ to live as man and wife.

morfema m. ⟨Ling⟩ morpheme.

Morfeo N.pr.m. ⟨Mitol⟩ Morpheus. ☐ ⟨fig⟩ essere in braccio a ~ (dormire) to be in the arms of Morpheus.

morfina f. ⟨Farm⟩ morphine, morphia. **morfinismo** m. ⟨Med⟩ morphinism. **morfinomane** m./f. morphinist, morphinomaniac, morphiomaniac. **morfinomania** f. morphinomania, morphiomania.

morfofonema m. morphophoneme. **morfofonematica, morfofonologia** f. morphophonemics pl (costr. sing.). **morfonema** m. → morfofonema. **morfonologia** f. → morfofonematica.

morfologia f. morphology. **morfologico** a. (pl. -ci)

morphologic(al).

Morgana *N.pr.f.* ⟨*Lett*⟩ Morgan. □ *fata* ~ Morgan le Fay; ⟨*Fis*⟩ Fata Morgana.

morganaticaménte *avv.* morganatically. **morganàtico** *a.* (*pl.* **-ci**) morganatic: *matrimonio* ~ morganatic marriage; *moglie –a* morganatic wife.

morìa *f.* **1** (*rif. a persone*) mortality (caused by plague). **2** (*rif. a bestiame*) murrain; (*rif. a pollame*) fowl pest (*o* plague). □ ~ *di alberi* tree death; ~ *delle foreste* damage to forests, forest decline; ~ *di pesci* fish kill.

moribóndo *I a.* dying, at death's door, moribund: *essere* ~ to be dying (*o* at death's door). **II** *s.m.* (*f.* **-a**) dying man (*f* woman), moribund.

morigrataménte *avv.* soberly, temperately, moderately. **morigeratézza** *f.* moderation, temperance, sobriety. **morigerato** *a.* moderate, temperate, sober(–minded).

moriglióne *m.* ⟨*Ornit*⟩ pochard.

morìre[1] *v.* (*pr.ind.* **muòio, muòri, muòre, moriàmo, morìte, muòiono**; *fut.* **morirò/morrò**; *p.rem.* **morìi**; *pr.cong.* **muòia, moriàmo, moriàte, muòiano**; *p.pr.* **morènte**; *p.p.* **mòrto**; *ger.* **morèndo**) **I** *v.i.* (*aus.* **essere**) **1** (*rif. a persone*) to die, to pass away; (*in guerra*) to fall. **2** (*rif. ad animali*) to die; (*rif. a piante*) to die, to wither. **3** (*avere fine, finire*) to (come to an) end; (*rif. a tempo*) to draw to a close, to come to an end: *l'anno è vicino a* ~ the year is drawing to a (*o* its) close. **4** (*terminare*) to end, to go only as far as: *questo treno muore a Viterbo* this train only goes as far as Viterbo; *il viottolo moriva nella boscaglia* the path ended in the bushes. **5** (*sfociare*) to flow into: *il fiume muore nel lago* the river flows into the lake. **6** (*affievolirsi: rif. a luce, suoni*) to die away. **7** ⟨*iperb*⟩ to be half (*o* nearly) dead, to almost die: ~ *dal caldo* to be nearly dead from the heat; ~ *di paura* to almost die of fright, to be scared ˹out of one's wits˺ (*o* to death). **8** ⟨*fig*⟩ (*scomparire, spegnersi*) to be gone, to die (out), to disappear, to vanish. **II** *v.t.* ⟨*lett*⟩ to die: ~ *una bella morte* to die well, to make a good end. **morìrsi** *v.r.* ⟨*poet*⟩ (*morire*) to die, to pass away. □ ~ *ammazzato* to be killed; ⟨*volg,region*⟩ *va a morì ammazzato!* drop dead!, go to hell!; ~ *in bellezza* to make a good end, to die well; ~ *come un cane* to die like a dog; *a costo di* ~ (even) if it kills me; ~ *cristianamente* to die a Christian death; *da* ~ terribly, dreadfully: *ho una sete da* ~ I am terribly thirsty, I'm dying for a drink; *stanco da* ~ dead (*o* dog) tired; *essere annoiato da* ~ to be bored to death; ~ *dal desiderio di fare qc.* to be dying to do s.th.; *lasciar* ~ *il discorso* to let the conversation (*o* subject) drop; ~ *di fame* to die of hunger, *far* ~ *qd.* (*uccidersi*) to kill s.o.; ⟨*fig*⟩ *mi fai* ~*!* you'll be the death of me!; ~ *giovane* to die young; ~ *impiccato* to be hanged, to die on the gallows; *lasciarsi* ~ to let o.s. die; ~ *nel proprio letto* to die in one's bed; ~ *di una malattia* to die of an illness; ~ *in miseria* to die in poverty; ~ *di morte naturale* to die a natural death; ~ *di morte violenta* to die a violent death; ~ *come le mosche* to die (off) like flies; *la parola gli morì sulle labbra* the word died on his lips; ~ *di parto* to die in childbirth; ~ *dal ridere* to die of laughter; *chi non muore si rivede* fancy meeting you, look who's here; ~ *sul rogo* to be burnt at the stake; ⟨*fig*⟩ *si sentì* ~ his heart sank; ~ *di sete* to die of thirst; ⟨*iperb*⟩ to be terribly thirsty; ~ *di stenti* to die from hardship (*o* privation); ~ *di vecchiaia* to die of old age; ~ *di veleno* to be poisoned, to die by poisoning; *o vincere o* ~*!* victory or death!; *ha visto* ~ *tutti i figli* he outlived all his children. *Prov.: muor giovane colui che al cielo è caro* those whom the gods love die young; *chi muore giace, e chi vive si dà pace* let the dead bury the dead. ‖ ⟨*fam*⟩ *meglio* (*o peggio*) *di così si muore* it couldn't be better (*o* worse); ⟨*fam*⟩ *più stupido di così si muore* nobody could be more stupid than that.

morìre[2] *m.* death, dying.

morit ùro ⟨*lett*⟩ **I** *a.* (*che sta per morire*) about to die; (*destinato a morire*) doomed (to die). **II** *s.m.* (*f.* **-a**) person who is about to die; (*destinato a morire*) doomed person.

mormóne *m./f.* ⟨*Rel*⟩ Mormon. **mormònico** *a.* (*pl.* **-ci**) Mormon.

mormoràre *v.* (**mòrmoro**) **I** *v.i.* (*aus.* **avere**) **1** (*rif. ad acqua*) to murmur, to babble; (*rif. a vento, foglie e sim.*) to murmur, to whisper. **2** (*rif. a persone*) to murmur, to mutter, to mumble; (*brontolare*) to grumble (*contro* at, over, about), to murmur (against, at). **3** (*fare della maldicenza*) to backbite, to gossip, to speak ill. **II** *v.t.* to murmur, to mutter, to mumble; (*bisbigliare*) to murmur, to whisper. □ *si mormora molto sul tuo conto* there is a lot of talk about you. **mormoratóre** *m.* (*f.* **-trice**) **1** (*brontolone*) grumbler, complainer. **2** (*maldicente*) backbiter, gossip. **mormorazióne** *f.* **1** murmur(ing), mutter(ing), mumbling. **2** (*maldicenza*) malicious gossip, backbiting. **3** (*espressione di malcontento*) grumbling, murmuring. **mormorìo** *m.* **1** (*rif. ad acqua*) murmur, babbling; (*rif. a vento, foglie e sim.*) murmuring, whispering. **2** (*rif. a persone*) murmuring, murmurs *pl;* (*brontolio*) grumbling, muttering.

mòro[1] **I** *a.* **1** (*negro, nero*) black, Negro, coloured. **2** (*di capelli scuri*) dark(–haired); (*di carnagione scura*) dark(–complexioned). **3** ⟨*Stor*⟩ Moorish. **II** *s.m.* (*f.* **-a**) **1** ⟨*Stor*⟩ Moor. **2** (*negro*) Negro, black (*o* coloured) person. **3** (*persona di capelli scuri*) dark(–haired) person; (*rif. a donna*) brunette; (*persona di carnagione scura*) dark(–complexioned) person.

mòro[2] *m.* ⟨*Bot*⟩ mulberry.

morosità *f.* arrearage.

moróso[1] **I** *a.* defaulting, in arrears: *debitore* ~ debtor in arrears. **II** *s.m.* (*f.* **-a**) defaulter, person in arrears.

moróso[2] *m.* (*f.* **-a**) ⟨*pop*⟩ (*innamorato*) sweetheart.

mòrra *f.* (*gioco*) mora, morra.

mòrsa *f.* **1** ⟨*Mecc*⟩ vice. **2** ⟨*fig*⟩ vice-like grip. **3** ⟨*Mur*⟩ toothing. □ ~ *da banco* bench vice; ~ *a cerniera* (*o gambo*) leg vice; ~ *parallela* parallel(–jawed) vice; ~ *per tubi* pipe vice. **morsettièra** *f.* ⟨*El*⟩ terminal board (*o* box). **morsétto** *m.* **1** ⟨*Mecc*⟩ (*sul banco*) vice; (*per tenere insieme*) clamp, holdfast. **2** ⟨*El*⟩ terminal. **3** ⟨*Sport*⟩ nose peg, ⟨*am*⟩ nose plug. □ ⟨*El*⟩ ~ *d'attacco* connecting terminal; ~ *di carica di una batteria* charging clip; ~ *da falegname* carpenter's (*o* screw) clamp; ~ *per tubi* tube clip (*o* clamp).

mòrsi → **mordere**.

morsicàre *v.t.* (**mòrsico, mòrsichi**) **1** to nibble (at), to gnaw (at); (*mordere*) to bite. **2** (*rif. a insetti*) to bite. **morsicatùra** *f.* (*atto*) nibbling, gnawing; (*il mordere*) biting; (*effetto*) bite. **morsicchiàre** *v.t.* (**morsìcchio, morsìcchi**) to nibble (at).

mòrso[1] *m.* **1** bite. **2** (*rif. a insetti*) bite, sting. **3** ⟨*concr*⟩ (*boccone*) morsel, bit, bite. **4** ⟨*fig*⟩ pangs *pl,* pang, sting: *il* ~ *della gelosia* the pangs of jealousy. **5** (*sapore pungente*) sharp flavour, hot taste: *il* ~ *del pepe* the hot taste of pepper. **6** (*parte della tenaglia*) jaws *pl.* **7** (*parte della briglia*) bit. □ *mangiare a –i* to eat greedily, to gulp (down); ⟨*fig*⟩ *allentare il* ~ to slacken the bit; *dare un* ~ *a qd.* to bite s.o.; *dare un* ~ *a una mela* to bite (into) an apple; ⟨*fig*⟩ *stringere il* ~ to tighten the bit.

mòrso[2] → **mordere**.

mòrta *f.* ⟨*Geog*⟩ dried–up river bed.

mortadèlla *f.* ⟨*Gastr*⟩ baloney.

mortàio *m.* mortar (*anche Mil.*). □ *pestare l'acqua nel* ~ to beat the air.

mortàle **I** *a.* **1** mortal, deadly: *ferita* ~ mortal (*o* fatal) wound. **2** (*caduco*) transient, fleeting, passing. **3** ⟨*fig*⟩ (*rif. a odio, offese*) mortal, deadly. **4** (*della morte*) deathly, death–like, deadly, mortal. **II** *s.m./f.* mortal. □ ⟨*Teol*⟩ *peccato* ~ mortal (*o* deadly) sin; *salto* ~ somersault. **mortalità** *f.* **1** mortality. **2** ⟨*Statist*⟩ mortality(rate), death rate. □ ~ *infantile* infant mortality. **mortalménte** *avv.* **1** mortally, to death: *è stato ferito* ~ he was mortally injured. **2** ⟨*iperb*⟩ dreadfully, to death: *mi annoio* ~ I am dreadfully bored, I am bored to death.

mortarétto *m.* (fire)cracker, firework.

mortàsa *f.* ⟨*Fal*⟩ mortise. □ *unire a* ~ to mortise. **mortasàre** *v.t.* ⟨*Fal*⟩ to mortise. **mortasatrìce** *f.* mortiser.

mòrte *f.* **1** death (*anche fig.*): *condannare a* ~ to condemn to death. **2** ⟨*Dir*⟩ decease. **3** ⟨*Gastr,fam*⟩ best way of cooking: *la* ~ *dell'abbacchio è arrosto* the best way of cooking lamb is to roast it. □ **a** ~: 1 mortally, to death: *ferire a* ~ to wound mortally; 2 ⟨*fig*⟩ intensely, fiercely: *odiare a* ~ to hate intensely (*o* like poison), to loathe; 3 ⟨*fig*⟩ (*gravemente*) to death, terribly: *annoiare a* ~ *qd.* to bore s.o. to death; 4 ⟨*esclam*⟩ death to: *a* ~ *i tiranni* death to tyrants; *avercela a* ~ *con qd.* to have it in for s.o.; ~ **accidentale** accidental death; ⟨*Med*⟩ ~ **apparente** apparent death; *una* **bella** ~ a good end; ~ **bianca** death caused by an industrial accident; *fare una* **brutta** ~ to die badly; **cercare** *la* ~ *sul campo* to seek death in battle; ⟨*Med*⟩ ~ **cerebrale** brain death; ~ **civile** civil death; ⟨*Med*⟩ ~ **clinica** clinical death; *avere la* ~ *nel* **cuore** to be sick at heart; **darsi** *la* ~ (*uccidersi*) to commit suicide, to kill o.s.; ~ **immatura** untimely (*o* premature) death; **incontrare** *la* ~ to meet one's death; ~ **istantanea** sudden death; **lottare** *con la* ~ to struggle with death; ~ **naturale** natural death; **pena** *di* ~ capital punishment; ⟨*Dir*⟩ ~ **presunta** presumed death; *essere in* **punto** *di* ~ to be at death's door; *non* **sapere** *di che* ~ *si debba morire* not to know what the future holds in store; **sfidare** *la* ~ to risk one's life; **sino** *alla* ~ until one dies; **vedere** *la* ~ *in faccia* to come face to face with death; ~ **violenta** violent death. *Prov.*: *la* ~ *non guarda in faccia nessuno* all must die; ~ *tua, vita mia* it's either you or me.

mortella *f.* ⟨*Bot*⟩ myrtle.

mortificante *a.* mortifying, humiliating. **mortificare** *v.t.* (**mortifico, mortifichi**) 1 to mortify, to humiliate, to humble. 2 ⟨*Rel*⟩ to mortify: ~ *la carne* to mortify the flesh. **mortificarsi** *v.r.* 1 to be mortified. 2 ⟨*Rel*⟩ to mortify o.s. **mortificato** *a.* mortified, humiliated; (*dispiaciuto*) very sorry. **mortificatore** I *s.m.* (*f.* -**trice**) mortifier. II *a.* mortifying, humiliating. **mortificazione** *f.* 1 mortification, humiliation. 2 ⟨*Rel*⟩ mortification.

morto I *a.* 1 dead (*anche fig.*): *corpo* ~ dead weight; *lingua* -*a* dead language. 2 ⟨*fig*⟩ (*senza attività*) dead, lifeless: *una città* -*a* a dead town; *la stagione* -*a* the dead (*o* off, slack) season. 3 ⟨*iperb*⟩ dead, very: *sono stanco* ~ I'm dead tired. II *s.m.* (*f.* -**a**) 1 dead person; *pl.* dead (*costr. pl.*): *i* -*i e i feriti* the dead and wounded. 2 ⟨*Dir*⟩ deceased. 3 (*cadavere*) corpse, dead body. 4 (*nei giochi di carte*) dummy. □ **cadere** ~ to drop dead; *ti credevo* ~ (*a chi non si è visto da molto tempo*) so you're still in the land of the living; ~ *di* **fame** one who has starved to death; ⟨*fig*⟩ down-and-out; **fare** *il* ~ (*galleggiare sul pelo dell'acqua*) to do the dead-man's float; *la* **festa** *dei* -*i* All Souls' Day; **nascere** ~ to be still-born (*anche fig.*); ~ *di* **paura** frightened to death; *dare qd. per* ~ to give s.o. up for dead; ⟨*fig*⟩ *essere un* **peso** ~ to be a dead weight; *farebbe* **resuscitare** *un* ~ (*rif. a bevanda corroborante*) it would bring a dead man back to life; ~ *resuscitato* (*guarito da grave malattia*) person who has been at death's door; (*che si presenta dopo lungo tempo*) long-lost friend; *tra poco ci* **scappa** *il* ~ someone's going to get killed; **sonare** *a* ~ to toll (the knell); *essere* ~ *di* **sonno** to be dead tired; ⟨*spreg*⟩ *un* ~ *di sonno* a deadhead; *essere* ~ *e* **sotterrato** to be dead and buried; ⟨*fig*⟩ *essere un* **uomo** ~ to be done for.

mortorio *m.* (*funerale*) funeral, burial. □ ⟨*fig*⟩ *è un* ~ it's like a funeral. **mortuario** *a.* mortuary, death-: *cappella* -*a* mortuary chapel. □ *annuncio* ~ obituary; *carro* ~ hearse.

morula *f.* ⟨*Biol*⟩ morula.

morva *f.* ⟨*Veter*⟩ glanders *pl* (*costr. sing. o pl.*). **morvoso** *a.* glanderous.

Mosa *N.pr.f.* ⟨*Geog*⟩ Meuse.

mosaicista *m./f.* mosaic worker, mosaicist.

mosaico[1] *a.* (*pl.* -**ci**) ⟨*Rel.ebr*⟩ Mosaic: *legge* -*a* Mosaic Law.

mosaico[2] *m.* (*pl.* -**ci**) 1 mosaic. 2 ⟨*fig*⟩ mosaic, patchwork. □ *pavimento a* ~ mosaic floor.

mosaismo *m.* ⟨*Rel.ebr*⟩ Mosaism.

mosca *f.* 1 fly. 2 (*neo finto*) beauty spot, patch. 3 (*pizzetto*) goatee, imperial. 4 ⟨*Pesc,Sport*⟩ fly. □ ⟨*fig*⟩ *una* ~ **bianca** a rare bird; **cadere** *come le mosche* to die (off) like flies; ~ **carnaria** flesh fly; ~ **cavallina** horsefly; *giocare a* ~ **cieca** to play blind-man's-buff; ~ **domestica** (*o comune*) house fly; *non farebbe* **male** *a una* ~ *he*

wouldn't hurt a fly; ⟨*fam*⟩ *far venire a qd. la* ~ *al* **naso** to make s.o. lose his (*o* her) temper; *gli è saltata la* ~ *al naso* he flew off the handle; ~ **olearia** olive fly; ⟨*Sport*⟩ **peso** ~ flyweight category; (*pugile*) flyweight; *restare con un pugno di mosche* (*in mano*) to be left empty-handed; ⟨*Pesc*⟩ ~ **secca** dry fly; ~ **sommersa** wet (*o* sunk) fly; ~ **tse-tse** tsetse(-fly); *non si sentiva* **volare** *una* ~ you could hear a pin drop.

Mosca *N.pr.f.* ⟨*Geog*⟩ Moscow.

moscacieca *f.* blind-man's-buff: *giocare a* ~ to play blind-man's-buff. **moscaio** *m.* (*sciame*) swarm of flies; (*luogo*) place full of flies. **moscaiola** *f.* (*mobiletto*) meat safe; (*rete*) meat cover, fly net.

moscardino *m.* 1 ⟨*Zool*⟩ dormouse, hazel mouse. 2 ⟨*fig*⟩ (*zerbinotto*) dandy, fop.

moscardo *m.* ⟨*Ornit*⟩ (*falco cuculo*) red-footed falcon.

moscatello I *a.* 1 ⟨*Enol*⟩ muscatel-. 2 (*rif. a frutti*) musk-. II *s.m.* ⟨*Enol*⟩ muscatel. **moscato** I *a.* 1 (*rif. a frutti*) musk-: *pere* -*e* musk pears. 2 ⟨*Enol*⟩ muscatel-, muscat-. II *s.m.* 1 ⟨*Agr*⟩ muscat(el) vine. 2 ⟨*Enol*⟩ muscatel, muscat (wine).

moscerino *m.* 1 midge, gnat. 2 ⟨*fig,scherz*⟩ (*persona bassa*) midget, ⟨*fam*⟩ shortie. □ ~ ⸢*del vino*⸣ (*o dell'aceto*) common fruit fly.

moschea *f.* mosque.

moschettata *f.* musket shot. **moschettato** *a.* 1 (*rif. a cavallo*) dappled. 2 (*punteggiato*) speckled. **moschetteria** *f.* musketry. **moschettiera**: *alla* ~ mousquetaire: *cappello alla* ~ mousquetaire hat. **moschettiere** *m.* ⟨*Mil.ant*⟩ musketeer. □ ⟨*Lett*⟩ *i tre* -*i* The Three Musketeers. **moschetto** *m.* musket. **moschettone** *m.* 1 spring catch (*o* clip). 2 ⟨*Alp*⟩ snaplink.

moschicida I *a.* fly-killing. II *s.m.* fly killer. □ *carta* ~ fly paper.

moschino *m.* (*moscerino*) midge, gnat.

moscio *a.* 1 (*floscio*) flabby, flaccid. 2 ⟨*fig*⟩ (*fiacco*) lifeless, slack, sluggish. □ *erre* -*a* French "r".

mosco *m.* (*pl.* -**chi**) ⟨*Zool*⟩ musk deer.

moscone *m.* 1 ⟨*Entom*⟩ bluebottle, blow fly. 2 ⟨*fig*⟩ (*corteggiatore*) suitor, beau, gallant.

Moscovia *N.pr.f.* ⟨*Stor*⟩ Muscovy. **moscovita** *a./s.m.f.* Muscovite.

Mosè *N.pr.m.* ⟨*Bibl*⟩ Moses.

mosquito *sp.* [mɔsˈkito] *m.* ⟨*Entom,Aer*⟩ mosquito.

mossa *f.* 1 movement: *una* ~ **brusca** a brusque movement. 2 (*gesto*) gesture. 3 (*nel gioco della dama, degli scacchi e sim.*) move. 4 ⟨*Mil*⟩ movement, move, manoeuvre. 5 ⟨*fig*⟩ (*azione*) move: *fare una* ~ *sbagliata* to make a false move. 6 *pl.* ⟨*Equit*⟩ start. 7 ⟨*Equit*⟩ (*luogo di partenza*) starting post; (*cancello*) starting gate. 8 ⟨*scherz*⟩ (*movimento dei fianchi*) wiggle. □ ~ *delle* **braccia** movement of the arms; *fare la* ~ (*dimenare i fianchi*) to (give a) wiggle; *non fare una* ~ to make no move, to do nothing; ~ *iniziale* beginning; ⟨*Equit*⟩ *prendere le* -*e* to start; ⟨*fig*⟩ (*iniziare*) to start, to begin, to get going.

mossi → **muovere.**

mossiere *m.* ⟨*Equit*⟩ starter.

mosso (*p.p. di muovere*) *a.* 1 rough, troubled: *mare* ~ rough sea. 2 (*rivoltato: rif. a terreno*) ploughed (up): *terreno* ~ ploughed land. 3 (*rif. a capelli*) wavy. 4 ⟨*Fot*⟩ blurred.

mostacciolo *m.* ⟨*Dolc*⟩ rich fruit-cake.

mostarda *f.* ⟨*Gastr*⟩ mustard. **mostardiera** *f.* mustard pot.

mosto *m.* must. □ ~ *d'uva* grape must. **mostoso** *a.* full of must.

mostra *f.* 1 show, display (*anche fig.*). 2 (*esposizione*) exhibition, display, show. 3 (*vetrina*) window: ~ *di negozio* shop window; (*ad armadio*) showcase. 4 ⟨*Comm*⟩ (*campione*) sample; (*di stoffa*) pattern. 5 ⟨*Mar*⟩ (*orologio tascabile di precisione*) deck watch. □ ~ *d'*arte art exhibition; ~ *d'arte cinematografica* film festival; **fare** ~ *di qc.* (*fingere*) to pretend s.th.: *ha fatto* ~ *di andarsene* he pretended to leave; *fare* **bella** ~ *di sé* to make a fine showing; ~ **fotografica** photo(graphic) exhibition; **mettere** *in* ~ to show, to display; *mettersi in* ~ to show off.

mostrare *v.* (**mostro**) I *v.t.* 1 to show, to display: ~ *la* *lingua al dottore* to show the doctor one's tongue; ~ *i documenti* to show one's papers. **2** (*indicare*) to show, to point out: ~ *la strada a qd.* to show s.o. the way. **3** (*spiegare*) to show, to explain. **4** (*dimostrare*) to show, to demonstrate, to prove. **II** *v.i.* (*aus.* **avere**) (*fingere*) to pretend: *mostrò di non conoscermi* he pretended not to know me. **mostrarsi** *v.r.* **1** to seem (to be), to appear (to be), to look: *si mostrò felice del nostro regalo* he seemed pleased with our present. **2** (*dimostrarsi*) to show o.s. (to be), to prove o.s. (to be): *mostrarsi degno* to prove o.s. worthy. **3** (*apparire*) to appear, to show o.s.: *mostrarsi in pubblico* to appear in public. □ ⟨*fig*⟩ ~ *i denti* to show one's teeth; ~ *a dito qd.* to point at s.o.; ~ *i pugni* to shake one's fists.

mostravento *m.inv.* ⟨*Mar*⟩ (wind) vane.

mostriciattolo *m.* ⟨*spreg*⟩ little monster; (*rif. a bambino*) brat.

mostrina *f.* ⟨*Mil*⟩ (collar) badge, tab, insignia.

mostro *m.* **1** monster: ~ *marino* sea monster. **2** ⟨*fig*⟩ (*persona bruttissima, crudele*) hideous person, monster. **3** ⟨*scherz*⟩ (*fenomeno*) prodigy, phenomenon: *un* ~ *di virtù* a prodigy of virtue. **mostruosamente** *avv.* monstrously. **mostruosità** *f.* monstrosity (*anche Biol.*). **mostruoso** *a.* **1** monstrous. **2** ⟨*fig*⟩ monstrous, horrible, hideous. **3** ⟨*fig*⟩ (*straordinario*) prodigious, extraordinary.

mota *f.* ⟨*region*⟩ (*fango*) mud, mire (*anche fig.*).

motel *m.* motel, ⟨*am*⟩ motor lodge.

motivare *v.t.* **1** (*causare*) to cause, to motivate. **2** (*precisare il motivo*) to adduce (*o* state) reasons for, to justify: ~ *una sentenza* to justify a decree. **3** (*rif. a persona*) to motivate, to provide with an incentive. **motivazionale** *a.* ⟨*Psic*⟩ motivational, motive-: *ricerca* ~ motivational research. **motivazione** *f.* **1** justification, (statement of) reasons *pl*; (*motivo*) motive. **2** ⟨*Dir*⟩ grounds *pl*. **3** ⟨*Psic*⟩ motivation.

motivo *m.* **1** (*causa*) reason, cause, grounds *pl*: *per –i di famiglia* for family reasons; (*movente*) motive. **2** (*tema*) motif, motive, (central) theme (*anche Mus.*). **3** (*ornamento*) motif. **4** ⟨*Art*⟩ motif, pattern: *–i geometrici* geometrical patterns. □ **a** ~ *di* (*a causa di*) owing to, because of, on account of; *avere* ~ *di lagnarsi* to have reason to complain, to have grounds for complaint; **conduttore** leitmotiv (*anche fig.*); **dare** ~ *a lagnanze* to give rise to (*o* grounds for) complaint; *è per noi* ~ *di gioia* it gives us great joy; *per nessun* ~ for no reason, on no account; ~ **ornamentale** ornamental motif; **per quale** ~? why?, what ... for?; *per questo* ~ for this reason, because of this, this is why; *un* ~ *di* più *per farlo* all the more reason why it should be done; **senza** (*alcun*) ~ without reason (*o* cause), for no reason; *è per me* ~ *di* **soddisfazione** it gives me great satisfaction; ⟨*Mus*⟩ ~ *di* **successo** popular tune (*o* song), ⟨*fam*⟩ hit; *non è* ~ **sufficiente** it is not a good enough reason.

moto[1] *m.* **1** motion (*anche Fis.,Mus.*). **2** (*esercizio fisico*) exercise: *fare un po' di* ~ to take some exercise. **3** (*gesto, atto*) movement, gesture: *un* ~ *di stizza* an irritated gesture. **4** (*tumulto, agitazione*) rising, rebellion, revolt. **5** ⟨*fig*⟩ (*sentimento*) emotion, impulse, feeling. □ ~ **accelerato** accelerated motion; ⟨*Fis*⟩ ~ **alternativo** reciprocating motion; ⟨*Mus*⟩ **con** ~ con moto; *essere* in ~: **1** (*rif. a macchine*) to be running, to be in operation; **2** (*rif. a veicoli*) to be moving (*o* in motion); **3** (*rif. a persone*) to be moving (*o* on the move); **mettere** *in* ~: **1** to set in motion; **2** ⟨*Mot*⟩ to start (up); **3** ⟨*fig*⟩ to set off (*o* to work); *mettersi in* ~ to bustle, to get busy; (*incamminarsi*) to set out, ⟨*fam*⟩ to get moving; ⟨*Mar*⟩ ~ **ondoso** swell; ⟨*Fis*⟩ ~ **periodico** periodic motion; ~ **perpetuo**: **1** ⟨*Fis*⟩ perpetual motion; **2** ⟨*Mus*⟩ moto perpetuo; ~ **rettilineo** rectilinear motion; ~ **rotatorio** rotatory motion; ⟨*Fis*⟩ ~ **uniforme** uniform motion; ⟨*Gramm*⟩ **verbo** *di* ~ verb of motion.

moto[2] *f.inv.* motorbike.

moto|aratrice *f.* (*macchina*) motor plough, tractor plough. **~aratura** *f.* motor ploughing, mechanical ploughing. **~barca** *f.* motorboat, powerboat.

motocampestre **I** *a.* cross-country. **II** *s.f.* motocross, cross-country motorcycle race.

moto|carro *m.* tricar, three-wheeler. **~carrozzetta** *f.* sidecar.

motocicletta *f.* motorcycle, ⟨*fam*⟩ motorbike. □ ~ *da corsa* racing machine; ~ *con sidecar* motorcycle with sidecar.

moto|ciclismo *m.* ⟨*Sport*⟩ motorcycle racing, motorcycling. **~ciclista** *m./f.* motorcyclist. **~ciclistico** *a.* (*pl.* -ci) motorcycling, motorcycle-. **~ciclo** *m.* motorcycle, ⟨*fam*⟩ motorbike. **~cisterna** *f.* ⟨*Mar*⟩ motor tanker. **~colonna** *f.* ⟨*Mil*⟩ motorized column. **~compressore** *m.* ⟨*Mot*⟩ motor-driven compressor. **~corazzato** *a.* ⟨*Mil*⟩ armoured (and mechanized): *reparti –i* armoured units. **~cross** *m.* ⟨*Sport*⟩ cross-country motorcycle racing. **~crossista** *m./f.* cross-country motorcycle racer.

motodromo *m.* speedway, motor-drome.

moto|falciatrice *f.* power mower, mowing machine. **~furgone** *m.* (motor-)van. **~lancia** *f.* (*pl.* -ce) ⟨*Mar*⟩ motor launch. **~leggera** *f.* lightweight motorcycle.

motomezzo *m.* motor vehicle.

moto|nautica *f.* motorboating. □ ~ *agonistica* speedboat racing. **~nautico** *a.* (*pl.* -ci) motorboat-, speedboat-: *competizioni motonautiche* motorboat racing. **~nave** *f.* motorship. **~peschereccio** *m.* motor trawler, power trawler. **~pompa** *f.* motor pump. **~propulsore** *a.* power-: *gruppo* ~ power unit. **~raduno** *m.* motorcycle rally.

motocaravan *ingl. m.* (autocaravan) mobile (*o* motor) home.

motoscuter *m.* (motor)scooter.

mototrazione *f.* motor traction.

motore **I** *s.m.* **1** motor, engine. **2** (*veicolo a motore*) motor (vehicle). **II** *a.* **1** motor, motive, propellant, driving: *forza motrice* motive power. **2** ⟨*tecn*⟩ driving, power-: *albero* ~ driving shaft. □ **a** ~ motor-, power-, engine-driven, motored; *a un* ~ one-engined; **accendere** *il* ~ to start (*o* switch on) the engine; ~ *ad* **aria compressa** compressed-air motor; ~ **asincrono** induction (*o* asynchronous) motor; ~ **ausiliario** auxiliary (*o* pony) motor; ~ *d'*avviamento (motor) starter; ~ *a* **benzina** petrol engine, ⟨*am*⟩ gasoline motor; ~ *a quattro* **cilindri** four-cylinder engine; ~ *a* **combustione** combustion engine; ~ **Diesel** Diesel engine; ~ **elettrico** electric motor, electromotor; **fermare** *il* ~ to stop (*o* switch off) the engine; **gruppo** ~ engine assembly, power unit; ~ *a* **iniezione** injection engine; ~ **lineare** linear (induction) motor; ~ **monocilindrico** single-cylinder engine; ~ *a* **nafta** oil (*o* Diesel) engine; ~ **posteriore** rear engine; ⟨*Filos*⟩ **primo** ~ prime mover; ~ *a* **reazione** jet engine; ~ *di* **rotazione** (*o* giro) exchange (*o* replacement) engine; ~ *a* **scoppio** internal-combustion engine; ~ **sincrono** synchronous motor; ~ *a due* **tempi** two-stroke engine; ⟨*El*⟩ ~ **trifase** three-phase motor; ~ *a* **turbina** turbine engine; ~ *a* **turbogetto** turbo-jet engine.

motoretta *f.* motor scooter, (*ciclomotore*) motor bicycle. **motorino** *m.* motor bicycle. □ ~ *di avviamento* starter; ~ *ausiliario* auxiliary motor. **motorio** *a.* motor-, motory (*anche Fisiol.*). **motorismo** *m.* ⟨*Sport*⟩ motor sports *pl*. **motorista** *m.* engineer. **motoristica** *f.* mechanical engineering. **motoristico** *a.* (*pl.* -ci) motor-. **motorizzare** *v.t.* to motorize. **motorizzarsi** *v.r.* ⟨*fam*⟩ (*rif. a macchina*) to get a car; (*rif. a motocicletta*) to get a motorcycle. **motorizzato** *a.* motorized: *truppe –e* motorized troops. □ ⟨*fam*⟩ *essere* ~ (*avere la macchina*) to have a car; (*avere la motocicletta*) to have a motorcycle. **motorizzazione** *f.* **1** motorization. **2** (*ispettorato della motorizzazione*) traffic control authority.

motor scooter *ingl.* [moto'sku:tə] *m.* → **motoretta**.

moto|scafo *m.* motorboat, powerboat. □ ~ *da competizione* speedboat; ~ *da crociera* cruiser; ~ *da diporto* pleasure motorboat. **~scuterista** *m./f.* scooter rider. **~sega** *f.* ⟨*Mecc*⟩ chain saw. **~silurante** *f.* ⟨*Mar.mil*⟩ motor torpedo boat, mosquito (*o* PT) boat. **~vedetta** *f.* ⟨*Mar*⟩ (motor) patrol boat. □ ~ *della guardia di finanza* revenue patrol boat. **~veicolo** *m.* motor vehicle. **~veliero** *m.* motorsailer. **~zattera** *f.* **1** (*mezzo da sbarco*) landing craft. **2** (*mezzo da trasporto*) motor craft.

motrice f. 1 〈Ferr〉 engine, locomotive. 2 〈Aut〉 tractor. □ ~ e rimorchio tractor and trailer.

motteggiare v. (motteggio, motteggi) I v.t. to mock, to make fun of, to chaff, to tease. II v.i. (aus. avere) to joke, to jest, to crack jokes, to make quips (o witty remarks). **motteggiatore** I s.m. (f. -trice) mocker, teaser, scoffer. II a. mocking. **motteggio** m. banter.

mottetto m. 1 〈Lett〉 rhyme, verse. 2 〈Mus〉 motet.

motto m. 1 (sentenza) motto, maxim. 2 (facezia) witticism, witty remark, pleasantry. 3 (parola) word: senza far ~ without (saying) a word. 4 〈Arald〉 motto. □ ~ pubblicitario (advertising) slogan.

motuleso I a. 〈Med〉 disabled. II s.m. (f. -a) disabled person.

movente m. 1 motive, reason, cause. 2 〈Dir〉 motive.

movenza f. 1 carriage, movement, movements pl. 2 (rif. a opera d'arte) attitude.

movibile a. movable.

movimentare v.t. (movimento) to enliven, to animate. **movimentato** a. lively, animated; (agitato) agitated, eventful: vita -a eventful life; (pieno di movimento) busy: una strada -a a busy street. **movimentazione** f. 〈Comm〉 handling: ~ delle merci handling of goods.

movimento m. 1 movement, motion: essere in ~ to be in motion (o moving). 2 (spostamento) movement: ~ di truppe movement of troops; (rif. a impiegati e sim.) transfer. 3 (mossa) movement, move: un ~ delle braccia a movement of the arms. 4 〈fig〉 (animazione) activity, animation, (hustle and) bustle; (traffico) traffic, movement: ~ ferroviario rail traffic. 5 〈Art,Lett〉 movement. 6 (corrente) movement: ~ nazionalista nationalist movement. 7 〈Mus〉 tempo, movement. 8 〈Mecc〉 (corsa) movement, action; (trazione) traction, drive; (meccanismo) mechanism, movement. 9 〈Econ〉 movement, circulation: ~ di capitali movement of capital; (in Borsa) movement. □ ~ degli affari turnover; 〈Pol〉 ~ clandestino underground movement; 〈Econ〉 -i congiunturali cyclical fluctuations; ~ dei consumatori consumer movement; ~ demografico population movement (o shift); ~ dei diritti civili civil rights movement; ~ federalista europeo European Federalist Movement; ~ giovanile youth movement; ~ di liberazione della donna Women's Liberation, Women's Lib, Fem Lib; ~ delle merci goods (o freight) traffic; mettere in ~ to set in motion, to start (up); 〈fig〉 to set off, to rouse to action; mettersi in ~ (incamminarsi) to start, to set out, 〈fam〉 to get moving; ~ muscolare muscular movement; ~ ondulatorio undulatory movement; ~ operaio labour movement; ~ pacifista pacifist (o peace) movement; 〈Fisiol〉 ~ peristaltico peristaltic movement; 〈fig〉 pieno di ~ lively, animated; ~ di protesta protest movement; ~ rotatorio rotating (o rotatory) motion; senza ~ motionless; 〈fig〉 lifeless; ~ sindacale trade-union movement; 〈Pol〉 ~ sociale italiano Italian Social Movement; ~ stradale road traffic; ~ studentesco student movement; ~ terrorista terror movement; ~ di viaggiatori passenger traffic; ~ per la vita pro-life movement.

moviola f. 1 〈Cin,TV〉 editor, movieola. 2 (visionatrice) film viewer.

Mozambico N.pr.m. 〈Geog〉 Mozambique.

mozione f. 〈Parl〉 motion: ~ di fiducia motion of confidence. □ 〈Pol〉 la ~ è stata adottata the motion was carried; approvare (o respingere) una ~ to carry (o reject) a motion; presentare una ~ to propose (o move) a motion, to bring forward a motion.

mozzare v.t. (mozzo) 1 to cut (o chop) off; (tagliare la coda) to dock. 2 〈fig〉 to cut short, to break off: ~ la parola in bocca (o gola) a qd. to cut s.o. short. □ ~ il fiato (o respiro) to take one's breath away.

mozzarella f. 〈Alim〉 mozzarella (milky buffalo cheese).

mozzatura f. 1 (il mozzare) cutting (o chopping) off. 2 (parte mozzata) part cut off, end.

mozzetta f. 〈Rel.catt〉 moz(z)etta.

mozzicone m. stump, stub, butt, end: ~ di sigaretta cigarette end (o butt), 〈fam〉 fag end.

mozzo[1] a. 1 cut (off); (rif. alla coda) docked. 2 (mutilato)

mutilated. 3 〈fig〉 broken: frase -a broken sentence.

mozzo[2] m. 1 〈Mar〉 ship boy, cabin boy. 2 〈ant〉 (servo) boy, lad. □ ~ di stalla stable-boy, groom.

mozzo[3] m. 〈Mecc〉 hub. □ ~ dell'elica: 1 〈Aer〉 (screw-)propeller hub; 2 〈Mar〉 screw boss; ~ della ruota wheel hub; ~ a ruota libera freewheel hub.

M.P.I. = Ministero della pubblica istruzione Ministry of Education.

mq = metro quadrato square metre (abbr. m², sq.m.).

ms. = 〈Filol〉 manoscritto manuscript (abbr. ms., Ms.).

m/sec = metri al secondo metres per second (abbr. m/sec).

MSI = Movimento sociale italiano Italian Social Movement.

mucca f. 〈Zool〉 cow: ~ da latte milch cow, milker.

mucchio m. 1 heap, pile, mass. 2 〈fig〉 mass, lot, heap; (rif. a cose astratte) pack, heap, load: un ~ di bugie a pack of lies. □ a mucchi in plenty, galore; 〈fig〉 mettere tutti in un ~ to treat everyone in the same way.

mucido I a. musty, mouldy. II s.m. mould, mustiness. □ prendere di ~ to go musty; sapere di ~ to taste mouldy. **mucillag(g)ine** f. 〈Bot〉 mucilage. **mucillag(g)inoso** a. mucilaginous.

muco m. (pl. -chi) 〈Med〉 mucus. **mucopus** m. 〈Med〉 mucopus. **mucosa** f. mucosa, mucous membrane. **mucosità** f. 1 mucosity. 2 〈concr〉 (muco) mucus. **mucoso** a. mucous.

muda f. 〈Ornit〉 moult(ing). □ fare la ~ to moult.

muezzin(o) m. muezzin.

muffa f. mould, mildew. □ fare la ~ to go mouldy, to mildew; 〈fig〉 (stare nell'ozio) to idle. **muffire** v.i. (muffisco, muffisci; aus. essere) 1 to go mouldy (o musty), to mildew. 2 〈fig〉 to go (o run) to seed; (rif. a cose) to lie idle. **muffito** a. mouldy, musty.

muffola f. 1 (guanto) mitten. 2 〈El〉 box: ~ di derivazione dividing (o junction) box. 3 〈tecn〉 muffle.

muffosità f. mouldiness, mustiness. **muffoso** a. mouldy, musty, mildewed.

muflone m. 〈Zool〉 mouf(f)lon.

mufti m. mufti.

mugghiare v.i. (mugghio, mugghi; aus. avere) → muggire. **mugghio** m. → muggito.

muggine m. 〈Itt〉 mullet.

muggire v.i. (muggisco, muggisci, muggisce/mugge; aus. avere) 1 to moo, to low, to bellow. 2 〈estens〉 (urlare) to roar, to howl, to bellow. 3 〈fig〉 (rif. a mare, vento e sim.) to roar, to howl. **muggito** m. 1 moo, low. 2 〈estens〉 roar, howl, bellow. 3 〈fig〉 (rif. a mare, vento e sim.) roar, howl.

mughetto m. 1 〈Bot〉 lily of the valley. 2 〈Med〉 thrush.

mugic m. 〈Stor〉 m(o)ujik, muzhik.

mugnaia f. (woman) miller; (moglie di mugnaio) miller's wife. **mugnaio** m. miller.

mugolamento m. whimpering, whining. **mugolare** v. (mugolo) I v.i. (aus. avere) 1 to whimper, to whine, to yelp. 2 〈estens〉 (rif. a persona) to moan, to groan, 〈fam〉 to grizzle. II v.t. (borbottare) to mutter, to mumble. **mugolio** m. 1 whimpering, whining. 2 (rif. a persona) muttering, mumbling.

mugugnare v.i. (aus. avere) 〈region〉 (borbottare) to mutter, to grumble. **mugugno** m. muttering, grumbling.

mula f. 〈Zool〉 she-mule. **mulaggine** f. mulishness, stubbornness. **mulattiera** f. mule track. **mulattiere** m. muleteer, mule driver.

mulatto I s.m. (f. -a) mulatto (f -tress, mulatta). II a. mulatto.

muliebre a. woman's, feminine, womanly: bellezza ~ feminine beauty; lavori -i woman's (o women's) work. □ statua ~ statue of a woman.

mulinare I v.t. 1 to twirl, to whirl, to swirl: ~ un bastone to twirl a stick; (rif. al vento) to whirl, to blow, to spin. 2 〈assol〉 (fantasticare) to daydream, to be lost in reverie, to give free play to one's fancy. II v.i. (aus. avere) 1 to whirl, to spin (round and round): le foglie mulinavano al vento the leaves whirled in the wind. 2 〈fig〉 (rif. a pensieri) to seethe. **mulinello** m. 1 eddy, whirl, whirlwind; ⟨*gorgo*⟩ whirlpool. **2** ⟨*ventilatore a elica*⟩ ventilating fan. **3** ⟨*nella scherma*⟩ moulinet. **4** ⟨*Pesc*⟩ fishing reel. **5** ⟨*Mar*⟩ windlass; ⟨*di catena*⟩ swivel.

mulino *m.* mill. □ ~ *ad acqua* water mill; ⟨*fig*⟩ *tirare l'acqua al proprio* ~ to bring grist to one's mill; ~ *a vapore* steam mill; ~ *a vento* windmill; ⟨*fig*⟩ *combattere contro i –i a vento* to tilt at windmills; ⟨*fig*⟩ *essere un* ~ *a vento* to be a weather cock; ⟨*fig*⟩ *parlare come un* ~ *a vento* to talk non-stop. *Prov.: chi va al* ~ *s'infarina* he that toucheth pitch shall be defiled.

mulo *m.* (*f.* **-a**) **1** ⟨*Zool*⟩ mule. **2** ⟨*fig*⟩ (*persona cocciuta*) mule, stubborn person. □ ⟨*fig*⟩ *fare il* ~ to be obstinate (*o* mulish).

multa *f.* **1** fine, ⟨*am*⟩ ticket: *pagare una* ~ to pay a fine. **2** (*detrazione sulla paga*) docking. **multare** *v.t.* to fine: ~ *qd. di mille lire* to fine s.o. a thousand lire.

multi|canali *a.* ⟨*TV*⟩ multichannel. **~colore** *a.* multicolour(ed), many-coloured. **~culturale** *a.* multicultural. **~dimensionale** *a.* multidimensional. **~dimensionalità** *f.* multidimensionality. **~disciplinare** *a.* ⟨*Ped*⟩ multidisciplinary. **~elaborazione** *f.* ⟨*Inform*⟩ multiprocessing. **~focale** *v.t.* ⟨*Ott*⟩ multifocus–. **~forme** *a.* ⟨*lett*⟩ **1** multiform, variform. **2** (*versatile*) versatile. **~funzionale** *a.* ⟨*Inform*⟩ multifunction–. **~lama** *a.* ⟨*Mecc*⟩ multiblade–. **~laterale** *a.* multilateral. □ ⟨*Pol*⟩ *disarmo* ~ multilateral disarmament. **~lateralismo** *m.* multilateralism. **~lineare** *a.* multilinear. **~lingue** *a.* multilingual. **~linguismo** *m.* multilingualism. **~mediale** *a.* multimedia, mixed–media: *esposizione* ~ multimedia display.

multimetro *m.* ⟨*El*⟩ multimeter.

multi|milionario **I** *a.* multimillionaire–. **II** *s.m.* (*f.* **-a**) multimillionaire. **~modale** *a.* multimodal: *trasporto* ~ multimodal transportation. **~nazionale** **I** *a.* multinational. **II** *s.f.* multinational corporation, multinational.

multipara *f.* ⟨*Biol*⟩ multipara. **multiparo** *a.* multiparous.

multiplo **I** *a.* multiple, manifold: *frutto* ~ multiple fruit. **II** *s.m.* ⟨*Mat*⟩ multiple: *minimo comune* ~ least common multiple.

multipolare *a.* multipolar, multicore. **multipolarità** *f.* multipolarity.

multi|proprietà *f.* multiple ownership. **~razziale** *a.* multiracial. **~scopo** *a.inv.* → **multiuso**. **~stadio** *a.inv.* ⟨*Mil*⟩ multistage: *missile* ~ multistage missile. **~uso** *a.inv.* multipurpose, designed for several purposes.

mummia *f.* **1** mummy. **2** ⟨*fig*⟩ (*persona vecchia e rinsecchita*) mummy, ⟨*fam*⟩ old bag of bones. **mummificare** *v.t.* (*mummifico, mummifichi*) to mummify. **mummificarsi** *v.r.* **1** to mummify, to become mummified. **2** ⟨*fig*⟩ (*fossilizzarsi*) to fossilize. **mummificazione** *f.* mummification.

mungere *v.t.* (*mungo, mungi; munsi, munto*) **1** to milk: ~ *una vacca* to milk a cow. **2** ⟨*fig*⟩ (*spillare*) to bleed, to squeeze, to milk: ~ *quattrini da qd.* to squeeze money out of s.o. **mungitoio** *m.* **1** (*luogo*) milking shed. **2** (*recipiente*) milking pail. **mungitore** *m.* milker. **mungitrice** *f.* **1** milker, milkmaid. **2** (*macchina mungitrice*) milking machine, milker. **mungitura** *f.* milking. □ ~ *a mano* hand milking; ~ *meccanica* machine milking.

municipale *a.* town–, municipal, city–: *giunta* ~ town council. **municipalità** *f.* municipality. **municipalizzare** *v.t.* to municipalize. **municipalizzato** *a.* municipalized, taken over by the municipality: *azienda –a* company taken over by the municipality. **municipalizzazione** *f.* municipalization. **municipio** *m.* **1** municipality. **2** (*edificio*) town hall. **3** ⟨*Stor.rom*⟩ municipium. □ *sposarsi in* ~ to get (*o* be) married in a registry office, ⟨*am*⟩ to get married at a city hall.

munificamente *avv.* munificently. **munificenza** *f.* munificence, liberality. **munifico** *a.* (*pl.* **-ci**) ⟨*lett*⟩ munificent, bountiful, generous: *una –a elargizione* a generous donation.

munire *v.t.* (*munisco, munisci*) **1** (*dotare*) to provide, to fit (out), to equip (*di* with): ~ *un'automobile della ruota*

di scorta to equip a car with a spare wheel; ~ *di denaro* to provide with money. **2** ⟨*lett*⟩ (*fortificare*) to fortify, to strengthen. **munirsi** *v.r.* to provide (*o* supply, furnish) o.s., to stock up: *munirsi di provviste* to furnish o.s. with provisions, to stock up. **munito** *a.* provided, supplied, furnished (*di* with), fitted, equipped (with). □ ~ *di santa pazienza* possessing the virtue of patience, very patient.

munizionamento *m.* ⟨*Mil*⟩ **1** munitioning. **2** ⟨*collett*⟩ (*munizioni*) munitions *pl*, ammunition: ~ *navale* naval munitions. **munizioni** *f.pl.* munitions *pl*, ammunition. □ *–i aeree* air force munitions; ⟨*Edil*⟩ *avere in* ~ to have in store; *–i da caccia* (*cartucce*) cartridges *pl*; *–i navali* naval munitions.

munsi → **mungere**. **munto** (*p.p. di mungere*) *a.* milked. □ *latte appena* ~ milk fresh from the cow.

muoio → **morire**[1].

muovere *v.* (*pr.ind.* **muovo, muovi, muove, muoviamo, muovono**; *impf.ind.* **movevo**; *fut.* **moverò**; *p.rem.* **mossi**; *pr.cong.* **muova, moviamo, moviate, muovano**; *impf.cong.* **movessi**; *p.p.* **mosso**; *ger.* **movendo**) **I** *v.t.* **1** to move: ~ *le braccia* to move one's arms; (*agitare*) to move, to stir: *il vento muove le foglie* the wind stirs the leaves. **2** (*far muovere*) to move, to drive: *il vapore muove la locomotiva* the steam drives the engine; *l'acqua muove la ruota del mulino* the water moves (*o* turns) the mill wheel. **3** (*sollevare: rif. a dubbi, questioni e sim.*) to raise, to bring up, to make: ~ *un'obiezione* to raise (*o* make) an objection; (*rif. ad accuse*) to make, to bring (forward). **4** (*suscitare*) to rouse, to arouse, to stir up, to move, to cause: ~ *il riso* to cause laughter; ~ *il pianto in qd.* to make s.o. cry, to move s.o. to tears. **5** ⟨*lett*⟩ (*indurre*) to move, to induce, to drive: *la fame lo mosse a rubare* hunger drove him to steal. **II** *v.i.* (*aus.* **essere**) **1** to move, to go, to advance: *le truppe nemiche muovono verso la capitale* the enemy troops are advancing on the capital. **2** ⟨*fig*⟩ (*prendere le mosse*) to start, to move off: ~ *da posizioni opposte* to start from opposite positions. **muoversi** *v.r.* **1** to move (about), to stir: *il malato non poteva muoversi* the sick man was unable to move. **2** (*mettersi in moto*) to move off, to start, to get going: *la carrozza finalmente si mosse* the carriage finally moved off; (*mettersi in cammino*) to set out. **3** (*essere in moto*) to move: *la terra si muove intorno al sole* the earth moves (*o* turns) round the sun. **4** ⟨*fig*⟩ to make a move, to take action: *nessuno si mosse in suo aiuto* nobody made a move to help him. **5** ⟨*fam*⟩ (*sbrigarsi*) to hurry up, ⟨*fam*⟩ to get a move on. □ ~ *la coda* (*scodinzolare*) to wag one's tail; ⟨*fig*⟩ *non* ~ *un* **dito** not to lift a finger, not to make a move; ⟨*fam*⟩ ~ *le* **gambe** (*sgranchirle*) to stretch one's legs; ~ *guerra* *a* to wage war upon (*o* against); ~ *incontro a qd.* to go towards s.o.; ~ *lite* to bring an action, to sue; ~ *un passo* to take a step (*anche fig.*); ~ *i primi passi* to begin toddling, to start walking.

mura[1] *f.* ⟨*Mar*⟩ tack.

mura[2] → **muro**.

muraglia *f.* **1** wall. **2** ⟨*fig*⟩ (*barriera*) barrier. □ *la grande* ~ the Great Wall of China. **muraglione** *m.* **1** retaining wall. **2** (*rif. a fiumi e sim.*) embankment. **muraiola** *f.* ⟨*Bot*⟩ wall pellitory. **murale** *a.* wall–, mural: *manifesto* ~ wall poster. □ *pittura* ~ mural. **murare** *v.t.* **1** to wall. **2** (*chiudere con un muro*) to wall (*o* brick) up: ~ *una porta* to wall up a door. **3** (*fissare nel muro*) to build into a wall, to embed (*o* immure) in a wall. **4** (*occultare*) to wall (up), to immure: ~ *un tesoro* to wall up a treasure. **murarsi** *v.r.* to shut o.s. up (*o* away), to seclude o.s.: *murarsi in casa* to shut o.s. up at home. □ ⟨*Mur*⟩ ~ *a secco* to dry wall; ~ *qd. vivo* to immure s.o. **murario** *a.* building: *opera –a* building work. □ *arte –a* masonry. **murata** *f.* ⟨*Mar*⟩ ship's side, parapet, bulwarks *pl*. **murato** *a.* **1** (*chiuso*) walled (*o* blocked) up: *finestra –a* walled up window. **2** (*circondato da mura*) walled. **muratore** *m.* mason, bricklayer. **muratura** *f.* **1** (*il murare*) walling. **2** (*lavoro murario*) masonry, brickwork. □ *lavoro di* ~ masonry, brickwork; ~ *di pietra* stonework, stone masonry; ~ *di sostegno* bulkhead.

muriatico: ⟨*Chim*⟩ *acido* ~ (*acido cloridrico*) muriatic acid.

muricciolo *m.* low wall.

murice *m.* ⟨*Zool*⟩ murex.

muro *m.* (*pl. i* **muri**, *le* **mura**; the plural in *-a* is used only in a collective sense) **1** wall. **2** *pl.* (*complesso di opere murarie*) walls *pl;* (*mura di cinta*) boundary (*o* enclosure) walls *pl.* **3** ⟨*fig*⟩ (*barriera*) barrier. **4** ⟨*Equit*⟩ wall. □ **a** ~ wall-; *armadio a* ~ built-in cupboard; ⟨*Archeol*⟩ *-a* **ciclopiche** cyclopean walls; ~ *di* **cinta** boundary (*o* enclosure) wall; ~ *di* **confine** party (*o* boundary) wall; ~ **divisorio** partition (wall); *chiudersi fra le -a* **domestiche** to shut o.s. up at home; **fuori** *le -a* outside the walls; ~ **maestro** main wall; ~ *di* **mattoni** brick wall; **mettere** *al* ~ (*fucilare*) to shoot; *è come* **parlare** *al* ~ it's like talking to a brick wall; ~ **perimetrale** outside main wall; ~ *del* **pianto** (*a Gerusalemme*) Wailing Wall; ~ **portante** (load) bearing wall; *chiudersi fra* **quattro** *-a* to shut o.s. up; ~ *di* **sostegno** retaining (*o* breast) wall; *superare il* ~ *del* **suono** to break the sound barrier. *Prov.: i -i hanno orecchi* walls have ears.

Musa *f.* ⟨*Mitol*⟩ Muse. **musa** *f.* **1** (*persona ispiratrice*) muse, inspiration. **2** (*ispirazione poetica*) muse, inspiration, poetical genius; (*poesia*) poetry; (*poeta*) poet. □ ⟨*scherz*⟩ *la decima* ~ (*il cinema*) the cinema.

musata *f.* **1** (*colpo dato col muso*) blow (with the snout). **2** (*colpo ricevuto sul muso*) bump on the nose.

muscarina *f.* ⟨*Chim*⟩ muscarine.

muschiato *a.* **1** musky. **2** ⟨*Zool*⟩ musk-: *topo* ~ musk rat.

muschio[1] *m.* ⟨*Biol,Farm*⟩ musk.

muschio[2] *m.* (*pop*) → **musco**.

musco *m.* (*pl.* **-chi**) ⟨*Bot*⟩ moss.

muscolare *a.* muscular, muscle-: *tessuto* ~ muscular tissue. **muscolatura** *f.* musculature. **muscolo** *m.* **1** ⟨*Anat*⟩ muscle. **2** ⟨*Macell*⟩ lean meat. **3** ⟨*Zool*⟩ mussel. □ *-i lisci* unstriated (*o* plain) muscles; *-i striati* skeletal (*o* striated) muscles. **muscolosità** *f.* muscularity. **muscoloso** *a.* **1** muscular: *braccia -e* muscular arms. **2** (*rif. a persona*) muscular, brawny, sinewy.

muscoso *a.* mossy.

muscovite *f.* ⟨*Min*⟩ muscovite.

museo *m.* museum. □ ~ *d'***arte** art museum; ~ *delle* **cere** wax museum; ⟨*scherz*⟩ *pezzo* **da** ~ museum piece; ~ **etnografico** ethnographic museum; ~ **militare** military museum; ~ **storico** history museum.

musette *fr.* [my'zɛt] *f.* ⟨*Mus*⟩ musette.

museruola *f.* muzzle: *mettere la* ~ *al cane* to muzzle (*o* put a muzzle on) the dog. □ ⟨*fig*⟩ *mettere la* ~ *a qd.* to muzzle (*o* silence) s.o.

musica *f.* **1** (*arte*) music. **2** (*componimento musicale*) (piece of) music: ~ *lenta* slow music. **3** ⟨*fig*⟩ music, melody. **4** ⟨*iron*⟩ din, racket. **3** ~ *per* **archi** music for strings; ~ *da* **ballo** dance (*o* ballroom) music; ⟨*scherz*⟩ **cambiare** ~ to change one's tune; ~ *da* **camera** chamber music; ~ **classica** classical music; ⟨*scherz*⟩ *devo* **dirtelo** *in* ~? do you want me to spell it out for you?; **fare** *della* ~ to play music; ~ *da* **film** film music (*o* score); ⟨*scherz*⟩ *quando* **finirà** *questa* ~? how long will this be going on for?; ⟨*Cin*⟩ ~ *di* **fondo** background music; **in** ~ (set) to music; ~ **leggera** pop music; *un* **maestro** *di* ~ a music master; ~ *per* **organo** organ music; ~ *per* **pianoforte** piano music; ~ **popolare** folk music; ~ **sacra** church (*o* sacred) music; ⟨*Teat*⟩ ~ *di* **scena** incidental music; ~ **seriale** serial music; ⟨*iron*⟩ *la* **solita** (o *stessa*) ~ the same old story.

musicabile *a.* that can be set to music. **musicabilità** *f.* suitableness for setting to music. **musicale** *a.* **1** musical, music-: *strumenti -i* musical instruments; *scuola* ~ music school. **2** (*estens*) musical. □ *commedia* ~ musical (comedy). **musicalità** *f.* musicality, musicalness. **musicalmente** *avv.* musically. **musicante** *m./f.* **1** (*componente di una banda*) bandsman, player. **2** (*fam,spreg*) second-rate musician. **musicare** *v.t.* (**musico**, **musichi**) to set to music. **musicassetta** *f.* music cassette. **musicista** *m./f.* musician. **musicografo** *m.* musicographer. **musicologia** *f.* musicology. **musicologico** *a.* (*pl.* **-ci**) musicological. **musicologo** *m.* (*pl.* **-gi**/*pop.* **-ghi**; *f.* **-a**) musicologist. **musicomane** *m./f.*

fanatical (*o* great) music-lover. **musicomania** *f.* ⟨*Med*⟩ musicomania (*anche estens.*). **musicoterapia** *f.* ⟨*Med*⟩ musicotherapy.

musivo *a.* mosaic-: *lavoro* ~ mosaic work.

muso *m.* **1** muzzle, snout, nose. **2** (*fam,spreg*) (*faccia*) (ugly) face, ⟨*volg*⟩ (ugly) mug: *rompere il* ~ *a qd.* to smash s.o.'s face in. **3** (*broncio*) pout, sulky (*o* long) face. **4** ⟨*Aut*⟩ nose. □ ⟨*fam*⟩ **brutto** ~ (*rif. a faccia*) ugly face (*o* mug); (*rif. a persona*) nasty customer; **dire** *qc. sul* ~ *a qd.* to say s.th. to s.o.'s face; **fare** *il* ~ to sulk (*o* pout), to pull a long face; **ridere** *sul* ~ *a qd.* to laugh in s.o.'s face; **tenere** *il* ~ *a qd.* to be cross (*o* sulky) with s.o.

musone **I** *s.m.* (*f.* **-a**) sulky (*o* surly) person, sulker. **II** *a.* sulky, surly, pouting, long faced. **musoneria** *f.* sulkiness, surliness.

mussare *v.i.* (*aus. avere*) (*rif. a vino*) to sparkle.

mussola *f.* ⟨*Tess*⟩ muslin: *camicia di* ~ muslin shirt.

mussoliniano *a.* Mussolini's, of Mussolini.

mustacchio *m.* **1** moustache, (long) whiskers *pl.* **2** ⟨*Mar*⟩ bowsprit shroud.

mustelidi *m.pl.* weasel family, mustelids *pl.*

musulmano *a./s.m.* (*f.* **-a**) Muslim, Moslem.

muta *f.* **1** (*travasatura*) decantation, pouring off. **2** ⟨*Zool*⟩ (*muda*) moult(ing); (*rif. a serpenti*) sloughing. **3** ⟨*Mil*⟩ relief, changing of the guard. **4** (*serie*) set, suit: *una* ~ *di* **corde** a set of ropes. **5** (*rif. a cavalli*) team. **6** (*rif. a cani*) pack. **7** (*tuta per immersioni subacquee*) diving suit. **mutabile** *a.* changeable, mutable (*anche fig.*). **mutabilità** *f.* **1** changeableness, mutability (*anche fig.*). **2** ⟨*Biol*⟩ mutability. **mutamento** *m.* change, alteration, mutation. □ ~ **fonetico** sound change; ~ *di* **governo** change of government.

mutande *f.pl.* (*da uomo*) (under)pants *pl;* (*da donna*) panties *pl.* □ ~ **lunghe** *da donna* drawers *pl.* **mutandine** *f.pl.* **1** panties *pl.* **2** (*per bambini*) pants *pl,* knickers *pl.* □ ~ *da* **bagno** bathing trunks (*o* shorts), swimming trunks.

mutare **I** *v.t.* to change, to alter: ~ **parere** to change one's mind; *il dolore l'ha profondamente mutata* sorrow has greatly changed her. **II** *v.i.* (*aus. essere*) **1** to change, to alter. **2** (*trasformarsi*) to change, to be transformed. **mutarsi** *v.r.* to change. □ ~ *d'***abito** to change (one's clothes) ~ *in* **meglio** to change for the better; ~ *in* **peggio** to change for the worse; ⟨*Zool*⟩ ~ **pelle** (*rif. a serpenti*) to slough off one's skin; ⟨*Ornit*⟩ ~ *le* **penne** to moult.

mutazione *f.* **1** change, alteration, mutation. **2** ⟨*Biol,Geol,Mus*⟩ mutation. □ ⟨*Biol*⟩ ~ **cromosomica** (chromosome) mutation; ~ **genica** gene mutation; ⟨*Ornit*⟩ ~ *delle* **penne** moult. **mutazionismo** *m.* ⟨*Biol*⟩ mutationism. **mutazionista** *a./s.m./f.* mutationist.

mutevole *a.* changeable, mutable, variable; (*volubile*) inconstant, fickle. □ *essere di umore* ~ to be moody. **mutevolezza** *f.* changeability, changeableness, mutability; (*volubilità*) inconstancy, fickleness. **mutevolmente** *avv.* changeably.

mutico *a.* ⟨*Bot*⟩ muticate, muticous.

mutilare *v.t.* (**mutilo**) **1** to mutilate, to maim, to cripple. **2** ⟨*fig*⟩ to mutilate. **mutilatino** *m.* (*f.* **-a**) disabled (*o* crippled) child. **mutilato** **I** *s.m.* (*f.* **-a**) cripple, disabled (*o* handicapped) person; (*di guerra*) disabled ex-serviceman; (*del lavoro*) disabled worker. **II** *a.* **1** mutilated, maimed, crippled, disabled, handicapped; (*di guerra, del lavoro*) disabled. **2** ⟨*fig*⟩ mutilated. **mutilazione** *f.* mutilation, maiming, crippling. □ ⟨*Dir*⟩ ~ **volontaria** self-mutilation. **mutilo** *a.* ⟨*lett*⟩ mutilated.

mutismo *m.* **1** (*lo stare muto*) (stubborn) silence, muteness. **2** ⟨*Med*⟩ mutism, dumbness. **muto** **I** *a.* **1** dumb, mute: *dalla nascita* dumb from birth. **2** (*senza parole*) speechless, dumb. **3** (*rif. a cose*) silent, soundless: *film* ~ silent film. **4** ⟨*Ling*⟩ mute(d), silent: *vocale -a* silent vowel. **II** *s.m.* **1** (*f.* **-a**) mute, dumb person. **2** ⟨*Cin*⟩ silent cinema, (*am*) silent movies *pl.* □ ⟨*Geog*⟩ *carta -a* blank map; *il linguaggio dei -i* deaf-and-dumb language; *essere* ~ *come un pesce* to be close-mouthed; *scena -a* dumb show; ⟨*fig*⟩ *fare scena -a* not to say a word. **mutolo** **I** *a.* ⟨*lett*⟩ dumb. **II** *s.m.* (*f.* **-a**) dumb person.

mutria *f.* (*viso accigliato*) sullen (*o* surly) face; (*viso superbo*) haughty expression.

mutua *f.* (*anche cassa mutua*) health (*o* sickness) insurance scheme, health insurance fund, ⟨*am*⟩ medical insurance plan. ☐ *pagare la* ~ to pay one's health insurance contribution. **mutuabile** *a.* **1** which can be borrowed. **2** ⟨*Farm*⟩ that can be prescribed (under the National Health Service). **mutualismo** *m.* ⟨*Biol*⟩ mutualism. **mutualista** *m./f.* panel doctor, doctor having an arrangement with a health insurance scheme. **mutualistico** *a.* (*pl.* -ci) **1** mutual (*anche Biol.*): *assistenza* –*a* mutual assistance. **2** ⟨*Assic*⟩ health insurance, national insurance–: *assistenza* –*a* health insurance assistance. **mutualità** *f.* **1** mutual aid (*o* assistance). **2** ⟨*Pol,Econ*⟩ mutuality. **mutuante** **I** *a.* lending, loan–. **II** *s.m./f.* (money) lender. **mutuare** *v.t.*

(**mutuo**) (*prendere in prestito*) to borrow. **mutuato** **I** *a.* **1** borrowed (*anche estens.*). **2** ⟨*Ling*⟩ adopted from another language. ☐ *parola* –*a* loanword. **II** *s.m.* (*f.* -a) insured person (under a sickness insurance scheme).

mutuo[1] *a.* mutual, reciprocal: *assicurazione* –*a* mutual insurance. ☐ *società di* ~ *soccorso* mutual aid association.

mutuo[2] *m.* ⟨*Econ,Dir*⟩ loan. ☐ ~ **bancario** bank loan; ~ **casa** building loan; **concedere** *un* ~ to grant a loan; **contrarre** *un* ~ to obtain (*o* get) a loan; (*rif. a mutuo ipotecario*) to take out a mortgage; **dare** *a* ~ to loan, to lend; ~ **garantito** secured loan, loan on security; ~ **ipotecario** mortgage loan; ~ **allo scoperto** unsecured loan; ~ *a* **tasso** (*d'interesse*) *fisso* fixed–rate loan; ~ *a tasso* (*d'interesse*) *variabile* floating–rate loan.

N

n, N ['ɛnne] *f./m.* (*lettera dell'alfabeto*) n, N: *due ~ two n's*; *doppia ~* double n; *una ~ maiuscola* a capital N; *una ~ minuscola* a small n; ⟨*Tel*⟩ *~ come Napoli* N for Nellie, ⟨*am*⟩ N for Nan.

n. = *nato* born (*abbr.* b.).

N = *nord* north (*abbr.* N., n.).

N° = *numero* number (*abbr.* No., no.).

nababbo *m.* ⟨*Stor*⟩ nabob (*anche fig.*). □ *vivere come un ~* to live in (the lap of) luxury.

Nabucodonosor (o *Nabucodonosor*) *N.pr.m.* ⟨*Stor*⟩ Nebuchadnezzar.

nacchera *f.* castanet.

nacqui → **nascere**¹.

nadir *m.* ⟨*Astr*⟩ nadir.

nafta *f.* naphtha; (*per motori Diesel*) Diesel oil; (*per riscaldamento*) fuel oil.

naftalina *f.* naphthalene; (*in palline*) moth balls *pl.* □ *mettere sotto ~* to put into moth balls; ⟨*fig,scherz*⟩ *tenere sotto ~* to keep under lock and key.

naftolo *m.* ⟨*Chim*⟩ naphthol.

naia¹ *f.* ⟨*Zool*⟩ cobra.

naia² *f.* ⟨*mil*⟩ (*servizio militare*) National Service, (military) service, call-up, ⟨*am*⟩ draft: *essere sotto la ~* to be doing one's National Service; (*vita militare*) army (*o* military) life.

naiade *f.* ⟨*Mitol*⟩ naiad.

naif *a./s.inv.* **I** *a.* naïve: *arte ~* naïve art. **II** *s.m./f.* **1** (*pittore*) naïve. **2** (*arte naif*) naïve art.

nailon *m.* nylon: *di ~* nylon–, made of nylon.

Namibia *N.pr.f.* ⟨*Geog*⟩ Namibia.

Nanchino *N.pr.f.* ⟨*Geog*⟩ Nanking. **nanchino** *m.* ⟨*Tess*⟩ nankeen.

nandù *m.* ⟨*Ornit*⟩ rhea, nandu.

nanismo *m.* **1** ⟨*Med*⟩ nanism, dwarfishness. **2** ⟨*Veter,Bot*⟩ nanism.

nanna *f.* ⟨*infant*⟩ **1** bye-byes *pl*, beddie-byes *pl.* **2** (*ninna nanna*) lullaby. □ *andare a ~* to go beddie-byes; *fare la ~* to sleep; *mettere a ~* to put to bed.

nano **I** *a.* dwarf–, dwarfish: *arbusto ~* dwarf shrub. **II** *s.m.* (*f.* -a) **1** (*nelle favole*) dwarf. **2** ⟨*estens*⟩ (*persona di piccola statura*) dwarf, ⟨*fam*⟩ shortie, ⟨*spreg*⟩ shrimp.

nano|cefalia *f.* ⟨*Med*⟩ nanocephaly. **~cefalo** *a.* nanocephalous. **~farad** *m.* ⟨*Fis*⟩ nanofarad. **~metro** *m.* ⟨*Fis*⟩ nanometer. **~secondo** *m.* nanosecond.

naos *m.* ⟨*Archeol*⟩ naos.

NAP = *Nuclei armati proletari* (an Italian terrorist group).

napalm (o *napalm*) *m.* ⟨*Chim*⟩ napalm: *bomba al ~* napalm bomb.

Napoleone *N.pr.m.* ⟨*Stor*⟩ Napoleon. **napoleone** *m.* ⟨*Numism*⟩ napoleon. **napoleonico** *a.* (*pl.* -ci) Napoleonic, of Napoleon, Napoleon's.

napoletana *f.* (*anche caffettiera napoletana*) Neapolitan coffee-pot. **napoletano** **I** *a.* Neapolitan. **II** *s.m.* **1** (*dialetto*) Neapolitan (dialect). **2** (*abitante; f.* -a) Neapolitan. **Napoli** *N.pr.f.* ⟨*Geog*⟩ Naples.

nappa *f.* **1** tassel. **2** ⟨*Conc*⟩ soft leather.

nappista *m./f.* member of the NAP.

NAR = *Nuclei armati rivoluzionari* (an Italian terrorist group).

narcisismo *m.* ⟨*Psic*⟩ narcissism. **narcisista** *m./f.* narcissist. **narcisistico** *a.* (*pl.* -ci) narcissistic.

narciso *m.* ⟨*Bot*⟩ narcissus.

Narciso *N.pr.m.* ⟨*Mitol*⟩ Narcissus. **narciso** *m.* ⟨*fig*⟩ Narcissus, vain person.

narcoanalisi *f.* ⟨*Med*⟩ narcoanalysis. **narcolessia** *f.* narcolepsy. **narcosi** *f.* narcosis. **narcoterapia** *f.* narcotherapy. **narcotico** *a./s.m.* (*pl.* -ci) ⟨*Farm*⟩ narcotic. □ *agente della sezione –i* narcotics agent. **narcotina** *f.* ⟨*Chim*⟩ narcotine. **narcotismo** *m.* ⟨*Med*⟩ narcotism. **narcotizzare** *v.t.* to narcotize. **narcotizzazione** *f.* narcotization.

nardo *m.* ⟨*Bot*⟩ spikenard.

narghilè *m.* narghileh, narghile.

narice *f.* (usually in pl.) nostril.

narrabile *a.* that can be narrated (*o* told). **narrare** **I** *v.t.* to tell, to narrate, to relate. **II** *v.i.* (*aus.* avere) to tell (*di* about), to tell the story (*of*). **narrativa** *f.* **1** ⟨*Lett*⟩ (*genere*) fiction, narrative literature. **2** ⟨*Dir*⟩ narrative. **narrativo** *a.* narrative. **narratore** *m.* (*f.* -trice) narrator, (story-)teller (*anche Lett*). **narrazione** *f.* **1** (*il narrare*) narration, telling. **2** (*racconto*) story, tale. **3** ⟨*Lett*⟩ narrative.

nartece *m.* ⟨*Arch*⟩ narthex.

narvalo *m.* ⟨*Zool*⟩ narwhal, sea unicorn.

nasale **I** *a.* nasal: *fosse –i* nasal fossae; *suono ~* nasal sound. **II** *s.m.* ⟨*Stor*⟩ (*parte dell'elmo*) nosepiece. **III** *s.f.* ⟨*Fon*⟩ nasal (sound). **nasalizzare** *v.t.* to nasalize (*anche Fon.*). **nasalizzazione** *f.* nasalization.

nascente *a.* dawning, rising (*anche fig.*): *il giorno ~* the dawning day; *il sole ~* the rising sun.

nascere¹ *v.i.* (*nasco, nasci; nacqui, nato; aus.* essere) **1** to be born: *quando è nato?* when was he born? **2** (*rif. a ovipari*) to be hatched. **3** (*rif. a piante: spuntare*) to come (*o* spring) up. **4** (*spuntare, crescere*) (to begin) to grow: *gli è nata la barba* his beard has begun growing; (*rif. a denti*) to come through, to cut (*costr. pers.*): *gli sono nati i primi denti* he has cut (*o* got) his first teeth, his first teeth have come through. **5** (*rif. a corsi d'acqua*) to rise, to have its source. **6** (*rif. ad astri: sorgere*) to rise; (*rif. al giorno*) to break, to dawn. **7** ⟨*fig*⟩ to start, to spring up, to begin: *nacque subito una lite* a fight started immediately; *questa ditta è nata cento anni fa* this firm started up a hundred years ago. **8** ⟨*fig*⟩ (*derivare*) to arise (*da* from, out of), to be due (to), to come about (through), to spring (from): *tutto è nato da un malinteso* the whole thing was due to a misunderstanding. **9** ⟨*fig*⟩ (*venire alla mente*) to cross one's mind, to occur: *mi nacque un dubbio* a doubt crossed my mind. □ *è nato loro un bambino* they have had a baby; *far ~* (*causare*) to give rise to, to cause; ⟨*scherz*⟩ *non sono nato ieri* I wasn't born yesterday; *non è nato per quel mestiere* he's not cut out for that job; *~ sotto*

una buona **stella** to be born under a lucky star. *Prov.:
si sa come si nasce, non si sa come si muore* men know
where they were born, not where they shall die; *da cosa
nasce cosa* one thing leads to another.

nascere² *m.* **1** (*rif. al giorno*) dawn, daybreak; (*rif. ad
astri*) rise: *al ~ del sole* at sunrise. **2** (*inizio*) beginning,
start, outset. **3** (*nascita*) birth. □ *stroncare qc. sul ~* to
nip s.th. in the bud.

nascita *f.* **1** birth. **2** (*rif. a piante*) coming up. **3** (*il
sorgere: rif. ad astri*) rising, rise; (*rif. al giorno*) dawn,
daybreak. **4** (*fig*) (*inizio*) beginning, outset, start. □
certificato di ~ birth certificate; *controllo delle ~e* birth
control; *di ~*: 1 (*di origine*) of (o by) birth: *è francese di ~*
he is French by birth, he is French-born; 2 (*sin dalla
nascita*) from birth: *è sordo di ~* he is deaf from birth, he
was born deaf; *la ~ del sole* sunrise, (*am*) sun-up.

nascituro **I** *a.* (yet) unborn. **II** *s.m.* (*f.* **-a**) (unborn)
baby.

nascondere *v.t.* (**nascosi, nascosto**) **1** to hide, to conceal.
2 (*sottrarre alla vista*) to hide (from view), to cut out (o
off): *il muro nascondeva la casa* the wall hid the house. **3**
(*fig*) (*celare*) to hide, to conceal; (*dissimulare*) to disguise.
4 (*fig*) (*mettere a tacere*) to hide, to hush up, to keep: *~
la verità a qd.* to keep the truth from s.o. **nascondersi** *v.r.*
to hide (o.s.), to be hidden: *si era nascosto dietro la porta*
he had (o was) hidden behind the door; (*rif. a bambini:
giocare a nascondino*) to play hide-and-seek. □ *qui sotto
si nasconde qualcosa* I smell a rat, there's something fishy
about this; *andare a nascondersi* to hide (o.s.); *avere qc. da
~* to have s.th. to hide. **nascondiglio** *m.* hiding place;
(*rif. a briganti*) hideout. **nascondino**: *giocare a ~* to play
hide-and-seek. **nascosi** → **nascondere. nascostamente** *avv.* secretly, furtively. **nascosto** *a.* **1** hidden,
concealed; (*rif. a persona*) hidden, in hiding. **2** (*fig*)
(*non evidente*) hidden, concealed: *desideri ~i* hidden
desires. □ *di ~ a qd.* behind s.o.'s back; *rimanere ~* to
stay hidden, to remain in hiding.

nasello¹ *m.* (*Itt*) hake.

nasello² *m.* **1** (*Mecc*) nib. **2** (*ferro del saliscendi*) catch.

naso *m.* **1** nose: *soffiarsi il ~* to blow one's nose. **2**
(*olfatto*) nose, sense of smell: *avere buon ~* to have a
'good nose' (o keen sense of smell). **3** (*fig*) (*fiuto*) nose,
flair: *avere buon ~ per gli affari* to have a good flair for
business. □ *~* **aquilino** hook nose, aquiline nose;
andare in giro col ~ per aria to have one's head in the
clouds; **arricciare** *il ~* to turn one's nose up; *avere* **buon
~** to have a keen sense of smell; (*fig*) to be a good judge;
(*fig*) **cacciare** *il ~ in qc.* to poke (o stick) one's nose into
s.th.; *cacciare il ~ dappertutto* to be nosey, to snoop,
(*fam*) to be a nosey parker; *avere il ~* **chiuso** to have a
stuffy (o stopped-up) nose; *mettersi le* **dita** *nel ~* to pick
one's nose; (*fig*) **ficcare** *il ~ nei fatti altrui* to poke (o
stick) one's nose into other people's business; *~ all'insù*
snub (o turned-up) nose; (*fig*) *a* **lume** *di ~* at a rough
guess; **menare** *per il ~ qd.* to lead s.o. by the nose;
mettere *il ~ in qc.* to stik one's nose into s.th.; (*pop*) *~ a*
patata pug nose; **restare** *con tanto* (o *un palmo*) *di ~* to
be left baffled (o dumbfounded); *~* **schiacciato** flat nose;
(*fig*) *avere qc.* **sotto** *il ~* to have s.th. right under one's
nose; (*fam*) *avere la puzza sotto il ~* to be snooty;
storcere il ~ to turn up one's nose (*per* at); *non* **vedere**
più in là del proprio ~ to see no further than the end of
one's nose (*anche fig.*).

naspo *m.* (*Tess*) winder, reel.

nassa *f.* (*Pesc*) fish trap; (*per aragoste*) bow net.

nastrino *m.* (*Mil*) ribbon.

nastro *m.* **1** ribbon; (*del cappello*) band: *guarnire con un ~*
to trim with a ribbon, to beribbon. **2** (*tecn*) tape, band,
strap, ribbon. **3** (*decorazione*) ribbon. **4** (*rif. a
magnetofono*) tape. □ *a* **~** ribbon-, ribbon-like, tape-:
metro a ~ tape measure; *~* **adesivo** adhesive tape; *~*
azzurro (*decorazione*) blue ribbon; (*persona decorata*)
weàrer of a blue ribbon; *~ del* **cappello** hatband; (*El*) *~*
isolante electric (o insulating) tape; *~ per* **macchina** *da
scrivere* typewriter ribbon; (*Acu*) *~* **magnetico** magnetic
tape; *~* **metrico** tape measure; *~* **perforato** punched tape;
~ di **telescrivente** ticker tape; (*Mecc*) *~* **trasportatore**

conveyor belt, ribbon (o belt) conveyor.

nastroteca *f.* tape library.

nasturzio *m.* (*Bot*) nasturtium.

nasuto *a.* (*dal naso grosso*) big-nosed, large-nosed; (*dal
naso lungo*) long-nosed.

natale **I** *a.* native: *paese ~* native land. **II** *s.m.* **1** (*giorno
natalizio*) birthday, day of birth. **2** (*ricorrenza della
fondazione*) anniversary of founding: *il ~ di Roma* the
anniversary of the founding of Rome. **3** *pl.* (*nascita*) birth:
essere di alti -i to be of high birth. **Natale** *m.* (*Rel*)
Christmas, (*fam*) Xmas. □ *a ~* at Christmas(time);
albero *di ~* Christmas tree; **babbo** *~* Santa Claus; **buon
~** a Merry Christmas; *la città che* **diede** *i -i a Shelley* the
city where Shelley was born; **fare** *~* (*o festeggiare*) *~* to
celebrate Christmas. *Prov.: ~ con i tuoi e Pasqua con chi
vuoi* spend Christmas with the family and Easter where
you choose.

Natalia *N.pr.f.* Natalie.

natalità *f.* birth rate, natality. □ *a bassa ~* with a low
birth rate; *a forte ~* with a high birth rate; (*Statist*)
quoziente di ~ birth rate. **natalizio** **I** *a.* **1** birth-, of
birth, natal. **2** (*di Natale*) Christmas-: *feste -e* Christmas
holidays. **II** *s.m.* (*compleanno*) birthday. □ *giorno ~*
birthday.

natante **I** *s.m.* (*Mar*) craft, boat. **II** *a.* floating,
swimming.

natatoia *f.* (*Zool*) flipper, paddle. **natatorio** *a.*
swimming: *vescica -a* swimming bladder.

natica *f.* (*Anat*) buttock.

natimortalità *f.* (*Statist*) natimortality, perinatal death
rate.

natio *a.* (*lett*) **1** (*nativo*) native, of (one's) birth, home-:
paese ~ native land. **2** (*originario*) native (*di* of), born
(in). **nativirà** *f.* (*Lit,Teat*) Nativity. **nativo** **I** *a.* **1** native,
mother-, home-, of one's birth: *paese ~* native country,
country of one's birth; *lingua -a* native language. **2**
(*originario*) native (*di* of), born (in). **3** (*Min*) native: *ferro
allo stato ~* iron in the native state. **II** *s.m.* (*f.* **-a**) native.
□ *essere ~ di Roma* to have been born in Rome.

nato (*p.p. di nascere¹*) **I** *a.* born: *appena ~* new-born; (*rif. a
donna sposata*) née: *Maria Bianchi -a Neri* Maria Bianchi
née Neri. **II** *s.m.* (*f.* **-a**) **1** (*lett*) (*figlio*) child. **2** (*burocr*)
person born (in a certain year). □ *~ con la* **camicia**
(*fortunato*) born with a silver spoon in one's mouth; *~*
morto still-born, born dead; *è ~ per la musica* he is a
born musician; *non è -a per fare l'insegnante* she isn't cut
out to be a teacher; *il* **primo** *~* the first born.

NATO = *Organizzazione del trattato nord-atlantico* North
Atlantic Treaty Organization (*abbr.* NATO).

natron *m.* (*Chim*) natron.

natta *f.* (*Med*) wen.

natura *f.* **1** nature: *i doni della ~* nature's gifts. **2** (*indole*)
nature, character, disposition: *~ violenta* violent nature. **3**
(*qualità*) nature: *la ~ del terreno* the nature of the land;
(*genere*) nature, type, kind: *questo è di tutt'altra ~* this is
quite a different kind. □ **contro** *~* against nature; **di** *~*
(*naturale*) natural: *diritto di ~* natural right; (*Pitt*) *~*
morta still life; **pagare** *in ~* to pay in kind; **per** *~*
naturally, by one's very nature: *è ambizioso per ~* he is
naturally ambitious; **secondo** *~* in a natural way,
naturally; **senso** *della ~* love of nature; *allo* **stato** *di ~* in
a state of nature; *~* **umana** human nature.

naturale *a.* **1** natural: *scienze -i* natural sciences. **2**
(*secondo natura*) natural, of nature: *necessità -i* natural
needs. **3** (*che emula la natura*) natural, lifelike, true to
life. **4** (*genuino*) natural, genuine, pure; (*non finto*) real:
fiori -i real flowers. **5** (*spontaneo*) natural: *posa ~* natural
pose; (*schietto, non studiato*) natural, artless, unaffected. **6**
(*prevedibile, ovvio*) natural, normal: *è ~ che i genitori
amino i loro figli* it is natural for parents to love their
children. **7** (*Dir*) (*illegittimo*) natural, illegitimate. □
(*Art*) *al ~* (*a grandezza naturale*) life-size, actual size-;
più piccolo del ~ smaller than life-size; *più grande del ~*
larger than life-size. **naturalezza** *f.* **1** naturalness. **2**
(*disinvoltura*) naturalness, spontaneity, casualness. □ *con
~* naturally, unaffectedly; *mancare di ~* to be unnatural,
to be stilted (o affected). **naturalismo** *m.* naturalism.

naturalista I *s.m./f.* naturalist. II *a.* naturalist(ic). **naturalistico** *a.* (*pl.* -ci) naturalist(ic).

naturalizzare *v.t.* to naturalize (*anche Biol.*). **naturalizzarsi** *v.r.* to be (*o* become) naturalized (*anche Biol.*). □ *è stato naturalizzato inglese* he became a naturalized British subject. **naturalizzazione** *f.* naturalization (*anche Biol.*).

naturalmente *avv.* 1 naturally, by nature: *è ~ incline all'ozio* he is naturally lazy. 2 (*certamente*) naturally, of course.

naturismo *m.* 1 naturism. 2 ⟨*Med*⟩ naturopathy. **naturista** *m./f.* 1 ⟨*Med*⟩ naturopath. 2 ⟨*Filos,Art*⟩ naturist. 3 (*ambientalista*) environmentalist. **naturistico** *a.* (*pl.* -ci) naturistic.

naufragare *v.i.* (naùfrago, naùfraghi; *aus.* essere/avere) 1 (*rif. a nave*) to be wrecked; (*rif. a persone*) to be shipwrecked. 2 ⟨*fig*⟩ (*fallire*) to fail, to be ruined (*o* wrecked). **naufragio** *m.* 1 ⟨*Mar*⟩ shipwreck. 2 ⟨*fig*⟩ (*rovina*) wreck, ruin, failure. □ *fare ~* to be shipwrecked; ⟨*fig*⟩ to fall through. **naùfrago** *m.* (*pl.* -ghi; *f.* -a) shipwrecked person, survivor of a shipwreck.

naumachia *f.* ⟨*Stor.rom*⟩ naumachia.

nausea *f.* 1 nausea, sickness. 2 ⟨*fig*⟩ nausea, disgust, loathing. □ *dare* (*o far venire*) *la ~ a qd.* to make s.o. (feel) sick, to nauseate (*o* disgust, sicken) s.o. (*anche fig.*); ⟨*iperb*⟩ *fino alla ~* ad nauseam; *ha la ~* he feels sick; *provare ~* to feel sick (*anche fig.*); *senso di ~* sick feeling, queasiness, nausea. **nauseabondo, nauseante** *a.* 1 nauseating, sickening: *odore ~* nauseating smell. 2 ⟨*fig*⟩ (*disgustoso*) nauseating, sickening, disgusting, revolting. **nauseare** *v.t.* (nauseo) to nauseate, to sicken, to make (feel) sick (*anche fig.*): *il fumo mi nausea* smoking makes me feel sick (*o* nauseous). **nauseato** *a.* nauseated, sickened (*di* by), sick.

nautica *f.* (art of) navigation, nautical science. **nautico** *a.* (*pl.* -ci) nautical: *carta ~a* nautical chart.

nautilo *m.* ⟨*Zool*⟩ nautilus.

navale *a.* 1 (*di mare*) naval, sea–: *guerra ~* naval war. 2 (*relativo alla marina*) naval, navy–: *museo ~* naval museum. □ *cantiere ~* shipyard; *genio ~* Engineer Corps.

Navarra *N.pr.f.* ⟨*Geog*⟩ Navarre.

navata *f.* ⟨*Arch*⟩ (*centrale*) nave; (*laterale*) aisle. □ *a una ~* with one nave, aisleless; *a tre ~e* with a nave and two aisles.

nave *f.* 1 ship, vessel: *allestire una ~* to fit out a ship. 2 (*nell'industria casearia*) skimming (*o* cream–separating) tub. □ *~ ammiraglia* flagship; *~ appoggio* mother (*o* depot) ship, tender; *~ per il trasporto di asfalto* asphalt carrier; *~ ausiliaria* auxiliary ship; *~ in avaria* damaged ship; *~ da battaglia* battleship; *~ bersaglio* target ship; *~ di piccolo cabotaggio* small coaster; *~ carboniera* coal ship; *~ da carico* freighter, cargo ship; *~ a carico combinato* combination carrier; *~ cisterna* tanker; *~ civetta* decoy (ship); *~ corsara* privateer; *~ costiera* coaster, coasting vessel; *~ frigorifera* refrigerator ship; *~ da guerra* warship, man–of–war; *~ di linea* liner; *~ mercantile* merchant ship, merchantman; *~ ospedale* hospital ship; *~ passeggeri* passenger ship; (*di linea*) (passenger) liner; *~ a due ponti* double decker; *~ posacavi* cable ship; *~ posamine* minelayer; *~ a propulsione atomica* nuclear ship; *~ rompighiaccio* ice breaker; *~ scorta* convoy (*o* escort) ship; *~ scuola* school (*o* training) ship; *~ spaziale* spaceship, spacecraft; *~ traghetto* ferry, ferryboat; *~ a vapore* steamship, steamer; *~ a vela* sailing ship.

navetta *f.* 1 ⟨*Oref*⟩ navette. 2 ⟨*Tess*⟩ shuttle. □ ⟨*Astron*⟩ *~ spaziale* space shuttle; ⟨*Ferr*⟩ *treno ~* shuttle train.

navicella *f.* 1 ⟨*Lit*⟩ navicula, incense boat. 2 ⟨*Aer*⟩ (*rif. a dirigibile*) gondola; (*rif. a mongolfiera, pallone*) basket, car. 3 ⟨*Chim*⟩ boat. **navigabile** *a.* navigable: *fiume ~* navigable river. **navigabilità** *f.* navigability. **navigante** I *s.m.* ⟨*Mar*⟩ sailor, seaman. II *a.* ⟨*Aer*⟩ flight–: *personale ~* flight crew.

navigare *v.* (navigo, navighi) I *v.i.* (*aus.* avere) 1 to sail, to navigate: *~ lungo il fiume* to sail down (*o* up) the river; (*a vela*) to sail; (*a vapore*) to steam, to sail. 2 (*fare il navigante*) to sail (the seas), to be at sea: *naviga da vent'anni* he has been at sea for twenty years. 3 ⟨*Aer*⟩ to fly. II *v.t.* to sail. □ ⟨*fig*⟩ *~ in cattive acque* to be in hard straits, ⟨*fam*⟩ to be hard up; ⟨*fig*⟩ *~ contro corrente* to go against the stream; ⟨*fig*⟩ *~ secondo il vento* to go with the tide; ⟨*fig*⟩ *~ col vento in poppa* to have ⌐smooth sailing⌐ (*o* the wind in one's sails). **navigato** *a.* experienced, worldly–wise (*anche spreg.*). **navigatore** I *s.m.* (*f.* -trice) navigator, seafarer; (*marinaio*) sailor, seaman. II *a.* seafaring: *popolo ~* seafaring people.

navigazione *f.* 1 navigation. 2 (*viaggio per mare*) sea voyage; (*traversata*) crossing. □ *~ aerea* air navigation; ⟨*Stor*⟩ *atto di ~* Navigation Act; *atto alla ~* seaworthy; *~ costiera* coastal navigation, cabotage; *~ da diporto* yachting; *diritto della ~* right of navigation; *~ elettronica* electronic navigation; *~ fluviale* river (*o* inland) navigation; *idoneo alla ~* seaworthy; *non idoneo alla ~* unseaworthy; *~ in immersione* submerged running; *~ interna* inland navigation; *~ lacuale* lake navigation; *linea di ~* shipping line, steamship company; ⟨*Aer*⟩ *~ ad alta quota* flying at high altitude; ⟨*Astron*⟩ *~ spaziale* space navigation; *~ a vapore* steam navigation; *~ a vela* sailing.

naviglio *m.* 1 shipping, ships *pl*, fleet, craft (*costr. pl.*). 2 (*canale navigabile*) canal, cut. □ *~ da carico* freighters *pl;* *~ da diporto* pleasure craft; *~ fluviale* river craft; *~ da guerra* fleet; *~ mercantile* merchant marine (*o* fleet); *~ a motore* motorboats *pl;* *~ peschereccio* (*o da pesca*) fishing fleet.

navone *m.* ⟨*Bot*⟩ cole seed, rape.

naz. = *nazionale* national (*abbr.* nat.).

nazareno *a.* Nazarene–, of (*o* from) Nazareth: *Gesù ~* Jesus of Nazareth, Jesus the Nazarene. □ *capelli alla ~a* flowing locks. **Nazaret(h)** *N.pr.f.* ⟨*Geog*⟩ Nazareth.

nazifascismo *m.* Nazi–Fascism. **nazifascista** I *s.m./f.* Nazi–Fascist. II *a.* Nazi–Fascist–. **nazificare** *v.t.* (nazifico, nazifichi) to Nazify.

nazionalcomunismo *m.* National Communism. **nazionalcomunistico** *a.* (*pl.* -ci) National Communist.

nazionale I *a.* 1 national: *lingua ~* national language; *arte ~* national art; *strada ~* national highway. 2 ⟨*Pol,Econ*⟩ (*interno*) domestic, home–, national: *prodotti –i* domestic (*o* home) products; *voli –i* domestic flights. 3 (*esteso su tutto il territorio nazionale*) nation–wide. II *s.m.* ⟨*Sport*⟩ member of the national team. III *s.f.* ⟨*Sport*⟩ national team: *~ di calcio* national football (*o* soccer) team. **nazionalismo** *m.* nationalism. **nazionalista** *m./f.* nationalist. **nazionalistico** *a.* (*pl.* -ci) nationalist(ic). **nazionalità** *f.* nationality. □ *doppia ~* dual nationality. **nazionalizzare** *v.t.* to nationalize: *~ un'azienda* to nationalize a company. **nazionalizzazione** *f.* nationalization.

nazionalsocialismo *m.* National Socialism. **nazionalsocialista** I *s.m./f.* National Socialist. II *a.* National Socialist–.

nazione *f.* nation. □ *le Nazioni Unite* the United Nations; *la Società delle –i* the League of Nations.

nazismo *m.* Nazi(i)sm. **nazista** I *s.m./f.* Nazi. II *a.* Nazi–.

nazzareno *m.* → nazareno.

N.B. = *nota bene* nota bene, note well (*abbr.* N.B.).

N.D. = *Nobil Donna* noble woman.

N.d.A. = *nota dell'autore* author's note.

N.d.R. = *nota della redazione* editor's note.

'ndrangheta *f.* ⟨*region*⟩ Calabrian Maf(f)ia.

N.d.T. = *nota del traduttore* translator's note.

ne[1] *pron./avv.* (before a vowel *ne* often becomes *n'*; with the infinitive, the participle, the gerund, the imperative and *ecco* it is used enclitically) I *pron.* 1 (*rif. a persona: di lui, su di lui*) of (*o* about) him: *non ~ sei degno* you aren't ⌐worthy of⌐ (*o* good enough for) him; (*di lei, su di lei*) of (*o* about) her: *~ parlano molto* they talk about her a lot; (*di loro, su di loro*) of (*o* about) them: *perché non ~ parli mai?* why don't you ever talk abou them? 2 (*rif. a cosa, spesso con significato neutro, rif. a frasi, concetti e sim.: di ciò, su ciò*) with (*o* of) it, about it, *spesso non si traduce*: *grazie del libro, ~ ho già letti parecchi capitoli* thanks for the book, I have already read several chapters (of it); *ho una nuova macchina, ma non ~ sono contento* I have a new car, but I'm not happy with it; *perché non me ~ parli?* why don't you talk to me about it?; *(da ciò)* from it, *spesso non si traduce: non saprei trarne altra conclusione* I don't know what other conclusion I could draw (from it); *(con ciò)* with it: *eccoti il denaro: fanne ciò che vuoi* here is the money: do as you like with it. **3** *(con significato possessivo, rif. a persona: di lui)* his, of him; *(di lei)* her, of her: *te ~ mostro la foto* I will show you ⌐her photo⌐ *(o a photogrsth of her); (di loro)* their, of them: *sono stato ospite dei miei amici: te ~ descrivo la casa* I have been staying with my friends: I'll describe their house to you. **4** *(con significato possessivo, rif. a cose, concetti e sim.)* its; *(rif. a città)* her, its: *amo Firenze e ~ ammiro i monumenti* I love Florence and I admire its *(o* her) monuments. **5** *(con valore partitivo: in frasi positive e in frasi interrogative di offerta)* some, *spesso non si traduce: hai dei libri? – sì, ~ ho* have you any books? – yes, I have (some); *(in frasi negative e interrogative dubitative)* any, *spesso non si traduce: hai del pane? – no, non ~ ho* have you any bread? – no, I haven't (any); *(col verbo affermativo)* none: *non ~ ho* I have none; *(con un numero) non si traduce: hai figli? – sì, ~ ho tre* have you any children? – yes, I have three; *(seguito da agg. qualificativo)* one: *vuole una bambola? – ho di molto belle* do you want a doll? I have some very pretty ones. **6** *(pleonastico) non si traduce: di giornali simili non ~ leggo più* I don't read papers like that any more; *di vino non ce n'è più* there is no more wine. **II** *avv. (moto da luogo: di lì)* from there, *spesso non si traduce.* ⌐ *~ ho bisogno* I need it; *non ce ~ sono più* there are no more, there aren't any more; *soffrirne di qc.* to suffer from s.th.

ne² *prep.* ⟨*lett*⟩ *(in)* in.

NE = *nord–est* North–East *(abbr.* N.E.).

né *congz.* ~ ... ~ *(dopo il verbo negativo)* either ... or: *non posso bere ~ whisky ~ gin* I can't drink either whisky or gin; *(dopo il verbo affermativo)* neither ... nor: *non parla ~ l'italiano ~* ⌐*l'inglese* he speaks neither Italian nor English; *(con più di due termini)* or: *non verrò ~ lunedì ~ martedì ~ mercoledì* I won't come on Monday, Tuesday, or Wednesday; *non ... ~ (negando due verbi)* neither ... nor, not ... not, not ... or: *non piove ~ tira vento* it is neither rainy nor windy; *non lo giudico ~ lo condanno* I neither judge nor blame him, I don't judge him or blame him. ⌐ *senza ... ~* without ... or: *è partito senza mangiare ~ bere* he went off without eating or drinking; *~ l'uno ~ l'altro* neither (of them), not ... either (of them): *non conosco ~ l'uno ~ l'altro* I don't know either of them, I know neither of them; *~ più ~ meno* neither more nor less; *~ punto ~ poco (niente affatto)* not at all.

neanche *avv./congz.* → **nemmeno**.

Neandertal ⟨*Paleont*⟩ *uomo di ~* Neanderthal Man.

nebbia *f.* **1** *(densa)* fog: *la città era coperta di ~* the city was blanketed by fog; *(foschia)* mist; *(leggera)* haze; *(mista a fumo)* smog. **2** *(fig) (offuscamento)* haze, fog, mist. **3** ⟨*Bot*⟩ baby's breath. **4** ⟨*Med*⟩ *(macchia corneale)* nebula. ⌐ *~ alta* high fog; *banco di ~* fogbank; *~ bassa* ground fog; ⟨*Agr*⟩ *~ del melo* powdery mildew of apple.

nebbiogeno I *a.* ⟨*tecn*⟩ smoke–producing. **II** *s.m.* ⟨*Mil*⟩ *(sostanza)* smoke–producing substance; *(apparecchio)* smoke discharger.

nebbiolo *m.* ⟨*Enol*⟩ nebbiolo (kind of Piedmontese red wine).

nebbione *m.* thick *(o* peasoup) fog. **nebbiosità** *f.* fogginess, mistiness, haziness. **nebbioso** *a.* **1** foggy, misty, hazy. **2** *(fig) (confuso)* foggy, hazy.

nebulare *a.* ⟨*Astr*⟩ nebular. **nebulizzare** *v.t.* to nebulize, to atomize. **nebulizzatore** *m.* *(apparecchio)* atomizer, nebulizer. **nebulizzazione** *f.* nebulization, atomization. **nebulosa** *f.* ⟨*Astr*⟩ nebula. ⌐ *~ planetaria* planetary nebula; *~ solare* solar nebula; *~ stellare* star cluster. **nebulosità** *f.* **1** nebulosity, cloudiness. **2** *(fig)* haziness, fogginess. **nebuloso** *a.* **1** *(nebbioso)* foggy, misty. **2** *(fig) (non chiaro)* foggy, hazy. **3** ⟨*Astr*⟩ nebulous.

nécessaire *fr.* [nese'sɛ:r] *m.* case, kit, set. ⌐ *~ da lavoro* work kit; *~ per le mani* manicure set; *~ da viaggio*

beauty *(o* vanity) case.

necessariamente *avv.* necessarily. **necessario I** *a.* **1** necessary *(a* to), required (by, for), needed (for): *gli strumenti –i al chirurgo* the instruments ⌐necessary to⌐ *(o* needed by) a surgeon. **2** ⟨*Filos*⟩ necessary. **II** *s.m.* **1** what is necessary, necessaries. **2** *(equipaggiamento)* gear: *il ~ per il campeggio* camping gear. ⌐ *credere ~ fare qc.* to think it necessary to do s.th.; *non è ~ che tu venga* you needn't come; *è ~ far presto* we must hurry; *il ~ per scrivere* writing materials *pl; non c'è lo spazio ~* there isn't the *(o* enough) space; *lo stretto ~* the bare minimum, bare necessities *pl; ho tutto il ~* I have all I need.

necessità *f.* **1** necessity. **2** *(bisogno)* need. **3** *(indigenza)* need, poverty, necessity. **4** *(forza superiore)* necessity *(anche Filos.): piegarsi alla ~* to bow to necessity. ⌐ *~ assoluta* absolute necessity *(o* need); *ho ~ assoluta di vederti* it is absolutely necessary for me to see you; **avere** *~ di qc.* to need s.th.; *in caso di ~* in case of need, if necessary; *~ corporali (bisogni)* physical needs; *essere nella ~ di fare qc.* to need to do s.th.; *per ~* out of necessity; *articolo di prima ~* necessity, essential; *trovarsi nella ~ di fare qc.* to be forced *(o* obliged) to do s.th.; *non ne vedo la ~* I see no need for *(o* to do) it; *fare di ~ virtù* to make a virtue of necessity.

necessitare *v.* (**necessito**) **I** *v.t. (rendere necessario)* to necessitate, to make inevitable *(o* necessary). **II** *v.i.* (aus. **essere**) to need *(di qc.* s.th.), to be in need (of): *~ di cure* to need *(o* be in need of) treatment. **III** *v.i.impers.* (aus. **essere**) to be necessary.

necrobiosi *f.* ⟨*Biol*⟩ necrobiosis. **necrofagia** *f.* ⟨*Psic*⟩ necrophagia. **necrofago** *a.* *(pl.* -gi) necrophagous. **necrofilia** *f.* ⟨*Psic*⟩ necrophilia. **necrofilo I** *a.* necrophilic. **II** *s.m.* *(f.* -a) necrophile, necrophilic. **necrofobia** *f.* ⟨*Psic*⟩ necrophobia. **necroforo** *m.* **1** *(becchino)* grave–digger, sexton. **2** ⟨*Entom*⟩ burying (sexton) beetle, necrophore.

necro|logia *f.* **1** *(annuncio di morte)* obituary (notice), death notice. **2** *(discorso funebre)* funeral oration. **~logico** *a.* *(pl.* -ci) obituary–, necrological. **~logio** *m.* **1** *(annuncio di morte)* obituary notice. **2** *(obituario)* necrology, register of deaths.

necropoli *f.* ⟨*Archeol*⟩ necropolis *(anche estens.).*

necropsia, necroscopia *f.* autopsy, necropsy. **necroscopico** *a.* *(pl.* -ci) post–mortem–: *esame ~* post –mortem (examination), autopsy.

necrosi *f.* ⟨*Med*⟩ necrosis. **necrotico** *a.* *(pl.* -ci) necrotic. **necrotizzare** *v.t.* to necrotize. **necrotizzato** *a.* necrotized.

nefandezza *f.* **1** wickedness, nefariousness, iniquity. **2** *(azione)* foul *(o* evil) deed. **nefando** *a.* wicked, nefarious, iniquitous.

nefasto *a.* ill–omened, ill–fated, inauspicious, unlucky: *ricorrenza –a* ill(–fated) day. ⌐ ⟨*Stor.rom*⟩ *giorni –i* dies nefasti.

nefelometria *f.* ⟨*Chim*⟩ nephelometry. **nefelometro** *m.* nephelometer.

nefralgia *f.* ⟨*Med*⟩ nephralgia. **nefrectomia** *f.* ⟨*Chir*⟩ nephrectomy. **nefrite** *f.* nephritis. **nefritico** *a./s.m.* *(pl.* -ci; *f.* -a) nephritic. **nefrolitiasi** *f.* nephrolithiasis. **nefrolito** *m.* nephrolith. **nefrologia** *f.* ⟨*Med*⟩ nephrology. **nefrologo** *m.* *(pl.* -ghi/-gi) nephrologist. **nefropatia** *f.* nephropathy. **nefropatico** *a.* *(pl.* -ci) nephropathic. **nefrosclerosi** *(o nefrosclerosi)* *f.* nephrosclerosis. **nefrosi** *f.* ⟨*Med*⟩ nephrosis: *~ lipoidea* lipoid nephrosis. **nefrotossicità** *f.* nephrotoxicity. **nefrotossico** *a.* nephrotoxic.

negare *v.t.* (**nego/nego, neghi/neghi**) **1** to deny. **2** *(contestare, rifiutare)* to deny, to refute: *~ un diritto* to refuse to recognize a right; *~ il permesso a qd.* to refuse (to give) s.o. permission. ⌐ *~ il consenso* to withold one's consent. **negativa** *f.* **1** *(il negare)* denial, denying; *(rifiuto)* refusal. **2** ⟨*Fot*⟩ negative. ⌐ *mantenersi nella* ⌐*stare sulla) ~* to persist in denying, to keep saying no. **negativamente** *avv.* negatively, in the negative. ⌐ *rispondere ~* to say no. **negativismo** *m.* ⟨*Psic*⟩ negativism. **negatività** *f.* negativeness. **negativo** *a.* **1**

negative: *una risposta –a* a negative answer, a no. **2** (*sfavorevole*) unfavourable, bad, negative: *critica –a* unfavourable criticism; *esito ~* negative result. **3** ⟨*Mat,Fis,Gramm*⟩ negative. □ *avere esito ~* to be unsuccessful. **negato** *a.* bad, hopeless, no good: *essere ~ per le lingue* to be bad (*o* no good) at languages.

negatone *m.* → **negatrone**.

negatore I *s.m.* **1** (*f.* **-trice**) denier. **2** ⟨*Inform*⟩ inverter. **II** *a.* negatory, denying. **negatoria** *f.* ⟨*Dir*⟩ actio negatoria, action of quiet enjoyment.

negatoscopio *m.* ⟨*Radiol*⟩ negatoscope.

negatrone *m.* ⟨*Fis*⟩ negat(r)on.

negazione *f.* **1** denial, negation. **2** (*il contrario*) negation, contrary, opposite: *la ~ dell'onestà* the negation of honesty. **3** ⟨*Gramm*⟩ negative; (*particella negativa*) negative particle. □ ⟨*Gramm*⟩ *doppia ~* double negation.

neghittosità *f.* laziness, slothfulness, indolence. **neghittoso** *a.* lazy, indolent, slothful.

negletto *a.* **1** (*trascurato*) neglected, uncared for; (*derelitto*) foresaken. **2** (*sciatto*) untidy, slovenly.

negli → in.

négligé *fr.* [negli'ʒe] *m.* négligé.

negligente [–gli–] **I** *a.* negligent, careless, inattentive: *operaio ~* negligent worker. **II** *s.m./f.* negligent person. **negligentemente** *avv.* negligently. **negligenza** *f.* **1** negligence, carelessness, lack of attention. **2** (*azione*) careless action, oversight, negligence. **3** ⟨*Dir*⟩ negligence.

negoziabile *a.* negotiable (*anche Econ.*). □ *titoli –i* marketable (*o* negotiable) securities. **negoziabilità** *f.* negotiability (*anche Econ.*). **negoziale** *a.* ⟨*Dir*⟩ contractual. **negoziante** *m./f.* (*esercente*) shopkeeper; (*commerciante*) dealer, trader, merchant. □ *~ di frutta* fruit seller; *~ all'ingrosso* wholesaler; *~ al minuto* retailer; *~ di vini* wine merchant. **negoziare** *v.* (*negozio, negozi*) **I** *v.t.* to negotiate (the price of): *~ una partita di stoffe* to negotiate the price of a lot of cloth. **2** ⟨*Econ*⟩ (*rif. a titoli*) to transact, to negotiate; (*rif. a cambiali*) to negotiate. **3** ⟨*Dipl*⟩ to negotiate: *~ una tregua* to negotiate a truce. **II** *v.i.* (*aus.* **avere**) to deal, to trade (*in* in). **negoziato I** *s.m.* (generally in pl.) negotiation (*anche Dir.,Dipl.*): *–i di pace* peace negotiations. **II** *a.* negotiated, transacted: *pace –a* a negotiated peace. □ *–i commerciali* trade talks; *–i tariffari* tariff negotiations. **negoziatore** *m.* (*f.* **-trice**) negotiator. **negoziazione** *f.* negotiation.

negozio *m.* **1** shop, ⟨*am*⟩ store: *aprire un ~* to open a shop. **2** (*affare*) (business) deal, transaction, (piece of) business: *concludere un ~* to wind up a deal. **3** ⟨*fam,scherz*⟩ (*faccenda*) matter, business. **4** ⟨*Dir*⟩ (legal) transaction. □ *~ di antichità* antique shop; *~ di calzature* shoe shop; *–i a catena* chain stores; *~ di frutta* fruit shop, greengrocer's; *~ di generi alimentari* food (*o* grocery) store; *gestire un ~* to manage (*o* run) a shop; ⟨*Dir*⟩ *~ giuridico* legal transaction; *~ all'ingrosso* wholesale store; *~ al minuto* retail shop.

negretto *m.* (*f.* **-a**) Negro boy, piccaninny, ⟨*spreg*⟩ nigger-boy. **negriere** *m.* **1** slave trader, slave dealer. **2** ⟨*fig*⟩ slave driver. **negriero I** *a.* slave–: *nave –a* slave-ship, blackbirder. **II** *s.m.* → **negriere**. **negrità** *f.* (*caratteristiche dei negri*) Negro characteristics *pl.* **negrito** *sp. m.* ⟨*Etnol*⟩ negrito. **negritudine** *f.* negritude. **negro I** *a.* **1** Negro, black, coloured: *razza –a* Negro race; *cultura –a* Negro culture. **2** ⟨*ant,lett*⟩ (*nero*) black. **II** *s.m.* (*f.* **-a**) Negro (*f* –ress), black, coloured person. □ *lavorare come un ~* to work like a slave (*o* negro).

negroamericano *a.* American Negro, black American. **negroide** *a./s.m.* negroid.

negromante *m.* ⟨*Occult*⟩ necromancer. **negromantico** *a.* (*pl.* **-ci**) necromantic. **negromanzia** *f.* necromancy.

negus *m.* Negus.

nei, nel, nella, nelle, nello → in.

nematelminti *m.pl.* ⟨*Zool*⟩ nemathelminths *pl.* **nematodi** *m.pl.* ⟨*Zool*⟩ nematodes *pl.*

nembifero *a.* (*poet*) cloud-bearing. **nembo** *m.* **1** ⟨*Meteor*⟩ nimbus. **2** ⟨*fig, lett*⟩ cloud, shower, hail: *–i di polvere* clouds of dust. **nembostrati** *m.pl.* ⟨*Meteor*⟩ nimbostratus clouds *pl*, nimbostrati *pl.*

Nemesi *N.pr.f.* ⟨*Mitol*⟩ Nemesis. **nemesi** *f.* (*giustizia punitrice*) nemesis.

nemico *a./s.* (*pl.* **-ci**) **I** *s.m.* (*f.* **-a**) **1** enemy: *farsi un ~* to make an enemy; (*avversario*) foe, adversary. **2** ⟨*Rel*⟩ (*diavolo*) Devil, Enemy. **II** *a.* **1** enemy–, hostile: *l'esercito ~* the enemy forces. **2** ⟨*fig*⟩ (*avverso*) hostile, adverse: *sorte –a* hostile fate. **3** ⟨*fig*⟩ (*dannoso*) harmful, bad. □ *farsi ~ qd.* to make an enemy of s.o.; *~ interno* inner foe; *~ mortale* mortal enemy (*o* foe); *~ pubblico numero uno* public enemy number one; *passare al ~* to go over to the enemy (*o* other side). *Prov.: a ~ che fugge, ponti d'oro* lend a fleeing enemy a helping hand.

nemmeno I *avv.* not even: *non l'ho ~ visto* I did not even see him. **II** *congz.* not ... either, nor: *~ io uscirò con questo tempo* I won't go out in this weather either; *tu non lo vuoi? ~ io* you don't want it? 'nor do I' (*o* I don't either). □ *~ per sogno* I wouldn't dream of it, ⟨*fam*⟩ not on your life.

nenia *f.* **1** dirge. **2** (*cantilena*) singsong.

neo *m.* **1** ⟨*Anat*⟩ nevus. **2** ⟨*Cosmet*⟩ beauty spot, patch. **3** ⟨*fig*⟩ (*piccolo difetto*) (slight) flaw, small defect.

neo|capitalismo *m.* neocapitalism. **~capitalista I** *s.m./f.* neocapitalist. **II** *a.* neocapitalist(ic). **~capitalistico** *a.* (*pl.* **-ci**) neocapitalist(ic). **~classicismo** *m.* ⟨*Art*⟩ neoclassicism. **~classicista** *m./f.* neoclassicist. **~classico** *a./s.* (*pl.* **-ci**) *I a.* ⟨*Art,Econ*⟩ neoclassic(al). **II** *s.m.* **1** (*stile*) neoclassic(al) style, neoclassicism. **2** (*artista*; *f.* **-a**) neoclassicist. **~colonialismo** *m.* ⟨*Pol*⟩ neocolonialism. **~colonialista I** *s.m.* neocolonialist. **II** *a.* → **neocolonialistico**. **~colonialistico** *a.* (*pl.* **-ci**) neocolonialist. **~dimio** *m.* ⟨*Chim*⟩ neodymium. **~eletto** *a.* newly elected. **~fascismo** *m.* ⟨*Pol*⟩ Neo-Fascism. **~fascista** *a./s.m./f.* Neo-Fascist. **~fascistico** *a.* (*pl.* **-ci**) Neo-Fascist.

neofilia *f.* neophilia.

neofita, neofito *m.* **1** ⟨*Rel*⟩ neophyte. **2** ⟨*fig*⟩ neophyte, novice.

neo|formazione *f.* **1** ⟨*Ling*⟩ neologism. **2** ⟨*Med,Bot*⟩ neoformation. **~gotico** *a./s.* (*pl.* **-ci**) ⟨*Art*⟩ **I** *a.* Neo-Gothic. **II** *s.m.* Neo-Gothic movement. **~guelfismo** *m.* ⟨*Stor*⟩ Neo-Guelphism. **~guelfo I** *a.* Neo-Guelphic. **II** *s.m.* Neo-Guelph. **~imperialismo** *m.* ⟨*Pol*⟩ neo-imperialism. **~imperialista I** *a.* → **neoimperialistico**. **II** *s.m./f.* neo-imperialist. **~imperialistico** *a.* (*pl.* **-ci**) neo-imperialistic. **~latino** *a.* Neo-Latin. □ *lingue –e* Neo-Latin (*o* Romance) languages. **~litico** *a./s.* (*pl.* **-ci**) ⟨*Geol*⟩ **I** *a.* neolithic. **II** *s.m.* Neolithic Age. **~logico** *a.* (*pl.* **-ci**) neologic(al). **~logismo** *m.* neologism.

neon *m.* ⟨*Chim*⟩ neon: *illuminazione al ~* neon lighting; *insegne al ~* neon signs. □ *tubo al ~* neon tube.

neonato I *a.* new-born. **II** *s.m.* (*f.* **-a**) new-born baby (*o* child). **neonatologia** *f.* neonatology, neonatal paediatrics *pl.* **neonatologo** *m.* (*pl.* **-gi**; *f.* **-a**) neonatologist.

neo|nazismo *m.* ⟨*Pol*⟩ Neo-Nazism. **~nazista** *a./s.m./f.* Neo-Nazi. **~plasma** *m.* ⟨*Med*⟩ neoplasm. **~plastico** *a.* (*pl.* **-ci**) ⟨*Med,Bot*⟩ neoplastic. **~platonico** *a./s.* (*pl.* **-ci**) ⟨*Filos*⟩ **I** *a.* neoplatonic. **II** *s.m.* (*f.* **-a**) neoplatonist. **~platonismo** *m.* neoplatonism. **~positivismo** *m.* neopositivism, logical positivism. **~positivista I** *s.m./f.* neopositivist. **II** *a.* neopositivistic. **~positivistico** *a.* (*pl.* **-ci**) neopositivistic. **~prene** *m.* ⟨*Ind*⟩ neoprene. **~realismo** *m.* ⟨*Filos,Art,Cin*⟩ neorealism. **~realista I** *s.m./f.* neorealist. **II** *a.* → **neorealistico**. **~realistico** *a.* (*pl.* **-ci**) neorealistic.

neostomia *f.* ⟨*Chir*⟩ neostomy.

neoterico *a./s.m.* (*pl.* **-ci**) ⟨*Lett*⟩ neoteric.

neo|umanesimo *m.* ⟨*Filos*⟩ neo-humanism, new humanism. **~zelandese I** *a.* New Zealand–, of New Zealand. **II** *s.m./f.* New Zealander. **~zoico** *a./s.* (*pl.* **-ci**) **I** *a.* ⟨*Geol*⟩ Neozoic. **II** *s.m.* Neozoic (period).

Nepal *N.pr.m.* ⟨*Geog*⟩ Nepal. **nepalese I** *a.* Nepalese, of Nepal, Nepali. **II** *s.m./f.* Nepalese, Nepali.

nepente *f.* **1** ⟨*Bot*⟩ pitcher plant. **2** ⟨*Stor.gr*⟩ (*bevanda*) nepenthe.

nepotismo *m.* nepotism (*anche estens.*). **nepotista** *m./f.* nepotist. **nepotistico** *a.* (*pl.* **-ci**) nepotistic(al), nepotic.

neppure *avv./congz.* → nemmeno.

nequizia *f.* ⟨*lett*⟩ wickedness.

nerastro *a.* blackish. **nerazzurro** *a.* blue–black, bluish–black.

nerbata *f.* **1** whiplash. **2** ⟨*estens*⟩ (*bastonata*) blow with a stick. □ *a suon di –e* by dint of thrashings. **nerbo** *m.* **1** whip, scourge, lash. **2** ⟨*fig*⟩ (*parte più forte*) core, backbone, heart. **3** ⟨*fig*⟩ (*forza*) strength, vigour. □ ⟨*fig*⟩ *senza* ~ spineless, weak, ineffectual. **nerboruto** *a.* (*muscoloso*) muscular, vigorous; (*robusto*) robust, strong: *gambe –e* strong legs.

nereggiare *v.i.* (**nereggio, nereggi;** *aus.* **avere**) ⟨*lett*⟩ to be blackish (*o* dark), to look dark; (*diventare nero*) to turn black, to darken: *il cielo nereggiava di nuvole* the sky was (turning) black with clouds.

nereide *f.* ⟨*Mitol*⟩ Nereid.

neretto *m.* **1** ⟨*Tip*⟩ bold face, bold(faced) type. **2** ⟨*giorn*⟩ article printed in bold face. □ ⟨*Tip*⟩ *in* ~ in bold face, bold faced.

nero I *a.* **1** black. **2** (*scuro*) dark, black: *occhiali –i* dark (*o* sun–)glasses; *il cielo era* ~ *di nubi* the sky was dark (*o* black) with clouds. **3** (*negro*) black, Negro, coloured. **4** (*sudicio*) black, filthy, very dirty: *mani –e* black (*o* sooty) hands. **5** (*rif. a vino: rosso*) red; (*rosso scuro*) dark red; (*rif. a birra*) dark. **6** ⟨*fig*⟩ (*scellerato*) black, wicked, evil: *un'anima –a* a black heart. **7** ⟨*fig*⟩ (*doloroso, triste*) black, dark, gloomy: *un periodo* ~ a black period; *essere d'umore* ~ to be in a black (*o* bad) mood. **II** *s.m.* **1** black: *vestire di* ~ to wear black. **2** *pl.* ⟨*Stor*⟩ (*a Firenze*) Blacks *pl.* □ ~ *animale* charcoal, bone black; ~ *come il carbone* as black as soot (*o* ink), pitch black; ⟨*Comm*⟩ *essere* **in** = to be in the black; **mettere** ~ *su bianco* to put down in writing; ~ **minerale** mineral coal; **pane** ~ brown bread; ⟨*Chim*⟩ ~ *di* **platino** platinum–black; ⟨*Zool*⟩ ~ *di* **seppia** (cuttlefish) ink; ⟨*fig*⟩ **vedere** ~ to look on the dark side of things.

nerofumo (*o* **nero fumo**) *m.* lampblack. **nerognolo** *a.* blackish.

Nerone *N.pr.m.* ⟨*Stor*⟩ Nero. **neroniano** *a.* Neronian (*anche fig.*).

nervatura *f.* **1** ⟨*Anat*⟩ nervous system. **2** ⟨*Bot,Entom*⟩ nervation, venation. **3** ⟨*Arch,Mecc*⟩ rib. **4** ⟨*Legat*⟩ raised band. **5** ⟨*Sart*⟩ pin tucks *pl.* □ ⟨*Arch*⟩ ~ *della volta* ribbing of the vault.

nervino *a.* nerve–, nervine: *farmaco* ~ nervine, nerve tonic.

nervo *m.* **1** ⟨*Anat*⟩ nerve. **2** (*fam*) (*tendine*) tendon, sinew. **3** ⟨*Bot*⟩ vein, nerve, rib. □ *–i di* **acciaio** nerves of steel; ~ **acustico** acoustic (*o* auditory) nerve; ⟨*fig*⟩ **avere** *i –i* to be irritable (*o* jumpy, touchy), to be on edge; ⟨*fig*⟩ **dare** *ai* (*o* **sui**) *–i a qd.* to get on s.o.'s nerves; ~ **facciale** facial nerve; **malato** *di –i* suffering from a nervous complaint (*o* breakdown); ~ **ottico** optic nerve; *avere i –i a fior di* **pelle** to be a bundle of nerves; *avere i –i a* **pezzi** to be on the verge of a nervous breakdown; *avere i –i a* **posto** to have sound nerves; *–i* **scossi** shaken (*o* shattered) nerves; ~ **trigemino** trigeminal nerve, trigeminus; ~ **vago** vagus nerve.

nervosamente *avv.* irritably, edgily. **nervosismo** *m.* edginess, irritability, nervousness, restlessness. **nervosità** *f.* **1** → nervosismo. **2** ⟨*fig*⟩ (*incisività*) incisiveness, nervousness, vigour. □ ~ *di stile* nervous style. **nervoso I** *a.* **1** ⟨*Anat*⟩ nervous, nerve–: *sistema* ~ nervous system; *esaurimento* ~ nervous breakdown. **2** (*irritabile*) irritable, short–tempered, excitable, ⟨*fam*⟩ nervy. **3** (*muscoloso*) muscular, sinewy, vigorous: *gambe –e* muscular legs. **4** ⟨*fig*⟩ (*vigoroso, conciso*) nervous, incisive, vigorous: *prosa –a* vigorous prose. **II** *s.m.* ⟨*fam*⟩ irritability, bad temper, excitability. □ *farsi prendere dal* ~ to get cross (*o* upset); *gli viene il* ~ he gets cross (*o* on edge); *mi fa venire il* ~ he gets on my nerves.

nespola *f.* **1** medlar. **2** ⟨*fam,scherz*⟩ (*botta secca*) punch, blow. **3** *pl.* ⟨*esclam*⟩ my goodness, good heavens. **nespolo** *m.* ⟨*Bot*⟩ medlar (tree). □ ~ *del Giappone* loquat, Japanese medlar (*o* plum).

nesso (*o* **nesso**) *m.* connection, link; (*relazione*) relation(ship). □ *senza* ~ unconnected, unrelated.

nessuno I *a.* **1** no: *nessun uomo potrebbe farlo* no man could do it. **2** (*alcuno: in frasi interrogative*) any: *hai –a osservazione da fare?* do you have any comments?; (*in frasi negative*) any, no: *non ho avuto –a soddisfazione* I got no (*o* didn't get any) satisfaction; (*dopo la negazione senza*) any: *senza nessun dubbio* without any (*o* a) doubt. **II** *pron.* **1** (*rif. a persone*) no one, nobody: ~ *vi ha creduto* no one believed you; (*col verbo negativo*) anyone, no one: *non ho visto* ~ I didn't see anyone, I saw no one; (*in frasi interrogative*) anyone; (*con partitivi*) none, not one: ~ *di loro* none of them. **2** (*rif. a cose*) none, not ... any: *hai qualche domanda? – no, –a* have you any questions? – no, none; *non ne voglio* ~ I don't want any. **3** (*qualcuno*) someone; (*in frasi interrogative e dopo la negazione senza*) anyone, anybody: *senza che* ~ *se ne accorgesse* without anyone noticing. **4** (*persona di poco valore*) nobody, nonentity. □ *nessun altro* (*rif. a persona*) no one else, nobody else; (*rif. a cosa*) nothing else; *–a cosa* nothing, not ... anything; *in* ~ *luogo* nowhere, not ... anywhere; *non c'era quasi* ~ there was hardly anybody.

nestorianesimo, nestorianismo *m.* ⟨*Rel*⟩ Nestorianism. **nestoriano** *a./s.m.* (*f.* **-a**) Nestorian.

nettamente *avv.* **1** (*chiaramente*) clearly, distinctly. **2** (*decisamente*) definitely, decidedly.

nettapenne *m.inv.* pen wiper.

nettare[1] *m.* ⟨*Mitol,Bot*⟩ nectar (*anche estens.*).

nettare[2] *v.t.* **1** (*pulire*) to clean; (*asciugare, strofinare*) to wipe (up, off). **2** (*sbucciare*) to peel; (*sbaccellare*) to shell: ~ *i piselli* to shell peas. **nettarsi** *v.r.* to clean (*o* wipe) o.s.; (*lavarsi*) to wash o.s.

nettezza *f.* **1** cleanness, cleanliness. **2** ⟨*fig*⟩ (*purezza*) purity, limpidness. **3** ⟨*fig*⟩ (*precisione*) precision, sharpness, terseness. □ ~ *urbana* streetcleaning (service); (*raccolta delle immondizie*) garbage collection, ⟨*am*⟩ sanitation.

netto I *a.* **1** clean: *casa –a* clean house. **2** (*nitido*) sharp, clear–cut, clean–cut: *il profilo* ~ *dei monti* the sharp outline of the mountains. **3** ⟨*fig*⟩ (*puro*) pure, limpid: *anima –a* pure soul. **4** ⟨*fig*⟩ (*chiaro*) clear, clear–cut, sharp: *un* ~ *successo* a clear success; *una distinzione –a* a clear–cut (*o* sharp) distinction; (*deciso*) definite, downright: *rifiuto* ~ downright refusal; (*sicuro*) sure, certain: *una vittoria –a* a sure victory. **5** ⟨*Econ*⟩ net: *stipendio* ~ net salary; (*rif. a peso*) net. **II** *avv.* (*chiaramente*) clearly, distinctly, plainly. **III** *s.m.* ⟨*Econ*⟩ net (amount). □ *al* ~ net; *chiaro e* ~ clearly and plainly; *colpo* ~ clean blow; *un taglio* ~ a clean cut.

nettunio *m.* ⟨*Chim*⟩ neptunium.

Nettuno *N.pr.m.* ⟨*Mitol,Astr*⟩ Neptune.

netturbino *m.* dustman, ⟨*am*⟩ garbage (*o* trash) man.

neuma *m.* ⟨*Mus*⟩ neume, neuma.

neurale *a.* ⟨*Anat*⟩ neural. **neurassite** *f.* ⟨*Med*⟩ neuraxitis. **neurastenia** *f.* ⟨*rar*⟩ → nevrastenia. **neurectomia** *f.* ⟨*Chir*⟩ neurectomy. **neurina** *f.* ⟨*Biol*⟩ neurine. **neurite** *f.* ⟨*Med*⟩ neuritis. **neuritico** *a.* (*pl.* **-ci**) neuritic.

neuro *f.inv.* ⟨*giorn*⟩ (*clinica neurologica*) neurological clinic.

neuro|anatomia *f.* neuroanatomy. **~biologia** *f.* neurobiology. **~biologico** *a.* (*pl.* **-ci**) neurobiological. **~biologo** *m.* (*pl.* **-gi**; *f.* **-a**) neurobiologist. **~chimica** *f.* neurochemistry. **~chirurgia** *f.* neurosurgery. **~chirurgico** *a.* (*pl.* **-ci**) neurosurgical. **~chirurgo** *m.* (*pl.* **-ghi/-gi**) neurosurgeon. **~fisiologia** *f.* neurophysiology. **~fisiologo** *m.* (*pl.* **-gi**) neurophysiologist.

neurolettico *a./s.* (*pl.* **-ci**) **I** *a.* ⟨*Farm*⟩ neuroleptic. **II** *s.m.* neuroleptic (agent).

neurolinguistica *f.* neurolinguistics *pl* (*costr. sing.*).

neurologia *f.* ⟨*Med*⟩ neurology. **neurologico** *a.* (*pl.* **-ci**) neurologic(al); (*rif. a malattie nervose*) nerve–, neuropathic. □ *clinica –a* clinic for nervous diseases. **neurologo** *m.* (*pl.* **-gi**; *f.* **-a**) neurologist.

neuroma *m.* ⟨*Med*⟩ neuroma.

neuromuscolare *a.* neuromuscular: *disturbi –i* neuromuscular disorders.

neurone *m.* ⟨*Anat*⟩ neuron(e).

neuropatia *f.* ⟨*Med*⟩ neuropathy. **neuropatico** *a./s.* (*pl.* **-ci**) **I** *a.* neuropathic. **II** *s.m.* (*f.* **-a**) neuropath.

neuro|patologia *f.* neuropathology. **~patologo** *m.* (*pl.* -gi; *f.* -a) neuropathologist. **~psichiatra** *m./f.* neuropsychiatrist. **~psichiatria** *f.* neuropsychiatry. **~psicologia** *f.* neuropsychology. **~secernente** *a.* neurosecretory.

neurosi *f.inv.* → nevrosi.

neurospasmo *m.* neurospasm.

neurotico *a./s.* → nevrotico.

neuro|tossico *a./s.* (*pl.* -ci) **I** *a.* neurotoxic. **II** *s.m.* neurotoxic substance. **~tossina** *f.* ⟨*Biol*⟩ neurotoxin. **~trasmettitore** *m.* ⟨*Biol*⟩ neurotransmitter. **~trofico** *a.* (*pl.* -ci) neurotrophic.

neurovegetativo *a.* ⟨*Anat*⟩ neurovegetative. □ *sistema ~ vegetative* (*o* involuntary) *nervous system.*

neutrale **I** *a.* neutral (*anche* Pol.): *stato ~* neutral state. **II** *s.m./f.* neutral. **neutralismo** *m.* ⟨*Pol*⟩ neutralism. **neutralista** **I** *s.m./f.* neutralist. **II** *a.* → **neutralistico**. **neutralistico** *a.* (*pl.* -ci) neutralistic. **neutralità** *f.* neutrality (*anche* Pol.,Chim.). □ *~ armata* armed neutrality; *~ disarmata* unarmed neutrality. **neutralizzabilità** *f.* neutralizability. **neutralizzare** *v.t.* ⟨*Pol,Chim*⟩ to neutralize. **neutralizzazione** *f.* neutralization.

neutrino *m.* ⟨*Atom*⟩ neutrino.

neutro **I** *a.* **1** ⟨*Gramm*⟩ neuter. **2** (*indefinibile*) neutral: *tinta -a* neutral shade. **3** ⟨*Pol,Chim,Fis,Fon,El*⟩ neutral. **II** *s.m.* ⟨*Gramm*⟩ (*genere neutro*) neuter (gender); (*sostantivo neutro*) neuter (noun).

neutrofilia *f.* ⟨*Med,Biol*⟩ neutrophilia. **neutrofilo** *a.* neutrophil(e).

neutrone *m.* ⟨*Atom*⟩ neutron. **neutronico** *a.* (*pl.* -ci) neutron-.

nevaio *m.* snow field. **nevato** *a.* snow-clad: *montagne -e* snow-clad mountains; (*rif. a vette*) snowcapped.

neve *f.* snow: *spalare la ~* to shovel the snow away. □ ⟨*Gastr*⟩ *battere* (*o montare*) **a** *~* to whip (*o* beat) to a froth; *~* **carbonica** dry-ice; *cumulo di ~* snowdrift; **da** *~* snow-: *racchetta da ~* snowshoe; **di** *~*: 1 snow-: *pupazzo di ~* snowman; *palla di ~* snowball; 2 ⟨*fig*⟩ (*bianco*) snowy, snow-white; *~* **dura** hard snow; ⟨*TV*⟩ *effetto ~* snow; *~* **farinosa** powdery snow; *~* **fresca** fresh snow; *~* **ghiacciata** frozen (*o* icy) snow; *~* **molle** soft snow; *-i* **perenni** perpetual snows.

nevicare *v.i.impers.* (**nevica**; *aus.* essere/avere) to snow: *nevica* it is snowing. □ *nevica a larghe falde* the snow is falling in large flakes. **nevicata** *f.* snowfall. **nevischio** *m.* sleet.

nevometro *m.* → nivometro. **nevosità** *f.* **1** snowiness. **2** (*quantità di neve*) snowfall. **nevoso** *a.* **1** snow-: *precipitazione -a* snowfall. **2** (*coperto di neve*) snow-covered, snowy; (*rif. a vette*) snowcapped, snow-topped. **3** (*ricco di neve*) snowy.

nevralgia *f.* ⟨*Med*⟩ neuralgia. **nevralgico** *a.* (*pl.* -ci) neuralgic. □ (*fig*) *il punto ~* the crux.

nevrastenia *f.* ⟨*Psic*⟩ neurasthenia. **nevrastenico** *a./s.* (*pl.* -ci) **I** *a.* **1** ⟨*Psic*⟩ neurasthenic. **2** ⟨*fig*⟩ (*nervoso*) irritable, edgy, ⟨*fam*⟩ nervy. **II** *s.m.* (*f.* -a) **1** ⟨*Psic*⟩ neurasthenic. **2** ⟨*fig*⟩ (*persona nervosa*) irritable person, crosspatch.

nevrite *f.* → neurite. **nevrosi** *f.inv.* ⟨*Psic,Med*⟩ neurosis. □ ⟨*Med*⟩ *~* **cardiaca** cardiac neurosis; *~* **compulsiva** compulsive neurosis; *~* **gastrica** gastric neurosis; *~* **ossessiva** obsessional neurosis; *~* **sessuale** sexual neurosis. **nevrotico** *a./s.* (*pl.* -ci) **I** *a.* neurotic. **II** *s.m.* (*f.* -a) neurotic (person).

nevvero *avv.* ⟨*fam*⟩ *traduzione idiomatica*: *ti sei trovato bene, ~?* you liked it, didn't you?; *è arrivato, ~?* he has arrived, hasn't he?; *verranno, ~?* they'll come, won't they?

newton *ingl.* ['nju:tn] *m.* ⟨*Fis*⟩ newton.

newyorkese [nju-] *a./s.* → nuovayorchese.

N.H. = *Nobil Uomo* nobleman.

Niagara (*o Niagàra*) *N.pr.m.* ⟨*Geog*⟩ Niagara: *cascate del ~* Niagara Falls.

Niassa *N.pr.m.* ⟨*Geog*⟩ Nyas(s)a.

nibbio *m.* ⟨*Ornit*⟩ kite.

Nibelung(h)i *N.pr.m.pl.* ⟨*Mitol.nord,Lett*⟩ Nibelungs *pl.* Nibelungen *pl.* **nibelungico** *a.* (*pl.* -ci) of the Nibelungs. □ ⟨*Lett*⟩ *ciclo ~* Nibelungenlied.

Nicaragua *N.pr.m.* ⟨*Geog*⟩ Nicaragua. **nicaraguegno** *a./s.m.* (*f.* -a) Nicaraguan. **nicaraguese** *a./s.m./f.* → nicaraguegno.

nicchia *f.* **1** niche (*anche* Alp.). **2** ⟨*fig*⟩ niche, suitable job (*o* place).

nicchiare *v.i.* (**nicchio**, **nicchi**; *aus.* avere) to hesitate, ⟨*fam*⟩ to shilly-shally.

Nicea *N.pr.f.* ⟨*Geog.stor*⟩ Nicaea, Nice. □ ⟨*Rel*⟩ *credo* (*o simbolo*) *di ~* Nicene Creed.

nichel *m.* ⟨*Chim*⟩ nickel. **nichelare** *v.t.* (**nichelo**) to (plate with) nickel, to nickel-plate. **nichelato** *a.* nickel-plated. **nichelatura** *f.* nickel-plating, plating, nickelling. **nichelino** *m.* ⟨*Numism*⟩ twenty-centesimi coin. **nichelio** *m.* → nichel.

nichilismo *m.* ⟨*Pol,Filos*⟩ nihilism. **nichilista** **I** *s.m./f.* nihilist. **II** *a.* nihilist(ic).

Nicodemo *N.pr.m.* ⟨*Stor*⟩ Nicodemus.

Nicola *N.pr.m.* Nic(h)olas. **Nicoletta** *N.pr.f.* Nicole, Nicolette.

nicotina *f.* nicotine. □ *a basso contenuto di ~* low-nicotine-; *senza ~* nicotine-free. **nicotinico** *a.* (*pl.* -ci) nicotinic. **nicotinismo** *m.* ⟨*Med*⟩ nicotinism.

nictalope *a.* ⟨*Med*⟩ nyctalopic. **nictalopia** *f.* nyctalopia.

nidiata *f.* **1** brood, nest(ful), hatch: *una ~ di rondini* a nestful of swallows. **2** ⟨*fig,scherz*⟩ (*rif. a bambini*) brood.

nidificare *v.i.* (**nidifico**, **nidifichi**; *aus.* avere) ⟨*Ornit*⟩ to (build a) nest. **nidificato** *a.* ⟨*Inform*⟩ nested. **nidificazione** *f.* nest building.

nido *m.* **1** nest: *fare il ~* to (build a) nest; (*rif. a uccelli rapaci*) (a)eyrie, (a)eyry. **2** (*casa*) home, nest. **3** ⟨*fig,spreg*⟩ (*covo*) den, lair. □ *a ~ d'ape* honeycombed, honeycomb-: *struttura a ~ d'ape* honeycomb structure; *~ d'ape*: 1 ⟨*Tess*⟩ honeycomb cloth; 2 ⟨*Lav.femm*⟩ smocking; *~ di api* bees' nest; *~ d'infanzia* crèche, (day) nursery, ⟨*am*⟩ toddler's house; *~ di mitragliatrice* machine-gun nest; *~ di rondine* swallow's nest; *~ di serpi* snake's nest.

niellare *v.t.* (**niello**) ⟨*Oref*⟩ to (decorate with) niello. **niellatura** *f.* niello(-work). **niello** *m.* niello.

niente *pron./sost./a.inv.* **I** *pron.indef.* **1** nothing: *~ può fermarlo* nothing can stop him; (*posposto al verbo*) anything, nothing: *non ho comprato ~* I didn't buy anything, I bought nothing. **2** (*un'inezia*) a mere nothing, (next to) nothing, trifle, nothing much: *piange per ~* she cries for a mere nothing; *è ammalato, ma pare che non sia ~* he is ill, but it doesn't seem to be anything much. **3** (*in frasi interrogative: qualcosa*) anything: *hai bisogno di ~?* do you need anything? **II** *s.m.* **1** nothing: *la cosa finì in ~* it all came to nothing; (*con verbo negativo*) anything, nothing: *non sai un bel ~* you don't know anything at all, you know nothing. **2** (*poca cosa*) (mere) nothing, smallest (*o* slightest) thing, trifle: *basta un ~ per farla arrabbiare* the slightest thing makes her angry; (*rif. a tempo*) no time: *non ci metto ~ a farlo* I'll do it in no time. **3** (*un poco*) very little, almost (*o* next to) nothing: *l'ho avuto per ~* I got it for ⸢next to nothing⸣ (*o* a song). **4** ⟨*Filos*⟩ (*nulla*) nothingness. **III** *a.* no, not any: *~ lettere?* no letters?, any letters? **IV** *avv.* **1** nothing, anything: *non m'importa ~ dei tuoi consigli* I care nothing for your advice; *non costa ~* it doesn't cost anything. **2** (*rafforzativo di non: affatto*) at all, in the least (*o* slightest): *non è ~ vero* it's not true at all. □ *nient'affatto* certainly not, not in the least; *nient'altro* nothing else; (*in frasi interrogative o negative*) anything else; *nient'altro che* nothing but, only, just, merely: *non era nient'altro che un raffreddore* it was only (*o* nothing but) a cold; *non fa nient'altro che dormire* he does nothing but sleep; *un bel ~* absolutely nothing; *come ~* with the greatest of ease; *spende come ~* he spends money like water; *come ~* (*fosse*) as if nothing had happened; *da ~* trivial, slight: *incidente da ~* slight accident; *son cose da ~* it's nothing; *~ di ~* nothing whatsoever (*o* at all), absolutely nothing; *non sai ~ di ~* you know nothing at all, you don't know a thing; *non posso farci ~* there's nothing I can do, I can't do anything about it; *non fa ~* (*non importa*) never mind, it doesn't matter; *finire in* (*o nel*) *~* to come ⸢to nothing⸣; *grazie – di ~* thank you - ⸢don't mention it⸣ (*o* you're welcome); *non c'è ~ di male* ·

(o *se*) there's nothing wrong in (*o* if); ~ *male* not bad at all; ~ **meno** *che* nothing less than; (*rif. a persona*) no less than; *non* **metterci** ~ not to take a minute (*o* second): *non ci metto* ~ *a tornare indietro* it won't take me a minute to turn back; *sai* ~ *di* **nuovo**? have you heard any news?; *non ho* **ottenuto** *un bel* ~ I got nowhere; ~ **paura**! don't be afraid!; **per** ~: 1 (*affatto*) at all: *oggi non s'è visto per* ~ today he hasn't shown up at all; 2 (*gratuitamente*) free, for nothing: *lavorare per* ~ to work for nothing; 3 (*invano*) for nothing: *sei venuto qui per* ~ you came for nothing; *non* **serve** *a* ~ it's no use; *essere* **venuto** *dal* ~ to be a self-made man. *Prov.*: ~ *di nuovo sotto il sole* there's nothing new under the sun.

nientedimeno (*o niente di meno*) *avv.* 1 (*addirittura*) actually, even. 2 (*esclam*) I say, you don't say so, really; (*così tanto*) as much as that. **nientemeno** (*o niente meno*) *avv./intz./congz.* → **nientedimeno**.

nietzschiano [nitʃ–] *a./s.m.* (*f.* **-a**) Nietzschean.

Niger *N.pr.m.* ⟨Geog⟩ Niger. **Nigeria** *N.pr.f.* ⟨Geog⟩ Nigeria. **nigeriano** *a./s.m.* (*f.* **-a**) Nigerian.

night-club *ingl.* ['naitklʌb] *m.* night-club.

Nilo *N.pr.m.* ⟨Geog⟩ Nile: ~ *azzurro* Blue Nile; ~ *bianco* White Nile.

nimbo *m.* halo, nimbus.

ninfa *f.* ⟨Mitol,Entom⟩ nymph (*anche fig.*). □ ~ *delle acque* water nymph; ~ *delle foreste* forest nymph; ~ *dei monti* mountain nymph. **ninfale** I *a.* (*lett*) nymphean, nymphal. II *s.m.* ⟨Lett⟩ nymphal. **ninfea** *f.* ⟨Bot⟩ water-lily, nymphaea. **ninfeo** *m.* ⟨Archeol⟩ nymphaeum. **ninfetta** *f.* nymphet.

ninfomane I *s.f.* ⟨Med⟩ nymphomaniac. II *a.* nymphomaniac(al). **ninfomania** *f.* ⟨Med⟩ nymphomania.

Ninive *N.pr.f.* ⟨Geog.stor⟩ Nineveh.

ninnananna (o *ninna nanna*) *f.* ⟨Mus⟩ lullaby, cradle-song. **ninnare** *v.t.* 1 to sing a lullaby to, to lull to sleep. 2 (*cullare*) to rock to sleep.

ninnolare *v.t.* (*ninnolo*) to amuse. **ninnolarsi** *v.r.* to idle (*o* fritter) one's time away. **ninnolo** *m.* 1 (*balocco*) toy, plaything. 2 (*gingillo*) knick-knack, trinket.

Niobe *N.pr.f.* ⟨Mitol⟩ Niobe.

niobio *m.* ⟨Chim⟩ niobium.

nipiologia *f.* ⟨Med⟩ nepiology.

nipote *m./f.* 1 (*di zio*) nephew (*f* niece). 2 (*di nonno*) grandchild, grandson (*f* –daughter). 3 *pl.* ⟨fig⟩ (*discendenti*) descendants *pl*, progeny, posterity.

nipplo *m.* ⟨Mecc⟩ nipple.

nipponico *a.* (*pl.* **-ci**) (*lett*) Japanese.

nirvana *m.* ⟨Rel,Filos⟩ nirvana. **nirvanico** *a.* (*pl.* **-ci**) ⟨Rel,Filos⟩ nirvanic.

nistagmo *m.* ⟨Med⟩ nystagmus.

nitidamente *avv.* clearly, sharply, distinctly. **nitidezza** *f.* 1 clearness, brightness; (*rif. a immagini e sim.*) clearness, sharpness, distinctness. 2 ⟨fig⟩ clearness, lucidity. **nitido** *a.* 1 clear, bright, shining: *cristallo* ~ clear crystal; (*rif. a immagini e sim.*) clear, sharp, distinct. 2 ⟨fig⟩ clear, lucid.

nitore *m.* ⟨lett⟩ 1 brightness. 2 ⟨fig⟩ (*chiarezza*) clearness, lucidity.

nitrato *m.* ⟨Chim⟩ nitrate. □ ~ *d'ammonio* ammonium nitrate; ~ *d'argento*: 1 ⟨Chim,Min⟩ silver nitrate; 2 ⟨Farm⟩ silver nitrate, lunar caustic. **nitrazione** *f.* nitration. **nitrico** *a.* (*pl.* **-ci**) nitric: *acido* ~ nitric acid. **nitrificazione** *f.* nitrification. **nitrile** *m.* nitrile.

nitrire *v.i.* (**nitrisco**, **nitrisci**; *aus.* avere) to neigh, to whinny.

nitrito[1] *m.* neigh, whinny; (*il nitrire*) neighing. □ *emettere un* ~ to neigh.

nitrito[2] *m.* ⟨Chim⟩ nitrite.

nitro *m.* ⟨Min⟩ nitre, saltpetre.

nitro|batterio *m.* ⟨Biol⟩ nitrobacter(ium). **~benzene**, **~benzolo** *m.* ⟨Chim⟩ nitrobenzene. **~cellulosa** *f.* ⟨Chim⟩ nitrocellulose. **~derivato** *m.* ⟨Chim⟩ nitrocompound. **~fosfato** *m.* nitrophosphate. **~glicerina** [–gl–] *f.* ⟨Chim⟩ nitroglycerin(e).

nitroso *a.* ⟨Chim⟩ nitrous: *acido* ~ nitrous acid.

nitruro *m.* ⟨Chim⟩ nitride.

niveo *a.* ⟨lett⟩ snow-white, snowy. **nivometro** *m.*

snow-gauge.

Nizza *N.pr.f.* ⟨Geog⟩ Nice. **nizzardo** I *a.* Nice-, of Nice. II *s.m.* (*f.* **-a**) native (*o* inhabitant) of Nice.

N.N. = ⟨burocr⟩ 1 *nessuna novità* nothing new. 2 *nomen nescio* name unknown.

NNE = *nord–nord–est* north–north–east (*abbr.* N.N.E.).

NNO = *nord–nord–ovest* north–north–west (*abbr.* N.N.W.).

no I *avv.* 1 no: *ti è piaciuto lo spettacolo?* – ~ did you like the show? – no, I didn't. 2 (*con valore ellittico o con un avverbio, nelle proposizioni disgiuntive*) not: *perché* ~? why not?; *sei contento?* – *contento* ~, *ma neppure scontento* are you pleased? – not pleased, but not displeased either; *hai finito il tuo lavoro o* ~? have you finished your work or not?; *lo conosciamo?* – *tu* ~ *ma io sì* do we know him? – you don't, but I do. II *s.m.* 1 refusal: *un bel* ~ a flat refusal. 2 (*voto contrario*) no, nay; (*con un numero*) against, no: *la proposta è stata accettata con dieci sì contro due* ~ the proposal was adopted with ten for and two against (*o* ten ayes and two nays). □ (*scherz*) **anzi** *che* ~ (*piuttosto*) rather, somewhat; ~ *di* **certo** certainly not; **come** ~ of course, by all means; **credo** *di* ~ I don't think so; ~ **davvero** no indeed; **dire** *di* ~ to say no; *non dico di* ~ (*lo ammetto*) I must admit, I don't deny it; **ma** ~ no, really?; **ora** ~ not now; **pare** *di* ~ apparently not; *perché non vieni?* – **perché** ~ why aren't you coming? – because I'm not; *perché non posso venire?* – *perché* ~ why can't I come? – because you can't; ~ *e poi* ~ no, no, definitely not; **rispondere** *di* ~ to answer (*o* say) no; **se** ~ otherwise, (or) else: *studia, se* ~ *sarai bocciato* study, or else you'll fail; **sì** *e* ~ (*forse*) yes and no, perhaps, maybe; (*a malapena*) barely: *saranno sì e* ~ *due anni* it's barely two years; *vieni sì o* ~? are you coming or not (*o* aren't you)?; **speriamo** *di* ~ let's hope not; **stare** *fra il sì e il* ~ to be undecided; **uno** *sì e uno* ~ every second one. || *un giorno sì e uno* ~ on alternate days; *è lui*, ~? it's him, isn't it?; *verrai*, ~? you'll come, won't you?

NO = *nord–ovest* north–west (*abbr.* N.W.).

no., **n.o.** = *numero* number (*abbr.* no.).

nobelio *m.* ⟨Chim⟩ nobelium.

nobildonna *f.* noblewoman.

nobile I *a.* 1 noble: *famiglia* ~ noble family. 2 ⟨fig⟩ noble, lofty: *animo* ~ noble mind. 3 ⟨Chim⟩ noble: *gas* ~ noble gas. II *s.m./f.* noble, nobleman (*f* –woman). □ ⟨Teat⟩ *padre* ~ heavy. **nobilesco** *a.* (*pl.* **-chi**) ⟨spreg⟩ noble, aristocratic: *alterigia* –*a* aristocratic haughtiness. **nobiliare** *a.* noble, nobiliary, of nobility: *titolo* ~ title of rank (*o* nobility).

nobilitare *v.t.* (**nobilito**) 1 (*rendere nobile*) to ennoble, to raise to the nobility. 2 ⟨fig⟩ to ennoble, to dignify: *il lavoro nobilita l'uomo* work ennobles man. **nobilitarsi** *v.r.* to ennoble o.s. **nobilitazione** *f.* ennobling, ennoblement.

nobilmente *avv.* nobly. **nobiltà** *f.* 1 nobility: ~ *di stirpe* nobility of birth. 2 (*l'insieme dei nobili*) nobility, nobles *pl*, ⟨GB⟩ peerage. 3 ⟨fig⟩ nobility, nobleness, loftiness. □ ~ *d'animo* noble–mindedness, high–mindedness; *attestato di* ~ patent of nobility; ~ *terriera* landed nobility; *titolo di* ~ title of rank (*o* nobility). **nobiluomo** *m.* nobleman.

nocca *f.* knuckle.

nocchiere, **nocchiero** *m.* ⟨lett⟩ helmsman, steersman.

nocchio *m.* ⟨Bot⟩ knot, knob.

nocciola I *s.f.* hazelnut. II *s.m.* (*colore*) light brown, hazel. III *a.inv.* light brown, hazel. **nocciolato** *m.* nut chocolate. **nocciolina** *f.* (*anche nocciolina americana*) peanut.

nocciolo[1] *m.* 1 ⟨Bot⟩ stone, kernel: ~ *di ciliegia* cherry stone. 2 ⟨fig⟩ (*punto principale*) heart, core, point: *il* ~ *della questione* the heart of the matter; *venire al* ~ to come to the point. □ ⟨Atom⟩ ~ *del reattore* reactor core.

nocciolo[2] *m.* ⟨Bot⟩ hazel nut.

noce I *s.m.* ⟨Bot⟩ 1 walnut(tree). 2 (*legno*) walnut. II *s.f.* 1 (*frutto del noce*) walnut. 2 ⟨Macell⟩ rumpsteak, best end of veal. □ ~ *di acagiù* cashew (nut); ~ *americano* hickory; (*frutto*) hickory nut; *una* ~ *di burro* a knob (*o* pat) of butter; ~ **di cocco** coconut; **grosso** *come una* ~ the size of a walnut; *un* **guscio** *di* ~ a nutshell (*anche fig.*); ~ **moscata** nutmeg (tree); ~ *del* **piede** ankle bone; *–i* **secche** dried walnuts; **sgusciare** *le –i* to crack (*o* shell) nuts; ~ **vomica** nux vomica.

nocella *f.* **1** ⟨*Anat*⟩ wrist bone. **2** (*parte del compasso*) pivot.

nocepesca (o *noce pesca*) *f.* ⟨*Bot*⟩ nectarine. **nocepesco** (o *noce pesco*) *m.* nectarine.

noceto *m.* walnut orchard.

nociuto → **nuocere**. **nocivo** *a.* harmful, noxious, hurtful: *cibi –i* harmful food. □ *altamente* ~ highly noxious; *essere* ~ *a qd.* to harm s.o.; *insetti –i* pests *pl*; ~ *alla* *salute* injurious to health, (*fam*) bad for one (*o* one's health). **nocqui** → **nuocere**. **nocumento** *m.* ⟨*lett*⟩ harming, injury; (*danno*) harm, damage. □ *essere di* ~ *a qd.* to harm s.o., to do s.o. harm.

nodo *m.* **1** knot: *sciogliere un* ~ to loose (*o* undo, untie) a knot; *stringere un* ~ to tighten a knot; (*a cappio*) noose. **2** ⟨*fig*⟩ (*legame*) bond, tie, knot: *il* ~ *coniugale* the bond of matrimony. **3** ⟨*fig*⟩ (*groppo*) lump: ~ *alla gola* lump in one's throat. **4** ⟨*fig*⟩ (*nocciolo*) heart, point: *il* ~ *della vicenda* the heart of the matter. **5** ⟨*fig*⟩ (*punto d'incrocio*) junction: ~ *ferroviario* railway junction. **6** ⟨*Tess,Mar*⟩ knot. **7** ⟨*Lav.femm*⟩ French knot. **8** ⟨*Astr,Biol,Fis*⟩ node. **9** ⟨*Bot*⟩ node; (*difetto del legname*) knot, knurl. **10** ⟨*Med*⟩ (*nodosità*) node, nodosity. **11** ⟨*Sport*⟩ clinch. **12** (*crocchia di capelli*) bun, twist. □ ~ *d'amore* love knot; ~ *dell'***ancora** anchor knot; ~ **autostradale** motorway intersection; ~ *della* **cravatta** knot of a tie; *fare il* ~ *alla* *cravatta* to knot one's tie; ~ **doppio** double knot; *fare un* ~ to tie (*o* make) a knot; *farsi un* ~ *al* **fazzoletto** to tie a knot in one's handkerchief; ~ **gordiano** Gordian knot (*anche fig.*); ⟨*Anat*⟩ ~ **linfatico** lymph (*o* lymphatic) node; ~ *da* **marinaio** sailor's (*o* reef) knot; ~ **scorrevole** (*o* *scorsoio*) slipknot, running knot; ~ **semplice** overhand (*o* single) knot; ~ **stradale** road junction. *Prov.*: *tutti i –i vengono al pettine* the day of reckoning will come.

nodosità *f.* **1** knottiness. **2** ⟨*Bot,Med*⟩ nodosity. **nodoso** *a.* **1** knotted, knotty: *mani –e* knotted hands. **2** ⟨*Bot,Med*⟩ nodose. **nodulo** *m.* ⟨*Med*⟩ nodule.

Noè *N.pr.m.* ⟨*Bibl*⟩ Noah.

noi *pron.pers.* **1** (*soggetto*) we, ⟨*fam*⟩ us: ~ *non siamo potuti venire* we couldn't come; *chi è? – siamo* ~ who is it? – it's us. **2** (*oggetto*) us: *avete chiamato* ~? did you call us? **3** (*preceduto da preposizione*) us: *perché non venite con* ~? why don't you come with us? **4** (*con valore impersonale*) we, one, you: *quando* ~ *affermiamo qualcosa, la dobbiamo provare* if one states something, one must prove it. □ ~ *altri* (*noialtri*) we; *da* ~: 1 (*a casa nostra: stato*) at our house, with us, at home; (*moto*) to our house, to us, home; 2 (*nel nostro paese*) in our country (*o* town), where we live (*o* come from); ~ *medesimi* (*o stessi*) ourselves.

noia *f.* **1** boredom, ennui. **2** (*tedio*) tedium, tediousness, tiresomeness. **3** (*concr*) (*fastidio, seccatura*) nuisance, bother, trouble. **4** (*persona,' cosa noiosa*) bore; (*cosa molesta*) trouble, bother. □ *avere a* ~ *qd.* not to like s.o.; *avere delle –e con qd.* to have trouble with s.o.; *che* ~ *quell'uomo!* (*che noioso*) what a bore that man is!; (*che molestia*) what a nuisance that man is!; *dare* ~ *a qd.* to trouble (*o* bother) s.o.; ⟨*fam*⟩ **morire** *di* ~ to be bored stiff (*o* to death); ~ **mortale** deadly boredom; **ripetere** *qc. fino alla* ~ to repeat s.th. until one is sick of it; **venire** *a* ~ to become boring; *mi è venuto a noia* I am ⌜tired of⌝ (*o* fed up with) it.

noialtri (o *noi altri*) *pron.m.pl.* we *pl*.

noiosamente *avv.* boringly, tediously; (*fastidiosamente*) annoyingly. **noiosità** *f.* **1** boredom. **2** (*fastidio*) trouble, annoyance. **noioso** **I** *a.* **1** boring, tedious, tiresome: *un libro* ~ a boring book. **2** (*fastidioso*) troublesome, annoying, bothersome. **II** *s.m.* (*f.* -**a**) bore.

noleggiante *m./f.* (*rif. a navi, aerei*) charterer. **noleggiare** *v.t.* (**noleggio, noleggi**) **1** to hire, to rent; (*rif. a navi, ad aerei*) to charter. **2** ⟨*Cin*⟩ to distribute. **noleggiatore** *m.* (*f.* -**trice**) **1** hirer; (*rif. a navi, ad aerei*) charterer. **2** ⟨*Cin*⟩ distributor. **noleggio** *m.* **1** hire; (*rif. a navi, ad aerei*) charter(ing). **2** (*prezzo del noleggio*)

hire, rental; (*rif. a navi, ad aerei*) charterage, charter fee, freightage. **3** ⟨*Cin*⟩ distribution. □ ~ *cinematografico* film rental; *dare a* ~: 1 to hire, to rent; 2 (*rif. a navi, ad aerei*) to charter; 3 ⟨*Cin*⟩ to distribute; *prendere a* ~ to hire, to rent; (*rif. a navi, ad aerei*) to charter; ⟨*Cin*⟩ *prezzo di* ~ rental; *vettura da* ~ hire car.

nolente *a.* ⟨*lett*⟩ unwilling. □ *volente o* ~ willy-nilly.

nolo *m.* **1** (*prezzo del trasporto*) freight(age). **2** (*prezzo del noleggio*) hire, rental; (*rif. a navi, ad aerei*) charterage, charter fee. **2** ⟨*Comm*⟩ *di* ~ *andata* outward freight; ~ **assegnato** freight forward (*o* collect); **contratto** *di* ~ freight contract, charter; *dare a* ~ to hire (out), to rent; (*rif. a navi, ad aerei*) to charter; *prendere a* ~ to hire, to rent; (*rif. a navi, ad aerei*) to charter; ~ *di* **ritorno** homeward (*o* return) freight.

nomade **I** *a.* nomad(ic) (*anche fig.*): *vita* ~ nomadic life. **II** *s.m./f.* **1** nomad. **2** ⟨*fig*⟩ wanderer, drifter. **nomadismo** *m.* nomadism.

nome *m.* **1** name. **2** (*nome e cognome*) (full) name: *indicare* ~ *e indirizzo* give full name and address; (*nome di battesimo*) Christian (*o* first) name; (*cognome*) surname, family name. **3** (*soprannome*) nickname: *gli hanno affibbiato il* ~ *di pel di carota* they gave him the nickname carrots. **4** ⟨*fig*⟩ (*fama, reputazione*) name, reputation: *il suo* ~ *è incontaminato* his name is unsullied. **5** ⟨*fig*⟩ (*celebrità*) (big) name, celebrity. **6** ⟨*Gramm*⟩ noun, substantive: *–i femminili* feminine nouns. □ *a* ~ *di qd.* in s.o.'s name; (*da parte di*) on s.o.'s behalf; *digli a* ~ *mio* tell him from me; ~ *d'***arte** stage name; ⟨*Gramm*⟩ ~ **astratto** abstract noun; *avere* ⌜*per* ⌝ (o *il nome di*) to be called; ~ *di* **battaglia** pseudonym, nom–de–guerre; ~ *di* **battesimo** Christian (*o* first) name; **cambiare** ~ to change one's name; *che* ~ *ha?* what's his name?; *in* ~ *del* **cielo** for heaven's sake; ~ *e* **cognome** full name; ⟨*Gramm*⟩ ~ **collettivo** collective noun; ~ **commerciale** name (*o* style) of a firm; ⟨*Gramm*⟩ ~ **composto** compound noun; ⟨*Gramm*⟩ ~ **comune** common noun; *di* ~ named, called: *un ragazzo di* ~ *Carlo* a boy named (*o* called) Charles; *conoscere qd. di* ~ to know s.o. by name; *in* ~ *di* **Dio** in God's name; ⟨*esclam*⟩ *for God's sake!*; *sotto* **falso** ~ under ⌜a false⌝ (*o* an assumed) name; ~ *di* **famiglia** surname, family name; **fare** *il* ~ *di qd.* (*nominarlo*) to mention s.o.'s name; (*proporlo*) to nominate (*o* propose) s.o.; *non fare –i* not to mention any names; *farsi un* ~ to make a name for o.s.; *farsi un cattivo* ~ to get a bad name for o.s.; *in* ~ *della* **giustizia** in the name of justice; **godere** *buon* ~ to have a good reputation; *in* ~ *di* in the name of: *in* ~ *della* **legge** in the name of the law; *gli hanno* **messo** ~ *Giuseppe* they called him Joseph; ⟨*Rel*⟩ *nel* ~ *del* **Padre,** *del Figlio e dello Spirito Santo* in the name of the Father and of the Son and of the Holy Ghost; ~ *di* **persona** name of a person; ⟨*Gramm*⟩ personal noun; **prendere** ~ *da qd.* to be named after s.o.; **prestare** *il* ~ to lend one's name; ⟨*Gramm*⟩ ~ **proprio** proper noun; *chiamare le cose col proprio* ~ to call a spade a spade; ~ *da* **ragazza** maiden name; **senza** ~ nameless; ⟨*fig*⟩ (*inqualificabile*) unmentionable, unspeakable; ~ *di* **strada** street name.

nomea *f.* notoriety, reputation: *avere la* ~ *di ladro* to have the reputation of being a thief.

nomenclatore *m.* nomenclator. **nomenclatura** *f.* nomenclature.

nomignolo *m.* nickname: *dare un* ~ *a qd.* to give s.o. a nickname; (*affettuoso*) pet name.

nomina *f.* appointment: *lettera di* ~ letter of appointment; (*elezione*) election: ~ *a sindaco* election as mayor. □ *ottenere una* ~ *all'università* to obtain an appointment at a university; *di prima* ~ newly appointed, in one's first post. **nominabile** *a.* mentionable. **nominale** *a.* **1** ⟨*Gramm*⟩ nominal, noun–. **2** (*rif. al nome di persona*) nominal; (*per nome*) by name: *scrutinio* ~ poll by name. **3** (*di nome*) nominal: *autorità* ~ nominal authority; *valore* ~ nominal value. □ *appello* ~ roll–call.

nominalismo *m.* ⟨*Filos*⟩ nominalism. **nominalista** *m./f.* nominalist. **nominalistico** *a.* (*pl.* -**ci**) nominalistic.

nominalmente *avv.* nominally. **nominare** *v.t.* (**nomino**) **1** (*menzionare*) to mention, to name. **2** (*designare*) to appoint, to nominate, to designate. **3** (*eleggere*) to elect: *l'hanno nominato assessore comunale* he has been elected town councillor. □ ~ *un avvocato* to appoint a solicitor; ~ *una commissione* to appoint a commission; ⟨*Bibl*⟩ *non ~ il nome di Dio invano* thou shalt not take the name of the Lord, thy God, in vain. **nominatività** *f.* ⟨*Econ*⟩ registration. **nominativo I** *a.* **1** ⟨*Econ*⟩ registered: *titolo ~* registered security. **2** ⟨*Gramm*⟩ nominative. **II** *s.m.* **1** ⟨*Gramm*⟩ nominative (case). **2** ⟨*burocr*⟩ name.

nomogramma *m.* nomogram.

non *avv.* **1** (*seguito da un verbo*) not: ~ *posso venire* I cannot (*o* can't) come; *perché ~ rispondi?* why don't you answer? **2** (*rif. a un sost. determinato: usato col verbo*) not; (*usato col sostantivo*) no: ~ *bevo vino* I don't (*o* do not) drink wine, I drink no wine; ~ *c'è dubbio* there is no doubt, there isn't any doubt. **3** (*seguito da un agg.*) not: ~ *dolce* not sweet; *spesso si sostituisce con un prefisso negativo: oggetti ~ visibili* invisible objects; *uva ~ matura* unripe grapes. **4** (*seguito da altra negazione*) not: ~ *ho chiamato nessuno* I didn't call anyone; ~ *voglio niente* I don't want anything; (*seguito da mai*) *non si traduce:* ~ *ci sono mai stato* I have never been there; (*seguito da nessuno o niente come soggetti della frase*) *non si traduce:* ~ *lo vuole nessuno* nobody wants it; ~ *è stato fatto niente* nothing has been done. **5** (*pleonastico*) *non si traduce: poco mancò che ~ cadessi* I nearly fell. **6** (*con valore di prefisso*) non–, *oppure si traduce con un prefisso negativo:* ~ *credente* non–believer, unbeliever. □ ~ *... affatto* not ... at all: ~ *ci credo affatto* I don't believe it at all; ~ *ancora* not yet; ~ *appena* as soon as; ~ *c'è di che* don't mention it, not at all; *aspetterò finché ~ arriverà* I'll wait until he arrives; ~ *... mai* never; **piaccia** *o ~ piaccia* whether you like it or not; ~ *posso non pensarci* I can't help thinking about it; *se ~* except, but; (*a meno che*) unless.

nona *f.* ⟨*Mus*⟩ (*accordo*) ninth chord; (*intervallo*) ninth.

nonagenario *a./s.m.* (*f.* **-a**) nonagenarian. **nonagesimo** *a.* ⟨*lett*⟩ ninetieth.

non aggressione *f.* ⟨*Pol*⟩ non aggression.

non allineamento *m.* ⟨*Pol*⟩ non alignment. **non allineato I** *a.* non aligned. **II** *s.m.pl.* non aligned countries.

non bancabile *a.* ⟨*Econ*⟩ unbankable.

non belligerante *m./f.* ⟨*Pol*⟩ non belligerent. **non belligeranza** *f.* non belligerence.

nonché *congz.* (*e anche*) as well as, and also.

non collaborazione *f.* slow–down strike.

non combattente *a.s.m./f.* non combatant.

non compiuto *a.* ⟨*Ling*⟩ imperfect.

non conduttore I *a.* ⟨*El*⟩ non(–)conducting. **II** *s.m.* non(–)conductor.

nonconformismo *m.* ⟨*Pol,Rel*⟩ nonconformism. **nonconformista** *a./s.m./f.* nonconformist.

non credente *m./f.* non believer.

noncurante *a.* careless, heedless, regardless (*di* of). **noncuranza** *f.* **1** carelessness, heedlessness, neglect (*di* of). **2** (*non osservanza*) disregard (*di* for), non–observance: ~ *delle norme stradali* non–observance of the traffic regulations. **3** (*ostentazione di disinvoltura*) nonchalance, indifference.

nondimeno (*o non di meno*) *congz.* (*ciò nonostante*) nevertheless, all the same, for all that, still; yet; (*tuttavia*) however, but.

non direttivo *a.* ⟨*Psic*⟩ non directive.

non discriminazione *f.* ⟨*Pol*⟩ non discrimination.

non essere *m.* ⟨*Filos*⟩ non existence.

non formattato *a.* ⟨*Inform*⟩ unformatted.

non fumatore *m.* non(–)smoker. □ ⟨*Aer,Ferr*⟩ *reparto –i* non(–)smoker.

non impegnato *a.* ⟨*Pol*⟩ non engaged.

non intervento *m.* ⟨*Pol*⟩ non intervention.

nonio *m.* ⟨*tecn*⟩ nonius.

non-io *m.* ⟨*Filos*⟩ non–ego.

non membro *m.* non member: *aperto ai –i* open to non members.

non metallo *m.* ⟨*Chim*⟩ non metal.

nonna *f.* **1** grandmother, ⟨*fam*⟩ gran(ny), ⟨*fam*⟩ grandma.

2 ⟨*fam*⟩ (*persona anziana*) granny, old lady. □ ~ *materna* maternal grandmother; ~ *paterna* paternal grandmother. **nonnina** *f.* granny, grandma. **nonnino** *m.* gran(d–)dad, grandpa. **nonno** *m.* **1** grandfather, ⟨*fam*⟩ gran(d–)dad, ⟨*fam*⟩ grandpa. **2** *pl.* (*nonno e nonna*) grandparents *pl;* (*antenati*) forefathers *pl,* ancestors *pl.* **3** ⟨*fam*⟩ (*persona anziana*) grandfather, old man. □ ~ *materno* maternal grandfather; ~ *paterno* paternal grandfather.

non nucleare *a.* ⟨*Pol*⟩ non nuclear: *stati –i* non nuclear states.

nonnulla *m.inv.* trifle, mere nothing, slightest thing: *si arrabbia per un ~* he gets angry at the slightest thing.

nono I *a.* ninth: *il ~ posto* the ninth place; (*rif. a papi, a regnanti*) the Ninth: *Pio ~* Pius the Ninth. **II** *s.m.* (*f.* **-a**) ninth: *un ~ dell'eredità* a ninth of the inheritance.

nonostante I *prep.* in spite of, despite, for all, notwithstanding: *è partito ~ il tempo cattivo* he left in spite of the bad weather. **II** *congz.* (al)though, even though, in spite of the fact that: *è uscito ~ fosse tardi* he went out even though it was late.

non plus ultra *lat. m.* ne (*o* non) plus ultra, highest point (*o* degree).

non prioritario *a.* ⟨*Inform*⟩ background.

non proliferazione *f.* ⟨*Pol*⟩ non proliferation: *trattato di ~* non proliferation treaty.

non rinnovabile *a.* non renewable: *risorse –i* non renewable resources.

non riuscita *f.* failure: *la ~ di un esperimento* the failure of an experiment.

nonsenso *m.* nonsense, absurdity: *è un ~* it's nonsense.

non so che *m.* je–ne–sais–quoi, something that is difficult to describe.

non stop *a.inv.* non stop. □ ⟨*Cin*⟩ *programma ~* non stop performance; ⟨*Aer*⟩ *volo ~* non stop flight.

nontiscordardimé *m.* ⟨*Bot*⟩ forget–me–not.

non vedente *m./f.* blind.

non violento I *a.* ⟨*Pol*⟩ non violent. **II** *s.m.* advocate of non violence. **non violenza** *f.* non violence.

noradrenalina *f.* ⟨*Biol*⟩ noradrenaline, norepinephrine.

norcino *m.* ⟨*region*⟩ (*chi macella maiali*) pork butcher.

nord I *s.m.* **1** north. **2** (*regione settentrionale*) north, northern: *il ~ della Gran Bretagna* the north of Great Britain, northern Great Britain; *Francia del ~* northern France. **II** *a.* north, northern: *il polo ~* the North Pole. □ *a ~* northwards, to the north: *diretto a ~* northbound; *a ~ di* (to the) north of; **Capo** ~ North Cape; **Mare** *del ~* North Sea; **vento** *del ~* north (*o* northerly) wind; **verso** *~* northwards.

nordafricano *a./s.m.* (*f.* **-a**) North African. **~americano** *a./s.m.* (*f.* **-a**) North American. **~atlantico** *a.* (*pl.* **-ci**) North Atlantic. **~est** *m.* north–east. □ *di ~* north–eastern, from the north–east. **~europeo** *a./s.m.* (*f.* **-a**) North European.

nordico *a./s.* (*pl.* **-ci**) **I** *a.* **1** northern: *clima ~* northern climate. **2** (*dell'Europa settentrionale*) North European. **3** (*di razza nordica*) Nordic. **II** *s.m.* (*f.* **-a**) **1** northerner. **2** (*dell'Europa settentrionale*) North European. **3** (*di razza nordica*) Nordic. **nordista** *a./s.m./f.* ⟨*Stor.am*⟩ Federal.

nord-ovest *m.* ⟨*Geog*⟩ north–west. □ *di ~* north–western, from the north–west. **nord-sud** *a.* ⟨*Pol*⟩ North–South: *dialogo ~* North–South dialogue; *divario ~* North–South gap.

noria *f.* scoop–wheel; (*per sollevare acqua*) water–wheel, noria.

Norimberga *N.pr.f.* ⟨*Geog*⟩ Nuremberg.

norma *f.* **1** (*regola*) rule, regulation: *trasgredire le –e* to break the rules. **2** (*precetto*) precept; (*prescrizione*) specification; (*disposizione*) regulation, provision; (*istruzione*) instruction, direction. **3** (*criterio*) norm, standard; (*principio*) principle. **4** (*uso, consuetudine*) practice, custom, usage. **5** ⟨*Statist*⟩ mode. **6** ⟨*Filos,Mat,Min*⟩ norm. **7** ⟨*Dir*⟩ rule, regulation. **8** ⟨*Econ*⟩ (*minimo di produzione*) norm. □ *a ~ di* according to, in conformity (*o* accordance) with: *a ~ di legge* in accordance with the law; *a ~ dell'articolo 10* as laid down in Article 10; *–e di circolazione* traffic regulations; **come**

di ~ as usual; **di** ~ usually, as a rule; *–e* **edilizie** building regulations; ~ **fissa** standing rule; ~ **giuridica** legal regulation; *–e di* **lavoro** working regulations; *–e di* **legge** legal regulations; ⟨*Mar*⟩ *–e di* **navigazione** navigation regulations; *–e* **procedurali** rules of procedure; ~ *di* **produzione** production standard; *per tua* ~ *e* **regola** for your information and guidance; *–e di* **sicurezza** safety regulations; *–e per l'***uso** directions for use, instructions; *–e* **vigenti** regulations in force.

normale I *a.* 1 normal, usual: *condurre una vita* ~ to lead a normal life. 2 (*conforme alla norma*) normal, standard. 3 ⟨*Geom*⟩ normal, perpendicular. 4 ⟨*Chim*⟩ normal. 5 (*di benzina*) normal–grade. II *s.f.* 1 ⟨*Geom*⟩ normal, perpendicular. 2 (*scuola normale*) teachers' training college (for elementary school teachers). **normalità** *f.* normality. □ *tornare alla* ~ to get back to normal. **normalizzare** *v.t.* 1 to make (*o* bring back to) normal, to normalize: ~ *gli scambi internazionali* to bring international trade back to normal. 2 ⟨*Mat,Chim*⟩ to normalize. **normalizzazione** *f.* normalization. **normalmente** *avv.* normally; (*abitualmente*) usually, generally.

Normandia *N.pr.f.* ⟨*Geog*⟩ Normandy. **normanno** *a./s.m.* (*f.* **-a**) Norman (*anche Stor.*).

normativa *f.* ⟨*Dir*⟩ body of legislation.

normativo *a.* 1 (*che dà norme*) normative, prescriptive, establishing a norm: *grammatica –a* normative grammar. 2 (*che ha valore di legge*) regulative.

normografo *m.* ⟨*tecn*⟩ stencil.

norna *f.* ⟨*Mitol.nord*⟩ Norn.

norvegese I *a.* Norwegian. II *s.m.* 1 (*lingua*) Norwegian. 2 *m./f.* (*abitante*) Norwegian. **Norvegia** *N.pr.f.* ⟨*Geog*⟩ Norway.

noso|comio *m.* (*ospedale*) hospital. **~grafia** *f.* ⟨*Med*⟩ nosography. **~grafico** *a.* (*pl.* **-ci**) nosographic(al). **~logia** *f.* nosology. **~logico** *a.* (*pl.* **-ci**) nosological.

nossignora *avv.* no, Madam. **nossignore** *avv.* no, Sir.

nostalgia *f.* 1 nostalgia; (*rif. alla patria*) homesickness. 2 ⟨*estens*⟩ (*rimpianto*) longing, yearning. □ *avere* ~ *di qd.* to miss s.o., to long for s.o.; *sentire la* ~ *della patria* to be homesick. **nostalgico** *a.* (*pl.* **-ci**) nostalgic: *sentimento* ~ nostalgic feeling; (*rif. alla patria*) homesick.

nostrano *a.* home–, national, local; *usi –i* national customs; (*prodotto nel nostro paese*) home–grown, home–made.

nostro I *a.poss.* 1 our: *la –a casa* our house; *alcuni –i compagni* some of our companions; ⟨*enfat*⟩ (*nostro proprio*) our own. 2 ⟨*pred*⟩ ours: *questa penna è –a* this pen is ours. 3 (*nelle espressioni ellittiche*) our *seguito dal sostantivo appropriato: il babbo sta sempre dalla –a* (*parte*) Daddy is always on our side; *vogliamo dire la –a* (*opinione*) we want to have our say. II *pron.poss.* ours: *voi avete le vostre preoccupazioni, noi le –e* you have your worries, we have ours. III *s.m.* 1 (*averi*) (what is) ours, our own; (*beni materiali*) our possessions *pl,* our property; (*reddito*) our (own) income, our (own) means *pl;* (*denaro*) our money. 2 *pl.* (*genitori*) our parents *pl;* (*parenti*) our relatives *pl,* (*fam*) our folks *pl;* (*amici*) our friends *pl;* (*seguaci*) our supporters *pl,* our followers *pl;* (*soldati*) our men *pl,* our soldiers *pl: arrivano i –i!* here come our men! □ *una –a amica* a friend of ours; *questo* ~ *parente* this relative of ours; *vuoi essere dei –i?* will you join us?

nostromo *m.* ⟨*Mar*⟩ boatswain, coxswain.

nota *f.* 1 mark: *fare una* ~ *sul margine* to put a mark in the margin. 2 (*appunto*) note. 3 (*osservazione*) remark, note. 4 (*lista*) list. 5 (*conto*) bill: *la* ~ *della sarta* the dressmaker's bill. 6 (*giudizio*) comment. 7 ⟨*fig*⟩ (*tono*) note, tone: *dare una* ~ *di allegria* to give a note of gaiety. 8 ⟨*Dipl*⟩ (diplomatic) note. 9 ⟨*Mus*⟩ note. □ ⟨*Comm,Econ*⟩ ~ *di* **accredito** credit note; ~ *di* **addebito** debit note; ~ *dell'***autore** author's note; ⟨*Tip*⟩ ~ *in* **calce** footnote; ~ **caratteristica** distinguishing mark (*o* feature); ⟨*burocr*⟩ *–e* **caratteristiche** report, evaluation; ⟨*Comm*⟩ ~ *di* **cassa** cash note; ⟨*fig*⟩ *a* **chiare** *–e* bluntly, out straight; ~ *di* **conferma** confirmation note; ⟨*Comm*⟩ ~ *di* **consegna** delivery docket (*o* slip); **corredare** *di –e* to annotate; **degno** *di* ~ noteworthy; ⟨*scherz*⟩ *ora incominciano le* **dolenti** *–e* now comes the worst part; ~

illustrativa explanatory note; ~ **introduttiva** introductory note; ⟨*Mus*⟩ *–e* **legate** tied notes; ~ *a* **margine** marginal note; **mettersi** *in* ~ (*prenotarsi*) to put o.s. down; **prendere** ~ *di qc.:* 1 (*scrivere*) to note s.th. down; 2 (*osservare*) to note s.th.; **prima** ~ book of first entry; ~ *del* **redattore** editor's note; ⟨*Mus*⟩ **sbagliare** *una* ~ to play a wrong note; ⟨*Dipl*⟩ **scambio** *di –e* exchange of (diplomatic) notes; ~ *delle* **spese** shopping list; ⟨*fig*⟩ ~ **stonata** false (*o* jarring) note; ~ *del* **traduttore** translator's note.

notabene (*o* *nota bene*) *m.inv.* nota bene, N.B., please note.

notabile I *a.* ⟨*lett*⟩ notable, important, remarkable. II *s.m.pl.* notables *pl.* **notabilità** *f.* 1 notability. 2 *pl.* ⟨*concr*⟩ (*notabili*) notables *pl.* **notaio** *m.* notary (public).

notare *v.t.* (**noto**) 1 (*annotare*) to note, to make a note of, to write down. 2 (*distinguere con un segno*) to mark. 3 ⟨*fig*⟩ (*accorgersi*) to notice: *non ho notato nulla di strano* I didn't notice anything odd; (*vedere*) to see: *si nota la stanchezza in lui* you can see that he is tired. 4 ⟨*fig*⟩ (*osservare*) to note, to notice, to remark, to take notice of; (*sottolineare*) to stress, to note: *va notato che* it is worth noting that. □ *essere notato* to be noticed; *far* ~ *a qd.* to point out to s.o., to draw to s.o.'s attention; *farsi* ~ to distinguish o.s.; (*dare nell'occhio*) to make o.s. conspicuous, to draw attention to o.s.

notariato *m.* (*titolo*) profession of notary public; (*ufficio*) notaryship, office of notary public. **notarile** *a.* notarial, notary's: *atto* ~ notarial deed.

notazione *f.* 1 marking; (*mediante numeri*) numbering. 2 (*annotazione*) annotation. □ ~ *delle* **pagine** page numbering, paging. **notes** *m.* notebook.

notevole *a.* 1 (*degno di nota*) notable, noteworthy, remarkable. 2 (*rilevante*) considerable, remarkable, ⟨*fam*⟩ sizeable: *una somma* ~ a considerable (*o* large) sum. **notevolmente** *avv.* remarkably.

notifica *f.* ⟨*burocr*⟩ → **notificazione**. **notificare** *v.t.* (**notifico, notifichi**) 1 (*rendere noto*) to notify, to give notice of. 2 (*dichiarare*) to declare, to report. 3 ⟨*Dir*⟩ to notify: ~ *una sentenza* to notify a sentence; (*rif. a citazioni e sim.*) to serve. **notificazione** *f.* 1 notification. 2 ⟨*Dir*⟩ notification; (*rif. a citazioni e sim.*) service. □ ~ *degli atti giudiziari* serving of legal papers; ~ *di cessione* notification of transfer; ~ *di comparire* summons to appear; ~ *d'ufficio* official notification.

notizia *f.* 1 news *pl* (*costr. sing.*): *è una buona* ~ that's good news; *non abbiamo –e di lui* we have no news of him. 2 ⟨*Giorn*⟩ news item. 3 (*informazione*) information: *–e ufficiose* unofficial information. 4 (*indicazione, dato*) information, data *pl: –e particolareggiate* detailed information; *–e biografiche* biographical data. 5 (*in pubblicazioni scientifiche*) note. □ **avere** ~ *di qc.* to know (*o* be aware of) s.th.; *fammi avere tue –e* let me hear from you; **dare** ~ *di sé* to give news about o.s.; **diffondere** *–e false* to spread false rumours; **fare** ~ to make the head lines, to be news; **giunge** (*o si ha*) ~ *che* there is a rumour (*o* report) that; *–e dall'***interno** home news; *un articolo* **ricco** *di –e utili* an article containing a wealth of useful information; ⟨*Giorn,Rad*⟩ *–e* **sportive** sports news; ~ **ufficiale** official announcement; **ultime** *–e* latest news.

notiziario *m.* 1 (*bollettino*) bulletin, news–letter. 2 ⟨*Giorn,Rad*⟩ news *pl* (*costr. sing.*), news bulletin: *sportivo* sports news. 3 ⟨*Cin*⟩ news–reel.

noto[1] I *a.* 1 known, well–known: *un* ~ *romanziere* a well–known novelist. 2 (*famigerato*) notorious, ill–famed, noted. 3 ⟨*Mat*⟩ known. II *s.m.* known. □ *ben* ~ well–known; *com'è* ~ as everybody knows; *rendere* ~ to make known.

noto[2] *m.* ⟨*lett*⟩ (*vento austro*) south wind, ⟨*poet*⟩ notus.

notoriamente *avv.* notoriously. **notorietà** *f.* 1 notoriety, notoriousness. 2 (*fama*) fame, renown. 3 ⟨*Dir*⟩ *atto di* ~ attested affidavit. **notorio** *a.* well–known, generally–known, ⟨*spreg*⟩ notorious.

nottambulismo *m.* love of night life, habits *pl* of a night–bird. **nottambulo** *m.* (*f.* **-a**) night–bird, night –hawk, night–owl.

nottata *f.* night: *una* ~ *tempestosa* a stormy night; *passare* *una* ~ *insonne* to have a sleepless night.

notte *f.* night: *è calata la* ~ night has fallen. □ ~ **bianca** (o *in bianco*) sleepless night; **buona** ~*!* good night!; *augurare la buona* ~ to say good night; *sul* **calar** *della* ~ at nightfall; *nel* **cuore** *della* ~ at dead of night, in the middle of the night; *da* ~ night-: *camicia da* ~ (*da donna*) nightdress, ⟨*fam*⟩ nighty; (*da uomo*) nightshirt; **di** ~: 1 at (*o* by) night, at night-time, during the night: *è successo di* ~ it happened at night; 2 (*rif. a ora*) in the morning: *sono le tre di* ~ it's three o'clock in the morning; 3 (*della notte*) night-: *turno di* ~ nightshift; **domani** ~ tomorrow night; *la* ~ **dopo** the night after; **far** ~ (*fare tardi*) to get late; *si fa* ~ night is falling; *a* ~ **fatta** after dark (*o* nightfall); *col* **favore** *della* ~ under cover of darkness; *era* ~ **fonda** it was pitch-black (*o* dark); **giorno** *e* ~ night and day; *fare di* ~ *giorno* to turn night into day; **ieri** ~ last night; ~ *d*'**inferno** dreadful night; *passare una* ~ **insonne** to have a sleepless night; *la* ~ *di* **Natale** Christmas Eve; ⟨*fam*⟩ **peggio** *che andar di* ~ worse than ever; ⟨*Geog*⟩ ~ **polare** polar night; *la* ~ **prima** the night before; **questa** ~ tonight; *la* ~ **scorsa** last night; *la* ~ *di san* **Silvestro** New Year's Eve; *a* **tarda** ~ late at night: *fino a tarda* ~ until late at night; *nella* ~ *dei* **tempi** at the beginning of time; (*per*) **tutta** *la* ~ all night (long), for the whole night; **una** ~ one night. *Prov.: la* ~ *porta consiglio* night is the mother of counsel.

nottetempo *avv.* at (*o* by) night, during the night.

nottola *f.* 1 → nottolino. 2 ⟨*Zool*⟩ noctule.

nottolino *m.* 1 (*saliscendi*) latch. 2 ⟨*Mecc*⟩ pallet, pawl. □ ~ *di arresto* ratchet, pawl.

nottua *f.* ⟨*Entom*⟩ noctuid.

notturno I *a.* nocturnal, night-, of (the) night: *silenzio* ~ silence of the night; *servizio* ~ night duty; *guardia* -*a* nightwatch; *fiore* ~ nocturnal flower. **II** *s.m.* 1 ⟨*Lit*⟩ nocturn. 2 ⟨*Mus*⟩ nocturne.

notula *f.* (*conto*) bill.

noumeno *m.* ⟨*Filos*⟩ noumenon.

nov. = *novembre* November (*abbr.* Nov.).

nova *lat. f.* ⟨*Astr*⟩ nova.

novanta *a./s.inv.* **I** *a.* ninety: ~ *pagine* ninety pages. **II** *s.m.* ninety. **novantenne I** *a.* ⟨*pred*⟩ ninety years old, ⟨*attr*⟩ ninety-year-old, ⟨*pred*⟩ of ninety. **II** *s.m./f.* ninety-year-old man (*f* woman), man (*f* woman) of ninety. **novantenni** *m.* ninety years *pl.* **novantesimo** *a.* ninetieth. **novantina** *f.* about (*o* some) ninety. □ *aver passato la* ~ to be over ninety; *essere sulla* ~ to be about ninety.

novatore I *s.m.* (*f.* -trice) ⟨*lett*⟩ innovator. **II** *a.* innovating, innovatory. **novazione** *f.* ⟨*Dir*⟩ novation.

nove *a./s.inv.* **I** *a.* nine. **II** *s.m.* 1 (*numero*) nine. 2 (*nelle date*) ninth: *il* ~ *di maggio* the ninth of May. **III** *s.f.pl.* nine (o'clock): *ci vediamo alle* ~ I'll see you at nine. □ *ragazzino di* ~ *anni* nine-year-old (child), child of nine; *eravamo in* ~ there were nine of us; *le* ~ *e mezzo* half past nine, nine-thirty. **novecentesco** *a.* (*pl.* -chi) twentieth-century-. **novecentesimo** *a./s.m.* (*f.* -a) nine-hundredth. **novecentismo** *m.* ⟨*Art,Lett*⟩ modernism, twentieth-century movements *pl.* **novecentista I** *s.m./f.* 1 ⟨*Art*⟩ modern (*o* contemporary) artist. 2 ⟨*Lett*⟩ modern (*o* contemporary) writer. **II** *a.* ⟨*Art,Lett*⟩ twentieth-century-, modern, contemporary. **novecento** *a./s.inv.* **I** *a.* 1 nine hundred. 2 ⟨*Art,Arred*⟩ twentieth -century-. **II** *s.m.* nine hundred. **Novecento** *m.* twentieth century.

novella *f.* 1 ⟨*Lett*⟩ (short) story, tale: *una raccolta di* -*e* a book of short stories. 2 ⟨*lett*⟩ (*annuncio, notizia*) news *pl*, tidings *pl.* □ *la buona* ~ (*il vangelo*) the Gospel. **novellatore** *m.* (*f.* -trice) ⟨*lett*⟩ story-teller. **novelletta** *f.* short story. **novelliere** *m.* (*f.* -a) short story writer. **novellino I** *a.* (*inesperto*) inexperienced, newly-fledged, ⟨*fam*⟩ green. **II** *s.m.* (*f.* -a) novice, beginner, ⟨*fam*⟩ greenhorn. **novellista** *m./f.* short story writer. **novellistica** *f.* short story writing; (*insieme di novelle*) short stories *pl.* **novellistico** *a.* (*pl.* -ci) short story-.

novello *a.* 1 (*rif. ad animali*) young: *pollo* ~ young (*o* spring) chicken; (*rif. a piante*) early, spring-, new: *patate* -*e* new potatoes. 2 (*rif. a persone*) new, young, newly-: *sposi* -*i* newly-weds, newly-married couple. 3 ⟨*lett*⟩ (*secondo*) second, new: *un* ~ *Cellini* a second Cellini. □ ⟨*poet*⟩ *età* -*a* (*giovinezza*) youth; ⟨*poet*⟩ *stagione* -*a* (*primavera*) spring.

novembre *m.* November: *di* ~ (in) November, of November.

novemila *a./s.inv.* nine thousand.

novena *f.* ⟨*Lit*⟩ novena.

novenario *m.* ⟨*Metr*⟩ nine-syllable line. **novennale** *a.* 1 (*che dura nove anni*) nine-year-, lasting nine years. 2 (*che ricorre ogni nove anni*) novennial, coming every nine years. **novenne I** *a.* ⟨*pred*⟩ nine years-old, ⟨*attr*⟩ nine-year-old, of nine. **II** *s.m./f.* nine-year-old (child), child of nine. **novennio** *m.* nine-year period, nine years *pl.*

novero *m.* ⟨*lett*⟩ group, circle, list: *escludere qd. dal* ~ *degli amici* to exclude s.o. from one's circle of friends.

novilunio *m.* ⟨*Astr*⟩ new moon.

novità *f.* 1 newness, novelty: ~ *di concetti* newness of concepts. 2 (*oggetto da regalo o di moda*) novelty. 3 (*innovazione*) innovation, change: *desideroso di* ~ wishing for a change. 4 *pl.* (*notizie*) news *pl* (*costr. sing.*): *ci sono* ~*?* is there any news? □ ~ *assoluta* absolute novelty; ~ *letteraria* new book; *le* ~ *della moda* the latest fashion; *nessuna* ~ no news; ⟨*burocr*⟩ nothing to report.

noviziato *m.* 1 ⟨*Rel*⟩ novitiate, noviciate. 2 (*estens*) (*tirocinio*) apprenticeship, novitiate. **novizio** *m.* (*f.* -a) 1 ⟨*Rel*⟩ novice. 2 (*persona inesperta*) novice, beginner, apprentice.

novocaina *f.* ⟨*Farm*⟩ novocain.

nozionale *a.* 1 notional. 2 ⟨*spreg*⟩ purely factual. **nozione** *f.* 1 (*cognizione*) notion, knowledge: -*i scolastiche* school knowledge *sing*; (*concetto*) notion, idea, concept(ion): *avere l'esatta* ~ *di qc.* to have an exact notion of s.th.; -*i elementari* basic concepts; ~ *generale* generic concept. 2 *pl.* (*elementi fondamentali*) notion, (some, basic) knowledge, rudiments *pl*: -*i di inglese* (some) knowledge of English. □ *non avere la* ~ *del tempo* to have no notion (*o* sense) of time. **nozionismo** *m.* ⟨*spreg*⟩ superficial factual knowledge. **nozionistico** *a.* (*pl.* -ci) ⟨*spreg*⟩ based on merely factual knowledge.

nozze *f.pl.* (*sposalizio*) wedding, ⟨*lett*⟩ nuptials *pl*; (*cerimonia*) wedding, marriage: *celebrare le* ~ to celebrate a marriage. □ ⟨*fig*⟩ **andare** *a* ~ to do s.th. willingly; ~ *d*'**argento** silver wedding; **convolare** *a giuste* ~ to get married; ~ *di* **diamante** diamond wedding; ⟨*fig*⟩ *far le* ~ *coi* **fichi** *secchi* to do things on a shoestring; ⟨*fig*⟩ **invitare** *a* ~ *qd.* to ask s.o. to do s.th. he enjoys; ~ *d*'**oro** golden wedding; **regalo** *di* ~ wedding present; ~ **riparatrici** shotgun marriage; *passare a* **seconde** ~ to get married again, to remarry; **viaggio** *di* ~ honeymoon.

ns. = ⟨*Comm*⟩ *nostra* our (letter).

N.T. = *Nuovo Testamento* New Testament (*abbr.* N.T.).

N.U. = *Nazioni Unite* United Nations (*abbr.* U.N., UN).

nube *f.* 1 cloud (*anche estens.*): *ammasso di* -*i* cloud bank; *sollevò una* ~ *di polvere* it raised a cloud of dust. 2 ⟨*fig*⟩ (*ombra*) shadow, cloud. □ *cielo* **coperto** *di* -*i* cloudy (*o* overcast) sky; ⟨*Meteor*⟩ **formazione** *di* -*i* cloud formation; ⟨*fig*⟩ *avvolto in una* ~ *di* **mistero** shrouded (*o* cloaked) in mystery; **felicità** **senza** -*i* unclouded happiness; ~ **temporalesca** storm cloud; ~ **tossica** toxic cloud.

Nubia *N.pr.f.* ⟨*Geog*⟩ Nubia. **nubiano** *a./s.m.* (*f.* -a) Nubian.

nubifragio *m.* ⟨*Meteor*⟩ cloudburst, downpour.

nubile I *a.* unmarried, single. **II** *s.f.* 1 unmarried (*o* single) woman. 2 ⟨*burocr*⟩ spinster.

nuca *f.* nape (of the neck). □ *colpo alla* ~ blow on the back of the neck.

nucleare I *a.* ⟨*Fis*⟩ nuclear: *energia* ~ nuclear energy (*o* power). **II** *s.m.* 1 (*energia nucleare*) nuclear energy. 2 (*industria nucleare*) nuclear industry. 3 (*settore nucleare*) nuclear sector. **nuclearista I** *s.m./f.* nuclearist, nuclear-power advocate. **II** *a.* nuclearist, advocating nuclear-power. **nucleato** *a.* ⟨*Biol*⟩ nucleate. **nucleico** *a.* (*pl.* -ci) ⟨*Chim*⟩ nucleic. **nucleina** *f.* ⟨*Biol*⟩ nuclein.

nucleo *m.* 1 (*parte centrale*) nucleus, core, centre: *il* ~

della città the centre of the city. **2** ⟨*fig*⟩ (*piccolo gruppo di persone*) unit, group, team; (*rif. a militari*) squad: ~ *antincendi* fire squad. **3** ⟨*Biol,Fis,Astr*⟩ nucleus. **4** ⟨*tecn*⟩ core: ~ *magnetico* magnet core. □ ~ **atomico** atomic nucleus; ⟨*Biol*⟩ ~ **cellulare** cell nucleus; ⟨*fig*⟩ ~ **duro** hard core; ~ *della* **cometa** nucleus of a comet; ~ **familiare** family; ~ **urbano** urban centre, ⟨*am*⟩ city core.

nuclẹolo *m.* ⟨*Biol*⟩ nucleolus. **nucleọne** *m.* ⟨*Atom*⟩ nucleon. **nucleọnica** *f.* nucleonics *pl* (*costr. sing. o pl.*). **nucleotịde** *m.* ⟨*Chim*⟩ nucleotide. **nuclịde** *m.* ⟨*Fis*⟩ nuclide.

nudịsmo *m.* nudism. **nudịsta I** *s.m./f.* nudist. **II** *a.* nudist: *campo* ~ nudist camp. □ *spiaggia per –i* nudist beach. **nudità** *f.* **1** nakedness, nudity. **2** ⟨*fig*⟩ (*l'essere brullo*) bareness. **3** *pl.* (*parti nude del corpo*) nakedness.

nụdo I *a.* **1** naked, nude, bare. **2** ⟨*estens*⟩ (*spoglio*) bare, naked: *una parete –a* a bare wall; (*privo*) devoid, bare: ~ *d'ornamenti* devoid of ornaments, unadorned. **3** (*rif. a spade e sim.*) unsheathed. **4** ⟨*fig*⟩ (*semplice, schietto*) plain, bare, straightforward: *una –a cronaca dei fatti* a straightforward account of the facts. **II** *s.m.* ⟨*Art*⟩ nude. □ '~ *da* **capo** *a piedi* stark-naked; ~ *e* **crudo** plain, blunt: *la verità –a e cruda* the naked truth; (*usato avverbialmente*) plainly; ⟨*fig*⟩ **mettere** *a* ~ to lay bare, to reveal; **mezzo** ~ half-naked; *a* **piedi** *–i* barefooted, barefoot; **spogliarsi** ~ to strip (o.s. naked); *a* **testa** *–a* bare-headed; ~ *come un* **verme** stark-naked, ⟨*fam*⟩ in one's birthday suit.

nụgolo *m.* cloud; (*gruppo*) mass, swarm, crowd.

nụlla *pron./s.* (in modern usage it must be preceded by *non* if placed after the verb) **I** *pron.indef.* **1** nothing, anything: *non c'è più* ~ *da fare* there is nothing more to be done; *non ha paura di* ~ he is not afraid of anything. **2** (*un'inezia*) (mere) nothing, trifle: *come se* ~ *fosse* as if it were nothing. **3** (*interrogativo: qualcosa*) anything: *hai* ~ *da dirmi?* have you anything to tell me?; *hai* ~ *in contrario?* have you any objections? **II** *s.m.inv.* **1** nothing: *creare qc. dal* ~ to make s.th. out of nothing. **2** ⟨*Filos*⟩ nothingness. **3** (*poca cosa*) (mere) nothing, scrap, smallest (*o* slightest) thing: *si arrabbia per un* ~ he gets angry over nothing. □ *null'*altro *che* nothing but, only, just: *non era null'altro che un po' di febbre* it was nothing but a slight fever; *un* **bel** ~ nothing at all, ⟨*fam*⟩ just nothing; *non c'è* ~ *di* **nuovo** there is nothing new; *non* **fa** ~ (*non importa*) it doesn't matter, never mind; *non se ne fa* (*di*) ~ it's fallen through, we're not going through with it; *finire in* (*un*) ~ to come to nothing; *non ci vedo* ~ *di* **male** there's no harm in it; **per** ~: 1 (*affatto*) at all; 2 (*gratuitamente*) free, for nothing; 3 (*invano*) (all) for nothing, in vain: *faticare per* ~ to toil in vain; **venire** *su dal* ~ to be a self-made man.

nullaọsta (*o* **nụlla ọsta**) *m.inv.* **1** authorization, permission. **2** ⟨*Rel.catt*⟩ nihil obstat.

nullatenẹnte I *a.* **1** owning nothing. **2** ⟨*Dir*⟩ propertyless, without property. **II** *s.m./f.* person with no property (*anche Dir.*). **nullatenẹnza** *f.* ⟨*Dir*⟩ propertylessness.

nullità *f.* **1** nonentity, nullity. **2** ⟨*Dir*⟩ nullity, invalidity. □ ⟨*Dir*⟩ ~ *assoluta* absolute nullity; ⟨*fig*⟩ *è una* ~ *assoluta* he is a big nothing; *causa di* ~ grounds for annulment; ~ *del testamento* invalidity of a will. **nụllo** *a.* **1** null, empty, insignificant; (*senza valore*) worthless. **2** ⟨*Dir*⟩ null, (null and) void, invalid: *testamento* ~ invalid will. **3** ⟨*Sport*⟩ drawn: *incontro* ~ match that is drawn, draw.

nụme *m.* ⟨*lett*⟩ **1** numen, deity. **2** ⟨*fig,enfat*⟩ (*persona da venerare*) idol. □ *santi –i! my* goodness!; *–i tutelari* tutelary deities.

numerạbile *a.* numerable, countable. **numerabilità** *f.* numerability, countableness. **numerạle** *a./s.m.* numeral. **numerạre** *v.t.* (**nụmero**) to number: ~ *le pagine* to number the pages. **numerạrio I** *a.* **1** number–, numerary. **2** ⟨*Econ*⟩ cash–. **II** *s.m.* ⟨*Econ*⟩ cash, ready money. **numeratọre I** *s.m.* ⟨*Mat*⟩ numerator. **2** ⟨*Tip*⟩ (*macchina*) numbering machine. **II** *a.* numbering. **numerazịone** *f.* **1** numbering, numeration. **2** ⟨*Mat*⟩ numeration, notation: ~ *romana* Roman notation. □ ~

delle **pagine** paging. **numericamẹnte** *avv.* numerically. **numẹrico** *a.* (*pl.* **-ci**) numerical: *superiorità –a* numerical superiority.

nụmero *m.* **1** number (*anche Mat.*); (*cifra*) figure, digit, numeral: *–i romani* Roman numerals. **2** (*numerosità*) numbers *pl*: *confidare nel* ~ *degli alleati* to trust in the numbers of one's allies. **3** (*gruppo*) number, circle, set, group. **4** (*cifra che distingue cose, persone*) number: *abita al* ~ *dieci* he lives at number ten; (*rif. a stanza*) room (number): *sta al* ~ *venti* he is in room twenty. **5** (*numero telefonico*) (telephone) number: *il* ~ *è occupato* the number is engaged. **6** (*rif. a mezzi pubblici: linea*) number: *il* ~ *sette* (*rif. a tram*) the number seven tram; (*rif. ad autobus*) the number seven bus. **7** (*rif. a giornali e sim.*) number, issue. **8** (*puntata*) instalment. **9** (*esibizione*) number, item, turn: *un* ~ *di ballo* a dance number. **10** ⟨*fig,pop*⟩ (*scenetta strana o ridicola*) scene, sight; (*persona strana o ridicola*) funny person, character. **11** (*misura, taglia*) size: *che* ~ *di scarpe porta?* what size shoes do you wear? **12** *pl.* (*qualità, requisito*) requisite, (necessary) quality: *ha tutti i –i per riuscire* he has all the qualities it takes to succeed. **13** ⟨*Gramm*⟩ number. □ ⟨*Tel*⟩ ~ *di* **abbonato** subscriber's number; *–i* **arabi** Arabic numerals; ⟨*Inform*⟩ ~ **binario** binary number; *un* **buon** ~ a considerable (*o* good) number, quite a few (*o* number); ~ **cardinale** cardinal number; ~ *di* **casa** street number; ~ *di* **catalogo** catalogue number; ⟨*scherz*⟩ ~ **cento** (*gabinetto*) loo, ⟨*am.fam*⟩ john; **chiamare** *un* ~ to call a number (*anche Tel.*); ~ **chiuso** maximum number; ~ *di* **quattro cifre** four-figure number; ⟨*Post*⟩ ~ *di* **codice** (postal) code number, ⟨*am*⟩ zip code; ⟨*Comm*⟩ ~ *di* **commissione** order number; **contare** *qd. nel* ~ *degli amici* to count s.o. among one's friends; **dare** *i –i* (*nel lotto*) to foretell the winning numbers (in the lottery); ⟨*fig*⟩ (*parlare in modo strampalato*) to talk nonsense; ⟨*Mat*⟩ ~ **decimale** decimal number; ~ **dispari** odd number; **entrare** *nel* ~ *di coloro che* to ꞌform partꞌ (*o* join the ranks) of those who; ⟨*Ind*⟩ ~ *di* **fabbricazione** serial number; **fare** ~ to swell the crowd; *è venuto soltanto per fare* ~ he just put in an appearance; ⟨*Tel*⟩ **fare** (*o* **formare**) *il* ~ to dial a number; ⟨*Mat*⟩ ~ **frazionario** fractional number; ~ *di* **giri** number of revolutions; *un* **gran** ~ a large number, a great many, a lot; *in* **gran** ~ in great numbers; *vennero in gran* ~ a lot of them came; ⟨*Mat*⟩ ~ **immaginario** imaginary number; ⟨*Aut*⟩ *d'*immatricolazione registration number; ~ **intero** integer; ⟨*Mat*⟩ ~ **irrazionale** irrational number; ⟨*Dir*⟩ ~ **legale** quorum: *raggiungere il* ~ *legale* to form a quorum; *il* **maggiore** ~ the majority; *il maggior* ~ *possibile* ꞌthe mostꞌ (*o* as many as) possible; ~ *di* **matricola** serial number; ⟨*Mat*⟩ ~ **negativo** negative number; ~ *d'* **ordine** serial number; ⟨*Comm*⟩ ~ *dell'ordine* order number; ~ *di* **pagina** page number; ~ **pari** even number; ~ **periodico** period; *una* **persona** *di molti –i* a very versatile person, a gifted person; ⟨*pop*⟩ *essere nel* ~ *dei più* to have passed on; ⟨*Gramm*⟩ ~ **plurale** plural number; ~ **progressivo** progressive (*o* pro) number; ~ *di* **registrazione** registration number; ⟨*Tel*⟩ **sbagliare** *il* ~ to get (*o* dial) a wrong number; ~ *di* **serie** serial number; ⟨*Gramm*⟩ ~ **singolare** singular number; ⟨*Giorn*⟩ ~ **straordinario** (*o* **speciale**) special issue; ~ *di* **targa** (registration) number, ⟨*am*⟩ license plate number; ⟨*Aut*⟩ ~ *di* **telaio** chassis number; ~ *di* **telefono** telephone number; ⟨*Giorn*⟩ ~ **unico** single issue (*o* number); ⟨*fig*⟩ ~ **uno** first-rate (*o* class); ~ *di* **varietà** variety act.

numerosità *f.* numerousness, numerosity. **numerọso** *a.* numerous, many, in great numbers, a number (*o* lot) of: *–i errori* many (*o* a number of) mistakes; (*grande*) large, big: *una famiglia –a* a large family.

Numịdia *N.pr.f.* ⟨*Geog.stor*⟩ Numidia *f.*

numịsmatica *f.* numismatics *pl* (*costr. sing.*). **numịsmatico** *a./s.* (*pl.* **-ci**) **I** *a.* numismatical. **II** *s.m.* (*f.* **-a**) numismatist.

nummulịte *f.* ⟨*Paleont*⟩ nummulite. **nummulịtico** *a.* ⟨*Geol*⟩ *periodo* ~ nummulitic period.

nuncupatịvo: ⟨*Dir.rom*⟩ *testamento* ~ nuncupative will.

nunziatụra *f.* ⟨*Dir*⟩ nunciature. **nụnzio** *m.* ⟨*Dir*⟩ nuncio: ~ *pontificio* Papal Nuncio.

nuocere *v.i.* (*pr.ind.* **nọccio/nuọccio, nuọci, nuọce, nociạmo/nocciạmo, nocẹte, nọcciono/nuọcciono;** *impf.* **nocẹvo;** *fut.* **nocerò;** *p.rem.* **nọcqui, nocẹsti, nọcque, nocẹmmo, nocẹste, nọcquero;** *pr.cong.* **nọccia, nociạmo, nociạte, nọcciano;** *impf.* **nocẹssi;** *p.pr.* **nocẹnte;** *p.p.* **nociụto;** *ger.* **nocẹndo;** *aus.* **avere**) to harm (*a qd.* s.o.), to do harm (to), to injure (s.o.), to damage (s.o.): ~ *al prestigio di qd.* to damage s.o.'s prestige.

nuọra *f.* daughter–in–law.

nuotạre *v.i.* (**nuọto;** *aus.* **avere**) **1** to swim: *ha nuotato fino all'altra sponda* he swam to the other bank. **2** (*galleggiare*) to float; (*essere immerso in molto liquido*) to be swimming. **3** ⟨*fig*⟩ (*avere abbondanza*) to swim, to wallow, to roll. □ ~ *nell'*abbondanza to be rolling in money; ~ *sott'*acqua to swim underwater; ~ **bene** to be a good swimmer; ⟨*fam*⟩ *ci nuoto* **dentro** (*mi va largo*) it hangs on me; ~ *sul* **dorso** to swim on one's back; ~ *a* farfalla to do the butterfly(–stroke); ⟨*fig*⟩ ~ *nell'*oro to be rolling in money; ~ *come un pesce* to swim like a fish; ~ *a* rana to do the breast–stroke.

nuotạta *f.* swim. □ *farsi una bella* ~ to have (*o* go for) a nice swim; *fare una lunga* ~ to go for a long swim; *fare una* ~ *di un'ora* to have an hour's swim. **nuotatọre** *m.* (*f.* **-trice**) swimmer. **nuọto** *m.* swimming: *insegnare il* ~ *a qd.* to teach s.o. swimming (*o* to swim). □ *a* ~ (*nuotando*) swimming; *salvarsi a* ~ to swim to safety; *di* ~ swimming–: *campione di* ~ swimming champion; *traversare a* ~ *un lago* to swim across a lake.

nuọva *f.* (*notizia recente*) news *pl* (*costr. sing.*) **buone –e** good news. □ *Prov.: nessuna* ~, *buona* ~ no news is good news.

nuovaiorchẹse I *a.* New York–, of New York. **II** *s.m./f.* New Yorker.

nuovamẹnte *avv.* (*di nuovo*) again.

nuọvo I *a.* **1** new: *una casa –a* a new house; *libri –i* new books; *queste scarpe sono ancora –e* these shoes are still like new. **2** (*non conosciuto*) unknown, new: *un viso* ~ ⌐a new⌐ (*o* an unfamiliar) face; (*insolito*) new, unusual, different. **3** (*altro*) other, further, fresh, new: *ha avuto una –a offerta di lavoro* he has had another offer of work; *un* ~ *foglio* a fresh sheet. **4** (*rinnovato*) new, renewed, fresh: *con –e energie* with renewed energy. **5** (*che è da poco in una determinata condizione*) new: *i –i arrivati* the new arrivals, the newcomers; *il* ~ *impiegato* the new employee. **6** (*ultimo*) new: *la –a generazione* the new generation. **7** (*inesperto*) inexperienced, new, ⟨*fam*⟩ green: *essere* ~ *del mestiere* to be new to the job; *essere* ~ *di un luogo* to be new to a place. **8** (*novello, secondo*) second, other: *è un* ~ *Einstein* he is another Einstein. **9** (*venuto dal nulla*) new, nouveau: ~ *ricco* nouveau riche. **II** *s.m.* (*cosa nuova*) new, novelty: *il vecchio e il* ~ the old and the new; *amante del* ~ lover of novelty; *c'è qualcosa di* ~? what's the news?, ⟨*fam*⟩ what's new? □ *rimettere a* ~ (*rinnovare*) to renew, to renovate; (*rif. a case e sim.*) to redecorate; *quella cura l'ha rimesso a* ~ that treatment has made a new man of him; *di* ~ (*nuovamente*) again; ~ fiammante brand–new; ⟨*Geog*⟩ ~ **Galles** *del Sud* New South Wales; *il suo* **nome** *mi è* ~ I've never heard of him; *praticamente* ~ almost new; ⟨*Geog*⟩ *Nuova* **Scozia** Nova Scotia; **uomo** ~ new man; ⟨*Geog*⟩ *Nuova* **Zelanda** New Zealand. *Prov.: nulla è* ~ *sotto il sole* there's nothing new under the sun. || *questa sì che è –a!* this is really new!; *questa mi giunge –a* this is new to me.

nurạghe *m.* ⟨*Archeol*⟩ nuraghe.

nutaziọne *f.* ⟨*Astr,Bot*⟩ nutation.

nụtria *f.* ⟨*Zool*⟩ coypu, nutria.

nutrịce *f.* **1** wet–nurse. **2** ⟨*fig,lett*⟩ foster–mother. **nutriẹnte** *a.* nourishing, nutritious: *alimento* ~ nutritious food. **nutrimẹnto** *m.* **1** feeding, nourishing. **2** (*cibo*) food, nourishment, nutriment. **3** ⟨*fig*⟩ (*alimento*) food, nourishment.

nutrịre *v.t.* (**nụtro/nutrịsco, nụtri/nutrịsci**) **1** to nourish, to feed (*anche fig.*): ~ *i propri figli* to feed one's children; ~ *la mente* to nourish one's mind. **2** ⟨*fig*⟩ (*coltivare*) to cherish, to nourish, to nurse, to foster: ~ *una speranza* to cherish a hope; *spesso si traduce con l'aggettivo:* ~ *fiducia* to be confident; ~ *gratitudine* to be grateful; (*rif. a odio e sim.*) to harbour: ~ *sospetto* to harbour suspicion. **3** (*assol*) (*dare nutrimento*) to be nourishing (*o* nutritious): *il latte nutre* milk is nutritious. **nutrirsi** *v.r.* **1** to feed, to live (*di* on): *le pecore si nutrono d'erba* sheep feed on grass. **2** ⟨*fig*⟩ (*alimentarsi*) to live (*di* on). **3** (*mangiare*) to eat: *non bisogna nutrirsi troppo* one shouldn't ⌐eat too much⌐ (*o* overeat).

nutritịvo *a.* nutritive: *valore* ~ nutritive (*o* food) value; (*nutriente*) nourishing, nutritious: *cibo* ~ nourishing food. **nutrịto** *a.* fed, nourished. □ *ben* ~ well–fed, well–nourished; *mal* ~ ill–fed, undernourished. **nutrizionạle** *a.* **1** nutritive. **2** ⟨*Med*⟩ nutritional. □ *livello* ~ nutrient level; *valore* ~ nutritive value. **nutriziọne** *f.* **1** nourishing, feeding: ~ *dei neonati* infant feeding. **2** ⟨*Biol*⟩ nutrition. **3** (*cibo*) food, nourishment, nutrition. **nutrizionịsta** *m./f.* nutritionist, food scientist. □ ~ *zootecnico* animal nutritionist.

nụvola *f.* cloud (*anche estens.*): *il cielo era coperto di –e* the sky was ⌐covered with clouds⌐ (*o* overcast, cloudy); *una* ~ *di fumo* a cloud of smoke, a smoke–cloud. □ ⟨*fig*⟩ *cadere dalle –e* to be struck dumb with astonishment; ⟨*fig*⟩ *vivere* (*o avere la testa*) *fra le –e* to have one's head in the clouds. **nuvolạglia** *f.* bank (*o* mass) of clouds. **nụvolo I** *s.m.* cloud, cloudy weather. **II** *a.* (*nuvoloso*) cloudy, overcast: *cielo molto* ~ overcast sky. **nuvolosità** *f.* cloudiness. **nuvolọso** *a.* cloudy, overcast.

nuziạle *a.* wedding–, bridal, ⟨*lett*⟩ nuptial: *marcia* ~ wedding march; *anello* ~ wedding–ring. □ *cerimonia* ~ wedding; *corredo* ~ trousseau. **nuzialità** *f.* ⟨*Statist*⟩ marriage rate.

nylon *ingl.* ['nailɔn] *m.* ⟨*Ind*⟩ nylon.

O

o, O *f./m.* (*lettera dell'alfabeto*) o, O: *due o* two o's; *doppia o* double o; *una o maiuscola* a capital O; *una o minuscola* a small o; ⟨*Tel*⟩ *o come Otranto* O for Oliver, ⟨*am*⟩ O for Oboe.

o[1] *congz.* (before a vowel it often becomes *od*) **1** or: *hai capito o no?* did you understand or not?; (*altrimenti*) or else, otherwise. **2** (*ossia, vale a dire*) or, that is. □ *o ... o* either ... or, ... or: *lo farò o oggi o domani* I'll do it either today or tomorrow; *o questo o quello* (either) this or that; *o subito o mai* now or never; *o l'uno o l'altro* either (of them); *puoi prendere o una strada o l'altra* you can take either road.

o[2] *intz.* **1** oh, o: ~ *santo cielo* oh heavens, oh Lord; *o benedetto figliolo* oh you wretched boy. **2** ⟨*fam*⟩ hey, hey you there, I say: *o buon uomo* hey, my good fellow. **3** ⟨*enfat*⟩ oh, (oh) my, *a volte non si traduce: siate onesti, o figlioli* be honest my children.

O = *ovest* West (*abbr.* W.).

oasi *f.* **1** oasis. **2** ⟨*fig*⟩ oasis, haven: *un' ~ di pace* a haven of peace. □ ~ *fiscale* tax haven.

obbediente *a.* → **ubbidiente. obbedienza** *f.* **1** ⟨*non com*⟩ (*ubbidienza*) obedience (*a* to), compliance (with). **2** ⟨*Rel.catt*⟩ obedience. □ ⟨*Dir*⟩ *rifiuto di ~* refusal to obey an order. **obbedire** *v.* → **ubbidire.**

obbiettare *e der.* → **obiettare** *e der.*

obbiettivo *e der.* → **obiettivo** *e der.*

obbiettore *m.* → **obiettore. obbiezione** *f.* → **obiezione.**

obbligare *v.t.* (**obbligo, obblighi**) to oblige, to make, to force, to compel. **obbligarsi** *v.r.* **1** to bind o.s., to undertake, to engage, to make o.s. responsible. **2** ⟨*Dir*⟩ (*come mallevadore*) to stand surety: *obbligarsi per un altro* to stand surety for another person. □ *la malattia lo obbliga a letto* his illness ⌐confines him to his bed⌐ (*o* makes him bedridden). **obbligatario** *m.* (*f.* **-a**) ⟨*Econ*⟩ obligee. **obbligato** *a.* **1** (*costretto*) obliged, forced, compelled. **2** (*legato da gratitudine*) obliged, indebted (*a, verso* to): *essere ~ verso qd.* to be indebted to s.o. **3** (*che non si può cambiare*) set, fixed: *schema ~* set pattern; *rime -e* set rhymes. **4** ⟨*Mus*⟩ obbligato, obligato. □ *essere ~ a letto* to be confined to bed. **obbligatorietà** *f.* compulsoriness, obligatoriness: ~ *dell'istruzione elementare* compulsoriness of primary education. **obbligatorio** *a.* **1** compulsory, obligatory: *materia -a* compulsory subject; *assicurazione -a* compulsory insurance. **2** ⟨*Dir*⟩ (legally) binding, obligatory, compulsory.

obbligazionario *a.* debenture: *capitale ~* debenture capital.

obbligazione *f.* **1** obligation (*anche Dir.*). **2** ⟨*Econ*⟩ (debenture) bond, debenture. □ ⟨*Dir*⟩ ~ **alternativa** alternative obligation; ~ **bancaria** bank bond; ~ **estera** foreign bond; ~ **fondiaria** mortgage bond; ⟨*Econ*⟩ ~ **generica** obligation to supply unascertained goods; ~ **giuridica** legal obligation; ~ **indicizzata** indexed (*o* floating rate) bond; ⟨*Dir*⟩ ~ **ipotecaria** mortgage debenture (*o* bond); ⟨*Dir*⟩ ~*i* **naturali** moral obligations; ⟨*Econ*⟩ ~ **nominativa** registered bond; ~*i* **pecuniarie** financial obligations; ~ *al* **portatore** bearer bond; ~ **solidale** joint obligation; ⟨*Econ*⟩ ~*i* **dello stato** government (*o* treasury) bonds; ~ *a* **termine** term bond.

obbligazionista *m./f.* debenture holder, bondholder.

obbligo *m.* (*pl.* **-ghi**) **1** obligation; (*dovere*) duty: *ottemperare ai propri obblighi* to fulfil one's obligations. **2** (*legame di riconoscenza*) debt: ~ *di gratitudine* debt of gratitude. **3** (*condizione*) condition, requirement. □ **adempiere** *un ~* to fulfil an obligation; ~ **assicurativo** compulsory insurance; **assumersi** *un ~* to take on an obligation; **avere** *l'~ di fare qc.* to be obliged (*o* under an obligation) to do s.th.; ~ *di* **coscienza** moral obligation; **d'~** compulsory, obligatory; *essere d'~* (*prescritto*) to be compulsory; ~ *di* **denuncia** duty to report (certain crimes); *obblighi di* **leva** compulsory military service; ⟨*am*⟩ draft; ~ *di* **manutenzione** duty of maintenance; *obblighi* **militari** compulsory military service; ~ **scolastico** compulsory schooling; **sentirsi** *in ~ verso qd.* to feel obliged (*o* indebted) to s.o.; **soddisfare** *un ~* to fulfil an obligation; **venire** *meno a un ~*: 1 not to do one's duty, to fail to fulfil an obligation; 2 ⟨*Dir*⟩ to (make) default.

obbrobrio *m.* **1** infamy, dishonour, disgrace, shame: *cadere nell' ~* to fall into disgrace. **2** (*rif. a persona*) disgrace: *essere l' ~ della famiglia* to be a disgrace to one's family. **3** (*orrore*) disgrace, ⟨*fam*⟩ mess: *questo quadro è un ~* this picture is a mess; (*rif. a edifici e sim.*) eyesore, blot on the landscape. **obbrobriosamente** *avv.* disgracefully, shamefully. **obbrobriosità** *f.* disgracefulness, shamefulness. **obbrobrioso** *a.* **1** disgraceful, shameful, dishonourable, ignominious: *condotta -a* disgraceful conduct. **2** (*orribile*) disgraceful, dreadful, terrible.

obelisco *m.* (*pl.* **-chi**) obelisk.

oberare *v.t.* (**obero**) to overload, to overburden. **oberato** *a.* **1** burdened (*o* weighed down) with debts. **2** ⟨*fig*⟩ overloaded, swamped, overwhelmed (*di* with): *essere ~ di lavoro* to be swamped with work.

obesità *f.* obesity, fatness. **obeso I** *a.* obese, (very) fat. **II** *s.m.* (*f.* **-a**) obese person.

obice *m.* ⟨*Artigl*⟩ howitzer.

obiettare *v.t.* (**obietto**) **1** to object, to protest. **2** ⟨*assol*⟩ to make (*o* raise) an objection, to take exception.

obiettivamente *avv.* objectively; (*imparzialmente*) fairly, impartially. **obiettività** *f.* objectiveness, objectivity: ~ *di un giudizio* objectiveness of an opinion. □ *giudicare con ~* to be an objective (*o* impartial) judge.

obiettivo I *a.* objective: *giudizio ~* objective opinion; (*imparziale*) fair, impartial, unbiased. **II** *s.m.* **1** ⟨*Fis*⟩ objective, lens. **2** ⟨*Mil*⟩ objective. **3** ⟨*estens*⟩ (*scopo*) goal, aim, target, object, end. □ ~ **bifocale** bifocal lens; ~ *da* **cannocchiale** telescope lens; ⟨*Mil*⟩ **centrare** *l' ~* to sight (*o* centre) the objective; ~ **cinematografico** movie camera lens; ⟨*fig*⟩ ~ **finale** ultimate objective; ~ **fotografico** photographic objective; ⟨*Fot*⟩ ~ *a* **fuoco** variabile zoom lens; ~ **grandangolare** wide–angle lens; ~ **intercambiabile** interchangeable lens; ⟨*Econ*⟩ ~ *di* **mercato** market objective; ~ *da* **microscopio** microscope objective; ⟨*Mil*⟩ ~ **mobile** moving target; ⟨*Fot*⟩ ~ *a* **occhio** *di pesce* fisheye lens; ~ **panoramico** panorama (*o* panoramic) lens; ⟨*Ind*⟩ ~ *di* **produzione** production target; ⟨*Mil*⟩ ~ **terrestre** ground target.

obiettore *m.* (*f.* **-trice**) objector. □ ~ *di coscienza* conscientious objector, ⟨*fam*⟩ conchy. **obiezione** *f.* objection: *fare* (*o muovere*) *un'* ~ to raise (*o* make) an objection. □ ~ *di coscienza* conscientious objection; ~ *di principio* objection on principle.

obitorio *m.* mortuary, ⟨*am*⟩ morgue.

oblato I *a.* ⟨*Rel*⟩ belonging to an order of Oblates. **II** *s.m.* (*f.* **-a**) oblate, Oblate. **oblatore** *m.* (*f.* **-trice**) donor, giver. **oblazione** *f.* **1** offering, oblation. **2** ⟨*Lit*⟩ oblation. **3** ⟨*Dir*⟩ oblation.

obliare *v.t.* (**oblio, oblii**) ⟨*poet*⟩ to forget. **oblio** *m.* ⟨*lett*⟩ oblivion, forgetfulness. □ *cadere nell'* ~ to fall into oblivion. **oblioso** *a.* ⟨*poet*⟩ oblivious.

obliquamente *avv.* **1** obliquely; (*di sghimbescio*) slantwise, on a slant; (*di lato*) sideways (on). **2** ⟨*fig*⟩ deviously, in an underhand way: *agire* ~ to act in an underhand way. **obliquangolo** *a.* ⟨*Geom*⟩ oblique angled. **obliquità** *f.* obliqueness, obliquity (*anche fig.*). **obliquo** *a.* **1** oblique: *una linea* –*a* an oblique line. **2** (*trasversale*) crossways, sideways; (*di traverso*) sidelong. **3** (*inclinato*) slanting: *raggi* –*i* slanting rays. **4** ⟨*fig*⟩ (*sleale*) devious, oblique, underhand. **5** ⟨*Gramm,Geom,Anat*⟩ oblique: *caso* ~ oblique case; *angolo* ~ oblique angle; *muscolo* ~ oblique (muscle).

obliterare *v.t.* (**oblitero**) **1** to obliterate (*anche fig.*). **2** ⟨*Med*⟩ (*occludere*) to occlude. **obliteratore** *m.*, **obliteratrice** *f.* (*macchina*) obliterator. **obliterazione** *f.* **1** obliteration (*anche fig.*). **2** ⟨*Med*⟩ (*occlusione*) occlusion; (*scomparsa di cavità anatomica*) obliteration.

oblò *m.* ⟨*Mar*⟩ porthole, port.

oblungo *a.* (*pl.* **-ghi**) oblong (*anche Bot.*).

obnubilamento *m.*, **obnubilazione** *f.* **1** ⟨*lett*⟩ clouding; (*rif. alla coscienza*) obnubilation. **2** ⟨*Med*⟩ (be)clouding: ~ *della vista* clouding (*o* dimming) of sight.

oboe *m.* ⟨*Mus*⟩ **1** (*strumento*) oboe. **2** → **oboista**. **oboista** *m./f.* oboist, oboe player.

obolo *m.* **1** (*piccola offerta*) (small) offering, mite. **2** ⟨*Stor.gr*⟩ obol, obolus. □ ⟨*Mediev*⟩ ~ *di san Pietro* Peter's pence.

obsolescenza *f.* obsolescence. **obsoleto** *a.* ⟨*lett*⟩ obsolete.

oc ⟨*Filol*⟩ *lingua d'* ~ langue d'oc.

o.c. = *opera citata* opera citata (*abbr.* op.cit., o.c.).

oca *f.* **1** ⟨*Ornit*⟩ goose; (*il maschio*) gander; (*il piccolo*) gosling. **2** ⟨*fig*⟩ (*persona sciocca*) goose, fool, simpleton. □ ⟨*Gastr*⟩ ~ **arrosto** roast goose; ⟨*scherz*⟩ *ecco fatto il* **becco** *all'* ~ that's that; ⟨*Stor.rom*⟩ *le oche* **capitoline** the Capitoline geese; ⟨*Mecc*⟩ **collo** *d'* ~ goose neck; **passo** *dell'* ~ goose step; **pelle** *d'* ~ goose flesh, ⟨*am*⟩ goose pimples *pl: mi fa venire la pelle d'* ~ it gives me goose flesh; **penna** *d'* ~ goose quill; ⟨*fam*⟩ **porca** *l'* ~! damn it!, blast!, curse it!

ocaggine *f.* stupidity, foolishness, silliness.

ocarina *f.* ⟨*Mus*⟩ ocarina.

occasionale *a.* **1** occasional. **2** (*fortuito*) chance–, casual, fortuitous: *incontro* ~ chance meeting. □ *cliente* ~ chance customer, occasional client. **occasionalismo** *m.* ⟨*Filos*⟩ occasionalism. **occasionalmente** *avv.* by chance, fortuitously. **occasionare** *v.t.* (**occasiono**) **1** to give rise to, to occasion. **2** ⟨*burocr*⟩ to cause.

occasione *f.* **1** chance, occasion, opportunity: *ebbi l'* ~ *di conoscerlo* I had occasion (*o* a chance) to meet him; *si è presentata l'* ~ the opportunity has arisen. **2** (*causa, pretesto*) occasion, cause, motive: *dare* ~ *a lagnanze* to give cause for complaint. **3** (*circostanza*) circumstance, situation: *a seconda delle* –*i* depending on circumstances (*o* the situation). **4** (*Comm*) (*occasione di vendita*) bargain, good deal. **5** ⟨*Filos*⟩ occasion. □ *all'* ~ (*all'occorrenza*) when necessary; *alla prima* ~ at the earliest opportunity; **aspettare** *l'* ~ to await ⌐one's chance⌐

(*o the right moment*); **banco** *delle* –*i* bargain counter; **cogliere** (*o afferrare*) *l'* ~ *per fare qc.* to take (*o* avail o.s. of) the opportunity to do s.th.; **d'** ~: 1 (*usato*) second –hand; (*in liquidazione*) sale–, bargain–: *acquisto d'* ~ sale purchase, bargain; 2 (*rif. a scritti e sim: per determinate circostanze*): *versi d'* ~ occasional verse; **in** ~ *di* on the occasion of, on: *in* ~ *del mio compleanno* on (the occasion of) my birthday; *in* **ogni** ~ on all occasions; **per** *l'* ~ for the occasion; **perdere** *l'* ~ to lose one's chance, to miss the opportunity. *Prov.: l'* ~ *fa l'uomo ladro* opportunity makes the thief.

occaso *m.* ⟨*lett*⟩ **1** (*tramonto*) setting. **2** (*occidente*) west.

occhiaccio *m.* scowl, ugly look: *fare gli occhiacci a qd.* to give s.o. an ugly look. **occhiaia** *f.* **1** (*orbita*) eye socket. **2** *pl.* rings *pl* under the eyes.

occhialaio *m.* (*f.* **-a**) optician. **occhialetto** *m.* lorgnette. **occhiali** *m.pl.* glasses *pl*, spectacles *pl*, ⟨*fam*⟩ specs *pl: portare gli* ~ to wear glasses. □ ~ **acustici** combined glasses and hearing aid; ~ **bifocali** bifocals; **inforcare** (*o mettersi*) *gli* ~ to put on one's glasses; ~ *senza* **montatura** rimless glasses; ~ **neri** dark glasses, sun–glasses *pl*; ~ *da* **neve** snow goggles; ~ *da* **saldatore** welder's goggles; ~ *da* **sole** sun–glasses, dark glasses; ~ *a* **stanghetta** glasses, spectacles; ~ *a* **stringinaso** pince–nez, nose glasses; ~ **subacquei** underwater goggles.

occhialino *m.* lorgnette. **occhialone** *m.* ⟨*Itt*⟩ (*occhione*) red bream. **occhialuto** *a.* ⟨*scherz*⟩ with (*o* wearing) glasses, bespectacled.

occhiata[1] *f.* (quick) look, glimpse. □ ~ *assassina* irresistible look; *dare un'* ~ *a qc.*: 1 to glance at s.th., to cast an eye on s.th.; 2 (*dare una scorsa*) to have (*o* take) a look at s.th., ⟨*fam*⟩ to run through (*o* over) s.th.: *dare un'* ~ *intorno* to have a look around; 3 (*badare*) to keep an eye on s.th.; *fulminare qd. con un'* ~ to wither s.o. with a look; *lanciare un'* ~ *a qd.* to throw (*o* give) s.o. a look.

occhiata[2] *f.* ⟨*Itt*⟩ saddled bream.

occhiato *a.* ocellated. **occhiazzurro, occhiceruleo** *a.* ⟨*poet*⟩ blue–eyed. **occhieggiare** *v.* (**occhieggio, occhieggi**) **I** *v.t.* (*rif. a persona*) to eye, to ogle, ⟨*fam*⟩ to make eyes at; (*rif. a cose*) to eye, to cast longing looks at. **II** *v.i.* (*aus.* avere) to appear here and there (*tra* in, among), to show (through), to peep (through).

occhiellatrice *f.* (*anche macchina occhiellatrice*) **1** eyelet punch; (*per vestiti*) buttonhole machine. **2** ⟨*Tip*⟩ paper drilling machine. **occhiellatura** *f.* buttonholing. **occhiello** *m.* **1** buttonhole: *aveva un garofano all'* ~ he wore a carnation in his buttonhole. **2** ⟨*tecn*⟩ (*asola*) eyelet, ear. **3** ⟨*gerg*⟩ (*ferita*) hole. **4** ⟨*Tip*⟩ half–title, bastard title; (*pagina*) half–title page. □ ⟨*Sart*⟩ –*i impunturati* stitched buttonholes; ~ *metallico* metal eyelet, grommet. **occhietto** *m.* ⟨*Tip*⟩ half–title, bastard title; (*pagina*) half–title page. □ *fare l'* ~ *a qd.* to wink at s.o.

occhio *m.* **1** eye: *ha gli occhi neri* she has black eyes; *abbassare gli occhi* to lower one's eyes. **2** ⟨*fig*⟩ (*vista*) eye, sight. **3** ⟨*fig*⟩ (*accortezza*) (good) eye, skill: *ci vuole* ~ *per fare questi lavori* this kind of work requires skill. **4** ⟨*esclam*⟩ (*attenzione*) look (*o* watch) out, careful. **5** ⟨*Bot*⟩ (*gemma*) bud, eye. **6** ⟨*Arch*⟩ eye, oculus. **7** ⟨*Tip*⟩ (type–)face. □ *a* ~ roughly, in an approximate (*o* a rough and ready) way; *calcolare la distanza a* ~ to make a rough estimate of the distance; *mettere gli occhi addosso a qd.* to ⌐have one's eye⌐ (*o* set eyes) on s.o.; *ha messo gli occhi addosso a te* he's got his eye on you; *piantare gli occhi addosso a qd.* to stare (*o* gaze) at s.o.; *tenere gli occhi addosso a qd.* to keep one's gaze (*o* eyes) fixed on s.o.; **aguzzare** *gli occhi* to look sharp, to watch intently; ~ *al portafoglio!* watch (*o* keep an eye on) your wallet!; **alzare** *gli occhi* to raise one's eyes, to look up; *dormire a* *occhi* **aperti**: 1 (*essere vigile*) to keep ⌐an eye⌐ (*o* one's eyes) open; 2 (*addormentarsi*) to be falling asleep; ⟨*fig*⟩ *tenere gli occhi ben aperti* to keep one's eyes open; **aprire** *gli occhi* to open one's eyes (*anche fig.*); *aprire gli occhi a qd. su qc.* to open s.o.'s eyes about s.th.; *a occhi* **asciutti** dry–eyed; *occhi* **assassini** irresistible eyes; **avere** ~ to have a sure eye; *avere gli occhi* **azzurri** to be blue–eyed, to have blue eyes; *in un* **batter** *d'* ~ in the twinkling of an eye; *non l'ho fatto per i tuoi* **begli** *occhi* I didn't do it for love (*o* nothing); ⟨*fig*⟩ *occhi* **bovini** (*o di bove*) large prominent eyes, saucer (*o* staring) eyes; *occhi del* **brodo** fat rings on broth; ⟨*Arch*⟩ ~ *di* **bue** bull's eye; ⟨*Gastr*⟩ *uovo all'* ~ *di bue* egg fried on one side only, ⟨*am*⟩ sunny side up (egg); *vedere qd. di* **buon** ~ to approve of s.o., to look well (*o* favourably) on s.o.; *non vedere di buon* ~ not to take kindly to; ⟨*fig*⟩ **cavare** *gli occhi a qd.* to scratch s.o.'s eyes out; *cavarsi gli occhi* (*consumarsi la vista*) to ruin one's eyes; ⟨*fig*⟩ *non poter* **chiudere** ~ not to sleep a wink; ⟨*fig*⟩ *chiudere gli occhi*: 1 (*addormentarsi*) to fall asleep; 2 (*morire*) to die; 3 (*voler ignorare*) to turn a blind eye; *chiudere gli occhi a qd.* (*assisterlo nell'agonia*) to be at s.o.'s death bed; ⟨*fig*⟩ *chiudere un* ~ to turn a blind eye; *a occhi chiusi* blindly; ⟨*Meteor*⟩ ~ *di un* **ciclone** eye of a cyclone; *cieco da un* ~ blind in one eye, one-eyed; *occhi* **cisposi** bleary (*o* rheumy) eyes; ~ **clinico** skill in diagnosis; ⟨*fig*⟩ expert (*o* practised) eye; *con la* **coda** *dell'* ~ out of the corner of one's eye; **colpo** *d'* ~ glance, look; *a colpo d'* ~ at a glance; ⟨*fig*⟩ **costare** *un* ~ (*della testa*) to be terribly expensive, to cost a mint (*o* the earth); *non* **credo** *ai miei occhi* I can't believe my eyes; *a* ~ *e* **croce** roughly speaking, at a rough guess; ⟨*fig*⟩ **dare** *nell'* ~ *a qd.* to attract s.o.'s attention; *senza dare nell'* ~ without attracting (undue) attention; (*rif. a vestiti, colori*) without being loud (*o* flashy); *che dà nell'* ~ striking; *darei un* ~ *per averlo* I'd give anything to have it; **distogliere** *gli occhi* to tear one's eyes away; *fare gli occhi* **dolci** to make (sheep's) eyes; **fare** *l'* ~ *a qc.* to get used to (looking at) s.th.; *fare gli occhi* **feroci** to scowl; **fino** *agli occhi* up to the eyes: *essere nei debiti fino agli occhi* to be up to one's eyes (*o* ears) in debt; ⟨*fig*⟩ *ha gli occhi* **fuori** ⌐*dell'orbita*⌐ (*o della testa*) his eyes are popping with rage; ⟨*Min*⟩ ~ *di* **gatto** cat's-eye; ⟨*fig*⟩ *occhi di gatto* cat's eyes, eyes like a cat; **gettare** *l'* ~ *su qc.* (*o qd.*) to cast an eye on s.th. (*o* s.o.); *occhi* **gonfi** puffy (*o* swollen) eyes; *occhi* **incavati** deep-set eyes; (*per malattia, vecchiaia*) hollow (*o* sunken) eyes; *occhi* **iniettati** *di sangue* bloodshot eyes; ⟨*fig*⟩ ~ *di* **lince** sharp (*o* eagle) eye, lynx eye; **lontano** *dagli occhi di qd.* out of s.o.'s sight; *perdere il* **lume** *degli occhi* to see red; *occhi* **lustri** shining eyes; ⟨*Rad*⟩ ~ **magico** magic eye; *vedere qd. di* **mal** ~ to disapprove (*o* have a poor opinion) of s.o.; *occhi a* **mandorla** almond-shaped eyes; ⟨*fig*⟩ **mangiare** *qd. con gli occhi* to devour s.o. with one's eyes; *gli occhi della* **mente** mind's eye; *agli occhi del* **mondo** in the eyes of the world; *fare gli occhi* **neri** *a qd.* to give s.o. two black eyes; *a* ~ **nudo** to (*o* with) the naked eye; *un* **paio** *d'occhi* a pair of eyes, two eyes; ⟨*Zool*⟩ ~ *di* **pavone** eye (*o* ocellus) on a peacock's tail; *non* **perdere** *d'* ~ *qd.* not to let s.o. out of one's sight, not to lose sight of s.o.; *perdere gli occhi* to lose one's sight; *a perdita d'* ~ as far as the eye can see (*o* reach); ~ *di* **pernice**: 1 (*callo*) corn; 2 ⟨*Bot*⟩ pheasant's eye; *occhi di* **pesce** *lesso* fish eyes *pl*; *occhi* **pesti** (*per stanchezza*) dark-ringed eyes; (*per percosse*) black eyes; ⟨*fig*⟩ *non aver più occhi per* **piangere** to have cried one's eyes out; *l'* ~ *mi* **piange** my eye is watering; ~ **pollino** (*callo*) corn (between two toes); *occhi* **porcini** piggish eyes; **porre** *gli occhi sopra qd.* (*o qc.*) to set eyes on s.o. (*o* s.th.); *è la* **pupilla** *dei miei occhi* she is the apple of my eye; ⟨*fig*⟩ *a* **quattr'occhi** privately, tête-à-tête; *occhi* **rossi** red eyes; **saltare** *agli occhi a qd.* to hit s.o. in the eye; **sgranare** *gli occhi* to open one's eyes wide; **sognare** *a occhi aperti* to day-dream; *avere qc.* **sott'** ~: 1 to have one's eye on s.th.; 2 (*scherz*) to have s.th. under one's nose; *mi è capitata sott'* ~ *la tua lettera* I came across your letter; *guardare* ⌐*sott'* ~⌐ (*o sott'occhi*) *qd.* to steal a look at s.o.; *sotto gli occhi di qd.* under s.o.'s very eyes (*o* nose); *mettere qc. sotto gli occhi di qd.* to put s.th. under s.o.'s nose; ⟨*fig*⟩ **spendere** *un* ~ (*della testa*) to spend a lot (*o* mint) of money; ~ **spento** dull eye; *non riuscii a* **staccare** *gli occhi da lui* I couldn't take my eyes off him; ~ **strabico** squint eye; **strizzare** *gli occhi*: 1 to wink: *strizzare l'* ~ *a qd.* to wink at s.o.; 2 (*per il sole e sim.*) to screw up one's eyes; **tenere** *d'* ~ *qd.* to keep an eye on s.o.; ⟨*Min*⟩ ~ *di* **tigre** tiger's eye; ~ *di* **vetro** glass eye; *a* **vista** *d'* ~ visibly, as one watches; *crescere a vista*

d' ~ to spring up, to grow quickly. *Prov.: lontan dagli occhi, lontan dal cuore* out of sight, out of mind; *l'* ~ *del padrone ingrassa il cavallo* a business thrives when the owner keeps his eye on it; ~ *per* ~, *dente per dente* an eye for an eye, a tooth for a tooth; *l'* ~ *è lo specchio dell'anima* the eye is the mirror of the soul; ~ *non vede, cuore non duole* what the eye doesn't see, the heart doesn't grieve over; *anche l'* ~ *vuole la sua parte* looks also count.

occhiolino: *fare l'* ~ *a qd.* to wink at s.o.; *fare l'* ~ *a qc.* to look longingly at s.th., to eye s.th.

occidentale **I** *a.* 1 ⟨*Geog,Pol*⟩ western, West, westerly: *regioni* –*i* Western regions, West; *venti* –*i* westerly (*o* west) winds. 2 (*rif. a civiltà*) Western, of the West, Occidental. **II** *s.m./f.* 1 Westerner, Occidental. 2 *pl.* ⟨*Pol*⟩ Westerners *pl*. **occidentalismo** *m.* Occidentalism (*anche Pol.*). **occidentalista** *m./f.* ⟨*Pol*⟩ Occidentalist. **occidentalistico** *a.* (*pl.* -ci) Occidentalist-. **occidentalizzare** *v.t.* to occidentalize. **occidentalizzarsi** *v.r.* to become occidentalized. **occidentalizzazione** *f.* occidentalization. **occidente** *m.* West, west: *il sole tramonta a* ~ the sun sets in the west; (*regioni occidentali*) West, Western part: *l'* ~ *asiatico* the West of Asia, Western Asia. □ *a* ~ *di* (to the) west of: *la Spagna è a* ~ *dell'Italia* Spain is west of Italy; *verso* ~: (*agg.*) westward; (*avv.*) westwards.

occipitale *a.* ⟨*Anat*⟩ occipital: *lobo* ~ occipital lobe.
occitanico *a.* (*pl.* -ci) (old) Provençal.
occludere *v.t.* (**occlusi, occluso**) 1 ⟨*lett*⟩ to obstruct, to block. 2 ⟨*Med*⟩ to occlude. **occlusione** *f.* 1 occlusion, obstruction, stoppage. 2 ⟨*Med,Chim,Meteor*⟩ occlusion. □ ⟨*Med*⟩ ~ *intestinale* ileus. **occlusiva** *f.* ⟨*Ling*⟩ occlusive. **occlusivo** *a.* occlusive.

occorrente **I** *a.* necessary, needed, required. **II** *s.m.* 1 what is necessary, necessary things *pl*, requisites *pl*; (*i mezzi*) wherewithal. 2 (*attrezzi e sim.*) necessary materials *pl*, equipment needed: ~ *per scrivere* the necessary writing materials. □ *ho con me tutto l'* ~ I have everything ⌐we need⌐ (*o* necessary). **occorrenza** *f.* 1 eventuality, circumstance, event: *essere pronto per ogni* ~ to be ready for all eventualities. 2 (*bisogno*) need, requirement. □ *all'* ~ if necessary, in case of need. **occorrere** *v.* (**occorsi, occorso**) **I** *v.i.* (*aus.* essere) to need (*costr. pers.*), to require (*costr. pers.*): *mi occorrono molti soldi* I need a lot of money; (*rif. a tempo*) to take (*costr. pers. o impers.*): *per arrivarci occorrono tre ore* it takes three hours to get there. **II** *v.i.impers.* (*aus.* essere) must, to have to (*costr. pers.*), to be necessary (*costr. impers.*): *occorre fare presto* we must hurry; (*in frasi negative*) to need (*costr. pers. o impers.*), to be necessary (*costr. impers.*), to have to (*costr.pers.*): *non occorre che anche tu sia presente* ⌐it is not necessary⌐ (*o* there is no need) for you to be there too, you needn't be there too.

occultabile *a.* concealable, that may be hidden. **occultamente** *avv.* mysteriously; (*in segreto*) secretly. **occultamento** *m.* hiding; (*il tenere nascosto*) concealment; (*il tacere, il celare*) hiding, concealing. □ ⟨*Dir*⟩ ~ *di cadavere* concealment of a corpse. **occultare** *v.t.* 1 to conceal, to hide. 2 (*celare, tacere*) to keep secret, to conceal: ~ *un delitto* to conceal a crime; (*tenere nascosto*) to keep hidden, to hide (away). 3 ⟨*Astr*⟩ to occult, to eclipse. **occultarsi** *v.r.* to hide (o.s.), to conceal o.s. **occultazione** *f.* 1 concealment, hiding. 2 ⟨*Astr*⟩ occultation, eclipse.

occultismo *m.* occultism. **occultista** *m./f.* occultist. **occultistico** *a.* (*pl.* -ci) occult. **occulto** *a.* occult, hidden, secret. □ ⟨*Psic*⟩ *persuasori* –*i* hidden persuaders; *scienze* –*e* occultism, occult science.

occupante **I** *a.* occupying (*anche Mil.*): *esercito* ~ occupying army. **II** *s.m./f.* 1 occupier, occupant. 2 ⟨*Mil*⟩ occupier.
occupare *v.t.* (**occupo**) 1 (*prendere possesso*) to occupy, to take possession of. 2 (*coprire uno spazio*) to take (up), to occupy, to cover: *la libreria occupava tutta la parete* the bookcase took up the whole wall; (*occupare uno spazio*) to fill (up). 3 (*rif. a tempo*) to spend, to pass: *occupa il tempo libero dedicandosi alla pittura* he spends his free

time painting. **4** (*di posti a sedere*) to take, to occupy; (*tenere occupato*) to hold. **5** ⟨*Mil*⟩ (*conquistare*) to occupy; (*presidiare*) to hold, to occupy; (*con una guarnigione*) to garrison. **6** (*dare lavoro*) to employ, to take on: *la fabbrica occupa cento operai* the factory employs a hundred workers; (*tenere impegnato*) to give work (*o* a job) to, to (keep) busy: *l'ho occupato a pulire l'argenteria* I've given him the job of cleaning the silver. **7** (*rif. a cariche e sim.*) to hold, to occupy: *occupa questo posto da tre anni* he has held this job for three years. **8** ⟨*fig*⟩ to fill, to absorb, to occupy: *tristi pensieri occupavano la sua mente* his mind was filled with sad thoughts. **occuparsi** *v.r.* **1** to busy o.s., to occupy o.s. (*di* with). **2** (*dedicarsi*) to be concerned (*o* occupied), to deal, to occupy o.s. (*di* with), to engage (in). **3** ⟨*Comm*⟩ to deal (*di* in): *si occupa di legnami* he deals in timber, he is in the lumber business (*o* trade). **4** (*interessarsi*) to take an interest (*di* in), to be concerned (with). **5** (*prendersi cura*) to see, to attend (*di qd.* to s.o.), to look after (s.o.), to take care (of): *occuparsi dei bambini* to mind (*o* look after) the children; *mi occuperò io della faccenda* I'll see to it (*o* the matter). **6** (*impicciarsi*) to get involved, to get mixed up (*di* in). **7** (*impiegarsi*) to get a job, to be employed (*o* hired). □ *occupati dei fatti tuoi* mind your own business.
occupato I *a.* **1** (*rif. a luoghi, posti e sim.*) taken, engaged. **2** (*affaccendato*) busy, occupied, engaged: *essere ~ a fare qc.* to be busy doing (*o* with) s.th.; *sarò ~ per tutto il giorno* I'll be busy all day. **3** (*impiegato*) employed, working: *è ~ in banca* he ⌐works in⌐ (*o* is employed by) a bank. **4** ⟨*Tel*⟩ engaged, ⟨*am*⟩ busy. II *s.m.* employed. □ *numero di –i* employment rate. **occupatore** *m.* (*f.* **-trice**) occupier (*anche Mil.*). □ *~ di case* squatter.
occupazionale *a.* occupational. □ *livello ~* employment level.
occupazione *f.* **1** occupation (*anche Mil.*): *~ di una fabbrica* occupation of a factory. **2** (*attività*) occupation, activity. **3** (*lavoro retribuito*) employment, work, job: *cercare un' ~* to look for work (*o* employment), to look for a job. **4** ⟨*Econ*⟩ employment. □ *~* **bellica** military occupation; *~ di* **case** squatting; **piena** *~* full employment; **senza** *~* unemployed, jobless; **produrre** *~* to generate employment; *~* **in proprio** self–employment; **riduzione** *dell'~* decrease in employment; *~ a* **tempo** *parziale* part–time employment; *~ a tempo pieno* full–time employment.
Oceania *N.pr.f.* ⟨*Geog*⟩ Oceania, Oceanica.
oceanico *a.* (*pl.* **-ci**) **1** oceanic, ocean– (*anche Biol.*): *clima ~* oceanic climate. **2** ⟨*fig*⟩ (*immenso*) vast, immense, huge: *folla –a* immense crowd. **oceanino** *a.* ⟨*poet*⟩ ocean–, of the ocean. □ *ninfe –e* oceanids *pl.* **oceano** *m.* ocean. □ *~* *Atlantico* Atlantic Ocean; *~ Indiano* Indian Ocean; *~ Pacifico* Pacific Ocean.
oceanografia *f.* oceanography. **oceanografico** *a.* (*pl.* **-ci**) oceanographic(al). **oceanografo** *m.* (*f.* **-a**) oceanographer.
ocello *m.* ⟨*Entom*⟩ ocellus.
ocelot *fr.* [ɔsˈlo] *m.* ⟨*Zool*⟩ ocelot.
oclocratico *a.* (*pl.* **-ci**) ochlocratic(al). **oclocrazia** *f.* ochlocracy.
ocra I *s.f.* (*sostanza, colore*) ochre, ⟨*am*⟩ ocher. II *a.* ochre–, ochreous. **ocraceo** *a.* ochreous, ⟨*am*⟩ ocherous.
OCSE = *Organizzazione per la cooperazione e lo sviluppo economico* Organization for Economic Cooperation and Development (*abbr.* OECD).
oculare I *a.* ocular, eye–: *globo ~* eyeball; *testimone ~* eye–witness. II *s.m.* ⟨*Ott*⟩ eyepiece, ocular.
oculatamente *avv.* cautiously; (*accortamente*) shrewdly. **oculatezza** *f.* caution, prudence; (*accortezza*) shrewdness. **oculato** *a.* cautious, prudent; (*accorto*) shrewd.
oculista *m./f.* oculist; ⟨*fam*⟩ eye specialist. **oculistica** *f.* oculistics *pl* (*costr. sing.*). **oculistico** *a.* (*pl.* **-ci**) oculistic.
odalisca *f.* ⟨*Stor.Art*⟩ odalisque, odalisk.
ode *f.* ⟨*Lett*⟩ ode.
odeo (m.) ⟨*Archeol*⟩ odeum.
odiabile *a.* hateful, loathsome, odious. **odiare** *v.t.* (**odio**, **odi**) to hate, to loathe (*anche estens.*): *~ a morte qd.* to loathe s.o. **odiarsi** *v.r.* ⟨*recipr*⟩ to hate e.o.

odiernamente *avv.* nowadays. **odierno** *a.* **1** (*di oggi*) today's: *la seduta –a* today's meeting; *in data –a* bearing today's date. **2** (*dell'epoca attuale*) today's, of today; (*attuale*) present(–day).
Odino *N.pr.m.* ⟨*Mitol.nord*⟩ Odin.
odio *m.* **1** hate, hatred: *nutrire ~ verso qd.* to hate s.o., to bear s.o. hatred. **2** (*ripugnanza*) hatred, loathing, disgust, repugnance. □ *~ amore* love–hate; *avere in ~ qd.* to hate s.o.; *~ di classe* class hatred; *~ mortale* mortal (*o* deadly) hatred; *venire in ~ a qd.* to make o.s. hated by s.o.
odiosamente *avv.* hatefully, odiously, detestably. **odiosità** *f.* **1** hatefulness, odiousness, loathsomeness. **2** ⟨*concr*⟩ odious action, hateful behaviour. **odioso** *a.* **1** hateful, odious, loathsome. **2** (*antipatico*) unpleasant, hateful, obnoxious: *comportamento ~* obnoxious behaviour.
Odissea *N.pr.f.* ⟨*Lett*⟩ Odyssey. **odissea** *f.* ⟨*fig*⟩ odyssey.
odo → udire.
odontalgia *f.* ⟨*Med*⟩ odontalgia. **odontalgico** *a./s.* (*pl.* **-ci**) odontalgic. **odontoiatra** *m./f.* dentist, dental surgeon. **odontoiatria** *f.* **1** dentistry, odontotheraphy. **2** ⟨*Univ*⟩ dental school. **odontoiatrico** *a.* (*pl.* **-ci**) dental. **odontologia** *f.* dentistry, odontology. **odontometro** *m.* ⟨*Filat*⟩ perforation gauge. **odontotecnica** *f.* dental mechanics *pl* (*costr. sing. o pl.*), odontotechny, ⟨*am*⟩ dental technology. **odontotecnico** *a./s.* (*pl.* **-ci**) I *a.* of dental mechanics (*o* technology). II *s.m.* dental mechanic, ⟨*am*⟩ dental technician.
odorare *v.* (**odoro**) I *v.t.* **1** to smell: *~ un fiore* to smell a flower. **2** ⟨*fig*⟩ (*intuire*) to sense, to smell, to scent: *~ il vento infido* to sense (*o* scent) danger, ⟨*fam*⟩ to smell a rat. II *v.i.* (*aus.* **avere**) **1** to smell. (*di* of): *~ d'aglio* to smell of garlic; (*emanare un buon profumo*) to have a good smell, to smell sweet (*o* nice). **2** ⟨*fig*⟩ to smell, to smack: *questa faccenda odora d'imbroglio* this business smacks of swindling, the whole thing smells fishy to me. □ *~ di buono* to smell good, to have a good smell. **odorato** *m.* (sense of) smell, ⟨*fam*⟩ nose: *non avere ~* to have a poor sense of smell.
odore *m.* **1** smell, odour. **2** ⟨*fam*⟩ (*profumo*) good (*o* sweet) smell, scent, perfume. **3** *pl.* (*erbe aromatiche*) (aromatic) herbs *pl.* □ *avere ~ di qc.* to smell of s.th.; *non avere ~* to have no smell; **buon** *~* good (*o* sweet) smell, perfume; *c'è ~ di* **muffa** it smells mouldy; **prendere** *un ~* to acquire a smell; ⟨*fig*⟩ *morire in ~ di* **santità** to die in the odour of sanctity; *sentire ~ di qc.* to smell s.th.
odorifero *a.* odorous, odoriferous. **odoroso** *a.* sweet–smelling, fragrant, odorous.
OECE = *Organizzazione europea per la cooperazione economica* Organization for European Economic Co-operation (*abbr.* OEEC).
Ofelia *N.pr.f.* ⟨*Lett*⟩ Ophelia.
offa *f.* **1** ⟨*Stor.rom*⟩ spelt cake. **2** ⟨*estens,lett*⟩ (*compenso*) sop, ⟨*fam*⟩ pay-off: *dare* (*o* gettare) *l' ~ a qd.* to give (*o* throw) s.o. a sop.
offendere *v.t.* (**offesi**, **offeso**) **1** to offend, to insult. **2** (*riuscire molesto*) to offend, to hurt: *~ la vista* to offend the eye. **3** (*violare*) to break, to violate, to offend (against): *~ la giustizia* to break the law. **4** (*insultare*) to insult, to outrage. **offendersi** *v.r.* **1** to take offence (*di* at), to be offended (by). **2** (*recipr*) to insult e.o. □ *offendersi per un nonnulla* to be quick to take offence. **offensiva** *f.* **1** ⟨*Mil*⟩ offensive: *prendere l' ~* to take the offensive. **2** ⟨*estens*⟩ (*azione energica*) campaign, drive: *~ di pace* peace drive. **offensivo** *a.* **1** offensive, insulting: *parole –e* insulting language. **2** ⟨*Mil*⟩ offensive, of offence: *guerra –a* offensive war. **offensore** *m.* (*f.* **offenditrice**) **1** offender. **2** ⟨*Mil*⟩ (*aggressore*) aggressor, attacker.
offerente *m./f.* **1** offerer. **2** ⟨*Comm*⟩ (*per un appalto*) tenderer. **3** (*nelle aste*) bidder: *il maggiore* (*o migliore*) *~* the highest bidder.
offerta *f.* **1** offer: *fare un' ~* to make an offer. **2** ⟨*concr*⟩ offering, donation: *dare un' ~* to give an offering. **3** (*proposta*) offer, proposal. **4** ⟨*Rel*⟩ offering, oblation. **5** ⟨*Econ*⟩ supply: *l' ~ supera la domanda* supply exceeds demand. **6** ⟨*Comm*⟩ (*prezzo che si offre per un acquisto*) offer; (*nelle aste*) bid; (*per un appalto*) tender. □ *~ in*

busta *chiusa* sealed bid; ⟨*Econ*⟩ ~ **condizionata** conditional offer; ⟨*Econ*⟩ ~ **costante** constant supply; ⟨*Comm*⟩ ~ **eccezionale** special offer, bargain; ~ **ferma** firm offer; ⟨*Comm*⟩ ~ *di* **fornitura** offer of supplies; ~ **globale** aggregate supply; ~ *senza* **impegno** offer without engagement, unbinding offer; ~ *d'*impiego offer of a job, job offer; (*inserzione*) situation vacant, ⟨*am*⟩ want ad; ~ *di* **lavoro** offer of work (*o* employment), job offer; ⟨*Giorn*⟩ -*e di lavoro* help wanted; ⟨*Econ*⟩ ~ **limitata** limited supply; ~ *di* **matrimonio** proposal, offer of marriage; ~ *di* **mercato** market supply; ⟨*Rel*⟩ ~ *d'un* **sacrificio** offering of a sacrifice; **sottoporre** *un'* ~ to submit (*o* make) an offer; ~ *di* **vendita** offer for sale.

offerto (*p.p. di offrire*) *a.* (*dedicato*) dedicated; (*presentato*) presented. **offertorio** *m.* ⟨*Lit*⟩ Offertory.

offesa *f.* **1** offence, insult. **2** (*fig*) (*violazione*) offence (against), violation (of). **3** ⟨*Mil*⟩ attack. □ ⟨*Dir*⟩ ~ *a un capo di stato* offence against a head of state; ⟨*Dir*⟩ ~ *alla pubblica decenza* offence against public decency; ⟨*Dir*⟩ ~ *al pudore* indecent behaviour; *senza* ~ no offence meant. **offesi** → **offendere**. **offeso** (*p.p. di offendere*) **I** *a.* **1** offended, insulted. **2** (*ferito, lesionato*) wounded, injured, harmed. **II** *s.m.* (*f.* -**a**) offended party. □ *fare l'* ~ to act insulted.

officiante **I** *a.* ⟨*Lit*⟩ officiating. **II** *s.m.* officiant. **officiare** *v.i.* (**officio, offici;** *aus.* avere) ⟨*Lit*⟩ to officiate.

officina *f.* (work)shop. □ ~ *grafica* graphic studio, printing office; ~ *meccanica* machine shop; ~ *di* **montaggio** assembly shop; ~ *di riparazioni* repair shop.

officinale *a.* medicinal, officinal.

officiosità *f.* ⟨*lett*⟩ courteousness, obligingness. **officioso** *a.* courteous, obliging.

offrire *v.t.* (**offro; offrii/offersi;** *p.pr.* **offerente;** *p.p.* **offerto**) **1** to offer; (*pagando*) to buy, to pay: *ti offro un caffè* I'll buy you a cup of coffee. **2** (*rif. a feste e sim.*) to have, to give, to hold. **3** (*presentare*) to present, to afford, to offer: *la vetta offre un bel panorama* the peak affords a beautiful view. **4** (*proporre*) to offer: ~ *un posto a qd.* to offer s.o. a job; (*prospettare*) to propose. **5** (*dedicare, consacrare*) to offer up, to dedicate, to consecrate: ~ *la propria vita all'assistenza degli infermi* to devote one's life to aiding the sick. **6** ⟨*Comm*⟩ (*proporre per l'acquisto*) to offer, to put on sale: *il prodotto è offerto a un prezzo conveniente* the product is on sale at a low price; *mi hanno offerto cinque milioni per questo appartamento* I have been offered five million lire for this flat. **7** ⟨*Rel*⟩ to offer up; (*sacrificare*) to sacrifice. **offrirsi** *v.r.* **1** (*mettersi a disposizione*) to offer (o.s.): *mi offrii di aiutarlo* I offered to help him. **2** (*apparire*) to appear (*a* to, before), to meet (s.th.): *uno spettacolo terrificante si offrì ai nostri occhi* a terrifying scene met our eyes. **3** (*presentarsi*) to present o.s. (*a* to), to come up (*o* along), to occur: *mi si offre un'ottima occasione* an excellent opportunity has come up. □ ⟨*Econ*⟩ ~ *in un appalto* to tender; ⟨*fig*⟩ ~ *il fianco alle critiche* to expose o.s. to criticism; ⟨*Econ*⟩ ~ *in opzione* to offer on an option.

offuscamento *m.* darkening, dimming, obscuring (*anche fig.*). **offuscare** *v.t.* (**offusco, offuschi**) **1** (*oscurare*) to darken, to dim, to obscure. **2** (*intorbidire*) to cloud (over), to blur, to becloud. **3** ⟨*fig*⟩ (*rif. a fama e sim.*) to dim, to obscure, to overshadow: ~ *la gloria di qd.* to dim s.o.'s glory. **offuscarsi** *v.r.* **1** (*oscurarsi*) to grow dark, to darken, to dim. **2** (*intorbidirsi*) to cloud over, to become blurred (*o* confused), to (grow) dim. **3** ⟨*fig*⟩ to be obscured (*o* dimmed).

ofidi *m.pl.* ⟨*Zool*⟩ ophidians *pl.* **ofidismo** *m.* ⟨*Med*⟩ ophidism.

ofite *f.* ⟨*Min*⟩ ophite.

oftalmia *f.* ⟨*Med*⟩ ophthalmia. **oftalmico** (*pl.* -**ci**) ophthalmic, eye-: *nervo* ~ ophthalmic nerve; *ospedale* ~ eye hospital. **oftalmologia** *f.* ophthalmology. **oftalmologico** *a.* (*pl.* -**ci**) ophthalmologic(al). **oftalmologo** *m.* (*pl.* -**gi;** *f.* -**a**) ophthalmologist. **oftalmoscopia** *f.* ophthalmoscopy. **oftalmoscopio** *m.* ophthalmoscope.

oggettivamente *avv.* objectively. **oggettivare** *v.t.* to objectify, to objectivate, to make objective. **oggettivarsi** *v.r.* to become concrete, to take on concrete form.

oggettivazione *f.* objectification, objectivation (*anche Filos.*). **oggettivismo** *m.* ⟨*Filos*⟩ objectivism. **oggettivista** *m./f.* objectivist. **oggettivistico** *a.* (*pl.* -**ci**) objectivistic. **oggettività** *f.* objectivity, objectiveness. **oggettivo** *a.* **1** objective (*anche Filos.*): *realtà* -*a* objective reality; *giudizio* ~ objective judgement. **2** ⟨*Gramm*⟩ objective, object-: *proposizione* -*a* object clause.

oggetto *m.* **1** object; (*cosa*) thing, article, item. **2** (*cosa o persona cui è diretta un'azione*) subject, object, centre: *l'ospite è stato l'* ~ *dell'attenzione generale* the guest was the object of everyone's attention. **3** (*fine, scopo*) object, purpose: *l'* ~ *di un'inchiesta* the purpose of an inquiry. **4** (*argomento*) subject(-matter): *l'* ~ *della conversazione* the subject (*o* topic) of conversation. **5** ⟨*Dir*⟩ purpose, subject(-matter): ~ *del contratto* subject of the contract. **6** ⟨*Gramm,Filos,Psic*⟩ object. **7** ⟨*burocr*⟩ subject; (*all'inizio di una lettera*) Re: ~: *domanda di trasferimento* Re: Application for Transfer; (*nel contesto*) reference. □ **avere** *per* ~ to have as one's purpose (*o* goal), to aim at; -*i di* **cancelleria** stationery; ~ *da* **esposizione** exhibit; -*i in* **ferro** ironware; ⟨*Comm*⟩ *in* ~ above-mentioned; ⟨*Gramm*⟩ ~ **interno** internal object; ~ *di prima* **necessità** essential article; -*i* **preziosi** valuables *pl*, precious goods; *divenire* ~ *di* **scherno** to become a laughing stock; ~ *d'uso* **personale** article for ⌜personal⌝ (*o* one's own) use; -*i di* **valore** valuables *pl.*

oggettuale *a.* ⟨*Psic*⟩ object-.

oggi **I** *avv.* **1** today. **2** (*nell'epoca attuale*) today, nowadays: ~ *si ragiona in un altro modo* today people think differently. **II** *s.m.* today, the present. □ ~ *a un* **mese** a month from today; ~ *a otto* today week, a week (from) today; ~ *a quindici giorni* today fortnight, a fortnight today; *per* ~ **basta** that's enough for today; ~ **come** ~ right now, today, (as things stand) at present; *da* ~ *in poi* from now on; *dall'* ~ *al domani* from one day to the next; *di* ~ today's, of today; *fino a* ~: **1** until today; **2** (*finora*) up to now, so far; **3** ⟨*Comm*⟩ to date; *il* **giorno** *d'* ~ nowadays, these days; **quest'** ~ today; ~ **stesso** this very day, today; *a* **tutt'** ~ up till now, till today. *Prov.*: ~ *a me, domani a te* my turn today, your turn tomorrow.

oggidì, oggigiorno *avv.* nowadays, today.

ogiva *f.* **1** ⟨*Arch*⟩ ogive. **2** ⟨*Mil*⟩ ogive, nose. □ ~ **atomica** atomic (*o* nuclear) warhead; ⟨*Astron*⟩ ~ *del missile* (*o razzo*) ogive, ogival head (*o* nose). **ogivale** *a.* ⟨*Arch*⟩ ogival; (*gotico*) Gothic: *architettura* (*o stile*) ~ Gothic architecture. □ *arco* ~ ogive, ogival arch.

ogni *a.* **1** every, each; ~ *scolaro deve avere i suoi libri* every (*o* each) student must have his books; (*tutti*) all (*costr. pl.*): ~ *uomo è mortale* all men are mortal. **2** (*qualsiasi*) any: *a* ~ *costo* at any price, at all costs; *in* ~ *caso* in any case. **3** (*in espressioni distributive*) every: *il tram passa* ~ *dieci minuti* the tram goes by every ten minutes. **4** (*massimo*) every, all: *con* ~ *cura* with every possible attention; *ti auguro* ~ *felicità* I wish you all (*o* every) happiness. □ *uno* ~ **cento** one in (*o* out of) a hundred; ~ **cosa** (*tutto*) everything; *in* ~ **luogo** everywhere; *a* ~ **modo** anyhow, anyway; ~ **persona** everyone, everybody; *la* **vita** *di* ~ *giorno* everyday life; ~ **volta** whenever, every time.

ogniqualvolta *congz.* ⟨*lett*⟩ whenever, every time (that).

Ognissanti *m.* ⟨*Lit*⟩ All Saints' Day, Hallowmas.

ognitempo *a.inv.* ⟨*Aer*⟩ all-weather: *atterraggio* ~ all-weather landing.

ognora *avv.* ⟨*lett*⟩ always.

ognuno *pron.indef.* everyone, everybody, each man; (*tutti*) all (of us): ~ *ha i suoi difetti* everyone has his faults, we all have our faults.

oh (*o oh*) *intz.* oh: ~, *quanto mi dispiace* oh, I'm so sorry; (*di sorpresa*) oh; (*di disgusto*) ugh; (*di dolore*) ah, ow, ouch. □ ~, ~, *quante arie!* oh my, what airs she gives herself! **ohe, ohé** *intz.* hey (there)! **ohi** *intz.* oh!, ah!, ow! **ohibò** *intz.* shame, tut-tut. **ohimè** *intz.* oh dear, ⟨*lett*⟩ alas.

ohm *ted.* ['o:m] *m.* ⟨*Fis*⟩ ohm.

oibò *intz.* → **ohibò**.

oidio *m.* ⟨*Bot*⟩ oidium.

oil: ⟨*Filol*⟩ *lingua d'* ~ langue d'oil.

OIL = *Organizzazione internazionale del lavoro* International Labour Organization (*abbr.* I.L.O., ILO).

olà *intz.* hey, ho, hallo (there).

Olanda *N.pr.f.* ⟨*Geog*⟩ the Netherlands *pl,* Holland. **olandese I** *a.* Dutch. **II** *s.m.* **1** (*lingua*) Dutch. **2** *m./f.* (*abitante*) Dutchman (*f* –woman); *pl.* ⟨*collett*⟩ the Dutch (*costr. pl.*). **III** *s.f.* ⟨*Cart*⟩ hollander.

oleandro *m.* ⟨*Bot*⟩ oleander.

oleario *a.* oil–, of oil: *produzione* –*a* oil production.

oleato[1] *a.* oiled, oily. □ *carta* –*a* wax paper, greaseproof paper.

oleato[2] *m.* ⟨*Chim*⟩ oleate.

olecrano (o **olecrano**) *m.* ⟨*Anat*⟩ olecranon.

olefina *f.* ⟨*Chim*⟩ olefin(e). **oleico:** ⟨*Chim*⟩ *acido* ~ oleic acid. **oleifero** *a.* oil–producing, oleiferous, oil–: *semi* –*i* oil seeds, oleiferous seeds. **oleificio** *m.* oil mill. **oleina** *f.* ⟨*Chim*⟩ olein(e).

oleo|dotto *m.* (oil, petroleum) pipeline. **~grafia** *f.* ⟨*Tip*⟩ oleography. **~grafico** *a.* (*pl.* -ci) oleographic. □ ⟨*spreg*⟩ *quadro* ~ unoriginal painting. **~margarina** *f.* ⟨*Chim*⟩ oleomargarine. **~resina** *f.* oleoresin.

oleosità *f.* oiliness. **oleoso** *a.* **1** oily; (*untuoso*) greasy. **2** (*oleifero*) oleiferous, oil–yielding.

olezzare *a.* ⟨*lett*⟩ **1** fragrant, sweet–smelling. **2** ⟨*iron*⟩ (*maleodorante*) evil–smelling, malodorous. **olezzare** *v.i.* (*olezzo; aus.* avere) ⟨*lett*⟩ **1** to smell sweet, to be fragrant. **2** ⟨*iron*⟩ (*puzzare*) to stink, to smell (bad). **olezzo** *m.* ⟨*lett*⟩ **1** scent, fragrance, sweet smell. **2** ⟨*iron*⟩ (*cattivo odore*) stink, stench.

olfattivo *a.* olfactory: *sensazioni* –*e* olfactory sensations. **olfatto** *m.* olfaction. **olfattorio** *a.* olfactory.

oliare *v.t.* (*olio*, **oli**) to oil. **oliato** *a.* oily, oiled. **oliatore** *m.* **1** (*recipiente*) oil can, oiler. **2** ⟨*Mecc*⟩ oil feeder, lubrificator. **oliera** *f.* oil cruet.

olifante *m.* ⟨*Mediev*⟩ oliphant, olifant.

oligarca *m.* oligarch. **oligarchia** *f.* oligarchy. **oligarchico** *a.* (*pl.* -ci) oligarchic(al), oligarchal.

oligo|cene *m.* ⟨*Geol*⟩ Oligocene (period). **~dinamico** *a.* (*pl.* -ci) oligodynamic: *azione* –*a* oligodynamic action. **~elementi** *m.pl.* ⟨*Biol*⟩ (*anche elementi oligodinamici*) trace elements, microelements. **~emia** *f.* ⟨*Med*⟩ oligaemia. **~frenia** *f.* ⟨*Med*⟩ oligophrenia. **~minerale** *a.* low in mineral content.

oligopolio *m.* ⟨*Econ*⟩ oligopoly. **oligopolista I** *s.m.* oligopolist. **II** *a.* → **oligopolistico**. **oligopolistico** *a.* (*pl.* -ci) oligopolistic.

oligopsonio *m.* ⟨*Econ*⟩ oligopsony. **oligopsonista** *m./f.* oligopsonist.

Olimpia *N.pr.f.* ⟨*Geog*⟩ Olympia (*anche Geog.stor.*). **olimpiade** *f.* **1** ⟨*Stor.gr*⟩ Olympian (*o* Olympic) Games *pl,* Olympiad. **2** *pl.* ⟨*Sport*⟩ Olympic games *pl,* Olympics *pl.* □ –*i invernali* (*o della neve*) winter Olympics. **olimpicità** *f.* Olympian calm (*o* detachment). **olimpico** *a.* (*pl.* -ci) **1** (*dell'Olimpo*) Olympic, Olympian (*anche fig.*): *calma* –*a* Olympian calm. **2** ⟨*Sport*⟩ Olympic: *giochi* –*i* Olympic games, Olympics *pl.* **olimpionico** *a./s.* (*pl.* -ci) **I** *a.* Olympic. **II** *s.m.* (*f.* -a) (*campione*) Olympic champion; (*atleta*) competitor in the Olympics. **Olimpo** *N.pr.m.* ⟨*Geog,Mitol*⟩ Olympus.

olio *m.* oil; (*olio da cucina*) cooking oil. □ ~ *di* **arachidi** peanut oil; ~ *di* **balena** whale oil; ⟨*fig*⟩ **buttare** ~ *sul fuoco* to pour oil on the flames; **colore** a ~ oil (paint); ~ **combustibile** fuel oil; ~ *da* **cucina** cooking oil; ~ **denso** thick (*o* heavy) oil; **dipingere** a ~ to paint in oils; ~ **emolliente** process(ing) oil; ~ *di* **girasole** sunflower oil; ⟨*fig*⟩ *con* ~ *di* **gomito** with elbow grease; ⟨*Aut*⟩ ~ **invernale** winter oil; ~ *di* **lino** linseed oil; **liscio** *come l'* ~ smoothly: *tutto è andato liscio come l'* ~ everything went off smoothly; **livello** *dell'* ~ oil level; ~ **lubrificante** lubricating oil; ~ *per* **macchine** machine oil; ~ *di* **mandorle** almond oil; ~ *di* **fegato** *di* **merluzzo** codliver–oil; ~ **minerale** mineral oil; ~ *di* **oliva** olive oil; ~ *di* **paraffina** paraffin oil; ~ **raffinato** refined oil; ⟨*Farm*⟩ ~ *di* **ricino** castor oil; ⟨*Rel*⟩ ~ **santo** holy oil; (*estrema unzione*) extreme unction: *dare l'* ~ *santo a qd.* to give s.o. extreme unction; ~ *di* **semi** seed oil; ~ *di* **soia**

soy (bean)oil; ~ **solare** suntan oil; ⟨*Gastr*⟩ **sott'** ~ in oil: *funghi sott'* ~ mushrooms in oil; ~ *da* **tavola** salad oil.

olismo *m.* ⟨*Biol*⟩ holism. **olistico** *a.* (*pl.* -ci) holistic.

oliva I *s.f.* olive. **II** *a.inv.* olive(–green). □ *color* ~ olive(–green); ⟨*Gastr*⟩ –*e farcite* stuffed olives; –*e nere* black olives. **olivastro I** *a.* olive(–coloured), olivaceous: *carnagione* –*a* olive complexion. **II** *s.m.* ⟨*Bot*⟩ wild olive, oleaster.

olivetano I *a.* ⟨*Rel*⟩ Olivetan. **II** *s.m.* Olivetan (monk).

oliveto *m.* olive–grove. **olivicolo** *a.* olive growing, of olives, olive–. **olivicoltore** *m.* (*f.* -trice) olive grower. **olivicoltura** *f.* olive growing. **olivina** *f.* ⟨*Min*⟩ olivine. **olivinite** *f.* olivinite. **olivo** *m.* ⟨*Bot*⟩ olive (tree). □ ⟨*Rel.catt*⟩ ~ *benedetto* olive branch which is blessed on Palm Sunday; ⟨*Bibl*⟩ *monte degli Olivi* Mount of Olives, Mount Olivet.

olla *f.* ⟨*Archeol*⟩ olla.

olmeto *m.* elm–grove.

olmio *m.* ⟨*Chim*⟩ holmium.

olmo *m.* ⟨*Bot*⟩ elm.

olocausto *m.* **1** ⟨*Stor*⟩ holocaust. **2** ⟨*fig*⟩ (*sacrificio*) sacrifice, holocaust. □ *fare* ~ *di sé* to sacrifice o.s.; *in* ~ as a sacrifice; *offrirsi in* ~ to give (*o* offer up) one's life.

olo|cene *m.* ⟨*Geol*⟩ Holocene (period). **~cenico** *a.* (*pl.* -ci) Holocene, Recent. **~cristallino** *a.* ⟨*Min*⟩ holocrystalline. **~edrico** *a.* (*pl.* -ci) holohedral.

Oloferne *N.pr.m.* ⟨*Bibl*⟩ Holofernes.

olofrastico *a.* (*pl.* -ci) ⟨*Ling*⟩ holophrastic. **olografia** *f.* ⟨*Ott*⟩ holography. **olografo** *a.* holograph, holographic(al).

ologramma *m.* hologram.

olona *f.* ⟨*Tess*⟩ sailcloth, canvas.

oloturia *f.* ⟨*Zool*⟩ holothuria.

OLP = *Organizzazione per la liberazione della Palestina* Palestine Liberation Organization (*abbr.* PLO).

oltraggiare *v.t.* (*oltraggio*, **oltraggi**) **1** to outrage; (*offendere*) to offend, to insult. **2** (*profanare*) to profane; (*violare*) to violate, to desecrate; (*rif. a una donna*) to outrage. **oltraggiatore** *m.* (*f.* -trice) **1** outrager; (*che offende*) offender, insulter. **2** (*violatore*) violator. **oltraggio** *m.* **1** outrage; (*affronto*) affront: *subire un* ~ to suffer an affront; (*offesa, ingiuria*) offence, insult. **2** (*violenza*) outrage (*a* against), violation (of). **3** ⟨*lett*⟩ (*danno*) damage, ravages *pl.* **4** ⟨*Dir*⟩ offence, outrage. □ ~ *alla corte* contempt of court; *fare un* ~ *a qd.* to outrage s.o.; ⟨*Dir*⟩ ~ *a pubblico ufficiale* insult to a public official; ⟨*Dir*⟩ ~ *al pudore* indecent behaviour; ⟨*poet*⟩ *l'* ~ *del tempo* the ravages of time. **oltraggiosamente** *avv.* outrageously, offensively. **oltraggioso** *a.* outrageous; (*offensivo*) offensive, insulting; (*che reca danno*) injurious.

oltralpe (*o* **oltr'alpe**) *avv.* beyond the Alps: *paesi d'* ~ countries beyond the Alps.

oltramontano *a.* **1** (from) beyond the mountains, ultramontane. **2** ⟨*Rel*⟩ ultramontane.

oltranza *f.:* *a* ~ to the last, to the death, to the bitter end: *combattere a* ~ to fight to the bitter end; *sciopero a* ~ strike for an indefinite period. **oltranzismo** *m.* ⟨*Pol*⟩ extremism. **oltranzista** *m./f.* extremist.

oltre I *prep.* **1** (*al di là di: stato*) beyond, on the other side of, over, across: ~ *le Alpi* beyond the Alps; (*moto*) beyond, over, to the other side of, across. **2** (*più di*) more than, over, above: *ha un debito di* ~ *centomila lire* he has a debt of over a hundred thousand lire. **3** (*in aggiunta a*) in addition to, besides, as well as. **II** *avv.* **1** farther, further; (*rif. a luogo*) past, beyond, farther on: *passare* ~ to go past. **2** (*più a lungo*) longer, more; (*in frasi negative*) any more, no longer, any longer: *non posso attendere* ~ I cannot wait any longer, I can wait no longer. □ ~ a: **1** (*in aggiunta*) in addition to, besides, as well as: ~ *a essere ignorante è anche sciocca* besides (*o* as well as) being rude she is also stupid; **2** (*all'infuori di*) except, apart from: ~ *a pochi intimi non c'era nessuno* no one was present except (*o* apart from) a few close friends; **andare** ~ *qc.* to go beyond s.th.; ~ *a ciò* besides (*o* as well as) this; ~ *ogni* **credere** beyond (*o* past) belief; ~ *ogni* **dire** unspeakably, inexpressibly; e ~ or more, or longer: *è durato un'ora e* ~

it lasted an hour or more; ~ *ogni* **limite** beyond measure.

oltreché (o *ọltre chẹ*) *congz.* ⟨*lett*⟩ as well as, besides.

oltre|cortina I *a.* behind the Iron Curtain. **II** *s.m.* Iron Curtain countries *pl.* **~mạnica** *a.* (lying) beyond the (English) Channel. **~mạre** *avv.* overseas, beyond (o over) the sea. □ *d'* ~ overseas: *paesi d'* ~ overseas countries; (*provenienza*) from overseas. **~misụra** (o *ọltre misụra*) *avv.* → **oltremodo**. **~mọdo** (o *ọltre mọdo*) *avv.* ⟨*lett*⟩ extremely, exceedingly, greatly: *annoiarsi* ~ to be exceedingly bored. **~montạno** *a.* ⟨*non com*⟩ → **oltramontano**.

oltrepassạre *v.t.* **1** to go beyond, to cross: ~ *la soglia* to cross the threshold. **2** (*superare*) to pass, to outstrip, to overtake: ~ *qd. nella corsa* to pass s.o. in the race. **3** ⟨*fig*⟩ to exceed, to go beyond, to overstep, to pass: ~ *i limiti* to pass all bounds, to overstep the limit (o mark); ~ *i propri poteri* to exceed one's powers. **4** ⟨*Mar*⟩ (*doppiare*) to round.

oltretọmba *m.inv.* ⟨*lett*⟩ hereafter, afterlife, next world. □ *sembrare tornato dall'* ~ to look as if one has come back from the grave; *con una voce d'* ~ in a hollow voice.

omạggio *m.* **1** *pl.* respects *pl*: *porgere i propri omaggi a qd.* to pay one's respects to s.o.; (*complimenti*) compliments *pl*, respects *pl*, regards *pl*. **2** (*riconoscimento*) homage, tribute. **3** (*offerta, regalo*) gift, present, complimentary offer. **4** ⟨*Mediev*⟩ homage. □ ~ *dell'*autore with the author's compliments; *fare atto d'* ~ to do (o render) homage; ~ **floreale** flowers *pl*; **in** ~: 1 as a gift; 2 ⟨*Comm*⟩ free, complimentary, as a sample (o specimen): *copia in* ~ complimentary copy; **offrire** *qc.* **in** ~ *a qd.* to make s.o. a present of s.th.; **prestare** (o *rendere*) ~ *a qd.* to pay s.o. one's respects; **ricevere** *qc.* **in** ~ to be given (o presented with) s.th.

Qman *N.pr.m.* ⟨*Geog*⟩ Oman. □ *abitante dell'* ~ Omani.

ọmaro *m.* ⟨*Zool*⟩ lobster.

omạso (o *ọmaso*) *m.* ⟨*Zool*⟩ omasum.

ombelicạle *a.* ⟨*Anat*⟩ umbilical: *cordone* ~ umbilical cord, navel string. **ombelicạto** *a.* ⟨*Biol,Med*⟩ umbilicate. **ombelịco** *m.* (*pl.* **-chi**) ⟨*Anat*⟩ umbilicus, navel. □ ⟨*Bot*⟩ ~ *di Venere* pennywort, navelwort.

ọmbra I *s.f.* **1** shade: *all'* ~ *di un albero* in the shade of a tree. **2** (*oscurità, tenebra*) dark, shadows *pl*, obscurity. **3** (*spettro*) shade, ghost. **4** ⟨*fig*⟩ (*velo: sul viso e sim.*) shadow. **5** ⟨*fig*⟩ (*quantità minima*) touch, hint; (*in frasi negative*) trace, shadow, vestige; (*rif. a bevande*) drop, touch, dash. **6** ⟨*fig*⟩ (*riparo*) protection, shelter, shield: *all'* ~ *della legge* under the protection of the law, shielded by the law. **II** *a.* shadow-: *gabinetto* ~ shadow cabinet. □ ~ **acustica** sound shadow; *-e* **cinesi** (Chinese) shadows, shadow theatre; ⟨*Astron*⟩ *cono d'* ~ umbra; *senza* ~ *di* **dubbio** without a shadow of doubt; ⟨*fig*⟩ **essere** *l'* ~ *di qd.* to be s.o.'s shadow; **fare** ~ to give shadow; *fare* ~ *a qd.* to give (o afford) s.o. shade; ⟨*fig*⟩ **gettare** ~ *su qc.* to cast a shadow on s.th.; ⟨*Art*⟩ **luci** *e -e* light and shade; ⟨*fig*⟩ **mettere** *in* ~ *qd.* to put s.o. in the shade, to overshadow s.o.; ⟨*Art*⟩ **mezz'** ~ half-shade, penumbra; ⟨*fig*⟩ *rimanere* (o *restare*) **nell'** ~ to stay in the background; ⟨*fig*⟩ *lasciare qd. nell'* ~ to leave s.o. in obscurity; **proiettare** *la propria* ~ *su qc.* to cast one's shadow onto s.th.; *non avere l'* ~ *di un* **quattrino** not to have a penny to one's name; ⟨*Mitol*⟩ *il* **regno** *delle -e* the shades; ⟨*fig*⟩ **ridotto** *a un'* ~ worn to a shadow; *essere l'* ~ *di se stesso* to be the shadow of one's former self; *senz'* ~ *di* **sospetto** without the slightest suspicion; ⟨*fig*⟩ **trarre** *qd. dall'* ~ to bring s.o. into the limelight; ⟨*Rad*⟩ **zona** *d'* ~ shadow (o risk, blind) area.

ombreggiamẹnto *m.* → **ombreggiatura**. **ombreggiạre** *v.t.* (*ombrẹggio, ombrẹggi*) **1** (*fare ombra*) to shade, to shadow. **2** (*nel disegno*) to shade, to hatch; (*in pittura*) to shade. **ombreggiạto** *a.* **1** shady, shaded. **2** (*nel disegno*) shaded, hatched; (*in pittura*) shaded. **ombreggiatụra** *f.* shading.

ombrẹlla *f.* ⟨*Bot*⟩ umbel. **ombrellạio** *m.* (*f.* **-a**) **1** (*fabbricante*) umbrella maker. **2** (*venditore*) umbrella seller. **ombrellạta** *f.* blow with an umbrella. **ombrellịfere** *f.pl.* ⟨*Bot*⟩ umbellifers *pl*. **ombrellịno** *m.*

parasol, sunshade. **ombrẹllo** *m.* umbrella, ⟨*fam*⟩ brolly, ⟨*fam*⟩ gamp: *aprire l'* ~ to put up the umbrella; *ripararsi sotto l'*~ to get under the umbrella. □ ~ **automatico** self-folding umbrella; ~ *da donna* lady's umbrella; ~ *pieghevole* folding umbrella; ~ *di seta* silk umbrella; ~ *da sole* parasol, sunshade. **ombrellọne** *m.* umbrella: ~ *da giardino* garden umbrella; ~ *da spiaggia* beach umbrella.

ombrẹtto *m.* ⟨*Cosmet*⟩ eyeshadow.

ombrịna *f.* ⟨*Itt*⟩ umbra, umbrine.

ombrinạle *m.* ⟨*Mar*⟩ scupper, watercourse.

ombrọfita *a.* ⟨*Bot*⟩ shade-loving, shade-. □ *pianta* ~ ombrophyte.

ombrosità *f.* **1** shadiness. **2** ⟨*fig*⟩ touchiness; (*rif. a cavalli*) skittishness. **ombrọso** *a.* **1** shady, shadowy: *viale* ~ shady walk. **2** (*rif. a cavalli*) skittish. **3** ⟨*fig*⟩ (*permaloso*) touchy, quick to take offence.

ombudsman [ˈɔmbudzmən] *m.* ⟨*Dir*⟩ ombudsman.

omẹga (o *ọmega*) *m.* (*ultima lettera dell'alfabeto greco*) omega. □ *dall'alfa all'* ~ from beginning to end, from A to Z.

omelette *fr.* [ɔmˈlɛt] *f.* ⟨*Gastr*⟩ omelette.

omelịa *f.* ⟨*Rel*⟩ homily.

omẹnto *m.* ⟨*Anat*⟩ omentum.

omeopatịa *f.* ⟨*Med*⟩ hom(o)eopathy. **omeopạtico** *a./s.* (*pl.* **-ci**) **I** *a.* hom(o)eopathic. **II** *s.m.* hom(o)eopath. □ *medico* ~ hom(o)eopath, hom(o)eopathist.

omerạle *a.* ⟨*Anat*⟩ humeral.

omẹrico *a.* (*pl.* **-ci**) **1** Homeric, of Homer, Homer's. **2** ⟨*fig*⟩ Homeric, of epic proportions, huge: *risata -a* Homeric laughter; *appetito* ~ huge appetite.

ọmero (o *ọmero*) *m.* **1** ⟨*Anat*⟩ humerus. **2** ⟨*lett*⟩ (*spalla*) shoulder.

Omẹro *N.pr.m.* ⟨*Stor*⟩ Homer.

omertà *f.* conspiracy of silence.

omẹsso (*p.p. di* **omẹttere**) *a.* omitted, left out. **omẹttere** *v.t.* (**omịsi, omẹsso**) **1** (*tralasciare*) to omit, to leave out, not to insert: ~ *la data* to omit the date. **2** (*non fare*) to omit, to neglect: ~ *di fare una denuncia* to neglect to make a report.

omẹtto *m.* **1** little fellow, wee chap. **2** ⟨*scherz*⟩ (*rif. a bambino*) little man (o fellow). **3** ⟨*Arch*⟩ (*monaco*) kingpost, queenpost. **4** ⟨*region*⟩ (*gruccia*) (clothes)hanger.

omiciạttolo *m.* ⟨*spreg*⟩ shrimp; (*uomo meschino*) wretch.

omicịda I *s.m./f.* murderer, homicide. **II** *a.* murderous, homicidal.

omicịdio *m.* homicide, murder: *commettere* ~ to commit homicide (o murder). □ ~ **aggravato** wilful murder attended by aggravating circumstances; ~ **colposo** manslaughter, culpable homicide; ~ *per legittima* **difesa** murder in self-defence; ~ **involontario** manslaughter, ⟨*am*⟩ negligent homicide; ~ *per causa d'*onore homicide for motives of honour; ~ **premeditato** murder in the first degree, premeditated murder; ~ **preterintenzionale** culpable homicide, homicide without malice aforethought; **tentato** ~ attempted murder, murder attempt; ~ **volontario** murder in the second degree.

ọmicron *m.* (*lettera dell'alfabeto greco*) omicron, omikron.

omịnide *m.* hominid, hominoid.

omịsi → **omettere**.

omissiọne *f.* **1** omission. **2** ⟨*Dir*⟩ failure, default, neglect. □ ⟨*Dir*⟩ ~ *d'*atti *d'ufficio* 'neglect of (o refusal to fulfil) an official duty; ~ *di* **denuncia** failure to report; ~ *di* **doveri** *d'ufficio* neglect of official duties; ⟨*Comm*⟩ *salvo* **errori** *od -i* errors and omissions excepted; ⟨*Rel*⟩ **peccato** *d'* ~ sin of omission; ~ *di* **soccorso** failure to offer assistance.

ọmnibus *m.* **1** ⟨*Ferr*⟩ (*anche treno omnibus*) omnibus train, slow train, ⟨*am*⟩ local (train). **2** ⟨*Stor*⟩ horse bus, ⟨*am*⟩ horsecar.

omofonịa *f.* ⟨*Ling,Mus*⟩ homophony. **omofọnico** *a.* (*pl.* **-ci**) homophonic. **omọfono** *a.* homophonous, homophonic.

omogeneità *f.* homogeneity, homogenousness (*anche Mat.*). **omogeneizzạre** *v.t.* to homogenize. **omogeneizzạto I** *a.* homogenized. **II** *s.m.* homogenized product. **omogeneizzatore** *m.* homogenizer. **omogeneizzazione** *f.* homogenization. **omogèneo** *a.* homogeneous, homogenous (*anche Mat.*): *funzione –a* homogeneous function.

omografìa *f.* ⟨*Ling*⟩ homography (*anche Geom.*). **omògrafo I** *a.* homographic. **II** *s.m.* homograph.

omologare *v.t.* (**omòlogo, omòloghi**) **1** to recognize (*o* acknowledge) as being homologous, to homologate. **2** (*approvare*) to approve, to allow, to agree to recognize. **3** ⟨*estens*⟩ (*convalidare*) to ratify, to confirm, to corroborate. **omologato** *a.* **1** homologated. **2** ⟨*Ind*⟩ type-approved. **omologazione** *f.* **1** homologation, recognition. **2** (*approvazione*) approval, approbation. **3** (*convalida*) ratification, recognition of validity, confirmation.

omologìa *f.* ⟨*tecn*⟩ homology. **omòlogo** *a./s.* (*pl.* -ghi) **I** *a.* ⟨*tecn*⟩ homologous, homologic(al): *organi omologhi* homologous organs. **II** *s.m.* **1** analogue: *il ministro degli esteri britannico e il suo ~ irlandese* the British foreign minister and his Irish analogue. **2** ⟨*Chim*⟩ homologue.

omonimìa *f.* ⟨*Ling*⟩ homonymy. **omònimo I** *a.* **1** having (*o* bearing) the same name, homonymous: *due località –e* two places of (*o* with) the same name. **2** ⟨*Ling*⟩ homonymous. **II** *s.m.* ⟨*Ling,Bot,Zool*⟩ homonym.

omòplata *f.* ⟨*Anat*⟩ omoplate, ⟨*fam*⟩ shoulder-blade (*o* bone).

omosessuale *a./s.m./f.* homosexual. **omosessualità** *f.* homosexuality.

omosèx *a./s.m./f.* → **omosessuale**.

omo|trapianto *m.* ⟨*Chir*⟩ homograft. **~zigòsi** *f.* ⟨*Biol*⟩ homozygosis. **~zigòte I** *a.* homozygotic. **II** *s.m.* homozygote. **~zigòtico** *a.* (*pl.* -ci) homozygotic.

O.M.R. = *Ordine* (*cavalleresco*) *al Merito della Repubblica* Order of Merit of the Republic.

O.M.S. = *Organizzazione mondiale della sanità* World Health Organization (*abbr.* W.H.O., WHO).

omùncolo *m.* ⟨*spreg*⟩ dwarf, shrimp, little thing.

on. = *onorevole* Honourable (*abbr.* Hon., Honble.).

onagro (*o onàgro*) *m.* ⟨*Zool,Mil.ant*⟩ onager.

onanìsmo *m.* ⟨*Med*⟩ onanism.

oncia *f.* (*pl.* -ce) **1** ⟨*Stor*⟩ (*unità di peso*) ounce. **2** ⟨*Stor*⟩ (*unità monetaria*) uncia. **3** ⟨*fig*⟩ (*quantità minima*) ounce, scrap, jot, bit: *non ha un' ~ di sale in zucca* he hasn't a bit of sense. ☐ ⟨*fig*⟩ *a once* in dribs and drabs, a little at a time.

onciale *a.* ⟨*Paleogr*⟩ uncial: *scrittura ~* uncial script.

oncogènesi *f.* oncogenesis. **oncògeno** *a.* oncogenic, oncogenous. **oncologìa** *f.* ⟨*Med*⟩ oncology. **oncològico** *a.* (*pl.* -ci) oncologic. **oncòlogo** *m.* (*pl.* -gi; *f.* -a) oncologist.

onda *f.* **1** wave (*anche fig.*). **2** ⟨*Fis,Rad,Med*⟩ wave. **3** ⟨*poet*⟩ (*mare*) waves *pl,* sea: *solcare l' ~* to plough the waves. ☐ **a** –*e* wavy, waving: *capelli a* –*e* wavy hair; –*e* **acustiche** sound-waves; ⟨*Rad*⟩ ~ **corta** short wave; ⟨*Rad*⟩ ~ **cortissima** ultra-short wave; ⟨*Rad*⟩ ~ **elettromagnetica** electromagnetic wave; **farsi** *le* –*e* to wave one's hair; ~ **hertziana** Hertzian wave; ⟨*Rad,TV*⟩ **andare in** ~ to go on the air; *mandare* (*o mettere*) *in* ~ to broadcast; ~ **luminosa** light wave; ⟨*Rad*⟩ ~ **lunga** long wave: *stazione a ~ lunga* long-wave radio station; ⟨*Mar*⟩ –*e* **lunghe** rollers *pl;* **lunghezza** *d' ~* wavelength; ~ *di* **marea** tide wave; ⟨*Rad*⟩ ~ **media** medium wave; *a* –*e* **medie** medium wave; ~ ⟨*Idr*⟩ *di* **piena** crest; ~ **radio** radio wave; ~ **riflessa** reflected wave; –*e* **supersoniche** supersonic (*o* ultrasonic) waves; ~ *d'***urto** shock wave; ⟨*Strad*⟩ ~ **verde** synchronized traffic lights *pl.*

ondata *f.* **1** wave, billow, breaker. **2** ⟨*fig*⟩ wave, surge, tide: *un' ~ di entusiasmo* a wave (*o* surge) of enthusiasm. ☐ **a** –*e* in waves; ~ *di* **caldo** heat wave; ~ *di* **criminalità** crime wave; ~ *di* **freddo** cold wave; ~ *di* **protesta** protest wave; ~ *di* **scioperi** wave (*o* series) of strikes; ~ **terroristica** wave of terror.

onde ⟨*lett*⟩ **I** *avv.interr.* where ... from, from where, ⟨*lett*⟩ whence: ~ *venite?* where do you come from? **II** *avv.rel.* **1** (*da cui: rif. a luogo*) (where) ... from, from where (*o* which), ⟨*lett*⟩ whence: *ritorno nella città ~ vengo* I am returning to the city ⌈from which I came⌉ (*o* I came from);

(*rif. a cosa*) by which: *i mali ~ egli è afflitto* the evils by which he is beset. **2** (*dalla qual cosa*) from which, ⟨*lett*⟩ wherefore, ⟨*lett*⟩ whence: ~ *si deduce che hai torto* from which one deduces that you are wrong. **3** (*con cui*) with (*o* by means of) which: *ho ricevuto il denaro ~ vivere* I have received the money ⌈with which to live⌉ (*o* to live off). **4** (*per cui*) for which (*o* what) reason: *qual è la ragione ~ sei venuto?* for what reason have you come?, why have you come? **5** (*di cui*) of which: *i libri ~ mi parlasti* the books of which you spoke (to me), the books you told me about. **III** *congz.* (*affinché: con il cong.*) so that, in order that: *te l'ho detto ~ tu prendessi provvedimenti* I told you so that you could take steps; (*con l'inf.*) (in order) to: *le scrivo questa lettera ~ avvertirla* I am writing you this letter (in order) to warn you.

ondeggiamento *m.* **1** waving, rippling, swaying: *l' ~ del grano* the waving (*o* rippling) of the wheat; (*rif. a imbarcazione*) rocking; (*rif. a bandiere e sim.*) fluttering; (*rif. a fiamma*) flickering. **2** ⟨*fig*⟩ (*indecisione*) wavering, hesitation, indecision. **ondeggiante** *a.* **1** waving, swaying, rippling. **2** ⟨*fig*⟩ (*indeciso*) wavering, vacillating, hesitating: *volontà ~* vacillating will. **ondeggiare** *v.i.* (**ondèggio, ondèggi**; *aus.* **avere**) **1** to wave, to sway. **2** (*muoversi sulle onde*) to rock, to roll, to sway, to toss. **3** ⟨*fig*⟩ (*essere incerto*) to waver, to hesitate, to vacillate. **4** ⟨*Aer*⟩ to pitch. ☐ *camminare ondeggiando* to sway.

ondina *f.* **1** ⟨*Mitol.nord*⟩ undine, ondine. **2** ⟨*fig,scherz*⟩ (*bagnante, nuotatrice*) mermaid, nymph.

ondosità *f.* **1** (*condizione del mare ondoso*) surge, swell. **2** (*rilievo*) waviness, undulation. **ondóso** *a.* **1** wave-, undulatory, undulating: *moto ~* wave motion, undulatory motion. **2** (*agitato dalle onde*) surging, heaving, billowy.

ondulante *a.* swaying, rolling, waving, undulating. **ondulare** *v.* (**ondulo/ondulo**) **I** *v.t.* to wave, to undulate; (*rif. a capelli*) to wave. **II** *v.i.* (*aus.* **avere**) to sway, to ripple, to wave, to undulate. **ondulato** *a.* wavy: *capelli –i* wavy hair; (*rif. a terreno*) rolling, undulating; (*rif. a lamiera, cartone e sim.*) corrugated. **ondulatòrio** *a.* **1** swaying, waving, undulatory: *movimento ~* swaying motion. **2** ⟨*Fis*⟩ undulatory, wave-. **ondulazione** *f.* **1** waving, sway(ing), undulation, rippling. **2** (*carattere ondulato*) undulation: ~ *del terreno* undulation (*o* rolling) of the land. **3** (*rif. a capelli: atto*) waving; (*effetto*) waviness. **4** ⟨*Fis*⟩ wave, undulation; (*di corrente*) ripple. ☐ ⟨*Cosmet*⟩ ~ *con i ferri* waving with curling-irons; ~ **permanente:** 1 (*atto*) permanent waving; 2 (*effetto*) permanent (wave), ⟨*fam*⟩ perm.

onerare *v.t.* (**ònero**) to burden, to weigh down: ~ *qd. di tasse* to burden s.o. with taxes. **oneraria** *f.* ⟨*Mar.ant*⟩ freighter, cargo ship. **ònere** *m.* **1** ⟨*lett*⟩ onus, burden, charge, load: *assumersi un ~* to shoulder a burden. **2** ⟨*Dir*⟩ onus, burden, lien. ☐ –*i deducibili* allowable expense *sing*; ~ *finanziario* financial burden; ~ *fiscale* taxes *pl,* tax burden; –*i sociali* social charges. **onerosamènte** *avv.* onerously. **onerosità** *f.* burdensomeness, onerousness (*anche Dir.*). **oneróso** *a.* **1** onerous, burdensome, exacting; (*faticoso*) hard, heavy. **2** ⟨*Dir*⟩ onerous, burdensome.

onestà *f.* **1** honesty, integrity; (*rettitudine*) uprightness. **2** (*rif. a costumi*) virtue, honesty: *donna di dubbia ~* woman of doubtful virtue. **onestamènte** *avv.* **1** honestly, uprightly. **2** (*in verità*) honestly, frankly. **3** (*castamente*) chastely, modestly. **onèsto I** *a.* **1** honest; (*retto*) upright. **2** (*moralmente irreprensibile*) honest, decent, respectable, virtuous: *condurre una vita –a* to lead an honest life. **3** (*lecito, plausibile*) honest; (*giusto*) fair, reasonable, honest: *prezzi –i* fair (*o* honest) prices. **4** (*pudico*) honest, virtuous, modest. **II** *s.m.* **1** (*onestà*) honesty. **2** (*onesto guadagno*) fair (*o* honest) profit. **3** (*persona; f.* -**a**) honest person; *pl.* the honest (*costr. pl.*).

ònice *f.* ⟨*Min*⟩ onyx.

onicofagìa *f.* ⟨*Psic*⟩ onychophagia, onychophagy, ⟨*fam*⟩ nail biting.

onìrico *a.* (*pl.* -ci) oneiric. **onirìsmo** *m.* ⟨*Psic*⟩ oneirism. **onirologìa** *f.* oneirology, science of dreams.

ONMI = *opera nazionale maternità e Infanzia* mother and child-welfare association.

onni|comprensivo a. ⟨lett⟩ omnicomprehensive.
~potẹnte I a. omnipotent, almighty. **II** s.m. (Dio) Almighty (God), Omnipotent. **~potẹnza** f. omnipotence, almightiness. **~presẹnte** a. **1** (rif. a Dio) omnipresent, ubiquitous. **2** ⟨scherz⟩ (rif. a persona) ubiquitous, omnipresent, turning up everywhere: quel tizio è ~ that fellow turns up everywhere, he's always around. **~presẹnza** f. omnipresence, ubiquity. **~sciẹnte** a. **1** (rif. a Dio) Omniscient. **2** ⟨scherz⟩ (rif. a persona) all-knowing, omniscient. **~sciẹnza** f. omniscience, omnisciency. **~veggẹnte** a. all-seeing. **~veggẹnza** f. all-seeingness.

onnịvoro I a. ⟨Biol⟩ omnivorous. **II** s.m. (f. **-a**) omnivor(e).

onomạstica f. ⟨Ling⟩ onomastics pl (costr. sing.), onomatology. **onomạstico** a./s. (pl. **-ci**) **I** a. onomastic. **II** s.m. name day.

onomatopẹa f. ⟨Ling⟩ onomatopoeia. **onomatopẹico** a. (pl. **-ci**) onomatopoeic(al), onomatopoetic.

onọnide f. ⟨Bot⟩ spring restharrow.

onorạbile a. honourable. **onorabilità** f. **1** honourableness. **2** (buona reputazione) honour, reputation, good name: offendere l' ~ di qd. to offend (o besmirch) s.o.'s honour. **onorabilmẹnte** avv. honourably. **onorạnza** f. (generally in pl.) honours pl, (public) tribute: tributare solenni –e a qd. to bestow solemn honours upon s.o. □ –e funebri (esequie) funeral honours. **onorạre** v.t. (onọro) **1** to (hold in) honour: onora il padre e la madre honour thy father and thy mother. **2** (fare onore) to honour: questo scienziato onora la sua nazione this scientist honours (o is an honour to) his country. **3** (adempiere, soddisfare) to honour, to live up to, to fulfil: ~ i propri obblighi to fulfil one's obligations. **onorarsi** v.r. **1** to be (o feel) highly honoured, to be proud: mi onoro di essere stato suo discepolo I am proud of having been his pupil. **2** ⟨epist⟩ (pregiarsi) to have the honour: mi onoro di informarVi I have the honour to inform you. □ ⟨Comm⟩ ~ una cambiale to honour (o take up) a bill.

onorạrio[1] a. **1** honorary: membro ~ honorary member; cittadino ~ honorary citizen. **2** (non effettivo) titular, honorary: carica –a titular office.

onorạrio[2] m. (compenso) fee, honorarium: ~ del medico doctor's fee.

onoratamẹnte avv. honourably. **onoratẹzza** f. **1** honourableness. **2** (probità) uprightness, respectability. **onorạto** a. **1** honoured, esteemed. **2** (onesto) honest, honoured; (rispettabile) respected: professione –a honoured (o respected) profession.

onọre m. **1** honour; (senso dell'onore) sense of honour. **2** (buona reputazione) honour, reputation, good name: infamare l' ~ di qd. to besmirch s.o.'s honour (o good name). **3** (atto d'omaggio) honour, ceremony: l'ospite fu ricevuto con tutti gli –i the guest was received with full honours. **4** (privilegio) honour, privilege: è toccato a me l' ~ di presiedere la seduta the honour of chairing the meeting has fallen to me. **5** (vanto) honour, glory: essere l' ~ della propria famiglia to be the honour of one's family. **6** pl. (onorificenze) honours pl: elevare qd. ai massimi –i to raise s.o. to the highest honours. **7** (nelle carte) honour(card). □ innalzare agli –i dell'altare to raise to the altars; l' ~ delle armi the honours of war; ⟨epist⟩ avere l' ~ to have the honour; avido di –i thirsty for honour; fare gli –i di casa to do the honours (of the house), to play host(ess); d' ~ of honour, honourable: parola d' ~ word of honour; uomo d' ~ honourable man, man of honour; dama d' ~ lady-in-waiting; damigella d' ~ maid of honour; (nei matrimoni) bridesmaid; rendere gli estremi –i a qd. to pay one's last respects to s.o., to render s.o. the last honours; far ~ a: **1** to honour, to pay homage to; **2** (rendere degno di stima) to be a credit (o an honour) to, to do honour to: questo sentimento ti fa ~ this sentiment does you honour; **3** (gradire molto) to do justice to: ha fatto ~ al pranzo he did (ample) justice to the meal; **4** ⟨Comm⟩ to honour: fare ~ a una cambiale to honour (o take up) a bill; farẹ a qd. l' ~ di qc. to do s.o. the honour of s.th.; fare ~ alla propria firma: **1** to fulfil one's obligations; **2** ⟨Comm⟩ to honour one's signature;

farsi ~ to distinguish o.s.; –i funebri funeral (o last) honours; in ~ di qd. in s.o.'s honour; rendere gli –i militari a qd. to render military honours to s.o.; essere sepolto con gli –i militari to be buried with military honours; perdere l' ~ to lose one's honour; quale ~ what an honour; sul mio ~ on my honour, on my word (of honour); troppo ~! you do me too much honour; uscirne con ~ to come out of it honourably; ne va dell' ~ honour is at stake; a onor del vero to tell the truth; Vostro ~ Your Honour.

onorẹvole I a. **1** honourable: un cittadino ~ an honourable citizen. **2** (appellativo dei parlamentari) (Right) Honourable: l' ~ ministro the Honourable Minister. **II** s.m./f. Member of Parliament. □ –i deputati (nelle allocuzioni) Honourable Members; l' ~ Rossi Mr. Rossi. **onorevolmẹnte** avv. honourably.

onorificẹnza f. **1** sign of honour (o dignity). **2** (decorazione) decoration: insignire qd. di una ~ to confer a decoration upon s.o.

onorịfico a. (pl. **-ci**) honorary, honorific, of honour: titolo ~ honorary title; incarico puramente ~ purely honorary office.

ọnta f. **1** shame; (disonore) disgrace, dishonour. **2** (offesa) insult, outrage, offence: lavare l' ~ nel sangue to wipe out an insult with blood. □ a ~ di despite, in spite (o defiance) of, notwithstanding: ~ a della mia proibizione despite (o in defiance of) my prohibition; fare (o recare) ~ a qd. to bring shame on s.o., to shame (o disgrace) s.o.

ontanẹta f., **ontanẹto** m. alder wood. **ontạno** m. ⟨Bot⟩ alder.

onto|genẹsi f. ⟨Biol⟩ ontogeny, ontogenesis. **~genẹtico** a. (pl. **-ci**) ontogen(et)ic.

ontologịa f. ⟨Filos⟩ ontology. **ontolọgico** a. (pl. **-ci**) ontological. **ontologịsmo** m. ontologism. **ontologịsta** m./f. ontologist.

ONU = Organizzazione delle Nazioni Unite United Nations Organization (abbr. U.N.O., UNO).

onụsto a. ⟨lett⟩ laden, burdened, heavy (di with): ~ d'anni burdened with years. □ ~ di gloria crowned (o filled) with glory.

oocịto m. ⟨Biol⟩ oocyte. **oogamịa** f. oogamy. **oogẹnesi** f. oogenesis. **oolite** f. ⟨Min⟩ oolite.

OO.PP. = Opere pubbliche Public Works (abbr. P.W.).

op. = ⟨Mus⟩ opus (abbr. op.).

ọpa f. ⟨Econ⟩ (offerta pubblica di acquisto) public purchase offer.

opacità f. **1** opacity, opaqueness. **2** ⟨fig⟩ opacity, dullness. **opacịzzạre** v.t. to opacify, to make opaque. **opacizzazịone** f. opacification. **opạco** a. (pl. **-chi**) **1** opaque: il piombo è ~ ai raggi X lead is opaque to X-rays. **2** (che non riflette la luce) opaque, dull: metallo ~ dull metal; (senza lucentezza) dull, lustreless, mat(t): carta patinata –a mat paper. **3** ⟨fig⟩ obscure, dull.

opạle m./f. ⟨Min⟩ opal. **opalescẹnte** a. opalescent, opalesque. **opalescẹnza** f. ⟨Fis⟩ opalescence. **opalịna** f. ⟨Vetr⟩ opaline, opal glass. **opalịno** a. opaline, opalescent, opal–.

op.cit. = opera citata opere citato (abbr. op. cit.).

OPEC = Organizzazione dei paesi esportatori di petrolio Organization of Petroleum Exporting Countries (abbr. OPEC).

ọpera f. **1** work: il progresso è ~ dell'uomo progress is the work of man. **2** (lavoro) work, task, ⟨fam⟩ job: mettersi all' ~ to set to work, to get down to work (o the job). **3** (aiuto) help, services pl: hai bisogno dell' ~ mia? do you need my help? **4** (creazione artistica) work: le –e di Byron Byron's works. **5** (azione) action, deed, work: vorrei vederlo all'~ I'd like to see him ⌐in action⌐ (o at it). **6** (costruzione, edificio) work: –e di pubblica utilità public works; ⟨Mil⟩ –e difensive defensive works. **7** ⟨Mus⟩ work; (nei titoli) opus. **8** (teatro dell'opera) opera(house). **9** (nome di istituti) organization, association, institute. **10** (fabbriceria) Vestry Board, Board of Trustees: ~ del Duomo Cathedral Vestry Board. □ all' ~! to work!, get (down) to work!; essere all' ~ (lavorare) to be at work, ⟨fam⟩ to be on the job; andare all' ~ to go to the opera; ~ d'arte work of art; ~ assistenziale relief (o charity) work; ~ *di* **bonifica** land reclamation (work); ⟨*Mus*⟩ ~ **buffa** opera buffa, comic opera; *-e* **buone** good deeds (*o* actions); ~ *di* **carità** act of charity, charitable action; *-e* **complete** complete works; ~ *di* **demolizione** demolition; ⟨*Mil*⟩ *-e di* **fortificazione** fortifications *pl;* ~ **giovanile** youthful (*o* early) works; ~ **inedita** unpublished work; *-e d'* **irrigazione** irrigation works; ~ **letteraria** literary work; ⟨*Mus*⟩ ~ **lirica** opera; *è* ~ *delle sue* **mani** it is his own handiwork; **messa** *in* ~ installation, setting up, laying; **mettere** *in* ~ *qc.* to set s.th. going; ~ *di* **misericordia** work (*o* act) of mercy; ⟨*Mar*⟩ ~ **morta** topside, upper works; ~ **muraria** masonry; ~ **musicale** opera; *fare* ~ *di* **pace** to act as peacemaker; **per** ~ *di* through, with the help of, thanks to, by means of; *fare* ~ *di* **persuasione** *presso qd.* to try to persuade s.o.; *-e* **portuali** harbour works (*o* structures); ⟨*Mus,Lett*⟩ ~ **postuma** posthumous work; ⟨*Idr*⟩ ~ *di* **sbarramento** dam, weir; ⟨*Mus*⟩ ~ **seria** opera seria, ⟨*pop*⟩ grand opera; **valersi** *dell'* ~ *altrui* to avail o.s. of s.o.'s services; ⟨*Mar*⟩ ~ **viva** quick work, bottom.

operabile *a.* ⟨*Chir*⟩ operable. **operabilità** *f.* operability.

operaio I *s.m.* (*f.* **-a**) worker, workman (*f* –woman), hand, ⟨*am*⟩ laborer; (*addetto a una macchina*) operator, operative, tender. II *a.* **1** (*degli operai*) working, worker–: *classe* ~ working class. **2** (*fra operai*) workers', workmen's: *associazioni* *-e* workers' associations. **3** (*che lavora*) worker–, working: *ape* ~ worker bee; *prete* ~ worker priest. □ *operai* **avventizi** casual labour (*o* workers), casuals *pl,* temporary workers; ~ *di* **fabbrica** factory worker (*o* hand); ~ **finito** journeyman; ~ *a* **giornata** day labourer; ~ **metallurgico** metalworker; ~ **montatore** fitter; ~ **qualificato** (second–grade) skilled worker; ~ *non qualificato* unskilled worker, rank–and–file labour; ~ **specializzato** skilled (*o* specialized) worker, (first–grade) skilled workman; ~ **tessile** textile worker.

operaismo *m.* ⟨*Sociol*⟩ labourism. **operaistico** *a.* (*pl.* **-ci**) labouristic.

operando *m.* ⟨*Mat*⟩ operand.

operante *a.* **1** (*attivo*) acting, operating, working. **2** (*valido*) operative: *l'accordo è divenuto* ~ the agreement has become operative. **operare** *v.* (**opero**) I *v.i.* (*aus.* **avere**) **1** to act, to operate, to work: ~ *nell'interesse di qd.* to act in s.o.'s interest. **2** ⟨*Chir,Mil,Mat*⟩ to operate. II *v.t.* **1** (*compiere*) to do, to work, to perform, to operate: ~ *meraviglie* (*o miracoli*) to work wonders. **2** (*produrre*) to produce, to work, to bring about: ~ *un cambiamento* to produce (*o* bring about) a change. **3** ⟨*Chir*⟩ to operate (on): ~ *qd. di appendicite* to operate on s.o. for appendicitis. **4** ⟨*Tess*⟩ to work with a design. □ *farsi* ~ to undergo an operation. **operarsi** *v.r.* (*verificarsi*) to come about, to take place, to occur. □ ~ *bene* to act well, to do right; ⟨*Econ*⟩ ~ *in borsa* to be a stockbroker, to operate (*o* deal) on the stock exchange; ⟨*Chir*⟩ ~ *a caldo* to operate in the acute stage; ~ *a freddo* to operate between attacks.

opera omnia *lat. f.* complete works *pl.*

operativo *a.* **1** operative, efficacious, effective. **2** ⟨*burocr*⟩ (*vigente*) operative, in effect: *l'accordo è ancora* ~ the agreement is still operative (*o* in effect). **3** ⟨*Mil*⟩ operational, operating, operative. □ *base* *-a* base of operations; *criteri* *-i* operational criteria; ⟨*Mat*⟩ *ricerca* *-a* operations research. **operato** I *a.* ⟨*Chir*⟩ operated (on), who has had an operation. **2** ⟨*Tess*⟩ diapered (*damascato*) damask. II *s.m.* **1** actions *pl,* action, deeds *pl.* **2** (*f.* **-a**) ⟨*Chir*⟩ operated patient.

operatore *m.* (*f.* **-trice**) **1** operator. **2** ⟨*Econ*⟩ agent, broker, operator. **3** ⟨*Chir*⟩ operator, operating surgeon. **4** ⟨*Mat*⟩ operator. **5** ⟨*Cin,TV*⟩ (*operatore di presa*) cameraman; (*operatore di cabina*) projectionist. **6** ⟨*Inform*⟩ operator. **7** ⟨*Biol*⟩ operator (gene). □ ⟨*Inform*⟩ ~ **aritmetico** arithmetic operator; ⟨*Econ*⟩ ~ *di* **borsa** stockbroker, operator on the stock–exchange, floor trader (*o* dealer); ~ **economico** businessman, entrepreneur; ~ **logico** logical operator; ~ *di* **macchina** machine operator; ~ **meccanografico** keypunch operator; ~ **sanitario** health professional; ~ *di* **sportello** bank clerk, teller; ~ **turistico** tourist operator.

operatorio *a.* ⟨*Chir*⟩ operating, surgical, operative: *sala* *-a* operating theatre (*o* room). □ **intervento** ~ operation, surgery. **operatrice** *f.* operator. □ ~ **sociale** social worker. **operazionale** *a.* ⟨*Mat,Filos*⟩ operational.

operazione *f.* **1** operation: ~ *di* **polizia** police operation. **2** ⟨*Chir*⟩ operation, surgery: *subire un'* ~ to undergo surgery. **3** ⟨*Mil,Mat*⟩ operation. **4** ⟨*Econ*⟩ transaction, operation, dealing. □ ~ **aritmetica** arithmetical operation; *-i* **bancarie** bank transactions (*o* operations); ~ **bellica** military operation; ~ *di* **borsa** stock exchange transaction; ⟨*Mil*⟩ ~ **combinata** combined operation; ⟨*Comm*⟩ ~ *di* **copertura** hedging; ⟨*Econ*⟩ *-i con l'***estero** foreign operations (*o* transactions); ⟨*Chir*⟩ **fare** *un'* ~ to carry out an operation, to operate; ⟨*fam*⟩ *farsi un'* ~ to have an operation, to be operated on; *-i* **finanziarie** financial transactions; ⟨*Mil*⟩ **linea** *d'-i* line of operations; ⟨*Inform*⟩ ~ *di* **macchina** computer operation; ~ **matematica** mathematical operation; ~ **navale** naval operation (*o* manoeuvre); ⟨*Mat*⟩ *le* **quattro** *-i fondamentali* the four arithmetical operations; ~ *di* **rastrellamento** round–up; ⟨*Mil*⟩ mopping–up operation; *-i di* **soccorso** relief operations; ⟨*Mil*⟩ *-i* **tattiche** tactical manoeuvres (*o* operations).

opercolo *m.* ⟨*Anat,Bot*⟩ operculum.

operetta *f.* ⟨*Mus*⟩ operetta. **operettista** *m./f.* ⟨*Mus*⟩ operettist, composer of operettas. **operettistico** *a.* (*pl.* **-ci**) operetta–, of operettas. **operistico** *a.* (*pl.* **-ci**) ⟨*Mus*⟩ opera–: *musica* *-a* opera music.

operone *m.* ⟨*Biol*⟩ operon.

operosamente *avv.* industriously, busily. **operosità** *f.* industry, industriousness, laboriousness. **operoso** *a.* **1** (*attivo*) industrious, busy, hard–working, active. **2** ⟨*fig*⟩ active: *ingegno* ~ active mind. **3** (*pieno di lavoro*) busy: *giornata* *-a* busy (*o* hard) day.

opificio *m.* factory, mill, plant, works *pl.*

opimo *a.* ⟨*lett*⟩ **1** (*fertile*) fertile, fruitful. **2** (*copioso*) rich, abundant.

opinabile *a.* debatable: *la cosa è* ~ it's debatable, it's a matter of opinion. **opinare** *v.i.* (*aus.* **avere**) to think, to hold, to consider.

opinione *f.* **1** opinion: *rimanere della propria* ~ to stick to one's opinion. **2** (*convinzione*) opinion, view, conviction: *-i* **politiche** political views; *professare un'* ~ to profess a conviction, to hold a view. **3** (*considerazione*) opinion: *avere un'alta* ~ *di sé* to have a high opinion of o.s. □ **avere** *un'* ~ *in merito a qc.* to have (*o* hold) an opinion about s.th.; *avere una buona* ~ *di qd.* to think highly of s.o.; *non avere* *-i* to have no opinions; **cambiare** ~ to change one's mind; *essere d'* ~ **contraria** to hold (*o* be of) a different opinion; *avere il* **coraggio** *delle proprie -i* to have the courage of one's convictions; ~ **corrente** current opinion; ~ **dominante** prevailing opinion; *essere dell'* ~ *che* to be of the opinion (*o* mind) that; *essere della stessa* ~ to have (*o* be of) the same opinion, to agree: *sono della tua* ~ I agree with you; *essere di* ~ **diversa** to hold different views, to disagree; **farsi** *un'* ~ *di qc.* to form an opinion on s.th.; *avere una* **grande** ~ *di sé* to have a high opinion of o.s.; *la* **matematica** *non è un'* ~ facts are facts; ~ **pubblica** public opinion; *informare l'* ~ **pubblica** to inform the public; *formatore dell'* ~ **pubblica** opinion maker; **questione** *di* ~ matter of opinion; **secondo** *la mia* ~ in my opinion.

op là (*o* **op là**) *intz.* jump, up (*o* over) you go.

oplita, oplite *m.* ⟨*Stor.gr*⟩ hoplite.

opoponaco *m.* (*pl.* **-ci**) ⟨*Bot,Farm*⟩ opopanax, opoponax.

opossum *m.* ⟨*Zool*⟩ opossum.

opoterapia *f.* ⟨*Med*⟩ opotherapy, organotherapy.

oppiaceo I *a.* ⟨*Farm*⟩ opiate, opium–. II *s.m.* opiate. **oppiare** *v.t.* (**oppio**, **oppi**) to opiate, to drug (with opium). **oppiato** *a./s.m.* ⟨*Farm*⟩ opiate. **oppio** *m.* opium. □ *fumatore d'* ~ opium smoker. **oppiomane** I *a.* opium addicted. II *s.m./f.* opium addict, opiomaniac. **oppiomania** *f.* opiomania, opium addiction.

opponente I *a.* ⟨*Dir,Anat*⟩ opponent, opposing. II *s.m.* **1** ⟨*Dir*⟩ opponent. **2** ⟨*Anat*⟩ opponens. **oppongo** → **opporre. opponibile** *a.* opposable.

opporre *v.t.* (**oppongo**, **opponi**; **opposi**, **opposto**; → **porre**)

1 to oppose: ~ *un esercito al nemico* to oppose the enemy with an army. **2** ⟨*fig*⟩ (*controbattere*) to counter, to refute, to object to. **opporsi** *v.r.* **1** to oppose (*a qc.* s.th.), to withstand, to be opposed (to): *opporsi alla nomina di qd.* ⌐to oppose s.o.'s nomination; *opporsi a una decisione* to be ⌐opposed to⌐ (*o* against) a decision. **2** ⟨*Dir*⟩ to object (*a* to), to raise an objection (against): *mi oppongo!* I object!, objection!; *opporsi a una sentenza* to object to a sentence. □ ~ *ostacoli* to set obstacles in the way; ~ *resistenza* to offer resistance; ~ *un rifiuto* to refuse; *nulla da* ~ nothing to object.

opportunamente *avv.* opportunely, at the right moment; (*in modo adatto*) suitably; (*convenientemente*) conveniently, expediently. **opportunismo** *m.* opportunism, time serving. **opportunista I** *s.m./f.* opportunist, time server. **II** *a.* opportunist(ic). **opportunistico** *a.* (*pl.* -ci) opportunist(ic). **opportunità** *f.* **1** opportuneness, timeliness. **2** (*occasione favorevole*) opportunity, chance, occasion: *dare a qd. l' ~ di fare qc.* to give s.o. the chance (*o* opportunity) to do s.th.; *cogliere l' ~* to seize the opportunity. □ *politica d'* ~ opportunism. **opportuno** *a.* **1** (*che arriva al momento giusto*) opportune, well-timed, timely. **2** (*adatto*) suitable, fit(ting), appropriate; (*conveniente*) convenient, expedient, proper; (*consigliabile*) advisable. □ *in un momento quanto mai* ~ at a most opportune moment; *ritenere* ~ *tacere* to think it better to say nothing.

oppositore *m.* (*f.* -trice) opponent, opposer.

opposizione *f.* **1** opposition, resistance: *incontrare molte -i* to meet with strong opposition. **2** (*contrasto, contraddizione*) contradiction, clash, conflict. **3** ⟨*Astr,Filos,Fon*⟩ opposition. **4** ⟨*Pol*⟩ opposition: ~ *extraparlamentare* extraparliamentary opposition. **5** ⟨*Dir*⟩ objection, exception, protest. □ ⟨*Pol*⟩ *essere all'* ~ to be in the opposition; *passare all'* ~ to go into opposition; **di** ~ of the opposition, opposition-: *partito di* ~ Opposition (party); ⟨*Dir*⟩ **fare** ~ to raise an objection, to take exception; *fare* ~ *a una proposta* to oppose (*o* object to) a proposal; ⟨*Fis*⟩ ~ *di* **fase** phase opposition; *in* ~ *di fase* push-pull; **politico** *dell'* ~ member of the opposition; ~ **di terzo** appeal by a third party.

opposto (*p.p. di opporre*) **I** *a.* **1** (*posto di fronte*) opposite, facing: *la riva -a del fiume* the opposite bank of the river. **2** (*contrario*) opposite, contrary: *muoversi in senso* ~ to move in the opposite direction. **3** ⟨*fig*⟩ (*contrastante*) opposite, contrasting, contrary. **4** ⟨*Dir*⟩ objected to, to which exception is taken. **5** ⟨*Filos,Mat,Geom*⟩ opposite. **II** *s.m.* opposite, contrary: *è l'* ~ *di quello che volevo* it is the opposite of what I wanted. □ *all'* ~ the opposite (way), opposite, contrary: *all'* ~ *di come pensavo* contrary to what I thought; *tutto l'* ~ quite the contrary (*o* reverse).

oppressi → opprimere. **oppressione** *f.* **1** (*l'opprimere*) oppression. **2** (*il sentirsi oppresso*) oppression, depression, heavy feeling. **3** (*servitù*) oppression, bondage. **oppressivo** *a.* oppressive. **oppresso** (*p.p. di opprimere*) **I** *a.* **1** oppressed, weighed down, crushed: ~ *da un grosso peso* crushed by a heavy weight. **2** ⟨*fig*⟩ (*afflitto*) overwhelmed, crushed, oppressed: ~ *dal dolore* overwhelmed (*o* crushed) by sorrow. **3** (*tiranneggiato*) oppressed, downtrodden. **II** *s.m.* (*f.* -a) victim of oppression; *pl.* the oppressed (*costr.pl.*). **oppressore I** *s.m.* oppressor. **II** *a.* oppressive.

opprimente *a.* **1** oppressive, overwhelming: *caldo* ~ oppressive heat. **2** (*rif. a persona: noioso*) tiresome. **opprimere** *v.t.* (**oppressi, oppresso**) **1** to oppress, to weigh down, to crush, to press down: *cibi che opprimono lo stomaco* food that weighs down the stomach. **2** (*gravare*) to burden, to overwhelm, to crush, to load (down): ~ *qd. di lavoro* to load s.o. down with work, to overwork s.o. **3** (*tiranneggiare*) to oppress: ~ *il popolo* to oppress the people.

oppugnabile *a.* confutable, refutable. **oppugnare** *v.t.* (*confutare*) to confute, to refute: ~ *una teoria* to refute a theory; (*impugnare*) to impugn. **oppugnatore** *m.* (*f.* -trice) ⟨*lett*⟩ opponent, antagonist, opposer. **oppugnazione** *f.* refutation, confutation.

oppure *congz.* **1** or: *vieni* ~ *no?* are you coming or not? **2** (*altrimenti*) otherwise, or else: *seguimi,* ~ *perderai la strada* follow me, otherwise you will lose your way.

optare *v.i.* (**opto**; *aus.* **avere**) **1** to choose, to select, to make a choice: ~ *fra due cariche* to choose between two positions. **2** ⟨*Dir,Pol,Econ*⟩ to opt (*per* for), to choose (s.th.).

optimum *m.inv.* optimum.

optional *ingl.* [ˈɔpʃənəl] *m.* ⟨*Aut*⟩ optional.

optoelettronica *f.* opto-electronics *pl* (*costr. sing.*). **optoelettronico** *a.* (*pl.* -ci) opto-electronic.

optometria *f.* optometry. **optometro** *m.* optometer.

opulento *a.* ⟨*lett*⟩ **1** opulent, rich, abundant, copious: *regione -a* rich region. **2** ⟨*fig*⟩ (*rif. a donna*) shapely, ⟨*scherz*⟩ curvaceous. □ *forme -e* full (*o* well-developed) figure; *società -a* affluent society. **opulenza** *f.* ⟨*lett*⟩ **1** opulence, abundance, plenty, wealth. **2** ⟨*fig*⟩ (*rif. a donna*) buxomness, ⟨*scherz*⟩ curvaceousness. □ ~ *di forme* buxomness, fullness of figure.

opunzia *f.* ⟨*Bot*⟩ prickly pear, opuntia.

opuscolo *m.* **1** booklet, opuscule, pamphlet. **2** (*pubblicitario*) brochure.

opzionale *a./s.m.* optional. **opzione** *f.* **1** (*libera scelta*) (freedom of) choice, option. **2** ⟨*Dir,Pol*⟩ option. □ ⟨*Econ*⟩ ~ *per l'acquisto* call; ~ *del compratore* buyer's option; ⟨*Econ*⟩ *diritto di* ~ option, pre-emptive right; ⟨*Pol*⟩ ~ *zero* zero option.

ora[1] *f.* **1** (*unità di tempo, parte del giorno*) hour: *ho passeggiato per due -e* I walked for two hours; *le prime -e del giorno* the early hours of the day. **2** (*nelle indicazioni temporali*) time: *che -e sono?* what time is it? **3** (*particolare istante del giorno*) time, hour: *a quest'* ~ *lo spettacolo sarà finito* by this time the show will be over. **4** (*momento*) time, moment: *è* ~ *di agire* it is time to act; *è proprio* ~ *di andare* it's really time to go; *sarebbe proprio* ~ *che ti decidessi* it's high time you made up your mind. **5** (*spazio di tempo*) time, hour: *abbiamo passato insieme -e felici* we have had some good times together. **6** (*ora lavorativa*) man-hour, working hour. □ **a** *-e* by the hour: *pagare a -e* to pay by the hour; *donna a -e* domestic help who works part-time (*o* by the hour); **all'** ~ per hour, an hour: *andare a cento chilometri all'* ~ to go at a hundred kilometres an (*o* per) hour; *diecimila lire all'* ~ ten thousand lire an hour; *-e* **antimeridiane** morning (hours), a.m.; ~ *di* **apertura** opening time; *un'* ~ *di* **auto** an hour's drive; **battere** *le -e* to strike the hours; *di* **buon'** ~ early; *alla buon'* ~ at last, finally; *-e* **calde** noontide, hot time of day; *un'* ~ *di* **cammino** an hour's walk; ⟨*Rel.catt*⟩ ~ **canonica** canonical hour; ⟨*fig*⟩ suitable (*o* right) time; *l'* ~ *della* **cena** dinner time, supper time; **che** ~ *fai?* what time is it by your watch?; ~ *di* **chiusura** closing time; ⟨*fig*⟩ **contare** *le -e e i minuti* to count the minutes; *ha le -e contate* (*è vicino a morire*) his days are numbered; **di** ~ *in* ~ as the hours pass, hour by hour; *-e* **diurne** daytime, daylight hours; *è l'* ~ it's time, time is up; ~ **esatta** exact (*o* right) time; *venire all'* ~ *esatta* to come ⌐dead on time⌐ (*o* on the dot); *sarà qui fra due -e* he'll be here in two hours'time; ⟨*Astr*⟩ ~ *del* **fuso** *orario* standard time (in a time zone); *all'* ~ **giusta** at the right time; ~ *di* **Greenwich** Greenwich (mean) time; ~ **lavorativa** working hour; *-e lavorative perdute* (*per scioperi e sim.*) working hours lost; ~ **legale** summertime, ⟨*am*⟩ daylight saving time; ⟨*Mediev*⟩ **libro** *d'-e* Book of Hours; ~ **locale** local time; *un'* ~ *di* **macchina** an hour's drive, an hour by car; ~ *di* **manodopera** man-hour; *fra mezz'* ~ in half an hour; *un'* ~ *e mezza* an hour and a half; *-e* ⌐*della* **notte**⌐ (*o notturne*) night-time, nocturnal hours; **a** ~ **ogni** ~ *del giorno* at all hours of the day; ~ *dei* **pasti** mealtime; **per** *-e e -e* for hours and hours, for hours on end; *fare le -e piccole* to stay up late; *-e* **pomeridiane** afternoon (hours), p.m.; ~ *di* **pranzo** lunch hour, lunch time; ~ *di* **punta** rush (*o* peak) hour; *a* **quest'** ~ at this time (*o* hour), now: *domani a quest'* ~ *l'esame sarà finito* (at) this time tomorrow the exam will be over; (*rif. ad azione cominciata nel passato*) by now, by this time: *a quest'* ~ *saranno già arrivati* they will (*o* must) have arrived by now; *–e* ⌐*della sera*⌐ (o *serali*) evening hours; ⟨*Astr*⟩ ~ **solare** *vera* true solar time; *alla* **solita** ~ at the usual time; **sonare** *le –e* to strike the hours; ~ **straordinaria** (o *di straordinario*) hour of overtime; *a* ~ **tarda** late; *a tutte le –e* at all hours, day and night; *–e di* **ufficio** office (o business) hours; **ultima** ~: 1 (*ora della morte*) hour of death; 2 ⟨*Giorn*⟩ latest edition; ⟨*fig*⟩ *non* **vedere** *l'* ~ to look forward, not to be able to wait; *non vedo l'* ~ *di tornare a casa* I can't wait to go home, I am dying to go home; *non vedo l'* ~ *di vederti* I am (so) looking forward to seeing you; *è* **venuta** *la sua* ~ his time has come; *le –e* **volano** time flies; *un'* ~ *di* **volo** an hour's flight, an hour by air. *Prov.: le –e del mattino hanno l'oro in bocca* an hour in the morning is worth two in the evening.

ora² **I** *avv.* **1** (just) now, at present, ⟨*am*⟩ presently: ~ *non lo posso ricevere* I cannot see him now; *soltanto* ~ *me ne rendo conto* I only realize it now. **2** (*nel tempo presente*) now, nowadays, at the present time. **3** (*da poco*) just (now): *se n'è andato* ~ he has just left. **4** (*fra poco*) shortly, in a moment (o minute), (right) now, just: *stai tranquillo,* ~ *arriva* don't worry, he'll be here in a minute; ~ *arrivo* I'm just coming, I'll be right there. **5** (*nelle correlazioni*) now .... now ..., now ... then ..., sometimes ... sometimes ... **II** *congz.* **1** now: ~ *accadde che* now it happened that.. **2** (*avversativo*) now (then), well: *tu affermi di aver ragione,* ~ *ti dico che hai torto* you say you're right, well I'm telling you that you're wrong. □ *d'* ~ *in* **avanti** from now (on); ~ **che** now (that): ~ *che ci penso hai ragione* now that I come to think of it, you are right; ~ **come** ~ (*per il momento*) right (o just) now, at present, for the time being, for the moment; ~ **dunque** now then, well now; ~ **invece** now however, now though; **or** ~ just now, a moment ago; **per** ~ for now, for the moment (o time being); **prima** *d'* ~ before (now), before this time; ~ **sì** *che* now, at last, finally: ~ *sì che vorrei andarmene* now I would like to go.

oracolo *m.* oracle: *l'* ~ *di Apollo a Delfi* Apollo's oracle at Delphi; *consultare l'* ~ to consult the oracle. □ *parlare come un* ~ to talk like an oracle.

orafo **I** *s.m.* ⟨*lett*⟩ goldsmith. **II** *a.* goldsmith's, of a goldsmith.

orale **I** *a.* oral: *cavità* ~ oral cavity; *tradizione* ~ oral tradition. **II** *s.m.* ⟨*Scol*⟩ (*esame orale*) oral (examination). □ *per via* ~ by mouth. **oralmente** *avv.* orally, by word of mouth.

oramai *avv.* **1** (by) now, by this time, at this point: ~ *dovresti andartene* you should be leaving now; ~ *ci si è* **abituato** he's got used to it by now; (*rif. al passato*) by then, by that time: ~ *era troppo tardi* it was too late by then. **2** (*già*) (by) now, already: *è un uomo* ~ *vecchio* he is old now; ~ *è giorno* it's already day; ~ *è un anno che non lo vedo* I haven't seen him for a year now; (*già quasi*) almost, nearly, almost ... now, nearly ... now: ~ **siamo** *arrivati* we're nearly there now.

orango *m.* (*pl.* -ghi) ⟨*Zool*⟩ orang-outang, orang-utan.

orare *v.t.* (**oro**) ⟨*lett*⟩ to pray.

orario **I** *a.* **1** hourly, hour-: *angolo* ~ hour angle; (*rif. a velocità*) per hour: *velocità –a* speed per hour. **2** (*del tempo*) time-: ⟨*Rad*⟩ *segnale* ~ time-signal. **II** *s.m.* **1** hours *pl,* time, times *pl:* ~ *di* **apertura** business hours; ~ *di* **ufficio** office (o working) hours. **2** ⟨*concr*⟩ (*prospetto, fascicolo*) timetable, schedule: *consultare l'* ~ to consult the timetable. □ *essere in* **anticipo** *sull'* ~ to be early, to be ahead of schedule; ~ *di* **apertura** *dei musei* visiting hours; ~ *di apertura dei negozi* business hours *pl,* opening time (o hours *pl*); ~ *d'*arrivo times of arrival; ~ *degli arrivi* (*prospetto*) arrival schedule; ~ *delle* **aviolinee** airline timetable (o schedule); ~ *di* **banca** banking hours; ~ *di* **cassa** cash hours *pl;* ~ *di* **chiusura** closing time; ~ **estivo** summer schedule (o times); ~ **ferroviario** (train) timetable; ~ (*di lavoro*) **flessibile** flexible schedule, flexible hours *pl,* ⟨*am*⟩ flextime; **fuso** ~ time zone; **in** ~: 1 (*puntuale*) on time, punctual, ⟨*fam*⟩ on the dot; 2 (*rif. a treni e sim.*) on time (o schedule): *arrivare in* ~ to arrive on time; *essere in* ~ to be on time; *non essere in* ~ not to be on time, to be behind time; (*rif. a treni e sim.*) to be overdue (o late); ~ **invernale** winter times (o schedule); ~

di **lavoro** working hours; ~ *delle* **lezioni**: 1 ⟨*Scol*⟩ (school) timetable; 2 ⟨*Univ*⟩ schedule of courses, class timetable (o times); ~ *dei* **negozi** shop (o business) hours; ~ **normale** (*rif. a uffici*) straight time; ~ *di* **partenza** times of departure; ~ *delle* **partenze** (*prospetto*) departure schedule; ~ *per il* **pubblico** hours for the public; ~ **ridotto** (*di lavoro*) short time: *fare (l')* ~ *ridotto* to work short time; **riduzione** *dell'* ~ *di lavoro* reduction of working hours; *in* **senso** ~ clockwise; ~ *di* **sportello** business hours *pl;* ~ *d'*ufficio business hours *pl;* ~ *delle* **visite** (*nei musei e sim.*) opening hours *pl;* (*rif. a ospedali*) visiting hours *pl;* ⟨*Aer*⟩ ~ *dei* **voli** flight schedule.

orata *f.* ⟨*Itt*⟩ gilthead.

oratore *m.* (*f.* -**trice**) orator, (public) speaker. □ ~ *sacro* preacher. **oratoria** *f.* oratory, eloquence.

oratoriano *a./s.m.* ⟨*Rel*⟩ Oratorian.

oratorio¹ *a.* oratorical, orator's: *tono* ~ oratorical tone.

oratorio² *m.* **1** ⟨*Rel*⟩ (*luogo*) oratory; (*nome di congregazioni*) Oratory: ~ *di San Filippo Neri* Oratory of St. Philip Neri. **2** ⟨*Mus*⟩ oratorio.

Orazi *N.pr.m.pl.* ⟨*Stor.rom*⟩ Horatii *pl:* ~ *e Curiazi* Horatii and Curiatii.

Orazio *N.pr.m.* Horace.

orazione *f.* **1** (*preghiera*) prayer: *recitare un'* ~ to say a prayer. **2** ⟨*Stor.gr,Stor.rom*⟩ oration: *le –i di Demostene* the orations of Demosthenes. □ ~ **funebre** funeral oration; *–i del mattino* morning prayers.

orbace *m.* ⟨*Tess*⟩ (Sardinian) rough woollen cloth.

orbare *v.t.* (**orbo**) ⟨*lett*⟩ to bereave: *la disgrazia la orbò del marito* misfortune bereaved her of her husband.

orbe *m.* ⟨*lett*⟩ (*terra*) earth, orb, globe. □ ⟨*Rel*⟩ *l'* ~ **cattolico** the Catholic world; ~ **terracqueo** (terrestrial) globe.

orbene (o *or bene*) *congz.* (*dunque*) so, well (then), now then.

orbettino *m.* ⟨*Zool*⟩ blind worm.

orbicolare **I** *a.* ⟨*Anat,Min*⟩ orbicular. **II** *s.m.* ⟨*Anat*⟩ orbicularis.

orbita *f.* **1** ⟨*Fis*⟩ orbit. **2** ⟨*fig*⟩ (*limite*) limit, limits *pl: mantenersi nella propria* ~ to keep within one's limits; (*ambito*) sphere, range. **3** ⟨*Astr,Astron*⟩ orbit. **4** ⟨*Anat*⟩ eye-socket, orbit. □ ⟨*fig*⟩ **attrarre** *qc.* (o *qd.*) *nella propria* ~ to draw s.th. (o s.o.) into one's orbit (o circle); ⟨*fig*⟩ *questo non rientra nella mia* ~ *di* **competenza** this is not within my orbit; ⟨*Astr*⟩ ~ **ellittica** elliptical orbit; ⟨*Astron*⟩ **entrare** *in* ~ to go into orbit; ⟨*fam,scherz*⟩ *è entrato in* ~ he's off, he's got going; ~ **lunare** lunar orbit; ⟨*Astron*⟩ **mettere** *in* ~ to put into orbit; *ha gli* **occhi** *fuori delle –e* his eyes are bulging; ⟨*Astron*⟩ ~ *di* **parcheggio** parking orbit; ~ *di* **potere** sphere of power; ~ **terrestre** terrestrial orbit.

orbitale *a.* ⟨*Astr,Fis*⟩ orbital: *velocità* ~ orbital velocity. **orbitare** *v.i.* (**orbito**; *aus.* avere) ⟨*Astr*⟩ to orbit (*attorno a qc.* around s.th.). **orbitario** *a.* ⟨*Anat*⟩ orbital. □ *cavità –a* eye-socket.

orbo **I** *a.* **1** (*cieco*) blind. **2** ⟨*lett*⟩ (*privo*) ...less, bereft, deprived (*di* of): ~ *della madre* motherless. **II** *s.m.* (*f.* -**a**) blind person. □ *botte da –i* hail of blows; ~ *da un occhio* one-eyed, blind in one eye.

orca *f.* **1** ⟨*Zool*⟩ killer (whale), orca. **2** (*mostro favoloso*) sea monster, orc.

Orcadi *N.pr.f.pl.* ⟨*Geog*⟩ Orkney Islands *pl,* Orkneys *pl.*

orchessa *f.* ogress (*anche fig.*).

orchestra *f.* **1** orchestra; (*complesso da ballo*) band. **2** ⟨*Teat*⟩ orchestra pit. **3** ⟨*Archeol*⟩ orchestra. □ ~ *d'*archi string orchestra; ~ *da* **camera** chamber orchestra; *concerto per pianoforte e* ~ piano concerto; **direttore** *d'* ~ conductor; ~ **filarmonica** philharmonic orchestra; ~ (*di*) **jazz** jazz band; ~ **sinfonica** symphony orchestra.

orchestrale **I** *a.* orchestral, of (o for) an orchestra. **II** *s.m./f.* player (in an orchestra); (*rif. a orchestra di musica leggera*) bandsman, member of a band. **orchestrare** *v.t.* (**orchestro**) ⟨*Mus*⟩ to orchestrate (*anche fig.*). **orchestrazione** *f.* orchestration (*anche fig.*). **orchestrina** *f.* (dance)band.

orchidacee *f.pl.* ⟨*Bot*⟩ orchid family, orchids *pl.* **orchidea** *f.* orchid.

orchite *f.* ⟨*Med*⟩ orchitis.

orciaio *m.* (*fabbricante*) potter, jar-maker; (*venditore*) jar-seller. **orcio** *m.* (*pl. gli* orci) (*per olio*) oil-jar; (*per acqua*) water-jar; (*per vino*) wine-jar.

orco *m.* (*pl.* **-chi**) (*mostro favoloso*) ogre (*anche fig.*).

Orco *N.pr.m.* ⟨*Mitol*⟩ Orcus.

orda *f.* horde (*anche fig.*).

ordalia *f.* ⟨*Mediev*⟩ ordeal.

ordigno *m.* **1** contrivance, device. **2** ⟨*scherz*⟩ (*arnese strano*) contraption, gadget, thing. □ ~ *diabolico* infernal machine; ~ *esplosivo* explosive device; ~ *di guerra* implement of war.

ordinabile *a.* orderable, that may be ordered.

ordinale *a.* ordinal: *numero* ~ ordinal number.

ordinamento *m.* **1** (*il disporre*) arrangement; (*disposizione*) order, disposition. **2** (*regolamento*) regulations *pl*, rules *pl*; (*norma*) regulation, rule. **3** (*compagine*) order, system: ~ *politico* political order; (*organizzazione*) organization; (*struttura*) structure. **4** (*istituzione*) institution. □ ~ **amministrativo** administrative system; ⟨*Inform*⟩ ~ *a* **blocchi** block sort; ~ **civile** civil regulations; ~ **giudiziario** court system; ~ **giuridico** legal system; ~ *del* **mercato** market (*o* marketing) regulations *pl*; ~ **militare** military regulations; ~ **scolastico** educational system; ~ **sindacale** union rules (*o* regulations); ~ **sociale** social order.

ordinando *m.* ⟨*Rel.catt*⟩ ordinand.

ordinanza *f.* **1** ⟨*Dir*⟩ ordinance, order; (*mandato*) warrant, writ. **2** ⟨*Mil*⟩ (*ordinamento, organizzazione*) arrangement, organization, order. **3** ⟨*Mil*⟩ (*attendente*) orderly, ⟨*fam*⟩ batman. □ ⟨*Mil*⟩ **d'** ~ regulation-: *uniforme d'* ~ regulation uniform; ⟨*Dir*⟩ ~ *di procedura* **fallimentare** receiving order; ⟨*Mil*⟩ **fuori** ~ non-regulation-, unauthorized; ⟨*Stor*⟩ **-e reali** (*o del re*) royal decrees; ⟨*Dir*⟩ ~ *di* **sequestro** sequestration order; ~ *del* **tribunale** mandatory injunction.

ordinare *v.t.* (ordino) **1** (*disporre*) to arrange, to put (*o* set) in order: ~ *le schede* to put the cards in order. **2** (*riordinare*) to tidy (up), to put in order (again): ~ *una stanza* to tidy up a room. **3** (*comandare*) to order, to command; (*decretare*) to decree, to ordain. **4** (*prescrivere*) to prescribe, to order: ~ *una cura* to prescribe a treatment; ~ *una cura a un paziente* to order (*o* tell) a patient to follow a treatment. **5** (*fare un'ordinazione*) to order: ~ *un caffè* to order a cup of coffee; ~ *una merce a una ditta* to order goods from a firm; (*rif. a opere d'arte e sim.*) to commission. **6** ⟨*Rel*⟩ to ordain, to confer orders on. **ordinarsi** *v.r.* **1** (*disporsi*) to draw up, to arrange o.s., to get (*o* fall) into line. **2** ⟨*Rel*⟩ to be ordained, to take Holy Orders. □ ~ *alfabeticamente* to put into alphabetical order.

ordinariamente *avv.* ordinarily, usually; (*per lo più*) in most cases. **ordinariato** *m.* **1** ⟨*Univ*⟩ (full) professorship. **2** ⟨*Scol*⟩ teaching post on the regular staff. **3** ⟨*Rel.catt*⟩ ordinariate. **ordinario I** *a.* **1** (*consueto*) ordinary, usual, customary; (*comune*) common, every day. **2** (*normale*) normal, average: *statura* **-a** average height. **3** (*regolare*) regular: *socio* ~ regular (*o* dues-paying) member; (*in ruolo*) on the permanent staff, · permanent. **4** ⟨*spreg*⟩ (*rozzo*) coarse, ill-bred, rough; (*volgare*) vulgar, common: *modi ordinari* common manners. **II** *s.m.* **1** ordinary, usual: *fuori dell'* ~ out of the ordinary, unusual, extraordinary. **2** ⟨*Univ*⟩ (full) professor. **3** ⟨*Scol*⟩ regular (*o* permanent) teacher, teacher on the permanent staff. **4** ⟨*Rel.catt*⟩ Ordinary. □ **d'** ~ usually, ordinarily; ⟨*Lit*⟩ ~ *della messa* Ordinary of the Mass; *uscire dall'* ~ to be out of the ordinary.

ordinata[1] *f.* putting in order, tidying up. □ *dare un'* ~ *alle proprie carte* to tidy up one's papers, to set one's papers in order.

ordinata[2] *f.* **1** ⟨*Mat*⟩ ordinate. **2** ⟨*Mar,Aer*⟩ frame. □ ⟨*Mat*⟩ *asse delle* **-e** axis of ordinates; ⟨*Mar*⟩ ~ **maestra** main frame; ⟨*Mar*⟩ ~ *di* **paratia** bulkhead frame.

ordinatamente *avv.* tidily; (*metodicamente*) methodically. **ordinatario** *m.* ⟨*Econ*⟩ payee. **ordinativo I** *a.* regulative, regulating. **II** *s.m.* ⟨*Comm*⟩ (*ordinazione*) order: ~ *di* **prova** trial order. **ordinato** *a.* **1** tidy, neat, in

(good) order: *tenere la casa* **-a** to keep one's house tidy (*o* in order). **2** (*regolato*) orderly, regular: *vita* **-a** orderly (*o* regular) life. **3** (*disciplinato*) (well-)disciplined, orderly; (*metodico*) methodical. **4** (*commissionato*) ordered; (*rif. a opere d'arte e sim.*) commissioned. **5** ⟨*Rel*⟩ ordained.

ordinatore I *s.m.* (*f.* **-trice**) **1** orderer (*anche Comm.*). **2** (*organizzatore*) organizer, regulator. **II** *a.* regulative, regulating, organizing. **ordinatrice** *f.* ⟨*Inform*⟩ sorter: ~ *di schede* card sorter. **ordinazione** *f.* **1** ⟨*Comm*⟩ order: *ricevere un'* ~ *di un articolo* to receive an order for an article; (*rif. a opere d'arte e sim.*) commission. **2** ⟨*Med*⟩ (*prescrizione*) prescription. **3** ⟨*Rel*⟩ ordination. □ *annullare un'* ~ to cancel an order; **-i** *in corso* outstanding orders, orders in hand; *eseguire un'* ~ to 'carry out' (*o* fill) an order; *su* ~ (according) to order: *fatto su* ~ made to order; (*rif. a vestiti*) custom-made.

ordine *m.* **1** order: *mutare l'* ~ to change the order; *l'* ~ *della natura* the order of nature. **2** (*successione*) order, succession, sequence: ~ *cronologico* chronological order. **3** (*metodo, esattezza*) order, method. **4** (*compagine, sistema*) order, structure, framework: ~ *sociale* social order. **5** (*funzionamento regolare*) order, orderliness: *riportare l'* ~ *in una scuola* to restore order in a school. **6** (*quiete pubblica*) (public) order, peace: *mantenere l'* ~ *pubblico* to keep the peace. **7** (*categoria*) class, category, order: *albergo d'infimo* ~ third-class (*o* third-rate) hotel. **8** (*classe, ceto*) (social) class, rank, order. **9** (*carattere*) nature, kind: *problemi d'* ~ *tecnico* problems of a technical nature. **10** (*associazione*) association, society: ~ *dei medici* Medical Association. **11** (*comunità religiosa o confraternita cavalleresca*) order: *l'* ~ *della* **Giarrettina** the Order of the Garter. **12** (*comando*) order, command; (*mandato*) warrant, writ: ~ *di* **cattura** warrant for arrest, arrest warrant. **13** (*fila a teatro: rif. a poltrone*) row; (*rif. a palchi*) tier, circle. **14** (*serie*) series, sequence. **15** ⟨*Mil*⟩ order, formation, array: ~ *di* **battaglia** battle order (*o* array). **16** *pl.* ⟨*Mil*⟩ (*schiere*) ranks *pl*, formation. **17** ⟨*Rel*⟩ (*sacramento*) ordination, (Holy) Orders *pl.* **18** ⟨*Dir*⟩ order, injunction. **19** ⟨*Comm*⟩ order. **20** ⟨*Arch,Zool,Bot*⟩ order. □ *essere* **agli -i** *di qd.* to be under s.o.'s orders; ⟨*Mil*⟩ *agli* **-i!** yes, sir; ⟨*Comm*⟩ **all'** ~ to order: *pagate all'* ~ *di* pay to the order of; *amante dell'* ~ orderly (*o* tidy) person; *per* ~ *di* **anzianità** in order of seniority; ⟨*Dir*⟩ ~ *di* **arresto** warrant for (*o* of) arrest; ⟨*Comm*⟩ **-i arretrati** outstanding orders; ⟨*Sport*⟩ ~ *d'***arrivo** order of arrival; *avere l'* ~ *di fare qc.* to be under orders to do s.th.; ~ *degli* **avvocati** Bar Association; ~ *di* **bonifico** credit transfer order; *per il* **buon** ~ for the sake of good order; *ritirarsi in buon* ~ to withdraw in good order; (*fig,iron*) to beat a hasty retreat; ⟨*Mediev*⟩ **-i** *cavallereschi* orders of the knighthood, knightly (*o* chivalrous) orders; ⟨*Comm*⟩ ~ **collettivo** collective order; ~ *di* **combattimento** fighting order (*o* formation); ⟨*Dir*⟩ ~ *di* **comparizione** summons; **con** ~ in order, in an orderly manner; ⟨*Econ*⟩ ~ *di* **consegna** delivery order; ⟨*Arch*⟩ ~ **corinzio** Corinthian order; ~ **costituito** established order; ⟨*Arch*⟩ ~ **dorico** Doric order; ~ **economico** *mondiale* world economic order; ⟨*Stor.rom*⟩ ~ **equestre** equestrian (*o* knightly) order; *eseguire un* ~ to carry out an order; ~ *di* **espulsione** expulsion order; **fuori** ~ out of order; *considerazioni d'* ~ **generale** considerations of a general nature; ~ **gerarchico** hierarchical order; ~ *del* **giorno**: 1 (*rif. ad assemblea*) agenda, order of the day; 2 ⟨*Mil*⟩ orderly book; *essere all'* ~ *del giorno* (*rif. ad assemblea*) to be on the agenda; *mettere all'* ~ *del giorno* to put on the agenda; (*fig*) *una questione all'* ~ *del giorno* a matter of topical interest; ~ *di* **grandezza** order of magnitude; *entrare nell'* ~ *di* **idee** *di fare qc.* to take it into one's head to do s.th., to come round to the idea of doing s.th.; **impiegato** *d'* ~ junior clerk; **in** ~ in order: *essere in* ~ to be in order; (*pulito, ordinato*) orderly, tidy, neat; *in* ~ *di* in order of, in ... order, according to: *in* ~ *d'età* according to age; *in* ~ *di* **merito** in order of merit; *in* ~ *di* **tempo** in chronological order; ⟨*Comm*⟩ ~ *d'***incasso** collection order; ⟨*Arch*⟩ ~ **ionico** Ionic order; ⟨*Comm*⟩ ~ *di* **lavorazione** work order; ⟨*Rel*⟩ **-i maggiori** major orders; ~ *al* **merito** *del lavoro* Order of Merit for Work; *mettere*

~ to tidy up, to set in order; *mettere in* ~ to put (*o* set) in order, to order; (*rif. a stanza*) to tidy up, to put in order; *mettersi in* ~ (*rif. alla propria persona*) to tidy up o.s.; ⟨*Rel*⟩ –*i* **minori** minor orders; ~ **numerico** numerical order; **numero** *d'* ~ serial number; *fino a* **nuovo** ~ until further orders; ~ *di* **pagamento** order of payment; ⟨*Mil*⟩ **parola** *d'* ~ password; **per** ~ *di*: 1 by order of, at (*o* by) the command of; 2 ⟨*Comm*⟩ by order of; ~ **permanente** permanent (*o* standing) order; ~ **permanente** *di* **pagamento** periodical payment order; ~ *di* **precedenza** order of precedence; **prendere** –*i da qd.* to take orders from s.o.; *di* **prim'** ~: first–class, first–rate: *vino di prim'* ~ first–class wine; **procedere** *con* ~ to proceed methodically; ⟨*Dir*⟩ ~ **pubblico** peace, (public) order; *attentato all'* ~ *pubblico* breach of the peace; *mantenimento dell'* ~ *pubblico* keeping order; ~ **religioso** religious order; **ristabilire** *l'* ~ to restore order; **richiamare** *qd. all'* ~ to call s.o. to order; **rimettere** *in* ~ to set (*o* put) in order again; ⟨*Econ*⟩ ~ *di* **riscossione** collection order; ⟨*Rel.catt*⟩ –*i* **sacri** Holy Orders; **secondo** *gli* –*i* according to instructions (*o* orders); ⟨*Dir*⟩ ~ *di* **sequestro** writ of attachment; ⟨*Mil*⟩ **sotto** *gli* –*i di* under the orders of; ⟨*Mil*⟩ *in* ~ **sparso** in open order; ⟨*Univ*⟩ ~ *degli* **studi** schedule of university courses; *sono ai* **suoi** –*i* I am at your service; *per* ~ **superiore** according to orders from above; *per* ~ *del* **tribunale** by order of the court.

ordire *v.t.* (**ordisco, ordisci**) 1 ⟨*Tess*⟩ to warp. 2 ⟨*fig*⟩ (*tramare*) to plot, to plan, to scheme, to hatch: ~ *una congiura* to hatch a plot. □ ~ *inganni* to intrigue, to plot.

ordito *m.* 1 ⟨*Tess*⟩ warp, web. 2 ⟨*fig*⟩ (*intrico*) web, tangle: *un* ~ *di menzogne* a web (*o* tissue) of lies.

orditoio *m.* ⟨*Tess*⟩ (*macchina*) warping machine (*o* mill).

orditore *m.* (*f.* -**trice**) 1 ⟨*Tess*⟩ (*operaio*) warper. 2 ⟨*fig*⟩ plotter, schemer, hatcher. **orditura** *f.* 1 ⟨*Tess*⟩ (*l'ordire*) warping; (*l'ordito*) warp. 2 ⟨*fig*⟩ (*macchinazione*) plot, intrigue. 3 ⟨*fig*⟩ (*trama*) plot, outline.

oreadi *f.pl.* ⟨*Mitol*⟩ Oreads *pl.*

orecchia *f.* (*pl.* le **orecchie**/gli **orecchi**) 1 ⟨*region*⟩ (*orecchio*) ear. 2 (*piega all'angolo di una pagina*) dog ear. □ ⟨*Zool*⟩ ~ *di* **mare** sea ear. **orecchiabile** *a.* catchy: *motivo* ~ catchy tune. **orecchiante** I *a.* ⟨*Mus*⟩ (*che suona a orecchio*) able to play by ear; (*che canta a orecchio*) able to sing by ear. II *s.m./f.* ⟨*Mus*⟩ person who has a good ear for music; (*chi suona a orecchio*) person who plays by ear. **orecchietta** *f.* ⟨*Anat*⟩ auricle. **orecchino** *m.* ear–ring. □ ~ *a* **clip** ear–clip, clip–on earring.

orecchio *m.* (*pl.* gli **orecchi**/le **orecchie**) 1 ⟨*Anat*⟩ ear: *sussurrare all'* ~ *di qd.* to whisper in s.o.'s ear; (*padiglione*) auricle. 2 (*udito*) ear, (sense of) hearing. 3 ⟨*fig*⟩ (*sensibilità musicale*) ear (for music): *avere molto* ~ to have a good ear (for music). 4 (*rif. all'aratro*) mould–board. □ *cantare* **a** ~ to sing by ear; **aprire** *gli orecchi* to open one's ears; *avere le* –*e d'***asino** to have long (*o* ass's) ears, to be long–eared; **assordare** *gli orecchi* to be deafening; ⟨*fig*⟩ *non* **avere** *orecchi* not to listen (*o* pay attention); **drizzare** *gli orecchi* to prick up one's ears; *essere* **duro** *d'orecchi* to be hard of hearing; *per un* ~ **entra** *e per l'altro* **esce** it goes in one ear and out the other; ⟨*Anat*⟩ ~ **esterno** external ear; **far** *l'* ~ *a qc.* to get used to (hearing) s.th.; *essere d'* ~ **fine** to have good hearing⌉ (*o* sharp ears); ⟨*fig*⟩ *mi sento* **fischiare** *le* –*e* my ears are burning (*o* tingling); **giungere** *all'* ~ *di qd.* to reach s.o.'s ears; *mi è giunto all'* ~ I have heard; ⟨*Anat*⟩ ~ **interno** inner ear; **lacerare** *gli orecchi di qd.* to deafen s.o.: *urla che lacerano gli orecchi* deafening (*o* ear–splitting) shouts; *avere* **mal** *d'orecchi* to have an earache; *fare orecchi da* **mercante** to turn a deaf ear; **mettere** *la mano all'* ~ to cup one's ear; *i* **muri** *hanno orecchi* walls have ears; ~ **musicale** good ear (for music); **parlare** *all'* ~ *di qd.* to speak (*o* whisper) in s.o.'s ear; ⟨*fig*⟩ *da quest'* ~ *non ci* **sente** it is a subject he is not willing to discuss; *orecchi a* **sventola** flapping ears; **tapparsi** *gli orecchi* to stop one's ears; **tirare** *le orecchie a qd.* to pull (*o* tweak) s.o.'s ears; ⟨*fig*⟩ to give s.o. a telling–off; *essere* **tutt'orecchi** to be all ears.

orecchione *m.* 1 *pl.* ⟨*Med*⟩ mumps *pl* (*costr. sing.*). 2

⟨*Zool*⟩ long–eared bat. 3 ⟨*Artigl*⟩ trunnion. **orecchiuto** *a.* long–eared.

orefice *m.* jeweller, goldsmith. **oreficeria** *f.* 1 (*arte*) goldsmith(e)ry, goldsmith's art. 2 (*negozio*) jeweller's (shop).

Oreste *N.pr.m.* ⟨*Mitol*⟩ Orestes.

orfano I *a.* 1 (*di madre*) motherless; (*di padre*) fatherless; (*privo di entrambi i genitori*) orphan–, parentless. 2 ⟨*fig*⟩ (*privo*) bereft. II *s.m.* (*f.* -**a**) (*di ambedue i genitori*) orphan; (*di madre*) motherless child; (*di padre*) fatherless child. □ ~ *di* **guerra** war orphan; *restare* ~ to be orphaned. **orfanotrofio** *m.* orphanage, orphan asylum.

Orfeo *N.pr.m.* ⟨*Mitol*⟩ Orpheus. **orfico** *a./s.* (*pl.* -**ci**) I *a.* ⟨*Stor.gr*⟩ Orphic, Orphean: *iniziazione* –*a* Orphic rites. II *s.m.* Orphic, Orphist. **orfismo** *m.* Orphism.

organdi *m.* ⟨*Tess*⟩ organdie.

organetto *m.* ⟨*Mus*⟩ (*a manovella*) barrel organ; (*armonica a bocca*) mouth organ, harmonica; (*fisarmonica*) accordion. □ ⟨*Mus*⟩ ~ *di Barberia* barrel organ.

organicamente *avv.* organically. **organicismo** *m.* organicism. **organicità** *f.* organicity, organic unity. **organico** *a./s.* (*pl.* -**ci**) I *a.* 1 ⟨*Biol,Chim,Med*⟩ organic: *vita* –*a* organic life. 2 ⟨*fig*⟩ organic, organized. II *s.m.* ⟨*burocr*⟩ (*ruolo organico*) roll; (*personale*) personnel, staff. **organigramma** *m.* 1 ⟨*burocr*⟩ organization chart. 2 ⟨*Inform*⟩ programme chart.

organino *m.* → **organetto**.

organismo *m.* organism (*anche fig.*). □ ~ *animale* animal organism; ~ *umano* human body; –*i unicellulari* unicellular organisms.

organista *m./f.* organist, organ player. **organistico** *a.* (*pl.* -**ci**) organ–: *musica* –*a* organ music.

organizzare *v.t.* to organize: ~ *una gita* to organize an outing; ~ *la propria vita* to organize one's life. **organizzarsi** *v.r.* to organize, to get organized. □ ~ *le proprie idee* to get one's ideas into order. **organizzativo** *a.* organizational, of organization, organizing: *lavoro* ~ work of organization; *fase* –*a* organizing phase. □ ~ *capacità* –*a* ability as an organizer. **organizzatore** I *s.m.* (*f.* -**trice**) organizer. II *a.* organizing. □ ~ *di viaggi* tour operator.

organizzazione *f.* organization: *l'* ~ *di uno stato* the organization of a state; *mancare di* ~ to lack organization, to be disorganized. □ ~ **aziendale** corporate structure; ⟨*concr*⟩ business organization; ~ **commerciale** trading organization; ~ *dei* **consumatori** consumer organization; ~ **giovanile** youth organization; ~ *internazionale del* **lavoro** International Labour Organization; ~ *per la* **liberazione** *della Palestina* Palestine Liberation Organization; ~ *delle* **Nazioni Unite** *per lo sviluppo industriale* United Nations Industrial Development Organization; ~ *del* **personale** staff organization; ~ **scientifica** scientific management; ~ **sindacale** labour organization, (trade) union; ~ **specializzata** *delle Nazioni Unite* United Nations specialized agency; ~ *degli* **Stati** *americani* Organization of American States; ~ **studentesca** student organization; ~ *del* **tempo** *libero* organized leisure activity; ~ **terroristica** terroristic organization; ~ *per l'***unità** *africana* Organization of African Unity; ~ *di* **vendita** sales organization; ~ *di* **viaggi** travel organization.

organo *m.* 1 ⟨*Anat,Biol*⟩ organ. 2 (*estens*) (*parte di congegno*) part, member, unit, mechanism: *gli* –*i del* **motore** the parts of the engine. 3 ⟨*fig*⟩ (*persona, ente con incarichi particolari*) body, organ; (*assemblea*) assembly: ~ **deliberativo** deliberative assembly (*o* body). 4 (*giornale, pubblicazione*) organ: ~ *di* **partito** party organ. 5 ⟨*Mus*⟩ organ: *sonare l'* ~ to play the organ. □ ⟨*burocr*⟩ ~ **ausiliario** auxiliary body; ~ *da* **chiesa** church–organ; ~ **consultivo** advisory body; ~ *di* **controllo** board of control; ⟨*Anat*⟩ –*i della* **digestione** digestive organs; ~ **direttivo** governing (*o* policy–making) body; ⟨*Mus*⟩ ~ **elettrico** electric organ; ⟨*Mus*⟩ ~ **elettronico** electronic organ; –*i della* **fonazione** organs of speech; ~ *di* **gestione** governing body; ~ *del* **governo** organ of government, government body; ~ *d'***informazione** newspaper; ⟨*Inform*⟩ ~ *d'***ingresso** input device; ⟨*Dir*⟩ –*i* **internazionali** international bodies; ~ **legislativo** legislative (body); ~ *del* **partito** party newspaper (*o* organ); ~ **permanente** standing body; ⟨*Anat*⟩ ~ *di* **senso** sense organ; ⟨*Giorn*⟩ ~ **ufficiale** official organ; ⟨*Inform*⟩ ~ *d'*uscita output device; ⟨*Dir*⟩ ~ *di* vigilanza supervisory body.

organogenesi *f.* ⟨*Biol*⟩ organogenesis, organogeny. **organogeno** *a.* ⟨*Geol*⟩ organogenic. **organografia** *f.* 1 ⟨*Biol*⟩ organography. 2 ⟨*Mus*⟩ organography, description of musical instruments. **organografico** *a.* (*pl.* -ci) organographic. **organogramma** *m.* → **organigramma**. **organolettico** *a.* (*pl.* -ci) organoleptic. **organologia** *f.* ⟨*Biol*⟩ organology. **organologico** *a.* (*pl.* -ci) organologic(al). **organoscopia** *f.* organoscopy. **organoterapia** *f.* ⟨*Med*⟩ organotherapy.

organza *f.* ⟨*Tess*⟩ organza. **organzino** *m.* organzine.

orgasmico *a.* (*pl.* -ci) orgasmic, orgastic. **orgasmo** *m.* 1 ⟨*Fisiol*⟩ orgasm. 2 ⟨*fig*⟩ excitement, agitation. □ ⟨*fig*⟩ *essere in* ~ to be in a flutter (*o* state); ⟨*fig*⟩ *mettere qd. in* ~ to get s.o. excited (*o* worked up), to fluster s.o.

orgia *f.* (*pl.* -ge) 1 orgy. 2 ⟨*fig*⟩ (*abbondanza*) feast; (*rif. a luce*) blaze: *un'* ~ *di luce* a blaze of light; (*rif. a colori*) riot. **orgiastico** *a.* (*pl.* -ci) orgiastic(al).

orgoglio *m.* pride (*anche estens.*): *è l'* ~ *della famiglia* he is the pride of the family. **orgogliosamente** *avv.* proudly. **orgoglioso** *a.* proud.

oricello *m.* ⟨*Bot,Chim*⟩ archil, orchil.

orientabile *a.* 1 that can be oriented. 2 ⟨*Mecc*⟩ rotary, revolving.

orientale I *a.* 1 ⟨*Geog*⟩ east, eastern: *la costa* ~ *dell'Italia* the east coast of Italy. 2 (*rif. a civiltà, lingue, razze*) Eastern, Oriental. II *s.m./f.* Oriental. **orientaleggiante** *a.* Oriental, orientalizing. **orientalista** *m./f.* Orientalist.

orientamento *m.* 1 orientation. 2 (*senso di orientamento*) sense of direction. 3 ⟨*fig*⟩ (*l'indirizzare*) orientation, directing, guidance: *l'* ~ *spirituale della gioventù* the spiritual guidance of youth; (*indirizzo*) guidance, counsel. □ ⟨*Pol*⟩ ~ *a destra* rightism; *perdere l'* ~ to lose one's bearings (*anche fig.*); ~ *professionale* vocational (*o* careers) guidance; ~ *scolastico* vocational guidance; ~ *a sinistra* leftism. **orientare** *v.t.* (**oriento**) 1 to orient(ate). 2 ⟨*fig*⟩ (*indirizzare*) to orient(ate), to direct, to steer. 3 ⟨*Mar*⟩ to steer; (*rif. a vele*) to trim. **orientarsi** *v.r.* 1 to take (*o* get) one's bearings, to orientate o.s. 2 ⟨*fig*⟩ (*raccapezzarsi*) to see one's way: *non riesco a orientarmi in questa faccenda* I can't make head or tail of this matter. 3 ⟨*fig*⟩ (*rif. a idee*) to tend. □ *ho finito con l'orientarmi verso la sua proposta* I finally came round to his proposal; ~ *una carta geografica* to set (*o* orient) a map. **orientativo** *a.* indicative, guiding. □ *a scopo* ~ as a guide. **orientato** *a.* 1 oriented, orientated; (*volto*) facing. 2 ⟨*fig*⟩ (*diretto*) directed, concentrating; (*avviato*) turned; (*rif. a idee*) tending, leaning. □ ⟨*Pol*⟩ ~ *a destra* right-wing, rightist; ~ *a sinistra* left-wing, leftist.

oriente *m.* 1 (*est*) east, orient. 2 (*lett*) orient. 2 (*regioni orientali*) East; (*seguito da nome proprio*) Eastern: *l'* ~ *europeo* Eastern Europe. 3 (*paesi asiatici*) East, Orient. 4 (*nella massoneria*) lodge. □ *a* ~ (*stato*) in the east; (*moto*) eastwards: *essere volto a* ~ to face east(wards); *a* ~ *di* east of; **Estremo** ~ Far East; *dell'estremo* ~ far eastern; **Grande** ~ (*nella massoneria*) Grand Lodge; ⟨*Stor*⟩ **Impero** *d'* ~ Eastern Empire; **Medio** ~ Middle East; *del medio* ~ middle eastern; ⟨*Stor*⟩ **questione** *d'* ~ Eastern question; **verso** ~ east, eastwards: *navigare verso* ~ to sail east; **Vicino** ~ Near East; *del vicino* ~ near eastern.

orifiamma *f.* oriflamme.

orificio, orifizio *m.* 1 opening, orifice; (*bocca*) mouth. 2 ⟨*Anat*⟩ orifice: ~ *anale* anal orifice.

origami *m.* ⟨*Art*⟩ origami.

origano *m.* ⟨*Bot*⟩ origan, origanum.

originale I *a.* 1 original: *edizione* ~ original edition. 2 (*con carattere proprio*) original: *stile* ~ original style; (*nuovo*) new, fresh. 3 (*strano, bizzarro*) eccentric, odd, strange. II *s.m.* 1 original: *l'* ~ *di un documento* the original of a document. 2 (*persona stravagante*) eccentric, odd person, (*fam*) character. □ ~ *televisivo* teleplay, television play. **originalità** *f.* 1 originality: *l'* ~ *del suo stile* the originality of his style; (*novità*) novelty;

(*genuinità*) genuineness, originality. 2 (*bizzarria, stravaganza*) eccentricity, oddness, strangeness. **originalmente** *avv.* originally.

originare *v.* (**origino**) I *v.t.* to originate, to bring about, to occasion. II *v.i.* (*aus.* **essere**) to arise, to originate, to spring, to take (*o* have) origin. **originariamente** *avv.* originally, at first, in the beginning. **originario** *a.* 1 that (originally) came, indigenous: *un popolo* ~ *dell'Africa* a people that originally came from Africa. 2 (*che ha dato origine*) of origin, original: *paese* ~ country of origin. 3 (*primitivo*) original, former, primitive: *riportare un paese al suo* ~ *splendore* to restore a country to its original splendour. □ *essere* ~ *di Firenze* to be of Florentine origin.

origine *f.* 1 origin, beginning: *l'* ~ *del mondo* the beginning of the world. 2 (*causa*) cause, origin, source: *l'* ~ *di una lite* the cause of a quarrel. 3 (*provenienza*) origin; (*nascita, stirpe*) origin, descent: *la sua famiglia è di nobili* –*i* his family is of noble origin. 4 *pl.* (*inizi*) origins *pl.* 5 ⟨*concr*⟩ (*punto d'inizio*) starting point; (*sorgente*) source: *l'* ~ *di un fiume* the source of a river. 6 ⟨*Anat,Mat,Fis*⟩ origin: ⟨*Mat*⟩ ~ *delle coordinate* origin of the coordinates. □ **all'** ~ originally; **alle** –*i* at (*o* in) the beginning; **avere** ~ *da* to originate (*o* arise) from; **d'** ~: 1 (*di provenienza*) of origin: *paese d'* ~ country of origin. 2 (*natio*) native: *d'* ~ *francese* of French origin (*o* extraction); 3 ⟨*Comm*⟩ of origin: *certificato d'* ~ certificate of origin; **dare** ~ *a qc.* to originate s.th.; (*causare*) to cause (*o* give rise to) s.th., to bring s.th. about; **risalire** *alle* –*i* to trace s.th. back (to its origins).

origliare *v.i.* (**origlio, origli**; *aus.* **avere**) to eavesdrop.

orina *f.* urine. **orinale** *m.* chamber pot. **orinare** I *v.i.* (*aus.* **avere**) to urinate. II *v.t.* to pass water, to urinate: ~ *sangue* to pass blood in one's urine. **orinatoio** *m.* urinal.

Orione *N.pr.m.* ⟨*Mitol,Astr*⟩ Orion.

oritteropo *m.* ⟨*Zool*⟩ aardvark.

oriundo I *a.* of ... extraction (*o* stock, origin, descent): *è* ~ *italiano* he is of Italian extraction (*o* descent). II *s.m.* (*f.* -a) person of foreign birth or extraction.

orizzontale *a.* horizontal, level: *in posizione* ~ in a horizontal position, horizontal. □ *mettere in posizione* ~ to lay down; *mettersi in posizione* ~ to lie down. **orizzontalità** *f.* horizontality, horizontal position. **orizzontalmente** *avv.* horizontally. **orizzontare** *v.t.* (**orizzonto**) to orient(ate). **orizzontarsi** *v.r.* 1 to orientate o.s., to take bearings. 2 ⟨*fig*⟩ (*raccapezzarsi*) to get one's bearings.

orizzonte *m.* 1 horizon. 2 ⟨*fig*⟩ (*campo d'azione*) horizon, field. 3 ⟨*fig*⟩ (*prospettiva futura*) horizon, prospect, vista. □ ~ **astronomico** astronomical horizon; **comparire** *all'* ~ to appear on the horizon; ⟨*fig*⟩ *fare un giro d'* ~ to make a general survey; ⟨*fig*⟩ *avere un* ~ **limitato** to be narrow-minded; **scomparire** *all'* ~ to disappear over (*o* below) the horizon; *alto sull'* ~ high above the horizon.

Orlando *N.pr.m.* Roland.

orlare *v.t.* (**orlo**) 1 to edge, to border. 2 (*fare l'orlo*) to edge; (*cucendo*) to hem; (*con cordoncini e sim.*) to trim, to edge, to braid. 3 ⟨*fig*⟩ (*bordare*) to border, to edge. **orlatore** *m.* (*f.* -trice) (*operaio, macchina*) hemmer. **orlatura** *f.* 1 (*l'orlare*) edge, border. 2 (*orlo*) hem; (*bordo*) edge, border. **orlo** *m.* 1 edge, border: *l'* ~ *di un burrone* the edge of a ravine; (*rif. a recipiente*) rim, brim. 2 ⟨*fig*⟩ brink, verge: *essere sull'* ~ *del fallimento* to be on the verge of bankruptcy. 3 (*spigolo*) edge, corner: *l'* ~ *del tavolo* the edge of the table. 4 ⟨*Sart*⟩ hem: *fare un* ~ *al vestito* to turn up a hem on a dress, to hem a dress. □ ⟨*Lav.femm*⟩ ~ *a giorno* hemstitch; *pieno fino all'* ~ full to the brim.

orlon *m.* ⟨*Tess*⟩ orlon.

orma *f.* 1 (*di persone*) footprint, footmark: *lasciare le* –*e sul terreno* to leave footprints on the ground; (*di animali*) spoor, track: *le* –*e del lupo* the wolf's tracks. 2 ⟨*fig*⟩ (*impronta*) mark, trace: *imprimere la propria* ~ *su qc.* to make (*o* leave) one's mark on s.th. 3 *pl.* ⟨*fig*⟩ (*esempio*) example, footsteps *pl*: *seguire* (*o calcare*) *le* –*e di qd.* to follow in s.o.'s footsteps.

ormai *avv.* → **oramai.**

ormeggiare *v.t.* (**ormeggio, ormeggi**) to moor. **ormeggiarsi** *v.r.* to moor. **ormeggio** *m.* **1** mooring, moorage. **2** (*luogo di ormeggio*) berth, moorings *pl.* **3** *pl.* ⟨*concr*⟩ moorings *pl*: *mollare gli ormeggi* to cast off the moorings. □ *essere* (*o stare*) *all'* ~ to be moored.

ormonale *a.* → ormonico. **ormone** *m.* ⟨*Fisiol*⟩ hormone. □ *–i cellulari* cellular hormones; *cura di –i* hormone treatment; *–i estrogeni* estrogenic hormones; *–i ghiandolari* glandular hormones. **ormonico** *a.* (*pl.* -ci) hormone-, hormonal, hormonic. **ormonoterapia** *f.* hormonotherapy.

ornamentale *a.* ornamental, decorative: *piante –i* ornamental plants; *motivi –i* ornamental motifs. **ornamentazione** *f.* **1** ornamentation, decoration. **2** (*insieme di ornamenti*) ornaments *pl,* decorations *pl.* **ornamento** *m.* **1** ornament, decoration. **2** *pl.* ⟨*Mod*⟩ trimmings *pl,* ornaments *pl.* **3** ⟨*fig*⟩ (*qualità, virtù*) virtue, ornament. □ *–i muliebri* finery; (*gioielli*) jewels *pl; –i retorici* rhetorical embellishments; *–i dello stile* stylistic embellishments. **ornare** *v.t.* (**orno**) **1** to decorate, to adorn, to ornament: ~ *la casa di fiori* to decorate the house with flowers; (*rif. ad abiti*) to trim. **2** ⟨*fig*⟩ (*rif. a stile e sim.*) to embellish. **3** ⟨*Arch*⟩ to decorate. □ *ornarsi di gioielli* to deck (*o* adorn) o.s. with jewels.

ornato¹ *a.* **1** (*adorno*) decorated, adorned; (*guarnito*) decorated, trimmed. **2** ⟨*fig*⟩ ornate, flowery: *stile* ~ flowery style.

ornato² *m.* **1** ornamentation, decoration. **2** ⟨*Arch*⟩ ornament.

orneblenda *f.* ⟨*Min*⟩ hornblend.

ornello *m.* ⟨*Bot*⟩ manna (*o* flowering) ash.

ornitologia *f.* ornithology. **ornitologico** *a.* (*pl.* -ci) ornithologic(al). **ornitologo** *m.* (*pl.* -gi; *f.* -a) ornithologist.

ornitorinco *m.* (*pl.* -chi) ⟨*Zool*⟩ (duck–billed) platypus, duck bill.

ornitosi *f.* ⟨*Med*⟩ ornithosis.

oro *m.* **1** gold. **2** ⟨*fig*⟩ (*denaro*) money, gold. **3** *pl.* (*gioielli d'oro*) (gold) jewellery. **4** (*colore*) gold. **5** *pl.* (*nelle carte da gioco*) money. □ ~ *in* **barre** gold bars, bullion; ~ **basso** low–grade gold; ~ **bianco** white gold; ~ *a diciotto* **carati** eighteen–carat gold; **cercatore** *d'* ~ gold digger; *prendere per* ~ **colato** to take as gospel; **corsa** *all'* ~ gold rush; **d'** ~: **1** gold: *bracciale d'* ~ gold bracelet; **2** ⟨*fig*⟩ (*giallo lucente*) golden: *sabbia d'* ~ golden sand; **3** ⟨*fig*⟩ (*prezioso*) golden, precious: *parole d'* ~ precious words; **4** ⟨*fig*⟩ (*molto vantaggioso*) golden, wonderful: *un affare d'* ~ a wonderful bargain; *occasione d'* ~ golden opportunity; *persona d'* ~ sterling (*o* wonderful) person; **febbre** *dell'* ~ gold fever; ~ **fino** refined gold; ~ *in* **fogli** gold leaf, gold foil; ~ **giallo** yellow gold; **in** ~ *in* (*o* with) gold, gold–: *abito ricamato in* ~ gold–embroidered dress; ~ *in* **lingotti** bullion, gold ingots; ~ **massiccio** solid gold; *per tutto l'* ~ *del* **mondo** for all the money in the world; ~ **nero** (*petrolio*) black gold; ⟨*fig*⟩ **nuotare** *nell'* ~ to be rolling in money; ~ *in* **pepite** gold nuggets; *pagare qc. a* **peso** *d'* ~ to pay a high price for s.th.; ~ *in* **polvere** gold dust; ~ **rosso** red gold; **vale** *tant'* ~ *quanto pesa* it's worth its weight in gold; ~ **zecchino** first–quality gold, pure (*o* fine) gold. *Prov.: non è tutt'* ~ *quello che luce* all that glitters is not gold.

oro|genesi *f.* ⟨*Geol*⟩ orogeny, orogenesis. **~genetico** *a.* (*pl.* -ci) orogen(et)ic. **~grafia** *f.* ⟨*Geog*⟩ or(e)ography. **~grafico** *a.* (*pl.* -ci) orographic(al). **~idrografia** *f.* ⟨*Geog*⟩ orohydrography. **~idrografico** *a.* (*pl.* -ci) orohydrographical.

orologeria *f.* **1** watch making, clock making. **2** (*negozio*) watch maker's (shop). □ *a* ~ time–, clock–work–: *bomba a* ~ time bomb. **orologiaio** *m.* **1** (*fabbricante, riparatore*) watch maker, clock maker. **2** (*venditore*) watch seller, clock seller.

orologio *m.* clock; (*da polso o da taschino*) watch. □ ~ *ad* **acqua** water–clock; ~ **analogico** analog(ue) watch; **andare** *come un* ~ (*rif. a meccanismo*) to run like clock–work; ~ *a* **carica automatica** self–winding watch; *mettere l'* ~ **avanti** *di alcuni minuti* to put a watch on (*o* ahead) a few minutes; *l'* ~ *va avanti* the clock is fast; ~ *a*

batteria battery watch; ~ **biologico** biological clock; ~ *a* **calendario** calendar watch; *l'* ~ **cammina** the clock is going (*o* ticking); ~ *del* **campanile** church clock; **caricare** *l'* ~ to wind (up) the clock; ~ *a* **carillon** chiming clock; ~ *a* **celle** *solari* solar watch; ~ *di* **controllo** time clock; ~ *a* **cucù** cuckoo clock; ~ *con* **data** day–date watch; ~ **digitale** digital watch; ~ *da* **donna** lady's watch; ~ **elettrico** electric clock; ⟨*fig*⟩ **essere** *un* ~ to keep regular hours; (*essere metodico*) to be methodical; *che ora* **fa** *il tuo* ~? what time is it by your watch?; *l'* ~ *è* **fermo** the clock has stopped; *questo* ~ *non* **funziona** this clock doesn't go (*o* work); *l'* ~ *va* **indietro** the clock is slow; ~ *a* **meridiana** sundial; ⟨*Entom*⟩ ~ *della* **morte** death–watch beetle; ~ *da* **muro** (wall) clock; *un'*ora *d'* ~ a whole hour; ~ *d'*oro gold watch; ~ *a* **pendolo** pendulum clock; ~ *da* **polso** wrist watch; ~ *di* **precisione** precision watch; ~ *al* **quarzo** quartz watch; **regolare** *un* ~ to put a watch right; ~ *a* **sabbia** sand glass, hour glass; *l'* ~ *è* **scarico** the clock has run down; *il mio* ~ **segna** *le dieci* it's ten o'clock by my watch; ~ ⌐*con* **soneria**¹ (*o a* **sveglia**) alarm clock; ⟨*fig*⟩ **spostare** *indietro le lancette dell'* ~ to put back the hands of the clock; ~ **subacqueo** waterproof watch; ~ *a* **sveglia** alarm(clock); ~ *da* **taschino** pocket watch.

oroscopia *f.* horoscopy. **oroscopo** *m.* horoscope: *trarre l'* ~ to cast a horoscope.

orpellare *v.t.* (**orpello**) ⟨*lett*⟩ **1** to cover with pinchbeck. **2** ⟨*fig*⟩ to tinsel. **orpellatura** *f.* ⟨*lett*⟩ **1** (*atto*) covering with pinchbeck; (*effetto*) pinchbeck covering. **2** ⟨*fig*⟩ (*atto*) tinselling; (*effetto*) tinselry. **orpello** *m.* **1** ⟨*Met*⟩ pinchbeck. **2** ⟨*fig*⟩ tinsel.

orrendamente *avv.* horribly, dreadfully. **orrendo** *a.* horrible, horrid, dreadful: *una storia –a* a dreadful story; (*ripugnante*) hideous, ghastly, appalling. **orribile** *a.* **1** (*spaventoso*) horrible, dreadful, awful, frightful: ~ *delitto* dreadful crime. **2** (*ripugnante*) disgusting, revolting, ghastly; (*infame*) infamous, shocking, appalling. **orribilmente** *avv.* horribly, dreadfully, awfully, frightfully; (*in modo ripugnante*) disgustingly, revoltingly. **orridamente** *avv.* horribly, dreadfully. **orridezza** *f.,* **orridità** *f.* horridness, frightfulness. **orrido I** *a.* **1** horrid, horrifying, hideous. **2** (*spaventoso*) dreadful, horrible, awful. **II** *s.m.* **1** horridness, hideousness. **2** (*gola*) ravine, precipice, gorge. **orripilante** *a.* horrifying. **orripilazione** *f.* horripilation.

orrore *m.* **1** horror: *essere colto da* ~ to be horror-struck. **2** (*ribrezzo*) disgust, repugnance, abhorrence. **3** (*terrore*) terror, dread. **4** ⟨*concr*⟩ (*cosa orribile*) horror, atrocity. □ *avere* ~ *per qc.* to have a horror of s.th., to loathe s.th.; *che* ~ *quel quadro* what a dreadful (*o* ghastly) painting; *destare* (*o* ispirare) ~ to horrify, to strike (*o* fill) with horror; *film dell'* ~ horror film.

orsa *f.* ⟨*Zool*⟩ she bear. □ ⟨*Astr*⟩ ~ *maggiore* Great Bear, Ursa Major; ~ *minore* Little Bear, Ursa Minor. **orsacchiotto** *m.* **1** bear cub, young bear. **2** (*giocattolo*) teddy bear.

orso *m.* **1** ⟨*Zool*⟩ bear. **2** ⟨*fig*⟩ (*persona scontrosa*), bear, gruff (*o* surly, unsociable) person. □ ⟨*fig*⟩ **ballare** *come un* ~ to dance like an elephant; ~ **bianco** polar (*o* white) bear; ~ **bruno** brown bear; ~ **grigio** grizzly (bear); ~ **lavatore** rac(c)oon.

Orsola *N.pr.f.* Ursula.

orsolina *f.* ⟨*Rel*⟩ Ursuline.

orsù (*o* or su) *intz.* come on, come now.

ortaggio *m.* vegetable: *coltivare ortaggi* to grow vegetables. □ *–i freschi* fresh vegetables; *–i primaticci* early vegetables; *–i di serra* glass-house vegetables; *–i surgelati* deep-frozen vegetables. **ortaglia** *f.* **1** vegetable (*o* kitchen) garden. **2** (*region*) → ortaggio.

ortensia *f.* ⟨*Bot*⟩ hydrangea.

ortica *f.* ⟨*Bot*⟩ (stinging) nettle. □ *ci crescono le ortiche* (*rif. a luogo abbandonato*) it is overgrown with weeds; *gettare la tonaca alle ortiche* to give up a religious calling. **orticaio** *m.* nettle-bed. **orticaria** *f.* ⟨*Med*⟩ urticaria, nettle-rash.

orticolo *a.* horticultural, garden-. □ *prodotti –i* vegetables *pl.* **orticoltore** *m.* (*f.* -trice) horticulturist. **orticoltura** *f.* horticulture. □ ~ *biologica* biological vegetable growing;

~ *sotto vetro* vegetable growing under glass.
orto *m.* vegetable (*o* kitchen–) garden; (*su grande scala*) market garden; (*di frutta*) orchard. □ ~ *botanico* botanical garden.
orto|centrico *a.* (*pl.* -ci) ⟨*Geom*⟩ orthocentric. **~centro** *m.* orthocentre. **~clasio** *m.* ⟨*Min*⟩ orthoclase. **~cromatico** *a.* (*pl.* -ci) ⟨*Biol,Fot*⟩ orthochromatic. **~cromatismo** *m.* orthochromatism.
ortodontia *f.* orthodontia, dental orthopaedics *pl* (*costr. sing.*). **ortodontico** *a.* (*pl.* -ci) orthodontic. **ortodonzia** *f.* → ortodontia.
ortodossia *f.* 1 ⟨*Rel*⟩ orthodoxy (*anche estens.*). 2 (*confessione della chiesa greco–scismatica*) Orthodoxy. **ortodosso I** *a.* 1 ⟨*Rel*⟩ orthodox (*anche estens.*). 2 (*rif. alla chiesa greco–scismatica*) Orthodox. **II** *s.m.* (*f.* -a) Orthodox.
orto|dromia (*o ortodromia*) *f.* orthodromy. **~dromico** *a.* (*pl.* -ci) orthodromic. **~epia** *f.* orthoepy. **~floricoltura** *f.* horticulture. **~fonia** *f.* orthoepy. **~fonico** *a.* (*pl.* -ci) orthoepic(al). **~fonista** *m./f.* orthoepist. **~frenico** *a.* (*pl.* -ci) for education of the mentally deficient. **~frenopedia** *f.* teaching of the mentally deficient.
ortofrutticolo *a.* fruit and vegetable–: *mercato* ~ fruit and vegetable market. **ortofrutticoltore** *m.* fruit and vegetable grower, ⟨*am*⟩ trucker. **ortofrutticoltura** *f.* market gardening, fruit and vegetable growing, ⟨*am*⟩ truck gardening.
orto|genesi *f.* ⟨*Biol*⟩ orthogenesis. **~genetico** *a.* (*pl.* -ci) orthogenetic, orthogenic.
ortognato *a.* ⟨*Med*⟩ orthognatic, orthognatous.
orto|gonale *a.* ⟨*Geom*⟩ orthogonal. **~grafia** *f.* ⟨*Gramm*⟩ spelling, orthography. **~grafico** *a.* (*pl.* -ci) spelling, orthographic(al): *errore* ~ spelling mistake.
ortolano *m.* (*f.* -a) 1 (vegetable, kitchen) gardener. 2 (*venditore*) greengrocer. 3 ⟨*Ornit*⟩ ortolan.
ortopedia *f.* orthop(a)edics *pl* (*costr. sing. o pl.*), orthop(a)edy. **ortopedico** *a./s.* (*pl.* -ci) **I** *a.* orthop(a)edic: *apparecchio* ~ orthop(a)edic appliance (*o* device). **II** *s.m.* (*f.* -a) orthop(a)edist, orthop(a)edic surgeon.
ortotteri *m.pl.* ⟨*Entom*⟩ orthoptera *pl*, orthopterans *pl*.
ortottica *f.* orthoptics *pl* (*costr. sing.*). **ortottista** *m./f.* orthoptist.
orvieto *m.* ⟨*Enol*⟩ Orvieto.
orza *f.* ⟨*Mar*⟩ 1 (*cavo*) bowline, luff tackle. 2 (*lato sopravvento*) weatherboard, windward side. □ *andare all'* ~ to haul to the wind, to luff.
orzaiolo *m.* ⟨*Med*⟩ sty(e).
orzare *v.i.* (*orzo; aus.* avere) to luff, to haul to the windward.
orzata[1] *f.* ⟨*Mar*⟩ luff(ing).
orzata[2] *f.* (*bibita*) orgeat.
orzo *m.* ⟨*Bot*⟩ barley.
OSA = *Organizzazione degli stati americani* Organization of American States (*abbr.* OSA).
osanna I *intz.* hosanna. **II** *s.m.inv.* ⟨*Lit*⟩ hosanna. □ *levare un* ~ to cry hosanna. **osannare** *v.i.* (*aus.* avere) 1 ⟨*Rel*⟩ to sing hosanna. 2 ⟨*estens*⟩ to acclaim, to applaud (*a qd.* s.o.). □ *la folla osannò al vincitore* the crowd hailed the winner.
osare *v.* (*oso*) **I** *v.t.* 1 to dare, to venture. 2 (*tentare*) to attempt, to dare: ~ *l'impossibile* to attempt the impossible. **II** *v.i.* (*aus.* avere) to dare, to venture: *non osava avvicinarsi a me* he didn't dare (to) approach me; *non oso uscire* I don't dare go out. □ *oserei dire* I venture to say.
Oscar *N.pr.m.* 1 Oscar. 2 ⟨*Cin*⟩ (*premio*) Oscar; (*attore o film premiato*) Oscar winner.
oscenamente *avv.* obscenely. **oscenità** *f.* 1 obscenity, obsceneness. 2 ⟨*concr*⟩ obscenity. **osceno** *a.* 1 obscene, indecent. 2 ⟨*fam*⟩ (*molto brutto*) ghastly, awful. □ ⟨*Dir*⟩ *atti* –*i* indecent behaviour.
oscillante *a.* 1 oscillating, swinging. 2 ⟨*estens*⟩ variable, fluctuating, unsteady: *prezzi* –*i* fluctuating prices. 3 ⟨*fig*⟩ (*tentennante*) wavering. **oscillare** *v.i.* (*aus.* avere) 1 to oscillate, to swing: *la corda oscillava al vento* the rope was swinging in the wind. 2 ⟨*estens*⟩ to vary, to fluctuate, to be unsteady: *il prezzo oscilla tra le trenta e le*

quarantamila lire the price varies from thirty to forty thousand lire. 3 ⟨*fig*⟩ (*tentennare*) to waver. 4 ⟨*tecn*⟩ to oscillate. **oscillatore** *m.* oscillator (*anche El.*). **oscillatorio** *a.* oscillatory, oscillating. **oscillazione** *f.* 1 oscillation, swinging. 2 ⟨*estens*⟩ variation, fluctuation: –*i di temperatura* variations in temperature. 3 ⟨*tecn*⟩ oscillation. □ ⟨*Fis*⟩ ~ *armonica* harmonic oscillation; ~ *elettrica* electric oscillation; ~ *pendolare* hunting, pendular oscillation; ⟨*Econ*⟩ ~ *delle quotazioni* price fluctuation.
oscillografo *m.* oscillograph. □ ~ *a raggi catodici* cathode ray oscillograph. **oscillogramma** *m.* ⟨*El*⟩ oscillogram. **oscillometro** *m.* ⟨*Med,Mar*⟩ oscillometer. **oscilloscopio** *m.* oscilloscope: ~ *a raggi catodici* cathode ray oscilloscope.
oscurabile *a.* that may be obscured (*o* darkened).
oscuramente *avv.* obscurely. **oscuramento** *m.* 1 darkening, obscuring, dimming, clouding (over). 2 ⟨*fig*⟩ clouding: ~ *delle facoltà intellettive* clouding of the mind; (*rif. alla vista*) dimming. 3 (*per protezione antiaerea*) blackout. **oscurantismo** *m.* obscurantism. **oscurantista** *m./f.* obscurant(ist). **oscurantistico** *a.* (*pl.* -ci) obscurantist. **oscurare** *v.t.* 1 to darken, to obscure, to dim, to cloud: *grosse nubi oscuravano il sole* large clouds obscured the sun. 2 ⟨*fig*⟩ (*offuscare*) to (be)dim, to darken, to overshadow: *un'ombra di tristezza oscurò il suo sorriso* a shadow of sadness bedimmed his smile; (*rif. a gloria, meriti e sim.*) to overshadow, to eclipse. 3 (*schermare*) to shade, to screen, to dim: ~ *una lampada* to screen a lamp; (*per protezione antiaerea*) to blackout. **oscurarsi** *v.r.* 1 to darken, to grow (*o* get) dark, to cloud over: *il cielo si oscurò all'improvviso* the sky suddenly darkened (*o* clouded over). 2 ⟨*fig*⟩ to darken, to cloud: *alle mie parole si oscurò in volto* at my words his face darkened; (*rif. alla vista*) to grow dim; (*rif. alla mente*) to cloud.
oscurazione *f.* darkening, obscuring, dimming. **oscurità** *f.* 1 darkness, dimness. 2 ⟨*fig*⟩ (*inintelligibilità*) obscurity, obscureness. 3 ⟨*fig*⟩ (*mancanza di notorietà*) obscurity: *è sempre vissuto nell'* ~ he has always lived in obscurity. **oscuro I** *a.* 1 dark, dim, gloomy, sombre, obscure: *casa* –*a* dark house. 2 (*incomprensibile*) obscure: *passo* ~ obscure passage. 3 (*misterioso*) mysterious: *scomparve in circostanze* –*e* he disappeared in mysterious circumstances. 4 (*incerto*) uncertain, dark. 5 (*ignoto*) obscure: *poeta* ~ obscure poet. 6 (*umile*) obscure, humble, lowly: *di* –*e origini* of humble origins; (*inglorioso*) obscure: *morte* –*a* obscure death. **II** *s.m.inv.* (*oscurità*) dark(ness): *camminare all'* ~ to walk in the dark. □ ⟨*fig*⟩ *essere all'* ~ *di qc.* to be in the dark about s.th.; ⟨*fig*⟩ *tenere* (*o lasciare*) *qd. all'* ~ *di qc.* to keep s.o. in the dark about s.th.
Osiride *N.pr.m.* ⟨*Rel*⟩ Osiris.
Oslo *N.pr.f.* ⟨*Geog*⟩ Oslo.
osmio *m.* ⟨*Chim*⟩ osmium.
osmolarità *f.* ⟨*Chim,Biol*⟩ osmolarity.
osmosi *f.* ⟨*Chim*⟩ osmosis. **osmotico** *a.* (*pl.* -ci) osmotic.
osmunda *f.* ⟨*Bot*⟩ royal fern, royal osmund.
ospedale *m.* hospital. □ ~ *da* **campo** field hospital; ~ *civile* civilian hospital; ~ *diurno* day hospital; *entrare all'* ~ to be hospitalized; *fare un anno di* ~ to spend a year in hospital; ~ *geriatrico* geriatric hospital; ⟨*scherz*⟩ *mandare qd. all'* ~ to give s.o. a thick ear; ~ *militare* military hospital; *nave* ~ hospital ship; ~ *psichiatrico* mental hospital (*o* home), psychiatric hospital; ~ *specializzato* specialist hospital; ~ *universitario* university hospital.
ospedaliere *m./f.* hospital worker. **ospedaliero I** *a.* hospital–: *spese* –*e* hospital expenses. **II** *s.m.* hospital worker. □ *cavaliere* ~ Knight Hospitaller; *frate* ~ Hospitaller; *medico* ~ hospital doctor; *personale* ~ hospital staff. **ospedalizzare** *v.t.* to admit to hospital, ⟨*am*⟩ to hospitalize. **ospedalizzazione** *f.* admission to hospital, ⟨*am*⟩ hospitalization.
ospitale *a.* 1 hospitable. 2 ⟨*fig*⟩ (*accogliente*) inviting; (*rif. a paese*) friendly. **ospitalità** *f.* 1 hospitality: *dare* ~ *a qd.* to give s.o. hospitality. 2 (*accoglienza*) welcome (*anche*

fig.): *trovare* ~ *presso qd.* to be made welcome by s.o. **ospitalmente** *avv.* hospitably. **ospitare** *v.t.* (**ospito**) **1** (*avere come ospite*) to have as a guest; (*dare ospitalità*) to give hospitality to. **2** (*alloggiare*) to lodge; (*rif. ad albergo e sim.*) to accommodate. **3** (*fig*) (*accogliere*) to accept, to take. **ospite I** *s.m./f.* **1** (*chi ospita*) host (*f* hostess). **2** (*persona ospitata*) guest: *ricevere gli –i* to receive the guests. **II** *a.* host–: *paese* ~ host country. □ *essere* ~ *in casa di qd.* to be a guest in s.o.'s house; (*scherz*) *andarsene insalutato* ~ to go off without saying good-bye; ~ *d'onore* guest of honour. *Prov.: l'* ~ *è come il pesce: dopo tre giorni puzza* when a guest stays too long he wears out his welcome.

ospizio *m.* **1** hospice, charitable institution; (*per vecchi*) old folks' home; (*per poveri*) almshouse, poorhouse. **2** (*ant*) (*albergo per passanti*) hospice. □ ~ *per ciechi* home for the blind, blind asylum; ~ *di pellegrini* pilgrims' hospice (*o* hostel); ~ *per trovatelli* foundling hospital.

ossa → **osso**.

ossalico *a.* (*pl.* -**ci**) (*Chim*) oxalic: *acido* ~ oxalic acid.

ossario *m.* ossuary, charnel house. **ossatura** *f.* **1** (*costituzione scheletrica*) bone structure, frame; (*scheletro*) skeleton. **2** (*tecn*) (*struttura portante*) frame(work), structure. **3** (*fig*) framework, outlines *pl: l'* ~ *di un romanzo* the outlines of a novel. **4** (*Mar*) framework, structure, skeleton. □ ~ *maestra* main frame.

osseina *f.* (*Biol*) ossein(e). **osseo** *a.* bony, osseous: *tessuto* ~ bony (*o* osseous) tissue. □ *frattura –a* bone fracture.

ossequente *a.* **1** (*che ha ossequio*) respectful. **2** (*che mostra ossequio*) obsequious, deferential. **3** (*obbediente*) obedient, compliant. □ ~ *alla legge* law-abiding. **ossequiare** *v.t.* (**ossequio, ossequi**) to pay one's respects to. **ossequio** *m.* **1** respects *pl,* homage: *rendere* ~ *a qd.* to pay one's respects to s.o. **2** *pl.* (*saluti deferenti*) respects *pl,* (kind) regards *pl.* □ *atto di* ~ gesture (*o* mark) of respect; *in atto di* ~ as a mark of respect; (*epist*) *con ossequi* with kindest regards; *in* ~ *a* in deference to, out of respect for; *in* ~ *alle leggi* in obedience to the law; *porgere i propri ossequi a qd.* to pay one's respects to s.o. || *i miei ossequi* my respects. **ossequiosamente** *avv.* respectfully, deferentially. **ossequiosità** *f.* respectfulness, deference; (*atteggiamento servile*) obsequiousness. **ossequioso** *a.* (*che ha ossequio*) respectful; (*che dimostra ossequio*) obsequious; (*cerimonioso*) ceremonious.

osservabile *a.* noticeable, visible, observable. **osservante I** *a.* **1** punctilious, observant. **2** (*Rel*) practising. **II** *s.m./f.* **1** regular church-goer. **2** (*Rel*) (*minore osservante*) Observant. □ *essere* ~ *di* to obey, to observe; *essere* ~ *delle leggi* to be law-abiding. **osservanza** *f.* **1** compliance, conformity, observance: ~ *delle leggi* observance of the law. **2** (*adempimento*) fulfilment, observance. **3** (*Rel*) Observance. □ *con* ~ *delle leggi* in conformity with the law; (*Rel*) *le –e dell'ordine* the rules of the Order; *di stretta* ~ strict.

osservare *v.i.* (**osservo**) **1** (*esaminare*) to observe, to watch. **2** (*guardare*) to look at: ~ *un quadro* to look at a painting; (*con attenzione*) to watch: *ti osservano* you are being watched. **3** (*rilevare, notare*) to notice: *ho osservato qc. di strano* I've noticed s.th. odd. **4** (*fare un'obiezione*) to object to. **5** (*rispettare, seguire*) to respect, to follow, to observe: ~ *una norma* to follow a rule. **6** (*mantenere*) to keep, to maintain: ~ *un patto* to keep a bargain. **7** (*attenersi*) to keep: ~ *il digiuno* to keep (the) fast. □ ~ *una dieta rigorosa* to follow (*o* keep to) a strict diet; ~ *le distanze:* 1 (*Aut*) to keep the correct distance; 2 (*fig*) to keep one's place; *far* ~ *qc. a qd.* to point s.th. out to s.o.

osservatore *m.* (*f.* -**trice**) **1** observer. **2** (*Mil*) spotter, observer. **3** (*Giorn*) (*nelle testate*) observer. □ ~ *economico* economic observer; ~ *esterno* outsider; ~ *militare* military observer. **osservatorio** *m.* **1** observatory. **2** (*Mil*) observation post, look-out. □ ~ *astronomico* astronomical observatory; ~ *meteorologico* meteorological observatory, weather station; ~ *sismico* seismic observatory.

osservazione *f.* **1** (*esame*) examination, study: *l'* ~ *dei fenomeni sociali* the examination of social phenomena. **2**

(*il guardare*) observation: *–i compiute col microscopio* observations made with a microscope. **3** (*considerazione*) remark, observation, comment; (*obiezione*) objection: *fare un'* ~ to make (*o* raise, put forward) an objection; (*rimprovero*) reproach. □ ~ **aerea** aerial observation; ~ **astronomica** astronomical observation; **campo** *d'* ~ field of observation; *essere tenuto in* ~ to be kept under observation; **spirito** *d'* ~ power of observation.

ossessionante *a.* haunting, obsessing. **ossessionare** *v.t.* (**ossessiono**) to obsess, to haunt. **ossessionato** *a.* obsessed, haunted. **ossessione** *f.* **1** obsession (*anche Psic.*). **2** (*fam*) (*ciò che provoca angoscia*) nightmare, agony: *questi rumori sono un'* ~ that noise is a nightmare. **ossessivo** *a.* obsessive, obsessing, obsessional: *nevrosi –a* obsessional neurosis. **ossesso I** *a.* possessed. **II** *s.m.* (*f.* -**a**) possessed person. □ *gridare come un* ~ to shout like one possessed (*o* a madman).

ossia *congz.* **1** that is, i.e., namely, in other words, viz: *la semantica,* ~ *lo studio dei significati* semantics, that is the study of meaning. **2** (*per meglio dire*) or rather; (*cioè*) that is (to say).

ossiacetilenico *a.* (*pl.* -**ci**) oxyacetylene.

Ossian *N.pr.m.* (*Lett*) Ossian. **ossianico** *a.* (*pl.* -**ci**) Ossianic.

ossidabile *a.* oxidizable. **ossidabilità** *f.* oxidizability. **ossidante I** *a.* (*Chim*) oxidizing. **II** *s.m.* oxidizer. **ossidare** *v.t.* (**ossido**) to oxidize. **ossidarsi** *v.r.* to become oxidized, to oxidize. **ossidasi** *f.* (*Biol*) oxidase. **ossidazione** *f.* oxid(iz)ation.

ossido *m.* (*Chim*) oxide. □ ~ *di carbonio* carbon monoxide, carbonic oxide; ~ *di ferro* iron oxide; ~ *di rame* copper oxide; ~ *di zolfo* sulphur oxide. **ossidrico** *a.* (*pl.* -**ci**) oxyhydrogen, oxyhydric: *cannello* ~ oxyhydrogen blowpipe; *fiamma –a* oxyhydrogen flame. **ossidrile** *m.* hydroxyl. **ossidrilico** *a.* (*pl.* -**ci**) hydroxylic. **ossiemoglobina** *f.* (*Med*) oxyh(a)emoglobin.

ossificare *v.t.* (**ossifico, ossifichi**) to ossify. **ossificarsi** *v.r.* to ossify. **ossificazione** *f.* ossification.

ossigenare *v.t.* (**ossigeno**) **1** to oxygenate. **2** (*rif. a capelli*) to bleach (with hydrogen peroxide), to peroxide: ~ *i capelli* to bleach hair. **3** (*fig*) to reinvigorate. **ossigenato** *a.* **1** (*ricco di ossigeno*) rich in oxygen: *aria –a* air rich in oxygen. **2** (*rif. a capelli*) bleached, peroxided; (*rif. a persona*) with bleached hair, peroxide-blond. **3** (*Chim*) oxygenated, oxygenized. □ *acqua –a* hydrogen peroxide. **ossigenazione** *f.* **1** oxygenation. **2** (*rif. a capelli*) bleaching, peroxiding. **ossigeno** *m.* (*Chim*) oxygen. □ ~ *atmosferico* atmospheric oxygen; *dare l'* ~ *a qd.* to give s.o. oxygen; *richiesta biologica di* ~ biological oxygen demand.

ossigenoterapia *f.* (*Med*) oxygen therapy.

ossimoro *m.* (*Ret*) oxymoron.

ossitono *a.* (*Gramm*) oxyton(e).

ossiuriasi *f.* (*Med*) oxyuriasis. **ossiuro** *m.* pinworm, oxyuris.

osso *m.* (*pl. gli ossi/le ossa;* the plural in *–a* is only used in a collective sense) **1** bone: *rompersi un* ~ to break a bone. **2** (*nocciolo*) stone: ~ *della ciliegia* cherry stone. **3** *pl.* (*membra*) bones *pl: le mie povere –a hanno bisogno di riposo* my poor bones need a rest; (*corpo*) body. **4** *pl.* (*resti mortali*) bones *pl,* remains *pl.* □ *economia* **all'** ~ strict economy; *essere già all'* ~ to have nothing left; (*fig*) *essere ridotto all'* ~ to be on the rocks; ~ *di balena* whalebone; *essere di* **carne** *e –a* to be made of flesh and blood; *era lui, in carne e –a* it was him, in the flesh; (*fam*) *rompersi l'* ~ *del* **collo** to break one's neck; *rimetterci l'* ~ *del collo* to lose one's shirt; *d'* ~, of bone: *bottone d'* ~ bone button; (*fig*) *un* ~ **duro:** 1 (*rif. a problema o sim.*) a tough nut to crack; 2 (*rif. a persona*) a tough customer; **farsi** *le –a a qc.* (*fare esperienza*) to gain experience at s.th., to get into s.th.; *fino* **alle** *–a* to the bone; *bagnato fino alle –a* wet through, soaked to the skin; *economia fino all'* ~ very strict economy; (*Ornit*) ~ *a* **forchetta** wishbone; ~ *con* **midollo** marrow bone; (*scherz*) **molla** *l'* ~! give it back!, put it down!; (*scherz*) **raddrizzare** (*o rompere*) *le –a a qd.* to give s.o. a hiding, (*fam*) to beat s.o. up; (*fig*) **rompersi** *le –a* to wear o.s.

out; *avere le −a* **rotte** (*essere stanchissimo*) to be worn (*o* tired) out; ∼ **sacro** sacrum; ∼ *di* **seppia** cuttlebone.

ossobuco *m.* (*pl.* **ossibuchi**) ⟨*Gastr*⟩ ossobuco (stewed shin of veal).

ossuto *a.* bony: *mani −e* bony hands.

ostacolare *v.t.* (**ostacolo**) **1** to obstruct, to impede, to get in the way of: ∼ *il traffico* to obstruct the traffic. **2** (*estens*) to block, to obstruct, to shut (*o* cut) off: ∼ *la vista* to block the view. **3** ⟨*fig*⟩ (*rendere difficile*) to hinder, to hamper, to handicap. **4** ⟨*fig*⟩ (*avversare, opporsi a*) to obstruct, to oppose: ∼ *la promozione di qd.* to oppose s.o.'s promotion; (*rif. a progetti*) to interfere with.

ostacolista *m./f.* **1** ⟨*Sport*⟩ hurdler. **2** ⟨*Equit*⟩ steeplechaser.

ostacolo *m.* **1** obstacle, stumbling block: *abbattere un* ∼ to remove an obstacle. **2** ⟨*fig*⟩ (*impedimento*) obstacle, impediment, hindrance, drawback; (*difficoltà*) difficulty: *incontrare −i* to ⌐meet with⌐ (*o* run up against) difficulties. **3** ⟨*Sport*⟩ hurdle, obstacle. **4** ⟨*Equit*⟩ barrier. □ ⟨*fig*⟩ **aggirare** *un* ∼ to get round a difficulty; ⟨*Mil*⟩ ∼ **anticarro** tank trap; ⟨*Sport*⟩ **corsa** *con* (*o a*) *−i:* 1 (*nell'atletica*) hurdle (*o* obstacle) race; 2 (*nell'ippica*) steeplechase; ⟨*fig*⟩ **essere** *di* ∼ *a qd.* to stand in s.o.'s way; ⟨*fig*⟩ **frapporre** *−i* to place obstacles in the way; ⟨*Equit*⟩ **rifiutare** *l'* ∼ to refuse the jump; **rimuovere** *un* ∼ to remove an obstacle; ⟨*Sport*⟩ **saltare** *un* ∼ to jump a hurdle; ⟨*Equit*⟩ to jump; **superare** *un* ∼ to get over an obstacle; ⟨*fig*⟩ to overcome a difficulty.

ostaggio *m.* hostage: *consegnare gli ostaggi* to hand over the hostages. □ *tenere in* ∼ to hold as a hostage; *presa di −i* taking of hostages.

ostare *v.i.* (**osto**; pret. p.p. and compound tenses not in use) to hinder (*a qc.* s.th.), to stand in the way of.

oste *m.* (*f.* **-essa**) innkeeper, host. □ ⟨*fig*⟩ *domandare all'* ∼ *se ha buon vino* to ask a silly question; ⟨*fig*⟩ *fare i conti senza l'* ∼ to reckon without one's host.

osteggiare *v.t.* (**osteggio, osteggi**) to oppose, to be hostile (*o* opposed) to, to be against.

osteite *f.* ⟨*Med*⟩ osteitis.

ostello *m.* **1** (*albergo della gioventù*) (youth) hostel. **2** ⟨*ant*⟩ (*alloggio*) dwelling, abode.

Ostenda *N.pr.f.* ⟨*Geog*⟩ Ostend.

ostensibile *a.* that can be shown, demonstrable.

ostensione *f.* ⟨*lett*⟩ ostension, display.

ostensorio *m.* ⟨*Lit*⟩ monstrance, ostensory, ostensorium.

ostentamento *m.* ostentation, display. **ostentare** *v.t.* (**ostento**) **1** to make a show of, to flaunt, ⟨*fam*⟩ to show off: ∼ *le proprie ricchezze* to flaunt (*o* show off) one's wealth. **2** (*vantare*) to boast of, to brag about: ∼ *i propri meriti* to boast of one's merits. **3** (*affettare, simulare*) to feign, to pretend, to assume, to make a show of: ∼ *interesse per qc.* to pretend to be interested in s.th. **ostentatamente** *avv.* ostentatiously. **ostentatore** *I s.m.* (*f.* -**trice**) boaster, braggart, flaunter, ⟨*fam*⟩ show–off. **II** *a.* ostentatious. **ostentazione** *f.* **1** ostentation, display, show, ⟨*fam*⟩ showing off. **2** (*il vantarsi*) boasting, bragging: ∼ *del proprio coraggio* boasting of one's courage. **3** (*affettazione, simulazione*) pretence, sham.

osteo|articolare *a.* ⟨*Anat*⟩ osteoarticular. **∼blasto** *m.* ⟨*Biol*⟩ osteoblast. **∼clasìa** *f.* ⟨*Chir*⟩ osteoclasis. **∼genesi** *f.* ⟨*Biol*⟩ osteogenesis, osteogeny.

osteologìa *f.* ⟨*Anat*⟩ osteology. **osteologico** *a.* (*pl.* -**ci**) osteologic(al). **osteologo** *m.* (*pl.* -**gi**) osteologist.

osteo|malacìa *f.* ⟨*Med*⟩ osteomalacia. **∼mielite** *f.* osteomyelitis. **∼patico** *a.* (*pl.* -**ci**) osteopathic. **∼porosi** *f.* osteoporosis. **∼sarcoma** *m.* osteosarcoma. **∼sclerosi** *f.* osteosclerosis. **∼tomìa** *f.* ⟨*Chir*⟩ osteotomy.

osterìa *f.* **1** (*bettola*) tavern; (*mescita*) wine shop, public house. **2** ⟨*esclam,pop*⟩ cripes, jeepers, blimey. □ ⟨*fig*⟩ *fermarsi alla prima* ∼ to take the first thing that ⌐comes along⌐ (*o* is offered).

osteriggio *m.* ⟨*Mar*⟩ skylight.

ostessa *f.* **1** innkeeper, hostess. **2** (*moglie dell'oste*) landlord's (*o* innkeeper's) wife.

ostetrica *f.* midwife. **ostetricia** *f.* ⟨*Med*⟩ obstetrics *pl* (*costr. sing. o pl.*), midwifery. **ostetrico** *a./s.* (*pl.* -**ci**) **I** *a.* obstetric(al). **II** *s.m.* obstetrician. □ *clinica −a* maternity

home.

ostia *f.* **1** ⟨*Rel*⟩ Host. **2** (*cialda*) wafer (*anche Farm.*). **3** ⟨*esclam,pop*⟩ Christ.

ostiariato *m.* ⟨*Rel*⟩ ostiary. **ostiario** *m.* ⟨*Rel*⟩ ostiary.

ostico *a.* (*pl.* -**ci**) **1** (*antipatico*) irksome, tiresome: *un lavoro* ∼ a tiresome job. **2** ⟨*lett*⟩ (*ripugnante al gusto*) disagreeable, unpalatable.

ostile *a.* (*avverso*) hostile, adverse, antagonistic: *atteggiamento* ∼ hostile attitude. □ *essere* ∼ *a qc.* to be hostile (*o* opposed) to s.th.; ∼ *al governo* against the government; *mostrarsi* ∼ *a qd.* to show hostility to s.o. **ostilità** *f.* **1** hostility, enmity; (*avversione*) antagonism. **2** *pl.* ⟨*Mil*⟩ hostilities *pl: aprire le* ∼ to open hostilities. **ostilmente** *avv.* hostilely, with hostility.

ostinarsi *v.r.* **1** to persist: ∼ *a fare qc.* to persist in doing s.th.; ∼ *in un proposito* to persist with a plan. **2** ⟨*assol*⟩ (*impuntarsi*) to be obstinate (*o* stubborn). **3** (*insistere*) to insist, to continue: *nonostante tutto si ostinava a negare* in spite of everything he continued to deny it. □ *si ostina a non cedere* he won't give in. **ostinatamente** *avv.* obstinately, stubbornly, persistently. **ostinatezza** *f.* → **ostinazione. ostinato I** *a.* **1** (*rif. a persona*) obstinate, stubborn, mulish, ⟨*fam*⟩ pigheaded: ∼ *come un mulo* as stubborn as a mule. **2** (*rif. a cosa*) obstinate, stubborn, persistent: *piogge −e* persistent rain. **3** ⟨*fig*⟩ (*insistente*) continuous, unceasing, persistent: *ha una tosse −a* he has a persistent cough. **II** *s.m.* (*f.* -**a**) obstinate (*o* stubborn) person. □ ⟨*Mus*⟩ *basso* ∼ ground bass. **ostinazione** *f.* **1** (*l'ostinarsi*) persistence, persistency: ∼ *nel male* persistence in wrongdoing. **2** (*caparbietà*) obstinacy, stubbornness, mulishness, ⟨*fam*⟩ pigheadedness.

ostpolitik *ted. f.* ostpolitik.

ostracismo *m.* ⟨*Stor.gr*⟩ ostracism (*anche fig.*). □ ⟨*fig*⟩ *dare l'* ∼ *a qd.* to ostracize s.o., ⟨*fam*⟩ to send s.o. to Coventry.

ostrica *f.* ⟨*Zool*⟩ oyster. □ *banco di ostriche* oyster bank (*o* bed); ∼ *perlifera* pearl oyster. **ostricaio** *m.* (*f.* -**a**) oyster seller, oysterer. **ostricoltura** *f.* oyster culture.

ostrogotico *a.* (*pl.* -**ci**) Ostrogothic, Ostrogothian. **ostrogoto I** *a.* **1** Ostrogothic, Ostrogothian. **2** ⟨*fig*⟩ (*barbaro*) barbarous. **II** *s.m.* (*f.* -**a**) **1** Ostrogoth. **2** ⟨*fig*⟩ (*barbaro*) barbarian. **3** ⟨*scherz*⟩ (*lingua incomprensibile*) double–dutch, Greek.

ostruire *v.t.* (**ostruisco, ostruisci**) to obstruct, to clog (up), to occlude, to stop (up); (*sbarrare*) to block, to close (up). **ostruirsi** *v.r.* to become (*o* get) obstructed, to clog. □ ∼ *il traffico* to block the traffic. **ostruito** *a.* obstructed, clogged, occluded; (*sbarrato*) blocked, closed (up). **ostruttivo** *a.* obstructing, obstructive. **ostruzione** *f.* **1** obstruction, clogging (up), stopping, occlusion; (*sbarramento*) blocking (up), closing. **2** ⟨*Med*⟩ obstruction. **3** ⟨*Mil*⟩ barrage.

ostruzionismo *m.* **1** ⟨*Parl*⟩ obstructionism (*anche estens.*). **2** ⟨*Sport*⟩ obstruction. □ ⟨*Parl*⟩ *fare* ∼ to use obstructive tactics, to filibuster; ⟨*fig*⟩ ∼ to be obstructive. **ostruzionista I** *s.m./f.* obstructionist. **II** *a.* → **ostruzionistico. ostruzionistico** *a.* (*pl.* -**ci**) obstruction-ist(ic).

Osvaldo *N.pr.m.* Oswald.

otalgìa *f.* ⟨*Med*⟩ otalgia, otalgy. **otalgico** *a.* (*pl.* -**ci**) otalgic.

OTAN = *Organizzazione del trattato del Nord Atlantico* North Atlantic Treaty Organization (*abbr.* NATO).

otarda *f.* ⟨*Ornit*⟩ great bustard.

otaria *f.* ⟨*Zool*⟩ sea lion, otary.

Otello *N.pr.m.* Othello.

otite *f.* ⟨*Med*⟩ otitis.

oto|iatra *m./f.* ⟨*Med*⟩ ear specialist, otologist. **∼iatrìa** *f.* otology. **∼patìa** *f.* otopathy.

otorinolaringoiatra *m./f.* ear, nose and throat specialist, otorhinolaryngologist. **otorinolaringoiatrìa** *f.* oto-rhinolaryngology.

oto|sclerosi (*o otosclerosi*) *f.* ⟨*Med*⟩ otosclerosis. **∼scopìa** *f.* otoscopy. **∼scopio** *m.* otoscope. **∼tossicità** *f.* ⟨*Med*⟩ ototoxicity. **∼tossico** *a.* (*pl.* -**ci**) ototoxic.

otre *m.* leather bag (*o* bottle), goat-skin. □ ⟨*fig*⟩ *pieno come un* ∼ full up, bloated.

ott. = *ottobre* October (*abbr.* Oct.).

otta|cordo *m.* ⟨*Mus*⟩ octachord. **~ędrico** *a.* (*pl.* **-ci**) ⟨*Geom*⟩ octahedral, octahedric(al). **~ędro** *m.* ⟨*Geom*⟩ octahedron.

ottagonale *a.* ⟨*Geom*⟩ octagonal. **ottagono** *m.* octagon.

ottanico *a.* (*pl.* **-ci**) ⟨*Chim*⟩ octane–. **ottano** *m.* octane. □ *numero di –i* octane rating (*o* number).

ottanta *a./s.m.inv.* eighty. **ottantenne** **I** *a.* ⟨*attr*⟩ eighty-year-old, ⟨*pred*⟩ eighty years old. **II** *s.m./f.* eighty-year-old man (*f* woman). **ottantęsimo** *a./s.m.* (*f.* **-a**) eightieth. **ottantina** *f.* about eighty. □ *avere superato l'* ~ to be over eighty, to be in one's eighties.

ottativo **I** *a.* ⟨*Gramm*⟩ optative. **II** *s.m.* (*modo ottativo*) optative mood.

ottava *f.* **1** ⟨*Lit,Mus*⟩ octave. **2** ⟨*Metr*⟩ octave, ottava rima.

Ottaviano *N.pr.m.* ⟨*Stor*⟩ Octavianus, Octavius.

ottavino *m.* ⟨*Mus*⟩ piccolo.

Ottavio *N.pr.m.* Octavius.

ottavo **I** *a.* eighth. **II** *avv.* eighth. **III** *s.m.* (*f.* **-a**) eighth. □ ⟨*Sport*⟩ ~ *di finale* round before the quarter-finals; ⟨*Edit*⟩ *in* ~ (in) octavo: *volume in* ~ octavo volume; ~ *di litro* eighth of a litre.

ottemperanza *f.* ⟨*burocr*⟩ compliance, obedience. □ *in* ~ *a* in compliance with. **ottemperare** *v.i.* (*ottempero; aus.* avere) to comply (*a* with): ~ *alle leggi* to comply with the law, to be law-abiding; ~ *a un desiderio* to comply with a wish.

ottenebramento *m.* **1** darkening, dimming, clouding over. **2** ⟨*fig*⟩ (*offuscamento*) obscuring, overshadowing; (*rif. alla vista*) dimming; (*rif. alla mente*) clouding. **ottenebrare** *v.t.* (*ottenebro*) **1** to darken, to dim, to obscure. **2** ⟨*fig*⟩ to cloud, to obscure, to overshadow. **ottenebrarsi** *v.r.* **1** to darken, to grow dark (*o* dim). **2** (*offuscarsi*) to become obscured (*o* overshadowed); (*rif. alla vista*) to grow dim, to fade; (*rif. alla mente*) to cloud, to become cloudy. **ottenebrazione** *f.* → ottenebramento.

ottenere *v.* (*ottengo, ottieni; ottenni, ottenuto;* → tenere) **I** *v.t.* **1** to obtain, to get, to achieve, to attain: ~ *un buon risultato* to get a good result; ~ *la laurea* to get a degree; *se moltiplichi tre per due ottieni sei* if you multiply three by two you get six. **2** (*ricevere*) to receive, to get, to have: *non ho ottenuto risposta* I have had no reply. **II** *v.i.* (*aus.* avere) to succeed, to achieve, to manage to get, to get permission: *ha ottenuto di poter lavorare a casa* he has got permission to work at home. □ ~ *in prestito qc.* to get s.th. as a loan; ~ *in sposa* (*o moglie*) *qd.* to win s.o.'s hand; *la commedia ottenne un gran successo* the play was (*o* met with) a great success. **ottengo, ottenni** → ottenere.

ottentotto *a./s.m.* (*f.* **-a**) Hottentot.

ottenuto → ottenere.

ottetto *m.* ⟨*Mus*⟩ octet(te).

ottica *f.* **1** optics *pl* (*costr. sing.*). **2** ⟨*fig*⟩ (*punto di vista*) viewpoint, point of view. **ottico** *a./s.* (*pl.* **-ci**) **I** *a.* **1** optical: *strumento* ~ optical instrument. **2** (*della vista*) optic(al): *nervo* ~ optic nerve. **II** *s.m.* (*f.* **-a**) optician. □ ~ *elettronica* electron optics *pl* (*costr. sing.*); ~ *di alta precisione* high-precision optics *pl* (*costr. sing.*); ~ *delle fibre di vetro* fiber optics *pl* (*costr. sing.*).

ottimale *a.* optimal, optimum. **ottimalizzazione** *f.* optimalization. **ottimamente** *avv.* very (*o* extremely) well. **ottimate** *m.* ⟨*Stor*⟩ optimate. **ottimismo** *m.* optimism (*anche Filos.*). **ottimista** *m./f.* optimist. **ottimistico** *a.* (*pl.* **-ci**) optimistic (*anche Filos.*).

ottimizzare *v.t.* to optimize. **ottimizzazione** *f.* optimization.

ottimo (*sup. di buono*) **I** *a.* **1** very (*o* extremely) good, excellent, ⟨*fam*⟩ capital: *ha un* ~ *carattere* he has a very good character. **2** (*bravissimo*) very good, first-rate, top–; (*eccellente*) excellent. **3** (*rif. all'aspetto*) very good, splendid. **4** (*rispettabilissimo*) excellent, very good: *–a famiglia* excellent family. **5** (*gustosissimo*) excellent, delicious. **6** ⟨*burocr,scol*⟩ excellent. **II** *s.m.inv.* **1** best. **2** ⟨*Econ*⟩ optimum. **3** ⟨*burocr,scol*⟩ excellent.

otto *a./s.inv.* **I** *a.* eight. **II** *s.m.* **1** (*cifra*) eight. **2** (*nelle*

date) eighth: *l'* ~ *maggio* the eighth of May, May 8th. **3** (*nel pattinaggio artistico*) figure-of-eight. **III** *s.f.pl.* eight (o'clock): *sono le* ~ *e dieci minuti* it's ten past eight. □ *di* ~ *anni* ⟨*attr*⟩ eight-year-old, ⟨*pred*⟩ eight years old; *dare gli* ~ *giorni a qd.* to give s.o. a week's notice; *siamo in* ~ there are eight of us; *sono le* ~ *e mezzo* it's half past eight, it's eight-thirty; *oggi a* ~ this day week, a week from today; *di* ~ *ore* ⟨*attr*⟩ eight-hour, ⟨*pred*⟩ of eight hours; *in* **quattro** *e quattr'* ~ in a twinkle (*o* flash, jiffy); ~ **volante** roller coaster.

ottobrata *f.* Indian summer. **ottobre** *m.* October. □ *di* ~ of (*o* in) October, October–; *il due* ~ October 2nd; *a metà* (*di*) ~ in the middle of October, in mid–October; ⟨*Stor*⟩ *rivoluzione di* ~ October Revolution. **ottobrino** *a.* October –.

ottocentesco *a.* (*pl.* **-chi**) ⟨*attr*⟩ nineteenth-century–, ⟨*pred*⟩ of the nineteenth century. **ottocentęsimo** **I** *a.* eight hundredth. **II** *s.m.* (*f.* **-a**) eight hundredth. **ottocentista** **I** *s.m./f.* **1** (*scrittore*) nineteenth-century writer; (*artista*) nineteenth-century artist. **2** ⟨*Sport*⟩ eight-hundred-metre runner. **II** *a.* → ottocentistico. **ottocentistico** *a.* (*pl.* **-ci**) nineteenth-century. **ottocento** *a./s.inv.* **I** *a.* **1** eight hundred. **2** (*ottocentesco*) nineteenth-century–. **II** *s.m.* eight hundred. **Ottocento** *m.* nineteenth century.

ottomana *f.* ⟨*Arred*⟩ ottoman, divan. **ottomano** **I** *a.* ⟨*lett*⟩ Ottoman(ic): *impero* ~ Ottoman Empire. **II** *s.m.* Ottoman.

ottomila *a./s.m.inv.* eight thousand. **ottonario** **I** *a.* ⟨*Metr*⟩ octosyllabic. **II** *s.m.* (kind of) octosyllabic line.

ottone *m.* **1** ⟨*Met*⟩ brass. **2** *pl.* ⟨*Mus*⟩ brass. □ *color* ~ brass(-coloured); *di* ~ brass–: *filo di* ~ brass wire.

Ottone *N.pr.m.* ⟨*Stor*⟩ Otto, Otho.

ottosillabo *a./s.* → ottonario.

ottuagenario **I** *a.* ⟨*attr*⟩ eighty-year-old, ⟨*pred*⟩ eighty years old, octogenarian. **II** *s.m.* (*f.* **-a**) octogenarian.

ottundere *v.t.* (*ottusi, ottuso*) ⟨*lett*⟩ to blunt, to dull (*anche fig.*).

otturamento *m.* **1** stopping (up). **2** (*occlusione*) occlusion. **otturare** *v.t.* **1** to stop (up), to close (up), to plug, to obturate: ~ *una falla* to stop a leak. **2** (*ostruire*) to block, to clog: *i rifiuti hanno otturato le fogne* the rubbish has clogged the drains. **3** ⟨*Dent*⟩ to fill, to stop. **otturarsi** *v.r.* to become choked, to clog, to become stopped (up). **otturatore** *m.* **1** ⟨*Fot*⟩ shutter. **2** (*nelle armi*) breech block, obturator. □ ~ *centrale* interlens shutter; ~ *a cuneo* wedge breech block; ~ *del fucile* rifle bolt; ~ *a tendina* focal-plane. **otturazione** *f.* **1** stopping, closing, plugging, obturation. **2** (*chiusura*) obstruction, blocking. **3** ⟨*Dent*⟩ filling, stopping. □ *procedere all'* ~ *di un dente* to fill (*o* stop) a tooth; *mi è saltata l'* ~ my filling has come out.

ottusamente *avv.* obtusely, dully. **ottusangolo** *a.* ⟨*Geom*⟩ obtuse-angled, obtusangular. **ottusi** → ottundere. **ottusità** *f.* obtuseness, dullness, obtusity (*anche fig.*). □ ~ *di mente* stupidity, dullness, ⟨*fam*⟩ denseness. **ottuso** (*p.p. di ottundere*) *a.* **1** blunt, dull. **2** ⟨*fig*⟩ dull, obtuse; (*rif. a persona*) obtuse, dull, slow-witted, ⟨*fam*⟩ dense, ⟨*fam*⟩ thick. **3** ⟨*Geom*⟩ obtuse.

OUA = *Organizzazione per l'unità africana* Organization of African Unity (*abbr.* OAU).

ouverture *fr.* [uveʀty:r] *f.* ⟨*Mus*⟩ overture.

ovaia *f.* ⟨*Anat*⟩ ovary. **ovalbumina** *f.* ⟨*Biol*⟩ egg white (*o* albumen). **ovaiolo** *a.* laying. **ovale** **I** *a.* oval (*anche Bot.*): *tavolo* ~ oval table; *foglia* ~ oval leaf. **II** *s.m.* oval. **ovarico** *a.* (*pl.* **-ci**) ⟨*Anat,Bot*⟩ ovarian. **ovariectomia** *f.* ⟨*Chir*⟩ ovariectomy. **ovario** *m.* ⟨*Anat,Bot*⟩ ovary. **ovato** *a.* **1** ⟨*lett*⟩ egg-shaped, oval, ovate. **2** ⟨*Bot*⟩ ovate.

ovatta *f.* **1** cotton-wool: *un batuffolo di* ~ a ball (*o* wad) of cotton-wool. **2** (*feltro*) wadding. **ovattare** *v.t.* **1** to pad, to wad. **2** ⟨*fig*⟩ (*rif. a suoni*) to muffle. **ovattato** *a.* **1** padded, wadded. **2** ⟨*fig*⟩ (*rif. a suoni*) muffled.

ovazione *f.* ⟨*Stor.rom*⟩ ovation (*anche estens.*).

ove ⟨*lett*⟩ **I** *avv.* **1** where. **2** (*in cui: stato*) where, in which, that (*o* which) ... in, ⟨*lett*⟩ wherein; (*moto*) where, to (*o* into) which, that (*o* which) ... (in)to, ⟨*lett*⟩ whereto. **3** (*ovunque: stato*) wherever; (*moto*) (to) wherever. **II**

congz. **1** (*nel caso che*) if, in case: ~ *fosse necessario* if it should be necessary. **2** (*mentre*) while, whereas. **3** (*purché*) provided that.

ovest *m.* **1** west. **2** ⟨*estens*⟩ (*regione occidentale*) west, ⟨*lett*⟩ occident; (*paesi occidentali*) West. □ *a* ~ *di* (to the) west of; *vento dell'* ~ west (*o* westerly) wind; *verso* ~ westwards.

Ovidio *N.pr.m.* ⟨*Stor*⟩ Ovid.

ovidotto, ovidutto *m.* ⟨*Anat*⟩ oviduct.

ovile *m.* (sheep)fold, pen, sheepcot(e). □ ⟨*fig*⟩ *ricondurre all'* ~ *la pecorella smarrita* to bring the lost sheep back to the fold; ⟨*fig*⟩ *tornare all'* ~ to return to the fold.

ovinicoltore *m.* sheep raiser, ⟨*am*⟩ sheep farmer. **ovinicoltura** *f.* sheep raising, ⟨*am*⟩ sheep farming.

ovino I *a.* sheep–, ovine. **II** *s.m.pl.* ⟨*Zool*⟩ sheep *pl.*

oviparo *a.* oviparous. **ovo** *m.* ⟨*pop*⟩ (*uovo*) egg. **ovoidale** *a.* ovoid(al), egg–shaped. **ovolo** *m.* **1** ⟨*Bot*⟩ royal (*o* Caesar's) agaric. **2** ⟨*Agr*⟩ mamelon. **3** ⟨*Arch*⟩ ovolo, echinus.

ovonica *f.* ⟨*Fis*⟩ ovonics *pl* (*costr. sing.*). **ovonico** *a.* (*pl.* -ci) ovonic.

ovopositore I *s.m.* ⟨*Entom,Itt*⟩ ovipositor. **II** *a.* ovipositing. **ovoscopio** *m.* egg chandler. **ovoviviparità** *f.* ⟨*Zool*⟩ ovoviviparity. **ovoviviparo** *a.* ovoviviparous. **ovulazione** *f.* ⟨*Biol*⟩ ovulation. **ovulo** *m.* **1** ⟨*Farm*⟩ globulus. **2** ⟨*Bot*⟩ ovule. **3** ⟨*Biol*⟩ ovum, egg cell.

ovunque *avv.* ⟨*lett*⟩ **1** (*dovunque*) wherever, anywhere: ~ *tu vada* wherever you go. **2** (*dappertutto*) everywhere, ⟨*fam*⟩ all over the place: *ho cercato* ~ I looked everywhere.

ovvero *congz.* → oppure.

ovverosia *congz.* → ossia.

ovvia *intz.* come on.

ovviamente *avv.* (*naturalmente*) obviously; (*evidentemente*) evidently. **ovviare** *v.i.* (**ovvio, ovvii**; *aus.* **avere**) (*prevenire*) to obviate, to prevent, to avert; (*rimediare*) to get round (*a qc.* s.th.), to find a remedy (*o* solution) (for): ~ *a una difficoltà* to get round a difficulty. **ovvio** *a.* (*naturale*) obvious, natural; (*evidente*) clear, plain, (self–)evident.

ozena *f.* ⟨*Med*⟩ oz(a)ena.

oziare *v.i.* (**ozio, ozi**; *aus.* **avere**) **1** (*stare in ozio*) to idle (about), to loaf, to laze (about). **2** (*girellare oziosamente*) to hang (idly) about. **ozio** *m.* **1** idleness, laziness, sloth; (*inattività*) inactivity, idleness: ~ *forzato* forced inactivity. **2** (*periodo di riposo*) leisure. □ *marcire nell'* ~ to waste away in idleness; *stare in* ~ to (be) idle; *tenere* (*o lasciare*) *qd. nell'* ~ to keep s.o. idle. *Prov.: l'* ~ *è il padre dei vizi* idleness is the root of all evil. **oziosaggine** *f.* idleness, laziness, slothfulness. **oziosamente** *avv.* **1** (*in modo inoperoso*) idly. **2** (*in modo futile*) idly, vainly. **oziosità** *f.* **1** idleness, laziness, sloth; (*inattività*) inactivity, idleness. **2** ⟨*fig*⟩ (*inutilità*) idleness, futility. **ozioso I** *a.* **1** idle: *rimanere* ~ to be idle; (*inoperoso*) inactive, idle. **2** (*pigro*) lazy, idle, slothful. **3** ⟨*fig*⟩ (*vano, inutile*) idle, vain, futile, pointless: *domanda –a* futile (*o* pointless) question. **II** *s.m.* (*f.* **-a**) **1** idler, loafer. **2** (*pigro*) lazy person, sluggard, ⟨*fam*⟩ lazybones.

ozonizzare *v.t.* to ozonize. **ozonizzatore** *m.* ozonizer. **ozonizzazione** *f.* ozonization. **ozono** *m.* ozone.

ozonometrico *a.* (*pl.* -ci) ozonometric. **ozonometria** *f.* ozonometry. **ozonometro** *m.* ⟨*Fis*⟩ ozonometer.

ozono|sfera *f.* ⟨*Geog*⟩ ozonosphere. **~terapia** *f.* ⟨*Med*⟩ ozone treatment.

P

p, P [pi] *m./f.* (*lettera dell'alfabeto*) p, P, the letter P: *due p* two p's; *una p maiuscola* a capital P; *una p minuscola* a small p; ⟨*Tel*⟩ *p come Palermo* P for Peter.

P = *posteggio* parking (place) (*abbr.* P).

p. = *pagina* page (*abbr.* p., pg.).

P. = ⟨*Rel*⟩ *padre* Father (*abbr.* Fr., P.).

P.A. = **1** *Patto Atlantico* Atlantic Treaty. **2** *posta aerea* airmail. **3** *pubblica amministrazione* public administration. **4** ⟨*Dir*⟩ *pubblica accusa* public prosecution.

PAC = *Politica agricola comune* Common Agricultural Policy (*abbr.* CAP).

pacare *v.t.* (*paco, pachi*) ⟨*lett*⟩ to calm, to placate. **pacatezza** *f.* calm, quietness. **pacato** *a.* calm, quiet.

pacca *f.* slap, smack, ⟨*fam*⟩ whack. □ *dare una ~ sulla spalla di qd.* to slap s.o. on the shoulder.

pacchettare *v.t.* (*pacchetto*) ⟨*Met*⟩ to bundle. **pacchettatrice** *f.* bundling machine. **pacchettatura** *f.* bundling.

pacchetto *m.* **1** packet, small parcel: *~ di sigarette* packet of cigarettes. **2** ⟨*Tip*⟩ column. **3** ⟨*Sport*⟩ (*nel rugby*) pack. **4** ⟨*Pol, tecn*⟩ package: *~ di proposte* package deal. □ *~ azionario* parcel of shares; ⟨*Inform*⟩ *~ applicativo* application package; *~ di software* software package.

pacchia *f.* ⟨*fam*⟩ godsend.

pacchianata *f.* gross behaviour. **pacchianeria** *f.* garishness, showiness, gaudiness. **pacchiano** *a.* showy, garish, gaudy.

pacciamare *v.t.* ⟨*Agr*⟩ to mulch, to cover with a mulch. **pacciamatura** *f.* mulch(ing). **pacciame** *m.* mulch.

pacco *m.* (*pl.* **-chi**) package, parcel; (*involto*) bundle, pack: *~ di giornali* bundle of newspapers; *spedire un ~* to send a parcel. □ *~* **aereo** air parcel; *~* **dono** gift parcel (*o* package); *~* **ingombrante** bulky package; *~* **offerta** bargain pack; *~* **postale** parcel; *~* (*postale*) **raccomandato** registered parcel; *~* **viveri** food parcel.

paccottiglia *f.* (*merce scadente*) shoddy goods *pl*; (*cosa di poco valore*) cheap stuff, junk, trash.

pace *f.* **1** peace: *in tempo di ~* in peacetime, in time of peace. **2** (*accordo, armonia*) peace, harmony: *in questa famiglia regna la ~* peace reigns in this family. **3** (*quiete*) peace (and quiet), tranquillity; (*tranquillità d'animo*) peace of mind. □ *per amor di ~* for the sake of peace and quiet; *andate in ~* go in peace; *~ dell'anima* peace of mind; *~ all'anima sua* may he (*o* his soul) rest in peace, God rest his soul; *~* **armata** armed peace; *non avere ~* to have no peace; *non avrò ~ finché* I won't rest until; *che ~ in questa casa!* how peaceful (*o* quiet) this house is!; **chiedere** *la ~* to seek peace; *non* **darsi** *~* not to resign o.s., to give o.s. no rest; *questo pensiero non mi dà ~* this thought won't let me be; **dimostrazione** *per la ~* peace demonstration; **essere** *in ~* to be at peace; *la ~* **eterna** eternal peace (*o* rest); **fare** *la ~* to make peace; (*riconciliarsi*) to make (one's) peace; **lasciare** *in ~* to leave alone (*o* in peace); **mettere** *~* to restore (*o* make) peace; *mettersi il cuore in ~* to set one's heart at rest; **offerta** *di ~* peace offering; *la ~* **pubblica** the (public) peace;

riposare in ~ to rest in peace; **santa** *~!* good heavens!; *starsene in santa ~* to be in peace and quiet; **senza** *~* restless, troubled; *~* **separata** separate peace (treaty); *~* **sindacale** (*o sociale*) industrial peace; ⟨*Bibl*⟩ *~ in terra agli uomini di buona volontà* peace on earth to men of goodwill; **trattative** *per la ~* peace negotiations (*o* talks); *intavolare trattative per la ~* to enter into peace talks; *non* **trovare** *~* to find no peace.

pace–maker *ingl.* ['peismeikə] *m.* ⟨*Med*⟩ pace–maker.

pachiderma *m.* **1** ⟨*Zool*⟩ pachyderm. **2** ⟨*fig*⟩ (*persona grossa*) elephant. **3** ⟨*fig*⟩ (*persona poco sensibile*) thick–skinned (*o* callous) person. **pachidermico** *a.* (*pl.* **-ci**) **1** (*pesante*) heavy, elephantine, elephant–like. **2** ⟨*fig*⟩ (*grossolano*) rough, coarse; (*rif. a sensibilità*) callous, thick–skinned.

pachistano *a./s.* → pakistano.

paciere *m.* (*f.* **-a**) peacemaker, make peace. □ *fare da ~* to act as a peacemaker. **pacificabile** *a.* pacifiable. **pacificamente** *avv.* pacifically, peaceably; (*tranquillamente*) peacefully. **pacificare** *v.t.* (*pacifico, pacifichi*) **1** to pacify. **2** (*riconciliare*) to reconcile, to make peace between. **pacificarsi** *v.r.* **1** to become reconciled (*con* to), to make peace, ⟨*fam*⟩ to make (it) up (with). **2** ⟨*fig*⟩ (*acquietarsi*) to calm down, to grow quiet. **pacificatore** **I** *s.m.* (*f.* **-trice**) peacemaker. **II** *a.* peacemaking, pacificatory: *azione pacificatrice* work of peace, peacemaking, pacification. **pacificazione** *f.* **1** pacification. **2** (*riconciliazione*) reconciliation.

pacifico *a./s.* (*pl.* **-ci**) **I** *a.* **1** peaceful, peaceable, peace–loving: *essere di indole –a* to be a peaceful sort. **2** (*in pace*) peaceful, pacific. **3** (*tranquillo*) peaceful, calm, tranquil: *esistenza –a* peaceful existence. **4** (*incontestabile*) indisputable, unquestionable; (*ovvio*) obvious, clear: *è ~ che tu abbia ragione* it is clear that you are right, you are unquestionably right. **II** *s.m.* lover of peace, peaceable person. □ ⟨*Bibl*⟩ *beati i –i* blessed are the peacemakers.

Pacifico *N.pr.m.* ⟨*Geog*⟩ (*anche oceano Pacifico*) Pacific (Ocean).

pacifismo *m.* pacifism. **pacifista** **I** *s.m./f.* pacifist. **II** *a.* pacifist(ic).

pacioccone ⟨*fam*⟩ **I** *s.m.* (*f.* **-a**) fat easy–going person. **II** *a.* (*bonaccione*) easy–going, good–natured.

pad *ingl.* ⟨*Inform*⟩ pad: *~ numerico* numeric pad.

padano *a.* Po–, Po River–: *pianura –a* Po Valley.

padda *m.inv.* ⟨*Ornit*⟩ paddy–bird.

padella *f.* **1** (frying)pan. **2** (*recipiente per malati*) bed–pan. **3** (*scaldino*) warming–pan. **4** ⟨*venat*⟩ miss. **5** ⟨*region*⟩ (*macchia d'unto*) oil (*o* grease) spot. □ ⟨*fig*⟩ *cadere dalla ~ nella brace* to jump out of the frying pan into the fire; ⟨*venat, Sport*⟩ *fare ~* to miss. ⟨*Gastr*⟩ *in ~* fried. **padellata** *f.* panful.

padiglione *m.* **1** pavilion: *~ di un ospedale* hospital pavilion (*o* ward). **2** ⟨*Arch*⟩ pavilion. **3** (*tenda*) pavilion, (large) tent. **4** ⟨*Anat, Oref*⟩ pavilion. **5** ⟨*Acu*⟩ (*di cuffia*) headphone cushion. □ *~ di caccia* hunting–lodge (*o* pavilion); *~ d'esposizione* (exhibition) pavilion; *~ letti* (*di* *ospedale*) ward block; *letto a* ~ canopy bed, four–poster; ⟨*Anat*⟩ ~ *dell'orecchio* auricle, pavilion of the ear.

Pàdova *N.pr.f.* ⟨*Geog*⟩ Padua. **padovàno** *a./s.m.* (*f.* -a) Paduan.

pàdre *m.* **1** father (*anche fig.*): *è stato un* ~ *per me* he has been (like) a father to me. **2** *pl.* (*antenati*) forefathers *pl,* ancestors *pl.* **3** ⟨*Rel*⟩ father: ~ *guardiano* (Father) Guardian. **4** ⟨*Teol*⟩ (God the) Father. **5** *pl.* ⟨*Stor.rom*⟩ (*senatori*) senators *pl.* ▢ ~ **adottivo** adoptive father, foster father; *amore di* ~ paternal love, love of a father; *–i della* **Chiesa** fathers of the Church; ⟨*Stor.rom*⟩ *–i* **coscritti** conscript fathers; ~ *di* **famiglia** father (of a family); ⟨*Dir*⟩ pater familias, head of a household; *per* **parte** *di* ~ on one's father's side, paternal; ~ *della* **patria** father of the country; ⟨*Stor*⟩ *–i* **pellegrini** Pilgrim Fathers; **rendere** ~ *qd.* to bear s.o. a child; **Santo** ~ (*il Papa*) Holy Father, ~ **spirituale** spiritual father.

padreggiàre *v.i.* (**padrèggio, padrèggi;** *aus.* **avere**) to take after one's father. **padrenòstro** (*o* **Pàdre nòstro**) *m.* ⟨*Rel*⟩ Lord's Prayer, Our Father: *recitare il* ~ to say the Lord's Prayer. **padretèrno** *m.* **1** Eternal Father. **2** ⟨*fig*⟩ (*persona presuntuosa*) God Almighty: *credersi un* ~ to think one is God Almighty. ▢ *fare il* ~ to lord it, (*fam*) to act big. **padrìgno** *m.* stepfather. **padrìno** *m.* **1** (*di battesimo*) godfather (at christening); (*di cresima*) sponsor (at confirmation). **2** (*nei duelli*) second.

padròna *f.* **1** (*datrice di lavoro*) employer, ⟨*fam*⟩ boss (*anche fig.*). **2** (*possidente*) proprietress, owner. **3** (*ostessa*) hostess, innkeeper's wife; (*di una pensione*) landlady. **4** (*in relazione ad animali domestici*) mistress. ▢ ~ *di casa:* 1 mistress (*o* lady) of the house; 2 (*per l'inquilino*) landlady; 3 (*per l'ospite*) hostess. **padronàle** *a.* **1** (*del padrone*) master's, owner's: *casa* ~ owner's house; (*principale*) main, master: *bagno* ~ main bathroom. **2** (*di proprietà*) private: *automobile* ~ private car. **3** (*imprenditoriale*) employers', managerial: *associazione* ~ employers' association.

padronànza *f.* **1** mastery, command, control, rule: ~ *dei mari* mastery of the seas. **2** ⟨*fig*⟩ (*conoscenza perfetta*) mastery, command, thorough knowledge. **3** ⟨*fig*⟩ (*controllo*) control, command: *perdere la* ~ *di sé* to lose control of o.s. ▢ *avere* ~ *dell'inglese* to have a thorough knowledge of English, to master the English language.

padronàto *m.* employers *pl.*

padroncìno *m.* (*f.* -a) ⟨*gerg*⟩ (*tassista proprietario*) taxi–driver who owns his taxi.

padróne *m.* (*f.* -a) **1** master, ⟨*fam*⟩ boss. **2** (*proprietario*) proprietor, owner: *il* ~ *del podere* the estate owner; (*in relazione ad animali domestici*) master. **3** (*imprenditore*) contractor; (*datore di lavoro*) employer; (*capo*) chief, ⟨*fam*⟩ boss. **4** ⟨*fig*⟩ (*perfetto conoscitore*) master. **5** (*oste*) host, innkeeper. **6** ⟨*Mar*⟩ (ship's) master, commander. **7** ⟨*esclam*⟩ all right then, you're your own master, go on: *vuoi andartene? –* ~! do you want to leave? – you're quite free to. **8** (*ant*) (*titolo*) master, sire. ▢ **a** ~ (*a servizio*) in service: *andare a* ~ to go into service; *essere a* ~ *da qd.* to be in s.o.'s service; ~ *di casa:* 1 master (of the house), householder; 2 (*per l'inquilino*) landlord; 3 (*per l'ospite*) host; **essere** ~: 1 to be master, ⟨*fam*⟩ to be the boss; 2 ⟨*fig*⟩ (*avere libertà di scelta*) to be free (to choose): *ognuno è* ~ *di fare ciò che vuole* everyone is free to do as he chooses (*o* thinks fit); 3 ⟨*fig*⟩ (*controllare*) to be master (*o* in command), to (have s.th. under) control: *essere* ~ *dei propri nervi* to have control of one's nerves; 4 ⟨*fig*⟩ (*conoscere perfettamente*) to be master of, to know thoroughly (*o* perfectly): *essere* ~ *di una lingua* to be master of a language; **farla** *da* ~ to lord it, to play the lord and master; *essere* ~ *della* **situazione** to be master of the situation.

padroneggiàre *v.t.* (**padronèggio, padronèggi**) **1** (*dominare*) to rule, to sway, to command: ~ *la folla* to sway the crowd. **2** ⟨*fig*⟩ (*controllare*) to master, to control: ~ *i propri sentimenti* to control one's feelings. **3** ⟨*fig*⟩ (*conoscere perfettamente*) to master, to know thoroughly: ~ *una materia* to master a subject. **padroneggiàrsi** *v.r.* to control (*o* master) o.s., to retain one's self–control.

padronìssimo *intz.* ⟨*pop*⟩ you're your own master.

paesàggio *m.* **1** landscape, scenery: ~ *autunnale* autumn

landscape; ~ *montano* mountain scenery. **2** (*veduta*) view, panorama. **3** ⟨*Pitt*⟩ landscape. ▢ ~ *desertico* desertscape; *difesa del* ~ conservation of nature; ~ *marino* seascape; ~*naturale* natural landscape. **paesaggìsta** *m./f.* → **paesista. paesaggìstica** *f.* ⟨*Agr*⟩ landscaping. **2** ⟨*Art*⟩ landscape painting. ▢ *pianificazione* ~ landscape planning. **paesaggìstico** *a.* → **paesìstico.**

paesàno I *a.* **1** (*del villaggio*) village-. **2** (*rustico*) country, rural, rustic: *costumi –i* country (*o* rural) customs. **II** *s.m.* (*f.* -a) **1** (*abitante di villaggio*) villager. **2** (*region*) (*compaesano*) fellow townsman, fellow villager. **3** ⟨*region*⟩ (*contadino*) countryman (*f* –woman), peasant. ▢ *alla –a* country-style, after the country fashion.

paése *m.* **1** country, land, region, territory. **2** (*patria*) country, (native) land. **3** (*centro abitato*) (small) town, (rural) centre; (*villaggio*) village: ~ *di montagna* mountain village. **4** ⟨*collett*⟩ (*paesani: di un centro*) town, townspeople *pl;* (*di un villaggio*) village, villagers *pl.* ▢ ~ **adottivo** adoptive country; ~ **agricolo** agricultural country (*o* nation); ⟨*Pol*⟩ *–i non* **allineati** non–aligned countries; *–i* **avanzati** = **paesi industrializzati;** ⟨*Geog*⟩ *Paesi* **Bassi** Low Countries, Netherlands; *il* **bel** ~ the fair country (Italy); ~ **beneficiario** received country; *di che* ~ *è?* what country (*o* town) is he from?, where does he come from?; *i –i della* **Comunità** the countries of the European Community, the EEC countries; ~ **creditore** creditor country; ~ **debitore** debtor country; ~ **donatore** donor country; ~ **esportatore** exporting country; ~ **firmatario** signatory country; ~ **fornitore** suppplier country; ~ **importatore** importing country, importer; ~ *importatore di petrolio* oil–importing country; *–i* **industrializzati** industrialized countries; ⟨*pop*⟩ **mandare** *qd. a quel* ~ to tell s.o. to go to hell; ~ *d'*oltremare overseas country; ~ *d'*origine country of origin; ~ **petroliferi** oil–producing countries; ~ **produttore** producing country; ~ *di* **provenienza** country of provenance; ~ *di* **residenza** country of residence; ~ **satellite** satellite country; ~ **sottosviluppato** underdeveloped country; ~ *in via di* **sviluppo** developing country. *Prov.:* ~ *che vai, usanza che trovi* when in Rome do as the Romans do.

paesèllo *m.* small village, hamlet. ▢ *tornare al* ~ (*tornare a casa propria*) to go home. **paesìsta** *m./f.* ⟨*Pitt*⟩ landscape painter, landscapist. **paesìstico** *a.* (*pl.* -ci) **1** ⟨*Art*⟩ rural, rustic, country-. **2** ⟨*Lett*⟩ landscape-, pastoral.

paf(fete) *onom.* smack.

paffùto *a.* chubby, plump: *guance –e* chubby cheeks.

pag. = *pagina* page (*abbr.* p., pg.).

pàga *f.* **1** pay, wages *pl,* wage: *quanto hai di* ~? what are your wages?, what's your pay?; *giorno della* ~ pay day. **2** ⟨*fig*⟩ (*ricompensa*) thanks *pl,* reward. ▢ ~ **base** basic wage rate, base rate; **busta** ~ pay packet, ⟨*am*⟩ pay envelope; ~ **giornaliera** daily wage (*o* pay); ~ **iniziale** starting wage; ~ **intera** full pay; ~ **lorda** (*o al lordo*) gross salary; ~ **mensile** monthly salary; ~ **netta** (*o al netto*) net pay; ~ **oraria** (*o all'ora*) pay by the hour, hourly pay; ⟨*fig*⟩ **per** ~ (*per ricompensa*) in return, as thanks; ~ **quindicinale** fortnightly pay; ~ **settimanale** weekly salary.

pagàbile *a.* payable, due. ▢ ~ *in* **anticipo** payable in advance; ~ *alla* **consegna** cash on delivery, C.O.D.; ~ *in* **contanti** payable in cash, for cash payment; ~ *all'*ordine payable to order; ~ *al* **portatore** payable to bearer; ~ *a* **rate** payable in instalments; ~ *a* **vista** payable at sight.

pagàia *f.* paddle.

pagaménto *m.* payment: *effettuare un* ~ to make (*o* effect) a payment; (*rif. a salari*) payment, pay: *giorno di* ~ pay day. ▢ **accettare** *in* ~ to accept as payment; ~ **anticipato** payment in advance, advance payment; ~ **arretrato** overdue payment; ~ *a mezzo* **assegno** payment by cheque; ~ *contro* **assegno** cash on delivery; ~ *in* **pronta cassa** cash payment; **cessare** *i –i* to stop payment; **condizioni** *di* ~ terms of payment; ~ *alla* **consegna** cash on delivery; ~ *in* **contanti** cash payment, payment cash down; ⟨*Comm*⟩ ~ **contro** documenti cash (*o* payment) against documents; **dietro** ~ for payment; **differire** (*o* dilazionare) il ~ to defer payment; **facilitazioni** *di* ~ easy terms; ~ **forfettario** flat(-rate) payment; **maggiorazione** *per* ~ *rateale* covering charges *pl*; **mancato** ~ non–payment, failure to pay; ~ *in* **natura** payment in kind; ~ **parziale** part payment; ~ **rateale** payment by instalments, hire–purchase, H.P.; ~ *alla* **scadenza** payment on maturity; ~ **scaduto** overdue payment; **sospendere** *i* –*i* to stop payment.

paganeggiare *v.i.* (**paganeggio, paganeggi;** *aus.* **avere**) to paganize, to act in a pagan manner. **paganesimo** *m.* paganism, heathenism. **paganizzare** *v.t.* to paganize, to heathenize. **paganizzazione** *f.* paganization, heathenizing. **pagano** *a./s.m.* (*f.* **-a**) pagan, heathen.

pagare *v.t.* (**pago, paghi**) **1** to pay (*anche fig.*): ~ *la pigione* to pay the rent; (*in cambio di qc.*) to pay for: *quanto hai pagato quel vestito?* how much did you pay for that dress?; ⟨*fig*⟩ *me la pagherai* you'll pay for it. **2** (*offrire*) to stand, to pay, to buy, to treat: ~ *una cena a qd.* to stand s.o. a dinner; *pago io da bere* I'm buying drinks, ⟨*fam*⟩ drinks are on me. **3** ⟨*fig*⟩ (*ricompensare*) to (re)pay, to recompense; (*contraccambiare*) to (re)pay, to pay back: ~ *di egual moneta* to repay in like coin. **4** ⟨*fig*⟩ (*dare: in frasi esclamative*) to give: *cosa pagherebbe per essere promosso!* what wouldn't he give (*o* he'd give anything) to pass! □ ~ *in* **acconto** to pay on account; ~ *in* **anticipo** to pay in advance; ~ *un* **assegno** to cash a cheque; ~ *una* **cambiale** to honour (*o* honour) a bill; ~ *a cambiali* to pay by draft; ⟨*fig*⟩ *gliela farò* ~ *cara* I'll make him pay dearly for it; ~ *caro qc.* to pay a lot (*o* high price) for s.th.; ⟨*fig*⟩ to pay dearly for s.th.; ~ *in* **contanti** to pay cash (down); ~ *un* **debito** to pay a debt; **far** ~ to charge: *quanto ti hanno fatto* ~ *quelle scarpe?* how much were you charged for those shoes?; ~ *un* **occhio** *della testa* to pay through the nose; ⟨*Comm*⟩ *per me* **pagate** *all'*ordine *di* pay to the order of; ⟨*fig*⟩ ~ *di* **persona** to meet one's responsibilities squarely; ~ *qc. a* **peso** *d'oro* to pay its weight in gold for s.th.; ~ **poco** not to pay much, to pay little; (*rif. a datori di lavoro e sim.*) to pay poorly; ~ *a* **rate** to pay by instalments. *Prov.*: *Dio non paga il sabato* the mills of God grind slowly.

pagatore **I** *s.m.* (*f.* **-trice**) payer: ~ *moroso* defaulting payer. **II** *a.* pay–: *ufficiale* ~ paymaster.

pagella *f.* ⟨*Scol*⟩ (school) report, report card.

pagello *m.* ⟨*Itt*⟩ sea bream.

paggio *m.* **1** ⟨*Stor*⟩ page(boy). **2** (*nei matrimoni*) page. □ *capelli alla* ~ pageboy hair–style.

pagherò *m.* ⟨*Econ*⟩ I owe you, ⟨*fam*⟩ IOU. □ ~ *cambiario* promissory note.

pagina *f.* **1** (*di libro*) page, leaf, folio. **2** (*contenuto di una pagina*) page. **3** ⟨*fig*⟩ (*passo, brano*) page, passage, piece. **4** (*episodio*) episode, page, chapter. **5** ⟨*Bot*⟩ pagina, blade. **6** ⟨*Tip*⟩ page(proof). □ ~ **anteriore** recto, right–hand page; ⟨*Tip*⟩ ~ **bianca** blank page; ~ **campione** sample page; ⟨*Giorn*⟩ ~ *di* **copertina** front cover; –*e* **gialle** Yellow Pages; ~ **pari** verso, left–hand page; ⟨*Giorn*⟩ **prima** ~ front page; ⟨*Giorn*⟩ ~ **sportiva** sports page; **terza** ~ literary page; ⟨*Giorn*⟩ *a* **tutta** ~ full–page–; **voltare** ~: 1 to turn over (the page); 2 ⟨*fig*⟩ to turn over a new leaf.

paginatura *f.* pagination, paging.

paglia *f.* **1** straw. **2** (*cannuccia per bibite*) (drinking) straw. **3** ⟨*Met*⟩ seam. □ ~ **artificiale** (artificial) straw; **color** ~ straw(–coloured); ⟨*fig*⟩ *mettere la* ~ *al* **fuoco** to expose to temptation; ~ *di* **legno** shavings *pl*, ⟨*am*⟩ excelsior; **tetto** *di* ~ thatched roof; **uomo** *di* ~ man of straw; *essere come la* ~ *al* **vento** to be changeable (*o* inconstant).

pagliaccesco *a.* (*pl.* **-chi**) clownish, clown–like. **pagliaccetto** *m.* **1** (*abito da bambino*) rompers *pl.* **2** ⟨*Mod*⟩ camiknickers *pl*, combination garment. **pagliacciata** *f.* ⟨*spreg*⟩ buffoonery, clownish act, tomfoolery. **pagliaccio** *m.* buffoon, clown (*anche fig.*).

pagliaio *m.* **1** straw stack (*o* rick); (*mucchio di paglia*) pile of straw. **2** (*ambiente*) loft. □ ⟨*fig*⟩ *dar fuoco al* ~ to add fuel to the flames. **paglericcio** *m.* pallet, straw (*o* tick) mattress; (*sacco*) palliasse. **paglierino** *a.* straw(–yellow), straw(–coloured). **paglietta** *f.* **1** ⟨*Mod*⟩ straw hat. **2** (*trucioli metallici*) metal shavings *pl*; (*per pulire pentole*) steel wool. **3** ⟨*Bot*⟩ palea. **4** ⟨*El*⟩ connecting lug (*o* tag). **paglietto** *m.* ⟨*Mar*⟩ mat. **paglino** *m.* straw seat (of a

chair).

pagliolato *m.* ⟨*Mar*⟩ ceiling. **pagliolo** *m.* **1** ceiling plank, lining piece. **2** (*nelle operazioni di stivaggio*) dunnage.

paglione *m.* (*pagliericcio*) (straw) pallet, straw mattress. **pagliuzza** *f.* **1** (blade of) straw. **2** (*quantità minima*) speck, mote.

pagnotta *f.* **1** loaf: *una* ~ *di pane* a loaf (of bread). **2** ⟨*fig,pop*⟩ (*guadagno*) living, earnings *pl*, ⟨*fam*⟩ bread and butter: *per la* ~ for one's living.

pago *a.* (*pl.* **-ghi**) ⟨*lett*⟩ satisfied, content (*di* with).

pagoda *f.* ⟨*Arch,Numism*⟩ pagoda. □ *a* ~ pagoda–like, pagoda–: *tetto a* ~ pagoda roof.

paguro *m.* ⟨*Zool*⟩ hermit crab.

paillard *fr.* [pa'jar] *f.* ⟨*Gastr*⟩ grilled sirloin.

paillettato [paj–] *a.* ⟨*Mod*⟩ ornamented with paillettes.

paio¹ *m.* (*pl.* **le paia**) **1** pair: *ho comprato due* –*a di calze* I bought two pairs of stockings; (*rif. a selvaggina*) brace: *tre* –*a di pernici* three brace of partridges. **2** (*rif. a persona*) couple, pair: *insieme fanno un bel* ~ they make a fine pair. **3** (*circa due*) couple: *tra un* ~ *d'anni* in a couple of years. □ ~ *a* –*a* in pairs, by twos; *fare il* ~ to be well–matched (*o* a fine pair); *un* ~ *di* **forbici** a pair of scissors; *è un altro* ~ *di* **maniche** that's quite a different matter, ⟨*fam*⟩ that's a different kettle of fish.

paio² → **parere**¹.

paiolata *f.* potful, cauldron–full. **paiolo** *m.* **1** (copper) pot, cauldron. **2** → **paiolata**.

Pakistan *N.pr.m.* ⟨*Geog*⟩ Pakistan. **pakistano** **I** *a.* Pakistani, Pakistan. **II** *s.m.* (*f.* **-a**) Pakistani.

pala *f.* **1** shovel. **2** (*rif. al mulino: elemento piano*) vane; (*parte espansa della ruota*) bucket. **3** (*parte dell'elica, della turbina, del remo*) blade. **4** (*per infornare*) baker's shovel, peel. □ *a* –*e* paddle–: *ruota a* –*e* paddle wheel; ~ *d'*altare altar piece; ~ *da* **carbone** coal shovel; ~ *da* **giardino** (garden) shovel; ~ *da* **neve** snow shovel.

paladino *m.* **1** ⟨*Stor*⟩ paladin. **2** ⟨*fig*⟩ champion, paladin: *fare il* ~ to set o.s. up as a champion.

palafitta *f.* **1** ⟨*Etnol*⟩ palafitte, lake (*o* pile–)dwelling. **2** ⟨*Edil*⟩ pile(work), piles *pl*: ~ *per fondazione* foundation pile. **palafittare** *v.t.* to support with piles. **palafitticolo** **I** *a.* ⟨*Etnol*⟩ lake–, pile–. **II** *s.m.* (*f.* **-a**) lake–dweller, pile–dweller.

palafreniere *m.* ⟨*Stor*⟩ palfrenier, groom. **palafreno** *m.* palfrey, saddle horse.

palamidone *m.* ⟨*scherz*⟩ long frock–coat.

palamite *m.* ⟨*Pesc*⟩ boulter.

palanca¹ *f.* **1** (*grossa tavola*) plank, board. **2** ⟨*Mar*⟩ gangplank.

palanca² *f.* (usually in pl.) ⟨*fam*⟩ (*denaro*) dough.

palanchino *m.* **1** (*portantina*) palanquin, palankeen. **2** (*leva*) crowbar.

palandrana *f.* ⟨*scherz*⟩ (*abito lungo e largo*) long loose garment.

palata *f.* **1** stroke (*o* blow) with a shovel. **2** (*quantità*) shovelful. **3** (*colpo di remo*) stroke. □ ⟨*fig*⟩ *a* –*e* heaps, lots, in plenty; *avere soldi a* –*e* to have a mint of money.

palatale **I** *a.* ⟨*Fon,Anat*⟩ palatal. **II** *s.f.* ⟨*Fon*⟩ palatal. **palatalizzare** *v.t.* ⟨*Fon*⟩ to palatalize. **palatalizzarsi** *v.r.* to be palatalized. **palatalizzazione** *f.* palatalization.

palatinato *m.* ⟨*Stor*⟩ palatinate. **Palatinato** *N.pr.m.* ⟨*Geog*⟩ Palatinate.

palatino¹ **I** *a.* ⟨*Stor,Rel*⟩ palatine. **II** *s.m.* ⟨*Stor*⟩ (count) palatine.

palatino² *a.* ⟨*Anat*⟩ palatine: *arteria* –*a* palatine artery.

Palatino *N.pr.m.* ⟨*Geog*⟩ (*anche colle Palatino*) Palatine (Hill).

palato *m.* **1** ⟨*Anat*⟩ palate. **2** ⟨*fig*⟩ (*gusto*) (sense of) taste, palate: *avere un buon* ~ to have a good palate. □ *buono al* ~ palatable; ⟨*Anat*⟩ ~ *duro* hard palate; ~ *molle* soft palate; *cibi che stuzzicano il* ~ appetizing food.

palatoschisi *f.* ⟨*Med*⟩ cleft palate.

palazzina *f.* small palace, villa.

palazzo *m.* **1** (*palazzo nobiliare*) palace, mansion: ~ *principesco* prince's palace. **2** (*sede di uffici pubblici*) hall, building: ~ *municipale* town (*o* city) hall; (*casamento*) block of flats, mansions *pl,* ⟨*am*⟩ apartment building. □ ~ *dei* **congressi** congress building; ~ **ducale** ducal palace; (*a Venezia*) doge's palace; ~ *per* **esposizioni** exhibition hall (*o* building); ~ *di* **giustizia** law court(s), court house, ⟨*am*⟩ (central) courts; ~ **presidenziale** President's Palace; ~ **reale** (royal) palace; ~ *per* **uffici** office block (*o* building); ~ *di* **vetro** (*a New York*) United Nations Building.

palchettista *m./f.* ⟨*Teat*⟩ box 'holder. **palchetto** *m.* **1** (*ripiano*) shelf, board. **2** ⟨*giorn*⟩ box. **3** ⟨*Min*⟩ stull.

palco *m.* (*pl.* **-chi**) **1** floor(ing), boarding; (*impalcatura*) scaffolding, stage. **2** (*tribuna*) (grand)stand; (*per la banda*) bandstand. **3** (*patibolo*) scaffold. **4** ⟨*Teat*⟩ box. **5** ⟨*Zool*⟩ antler. □ **a** *palchi* in layers; ~ **improvvisato** (*per oratore*) soap box; ⟨*Teat*⟩ ~ *di* **prim'ordine** first-tier box; ~ *di* **platea** orchestra circle box; ~ *di* **proscenio** stage box.

palcoscenico *m.* (*pl.* **-ci**) stage, boards *pl.* □ (*fig*) calcare *il* ~ to tread the boards; ~ **girevole** revolving (*o* turntable) stage.

palella *f.* ⟨*Fal*⟩ dovetail. □ *giunzione a* ~ dovetail joint.

paleo|antropologia *f.* pal(a)eoanthropology. **~botanica** *f.* palaeobotany. **~botanico** *a./s.* (*pl.* **-ci**) **I** *a.* palaeobotanic(al) **II** *s.m.* palaeobotanist. **~cristiano** *a.* early Christian. **~fitologia** *f.* pal(a)eophytology.

paleogene *m.* ⟨*Geol*⟩ Pal(a)eogene. **paleogeografia** *f.* pal(a)eogeography.

paleografia *f.* pal(a)eography. **paleografico** *a.* (*pl.* **-ci**) pal(a)eographic(al). **paleografo** *m.* (*f.* **-a**) pal(a)eographer.

paleolitico *a.* (*pl.* **-ci**) Pal(a)eolithic.

paleontologia *f.* pal(a)eontology. **paleontologico** *a.* (*pl.* **-ci**) pal(a)eontologic(al). **paleontologo** *m.* (*pl.* **-gi**/*pop.* **-ghi**; *f.* **-a**) pal(a)eontologist.

paleozoico *a.* (*pl.* **-ci**) Pal(a)eozoic. **paleozoologia** *f.* pal(a)eozoology.

palermitano I *a.* of (*o* from) Palermo, Palermo–. **II** *s.m.* (*f.* **-a**) Palermitan. **Palermo** *N.pr.f.* ⟨*Geog*⟩ Palermo.

palesamento *m.* manifestation, disclosure, revelation. **palesare** *v.t.* (**paleso**) **1** (*manifestare*) to manifest, to express: ~ *le proprie opinioni* to express one's views, to speak one's mind. **2** (*svelare*) to disclose, to reveal: ~ *un segreto* to reveal a secret. **palesarsi** *v.r.* to reveal (*o* show) o.s.; (*apparire*) to seem, to look: *la situazione si palesa difficile* the situation looks difficult. **palese** *a.* (*manifesto*) clear, obvious, manifest. **palesemente** *avv.* obviously, manifestly.

Palestina *N.pr.f.* ⟨*Geog*⟩ Palestine. **palestinese** *a./s.m./f.* Palestinian. □ *la questione* ~ the Palestinian problem (*o* question).

palestra *f.* **1** gymnasium, ⟨*fam*⟩ gym. **2** (*esercizio ginnico*) gymnastics *pl* (*costr. sing.*). **3** ⟨*fig*⟩ training ground, school: *la* ~ *della vita* the school of life. **4** ⟨*Stor*⟩ palaestra.

paletot *fr.* [pal'to] *m.* → **paltò**.

paletta *f.* **1** (*giocattolo*) spade. **2** (*per muovere la brace*) fire–shovel. **3** ⟨*Ferr*⟩ disk (*o* hand) signal. ⟨*Ind*⟩ pallet. □ ~ *da giardiniere* garden trowel; ~ *per la* **spazzatura** dustpan; ⟨*Mot*⟩ ~ *del* **ventilatore** fan blade. **palettizzare** *v.t.* to palletize. **palettizzazione** *f.* palletization.

palettare *v.t.* (**paletto**) (*munire di paletti*) to stake. **palettata** *f.* (*quantità*) shovelful; (*colpo*) blow with a shovel.

paletto *m.* **1** stake, picket, post. **2** (*spranga*) bolt, bar. **3** (*picchetto da tenda*) peg, picket. □ *mettere il* ~ *alla porta* to bolt the door; *togliere il* ~ *alla porta* to unbolt the door.

palina *f.* ⟨*Topogr*⟩ ranging rod, surveyor's stake.

palingenesi *f.* ⟨*Biol,Filos*⟩ palingenesis. **palingenetico** *a.* (*pl.* **-ci**) palingenetic.

palinodia *f.* ⟨*Lett*⟩ palinode, palinody.

palinsesto *m.* ⟨*Filol*⟩ palimpsest.

palio *m.* (*drappo*) banner (awarded to the winner of a contest); (*gara*) contest, competition; (*gara equestre*) horse race. **Palio** *N.pr.m.* (*a Siena*) Palio. □ *correre in* ~ to compete; *essere in* ~ to be at stake; *mettere in* ~ to offer as a prize.

paliotto *m.* ⟨*Lit*⟩ (altar)frontal, antependium.

palischermo *m.* (*imbarcazione*) row boat, skiff.

palissandro *m.* rosewood.

palizzata *f.* palisade, paling, (stake)fence.

palla[1] *f.* **1** ball: *giocare a* ~ to play ball. **2** (*proiettile*) bullet, ball: *una* ~ *da cannone* a cannon ball. **3** (*oggetto a forma di palla*) ball: *una* ~ *di neve* a snowball. **4** (*per votazioni*) ballot. **5** ⟨*Stor*⟩ (*sfera pesante legata ai piedi dei carcerati*) ball. **6** ⟨*Arald*⟩ ball. **7** *pl.* ⟨*volg*⟩ (*testicoli*) balls *pl.* □ ⟨*Sport*⟩ ~ *di* **allenamento** training ball; (*nel pugilato*) punching–ball; *prendere la* ~ *al* **balzo** to catch the ball on the bounce; ⟨*fig*⟩ to seize one's opportunity; ~ **basca** (*pelota*) pelota; ⟨*Sport*⟩ **battere** *la* ~ to start play; (*nel calcio*) to kick off; ~ *da* **biliardo** billiard ball; ⟨*fig,scherz*⟩ (*testa calva*) bald head; ~ *di* **cuoio** leather–covered ball; ~ *da* **golf** golf ball; ⟨*Mil.ant*⟩ ~ **infocata** incendiary shell, fire ball; *fare a -e di* **neve** to have a snowball fight; ⟨*Bot*⟩ ~ *di* **neve** snowball; *mandare la* ~ *in* **rete** to score; ⟨*triv*⟩ *rompere le -e a qd.* (*seccarlo*) to be a (damn) nuisance to s.o.; ~ *da* **tennis** tennis ball.

palla[2] *f.* **1** ⟨*Stor.rom*⟩ palla. **2** ⟨*Lit*⟩ pall, palla.

pallabase (*o* **palla base**) *f.* ⟨*Sport*⟩ baseball. **pallacanestro** *f.* basket ball. **pallacorda** *f.* ⟨*Stor*⟩ (*gioco*) tennis; (*luogo*) (tennis)court. □ ⟨*Stor*⟩ *giuramento della* ~ oath of the Tennis Court.

Pallade *N.pr.f.* ⟨*Mitol*⟩ Pallas (Athena).

palladiano *a.* ⟨*Arch*⟩ Palladian.

palladio[1] *m.* ⟨*Chim*⟩ palladium.

palladio[2] *m.* ⟨*Stor.gr*⟩ Palladium.

pallamaglio *m./f.* ⟨*Stor*⟩ pall–mall. **pallamano** *f.* ⟨*Stor*⟩ field hand ball.

pallanotista *m./f.* ⟨*Sport*⟩ water–polo player. **pallanuoto** *f.* water polo. **pallata** *f.* blow with a ball. □ *fare a -e di* **neve** to have a snowball fight. **pallavolo** *f.* ⟨*Sport*⟩ volley ball. **pallavolista** *m./f.* volley ball player.

palleggiamento *m.* → **palleggio**. **palleggiare** *v.* (**palleggio, palleggi**) **I** *v.i.* (*aus. avere*) **1** to throw (*o* pass) the ball backwards and forwards, to exchange passes. **2** (*nel calcio*) to dribble; (*tra due giocatori*) to pass the ball backwards and forwards. **3** (*nel tennis*) to rally; (*prima della partita*) to knock up. **II** *v.t.* **1** to brandish, to shake: ~ *la clava* to brandish one's club. **2** (*sballottare*) to toss. **palleggiarsi** *v.r.* ⟨*recipr*⟩ to shift back and forth (*qc.* s.th.), to saddle one another (with): *palleggiarsi la responsabilità* to shift the responsibility back and forth. **palleggiatore** *m.* (*f.* **-trice**) ⟨*Sport*⟩ dribbler. **palleggio** *m.* ⟨*Sport*⟩ **1** (*nel calcio*) dribbling; (*tra due giocatori*) passing. **2** (*nel tennis*) rally; (*prima della partita*) knock–up.

palliativo *a./s.m.* ⟨*Farm*⟩ palliative (*anche fig.*).

pallidamente *avv.* palely, pallidly. **pallido** *a.* **1** pale, pallid, wan: *volto* ~ pale face. **2** (*rif. a colore: tenue*) pale, light: *verde* ~ pale green. **3** ⟨*fig*⟩ (*debole, vago*) faint, feeble, dim: *un* ~ *ricordo* a dim recollection; *non ne ho la più -a idea* I haven't the faintest idea. □ ~ *come un morto* as pale as death.

pallina *f.* **1** ball: ~ *per* **roulette** (roulette) ball; (*da ping-pong*) (ping pong) ball. **2** (*bilia di vetro*) (glass) marble. **pallino** *m.* **1** (*nel biliardo*) object ball; (*nel gioco delle bocce*) jack. **2** *pl.* ⟨*Tess*⟩ (polka) dots *pl,* spots *pl:* *una cravatta a -i blu* a tie with blue polka dots, a blue–spotted tie. **3** *pl.* ⟨*Venat*⟩ pellets *pl.* **4** (*idea fissa*) obsession, craze, fixed idea; (*hobby*) hobby. □ *ha il* ~ *delle corse dei cavalli* he has a mania for horse racing.

pallio *m.* ⟨*Stor.rom*⟩ pallium.

pallonaio *m.* **1** (*fabbricante*) balloon maker ; (*venditore*) balloon–seller. **2** ⟨*fig,scherz*⟩ (*millantatore*) boaster, braggart. **pallonata** *f.* **1** (blow with a) ball: *essere colpito da una* ~ to be hit by a ball. **2** ⟨*fig,scherz*⟩ (*frottola*) bosh, ⟨*am.fam*⟩ baloney. □ ⟨*fam*⟩ *dire -e* to talk big. **palloncino** *m.* **1** (*per bambini*) (toy) balloon. **2** (*lampioncino*) Chinese lantern. **3** (*recipiente di vetro*) flask. **4** (*per la prova dell'alcool*) breathalyser, breathalyzer. □ *maniche a* ~ puff sleeves; *prova del* ~ breath test. **pallone** *m.* **1** ball; (*nel calcio: palla di cuoio*) football, soccer ball. **2** (*palloncino per bambini*) (toy) balloon. **3** ⟨*Aer*⟩ balloon. **4** ⟨*Chim*⟩ flask; (*da distillazione*) distillation flask; (*per pesare i gas*) balloon. □ ⟨*Aer*⟩ ~ **aerostatico** air balloon; ⟨*Aut*⟩ ~ **autogonfiabile** airbag; ⟨*Aer*⟩ ~ **frenato** captive balloon; ⟨*Sport*⟩ **gioco** *del* ~

(association) football, ⟨*fam*⟩ soccer; ⟨*fig*⟩ ~ **gonfiato** bighead; ⟨*Aer*⟩ ~ **libero** free balloon; ⟨*Meteor*⟩ ~ **meteorologico** meteorological (*o* sounding) balloon; ⟨*Aer*⟩ ~ **osservatorio** observation balloon; ⟨*Aer*⟩ ~ **pilota** pilot balloon; ⟨*Mil*⟩ ~ *di* **sbarramento** barrage balloon; ⟨*Aer*⟩ ~ **stratosferico** stratospheric balloon; ⟨*Chim*⟩ ~ *di* vetro (glass) flask.

pallonetto *m.* ⟨*Sport*⟩ lob.

pallore *m.* pallor, paleness: ~ *cadaverico* (*o mortale*) deathly pallor.

pallottola *f.* **1** (small) ball, pellet: *una* ~ *di vetro* a (small) ball of glass. **2** (*proiettile*) bullet, pellet, shot. **3** (*del pallottoliere*) bead, counter. □ ⟨*Mil*⟩ ~ *dum-dum* dumdum (bullet); ~ *esplosiva* explosive bullet; ~ *di fucile* rifle bullet (*o* shot); *naso a* ~ snub nose.

pallottoliere *m.* abacus.

pallovale (*o palla ovale*) *f.* ⟨*Sport*⟩ rugby.

palma[1] *f.* **1** ⟨*Bot*⟩ palm. **2** ⟨*fig*⟩ (*vittoria*) palm, victory: *ottenere la* ~ to win the palm. □ ~ *da cocco* coco(nut) palm; ~ *dattilifera* date palm; ⟨*Lit*⟩ *domenica delle –e* Palm Sunday; ⟨*fig*⟩ ~ *del martirio* the palm of martyrdom.

palma[2] *f.* ⟨*Anat*⟩ palm. □ *giungere le –e* to clasp one's hands; ~ *della mano* palm (of the hand); ⟨*fig*⟩ *portare qd. in* ~ *di mano* to hold s.o. highly.

palmare *a.* ⟨*Anat*⟩ palmar: *arcata* ~ palmar arch. **2** ⟨*fig*⟩ (*evidente*) obvious, evident, clear. **palmato** *a.* **1** ⟨*Zool*⟩ palmate(d), webbed: *piede* ~ webbed foot. **2** ⟨*Bot*⟩ palmate(d): *foglia –a* palmate leaf.

palmento *m.* (*macina*) millstone; (*mulino*) mill. □ ⟨*fig*⟩ *mangiare a quattro –i* to wolf one's food down.

palmeto *m.* palm grove, palmery. **palmetta** *f.* ⟨*Arch*⟩ palmette. **palmifero** *a.* ⟨*lett*⟩ palmiferous.

palmipede *a.* ⟨*Ornit*⟩ palmiped, web-footed bird.

Palmira *N.pr.f.* ⟨*Geog.stor*⟩ Palmyra.

palmitina *f.* ⟨*Chim*⟩ (tri)palmitin.

palmizio *m.* ⟨*Bot*⟩ palm(tree).

palmo *m.* **1** (*unità di misura*) span. **2** (*region*) (*palma della mano*) palm (of the hand). □ (*a*) ~ *a* ~: 1 (*poco per volta*) inch by inch; 2 (*nei minimi particolari*) thoroughly: *conosce la città* ~ *a* ~ he knows the city thoroughly (*o* like the palm of his hand); ⟨*fig*⟩ *alto un* ~ tiny; *non cedere di un* ~ not to yield an iota; *restare con un* ~ *di naso* to be badly disappointed.

palo *m.* **1** pole, post, stake, pile: *piantare un* ~ to drive a pole into the ground. **2** ⟨*Sport*⟩ (*nel calcio*) goal post. □ ⟨*Edil*⟩ ~ *d'acciaio* steel pole; ⟨*Edil*⟩ ~ *in cemento armato* reinforced concrete pole; ⟨*gerg*⟩ *fare il* (*o da*) ~ to act as look-out; ~ *di* **ferro** iron pole; ⟨*Edil*⟩ ~ *di* **fondazione** foundation pile; ⟨*fig*⟩ *saltare di* ~ *in* **frasca** to jump from one topic to another; ~ *della luce* lamp post; ⟨*Mar*⟩ ~ *d'ormeggio* bollard, mooring post; **sembrare** *un* ~ to be as thin as a rake (*o* bean pole); ⟨*Stor*⟩ **supplizio** *del* ~ impalement; ~ **telegrafico** telegraph pole; ~ *a* **traliccio** pylon.

palomba *f.* ⟨*Ornit*⟩ (*colombella*) stockdove, wood pigeon.

palombaro *m.* diver.

palombo *m.* ⟨*Itt*⟩ **1** (*palombo nocciolo*) smooth hound. **2** (*palombo stellato*) stellate smooth hound.

palpabile *a.* **1** palpable, tangible. **2** ⟨*fig*⟩ (*manifesto, evidente*) plain, obvious, palpable. **palpare** *v.t.* **1** to touch, to feel. **2** ⟨*Med*⟩ to palpate. **palpata** *f.* touch, feel. **palpatina** *f.* pat, light touch. **palpatorio** *a.* ⟨*Med*⟩ palpatory. **palpazione** *f.* palpation.

palpebra *f.* eyelid: *abbassare le –e* to lower one's eyelids. □ (*s*)*battere le –e* to blink. **palpebrale** *a.* palpebral: *regione* ~ palpebral region.

palpeggiamento *m.* touching, patting. **palpeggiare** *v.t.* (**palpeggio, palpeggi**) to stroke, to pat, to feel.

palpitante *a.* **1** palpitant, palpitating; (*che batte*) throbbing, beating, pulsating. **2** (*fremente*) trembling, shaking, quivering: ~ *d'emozione* trembling with emotion. □ *di* ~ **attualità** very topical. **palpitare** *v.i.* (**palpito**; *aus.* avere) **1** to palpitate; (*battere*) to beat (fast), to throb, to pulsate, to palpitate: *il cuore gli palpitava fortemente* his heart was beating fast. **2** (*fremere*) to tremble, to quiver, to shake; ~ *di sdegno* to quiver with indignation.

palpitazione *f.* ⟨*Med*⟩ palpitation. **palpito** *m.* **1** beat, pulsation: *–i frequenti* rapid beats; (*palpitazione*) beating, throbbing, pulsation. **2** ⟨*fig*⟩ (*emozione*) throb.

palpo *m.* ⟨*Zool*⟩ palp, palpus.

paltò *m.* ⟨*Mod*⟩ (over)coat, winter coat.

paludamento *m.* **1** ⟨*Stor.rom*⟩ paludament(um). **2** ⟨*estens*⟩ (*manto sontuoso*) rich mantle, sumptuous robe. **paludato** *a.* **1** sumptuously dressed. **2** ⟨*Stor.rom*⟩ wearing a paludamentum. **3** ⟨*fig*⟩ (*solenne*) solemn; (*ampolloso*) pompous, inflated, high-flown.

palude *f.* **1** marsh, swamp, bog: *bonificare una* ~ to reclaim a marsh. **2** *pl.* (*regione paludosa*) marshes *pl*, swamps *pl*, marshland, fenland. **paludismo** *m.* (*malaria*) paludism, marsh fever. **paludoso** *a.* marshy, swampy, boggy: *regione –a* swampy region, marshland. **palustre** *a.* (*di palude*) palustrine, swamp-, marsh-: *piante –i* palustrine plants.

pamela *f.* ⟨*Mod*⟩ (wide-brimmed) straw hat, leghorn.

pampa *sp.f.* (*pl.* **pampas**) ⟨*Geog*⟩ pampa.

pamphlet *fr.* [pɑ̃'flɛ:] *m.* satire, lampoon, pamphlet.

pampino *m.* (*foglia della vita*) vine leaf.

Pan *N.pr.m.* ⟨*Mitol*⟩ Pan.

panacea *f.* (*rimedio universale*) panacea, cure-all.

panache *fr.* [pa'naʃ] *m.* (*pennacchio*) panache. □ *fare* ~: 1 ⟨*Equit*⟩ (*rif. al cavallo*) to fall (head over heels); (*rif. al cavaliere*) to be tossed over the horse's head; 2 (*nel ciclismo*) to be tossed over the handlebars.

panafricanismo *m.* Pan-Africanism. **panafricano** *a.* Pan-African.

panama *m.inv.* ⟨*Mod*⟩ Panama (hat).

Panama *N.pr.m.* ⟨*Geog*⟩ Panama. □ *istmo di* ~ Isthmus of Panama. **panamense I** *a.* Panaman(ian). **II** *s.m./f.* Panamanian.

panamericanismo *m.* Pan-Americanism. **panamericano** *a.* Pan-American.

panarabismo *m.* Pan-Arabism. **panarabo** *a.* Pan-Arabian.

panare *v.t.* ⟨*Gastr*⟩ to bread.

panasiatico *a.* (*pl.* **-ci**) Pan-Asiatic, Pan-Asian. **panasiatismo** *m.* Pan-Asiatism.

panata *f.* ⟨*Gastr*⟩ panada, bread soup.

panatenee *f.pl.* Panathenaea *pl.*

panatica *f.* ⟨*Mar*⟩ board; (*denaro*) board money, board wages *pl.*

panato *a.* ⟨*Gastr*⟩ breaded.

panca *f.* bench, form, seat: *panche d'osteria* tavern benches. □ ~ *di chiesa* pew; ~ *da giardino* garden (*o* park) bench; *essere buono solo a scaldare le panche* (*della scuola*) to waste one's time at school. **pancaccio** *m.* prison bunk.

pancarré *m.* sandwich loaf (of bread), sliced bread.

pancata *f.* **1** bench, benchful of people. **2** (*colpo*) blow with a bench.

pancetta *f.* **1** paunch, (pot)belly. **2** ⟨*Gastr*⟩ bacon. □ *mettere su un po' di* ~ to become paunchy.

panchetto *m.* (*sgabello*) footstool. **panchina** *f.* bench, seat; (*nei giardini pubblici*) (park)bench, (garden)seat.

pancia *f.* (*pl.* **-ce**) **1** (*ventre*) stomach, belly, ⟨*infant*⟩ tummy: *mi duole la* ~ I have a stomach ache. **2** (*ventre grosso*) paunch, ⟨*fam*⟩ pot(belly): *mettere su* ~ to develop a paunch, to get paunchy. **3** ⟨*fig*⟩ (*sporgenza*) belly, bulge; (*rif. a vasi, fiaschi, vele*) belly. □ *starsene a* ~ *all'*aria to lie on one's back; ⟨*fig*⟩ to take it easy; *non avere* ~ to have a flat stomach; *mi brontola la* ~ *per la fame* my stomach is rumbling (*o* growling); *mangiare a* **crepa** ~ to eat fit to burst; *avere dolori di* ~ to have a stomach ache, ⟨*infant*⟩ to have a tummy ache; ⟨*volg.fig*⟩ **grattarsi** *la* ~ (*oziare*) to do nothing, to laze around; **pensare solo alla** ~ to think only of one's stomach; *essere a* ~ **piena** to be full (up); **reggersi** *la* ~ *dalle risa* to hold (*o* split) one's sides with laughter; ~ **sporgente** bulging stomach.

panciata *f.* **1** (*colpo sulla pancia tuffandosi*) belly flop. **2** (*scorpacciata*) bellyful. **panciera** *f.* **1** body belt. **2** ⟨*Stor*⟩ (*parte dell'armatura*) skirt of tasses. **pancino** *m.* ⟨*infant*⟩ tummy, ⟨*infant*⟩ tum-tum. **panciolle**: *starsene in* ~ to sit (*o* idle) about, to lounge (*o* laze) around. **pancione** *m.* ⟨*fam*⟩ **1** paunch, pot belly. **2** (*persona dalla pancia*

grossa; f. **-a)** paunchy (*o* pot–bellied) person, pot belly.
panciotto *m.* ⟨*Mod*⟩ waist coat, ⟨*am*⟩ vest. **panciuto** *a.*
1 (*rif. a persona*) paunchy, pot–bellied. **2** (*rif. a cosa*)
bellied, bulging: *vaso* ~ bellied vase.

pancone *m.* **1** (heavy) plank, large board. **2** (*banco di
lavoro*) (work–)bench; (*del falegname*) carpenter's bench. **3**
(*strato di terreno impermeabile*) underlying layer of hard
soil.

pancotto *m.* ⟨*Gastr*⟩ panada, bread soup.

pancreas *m.* ⟨*Anat*⟩ pancreas. **pancreatico** *a.* (*pl.* **-ci**)
pancreatic. □ *succo* ~ pancreatic juice. **pancreatina** *f.*
⟨*Biol*⟩ pancreatin. **pancreatite** *f.* ⟨*Med*⟩ pancreatitis.

pancromatico *a.* (*pl.* **-ci**) panchromatic.

panda *m.inv.* ⟨*Zool*⟩ panda.

pandemia *f.* ⟨*Med*⟩ pandemic, pandemia.

pandemonio *m.* (*gran confusione*) pandemonium.

pandette *f.pl.* ⟨*Dir.rom*⟩ Pandects *pl.*

pandit *m.* pandit.

Pandora *N.pr.f.* ⟨*Mitol*⟩ Pandora. □ ⟨*Mitol*⟩ *il vaso di* ~
Pandora's box (*anche fig.*).

pandoro *m.* ⟨*Dolc*⟩ pandoro (kind of cake).

pane[1] *m.* **1** bread; (*forma*) loaf: ~ *a cassetta* rectangular
loaf of bread, sandwich (*o* store) loaf. **2** ⟨*fig*⟩
(*sostentamento*) bread, living, livelihood: *guadagnarsi il* ~
con il lavoro to earn one's bread by working, to work for
a living. **3** ⟨*fig*⟩ (*nutrimento spirituale*) spiritual food (*o*
nourishment). **4** (*oggetto di forma rettangolare*) cake loaf,
package, stick: *un* ~ *di burro* a package of butter. **5**
⟨*Met*⟩ pig, ingot. □ *mettere qd. a* ~ *e* **acqua** to put s.o.
on bread and water; ~ *asciutto* bread without anything on
it; ~ *azzimo* unleavened bread; ⟨*Rel.ebr*⟩ matzo(h); ~
bianco white bread; ~ **bigio** brown bread; ~ **biscottato**
toasted bread; ⟨*fig*⟩ *essere* **buono** *come il* ~ to have a
heart of gold; ~ *e* **burro** bread and butter, buttered bread;
~ **casalingo** homemade bread; ~ **croccante** crusty bread;
⟨*fig*⟩ *non è* ~ *per i suoi* **denti** it's not his cup of tea; ~
duro stale bread; ~ **eucaristico** consecrated bread; **fare** *il*
~ to make bread; ~ *di* **ferro** pig iron; ~ **fresco** (*o*
new) bread; ~ *di* **frumento** (wheat) bread; *pan* **grattato**
bread crumbs *pl;* **impastare** *il* ~ to knead bread dough; ~
integrale wholewheat bread; **levarsi** *il* ~ *di bocca* (*per qd.*)
to give (s.o.) the shirt off one's back; *far* **mancare** *il* ~ *a
qd.* to let s.o. go hungry; **misurare** *il* ~ *a qd.* to keep s.o.
short of food; *la* **moltiplicazione** *dei* –*i* (*e dei pesci*) the
miracle of the loaves (and fishes); ~ **nero** brown (*o*
wholemeal) bread; (*molto scuro e pesante*) black bread; ~
*all'*olio bread made with oil; ~ **ordinario** ordinary bread;
⟨*fig*⟩ *per un* **pezzo** *di* ~ for next to nothing, ⟨*fam*⟩ for a
song; ⟨*Bibl*⟩ *dacci oggi il nostro* ~ **quotidiano** give us this
day our daily bread; ~ **raffermo** stale bread; ~ *di* **segala**
(*o segale*) ryebread; ⟨*Dolc*⟩ *pan di* **Spagna** sponge cake; ~
spezzare *il* ~ to break bread; ⟨*scherz*⟩ *spezzare il* ~ *della
scienza* (*insegnare*) to impart knowledge; ⟨*fig*⟩ ~ **sudato**
hard–earned bread; ⟨*fig*⟩ **togliere** *il* ~ *a qd.* to take the
bread out of s.o.'s mouth; ~ **tostato** toast, toasted bread;
mangiare ~ *a* **tradimento** (*o ufo*) to eat unearned bread;
dire ~ *al* ~ *e* **vino** *al vino* to call a spade a spade; *non si
vive di solo* ~ man does not live by bread alone; *pan di
zucchero* sugarloaf; *cappello a pan di zucchero* conical (*o
sugarloaf*) hat.

pane[2] *m.* ⟨*Mecc*⟩ (screw)thread.

panegirico *m.* (*pl.* **-ci**) **1** ⟨*Stor.gr*⟩ panegyric. **2** ⟨*fig*⟩
panegyric, eulogy. □ *tessere un* ~ *a qd.* to praise (*o
eulogize*) s.o. **panegirista** *m./f.* ⟨*Stor.gr*⟩ panegyrist
(*anche fig.*).

panellenico *a.* (*pl.* **-ci**) Panhellenic, Pan–Hellenic.
panellenismo *m.* ⟨*Stor*⟩ Panhellenism, Pan–Hellenism.
panellenista **I** *s.m./f.* Panhellenist, Pan–Hellenist. **II** *a.*
Panhellenic, Pan–Hellenic.

panello 1 *m.* (*residuo solido di semi oleosi*) oilcake. **2**
⟨*Zootecn*⟩ feeding cake. □ ~ *di girasole* sunflower cake;
~ *di semi oleosi* oilcake; ~ *di soia* soya–bean cake.

panetteria *f.* **1** (*forno*) bakery, bakehouse. **2** (*bottega*)
baker's (shop), bakery. **panettiere** *m.* (*f.* **-a)** baker.
panetto *m.* pat: ~ *di burro* pat of butter. **panettone** *m.*
⟨*Dolc*⟩ light Christmas cake, panettone.

panfilo *m.* ⟨*Mar*⟩ yacht. □ ~ *da crociera* cruising yacht,

cruiser; ~ *a motore* yacht with a motor; ~ *da regata*
racing yacht; ~ *a vela* (sailing) yacht.

panflettista *m./f.* pamphleteer. **panflettistico** *a.* (*pl.* **-ci**)
pamphletary, pamphlet–.

panforte *m.* ⟨*Dolc*⟩ kind of fruit cake, panforte.

pangermanesimo, pangermanismo *m.* Pan–Germanism. **pangermanista** **I** *s.m./f.* Pan–German(ist).
II *a.* → pangermanistico. **pangermanistico** *a.*
(*pl.* **-ci**) Pan–German(ic).

pangiallo (*o pan giallo*) *m.* ⟨*Dolc*⟩ Christmas fruit and
nut cake.

pangolino *m.* ⟨*Zool*⟩ pangolin.

pania *f.* **1** ⟨*Venat*⟩ (bird)lime. **2** ⟨*fig*⟩ (*allettamento*) lure,
enticement, snare. □ *cadere nella* ~ (*di qd.*) to be limed;
⟨*fig*⟩ to be ensnared by s.o.

panicato *a.* ⟨*Zootecn*⟩ measly. **panicatura** *f.* measles *pl*
(*costr. sing. o pl.*).

panico[1] *a./s.* (*pl.* **-ci**) **I** *a.* panic: *timor* ~ panic fear. **II**
s.m. panic: *essere colto dal* ~ to be panic–stricken, to
panic. □ ~ *in borsa* panic on the stock excange; *fuggire in
preda al* ~ to flee in a panic; *reazione di* ~ panic
reaction, ⟨*fam*⟩ panic button; *seminatore di* ~ panic
monger.

panico[2] *m.* (*pl.* **-chi**) ⟨*Bot*⟩ foxtail (*o* Italian) millet.

paniera *f.* **1** basket, hamper. **2** (*quantità*) basket(ful),
⟨*fam*⟩ hamper. **panieraio** *m.* (*f.* **-a)** **1** (*fabbricante*)
basket maker. **2** (*venditore*) basket seller. **panierata** *f.*
basket(ful), ⟨*fam*⟩ hamper. □ ⟨*fig*⟩ *a* –*e* in plenty.
paniere *m.* **1** basket. **2** (*quantità*) basket(ful). **3** ⟨*Econ*⟩
(market) basket: ~ *dei consumi* housewife's shopping
basket; ~ *delle valute* basket of currencies. **panierino** *m.*
small basket; (*per la colazione*) lunch box.

panificare *v.* (*panifichi*) **I** *v.i.* (*aus.* avere) to make bread.
II *v.t.* to make into bread. **panificatore** *m.* (*f.* **-trice**)
baker; (*lavorante di panificio*) bakery worker, baker's
assistant. **panificazione** *f.* bread–making, baking.
panificio *m.* **1** bakery. **2** (*negozio*) baker's (shop),
bakery.

panino *m.* (bread) roll. □ ~ *al burro* butter roll; ~
imbottito filled roll, sandwich; ~ *al latte* roll made with
milk; ~ *all'olio* soft roll, roll made with oil. **paninoteca**
f. ⟨*fam*⟩ snack bar (where sandwiches are served).

panislamico *a.* (*pl.* **-ci**) Pan–Islamic. **panislamismo** *m.*
Pan–Islam(ism).

panlogismo *m.* ⟨*Filos*⟩ panlogism.

panna[1] *f.* **1** (*crema*) cream. **2** (*panna montata*) whipped
cream. **3** (*pelle del latte*) skin (of milk).

panna[2] *f.* **1** ⟨*Mar*⟩ (*disposizione delle vele*) hove–to
position; (*mancanza di vento*) becalmed condition. **2**
⟨*Aut*⟩ break down, engine trouble. □ ⟨*Aut*⟩ *essere in* ~ to
have engine trouble; ⟨*Mar*⟩ *mettere in* ~ to heave to.

panne *fr.* [pan] *f.* ⟨*Aut*⟩ break down, engine trouble.

panneggiamento *m.* **1** drape(ry), draping. **2** (*stoffa
panneggiata*) drape(ry). **panneggiare** *v.t.* (*panneggio,
panneggi*) to drape (*anche Art.*). **panneggio** *m.* **1**
(*panneggiamento*) drape(ry), draping. **2** ⟨*Art*⟩ drapery.

pannello *m.* **1** panel; (*tabellone*) boarding, (bill)board. **2**
⟨*Art*⟩ panel. **3** ⟨*Edil*⟩ panel, board. **4** ⟨*Aer*⟩ skin panel. **5**
(*panno*) cloth. **6** ⟨*Sart*⟩ panel. □ ~ *acustico*
baffle(board); ~ *di* **comando** control panel; ⟨*Arred*⟩ ~
decorativo (decorative) panel; ⟨*El*⟩ ~ *di* **distribuzione**
distribution panel (*o* board); ⟨*Edil*⟩ ~ **isolante** insulating
board (*o* panel); ~ **pubblicitario** advertisement panel; ~
radiante radiating panel; *riscaldamento a* –*i* **radianti**
radiant heating; ⟨*Edil*⟩ ~ *di* **rivestimento** facing panel;
rivestire *con* –*i* to panel; ~ **scorrevole** sliding panel; ~
solare solar panel; ⟨*Inform*⟩ ~ **visore** (*o di
visualizzazione*) display.

pannicolo *m.* ⟨*Anat*⟩ panniculus: ~ *adiposo* panniculus
adiposus.

panno *m.* **1** cloth. **2** (*pezzo di stoffa*) cloth, rag: *lucidare le
scarpe con un* ~ to shine (one's) shoes with a rag. **3** *pl.*
(*biancheria*) linen; (*bucato*) washing, laundry: *stirare i* –*i* to
iron the washing. **4** *pl.* (*vestiti*) clothes *pl,* clothing:
cambiare i –*i* to change one's clothes. □ **bianco** *come un*
~ *lavato* as white as a sheet; –*i* **caldi** hot packs (*o*
compresses); *essere nei* –*i di qd.* to be in s.o.'s shoes: *non*

vorrei essere nei suoi –i I wouldn't like to be in his shoes; *se io fossi nei tuoi –i, accetterei* if I were you, I'd accept; ~ *di* **lana** wool, woollen cloth; **mettersi** *nei –i di qd.* to put o.s. in s.o.'s place (*o* shoes); ⟨*Tip*⟩ ~ *di* **stampa** cylinder blanket; ~ *per* **stirare** ironing cloth; *–i da stirare* clothes to be ironed, ⟨*fam*⟩ ironing; **tagliare** *i –i addosso a qd.* to backbite, ⟨*fam*⟩ to tear s.o. to bits. *Prov.: i –i sporchi si lavano in casa* (*o famiglia*) don't wash your dirty linen in public; *Dio manda il freddo secondo i –i* God tempers the wind to the shorn lamb.

pannocchia[1] *f.* **1** ⟨*Bot*⟩ panicle. **2** (*spiga del granoturco*) ear of Indian corn, corn–cob.

pannocchia[2] *f.* ⟨*Zool*⟩ squilla, mantis prawn (*o* shrimp).

pannolino *m.* **1** (*assorbente igienico*) sanitary towel (*o* napkin). **2** (*per neonati*) napkin, diaper, ⟨*fam*⟩ nappy.

panoplia *f.* panoply.

panorama *m.* **1** panorama, view: *un bellissimo* ~ a lovely view. **2** ⟨*fig*⟩ (*rassegna complessiva*) panorama, comprehensive survey. **3** ⟨*Fot*⟩ panorama. **4** ⟨*Teat*⟩ stage horizon, cyclorama. □ *tracciare un* ~ *di qc.* to survey (*o* review) s.th. **panoramica** *f.* **1** (*veduta d'insieme*) panorama, general view (*o* picture). **2** (*strada panoramica*) panoramic drive. **3** ⟨*Fot*⟩ panorama, panoramic picture. **4** ⟨*Cin*⟩ panning, pan (shot). **panoramico** *a.* (*pl.* -ci) **1** panoramic: *veduta –a* panoramic view, panorama. **2** ⟨*fig*⟩ comprehensive, general: *rassegna –a* comprehensive review, general survey. **3** ⟨*Fot,Cin*⟩ panoramic. **4** ⟨*Aut,Ferr*⟩ observation–: *carrozza –a* observation (*o* dome) car. **5** ⟨*Ott*⟩ panoramic, wide–angle: *cannocchiale* ~ panoramic sight.

panpepato (*o pan pepato*) *m.* ⟨*Dolc*⟩ kind of gingerbread.

panporcino (*o pan porcino*) *m.* ⟨*Bot*⟩ sow bread.

panpsichismo *m.* ⟨*Filos*⟩ panpsychism.

pansessualismo *m.* ⟨*Psic*⟩ pansexuality.

panslavismo *m.* Pan–Slavism. **panslavista** **I** *s.m./f.* Pan–Slavist. **II** *a.* Pan–Slav(ic).

pantagruelico *a* (*pl.* -ci) **1** Pantagruelian. **2** (*estens*) (*rif. ad appetito e sim.: enorme*) huge, enormous: *appetito* ~ huge appetite.

pantalonaia *f.* (woman) trouser maker.

Pantalone *N.pr.m.* ⟨*Teat*⟩ Pantaloon, Pantalone.

pantaloni *m.pl.* trousers *pl,* ⟨*am*⟩ pants *pl.* □ ~ **corti** shorts; ~ *da* **donna** slacks; ~ *da* **montagna** climbing breeches; *un paio di* ~ a pair of trousers; ⟨*fig*⟩ **portare** *i* ~ to wear the trousers (*o* pants); ~ *a* **tre quarti** calf–length jeans, ⟨*am*⟩ pedal pushers; ~ *da* **sci** ski pants; ~ **scozzesi** trews, tartan trousers; ~ **sportivi** sports trousers, slacks; ~ *di* **velluto** *a coste* corduroy trousers, corduroys.

pantano *m.* **1** muddy land. **2** ⟨*estens*⟩ (*palude*) swamp, bog, marsh. **3** ⟨*fig*⟩ (*intrigo, imbroglio*) quagmire, mess, ⟨*fam*⟩ fix: *cacciarsi in un* ~ to get into a fine mess. **pantanoso** *a.* marshy, boggy; (*fangoso*) muddy, slushy, miry.

panteismo *m.* ⟨*Filos,Rel*⟩ pantheism. **panteista** *m./f.* pantheist. **panteistico** *a.* (*pl.* -ci) pantheistic(al).

panteon *m.* = **pantheon**.

pantera *f.* **1** ⟨*Zool*⟩ panther, (black) leopard (*f* –dess). **2** ⟨*gerg*⟩ (*automobile della polizia*) police (patrol) car, ⟨*am*⟩ prowl car. □ *agile come una* ~ as agile as a panther; ~ **grigia** gray panther; ⟨*Zool*⟩ ~ **nera** (black) leopard, panther; ⟨*Pol*⟩ Black Panther.

pantheon *m.* ⟨*Stor.rom,Rel*⟩ pantheon ⟨*anche estens.*⟩. **Pantheon** *N.pr.m.* ⟨*Arch*⟩ Pantheon.

pantofola *f.* slipper: *mettersi in –e* to put on one's slippers. **pantofolaio** *m.* (*f.* -a) **1** (*fabbricante*) slipper–maker. **2** (*venditore*) slipper seller.

pantografista *m.* pantographer. **pantografo** *m.* pantograph (*anche El.*).

pantomina *f.* **1** ⟨*Teat*⟩ pantomime. **2** ⟨*fig*⟩ (*gesticolazione vivace*) pantomime, dumb show. **pantomimico** *a.* (*pl.* -ci) pantomimic, pantomime–. **pantomimo** *m.* **1** (*attore*) mime, pantomimist. **2** (*pantomima*) pantomime.

pantotenico *a.* (*pl.* -ci) ⟨*Chim*⟩ pantothenic: *acido* ~ pantothenic acid.

panzana *f.* (*frottola*) tall story, yarn.

Paola *N.pr.f.* Paula. **paolinismo** *m.* ⟨*Rel*⟩ Paulinism. **paolino** *a.* ⟨*Rel*⟩ Pauline, of St. Paul, St. Paul's: *lettere –e* Epistles of St. Paul. □ ⟨*Dir.can*⟩ *privilegio* ~ Pauline privilege. **Paolo** *N.pr.m.* **1** Paul. **2** ⟨*Stor.rom*⟩ Paulus. □ *chiesa di san* ~ St. Paul's (Church).

paonazzo **I** *a.* purple; (*congestionato: per la collera*) livid, purple; (*per la vergogna o il bere*) red; (*per il freddo*) blue. **II** *s.m.* **1** (*colore*) purple. **2** (*stoffa*) purple cloth; (*abito*) purple dress.

papa *m.* ⟨*Rel.catt*⟩ Pope. □ ⟨*fam*⟩ *a ogni morte di* ~ once in a blue moon; ⟨*Rel*⟩ *il* ~ *nero* (*generale dei Gesuiti*) the Black Pope; ⟨*fig*⟩ *andare a Roma e non vedere il* ~ to leave out the most important thing; *vivere* (*o stare*) *come un* ~ to live like a lord. *Prov.: morto un* ~ *se ne fa un altro* the king is dead long live the king.

papà *m.* ⟨*fam*⟩ (*padre*) daddy, dad, pa(pa), ⟨*am*⟩ pop.

papabile **I** *a.* **1** ⟨*Rel*⟩ papable, likely to be elected Pope. **2** ⟨*scherz*⟩ (*rif. a un candidato favorito*) likely. **II** *s.m.* likely candidate.

papaia *f.* **1** ⟨*Bot*⟩ papaya (tree), papaw (tree). **2** (*frutto*) papaya, papaio. **papaina** *f.* ⟨*Chim*⟩ papain.

papale *a.* papal, of the Pope, Pope's: *benedizione* ~ papal (*o* Pope's) blessing (*o* benediction). **papalina** *f.* skull cap. **papalino** **I** *a.* papal, Pope's: *guardia –a* papal guard. **II** *s.m.* **1** (*fautore del potere temporale dei papi*) papalist. **2** (*soldato*) papal guard.

paparazzo *m.* ⟨*scherz*⟩ freelance photographer, paparazzo.

papato *m.* **1** Papacy. **2** (*dignità, durata*) papacy, pontificate, popedom: *innalzare al* ~ to raise to the papacy.

papaveracee *f.pl.* ⟨*Bot*⟩ poppy family. **papaverina** *f.* ⟨*Chim*⟩ papaverine. **papavero** *m.* ⟨*Bot*⟩ **1** poppy. **2** (*papavero selvatico*) corn (*o* field) poppy. □ ⟨*scherz*⟩ *grosso* ~ (*persona autorevole*) ⟨*fam*⟩ big shot, ⟨*fam*⟩ bigwig; ⟨*Bot*⟩ ~ *officinale* (*o da oppio*) opium poppy.

papera *f.* **1** gosling, young goose. **2** ⟨*fig*⟩ (*donna sciocca*) (silly) goose, silly woman. **3** ⟨*fig*⟩ (*sbaglio commesso parlando*) blunder, slip of the tongue: *prendere una* ~ to make a blunder, to slip up; (*recitando*) to fluff. □ ⟨*fam*⟩ *camminare a* ~ to waddle. **paperino** *m.* gosling. **Paperino** *N.pr.m.* Donald Duck. **papero** *m.* ⟨*Ornit*⟩ (*oca giovane*) gosling, young goose; (*oca maschio*) young gander.

papesco *a.* (*pl.* -chi) popish, papastic(al). **papessa** *f.* (female) pope, she pope. □ ⟨*Stor*⟩ ~ *Giovanna* Pope Joan.

papiglionaceo *a.* ⟨*Bot*⟩ papilionaceous.

papilla *f.* ⟨*Anat,Bot*⟩ papilla. □ ⟨*Anat*⟩ *–e linguali* lingual papillae. **papillare** *a.* ⟨*Anat*⟩ papillary. **papilloma** *m.* ⟨*Med*⟩ papilloma.

papillon *fr.* [papi'jõ] *m.* ⟨*Mod*⟩ bow–tie.

papiraceo *a.* **1** papyrus–, papyrian, papyrine: *codice* ~ papyrus manuscript. **2** ⟨*Med*⟩ papyraceous. **papiro** *m.* **1** ⟨*Bot*⟩ papyrus, paper reed (*o* rush). **2** (*testo scritto su papiro*) papyrus: *–i egiziani* Egyptian papyri. **papirologia** *f.* ⟨*Filol*⟩ papyrology. **papirologo** *m.* (*pl.* -gi/*pop.* -ghi; *f.* -a) papyrologist.

papismo *m.* ⟨*Rel*⟩ papism, popery. **papista** *m./f.* Papist, papist.

pappa *f.* **1** (*pane cotto in acqua*) bread soup; (*per bambini*) pap, mush. **2** ⟨*estens*⟩ (*poltiglia*) mush, goo: *il riso era una* ~ the rice was a mush. □ ⟨*scherz*⟩ ~ **fredda** (*rif. a persona insulsa*) dull (*o* insipid) person; ⟨*fig*⟩ **mangiare** *la* ~ *in capo a qd.* (*essere più alto*) to be taller than s.o.; ~ **molle** spineless person; ~ **reale** royal jelly; ⟨*fig*⟩ **scodellare** *la* ~ *a qd.* (*dargli istruzioni minute*) to spoon–feed s.o.; ⟨*fig*⟩ **trovare** *la* ~ *scodellata* to find everything on a silver platter.

pappafico *m.* (*pl.* -ci) ⟨*Mar*⟩ (*vela*) fore–topgallant sail; (*pennone*) fore–topgallant yard.

pappagallescamente *avv.* parrot–like. **pappagallesco** *a.* (*pl.* -chi) parrot–like, parroty. □ *ripetere in modo* ~ to parrot. **pappagallino** *m.* ⟨*Ornit*⟩ parakeet, little parrot. **pappagallismo** *m.* ⟨*fam*⟩ (*il molestare le donne per la strada*) making passes, ⟨*am*⟩ mashing. **pappagallo** *m.* **1** ⟨*Ornit*⟩ parrot (*anche fig.*). **2** ⟨*pop*⟩ (*pappagallo della* *strada*) wolf, ⟨*am*⟩ masher. **3** (*orinale*) urinal. **4** ⟨*Tel*⟩ automatic announcement player. □ *a* ~ parrot–fashion, parrot–like: *imparare a* ~ to learn parrot–fashion (*o* by rote).

pappagorgia *f.* (*pl.* -ge) double chin.

pappalardo *m.* **1** (*mangione*) glutton. **2** (*sciocco*) dolt, simpleton.

pappardella *f.* **1** ⟨*scherz*⟩ rampling talk, rigmarole. **2** *pl.* ⟨*Gastr*⟩ broad noodles *pl.*

pappare ⟨*fam*⟩ *v.t.* **1** to wolf, to gobble (down): *si è pappato due piattoni di spaghetti* he wolfed two large plates of spaghetti. **2** ⟨*fig*⟩ (*guadagnare illecitamente*) to pocket, to get one's rake–off from. **pappata** *f.* **1** hearty (*o* square) meal. **2** ⟨*fig*⟩ (*profitti illeciti*) rake–off, loot.

pappataci *m.* ⟨*Entom*⟩ sand fly.

pappatoria *f.* **1** feeding, eating well; (*lauto pranzo*) good tuck–in. **2** ⟨*fig*⟩ (*profitti illeciti*) rake–off, loot.

pappina *f.* (*impiastro*) poultice, plaster.

pappo *m.* ⟨*Bot*⟩ pappus.

pappone *m.* (*f.* -a) ⟨*fam*⟩ (*mangione*) glutton.

paprica, paprika *f.* ⟨*Gastr*⟩ paprika.

pap–test *m.* ⟨*Med*⟩ Pap smear.

papula *f.* ⟨*Med*⟩ papula, papule.

par (*troncamento di paro*) *m.* ⟨*non com*⟩ couple: *tra un* ~ *di mesi* in a couple of months.

par. = *paragrafo* paragraph (*abbr.* par., para.).

para *f.* Pará (rubber).

parà *fr.* [pa'ra] *m.inv.* ⟨*Mil*⟩ paratrooper.

parabancario *m.* parabanking.

parabola[1] *f.* **1** ⟨*Mat,Fis*⟩ parabola. **2** ⟨*fig*⟩ course, rise and fall. □ ⟨*fig*⟩ *toccare il vertice della propria* ~ to reach one's peak.

parabola[2] *f.* ⟨*Lett,Bibl*⟩ parable: *la* ~ *del figliol prodigo* the parable of the prodigal son.

parabolico *a.* (*pl.* -ci) ⟨*Mat*⟩ parabolic. **paraboloide** *m.* **1** ⟨*Mat*⟩ paraboloid. **2** ⟨*Rad*⟩ parabolic (*o* dish) antenna.

para|bordo *m.* ⟨*Mar*⟩ fender, bumper. **~brace** *m.inv.* (fireplace) fender, (fireplace) brace. **~brezza** *m.inv.* ⟨*Aut*⟩ windscreen, ⟨*am*⟩ windshield. □ ⟨*Aut*⟩ ~ *panoramico* panoramic window.

paracadutare *v.t.* to parachute. **paracadutarsi** *v.r.* to parachute; (*in casi di emergenza*) to bale out. **paracadute** *m.inv.* parachute. □ ~ *ad apertura automatica* automatic (opening) parachute; ~ *ausiliario* auxiliary (*o* retarder) parachute; ~ *frenante* brake–parachute, drogue (parachute); *lanciarsi col* ~ to (jump with a) parachute; (*in casi di emergenza*) to bale out. **paracadutismo** *m.* parachuting, parachutism. **paracadutista I** *s.m./f.* **1** parachutist, parachuter. **2** ⟨*Mil*⟩ paratrooper. **II** *a.* parachute–, para–: *truppe* –*e* parachute troops, paratroops.

para|calli *m.inv.* corn plaster, corn pad. **~carro** *m.* ⟨*Strad*⟩ stone post, kerbstone. **~cenere** *m.inv.* fender.

paracentesi (*o* *paracentesi*) *f.* ⟨*Med*⟩ paracentesis.

Paracleto, Paraclito *m.* ⟨*Rel*⟩ Paraclete.

paracolpi *m.inv.* **1** doorstop, bumper. **2** ⟨*Aut*⟩ bumper.

paracqua *m.inv.* (*ombrello*) umbrella.

paradenti *m.inv.* ⟨*Sport*⟩ gum shield.

paradigma *m.* ⟨*Gramm,Ret*⟩ paradigm (*anche fig.*). **paradigmatico** *a.* (*pl.* -ci) ⟨*lett*⟩ paradigmatic(al).

paradisea *f.* ⟨*Ornit*⟩ bird of paradise. **paradisiaco** *a.* (*pl.* -ci) heavenly, celestial, paradisiac(al) (*anche fig.*).

paradiso *m.* paradise, heaven (*anche fig.*). **Paradiso** *m.* ⟨*Lett*⟩ Paradise. □ *andare in* ~ to go to Heaven; ⟨*fig*⟩ *voler andare in* ~ *in carrozza* to expect to have everything without effort; *di* ~ heavenly: *una giornata di* ~ a heavenly day; ~ *fiscale* tax haven; ⟨*Lett*⟩ *il* ~ *perduto* Paradise Lost; ⟨*scherz*⟩ *voler stare in* ~ *a dispetto dei santi* to stay where one is not wanted; ⟨*Rel*⟩ ~ *terrestre* Earthly Paradise; ⟨*Ornit*⟩ *uccello del* ~ bird of paradise; *Dio l'ha voluto in* ~ God has taken him to Heaven.

paradontologia *f.* ⟨*Dent*⟩ periodontics *pl* (*contr. sing.*). **paradontologo** *m.* (*pl.* -gi) periodontist.

paradossale *a.* paradoxical. **paradossalità** *f.* paradoxicality, paradoxicalness. **paradossalmente** *avv.* paradoxically. **paradosso** *m.* paradox.

parafa *f.* **1** ⟨*burocr*⟩ initials *pl,* paraph. **2** ⟨*Dipl*⟩ initialling.

parafango *m.* (*pl.* -ghi) ⟨*Aut*⟩ mudguard, ⟨*am*⟩ fender.

parafare *v.t.* to initial, to paraph.

parafarmaceutico *a.* (*pl.* -ci) parapharmaceutcal, over –the–counter–.

parafernale: ⟨*Dir*⟩ *beni* –*i* paraphernalia *pl.*

parafilia *f.* ⟨*Psic*⟩ paraphilia.

paraffina *f.* ⟨*Chim*⟩ paraffin; (*solido*) paraffin (wax): *olio di* ~ paraffin oil. **paraffinare** *v.t.* to paraffin. **paraffinico** *a.* (*pl.* -ci) paraffinic.

parafiamma *m.inv.* **1** fire wall, fireproof partition. **2** ⟨*Mil*⟩ flame damper.

parafrasare *v.t.* (*parafraso*) to paraphrase. **parafrasi** *f.* paraphrase. □ *fare la* ~ *di qc.* to paraphrase s.th. **parafrasia** *f.* ⟨*Psic*⟩ paraphrasia. **parafrastico** *a.* (*pl.* -ci) paraphrastic.

para|fulmine *m.* **1** lightning rod (*o* conductor). **2** ⟨*fig*⟩ (*riparo*) shield. **~fuoco** *m.inv.* firescreen. **~genesi** *f.* ⟨*Min*⟩ paragenesis. **~genetico** *a.* (*pl.* -ci) paragenetic.

paraggi *m.pl.* **1** (coastal) waters *pl.* **2** ⟨*estens*⟩ (*vicinanze*) neighbourhood, quarter, environs *pl.* □ *abito nei* ~ *di Roma* I live near Rome.

paragoge *f.* ⟨*Ling*⟩ paragoge. **paragogico** *a.* (*pl.* -ci) paragogic(al).

paragonabile *a.* comparable. **paragonare** *v.t.* (*paragono*) to compare, ⟨*lett*⟩ to paragon: ~ *un oggetto con un altro* to compare one thing with another. **paragonarsi** *v.r.* to compare o.s.

paragone *m.* **1** comparison: *fare un* ~ *fra due periodi storici* to make a comparison between two periods of history. **2** (*similitudine*) analogy, parallel: *portare un* ~ to draw a parallel. □ *a* ~ *di* in comparison with, compared with; *non c'è* ~ (*fra*) there is no comparison (between); *non c'è* ~ *fra teatro e cinema* there's no comparing the theatre with the cinema; ⟨*fig*⟩ *pietra di* ~ touchstone; *reggere al* ~ to bear (*o* stand) comparison; *il* ~ *non regge* the comparison won't stand; *senza* ~ beyond compare, unequalled; *termini di* ~ terms of comparison.

paragrafare *v.t.* (*paragrafo*) to paragraph, to divide into paragraphs. **paragrafo** *m.* **1** paragraph. **2** ⟨*Tip*⟩ section mark.

paraguaiano *a./s.m.* (*f.* -a) Paraguayan. **Paraguay** *N.pr.m.* ⟨*Geog*⟩ Paraguay.

paralinguistica *f.* paralinguistics *pl* (*contr. sing*). **paralinguistico** *a.* (*pl.* -ci) paralinguistic.

paralipomeni *m.pl.* **1** ⟨*Bibl*⟩ Paralipomena *pl,* Books *pl* of Chronicles. **2** ⟨*estens*⟩ paralipomena *pl.*

paralisi *f.* ⟨*Med*⟩ paralysis (*anche fig.*). □ ~ *economica* economic paralysis; ~ *infantile* infantile paralysis; ~ *motoria* motor paralysis; ~ *progressiva* general paresis. **paralitico** *a./s.m.* (*pl.* -ci; *f.* -a) paralytic. **paralizzare** *v.t.* to paralyse (*anche fig.*). **paralizzato** *a.* paralysed (*anche fig.*).

parallasse *f.* ⟨*Fis,Astr,Fot*⟩ parallax. **parallattico** *a.* (*pl.* -ci) parallactic.

parallela *f.* **1** ⟨*Geom*⟩ parallel. **2** *pl.* ⟨*Ginn*⟩ parallel bars *pl.* **parallelamente** *avv.* parallelly, in parallel (*anche fig*). **parallelepipedo** *m.* ⟨*Geom*⟩ parallelepiped(on). **parallelismo** *m.* ⟨*Geom*⟩ parallelism (*anche fig.*). **parallelo I** *a.* ⟨*Geom*⟩ parallel (*anche fig.*). **II** *s.m.* **1** ⟨*Geog*⟩ parallel (of latitude). **2** ⟨*fig*⟩ (*paragone*) parallel, comparison: *fare* (*o istituire*) *un* ~ *tra due situazioni* to draw a comparison between two situations. □ ⟨*El*⟩ *accoppiamento in* ~ parallel coupling; ~ *all'asse* axially parallel. **parallelogrammo** *m.* ⟨*Geom*⟩ parallelogram.

paralogismo *m.* ⟨*Filos*⟩ paralogism. **paralogistico** *a.* (*pl.* -ci) paralogistic.

para|luce *m.inv.* ⟨*Fot*⟩ lens hood, lens screen. **~lume** *m.* lampshade. **~magnetico** *a.* (*pl.* -ci) ⟨*Fis*⟩ paramagnetic. **~magnetismo** *m.* paramagnetism. **~mano** *m.* **1** ⟨*Sart*⟩ cuff. **2** ⟨*Edil*⟩ relining (*o* facing) brick.

paramedico *a./s.* (*pl.* -ci) **1** *a.* paramedical. **II** *s.m.* paramedic. □ *personale* ~ auxiliary medical personnel, paramedics *pl*; *professioni paramediche* allied health profession.

paramento *m.* **1** *pl.* ⟨*Lit*⟩ vestments *pl,* paraments *pl.* **2**

⟨*Edil*⟩ face, surface. **3** *pl.* (*drappi*) hangings *pl.*

parametrizzare *v.t.* parametrize, to determine the parameters of. **parametrizzazione** *f.* parametrization.

parametro *m.* ⟨*Mat,Fis*⟩ parameter. □ *-i di progetto* design parameters.

paramezzale *m.* ⟨*Mar*⟩ keelson, inner keel.

paramilitare *a.* paramilitary.

paramine *m.inv.* ⟨*Mar*⟩ paravane.

paramontura *f.* ⟨*Sart*⟩ (lapel) facing.

paramosche *m.inv.* fly net.

paranco *m.* (*pl.* -chi) ⟨*Mecc,Mar*⟩ tackle, hoist. □ ~ *a bandiera* swing hoist, ~ *a catena* chain block; ~ *a corda* rope tackle; ⟨*Mar*⟩ ~ *semplice* jigger, light luff tackle.

paraninfo *m.* (*f.* -a) **1** (*sensale di matrimoni*) (professional) matchmaker. **2** ⟨*eufem*⟩ (*ruffiano*) procurer (*f* –ress), pimp. **3** ⟨*Stor.gr*⟩ paranymph.

paranoia *f.* ⟨*Psic*⟩ paranoia. **paranoico** *a./s.m.* (*pl.* -ci; *f.* -a) paranoi(a)c.

paranormale *a.* **1** ⟨*Med*⟩ not quite normal. **2** (*parapsicologico*) paranormal.

paranza *f.* **1** ⟨*Mar*⟩ (lateen-rigged) fishing boat. **2** ⟨*Pesc*⟩ (*rete*) trawler.

para|obiettivo *m.* ⟨*Fot*⟩ lens shield. **~occhi** *m.inv.* blinkers *pl,* ⟨*am*⟩ blinders *pl* (*anche fig.*). □ ⟨*fig*⟩ *mettersi i -i* to close one's eyes to s.th. **~onde** *m.inv.* ⟨*Mar*⟩ breakwater. **~palle** *m.inv.* ⟨*Mil*⟩ butt. **~petto** *m.* **1** parapet. **2** ⟨*Mar*⟩ rail. **3** ⟨*Mil*⟩ parapet, breastwork. **~piglia** *m.inv.* turmoil, hubbub. **~pioggia** *m.inv.* umbrella. **~plegia** *f.* ⟨*Med*⟩ paraplegia. **~plegico** *a.* (*pl.* -ci) paraplegic. **~psichico** *a.* (*pl.* -ci) parapsychical. **~psicologia** *f.* parapsychology. **~psicologico** *a.* (*pl.* -ci) parapsychological.

parare *v.t.* **1** (*coprire di parati e sim.*) to adorn, to deck, to decorate. **2** (*difendere, riparare*) to protect, to shield: *l'ombrello ti para dalla pioggia* the umbrella protects you from the rain. **3** (*tenere lontano*) to keep off (*o* out, away): ~ *il sole* to keep out the sun. **4** (*scansare*) to ward off, to parry: ~ *un colpo* to ward off a blow. **5** ⟨*Sport*⟩ to save. **6** ⟨*Lit*⟩ to vest. **7** (*rif. a mandrie e sim.: spingere*) to drive. **pararsi** *v.r.* **1** (*ripararsi*) to shield (*o* protect) o.s., to shelter. **2** ⟨*Lit*⟩ to vest. □ *andare a* ~ (*tendere*) to drive (*o* get) at: *non capisco dove le tue parole vadano a* ~ I don't know what you are driving (*o* getting) at; *pararsi davanti:* 1 (*piantarsi davanti*) to appear (*o* come) before; 2 (*apparire*) to appear, to be found: *si fermò al primo negozio che gli si parò innanzi* he stopped at the first shop 'to appear' (*o* to be found); ~ *a festa* to adorn, to deck out; ~ *a lutto* to drape in black.

para|scenio *m.* ⟨*Archeol*⟩ parascenium. **~schegge** *m. inv.* ⟨*Mil*⟩ splinter guard. **~scolastico** *a.* (*pl.* -ci) extra-curricular. **~selene** *m.* ⟨*Astr*⟩ paraselene. **~simpatico** *a./s.* (*pl.* -ci) ⟨*Anat*⟩ **I** *a.* parasympathetic. **II** *s.m.* parasympathetic (nervous) system.

parasole *m.* **1** parasol, sunshade. **2** ⟨*Fot*⟩ lens-hood, lens screen.

parassita **I** *s.m./f.* **1** ⟨*Biol*⟩ parasite. **2** ⟨*fig*⟩ (*scroccone*) parasite, sponger: ~ *della società* parasite on society. **II** *a.* ⟨*Biol,El*⟩ parasitic(al). **parassitare** *v.t.* ⟨*Biol*⟩ to parasitize. **parassitario** *a.* ⟨*Biol*⟩ parasitic(al) (*anche fig.*). **parassiticida** **I** *a.* parasiticidal. **II** *s.m.* parasiticide. **parassitico** *a.* (*pl.* -ci) parasitic. **parassitismo** *m.* **1** ⟨*Biol*⟩ parasiticism. **2** ⟨*fig*⟩ parasiticism, sponging. **parassitologia** *f.* ⟨*Biol*⟩ parasitology. **parassitologico** *a.* (*pl.* -ci) parasitological. **parassitologo** (*pl.* -gi; *f.* -a) parasitologist.

parasta *f.* ⟨*Arch*⟩ (*lesena*) pilaster strip.

parastatale **I** *a.* government-controlled, state-controlled, parastatal: *impresa* ~ state-controlled enterprise. **II** *s.m./f.* employee of a government-controlled body. **parastato** *m.* **1** parastatal bodies *pl.* **2** (*impiegati*) employees of parastatal bodies.

parastinchi *m.inv.* ⟨*Sport*⟩ shin-guard.

parata *f.* **1** (*rivista militare*) parade. **2** (*esibizione*) parade, display, show. **3** ⟨*Sport*⟩ parry, defence; (*nella boxe*) parry; (*nel calcio*) save. □ *di* ~: 1 (*di lusso*) gala, state-: *pranzo di* ~ gala dinner; *carrozza di* ~ state coach; 2 ⟨*Mil*⟩ parade-: *a passo di* ~ at parade march; ⟨*Sport*⟩

fare *una* ~: 1 (*parare un colpo*) to parry (*o* ward off) a blow; 2 (*nel calcio*) to make a save, to save the ball; *vedere la* **mala** ~ to see that things are taking a bad turn; *sfilare in* ~ to march past, to parade.

paratia *f.* ⟨*Mar,tecn*⟩ bulkhead. □ ~ *di collisione* collision bulkhead; ~ *parafiamma* fireproof bulkhead, fire wall; ~ *stagna* watertight bulkhead; ~ *trasversale* athwartship bulkhead.

paratifo *m.* ⟨*Med*⟩ paratyphoid (fever).

paratiroide *f.* ⟨*Anat*⟩ parathyroid gland.

parato *m.* **1** (*drappo*) hanging, drape; (*tappezzeria*) tapestry. **2** *pl.* ⟨*Arred*⟩ (*carta da parati*) wallpaper. **3** *pl.* ⟨*Lit*⟩ vestments *pl.*

paratoia *f.* ⟨*Idr*⟩ sluice gate, sluice valve.

paratore *m.* decorator.

paratormone *m.* ⟨*Biol*⟩ parathormone, parathyroid hormone.

paratura *f.* **1** (*il parare: con drappi*) hanging; (*con addobbi*) decoration. **2** (*parati*) hangings *pl;* (*addobbi*) decorations *pl.*

para|urti *m.inv.* ⟨*Aut,Ferr*⟩ bumper. **~valanghe** *m.inv.* ⟨*Strad*⟩ snow shed. **~vento** *m.* screen. □ ⟨*fig*⟩ *fare* (*o* *servire*) *da* ~ *a qd.* to shield (*o* cover up for) s.o.

Parca *N.pr.f.* ⟨*Mitol*⟩ Parca, Fate.

parcamente *avv.* frugally, sparingly.

parcare *v.t.* (*parco, parchi*) to park.

parcella *f.* bill, account. **parcellare** *a.* (*diviso in parcelle*) divided into lots. **parcellazione** *f.* parcelling out.

parcheggiare *v.t./i.* (*parcheggio, parcheggi; aus.* avere) to park. □ ~ *in diagonale* to angle park; ~ *in doppia fila* to double park.

parcheggio *m.* **1** (*sosta*) parking. **2** (*spazio*) parking area (*o* place, lot). □ **area** *di* ~ parking area; ~ **custodito** guarded car park; ~ *in* **diagonale** angle parking; **divieto** *di* ~ no parking; *in* **doppia** *fila* double parking; ~ *a* **pagamento** paying car park; ~ *a più* **piani** multistorey car park, ⟨*am*⟩ multistory parking garage; ~ **riservato** *ai residenti* residents' parking zone; ~ **sotterraneo** underground garage; **tariffa** *di* ~ parking fee.

parchettatura *f.* parqueting, laying of a parquet floor. **parchettista** *m.* parquetry layer.

parchimetro *m.* ⟨*Aut*⟩ parking meter.

parco[1] *m.* (*pl.* -chi) **1** park: ~ *nazionale* national park. **2** (*deposito*) depot, deposit; (*insieme di attrezzi*) stores *pl;* (*raccolta di veicoli*) fleet. **3** ⟨*Mil*⟩ park. **4** ⟨*Aut*⟩ (*parcheggio*) parking area (*o* place, lot). □ ~ **autocarri** fleet of trucks; ~ *di* **deposito** stockyard; ~ *dei* **divertimenti** amusement park, fun-fair; ⟨*Ferr*⟩ ~ **locomotive** locomotive stock; ⟨*Ferr*⟩ ~ **materiale** *rotabile* rolling stock; ~ **municipale** town (*o* city) park; ~ **rottami** scrap metal yard; ~ **veicolare** fleet, park.

parco[2] *a.* (*pl.* -chi) **1** (*sobrio*) sober. **2** (*moderato*) moderate, temperate. **3** (*frugale*) frugal. **4** (*scarso*) sparing, parsimonious: ~ *di parole* sparing of words. □ ~ *nello spendere* careful with money.

parecchio **I** *a.* **1** (*rif. a numero*) several, quite a few, a lot of, lots of, a number of, many: *ho -e cose da fare* I have quite a few things to do; (*rif. a quantità*) a lot of, lots of, a good deal of: *ha* ~ *danaro* she has a lot of money. **2** (*rif. a tempo*) a long, a good deal of, a lot of: *ci vorrà* ~ *tempo* it will take a long time. **3** (*rif. a distanza*) quite a (long) way, some way; (*in frasi interrogative*) far. **II** *pron.* **1** (*rif. a numero*) several, a lot, lots, quite a few, many: *parecchi erano fatti di piombo* quite a few were made of lead; (*rif. a quantità*) a lot, ⟨*fam*⟩ plenty: *ho speso* ~ I've spent a lot. **2** (*rif. a tempo*) quite a while, a long time: *dovremo attendere* ~ we'll have to wait quite a while. **3** (*rif. a distanza*) a long way: *manca* ~ *alla città* it's a long way to the city; (*in frasi interrogative*) far, a long way. **4** *pl.* (*rif. a persone*) many (people), quite a lot (of people), several (people): *parecchi mi hanno chiesto di te* many people asked me about you. **III** *avv.* rather (a lot), quite (a lot); (*molto*) very much, really: *sono stato* ~ *in ansia* I was really anxious; (*con aggettivi*) very, really. □ *parecchi altri* several others; *da* ~ (*tempo*) for quite a while (*o* long time).

pareggiabile *a.* that can be levelled (*o* equalized).

pareggiamento *m.* **1** (*spianamento*) levelling; (*uguagliamento*) equalizing. **2** ⟨*fig*⟩ (*livellamento*) levelling; (*rif. a conti e sim.*) balancing. **3** (*equiparazione: rif. a scuola*) official recognition. **pareggiare** *v.* (**pareggio pareggi**) **I** *v.t.* **1** (*spianare*) to (make) level, to make even. **2** (*tagliare in modo uguale*) to trim. **3** ⟨*fig*⟩ (*livellare*) to level (out), to make uniform; (*rif. a conti e sim.*) to balance: ~ *il bilancio* to balance the budget. **4** ⟨*fig*⟩ (*uguagliare*) to match, to equal: *nessuno può pareggiarlo in sapienza* ⌐nobody can equal his⌐ (*o* he has no equal in) learning. **5** ⟨*Scol*⟩ (*equiparare*) to recognize officially. **II** *v.i.* (*aus. avere*) ⟨*Sport*⟩ to draw, to tie: *la Germania ha pareggiato con la Francia* Germany has drawn with France. **pareggiato** *a.* ⟨*Scol*⟩ (*equiparato*) officially recognized (as on a par with state schools). **pareggio** *m.* **1** ⟨*Econ*⟩ (*equilibrio*) balance. **2** ⟨*Sport*⟩ tie, draw. □ ⟨*Econ*⟩ *chiudere in* ~ to balance; ⟨*Sport*⟩ *chiudersi in* ~ to (end in a) tie (*o* draw).

parenchima *m.* ⟨*Biol*⟩ parenchyma. **parenchimatico** *a.* (*pl.* **-ci**) parenchymatous, parenchymal.

parentado *m.* **1** (*parenti*) relatives *pl,* relations *pl.* **2** (*vincolo di parentela*) relationship, kinship. **parentali** *m.pl.* **1** ⟨*Stor.rom*⟩ Parentalia *pl.* **2** ⟨*lett*⟩ (*commemorazione*) memorial celebrations *pl.* **parente** *m./f.* **1** relative, relation, ⟨*lett*⟩ kinsman (*f* –woman). **2** *pl.* ⟨*lett*⟩ (*genitori*) parents *pl.* □ ~ *acquisito* relative by marriage, in–law; *–i lontani* distant relatives; ~ *prossimo* (*o stretto*) close relative; *i –i più stretti* the next of kin.

parentela *f.* **1** relationship, kinship. **2** (*parenti*) relatives *pl,* relations *pl.* **3** ⟨*fig*⟩ (*close*) relationship. □ *grado di* ~ degree of kindred; ~ *in linea collaterale* collateral relationship; ~ *in linea diretta* lineal relationship; *relazione* (*o rapporto*) *di* ~ relationship.

parenterale *a.* ⟨*Med*⟩ parenteral.

parentesi *f.inv.* **1** parenthesis; (*digressione*) digression, parenthesis. **2** (*segno grafico*) parenthesis, bracket (*anche Mat.*): *mettere tra* ~ to put in parentheses (*o* brackets), to bracket. **3** ⟨*fig*⟩ (*intervallo di tempo*) period, interval. □ ~ *aperta* open bracket; ⟨*esclam*⟩ brackets *pl;* **aprire** *una* ~ to make a digression; (*rif. a segno grafico*) to open a parenthesis (*o* the brackets); ~ **chiusa** closed bracket; ⟨*esclam*⟩ close the brackets; ⟨*fig*⟩ *sia* **detto** *tra* ~ by the way, incidentally; ~ **graffe** (*o a graffa*) double brackets; ~ **quadra** square bracket; ~ **tonda** round bracket.

parentetico *a.* (*pl.* **-ci**) parenthetic(al).

pareo *m.* ⟨*Mod*⟩ pareo.

parere[1] *v.i.* (*pr.ind.* **paio, pari, pare, paiamo/pariamo, parete, paiono;** *fut.* **parrò;** *p.rem.* **parvi;** *pr.cong.* **paia, paiamo/pariamo, paiate/pariate, paiano;** *impf.cong.* **paressi;** *imperat.* lacking; *p.pr.* **parvente;** *p.p.* **parso;** *ger.* **parendo;** *aus.* **avere**) **1** (*avere l'apparenza*) to seem, to appear, to look (like): *pare una persona onesta* he ⌐looks like⌐ (*o* seems) an honest person; *vestito così pareva un brigante* dressed that way, he looked like a bandit; (*rif. a cose viste*) to look: *quelle rose paiono molto belle* those roses look lovely; (*rif. a cose udite*) to sound (like): *queste campane paiono d'argento* these bells sound silvery. **2** (*ritenere, credere*) to think: *che te ne pare?* what do you think of it?; *mi pare che voglia nevicare* I think it's going to snow, it looks like snow; *il prezzo mi pare eccessivo* I think the price is too high; (*ritenere opportuno*) to seem, to think: *mi pareva che fosse ora di andare* I thought it was time to go. **3** (*avere l'impressione*) to think, to seem, to look (*costr. impers.*): *mi è parso di averlo già visto* I thought I had seen him before; *ci pareva di sognare* we thought we were dreaming; *pareva proprio che non gliene importasse nulla* it really looked (*o* seemed) as if he didn't care. **4** (*volere*) to like, to want, to think fit: *faccio quello che mi pare* I do whatever I like; *fate pure come vi pare* do just as you like. □ ⟨*fam*⟩ *per* **ben** ~ to make a good impression; *pare* **impossibile** it just doesn't seem possible, it seems impossible; *mi par* **mill'***anni che non ti vedo* it's been ages since I've seen you; *pare di* **no** it doesn't seem so; *mi pare di no* I don't think so; *per* **non** ~ in order not to be noticed; *a* **quanto** *pare* apparently; *pare di* **sì** it seems so; *mi pare di sì* I think so; *non mi par* **vero** I can't believe it. ‖ *ma Le pare?* (*rispondendo a scuse o ringraziamenti*) don't mention it, not at all.

parere[2] *m.* **1** opinion, view: *rimanere del proprio* ~ to stick to one's opinion. **2** (*consiglio*) advice: *accettare i –i di qd.* to take s.o.'s advice. □ *a mio* ~ in my opinion; *essere di* ~ **diverso** to disagree; *esprimere un* ~ *su qc.* to express an opinion on s.th.; *essere del* ~ *che* to think that; **mutare** ~ to change one's mind; *essere dello* **stesso** ~ *di qd.* to share s.o.'s views.

paresi (*o* **paresi**) *f.* ⟨*Med*⟩ paresis.

parete *f.* **1** wall: *appendere un quadro alla* ~ to hang a picture on the wall. **2** ⟨*fig*⟩ (*barriera*) wall, barrier. **3** ⟨*Anat,Biol*⟩ wall, paries: *la* ~ *dello stomaco* the wall of the stomach. **4** ⟨*Alp*⟩ face. □ *da* ~ wall–: *ventilatore da* ~ wall ventilator; ⟨*Edil*⟩ ~ **divisoria** partition (wall); *le –i* **domestiche** home: *tra le –i domestiche* at home; *a* **doppia** ~ double–walled; ⟨*Alp*⟩ ~ *di* **ghiaccio** ice wall; ~ *in* **legno** wooden partition (wall); ~ **mobile** adjustable wall panel; ⟨*Alp*⟩ ~ **rocciosa** rock face (*o* wall).

pargoleggiare *v.i.* (**pargoleggio, pargoleggi;** *aus.* **avere**) ⟨*lett*⟩ to behave like a child, to be babyish. **pargoletto** *m.* ⟨*lett*⟩ baby (boy). **pargolo** *m.* (*f.* **-a**) ⟨*lett*⟩ (*fanciullo*) child; (*infante*) baby.

pari[1] **I** *a.* **1** (*uguale*) equal, same: *i due alberi sono di* ~ *altezza* the two trees are the same height; (*simile*) like, similar: *un mio* ~ one like me; (*stesso*) same: *abbiamo tutti* ~ *diritti e* ~ *doveri* we all have the same rights and the same duties. **2** (*quantitativamente uguale*) equal, same, equivalent: *il dollaro è* ~ *a circa ... lire italiane* the dollar is equivalent to approximately ... Italian lire; *a* ~ *prezzo* at the same price. **3** (*allo stesso livello*) level, even; (*della stessa lunghezza o altezza*) the same length (*o* height): *le gambe della sedia non sono* ~ the legs of the chair are not even (*o* the same height). **4** (*adeguato, idoneo*) equal, ⟨*fam*⟩ up (*a* to): *essere* ~ *a un compito* to be equal to a task. **5** ⟨*Mat*⟩ even: *numeri* ~ *e dispari* odd and even numbers. **6** (*nei giochi e nello sport*) tied, drawn, equal. **II** *avv.* **1** equally. **2** (*allo stesso livello*) on the same level. □ **al** ~ *di:* 1 (*nello stesso modo*) (just) like: *ha agito al* ~ *di un ladro* he acted like a thief; (*nella stessa misura*) as much as: *ne ho diritto al* ~ *di te* I have as much right as you; **alla** ~: 1 (*allo stesso grado o livello*) on a (*o* the same) level; 2 (*come eguale*) as an equal: *trattare qd. alla* ~ to treat s.o. as an equal; 3 ⟨*Econ*⟩ at par, at face value; 4 (*rif. a ospitalità*) au pair: *vivere alla* ~ to live au pair; *non avere* ~ to be unequalled (*o* unrivalled); *da* ~ *a* ~ as an equal: *trattare qd. da* ~ *a* ~ to treat s.o. as an equal; *da par suo* as befits him; *fare a* ~ *e* dispari to play odds and evens; *essere* ~ to be equal (*o* evenly matched); *essere* ~ *a:* 1 (*valere*) to be worth: *la sterlina è* ~ *a circa millecinquecento lire* the pound is worth approximately one thousand five hundred lire; 2 (*corrispondere*) to equal, to be equal (*o* equivalent) to; **far** ~ (*pareggiare*) to even (*o* straighten) up; (*nei giochi e sim.*) to draw, to tie; *di* ~ **grado** of the same grade (*o* rank); **mettersi** *in* ~ *con gli altri* to catch up with the others; *mettersi in* ~ *col* **pagamento** to pay (up) one's arrears, to square accounts; ~ **pari** (*testualmente*) word for word, verbatim: *concetti presi* ~ *pari da un articolo* ideas copied word for word from an article; *di* ~ **passo** at the same pace (*o* rate): *andare di* ~ *passo coi tempi* to keep up with the times; *fare* ~ *e* **patta** to be quits (*o* square); *saltare a* **piè** ~ to make a standing jump; ⟨*fig*⟩ to skip, to by–pass; *i propri* ~ one's equals (*o* peers); **senza** ~ (*unico*) peerless, matchless, incomparable; ⟨*Econ*⟩ **sopra** *la* ~ above par; ⟨*Econ*⟩ **sotto** *la* ~ below par: *le azioni scesero sotto la* ~ the shares fell below par; **stare** *alla* ~ *con qd.* to be s.o.'s equal, to be on the same level as s.o.; *in* ~ **tempo** at the same time.

pari[2] *m.* ⟨*GB*⟩ peer (*f* peeress). □ ⟨*GB*⟩ *camera dei* ~ House of Lords.

paria *m./f.inv.* **1** pariah. **2** ⟨*estens*⟩ pariah, outcast.

Paride *N.pr.m.* ⟨*Mitol*⟩ Paris.

parietale **I** *a.* **1** wall–, mural, parietal: *iscrizioni –i* wall inscriptions. **2** ⟨*Anat,Biol*⟩ parietal. **II** *s.m.* ⟨*Anat*⟩ (*osso parietale*) parietal (bone).

parificare *v.t.* (**parifico, parifichi**) to make equal, to recognize as equal; (*rif. a scuola*) to recognize officially.

parificato *a.* ⟨*rif. a scuola*⟩ officially recognized.
parificazione *f.* equalization, recognition as equal; ⟨*rif. a scuola*⟩ official recognition.
Parigi *N.pr.f.* ⟨*Geog*⟩ Paris. □ ⟨*Stor*⟩ ~ *val bene una messa* Paris is well worth a Mass. **parigina** *f.* (*stufa*) slow-combustion stove. **parigino I** *a.* Parisian. **II** *s.m.* (*f.* **-a**) Parisian (*f* Parisienne).
pariglia *f.* pair, couple, brace; ⟨*rif. a cavalli*⟩ pair. □ *rendere la* ~ to give tit for tat.
parimenti *avv.* ⟨*lett*⟩ likewise, equally.
pario *a.* Parian: *marmo* ~ Parian marble.
paripennato *a.* ⟨*Bot*⟩ paripinnate.
parisillabo I *a.* ⟨*Gramm,Metr*⟩ parisyllabic. **II** *s.m.* ⟨*Gramm*⟩ parisyllabic noun.
parità *f.* **1** (*uguaglianza*) equality, parity. **2** ⟨*Sport*⟩ draw, tie; (*rif. a gare*) dead heat. □ ⟨*Sport*⟩ **chiudere** *in* ~ (*rif. ai giocatori*) to draw, to tie; *chiudersi in* ~ (*rif. alla partita*) to end in a draw; *a* ~ *di* **condizioni** on the same terms; ~ *di* **diritti** equal rights *pl;* ⟨*Pol*⟩ ~ **nucleare** nuclear parity (*o* stalemate); **salariale** equal pay. ~ *di* **trattamento** equal treatment.
paritario *a.* equal. **paritetico** *a.* (*pl.* **-ci**) joint: *commissione –a* joint committee.
parka *m.* ⟨*Vest*⟩ parka.
parkerizzare *v.t.* ⟨*Met*⟩ to parkerize, to rustproof. **parkerizzazione** *f.* rustproofing.
parkinsoniano *a.* ⟨*Med*⟩ Parkinsonian. **parkinsonismo** *m.* Parkinsonism, Parkinson's disease.
parlamentare[1] **I** *a.* parliamentary, of Parliament: *commissione* ~ parliamentary committee. **II** *s.m./f.* member of parliament. □ ~ *europeo* member of European parliament.
parlamentare[2] *v.i.* (**parlamento**; *aus.* **avere**) to (hold a) parley, to negotiate.
parlamentarismo *m.* ⟨*Pol*⟩ parliamentarianism. **parlamentarista** *m./f.* parliamentarian. **parlamento** *m.* parliament: *essere eletto al* ~ to be elected to parliament; (*edificio*) parliament building (*o* house). □ ~ *europeo* European Parliament; *sedere in* ~ to be a member of parliament.
parlante I *a.* **1** talking. **2** ⟨*fig*⟩ lifelike: *ritratto* ~ lifelike portrait; (*espressivo*) expressive: *occhi –i* expressive eyes; (*eloquente*) eloquent. **II** *s.m.* ⟨*Ling*⟩ speaker. **parlantina** *f.* ⟨*fam*⟩ talkativeness, glibness. □ *avere una buona* ~ to have the gift of the gab.
parlare[1] **I** *v.i.* (*aus.* **avere**) **1** to speak, to talk: *gli animali non parlano* animals 'don't speak' (*o* can't talk); *chi ha parlato?* who spoke?; *parla solo se sei interrogato* speak only when you are spoken to. **2** (*avere un colloquio*) to speak (*con* with, to), to talk (to), ⟨*fam*⟩ to have a talk: *vorrei* ~ *col direttore* I would like to speak to the manager. **3** (*tenere un discorso*) to speak, to make a speech: ~ *in un comizio* to speak at a meeting. **4** (*rivolgere la parola*) to speak (*a* to), to address (s.o.): *il presidente del consiglio parlerà alle due camere* the Prime Minister will address both houses. **5** (*confessare*) to confess, to talk; (*confidare cose segrete*) to talk, ⟨*gerg*⟩ to sing: *qd. ha parlato* s.o. talked. **6** (*fare oggetto di chiacchiere*) to talk, to gossip: *tutto il paese parla di lui* the whole village is talking about him. **7** (*intendere, alludere*) to talk (*di* about), to refer (to): *di quale avvenimento parlavi?* what event were you talking about? **8** ⟨*fig*⟩ (*provare, manifestare*) to speak, to testify: *tutto parla a tuo favore* everything speaks in your favour. **9** ⟨*fig*⟩ (*ricordare*) to speak, to remind, to bring back memories: *queste mura mi parlano della mia infanzia* these walls 'remind me of my childhood' (*o* bring back childhood memories). **II** *v.t.* to speak: *parla bene il tedesco* he speaks German well. **parlarsi** *v.r.* (*recipr*) **1** to speak to e.o. **2** ⟨*pop*⟩ (*amoreggiare*) to go together, ⟨*fam*⟩ to go steady. **3** (*avere rapporti amichevoli*) to be on speaking terms: *quei due non si parlano più* those two aren't on speaking terms any more. □ *parliamo d'***altro** let's change the subject; *parla, ti* ascolto go on, I'm listening; ~ **bene** *di qd.* to praise (*o* speak well of) s.o.; ⟨*Tel*⟩ *pronto, chi parla? - qui Carlo* hello, who's speaking? - this is Charles speaking; ~ **chiaro** to speak clearly; ⟨*fig*⟩ to speak

frankly (*o* one's mind); *per parlar chiaro* to be frank; ~ *fra i* **denti** to mutter (under one's breath); ~ *per* **esperienza** to speak (*o* talk) from experience; ~ *di* **fare** *una cosa* to talk about doing s.th.; *far* ~ *qd.:* **1** (*lasciar parlare*) to 'let s.o.' (*o* allow s.o. to) speak; **2** (*dare la parola*) to call upon s.o. to speak; **3** (*indurre a parlare*) to make s.o. talk; ⟨*fam*⟩ *non farmi* ~! don't ask me to say any more!; *far* ~ *di sé* to get o.s. talked about; **generalmente** *parlando* generally speaking; ~ *in* **gergo** to talk slang; ~ *a* **gesti** to use sign language; ~ *come un* **libro** *stampato* to talk like a book; ⟨*fam*⟩ *parli perché hai la* **lingua** (*in bocca*) you talk just for the sake of talking; ⟨*fig*⟩ ~ *al* **muro** to waste one's breath; *è come* ~ *al muro* it's like talking to a brick wall; ~ *col* **naso** to speak through one's nose; ~ **ostrogoto** to talk double-dutch; ~ *del più e del meno* to chat (about this and that); ~ *di* **politica** to talk politics; *con* **rispetto** *parlando* if you don't mind my saying so; ~ *tra sé* (*e sé*) to talk to o.s.; ~ *da* **solo** to talk to o.s.; ~ *ad alta* **voce** to speak loudly. || *ehi, parlo con te!* hey, I'm talking to you, hey there!; (*qui*) *si parla inglese* English (is) spoken (here); *per non* ~ *di* not to mention, let alone; *non se ne parli più!* let's forget about it!
parlare[2] *m.* **1** talking, speaking, speech: *il* ~ *giova poco* talking is not much use. **2** (*modo di parlare*) way of speaking, speech: *un* ~ *scelto* a refined way of speaking. **3** (*parlata*) language; (*dialetto*) dialect.
parlata *f.* **1** speech, way of speaking, language. **2** (*dialetto*) dialect; (*accento*) accent. **parlato I** *a.* spoken: *la lingua –a* the spoken language, the vernacular. **II** *s.m.* **1** ⟨*Mus*⟩ spoken part. **2** ⟨*Cin*⟩ (*dialogo*) dialogue. **3** ⟨*fam*⟩ (*cinema parlato*) talking films *pl,* ⟨*fam*⟩ talkies *pl.* **parlatore** *m.* (*f.* **-trice**) speaker, talker. **parlatorio** *m.* parlour, parlatory. **parlottare** *v.i.* (**parlotto**; *aus.* **avere**) **1** to talk in a low voice. **2** ⟨*fig*⟩ (*mormorare*) to murmur. **parlottio** *m.* low talking, muttering.
parmigiano I *a.* Parmesan. **II** *s.m.* ⟨*Alim*⟩ Parmesan (cheese). □ ⟨*Gastr*⟩ *alla –a* with Parmesan cheese, parmigiana.
Parnaso I *N.pr.m.* ⟨*Geog*⟩ (Mount) Parnassus. **II** *s.m.* ⟨*fig*⟩ (*poesia*) Parnassus, poetry; (*l'insieme dei poeti*) poets *pl.* **parnassianismo** *m.* ⟨*Lett*⟩ Parnassianism, Parnassian school of poetry. **parnassiano** *a./s.m.* Parnassian.
parodia *f.* ⟨*Lett,Mus*⟩ parody (*anche fig.*). □ *fare la* ~ *di qd.* to parody s.o. **parodiare** *v.t.* (**parodio, parodi**) to parody. **parodista** *m./f.* parodist. **parodistico** *a.* (*pl.* **-ci**) parodistic.
parola *f.* **1** word: *cercare una* ~ *nel dizionario* to look up a word in the dictionary. **2** *pl.* (*discorso*) words *pl: le tue –e non mi hanno convinto* your words have not convinced me. **3** *pl.* (*consiglio*) advice, words *pl: ascolta le mie –e* take my advice, mark my words. **4** (*facoltà di parlare*) speech: *il dono della* ~ the gift of speech. **5** (*permesso di parlare*) leave (*o* permission) to speak: *chiedere la* ~ to ask leave to speak. **6** (*menzione*) mention, word: *non fare* ~ *di qc.* not to mention s.th. **7** (*impegno*) word, promise: *essere* (*un uomo*) *di* ~ to be a man of one's word. **8** *pl.* ⟨*spreg*⟩ (*chiacchiere*) talk, words *pl: non sono altro che –e* that's only talk, they're mere words. **9** *pl.* ⟨*Mus*⟩ (*testo*) words *pl;* (*rif. a musica leggera*) lyrics *pl.* □ *in* **altre** –*e* in other words; ⟨*Ling*⟩ ~ **antiquata** obsolete word; *non* **avere** –*e* to be at a loss for words; *non ho –e per ringraziarvi* I don't know how to thank you; *mettere una* **buona** ~ *per qd.* to say (*o* put in) a good word for s.o.; ~ **chiave** key word, catchword; ~ *in* **codice** code word; ⟨*Ling*⟩ ~ **composta** compound word; *dare la* ~: **1** to give the floor: ⟨*Dir*⟩ *dare la* ~ *alla difesa* to call upon the defence; **2** (*promettere*) to give one's word; **due** –*e* a few words: *raccontare qc. in due –e* to tell s.th. briefly (*o* in a few words); *esprimere qc. a –e* to put s.th. into words; *essere di* ~ to be as good as one's word; *avere la* ~ **facile** to have a glib tongue; *passare dalle –e ai* **fatti** to proceed from words to blows; –*e di* **fuoco** impassioned (*o* fiery) words; **gioco** *di –e* pun; –*e* **grosse** (*offese*) insults; *corsero –e grosse tra loro* they had words; **in** *una* ~ in a word; –*e* **incrociate** crossword puzzle; **libertà** *di* ~ freedom of speech; ~ **magica** magic word; *mi* **mancano** *le –e* words fail me; **mancare** *alla* ~ (*data*) to break one's word;

mantenere *la* ~ to keep one's word; *non dire* **mezza** ~ not to open one's mouth; *esprimersi con mezze -e* to be vague, to hint at s.th.; **misurare** *le -e* to weigh one's words; ~ *d'onore* (o *di galantuomo*) word of honour; *⟨esclam⟩* on my word of honour!, I give you my word; ~ *d'ordine*: 1 ⟨*Mil*⟩ password; 2 ⟨*fig*⟩ watchword; ~ **per** ~ (*testualmente*) word for word, verbatim; **perdere** *la* ~ to lose the power of speech; *di* **poche** *-e* of few words; *in -e* **povere** in short; **prendere** *la* ~ to start to speak, to take the floor; *prendere qd. in* ~ to take s.o. at his word; **riacquistare** *la* ~ to get back the power of speech; **rimangiarsi** *la* ~ (*data*) to go back on one's word; **rivolgere** *la* ~ *a qd.* to address (o speak to) s.o.; ⟨*fam*⟩ *-e* **sante** (*le tue*) every word you say is true; *restare* **senza** *-e* to be dumbfounded (o left speechless); **sulla** ~ at one's word: *credere a qd. sulla* ~ to take s.o. at his word; **togliere** *la* ~ *di bocca a qd.* to take the words out of s.o.'s mouth; *togliere la* ~ *a qd.* to cut s.o. short; *avere l'*u̲ltima ~ to have the last word; *è una* ~! (it's) easier said than done!; **venire** *a -e* to have words. *Prov.: una* ~ *tira l'altra* one word leads to another; *la* ~ *è d'argento, il silenzio è d'oro* speech is silver, silence is golden.

parola̲ccia *f.* (*pl.* **-ce**) dirty word, ⟨*am*⟩ four–letter word. □ *dire parolacce* to use bad language. **parola̲io** *m.* (*f.* **-a**) windbag, chatterbox. **parolie̲re** *m.* lyricist.

paro̲nimo *m.* ⟨*Gramm*⟩ paronym.

parossi̲smo *m.* 1 ⟨*Med*⟩ paroxysm. 2 ⟨*fig*⟩ paroxysm, fit: *nel* ~ *dell'ira* in a paroxysm (o fit) of rage. **parossi̲stico** *a.* (*pl.* **-ci**) 1 ⟨*Med*⟩ paroxysmal, paroxysmic. 2 ⟨*fig*⟩ (*agitato*) violent, furious.

parossi̲tono *a.* ⟨*Gramm*⟩ paroxytone.

paro̲tide *f.* ⟨*Anat*⟩ parotid (gland). **parotide̲o** *a.* parotidean, parotid. **paroti̲te** *f.* ⟨*Med*⟩ parotitis.

parquet *fr.* [par'ke] *m.* parquet (flooring).

parrici̲da **I** *s.m./f.* parricide. **II** *a.* parricidal. **parrici̲dio** *m.* parricide.

parrò → **parere**[1]

parrocche̲tto *m.* 1 ⟨*Ornit*⟩ parakeet. 2 ⟨*Mar*⟩ (*vela*) fore–topsail; (*tronco*) fore–topmast; (*pennone*) fore –topyard.

parro̲cchia *f.* 1 parish. 2 (*chiesa*) parish church. 3 (*i parrocchiani*) parish, parishioners *pl.* **parrocchia̲le** *a.* parish–, parochial. **parrocchia̲no** *m.* (*f.* **-a**) parishioner. **pa̲rroco** *m.* (*pl.* **-ci**/*ant.* **-chi**) parish priest.

parru̲cca *f.* 1 wig: *portare la* ~ to wear a wig. 2 ⟨*scherz*⟩ (*zazzera*) long hair, mane. **parrucca̲io** *m.* (*f.* **-a**) wig maker. **parrucchie̲re** *m.* (*f.* **-a**) (*per signora*) (ladies') hairdresser; (*per uomo*) barber, (gentlemen's) hairdresser. **parrucco̲ne** *m.* ⟨*spreg*⟩ (*persona retriva*) old fogey.

pa̲rsec *m.* ⟨*Astr*⟩ parsec.

parsimo̲nia *f.* thrift(iness), frugality. □ *con* ~ sparingly. **parsimonio̲so** *a.* thrifty, frugal.

parsi̲smo *m.* ⟨*Rel*⟩ Parsiism, Parseeism.

pa̲rso → **parere**[1]

parta̲ccia *f.* (*pl.* **-ce**) 1 (*colpo mancino*) dirty trick: *fare una* ~ *a qd.* to play a dirty trick on s.o.; (*mancando di parola*) to let s.o. down badly. 2 (*sgridata*) scolding, ⟨*fam*⟩ telling off.

pa̲rte *f.* 1 part, piece, portion: *tagliare una torta in sei -i* to cut a cake into six pieces. 2 (*quota spettante a ciascuno*) share, part: *ognuno ha la sua* ~ *di delusioni* everyone has his share of disappointments. 3 (*luogo*) place; (*regione*) region, part: *da queste -i* in (o around) these parts. 4 (*lato*) side, part: *la* ~ *destra della carreggiata* the right side of the roadway. 5 (*direzione*) way, direction: *da questa* ~, *prego* this way, please. 6 (*fazione*) faction, side: *della* ~ *avversaria* of the opposing faction; (*partito*) party. 7 ⟨*Dir*⟩ party. 8 ⟨*Anat*⟩ (*parte del corpo*) part. 9 ⟨*Teat,Cin*⟩ part, role: *fare* (o *recitare*) *una* ~ to play a role. 10 ⟨*fig*⟩ role: *fare una* ~ *meschina* to play a miserable role. 11 ⟨*Mus,Mat*⟩ part. 12 (*nelle correlazioni*) some: ~ *dei convenuti era contraria*, (o *favorevole*) some of those present were opposed, some (o others) were in favour. □ **a** ~: 1 (*separatamente*) separately: *le bevande si pagano a* ~ drinks are charged separately; 2 ⟨*Comm*⟩ (*in busta a parte*) under separate cover; *a* ~ *questo fatto* apart from this; *scherzi a* ~ joking

apart; *modestia a* ~ though I say it myself; ~ **alta** top, upper part; *d'*altra ~ on the other hand; *dall'altra* ~: 1 (*stato: nell'altra direzione*) in the other direction; (*dall'altro lato*) on the other side; 2 (*moto: nell'altra direzione*) the other way, in the other direction; (*verso l'altro lato*) to the other side; 3 (*provenienza: dall'altra direzione*) from the other direction; (*dall'altro lato*) from the other side; *voltarsi dall'altra* ~ to turn the other way; *da una* ~ *e dall'altra* on both sides; ~ **anteriore** front; **avere** ~ *in qc.* to have a hand in s.th.; ⟨*Dir*⟩ *la* ~ **avversa** the other side; ~ **bassa** bottom, lower part; ⟨*Dir*⟩ ~ *in* **causa** party to the case; ⟨*fig*⟩ (*interessato*) person concerned (o in question); ~ **centrale** middle, central part; ⟨*Dir*⟩ ~ **civile** plaintiff for damages (in criminal proceedings), civil party (in a criminal case); *costituirsi* ~ *civile* to institute a civil action in a criminal case, to be a plaintiff for damages in criminal proceedings; *non so da che* ~ **cominciare** I don't know where to begin; *da* ~: 1 to (o on) one side, aside: *se ne stava da* ~ he was standing on one side; 2 (*in verbo*) aside, (set) by: *mettere da* ~ to set aside (o by); *mettere da* ~ *gli scrupoli* to forget one's scruples; *da* ~ *di:* 1 from; 2 (*rif. a parentela*) on the side of: *nonno da* ~ *di padre* grandfather on one's father's side; 3 (*per incarico di*) on behalf of, from: *da* ~ *mia* (*per mio incarico*) from me, on my behalf; (*per ciò che dipende da me*) for my part, as far as I'm concerned, as for me; *da che* ~ (*da dove*) from where; (*dove*) where, whereabouts; (*verso dove*) where, which way: *da che* ~ *sei diretto?* which way are you going?; *da* ~ *a* ~ right through, through and through; *da una* ~ ... (*in un certo senso*) in one way; *da una* ~ ... *dall'altra* (*parte*) ... on the one hand ... on the other (hand) ...; ~ **davanti** front; **di** ~ party–: *lotta di* ~ party struggle; ~ *di* **dietro** back, rear; ⟨*Gramm*⟩ *-i del* **discorso** parts of speech; ⟨*Teat,Cin*⟩ **distribuzione** *delle -i* casting; *essere dalla* ~ *di* to be on s.o.'s side; ~ **esterna** outside, exterior; ⟨*fig*⟩ **far** *la* ~ *della vittima* to play the victim; *fare le -i* (*dividere*) to divide s.th. up (o into parts); (*distribuire*) to share s.th. out; *fare* ~ *di* (*appartenere*) to be (o form) part of; (*essere membro*) to belong to, to be a member of; *fare* ~ *di una commissione* to be (o sit) on a committee; *farsi da* ~ to step aside, to get out of the way; *è molto* **gentile** *da* ~ *tua* it's very kind of you; **gran** ~ *di* a lot of, a great deal of, many; *in gran* ~ largely, to a great extent, to a considerable degree; *in* ~ partly, in part; ~ **integrante** integral part; ~ **interna** inside, interior; **lasciare** *da* ~ to neglect; *avere la* **legge** *dalla propria* ~ to have the law on one's side; *fare la* ~ *del* **leone** to take the lion's share; ⟨*Dir*⟩ ~ **lesa** injured party; *da* ~ *di* **madre** on his (her) mother's side; *la* **maggior** ~ most, the majority: *la maggior* ~ *degli alunni* most of the pupils; *per la maggior* ~ for the most part, mostly; *da* **nessuna** ~ (*col verbo affermativo*) nowhere: *non si trova da nessuna* ~ it's nowhere to be found; (*col verbo negativo o in frasi interrogative*) anywhere: *non vado da nessuna* ~ I'm not going anywhere; *dalle* **nostre** *-i* in our parts (of the country), where we come from; *in ogni* ~ (*dappertutto*) everywhere; ~ **posteriore** back, rear; (*rif. a veicoli*) rear; **prendere** ~ *a qc.* to ⸢take part⸣ (o have a share) in s.th.; *a* ~ *a* ~, to participate (o join) in s.th.: *prendere* ~ *alla conversazione* to join in the conversation; ⟨*Dir*⟩ *-i al* **processo** parties to the case; *fare la* **propria** ~ to do one's part; *da* **qualche** ~ somewhere; *da* **quelle** *-i* (*stato*) in those parts; (*moto*) to those parts; *da* **questa** ~ (*in questa direzione*) this way, in this direction; *da un anno a questa* ~ for the past year; *non lo vedo da un anno a questa* ~ I haven't seen him for a year now; *che fai da queste -i?* what are you doing around here?; *essere dalla* ~ *della* **ragione** to be in the right; ~ *di* **ricambio** spare part; ⟨*Cin, Teat*⟩ ~ **secondaria** supporting role; *le -i* **sociali** the social partners; ~ **terza** third party; *essere dalla* ~ *del* **torto** to be in the wrong; *passare dalla* ~ *del torto* to put o.s. in the wrong; *da* **tutte** *le -i:* 1 (*provenienza*) from every direction; 2 (*dappertutto*) everywhere; *prendere* **viva** ~ *alle disgrazie altrui* to commiserate with s.o. in misfortune.

partecipa̲nte **I** *a.* 1 participating, taking part (*a* in). 2 ⟨*Comm*⟩ sharing, participating (in). **II** *s.m./f.* 1

participant, participator, partaker. 2 ⟨Comm⟩ partner, associate. ☐ i –i alla cerimonia those present at (o attending) the ceremony. **partecipare** v. (part**e**cipo) **I** v.i. (aus. avere) **1** to take part, to participate (a in): ~ a un gioco to take part in a game. **2** (essere presente) to be present (at), to attend (s.th.): ~ a un convegno to attend a meeting. **3** (condividere) to share (in): ~ al dolore di qd. to share in s.o.'s grief. **4** (contribuire) to have a share (in), to share (s.th., in s.th.) (anche Comm.): ~ alla spesa to share expenses. **5** (rif. a esposizioni e sim.) to be present, to exhibit (at). **II** v.t. (comunicare) to make known; (annunziare) to announce: ~ le nozze di un figlio to announce the wedding of a son.

partecipazio**ne** f. **1** participation, taking part, participating (a in). **2** (presenza) presence, attendance (at). **3** (comunicazione) communication; (annuncio) announcement: ricevere una ~ di nozze to receive a wedding announcement. **4** ⟨Econ⟩ partnership, association, sharing; (quota) share. **5** ⟨Psic⟩ involvement. ☐ ~ **azionaria** shareholding; ~ **finanziaria** financial participation; ~ di **nascita** birth announcement; ~ alle spese sharing of expenses; –i **statali** state shareholdings; ⟨Teat,Mus⟩ con la ~ **straordinaria** di with a special appearance (o performance) by; ~ agli **utili** profit –sharing.

parte**cipe** a. **1** participating, participant, taking part, sharing (di in). **2** (rif. a sentimenti altrui) sharing (in), sympathizing (with). ☐ far ~ qd. di qc. to share s.th. with s.o.

parteggi**are** v.i. (part**e**ggio, part**e**ggi; aus. avere) to take sides (per for), to side (with); (stare dalla parte) to be on the side (of).

partenoge**nesi** f. ⟨Biol⟩ parthenogenesis.

Parteno**ne** N.pr.m. ⟨Archeol⟩ Parthenon.

Parte**nope** N.pr.f. ⟨Geog.stor⟩ Parthenope. **partenop**e**o** a. Parthenopean.

parte**nte** **I** a. leaving, departing; (rif. a veicoli) leaving; (rif. ad aerei) taking off; (rif. a navi) sailing. **II** s.m./f. person leaving, departing person.

parte**nza** f. **1** departure, leaving: prepararsi alla ~ to prepare for departure. **2** (rif. a veicoli) departure; (rif. a navi) sailing; (rif. ad aerei: decollo) take–off. **3** ⟨Mecc⟩ starting. **4** ⟨Sport⟩ start; (punto di partenza) starting–point; (linea) starting line. **5** (in missilistica) blast–off, lift–off. ☐ ⟨Inform⟩ ~ a **caldo** reboot, warm boot (o start); essere di (o in) ~ to be about to leave; ⟨Sport⟩ **falsa** ~ false start; ~ da **fermo** standing start; ~ a **freddo** cold boot (o start); in ~ per leaving for; ~ **lanciata** flying start; **pronto** per la ~: 1 ready (o about) to leave; 2 ⟨Sport⟩ ready to start; 3 ⟨Aer⟩ ready to take off; 4 ⟨Mar⟩ ready to sail; **segnale** di ~ starting signal.

parterre fr. [par'ter] m. parterre.

partice**lla** f. **1** particle (anche Fis.). **2** ⟨Gramm⟩ particle, relation–word. ☐ ⟨Dir⟩ ~ **catastale** cadastral parcel; ⟨Fis⟩ ~ **elementare** elementary particle; ⟨Gramm⟩ ~ **pronominale** pronominal particle. **particell**a**re** a. **1** ⟨Fis⟩ particulate. **2** (rif. a terreni) parcel(l)ed.

participia**le** a. ⟨Gramm⟩ participial. **partic**i**pio** m. participle. ☐ ~ **passato** past participle; ~ **presente** present participle.

parti**cola** f. ⟨Lit⟩ particle, Host.

particola**re** **I** a. **1** particular, special: segni –i special signs. **2** (proprio) personal, private: il segretario ~ del ministro the minister's private secretary. **3** (strano) peculiar, odd, of one's own; (non comune) unusual, uncommon: questo vino ha un sapore ~ this wine has an unusual taste (o a taste all of its own). **4** (eccezionale) exceptional, special: ha una disposizione ~ per le lingue he has an exceptional flair for languages. **II** s.m. (dettaglio) detail, particular: raccontare qc. fin nei minimi –i to describe s.th. down to the smallest details; con ricchezza di –i with a wealth of details. ☐ amicizie –i homosexual relationships; in ~ in particular; (in modo speciale) especially; entrare (o scendere) nei –i to go into detail; **niente** di ~ nothing special; ~ **tecnico** technical detail.

particolareggi**are** v. (particolar**e**ggio, particolar**e**ggi) **I** v.t. to (describe in) detail, to give particulars (o full

details) of. **II** v.i. (aus. avere) to go into details. **particolaregg**i**ato** a. detailed, circumstantial: esame ~ detailed examination.

particolari**smo** m. **1** ⟨Pol⟩ particularism. **2** (parzialità) partiality. **particolar**i**stico** a. (pl. -ci) **1** ⟨Pol⟩ particularistic. **2** (che denota favoritismo) partial, biased.

particolarità f. **1** particularity; (proprietà) peculiarity, characteristic. **2** (dettaglio) detail, particular. **particolarm**e**nte** avv. (in modo speciale) particularly, (e)specially; (principalmente) in particular.

partigi**ana** f. ⟨Mil.ant⟩ partisan. **partigianer**i**a** f. partisanship. **partigian**e**sco** a. (pl. -chi) ⟨spreg⟩ partisan.

partigi**ano** **I** s.m. (f. -a) **1** (fautore) advocate, supporter, champion. **2** ⟨Stor⟩ (combattente della resistenza) partisan, guer(r)illa. **II** a. **1** (dei partigiani) partisan: guerra –a partisan warfare. **2** (fazioso) party–, factious.

parti**re**[1] v.i. (aus. essere) **1** to leave, to depart: partiremo da Roma per Londra we shall leave Rome for London. **2** (rif. a veicoli) to leave; (rif. ad aerei: decollare) to take off; (rif. a navi: salpare) to sail; (rif. a corrispondenza) to go: la posta parte alle sei the post goes at six. **3** (rif. a colpi e sim.) to go off. **4** (incamminarsi) to set out (o off), to start (off); (allontanarsi) to go off (o away). **5** ⟨fig⟩ (provenire) to come, to arise (da from): un grido partì dalla folla a shout came from the crowd; la proposta partì da te the suggestion came from you. **6** (prendere le mosse, iniziare) to start (anche fig.). **7** ⟨fig,scherz⟩ (innamorarsi) to fall in love; (ubriacarsi) to get tight (o high). **8** ⟨fam⟩ (rompersi) to break; (rif. ad apparecchi) to break down; (rif. a pneumatici) to go flat. **9** ⟨Sport⟩ to start. **partirsi** v.r. (lett) **1** (dividersi) to part. **2** (allontanarsi) to leave. ☐ **a** ~ **da** as (o beginning) from: a ~ da domani (as) from tomorrow; ⟨Sport⟩ ~ **bene** to make a good start; ~ da **casa** to leave home; ⟨scherz⟩ è **partito!** he's off!; ~ per il **fronte** to leave for the front; ~ per la **guerra** to go to war; ~ in **quarta** to start in fourth gear; ⟨fig⟩ to be off like a shot; ~ **soldato** to go to do one's military service. Prov.: ~ è un po' **morire** saying good–bye is like dying a little.

parti**re**[2] v.t. (part**i**sco, part**i**sci) ⟨lett⟩ **1** (dividere) to divide. **2** (separare) to separate, to part. **3** (distribuire) to share (out).

parti**ta** f. **1** ⟨Comm⟩ lot, parcel: una ~ di merce a lot of goods. **2** (gioco) game: fare una ~ a carte to play a game of cards. **3** ⟨Sport⟩ game, match. **4** ⟨Comm,Econ⟩ entry, item. ☐ ⟨Sport⟩ ~ **amichevole** friendly match; ⟨Sport⟩ ~ di **andata** first leg; ⟨Comm⟩ –e **attive** assets, credits; –e di (o in) avere credit entries; ~ di **caccia** hunting party; ⟨Sport⟩ ~ di **campionato** championship match; ⟨fig⟩ considerare **chiusa** una ~ to consider s.th. settled; ⟨Econ⟩ –e **correnti** current accounts; ⟨Comm⟩ ~ del **dare** debit entry; ⟨Comm⟩ ~ **doppia** double entry; –e **invisibili** invisible items, invisibles; **perdere** una ~ to lose a game; **saldare** una ~ to settle an account; ~ a **scacchi** game of chess; ⟨Comm⟩ ~ **semplice** single entry; dare ~ **vinta** a qd. to give in to s.o; –e **visibili** visible items, visibles.

partita**rio** m. ⟨Comm⟩ ledger.

parti**tico** a. (pl. -ci) party–.

partiti**ssima** f. ⟨Sport⟩ big match.

partiti**vo** a./s.m. ⟨Gramm⟩ partitive.

parti**to**[1] m. **1** ⟨Pol⟩ party: essere iscritto a un ~ to be a party member. **2** (soluzione) solution, decision: scegliere il ~ migliore to make the best decision. **3** (occasione matrimoniale) match. ☐ **aderire** a un ~ to join a party; ~ di **centro** centre party; ⟨fig⟩ mettere il **cervello** a ~ to get sense; ~ di **coalizione** coalition party; ~ **comunista** Communist Party; ~ **democratico** Democratic Party; ~ di **destra** right–wing party, party of the Right; **giornale** di ~ party (news)paper; ~ al **governo** party in power; seguire la **linea** del ~ to follow the party line; ~ di **maggioranza** majority party; a **mal** ~ in a sorry plight; ridurre a mal ~ to put in a bad way; ~ di **massa** broadly–based party; ~ **operaio** labour party; ~ di **opposizione** opposition party; ~ **popolare** people's party; **prendere** ~ per qd. to take s.o.'s side; ⟨fig⟩ non sapere che ~ **prendere** not to know which side to take; per ~ **preso** deliberately, on purpose; ~ **rivoluzionario** revolutionary party; ~ **separatista**

breakaway political party; ~ *di* **sinistra** left–wing party, party of the Left; *al di* **sopra** *dei –i* above party politics; **trarre** ~ *da qc.* to take advantage of s.th; ⟨*fig*⟩ **trovarsi** *a mal* ~ to be in a difficult situation; *a* ~ **unico** one–party–; **uomo** *di* ~ party man; **uscire** *dal* ~to desert one's party; ~ **verde** ecology party.

partito² *a*. **1** (*diviso*) divided; (*separato*) separated; (*rif. ai capelli*) parted. **2** ⟨*fig*⟩ (*discorde*) divided, at variance.

partitocratico *a*. (*pl*. **-ci**) ⟨*Pol*⟩ partyist. **partitocrazia** *f*. party power, partyism.

partitore *m*. **1** ⟨*El*⟩ divider: ~ *di* **tensione** potential (*o* voltage) divider. **2** ⟨*Idr*⟩ divisor. **partitura** *f*. ⟨*Mus*⟩ score. **partizione** *f*. division, partition □ ⟨*Inform*⟩ ~ *di tempo* time sharing.

partner *ingl*. ['pa:tnə] *m./f*. **1** partner. **2** ⟨*Comm*⟩ partner, business associate. □ ~ *commerciale* trading partner.

parto¹ *m*. **1** birth, childbirth, delivery. **2** ⟨*fig*⟩ product, work. □ ~ **abortivo** miscarriage; (*procurato*) abortion; ~ **accelerato** accelerated labour; ⟨*fig*⟩ ~ *della* **fantasia** figment of the imagination; ~ **gemellare** twin (*o* double) birth; ~ **indolore** painless (*o* natural) childbirth; **morire** *di* ~ to die in childbirth; ~ **pilotato** assisted delivery; ~ **plurigemino** multiparous birth; ~ **precoce** (*o premataro*) premature birth; **sala** ~ delivery room; ~ **tardivo** post–term birth.

parto² *m*. ⟨*Stor*⟩ Parthian.

partoriente I *s.f*. parturient, woman in labour. II *a*. in labour, ⟨*attr*⟩ lying–in, parturient. **partorire** *v.t*. (**partorisco, partorisci**) **1** to give birth to, to bear, to be delivered of. **2** (*rif. ad animali*) to give birth to; (*rif. a bestia feroce*) to cub; (*rif. a cagna*) to pup, to whelp; (*rif. a cavalla*) to foal; (*rif. a gatta*) to kitten; (*rif. a mucca*) to calve; (*rif. a pecora*) to lamb; (*rif. a scrofa*) to farrow. **3** ⟨*fig,scherz*⟩ (*produrre*) to produce.

part time ['pa:t'taim] *ingl*. I *a./avv*. part–time: *lavorare* ~ to work part–time. II *s.m*. part–time (job). □ *lavoratore* ~ part–time worker, part–timer.

parure *fr*. [pa'ry:r] *f*. set.

parusia *f*. ⟨*Filos,Rel*⟩ parousia.

parvenza *f*. **1** ⟨*lett*⟩ (*aspetto*) appearance, aspect. **2** ⟨*fig*⟩ (*apparenza*) show, semblance: *senza la minima* ~ *di giustizia* without the least semblance of justice. **parvi** → **parere**¹.

parziale I *a*. **1** partial. **2** (*non obiettivo*) partial, biased, unfair. II *s.m*. (*somma parziale*) subtotal. **parzialità** *f*. partiality, bias, unfairness.

parzializzatore *m*. ⟨*Mecc*⟩ shutter.

pascere *v*. (**pasco, pasci; pascetti, pasciuto**) I *v.t*. **1** to graze, to pasture. **2** ⟨*fig*⟩ to feed, to nourish. II *v.i*. (*aus*. **essere**) ⟨*lett*⟩ (*mangiare*) to feed. **pascersi** *v.r*. **1** (*cibarsi*) to feed (*di* on). **2** ⟨*fig*⟩ (*appagarsi*) to cherish, to nurse: *pascersi di speranze* to cherish hopes. □ ⟨*fig*⟩ ~ *d'aria* (*o di vento*) to put off with ⌜empty words⌝ (*o* promises); *pascersi d'erba* to graze.

pascià *m*. pasha. □ ⟨*fig*⟩ *fare il* ~ to live like a lord. **pascialato** *m*. **1** (*dignità*) pashaship. **2** (*periodo*) pashadom.

pasciuto (*p.p. di pascere*) *a*. **1** fed, nourished. **2** ⟨*fig*⟩ nourished.

pascolare *v*. (**pascolo**) I *v.t*. to graze, to pasture. II *v.i*. (*aus*. **avere**) to graze, to pasture, ⟨*fam*⟩ to browse. **pascolativo** *a*. pasturable, pasture–. □ *terreno* ~ pasture(land), grazing land. **pascolo** *m*. **1** pasture(land), pasturage: ~ *magro* poor pasture. **2** (*il pascolare*) grazing, pasturing, pasture: *portare il gregge al* ~ to take the flock to graze (*o* pasture). **3** ⟨*fig*⟩ (*nutrimento*) food, nourishment. □ *diritto di* ~ grazing rights *pl*, common of pasture; *divieto di* ~ grazing prohibited; ~ **grasso** rich pasture.

Pasqua *N.pr.f*. **1** Easter. **2** ⟨*Rel.ebr*⟩ Passover, Pesach. □ ⟨*Rel*⟩ ~ **alta** late Easter; ~ **bassa** early Easter; **buona** ~*!* happy Easter!; *essere* **contento** *come una* ~ to be as happy as a king (*o* sandboy); *di* ~ Easter–: *uovo di* ~ Easter egg; **fare** ~ *in famiglia* to spend Easter with the family; ⟨*Rel*⟩ *fare la* ~ to do one's Easter duty; ~ **fiorita** Palm Sunday; ⟨*Geog*⟩ **Isola** *di* ~ Easter Island; ⟨*Rel*⟩ ~ *di* **risurrezione** Easter.

pasquale *a*. Easter–, paschal: *auguri –i* Easter greetings. **pasquarosa** (*o pasqua rosa*) *f*. ⟨*pop*⟩ (*Pentecoste*) Whitsun(day). **pasquetta** *f*. ⟨*pop*⟩ (*lunedì dopo Pasqua*) Easter Monday.

pasquinata *f*. ⟨*Stor*⟩ pasquinade (*anche estens.*).

passa (*pres. ind. di passare*) *e* ~ and more, more than, over: *avrà quarant'anni e* ~ he must be over (*o* more than) forty.

passabile *a*. (*discreto*) passable, fair, quite (*o* fairly) good, ⟨*fam*⟩ not bad. **passabilmente** *avv*. passably, fairly, quite (*o* fairly) well.

passacaglia *f*. ⟨*Mus*⟩ passacaglia, passacaille.

passacavo *m*. ⟨*Mar*⟩ chock. **passafili** *m.inv*. ⟨*Tess*⟩ guiding slit.

passaggio *m*. **1** (*il passare*) passing (by), passage. **2** (*il passare attraverso*) crossing, passage, passing (through); (*rif. a truppe*) marching through; (*rif. ad aerei*) flying across (*o* through). **3** (*il passare oltre*) crossing, passing (beyond), passage (across): *il* ~ *della* **Manica** the Channel crossing. **4** (*movimento, traffico*) movement, traffic. **5** ⟨*concr*⟩ pass(age), way; (*in mare*) passage. **6** ⟨*estens*⟩ (*breve tragitto su veicolo altrui*) lift: *chiedere un* ~ *a qd*. to ask s.o. for a lift; *dare un* ~ *a qd.* to give s.o. a lift. **7** ⟨*fig*⟩ (*cambiamento*) change(over), move, shift: ~ *a un'altra linea politica* change of policy. **8** (*promozione*) promotion (*anche Scol.*). **9** ⟨*Mus,Lett*⟩ passage. **10** ⟨*Sport*⟩ pass; (*nel salto con l'asta*) bar clearance. □ **aprirsi** *un* ~ *tra la folla* to make (*o* push) one's way through the crowd; ~ *del* **confine** crossing (of) the border; ~ **coperto** covered passageway; ⟨*El*⟩ ~ *di* **corrente** passage (*o* flow) of current; **di** ~ (just) passing through: *era lì di* ~ he was just passing through; ⟨*Dir*⟩ **diritto** *di* ~ right of way; ⟨*Fis*⟩ ~ *di* **fase** transition; ⟨*Sport*⟩ ~ **laterale** lateral pass, cross pass; ⟨*Ferr*⟩ ~ *a* **livello** level crossing, ⟨*am*⟩ grade crossing; ~ *a livello custodito* protected (*o* guarded) level crossing; ~ *a livello incustodito* unprotected (*o* unguarded) level crossing; ⟨*Stor*⟩ ~ *a* nord-ovest North–West Passage; ~ **obbligato** obligatory way (*o* road); ⟨*fig*⟩ necessary step; **ostruire** *il* ~ to block the passage, to be in the way; ⟨*Strad*⟩ ~ **pedonale** (pedestrian) crossing; ~ *pedonale zebrato* zebra crossing; ~ *di* **poteri** transfer of power (*o* authority); ⟨*Dir*⟩ ~ *di* **proprietà** transfer of title, conveyance; **vietato** *il* ~ no transit, no thoroughfare, no through way; ~ **zebrato** pedestrian (*o* zebra) crossing.

passamaneria *f*. braid(ing), trimming(s), passementerie.

passamano¹ *m*. passing from hand to hand: *far* ~ *per scaricare qc.* to pass s.th. from hand to hand for unloading.

passamano² *m*. (*nastro*) braid, trimming.

passamontagna *m.inv*. balaclava (helmet). **passanastro** *m*. embroidered (*o* lace) insertion with eyelets. **passante** I *s.m*. (*di cintura e sim.*) loop. II *s.m./f*. passer–by. **passapatate** *m. inv*. potato masher.

passaporto *m*. passport. **2** ⟨*fig*⟩ passport: *l'intelligenza è il* ~ *per il successo* intelligence is a passport to success. □ ~ **collettivo** group passport; **controllo** *–i* passport control; ~ **Nansen** Nansen passport; *fare le* **pratiche** *per il* ~ to get the papers for a passport; **richiedere** *il* ~ to apply for a passport.

passare I *v.i*. (*aus*. **essere**) **1** to pass (*o* go) by: *ho visto* ~ *tuo figlio* I saw your son go by. **2** (*attraversare*) to pass, to go (*per* through), to cross, to go across (s.th.): *passerai anche per Parigi* you will pass through Paris too; *la strada passa per un bosco* the road goes through a wood; (*nel senso della lunghezza: rif. a strade*) to go (along): ~ *per una strada* to go along a street. **3** (*trattenersi brevemente*) to pass, to come (*a, in, da* by), to call (in), ⟨*fam*⟩ to call on (s.o.): *passa da me quando ritorni* ⌜pass by my place⌝ (*o* call on me) on your way back. **4** (*penetrare*) to get (in), to come (in), to go (in), to enter (*per, da* through): *il gatto è passato dalla finestra* the cat got in through the window; *è così grasso che non riesce a* ~ *attraverso la porta* he's too fat to get through the door; *è riuscito a* ~ *senza biglietto* he got in without a ticket. **5** (*trasferirsi*) to move, to go: *è passato a Milano* he has moved to Milan. **6** (*tramandarsi: rif. a cose concrete*) to pass: *alla sua morte tutti i suoi beni passarono ai nipoti* upon his death all his property passed to his grandchildren. **7** ⟨*fig*⟩ (*cambiare stato*) to go, to change, to pass: ~ *dalla tristezza all'allegria* to go from sadness to gaiety. **8** (*cambiare argomento*) to go (*o* move) on, to pass (on). **9** (*avanzare di grado*) to be promoted, to move up: ~ *capitano* to be promoted (to the rank of) captain. **10** ⟨*scol*⟩ to move (*o* go) up, ⟨*am*⟩ to be promoted (*superare*) to pass. **11** ⟨*fig*⟩ (*ottenere l'approvazione*) to pass, to be approved (*o* passed): *la legge è passata* the law (was) passed. **12** ⟨*fig*⟩ (*essere ritenuto accettabile*) to pass, to be passable, ⟨*fam*⟩ to do: *non è l'ideale, ma può* ~ it's not exactly what I wanted, but it will do; *per questa volta passi* I'll let it pass (*o* go) this time. **13** (*rif. a tempo: trascorrere*) to pass, to go by: *sono passati tre anni* three years have passed (*o* gone by). **14** ⟨*fig*⟩ (*cessare*) to pass (over, off), to be over, to end: *il dolore è passato* the pain has passed (off); *il temporale è passato* the storm is over. **15** ⟨*fig*⟩ (*intercorrere*) to be: *tra i due fratelli passa una gran differenza* there is a big difference between the two brothers. **16** ⟨*Sport*⟩ (*effettuare un passaggio*) to (make a) pass. **II** *v.t.* **1** (*attraversare*) to pass, to cross: ~ *il confine* to cross the border; (*oltrepassare*) to pass: *passata la banca, volta a sinistra* turn left after you pass the bank. **2** (*sorpassare*) to overtake. **3** (*forare, trafiggere*) to pierce, to go (right) through: *il proiettile gli passò il cuore* the bullet pierced his heart. **4** (*far passare*) to pass, to pass across (*o* through), to run through: *passarsi una mano sulla fronte* to pass a hand across one's brow; *passarsi la mano sui capelli* to pass (*o* run) a hand through one's hair. **5** (*far scorrere*) to pass, to run, to wipe: *passa uno straccio umido sul tavolo di cucina* run a damp cloth over the kitchen table. **6** (*cedere*) to pass (*o* hand) on, to give: *passò i vestiti smessi al fratello* he gave his cast-off clothes to his brother; (*fornire*) to supply, to furnish: *il collegio non passa le divise* the school does not supply uniforms; (*dare di nascosto*) to give, to slip: *gli hanno passato la traduzione di latino* they slipped him the Latin translation. **7** (*assegnare*) to give, to assign: ~ *un sussidio a qd.* to give s.o. an allowance; (*pagare*) to pay: ~ *gli alimenti alla moglie* to pay one's wife alimony. **8** (*porgere*) to pass, to hand: *passami il pane, per favore* please pass me the bread. **9** ⟨*fig*⟩ (*oltrepassare*) to be over (*o* more than), to pass: *ha passato ormai la cinquantina* he's over fifty now; *spesso si ricorre a una traduzione libera: la lettera passa il peso* the letter is overweight. **10** ⟨*fig*⟩ (*incontrare, affrontare*) to have, to undergo, to meet with: *ha passato un bel guaio* he had some nasty trouble; (*patire, soffrire*) to suffer, to endure, to go through: *ne ha passate tante nella sua vita* he has been through a lot in his lifetime. **11** (*trasmettere*) to pass (*o* hand) on, to transmit: ~ *un ordine* to pass on an order. **11** (*sottoporsi*) to have, to undergo: ~ *una visita medica* to have a medical examination. **13** ⟨*Scol*⟩ (*promuovere*) to let pass (*o* go up), ⟨*am*⟩ to promote: *il professore ha passato tutti gli studenti* the teacher let all the students pass. **14** (*avanzare di grado*) to promote, to move up: *l'hanno passato generale* they promoted him (to the rank of) general. **15** (*approvare*) to pass, to approve: ~ *una legge* to pass a law. **16** (*trascorrere*) to spend, to pass: ~ *l'estate al mare* to spend the summer at the seaside; (*sopravvivere*) to live through (*o* out), to last: *il malato non passerà la notte* the patient won't live through the night. **17** ⟨*Gastr*⟩ (*ridurre in poltiglia*) to strain: ~ *la verdura* to strain the vegetables. **18** ⟨*Tel*⟩ to put through to: *mi passi Milano* put me through to Milan. □ ~ **accanto** *a qd.* to pass by s.o.; ⟨*fig*⟩ *ne è passata di* **acqua** *sotto i ponti* a lot of water has flown under the bridge; ⟨*Med*⟩ ~ *le* **acque** to take the waters; *col* ~ *degli* **anni** as years go (*o* went) by; ~ *per le* **armi** to shoot, to execute; ~ **attraverso** to pass (*o* cross) through, to go across; ⟨*fig*⟩ to go through, to have: *è passato attraverso mille difficoltà* he's had his (share of) troubles; ⟨*fam*⟩ *passarla* **bella** to have a narrow squeak; ⟨*fam*⟩ *passarne di ˈtutti i* **colori** (*o* cotte e di crude) to go through thick and thin; ~ *di* **corsa** to rush by; ⟨*Gastr*⟩ ~ *di* **cottura** to be overcooked; ⟨*fam*⟩ ~ *per il rotto della* **cuffia** to scrape through; ~ *la* **dogana** to pass (*o* go) through customs; ⟨*Scol*⟩ ~ *un* **esame** (*dare un esame*) to

take an exam(ination); ~ *a un esame* (*superarlo*) to pass an exam(ination); **far** ~ (*far accomodare*) to show (*o* usher) in: *fa'* ~ *il signore in salotto* show the gentleman into the sitting room; *mi farai* ~ *un guaio* you'll get me into trouble; ⟨*fam*⟩ *non gliene fanno* ~ *una* they don't let him get away with anything; ~ *a fil di* **spada** to put to the sword; ~ *di* **grado** to get a promotion; ~ **inosservato** to go (*o* pass) unnoticed; ~ *il* **limite** to overstep the limit; ⟨*Tel*⟩ ~ *la* **linea** to put through; ⟨*fam*⟩ *passarla* **liscia** to get away with it; ~ *di* **mano** *in mano* to pass from hand to hand, to hand around; ~ *di* **mente** to forget (*costr. pers.*), to slip one's mind: *mi è passato di mente* I forgot all about it, it quite slipped my mind; ~ *per la* **mente** to cross one's mind; ~ *di* **moda** to go out of fashion; ~ *al* **nemico** to go over to the enemy; ~ *a seconde* **nozze** to remarry, to marry again; ~ *un fiume a* **nuoto** to swim across a river; ~ **oltre** to proceed, to go on; ~ *agli* **ordini** *di qd.* to be transferred to s.o.'s command; ~ *la* **palla** to pass the ball; ~ *la* **parola** (*comunicare*) to pass on word; ~ *da* **parte** *a parte* to pierce, to pass (*o* go) right through; ~ **per** (*essere considerato*) to pass for, to be considered as, to be supposed to be: *passa per un genio, ma non lo è* he's supposed to be a genius but he isn't; ~ *per stupido* to be thought a fool; *far* ~ *qd. per stupido* to make s.o. out to be stupid; *è passato il* **postino?** has the postman called (*o* come)?; ~ *a* **prendere** *qd.* to call for s.o.; ⟨*Mil*⟩ ~ *in* **rassegna** (*to pass in*) review; ⟨*fig*⟩ to review, to go over; ~ *qc. sotto* **silenzio** to pass s.th. over in silence; ~ **sopra** *qc.* (*tralasciarla*) to overlook s.th.; *passiamoci sopra* let's forget (*o* skip) it, never mind; ~ *allo* **staccio** to pass through a sieve, to sift, to strain; ~ *alla* **storia** to go down in history; *con il* ~ *del* **tempo** with the passing of time; *per* ~ *il* **tempo** to while the time away; ~ *a* **vie** *di fatto* to come to blows; ⟨*fig*⟩ ~ *a miglior* **vita** (*morire*) to pass away (*o* on); *me ne è passata la* **voglia** I don't feel like it any more. *Prov.*: *acqua passata non macina più* let bygones be bygones. || *passarsela* to get on (*o* along): *come te la passi?* how are you getting along?; *passarsela male* to be badly off; *gli passerà!* he'll get over it!; *passo*: **1** ⟨*Tel*⟩ over: *passo e chiudo* over and out; **2** (*nei giochi di carte*) pass.

passata *f.* **1** pass(ing); (*strofinata*) (quick) rub, wiping, wipe-over. **2** ⟨*Equit*⟩ flying change of lead. □ **dare una** ~ *a qc. con qc.* to pass s.th. quickly over s.th.; *dare una* ~ *in padella alla* **carne** to sauté the meat; *dare una* ~ *col* **ferro** *da stiro a qc.* to give s.th. a quick iron(-over); *dare una* ~ *alla* **lezione** to run over (*o* through) the lesson; *dare una* ~ *di* **vernice** *a qc.* to give s.th. a (quick) coat of paint.

passatello *a.* ⟨*scherz*⟩ (*rif. a persona non più giovane*) getting on (in years), elderly.

passatempo *m.* pastime, recreation. □ ~ *preferito* hobby.

passatista *m./f.* traditionalist.

passato I *a.* **1** past, last, bygone: *nei tempi –i* in past times, in bygone days; *nei giorni –i* in the last few days. **2** (*scorso*) last, past: *l'inverno* ~ *è stato molto mite* last winter was very mild. **3** ⟨*fam*⟩ (*sfiorito*) faded, passé. **4** ⟨*Gramm*⟩ past: *participio* ~ past participle. **II** *s.m.* **1** past: *in* (*o nel*) ~ in the past; *una donna che ha un* ~ a woman with a past. **2** ⟨*Gastr*⟩ purée, soup: ~ *di legumi* vegetable purée; ~ *di piselli* pea-soup. **3** ⟨*Gramm*⟩ (*preterito*) past (tense). □ *non si può* **annullare** *il* ~ what's done is done; **come** *per il* ~ as in the past, as formerly; *essere* ~ *di* **moda** to have gone out of fashion, to be old-fashioned; ~ *di* **patate** mashed potatoes; *mettere una* **pietra** *sul* ~ to let bygones be bygones; ⟨*Gramm*⟩ ~ **prossimo** present perfect (tense); ⟨*Gramm*⟩ ~ **remoto** simple past (tense), past definite.

passatoia *f.* (*tappeto*) runner. **passatoio** *m.* stepping –stones *pl.*

passaverdura, **passaverdure** *m.inv.* vegetable mill. **passavivande** *m.inv.* service hatch.

passeggero I *a.* passing, temporary, transitory: *un malessere* ~ a temporary indisposition; (*fugace*) fleeting, short-lived: *gioie –e* fleeting pleasures. **II** *s.m.* (*f.* -a) passenger: ⟨*Mar*⟩ ~ *di terza classe* third-class passenger.

□ ~ *clandestino* stowaway.

passeggiare *v.i.* (**passeggio, passeggi;** *aus.* avere) **1** to (go for a) walk, to ramble; (*su e giù*) to promenade, to stroll (*o* walk) up and down: ~ *per il lungomare* to stroll along the sea-front; (*con un veicolo*) to (take a) drive, to go for a ride; (*a cavallo*) to (go for a) ride. **2** (*andare avanti e indietro*) to pace (back and forth), to walk up and down (*o* to and fro): *passeggiava nervosamente per la stanza* he paced nervously up and down the room. **passeggiata** *f.* **1** walk, stroll: *fare una* ~ to take (*o* go for) a walk; (*specie lungo il mare*) promenade; (*con un veicolo*) drive; (*a cavallo o in bicicletta*) ride. **2** (*strada*) promenade, (public) walk: ~ *a mare* seaside promenade, (*fam*) prom. □ ~ *ecologica* nature walk; ~ *nello spazio* space step-out. **passeggiatrice** *f.* (*eufem*) (*prostituta*) street walker. **passeggino** *m.* push chair, go–cart, (*am*) stroller. **passeggio** *m.* **1** walk, stroll, promenade. **2** (*luogo di passeggio*) (public) walk, promenade. **3** (*gente che passeggia*) promenaders *pl.* □ *andare a* ~ to go (out) for a walk; *da* ~ walking–: *abito da* ~ walking dress; *gelato da* ~ ice–cream cone (*o* on a stick); *scarpe da* ~ walking shoes.

passe-partout *fr.* [paspar'tu:] *m.* (*comunella*) master key; passe–partout (*anche fig.*).

passera *f.* **1** (*Ornit*) sparrow. **2** (*Itt*) flounder. **passeracei** *m.pl.* (*Ornit*) passerines *pl.* **passerella** *f.* **1** foot–bridge. **2** (*Mar*) gangway, gangplank. **3** (*Teat,Mod*) runway. □ (*Teat*) *terminato lo spettacolo gli attori hanno fatto la* ~ the company finished the show with a walkdown.

passeriformi *m.pl.* (*Ornit*) passerines *pl.* **passero** *m.* (*Ornit*) sparrow. □ ~ *mattugio* tree sparrow. **passerotto** *m.* **1** fledgeling (*o* baby) sparrow. **2** (*sproposito*) blunder, (*fam*) howler: *fare* (*o prendere*) *un* ~ to make a blunder; (*errore di stampa*) misprint.

passibile *a.* liable, subject (to): *il prezzo è* ~ *di aumento* the price is subject to increase.

passiflora *f.* (*Bot*) passion flower.

passino *m.* strainer.

passionale *a.* **1** passional, of passion: *delitto* ~ crime of passion. **2** (*appassionato*) passionate: *amore* ~ passionate love. **passionalità** *f.* passionateness. **passionario** *m.* (*Lit*) passionary.

passione *f.* **1** passion (*anche estens.*): *frenare le proprie –i* to control one's passions; *essere schiavo delle –i* to be a slave to passion; *i libri sono la mia* ~ books are my passion. **2** (*sofferanza spirituale*) (spiritual) suffering, distress; (*tormento*) anguish. **3** (*Mus,Lit*) Passion. □ ~ *amorosa* passion (of love); **avere** ~ *per qc.* to have a passion for s.th.; *avere una* ~ *per qd.* to love s.o. passionately; **con** ~ passionately; (*Lit*) **domenica** *di* ~ Passion Sunday; *avere la* ~ *del* **gioco** to have a passion for gambling; **prendere** ~ *per qc.* to become passionately fond of s.th.; (*Lit*) **settimana** *di* ~ Passion Week.

passionista *m.* (*Rel*) Passionist.

passista *m.* (*Sport*) long-distance racing cyclist.

passito *m.* (*Enol*) raisin wine.

passivamente *avv.* passively. **passivante** *a.* (*Gramm,Chim*) passivating. **passivare** *v.t.* (*Chim*) to passivate. **passivazione** *f.* (*Chim*) passivation. **passività** *f.* **1** passivity, passiveness. **2** (*Econ*) loss, indebtedness: *chiudere in* ~ to close at a loss, (*fam*) to close in the red. **3** *pl.* (*Comm*) (*debiti*) liabilities *pl.* **passivo** *a.* **1** passive (*anche Gramm.*): *resistenza –a* passive resistance; *verbo* ~ passive verb. **2** (*Econ*) debit–, loss–: *bilancio* ~ debit balance; (*rif. a ditte e sim.*) passive, running at a loss, (*fam*) in the red. **II** *s.m.* **1** (*Gramm*) passive (voice). **2** (*Econ*) loss, debit; (*complesso dei debiti*) debts *pl*; liabilities *pl*; (*sezione del bilancio*) debit side: *registrare al* ~ to enter on the debit side.

passo¹ *m.* **1** step, pace: *camminare a –i veloci* to walk with quick steps; *gli alberi sono stati piantati a venti –i l'uno dall'altro* the trees were planted twenty paces apart. **2** (*orma*) footstep, footprint, footmark; (*rif. ad animali*) track; (*rumore di un passo*) (foot)step. **3** (*andatura: rif. alla velocità*) pace: *tenere un buon* ~ to go at a good (*o* brisk) pace. **4** (*fig*) (*modo*) rate: *di questo* ~ at this rate.

5 (*fig*) (*brano*) passage. **6** (*fig*) (*progresso*) progress, step (forward). **7** (*fig*) (*azione*) step, move: *un* ~ *pericoloso* a dangerous move. □ (*Strad*) *veicoli* **al** ~ (drive) dead slow; *andare al* ~ to march (in step); *mettere il cavallo al* ~ to (put the horse into a) lope; **allungare** *il* ~ to lengthen one's stride, to hurry; *andare di* **buon** ~ to go at a good pace; (*Mil*) ~ *di* **carica** double (time): *a* ~ *di carica* on the double; (*Strad*) ~ **carrabile** passageway for vehicles, (*am*) driveway; ~ **diplomatico** diplomatic move; ~ *a* **due** pas–de–deux; *a due –i* (*da qui*) a few steps from here; *fare due –i* to take a (short) walk; ~ **falso** false step, to make a false step (*anche fig.*); (*fig*) *far –i da* **gigante** to go ahead by leaps and bounds; (*fig*) *fare il* **gran** ~ to take the plunge; (*sposarsi*) to get married; *a* **grandi** *–i* with very long strides; **guidare** *i –i di qd.* to guide s.o.'s steps; **mantenere** *il* ~ to keep up the pace; ~ *di* **marcia** march step; **muovere** *i primi –i* to take one's first steps; (*mil*) ~ *dell'*oca goose step; (*fig*) *ad* **ogni** ~ every few feet, at every corner; (*fig*) *fermarsi ad ogni* ~ to stop at every step (*o* every few feet); ~ *di* **parata** parade step; (*fig*) *di* **pari** ~ at the same rate; (*fig*) *andare di pari* ~ *con qd.* to keep up (*o* pace) with s.o.; (*a*) ~ (*a*) **passo** step by step, one step at a time; **perdere** *il* ~ to break (*o* get out of) step; ~ **pesante** heavy tread; (*fig*) *fare il* **primo** ~ to take the first step, to make the first move; (*Cin*) ~ **ridotto** reduced gauge; *pellicola a* ~ *ridotto* sub standard (*o* 16 mm) film; (*Fasc*) ~ **romano** (Fascist) goose step; **segnare** *il* ~ to mark time (*anche fig.*); (*Pol*) **strategia** *del* ~ *dopo* ~ step–by–step strategy; **tornare** *sui propri –i* to retrace one's steps; (*fig*) to review (*o* go back over) what one has done; *a* ~ *d'*uomo at a walking pace; *e* **via** *di questo* ~ and so on (and so forth). *Prov.: bisogna fare il* ~ *secondo la gamba* one mustn't bite off more than one can chew.

passo² *m.* **1** passage, (*lett*) way. **2** (*via*) way, road, route: *sbarrare il* ~ *a qd.* to bar s.o.'s way. **3** (*Ornit*) passage. **4** (*Geog*) pass. □ **aprirsi** *il* ~ *tra la gente* to make (*o* push) one's way through the crowd; **cedere** *il* ~ *a qd.* to give way to s.o.; **diritto** *di* ~ right of way; ~ *di* **montagna** mountain pass; **uccelli** *di* ~ birds of passage.

passo³ *a.* (*secco*) dried. □ *uva –a* raisins *pl.*

pasta *f.* **1** (*impasto di farina*) dough, paste: *fare la* ~ to make dough. **2** (*Alim*) spaghetti, macaroni, pasta; (*all'uovo*) noodles *pl.* **3** (*Dolc*) pastry. **4** (*pasticcino*) cake, pastry. **5** (*fig*) (*natura*) stuff, nature, temper(ament): *è fatto d'altra* ~ he's made of different stuff. **6** (*Farm*) paste. **7** (*Cart*) pulp, stuff. □ ~ **abrasiva** polishing paste; ~ *d'*acciughe anchovy paste; ~ *da* **brodo** pasta for soup; ~ **dentifricia** toothpaste; ~ **frolla:** 1 (*Dolc*) short pastry; 2 (*fig*) spineless (*o* weak) person; (*Alim*) ~ **glutinata** gluten pasta; **lavorare** *la* ~ to knead dough; (*Cart*) ~ *di* **legno** wood pulp; ~ **lievitata** leavened dough; ~ *di* **mandorle** almond paste; (*fig*) *avere le* **mani** *in* ~ to have a finger in the pie; ~ **reale** (*pallottoline che si mettono nel brodo*) soup nuts *pl*; (*Dolc*) ~ **sfoglia** puff pastry; **spianare** *la* ~ to roll dough; (*Cart*) ~ *di* **stracci** rag pulp; ~ *al* **sugo** pasta with (tomato) sauce; *una* ~ *d'*uomo a good–natured man.

pastafrolla *f.* (*Dolc*) short pastry. **pastaio** *m.* (*f.* -a) **1** (*fabbricante*) pasta maker. **2** (*operaio*) worker in a pasta factory; (*venditore*) pasta seller.

pastasciutta *f.* pasta.

pasteggiabile *a.* (*Enol*) table–. **pasteggiare** *v.i.* (**pasteggio, pasteggi;** *aus.* avere) to drink s.th. with one's meals: ~ *a* **latte** to drink milk with a meal.

pastella *f.* (*Gastr*) batter.

pastellista *m./f.* pastellist. **pastello** **I** *s.m.* **1** (*matita*) pastel (crayon): *una scatola di –i* a box of pastels. **2** (*dipinto*) pastel (drawing). **II** *a.inv.* pastel: *rosa* ~ pastel pink.

pastetta *f.* (*fam*) (*imbroglio*) fraud, trick, scheming.

pasticca *f.* **1** (*Farm*) lozenge, pastille, pill: *pasticche per la tosse* cough lozenges (*o* drops). **2** (*Mod*) polka dot.

pasticceria *f.* **1** pastry making, confectionery. **2** (*negozio*) confectioner's (shop). **3** (*pasticcini*) fancy (*o* tea) cakes *pl*, pastries *pl*: ~ *da tè* teacakes. **pasticciare** *v.* (**pasticcio, pasticci**) **I** *v.t.* to make a mess of, to mess up: ~ *il quaderno* to mess up one's exercise–book. **II** *v.i.* (*aus.*

avere) to make a mess. **pasticciere** *m.* (*f.* -a) confectioner. **pasticcino** *m.* ⟨*Dolc*⟩ (fancy) cake, pastry: *-i da tè* teacakes. **pasticcio** *m.* (*pl.* -ci) **1** ⟨*Gastr*⟩ pie, past(r)y: ~ *di fegato* liver pie. **2** ⟨*fig*⟩ (*lavoro mal fatto*) botch, bungle, mess. **3** ⟨*fig*⟩ (*situazione imbrogliata*) fix, tight spot, scrape. **4** ⟨*fig*⟩ (*miscuglio*) muddle, jumble, hotchpotch, mess. **5** ⟨*Art*⟩ pastiche. □ ⟨*fig*⟩ *cacciarsi nei pasticci* to get into trouble (*o* scrapes); *che* ~! what a mess (*o* fix)!; *essere nei pasticci* to be in a fix (*o* tight spot); *togliere qd. dai pasticci* to help s.o. out of a tight spot. **pasticcione** *m.* (*f.* -a) (*arruffone*) bungler, muddler, muddle head.

pastiche *fr.* [pasˈtiʃ] *m.* **1** ⟨*Lett*⟩ pastiche. **2** ⟨*fig*⟩ hodgepodge, jumble.

pastificare *v.i.* (*pastifico, pastifichi*; *aus.* avere) to make pasta. **pastificatore** *m.* (*f.* -trice) pasta maker. **pastificazione** *f.* pasta making. **pastificio** *m.* pasta factory. **pastiglia** *f.* **1** ⟨*Farm*⟩ pastille, tablet, lozenge. **2** ⟨*El*⟩ paste. **pastina** *f.* **1** (small) pasta: ~ *in brodo* soup with pasta. **2** ⟨*Dolc*⟩ cake, (small) pastry.

pastinaca *f.* **1** ⟨*Itt*⟩ sting ray. **2** ⟨*Bot*⟩ parsnip.

pasto *m.* meal: *fare due –i al giorno* to have two meals a day; *un ~ sostanzioso* a hearty meal. □ **consumare** *un ~* to have a meal; **da** *~ table–*: *vino da ~* table wine; **dare** *qc. in ~ a qd.* to give s.o. s.th. to eat; ⟨*fig*⟩ to regale s.o. with s.th.; *dare in ~ al pubblico* to feed people's curiosity; *essere dato in ~ alle belve* to be thrown to wild beasts; **fuori** *dei –i* between meals; ~ **leggero** light meal; **lontano** *dai –i* between meals; ~ **a prezzo** *fisso* fixed–price (*o* table–d'hôte) meal; ~ **principale** main meal; **saltare** *un ~* to skip a meal; **stare** *ai –i* to eat only at meals.

pastoia *f.* **1** hobble, fetters *pl.* **2** ⟨*fig*⟩ shackles *pl*, fetters *pl*: *liberarsi dalle –e dei pregiudizi* to free o.s. from the shackles of prejudice. **3** ⟨*Zool*⟩ (*pastorale*) pastern.

pastone *m.* **1** mash. **2** ⟨*estens*⟩ (*vivanda scotta*) mush.

pastorale[1] *a.* **1** (*di pastore*) pastoral, shepherd's, shepherds'. **2** ⟨*Rel,Lett*⟩ pastoral: *poesia ~* pastoral poetry.

pastorale[2] *f.* **1** ⟨*Mus*⟩ pastorale, pastoral. **2** ⟨*Rel*⟩ (*anche lettera pastorale*) pastoral (letter).

pastorale[3] *m.* ⟨*Rel*⟩ pastoral (staff), crosier.

pastorale[4] *m.* ⟨*Zool*⟩ pastern (bone).

pastore *m.* **1** (*f.* -a) shepherd (*f* –ess). **2** ⟨*fig*⟩ (*sacerdote*) pastor, shepherd: ~ *di anime* pastor (*o* shepherd) of souls. **3** ⟨*Rel.ev*⟩ pastor, minister; (*nella chiesa anglicana*) clergyman. **4** (*cane pastore*) sheepdog, shepherd dog. □ *il Buon ~* the Good Shepherd; ⟨*Zool*⟩ ~ *scozzese* collie; ⟨*Zool*⟩ ~ *tedesco* German shepherd dog. **pastorella** *f.* **1** shepherd lass (*o* girl). **2** ⟨*Mus,Lett*⟩ pastoral. **pastorello** *m.* shepherd boy. **pastorizia** *f.* stock rearing; (*rif. a ovini*) sheep rearing, sheep farming. **pastorizio** *a.* sheep rearing.

pastorizzare *v.t.* to pasteurize. **pastorizzato** *a.* pasteurized: *latte ~* pasteurized milk. **pastorizzatore** *m.* pasteurizer. **pastorizzazione** *f.* pasteurization.

pastosità *f.* **1** doughiness. **2** (*rif. a colori, suoni, vino*) mellowness. **pastoso** *a.* **1** pasty, doughy. **2** (*rif. a colori, suoni, vino*) mellow.

pastrano *m.* overcoat, great coat.

pastrocchio *m.* ⟨*pop*⟩ hotchpotch, mess (*anche fig.*).

pastura *f.* pasture, grazing, pasturage: *portare gli animali alla ~* to lead animals to pasture. **pasturale** *m.* **1** → **pastorale**[3]. **2** → **pastorale**[4]. **pasturare** *v.t.* to (lead to) pasture, to (put out to) graze.

patacca *f.* **1** (*moneta di scarso valore*) farthing, ⟨*am*⟩ cent. **2** (*oggetto falso*) fake (antique). **3** (*medaglia*) medal, decoration. **4** (*grosso orologio da tasca*) turnip. **5** ⟨*fam*⟩ (*macchia d'unto*) grease spot (*o* stain). **pataccone** *m.* **1** (*grosso orologio da tasca*) turnip. **2** (*persona piena di patacche*) messy person, ⟨*am.fam*⟩ slob.

patafisica *f.* pataphysics *pl* (*costr. sing.*).

patagio *m.* ⟨*Zool,Entom*⟩ patagium.

patagone *m.* Patagonian. **Patagonia** *N.pr.f.* ⟨*Geog*⟩ Patagonia.

patapum *onom* (*rif. a tonfo*) bang, thud; (*rif. a scoppio*) boom.

patarino *a./s.m.* ⟨*Stor*⟩ Paterine.

patata *f.* **1** potato. **2** (*persona stupida*) lump, booby. □ ~ *dolce* sweet potato, batata, ⟨*am*⟩ yam; *–e fritte* chips, French fried potatoes; ~ *lessa* boiled potato; ~ *da seme* seed potato. **patatina** *f.* **1** (*patata novella*) new potato. **2** *pl.* ⟨*Gastr*⟩ crisps *pl*, ⟨*am*⟩ potato chips *pl*.

patatrac I *onom* crash, bang, crack. **II** *s.m.* **1** crash, bang, crack. **2** ⟨*fig*⟩ (*rovina, fallimento*) crash.

patavino *a./s.m.* (*f.* -a) ⟨*lett*⟩ Paduan.

paté *fr. m.* ⟨*Gastr*⟩ paté, paste. □ ~ *di fegato d'oca* paté de foie gras.

patella *f.* **1** ⟨*Anat*⟩ patella, knee cap. **2** ⟨*Zool*⟩ patella, limpet.

patema *m.* anxiety, worry. □ ~ *d'animo* anxiety, anguish.

patena *f.* ⟨*Lit*⟩ paten.

patentato *a.* **1** (*abilitato*) licensed, certified: *dentista ~* licensed dentist. **2** (*munito di patente di guida*) holding a (driver's) licence. **3** ⟨*fig,scherz*⟩ out and out, thorough: *bugiardo ~* out and out liar.

patente[1] *a.* **1** (*evidente*) evident, obvious, patent. **2** ⟨*lett*⟩ (*aperto*) patent: *lettera ~* patent letter.

patente[2] *f.* licence, permit. □ ⟨*fig,scherz*⟩ *dare a qd. la ~ di bugiardo* to brand (*o* label) s.o. as a liar; ⟨*Mar*⟩ ~ *di capitano* Master's Certificate; ⟨*Aut*⟩ ~ *di guida* driving (*o* driver's) licence; *esame di idoneità per la ~ di guida* driving test; ~ *di guida* **internazionale** international driver's licence; ⟨*Aut*⟩ **prendere** *la ~* to get a driver's licence; ⟨*Aut*⟩ **ritiro** *della ~* withdrawing (*o* revoking) of a driver's licence; ⟨*Mar*⟩ ~ **sanitaria** bill of health.

patentino *m.* temporary licence, ⟨*am*⟩ learner's permit.

patera *f.* ⟨*Stor.rom*⟩ patera.

patereccio *m.* ⟨*Med*⟩ whitlow.

paternale *f.* ⟨*fam*⟩ lecture, telling-off: *fare la ~ a qd.* to give s.o. a telling-off. **paternalismo** *m.* ⟨*Pol*⟩ paternalism. **paternalista** *m.* paternalist. **paternalistico** *a.* (*pl.* -ci) paternalistic. **paternamente** *avv.* paternally, like a father. **paternità** *f.* **1** paternity, fatherhood: *le gioie della ~* the joys of fatherhood. **2** ⟨*burocr*⟩ (*nome del padre*) father's name. **3** ⟨*fig*⟩ authorship, paternity. □ ⟨*Dir*⟩ ~ *legittima* legitimate fatherhood; ~ *naturale* illegitimate fatherhood; *ricerca della ~* paternity test. **paterno** *a.* **1** paternal, father's: *l'amore ~* a father's love; *casa –a* paternal home; *zio ~* paternal uncle. **2** (*benevolo*) fatherly, paternal: *un ~ rimprovero* a fatherly reproach.

paternostro *m.* **1** ⟨*Rel*⟩ Lord's Prayer, Pater noster, ⟨*fam*⟩ Our Father: *recitare il ~* to say the Lord's Prayer. **2** (*grano del rosario*) paternoster bead. □ *sapere qc. come il ~* to know s.th. 'by heart' (*o* inside out).

pateticamente *avv.* pathetically. **pateticità** *f.* pathetic tone (*o* character). **patetico I** *a.* (*pl.* -ci) **1** pathetic. **2** (*svenevole*) mawkish, sentimental. **3** (*che suscita emozioni*) moving, touching. **II** *s.m.* pathetic, pathos. □ ⟨*Anat*⟩ *nervo ~* pathetic (*o* trochlear) nerve.

pathos *m.* pathos.

patibolare *a.* sinister, ⟨*fam*⟩ gallows bird–: *faccia ~* face of a gallows bird. **patibolo** *m.* (*palco*) scaffold, place of execution.

patimento *m.* **1** suffering, pain, affliction. **2** (*stento*) hardship, privation.

patina *f.* **1** (*rif. a sculture*) patina; (*rif. a pitture*) gallery varnish. **2** (*velatura su rame e sim.*) patina. **3** ⟨*Cart*⟩ coat(ing), glaze. **4** (*della lingua*) fur coating. **5** (*smalto dato a porcellane terracotte e sim.*) glaze. **6** (*strato di vernice*) coat of varnish. **7** ⟨*Conc*⟩ dubbing. □ ⟨*Art*⟩ ~ *del tempo* patina (of time); ⟨*fig*⟩ patina, aging. **patinare** *v.t.* (*patino*) **1** to patinate; (*verniciare*) to varnish. **2** ⟨*Cart*⟩ to coat, to glaze. **3** ⟨*Conc*⟩ to dub. **4** (*rif. a porcellane e sim.*) to glaze. **patinato** *a.* ⟨*Cart*⟩ coated: *carta –a* coated (*o* art, glossy) paper. □ *lingua –a* furred tongue. **patinatura** *f.* **1** (artificial) patinating. **2** ⟨*Cart*⟩ coating, glazing. **patinoso** *a.* furred, coated: *avere la lingua –a* to have a furred tongue.

patio *sp. m.* patio.

patire[1] *v.* (*patisco, patisci*) **I** *v.t.* **1** (*subire*) to suffer, to undergo: ~ *un'ingiustizia* to suffer a wrong, to be wronged; ~ *il martirio* to suffer martyrdom; ~ *la fame* to starve. **2** (*tollerare*) to bear, to put up with, to stand, to endure: *certe ingiustizie non si devono* ~ there are some injustices one should not put up with. **II** *v.i.* (*aus.* **avere**) to suffer (*di* from): ~ *di mal di capo* to suffer from headaches; 〈*fig*〉 ~ *di gelosia* to suffer from jealousy. □ *ha finito di* ~ his sufferings are over (*o* at an end).

patire² *m.* (*sofferenza*) suffering.

patito I *a.* sickly, suffering. **II** *s.m.* (*f.* **-a**) (*fanatico*) lover, enthusiast, fan: *un* ~ *della montagna* a lover of mountain climbing; *i* *-i del calcio* football fans. □ *è un* ~ *del teatro* he's a great one for the theatre.

patogenesi *f.* 〈*Med*〉 pathogenesis. **patogenetico** *a.* (*pl.* **-ci**) pathogenetic. **patogeno** *a.* pathogenic: *agenti* *-i* pathogens, pathogenic agents. **patologia** *f.* pathology. □ ~ *comparata* comparative pathology; *istituto di* ~ institute of pathology; ~ *medica* medical pathology. **patologico** *a.* (*pl.* **-ci**) pathological (*anche estens.*): *caso* ~ pathological case. **patologo** *m.* (*pl.* **-gi**; *f.* **-a**) pathologist.

patos *m.* → **pathos**.

Patrasso *N.pr.f.* 〈*Geog*〉 Patras. □ 〈*fig,fam*〉 *andare a* ~ (*morire*) to go west.

patria *f.* **1** country home(land), fatherland, motherland: *tradire la* ~ to betray one's country. **2** 〈*fig*〉 home, birthplace, land. □ 〈*Rel*〉 ~ *celeste* Heaven; ~ *d'elezione* (*o adottiva*) adoptive country, country of adoption; *madre* ~ mother country, motherland. *Prov.: la* ~ *è dove si sta bene* home is where the heart is.

patriarca *m.* (*pl.* **-chi**) 〈*Etnol,Rel*〉 patriarch (*anche fig.*). **patriarcale** *a.* patriarchal, patriarchic (*anche estens.*). **patriarcato** *m.* **1** 〈*Etnol*〉 patriarchy, patriarchate. **2** 〈*Rel*〉 patriarchate.

patrigno *m.* stepfather.

patrimoniale *a.* property-, estate-. □ *asse* ~ estate, patrimony; *imposta* ~ capital levy; 〈*Comm*〉 *situazione* (*o stato*) ~ statement of assets and liabilities; *tassa* ~ property tax.

patrimonio *m.* **1** estate, property, possessions *pl.* **2** 〈*fig*〉 possessions *pl,* wealth, richness: ~ *artistico di una nazione* artistic wealth of a country. 〈*iperb*〉 *costare un* ~ to cost a fortune (*o* mint); 〈*Biol*〉 ~ **cromosomico** set of chromosomes; ~ **culturale** cultural heritage; ~ **familiare** family estate; ~ **forestale** forests *pl;* ~ **immobiliare** real property (*o* estate); 〈*Ling*〉 ~ **lessicale** vocabulary; ~ **mobiliare** personal estate; ~ **zootecnico** livestock resources *pl.*

patrio *a.* **1** (*rif. alla patria: in quanto regione, luogo*) native: *il* ~ *suolo* one's native land (*o* soil); (*in quanto nazione*) of one's country: *amor* ~ love of one's country (*o* native land). **2** (*lett*) (*paterno*) paternal. □ *-a potestà* patria potestas. **patriota** *m./f.* **1** patriot. **2** 〈*pop*〉 (*compatriota*) fellow countryman (*f* –woman), compatriot. **patriotticamente** *avv.* patriotically. **patriottico** *a.* (*pl.* **-ci**) patriotic: *spirito* ~ patriotic spirit. **patriottismo** *m.* patriotism.

patristica *f.* patristics *pl* (*costr. sing.*), patrology. **patristico** *a.* (*pl.* **-ci**) patristic.

Patrizia *N.pr.f.* Patricia.

patriziato *m.* patriciate. **patrizio** *a./s.m.* (*f.* **-a**) patrician.

Patrizio *N.pr.m.* Patrick.

patrocinato I *a.* 〈*Dir*〉 defending, defence-, for the defence. **II** *s.m./f.* defence counsel, counsel for the defence. **patrocinare** *v.t.* **1** 〈*Dir*〉 to plead, to defend: ~ *una causa* to plead a case. **2** (*estens*) (*sostenere*) to support; (*promuovere*) to sponsor. **patrocinatore** *m.* (*f.* **-trice**) **1** 〈*Dir*〉 defence (counsel). **2** 〈*fig*〉 supporter; (*difensore*) defender. **patrocinio** *m.* **1** 〈*Dir*〉 (legal) defence. **2** (*estens*) support, sponsorship. **3** 〈*Stor,Rel*〉 patronage. □ 〈*Dir*〉 *gratuito* ~ legal aid.

Patroclo *N.pr.m.* 〈*Mitol*〉 Patroclus.

patrologia *f.* patrology.

patrona *f.* 〈*Rel*〉 patron saint, patron. **patronale** *a.* patronal. **patronato** *m.* **1** 〈*Dir.can*〉 patronage. **2** (*protezione*) protection, favour, patronage. **3** (*istituzione benefica*) charitable institution (*o* society). □ *alto* ~ patronage; ~ *scolastico* institution giving aid to schoolchildren. **patronessa** *f.* patroness.

patronimico *a./s.* (*pl.* **-ci**) **I** *a.* patronymic(al). **II** *s.m.* patronymic.

patrono *m.* **1** (*santo patrono*) patron (saint). **2** (*membro di un patronato di beneficenza*) patron, sponsor. **3** 〈*Dir*〉 counsel.

patta¹ *f.* **1** 〈*Sart*〉 flap. **2** 〈*region*〉 (*presa per tegami e sim.*) potholder. □ ~ *dei calzoni* trouser fly; ~ *della tasca* pocket flap.

patta² *f.* (*risultato pari*) draw, tie. □ *essere* (*pari e*) ~: 1 (*nel gioco*) to tie, to (have a) draw; 2 〈*fig*〉 to be even (*o* square).

patteggiabile *a.* negotiable, open to negotiation. **patteggiamento** *m.* negotiation, bargaining. **patteggiare** *v.* (*patteggio,* *patteggi*) **I** *v.t.* to negotiate: ~ *la resa* to `negotiate the` (*o* arrange the terms of) surrender. **II** *v.i.* (*aus.* **avere**) to negotiate, to enter into negotiations.

pattinaggio *m.* 〈*Sport*〉 (*su ghiaccio*) ice-skating; (*a rotelle*) roller-skating. □ ~ *acrobatico a rotelle* acrobatic roller-skating; ~ *artistico su ghiaccio* figure skating; ~ *libero* free skating; ~ *di velocità* speed skating. **pattinare** *v.t.* (*pattino; aus.* **avere**) **1** (*su ghiaccio*) to (ice-)skate; (*con pattini a rotelle*) to (roller-)skate. **2** (*nello sci*) to skate. **3** 〈*Aut*〉 to skid. **pattinatoio** *m.* ice rink; (*per pattinaggio a rotelle*) (roller-skating) rink. **pattinatore** *m.* (*f.* **-trice**) (*su ghiaccio*) (ice)-skater; (*a rotelle*) (roller) –skater.

pattino¹ *m.* **1** (*da ghiaccio*) (ice)-skater; (*a rotelle*) (roller) skate. **2** (*di slitta e sim.*) runner. **3** 〈*Aer*〉 skid. **4** 〈*tecn*〉 sliding (*o* link) block; (*nei veicoli elettrici*) collector shoe.

pattino² *m.* 〈*Mar*〉 (*moscone*) raft. □ ~ *a pedali* pedal boat.

patto *m.* **1** pact, treaty, agreement: *rispettare un* ~ to keep an agreement; ~ *di non aggressione* non-aggression pact. **2** (*condizione*) condition, term: *i* *-i sono troppo duri* the terms are too hard. □ *a* ~ *che* on condition that; 〈*Sport*〉 ~ *d'acciaio* Pact of Steel; ~ *d'alleanza* alliance; ~ *Atlantico* Atlantic Treaty; *fare il* ~ *col diavolo* to make a pact with the devil; *a nessun* ~ on no account, under no circumstances; ~ *sociale* social contract; *stare ai* *-i* to abide by the agreement; *stringere un* ~ to enter into an agreement; 〈*Pol*〉 ~ *di Varsavia* Warsaw Pact; *venire a* *-i con qd.* to come to terms (*o* an agreement) with s.o.; (*arrendersi*) to accept s.o.'s conditions. *Prov.: -i chiari `amici cari`* (*o amicizia lunga*) short reckonings make long friends.

pattona *f.* 〈*Gastr,region*〉 chestnut–flour polenta.

pattuglia *f.* 〈*Mil*〉 patrol. □ ~ *aerea* air patrol; ~ *di combattimento* combat patrol; *essere di* ~ to be on patrol; ~ *di ricognizione* reconnaissance patrol. **pattugliamento** *m.* patrol(ling). **pattugliare** *v.* (*pattuglio,* *pattugli*) **I** *v.i.* (*aus.* **avere**) to (carry out a) patrol, to go on patrol. **II** *v.t.* to patrol. **pattugliatore** *m.* patroller.

pattuire *v.t.* (*pattuisco,* *pattuisci*) to stipulate: ~ *il prezzo di vendita* to stipulate the selling price; (*accordarsi*) to agree on, to settle. **pattuito I** *a.* agreed (upon), stipulated: *prezzo* ~ agreed price, agreed price. **II** *s.m.* agreement, terms *pl: attenersi al* ~ to keep to terms.

pattume *m.* 〈*region*〉 rubbish, garbage, trash. **pattumiera** *f.* dustbin, 〈*am*〉 garbage (*o* trash) can. □ ~ *a pedale* pedal bin.

paturn(i)e *f.pl.* 〈*pop*〉 **1** (*malumore*) (bad) temper, bad mood. **2** (*malinconia*) low spirits *pl,* 〈*fam*〉 dumps *pl.* □ *avere le* ~: 1 (*essere malinconico*) to be in the dumps; 2 (*essere di cattivo umore*) to be in a bad temper (*o* mood).

pauperismo *m.* 〈*Filos,Econ*〉 pauperism.

paura *f.* **1** fear, dread: *incutere* ~ *a qd.* to arouse fear in s.o.; (*mista a riverenza*) awe; (*spavento*) fright, scare. **2** (*timore, preoccupazione*) fear, apprehension, worry. □ *aver* ~ *che* to be afraid that, to fear that; *aver* ~ *di qc.* to be frightened (*o* afraid) of s.th., to fear (*o* dread) s.th.; *aver* ~ *di qd.* to be afraid (*o* frightened) of s.o.; *ho* ~ *di no* I'm afraid not; *ho* ~ *di sì* I'm afraid so; *non aver* ~! don't be afraid!; 2 〈*fam*〉 (*stai sicuro*) don't worry!; *avere una* ~ *del diavolo* to be scared to death; *far* ~ *a qd.* to frighten (*o* scare, startle) s.o.; *da far* ~ (*agg.*) dreadful, terrible, frightful; (*avv.*) dreadfully, terribly, 〈*fam*〉 fearfully; *brutto da far* ~ as ugly as sin; *magro da far* ~ dreadfully thin; *che* **mette** ~ frightening, fearful, ⟨*fam*⟩ scary; **niente** ~*!* don't be afraid!; ⟨*fig*⟩ *la* ~ *fa* **novanta** fear makes one do strange things; **per** ~ from (*o* out of) fright, for fear; *per* ~ *di* for fear of, lest; *essere* **preso** *dalla* ~ to be taken by fright; **senza** ~ fearless.

paurosaménte *avv.* frightfully, fearfully, terribly. **pauróso** *a.* **1** fearful; (*timido*) timid: ~ *come un coniglio* as timid as a rabbit. **2** (*che mette paura*) fearful, frightful, dreadful.

pàusa *f.* **1** pause, stop, break: ~ *del lavoro* break from work; *fare una* ~ to take a break. **2** (*arresto, sosta*) stop(page), standstill: *il lavoro ha subito una* ~ the work has come to a stop. **3** (*intervallo*) interval, ⟨*am*⟩ intermission. **4** ⟨*Mus*⟩ pause, rest.

pavàna *f.* ⟨*Mus*⟩ pavan(e), pavin.

paventàre *v.* (*pavènto*) ⟨*lett*⟩ **I** *v.t.* (*temere*) to fear, to be afraid of. **II** *v.i.* (*aus.* **avere**) (*avere paura*) to be afraid; (*spaventarsi*) to be taken by fright, to be scared.

pavesàre *v.t.* (*pavéso*) **1** to decorate, to adorn, to (be)deck. **2** ⟨*Mar*⟩ (*ornare con il pavese*) to dress (with flags). **pavesàta** *f.* ⟨*Mar*⟩ (*pavese*) bunting, flags *pl.* **pavése** *m.* **1** ⟨*Mar*⟩ (gala) flags *pl*, flag dressing. **2** ⟨*Mil.ant*⟩ pavis(e), pavais. □ *alzare il gran* ~ to dress a ship overall.

pàvido *a.* ⟨*lett*⟩ **1** pavid, fearful; (*timido*) timid. **2** (*vile*) cowardly, mean.

pavimentàre *v.t.* (*pavimènto*) **1** to floor: ~ *una stanza* to floor a room; (*con tavole*) to plank; (*con parquet*) to parquet. **2** (*lastricare*) to pave. **pavimentatóre** *m.* **1** floorer, floor layer. **2** ⟨*Strad*⟩ paver, paviour. **pavimentatrìce** *f.* (road)paver. **pavimentazióne** *f.* **1** flooring; (*con tavole*) planking; (*con parquet*) parqueting. **2** (*pavimento*) floor, flooring; (*di tavole*) planking; (*parquet*) parquet (flooring), parquetry. **3** ⟨*Strad*⟩ (*atto*) paving; (*effetto*) paving, pavement. □ ~ *di bitume* asphalt bitumen pavement; ~ *a blocchetti* block paving; ~ *di gomma* rubber flooring; ~ *in macadam* macadam, macadamized pavement. **pavimentìsta** *m.* (*operaio*) floorer, floor layer; (*lastricatore*) paver, paviour.

paviménto *m.* floor: *lucidare il* ~ to polish the floor. □ ~ *in cemento* concrete floor; ~ *di marmo* marble floor; ~ *di mattonelle* tiled floor, tiling; ~ *di* **mattoni** brick paving; ~ *a* **mosaico** mosaic floor; ~ *in* **pietra** stone floor.

pavoncèlla *f.* ⟨*Ornit*⟩ lapwing.

pavóne *m.* **1** ⟨*Ornit*⟩ (*maschio*) peacock; (*femmina*) peahen. **2** ⟨*fig*⟩ peacock, vain person. **3** (*colore*) peacock(-blue). □ *blu* ~ peacock-blue; *verde* ~ peacock green. **pavoneggiàrsi** *v.r.* (**mi pavonéggio, ti pavonéggi**) to strut (and pose), to show off.

pazientàre *v.i.* (**paziènto**; *aus.* **avere**) to be patient. **paziènte** **I** *a.* **1** patient: *un padre* ~ a patient father. **2** (*fatto con pazienza*) painstaking, patient: *ricerche* –*i* painstaking research. **II** *s.m./f* patient. □ ⟨*Med*⟩ ~ *esterno* out-patient; ~ *ricoverato* in-patient. **pazienteménte** *avv.* patiently.

paziènza *f.* **1** patience: *abusare della* ~ *di qd.* to take advantage of s.o.'s patience. **2** ⟨*esclam*⟩ never mind. **3** ⟨*Rel*⟩ scapular; (*cordoglio*) friar's (knotted) cord. **4** ⟨*Mar*⟩ (*cavigliera*) rack for belaying pins. □ *avere* ~ to be patient; *abbia* ~*!* (*scusi*) I'm sorry!, excuse me!; ⟨*fig*⟩ ~ *da* **certosino** great patience; *con* ~ with (*o* in) patience, patiently; *la* ~ *di* **Giobbe** the patience of Job; *gioco di* ~ puzzle; (*gioco di carte*) patience, solitaire; *perdere la* ~ to lose (one's) patience; *portare* ~ to be patient; *mettere alla* **prova** *la* ~ *di qd.* to try s.o.'s patience; **santa** ~*!* heavens above!, give me patience!; *far* **scappare** *la* ~ *a qd.* to make s.o. lose his patience (*o* temper); *farebbe scappare la* ~ *a un* **santo** he would try the patience of a saint; *mi scappa la* ~ I am losing (my) patience.

pazzaménte *avv.* madly, insanely, crazily: *essere* ~ *innamorato di qd.* to be madly in love with s.o. **pazzerellìno, pazzerèllo** *m.* mad (*o* giddy) fellow, madcap. **pazzescaménte** *avv.* madly, wildly, foolishly. **pazzésco** *a.* (*pl.* **-chi**) **1** mad, wild, foolish, crazy. **2** ⟨*fig*⟩ (*insensato*) absurd, foolish, senseless, mad: *un'impresa* –*a* a foolish venture. **3** ⟨*fam*⟩ extraordinary,

incredible. □ *velocità* –*a* breakneck speed. **pazzìa** *f.* **1** madness, insanity, lunacy. **2** (*azione, discorso*) madness, folly: *questa è un'altra delle sue* –*e* this is another of his follies. □ *dire* –*e* to talk nonsense (*o* rubbish); ~ *furiosa* raving madness; *avere un ramo di* ~ to be a little crazy; *sarebbe una* ~ it would be madness (*o* sheer folly). **pazzo** **I** *a.* **1** mad, insane, lunatic, crazy. **2** ⟨*fig*⟩ (*sfrenato*) wild, mad, frenzied. **3** ⟨*fig*⟩ (*stravagante*) eccentric, odd, strange. **4** ⟨*fig*⟩ (*insensato*) senseless, wild, foolish, mad: *discorsi* –*i* wild talk. **II** *s.m.* (*f.* **-a**) madman (*f* –woman), lunatic: *urlare come un* ~ to shout like a madman. □ ⟨*fig*⟩ *andare* (*o essere*) ~ *per qc.* (*o qd.*) to be mad (*o* crazy) about s.th. (*o* s.o.); ~ *da legare* stark (*o* raving) mad. **pazzòide** **I** *a.* crazy, half–mad. **II** *s.m./f.* madcap, ⟨*am*⟩ nut.

p.c. = ⟨*burocr*⟩ *per conoscenza* copy to (*abbr.* cc., c.c.).

P.C. = ⟨*Comm*⟩ *polizza di carico* bill of lading.

p.c.c. = ⟨*burocr*⟩ *per copia conforme* certified (*o* true) copy (*abbr.* cert.).

P.C.I. = *Partito comunista italiano* Italian Communist Party.

P.D.U.P. = *Partito di unità proletaria* Proletarian Unity Party.

p.e. = *per esempio* for example (*abbr.* e.g.).

peàna *m.* ⟨*Lett*⟩ paean.

pècca *f.* (*difetto*) defect, flaw, fault, blemish. □ *pieno di pecche* full of defects; *privo di pecche* faultless, without blemish.

peccaminosità *f.* sinfulness. **peccaminóso** *a.* **1** sinful, wicked. **2** (*lussurioso*) lustful, lascivious: *pensieri* –*i* lustful thoughts. **peccàre** *v.i.* (**pècco, pècchi**; *aus.* **avere**) **1** to sin (*contro* against). **2** (*essere colpevole*) to be guilty (*di* of): ~ *d'ingratitudine* to be guilty of ingratitude. **3** (*difettare*) to be deficient (*o* lacking, faulty) (*di, in* in), to lack (s.th.): *il romanzo pecca nell'intreccio* the novel lacks a good plot. **4** ⟨*assol*⟩ to (commit a) sin. □ ~ *di gola* to commit the sin of gluttony; ~ *mortalmente* to commit (a) mortal sin; ~ *di presunzione* to be conceited, ⟨*fam*⟩ to be cocky; ~ *di superbia* to be too proud.

peccàto *m.* ⟨*Rel*⟩ sin: *commettere* ~ to (commit) sin. □ *brutto come il* ~ (*mortale*) as ugly as sin; **cadere** *in* ~ to fall (*o* lapse) into sin; *che* ~*!* what a pity (*o* shame)!; ⟨*fig*⟩ ~ *di gioventù*: 1 (*figlio illegittimo*) illegitimate child; 2 (*opera giovanile*) youthful work (*o* effort); ~ *di* **gola** (sin of) gluttony; ~ **mortale** mortal (*o* deadly) sin; ~ **originale** original sin; *rimettere i* –*i* to forgive sins; ~ **veniale** venial sin. *Prov.*: ~ *confessato è mezzo perdonato* a fault confessed is half redressed; *chi ha fatto il* ~ *faccia la penitenza* he who errs must pay for it.

peccatóre *m.* (*f.* **-trice**) sinner: ~ *incallito* hardened sinner. **peccatùccio** *m.* peccadillo, slight fault.

pècchia *f.* (*ape*) bee. **pecchióne** *m.* (*fuco*) drone.

pèce *f.* pitch. □ ~ *greca* Greek pitch; ⟨*Mar*⟩ ~ *nera* pitch; *nero come la* ~ as black as pitch.

pechblènda [-k-] *f.* ⟨*Min*⟩ pitchblende.

pechinése **I** *a.* Pekin(g)ese. **II** *s.m.* (*cane pechinese*) Pekin(g)ese, ⟨*fam*⟩ Peke. **III** *s.m./f.* (*abitante*) Pekin(g)ese. **Pechìno** *N.pr.f.* ⟨*Geog*⟩ Peking.

pècora *f.* **1** ⟨*Zool*⟩ sheep; (*maschio*) ram; (*femmina*) ewe. **2** (*carne*) mutton. **3** ⟨*fig,spreg*⟩ (*persona paurosa*) sheep, ⟨*fam*⟩ milksop; (*persona vile*) coward. □ ~ *di allevamento* breeding ewe; ⟨*fig*⟩ ~ *nera* black sheep; ~ *di prima tosa* shearling. *Prov.*: *chi* ~ *si fa, il lupo la mangia* he that makes himself a sheep shall be eaten by the wolf. **pecoràggine** *f.* (*viltà*) moral cowardice. **pecoràio** *m.* (*f.* **-a**) shepherd (*f* –dress). **pecoràro** *m.* ⟨*region*⟩ → **pecoraio**. **pecorèlla** *f.* **1** sheep, lamb (*anche fig.*): ~ *smarrita* lost sheep. **2** ⟨*fig*⟩ (*nuvoletta bianca*) (small) fleecy cloud. *Prov.*: *cielo a* –*e, acqua a catinelle* mackerel skies bring rain. **pecorìno** **I** *a.* sheep's, sheep–, of a sheep. **II** *s.m.* ⟨*Alim*⟩ (*formaggio*) Pecorino (ewe's milk cheese). **pecoróne** *m.* **1** (*montone*) ram. **2** ⟨*fig*⟩ (*persona vile*) sheep–like person, spineless fellow.

pectìna *f.* ⟨*Chim*⟩ pectin.

peculàto *m.* ⟨*Dir*⟩ embezzlement (of public funds), peculation.

peculiàre *a.* ⟨*lett*⟩ (*particolare*) peculiar, particular:

costrutto ~ *di una lingua* construction peculiar to a language. **peculiarità** *f.* peculiarity. **peculiarmente** *avv.* peculiarly, particularly.

peculio *m.* 1 savings *pl,* ⟨*fam*⟩ nest egg. 2 ⟨*Dir.rom*⟩ peculium.

pecuniario *a.* pecuniary, money–, monetary: *pena* –*a* pecuniary (*o* money) penalty. ·

pedaggio *m.* ⟨*Stor,Strad*⟩ toll. □ ⟨*Strad*⟩ *a* ~ toll–: *strada a* ~ toll road, ⟨*am*⟩ turnpike.

pedagna *f.* ⟨*Mar*⟩ stretcher, footrest.

pedagogia *f.* pedagogy, pedagogics *pl* (*costr.sing.*). **pedagogicamente** *avv.* pedagogically. **pedagogico** *a.* (*pl.* -ci) pedagogic(al), paedagogic. **pedagogo** *m.* (*pl.* -ghi; *f.* -a) ⟨*lett*⟩ pedagogue.

pedalare *v.i.* (*aus.* **avere**) 1 to (work a) pedal. 2 ⟨*estens*⟩ (*andare in bicicletta*) to pedal, to cycle. **pedalata** *f.* 1 push on a pedal. 2 (*modo di pedalare*) way of pedalling.

pedale[1] *m.* 1 pedal: ~ *della bicicletta* bicycle pedal. 2 ⟨*Mus*⟩ pedal: ~ *del pianoforte* piano pedal. 3 ⟨*tecn*⟩ pedal, foot lever, treadle. 4 ⟨*Calz*⟩ (cobbler's) strap. □ *a* ~ pedal–, treadle–: *azionamento a* ~ pedal (*o* treadle) drive; *comando a* ~ pedal (*o* foot) control; ⟨*Aut*⟩ *dell'*acceleratore accelerator pedal; ~ *di* **comando** foot control lever; ⟨*Aut*⟩ ~ *del* **freno** brake pedal; **schiacciare** *il* ~ to step (*o* put one's foot) on the pedal.

pedale[2] *a.* ⟨*Bot*⟩ basal.

pedaliera *f.* 1 ⟨*Mus*⟩ pedal keyboard, pedalier. 2 ⟨*Aer*⟩ rudder bar. 3 ⟨*Tess*⟩ tread(le) loom. **pedalino** *m.* ⟨*region*⟩ (*calzino*) sock.

pedana *f.* 1 footboard; (*della cattedra*) platform, dais. 2 ⟨*Sport*⟩ (*nel salto*) springboard; (*nella scherma*) board. 3 ⟨*Sart*⟩ edging, tape, binding. 4 (*tappetino*) small rug; (*scendiletto*) bedside rug.

pedante I *a.* pedantic (*anche estens.*). **II** *s.m./f.* pedant. **pedanteria** *f.* pedantry. **pedantesco** *a.* (*pl.* -chi) pedantic (*anche estens.*).

pedata *f.* 1 kick: *dare una* ~ *a* qd. to give s.o. a kick, to kick s.o. 2 (*orma*) footprint, footmark, footstep. □ *prendere* qd. *a* –*e* to kick s.o.; *aprire la porta con una* ~ to kick the door open; *cacciare via* qd. *a* –*e* to kick s.o. out.

pedemontano *a.* ⟨*Geog*⟩ piedmont.

pederasta *m.* p(a)ederast; (*omosessuale*) homosexual, ⟨*fam*⟩ queer, ⟨*am*⟩ gay. **pederastia** *f.* p(a)ederasty; (*omosessualità*) homosexuality.

pedestre *a.* 1 (*dimesso, non geniale*) unimaginative, pedestrian, prosaic, dull. 2 ⟨*non com*⟩ (*pedonale*) pedestrian. **pedestremente** *avv.* in a pedestrian way, dully.

pediatra *m./f.* p(a)ediatrician, p(a)ediatrist. **pediatria** *f.* p(a)ediatrics *pl* (*costr. sing. o pl.*). **pediatrico** *a.* (*pl.* -ci) p(a)ediatric, children's, child–: *ospedale* ~ p(a)ediatric (*o* children's) hospital.

pedicello *m.* ⟨*Bot*⟩ pedicel, peduncle, footstalk.

pedicure *m./f.inv.* chiropodist, pedicure, podiatrist. **pediluvio** *m.* foot–bath.

pedina *f.* piece, (draughts)man; (*negli scacchi*) pawn. □ ⟨*fig*⟩ *essere una* ~ *nelle mani di* qd. to be a pawn in s.o.'s hands; *muovere una* ~: 1 to make a move; 2 ⟨*fig*⟩ to set wheels in motion. **pedinamento** *m.* tailing, shadowing. **pedinare** *v.t.* 1 to tail, to shadow: *far* ~ qd. to have s.o. tailed. 2 (*seguire una donna per corteggiarla*) to follow (after).

pedissequamente *avv.* blindly, unthinkingly. **pedissequo** *a.* unoriginal, slavish.

pedivella *f.* ⟨*Mecc*⟩ pedal crank.

pedologia *f.* ⟨*Agr*⟩ pedology. **pedologo** *m.* (*pl.* -gi) pedologist, soil scientist.

pedometro *m.* pedometer.

pedonale *a.* pedestrian, pedestrian's: *attraversamento* ~ pedestrian crossing; *zona* ~ pedestrian precinct. **pedonalizzare** *v.t.* to pedestrianize, to convert into use by pedestrians. **pedonalizzazione** *f.* pedestrianization. **pedone** *m.* 1 pedestrian: *investire un* ~ to run down a pedestrian. 2 (*negli scacchi*) pawn. **peduccio** *m.* 1 ⟨*region*⟩ (*di lepre*) paw; (*di capra, pecora*) hoof; (*di maiale*) trotter. 2 ⟨*Arch*⟩ corbel.

pedule[1] *m.* (*parte della calza*) stocking sole.

pedule[2] *f.pl.* ⟨*Alp*⟩ (mountain–)climbing shoes *pl.*

peduncolare *a.* peduncular. **peduncolato** *a.* pedunculate(d). **peduncolo** *m.* ⟨*Biol,Anat*⟩ peduncle.

pegamoide *f./m.* pegamoid.

Pegaso *N.pr.m.* ⟨*Mitol,Astr*⟩ Pegasus.

peggio I *avv.* (*compar. di male*) worse: *è* ~ *parlare che tacere* talking is worse than keeping quiet. **II** *a.inv.* (*compar. di cattivo*: peggiore): *la mia stanza è* ~ *della tua* my room is worse than yours. **III** *s.m./f.* worst: *è il* ~ *che mi potesse capitare* it's the worst (thing) that could have happened to me. □ *al* ~ at the worst; *alla* ~ if worse comes to worst, at the worst; *fatto alla* ~ done in a slipshod way; *alla meno* ~ as well as possible, as best one may: *ci siamo sistemati alla meno* ~ we've settled down as well as possible; *andar* ~ (*peggiorare*) to worsen; (*ottenere risultati inferiori*) to do worse; *la mia condizione va di male in* ~ from bad to worse; *non c'è* **niente** *di* ~ there's nothing worse; *il* ~ **possibile** the worst possible; *essere* **preparato** *al* ~ to be prepared for the worst; **sempre** ~ worse and worse; **stare** ~ to be worse (off): *il malato sta* ~ the patient is worse; **tanto** ~ so much the worse: *tanto* ~ *per lui* so much the worse for him; **temere** *il* ~ to fear the worst.

peggioramento *m.* worsening. **peggiorare** *v.* (peggioro) **I** *v.t.* to worsen. **II** *v.i.* (*aus.* essere/avere) to worsen, to become (*o* get) worse: *la situazione peggiora di minuto in minuto* the situation is getting worse every minute. **peggiorativo I** *a.* 1 depreciatory, pejorative. 2 ⟨*Gramm*⟩ pejorative. **II** *s.m.* ⟨*Gramm*⟩ pejorative (word). **peggiore I** *a. compar.* 1 worse: *il suo carattere è* ~ *del tuo* his character is worse than yours. 2 (*più scadente*) worse, inferior, poorer (quality): *merce* ~ poorer quality goods. **II** *a.sup.* worst: *trovarsi nelle* –*i condizioni* to be in the worst conditions. **III** *s.m./f.* worst. □ *non c'è cosa* ~ *dell'ingratitudine* there is nothing worse than ingratitude; ⌜*nella* ~ *delle ipotesi*⌝ (*o nel peggiore dei casi*) if worse comes to worst; *nel peggior modo possibile* in the worst possible way.

pegmatite *f.* ⟨*Min*⟩ pegmatite.

pegno *m.* 1 pledge, security: *dare in* ~ qc. *a* qd. to give s.o. s.th. as security (*o* a pledge). 2 ⟨*fig*⟩ pledge, token, sign. 3 (*nei giochi*) forfeit. □ ~ *d'amore* token of love; **camera** (*o casa*) *di* ~ pawnbroker's; **dare** *in* ~ to pawn; **polizza** *di* ~ pawn ticket; **prendere** *in* ~ to take ⌜into pawn⌝ (*o* as security).

pelagianismo *m.* ⟨*Rel*⟩ pelagianism. **pelagiano** *a./s.m.* Pelagian.

pelagico *a.* (*pl.* -ci) ⟨*Geog*⟩ pelagic.

Pelagio *N.pr.m.* ⟨*Stor*⟩ Pelagius.

pelago *m.* (*pl.* -ghi) ⟨*lett*⟩ (*mare*) (open) sea, high sea.

pelame *m.* fur, hair, coat.

pelandrone *m.* (*f.* -a) ⟨*region*⟩ (*fannullone*) loafer, slacker, idler.

pelapatate *m.inv.* potato peeler.

pelare *v.t.* (pelo) 1 to unhair. 2 (*spennare*) to pluck. 3 (*sbucciare*) to peel. 4 ⟨*fam*⟩ to crop, to cut, to cut close (*o* very short). 5 ⟨*fig*⟩ (*privare dei quattrini*) to clean out, ⟨*fam*⟩ to skin: *gli amici l'hanno pelato al gioco* his friends cleaned him out gambling; ⟨*fam*⟩ (*far pagare prezzi eccessivi*) to make pay through the nose: *in quel ristorante pelano i clienti* in that restaurant they make you pay through the nose. **pelarsi** *v.r.* ⟨*fam*⟩ (*diventare calvo*) to become (*o* go) bald.

pelargonio *m.* ⟨*Bot*⟩ pelargonium.

pelata[1] *f.* 1 plucking. 2 ⟨*fam*⟩ (*rif. a capelli*) cropping. 3 ⟨*fig*⟩ skinning: *giocando a poker ha preso una* ~ he got a skinning at poker.

pelata[2] *f.* ⟨*scherz*⟩ 1 (*testa calva*) bald head. 2 (*zona calva del cranio*) bald spot.

pelato I *a.* 1 (*calvo*) bald, hairless: *testa* –*a* bald head, bald pate. 2 (*brullo*) barren, bare. 3 (*sbucciato*) peeled. **II** *s.m.pl.* ⟨*Alim*⟩ peeled tomatoes. **pelatura** *f.* 1 (*rif. ad* *animali*) unhairing, stripping; (*rif. a volatili*) plucking; (*rif. a frutta*) peeling. **2** ⟨*fig*⟩ skinning.

pellaccia *f.* (*pl.* -ce) **1** (*persona resistente*) tough fellow. **2** ⟨*fig*⟩ (*persona disonesta*) rascal, swindler.

pellagra *f.* ⟨*Med*⟩ pellagra. **pellagroso I** *a.* pellagric, pellagrous. **II** *s.m.* (*f.* -a) pellagrin.

pellame *m.* hides *pl,* skins *pl.*

pelle *f.* **1** skin: *avere la ~ delicata* to have sensitive skin. **2** (*di animali*) hide, skin; (*coperta di peli*) pelt, skin, fur. **3** (*cuoio*) leather: *una cintura di ~* a leather belt. **4** (*buccia*) skin, rind, peel. **5** ⟨*fam*⟩ (*vita*) skin, life: *rischiare la ~* to risk one's skin (*o* life). **6** ⟨*pop*⟩ (*pellaccia*) rascal. □ **a ~** skin-tight; **~ d'agnello** lambskin; **~ di camoscio** chamois (leather), shammy; **~ di capra** goatskin; **~ di capretto** kid; **~ conciata** dressed hide; **~ non conciata** pelt, rawhide; **~ di daino** deerskin, buckskin; **di ~** leather: *guanti di ~* leather gloves; ⟨*fig*⟩ *avere la ~ dura:* 1 (*essere resistente*) to be tough (*o* a tough one); 2 (*essere poco sensibile*) to be thick-skinned (*o* insensitive); ⟨*fig*⟩ *non voler essere nella ~ di qd.* not to want to be in s.o.'s shoes; ⟨*pop*⟩ *fare la ~ a qd.* (*ucciderlo*) to kill s.o., ⟨*fam*⟩ to bump (*o* knock) s.o. off; *a fior di ~* skin-deep, superficial; *avere i nervi a fior di ~* to be on edge; *una ferita a fior di ~* a graze; **~ di foca** sealskin; **~ grassa** oily skin; ⟨*Legat*⟩ **~ intera** whole-leather (binding): *in ~ intera* in whole-leather binding; **lasciarci la ~** (*morire*) to lose one's life; **~ di lucertola** lizard; **~ lucida** patent leather; **malattia della ~** skin disease; ⟨*Legat*⟩ **mezza ~** half-leather binding, half-binding: *volume in mezza ~* volume in half-binding; *avere la ~ d'oca* to have goose flesh; *essere ~ e ossa* to be (all) skin and bone; **~ di pecora** sheepskin; **per la ~** for life, life-long, out and out; *amici per la ~* bosom (*o* close, inseparable) friends; **prima ~** outer skin; **salvare la ~** to save one's skin; *salvare la ~ a qd.* to save s.o.'s life; **~ scamosciata** suede; **~ secca** dry skin; **seconda ~** true skin; **~ di serpente** snakeskin; ⟨*fig*⟩ *non stare più nella ~* to be beside o.s.; **~ dell'uovo** shell membrane, ⟨*fam*⟩ skin; ⟨*fig*⟩ **vendere cara la propria ~** to sell one's life dearly; **~ verniciata** = *pelle lucida;* **~ di vitello** calf.

pellegrina *f.* ⟨*Mod*⟩ shoulder cape.

pellegrinaggio *m.* pilgrimage: *andare in ~* to make (*o* go on) a pilgrimage. **pellegrinare** *v.i.* (*aus.* avere) to make (*o* go on) a pilgrimage. **pellegrino I** *a.* ⟨*lett*⟩ **1** (*errabondo*) wandering, pilgrim–. **2** (*forestiero*) foreign. **3** ⟨*fig*⟩ (*strano*) strange, outlandish. **II** *s.m.* (*f.* -a) **1** pilgrim (*anche fig.*). **2** (*viandante*) wanderer, wayfarer.

pellerossa *m./f.inv.* Red (*o* North American) Indian, redskin.

pelletteria *f.* **1** (*oggetti di pelle*) leather goods *pl.* **2** (*negozio*) leather goods shop. **3** (*insieme di pelli: conciate*) (dressed) skins *pl;* (*da conciare*) peltry, pelts *pl.* **pellettiere** *m.* leather goods dealer.

pellicceria *f.* **1** (*insieme di pellicce*) furs *pl.* **2** (*negozio*) furrier's (shop). **pelliccia** *f.* (*pl.* -ce) **1** ⟨*Zool*⟩ coat, fur: **~ invernale** winter coat. **2** ⟨*Mod*⟩ fur; (*cappotto*) fur coat. □ **~ di visone** mink (fur) coat, ⟨*fam*⟩ mink. **pellicciaio** *m.* (*f.* -a) furrier. **pellicciame** *m.* furs *pl.*

pellicina *f.* (*cuticola*) cuticle.

pellicola *f.* **1** (*pelle o membrana sottile*) film, pellicle. **2** ⟨*Fot,Cin*⟩ film. **3** (*opera cinematografica*) film, (motion) picture, ⟨*fam*⟩ movie. □ **~ a colori** colour film; **~ impressionata** exposed film; **~ invertibile** reverse (*o* reversal) film; **~ di olio** film of oil; **~ a passo normale** standard (*o* thirty-five millimetre) film; **~ a passo ridotto** sub-standard (*o* narrow-gauge) film, sixteen-millimetre film; **~ piana** flat (*o* sheet, cut) film; **~ in rotolo** roll film; **~ a sviluppo immediato** instant print film; **~ vergine** unexposed film.

pellirossa *m./f.inv.* → **pellerossa.**

pellucido *a.* pellucid, translucent.

pelo *m.* **1** hair: *strappare un ~* to pull out a hair. **2** *pl.* hair. **3** (*setola*) bristle. **4** (*pelame*) coat, fur. **5** (*pelliccia*) fur: *un colletto di ~* a fur collar. **6** ⟨*Bot*⟩ trichome, hair. **7** ⟨*Tess*⟩ hair: **~ di cammello** camel hair. **8** ⟨*Tess*⟩ (*filamento: di tessuto grezzo*) pile; (*di tessuto lavorato*) nap. **9** ⟨*fam*⟩ (*pochissimo*) hair's breadth, skin of one's teeth: *c'è mancato un ~ che non cadesse* he came within a hair's

breadth of falling; *per un ~ non affogava* he escaped drowning by the skin of his teeth; (*differenza minima*) slight (*o* little) difference. □ **~ dell'acqua** surface of the water; *me la sono cavata per un ~* that was a ⌜close shave⌝ (*o* near thing); **contro ~** the wrong way; (*rif. a tessuti*) against the nap; *fare il ~ e il contropelo* to shave with and against the lie of the hair; ⟨*fig*⟩ to give a dressing down; **–i ispidi** shaggy (*o* bristly) hair; ⟨*pop*⟩ **levare il ~ a qd.:** 1 (*picchiarlo*) to give s.o. a hiding; 2 (*rimproverarlo*) to tell s.o. off; *non avere –i sulla* **lingua** not to mince words; *un cane dal ~ lungo* a long-haired (*o* shaggy) dog; ⟨*Equit*⟩ **montare a ~** to ride bareback; **di primo ~** (*inesperto*) raw, ⟨*fam*⟩ green; **–i superflui** unwanted hairs; ⟨*fig*⟩ *non torcere un ~ a qd.* not to lay a finger on s.o.; *cercare il ~ nell'uovo* to always be picking holes in things.

pelobate *m.* ⟨*Zool*⟩ spadefoot (toad).

peloponnesiaco *a.* (*pl.* -ci) Peloponnesian. **Peloponneso** *N.pr.m.* ⟨*Geog*⟩ Peloponnese, Peloponnesus.

pelosità *f.* hairiness. **peloso** *a.* hairy; (*rif. ad animali*) shaggy.

pelta *f.* ⟨*Archeol*⟩ pelta. **peltasta, peltaste** *m.* ⟨*Stor.gr*⟩ peltast.

peltro *m.* ⟨*Met*⟩ pewter. □ *vasellame di ~* pewter (vessels *pl*).

peluche *fr.* [pə'lyʃ] *f.* ⟨*Tess*⟩ plush.

peluria *f.* down. □ *coperto di ~* downy.

pelvi *f.* ⟨*Anat*⟩ pelvis: **~ renale** renal pelvis. **pelvico** *a.* (*pl.* -ci) pelvic: *regione –a* pelvic region. **pelvimetria** *f.* ⟨*Med*⟩ pelvimetry. **pelviscopia** *f.* ⟨*Radiol*⟩ pelviscopy, pelvoscopy.

pemfigo *m.* ⟨*Med*⟩ pemphigus.

pemmican *ingl.* ['pemikən] *m.* ⟨*Gastr*⟩ pem(m)ican.

pena *f.* **1** punishment, penalty: *mitigare una ~* to mitigate a punishment. **2** ⟨*Dir*⟩ sentence, term of imprisonment: **~ di morte** death sentence. **3** (*afflizione*) grief, sorrow, affliction; (*dolore fisico*) suffering, pain. **4** (*compassione*) pity. **5** (*preoccupazione, ansia*) worry. **6** (*fatica*) trouble, bother. □ *un'anima in ~* a soul in torment; **~ capitale** capital punishment; **casa di ~** penitentiary; **darsi la ~ di fare qc.** to take the trouble of doing s.th., to bother to do s.th.; ⟨*Dir*⟩ **~ detentiva** sentence of detention; *è una ~ vederlo così ridotto* it's pitiful to see him in such a state; ⟨*Rel*⟩ **~ eterna** eternal punishment; **far ~** to be pitiful; *mi fai ~* I'm sorry for you; *–e dell'inferno* pains of hell; *a mala ~* hardly, barely; ⟨*Dir*⟩ **~ massima** maximum penalty; **~ la morte** on (*o* under) pain of death; **~ pecuniaria** fine; **scontare una ~** to pay a penalty; (*in carcere*) to serve a sentence (*o* term); **sotto ~ di** on (*o* under) pain of; **stare in ~ per qd.** to be worried about s.o.; *non vale la ~* it isn't worthwhile (*o* worth it); *non vale la ~ parlarne* it isn't worth talking about.

penale I *a.* criminal, penal: *processo ~* criminal trial. **II** *s.f.* penalty. **penalista** *m./f.* ⟨*Dir*⟩ (*criminalista*) criminalist; (*avvocato difensore*) criminal lawyer. **penalistico** *a.* (*pl.* -ci) of criminal law. **penalità** *f.* **1** penalty. **2** ⟨*Sport*⟩ (*svantaggio*) penalty; (*tiro di punizione*) free (*o* penalty) kick. **penalizzare** *v.t.* **1** ⟨*Sport*⟩ to penalize. **2** ⟨*fig*⟩ to penalize, to place at a disadvantage, to impose a handicap on. **penalizzazione** *f.* **1** (*penalità*) penalty; (*assegnazione della penalità*) penalization. **2** ⟨*fig*⟩ penalization. **penalmente** *avv.* ⟨*Dir*⟩ penally. □ *perseguire qd. ~* to conduct criminal proceedings against s.o.

penare *v.i.* (*peno; aus.* avere) **1** to suffer. **2** (*sopportare disagi*) to suffer, to go through (*o* put up with) a lot: *suo figlio lo fa molto ~* she goes through a lot for her son. **3** (*faticare*) to have trouble (*o* difficulty), to find it difficult: *ho penato molto per trovare la strada* I had a lot of trouble finding the road. □ ⟨*eufem*⟩ *ha finito di ~* his sufferings are over.

penati *m.pl.* ⟨*Mitol*⟩ penates *pl,* household gods *pl.*

pencolante *a.* **1** swaying, wobbling. **2** ⟨*fig*⟩ hesitating, wavering. **pencolare** *v.i.* (*pencolo; aus.* avere) **1** to sway; (*minacciare di cadere*) to wobble, to shake. **2** ⟨*fig*⟩ to hesitate, to waver. **pencolio** *m.* **1** swaying (to and fro), oscillation. **2** ⟨*fig*⟩ hesitation, wavering.

pendaglio *m.* ⟨*Oref*⟩ pendant; (*rif. a bracciali e simili*) charm. □ ~ *da forca* gallows bird.

pendant *fr.* [pã'dã] *m.* (*riscontro*) match, companion, pendant. □ *fare ⌐da ~ a⌐* (o ~ *con*) *qc.* to match s.th.

pendente I *a.* 1 hanging, pendent. 2 (*inclinato*) leaning: *la Torre ~ di Pisa* the Leaning Tower of Pisa. 3 ⟨*Dir*⟩ pending, pendent. II *s.m.* 1 ⟨*Oref*⟩ pendant. 2 *pl.* ⟨*Oref*⟩ (*orecchini*) drop earrings *pl.*

pendenza *f.* 1 (*dislivello*) slope, slant, incline; (*rapporto tra piano pendente e piano orizzontale*) gradient, grade. 2 ⟨*Dir*⟩ pendency. 3 ⟨*Comm*⟩ (*credito*) (outstanding) debt: *regolare le -e* to settle one's debts; (*conto*) outstanding account. □ *a* **forte** ~ steeply sloping; **grado** *di* ~ gradient; **in** ~: 1 sloping; 2 (*in sospeso*) pending; ⟨*Dir*⟩ ~ *della* lite pendency of action; ⟨*Edil*⟩ ~ *del* tetto slope of the roof.

pendere *v.i.* (pendei/pendetti; *aus.* avere) 1 to hang (down): *dall'albero pendevano frutti maturi* ripe fruit hung from the tree. 2 (*essere inclinato*) to lean. 3 ⟨*fig*⟩ (*incombere*) to hang (*su* over). 4 ⟨*fig*⟩ (*propendere*) to lean, to be inclined: ~ *per il no* to be inclined to say no. 5 ⟨*fig*⟩ (*rimanere sospeso*) to be pending (*anche Dir.*). □ ⟨*fig*⟩ *la bilancia pende dalla tua parte* the scales tip in your favour; ~ *dalle labbra di qd.* to hang on s.o.'s words; *ti pende la sottoveste* your slip is showing. **pendice** *f.* ⟨*lett*⟩ slope, declivity. **pendio** *m.* 1 (*pendenza*) slope, slant, inclination: *essere in* ~ to (be on a) slope. 2 (*declivio*) slope, declivity.

pendola *f.* pendulum clock. ,

pendolare[1] *v.i.* (pendolo; *aus.* avere) 1 to pendulate, to oscillate. 2 ⟨*estens*⟩ (*pendere oscillando*) to dangle.

pendolare[2] I *a.* pendular. II *s.m./f.* commuter. □ *fare il* ~ to commute.

pendolarità *f.* commuting.

pendolino *m.* (*in radioestesia e rabdomanzia*) pendulum, ⟨*am*⟩ doodle bug. **pendolo** *m.* 1 ⟨*Fis*⟩ pendulum. 2 ⟨*Edil*⟩ plumb-line. □ *a* ~ pendulum-: *orologio a* ~ pendulum clock; *muoversi a* ~ to oscillate, to pendulate, to swing (to and fro). '

pendulo *a.* ⟨*lett*⟩ hanging, pendent.

Penelope *N.pr.f.* ⟨*Lett*⟩ Penelope.

penero *m.* ⟨*Tess*⟩ fringe.

penetrabile *a.* penetrable. **penetrabilità** *f.* penetrability.

penetrale *m.* (generally in pl.) ⟨*Archeol*⟩ penetral, penetralia *pl.*

penetrante *a.* 1 penetrating, piercing. 2 ⟨*fig*⟩ (*acuto*) discerning, penetrating. 3 ⟨*fig*⟩ (*rif. a odore*) pungent, penetrating; (*rif. a suono*) penetrating, piercing; (*rif. a sguardo*) piercing, searching. **penetrare** *v.* (penetro) I *v.i.* (*aus.* essere/avere) 1 (*entrare*) to penetrate (s.th.), to go (into): *il chiodo penetrò nella parete* the nail penetrated (*o* went into) the wall; (*infiltrarsi*) to penetrate, to slip (through). 2 *attraversare* to penetrate (*in* through, into), to pass (through), to pierce (s.th.). 3 ⟨*fig*⟩ to penetrate, to sink. II *v.t.* 1 to penetrate (into, through), to pierce, to seep into: *questa umidità penetra le ossa* this dampness seeps into one's bones. 2 ⟨*fig*⟩ (*approfondire*) to penetrate, to fathom. □ ~ *nel cuore* to touch the heart.

penetrazione *f.* 1 (*avanzata*) penetration (*anche Mil.*). 2 ⟨*fig*⟩ penetration, entry: *la ~ di vocaboli stranieri nella lingua italiana* the entry (*o* penetration) of foreign words into the Italian language. 3 ⟨*fig*⟩ (*intuizione*) penetration, discernment.

penicillina *f.* ⟨*Farm*⟩ penicillin. **penicillinico** *a.* (*pl.* -ci) penicillin-.

peninsulare *a.* ⟨*Geog*⟩ peninsular. □ *l'Italia* ~ the Italian mainland. **penisola** *f.* peninsula.

penitente *a./s.m.* penitent. **penitenza** *f.* 1 (*pentimento*) repentance, penitence. 2 (*mortificazione*) penance (*anche Rel.catt.*). 3 (*nei giochi*) forfeit: *fare la* ~ to pay the forfeit. □ *fare* ~ to do penance; *in ~ dei propri peccati* as a penance for one's sins. **penitenziale** *a.* ⟨*Rel*⟩ penitential. **penitenziario** I *s.m.* (*carcere*) prison, gaol, jail, ⟨*am*⟩ penitentiary. II *a.* penitentiary. **penitenziere** *m.* ⟨*Rel*⟩ penitentiary: ~ *maggiore* Grand Penitentiary. **penitenzieria** *f.* penitentiary (tribunal).

penna *f.* 1 ⟨*Ornit,Mod*⟩ feather. 2 *pl.* ⟨*collett*⟩ plumage. 3 (*strumento per scrivere*) pen; (*penna d'oca*) quill(-pen). 4 ⟨*fig*⟩ (*scrittore*) writer, pen(man); (*lo scrivere*) writing:

avere la ~ *facile* to be good at writing. 5 (*parte della freccia*) feather. 6 ⟨*Mar*⟩ peak. 7 ⟨*Mus*⟩ (*plettro*) quill. 8 ⟨*tecn*⟩ (*parte del martello*) peen. □ *a* ~ in (pen and) ink: *disegno a* ~ pen-and-ink drawing; ⟨*Inform*⟩ ~ **elettronica** electronic pen; ~ *a* **feltro** felt pen; ⟨*fig*⟩ **intingere** *la* ~ *nel* **fiele** to dip one's pen in gall; **lasciare** *nella* ~ (*tralasciare*) to omit, to leave unsaid; ⟨*fig*⟩ *lasciarci le -e* to lose one's life; ⟨*Inform*⟩ ~ **luminosa** light pen; **mettere** *le -e* to fledge; ⟨*Mil*⟩ *le* **Penne** **nere** (*gli alpini*) Alpini, Alpine troops; ~ *d'*oca goose quill; ~ **orologio** watch pen; ~ **ottica** = *penna* **luminosa**; **restare** (*o* rimanere) *nella* ~ to be left unwritten; ~ *a* **scatto** retractable pen; ~ *a* **sfera** ballpoint pen; ~ **stilografica** fountain pen; ⟨*fig*⟩ *saper* **tenere** *la* ~ *in mano* to be a good writer; **uomo** *di* ~ writer, man of letters.

pennacchio *m.* 1 plume, bunch of feathers, panache. 2 (*ornamento dei carri funebri e sim.*) plume. 3 ⟨*Arch*⟩ (*a triangolo sferico*) pendentive; (*a triangolo piano*) sprandel. □ ~ *di* fumo plume (*o* wreath) of smoke. **pennaiolo** *m.* ⟨*spreg*⟩ scribbler. **pennarello** *m.* felt pen, marking pen.

pennato[1] *m.* ⟨*Agr*⟩ bill-hook.

pennato[2] *a.* 1 feathered, plumed. 2 ⟨*Bot*⟩ pinnate.

pennatula *f.* ⟨*Zool*⟩ sea pen.

pennecchio *m.* ⟨*Tess*⟩ flax (*o* wool) on the distaff.

pennellare *v.i.* (pennello; *aus.* avere) to brush. **pennellata** *f.* 1 stroke (*o* touch) of the brush, brush stroke: *dare un'ultima* ~ to give a last ⌐touch of the brush⌐ (*o* brush-over). 2 (*modo di usare il pennello*) brush work: *una* ~ *decisa* clear-cut brush work. **pennellatura** *f.* 1 brush work. 2 ⟨*Med*⟩ painting. **pennellessa** *f.* flat brush.

pennello[1] *m.* 1 brush: ~ *di* setole bristle brush. 2 ⟨*Idr,Edil*⟩ (*argine*) groin, groyne. 3 ⟨*Fis*⟩ pencil. 4 ⟨*Mar*⟩ (*ancorotto*) back anchor. 5 (*per dolci*) pastry brush. □ *a* ~ perfectly: *andare* (*o* calzare, stare) *a* ~ to fit perfectly (*o* like a glove); *fare una cosa a* ~ to do s.th. perfectly; **arte** *del* ~ painting, the painter's art; ~ *da* **barba** shaving-brush; ⟨*Ott*⟩ ~ **luminoso** pencil of light; *saper* **maneggiare** *il* ~ to be a good artist; ~ *per* **scrivere** writing brush.

pennello[2] *m.* ⟨*Mar*⟩ signal (flag), triangular flag.

pennichella *f.* ⟨*region*⟩ (*pisolino*) (afternoon) nap: *fare la* ~ to have a nap.

pennino *m.* (pen) nib. □ ~ *d'acciaio* steel nib; ~ *da disegno* drawing nib.

pennivendolo *m.* ⟨*fig*⟩ hack (writer).

pennone *m.* 1 (*asta per la bandiera*) flagpole, flagstaff. 2 ⟨*Mar*⟩ yard. 3 (*stendardo*) standard, banner; (*nella cavalleria*) pennon, pennant. □ ~ *di* **controvelaccio** (main-)royal yard; ~ *di* **gabbia** main topsail yard; ~ *di* **parrocchetto** fore-topsail yard; ~ *di* **trinchetto** foreyard; ~ *di* **velaccino** fore-topgallant yard.

pennuto I *a.* feathered, fledged. II *s.m.* (*uccello*) bird.

penombra *f.* 1 half-light, semi-darkness, dim (*o* faint) light: *la stanza era in* ~ the room was ⌐in semi-darkness⌐ (*o* shadowy); *la* ~ *del bosco* the dim light of the wood; (*della sera*) twilight, dusk. 2 ⟨*Fis,Astr*⟩ penumbra.

penosamente *avv.* 1 painfully. 2 (*con fatica*) laboriously. **penosità** *f.* 1 painfulness. 2 (*fatica*) laboriousness, strain. **penoso** *a.* 1 (*doloroso*) painful. 2 (*imbarazzante*) painful, awkward: *seguì un silenzio* ~ an awkward silence followed. 3 (*faticoso*) tiring, laborious, trying.

pensabile *a.* thinkable, conceivable. *non è* ~ it's unthinkable. **pensamento** *m.* 1 (*il pensare*) thinking; (*pensiero*) thought. 2 ⟨*scherz*⟩ (*proposito*) purpose. **pensante** *a.* thinking.

pensare *v.* (penso) I *v.i.* (*aus.* avere) 1 to think: *parole che fanno* ~ words that make you think. 2 (*volgere la mente*) to think (*a* of): *non ci avevo pensato* I hadn't thought of it; *pensa a me* think of me. 3 (*ricordare*) to think (of, back to): *penso spesso agli anni della mia gioventù* I often think back to my youth. 4 (*prevedere, considerare*) to think (of, about): *perché non ci hai pensato prima?* why didn't you think of it before? 5 (*progettare*) to think (of, about), to plan (s.th.). 6 (*provvedere, badare*) to see (to), to take care (of), to look (after): *penso io a tutto* I shall see to everything. 7 ⟨*Filos*⟩ to think: *penso,* *dunque sono* I think, therefore I am. **II** *v.t.* **1** (*credere, supporre*) to think, to believe: *penso che tutto sia andato nel migliore dei modi* I think that everything has gone perfectly. **2** (*immaginare*) to think, to imagine, to guess: *pensa chi ho incontrato sull'autobus* guess who I met on the bus, who do you think I met on the bus? **3** (*avere l'intenzione*) to intend, to think, to mean: *non pensavo di addolorarti tanto* I didn't ⌐mean to⌐ (*o* think I would) upset you like this. **4** (*andare col pensiero*) to think of: *ti penso* I am thinking of you. **5** (*credere possibile*) to imagine, to suspect, to think, to believe: *ero lontano dal ~ una simile nefandezza* I never imagined such wickedness. **6** (*immaginare*) to picture, to imagine, to think of: *ti lascio ~ la mia sorpresa* you can (just) imagine my surprise. **7** (*riflettere*) to consider, to think over: *pensa bene la risposta* think your reply over well; (*a fondo*) to think out. **8** (*giudicare*) to think: *che cosa ne pensi?* what do you think (of it)? □ ~ **bene** *di qd.* to have a good opinion of s.o.; **dar** *da* ~ to worry; ~ *ai* **fatti** *propri* to mind one's own business; ~ **male** *di qd.* to have a bad opinion of s.o.; *penso di* **no** I don't think so; *pensa e* **ripensa** after long thought; *penso di* **sì** I think so; *una ne fa e cento ne pensa* he's always got s.th. new up his sleeve. ‖ *non pensarci* forget about it; *ci penso io* I'll see to it; *e ~ che* and to think that.

pensata *f.* **1** thought. **2** (*idea, trovata*) idea, find: *hai avuto una bella ~* you had a ⌐good idea⌐ (*o* brainwave).
pensato *a.* (*ben meditato*) well thought out, (well) considered, meditated. **pensatoio** *m.* think-tank.
pensatore *m.* (*f.* **-trice**) thinker. □ *libero ~* freethinker.

pensierino *m.* **1** (*affettuosa attenzione*) (act of) kindness, attention; (*regalino*) little gift. **2** ⟨*scol*⟩ composition.

pensiero *m.* **1** (*attività mentale*) thought, thinking. **2** (*mente*) mind, thought: *riandare col ~ a qc.* to cast one's mind back to s.th. **3** (*idea*) thought: *essere assorto nei propri ~i* to be lost in thought. **4** (*dottrina*) (school of) thought, philosophy. **5** (*attenzione*) thought: *hai avuto un ~ gentile* that was a kind thought. **6** (*preoccupazione*) worry, care, trouble: *ho troppi ~i* I have too many worries. **7** (*proposito*) intention, thought, idea. □ **accarezzare** *un ~* to cherish a thought; *ho* **altri** *~i per la testa* I have other things ⌐to think about⌐ (*o* on my mind); **stare** *col ~ a qc.* to remember s.th.; **darsi** *~ per qd.* to worry about s.o.; **essere** *in ~ per qd.* to be worried about s.o.; ~ **filosofico** philosophy; **leggere** *nel ~ di qd.* to read s.o.'s mind (*o* thoughts); **mettere** *qd. in ~* to worry s.o.; **senza** *~i* carefree; *essere* **sopra** *~ (distratto)* to be lost in thought; **stare** *in ~ per qd.* to worry (*o* be anxious) about s.o.; **volgere** *il ~ a qd.* to think of s.o.

pensierosamente *avv.* thoughtfully. **pensierosità** *f.* thoughtfulness, pensiveness. **pensieroso** *a.* **1** thoughtful, pensive. **2** (*preoccupato*) worried.

pensile *a.* **I** (*sospeso*) hanging, suspended, pensile. **II** *s.m.* wall unit. □ *giardino ~* hanging garden. **pensilina** *f.* **1** cantilever roof. **2** ⟨*Ferr*⟩ station canopy, platform roofing.

pensionabile *a.* pensionable, eligible for a pension.
pensionamento *m.* retirement. □ ⟨*Assic*⟩ ~ *anticipato* early retirement. **pensionante** *m./f.* boarder, lodger: ~ *fisso* regular boarder. **pensionare** *v.t.* (*pensiono*) ⟨*burocr*⟩ to pension (off), to retire on pension; (*per raggiunti limiti d'età*) to superannuate. **pensionato** *I a.* on pension; (*per raggiunti limiti d'età*) superannuated. **II** *s.m.* (*f.* **-a**) **1** pensioner: ~ *dello Stato* state pensioner; ~ *di vecchiaia* old-age pensioner. **2** (*istituto*) hostel, home: ~ *per studenti* student's hostel; (*con scuola*) boarding school. □ ~ *per anziani* old-people's home; ~ *d'invalidità* disability pensioner.
pensione *f.* **1** pension: *beneficiare di una ~* to draw (*o* have) a pension. **2** (*prestazione di alloggio e vitto*) board and lodge: *tenere qd. a ~* to board s.o., to keep (*o* have) s.o. as a boarder; (*retta*) charge (for board and lodging). **3** (*albergo familiare*) boarding house; (*nell'Europa continentale*) pension(e). □ **adeguamento** *delle ~i* pension adjustment; ⟨*Dir*⟩ ~ **alimentare** alimony; **andare** *in ~* to retire (on pension); ~ **aziendale** corporate pension; ~ *per*

cani boarding home for dogs; ~ **completa** full board; **essere** *a ~ presso qd.* to board (*o* lodge) with s.o.; ~ **familiare** family hotel; **fondo** *~i* pension fund; ~ *di* **guerra** war pension; ⟨*Assic*⟩ ~ **integrativa** supplementary pension; ~ *d'***invalidità** disability pension; ~ *d'invalidità e vecchiaia* disability and old age pension; **mettere** *qd. in ~* to pension s.o. off; **mezza** ~ half board; ~ **minima** pension at the minimum amount; ~ **reversibile** pension for surviving dependants; ~ *di* **reversibilità** widow's pension; ~ **sociale** (state) old-age pension; ~ **statale** government (*o* state) pension; ~ *di* **vecchiaia** old age pension; ~ *a* **vita** pension for life.

pensionistico *a.* (*pl.* **-ci**) pension-, retirement-: *sistema ~* retirement system.

pensosamente *avv.* thoughtfully, pensively. **pensosità** *f.* thoughtfulness, pensiveness. **pensoso** *a.* thoughtful, pensive, lost (*o* wrapped) in thought.

pentaedro *m.* ⟨*Geom*⟩ pentahedron. **pentagonale** *a.* ⟨*Geom*⟩ pentagonal. **pentagono I** *s.m.* pentagon. **II** *a.* ⟨*Geom*⟩ pentagonal: *dodecaedro ~* pentagonal dodecahedron. **Pentagono** *N.pr.m.* ⟨*SU*⟩ Pentagon. **pentagramma** *m.* ⟨*Mus*⟩ staff, stave. **pentagrammato** *a.* ⟨*Mus*⟩ music–: *carta ~a* music paper. **pentametro** *m.* ⟨*Metr*⟩ pentameter.

pentano *m.* ⟨*Chim*⟩ pentane.

pentapartitico *a.* (*pl.* **-ci**) ⟨*Pol*⟩ five-party–: *governo ~* five-party government. **pentapartito** *m.* five-party government.

pentapodia *f.* ⟨*Metr*⟩ pentapody. **pentaprisma** *m.* ⟨*Ott*⟩ pentaprism. **pentasillabo** *a.* ⟨*Metr*⟩ pentasyllabic. **Pentateuco** *N.pr.m.* ⟨*Bibl*⟩ Pentateuch. **pentathlon** *m.* ⟨*Sport,Stor*⟩ pentathlon.

pentatrone *m.* ⟨*El*⟩ pentatrone.

Pentecoste *N.pr.f.* Pentecost, Whitsunday.

pentimento *m.* **1** repentance, regret. **2** ⟨*Rel*⟩ repentance, contrition. **3** ⟨*estens*⟩ (*mutamento d'opinione*) change of mind, second thoughts *pl.* □ *non farsi prendere dai ~i* not to have regrets; *provare un sincero ~* to be truly repentant. **pentirsi** *v.r.* (**mi pento**) **1** to repent (*di* of), to regret (s.th.): *te ne pentirai* you will regret it; (*mutare proposito*) to repent, to change one's mind. **2** ⟨*Rel*⟩ to repent (of): ~ *dei propri peccati* to repent of one's sins. **pentito** *a.* regretful, sorry.

pentodo *m.* ⟨*El*⟩ pentode (valve).

pentola *f.* **1** pot: *mettere la ~ sul fuoco* to put the pot on. **2** (*contenuto*) pot(ful). □ ~ *d'acciaio inossidabile* stainless steel pot; ⟨*fig*⟩ *qualcosa bolle in ~* something's brewing (*o* cooking, up); ~ *a pressione* pressure cooker; *cuocere in una ~ a pressione* to pressure-cook. **pentolaio** *m.* (*f.* **-a**) **1** (*fabbricante*) potter. **2** (*venditore*) dealer in pottery (*o* earthenware articles). **pentolata** *f.* (*quantità*) pot(ful). **pentolino** *m.* **1** (*sauce*)pan. **2** (*quantità*) (sauce)panful.

pentosio *m.* ⟨*Chim*⟩ pentose.

penultimo I *a.* last but one, penultimate: *la ~a fila di poltrone* the last row of seats but one. **II** *s.m.* last but one, second-last.

penuria *f.* **1** (*scarsità*) shortage, scarcity, lack. **2** (*estrema povertà*) poverty, ⟨*lett*⟩ penury. □ ~ *d'acqua* water shortage; ~ *di alloggi* housing shortage; ~ *di manodopera* labour shortage.

penzolare *v.i.* (**penzolo**; *aus.* avere) to dangle, to hang (down). **penzolo** *m.* **1** bunch, cluster. **2** ⟨*Mar*⟩ pendant. **penzolone, penzoloni** *avv.* dangling, hanging down: *starsene con le gambe ~* to sit with one's legs dangling. □ *con la lingua ~* with one's tongue hanging out.

peocio *m.* ⟨*region*⟩ (*mitilo*) mussel.

peonia *f.* ⟨*Bot*⟩ peony.

pepaiola *f.* **1** pepper pot, pepper box. **2** (*macinino per il pepe*) pepper mill, pepper grinder. **pepare** *v.t.* (**pepo**) to pepper. **pepato** *a.* **1** peppery, peppered, hot. **2** ⟨*fig*⟩ (*salace*) racy, spicy; (*pungente*) sharp, biting. **3** ⟨*fig*⟩ (*rif. a prezzi*) exorbitant, high.

pepe *m.* **1** ⟨*Bot,Gastr*⟩ pepper. **2** (*frutto*) pepper(corn). □ ~ **bianco** white pepper; ~ *di* **Caienna** Cayenne (*o* red) pepper; ~ *in* **grani** whole pepper; ⟨*fig*⟩ **essere** *tutto ~* (*vivace*) to be full of pep; ~ **macinato** ground pepper; ~ **nero** black pepper; ⟨*fig*⟩ ~ *e* **sale** (*bianco e nero*)

pepper–and–salt.
peperino m. ⟨Min⟩ peperino.
peperita: ⟨Bot⟩ menta ~ peppermint.
peperonata f. ⟨Gastr⟩ peperonata (peppers cooked with tomatoes and sliced onions). **peperoncino** m. 1 ⟨Bot⟩ capsicum. 2 ⟨frutto⟩ pepper. 3 ⟨Gastr⟩ paprika.
peperone m. 1 ⟨Bot⟩ capsicum. 2 ⟨frutto⟩ pepper, chili (pepper). □ rosso come un ~ as red as a beetroot (o cherry).
pepiera f. pepper box (o shaker).
pepita f. ⟨Min⟩ nugget: ~ d'oro gold nugget.
peplo m. ⟨Stor⟩ peplos, peplus.
peppola f. ⟨Ornit⟩ brambling, bramble finch.
pepsina f. ⟨Biol⟩ pepsin.
peptico a. (pl. -ci) ⟨Fisiol⟩ peptic.
peptide m. ⟨Biol⟩ peptide. **peptizzazione** f. peptization. **peptoe** m. ⟨Fisiol⟩ peptone.
per prep./congz. **I** prep. **1** (moto per luogo: attraverso) through: passare ~ la città to go through the city; (sopra) over, across: passare ~ il ponte to go over the bridge; (luogo) along, down, up: il corteo passa ~ questa strada the procession will come along this road; (senza direzione fissa) about, around: camminare ~ la stanza to walk about the room. **2** (moto a luogo: verso) for: sono in partenza ~ la Svizzera I am leaving for Switzerland. **3** (stato in luogo) in, on: l'ho visto ~ la strada I saw him in the street; (su) on, upon: sedere ~ terra to sit on the ground. **4** (durante) for, during, spesso non si traduce: ~ un anno for a year; ~ tutta l'estate (for) the whole summer, throughout the summer. **5** (rif. a tempo determinato) for: sarò a casa ~ Natale I shall be home for Christmas; (entro) by: l'avrò finito ~ mercoledì I shall have finished it by Wednesday. **6** (termine fino al quale dura un'azione) for, spesso non si traduce: rimarrà ~ due anni he will stay two years. **7** (a vantaggio o svantaggio di) for: ~ lui farebbe qualsiasi cosa she would do anything for him; peggio ~ te so much the worse for you; fallo ~ me do it for me (o my sake). **8** (scopo, fine) for, talvolta si traduce con una frase o parola composta: la lotta ~ l'esistenza the struggle for existence (o life); crema ~ la notte night cream; macchina ~ cucire sewing machine. **9** (per mezzo di: rif. a cose) by, via: ti invierò il pacco ~ posta I shall send you the parcel by post; ~ aereo by air. **10** (a causa di) because of, owing to, on account of, out of: ~ il maltempo because of the weather; uccidere ~ gelosia to kill out of jealousy; (rif. a colpa) for: fu condannato ~ furto he was sentenced for theft; (in conseguenza di) through; (rif. ad atti involontari) with: tremare ~ la paura to tremble with fear. **11** (modo) in: ~ iscritto in writing. **12** (al prezzo di) for: ho venduto la mia macchina ~ centomila lire I sold my car for one hundred thousand lire. **13** (in relazione a) for: è grande ~ la sua età he is big for his age. **14** (successione) by, after: giorno ~ giorno day by day; cercare stanza ~ stanza to search through one room after another. **15** (distributivo) in, per: essere allineati ~ tre to be drawn up in threes; dieci litri ~ cento chilometri ten litres in (o per) a hundred kilometres; spesso non si traduce: disporsi ~ file to line up. **16** (misura, estensione) for: la strada costeggia il lago ~ due chilometri the road runs along the lake for two kilometres. **17** (in esclamazioni, giuramenti e sim.) for, by: ~ amor di Dio for God's sake; lo giuro ~ ciò che ho di più caro I swear by all that's dear to me. **18** (nei compl. predicativi: come) as: tenere ~ certo qc. to regard s.th. as a certainty. **19** ⟨Mat⟩ (nelle moltiplicazioni) by, times: tre ~ tre three (multiplied) by three, three times three; (nelle divisioni) by: dividere ~ cinque to divide by five. **II** congz. **1** (concessivo) however, no matter how, talvolta non si traduce: ~ quanto grande, è ancora un bambino big as he is (o may be) he is still a child. **2** (finale) (in order) to, so as: vado a casa ~ studiare I am going home to study; abbassò gli occhi ~ non doverlo vedere she lowered her eyes so as not to have to look at him. **3** (causale) for, spesso non si traduce: è stato punito ~ aver detto una bugia he was punished for telling a lie; è noto ~ essere avaro he is known to be mean. **4** (consecutivo) non si traduce: è troppo bello ~ essere vero it

is too good to be true. □ ~ il **fatto** che because; ~ **incarico** di on behalf of; (per ordine di) by order of; ~ **mare** by sea; **mese** ~ mese month by (o after) month; ~ **modo** di dire so to speak (o say), as it were; ~ **ora** (o il momento) for the moment (o present), ⟨fam⟩ right now; ~ **parte mia** for my part, as far as I am concerned; ~ **poco**: 1 (quasi) almost, nearly; 2 (a buon mercato) cheaply, for very little; 3 (per poco tempo) for a short time; **prendere** ~ il braccio to take by the arm; ~ **scherzo** as a joke; **stare** ~ [inf] (essere sul punto di) to be just about (o going) to, to be on the point of: il treno sta ~ partire the train is (just) about to leave; ~ **stavolta** (for) this time; su ~ le scale up the stairs; ~ **tempo** early, in good time; ~ **terra** by land; ~ **traverso** crosswise; ⟨fig⟩ andare ~ traverso to go wrong; uno ~ **volta** one at a time.
pera f. **1** pear. **2** ⟨scherz⟩ (testa) pate. □ a ~ pear–shaped; ~ cotta: 1 baked pear; 2 ⟨fig⟩ slow dull person; ⟨fig⟩ cadere (o cascare) come una ~ cotta: 1 to fall sound asleep; 2 (lasciarsi abbindolare) to be taken in; 3 (innamorarsi) to fall head over heels in love; ~ di gomma rubber syringe. Prov.: quando la ~ è matura conviene che caschi everything comes to him who waits.
peracido m. ⟨Chim⟩ peracid.
peraltro (o per altro) avv. moreover, what is more.
perbacco (o per bacco) intz. by Jove.
perbene (o per bene) **I** a. respectable, decent, nice. **II** avv. properly, well, nicely. **perbenismo** m. respectability, propriety.
perborato m. ⟨Chim⟩ perborate.
percalle m. ⟨Tess⟩ percale.
percentile m. ⟨Statist⟩ percentile.
percentuale I a. per cent: aumento ~ increase per cent. **II** s.f. **1** percentage. **2** (rapporto percentuale) ratio: ⟨Fis⟩ ~ isotopica isotopic ratio. **percentualizzare** v.t. to calculate in percentages.
percepibile a. ⟨burocr⟩ receivable, that may be received (o drawn). **percepire** v.t. (percepisco, percepisci; percepii, percepito) **1** to perceive. **2** ⟨burocr⟩ (riscuotere) to receive, to collect. **percepito** → percepire.
percettibile a. perceptible; (rif. a suoni) audible. **percettibilità** f. perceptibility. **percettiva, percettività** f. perceptiveness. **percettivo** a. perceptive.
percettore m. ⟨Econ⟩ recipient.
percezione f. perception (anche Filos,Psic.): ~ extrasensoriale extrasensory perception.
perché I avv. why: ~ non sei venuto ieri? why didn't you come yesterday? **II** congz. **1** (causale) because, as, since, for: leggo ~ non ho nulla da fare I'm reading because I have nothing to do. **2** (finale) so (that), in order that, so as: te lo dico ~ tu lo sappia I'm telling you so that you know. **3** (consecutivo) for: sei troppo simpatico ~ mi possa arrabbiare con te you're too nice for me to get angry with. **III** s.m.inv. (causa, motivo) reason, why: senza un ~ without any reason. **IV** pron.rel. (per cui) why: la ragione ~ me ne sono andato the reason why I went away. □ ti dirò il ~ I'll tell you why; ~ mai why on earth, why ever: ~ mai non sei venuto a trovarmi? why on earth didn't you come to see me?; il ~ e il **percome** the way(s) and wherefore(s).
perciò (o per ciò) congz. so, therefore: si è fatto tardi, ~ torno a casa it's late, so I'm going home.
perclorato m. ⟨Chim⟩ perchlorate. **percloruro** m. perchloride.
percorrenza f. ⟨Sport⟩ mileage.
percorrere v.t. (percorsi, percorso) **1** (attraversare) to go through (o across), to run across, to pass through, to cross; (con un veicolo) to drive through (o across). **2** (compiere un tragitto) to travel, to cover. □ ~ in lungo e in largo to travel throughout; ~ con l'occhio to scan; c'è molta strada da ~ there's a long way to go. **percorribile** a. that can be travelled over. **percorsi** → percorrere. **percorso** m. **1** journey, trip, run, way: durante il ~ during the journey, en route. **2** (tratto) route, course, way: il ~ più lungo the longest way (o route). **3** (distanza percorsa) distance covered. □ ⟨Aer⟩ ~ di atterraggio landing distance; ⟨Aer⟩ ~ di decollo take–off distance; ~ pedonale pedestrian path; ⟨Aut⟩ ~ di prova trial run; (tragitto) trial course.

percossa *f.* blow, stroke. **percossi, percosso** → percuotere. **percuotere** *v.t.* (percossi, percosso) **1** (*picchiare*) to strike, to hit, to beat. **2** (*colpire, urtare*) to strike, to hit, to knock against: *essere percosso da un fulmine* to be struck by lightning; (*continuamente*) to beat against (*o* on): *le onde percuotevano il molo* the waves beat against the pier. **3** (*colpire i sensi: rif. a luce o calore*) to beat upon; (*rif. a suoni*) to fall (*o* burst) upon: *un forte rumore percosse le nostre orecchie* a loud noise burst upon our ears. **percuotersi** *v.r.* (*recipr*) to strike (*o* hit) e.o. □ (*fig*) *percuotersi il petto* to beat one's breast.

percussione *f.* percussion (*anche Mus.,Med.*). □ *fucile a* ~ percussion gun; (*Mus*) *strumento a* ~ percussion instrument. **percussionista** *m./f.* (*Mus*) percussion player. **percussivo** *a.* percussive. **percussore** *m.* (*Mil*) percussion-pin, firing-pin, striker.

perdente I *a.* losing (*anche Sport.*). **II** *s.m./f.* loser (*anche Sport.*).

perdere *v.* (persi/perdei/perdetti, perso/perduto) **I** *v.t.* **1** to lose: ~ *la clientela* to lose customers; *gli alberi perdono le foglie* the trees lose their leaves; (*smarrire*) to lose, to mislay: *ho perso l'orologio* I have mislaid my watch. **2** (*lasciar sfuggire liquidi*) to leak: *la botte perde acqua* the barrel is leaking. **3** (*rif. a denaro: rimetterci*) to lose. **4** (*non riuscire a mantenere*) to lose: ~ *la pazienza* to lose one's temper, to run out of patience; *sta perdendo la vista* he is losing his sight. **5** (*rif. a persone defunte*) to lose: *ha perso il marito* she has lost her husband. **6** (*corrompere*) to corrupt, to ruin; (*rif. all'anima*) to lose: ~ *l'anima* to lose one's soul. **7** (*lasciarsi sfuggire*) to miss: *non voglio* ~ *il concerto* I don't want to miss the concert; (*volontariamente*) to skip, to miss: *ha perso l'ultima lezione* he skipped the last lesson. **8** (*avere la peggio*) to lose: *il pugile ha perso l'incontro* the boxer has lost the match. **9** (*sprecare*) to waste: *ho perso tutta la mattinata* I have wasted the whole morning. **10** (*abbandonare inavvertitamente*) to lose: ~ *la strada* to lose one's way; ~ *il filo del discorso* to lose track (of what one was saying). **II** *v.i.* (*aus.* avere) **1** (*colare*) to leak: *il serbatoio perde* the tank is leaking. **2** (*avere la peggio, rimetterci*) to lose: ~ *di prestigio* to lose face. **perdersi** *v.r.* **1** (*smarrirsi*) to get lost, to lose o.s., to lose one's way: *mi persi nel dedalo delle viuzze* I got lost in the maze of narrow streets. **2** (*andare smarrito*) to get (*o* be) lost, to be mislaid, to go astray: *la tua lettera si è persa* your letter has got lost (*o* gone astray). **3** (*sparire dalla vista*) to disappear, to vanish: *il sentiero si perde nel bosco* the path disappears into the wood. **4** (*fig*) (*traviarsi*) to go astray. **5** (*svanire: rif. a suoni*) to fade (away), to die (away). □ *a* ~ thro waway, one-way, (*am*) disposable: *bottiglia a* ~ disposable bottle; ~ *un'abitudine* to get out of a habit; (*scol*) ~ *l'anno* to be kept back, to fail, to flunk; (*fig*) *perdersi in un bicchier d'acqua* to be unable to deal with the slightest difficulty; *perdersi in chiacchiere* to waste one's time in talk; *perdersi di coraggio* to lose heart; *perdersi in dettagli* to get lost (*o* bogged down) in detail; *perdersi dietro a qd.* to throw o.s. away on s.o.; *far* ~ *la voglia di fare qc. a qd.* to cure s.o. of doing s.th.; ~ *il fiato* to waste one's breath; ~ *al gioco* to lose money gambling; *lasciar* ~ to forget about s.th.; *lascia* ~! forget it!, never mind!; *non aver nulla da* ~ to have nothing to lose; ~ *un'occasione* to miss an opportunity; ~ *il posto* to lose one's job; (*Sport*) ~ *ai punti* to lose on points; ~ *sangue* to lose blood, to bleed; *saper* ~ to be a good loser; *non sa* ~ he's a poor loser; ~ *ogni speranza* to lose all hope; (*fig*) ~ *la testa* to lose one's head; ~ *la vita* (*morire*) to lose one's life.

perdifiato: *a* ~: **1** (*rif. alla corsa*) at breakneck speed: *correre a* ~ to run at breakneck speed; **2** (*rif. alla voce*) at the top of one's voice. **perdigiorno** *m./f.inv.* idler, loafer.

perdinci, perdio *intz.* (*pop*) (*meraviglia*) my word!, (*fam*) gosh!; (*impazienza*) for heaven's sake!

perdita *f.* **1** loss: *una* ~ *irreparabile* an irreparable loss; (*spreco*) waste: *una* ~ *di tempo* a waste of time. **2** (*uscita*) leak(age). **3** (*Med*) discharge, flow. **4** (*Dir*) (*decadimento*) loss, forfeit: ~ *di un diritto* loss of a right. □ (*Med,pop*) *-e bianche* leucorrhoea, (*fam*) whites; (*Comm*) ~ *contabile* book loss; (*El*) ~ *di corrente* leakage of current; (*Dir*) ~ *dei diritti civili* civil death; (*Fis*) ~ *di energia* energy (*o* power) loss; ~ *di esercizio* operating (*o* trading) loss; ~ *di gestione* operating loss (*o* deficit), business loss; (*Comm*) *lavorare in* ~ to work at a loss; *a* ~ *d'occhio* as far as the eye can see; ~ *di peso* loss of weight; (*Econ*) *profitti e -e* (*conto*) profit and loss (account); ~ *di profitto* loss of profits (*o* earnings), profits shortfall; (*Aer*) ~ *di quota* loss of altitude; (*Fis*) ~ *di spinta* loss of lift (*o* buoyancy); **subire** *gravi -e* to suffer heavy losses; **vendere** *in* ~ to sell at a loss.

perditempo I *s.m.* waste of time. **II** *s.m./f.inv.* time-waster.

perdizione *f.* **1** (*rovina*) ruin. **2** (*fig*) damnation, perdition: *la via della* ~ the road to perdition (*o* hell). □ *luogo di* ~ place of ill-fame.

perdonabile *a.* pardonable, excusable. **perdonare** *v.* (perdono) **I** *v.t.* **1** to forgive, to pardon: *gli perdono il male che mi ha fatto* I forgive him (for) the harm he has done to me. **2** (*scusare*) to excuse, to pardon, to forgive. **3** (*risparmiare*) to spare: *la morte non perdona nessuno* death spares nobody. **II** *v.i.* (*aus.* avere) to forgive, to pardon: *non gli ho perdonato* I have not forgiven him. □ *che non perdona* unforgiving, pitiless; (*rif. a malattia*) incurable; *perdoni!* beg your pardon! **perdono** *m.* **1** forgiveness, pardon: *implorare il* ~ to beg for forgiveness. **2** (*Rel*) (*indulgenza*) indulgence. **3** (*scusa*) pardon: *chiedo* ~ I beg your pardon; (*esclam*) (I'm) sorry!, (I beg your) pardon! *Prov.*: *la miglior vendetta è il* ~ the noblest vengeance is to forgive.

perdurare *v.i.* (*aus.* essere) **1** to continue, to last, to go on. **2** (*perseverare*) to persist, to persevere: ~ *nei propri propositi* to persist in one's intentions.

perdutamente *avv.* hopelessly, desperately, madly: *innamorarsi* ~ *di qd.* to fall madly in love with s.o.

perduto (*p.p. di* perdere) *a.* **1** (*smarrito*) lost. **2** (*fig*) (*dissoluto*) dissolute; (*rif. a donna*) fallen, lost. **3** (*fig*) (*dannato*) lost, damned. **4** (*estinto, non più esistente*) extinct, lost. □ *andare* ~ to get lost; (*fig*) *essere* (*o* *sentirsi*) ~ to give up hope.

peregrinare *v.i.* (*aus.* avere) (*lett*) to wander, to roam: *peregrinò di città in città* he wandered from town to town. **peregrinazione** *f.* (*lett*) wandering, roaming: *le -i di un esiliato* the wanderings of an exile. **peregrinità** *f.* (*lett*) **1** (*affettazione*) affectedness. **2** (*singolarità*) rarity. **peregrino** *a.* (*lett*) singular, strange, uncommon.

perenne *a.* **1** perpetual, everlasting, eternal, perennial: *gloria* ~ eternal glory. **2** (*continuo*) continuous, endless. **3** (*Bot*) perennial. **perennemente** *avv.* perpetually, everlastingly, perennially. **perennità** *f.* perpetuity.

perentoriamente *avv.* peremptorily. **perentorietà** *f.* **1** (*Dir*) peremptoriness. **2** (*estens*) incontrovertibility. **perentorio** *a.* **1** (*Dir*) peremptory. **2** (*estens*) incontrovertible, final.

perenzione *f.* (*Dir*) quashing, nonsuit, (*lett*) peremption.

perequare *v.t.* (perequo) (*burocr*) to equalize. **perequativo** *a.* equalizing. **perequazione** *f.* equalization.

peretta *f.* **1** (*El*) (*interruttore*) pear-shaped switch. **2** (*per clisteri*) rubber syringe; (*clistere*) enema.

perfettamente *avv.* **1** perfectly. **2** (*assolutamente*) quite, completely, perfectly: *è una cosa* ~ *inutile* it is quite useless. **perfettibile** *a.* (*lett*) perfectible. **perfettibilità** *f.* perfectibility. **perfettivo** *a.* perfective (*anche Ling.*). **perfetto I** *a.* **1** (*completo, senza difetti*) perfect. **2** (*assoluto*) perfect, thorough, utter: *silenzio* ~ perfect silence. **3** (*vero*) perfect, real: *un* ~ *gentiluomo* a perfect gentleman; (*iron*) perfect, out-and-out, downright: *è un* ~ *idiota* he's a perfect (*o* downright) fool. **4** (*Fis,Mar,Gramm*) perfect. **II** *s.m.* (*Gramm*) perfect (tense).

perfezionabile *a.* perfectible. **perfezionamento** *m.* **1** perfection, perfecting. **2** (*miglioramento*) improvement. **3** (*specializzazione*) specialization: *corso di* ~ specialization (*o* post-graduate) course. **perfezionare** *v.t.* (perfeziono) **1** to (make) perfect: ~ *l'opera* to perfect one's work. **2** (*migliorare*) to improve: ~ *un metodo* to improve a

method. □ ~ *un contratto* to sign (*o* execute) a contract.
perfezionarsi *v.r.* **1** to improve (o.s.). **2** (*rif. all'istruzione*) to specialize (*in* in). **perfezione** *f.* perfection: *aspirare alla* ~ to strive for perfection. □ *a* (*o alla*) ~ perfectly, to perfection: *parla tre lingue alla* ~ he speaks three languages perfectly. *Prov.: la* ~ *non è di questo mondo* nothing in this world is perfect. **perfezionismo** *m.* perfectionism. **perfezionista** *m./f.* perfectionist. **perfezionistico** *a.* (*pl.* -ci) perfectionist(ic).
perfidamente *avv.* perfidiously. **perfidia** *f.* **1** perfidy, malice, wickedness. **2** (*atto*) perfidy. **perfido** *a.* **1** malicious, wicked. **2** (*fam*) (*pessimo*) horrible, ghastly: *la minestra è* -*a* the soup is horrible.
perfino *avv.* even: *conosce* ~ *l'arabo* he even knows Arabic.
perforabile *a.* perforable, pierceable. **perforamento** *m.* perforation. **perforante** *a.* piercing: *proiettile* ~ (armour–)piercing bullet (*o* projectile). **perforare** *v.t.* (**perforo**) **1** to pierce, to perforate; (*trivellare*) to bore, to drill; (*punzonare*) to punch. **2** (*rif. a proiettile*) to pierce. **3** (*Inform*) to punch, to perforate. **perforato** *a.* **1** perforated, pierced; (*punzonato*) punched, punch–: *scheda* -*a* punch(ed) card. **perforatore** *m.* (*f.* -trice) **1** (*operaio*) driller, borer. **2** (*Mecc*) (*macchina*) drill. **3** (*Post*) punching machine. **4** (*Inform*) key punch, puncher; (*persona*) (key) punch operator. □ ~ *di nastri* paper tape punch. **perforatrice** *f.* (*Mecc*) drill: ~ *da roccia* rock drill; (*per carta e sim.*) perforator, punch. **3** (*Inform*) (*macchina*) key punch. □ ~ *duplicatrice* multiplying punch; ~ *per nastri* tape punch, perforator; (*Minier*) ~ *pneumatica* pneumatic drill; ~ *di schede* card punch. **perforazione** *f.* **1** perforation. **2** (*trivellazione*) drilling, boring. **3** (*rif. a schede e sim.: atto*) punching, perforation; (*effetto*) punch, perforation. **4** (*Med*) perforation. **5** (*rif. a proiettili*) piercing. □ (*Minier*) ~ *d'assaggio* exploratory boring; ~ *di nastri* tape punching; ~ *petrolifera* drilling for oil.
perfosfato *m.* (*Chim*) superphosphate.
perfusione *f.* perfusion (*anche Med.*). **perfuso** *a.* (*lett*) perfused.
pergamena *f.* parchment. □ *di* (*o in*) ~ parchment–, in parchment. **pergamenaceo** *a.* parchment–; (*simile a pergamena*) pergameneous. **pergamenato**: (*Cart*) *carta* -*a* parchment paper.
pergamo *m.* (*lett*) (*pulpito*) pulpit.
Pergamo *N.pr.f.* (*Geog.stor*) Pergamum.
pergola *f.*, **pergolato** *m.* pergola, arbour, bower.
peri|anzio *m.* (*Bot*) perianth. **~artrite** *f.* (*Med*) periarthritis. **~cardio** *m.* (*Anat*) pericardium. **~cardite** *f.* (*Med*) pericarditis. **~carp(i)o** *m.* (*Bot*) pericarp.
Pericle *N.pr.m.* (*Stor*) Pericles.
pericolante *a.* **1** unsafe, likely to fall: *trave* ~ unsafe beam. **2** (*fig*) precarious, shaky. **pericolare** *v.i.* (**pericolo**; *aus.* avere) to be unsafe (*o* unsteady), to totter, to be in danger of falling.
pericolo *m.* **1** danger, risk, hazard, peril: *esporsi al* ~ to brave danger. **2** (*concr*) danger, peril, menace: *è un* ~ *per la società* he's a menace to society. **3** (*fam,scherz*) (*probabilità*) fear, danger: *non c'è* ~ there's no fear (of that). □ *in* caso *di* ~ in case of danger; col ~ *di* at the risk (*o* hazard) of; correre ~ to run a risk; essere *in* ~ to be in danger (*o* jeopardy); fuori ~ out of danger; ~ giallo Yellow Peril; mettere *qd. in* ~ to endanger s.o.; ~ *di* morte danger of death; (*Dir*) ~ pubblico state of emergency; ~ *pubblico numero uno* public enemy number one; *a tuo* rischio *e* ~ at your own risk (*o* peril); (*Comm*) *la merce viaggia a rischio e* ~ *del committente* goods are transported at the customer's own risk; salvare *qd. da un* ~ to save s.o. from (a) danger; ~ *di* vita danger of death.
pericolosamente *avv.* dangerously, perilously.
pericolosità *f.* danger, dangerousness. **pericoloso** *a.* **1** dangerous, perilous: *strada* -*a* dangerous road. **2** (*che può recare danno*) dangerous, risky, unsafe: *è* ~ *sporgersi dai finestrini* it is dangerous to lean out of the windows.
pericondrio *m.* (*Anat*) perichondrium.
peridotite *f.* (*Min*) peridotite. **peridoto** *m.* (*Min*) peridot.

perielio *m.* (*Astr*) perihelion.
periferia *f.* **1** suburbs *pl*, outskirts *pl*: *abitare in* ~ to live in the suburbs. **2** (*zona marginale*) periphery. **3** (*Inform*) peripheral. □ *quartiere di* ~ suburban district, suburb. **periferica** *f.* (*Inform*) peripheral. **periferico** *a.* (*pl.* -ci) **1** suburban, on the outskirts: *zona* -*a* suburban area. **2** (*ai margini*) peripheral, peripheric.
perifrasi *f.* periphrasis, circumlocution. **perifrastico** *a.* (*pl.* -ci) periphrastic: *coniugazione* -*a* periphrastic conjugation.
perigeo *m.* (*Astr*) perigee.
periglio *m.* (*ant,poet*) peril, danger. **periglioso** *a.* (*ant,poet*) → **pericoloso**.
perigonio *m.* (*Bot*) perigonium.
perimetrale *a.* **1** external, outer: *mura* -*i* external walls. **2** (*Geom,Med*) perimetric(al). **perimetro** *m.* **1** boundary, circumference. **2** (*Geom,Med*) perimeter.
perinatale *a.* (*Med*) perinatal: *mortalità* ~ perinatal mortality.
perineale *a.* (*Anat*) perineal. **perineo** *m.* (*Anat*) perineum.
periodare[1] *v.i.* (**periodo**; *aus.* avere) to make (*o* form) sentences.
periodare[2] *m.* turn of phrase, (literary) style.
periodicamente *avv.* periodically. **periodicità** *f.* **1** periodicity, recurrence. **2** (*intervallo di tempo*) interval: ~ *mensile* monthly interval. **periodico** *a./s.* (*pl.* -ci) **I** *a.* **1** periodic(al), recurrent, recurring: *venti* -*i* recurrent winds. **2** (*Fis*) periodic: *funzione* -*a* periodic function. **3** (*Giorn*) periodical: *pubblicazione* -*a* periodical publication. **II** *s.m.* (*Giorn*) periodical, magazine.
periodo *m.* **1** period. **2** (*spazio di tempo*) period, age: *il* ~ *aureo della letteratura latina* the golden age of Latin literature. **3** (*durata*) period, cycle. **4** (*Gramm*) sentence, period. **5** (*Geol*) period. **6** (*Med*) period, state. **7** (*El*) cycle. □ ~ *di* addestramento training period; andare *a* -*i* to be moody; ~ *di* aspettativa: **1** (period of) leave of absence; **2** (*Assic*) waiting period; ~ contabile accounting period; ~ critico critical period; ~ elettorale election time; (*Comm*) ~ *di* garanzia warranty period, duration of guarantee; ~ *d'*imposta fiscal year; (*Gramm*) ~ ipotetico *dell'irrealtà* conditional sentence with unreal condition; ~ *ipotetico della realtà* conditional sentence with open condition; ~ morto slack period; (*Fis*) ~ *di* oscillazione (oscillation) period; ~ *di* preavviso (period of) notice; (*Dir*) ~ *di* prescrizione statutory period; ~ *di* prova trial (*o* probationary) period; (*rif. a macchine e sim.*) testing period; (*Astr*) ~ *di* rivoluzione period of revolution; (*Aut*) ~ *di* rodaggio running–in (*o* breaking–in) period; *in un breve* ~ *di* tempo in a short (period of) time; ~ transitorio transition period (*o* phase).
periodontite *f.* (*Dent*) periodontitis. **periodonto** *m.* (*Anat*) periodontium. **periostio** *m.* (*Anat*) periosteum. **periostite** *f.* (*Med*) periostitis.
peripatetica *f.* (*eufem*) street–walker. **peripatetico** *a./s.m.* (*pl.* -ci) (*Filos*) Peripatetic.
peripezia *f.* **1** mishap, piece of bad luck. **2** *pl.* vicissitudes *pl*, ups and downs *pl*.
periplo *m.* circumnavigation, periplus. □ *fare il* ~ *di un'isola* to sail round an island.
periptero *m.* (*Archeol*) peripteral temple.
perire *v.i.* (**perisco, perisci**; *aus.* essere) **1** to die, to perish (*anche fig.*): ~ *in un incidente* to die in an accident; *la sua fama non perirà* his fame shall not die. **2** (*andare in rovina*) to be destroyed, to perish.
periscopico *a.* (*pl.* -ci) (*Ott*) periscopic. **periscopio** *m.* periscope. □ ~ *a cannocchiale* telescopic periscope; ~ *a specchi* mirror periscope.
perispomena *f.* (*Gramm*) perispomenon.
perissodattili *m.pl.* (*Zool*) perissodactyls *pl*.
peristalsi *f.* (*Fisiol*) peristalsis. **peristaltico** *a.* (*pl.* -ci) peristaltic.
peristilio *m.* (*Archeol,Edil*) peristyle.
peritale *a.* (*burocr*) expert–.
peritarsi *v.r.* (**mi perito**) (*lett*) to hesitate.
perito I *a.* (*esperto*) expert, skilled, skilful. **II** *s.m.* expert. □ ~ agrario agronomy expert; ~ *di compagnia di*

assicurazioni assessor; ~ **calligrafico** handwriting expert; ~ **chimico** non–graduate chemist; ~ **fonico** voiceprint analyst; ~ **giudiziario** assessor, expert witness appointed by a court; ~ **industriale** industrial expert.

peritonẹo m. ⟨Anat⟩ peritoneum. **peritonịte** f. ⟨Med⟩ peritonitis.

peritụro a. ⟨lett⟩ transient, passing: fama –a passing fame.

perịzia f. **1** skill, skilfulness, ability; (esperienza) experience. **2** (parere) expert opinion (o judgement); (relazione scritta) (expert's) report. ☐ **aver grande ~** to be very skilful; ~ **calligrafica** expert opinion on handwriting; ~ **dei danni** damage appraisal (o survey); ~ **giudiziale** expert evidence; ~ **medico-legale** medical examination; ~ **psichiatrica** psychiatrist's report.

periziạre v.t. (perịzio, perịzi) ⟨burocr⟩ to value, to estimate, to assess: far ~ un patrimonio to have an inheritance assessed.

perizọma m. ⟨Etnol⟩ loin cloth.

pẹrla I s.f. **1** pearl: una collana di –e a pearl necklace. **2** ⟨fig⟩ pearl, jewel, treasure, gem: è una ~ di marito he is a treasure of a husband. **3** ⟨Tip⟩ pearl (type). **4** pl. ⟨Arch⟩ beading, beads pl. II a.inv. pearl: grigio ~ pearl–grey. ☐ –e **barocche** baroque pearls; **color ~** pearl–colour(ed), pearly; –e **coltivate** culture(d) pearls, cultivated pearls; –e **false** imitation pearls; **pescatore** di –e pearl diver. Prov.: non buttare –e ai porci cast not thy pearls before swine.

perlạceo a. pearly, pearl–coloured.

perlaquạle (o per la quạle) a.inv. ⟨fam⟩ **1** (perbene) decent, respectable: una persona molto ~ a very decent person. **2** (ottimo) extremely good, excellent, ⟨fam⟩ capital. ☐ un pranzetto ~ a delicious meal.

perlạto a. **1** (ornato di perle) decorated (o set) with pearls. **2** (color perla) pearly. **perlé** fr.m. ⟨Tess⟩ (anche cotone perlé) pearl cotton. **perlịfero** a. pearl–: ostrica –a pearl oyster. **perlịna** f. **1** seed–pearl. **2** pl. (conterie) glass beads pl. **3** ⟨Fal⟩ matchboard. **perlinạto** I a. beaded: schermo ~ beaded screen. II s.m. matchboarding. **perlịte** f. ⟨Min⟩ perlite, pearly–stone.

perlomẹno (o per lo mẹno) avv. (almeno) at least. **perlopiù** (o per lo più) avv. mainly, in most cases.

perlustrạre v.t. ⟨Mil⟩ to patrol, to reconnoitre. **perlustratọre** m. (f. -trice) patroller, ⟨Mil⟩ scout. **perlustraziọne** f. **1** patrol(ling): mandare qd. in ~ to send s.o. on patrol. **2** ⟨Mil⟩ reconnaissance.

permalosità f. touchiness, ⟨fam⟩ huffiness. **permalọso** a. touchy, ⟨fam⟩ huffy.

permanẹnte I a. permanent, standing: esercito ~ standing army. II s.f. (ondulazione artificiale dei capelli) permanent (wave), ⟨fam⟩ perm: farsi a ~ to have a perm (o one's hair permed); ~ a caldo hot perm; ~ a freddo cold perm. **permanentemẹnte** avv. permanently. **permanẹnza** f. **1** permanence, permanency. **2** (il perdurare) persistence. **3** (soggiorno) stay, sojourn: buona ~! have a good stay! ☐ ⟨burocr⟩ ~ in carica term of office. **permanẹre** v.i. (permạngo, permạni; p.rem. permạsi; fut. permarrò; aus. essere) to persist; (continuare) to remain.

permanganạto m. ⟨Chim⟩ permanganate.

permạngo, permạsi → permanere.

permeạbile a. permeable. **permeabilità** f. permeability, perviousness. ☐ ~ all'aria perviousness to air; ~ assoluta absolute permeability; coefficiente di ~ permeability coefficient. **permeạnza** f. ⟨El⟩ permeance. **permeạre** v.t. (permẹo) to permeate.

permẹsso[1] (p.p. di permettere) a. **1** permitted, allowed. **2** (interr) may I?; (posso entrare) may I come in?; (nel farsi strada) excuse me (please).

permẹsso[2] m. **1** permission, leave: ho chiesto il ~ di uscire I asked permission to go out; ⟨concr⟩ permit, licence. **2** ⟨Mil, burocr⟩ (licenza, congedo) leave (of absence); (foglio) pass. ☐ ~ di caccia shooting (o game) licence; ~ di circolazione registration book; con ~: 1 (posso entrare?) may I come in?; 2 (passando avanti) excuse me (please); con il vostro ~ by your leave; ~ d'entrata entry permit; essere in ~ to be on leave; ~ di lavoro work permit; avere un mese di ~ to have a month's leave; ~ di soggiorno residence permit.

permẹttere v.t. (permịsi, permẹsso) **1** to allow, to let, to permit: ~ a qd. di fare qc. to let s.o. do s.th., to allow (o permit) s.o. to do s.th. **2** (dare la possibilità) to enable, to make possible, to allow: la sua autorità gli permette di parlare francamente his authority enables him to speak frankly. **3** (tollerare) to permit, to bear, to let. **4** (in formule di cortesia) to permit. **permettersi** v.r. **1** to allow o.s.; (rif. a spese e sim.) to afford: non posso permettermi una simile spesa I can't afford the expense. **2** (prendersi la libertà) to dare: come si permette! how dare you! **3** (in formule di cortesia) to take the liberty: mi permetto di scriverle I am taking the liberty of writing to you. ☐ permette una parola? may I put in a word?; non posso ~ che tu le parli così I won't have you speak to her like that; la sua malattia non gli permette grandi sforzi his illness prevents him from exerting himself. **permịsi** → permettere. **permissịbile** a. permissible, allowable. **permissivịsmo** m. permissivism. **permissività** f. permissiveness. **permissịvo** a. permissive: la società –a the permissive society.

permụta f. ⟨Dir⟩ barter, permutation. **permutạbile** a. **1** exchangeable. **2** ⟨Mat⟩ permutable. **permutabilità** f. permutability. **permutạre** v.t. (permụto) **1** to barter, to exchange, to permute. **2** ⟨Mat⟩ to permute. **permutatọre** m. ⟨El⟩ permutator. **permutaziọne** f. **1** exchange, barter(ing). **2** ⟨Mat⟩ permutation.

permutịte f. ⟨Chim⟩ permutite. ☐ metodo alla ~ permutite process.

pernạcchia f. ⟨volg⟩ raspberry, ⟨am⟩ Bronx cheer.

pernịce f. ⟨Ornit⟩ (common grey) partridge. ☐ ~ alpestre (o bianca) rock ptarmigan; ~ rosa red–legged partridge.

perniciọsa f. ⟨Med⟩ (anche febbre perniciosa) pernicious malaria. **perniciọso** a. **1** pernicious, injurious, noxious. **2** ⟨Med⟩ pernicious.

pẹrno m. **1** pivot, pin. **2** ⟨fig⟩ pivot, hinge. **3** ⟨Dent⟩ pivot, dowel. ☐ ⟨Mecc⟩ ~ d'articolazione joint pin, trunnion; ~ portante supporting journal; ~ di spinta thrust block (o bearing).

pernottamẹnto m. overnight stay. **pernottạre** v.i. (pernọtto; aus. avere) to stay overnight, to spend the night.

pẹro m. **1** ⟨Bot⟩ pear (tree). **2** (legno) pear wood.

però congz. **1** but: è un brav'uomo, ~ non è fortunato he is a good man but he is not lucky. **2** (tuttavia) however, nevertheless, yet, still, spesso non si traduce: anche se non ti sono simpatici, devi ~ essere gentile con loro even if you don't like them, (nevertheless) you must be nice to them (o you must still be nice to them).

perocché (o però chẹ) congz. ⟨lett⟩ (poiché) since, as, because.

perọne m. ⟨Anat⟩ fibula, perone. **peronẹo** a. fibular, peroneal.

peronọspora f. **1** ⟨Bot⟩ peronospora. **2** ⟨Agr⟩ downy mildew.

perorạre v. (perọro) ⟨lett⟩ I v.t. to plead: ~ una causa to plead a cause. II v.i. (aus. avere) to speak: ~ in difesa di qd. to speak in s.o.'s defence. **peroraziọne** f. **1** pleading, defence. **2** ⟨Ret⟩ peroration.

perọssido m. ⟨Chim⟩ peroxide: ~ d'idrogeno hydrogen peroxide.

perpendicolạre a./s.f. perpendicular. **perpendicolarità** f. perpendicularity. **perpendicolarmẹnte** avv. perpendicularly. **perpendịcolo** m. perpendicular. ☐ a ~ perpendicularly.

perpetrạre v.t. (pẹrpetro) ⟨lett⟩ to perpetrate, to commit. **perpetraziọne** f. perpetration.

perpẹtua f. priest's housekeeper.

perpetuamẹnte avv. perpetually. **perpetuạre** v.t. (perpẹtuo) to perpetuate: ~ la memoria di qd. to perpetuate s.o.'s memory. **perpetuạrsi** v.r. to be(come) eternal, to be perpetuated. **perpetuità** f. perpetuity. **perpẹtuo** a. **1** perpetual, eternal, everlasting: in ~ ricordo di in everlasting memory of. **2** (che dura tutta la vita) life–, permanent, perpetual: carcere ~ life imprisonment. **3** ⟨Mecc⟩ perpetual, endless. ☐ moto ~ perpetual motion.

perplessità f. **1** perplexity. **2** (irresolutezza) uncertainty.

perplesso *a.* **1** perplexed, puzzled. **2** (*irresoluto*) uncertain, undecided. □ *lasciare* (o *rendere*) ~ to puzzle, to perplex.

perquisire *v.t.* (**perquisisco, perquisisci**) to search.

perquisizione *f.* search (by warrant), perquisition: *fare un'attenta* ~ to make a thorough search. □ ~ *doganale* rummaging; ~ *domiciliare* house search, search of premises; *ordine* (o *mandato*) *di* ~ search warrant.

persecutore I *s.m.* (*f.* -**trice**) persecutor. **II** *a.* persecuting.

persecutorio *a.* persecutory. **persecuzione** *f.* persecution (*anche fig.*). □ ~ *antisemita* (o *degli ebrei*) persecution of the Jews; ⟨*Psic*⟩ *mania di* ~ persecution complex; ~ *razziale* racial persecution.

Persefone *N.pr.f.* ⟨*Mitol*⟩ Persephone.

perseguibile *a.* ⟨*Dir*⟩ prosecutable. □ *essere* ~ to be prosecutable. **perseguimento** *m.* following, pursuit.

perseguire *v.t.* (**perseguo; perseguii**) **1** to pursue, to follow: ~ *uno scopo* to pursue an aim. **2** ⟨*Dir*⟩ to prosecute. **perseguitare** *v.t.* (**perseguito**) **1** to persecute. **2** ⟨*fig*⟩ to pester, to persecute: ~ *qd. con richieste* to pester s.o. with requests. **perseguitato** *m.* (*f.* -**a**) victim of persecution: ~ *politico* victim of political persecution.

Perseo (o *Perseo*) *N.pr.m.* ⟨*Mitol*⟩ Perseus.

Persepoli *N.pr.f.* ⟨*Geog.stor*⟩ Persepolis.

perseverante *a.* persevering. **perseveranza** *f.* perseverance. **perseverare** *v.i.* (**persevero**; *aus.* avere) to persevere, to persist: ~ *nel male* to persist in wrongdoing.

persi → **perdere**.

Persia *N.pr.f.* ⟨*Geog*⟩ Persia.

persiana *f.* shutter, blind: *chiudere le* -*e* to close the shutters. □ ~ *avvolgibile* Venetian blind; ~ *scorrevole* sliding shutter.

persiano I *a.* Persian. **II** *s.m.* **1** (*lingua*) Persian. **2** (*abitante; f.* -**a**) Persian. **3** ⟨*Zool*⟩ (*gatto persiano*) Persian cat. **4** (*pelliccia*) Persian lamb.

persico[1] *a.* (*pl.* -**ci**) Persian: *golfo* ~ Persian Gulf.

persico[2] *m.* (*pl.* -**ci**) ⟨*Itt*⟩ perch.

persino *avv.* → **perfino**.

persistente (*p.pr. di persistere*) *a.* persistent (*anche Bot.*).

persistenza *f.* persistence. □ ⟨*Ott*⟩ ~ *dell'immagine* persistence of vision. **persistere** *v.i.* (**persistei/persistetti, persistito**; *aus.* avere) to persist: ~ *in un errore* to persist in an error.

perso (*p.p. di perdere*) *a.* **1** lost; (*sprecato*) wasted. **2** ⟨*fig*⟩ wasted. □ *darsi per* ~ (*per vinto*) to give o.s. up for lost; ~ *per* ~ having nothing further to lose; *è tempo* ~ it's a waste of time; *a tempo* ~ in one's leisure (o spare) time.

persolfato *m.* ⟨*Chim*⟩ persulphate.

persona *f.* **1** person (*pl* people [*costr. pl.*], persons): *la sua famiglia è composta di sei* -*e* there are six people in his family; (*uomo*) person, man (*f* woman): *una* ~ *per bene* a respectable man. **2** *pl.* (*gente*) people (*costr. pl.*), persons *pl.* **3** (*corpo*) body, person; (*figura*) figure; (*aspetto*) appearance: *curare la propria* ~ to look after one's appearance. **4** (*qualcuno: in frasi affermative*) someone, somebody: *c'è una* ~ *che ti cerca* somebody wants you; (*in frasi negative e interrogative*) anyone; (*nessuno*) no one, nobody: *non c'è* ~ *al mondo che conosca il mio segreto* no one in the world knows my secret. **5** (*preceduto da aggettivo possessivo*) oneself, *oppure si traduce col pronome personale corrispondente: la mia* ~ myself. **6** ⟨*Gramm,Filos,Dir*⟩ person. **7** ⟨*Psic*⟩ persona. □ *di* ~ (*personalmente*) in person, personally: *è venuto di* ~ he came in person; *pagare di* ~ to meet one's responsibilities squarely; ~ *esente* (*dal pagamento delle imposte*) exempt; ~ *di* **famiglia** member of the family; ~ *di* **fiducia** reliable person; ⟨*Dir*⟩ ~ **fisica** natural person; ~ **giuridica** legal (o juridical) person; *in* ~: **1** (*personalmente*) in person, personally; **2** (*personificato*) personified, itself: *essere la saggezza in* ~ to be wisdom personified (o itself); *è lui in* ~! it's him!, it's the very man!; *una* ~ **molesta** a bore; *due* **per** ~ two a head, two each (o apiece); *parlare in* **prima** ~ to speak in the first person; ~ *di* **servizio** domestic servant (o help); -*e di servizio* domestic staff (o servants *pl*); **tavola** *apparecchiata per dieci* -*e* table laid for ten;

terza ~: **1** ⟨*Gramm*⟩ third person; **2** ⟨*Dir*⟩ (*terzo*) third party; *usare la terza* ~ *con qd.* to use the 'polite form' (o formal third person) when speaking to s.o.; *non l'ho detto a* ~ **viva** I haven't told a soul.

personaggio *m.* **1** personage, ⟨*fam*⟩ bigwig, ⟨*fam*⟩ V.I.P. **2** ⟨*Lett*⟩ character: ~ *principale* main character. **3** ⟨*fam*⟩ (*uomo, tipo*) character.

personal *ingl. m.* ⟨*Inform*⟩ personal computer.

personale I *a.* personal: *agire per interesse* ~ to act out of personal interest; *pulizia* ~ personal cleanliness; *aereo* ~ personal plane; *interpretazione* ~ personal interpretation; ⟨*Gramm*⟩ *costruzione* ~ personal construction. **II** *s.m.* **1** (*figura*) figure: *avere un bel* ~ to have a good figure. **2** (*dipendenti*) staff (*costr. pl.*), personnel (*costr. pl.*); (*maestranze*) workers *pl*, hands *pl.* **III** *s.f.* (*mostra personale*) one-man show. □ ⟨*Aer*⟩ ~ *di* **bordo** flight attendants *pl*; *capo del* ~ personnel manager; ~ **direttivo** (o *di direzione*) management, managerial staff, ⟨*am*⟩ executive personnel; ~ **docente** teaching staff; ⟨*Mil*⟩ ~ **effettivo** regular forces; ⟨*Ind,Comm*⟩ ~ **fisso** regular staff; ~ *in* **forza** personnel on strength; ~ **impiegatizio** office staff; white-collar workers *pl*; ~ **infermieristico** nursing staff; ~ **insegnante** (teaching) staff, teachers *pl;* ~ *di* **macchina** engine-room personnel (*anche Mar.*); ~ **qualificato** (o *specializzato*) skilled workers (o labour); ~ *di* **ruolo** permanent staff; ~ **sanitario** health care personnel; ~ *di* **servizio** domestic servants *pl* (o staff); ~ *a* **tempo** (*definito*) temporary personnel; ⟨*Aer*⟩ ~ *di* **terra** ground personnel (o crew); ~ *d'*ufficio office staff (o personnel); ~ *di* **vendita** sales personnel; ⟨*Ferr*⟩ ~ **viaggiante** train staff (o crew); ⟨*Aer*⟩ ~ *di* **volo** flight personnel.

personalismo *m.* ⟨*Filos,Psic*⟩ personalism. **personalissimo** (*sup. di personale*) *a.* strictly personal. **personalistico** *a.* (*pl.* -**ci**) personalist(ic). **personalità** *f.* **1** personality. **2** (*estens*) (*personaggio*) personality, ⟨*fam*⟩ bigwig, ⟨*fam*⟩ V.I.P. □ *culto della* ~ personality cult; ~ *giuridica* juridical (o legal) personality. *teoria della* ~ personality theory. **personalizzare** *v.t.* to personalize. **personalizzazione** *f.* personalization. **personalmente** *avv.* personally, in person: *si occupa* ~ *dei suoi affari* he sees to his business personally (o himself); ~ *non sono d'accordo* personally I disagree.

personificare *v.t.* (**personifico, personifichi**) **1** to personify: ~ *le forze della natura* to personify the forces of nature. **2** (*simboleggiare*) to personify, to embody, to represent. **personificato** *a.* personified: *essere la virtù* -*a* to be virtue personified (o itself). **personificazione** *f.* personification, embodiment. □ *essere la* ~ *della bontà* to be goodness personified (o itself).

perspicace *a.* **1** (*pronto*) keen, sharp, quick, perspicacious: *mente* ~ quick (o keen) mind. **2** (*rif. ad azione: accorto*) clever, shrewd, sagacious. **perspicacia** *f.* keenness, sharpness, perspicacity.

perspicuità *f.* perspicuity, clearness. **perspicuo** *a.* perspicuous, clear: *ragionamento* ~ clear reasoning.

persuadere *v.t.* (**persuasi, persuaso**) **1** (*convincere*) to convince, to persuade: *le tue parole non mi persuadono* you haven't convinced me. **2** (*indurre*) to induce, to make, to talk into. **3** ⟨*fam*⟩ (*andare a genio*) to like: *ha una faccia che non mi persuade* I don't like his face. **persuadersi** *v.r.* to convince (o persuade) o.s., to become convinced. □ *cercare di* ~ *qd.* to try to convince s.o.; *lasciarsi* ~ to let o.s. be convinced. **persuasi** → **persuadere**. **persuasione** *f.* **1** persuasion. **2** (*convinzione*) conviction, belief. **persuasiva** *f.* persuasiveness. **persuasivo** *a.* persuasive, convincing (*anche fig.*). **persuaso** (*p.p. di persuadere*) *a.* convinced, persuaded. **persuasore** *m.* (*f.* persuaditrice) persuader. □ ~ *occulto* hidden persuader.

pertanto *congz.* (*perciò, quindi*) therefore, so, for this reason, thus: *mi sentivo stanco,* ~ *decisi di andarmene* I felt tired, so I decided to leave; *gradirei* ~ *una risposta* I should therefore like a reply.

pertica *f.* **1** pole, rod, perch. **2** ⟨*fam,scherz*⟩ (*persona alta e magra*) bean pole. **3** ⟨*Ginn*⟩ pole. **4** (*unità di misura*) perch.

pertinace *a.* pertinacious. **pertinacia** *f.* tenaciousness, pertinacity.

pertinente *a.* pertinent, pertaining, relevant (to). □ *domanda* ~ relevant question; *non* ~ irrelevant. **pertinenza** *f.* **1** (*attinenza*) pertinence, pertinency. **2** (*spettanza*) competency. □ ⟨*Dir.burocr*⟩ *essere di* ~ *di qd.* to fall within s.o.'s competence.

pertosse *f.* ⟨*Med*⟩ whooping cough.

pertugio *m.* (*buco*) hole; (*passaggio stretto*) narrow opening, slot.

perturbare *v.t.* to upset, to disturb, to perturb. **perturbarsi** *v.r.* **1** to become (*o* get) upset. **2** (*rif. al tempo*) to grow stormy, to get unsettled. **perturbatore I** *s.m.* (*f.* -trice) upsetter, disturber. **II** *a.* upsetting, disturbing. **perturbazione** *f.* **1** disturbance, upset, perturbation. **2** ⟨*Meteor*⟩ disturbance.

Perù *N.pr.m.* ⟨*Geog*⟩ Peru. □ ⟨*pop*⟩ *valere un* ~ to be worth a fortune (*o* mint). **peruviano** *a./s.m.* (*f.* -a) Peruvian.

pervadere *v.t.* (pervasi, pervaso) ⟨*lett*⟩ to pervade, to permeate (*anche fig.*).

pervenire *v.i.* (pervengo, pervieni; pervenni, pervenuto; → venire; *aus.* essere) **1** to arrive (*a* at), to reach (s.th.), to come (to); (*rif. a lettere e sim.*) to have (*costr. pers.*): *mi è pervenuta una lettera* I have had (*o* received) a letter. **2** ⟨*fig*⟩ to reach (*a qc.* s.th.), to get, to come (to): *mi è pervenuto alle orecchie che* it has come to my ears that, I have heard that. □ *fare* ~ *qc.* to have s.th. sent (*o* delivered); ~ *alla meta* to reach one's destination; ⟨*fig*⟩ to achieve one's end.

perversione *f.* ⟨*Psic*⟩ perversion. **perversità** *f.* **1** perversity, wickedness. **2** (*azione*) perversity, wicked deed. **perverso** *a.* perverse, wicked. **pervertimento** *m.* **1** (*corruzione*) corruption, depravity. **2** (*perversione*) perversion. **pervertire** *v.t.* (perverto) **1** (*corrompere*) to pervert, to corrupt: ~ *la gioventù* to corrupt the youth. **2** ⟨*Psic*⟩ to pervert. **pervertirsi** *v.r.* to be (*o* become) perverted, to be corrupted. **pervertito I** *a.* perverted. **II** *s.m.* (*f.* -a) pervert. **pervertitore I** *s.m.* (*f.* -trice) perverter, corrupter. **II** *a.* perverting, corrupting.

pervicace *a.* ⟨*lett*⟩ obstinate, stubborn, headstrong. **pervicacia** *f.* ⟨*lett*⟩ obstinacy, stubbornness.

pervinca I *s.f.* ⟨*Bot*⟩ periwinkle. **II** *a.inv.* periwinkle–, periwinkle blue.

p.es. = *per esempio* for example (*abbr.* e.g.).

pesa *f.* **1** (*pesatura*) weighing: *portare le merci alla* ~ to bring goods for weighing (*o* to be weighed). **2** (*basculla*) weigh–bridge, weighing–machine. **3** (*luogo della pesatura*) weigh–house.

pesa|bambini *m.inv.* (*anche bilancia pesa bambini*) baby scales *pl.* **~filtro** *m.* ⟨*Chim*⟩ weighing–bottle. **~lettere** *m.inv.* letter–scales *pl*, letter–balance.

pesante *a.* **1** heavy, weighty: *un pacco* ~ a heavy parcel. **2** (*che dà sensazione di pesantezza: rif. all'aria*) heavy, stuffy: *aria* ~ stuffy air; (*indigesto*) rich, heavy: *pasto* ~ heavy meal. **3** (*goffo*) heavy, clumsy: *passo* ~ clumsy gait. **4** (*faticoso*) tiring, wearying. **5** (*noioso*) dull, boring, tiresome: *uno scrittore* ~ a boring writer. **6** (*duro*) rough, hard: *gioco* ~ rough game. **7** (*profondo*) deep, heavy: *sonno* ~ deep sleep. **8** (*rif. a scherzi e sim.: volgare*) coarse, vulgar. **9** (*rif. a indumenti*) warm, thick. **10** ⟨*tecn,Mil*⟩ heavy: *industria* ~ heavy industry. **pesantemente** *avv.* **1** heavily. **2** (*profondamente*) deeply: *dormire* ~ to sleep deeply. **pesantezza** *f.* heaviness, weight. □ ~ *di testa* heavy–headedness.

pesapersone *m.inv.* bathroom–scales *pl.*

pesare *v.* (peso) **I** *v.t.* to weigh (*anche fig.*): ~ *un pacco* to weigh a parcel; ~ *le parole* to weigh one's words. **II** *v.i.* (*aus.* avere/essere) **1** to weigh: *quanto pesa?* what (*o* how much) does it weigh? **2** (*essere pesante*) to be heavy. **3** (*gravare*) to rest: *la cupola pesa su pilastri* the dome rests on pillars. **4** ⟨*fig*⟩ (*opprimere*) to be a burden, to lie heavy. **5** ⟨*fig*⟩ (*avere importanza*) to count, to be of weight, to matter. **6** ⟨*fig*⟩ (*dispiacere, rincrescere*) to be sorry (*costr. pers.*): *mi pesa doverlo fare* I am sorry to have to do it; (*riuscire molesto*) to find it hard (*costr. pers.*): *questo lavoro mi pesa molto* I find this work very hard. **7**

⟨*fig*⟩ (*incombere*) to hang: *pesa su di lui una terribile accusa* a terrible charge hangs over him. **pesarsi** *v.r.* to weigh o.s. □ ⟨*fig,scherz*⟩ ~ *con la bilancia del farmacista* to examine very minutely (*o* critically).

pesata *f.* **1** (*il pesare*) weighing. **2** (*quantità*) weight. □ *dare una* ~ *a qc.* to weigh s.th. **pesatura** *f.* **1** weighing. **2** ⟨*Sport*⟩ weigh–in.

pesca¹ *f.* peach: *sbucciare una* ~ to peel a peach.

pesca² *f.* **1** fishing, fishery. **2** (*quantità*) catch, haul. **3** ⟨*fig*⟩ (*lotteria*) draw; (*estraendo oggetti*) lucky dip. □ ~ *d'altura* deep–sea fishing; *andare a* ~ *di* to go fishing for; *attrezzi da* ~ fishing gear (*o* tackle) *sing;* ~ *di beneficenza* charity draw; ~ *con la* canna angling; *da* ~ fishing–: *barca da* ~ fishing boat; *divieto di* ~ No Fishing; ~ *di frodo* (*o* abusiva) illegal fishing; ~ *del* merluzzo cod fishing (*o* fishery); ~ miracolosa draw, lucky dip; ~ *con le* nasse fishing with traps; ~ *delle* perle pearl fishing (*o* diving); ~ *con la* rete fishing with a net, netting; ~ *delle* spugne sponge fishing (*o* diving); ~ *a* strascico trawling; ~ subacquea underwater fishing; ~ *del* tonno tunny (*o* tuna) fishing.

pescaggio *m.* **1** ⟨*Mar*⟩ draught, draft. **2** (*altezza di aspirazione di una pompa*) suction lift, height of suction. **3** ⟨*Min*⟩ fishing. **pescaia** *f.* ⟨*Idr*⟩ weir. **pescare** *v.* (pesco, peschi) **I** *v.t.* **1** to fish for: ~ *trote* to fish for trout; (*con l'amo*) to angle for. **2** (*recuperare dall'acqua*) to fish out, to draw out. **3** (*prendere su a caso*) to pick out (*o* on): ~ *una carta nel mazzo* to pick a card out of the pack. **4** ⟨*fam*⟩ (*trovare*) to find, to get (hold of): *dove posso pescarlo a quest'ora?* where can I get hold of him at this hour?; (*acciuffare*) to catch: *lo hanno pescato con le mani nel sacco* they caught him red–handed. **II** *v.i.* (*aus.* avere) ⟨*Mar*⟩ to draw: *lo scafo pesca cinque metri* the hull draws five metres. □ ~ *con l'amo* (*o la lenza*) to angle, to fish with hook and line; ~ *con la rete* to fish with a) net; ⟨*fig*⟩ ~ *nel torbido* to fish in troubled waters. **pescasportivo** *m.* angler. **pescata** *f.* (*quantità*) haul, catch.

pescatore *m.* (*f.* -trice) fisherman, fisher; (*con l'amo*) angler. □ ~ *di canna* rod–and–line fisherman, angler; ~ *di frodo* (fish) poacher; ~ *di perle* pearl fisher, pearl diver; ~ subacqueo underwater fisher(man). **pescatrice** *f.* ⟨*Itt*⟩ (*anche rana pescatrice*) angler.

pesce *m.* **1** fish. **2** *pl* ⟨*Astr*⟩ Pisces *pl* (*costr. sing.*), Fishes *pl.* **3** ⟨*Tip*⟩ (*errore di composizione*) omission. □ ~ *d'acqua dolce* freshwater fish; ~ *d'acqua salata* salt–water fish; ⟨*fig*⟩ *essere* (*o* sentirsi) *come un* ~ *fuor d'acqua* to be (*o* feel) like a fish out of water; ~ affumicato smoked fish; ~ *d'aprile* April fool's trick (*o* joke): *fare un* ~ *d'aprile a qd.* to play an April fool's trick on s.o.; ~ *in* bianco boiled fish; ⟨*fig*⟩ buttarsi *a* ~ *su qc.* to make a dive for s.th.; ⟨*scherz*⟩ ~ grosso ⟨*fam*⟩ bigwig, ⟨*fam*⟩ big shot; ~ *di* mare sea–fish; ~ pilota pilot fish; pulire *il* ~ to clean (*o* gut) fish; ~ rosso goldfish; *non* saper *che* –*i prendere* to be at one's wits' end (*o* a loss), not to know which way to turn; ~ *in* scatola tinned fish, ⟨*am*⟩ canned fish; ~ spada swordfish. *Prov.: i –i grossi mangiano i piccini* the big fish eat the small fry.

pescecane *m.* (*pl.* pescicani/pescecani) **1** ⟨*Itt*⟩ great white shark, ⟨*pop*⟩ shark. **2** ⟨*fig*⟩ (*profittatore arricchito*) shark, profiteer; (*profittatore di guerra*) wartime profiteer.

peschereccio I *s.m.* ⟨*Mar*⟩ fishing boat, (fishing) smack. **II** *a.* fishing–. **pescheria** *f.* (*negozio*) fishmonger's (shop), fish–shop; (*mercato*) fish market. **peschiera** *f.* fish pool, fishpond. **pesciaiola** *f.* (*recipiente per lessare il pesce*) fish–kettle. **pesciera** *f.* ⟨*region*⟩ → pesciaiola. **pescivendolo** *m.* (*f.* -a) fishmonger.

pesco *m.* (*pl.* -chi) ⟨*Bot*⟩ peach (tree).

pescosità *f.* abundance (*o* quantity) of fish. **pescoso** *a.* abounding in fish, teeming with fish: *acque –e* waters abounding in fish.

pesiera *f.* **1** (*serie di pesi*) set of weights. **2** (*cassetta*) box of weights. **pesista** *m.* ⟨*Sport*⟩ weight lifter; (*lanciatore di peso*) shotputter, ⟨*am*⟩ weightman.

peso *m.* **1** weight (*anche Fis.*): *controllare il* ~ *della merce* to check the weight of the goods. **2** ⟨*concr*⟩ weight, load: *portare grossi –i* to carry heavy loads; (*oggetto di metallo* *per pesare*) weight: *i −i della bilancia* balance weights. **3** (*pesata*) weight: ~ *abbondante* good weight. **4** ⟨*fig*⟩ (*sensazione di peso*) weight, heavy feeling. **5** ⟨*fig*⟩ (*onere, carico*) weight, burden, load: *essere di ~ a qd.* to be a burden to s.o.; *mi sono levato un ~ dallo stomaco* I've got a load (*o* weight) off my mind; *il ~ degli anni* the weight of years. **6** ⟨*fig*⟩ (*importanza*) importance, consequence: *dare ~ a qc.* to attach importance to s.th. **7** ⟨*Sport*⟩ (*sfera metallica*) shot, weight; (*manubrio*) dumb bell. **8** ⟨*Sport*⟩ (*recinto del peso*) weighing–in room. □ **a ~** by weight: *comperare a ~* to buy by weight; **assenza di ~** weightlessness; **~ atomico** atomic weight; ⟨*fig*⟩ **aver ~** to carry weight, to be important; *−i campione* standard weights; **~ corporeo** body weight; ⟨*fig*⟩ *avere un ~ sulla* **coscienza** to have ‵a load‵ (*o* s.th. weighing) on one's conscience; **del ~ di** weighing: *un pesce del ~ di dieci chili* a fish weighing ten kilos; *di ~* bodily, by (sheer) force: *alzare qd. di ~* to lift s.o. up bodily; *essere di ~* to be a burden; **eccesso di ~** overweight; ⟨*Sport*⟩ **~ gallo** bantamweight class; (*atleta*) bantamweight; ⟨*Mar*⟩ **~ all'imbarco** shipping weight; ⟨*Sport*⟩ **~ leggero** lightweight class; (*atleta*) lightweight; **~ lordo** gross weight; **~ massimo** ⟨*Sport*⟩ heavyweight class; (*atleta*) heavyweight; ⟨*Sport*⟩ **~ medioleggero** welterweight class; (*atleta*) welterweight; ⟨*Sport*⟩ **~ mediomassimo** light heavyweight class; (*atleta*) light heavyweight; **~ molecolare** weight; **~ morto** deadweight (*anche fig.*); ⟨*Sport*⟩ **~ mosca** flyweight class; (*atleta*) flyweight; **~ netto** net weight; ⟨*fig*⟩ *a ~ d'oro* at a very high price, dear; *pagare qc. a ~ d'oro* to pay through the nose for s.th.; **passare** *il ~* to be overweight; ⟨*Sport*⟩ **~ piuma** featherweight class; (*atleta*) featherweight; **rubare** *sul ~* to give short weight, to cheat on weight; **senza ~** weightless; ⟨*Fis*⟩ **~ specifico** specific weight; **~ vivo** live weight (*o* load).

pessario *m.* ⟨*Med*⟩ (ring) pessary.
pessimamente *avv.* very badly. **pessimismo** *m.* pessimism (*anche Filos.*). **pessimista** I *s.m./f.* pessimist (*anche Filos.*). II *a.* **~ pessimistico. pessimistico** *a.* (*pl.* -ci) pessimistic (*anche Filos.*). **pessimo** (*sup. di cattivo*) *a.* **1** very bad (*o* evil, wicked), nasty. **2** (*del tutto incapace*) very bad (*o* poor), ⟨*fam*⟩ hopeless. **3** (*molto scadente*) very poor (*o* bad, faulty), ⟨*fam*⟩ dreadful. **4** (*molto sgradevole*) very unpleasant (*o* disagreeable), nasty, dreadful.
pesta *f.* (generally in pl.) **1** (*orma*) footprint, footstep, track. **2** *pl.* (*rif. ad animali*) tracks *pl*, traces *pl.* □ ⟨*fig*⟩ *essere sulle −e di qd.* to be on s.o.'s trail (*o* tracks); ⟨*fig*⟩ *lasciare qd. nelle −e* to leave s.o. in trouble; ⟨*fig*⟩ *seguire le −e di qd.* to follow in s.o.'s footsteps; ⟨*fig*⟩ *trovarsi nelle −e* to be in trouble. **pestaggio** *m.* beating (up), thrashing.
pestare *v.t.* (**pesto**) **1** to pound, to crush: **~** *l'aglio* to crush garlic. (*calpestare*) to tread on: **~** *il piede a qd.* to tread on s.o.'s foot. **3** ⟨*fam*⟩ (*picchiare*) to give a hiding to, to beat (up): *lo hanno pestato di santa ragione* they gave him a good hiding. □ **~** *i colori* to grind colours (*o* pigments); ⟨*fig*⟩ **~** *i piedi a qd.* to step on s.o.'s toes; **~** *i piedi in terra* to stamp one's feet (on the ground). **pestata** *f.* **1** crushing, pounding. **2** (*pestone*) treading, trampling. **pestatoio** *m.* (*pestello*) pestle. **pestatura** *f.* **1** (*il pestare*) crushing, pounding. **2** (*rif. a colori*) grinding. **3** (*bastonatura*) beating, thrashing.
peste *f.* ⟨*Med*⟩ plague, pestilence: *morire di ~* to die from the plague. **2** ⟨*Stor*⟩ (*peste nera*) Black Death. **3** ⟨*fig*⟩ (*cosa dannosa*) plague; (*persona noiosa*) pest. **4** ⟨*fig*⟩ (*puzzo*) stink, stench. **5** ⟨*Veter*⟩ plague, pest. □ **~ bovina** cattle plague; ⟨*Med*⟩ **~ bubbonica** bubonic plague; *dire ~ e corna di qd.* to tear s.o. to bits; **~ delle foreste** wood death; **~ nera** marine oil pollution; ⟨*Veter*⟩ **~ suina** swine fever (*o* plague, pest).
pestello *m.* pestle.
pesticida *m.* ⟨*Chim*⟩ pesticide.
pestifero *a.* **1** pestiferous, pestilential (*anche fig.*). **2** ⟨*fig*⟩ (*fetido*) stinking. □ *sei un ragazzo ~* what a pest (*o* plague, nuisance) you are. **pestilenza** *f.* **1** plague, pestilence. **2** ⟨*fig*⟩ (*puzzo*) stink, stench. **pestilenziale** *a.* **1** ⟨*Med*⟩ pestilential. **2** ⟨*fig*⟩ (*fetido*) stinking.
pesto I *a.* (*pestato*) crushed, pounded. II *s.m.* **1** (*poltiglia*

pulp. **2** ⟨*Gastr*⟩ (*condimento genovese di erbe*) pesto. □ *buio ~* pitch darkness; *occhio ~* (*per un colpo*) black eye; (*occhiaia*) dark circle (*o* ring) under the eye; *sentirsi le ossa −e* to have aching bones. **pestone** *m.* **1** tamper. **2** ⟨*fam*⟩ (*pestata*) treading, trampling. □ *dare un ~ a qd.* to tread on s.o.'s toes (*o* foot).
petalo *m.* ⟨*Bot*⟩ petal.
petardo *m.* **1** (*bomba di carta*) firecracker, petard. **2** ⟨*Ferr*⟩ petard, torpedo.
petauro *m.* ⟨*Zool*⟩ flying phalanger (*o* opossum).
petecchia *f.* ⟨*Med*⟩ petechia. **petecchiale** *a.* ⟨*Med*⟩ petechial: *tifo ~* petechial typhoid.
petit-gris *fr.* [pəti'gri] *m.* ⟨*Mod*⟩ grey-squirrel (fur).
petitorio *a.* ⟨*Dir*⟩ petitory. **petizione** *f.* petition: *rivolgere una ~* to make a petition. □ ⟨*Stor*⟩ **~ dei diritti** Petition of Right.
peto *m.* breaking wind, ⟨*volg*⟩ fart. □ *fare un ~* to break wind.
petraia *f.* ⟨*lett*⟩ (*cumulo di pietre*) heap of stones; (*terreno pietroso*) stony ground.
Petrarca *N.pr.m.* ⟨*Lett*⟩ Petrarch. **petrarcheggiare** *v.i.* (petrarcheggio, petrarcheggi; *aus.* avere) to Petrarchize, to imitate Petrarch. **petrarchesco** *a.* (*pl.* -chi) Petrarch(i)an. **petrarchismo** *m.* Petrarchism. **petrarchista** *m./f.* Petrarchist.
petrochimica *f.* petrochemistry. **petrochimico** *a.* → petrolchimico.
petrodollaro *m.* petrodollar.
petrografia *f.* petrography, petrology.
petrolchimica *f.* petrochemistry. **petrolchimico** *a./s.* (*pl.* -ci) I *a.* petrochemical: *industria −a* petrochemical industry. II *s.m.* petrochemical engineer. □ *prodotti −i* petrochemicals.
petroldollaro *m.* → petrodollaro.
petroliera *f.* ⟨*Mar*⟩ (oil) tanker. **petroliere** *m.* **1** ⟨*Ind*⟩ (*operaio*) oil industry worker. **2** (*industriale*) oil magnate. **petrolifero** *a.* oil–, petroliferous: *giacimenti −i* oil fields. **petrolio** *m.* petroleum, (mineral) oil. □ *a ~* oil–, paraffin–, kerosene–: *fornello a ~* oil stove; **~ greggio** (crude) oil, petroleum; **~ illuminante** paraffin, kerosene; *pozzo di ~* oil well.
Petronio *N.pr.m.* ⟨*Stor.rom*⟩ Petronius.
petroso *a.* ⟨*lett*⟩ stony.
pe-tsai *m.* ⟨*Bot*⟩ Chinese cabbage.
pettegolare *v.i.* (pettegolo; *aus.* avere) to gossip, to (tittle–)tattle. **pettegolezzo** *m.* gossip, (small) talk, tittle–tattle: *fare −i* to (spread) gossip; *girano dei −i sul tuo conto* there is talk about you. **pettegolio** *m.* **1** gossip(ing), talk. **2** (*chiacchierio molesto*) chatter(ing), prattle. **pettegolo** I *a.* gossipy, given to gossip. II *s.m.* (*f.* -a) gossip(er).
pettinare *v.t.* (**pettino**) **1** to comb: **~** *i capelli a qd.* to comb s.o.'s hair. **2** (*acconciare i capelli*) to do (*o* arrange, dress) the hair of: **~** *qd.* to do s.o.'s hair. **3** ⟨*Tess*⟩ (*rif. a lana*) to comb, to tease; (*rif. a canapa o lino*) to hackle. **pettinarsi** *v.r.* **1** to comb one's hair. **2** (*acconciarsi i capelli*) to do (*o* arrange) one's hair, to have a hairstyle: *pettinarsi in modo diverso* to do one's hair differently. **pettinata** *f.* combing, comb. □ *dare una ~ a qd.* to comb s.o.'s hair. **pettinato** I *a.* **1** (well–)combed. **2** ⟨*Tess*⟩ (*rif. a lana*) combed, teased: *lana −a* combed wool; (*rif. a canapa o lino*) hackled. II *s.m.* ⟨*Tess*⟩ (*tessuto di lana pettinata*) worsted. **pettinatore** *m.* (*f.* -trice) ⟨*Tess*⟩ comber, teaser; (*di canapa o lino*) hackler. **pettinatrice** *f.* **1** (*parrucchiera*) hairdresser. **2** ⟨*Tess*⟩ (*macchina*) comber, combing machine; (*per canapa o lino*) hackling machine. **pettinatura** *f.* **1** combing. **2** (*acconciatura*) hairstyle, ⟨*fam*⟩ hairdo. **3** ⟨*Tess*⟩ combing, teasing; (*rif. a canapa o lino*) hackling. **pettine** *m.* **1** comb: *passarsi il ~ nei capelli* to put a comb through one's hair, to comb one's hair. **2** (*pettine ferma capelli*) (back) comb. **3** ⟨*Tess*⟩ (*rif. a lana*) comb; (*rif. a canapa o lino*) hackle. **4** ⟨*Zool*⟩ scallop, pecten. □ **~ a coda** rat-tail comb; **~ elettrico** styling comb, styler; **~ fitto:** 1 toothcomb, fine–tooth comb; 2 ⟨*Tess*⟩ switch, fine hackle; **~ rado** wide–toothed comb; ⟨*Bot*⟩ **~ di Venere** lady's comb.
pettino *m.* ⟨*Sart*⟩ **1** bib, jabot, plastron. **2** (*nelle camicie*

da uomo) shirt front, ⟨*fam*⟩ dickey.
pettirosso *m.* ⟨*Ornit*⟩ robin.
petto *m.* **1** chest, ⟨*poet*⟩ breast: ~ *ampio* broad chest; *(seno)* breast, bosom. **2** ⟨*fig*⟩ *(animo)* breast, heart, bosom. **3** ⟨*Macell*⟩ *(rif. a carne bovina)* brisket; *(rif. a uccelli)* breast. **4** ⟨*Sart*⟩ *(parte del vestito)* breast, front; *(misure: per uomo)* chest (measurement); *(per donne)* bust. □ *l'acqua arriva fino* **al** ~ the water is chest-high *(o* breast-high); **avere** *un bambino al* ~ to breast-feed a baby; **battersi** *il* ~ to beat one's breast *(anche fig.)*; **debole** *di* ~ weak in the chest; **di** ~: **1** *(di fronte)* facing, opposite; **2** ⟨*fig*⟩ head-on, with enthusiasm; **3** ⟨*Mus*⟩ chest-, from the chest: *voce di* ~ chest voice; ⟨*Sart*⟩ *a* **doppio** ~ double-breasted; *doppio* ~ double-breasted coat *(o* jacket); **malato** *di* ~ consumptive; *a* ~ **nudo** bare-breast(ed); ⟨*Gastr*⟩ ~ *di* **pollo** chicken breast; **prendere** *qd. per il* ~ to grab s.o. by the lapels; *prendere di* ~: **1** *(prendere di punta)* to clash openly with, to meet head-on; **2** *(impegnarsi)* to commit o.s. whole-heartedly, to throw o.s. into; ⟨*Sart*⟩ *a* **un** ~ single-breasted.
pettorale **I** *a.* chest-, breast-, pectoral. **II** *s.m.* *(finimento)* breast-strap, harness. □ *croce* ~ pectoral (cross). **pettorina** *f.* **1** ⟨*Stor*⟩ camisole, underbodice. **2** ⟨*Sart*⟩ *(pettino)* bib, jabot, plastron. **pettoruto** *a.* **1** broad-chested. **2** *(estens)* *(impettito)* with one's chest thrown out. **3** ⟨*fig*⟩ *(tronfio)* puffed up, strutting. □ *una donna -a* a big-bosomed woman.
petulante *a.* **1** impertinent, pert, brash, ⟨*fam*⟩ cheeky. **2** *(molesto)* troublesome, nagging. **petulanza** *f.* impertinence, pertness, ⟨*fam*⟩ cheek.
petunia *f.* ⟨*Bot*⟩ petunia.
pezza *f.* **1** rag, cloth: ~ *per pulire i pavimenti* floor-cloth, cleaning-rag; *bambola di* ~ rag-doll. **2** *(pannolino per bambini)* (baby's) napkin, ⟨*fam*⟩ nappy, ⟨*am*⟩ diaper. **3** *(toppa)* patch: *un vestito pieno di -e* a suit ⌐full of patches⌐ *(o* patched all over). **4** ⟨*Tess*⟩ piece *(o* roll) of cloth, bolt. □ ⟨*burocr*⟩ ~ *d'*appoggio⌐ *(o giustificativa)* voucher; ⟨*lett*⟩ *da* **lunga** ~ for a long while *(o* time); ⟨*fig*⟩ **mettere** *una* ~ *a qc. (rimediare)* to patch s.th. up; ~ *da* **piedi** foot-cloth, foot wrapping; ⟨*fig*⟩ *trattare qd. come una* ~ *da piedi* to treat s.o. like a doormat.
pezzato *a.* **1** spotted, dappled: *cavallo* ~ *di bianco* white-dappled horse. **2** *(rif. a cose: variegato)* flecked, mottled.
pezzatura[1] *f.* patches *pl*, spots *pl*, dappling. □ *cavallo con* ~ *bianca* white-dappled horse, horse with white patches.
pezzatura[2] *f.* size: ~ *del carbone* size of coal.
pezzente *m./f.* **1** beggar, poor fellow *(o* devil), wretch. **2** *(mendicante)* beggar.
pezzo *m.* **1** piece, bit: *un* ~ *di legno* a piece of wood; *ho diviso la torta in quattro -i* I've cut the cake into four pieces *(o* slices). **2** *(componente, elemento)* piece, part. **3** *(oggetto)* piece: *un* ~ *raro* a rare piece. **4** ⟨*fig*⟩ *(brano)* passage: *un* ~ *dell'Amleto* a passage from Hamlet. **5** ⟨*fig*⟩ *(periodo di tempo)* (quite a) while, some time: *è un bel* ~ *che non ti vedo* I haven't seen you for quite a time *(o* while). **6** *(esemplare: rif. a uomini)* (fine) figure, fine fellow: *un* ~ *di ragazzo* a fine figure of a boy; *(rif. a donne)* fine figure (of a woman). **7** *(moneta)* piece, coin. **8** ⟨*Mil*⟩ piece, gun. **9** ⟨*giorn*⟩ article. □ **a** *(o in) -i in (o* to) pieces, to bits: *cascare a* ~ *di* to fall to pieces; *andare in -i (rompersi)* to fall to pieces *(o* bits); ~ *d'*antiquariato antique; ~ *d'*asino! jackass!; *a -i e* bocconi *(un po' alla volta)* a bit *(o* little) at a time, bit by bit; ⟨*Mus*⟩ ~ *di* **bravura** bravura, brilliant passage *(o* part); *un* ~ *di* **cielo** a patch of sky; ~ *di* **cronaca** report; **due** *-i*: **1** *(vestito)* two-piece; **2** *(costume da bagno)* two-piece bathing costume *(o* suit); **fare** *in (o a) -i*: **1** to break *(o* pull) to pieces; **2** *(sbranare)* to tear to pieces; ~ **forte** *(cavallo di battaglia)* pièce ⌐de résistance, show-piece; ~ **grosso** bigwig, big-shot; **mandare** *in -i* to break *(o* smash) into pieces, ⟨*fam*⟩ to smash to smithereens; ~ *da* **museo** museum piece *(anche fig.)*; ~ *di* **ricambio** spare part; ⟨*Ind*⟩ ~ *costruito in* **serie** mass-produced part; **smontare** ~ *per* ~ to take to pieces *(o* bits); ~ *di* **terreno** piece *(o* plot) of land; ⟨*fig*⟩ **tutto** *d'un* ~: **1** *(rigidamente)* stiffly: *camminare tutto d'un* ~ to walk stiffly; **2** *(onesto)* upright,

of (sterling) character.
pezzotto *m.* *(tappeto)* patchwork carpet.
pezzuola *f.* **1** *(fazzoletto)* (large) handkerchief. **2** *(cencio)* rag.
p.f. = *per favore* please.
P.G. = **1** *Procuratore Generale* Attorney General **2** *procura generale* Attorney General's office.
P.I. = *Pubblica istruzione* Public Education.
piaccio → **piacere**[1]. **piacente** *a.* attractive, charming.
piacere[1] *v.i.* *(pr.ind.* **piaccio, piaci, piace, piacciamo/piaciamo, piacete, piacciono**; *p.rem.* **piacqui**; *pr.cong.* **piaccia, piacciamo/piaciamo, piacciate/piaciate, piacciano**; *p.p.* **piaciuto**; *aus.* **essere**) **1** to like *(costr. pers.)*, to be fond of *(costr. pers.)*, to please: *mi piace molto la poesia* I like poetry very much, I am very fond of poetry; *ti piace andare in aereo?* do you like flying? **2** *(essere gradevole)* to like *(costr. pers.)*, to be pleasant *(o* agreeable): *non mi piace il freddo* I don't like the cold; *è un sapore che mi piace* it's a pleasant taste. **3** *(incontrare il consenso)* to be well-received, to like *(costr. pers.)*: *il nuovo romanzo è piaciuto molto alla critica* the critics liked the new novel very much. □ *una ragazza che piace* a likeable girl; *(fisicamente)* an attractive girl; *non mi piace che tu vada lì* I don't like your going there; *non gli piace che si rida di lui* he doesn't like being laughed at; **così** *mi piace (sono soddisfatto)* that's how I like it, that's it; *come a* **Dio** *piacque* somehow or other, with God's help; *piaccia a Dio* (may it) please God; *ti piaccia o* **non** *ti piaccia* whether you like it or not; *mi piace di* **più** I prefer, I like better.
piacere[2] *m.* **1** pleasure: *ti ho rivisto con vero* ~ it was a real pleasure to see you again. **2** *(godimento)* enjoyment, pleasure: *dedito al* ~ pleasure-loving. **3** *(divertimento)* pleasure, treat: *la gita fu per me un vero* ~ the trip was a real treat for me. **4** *(favore)* ⌐favour, kindness: *fare un* ~ *a qd.* to do s.o. a favour. **5** *(nelle presentazioni)* how do you do?, pleased to meet you. □ **a** ~: **1** as much as one likes, at will; **2** *(secondo il proprio arbitrio)* as one wishes *(o* pleases); *vorrei* **chiederle** *un* ~ I'd like to ask you a favour; *fare qc. con* ~: **1** to enjoy doing s.th.: *fumo con* ~ I like *(o* enjoy) smoking; **2** *(volentieri)* to be glad *(o* happy) to do s.th.: *lo farò con* ~ I'll be glad *(o* happy) to do it; *l'ho saputo con* ~ I was delighted to hear about it; *con* **gran** ~ with great pleasure; ~ *di fare la sua* **conoscenza** pleased to meet you, how do you do?; **di** ~ pleasure-: *viaggio di* ~ pleasure trip; **fare** ~ *a qd.* to be pleased *(costr. pers.)*: *mi fa piacere che tu sia qui con noi* I am pleased *(o* glad) that you are here with us; *se ti fa* ~ if you like; *mi farebbe* ~ I'd be pleased; *fammi il* ~ *di* do me the favour of; ⟨*fam*⟩ *ma mi faccia il* ~*!* go on with you!; **per** ~ please; *te lo chiedo per* ~ I am asking you as a favour; **provare** ~ *in qc.* to enjoy s.th., to (take) delight in s.th.; *fammi il* **santo** ~ *di smetterla* (just) do me the favour of stopping that; **tanto** ~*!*: **1** (I'm) very pleased to meet you; **2** ⟨*fam*⟩ *(e chi se ne importa)* so what! ‖ ⟨*fam*⟩ *che è un* ~ beautifully, ⟨*fam*⟩ wonderfully: *suona il pianoforte che è un* ~ he plays the piano beautifully; *mangia che è un* ~ it's a treat to watch him eating; *è un* ~ *per me* it's a pleasure for me; *il* ~ *è (tutto) mio* the pleasure is (all) mine.
piacevole *a.* **1** pleasant, agreeable, nice: *una visita* ~ a pleasant visit. **2** *(simpatico)* nice, pleasant, pleasing. **3** *(piacente)* attractive, charming. **piacevolezza** *f.* **1** pleasantness, charm; *(gradevolezza)* pleasantness, agreeableness. **2** *(spiritosaggine)* pleasantry, joke.
piacevolmente *avv.* pleasantly, agreeably: *intrattenersi* ~ *con qd.* to chat pleasantly with s.o. **piacimento** *m.* liking, pleasure. □ **a** ~ *(a volontà)* at will, as (much as) one pleases: *mangiare a* ~ *(proprio)* to eat as much as one pleases. **piaciuto, piacqui** → **piacere**[1].
piaga *f.* **1** sore: *avere il corpo coperto di piaghe* to have one's body covered with sores. **2** ⟨*fig*⟩ *(male)* scourge, plague, curse. **3** ⟨*fig*⟩ *(dolore)* wound, sorrow, grief: *riaprire una* ~ to open up an old wound. **4** ⟨*scherz*⟩ *(persona molesta)* nuisance, ⟨*fam*⟩ pain in the neck. □ ⟨*Bibl*⟩ *le piaghe d'Egitto* the plagues of Egypt; *mettere il dito sulla (o nella)* ~ to touch on a sore point. **piagare**

v.t. (piago, piaghi) to produce a sore in (*o* on).

piaggiamento *m.* ⟨*ant*⟩ (*lusinga*) adulation, flattery. **piaggiare** *v.t.* (piaggio, piaggi) ⟨*ant*⟩ (*lusingare*) to flatter. **piaggiatore** ⟨*lett*⟩ *m.* (*f.* -trice) flatterer.

piagnisteo *m.* wailing, whining; (*rif. a bambini*) whimpering. **piagnone** *m.* (*f.* -a) 1 ⟨*fam*⟩ complainer, whiner, ⟨*fam*⟩ moaner; (*rif. a bambini*) whiner, ⟨*fam*⟩ cry –baby. 2 ⟨*region*⟩ (*persona che prende parte alle lamentazioni funebri*) (hired) mourner. **piagnucolamento** *m.* whimpering, whining. **piagnucolare** *v.i.* (piagnucolo; *aus.* avere) to whimper, to whine. **piagnucolio** *m.* whimper(ing). **piagnucolone** *m.* (*f.* -a) whimperer, whiner, ⟨*fam*⟩ moaner; (*rif. a bambini*) whiner, ⟨*fam*⟩ cry-baby. **piagnucoloso** *a.* whimpering, whiny; (*rif. a bambini*) whiny, cry-baby–.

pialla *f.* ⟨*Fal*⟩ plane. ◻ ~ *per scanalature* grooving plane; ~ *per sgrossare* jack plane; ~ *per superfici curve* radius (*o* compass) plane. **piallaccio** *m.* ⟨*Fal*⟩ (*costituente del compensato*) veneer. **piallare** *v.t.* ⟨*Fal*⟩ to plane. ◻ ~ *a misura* to shoot; ~ *a spessore* to thickness. **piallata** *f.* 1 (*il piallare*) planing. 2 (*tratto di pialla*) stroke of a plane. ◻ *dare una* ~ *a qc.* to give s.th. a smoothing down. **piallatore** *m.* (*f.* -trice) planer, plane operator. **piallatrice** *f.* (*macchina*) planer, planing machine. **piallatura** *f.* planing. **pialletto** *m.* 1 ⟨*Fal*⟩ jack (*o* smoothing) plane; (*per doghe*) stave plane. 2 ⟨*Mur*⟩ float, patter.

piamente *avv.* piously, devoutly.

piana *f.* plain, level, ground; (*come toponimo*) plain. **pianale** *m.* 1 (*terreno piano*) flat ground. 2 ⟨*Ferr*⟩ platform car, ⟨*am*⟩ flatcar. 3 ⟨*Aut*⟩ platform: ~ *di carico* load-carrying platform.

pianeggiante *a.* flat, level: *terreno* ~ level ground. **pianeggiare** *v.i.* (pianeggio, pianeggi; *aus.* avere) (*essere in piano*) to be flat (*o* level).

pianella *f.* 1 ⟨*Calz*⟩ (heelless) slipper, mule. 2 (*mattonella*) (paving) tile; (*tegola*) (roofing) tile. ◻ ⟨*Bot*⟩ ~ *della Madonna* lady's slipper.

pianerottolo *m.* ⟨*Edil*⟩ landing.

pianeta[1] *m.* 1 ⟨*Astr*⟩ planet. 2 (*foglietto con l'oroscopo*) horoscope, fortune.

pianeta[2] *f.* ⟨*Lit*⟩ chasuble, planet(a).

pianetino *m.* ⟨*Astr*⟩ planetoid.

piangente *a.* crying, weeping, in tears.

piangere *v.* (piango, piangi; piansi, pianto) **I** *v.i.* (*aus.* avere) 1 to cry, to weep: *la donna piangeva amaramente* the woman wept bitterly; *non* ~ don't cry; ~ *di gioia* to weep for joy. 2 (*lacrimare*) to water: *piango* (*o mi piangono gli occhi*) *per il freddo* my eyes are watering from the cold. 3 ⟨*fig*⟩ (*gocciolare*) to drip, to bleed. **II** *v.t.* 1 to cry, to weep: ~ *amare lacrime* to weep (*o* shed) bitter tears. 2 (*dolersi*) to complain of, to bewail, to lament: ~ *miseria* to complain of one's lot, to cry poverty. 3 (*compiangere*) to lament, to weep for (*o* over), to bewail. ◻ *mi piange il* cuore it hurts me; far ~: 1 to make cry (*o* weep); 2 (*far lacrimare*) to make water; 3 ⟨*fig*⟩ (*essere commovente*) to move to tears; 4 ⟨*fam*⟩ (*essere fatto male*) to be shocking (*o* awful): *ha fatto un lavoro che fa* ~ he's done a shocking (*o* dreadful) job; ⟨*fig*⟩ ~ *come una* fontana to cry buckets; ⟨*fig*⟩ ~ *sul latte versato* to cry over spilt milk; ~ *i propri peccati* to bewail one's sins; ⟨*pop*⟩ *far* ~ *i* sassi to melt a heart of stone; *mi viene da* ~ it makes me want to cry; ~ *come un* vitello to blubber.

pianificabile *a.* projectable, that can be planned. **pianificare** *v.t.* (pianifico, pianifichi) to plan (*anche Econ.*). ◻ ~ *le spese* to plan out the expense. **pianificato** *a.* planned: *economia* -*a* planned economy. **pianificatore** **I** *s.m.* (*f.* -trice) planner. **II** *a.* planning. **pianificazione** *f.* planning (*anche Econ.*). ◻ ~ ambientale environmental planning; ~ demografica (*o della popolazione*) population planning; ~ economica economic planning; ~ *delle* famiglie family planning; ~ finanziaria financial planning; ~ *del* paesaggio landscape planning; ~ *della* produzione production planning; ~ *delle* risorse resources planning; ~ settoriale sector planning; ~ *dei* sistemi systems planning; ~ urbanistica town planning.

pianino *m.* ⟨*Mus*⟩ barrel organ. **pianissimo** *avv.* ⟨*Mus*⟩ pianissimo. **pianista** *m./f.* pianist, piano player. **pianistico** *a.* (*pl.* -ci) piano–.

piano[1] **I** *a.* **1** flat, level, even: *regione* -*a* flat region. **2** ⟨*fig*⟩ (*chiaro*) plain, clear: *dimostrazione* -*a* clear proof. **3** ⟨*Geom*⟩ plane. **4** ⟨*Ling*⟩ paroxytone. **II** *avv.* **1** (*adagio*) slow(ly): *andare* ~ to go slowly; (*con cautela*) gently, carefully: *fate* ~ go carefully. **2** (*a voce bassa*) softly. **3** ⟨*Mus*⟩ piano. ◻ ⟨*fam*⟩ *andarci* ~ to go carefully; ⟨*Sport*⟩ *corsa* -*a* flat race; *in* ~ level, flat; (*orizzontale*) horizontal, level; *pian* ~ very slowly (*o* gently); (*a poco a poco*) little by little. *Prov.: chi va* ~ *va sano* (*e va lontano*) slow and steady wins the race.

piano[2] *m.* **1** (*superficie*) plane, level. **2** (*lastra*) top: *il* ~ *del tavolo* the table top; (*rif. a sedile*) seat; (*ripiano*) shelf. **3** (*pianura*) plain, flat (*o* level) land. **4** ⟨*fig*⟩ (*livello*) plane, level: *porre sullo stesso* ~ to put on the same plane. **5** ⟨*Edil*⟩ floor, stor(e)y: *abito al terzo* ~ I live on the third floor; *casa a tre* -*i* three-stor(e)y house. **6** (*rif. a nave o autobus*) deck. **7** ⟨*Geom*⟩ plane. ◻ ⟨*Aer*⟩ ~ *di* coda empennage, tail boom; ~ *di* direzione vertical (*o* tail) fin; ⟨*Mar*⟩ ~ *di* galleggiamento water plane; ~ inclinato: 1 ⟨*Fis*⟩ inclined plane; 2 (*scivolo*) chute; ⟨*Edil*⟩ ~ interrato basement, cellar; ⟨*Edil*⟩ ~ nobile main floor; ~ orizzontale: 1 ⟨*Geom*⟩ horizontal plane; 2 ⟨*Aer*⟩ tail-plane, ⟨*am*⟩ stabilizer; primo ~: 1 (*nella prospettiva*) foreground; 2 ⟨*Cin,Fot*⟩ close-up; 3 ⟨*Edil*⟩ first floor, ⟨*am*⟩ second floor; ⟨*fig*⟩ *persona di primo* ~ prominent (*o* front-ranking) person; ⟨*fig*⟩ *mettere in primo* ~ to emphasize, to give prominence; ⟨*Edil*⟩ ~ rialzato mezzanine, entresol; ~ ribaltabile tipper body; ~ *di* scorrimento sliding surface, slide; secondo ~: 1 ⟨*Edil*⟩ second floor, ⟨*am*⟩ third floor; 2 (*nella prospettiva*) background; ⟨*fig*⟩ *passare in secondo* ~ to fade into the background; ⟨*fig*⟩ *figura di secondo* ~ secondary (*o* minor) figure; ⟨*Edil*⟩ ~ seminterrato basement; ⟨*Geom,Min*⟩ ~ *di* simmetria plane of symmetry; *al* ~ *di* sopra upstairs; *al* ~ *di* sotto downstairs; ⟨*Aer*⟩ ~ stabilizzatore tail plane, ⟨*am*⟩ stabilizer; ~ stradale roadway; ⟨*Edil*⟩ ultimo ~ top floor (*o* storey).

piano[3] *m.* **1** (*progetto*) plan, project, scheme; (*disegno*) plan, design. **2** (*programma*) plan, programme, ⟨*am*⟩ schedule. **3** (*intenzione*) plan: -*i per le vacanze* holiday plans. **4** ⟨*Econ*⟩ plan. ◻ ⟨*Econ*⟩ ~ *d'*ammortamento sinking plan; ~ *di* battaglia plan of battle; ⟨*fig*⟩ plan of action, strategy; ~ economico economic plan; ~ *d'*emergenza emergency plan; ~ energetico energy plan; ⟨*Econ*⟩ ~ *d'*esercizio budget; ~ finanziario financial scheme; ~ *d'*investimento investment programme; ~ *di* lavoro operation plan; ⟨*Assic*⟩ ~ *di* pensionamento retirement plan; ⟨*Econ*⟩ ~ quinquennale five-year plan; ⟨*Edil*⟩ ~ regolatore town (development) plan, town-planning scheme, city plan; ~ *di* risanamento recovery package; ~ *di* risparmio savings plan; secondo i -*i* according to plan; ~ *di* spesa spending plan; ~ *degli* studi syllabus, curriculum; ⟨*Econ*⟩ ~ *di* sviluppo development plan.

piano[4] *m.* → pianoforte.

piano-bar *m.* piano bar.

pianoforte *m.* piano, pianoforte: *sonare il* ~ to play the piano. ◻ ~ *a coda* grand (piano); ~ *a gran coda* concert grand; ~ *a mezza coda* baby grand; ~ *da concerto* concert piano; ~ *verticale* upright (*o* cabinet) piano. **pianola** *f.* ⟨*Mus*⟩ player piano, pianola.

pianoro *m.* upland plain, plateau.

pianoterra *m.inv.* ⟨*Edil*⟩ ground floor, ⟨*am*⟩ first (*o* street) floor.

piansi → piangere.

pianta *f.* **1** plant. **2** (*albero*) tree; (*arbusto*) shrub, bush: *una* ~ *di oleandro* an oleander bush. **3** (*disegno*) plan, design; (*rif. a costruzione*) plan, drawing. **4** ⟨*Topogr*⟩ map: *una* ~ *di Roma* a map of Rome. ◻ ~ acquatica aquatic (*o* water) plant; ~ annua *estiva* summer annual; ~ *da* appartamento house plant; ~ aromatica (*da condimento*) herb, aromatic (plant) ~ *da* balcone balcony plant;; ~ *di una* costruzione construction plan (*o* drawing); ~ erbacea herbaceous plant; ~ foraggera forage (*o* fodder) plant; ~

da **giardino** garden plant; ~ **grassa** succulent (plant); ⟨*Agr*⟩ ~ **indicatrice** indicator plant; ~ **infestante** weed; ~ **medicinale** (o *officinale*) medicinal (*o* drug) plant; ~ **ornamentale** ornamental plant; ~ **palustre** (*o di palude*) marsh plant; ~ **parassita** parasite, parasitic plant; ~ **perenne** perennial (plant); ~ *del* **piede** sole (of the foot); ~ **rampicante** climber, creeper; *di* **sana** ~ (*completamente*) completely, entirely; (*dal principio alla fine*) from beginning to end; *inventare di sana* ~ to make up from beginning to end; ~ **selvatica** wild plant; ~ **sempreverde** evergreen (plant); ~ *da* (o *di*) **serra** greenhouse (*o* hot–house) plant; ⟨*burocr*⟩ *essere in* ~ **stabile** to be on the permanent staff; ~ **stradale** road map; ~ **strisciante** creeping plant, creeper; ~ *da* (o *in*) **vaso** potted plant; ~ **velenosa** poisonous (*o* toxic) plant.

piantaggine *f.* ⟨*Bot*⟩ plantain.

piantagione *f.* (*cultura*) plantation: ~ *di caffè* coffee plantation.

piantagrane *m./f.inv.* ⟨*pop*⟩ troublemaker, fault finder.

piantana *f.* ⟨*Edil*⟩ standard, (scaffold) pole. □ *lampada a* ~ standard lamp, ⟨*am*⟩ floor lamp.

piantare *v.t.* **1** to plant: ~ *una talea* to plant a cutting. **2** (*coltivare: rif. a terreno*) to plant: ~ *un terreno a frutteto* to plant land with fruit trees. **3** ⟨*estens*⟩ (*conficcare*) to drive, to knock, to thrust: ~ *in terra un palo* to drive a stake into the ground; (*col martello*) to hammer: ~ *un chiodo nel muro* to hammer (*o* drive) a nail into the wall. **4** ⟨*estens*⟩ (*collocare*) to plant, to put, to set; (*rif. a tende e sim.*) to pitch, to put up. **5** ⟨*fam*⟩ (*abbandonare: rif. a persone*) to leave, to desert, ⟨*fam*⟩ to leave in the lurch: *il fidanzato l'ha piantata* her boy friend has left (*o* jilted) her; (*rif. a cose*) to leave, to abandon, ⟨*fam*⟩ to quit. **piantarsi** *v.r.* **1** to plant o.s., to dig o.s. in: *si piantò davanti al televisore* he planted himself in front of the television. **2** ⟨*recipr*⟩ to leave e.o., to split up. □ ~ *in asso qd.* to leave s.o. in the lurch; ~ **baracca** *e burattini* to give up everything; ⟨*fig*⟩ ~ **chiodi** (*fare debiti*) to run up debts; ⟨*fam*⟩ ~ *una* **grana** to stir the muck; ⟨*fig*⟩ ~ *gli* **occhi** *addosso a qd.* to fix (*o* glue) one's eyes on s.o.; ⟨*fig*⟩ ~ *le* **tende** to pitch one's tent, to settle down; ‖ ⟨*fam*⟩ **piantala!** *(fam)* cut it out!

piantata *f.* **1** (*il piantare*) planting. **2** (*insieme di piante*) plantation; (*filare di piante*) row of plants. **piantato** *a.* (*rif. a terreno*) planted: *terreno* ~ *a vigna* land planted with vines. □ ⟨*fig*⟩ *ben* ~ well-built, sturdy. **piantatoio** *m.* dibble. **piantatore** *m.* (*f.* **-trice**) (*chi possiede una piantagione*) planter, plantation owner. **piantatrice** *f.* planter, planting machine.

pianterreno (o *pian terreno*) *m.* ⟨*Edil*⟩ ground floor, ⟨*am*⟩ first (*o* street) floor: *abitare al* ~ to live on the ground floor.

piantina *f.* **1** seedling. **2** ⟨*Topogr*⟩ small map.

pianto[1] *m.* **1** tears *pl*, weeping, crying: *prorompere in un* ~ *disperato* to burst into tears of despair (*o* bitter weeping); *un* ~ *da spezzare il cuore* heart–rending tears. **2** ⟨*fig*⟩ (*lacrime*) tears *pl*: *asciugarsi il* ~ to wipe away one's tears. **3** ⟨*Bot*⟩ bleeding.

pianto[2] *v.* piangere.

piantonaia *f.*, **piantonaio** *m.* ⟨*Agr*⟩ nursery.

piantonamento *m.* guarding. **piantonare** *v.t.* (*piantono*) to stand guard over, to guard, to keep watch over (*o* on). **piantone** *m.* **1** ⟨*Agr*⟩ (*pollone*) shoot, cutting, scion. **2** (*guardiano*) watchman, guard. **3** ⟨*Mil*⟩ sentry, sentinel, guard; (*attendente*) orderly. **4** ⟨*Mar*⟩ watch. **5** ⟨*Aut*⟩ steering column. □ *essere* (o *stare*) *di* ~ to be on guard (*o* the watch), to keep watch; *mettere di* ~ to post, to put on guard.

pianura *f.* plain, flat (*o* level) land: ~ *ondulata* rolling plain.

piastra *f.* **1** plate, slab. **2** (*unità monetaria*) piaster, piastre. **3** ⟨*Mil*⟩ armour plate. **4** ⟨*El,Mecc,Edil*⟩ plate. **5** ⟨*Artigl*⟩ (*acciarino*) hammer. □ ⟨*El*⟩ ~ *dell'*accumulatore (accumulator) plate; ~ *d'*amianto asbestos mat; ⟨*Edil*⟩ ~ *d'*ancoraggio anchor plate; ⟨*Edil*⟩ ~ *d'*appoggio bearing slab; ⟨*Edil*⟩ ~ *di* fondazione foundation (*o* bed, base) plate; ~ **metallica** metal plate; ⟨*Edil*⟩ ~ **positiva** positive plate; ⟨*Inform*⟩ ~ **principale** mother board; ⟨*Acu*⟩ ~ *di*

registrazione tape deck.

piastrella *f.* **1** tile. **2** (*pietra piatta, anche per giocare*) small flat stone, disk. **piastrellaio** *m.* **1** (*fabbricante*) tile maker. **2** (*applicatore*) tiler. **piastrellare** *v.* (piastrello) I *v.t.* to tile. II *v.i.* (*aus.* avere) ⟨*Aer*⟩ (*rimbalzare*) to bounce. **piastrellato** *a.* tiled. **piastrellista** *m.* → piastrellaio. **piastrina** *f.* **1** plate, plaque. **2** ⟨*Fisiol*⟩ blood platelet. **3** ⟨*Mil*⟩ identification disk (*o* tag), ⟨*am.fam*⟩ dog-tag. **piastrino** *m.* **1** plate, plaque. **2** ⟨*Mil*⟩ identification disk (*o* tag), ⟨*am.fam*⟩ dog–tag. **piastrone** *m.* **1** ⟨*Zool*⟩ plastron. **2** ⟨*Sport*⟩ (*nella scherma*) plastron. **3** ⟨*Met*⟩ slab.

piatire *v.i.* (**piatisco, piatisci**; *aus.* avere) **1** ⟨*fam*⟩ (*chiedere insistentemente*) to beg, to nag. **2** ⟨*lett*⟩ (*contendere in giudizio*) to carry on a lawsuit, to sue.

piattabanda ⟨*Edil*⟩ *f.* platband, lintel.

piattaforma *f.* **1** ⟨*Ferr*⟩ platform. **2** ⟨*fig*⟩ platform, policy, programme. **3** ⟨*Pol*⟩ platform. **4** ⟨*Mar*⟩ (*ponte piattaforma*) platform deck (in the hold). **5** ⟨*Artigl*⟩ gun platform. **6** ⟨*Sport*⟩ platform. □ ⟨*Geol*⟩ ~ **continentale** continental shelf; ~ *di* **lancio**: **1** (*rif. ad aerei*) launching platform; **2** (*rif. a missili*) launching pad; ⟨*Minier*⟩ ~ *di* **perforazione** drilling rig.

piattello *m.* **1** (*oggetto a forma di piccolo piatto*) small plate, disk. **2** (*nel tiro a volo*) clay pigeon. □ ⟨*Etnol*⟩ ~ **labiale** labret; ⟨*Sport*⟩ *tiro al* ~ clay–pigeon shooting, ⟨*am*⟩ skeet shooting.

piattina *f.* **1** (*profilato metallico*) metal strap. **2** ⟨*El*⟩ twin–lead. □ ⟨*El*⟩ ~ *di* **massa** ground strap.

piattino *m.* (*sottocoppa*) saucer.

piatto[1] *a.* **1** flat: *cesto col fondo* ~ flat–bottomed basket. **2** ⟨*fig*⟩ (*scialbo*) dull, dreary, flat, trite.

piatto[2] *m.* **1** (*di portata*) dish: *lavare i -i* to wash the dishes, to wash up. **2** (*quantità*) plate(ful), dish: *un* ~ *di patate* a plate of potatoes. **3** (*portata*) course: *secondo* ~ second course; (*vivanda*) dish: *un* ~ *del luogo* a local dish. **4** (*oggetto a forma di piatto*) plate, plaque. **5** (*superficie piatta*) flat: *il* ~ *di una lama* the flat of a blade. **6** (*nei giochi: posta*) stakes *pl.* **7** *pl.* ⟨*Mus*⟩ cymbals *pl.* □ ~ *della* **bilancia** scale pan; ~ **caldo** hot dish; ~ *di* **carne** meat dish; ~ *di* **carta** paper plate; **colpire** *di* ~ to hit with the flat of something; ~ **fondo** soup plate; ~ **forte** main course; ⟨*fig*⟩ (*numero più importante*) highlight, main attraction; ~ **freddo** cold dish; ~ *del* **giorno** plat du jour, ⟨*fam*⟩ special; ~ **portadischi** (record–player) turntable; ~ *di* **portata** serving dish; ~ **unico** single dish, hotpot.

piattola *f.* **1** ⟨*Entom*⟩ crab louse. **2** ⟨*fig*⟩ (*persona molesta*) nuisance, ⟨*fam*⟩ pain in the neck.

piattonata *f.* blow with the flat of a sword.

piazza *f.* **1** square, place: *la* ~ *del duomo* the cathedral square: (*piazza rotonda*) circus. **2** ⟨*fig*⟩ (*plebe*) mob, rabble. **3** ⟨*Comm*⟩ market. **4** ⟨*Mil*⟩ stronghold. **5** ⟨*Sport*⟩ (*nel golf*) green. □ *letto a* **due** *-e* double bed; *lenzuolo a una* ~ single sheet; ⟨*fam,scherz*⟩ *andare in* ~ (*diventare calvo*) to go bald; ⟨*Mil*⟩ ~ *d'*armi drill ground; ~ **commerciale** market; ~ *del* **mercato** market-place, market–square; ⟨*fig*⟩ **mettere** *qc. in* ~ to make s.th. public; ~ **san Pietro** St. Peter's Square; ⟨*fig*⟩ *far* ~ **pulita** to make a clean sweep; ⟨*fig,scherz*⟩ **rovinare** *la* ~ *a qd.* to put a spoke in s.o.'s wheel.

piazzaforte *f.* (*pl.* **piazzeforti**) ⟨*Mil*⟩ fortress, stronghold. **piazzaiolo** I *a.* ⟨*spreg*⟩ vulgar, mob–. II *s.m.* (*f.* **-a**) coarse (*o* vulgar) fellow. **piazzale** *m.* (large) square. □ ⟨*Ferr*⟩ ~ *di* **stazione** station square.

piazzamento *m.* **1** placing, positioning, placement. **2** ⟨*Econ,Sport*⟩ placing. **piazzare** *v.t.* **1** to place, to put, to position. **2** ⟨*Comm*⟩ to market, to sell. **3** ⟨*Econ,Sport*⟩ to place. **4** ⟨*Mil*⟩ to (bring into) position. **piazzarsi** *v.r.* **1** ⟨*fam*⟩ (*sistemarsi*) to settle (down), ⟨*fam*⟩ to dump o.s.: *si è piazzato in casa nostra* he's dumped himself on us. **2** ⟨*Sport*⟩ to be placed. **piazzata** *f.* din, scene, row. **piazzato** *a.* **1** placed, positioned. **2** ⟨*Econ,Sport*⟩ placed. **3** ⟨*fam*⟩ (*ben sistemato*) nicely settled, ⟨*fam*⟩ well–off. □ *ben* ~ (*corpulento*) well-built; ⟨*fig*⟩ (*con solida posizione*) doing nicely, having made a good position for o.s. **piazzista** *m./f.* ⟨*Comm*⟩ commercial traveller, travelling salesman.

piazzola *f.* **1** ⟨*Strad*⟩ lay-by. **2** ⟨*Artigl*⟩ emplacement, platform. □ ⟨*Strad*⟩ ~ *di emergenza* emergency lay-by; ⟨*Sport*⟩ ~ *di partenza* (*nel golf*) tee.

pica[1] *f.* ⟨*Ornit*⟩ magpie.

pica[2] *f.* ⟨*Tip*⟩ pica.

picaresco *a.* (*pl.* -chi) ⟨*Lett*⟩ picaresque: *romanzo ~* picaresque novel. **picaro** *sp. m.* picaro.

picca[1] *f.* **1** ⟨*Mil*⟩ (*arma*) pike; (*soldato*) pikeman. **2** *pl.* (*seme di carte*) spades *pl.* □ ⟨*fig*⟩ *contare quanto il fante di picche* to count for little or nothing; *rispondere picche a qd.* to turn s.o. down flatly.

picca[2] *f.* (*puntiglio*) pique, spite: *per ~* out of spite.

piccante *a.* **1** spicy, pungent, hot, piquant: *sapore ~* spicy flavour. **2** ⟨*fig*⟩ (*licenzioso*) spicy, risqué.

Piccardia *N.pr.f.* ⟨*Geog*⟩ Picardy.

piccarsi *v.r.* (mi pi**cc**o, ti pi**cc**hi) **1** (*pretendere*) to pride o.s., to flatter o.s. (*di* on), to claim: *si picca di parlare bene l'inglese* he flatters himself on speaking English well. **2** (*impermalirsi*) to take offence (*per* at), to be piqued (*o* offended).

piccata *f.* ⟨*Gastr*⟩ (*anche carne piccata*) veal in sour lemon sauce.

piccato *a.* resentful, piqued: *tono ~* resentful tone.

picchè *m.* ⟨*Tess*⟩ piqué: ~ *di cotone* cotton piqué.

picchettaggio *m.* (*durante gli scioperi*) picketing.

picchettamento *m.* (*sorveglianza*) picketing. **picchettare** *v.t.* (pic**chetto**) **1** to stake out (*o* off), to mark off with stakes, to picket. **2** (*sorvegliare*) to picket. **picchettatura, picchettazione** *f.* staking out (*o* off), picketing.

picchetto[1] *m.* **1** (*paletto*) stake, peg, picket. **2** ⟨*Mil*⟩ picket. **3** (*gruppo di scioperanti*) picket. □ ⟨*Mil*⟩ *di ~* on picket duty: *essere* (*o montare*) *di ~* to be (*o* go) on picket duty; *ufficiale di ~* orderly officer; ~ *d'onore* guard of honour; ~ *da tenda* tent peg.

picchetto[2] *m.* (*gioco di carte*) piquet.

picchiare *v.* (pi**cc**hio, pi**cc**hi) **I** *v.t.* **1** (*battere*) to hit, to strike: *ha picchiato il gomito contro la tavola* he struck his elbow against the table; (*battere forte*) to bang, to thump: ~ *un pugno sul tavolo* to bang one's fist (*o* thump) on the table. **2** (*bastonare*) to thrash, to beat (up), to give a thrashing to: ~ *qd. di santa ragione* to give s.o. a good thrashing. **3** (*bussare*) to knock on (*o* at), to give a knock on: ~ *un colpo alla porta* to knock at the door. **II** *v.i.* (*aus.* **avere**) **1** (*bussare*) to knock: *qualcuno picchia alla porta* someone is knocking on the door; (*battere leggermente*) to tap. **2** (*colpire*) to beat, to hit, to strike: *la pioggia picchia sulle finestre* the rain is beating on the windows. **picchiarsi** *v.r.* ⟨*recipr*⟩ to hit e.o., to fight. □ *picchiarsi il petto* to beat one's breast; ⟨*Mot*⟩ ~ *in testa* to pink; ⟨*fig*⟩ ~ *a tutti gli usci* to ask for help from all and sundry.

picchiata *f.* **1** knock(ing), blow. **2** (*busse*) beating, thrashing. **3** ⟨*Aer*⟩ (nose-)dive, pitch. □ *scendere in ~*: 1 ⟨*Aer*⟩ to (nose-)dive; 2 ⟨*fig*⟩ to plunge headlong, to fall steeply. **picchiatello I** *a.* (*stravagante*) pixilated, nuts, screwy, touched. **II** *s.m.* (*f.* -a) crackpot, nut. **picchiato** *a.* (*strambo*) pixilated. □ ⟨*fam*⟩ *essere ~ in testa* to be crazy, ⟨*fam*⟩ to be nutty (*o* dotty). **picchiatore** *m.* (*f.* -trice) **1** beater. **2** ⟨*Sport*⟩ (*nel pugilato*) hard hitter, slugger. **picchierellare** *v.* (picchie**rello**) **I** *v.t.* to tap, to drum: ~ *le dita sul tavolo* to tap one's fingers on the table. **II** *v.i.* (*aus.* avere) to patter, to tap, to drum: *la pioggia picchierella sui vetri* the raindrops are pattering on the window panes. **picchiettare** *v.t.* (picchie**tto**) **1** to pat, to tap, to drum. **2** (*punteggiare*) to fleck, to spot, to dot. **3** ⟨*Mar*⟩ (*rif. alle lamiere*) to chip, to scale. **picchiettato** *a.* spotted, flecked, dotted: ~ *di nero* black-spotted. **picchiettatura** *f.* **1** (*atto*) spotting, dotting, flecking. **2** (*effetto*) spot, dot, fleck. **picchiettio** *m.* pattering, tapping, drumming.

picchio[1] *m.* ⟨*Ornit*⟩ woodpecker.

picchio[2] *m.* (*battito*) knocking, tapping.

picchiotto *m.* (door) knocker.

piccineria *f.* **1** pettiness, small-mindedness, meanness. **2** (*azione*) petty action. **piccinina** *f.* ⟨*region*⟩ (*apprendista di sartoria*) dressmaker's apprentice. **piccino I** *a.* **1** ⟨*vezz*⟩ (*piccolo*) little, (very) small, teeny-weeny. **2** (*rif. a statura*) tiny, (very) little, ⟨*vezz*⟩ wee. **3** ⟨*fig,spreg*⟩ (*gretto*) petty, small-minded, mean. **II** *s.m.* (*f.*-a) little boy (*f* girl), (small) child, ⟨*fam*⟩ kid(dy). □ ⟨*fig*⟩ *farsi ~* to cower.

picciolo[1] **I** *a.* ⟨*lett*⟩ (*piccolo*) little. **II** *s.m.* ⟨*region*⟩ (*spicciolo*) small coin, penny. □ *non valere un ~* not to be worth a brass farthing.

picciolo[2] *m.* ⟨*Bot*⟩ **1** petiole, leafstalk. **2** (*peduncolo*) peduncle.

piccionaia *f.* **1** pigeon loft. **2** ⟨*Teat,scherz*⟩ (*loggione*) gallery, ⟨*fam*⟩ gods *pl,* ⟨*am.fam*⟩ peanut gallery; (*spettatori del loggione*) people *pl* in the gallery, ⟨*fam*⟩ gods *pl.*

piccioncino *m.* (*f.*-a) ⟨*fam,vezz*⟩ sweet(heart), ⟨*fam*⟩ honey. **piccione** *m.* (*f.*-a) ⟨*Ornit*⟩ **1** pigeon, dove. **2** (*colombo domestico*) domestic pigeon. □ ⟨*fig*⟩ *prendere due ~ i con una fava* to kill two birds with one stone; ~ *viaggiatore* carrier pigeon.

picciotto *m.* (*f.* -a) ⟨*region*⟩ (*giovanotto*) young man, youth.

picco *m.* (*pl.*-chi) **1** peak, pinnacle, summit. **2** ⟨*Mar*⟩ gaff, peak. □ *a ~* sheer, straight up (*o* down); *a ~ sul mare* sheer above the sea; ⟨*Mar*⟩ ~ *di carico* derrick; *colare a ~*: 1 to sink; 2 ⟨*fig*⟩ (*andare in rovina*) to go to rack and ruin.

piccolezza *f.* **1** smallness, littleness. **2** (*inezia*) trifle, mere nothing. **3** ⟨*spreg*⟩ (*piccineria*) pettiness, meanness. □ ~ *di mente* small-mindedness; ~ *di statura* shortness. **piccolo I** *a.* (*compar.* più piccolo/minore, *sup.* piccolissimo/minimo) **1** small, little: *una casa -a* a small house. **2** (*basso*) low: *una -a altura* a low rise. **3** (*giovane*) young, small: *figli –i* young children. **4** (*breve*) short: *un ~ intervallo* a short interval. **5** (*rif. a quantità*) small, slight: *una -a parte* a small share. **6** (*debole*) faint, slight: *un ~ rumore* a slight noise. **7** (*poco importante*) trifling, minor, slight: *un ~ errore* a slight error. **8** (*modesto*) small, small-scale: *un ~ negoziante* a small shopkeeper. **9** (*meschino*) petty, small, mean: *mente -a* small mind; (*ristretto*) narrow. **10** (*in miniatura*) little, miniature: *questa città è una -a Parigi* this town is a miniature Paris. **11** ⟨*spreg*⟩ little, petty: *non è altro che un ~ imbroglioncello* he's nothing but a little cheat. **II** *s.m.* (*f.* -a) **1** (*bambino*) (small) child, ⟨*fam*⟩ kid(dy). **2** (*rif. ad animali*) off-spring; ⟨*collett*⟩ the young. □ *da ~* as a child; *fin da ~* since childhood, from childhood on; *farsi ~* to cower; *in ~* (*in misura ridotta*) on a small (*o* reduced) scale, small-scale (*anche fig.*); *nel mio ~* in my own small way.

picconare *v.* (pic**cono**) **I** *v.t.* to (strike with a) pickaxe. **II** *v.i.* (*aus.* avere) to use a pickaxe. **picconata** *f.* blow with a pickaxe. **picconatrice** *f.* ⟨*Mecc*⟩ pneumatic pick. **piccone** *m.* (pick)axe. □ ~ *pneumatico* pneumatic pick. **picconiere** *m.* pickman. **piccozza** *f.* mattock, (pick)axe. □ ~ *per ghiaccio* ice axe; ~ *da pompiere* fireman's axe.

pick-up *ingl.* [-ʌp] *m.* ⟨*Acu*⟩ pick-up.

picnic *ingl. m.* picnic.

picnometro *m.* ⟨*Chim*⟩ pycnometer, density bottle.

picrico *a.* (*pl.* -ci) ⟨*Chim*⟩ picric: *acido ~* picric acid.

pidocchieria *f.* **1** meanness, niggardliness, stinginess. **2** (*azione*) mean action. **pidocchio** *m.* ⟨*Entom*⟩ common louse. □ ⟨*fig*⟩ ~ *rifatto* brazen upstart (*o* nouveau riche); ~ *delle rose* green-fly, rose aphid. **pidocchioso** *a.* **1** lousy. **2** ⟨*fig*⟩ (*gretto*) mean; (*avaro*) stingy.

piè *m.* ⟨*poet*⟩ foot. □ *a ~* at the foot (*o* bottom): *a ~ del monte* at the foot of the mountain; *nota a ~ di pagina* footnote; *saltare a ~ pari* to take a standing jump; ⟨*fig*⟩ to skip; *a ogni ~* sospinto at every step.

pied-a-terre *fr.* [pjeda'tɛ:r] *m.* pied-à-terre.

pied-de-poule *fr.* [pjeḍ'pul] *m.* ⟨*Tess*⟩ hound's-tooth check.

piede *m.* **1** foot. **2** (*parte di sostegno*) foot, base: *il ~ del tavolo* the foot of the table; (*parte inferiore*) foot, bottom: *ai –i della scalinata* at the foot of the stairs. **3** ⟨*Metr,Mat,Tip*⟩ foot. □ *a –i* on foot: *andare a –i* to walk, to go on foot; *ai –i* (*in fondo*) at the foot (*o* bottom): *ai –i del colle* at the foot of the hill; *gettarsi ai –i di qd.* to throw o.s. at s.o.'s feet; ⟨*Mil*⟩ *pied'arm!* ground arms!; ~ biforcuto cloven hoof; *cadere in –i* to fall on one's feet (*anche fig.*); *da* capo *a –i* from head to foot (*o* toe); ⟨*fig*⟩ mettere *i –i sul* collo *a qd.* to keep s.o. down (*o* underfoot); con *i –i* with one's feet; ⟨*fig*⟩ fare qc. con *i –i* to do s.th. in a slipshod way; *lavoro fatto con i –i* slipshod work, botch; ~ cubico cubic foot; *su* due *–i* (*immediatamente*) at once, immediately; (*senza preavviso*) without warning; ⟨*Med*⟩ ~ equino club foot; *mettere un* ~ *in* fallo to take a false step; ⟨*fig*⟩ *avere un* ~ *nella* fossa to have one foot in the grave; *essere sempre* fra *i –i qd.* to be in s.o.'s way all the time; *essere sul* ~ *di* guerra to be on a war footing; in *–i:* 1 on one's feet, standing: *posto in –i* standing room; 2 (*alzato*) ⟨*pred*⟩ up: *sei ancora in –i a quest'ora?* (are you) still up at this hour?; *essere* (*o* stare) in *–i:* 1 to stand, to be standing (*o* on one's feet); 2 (*essere alzato*) to be up; ~ *del* letto foot of the bed; ⟨*fig*⟩ levarsi *qd. dai –i* to get rid of s.o.; ⟨*Dir*⟩ *a* ~ libero on bail; ⟨*fig*⟩ aiutarsi con le mani *e con i –i* to use every means available; mettere ~ *in* to set foot in: *non ci metterò più* ~ I'll never set foot in there again; *mettere qc. in –i* to start s.th. (up); *a –i* nudi barefoot; *saltare a –i* pari to take a standing jump; ⟨*fig*⟩ to skip; *trattare qd. su un* ~ *di* parità to treat s.o. on an equal footing; pestare *i –i* to stamp one's feet; *pestare i –i a qd.* to tread (*o* step) on s.o.'s toes (*o* foot); ⟨*fig*⟩ to get in s.o.'s way; *–i* piatti: 1 ⟨*Med*⟩ flat feet; 2 ⟨*gerg*⟩ (*poliziotto*) flatfoot; ⟨*fig*⟩ andare con *i –i di* piombo to watch one's step; ~ *di* porco crowbar, jemmy; ⟨*fig*⟩ prendere ~ to take root; *in* punta *di –i* on tiptoe; puntare *i –i* to dig one's heels in (*anche fig.*); ~ quadrato square foot; ragionare con *i –i* to talk through one's hat; *non* reggersi *in –i:* 1 to be unable to stay on one's feet; 2 ⟨*fig*⟩ to be unconvincing, not to stand up; restare *a –i:* 1 to have to go on foot; 2 (*perdere il treno e sim.*) to be left behind; *mettersi qc.* sotto *i –i* to tread s.th. underfoot (*anche fig.*); ⟨*fig*⟩ tenere *i –i in* due staffe to run with the hare and hunt with the hounds; ⟨*fam*⟩ togliti *dai –i!* get out of way!, ⟨*fam*⟩ beat it!, ⟨*fam*⟩ scram!; ~ valgo talipes (*o* pes) valgus.

piedino *m.* little foot. □ *fare* ~ *a qd.* to play footie with s.o.

piedipiatti *m.inv.* ⟨*fam*⟩ policeman, ⟨*fam*⟩ cop, ⟨*gerg*⟩ flatfoot.

piedistallo *m.* pedestal. □ ⟨*fig*⟩ *mettere qd. sul* ~ *di* to put s.o. on a pedestal.

piedritto *m.* ⟨*Arch*⟩ pier.

piega *f.* 1 pleat, fold: *gonna a pieghe* pleated skirt. 2 (*ruga, grinza*) wrinkle, crease. 3 ⟨*fig*⟩ (*andamento*) turn, course: *prendere una brutta* ~ to take a turn for the worse. 4 ⟨*Geol*⟩ fold. □ ⟨*Geol*⟩ ~ anticlinale anticlinal fold, anticline; ~ *del* cappello crease (*o* dent) in a hat; fare *una* ~ to bend; (*rif. a indumenti*) to crease, to wrinkle, to pucker; *non fare una* ~: 1 to fit perfectly; 2 ⟨*fig*⟩ (*non scomporsi*) to be completely unruffled; messa *in* ~ (hair–)set: *farsi la messa in* ~ to have one's hair set; ~ *dei* pantaloni trouser crease.

piegabaffi *m.inv.* moustache curler. **piegabile** *a.* 1 folding, pliable. 2 (*curvabile*) bendable, flexible. **piegaciglia** *m.inv.* eyelash curlers. **piegafogli** *f.inv.* ⟨*Tip*⟩ (sheet) folding machine. **piegamento** *m.* 1 fold(ing). 2 (*curvatura*) bend(ing). 3 ⟨*Ginn*⟩ bend(ing).

piegare *v.* (*piego*, *pieghi*) **I** *v.t.* 1 to fold (up): ~ *un foglio di carta* to fold up a sheet of paper. 2 (*curvare*) to bend: ~ *una sbarra di ferro* to bend an iron bar; (*rif. a parti del corpo*) to bend, to bow: ~ *le* ginocchia to bend one's knees; ~ *il* capo to bow one's head. 3 ⟨*fig*⟩ (*domare, sottomettere*) to subdue, to bend: ~ *qd. al proprio volere* to bend s.o. to one's will; (*spezzare*) to break: ~ *la resistenza di qd.* to break s.o.'s resistance. **II** *v.i.* (*aus.* avere) (*voltare*) to turn, to bend: *il fiume piega a destra* the river bends to the right. **piegarsi** *v.r.* 1 (*incurvarsi*) to bend, to bow; (*torcersi*) to twist, to warp. 2 ⟨*fig*⟩ (*cedere*) to yield, to submit, to bend: *piegarsi al volere di qd.* to submit (*o* bend) to s.o.'s will. □ ~ *in due* to fold (*o* bend) in two; ~ *in quattro* to double–fold.

piegata *f.* fold(ing). □ *dare una* ~ *a qc.* to fold s.th. (up). **piegatrice** *f.* 1 ⟨*Legat*⟩ folding machine. 2 ⟨*Mecc*⟩ bender, bending machine. **piegatura** *f.* 1 folding. 2 (*incurvamento*) bending; (*torsione*) twisting, bending. 3

⟨*concr*⟩ (*piega*) fold; (*incurvatura*) bend, curve. □ ~ *del* braccio crook of the arm, bend of the elbow.

pieghettare *v.t.* (*pieghetto*) to pleat (*anche Sart.*). **pieghettato** *a.* pleated (*anche Sart.*). **pieghettatura** *f.* ⟨*Sart*⟩ 1 pleating. 2 (*insieme di pieghette*) pleating, pleats *pl.* **pieghevole** **I** *a.* 1 pliant, pliable, bendable; (*rif. a mobili e sim.*) folding: *tavolo* ~ folding table. 2 (*flessibile*) flexible, pliant, supple: *arbusto* ~ flexible shrub. 3 ⟨*fig*⟩ (*remissivo*) pliant, docile, yielding, tractable. **II** *s.m.* folder. **pieghevolezza** *f.* pliability, flexibility.

pielite *f.* ⟨*Med*⟩ pyelitis.

pielo|grafia *f.* ⟨*Radiol*⟩ pyelography. **~nefrite** *f.* ⟨*Med*⟩ pyelonephritis. **~scopia** *f.* ⟨*Radiol*⟩ pyeloscopy.

Piemonte *N.pr.m.* ⟨*Geog*⟩ Piedmont. **piemontese** **I** *a.* Piedmontese. **II** *m./f.* (*abitante*) Piedmontese.

piena *f.* 1 flood, spate: *essere in* ~ to be in flood, to be swollen. 2 (*massa d'acqua*) flood, flood waters *pl.* 3 ⟨*fig*⟩ (*concorso di gente*) crowd, throng. 4 ⟨*fig*⟩ (*foga*) transport, ardour, heat, height. **pienamente** *avv.* (*completamente*) quite, completely, fully. **pienezza** *f.* 1 fullness. 2 ⟨*fig*⟩ height, peak, fullness: *essere nella* ~ *delle proprie forze* to be at the height of one's powers.

pieno **I** *a.* 1 full (*di* of), filled (with): *il bicchiere è* ~ *di vino* the glass is full of wine; *una casa –a di zanzare* a house filled with mosquitoes. 2 ⟨*fig*⟩ full (of): *essere* ~ *di vita* to be full of life. 3 (*fam*) (*sazio, rimpinzato*) full (up): *mi sento* ~ I feel full (up). 4 (*massiccio, solido*) solid: *mattone* ~ solid brick. 5 (*paffuto*) full, chubby, plump, rounded: *volto* ~ chubby face; *fianchi –i* full hips. 6 (*intero, completo*) complete, total, full: *una vittoria –a* total victory; ~ *accordo* full agreement. **II** *s.m.* 1 fullness. 2 (*colmo*) height, peak: *nel* ~ *delle forze* at the height of one's powers. 3 (*carico completo*) full load (*o* amount). □ *essere* ~ *di* amici to have lots of friends; *essere* ~ *di* ammirazione to be full of admiration; ⟨*fig*⟩ cogliere *in* ~ to score a bull's eye, to hit the mark; *in –a* estate at the height of summer; fare *il* ~ *di benzina* to fill up with petrol; *era* giorno ~ it was broad daylight; *essere* ~ *di* guai to have more than one's share of troubles; in ~ fully, completely: *sbagliare in* ~ to be completely wrong; *nel* ~ *dell'*inverno in the depths (*o* middle) of winter; *essere* ~ *di* lavoro to be up to the eyes in work; *a –e* mani abundantly; *in –a* notte at dead (*o* thick) of night; ⟨*fig*⟩ *essere* ~ *fino agli* occhi *di qc.* to be thoroughly fed up with s.th.; ⟨*pop*⟩ ~ *come un* otre full up, bloated; *in* ~ petto full (*o* full) in the chest; ~ raso full to the brim; *in –a* regola in perfect order; *essere* ~ *di* sé to be full of o.s.; ⟨*fig*⟩ *avere le* tasche *–e di qd.* to be fed up with s.o.; *essere promosso a –i* voti to pass with full marks; ~ zeppo full to overflowing (*o* bursting), packed tight.

pienone *m.* 1 large crowd, throng. 2 ⟨*Teat*⟩ full house. **pienotto** *a.* (*grassoccio*) plump, rather full.

Piero *N.pr.m.* Peter.

pierre *m./f.* public relations man (*f* woman).

Pierrot *fr.* [pje'ro] *m.* ⟨*Teat,Mus*⟩ Pierrot.

pietà *f.* 1 (*compassione*) pity, compassion: *muovere qd. a* ~ to move s.o. to pity; (*misericordia*) mercy. 2 (*devozione*) piety, devotion. 3 (*lett*) (*amore*) piety, love, devotion: *la* ~ *verso i propri genitori* filial piety, devotion to one's parents. 4 ⟨*Art*⟩ Pietà. □ avere ~ *di qd.* (*compatirlo*) to pity (*o* be sorry for) s.o.; (*averne misericordia*) to have mercy on s.o.; far ~: 1 to arouse pity; 2 ⟨*fam*⟩ to be deplorable (*o* pitiful); *libri di* ~ devotional books; per ~! for pity's sake!; pratiche *di* ~ devotions; senza ~ pitiless(ly), merciless(ly).

pietanza *f.* dish, (main) course.

pietismo *m.* 1 ⟨*Rel*⟩ Pietism. 2 ⟨*spreg*⟩ (*devozione esagerata*) pietism. **pietista** *m./f.* 1 ⟨*Rel*⟩ Pietist. 2 ⟨*spreg*⟩ (*bigotto*) bigot. **pietistico** *a.* (*pl.* -ci) 1 ⟨*Rel*⟩ pietistic. 2 ⟨*spreg*⟩ pietistic. **pietosamente** *avv.* 1 mercifully. 2 (*miseramente*) pitifully, wretchedly. **pietoso** *a.* 1 (*che sente pietà*) compassionate, pitiful; (*misericordioso*) merciful. 2 (*che desta pietà*) pitiful, pitiable, piteous. 3 ⟨*fam*⟩ awful, dreadful, frightful.

pietra *f.* 1 stone: *gettare una* ~ to throw a stone. 2 (*pietra preziosa*) (precious) stone, gem. □ ~ angolare corner stone; ~ calcarea limestone: ~ *di* confine boundary stone;

~ *da* **costruzione** building (*o* structural) stone; ~ *da* **cote** whetstone, honestone; *di* ~: 1 stone–, stony: *muro a* ~ stone wall; 2 ⟨*fig*⟩ of stone, stony, hard: *avere un cuore di* ~ to have a stony (*o* hard) heart; ~ **dura** semi precious stone; *duro come una* ~ as hard as stone; **età** *della* ~ Stone Age; ⟨*Oref*⟩ ~ **falsa** false (*o* imitation) stone; ⟨*Alchim*⟩ ~ **filosofale** philosophers' stone; ~ **focaia** flint (stone); ⟨*Med*⟩ ~ **infernale** silver nitrate; ~ **litografica** lithographic stone; ⟨*Min*⟩ ~ *di* **luna** moonstone; ~ *da* **macine** grindstone, millstone; ~ **miliare** milestone (*anche fig.*); ~ *di* **paragone** touchstone (*anche fig.*); ~ **pomice** pumice stone; *posare la* **prima** ~: 1 to lay the foundation stone; 2 ⟨*fig*⟩ to set afoot, to establish; ⟨*fig*⟩ *scagliare la* **prima** ~ to cast the first stone; ~ **refrattaria** firestone; ⟨*fig*⟩ ~ *dello* **scandalo** cause of scandal; ~ **sepolcrale** tombstone, gravestone; ⟨*fig*⟩ *metterci una* ~ **sopra** to let bygones be bygones.

pietraia *f.* 1 (*cumulo di pietre*) heap of stones. 2 (*terreno pietroso*) stony ground. **pietrame** *m.* stones *pl.* **pietrificare** *v.t.* (pietrifico, pietrifichi) to petrify (*anche fig.*). **pietrificarsi** *v.r.* to become petrified. **pietrificato** *a.* petrified (*anche fig.*). **pietrificazione** *f.* petrification (*anche Biol.*). **pietrina** *f.* (*pietrina focaia*) (lighter)flint. **pietrisco** *m.* crushed stone, road metal.

Pietro *N.pr.m.* Peter. □ *san* ~: 1 ⟨*Stor*⟩ St. Peter; 2 (*basilica di san Pietro*) St. Peter's; ⟨*Stor*⟩ ~ *il* **Grande** Peter the Great.

Pietroburgo *N.pr.f.* ⟨*Geog*⟩ St. Petersburg.

pietroso *a.* stony.

pievania *f.* 1 (*territorio*) parish. 2 (*casa*) parsonage, rectory. 3 (*dignità*) parsonage, rectorate. **pievano** *m.* parson, rector. **pieve** *f.* 1 parish. 2 (*edificio*) parish (*o* parochial) church.

pieveloce *a.* fleet–footed.

piezoelettricità *f.* ⟨*Fis*⟩ piezoelectricity. **piezoelettrico** *a.* (*pl.* -ci) piezoelectric. **piezometrico** *a.* (*pl.* -ci) piezometric. **piezometro** *m.* piezometer.

pifferaio *m.* piper, fifer. **piffero** *m.* 1 pipe, fife. 2 (*sonatore*) piper, fifer. □ *fare come i –i di montagna che andarono per sonare e furono sonati* to go for wool and come home shorn.

pigia: ~ *pigia* (*calca*) crowd, press, throng.

pigiama *m.* (*pl. inv./-*i) pyjamas *pl*, ⟨*am*⟩ pajamas *pl*. □ ⟨*Mod*⟩ ~ *palazzo* pyjama suit; ~ *da* *spiaggia* beach pyjamas *pl*.

pigiare *v.t.* (pigio, pigi) 1 to press, to crush, to squeeze; (*spingere*) to push. 2 (*calpestare*) to trample, to tread on. **pigiarsi** *v.r.* (*affollarsi*) to crowd, to throng. □ ~ *il tabacco nella pipa* to pack (*o* tamp) tobacco in one's pipe; ~ *l'uva* to press grapes. **pigiata** *f.* press(ing), crush(ing). □ *dare una* ~ *a qc.* to press (*o* ram) s.th. **pigiatore** *m.* (*f.* -trice) (*chi pigia l'uva*) (grape) presser; (*con i piedi*) (grape) treader. **pigiatrice** *f.* (*macchina*) (wine) press. **pigiatura** *f.* (*rif. all'uva*) (grape) pressing; (*con i piedi*) (grape) treading.

pigionale, pigionante *m./f.* tenant. **pigione** *f.* 1 rent. 2 (*canone di locazione*) rent, rental: *pagare la* ~ to pay the rent. □ *dare a* ~ to let; *prendere a* ~ to rent; *stare a* ~ to be a tenant.

pigliamosche *m.inv.* ⟨*Bot*⟩ Venus's flytrap.

pigliare *v.* (piglio, pigli) ⟨*fam*⟩ → **prendere**.

piglio[1] *m.* (*il prendere*) taking (hold), seizing. □ *dar di* ~ *a qc.*: 1 (*afferrarla*) to take hold of s.th.; 2 ⟨*fig*⟩ (*iniziarla*) to start (*o* set to) s.th.

piglio[2] *m.* countenance, look: ~ *disinvolto* nonchalant look.

Pigmalione *N.pr.m.* ⟨*Mitol,Lett*⟩ Pygmalion.

pigmentare *v.t.* (pigmento) ⟨*Chim*⟩ to pigment. **pigmentazione** *f.* ⟨*Biol*⟩ pigmentation. **pigmento** *m.* ⟨*Biol,Chim*⟩ pigment.

pigmeo I *a.* ⟨*Etnol*⟩ Pygmy, Pigmy. II *s.m.* (*f.* -a) Pygmy, Pigmy. 2 ⟨*fig.spreg*⟩ pygmy.

pigna *f.* 1 ⟨*Bot*⟩ (pine) cone. 2 ⟨*Arch*⟩ pine cone, cone–shaped ornamentation. □ ⟨*region*⟩ *avere le –e in testa* (*avere idee strane*) to have strange ideas.

pignatta *f.* (cooking) pot.

pignoleggiare *v.i.* (pignoleggio, pignoleggi; *aus.* avere) to

---

fuss, to be pedantic. **pignoleria** *f.* ⟨*fam*⟩ 1 fussiness, fastidiousness. 2 (*azione*) fuss. **pignolo** I *a.* fussy, pedantic, fastidious. II *s.m.* (*f.* -a) fussy (*o* pedantic) person, ⟨*fam*⟩ fusspot. □ *non fare il* ~! don't be so particular (*o* fussy)!

pignone *m.* 1 ⟨*Idr*⟩ embankment, dike; (*di ponte*) cut water. 2 ⟨*Mecc*⟩ pinion.

pignorabile *a.* distrainable. **pignorabilità** *f.* liability to distraint. **pignoramento** *m.* distraint, attachment: ~ *dei beni* distraint of goods. **pignorare** *v.t.* (pignoro) to distrain, to attach.

pigo *m.* (*pl.* -ghi) ⟨*Itt*⟩ dace.

pigolamento *m.* → **pigolio**. **pigolare** *v.i.* (pigolo; *aus.* avere) to cheep, to chirp, to peep. **pigolio** *m.* cheeping, chirping, peeping.

pigramente *avv.* lazily. **pigrizia** *f.* laziness, sluggishness. □ ~ *mentale* sloth. **pigro** I *a.* 1 lazy, sluggish. 2 ⟨*lett*⟩ (*che induce a pigrizia*) deadening, stupefying. 3 ⟨*fig*⟩ (*ottuso*) slow, dull. II *s.m.* (*f.* -a) lazy man (*f* woman), ⟨*fam*⟩ lazybones.

P.I.L. = *prodotto interno lordo* gross domestic product (*abbr.* GPD).

pila *f.* 1 pile, heap, stack: *una* ~ *di piatti* a stack of dishes. 2 (*vasca*) (stone) basin. 3 ⟨*Edil*⟩ (*pilastro di ponte*) pier. 4 ⟨*El*⟩ cell, pile; (*batteria*) battery. □ *a* -e battery–; *radiolina a* -e portable radio; ~ *dell'*acqua **santa** holy–water stoup; ⟨*Atom*⟩ ~ **atomica** atomic pile; ⟨*El*⟩ ~ **campione** standard cell, normal element (*o* cell); ~ **elettrica** electric element; ~ *della* **fontana** basin of a fountain; ~ **tascabile** electric (*o* pocket) torch, flashlight; ~ **termoelettrica** thermopile, thermoelectric pile; ⟨*El*⟩ ~ *di* **Volta** Volta's pile.

Pilade *N.pr.m.* ⟨*Mitol*⟩ Pylades.

pilaf *m.* ⟨*Gastr*⟩ pilaf(f).

pilare *v.t.* ⟨*Ind*⟩ to husk.

pilastrata *f.* pilastrade, pillars *pl*, pilasters *pl*. **pilastro** *m.* 1 ⟨*Arch*⟩ pillar, pilaster. 2 ⟨*fig*⟩ (*sostegno*) pillar, mainstay, prop: *sei il* ~ *della famiglia* you are the mainstay of the family. 3 ⟨*Anat*⟩ pillar: ~ *del palato* pillar of the fauces.

Pilato *N.pr.m.* ⟨*Stor*⟩ Pilate. □ *Ponzio* ~ Pontius Pilate; ⟨*fig*⟩ *mandare qd. da Erode a* ~ to send s.o. from pillar to post.

pilatura *f.* ⟨*Ind*⟩ husking, hulling.

pileo *m.* ⟨*Stor*⟩ pileus.

pileoriza *f.* ⟨*Bot*⟩ pileorhiza, root–cap, calyptra.

pilifero *a.* piliferous, pilose. □ *apparato* ~ body hair.

pillacchera *f.* ⟨*region*⟩ splash (of mud). **pillaccheroso** *a.* ⟨*region*⟩ muddy, mud–splashed.

pillare *v.t.* to ram, to tamp, to pound. **pillo** *m.* ⟨*Strad,Edil*⟩ rammer, tamper.

pillola *f.* ⟨*Farm*⟩ pill. □ ~ **anticoncezionale** contraceptive pill, ⟨*fam*⟩ pill; ~ **confettata** sugar–coated pill; ~ **dimagrante** diet pill; *in* -e in (the form of) pills; ⟨*fig*⟩ *indorare la* ~ to gild the pill; ⟨*fig*⟩ *ingoiare la* ~ to swallow a bitter pill.

pilo *m.* ⟨*Stor.rom*⟩ pilum.

pilone *m.* 1 ⟨*Edil*⟩ pillar; (*di ponte*) pier. 2 (*sostegno verticale: di linee elettriche*) pylon, tower; (*di antenne*) antenna tower. 3 ⟨*Arch*⟩ (*edicola*) aedicula, shrine; (*nicchia*) niche. 4 ⟨*Mar*⟩ dolphin. 5 ⟨*Aer*⟩ mooring mast (*o* tower, post). 6 ⟨*Sport*⟩ (*nel rugby*) prop forward. □ ~ *di funivia* ropeway (*o* cableway) support; ⟨*Aer*⟩ ~ *di lancio* catapult; ⟨*Aer*⟩ ~ *di ormeggio* mooring mast (*o* tower); ~ *a traliccio* lattice tower.

pilorico *a.* (*pl.* -ci) ⟨*Anat*⟩ pyloric: *sfintere* ~ pyloric ring (*o* sphincter, valve). **piloro** *m.* pylorus.

pilota I *s.m.* 1 ⟨*Aer,Mar*⟩ pilot. 2 ⟨*Aut*⟩ racing–car driver. II *a.inv.* pilot: *pallone* ~ pilot balloon; *nave* ~ pilot boat; *impianto* ~ pilot plant. □ ⟨*Mar*⟩ ~ *d'*altura sea pilot; ⟨*Aer,Mar*⟩ ~ **automatico** auto(matic) pilot, gyropilot; ~ **collaudatore** test pilot; ⟨*Aer*⟩ ~ **primo** ~ first pilot; **progetto** ~ pilot project; **secondo** ~ co–pilot, second pilot.

pilotabile *a.* steerable. **pilotaggio** *m.* 1 ⟨*Mar*⟩ pilotage, piloting, conn. 2 ⟨*Aer*⟩ pilotage, piloting, flying. □ *diritti di* ~ pilotage (dues); *scuola di* ~ flying school; ~

strumentale instrumental flight. **pilotare** *v.t.* (pil**o**to) **1** ⟨*Aer*⟩ to fly, to pilot. **2** ⟨*Mar*⟩ to pilot, to conn. **3** ⟨*Aut*⟩ to drive.

pilucca**re** *v.t.* (pil**u**cco, pil**u**cchi) **1** to pick (off), to pluck (one at a time). **2** ⟨*estens*⟩ (*mangiucchiare*) to nibble (at).

pimento *m.* pimento. □ ~ *inglese* (o *della Giamaica*) allspice, Jamaica pepper.

pimpante *a.* ⟨*fam*⟩ **1** (*vistoso*) showy, gaudy, flashy: *un vestito* ~ a gaudy dress. **2** (*baldanzoso*) jaunty, ⟨*fam*⟩ cocky.

pimpinella *f.* ⟨*Bot*⟩ pimpernel.

pina *f.* ⟨*region*⟩ → **pigna**.

pinacoteca *f.* picture (o art) gallery.

pinastro *m.* ⟨*Bot*⟩ pinaster, cluster pine (o fir).

pince *fr.* [pɛ:s] *f.* ⟨*Sart*⟩ dart, tuck, fold.

Pinco: ~ *Pallino* Johnny, ⟨*am*⟩ John Doe.

pindarico *a.* (*pl.* **-ci**) Pindaric: *ode -a* Pindaric ode. □ *volo* ~ discursive digression. **Pindaro** *N.pr.m.* ⟨*Stor*⟩ Pindar.

Pindo *N.pr.m.* ⟨*Geog*⟩ Pindus.

pineale: ⟨*Anat*⟩ *ghiandola* (o *corpo*) ~ pineal body.

pineta *f.*, **pineto** *m.* pine forest, pine wood.

ping-pong *m.* ping-pong, table tennis.

pingue *a.* **1** (*grasso*) fat, corpulent, fleshy. **2** (*fertile*) fertile, rich, fruitful. **3** ⟨*fig*⟩ (*ricco*) rich, fat, large.

pinguedine *f.* fatness, corpulence, fleshiness.

pinguino *m.* **1** ⟨*Ornit*⟩ penguin. **2** ⟨*Aer*⟩ (*veivolo scuola*) penguin, trainer (airplane); (*aspirante pilota*) trainee pilot.

pinna[1] *f.* **1** ⟨*Itt*⟩ fin, flipper. **2** ⟨*Sport*⟩ flipper. **3** ⟨*Mar*⟩ (*aletta di rollio*) bilge keel, rolling chock. **4** ⟨*Aer*⟩ sponson, stub (plane). **5** ⟨*Anat*⟩ (*aletta nasale*) ala of the nose. □ ⟨*Itt*⟩ ~ *caudale* tail (o caudal) fin; ⟨*Itt*⟩ ~ *dorsale* dorsal fin; ⟨*Mar*⟩ *-e stabilizzatrici* stabilizing fins; ⟨*Itt*⟩ ~ *ventrale* ventral fin.

pinna[2] *f.* ⟨*Zool*⟩ pinna.

pinnacolo[1] *m.* **1** ⟨*Arch*⟩ spire, pinnacle. **2** ⟨*Geog*⟩ pinnacle, aiguille.

pinnacolo[2] *m.* (*gioco di carte*) pinoc(h)le.

pinnipedi *m.pl.* ⟨*Zool*⟩ pinnipeds *pl.*

pino *m.* **1** ⟨*Bot*⟩ pine tree. **2** (*legno*) pine. □ ~ *marittimo* cluster pine, pinaster; ~ *nero* black (o Austrian) pine; ~ *da pinoli* stone (o umbrella) pine; ~ *silvestre* (o *di Scozia*) Scotch pine.

pinocchio, **pinolo** *m.* pine seed.

pinta *f.* (*unità di misura*) pint.

pinza *f.* **1** pliers *pl* (*costr. sing. o pl.*). **2** ⟨*Med*⟩ forceps *pl.* **3** ⟨*Zool*⟩ (*chela*) pincer, chela. □ *-e chirurgiche* tenaculum (forceps); *-e da* **dentista** dental (o dentist's) forceps; ⟨*Med*⟩ ~ **emostatica** haemostatic forceps *pl;* ~ *per* **fili** wire nippers *pl;* ~ **tagliacavi** cable cutter (o shears *pl*); ~ **tagliafili** wire cutter; ~ **universale** cutting pliers *pl.*

pinzare *v.t.* (*pungere*) to sting, to bite. **pinzata** *f.* stinging, biting. **pinzatura** *f.* (*puntura*) sting, bite. **pinzetta** *f.* tweezers *pl.*

pinzimonio *m.* ⟨*Gastr*⟩ dip made of olive oil, pepper and salt.

pinzochero *m.* (*f.* **-a**) (*bigotto*) bigot.

pio *a.* **1** (*devoto*) pious, devout, godly. **2** (*riverente*) pious, reverent, dutiful. **3** (*rif. a istituti di carità e sim.*) charitable, charity–. **4** (*pietoso*) pitiful, merciful, compassionate. **5** ⟨*scherz*⟩ vain, futile: *un* ~ *desiderio* a vain hope, wishful thinking.

Pio *N.pr.m.* Pius.

piogeno *a.* (*pl.* **-ci**) ⟨*Med*⟩ pyogen(et)ic. **piogeno** *a.* pyogen(et)ic.

pioggerella, **pioggerellina** *f.* drizzle, fine rain.

pioggia *f.* (*pl.* **-ge**) **1** rain. **2** ⟨*fig*⟩ shower, hail, flood: *una* ~ *di fiori* a shower of flowers; *una* ~ *di rimproveri* a flood of reproach. **3** ⟨*Cin,TV*⟩ rain. □ **a** ~ sprinkling, like rain; ~ **acida** acid rain; ~ **dirotta** downpour, heavy rainfall; ⟨*fig*⟩ *far la* ~ *e il bel tempo* to lay down the law; ~ **fitta** pelting (o driving) rain; ~ *mista a* **neve** sleet; ~ **radioattiva** (radioactive) fall–out; ~ *di* **sassi** hail of stones; *camminare sotto la* ~ to walk in the rain; **stagione** *delle piogge* rainy

season, rains *pl;* ~ **torrenziale** torrential rain.

piolo *m.* **1** peg, stake, post; (*gancio*) peg, hook: ~ *dell'attaccapanni* peg (o hook) of a clothes stand. **2** (*rif. a scale*) rung. □ *scala a -i* ladder.

piombaggine *f.* **1** plumbago, blacklead, graphite. **2** ⟨*Bot*⟩ (*caprinella*) (European) leadwort.

piombare[1] *v.i.* (pi**o**mbo; *aus.* essere) **1** (*cadere dall'alto*) to fall; (*precipitare*) to fall (headlong). **2** ⟨*fig*⟩ (*avventarsi*) to pounce, to throw o.s., to fall (*su* upon); (*rif. a veicoli*) to bear down (upon). **3** ⟨*fig*⟩ (*rif. a disgrazie e sim.*) to befall, to strike. **4** ⟨*fam*⟩ (*giungere all'improvviso*) to arrive (o turn up) unexpectedly: ~ *in casa a qd.* to arrive at s.o.'s house unexpectedly. □ ~ *nella disperazione* to plunge into despair; ~ *a terra* to drop (o fall) to the ground.

piombare[2] *v.t.* (pi**o**mbo) **1** (*rivestire di piombo*) to cover (o coat) with lead; (*riempire di piombo*) to fill with lead. **2** ⟨*Dent*⟩ to fill, to stop. **3** (*chiudere con sigilli di piombo*) to plumb, to seal (with lead): ~ *un pacco* to seal a parcel with lead. **4** (*saldare con piombo*) to solder.

piombatura *f.* **1** (*il sigillare con il piombo*) sealing, plumbing; (*sigillo*) (lead) seal. **2** ⟨*Dent*⟩ filling, stopping (*anche concr.*). **piombifero** *a.* plumbiferous, lead–bearing.

piombino *m.* **1** (*sigillo*) (lead) seal. **2** ⟨*Mur*⟩ (*del filo a piombo*) plumb–bob, plummet. **3** ⟨*Mar,Pesc*⟩ sinker, plumb. **4** ⟨*Sart*⟩ (lead) weight. **5** ⟨*Ornit*⟩ kingfisher.

piombo *m.* **1** ⟨*Chim*⟩ lead. **2** (*piombino del filo a piombo*) plummet, plumb bob. **3** (*piombino per sigillare*) (lead) seal. **4** ⟨*Tip*⟩ lead, type metal. **5** (*lett*) (*proiettile*) bullet; ⟨*collett*⟩ (*proiettili*) lead, bullets *pl.* □ **a** ~ plumb, straight down: *cadere a* ~ to fall plumb; *essere a* ~ to be plumb; ⟨*Tip*⟩ ~ *per* **caratteri** *di stampa* lead, type metal; *di* ~ lead, leaden; (*color piombo*) lead–coloured, leaden; ⟨*Vetr*⟩ ~ *in* lista lead, leaden; *-i del* **palombaro** diver's weights; ⟨*Met*⟩ ~ *in* **pani** pig lead; **senza** ~ nonlead, non–leaded.

piomboso *a.* leaden.

pione *m.* ⟨*Fis*⟩ pi–meson, pion.

pionefrosi *f.* ⟨*Med*⟩ pyonephrosis.

pioniere *m.* (*f.* **-a**) pioneer (*anche fig.*). **pionierismo** *m.* pioneering. **pionieristico** *a.* (*pl.* **-ci**) pioneer–, pioneering: *impresa -a* pioneer undertaking.

pio pio *onom.* cheep cheep, peep peep.

pioppaia *f.*, **pioppeto** *m.* poplar grove (o wood). **pioppo** *m.* ⟨*Bot*⟩ poplar. □ ~ *bianco* white poplar; ~ *nero* (o *nostrano*) black poplar; ~ *tremolo* (European) aspen.

piorrea *f.* ⟨*Med*⟩ pyorrh(o)ea. □ ~ *alveolare* pyorrhea (alveolaris), suppurative periodontitis. **piorroico** *a.* (*pl.* **-ci**) pyorrheal.

piota *f.* ⟨*Lett*⟩ **1** (*zolla erbosa*) sod, turf. **2** ⟨*region,scherz*⟩ (*piede*) foot.

piovanello *m.* ⟨*Ornit*⟩ curlew sandpiper.

piovano[1] *m.* ⟨*pop*⟩ (*pievano*) rector, parson.

piovano[2] *a.* (*di pioggia*) rain–, of rain: *acqua -a* rain–water.

piovasco *m.* (*pl.* **-chi**) squall.

piovere *v.* (pi**o**vve, piov**u**to) **I** *v.i.impers.* (*aus.* essere /avere) to rain. **II** *v.i.* (*aus.* essere) **1** to rain, to fall: *piovevano goccioloni radi* large drops of rain were falling. **2** ⟨*estens*⟩ (*cadere*) to hail, to pour, to rain. **3** ⟨*fig*⟩ (*fioccare*) to rain (down), to pour (in), to shower: *piovvero gli auguri* good wishes poured in. **4** ⟨*fam*⟩ (*capitare*) to arrive unexpectedly, to turn up without warning: *ci è piovuto addosso un parente* a relative has arrived unexpectedly. □ ⟨*fig*⟩ *piove sul* **bagnato** it never rains but it pours; ~ *a* **catinelle** to rain cats and dogs; ⟨*fig*⟩ ~ *dal* **cielo** to fall ⌈from heaven⌉ (o into one's lap); ~ *a* **dirotto** to pour; **pare** (o *sembra*) *che voglia* ~ it looks like rain.

piovigginare *v.i.impers.* (piov**i**ggina; *aus.* essere/avere) to drizzle. **piovigginoso** *a.* drizzly. **piovosità** *f.* **1** raininess. **2** (*quantità di pioggia*) rainfall. **piovoso** *a.* **1** rainy, wet: *tempo* ~ rainy (o wet) weather. **2** ⟨*Geog*⟩ (*ricco di piogge*) pluviose, rainy.

piovra *f.* **1** ⟨*Zool*⟩ giant squid, octopus. **2** ⟨*fig*⟩ (*sfruttatore*) leech.

piovve → **piovere**.

pipa[1] *f.* **1** pipe: *fumare la* ~ to smoke a pipe. **2** (*quantità* *di tabacco*) pipe(ful). **3** ⟨*Ling*⟩ hook (serving as diacritic mark). **4** ⟨*Mil*⟩ (*mostrina*) insignia, tab, badge. □ caricare *la* ~ to fill one's pipe; ~ *di* gesso clay pipe; ⟨*Etnol*⟩ ~ *della* pace peace pipe, calumet; ~ *di* radica briar pipe; ~ *di* schiuma meerschaum (pipe).

pipa[2] *f.* ⟨*Zool*⟩ Surinam toad.

pipare *v.i.* (*aus.* avere) to smoke a pipe. **pipata** *f.* (*quantità di tabacco*) pipe(ful). □ *fare una* ~ (*fumare*) to smoke a pipe.

piperacee *f.pl.* ⟨*Bot*⟩ pipers *pl.*

piperita *f.* ⟨*Bot*⟩ (*peperita*) peppermint.

pipetta *f.* ⟨*Chim*⟩ pipette: ~ *graduata* graduated pipette.

pipì *f.* (*infant*) (*orina*) wee-wee, pee-pee: *fare* (*la*) ~ to (do one's) wee-wee, to pee; *mi scappa la* ~ I have to pee.

pi pi *onomat.* → pio pio.

Pipino *N.pr.m.* ⟨*Stor*⟩ Pippin, Pepin. □ ⟨*Stor*⟩ ~ *il Breve* Pepin the Short.

pipistrello *m.* **1** ⟨*Zool*⟩ bat. **2** ⟨*Mod*⟩ (*pastrano*) cloak.

pipita *f.* **1** ⟨*Veter*⟩ pip. **2** (*pellicola intorno alle unghie*) hangnail.

pippolo *m.* ⟨*region*⟩ **1** (*seme*) pip, grain, seed. **2** (*escrescenza*) pimple.

piqué *fr.* [pi'ke] *m.* ⟨*Tess*⟩ piqué.

pira *f.* ⟨*lett*⟩ pyre, funeral pile.

piragna *m.* ⟨*Itt*⟩ spotted (*o* white) piranha.

piramidale *a.* **1** pyramidal, pyramid–shaped: *costruzione* ~ pyramid–shaped building. **2** ⟨*Anat*⟩ pyramidal: *cellule* –*i* pyramidal cells. **3** ⟨*fig*⟩ (*colossale*) enormous, huge, monstrous.

piramide *f.* pyramid (*anche Geol.*): *una* ~ *di scatole* a pyramid of cartons. □ **a** ~ pyramidal, pyramidic(al), pyramid–shaped; ~ demografica population pyramid; ~ *di* erosione earth pyramid; ~ *dell'*età age pyramid; ⟨*Archeol*⟩ ~ *a* gradini step pyramid; ⟨*Anat*⟩ –*i di* Malpighi pyramids of Malpighi; ⟨*Statist*⟩ ~ sociale social pyramid.

piramidone *m.* ⟨*Farm*⟩ pyramidon.

Piramo *N.pr.m.* ⟨*Mitol*⟩ Pyramus.

pirata I *s.m.* **1** pirate. **2** ⟨*estens*⟩ (*ladro*) pirate, robber, thief. **II** *a.* **1** pirate–, piratical: *nave* ~ pirate (ship). **2** ⟨*estens*⟩ thieving, piratical, robber–. □ ~ *dell'aria* air pirate, hijacker, (*am*) skyjacker; *edizione* ~ pirate edition; ~ *della strada* hit–and–run driver. **pirateggiare** *v.i.* (pirateggio, pirateggi; *aus.* avere) **1** to (be a) pirate, to commit piracy. **2** ⟨*estens*⟩ to steal, to rob, to pirate. **pirateria** *f.* **1** piracy. **2** ⟨*fig*⟩ robbery, theft, piracy. □ ~ *aerea* air piracy, hijacking, ⟨*am*⟩ skyjacking. **piratesco** *a.* (*pl.* -chi) **1** piratical, pirate–like. **2** ⟨*estens*⟩ thieving, piratical, robber–.

pirenaico *a.* (*pl.* -ci) (*dei Pirenei*) Pyrenean.

pirene *m.* ⟨*Chim*⟩ pyrene.

Pirenei *N.pr.m.pl.* ⟨*Geog*⟩ Pyrenees *pl.*

piressia *f.* ⟨*Med*⟩ pyrexia. **piretico** *a.* (*pl.* -ci) pyrexic, pyretic.

piretoterapia *f.* pyre(to)therapy.

pirex *m.* ⟨*Ind*⟩ pyrex, pirex.

pirico *a.* (*pl.* -ci) fire–producing. □ *polvere* –*a* gunpowder.

piridina *f.* ⟨*Chim*⟩ pyridine. **piridinico** *a.* (*pl.* -ci) pyridine–. **piridossina** *f.* ⟨*Biol*⟩ pyridoxin(e).

pirite *f.* ⟨*Min*⟩ pyrite. □ ~ *bianca* marcasite, white iron pyrites; ~ *magnetica* magnetic pyrites. **piritico** *a.* (*pl.* -ci) pyritic(al), pyritous.

piro|clastico: ⟨*Min*⟩ *roccia* –*a* pyroclastic (rock). **~elettricità** *f.* pyroelectricity. **~elettrico** *a.* (*pl.* -ci) pyroelectric.

piroetta *f.* **1** pirouette, spin, whirl. **2** (*figura di danza*) pirouette. **3** ⟨*Equit*⟩ pirouette. **piroettare** *v.i.* (piroetto; *aus.* avere) to pirouette.

pirofila *f.* **1** (*materia*) heat–resistant glassware. **2** (*tegame*) heat–resistant pan.

piroga *f.* pirogue, piragua.

pirogallico: *acido* ~ pyrogallic acid.

pirogenare *v.t.* (pirogeno) ⟨*Chim*⟩ to crack. **pirogenazione** *f.* pyrogenation, cracking. **pirogeno** *a.* ⟨*Med*⟩ pyrogenic, pyrogenous.

pirografia *f.* pyrography, pokerwork. **pirografico** *a.* (*pl.*

-ci) pyrographic. **pirografista** *m./f.* pyrographer.

piromane *m./f.* pyromaniac. **piromania** *f.* pyromania.

pirometro *m.* ⟨*Fis*⟩ pyrometer.

piropiro *m.inv.* ⟨*Ornit*⟩ sandpiper.

piropo *m.* ⟨*Min*⟩ pyrope.

piroscafo *m.* steamship, steamboat, steamer. □ ~ *da carico* freighter; ~ *di* linea liner; ~ *da* passeggeri passenger ship (*o* steamer); ~ postale mail boat, mailer; ~ *a* ruote paddle–steamer.

piroscissione *f.* ⟨*Chim*⟩ pyrolysis, pyrogenation. **pirosi** *f.* ⟨*Med*⟩ pyrosis, heartburn. **pirosseno** *m.* ⟨*Min*⟩ pyroxene.

pirotecnica *f.* pyrotechnics *pl* (*costr. sing. o pl.*), pyro-techny. **pirotecnico** *a./s.* (*pl.* -ci) **I** *a.* pyrotech-nic(al), firework–: *spettacolo* ~ firework display. **II** *s.m.* (*operaio; f.* -a) pyrotechnist, firework maker.

Pirro *N.pr.m.* ⟨*Stor*⟩ Pyrrhus. □ ⟨*fig*⟩ *vittoria di* ~ Pyrrhic victory.

pirrolo *m.* ⟨*Chim*⟩ pyrrole.

pirrotina, pirrotite *f.* ⟨*Min*⟩ pyrrhotite, pyrrhotine.

piruvico: ⟨*Chim*⟩ *acido* ~ pyruvic acid.

piscatorio *a.* ⟨*lett*⟩ piscatory: *anello* ~ piscatory ring.

piscia *f.* (*pl.* -ce) ⟨*volg*⟩ piss. □ *fare la* ~ to piss.

pisciare *v.* (piscio, pisci) ⟨*volg*⟩ **I** *v.i.* (*aus.* avere) to piss. **II** *v.t.* to pass, ⟨*volg*⟩ to piss. □ *pisciarsi addosso* to wet o.s.; ~ *a letto* to wet the bed; *sangue* to pass blood; ⟨*fig*⟩ *pisciarsi sotto* (*dalla paura*) to wet one's pants (for fear), to pee o.s.; (*dalle risa*) to pee o.s. laughing.

pisciasangue *m.* ⟨*Veter,pop*⟩ bovine piroplasmosis.

pisciata *f.* ⟨*volg*⟩ **1** (*azione*) piss(ing). **2** (*orina emessa*) piss. **pisciatoio** *m.* ⟨*volg*⟩ (*orinatoio*) (public) urinal, pissoir.

piscicoltore *m.* (*f.* -trice) pisciculturist, fish breeder (*o* farmer). **piscicoltura** *f.* pisciculture, fish culture (*o* breeding).

piscina *f.* **1** swimming pool, bathing pool, ⟨*fam*⟩ pool. **2** (*peschiera*) fishpond. □ ~ *per* bambini paddling pool; ~ coperta indoor swimming pool; ~ olimpionica Olympic size swimming pool; ⟨*Med*⟩ ~ *di* rieducazione treatment bath; ~ scoperta outdoor (*o* open–air) swimming pool.

piscione *m.* (*f.* -a) ⟨*volg*⟩ pisser.

piscivoro *a.* ⟨*Ornit*⟩ piscivorous, fish–eating.

pisello *m.* **1** ⟨*Bot*⟩ pea: *minestra di* –*i* pea soup; *sgranare i* –*i* to shell peas. **2** ⟨*pop*⟩ (*pene*) penis. □ ~ *odoroso* sweet pea. **pisiforme** *m.* ⟨*Anat*⟩ pisiform.

pisolare *v.i.* (pisolo; *aus.* avere) ⟨*fam*⟩ to (take a) nap, to doze. **pisolino** *m.* ⟨*fam*⟩ nap, doze: *schiacciare un* ~ to (take a) nap, to doze.

pisolite *f.* ⟨*Min*⟩ pisolite, pea stone.

pispola *f.* **1** ⟨*Ornit*⟩ meadow pipit. **2** ⟨*Venat*⟩ (*fischietto*) bird–call.

pissi: ~ *pissi* (*bisbiglio*) whisper; *fare* ~ *pissi* (*confabulare*) to whisper.

pisside *f.* **1** ⟨*Lit*⟩ pyx, ciborium. **2** ⟨*Bot*⟩ pyxidium.

pista *f.* **1** (*traccia*) track; (*rif. ad animali*) scent, trail. **2** (*sentiero*) path, track. **3** (*nei circhi*) ring. **4** ⟨*Sport*⟩ (*circuito*) track, course. **5** ⟨*Aer*⟩ runway. **6** ⟨*Rad*⟩ (*rif. a registratori*) (sound) track: *doppia* ~ double track. **7** ⟨*esclam*⟩ make way. □ ⟨*Aer*⟩ ~ *d'*atterraggio runway (*in terra battuta o di fortuna*) airstrip, landing strip; ~ *da* ballo dance floor; ~ *per* bob bob sled course (*o* run, chute); ~ *di* collaudo test track; ~ *per* corse automobilistiche (car–)racing track; ⟨*Aer*⟩ ~ *di* decollo (take off) runway; ⟨*fig*⟩ *essere sulle* –*e di qd.* to be on s.o.'s track (*o* trail); ⟨*Sport*⟩ fuori ~ off the track; *essere sulla* ~ giusta to be on the right track; ⟨*Inform*⟩ ~ magnetica magnetic track; ~ *di* partenza run–down, approach; ⟨*Sport*⟩ ~ *di* pattinaggio roller(–skating) rink; (*su ghiaccio*) ice(–skating) rink; ⟨*Aer*⟩ ~ *di* rullaggio taxiway, taxi track (*o* strip); ~ *da sci* ski slope; ⟨*fig*⟩ seguire *una* ~ to follow a track (*o* clue). ‖ *pista!* track!

pistacchio I *s.m.* **1** ⟨*Bot*⟩ pistachio(tree). **2** (*seme*) pistachio nut. **II** *a.* pistachio–: *color* (*o* verde) ~ pistachio (green).

pistagna *f.* ⟨*Sart*⟩ coat collar; (*passamano*) braid.

pistillifero *a.* ⟨*Bot*⟩ pistillate, pistilliferous. **pistillo** *m.* pistil.

pistola *f.* pistol: *puntare la ~ contro qd.* to aim a pistol at s.o., to hold a pistol to s.o. □ *~ ad* **acqua** water pistol; *~* **automatica** automatic pistol; ⟨*Mecc*⟩ *~* **chiodatrice** riveting gun; *~* **giocattolo** toy gun; *~* **mitragliatrice** machine pistol, (light) submachine-gun; *~ a* **percussione** percussion pistol; *~ da* **segnalazione** Very (*o* pyrotechnic) pistol; ⟨*Mecc*⟩ *~ a* **spruzzo** spray pistol, spray gun; *~ a* **tamburo** revolver.

pistolero *m.* gunman, ⟨*am.fam*⟩ gunslinger. **pistolettata** *f.* pistol shot. **pistolotto** *m.* ⟨*scherz*⟩ **1** (*discorso di rimprovero*) lecture, ⟨*fam*⟩ talking–to. **2** (*discorso enfatico*) emphatic speech. **3** ⟨*Teat*⟩ peroration (that brings the house down).

pistone *m.* ⟨*Mecc,Mus*⟩ piston. □ ⟨*Mecc*⟩ *~* **equilibratore** balancing piston; *~ del freno* brake piston; *~* **idraulico** hydraulic ram; *~ per pompa* plunger, piston.

Pitagora *N.pr.m.* ⟨*Stor*⟩ Pythagoras. □ ⟨*Geom*⟩ *teorema di ~* theorem of Pythagoras. **pitagorico** *a./s.* (*pl.* -ci) **I** *a.* Pythagorean, Pythagoric(al). **II** *s.m.* (*f.* -a) Pythagorean, Pythagorist. □ *tavola –a* multiplication table.

pitale *m.* ⟨*pop*⟩ (*orinale*) chamber pot.

pitecantropo *m.* ⟨*Paleont*⟩ pithecanthropus, pithecanthrope.

pitoccare *v.i.* (**pitocco, pitocchi**; *aus.* avere) ⟨*spreg*⟩ **1** (*mendicare*) to beg. **2** ⟨*fig*⟩ (*chiedere insistentemente, senza dignità*) to beg, to whine. **pitoccheria** *f.* ⟨*spreg*⟩ **1** beggary, mendicity. **2** (*tirchieria*) stinginess, meanness. **3** (*azione da pitocco*) mean action. **pitocco** *m.* (*pl.* -chi; *f.* -a) ⟨*spreg*⟩ **1** (*accattone*) beggar. **2** (*persona avara*) miser, skinflint.

pitone *m.* ⟨*Zool*⟩ python.

pitonessa *f.* **1** ⟨*Stor*⟩ (*pizia*) pythoness, priestess of Apollo. **2** ⟨*fig,scherz*⟩ (*indovina*) fortune teller, soothsayer.

pittima[1] *f.* ⟨*Ornit*⟩ godwit.

pittima[2] *f.* **1** (*impiastro*) decoction. **2** ⟨*fig*⟩ bore, pest, nuisance.

pittografia *f.* pictography. **pittografico** *a.* (*pl.* -ci) pictographic. **pittogramma** *m.* pictograph, pictogram.

pittore *m.* (*f.* -**trice**) **1** painter (*f* –tress). **2** (*imbianchino*) (house) painter. **3** ⟨*fig*⟩ (*rif. a scrittori, oratori e sim.*) painter, portrayer. □ *~ di* marine marine painter; *~ di* nature morte still–life painter; *~ di paesaggi* landscape painter, landscapist; *~ di ritratti* portrait painter, portraitist. **pittorello** *m.* ⟨*spreg*⟩ dauber, minor painter. **pittorescamente** *avv.* picturesquely. **pittoresco** *a./s.* (*pl.* -chi) **I** *a.* **1** picturesque, colourful, vivid (*anche fig.*). **2** (*pittorico*) pictorial, of painting. **II** *s.m.inv.* picturesque. **pittoricismo** *m.* pictorialness. **pittorico** *a.* (*pl.* -ci) pictorial, of painting: *scuola –a* school of painting. **pittrice** *f.* painter, paintress.

pittura *f.* **1** (*arte*) painting. **2** (*dipinto*) painting, picture. **3** ⟨*fig*⟩ (*rif. a descrizione letteraria*) portrayal, vivid representation (*o* description). **4** (*region*) (*vernice*) paint: *~ fresca* wet paint. □ *~ ad* **acqua** water paint; *~* **antiruggine** anti–rust (*o* anti–corrosive) paint; *~* **astratta** abstract (painting); *~* **emulsionata** emulsion paint; *~ di* **genere** genre painting; *~ a* **guazzo** gouache; *~* **murale** mural (painting); *~ a* **olio**: 1 (*tecnica*) oil (painting); 2 (*colore*) oils *pl*, oil paint; *~ su* **tavola** painting on wood; *~ su* **tela** (painting on) canvas.

pitturare *v.t.* **1** to paint. **2** ⟨*pop*⟩ (*truccare*) to make up. **pitturarsi** *v.r.* ⟨*pop*⟩ (*imbellettarsi*) to make up. **pitturato** *a.* **1** painted. **2** ⟨*pop*⟩ (*imbellettato*) made up, ⟨*spreg*⟩ painted.

pituitario *a.* ⟨*Anat*⟩ pituitary: *ghiandola –a* pituitary gland (*o* body).

più (*compar. di molto*) **I** *avv.* **1** more: *~ del necessario* more than necessary. **2** (*nel comparativo di maggioranza*) more, *oppure si traduce con un comparativo*: *~ fortunato* more fortunate, luckier; *~ gentilmente* more kindly; *sei ~ intelligente di Maria* you are cleverer than Mary. **3** (*nel superlativo relativo: tra più di due*) most, *oppure si traduce con un superlativo*: *il ~ importante* the most important; *il ~ fortunato* the luckiest; *è il ~ bravo dei fratelli* he is the best of the brothers; (*tra due*) more, *oppure si traduce con un comparativo*: *la ~ bella delle due sorelle* the prettier (*o* more beautiful) of the two sisters. **4** (*in frasi negative: rif. a tempo, a quantità*) no more: *non c'è ~ pane* there is no more bread; (*col verbo negativo*) any more: *non c'è ~ pane* there isn't any more bread; *non ti voglio ~ vedere* I don't want to see you any more; (*non più oltre*) no longer, no more: *non posso aspettare ~* I can wait no longer; (*col verbo negativo*) any longer, any more: *non posso aspettare ~* I can't wait any longer. **5** (*rif. a temperatura: sopra lo zero*) above zero (*o* the freezing point): *~* **dodici** (*gradi*) twelve degrees above zero. **6** ⟨*Mat*⟩ plus, and: *otto ~ due è uguale a dieci* eight plus two equals ten, eight and two are ten. **7** ⟨*Scol*⟩ plus: *sette ~* seven plus. **8** (*enfatico*) more than, extremely, very, quite: *sono ~ che contento di te* I am extremely (*o* more than) pleased with you; *la tua osservazione è ~ che giusta* your comment is more than justified[1] (*o* quite correct). **II** *prep.* (*inoltre*) plus, in addition to, besides: *siamo in cinque ~ la zia* there are five of us besides Auntie. **III** *a.inv.* **1** (*con valore di comparativo*) more, *oppure si traduce col comparativo*: *tu hai ~ danaro di me* you have more money than I have; *ha ~ appetito del solito* he's hungrier than usual. **2** (*con valore di superlativo*) most, *oppure si traduce col superlativo*: *tu hai ~ danaro di tutti* you have the most money of all. **3** (*parecchi*) several: *per ~ giorni* for several days. **IV** *s.m.inv.* **1** (*la parte maggiore*) most, biggest part, bulk: *il ~ è fatto* most of it is done. **2** (*la cosa più importante*) most important thing: *il ~ è incominciare* the most important thing is to start. **3** *pl.* (*maggioranza*) majority, most (people) (*costr.pl.*): *i ~ erano favorevoli* the majority was in favour, most (people) were in favour. **4** (*segno del più*) plus sign. □ **ancor** *~* even (*o* still) more; *~ di così* more (*o* better) than that: *~ di così non potevi ottenere* you couldn't get more (*o* better) than that; *di ~*: 1 (*maggiormente*) more: *bisogna lavorare di ~* we must work more (*o* harder); 2 (*inoltre*) moreover, besides, else: *che cosa vuole di ~?* what else does he want?; *il di ~* (*ciò che sopravanza*) the surplus; *mi hai dato cento lire* **in** *~* you gave me a hundred lire too much; **mai** *~* never again: *non lo farò mai ~* I'll never do it again; *~ che mai* more than ever; *~ o* **meno** (*all'incirca*) more or less, about: *sono tutti così ~ o meno* they are all more or less like that; *parlare del ~ e del meno* to talk of this and that; *né ~ né meno*: 1 (*in persona*) in person; 2 (*proprio*) neither more nor less; *chi ~ chi meno* some more some less; *~ ... meno* the more ... the less, *oppure si traduce con due comparativi preceduti da* **the**: *lo ascolto meno mi convince* the more I listen to him the less I believe him; **molto** *~* much more; **niente** (*di*) *~* no more; **per di** *~* (*inoltre*) moreover, what's more; *per lo ~* mostly, for the most part, usually: *per lo ~ lo trovi in casa la sera* you can usually find him at home in the evening; *il ~* **possibile** as much as possible: *studiavo il ~ possibile* I studied as much as possible; ⟨*fam*⟩ *a ~ non* **posso** as hard (*o* much) as one can, with all one's might; *beve a ~ non posso* he drinks as much as he can; *al ~* **presto**: 1 as soon as possible; 2 ⟨*Comm*⟩ at your earliest convenience; **sempre** *~ difficile* harder and harder, more and more difficult; *sempre ~ facile* easier and easier; **tanto** *~* all the more so, so much the more, especially: *tutti lo sapevano, tanto ~ io, che sono suo fratello* everybody knew it, especially me, his brother; *tanto ~ che* all the more so because (*o* in that); *al ~* **tardi** at the latest; **tutt'al** *~* (at) the most: *potrò darti tutt'al ~ mille lire* the most I can give you is a thousand lire; *~* **volte** many times, several times; *il ~ delle volte* most times, mostly. ‖ *~ ... più* the more ... the more, *oppure si traduce con due comparativi preceduti da* **the**: *~ lo guardo e ~ mi piace* the more I look at him the more I like him.

piucche(p)perfetto *m.* ⟨*Gramm*⟩ past perfect (tense).

piuma *f.* **1** feather; (*penna*) plume. **2** (*per cuscini e sim.*) down, feather. **3** *pl.* (*piumaggio*) plumage, feathers *pl.* □ ⟨*fig*⟩ *essere una ~* to be very light; *guanciale di –e* down–pillow, feather–pillow; *leggero come una ~* (as) light as a feather; ⟨*Sport*⟩ *peso ~* featherweight. **piumaggio** *m.* plumage, feathers *pl.* **piumato** *a.* plumed. **piumetta** *f.* ⟨*Bot*⟩ plumule. **piumino** *m.* **1** ⟨*Ornit*⟩ down. **2** (*copertura del letto*) eiderdown. **3** ⟨*Cosmet*⟩ (*piumino di* *cipria*) powder–puff. **piumone** *m.* **1** (*coperta imbottita*) quilted bedspread, quilt. **2** (*cappotto*) quilted coat; (*giacca*) quilted jacket. **piumoso** *a.* feathery, downy (*anche fig.*).

piuttosto *avv.* **1** (*più volentieri*) rather, sooner: *prenderei ~ una bibita* I'd rather (*o* sooner) have a drink. **2** (*alquanto*) rather, somewhat, fairly, (*fam*) pretty: *sei stato ~ scortese nei miei riguardi* you were rather impolite to me; *una signora ~ anziana* a fairly old woman. **3** (*invece*) instead: *la gente critica ~ che dare il buon esempio* people criticize instead of setting a good example. **4** (*meglio*) rather, better (still): *facciamo così, o ~ in quell'altro modo* let's do it that way, or better still this way.

piva *f.* (*cornamusa*) bagpipe. □ (*fig*) *tornare con le –e nel sacco* to return (*o* be left) empty–handed; (*fam*) *avere la ~* (*essere imbronciato*) to pout, to sulk.

pivello *m.* (*fam*) (*novellino*) beginner, novice, (*fam*) greenhorn.

piviale *m.* (*Lit*) cope, pluvial.

piviere *m.* (*Ornit*) plover.

pizia *f.* (*Stor.gr*) Pythia.

pizza *f.* **1** (*Gastr*) pizza (pie). **2** (*Cin*) film can; (*pellicola*) (reel of) film. **3** (*region*) (*cosa, persona noiosa*) bore, nuisance, (*fam*) drag. **pizzaiolo** *m.* (*f.* -a) **1** pizza maker. **2** (*gestore di pizzeria*) pizza seller.

pizzardone *m.* (*scherz*) (*vigile urbano*) bobby, (*am*) cop.

pizzeria *f.* pizzeria, pizza shop, (*am*) pizza parlor.

pizzicagnolo *m.* (*f.* -a) (*salumaio*) grocer.

pizzicamento *m.* pinching, nipping.

pizzicare *v.* (*pizzico, pizzichi*) **I** *v.t.* **1** to pinch, to nip: *mi pizzicò un braccio* he pinched my arm. **2** (*rif. a insetti e sim.: pungere*) to sting, to bite: *mi ha pizzicato un'ape* a bee stung me. **3** (*mangiare a spizzichi*) to nibble, to pick at. **4** (*rif. a freddo e sim.*) to nip, to sting, to pierce. **5** (*rif. a sostanze acri*) to burn. **6** (*fam*) (*acciuffare*) to catch, to nab: *la polizia lo ha pizzicato* the police caught him. **7** (*Mus*) to pluck. **II** *v.i.* (*aus.* avere) **1** (*prudere*) to itch, to be itchy: *mi pizzica il naso* my nose is itching. **2** (*sentir bruciare*) to sting, to tingle, to smart: *gli occhi mi pizzicano per il freddo* my eyes are smarting from the cold. **3** (*Gastr*) (*essere piccante*) to be hot (*o* spicy, strong), to taste sharp: *la salsa pizzica* the sauce is hot (*o* spicy). □ (*fig*) *mi pizzicano le mani* my hands are itching.

pizzicata *f.* **1** (*il pizzicare*) pinching, nipping. **2** (*pizzicotto*) pinch, nip. **pizzicato** *a./s.m.* (*Mus*) pizzicato.

pizzicheria *f.* (*salumeria*) grocer's (shop).

pizzico *m.* (*pl.* -chi) **1** (*pizzicotto*) pinch, nip. **2** (*puntura*) sting, bite. **3** (*piccola quantità*) pinch, dash: *un ~ di sale* a pinch of salt. **4** (*fig*) (*un poco*) touch, little, bit: *un ~ di ottimismo non guasta mai* a little optimism doesn't hurt. □ *dare un ~ a qd.* to pinch s.o.; (*fig*) *non avere un ~ di sale in zucca* not to have an ounce (*o* a scrap) of sense in one's head. **pizzicore** *m.* **1** (*prurito*) itch(ing). **2** (*fam,scherz*) (*voglia capricciosa*) itch, whim. **pizzicorino** *m.* (*fam*) (*solletico*) tickle, tickling. **pizzicottare** *v.t.* (*pizzicotto*) (*fam*) to pinch. **pizzicotto** *m.* pinch, nip.

pizzo *m.* **1** (*barba appuntita*) goatee, imperial (*o* Vandyke) beard. **2** (*trina*) lace: *~ di Bruxelles* (*o Fiandra*) Brussels lace. **3** (*region*) (*vetta di monte*) peak.

placabile *a.* placable, appeasable. **placare** *v.t.* (*placo, plachi*) **1** (*tranquillizzare*) to calm (down), to quiet(en): *cercherò di ~ (il) nonno* I'll try to calm grandfather down. **2** (*mitigare*) to placate, to soothe, to alleviate: *~ l'ira di qd.* to placate s.o.'s anger. **placarsi** *v.r.* (*rif. a sentimenti e sim.*) to subside, to be appeased, to abate; (*rif. a elementi naturali*) to subside, to die (*o* calm) down, to grow calm: *il mare si va placando* the sea is growing calm. □ *~ la fame di qd.* to satisfy s.o.'s hunger; *~ la sete di qd.* to quench s.o.'s thirst.

placca *f.* **1** (*piastra*) plate. **2** (*targhetta*) plate, badge. **3** (*Med*) plaque, patch. **4** (*Rad,Anat*) plate. (*Dent*) *~ batterica* bacterial plaque; *~ dentaria* dental plaque; □ (*Met*) *~ di essiccazione* core (carrier) plate; (*El*) *~ a griglia* grid; (*El*) *~ negativa* negative plate. **placcaggio** *m.* (*Sport*) tackling. **placcare** *v.t.* (*placco, placchi*) **1** (*Met,Oref*) to plate. **2** (*Sport*) to tackle. □ *~ in argento*

to plate with silver, to silver–plate; *~ in oro* to plate with gold, to gold–plate. **placcato** *a.* plated. **placcatura** *f.* (*Met,Oref*) plating. □ *~ elettrolitica* electroplating.

placenta *f.* (*Anat,Bot*) placenta; (*nel parto*) afterbirth. **placentati** *m.pl.* (*Zool*) placentals *pl.*

placet *lat. m.* (*Dir*) placet.

placidamente *avv.* placidly, calmly, peacefully. **placidità** *f.* placidity, calm(ness), peacefulness. **placido** *a.* placid, calm, peaceful: *carattere ~* placid nature; *mare ~* calm sea.

placito *m.* (*sentenza*) placitum, decree, sentence.

plafond *fr.* [pla'fɔ:] *m.* (*Aer, Econ*) ceiling. **plafoniera** *f.* ceiling light fixture.

plaga *f.* (*pl.* -ghe) (*lett*) (*regione*) region, district.

plagiare *v.t.* (*plagio, plagi*) **1** to plagiarize. **2** (*Dir*) to subjugate morally. **plagiario I** *a.* plagiaristic. **II** *s.m.* (*f.* -a) plagiarist. **plagio** *m.* **1** plagiarism. **2** (*Dir*) moral subjugation.

plaid *ingl.* [plæd] *m.* (travelling)rug.

planamento *m.* (*Aer*) gliding. **planare** *v.i.* (*aus.* avere) to glide. **planata** *f.* (*Aer*) glide.

plancia *f.* (*pl.* -ce) **1** (*Mar*) (*ponte di comando*) bridge; (*passerella di legno*) gangplank, gangway. **2** (*tecn*) (*cruscotto*) instrument panel. **3** (*Aut*) dashboard.

plancton *m.* (*Biol*) plankton.

planetario I *a.* planetary: *moto ~* planetary motion; (*tecn*) *ingranaggio ~* planetary gear(ing). **II** *s.m.* **1** (*apparecchio*) planetarium, orrery. **2** (*edificio*) planetarium. **3** (*Aut*) crown wheel. **planetoide** *m.* **1** (*Astr*) planetoid. **2** (*pianeta artificiale*) (artificial) satellite, man–made planet. **planetologia** *f.* planetology.

planimetria *f.* **1** planimetry. **2** (*pianta*) plant, blueprint. **planimetrico** *a.* (*pl.* -ci) planimetric(al). **planimetro** *m.* planimeter. **planisfero** *m.* (*Geog*) planisphere. □ *~ celeste* celestial planisphere.

plankton *m.* → **plancton**.

plantageneto *a.* (*Stor*) Plantagenet.

plantare *a.* (*Anat*) plantar. **plantigrado** *a./s.m.* (*Zool*) plantigrade.

plasma *m.* (*Biol,Fis*) plasma: *~ sanguigno* (blood) plasma.

plasmabile *a.* **1** mouldable: *la creta è un materiale ~* clay is a mouldable substance. **2** (*fig*) malleable: *carattere ~* malleable character. **plasmare** *v.t.* to mould, to shape (*anche fig.*): *~ la creta* to mould (*o* model) clay; *~ un carattere* to mould a character. **plasmatico** *a.* (*pl.* -ci) (*Biol*) plasmatic. **plasmodio** *m.* (*Biol*) plasmodium. **plasmodiofora** *f.* (*Bot*) Plasmodiophora.

plastica *f.* **1** (*Art*) plastic art(s), plastics *pl* (*costr. sing. o pl.*). **2** (*materiale sintetico*) plastic. **3** (*Chir*) plastic surgery, plastics *pl* (*costr. sing. o pl.*): *farsi la ~* to undergo plastic surgery. □ *di ~* plastic: *recipiente di ~* plastic container; (*Chir*) *~ facciale* plastic surgery of the face; *~ rinforzata con fibre di vetro* glass–reinforced plastic. **plasticare** *v.t.* (*plastico, plastichi*) **1** (*lavorare materie plastiche*) to model. **2** (*ricoprire con plastica*) to cover with plastic, to plastic–coat. **plasticato** *a.* covered with plastic, plastic–coated. **plasticismo** *m.* (*Art*) plasticism. **plasticità** *f.* **1** (*l'essere plastico*) plasticity. **2** (*Art*) sculptural quality, tactile effect. **plastico** *a./s.* (*pl.* -ci) **I** *a.* plastic. **II** *s.m.* **1** relief model: *il ~ dell'antica Roma* the relief model of ancient Rome. **2** (*esplosivo*) plastic explosive. □ *attentato al ~* plastic bomb attack; *bomba al ~* plastic bomb; *chirurgia –a* plastics *pl* (*costr. sing. o pl.*), plastic surgery; *materie plastiche* plastics *pl* (*costr. sing.*). **plastidio** *m.* (*Biol*) plastid(e).

plastificante *m.* plasticizer. **plastificare** *v.t.* (*plastifico, plastifichi*) **1** (*rendere plastico*) to plasticize. **2** (*ricoprire con plastica*) to cover with plastic, to plastic–coat. **plastificato** *a.* plasticized, plastic–coated. **plastificatore** *m.* plastificator. **plastificazione** *f.* **1** plasticization. **2** (*Cart*) plastic coating. **plastilina** *f.* plasticine.

platano *m.* (*Bot*) plane (tree).

platea *f.* **1** (*Teat,Cin*) stalls *pl*, pit, (*am*) parquet. **2** (*pubblico della platea*) audience in the stalls, pit. **3** (*estens*) (*pubblico*) (the general) public: *cercare gli applausi*

della ~ to seek the plaudits of the public. **4** ⟨*Geol*⟩ shelf, plateau. **5** ⟨*Edil*⟩ (*piattaforma di calcestruzzo*) concrete bed. **plateale** *a.* **1** (*volgare*) vulgar, plebeian. **2** (*evidentissimo*) glaring: *errore* ~ glaring mistake. **3** (*ostentato*) showy, ostentatious. **platealità** *f.* (*ostentazione*) showiness, ostentatiousness.
platelminti *m.pl.* ⟨*Zool*⟩ platyhelminth(e)s *pl.*
platina (o *platina*) *f.* ⟨*Tip*⟩ platen.
platinare *v.t.* (*platino*) **1** to platinize, to platinum–plate. **2** (*rif. a capelli*) to dye (*o* bleach) platinum blonde. **platinato** *a.* **1** platinized, platinum–plated. **2** (*rif. a capelli*) dyed (*o* bleached) platinum blonde; (*rif. a persona*) platinum: *bionda –a* platinum blonde. **platinatura** *f.* platinizing, platinum–plating. **platinico** *a.* (*pl.* -ci) ⟨*Chim*⟩ platinic. **platinifero** *a.* platinic, platiniferous. **platino** *m.* ⟨*Met*⟩ platinum.
platirrine *f.pl.* ⟨*Zool*⟩ platyrrhine monkeys *pl*, platyrrhines *pl.*
Platone *N.pr.m.* Plato. **platonicamente** *avv.* Platonically. **platonico** *a./s.* (*pl.* -ci) **I** *a.* **1** Platonic, of Plato, Plato's: *scritti –i* works of Plato, Plato's works. **2** (*rif. a sentimenti e sim.*) Platonic: *amore* ~ Platonic love. **II** *s.m.* Platonist. **platonismo** *m.* Platonism.
plaudente *a.* ⟨*lett*⟩ applauding (*anche fig.*). **plaudere**, **plaudire** *v.i.* (*aus.* avere) ⟨*lett*⟩ to applaud: ~ *a una buona iniziativa* to applaud a commendable undertaking.
plausibile *a.* plausible: *una scusa* ~ a plausible excuse. **plausibilità** *f.* plausibility. **plausibilmente** *avv.* plausibly. **plauso** *m.* **1** ⟨*lett*⟩ (*applauso*) applause. **2** ⟨*fig*⟩ (*approvazione*) approval, applause: *la proposta ha ottenuto il* ~ *generale* the proposal met with general approval.
Plauto *N.pr.m.* ⟨*Stor*⟩ Plautus.
playboy *ingl.* ['pleibɔi] *m.* playboy.
plebaglia *f.* ⟨*spreg*⟩ rabble, mob, riff–raff. **plebe** *f.* **1** ⟨*Stor.rom*⟩ plebs. **2** ⟨*lett*⟩ (*popolo*) common people (*costr. pl.*), populace. **3** ⟨*spreg*⟩ rabble, mob, riff–raff. **plebeo I** *a.* **1** ⟨*Stor.rom*⟩ plebeian. **2** ⟨*estens*⟩ (*del popolo*) plebeian, of the commoners (*o* common people). **3** ⟨*spreg*⟩ (*volgare*) coarse, low(–class–), common, plebeian: *modi –i* coarse ways. **II** *s.m.* (*f.* -a) **1** ⟨*Stor.rom*⟩ plebeian. **2** ⟨*estens*⟩ commoner, plebeian.
plebiscitario *a.* **1** plebiscitary, plebiscitarian. **2** (*unanime*) unanimous. **plebiscito** *m.* **1** ⟨*Stor.rom,Dir*⟩ plebiscite. **2** ⟨*fig*⟩ (*consenso unanime*) general agreement (*o* consent), unanimity.
pleiade *f.* ⟨*Lett*⟩ pleiad (*anche fig.*): *una* ~ *di poeti* a pleiad of poets. **pleiadi** *N.pr.f.pl.* ⟨*Mitol,Astr*⟩ Pleiades *pl.*
pleistocene *m.* ⟨*Geol*⟩ Pleistocene. **pleistocenico** *a.* (*pl.* -ci) Pleistocene.
plenario *a.* **1** plenary, fully attended: *assemblea –a* plenary assembly. **2** (*totale*) full, plenary, complete: *consenso* ~ full consent. □ ⟨*Rel.catt*⟩ *indulgenza –a* plenary indulgence.
plenilunare *a.* ⟨*lett*⟩ plenilunal, plenilunar(y). **plenilunio** *m.* ⟨*Astr*⟩ (time of) full moon, plenilune: *una notte di* ~ a night of the full moon.
plenipotenziario I *a.* ⟨*Dipl*⟩ plenipotentiary: *ministro* ~ minister plenipotentiary. **II** *s.m.* plenipotentiary.
plenum *lat.* *m.* ⟨*Pol*⟩ plenum.
pleonasmo *m.* ⟨*Gramm*⟩ pleonasm. **pleonastico** *a.* (*pl.* -ci) pleonastic.
plessiforme *a.* plexiform. **plesso** *m.* ⟨*Anat*⟩ plexus. □ ~ *branchiale* branchial plexus, brachiplex; *–i nervosi* nerve plexuses; *–i vascolari* vascular plexuses.
pletora *f.* **1** ⟨*Med,Bot*⟩ plethora. **2** ⟨*fig*⟩ (*sovrabbondanza*) plethora, excess, over–abundance: *una* ~ *di·impiegati* an excess of staff. **pletorico** *a.* (*pl.* -ci) **1** ⟨*Med*⟩ plethoric. **2** ⟨*fig*⟩ (*sovrabbondante*) plethoric, over–abundant, over–large: *una classe –a* an over–large class.
plettro *m.* ⟨*Mus*⟩ plectrum, plectron, plectre. □ *strumento a* ~ plucked stringed instrument.
pleura *f.* ⟨*Anat*⟩ pleura. **pleurico** *a.* (*pl.* -ci) pleural, pleuri(ti)c: *cavità –a* pleural cavity; *aderenza –a* pleural adhesion. **pleurite** *f.* ⟨*Med*⟩ pleurisy. □ ~ *essudativa* exudative pleurisy; ~ *secca* dry (*o* adhesive) pleurisy. **pleuritico** *a./s.* (*pl.* -ci) **I** *a.* pleuritic. **II** *s.m.* pleuritic

sufferer. **pleuropolmonare** *a.* ⟨*Anat*⟩ pleuropulmonary. **pleuropolmonite** *f.* ⟨*Med*⟩ pleuropneumonia.
plexiglas (o **plexiglas**) *m.* ⟨*Ind*⟩ plexiglas.
P.L.I. = *Partito liberale italiano* Italian Liberal Party.
plico *m.* (*pl.* -chi) **1** packet, bundle: *prese tutti i documenti e ne formò un* ~ he took all the papers and made a packet of them. **2** ⟨*Post*⟩ parcel, package. □ ⟨*burocr*⟩ *in* ~ *separato* under separate cover.
Plinio *N.pr.m.* ⟨*Stor*⟩ Pliny. □ ~ *il Giovane* Pliny the Younger; ~ *il Vecchio* Pliny the Elder.
plinto *m.* **1** ⟨*Arch*⟩ plinth, footstall. **2** ⟨*Ginn*⟩ vaulting box. **3** ⟨*Arald*⟩ billet.
pliocene *m.* ⟨*Geol*⟩ Pliocene. **pliocenico** *a.* (*pl.* -ci) Pliocene.
plissettato *a.* pleated.
Plotino *N.pr.m.* ⟨*Stor*⟩ Plotinus.
plotone *m.* **1** ⟨*Mil*⟩ platoon. **2** ⟨*Sport*⟩ group (of cyclists). □ ~ *d'esecuzione* firing squad; ~ *fucilieri* rifle platoon.
plotter *ingl.* *m.* ⟨*Inform*⟩ plotter.
plugo *m.* (*pl.* -ghi) ⟨*Pesc*⟩ (artificial) bait.
plumbeo *a.* **1** (*color piombo*) plumbeous, lead(–coloured), leaden: *cielo* ~ leaden sky. **2** ⟨*fig*⟩ (*opprimente*) oppressive, heavy.
plurale I *a.* ⟨*Gramm*⟩ plural. **II** *s.m.* plural. □ *al* ~ in the plural; ~ *maiestatico* royal we. **pluralismo** *m.* ⟨*Filos,Pol*⟩ pluralism. **pluralistico** *a.* (*pl.* -ci) plural-ist(ic). □ *società –a* plural society. **pluralità** *f.* **1** (*molteplicità*) plurality, multiplicity. **2** (*maggioranza*) majority. **pluralizzare** *v.t.* ⟨*Ling*⟩ to put in the plural.
pluri|aggravato *a.* ⟨*Dir*⟩ having more than one aggravating circumstance. **~annuale** *a.* pluriannual. **~atomico** *a.* (*pl.* -ci) polyatomic. **~canale** *a.* ⟨*Rad*⟩ multichannel: *ricevitore* ~ multichannel receiver. **~cellulare** *a.* ⟨*Biol*⟩ pluricellular, multicellular. **~coltura** *f.* ⟨*Agr*⟩ diversified farming (*o* cropping), mixed cultivation. **~decorato I** *a.* much–decorated. **II** *s.m.* much–decorated person. **~dimensionale** *a.* multidimensional. **~dimensionalità** *f.* multidimensionality. **~disciplinare** *a.* multidisciplinary; (*interdisciplinare*) interdisciplinary. **~ennale** *a.* lasting many years, plurennial. **~familiare** *a.* multifamily: *casa* ~ multifamily house. **~minorato** *a.* multihandicapped.
plurimo *a.* multiple, plural.
pluri|para *a.f.* ⟨*Med*⟩ pluriparous. **II** *s.f.* pluripara. **~partitico** *a.* (*pl.* -ci) ⟨*Pol*⟩ multiple–party–: *governo* ~ multiple–party government. **~secolare** *a.* centuries –old, (many–)centuried. **~settimanale** *a.* lasting several weeks. **~sillabo** *a.* ⟨*Gramm*⟩ polysyllabic. **~stadio** *a.* multistage: *missile* ~ multistage missile. **~uso** *a.inv.* multipurpose. **~valente** *a.* multivalent.
plusvalenza *f.* ⟨*Econ*⟩ capital gain. **plusvalore** *m.* ⟨*Econ*⟩ surplus value: *teoria del* ~ doctrine of surplus value.
Plutarco *N.pr.m.* ⟨*Stor*⟩ Plutarch.
pluteo *m.* ⟨*zool*⟩ pluteus.
plutocrate *m.* plutocrat. **plutocratico** *a.* (*pl.* -ci) plutocratic(al). **plutocrazia** *f.* plutocracy.
plutone *m.* ⟨*Geol*⟩ pluton.
Plutone *N.pr.m.* ⟨*Mitol,Astr*⟩ Pluto. **plutonico** *a.* (*pl.* -ci) ⟨*Geol*⟩ plutonic. **plutonio** *m.* ⟨*Chim*⟩ plutonium. **plutonismo** *m.* ⟨*Geol*⟩ plutonism.
pluviale I *a.* rain–, pluvial: *acqua* ~ rain–water. **II** *s.m.* drainpipe, (rain)spout, (water)spout. **pluvio** *a.* ⟨*lett*⟩ pluvian. □ ⟨*Mitol*⟩ *Giove* ~ Jupiter Pluvius. **pluviografico** *a.* (*pl.* -ci) ⟨*Meteor*⟩ pluviographic(al). **pluviografo** *m.* pluviograph, rainfall recorder. **pluviometria** *f.* pluviometry. **pluviometrico** *a.* (*pl.* -ci) pluviometric(al). □ *carta –a* rain chart. **pluviometro** *m.* pluviometer, rain gauge.
p.m. = *pomeridiano* afternoon (*abbr.* p.m.).
P.M. = **1** *polizia militare* military police (*abbr.* MP). **2** *Pubblico ministero* Public Prosecutor. **3** ⟨*Stor.rom*⟩ *Pontefice massimo* Pontefix Maximus (*abbr.* P.M.).
pneumatico *a./s.* (*pl.* -ci) **I** *a.* **1** (*gonfiabile*) pneumatic, inflatable: *battello* ~ inflatable boat. **2** ⟨*Mecc*⟩ (*che funziona ad aria compressa*) pneumatic, air–, compressed–air–: *martello* ~ pneumatic (*o* air) hammer,

jackhammer. **II** *s.m.* tyre, pneumatic (tyre), ⟨*am*⟩ tire. □ ~ **antiforo** puncture-proof tyre; ~ *per* **autocarri** lorry tyre, ⟨*am*⟩ truck tire; ~ *per* **biciclette** bicycle tyre; ~ *senza* **camera** *d'aria* tubeless tyre; **campana** –*a* pressure tank; ~ **cinturato** radial ply tyre; ⟨*Aut*⟩ ~ **diagonale** bias-ply tyre; ~ **invernale** snow tyre; **montare** *i* –*i* to tyre, ⟨*am*⟩ to tire; ~ *a bassa* **pressione** low-pressure tyre; ~ *ad alta* *pressione* high-pressure tyre; ~ *di* **riserva** (o *scorta*) spare tyre; ~ *a* **terra** flat tyre, ⟨*fam*⟩ flat.

pneumatorace *m.* → **pneumotorace**.

pneumococco *m.* (*pl.* -**chi**) pneumococcus. **pneumografia** *f.* ⟨*Med*⟩ pneumography. **pneumografo** *m.* pneumograph. **pneumonia** *f.* ⟨*ant*⟩ (*polmonite*) pneumonia. **pneumonico** *a.* (*pl.* -**ci**) pneumonic, pulmonary.

pneumoencefalografia *f.* ⟨*Med*⟩ pneumoencefalography. **pneumopatia** *f.* ⟨*Med*⟩ pneumopathy. **pneumorragia** *f.* ⟨*Med*⟩ pneumo(no)rrhagia. **pneumotifo** *m.* ⟨*Med*⟩ pneumotyphus. **pneumotomia** *f.* ⟨*Chir*⟩ pneum(on)otomy. **pneumotorace** *m.* ⟨*Med*⟩ pneumothorax. □ ~ *artificiale* artificial (o therapeutic) pneumothorax; ~ *spontaneo* spontaneous pneumothorax.

P.N.F. = ⟨*Stor*⟩ *Partito nazionale fascista* National Fascist Party.

P.N.L. = *prodotto nazionale lordo* gross national product (*abbr.* GNP).

P.N.M. = *Partito nazionale monarchico* National Monarchist Party.

P.N.N. = *prodotto nazionale netto* net national product.

Po *N.pr.m.* ⟨*Geog*⟩ Po.

po' → **poco**.

P.O. = *posta ordinaria* regular mail.

pocanzi (o *poc'anzi*) *avv.* ⟨*lett*⟩ a short time ago, a little while ago.

pochade *fr.* [pɔˈʃad] *f.* small sketch.

pochette *fr.* [pɔˈʃɛt] *f.* ⟨*Mod*⟩ clutch bag.

pochezza *f.* **1** (*scarsezza, esiguità*) slightness, scarcity, insufficiency. **2** ⟨*fig*⟩ (*meschinità*) meanness, smallness. □ *nella sua* ~ in his own small way.

poco *a./s.pron.* (*pl.* -**chi**; when preceded by the indefinite article or by the demonstrative pronoun is often abbreviated to *po'*) **I** *a.* **1** little, not much: *abbiamo* ~ *denaro* we have little money, we haven't much money. **2** (*rif. a tempo, spazio: breve, corto*) short, not long, little: *rimango qui solo* ~ *tempo* I am staying here only a ⸢short time⸣ (o little while). **3** (*scarso*) little, not much, slight: *ha* –*a voglia di studiare* he hasn't much desire to study. **4** (*piccolo*) little, small, slight: *con* –*a spesa* with little expense; *mi sei stato di* ~ *aiuto* you were of little help to me. **5** *pl.* few (*costr. pl.*), not many (*costr. pl.*): *riceviamo poche lettere* we get few letters; *pochi inglesi sanno il russo* not many English people know Russian. **II** *avv.* **1** (*con verbi*) little, not much: *ho dormito* ~ I did not sleep much; *i vecchi mangiano molto* ~ old people eat very little. **2** (*con agg. e avv. al positivo: con valore attenuativo*) not very: ~ *utile* not very useful, of little use; *è* ~ *bella* she is not very beautiful; (*con valore negativo*) *si traduce spesso col corrispondente inglese preceduto da* dis-, un-, non-, *o seguito da* –less: ~ *onesto* dishonest; ~ *apprezzato* unappreciated; ~ *probabile* not very likely, unlikely. **3** (*con agg. e avv. al comparativo*) not much, little: *sei* ~ *più alto di me* you aren't much taller than I am; *è* ~ *più intelligente di noi* he is not much more intelligent than we are. **4** (*rif. a tempo*) little (while), short time, nearly, almost: *manca* ~ *all'una* it's a little before one; *la recita è durata* ~ the performance lasted (only) a short time. **5** (*preceduto dall'art. indeterminativo:* un po') a little, a bit: *spostati un po' a destra* move a bit to the right; *pensa un po' prima di rispondere* think a little before answering; *sono un po' abbattuto* I am rather (o a bit) depressed; (*rif. a tempo*) little (while), short time, bit: *resta ancora un po'* stay another little while, stay a bit longer; *verrà fra un po'* he'll come ⸢in a short time⸣ (o before long). **III** *pron.* **1** little, not much: *ci vorrebbe molta costanza e io ne ho* –*a* it would take a lot of perseverance and I don't have much. **2** *pl.* few, not many (*costr. pl.*): *pochi studiano il turco* few (people) study Turkish; *pochi ma buoni* few but good. **IV** *s.m.* (only in the singular) **1** little: *il* ~ *è meglio*

che niente a little is better than nothing. **2** (*seguito da un partitivo: dinanzi a sost.*) a little, a bit, some: *avere un po' di qc.* to have some (of) s.th., to have a little (o bit of) s.th.; *un po' di pane* a little bread, some bread; *con un po' di buona volontà potresti riuscire* with a little real effort you could succeed; (*dinanzi a un determinativo*) a little, some: *dammi un po' di quel vino* give me ⸢a little⸣ (o some) of that wine; (*in frasi interrogative o col verbo negativo*) any, a little, a bit: *avete un po' di carta?* have you got any (o a bit of) paper? **3** ⟨*enfat*⟩ (*quantità notevole; spesso ripetuto*): *con quel po'* (*po'*) *di soldi che ha* with all the money he has; *che po' po' di roba* what a load of stuff. □ **a** ~ **a** ~ little by little, bit by bit; *un bel po'* quite a bit (o lot), a good bit (o amount); *un* ~ *di* **buono** a good-for-nothing; *ci corre* ~ (*c'è poca distanza*) it's not (very) far; ⟨*fig*⟩ (*c'è poca differenza*) there's little (o not much) difference; *è* –*a* **cosa** it's nothing (o a mere trifle); *da* ~ (*di poco conto*) unimportant, of little importance, slight: *una ferita da* ~ a slight wound; *sono qui da* ~ I've only been here a short time; *a dir* ~ (*almeno*) to say the least; ~ **dopo** shortly (o not long) after, a little after: ~ *dopo le dieci* shortly after ten; *esserci* ~ *da* [*inf*] to be little (o nothing, not much) to: *c'è* ~ *da dire* there's not much one can say; *c'è* ~ *da ridere* there's nothing to laugh about; *è* ~ *che è arrivato* he has (only) just come, he came just a short time ago; ~ **fa** a short time (o while) ago, not long ago; *fra* ~ soon, in a ⸢short time⸣ (o little while); *a fra* ~! see you soon!; ~ **lontano** not far away, nearby; ~ **male** never mind, it doesn't matter; ~ **mancò** *che non affogasse* he nearly (o almost) drowned; ~ **meno** little less (o under); **per** ~: 1 (*a buon mercato*) cheap, for (very) little; 2 (*quasi*) nearly, almost, about, on the point of: *per* ~ *non dicevo una sciocchezza* I ⸢nearly said⸣ (o was on the point of saying) s.th. silly; *per un* ~ (*rif. a tempo*) for a short time⸣ (o little while); *un po' per* ... *un po' per* ... what with ... (and) what with: *mi sento stordito un po' per il caldo, un po' per la stanchezza* what with the heat and (what with) being tired I feel knocked out; ~ **più** little more; **press'a** ~ about, roughly; ~ **prima** shortly (o little) before: ~ *prima di mezzanotte* shortly before midnight; **stare** ~ **bene** (*non molto bene*) not to be very well; (*male*) to be unwell; **troppo** ~ too little; *un po' troppo* a little (o bit) too much, rather too much: *c'è un po' troppo sale in questo brodo* there is rather too much salt in this broth; *un po' per* **uno** a bit each; *di* ~ **valore** of little value; **vediamo** *un po'* (now) let's see; *ci vuol* ~ *a capire* ⸢it doesn't take much⸣ (o it's not hard) to understand.

podagra *f.* ⟨*Med*⟩ podagra. **podagrico** *a.* (*pl.* -**ci**) podagric, podagral, gouty. **podagroso** *a.* → **podagrico**.

podalico *a.* (*pl.* -**ci**) ⟨*Med*⟩ breech: *parto* ~ breech delivery.

podere *m.* estate, holding, farm.

poderosamente *avv.* mightily, powerfully. **poderoso** *a.* powerful, mighty (*anche fig.*).

podestà *m.* ⟨*Mediev,Fasc*⟩ podesta.

podio *m.* **1** dais, platform, stand; (*per il direttore d'orchestra*) podium. **2** ⟨*Archeol*⟩ podium.

podismo *m.* ⟨*Sport*⟩ (*marcia*) walking; (*corsa*) running. **podista** *m./f.* **1** ⟨*Sport*⟩ (*marciatore*) walker; (*corridore*) runner. **2** (*estens*) (*gran camminatore*) (great) walker. **podistico** *a.* (*pl.* -**ci**) track-: *gara* –*a* track event; (*di marcia*) walking, foot–; (*di corsa*) running.

podologia *f.* podiatric medicine, podiatry. **podologo** *m.* (*pl.* -**gi**) podiatrist, foot specialist.

poema *m.* **1** poem. **2** ⟨*fig,scherz*⟩ dream, wonder. □ ~ *cavalleresco* romantic epic, heroic poem; ~ *epico* epic (poem); ~ *eroicomico* mock-heroic poem; ⟨*Mus*⟩ ~ *sinfonico* symphonic poem.

poesia *f.* **1** (*arte*) poetry. **2** (*componimento poetico*) poem, poetry: *raccolta di* –*e* collection of poems; *le* –*e di Shelley* Shelley's poems (o poetry). **3** (*suggestione estetica e fantastica*) poetry, poeticalness: *la* ~ *della campagna* the poetry of the countryside. □ ~ **bucolica** pastoral (o bucolic) poetry; ~ **dialettale** dialectal poetry; ~ **didascalica** didactic poetry; ~ **epica** epic poetry; ~ **giocosa** burlesque poetry; **in** ~ in verse, verse–: *opera in* ~ work in verse; ~ **lirica** lyric poetry; ~ **popolare** folk

poetry; ~ **satirica** satirical poetry.
poęta *m.* **1** poet (*anche estens.*). **2** ⟨*iron*⟩ (*sognatore*) dreamer, visionary. □ ~ *cesareo* (o *di corte*) court poet; ~ *dialettale* poet who writes in dialect; ~ *laureato* poet laureate. **poetare** *v.i.* (**poęto**; *aus.* **avere**) to compose poetry, to write verse. **poetastro** *m.* poetaster. **poetęssa** *f.* poet(ess). **poętica** *f.* poetics *pl* (*costr. sing.*). **poeticamente** *avv.* poetically. **poeticità** *f.* poeticalness. **poeticizzare** *v.t.* to poeti(ci)ze. **poętico** *a.* (*pl.* -ci) **1** poetic(al): *attività –a* poetic activity; *ispirazione –a* poetic inspiration; *linguaggio* ~ poetic language; *animo* ~ poetic nature. **2** (*in versi*) verse–, in verse, poetic: *opera –a* work in verse.
poggia *f.* (*pl.* -ge) ⟨*Mar*⟩ (*lato sottovento*) leeward, lee (side).
poggia|capo *m.inv.* **1** headrest. **2** (*copripoltrona*) antimacassar. **~piędi** *m.inv.* foot rest; (*sgabello*) footstool.
poggiare[1] *v.* (**poggio, poggi**) **I** *v.t.* **1** (*appoggiare*) to lean, to rest: ~ *la scala al muro* to lean the ladder against the wall. **2** (*posare*) to put, to lay: *poggiò il cappello sulla sedia* he put his hat on the chair. **II** *v.i.* (*aus.* **avere**) **1** to rest, to stand (*su* on, upon): *la statua poggia su un basamento marmoreo* the statue rests on a marble base. **2** ⟨*fig*⟩ (*basarsi*) to be based, to rest (on, upon): *le tue accuse poggiano su sospetti infondati* your accusations are based on groundless suspicions. **3** ⟨*Mil*⟩ to close (ranks): ~ *a sinistra* to the left close.
poggiare[2] *v.i.* (**poggio, poggi**; *aus.* **avere**) **1** ⟨*Mar*⟩ to bear up. **2** ⟨*Mar*⟩ (*rifugiarsi in un porto*) to shelter (in a harbour).
poggio *m.* hillock, knoll. **poggiolo** *m.* (*terrazzino*) balcony.
poh *intz.* pooh.
poi I *avv.* **1** (*dopo*) after(wards), then: *ora studia,* ~ *uscirai* do your homework now, then you can go out. **2** (*più tardi*) later (on): *il resto te lo dirò* ~ I'll tell you the rest later (on). **3** (*inoltre*) (and) then, besides, moreover: *e* ~, *non vedi che sono stanco?* and besides can't you see that I'm tired? **4** (*con valore avversativo*) but: *io me ne vado, tu* ~ *sei padronissimo di restare* I'm leaving, but you can stay if you wish. **5** (*enfat*) (and) then, what then: *e* ~ *ti lamenti!* and then you complain!, *spesso non si traduce: io* ~ *non c'entro* I have nothing whatever to do with it. **6** (*posposto: dunque, infine*) finally, at last, in the end, then: *lo hai persuaso* ~? did you finally convince him? **II** *s.m.* (*l'avvenire*) future: *pensa al* ~ think of the future. □ **a** ~ (*a più tardi*) (until) later, till later on; **e** ~ and then, and secondly: *e* ~ *nessuno ti obbliga* and then, no one is forcing you; *e* ~? and then (what)?; **in** ~ on(wards), starting, beginning: *da lunedì in* ~ from Monday on, as from Monday; **no e** ~ *no* no, never, no and no again; **prima** *o* ~ sooner or later; **questo** ~ *no* this is too much; *il* **senno** *di* ~ hindsight, after–wit.
poiana *f.* ⟨*Ornit*⟩ buzzard.
poiché (o **poi che**) *congz.* since, as: ~ *sono malato, non vado a scuola* as I'm not well I'm not going to school.
poięsi *f.* ⟨*Lett*⟩ poiesis.
pois *fr.* [pwa] *m.* polka dot.
poker *m.* poker: *giocare a* ~ to play poker.
polacca *f.* **1** ⟨*Mus*⟩ polonaise. **2** ⟨*Calz*⟩ high–laced boot. **polącco** *a./s.* (*pl.* -chi) **I** *a.* Polish. **II** *s.m.* **1** (*lingua*) Polish. **2** (*abitante; f.* -a) Pole.
polare *a.* polar: *spedizione* ~ polar expedition; *orso* ~ polar bear. **2** ⟨*Mat,Fis,Chim*⟩ polar, pole–: *intensità* ~ pole strength.
polarimetria *f.* ⟨*Ott*⟩ polarimetry. **polarimetro** *m.* polarimeter. **polariscopio** *m.* polariscope.
polarità *f.* ⟨*Fis,Biol*⟩ polarity. **polarizzare** *v.t.* **1** ⟨*Fis*⟩ to polarize. **2** ⟨*fig*⟩ (*volgere*) to polarize, to direct: ~ *la propria attenzione su qd.* to direct one's attention towards s.o. **polarizzarsi** *v.r.* **1** ⟨*Fis*⟩ to be polarized. **2** ⟨*fig*⟩ (*orientarsi*) to polarize, to turn. **polarizzato** *a.* polarized: *luce –a* polarized light. **polarizzatore I** *s.m.* ⟨*Ott*⟩ polarizer. **II** *a.* polarizing. **polarizzazione** *f.* ⟨*Fis*⟩ polarization (*anche fig.*). □ ~ *dielettrica* dielectric polarization; ~ *elettrolitica* electrolytic polarization; ⟨*Rad*⟩

~ *di griglia* grid bias; ~ *della luce* polarization of light.
polaroide *m.* polaroid.
polca *f.* ⟨*Mus*⟩ polka.
polęmica *f.* **1** polemics *pl* (*costr. sing.*), polemic. **2** (*controversia*) polemic, controversy: *entrare in* ~ *con qd.* to engage in controversy with s.o. **polemicamente** *avv.* polemically, controversially. **polęmico** *a.* (*pl.* -ci) polemic(al), controversial: *tono* ~ polemical tone. **polemista** *m./f.* polemi(ci)st, polemic. **polemizzare** *v.i.* (*aus.* **avere**) to polemize, to argue.
polemologia *f.* polemology, study of conflicts. **polemologico** *a.* (*pl.* -ci) polemological. **polemologo** *m.* (*pl.* -gi) polemologist.
polęna *f.* ⟨*Mar*⟩ figure head.
polęnta *f.* **1** ⟨*Gastr*⟩ polenta, corn–meal mush. **2** ⟨*fig*⟩ (*persona lenta*) sluggard, ⟨*fam*⟩ slowcoach, ⟨*am.fam*⟩ slowpoke. **polentina** *f.* (*impiastro di semi di lino*) linseed poultice. **polentone** *m.* (*f.* -a) **1** ⟨*pop*⟩ (*persona fiacca e lenta*) sluggard, ⟨*fam*⟩ slowcoach. **2** ⟨*scherz*⟩ (*abitante dell'Italia settentrionale*) North Italian.
Polęsine *N.pr.m.* ⟨*Geog*⟩ Po delta, Polesine.
Polfęm *f.* (*polizia femminile*) women's police.
Polfęr *f.* (*polizia ferroviaria*) railway police.
poli|ambulatorio *m.* general surgery, general outpatients' clinic. **~ammide** *f.* ⟨*Chim*⟩ polyamide. **~ammidico** *a.* (*pl.* -ci) ⟨*Chim*⟩ polyamide–. **~andria** *f.* ⟨*Bot*⟩ polyandry. **~archia** *f.* polyarchy. **~artrite** *f.* ⟨*Med*⟩ polyarthritis. **~atomico** *a.* (*pl.* -ci) ⟨*Chim*⟩ polyatomic. **~carbonato** *m.* ⟨*Chim*⟩ polycarbonate. **~carpia** *f.* ⟨*Bot*⟩ polycarpy. **~carpico** *a.* (*pl.* -ci) polycarpic, polycarpous. **~centrico** *a.* (*pl.* -ci) polycentric. **~centrismo** *m.* ⟨*Pol*⟩ polycentrism. **~ciclico** *a.* (*pl.* -ci) ⟨*Chim*⟩ polycyclic. **~clinico** *m.* (*pl.* -ci) general hospital.
policromia *f.* **1** ⟨*Art*⟩ polychromy. **2** ⟨*Tip*⟩ colour printing. **policromo** *a.* polychrome, many–coloured.
Polidoro *N.pr.m.* ⟨*Mitol,Stor*⟩ Polydorus.
poliedricità *f.* **1** ⟨*Geom*⟩ polyhedric nature. **2** ⟨*fig*⟩ many–sidedness, versatility. **poliędrico** *a.* (*pl.* -ci) **1** ⟨*Geom*⟩ polyhedric(al), polyhedral. **2** ⟨*fig*⟩ many–sided, versatile: *attività –a* many–sided activity. **poliędro** *m.* ⟨*Geom*⟩ polyhedron.
poli|embrionia *f.* ⟨*Biol*⟩ polyembryony. **~ęstere I** *a.* ⟨*Chim*⟩ polyester–. **II** *s.m.* polyester. □ *fibra in* ~ polyester fibre. **~etilęne** *m.* ⟨*Chim*⟩ polyethylene.
polifagia *f.* polyphagia.
poli|fase *a.inv.* ⟨*El*⟩ polyphase, multiphase: *alternatore* ~ multiphase generator. **~funzionale** *a.* multipurpose.
Polifęmo *N.pr.m.* ⟨*Mitol*⟩ Polyphemus.
polifonia *f.* ⟨*Mus*⟩ polyphony. **polifonico** *a.* (*pl.* -ci) polyphonic, polyphonous. **polifonismo** *m.* polyphonism. **polifonista** *m./f.* polyphonist.
poligala *f.* ⟨*Bot*⟩ polygala.
poligamia *f.* polygamy. **poligamo I** *a.* polygamous, polygamic(al). **II** *s.m.* (*f.* -a) polygamist.
poligenęsi *f.* polygeny. **poligenętico** *a.* (*pl.* -ci) polygenetic. **poligenismo** *m.* polygenism.
poliglotta I *s.m./f.* polyglot. **II** *a.* polyglot, multilingual. **poliglottismo** *m.* polyglottism.
poligonale *a.* ⟨*Geom*⟩ polygonal, polygonous. **poligono** *m.* **1** ⟨*Geom,Mil*⟩ polygon. **2** ⟨*Sport*⟩ (*campo del tiro a segno*) rifle range. □ ⟨*Astron*⟩ ~ *di lancio* launching base, spaceport; ⟨*Geom*⟩ ~ *regolare* regular polygon; ~ *di tiro* rifle range.
poligrafia *f.* **1** hectographing. **2** (*copia*) hectograph copy. **poligrafico** *a./s.* (*pl.* -ci) **I** *a.* **1** (*di poligrafia*) hectographic. **2** (*rif. alla stampa in genere*) printing: *stabilimento* ~ printing plant. **II** *s.m.* (*operaio*) printer. **poligrafo I** *s.m.* **1** polygraph. **2** ⟨*Tip*⟩ hectograph. **II** *a.* hectographic.
polimeria *f.* ⟨*Chim,Biol*⟩ polymery, polymerism. **polimerico** *a.* (*pl.* -ci) polymeric. **polimerismo** *m.* ⟨*Chim*⟩ polymerism. **polimerizzare I** *v.t.* ⟨*Chim*⟩ to polymerize. **II** *v.i.* (*aus.* **essere**), **polimerizzarsi** *v.r.* to polymerize. **polimerizzato** *a.* polymerized. **polimerizzazione** *f.* polymerization. **polimero I** *a.* polymeric, polymerous. **II** *s.m.* polymer(ide).
poliminorato *a.* → pluriminorato.

polimorfismo *m.* ⟨*Min,Biol*⟩ polymorphism. **polimorfo** *a.* polymorphous.

Polinesia *N.pr.f.* ⟨*Geog*⟩ Polynesia. **polinesiano** *a./s.m.* (*f.* **-a**) Polynesian.

polinomiale *a.* ⟨*Mat*⟩ polynomial. **polinomio** *m.* polynomial.

polinsaturo *a.* ⟨*Chim*⟩ polyunsaturated.

polio *f.inv.* → **poliomielite. poliomielite** *f.* ⟨*Med*⟩ poliomyelitis, ⟨*fam*⟩ polio. **poliomielitico** *a./s.* (*pl.* **-ci**) I *a.* poliomyelitic. II *s.m.* (*f.* **-a**) poliomyelitic sufferer.

polipo *m.* ⟨*Zool,Med*⟩ polyp. **poliposi** *f.* ⟨*Med*⟩ polyposis.

polipropilene *m.* ⟨*Chim*⟩ polypropylene.

polire *v.t.* (**polisco, polisci**) 1 to polish, to burnish. 2 ⟨*fig*⟩ (*rifinire*) to polish.

poli|reme *f.* ⟨*Mar.ant*⟩ polyreme. **~saccaride** *m.* ⟨*Chim*⟩ polysaccharide. **~semia** *f.* ⟨*Filol*⟩ polysemy. **~senso** I *a.* having many meanings. II *s.m.* puzzle, pun. **~sillabico** *a.* (*pl.* **-ci**) ⟨*Gramm*⟩ polysyllabic(al), polysyllable. **~sillabo** I *a.* → **polisillabico.** II *s.m.* polysyllable. **~sindeto** *m.* ⟨*Gramm*⟩ polysyndeton. **~sportivo** *a.* sports–: *campo* ~ sports ground.

polista *m.* ⟨*Sport*⟩ polo player.

polistadio *a.* multistage: *missile* ~ multistage rocket.

polistilo *a.* ⟨*Arch*⟩ bundle–, cluster(ed), ⟨*ant*⟩ polystyle.

polistirolo *m.* ⟨*Chim*⟩ polystyrene: ~ *espanso* foam polystyrene, polistyrene foam.

politeama *m.* theatre.

politecnico *a./s.* (*pl.* **-ci**) I *a.* polytechnic(al). II *s.m.* polytechnic (institute).

politeismo *m.* ⟨*Rel*⟩ polytheism. **politeista** I *s.m./f.* polytheist. II *a.* polytheistic(al), polytheist–. **politeistico** *a.* (*pl.* **-ci**) polytheistic(al), polytheist–.

politezza *f.* 1 polish. 2 ⟨*fig*⟩ polish, finish.

politica *f.* 1 (*scienza*) politics pl (*costr. sing. o pl.*). 2 (*linea di condotta*) policy: *una* ~ *lungimirante* a far-sighted policy. 3 ⟨*fig*⟩ (*condotta astuta*) diplomacy, tact. □ ~ **ambientale** environmental policy; ~ **aziendale** corporate (*o* company) policy; ~ *di* **bilancio** budget policy; ~ *di* **buon** *vicinato* good neighbour policy; ~ *di* **colonizzazione** colonization policy; **darsi** *alla* ~ to enter into politics; ~ **demografica** population policy; ~ **difensiva** (o *di difesa*) defence policy; ~ **energetica** energy policy; ~ **estera** foreign policy; ~ *del pieno* **impiego** full-employment policy; ~ **interna** home (*o* domestic) politics pl; *di* ~ *interna* concerning home affairs; ~ *degli* **investimenti** investment policy; ~ **liberista** free-trade (policy), laissez-faire; ~ *di mercato* market policy; **parlare** *di* ~ to talk politics; ~ *del* **personale** personnel policy; ~ *di* **potere** power politics; ~ *dei* **redditi** income policy; **ritirarsi** *dalla* ~ to retire from political life; ~ **salariale** (o *dei salari*) wage policy; ~ **sanitaria** health policy; ~ **sindacale** (trade-)union policy; ~ **urbanistica** town planning policy; ~ *delle* **vendite** sales policy.

politicamente *avv.* politically. **politicante** *m./f.* ⟨*spreg*⟩ 1 (petty) politician. **politiche** *f.pl.* (*elezioni politiche*) parliamentary (*o* general) elections. **politichese** *m.* political jargon. 2 ⟨*estens*⟩ (*intrigante*) intriguer, schemer. **politicastro** *m.* ⟨*spreg*⟩ politicaster, (petty) politician. **politicità** *f.* politicalness, political nature. **politicizzare** *v.t.* to politicize. **politicizzato** *a.* politicized. **politicizzazione** *f.* politicalization. **politico** *a./s.* (*pl.* **-ci**) I *a.* political: *dottrina* –*a* political theory. II *s.m.* 1 politician. 2 ⟨*fig*⟩ (*persona abile*) politician, ⟨*fam*⟩ operator. □ *carta* –*a* political map; *detenuto* ~ political prisoner; *geografia* –*a* political geography; ~ *professionista* professional politician; *scienze politiche* political science. **politicone** *m.* ⟨*fam*⟩ great intriguer, schemer; (*furbone*) sly fox.

polito *a.* ⟨*lett*⟩ 1 polished, burnished. 2 ⟨*fig*⟩ polished.

politologia *f.* political science. **politologico** *a.* (*pl.* **-ci**) concerning political science. **politologo** *m.* (*pl.* **-gi/-ghi;** *f.* **-a**) political scientist.

polittico *m.* (*pl.* **-ci**) ⟨*Art*⟩ polyptych.

politura *f.* 1 polishing, burnishing. 2 ⟨*fig*⟩ polishing.

poli|uria *f.* ⟨*Med*⟩ polyuria. **~valente** *a.* 1 ⟨*Chim*⟩ polyvalent. 2 ⟨*fig*⟩ multivalent. 3 (*multiuso*) multirole, multipurpose: *sala* ~ multipurpose room. **~valenza** *f.* 1 ⟨*Chim*⟩ polyvalence. 2 ⟨*fig*⟩ multivalence. **~vinile** *m.* ⟨*Chim*⟩ polyvinyl.

polizia *f.* 1 police (*general. costr. pl.*), police force: *denunciare qd. alla* ~ to report s.o. to the police; *arriva la* ~ the police are coming. 2 (*commissariato*) police station. □ **agente** *di* ~ policeman; ~ **ausiliaria** auxiliary police (force); *di* ~ police–: *misure di* ~ police measures; ~ **femminile** women's police (force); ~ *di* **frontiera** frontier (*o* border) police; ~ **giudiziaria** criminal police; ~ **militare** military police; ~ **municipale** city police; **norme** *di* ~ police regulations; ~ **scientifica** criminal laboratory department; ~ **segreta** secret police; ~ **stradale** traffic police; (*su strade extraurbane*) highway police; *pattuglia della* ~ **stradale** traffic police patrol; ~ **tributaria** excise and revenue police.

poliziesco *a.* (*pl.* **-chi**) 1 police–: *indagine* –*a* police investigation. 2 ⟨*spreg*⟩ police–, police-like: *metodi polizieschi* police methods. 3 ⟨*Lett,Cin*⟩ detective: *film* ~ detective film, ⟨*fam*⟩ thriller. **poliziotto** *m.* policeman (*f* –woman), (police) constable, ⟨*fam*⟩ bobby, ⟨*am.fam*⟩ cop. □ ~ *in* **borghese** undercover (*o* plain clothes) policeman; *cane* ~ police dog; *donna* ~ police woman, female police officer; ~ *privato* private detective, ⟨*fam*⟩ private eye.

polizza *f.* 1 ⟨*Comm*⟩ bill, receipt, voucher: ~ *di* **deposito** deposit receipt. 2 ⟨*Assic*⟩ policy: ~ *d'***assicurazione** insurance policy; ~ *di* **carico** bill of lading; **fare** *una* ~ to take out a policy; ~ *d'***indennità** indemnity policy; ~ **individuale** individual policy; ~ *all'***ordine** policy to order; ~ *di* **pegno** pawn ticket; ~ *al* **portatore** policy to bearer; ~ *per* **rischi** *multipli* package insurance policy.

polizzino *m.* 1 slip. 2 ⟨*Econ*⟩ (*fede di credito*) bond, note.

polla *f.* 1 spring. 2 (*vena d'acqua*) vein (of water).

pollaio *m.* 1 hen-roost, hen-house; (*recinto*) fowl-run, chicken-run. 2 ⟨*collett*⟩ poultry. 3 ⟨*fam*⟩ (*luogo sporco*) barnyard. 4 ⟨*fam*⟩ (*luogo chiassoso*) madhouse, bedlam. **pollaiolo** *m.* (*f.* **-a**) poulterer, poultry-man. **pollame** *m.* poultry. **pollanca** *f.* ⟨*region*⟩ 1 (*gallina giovane*) pullet 2 (*tacchina giovane*) young hen-turkey. **pollastra** *f.* 1 pullet. 2 ⟨*fig,scherz*⟩ chicken, ⟨*fam*⟩ chick. **pollastro** *m.* 1 (*giovane pollo*) young fowl; (*galletto*) cockerel. 2 ⟨*fig,scherz*⟩ (*persona ingenua*) simpleton, fool, ⟨*fam*⟩ sucker. **polleria** *f.* poultry shop, poulterer's.

pollice *m.* 1 thumb. 2 (*unità di misura*) inch. □ ⟨*fig*⟩ *avere il* ~ *verde* to have green fingers, ⟨*am*⟩ to have a green thumb.

pollicoltore *m.* (*f.* **-trice**) poultry farmer, chicken farmer. **pollicoltura** *f.* poultry farming, poultry breeding. **pollina** *f.* (*concime*) chicken droppings pl, fowl dung. **polline** *m.* pollen. **pollinico** *a.* (*pl.* **-ci**) pollen–, pollinic: *tubo* ~ pollen tube.

pollino *a.* (*del pollo*) chicken–, fowl–, poultry–. □ ⟨*Entom*⟩ *pidocchio* ~ bird louse.

pollinosi *f.* ⟨*Med*⟩ pollinosis, pollenosis.

pollivendolo *m.* (*f.* **-a**) poulterer, poultry-man.

pollo *m.* 1 chicken. 2 ⟨*fig,scherz*⟩ (*semplicione*) dupe, ⟨*fam*⟩ sucker. □ ~ *di* **allevamento** (o *batteria*) battery chicken; ⟨*fig*⟩ **alzarsi** *con i* –*i* (*all'alba*) to get up when the cock crows; ⟨*fig*⟩ **conoscere** *i propri* –*i* to know whom one has to deal with; ⟨*Gastr*⟩ ~ *alla* **diavola** grilled chicken; ~ *da* **ingrasso** broiler; ~ **lesso** boiled chicken; ⟨*fig*⟩ **andare** *a* letto ⌐*con i*⌐ (*o all'ora dei*) –*i* to go to bed at sundown; ⟨*fig*⟩ **far ridere** *i* –*i* to make a fool (*o* laughing stock) of o.s.; ⟨*Gastr*⟩ ~ **ripieno** stuffed chicken; ⟨*Ornit*⟩ ~ **sultano** purple gallinule.

pollone *m.* ⟨*Bot*⟩ (side) shoot, sucker. **polloneto** *m.* ⟨*Agr*⟩ sideshoot nursery.

Polluce *N.pr.m.* ⟨*Mitol,Astr*⟩ Pollux.

polluzione *f.* ⟨*Med*⟩ pollution.

polmonare *a.* pulmonary, lung–: *arteria* ~ pulmonary artery. **polmonaria** *f.* ⟨*Bot*⟩ lungwort, pulmonary. **polmonati** *m.pl.* ⟨*Zool*⟩ pulmonates pl. **polmone** *m.* lung: *quest'aria fa bene ai* –*i* this air is good for the lungs. □ **respirare** *a pieni* –*i* to breathe (in) deeply; ⟨*fig*⟩ **rimetterci** *i* –*i* to waste one's breath; ⟨*fig*⟩ **sputare** *i* –*i* to sweat blood; ⟨*fig*⟩ ~ *verde* green lung. **polmonite**

⟨*Med*⟩ pneumonia.

polo[1] *m.* pole (*anche fig.*): ~ *di una calamita* pole of a magnet; *essere ai* ~*-i opposti* to be poles apart (*o* asunder). □ ⟨*Fis*⟩ **a due** ~*-i* bipolar; ⟨*Astr*⟩ ~*-i* **celesti** celestial poles; ~ **geografico** geographical pole; ~ **magnetico** magnetic pole; ⟨*El*⟩ ~ **negativo** negative pole; ~ **nord** North Pole; ⟨*El*⟩ ~ **positivo** positive pole; ~ **sud** South Pole; ~ *di* **sviluppo** development pole; ~ **terrestre** (terrestrial) pole.

polo[2] *m.* ⟨*Sport*⟩ polo-. □ ⟨*Mod*⟩ *collo a* ~ polo neck.

polo [3] *f.* ⟨*Vest*⟩ polo shirt.

Polonia *N.pr.f.* ⟨*Geog*⟩ Poland.

polonio *m.* ⟨*Chim*⟩ polonium.

polpa *f.* **1** (*di frutti*) pulp, flesh: ~ *di albicocca* apricot pulp. **2** ⟨*Macell*⟩ lean, lean meat. **3** ⟨*fig*⟩ (*parte sostanziale*) pith, substance, essential part: *la* ~ *di un discorso* the pith of a speech. □ ~ **dentaria** (dental) pulp; *in* ~*-e* (*con calzoni corti e calze aderenti al polpaccio*) in knee-breeches (*o* livery); ⟨*Ind*⟩ ~ *di legno* wood pulp.

polpaccio *m.* ⟨*Anat*⟩ calf (of the leg). **polpacciuto** *a.* **1** (*che ha molta polpa*) (very) fleshy. **2** (*con grossi polpacci: rif. alla persona*) having big (*o* fat) calves; (*rif. alla gamba*) fat, big, thick.

polpastrello *m.* ⟨*Anat*⟩ (digital) pulp.

polpetta *f.* ⟨*Gastr*⟩ meat-ball, rissole. □ ⟨*fig*⟩ *fare* ~*-e di qd.* to make mincemeat of s.o. **polpettone** *m.* **1** ⟨*Gastr*⟩ meat-loaf. **2** ⟨*fig*⟩ (*opera farraginosa*) jumble, muddle.

polpo *m.* ⟨*Zool*⟩ octopus.

polposo *a.* fleshy, pulpy: *frutta* ~*-a* fleshy fruit. □ *consistenza* ~*-a* fleshiness, pulpiness. **polputo** *a.* fleshy, fat, plump: *braccia* ~*-e* fat arms.

polsino *m.* ⟨*Sart*⟩ cuff. **polso** *m.* **1** ⟨*Anat*⟩ wrist. **2** ⟨*Med*⟩ pulse; (*il battito*) pulse(beat): ~ *regolare* regular pulse. **3** ⟨*Sart*⟩ cuff. **4** ⟨*fig*⟩ (*energia*) vigour, energy: *uomo di* ~ vigorous man, man of energy. □ ~ *debole* weak pulse: *l'ammalato ha il* ~ *debole* the patient has a weak pulse; ⟨*fig*⟩ ~ *fermo* strong (*o* steady) hand, firmness: *con* ~ *fermo* with a strong hand; *tastare il* ~ *a qd.* to feel s.o.'s pulse (*anche fig.*).

Polstrada *f.* (*polizia della strada*) traffic police.

poltiglia *f.* **1** mush, pulp. **2** (*fanghiglia*) mire, mud, slush. □ ⟨*scherz*⟩ *ridurre qd. in* ~ to make mincemeat of s.o.

poltrire *v.i.* (poltrisco, poltrisci; *aus.* avere) **1** (*indugiare nel letto*) to lie lazily in bed. **2** (*starsene ozioso*) to idle, to laze, to loaf.

poltrona *f.* **1** ⟨*Arred*⟩ armchair, (easy) chair. **2** ⟨*Teat*⟩ stall, ⟨*am*⟩ orchestra seat. □ ~ *da* **barbiere** barber's chair; ~ *da* **dentista** dentist's chair; ~ **letto** chair-bed; ~ *a* **rotelle** wheel-chair; ~ *a* **sdraio** deck-chair; ⟨*fig*⟩ **starsene** *in* ~ to loaf.

poltronaggine *f.* laziness, idleness, sloth. **poltroncina** *f.* **1** ⟨*Arred*⟩ small armchair. **2** ⟨*Teat*⟩ pit stall, ⟨*am*⟩ back orchestra seat. **poltrone I** *s.m.* (*f.* -a) lazy (*o* indolent) person, idler, loafer, ⟨*fam*⟩ lazybones. **II** *a.* lazy, idle, sluggish, indolent. **poltroneria** *f.* laziness, indolence, sluggishness, sloth. **poltronesco** *a.* (*pl.* -chi) lazy, indolent, sluggish.

poltronissima *f.* ⟨*Teat*⟩ front stall, ⟨*am*⟩ front seat. **poltronite** *f.* ⟨*scherz*⟩ laziness.

polvere *f.* **1** dust: *una nuvola di* ~ a cloud of dust. **2** (*sostanza simile alla polvere*) powder, dust: ~ *d'oro* gold dust. **3** (*polvere pirica*) (gun)powder. □ ~ *di* **carbone** coal dust; **far** ~ to raise dust; *dar* **fuoco** *alle* ~*-i* to fire the powder; ⟨*fig*⟩ (*scatenare una sommossa*) to set off a revolt; *fuoco alle* ~*-i!* fire!; **in** ~ powdered, in powder: *latte in* ~ powdered milk; *caffè in* ~ instant coffee; *sapone in* ~ soap powder; ~ **insetticida** insect-powder; **levare** *la* ~ to dust; **mangiare** *la* ~ to breathe in dust; ⟨*fig*⟩ *far mangiare la* ~ *a qd.* to make s.o. eat dust; ~ **meteorica** meteoric (*o* meteor) dust; ⟨*fig*⟩ **mordere** *la* ~ to bite the dust; ⟨*fig*⟩ *gettare la* ~ *negli* **occhi** *a qd.* to throw dust in s.o.'s eyes; *fiutare* (*o* sentire) **odore** *di* ~ (*presentire una contesa*) to smell a battle (*o* fight); ~ **radioattiva** radioactive dust; **ridurre** *in* ~ to pulverize (*anche fig.*).

polveriera *f.* **1** ⟨*Mil*⟩ powder magazine. **2** ⟨*fig*⟩ powder keg: *il Medio Oriente è una* ~ the Middle East is a powder keg. **polverificio** *m.* powder factory (*o* mill).

polverina *f.* ⟨*Farm*⟩ powder. **polverio** *m.* cloud of dust.

polverizzabile *a.* pulverizable, pulverable. **polverizzare** *v.t.* **1** to pulverize: ~ *lo zucchero* to pulverize sugar. **2** (*nebulizzare*) to nebulize, to atomize. **3** ⟨*fig*⟩ (*annientare*) to pulverize, to annihilate, to demolish. **polverizzarsi** *v.r.* **1** to turn to powder (*o* dust). **2** ⟨*fig*⟩ to melt away: *i milioni in mano sua si polverizzano* the millions just melt away in his hands. **polverizzato** *a.* **1** pulverized, powdered. **2** (*nebulizzato*) atomized. **polverizzatore** *m.* **1** (*apparecchio*) sprayer, pulverizer; (*nebulizzatore*) atomizer, nozzle; (*per polvere insetticida*) duster. **2** ⟨*Mot*⟩ injector (nozzle), spray nozzle. **polverizzazione** *f.* (*di solidi*) pulverization; (*di liquidi*) atomizing.

polverone *m.* thick cloud of dust. **polveroso** *a.* (*pieno di polvere*) dusty, full of dust: *sentiero* ~ dusty path; (*coperto di polvere*) dusty, dust-covered: *scaffali* ~*-i* dusty shelves.

polverulento *a.* ⟨*lett*⟩ powdery, dusty, covered with dust, ⟨*lett*⟩ pulverous. **polverume** *m.* ⟨*spreg*⟩ dust.

pomata *f.* **1** ⟨*Farm*⟩ ointment, salve. **2** ⟨*Cosmet*⟩ pomade.

pomellato I *a.* dappled. **II** *s.m.* (*cavallo pomellato*) dapple(d)-grey. **pomellatura** *f.* dappling. **pomello** *m.* **1** (*della gota*) cheek. **2** (*oggetto sferico*) pommel, knob, ball grip.

pomeridiano *a.* **1** afternoon-: *lezioni* ~*-e* afternoon classes. **2** (*con l'indicazione di ore*) p.m., in the afternoon: *alle cinque* ~*-e* at five p.m. □ *nelle ore* ~*-e* in the afternoon. **pomeriggio** *m.* afternoon: *le ore del* ~ the afternoon (hours). □ *di* (*o nel*) ~ in the afternoon; *domani* ~ tomorrow afternoon.

pomice *f.* **1** ⟨*Min*⟩ (*anche pietra pomice*) pumice(-stone). **2** (*polvere*) pumice (powder). **pomiciare** *v.* (pomicio, pomici) **I** *v.t.* (*pulire con pomice*) to pumice, to clean (*o* smooth) with pumice. **II** *v.i.* (*aus.* avere) ⟨*region*⟩ (*abbandonarsi a effusioni amorose*) to neck, to pet. **pomiciatura** *f.* pumicing. **pomicione** *m.* ⟨*region*⟩ wolf, ⟨*am.fam*⟩ masher.

pomicoltore *m.* (*fruttivendolo*) fruit farmer, fruit grower. **pomicoltura** *f.* fruit farming, fruit growing. **pomo** *m.* **1** (*mela*) apple. **2** ⟨*Bot*⟩ apple (tree). **3** (*oggetto simile a mela*) pommel, knob; (*rif. alla spada*) pommel. **4** ⟨*Mar*⟩ (*formaggetta*) truck. □ ~ *di* **acagiù** (*frutto dell'anacardio*) cashew (nut); ⟨*Anat*⟩ ~ *d'Adamo* Adam's apple; ⟨*Mitol*⟩ ~ *della* **discordia** apple of discord; ⟨*fig*⟩ bone of contention; ~ *della* **sella** (saddle) pommel.

pomodoro *m.* (*pl.* pomodori/pomidoro) ⟨*Bot*⟩ tomato. □ **conserva** *di* ~ tomato paste (*o* purée); ⟨*Zool*⟩ ~ *di* **mare** sea anemone; ~*-i* **pelati** peeled tomatoes; ~*-i* **ripieni** stuffed tomatoes; **succo** *di* ~ tomato juice; **sugo** *di* ~ tomato sauce.

pomogranato (*o* **pomo granato**) *m.* **1** ⟨*Bot*⟩ (*melograno*) pomegranate (tree). **2** (*melograna*) pomegranate.

pomologia *f.* ⟨*Bot*⟩ pomology. **pomologico** *a.* (*pl.* -ci) pomological. **pomologo** *m.* (*pl.* -a) pomologist.

pompa[1] *f.* **1** pump. **2** (*idrante*) hydrant, water plug. **3** (*distributore di benzina*) petrol (*o* service) station, ⟨*am*⟩ filling (*o* gasoline) station; (*colonnina*) petrol pump, ⟨*am*⟩ gas pump. □ ~ *dell'*acqua water pump; ~ *d'*alimentazione feed pump; ~ antincendio fire-engine; ~ *ad* **aria** air pump; ~ **aspirante** suction (*o* sucking) pump; ⟨*Mot*⟩ ~ *della* **benzina** fuel pump; ⟨*tecn*⟩ ~ *di* **calore** heat pump; ~ **idrovora** dewatering pump; ~ *di* **lavaggio** washdown pump; ~ *a* **mano** hand pump; ⟨*Mot*⟩ ~ *dell'*olio oil pump; ~ *per* **pneumatici** tyre pump; ~ *a* **vuoto** vacuum pump.

pompa[2] *f.* **1** (*apparato sfarzoso*) pomp (and circumstance), display: *nozze celebrate con gran* ~ wedding celebrated with great pomp. **2** ⟨*lett*⟩ (*ostentazione*) pomp, (ostentatious) display, show, parade: *far* ~ *della propria ricchezza* to make a display of one's wealth. □ (*impresa di*) ~*-e* **funebri** undertaker's (establishment), ⟨*am*⟩ mortician's, ⟨*am*⟩ funeral parlor; *impresario di* ~*-e funebri* undertaker, ⟨*am*⟩ mortician; ⟨*scherz*⟩ *mettersi in* ~ *magna* to put on one's best.

pompaggio *m.* pumping. **pompare** *v.t.* (pompo) **1** to pump: ~ *l'acqua dal pozzo* to pump water from the well. **2** ⟨*fig*⟩ (*esagerare*) to exaggerate, to blow up. **pompata** *f.*

1 pump(ing). **2** (*quantità*) pumpful. □ *dare una ~ a una gomma* to give a tyre a quick pumping.

Pompẹi *N.pr.f.* ⟨*Geog*⟩ Pompeii. **pompeịano I** *a.* Pompei(i)an: *rosso ~* Pompeiian red. **II** *s.m.* (*abitante; f. -a*) Pompei(i)an.

pompẹlmo *m.* ⟨*Bot*⟩ grapefruit (tree); (*frutto*) grapefruit.

Pompẹo *N.pr.m.* ⟨*Stor*⟩ Pompey, Pompeius.

pompiẹre *m.* **1** (*vigile del fuoco*) fireman. **2** *pl.* ⟨*collett*⟩ firemen *pl*, fire brigade: *chiamare i -i* to call the firemen.

pompịsta *m./f.* (*addetto ai distributori di benzina*) service-station attendant.

pompon *fr.* [põ'põ] *m.* (*nappa*) pompon.

pomposamẹnte *avv.* pompously, with pomp. **pompositạ̀** *f.* pompousness. **pompọso** *a.* **1** pompous, (over-) magnificent, splendid. **2** (*ostentato*) pompous, showy, ostentatious.

pọnce (o *pọnce*) *m.* (*bevanda*) punch.

ponderạbile *a.* ponderable, weighable. **ponderabilitạ̀** *f.* ponderability. **ponderạle** *a.* ponderal, weight-. **ponderạre** *v.t.* (*pondero*) **1** to ponder, to consider, to think about (*o* over), to weigh up: *pondera bene ciò che devi fare* think carefully about what you must do. **2** ⟨*Statist*⟩ to weight. **ponderatamẹnte** *avv.* thoughtfully, after due (*o* careful) consideration. **ponderạto** *a.* **1** (*meditato*) (well-)considered, well-pondered: *parole -e* well-considered words. **2** (*rif. a persona: assennato*) careful, circumspect. **ponderazịone** *f.* pondering, careful consideration. □ ⟨*Statist*⟩ *coefficiente di ~* weighting coefficient. **ponderọso** *a.* weighty, ponderous (*anche fig.*): *un compito ~* a weighty task.

ponẹnte *m.* **1** west: *a ~ dell'Italia* west of Italy. **2** ⟨*Meteor*⟩ (*vento*) west (*o* westerly) wind, wester(ly). □ *verso ~* west, westwards. **ponentịno** *m.* ⟨*Meteor*⟩ sea breeze.

pọngo → **porre.**

pọnte *m.* **1** bridge: *attraversare il ~* to cross the bridge. **2** ⟨*Edil*⟩ (*impalcatura*) scaffold(ing), staging. **3** ⟨*Mar*⟩ deck: *salire sul ~* to go on deck;(*ponte di comando*) bridge, fore (*o* pilot, navigating) bridge. **4** ⟨*Dent*⟩ bridge. **5** ⟨*El*⟩ bridge, jumper. □ ⟨*Mar*⟩ **a due** *-i* two deck-; *in* **acciaio** steel bridge; *~* **aereo** airlift; *a tre* **arcate** three-arch bridge; *~ a schiena d'***asino** humpbacked bridge; ⟨*Mar.mil*⟩ *~ d'***atterraggio** flight deck; *~ di* **barche** bridge of boats; ⟨*Mil*⟩ pontoon bridge; ⟨*fig*⟩ **bruciarsi** *i -i alle* **spalle** to burn one's bridges behind one; *~ di* **coperta** upper deck; ⟨*Mar.mil*⟩ *~ di* **decollo** flight deck, take off deck; ⟨*fig*⟩ **fare** *il ~* (*rif. a giorni festivi*) to take a holiday on a day falling between two holidays; *~* **ferroviario** railway bridge; *~ di* **fortuna** jury bridge; **gettare** *un ~* to build (*o* throw) a bridge: *gettare un ~ su un fiume* to 'build a bridge over' (*o* bridge) a river; *~* **girevole** swing (*o* turn) bridge; *~* **levatoio** drawbridge; ⟨*fig*⟩ *fare i -i d'oro a qd.* to make s.o. an advantageous offer; ⟨*Mar*⟩ *~ di* **passeggiata** promenade deck; *~ a* **pedaggio** toll bridge; *~ di* **pietra** stone bridge; ⟨*Mar*⟩ *~ di* **poppa** aft (*o* poop) deck, afterdeck; ⟨*Mar*⟩ *~ di* **prora** fore bridge (*o* deck); *~* **radio** radio link, repeater (*o* radio relay) system; *~* **sospeso** suspension bridge; *~ dei* **sospiri** Bridge of Sighs; ⟨*fig*⟩ **tagliare** *i -i con qd.* to break off with s.o.; ⟨*Mil*⟩ **testa** *di ~* bridgehead (*anche fig.*).

pontẹfice *m.* **1** ⟨*Rel.catt*⟩ (*papa*) Pontiff. **2** ⟨*Stor.rom*⟩ pontifex. □ ⟨*Stor.rom*⟩ *~ massimo* Pontifex Maximus; ⟨*Rel.catt*⟩ *sommo ~* Sovereign (*o* Supreme) Pontiff.

pontẹggio *m.* scaffolding, staging. □ *~ in legno* wood scaffold(ing); *~* **tubolare** (*o in tubi*) tubular (steel) scaffolding. **ponticẹllo** *m.* ⟨*Mus*⟩ bridge, ponticello. **pontiẹre** *m.* ⟨*Mil*⟩ pontonier, pontoneer.

pontificạle I *a.* **1** ⟨*Rel.catt*⟩ (*del papa*) pontifical, papal: *seggio ~* papal seat. **2** (*fig,scherz*) (*volutamente solenne*) pontifical, pompous. **II** *s.m.* ⟨*Lit*⟩ **1** (*messa pontificale*) Pontifical Mass. **2** (*libro*) pontifical. **pontificạre** *v.i.* (**pontịfico, pontịfichi**; *aus.* **avere**) **1** ⟨*Lit*⟩ to pontificate. **2** (*fig,scherz*) (*assumere un tono solenne*) to pontificate, to act the pontiff. **pontificạto** *m.* **1** ⟨*Rel.catt*⟩ (*papato*) papacy, pontificate. **2** ⟨*Stor.rom*⟩ pontificate. **pontifịcio** *a.* pontifical, papal: *esercito ~* papal (*o* Pope's) army.

pontịle *m.* ⟨*Mar*⟩ pier, wharf, quay; (*da sbarco*) landing stage.

pontịno *a.* ⟨*Geog*⟩ Pontine: *paludi -e* Pontine marshes.

pontịsta *m.* ⟨*Edil*⟩ scaffolder, scaffold builder.

Pọnto *N.pr.m.* ⟨*Geog.stor*⟩ Pontus.

pontọne *m.* pontoon.

pony *ingl.* ['pɔni] *m.* pony.

ponzạre *v.i.* (**pọnzo**; *aus.* **avere**) ⟨*scherz*⟩ (*spremersi il cervello*) to rack (*o* cudgel) one's brains.

pọp *a.inv.* pop, relating to popular art. □ *arte ~* pop art, pop, Pop; *cantante ~* pop singer; *musica ~* pop music.

pop. = *popolazione* population (*abbr.* pop.).

pọpe *russ. m.inv.* ⟨*Rel*⟩ pope, papa.

popeline *fr.* [pɔp'lin] *f.* ⟨*Tess*⟩ poplin.

pọplite *m.* ⟨*Anat*⟩ popliteus, popliteal muscle.

popọ ⟨*infant*⟩ **I** *s.f.* (*feci*) poopy. **II** *s.m.* (*sedere*) botty.

popolạccio *m.* scum (*o* dregs *pl*) of society, riff-raff.

popolamẹnto *m.* populating, population. **popolạno I** *a.* of the (common) people, popular: *saggezza -a* wisdom of the common people. **II** *s.m.* (*f.* **-a**) man (*f* woman) of the people, member of the lower classes.

popolạre[1] *v.t.* (**pọpolo**) to people, to populate; (*rif. ad animali e piante*) to populate. **popolarsi** *v.r.* to become populous, to fill with people, ⟨*am*⟩ to populate.

popolạre[2] *a.* **1** (*del popolo*) popular, of the (common) people, people's: *rivolta ~* popular revolt; *Repubblica ~ Cinese* People's Republic of China. **2** (*per il popolo*) low class-, working class-: *quartiere ~* working-class neighbourhood. **3** (*diffuso nel popolo*) popular, folk-: *credenze -i* popular beliefs; *canti -i* folksongs. **4** (*a modico prezzo*) popular, inexpensive: *a prezzi -i* at popular prices. **5** (*noto, diffuso*) popular, widespread: *uno sport ~ in tutto il mondo* a sport popular the world over; *un attore ~* a popular actor. **6** (*divulgativo*) popular: *libri -i* popular books.

popolareggiạnte *a.* inspired by folk art. **popolarẹsco** *a.* (*pl.* **-chi**) of the (common) people, popular, folk-. **popolaritạ̀** *f.* **1** popularity: *la ~ di un cantante* the popularity of a singer. **2** (*conformità all'uso del popolo*) popular nature. □ *godere di grande ~* to be very popular.

popolarizzạre *v.t.* to popularize, to make popular. **popolarmẹnte** *avv.* popularly, in a popular form. **popolạto** *a.* **1** peopled, populated, inhabited. **2** (*affollato*) crowded, heavily populated, populous.

popolazịone *f.* **1** population (*anche Biol.*): *la ~ della terra* the earth's population. **2** (*agglomerato urbano*) people, nation: *-i nordiche* northern peoples. □ *~* **attiva** working population; **censimento della** *~* (population) census; *~ in* **età** *scolare* school-age population; *~* **residente** resident population; *~* **rurale** rural population; ⟨*Astr*⟩ *-i* **stellari** stellar populations; *~* **urbana** urban population.

popolịno *m.* ⟨*spreg*⟩ common people, masses *pl*, populace.

pọpolo *m.* **1** people: *il ~ italiano* the Italian people; (*nazione*) nation: *un ~ giovane* a young nation. **2** (*abitanti di una città*) inhabitants *pl*, people (*costr.pl.*): *il ~ di Roma* the people of Rome. **3** (*moltitudine, folla*) people (*costr.pl.*), crowd, throng: *una piazza gremita di ~ a* square packed with people. **4** (*insieme di cittadini*) people (*costr. pl.*): *un re amato dal suo ~* a king loved by his people. **5** (*insieme delle classi sociali più modeste*) (common) people (*costr. pl.*), lower (*o* working) classes *pl*: *una ragazza del ~* a girl of the people; *parole che si sentono sulla bocca del ~* words used by the common people. □ *un ~* **civile** a civilized people; ⟨*Bibl*⟩ *il ~* **eletto** the Chosen People; *a* **furor** *di ~*: 1 by the people, ⟨*spreg*⟩ by the mob; 2 (*rif. a successo e sim.*) by popular acclaim; ⟨*Mediev*⟩ *~* **grasso** middle classes *pl*; ⟨*Mediev*⟩ *~* **minuto** lower classes *pl*; *i -i* **sovrani** the sovereign (*o* self-governing) peoples.

popolọso *a.* populous, heavily populated.

popọne *m.* ⟨*Bot*⟩ musk melon.

pọppa[1] *f.* ⟨*Mar*⟩ stern, pop. □ ⟨*Mar*⟩ *a ~* aft, astern, abaft; *di ~* after, stern-, aft: *cabina di ~* after cabin; *da ~ a prua* fore and aft, from stem to stern; *vento di ~* aft (*o* stern) wind; *avere il vento in ~* to sail before the wind (*anche fig.*).

poppa² *f.* (*mammella*) breast; (*di vacca e sim.*) udder. □ *dare la ~ a un bambino* to give the breast to a baby; *levare dalla ~* (*svezzare*) to wean.

poppante I *a.* (*lattante*) suckling. II *s.m./f.* 1 suckling. 2 ⟨*iron*⟩ (*ragazzo inesperto*) callow youth, ⟨*fam*⟩ whipper-snapper. **poppare** *v.t.* (*poppo*) to suck. **poppata** *f.* 1 (*azione*) feed(ing), suck(ing). 2 (*quantità di latte poppato*) feed. □ *ora della ~* feeding time. **poppatoio** *m.* feeding (*o* baby) bottle.

poppavia *a.*⟨*Mar*⟩ *a ~* aft, abaft, astern.

Poppea *N.pr.f.* ⟨*Stor*⟩ Poppaea.

poppiere *m.* ⟨*Mar*⟩ 1 stern–sheets man. 2 (*capovoga*) stroke. **poppiero** *a.* stern, after, aft.

populismo *m.* ⟨*Pop*⟩ populism, Populism. **populista** I *a.* → **populistico.** II *s.m./f.* populist, Populist. **populistico** *a.* (*pl.* -ci) populist, Populist(ic).

por *v.t.* → **porre.**

porca¹ *f.* ⟨*Agr*⟩ ridge.

porca² *f.* 1 (*femmina del porco*) sow. 2 ⟨*volg*⟩ slut, bitch.

porcaccione *m.* (*f.* -a) pig, ⟨*am*⟩ slob (*anche fig.*).

porcaio¹ *m.* 1 (*luogo sudicio*) pigsty, filthy place. 2 ⟨*fig*⟩ (*ambiente equivoco*) questionable surroundings *pl.*

porcaio² *m.* 1 (*guardiano*) swineherd, ⟨*am*⟩ pigman. 2 (*mercante*) pig dealer.

porcaro *m.* → **porcaio**².

porcata *f.* (*mascalzonata*) dirty (*o* rascally) trick.

porcellana¹ *f.* 1 ⟨*Ceram*⟩ (*materiale*) porcelain, china(ware). 2 (*oggetto*) porcelain (object), piece of china. □ *di ~* porcelain–, china–: *tazzina di ~* porcelain (*o* china) cup; *~ opaca* opaque porcelain.

porcellana² *f.* ⟨*Bot*⟩ purslane.

porcellanare *v.t.* to porcelainize. **porcellanato** *a.* porcelain–, glazed.

porcellino *m.* 1 piglet. 2 ⟨*scherz*⟩ (*bimbo sporco*) piggy, dirty little thing. □ ⟨*Zool*⟩ *~ d'India* guinea pig; *~ da latte* suck(l)ing pig. **porcello** *m.* (*f.* -a) 1 (*maiale giovane*) young pig. 2 ⟨*scherz*⟩ (*persona sudicia*) pig, ⟨*am*⟩ slob (*anche fig.*). **porcellone** *m.* (*f.* -a) (*persona sporca*) pig (*anche fig.*).

porcheria *f.* 1 (*sporcizia*) filth, dirt, muck: *nel cortile c'è molta ~* there's a lot of muck in the courtyard. 2 ⟨*pop*⟩ (*cibo o bevanda disgustosa*) muck, hogwash: *questa pietanza è una ~* this food is muck. 3 ⟨*fig*⟩ (*oscenità: atto*) obscene act; (*detto*) obscene (*o* indecent) thing to say. 4 ⟨*fam*⟩ (*azione sleale*) dirty (*o* nasty) trick. 5 ⟨*fam*⟩ (*lavoro mal fatto*) botch, bad job; (*opera brutta*) rubbish, trash: *hanno premiato un quadro che è una ~* they gave a prize to a painting that's mere trash. □ *che ~ questo film!* what a dreadful (*o* rotten) film this is!

porchetta *f.* ⟨*Gastr*⟩ roast suckling pig. **porcile** *m.* pigsty (*anche fig.*). **porcino** I *a.* 1 pig's, of pigs, pork–: *grasso ~* pork fat. 2 (*simile al porco*) piggish, piggy, pig–, porcine: *occhi –i* piggy eyes. II *s.m.* ⟨*Bot*⟩ edible boletus. **porco** *a./s.* (*pl.* -ci) I *s.m.* 1 (*maiale*) pig, swine; (*il maschio: castrato*) hog; (*non castrato*) boar. 2 ⟨*Macell*⟩ pork. 3 ⟨*volg*⟩ (*persona sudicia, ingorda*) pig. II *a.* ⟨*volg*⟩ filthy, ⟨*fam*⟩ stinking, ⟨*volg*⟩ bloody. □ *grasso come un ~* as fat as a pig; *mangiare come un ~* to eat like a pig; ⟨*volg*⟩ *~ mondo* damn it all; *gettare le perle ai –i* to cast pearls before swine.

porcospino *m.* 1 ⟨*Zool*⟩ (European) porcupine. 2 ⟨*Zool*⟩ (*riccio*) hedgehog. 3 ⟨*fig*⟩ (*persona scontrosa*) touchy (*o* cantankerous) person. 4 ⟨*Mar.mil*⟩ hedgehog.

porfido *m.* ⟨*Min*⟩ porphyry. **porfirico** *a.* (*pl.* -ci) porphyritic. **porfirite** *f.* porphyrite. **porfirizzare** *v.t.* ⟨*Farm*⟩ to porphyrize.

porgere *v.* (*porgo, porgi; porsi, porto*) I *v.t.* 1 to hand, to give: *~ un libro a qd.* to hand s.o. a book; (*passare*) to pass: *porgimi il sale, per piacere* pass me the salt, please. 2 (*rif. a parti del corpo*) to give, to hold out: *~ la mano a qd.* to give s.o. one's hand, to hold out one's hand to s.o. 3 ⟨*lett*⟩ (*offrire, dare*) to give, to offer: *~ aiuto a qd.* to offer s.o. help. II *v.i.* (*aus.* **avere**) ⟨*lett*⟩ (*parlare*) to have a telling delivery. **porgersi** *v.r.* ⟨*lett*⟩ (*presentarsi*) to offer, to occur: *quando si porgerà l'occasione* as occasion offers, when the opportunity arises. □ *~ ascolto* (*o orecchio*) to lend an ear, to listen.

porno *a.inv.* pornographic, ⟨*fam*⟩ porn: *film ~* porn film. **pornofilm** *m.* pornographic film, ⟨*sl*⟩ porno(o). **pornografia** *f.* pornography. **pornografico** *a.* (*pl.* -ci) pornographic. **pornografo** *m.* pornographer.

poro *m.* ⟨*Anat,Bot*⟩ pore. □ *sudare da tutti i –i* to sweat freely (*o* at every pore); *sprizzare salute da tutti i –i* to be bursting (*o* brimming) with health; *sprizzare veleno da tutti i –i* to breathe evil (*o* venom) from every pore.

porosità *f.* porosity. **poroso** *a.* porous.

porpora I *s.f.* 1 (*sostanza colorante*) purple (dye). 2 (*colore*) purple. 3 (*stoffa*) purple (cloth); (*veste*) purple (robe). 4 ⟨*fig*⟩ (*dignità cardinalizia*) purple. 5 ⟨*Med*⟩ purpura. II *a.inv.* purple; (*scarlatto*) scarlet, bright red. □ *assunto alla ~ cardinalizia* raised to the purple; ⟨*Med*⟩ *~ emorragica* purpura haemorrhagica; *farsi* (*o diventare*) *di ~* to blush, to flush; ⟨*Med*⟩ *~ retinica* visual purple. **porporato** I *a.* porporate, clad in purple. II *s.m.* (*cardinale*) cardinal. **porporina** *f.* 1 purpurin. 2 (*polvere per colorare in oro e argento*) bronzing (powder). **porporino** *a.* purple.

porre *v.t.* (*pr.ind.* **pongo, poni, pone, poniamo, ponete, pongono;** *fut.* **porrò;** *p.rem.* **posi, ponesti, pose, ponemmo, poneste, posero;** *pr.cong.* **ponga, poniamo, poniate, pongano;** *impf.cong.* **ponessi;** *imperat.* **poni, ponga, poniamo, ponete, pongano;** *p.pr.* **ponente;** *p.p.* **posto;** *ger.* **ponendo**) 1 to put (down), to place, to set (down), to lay (down): *~ la pentola sul fuoco* to put the saucepan on the stove; (*collocare orizzontalmente*) to lay, to put, to place: *~ il bimbo nella culla* to lay the baby in the cradle; (*collocare verticalmente*) to stand, to set, to place: *~ le bottiglie sulla mensola* to stand the bottles on the shelf. 2 (*stabilire*) to set, to fix, to settle: *~ un termine* to set a limit. 3 (*rivolgere*) to put: *~ un quesito a qd.* to put a question to s.o. 4 (*riporre: rif. ad affetti e sim.*) to put, to place: *~ tutte le proprie speranze in qd.* to put all one's hopes in s.o. 5 ⟨*assol*⟩ (*rif. a monumenti e sim.: dedicare*) to set up, to erect: *la patria riconoscente pose a memoria perenne* erected by a grateful country in eternal remembrance. 6 (*supporre*) to suppose: *poniamo il caso che non possa venire* (let us) suppose he cannot come.

porsi *v.r.* 1 (*mettersi seduto*) to sit down, to seat o.s.: *porsi a tavola* to sit down at table. 2 (*accingersi*) to set to (*o* about): *porsi al lavoro* to set to work. □ *~ l'assedio* to lay siege; *~ attenzione a qc.* to pay attention to s.th.; *~ in atto* to carry out; *~ la propria candidatura* (*a una carica*) to apply; (*alle elezioni*) to stand, to run; *~ a confronto* to compare, to confront; *~ una domanda a qd.* to put a question to s.o.; *~ in dubbio* to (call in) question; *~ in evidenza* to point out, to stress; *por freno a qc.* to curb (*o* check, put a stop to) s.th.; *por mano a qc.* (*iniziarla*) to set to (*o* about) s.th.; *por mente a qc.* to turn one's mind to s.th.; *~ ostacoli* to place obstacles in the way; *~ rimedio* to (find a) remedy; *porsi in salvo* to reach safety; *porsi a sedere* to sit down; ⟨*Dir*⟩ *il sequestro su qc.* to sequester s.th.; (*confiscarla*) to confiscate s.th.; *senza por tempo in mezzo* without delay (*o* losing time); *~ in vendita* to put ⌐on sale⌐ (*o* up for sale).

porro *m.* 1 ⟨*Bot*⟩ leek. 2 ⟨*Med*⟩ (*verruca*) wart.

porrò → **porre.**

porroso *a.* warty, full of warts.

porsi → **porgere.**

porta *f.* 1 door: *la ~ della cucina* the kitchen door; (*portone*) main entrance, main (*o* front) door. 2 (*porta della città*) gate: *aprire le –e al nemico* to open the gates to the enemy. 3 (*sportello*) door: *la ~ della cassaforte* the safe door. 4 ⟨*Sport*⟩ goal. 5 ⟨*Anat*⟩ portal vein. 6 ⟨*Geog*⟩ (*varco montano*) pass, gate. □ *abitare* **a** *~ con qd.* to live next door to s.o.; *accompagnare qd. alla ~* to show s.o. to the door; *~ antincendio* fire door; ⟨*fig*⟩ *aprire la ~ a qd.* (*accoglierlo cordialmente*) to throw one's doors open to s.o.; *~ a due* **battenti** double(–leaf) door; *~ a un battente* single(–leaf) door; *~* **blindata** armoured door; **bussare** *alla ~*: 1 to knock on (*o* at) the door; 2 ⟨*fig*⟩ to seek help; **chiudere** *la ~ in faccia a qd.* to slam the door in s.o.'s face; ⟨*Idr*⟩ *~ della* **chiusa** floodgate, sluice(gate); *a –e chiuse:* 1 behind closed doors; 2 ⟨*Dir*⟩ in camera: *il* *processo sarà tenuto a –e chiuse* the trial will be held in camera; *andare* **di** ~ *in* ~ to go (*o beg*) from door to door; *vendita di* ~ *in* ~ door-to-door selling; **doppia** ~ double door; ~ *d'***entrata** entrance door; ⟨*Anat*⟩ ~ **erniaria** hernial opening (*o orifice*); **essere** *alle –e:* 1 to be at the gates; 2 ⟨*fig*⟩ (*essere imminente*) to be ˈat the doorˈ (*o very near*): *la carestia è alle –e* famine is at the door; ~ **esterna** outer door; ~ **finta** false (*o blind*) door; **fuori** ~ (*fuori città*) outside the town (*o old city walls*); ⟨*Geol*⟩ ~ **di un ghiacciaio** mouth of a glacier; ~ **girevole** revolving door; ~ **imbottita** padded door; ~ *d'***ingresso** entrance, (front) door; ~ **laterale** side door; ⟨*fig*⟩ **mettere** *qd. alla* ~ to throw (*o turn*) s.o. out; ⟨*fig*⟩ **mostrare** *la* ~ *a qd.* to show s.o. the door; ⟨*fig*⟩ *le –e del* **paradiso** the gates of Heaven (*o Paradise*); ~ **posteriore** back (*o rear*) door; ⟨*fig*⟩ **prendere** *la* ~ (*andarsene*) to go off, to leave; ~ **principale** main (*o front*) door; ⟨*fam*⟩ **quella è la** ~ get out; ⟨*Rel*⟩ ~ **santa** Holy Door; ~ **scorrevole** sliding door; ~ **di servizio** back door; ⟨*fig*⟩ **sfondare** *una* ~ *aperta* to flog a dead horse; ~ **di sicurezza** emergency door (*o exit*); ~ **di strada** street door; ⟨*Sport*⟩ **tirare** *in* ~ to shoot a goal; ⟨*Aut*⟩ **vettura** *a tre –e* three-door car; ~ *a* **vetri** glass (*o sash*) door.

porta|bagagli *a./s.inv.* **I** *s.m.* **1** (*facchino*) porter. **2** (*reticella*) luggage-rack, ⟨*am*⟩ baggage-rack. **3** ⟨*Aut*⟩ (*vano*) luggage boot, ⟨*am*⟩ trunk; (*sul tetto*) roof-rack. **II** *a.* luggage-, ⟨*am*⟩ baggage-: *carrello* ~ luggage-truck (*o* trolley). **~bandiera** *m.inv.* ⟨*Mil*⟩ standard-bearer (*anche fig.*).

portabile *a.* portable.

porta|bollo *m.inv.* (road) licence-holder. **~bombe** *m.inv.* ⟨*Mil*⟩ bomb carrier. **~bottiglie** *m.inv.* bottle-stand, bottle-rack. **~burro** *m.inv.* butter-dish. **~carte** *a./s.inv.* **I** *s.m.* **1** (*mobiletto*) paper-stand, paper-rack. **2** (*astuccio, busta*) briefcase, letter-case, paper-holder. **II** *a.* paper-: *busta* ~ paper-holder. **~cassette** *m.inv.* cassette (storage) case. **~cenere** *m.inv.* ashtray. **~chiavi** *m.inv.* **1** (*anello*) key-ring; (*custodia*) key-case; (*pannello portachiavi*) Key-rack. **~cipria** *m.inv.* (*powder*) compact. **~containers** *f.* (*anche nave portacontainers*) container ship. **~cravatte** *m.inv.* tie-rack. **~dischi** *m.inv.* **1** (*piatto portadischi*) turntable. **2** (*album*) record album; (*mobiletto*) record-rack, record-stand. **~documenti** *m.inv.* folder. **~dolci** *m.inv.* cake-stand. **~elicotteri** *f.inv.* ⟨*Mar.mil*⟩ helicopter carrier.

portaerei *f.inv.* ⟨*Mar*⟩ aircraft carrier.

porta|feriti *m.inv.* ⟨*Mil*⟩ stretcher bearer. **~fiammiferi** *m.inv.* match holder. **~fiasco** *m.* (*pl. inv./-chi*) flask stand. **~finestra** (*o porta finestra*) *f.* ⟨*Edil*⟩ french window. **~fiori** *a./s.inv.* **I** *s.m.* flower stand. **II** *a.* flower-: *vaso* ~ flowerpot.

portafoglio *m.* **1** wallet, pocket book, ⟨*am*⟩ billfold: *un* ~ *di pelle nera* a black leather wallet. **2** (*borsa per documenti*) briefcase. **3** (*carica e funzione di ministro*) portfolio, ministry. **4** ⟨*Econ*⟩ (list of) securities *pl,* portfolio. □ ⟨*scherz*⟩ **alleggerire** *il* ~ *a qd.* to rob s.o.; ⟨*scherz*⟩ *alleggerire qd. del* ~ to relieve s.o. of his wallet; ⟨*Econ*⟩ ~ **azionario** share portfolio; ⟨*Econ*⟩ ~ **cambiario** bills *pl* in (*o on*) hand; ⟨*Econ*⟩ ~ **estero** foreign bills (*o* currency reserves) *pl;* (*ufficio*) foreign exchange department (*o office*); ⟨*fig*⟩ **avere** *il* ~ **gonfio** to have a fat purse; ⟨*Econ*⟩ ~ *d'***investimento** (investment) portfolio; ⟨*fig*⟩ **metter mano** *al* ~ (*sborsare denaro*) to loosen one's purse strings; **ministro senza** ~ minister without portfolio.

porta|fortuna *a./s.inv.* **I** *s.m.* good-luck piece, talisman; (*amuleto*) amulet; (*ciondolo*) lucky charm; (*mascotte*) mascot. **II** *a.* lucky, good-luck-: *anello* ~ good-luck ring. **~frutta** *a./s.inv.* **I** *s.m.* fruit dish (*o* bowl). **II** *a.* fruit-. **~fusibili** *m.inv.* ⟨*El*⟩ fuse carrier. **~ghiaccio** *m.inv.* (*secchiello*) ice bucket. **~gioie, ~gioielli** *a./s.inv.* **I** *s.m.* jewel case, jewel box. **II** *a.* jewel-. **~immondizie** *f.inv.* → **pattumiera**. **~insegna** *m.inv.* standard bearer (*anche fig.*). **~lampada** *m.inv.* ⟨*El*⟩ lamp holder, bulb (*o* lamp) socket. **~lapis** *m.* pencil holder.

portale *m.* ⟨*Arch,tecn*⟩ portal.

porta|lettere *m./f.inv.* postman (*f* –woman), mailman. **~mantelli** *m.inv.* ⟨*region*⟩ (*attaccapanni*) clothes rack,

clothes stand. **~matite** *m.inv.* **1** (*astuccio*) pencil case, pencil box. **2** (*da tavolo*) pencil stand.

portamento *m.* **1** bearing, carriage: *avere un* ~ *disinvolto* to have an easy carriage. **2** ⟨*fig*⟩ (*condotta*) conduct, behaviour, ⟨*lett*⟩ deportment. **3** ⟨*Mus*⟩ portamento. □ *avere un* ~ *goffo* to have an awkard gait.

portamonete *m.inv.* (change) purse. □ ~ *a molla* squeeze purse.

portante **I** *a.* **1** load-bearing, supporting: *armatura* ~ supporting framework. **2** ⟨*Rad,TV*⟩ carrier-. **II** *s.m.* (*ambio*) amble. □ *ben* ~ hale (and hearty), flourishing. **portantina** *f.* **1** ⟨*Stor*⟩ sedan (chair). **2** (*barella*) stretcher. **portantino** *m.* **1** (*inserviente addetto al trasporto dei malati*) stretcher bearer. **2** ⟨*Stor*⟩ sedan bearer. **portanza** *f.* **1** (load-)carrying capacity. **2** ⟨*Aer*⟩ lift.

porta|obiettivi *m.* (*di microscopio*) nose piece. **~ombrelli** *m.inv.* umbrella stand. **~pacchi** *m.inv.* **1** (*fattorino*) parcel deliverer, messenger. **2** (*della bicicletta*) parcel rack (*o* grid). **~pane** *m.inv.* breadbox. **~penne** *m.inv.* pen holder. **~piatti** *m.inv.* plate-rack, dish-rack. **~pillole** *m.inv.* pill-case. **~pipe** *m.inv.* pipe-rack. **~posate** *m.inv.* cutlery canteen (*o* box, basket). **~posta** *m.inv.* letter-rack. **~pranzi** *m.inv.* insulated food hamper.

portare *v.t.* (*porto*) **1** (*avvicinandosi verso chi parla*) to bring: *portami il giornale di ieri* bring me yesterday's newspaper; (*allontanandosi da chi parla*) to take: *porta questi giornali a tuo padre* take these newspapers to your father. **2** (*portare di peso, trasportare*) to carry: *la signora portava il bambino in braccio* the lady was carrying the baby in her arms. **3** (*rif. a vestiti: indossare*) to wear, to have on: *portava un vestito rosso* she was wearing a red dress; *non mi piace la cravatta che porti* I don't like the tie you ˈare wearingˈ (*o* have on); ~ *il lutto* to wear mourning; (*rif. a capelli e sim.*) to wear, to have: *molti portano i capelli lunghi* many people ˈwear their hair longˈ (*o* have long hair). **4** (*portare con sé*) to take, to bring, to carry, to have: *quando viaggio porto pochi bagagli* I don't take much luggage when I travel; *porto sempre con me il libretto degli assegni* I always carry my cheque book with me. **5** (*andare a prendere*) to fetch, ⟨*fam*⟩ to go and get: *portami quella rivista che ho dimenticato* fetch me that magazine I left behind; *mi porti una sedia* will you (go and) get me a chair. **6** (*condurre*) to take: ~ *a spasso i bambini* to take the children for a walk; (*accompagnare in macchina*) to take (by car), to drive: *stasera mi porti alla stazione?* will you drive (*o* take) me to the station tonight?; (*condurre*) to take, to lead, to drive: ~ *il bestiame al pascolo* to take (*o* lead) the cattle to pasture; *questa strada non porta alla stazione* this road does not lead to the station. **7** (*reggere, sostenere*) to support, to hold (up): *lo stelo porta il fiore* the stalk supports the flower. **8** (*accostare*) to bring, to put: ~ *il cibo alla bocca* to bring food to one's mouth; ~ *una mano sul petto* to put one's hand on one's breast. **9** (*rif. a portamento*) to carry, to hold, to bear: ~ *la testa alta* to hold one's head high. **10** (*rif. a sentimenti: provare*) to bear: *non mi porta rancore* he does not bear me a grudge; *spesso si traduce con* to be *e un aggettivo oppure col verbo corrispondente:* ~ *rispetto verso qd.* to be respectful to s.o., to respect s.o. **11** (*produrre*) to bring (forth), to yield: *la primavera porta molti fiori* spring brings many flowers; (*causare*) to bring (about), to cause, to give rise to: *la guerra porta dolore* war brings suffering. **12** (*addurre*) to bring (*o* put) forward, to produce: ~ *una prova* to produce (*o* bring forward) evidence. **13** (*avere*) to have, to bear: *porta il nome della madre* she has her mother's name; ~ *un braccio al collo* to have one's arm in a sling; *la città porta ancora i segni della guerra* the town still bears the signs of war. **14** (*essere in grado di trasportare*) to carry, to bear, to hold: *la mia auto porta solo quattro persone* my car only holds (*o* seats) four people. **15** ⟨*Mat*⟩ (*riportare*) to carry: *scrivo quattro e porto nove* I put down four and carry nine. **portarsi** *v.r.* **1** (*andare*) to go: *l'ispettore si portò sul luogo del delitto* the inspector went to the scene of the crime. **2** (*rif. a veicolo: spostarsi*) to move; *l'autocarro si portò sul margine della carreggiata* the lorry moved to the side of the road. **3** (*comportarsi*) to behave, to act: *ti sei portato molto male* you have behaved very badly. □ ~ *in* **alto** to lift up (high); ~ *male i propri* **anni** to look older than one's age; ~ *bene i propri anni* not to look one's age; 〈*fig*〉 ~ **avanti** *qc.* (*farla progredire*) to get ahead with s.th.; ~ **bene** (*portare fortuna*) to bring luck; *portarsi bene* (*comportarsi bene*) to behave well; (*stare bene*) to be well (*o in good health*); ~ *a* **compimento** to finish (off), to wind up; ~ **fortuna** to bring good luck; ~ *in* **lungo** (*protrarre*) to prolong, to draw out; ~ **male** (*portare sfortuna*) to bring bad luck; ~ *in* **regalo** to take (as a present); ~ *in* **seno** to carry in one's womb, to be pregnant with; ~ **sfortuna** to bring bad luck; ~ *sulle* **spalle** to carry (*o bear*) on one's shoulders; ~ *qd. alle* **stelle** to praise s.o. to the skies; ~ **su** to bring (*o take*) up, to lift, to raise; (*far aumentare*) to increase, to raise, to put up; ~ *in* **tavola** to serve dinner; ~ *un* **titolo** to bear (*o have*) a title; ~ *in* **trionfo** to carry (*o bear*) in triumph; ~ **via**: 1 to take (*o carry*) away, to remove; 2 (*rubare*) to steal: *mi hanno portato via il baule* they have stolen my trunk; 3 〈*fig*〉 (*soffiare: rif. a clienti e sim.*) to steal, to take away, 〈*fam*〉 to pinch; 4 (*rif. a tempo: richiedere*) to take (up): *questo lavoro mi ha portato via due settimane* this work took me two weeks.

porta|rifiuti *m.inv.* refuse bin. **~ritratti** *m.inv.* picture frame, photograph holder. **~riviste** *m.inv.* magazine stand, magazine rack. **~rotolo** *m.inv.* tissue holder. **~sapone** *m.inv.* soapdish.

portasciugamano *m.inv.* towel-rail; (*ad anello*) towel ring; (*ad albero*) towel pole.

porta|sigarette *m.inv.* cigarette-case, cigarette-box. **~sigari** *m.inv.* cigar-case, cigar-box. **~spezie** *m.inv.* spice rack. **~spilli** *m.inv.* pincushion. **~stecchini** *m.inv.* toothpick holder. **~stendardo** *m.* standard-bearer.

portassegni *m. inv.* cheque-book holder.

portata *f.* **1** course: *pranzo di due ~e* two-course lunch. **2** (*capacità di carico: rif. a treni, auto ecc.*) carrying (*o loading*) capacity; (*rif. a navi*) burden. **3** 〈*Edil*〉 capacity load. **4** 〈*Mil,Ott*〉 range: ~ *di un cannone* range of a cannon; ~ *di un cannocchiale* range of a telescope. **5** 〈*fig*〉 (*importanza*) significance, importance, moment: *un avvenimento di ~ storica* an event of historical importance. **6** 〈*Idr*〉 (rate of) flow: ~ *al secondo* flow per second. **7** 〈*Arch*〉 span. □ *alla ~ di*: 1 (*accessibile*) within the range (*o reach*) of: *prezzi alla ~ di tutti* prices within the reach of everybody; 2 (*comprensibile*) within the reach (*o grasp*) of: *è un libro alla ~ di tutti* it is a book within everyone's grasp; ~ *di una* **gru** lifting power of a crane; 〈*Mar*〉 ~ **lorda** dead-weight capacity; *cannone di lunga ~* long-range cannon; *a ~ di* **mano** (*vicino*) within reach, handy, at (*o to*) hand; ~ **massima** *ammissibile* maximum admissible load; *di ~* **mondiale** of world-wide importance; *a ~ di* **tiro** within firing range; *a ~ di* **voce** within call.

porta|tessera, **~tessere** *m.inv.* ticket holder, card holder.

portatile I *a.* portable: *radiolina ~* portable (radio). **II** *s.f.* (*macchina da scrivere portatile*) portable (typewriter).

portato I *a.* **1** carried, borne: *foglie ~e dal vento* leaves borne by the wind. **2** 〈*fig*〉 (*incline*) inclined, prone, given (*a to*): *essere ~ all'ira* to be prone (*o quick*) to anger; (*che ha inclinazione per qc.*) having a bent (for): *il giovane è ~ alle scienze naturali* the boy has a bent for natural sciences. **3** (*usato*) worn, used: *vestiti ~i* used clothes. **II** *s.m.* (*risultato, effetto*) result, outcome.

portatore *m.* (*f.* **-trice**) **1** bearer (*anche fig.*): *una lettiga con quattro ~i* a litter with four bearers; ~ *di buone notizie* bearer (*o bringer*) of good news. **2** (*portabagagli*) porter. **3** 〈*Med*〉 carrier. **4** 〈*Econ*〉 bearer; (*possessore*) holder: ~ *di un'obbligazione* bondholder. □ 〈*Econ*〉 *al ~* (*payable*) to bearer: *assegno al ~* cheque payable to bearer; *titoli al ~* bearer bonds.

porta|tovagliolo *m.* (*anello*) serviette-ring; (*busta*) serviette-holder. **~uovo** *m.inv.* (*scatola*) egg-box. **~uovo** *m.inv.* egg-cup. **~vasi** *m.inv.* **1** (*sostegno*) flower-stand. **2** (*vaso*) cachepot, flowerpot-holder. **~vivande** *a./s.inv.* **I** *s.m.* **1** (*portapranzi*) insulated food-hamper. **2** (*carrello*)

trolley, dumb waiter. **II** *a.* dinner-. **~voce** *m.inv.* **1** (*megafono*) megaphone. **2** (*tubo metallico*) speaking-tube, voice-pipe. **3** 〈*fig*〉 spokesman.

portella *f.* (*sportello*) door. **portellino** *m.* 〈*Mar*〉 scuttle. **portello** *m.* **1** wicket. **2** (*sportello*) door. **3** 〈*Mar,Aer*〉 porthole. □ 〈*Mar*〉 ~ *di boccaporto* hatch; 〈*Met*〉 ~ *'di carica'* (*o del focolare*) fire door. **portellone** *m.* 〈*Aut*〉 rear door.

portento *m.* **1** (*avvenimento straordinario*) portent, wonder, miracle. **2** 〈*fig*〉 prodigy, wonder: *un ~ d'intelligenza* a prodigy of intelligence. □ 〈*enfat*〉 *fare ~i* to work miracles (*o wonders*). **portentosamente** *avv.* prodigiously, wonderfully. **portentoso** *a.* **1** portentous. **2** (*straordinario*) prodigious, wonderful, marvellous: *memoria ~a* prodigious memory.

porticato *m.* portico, colonnade, arcade. **portico** *m.* (*pl.* **-ci**) **1** 〈*Arch*〉 portico, porch. **2** (*costruzione rurale*) lean-to, shed.

portiera¹ *f.* **1** 〈*Aut*〉 (*car*) door. **2** (*tenda pesante*) quilted curtain. □ 〈*Aut*〉 ~ *anteriore* front door; ~ *posteriore* rear door.

portiera² *f.* porter; (*moglie del portiere*) porter's wife.

portierato *m.* porter's job. **portiere** *m.* (*f.* **-a**) **1** porter, doorkeeper: ~ *d'albergo* hotel porter. **2** 〈*Sport*〉 goalkeeper, 〈*fam*〉 goalie. **portinaia** *f.* → **portiera²**. **portinaio** *m.* (*f.* **-a**) porter, doorkeeper, janitor. **portineria** *f.* porter's lodge.

porto¹ *m.* **1** port, harbour, 〈*lett*〉 haven: *entrare in ~* to enter port. **2** (*città portuale*) port. **3** 〈*fig*〉 (*meta*) goal: *giungere in ~* to reach one's goal; (*rifugio*) haven, shelter. □ ~ **carbonifero** coal port; ~ **commerciale** trading port; *condurre qc. in ~* to bring s.th. to a successful conclusion; ~ *di* **destinazione** port of destination; ~ *d'*entrata port of entry; ~ **fluviale** river port (*o harbour*); ~ **franco** free port; ~ *d'*imbarco port of loading (*o shipment*); 〈*fig*〉 ~ *di* **mare** open house: *la sua casa è un ~ di mare* he keeps an open house; ~ **mercantile** merchant (*o trading*) port; ~ **militare** naval port (*o base*); ~ *di* **sbarco** landing port, port of discharge; ~ *di* **scalo** port of call; *toccare un ~* to call at a port; ~ *di* **transito** transit (*o bonded*) port.

porto² *m.* (*trasporto*) transport, carriage, conveyance, 〈*am*〉 freight; ~ *a mezzo ferrovia* rail transport; (*prezzo del trasporto*) carriage, 〈*am*〉 freight(age). □ ~ *d'armi* (*licenza*) licence to carry firearms, gun licence; ~ *abusivo d'armi* unlawful carrying of arms; *franco di ~*: 1 carriage free (*o paid*); 2 〈*Post*〉 postage prepaid.

porto³ *m.* 〈*Enol*〉 port.

porto⁴ → **porgere**.

Portogallo *N.pr.m.* 〈*Geog*〉 Portugal. **portoghese I** *a.* Portuguese. **II** *s.* **1** *m.* (*lingua*) Portuguese. **2** *m./f.* (*abitante*) Portuguese. **3** 〈*fig*〉 〈*fam*〉 gatecrasher. □ 〈*fig*〉 *fare il ~* to gate-crash.

portolano *m.* 〈*Mar*〉 pilot (book), portolano.

portone *m.* main entrance, main (*o front*) door.

portoricano *a./s.m.* (*f.* **-a**) Puerto Rican, Porto Rican. **Portorico** *N.pr.m.* 〈*Geog*〉 Puerto Rico.

portuale I *a.* 〈*Mar*〉 harbour-, port-: *opere ~i* harbour works. **II** *s.m.* dock worker.

portulaca *f.* 〈*Bot*〉 portulaca.

portuoso *a.* (*ricco di porti*) rich in harbours, having many ports.

porzione *f.* **1** share, portion, part: *una ~ del patrimonio* a share in the estate. **2** (*rif. a cibi*) portion, helping; (*fetta*) slice: *una ~ di dolce* a slice of cake. □ *fare le ~i* to divide into portions; *mezza ~* half-portion; 〈*scherz*〉 (*persona di bassa statura*) 〈*fam*〉 shorty, 〈*fam*〉 half-pint.

posa *f.* **1** (*il posare*) laying, setting: *la ~ della prima pietra* the laying of the foundation stone. **2** (*posizione*) position, attitude, posture: *assumere una ~ naturale* to assume a natural position; (*artificiosa*) pose. **3** (*contegno affettato*) pose, affectation, airs *pl*: *le sue sono tutte ~e* its all a pose. **4** 〈*Art*〉 (*il posare*) posing; (*l'atteggiamento*) pose; (*seduta*) sitting: *una ~ per un ritratto* a sitting for a portrait. **5** 〈*Fot*〉 (*esposizione*) exposure, time exposure; (*tempo di posa*) exposure (time). **6** (*deposito, sedimento*) sediment, dregs *pl*: *la ~ del vino* wine dregs. **7** 〈*lett*〉 (*pace, tregua*) rest, respite: *lavorare senza ~* to work without respite (*o* non–stop). □ ~ *di* **cavi** laying of cables; ⟨*Edil*⟩ ~ *delle* **fondazioni** laying of the foundations; **mettersi** *in* ~ to assume a pose; ⟨*Art*⟩ to pose; ~ *in* **opera** installation, erection; (*rif. a tubi e sim.*) laying; ⟨*Edil*⟩ ~ *della prima* **pietra** laying of the foundation stone.

posa|cavi *f.inv.* ⟨*Mar*⟩ (*anche nave posacavi*) cable-ship. **~cenere** *m.inv.* ashtray. **~ferro** *m.inv.* iron stand. **~mine** *a./s.inv.* I *a.* ⟨*Mar*⟩ mine–laying–: *sommergibile* ~ mine–laying submarine. II *s.m./f.* (*nave posamine*) minelayer. **~piano** *m./f.inv.* ⟨*scherz*⟩ slowcoach, ⟨*am*⟩ slowpoke.

posare *v.* (**poso**) I *v.t.* **1** to put (down), to set (down), to lay (down): *posò il bagaglio a terra* he put his luggage (down) on the ground; ~ *il cappello* to put one's hat down; ~ *un piatto sul tavolo* to lay a plate on the table. **2** (*rif. a parti del corpo: appoggiare*) to lay, to rest, to put: ~ *il capo sul cuscino* to lay one's head on the pillow. **3** ⟨*tecn*⟩ to lay: ~ *un cavo* to lay a cable. II *v.i.* (*aus.* avere) **1** (*poggiare*) to stand, to rest: *il ponte posa su due piloni* the bridge rests on two pillars. **2** ⟨*fig*⟩ (*fondarsi*) to be based (*o* founded), to rest. **3** (*fare da modello*) to sit. **4** ⟨*fig*⟩ (*darsi delle arie*) to ⸢put on⸣ (*o* give o.s.) airs; (*atteggiarsi*) to pose, to posture: ~ *da intellettuale* to pose as an intellectual. **5** (*rif. a liquidi: lasciare la posa*) to settle, to stand. **posarsi** *v.r.* **1** to settle: *l'ape si posa sui fiori* the bee settles on the flowers; (*rif. a uccelli*) to perch, to alight; (*deporsi: rif. a neve ecc.*) to fall, to settle: *la neve si posa sulle colline* the snow is settling on the hills. **2** (*soffermarsi*) to stay, to rest: *il suo sguardo si posò su di lei* his gaze rested on her. **2** ⟨*fig*⟩ ~ *le* **armi** (*cessare le ostilità*) to lay down (one's) arms.

posata *f.* cutlery, flatware, silverware: *cambiare le –e* to change the silverware; *–e d'acciaio inossidabile* stainless–steel flatware. □ *–e d'argento* silverware; *–e da pesce* fish knife and fork; *servizio di –e* cutlery canteen, set of silverware (*o* flatware). **posateria** *f.* cutlery, flatware, silverware.

posatezza *f.* composure, self–possession, poise. □ *con* ~ composedly. **posato** *a.* **1** (*calmo: rif. a persona*) composed, poised, staid. **2** (*equilibrato: rif. a persona*) sensible, steady, sane: *un ragazzo* ~ a sensible boy; (*rif. a cosa*) moderate, measured: *discorso* ~ moderate speech. **posatoio** *m.* perch, roost. **posatore** *m.* (*f.* -trice) **1** (*operaio*) layer. **2** ⟨*fig*⟩ (*chi si dà delle arie*) poseur, poser. **posatura** *f.* sediment, dregs *pl,* lees *pl.*

poscia *avv.* ⟨*lett*⟩ (*poi*) then, after(wards).

poscritto *m.* postscript, ⟨*fam*⟩ P.S.

posdomani *avv.* ⟨*lett*⟩ (*dopodomani*) the day after tomorrow.

posi → **porre**.

Posidone *N.pr.m.* ⟨*Mitol*⟩ Poseidon.

positiva *f.* ⟨*Fot*⟩ positive (print). **positivamente** *avv.* **1** (*con certezza*) definitely. **2** (*affermativamente*) affirmatively, in the affirmative: *ha risposto* ~ he replied in the affirmative. **3** (*favorevolmente*) favourably, positively: *giudicare* ~ *qd.* to judge s.o. positively. **positivismo** *m.* ⟨*Filos*⟩ positivism. **positivista** *m./f.* positivist. **positivistico** *a.* (*pl.* -ci) ⟨*Filos*⟩ positivist(ic). **positività** *f.* positiveness, positivity.

positivo *a.* **1** (*reale, effettivo*) positive, real, concrete: *conoscenza –a* positive knowledge. **2** (*certo, sicuro*) certain, sure, positive, definite: *non si sa ancora nulla di* ~ we don't know anything definite yet. **3** (*rif. a persona: pratico*) practical, down–to–earth: *è un uomo* ~ he's a pratical man. **4** (*affermativo*) positive, affirmative: *risposta –a* affirmative answer. **5** (*favorevole*) favourable, positive: *esprimere un giudizio* ~ to express a favourable opinion. **6** (*vantaggioso*) positive, advantageous: *i lati –i dell'affare* the positive aspects of the matter. **7** (*contrapposto a naturale*) positive: *filosofia –a* positive philosophy; (*che si fonda sull'esperienza*) positive, practical: *scienze –e* practical sciences. **8** ⟨*Fis,Mat,Med,Gramm*⟩ positive: *polo* ~ positive pole; *numero* ~ positive number. □ *è* ~ *che* certainly, positively: *è* ~ *che non voleva offenderti* he certainly didn't want to offend you.

posit(r)one *m.* ⟨*Fis*⟩ positron, positive electron. **positronio** *m.* ⟨*Fis*⟩ positronium.

positura *f.* (*posizione del corpo*) position, attitude, posture. **posizionale** *a.* ⟨*Fis,Mat*⟩ positional. □ ⟨*Inform*⟩ *numerazione* ~ positional notation. **posizionamento** *m.* ⟨*tecn*⟩ positioning. **posizionare** *v.t.* (**posiziono**) to position.

posizione *f.* **1** position: *la* ~ *di un pianeta rispetto al sole* a planet's position in relation to the sun. **2** (*disposizione*) position, arrangement, layout: *cambiare la* ~ *dei mobili* to change the furniture arrangement. **3** (*ubicazione*) situation, position, site: *la casa si trova in una splendida* ~ the house is in a fine position. **4** (*atteggiamento*) position, attitude (*anche fig.*): *cambiare* ~ to change position; *prendere* ~ to take a position (*o* stand). **5** ⟨*fig*⟩ (*stato, condizione*) position, status: ~ *finanziaria* financial position (*o* standing). **6** (*nella carriera*) position: *avere una* **buona** ~ to have a good position; (*grado sociale*) (social) standing, status. **7** ⟨*Mil*⟩ position: *–i fortificate* fortified positions. □ ~ *d'*attenti: 1 ⟨*Mil*⟩ (position of) attention; 2 ⟨*Ginn*⟩ basic position; ~ **chiave** key position; ⟨*Econ*⟩ ~ **competitiva** (*o* concorrenziale) competitive position; ~ **contabile** accounting position; ~ **creditizia** credit standing; ⟨*Mar*⟩ **determinazione** *della* ~ determining of a ship's position; ~ *di* **equilibrio** balanced position; ⟨*fig*⟩ **farsi** *una* ~ to achieve a degree of success; ~ **finanziaria** financial standing; ⟨*Ginn*⟩ ~ **flessa** bent standing position; ⟨*Aut*⟩ ~ *di* **folle** neutral position; ~ *di* **forza** position of strength; ~ *di* **guardia** defensive (*o* on–guard) position; ⟨*Mecc*⟩ ~ *di* **marcia** running position; ⟨*Mar*⟩ ~ *di una* **nave** ship's position; ⟨*Sport*⟩ ~ *di* **partenza** starting position; ~ *di* **riposo:** 1 ⟨*Mil,Ginn*⟩ at ease position; 2 ⟨*Mecc*⟩ off–position; ⟨*Mil*⟩ **ritirarsi** *sulle proprie –i* to withdraw (*o* retreat) to one's own positions; ~ **sociale** social status; ⟨*Mil*⟩ ~ **strategica** strategic position.

posologia *f.* ⟨*Farm*⟩ posology.

posponimento *m.* → **posposizione. posporre** *v.t.* (**pospongo, posponi; posposi, posposto;** → **porre**) **1** to place (*o* put) after: ~ *il cognome al nome* to place the surname after the given name. **2** ⟨*fig*⟩ to put after, to subordinate: ~ *l'amicizia all'interesse* to subordinate friendship to interest. **3** (*differire*) to postpone, to defer, to put off. **posposizione** *f.* postposition.

possanza *f.* ⟨*poet*⟩ **1** (*potere*) power. **2** (*forza*) strength, vigour.

possedere *v.t.* (**possiedo/posseggo, possiedi, possiede, possediamo, possedete, possiedono/posseggono;** *p.rem.* **possedei/possedetti, possedesti, possedé/possedette, possederono/possedettero;** *pr.cong.* **possieda/possegga, possediamo, possediate, possiedano/posseggano;** *p.p.* **posseduto**) **1** to possess, to own, to have: ~ *una villa al* **mare** to own a house by the sea; ~ *ingegno* to have brains; *l'Inghilterra possedeva molte colonie* England had many colonies. **2** ⟨*fig*⟩ (*conoscere alla perfezione*) to be master of, ⟨*lett*⟩ to possess: ~ *una lingua* to be master of a language. **3** ⟨*lett*⟩ (*dominare*) to possess, to rule, to dominate: *essere posseduto dall'ambizione* to be possessed by ambition. □ ~ *una* **donna** to possess a woman.

possedimento *m.* **1** (*possesso*) possession, ownership: *il* ~ *di una tenuta agricola* possession of a farm holding. **2** (*proprietà*) estate, (landed) property: *avere molti –i* to have much property, to be a man of estate. **3** ⟨*Pol*⟩ possession.

posseduto (*p.p. di possedere*) *a.* (*invasato*) possessed: ~ *dal demonio* possessed by the devil.

possente *a./s.* ⟨*lett*⟩ → **potente**.

possessivo I *a.* **1** ⟨*Gramm*⟩ possessive. **2** ⟨*fig*⟩ (*gelosamente affezionato*) possessive. II *s.m.* ⟨*Gramm*⟩ possessive. □ ⟨*Gramm*⟩ *caso* ~ (*genitivo*) possessive (case).

possesso *m.* **1** possession, ownership: *il* ~ *di un terreno* possession of land. **2** (*possedimento*) estate, property (*anche collett.*); (*rif. a oggetti personali*) belongings *pl.* **3** ⟨*fig*⟩ (*piena cognizione*) mastery. **4** ⟨*Dir*⟩ ~ *di azioni* shareholding; **entrare** *in* ~ *di qc.* to enter (*o* come) into possession of s.th.; ⟨*Dir*⟩ ~ **esclusivo** exclusive (*o* sole) possession; **essere** *in* ~ *di qc.* to be in possession of s.th., to have s.th.; ~ **illegittimo** unlawful possession; ⟨*Dir*⟩ ~ **incontrastato** undisputed ownership; ~ **legittimo** lawful possession; *avere il* **pieno** ~ *delle proprie facoltà* *mentali* to be in full possession of one's mental faculties; **prendere** ~ *di qc.* to take possession of s.th; **venire** *in ~ di qc.* to come into possession of s.th.

possessore *m.* (*f.* **posseditrice**) possessor, owner, holder.

possessorio *a.* ⟨*Dir*⟩ possessory: *azione –a* possessory action.

possibile I *a.* **1** possible: *nella vita tutto è ~* everything is possible in life; *non mi sarà ~ venire oggi* ⸢it won't be possible for me⸣ (*o* I won't be able) to come today. **2** (*probabile*) possible, likely, *spesso si traduce col verbo* may: *è ~ che domani sia bel tempo* it may be fine tomorrow. **3** (*con superlativi relativi o con comparativi*) possible: *il più presto ~* as soon as possible. **4** (*in frasi interrogative: esprime stupore*) really?, incredible: *è finito sotto una macchina e non si è fatto niente! – ~?* he ended up under a car and didn't get hurt!– incredible! **II** *s.m.* **1** possible: *ha oltrepassato i limiti del ~* it has gone beyond the limits (of the possible). **2** (*ciò che può essere fatto*) everything possible, one's best (*o* utmost): *farò il ~* I will do everything possible⸣ (*o* all I can). □ *essere ~* to be possible, can: *è ~ che abbia detto una cosa simile?* can he possibly (*o* ever) have said such a thing?; *non è ~* it's impossible, it's not possible; *nei limiti del ~* as far as possible ; *tutto il ~* everything possible.

possibilismo *m.* ⟨*Pol*⟩ possibilism. **possibilista** *a./s.m./f.* possibilist. **possibilistico** *a.* (*pl.* **-ci**) possibilist.

possibilità *f.* **1** possibility: *non vedo la ~ di arrivare in tempo* I can't see any possibility of getting there in time. **2** (*via, mezzo*) means *pl*, way: *una ~ di salvezza* a means of escape, a way out. **3** *pl.* (*forze, mezzi*) means *pl*, power: *ti aiuterò secondo le mie ~* I'll help you as much as I possibly can; (*condizioni economiche*) means *pl: dare secondo le proprie ~* to give according to one's means. □ *dare a qd. la ~ di fare qc.* to enable s.o. to do s.th.

possibilmente *avv.* if possible, possibly.

possidente *m./f.* **1** landowner, man (*f* woman) of property: *~ terriero* landowner. **2** (*chi possiede case*) landlord (*f* –lady). □ *grosso ~* large landed proprietor; *piccolo ~* small landowner.

posso → potere[1].

posta *f.* **1** (*servizio*) post, mail: *spedire un pacco per ~* to send a parcel by post. **2** (*organizzazione;* generally in pl.) Post Office: *impiegato delle –e* Post Office clerk. **3** (*ufficio postale*) post office: *porta queste lettere alla ~* take these letters to the post office. **4** (*corrispondenza*) post, letters *pl,* mail: *distribuire la ~* to deliver the mail; *ho ricevuto molta ~* I have received a lot of mail. **5** (*nei giochi*) stake, stakes *pl* (*anche fig.*). **6** ⟨*Venat*⟩ stand; (*posizione nascosta*) hide: *mettersi alla ~* to go to one's hide, to take up one's stand. **7** ⟨*Stor*⟩ (*servizio di corriera*) post, mail; (*vettura*) stage coach; (*per la corrispondenza*) mail coach; (*stazione della corriera*) stage, station; (*locanda*) post house. □ *~ aerea* air mail: *per ~ aerea* (by) air mail; *~ in arrivo* incoming mail; *a bella ~* on purpose; **cavallo** *di ~* post horse; *~ centrale* main (*o* general) post office; **direttore** *delle –e* postmaster; **distribuzione** *della ~* (mail) delivery; ⟨*Inform*⟩ *~ elettronica* electronic mail; ⟨*fig*⟩ **fare** *la ~ a* to lie in wait; ⟨*Post*⟩ **fermo** (*in*) *~* poste restante, ⟨*am*⟩ general delivery; ⟨*fig*⟩ *la ~ in gioco è alta* the stakes are high; *a* (*stretto*) *giro di ~* by return of post, ⟨*am*⟩ by return mail; ⟨*fig*⟩ **mettersi** *alla ~ di qd.* to be on the look-out for s.o.; **ministro** *delle Poste e Telecomunicazioni* Postmaster General; *per ~ normale* by ordinary post, ⟨*am*⟩ (by) regular mail; *~ in* **partenza** outgoing mail; *per ~* by post; ⟨*Giorn*⟩ *piccola ~* letters *pl* to the editor; *~* **pneumatica** pneumatic post (*o* dispatch).

postagiro *m.* (*pl.* **postagiro/postagiri**) postal transfer (*o* giro). **postale I** *a.* **1** postal, post-, mail-, post-office-: *timbro ~* postmark; *vaglia ~* postal order; *impiegato ~* post-office clerk. **2** (*che fa servizio di posta*) mail-: *nave ~* mail boat. **II** *s.m.* (*nave*) mail boat; (*treno*) mail train; (*aereo*) mail plane. □ *cartolina ~* postcard; *casella ~* post-office box; *cassetta ~* letter-box, ⟨*am*⟩ mailbox; (*a colonna*) pillar-box; *tariffa ~* postage.

postare *v.t.* (*posto*) ⟨*Mil*⟩ to post, to station, to position: *~ l'artiglieria* to position the artillery; *postò i suoi soldati*

lungo il fiume he posted his troops along the river.

postazione *f.* **1** (*il postare*) stationing, posting, positioning: *la ~ di un cannone* the stationing of a cannon. **2** (*luogo*) weapon pit.

post|bellico *a.* (*pl.* **-ci**) post-war: *crisi –a* post-war crisis. **~capitalistico** *a.* (*pl.* **-ci**) postcapitalistic. **~coloniale** *a.* post-colonial. **~combustione** *f.* afterburning. **~combustore** *m.* afterburner. **~conciliare** *a.* ⟨*Rel*⟩ post-conciliar.

postdatare *v.t.* **1** to post–date. **2** (*assegnare una data posteriore a quella comunemente accettata*) to assign a later date (to): *~ un rinvenimento archeologico* to assign a later date to an archaeological find. **postdatato** *a.* post dated.

posteggiare *v.t./i* (*posteggio, posteggi; aus.* **avere**) to park. **posteggiato** *a.* parked. **posteggiatore** *m.* (*f.* **-trice**) **1** (*custode di posteggio*) car–park attendant. **2** (*chi usufruisce del posteggio*) parker.

posteggio *m.* **1** parking (area), ⟨*am*⟩ parking lot; (*per automobili*) car park. **2** (*di rivenditore*) stand. □ *~ per auto pubbliche* taxi rank, ⟨*am*⟩ taxi (*o* cab) stand; *~ autorizzato* authorized car park; *divieto di ~* no parking; *~ libero* free parking; *~ a* **pagamento** paying car park.

postelegrafico *a./s.* (*pl.* **-ci**) **I** *a.* post and telegraph–: *ufficio ~* post and telegraph office. **II** *s.m.* (generally in pl.) post and telegraph employees *pl.* **postelegrafonico** *a./s.* (*pl.* **-ci**) **I** *a.* post telegraph and telephone–. **II** *s.m.* (generally in pl.) post telegraph and telephone employees *pl.*

postelementare *a.* ⟨*Scol*⟩ postelementary.

postelettorale *a.* postelection–.

postema *f.* (*ascesso*) abscess.

poster *ingl.* ['pousta] *m.* poster, placard. □ *~ gigante* photo mural.

posteri *m.pl.* descendants *pl.*

posteria *f.* ⟨*region*⟩ (*negozio di generi alimentari*) grocery store.

posteriore I *a.* **1** rear, back: *la parte ~ della casa* the back (part) of the house; (*rif. al corpo umano*) posterior, back; (*rif. ad animale*) hind, rear, back: *le zampe posteriori di un animale* the hind legs of an animal. **2** (*rif. a tempo*) later, subsequent, following: *gli avvenimenti –i* later (*o* subsequent) events. **II** *s.m.* **1** (*eufem*) (*deretano*) buttocks *pl,* bottom, (*fam*) behind. **2** (*rif. a cavalli: arti posteriori*) hind legs *pl.* □ *~ di un anno* a year later; *Petrarca è ~ a Dante* Petrarch is later than Dante.

posteriorità *f.* posteriority. **posteriormente** *avv.* **1** (*nella parte posteriore*) at the back (*o* rear), behind. **2** (*rif. a tempo: più tardi*) subsequently; (*dopo*) after(wards), later (on).

posterità *f.* posterity.

post|fazione *f.* ⟨*Edit*⟩ afterword. **~feriale** *a.* after the holidays.

posticcio I *a.* false, artificial: *denti posticci* false teeth. **II** *s.m.* (*rif. a capelli*) postiche, hairpiece.

posticipare *v.t.* (*posticipo*) to postpone, to defer, to put off: *~ la partenza* to put off one's departure. **posticipato** *a.* deferred, postponed: *pagamento ~* deferred payment. **posticipazione** *f.* postponement, deferment.

postierla *f.* ⟨*Stor*⟩ postern.

postiglione *m.* postillion.

postilla *f.* marginal note, postil; (*chiosa*) gloss. **postillare** *v.t.* to annotate, to write (marginal) notes on; (*chiosare*) to gloss. **postillatore** *m.* (*f.* **-trice**) annotator.

postino *m.* (*f.* **-a**) postman (*f* –woman), ⟨*am*⟩ mailman.

post|laurea *a.inv.* postgraduate: *formazione ~* postgraduate training. **~moderno** *a.* ⟨*Art*⟩ postmodern: *design ~* postmodern design. **~natale** *a.* ⟨*Med*⟩ postnatal.

posto[1] *m.* **1** (*luogo assegnato*) place: *questo è il mio ~* this is my place; *il libro non è al suo ~* the book is not in its (right) place. **2** (*spazio*) room, space: *nella valigia non c'è più ~* there's no more room in the suitcase. **3** (*posto a sedere*) seat: *è libero questo ~?* is this seat free? **4** (*posizione in graduatoria*) place, position, *spesso non si traduce: occupa il secondo ~ in classifica* he is ⸢in second place⸣ (*o* second); *essere all'ultimo ~* to be (*o* come) last. **5** (*impiego*) position, job, post: *ha trovato un ottimo ~* he found an excellent job. **6** (*luogo in genere*) place, spot: *conosco un ~ dove si mangia bene* I know a place where the food is good; *che bei –i!* what beautiful places! **7** ⟨*Mil*⟩ post, station: *~ di combattimento* combat station. ☐ *a quattro –i* four-seater: *automobile a quattro –i* four-seater (car); **al** *~ di:* 1 (*invece di*) instead of: *ci vado io al ~ tuo* I'll go ʼinstead of youʼ (*o in your place*); 2 (*rif. a situazione individuale*) in the place (*o shoes*) of: *al ~ di mio fratello io protesterei* if I were in my brother's place I'd protest; ⟨*Mil*⟩ *~* **avanzato** outpost; *~ di* **blocco:** 1 ⟨*Ferr*⟩ blockpost; 2 ⟨*Strad*⟩ roadblock; **cambiare** *di ~* to change places (*o one's seat*); **cercare** *un ~* to look for a job; *~ di* **controllo** checkpoint; *~* **direttivo** executive post; *~ di* **dogana** customs station; **essere** *a ~:* 1 (*in ordine*) to be tidy: *la stanza è a ~* the room is tidy; 2 (*sentirsi soddisfatto*) to be happy (*o content*): *dammi ancora mille lire e sono a ~* give me another thousand lire and I'll be happy; *essere a ~ con la propria coscienza* to have a clear conscience; ⟨*iron*⟩ *ora siamo a ~!* (*siamo fritti*) now we're done for!; **far** *~ a qd.* to make room for s.o.; *~ di* **fiducia** confidential post; *~ di* **frontiera** frontier post; **fuori** *~* out of place (*anche fig.*): ⟨*Teat*⟩ *~ di* **galleria** circle seat, ⟨*am*⟩ balcony seat; (*loggione*) gallery seat; *~* **gratuito** free seat; *~ di* **guardia** sentry (*o look–out*) post; *~ di* **guida** driver's seat; (*impiego*) job, position, post; **creazione** *di – di lavoro* job creation; **garanzia** *del ~ di lavoro* job security; **sicurezza** *del ~ di lavoro* job stability; *~* **letto** bed, sleeping accommodation: *ospedale con mille –i letto* hospital with a thousand beds; *~ di* **medicazione** dressing station, first–aid station (*o* post); **mettere** *a ~ qc.:* 1 to tidy s.th. up; 2 (*ripararla*) to repair s.th.; 3 (*fig*) (*chiarirla*) to get s.th. straight; *farsi mettere a ~ qc.* to have s.th. seen to; *mettere a ~ qd.:* 1 (*dargli un lavoro*) to fix s.o. up with a job; 2 (*richiamarlo energicamente*) to put s.o. in his place; *mettersi a ~:* 1 (*rassettarsi*) to tidy o.s. (up); 2 ⟨*fig*⟩ (*trovare una sistemazione*) to get o.s. fixed up; **occupare** *un ~* to take (up) a place; (*un impiego*) to hold a position; *questo ~ è occupato* this seat is taken; *~ d'***onore** place of honour; ⟨*Mil*⟩ *~ di* **osservazione** observation post; *~ in* **piedi** standing room; ⟨*Teat*⟩ *~ di* **platea** stall, ⟨*am*⟩ orchestra seat; *~ di* **polizia** police station; ⟨*fig*⟩ *stare al* **proprio** *~* to keep one's place; *~ di* **responsabilità** responsible position; *~ di* **rifornimento** filling station; *~* **riservato** reserved seat; *~ a* **sedere** seat; **sul** *~* on the spot (*o scene, site*): *recarsi sul ~ dell'incidente* to go to the scene of the accident; *~ a* **tavola** place (*o seat*) at table; **tenere** *un ~ per qd.* to keep (*o save*) a seat for s.o.; *tenere le mani a ~* to keep one's hands to o.s.; *~ di* **villeggiatura** holiday resort.

posto² → porre.

postoperatorio *a.* ⟨*Med*⟩ post–operative.

postribolo *m.* ⟨*lett*⟩ brothel, ⟨*lett*⟩ bawdy house.

post-rivoluzionario *a.* postrevolutionary.

postulante I *a.* 1 petitioning, pleading. **2** ⟨*Dir.can*⟩ postulating. **II** *s.m./f.* **1** petitioner. **2** ⟨*Dir.can*⟩ postulant.

postulare *v.t.* (*postulo*) **1** to postulate, to solicit, to petition. **2** ⟨*Filos,Mat*⟩ to postulate. **postulato** *m.* **1** ⟨*Filos,Mat*⟩ postulate. **2** ⟨*Dir.can*⟩ postulancy.

postumo I *a.* **1** posthumous: *scritti –i* posthumous works. **2** (*tardivo*) tardy, belated: *timori –i* belated misgivings. **II** *s.m.pl.* **1** ⟨*Med*⟩ after–effect. **2** ⟨*estens*⟩ (*conseguenze*) after–effects *pl.*

postvendita *a.inv.* after–sales: *servizio ~* after–sales service.

potabile *a.* drinking, drinkable, ⟨*lett*⟩ potable: *acqua ~* drinking – water; *acqua non ~* water not (fit) for drinking. **potabilità** *f.* drinkableness. **potabilizzare** *v.t.* to make drinkable. **potabilizzazione** *f.* purifying.

potare *v.t.* (*poto*) to prune, to trim, to lop: *~ un albero* to prune a tree.

potassa *f.* ⟨*Chim*⟩ potash: *~ caustica* caustic potash. **potassico** *a.* (*pl.* **-ci**) potassic, potassium–: *sali –i* potassium salts. **potassio** *m.* ⟨*Chim*⟩ potassium. ☐ *cianuro di ~* potassium cyanide; *cloruro di ~* potassium cloride; *idrato di ~* potassium hydroxide; *nitrato di ~* potassium nitrate.

potatoio *m.* pruning knife, billhook. **potatore** *m.* (*f. -trice*) pruner. **potatura** *f.* pruning, lopping, trimming. ☐ ⟨*Agr*⟩ *~ degli alberi da frutto* pruning of fruit trees; *~ a cordone* cordon training; *~ estiva* summer pruning; *~ invernale* winter pruning; *~ a ringiovanimento* regeneration cutting.

potentato *m.* ⟨*lett*⟩ potentate. **potente I** *a.* **1** powerful, mighty: *una nazione ~* a powerful nation. **2** (*molto forte*) powerful, strong, hefty: *muscoli –i* powerful (*o strong*) muscles. **3** (*di grande efficacia*) potent, strong: *veleno ~* potent poison; (*rif. a persona*) forceful: *oratore ~* forceful speaker; (*rif. ad argomenti e sim.*) cogent, strong, forceful. **4** (*rif. ad apparecchi e sim.*) powerful: *motore ~* powerful engine. **5** ⟨*Med*⟩ (*dotato di potenza sessuale*) potent. **II** *s.m.* **1** potentate, powerful person. **2** *pl.* the powerful (*costr. pl.*): *adulare i –i* to flatter the powerful.

potentemente *avv.* powerfully, mightily; (*fortemente*) greatly.

potentilla *f.* ⟨*Bot*⟩ creeping cinquefoil.

potenza *f.* **1** power, might: *la ~ di un partito* the power of a party. **2** (*forza, vigoria*) strength, force, vigour. **3** (*energia, intensità*) strength, force: *la ~ del vento* the force of the wind. **4** (*efficacia*) power, potency: *la ~ del denaro* the power of money. **5** (*fig*) (*capacità*) power, capacity: *~ visiva* visual power. **6** ⟨*concr*⟩ power: *le maggiori –e europee* the major European powers. **7** (*persona potente*) force, power. **8** ⟨*Filos*⟩ (*possibilità di divenire*) potential(ity), potency. **9** ⟨*Mat*⟩ power: *innalzare un numero a una ~* to raise a number to a power. **10** ⟨*Fis,El*⟩ capacity, power. ☐ *~* **acustica** acoustic power, sound power; ⟨*Mat*⟩ *due alla* **terza** *~* two to the third power; ⟨*El*⟩ *~* **assorbita** input power; *~* **disponibile** available power; ⟨*Mot*⟩ *~* **effettiva** brake (*o effective*) horse power; ⟨*Mat*⟩ *all'***ennesima** *~* to the nth power; ⟨*fig*⟩ *to the nth* (*o highest*) degree; ⟨*fam*⟩ *essere una ~* to be powerful (*o influential*), ⟨*fam*⟩ to be a big shot; *~* **finanziaria** financial (*o capital*) power; ⟨*Pol*⟩ *~* **firmataria** signatory power; ⟨*Aut*⟩ *~* **fiscale** nominal horsepower; ⟨*Pol*⟩ *~* **guida** leading power; *~ d'***immaginazione** (power of) imagination; **in** *~:* 1 (*agg.*) potential: *un pericolo in ~* a potential danger; 2 (*avv.*) potentially; *~* **marinara** sea–power; *~* **massima** maximum (*o peak*) power; *~ del* **motore** engine power (*o rating*); *~* **nucleare** (*o atomica*) nuclear power; ⟨*Fis*⟩ *~* **reale** active (*o true, real*) power, brake horsepower; ⟨*Fisiol*⟩ *~* **sessuale** sexual potency; ⟨*Mecc*⟩ *~ di* **spinta** buoyancy (force); *~ d'***uscita** output power.

potenziale I *a.* potential (*anche Gramm.*). **II** *s.m.* **1** ⟨*Fis*⟩ potential. **2** ⟨*estens*⟩ (*complesso di mezzi*) strength, force, power: *~ economico* economic strength. ☐ ⟨*Mil*⟩ *~* **atomico** (*o nucleare*) military nuclear potential; *~* **bellico** *di una nazione* military strength of a nation; *~ di* **crescita** growth potential; *~ di* **lavoro** working strength; *allo stato ~:* 1 (*agg.*) potential: *pericolo allo stato ~* potential danger; 2 (*avv.*) potentially; ⟨*Econ*⟩ *~ di* **vendita** sales potential.

potenzialità *f.* **1** (*capacità*) potentiality, capacity: *~ economica* economic capacity. **2** ⟨*tecn*⟩ capacity. **potenzialmente** *avv.* potentially.

potenziamento *m.* (*rafforzamento*) strengthening; (*incremento*) expansion, development: *il ~ dell'industria* the expansion of industry. **potenziare** *v.t.* (*potenzio, potenzi*) (*rafforzare*) to strengthen; (*incrementare*) to expand, to develop.

potere¹ *v.t.* (*pr.ind.* **posso, puoi, può, possiamo, potete, possono;** *impf.* **potevo;** *fut.* **potrò;** *p.rem.* **potei/potetti, potesti, poté/potette, potemmo, poteste, poterono/potettero;** *pr.cong.* **possa, possiamo, possano;** *impf.cong.* **potessi;** *p.pr.* **potente;** *p.p.* **potuto;** *ger.* **potendo;** when potere is used as a modal verb it usually takes the auxiliary required by the verb it is used with) **1** (*essere in grado*) can, could, to be able to: *possiamo aiutarti* we can help you; *non potrò fare questo lavoro* I won't (*o will not*) be able to do this work; *credo che possa farlo molto bene* I think he can do it very well; *non sono potuto andare* I couldn't go; *non potei farlo ieri perché ero troppo stanco* I couldn't do it yesterday because I was too tired; *avrebbe potuto scriverci* he could have written to us.

2 (*avere la possibilità*) can, may, could, to be able, to be possible: *spero che possa venire* I hope he can come; *potrebbero venire domani* they may come tomorrow; *non ho potuto vederlo ieri* I wasn't able to see him yesterday. **3** (*essere probabile: nelle supposizioni*) may, might: *potete aver ragione* you may be right; *potrai forse trovarlo a casa* you may perhaps find him at home; *questo potrebbe essere un po' difficile* this might be a little difficult. **4** (*avere il permesso, essere lecito*) may, can, might, to be able (*o* allowed, permitted): *posso fumare?* may (*o* can) I smoke?; *possiamo vedere la stanza?* may (*o* might) we see the room?; *i ragazzi non possono fare chiasso a scuola* children ⌐may not⌐ (*o* are not allowed to) make noise at school. **5** (*avere ragione o motivo*) can: *puoi essere contento* you can be happy; *non posso lagnarmi* I can't complain. **6** (*dovere:* only in the negative) must, might, should: *la sentinella non può lasciare il suo posto* the sentry must not leave his post; *non potresti rispondere quando ti parlo?* shouldn't you answer when I speak to you? **7** (*nelle frasi augurali*) may: *possiate essere felici* may you be happy. **8** (*pleonastico*) can: *chi può essere?* who can it be?; *non posso crederlo* I can't believe it. **9** (*usato assolutamente: avere influenza*) to be influential (*o* powerful), to have influence: *il segretario può molto presso il presidente* the secretary has a lot of influence with the president; (*avere possibilità economiche*) to be well-off (*o* well-to-do): *è una famiglia che può molto* it's a well-to-do family. □ 〈*Pol*〉 **base** *di* ~ power base: *costruirsi una* ~ *di potere* to build a power base; *si arrangia* **come** *può* he manages as best he can; *può* **darsi** may be, it's possible, could be: *può darsi che io vada* I may (*o* might) go; *può darsi che tu abbia sbagliato* you may (*o* might) be wrong; *può darsi che non conosca il mio nome* he may not know my name; *non posso* **fare** *a meno di* [*inf*] I can't help [*ger*]: *non posso fare a meno di ridere* I can't help laughing; *non posso farci nulla* I can't help it; ~ **nero** Black Power; ~ **operaio** Workers' Power; *il* **partito** *al* ~ the party in power; *non poterne* **più**: **1** (*essere esausto*) to be exhausted; **2** (*essere al limite della sopportazione*) to be unable to stand it any longer, to have had enough: *non ne posso più di questa faccenda* I've had enough of this matter; *a più non posso* with all one's strength (*o* might), as hard as one can; *i ragazzini gridavano a più non posso* the children were yelling at the top of their voices; *per* **quanto** *posso* as far as I can (*o* am able); 〈*Ott*〉 ~ **risolvente** resolving power; 〈*burocr*〉 ~ *di* **vigilanza** power of supervision.

potere[2] *m.* **1** (*potenza*) power, might: *il* ~ *di Dio* the power of God; *persona dotata di* ~ *magico* person endowed with magic power. **2** (*influenza, potestà*) influence, sway: *non ho alcun* ~ *su di lui* I have no influence over him. **3** (*dominio, balia*) power: *ridurre il nemico in proprio* ~ to subjugate the enemy in one's power. **4** (*autorità*) power, authority: *esercitare un* ~ to exercise a power. **5** (*suprema autorità politica*) power: *salire al* ~ to come into power; *i* ~*i dello stato* government powers. **6** 〈*Dir,Fis,Econ*〉 power. □ 〈*Dir*〉 **abuso** *di* ~ abuse of power; ~ *d'***acquisto** purchasing power; ~ **assoluto** absolute power; **assumere** *il* ~ to assume power; 〈*Pol*〉 ~ **centrale** central power; **conferire** *a qd. il* ~ *di fare qc.* to empower s.o. to do s.th.; **conservare** *il* ~ to keep (*o* stay in) power; *i* ~*i* **costituiti** the established powers; 〈*Dir*〉 ~ **discrezionale** discretionary power; **eccedere** *i propri* ~*i* to exceed one's powers; ~ **esecutivo** executive (power); **essere** *al* ~ to be in power; *essere in* ~ *di qd.* to be in s.o.'s power (*o* hands); (*essere di competenza di qd.*) to be within s.o.'s province; ~ **giudiziario** judicial (*o* legal) power; ~ **governativo** governmental power; ~ **legislativo** legislative power; ~*i* **militari** military powers; 〈*Pol*〉 ~ **periferico** local authority; **pieni** ~*i* full powers; 〈*Dipl*〉 ~ **plenary** powers; **quarto** ~ (*la stampa*) fourth estate; 〈*Fis*〉 ~ **rifrangente** refractive power; ~ **sovrano** (*o di* **sovranità**) sovereign power; ~ **supremo** supreme power; *il* ~ **temporale** *del papa* the temporal power of the Pope.

potestà *f.* **1** (*potere*) power: *avere la* ~ *di fare qc.* to have

the power to do s.th. **2** 〈*Dir*〉 power, right, authority. □ ~ **maritale** marital authority; *patria* ~ patria potestas, parental authority. **potestativo** *a.* 〈*Dir*〉 potestative.

potrò → **potere**[1].

pot-pourri *fr.* [popu'ri] *m.* **1** 〈*Gastr*〉 stew, hodge-podge. **2** (*Mus*) pot-pourri, medley. **3** 〈*fig*〉 (*miscuglio*) jumble, mixture.

pourparler *fr.* [pu:rpar'le] *m.* talk, discussion.

poveraccio *m.* (*f.* -**a**) poor thing, poor fellow (*f* woman), (*fam*) poor devil. **poveramente** *avv.* poorly, wretchedly: *vestire* ~ to dress poorly. **poverello** *m.* (*f.* -**a**) poor person. **poveretto, poverino I** *a.* **1** (*indigente*) poor, needy. **2** (*infelice*) wretched, poor. **II** *s.m.* (*f.* -**a**) poor fellow (*f* woman), (*fam*) poor thing.

povero I *a.* **1** (*indigente*) poor, needy: *una famiglia* –*a* a poor family. **2** (*misero*) poor, wretched, miserable: *una* –*a capanna* a wretched hut; *vestiva i suoi* –*i panni* he was wearing his miserable rags. **3** (*disadorno*) plain, bare: *una stanza* –*a* a plain room. **4** (*semplice: rif. a pasti*) meagre. **5** (*privo, scarso*) lacking, wanting, poor (*di* in), having little (*pl* few): *un paese* ~ *di materie prime* a country lacking in raw materials; *libro* ~ *di idee* book wanting in ideas; *fiume* ~ *d'acqua* river which has little water. **6** (*sterile*) poor, barren: *terreni* –*i* barren lands. **7** (*defunto*) late: *la mia* –*a nonna* my late grandmother. **8** (*che desta compassione*) poor: *il* ~ *bambino piangeva disperatamente* the poor child cried bitterly. **II** *s.m.* (*f.* -**a**) **1** poor person, pauper; *pl.* the poor (*costr. pl.*): *i* –*i della città* the city poor. **2** (*mendicante*) beggar. □ ~ ⌐*in canna*⌐ (*o come Giobbe*) as poor as ⌐a church mouse⌐ (*o* Job); ~ *me!* poor me!, oh dear!: ~ *me, ho dimenticato la chiave* oh dear, I've forgotten the key; 〈*eufem*〉 ~ *di spirito* (*idiota*) dull-witted, simple-minded; 〈*Bibl*〉 *beati i* –*i di spirito* blessed are the poor in spirit. **povertà** *f.* **1** (*miseria*) poverty: *vivere nella più squallida* ~ to live in the most squalid poverty. **2** (*scarsità*) shortage, scarcity, want: ~ *d'acqua* scarcity of water. **3** 〈*fig*〉 (*meschinità*) poorness, meanness. □ *cadere in* ~ to ⌐fall into⌐ (*o* be reduced to) poverty; 〈*Rel*〉 ~ **evangelica** evangelic poverty. **poveruomo** (*o* **pover'uomo**) *m.* **1** poor fellow, poor thing. **2** 〈*spreg*〉 poor wretch.

pozione *f.* potion.

poziore *a.* 〈*Dir*〉 preferred, preference–, preferential.

pozza *f.* puddle, pool: *la strada era piena di* –*e* the road was full of puddles; *una* ~ *di sangue* a pool of blood. **pozzanghera** *f.* puddle. **pozzetto** *m.* **1** (*nelle fognature*) shaft, chamber. **2** 〈*Mar*〉 cockpit, well deck.

pozzo *m.* **1** well: *attingere acqua al* ~ to draw water from the well. **2** (*cavità naturale o artificiale*) shaft, pit (*anche* Minier.): *scavare un* ~ to sink a shaft. **3** 〈*fig*〉 well, mine: *un* ~ *di dottrina* a mine of learning. □ ~ **artesiano** artesian well; 〈*Edil*〉 ~ *dell'***ascensore** lift shaft, 〈*am*〉 elevator shaft; 〈*Edil*〉 ~ **chiarificatore** septic tank; ~ *di* **drenaggio**: 1 〈*Idr*〉 dewatering well; 2 〈*Minier*〉 draining shaft; 〈*Minier*〉 ~ *d'***estrazione** hoisting (*o* hauling) shaft; 〈*Geol*〉 ~ **glaciale** glacier well; ~ *di* **miniera** mine shaft; ~ *della* **morte** well of death; ~ **nero** cesspool, cesspit; 〈*fig*〉 ~ *di san* **Patrizio** bottomless pit; *essere (come) il* ~ *di San Patrizio* to be inexhaustible; ~ **petrolifero** oil well; 〈*Idr*〉 ~ *di* **raccolta** collecting (*o* deep) well; ~ *di* **trivellazione** borehole, drill hole; 〈*Minier*〉 ~ *di* **ventilazione** air shaft, ventilating shaft.

pozzolana *f.* 〈*Min*〉 pozz(u)olana.

pp. = **1** 〈*Mus*〉 pianissimo very soft(ly) (*abbr.* pp.). **2** *pagine* pages (*abbr.* pp.).

PP. = *porto pagato* carriage paid (*abbr.* C.P.).

P.P.I. = 〈*Stor*〉 *Partito popolare italiano* Italian Popular Party.

PP.TT. = *poste e telecomunicazioni* post and telecommunications.

p.r. = 〈*epist*〉 *per ringraziamento* with thanks.

P.R. = **1** 〈*Pol*〉 *Partito radicale* Radical Party. **2** *pubbliche relazioni* public relations. **3** *piano regolatore* town-planning regulations.

PRA = *Pubblico registro automobilistico* Motor Registration Office, 〈*am*〉 Motor Vehicle Bureau.

Praga *N.pr.f.* 〈*Geog*〉 Prague. **praghese** *a./s.m./f.*

Praguian.

pragmatica *f.* ⟨*Filos*⟩ pragmatics *pl* (*costr. sing. o pl.*). **pragmatico** *a.* (*pl.* **-ci**) pragmatic. **pragmatismo** *m.* pragmatism. **pragmatista** *m./f.* pragmatist. **pragmatistico** *a.* (*pl.* **-ci**) pragmatistic.

pralina *f.* ⟨*Dolc*⟩ praline. **pralinare** *v.t.* ⟨*Gastr*⟩ to brown in boiling sugar.

prammatica *f.* custom, usage. □ *di* ~ customary. **prammatico** *a.* (*pl.* **-ci**) pragmatic: ⟨*Stor*⟩ *-a sanzione* pragmatic sanction.

pranoterapia *f.* Prana therapy. **pranoterapista** *m./f.* Prana therapist.

pranzare *v.t.* (*aus.* **avere**) **1** to (have) lunch, to have dinner. **2** (*cenare*) to have dinner (*o* supper), to dine.

pranzo *m.* **1** lunch, dinner: *invitare qd. a* ~ to ask s.o. to lunch. **2** (*pasto della sera*) dinner; (*più leggero*) supper. **3** (*lauto pasto: di mezzogiorno*) luncheon, dinner; (*di sera*) dinner, dinner party. □ *tavolo da* ~ dinner table; *sala da* ~ dining-room; *dare un* ~ to give a lunch (*o* dinner) party; **dopo** ~: 1 after lunch (*o* dinner); 2 (*nel pomeriggio*) in the afternoon; ~ *di gala* banquet; ~ *di nozze* wedding banquet (*o* dinner); **ora** *di* ~ lunch time, dinner time: *all'ora di* ~ at lunch time.

prassi *f.* **1** ⟨*Dir,burocr*⟩ routine (*o* usual) procedure: *attenersi alla* ~ to follow the routine procedure. **2** ⟨*Filos*⟩ praxis.

Prassitele *N.pr.m.* ⟨*Stor*⟩ Praxiteles.

prataiolo **I** *a.* meadow-, field-. **II** *s.m.* ⟨*Bot*⟩ meadow (*o* field) mushroom. **prateria** *f.* grassland; (*nell'America settentrionale*) prairie.

pratica *f.* **1** practice: *imparare con la* ~ to learn by practice; *mettere in* ~ *un progetto* to put a plan into practice. **2** (*conoscenza, esperienza*) experience (*di* of, in), skill (in): *avere* ~ *di uno strumento* to be skilled (*o* practised) in the use of an instrument; *avere molta* ~ *nell'insegnamento* to have a lot of ⌈experience in teaching⌉ (*o* teaching experience). **3** (*tirocinio*) practice, training: *ha fatto* ~ *di avvocato nello studio del padre* he did his legal training in his father's office. **4** (*usanza*) practice, custom, usage: *la* ~ *di onorare i morti* the practice of honouring the dead. **5** (*trattativa*) negotiations *pl.* **6** ⟨*burocr*⟩ (*passo, atto:* generally in pl.) steps *pl,* procedure: *fare le pratiche per il matrimonio* to take the necessary steps in order to get married; (*affare*) case, business: *insabbiare una* ~ to shelve a case; (*incartamento*) file, dossier, record: *cercare una* ~ *nell'archivio* to look for a file in the records. **7** ⟨*Rel*⟩ practice. **8** ⟨*Mar*⟩ pratique, permission to enter port. □ *accantonare una* ~ to shelve a case; *fare* ~ to train (*di qc.* in s.th.): *fare* ~ *con qd.* to do one's training with s.o.; *fare* ~ *d'ospedale* to get hospital experience; ⟨*Dir*⟩ *pratiche illecite* unlawful practices; **in** ~ in practice; ~ *medica* medical practice; **mettere** *qc. in* ~ to put s.th. into practice, to carry out s.th.; *mettere in* ~ *un consiglio* to take (*o* act on) s.o.'s advice; *perdere la* ~ to get out of practice; **prendere** ~ to learn by experience; *pratiche d'ufficio* office business; (*documenti*) office papers. *Prov.*: *val più la* ~ *della grammatica* practice is better than theory.

praticabile **I** *a.* **1** (*esercitabile*) that may be practised, exercisable. **2** (*che si può percorrere*) practicable, passable: *strada* ~ practicable road; (*accessibile*) accessible. **3** (*rif. a campi da gioco*) playable. **II** *s.m.* ⟨*Teat*⟩ rostrum, platform. **praticabilità** *f.* **1** (*l'essere percorribile: a piedi*) practicability. **2** (*rif. a campi da gioco*) playability. **praticaccia** *f.* (*pl.* **-ce**) ⟨*scherz*⟩ knack, empirical skill. **praticamente** *avv.* **1** (*in modo pratico*) practically, in a practical way, by practice. **2** (*in sostanza*) practically: *il lavoro è* ~ *terminato* the job is practically finished. **praticante** **I** *a.* practising. **II** *s.m./f.* **1** professional trainee (*o* assistant); (*apprendista*) apprentice. **2** (*che esercita un mestiere o una professione*) practitioner. **3** (*chi osserva pratiche religiose*) churchgoer.

praticare *v.t.* (**pratico, pratichi**) **1** (*mettere in pratica*) to put into practice, to make a practice of: ~ *la giustizia* to make a practice of justice. **2** (*fare, eseguire*) to perform, to make, to give: ~ *un'incisione* to make an incision; ~ *la respirazione artificiale* to give artificial respiration; ~ *un*

foro to make (*o* bore) a hole. **3** (*esercitare una professione*) to practise, to follow, to do: ~ *un commercio* to follow (*o* ply) a trade; ~ *uno sport* to do (*o* engage in) a sport. **4** (*seguire: rif. a usanze e sim.*) to practise: ~ *la poligamia* to practise polygamy. **5** (*frequentare: rif. a persone*) to associate (*o* have dealings) with, to mix (*o* have to do) with: *praticava pochissime persone* he associated with very few people; (*rif. a luoghi*) to frequent: *mio fratello pratica il caffè all'angolo* my brother frequents the café on the corner. **6** ⟨*Comm*⟩ (*fare*) to charge: ~ *prezzi bassi* to charge low prices; (*concedere*) to give, to grant: ~ *un ribasso* to give a reduction. □ ~ *la professione di avvocato* to practise ⌈the law⌉ (*o* as a lawyer); ~ *la medicina* to practise as a doctor.

praticità *f.* **1** (*l'essere pratico*) practicality, practicalness. **2** (*funzionalità*) practicality, functional capacity: *la* ~ *di una macchina* the functional capacity of a machine. **pratico** *a.* (*pl.* **-ci**) **1** practical: *metodo* ~ practical method; *è una persona assai* ~ he's a very practical person. **2** (*esperto*) experienced, skilled (*di* in). **3** (*funzionale*) practical, convenient, handy: *la disposizione delle stanze è molto -a* the arrangement of the rooms is very practical. **4** (*reale*) real, actual, practical: *nella vita -a* in real life. □ *all'atto* ~ in practice, when it comes to it (*o* the point); *essere* ~ *di qc.* to be familiar with s.th.; *essere* ~ *di un luogo* to be familiar with a place; *essere* ~ *del proprio mestiere* to know one's trade; *non sono* ~ *di qui* I'm a stranger here myself; *non essere* ~ *di motori* to be unfamiliar with engines. **praticone** *m.* (*f.* **-a**) ⟨*spreg*⟩ practised hand.

prativo *a.* meadow-, grass-: *terreno* ~ meadowland, grassland. **prato** *m.* **1** meadow, meadowland, grassland. **2** ⟨*Giard*⟩ grass, lawn: *giocare sul* ~ to play on the grass. □ *a* ~ meadow-, grass-: *terreno coltivato a* ~ meadowland, grassland; *fiori di* ~ meadow flowers; ⟨*Giard*⟩ ~ *inglese* lawn. **pratolina** *f.* ⟨*Bot*⟩ (English) daisy.

pre|accennare *v.t.* (**preaccenno**) ⟨*burocr*⟩ to mention before (*o* previously). **~accennato** *a.* aforementioned, mentioned before. **~adamita** *m./f.* preadamite. **~adamitico** *a.* (*pl.* **-ci**) preadamite, preadamitic(al). **~adolescente** *m./f.* preadolescent. **~adolescenza** *f.* preadolescence. **~agonico** *a.* (*pl.* **-ci**) ⟨*Med*⟩ preagonal, preagonic. **~allarme** *m.* warning signal (*anche fig.*). **~alpi** *N.pr.f.pl.* ⟨*Geog*⟩ Pre-Alps *pl.*

preambolo *m.* preamble. □ *dire qc. senza tanti -i* to come straight out with s.th.; *non facciamo tanti -i* let's get to the point straight away.

preamplificatore *m.* ⟨*Rad*⟩ preamplifier.

preannunciare *v.t.* (**preannuncio, preannunci**) **1** to state (*o* announce) previously: *contrariamente a quanto è stato preannunciato, la trasmissione non avrà luogo* contrary to what was previously announced, the broadcast will not take place. **2** ⟨*fig*⟩ (*essere indizio di*) to forecast, to forebode, to herald. **preannuncio** *m.* **1** previous (*o* advance) announcement, forecasting. **2** (*indizio*) herald, (fore)warning. **preannunziare** *v.* → **preannunciare**. **preannunzio** *m.* → **preannuncio**.

preavvisare *v.t.* **1** to inform in advance, to give advance notice to: ~ *il cliente della spedizione* to give the client advance notice of dispatch. **2** (*ammonire preventivamente*) to (fore)warn. **preavviso** *m.* **1** (*advance*) notice: *con* ~ *di un mese* at a month's notice. **2** ⟨*fig*⟩ (*segno premonitore*) (fore)warning, warning sign. **3** ⟨*Tel*⟩ reservation of a person-to-person call. □ ~ *di tre mesi* three months' notice; *dietro* ~ upon notice; *senza* ~ without notice (*o* warning): *licenziamento senza* ~ dismissal without notice.

prebellico *a.* (*pl.* **-ci**) prewar-.

prebenda *f.* **1** ⟨*Rel*⟩ prebend. **2** ⟨*estens*⟩ (*guadagno*) high profit (*o* gain). **prebendario** *m.* prebendary.

pre|camera *f.* ⟨*Mot*⟩ prechamber. **~campionato** *m.* ⟨*Sport*⟩ prechampionship.

precariamente *avv.* precariously. **precariato** *m.* ⟨*Scol*⟩ working without contract. **precarietà** *f.* precariousness.

precario[1] **I** *a.* **1** (*malsicuro*) precarious, insecure, uncertain: *in -e condizioni economiche* in a precarious financial state. **2** ⟨*Dir*⟩ precarious, precarial. **II** *s.m.* (*f.* **-a**) ⟨*Scol*⟩ temporary teacher.

precario² **I** *a.* without contract. **II** *s.m.* (*f.* -a) **1** person working without contract. **2** ⟨*Scol*⟩ temporary teacher.

precauzionale *a.* precautionary, precautional: *misure –i* precautionary measures. **precauzione** *f.* **1** (*cautela*) caution, care: *con la massima* ~ with the greatest care. **2** *pl.* (*provvedimenti*) precautions *pl:* *ho preso le mie –i* I have taken precautions.

prece *f.* ⟨*lett*⟩ (*preghiera*) prayer.

precedente **I** *a.* previous, preceding, former, before: *il capitolo* ~ the previous chapter; *la volta* ~ the time before; *la settimana* ~ *alla mia partenza* the week before my departure. **II** *s.m.* **1** precedent: *creare un* ~ to create a precedent. **2** *pl.* ⟨*Dir*⟩ precedents *pl.* **3** ⟨*burocr*⟩ (*past*) record. □ *non avere –i* to be unprecedented (*o* without precedent); *–i giudiziari* record (of previous convictions); *–i penali* criminal record; *senza –i* unprecedented, without precedent. **precedentemente** *avv.* previously, before, formerly. **precedenza** *f.* **1** precedence, priority: *la* ~ *spetta a te* you have priority. **2** ⟨*Strad*⟩ right of way, priority: *dare la* ~ *a un veicolo* to give a vehicle the right of way. **2** ⟨*burocr*⟩ *avere la* ~ *assoluta* to have top priority; ⟨*Strad*⟩ *strada con diritto di* ~ priority road, road with right-of-way; *in* ~ previously, formerly. **precedere** *v.* (**precedei/precedetti, preceduto**) **I** *v.t.* **1** to precede, to go (*o* come) before: *il lampo precede il tuono* lightning precedes thunder; ~ *un corteo* to go before a procession. **2** (*rif. a dignità o rango*) to have precedence over, to come (*o* go) before, to precede. **II** *v.i.* (*aus.* **avere**) (*rif. a persona*) to precede, to go (*o* come) first: *precedeva il più anziano, gli altri seguivano* the oldest went first, the others followed. □ *far* ~ *qc. da qc.* to preface s.th. with s.th. **precessione** *f.* ⟨*Mecc,Astr*⟩ precession.

precettare *v.t.* (**precetto**) ⟨*Mil*⟩ to call up, ⟨*am*⟩ to draft. **precettazione** *f.* ⟨*Mill*⟩ call-up, ⟨*am*⟩ draft. **precettistica** *f.* **1** ⟨*Ped*⟩ dogmatic (*o* formal) teaching, teaching by precept. **2** (*serie di precetti*) precepts *pl.* **precetto** *m.* **1** (*norma*) precept, rule: *seguire i –i dell'arte* to follow the precepts of art. **2** ⟨*Rel*⟩ precept: *i –i della Chiesa* the precepts of the Church. **3** ⟨*Dir*⟩ precept, injunction, writ, notice. **4** ⟨*Mil*⟩ call-up notice, ⟨*am*⟩ draft notice. □ ⟨*Rel.catt*⟩ *festa di* ~ holy day of obligation; ⟨*Rel.catt*⟩ ~ *pasquale* Easter duty. **precettore** *m.* **1** (*insegnante privato*) tutor, teacher, preceptor. **2** (*nei collegi: istitutore*) assistant housemaster, ⟨*am*⟩ proctor.

precipitabile *a.* ⟨*Chim*⟩ precipitable. **precipitabilità** *f.* precipitability. **precipitare** *v.* (**precipito**) **I** *v.t.* **1** (*far cadere con impeto*) to throw (*o* hurl, fling) down, to cast headlong, to send flying down: ~ *qd. da una rupe* to throw s.o. off (*o* from) a cliff; *con una spinta lo precipitò dalle scale* with a shove he sent him headlong down the stairs. **2** ⟨*fig*⟩ (*affrettare eccessivamente*) to precipitate, to hasten, to speed up: ~ *la partenza* to hasten one's departure. **3** ⟨*Chim*⟩ to precipitate. **II** *v.i.* (*aus.* **essere**) **1** (*cadere*) to fall (headlong), to plunge (*o* hurtle) down: ~ *dalla finestra* to fall (headlong) out of the window. **2** ⟨*fig*⟩ (*piombare, sprofondare*) to fall, to plunge: ~ *nella più nera disperazione* to plunge into blackest despair. **3** ⟨*Chim*⟩ to precipitate. **precipitarsi** *v.r.* **1** (*gettarsi*) to throw (*o* hurl, fling) o.s.: *si precipitò da uno scoglio* he threw himself off a cliff. **2** (*affrettarsi*) to rush, to hasten, ⟨*fam*⟩ to dash: *precipitarsi in aiuto di qd.* to rush (*o* run) to s.o.'s help. □ *gli eventi precipitano* events are coming to a head; ~ *una risoluzione* to make a hasty decision. **precipitatamente** *avv.* (over)hastily, rashly, impetuously. **precipitato I** *a.* (*affrettato*) (over)hasty, rush(ed), rash. **II** *s.m.* ⟨*Chim*⟩ precipitate. **precipitazione** *f.* **1** ⟨*Meteor, Chim*⟩ precipitation: ~ *annua* annual precipitation. **2** ⟨*fig*⟩ (*fretta eccessiva*) hastiness, haste, rush: *parlare con troppa* ~ to speak ⌜in haste⌝ (*o* too hastily); (*avventatezza*) recklessness, rashness. □ *–i atmosferiche* (atmospheric) precipitation; *con* ~ (over) hastily, precipitately, rashly; *senza* ~ (*con calma*) without rushing, calmly. **precipitevolmente** *avv.* precipitously, headlong. **precipitosamente** *avv.* **1** (*in fretta*) hurriedly, hastily, headlong: *fuggire* ~ to flee headlong. **2** (*avventatamente*) rashly, recklessly: *giudicare* ~ to judge rashly. **precipitoso** *a.* **1** (*impetuoso*) headlong. **2** ⟨*fig*⟩

(*avventato*) rash, reckless, precipitate: *essere* ~ *nel prendere una decisione* to be rash in making a decision; (*affrettato*) hasty, hurried, rushed: *lavoro* ~ hurried work. **3** (*ripido*) steep, precipitous.

precipizio *m.* **1** precipice; (*burrone*) ravine: *una montagna piena di precipizi* a mountain full of ravines. **2** ⟨*fig*⟩ (*rovina*) ruin: *l'impresa è sull'orlo del* ~ the firm is on the brink of ruin. □ *a* ~: **1** steeply, precipitously: *il sentiero scendeva a* ~ the path sloped steeply downwards; **2** ⟨*fig*⟩ headlong: *correre a* ~ to run headlong (*o* at top speed).

precipuamente *avv.* ⟨*lett*⟩ mainly, chiefly. **precipuo** *a.* ⟨*lett*⟩ (*principale*) principal, main, chief: *argomento* ~ principal matter.

precisamente *avv.* **1** (*con precisione*) precisely, accurately, with precision. **2** (*nelle risposte: esattamente*) precisely, quite so: *volevi dire questo? –* ~ is this what you meant? – precisely. **precisare** *v.t.* **1** to specify, to state (precisely), to tell (exactly): *ti scrivo per precisarti l'ora del mio arrivo* I am writing to tell you the exact time of my arrival. **2** ⟨*estens*⟩ (*esporre con precisione*) to explain (in detail), to give full details of: ~ *i dettagli di un piano* to explain the details of a plan. **precisazione** *f.* **1** specification, clarification. **2** *pl.* (*indicazioni*) precise information: *fare –i in merito alla questione* to provide precise information regarding the matter.

precisione *f.* **1** (*esattezza*) precision, accuracy, exactness: *la* ~ *di un orologio* the accuracy of a clock. **2** (*chiarezza*) clarity, preciseness. □ *con* ~: **1** precisely, exactly; **2** (*con accuratezza*) accurately, carefully: *lavorare con* ~ to work carefully; *di* ~ precision–: *strumenti di* ~ precision instruments; ⟨*Artigl*⟩ ~ *di tiro* accuracy of aim. **preciso** *a.* **1** (*esatto*) precise, exact: *dimmi il giorno* ~ *della partenza* tell me the exact date of departure. **2** (*accurato*) accurate, careful: *un lavoro* ~ an accurate piece of work. **3** (*puntuale*) punctual, on time: *sii* ~ be punctual; (*con l'indicazione dell'ora*) sharp: *alle sette –e* at seven o'clock sharp. **4** (*rif. a strumenti*) accurate, precise: *orologio* ~ accurate clock. **5** (*uguale, identico*) identical (*a* to), the same (as), just like (s.th.): *questo vestito è* ~ *al mio* this suit is the same as mine. □ *queste sono le sue –e parole* these are his very words.

preclaro *a.* ⟨*lett*⟩ (*illustre*) illustrious, eminent, distinguished.

precludere *v.t.* (**preclusi, precluso**) to preclude, to prevent, to debar: ~ *ogni possibilità di scampo* to prevent any possibility of escape; ~ *la carriera a qd.* to debar s.o. from a career. **preclusi** → **precludere**. **preclusione** *f.* **1** preclusion, prevention. **2** ⟨*Dir*⟩ estoppel. **precluso** → **precludere**.

precoce *a.* **1** precocious: *un bambino* ~ a precocious child. **2** (*prematuro*) early, premature, precocious: *inverno* ~ early winter; (*rif. a morte*) untimely: *morte* ~ untimely death. **precocemente** *avv.* precociously. **precocità** *f.* **1** precocity. **2** (*prematurità*) untimeliness, earliness.

precognizione *f.* ⟨*lett*⟩ precognition, foreknowledge.

pre|colombiano *a.* pre-Columbian. **~compresso** (*p.p. di precomprimere*) *a.* ⟨*Edil*⟩ prestressed. **~comprimere** *v.t.* (**precompressi, precompresso**) to prestress. **~concetto I** *a.* preconceived. **II** *s.m.* prejudice, preconceived idea (*o* opinion). **~confezionato** *a.* prepackaged, prepacked.

preconizzare *v.t.* **1** to foretell. **2** ⟨*Rel*⟩ to preconize. **preconizzazione** *f.* **1** ⟨*lett*⟩ foretelling. **2** ⟨*Rel*⟩ preconization.

pre|conoscenza *f.* ⟨*lett*⟩ foreknowledge, precognition. **~conoscere** *v.t.* (**preconosco, preconosci; preconobbi, preconosciuto**) ⟨*lett*⟩ to foreknow, to know beforehand. **~conscio** *m.* ⟨*Psic*⟩ preconscious.

precordi *m.pl.* ⟨*fig*⟩ heartstrings *pl.* **precordiale** *a.* ⟨*Anat*⟩ pr(a)ecordial. **precordio** *m.* ⟨*Anat*⟩ pr(a)ecordium.

precorrere *v.t.* (**precorsi, precorso**) ⟨*lett*⟩ (*prevenire*) to anticipate, to precede: ~ *un desiderio* to anticipate a wish. □ ~ *gli eventi* to anticipate events; ~ *i tempi* to be ahead of one's time. **precorritore** *m.* (*f.* -trice) ⟨*lett*⟩ forerunner, precursor. **precorsi, precorso** → **precorrere**.

precostituire *v.t.* (**precostituisco, precostituisci**) to establish in advance. □ *maggioranza precostituita* preconstituted majority.

precọtto a. precooked, cooked in advance. **precottụra** f. precooking, advance cooking.

precursọre I m. forerunner, precursor. **II** a. precursory; (di avvertimento) warning: segni –i warning (o first) signs.

prẹda f. **1** (bottino) loot, (fam) swag: i ladri hanno fatto buona ~ the thieves got plenty of loot. **2** (vittima di un animale predatore) prey, quarry: l'aquila teneva tra gli artigli la ~ the eagle held its prey in its claws. **3** ⟨Dir⟩ booty, spoils pl, plunder: ~ di guerra spoils of war. **4** ⟨fig⟩ prey: cadere in ~ alla disperazione to fall prey to despair. □ da ~ of prey, predatory: uccello da ~ bird of prey; dare qc. in ~ a qd. to give s.th. into s.o.'s hands (o power); diritto di ~ right of seizure; essere in ~ a to be prey to: essere in ~ alla disperazione to be prey to despair; la casa era in ~ alle fiamme the house was in flames; essere in ~ al terrore to be terror–struck; essere facile ~ di: 1 to be an easy prey to: la città fu facile ~ dei nemici the city was an easy prey to the enemy; 2 ⟨fig⟩ (lasciarsi andare senza resistenza) to be overcome by.

predạce a. ⟨lett⟩ predatory, predacious. **predạre** v.t. (prẹdo) to plunder, to pillage, to sack: ~ una città to sack a town. **predatọre I** s.m. (f. -trice) 1 plunderer, pillager, predator. 2 (rif. ad animali) predator. **II** a. 1 plundering, pillaging. 2 (rif. ad animali) predatory, predacious.

predecessọre m. **1** predecessor. **2** pl. (antenati) forefathers pl.

predẹlla f. **1** platform. **2** ⟨Rel⟩ (suppedaneo) predella, altar–step. **3** ⟨Pitt⟩ predella. **predellịno** m. (montatoio di vettura) footboard, step.

predestinạre v.t. (predestịno) **1** to (pre)destine, to preordain. **2** ⟨Teol⟩ to predestinate. **predestinạto** a. **1** (pre)destined, preordained. **2** ⟨Teol⟩ predestinated. **predestinazịone** f. predestination (anche Teol.).

predeterminạre v.t. (predetermịno) to predetermine, to preordain. **predeterminazịone** f. predetermination.

predẹtto a. above–mentioned, aforesaid.

prediạle I a. ⟨Dir⟩ pr(a)edial. **II** s.f. land tax.

predịca f. **1** ⟨Rel⟩ sermon: ascoltare una ~ to listen to a sermon. **2** ⟨fam⟩ (discorso moraleggiante) lecture: mi hai seccato con le tue prediche I'm fed up with your lectures; (ramanzina) talking–to, telling–off. □ fare una ~ a qd. to give s.o. a lecture, to tell s.o. off; ⟨iron⟩ da che pulpito viene la ~! the pot is calling the kettle black! **predicạbile I** a. ⟨lett⟩ preachable. **II** s.m. ⟨Filos⟩ predicable. **predicạre** v. (prẹdico, prẹdichi) **I** v.t. **1** to preach: ~ il Vangelo to preach the Gospel. **2** (esortare all'osservanza) to preach, to exhort to. **II** v.i. (aus. avere) **1** to preach, to give a sermon: ~ sul matrimonio to give a sermon on marriage. **2** (fare discorsi moraleggianti) to preach, to lecture, to sermonize: ha la mania di ~ he's always lecturing. □ ~ bene e razzolare male not to practise what one preaches; saper ~ bene to be a good preacher; ⟨fig⟩ ~ al vento to preach (o talk) to the winds.

predicatịvo a. ⟨Gramm,Filos⟩ predicative. **predicạto** m. predicate. □ essere in ~ di (stare per ottenere) to be considered for; ~ nominale nominal predicate; ~ verbale verbal predicate.

predicatọre m. (f. -trice) **1** preacher. **2** ⟨fig⟩ preacher, advocate: ~ della pace advocate of peace. **predicatọrio** a. sermonizing, predicatory: tono ~ sermonizing tone. **predicazịone** f. preaching: darsi alla ~ to devote o.s. to preaching. **predicọzzo** m. ⟨scherz⟩ talking–to, telling–off: fare un ~ a qd. to tell s.o. off.

predigestịone f. predigestion.

predilẹssi → prediligere. **predilẹtto I** a. favourite: autore ~ favourite author; (il più caro) dearest: il compagno ~ one's dearest friend. **II** s.m. (f. -a) favourite, pet, darling: era il ~ della mamma he was mother's pet. **predilezịone** f. fondness, partiality, predilection: nutrire ~ per qd. to have a partiality for s.o. **predilịgere** v.t. (predịligo, predịligi; predilẹssi, predilẹtto) to prefer, to be particularly fond of, to have a preference for.

predịre v.t. (predịco, predịci; predịssi, predẹtto; → dire) **1** to foretell, to predict, to prophesy: ~ il futuro to foretell the future. **2** (prevedere) to foresee, to expect: si è

comportato come avevi predetto he behaved just as you expected.

predispọrre v.t. (predispọngo, predispọni; predispọsi, predispọsto; → pọrre) **1** (preparare) to arrange (beforehand), to prepare (in advance), to plan: ~ una cerimonia to plan a ceremony. **2** (preparare psicologicamente) to predispose: ~ alla benevolenza to predispose to benevolence. **3** ⟨assol⟩ to predispose: la denutrizione predispose alla tubercolosi malnutrition predisposes to tuberculosis. **predispọrsi** v.r. to prepare o.s. **predisposizịone** f. **1** tendency, bent, turn: ha ~ alla musica he has a bent for music. **2** ⟨Med⟩ predisposition. **predispọsto** a. predisposed, prepared.

predizịone f. prediction, prophecy.

predominạnte a. **1** predominant, predominating: pensiero ~ predominant thought. **2** (più frequente) prevailing, prevalent, predominant: malattia ~ nel paese illness prevalent in the country. **predominạre** v.i. (predọmino; aus. avere) **1** to predominate: in questa stanza predomina il verde green predominates in this room. **2** (essere più numeroso) to prevail, to be predominant (o prevalent): in quella regione predominano le coste rocciose rocky coasts prevail in that region. **predomịnio** m. **1** (supremazia) predominance: ~ della cultura latina predominance of Latin culture. **2** (dominio) domination, sway: essere soggetto al ~ dello straniero to be under foreign domination. **3** ⟨fig⟩ prevalence, sway: il ~ delle passioni the sway of passions.

predọne m. marauder, plunderer, robber. □ –i del deserto desert marauders; –i del mare sea–robbers.

pre|elettorạle a. (talking place) before the political elections. **~esịstẹnte** a. pre–existent. **~esịstẹnza** f. ⟨Filos,Teol⟩ pre–existence. **~esịstẹre** v.i. (preesịstẹi/preesịstẹtti, preesịstịto; aus. essere) to pre–exist. **~fabbricạre** v.t. (prefạbbrico, prefạbbrichi) to prefabricate. **~fabbricạto I** a. prefabricated: casa –a prefabricated house, ⟨fam⟩ prefab. **II** s.m. prefabricated structure; (casa) prefabricated house, ⟨fam⟩ prefab. **~fabbricazịone** f. prefabrication.

prefạzio m. ⟨Lit⟩ Preface. **prefazionạre** v.t. (prefazịono) to preface, to provide with a preface. **prefazịone** f. preface, foreword.

preferẹnza f. **1** preference, partiality: la sua ~ per te è palese his partiality for you is obvious. **2** ⟨Econ⟩ preference: ~ comunitaria Community preference. □ a ~ di rather than, in preference to; avere ~ per qd. to prefer (o have a preference for) s.o.; (favorirlo) to favour s.o.; non avere –e to have no preferences; dare la ~ a qc. to prefer (o choose) s.th.; voto di ~ preferential vote. **preferenzịale** a. preferential. **preferịbile** a. preferable. □ sarebbe ~ confessargli tutto it would be better to tell him everything. **preferibilmẹnte** avv. preferably, in preference. **preferịre** v.t. (preferịsco, preferịsci) to prefer, to like better (o best): preferisco camminare a piedi I prefer to walk, I'd rather walk; preferisce la birra al vino he likes beer better than wine. **preferịto I** a. favourite. **II** s.m. (f. -a) favourite; (beniamino) pet, darling.

prefettịzio a. prefect's, prefector(i)al: decreto ~ prefectorial decree. **prefẹtto** m. prefect. □ ⟨Dir.can⟩ ~ apostolico prefect apostolic; ~ di disciplina (nei seminari) rector. **prefettụra** f. prefecture.

prẹfica f. weeper, hired mourner.

prefịggere v.t. (prefịggo, prefịggi; prefịssi, prefịsso) **1** (fissare in anticipo) to fix beforehand (o in advance), to settle (in advance), to arrange (in advance): ~ il termine di pagamento to fix the term of payment beforehand. **2** ⟨estens⟩ to be resolved (o determined): prefiggersi di fare qc. to resolve upon doing s.th. □ prefiggersi uno scopo to set o.s. a goal.

prefigurạre v.t. to prefigure. **prefigurazịone** f. prefiguration.

prefịssi → prefiggere. **prefịsso** (p.p. di prefiggere) **I** a. (prefissato) appointed, fixed (beforehand), (pre–)arranged: la data –a the appointed date. **II** s.m. **1** ⟨Ling⟩ prefix: ~ nominale nominal prefix. **2** ⟨Tel⟩ code number, ⟨am⟩ area code.

prefinanziamẹnto m. prefinancing. **prefinanziạre** v.t.

to prefinance.

pre|floreale *a.* ⟨*Agr*⟩ pre–blossom: *irrorazione* ~ pre–blossom spraying. ~**fogliazione** *f.* ⟨*Bot*⟩ pr(a)efoliation. ~**formare** *v.t.* (pre**fo**rmo) ⟨*Biol*⟩ to preform. **preformarsi** *v.r.* to be preformed. ~**formazione** *f.* preformation.

pregare *v.t.* (p**re**go, p**re**ghi) **1** to pray: ~ *Iddio* to pray (to) God. **2** ⟨*assol*⟩ (*recitare preghiere*) to pray, to say prayers: ~ *ad alta voce* to pray aloud. **3** (*chiedere*) to request, to beg, to ask: *l'ho pregato di aiutarmi* I asked him to help me. **4** (*in formule di cortesia*) please: *non si disturbi, La prego* please don't trouble; *ti prego di rispondere presto* please reply soon. □ *farsi* ~ to wait to be asked twice, to have to be persuaded: *non farti* ~ don't wait to be asked, come on; *non si farà* ~ he won't take much persuading.

pregevole *a.* valuable. **pregevolmente** *avv.* valuably.

preghiera *f.* **1** prayer: *recitare una* ~ to say a prayer. **2** (*richiesta*) request, entreaty: *esaudire le –e di qd.* to grant s.o.'s requests. □ ⟨*Comm*⟩ **con** ~ please: *con ~ di inoltro immediato* please forward immediately; *–e per i defunti* prayers for the dead; **dire** *le –e* to say one's prayers; *–e del* **mattino** morning prayers; **rivolgere** *una ~ a qd.* to make a request to (*o* of) s.o.; *–e della* **sera** evening prayers; *rimanere* **sordo** *alle –e di qd.* to turn a deaf ear to s.o.

pregiare *v.t.* (p**re**gio, p**re**gi) ⟨*lett*⟩ (*stimare*) to (hold in) esteem, to appreciate, to value. **pregiarsi** *v.r.* **1** (*gloriarsi*) to be honoured: *mi pregio della sua benevolenza* I am honoured by his goodwill. **2** ⟨*epist*⟩ to have the honour, to be pleased (*o* honoured): *mi pregio comunicarVi* I am pleased to inform you. **pregiatissimo** (*sup. di pregiato*) *a.* ⟨*epist*⟩ (*nell'introduzione*) Dear: ~ *signore* Dear Sir; (*negli indirizzi*) *non si traduce:* ~ *signor Luigi Bianchi* Mr. Luigi Bianchi, Luigi Bianchi Esq. **pregiato** *a.* **1** (*stimato*) esteemed. **2** ⟨*epist*⟩ esteemed, *normalmente non si traduce: in risposta alla Vostra –a lettera* in reply to your letter. **3** (*di valore*) valuable. **pregio** *m.* **1** (*considerazione*) esteem, regard: *avere in* (*gran*) ~ *qd.* to hold s.o. in (high) esteem, to esteem s.o. (highly). **2** (*dote, merito*) good quality (*o* point), merit: *conosco i tuoi pregi* I know your merits. □ *di* ~ valuable, precious; *essere tenuto in gran* ~ to be held in high esteem; *di nessun* ~ worthless, valueless.

pregiudicare *v.t.* (pregi**u**dico, pregi**u**dichi) **1** (*compromettere*) to prejudice, to jeopardize, to compromise: *il tuo comportamento ha pregiudicato la situazione* your behaviour has jeopardized the situation. **2** (*danneggiare*) to damage, to injure, to impair, to be harmful (*o* bad for): *il fumo pregiudica la salute* smoking impairs (*o* is bad for) one's health. **pregiudicato I** *a.* (*compromesso*) jeopardized, bound to fail, doomed: *affare* ~ affair (which is) bound to fail, doomed enterprise. **II** *s.m.* (*f.* **-a**) ⟨*Dir*⟩ previous offender.

pregiudiziale I *a.* ⟨*Dir*⟩ preliminary, prejudicial: *questione* ~ preliminary issue. **II** *s.f.* **1** ⟨*Pol*⟩ condition: *sollevare una* ~ to stipulate a condition. **2** ⟨*Dir*⟩ preliminary issue. **pregiudizievole** *a.* prejudicial, detrimental. **pregiudizio** *m.* **1** (*preconcetto*) prejudice, bias: *pieno di pregiudizi* full of prejudice(s). **2** (*credenza superstiziosa*) superstition: *un ~ diffuso tra la gente semplice* a widespread superstition among simple folk. **3** (*danno*) detriment, damage, prejudice: *con grave ~ della sua salute* to the great detriment of his health. **4** ⟨*Dir.rom*⟩ prejudgement. □ *avere pregiudizi contro qd.* to be prejudiced against s.o.; *essere di ~ a* to be detrimental (*o* prejudicial) to; *sgombro da pregiudizi* unprejudiced, unbiased.

pregnante *a.* (*denso di significato*) pregnant, meaningful. **pregnanza** *f.* meaningfulness, pregnancy. **pregno** *a.* **1** (*impregnato*) impregnated, soaked: *il terreno era ~ d'acqua* the ground was soaked with water. **2** (*gravido*) pregnant.

prego *intz.* (*in formule di cortesia*) please: ~*, si accomodi* please come in; (*in risposta a ringraziamento*) don't mention it, not at all, you're welcome; (*cedendo il passo a qd.*) after you.

pregustare *v.t.* to look forward to, to foretaste: ~ *la gioia delle vacanze* to look forward to one's holidays.

pregustazione *f.* ⟨*lett*⟩ foretaste, anticipation.

preinciso *a.* prerecorded: *nastro* ~ prerecorded tape.

preindustriale *a.* preindustrial, prior to industrialization.

preistoria *f.* prehistory (*anche estens.*). **preistorico** *a.* (*pl.* -**ci**) prehistoric.

prelatesco *a.* (*pl.* -**chi**) ⟨*spreg*⟩ prelate–like. **prelatizio** *a.* prelatic(al), prelate's: *abito* ~ prelate's dress. **prelato** *m.* ⟨*Rel.catt*⟩ prelate. **prelatura** *f.* prelacy.

prelavaggio *m.* presoak (cycle).

prelazione *f.* ⟨*Dir*⟩ pre–emption. □ ⟨*Dir*⟩ *diritto di* ~ right of pre–emption.

prelevamento *m.* **1** taking: *~ di un campione* taking of a sample. **2** ⟨*Econ*⟩ withdrawal, drawing: *~ di capitali* withdrawal of capital; (*somma prelevata*) sum withdrawn, drawings *pl.* □ *fare un* ~ to withdraw money; *~ del sangue* taking of a blood sample. **prelevare** *v.t.* (prel**e**vo) **1** to take: *~ un campione* to take a sample. **2** ⟨*scherz*⟩ (*passare a prendere*) to collect, to pick up: *verrò a prelevarti verso le dieci* I shall come and pick you up at about ten. **3** ⟨*Econ*⟩ to withdraw, to draw: *~ denaro da un conto* to draw money from an account.

prelibatezza *f.* deliciousness, excellence. **prelibato** *a.* choice, delicious, excellent: *un piatto* ~ a choice dish; *vino* ~ excellent wine.

prelievo *m.* **1** taking, collecting: *~ del sangue* taking of a blood sample. **2** ⟨*Econ*⟩ withdrawal, drawing; (*somma prelevata*) sum withdrawn, drawings *pl.*

preliminare I *a.* preliminary, introductory: *osservazioni –i* introductory remarks. **II** *s.m.* **1** preliminary, premise. **2** *pl.* ⟨*Dipl*⟩ preliminaries *pl.* **preliminarmente** *avv.* preliminarily.

preludere *v.i.* (prel**u**si, prel**u**so; *aus.* avere) **1** (*preannunciare*) to prelude, to foreshadow, to forebode: *queste nuvole preludono a un temporale* these clouds forebode a storm. **2** (*introdurre, fare una premessa*) to introduce, to prelude (s.th.). **preludiare** *v.i.* (prel**u**dio, prel**u**di; *aus.* avere) ⟨*Mus*⟩ to prelude. **preludio** *m.* **1** ⟨*Mus*⟩ prelude. **2** ⟨*fig*⟩ (*preannuncio*) prelude, (warning) sign: *il ~ della guerra* the prelude to war. **prelusi, preluso** → preludere.

premagnetizzazione *f.* ⟨*Acu*⟩ bias.

pre-maman *fr.* [-'mã] **I** *a.* ⟨*Mod*⟩ maternity–. **II** *s.m.* maternity dress.

prematrimoniale *a.* prematrimonial.

prematuramente *avv.* prematurely, untimely. **prematuro** *a.* **1** premature, (too) early: *decisione –a* premature decision; (*rif. a morte*) premature. **2** ⟨*Med*⟩ premature: *parto* ~ premature birth. □ *bambino* ~ premature baby.

premeditare *v.t.* (prem**e**dito) to premeditate, to plan: *~ un delitto* to premeditate a crime. **premeditato** *a.* premeditated: *omicidio* ~ premeditated murder. **premeditazione** *f.* premeditation. □ *con* ~ with premeditation, premeditated: *delitto con* ~ premeditated crime.

premere *v.* (pr**e**mei/pr**e**metti, prem**u**to) **I** *v.t.* **1** to press: *~ un pulsante* to press (*o* push) a button; *~ il pedale* to press (*o* put one's foot on) the pedal. **2** (*spingere*) to press (upon, against): *la folla lo premeva da ogni parte* the crowd pressed upon him from all sides. **II** *v.i.* (*aus.* avere) **1** to press: *~ col dito su un pulsante* to press on a button. **2** ⟨*fig*⟩ (*far pressione*) to put (*o* exert) pressure, to press (s.o.): *~ sugli alunni perché studino di più* to put pressure on the pupils to study harder; (*insistere*) to insist, to press: *non ~ troppo su questo tasto* don't insist too much on this subject. **3** (*incalzare*) to press, to bear down upon: *i nemici premono da ogni parte* our enemies are pressing from all sides. **4** ⟨*fig*⟩ (*stare a cuore*) to matter, to care (*o* worry) about (*costr. pers.*), to be anxious (about) (*costr. pers.*): *mi preme la tua salute* I care about your well–being; *mi preme di finire il lavoro* I am anxious to finish my work.

premessa *f.* **1** (*preambolo*) preamble; (*introduzione*) introduction. **2** ⟨*Filos*⟩ premise, premiss. □ *fare una* ~ to make a preliminary (*o* an introductory) statement. **premesso** (*p.p. di premettere*) *a.* already stated, stated in advance. □ *ciò* ~ that being said (*o* stated); *~ che* considering that: *~ che tu abbia ragione* considering that you are right. **premettere** *v.t.* (**premisi, premesso**) **1** to state first (*o* beforehand, in advance), to start by saying: *vorrei* ~ *che non avevo l'intenzione di offenderti* I should like to start by saying that I didn't mean to offend you. **2** (*far precedere*) to put (*o* give, set out) beforehand, to premise: ~ *un'introduzione a un libro* to premise a book with an introduction; ~ *il nome al cognome* to put one's first name before one's surname.

premiare *v.t.* (**premio, premi**) **1** to give (*o* award) a prize to: *premiarono gli scolari migliori* they awarded prizes to the best pupils. **2** (*ricompensare*) to reward, to repay, to recompense: ~ *la diligenza di qd.* to reward s.o.'s diligence. **premiato I** *a.* prize winning, given (*o* awarded) a prize. **II** *s.m.* (*f.* -**a**) prize winner: *l'elenco dei –i* the list of prize winners. **premiazione** *f.* **1** (*il premiare*) giving (*o* awarding) of prizes. **2** (*cerimonia*) prize giving. □ *giorno della* ~ prize(-giving) day.

premier *ingl.* ['prɛmjə] *m.* Premier.

première *fr.* [prəm'jer] *f.* **1** ⟨*Teat*⟩ première, first (*o* opening) night. **2** ⟨*Sart*⟩ forewoman.

preminente *a.* pre-eminent, prominent. **preminenza** *f.* pre-eminence.

premio *m.* **1** prize, award: *vincere un* ~ to win a prize; *assegnare un* ~ *a qd.* to award a prize to s.o. **2** (*ricompensa*) reward, recompense: *la virtù è* ~ *a se stessa* virtue is its own reward. **3** (*ciò che si vince*) prize: *estrazione dei –i* drawing of the prizes. **4** ⟨*Comm*⟩ bounty, rebate, premium, bonus: ~ *all'esportazione* export bounty. **5** ⟨*Assic*⟩ premium: ~ *annuale* annual premium. **6** ⟨*burocr*⟩ (*indennità*) allowance, bonus: ~ *d'anzianità* long-service bonus. □ ~ *di* **assicurazione** insurance premium; *avere in* ~ to receive as a prize, to be awarded; ~ *di* **consolazione** consolation prize; ~ *in* **denaro** cash prize; ~ *di* **fedeltà** refund, rebate; ⟨*rif. a impiegati*⟩ bonus; ⟨*Sport*⟩ **Gran** ~ Grand Prix; *in* ~ *di* as a reward for; ~ *d'*ingaggio transfer (*o* signing-on) fee, ⟨*am*⟩ bonus; ~ **letterario** literary award; ~ **Nobel** (*istituzione*) Nobel Prize; (*vincitore*) Nobel prize winner; ~ *di* **produzione** production bonus; ⟨*Assic*⟩ ~ *di* **riscatto** redemption premium; **vendite** *a* ~ premium sales.

premi‖stoffa *m.inv.* (presser) foot. **~stoppa** *m.inv.* stuffing box.

premito *m.* ⟨*Med*⟩ tenesmus.

premolare *a./s.m.* ⟨*Anat*⟩ premolar.

premonire *v.t.* (**premonisco, premonisci**) ⟨*lett*⟩ to forewarn, ⟨*lett*⟩ to premonish. **premonitore I** *s.m.* (*f.* -**trice**) forewarner, ⟨*lett*⟩ premonitor. **II** *a.* → **premonitorio. premonitorio** *a.* premonitory. **premonizione** *f.* premonition.

premorienza *f.* ⟨*Dir*⟩ pre-decease. **premorire** *v.i.* (**premuoio, premuori; premorii, premorto; → morire;** *aus.* **essere**) to pre-decease (*a qd.* s.o.).

premunire *v.t.* (**premunisco, premunisci**) **1** (*munire anticipatamente*) to fortify (beforehand); (*mettere in guardia*) to warn (*contro* against). **2** ⟨*fig*⟩ to preserve (from). **premunirsi** *v.r.* to protect o.s.: *premunirsi contro una malattia* to protect o.s. against an illness. **premunizione** *f.* ⟨*Med*⟩ premunition.

premura *f.* **1** (*sollecitudine*) care, solicitude, attention: *avrò* ~ *di comunicarti la notizia al più presto* I shall take care to notify you as soon as possible. **2** (*gentilezza*) kindness: *era pieno di* ~ *per noi* he was ⌈full of kindness⌉ (*o* very kind) to us. **3** (*fretta, urgenza*) haste, hurry, urgency: *ho* ~ *di partire* I am in a hurry to leave. □ *darsi* (*o farsi*) ~ to take care, to take pains (*o* trouble); *di* ~ (*urgente*) urgent, pressing; *far* ~ *a qd.* to hurry s.o. up, ⟨*fam*⟩ to put pressure on s.o. **premurosamente** *avv.* **1** (*con sollecitudine*) carefully. **2** (*gentilmente*) kindly. **premuroso** *a.* **1** (*sollecito*) careful, solicitous. **2** (*gentile*) kind; (*pieno di riguardi*) thoughtful, attentive: *un marito* ~ a thoughtful husband.

pre‖natale *a.* prenatal. **~natalizio** *a.* pre-Christmas.

prendere *v.* (**presi, preso**) **I** *v.t.* **1** to take: ~ *un bambino in braccio* to take a child in one's arms. **2** (*afferrare*) to seize, to catch (hold of), to grip, to grasp: ~ *qd. per un braccio* to catch ⌈s.o.'s arm⌉ (*o* s.o. by the arm); ~ *con le pinze* to grip with pliers. **3** (*portare con sé*) to take: *ho*

preso l'ombrello perché piove I took my umbrella because it's raining; *prese con sé tre uomini fidati* he took three trusted men with him. **4** (*ritirare, andare a prendere*) to collect, to fetch, to pick up: ~ *le valigie alla stazione* to collect (*o* pick up) the suitcases at the station. **5** (*rif. a cibi, bevande e sim.*) to have, to take: *prendo solo un dito di vino* I'll just have a little wine; ~ *una medicina* to take a medicine. **6** (*incamminarsi*) to take, to set off (along), to go by: *prendi la seconda strada a destra* take the second turn to the right; ~ *una direzione sbagliata* to go (*o* set off) in the wrong direction. **7** (*catturare*) to catch, to capture, to take prisoner: *ho preso il ladro* I caught the thief. **8** (*far preda a caccia, a pesca*) to catch, to take; (*uccidere*) to kill. **9** (*percepire, guadagnare*) to earn, to get, to make: *quanto prendi all'ora?* how much do you make an hour?; (*rif. a professionista*) to charge; (*chiedere*) to ask: *quanto prendi per lezione?* how much do you ask per lesson? **10** (*ottenere con studio, con fatica*) to win, to get, to earn, to take: ~ *la laurea* to get a degree. **11** (*buscarsi*) to be given (*o* dealt), to get: ~ *una botta in testa* to be dealt a blow on the head. **12** (*rif. a sentimenti*) to take: ~ *coraggio* to take courage. **13** (*colpire, percuotere*) to hit: ~ *qd. a sassate* to hit (*o* pelt) s.o. with stones. **14** (*conquistare*) to conquer, to take: *la città fu presa per fame* the city was conquered by starving it out. **15** (*trattare*) to treat, to deal with, to handle: *so ben io come* ~ *i bambini capricciosi* I know how to deal with naughty children; ~ *qd. con le buone* to treat (*o* handle) s.o. tactfully. **16** (*contrarre*) to catch, to get: ~ *un raffreddore* to catch a cold; ~ *un vizio* to get a bad habit. **17** (*rif. ad aspetto, odore e sim.: assumere*) to take (on), to get, to acquire: ~ *odore di muffa* to get a musty smell. **18** (*derivare*) to get, to derive, to take: *è un'abitudine che ha preso dalla madre* it's a habit he got (*o* learnt) from his mother. **19** (*scambiare*) to take, to mistake: *ti avevo preso per tuo fratello* I had taken you for your brother; *per chi m'hai preso?* who do you take me for? **20** (*Fot*) to take, to photograph, ⟨*fam*⟩ to snap: ~ *qd. di profilo* to photograph s.o. in profile. **II** *v.i.* (*aus.* **avere**) (*voltare*) to turn: ~ *a destra* to turn right. **prendersi** *v.r.* ⟨*recipr*⟩ (*afferrarsi*) to catch (*o* seize) e.o. □ ~ *a* [*inf*] (*cominciare*) to start, to begin, to take to: *prese a lamentarsi* he started complaining; ~ *l'abito* (*farsi prete*) to become a priest, to take orders; ~ *un'abitudine* to get into a habit; ~ *l'abitudine di bere* to turn (*o* take) to drink; *che ti prenda un accidente!* blow (*o* blast) you!; **andare** *a* ~ to go and get, to (go and) fetch; (*ritirare, prelevare*) to collect, to pick up; ~ *a* **bordo** to take on (board); ~ *qd. con le* **cattive** to be rude (*o* unpleasant) to s.o.; ~ *in* **collo** to take in one's arms; *prendersela* **comoda** to take things easy; *prendersela* **con** *qd.* to get angry with s.o.; (*incolparlo*) to blame s.o.; *prendersela con il destino* to curse one's fate (*o* luck); ~ *alle proprie* **dipendenze** to engage, to employ, to hire; ~ *il* **largo** (*squagliarsela*) to make o.s. scarce; ~ *o* **lasciare** take it or leave it; ~ *alla* **lettera** to take literally; *prenderla* ⌈*alla* **lontana**⌉ (*o da lontano*) to approach indirectly; **mandare** *a* ~ to send for; ~ *la* **mano:** 1 (*Equit*) to get out of control; 2 ⟨*fig*⟩ (*rif. a persone*) to get out of hand; ~ *in* **mano** *qc.* to take s.th. in one's hand; ⟨*fig*⟩ to take charge of s.th.; ~ *il* **mare** to put out to sea, to set sail; ⟨*fig*⟩ ~ *qd. con le* **molle** ⟨*fam*⟩ to handle s.o. with kid gloves; (*iperb*) *da* ~ *con le* **molle** dreadful: *è un errore da* ~ *con le* **molle** it's a dreadful (*o* gross) blunder; ~ **per:** 1 (*stimare*) to think, to consider: *l'aveva preso per un brav'uomo* she had considered him a good man; 2 (*scambiare*) to take, to mistake, to think: *ti avevo preso per Giovanni* I had mistaken you for John; ~ **piede** (*diventar di moda*) to become fashionable, to catch on; (*rif. ad abitudini: attecchire*) to take root; ~ *con* **sé** (*in casa*) to take into one's home; (*portare con sé*) to take with one; ⟨*fig*⟩ ~ **sopra** *di sé* to take on (*o* over), to undertake; ~ **su** (*raccogliere*) to pick up; **venire** *a* ~ to call (*o* come) for; (*ritirare, prelevare*) to come and fetch (*o* get), to come for. ‖ ⟨*fam*⟩ *che ti prende?* what's the matter with you?, ⟨*fam*⟩ what's up (with you?); *prendersela* to be annoyed (*o* upset): *non te la* ~*!* don't worry!, don't get upset about it!; ⟨*fam*⟩ *prenderle* (*o prenderne*) to get a hiding; (*rif. a*

bambini) to get a spanking.
prendibile *a.* takable.
prendisole *m.inv.* **1** (*costume da spiaggia*) sun–suit. **2** (*abito molto scollato*) sun–dress.
prenditore *m.* (*f.* -trice) **1** ⟨*Sport*⟩ (*nel baseball*) catcher. **2** ⟨*Econ*⟩ payee.
prenome *m.* **1** (*nome di battesimo*) Christian (*o* first) name. **2** ⟨*Stor.rom*⟩ praenomen.
prenotare *v.t.* (**prenoto**) to book, to reserve: ~ *una camera* to book a room. **prenotarsi** *v.r.* to book, to make a booking (*o* reservation): *prenotarsi per una gita* to book for an excursion. **prenotazione** *f.* booking, reservation.
prensile *a.* ⟨*Zool*⟩ prehensile. **prensione** *f.* prehension: *organi di* ~ organs of prehension.
preoccupante *a.* worrying, worrisome. **preoccupare** *v.t.* (**preoccupo**) to worry, to make anxious, to trouble: *è questo che mi preoccupa* that's what worries me.
preoccuparsi *v.r.* **1** to be worried (*o* concerned), to be anxious (*di, per* about): *non te ne* ~ don't worry (about it); *mi preoccupo per la sua salute* I am anxious about his health. **2** (*prendersi cura*) to take care, to make sure (*o* certain) (of): *mi sono preoccupato di spedirgli in tempo le valigie* I made sure I sent him the suitcases in time.
preoccupato *a.* worried, troubled (*per, di* about, by), anxious (about).
preoccupazione *f.* worry, problem, care, trouble: *avere delle* -i to have problems.
preoperatorio *a.* ⟨*Chir*⟩ preoperative.
preordinamento *m.* preordination, fore–ordination.
preordinare *v.t.* (**preordino**) to preordain, to fore –ordain: ~ *il proprio avvenire* to preordain one's future.
preordinazione *f.* → preordinamento.
preparare *v.t.* (*approntare*) to get ready, to prepare: ~ *una camera* to get a room ready; ~ *una tesi di laurea* to prepare a degree thesis; ~ *la cena* to get dinner ready. **2** (*predisporre*) to prepare: ~ *qd. a una notizia* to prepare s.o. for some news; ~ *gli alunni per un esame* to prepare (*o* coach) pupils for an exam. **prepararsi** *v.r.* **1** to get ready, to prepare (o.s.): *prepararsi per l'atterraggio* to prepare (*o* get ready) to land. **2** (*accingersi*) to be about to: *mi preparavo a uscire* I was just about to go out. **3** (*stare per accadere*) to be about to happen, to be brewing, to be in store (*o* in the offing): *si preparano grandi eventi* great things are about to happen.
preparativo *m.* (generally in pl.) preparations *pl*: *fare* -i to make preparations; -i *di guerra* preparations for war.
preparato I *a.* **1** prepared; (*ben preparato*) well–prepared. **2** (*pronto*) ready. **II** *s.m.* ⟨*Farm*⟩ preparation. □ ~ *microscopico* prepared slide, specimen.
preparatore *m.* (*f.* -trice) preparer. **preparatorio** *a.* preparatory, preliminary: *scuola* -a preparatory school, ⟨*fam*⟩ prep school; *lavori preparatori* preliminary work.
preparazione *f.* **1** preparation, preparing: *la* ~ *per un esame* preparation for an examination; ~ *della guerra* preparing for war. **2** ⟨*Sport*⟩ training. □ ~ *professionale* vocational training; *senza* ~ unprepared.
prepensionamento *m.* early retirement.
preponderante *a.* preponderant, predominant, prevailing: *opinione* ~ prevailing opinion. **preponderanza** *f.* preponderance, predominance; (*maggioranza*) majority; (*superiorità*) superiority.
preporre *v.t.* (**prepongo**, **preponi**; **preposi**, **preposto**; → **porre**) **1** (*porre innanzi*) to place (*o* put) before, to precede. **2** (*mettere a capo*) to appoint (*o* put at the) head, to put in charge: ~ *qd. a qc.* to appoint s.o. head of s.th., to put s.o. ʿat the headʾ (*o* in charge) of s.th.; *fu preposto all'amministrazione* he was put in charge of the administration. **3** ⟨*fig*⟩ (*preferire*) to prefer, to put before: ~ *il dovere al piacere* to put duty before pleasure.
prepositivo *a.* ⟨*Gramm*⟩ prepositive; (*che ha funzione di preposizione*) prepositional. **prepositura** *f.* ⟨*Rel*⟩ provostship, pr(a)epositorship. **preposizione** *f.* ⟨*Gramm*⟩ preposition: -i *articolate* prepositions combined with the definite article.
preposto *m.* ⟨*Rel*⟩ (*prevosto*) provost, dean.
prepotente I *a.* **1** (*impellente*) overbearing, pressing: *bisogno* ~ pressing need. **2** (*arrogante*) overbearing,

arrogant, domineering, ⟨*fam*⟩ bossy, ⟨*fam*⟩ uppish: *uomo* ~ overbearing (*o* arrogant) man; *ragazzino* ~ uppish (*o* cheeky) kid. **II** *s.m./f.* arrogant (*o* domineering) person, bully. □ *fare il* ~ to bully. **prepotentemente** *avv.* arrogantly, overbearingly. **prepotenza** *f.* **1** (*qualità*) arrogance, high–handedness: *con la* ~ *non si ottiene nulla* high–handedness will get you nowhere. **2** (*azione*) overbearing behaviour, arrogant action: *smettila con le* -e *stop bullying*, stop this arrogant behaviour. □ *di* ~ by force. **prepotere** *m.* excessive power.
pre|professionale *a.* preprofessional. **~programmare** *v.t.* to preprogramme, to programme in advance. **~programmazione** *f.* preprogramming. **~pubertà** *f.* prepubescence.
prepuziale *a.* ⟨*Anat*⟩ preputial. **prepuzio** *m.* prepuce, foreskin.
pre|raffaellismo *m.* ⟨*Art*⟩ Pre–Raphaelitism, Pre–Raphaelism. **~raffaellita** *a./s.m./f.* Pre–Raphaelite.
pre|refrigerazione *f.* pre–cooling. **~registrare** *v.t.* to prerecord. **~registrato** *a.* prerecorded. **~registrazione** *f.* prerecording. **~regolare** *v.t.* to preset: ~ *un forno* to preset an oven. **~regolazione** *f.* presetting. **~riscaldamento** *m.* preheating.
prerogativa *f.* **1** (*privilegio*) prerogative, privilege: ~ *parlamentare* parliamentary privilege; *regia* ~ Royal Prerogative. **2** (*qualità particolare*) (special) quality, property: *far diminuire la febbre è una* ~ *del chinino* one of the properties of quinine is that it brings down the temperature; (*rif. a persona*) gift, (special) quality.
pre|romanico *a.* (*pl.* -ci) ⟨*Art*⟩ pre–Romanesque. **~romanticismo** *m.* ⟨*Lett*⟩ pre–Romanticism. **~romantico** *a.* (*pl.* -ci) pre–Romantic.
pres. = **1** *presidente* president, chairman. **2** *presidenza* chairman's office.
presa *f.* **1** (*il prendere*) taking, catching, seizing: ~ *di posizione* taking one's stand. **2** (*conquista*) taking, seizure: *la* ~ *di una città* the taking of a town. **3** (*cattura*) capture: *la* ~ *di un delinquente* the capture of a criminal. **4** ⟨*Venat*⟩ (*rif. a selvaggina*) bag, kill, take; (*rif. a pesci*) catch, haul: *fare una bella* ~ to have a good catch. **5** (*stretta*) grip, grasp, hold. **6** (*pizzico*) pinch: *una* ~ *di sale* a pinch of salt. **7** (*cuscinetto per afferrare le pentole calde*) pot holder. **8** ⟨*fig*⟩ (*forza, impressione*) hold, impression: *le tue parole hanno sempre una gran* ~ *su di lui* your words always make a great impression on him. **9** ⟨*fig*⟩ (*appiglio, pretesto*) grounds *pl*, rise: *dare* ~ *ai pettegolezzi* to give rise to gossip. **10** (*rif. a colla e sim.*) set(ting): ~ *rapida* quick–setting. **11** ⟨*tecn*⟩ (*derivazione*) outlet. **12** ⟨*El*⟩ tap, electric outlet, socket; (*morsetto*) terminal. **13** ⟨*Mecc*⟩ (*contatto di denti di ingranaggio*) mesh. **14** ⟨*Sport*⟩ (*nella lotta*) catch, grip, hold. **15** ⟨*Fot,Cin*⟩ (*ripresa*) shot, take. □ **abbandonare** *la* ~ to let go one's hold; ⟨*Idr*⟩ ~ *d'acqua* water plug (*o* intake); ⟨*Mot*⟩ ~ *d'aria* air intake; ⟨*Venat*⟩ **cane** *da* ~ retriever; ~ *in consegna* taking delivery; ⟨*fig*⟩ ~ *di contatto* contact; ⟨*El*⟩ ~ *di corrente* (power) socket, plug, outlet; ⟨*Rad,TV*⟩ ~ **diretta** live broadcast; *essere alle* -e *con un problema* to be struggling (*o* wrestling) with a problem; *essere alle* -e *con un avversario* to be up against an adversary; *far* ~: **1** (*attaccarsi*) to catch (on), to hold: *l'ancora fece* ~ the anchor held; **2** (*indurirsi*) to set: *il cemento fa* ~ the cement is setting; ~ *del* **gas** gas outlet; ~ *in giro* (*imbroglio*) swindle, cheat; (*canzonatura*) mockery; ⟨*venat*⟩ **lasciare** *la* ~ to let go, to drop; ⟨*Mur*⟩ *a* **lenta** ~ slow–setting; ⟨*Cin*⟩ **macchina** *da* ~ cine camera, ⟨*am*⟩ movie camera; ⟨*El*⟩ ~ **multipla** multiple jack; ⟨*El*⟩ ~ *a* **muro** wall socket; ⟨*Inform*⟩ ~ *a* **pettine** (*o fessura*) slot; ~ *di* **possesso** taking possession; ~ *del* **potere** seizing of power; ⟨*Mur*⟩ *a* **pronta** (*o rapida*) ~ quick–setting; ⟨*Cin*⟩ **ripetere** *la* ~ to retake, to reshoot; **stringere** *la* ~ to tighten one's grip; ~ **telefonica** phone jack; ⟨*El*⟩ ~ *di* **terra** earth plate; ⟨*El*⟩ ~ **universale** universal socket; ⟨*fig*⟩ **venire** *alle* -e *con qd.* to come to grips with s.o.; ~ *di* **visione** examination, taking note.
presagio *m.* **1** prediction. **2** (*indizio di eventi futuri*) omen, presage: *essere di buon* ~ to be a good omen; (*presentimento*) presentiment, presage: *avere il* ~ *di qc.* to

have a presentiment of s.th. **presagire** *v.t.* (**presagisco**, **presagisci**) **1** (*predire*) to foretell, to predict. **2** (*presentire*) to have a presentiment (*o* premonition) of, to presage, to forebode. **presago** *a.* (*pl.* -**ghi**) having a presentiment (*o* premonition): *essere ~ di qc.* to have a premonition of s.th., to foresee (*o* presage) s.th.
presalario *m.* ⟨*Univ*⟩ student's grant.
presame *m.* ⟨*Biol*⟩ (*caglio*) rennet.
presbiopia *f.* ⟨*Med*⟩ presbyopia. **presbite I** *a.* presbyopic, long–sighted. **II** *s.m./f.* presbyte, presbyope, long–sighted person.
presbiterato *m.* presbyterate. **presbiterianesimo** *m.* ⟨*Rel*⟩ Presbyterianism. **presbiteriano I** *a.* Presbyterian. **II** *s.m.* (*f.* -**a**) Presbyterian. **presbiterio** *m.* presbytery. **presbitero** *m.* presbyter.
presbitismo *m.* → presbiopia.
prescegliere *v.t.* (**prescelgo**, **prescegli**; **prescelsi**, **prescelto**; → scegliere) to select, to choose. **prescelsi** → prescegliere. **prescelto** (*p.p. di prescegliere*) **I** *a.* selected, chosen. **II** *s.m.* (*f.* -**a**) chosen person.
presciente *a.* prescient. **prescientifico** *a.* (*pl.* -**ci**) prescientific. **prescienza** *f.* ⟨*Rel*⟩ prescience.
prescindere *v.i.* (**prescindei**/*rar.* **prescissi**, *p.p. non com.* **prescisso**; *aus.* **avere**) to leave out of consideration (*da qc.* s.th.).
prescolare *a.* preschool: *istruzione ~* preschool education; (*rif. a bambini*) of nursery–school age. □ *bambino in età ~* preschooler. **prescolastico** *a.* (*pl.* -**ci**) preschool–: *istruzione -a* preschool training.
prescrittibile *a.* ⟨*Dir*⟩ prescriptible, prescribable. **prescritto** (*p.p. di prescrivere*) *a.* **1** (*fissato in precedenza*) prescribed, fixed, appointed: *il giorno ~* the day fixed, the appointed day. **2** (*imposto*) prescribed, laid down: *secondo le norme ~* according to the rules laid down. **3** ⟨*Med*⟩ prescribed: *medicine -e* medicines prescribed. □ *è ~ l'abito da sera* evening dress (*de rigueur*). **prescrivere** *v.t.* (**prescrissi**, **prescritto**) to prescribe: *la legge prescrive la presenza di due testimoni* the law prescribes the presence of two witnesses; *il medico ha prescritto questa cura* the doctor has prescribed this treatment. **prescriversi** *v.r.* ⟨*Dir*⟩ to become (statute-)barred, to prescribe. **prescrizione** *f.* **1** ordinance, regulation, rule, provision. **2** ⟨*Med*⟩ orders *pl:* ~ *medica* doctor's orders; (*disposizioni scritte*) prescription. **3** ⟨*Dir*⟩ prescription. □ *cadere in ~* to become (statute-)barred; ~ *legale* legal regulation; *mandare in ~* to make statute-barred; *soggetto a ~* prescriptive.
presegnalare *v.t.* ⟨*Strad*⟩ to signal in advance. **presegnale** *m.* warning signal.
preselezione *f.* **1** preliminary selection. **2** ⟨*Tel,Aut*⟩ preselection.
presentabile *a.* presentable (*anche fig.*). **presentabilità** *f.* presentability.
presentare *v.t.* (**presento**) **1** (*esibire*) to show, to produce: ~ *il passaporto* to show one's passport. **2** (*mostrare, esporre*) to show, to present: *la luna presenta sempre la stessa faccia* the moon always shows the same face; ~ *il fianco al nemico* to present one's flank to the enemy. **3** (*porgere offrendo*) to offer, to hand: *gli presentò un piatto di spaghetti* he offered (*o* gave) him a plate of spaghetti. **4** (*proporre*) to propose, to introduce: ~ *la candidatura di qd.* to propose s.o.'s candidature; ~ *un progetto di legge* to introduce a bill. **5** (*far conoscere*) to introduce, to present: *Le presento il mio amico Carlo* may I introduce my friend Charles; (*condurre alla presenza di qd.*) to present: *la delegazione fu presentata al ministro* the delegation was presented to the minister. **6** (*in formule di cortesia*) to present: ~ *i propri ossequi* to present one's respects. **7** ⟨*fig*⟩ (*illustrare*) to present, to describe, to put: *così come lo hai presentato, l'affare mi sembra vantaggioso* the way you describe (*o* put) it, it seems to be a profitable affair. **8** ⟨*fig*⟩ (*implicare*) to present, to involve: *l'affare presenta molte difficoltà* the matter presents (*o* involves) many difficulties. **9** ⟨*burocr*⟩ (*inoltrare*) to put (*o* send) in, to make, to submit: ~ *una domanda* to submit (*o* make, put in) an application; ~ *un reclamo* to make (*o* lodge) a

complaint; (*per l'approvazione e sim.*) to submit: ~ *una relazione* to submit a report. **10** ⟨*Dir*⟩ to lodge, to file: ~ *un'istanza* to lodge (*o* file, make) a petition. **presentarsi** *v.r.* **1** to present o.s., ⟨*fam*⟩ to turn (*o* show) up: *si è presentato alla festa* he ⌐came to⌐ (*o* turned up at) the party; (*per ragioni di servizio*) to report: *è venuto a presentarsi un nuovo giardiniere* a new gardener has reported for work. **2** (*comparire*) to appear: *si presentò ai giudici* he appeared before the judges. **3** (*farsi conoscere*) to introduce o.s.: *permette che mi presenti?* may I introduce myself? **4** ⟨*fig*⟩ (*offrirsi*) to arise, to occur: *mi si è presentata una buona occasione* a good opportunity has arisen for me. **5** (*essere, apparire*) to look, to appear: *la superficie si presenta levigata* the surface looks smooth. □ ⟨*Mil*⟩ ~ *le* **armi** to present arms; *presentarsi* **bene** (*rif. a cose*) to look promising (*o* good); (*rif. a persone*) to have a good appearance, to look nice (*o* good); ~ *una* **cambiale** to present a bill (for payment); *non so come abbia il* **coraggio** *di presentarsi* I don't know how he dare show his face; ⟨*Mil*⟩ *presentarsi alla* **leva** to report for military service; *presentarsi alla* **mente** to come to mind; *presentarsi sulla* **scena** to appear on stage; ⟨*Parl*⟩ ~ *un* **progetto** *di legge* to present a bill; ~ *le proprie* **scuse** to make (*o* offer) one's apologies.
presentatarm (*o* **presentat'arm**) *intz.* ⟨*Mil*⟩ present arms!
presentatore *m.* (*f.* -**trice**) ⟨*Teat,TV*⟩ compère, master of ceremonies, ⟨*fam*⟩ M.C., ⟨*am*⟩ talkshowman.
presentazione *f.* **1** presentation; (*il mostrare*) showing. **2** (*dimostrazione: rif. a prodotti e sim.*) demonstration. **3** (*proposta di eleggere*) nomination, proposal: ~ *di candidati* nomination of candidates. **4** (*rif. a persone: il far conoscere*) introduction. **5** (*discorso di presentazione*) introductory speech; (*prefazione*) introduction. **6** ⟨*Teat*⟩ compèring. **7** ⟨*Cin*⟩ titles *pl*, credits *pl*. **8** ⟨*burocr*⟩ (*inoltro*) submission. **9** ⟨*Dir*⟩ appearance: ~ *in giudizio* appearance before court. **10** ⟨*Med,Filos,Rel*⟩ presentation. □ *all'atto della* ~ upon presentation; ⟨*Med*⟩ ~ **cefalica** cephalic presentation; *fare le -i* to do the introducing; ⟨*Med*⟩ ~ **podalica** breech presentation; ⟨*Rel*⟩ ~ *di Maria Vergine al* **Tempio** Presentation of the Virgin Mary in the temple.
presente[1] **I** *a.* **1** present: *era ~ anche lui alla riunione* he too was present at the meeting. **2** ⟨*assol*⟩ in the presence of: *te ~* in your presence. **3** (*questo*) this: *la ~ opera* this work; (*attuale*) present: *l'epoca ~* the present time. **4** ⟨*esclam*⟩ (*negli appelli*) present, here. **5** ⟨*Gramm*⟩ present. **II** *s.m.* **1** (*tempo attuale*) present (time): *il ~ e il futuro* the present and the future. **2** ⟨*Gramm*⟩ present (tense). **III** *s.m./f.* person present; *pl.* those present: *rivolgersi ai -i* to address those present. **IV** *s.f.* ⟨*epist*⟩ this (letter): *con la ~ vi comunico che* this is to inform you that, I herewith inform you that. □ **al** ~ at the moment, at present; **avere** ~: **1** (*ricordare*) to remember, to recollect; **2** (*conoscere*) to know: *hai ~ via Garibaldi?* do you know Via Garibaldi?; *essere ~ alla* **mente** to be in (s.o.'s) mind; **far** ~ *qc. a qd.* to draw s.th. to s.o.'s attention; *per il ~* for the present (*o* moment); *essere ~ a* **se stesso** to be very clear-minded; ⟨*Gramm*⟩ ~ **storico** historical present; **tenere** ~ to bear (*o* keep) in mind.
presente[2] *m.* (*regalo*) present, gift.
presentemente *avv.* at present, at the moment.
presentimento *m.* presentiment, premonition, foreboding: *ho un brutto ~* I have an unpleasant presentiment. **presentire** *v.t.* (**presento**) to have a presentiment (*o* foreboding) of.
presenza *f.* **1** presence: *nessuno si era accorto della sua ~* nobody was aware of his presence. **2** (*aspetto fisico*) appearance: *una ragazza di bella ~* a girl with a good appearance, a good-looking girl. □ **accertare** *la ~ di petrolio* to find oil; **alla** ~ *di qd.* in s.o.'s presence; **fare atto di** ~ to put in an appearance; *non avere ~* (*essere insignificante*) to be insignificant (*o* unimposing); ⟨*giorn*⟩ **bella** ~ (*nelle offerte di lavoro*) smart appearance; **di** ~ (*personalmente*) in person, personally; **in** ~ *del pericolo* in moments of danger; ~ *di* **spirito** presence of mind.
presenziare *v.* (**presenzio**, **presenzi**) **I** *v.t.* to be present at, to attend. **II** *v.i.* (*aus.* **avere**) to be present.

presepe, presepio *m.* crib, crèche.
preservamento *m.* preservation. **preservare** *v.t.* (preservo) to keep, to preserve, to save, to protect: *Dio ci preservi da simili sciagure* God keep us from such misfortune; ~ *il legno dai tarli* to protect wood from the woodworm. **preservativo I** *a.* preservative. **II** *s.m.* (*guaina profilattica*) condom. **preservatore I** *s.m.* (*f.* -trice) preserver. **II** *a.* preservative.
preservazione *f.* preservation.
presi → prendere.
preside *m./f.* **1** ⟨*Scol*⟩ headmaster (*f* –mistress), ⟨*am*⟩ principal. **2** ⟨*Univ*⟩ dean, head: ~ *di facoltà* dean, head of a department.
presidente *m.* (*f. inv./-essa*) **1** president (*anche Pol.*). **2** ⟨*Comm*⟩ (*rif. a società*) chairman: ~ *del consiglio d'amministrazione* chairman of the board of directors. □ ~ *della* **camera** (*dei deputati*) Speaker of the Chamber of Deputies, ⟨*GB*⟩ Speaker of the House of Commons, ⟨*SU*⟩ Speaker of the House of Representatives; ~ *del* **consiglio** (*dei ministri*) Prime Minister, Premier; ⟨*Dir*⟩ ~ *della* **corte** presiding judge; ~ *del* **seggio** *elettorale* presiding officer; ~ *del* **senato** President (*o* Speaker) of the Senate.
presidentessa *f.* **1** chairwoman (*anche Comm.*). **2** (*moglie del presidente*) president's wife. **presidenza** *f.* **1** presidency (*anche Pol.*). **2** ⟨*Comm*⟩ (*rif. a società*) chairmanship. **3** ⟨*Scol*⟩ (*carica*) headmastership; (*sede*) headmaster's study (*o* office). **4** (*collett*) management, board of directors. □ *assumere la* ~ to take the chair; ~ *del consiglio dei ministri* premiership; *sotto la* ~ *di* presided over by, chaired by. **presidenziale** *a.*presidential.
presidenziali *f.pl.* (*elezioni presidenziali*) presidential elections.
presidiare *v.t.* (presidio, presidi) to garrison. **presidiario** *a.* garrison-: *truppe* –*e* garrison troops. **presidio** *m.* **1** ⟨*Mil*⟩ (*guarnigione, sede*) garrison. **2** (*circoscrizione territoriale*) military sector. **3** ⟨*fig*⟩ (*difesa*) protection, defence.
presidium *m.* ⟨*Pol*⟩ presidium, executive committee. **Presidium** *m.* Presidium: *il* ~ *del Soviet Supremo* the Supreme Soviet Presidium.
presiedere I *v.t.* to preside over, to act as chairman at, to chair: ~ *una seduta* to chair (*o* act as chairman at) a meeting. **II** *v.i.* (*aus.* avere) **1** to preside (*a* over), to be in charge (of): ~ *ai lavori* to be in charge of the work; (*rif. a sedute*) to chair (*a qc.* s.th.); ⟨*assol*⟩ to be in the chair. **2** ⟨*fig*⟩ (*svolgere una funzione*) to regulate (*a qc.* s.th.): *il cuore presiede alla funzione circolatoria* the heart regulates the circulation.
preso (*p.p. di* prendere) *a.* **1** (*impegnato*) busy, taken up: *sei sempre così* ~ you are always so busy. **2** (*rif. a posto e sim.*) taken.
pressa *f.* **1** (*calca*) crowd, throng. **2** ⟨*tecn*⟩ press. □ ~ **automatica** automatic press; ~ *per* **balle** baler, bale-pressing machine; ~ *per* **coniare** coining (*o* stamping) press; ~ **idraulica** hydraulic press; ~ *a* **mano** hand press; ~ *per* **matrici** moulding press; ~ *per* **paglia** straw baler; ~ *per la* **stampa** printing press.
pressaforaggi(o) *m.inv.* forage press.
pressante *a.* urgent, pressing: *affari* –*i* urgent business.
pressappochismo *m.* carelessness, inaccuracy. **pressappochista** *m./f.* careless (*o* inaccurate) person. **pressappoco** (*o* *pressʼa poco*) *avv.* approximately, about, roughly.
pressare *v.t.* (presso) **1** to press: ~ *le olive* to press olives. **2** ⟨*fig*⟩ to press, to urge. **pressatura** *f.* pressing.
pressione *f.* pressure (*anche fig.*). □ ⟨*tecn*⟩ *a* ~ pressure–; ⟨*Fis,Meteor*⟩ **alta** ~ high pressure; ⟨*Fisiol*⟩ ~ *alta* high blood–pressure; ⟨*Fisiol*⟩ ~ **arteriosa** arterial pressure; ~ **atmosferica** (*o barometrica*) atmospheric pressure; ⟨*Fis*⟩ **aumento** *di* ~ pressure increase; ⟨*Fis,Meteor*⟩ **bassa** ~ low pressure; ⟨*Fisiol*⟩ ~ *bassa* low blood–pressure; *a bassa* ~ low–pressure–; ~ **concorrenziale** competitive pressure; **far** ~ *su qd.* to put pressure on s.o., to press s.o.; ~ **fiscale** tax burden; ⟨*Mecc*⟩ **mettere** *in* (*o sotto*) ~ to raise steam; **pentola** *a* ~ pressure–cooker; ⟨*Aut*⟩ ~ *dei* **pneumatici** tyre pressure; ⟨*Fisiol*⟩ ~ **sanguigna** (*o del*

sangue) blood pressure; ~ **sindacale** trade–union pressure; *essere* **sotto** ~: **1** ⟨*Mecc*⟩ to be under pressure (*anche fig.*); **2** ⟨*Mar*⟩ to be under steam.
presso I *prep.* (followed by *di* when used with a personal pronoun) **1** near: *è andato in un paese* ~ *Firenze* he has gone to a village near Florence; (*accanto a*) by, near: *sedeva* ~ *la porta* he was sitting near (*o* by) the door. **2** (*in casa di*) with, at (the house of): *vive* ~ *parenti* he lives with relatives; *abitano* ~ *i genitori di lui* they are living at his parents' (house). **3** ⟨*fig*⟩ to: *ambasciatore* ~ *la Santa Sede* Ambassador to the Holy See. **4** (*alle dipendenze di*) for, with: *lavora* ~ *un avvocato* he works for a solicitor. **5** ⟨*epist*⟩ care of, *di solito in forma abbreviata* c/o: *al Signor Rossi,* ~ *Bianchi* Mr. Rossi, c/o Bianchi. **II** *avv.* near (at hand), nearby, close at hand: *abitiamo qui* ~ we live nearby. **III** *s.m.pl.* neighbourhood, region: *nei* –*i di Roma* in the neighbourhood of (*o* near, around) Rome. □ ~ *a* near (to); *a un di* ~ (*pressappoco*) approximately, about, roughly; *più* ~ nearer: *farsi più* ~ (*avvicinarsi*) to come nearer, to draw closer.
pressoché (*o presso che*) *avv.* nearly, almost, all but.
pressurizzare *v.t.* ⟨*tecn*⟩ to pressurize. **prezzurizzato** *a.* pressurized: *cabina* –*a* pressurized cabin. **pressurizzazione** *f.* pressurization.
prestabilire *v.t.* (prestabilisco, prestabilisci) to pre–arrange, to fix beforehand (*o* in advance). **prestabilito** *a.* pre–arranged, fixed beforehand (*o* in advance).
prestampare *v.t.* to preprint. **prestampato** *a.* preprinted.
prestanome *m./f.inv.* dummy, man of straw.
prestante *a.* fine, good–looking. **prestanza** *f.* good looks *pl* (*o* appearance).
prestare *v.t.* (presto) **1** (*dare in prestito*) to lend: *prestami il tuo dizionario* lend me your dictionary; (*rif. a denaro*) to lend, to loan: ~ *denaro al cinque per cento* to lend money at five per cent interest. **2** (*dare, concedere*) to give, to lend, *di solito si traduce col verbo corrispondente*: ~ *aiuto a qd.* to lend a helping hand to s.o., to help s.o.; ~ *giuramento* to take an oath; ~ *fede a qd.* to believe (*o* trust) s.o. **prestarsi** *v.r.* **1** (*rif. a persone: adoperarsi*) to help (*per qd.* s.o.), to be helpful (to), to put o.s. out (for): *si presta sempre per gli amici* he always helps (*o* puts himself out for) his friends. **2** (*rif. a cose: essere adatto a uno scopo*) to be fit, to lend itself (*a* to): *la nuova fibra si presta a molti usi* the new fibre lends itself to many uses. **3** (*rif. a persone: essere pronto*) to be ready (to): *il vile si presta al compromesso* the coward is ready to compromise. □ ~ **attenzione** to pay attention; *la sua condotta si prestò alle* **critiche** his behaviour exposed him (*o* left him open) to criticism; ~ *a* **interesse** to lend (money) at interest; ~ *il proprio* **nome** to lend one's name; ~ **orecchio** *a qd.* to lend an ear to s.o., to give s.o. one's attention; ~ *sulla* **parola** to lend on trust; ~ **servizio** to work, to be employed.
prestatore *m.* (*f.* -trice) lender, loaner. □ ~ *di lavoro* (*o d'opera*) employee. **prestazione** *f.* **1** (*rendimento*) performance: *la* ~ *di un motore* the performance of an engine. **2** *pl.* (*servizi*) services *pl*: *le* –*i di un avvocato* the services of a solicitor. **3** *pl.* (*tributi, tasse*) tribute, taxes *pl.* □ ⟨*Assic*⟩ ~ *d'assistenza* (giving of) assistance; ⟨*Econ*⟩ ~ *d'opera* work, service; ~ *professionale* professional service; ⟨*Med*⟩ ~ *specialistica* specialist medical service; ⟨*Aut*⟩ ~ *su strada* road performance.
prestidigitatore *m.* (*non con*) → **prestigiatore. prestidigitazione** *f.* sleight–of–hand, ⟨*lett*⟩ prestidigitation.
prestigiatore *m.* (*f.* -trice) conjurer.
prestigio *m.* prestige: *godere di grande* ~ to have great prestige. □ *giochi di* ~ conjuring tricks. **prestigioso** *a.* prestigious, having prestige.
prestinaio *m.* ⟨*region*⟩ (*fornaio*) baker.
prestito *m.* (*il prestare, cosa prestata*) loan: *lanciare un* ~ to float a loan. □ ~ **automobilistico** auto(mobile) loan; ~ **bancario** bank loan; ~ **casa** housing loan; ~ **consolidato** consolidated stock, consol; **contrarre** *un* ~ to incur (*o* take out) a loan; ~ **convertibile** convertible loan; **dare** *a* (*o in*) ~ to lend; ~ *in* **denaro** cash loan; **emettere** *un* ~

to issue (o float) a loan; ~ **forzoso** forced loan; ~ *di* **guerra** war loan; ~ **immobiliare** real estate loan; ~ *a* **interesse** loan at interest; ~ *senza interesse* interest–free loan; **prendere** *in* ~ *qc.* to borrow s.th.; **preso** *in* ~ borrowed (*anche fig.*); ~ **pubblico** public loan; **ricevere** *qc. in* ~ to receive (o get) s.th. on loan; ~ *a breve* **scadenza** short–term loan; ~ *dello* **stato** government loan; ⟨Econ⟩ ~ *a medio* **termine** middle–term loan.

presto *avv.* **1** soon, before long, in a short time, shortly: ~ *ti scriverò* I'll be writing to you shortly; *si è stancato* ~ he soon got tired. **2** (*in fretta*) quickly: *ha fatto il lavoro* ~ he did the work quickly. **3** ⟨esclam⟩ hurry up, (be) quick: ~, *muoviti* come on, hurry up. **4** (*prima del tempo stabilito, di buon'ora*) early: *stamattina mi sono alzato* ~ I got up early this morning. **5** (*facilmente*) easily: *questo passo si capisce* ~ this passage is ⌜easily understood⌝ (o easy to understand). □ **a** ~ see you soon; **ben** ~ very soon (o quickly); *è* ~ **detto** it's easily said; **far** ~ *a fare qc.*: 1 (*affrettarsi*) to hurry up and do s.th.: *fà* ~ *a vestirti* hurry up and get dressed; 2 (*non costare fatica*) to have no trouble doing s.th., to do s.th. quickly: *ha fatto* ~ *a consolarsi* he got over it quickly; *si fa presto a dire* it's easy to talk; *al più* ~ **possibile** as soon as possible; (*il più rapidamente*) as quickly as possible; ~ *o* **tardi** sooner or later.

presule *m.* ⟨lett⟩ (*vescovo*) bishop, prelate.

presumere (o *presumere*) *v.* (**presunsi/presunsi**, **presunto/presunto**) **I** *v.t.* to imagine, to think, to presume: *nessuno presumeva così vicina la catastrofe* nobody imagined that the catastrophe was so near at hand. **II** *v.i.* (*aus.* avere) to rely too much (on), to think too highly (of): *presume troppo dalle proprie forze* he relies too much on his own strength; ~ *troppo di sé* to think too highly of o.s. **presumibile** (o *presumibile*) *a.* presumable, probable, likely. **presumibilmente** *avv.* presumably. **presunsi** → **presumere. presuntivo** *a.* **1** (*preventivato*) estimated. **2** (*che si può presumere*) presumptive, expected: *erede* ~ presumptive heir. **presunto** (*p.p. di* presumere) *a.* **1** presumed: *morte* –a presumed death. **2** (*rif. a criminali*) alleged. **3** (*valutato*) estimated: *spese* –e estimated expenditure.

presuntuosamente *avv.* presumptuously. **presuntuosità** *f.* presumptuousness, presumption, (self–)conceit. **presuntuoso** *a.* **1** (*rif. a persona*) presumptuous, (self–)conceited. **2** (*rif. a cosa*) presumptuous. **presunzione** *f.* **1** (*l'essere presuntuoso*) presumptuousness, presumption, nerve: *ebbe la* ~ *di cimentarsi con te* he had the nerve to compete with you. **2** ⟨Dir⟩ presumption: ~ *di proprietà* presumption of title. □ ⟨Dir⟩ ~ *legale* legal presumption, presumption of law.

presupporre *v.t.* (**presuppongo, presupponi; presupposi, presupposto**; → **porre**) **1** to presuppose. **2** (*supporre*) to suppose, to assume: *presupponevo che lo sapessi* I assumed that you knew. **presupposizione** *f.* supposition, assumption. **presupposto** *m.* **1** assumption, supposition: *siamo partiti da un* ~ *sbagliato* we started from a mistaken assumption. **2** (*condizione necessaria*) presupposition.

prêt à porter (*anche* pret-a-porter) *fr.* [pretaporte] *m.* ready–to–wear fashion.

prete *m.* **1** ⟨Rel.catt⟩ priest: *farsi* ~ to become a priest. **2** (*pop*) (*trabiccolo dello scaldino*) frame for a bed warmer. ~ *operaio* worker priest; ⟨spreg⟩ *scherzo da* ~ practical joke.

pretendente *m./f.* **1** claimant; (*al trono*) pretender. **2** (*corteggiatore*) suitor. **pretendere** *v.* (**pretesi, preteso**) **I** *v.t.* **1** (*esigere*) to want, to require: ~ *il pagamento* to require payment. **2** (*volere ingiustamente*) to expect, to want: *pretende di passare senza aver studiato* he expects to pass without studying; *pretende diecimila lire per quel libriccino* he wants ten thousand lire for that tiny book. **3** (*sostenere*) to maintain, to assert, to claim: *alcuni pretendono che il quadro sia di Raffaello* some people maintain that the painting is by Raphael. **4** (*credere a torto*) to think, to claim, to profess: *pretende di aver sempre ragione* he thinks he is always right. **5** (*presumere*) to expect, to presume, to think: ~ *di parlare l'inglese dopo*

un mese to expect to speak English after one month; *pretende di misurarsi con il campione* he thinks he can compete with the champion. **II** *v.i.* (*aus.* avere) (*aspirare*) to pretend: ~ *al trono* to pretend to the throne; ~ *alla mano di una ragazza* to pretend to a girl's hand. **pretensione** *f.* **1** (*pretesa*) claim, pretension. **2** (*presunzione*) pretentiousness. **pretensiosità** *f.* **1** (*pretesa*) pretentiousness. **2** (*alterigia*) conceit. **pretensioso** *a.* **1** pretentious. **2** (*presuntuoso*) pretentious, conceited. **pretenziosità** *f.* → **pretensiosità. pretenzioso** *a.* → **pretensioso.**

preterintenzionale *a.* ⟨Dir⟩ unintentional. □ *omicidio* ~ manslaughter. **preterintenzionalità** *f.* unintentionality.

preterito *m.* ⟨Gramm⟩ preterite tense, preterit.

preterizione *f.* ⟨Ret⟩ preterition.

preternaturale *a.* ⟨Rel⟩ preternatural.

pretesa *f.* **1** pretension, pretence: *avere la* ~ *d'essere elegante* to have pretensions to elegance. **2** (*richiesta*) claim, demand: *avanzare* –e *irragionevoli* to make unreasonable demands. □ **accampare** –e to put forward unjustified demands; **avanzare** *delle* –e *su qc.* to claim rights over s.th.; *è una* **bella** ~ that's asking a lot; *con la* ~ *di* under (o upon, on) the pretext of; *avere* **molte** –e to expect a lot; *è un uomo di* **poche** –e he's an easy man to please; **senza** –e unpretentious.

pretesco *a.* (*pl.* -chi) ⟨spreg⟩ priest–like, sanctimonious.

preteso (*p.p. di* pretendere) *a.* (*presunto*) supposed, alleged: *questa* –a *neutralità* this alleged neutrality.

pretesta *f.* ⟨Stor.rom⟩ praetexta.

pretesto *m.* **1** pretext, excuse, pretence. **2** (*occasione, appiglio*) opportunity, occasion. □ *prendere qc. a* ~ to use s.th. as an excuse; *sotto il* ~ *di* on the pretext of.

pretonzolo *m.* ⟨spreg⟩ priestling.

pretore *m.* **1** magistrate, judge (of a lower court). **2** ⟨Stor.rom⟩ praetor. **pretoriano** *m.* ⟨Stor.rom⟩ Praetorian. **pretorile** *a.* magistrate's.

pretorio¹ *a.* **1** (*del pretore*) magistrate's, magisterial. **2** ⟨Stor.rom⟩ praetorian, praetorial.

pretorio² *m.* ⟨Stor.rom⟩ praetorium.

pre|trattamento *m.* ⟨Ind⟩ pretreatment. **~trattare** *v.t.* to pretreat, to treat beforehand.

prettamente *avv.* typically, truly. **pretto** (o *pretto*) *a.* pure, real, true: *in* ~ *inglese* in pure English. □ *vino* ~ unadulterated wine.

pretura *f.* **1** magistrate's court. **2** ⟨Stor.rom⟩ praetorship.

prevalente *a.* prevailing, prevalent: *l'opinione* ~ the prevailing opinion. **prevalentemente** *avv.* mainly, mostly. **prevalenza** *f.* priority, supremacy, superiority. □ ⌜avere la⌝ (o *essere in*) ~ to prevail, to take priority; *in* ~ mainly, mostly. **prevalere** *v.i.* (**prevalgo, prevali; prevalsi, prevalso**; → **valere;** *aus.* essere/avere) to prevail, to predominate, to take priority: *non sempre prevale la ragione* reason does not always prevail.

prevaricamento *m.* → **prevaricazione. prevaricare** *v.i.* (**prevarico, prevarichi;** *aus.* avere) to be dishonest, to act dishonestly; (*abusare del proprio potere*) to abuse one's office, to deviate from one's duty: *ha prevaricato dai suoi doveri per interesse* he abused his position for his own profit. **prevaricatore** *m.* (*f.* -trice) prevaricator. **prevaricazione** *f.* **1** (*rif. a pubblico ufficiale*) malfeasance (in office). **2** ⟨Dir⟩ collusion with the opposing party.

prevedere *v.t.* (**prevedo; previdi, preveduto/previsto**; → **vedere**) **1** to foresee: *avevo previsto il tuo successo* I had foreseen your success. **2** (*considerare*) to provide for: *la legge non prevede questo caso* the law does not provide for this case. **prevedibile** *a.* foreseeable. **prevedibilità** *f.* foreseeableness. **preveggente** *a.* ⟨lett⟩ foreseeing. **preveggenza** *f.* ⟨lett⟩ foresight.

prevenire *v.t.* (**prevengo, previeni; prevenni, prevenuto**; → **venire**) **1** (*precedere*) to precede, to arrive before: *lo prevenni di qualche minuto* I arrived a few minutes before him. **2** (*fig*) to forestall, to anticipate: ~ *il desiderio di qd.* to anticipate s.o.'s wish. **3** (*evitare*) to avert: ~ *le difficoltà* to avoid difficulties; ~ *una guerra* to avert a war. **4** (*avvertire in precedenza*) to (fore)warn, to inform (beforehand): *vi prevengo che non si accettano reclami* I

warn you that complaints will not be accepted.
preventivamente *avv.* beforehand, in advance, previously.
preventivare *v.t.* ⟨*burocr*⟩ to estimate. **preventivato** I
a. estimated. II *s.m.* estimate: *il ~ della spesa* the
estimate of expenditure. **preventivo** I *a.* preventive: *cura
–a* preventive treatment. II *s.m.* ⟨*Econ*⟩ (*valutazione non
impegnativa*) estimate: ~ *di costo e spese* cost estimate;
(*impegno scritto con valore legale*) tender. □ ~ *di cassa*
cash budget; ~ *dettagliato* detailed estimate; ~ *di
massima* rough estimate.
preventorio *m.* ⟨*Med*⟩ preventorium.
prevenuto (*p.p. di prevenire*) *a.* (*maldisposto*) prejudiced,
biased: *sei ~ contro di noi* you are prejudiced against us.
prevenzione *f.* 1 (*preconcetto*) prejudice, bias: *giudicare
senza –i* to judge without prejudice. 2 (*il prevenire*)
prevention: ~ *dei sinistri* (*o degli infortuni*) prevention of
accidents. 3 ⟨*Med*⟩ (*profilassi*) prevention.
previdente *a.* provident, far-seeing, far-sighted: *sei ~, hai
pensato a tutto* you are very far-seeing, you have thought
of everything. **previdentemente** *avv.* providently,
prudently. **previdenza** *f.* providence, foresight. □ *cassa
di ~* provident fund; ~ *sociale* social security (system).
previdenziale *a.* social security-: *assistenza ~* social
security service. □ *prestazioni –i* social security benefits.
previo *a.* ⟨*burocr*⟩ previous, subject to, upon. □ ~ *accordo*
upon (*o* by previous) agreement; ~ *avviso* upon (*o* subject
to) notice.
previsione *f.* 1 forecast, prevision, foretelling: *–i del
raccolto* forecast for the harvest. 2 (*supposizione*)
expectation, forecast: *le mie –i si sono avverate* my
expectations have come true. 3 ⟨*Comm*⟩ estimate. □
⟨*Comm*⟩ **bilancio** *di ~* budget; ~ **budgetaria** budget
forecasting; *–i economiche* business forecasting *sing*; **in** ~
di in expectation (*o* anticipation) of: *in ~ di un'estate
torrida* in anticipation of a hot summer; (*nel caso di*) in
case of; ⟨*fig*⟩ *al di là di ogni ~* beyond all expectations; ~
di mercato market forecast; *–i meteorologiche* weather
forecast *sing*; **secondo** *le –i* according to expectations; ~ *a
breve* **termine** short-range forecast.
previsto (*p.p. di prevedere*) *a.* 1 foreseen, expected: *l'esito
~* the expected result. 2 ⟨*Comm*⟩ estimated. (*considerato*)
provided for: *caso ~ dalla legge* case provided for in law.
□ **come** ~ as expected, according to expectations; *ho
speso più del ~* I spent more than I had expected (*o
bargained for*); *prima del ~* sooner (*o* earlier) than
expected.
prevosto *m.* ⟨*Rel,Stor*⟩ provost; (*parroco*) parish priest.
preziosamente *avv.* richly, preciously. **preziosismo** *m.* 1
affectation, artificiality, preciosity (*anche concr.*). 2 ⟨*Lett*⟩
preciosity. **preziosità** *f.* 1 preciousness. 2 ⟨*fig*⟩
(*ricercatezza*) affectation, preciosity (*anche concr.*): ~ *di
stile* preciosity of style. **prezioso** I *a.* 1 precious,
valuable, costly: *un quadro ~* a valuable painting. 2 ⟨*fig*⟩
precious, valued: *consigli –i* valuable advice. 3 ⟨*fig*⟩
(*ricercato, affettato*) affected, artificial, precious: *stile ~*
artificial style. II *s.m.* (*gioiello*) jewel. □ *fare il ~* to put
on airs, ⟨*fam*⟩ to play hard to get.
prezzatura *f.* pricing.
prezzemolo *m.* ⟨*Bot*⟩ parsley. □ ⟨*scherz*⟩ *essere come il
~* to be (*o* turn up) everywhere.
prezzo *m.* 1 price: *stabilire un ~* to fix a price. 2 (*costo*)
cost, price: *il ~ di un biglietto d'entrata* the cost of an
admission ticket, the entrance fee. 3 (*tariffa*) rate: ~
dell'abbonamento subscription rate (*o* price); (*rif. a
trasporti pubblici*) *il ~ del viaggio aereo a Londra* the
plane fare to London. 4 (*concr*) (*cartellino col prezzo*)
price card (*o* ticket, tag, label). 5 ⟨*fig*⟩ (*pregio, valore*)
price: *i buoni amici non hanno ~* good friends are
'without price' (*o* priceless). □ **a** ~ *di* (*a costo di*) at the
cost of; **abbassare** *i –i* to lower the prices; ~ *d'***acquisto**
purchase price; ~ *d'***affitto** rent, rental cost; **al** ~ *di* for, at
the price of; *far* **alzare** *i –i* to raise (*o* increase) the prices;
~ **amministrato** fixed (*o* set) price; *i –i sono in* **aumento**
prices are rising (*o* going up); ⟨*fig*⟩ *non* **aver** ~ to be
priceless; ~ **base** basic price, base-rate; ~ **bassissimo** very
low price; *a basso ~* cheaply, at a low price; ~ *di un*
biglietto *ferroviario* train fare; *a* **buon** ~ cheaply, at a

good price; ~ *di* **calmiere** state-controlled price; *a* **caro** ~
dearly, at a high price; ⟨*fig*⟩ *vendere qc. a caro* ~ to sell
s.th. dearly; ~ *di* **chiusura** closing price; ~ **concorrenziale**
competitive price; ~ *al* **consumatore** consumer price; ~ *al*
consumo consumer price; ~ **controllato** controlled price;
~ **conveniente** low price; ~ *di* **copertina** published (*o*
marked) price; ~ **corrente** current (*o* market) price; ~
della **corsa** (*di mezzi di trasporto*) fare; ~ *di* **costo** cost
price; *a* ~ *di* **costo** at cost price; *far* **diminuire** *i –i* to
lower (*o* send down) prices; ~ **elevato** high price; ~ *di*
fabbrica manufacturer's (*o* factory) price; ~ *di* **favore**
special price; ~ **fisso** fixed price; ~ **forfettario** price by
the job, contract price; ~ **garantito** guaranteed price; ~
giusto fair price; ~ **guida** (*o* *leader*) price leader; ~
imposto forced price; ~ **indicativo** approximate (*o*
guiding) price; ~ *all'***ingrosso** wholesale price; ~
*d'***intervento** intervention price; ~ *di* **liquidazione** sale (*o*
bargain) price; ~ *di* **listino** list price; ~ **medio** mean (*o*
average) price; ~ *di* **mercato** market price; *a* **metà** ~ (at)
half price; (*rif. a viaggi*) (at) half fare; ~ **minimo** reserve
price; ~ **minimo** *garantito* minimum price guaranteed; ~ *al*
minuto retail price; ~ **modico** reasonable (*o* moderate)
price; ~ **netto** net price; ~ *d'***obiettivo** target price; ~
*d'***occasione** bargain price; ~ **ombra** shadow price; ~
*all'***origine** price at origin; *–i* **popolari** low (*o* popular)
prices; ~ *al* **pubblico** retail price; ~ *a* **rate** hire purchase
(*o* instalment) price; ~ **ribassato** reduced price; ~ **ridotto**
reduced (*o* cut) price; ~ *di* **riferimento** reference price; ~
al **rivenditore** trade price; **sbloccare** *i –i* to unfreeze (*o*
decontrol) prices; *il* ~ *del* **silenzio** the price of silence,
⟨*fam*⟩ hush money; ~ *di* **soglia** threshold price; ~
stracciato rock-bottom price; **tirare** *sul* ~ to haggle (over
the price), to bargain; **ultimo** ~ (rock-)bottom price; ~ *di*
vendita selling price; ~ *di vendita al minuto* retail price.
prezzolare *v.t.* (**prezzolo**) to hire, to pay; (*corrompere*) to
bribe. **prezzolato** *a.* hired; (*corrotto*) bribed.
P.R.I. = *Partito repubblicano italiano* Italian Republican
Party.
Priamo *N.pr.m.* ⟨*Mitol*⟩ Priam.
priapismo *m.* ⟨*Med*⟩ priapism. **Priapo** *N.pr.m.* ⟨*Mitol*⟩
Priapus.
prigione *f.* 1 prison, gaol, jail, ⟨*am.fam*⟩ lock-up: *mettere
qd. in ~* to send s.o. to prison, to imprison s.o. 2 (*pena*)
imprisonment, prison: *scontare due anni di ~* to serve two
years of imprisonment. 3 ⟨*fig*⟩ (*luogo angusto e buio*)
dungeon; (*ambiente in cui non c'è libertà*) prison.
prigionia *f.* imprisonment, captivity. **prigioniero** I *a.*
1 captured, captive: *soldati –i* captured soldiers. 2
(*imprigionato*) imprisoned, jailed, locked up. II *s.m.* (*f.
-a*) prisoner, captive. □ *fare* ~ to take (*o* make) s.o.
prisoner, to imprison s.o.; ~ *di* **guerra** prisoner of war; ~
politico political prisoner.
prillare *v.i.* (*aus.* avere) ⟨*region*⟩ to twirl, to whirl, to
spin.
prima[1] *avv.* 1 (*precedentemente*) before: ~ *non lo
conoscevo* I didn't know him before; *potevi pensarci* ~ you
could have thought of that before. 2 (*in anticipo*)
beforehand, in advance: *un'altra volta dimmelo* ~ next
time tell me in advance. 3 (*più presto*) earlier, sooner:
perché non ti alzi ~? why don't you get up earlier? 4 (*una
volta, per l'addietro*) once, formerly, at one time: ~ *si
faceva così, ora no* one time we used to do it that way,
now we don't. 5 (*in primo luogo, per prima cosa*) first: ~
lo studio e poi il divertimento first study and then
pleasure. 6 (*rif. a luogo*) first: ~ *c'è un giardino, poi la
mia casa* first there's a garden, then my house. 7 (*più
sopra*) above, before: *i versi citati* ~ the lines quoted above,
the above-quoted lines. □ ~ **che** before: *bisogna finire il
lavoro ~ che egli venga* we must finish the work before he
gets here; **come** ~ (just) as before; **da** ~ (*dapprima*) at
first; ~ **di:** 1 (*rif. a tempo*) before: ~ *del pranzo* before
dinner; *bussa* ~ *di entrare* knock before entering; 2
(*piuttosto*) rather than, sooner than: *si farebbe uccidere* ~
di parlare he'd let himself be killed rather than talk; *di* ~
(*di una volta*) former, once: *non è più quello di* ~ he's no
longer his former self; **molto** ~ long before; **tre** **pagine** ~
three pages back; **poco** ~ shortly (*o* a short time) before, a

little before; ~ o **poi** sooner or later; *ne so* **quanto** ~ I'm as wise as before; *quanto* ~ as soon as possible; **subito** ~ just before; ~ *di* **tutto** first of all.

prima[2] *f.* **1** ⟨*Scol*⟩ (*rif. alle scuole elementari*) first class, ⟨*am*⟩ first grade; (*rif. alle scuole medie*) first form (*o* class), ⟨*am*⟩ first year (of junior high school). **2** ⟨*Teat,Cin*⟩ première, first night. **3** ⟨*Aut*⟩ first (gear): *partire in* ~ to start in first. **4** ⟨*Ferr*⟩ first class: *viaggiare in* ~ to travel first class. **5** ⟨*Lit*⟩ prime. □ *sulle -e* at first, in the beginning.

primamente *avv.* ⟨*lett*⟩ (*prima*) first, in the first place.

primariamente *avv.* primarily. **primario I** *a.* **1** (*principale*) primary, chief, leading, ⟨*am*⟩ major: *un problema di -a importanza* a problem of primary importance; (*massimo*) the greatest, great, ⟨*am*⟩ major: *di ~ interesse* of the greatest interest. **2** (*primo di una serie*) primary (*anche Geol., Chim.*): *scuola -a* primary school. **3** ⟨*Econ*⟩ primary, agricultural: *attività -a* agricultural activity. **II** *s.m.* **1** ⟨*Med*⟩ chief (*o* head) physician. **2** ⟨*Econ*⟩ primary sector. **primate** *m.* ⟨*Rel*⟩ Primate.

primati *m.pl.* ⟨*Zool*⟩ primates *pl.*

primaticcio *a.* early: *fichi primaticci* early figs.

primatista *m./f.* ⟨*Sport*⟩ record holder, record setter.

primato *m.* **1** supremacy, pre-eminence, primacy: *il ~ politico di una nazione* the political supremacy of a country. **2** ⟨*Sport*⟩ record: *detenere un* ~ to hold a record. □ ⟨*Sport*⟩ *abbassare un* ~ to break (*o* beat) a record; ~ *dell'ora* one-hour record; *stabilire un* ~ to set (up) a record; *a tempo di* ~ in record time.

primavera *f.* **1** spring(time) (*anche fig.*): *morì nella ~ della vita* he died in the ʼspringtime of his lifeʼ (*o* prime of life). **2** ⟨*scherz*⟩ (*anno*) year: *avere molte -e sulle spalle* to be advanced in years. □ *una giornata di* ~ a spring day.

primaverile *a.* spring-, of spring: *fiore* ~ spring flower; *abiti -i* spring (*o* light) clothes.

primazia *f.* ⟨*Rel*⟩ primacy. **primaziale** *a.* primatial.

primeggiare *v.i.* (**primeggio**, **primeggi**; *aus.* **avere**) **1** (*essere tra i primi*) to be one of the best, to excel: *mio figlio primeggia in latino* my son is one of the best in Latin. **2** (*spiccare*) to stand out, to be outstanding: *l'Italia ha primeggiato nell'arte* Italy has been outstanding in art.

primieramente *avv.* first of all, primarily, firstly. **primiero** *a.* ⟨*poet*⟩ **1** (*primo*) first. **2** (*anteriore*) former, previous.

primigenio *a.* ⟨*lett*⟩ primitive, ⟨*lett*⟩ primigenial.

primipara *f.* ⟨*Med*⟩ primipara.

primitivamente *avv.* primitively. **primitività** *f.* primitiveness. **primitivo I** *a.* **1** (*di prima*) former, earlier, previous: *ha ripreso la forma -a* it went back to its former shape. **2** (*primordiale*) primitive, prim(a)eval, primordial: *le tribù -e dell'Australia* the primitive tribes of Australia. **3** (*fig*) (*rozzo*) primitive, crude. **II** *s.m.* (*f.* **-a**) **1** primitive man. **2** (*fig*) uncouth person. **primizia** *f.* **1** early (*o* first) produce. **2** (*estens*) (*notizia fresca*) latest news *pl. costr. sing.* **3** (*giorn*) (*notizia in esclusiva*) scoop.

primo I *a.* **1** first: *il ~ giorno dell'anno* the first day of the year; (*primo dei due*) former: *Luigi e Antonio sono amici; il* ~ *è medico, il secondo ingegnere* Louis and Anthony are friends, the former is a doctor, the latter an engineer; (*più anziano: tra più di due*) eldest, first: *il ~ dei miei figli* my eldest (*o* first) son; (*tra due*) elder. **2** (*iniziale*) early, first: *nella ~ a infanzia* in early childhood; *le -e luci dell'alba* the first (*o* early) light of dawn. **3** (*prossimo*) next, first: *partirò col* ~ *treno* I'm leaving on the next train. **4** (*non definitivo*) first, preliminary: ~ *a scelta* preliminary choice. **5** (*più valente, più ragguardevole*) leading, chief: *le -e famiglie del paese* the leading families in the country; *la* ~ *attrice* the leading lady; (*migliore*) best: *il* ~ *medico della città* the best doctor in town. **6** (*fig*) (*fondamentale*) principal, chief, main, ⟨*am*⟩ major: *la causa -a della sua rovina* the main cause of his downfall. **7** (*fig*) (*elementare*) basic, elementary, first: *-e nozioni* basic knowledge. **8** (*rif. a regnanti e pontefici*) the First: *Napoleone* ~ Napoleon the First, Napoleon I. **II** *avv.* first. **III** *s.m.* **1** first, top: *il ~ in graduatoria* the first on the list; *essere tra i -i* to be near

the top; *sei il ~ della classe* you are top of the class. **2** (*primo giorno*) first day: *il ~ del mese* the first day of the month; (*nelle date*) first: *il ~* (*di*) *ottobre* the first of October, October first. **3** (*minuto primo*) minute. □ *ai -i del mese* at the beginning of the month; *ai -i del Novecento* ʼin the earlyʼ (*o* at the beginning of the) twentieth century; *il ~* **arrivato**: 1 ⟨*Sport*⟩ the winner, the first home; 2 (*il primo che capita*) just anybody, a nobody; *in ~* **luogo** in the first place, first of all; **materia** ~ *a* raw material; ⟨*Pol*⟩ ~ **ministro** Prime Minister, Premier; ⟨*Mat*⟩ **numero** ~ prime number; **per** ~ first; *di* ~ **pomeriggio** early in the afternoon; *di -a* **qualità** first quality; **sulle** *-e* at (*o* in) the beginning, at first; *in un* ~ **tempo** at first; *dal* ~ *all'ultimo* from (the) first to (the) last.

primogenito I *a.* firstborn: *figlio* ~ firstborn (*o* eldest) son. **II** *s.m.* (*f.* **-a**) firstborn. **primogenitore** *m.* (*f.* **-trice**) ⟨*Bibl*⟩ primogenitor. **primogenitura** *f.* primogeniture.

primordiale *a.* primordial, prim(a)eval: *fase ~ di una civiltà* primordial stage of a civilization.

primordine (*o* *prim'ordine*): *di* ~ first-class, first-rate.

primordio *m.* (generally in pl.) beginning, origin: *i primordi della letteratura inglese* the beginnings of English literature. □ *ai primordi* at ʼthe beginningʼ (*o* dawn).

primula *f.* ⟨*Bot*⟩ primrose. □ ⟨*Lett*⟩ *la ~ rossa* the Scarlet Pimpernel.

principale I *a.* main, chief, principal: *parte* ~ main part; *il difetto ~ di mia moglie* my wife's main defect; *il pezzo ~ di una collezione* the main work in a collection. **II** *s.m.* ⟨*fam*⟩ boss. □ ⟨*Comm*⟩ *sede* ~ head office. **principalmente** *avv.* mainly, chiefly, principally.

principato *m.* **1** principality, princedom: *aspirare al* ~ to pretend to the princedom. **2** *pl.* ⟨*Rel*⟩ (*rif. ad angeli*) principalities *pl.*

principe I *s.m.* prince (*anche fig.*): *un* ~ *del sangue* a prince of royal blood; *il ~ del foro* the prince of lawyers. **II** *a.inv.* ⟨*lett*⟩ (*il più antico*) first, princeps–: *edizione* ~ first edition, editio princeps. □ ⟨*scherz*⟩ *il* ~ **azzurro** prince charming; ⟨*Rel.catt*⟩ ~ *della* **chiesa** Prince of the Church; ~ **consorte** Prince Consort; ⟨*Stor*⟩ ~ **elettore** elector; ~ **ereditario** crown prince, prince royal; ~ *di* **Galles**: 1 Prince of Wales; 2 ⟨*Tess*⟩ Prince of Wales check; ~ **reggente** Prince Regent; ~ *delle* **tenebre** (*demonio*) prince of darkness.

principescamente *avv.* like a prince, in a princely manner. **principesco** *a.* (*pl.* **-chi**) princely, prince's, of a prince: *palazzo* ~ prince's palace; *un'accoglienza -a* a princely welcome. **principessa** *f.* princess.

principiante I *s.m./f.* beginner; (*apprendista*) apprentice. **II** *a.* inexpert, inexperienced: *tennista* ~ inexperienced tennis player. **principiare** *v.* (**principio**, **principi**) **I** *v.t.* (*iniziare*) to begin, to start, to commence: ~ *un lavoro* to start a job. **II** *v.i.* (*aus.* **avere/essere**) to begin, to start, to commence: ~ *a studiare* to begin studying. □ *a* ~ *da* starting, beginning, as of: *a ~ dal primo di agosto* starting August the first; *tutti, a ~ da te* everyone, starting with you.

principio *m.* **1** (*inizio*) beginning, start: *il ~ della guerra* the beginning of the war. **2** (*parte iniziale*) beginning, first part: *il ~ del viaggio* the first part of the trip; (*rif. a libri, film e sim.*) beginning, opening. **3** (*origine, causa*) beginning, origin, cause: *la malattia del padre fu il ~ della loro rovina* their father's illness was the cause of their ruin. **4** (*concetto, idea*) principle, concept: *si tratta di principi superati* those concepts are out-of-date; *partendo dal ~ che* starting from the principle that; *ispirare la propria condotta a principi di giustizia* to base one's conduct on the principle of justice. **5** *pl.* (*elementi*) elements *pl*, first principles *pl.* **6** (*legge, norma*) principle, law, rule: *il ~ di Archimede* Archimedes' principle; *principi religiosi* religious principles. □ *al ~ dell'anno* at the beginning of the year; *da* ~ in the beginning, at first; *il ~ della* **fine** the beginning of the end; *dal ~ alla* **fine** from beginning to end; *principi* **fondamentali** fundamental (*o* basic) principles; *in linea di* ~ in principle; **per** ~ on principle; **persona** *di alti principi* high-principled person;

persona senza **principi** unprincipled person; **questione** di ~ matter of principle; **sin** dal ~ from the very beginning; ~ di **uguaglianza** equality principle.

princisbecco m. (pl. -chi) ⟨Met⟩ pinchbeck.

Prin.sa = Principessa princess.

priora f. ⟨Rel⟩ prioress. **priorale** a. prioral, of a prior. **priorato** m. priorate, priorship. **priore** m. ⟨Rel,Stor⟩ prior.

priorità f. 1 priority: ~ assoluta top (o first) priority. 2 (prevalenza) prevalence, prominence: la ~ dei valori spirituali the prevalence of spiritual values. □ ⟨Econ⟩ azioni di ~ privileged stocks; diritto di ~ right of priority, priority right. **prioritario** a. priority–.

prisma m. prism. □ ⟨Ott⟩ ~ deflettore deflecting prism; ~ polarizzatore polarizing prism. **prismatico** a. (pl. -ci) ⟨Geom⟩ prismatic, prismal.

pristino a. ⟨lett⟩ original, primitive, former, pristine.

pritaneo m. ⟨Stor.gr⟩ prytaneum.

privare v.t. to deprive, to divest, to take away: ~ qd. della libertà to deprive s.o. of his freedom; ~ qd. dei diritti to take s.o.'s rights away. **privarsi** v.r. (fare a meno) to do (o go) without, to deprive o.s.: devono privarsi anche del necessario they even have to do without necessities.

privatamente avv. privately, in private: vivere ~ to live privately; desidero parlargli ~ I want to talk to him in private. **privatista** m./f. ⟨Scol⟩ private-school pupil; (agli esami) external candidate.

privativa f. monopoly: avere la ~ del sale to have a monopoly on salt. □ diritto di ~ patent, right.

privativo a. ⟨Ling⟩ privative: particella –a privative particle.

privatizzare v.t. to privatize, to denationalize.

privato I a. 1 (non pubblico) private: azienda –a private concern; scuola –a ⟨GB⟩ public school, ⟨SU⟩ private school. 2 (personale) private, personal: questione –a personal matter; segretaria –a private (o confidential) secretary. II s.m. (f. -a) private citizen (o person, individual). □ in ~ in private, privately.

privazione f. 1 (de)privation, hardship: dobbiamo fare molte –i we must undergo many privations. 2 (l'essere privato) loss, privation, bereavement: ~ dei diritti civili loss of civil rights.

privilegiare v.t. (privilegio, privilegi) to grant a privilege to, to privilege: ~ qd. di qc. to grant s.o. a privilege. **privilegiato** I a. privileged. II s.m. (f. -a) privileged person. □ credito ~ preferential debt. **privilegio** m. 1 privilege: abolire un ~ to abolish a privilege. 2 (qualità, dote) merit, quality: questo articolo ha il ~ di essere chiaro this article has the merit of being clear. 3 ⟨concr⟩ (documento) charter. 4 ⟨Dir⟩ lien: ~ del creditore creditor's lien. □ –i del clero benefit sing (o privilege) of clergy; ~ di battere moneta right of minting coin; ~ regio diploma.

privo a. without (di qc. s.th.), lacking, wanting (in): una stanza –a di luce a room without light; un uomo ~ di carattere a man lacking in character; spesso si rende il concetto con una frase negativa o premettendo un– o posponendo –less all'aggettivo corrispondente: una giornata –a di sole a sunless day; ~ di dignità undignified. □ essere ~ di qc. to be lacking in s.th.; essere ~ di notizie to have no news; ~ di mezzi without (o lacking in) means; ~ di sensi (svenuto) senseless, unconscious; ~ di significato meaningless; ~ di vita lifeless.

pro[1] lat. I prep. (in favore di) for, pro, in favour of, on behalf of: organizzazione ~ infanzia abbandonata Organization for Abandoned Children. II s.m.inv. pro: ponderare il ~ e il contro to weigh the pros and cons. □ ~ forma (formalmente) as a matter of form, pro-forma; ⟨Comm⟩ fattura ~ forma pro-forma invoice.

pro[2] m. (giovamento, vantaggio) advantage, use, benefit, good. □ buon ~ (ti faccia)! much good may it do you!; a che ~? what's the ˈuse of itˈ (o point)?, ⟨fam⟩ what for?; senza ~ (inutilmente) uselessly, to no end.

probabile a. probable, likely: è ~ che domani faccia bel tempo the weather is likely to be good tomorrow; una congettura ~ a likely supposition. □ poco ~ unlikely, improbable. **probabilismo** m. ⟨Filos,Teol⟩ probabilism.

probabilista m./f. probabilist. **probabilistico** a. (pl. -ci) ⟨Filos,Statist⟩ probabilistic. **probabilità** f. 1 probability, likelihood: negare la ~ di qc. to deny the likelihood of s.th. 2 (possibilità) opportunity, chance: ha scarse ~ di riuscita he doesn't have much chance of succeeding. 3 ⟨Filos,Mat⟩ probability. □ ⟨Mat⟩ calcolo delle ~ theory (o calculus) of probability; con molta ~ in all probability (o likelihood). **probabilmente** avv. probably, likely.

probante, probativo, probatorio a. probative, probatory.

probità f. integrity, uprightness, probity: la ~ di un magistrato the integrity of a judge.

problema m. problem (anche estens.): –i economici economic problems. □ ⟨Inform⟩ linguaggio orientato al ~ problem-oriented language; soluzione di –i problem solving. **problematica** f. (fundamental) problems pl: la ~ del nostro tempo the problems of our age. **problematicamente** avv. problematically. **problematicità** f. dubiousness, uncertainty. **problematico** a. (pl. -ci) 1 problematic(al). 2 (dubbio, incerto) uncertain, questionable, doubtful: la sua partecipazione è –a his participation is doubtful.

probo a. honest, upright, righteous.

proboscidati m.pl. ⟨Zool⟩ proboscideans pl. **proboscide** f. 1 ⟨Zool⟩ proboscis, ⟨pop⟩ trunk. 2 ⟨Entom⟩ proboscis.

proboviro m. (pl. probiviri) ⟨Dir⟩ arbitrator. □ giuria dei probiviri arbitration board.

procaccia m./f.inv. 1 messenger, courier. 2 ⟨Post⟩ postman.

procacciare v.t. (procaccio, procacci) to procure, to get, to provide: ~ il pane alla famiglia to provide (o earn) bread for the family. **procacciarsi** v.r. to get: procacciarsi un impiego to get a job. **procacciatore** m. (f. -trice) procurer, provider.

procace a. 1 (provocante) provocative: una donna ~ a provocative woman. 2 (sfrontato) forward, impudent, ⟨fam⟩ saucy. 3 (licenzioso) loose, licentious: atteggiamento ~ licentious attitude. **procacemente** avv. 1 (in modo provocante) provocatively. 2 (licenziosamente) licentiously. 3 (sfrontatamente) impudently. **procacità** f. ⟨lett⟩ 1 (licenziosità) looseness, licentiousness. 2 (insolenza) insolence.

pro capite lat. m. per capita: reddito ~ per capita income.

procedere[1] v.i. (procedetti, proceduto; aus. essere/avere) 1 (avanzare) to proceed, to advance (anche fig.): ~ lentamente to proceed slowly. 2 (seguire il proprio corso) to proceed, to come along, to get on: i lavori procedono bene the work is coming along well. 3 (continuare) to proceed, to continue, to go on: ~ nell'indagine to proceed with one's enquiry; ~ nella trattazione di un argomento to continue discussing a subject. 4 (agire, comportarsi) to act, to behave: non mi piace il suo modo di ~ I don't like the way he behaves. 5 (dare inizio) to proceed, to start: ~ alla votazione to proceed to the voting. 6 ⟨Dir⟩ to proceed, to start (o take) proceedings: ~ contro i trasgressori to take proceedings against offenders. □ ⟨Dir⟩ non luogo a ~ non-suit, no case; ~ di pari passo to proceed at the same rate (o pace); ~ per vie legali to start legal proceedings.

procedere[2] m. 1 (il passare) process. 2 (azione) conduct, behaviour. □ con il ~ del tempo ˈwith the passingˈ (o in course) of time.

procedimento m. 1 (svolgimento) course: spiegare il ~ dei fatti to explain the course of events. 2 (modo d'agire) behaviour, way of doing (o going about) things: un ~ poco onesto a rather dishonest way of doing things. 3 ⟨tecn⟩ process, procedure: ~ chimico chemical process. 4 ⟨Dir⟩ proceedings pl: promuovere un ~ contro qd. to start proceedings against s.o. □ ~ in contumacia default proceedings pl; ~ disciplinare disciplinary procedure; ~ di lavorazione manufacturing process; ~ penale criminal proceedings pl; ~ d'urgenza emergency procedure.

procedura f. procedure, proceedings pl, practice (anche Dir.): seguire la ~ normale to follow ˈthe usual procedureˈ

(o common practice). ☐ ~ civile civil proceedings pl (o procedure); ~ giudiziaria (o legale) legal proceedings pl; ~ penale criminal proceedings pl. **procedurale** a. ⟨Dir⟩ procedural, of procedure: norme –i rules of procedure.
procella f. ⟨lett⟩ storm, tempest. **procellaria** f. ⟨Ornit⟩ stormy petrel. **procelloso** a. ⟨lett⟩ stormy, tempestuous.
processabile a. ⟨Dir⟩ indictable, liable to prosecution. **processare** v.t. (processo) to try, to put on trial: ~ per alto tradimento to try for high treason.
processionale a. ⟨Lit⟩ processional. **processionalmente** avv. in procession, processionally. **processionaria** f. ⟨Entom⟩ procession(al) moth. **processione** f. 1 ⟨Lit⟩ procession: andare in ~ to go in procession. 2 ⟨estens⟩ (lunga fila) long line, procession: una ~ di dimostranti a long line of demonstrators.
processo m. 1 (successione di fatti) course, process: il ~ storico the course of history. 2 (procedimento) procedure, process: ~ di fabbricazione manufacturing process. 3 ⟨Dir⟩ (law)suit, action (in law), proceedings pl, trial: aprire un ~ to start a trial. 4 ⟨Med,Anat⟩ process: ~ infiammatorio inflammatory process; ~ articolare articular process. ☐ ~ chimico chemical process; ⟨Dir⟩ ~ civile civil proceedings pl (o lawsuit, action); ⟨tecn⟩ controllo dei –i process control; ⟨Med⟩ ~ degenerativo degenerative course; ~ di fabbricazione manufacturing process; ⟨fig⟩ fare il ~ a qd. to give s.o. the third–degree, to put s.o. through it; ~ farsa mock trial; ⟨Dir⟩ istruire un ~ to prepare a case for trial; ⟨Dir⟩ ~ penale criminal trial (o proceedings pl); ~ psichico psychic process; essere sotto ~ to be awaiting trial; mettere qd. sotto ~ to bring s.o. to trial; ~ di stampa printing process.
processore m. ⟨Inform⟩ processor.
processuale a. ⟨Dir⟩ trial, of a trial: atti –i records of a trial.
procinto : in ~ di about to, on the point of; essere (o trovarsi) in ~ di fare qc. to be about to do s.th., to be on the point of doing s.th.: sono in ~ di partire I am about to leave, I am just leaving.
procione m. ⟨Zool⟩ rac(c)oon.
proclama m. proclamation, manifesto. **proclamare** v.t. 1 (promulgare) to proclaim: ~ la repubblica to proclaim the republic. 2 (dichiarare pubblicamente) to proclaim, to declare: ~ qd. innocente to proclaim s.o. innocent. **proclamazione** f. proclamation, declaration: ~ dei diritti dell'uomo Declaration of the Rights of Man.
proclisi f. ⟨Ling⟩ proclisis. **proclitico** a. (pl. -ci) proclitic: particelle proclitiche proclitic particles.
proclive a. inclined, prone: ~ al male prone to evil.
procombente a. ⟨Bot⟩ procumbent.
proconsolare a. ⟨Stor.rom⟩ proconsular. **proconsolato** m. proconsulate, proconsulship. **proconsole** m. proconsul.
procrastinare v.t. (procrastino) ⟨lett⟩ 1 to put off, to postpone, to defer: ~ un pagamento to put off payment. 2 ⟨assol⟩ to procrastinate.
procreabile a. generable, that can be procreated. **procreare** v.t. (procreo) to procreate, to generate. **procreatore** m. procreator. **procreazione** f. procreation, generation.
procura f. 1 ⟨Dir⟩ power of attorney, mandatory power, proxy: conferire la ~ a qd. to grant s.o. power of attorney. 2 (atto di procura) power (o letter) of attorney: firmare la ~ to sign a power of attorney. 3 (ufficio del procuratore) attorney's office. ☐ ~ in bianco blank (o unlimited) power of attorney, ⟨am⟩ blanket authority; per ~ by proxy: matrimonio per ~ marriage by proxy; ~ della Repubblica Public Prosecutor's office, ⟨SU⟩ Prosecuting Attorney's office.
procurare I v.t. 1 to obtain, to get, to procure: devo procurarmi i soldi per il viaggio I have to get the money for the trip. 2 (dare) to give, to afford: la professione gli procura molte soddisfazioni his profession affords him great satisfaction; (causare) to cause, to bring about: ~ dolore to cause pain. II v.i. (aus. avere) (fare in modo) to make sure, to see to: procurate che nessuno manchi ⌐make sure⌐ (o see to it) that no one is missing.
procuratore m. (f. -trice) 1 (chi è munito di procura)

holder of a proxy (o power of attorney), procurator, proxy, attorney. 2 ⟨Dir⟩ procurator. 3 ⟨Sport⟩ (manager) manager. ☐ ~ generale Attorney General; ⟨Dir⟩ ~ legale attorney–at–law, solicitor; ⟨Dir⟩ ~ della Repubblica Public Prosecutor, ⟨am⟩ District Attorney.
Procuste N.pr.m. ⟨Mitol⟩ Procrustes: letto di ~ bed of Procrustes.
proda f. ⟨lett⟩ 1 (riva) bank, shore: la barca urtò contro la ~ the boat struck the bank. 2 (margine) edge, brink: la ~ di un fosso the edge of a ditch.
prode ⟨lett⟩ I a. brave, valiant, bold. II s.m. brave person, valiant person. **prodezza** f. 1 (coraggio) bravery, valour. 2 (atto di coraggio) feat, exploit: le –e di Orlando the exploits of Orlando. 3 ⟨iron⟩ (bravata) bravado.
prodiero a. 1 (di prua) forward, bow–, fore, forecastle–. 2 (a proravia) forward, ahead. ☐ albero ~ foremast.
prodigalità f. extravagance, lavishness, prodigality, wastefulness: non approvo la sua ~ I don't approve of his wastefulness. **prodiga(l)mente** avv. lavishly, extravagantly, prodigally. **prodigare** v.t. (prodigo, prodighi) 1 (spendere senza misura) to spend freely (o extravagantly): ~ grandi somme per gli altri to spend extravagantly on other people. 2 ⟨fig⟩ (dispensare largamente) to lavish, to be lavish with: ~ consigli to be lavish with one's advice. **prodigarsi** v.r. 1 (profondersi) to be lavish: prodigarsi in complimenti to be lavish with one's compliments. 2 (dedicarsi) to do everything possible (o in one's power), to do all one can: il medico si prodiga per salvarlo the doctor is doing ⌐all he can⌐ (o everything in his power) to save him.
prodigio m. 1 prodigy, wonder, marvel: i prodigi della tecnica the prodigies of technology. 2 ⟨fig⟩ prodigy, genius: questo ragazzo è un ~ this boy is a genius; è un ~ di erudizione he is a prodigy of learning. 3 (segno premonitore di disastri) omen, portent, prodigy. **prodigiosamente** avv. wonderfully, prodigiously. **prodigiosità** f. prodigiousness. **prodigioso** a. wonderful, marvellous, prodigious.
prodigo a./s. (pl. -ghi) I a. 1 lavish, extravagant, prodigal: il figliol ~ the prodigal son. 2 ⟨fig⟩ lavish, free (di with): essere ~ di consigli to be free with one's advice. II s.m. (f. -a) spendthrift, squanderer, ⟨lett⟩ prodigal.
proditoriamente avv. ⟨lett⟩ treacherously. **proditorio** a. treacherous.
prodotto[1] m. 1 product: –i agricoli farm products (o produce). 2 ⟨fig⟩ (risultato) result, fruit, product: è un ~ della sua fantasia it's a product of his imagination. 3 ⟨Mat⟩ product. ☐ –i artigianali handicrafts; assortimento di –i product mix; –i di base staple (o chief, main) products, primary products; –i di bellezza beauty products; –i chimici chemicals, chemical products; ~ dietetico dietary product; ~ in esclusiva proprietory product; –i d'esportazione exports, export goods (o articles); –i farmaceutici pharmaceuticals, pharmaceutical products; ~ finito final (o end) product; ~ grezzo raw produce; ~ interno lordo gross national product; –i lavorati finished goods; ~ di marca brand–name product; ⟨Econ⟩ ~ nazionale lordo gross national product; –i di qualità quality products; –i di scarto waste products; –i secondari by–products; –i semilavorati semi–manufactured products; ventaglio di –i product range.
prodotto[2] → produrre.
prodromo m. 1 (indizio) warning sign. 2 ⟨Med⟩ prodrome, premonitory symptom.
produco → produrre. **produrre** v. (produco, produci; produssi, prodotto; → condurre) I v.t. 1 (generare, creare) to produce, to yield, to bear (anche fig.): l'Asia ha prodotto grandi civiltà Asia has produced great civilizations; (rif. a piante) to produce: quest'oleandro non produce fiori this oleander doesn't produce flowers; (rif. ad animali) to give birth to, to breed. 2 (fabbricare) to produce, to manufacture, to make: la ditta produce televisori the company manufactures television sets. 3 (secernere) to produce, to secrete: alcune ghiandole producono ormoni certain glands produce hormones. 4 (causare) to cause, to give rise to, to produce: la guerra produce danni e sventure war causes damage and

misfortune. **5** (*creare: rif. ad opere d'arte*) to produce: *è uno scrittore che produce molto* he is a writer who produces a lot. **6** (*presentare*) to produce, to show, to bring (*o* put) forward: ~ *prove a propria discolpa* to produce (*o* show) evidence of one's innocence. **II** *v.i.* (*aus.* avere) (*essere fertile*) to be fertile (*o* productive). **prodursi** *v.r.* (*esibirsi*) to play, to act, to perform: *prodursi in uno spettacolo* to play in a show. □ ~ *una ferita a qd.* to wound s.o.; ~ *frutti* to bear fruit (*anche fig.*); ~ *in serie* to mass–produce; ~ *un testimone* to call (*o* produce) a witness. **produssi → produrre**.

produttivistico *a.* (*pl.* **-ci**) production–. **produttività** *f.* **1** productivity, productiveness. **2** (*fertilità*) fertility, productivity. **3** ⟨*Econ*⟩ productivity. □ ~ *del lavoro* labour productivity; ~ *marginale* marginal productivity. **produttivo** *a.* **1** productive, fruitful: *carriera –a* fruitful career. **2** (*fertile*) fertile, productive, fruitful: *terreni –i* fertile lands. **3** ⟨*Econ*⟩ productive, yielding, bearing: *spese –e* productive (*o* profit–yielding) expenses; (*della produzione*) production–, of production. □ ~ *ciclo* ~ production cycle; ~ *d'interesse* interest–bearing; *paese* ~ *di petrolio* oil–producing country. **produttore I** *s.m.* (*f.* **-trice**) **1** producer: *dal* ~ *al consumatore* from producer to consumer; (*fabbricante*) manufacturer, maker. **2** ⟨*Comm*⟩ (*rappresentante*) agent, salesman. **3** ⟨*Zootecn*⟩ (*stallone*) stud horse, stallion. **II** *a.* producing, producer–: *paese* ~ producer country; (*che fabbrica*) manufacturing: *industrie produttrici* manufacturing industries. □ ⟨*Cin*⟩ *casa produttrice* film company, producer; ~ *cinematografico* film producer, ⟨*am*⟩ movie maker.

produzione *f.* **1** production (*anche Econ.*): *aumentare la* ~ *del petrolio* to increase oil production; (*fabbricazione*) manufacture, make: *articolo di* ~ *straniera* article of foreign make, foreign–made article. **2** (*risultato quantitativo di un'attività*) production, output: ~ *annua di una fabbrica* annual output of a factory; *la* ~ *drammatica di un autore* a writer's theatrical output. **3** (*presentazione*) exhibition, production: ~ *di documenti* exhibition of documents. **4** ⟨*Cin*⟩ production; (*opera cinematografica*) film, ⟨*fam*⟩ picture, ⟨*fam*⟩ movie. □ ~ **agricola** agricultural (*o* farm) production; ⟨*Cin*⟩ *casa di* ~ film company, producer; ~ *a* **catena** belt (*o* line) production; ⟨*Cin*⟩ **direttore** *di* ~ associate (*o* executive) producer; ~ *di* **energia** power production; *vini di* ~ **estera** foreign (*o* imported) wines; ~ **giornaliera** daily output (*o* production); ~ *di* **materie** *prime* production of raw materials; ~ **nazionale** home (*o* domestic) production; ~ **oraria** output per hour; ~ **programmata** planned production; ~ **propria** home production; *di* ~ *propria* home–produced, home–made; ~ *in* **serie** mass–production; ⟨*Econ*⟩ **spese** *di* ~ production costs.

proemio *m.* ⟨*lett*⟩ introduction, preface, ⟨*lett*⟩ proem.
prof. = *professore* professor (*abbr.* Prof.).
profanamente *avv.* profanely. **profanare** *v.t.* **1** (*rif. a cose consacrate*) to desecrate, to profane: ~ *un altare* to desecrate an altar. **2** (*contaminare*) to debase, to defile: ~ *il ricordo di qd.* to defile s.o.'s memory. □ ~ *un nome* to debase a name. **profanatore I** *s.m.* (*f.* **-trice**) **1** desecrater, profaner. **2** (*contaminatore*) debaser, defiler. **II** *a.* desecrating, profaning, defiling. **profanazione** *f.* **1** desecration: *la* ~ *di una chiesa* the desecration of a church. **2** (*contaminazione*) debasement, defilement. **profanità** *f.* profanity. **profano I** *a.* **1** (*non sacro*) secular, profane: *musica –a* secular music. **2** (*indegno di accostarsi a ciò che è sacro*) profane: *mani –e* profane hands; (*empio*) profane, blasphemous. **3** (*non competente*) ignorant: *essere* ~ *in un'arte* to be ignorant of an art. **II** *s.m.* (*cosa non sacra*) profane: *il sacro e il* ~ the sacred and the profane. **III** *s.m.* (*f.* **-a**) (*incompetente*) layman, no (*o* bad) judge: *essere un* ~ *in pittura* to be a bad judge of painting.
proferire *v.t.* (*proferisco, proferisci; proferii, proferito*) **1** to utter: *non riusciva a* ~ *parola* he couldn't utter a word. **2** (*pronunciare in modo solenne*) to pronounce: ~ *un giuramento* to pronounce an oath.
professante *a.* professing, practising. **professare** *v.t.* (*professo*) **1** to profess: ~ *idee liberali* to profess liberal

ideas. **2** (*esercitare*) to practise, to profess: ~ *la medicina* to practise medicine. **professarsi** *v.r.* (*dichiararsi*) to declare (*o* profess) o.s., to claim: *professarsi innocente* to declare o.s. innocent. □ ⟨*Rel*⟩ ~ *i voti* to take vows.
professionale *a.* (*rif. alla professione*) professional: *segreto* ~ professional secrecy (*o* confidence); (*rif. ad aspetti tecnici della professione*) vocational: *scuola* ~ vocational school; (*connesso a una professione*) occupational: *malattie –i* occupational diseases. **professionalizzare** *v.t.* to professionalize, to make professional. **professionalizzazione** *f.* professionalization. **professionalmente** *avv.* professionally.
professione *f.* **1** profession, occupation: *esercitare una* ~ to practise a profession; *che* ~ *esercita tuo padre?* what is your father's occupation? **2** (*dichiarazione di un sentimento*) profession: ~ *di amicizia* profession of friendship. **3** ⟨*Rel*⟩ profession, taking of vows. □ ~ *di* ~ professional, by profession: *è* (*o fa lo*) *scrittore di* ~ he's a professional writer; **esercitare** *la* ~ *di medico* to practise medicine; **fare** (*o esercitare*) *una* ~ to practise (*o* pursue) a profession; ⟨*fig*⟩ **fare** ~ *di fede democratica* to profess oneself a Democrat; ~ *di* **fede** profession of faith; **libera** ~ profession; ~ **principale** main (*o* primary) occupation; *–i* **sanitarie** health professions; **scegliere** *una* ~ to choose (*o* take up) a profession.
professionismo *m.* professionalism (*anche Sport.*).
professionista I *s.m./f.* professional man (*f.* woman); (*laureato*) graduate. **II** *a.* professional: *un attore* ~ a professional actor. □ ~ *libero* ~ self–employed (person); ~ *della politica* professional politician.
professo *a.* ⟨*Rel*⟩ professed: *monaca –a* professed nun.
professorale *a.* **1** professorial, of a professor. **2** ⟨*spreg*⟩ pedantic, professorial: *aria* ~ pedantic air. **professorato** *m.* (*ufficio*) professorship; (*durata*) professorate.
professore *m.* (*f.* **-essa**) **1** (*insegnante*) teacher, (school)master (*f* schoolmistress): ~ *di ginnastica* gym teacher (*o* instructor). **2** ⟨*Univ*⟩ professor: ~ *all'università di Roma* professor at Rome University. □ *darsi* **arie** *da* ~ to assume a professorial air; ~ **incaricato**: 1 ⟨*Univ*⟩ lecturer (with an annual appointment), ⟨*am*⟩ assistant professor; 2 ⟨*Scol*⟩ teacher with an annual appointment; ~ *d'*orchestra orchestra player, member of an orchestra; ~ **ordinario** (full) professor; ~ *di* **ruolo** teacher (*o* professor) on the permanent staff; ~ **titolare** regular (*o* titular) professor.
professoressa *f.* **1** ⟨*Scol*⟩ (*insegnante*) teacher, (school)mistress. **2** ⟨*Univ*⟩ professor.
profeta *m.* prophet (*anche estens.*). □ ~ *di sventura* prophet of woe. *Prov.: nessuno è* ~ *in patria* no man is a prophet in his own country. **profetare** *v.t.* (*profeto*) to prophesy (*anche estens.*). **profetessa** *f.* **1** prophetess. **2** (*donna dotata di spirito profetico*) predictor.
profeticamente *avv.* prophetically. **profetico** *a.* (*pl.* **-ci**) prophetic(al) (*anche estens.*): *scritture profetiche* prophetic scriptures; *virtù –a* prophetic virtue. **profetizzare** *v.* → **profetare**. **profezia** *f.* prophecy (*anche estens.*).
profferire *v.t.* (*profferisco, profferisci; profferii/profsi, profferto*) ⟨*lett*⟩ to offer. **profferta** *f.* ⟨*lett*⟩ offer.
proficuamente *avv.* profitably. **proficuo** *a.* useful, profitable: *attività –a* profitable activity.
profilare *v.t.* **1** to draw (*o* represent) in outline, to profile. **2** ⟨*Sart*⟩ to trim, to edge, to border. **3** ⟨*Mecc*⟩ to profile. **profilarsi** *v.r.* **1** to stand out, to be outlined: *le montagne si profilavano all'orizzonte* the mountains stood out in the distance. **2** ⟨*fig*⟩ (*essere imminente*) to be imminent, to be: *si profilava la minaccia di una guerra* the threat of war was imminent: *si profila qualche speranza* there is some hope.
profilassi *f.* ⟨*Med*⟩ prophylaxis.
profilato I *a.* ⟨*Sart*⟩ trimmed, edged, bordered. **II** *s.m.* ⟨*tecn*⟩ section (iron), structural shape. □ ~ *di* **acciaio** structural steel; ~ **leggero** light section; ~ **normale** standard section; ~ **speciale** shape; ~ *a* **T** Tee; ~ *a* **U** channel.
profilatrice *f.* ⟨*Mecc*⟩ forming machine.
profilattico *a./s.* (*pl.* **-ci**) **I** *a.* ⟨*Med*⟩ prophylactic, preventive. **II** *s.m.* (*preservativo*) condom, prophylactic.

profilatura *f.* **1** ⟨*Sart*⟩ trimming, edging, bordering. **2** ⟨*tecn*⟩ profiling, forming. □ ~ *al tornio* profile turning.

profilo *m.* **1** outline, profile; (*contorno*) contour. **2** (*linea del volto*) profile: *un* ~ *regolare* a classic profile. **3** ⟨*fig*⟩ (*descrizione*) sketch, outline; (*biografia*) profile, biographical sketch. **4** ⟨*tecn*⟩ (*disegno*) profile, side elevation (view): ~ *di una costruzione* profile of a building. **5** ⟨*Sart*⟩ trim, edge, border. **6** ⟨*Geom,Geol*⟩ profile. □ ⟨*Aer*⟩ ~ **aerodinamico** aerofoil section; ~ **alare** wing contour (*o* section, profile); ~ **aziendale** company profile; **di** ~ in profile: *fare una fotografia di* ~ to take a photograph in profile; ~ **professionale** career brief; ~ *del* **terreno** soil profile.

profittare *v.i.* (*aus.* **avere**) **1** (*progredire*) to (make) progress (*in* in): ~ *nello studio* to make progress in one's studies. **2** (*trarre profitto*) to profit (*di* by), to benefit (by, from), to put (s.th.) to good use: ~ *di un consiglio* to put advice to good use, to profit by advice. **3** (*approfittare*) to take advantage, to avail o.s. (*di* of): ~ *di un'occasione* to take advantage of an opportunity. **profittatore** *m.* (*f.* **-trice**) exploiter, profiteer. **profittevole** *a.* ⟨*lett*⟩ profitable.

profitto *m.* **1** (*vantaggio*) advantage, profit: *trarre* ~ *da qc.* to take advantage of s.th.; (*giovamento*) benefit, good: *trarre qualche* ~ *da una cura* to 'get some good out of' (*o* benefit by) a treatment. **2** (*guadagno*) profit, profits *pl: da quella vendita ha ricavato un gran* ~ he made a good profit on that sale. **3** *pl.* (*reddito*) income, revenue: *accertare i –i di un'azienda* to ascertain a company's income. □ **a** ~ *di qd.* (*a suo vantaggio*) to s.o.'s advantage; *–i di* **guerra** war profits; ~ **lordo** gross profit; **mettere** *a* ~ *qc.* to turn s.th. to profit (*o* account): *mettere a* ~ *le proprie esperienze* to turn one's experience to account; ~ **netto** net profit; **realizzare** *un* ~ to make a profit; **senza** ~ to no advantage (*o* avail).

profluvio *m.* **1** profluvium, (copious) discharge. **2** ⟨*fig*⟩ flood, stream: *un* ~ *di improperi* a stream of insults.

profondamente *avv.* profoundly, deeply: ~ *commosso* deeply moved; *ti compiango* ~ I deeply sympathize with you.

profondere *v.t.* (**profusi, profuso**) **1** (*spendere liberamente*) to squander: ~ *il proprio danaro* to squander one's money. **2** ⟨*fig*⟩ (*prodigare*) to lavish: ~ *lodi* to lavish praise. **profondersi** *v.r.* to be profuse (*o* lavish): *profondersi in scuse* to be profuse in one's apologies.

profondità *f.* **1** depth: *questo golfo ha cento metri di* ~ this gulf is one hundred metres 'in depth' (*o* deep). **2** (*fondo*) depth, bottom: *esplorare le* ~ *marine* to explore the 'sea depths' (*o* bottom of the sea). **3** ⟨*fig*⟩ (*rif. a sentimenti: intensità*) depth, intensity: *la* ~ *di un sentimento* the depth of a feeling. **4** ⟨*fig*⟩ (*la parte più intima*) depth, innermost part, bottom: *le* ~ *del cuore umano* the depths of the human heart. □ ⟨*Ott*⟩ ~ *di* **campo** depth of field; ⟨*Mar*⟩ ~ *d'immersione* draught; *in* ~: 1 deeply, into the depths: *scendere in* ~ to descend into the depths, to go deep down; 2 ⟨*fig*⟩ deeply, profoundly. **profondo I** *a.* **1** deep: *una voragine –a venti metri* a chasm twenty metres deep. **2** ⟨*fig*⟩ deep, profound: *nutrire* ~ *amore per qd.* to feel deep love for s.o.; *conoscenza –a* profound knowledge; *un pensiero* ~ *a* profound thought. **3** (*rif. a suoni: grave*) deep: *voce –a* deep voice. **II** *s.m.* **1** depth, depths *pl,* bottom. **2** ⟨*fig*⟩ depth, innermost part, bottom: *dal* ~ *dell'anima* from the depths of the soul, from the bottom of one's heart. □ *psicologia del* ~ depth psychology.

profugo *a./s.m.* (*pl.* **-ghi**; *f.* **-a**) refugee.

profumare I *v.t.* to perfume, to scent: ~ *la biancheria* to perfume the linen. **II** *v.i.* (*aus.* **avere**) to perfume, to smell sweet, to be fragrant: *senti come profumano questi fiori* smell how fragrant these flowers are. **profumarsi** *v.r.* to put perfume on, to use scent: *si profuma di lavanda* she uses lavander scent. **profumatamente** *avv.* ⟨*fam*⟩ (*lautamente*) handsomely, lavishly: *pagare qc.* ~ to pay handsomely (*o* a high price) for s.th. **profumato** *a.* **1** (*odoroso*) fragrant, sweet–smelling, sweet–scented: *un fiore assai* ~ a very sweet–smelling (*o* fragrant) flower. **2** (*odorante di profumo*) perfumed, scented: *acqua –a di rose*

rose–scented water. **profumeria** *f.* **1** (*industria, fabbrica*) perfumery. **2** (*negozio*) perfumery, perfume shop. **3** *pl.* (*assortimento di profumi*) perfumes *pl,* scents *pl,* perfumery. **profumiere** *m.* (*f.* **-a**) perfumer. **profumiero** *a.* perfume–, scent–: *industria –a* perfume industry.

profumo *m.* **1** (*esalazione odorosa*) sweet smell, fragrance, scent, perfume: *il* ~ *dei fiori* the fragrance of flowers; *emanare* ~ to give off a sweet smell. **2** (*essenza odorosa*) perfume, scent: *una boccetta di* ~ a bottle of perfume. □ *senza* ~ odourless, scentless.

profusamente *avv.* **1** (*copiosamente*) profusely, copiously. **2** ⟨*fig*⟩ (*estesamente*) widely, amply. **profusione** *f.* **1** (*abbondanza*) profusion, copiousness, overabundance. **2** ⟨*fig*⟩ (*prodigalità*) profusion, prodigality. □ *a* ~ in profusion, in abundance. **profuso** (*p.p. di profondere*) *a.* profuse, copious, abundant.

progenie *f.inv.* ⟨*lett*⟩ **1** (*stirpe*) stock, race, lineage: ~ *di eroi* race of heroes. **2** (*spreg*) (*genìa*) tribe, breed. **3** ⟨*scherz*⟩ (*figli*) children *pl,* ⟨*scherz*⟩ progeny. **progenitore** *m.* (*f.* **-trice**) **1** progenitor (*f* –trix/–tress). **2** *pl.* (*antenati*) ancestors *pl,* forefathers *pl,* progenitors *pl.*

progesterone *m.* ⟨*Biol*⟩ progesterone.

progettare *v.* (**progetto**) **I** *v.t.* **1** to plan: ~ *un viaggio* to plan a trip. **2** ⟨*tecn*⟩ to plan, to project, to design: ~ *la costruzione di una diga* to project the construction of a dam. **II** *v.i.* (*aus.* **avere**) to plan, to make plans. **progettazione** *f.* **1** planning. **2** ⟨*tecn*⟩ designing, planning, projecting. □ ~ *al calcolatore* computer–aided design; *–i tecniche* engineering and design. **progettista** *m./f.* **1** ⟨*Edil*⟩ designer, planner. **2** ⟨*Ind*⟩ design(er) engineer; (*rif. a macchine*) engineer. **progettistica** *f.* designing, planning, projecting. **progettistico** *a.* (*pl.* **-ci**) design–, planning.

progetto *m.* **1** plan, project. **2** ⟨*tecn*⟩ design, lay out, plan: *il* ~ *di una casa* the plan of a house. **3** (*programma*) plan, intention: *che –i hai per le vacanze?* what are your plans for the holidays? □ ~ **definitivo** (*o* **esecutivo**) definite project, final plan; ~ **esecutivo** executive programme; ~ *di* **legge** bill; ~ *di* **legge** *governativo* government bill; ~ *di* **massima** draft programme; ⟨*tecn*⟩ *presentare un* ~ to present a project; ~ *di* **ricerca** research project.

progettuale *a.* project, relating to a project.

proglottide *f.* ⟨*Zool*⟩ proglottid, proglottis.

prognatismo *m.* prognathism. **prognato** *a.* prognathous, prognathic.

prognosi *f.* **1** ⟨*Med*⟩ prognosis. **2** ⟨*fig*⟩ prognosis: ~ *economica* economic prognosis. □ ~ **benigna** favourable prognosis; ~ **infausta** unfavourable prognosis; ~ **riservata** uncertain prognosis. **prognosticare** *v.* (*rar*) → **pronosticare**. **prognostico** *a.* (*pl.* **-ci**) ⟨*Med*⟩ prognostical.

programma *m.* **1** program(me), plan: *stabilire un* ~ to make (*o* draw up) a programme. **2** (*progetto*) programme, plan: *fare –i per l'avvenire* to make plans for the future; *che –i hai per domani?* what's your programme for tomorrow? **3** ⟨*concr*⟩ (*opuscolo*) program(me): ~ *di un concerto* concert programme. **4** ⟨*Scol*⟩ syllabus: ~ **didattico** (teaching) syllabus. **5** ⟨*Pol*⟩ platform, program(me): ~ *di* **riforma** reform platform. **6** ⟨*Inform*⟩ program(me). □ ~ **alimentare** *mondiale* World Food Programme; ⟨*Inform*⟩ ~ **applicativo** application program, user program; ⟨*Pol*⟩ ~ **d'azione** action programme; ~ **economico** economic plan (*o* programme); ⟨*Rad,TV*⟩ ~ **educativo** *per adulti* adult educational broadcasting; ⟨*Pol*⟩ ~ **elettorale** electoral platform; ~ *di* **emergenza** crash programme; **fuori** ~: 1 additional, extra; 2 ⟨*fig,scherz*⟩ unscheduled, unexpected, unforeseen; 3 ⟨*Cin*⟩ supporting programme; ~ *di* **governo** government programme; *essere in* ~ to be on the programme; ⟨*estens*⟩ (*essere progettato*) to be planned; ~ *dei* **lavori** work programme; ~ *di* **massima** draft programme; ~ **nucleare** nuclear programme; ~ **operativo** operating programme; ~ **pilota** pilot programme; ~ **politico** (political) platform; ⟨*Inform*⟩ ~ *non* **prioritario** background program; ~ *di* **prova** test program; ~ *a* **puntate** series; *hai qualche* ~ *per stasera?* have you made a programme for this evening?; ~ **radiofonico** radio programme; ~ *di* **ricerca** research programme; ⟨*Rad,TV*⟩ ~ *in* **ripresa** *diretta* live programme; ⟨*Inform*⟩ ~ *di* **sistema** system programme; ~ **spaziale** space programme; ~ **sperimentale** experimental programme; ~ **televisivo** television programme; ~ *d'urgenza* crash programme; ⟨*Inform*⟩ ~ *di* **utilità** utility program.

programmàbile *a.* programmable (*anche Inform.*): *sistema* ~ programmable system.

programmàre *v.t.* **1** to program(me), ⟨*am*⟩ to schedule. **2** ⟨*Cin*⟩ (*proiettare*) to play, to show, to put on. **3** ⟨*Econ*⟩ to plan, to program(me). **4** (*rif. a macchine elettroniche*) to program(me). **programmàtico** *a.* (*pl.* -ci) programmatic, of a program(me). □ ⟨*Pol*⟩ *discorso* ~ general policy statement. **programmatóre** *m.* (*f.* -trice) **1** ⟨*Econ*⟩ planner. **2** ⟨*Inform*⟩ programmer. **3** ⟨*Rad,TV*⟩ programme director. **programmazióne** *f.* **1** programming, ⟨*am*⟩ scheduling. **2** ⟨*Econ*⟩ planning, programming. **3** ⟨*Cin*⟩ (*proiezione*) playing, showing, screening. **4** (*rif. a macchine elettroniche*) programming. □ ⟨*Inform*⟩ ~ *automatica* automatic programming; ~ *economica* economic planning; ⟨*Cin*⟩ *di prossima* ~ coming soon (*o* shortly).

progredìre *v.i.* (**progredìsco**, **progredìsci**; *aus.* **avere/essere**) **1** (*andare avanti*) to (make) progress, to proceed: *il lavoro progredisce bene* the work is ⌐progressing well⌐ (*o* making good progress). **2** ⟨*fig*⟩ (*migliorare*) to improve, to (make) progress. **progredìto** *a.* advanced, progressive: *popolo* ~ progressive people. **progressióne** *f.* ⟨*Mat*⟩ progression: ~ *aritmetica* arithmetical progression. □ ~ *fiscale* tax progression; *crescere in* ~ *geometrica* to increase in geometric progression.

progressìsmo *m.* progressivism. **progressìsta I** *s.m./f.* progressive, progressivist, progressist. **II** *a.* → **progressìstico**. **progressìstico** *a.* (*pl.* -ci) progressive.

progressivaménte *avv.* progressively: *numerare* ~ to number progressively. **progressività** *f.* progressiveness. **progressìvo** *a.* progressive. **progrèsso** *m.* **1** progress, advance: *il* ~ *della tecnica* the progress of technology; *i –i della medicina* advances in medicine; *il* ~ *dei lavori di restauro* the progress in the restoration work. **2** (*sviluppo*) spread, growth, development: *il* ~ *della malattia* the spread of the disease. □ *fare –i* to make progress, to improve.

proibìre *v.t.* (**proibìsco**, **proibìsci**) to forbid, to prohibit: *le autorità hanno proibito la manifestazione* the authorities prohibited the demonstration; *ti proibisco di farlo* I forbid you to do it. **proibitìvo** *a.* prohibitive: *prezzi –i* prohibitive prices. **proibìto** *a.* forbidden, prohibited: *il frutto* ~ the forbidden fruit. □ ~ *fumare* no smoking; *libri –i* forbidden books; ~ *l'ingresso* no admittance; ~ *dalla legge* prohibited by law. **proibizióne** *f.* **1** forbiddance, prohibition. **2** ⟨*Dir*⟩ prohibition.

proibizionìsmo *m.* prohibition. **proibizionìsta I** *s.m./f.* prohibitionist. **II** *a.* prohibitionist–.

proiettàre *v.t.* (**proiètto**) **1** to cast, to throw, to project: ~ *una luce* to project a light; *gli alberi proiettavano lunghe ombre sull'erba* the trees threw long shadows on the grass. **2** (*scagliare*) to hurl, to fling, to throw; (*gettare fuori*) to eject, to throw out: *fu proiettato dalla cabina* he was ⌐ejected from⌐ (*o* thrown out of) the cabin. **3** ⟨*Cin*⟩ to screen, to show. **4** ⟨*Geom,Psic*⟩ to project. **proiettifìcio** *m.* bullet (*o* ammunition) factory. **proièttile** *m.* ⟨*Mil*⟩ projectile, shell; (*pallottola*) bullet, shot. □ ~ **atomico** atomic missile; ~ *di* **fucile** rifle bullet; ~ **illuminante** star shell; ~ **incendiario** incendiary shell; ~ **inesploso** dud; ~ **perforante** armour–piercing shell; *a* **prova** *di* ~ bullet–proof; ~ **radiocomandato** guided missile; ~ **tracciante** tracer bullet.

proiettìvo *a.* projective (*anche Geom.,Psic.*). **proiètto** *m.* projectile, missile. □ ⟨*Geol*⟩ *–i vulcanici* volcanic ejecta. **proiettóre** *m.* **1** ⟨*Fot,Cin*⟩ projector. **2** (*riflettore*) searchlight, projector, floodlight. **3** ⟨*Aut*⟩ headlamp, headlight. □ ~ *cinematografico* motion–picture projector, ⟨*am*⟩ movie projector; ⟨*Fot*⟩ ~ *per diapositive* slide projector; ⟨*Teat*⟩ ~ *per palcoscenico* spotlight; ~ *sonoro* sound projector.

proiezióne *f.* **1** casting, throwing, projecting: *la* ~

dell'ombra terrestre the casting of the earth's shadow. **2** ⟨*Cin,Fot*⟩ projection. **3** ⟨*Cin*⟩ (*visione*) showing, screening. **4** ⟨*Geom,Psic*⟩ projection. □ ~ **cartografica** projection; ~ **cilindrica** cylindrical projection; ~ **cinematografica** cinema (*o* movie) projection, film show(ing), screening; ~ **conica** conical projection; ~ *di* **diapositive** slide projection, showing of slides; ~ *dell'*immagine projection of the image; ~ **ortogonale** orthographic projection; ⟨*Cin*⟩ **sala** *di* ~ projection room.

proiezionìsta *m./f.* ⟨*Cin*⟩ operator, ⟨*am*⟩ projectionist. **prolàbio** *m.* ⟨*Anat*⟩ prolabium. **prolàsso** *m.* ⟨*Med*⟩ prolapse, prolapsus. □ ~ *uterino* uterine prolapse.

pròle *f.* **1** children *pl*, offspring, issue, progeny: *è sposato con* ~ he is married and has children. **2** ⟨*estens*⟩ (*stirpe*) stock, race. **3** ⟨*Dir*⟩ ~ *illegittima* illegitimate offspring; *una numerosa* ~ a large family; *senza* ~ childless.

prolegàto *m.* ⟨*Stor.rom,Rel*⟩ pro–legate, deputy legate. **prolegòmeni** *m.pl.* prolegomena *pl.*

prolèssi *f.* ⟨*Gramm,Filos,Ret*⟩ prolepsis.

proletariàto *m.* proletariat: ~ *industriale* industrial proletariat. **proletàrio** *a./s.m.* (*f.* -a) proletarian.

proliferàre *v.i.* (*proliferò*; *aus.* avere) ⟨*Biol*⟩ to proliferate (*anche fig.*). **proliferazióne** *f.* proliferation (*anche fig.*): ~ *delle armi nucleari* proliferation of nuclear weapons. **prolìfero** *a.* proliferous. **prolificàre** *v.i.* (**prolìfico**, **prolìfichi**; *aus.* avere) **1** (*generare*) to beget, to procreate. **2** ⟨*fig*⟩ to proliferate (*anche Bot.*). **prolificazióne** *f.* **1** begetting, procreation, prolification. **2** ⟨*fig*⟩ proliferation. **3** ⟨*Bot*⟩ prolification. **prolificità** *f.* **1** fertility, fruitfulness, fecundity; (*rif. a persone*) fertility. **2** ⟨*fig*⟩ fruitfulness, fertility. **prolìfico** *a.* (*pl.* -ci) fertile, prolific (*anche fig.*).

prolissaménte *avv.* prolixly. **prolissità** *f.* prolixity. **prolìsso** *a.* prolix.

prò-lòco *lat. f.* local tourist board.

pròlogo *m.* (*pl.* -ghi) prologue.

prolùnga *f.* extension (*anche El.*). **prolungàbile** *a.* prolongable; (*estensibile*) extensible. **prolungaménto** *m.* **1** prolongation, extension. **2** (*concr*) (*prolunga*) extension: *il* ~ *di un cavo* an extension cable. **3** (*seguito*) continuation. **prolungàre** *v.t.* (**prolùngo**, **prolùnghi**) **1** (*rif. a spazio*) to lengthen, to make longer, to prolong: ~ *una linea* to make a line longer; (*estendere*) to extend. **2** (*rif. tempo*) to prolong, to protract, to extend, to lengthen: ~ *una seduta* to prolong a meeting. **prolungàrsi** *v.r.* **1** (*rif. a spazio*) to extend, to stretch: *il prato si prolunga fino al lago* the meadow extends to the lake. **2** (*rif. a tempo*) to grow longer, to be prolonged (*o* extended, protracted): *la sua permanenza si prolungò di cinque giorni* his stay was extended by five days. **3** (*dilungarsi*) to dwell (at length), to be drawn out.

prolusióne *f.* introductory lecture; ⟨*Univ*⟩ inaugural lecture.

promemòria *m.inv.* memorandum, ⟨*fam*⟩ memo.

promèssa *f.* **1** promise: *fare una* ~ to make a promise; (*promessa solenne*) vow, pledge. **2** ⟨*fig*⟩ promise, hope: *una* ~ *del teatro* an actor of promise, a promising actor. □ **adempiere** *una* ~ to keep a promise; **mancare** *a una* ~ to break a promise; ~ **mancata** breach of promise; **mantenere** *una* ~ to keep a promise; ~ *di* **marinaio** dicer's oath; ~ *di* **matrimonio** promise of marriage. *Prov.*: *ogni* ~ *è debito* promise is debt.

promèsso (*p.p. di* **promettere**) **I** *a.* promised. **II** *s.m.* (*f.* -a) (*fidanzato*) fiancé (*f* fiancée). □ ⟨*Bibl*⟩ *la terra –a* the Promised Land.

prometèico *a.* (*pl.* -ci) ⟨*lett*⟩ Promethean. **promèteo** *m.* ⟨*Chim*⟩ promethium. **Promèteo** (*o Prometèo*) *N.pr.m.* ⟨*Mitol*⟩ Prometheus.

prometténte *a.* promising. □ *poco* ~ not very promising, unpromising. **promèttere** *v.* (**promìsi**, **promésso**) **I** *v.t.* **1** to promise: *non ti posso* ~ *nulla* I can't promise you anything. **2** (*minacciare*) to threaten, to promise: *mi ha promesso un sacco di botte* he threatened to give me a good hiding. **3** ⟨*fig*⟩ (*preannunciare*) to look (*o* seem) like, to promise, to give hope of: *il tempo promette pioggia* it looks like rain; *i campi promettono un ottimo raccolto* the fields promise an excellent harvest. **II** *v.i.* (*aus.* **avere**) **1** to promise, to make a promise. **2** (*fig*) (*far sperare*) to be (*o* look) promising, to promise: *l'affare promette bene* the deal ⸢looks promising⸣ (*o* promises well). **promettersi** *v.r.* (*fidanzarsi*) to become (*o* get) engaged. ☐ ⟨*iron*⟩ *promette bene* (*rif. a persona che ha tendenza al male*) no good will come of him; ~ *mari e monti* to promise the earth; ~ *una ragazza in moglie* to promise a girl in marriage.

prominente *a.* **1** prominent, jutting. **2** (*eminente*) prominent, eminent. **prominenza** *f.* prominence.

promiscuamente *avv.* indiscriminately, promiscuously. **promiscuità** *f.* promiscuity, promiscuousness: ~ *di razze* racial promiscuity. **promiscuo** *a.* **1** heterogeneous, promiscuous: *società* *–a* heterogeneous society. **2** ⟨*Gramm*⟩ common gender–. ☐ *matrimonio* ~ mixed marriage; *classe* *–a* mixed (*o* coeducational) class.

promissorio *a.* ⟨*Dir*⟩ promissory.

promontorio *m.* promontory, headland.

promosso (*p.p. di promuovere*) **I** *a.* ⟨*Scol*⟩ successful, having (been) passed, ⟨*am*⟩ promoted. **II** *s.m.* (*f.* **-a**) ⟨*Scol*⟩ successful candidate, student who has been passed.

promotore I *s.m.* (*f.* **-trice**) promoter, patron, organizer: *il* ~ *della manifestazione* the organizer of the demonstration. **II** *a.* **1** (*che dà impulso*) promoting, patronizing. **2** (*organizzatore*) organizing, promoting: *comitato* ~ organizing committee. ☐ *farsi* ~ *di qc.* to promote (*o* further) s.th.; *società promotrice delle belle arti* society for the promotion of fine arts. **promozionale** *a.* ⟨*Comm*⟩ promotional. **promozione** *f.* **1** ⟨*burocr*⟩ promotion. **2** ⟨*Scol*⟩ passing up, ⟨*am*⟩ promotion; (*superamento di un esame*) passing. **3** ⟨*Comm*⟩ promotion. ☐ ⟨*burocr*⟩ ~ *per anzianità* promotion by seniority; ⟨*burocr*⟩ ~ *per merito* promotion by merit; *ottenere una* ~ to get (*o* win) a promotion, to be promoted; ⟨*Scol*⟩ *ottenere la* ~ to pass up, ⟨*am*⟩ to be promoted; ⟨*Comm*⟩ ~ *delle vendite* sales promotion.

promulgare *v.t.* (**promulgo, promulghi**) **1** ⟨*Dir*⟩ to promulgate: ~ *una legge* to promulgate a law. **2** (*proclamare*) to proclaim: ~ *un dogma* to proclaim a dogma, to spread a theory. **promulgatore** *m.* (*f.* **-trice**) promulgator. **promulgazione** *f.* promulgation, official publication.

promuovere *v.t.* (**promossi, promosso**) **1** (*dare impulso*) to foster, to further, to promote: ~ *l'agricoltura* to promote agriculture. **2** ⟨*burocr*⟩ to promote, to raise to the rank of, to advance: *è stato promosso maggiore* he was promoted (to the rank of) major. **3** ⟨*Scol*⟩ to pass, ⟨*am*⟩ to promote: *è stato promosso in terza elementare* he was promoted to the third grade; (*in un esame*) to pass. **4** ⟨*Dir*⟩ to start, to bring, to lodge. ☐ ⟨*Dir*⟩ ~ *un'azione* to start proceedings; ~ *una rivolta* to stir up a revolt.

pronao *m.* ⟨*Arch*⟩ pronaos.

pronatore *m.* ⟨*Anat*⟩ pronator (muscle).

pronipote *m./f.* (*rif. a nonno*) great–grandchild, great–grandson (*f* great–granddaughter); (*rif. a zio*) grand–nephew (*f* grand–niece).

prono *a.* ⟨*lett*⟩ **1** prone, prostrate, face down: *dormire –i* to sleep face down. **2** ⟨*fig*⟩ inclined, prone.

pronome *m.* ⟨*Gramm*⟩ pronoun. ☐ ~ *dimostrativo* demonstrative pronoun; ~ *indefinito* indefinite pronoun; ~ *possessivo* possessive pronoun; ~ *relativo* relative pronoun. **pronominale** *a.* pronominal.

pronosticare *v.t.* (**pronostico, pronostichi**) **1** to foretell, to predict, to prognosticate. **2** (*far prevedere*) to presage, to forebode, to foreshow, to prognosticate. **pronostico** *m.* (*pl.* **-ci**) **1** (*previsione*) forecast, prediction: *far –i sull'andamento degli esami* to make a prediction as to the examination results. **2** (*indizio*) sign, omen, presage. **3** (*rif. a giochi e sim.*) forecast.

prontamente *avv.* **1** (*senza indugio*) promptly. **2** (*con sveltezza*) quickly, readily. **prontezza** *f.* readiness, quickness, promptness: *di riflessi* quickness of reflex. ☐ ~ *di parola* glibness; *rispondere con* ~ to answer promptly (*o* quickly); ~ *di spirito* readiness (*o* quickness) of wit.

pronto *a.* **1** ready: *il pranzo è* ~ dinner is ready; *sei* ~ *per*

uscire? are you ready to go out? **2** (*disposto*) ready, quick: *essere* ~ *a tutto* to be ready for anything; (*incline*) inclined, disposed, willing. **3** (*rapido*) fast, quick, prompt: *una –a risposta* a prompt answer. **4** (*vivace*) lively, quick, alert: *intelligenza –a* lively intelligence, ready wit. **5** (*rif. a denaro: in contanti*) ready, cash-, in cash. **6** ⟨*Tel*⟩ hello: ~, *chi parla?* hello, who's speaking? ☐ ⟨*Comm*⟩ **a** *–i* (for) cash: *pagamento a* *–i* cash payment, cash down payment; **avere** ~ (*a disposizione*) to have available (*o* on hand); ~ *per la consegna* ready for delivery; ⟨*Aer*⟩ ~ *per il decollo* ready for take–off; ~ **soccorso** first–aid; **tenersi** ~ to keep ready; ~ *per l'uso* ready to use, ready for use; *–i* **via!** ready, get set, go!

prontuario *m.* handbook, manual: ~ *del giardiniere* gardener's manual. ☐ ⟨*Farm*⟩ ~ *terapeutico* official drug list.

pronuba *f.* ⟨*Stor.rom*⟩ pronuba. **pronubo** *m.* **1** ⟨*Stor. rom*⟩ pronubus. **2** (*fig,poet*) (*paraninfo*) matchmaker, paranymph. **3** ⟨*Bot*⟩ pollinator.

pronuncia *f.* **1** pronunciation: ~ *chiusa di una vocale* closed pronunciation of a vowel; *la* ~ *tedesca* German pronunciation. **2** ⟨*Dir*⟩ (*decisione*) judgement. ☐ *dalla* ~ *si capisce che è napoletano* you can tell he's Neapolitan from his pronunciation; *difetto di* ~ defect of pronunciation; ⟨*Dir*⟩ ~ *della sentenza* delivery of judgement, passing of the sentence. **pronunciabile** *a.* pronounceable.

pronunciamento *m.* ⟨*Pol*⟩ pronunciamento.

pronunciare *v.t.* (**pronuncio, pronunci**) **1** to pronounce: ~ *un suono* to pronounce a sound. **2** (*proferire*) to utter, to say: *non ha pronunciato una parola per tutto il giorno* he didn't say (*o* utter) a word all day long; (*dire pubblicamente*) to pronounce, to deliver: ~ *un discorso* to deliver a speech. **3** ⟨*Dir*⟩ to pronounce: ~ *una sentenza* to pronounce sentence, to pass sentence. **pronunciarsi** *v.r.* **1** to pronounce (*o* declare) one's opinion, to speak one's mind. **2** ⟨*Dir*⟩ to pass sentence, to give judgement. ☐ *pronunciarsi a favore di qc.* to pronounce o.s. in favour of s.th.; ~ *un giuramento* to take an oath. **pronunciato I** *a.* **1** (*prominente*) prominent, protruding: *zigomi –i* prominent cheek–bones. **2** (*fig*) (*accentuato*) marked, strong, pronounced: *avere una –a tendenza al bere* to have a strong tendency to drink. **II** *s.m.* (*sentenza*) sentence, decree, judgement.

pronunzia *e der.* → **pronuncia** *e der.*

propagabile *a.* propagable.

propaganda *f.* **1** propaganda. **2** (*pubblicità*) advertising. ☐ ~ *commerciale* advertising; *fare* ~ *per qc.* to propagandize s.th.; ~ *politica* political propaganda; ~ *radiofonica* radio advertising. **propagandare** *v.t.* **1** (*diffondere*) to propagandize. **2** ⟨*Comm*⟩ to advertise, to publicize: ~ *un nuovo prodotto* to advertise a new product. **propagandista** *m./f.* **1** propagandist. **2** ⟨*Comm*⟩ salesman. **propagandistico** *a.* (*pl.* **-ci**) **1** propaganda–, propagandist(ic). **2** ⟨*Comm*⟩ advertising–, publicity–: *film* ~ publicity film; *a scopo* ~ for publicity.

propagare *v.t.* (**propago, propaghi**) **1** (*diffondere*) to propagate, to spread. **2** ⟨*Biol*⟩ (*riprodurre*) to propagate. **propagarsi** *v.r.* **1** (*diffondersi*) to spread, to become widespread. **2** ⟨*Biol*⟩ (*riprodursi*) to propagate. **3** ⟨*Fis*⟩ to be propagated. **propagatore** *m.* (*f.* **-trice**) propagator: *–i di nuove idee* propagators of new ideas. **propagazione** *f.* **1** propagation, spreading. **2** ⟨*Biol,Fis*⟩ propagation. ☐ ~ *del calore* heat transmission; ~ *del suono* sound propagation.

propagginare *v.t.* (**propaggino**) **1** ⟨*Agr*⟩ to layer. **2** ⟨*Stor*⟩ to bury alive (head downwards). **propagginazione** *f.* **1** ⟨*Agr*⟩ layering. **2** ⟨*Stor*⟩ execution by burying alive. **propaggine** *f.* **1** ⟨*Agr*⟩ (*ramo*) layer. **2** (*diramazione*) branch, offshoot, spur: *le –i di una catena montuosa* the spurs of a mountain range. **3** (*discendenza*) descendants *pl,* offspring *pl:* *le ultime –i di una stirpe* the last descendants of a race.

propalare *v.t.* (*lett*) to divulge: ~ *un segreto* to divulge a secret. **propalazione** *f.* divulging.

propano *m.* ⟨*Chim*⟩ propane.

proparossitono *a.* ⟨*Gramm*⟩ proparoxytone, proparoxytonic.

propedèutica *f.* propaedeutics *pl* (*costr. sing.*). **propedèutico** *a.* (*pl.* -**ci**) propaedeutic (*anche Filos.*). □ *corso* ~ preparatory course.

propellènte I *a.* propellant, propellent, propelling: *carica* ~ propelling charge. **II** *s.m.* propellant, propellent. □ ~ *per razzi* (rocket) propellant.

propèndere *v.i.* (**propendèi/propendètti, propènso;** *aus.* avere) to incline (*per* to), to be inclined, to favour, to lean (towards): ~ *per una soluzione di compromesso* to favour (*o* lean towards) a compromise solution; *propendo a credere che tu abbia ragione* I am inclined to believe that you are right. □ ~ *per il no* not to be in favour; ~ *per il sì* to be inclined to think so, to be in favour.

propensióne *f.* **1** (*simpatia*) liking, fancy: *avere* ~ *per qd.* to have a liking for s.o. **2** (*inclinazione*) inclination, leaning, propensity: *non avere* ~ *per gli studi* to have no inclination towards study. □ ⟨*Econ*⟩ ~ *al risparmio* propensity to save; ~ *al consumo* propensity to consume; ⟨*Econ*⟩ ~ *agli investimenti* propensity to invest. **propènso** (*p.p. di propendere*) *a.* (*disposto*) disposed, inclined.

properispòmeno *a.* ⟨*Gramm*⟩ properispome.

Propèrzio *N.pr.m.* ⟨*Lett*⟩ Propertius.

propìle *m.* ⟨*Chim*⟩ propyl.

propìlei *m.pl.* ⟨*Archeol*⟩ propylaea *pl.*

propilène *m.* ⟨*Chim*⟩ propylene. **propìlico** *a.* (*pl.* -**ci**) ⟨*Chim*⟩ propenyl–, propylic.

propìna *f.* (examiner's) fee. **propinàre** *v.t.* to administer: ~ *un veleno* to administer a poison. **propinatóre** *m.* (*f.* -**trice**) giver.

propiziaménte *avv.* propitiously, favourably. **propiziàre** *v.t.* (**propìzio, propìzi**) **1** (*rendere propizio*) to propitiate. **2** (*placare*) to soothe, to appease. **propiziatóre** *m.* (*f.* -**trice**) propitiator. **propiziatòrio** *a.* propitiatory. **propiziazióne** *f.* propitiation. **propìzio** *a.* (*favorevole*) propitious, favourable: *mese* ~ *per la caccia* favourable month for hunting; (*adatto*) right, suitable: *attendere l'occasione* -*a* to wait for the right opportunity. □ *rendersi propizi gli dei* to propitiate the gods.

proponènte I *a.* ⟨*burocr*⟩ proposing, proponent. **II** *s.m./f.* proposer, proponent. **proponìbile** *a.* proposable. **proponiménto** *m.* resolution, resolve: *fece il* ~ *di obbedire ai genitori* he made a resolution to obey his parents.

proporre *v.t.* (**propóngo, propóni, propósi, propósto;** → **porre**) **1** (*presentare*) to propose, to put: ~ *un quesito* to propose a question. **2** (*suggerire*) to propose, to suggest: *ho proposto una gita al mare* I suggested a trip to the sea; *propongo di andare al cinema* I suggest 'we go (*o* going) to the pictures; ~ *un rimedio* to propose a remedy. **3** (*indicare*) to indicate, to hold (*o* set) up, to point out: ~ *una persona come modello* to hold a person up as a model. **proporsi** *v.r.* (*prefiggersi*) to intend, to resolve, to set o.s., to propose (to o.s.): *si era proposto di tacere* he intended to say nothing; *proporsi una meta* to set o.s. a goal. □ ~ *un progetto di legge* to introduce (*o* bring in) a bill. *Prov.: l'uomo propone e Dio dispone* man proposes, God disposes.

proporzionàle I *a.* **1** proportional, proportionate: *la pena deve essere* ~ *alla colpa* the punishment must be proportionate to the crime. **2** ⟨*Mat*⟩ proportional: *grandezze direttamente* -*i* directly proportional quantities. **II** *s.f.* ⟨*Pol*⟩ proportional representation. **proporzionalità** *f.* proportionality (*anche Mat.*). **proporzionalménte** *avv.* proportionally. **proporzionàre** *v.t.* (**proporzióno**) to proportion, to adjust: ~ *le spese alle entrate* to adjust expenditure to income. **proporzionataménte** *avv.* proportionately. **proporzionàto** *a.* **1** proportionate: *premio* ~ *al rendimento* reward proportionate to performance. **2** (*armonico*) well–proportioned. **proporzióne** *f.* **1** proportion, ratio, relation: *ci dev'essere* ~ *tra pena e colpa* there must be a relation between the punishment and the crime. **2** (*distribuzione armonica*) proportion, balance: *la* ~ *tra gli elementi di un complesso architettonico* the

balance between the elements of an architectural complex. **3** *pl.* (*dimensioni*) size, proportions *pl: un palazzo di* -*i enormi* a building of huge proportions. **4** ⟨*Mat*⟩ proportion, ratio. □ ~ *aritmetica* arithmetical proportion; ~ *geometrica* geometric proportion; *in* ~: 1 (*in misura corrispondente*) in proportion; 2 (*in confronto*) compared (*a* with, to); *di piccole* -*i* small.

propòsito *m.* **1** resolution, intention, purpose: *essere pieno di buoni* -*i* to be full of good intentions. **2** (*progetto*) plan, project: *ti esporrò i miei* -*i* I'll tell you my plans. **3** (*occasione*) chance, occasion: *ne parla a ogni* ~ he talks about it 'on every occasion' (*o* every chance he gets). **4** (*argomento*) subject, matter: *hai nulla da dire a questo* ~? have you anything to say about the matter? □ **a** ~: 1 (*opportunamente*) in the nick of time, at the right time (*o* moment): *arrivi proprio a* ~ you've come just in the nick of time; 2 (*opportuno*) right, suitable: *non riesco mai a trovare le parole a* ~ I can never find the right words; 3 ⟨*esclam*⟩ by the way: *a* ~, *quando parti?* by the way, when are you leaving?; *a* ~ *di* (*riguardo a*) as regards, talking about; *a* ~ *di che?* what about?; **col** ~ *di* [*inf*] with the purpose (*o* intention) of [*ger*]; **di** ~ (*intenzionalmente*) on purpose, deliberately; **fuor** *di* ~ off (*o* beside) the point: *quel che dici è fuor di* ~ what you say is off the point; **poco** *a* ~: 1 (*inopportunamente*) at the wrong time (*o* moment): *giungi poco a* ~ you've come at the wrong time; 2 (*inopportuno*) unsuitable; *a* **quale** ~? (*a che scopo*) for what reason?, what's the purpose?; *a* **questo** ~ concerning this.

proposizióne *f.* **1** ⟨*Gramm*⟩ (*frase*) clause; (*periodo*) sentence. **2** ⟨*Filos,Mat*⟩ proposition. **3** (*asserzione*) statement, assertion: *difendere una* ~ to defend an assertion. □ ~ **complessa** (*o composta*) complex (*o* compound) sentence; ~ **indipendente** independent clause; ~ **interrogativa** interrogative sentence, question; ~ *interrogativa diretta* direct question; ~ *interrogativa indiretta* indirect question; ~ **principale** principal clause; ~ **secondaria** subordinate (*o* dependent) clause; ~ **semplice** simple sentence.

propósta *f.* **1** proposal, suggestion. **2** (*offerta*) proposal, offer: *fare una* ~ *ragionevole* to make a reasonable offer. □ *approvare una* ~ to approve a proposal; ⟨*Parl*⟩ ~ *di legge* bill; ~ *di matrimonio* (marriage) proposal; ~ *di pace* peace proposal.

propriaménte *avv.* **1** (*realmente*) really, actually. **2** (*con proprietà di linguaggio*) properly: *esprimersi* ~ to express o.s. properly (*o* with propriety). □ ~ *detto* in the strict (*o* proper) sense of the word.

proprietà *f.* **1** (*qualità peculiare*) property: *le* ~ *dell'acqua marina* the properties of sea–water. **2** (*correttezza*) propriety, correctness: *scrivere con* ~ to write with propriety; *vestire con* ~ to dress with propriety. **3** ⟨*Dir*⟩ (*possesso*) ownership, property: *la tutela della* ~ the protection of ownership. **4** ⟨*concr*⟩ (*cosa posseduta*) property, estate, possessions *pl: amministro io stesso la mia* ~ I administer my estate myself. □ ⟨*Dir*⟩ ~ **collettiva** joint (*o* collective) ownership; **con** ~ (*giustamente*) correctly, with propriety; ~ **demaniale** State property; *essere di* ~ *di qd.* to belong to s.o.; *diritto di* ~ right of ownership; ~ **familiare** family property; ~ **fondiaria** real estate (*o* property), landed estate; ~ **immobiliare** real estate, realty; ~ **letteraria** copyright; **piccola** ~ small property (*o* holding); ~ **privata** private property; ~ **pubblica** public property; **trapasso** *di* ~ transfer of title (*o* property).

proprietàrio *m.* (*f.* -**a**) **1** owner, proprietor (*f* -**tress**): *restituire qc. al legittimo* ~ to return s.th. to its lawful owner. **2** (*rif. a proprietà data in affitto*) landlord (*f* -**lady**). □ **grande** (*o grosso*) ~ large landowner; ~ *d'immobile* real estate owner; *piccolo* ~ small holder; ~ **terriero** landowner.

pròprio I *a.* **1** (*possessivo impersonale*) one's: *morire per il* ~ *paese* to die for one's country; *fare del* ~ *meglio* to do one's best. **2** (*rafforzativo di possessivo*) own, *sempre accompagnato dall'aggettivo possessivo: l'ho visto con i miei propri occhi* I saw it with my own eyes; (*impersonale*) one's own: *fare qc. di* -*a iniziativa* to do s.th. on one's own initiative. **3** (*caratteristico*) peculiar, proper (*di* to), characteristic, typical (of): *la ragione è ~a dell'uomo* reason is peculiar to man; *a volte non si traduce: l'egoismo ~ dei giovani* the selfishness of the young. **4** (*particolare, speciale*) of one's own, special: *ha un metodo tutto ~* he has a ⌐method all his own⌐ (*o* special method). **5** (*esatto*) proper, exact, correct: *usare il termine ~* to use the proper term. **6** (*opportuno*) appropriate, suitable, fitting, proper: *un rimedio ~ contro la febbre* a suitable remedy for fever. **7** (*Mat, Gramm*) proper: *frazioni ~e improprie* proper and improper fractions; *nome ~* proper noun. **II** *avv.* **1** (*esattamente*) just, exactly, precisely: *~ adesso* just now; *è andata ~ così* that's just how it happened. **2** (*veramente*) really: *questo vestito ti sta ~ bene* this dress really suits you; (*seguito da un pronome*) really, actually, *qualche volta non si traduce: era ~ lui* it was really him; *l'hai detto ~ tu* you said so. **3** (*nelle risposte affermative*) (yes) that's right: *sei stato tu? – ~!* was it you? – yes that's right! **4** (*rafforzativo: di negazione*) really, at all: *non ho ~ fame* I'm ⌐really not⌐ (*o* not at all) hungry; (*di affermazioni*) really: *grazie, ho ~ mangiato abbastanza* thank you, I've really had enough. **III** *s.m.* one's own, what belongs to one: *vivere del ~* to live off one's own; (*ciò che spetta di diritto*) one's due. □ *per* **conto** *~* by oneself, for oneself, on one's own: *studiare per conto ~* to study by oneself; *~ così* just like that; *lavorare in ~* to work on one's own; *mettersi in ~* to start (*o* set up) business on one's own; *con le –e mani* with one's own hands; **non** *~* not exactly; **rimetterci** *del ~* to have to dip into one's own pocket; **vero** *e ~* real, out and out: *sei un vero e ~ mascalzone* you're a real scoundrel.

propugnare *v.t.* (*sostenere*) to fight for, to support, to champion: *~ l'uguaglianza dei diritti* to fight for equal rights. **propugnatore** *m.* (*f.* **-trice**) champion, advocate, defender.

propulsione *f.* propulsion. □ **a** *~* propelled: *a ~ automatica* self–propelled; *~* **atomica** nuclear propulsion: *a ~ atomica* nuclear–powered; *~ a* **elica** screw propulsion; *~ a* **getto** jet propulsion; *con ~ a getto* jet propelled; *~ a* **razzo** rocket propulsion; *con ~ a razzo* rocket–propelled; *~ a* **reazione** jet–propulsion; *~ a* **turbogetto** turbo–jet propulsion.

propulsivo *a.* propulsive, propelling. **propulsore** *m.* propulsor.

prora *f.* → **prua**.

proravia: (*Mar*) *a ~* fore–, ahead, forward.

prorettore *m.* (*Univ*) pro–rector.

proroga *f.* extension (of time), respite: *concedere una ~* to grant a respite. **prorogabile** *a.* extendible, delayable, liable to deferment: *termine ~* expiry date liable to deferment. **prorogare** *v.t.* (**prorogo, proroghi**) **1** (*prolungare la durata*) to extend, to prolong: *~ un mandato* to extend a mandate. **2** (*differire il termine*) to defer, to put off: *~ il pagamento di un debito* to defer payment of a debt.

prorompente *a.* **1** (*incontenibile*) bursting forth; (*rif. ad acque*) gushing. **2** (*fig*) unrestrainable, irrepressible. **prorompere** *v.i.* (**proruppi, prorotto**; *aus.* **avere**) **1** to burst (out, forth); (*rif. ad acque*) to burst (forth), to gush (out). **2** (*fig*) to burst (out, forth), to break (out): *l'ira del popolo proruppe improvvisamente* the anger of the people suddenly broke out; *~ in pianto* to burst ⌐into tears⌐ (*o* out crying). **3** (*assol*) to burst out: *all'improvviso proruppe: «ma te ne vuoi andare?»* suddenly he burst out: "are you going or not?". □ *~ in un grido* to give (*o* let out) a shout.

prosa *f.* **1** prose: *scrivere in ~* to write in prose. **2** (*opera in prosa*) prose work (*o* composition); (*collett*) prose: *una scelta di –e manzoniane* a selection of Manzoni's prose. **3** (*fig*) (*prosaicità*) ordinariness, matter–of–factness, prose. □ (*Teat*) *una compagnia di ~* a theatrical company; *in ~* prose–, in prose; *teatro di ~* theatre, playhouse; (*fig*) (straight) theatre, drama.

prosaicamente *avv.* prosaically, matter–of–factly. **prosaicità** *f.* prosaicness, prosaicalness. **prosaico** *a.* (*pl.* **-ci**) **1** (*prosastico*) prosaic, of prose. **2** (*fig*) prosaic, commonplace.

prosapia *f.* (*lett*) (*stirpe*) lineage, stock.

prosastico *a.* (*pl.* **-ci**) prose–, prosaic. **prosatore** *m.* (*f.* **-trice**) prose writer.

proscenio *m.* (*parte anteriore del palcoscenico*) proscenium; (*palcoscenico*) stage: *chiamare un attore al ~* to call an actor back on stage. □ *palco di ~* stage box; *presentarsi al ~* to take a curtain call.

proscimmie *f.pl.* (*Zool*) prosimians *pl.*

prosciogliere *v.t.* (**prosciolgo, prosciogli; prosciolsi, prosciolto**) **1** to release, to (set) free, to absolve: *~ qd. da un voto* to release s.o. from a vow. **2** (*Dir*) (*assolvere*) to acquit, to absolve: *è stato prosciolto in istruttoria* he was acquitted at the inquest; *~ qd. da un'accusa* to acquit (*o* clear) s.o. of a charge. **proscioglimento** *m.* **1** release. **2** (*Dir*) acquittal.

prosciugamento *m.* **1** (*il prosciugare*) drying up, draining: *il ~ di un terreno* the draining of land; (*il prosciugarsi*) drying up. **2** (*Idr*) (*il bonificare*) reclamation: *il ~ delle paludi pontine* the reclamation of the Pontine Marshes. **prosciugare** *v.t.* (**prosciugo, prosciughi**) **1** (*bonificare*) to drain, to reclaim: *~ una palude* to drain a marsh. **2** (*disseccare*) to dry up (*o* out): *la siccità ha prosciugato le piante* the drought has dried up the plants. **prosciugarsi** *v.r.* to dry (up).

prosciutto *m.* ham. □ *~ affumicato* smoked ham; *~ cotto* cooked (*o* boiled) ham; *~ crudo* raw (*o* dry–cured) ham.

proscritto (*p.p. di proscrivere*) **I** *a.* proscribed, exiled, banished. **II** *s.m.* (*f.* **-a**) proscript, exile. **proscrivere** *v.t.* (**proscrissi, proscritto**) to proscribe, to exile, to banish: *i patrioti venivano spesso proscritti* patriots were often exiled. **proscrizione** *f.* banishment, proscription.

prosecuzione *f.* carrying on, continuation. **proseguimento** *m.* continuation, continuing, carrying on. □ *buon ~!* all the best!; (*a chi viaggia*) have a good trip! **proseguire** *v.* (**proseguo**) **I** *v.t.* to continue, to go (*o* carry) on with, to keep on, to pursue: *~ il viaggio* to continue one's trip; *~ la lettura* to go on (with one's) reading. **II** *v.i.* (*aus.* **avere**) **1** to go ahead (*o* on), to continue: *il lavoro prosegue alacremente* the work is going ahead briskly. **2** (*procedere oltre: rif. a persone*) to go on (*per* to): *voglio ~ per Napoli* I want to go on to Naples; (*rif. a veicoli; aus.* **avere/essere**) to go on (*o* farther): *questo treno non prosegue* this train doesn't go any farther. □ *far ~ qc.* to forward s.th., to send s.th. on: *far ~ una lettera* to forward a letter; *~ in qc.* to continue (with) s.th., to go on with s.th.: *~ negli studi* to continue studying (*o* with one's studies).

proselite *m./f.* → **proselito**. **proselitismo** *m.* proselytism. **proselito** *m.* proselyte, convert: *fare –i* to make converts (*o* proselytes).

prosenchima *m.* (*Bot*) prosenchyma.

Proserpina *N.pr.f.* (*Mitol*) Proserpine, Proserpina.

prosettore *m.* (*Med*) prosector.

prosieguo *m.* (*burocr*) course. □ *in ~ di tempo* in (the course of) time.

prosillogismo *m.* (*Filos*) prosyllogism.

prosindaco *m.* (*pl.* **-ci**) acting (*o* deputy) mayor.

prosit *lat. intz.* **1** (*Lit*) prosit. **2** (*nel brindare*) to your health.

prosodia *f.* prosody. **prosodico** *a.* (*pl.* **-ci**) prosodic(al).

prosopopea *f.* **1** (*Ret*) prosopopoeia. **2** (*fig,spreg*) (*sussiego*) pomposity, pretentiousness, self–importance: *parlare con una gran ~* to talk with great pomposity.

prosperamente *avv.* prosperously, thrivingly. **prosperare** *v.i.* (**prospero;** *aus.* **avere**) to thrive, to flourish, to prosper (*anche fig.*): *i tuoi affari prosperano* your business is thriving (*o* flourishing). **prosperità** *f.* prosperity, prosperousness: *vivere nella ~* to live in prosperity. **prospero** *a.* **1** (*favorevole, propizio*) favourable, propitious, (*lett*) prosperous: *un vento ~* a favourable wind. **2** (*florido*) prosperous, flourishing, thriving: *condizioni economiche –e* prosperous economic conditions; *salute –a* flourishing health. **prosperosamente** *avv.* prosperously. **prosperoso** *a.* **1** (*fiorente*) flourishing, thriving, prosperous: *commercio ~* flourishing trade. **2** (*pieno di salute*) thriving, hale and hearty: *un aspetto ~* a hale and hearty appearance. □ *una ragazza –a* a buxom girl.

prospettare *v.t.* (**prospetto**) to present, to point out, to show: *gli prospettarono le diverse soluzioni* they pointed out the various solutions to him; (*formulare*) to advance, to put forward. **prospettarsi** *v.r.* **1** (*presentarsi*) to look, to seem: *come si prospetta la situazione?* what does the situation look like? **2** (*delinearsi*) to anticipate, to expect, to be in view (*o* sight): *mi si prospetta una brutta annata* I anticipate a bad year; *non si prospettano altre possibilità* there are no other possibilities (in sight). **prospettico** *a.* (*pl.* -**ci**) **1** perspective: *veduta -a della villa* perspective view of the villa. **2** (*disegnato in prospettiva*) in perspective.

prospettiva *f.* **1** perspective: *le leggi della* ~ the rules of perspective. **2** (*vista panoramica*) view, prospect. **3** ⟨*fig*⟩ (*previsione*) prospect, outlook: *la* ~ *della guerra* the prospect of war; (*possibilità*) prospect: *essere senza* ~ to have no prospects. □ ~ **aerea** aerial perspective; *avere* **buone** -*e* to have good prospects; -*e di* **carriera** job expectations; **errore** *di* ~ wrong perspective; ⟨*fig*⟩ (*errata valutazione*) mistaken estimation; **in** ~ in perspective; ~ **lineare** linear perspective; ⟨*fig*⟩ **mancare** *di* ~ to have no sense of perspective; ⟨*fig*⟩ *non* **presentare** -*e* to hold no prospects.

prospetto *m.* **1** (*tabella riassuntiva*) table, list, statement, ⟨*am*⟩ schedule: *il* ~ *delle entrate* the statement of assets. **2** ⟨*Comm*⟩ (*foglio pubblicitario*) prospectus. **3** (*rappresentazione grafica*) elevation, view. **4** (*veduta, panorama*) view, prospect: *la casa ha un bel* ~ *sul mare* the house has a beautiful view of the sea. **5** (*facciata*) façade, face, front: *il* ~ *della cattedrale* the façade of the cathedral. □ *di* ~ (*di fronte*) facing, in front; (*da davanti*) from the front: *ritrarre qd. di* ~ to draw s.o. from the front; *ritratto di* ~ full-face portrait.

prospettore *m.* ⟨*Minier*⟩ prospector. **prospezione** *f.* ⟨*Minier*⟩ **1** prospecting. **2** (*grafico*) prospecting chart. □ *eseguire* -*i* to prospect; ~ *petrolifera* oil prospecting.

prospiciente *a.* facing, overlooking: *una villa* ~ *il lago* a villa overlooking the lake.

prosseneta *m.* ⟨*lett*⟩ **1** (*mediatore*) proxenete. **2** ⟨*spreg*⟩ (*mezzano*) procurer, pimp.

prossimamente *avv.* soon, in a short time, shortly: *arriverà* ~ he'll be coming soon. □ ⟨*Cin*⟩ ~ *su questo schermo* coming soon. **prossimità** *f.* (*rif. a spazio*) nearness, closeness, proximity: *la* ~ *del mare rende il clima più dolce* the nearness of the sea makes the climate milder; (*rif. a tempo*) imminence, proximity, closeness: *la* ~ *degli esami d'ammissione* the imminence of the entrance examination. □ *in* ~ *di* near (*o* close) to: *eravamo in* ~ *della capitale* we were close to the capital; *siamo in* ~ *del Natale* Christmas is coming (*o* drawing near).

prossimo I *a.* **1** (*vicino: rif. a spazio*) near (*a qc.* to s.th., s.th.), close (to s.th.): *l'ufficio postale è* ~ *alla stazione* the post office is near the station; (*rif. a tempo*) near, close, at hand: *in un* ~ *avvenire* in the near future; *l'inverno è ormai* ~ winter is very near now. **2** (*il più vicino nel tempo e nello spazio*) next: *la* -*a fermata* the next stop; *sabato* ~ next Saturday. **3** (*diretto, immediato*) immediate, direct: *le cause* -*e* the direct causes. **4** ⟨*fig*⟩ (*stretto*) close: *parenti* -*i* close relatives. **II** *s.m.* neighbour, fellow (-man): ⟨*Bibl*⟩ *ama il* ~ *tuo come te stesso* love thy neighbour as thyself. □ *essere* ~ *ai cinquant'anni* to be almost (*o* nearly) fifty; *essere* ~ *a fare qc.* to be about to do s.th., to be on the point of doing s.th.: *siamo* -*i a partire* we are on the point (*o* verge) of leaving; ⟨*Gramm*⟩ **passato** ~ present perfect; *i nostri desideri sono* -*i a* **realizzarsi** our wishes are about to come true; ~ **venturo** next, following: *lunedì* ~ *venturo* next Monday.

prostaglandina *f.* ⟨*Biol*⟩ prostaglandin.

prostata *f.* ⟨*Anat*⟩ prostate (gland). **prostatico** *a.* (*pl.* -**ci**) prostate, prostatic. **prostatite** *f.* ⟨*Med*⟩ prostatitis.

prosternare *v.t.* (**prosterno**) ⟨*lett*⟩ to throw down (*o* flat), to prostrate. **prosternarsi** *v.r.* to prostrate o.s., to bow down.

prostilo *m.* ⟨*Archeol*⟩ prostyle.

prostituire *v.t.* (**prostituisco, prostituisci**) to prostitute

(*anche fig.*). **prostituirsi** *v.r.* to prostitute o.s. (*anche fig.*). **prostituta** *f.* prostitute, whore. **prostituzione** *f.* prostitution (*anche fig.*): *darsi alla* ~ to take to prostitution (*o* the streets).

prostrare *v.t.* (**prostro**) **1** (*abbattere*) to knock down, to prostrate. **2** ⟨*fig*⟩ (*indebolire*) to prostrate, to wear out: *la lunga malattia lo ha prostrato* he was prostrated by his long illness. **3** ⟨*fig*⟩ (*avvilire*) to humble, to abase: ~ *l'orgoglio di qd.* to humble s.o.'s pride. **prostrarsi** *v.r.* **1** (*prosternarsi*) to prostrate o.s.: *prostrarsi davanti all'altare* to prostrate o.s. before the altar. **2** ⟨*fig*⟩ (*umiliarsi*) to humble o.s. **prostrato** *a.* **1** (*abbattuto*) prostrate, overthrown. **2** ⟨*fig*⟩ (*sfinito*) prostrate(d), exhausted, worn out. **prostrazione** *f.* **1** (*spossatezza fisica*) (physical) prostration, exhaustion. **2** (*depressione psichica*) prostration, dejection.

protagonista *m./f.* ⟨*Teat*⟩ protagonist, hero (*f* heroine), chief character; (*attore principale*) leading actor (*f* -tress); (*di un film*) star, lead. **2** ⟨*fig*⟩ protagonist, hero: *essere il* ~ *di un'avventura* to be the protagonist (*o* hero) of an adventure.

protallo *m.* ⟨*Bot*⟩ prothallium, prothallus.

protasi *f.* ⟨*Lett,Gramm, Filos*⟩ protasis.

proteggere *v.t.* (**proteggo, proteggi; protessi, protetto**) **1** to protect, to take care of: *la chioccia protegge i suoi pulcini* the hen takes care of her chicks; *che Dio vi protegga* may God protect you. **2** (*riparare*) to protect, to shelter, to shield: *una catena di montagne protegge la città dai venti* a mountain chain protects (*o* shelters) the town from the winds. **3** (*promuovere*) to promote, to patronize, to foster: ~ *le arti* to promote the arts. **4** ⟨*Mil*⟩ to cover: *la cavalleria proteggeva la ritirata* the cavalry covered the retreat.

proteico *a.* (*pl.* -**ci**) ⟨*Biol*⟩ protein–, proteinaceous, proteid.

proteiforme *a.* protean, proteiform.

proteina *f.* ⟨*Biol*⟩ protein. □ ~ *animale* animal protein; ~ *vegetale* vegetable protein. **proteinico** *a.* → **proteico**.

protendere *v.t.* (**protesi, proteso**) to hold (*o* stretch) out: ~ *le braccia* to hold out one's arms. **protendersi** *v.r.* to lean, to stretch forward: *si protese fuori del balcone* he leaned (out) over the balcony; (*stendersi*) to extend, to stretch: ~ *nel mare* to extend into the sea.

proteo *m.* ⟨*Zool*⟩ olm.

Proteo *N.pr.m.* ⟨*Mitol*⟩ Proteus.

proteolisi *f.* ⟨*Chim*⟩ proteolysis.

protervamente *avv.* ⟨*lett*⟩ arrogantly, haughtily. **protervia** *f.* ⟨*lett*⟩ arrogance, ⟨*lett*⟩ protervity. **protervo** *a.* ⟨*lett*⟩ insolent, arrogant.

protesi *f.* ⟨*Chir,Ling*⟩ prothesis. □ ~ *acustica* hearing aid; ~ *del braccio* artificial arm; ~ *dentaria* dental prothesis; ~ *della gamba* artificial leg.

proteso (*p.p. di* **protendere**) *a.* outstretched, stretched (*o* held) out: *con la mano* -*a* with outstretched hand.

protessi → **proteggere**.

protesta *f.* **1** protest: *una lettera di* ~ a letter of protest; *per* ~ in protest. **2** (*dichiarazione*) protestation, avowal: *le fece mille* -*e di fedeltà* he made her a thousand protestations of faithfulness. **protestante I** *a.* ⟨*Rel*⟩ Protestant: *setta* ~ Protestant sect. **II** *s.m./f.* ⟨*Rel*⟩ Protestant. **protestantesimo** *m.* Protestantism.

protestare *v.* (**protesto**) **I** *v.i.* (*aus.* avere) to protest, to make (*o* lodge) a protest: ~ *contro un'ingiustizia* to protest against an injustice. **II** *v.t.* **1** (*dichiarare*) to declare, to protest: ~ *la propria stima verso qd.* to declare one's esteem for s.o. **2** ⟨*Econ*⟩ to protest: ~ *una cambiale* to protest a bill. **protestarsi** *v.r.* to protest (o.s.): *protestarsi innocente* to declare o.s. innocent, to protest one's innocence. **protestatario** *a.* protesting, of protest. **protestato** *a.* protested: *cambiale* -*a* protested (*o* dishonoured) bill. **protestatore** *m.* (*f.* -**trice**) protester, protestor (*anche Dir.*).

protesto *m.* ⟨*Econ*⟩ protest: ~ *cambiario* protest of a bill. □ ~ *per mancata accettazione* protest for non-acceptance; *andare in* ~ to be protested; *lasciare andare in* ~ *una cambiale* to dishonour a bill; *avviso di* ~ notice of protest.

protettivo *a.* protective: *involucro* ~ protective cover. **protetto** (*p.p. di proteggere*) **I** *a.* protected, shielded, sheltered: ~ *dai venti del nord* sheltered from the north winds. **II** *s.m.* (*f.* **-a**) protégé (*f* protégée), favourite: *è il* ~ *del principale* he's the boss's favourite. **protettorato** *m.* ⟨*Pol*⟩ protectorate. **protettore I** *s.m.* (*f.* **-trice**) **1** protector (*f* –tress), defender: *essere il* ~ *dei poveri* to be the protector of the poor. **2** (*sostenitore*) patron, supporter: ~ *delle arti* patron of the arts. **3** ⟨*Stor.brit*⟩ Protector. **4** ⟨*gerg*⟩ (*sfruttatore di prostitute*) pimp, (*fam*) ponce. **II** *a.* patron-, guardian-: *santo* ~ patron saint.

protezione *f.* **1** protection: ~ *dal freddo* protection from the cold; *mettersi sotto la* ~ *di qd.* to put o.s. under s.o.'s protection; (*azione protettiva*) protection, defence, conservation, preservation: ~ *del paesaggio naturale* preservation (*o* conservation) of nature. **2** (*mecenatismo*) patronage. **3** ⟨*spreg*⟩ (*favoreggiamento*) favour, protection: *è stato promosso a forza di –i* he got his promotion by favour. □ ~ *dell'*ambiente environmental protection; ~ *degli* animali protection of animals; ~ antiaerea air–raid precautions *pl;* ~ antigrandine hail defence, protection against hail; ~ civile civil defence; ~ *del* consumatore consumer protection; ⟨*Inform*⟩ ~ *dei* dati data protection; *legge sulla* ~ *dei dati* data protection bill; ~ doganale (customs) protection; ~ *contro gli* incendi fire protection; ~ *dell'*infanzia child welfare; ~ *della* memoria memory protection; ~ *della* natura protection (*o* conservation) of nature; *essere senza* ~ to be unprotected; ~ *degli* uccelli preservation of bird–life.

protezionismo *m.* ⟨*Econ*⟩ protectionism. □ ~ doganale (customs tariff) protectionism. **protezionista I** *s.m./f.* protectionist. **II** *a.* → **protezionistico**. **protezionistico** *a.* (*pl.* **-ci**) protectionist.

proto *m.* ⟨*Tip*⟩ printing works foreman.

protocollare[1] *v.t.* (**protocollo**) ⟨*burocr*⟩ to record, to register: ~ *una lettera* to record a letter.

protocollare[2] *a.* protocolar, of protocol.

protocollista *m./f.* recorder.

protocollo *m.* **1** ⟨*Dipl*⟩ (*documento*) protocol, preliminary draft. **2** (*complesso di norme*) protocol: *una questione di* ~ a matter of protocol. **3** (*carta protocollo*) foolscap (paper). **4** ⟨*burocr*⟩ (*libro protocollo*) protocol book, register, record. □ *numero di* ~ reference number; ~ *segreto* secret protocol.

proto|martire *m./f.* ⟨*Rel*⟩ protomartyr. **~medico** *m.* (*pl.* **-ci**) ⟨*Stor*⟩ (chief) medical examiner.

protone *m.* ⟨*Fis*⟩ proton. **protonico** *a.* (*pl.* **-ci**) proton-, protonic.

proto|notariato *m.* ⟨*Stor*⟩ prot(h)onotaryship. **~notaro** *m.* prot(h)onotary. **~plasma** *m.* ⟨*Biol*⟩ protoplasm. **~plasmatico** *a.* (*pl.* **-ci**) protoplasm(at)ic, protoplasmal.

prototipo *m.* prototype (*anche fig.*): *l'Iliade è il* ~ *del poema epico* the Iliad is the prototype of the epic poem.

protozoi *m.pl.* ⟨*Zool*⟩ protozoans *pl,* Protozoa *pl.* **protozoico** *a./s.* (*pl.* **-ci**) **I** *a.* ⟨*Geol*⟩ Protozoic. **II** *s.m.* Protozoic period.

protrarre *v.t.* (**protraggo, protrai; protrassi, protratto;** → **trarre**) **1** (*prolungare*) to protract, to prolong: ~ *le trattative* to prolong the negotiations. **2** (*prorogare*) to put off, to delay. **protrarsi** *v.r.* to last, to go on, to continue: *la riunione si protrasse per parecchie ore* the meeting went on for several hours. **protrattile** *a.* protractile, protrusile. **protrazione** *f.* **1** protraction. **2** (*proroga*) putting off.

protuberante *a.* protuberant, bulging. **protuberanza** *f.* **1** protuberance, bulge, protrusion. **2** ⟨*Anat*⟩ protuberance. **3** ⟨*Astr*⟩ prominence, protuberance. □ ⟨*Anat*⟩ ~ *frontale* brow ridge.

protutore *m.* (*f.* **-trice**) ⟨*Dir*⟩ acting (*o* deputy) guardian.

prova *f.* **1** test, trial, proof, examination: *sottoporre qc. a una* ~ to put s.th. to the test, to test s.th. **2** (*tentativo*) attempt, try: *ha fallito alla prima* ~ he failed at the first try. **3** (*momento difficile, doloroso*) trial. **4** (*dimostrazione*) demonstration, proof: *dar* ~ *di coraggio* to give a demonstration of courage; *è una nuova* ~ *della sua disonestà* this is yet further proof of his dishonesty. **5** (*argomento, testimonianza*) proof, evidence (*anche Dir.*): *le –e della colpevolezza di qd.* proof of s.o.'s guilt. **6** (*cimento*)

test, trial: *superare la* ~ to pass the test. **7** ⟨*Teat*⟩ rehearsal. **8** ⟨*Scol*⟩ (*esame*) exam(ination): *sostenere una* ~ to take an exam; (*informale*) test. **9** ⟨*Sport*⟩ (*gara*) try-out, trial, competition, contest: *la* ~ *dei cento metri* the hundred–metre competition (*o* race). **10** ⟨*Mat*⟩ proof. **11** ⟨*Sart*⟩ fitting. **12** ⟨*tecn,Med*⟩ test, check–up. □ **a** ~ *di:* **1** (*resistente a*) proof: *a* ~ *di fuoco* fireproof; *a* ~ *d'acqua* waterproof; **2** (*in testimonianza di*) as proof of: *a* ~ *della mia amicizia* as proof of my friendship; *a* ~ *di bomba:* **1** bomb–proof; **2** ⟨*fig*⟩ tried, unflagging, trusty: *un amico a* ~ *di bomba* a tried and true friend; ⟨*Dir*⟩ ~ *del tasso* alcolico blood–test for alcohol content; *vorrei vederlo* **alla** ~ I'd like to see him at it; ~ **attitudinale** aptitude test; ~ *al* **banco** bench test; ⟨*fig*⟩ *dar* **buona** ~ *di sé* to stand the test; ⟨*tecn*⟩ ~ *a* **caldo** hot test; ⟨*fig*⟩ *dar* **cattiva** ~ *di sé* to give a poor account of o.s., to prove a failure; ~ *di* **collaudo** testing, acceptance test; ~ *di* **compressione** compression test; *sino a* ~ **contraria** until proved to the contrary; *dar* ~ *di* (*dimostrare*) to display, to give proof of: *dar* ~ *di lealtà* to display loyalty; **di** ~ trial, test: *volo di* ~ test (*o* trial) flight; *periodo di* ~ trial (*o* probationary) period; ~ *a* **discarico** evidence for the defence; ~ **documentata** documentary evidence; *mettere a* **dura** ~ *la pazienza di qd.* to put s.o.'s patience to a severe test; ~ *di* **elasticità** elasticity test; ⟨*Teol*⟩ ~ *dell'*esistenza *di Dio* proof of the existence of God; **fornire** *la* ~ to furnish proof, to prove; ~ *di* **forza** trial of strength; ~ *a* **freddo** cold test; ~ *del* **fuoco:** **1** ⟨*Mediev*⟩ ordeal by fire; **2** ⟨*fig*⟩ crucial test; ⟨*Teat*⟩ ~ **generale** dress rehearsal; ~ *d'*idoneità (fitness) test; **in** ~: **1** on trial, on probation; **2** ⟨*Comm*⟩ on approval: *spedire della merce in* ~ to send goods on approval; *essere in* ~ (*rif. a impieghi e sim.*) to be on trial; *assumere qd. in* ~ to hire s.o. on trial; ⟨*Dir*⟩ ~ **indiziaria** circumstantial evidence; ~ *di* **laboratorio** laboratory test; ⟨*Sart*⟩ **mettere** *in* ~ to try on, to fit; *mettere alla* ~ to put to the test; ~ *del* **nove:** **1** ⟨*Mat*⟩ casting out nines; **2** ⟨*fig*⟩ crucial test; ~ **preliminare** try–out, preliminary examination; ~ *di* **pressione** pressure test; ⟨*Aut*⟩ ~ *di* **regolarità** reliability trial; ⟨*tecn*⟩ ~ *di* **resistenza** *agli urti* impact test; ~ *di* **rottura** breaking test; ⟨*Scol*⟩ ~ **scritta** written exam(ination); ⟨*Mar*⟩ ~ *di* **stabilità** stability test, heeling experiment; ⟨*Tip*⟩ ~ *di* **stampa** proof; ⟨*Aut*⟩ ~ *su* **strada** road test; ~ *di* **trazione** tensile test; *a* **tutta** ~: **1** (*rif. a persona*) reliable, trusty, true: *un amico a tutta* ~ a tried (*o* true) friend; **2** (*rif. a qualità*) well–tried, proved: *la sua onestà è a tutta* ~ his honesty is well–tried; ~ *d'*urto shock test; ~ *di* **velocità** speed trial.

provabile *a.* provable, demonstrable.

provare *v.* (**provo**) **I** *v.t.* **1** to try (out): ~ *una nuova medicina* to try a new medicine; (*rif. a vestiti e sim.*) to try on. **2** (*collaudare*) to test, to try out: *voglio* ~ *la macchina nuova* I want to try out the new car. **3** (*assaggiare*) to taste, to try. **4** (*rif. a spettacoli e sim.*) to rehearse. **5** (*sperimentare, conoscere*) to (know from) experience; (*rif. a esperienze dolorose*) to go through: *ho provato ogni sventura* I've been through all kinds of misfortune. **6** (*sentire*) to feel, to experience: ~ *dolore* to feel pain; ~ *piacere* to feel pleased. **7** (*mettere alla prova*) to (put to the) test, to try: *i dolori provano gli uomini* suffering puts men to the test; (*indebolire, logorare*) to debilitate, to wear out: *la lunga malattia lo aveva provato* his long illness had debilitated him. **8** (*dimostrare*) to prove, to demonstrate: ~ *l'esistenza di Dio* to prove the existence of God; *questo gesto prova la sua onestà* this gesture proves his honesty. **II** *v.i.* (*aus. avere*) **1** to try, to attempt: *provai a bussare alla porta ma nessuno rispose* I tried knocking on the door but no one answered; *prova ad alzarti* try to get up. **2** (*osare*) to try, to dare: *prova a farlo!* just try (to do it)! **3** (*rif. a spettacoli e sim.*) to rehearse. **provarsi** *v.r.* **1** (*tentare*) to try: *vorrei provarmici anch'io* I want to try too. **2** (*gareggiare*) to compete, to vie. □ (*bisogna*) ~ *per credere* try it and see.

provato *a.* **1** (*sperimentato*) tried, tested. **2** (*affaticato*) exhausted, worn–out. **3** (*colpito*) tried: *uomo* ~ *dalle sventure* man tried by misfortune. **4** (*fedele, sicuro*) true, tried, proven: *un amico* ~ a tried and true friend; *uomo*

di ~a onestà man of proven honesty.
provenienza *f.* **1** place of origin, provenance: *la ~ dei viaggiatori* the ⌐place of origin¬ (*o* point of departure) of the travellers. **2** ⟨*fig*⟩ source: *notizie di sicura ~* news from a reliable source. **provenire** *v.i.* (provȩngo, provieni; provȩnni, provenuto; → venire; *aus.* essere) **1** to come (*da* from): *questi turisti provengono dalla Francia* these tourists come from France. **2** ⟨*fig*⟩ (*derivare*) to come, to originate, to spring from, to arise (out of): *tutti questi guai provengono dalla sua leggerezza* all these troubles spring from his lack of seriousness.
provȩnto *m.* (*utile*) profit, proceeds *pl: i ~i di un'azienda* a company's profits.
Provȩnza *N.pr.f.* ⟨*Geog*⟩ Provence. **provenzale I** *a.* Provençal. **II** *s.* **1** *m.* (*lingua*) Provençal. **2** *m./f.* (*abitante*) Provençal. **provenzaleggiante** *a.* (written) in the Provençal manner. **provenzaleggiare** *v.i.* (provenzalȩggio, provenzalȩggi; *aus.* avere) to imitate the Provençal literary style.
proverbiale *a.* proverbial (*anche fig.*): *la sua avarizia è ~* his miserliness is proverbial. **proverbialmȩnte** *avv.* proverbially. **provȩrbio** *m.* proverb, adage. □ ⟨*Bibl*⟩ *il Libro dei proverbi* The Book of Proverbs; *il gioco dei proverbi* proverbs *pl* (*costr. sing. o pl.*).
provȩtta *f.* **1** ⟨*Chim*⟩ test tube: *~ graduata* graduated test tube, graduate. **2** ⟨*tecn*⟩ (*provino*) test piece, specimen. □ *bambino nato in ~* test–tube baby.
provȩtto *a.* experienced, expert, skilful, skilled.
provincia *f.* (*pl.* **-ce**) **1** province: *il territorio italiano è diviso in province* Italy is divided into provinces. **2** ⟨*estens*⟩ provinces *pl*, country: *s'è ritirato a vivere in ~* he has gone to live in the country. **3** ⟨*Stor.rom*⟩ province. □ *di ~* provincial, from the provinces, country–: *abitudini di ~* provincial customs; *gente di ~* provincials *pl*, people from the provinces, ⟨*am.fam*⟩ hicks *pl; città di ~* country town. **provinciale I** *a.* provincial: *strada ~* provincial road; *gusti ~i* provincial tastes. **II** *s.m./f.* provincial. **III** *s.f.* (*anche strada provinciale*) provincial road. **provincialismo** *m.* ⟨*spreg*⟩ provincialism, narrow–mindedness.
provino *m.* **1** ⟨*Cin*⟩ screen test. **2** (*provetta*) test tube. **3** ⟨*tecn*⟩ test piece, specimen, sample.
provocabile *a.* that can be caused (*o* excited).
provocante *a.* **1** (*irritante*) provoking, provocative: *contegno ~* provocative behaviour. **2** (*eccitante*) provocative: *sguardi ~i* provocative looks. **provocare** *v.t.* (provoco, provochi) **1** (*causare*) to provoke, to cause: *il temporale ha provocato gravi danni* the storm caused great damage; (*rif. a sentimenti*) to arouse, to stir up, to provoke: *~ l'invidia di qd.* to arouse s.o.'s envy. **2** (*eccitare una reazione*) to incite, to provoke: *~ il popolo alla ribellione* to incite the people to revolt; *se vuoi che non perda la pazienza non provocarmi* if you don't want me to lose my patience don't provoke me. □ *~ un raffreddore* to bring on a cold; *~ il riso* to provoke laughter; *~ la tosse* to cause coughing; *~ il vomito* to induce vomiting. **provocatore I** *s.m.* (*f.* -trice) provoker, troublemaker. **II** *a.* → **provocatorio**. □ *agente ~* agent provocateur. **provocatorio** *a.* provocative, provoking. **provocazione** *f.* provocation: *scattare alla minima ~* to get angry at the slightest provocation.
provola *f.* ⟨*Alim*⟩ provola, buffalo–milk cheese. **provolone** *m.* provolone (cheese).
provvedȩre *v.* (provvȩdo; provvȩdi, provveduto/provvisto; → vedere) **I** *v.i.* (*aus.* avere) **1** to provide (*a* for), to see (to): *il padre deve ~ ai figli* the father must provide for his children. **2** (*prendere un provvedimento*) to take steps, to act: *dobbiamo ~ subito, altrimenti saranno guai* we must act immediately, otherwise there will be trouble. **3** (*badare, occuparsi*) to look after, to take care of: *~ alla pulizia della casa* to see to the house cleaning. **II** *v.t.* to furnish, to provide, to supply: *~ una città di viveri* to provide food for a city, to supply a city with food; *~ il necessario alla propria famiglia* to provide the necessities for one's family. **provvedȩrsi** *v.r.* to supply (*o* furnish) o.s., to stock up, to take (*o* get) in supplies: *provvedersi di legno per l'inverno* to ⌐get in supplies of¬ (*o* stock up on)

wood for the winter.
provvedimȩnto *m.* measure, action, steps *pl: prendere un ~* to take steps; (*precauzione*) precaution: *~i sanitari* sanitary precautions. □ *~i amministrativi* administrative measures; *~i disciplinari* disciplinary measures (*o* action); *~ legislativo* legislative measure; *~ di polizia* police measure; *~ d'urgenza* emergency measure.
provveditorato *m.* **1** (*ente*) superintendency, board. **2** (*sede*) director's (*o* superintendent's) office. **3** (*provveditorato agli studi*) provincial education office. □ *~ alle opere pubbliche* public–works office. **provveditore** *m.* (*f.* -trice) **1** (*nell'amministrazione statale*) superintendent, director. **2** (*in associazione, aziende e sim.*) administrator. □ *~ alle opere pubbliche* superintendent of public works; ⟨*Mar*⟩ *~ navale* ship chandler; *~ agli studi* (provincial) director of education. **provveduto** (*p.p. di provvedere*) *a.* **1** (*fornito*) stocked, supplied, furnished (*di* with). **2** (*dotato*) gifted, endowed (with): *essere ~ di un'intelligenza eccezionale* to be endowed with exceptional intelligence. **3** ⟨*fig*⟩ (*accorto*) wary.
provvidȩnza *f.* **1** (Divine) Providence: *sperare nella ~* to trust in Divine Providence. **2** ⟨*fig*⟩ (good) luck, godsend: *è stata una vera ~* it was a real stroke of good luck; *la pioggia è stata una ~ per i campi* the rain has been a godsend to the fields. **3** *pl.* ⟨*burocr*⟩ (*provvedimenti*) measures *pl*, provisions *pl: ~e a favore dei disoccupati* provisions (*o* measures) for the unemployed. **provvidenziale** *a.* providential (*anche estens.*): *il tuo intervento è stato ~* your intervention was providential. **provvidenzialmȩnte** *avv.* providentially.
provvido *a.* ⟨*lett*⟩ **1** (*previdente*) prudent, provident: *un uomo ~* a prudent man. **2** (*utile*) useful, beneficial: *una ~a istituzione* a useful institution.
provvigione *f.* ⟨*Comm*⟩ (*commissione*) commission. □ *lavorare a ~* to work on commission; *~ bancaria* banker's commission, bank charges *pl; ~ sulle vendite* sales commission.
provvisoriamȩnte *avv.* provisionally, temporarily. **provvisorietà** *f.* provisional nature, temporariness: *la ~ di un impiego* the temporariness of a job. **provvisorio** *a.* provisional, temporary: *governo ~* provisional government; *impiego ~* temporary job.
provvista *f.* stock, store, supply: *le ~e stanno per finire* stocks (*o* supplies) are running low; *la ~ del legname per l'inverno* the supply of wood for the winter; (*rif. ad alimentari*) provisions *pl*, victuals *pl*, store, supply, stock: *~ di vino* wine stock. □ *far ~ di qc.* to stock up on s.th., to lay in stocks (*o* supplies) of s.th. **provvisto** (*p.p. di provvedere*) *a.* **1** (*fornito*) supplied, furnished, provided, equipped (*di* with): *essere ~ di qc.* to be supplied with s.th. **2** (*dotato*) endowed, gifted (with).
prozia *f.* great–aunt, grand–aunt. **prozio** *m.* great–uncle, grand–uncle.
prua *f.* **1** ⟨*Mar*⟩ bow, stem, head, ⟨*lett*⟩ prow. **2** ⟨*Aer*⟩ prow. □ *di ~* head–, forward, fore, bow–: *vento di ~* headwind; *castello di ~* forecastle; *diritto di ~!* dead (*o* straight) ahead!; *da poppa a ~* from stem to stern, fore and aft.
prudȩnte *a.* **1** careful, prudent: *sii ~ quando guidi* be careful when you drive. **2** (*ispirato alla prudenza*) wise, prudent: *parole ~i* wise (*o* prudent) words. **prudentemȩnte** *avv.* prudently, carefully; (*cautamente*) cautiously, warily. **prudȩnza** *f.* **1** prudence, care. **2** ⟨*Teol*⟩ prudence. **3** ⟨*esclam*⟩ careful, take care. □ *con ~* carefully; *la ~ non è mai troppa* you can't be too careful; *usare ~* to be prudent. **prudenziale** *a.* prudential: *misure ~i* prudential steps, precautions.
prudere *v.i.* (*p.rem. rar.* prudętte; lacks past participle and compound tenses) to itch, to be itchy: *mi prude sotto la pianta del piede* the sole of my foot itches. □ ⟨*fig*⟩ *mi sento ~ le mani* I'm itching to get at (*o* my hands on) you.
pruderie *fr.* [prydǝ'ri] *f.* (*moralismo*) prudery, primness.
prugna I *s.f.* plum; (*secca*) prune. **II** *a.inv.* plum–: *color ~* plum (colour). **prugno** *m.* ⟨*Bot*⟩ (*susino*) plum tree. **prugnola** *f.* sloe. **prugnolo** *m.* ⟨*Bot*⟩ blackthorn, sloe. **prunaia** *f.*, **prunaio** *m.* (blackthorn) thicket, thorn

scrub.

prunella *f.* ⟨*Enol*⟩ prunelle, plum brandy.

pruneto *m.* (blackthorn) thicket, thorn scrub. **pruno** *m.* **1** (*arbusto spinoso*) thorn bush, bramble(-bush). **2** (*spina*) thorn.

prurigine *f.* **1** (*prurito*) itch(ing), itchiness. **2** ⟨*fig*⟩ (*voglia improvvisa*) sudden urge (*o* itch, craving). **3** ⟨*Med*⟩ prurigo. **pruriginoso** *a.* **1** itching. **2** ⟨*fig*⟩ (*eccitante*) titillating, exciting. **prurito** *m.* itch (*anche fig.*). □ *dare* ~ to (make) itch.

Prussia *N.pr.f.* ⟨*Geog*⟩ Prussia. **prussiano** *a./s.m.* (*f.* -a) Prussian.

prussiato *m.* ⟨*Chim*⟩ prussiate. **prussico**: *acido* ~ prussic acid.

Ps. = ⟨*Bibl*⟩ *salmo* psalm (*abbr.* Ps., Psa.).

P.S. = **1** *post scriptum* postscript (*abbr.* P.S.). **2** *pubblica sicurezza* police. **3** ⟨*Comm*⟩ *partita semplice* simple entry.

P.S.D.I. = *Partito socialista democratico italiano* Italian Socialist Democratic Party.

pseudo|carpio *m.* ⟨*Bot*⟩ pseudocarp. **~concetto** *m.* ⟨*Filos*⟩ pseudoconcept. **~intellettuale** *m./f.* ⟨*spreg*⟩ pseudo-intellectual. **~letterato** *m.* (*f.* -a) ⟨*spreg*⟩ would–be man of letters. **~morfo** *a.* ⟨*Min*⟩ pseudomorphous, pseudomorphic. **~morfosi** (*o* *pseudomorfosi*) *f.* pseudomorphosis.

pseudonimo *m.* pseudonym(e); (*nome d'arte*) pen–name, nom de plume.

pseudoparalisi *f.* pseudoparalysis, pseudoparesis.

P.S.I. = *Partito socialista italiano* Italian Socialist Party.

psicagogia *f.* ⟨*Occult,Psic*⟩ psychagogy. **psicagogico** *a.* (*pl.* -ci) psychagogic. **psicagogo** *m.* (*pl.* -ghi) psychagogue.

psicanalisi *f.* psychoanalysis. **psicanalista** *m./f.* psychoanalyst. **psicanalitico** *a.* (*pl.* -ci) psycho-analytic(al). **psicanalizzare** *v.t.* to psychoanalyse.

psicastenia *f.* ⟨*Med*⟩ psychasthenia. **psicastenico** *a.* (*pl.* -ci) psychasthenic.

psiche[1] *f.* psyche.

psiche[2] *f.* ⟨*Arred*⟩ cheval–glass, psyche.

Psiche *N.pr.f.* ⟨*Mitol*⟩ Psyche.

psichedelico *a.* (*pl.* -ci) psychedelic.

psichiatra *m./f.* psychiatrist. **psichiatria** *f.* psychiatry. **psichiatrico** *a.* (*pl.* -ci) psychiatric(al). **psichico** *a.* (*pl.* -ci) psychic(al): *stato* ~ psychic condition.

psico|attivo *a.* psychoactive. **~biologia** *f.* psychobiology. **~biologo** *m.* (*pl.* -gi) psychobiologist. **~diagnostica** *f.* psychodiagnostics *pl* (*costr. sing.*). **~diagnostico** *a.* (*pl.* -ci) psychodiagnostic. **~dinamica** *f.* psychodynamics *pl* (*costr. sing.*). **~dinamico** *a.* (*pl.* -ci) psychodynamic. **~farmaco** *m.* (*pl.* -ci) psychotrope drug, psycho-pharmakon. **~farmacologia** *f.* psychopharmacology. **~fisica** *f.* psychophysics *pl* (*costr. sing.*). **~fisico** *a.* (*pl.* -ci) psychophysical. **~genesi** *f.* psychogenesis. **~genetico** *a.* (*pl.* -ci) psychogenetic.

psicogeno *a.* psychogenic. **psicografia** *f.* psychography. **psicografo** *m.* (*strumento*) psychograph. **psicogramma** *m.* psychogram.

psicolinguistica *f.* psycholinguistics *pl* (*costr.sing.*). **psicolinguistico** *a.* (*pl.* -ci) psycholinguistic.

psicologia *f.* psychology. □ ~ **applicata** applied psychology; ~ *della* **folla** mob psychology; ~ *di* **gruppo** group psychology; ~ **infantile** child psychology; ~ **industriale** (*o del lavoro*) industrial psychology; ~ *dello* **sport** sports psychology.

psicologicamente *avv.* psychologically. **psicologico** *a.* (*pl.* -ci) psychologic(al). **psicologismo** *m.* ⟨*Filos*⟩ psychologism. **psicologista** *m./f.* psychologue. **psicologizzare** *v.t.* to psychologize. **psicologo** *m.* (*pl.* -gi; *f.* -a) psychologist.

psico|mimetico *a.* (*pl.* -ci) ⟨*Farm*⟩ psycho(to)mimetic. **~motorio** *a.* ⟨*Psic*⟩ psychomotor. **~nevrosi** *f.* psychoneurosis. **~nevrotico** *a./s.m.* (*pl.* -ci) psychoneurotic. **~patia** *f.* psychopathy. **~patico** *a./s.* (*pl.* -ci) **I** *a.* psychopathic. **II** *s.m.* (*f.* -a) psychopath. **~patologia** *f.* psychopathology. **~patologico** *a.* (*pl.* -ci)psychopatholog-ic(al). **~patologo** *m.* (*pl.* -gi; *f.* -a) psychopathologist.

~pedagogico *a.* (*pl.* -ci) psychoeducational.

psicosi *f.* psychosis. □ ~ *maniaco–depressiva* manic–depressive psychosis.

psico|sociale *a.* psychosocial. **~sociologia** *f.* psychosociology. **~somatico** *a.* (*pl.* -ci) psychosomatic. **~tecnica** *f.* psychotechnology, psychotechnics *pl* (*costr. sing.*). **~tecnico** *a./s.* (*pl.* -ci) **I** *a.* psychotechnic(al). **II** *s.m.* psychotechnician. **~terapia** *f.* psychotherapy. **~terapico** *a.* (*pl.* -ci) psychotherapeutic. **~terapista** *m./f.* psychotherapist.

psicotico *a.* (*pl.* -ci) psychotic.

psicotropo *a.* psychotropic.

psicrometro *m.* ⟨*Meteor*⟩ psychrometer.

psilla *f.* ⟨*Entom*⟩ sucker: ~ *del melo* apple–leaf sucker.

psittacismo *m.* ⟨*Med*⟩ psittacism. **psittacosi** *f.* psittacosis.

PSIUP = *Partito socialista italiano di unità proletaria* Italian Socialist Party of Proletarian Unity.

psoriasi *f.* ⟨*Med*⟩ psoriasis.

P.T. = *Poste e Telegrafi* Postal and Telegraph Services.

pterodattili *m.pl.* ⟨*Paleont*⟩ pterodactyls *pl.* **pteropodi** *m.pl.* ⟨*Zool*⟩ pteropods *pl.* **pterosauri** *m.pl.* ⟨*Paleont*⟩ pterosaurs *pl.*

ptialina *f.* ⟨*Biol*⟩ ptyalin. **ptialismo** *m.* ⟨*Med*⟩ ptyalism.

ptosi *f.* ⟨*Med*⟩ ptosis.

P.T.P. = *posto telefonico pubblico* public telephone (*abbr.* T.).

P.T.T. = *poste, telegrafi e telefoni* post, telegraph and telephone office.

puah *intz.* ugh, pugh.

pubblicabile *a.* publishable.

pubblicamente *avv.* publicly, in public.

pubblicano *m.* ⟨*Stor.rom*⟩ publican.

pubblicare *v.t.* (**pubblico, pubblichi**) **1** to publish, to issue: ~ *un romanzo* to publish a novel; ~ *a dispense* to publish in instalments. **2** ⟨*estens*⟩ (*divulgare*) to make public, to publish, to circulate: ~ *una notizia* to publish news. **3** ⟨*Dir*⟩ (*promulgare*) to promulgate, to publish: ~ *una legge* to promulgate a law. □ ~ *un annuncio su un giornale* to put an ad in a (news)paper. ~ *a puntate* to serialize. **pubblicazione** *f.* **1** publication, issue: *la* ~ *di un libro* the publication of a book; *il giornale ha sospeso le* –*i* the newspaper suspended publication; (*stampa*) printing, publishing. **2** ⟨*concr*⟩ (*opera pubblicata*) publication: *non ho ancora visto la tua ultima* ~ I haven't seen your latest publication yet. **3** (*il rendere pubblico*) publication, making public. **4** ⟨*Dir*⟩ (*promulgazione*) promulgation, publication: *la* ~ *di una legge* the promulgation of a law. **5** *pl.* (*pubblicazioni di matrimonio*) (marriage) banns *pl:* *fare le* –*i* to publish (*o* put up) the banns. □ ~ *mensile* monthly; ~ *settimanale* weekly.

pubblicismo *m.* (*mezzi di informazione*) media *pl;* (*mezzi pubblicitari*) advertising media. **pubblicista** *m./f.* **1** free lance newspaperman (*o* journalist). **2** ⟨*Dir*⟩ expert in public law. **pubblicistica** *f.* **1** political journalism, writing on current public affairs. **2** (*concr*) (*insieme di pubblicazioni*) political articles *pl* (*o* press). **pubblicistico** *a.* (*pl.* -ci) **1** of (*o* on) current public affairs, used in political journalism. **2** ⟨*Dir*⟩ of public law.

pubblicità *f.* **1** publicity, publicness. **2** (*reclame, propaganda*) advertising, publicity. **3** ⟨*Giorn*⟩ advertising section, advertisements *pl,* (*fam*) ads *pl.* □ ~ **aerea** aerial advertising; ~ **affissionale** poster advertising, posters *pl;* **agente** *di* ~ advertising agent, ⟨*am.fam*⟩ adman; (*al servizio di una persona celebre*) publicity (*o* press) agent; **agenzia** *di* ~ advertising agency, ⟨*fam*⟩ ad agency; ~ **aziendale** corporate advertising; ~ **cinematografica** film advertising (*o* publicity); **dare** ~ *a qc.* to publicize (*o* give publicity to) s.th.; ~ **diretta** direct advertising; ~ **esterna** outdoor advertising; **fare** ~ *a qc.* to advertise (*o* publicize) s.th.; ~ **istituzionale** institutional advertising; ~ *di* **massa** mass advertising; *dare la* **massima** ~ *a qc.* to give s.th. the greatest possible publicity, ⟨*spreg*⟩ to hype; ⟨*Giorn*⟩ **piccola** ~ classified advertisements *pl,* ⟨*fam*⟩ want ads *pl;* ~ **radiofonica** radio advertising, radio commercials *pl;* ~ *per mezzo della* **stampa** newspaper advertising, advertising in the press; ~ **subliminale** subliminal advertising; ~ **televisiva** television advertising, TV commercials *pl.*

pubblicitario I *a.* advertising–, publicity–: *campagna –a* advertising campaign. II *s.m.* (*f.* **-a**) advertising expert (*o* agent), ⟨*am.fam*⟩ adman. □ *annuncio* ~ advertisement, ⟨*fam*⟩ ad; *montatura –a* publicity stunt; *propaganda –a* advertising publicity.

pubblicizzare *v.t.* to publicize, to give publicity to: ~ *un prodotto* to publicize a product. **pubblicizzazione** *f.* publicizing.

pubblico *a./s.* (*pl.* **-ci**) I *a.* **1** public: *tenere una –a riunione* to hold a public meeting. **2** (*comune, generale*) public, common, general: *l'interesse* ~ the common interest; *l'opinione –a* public opinion. **3** (*dello stato*) public, government–, state–: *debito* ~ public debt; *scuole pubbliche* state schools, ⟨*am*⟩ public schools. **4** (*accessibile a tutti*) public: *giardini –i* public parks. II *s.m.* **1** public: *fiera aperta al* ~ fair open to the public. **2** (*spettatori*) public, spectators *pl*: *il* ~ *gremiva lo stadio* the spectators filled the stadium; (*in un teatro e sim.*) audience, public; (*della TV*) viewers *pl*; (*ascoltatori*) audience, listeners *pl*; (*lettori*) readers *pl.* □ ⟨*Dir*⟩ *atto* ~ deed under seal; *di dominio* ~ of common knowledge; *in* ~ in public: *mostrarsi in* ~ to show o.s. in public; *c'era poco* ~ *alla riunione* the meeting was poorly attended.

pube *m.* ⟨*Anat*⟩ pubis, pubic bone. **puberale** *a.* ⟨*Fisiol*⟩ puber(t)al. **pubertà** *f.* puberty. **pubescente** *a.* ⟨*Bot*⟩ pubescent. **pubescenza** *f.* ⟨*Bot*⟩ pubescence. **pubico** *a.* (*pl.* **-ci**) ⟨*Anat*⟩ pubic.

puddellaggio *m.* ⟨*Met*⟩ puddling. **puddellare** *v.t.* to puddle.

puddinga *f.* ⟨*Min*⟩ pudding–stone.

pudende *f.pl.* pudenda *pl.* **pudibondo** *a.* **1** ⟨*lett*⟩ modest, demure. **2** ⟨*scherz*⟩ (*che ostenta pudore*) prudish, priggish. **pudicamente** *avv.* modestly, chastely. **pudicizia** *f.* modesty, chastity. **pudico** *a.* (*pl.* **-chi**) modest, chaste, demure. **pudore** *m.* **1** (*pudicizia*) modesty, chastity. **2** (*ritegno, vergogna*) shame, decency. **3** (*riservatezza*) discretion, reserve. □ *pubblico* ~ public decency (*o* morality); *senza* ~ (*agg.*) shameless; (*avv.*) shamelessly.

puericultore *m.* ⟨*Med*⟩ p(a)ediatrician. **puericultrice** *f.* baby nurse. **puericultura** *f.* puericulture. **puerile** *a.* **1** child's, children's, ⟨*lett*⟩ puerile: *trastullo* ~ children's game. **2** ⟨*spreg*⟩ (*immaturo*) puerile, childish: *discorsi –i* childish talk. **puerilità** *f.* ⟨*spreg*⟩ childishness, puerility. **puerilmente** *avv.* ⟨*spreg*⟩ childishly, puerilely. **puerizia** *f.* ⟨*lett*⟩ childhood.

puerpera *f.* puerpera. **puerperale** *a.* puerperal. **puerperio** *m.* puerperium.

puf *m.* ⟨*Arred*⟩ (pouf) ottoman, pouf(fe).

pugilato *m.* ⟨*Sport*⟩ boxing, ⟨*lett*⟩ pugilism. □ *incontro di* ~ boxing–match; *fare del* ~ to box, to be a boxer. **pugile** *m.* boxer, ⟨*lett*⟩ pugilist. **pugilistico** *a.* (*pl.* **-ci**) boxing–, ⟨*lett*⟩ pugilistic.

puglia *f.* **1** (*gettone*) counter, fish. **2** (*insieme di gettoni*) pool.

Puglia *N.pr.f.*, **Puglie** *N.pr.f.pl.* ⟨*Geog*⟩ Apulia. **pugliese** I *a.* Apulian. II *s.m./f.* (*abitante*) Apulian.

pugna *f.* ⟨*lett*⟩ fight; (*battaglia*) battle. **pugnace** *a.* ⟨*lett*⟩ pugnacious.

pugnalare *v.t.* to stab. **pugnalata** *f.* **1** stab; (*ferita*) stab wound. **2** ⟨*fig*⟩ (great) blow, shock. □ *una –a alle spalle* a stab in the back (*anche fig.*). **pugnale** *m.* dagger.

pugnitopo *m.* → pungitopo.

pugno *m.* **1** fist: *battere i –i sul tavolo* to bang one's fists on the table. **2** (*colpo dato col pugno*) punch, blow: *tirare un* ~ *a qd.* to give s.o. a punch. **3** (*quantità che si può tenere in un pugno*) fistful. **4** ⟨*fig*⟩ (*piccola quantità*) handful. **5** ⟨*fig,lett*⟩ (*drappello*) handful, band, group. □ *fare a –i*: 1 to fight; 2 ⟨*iperb*⟩ (*farsi largo*) to fight (*o* elbow) one's way; 3 ⟨*fig*⟩ (*contrastare*) to clash; ~ *di ferro* (*tirapugni*) knuckleduster, brass knuckles *pl*; ⟨*fig*⟩ *restare con un* ~ *di mosche* to be left empty–handed; *mostrare i –i* to shake one's fists; ⟨*fig*⟩ *essere un* ~ *in un occhio* to be an eyesore; *prendere qd. a –i* to punch s.o.; *di proprio* ~ in one's own hand (*o* writing); **tenere** *in* ~: 1 to hold (in one's hand); 2 ⟨*fig*⟩ (*dominare*) to hold in the palm of

one's hand; *tenere la vittoria in* ~ to have victory in one's grasp.

pulce *f.* ⟨*Entom*⟩ flea. □ *color* ~ grey–green; *gioco delle –i* tiddlywinks *pl* (*costr. sing.*); ⟨*fig*⟩ *mettere una* ~ *nell'orecchio a qd.* to put a flea in s.o.'s ear; ~ *penetrante* chigoe(–flea), chigger.

Pulcinella *N.pr.m.* ⟨*Teat*⟩ Punch, Punchinello. **pulcinella** *m.* **1** (*fantoccio*) Punch puppet. **2** ⟨*fig*⟩ (*persona volubile*) weathercock. □ *fare il* ~ to be a weathercock; *segreto di* ~ open secret.

pulcino *m.* **1** chick. **2** ⟨*Sport*⟩ colt, ⟨*am*⟩ rookie. □ *bagnato come un* ~ soaked to the skin; *parere un* ~ *bagnato* to be timid (*o* ill at ease); *sembrare un* ~ *nella stoppa* not to know which way to turn.

pulcioso *a.* flea–ridden.

puledra *f.* filly. **puledro** *m.* colt.

puleggia *f.* (*pl.* **-ge**) ⟨*Mecc*⟩ pulley. □ ~ *conica* conical disk pulley; ~ *fissa* fixed (*o* fast) pulley; ~ *a gradini* cone (*o* speed, step) pulley.

pulica *f.* ⟨*Vetr*⟩ (*bollicina*) seed, boil.

pulire *v.t.* (**pulisco, pulisci**) **1** to clean: ~ *la casa* to clean the house; (*lavando*) to wash; (*passando un panno umido*) to wipe (over), to clean: ~ *la lavagna* to wipe (*o* clean) the blackboard; ~ *le finestre* to clean the windows; (*spazzolando*) to brush: *pulisciti le scarpe* brush (*o* polish) your shoes. **2** (*mondare, sbucciare*) to peel. **3** (*ripulire da erbacce*) to weed. **pulirsi** *v.r.* to clean (o.s.); (*lavarsi*) to wash (o.s.); (*spazzolarsi*) to clean, to brush. □ *pulirsi il naso* to wipe one's nose; (*soffiando*) to blow one's nose.

pulisci|orecchi *m.inv.* ear–pick. **~|piedi** *m.inv.* door –mat.

pulita *f.* quick wash (*o* clean), quick wipe(–over): *dare una* ~ *a qc.* to give s.th. a quick wipe–over. **pulitamente** *avv.* **1** (*in modo pulito*) cleanly. **2** (*con bel garbo*) neatly, properly. **pulito** I *a.* **1** (*rif. a persone e a cose*) clean: *questo bambino è sempre* ~ this child is always clean. **2** ⟨*fig*⟩ (*onesto*) clean, clear: *condurre una vita –a* to lead a clean life. **3** ⟨*scherz*⟩ (*privo di denaro*) ⟨*fam*⟩ cleaned out. **4** ⟨*pop*⟩ (*netto*) net: *paga –a* net (*o* take–home) pay. **5** ⟨*fig*⟩ (*ordinato*) tidy, neat, orderly. II *avv.* elegantly: *scrivere* ~ to write elegantly. □ *una faccenda poco –a* a dishonest (*o* shady) business. **pulitore** *m.* (*f.* **-trice**) cleaner. **pulitrice** *f.* **1** (*lucidatrice*) polisher, buffer. **2** ⟨*Agr*⟩ seed winnower. **pulitura** *f.* **1** cleaning; (*il lavare*) washing; (*lo strofinare*) wiping (–over). **2** ⟨*tecn*⟩ (*lucidatura*) buffing, polishing. **pulizia** *f.* **1** cleanness, cleanliness. **2** (*il pulire*) cleaning. □ *donna delle –e* charwoman, ⟨*fam*⟩ char; *far* ~: 1 (*sgombrare*) to clear, to clean off (*o* out); 2 ⟨*scherz*⟩ (*portare via tutto*) to make a clean sweep, to clean out; *fare le –e* to do the cleaning, to clean; *–e pasquali* spring cleaning; ~ *personale* personal hygiene.

pull *ingl. m.* pullover.

pullman *ingl. m.* **1** ⟨*Aut*⟩ coach. **2** ⟨*Ferr*⟩ pullman.

pullover *ingl. m.* pullover.

pullulare *v.i.* (**pullulo**; *aus.* **avere**) **1** to swarm, to teem: *in questa casa pullulano le formiche* this house is swarming with ants; *la spiaggia pullulava di bagnanti* the beach was teeming with bathers. **2** ⟨*fig*⟩ to be rife, to multiply: *le cattive notizie pullulano* bad news is rife, there is a lot of bad news about.

pulmino *m.* minibus, microbus.

pulpito *m.* pulpit. □ ⟨*fig*⟩ *montare* (*o salire*) *sul* ~ to sermonize, to lecture; ⟨*iron*⟩ *da che* ~ *viene la predica* look who's talking!, the pot calling the kettle black!

pulsante *m.* push–button, button: *premere il* ~ to push the button. □ ~ *del campanello* bell–push, bell–button; ~ *dell'orologio* pusher; ⟨*Fot*⟩ ~ *di scatto* shutter release.

pulsantiera *f.* control panel.

pulsar *m.* ⟨*Astr*⟩ pulsar.

pulsare *v.i.* (*aus.* **avere**) to beat, to pulsate, to pulse, to throb (*anche fig.*): *il cuore pulsava regolarmente* the heart was beating regularly. **pulsazione** *f.* **1** ⟨*Fisiol*⟩ beating, pulsation, throbbing. **2** ⟨*Fis*⟩ pulsatance.

pulsometro *m.* ⟨*Fis*⟩ pulsometer.

pulsoreattore *m.* ⟨*Aer*⟩ intermittent jet, pulse–jet engine.

pulverulento *a.* ⟨*lett*⟩ powdery, dusty, ⟨*lett*⟩ pulverulent.

pulvinare *m.* ⟨*Stor.rom*⟩ **1** pulvinar. **2** ⟨*estens*⟩ (*letto imperiale*) imperial couch. **3** (*palco imperiale*) Emperor's box. **pulvino** *m.* ⟨*Arch*⟩ dosseret, pulvin.

pulviscolo *m.* fine dust. □ ~ *atmosferico* atmospheric dust, motes *pl*; ~ *cosmico* cosmic dust; ~ *radioattivo* radioactive dust.

pulzella *f.* ⟨*lett*⟩ maid(en). □ ⟨*Stor*⟩ *la* ~ *d'Orléans* the Maid of Orléans.

puma *m.* ⟨*Zool*⟩ puma, cougar.

pungente *a.* **1** pungent; (*ispido*) pricky: *barba* ~ prickly beard. **2** (*intenso*) pungent, intense, poignant: *odore* ~ pungent smell; *freddo* ~ intense (*o* bitter) cold. **3** ⟨*fig*⟩ (*mordace*) pungent, cutting, biting: *risposta* ~ cutting reply. **pungere** *v.t.* (**pungo, pungi, punsi, punto**) **1** to prick: *lo punsi con uno spillo* I pricked him with a pin; (*rif. a insetti*) to sting, to bite: *mi ha punto un insetto* I've been stung by an insect; (*rif. a barba e sim.*) to prickle, to scratch. **2** (*pizzicare*) to sting, to bite: *l'ortica punge la pelle* nettles sting the skin. **3** (*irritare*) to irritate, to sting: *un odore che punge le narici* a smell that stings the nostrils. **4** ⟨*fig*⟩ (*colpire, ferire*) to sting, to cut: *le sue parole mi punsero sul vivo* his words cut me to the quick. **5** ⟨*assol*⟩ (*rif. al vento, freddo e sim.*) to be biting (*o* piercing): *il freddo punge* the cold is biting.

pungiglione *m.* ⟨*Zool*⟩ sting.

pungitopo *m.* ⟨*Bot*⟩ butcher's–broom.

pungolare *v.i.* (**pungolo**) **1** to goad: ~ *i buoi* to goad the oxen. **2** ⟨*fig*⟩ (*stimolare*) to goad, to urge on. **pungolo** *m.* **1** goad, prod: *spingere i buoi con il* ~ to drive the oxen forward with a goad, to goad the oxen. **2** ⟨*fig*⟩ (*stimolo*) goad, spur.

punibile *a.* punishable (*anche Dir.*). **punibilità** *f.* ⟨*Dir*⟩ punishableness.

punico *a.* (*pl.* -**ci**) Punic: *le guerre puniche* the Punic Wars.

punire *v.t.* (**punisco, punisci**) to punish: ~ *la slealtà di qd.* to punish s.o.'s disloyalty. **punitivo** *a.* punitive. **punitore I** *a.* (*f.* -**trice**) punisher. **II** *a.* punishing, punitive. **punizione** *f.* **1** punishment: *infliggere una* ~ *a qd.* to inflict a punishment on s.o., to punish s.o. **2** ⟨*Sport*⟩ penalty. □ ~ *disciplinare* disciplinary punishment; ~ *fisica* corporal punishment.

punk *ingl.* [pʌŋ] **I** *a.* punk: *moda* ~ punk fashion. **II** *s.m./f.* punk (rocker).

punsi → **pungere**.

punta¹ *f.* **1** point, tip: *la* ~ *della spada* the sword point; (*della forchetta*) prong. **2** (*quantità minima*) pinch, touch, trace: *una* ~ *d'invidia* a trace of envy. **3** (*massima frequenza o intensità*) peak, maximum, height: *la* ~ *delle partenze si è verificata ieri* departures reached a maximum (level) yesterday. **4** (*punta dei piedi*) tiptoe: *camminare sulle* –*e* to (walk on) tiptoe; (*rif. alla danza classica*) point: *sulle* –*e* on point. **5** (*parte più avanzata*) front rank, spearhead. **6** ⟨*Geog*⟩ (*sporgenza della costa*) point; (*cima montuosa*) peak, point. **7** ⟨*Archeol*⟩ point, (pointed flint) axe. □ **a** ~ pointed, in (*o* to, at) a point: *terminare a* ~ to end in a point; ⟨*fig*⟩ ~ **avanzata** spearhead; ⟨*Enol*⟩ *avere la* ~ to have a sour taste; ⟨*fig*⟩ *fino alla* ~ *dei* **capelli** up to one's eyes (*o* ears, neck); ⟨*fig*⟩ *avere qc. sulla* ~ *delle* **dita** to have s.th. at one's fingertips; *la* ~ *del dito* fingertip; ⟨*Mecc*⟩ ~ **elicoidale** (*o a elica*) twist drill; *fare la* ~ *a qc.* to sharpen s.th.; *fatto a* ~ pointed; ~ **fonografica** stylus, needle; ⟨*fig*⟩ *parlare in* ~ *di* **forchetta** to speak affectedly (*o* mincingly); ⟨*fig*⟩ *avere qc. sulla* ~ *della* **lingua** to have s.th. on the tip of one's tongue; ⟨*fig*⟩ **mettersi** *di* ~ *in qc.* (*impegnarvisi a fondo*) to put one's heart into s.th.; *ore di* ~ rush hours; ⟨*Macell*⟩ ~ *di* **petto** (*di manzo*) beef brisket; *in* ~ *di* **piedi** on tiptoe; ⟨*fig*⟩ **prendere** *qd. di* ~ to stand up squarely to s.o.; ⟨*Mecc*⟩ ~ *da* **trapano** drill, drill bit; **uomo** *di* ~ leading (*o* front–rank) man.

punta² *f.* ⟨*Venat*⟩ point. □ *cane da* ~ pointer.

puntale *m.* **1** cap, ferrule, shoe. **2** ⟨*Mecc*⟩ push rod. **3** ⟨*Mar*⟩ (*altezza della nave*) depth of a vessel.

puntamento *m.* aiming, sighting; (*rif. a cannoni e sim.*) training, laying. □ ~ *automatico* automatic aiming; *congegno di* ~ aiming device.

puntare I *v.t.* **1** to plant, to push: ~ *i gomiti sul tavolo* to plant one's elbows on the table. **2** (*drizzare, rivolgere*) to point, to direct: ~ *il dito verso qd.* to point one's finger at s.o. **3** (*rif. ad armi da fuoco*) to point, to level: ~ *il fucile* to point the rifle; (*rif. a cannoni*) to lay, to train; (*mirare*) to aim. **4** (*rif. a strumenti ottici*) to train, to range; (*mettere a fuoco*) to focus. **5** (*scommettere*) to bet: *puntò mille lire sul rosso* he bet a thousand lire on the red. **6** ⟨*Venat*⟩ to point. **II** *v.i.* (*aus.* avere) **1** (*dirigersi*) to head, to make (*su* for): *l'esercito puntava sulla capitale* the army headed for the capital. **2** ⟨*fig*⟩ (*tendere*) to aim (*a* at): ~ *al successo* to aim at success. **3** ⟨*fig*⟩ (*contare*) to count, to rely. **4** (*scommettere*) to bet, to put one's money: ~ *sul rosso* to bet on the red. □ ~ *sul cavallo perdente* to back the wrong horse (*anche fig.*); ~ *i piedi* to dig in one's heels (*anche fig.*).

puntasecca *f.* ⟨*Art*⟩ dry point.

puntaspilli *m.inv.* pincushion.

puntata¹ *f.* **1** stab, prick, poke. **2** (*breve escursione*) short trip; (*breve visita*) short visit. **3** (*il puntare al gioco*) betting; (*denaro puntato*) bet, stake. **4** ⟨*Mil*⟩ (*incursione*) raid, foray.

puntata² *f.* instalment. □ *a* –*e* serial–, serialized, in serial form: *romanzo a* –*e* serial (story).

puntato *a.* dotted: *nota* –*a* dotted note.

puntatore *m.* **1** ⟨*Artigl*⟩ gun layer; (*in elevazione*) pointer. **2** (*chi scommette al gioco*) better. **3** ⟨*Inform*⟩ pointer.

punteggiare *v.t.* (**punteggio, punteggi**) **1** to dot (*anche fig.*): ~ *una linea* to dot a line; ~ *un discorso di esclamazioni* to dot a speech with exclamations. **2** (*forare*) to perforate, to make holes in. **3** (*fornire di segni d'interpunzione*) to punctuate. **punteggiato** *a.* **1** dotted (*anche fig.*): *un articolo* ~ *di citazioni* an article dotted with quotes; *una stoffa* –*a di verde* a green–dotted material. **2** ⟨*Gramm*⟩ (*interpunto*) punctuated. **punteggiatura** *f.* **1** (*il punteggiare*) dotting. **2** (*macchiettatura*) speckles *pl*, speckling, dots *pl*, spotting. **3** ⟨*Gramm*⟩ punctuation. **punteggio** *m.* score: *nella classifica il suo* ~ *è scarso* he's got a low score in the results.

puntellamento *m.* propping. **puntellare** *v.t.* (**puntello**) **1** to prop (up), to shore (up), to support: ~ *un muro* to prop up a wall. **2** (*estens*) (*sorreggere*) to prop (up), to hold up: ~ *il mento con la mano* to prop one's chin in one's hand. **3** ⟨*fig*⟩ (*sostenere*) to support, to back up, to buttress. **puntellatura** *f.* **1** propping. **2** (*concr*) props *pl*, supports *pl*. **puntello** *m.* **1** prop, shore, support. **2** ⟨*fig*⟩ (*sostegno*) support; (*rif. a persona*) prop, support. **3** ⟨*Mar*⟩ (*per navi in bacino*) shore, bilge block. **4** ⟨*Minier*⟩ prop, pillar.

punteria *f.* ⟨*Mot*⟩ tappet. **2** ⟨*Mil*⟩ laying gear.

punteruolo *m.* **1** ⟨*Calz*⟩ awl, drift, punch. **2** ⟨*Entom*⟩ corn (*o* granary) weevil.

puntiforme *a.* punctiform.

puntiglio *m.* obstinacy, stubbornness, ⟨*fam*⟩ pigheadedness. □ *fare qc. per* ~ to do s.th. out of (sheer) obstinacy. **puntigliosamente** *avv.* obstinately, stubbornly. **puntigliosità** *f.* obstinacy, stubbornness. **puntiglioso** *a.* stubborn, obstinate, ⟨*fam*⟩ pigheaded.

puntina *f.* **1** tip, small point. **2** (*da disegno*) drawing pin, ⟨*am*⟩ thumb tack. **3** (*punta fonografica*) needle. **puntino** *m.* **1** dot. **2** (*indumento delle ballerine di varietà*) g–string. □ *a* ~: **1** properly, nicely: *fare le cose a* ~ to do things properly; **2** (*opportunamente*) pat: *arrivare* (*o venire*) *a* ~ to come pat; *tutto procedette a* ~ everything went like clockwork; ⟨*fig*⟩ *mettere i* –*i sulle i* to dot one's i's; ⟨*Tip*⟩ –*i di sospensione* dots.

punto¹ I *s.m.* **1** point: *sembrare un* ~ *all'orizzonte* to be (just) a dot on the horizon. **2** (*luogo determinato*) point, spot: *da questo* ~ *si vede tutta la città* from this spot you can see the whole city. **3** (*passo di uno scritto*) passage. **4** (*articolo, capoverso*) point, paragraph. **5** (*argomento*) point: *abbiamo già esaminato diversi* –*i* we have already examined several points. **6** (*momento, istante*) point, moment, instant: *a un certo* ~ at a certain point. **7** (*grado, momento culminante*) point, extent, degree, stage: ~ *di maturità* degree of maturity. **8** (*nel gioco e nello sport*) point. **9** ⟨*scol*⟩ mark: *togliere un* ~ to take off a mark: *riportare il massimo dei –i* to get top marks. **10** ⟨*Comm*⟩ (*buono premio*) trading stamp, gift coupon. **11** ⟨*Lav.femm*⟩ stitch: *cucire a –i fitti* to make close stitches; *lasciar cadere un* ~ to drop a stitch. **12** ⟨*Geom,Tip,Fis*⟩ point: *il* ~ *di fusione del ferro* the melting point of iron. **13** ⟨*Mus*⟩ dot. **14** ⟨*Gramm*⟩ full stop, ⟨*am*⟩ period. **15** ⟨*Tess*⟩ interlacing. **16** ⟨*Chir*⟩ stitch, suture: *gli hanno tolto oggi i –i* they took his stitches out today. **17** ⟨*Mar,Aer*⟩ (*posizione geografica*) position, fix, reckoning. **18** ⟨*Econ*⟩ point: *le azioni sono salite di due –i* shares have risen by two points. **19** (*per cucitrici*) staple. **II** *a.* ⟨*fam,region*⟩ (*nessuno*) no: *non aver –a voglia di uscire* to have no wish to go out. **III** *avv.* **1** (*in frasi negative*) at all. **2** ⟨*region*⟩ (*senza negazione espressa*) not at all, hardly: *un uomo* ~ *gentile* hardly a courteous man. □ ⟨*Lav.femm*⟩ ~ **accavallato** slip stitch; **al** ~ **di** (o *che*) so, to the point of, to the extent that: *è geloso al* ~ he is so jealous that; *al* ~ *in cui stanno le cose* as matters (o things) stand; **arrivare** *al* ~ *di fare qc.* to go so far as to do s.th., to get to the point of doing s.th.; ⟨*Lav.femm*⟩ **aumentare** *i –i* to cast on; *di* ~ *in* **bianco** point blank, ⟨*fam*⟩ out of the blue; *il lavoro è a* **buon** ~ the work is at a satisfactory stage; ~ (*e*) *a* **capo**: 1 ⟨*scol*⟩ new paragraph; 2 ⟨*fig*⟩ and that's that; ⟨*Astr*⟩ ~ **cardinale** cardinal point; *a* **che** ~ *siamo?* where have we got up to?; ⟨*Fis*⟩ ~ *di* **combustione** ignition (o firing) point; ⟨*Fis*⟩ ~ *di* **congelamento** freezing point; ~ *di* **contatto** point of contact (*anche fig.*); ⟨*Lav.femm*⟩ ~ (*a*) **coste** rib stitch; ~ **critico**: 1 ⟨*tecn*⟩ critical point; 2 ⟨*fig*⟩ crucial point; ⟨*fig*⟩ **dare** *dei –i a qd.* (*essergli superiore*) to knock the spots off s.o.; ⟨*fam*⟩ **dare** *un* ~ *a qc.* (*fare una piccola cucitura*) to put a few stitches in s.th.; *a un* **dato** ~ at a certain (o given) point; ~ **debole** weak point (*anche fig.*); ⟨*Inform*⟩ ~ **decimale** *fisso* fixed point; ⟨*Lav.femm*⟩ **diminuire** *i –i* to cast off; ⟨*Med*⟩ ~ **dolente** sore (o painful) place; ⟨*Lav.femm*⟩ ~ **dritto** plain stitch; ⟨*Gramm*⟩ **due** *–i* colon; ⟨*Fis*⟩ ~ *d'*ebollizione boiling point; ⟨*Mar*⟩ **fare** *il* ~ to determine the position, to take the bearings (o reckoning); ⟨*fig*⟩ **fare** *il* ~ *di qc.* to see how s.th. stands; **fare** *il* ~ *della situazione* to see what the situation is; ⟨*fig*⟩ ~ *a* **favore** point in favour; ⟨*Gramm*⟩ ~ **fermo** full stop, ⟨*am*⟩ period; ⟨*Ott*⟩ ~ **focale** focal (o focusing) point; ⟨*Geom*⟩ ~ *di* **fuga** vanishing point; ⟨*Fis*⟩ ~ *di* **fusione** melting point; ⟨*Lav.femm*⟩ ~ *a* **giorno** hemstitch; ~ *di* **giunzione** joint, junction; ⟨*Artigl*⟩ ~ *d'*impatto point of impact; **in** ~ exactly, sharp, ⟨*fam*⟩ on the dot (o button): *erano le* **cinque in** ~ it was five o'clock on the dot; ⟨*Geom*⟩ ~ *d'*intersezione point of intersection; ~ *di* **interruzione** breakpoint; ~ **luminoso**: 1 ⟨*Ott*⟩ luminous point; 2 ⟨*TV*⟩ spot; ~ **metallico** (*di cucitrice*) staple; **mettere** *a* ~: 1 to put (o set) right, ⟨*am*⟩ to fix; 2 (*rif. a macchine*) to set up; 3 ⟨*Mot*⟩ to tune (up): *mettere a* ~ *un motore* to tune (up) an engine; 4 (*rif. a cannocchiali e sim.*) to focus, to adjust; 5 ⟨*fig*⟩ to clear up, to get straight; ⟨*Mil*⟩ ~ *di* **mira** point of aim; *essere in* ~ *di* **morte** to be at (o on) the point of death; ~ **morto**: 1 ⟨*Mecc*⟩ dead centre, dead point; 2 ⟨*Mil*⟩ dead end; ⟨*fig*⟩ *essere a un* ~ **morto** to be at a standstill; ~ **nero**: 1 (*comedone*) blackhead; 2 ⟨*fig*⟩ blot on one's reputation; ⟨*El*⟩ ~ **neutro** neutral point; ~ **nevralgico**: 1 ⟨*Med*⟩ painful point; 2 ⟨*fig*⟩ crux; ~ **nodale**: 1 ⟨*Mat*⟩ panel point; 2 ⟨*Fis*⟩ nodal point (*anche fig.*); ~ *d'*onore point of honour; ~ *d'*osservazione look-out point; ~ *di* **partenza** starting point (*anche fig.*); ~ *di* **passaggio** crossing point; ⟨*fig*⟩ **per un** ~ by a hair's breadth; ⟨*Lav.femm*⟩ **piccolo** ~ petit-point; ⟨*Lav.femm*⟩ ~ **pieno** satin stitch; *né* ~ *né* **poco** not at all, not in the least; *siamo al* ~ *di* **prima** we are back where we started from; ~ *per* **punto**: 1 (*con ordine*) point by point; 2 (*particolareggiatamente*) in detail; ~ *di* **riferimento**: 1 point of reference; 2 ⟨*Aer*⟩ checkpoint; 3 ⟨*Topogr*⟩ datum point; **4** ⟨*Inform*⟩ benchmark; ⟨*Lav.femm*⟩ ~ **rovescio** purl (stitch); ⟨*Fis*⟩ ~ *di* **rugiada** dew point; ⟨*Fis*⟩ ~ *di* **saturazione** saturation point; ⟨*Sport*⟩ **segnare** *un* ~ to score a point; *qui* **sta** *il* ~ that's the point (o problem); *essere* **sul** ~ *di* to be on the point (o verge) of, to be about to: *ero sul* ~ *di partire* I was ˈabout to leaveˈ (o on the point of leaving); *a* **tal** ~ to such an extent; *di* **tutto** ~

completely, thoroughly; *armato di tutto* ~ armed from head to toe; *vestito di tutto* ~ perfectly dressed; ⟨*Comm*⟩ ~ *di* **vendita** point of sale, sales point (o outlet); ~ *di* vendita al dettaglio retail outlet; **venire** *al* ~ to come (o get) to the crux (o point) of the problem; ⟨*Sport*⟩ **vincere** *ai –i* to win on points; ⟨*Gramm*⟩ ~ *e* **virgola** semicolon; ~ *di* **vista**: 1 ⟨*Geom*⟩ view point; 2 ⟨*fig*⟩ point of view, viewpoint; ⟨*Sart*⟩ ~ (*di*) **vita** waistline. *Prov.*: *per un* ~ *Martin perse la cappa* for want of a nail the shoe was lost.

punto[2] → **pungere**.

puntóne *m.* ⟨*Edil*⟩ strut; (*del tetto*) rafter: ~ *d'angolo* hip rafter.

puntuale *a.* **1** punctual, ⟨*pred*⟩ on time: *arrivare* ~ to be punctual, to arrive on time. **2** (*preciso*) precise, exact. **puntualità** *f.* **1** punctuality. **2** (*precisione*) precision, exactness. □ *mancanza di* ~ unpunctuality.

puntualizzare *v.t.* to define precisely: ~ *un problema* to define a problem precisely. **puntualizzazione** *f.* precise definition.

puntualmente *avv.* **1** punctually, on time. **2** ⟨*iron*⟩ regularly, unfailingly.

puntura *f.* **1** prick: *la* ~ *di un ago* a needle prick; (*d'insetto*) sting, bite. **2** (*fitta*) sharp pain: *sentire una* ~ *al petto* to feel a sharp pain in one's chest; (*a un fianco*) stitch. **3** ⟨*Med*⟩ puncture: ~ *lombare* lumbar puncture. **4** ⟨*pop*⟩ (*iniezione*) injection, ⟨*fam*⟩ shot. **puntuto** *a.* **1** pointed. **2** ⟨*fig*⟩ (*mordace*) cutting, sharp.

punzecchiamento *m.* **1** prick(ing). **2** ⟨*fig*⟩ teasing. **punzecchiare** *v.t.* (*punzecchio, punzecchi*) **1** to prick; (*rif. a insetti*) to sting, to bite. **2** ⟨*fig*⟩ to tease. **punzecchiatura** *f.* → punzecchiamento.

punzonare *v.t.* (*punzono*) **1** to punch, to stamp. **2** ⟨*Sport*⟩ to attach a leaden seal to. **punzonatore** *m.* (*f.* -trice) (*operaio*) stamper, puncher. **punzonatrice** *f.* **1** (*macchina*) punching–machine, punching–press, punch. **2** (*macchina da ufficio*) perforator. □ ~ *per occhielli* eyelet punch; ~ *per* **schede** card punch, perforator. **punzonatura** *f.* **1** stamping, punching. **2** ⟨*Sport*⟩ attaching of leaden seals. **3** (*di documenti*) perforating, perforation. **punzone** *m.* **1** stamp, prick punch, drift. **2** ⟨*Met*⟩ punch, perforating die. **3** ⟨*Oref*⟩ pusher. □ ~ *a fuoco* branding iron; ~ *monetario* (minting) die, punch. **punzonista** *m.* punch cutter.

può → **potere**[1].

pupa[1] *f.* **1** (*bambola*) doll. **2** ⟨*estens*⟩ (*ragazza*) doll; (*amore, tesoro*) sweetheart, ⟨*am.fam*⟩ baby.

pupa[2] *f.* ⟨*Entom*⟩ pupa.

pupario *m.* puparium.

pupattola *f.* (*bambola*) doll (*anche fig.*). **pupazzetto** *m.* caricature, sketch. **pupazzo** *m.* puppet (*anche fig.*). □ ~ *di neve* snowman; ~ *di stoffa* rag doll.

pupilla *f.* **1** ⟨*Anat*⟩ pupil. **2** ⟨*fig*⟩ (*cosa preziosa*) apple: *sei la* ~ *dei miei occhi* you are the apple of my eye. □ *amare qd. come la* ~ *dei propri occhi* to think the world of s.o.

pupillare[1] *a.* ⟨*Anat*⟩ pupillary, of the pupil.

pupillare[2] *a.* ⟨*Dir*⟩ pupillary, of a ward.

pupillo *m.* (*f.* -a) **1** ⟨*Dir*⟩ ward, pupil. **2** ⟨*estens*⟩ pet, favourite.

pupillometria *f.* pupillometry. **pupillometro** *m.* ⟨*Med*⟩ pupillometer.

pupo *m.* (*f.* -a) **1** (*burattino*) puppet. **2** ⟨*fam*⟩ (*bambino*) kiddie.

puramente *avv.* purely, merely, just, only.

purché (o *pur che*) *congz.* provided that, on condition that, as (o so) long as: *sono disposto ad andare* ~ *tu mi accompagni* I'm willing to go as long as you come with me.

purchessia *a.indef.inv.* (*qualsiasi*) any, any ... whatever (o whatsoever): *dammene uno* ~ give me any one.

pure I *avv.* **1** (*anche*) too, also, as well: *hanno invitato* ~ *me* they've invited me too. **2** (*pleonastico*): *faccia* ~ *come fosse a casa sua* make yourself at home. **3** (*eventualmente, forse*) perhaps, possibly, maybe: *potrebbe* ~ *venire domani* he may possibly come tomorrow. **4** (*concessivo*) if you like, if you want, ⟨*fam*⟩ go ahead; *spesso non si traduce*: *ammettiamo* ~ *che i fatti si siano svolti così* let's admit, if you like, that this is what happened. **5** (*in frasi esortative*) please, by all means, certainly, if you like: *si sieda* ~ please (*o* do) sit down. **II** *congz.* **1** (*concessivo*) even though (*o* if), although: *pur volendole bene, non la capiva* although (*o* even though) he loved her, he didn't understand her. **2** (*tuttavia, nondimeno*) nevertheless, however, still, yet, but, all the same, *spesso non si traduce: lavoro molto,* ~ *trovo il tempo di leggere* I work a lot, but I still find time to read. □ **ammesso** ~ *che tu abbia ragione* even assuming that you're right; **fosse** ~ *il direttore a chiedermelo, non farei questo lavoro* even if the director (himself) asked me, I wouldn't do this job; **sia** ~ however, even if (*o* though): *ho bisogno di un aiuto, sia* ~ *modesto* I need help, however slight; *sia* ~ (*e sia*) all right (then), very well; *pur* **tuttavia** and yet, nevertheless.

puré *m.* ⟨*Gastr*⟩ purée: ~ *di patate* potato purée, mashed potatoes *pl.*

purezza *f.* **1** purity, pureness (*anche fig.*): *la* ~ *di un cristallo* the purity of a crystal; *la* ~ *dell'aria* the pureness of the air; ~ *di linguaggio* purity of language; ~ *di linea* purity of line. **2** ⟨*Chim,Min*⟩ purity.

purga *f.* **1** ⟨*fam*⟩ (*purgante*) purgative, purge: *prendere la* ~ to take a purge. **2** ⟨*fig*⟩ (*epurazione*) purge. **3** ⟨*Conc*⟩ bating. **purgante I** *a.* ⟨*Farm*⟩ purgative, purging. **II** *s.m.* purgative, purge. □ *anime* ~*i* souls in purgatory. **purgare** *v.t.* (**purgo, purghi**) **1** (*liberare da impurità*) to purge, to purify, to clear, to refine: ~ *il sangue* to clear the blood. **2** (*dare un purgante*) to give a purgative to. **3** ⟨*fig*⟩ (*espiare*) to purge away, to expiate. **4** ⟨*fig*⟩ (*epurare*) to purge. **5** ⟨*fig*⟩ (*censurare*) to expurgate, to censor: ~ *uno scritto* to expurgate a work. **purgarsi** *v.r.* **1** (*prendere un purgante*) to take a purge. **2** ⟨*fig*⟩ (*purificarsi*) to purge (*o* cleanse) o.s., to purify o.s. (*di of, from*). **purgata** *f.* (*il purgare*) purge, purgation. **purgativo** *a.* laxative, purgative: *cioccolatino* ~ laxative chocolate. **purgato** *a.* **1** (*puro*) pure, purged, cleansed. **2** ⟨*fig*⟩ pure, faultless, correct. **3** ⟨*Edit*⟩ expurgated, censored: *edizione* ~*a* expurgated edition.

purgatorio *m.* ⟨*Teol*⟩ purgatory (*anche fig.*). □ *le anime del* ~ the souls in purgatory; ⟨*fig*⟩ *essere* (*o sembrare*) *un'anima del* ~ to be (*o* seem) a restless soul.

purificare *v.t.* (**purifico, purifichi**) **1** to purify (*di of*), to cleanse (*of, from*) (*anche fig.*): ~ *l'anima dal peccato* to cleanse the soul from sin. **2** ⟨*Met,Chim*⟩ to clean, to purify, to refine: ~ *il petrolio* to refine oil. **purificarsi** *v.r.* **1** to purify o.s. **2** ⟨*fig*⟩ (*divenire puro*) to become pure, to be purified. **purificatore I** *s.m.* (*f.* **-trice**) purifier, cleanser. **II** *a.* purifying, of purification. **purificazione** *f.* **1** purification, purifying (*anche fig.*). **2** ⟨*Lit*⟩ purification. **3** ⟨*Met,Chim*⟩ refining, purifying, cleansing.

purismo *m.* ⟨*Lett,Art*⟩ purism. **purista** *m./f.* purist.

purità *f.* ⟨*lett*⟩ purity, pureness (*anche fig.*).

puritanesimo *m.* **1** ⟨*Rel*⟩ Puritanism. **2** ⟨*estens*⟩ puritanism. **puritano** *a.* **1** ⟨*Rel*⟩ Puritan. **2** ⟨*estens*⟩ puritanical. **II** *s.m.* (*f.* **-a**) **1** ⟨*Rel*⟩ Puritan. **2** ⟨*estens*⟩ puritan.

puro *a.* **1** pure: *seta* ~*a* pure silk; *aria* ~*a* pure air; *parlava in purissimo italiano* he spoke in pure Italian. **2** (*limpido*) clear, pure, limpid: *acqua* ~*a* clear water. **3** ⟨*fig*⟩ (*casto*) pure, chaste, innocent. **4** ⟨*fig*⟩ (*onesto*) pure, honest, sincere: *le sue intenzioni sono* ~*e* his intentions are honest; (*libero*) free: ~ *di peccato* free from sin. **5** (*solo, soltanto*) mere, sheer, only: *dobbiamo portare il* ~ *necessario* we must take only what is necessary; *queste sono* ~*e fantasie* this is mere imagination. **6** (*non applicato*) pure: *matematica* ~*a* pure mathematics. □ ~ *e semplice* pure

and simple.

purosangue *m.inv.* ⟨*Zootecn*⟩ thoroughbred.

purpureo *a.* ⟨*lett*⟩ **1** purple: *veste* ~*a* purple dress. **2** (*rosso vivo*) crimson, deep red.

purtroppo *avv.* unfortunately.

purulento *a.* ⟨*Med*⟩ purulent. **purulenza** *f.* purulence, purulency. **pus** *m.* pus.

pusillanime I *a.* pusillanimous, cowardly, faint-hearted. **II** *s.m./f.* coward. **pusillanimità** *f.* cowardice, pusillanimity.

pustola *f.* ⟨*Med*⟩ pustule, pimple. **pustoloso** *a.* pustular.

putacaso *avv.* ⟨*scherz*⟩ (*per ipotesi*) (just) suppose, supposing. □ *se* ~ *tornasse* supposing he came back.

putativo *a.* ⟨*Dir*⟩ putative: *padre* ~ putative father.

puteale *m.* ⟨*Arch*⟩ puteal.

Putifarre *N.pr.m.* ⟨*Bibl*⟩ Potiphar, Putiphar.

putiferio *m.* **1** (*schiamazzo*) uproar, ⟨*fam*⟩ rumpus, ⟨*fam*⟩ row. **2** ⟨*fig*⟩ (*confusione*) confusion, mess.

putizza *f.* ⟨*Geol*⟩ sulphureous exhalations. *pl.*

putredine *f.* **1** putrefaction, rot(ting), decay. **2** ⟨*concr*⟩ (*cosa putrefatta*) putrefaction, putrescence, putrid matter. **putrefare** *v.i.* (**putrefaccio, putrefai; putrefeci, putrefatto;** → **fare;** *aus.* **avere**) to putrefy, to rot, to decay; (*rif. a cibi*) to go bad (*o* off), to spoil. **putrefarsi** *v.r.* to go bad (*o* off), to spoil. **putrefatto** *a.* putrid, putrefied, rotten, decayed, decomposed. **putrefazione** *f.* putrefaction, decomposition.

putrella *f.* ⟨*Edil*⟩ iron beam (*o* girder).

putrescente *a.* putrescent, decaying, rotting. **putrescenza** *f.* putrescence. **putrescibile** *a.* putrescible. **putrescina** *f.* ⟨*Chim*⟩ putrescine. **putrido I** *a.* **1** putrid, decayed, rotten: *carne* ~*a* rotten meat. **2** ⟨*fig*⟩ (*corrotto*) corrupt, putrid, depraved. **II** *s.m.inv.* (*corruzione*) corruption, rottenness. **putridume** *m.* **1** putrified (*o* decayed) matter, putrescence, putrilage. **2** ⟨*fig*⟩ (*corruzione*) corruption, rottenness.

putsch *ted.* [putʃ] *m.* putsch, Putsch.

puttana *f.* ⟨*volg*⟩ **1** whore, ⟨*lett*⟩ harlot, ⟨*fam*⟩ tart. **2** ⟨*esclam*⟩ (*insulto*) bitch: *figlio di* ~ son of a bitch. **puttaneggiare** *v.i.* (**puttaneggio, puttaneggi;** *aus.* **avere**) ⟨*volg*⟩ to whore, to play the whore (*anche estens.*). **puttanesco** *a.* (*pl.* **-chi**) ⟨*volg*⟩ whorish, sluttish, ⟨*fam*⟩ tarty. **puttaniere** *m.* ⟨*volg*⟩ whoremonger.

putto *m.* **1** ⟨*Art*⟩ putto. **2** ⟨*region*⟩ (*bambino*) child.

puzza *f.* → **puzzo. puzzare** *v.i.* (*aus.* **avere**) **1** to smell, to stink, to reek, ⟨*pop*⟩ to pong: ~ *di sudore* to smell of sweat; ~ *di rancido* to smell rancid. **2** ⟨*fig*⟩ to smell, to smack, ⟨*fam*⟩ to be fishy: ~ *di eresia* to smack of heresy; *il tuo modo di comportarti puzza di imbroglio* your behaviour is fishy. □ *gli puzza il fiato* he has bad breath; ~ *di rinchiuso* to have a musty smell; *ti puzza la salute?* why do you waste your health?

puzzle *ingl.* [pʌzl] *m.* **1** puzzle. **2** ⟨*estens*⟩ difficult problem.

puzzo *m.* (bad) smell, stink, reek, stench: ~ *di rinchiuso* musty smell. □ ⟨*fig*⟩ *c'è* ~ *di imbroglio* it smells fishy; *mandare* ~ *di qc.* to smell (*o* stink) of s.th.

puzzola *f.* ⟨*Zool*⟩ polecat.

puzzolente *a.* foul, stinking, ⟨*fam*⟩ smelly.

puzzonata *f.* ⟨*region,volg*⟩ **1** (*azione disonesta*) rotten (*o* lousy) trick. **2** (*cosa mal fatta*) wash-out. **puzzone** *m.* (*f.* **-a**) ⟨*region,volg*⟩ **1** (*persona puzzolente*) stinker. **2** ⟨*fig*⟩ (*persona disonesta*) skunk, ⟨*pop*⟩ stinker.

p.v. = *prossimo venturo* next.

P.za = *piazza* square (*abbr.* Sq.).

Q

q, Q [ku] *f./m. (lettera dell'alfabeto)* q, Q; ⟨*Tel*⟩ *q come Quebec* Q for Queenie, ⟨*am*⟩ Q for Queen.

q = *quintale* quintal *(abbr.* q.).

q.b. = ⟨*Farm*⟩ *quanto basta* as much as is sufficient *(abbr.* qs., QS).

Q.G. = *quartier generale* headquarters *(abbr.* H.Q.).

Q.I. = *quoziente di intelligenza* intelligence quotient *(abbr.* I.Q.).

ql. = *quintale* quintal *(abbr.* q., ql.).

qua *avv.* **1** here: *le forbici sono* ~ the scissors are here; *eccomi* ~ here I am; *vieni* ~ come here. **2** *(rafforzativo di questo)* here, *spesso non si traduce: questo vestito* ~ *ti sta meglio* this dress (here) suits you better; ⟨*fam*⟩ *che cosa dice questo* ~? what does this fellow (here) say?; *(con un imperativo)* here, just, *spesso non si traduce: guarda* ~ *che cosa mi hai combinato* just look what a mess you've got me into; *(con un imperativo sottinteso)* here, *spesso non si traduce:* ~ *i soldi* (put) the money here. □ ~ **dentro** in here; **di** ~: 1 *(moto da luogo)* from here: *di* ~ *non mi muovo* I'm not budging from here; 2 *(stato in luogo)* here: *resta di* ~ *un momento, torno subito* stay here a minute, I'll be right back; ⟨*fig*⟩ *essere più di là che di* ~ to be more dead than alive; *di* ~ *da, al di* ~ *di* (on) this side of: *al di* ~ *del fiume* on this side of the river; ~ **dietro** behind here; **fin** ~ *(rif. a spazio)* ⌜as far as⌝ (*o* up to) here, to this point; *(rif. a tempo)* till (*o* up to) now, so far; **in** ~ *(verso questa parte)* over here: *guarda in* ~ look over here; *da ... in* ~ for ... now; *da un anno in* ~ for a year now, for the last (*o* past) year; *da qualche tempo in* ~ for some time now; *da quando in* ~? since when?; ~, ... *là* here, ... there: *andare* ~ *e là* to go here and there; ~ *e là si vedevano piccole case bianche* small white houses could be seen here and there; *la* **mano** *(concludendo un affare)* (let's) shake hands on it, shake hands; **per** *di* ~ this way; ~ **sopra** up here; ~ **sotto** under (*o* down) here.

quaccherismo *m.* ⟨*Rel*⟩ Quakerism. **quacchero I** *a.* **1** Quaker-. **II** *s.m.* *(f.* -a) Quaker *(f* -ress).

quaderno *m.* excercise-book, copy-book: ~ *di matematica* maths exercise-book. □ ~ *a quadretti* square–ruled notebook; ~ *a righe* ruled notebook; ~ *a spirale* spiral notebook.

quadragesima *f.* Quadragesima (Sunday).

quadrangolare *a.* quadrangular. **quadrangolo I** *a.* quadrangular. **II** *s.m.* ⟨*Geom*⟩ quadrangle.

quadrante *m.* **1** ⟨*Orol*⟩ dial(plate), face. **2** *(nella bussola)* quadrant. **3** ⟨*Astr,Mat*⟩ quadrant. □ ⟨*tecn*⟩ ~ *indicatore* indicator dial; ~ *solare* sundial.

quadrare I *v.t.* **1** to (make) square: ~ *un foglio da disegno* to make a piece of drawing paper square. **2** *(fig)* *(assestare)* to put straight. **3** ⟨*Mat*⟩ *(elevare al quadrato)* to square. **II** *v.i.* *(aus. essere/avere)* **1** *(corrispondere)* to fit, to suit *(con qc. s.th.),* to be in keeping (with): *questo titolo non quadra con l'argomento* this title is not in keeping with the subject matter. **2** *(essere giusto)* to tally, to balance: *i conti non quadrano* the accounts don't tally. **3** ⟨*fam*⟩ *(andare a genio)* to suit, to please, to like *(costr.*

pers.): *quel tipo non mi quadra* I don't like (*o* trust) that person. □ *far* ~ *un bilancio* to square (*o* balance) an account.

quadratico *a. (pl.* -ci) ⟨*Mat*⟩ quadratic.

quadrato[1] *a.* **1** square: *una figura* ~*a* a square figure; *centimetro* ~ square centimetre. **2** ⟨*fig*⟩ *(robusto)* square, stocky: *spalle* ~*e* square shoulders. **3** ⟨*fig*⟩ *(assennato, giudizioso)* sensible, level–headed, well–balanced: *tuo fratello è una persona* ~*a* your brother is a sensible person.

quadrato[2] *m.* **1** ⟨*Geom,Mat*⟩ square *(anche estens.):* *tracciare un* ~ to draw a square; *nove è il* ~ *di tre* nine is the square of three; *questa stanza è un* ~ *perfetto* this room is a perfect square. **2** *(in enigmistica)* square. **3** ⟨*Sport*⟩ *(nel pugilato)* ring. **4** ⟨*Mil,Mecc*⟩ square. **5** ⟨*Mar.mil*⟩ (officers') mess room. □ ⟨*Mat*⟩ *elevare un numero al* ~ to square a number; ~ *magico* magic square; ⟨*Mat,Statist*⟩ *metodo dei minimi* ~*i* least–squares method.

quadratura *f.* **1** squaring; *(riquadro)* square; *(pannello)* panel. **2** ⟨*Comm*⟩ squaring, balancing. **3** ⟨*Geom,Mat*⟩ squaring. **4** ⟨*Astr*⟩ quadrature. □ ~ *del circolo:* 1 ⟨*Geom*⟩ squaring of the circle; 2 ⟨*fig*⟩ *(problema insolubile)* insoluble problem, end of the rainbow; ⟨*fig*⟩ ~ *mentale* level–headedness, sensibleness.

quadrello *m.* **1** *(mattonella quadrata)* square tile. **2** *(nei guanti)* gusset. **3** *(righello)* square ruler. **quadreria** *f.* picture gallery. **quadrettare** *v.t.* *(quadretto)* **1** to divide into squares. **2** ⟨*Tess*⟩ to chequer, to checker. **quadrettato** *a.* squared, chequered, checked: *carta* ~*a* squared paper. **quadrettatura** *f.* **1** division into squares, chequering. **2** *(reticolato di quadretti)* checks *pl,* squares *pl,* chequerwork. **quadrettino** *m.* small check (*o* square). □ *a* ~*i* check, checked: *stoffa a* ~*i* check(ed) material, check. **quadretto** *m.* **1** ⟨*fig*⟩ *(scenetta)* (charming) scene, picture. **2** ⟨*Mar,Stor*⟩ *(bandierina)* ensign, flag. □ *a* ~*i* square(d), check(ed), chequered: *carta a* ~*i* squared paper.

quadricentenario *m.* quadricentennial.

quadricipite *m.* ⟨*Anat*⟩ quadriceps.

quadri|cromia *f.* ⟨*Tip*⟩ **1** *(procedimento)* four-colour process. **2** *(immagine)* four-colour print. **~ennale** *a.* **1** *(che dura quattro anni)* four-year-. **2** *(che avviene ogni quattro anni)* four-yearly, quadr(i)ennial. **~ennio** *m.* four years *pl,* quadr(i)ennium. **~foglio** *m.* **1** ⟨*Bot*⟩ four-leaved clover. **2** ⟨*Strad*⟩ *(raccordo a quadrifoglio)* clover-leaf.

quadrifonia *f.* ⟨*Acu*⟩ quadriphony. **quadrifonico** *a. (pl.* -ci) quadriphonic, quadrophonic.

quadriga *f.* ⟨*Stor*⟩ quadriga.

quadrigemino *a.* quadruple: *parto* ~ quadruple birth.

quadrigetto *m.* ⟨*Aer*⟩ four-engined jet (aircraft).

quadriglia *f.* *(danza)* quadrille.

quadrilatero I *a.* quadrilateral. **II** *s.m.* **1** quadrilateral *(anche Geom.).* **2** *(fortificazione)* four-sided stronghold; *(territorio difeso da quattro fortezze)* quadrilateral.

quadrilingue *a.* quadrilingual. **quadrilione** *m.* quadrillion, ⟨*am*⟩ septillion. **quadrilobato** *a.* **1** ⟨*Bot*⟩ quadrilobate, quadrilobed. **2** ⟨*Arch*⟩ quatrefoiled, four –foiled.

quadrimestrale *a.* **1** (*che dura un quadrimestre*) four–month–, of four months. **2** (*che avviene ogni quadrimestre*) four–monthly. **quadrimestre** *m.* **1** four months *pl.* **2** (*rata quadrimestrale*) four–monthly payment. **quadrimotore I** *a.* four–engined. **II** *s.m.* four–engined aircraft. **quadrinomio I** *a.* ⟨*Mat*⟩ quadrinomial, quadrinominal. **II** *s.m.* quadrinomial expression.

quadripartito[1] *a.* quadripartite: *patto* ∼ quadripartite treaty.

quadripartito[2] **I** *a.* ⟨*Pol*⟩ four–party–. **II** *s.m.* (*governo quadripartito*) four–party government. □ *accordo* ∼ four–party agreement; *conferenza* –*a* four–power conference.

quadri|portico *m.* (*pl.* -ci) ⟨*Arch*⟩ four–sided portico. **∼reattore I** *a.* ⟨*Aer*⟩ four–engined. **II** *s.m.* four–engined jet (aircraft). **∼reme** *f.* ⟨*Mar.ant*⟩ quadrireme. **∼sillabo I** *a.* ⟨*Gramm, Metr*⟩ quadrisyllabic. **II** *s.m.* ⟨*Metr*⟩ quadrisyllable.

quadrivio *m.* **1** crossroad(s). **2** ⟨*Mediev*⟩ (*arti del quadrivio*) quadrivium.

quadro[1] (*quadrato*) square: *centimetro* ∼ square centimetre.

quadro[2] *m.* **1** (*dipinto*) painting, picture: *dipingere un* ∼ to paint a picture. **2** ⟨*fig*⟩ (*spettacolo*) sight, picture: *un* ∼ *terrificante* a terrifying sight. **3** ⟨*fig*⟩ (*descrizione*) picture, description, outline: *tracciare un* ∼ *vivace degli avvenimenti* to draw a vivid picture of events. **4** ⟨*fig*⟩ (*ambito*) framework, limits *pl,* scope, range: *nel* ∼ *dei nuovi accordi* within the framework of the new agreements. **5** (*prospetto*) chart, table, list: ∼ *riassuntivo* summary chart. **6** (*pannello con comandi*) board, panel. **7** ⟨*Teat*⟩ scene. **8** ⟨*Cin*⟩ shot, take; (*immagine proiettata*) picture. **9** ⟨*TV*⟩ image, picture. **10** *pl.* (*complesso di persone rappresentative*) cadre, nucleus, leaders *pl: i –i di un partito* the nucleus of a party; *–i amministrativi* administrative cadres. **11** *pl.* ⟨*Mil*⟩ cadres: *rinnovare i –i* to renew the cadres. **12** *pl.* (*nelle carte francesi*) diamonds *pl: asso di –i* ace of diamonds. **13** ⟨*Minier*⟩ set, timber frame (*o* set). **14** *pl.* (*rif. ad azienda: personale direttivo*) managerial staff, management: *–i intermedi* middle management. □ **a** *–i* check(ed), checkered, chequered, squared: *una stoffa a –i blu e bianchi* a blue–and–white check (material); ∼ *per gli avvisi* notice board, bulletin board; ⟨*El*⟩ ∼ *di* **comando** control board; ⟨*Rad*⟩ ∼ *di* **commutazione** sound mixer; ⟨*TV*⟩ video mixer; ⟨*TV*⟩ ∼ *di* **controllo** control board; *–i direttivi* executive cadres; ⟨*El*⟩ ∼ *di* **distribuzione** switchboard; ∼ **elettrico** switchboard panel; ⟨*Cin*⟩ ∼ **fisso** still (shot), insert; ∼ **luminoso** illuminated diagram; ⟨*Pitt*⟩ ∼ *a* **olio** oil painting; ⟨*fig*⟩ *il* ∼ **politico** the political situation; ⟨*Mecc*⟩ ∼ **portalame** blade frame; ⟨*tecn*⟩ ∼ **portastrumenti** instrument board (*o* panel); ∼ **riassuntivo** summary; ∼ *di* **riferimento** reference framework; ⟨*Inform*⟩ ∼ **visore** display; ⟨*Teat*⟩ ∼ **vivente** tableau vivant.

quadrotta *f.* ⟨*Cart*⟩ size of paper.

quadrumane I *a.* ⟨*Zool*⟩ quadrumanous. **II** *s.m.* quadrumane.

quadrumvirato *e der.* → **quadrunvirato** *e der.*

quadrunvirato *m.* quadrumvirate (*anche Stor.rom.*). **quadrunviro** *m.* quadrumvir (*anche Stor.rom.*). **quadrupede I** *a.* ⟨*Zool*⟩ quadruped(al). **II** *s.m.* quadruped.

quadruplicare *v.t.* (**quadruplico, quadruplichi**) to quadruple, to quadruplicate, to multiply by four. **quadruplicarsi** *v.r.* to quadruple. **quadruplicazione** *f.* quadruplication. **quadruplice I** *a.* four(fold). **II** *s.f.* ⟨*Stor*⟩ (*anche quadruplice alleanza*) Quadruple Alliance. **quadruplicità** *f.* quadruplicity. **quadruplo I** *a.* **1** quadruple, four times: *mi occorre una somma –a di quella che possiedo* I need four times what (*o* as much as, the amount) I have. **2** ⟨*Mat*⟩ quadruple. **II** *s.m.* quadruple, four times as much: *questo vale il* ∼ *di quello* this is worth four times as much (as that).

quaggiù *avv.* **1** down here: *vieni* ∼ come down here. **2** (*sulla terra*) here below, of (*o* in) this world: *le cose di* ∼ the things of this world.

quaglia *f.* ⟨*Ornit*⟩ quail.

quagliare *v.i.* (*aus.* essere) ⟨*region*⟩ **1** (*cagliare*) to curdle. **2** (*concludersi positivamente*) to come to something.

quagliere *m.* ⟨*Venat*⟩ quail call (*o* pipe).

qualche *a.indef.inv.* **1** (*partitivo: in frasi positive*) some: *ho* ∼ *lettera da scrivere* I have some letters to write; *aspetto già da* ∼ *ora* I've been waiting some hours now; (*alcuni*) a few (*costr. pl.*): *partirò tra* ∼ *giorno* I'll be leaving in a few days. **2** (*in frasi dubitative*) any: *hai* ∼ *sigaretta?* have you got any cigarettes?; *non hai* ∼ *amico che ti aiuti?* haven't you got any friends who will help you?; *chissà se c'è* ∼ *giornale inglese* I wonder if there are any English papers; (*nelle offerte*) some: *vuoi* ∼ *caramella?* do you want some sweets? **3** (*un po'*) some, a little: *ha* ∼ *esperienza* he has some experience. **4** (*uno*) a: *c'è* ∼ *medico?* is there a doctor? **5** (*uno qualsiasi*) some (or other): *dobbiamo venire a* ∼ *decisione* we must come to some decision; *verrò a trovarti* ∼ *giorno* I'll come and see you *some day or other* (*o* one of these days). **6** (*un certo*) some, a certain (amount of): *gode di una* ∼ *considerazione* he is held in some esteem. □ ∼ *cosa* → **qualcosa**; *in* ∼ *luogo* somewhere; (*in frasi interrogative*) anywhere; *in* ∼ *modo:* 1 (*in un modo o nell'altro*) somehow, in some way (or other); 2 ⟨*region*⟩ (*alla bell'e meglio*) as best one can, as well as possible; ∼ *volta* sometimes.

qualcheduno *pron.* → **qualcuno**.

qualcosa *pron.indef.* **1** (*in frasi positive*) something: *dammi* ∼ *di buono da mangiare* give me something good to eat; ∼ *mi dice che arriverà oggi* something tells me he'll come today; *vorrei* ∼ *di più pesante* I'd like something heavier. **2** (*in frasi dubitative*) anything: *hai* ∼ *da dire?* have you anything to say?; *è arrivato* ∼ *per me?* has anything come for me?; *dimmi se c'è* ∼ *di sbagliato in questo* tell me if there is anything wrong with this; (*nelle offerte*) something: *vuoi* ∼ *da leggere?* do you want something to read? □ ∼ *qualcos'altro* something else; ⟨*enfat*⟩ *essere* ∼ *di bello* to be really beautiful, to be lovely; *è già* ∼ that's something (anyway); *hai* ∼*?* is anything wrong?

qualcuno *pron.indef.* (*in frasi positive*) somebody, someone: ∼ *bussa alla porta* somebody is knocking at the door; (*in frasi dubitative*) anybody, anyone: *c'è* ∼ *che ha un dizionario?* has anyone got a dictionary?; *se dovesse venire* ∼*, digli che sono uscito* if anyone should come, tell him I've gone out. **2** (*alcuni: in frasi positive*) some (*costr.pl.*): ∼ *è favorevole a noi* some are on our side; *ho visto* ∼ *dei suoi quadri* I saw some of his paintings; (*in frasi dubitative*) any: *c'è* ∼ *di voi disposto ad aiutarmi?* are any of you willing to help me? **3** ⟨*fam*⟩ (*persona importante*) someone, somebody: *si crede* ∼ *ora che è diventato ricco* now that he's rich he thinks he's somebody. □ *qualcun altro* someone (*o* somebody) else; (*in frasi interrogative*) anyone (*o* anybody) else.

quale (often shortened to *qual*) **I** *a.* **1** (*specificando: rif. a natura, qualità, prezzo e sim.*) what: *–i libri hai letto su questo argomento?* what books have you read on this subject?; ∼ *dizionario adoperi?* what dictionary do you use? **2** (*scegliendo fra un numero limitato*) which: ∼ *strada dobbiamo prendere, questa o quella?* which road must we take, this one or that one? **3** (*come*) as: *la stanza è* ∼ *l'abbiamo lasciata* the room is (just) as we left it. **4** (*nelle esclamazioni: al singolare*) what a: ∼ *onore!* what an honour!; (*al plurale*) what: *–i idee sciocche!* what silly ideas! **II** *pron.interr.* **1** (*specificando: rif. a natura, qualità, prezzo e sim.*) what: *qual è il prezzo di questo vestito?* what's the price of this suit? **2** (*scegliendo fra un numero limitato*) which (one): ∼ *di questi libri preferisci?* which of these books do you prefer?; *voglio una di queste paste* – ∼*?* I want one of these cakes – which one? **III** *pron.rel.* **1** (*soggetto: rif. a persone*) who, that: *non conosco l'uomo il* ∼ *parla* I don't know the man who (*o* that) is speaking; (*in proposizioni incidentali*) who: *mio fratello, il* ∼ *abita a Milano, non è sposato* my brother, who lives in Milan, isn't married; (*rif. a cose o animali*) which, that: *ha una* *casa la* ~ *dà sul mare* he has a house which (*o* that) overlooks the sea. **2** (*complemento indiretto: rif. a persone*) that, who(m), *spesso non si traduce: il ragazzo al* ~ *hai regalato il libro* the boy (that, whom) you gave the book to, the boy to whom you gave the book; *i compagni con i –i giochi* the friends you play with; (*in proposizioni incidentali*) who, whom: *mia sorella, della* ~ *parlavamo, ha solo vent'anni* my sister, ⌐whom we were talking of⌐ (*o* of whom we were talking) is only twenty years old; (*rif. a cose o animali*) that, which, *spesso non si traduce: la casa nella* ~ *abiti* the house ⌐you live in⌐ (*o* in which you live); (*in proposizioni incidentali*) which: *il treno proveniente da Londra, sul* ~ *viaggia il mio amico, è in ritardo* the London train, ⌐which my friend is travelling on⌐ (*o* on which my friend is travelling), is late. **3** (*possessivo: rif. a persone*) whose: *la signora della* ~ *ammiriamo la gentilezza* the lady whose kindness we admire; (*rif. a cose o animali*) of which, whose: *l'uccello del* ~ *abbiamo udito il canto* the bird whose singing we heard. **4** (*nelle esemplificazioni*) such as, like: *molti uccelli, –i il merlo, l'uccello del paradiso, ecc.* many birds, such as the blackbird, the bird of paradise, etc. **5** (*come*) like, such as: *due poeti –i Dante e Shakespeare* two poets like Dante and Shakespeare; *una disgrazia* ~ *non avrei mai pensato* a misfortune such as I'd never have imagined. **IV** *avv.* (*in qualità di, come*) as: *fu mandato in Francia* ~ *ambasciatore* he was sent to France as ambassador. □ *un certo qual* a certain: *aveva una certa qual conoscenza dell'inglese* he had a certain knowledge of English; *in certo qual modo* in a way (*o* sense); *la qual cosa* which: *non venne, la qual cosa fu un bene* he didn't come, which was a good thing; *tale* (*e*) ~ (*identico*) just like, identical (to), exactly the same (as): *è il padre tale* ~ he is just like his father; *questo libro è tale e* ~ *il tuo* this book is ⌐exactly the same as⌐ (*o* identical to) yours; *ve la dico tale e* ~ *l'ho sentita* I'm telling you exactly as I heard it; *è tale* ~ *lo immaginavo* he is just as I imagined him.

qualifica *f.* **1** (*titolo*) title: ~ *di dottore* title of doctor. **2** (*complesso di doti professionali*) qualification: ~ *professionale* professional qualification. □ *dare a qd. la* ~ *di* to call s.o., to give s.o. the title of; *meritare la* ~ *di sciocco* to deserve being called a fool. **qualificàbile** *a.* qualifiable. **qualificante** *a.* qualifying. **qualificare** *v.t.* (**qualìfico, qualìfichi**) **1** (*caratterizzare*) to describe as, to call, to qualify: ~ *qd. come un serio professionista* to call s.o. a real professional; *non so come* ~ *il tuo comportamento* I don't know what to call (*o* make of) your behaviour. **2** (*burocr*) (*attribuire una qualifica*) to judge, to appraise. **qualificarsi** *v.r.* **1** to describe o.s. as: *si è qualificato ragioniere* he described himself as an accountant. **2** (*ottenere una qualifica*) to qualify as: *qualificarsi idoneo* to qualify as suitable. **3** (*Sport*) to qualify. **qualificativo** *a.* qualifying (*anche Gramm.*). **qualificato** *a.* **1** accomplished, having good qualities, (*ant*) qualified. **2** (*dotato di preparazione professionale*) qualified, skilled, competent: *operaio* ~ skilled worker; *sei il più* ~ *per questo lavoro* you're the best qualified for this job. **3** (*Dir*) aggravated: *furto* ~ aggravated larceny. □ *altamente* ~ highly-qualified. **qualificazione** *f.* qualification. □ (*Sport*) *gare di* ~ qualifying games; ~ *professionale* professional qualification.

qualità *f.* **1** quality: *mi interessa la* ~, *non la quantità* I'm interested in quality, not quantity. **2** (*dote, pregio*) (good) quality, merit, virtue: *un giovane pieno di* ~ a young man with many good qualities. **3** (*specie*) sort, type, kind: *persone di ogni* ~ all kinds of people. **4** (*Comm*) quality, grade: *abbiamo due sole* ~ *di frutta* we have only two grades of fruit; *merce di prima* ~ top–quality goods. □ *agire in* ~ to act in the quality of; *di alta* ~ high (*o* choice) quality–, top (*o* first) grade–; ~ *dell'ambiente* environmental quality; *di cattiva* ~ low grade–, poor quality–; *controllo della* ~ quality control; ~ *corrente* fair (*o* average) quality; *di* ~: **1** (*di buona condizione sociale*) of rank (*o* high standing), (*lett*) of quality; (*di buona qualità*) good (*o* high) quality–; ~ *extra* extra quality; *in* ~ *di* as, in one's capacity as: *parlo in* ~ *di direttore* I'm speaking as director; ~ *inferiore* lower

quality; *di* ~ *inferiore* inferior; *di infima* ~ worthless; ~ *media* average (*o* medium) quality; *di ottima* ~ top–level, first–rate; *di prima* ~ top (*o* first) grade–, prime; *merci di prima* ~ prime (*o* best quality) goods, first–grade goods; *prodotto di* ~ high quality product; *requisito di* ~ quality requirement; ~ *scadente* bad (*o* inferior) quality; *di tutte le* ~ of all kinds; ~ *della vita* quality of life.

qualitativamente *avv.* qualitatively. **qualitativo** *a.* qualitative.

qualora *congz.* if, in case: ~ *ciò avvenisse* if this should happen; ~ *tu non potessi farlo* if you can't (*o* shouldn't be able to) do it.

qualsiasi *a.indef.inv.* (*pl. rar.* **qualsìansi**) **1** any: *un giorno* ~ any day. **2** (*ogni*) any, all, every: *a* ~ *prezzo* at any price. **3** (*qualunque*) (just) any, (just) ordinary, (*fam*) any old: *è un mio parente, non una persona* ~ he's a relative of mine, not just anyone; *una ragazza* ~ just an ordinary girl. **4** (*in frasi concessive*) whatever: *sono con te,* ~ *decisione tu prenda* whatever decision you may take, I'm with you.

qualunque *a.indef.inv.* **1** (*con valore relativo*) whatever: ~ *novità ci sia,* avvertimi whatever news there is, let me know; (*rif. a un numero ridotto*) whichever: ~ *strada prendi arriverai sempre in ritardo* whichever road you take, you will still arrive late. **2** (*ogni*) every, all: *sarebbe capace di* ~ *cattiveria* he would be capable of every kind of mischief. **3** (*posposto: uno qualsiasi*) any, (just) ordinary, nondescript, (*fam*) any old: *ci fermeremo in un albergo* ~ we'll stay in any old hotel; *è un impiegato* ~ he's just an ordinary clerk. □ ~ *altro:* **1** (*rif. a persona*) anyone else; **2** (*rif. a cosa*) any other; ~ *cosa* anything: *farei* ~ *cosa per aiutarti* I'd do anything to help you; *in* ~ *luogo* anywhere; ~ *persona* anyone, anybody; ~ (*si*) *sia* whatever it might be; *uno* ~: **1** (*rif. a persona*) (just) anyone, anybody; **2** (*rif. a cosa*) just any one, anything; *l'uomo* ~ (*l'uomo comune*) the man in the street; ~ *volta* every time.

qualunquismo *m.* **1** (*Pol*) Qualunquismo (man–in–the–street movement). **2** (*estens*) non–commitment. **qualunquista** **I** *s.m./f.* **1** (*Pol*) adherent of the Qualunquismo. **2** (*estens*) drifter. **II** *a.* non–committal.

quando **I** *avv.* **1** (*interrogativo*) when: ~ *parti?* when will you leave?; *gli domandava* ~ *sarebbe tornato* she was asking him when he would be back. **2** (*relativo*) that, when, *spesso non si traduce: il giorno* ~ *arrivai in Italia* the day (that) I arrived in Italy. **II** *congz.* **1** when: *lo incontrai* ~ *ero a Parigi* I met him when I was in Paris; ~ *sarai grande, capirai certe cose* when you are older, you'll understand certain things. **2** (*tutte le volte che*) when(ever), every time (that): ~ *comincia la primavera, gli alberi rifioriscono* when spring begins, the trees burst into blossom again. **3** (*dopo che*) when, after. **4** (*avversativo*) when, whereas, while: *sembrava triste* ~ *invece era contento* he seemed sad whereas (*o* when in fact) he was happy. **5** (*causale: giacché*) when, since, as: *è sciocco insistere* ~ *sai che è inutile* it's silly to keep on about it when you know it's no use. **6** (*condizionale*) if, in case: ~ *tu ci ripensassi, fammi una telefonata* if (*o* in case) you change your mind, give me a ring. **7** (*in frasi ellittiche: se*) if: *quand'è così* if that's how matters stand. **III** *s.m.inv.* when: *il come e il* ~ the how and the when. □ *a* ~ where: ~ *a* ~ *la laurea?* when do you get your degree?; *quand'anche* even if (*o* though): *quand'anche fosse così* even if that were so; *come* ~ as … when: *la città è rimasta come* ~ *io ero piccolo* the town has remained as it was when I was small; *da* ~: **1** (*dacché*) (*ever*) since: *soffre molto da* ~ *sei partito* he has suffered a lot since you left; **2** (*interrogativo*) since when?, how long?: *da* ~ *in qua tu ami il calcio?* since when have you been a soccer fan?; *di* ~: **1** (*del tempo in cui*) from (the time) when: *sono i vestiti di* ~ *ero piccola* these are my clothes from when I was small; **2** (*interrogativo*) what date?, when?: *di* ~ *è questa mobilia?* what date (*o* period) is this furniture?; *di* ~ *in* ~ from time to time, at times; *quand'ecco* (*che*) when suddenly; *fino a* ~: **1** until, till; **2** (*interrogativo*) till when?; (*per quanto tempo*) how long?; ~ *mai* since when,

when(ever), ⟨*fam*⟩ when on earth: ~ *mai si tratta così la gente?* since when are people treated like this?; **per** ~: 1 for when; 2 (*interrogativo*) when?: *per* ~ *sarà pronto?* when will it be ready?; *se non* ~ until, before.

quantificabile *a.* quantifiable. **quantificare** *v.t.* (**quantifico, quantifichi**) to quantify. **quantificatore** *m.* quantifier: ~ *esistenziale* existential quantifier; ~ *universale* universal quantifier. **quantificazione** *f.* quantification.

quantico *a.* ⟨*Fis*⟩ quantum –: *numero* ~ quantum number; *salto* ~ quantum leap. **quantistico** *a.* (*pl.* -ci) quantic, quantum–: *teoria* –*a* quantum theory. □ *fisica* –*a* quantum physics *pl* (*costr. sing.*): *meccanica* –*a* quantum mechanics *pl* (*costr. sing.*).

quantità *f.* 1 quantity, amount: *bada alla qualità piuttosto che alla* ~ have an eye to quality rather than quantity. 2 (*gran numero, moltitudine*) great (*o* good) deal, lot, great many *pl*, ⟨*fam*⟩ heap, ⟨*fam*⟩ load: *mi è capitata una* ~ *di guai* I've had a load of troubles; *una gran* ~ *d'acqua* a lot (*o* great deal) of water. 3 ⟨*Mat,Filos,Ling*⟩ quantity. □ *una* ~ *di* **gente** a ⌈lot of⌉ (*o* great many) people; **in** ~ plenty (*o* a lot) of, ⟨*fam*⟩ lots (*o* loads) of: *ha soldi in* ~ he has a lot of money; ⟨*Fis*⟩ ~ *di* **luce** quantity of light; ⟨*Mat*⟩ ~ **negativa** negative quantity; ~ **numerica** numerical quantity.

quantitativamente *avv.* quantitatively. **quantitativo I** *a.* quantitative. **II** *s.m.* ⟨*Comm*⟩ quantity, amount: ~ *offerto* amount offered.

quantizzare *v.t.* ⟨*Fis*⟩ to quantize. **quantizzazione** *f.* quantization.

quanto[1] **I** *a.* 1 (*interrogativo*) how much (*pl* how many): ~ *denaro hai?* how much money have you?; –*i uomini ci sono?* how many men are there?; *non so* ~ *tempo potrò dedicare a questo lavoro* I don't know how ⌈much time⌉ (*o* long) I can give to this work. 2 (*esclamativo*) what a lot of, what, how much (*pl* how many): ~ *fracasso!* what a lot of noise; (*rif. a tempo*) *what a long:* ~ *tempo è passato!* what a long time has gone by! 3 (*in correlazione con tanto*) as: *ho tanti amici* –*i ne ha lui* I have as many friends as he has. 4 (*nella misura o quantità che*) as much as (*pl* as many as), all the: *puoi mangiare* ~ *pane vuoi* you can eat as much bread as you like; (*rif. a tempo*) as long as: *rimani pure* ~ *tempo vuoi* stay just as long as you like. **II** *pron.* 1 (*interrogativo*) how much (*pl* how many): –*i partiranno con voi?* how many will leave with you?; (*rif. a tempo*) how long: ~ *ti fermerai?* how long will you stay? 2 (*relativo: ciò che*) what, all (that): *non credere a* ~ *ti ha detto* don't believe what (*o* all) he told you; *fare* ~ *si può* to do all one can. 3 *pl.* (*relativo: tutti quelli che*) (all) those *pl* who: *non ha saputo dire di no a* –*i glielo hanno chiesto* he couldn't say no to all those who asked him. 4 (*seguito dal partitivo*) *non si traduce:* è ~ *di meglio io abbia* it is the best I have. 5 (*in correlazione con tanto*): *siamo tanti* –*i eravamo agli inizi* we are as many as we were at the beginning; ~ *denaro hai? - ne ho tanto* ~ *ne hai tu* how much money have you? I have as much as you (have). 6 *pl.* (*rif. a data*) what date: ~*i ne abbiamo?* what is the date?, what date is it today? **III** *avv.* 1 (*interrogativo: seguito da un verbo*) how much (*pl* how many): ~ *hai speso?* how much have you spent?; *non sa* ~ *vale* he doesn't know how much it is worth; (*con aggettivi o avverbi*) how: *vuole sapere* ~ *sei alto* he wants to know how tall you are; (*rif. a tempo*) how long; (*rif. a distanza*) how far. 2 (*esclamativo: quantità*) what a lot, how much: ~ *hai fumato oggi!* what a lot you've smoked today!; (*intensità: rif. a verbi*) how, how much (*o* greatly): ~ *ha sofferto quella donna!* how that woman has suffered!; (*rif. ad aggettivi e avverbi*) how: ~ è *bella!* how beautiful she is! 3 (*nella misura o quantità che*) as much as, all (that): *ho visto* ~ *era possibile vedere* I saw as much as it was possible to see. 4 (*come: in frasi positive*) as ... as: *forte*~ *un lottatore* as strong as a wrestler; (*in frasi negative*) so (*o* as) ... as: *non è sciocco* ~ *credi* he isn't so (*o* as) stupid as you think. 5 (*in correlazione con tanto: in frasi positive*) as ... as: è *tanto preciso* ~ *intelligente* he is as accurate as he is intelligent; (*quantità*) as much as: *tu lavori tanto* ~ *lui* you work as much (*o* hard) as he does; (*in frasi negative*) so (*o* as) much as: *la ammiro non tanto per la*

sua intelligenza, ~ *per la sua bontà* I admire her not so much for her intelligence as for her kindness. 6 (*come pure*) both ... and, as well as: *venderò tanto la casa al mare,* ~ *quella in città* I shall sell both the seaside house and the town one. □ ~ **a** as for, as far as ... concerned: ~ *a me* as for me, as far as I am concerned; ~ *si dice* from what people say; **da** ~: 1 (*da quanto tempo*) how long; 2 (*di quale valore*) how much; 3 (*per quello che*) from what, as far as: *da* ~ *ho capito* from what I understood; *a conferma* **di** ~ *sopra* in confirmation of the above; *questo è* ~ that's all; ~ **fa?** (*quanto costa?*) how much ⌈is it⌉ (*o* does it cost?); ~ *fa due più due?* what (*o* how much) is two and two?; **in** ~: 1 (*in qualità di*) as: *in* ~ *ambasciatore* as ambassador; 2 (*nella misura in cui*) as much (*o* far) as: *ti aiuterò in* ~ *posso* I will help you as much as I can; 3 (*poiché*) as, since, because: *non si presentò all'esame in* ~ *non era preparato* he didn't take the exam as he wasn't prepared for it; ~ **mai**: 1 (*con aggettivi*) very, extremely: è ~ *mai simpatica* she is very nice; 2 (*con verbi*) very much, greatly: *mi sono* ~ *mai divertito* I enjoyed myself very much; ~ **meno** (*almeno*) at least; **per** ~: 1 (*con aggettivi e avverbi*) however: *per* ~ *brava, fa degli errori* ⌈however good she may be⌉ (*o* good though she is) she still makes mistakes; 2 (*con verbi*) however much: *per* ~ *cerchi, non riuscirai a trovarmi* however much (*o* hard) you look, you won't succeed in finding me; 3 (*con valore limitativo*) as far as: *per* ~ *ne so io* as far as I know; *per* ~ *sta in me* as far as I'm concerned; (*per quanto mi è possibile*) as far as I can; ~ **più** *velocemente* as fast as possible; ~ *più si può* as much as possible; ~ **prima** as soon as possible; ⟨*Comm*⟩ at your earliest convenience; ~ *prima tanto meglio* the sooner the better; ~ **tempo?** how long?; **tutti** –*i* all, everyone: *ci andremo tutti* –*i* we will all go, all of us will go, everyone is going; *tutto* ~: 1 (*intero*) all, whole; 2 (*avv.*) all, completely; 3 (*pron.*) everything, ⟨*fam*⟩ the lot: *ha perso tutto* ~ he has lost everything; *quant'è* **vero** *Dio* as sure as there's a God.

quanto[2] *m.* ⟨*Fis*⟩ quantum.

quantunque *congz.* [*cong*] although, though, even if: ~ *sia molto stanco, ti accompagnerò a casa* although I am very tired, I'll take you home; ~ (*fosse*) *ammalato, lavorò sempre molto* though (he was) ill, he still worked hard.

quaranta *a./s.inv.* **I** *a.* forty. **II** *s.m.* forty.

quarantena *f.* quarantine. □ *essere in* ~ to be in quarantine; *mettere in* ~ to (put in) quarantine.

quarantenne I *a.* forty-year-old, ⟨*pred*⟩ forty (years old). **II** *s.m./f.* forty-year-old man (*f.* woman). **quarantennio** *m.* forty years *pl.* **quarantesimo I** *a.* fortieth. **II** *s.m.* (*f.* -a) fortieth. **quarantina** *f.* about forty. □ *ha passato la* ~ he is over forty.

quarantore (*o* *quarant'ore*) *f.pl.* ⟨*Rel*⟩ forty hours' devotion.

quarantotto *a./s.inv.* **I** *a.* forty-eight. **II** *s.m.* 1 forty-eight. 2 ⟨*fam*⟩ (*confusione*) turmoil, bedlam: *fare un* ~ to raise hell; *succede un* ~ there is bedlam.

quarantott'ore *f.inv.* weekend bag, ⟨*am*⟩weekender.

quaresima *f.* ⟨*Lit*⟩ Lent. □ *fare* (*o* *osservare la*) ~ to keep Lent (*o* the Lenten fast); *mezza* ~ Mid-Lent. **quaresimale I** *a.* Lenten, Lent–. **II** *s.m.* Lent(en) sermons *pl.*

quark *m.* ⟨*Fis*⟩ quark.

quarta *f.* 1 ⟨*Scol*⟩ (*quarta classe*) fourth class (*o* form), ⟨*am*⟩ fourth grade. 2 ⟨*Aut*⟩ fourth (gear): *innestare la* ~ to change into fourth. 3 ⟨*Mus*⟩ fourth: ~ *diminuita* diminished fourth. 4 ⟨*Geog*⟩ quadrant. 5 ⟨*Mar*⟩ rhumb. □ ⟨*fig*⟩ *partire in* ~ to make a flying start.

quartabuono *m.* ⟨*Fal*⟩ 1 bevel (square). 2 (*squadra*) triangle.

quartana *f.* ⟨*Med*⟩ quartan (fever), quartan ague.

quartetto *m.* 1 ⟨*Mus*⟩ quartet, quartette. 2 ⟨*fig*⟩ foursome, quartet(te). □ ~ *d'archi* string quartet.

quartiere *m.* 1 quarter, district. 2 ⟨*Mil*⟩ quarters *pl*, barracks *pl.* 3 ⟨*Arald*⟩ quarter. 4 ⟨*Mar*⟩ section of a ship. 5 ⟨*Calz*⟩ quarter. 6 (*nel biliardo*) balk. 7 (*region*) (*appartamento*) flat, ⟨*am*⟩ apartment. □ ~ *degli* **affari** business quarter; –*i* **alti** exclusive neighbourhood *sing*; –*i* bassi slums; ~ **centrale** central district; ⟨*Mil*⟩ **chiedere** ~ to ask for quarter; *non* **concedere** ~ to give no quarter; *Quartier* **generale** headquarters *pl* (*costr. sing. o pl.*); *il quartiere generale della NATO* the NATO-headquarters *pl* (*costr. sing. o pl.*); ~ **latino** (*a Parigi*) Latin Quarter; ~ **periferico** suburban district; ~ **residenziale** residential district (*o area, quarter*); ⟨*fig*⟩ *lotta* **senza** ~ fight without quarter.

quartierino *m.* ⟨*region*⟩ (*appartamentino*) (small) flat.

quartiermastro *m.* ⟨*Mil.ant*⟩ quartermaster.

quartina *f.* **1** ⟨*Metr*⟩ quatrain. **2** ⟨*Mus*⟩ quadruplet.

quartino *m.* **1** (*quarto di litro*) quarter (of a) litre. **2** ⟨*Tip*⟩ four-page folder.

quarto **I** *a.* **1** fourth. **2** (*rif. a regnanti e pontefici*) the Fourth: *Enrico* ~ Henry the Fourth. **II** *s.m.* **1** (*f.* **-a**) fourth: *è il* ~ *nella lista* it's the fourth on the list. **2** (*quarto d'ora*) quarter of an hour; (*nelle indicazioni dell'ora*) quarter: *le due e un* ~ a quarter past two, two–fifteen. **3** (*quarto di litro*) quarter (of a) litre. **4** ⟨*Macell,Astr,Arald*⟩ quarter. **5** ⟨*Mar*⟩ (*guardia*) watch. □ **da** *un* ~ quarter-litre-: *bottiglia da un* ~ quarter-litre bottle; ⟨*Sport*⟩ *-i di* **finale** quarter finals; ⟨*Edit*⟩ **in** ~ quarto: *volume in* ~ quarto volume; **manca** *un* ~ *alle sei* it is a quarter to six; *il* ~ **mondo** the Fourth World; *avere i quattro -i di* **nobiltà** to have the four quarterings of nobility; *un brutto* ~ *d'ora* a bad quarter of an hour; ⟨*Univ*⟩ ~ *d'ora accademico* fifteen–minute wait before a lecture; *un* ~ *di* **pollo** a quarter of a chicken; *sono le due e* **tre** *-i* a quarter to three; ⟨*Sart*⟩ *a* **tre** *-i* three–quarter length.

quartogenito **I** *a.* fourth-born. **II** *s.m.* (*f.* **-a**) fourth child. **quartultimo** *a.* fourth to last, last but three.

quarzifero *a.* ⟨*Min*⟩ quartziferous. **quarzite** *f.* quartzite.

quarzo *m.* quartz. □ *controllato al* ~ quartz-controlled.

quarzoso *a.* quartzose.

quasar *f.* ⟨*Astr*⟩ quasar.

quasi **I** *avv.* **1** almost, nearly: *ci vediamo* ~ *tutti i giorni* we see each other nearly every day; *pesa* ~ *un chilo* it weighs nearly a kilo; (*con valore negativo*) hardly: *non ti vedo* ~ *mai* I hardly ever see you. **2** (*attenuativo*) almost: *oserei* ~ *affermare che non ha tutti i torti* I'd almost dare say that he isn't completely wrong. **3** (*come, come se fosse*) as if: *mi guardava* ~ *spaventata* she looked at me as if (she were) frightened. **4** (*a metà*) half: ~ *deciso* half decided. **II** *congz.* [*cong*] (*come se*) as if: *protestava,* ~ *avesse ragione lui* he protested as if he were in the right. □ ~ *che* as if; ~ *quasi me ne andrei a casa* I've half a mind to go home.

quassia *f.* ⟨*Bot*⟩ (*Surinam*) quassia.

quassù *avv.* up here. □ *di* ~ from up here.

quaterna *f.* set of four numbers: *fare* ~ to make a win of four numbers. **quaternario** **I** *a.* **1** quaternary (*anche Chim.*). **2** ⟨*Geol*⟩ Quaternary. **II** *s.m.* **1** ⟨*Metr*⟩ quadrisyllabic (*o* four-syllabled) line. **2** ⟨*Geol*⟩ quaternary (period). **quaternione** *m.* ⟨*Mat*⟩ quaternion.

quatto *a.* crouched, huddled (up), squatting. □ ~ *quatto* (*in silenzio*) very quietly, as quiet as a mouse; (*di nascosto*) stealthily; *andarsene* ~ *quatto* to go off quietly; *starsene* ~ *quatto* to keep very quiet.

quattordicenne **I** *a.* fourteen–year-old, ⟨*pred*⟩ fourteen (years old). **II** *s.m./f.* fourteen–year-old boy (*f* girl). **quattordicesimo** **I** *a.* fourteenth. **II** *s.m.* (*f.* **-a**) fourteenth. **quattordici** *a./s.inv.* **I** *a.* fourteen. **II** *s.m.* **1** (*numero*) fourteen. **2** (*nelle date*) fourteenth: *il* ~ *agosto* the fourteenth of August, August (the) fourteenth. **III** *s.f.pl.* two (o'clock), two p.m.

quattrino *m.* **1** ⟨*Numism*⟩ quattrino. **2** ⟨*estens*⟩ (*moneta di poco valore*) farthing, penny, ⟨*am*⟩ cent. **3** *pl.* (*denaro*) money: *far* ~*i* to make money; *ha guadagnato un bel po' di -i* he has earned quite a bit (of money). □ *restare senza il* **becco** *d'un* ~ to be left without a penny, ⟨*fam*⟩ to be (stony)-broke; **fior** *di -i* a mint of money; *-i a* **palate** a lot (*o* mint) of money; ⟨*fam*⟩ loads of money; **senza** *-i* penniless, ⟨*fam*⟩ broke; *non* **valere** (*il becco di*) *un* ~ to be worthless.

quattro *a./s.inv.* **I** *a.* four: *le* ~ *stagioni* the four seasons. **II** *s.m.* **1** (*numero*) four. **2** (*nelle date*) fourth: *il* ~ *agosto* the fourth of August. **III** *s.f.pl.* four (o'clock): *sono le* ~ *precise* it is exactly four o'clock. □ **a** ~ *a* ~ four at a time, four by four; ⟨*Sport*⟩ ~ **con** (*timoniere*) four with coxswain; **dirne** ~ *a qd.* to tell s.o. a thing or two; **farsi** *in* ~ to do one's utmost (*o* very best); **in** ~ four: *saremo in* ~ there will be four of us; *le* ~ *e* **mezzo** half-past four; *in* ~ *e* **quattr'otto** in the twinkling of an eye; *fare* ~ **passi** to take a stroll; **per** ~ *by* four; *mettersi in fila per* ~ to line up in fours; ⟨*Comm*⟩ *al* ~ **per** *cento* at four per cent; ⟨*Sport*⟩ ~ **senza** (*timoniere*) coxswainless (*o* light) four; ⟨*fam*⟩ *per* ~ **soldi** for a song; **tutt'e** ~ all four.

quattrocchi (*o* *quattr'occhi*) *m.inv.* ⟨*scherz*⟩ (*persona che porta gli occhiali*) four-eyes *pl* (*costr. sing.*). □ *a* ~ privately, in private.

quattrocentesco *a.* (*pl.* **-chi**) fifteenth-century-: *la pittura* *-a* fifteenth–century painting; (*rif. all'arte e letteratura italiana*) Quattrocento-. **quattrocentesimo** **I** *a.* four–hundredth. **II** *s.m.* (*f.* **-a**) four hundredth. **quattrocentista** *m.* **1** (*artista, scrittore*) quattrocentist. **2** ⟨*Sport*⟩ (*nell'atletica*) four–hundred–metre runner; (*nel nuoto*) four–hundred–metre swimmer. **quattrocentistico** *a.* (*pl.* **-ci**) fifteenth–century-; (*rif. all'arte e letteratura italiana*) Quattrocento-. **quattrocento** *a./s.inv.* **I** *a.* four hundred. **II** *s.m.* four hundred. **Quattrocento** *m.* fifteenth century; (*rif. all'arte e letteratura italiana*) Quattrocento. **quattromila** *a./s.inv.* **I** *a.* four thousand. **II** *s.m.* four thousand.

quattro porte *f.inv.* ⟨*Aut*⟩ four-door car.

quegli **I** *m.pl. di* quello. **II** *pron.m.sing.* (used only in reference to persons) that person (*o* man), he; (*il primo di due*) the former.

quei, quel, quell' → quello.

quello *a./pron.dimostr.* (before a masculine noun beginning with a consonant, except *s*+consonant, *gn, ps, z,x, quello* becomes **quel** in the singular and **quei** in the plural; before *s*+consonant, *gn, ps, z, x* it remains *quello* in the singular and changes to **quegli** in the plural; before a vowel in the singular it becomes **quell'** and in the plural **quegli; quella** is used before feminine nouns in the singular and normally becomes **quell'** before a vowel; **quelle** is used before feminine nouns in the plural; the plural of the masculine pronoun is always **quelli**) **I** *a.* **1** that (*pl* those): *dammi quel giornale, per favore* give me that newspaper please; *quei ragazzi mi disturbano* those boys bother me. **2** ⟨*enfat*⟩ (*grande, forte*) such: *ho avuto una di -e paure* I had such a fright. **3** (*con valore rafforzativo seguito da un'apposizione*) that: *quel somaro di Carletto* that ass Charlie. **II** *pron.* **1** that (one) (*pl* those): *-a è mia moglie* that is my wife; *questo libro è mio, il tuo è* ~ *this book is mine, that one is yours.* **2** (*ciò*) that: *ti assicuro che* ~ *non è vero* I assure you (that) that is not true. **3** (*quella persona*) the man (*f* woman), that man (*f* woman): *è tornato* ~ *di ieri* the man from yesterday is back. **4** (*lo stesso, il medesimo*) the same: *è sempre* ~ (*lo stesso*) he is still the same; *non è più* ~ *di prima* he is no longer the same (*o* man he used to be). □ ⟨*fam*⟩ *mezzo litro di* ~ **buono** (*di vino buono*) half a litre of the best; ~ **che**: 1 (*colui che*) the one (*o* man) who (*pl* those who): *non sei* ~ *che cerco* you're not the man I'm looking for; *tutti -i che lo conoscono lo amano* all those who know him love him; 2 (*ciò che*) what: ~ *che hai detto è giusto* what you have said is correct; *una ragazza bruttina e, quel che è peggio, antipatica* an unattractive girl, and what is worse, unpleasant too; *di* ~ **che** (*di quanto*) than: *è più bello di* ~ *che mi aspettassi* it is more beautiful than I expected; **in** *quel* ~ (*nel territorio di*) in the neighbourhood (*o* vicinity) of; ~ **là**: 1 (*rif. a cosa*) that one there; 2 (*rif. a persona*) that man (*o* fellow) there; *quel* **medesimo** the (very) same; *per quel che ne so io* as far as I know; ~ *sì che è vino!* that really is wine!; *quel* **tale** the one, the person, that fellow; ⟨*eufem*⟩ *una di -e* (*una prostituta*) a street-walker.

querceto *m.* oak wood (*o* forest). **quercia** *f.* (*pl.* **-ce**) **1** ⟨*Bot*⟩ oak. **2** (*legno di quercia*) oak(wood). **querciolo** *m.* oak sapling, oaklet.

querela *f.* ⟨*Dir*⟩ action, suit. □ ~ *per diffamazione* libel action; ~ *di falso* summons challenging a document; ~

per ingiurie action for personal offence; *presentare* (*o sporgere*) ~ *contro qd.* to bring an action against s.o. **querelante I** *a.* ⟨*Dir*⟩ prosecuting: *parte* ~ prosecuting party. **II** *s.m./f.* plaintiff. **querelare** *v.t.* (querelo) to sue, to take action (*o legal proceedings*) against: ~ *qd. per diffamazione* to sue s.o. for libel. **querelato I** *a.* accused. **II** *s.m.* (*f.* -a) defendant, accused.

querimonia *f.* ⟨*lett*⟩ complaint, complaining. **querulo** *a.* ⟨*lett*⟩ (*rif. a persona*) querulous, complaining; (*rif. a voce o suono*) querulous, plaintive.

quesito *m.* (*problema*) problem: *sciogliere un* ~ to solve a problem; (*domanda*) question, query.

questi I *m.pl. di* **questo.** **II** *pron.m.sing.* (used only in reference to persons) this person, he; (*quest'ultimo, il secondo di due*) the latter.

questionare *v.i.* (questiono; *aus.* avere) to argue, to quarrel, to wrangle (*di* about, *su* over). **questionario** *m.* questionnaire. □ *riempire un* ~ to fill in (*o* up) a questionnaire.

questione *f.* **1** (*affare*) matter, question: *definire una* ~ to settle a matter. **2** (*problema*) problem, question: *risolvere una* ~ to solve a problem. **3** (*discussione*) issue, argument, ⟨*fam*⟩ fuss: *non fare tante* -*i* don't make such an issue (of it), ⟨*fam*⟩ don't make such a fuss. **4** (*lite*) quarrel. **5** (*lite*) (*dubbio*) question, doubt. **6** (*lite giudiziaria*) lawsuit. □ -*i* **amministrative** administrative matters; *essere chiamato in* ~ to be dragged into the argument; ⟨*burocr*⟩ ~ *di* **competenza** question of jurisdiction; è ~ *di tempo* it is a question (*o* matter) of time; è ~ *di vita o di morte* it is a matter of life and death; è **fuor** *di* ~ it is out of the question; ~ **giuridica** legal point (*o* issue); **in** ~ in question; *il libro in* ~ the book in question; ~ **insoluta** open question, unsolved problem; ⟨*fig*⟩ ~ *di* **lana** *caprina* pointless discussion; ⟨*Stor*⟩ *la* ~ *della* **lingua** the question of the Italian language; ~ *d'*onore affair (*o* question) of honour; è *una* ~ *di* **principio** it is a question of principle; ⟨*Dir*⟩ ~ *di* **procedura** formal question; ⟨*Stor*⟩ *la* ~ **romana** the Roman question; *la* ~ **sociale** the social question; ~ **in** **sospeso** pending question; è *solo* ~ *di* **tempo** it is only a matter of time; *una* ~ **vitale** a live issue.

questo *a./pron.dimostr.* **I** *a.* **1** this (*pl* these): *prendi* -*a* **penna** take this pen; -*i* **bambini** *fanno troppo chiasso* these children make too much noise. **2** ⟨*enfat*⟩ (*rif. a parti del corpo: proprio*) one's own, this very: *l'ho visto con* -*i* **occhi** I saw him with my own (*o* these very) eyes. **3** (*passato*) last (*pl* last few): *non l'ho visto in* -*i* **giorni** I haven't seen him in the last few days. **4** (*molto prossimo*) this, next: *verrò uno di* -*i* **giorni** I'll come one of these days; *tornerò quest'estate* I'll be back next summer. **5** (*di questo genere*) this, such: *con* ~ *tempo non mi sento di uscire* I don't feel like going out in this weather. **II** *pron.* **1** this (one) (*pl* these): ~ *è tuo* this (one) is yours; -*i* **sono** *i miei figli* these are my children. **2** (*ciò*) this, that: ~ *mi* **dispiace** I'm sorry about that (*o* this); *in* ~ *non siamo d'accordo* we don't agree about this. **3** (*con valore di pron. pers. di terza persona*) he (*f* she, *pl* they): *lo dissi agli amici, ma* -*i* *non vollero ascoltarmi* I told my friends but they wouldn't listen (to me); *aiutai la signora, ma* -*a* *non mi ringraziò* I helped the lady, but she didn't thank me. **4** (*il secondo di due*) the latter: *ecco le mie amiche Carla e Maria:* -*a* è *maestra, quella studentessa* here are my two friends Carla and Maria: the former is a student, the latter is a teacher. **5** (*al femminile col sostantivo sottinteso*) this, that: *senti* -*a* just listen to this; -*a* *mi* **giunge** *nuova* this is new to me; -*a* *non me l'aspettavo da lui* I didn't expect this from him; *ci mancherebbe anche* -*a* ˹this is˺ (*o* that's) all we need; -*a* *poi è bella!* that's a good one! □ **con** ~: 1 (*con queste parole*) with (*o* upon) this; 2 (*ciò malgrado*) despite (*o* in spite of) this: *con* (*o* tutto) ~ *le rimase sempre fedele* despite (all) this he was always faithful to her; *e con* ~? and so?, ⟨*fam*⟩ so what?; **in** ~ *ti sbagli* you're wrong here (*o* about that); ~ **mai!** never!; ~ **no!** no, not that!; **per** ~: 1 (*perciò*) that's why, for this reason; 2 (*a questo fine*) for this purpose, to this end; ~ **qua** (*o qui*): 1 (*rif. a cosa*) this one here; 2 (*rif. a persona*) this person, this fellow here; ~ è **quanto** (*questo è tutto*) that (*o* this) is all; ~ ...

quello (*chi ... chi*) some ... others: *qui non c'è mai silenzio:* ~ *parla, quello ride* it's never quiet here: some talk, others laugh; ~ **sì** yes (that's true)!

questore *m.* **1** questor. **2** ⟨*Stor.rom*⟩ quaestor.

questua *f.* **1** begging. **2** ⟨*Rel*⟩ begging (*o* collecting) of alms. □ *fare la* ~ to beg (*o* collect) alms, ⟨*lett*⟩ to quest.

questuante I *a.* mendicant, begging: *frate* ~ mendicant friar. **II** *s.m.* mendicant. **questuare** *v.* (questuo) **I** *v.t.* to beg (*anche fig.*): ~ *benefici* to beg favours. **II** *v.i.* (*aus.* avere) to beg, to collect alms.

questura *f.* **1** police headquarters *pl* (*costr.sing.*). **2** ⟨*Stor.rom*⟩ quaestorship. **questurino** *m.* ⟨*pop*⟩ policeman.

qui *avv.* **1** here: *rimani* ~ *e aspettami* stay here and wait for me; *vieni* ~ come here. **2** (*rafforzativo*) here, *spesso non si traduce*: *questo libro* ~ *non mi serve più* I don't need this book (here) any more. **3** ⟨*fig*⟩ (*a questo punto*) here, at this point: ~ *scoppiò a piangere* at this point she burst out crying. □ ⟨*Comm*⟩ ~ **accluso** herewith enclosed; ~ **dentro** in here; ~ *a* **destra** here on (*o* to) the right; **di** ~: 1 (*moto da luogo*) from here; 2 (*moto a luogo*) here; 3 (*originario di questo paese*) from here, from these parts; 4 (*causale*) from this: *di* ~ *nacque l'equivoco* the misunderstanding arose from this; *di* ~ *a*: 1 (*rif. a spazio*) from here to: *di* ~ *a casa mia* from here to my house; 2 (*rif. a tempo*) from now: *ci si rivedrà di* ~ *a un mese* we'll meet again a month from now; *di* ~ *in avanti* (*o poi*): *1* (*rif. a spazio*) from here on(wards); 2 (*rif. a tempo*) from now on; **eccoti** ~ here you are; **fin** ~ (*rif. a spazio*) as far as here, up to here; (*rif. a tempo*) so far; ~ *e* **lì** here and there; ~ *a due* **passi** a stone's–throw from here; **per** *di* ~ this way, by here: *deve passare per di* ~ he must come this way; ~ **sopra** up here; ~ **sotto** down here, here below; ~ **vicino** near (*o* not far from) here, close by.

quid *lat.m.* (*un certo che*) (a certain) something.

quiescente *a.* quiescent. **quiescenza** *f.* **1** ⟨*Dir,burocr*⟩ dormancy, quiescence: ~ *di un diritto* dormancy of a right. **2** ⟨*Bot*⟩ dormant state.

quietamente *avv.* quietly, peacefully.

quietanza *f.* ⟨*Comm*⟩ receipt. □ *per* ~ paid, received with thanks; ~ *a* **saldo** acquittance. **quietanzare** *v.t.* to receipt.

quietare *v.t.* (quieto) **1** to quiet(en), to calm. **2** (*placare*) to calm, to appease, to soothe: ~ *l'ira* to appease anger. **quietarsi** *v.r.* to calm down, to quiet(en) down. **quiete** *f.* **1** (*assenza di moto*) stillness, calm(ness): *la* ~ *dell'aria* the stillness of the air. **2** (*silenzio*) quiet, silence; (*tranquillità, pace*) peace(fulness), tranquillity. **3** ⟨*Fis*⟩ state of rest. □ ~ **pubblica** (Queen's, King's) peace. **quietismo** *m.* quietism. **quietista** *m./f.* quietist. **quieto** *a.* **1** still, calm: *il mare era* ~ the sea was calm; *acque* -*e* still waters. **2** (*silenzioso, tranquillo*) quiet, calm; (*pacifico*) peaceable, peace–loving. **3** ⟨*Fis*⟩ still, at rest.

quinario I *a.* **1** ⟨*Metr*⟩ five–syllable(d). **2** ⟨*Biol*⟩ quinary. **II** *s.m.* ⟨*Metr*⟩ five–syllable.

quinci *avv.* ⟨*ant,lett*⟩ **1** from here, ⟨*lett*⟩ hence. **2** ⟨*fig*⟩ (*perciò*) thus, therefore, ⟨*lett*⟩ hence.

quinconce *f./m.* ⟨*Agr*⟩ quincunx.

quindecenvirato *m.* quindecemvirate. **quindecenviro** *m.* quindecemvir.

quindi I *congz.* (*dunque*) therefore, so, ⟨*lett*⟩ hence. **II** *avv.* (*poi*) then.

quindicennale *a.* **1** (*che dura quindici anni*) fifteen–year–, fifteen years long. **2** (*che ricorre ogni quindici anni*) (recurring) every fifteen years. **quindicenne I** *a.* fifteen–years–old, ⟨*pred*⟩ fifteen (years old). **II** *s.m./f.* fifteen–year–old boy (*f.* girl). **quindicennio** *m.* fifteen–years period. **quindicesimo I** *a.* fifteenth. **II** *s.m.* (*f.* -a) fifteenth. **quindici** *a./s.inv.* **I** *a.* fifteen. **II** *s.m.* **1** (*numero*) fifteen. **2** (*nelle date*) fifteenth: *Parigi,* ~ *dicembre* Paris, the fifteenth of December. **III** *s.f.pl.* three (o'clock), three p.m. □ *fra* (*o in*) ~ *giorni* in a fortnight, in two weeks' time; *oggi a* ~ a fortnight from today. **quindicina** *f.* **1** (*circa quindici*) about (*o* some) fifteen. **2** (*paga di quindici giorni*) fortnight's pay. □ *la prima* ~ *di novembre* the first half (*o* two weeks) of November. **quindicinale I** *a.* forthnightly. **II** *s.m.* ⟨*Giorn*⟩

fortnightly (review).

quinquagenario ⟨lett⟩ **I** a. quinquagenarian, fifty–year –old. **II** s.m. fiftieth anniversary. **quinquagęsima** f. ⟨Lit⟩ Quinquagesima (Sunday), Shrove Sunday. **quinquagęsimo** a. ⟨lett⟩ fiftieth.

quinquennale a. five–year–, quinquennial: piano ~ five–year plan. **quinquęnnio** m. five years pl, quinquennium.

quinqueręme f. ⟨Mar.ant⟩ quinquereme, quinquireme.

quinta f. **1** ⟨Scol⟩ fifth form (o class), ⟨am⟩ fifth grade. **2** ⟨Teat⟩ wing. **3** ⟨Mus⟩ fifth, quint. **4** ⟨Aut⟩ fifth (gear): ingranare la ~ to change into fifth. □ ⟨fig⟩ stare (o restare) dietro le –e to be (o keep) behind the scenes, to stay in the background.

quintale m. quintal.

quintana[1] f. ⟨Med⟩ (anche febbre quintana) quintan (fever).

quintana[2] f. ⟨Mediev⟩ quire.

quintęrno m. ⟨Cart⟩ quinternion.

quintessęnza f. ⟨Filos,Alchim⟩ quintessence (anche estens.).

quintętto m. ⟨Mus⟩ quintet, quintette.

Quintiliano N.pr.m. ⟨Stor⟩ Quintilian.

quintilione m. trillion, ⟨am⟩ quintillion.

quinto I a. **1** fifth. **2** (rif. a regnanti e pontefici) the Fifth: Carlo ~ Charles the Fifth. **II** s.m. (f. -a) fifth. □ una –a parte one fifth. **quintogęnito I** a. fifth–born. **II** s.m. (f. -a) fifth–born child. **quintuplicare** v.t. (quintuplico, quintuplichi) to quintuple, to multiply by five. **quintuplicarsi** v.r. to quintuple. **quintuplice** a. fivefold, quintuple. **quintuplo I** a. quintuple. fivefold. **II** s.m. quintuple, five times as much.

quiproquò lat.m. (equivoco) misunderstanding.

Quirinale N.pr.m. Quirinal.

quisquilia f. trifle.

quivi I avv. ⟨lett⟩ (ivi) there, ⟨lett⟩ therein.

quiz ingl. m. quiz: ~ radiofonico radio quiz.

quorum lat. m. (numero legale) quorum. □ il ~ è raggiunto there is a quorum.

quota f. **1** (contributo) contribution, dues pl: pagare la propria ~ d'iscrizione to pay one's enrolment dues (o fee). **2** (parte spettante) share, quota, due: esigere la propria ~ to demand one's rightful share. **3** (altitudine) height (above sea level). **4** ⟨Aer⟩ altitude, height: perdere ~ to lose altitudine. **5** ⟨fig⟩ (livello) level. **6** ⟨Statist⟩ quota, number: ~ degli immigrati immigration quota. □ ⟨Econ⟩ ~ d'ammortamento depreciation allowance; ~ commerciale trade quota; ⟨Aer⟩ ~ di crociera cruising altitude (o height); ~ esente tax–exempt amount; ~ d'iscrizione admission (o entrance) fee; ~ di mercato market share; ~ parte share, contribution; ⟨Econ⟩ ~ di partecipazione share in a company's capital; ⟨Aer⟩ prendere ~ to gain altitude, to climb; ~ sociale membership fee; volare ad alta ~ to fly high (o at a high altitude); volare a bassa ~ to fly low (o at a low altitude); ⟨Topogr⟩ ~ zero sea level; essere a ~ zero (essere al punto di partenza) to be back where one started.

quotare v.t. (quoto) **1** (stabilire una quota) to assign a share to, to assess. **2** ⟨fig⟩ (stimare) to esteem, to value. **3** ⟨Econ⟩ (determinare il corso) to quote (at): fu quotato un milione it was quoted at a million. **quotarsi** v.r. to take on as one's share (per qc. s.th.), to subscribe (for): mi sono quotato per diecimila lire I subscribed for ten thousand lire. **quotato** a. **1** ⟨Econ⟩ quoted. **2** ⟨fig⟩ (apprezzato) esteemed, valued; (di successo) successful: uno scrittore molto ~ a very successful writer, a writer who is thought a lot of. □ ⟨Econ⟩ titoli non –i unquoted securities.

quotazione f. **1** ⟨Econ⟩ quotation. **2** (nelle scommesse) odds pl. □ ⟨Econ⟩ titoli ammessi alla ~ di borsa officially quoted securities; ~ d'apertura opening price (o quotation); ⟨fig⟩ le –i di quell'artista sono basse that artist is not very highly thought of; ~ di borsa exchange quotation; ~ dei cambi quotation of exchange rates; ~ di chiusura closing quotation; ~ ufficiale official quotation, quoted list.

quotidianamęnte avv. daily, everyday. **quotidiano I** a. **1** daily: il nostro pane ~ our daily bread. **2** (estens) (solito, ordinario) everyday: la vita –a everyday life. **II** s.m. daily (newspaper).

quoto m. ⟨Mat⟩ quotient. **quozięnte** m. **1** ⟨Mat⟩ quotient. **2** ⟨Statist⟩ quotient, rate. □ ~ d'intelligenza intelligence quotient, ⟨fam⟩ I.Q.; ⟨Statist⟩ ~ di mortalità death rate; ~ di natalità birth rate.

R

r, R ['erre] *f./m.* (*lettera dell'alfabeto*) r, R; ⟨*Tel*⟩ r come *Roma* R for Robert, ⟨*am*⟩ R for Roger.

rabarbaro *m.* **1** ⟨*Bot*⟩ rhubarb. **2** (*liquore*) rhubarb liquor.

rabattino **I** *s.m.* (*f.* **-a**) ⟨*fam*⟩ pusher, go–getter. **II** *a.* pushing, go–getting.

rabberciamento *m.* **1** (*atto*) patching (up), botching, mending. **2** (*effetto*) patch, botch, mend. **rabberciare** *v.t.* (**rabbercio, rabberci**) to patch (up), to botch (*anche fig.*): ~ *una commedia* to patch up a play. **rabberciato** *a.* patched (up), botched (*anche fig.*). **rabberciatura** *f.* patching (up), botching.

rabbi *m.* ⟨*Rel.ebr,Bibl*⟩ rabbi.

rabbia *f.* **1** (*ira*) anger, rage: *era tremante di* ~ he was trembling with anger; *si rodeva l'anima dalla* ~ he was consumed by rage. **2** (*accanimento*) fury, frenzy: *lavorare con* ~ to work like a fury, to work frenziedly. **3** ⟨*fig*⟩ (*impeto, furia*) fury: *la* ~ *dei venti* the fury of the winds. **4** ⟨*Veter,Med*⟩ rabies, hydrophobia. □ *che* ~! how infuriating!, how maddening!; ⟨*pop*⟩ *crepare di* ~ to be beside o.s. with rage; *essere fuori di sé dalla* ~ to be beside o.s. with rage; *fare* ~ *a qd.* to make s.o. angry (*o* furious), to enrage (*o* infuriate) s.o.

rabbinato *m.* rabbinate. **rabbinico** *a.* (*pl.* **-ci**) ⟨*Rel.ebr*⟩ rabbinic(al). **rabbinismo** *m.* rabbinism. **rabbinista** *m./f.* Rabbinist. **rabbino** *m.* rabbi, Rabbi: ~ *maggiore* Chief Rabbi.

rabbiosamente *avv.* **1** angrily, furiously. **2** (*accanitamente*) relentlessly. **rabbioso** *a.* **1** angry, furious: *sguardo* ~ angry look. **2** (*irascibile*) irascible, short–tempered. **3** (*accanito*) relentless. **4** ⟨*fig*⟩ (*rif. agli elementi*) raging, furious: *una tempesta* ~*a* a raging storm. **5** ⟨*Veter,Med*⟩ (*idrofobo*) rabid, hydrophobic.

rabboccare *v.t.* (**rabbocco, rabbocchi**) to fill (up). **rabbocco** *m.* (*pl.* **-chi**) (*rif. a liquidi*) refilling, filling up.

rabbonire *v.t.* (**rabbonisco, rabbonisci**) to calm (down), to pacify. **rabbonirsi** *v.r.* to calm down.

rabbrividire *v.i.* (**rabbrividisco, rabbrividisci**; *aus.* **essere**) **1** (*sentire i brividi*) to shiver: ~ *per il freddo* to shiver with cold. **2** ⟨*fig*⟩ to shudder, to shiver, to quake: ~ *dal terrore* to quake with terror; ~ *per l'orrore* to shudder with horror.

rabbuffare *v.t.* **1** (*scompigliare*) to ruffle: *il vento le aveva rabbuffato i capelli* the wind had ruffled her hair. **2** ⟨*fig*⟩ (*sgridare*) to rebuke, ⟨*fam*⟩ to tell off. **rabbuffarsi** *v.r.* (*rif. al tempo*) to grow stormy; (*rif. al mare*) to grow rough. **rabbuffato** *a.* (*scompigliato*) ruffled. **rabbuffo** *m.* (*rimprovero*) scolding, ⟨*fam*⟩ telling–off, ⟨*fam*⟩ wigging. □ *dare un* ~ *a qd.* to give s.o. a scolding, ⟨*fam*⟩ to tell s.o. off; *ricevere un solenne* ~ to get a good scolding.

rabbuiarsi *v.r.* (**mi rabbuio, ti rabbui**) to darken, to grow dark (*anche fig.*): *il cielo si è rabbuiato* the sky has darkened (*o* grown overcast); *si rabbuiò in volto* his face darkened.

rabdomante *m./f.* rhabdomancer, diviner (*anche Occult.*).

rabdomantico *a.* (*pl.* **-ci**) divining, rhabdomantic. **rabdomanzia** *f.* rhabdomancy, divining (*anche Occult.*).

rabescare *v.t.* (**rabesco, rabeschi**) to decorate with arabesques. **rabescato** *a.* arabesqued, decorated (*o* ornamented) with arabesques. **rabescatura** *f.* arabesques *pl.* **rabesco** *m.* (*pl.* **-chi**) arabesque.

rabicano **I** *a.* ⟨*Zootecn*⟩ roan. **II** *s.m.* roan (horse).

racc. = ⟨*Post*⟩ raccomandato registered (*abbr.* reg., r.).

raccapezzare *v.t.* (**raccapezzo**) **1** to scrape (*o* get) together: ~ *una sommetta* to get a small sum together. **2** (*capire*) to understand, to grasp: *non ci raccapezzo niente del tuo discorso* I ⸢don't understand at all⸣ (*o* can't make head or tail of) what you're saying; ~ *il senso di qc.* to grasp the sense of s.th. **raccapezzarsi** *v.r.* to make (*o* figure) s.th. out: *non mi ci raccapezzo proprio* I simply can't make out what's happening.

raccapricciante *a.* horrifying, terrifying, blood–curdling. **raccapricciare** *v.i.* (**raccapriccio, raccapricci**; *aus.* **essere**) to be horrified, to feel one's ⸢hair stand on end⸣ (*o* flesh creep), to shudder: ~ *di spavento* to shudder with fear. **raccapriccio** *m.* horror, dread. □ *pensare con* ~ *a qc.* to shudder (*o* be horrified) at the thought of s.th.

raccattapalle *m.inv.* ⟨*Sport*⟩ ball–boy. **raccattare** *v.t.* **1** to pick up: *raccattami la matita* pick the pencil up for me. **2** (*racimolare*) to scrape (*o* get) together: *riuscì a* ~ *pochi soldi* he managed to get a little money together.

racchetare *v.t.* (**raccheto**) ⟨*lett*⟩ to calm, to quiet. **racchetarsi** *v.r.* to calm down.

racchetta¹ *f.* ⟨*Sport*⟩ **1** (*nel tennis*) racquet, racket; ⟨*estens*⟩ tennis player: *una buona* ~ a good tennis player. **2** (*nel ping–pong*) bat, racket, ⟨*am*⟩ paddle. **3** (*bastone da sci*) ski–pole, ski–stick. □ ~ *da neve* snow–shoe, racket.

racchetta² *f.* ⟨*Mil*⟩ Very (*o* illuminating) rocket.

racchio¹ *a.* ⟨*fam*⟩ (*brutto*) ugly, ungainly.

racchio² *m.* (*region*) (*piccolo grappolo*) small bunch of stunted grapes.

racchiudere *v.t.* (**racchiusi, racchiuso**) **1** to enclose, to hold, to contain. **2** ⟨*fig*⟩ to contain, to hold: ~ *un segreto nel cuore* to hold a secret in one's heart.

raccoglibriciole *m.inv.* crumb scoop.

raccogliere *v.t.* (**raccolgo, raccogli; raccolsi, raccolto**) **1** (*raccattare*) to pick up: ~ *una moneta caduta* to pick up a coin which has fallen; (*rif. a persone e oggetti sparsi*) to gather, to pick up: ~ *i feriti* to gather the wounded. **2** (*rif. a frutti, fiori e sim.*) to pick, to pluck: ~ *un fiore* to pick a flower. **3** (*fare il raccolto*) to harvest, to gather. **4** (*mettere insieme, radunare*) to collect, to gather, to get together, to assemble: ~ *le proprie cose* to collect one's things, to get one's things together; ~ *notizie* to gather news. **5** (*rif. a fiumi*) to receive: *il Reno raccoglie le acque di molti affluenti* the Rhine receives the waters of many tributaries. **6** (*collezionare*) to collect: ~ *francobolli* to collect stamps. **7** (*rif. a opere letterarie*) to collect, to bring together: ~ *in un volume le opere di un poeta* to collect a poet's works in a single volume. **8** ⟨*fig*⟩ (*ricavare*) to reap, to harvest: ~ *il frutto delle proprie* *fatiche* to reap the fruits of one's labour. **9** ⟨*fig*⟩ (*ottenere*) to meet with, to obtain, to receive, to win: ~ *successi* to meet with success, to be successful; ~ *onori* to win honour. **10** ⟨*fig*⟩ (*concentrare*) to gather, to summon up, to collect: ~ *le forze* to gather (*o* summon up) one's strength; ~ *le idee* to collect one's thoughts. **raccogliersi** *v.r.* **1** to gather (together), to assemble: *gli alunni si raccolsero intorno al maestro* the students gathered around the teacher. **2** ⟨*fig*⟩ (*volgere la mente*) to concentrate (*su, in* on), to be immersed (in): *raccogliersi nella contemplazione* to be immersed (*o* absorbed) in thought. **3** ⟨*fig,assol*⟩ (*concentrarsi*) to concentrate, to collect one's thoughts. □ ~ *un'allusione* to take a hint; ~ *un appello* to respond to an appeal; ⟨*fig*⟩ ~ *il* **guanto** (*accettare la sfida*) to take up the gauntlet; ⟨*fig*⟩ ~ *la* **mente** to concentrate; ~ *un* **pettegolezzo** to believe idle gossip; ~ *una* **provocazione** to react to a provocation; ⟨*Pesc*⟩ ~ *le* **reti** to draw (*o* haul) in the nets.

raccoglimento *m.* concentration, attention: *ascoltavano con* ~ *le parole del predicatore* they listened with attention to the preacher's words. □ *un minuto di* ~ a moment's silence; *pregare con* ~ to be absorbed (*o* deep) in prayer.

raccogliticcio I *a.* **1** random, picked up here and there: *un esercito* ~ an army picked up here and there. **2** ⟨*fig*⟩ bitty, patchy, picked up here and there: *cultura –a* a knowledge picked up here and there. **II** *s.m.* random collection, motley. **raccoglitore** *m.* (*f.* **-trice**) **1** collector, gatherer: ~ *di quadri* art collector. **2** (*cartella*) file holder, loose–leaf binder (*o* book). **3** ⟨*Agr,region*⟩ picker. □ ~ *ad anelli* ring binder.

raccoglitore-caricatore *m.* ⟨*Agr*⟩ pick–up loader. **raccoglitrice–trinciatrice** *f.* ⟨*Agr*⟩ forage harvester.

raccolta *f.* **1** collecting, gathering: ~ *di fondi* fund collecting (*o* raising). **2** (*collezione*) collection: *una* ~ *di poesie moderne* a collection of modern poems. **3** ⟨*Agr*⟩ harvesting, picking: ~ *dell'uva* grape harvesting. **4** (*riunione*) gathering: *una* ~ *di persone* a gathering (of people). □ *bacino di* ~ reservoir, storage pool (*o* lake); ⟨*Econ*⟩ ~ **bancaria** bank deposits *pl*; ~ *di* **capitali** raising of capital; **chiamare** *a* ~: **1** to call (*o* gather) together, to assemble; **2** ⟨*Mil*⟩ to gather, to muster; ~ *da* **clienti** customers deposits *pl*; **fare** *la* ~ *di qc.* to collect (*o* gather) s.th.; (*collezionare*) to collect s.th.; ~ *di* **leggi** body of laws; ⟨*Mil*⟩ **sonare** *a* ~ to sound (the) muster call.

raccolto[1] *m.* ⟨*Agr*⟩ harvest, crop: *il* ~ *delle olive* the olive crop; *cattivo* ~ bad (*o* poor) harvest; *tempo del* ~ harvest(ing) time.

raccolto[2] (*p.p. di raccogliere*) *a.* **1** (*rannicchiato*) crouching, huddled (up), curled (*o* drawn) up: *sedeva –a in una poltrona* she sat huddled up in an armchair. **2** (*riunito*) collected, gathered (together). **3** (*concentrato nei propri pensieri*) thoughtful; (*assorto*) absorbed, engrossed, intent. **4** (*appartato*) secluded, quiet: *un luogo* ~ a secluded place. □ *capelli –i in trecce* plaited (*o* braided) hair, hair gathered into plaits.

raccomandabile *a.* **1** recommendable. **2** (*rif. a persone*) reliable, trustworthy. □ *una persona poco* ~ an unreliable (*o* untrustworthy) person.

raccomandare *v.t.* **1** to recommend, to commend: ~ *l'anima a Dio* to commend one's soul to God; (*affidare*) to recommend, to entrust, to commit: *raccomando a te mio figlio* I entrust my son to you. **2** (*appoggiare*) to recommend, to put in a good word for: ~ *un candidato a un concorso* to put in a good word for a candidate in a competition. **3** (*consigliare*) to recommend, to advise: ~ *un ristorante* to recommend a restaurant. **4** (*esortare*) to urge (strongly), to exhort: *ti raccomando la massima segretezza* I urge you to keep it a secret, (please) do keep it a secret; *gli raccomandai di farlo bene* I urged him to do it well; *di solito si traduce con un imperativo: ti raccomando che sia l'ultima volta* let this be the last time; *ti raccomando di non dire nulla al direttore* don't say anything to the director; *ti raccomando di non dimenticartene* don't forget it. **5** ⟨*Post*⟩ to register: ~ *un pacco* to register a parcel. **raccomandarsi** *v.r.* **1** to commend o.s., to commit (*o* entrust) o.s.: *raccomandarsi a Dio* to commend o.s. to God. **2** (*implorare*) to implore, to

beg, to entreat (*a qd. s.o.*). □ ⟨*fig*⟩ *può* ~ *l'anima a Dio* he is near the end; *mi raccomando!* don't forget!; ⟨*fig*⟩ *raccomandarsi a tutti i santi del Paradiso* to call upon all the saints in heaven; ⟨*fig,scherz*⟩ *raccomandarsi alle gambe* to take to one's heels; *raccomandarsi da sé* (*o* solo) to need no recommendation; ⟨*iron*⟩ *te lo raccomando, quello!* he is a fine one!

raccomandata *f.* ⟨*Post*⟩ **1** (*lettera raccomandata*) registered letter; (*spedizione*) registered mail: *spedire per* ~ to send by registered mail. **2** (*dicitura sulle lettere*) Registered. □ ⟨*Post*⟩ *diritto di* ~ registration fee; ~ *espresso* express registered letter; *fare una* ~ to register a letter; ~ *con ricevuta di ritorno* registered letter with advice of receipt. **raccomandatario** *m.* (*f.* **-a**) ⟨*Mar*⟩ ship's agent. **raccomandato I** *a.* **1** recommended. **2** ⟨*Post*⟩ registered. **II** *s.m.* (*f.* **-a**) person recommended. □ ⟨*scherz*⟩ *un* ~ *di ferro* a person with a pull (*o* connections). **raccomandazione** *f.* **1** (*consiglio*) advice, recommendation; (*esortazione*) exhortation, urging. **2** (*intercessione*) a good word, influence, recommendation: *ha ottenuto questo posto a forza di –i* he got this job through influence, ⟨*fam*⟩ by getting this job by pulling strings. **3** ⟨*Post*⟩ registration. □ ⟨*Post*⟩ *tassa di* ~ registration fee.

raccomodamento *m.* repairing, mending; (*riassetto*) straightening, adjustment. **raccomodare** *v.t.* (*raccòmodo*) **1** to repair, to mend: ~ *una bicicletta* to repair a bicycle. **2** (*riassettare*) to straighten, to adjust, to tidy (up): *raccomodarsi la cravatta* to straighten one's tie. **3** ⟨*fig*⟩ (*rimettere in sesto*) to put (*o* set) right. **raccomodatura** *f.* **1** (*atto*) repairing, mending. **2** (*effetto*) repair, mend.

racconciare *v.t.* (**racconcio, racconci**) **1** (*accomodare*) to set to rights, to put in order, to tidy up; (*riparare*) to repair, to mend. **2** ⟨*fig*⟩ to improve. **racconciarsi** *v.r.* (*rif. al tempo: rasserenarsi*) to clear up.

raccontare *v.t.* (**racconto; raccontato**) to tell, to recount, to relate: ~ *a qd. i propri guai* to tell s.o. all one's woes; ~ *una favola* to tell a story (*o* tale). □ *a raccontarla, nessuno ci crederebbe* no one would believe you if you told them; ⟨*fam*⟩ *a* **chi** *la racconti?* tell it to the marines; *raccontarne di tutti i* **colori** to tell tall stories; *raccontarne di tutti i colori a proposito di qd.* to 'tell all sorts of stories' (*o* say all sorts of things) about s.o.; ⟨*iron*⟩ **saperla** ~ (*rif. a chi mente sfacciatamente*) to know how to shoot a line.

racconto *m.* **1** (*il raccontare*) narration, telling, relating. **2** (*fatto raccontato*) story, tale. **3** (*relazione*) account, relation: ~ *storico* historical account; *fammi un* ~ *del tuo viaggio* 'give me an account of' (*o* tell me all about) your trip. □ *–i per bambini* children's stories; *un libro di –i* a story book.

raccorciamento *m.* shortening. **raccorciare** *v.t.* (**raccorcio, raccorci; raccorciato**) to shorten, to make shorter: ~ *un vestito* to shorten (*o* take up) a dress; ~ *un articolo* to shorten (*o* cut) an article. **raccorciarsi** *v.r.* to shorten, to become (*o* get) shorter.

raccordare *v.t.* (**raccòrdo**) **1** to join together (*o* up), to link (up), to connect (up): ~ *due canali* to link two canals. **2** ⟨*Ferr*⟩ to connect (by a siding). **3** ⟨*Strad*⟩ to link. **4** ⟨*Mecc*⟩ to joint.

raccòrdo *m.* **1** connection, link, joint; (*punto di raccordo*) junction. **2** ⟨*Mecc*⟩ union, ⟨*am*⟩ connector. **3** ⟨*Cin*⟩ linking shot. □ ⟨*Strad*⟩ ~ **anulare** ring road; ⟨*Strad*⟩ ~ *di* **entrata** approach road; ~ **ferroviario** connecting track (*o* line), loop–line, junction (*o* branch) line; ⟨*Strad*⟩ ~ *a* **quadrifoglio** clover–leaf; ~ **stradale** connecting road; ~ *di* **svincolo** exit road (*o* ramp), turn–off.

raccostamento *m.* **1** (*atto*) bringing near, approach(ing). **2** (*effetto*) approach. **3** ⟨*fig*⟩ (*confronto*) comparison, contrast. **raccostare** *v.t.* (**raccòsto**) **1** (*accostare*) to bring near (*o* up), to approach. **2** ⟨*fig*⟩ (*confrontare*) to compare, to set side by side: ~ *due colori* to compare two colours.

raccozzare *v.t.* (**raccòzzo**) to throw together, to jumble up.

racemizzazione *f.* ⟨*Chim*⟩ racemization.
racemo *m.* ⟨*Bot*⟩ raceme. **racemoso** *a.* racemose.

Rachele *N.pr.f.* Rachel.
rachialgia *f.* ⟨*Med*⟩ r(h)achialgia. **rachicentesi** *f.* r(h)achicentesis. **rachide** *m./f.* 1 ⟨*Biol*⟩ rachis, rhachis. 2 (*colonna vertebrale*) rachis, rhachis. **rachideo, rachidiano** *a.* ⟨*Anat*⟩ r(h)achidian, r(h)achidial. **rachitico** *a./s.* (*pl.* -ci) I *a.* 1 ⟨*Med*⟩ r(h)achitic, suffering from rickets. 2 ⟨*fig*⟩ (*misero, stentato*) stunted, ill-grown, underdeveloped. II *s.m.* (*f.* -a) sufferer from rickets. **rachitide** *f.*, **rachitismo** *m.* ⟨*Med*⟩ rickets *pl* (*costr. sing.*), r(h)achitis.
racimolare *v.t.* (**racimolo**) 1 to glean, to pick. 2 ⟨*fig*⟩ to scrape (*o* get) together, to glean. **racimolatura** *f.* 1 (*atto*) gleaning (in vineyards). 2 (*estens*) (*residui*) gleanings *pl.* **racimolo** *m.* ⟨*Bot*⟩ small cluster of grapes.
racket *ingl.* ['rækit] *m.* racket.
rad[1] *m.* ⟨*Fis*⟩ rad.
rad[2] = ⟨*Geom*⟩ *radiante* radian (*abbr.* rad.).
rada *f.* ⟨*Mar*⟩ anchorage, roads *pl,* roadstead.
radar *a./s.inv.* I *s.m.* ⟨*Fis*⟩ radar. II *a.* radar-: *installazione* ∼ radar installation. □ ∼ **aeronautico** aeronautical radar; ∼ *d'***avvistamento** warning (*o* search) radar; ∼ *di* **bordo:** 1 ⟨*Mar*⟩ ship's radar; 2 ⟨*Aer*⟩ airbone radar; **comandato** *da* ∼ radar-operated; **controllo** ∼ radar monitoring; ∼ **portuale** harbour-control radar; ∼ **terrestre** ground (*o* land-based) radar.
radarista *m.* radar operator (*o* engineer, controller), ⟨*am*⟩ radarman. **radaristica** *f.* radar technology.
radar|**localizzazione** *f.* radar detection. **∼navigazione** *f.* radar navigation. **∼telescopio** *m.* radar telescope.
radazza *f.* ⟨*Mar*⟩ swab. **radazzare** *v.t.* to swab.
raddensabile *a.* that may be thickened. **raddensare** *v.t.* (**raddenso**) to thicken, to condense. **raddensarsi** *v.r.* to thicken, to become thicker.
raddobbare *v.t.* (**raddobbo**) ⟨*Mar*⟩ to refit, to repair. **raddobbo** *m.* refit, repair.
raddolcimento *m.* 1 (*rif. a suoni, colori*) softening, toning down. 2 ⟨*fig*⟩ assuaging, alleviation. 3 ⟨*Fon*⟩ palatalization. 4 ⟨*Met*⟩ softening. **raddolcire** *v.t.* (**raddolcisco, raddolcisci**) 1 (*addolcire*) to sweeten. 2 ⟨*fig*⟩ (*rif. a suoni, colori*) to soften, to tone down: ∼ *la voce* to soften one's tone. 3 ⟨*fig*⟩ (*mitigare*) to soothe, to relieve, to soften: ∼ *un dolore* to soothe a pain. 4 ⟨*Met*⟩ to soften. **raddolcirsi** *v.r.* (*rif. a carattere, espressione*) to mellow, to soften, to grow gentler; (*rif. al tempo*) to grow (*o* get) milder.
raddoppiamento *m.* doubling, redoubling. □ ⟨*Ling*⟩ ∼ *sintattico* syntactic germination. **raddoppiare** *v.* (**raddoppio**) I *v.t.* 1 to double: ∼ *lo stipendio a qd.* to double s.o.'s salary. 2 ⟨*fig*⟩ (*aumentare*) to (re)double, to increase: ∼ *i propri sforzi* to redouble one's efforts. 3 ⟨*Ling*⟩ to reduplicate; (*rafforzare*) to germinate. II *v.i.* (*aus.* essere) 1 to be doubled, to double: *il reddito annuo è quasi raddoppiato* annual income has almost doubled. 2 ⟨*fig*⟩ (*crescere*) to double, to increase. **raddoppiato** *a.* 1 (re)doubled, increased: *con* ∼ *zelo* with increased zeal. 2 (*piegato in due*) folded in two (*o* half). **raddoppio** *m.* 1 doubling. 2 (*nel biliardo*) double. 3 ⟨*Equit*⟩ redoppe. □ ⟨*Ferr*⟩ *binario di* ∼ double track; ⟨*Ferr*⟩ ∼ *di un binario* laying of a second track.
raddrizzamento *m.* 1 straightening. 2 ⟨*fig*⟩ (*correzione*) correction, straightening out. 3 ⟨*El*⟩ rectification. □ ⟨*Mecc*⟩ ∼ *a caldo* heat-straightening. **raddrizzare** *v.t.* 1 to straighten, to make straight: *raddrizza questo quadro* straighten this picture. 2 (*rimettere in piedi*) to set upright (*o* on one's feet) again. 3 ⟨*fig*⟩ (*correggere*) to correct, to put straight, to straighten out: ∼ *le idee storte* to correct mistaken ideas (*o* impressions). 4 ⟨*Mecc*⟩ to straighten, to rectify. 5 ⟨*El*⟩ to rectify. **raddrizzarsi** *v.r.* 1 to straighten, to become straight. 2 (*rimettersi in piedi*) to stand up again; (*raddrizzare la schiena*) to straighten (up). 3 ⟨*fig*⟩ (*correggersi*) to correct o.s., to straighten o.s. out. □ ⟨*Mecc*⟩ ∼ *a freddo* to cold-straighten.
raddrizzatore I *s.m.* ⟨*El,Fot*⟩ rectifier. II *a.* ⟨*El*⟩ rectifier-: *elemento* ∼ rectifier element. □ ∼ *ad arco* arc rectifier; ∼ *di corrente* current rectifier; ∼ *di semi-onda* half-wave rectifier; ∼ *a tubo* valve rectifier.
radente *a.* 1 (*rasente*) grazing, skimming. 2 ⟨*Mil*⟩ (*rif. al*

tiro) grazing. □ ⟨*Fis*⟩ *attrito* ∼ sliding friction; ⟨*Mar*⟩ *corrente* ∼ current following the coast; ⟨*Aer*⟩ *volo* ∼ hedge-hopping. **radere** *v.t.* (**rasi, raso**) 1 to shave (off): ∼ *i baffi* to shave off s.o.'s moustache. 2 ⟨*assol*⟩ (*fare la barba*) to shave. 3 ⟨*fig*⟩ (*sfiorare*) to graze, to skim, to brush against; (*rif. ad aerei e sim.*) to skim. 4 (*tagliare alla base*) to raze: ∼ *un bosco* to raze a wood (to the ground). **radersi** *v.r.* to shave (o.s.). □ ∼ ⌐*al suolo*⌐ (*o a terra*) to raze to the ground; ∼ *a zero* to shave (down to the roots); *farsi* ∼ *a zero i capelli* to have one's hair shaved off.
radezza *f.* 1 thinness, scantiness. 2 ⟨*fig*⟩ infrequency, rareness, scarcity. □ ∼ *dei capelli* thinness (*o* sparseness) of hair.
radiale[1] I *a.* ⟨*Mat,Fis,Biol*⟩ radial. II *s.f.* radial line. □ ⟨*Aut*⟩ *pneumatico* ∼ radial tyre.
radiale[2] *a.* ⟨*Anat*⟩ radial: *nervo* ∼ radial nerve.
radialmente *avv.* radially.
radiante[1] *a.* radiant, radiating: *superficie* ∼ radiant (*o* radiating) surface.
radiante[2] *m.* 1 ⟨*Mat*⟩ radian. 2 ⟨*Astr,Geom*⟩ radiant.
radianza *f.* ⟨*Fis*⟩ radiance.
radiare *v.t.* (**radio, radi**) ⟨*burocr*⟩ 1 (*cancellare*) to cancel, to strike off (*o* out): ∼ *dall'albo dei medici* to strike off the medical register. 2 (*espellere*) to expel: ∼ *da un partito* to expel from a party.
radiatore *m.* ⟨*tecn*⟩ radiator. □ ∼ **acustico** acoustic radiator (*o* radiating element); ∼ *per* **autoveicolo** radiator; ∼ *di* **calore** heat radiator; ⟨*Mot*⟩ ∼ *a* **nido** *d'ape* honeycomb radiator; ⟨*Mot*⟩ ∼ *dell'***olio** oil cooler.
radiazione[1] *f.* ⟨*Fis*⟩ radiation. □ ∼ **alfa** alpha radiation (*o* rays *pl*); ∼ **atomica** atomic radiation; ∼ **beta** beta radiation, beta-ray emission; ∼ **cosmica** cosmic radiation (*o* rays *pl*); ∼ **gamma** gamma radiation; ⟨*Fis*⟩ ∼ **ionizzante** ionizing radiation; ∼ **solare** sun (*o* solar) radiation; ∼ **ultravioletta** ultra-violet radiation.
radiazione[2] *f.* (*cancellazione*) striking off; (*espulsione*) expulsion.
radica *f.* 1 ⟨*pop*⟩ (*radice*) root. 2 (*legno per pipe*) briar, briarwood: *pipa di* ∼ briar pipe.
radicale I *a.* 1 radical, drastic: *riforma* ∼ radical reform. 2 ⟨*Pol*⟩ Radical: *partito* ∼ Radical party. 3 ⟨*Bot,Ling,Mat*⟩ radical, root-. II *s.m.* 1 ⟨*Ling,Mat*⟩ root, radical: *il* ∼ *di una parola* the root of a word. 2 ⟨*Chim*⟩ radical. 3 *m./f.* ⟨*Pol*⟩ Radical. **radicaleggiante** *a.* ⟨*Pol*⟩ favouring (*o* leaning toward) radicalism. **radicaleggiare** *v.i.* (**radicaleggio, radicaleggi**; *aus.* avere) to favour (*o* lean toward) radicalism. **radicalismo** *m.* radicalism (*anche Pol.*). **radicalizzare** *v.t.* ⟨*Pol*⟩ to radicalize. **radicalizzarsi** *v.r.* to become radical. **radicalizzazione** *f.* radicalization. **radicalmente** *avv.* radically.
radicando *m.* ⟨*Mat*⟩ radicand, radical quantity.
radicare *v.i.* (**radico, radichi**; *aus.* avere), **radicarsi** *v.r.* 1 ⟨*Bot*⟩ to take (*o* strike) root, to root, to put out roots. 2 ⟨*estens*⟩ (*rif. a idee e sim.*) to become deep-rooted, to take root. **radicato** *a.* 1 ⟨*Bot*⟩ rooted. 2 ⟨*fig*⟩ (*fissato*) (deep-)rooted, deep-seated: *difetti* –i deep-rooted (*o* ingrained) faults. **radicazione** *f.* rooting.
radicchio *m.* ⟨*Bot*⟩ chicory.
radice *f.* 1 ⟨*Bot*⟩ root: *le* –i *di un albero* the roots of a tree. 2 ⟨*fig*⟩ (*principio, origine*) root, origin, source: *la* ∼ *del male* the root of evil. 3 ⟨*Anat,Mat*⟩ root. 4 ⟨*Ling*⟩ root(-word). 5 ⟨*Bot*⟩ (*rafano*) radish. □ ∼ **aerea** aerial root; ⟨*Bot*⟩ ∼ **avventizia** adventitious root; *arrossire fino alla* ∼ *dei* **capelli** to blush to the roots of one's hair; –i **commestibili** root crops; ⟨*Mat*⟩ ∼ **cubica** cube root; ⟨*Anat*⟩ ∼ *del* **dente** root of a tooth; ⟨*Mat*⟩ **estrarre** *la* ∼ to extract the root; ⟨*Bot*⟩ ∼ *a* **fittone** tap-root; **mettere** –i: 1 (*attecchire*) to take (*o* strike) root; 2 ⟨*fig*⟩ (*penetrare*) to take root; 3 ⟨*fig*⟩ (*sistemarsi stabilmente*) to settle down, to establish o.s.; ⟨*Mat*⟩ ∼ **quadrata** square root; ⟨*Mat*⟩ **segno** *di* ∼ radical sign; **strappare** *dalle* –i to pull out by the roots; ⟨*fig*⟩ (*distruggere*) to uproot, to root out; ⟨*Anat*⟩ ∼ *dell'***unghia** nail root.
radichetta *f.* ⟨*Bot*⟩ rootlet.
radiciforme *a.* ⟨*Bot*⟩ radiciform.
radi e getta *m.* one-way razor, ⟨*am*⟩ disposable razor.

radio[1] *f.inv.* **1** (*radiofonia*) radio, wireless (telephony). **2** (*stazione trasmittente*) broadcasting (*o* transmitting) station. **3** (*apparecchio*) radio (set), wireless (set): *accendere la* ~ to turn on the radio (*o* wireless). □ *sentire un programma alla* ~ to hear a programme on the radio; **ascoltare** *la* ~ to listen to the radio, to listen in; *ascoltare qc. alla* ~ to listen to s.th. on the radio; ~ *a* **batterie** battery-operated radio (*o* wireless); ~ **clandestina** underground (*o* pirate) radio transmitter; **comunicare** *per* ~ to communicate by radio, to broadcast; ~ *a* **galena** crystal set; **giornale** ~ (radio) news *pl* (*costr. sing.*), newscast; ~ **libera** independent broadcasting station; ~ *a* **onde corte** short–wave radio; ~ **orologio** clock radio; ~ **portatile** portable radio; ~ *per le* **scuole** educational (*o* school) radio programmes *pl*; ~ **segnale** radio signal; ~ **sveglia** alarm radio; **trasmettere** *per* ~ to broadcast.

radio[2] *m.* ⟨*Chim*⟩ radium.

radio[3] *m.* ⟨*Anat*⟩ radius.

radio|abbonato *m.* (*f.* -a) radio subscriber. **~amatore** *m.* (*f.* -trice) amateur radio operator, ⟨*fam*⟩ (radio) ham. **~ascoltatore** *m.* (*f.* -trice) (radio) listener. **~assistenza** *f.* radio range. □ ~ *alla* **navigazione** radio aid to navigation. **~astronomia** *f.* radio astronomy. **~astronomo** *m.* radio astronomer. **~attività** *f.* ⟨*Fis*⟩ radioactivity: ~ *dell'aria* air (*o* atmospheric) radioactivity; ~ *naturale* natural radioactivity. **~attivo** *a.* radioactive: *pioggia* –*a* fall-out. **~audizione** *f.* listening in. **~biologia** *f.* radiobiology. **~bussola** *f.* ⟨*Mar,Aer*⟩ radio compass. **~canale** *m.* ⟨*Rad*⟩ radio channel. **~carbonico** *a.* (*pl.* -ci) radiocarbon-: *analisi* –*a* radiocarbon (*o* carbon–14) dating. **~centro** *m.* broadcasting centre. **~chimica** *f.* radiochemistry. **~chirurgia** *f.* radiosurgery. **~collegamento** *m.* ⟨*Rad*⟩ radio link. **~comandare** *v.t.* to radio–control. **~comandato** *a.* radio-controlled. **~comando** *m.* radio control. **~commedia** *f.* radio play. **~cronaca** *f.* running (radio) commentary. **~cronista** *m./f.* (radio) commentator. **~derm(at)ite** *f.* ⟨*Med*⟩ radiodermatitis. **~diffondere** *v.t.* (**radiodiffusi, radiodiffuso**) to broadcast. **~diffusione** *f.* broadcasting. **~disturbo** *m.* ⟨*Rad*⟩ static radio interference (*o* noise). **~dramma** *m.* radio play. **~elemento** *m.* ⟨*Chim*⟩ radioelement, radioactive element. **~estesia** *f.* divining, dowsing. **~estesista** *m./f.* diviner, dowser.

radiofaro *m.* ⟨*Aer,Mar*⟩ (radio) beacon. □ ~ *d'avvicinamento* approach beacon; ~ **girevole** rotating radio beacon; ~ **omnidirezionale** omnidirectional radio beacon; ~ *di* **rotta** course–indicating beacon; ~ *di* **terra** ground radio beacon.

radio|fonia *f.* (radio) broadcasting. **~fonico** *a.* (*pl.* -ci) (radio) broadcasting–, radio: *stazione* –*a* broadcasting station; *programma* ~ radio programme, broadcast; *collegamento* ~ radio link. **~fonista** *m.* ⟨*Mil*⟩ radio operator. **~foto** *f.inv.* ⟨*Fot*⟩ radiophoto(graph). **~frequenza** *f.* radio frequency. **~furgone** *m.* mobile radio unit.

radiogeno *a.* ⟨*Med*⟩ radiogenic.

radio|giornale *m.* radio news bulletin. **~goniometria** *f.* radiogoniometry. **~goniometrico** *a.* (*pl.* -ci) (radio) direction–finding, radiogoniometric: *stazione* –*a* direction–finding station. **~goniometro** *m.* (radio) direction–finder, radiogoniometer. **~grafare** *v.t.* (**radiografo**) to X-ray, to radiograph. **~grafia** *f.* **1** radiography. **2** ⟨*concr*⟩ (*fotografia*) X-ray, radiograph, radiogram. **~grafico** *a.* (*pl.* -ci) radiographic: *esame* ~ X-ray examination. **~gramma** *m.* ⟨*Radiol,Tel*⟩ radiogram. **~grammofono** *m.* radiogram, radio-gramophone. **~guida** *f.* **1** ⟨*Aer*⟩ radio homing aid. **2** ⟨*Rad*⟩ (radio) beacon. **~guidare** *v.t.* to radio-control. **~intervista** *f.* radio interview. **~isotopo** *m.* ⟨*Atom*⟩ radioisotope.

radiolari *m.pl.* ⟨*Zool*⟩ radiolarians *pl.*

radiolina *f.* portable radio, pocket radio; (*a transistor*) transistor radio.

radiolocalizzare *v.t.* to locate by radar, to detect by radar. **radiolocalizzatore** *m.* (radio) direction–finder, radar. **radiolocalizzazione** *f.* (radio) direction–finding, radiolocalization.

radiologia *f.* ⟨*Fis,Med*⟩ radiology. **radiologico** *a.* (*pl.* -ci) radiologic(al). **radiologo** *m.* (*pl.* -gi; *f.* -a) radiologist.

radiomeda *f.* ⟨*Aer*⟩ marker beacon.

radio|metro *m.* radiometer: ~ *acustico* acoustic radiometer. **~mobile** *f.* radio car. **~montatore** *m.* (*operaio*) radio mechanic. **~navigazione** *f.* ⟨*Aer,Mar*⟩ radio navigation. **~nuclide** *m.* ⟨*Atom*⟩ radionuclide, radioactive nuclide. **~onda** *f.* ⟨*Fis*⟩ radio (*o* Hertzian) wave.

radiopacità *f.* ⟨*Med*⟩ radiopacity.

radio|pilota *m.* ⟨*Aer*⟩ radio–controlled pilot. **~piombo** *m.* ⟨*Chim*⟩ radio lead. **~pirata** *m./f.* ⟨*scherz*⟩ **1** (*ascoltatore abusivo*) pirate listener. **2** (*stazione trasmittente abusiva*) pirate radio station. **~propagazione** *f.* ⟨*Rad*⟩ (radio) propagation. **~protezione** *f.* radiation protection, radioprotection. **~registratore** *m.* radio recorder. **~ricevente I** *a.* ⟨*Rad*⟩ radio receiving. **II** *s.f.* **1** (*stazione*) radio (*o* wireless) receiving station. **2** (*apparecchio*) radio (*o* wireless) receiver, radio receiving set. **~ricevitore** *m.* radio receiver (*o* receiving set), radio. **~ricezione** *f.* radio reception. **~rilevamento** *m.* (radio) direction –finding, radio bearing. **~riparatore** *m.* radio repairer. **~scopia** *f.* ⟨*Med*⟩ radioscopy: *eseguire una* ~ *su qd.* to carry out a radioscopic examination on s.o. **~scopico** *a.* (*pl.* -ci) radioscopic. **~scuola** *f.* educational radio programme. **~segnale** *m.* radio signal.

radiosità *f.* brightness, radiance (*anche fig.*). **radioso** *a.* bright, shining, radiant (*anche fig.*): *sole* ~ bright (*o* brightly shining) sun; *volto* ~ radiant face.

radio|sonda *f.* ⟨*Meteor*⟩ radiosonde. **~spia** *f.* wire tapper, ⟨*fam*⟩ bug. **~stazione** *f.* radio station. **~stella** *f.* ⟨*Astr*⟩ radio star. **~tassì, ~taxi** *m-* radio taxi. **~tecnica** *f.* radio engineering (*o* technology). **~tecnico** *a./s.* (*pl.* -ci) **I** *a.* of radio engineering (*o* technology). **II** *s.m.* radio engineer; (*riparatore*) radio mechanic (*o* technician, repairman), ⟨*am*⟩ radioman. **~telefonia** *f.* ⟨*Tel*⟩ radiotelephony. **~telefonico** *a.* (*pl.* -ci) radiotelephonic. **~telefono** *m.* radiotelephone, radiophone. **~telefotografia** *f.* **1** radiophotography. **2** (*fotografia trasmessa*) radio photograph. **~telegrafia** *f.* ⟨*Tel*⟩ radiotelegraph(y), wireless telegraphy. **~telegrafico** *a.* (*pl.* -ci) radiotelegraphic. **~telegrafista** *m./f.* **1** radiotelegraphist. **2** ⟨*Mar,Aer*⟩ wireless (*o* radio) operator. **~telegramma** *m.* ⟨*Tel*⟩ radiotelegram, radiogram. **~telescopio** *m.* radiotelescope. **~telescrivente** *f.* radio teleprinter. **~televisione** *f.* television (broadcasting company). **~televisivo** *a.* television–, televisual: *ente* ~ television company. **~terapia** *f.* ⟨*Med*⟩ radiotherapy, radiotherapeutics *pl* (*costr. sing.*). **~terapico** *a.* (*pl.* -ci) radiotherapeutic. **~trasmettere** *v.t.* (**radiotrasmisi, radiotrasmesso**) to broadcast. **~trasmettitore** *m.* (television) transmitter. **~trasmissione** *f.* broadcast. **~trasmittente I** *a.* broadcasting. **II** *s.f.* (*stazione*) broadcasting (*o* transmitting) station.

rado [1] *a.* **1** thin, sparse: *capelli* –*i* thin hair; (*rif. a tessuto*) loosely-woven; (*rif. a maglieria*) loosely-knit. **2** (*sparso*) (thinly–)scattered, widely-spaced: *case* –*e* scattered houses. □ *di* ~ seldom, rarely.

rado[2], **radon** *m.* ⟨*Chim*⟩ radon.

radunare *v.t.* to get together, to gather, to collect, to assemble: *radunò tutti i suoi libri sul tavolo* he got all his books together on the table; ~ *intorno a sé la propria famiglia* to gather one's family around one. **radunarsi** *v.r.* to assemble, to gather (*o* get) together, to congregate.

radunata *f.* **1** (*persone riunite*) assembly, meeting, gathering: *la* ~ *si sciolse* the meeting broke up. **2** ⟨*Mil*⟩ muster. □ ⟨*Dir*⟩ ~ *sediziosa* seditious assembly (*o* gathering). **raduno** *m.* **1** assembly, gathering, meeting: *fare un* ~ to hold a meeting. **2** ⟨*Sport*⟩ meet, meeting; (*rif. ad automobili*) rally.

radura *f.* clearing, glade.

rafano *m.* ⟨*Bot*⟩ radish: ~ *tedesco* horse radish.

Raffaele *N.pr.m.* Raphael.

raffaellesco *a.* (*pl.* -chi) Raphaelesque. **Raffaello** *N.pr.m.* ⟨*Stor*⟩ Raphael.

raffazzonamento *m.* **1** patching (up). **2** (*cosa*

raffazzonata) patched–up job, botch. **raffazzonare** *v.t.* (raffazzono) to patch (up), to botch. ☐ ~ *un pranzo* to get (*o* throw) a dinner together at the last moment. **raffazzonato** *a.* patched up, botched. **raffazzonatura** *f.* 1 (*atto*) botching, patching up. 2 (*cosa raffazzonata*) botch, patched–up job.

rafferma *f.* 1 confirmation in office, renewal of office. 2 〈*Mil*〉 re-enlistment. **raffermare** *v.t.* (raffermo) 1 to reconfirm: *lo hanno raffermato sindaco* he was reconfirmed as mayor. 2 〈*Mil*〉 to re-enlist. **raffermarsi** *v.r.* 〈*Mil*〉 to re-enlist. **raffermo** *a.* stale.

raffica *f.* 1 (*folata*) gust, squall: *il vento soffiava a forti raffiche* the wind blew in strong gusts. 2 (*Artigl*) burst, volley. 3 〈*fig*〉 hail, storm, shower, volley: *una ~ di male parole* a storm of abuse. ☐ ~ *di neve* squall of snow; ~ *di pioggia* squall of rain.

raffigurabile *a.* representable. **raffigurare** *v.t.* 1 (*rappresentare*) to represent, to portray, to show: *il quadro raffigura una scena di battaglia* the painting portrays a battle scene. 2 (*simboleggiare*) to symbolize, to stand for, to represent: *la colomba raffigura il candore* the dove symbolizes purity. **raffigurarsi** *v.r.* to imagine, to picture (to o.s.).

raffilare *v.t.* 1 (*affilare di nuovo*) to whet (*o* sharpen) again; (*affilare*) to whet, to sharpen. 2 (*pareggiare*) to trim, to pare: ~ *un panno* to trim a cloth. **raffilatoio** *m.* 〈*Legat*〉 trimmer, shaver. **raffilatrice** *f.* 〈*tecn*〉 trimmer. **raffilatura** *f.* 1 (*l'affilare*) whetting, sharpening. 2 (*pareggiamento*) trimming, paring. 3 (*ciò che si toglie raffilando*) trimmings *pl.*

raffinamento *m.* 1 → **raffinatura.** 2 〈*fig*〉 (*perfezionamento*) refinement. **raffinare** *v.t.* 1 to refine, to purify: ~ *lo zucchero* to refine sugar. 2 〈*fig*〉 (*perfezionare*) to refine, to polish: ~ *le maniere* to refine one's manners. **raffinarsi** *v.r.* to become (more) refined. **raffinatamente** *avv.* in a refined way, refinedly. **raffinatezza** *f.* refinement: ~ *di gusti* refinement of taste, refined taste. ☐ *–e stilistiche* stylistic subtleties, niceties of style. **raffinato I** *a.* 1 refined, purified: *olio* ~ refined oil. 2 〈*fig*〉 refined: *arte –a* refined art. **II** *s.m.* (*f.* -a) refined person. **raffinatore I** *s.m.* (*f.* -trice) refiner. **II** *a.* refining, purifying. **raffinatura, raffinazione** *f.* refining. **raffineria** *f.* 〈*Ind*〉 refinery: ~ *di petrolio* oil refinery.

raffio *m.* 1 grapnel. 2 〈*Mar*〉 grappling iron, grappling hook.

rafforzamento *m.* 1 strengthening, reinforcement: *il ~ delle difese* the reinforcement of defences. 2 〈*estens,fig*〉 strengthening: *il ~ dei muscoli* the strengthening of muscles. **rafforzare** *v.t.* (rafforzo) 1 to strengthen, to fortify, to reinforce: ~ *la guarnigione* to fortify the garrison. 2 〈*estens,fig*〉 to strengthen: ~ *un'opinione* to strengthen an opinion. **rafforzarsi** *v.r.* 1 to strengthen, to become (*o* get) stronger. 2 〈*estens,fig*〉 to grow (*o* get) stronger. **rafforzativo** *a.* 1 reinforcing, strengthening. 2 〈*Gramm*〉 intensifying. **rafforzato** *a.* 1 strengthened, reinforced. 2 〈*estens,fig*〉 strengthened.

raffreddamento *m.* cooling (*anche fig.*): *il ~ della terra* the cooling of the earth; *il ~ dell'entusiasmo* the cooling of enthusiasm. ☐ ~ *ad acqua* water–cooling; *con ~ ad acqua* water-cooled; ~ *ad aria* air-cooling; *con ~ ad aria* air-cooled; *impianto di ~* cooling–plant (*o* system); 〈*tecn*〉 ~ *a olio* oil-cooling. **raffreddare** *v.t.* (raffreddo) 1 to cool: *il temporale ha raffreddato l'aria* the storm has cooled the air. 2 〈*fig*〉 to cool (off, down), to damp(en): ~ *l'entusiasmo di qd.* to dampen (*o* put a damp on) s.o.'s enthusiasm. **raffreddarsi** *v.r.* 1 to cool (down, off), to grow cool, to get cold: *la minestra si è raffreddata* the soup got cold. 2 〈*fig*〉 to cool (down, off). 3 〈*fam*〉 (*prendere un raffreddore*) to catch a cold. **raffreddato** *a.* 1 cooled (off). 2 〈*fam*〉 (*affetto da raffreddore*) with a cold. ☐ *sono un po'* ~ I have a slight cold; ~ *a olio* oil–cooled. **raffreddore** *m.* cold: *prendersi un bel* ~ to catch a bad (*o* nasty) cold. ☐ ~ *da fieno* hay fever, allergic cold; ~ *di petto* chest cold; ~ *di testa* head cold.

raffrenare *v.t.* (raffreno/raffreno) to control, to restrain, to

check (*anche fig.*): ~ *l'ira* to control one's anger. **raffrenarsi** *v.r.* (*contenersi*) to limit (*o* restrain) o.s.: *raffrenarsi nel bere* to limit one's drinking.

raffrontamento *m.* comparing, confronting. **raffrontare** *v.t.* (raffronto) 1 (*confrontare*) to compare; (*collazionare*) to collate, to compare. 2 〈*Dir*〉 to confront. **raffronto** *m.* 1 comparison: *fare un ~ fra due persone* to make a comparison between two persons. 2 〈*Dir*〉 confrontation.

rafia *f.* 1 〈*Bot*〉 raffia (palm). 2 (*fibra*) raffia.

rag. = *ragioniere* accountant (*abbr.* acct.).

ragade *f.* 〈*Med*〉 rhagades *pl.*

raganella *f.* 1 〈*Zool*〉 tree toad. 2 〈*Mus*〉 rattle.

ragazza *f.* 1 girl, lass: *un bel pezzo di ~* a fine figure of a girl. 2 (*nubile*) unmarried (*o* single) girl: *ha una sorella ancora* ~ he has a sister who is still single. 3 〈*fam*〉 (*fidanzata*) girl, girl-friend, sweetheart. ☐ ~ *madre* teenage unmarried mother; ~ *da marito* girl of marriageable age; ~ (*di servizio*) maidservant.

ragazza–copertina *f.* (*pl.* **ragazze–copertina**) 〈*Giorn*〉 covergirl.

ragazzaglia *f.* 〈*spreg*〉 gang, mob, band. **ragazzata** *f.* boyish prank.

ragazzo *m.* 1 boy, lad, youngster. 2 〈*fam*〉 (*rif. a persona adulta*) fellow, 〈*fam*〉 chap: *è un bravo* ~ he's a good fellow. 3 (*figlio*) boy, son; *pl.* (*figli maschi e femmine*) children: *ho mandato i –i a giocare* I've sent the children out to play. 4 〈*fam*〉 (*fidanzato*) boy–friend, sweetheart. 5 (*garzone*) boy, shop-boy, errand-boy. 6 *pl.* 〈*Sport*〉 junior: *campionato –i* junior (football) championship. ☐ ~ *di* **bottega** shop-boy, errand-boy; **città** (*o* *repubblica*) *dei –i* boys' town; **da** ~: 1 when a boy, as a child: *da* ~ *era biondo* when he was a boy he had fair hair; 2 〈*spreg*〉 like a child, childishly; *gioco da –i* child's play; ~ **difficile** problem child; (*nella psicopedagogia*) exceptional child; **fin** *da* ~ since boyhood; ~ **mio** my fellow, my boy; ~ *del* **panettiere** baker's boy.

raggelare *v.i.* (raggelo; *aus.* essere), **raggelarsi** *v.r.* to freeze (*anche fig.*).

raggentilire *v.t.* (raggentilisco, raggentilisci) to refine, to polish.

raggiante *a.* 1 radiant, shining, beaming (*anche fig.*): *un sole* ~ a radiant sun; *essere ~ di gioia* to be radiant with joy. 2 〈*Fis*〉 radiant: *energia* ~ radiant energy. ☐ *essere ~ di bellezza* to be radiantly beautiful. **raggiare** *v.* (raggio, raggi) **I** *v.i.* (*aus.* avere) 1 to radiate, to shine. 2 〈*fig*〉 (*rif. a persona*) to be radiant, to beam, to glow: ~ *di gioia* to be radiant with joy. **II** *v.t.* 1 to radiate. 2 〈*fig*〉 to radiate, to shine (*o* beam, glow) with: ~ *felicità dal volto* to radiate happiness, to shine (*o* glow) with happiness. **raggiato** *a.* radial, radiate(d). ☐ 〈*Biol*〉 *simmetria –a* radial symmetry. **raggiera** *f.* halo, rays *pl,* sunburst: *la ~ dell'ostensorio* the rays of a monstrance; (*del sole in eclissi*) corona. ☐ *a* ~ sunburst–: *ornamento a* ~ sunburst decoration.

raggio *m.* 1 ray, beam: *il ~ della luna* the moonbeam. 2 〈*fig*〉 ray, gleam, glimmer: *un ~ di speranza* a ray of hope. 3 (*zona*) radius: *per* (*o* *entro*) *un ~ di cinque chilometri* for a radius of five kilometres, within a five-kilometre radius. 4 〈*fig*〉 (*ambito*) range, scope: *un vasto ~ d'azione* a wide range of action, a wide scope. 5 (*elemento della ruota*) spoke. 6 〈*Geom*〉 radius. 7 〈*Edil*〉 (*braccio*) arm, wing. ☐ 〈*Fis*〉 *raggi* **alfa** alpha rays; 〈*TV*〉 ~ **analizzatore** scanning beam; *raggi* **catodici** cathode rays; ~ **convergente** convergent beam; 〈*Astr*〉 *raggi* **cosmici** cosmic rays; 〈*Geom*〉 ~ *di* **curvatura** bending radius; 〈*Radiol*〉 **fare** *i raggi* to X-ray, to radiograph; 〈*Radiol*〉 **farsi** *i raggi* to be X-rayed, to have X-rays taken; 〈*Ott*〉 ~ **incidente** incident ray; *a* **largo** ~ (*di vasta portata*) with a wide range, wide-ranging, far-reaching: *azione a largo* ~ action with a wide range; ~ **luminoso** (*o* *di luce*) light ray, ray of light, beam; 〈*Ott*〉 ~ **riflesso** reflected ray; ~ **rifratto** refracted ray; ~ *di* **sole** sunbeam, ray of sunlight; *raggi* **ultrarossi** infra–red rays; *raggi* **ultravioletti** ultra–violet rays; 〈*Geom*〉 ~ **vettore** radius vector; *raggi* **X** X-rays.

raggiramento *m.* swindle, cheat(ing). **raggirare** *v.t.* to cheat, to trick, to swindle. **raggirarsi** *v.r.* (*aggirarsi*) to circle (*o* roam) around, to move about. **raggiratore** *m.* (*f.* **-trice**) cheat, trickster, swindler. **raggiro** *m.* **1** cheat, trick, swindle; (*intrigo*) intrigue, scheming. **2** ⟨*Dir*⟩ fraud, false pretences *pl.*

raggiungere *v.t.* (**raggiungo**, **raggiungi**; **raggiunsi**, **raggiunto**) **1** (*arrivare in un luogo*) to reach, to come to, to arrive at, to get to: ~ *la vetta* to reach (*o* gain) the top. **2** (*riprendere qd. che precede*) to catch up (with), to come up with, to reach: *per quanto corresse forte, l'ho raggiunto* although he was running fast I managed to catch up with him⌐ (*o* him up); (*riunirsi a*) to join, to be with: *vi raggiungerò in giardino* I'll join you in the garden; *ti raggiungo subito* I'll be with you in a minute. **3** (*toccare*) to reach: *la temperatura ha raggiunto gli ottanta gradi* the temperature has reached eighty. **4** ⟨*fig*⟩ (*arrivare ad allinearsi*) to catch up (with): *il nuovo scolaro ha raggiunto i suoi compagni* the new boy has caught up with the rest of the class. **5** ⟨*fig*⟩ (*conquistare*) to attain, to achieve, to reach, to win: *ha raggiunto un'ottima posizione* he has reached an excellent position; ~ *la meta* to reach one's goal. □ ~ *un accordo* to come to an agreement; ~ *il bersaglio* to hit the mark (*o* target); ~ *la maggiore età* to come of age.

raggiungibile *a.* **1** reachable: *la cima è* ~ *solo dal nord* the summit is reachable only from the north. **2** ⟨*fig*⟩ attainable, ⟨*pred*⟩ within reach: *il nostro scopo è ora* ~ our goal is now within reach. **raggiungimento** *m.* attainment, achievement: *il* ~ *di un fine* the attainment of a goal.

raggiustamento *m.* **1** mending, repairing. **2** ⟨*fig*⟩ (*accomodamento*) straightening out. **3** ⟨*fig*⟩ (*riconciliazione*) making up. **raggiustare** *v.t.* **1** (*aggiustare*) to repair, to mend, (*fam*) to fix. **2** ⟨*fig*⟩ (*accomodare*) to straighten out. **3** ⟨*fig*⟩ (*riconciliare*) to reconcile, to bring together (again). **raggiustarsi** *v.r.* to make peace.

raggomitolare *v.t.* (**raggomitolo**) to wind (into a ball), to ball. **raggomitolarsi** *v.r.* (*rannicchiarsi*) to curl up, to huddle. **raggomitolato** *a.* (*rannicchiato*) curled up, huddled.

raggranchiare *v.* (**raggranchio**, **raggranchi**) **I** *v.i.* (*aus.* **essere**) to become numb. **II** *v.t.* to (make) numb. **raggranchire** *v.* (**raggranchisco**, **raggranchisci**) → **raggranchiare**.

raggranellare *v.t.* (**raggranello**) to scrape together (*o* up): ~ *un po' di soldi* to scrape some money together.

raggrinzamento *m.* wrinkling, puckering, corrugating. **raggrinzare** **I** *v.t.* to wrinkle, to crease, to pucker. **II** *v.i.* (*aus.* **essere**), **raggrinzarsi** *v.r.* to become wrinkled, to wrinkle, to crease. **raggrinzire** *v.* (**raggrinzisco**, **raggrinzisci**) → **raggrinzare**. **raggrinzito** *a.* wrinkled, creased: *pelle –a* wrinkled skin.

raggrumare *v.t.,* **raggrumarsi** *v.r.* to coagulate, to clot. **raggrumato** *a.* clotted, coagulated.

raggruppamento *m.* **1** (*il raggruppare*) grouping. **2** (*gruppo*) group: ~ *di banche* bank(ing) group. **raggruppare** *v.t.* to group (together): ~ *gli alunni per classi* to group the students by classes. **raggrupparsi** *v.r.* to gather (in a group), to assemble.

raggruzzolare *v.t.* (**raggruzzolo**) to get (*o* scrape) together.

ragguagliare *v.t.* (**ragguaglio**, **ragguagli**) **1** (*pareggiare*) to equalize, to make even; (*livellare*) to level: ~ *la superficie di un campo* to level the surface of a field. **2** (*paragonare*) to compare. **3** (*informare*) to inform, to notify, to acquaint: *mi ragguagliò per lettera dell'accaduto* he informed me by letter of what had happened. **4** ⟨*Comm*⟩ to balance: ~ *le partite del dare e dell'avere* to balance the debit and credit accounts. **ragguagliato** *a.* **1** (*pareggiato*) equalized, levelled (out). **2** (*informato*) (kept) informed. **ragguaglio** *m.* **1** (*informazione*) information, details *pl: fornire ulteriori ragguagli* to give further details; (*relazione*) report: *fare un* ~ *dell'accaduto* to give a report of the event. **2** (*paragone*) comparison.

ragguardevole *a.* **1** (*rif. a persona: degno di riguardo*) notable, distinguished. **2** (*notevole*) considerable: *una somma* ~ a considerable (*o* large) sum.

ragia *f.* (*pl.* **-gie/-ge**) (pine) resin. □ *acqua* ~ turpentine.

ragionamento *m.* **1** reasoning (*anche Filos.*): *seguire un* ~ to follow a line of reasoning; *il tuo* ~ *è giusto* your reasoning is correct; (*argomentazione*) reasoning, argument: *persuadere col* ~ to persuade by argument. **2** (*discussione*) discussion: *quanti –i inutili!* what a useless discussion! □ ~ *deduttivo* deductive reasoning; *fare –i stupidi* to talk nonsense; ~ *induttivo* inductive reasoning. **ragionante** *a.* rational, reasoning. **ragionare** *v.i.* (**ragiono**; *aus.* **avere**) **1** to reason, to think (rationally): *quando si è spaventati non si ragiona* when someone is frightened he doesn't think rationally; *non c'è verso di farlo* ~ you can't make him think clearly. **2** (*argomentare*) to reason, to argue: ~ *a fil di logica* to reason logically. **3** (*discutere*) to talk (*di* about), to discuss (s.th.): ~ *di politica* to discuss politics. □ *che modo di* ~ *è questo?* what kind of thinking is this?; ⟨*scherz*⟩ ~ *con i piedi* to talk through one's hat. **ragionato** *a.* **1** reasonable, logical, rational, judicious: *un giudizio* ~ a judicious judgement. **2** (*accompagnato da documentazioni*) annotated, explained: *grammatica –a* annotated grammar. **ragionatore** *m.* (*f.* **-trice**) reasoner.

ragione *f.* **1** (*facoltà raziocinante*) reason: *la* ~ *è propria dell'uomo* reason is peculiar to man; (*intelletto*) mind, reason: *perdere la* ~ to go out of one's mind; *riacquistare l'uso della* ~ to regain the use of reason. **2** (*prova, dimostrazione*) argument, reason, justification: *le tue –i sono infondate* your arguments are unfounded. **3** (*causa, motivo*) reason, cause, motive: *non so la* ~ *del suo comportamento* I don't know the reason for his behaviour; *per –i di salute* for reasons of health; *per quale* ~*?* for what reason? **4** (*diritto*) right: *far valere le proprie –i* to assert one's rights. **5** ⟨*fig*⟩ (*conto*) account, explanation, reckoning: *rendere* ~ *di qc.* to give an account of s.th.; *domandare* ~ *di qc.* to ask for an explanation of s.th. **6** *pl.* (*esigenze*) reasons *pl: per –i di spazio* for reasons of space. **7** (*proporzione, rapporto*) rate: *lo pagano in* ~ *di poche lire per riga* they pay him at the rate of a few lire a line; *in* ~ *del sei per cento* at the rate of six per cent. **8** ⟨*Mat*⟩ (*rapporto*) ratio, proportion: ~ *diretta* direct ratio. □ **a** ~ — justly, rightly; *a torto o a* ~ rightly or wrongly; **ascoltare** *le –i di qd.* to listen to what s.o. has to say; **aver** ~ to be right; ⟨*scherz*⟩ *aver* ~ *da vendere* to be dead right; *aver* ~ *di qd.* (*vincerlo*) to gain the upper hand over s.o.; *ho (qualche)* ~ *di pensare* I have reason to believe; *vuol sempre aver* ~ he always wants to have his own way; *ho le mie buone –i* I've got my reasons; *non è una buona* ~ that's no reason; **conforme** *a* ~ according to reason; **dare** ~ *a qd.* to admit that s.o. is right; *gli avvenimenti mi hanno dato* ~ events have proved me right; *a chi di* ~ to the person concerned; **dire** *le proprie –i* to have one's say; ~ *d'essere* reason for existence, raison d'être: *le sue preoccupazioni non hanno più d'essere* his worries no longer have a raison d'être; *farsi* ~ *di qc.* to resign o.s. to sth.; **in** ~ *di:* 1 (*nel rapporto di*) at the rate of: *in* ~ *del cinque per cento* at the rate of five per cent; 2 (*dell'ammontare di*) to the amount of; 3 (*secondo*) according to: *in* ~ *dell'età* according to age; ⟨*Mat*⟩ ~ *inversa* inverse ratio (*o* proportion); *a maggior* ~ even more (so); *non è una* ~ that's no reason; *essere dalla* **parte** *della* ~ to be (in the) right; ~ *per cui* that's why; *per nessuna* ~ for no reason, on no account; ~ *di più* all the more reason; ⟨*Filos*⟩ *ragion* **pratica** practical reason; *di* **pubblica** ~ public knowledge: *rendere di pubblica* ~ (*divulgare*) to make public (knowledge); ⟨*Filos*⟩ *ragion* **pura** pure reason; *ridurre qd. alla* ~ to make s.o. see reason (*o* sense); ⟨*fam*⟩ *di* **santa** ~ (*abbondantemente*) thoroughly, very much; *sonarle di santa* ~ *a qd.* to give s.o. a good (*o* sound) beating; *non* **sentire** *–i* to refuse to listen to reason; **senza** ~ without any reason; ⟨*Comm*⟩ ~ **sociale** style (of a firm), ⟨*am*⟩ corporate name; ⟨*Pol*⟩ ~ *di* **Stato** reason of State; ⟨*Filos*⟩ ~ **ultima** *delle cose* first cause of things; *a ragion* **veduta**: 1 after due consideration; 2 (*intenzionalmente*) deliberately.

ragioneria *f.* **1** (*disciplina*) accountancy; (*contabilità*) book-keeping. **2** (*ufficio*) accounting department, counting-house. □ ~ *generale dello stato* general accounting department.

ragionevole *a.* **1** reasoning, reasonable: *un essere* ~ a reasoning being. **2** (*sensato, opportuno*) reasonable, sensible: *proposte –i* sensible suggestions. **3** (*giusto, conveniente*) reasonable, fair: *prezzi –i* fair prices; *le sue pretese sono –i* his claims are reasonable. **ragionevolezza** *f.* reasonableness. **ragionevolmente** *avv.* reasonably.

ragioniere *m.* (*f.* -a) **1** accountant. **2** (*ant*) (*contabile*) book–keeper. □ ~ *generale dello stato* accountant and comptroller general.

raglan *ingl. a.* (*Mod*) raglan–: *manica a* ~ raglan sleeve.

ragliamento *m.* braying (*anche fig.*). **ragliare** *v.* (*raglio, ragli*) **I** *v.i.* (*aus.* avere) to bray (*anche fig.*). **II** *v.t.* (*cantare o dire sgraziatamente*) to bray (out). **ragliata** *f.* bray(ing) (*anche fig.*). **raglio** *m.* bray (*anche fig.*).

ragna *f.* **1** (*rete per catturare uccelli*) kind of bird net. **2** (*fig,region*) (*tranello*) trap, snare, web: *cadere nella* ~ to fall into the trap. **ragnatela** *f.* **1** cobweb, (spider's) web. **2** (*fig*) (*tessuto sottile e logoro*) threadbare cloth. □ *essere pieno di –e* to be cobwebby (*o* covered with cobwebs).

ragno *m.* (*Zool*) spider. □ (*fig*) *non cavare un* ~ *dal buco* to get nowhere; (*scherz*) *sembrare un* ~ to be skinny (*o* spidery).

ragù *m.* (*Gastr*) ragout.

RAI = *Radio–audizioni italiane* Italian Broadcasting Corporation.

ralenti *fr.* [ralɑ̃'ti] *m.: al* ~ in slow motion.

raia *f.* (*Itt*) (*razza*) ray, skate.

raid *ingl.* ['reid] *m.* **1** (*Sport*) long–distance race: *il* ~ *Pechino–Parigi* the Peking–Paris race. **2** (*Mil*) (*incursione*) raid.

Raimondo *N.pr.m.* Raymond.

raion *m.* (*Tess*) rayon.

rais *m.* (*Pesc*) head of a tunny–fishing team.

RAI-TV = *Radiotelevisione italiana* Italian Broadcasting Corporation.

ralla *f.* **1** (*Mecc*) thrust bearing (*o* block). **2** (*Ferr*) centre casting (*o* plate). **3** (*Mar*) brass, brush. **4** (*morchia*) oily deposit.

rallegramento *m.* **1** (*il rallegrarsi*) rejoicing. **2** *pl.* congratulations *pl: tutti i miei –i per la tua promozione* congratulations on your promotion. **rallegrare** *v.t.* (**rallegro**) **1** (*rendere allegro*) to cheer up, to raise the spirits of. **2** (*far piacere*) to make glad (*o* happy), to delight: *le buone notizie mi rallegrarono assai* the good news delighted me. **3** (*fig*) (*rendere vivace*) to cheer (up), to brighten: *questi fiori rallegrano la stanza* these flowers brighten the room. **rallegrarsi** *v.r.* **1** to be glad (*o* happy), to rejoice, to cheer up, to be delighted: *mi rallegro che tutto sia andato bene* I am glad it all went well. **2** (*congratularsi*) to congratulate: ~ *con qd. per qc.* to congratulate s.o. on s.th. □ *mi rallegro con te per la tua promozione* congratulations on your promotion. **rallegrata** *f.* (*Equit*) prance.

rallentamento *m.* **1** slowing (down), slackening: *il* ~ *della velocità* slowing down. **2** (*fig*) (*attenuazione d'intensità*) slackening (off): ~ *nella produzione* slackening in production. **rallentando** *m.inv.* (*Mus*) rallentando. **rallentare** *v.* (**rallento**) **I** *v.t.* **1** (*rif. a cosa*) to slow (down): ~ *il passo* to slow one's pace; (*rif. a velocità*) to slacken: ~ *la velocità* to slacken speed, to slow down. **2** (*fig*) (*diminuire l'intensità di*) to slacken, to lessen: ~ *il ritmo del lavoro* to slacken the work rate; (*diminuire la frequenza di*) to reduce (the number of): ~ *le visite* to reduce the number of visits. **II** *v.i.* (*aus.* avere/essere) **1** to slow (down): ~ *in curva* to slow down at a curve. **2** (*fig*) (*diminuire d'intensità*) to slacken, to lessen. □ ~ *la disciplina* to relax discipline. **rallentatore** *m.* (*Cin*) slow–motion camera. □ (*Cin*) *al* ~ in slow motion, slow–motion–: *ripresa al* ~ slow–motion shot (*o* take).

rally *ingl.* ['ræli] *m.* (*Aut*) rally.

rama *f.* (*region*) (*ramo*) branch.

ramadan *m.* (*Rel*) Ramad(h)an, Ramazan.

ramaglia *f.* (dead) branches *pl.*

ramaio *m.* coppersmith. **ramaiolata** *f.* ladleful. **ramaiolo** *m.* ladle.

ramanzina *f.* (*fam*) telling–off. □ *fare una* ~ *a qd.* to tell

(*o* tick) s.o. off.

ramare *v.t.* (*Met*) to copper, to coat (*o* sheathe) with copper.

ramarro *m.* (*Zool*) green lizard. □ *verde* ~ bright green.

ramato I *a.* **1** coppered, copper–coated: *filo* ~ copper –coated wire. **2** (*rossiccio*) auburn, copper(–coloured): *capelli –i* auburn hair. **II** *s.m.* (*Agr*) copper sulphate. **ramatura** *f.* **1** (*Met*) coppering, copper coating; (*rivestimento di rame*) copper coat. **2** (*Agr*) spraying with copper sulphate.

ramazza *f.* broom, besom. □ (*mil*) *esser* (*comandato*) *di* ~ to be on the cleaning detail. **ramazzare** *v.t.* to sweep.

rame *m.* **1** (*Chim*) copper. **2** *pl.* (*oggetti di rame*) copper. □ *–i da cucina* copper pots and pans; *di* ~: 1 copper, of copper: *moneta di* ~ copper (coin); 2 (*color rame*) copper, copper–coloured; ~ *elettrolitico* electrolytic (*o* cathode) copper; ~ *grezzo* (*o nero*) blister (copper), coarse (*o* black) copper. **rameico** *a.* (*pl.* ci) (*Chim*) cupric.

ramengo *m.* (*pl.* -ghi) (*gerg,region*) (*bastone*) stick. □ *andare a* ~ to go to rack and ruin; *mandare qd. a* ~ to tell s.o. to go to hell.

rameoso *a.* (*Chim*) cuprous.

ramerino *m.* (*Bot*) rosemary.

ramifero *a.* copper–bearing.

ramificare *v.i.* (**ramifico, ramifichi**; *aus.* avere), **ramificarsi** *v.r.* to branch (out), to ramify (*anche fig.*). **ramificato** *a.* branched, branching (*anche fig.*). **ramificazione** *f.* branching, ramifying, ramification (*anche fig.*).

ramina *f.* copper flake.

ramingare *v.i.* (**ramingo, raminghi**; *aus.* avere) (*lett*) to wander, to roam. **ramingo** *a.* (*pl.* -ghi) wandering, roaming.

ramino[1] *m.* **1** (*bricco*) kettle. **2** (*region*) (*mestolo*) skimmer.

ramino[2] *m.* (*gioco di carte*) rummy.

rammagliare *v.t.* (**rammaglio, rammagli**) (*Lav.femm*) to darn; (*rif. a smagliatura*) to mend a run (*o* ladder) in: ~ *una calza* to mend a run in a stocking. **rammagliatura** *f.* (*Lav.femm*) darning; (*rif. a smagliatura*) mending of runs (*o* ladders).

rammaricare *v.t.* (**rammarico, rammarichi**) to afflict, to distress. **rammaricarsi** *v.r.* **1** (*affliggersi*) to regret, to feel (very) sorry: *mi rammarico di non essere stato presente* I regret (*o* am sorry) I wasn't there. **2** (*lamentarsi*) to complain: *non fa che rammaricarsi* he does nothing but complain. **rammarico** *m.* (*pl.* -chi) **1** (*rincrescimento*) regret. **2** (*lamento*) complaint, lament. □ *provare* (*o sentire*) *vivo* ~ *per* (*o di*) *qc.* to feel very sorry about s.th.

rammendare *v.t.* (**rammendo**) (*Lav.femm*) to mend, to darn: ~ *un paio di calze* to mend a pair of stockings. **rammendato** *a.* mended, darned. **rammendatrice** *f.* mender, darner. **rammendo** *m.* **1** mending, darning. **2** (*parte rammendata*) mend, darn. □ *ago da* ~ darning needle.

rammentare *v.t.* (**rammento**) **1** (*ricordare*) to remember, to recall: ~ *i giorni felici* to remember happy times; *rammenta i miei consigli* remember my advice. **2** (*richiamare alla memoria*) to remind, to call to mind: *quella casa mi rammenta la mia infanzia* that house reminds me of my childhood; *la tua voce mi rammenta quella di mio padre* your voice reminds me of my father's. **3** (*nominare, menzionare*) to mention, to speak of: *lo rammentiamo spesso nei nostri discorsi* we often mention him when we talk. **rammentarsi** *v.r.* to remember, to recall, to recollect: *rammentati della tua promessa* remember your promise. **rammentatore** *m.* (*f.* -trice) (*Teat*) (*suggeritore*) prompter.

rammollimento *m.* softening (*anche Med.*): ~ *cerebrale* softening of the brain. **rammollire** *v.* (**rammollisco, rammollisci**) **I** *v.t.* to soften, to make soft(er). **II** *v.i.* (*aus.* essere), **rammollirsi** *v.r.* to soften, to become (*o* get) soft. **rammollito I** *a.* **1** softened, soft. **2** (*fig*) (*effeminato*) weak, spineless. **3** (*fig*) (*rimbambito*) doting, doddering.

II *s.m.* (*f.* **-a**) weakling, milksop. □ *un vecchio* ~ a dotard.

rammorbidimento *m.* softening (*anche fig.*). **rammorbidire** *v.t.* (**rammorbidisco, rammorbidisci**) to soften, to make soft(er) (*anche fig.*). **rammorbidirsi** *v.r.* to become (*o* grow) soft, to soften (*anche fig.*).

ramno *m.* ⟨*Bot*⟩ buckthorn.

ramo *m.* **1** branch (*anche fig.*): *un* ~ *carico di frutti* a fruit-laden branch. **2** (*in genealogia: linea di parentela*) branch; (*discendenza*) descent, lineage. **3** (*branca*) branch: ~ *dello scibile* branch of knowledge; (*campo*) field, line: ~ *commerciale* line of business. **4** ⟨*Anat*⟩ branch, ramus. **5** ⟨*Zool*⟩ antler, tine. □ ~ *di* **affari** branch of business; ~ **ascendente** ascending branch; ~ **bancario** banking; ~ **discendente** descending branch; ⟨*Assic*⟩ ~ **incendi** fire insurance; ~ *dell'*industria branch of industry; *avere un* ~ *di* **pazzia** to have a touch of madness.

ramolaccio *m.* ⟨*Bot*⟩ wild radish.

ramoscello *m.* twig, sprig, spray. **ramosità** *f.* branchiness. **ramoso** *a.* **1** branchy. **2** (*ramificato*) branched.

rampa *f.* **1** (*di scale*) flight (of stairs). **2** ⟨*Strad*⟩ ramp. **3** (*in missilistica*) (launching) pad, ramp. **4** ⟨*Arald*⟩ paw. □ ~ *d'accesso* road approach, approach ramp; ~ *di lancio* launching pad (*o* ramp, track); ⟨*Edil*⟩ ~ *di scala* flight.

rampante *a.* ⟨*Arald*⟩ rampant: *leone* ~ lion rampant. □ ⟨*Arch*⟩ *arco* ~ flying-buttress.

rampicante **I** *a.* ⟨*Bot*⟩ climbing, creeping: *pianta* ~ climbing plant, creeper. **II** *s.m.* ⟨*Zool*⟩ climber, creeper. **rampicare** *v.i.* (**rampico, rampichi;** *aus.* **essere**), **rampicarsi** *v.r.* (*arrampicarsi*) to climb (up). **rampichino** *m.* ⟨*Ornit*⟩ tree-creeper.

rampino *m.* **1** hook. **2** ⟨*fig*⟩ (*pretesto*) excuse, pretext. **3** ⟨*Mar*⟩ (*grappino*) grapple, grapnel. □ *a* ~ hooked, hook-shaped: *becco a* ~ hooked beak.

rampogna *f.* ⟨*lett*⟩ rebuke, reprimand. **rampognare** *v.t.* (**rampogno**) ⟨*lett*⟩ to rebuke, to reprimand.

rampollare *v.i.* (**rampollo;** *aus.* **essere**) **1** (*rif. ad acqua*) to spring forth, to gush out. **2** (*rif. a piante*) to bud, to sprout, to shoot. **3** ⟨*fig*⟩ (*derivare*) to come, to derive. **rampollo** *m.* **1** (*vena d'acqua*) spring. **2** (*germoglio*) bud, sprout, shoot. **3** ⟨*fig*⟩ (*discendente*) scion; (*scherz*) (*figlio*) offspring.

rampone *m.* **1** hook, hooked iron. **2** ⟨*Pesc*⟩ harpoon. **3** ⟨*Alp*⟩ crampon. **4** (*arnese per arrampicarsi sui pali*) climbing-iron. **ramponiere** *m.* ⟨*Pesc*⟩ harpooner.

Ramses, Ramsete *N.pr.m.* ⟨*Stor*⟩ Ramses, Rameses.

rana *f.* **1** ⟨*Zool*⟩ frog. **2** ⟨*Sport*⟩ (*nuoto a rana*) breast-stroke. □ ~ *comune* (*o esculenta*) edible frog; ⟨*Mil*⟩ *uomo* ~ frogman.

rancidezza *f.* rancidness, rancidity, rankness. **rancidire** *v.i.* (**rancidisco, rancidisci;** *aus.* **essere**) to become (*o* grow) rancid. **rancidità** *f.* → **rancidezza. rancido I** *a.* **1** rancid, rank: *lardo* ~ rancid bacon fat. **2** ⟨*fig*⟩ old-fashioned, out-of-date, musty: *teorie -e* out-of-date theories. **II** *s.m.* **1** (*rif. a cibi: di sapore*) rancid taste, rancidity. **2** (*di odore*) rancid smell, rank odour. □ *sapere di* ~ to taste (*o* smell) rancid. **rancidume** *m.* (*rif. a cibi*) rancid food; (*di gusto*) rancid taste, rancidity; (*di odore*) rancid smell, rank odour.

ranciere *m.* ⟨*Mil*⟩ messman. **rancio** *m.* mess, meal, rations *pl,* ⟨*fam*⟩ chow: *distribuire il* ~ to serve out mess (*o* rations).

rancore *m.* rancour, grudge, ill feeling. □ *nutrire* (*o* *covare*) ~ *contro qd.* to nurse a grudge against s.o.; *senza* ~? no hard feelings?; *serbare* ~ *a qd.* to bear s.o. a grudge.

randa *f.* ⟨*Mar*⟩ spanker, gaffsail, trysail.

randagio *a.* stray: *gatto* ~ stray (*o* alley) cat.

randeggiare *v.i.* (**randeggio, randeggi;** *aus.* **avere**) ⟨*Mar*⟩ to coast.

randellare *v.t.* (**randello**) to club, to cudgel. **randellata** *f.* blow with a club (*o* cudgel). □ *prendere qd. a -e* to give s.o. a cudgelling. **randello** *m.* club, cudgel.

randomizzare *v.t.* ⟨*Statist*⟩ to randomize. **randomizzazione** *f.* randomization.

ranetta *f.* ⟨*Agr*⟩ (*renetta*) rennet.

ranghinatore *m.* ⟨*Agr*⟩ (side-delivery) hay rake.

rango *m.* (*pl.* **-ghi**) **1** (*ceto sociale*) class, standing, rank: *d'alto* ~ of high rank (*o* standing). **2** ⟨*Mil*⟩ (*riga*) rank. □ *restare nei ranghi:* 1 ⟨*Mil*⟩ to keep rank, to stay in the ranks; 2 ⟨*fig*⟩ (*rimanere al proprio posto*) to stay in line; ⟨*Mil*⟩ *rientrare nei ranghi* to fall in (line) again; ⟨*Mil,fig*⟩ *serrare i ranghi* to close ranks.

ranista *m./f.* ⟨*Sport*⟩ breast-stroke swimmer.

rannicchiarsi *v.r.* (**mi rannicchio, ti rannicchi**) to crouch, to squat, to huddle.

ranno *m.* lye. □ ⟨*fig*⟩ ⌐*buttare via*⌐ (*o perdere*) *il* ~ *e il sapone* to waste one's time (and efforts).

rannodare *v.t.* (**rannodo**) **1** to retie in a knot, to retie (together). **2** ⟨*fig*⟩ to resume, to renew.

rannuvolamento *m.* **1** clouding over. **2** ⟨*fig*⟩ darkening. **rannuvolare** *v.t.* (**rannuvolo**) to cloud over, to make cloudy (*o* overcast). **rannuvolarsi** *v.r.* **1** to cloud over, to become (*o* get) cloudy, to grow overcast: *il cielo s'è rannuvolato improvvisamente* the sky suddenly clouded over. **2** ⟨*fig*⟩ to darken: *si rannuvolò alla notizia* his face darkened when he heard the news. **rannuvolato** *a.* **1** cloudy, overcast, clouded over: *cielo* ~ cloudy (*o* overcast) sky. **2** ⟨*fig*⟩ (*scuro: rif. al volto*) gloomy.

ranocchio *m.* **1** ⟨*Zool*⟩ frog. **2** ⟨*fig*⟩ (*persona bassa e malformata*) stunted (*o* misshapen) person.

rantolante *a.* gasping, wheezing. **rantolare** *v.i.* (**rantolo;** *aus.* **avere**) **1** to gasp, to wheeze. **2** (*agonizzare*) to have the death-rattle. **rantolio** *m.* gasping, wheezing. **rantolo** *m.* **1** death-rattle, gasp, wheeze: *il* ~ *dell'agonia* the death-rattle. **2** ⟨*Med*⟩ rale.

ranula *f.* ⟨*Med,Veter*⟩ ranula.

ranuncolacee *f.pl.* ⟨*Bot*⟩ buttercup family. **ranuncolo** *m.* buttercup.

rapa *f.* **1** ⟨*Bot*⟩ turnip. **2** ⟨*fig*⟩ (*persona stupida*) blockhead, turnip, ⟨*fam*⟩ fat head. □ ⟨*fig*⟩ *voler cavare sangue da una* ~ to try and get blood out of a stone.

rapace **I** *a.* **1** predatory, rapacious; (*rif. a uccelli*) raptorial. **2** ⟨*fig*⟩ (*avido*) rapacious, greedy. **II** *s.m.* bird of prey. **rapacemente** *avv.* rapaciously, greedily. **rapacità** *f.* **1** rapacity. **2** ⟨*fig*⟩ rapacity, greed(iness).

rapanello *m.* → **ravanello.**

rapare *v.t.* to crop, to shave (a head). **raparsi** *v.r.* to have one's hair cropped, to have one's head shaved. **rapata** *f.* cropping (of hair), shaving (of the head). **rapato** *a.* shaved, shaven. **rapatura** *f.* **1** (*atto*) cropping, shaving. **2** (*effetto*) cropped (*o* shaved) head.

raperonzolo *m.* ⟨*Bot*⟩ rampion.

rapida *f.* rapids *pl,* rapid. **rapidamente** *avv.* quickly, rapidly. **rapidità** *f.* quickness, swiftness, rapidity, rapidness; (*velocità*) speed. **rapido I** *a.* **1** fast, quick, rapid, swift, speedy. **2** (*breve*) short, quick, brief: *una -a visita* a short visit. **II** *s.m.* ⟨*Ferr*⟩ express (train). □ ~ *come il lampo* (*o fulmine*) as quick as lightning; *a presa -a* quick-setting.

rapimento *m.* **1** kidnapping, abduction. **2** (*estasi*) rapture.

rapina *f.* **1** robbery, plunder. **2** ⟨*concr*⟩ (*bottino*) booty, plunder. □ ~ *in banca* bank robbery; ~ *a mano armata* armed robbery. **rapinare** *v.t.* to rob, to plunder: *l'hanno rapinata di tutti i gioielli* they robbed her of all her jewels. **rapinatore** *m.* (*f.* **-trice**) robber, plunderer.

rapire *v.t.* (**rapisco, rapisci**) **1** to rob, to steal, to plunder. **2** (*rif. a persone*) to kidnap, to abduct: *un bambino è stato rapito dagli zingari* a baby was kidnapped by the gypsies. **3** ⟨*fig*⟩ (*estasiare*) to enrapture, to entrance, to (en)ravish. □ *essere rapito dalla morte* to be ⌐*carried off*⌐ (*o* snatched away) by death. **rapito** *a.* **1** robbed, stolen; (*rif. a persone*) kidnapped, abducted. **2** ⟨*fig*⟩ (*estasiato*) enraptured, entranced. **rapitore** *m.* (*f.* **-trice**) kidnapper, abductor.

rappacificare *v.t.* (**rappacifico, rappacifichi**) **1** to reconcile. **2** (*calmare*) to appease, to pacify. **rappacificarsi** *v.r.* to become reconciled. **rappacificazione** *f.* reconciliation.

rappattumare *v.t.* to reconcile (temporarily). **rappattumarsi** *v.r.* to make (it) up.

rappezzamento *m.* (*atto*) patching, mending; (*effetto*) patch, mend. **rappezzare** *v.t.* (**rappezzo**) **1** to patch, to mend: ~ *una giacca vecchia* to patch (*o* put a patch on) an old jacket. **2** ⟨*fig*⟩ (*comporre alla meglio*) to botch. **rappezzato** *a.* patched. **rappezzatura** *f.* **1** (*il rappezzare*) patching (up); (*parte rappezzata*) patch. **2** ⟨*spreg*⟩ (*cosa rappezzata*) botch, patchwork. **rappezzo** *m.* patch: *fare un ~ a un indumento* to patch (*o* put a patch on) a garment; (*parte rappezzata*) patch, mend.

rapportare *v.t.* (**rapporto**) **1** (*confrontare*) to compare: ~ *tra loro le produzioni di due paesi* to compare the production of two countries. **2** (*riprodurre*) to reproduce (on a different scale). **3** ⟨*tecn*⟩ (*collegare*) to connect, to link: ~ *due assi* to connect two axles. **rapportatore** *m.* ⟨*Geom*⟩ protractor.

rapporto *m.* **1** report, account, statement: *stendere un ~* to write up a report. **2** (*legame, nesso*) connection, relation(ship), association: *non c'è alcun ~ fra le due cose* there's no connection between the two matters. **3** (*relazione*) relations *pl*, terms *pl: essere in buoni –i con qd.* to be on good terms with s.o.; *–i internazionali* international relations. **4** ⟨*Mat,Mecc*⟩ ratio. **5** ⟨*Tess*⟩ repeat. □ ~ *d'affari* business dealings (*o* relations); ~ **amoroso** love affair; ⟨*Mil*⟩ **chiamare** *a* ~ to call for report, to summon; *–i* **commerciali** trade (*o* business) relations; *–i* **culturali** cultural relations; ~ *di* **dipendenza** subordinate relationship; *–i* **diplomatici** diplomatic relations; ~ *diplomatico* diplomatic report; **entrare** *in* ~ *con qd.* to enter into relations with s.o.; *–i* **epistolari** correspondence *sing;* **fare** ~ *di qc.* to report s.th.; ⟨*burocr*⟩ *fare* ~ *a qd.* to report (*o* make a report on) s.o.; **in** ~ *a:* **1** (*in confronto*) in proportion to, compared with; **2** (*riguardo a*) with reference to, regarding, as regards; *–i* **intimi** sexual relations; ⟨*Mat*⟩ ~ **inverso** inverse ratio; ~ **lavorativo** (*o di lavoro*) employer–employee relationship; **mettere** *in* ~ to connect (*o* link) up; ~ *di* **parentela** kinship, relationship; ⟨*Mot*⟩ ~ **peso–**potenza power –to–weight ratio, weight efficiency; **rompere** *i –i* to break off (*o* sever) relations; ⟨*Rad*⟩ ~ **segnale–**disturbo signal –to–noise ratio, signal/noise ratio; *–i* **sessuali** *= rapporti* **intimi;** ~ **ufficiale** official report; *stabilire –i di buon* **vicinato** to get on good terms with neighbours.

rapprendere *v.t.* (**rappresi, rappreso**) (*far coagulare*) to coagulate, to congeal; (*rif. al latte*) to curdle. **rapprendersi** *v.r.* (*coagularsi*) to coagulate, to congeal; (*rif. al sangue*) to clot, to coagulate; (*rif. al latte*) to curdle; (*rif. a sostanze colloidali*) to gel.

rappresaglia *f.* retaliation, reprisal.

rappresentabile *a.* performable.

rappresentante *m./f.* **1** representative (*anche fig.*): *è un classico ~ del romanticismo* he is a classical representative of Romanticism. **2** ⟨*Comm*⟩ agent. □ ~ **diplomatico** diplomatic representative (*o* delegate); ⟨*Comm*⟩ ~ **esclusivo** sole (*o* exclusive) agent; ⟨*Comm*⟩ ~ **estero** foreign agent; ~ **sindacale** (union) steward; ~ *della* **stampa** press representative. ~ *di* **vendita** sales representative.

rappresentanza *f.* **1** delegation, deputation. **2** ⟨*Comm*⟩ agency: *ottenere la ~ di una ditta* to become the agency (*o* representative) of a company; (*ufficio*) agency, branch. □ ~ *diplomatica* diplomatic mission; ~ **esclusiva** sole (*o* exclusive) agency; ~ *all'estero* foreign agency; *in ~ di* as the representative of; *spese di ~* entertainment expenses.

rappresentare *v.t.* (**rappresento**) **1** (*raffigurare*) to depict, to portray, to represent: *il quadro rappresenta una scena di caccia* the painting depicts a hunting scene; (*descrivere*) to describe, to represent: *nel romanzo è rappresentata la Roma del dopoguerra* the novel describes post–war Rome. **2** (*simboleggiare*) to symbolize, to be a symbol of, to represent: *il leone rappresenta la violenza* the lion is a symbol of violence. **3** (*fare le veci*) to represent, to act for: ~ *qd. nella conclusione di un contratto* to act for s.o. in drawing up a contract. **4** (*costituire*) to be, to represent, to mean: *il suo rifiuto rappresenta per lui la sconfitta completa* her refusal represents total defeat for him. **5** ⟨*Teat*⟩ (*portare in scena*) to (produce on) stage, to give, ⟨*fam*⟩ to put on; (*sostenere una parte*) to play, to act: *chi rappresenta la parte di Iago?* who will play the part of Iago?

rappresentativa *f.* ⟨*Sport*⟩ selected team: *la ~ inglese di atletica leggera* the English selected team in track and field. **rappresentatività** *f.* representativeness. **rappresentativo** *a.* **1** representative, symbolical, typical: *un personaggio ~ della nostra epoca* a personality symbolical of our times. **2** ⟨*Sport*⟩ selected: *squadra –a* selected team. **3** ⟨*Pol*⟩ representative: *sistema ~* representative system.

rappresentazione *f.* **1** portrayal, depiction, representation: *la ~ di una scena di battaglia* the portrayal of a battle scene. **2** ⟨*Teat,Cin*⟩ performance, show. **3** ⟨*Filos,Mat*⟩ representation. **4** ⟨*Psic*⟩ image. □ ⟨*Teat*⟩ ~ **diurna** matinée; ⟨*Teat*⟩ ~ *di* **gala** gala performance; ⟨*Teat,Cin*⟩ **prima** ~ première, first night, opening night; ⟨*Cin*⟩ **prima** ~ *assoluta* world première; ⟨*Lett*⟩ **sacra** ~ mystery (*o* miracle) play; ⟨*Topogr*⟩ ~ *del* **terreno** contour representation.

rappreso (*p.p. di rapprendere*) *a.* clotted, coagulated.

rapsodia *f.* ⟨*Lett,Mus*⟩ rhapsody. **rapsodico** *a.* (*pl.* **-ci**) ⟨*Lett,Mus*⟩ rhapsodic. **rapsodista** *m./f.* ⟨*Mus*⟩ composer of rhapsodies. **rapsodo** *m.* ⟨*Stor.gr*⟩ rhapsodist, rhapsode.

raptus *lat. m.* raptus.

raramente *avv.* seldom, rarely.

rarefare *v.t.* (**rarefaci, rarefai; rarefeci; rarefatto;** → **fare**) **1** to rarefy. **2** (*diradare*) to make less frequent. **rarefarsi** *v.r.* **1** to rarefy, to become less dense: *la nebbia si è rarefatta* the fog became less dense. **2** ⟨*estens*⟩ (*diradarsi: rif. a visite*) to become less frequent; (*rif. a traffico*) to thin out. **rarefatto** (*p.p. di rarefare*) *a.* rarefied: *gas ~* rarefied gas. **rarefazione** *f.* rarefaction.

rarità *f.* **1** rareness, infrequency. **2** ⟨*concr*⟩ (*cosa rara*) rarity, curiosity. **raro** *a.* **1** rare, infrequent, unusual: *è ~ che lo si veda* it's unusual to see him. **2** ⟨*estens*⟩ (*straordinario*) rare: *un ~ esempio di virtù* a rare example of virtue. □ ⟨*fam*⟩ ~ *come una mosca bianca* very rare; *–e* **volte** seldom, rarely.

ras *m.* ras.

rasare *v.t.* **1** (*radere*) to shave. **2** (*rif. a erba e sim.: tagliare*) to cut, to trim; (*potare*) to clip. **rasarsi** *v.r.* to shave (o.s.).

rasatello *m.* ⟨*Tess*⟩ sateen. **rasato** *a.* **1** shaved: *mal ~* badly shaved. **2** (*liscio*) smooth. **3** (*livellato*) levelled (off), level. **4** ⟨*Tess*⟩ satin–, satin–like. **rasatrice** *f.* ⟨*Tess*⟩ shearing machine. **rasatura** *f.* **1** (*atto*) shaving; (*effetto*) shave. **2** (*rif. a erba e sim.: taglio*) cutting, trimming.

raschiabile *a.* that can be scraped. **raschiamento** *m.* **1** scraping, rasping. **2** ⟨*Med*⟩ curettage, curetting, scraping: ~ *dell'osso* bone scraping; ~ *dell'utero* curettage. **raschiare** *v.t.* (**raschio, raschi**) **1** to scrape, to rasp: ~ *un muro con il coltello* to scrape a wall with a knife; (*asportare raschiando*) to scrape off, to remove: ~ *la ruggine dal ferro* to remove rust from iron. **2** ⟨*assol*⟩ (*far rumore con la gola*) to clear one's throat. **3** ⟨*Conc*⟩ to scrape. **4** ⟨*Med*⟩ to curette, to scrape. **raschiata** *f.* scraping, scrape. □ *dare una ~ al muro* to scrape the wall. **raschiatoio** *m.* → **raschietto. raschiatura** *f.* **1** scraping, rasping. **2** ⟨*concr*⟩ (*segno*) scratch, scrape mark. **3** ⟨*concr*⟩ (*ciò che si asporta raschiando*) scrapings *pl*, shavings *pl:* ~ *di ferro* iron shavings. **4** ⟨*Conc*⟩ scraping. **raschiettare** *v.t.* (**raschietto**) to scrape. **raschietto, raschino** *m.* **1** scraper (*anche Mecc.*). **2** (*arnese da scrivania*) erasing knife. **3** (*per le pipe*) pipe scraper. **4** (*per metalli*) rabble.

raschio[1] *m.* (*irritazione*) throat irritation. □ *mi è venuto un ~ alla gola* my throat is irritated.

raschio[2] *m.* **1** (*il raschiare ripetutamente*) (continuous) scraping, rasping. **2** (*rumore*) scraping (*o* rasping) noise.

rasentare *v.t.* (**rasento**) **1** (*sfiorare: passando accanto*) to graze, to shave: *l'automobile rasentò il marciapiede* the car grazed the pavement; (*passando sopra*) to skim (over, along): ~ *la terra* to skim over the ground. **2** ⟨*fig*⟩ (*avvicinarsi*) to border on: *il tuo comportamento rasenta il ridicolo* your behaviour borders on the ridiculous. □ ⟨*scherz*⟩ ~ *la cinquantina* to be pushing fifty; ~ *il codice penale* to be just inside the law, to sail close to the wind.

rasẹnte *avv.* close to, very near, grazing: ~ *al muro* very near the wall; (*sopra una superficie*) skimming. □ *il proiettile gli passò* ~ *al viso* the bullet nearly grazed his face; *volare* ~ *il mare* to skim (*o* fly low) over the sea.

rạsi → **radere**.

rasiẹra *f.* ⟨*Fal*⟩ scraper.

rạso[1] (*p.p. di radere*) *a.* **1** (*rasato: rif. a capelli*) clipped, cropped, ⟨*scherz*⟩ shorn; (*rif. a barba*) shaved. **2** (*liscio*) smooth: *tessuto* ~ smooth cloth. **3** (*pieno fino all'orlo: rif. a liquidi*) full to the brim, brimful: *un bicchiere* ~ a glass full to the brim; (*rif. a solidi*) level: *un cucchiaio* ~ *di farina* a level spoonful of flour.

rạso[2] *m.* ⟨*Tess*⟩ satin. □ *di* ~ satin-, made of satin.

rasoiạta *f.* razor-cut, razor-slash. **rasọio** *m.* razor: *affilare un* ~ to sharpen a razor. □ ~ *elettrico* shaver; ⟨*fig*⟩ *trovarsi* (*o camminare*) *sul filo del* ~ to walk on the razor's edge; ~ *di sicurezza* safety razor; *tagliare come un* ~ to cut like a razor (*anche fig.*).

rasotẹrra (*o rạso tẹrra*) *avv.* **1** close to the ground, grazing (*o* skimming over) the ground. **2** ⟨*Sport*⟩ ground-, level.

rạspa *f.* ⟨*Mecc*⟩ rasp. **raspạre** I *v.t.* **1** to rasp, to scrape. **2** (*irritare*) to irritate, to rasp: *il cibo piccante raspa la gola* spicy food irritates the throat. **3** (*rif. ad animali: grattare con le unghie*) to scratch. **4** ⟨*pop*⟩ (*rubare*) to steal, ⟨*fam*⟩ to pinch. II *v.i.* (*aus.* avere) **1** to scratch, to be scratchy, to rasp: *questo pettine raspa troppo* this comb scratches too much. **2** (*rif. ad animali: grattare con le unghie*) to scratch. **3** ⟨*spreg*⟩ (*frugare*) to rummage, to poke around (*in, tra* in). **raspatọio** *m.* ⟨*Agr*⟩ harrow. **raspatụra** *f.* **1** (*atto*) rasping, scraping; (*effetto*) rasp, scrape. **2** (*concr*) (*ciò che si asporta raspando*) scrapings *pl*, raspings *pl*. **raspịno** *m.* riffler file. **raspịo** *m.* **1** (*il raspare continuo*) rasping, scratching. **2** (*rif. ad animali: il grattare con le unghie*) scratching.

rạspo *m.* grape stalk.

rassẹgna *f.* **1** ⟨*Mil*⟩ (*rivista*) review, inspection, muster: ~ *delle truppe* inspection of the troops. **2** (*esame minuzioso*) survey, inspection. **3** (*resoconto*) review, survey: ~ *della stampa* press survey. **4** (*mostra, esposizione*) exhibition, show, ⟨*am*⟩ exposition. **5** ⟨*Giorn*⟩ digest, review, magazine: ~ *letteraria* literary review. □ *fare la* ~ *di* to review; ~ *del mercato* marketing; *passare in* ~: 1 ⟨*Mil*⟩ to review, to inspect, to muster; 2 ⟨*fig*⟩ (*esaminare*) to survey, to review, to examine. **rassegnạre** *v.t.* (*rassegno*) ⟨*burocr*⟩ to resign, to hand (*o* send) in, to give: ~ *un mandato* to resign a commission, to hand back one's mandate. **rassegnarsi** *v.r.* to resign (*o* reconcile) o.s., to submit (*a* to): *rassegnarsi al proprio destino* to resign o.s. to one's fate. □ ~ *le dimissioni* to resign. **rassegnạto** *a.* resigned. **rassegnazịone** *f.* resignation, submission. □ ~ *delle dimissioni* resignation.

rasserenamẹnto *m.* **1** clearing up, brightening: ~ *del cielo* clearing up (of the sky). **2** ⟨*fig*⟩ cheering (*o* brightening) up. **rasserenạnte** *a.* cheering. **rasserenạre** *v.t.* (*rasserẹno*) **1** to clear up, to brighten. **2** ⟨*fig*⟩ to cheer up, to brighten. **rasserenarsi** *v.r.* **1** to clear up, to become bright (*o* serene). **2** ⟨*fig*⟩ to cheer up, to brighten (up). **rasserenạto** *a.* (*rif. al volto e sim.*) more cheerful, cheered; (*rif. alla persona*) in better spirits.

rassestạre *v.t.* (*rassẹsto*) **1** (*assestare*) to arrange, to put in order. **2** (*riassestare*) to rearrange, to readjust.

rassettamẹnto *m.* (*atto*) arranging; (*effetto*) arrangement, order. **rassettạre** *v.t.* (*rassẹtto*; *p.p.* rassettạto/rassẹtto) **1** (*mettere in ordine*) to (put in) order, to tidy up, to arrange: ~ *una camera* to tidy up a room. **2** (*accomodare*) to repair, to mend, ⟨*fam*⟩ to fix. **3** ⟨*fig*⟩ (*aggiustare*) to settle. **rassettarsi** *v.r.* to tidy (o.s.) up. **rassettatụra** *f.* **1** (*riordinamento*) tidying up, arranging. **2** (*accomodatura*) repairing, mending. **rassẹtto** → **rassettare**.

rassicurạnte *a.* reassuring: *parole –i* reassuring words. □ *quell'uomo ha un aspetto poco* ~ that man looks rather suspicious. **rassicurạre** *v.t.* to reassure: *lo rassicurai con un 'sorriso* I reassured him with a smile. **rassicurarsi** *v.r.* to be (*o* feel) reassured, to become (*o* feel more) confident: *alle sue parole si rassicurò* she was reassured by his words. **rassicurạto** *a.* reassured, confident: *sentirsi* ~ to feel

reassured. **rassicurazịone** *f.* reassurance, assurance.

rassodamẹnto *m.* **1** hardening, stiffening. **2** (*rafforzamento*) strengthening, consolidation (*anche fig.*). **rassodạnte** *a.* that makes firm. **rassodạre** *v.* (*rassọdo*) I *v.t.* **1** to harden, to stiffen: *la ginnastica rassoda i muscoli* exercise hardens the muscles. **2** ⟨*fig*⟩ (*rafforzare*) to strengthen, to consolidate: ~ *la propria autorità* to strengthen one's authority. II *v.i.* (*aus.* essere), **rassodarsi** *v.r.* **1** to harden, to stiffen. **2** ⟨*fig*⟩ (*rafforzarsi*) to be strengthened, to be consolidated.

rassomigliạnte *a.* similar, like. **rassomiglianza** *f.* resemblance, likeness, similarity: *fra i due fratelli c'è poca* ~ there's very little resemblance between the two brothers. **rassomigliạre** *v.i.* (*rassomiglio, rassomigli;* *aus.* avere/essere) (*nell'aspetto*) to look (*o* be) like, to resemble (*a qd.* s.o.), to be similar (to); (*nel carattere e sim.*) to be like, to take after (*a qd.* s.o.), to be similar (to): *rassomiglia molto al padre nel carattere* his character is very like (*o* similar to) his father's. **rassomigliarsi** *v.r.* ⟨*recipr*⟩ to resemble e.o., to be alike: *rassomigliarsi come due gocce d'acqua* to be as alike as two peas in a pod.

rassottigliạre *v.t.* (**rassottiglio, rassottigli**) **1** (*assottigliare*) to thin; (*aguzzare*) to sharpen. **2** (*far dimagrire*) to (make) thin. **3** ⟨*fig*⟩ (*acuire*) to sharpen, to make keener: *l'esercizio rassottiglia la memoria* exercise makes the memory keener. **rassottigliarsi** *v.r.* **1** to thin, to grow thinner (*o* sharper). **2** (*dimagrire*) to grow thin(ner).

rastrellamẹnto *m.* **1** raking. **2** (*rif. alla polizia*) search, round-up. **3** ⟨*Mil*⟩ mopping up. **rastrellạre** *v.t.* (*rastrẹllo*) **1** to rake. **2** (*rif. alla polizia*) to round up, to comb out. **3** ⟨*Mil*⟩ to clear, to mop up: ~ *le mine* to clear mines. **4** ⟨*Mar*⟩ to drag. **rastrellạta** *f.* raking, rake-over: *dare una* ~ *al terreno* to give the ground a raking (*o* rake-over). **rastrellatụra** *f.* raking. **rastrellịera** *f.* **1** (*portafieno*) crib. **2** (*scolapiatti*) dish-rack, dish-drainer. **3** (*arnese a forma di rastrello*) rack. **rastrẹllo** *m.* **1** rake. **2** (*macchina agricola*) dump rake.

rastremạre *v.t.* (**rastrẹmo**), **rastremarsi** *v.r.* ⟨*Arch*⟩ to taper. **rastremạto** *a.* tapered, tapering. **rastremazịone** *f.* tapering.

rạta *f.* instalment. □ *a –e* on hire purchase, by (*o* in) instalments, ⟨*fam*⟩ on H.P.: *pagare a –e* to pay by instalments, to buy on hire purchase; *vendita a –e* hire purchase sale; ~ *mensile* monthly instalment.

ratafìa *m.* (*liquore*) ratafia.

ratẹale *a.* hire purchase-, instalment-, in (*o* by) instalments: *vendita* ~ hire purchase (*o* instalment) sale. □ *sistema* ~ *di vendita* hire purchase, instalment plan, ⟨*fam*⟩ H.P. **ratealmẹnte** *avv.* in (*o* by) instalments: *pagare* ~ to pay by instalments. **ratẹare, rateazịone** → **rateizzare, rateizzazione. rateizzạre** *v.t.* to divide into instalments. **rateizzazịone** *f.* division into instalments. **ratẹizzo** *m.* → **rateizzazione. rạteo** *m.* ⟨*Econ*⟩ calculation of interest (for a broken period). □ ~ *attivo* accrued income; ~ *passivo* accrued expenses *pl* (*o* liabilities *pl*).

ratịera *f.* ⟨*Tess*⟩ dobby.

ratịfica *f.* ⟨*Dir*⟩ ratification, confirmation. **ratificạre** *v.t.* (**ratịfico, ratịfichi**) **1** (*confermare, convalidare*) to ratify, to confirm. **2** ⟨*Dir, Pol*⟩ to ratify: ~ *una convenzione* to ratify a convention. **ratificatọre** *m.* (*f.* -trice) ⟨*Dir*⟩ ratifier. **ratificazịone** *f.* ~ **ratifica**.

ratịna *f.* ⟨*Tess*⟩ ratiné, sponge sloth.

rat musqué *fr.* [ramys'ke] *m.* ⟨*Mod*⟩ musk rat.

rạto *a.* ⟨*Dir*⟩ (*ratificato*) ratified.

rattizzạre *v.t.* to stir up, to poke: ~ *il fuoco* to stir up the fire.

rạtto[1] *m.* ⟨*Zool*⟩ rat. □ ~ *delle chiaviche* brown (*o* Norwegian) rat; ~ *comune* black rat.

rạtto[2] *m.* (*rapimento*) abduction, kidnapping, ⟨*lett*⟩ rape: ~ *di un minorenne* abducting (*o* kidnapping) of a minor; ~ *delle Sabine* the rape of the Sabines.

rạtto[3] I *a.* ⟨*lett*⟩ (*rapido*) swift, fast, rapid. II *avv.* swiftly, quickly.

rattoppạre *v.t.* (**rattọppo**) **1** to patch, to put a patch on. **2**

⟨*estens*⟩ (*riparare*) to repair, to mend, to patch up (*anche fig.*): ~ *un muro* to patch up a wall. **rattoppato** *a.* patched, full of patches. **rattoppatura** *f.* 1 patching, mending. 2 (*parte rattoppata*) patch. **rattoppo** *m.* 1 (*il rattoppare*) patching. 2 (*toppa*) patch. □ *fare un ~ a qc.* to patch (*o* put a patch on) *s.th.*

rattrappimento *m.* benumbing. **rattrappire** *v.t.* (**rattrappisco, rattrappisci**) to benumb, to make numb (*o* stiff); (*contrarre*) to contract. **rattrappirsi** *v.r.* 1 to be benumbed. 2 (*contrarsi*) to become contracted. **rattrappito** *a.* benumbed, numb, stiff; (*contratto*) contracted.

rattristare *v.t.* to sadden, to make sad. **rattristarsi** *v.r.* to become sad, to grieve. **rattristato** *a.* saddened, sad. **rattristire** *v.* (**rattristisco, rattristisci**) → rattristare.

RAU = *Repubblica Araba Unita* United Arab Republic (*abbr.* U.A.R.).

raucamente *avv.* hoarsely. **raucedine** *f.* ⟨*Med*⟩ hoarseness, raucity. **rauco** *a.* (*pl.* -chi) hoarse.

rauwolfia (*o rauvolfia*) *f.* ⟨*Bot*⟩ rauwolfia.

ravanello *m.* ⟨*Bot*⟩ radish.

ravennate I *a.* of (*o* from) Ravenna. II *s.m./f.* native (*o* inhabitant) of Ravenna.

raviolatrice *f.* (*macchina*) ravioli machine. **ravioli** *m.pl.* ⟨*Gastr*⟩ ravioli.

ravizzone *m.* ⟨*Bot*⟩ rape, cole seed.

ravvalorare *v.t.* (**ravvaloro**) to confirm, to corroborate.

ravvedersi *v.r.* (**mi ravvedo**; *fut.* mi ravved(e)rò; *p.p.* **ravveduto**) 1 (*correggersi*) to mend one's ways, to reform; (*rinsavire*) to come to one's senses. 2 (*cambiare idea*) to change one's mind. **ravvedimento** *m.* repentance, reformation. **ravveduto** (*p.p. di ravvedere*) *a.* (*pentito*) repentant.

ravviamento *m.* arranging, putting (*o* setting) in order, tidying up. **ravviare** *v.t.* (**ravvio, ravvii**) to arrange, to put (*o* set) in order, to tidy up, ⟨*fam*⟩ to fix: ~ *i capelli* to arrange one's hair; ~ *una stanza* to tidy up a room. **ravviarsi** *v.r.* to put o.s. in order, to tidy up. **ravviata** *f.* quick tidying up, straightening out. □ *darsi una ~* to tidy (o.s.) up; *darsi una ~ ai capelli* to tidy (*o* comb) one's hair quickly.

ravvicinamento *m.* 1 approach(ing). 2 ⟨*fig*⟩ (*riconciliazione*) reconciliation, ⟨*fam*⟩ making up. **ravvicinare** *v.t.* 1 (*avvicinare*) to bring (near), to draw up. 2 ⟨*fig*⟩ (*riconciliare*) to reconcile, to bring together. 3 ⟨*fig*⟩ (*raffrontare, confrontare*) to compare, to contrast. **ravvicinarsi** *v.r.* 1 to approach, to (draw) near, to come up. 2 ⟨*fig*⟩ (*riconciliarsi*) to become reconciled, ⟨*fam*⟩ to make (it) up. **ravvicinato** *a.* close, near. □ *a distanza -a* from close up; *tiro ~* shot from close range.

ravvisabile *a.* recognizable. **ravvisare** *v.t.* 1 (*riconoscere*) to recognize, to make out. 2 (*distinguere*) to recognize, to perceive, to see: *in quest'affresco si ravvisa lo stile di Giotto* one can see Giotto's style in this fresco.

ravvivamento *m.* 1 (*il ravvivare*) reviving, reanimation; (*il ravvivarsi*) revival, reanimation. 2 (*effetto*) revival. 3 ⟨*fig*⟩ brightening up, enlivening. **ravvivare** *v.t.* 1 to revive: ~ *il malato con un'iniezione* to revive the patient with an injection. 2 ⟨*fig*⟩ (*rianimare*) to brighten up, to enliven. **ravvivarsi** *v.r.* 1 to revive. 2 ⟨*fig*⟩ to revive, to be revived. □ ~ *un colore* to brighten up a colour; ~ *il fuoco* to rekindle (*o* stir up) the fire.

ravvolgere *v.t.* (**ravvolgo, ravvolgi; ravvolsi, ravvolto**) to wrap (up): *ravvolse i suoi indumenti in un giornale* he wrapped up his clothes in a newspaper. **ravvolgersi** *v.r.* to wrap o.s. up, to envelop o.s. **ravvolto** → ravvolgere.

ravvoltolare *v.t.* (**ravvoltolo**) to wrap up. **ravvoltolarsi** *v.r.* 1 to wrap o.s. (up): *ravvoltolarsi in un mantello* to wrap o.s. up in a cape. 2 (*sguazzare*) to wallow: *il cane si ravvoltolava nel fango* the dog wallowed in the mud.

raziocinante *a.* reasoning (logically). **raziocinare** *v.i.* (**raziocinio, raziocini**; *aus.* avere) to reason (logically). **raziocinativo** *a.* ratiocinative. **raziocinio** *m.* (faculty of) reason; (*buon senso*) common sense. □ *agire con ~* to be guided by reason, to act reasonably.

razionabile *a.* rationable.

razionale[1] I *a.* rational (*anche Mat.*): *l'uomo è un essere*

~ *man is a rational being.* II *s.m.inv.* rational.

razionale[2] *m.* ⟨*Lit,Bibl*⟩ rational.

razionalismo *m.* rationalism. **razionalista** *m./f.* rationalist. **razionalistico** *a.* (*pl.* -ci) rationalistic, rationalist. **razionalità** *f.* 1 rationality. 2 (*funzionalità*) functionality: *la ~ di una costruzione* the functionality of a building. **razionalizzare** *v.t.* to rationalize. **razionalizzazione** *f.* rationalization. □ ~ *del lavoro* rationalization of labour; ~ *della produzione* rationalization of production. **razionalmente** *avv.* 1 rationally. 2 (*funzionalmente*) functionally.

razionamento *m.* rationing: ~ *dei viveri* food rationing. **razionare** *v.t.* (**raziono**) to ration (out). **razione** *f.* (*parte spettante*) ration, allowance (*anche fig.*); (*porzione*) ration, portion, share: *per oggi ha avuto la sua ~ di schiaffi* he's had his share of slaps for today. □ ⟨*Zootecn*⟩ ~ *bilanciata* balanced feed; *mettere a ~* to put on rations.

razza[1] *f.* 1 breed: *questo cane appartiene a una ~ inglese* this dog belongs to an English breed; (*rif. a uomini*) race. 2 ⟨*estens*⟩ (*stirpe*) stock, descent, family: *è uno scienziato come tutti quelli della sua ~* he's a scientist like everyone else in his family. 3 (*sorta, specie*) sort, kind, type (*anche spreg.*): *ma che ~ di persone frequenti?* what kind of people do you associate with? 4 ⟨*esclam*⟩ (*in espressioni d'insulto*) what a (*pl* what): ~ *di stupido che non sei altro!* what a fool you are! □ ~ *bianca* white race; ~ *bovina* breed of cattle, cattle breed; *da* ~ breeding, breeder–, stud–: *bestia da* ~ breeder (animal), stud; *di* ~: 1 (*rif. ad animali*) pedigree, breed–, thoroughbred; 2 (*rif. a persone: distinto*) noble; **discriminazione** *di* ~ racial discrimination *sing;* ~ **equina** breed of horse; *far* ~ (*riprodursi*) to breed, to reproduce, to sire; *far* ~ *parte* to be stand-offish; ~ **imbastardita** mongrel race, mixed breed; *di* ~ **incrociata** cross–bred; ~ **nera** black race; *d'ogni* ~ of all kinds (*o* sorts); ~ **pura** thoroughbred; ~ **umana** human race.

razza[2] *f.* ⟨*Itt*⟩ skate, ray.

razzia *f.* 1 raid, foray: *fare una ~* to make a raid. 2 ⟨*estens*⟩ (*ruberia*) robbery.

razziale *a.* racial. □ *caratteristiche -i* racial characteristics; *discriminazione -i* racial discrimination *sing; segregazione ~* racial segregation.

razziare *v.t.* (**razzio, razzii**) 1 to raid, to make a raid (*o* foray) on: ~ *il bestiame* to raid livestock. 2 ⟨*estens*⟩ (*saccheggiare*) to plunder, to sack. **razziatore** I *s.m.* (*f.* -trice) 1 raider, forayer. 2 ⟨*estens*⟩ robber, thief: *-i di pollai* chicken thieves. II *a.* raiding, foraying, plundering.

razzismo *m.* racialism, racism. **razzista** I *s.m./f.* racialist, racist. II *a.* → **razzistico**. **razzistico** *a.* (*pl.* -ci) of racialism (*o* racism).

razzo *m.* 1 rocket: *accendere un ~* to light a rocket. 2 (*propulsore a getto*) rocket; (*missile*) missile. □ *a ~* rocket–propelled, rocket–; ⟨*Mil*⟩ ~ **antiaereo** anti-aircraft rocket; ⟨*Agr*⟩ ~ **antigrandine** anti-hail rocket; ~ **europeo** European rocket; ~ **illuminante** flare; ⟨*Mil*⟩ ~ **intercontinentale** intercontinental missile; ⟨*fig*⟩ **partire** *a* ~ to be off like greased lightning; ~ *a* **propellente** *solido* solid–propellant rocket; ~ *da* **segnalazione** signal rocket.

razzolare *v.i.* (**razzolo**; *aus.* avere) 1 to scratch about (*o* around): *le galline razzolavano nell'aia* the chickens were scratching around on the threshing–floor. 2 ⟨*estens,scherz*⟩ (*rovistare*) to rummage.

R.C. = *Rotary Club* Rotary Club.

R.D.T. = *Repubblica Democratica Tedesca* German Democratic Republic.

re[1] *m.* 1 king (*anche fig.*): *un ~ costituzionale* a constitutional king; *il leone è il ~ degli animali* the lion is the king of the beasts. 2 ⟨*estens*⟩ (*chi primeggia*) king, tycoon, magnate: *il ~ dell'acciaio* the steel king. 3 (*nei giochi*) king. □ ~ **assoluto** absolute king; ⟨*Rel*⟩ *il ~ dei cieli* the King of Heaven; *il ~ dei* **cuochi** the king of cooks; (*manuale di cucina*) cook book; ⟨*Bibl*⟩ *il* **Libro** *dei* ~ The Book of Kings; *i ~* **Magi** the Magi, the Three Wise Men; *il ~ è* **morto**, *viva il ~* the king is dead, long live the king; ⟨*Ornit*⟩ *di* **quaglie** corncrake, landrail; ⟨*Stor*⟩ *il ~* **Sole** Roi Soleil; ~ **spodestato** deposed (*o* dethroned) king; ⟨*Itt*⟩ *di* **triglie** cardinal fish.

re² *m.* ⟨*Mus*⟩ D, re. □ ~ **bemolle maggiore** D flat major; *chiave di* ~ key of D; ~ *diesis minore* D sharp minor.

reagente I *a.* ⟨*Chim,Fis*⟩ reacting. **II** *s.m.* ⟨*Chim*⟩ (*reattivo*) reagent. **reagire** *v.i.* (**reagisco, reagisci;** *aus.* **avere**) to react (*anche Chim.*): ~ *alle insolenze di qd.* to react to s.o.'s insolence.

reale¹ I *a.* **1** real, actual, true: *fatti –i* actual facts. **2** ⟨*Mat,Dir*⟩ real. **II** *s.m.* real, reality. □ ⟨*Econ*⟩ *in termini –i* in real terms.

reale² I *a.* (*regale*) royal: *stemma* ~ royal coat of arms. **II** *s.m.* **1** ⟨*Cart*⟩ (*anche formato reale*) royal (paper). **2** *pl.* (*coppia reale*) King and Queen; (*famiglia reale*) Royal Family.

reale³ *m.* ⟨*Numism*⟩ real.

realismo *m.* **1** realism. **2** ⟨*Pol*⟩ realpolitik, practical politics *pl.* □ *con* ~ realistically; ⟨*Lett*⟩ ~ *magico* magic realism.

realista¹ *m./f.* realist.

realista² I *s.m./f.* ⟨*Pol*⟩ royalist. **II** *a.* royalist(ic). □ ⟨*scherz*⟩ *essere più* ~ *del re* to be holier than the Pope.

realisticamente *avv.* realistically. **realistico** *a.* (*pl.* **-ci**) **1** realistic. **2** (*basato sulla realtà*) realistic, practical: *politica –a* practical politics, realpolitik.

realizzabile *a.* realizable; (*fattibile*) feasible, workable. **realizzabilità** *f.* realizability; (*fattibilità*) feasibility, workability. **realizzare** *v.t.* **1** (*tradurre in realtà*) to realize, to accomplish, to carry out: ~ *le proprie speranze* to realize one's hopes; ~ *un piano* to carry out a plan. **2** (*capire, comprendere*) to realize, to understand: ~ *l'importanza di un avvenimento* to realize the importance of an event. **3** (*ricavare*) to realize, to make: ~ *un buon guadagno* to make (*o* realize) a large profit. **4** ⟨*Comm*⟩ (*convertire in denaro liquido*) to convert, to realize. **5** ⟨*Teat*⟩ to produce, to put on, to stage. **6** ⟨*Sport*⟩ to score: ~ *un gol* to score a goal. **realizzarsi** *v.r.* to come true (*o* about), to be fulfilled (*o* realized): *il tuo sogno si è realizzato* your dream has come true. □ ⟨*Comm*⟩ ~ *un credito* to convert a credit; ~ *un film* to make (*o* produce) a film. **realizzazione** *f.* **1** realization, accomplishment, bringing about, carrying out, execution. **2** (*creazione*) creation, production, realization. **3** ⟨*Comm*⟩ conversion, realization. □ *di difficile* ~ difficult to achieve (*o* carry out); ⟨*Teat*⟩ ~ *scenica* staging, mise–en–scène. **realizzo** *m.* ⟨*Comm*⟩ (*ricavo*) profit, return, proceeds *pl.* □ *a prezzi di* ~ at cost price.

realmente *avv.* **1** really, actually: *un personaggio* ~ *esistito* a person who really existed. **2** (*veramente, davvero*) really, truly, indeed: *le cose stanno* ~ *così* that's really the way things are. **realtà** *f.* reality: *affermare l'esistenza di una* ~ *oggettiva* to affirm the existence of an objective reality. □ *diventare* ~ to become a reality, to come true (*o* about); *in* ~ really, actually: *in* ~ *le cose andarono diversamente* actually things went differently; *privo di* ~ with no bearing on reality; *senso della* ~ realism, common sense.

reame *m.* ⟨*ant,lett*⟩ (*regno*) kingdom.

reato *m.* ⟨*Dir*⟩ offence, malfeasance, misdemeanour. □ ~ *abituale* habitual offence; ~ *contro l'*ambiente offence against the environment; ~ **comune** common–law offence; ~ *di* **diffamazione** slander; ~ **economico** economic crime; ~ **elettorale** election offence; ~ **fallimentare** bankruptcy offence; ~ *contro il* **patrimonio** offence against property; ~ **politico** political crime (*o* offence); ~ **semplice** simple offence; ~ *contro la* **sicurezza** *dello stato* offence against the security of the state; ~ **speciale** statutory offence; ~ *di* **stampa** libel; ~ **tributario** tax offence.

reattanza *f.* ⟨*El*⟩ reactance.

reattino *m.* ⟨*Ornit*⟩ (*scricciolo*) wren.

reattività *f.* reactivity. **reattivo I** *a.* reactive. **II** *s.m.* **1** ⟨*Chim*⟩ reagent. **2** ⟨*Psic*⟩ test. □ ~ *attitudinale* aptitude test; ⟨*Psic*⟩ ~ *mentale* intelligence test; ~ *psicologico* psychological test.

reattore *m.* **1** ⟨*El,Atom*⟩ reactor. **2** ⟨*Aer*⟩ (*aereo*) jet (aeroplane); (*motore*) jet engine. □ ⟨*Atom*⟩ ~ *ad* **acqua bollente** boiling water reactor; ~ *ad acqua* **pesante** heavy–water reactor; ~ **atomico** atomic reactor; ~ **autofertilizzante** *veloce* fast–breeder reactor; ~ **chimico**

chemical reactor; ~ *a* **fissione** fission reactor; ~ *a* **piscina** pool reactor; ~ **raffreddato** *a* **gas** gas–cooled reactor; ~ **termico** thermal reactor; ~ **termonucleare** thermonuclear reactor.

reazionario I *a.* ⟨*Pol*⟩ reactionary (*anche estens.*). **II** *s.m.* (*f.* **-a**) reactionary (*anche estens.*). **reazionarismo** *m.* reactionarism, reactionism.

reazione *f.* **1** reaction: *la* ~ *della folla fu violenta* the reaction of the crowd was violent. **2** ⟨*Rad,tecn*⟩ reaction. **3** ⟨*Pol*⟩ reaction. □ ⟨*Mecc*⟩ **a** ~ jet–: *motore a* ~ jet engine; ⟨*Rad*⟩ **bobina di** ~ reaction coil; ⟨*Chim,Fis*⟩ ~ *a* **catena** chain reaction (*anche fig.*); ~ **chimica** chemical reaction; ~ **fotochimica** photochemical reaction; ⟨*Chim*⟩ ~ **irreversibile** irreversible reaction; ⟨*Rad*⟩ ~ **negativa** negative feed–back; ~ **nucleare** nuclear reaction; **per** ~ *a* out of reaction to; **qual** *è stata la sua* ~? how did he react?, what was his reaction?; ⟨*Chim*⟩ ~ **reversibile** reversible reaction.

rebbio *m.* prong, tine.

Rebecca *N.pr.f.* Rebecca.

rebus *m.* **1** rebus. **2** ⟨*fig*⟩ (*questione ingarbugliata*) puzzle, riddle; (*persona difficile da capire*) enigma.

recalcitrare *v.i.* → ricalcitrare.

recapitare *v.t.* (**recapito**) to deliver. **recapito** *m.* **1** (*indirizzo*) address. **2** (*il recapitare*) delivery. □ *far* ~ *in un luogo* to use a place as an accommodation address; *mancato* ~ non–delivery: *in caso di mancato* ~ *rispedire al mittente* ˹if undelivered˺ (*o* in case of non–delivery) please return to sender; *lettera senza* ~ unaddressed letter.

recare *v.t.* (**reco, rechi**) **1** to carry, to bring, to bear: ~ *un dono a qd.* to bring s.o. a gift; *recò la notizia all'amico* he carried the news to his friend. **2** (*avere su di sé*) to bear, to carry: *il documento reca la firma del ministro* the document bears the minister's signature. **3** (*arrecare, cagionare*) to cause, to bring, *a volte si traduce col verbo relativo*: *l'alluvione ha recato gravissimi danni* the flood caused great damage; *spero di non recarvi disturbo* I'm not ˹causing you any trouble˺ (*o* disturbing you); ~ *dolore* to bring sorrow, to sorrow, to grieve. **recarsi** *v.r.* to go: *domani dovrò recarmi a Roma* I shall have to go to Rome tomorrow. □ ~ *a* **noia** to bore, to make bored.

recedere *v.i.* (**recedei/recedetti, receduto;** *aus.* **avere**) **1** (*indietreggiare*) to withdraw, to recede (*da* from). **2** ⟨*fig*⟩ (*rinunciare, desistere*) to give up, to withdraw: ~ *dalle pretese* to give up one's demands.

recensione *f.* review, ⟨*fam*⟩ write–up: *il film ha avuto –i favorevoli* the film had ˹good reviews˺ (*o* a good press). □ *fare la* ~ *di* to review. **recensire** *v.t.* (**recensisco, recensisci**) to review, to write a review of: ~ *un libro* to review a book. **recensore** *m.* (*f.* **-a**) reviewer.

recente *a.* recent: *una scoperta* ~ a recent discovery. □ *di* ~ recently, not long ago: *l'ho visto di* ~ I saw him recently. **recentemente** *avv.* recently, not long ago. **recentissime** *f.pl.* ⟨*giorn*⟩ latest news *pl.* (*costr. sing.*).

recepire *v.t.* (**recepisco, recepisci**) **1** (*ricevere*) to receive. **2** ⟨*Dir*⟩ to absorb, to assimilate.

recessione *f.* recession (*anche Econ.*): ~ *economica* economic recession. **recessivo** *a.* recessive (*anche Econ.*): *spirale –a* recessive spiral. **recesso** *m.* **1** recess(ion). **2** ⟨*lett*⟩ (*luogo nascosto*) recess, lonely spot. **3** *pl.* ⟨*fig*⟩ recesses *pl.: i –i della coscienza* the recesses of the conscience. **4** ⟨*Dir*⟩ withdrawal, desistance. **5** ⟨*Med*⟩ decrease, fall(ing): ~ *della febbre* fall in temperature.

recezione *f.* → ricezione.

recidere *v.t.* (**recisi, reciso**) to cut (*o* chop) off: ~ *un ramo* to cut off a branch. □ *recidersi le vene dei polsi* to slash one's wrists.

recidiva *f.* ⟨*Dir,Med*⟩ relapse. □ *in caso di* ~ in case of relapse; ~ *reiterata* repeated relapse, recidivism. **recidivante** *a.* ⟨*Med*⟩ recurring, relapsing. **recidivare** *v.i.* (*aus.* **avere**) to relapse. **recidività** *f.* ⟨*Dir,Med*⟩ recidivism. **recidivo I** *a.* **1** ⟨*Dir*⟩ recidivous. **2** ⟨*Med*⟩ relapsing, recidivous. **II** *s.m.* (*f.* **-a**) **1** ⟨*Dir*⟩ repeater, recidivist. **2** ⟨*Med*⟩ relapser.

recingere *v.t.* (**recingo, recingi; recinsi, recinto**) to enclose, to surround. **recintare** *v.t.* to fence in, to enclose: ~ *un parco con un muro* to enclose a park with a wall, to wall in a park. ☐ ~ *il giardino con una siepe* to hedge the garden in.

recinto *m.* 1 (*spazio recintato*) enclosure. 2 (*ciò che recinge*) fence. 3 (*box per bambini*) play-pen. 4 (*in borsa*) floor, ⟨*am*⟩ pit. ☐ ~ *per* **animali** pen; ~ *per* **cavalli** (*al galoppatoio*) paddock; (*per il pascolo*) pasture; ~ *di* **filo spinato** barbed-wire enclosure; ~ *dei* **giochi** playground; (*in borsa*) ~ *delle* **grida** floor, ⟨*am*⟩ pit; ~ *delle* **pecore** sheepfold; ⟨*Sport*⟩ ~ *del* **peso** weighing-in room.

recinzione *f.* 1 fencing, enclosure. 2 (*ciò che serve a recingere*) fencing, fence: ~ *elettrica* electric fencing. ☐ *fare la* ~ *di un terreno* to enclose (*o* fence in) a holding.

recipiente *m.* container, vessel, recipient. ☐ ~ *di coccio* earthenware vessel (*o* pot); ⟨*Chim*⟩ ~ *graduato* graduate; ~ *di vetro* glass vessel (*o* container).

reciprocamente *avv.* reciprocally, mutually. **reciprocare** *v.t.* (**reciproco, reciprochi**) to reciprocate. **reciprocazione** *f.* reciprocation. **reciprocità** *f.* reciprocity. ☐ *principio di* ~ reciprocity principle; ⟨*Mat*⟩ *teorema di* ~ reciprocity theorem. **reciproco** *a.* (*pl.* -**ci**) 1 reciprocal, mutual: *stima* -*a* mutual esteem. 2 ⟨*Mat,Gramm,Dir*⟩ reciprocal. ☐ ⟨*Mat*⟩ *numeri* -*i* reciprocal numbers.

recisamente *avv.* resolutely, definitely. **recisi** → **recidere**. **recisione** *f.* 1 (*il mozzare*) cutting (*o* chopping) off. 2 ⟨*Med*⟩ excision, amputation. **reciso** (*p.p. di recidere*) *a.* 1 (*mozzato*) cut (*o* chopped) off. 2 ⟨*fig*⟩ (*risoluto*) firm, resolute, definite: *oppose un* ~ *rifiuto* he gave a firm refusal.

recita *f.* performance: ~ *di beneficenza* charity performance. **recitare** *v.* (**recito**) I *v.t.* 1 (*rif. a versi e sim.*) to recite, to declaim: ~ *una poesia* to recite a poem. 2 ⟨*Teat,Cin*⟩ to act (*o* perform, play) the part of, to play: *ha recitato la parte di Desdemona* she played Desdemona. 3 ⟨*fig*⟩ (*fingere*) to play, to act, to feign: ~ *la parte della gran signora* to play the fine lady; ~ *la parte dell'ingenuo* to feign ingenuity. II *v.i.* (*aus.* **avere**) 1 (*essere attore*) to be an actor. 2 (*sostenere un ruolo*) to act, to play: *ieri ha recitato con più sentimento* yesterday he acted with more feeling. 3 ⟨*fig,spreg*⟩ (*fingere*) to pretend; (*parlare affettatamente*) to declaim. ☐ ⟨*iron*⟩ ~ *la lezione* to parrot; ~ *una preghiera* to say a prayer; ⟨*Teat*⟩ ~ *a soggetto* to improvise. **recitativo** *a./s.m.* ⟨*Mus*⟩ recitative. **recitazione** *f.* 1 recitation, reciting. 2 ⟨*Teat*⟩ acting.

reclamare I *v.i.* (*aus.* **avere**) to complain (*contro* of), to protest (against): ~ *contro un'ingiustizia* to protest against an injustice. II *v.t.* (*richiedere*) to demand, to claim: ~ *il pagamento di un debito* to demand payment of a debt; (*rivendicare*) to claim, to lay claim to.

réclame *fr.* [re'klam] *f.* 1 advertising, publicity. 2 (*cartellone*) poster, billboard; (*opuscolo*) brochure, booklet, pamphlet. ☐ *far* ~ *a qc.* to advertise s.th.; ~ *luminosa* (luminous) sign. **reclamistico** *a.* (*pl.* -**ci**) advertising-, publicity-. **reclamizzare** *v.t.* to advertise, to publicize.

reclamo *m.* complaint: *presentare un* ~ *a qd.* to make a complaint to s.o.; *un* ~ *in carta da bollo* a complaint on stamped paper.

reclinare *v.t.* ⟨*lett*⟩ to bow, to bend: ~ *il capo* to bow one's head. **reclinato** *a.* bowed, bent.

reclusione *f.* 1 confinement, shutting up, reclusion. 2 (*carcerazione*) imprisonment (*anche Dir.*): *è stato condannato a un anno di* ~ he was sentenced to a year's imprisonment. **recluso** I *a.* (*rinchiuso*) confined, shut up; (*imprigionato*) imprisoned. II *s.m.* (*f.* -**a**) prisoner, convict. **reclusorio** *m.* prison, gaol, jail, ⟨*am*⟩ penitentiary.

recluta *f.* 1 ⟨*Mil*⟩ recruit. 2 ⟨*fig*⟩ raw recruit, beginner, greenhorn: *le* -*e del nuoto* beginners in swimming. **reclutamento** *m.* 1 ⟨*Mil*⟩ recruitment, enlistment. 2 ⟨*estens*⟩ (*assunzione*) employment, hiring: ~ *di manodopera* hiring of workers; ~ *del personale* employment of personnel. **reclutare** *v.t.* (**recluto**) 1 ⟨*Mil*⟩ to recruit, to enlist, ⟨*am*⟩ to draft. 2 ⟨*estens*⟩ (*assumere*) to employ, to hire: ~ *operai* to hire workers.

recondito *a.* 1 ⟨*lett*⟩ secluded, hidden, concealed. 2 ⟨*fig*⟩ (*segreto, celato*) secret, innermost: *mi ha confidato i suoi più* -*i desideri* he confided his ⌜most secret⌝ (*o* innermost) desires to me.

record *ingl. m.* ⟨*Sport*⟩ (*primato*) record: *stabilire un* ~ to set a record. ☐ *che* **batte** *tutti i* ~ record-breaking; *battere un* ~ to break a record; **cifra** ~ record number; (*importo*) record amount; **detenere** *un* ~ to hold a record; **incasso** ~ record receipts *pl*; *il* ~ **mondiale** *nel sollevamento dei pesi* the world record in weight-lifting; **polverizzare** *un* ~ to break a record; **produzione** ~ record production; ⟨*fig*⟩ *a* **tempo** *di* ~ in record time: *fare qc. a tempo di* ~ to do s.th. in record time; *a* **velocità** ~ at (a) record speed.

recordista *m.* ⟨*Cin*⟩ sound engineer.

recriminare *v.i.* (**recrimino**; *aus.* **avere**) 1 to recriminate. 2 (*considerare con rammarico*) to lament, to regret: *è inutile* ~ *su ciò che è stato* it's no use regretting what's past. **recriminatorio** *a.* recriminative, recriminatory. **recriminazione** *f.* 1 recrimination. 2 ⟨*estens*⟩ (*lagnanza*) complaint.

recrudescenza *f.* recrudescence, renewal: ~ *di un male* recrudescence of a disease; ~ *della criminalità* recrudescence of crime.

recto *lat. m.* 1 ⟨*Bibliot*⟩ recto. 2 ⟨*Numism*⟩ obverse.

redarguire *v.t.* (**redarguisco, redarguisci**) to rebuke, to reproach, to scold: ~ *qd. per qc.* to reproach s.o. for s.th.

redassi, redatto → **redigere**. **redattore** *m.* (*f.* -**trice**) 1 (*chi redige*) writer, compiler. 2 ⟨*Giorn*⟩ member of the editorial staff, editor: *il* ~ *della pagina sportiva* the sports editor. 3 ⟨*Rad,TV*⟩ editor. ☐ ⟨*Giorn*⟩ ~ *capo* editor-in-chief; ⟨*Giorn*⟩ ~ *responsabile* managing editor; ~ *sportivo* sports editor; ~ *di testi pubblicitari* copywriter. **redazionale** *a.* editorial. **redazione** *f.* 1 (*compilazione*) writing, compiling, drawing up. 2 (*opera del redattore*) editing. 3 (*insieme dei redattori*) editorial staff; (*ufficio*) editorial office. ☐ ~ *del testamento* making (*o* drafting) of a will; ~ *di testi pubblicitari* copywriting.

redazza *f.* ⟨*Mar*⟩ swab. **redazzare** *v.t.* to swab.

redditiere *m.* rentier.

redditività *f.* ⟨*Econ*⟩ profitability, profitableness. ☐ *calcolo di* ~ profitability calculation; ~ *di un investimento* investment profitability. **redditizio** *a.* profitable, paying: *un affare molto* ~ a very profitable deal. ☐ *poco* ~ unprofitable.

reddito *m.* ⟨*Econ*⟩ 1 income, revenue. 2 (*provento, utile*) profit, return, yield. ☐ *ad* **alto** ~ high-income-; ~ **aziendale** business income; -*i* **azionari** income from shares; *a* **basso** ~ low-income-; ~ *del* **capitale** return on capital (*o* investment); ~ *pro* **capite** per capita income; ~ **complessivo** aggregate income; **denuncia** *dei* -*i* income tax return; ~ *d'*esercizio trading receipts *pl* (*o* result), operating income; ~ **familiare** family income; ~ **fisso** fixed income; ~ **fondiario** income on land; ~ **immobiliare** income on real estate; ~ **imponibile** taxable income; **imposta** *sul* ~ income tax; -*i di* **lavoro** earned income; ~ *da* **lavoro autonomo** income from self-employment; ~ *da* **lavoro dipendente** income of employed persons; **livellamento** *dei* -*i* levelling of income; ~ *da* **locazione** rental income; ~ **lordo** gross income; ~ *al lordo delle imposte* income before taxation; ~ **minimo** minimum income; ~ **nazionale** national income; ~ **netto** net income; ~ **obbligazionario** bond yield; ~ *pro* **capite** per capita income, income per head; ~ **tassato** taxed income.

redensi → **redimere**. **redento** (*p.p. di redimere*) *a.* redeemed: *i popoli* -*i* the redeemed (peoples). **redentore** I *s.m.* (*f.* -**trice**) redeemer. II *a.* redeeming. Redentore *N.pr.m.* ⟨*Rel*⟩ Redeemer. **redentorista** *m.* ⟨*Rel*⟩ Redemptorist. **redenzione** *f.* redemption (*anche Rel.*).

redibitorio *a.* ⟨*Dir*⟩ redhibitory. **redibizione** *f.* redhibition.

redigere *v.t.* (**redigo, redigi; redassi, redatto**) 1 (*compilare*) to draw up, to draft: ~ *una domanda* to draft an application. 2 ⟨*Giorn*⟩ (*scrivere*) to write: ~ *un articolo sportivo* to write a sports article; (*curare*) to edit.

□ ~ *un inventario* to draw up an inventory; ~ *un verbale* to write (*o* draw up) the minutes.

redimere *v.t.* (**redensi, redento**) **1** (*liberare*) to redeem, to deliver, to ransom: ~ *un popolo dalla schiavitù* to deliver a people from slavery. **2** (*Econ*) (*estinguere*) to settle, to discharge. **redimersi** *v.r.* to redeem o.s., to free o.s.: *redimersi dal disonore* to free o.s. from shame. **redimibile** *a.* redeemable (*anche Econ.*). **redimibilità** *f.* redeemableness, redeemability.

redingote *fr.* [rədɛ̃'gɔt] *f.* frock–coat, redingote.

redini *f.pl.* reins *pl* (*anche fig.*): *tenere le* ~ to hold the reins; *lasciare le* ~ *a qd.* to hand over the reins to s.o.

redistributivo *a.* redistributive.

redistribuzione *f.* redistribution: (*Ecom*) ~ *dei redditi* income redistribution.

redivivo *a.* **1** returned to life, reborn. **2** (*fig*) (*secondo*) another, new: *è un Leonardo* ~ he's another Leonardo.

redolente *a.* (*lett*) redolent.

reduce **I** *a.* returning, back, returned: *soldati –i* returning soldiers; *essere* ~ *da un viaggio* to be back from a journey. **II** *s.m.* (*Mil*) veteran, survivor. □ (*scherz*) ~ *dalle patrie galere* ex–convict; *i –i della guerra* those returning from the war; (*scherz*) *essere* ~ *da una malattia* to be just over an illness.

refe *m.* string, yarn.

referendario[1] *m.* referendary.

referendario[2] *a.* (*relativo a referendum*) referendum–.

referendum *m.* referendum: *indire un* ~ to hold a referendum.

referente **I** *a.* reporting, refering. **II** *s.* (*Ling*) referent.

referenza *f.* reference: *presentare ottime –e* to give (*o* show) excellent references; *–e bancarie* bank references.

referenziare *v.* (**referenzio, referenzi**) **I** *v.t.* to give a reference to, to reference. **II** *v.i.* (*aus.* **avere**) to supply references.

referto *m.* (*rapporto*) report: ~ *radiologico* X–ray report.

refettoriale *a.* refectory–. **refettorio** *m.* refectory.

refezione *f.* meal: ~ *scolastica* school meal.

refilare *v.t.* to trim.

reflazione *f.* (*Econ*) reflation. **reflazionistico** *a.* (*pl.* **-ci**) (*Econ*) reflationary.

reflex *f.* (*Fot*) reflex camera.

refolo *m.* gust (*o* puff) of wind.

refrain *fr.* [rə'frɛ̃] *m.* (*Lett, Mus*) refrain.

refrattarietà *f.* **1** refractoriness. **2** (*fig*) (*insensibilità*) insensitivity. **refrattario** *a.* **1** refractory: *mattoni refrattari* refractory bricks, firebricks. **2** (*fig*) (*insensibile*) insensitive, refractory, immune (*a* to): *essere* ~ *ai rimproveri* to be insensitive to reproof. **3** (*Med*) refractory, immune.

refrattometro *m.* (*Ott*) (*rifrattometro*) refractometer.

refrigerante **I** *a.* **1** cooling, refreshing: *bevanda* ~ refreshing drink. **2** (*tecn*) cooling, refrigerating, refrigerant: *cella* ~ refrigerating room (*o* cell). **II** *s.m.* **1** (*apparecchio*) cooler, refrigerator. **2** (*sostanza refrigerante*) coolant, refrigerant. **refrigerare** *v.t.* (**refrigero**) to cool, to refrigerate; (*rinfrescare*) to cool, to refresh. **refrigerato** *a.* refrigerated, cooled, chilled. **refrigeratore** *m.* refrigerator, cooler; (*liquido*) coolant. **refrigerazione** *f.* refrigeration, cooling, chilling. □ ~ *ad acqua* water cooling; ~ *ad aria* air cooling; ~ *della carne* meat refrigeration; ~ *del latte* milk cooling. **refrigerio** *m.* **1** (*ristoro*) refreshment, relief: *un'arietta che reca* ~ a breeze that brings relief. **2** (*fig*) (*sollievo*) relief; (*conforto*) solace, comfort.

refurtiva *f.* stolen goods *pl*, (*fam*) loot.

refuso *m.* misprint, typographical error, (*fam*) typo.

regalare *v.t.* **1** to make a present of; (*dare via*) to give away: *ha regalato tutti i suoi libri* he gave all his books away. **2** (*iron*) (*dare*) to give: *gli ha regalato quattro schiaffi* he gave him a good hiding. **3** (*iperb*) (*vendere a buon prezzo*) to give away, to go for a song: *a questo prezzo il vestito è regalato* at that price the dress is going for a song. **regalarsi** *v.r.* (*concedersi*) to treat o.s. (*qc.* to s.th.), to allow o.s. (s.th.).

regale *a.* **1** (*reale*) royal: *corona* ~ royal crown. **2** (*da re*) regal, kingly. **3** (*estens*) (*magnifico, grandioso*) splendid,

stately, regal. **regalia** *f.* **1** gratuity, tip. **2** (*Mediev*) royal prerogative, regale; *pl.* regalia *pl.* **3** *pl.* (*region*) (*regali in natura*) gifts *pl* in kind. **regalità** *f.* **1** (*l'essere reale*) royalty, sovereignty, regality. **2** (*l'essere regale*) regalness. **3** (*estens*) (*maestosità*) stateliness, grandeur, majesty. **regalmente** *avv.* regally.

regalo *m.* **1** gift, present: ~ *gradito* welcome gift. **2** (*fig*) (*piacere*) pleasure, treat: *se verrai a trovarmi mi farai un gran* ~ if you come to see me it will give me great pleasure. □ *dare qc. in* ~ *a qd.* to make s.o. a present of s.th.; ~ *di nozze* wedding gift (*o* present); *ricevere qc. in* ~ to receive s.th. as a gift.

regata *f.* regatta, boat race: ~ *velica* sailing race; (*di panfili*) yacht race.

rege *m.* (*ant*) (*re*) king.

regesto *m.* (*Mediev*) regest.

reggente **I** *a.* **1** regent: *principe* ~ prince regent. **2** (*Gramm*) taking, followed by. **II** *s.m./f.* (*capo provvisorio dello stato*) regent; (*principe reggente*) prince regent. **III** *s.f.* (*Gramm*) (*proposizione reggente*) main clause.

reggenza *f.* **1** regency. **2** (*Gramm*) government, regimen. **Reggenza** *f.* (*Stor*) Regency.

reggere *v.* (**reggo, reggi; ressi, retto**) **I** *v.t.* **1** (*sostenere*) to hold: *reggeva un bambino tra le braccia* she was holding a baby in her arms; *reggimi i libri un momento* hold 'my books' (*o* the books for me) a moment; (*sorreggere*) to hold (up), to support: ~ *una persona* to hold a person up, to support a person; (*portare*) to carry, to bear: ~ *qc. sulle spalle* to carry s.th. on one's shoulders. **2** (*sostenere*) to support, to bear, to hold (up): *questo scaffale non può* ~ *tanti libri* this shelf can't hold so many books; *quattro colonne reggono il baldacchino* four columns support the canopy. **3** (*tenere fermo*) to steady, to hold: *qualcuno mi regga la scala* somebody steady the ladder for me. **4** (*resistere*) to stand (up against), to bear, to withstand: *la diga non resse l'impeto delle acque* the dam did not withstand the force of the water. **5** (*dirigere*) to manage, to run: ~ *un'azienda* to manage a business; (*governare*) to govern, to rule: ~ *uno stato* to rule a country. **6** (*Gramm*) to take, to be followed by: *questa preposizione regge il genitivo* this preposition takes the genitive. **II** *v.i.* (*aus.* **avere**) **1** (*resistere*) to hold out (*a* against), to stand up (to), to withstand (s.th.): *il ponte non resse al peso del treno* the bridge did not withstand the weight of the train; *la fanteria non resse all'attacco* the infantry did not withstand the attack; (*sopportare*) to stand, to bear (*a qc.* s.th.): ~ *alla fame* to bear hunger; ~ *al freddo* to stand the cold. **2** (*fig*) to stand (up), to bear, (*fam*) to hold water: *le tue osservazioni alla prova dei fatti non reggono* in the light of the facts your comments don't hold water; ~ *al confronto* to bear (*o* stand) comparison. **3** (*durare, rimanere immutato*) to keep, to last, to hold (out): *speriamo che questo bel tempo regga* let's hope this good weather lasts (*o* holds). **reggersi** *v.r.* **1** (*sostenersi, stare in piedi*) to remain (*o* be still) standing, to hold up, to stand: *l'antico castello che si regge ancora* the old castle which is still standing; (*rif. a persone*) to support o.s., to keep o.s. up: *reggersi a una sedia* to support o.s. 'with a chair' (*o* by holding on to a chair). **2** (*sussistere*) to keep going: *la ditta si regge a malapena* the firm can barely keep going. **3** (*governarsi*) to govern (*o* rule) o.s.: *ogni popolo deve reggersi con le proprie leggi* every nation must govern itself by its own laws. □ ~ *l'*acqua to be waterproof; (*fig*) ~ *l'*anima *coi denti* to be fighting against death; ~ *al calore* to be heat–resistant; *non mi regge il cuore* I haven't the heart; *reggiti forte* hold on tight; ~ *al fuoco* to be fireproof; *reggersi a galla* to keep afloat; (*fig*) to keep one's head above water; *reggersi sulle gambe* to keep on one's feet; (*Mar*) ~ *il mare* to ride the sea well, to be seaworthy; *reggersi a monarchia* to be a monarchy; ~ *una prova* to stand a test; *reggersi ritto* to stand upright (*o* erect); ~ *il timone* to steer the rudder, to be at the helm; ~ *il vino* to (be able to) hold one's drink.

reggetta *f.* (*Mecc*) hoop iron, band.

reggia *f.* (*pl.* **-ge**) **1** royal palace. **2** (*iperb*) palace.

reggi|calze *m.inv.* (*Vest*) suspender belt, (*am*) garter–belt.

~libri, ~libro *m.inv.* (*fermalibro*) book-end. **~lume** *m.inv.* (*a sospensione*) lamp fixture; (*a braccio*) wall-bracket.

reggimentale *a.* ⟨*Mil*⟩ regimental. **reggimento** *m.* **1** ⟨*Mil*⟩ regiment: ~ *di artiglieria* artillery regiment. **2** ⟨*fig*⟩ (*gran numero*) crowd, horde, swarm.

reggi|palo *m.* pile socle. **~penne** *m.inv.* pen holder. **~petto, ~seno** *m.* brassière, ⟨*fam*⟩ bra. **~testa** *m.inv.* head-rest.

reggitore *m.* (*f.* -**trice**) ⟨*lett*⟩ ruler.

regia *f.* **1** ⟨*Teat*⟩ production, ⟨*am*⟩ direction. **2** ⟨*Cin*⟩ direction. **3** ⟨*Econ*⟩ (government) monopoly.

regicida *m./f.* regicide. **regicidio** *m.* regicide.

regime *m.* **1** ⟨*Pol*⟩ regime, régime. **2** ⟨*spreg*⟩ (*governo autoritario*) dictatorship. **3** (*dieta*) diet, regimen: *mettersi a ~* to go on a diet. **4** (*regola di vita*) regimen, tenor: *seguire un buon ~ di vita* to follow a good tenor of life. **5** ⟨*Fis*⟩ state, conditions *pl.* **6** ⟨*Geog*⟩ regime. **7** ⟨*Mot*⟩ (*funzionamento*) operation, running; (*numero di giri*) revolutions *pl* (per minute), speed. **8** ⟨*Econ*⟩ system. □ *~ alimentare* diet; *andare a ~* : **1** ⟨*Mot*⟩ to go at full speed; **2** ⟨*fig*⟩ to be in full swing; ⟨*Pol*⟩ *~ assoluto* absolute rule (*o* government); ⟨*Mot*⟩ *basso ~* slow running; *essere a ~* to be on a diet; ⟨*Geog*⟩ *~ d'un* fiume regimen of a river; ⟨*Mot*⟩ *~ di* funzionamento working rate; ⟨*Mot*⟩ *~ di* giri revolutions *pl* (per minute); *mettere a ~* to put on a diet; ⟨*Pol*⟩ *~* monarchico monarchy; ⟨*Fis*⟩ *~* permanente steady state (*o* condition); ⟨*Geog*⟩ *~ di* piena high water, flood; ⟨*Pol*⟩ *~* poliziesco police state; ⟨*Fis,El*⟩ *~* transitorio transient state (*o* condition); ⟨*Gastr*⟩ *~* vegetariano vegetarian diet.

regina *f.* **1** queen (*anche fig.*): *la rosa è la ~ dei fiori* the rose is the queen of flowers. **2** (*negli scacchi, nelle carte da gioco*) queen. □ *ape ~* queen bee; ⟨*Bot*⟩ *~ Claudia* (*specie di susina*) greengage; *~ madre* queen mother; ⟨*Bot*⟩ *~ dei prati* meadow sweet. **reginetta** *f.* (*nei concorsi di bellezza*) beauty queen. **regio** *a.* royal: *truppe -e* royal troops; *-a università* royal university.

regionale *a.* **1** (*della regione*) regional, district-, provincial: *autonomia ~* regional autonomy. **2** (*con valore limitativo*) regional, local: *interessi -i* local interests. **regionalismo** *m.* regionalism (*anche Pol.,Ling.*). **regionalista** *m./f.* regionalist (*anche Pol.*). **regionalizzare** *v.t.* to regionalize. **regionalizzazione** *f.* regionalization. **regionalistico** *a.* (*pl.* -**ci**) regionalistic, regionalist (*anche Pol.*). **regionalmente** *avv.* regionally.

regione *f.* **1** (*territorio*) region, district, area: *i vini di questa ~ sono ottimi* the wines from this district are excellent. **2** (*suddivisione amministrativa*) region: *il presidente della ~* the president of the region. **3** ⟨*Geog,Astr*⟩ region, zone, area. **4** ⟨*Anat*⟩ region. **5** ⟨*Stor.rom*⟩ region. □ *~ agricola* agricultural region (*o* district); *~ alluvionale* alluvial region; ⟨*Geog*⟩ *~ alpina* Alpine region; ⟨*Dir*⟩ *~ autonoma* autonomous region; *-i a elevata densità demografica* densely populated areas; *~ desertica* desert (zone); ⟨*Anat*⟩ *~ lombare* lumbar region; *-i scarsamente popolate* sparsely populated areas; *~ prativa* grassland region; *-i sottosviluppate* underdeveloped regions; ⟨*Dir*⟩ *~ a statuto speciale* region with a special constitution.

regista *m./f.* **1** ⟨*Teat,TV*⟩ producer, ⟨*am*⟩ director. **2** ⟨*Cin*⟩ director: *aiuto ~* assistant director. □ *sedia da ~* director's chair. **registico** *a.* (*pl.* -**ci**) direction-, of direction: *lavoro ~* direction work.

registrabile *a.* **1** (*degno di nota*) noteworthy. **2** (*regolabile*) adjustable. **3** ⟨*Acu*⟩ recordable. **registrare** *v.t.* **1** to record: *~ la merce uscita dal magazzino* to record the merchandise that has left the warehouse. **2** ⟨*burocr*⟩ to register: *~ la nascita del figlio* to register the birth of a child; *~ un contratto* to register a contract. **3** (*notare, constatare*) to note, to record, to register: *i giornali registrano un aumento della criminalità* the papers record an increase in crime. **4** (*accogliere*) to give, to include, to contain: *questo dizionario registra solo termini scientifici* this dictionary gives only scientific terms. **5** ⟨*tecn*⟩ (*rif. a strumenti di misura: indicare*) to register, to record: *il sismografo ha registrato una scossa di terremoto*

the seismograph recorded an earth tremor. **6** ⟨*Acu*⟩ (*incidere*) to record, ⟨*am.fam*⟩ to can: *~ una canzone* to record a song; (*col magnetofono*) to tape: *hai registrato la nostra conversazione?* did you tape our conversation? **7** ⟨*Mecc*⟩ (*mettere a punto*) to adjust, to set, to regulate: *~ le puntine di un motore* to set the points of a motor. **8** ⟨*Mus*⟩ to tune. **9** ⟨*Comm*⟩ to enter, to book: *~ a debito* to enter on the debit side. □ *~ una fattura* to enter an invoice; *~ un nastro* to tape-record. **registrato** *a.* **1** registered. **2** ⟨*Acu*⟩ recorded, ⟨*am.fam*⟩ canned: *discorso ~* recorded speech. **3** ⟨*Mecc*⟩ adjusted, set, regulated. **4** ⟨*Comm*⟩ entered, booked.

registratore *m.* (*f.* -**trice**) **1** recorder. **2** (*strumento di misura*) recorder, register. **3** (*classificatore: mobile*) filing cabinet; (*cartello*) file. **4** ⟨*Acu*⟩ (*magnetofono*) recorder; (*magnetofono a nastro*) tape-recorder. □ ⟨*Comm*⟩ *~ di cassa* cash register, till; ⟨*Acu*⟩ *~ a cassetta* (*o caricatore*) cassette recorder; ⟨*El*⟩ *~ di corrente* current recorder; **magnetico** magnetic recorder; *~ magnetico a nastro* (magnetic) tape-recorder; ⟨*Mar*⟩ *~ di* rotta course recorder, navigraph; ⟨*Acu*⟩ *~ del* suono sound recorder; ⟨*tecn*⟩ *~ di* velocità speed recorder.

registrazione *f.* **1** registration: *~ di una nascita* registration of a birth. **2** ⟨*Acu*⟩ (*incisione*) recording, ⟨*am.fam*⟩ canning. **3** ⟨*Mecc*⟩ (*messa a punto*) adjustment, setting, regulation. **4** (*rappresentazione grafica*) graph. **5** ⟨*Comm*⟩ entry, record. **6** ⟨*Rad,TV*⟩ recording, recorded programme. **7** ⟨*Mus*⟩ registration. □ ⟨*Comm*⟩ *~ in avere* credit entry (*o* item); *~ contabile* accounting entry; *~ digitale* digital recording; *~ di dischi* disk recording; ⟨*Aut*⟩ *~ dei* freni brake adjustment; ⟨*Mot*⟩ *~ del* minimo idle adjustment; *~ su* nastro tape-recording; ⟨*Mot*⟩ *~ delle* punterie tappet adjustment; *~ del* suono sound recording; ⟨*Mot*⟩ *~ delle* valvole valve setting (*o* timing).

registro *m.* **1** register, book: *annotare su un ~* to record (*o* enter) in a register. **2** ⟨*Scol*⟩ class (*o* form) register. **3** ⟨*Comm*⟩ register, record, book. **4** ⟨*Dir*⟩ (*ente di diritto pubblico*) Registry (of Deeds). **5** ⟨*Mus*⟩ (*rif. a voce*) range, register, compass: *~ di baritono* baritone range; (*rif. a organo*) stop, register. **6** ⟨*Tip*⟩ register. **7** ⟨*Mecc*⟩ regulator, control. **8** (*nelle calcolatrici elettroniche*) register, memory, store, storage. □ *~ aeronautico* Air Registration Board; ⟨*Mus*⟩ *~ alto* high register (*o* range); ⟨*Inform*⟩ *~ base* base register; ⟨*Mus*⟩ *~ del basso* bass stop (*o* register); ⟨*Mar*⟩ *~ di bordo* ship's register, log book, log; *~ dei brevetti* patent office; ⟨*fam*⟩ *cambiare ~* to change one's tune; *~ di cassa* cash book; *~ del catasto* land (*o* cadastral) register; *~ contabile* account(ing) book; *~ elettorale* electoral register; *imposta di ~* stamp duty; *~ indice* index register; ⟨*fig*⟩ *mutare ~* to change one's tune; *il ~ (degli atti) di nascita* register of births; *~ navale italiano* Italian Register of Shipping; ⟨*tecn*⟩ *~ dell'orologio* clock (*o* watch) regulator; *~ parrocchiale* parish register; *~ delle presenze* attendance register (*o* book); *~ di scorrimento* shift register; *~ dei soci* register of members; *~ delle società commerciali* Register of Companies; *spese di ~* registration charges; *~ dello stato civile*: **1** (*libro*) register of births, marriages and deaths; **2** (*anagrafe*) Registry (*o* Register) Office, Record Office; *ufficio del ~* Registry of Deed; *~ dei verbali* minute book.

regnante I *a.* **1** reigning, ⟨*lett*⟩ regnant: *casa ~* reigning house. **2** ⟨*fig*⟩ (*prevalente*) prevalent, prevailing. **II** *s.m./f.* sovereign. **regnare** *v.i.* (*regno; aus.* avere) **1** (*governare*) to reign. **2** (*avere il predominio*) to rule (*su qc.* s.th.), to dominate: *i romani regnarono su tutto il Mediterraneo* the Romans dominated the entire Mediterranean. **3** ⟨*fig*⟩ (*dominare*) to reign, to rule: *in questa casa regna la confusione* confusion reigns in this house; (*rif. a intemperie e sim.*) to prevail, to be prevalent.

regno *m.* **1** kingdom: *il ~ di Svezia* the Kingdom of Sweden. **2** (*autorità, dignità di re*) throne, kingship: *aspirare al ~* to aspire to the throne; (*periodo*) reign: *sotto il ~ di Elisabetta Prima* in the reign of (*o* under) Elizabeth the First. **3** ⟨*fig*⟩ kingdom, realm: *il ~ della fantasia* the realm of imagination; *~ animale* animal kingdom. □ ~ **celeste** (o *dei cieli*) Kingdom of Heaven, Heavenly Kingdom; ~ **minerale** mineral kingdom; ~ *della* **natura** (kingdom of) nature; ⟨*Pol*⟩ *il* ~ **Unito** the United Kingdom; ~ **vegetale** vegetable kingdom.

regola *f.* **1** rule: *osservare le –e della grammatica* to follow the rules of grammar; *attenersi a una* ~ to follow (*o* keep to) a rule. **2** (*moderazione, misura*) moderation, measure: *bere fa bene, ma ci vuole sempre una certa* ~ drinking is good for you, but within measure. **3** ⟨*Rel*⟩ rule; (*ordine religioso*) order. **4** ⟨*Mat,Fis*⟩ rule, principle. **5** ⟨*Fisiol*⟩ (*mestruazioni*) menstruation, ⟨*fam*⟩ period. □ *a* ~ *d'arte* workmanlike, expert, professional; *di* ~ (*normalmente*) as a rule, ordinarily, usually; *servire di* ~ to serve as an example; **diventare** (*la*) ~ to become the rule; *senza una* ~ **fissa** without a set rule; **in** ~ in order; *essere in* ~ *con i pagamenti* to be up–to–date with one's payments; *fare le cose in* ~ to do things properly; *mettersi in* ~ *con qc.* to settle s.th., to set s.th. in order; ⟨*Rel*⟩ ~ *dell'***ordine** rule of the order; ~ *d'***oro** golden rule; *in* **piena** ~ correct, in good order; ~ *di* **sicurezza** safety rule; ⟨*fig*⟩ *stare alle –e del gioco* to stick to the rules; ⟨*Mat*⟩ ~ *del* **tre** rule of three; ⟨*pop*⟩ *per* **vostra** ~ for your information. *Prov.: l'eccezione conferma la regola* the exception proves the rule.

regolabile *a.* ⟨*tecn*⟩ adjustable.

regolamentare[1] *a.* regulation–, prescribed: *divisa* ~ regulation uniform.

regolamentare[2] *v.t.* (**regolamento**) ⟨*burocr*⟩ to control by regulations. **regolamentazione** *f.* ⟨*burocr*⟩ **1** regulation: ~ *dei prezzi* regulation of prices. **2** (*insieme di norme*) regulations *pl.*

regolamento *m.* **1** (*il regolare*) regulation, control, adjustment: *il* ~ *del corso di un fiume* the control(ling) of a river. **2** (*complesso di norme*) regulations *pl,* rules *pl: attenersi al* ~ to abide by the rules. **3** (*pagamento di un debito*) settlement. □ ~ **aziendale** company regulations (*o* rules) *pl;* ~ *di* **bordo** ship's regulations *pl;* ~ *di* **confini** fixing of boundaries; ~ *d(e)i* **conti** settlement of accounts ⟨*fig*⟩ settling of accounts, ⟨*sl*⟩ showdown; ~ **edilizio** building code (*o* regulations *pl*); ~ **ferroviario** railway regulations *pl;* **infrangere** *il* ~ to break the rules; ~ **interno** internal regulations *pl,* rules *pl* of procedure; ~ *di* **navigazione** shipping regulations *pl;* ~ *di* **polizia** police regulations *pl;* **secondo** *il* ~ according to regulations; ~ *del* **traffico** *aereo* air traffic regulations *pl.*

regolare[1] *v.t.* (**regolo**) **1** to regulate, to control: ~ *le acque di un fiume* to control the flow of a river; ~ *la circolazione stradale* to regulate road traffic. **2** (*guidare, dirigere*) to regulate, to direct, to govern: *le leggi fisiche regolano l'universo* physical laws regulate the universe. **3** (*sistemare*) to settle: ~ *una questione* to settle a matter. **4** (*pagare*) to settle, to pay: ~ *un conto* to pay a bill, to settle an account. **5** ⟨*tecn*⟩ (*mettere a punto*) to adjust, to regulate, to set: ~ *il carburatore* to adjust the carburettor; ~ *il tempo di esposizione* to set exposure time. **regolarsi** *v.r.* **1** (*comportarsi secondo le circostanze*) to behave, to take a line: *non sapere come regolarsi con qd.* not to know how to behave with s.o.; *come devo regolarmi con tuo fratello?* what line should I take with your brother? **2** (*tenersi nel giusto limite*) to control (o.s.), to limit (o.s.), ⟨*fam*⟩ to watch (it): *regolarsi nel bere* to moderate one's drinking. □ ⟨*fig*⟩ ~ *i conti con qd.* to settle up with s.o.

regolare[2] *a.* **1** regular, normal, standard: *seguire un* ~ *corso di studi* to follow a normal course of studies; (*in regola*) in order: *ho trovato tutto* ~ I found everything in order. **2** (*proporzionato, simmetrico*) regular, symmetrical: *lineamenti –i* regular features. **3** (*uniforme*) regular, uniform, even, constant: *una superficie* ~ an even surface; *funzionamento* ~ constant functioning. **4** (*puntuale*) punctual: *essere* ~ *nei pagamenti* to be punctual with one's payments. **5** ⟨*Gramm,Geom,Mil,Dir.can*⟩ regular: *sostantivi –i* regular nouns; *truppe –i* regular troops, regulars; *clero* ~ regular clergy.

regolarità *f.* **1** regularity. **2** (*proporzione*) regularity, symmetry, proportion: *la* ~ *di un profilo* the regularity of a profile. **3** (*uniformità*) uniformity, regularity, evenness:

la ~ *del* **terreno** the evenness of the ground. **4** (*puntualità*) punctuality. □ *per* ~ for (the sake of) good order, to be in order. **regolarizzare** *v.t.* to regularize. **regolarizzazione** *f.* regularization. **regolarmente** *avv.* **1** regularly. **2** (*debitamente*) duly.

regolatamente *avv.* in an orderly way, moderately: *vivere* ~ to live moderately, to lead a well–ordered life. **regolatezza** *f.* **1** regularity, orderliness. **2** (*moderatezza*) moderation: ~ *nel bere* moderation in drinking. **regolato** *a.* **1** regulated; (*che segue una regola*) regular. **2** (*ordinato*) orderly, (well–)ordered. **3** (*moderato*) moderate, temperate: ~ *nel bere* temperate (in drinking).

regolatore **I** *s.m.* ⟨*Mecc*⟩ governor, regulator. **II** *a.* regulating. □ ~ **automatico** automatic governor; ⟨*TV*⟩ ~ *di* **contrasto** contrast control; ⟨*El*⟩ ~ *di* **corrente** current regulator; ⟨*Mot*⟩ ~ *di* **giri** revolution regulator; ⟨*Topogr*⟩ **piano** ~ town–planning scheme; ~ *di* **pressione** pressure regulator (*o* governor); ⟨*Rad*⟩ ~ *di* **sintonia** tuner control; ⟨*El*⟩ ~ *di* **tensione** voltage regulator; ⟨*Rad,TV*⟩ ~ *del* **tono** tone control; ⟨*Rad,TV*⟩ ~ *del* **volume** volume control.

regolazione *f.* **1** regulation: *la* ~ *dei traffici marittimi* the regulation of maritime traffic. **2** ⟨*tecn*⟩ (*messa a punto*) adjustment, governing, regulation; (*controllo*) control. **3** ⟨*Comm*⟩ (*pagamento*) settlement. □ ~ **automatica** automatic regulation; *a* ~ *automatica* automatic regulation–, automatically regulated; ⟨*Comm*⟩ ~ *dei* **conti** settlement (*o* payment) of accounts; ⟨*El*⟩ ~ *di* **corrente** current control; ~ *dei* **corsi** *d'acqua* regulation of a river; ⟨*Mot*⟩ ~ *del* **minimo** idling adjustment; ~ *della* **pressione** pressure governing (*o* regulation); ⟨*TV*⟩ ~ *del* **quadro** framing, frame adjustment; ~ *della* **temperatura** heat setting; ⟨*Mil*⟩ ~ *del* **tiro** fire control; ⟨*Strad*⟩ ~ *del* **traffico** traffic control; ~ *della* **velocità** speed governing (*o* regulation); ⟨*Rad,TV*⟩ ~ *del* **volume** volume control (*o* adjustment).

regolo[1] *m.* **1** (*righello*) ruler. **2** (*regolo calcolatore*) slide rule. **3** ⟨*Mur*⟩ straight edge.

regolo[2] *m.* ⟨*Ornit*⟩ goldcrest, golden–crested kinglet (*o* wren).

regredire *v.i.* (**regredisco, regredisci; regredii, regredito/regresso;** *aus.* essere) to regress: ~ *nello studio* to regress in one's studies; (*non progredire*) to decrease, to go down. **regressione** *f.* **1** regression (*anche fig.*): ~ *della cultura* regression of culture. **2** ⟨*Geol,Biol*⟩ regression. **3** ⟨*Statist*⟩ regression. *analisi di* ~ regression analysis. **regressivo** *a.* **1** regressive, backward: *movimento* ~ regressive movement. **2** ⟨*Fon,Biol,Econ*⟩ regressive.

regresso[1] *m.* **1** regression: *il* ~ *di una malattia* the regression of a disease. **2** ⟨*fig*⟩ (*decadimento*) decline, decadence, relapse. **3** ⟨*Dir*⟩ recourse. **4** ⟨*Aer,Mar*⟩ slip. □ ⟨*Dir*⟩ **azione** *di* ~ action of recourse; ~ **demografico** decline (*o* decrease) in population; ⟨*Dir*⟩ **diritto** *di* ~ right of recourse; **in** ~ in decline; ~ **sociale** social regression.

regresso[2] → regredire.

reietto **I** *a.* rejected, cast out. **II** *s.m.* (*f.* **-a**) reject, outcast. **reiezione** *f.* ⟨*Dir*⟩ rejection.

reimbarcare *v.t.* (**reimbarco, reimbarchi**) ⟨*Mar*⟩ to re–embark. **reimbarcarsi** *v.r.* **1** (*risalire a bordo*) to re–embark. **2** (*riprendere servizio a bordo*) to be taken on again. **reimbarco** *m.* (*pl.* **-chi**) **1** re–embarcartion. **2** (*riassunzione a bordo*) taking on again.

reincarnare *v.t.* to reincarnate. **reincarnarsi** *v.r.* ⟨*Rel*⟩ to be reincarnated. **reincarnazione** *f.* ⟨*Rel*⟩ reincarnation (*anche fig.*).

reingaggio *m.* renewal of contract.

reinserimento *m.* **1** (*rif. a cose*) reinsertion. **2** (*rif. a persone*) reinstatement. □ ~ *nella società* rehabilitation; ~ *di ex detenuti nella società* rehabilitation of ex–convicts. **reinserire** *v.t.* (**reinserisco, reinserisci**) **1** (*rif. a persone*) to reinstate. **2** (*rif. a cose*) to reinsert. □ ~ *nella società* to rehabilitate, to reintegrate in the society; ~ *drogati nella società* to rehabilitate drug addicts.

reintegrare *v.t.* (**reintegro**) **1** to restore, to reinstate: ~ *il proprio patrimonio* to restore one's fortune. **2** ⟨*fig*⟩ to recover: ~ *le proprie forze* to recover one's strength. **3**

(*riportare nella pienezza di un diritto*) to reinstate: ~ *qd. in una carica* to reinstate s.o. in a post. **4** ⟨*assol*⟩ (*risarcire*) to compensate, to indemnify. **reintegrativo** *a.* reintegrative. **reintegrazione** *f.* **1** restoration, re(d)integration. **2** (*restituzione di un diritto*) reinstatement. **3** ⟨*Dir*⟩ recovery, restoration: *azione di* ~ action for recovery of possession, action for restitution. □ ⟨*Ecom*⟩ ~ *del capitale* replenishment of capital.

reintrodurre *v.t.* (**reintroduco, reintroduci**) to reintroduce. **reintroduzione** *f.* reintroduction.

reinvestimento *m.* ⟨*Econ*⟩ reinvestment. **reinvestire** *v.t.* (**reinvesto**) to reinvest.

reità *f.* ⟨*Dir*⟩ guilt, guiltiness: *fu provata la sua* ~ his guilt was proved.

reiterare *v.t.* (**reitero**) ⟨*lett*⟩ to reiterate, to repeat: ~ *una promessa* to reiterate a promise; ~ *una minaccia* to repeat (*o* renew) a threat. **reiteratamente** *avv.* repeatedly, again and again. **reiterazione** *f.* reiteration, repetition (*anche Rel.*).

relais *fr.* [rə'lɛ] *m.* → **relè**.

relativamente *avv.* **1** comparatively, relatively: *l'esame era* ~ *facile* the examination was relatively easy. **2** (*abbastanza*) quite, fairly, ⟨*fam*⟩ pretty: *sono* ~ *soddisfatto* I'm fairly satisfied. □ ~ *a*: **1** (*riguardo a*) as regards, with reference (*o* regard) to; **2** (*in proporzione*) in proportion to, compared with. **relativismo** *m.* ⟨*Filos*⟩ relativism. **relativista** *m./f.* relativist. **relativistico** *a.* (*pl.* -**ci**) ⟨*Filos,Fis*⟩ relativistic: *meccanica* –*a* relativistic mechanics. **relatività** *f.* relativity (*anche Fis.*): *la* ~ *di un'opinione* the relativity of an opinion; *principio di* ~ principle of relativity. **relativizzare** *v.t.* to relativize, to make relative. **relativo** *a.* **1** (*corrispondente, attinente*) relating, relative, relevant, concerning, for (s.th.): *i dati* –*i all'anno scorso* the data relating to last year; *la domanda deve essere accompagnata dai documenti* –*i* the application must be accompanied by the relative (*o* relevant) documents. **2** (*limitato, condizionato*) relative, comparative: *le tue osservazioni hanno un valore* ~ your comments are of relative value; *vivere con* –*a tranquillità* to live in comparative peace. **3** ⟨*Fis,Gramm*⟩ relative.

relatore **I** *s.m.* (*f.* -**trice**) reporter; (*rif. a commissioni parlamentari*) rapporteur. **II** *a.* reporting. □ ⟨*Parl*⟩ ~ *di maggioranza* majority spokesman.

relax *ingl.* *m.* relaxation.

relazionale *a.* relational. □ ⟨*Med*⟩ *terapia* ~ relationship therapy.

relazionare *v.t.* (**relaziono**) to make a report to.

relazione *f.* **1** connection, relationship: *fra i due fenomeni non c'è alcuna* ~ there's no connection between the two phenomena. **2** (*legame fra persone*) relation(ship), liaison, connection: *essere in* ~ *con qd.* to have a relationship with s.o. **3** *pl.* (*conoscenze*) connections *pl*, contacts *pl*, acquaintances *pl*: *ho molte* –*i in questo ambiente* I have a lot of connections in these circles. **4** (*rapporto amoroso*) affair, liaison. **5** (*resoconto*) report, account: *fare una* ~ to make a report. **6** ⟨*Dir,Parl*⟩ report. **7** ⟨*Mat*⟩ relation. □ ⟨*Dir*⟩ ~ **adulterina** adulterous affair; ~ *d'*affari business relationship (*o* connection): *entrare in* –*i d'affari* to establish a business relationship; *avere una* ~ (*sentimentale*) to have an affair; –*i* **commerciali** business relations; –*i* **diplomatiche** diplomatic relations; **essere in** ~ **con**: **1** (*rif. a cose*) to be related to, to be connected with; **2** (*rif. a persone*) to be on good terms with; **in** ~ **a** (*con riferimento a*) with reference to, concerning, regarding, as regards; –*i* **industriali** industrial relations; –*i* **internazionali** international relations; ~ *di* **mercato** market report; **mettersi in** ~ *con qd.* to get in touch with s.o., to contact s.o.; ⟨*Pol*⟩ ~ *di* **minoranza** minority report; –*i* **pubbliche** public relations, ⟨*fam*⟩ P.R.; *addetto alle pubbliche* –*i* public relations man; –*i* **umane** human relations.

relè *m.* ⟨*El*⟩ relay. □ ~ *di comando* control relay; ~ *a corrente continua* direct–current relay; ~ *a corrente alternata* alternating–current relay; ~ *elettronico* electronic relay; ~ *a induzione* induction relay.

relegare *v.t.* (**relego, releghi**) to relegate, to banish, to confine (*anche fig.*): *l'hanno relegato all'ultimo banco della*

classe he was relegated to the back of the class. **relegazione** *f.* relegating, exiling, banishment (*anche fig.*).

religione *f.* **1** religion, faith: *abbracciare una* ~ to embrace a faith; *insegnante di* ~ religion teacher. **2** ⟨*fig*⟩ (*sentimento di riverenza*) reverence, veneration, devotion. □ ~ **cattolica** Catholic religion; ⟨*scherz*⟩ *non c'è più* ~! I don't know what things are coming to!; ⟨*Stor*⟩ *le* **guerre** *di* ~ the Wars of Religion; ~ **monoteistica** monotheistic religion; ~ **naturale** natural religion; ~ **politeistica** polytheistic religion; ~ **rivelata** revealed religion; **senza** ~ irreligious, unbelieving; ~ *di* **stato** state religion.

religiosa *f.* (*monaca*) nun. **religiosamente** *avv.* **1** religiously, in a religious manner: *vivere* ~ to live in a religious manner. **2** ⟨*fig*⟩ (*scrupolosamente*) religiously, conscientiously. **religiosità** *f.* **1** religiousness, religiosity. **2** ⟨*fig*⟩ (*cura scrupolosa*) conscientiousness, scrupulousness. **religioso** **I** *a.* **1** religious: *dottrina* –*a* religious doctrine; *atteggiamento* ~ religious attitude; *funerale* ~ religious funeral. **2** ⟨*fig*⟩ (*devoto, dedito*) devoted: *ha un* ~ *affetto per i genitori* he has a devoted affection for his parents. **3** ⟨*fig*⟩ (*scrupoloso*) religious, scrupulous, conscientious. **4** ⟨*Dir.can*⟩ religious: *ordine* ~ religious order. **II** *s.m.* (*f.* -**a**) ⟨*Dir.can*⟩ religious.

reliquia *f.* **1** ⟨*Rel*⟩ relic. **2** ⟨*fig*⟩ memento, souvenir, relic. **3** *pl.* ⟨*lett*⟩ (*resti*) remains *pl*, relics *pl*. **reliquiario** *m.* reliquary.

relitto *m.* **1** ⟨*Mar*⟩ (*carcassa*) wreck; (*avanzo di naufragio*) wreckage, flotsam and jetsam. **2** ⟨*fig*⟩ down–and–out, outcast, derelict.

rem *m.* ⟨*Fis*⟩ rem.

remare *v.i.* (**remo**; *aus.* **avere**) to row, to oar. **remata** *f.* **1** row: *una buona* ~ *scioglie i muscoli* a good row loosens up the muscles. **2** (*colpo dato col remo*) blow with an oar. □ *farsi una* ~ to (go for a) row. **rematore** *m.* (*f.* -**trice**) rower, oar, oarsman (*f* –woman).

remeggiare *v.i.* (**remeggio, remeggi**; *aus.* **avere**) **1** (*remare*) to row, to oar. **2** ⟨*fig*⟩ (*rif. a uccelli*) to flap, to beat. **remeggio** *m.* **1** (*remi*) oars and oar fittings *pl*, oarage, rowing equipment. **2** ⟨*fig*⟩ (*rif. a uccelli*) flapping.

reminiscenza *f.* **1** reminiscence (*anche Filos.*). **2** (*riecheggiamento*) echo, reminiscence: –*e petrarchesche* echoes of Petrarch.

remissibile *a.* pardonable, remissible: *peccato* ~ remissible sin. **remissione** *f.* **1** remission, release. **2** (*remissività*) submissiveness, compliance: ~ *al volere dei genitori* compliance with the will of parents. **3** ⟨*Teol*⟩ remission: ~ *dei peccati* remission of sins. **4** ⟨*Dir*⟩ (*rif. a debiti*) remission, remittal (of debt); (*rif. a querele*) withdrawal. **5** ⟨*Med*⟩ remission. **remissivamente** *avv.* submissively. **remissività** *f.* submissiveness, compliancy. **remissivo** *a.* **1** submissive, compliant: *carattere* ~ submissive character. **2** ⟨*Dir*⟩ remissive.

remo *m.* ⟨*Mar*⟩ oar. □ ~ *a* –*i* rowing, row–: *barca a* –*i* rowing–boat, rowboat; **arma** –*i!* oars out!; *armare i* –*i* to ship (the) oars; ⟨*Stor*⟩ **condannare** *al* ~ to condemn to the galleys; **disarmare** *i* –*i* to boat (*o* lay in) oars, to (un)ship oars; ~ *a* **pagaia** paddle; ⟨*fig*⟩ **tirare** *i* –*i in barca* to withdraw, to back out of s.th.

Remo *N.pr.m.* ⟨*Stor*⟩ Remus.

remora[1] *f.* **1** ⟨*lett*⟩ (*indugio*) delay; (*ostacolo*) hindrance. **2** ⟨*Mar*⟩ wake.

remora[2] *f.* ⟨*Itt*⟩ remora.

remoto *a.* **1** remote, distant: *causa* –*a* remote cause; *abita in un* ~ *paese di montagna* he lives in a remote mountain village. **2** (*solitario*) secluded, remote.

remunerare *e der.* → **rimunerare** *e der.*

rena *f.* sand. □ ⟨*fig*⟩ *edificare sulla* ~ to build on sand. **renaio** *m.* **1** (*secca arenosa*) sandbank. **2** (*cava di rena*) sand pit. **renaiolo** *m.* sand digger.

renale *a.* ⟨*Anat*⟩ renal, kidney–.

Renania *N.pr.f.* ⟨*Geog*⟩ Rhineland. **renano** **I** *a.* **1** (*del Reno in Germania*) Rhine–. **2** (*della Renania*) Rhineland–. **II** *s.m.* (*f.* -**a**) Rhinelander.

Renata *N.pr.f.* Renée. **Renato** *N.pr.m.* René.

rendere *v.* (**resi, reso**) **I** *v.t.* **1** (*restituire*) to give back, to return, ⟨*lett*⟩ to restore: *rendimi il libro che ti ho prestato* give me back the book I lent you; *chi mi renderà la pace?* who will restore my peace of mind? **2** (*rimborsare*) to pay (*o* give) back, to repay, to return. **3** (*contraccambiare*) to repay, to pay back, to return: *all'occasione gli renderò il servizio* when the opportunity arises I'll repay him for his kindness; ~ *una visita* to return a visit. **4** (*fruttare*) to bring in, to yield: *il podere gli rende parecchi soldi* the farm brings him in plenty of money; (*rif. a interessi e sim.*) to earn, to yield. **5** (*dare*) to give, to render, to pay, *spesso si traduce col verbo corrispondente:* ~ *omaggio a qd.* to pay homage to s.o.; ~ *grazie a qd.* to thank s.o. **6** (*fare*) to do: ~ *un servizio a qd.* to do s.o. a favour. **7** (*far diventare*) to make, to render: *il dolore lo ha reso forte* pain has ʿmade him strongʾ (*o* strengthened him); ~ *immortale* to make immortal. **8** (*raffigurare, riprodurre*) to portray, to depict, to represent: *il quadro rende la tristezza dell'ambiente* the painting depicts the gloominess of the setting; (*descrivere*) to describe; (*esprimere*) to express, to convey. **9** (*tradurre*) to translate: ~ *un verso di Dante in inglese* to translate a line of Dante into English. **II** *v.i.* (*aus.* avere) **1** (*convenire*) to be profitable; (*fruttare*) to pay: *questo lavoro rende poco* this job doesn't pay; (*produrre*) to produce, to be productive. **2** (*essere efficiente*) to be efficient: *questo motore non rende abbastanza* this motor is not very efficient. **rendersi** *v.r.* **1** to make (*o* render) o.s.: *fa di tutto per rendersi utile* he does all he can to make himself useful; *rendersi antipatico* to make o.s. disliked. **2** ⟨*lett*⟩ (*recarsi*) to go, to proceed. □ **a** ~ returnable: *bottiglia a* ~ returnable bottle; un **affare** *che rende* a profitable deal; ~ *l'*anima *a Dio* to give up the ghost; *a* buon ~ my turn next time; ~ conto *di qc.* to give (*o* render) an account of s.th.; (*risponderne*) to answer for s.th.; *rendersi conto di qc.:* **1** (*darsene una spiegazione*) to account for s.th. (*o* to o.s.): *non riesco a rendermi conto di questo fatto* I cannot account for this matter; **2** (*capirla*) to realize (*o* understand) s.th.: *mi rendo conto di aver sbagliato* I realize (that) I did wrong; **3** (*accorgersene*) to become aware of s.th.; ~ giustizia *a qd.* to do s.o. justice; ⟨*fam*⟩ ~ *l'*idea to make o.s. clear; *non so se rendo l'idea* do you see what ʿI meanʾ (*o* I am getting at)?; ~ madre *qd.* to make s.o. pregnant; ~ male *per bene* to render evil for good; ~ merito *a qd. di qc.* to grant s.o. his due: *gli rendo merito che ha cercato di aiutarci ma non c'è riuscito* I grant him his due for trying to help us, but he didn't succeed; *rendersi* necessario: **1** to be necessary (*o* needed): *qui si rende necessario un pronto intervento* emergency action is needed (*o* called for) here; **2** (*rif. a persone*) to make o.s. useful; ~ *gli estremi* onori *a qd.* to pay the last respects to s.o.; ~ ragione to account for; ~ *l'ultimo* respiro to breathe one's last; ~ schiavo *qd.* to make s.o. a slave; ~ *una* testimonianza to give evidence, to bear witness; ~ triste to sadden.

rendez-vous *fr.* [rãdeˈvu] *m.* **1** rendezvous. **2** ⟨*Atom*⟩ rendezvous.

rendiconto *m.* **1** report, account: *fare il* ~ *di un viaggio* to make a report on a trip. **2** ⟨*Comm*⟩ (*documento contabile*) statement (of accounts). □ ~ *finanziario* financial statement, treasurer's report; ~ *di gestione* annual report (*o* statement); ⟨*Econ*⟩ ~ *mensile* monthly statement.

rendimento *m.* **1** rendering, giving. **2** (*utile*) yield, profit: *il* ~ *di questo terreno è ottimo* the yield from this land is excellent; (*rif. a prodotti*) productivity. **3** ⟨*Mecc*⟩ efficiency, output: *il* ~ *di un motore* the efficiency of an engine. □ ⟨*El*⟩ ~ *di* corrente current efficiency; ⟨*ant*⟩ ~ *di* grazie thanksgiving; ~ massimo peak efficiency; ~ scolastico progress at school; ~ totale overall efficiency.

rendita *f.* **1** private (*o* unearned) income: *vivere di* ~ to live on a private income. **2** ⟨*Econ*⟩ (*profitto, utile*) revenue; (*reddito di capitale*) yield. **3** (*titoli*) stock; (*obbligazione perpetua*) irredeemable debenture. □ ~ annua annuity; ~ fissa fixed income; ~ fondiaria ground rent; ~ nominativa registered stock; ~ perpetua perpetual annuity; (*rif. a titoli*) unredeemable stock; ~ vitalizia life annuity.

rene *m.* ⟨*Anat*⟩ kidney. □ ~ *artificiale* artificial kidney; ~

mobile floating kidney; *trapianto del* ~ kidney (*o* renal) transplant. **renella** *f.* ⟨*Med*⟩ gravel.

renetta *f.* ⟨*Agr*⟩ (*anche mela renetta*) rennet.

reni *f.pl.* ⟨*Anat*⟩ loins *pl,* ⟨*pop*⟩ back: *mi dolgono le* ~ I have a pain in my back. □ ~ *avere le* ~ *rotte dalla fatica* to be dead-tired; ⟨*fig*⟩ *rompere le* ~ *a qd.* to give s.o. a good thrashing (*o* hiding). **reniforme** *a.* reniform, kidney -shaped.

renio *m.* ⟨*Chim*⟩ rhenium.

renitente *a.* recalcitrant, reluctant, unwilling: *è* ~ *a ogni consiglio* he is recalcitrant to any advice. □ ⟨*Mil*⟩ ~ *alla leva* draft resister, ⟨*am*⟩ draft dodger; *essere* ~ *alla leva* to fail to report for military service. **renitenza** *f.* **1** recalcitrance, reluctance, unwillingness. **2** ⟨*Mil*⟩ (*renitenza alla leva*) failure to register for military service, ⟨*am*⟩ draft dodging.

renna *f.* **1** ⟨*Zool*⟩ reindeer. **2** ⟨*Conc*⟩ reindeer leather.

Reno *N.pr.m.* ⟨*Geog*⟩ Rhine.

renoso *a.* sandy: *terreno* ~ sandy ground.

Renzo *N.pr.m.* Larry.

reo I *a.* **1** guilty: ~ *di alto tradimento* guilty of high treason. **2** ⟨*lett*⟩ (*malvagio*) wicked, evil. **II** *s.m.* (*f.* -a) (*colpevole*) guilty person; (*autore di un reato*) offender, culprit. □ ⟨*Dir*⟩ ~ *confesso* confessed criminal; ~ *presunto* accused, defendant.

reoforo *m.* ⟨*El*⟩ rheophore. **reografo** *m.* rheograph. **reologia** *f.* ⟨*Fis*⟩ rheology. **reometro** *m.* ⟨*Idr,El*⟩ rheometer. **reostato** *m.* ⟨*El*⟩ rheostat. □ ~ *automatico* automatic rheostat (*o* field regulator); ~ *d'avviamento* starting rheostat (*o* resistance); ~ *di campo* field rheostat. **reostatico** *a.* (*pl.* -ci) rheostatic.

Rep. = *Repubblica* Republic (*abbr.* Rep.).

reparto *m.* **1** department, division, section; (*negli ospedali*) ward, department; (*nei negozi*) department. **2** ⟨*Mil*⟩ unit; (*distaccamento*) detachment. □ ~ acquisti buying department; ⟨*Mil*⟩ ~ *d'*assalto assault (*o* spearhead) troops *pl,* commando unit; ~ fatturazione billing department; medico *di* ~ ward physician; ~ (*di*) montaggio fitting shop; ~ pubblicità advertising department; ⟨*Med*⟩ ~ radiologico X-ray department; ⟨*Mil*⟩ ~ *da* sbarco landing party; ~ vendite sales division.

repellente I *a.* repulsive, repellent (*anche fig.*). **II** *s.m.* (*per insetti*) repellent. **repellere** *v.t.* (repulsi, repulso) ⟨*lett*⟩ to repulse, to repel (*anche fig.*).

repentaglio: *mettere a* ~ to put in danger, to endanger, to jeopardize.

repente ⟨*lett*⟩ **I** *a.* sudden. **II** *avv.* suddenly. **repentinamente** *avv.* suddenly, unexpectedly. **repentinità** *f.* suddenness, unexpectedness. **repentino** *a.* sudden, unexpected.

reperibile *a.* available, to be found: *essere* ~ to be available (*o* around). □ *essere difficilmente* ~ to be hard to find, to be unfindable. **reperire** *v.t.* (reperisco, reperisci; *p.p.* reperito) to find, to trace, to track down.

repertare *v.t.* (reperto) ⟨*Dir*⟩ (*ritrovare*) to find; ~ *prove* to find evidence; (*produrre*) to produce. **reperto** *m.* **1** ⟨*Archeol*⟩ find. **2** ⟨*Dir*⟩ exhibit, evidence. **3** ⟨*Med*⟩ report: ~ *radiologico* X-ray report.

repertorio *m.* **1** ⟨*Teat*⟩ repertoire, repertory. **2** (*elenco*) list, repertory: ~ *dei verbi irregolari* list of irregular verbs. **3** ⟨*fig,scherz*⟩ bag of tricks. □ ~ *bibliografico* bibliography, bibliographical list (*o* index).

replica *f.* **1** (*ripetizione*) repetition, repeating: *la* ~ *di un esperimento non riuscito* the repetition of an unsuccessful experiment. **2** (*risposta*) reply, answer. **3** (*obiezione*) objection: *un motivo che non ammette repliche* a reason that allows for no objections. **4** ⟨*Teat,Cin*⟩ performance. **replicare** *v.t.* (replico, replichi) **1** (*ripetere*) to repeat. **2** (*rispondere*) to answer: *hai nulla da* ~? do you have anything to answer? **3** (*obiettare*) to object. **4** ⟨*Teat,Cin*⟩ to repeat, to perform (again): *la commedia fu replicata molte volte* the play was performed many times. □ *senza* ~ without (raising any) objection; ⟨*Teat*⟩ *stasera si replica* (there is a) performance tonight.

reportage *fr.* [rəpɔˈtaːʒ] *m.* ⟨*Giorn*⟩ report, reportage: ~ *di guerra* war report; ~ *illustrato* illustrated news report.

repọrter *ingl. m./f.* reporter.

reprensịbile *a.* ⟨*lett*⟩ (*riprensibile*) reprehensible. **reprensiọne** *f.* ⟨*lett*⟩ reprehension.

reprẹssi → reprimere. **repressiọne** *f.* repression (*anche Psic.*). **repressịvo** *a.* repressive. **reprẹsso** (*p.p. di reprimere*) *a.* repressed (*anche Psic.*). **reprimẹnda** *f.* reprimand. **reprịmere** *v.t.* (**reprẹssi, reprẹsso**) **1** (*trattenere*) to hold back, to repress, to restrain, to stifle: ~ *le lacrime* to hold back one's tears; ~ *un grido* to stifle a cry. **2** (*domare*) to put down, to repress, to subdue: ~ *un'insurrezione* to put down an uprising. **reprimịbile** *a.* repressible, controllable.

rẹprobo I *a.* **1** (*malvagio*) wicked, evil. **2** (*condannato da Dio*) reprobate. **II** *s.m.* (*f.* **-a**) **1** scoundrel. **2** (*condannato da Dio*) reprobate.

rẹps *m.* ⟨*Tess*⟩ rep(p).

repụbblica *f.* ⟨*Pol*⟩ republic. □ ~ **democratica** democratic republic; ~ **federale** federal republic; ⟨*Stor*⟩ *repubbliche* **marinare** maritime republics; ~ **parlamentare** parliamentary republic; ~ **popolare** people's republic; ~ **presidenziale** presidential republic; ~ *dei* **ragazzi** Boys' Town; *essere retto a* ~ to have a republican government, to be a republic; ~ **socialista** socialist republic.

repubblicạno I *a.* republican. **II** *s.m.* (*f.* **-a**) Republican.

repulịsti ⟨*fam*⟩ *far* ~ to clean up (*o* out).

repụlsa *f.* → ripulsa. **repụlsi** → repellere. **repulsiọne** *f.* **1** ⟨*Fis*⟩ repulsion: ~ *elettrica* electrical repulsion. **2** ⟨*fig*⟩ → ripulsione. **repulsịvo** *a.* **1** ⟨*Fis*⟩ repulsive. **2** ⟨*fig*⟩ → ripulsivo. **repụlso** → repellere.

reputạre *v.t.* (**rẹputo**) to think, to regard, ⟨*lett*⟩ to repute: *tutti lo reputano un bravo alunno* everyone thinks he's a good student. **reputarsi** *v.r.* to think (o.s.), to believe (o.s.), to consider (o.s.): *reputarsi fortunato* to consider o.s. lucky. **reputaziọne** *f.* reputation, name: *godere una buona* ~ to have a good reputation; *rovinare la* ~ *a qd.* to ruin s.o.'s good name. □ *avere una cattiva* ~ to have a bad reputation; *avere* ~ *d'avaro* to be reputed a miser.

rẹquie *f.* ⟨*lett*⟩ rest, peace: *non dar* ~ to give no peace; *non trovar* ~ to find no rest. □ *senza* ~: **1** restlessly; **2** (*ininterrottamente*) incessantly.

rẹquiem *lat. m./non com. f.* ⟨*Lit*⟩ requiem, prayer for the dead: *recitare un* ~ *per qd.* to say a requiem for s.o. □ *messa da* (*o di*) ~ Requiem Mass.

requirẹnte *a.* ⟨*Dir*⟩ investigating, examining, enquiring, ⟨*pred*⟩ of inquiry.

requisịre *v.t.* (**requisịsco, requisịsci**) to requisition, to commandeer. **requisịto** *m.* requisite, requirement: ~*i d'età* age requirements. □ *essere dotato dei* ~*i necessari* to have the necessary qualifications. **requisitọria** *f.* ⟨*Dir*⟩ public prosecutor's final speech. **requisiziọne** *f.* requisition, commandeering.

rẹsa *f.* **1** surrender: *intimare la* ~ *al nemico* to call on the enemy to surrender. **2** (*restituzione*) return, restitution, repayment: *chiedere la* ~ *di un prestito* to request repayment of a loan. **3** (*rendimento*) yield, return, profit. **4** ⟨*Mecc*⟩ efficiency: *la* ~ *di un motore* the efficiency of an engine. **5** ⟨*Comm*⟩ return (of unsold goods). □ ~ *a condizioni* conditional surrender; ~ *dei conti* rendering of accounts; ⟨*fig*⟩ day of reckoning, (grand) reckoning; ~ *incondizionata* (*o a discrezione*) unconditional surrender; ~ *con gli onori militari* surrender with military honours.

rescịndere *v.t.* (**rescịssi, rescịsso**) ⟨*Dir*⟩ to rescind, to cancel, to annul: ~ *un contratto* to rescind a contract. **rescindịbile** *a.* rescindable. **rescindibilità** *f.* capability of being rescinded. **rescissiọne** *f.* rescission, annulment: ~ *del contratto* rescission of contract. **rescissọrio** *a.* rescissory.

rescrịtto *m.* rescript.

resecạre *v.t.* (**rẹseco, rẹsechi**) **1** (*tagliare*) to cut off (*o* away). **2** ⟨*Chir*⟩ to resect.

resẹda *f.* ⟨*Bot*⟩ reseda, mignonette.

reseziọne *f.* ⟨*Chir*⟩ resection.

rẹsi → rendere.

residence *ingl.* ['rezidəns] *m.* apartment house (*o* building).

residẹnte I *a.* resident, residing, dwelling: *popolazione* ~ resident population; *italiano* ~ *all'estero* Italian resident abroad. **II** *s.m./f.* **1** resident. **2** ⟨*Dipl*⟩ (*ministro residente*) (minister) resident. **residẹnza** *f.* **1** (*dimora abituale*) residence, dwelling, abode: *stabilire la propria* ~ *in un luogo* to take up residence in a place; (*edificio in cui si abita*) (place of) residence, building, dwelling-place: ~ *lussuosa* a luxury building. **2** (*sede fissa*) residence, seat: *la* ~ *del governo è a Roma* the seat of the government is in Rome. □ ~ **anagrafica** registered residence; ~ **fissa** permanent residence; **obbligo** *di* ~ enforced residence; ~ **sconosciuta** residence unknown; ~ **temporanea** temporary residence.

residenziạle *a.* **1** residential: *quartiere* ~ residential quarter. **2** ⟨*Dir.can*⟩ resident: *vescovo* ~ resident bishop.

residuạle *a.* residual. **residuạre** *v.i.* (**resịduo**; *aus.* essere) to remain, to be left over. **residuạto I** *a.* (*residuo*) remaining, left over, residual. **II** *s.m.* surplus: ~*i bellici* (*o di guerra*) war surplus.

resịduo I *a.* residual: *debiti* ~*i* residual debts. **II** *s.m.* **1** remainder, residue; (*rif. a denaro*) remainder, balance. **2** ⟨*fig*⟩ spark, vestige, bit: *non ha neanche un* ~ *di onore?* hasn't he a vestige of honour? **3** ⟨*Chim*⟩ residue. □ ⟨*Econ*⟩ ~ *di* **bilancio** (budget) surplus; ⟨*Chim*⟩ ~ *di* **calcinazione** calcination residue, calx; ~ *di* **combustione** residue of combustion; ~ *della* **distillazione** distillation residue; ~*i* **domestici** household waste *sing;* ~*i* **nucleari** atomic waste *sing;* ~*i di* **origine** *animale* animal waste *sing;* ~*i di* **petrolio** oil refuse; ~*i* **radioattivi** radioactive waste *sing;* ~*i* **tossici** toxic waste *sing.*

resiliẹnte *a.* ⟨*Met*⟩ resilient. **resiliẹnza** *f.* resilience, resiliency. □ *prova di* ~: 1 ⟨*Edil*⟩ impact test; 2 ⟨*Mecc*⟩ notched–bar test.

rẹsina *f.* resin. □ ~*e* **artificiali** synthetic resins; ~ **epossidica** epoxy resin; ~*e* **naturali** natural resins; ~*e* **poliacriliche** polyacrilic resins; ~ **poliammidica** polyamide resin; ~ **termoplastica** thermoplastic resin.

resinạto[1] *a.* resined.

resinạto[2] *m.* ⟨*Chim*⟩ resinate.

resinatụra, resinaziọne *f.* ⟨*Silv*⟩ resin tapping. **resinịfero** *a.* resiniferous, resin–. **resinificạre** *v.* (**resịnifico, resinịfichi**) **I** *v.t.* ⟨*tecn*⟩ to make resinous. **II** *v.i.* (*aus.* essere), **resinificarsi** *v.r.* to resinify. **resinificaziọne** *f.* resinification. **resinọso** *a.* resinous (*anche El.*).

resipiscẹnte *a.* ⟨*lett*⟩ resipiscent. **resipiscẹnza** *f.* ⟨*lett*⟩ resipiscence.

resistẹnte I *a.* **1** resistant (*a* to), resisting, –proof, proof (against), –fast: ~ *agli acidi* acid–proof, acid–resisting. **2** (*forte*) strong, resistant, stout. **3** (*che non si deteriora con l'uso*) durable, lasting; (*rif. a colori*) fast; (*rif. a stoffe e sim.*) durable, strong, hard–wearing. **II** *s.m.* ⟨*Stor*⟩ resistance movement fighter, partisan. □ ~ *agli* **agenti** *atmosferici* weather–proof; ~ *al* **caldo** (*o calore*) heat–resistant, heat–proof; ~ *alla* **corrosione** corrosion –resistant; ~ *alla* **fatica:** 1 ⟨*Mecc*⟩ fatigue–resistant; 2 ⟨*fig*⟩ tough; ~ *al* **freddo** cold–resistant; ~ *al* **fuoco** fireproof, fire–resistant; ~ *alla* **lavatura** wash–resistant, fast colour.

resistẹnza *f.* **1** resistance: *vincere la* ~ *del nemico* to wear down the resistance of the enemy. **2** (*rif. a persona: capacità di resistere*) resistance, endurance: ~ *alla fatica* resistance to fatigue, fatigue resistance. **3** (*rif. a cose: capacità di resistere al logorio*) durability, wearability. **4** (*opposizione*) resistance, opposition: *hanno vinto la* ~ *dei genitori al loro matrimonio* they broke down their parents' opposition to their marriage. **5** ⟨*Stor*⟩ Resistance. **6** ⟨*Dir*⟩ resistance: ~ *all'autorità* resistance to authority. **7** ⟨*Fis,Biol,Med*⟩ resistance. **8** ⟨*Edil*⟩ resistance, strength. **9** ⟨*Sport*⟩ endurance, resistance. **10** ⟨*Pol*⟩ (*movimento di resistenza*) resistance movement. □ ~ *all'*abrasione abrasion resistance; ⟨*Fis*⟩ ~ **aerodinamica** drag; *ad* **alta** ~: 1 ⟨*Met*⟩ high–grade; 2 ⟨*El*⟩ high–resistance; ~ *dell'aria* air (*o* wind) resistance; ⟨*El*⟩ *a* **bassa** ~ low–resistance; ~ *al* **calore** heat–resistance; **coefficiente** *di* ~ drag coefficient; ⟨*El*⟩ ~ *di* **contatto** contact resistance; ~ *alla* **corrosione** corrosion resistance (*o* strength); ~ **dinamica** dynamic resistance; ~ **elastica** elastic strength; ~ **elettrica**

electrical resistance; ~ al **freddo** freeze (o low temperature) resistance; **incontrare** *viva* ~ to meet with strong resistance; ⟨*El*⟩ ~ **induttiva** inductive resistance; ~ **iniziale** initial resistance; ~ **magnetica** magnetic resistance; ~ alle **malattie** resistance to disease; ~ **meccanica** mechanical resistance; **opporre** *scarsa* ~ to make little resistance; *senza opporre* ~ without offering any resistance; ~ **passiva** passive resistance;~ *di* **pressione** pressure drag; ⟨*Sport*⟩ **prova** *di* ~ endurance test (o trial); ⟨*Psic*⟩ ~ **psichica** psychic resistance; ~ **alla rottura** tensile (o breaking) strength; ~ **termica** thermal resistance; ⟨*El*⟩ ~ *di* **terra** earth resistance; ~ **alla torsione** torsional strength; ⟨*Dir*⟩ ~ *a pubblico* **ufficiale** use of force or threats against a public official; ~ **all'urto** shock-resistance, impact resistance (o value); ~ **all'usura** wear resistance; ⟨*Mecc*⟩ ~ alle **vibrazioni** vibration resistance.

resistere *v.i.* (**resistęi/resistętti, resistįto**; *aus.* avere) **1** to resist, to withstand (*a qc.* s.th.) (*anche fig.*): *la nave resistette alla tempesta* the ship withstood the storm; (*tenere duro*) to hold out (against): *non potrà* ~ *a lungo* he won't hold out long. **2** (*tollerare, sopportare*) to endure, to bear (o stand) up (to): ~ *agli strapazzi* to endure fatigue; *questa pianta resiste bene al freddo* this plant stands up well to cold weather. **3** (*rif. a cose*) to be resistant (to): *questa stoffa resiste all'acqua* this cloth is ⌈resistant to water⌉ (o waterproof); (*rif. a materiali refrattari*) to be resistant (o proof); (*rif. a colori*) to be fast(colour).
resistività *f.* ⟨*El*⟩ resistivity. **resistįvo** *a.* resistive. **resistȯre** *m.* ⟨*El*⟩ resistor.
resȯ[1] → **rendere**.
resȯ[2] *m.* ⟨*Zool*⟩ rhesus, rhesus monkey (o macaque).
resocontista *m./f.* **1** reporter, report writer. **2** ⟨*Giorn*⟩ reporter. **resocȯnto** *m.* **1** (*relazione*) report, account: *–i parlamentari* parliamentary reports. **2** (*rendiconto*) statement (of accounts).
resorcįna *f.* ⟨*Chim*⟩ resorcin.
respingęnte *m.* **1** ⟨*Ferr*⟩ buffer, bumper. **2** *pl.* ⟨*scherz*⟩ (*seni*) breasts *pl.*
respingere *v.t.* (**respįngo, respįngi; respįnsi, respįnto**) **1** to drive (o beat, push) back, to repel, to repulse: *la polizia respinse la folla dei dimostranti* the police drove back the crowd of demonstrators; (*in combattimento*) to repulse, to drive (o push) back, to fight off. **2** ⟨*fig*⟩ to refuse, to reject, to dismiss: ~ *un'accusa* to reject an accusation; ~ *un pensiero cattivo* to dismiss a wicked thought. **3** ⟨*burocr*⟩ (*non accettare*) to reject, to turn down. **4** ⟨*scol*⟩ (*bocciare*) to fail, (*fam*) to flunk: *lo hanno respinto agli esami* ⌈they⌉ failed him⌉ (o he was failed) in the examinations. **5** ⟨*Post*⟩ to return, to send back: ~ *un pacco al mittente* to return a package to the sender. **6** ⟨*Fis*⟩ to repel. □ ~ *un assegno* to refuse payment of a cheque. **respįnto** (*p.p. di respingere*) **I** *a.* (*rifiutato*) rejected, refused, turned down. **2** ⟨*scol*⟩ failed. **II** *s.m.* (*f. -a*) pupil who fails an exam. □ ⟨*Post*⟩ ~ *al mittente* returned to sender.
respirabile *a.* breath(e)able, respirable. **respirare I** *v.i.* (*aus.* avere) **1** to breathe, to respire: *all'arrivo del medico il ferito respirava ancora* when the doctor arrived the injured man was still breathing. **2** ⟨*fig*⟩ (*sentire sollievo*) to breathe (again), to be relieved (o at ease): *finalmente respiro!* at last I can breathe again! **3** ⟨*fig*⟩ (*prendere fiato*) to draw breath, to get one's breath back. **II** *v.t.* to breathe (in), to inhale: *il malato respira l'ossigeno* the patient is inhaling oxygen. □ ~ *con la* **bocca** to breathe through the mouth; ~ *a* **fatica** to breathe with difficulty; ~ *forte* to breathe heavily (o hard); ~ *a pieni polmoni* to breathe deeply, to take a deep breath.
respiratȯre *m.* **1** ⟨*Sport*⟩ aqualung. **2** ⟨*Aer*⟩ oxygen respirator. □ ~ *per uso medico* oxygen set (o breathing apparatus). **respiratȯrio** *a.* respiratory, breathing–: *apparato* ~ respiratory system. **respirazione** *f.* breathing, respiration. □ ~ *artificiale* artificial respiration; ~ *bocca a bocca* mouth-to-mouth method (of artificial respiration); *difficoltà di* ~ difficulty in breathing; *disturbi di* ~ respiratory ailments.
respiro *m.* **1** breathing, breath: *avere il* ~ *regolare* to have

regular breathing. **2** ⟨*fig*⟩ (*riposo*) respite, pause, let–up, relief: *lavorare senza* ~ to work without (a) respite. **3** ⟨*fig*⟩ (*dilazione*) extension, respite, delay: *ho ottenuto due mesi di* ~ *per il pagamento di questa fattura* I have got a respite (o breathing space) of two months to pay this bill. **4** ⟨*Met*⟩ whistler, riser. □ *di ampio* ~ = *di* **vasto** *respiro*; ⟨*fig*⟩ *non avere un minuto di* ~ not to have a moment's peace; *emettere un profondo* ~ to give (o heave) a deep sigh; *un* ~ *di* **sollievo** a sigh of relief; ⟨*fig*⟩ *da* **togliere** *il* ~ breath–taking; *rendere l'ultimo* ~ to breathe one's last; ⟨*fig*⟩ *di* **vasto** ~ wide-ranging, far-reaching: *un'opera di vasto* ~ a far-reaching work.
responsabile I *a.* responsible, answerable, accountable (*di* for): *essere* ~ *delle proprie azioni* to be responsible for one's acts; (*che è a capo di*) in charge (of): *essere* ~ *di un reparto di una ditta* to be in charge of a department in a firm. **II** *s.m./f.* person responsible; (*capo, sovrintendente*) person in charge. □ ⟨*Giorn*⟩ *direttore* ~ managing editor; *essere* ~ *di qc.*: **1** to be responsible for s.th., to answer for s.th.; **2** ⟨*Dir*⟩ to be liable (o answerable) for s.th.; **3** (*garantire*) to guarantee (o vouch for) s.th; ~ *politico* policy-maker.
responsabilità *f.* responsibility: *si è preso una grave* ~ he assumed a great responsibility; *non ho nessuna* ~ *di quanto è accaduto* I have no responsibility for what happened. □ ~ **civile** civil liability (o responsibility); **conscio** *della propria* ~ aware of one's responsibility; *di* ~ responsible, of responsibility: *un posto di* ~ a responsible position; ~ **legale** legal liability (o responsibility); **limitazione** *di* ~ limitation of liability; ~ **penale** criminal liability (o responsibility); *incorrere nella* ~ *penale* to become criminally liable (o responsible); ~ **professionale** professional liability; *su chi ricade la* ~? who is responsible (o answerable)?; **senso** *di* ~ sense of responsibility; **senza** ~ *da parte mia* without responsibility on my part ⟨*Dir*⟩ ~ **solidale** joint responibility; *sotto la mia* ~ on my own responsibility.
responsabilizzare *v.t.* to make responsible. **responsabilizzazione** *f.* making responsible. **responsabilmęnte** *avv.* responsibly.
responso *m.* **1** answer, response: *il* ~ *della giuria* the jury's response (o verdict). **2** ⟨*lett*⟩ (*risposta di un oracolo*) response, oracular answer. **responsȯrio** *m.* ⟨*Lit*⟩ responsory, response.
ressa *f.* crowd, throng, press, crush: *c'era una gran* ~ *intorno al palco* there was a tremendous throng around the platform. □ *fare* ~ to throng, to crowd.
resta[1] *f.* **1** ⟨*Bot*⟩ awn, beard. **2** (*region*) (*lisca*) fish bone.
resta[2] *f.* ⟨*Mil.ant*⟩ (lance) rest. □ *mettere la lancia in* ~ to couch one's lance; ⟨*fig*⟩ to prepare for battle.
resta[3] *f.* string of onions or garlic.
restante I *a.* remaining, left over: *il denaro* ~ the money left over. **II** *s.m.* rest, remainder: *questi soldi devono bastare per il* ~ *del mese* this money has to last for the rest of the month. □ *la parte* ~ the rest.
restare *v.i.* (**resto**; *aus.* essere) **1** (*trattenersi*) to stay, to remain: *quanto tempo potrai* ~ *con me?* how long can you stay with me? **2** (*rimanere, stare ancora*) to stay (behind), to remain, to be left: *in questo paese restano solo i vecchi* only the old people are left in this village. **3** (*permanere*) to be, to remain, to continue to be: *il museo resterà chiuso per restauri* the museum will be closed for restoration; *siamo restati amici* we ⌈continued to be⌉ (o remained) friends. **4** (*avanzare*) to be left (over), to remain: *non è restato nulla per noi?* isn't there anything left for us? **5** (*esserci da percorrere, da passare*) to be left (o to go): *resta ormai solo un chilometro alla meta* there is only a kilometre left to our destination; *restano pochi giorni a Natale* there are only a few days left until Christmas. **6** (*rimanere da fare*) to (still) have (to do), to be left (o more), to remain: *non mi resta che preparare la valigia* all ⌈I have⌉ (o that is left for me) to do is pack my suitcase; *non mi resta altro da dire* there is nothing more (o left) for me to say. **7** (*nella sottrazione*) to leave, to be left: *se tolgo tre da sette resta quattro* three from seven leaves (o is) four. **8** (*diventare*) to become: ~ *orfano* to become (o be

left) an orphan, to be orphaned; ~ *cieco* to become blind, to be blinded; (*trovarsi in uno stato*) to be: ~ *sorpreso* to be surprised. □ ~ *d'accordo* to agree; ~ **appeso** to hang; ~ *in* **argomento** to stick to the subject (*o* point); ~ *a* **bocca** *aperta* to gape; ⟨*fig*⟩ to be dumbfounded (*o* astonished); ~ *in* **dubbio** to be doubtful; ⟨*fig*⟩ ~ *senza* **fiato** to be flabbergasted (*o* speechless); *resti fra noi* just between us; ~ *a* **galla** to float, to stay afloat; ~ **indietro** to be (left) behind, to be outstripped (*anche fig.*); *restarci* **male:** 1 (*offendersi*) to take amiss; 2 (*dispiacersi*) to be sorry (*o* upset); 3 (*essere deluso*) to be disappointed; ~ *del parere che* to be of the opinion that; ~ *a* **piedi** to have to go on foot; ~ *in* **piedi** to remain (*o* stay) standing; ~ *di* **stucco** to be dumbstruck; ~ *in* **vigore** to remain in effect; ~ *in* **vita** to be alive.

restaurabile *a.* restorable. **restaurare** *v.t.* (*restauro*) 1 to restore: ~ *la facciata di una chiesa* to restore the façade of a church. 2 ⟨*fig*⟩ (*ristabilire*) to restore, to reinstate, to re–establish: ~ *la monarchia* to restore the monarchy. **restauratore** I *s.m.* (*f.* **-trice**) restorer (*anche fig.*). II *a.* restoring (*anche fig.*). **restaurazione** *f.* restoration, reinstatement, re–establishment. **Restaurazione** *f.* ⟨*Stor*⟩ Restoration. **restauro** *m.* restoration. □ *chiuso per* ~ closed during restorations; *in* ~ under repair.

restio *a.* 1 (*rif. ad animali*) restive, balky, jibbing. 2 (*rif. a persone: riluttante*) reluctant, unwilling: *è* ~ *a obbedire* he is unwilling to obey.

restituibile *a.* repayable, returnable. **restituire** *v.t.* (*restituisco, restituisci*) 1 to return, to give back: ~ *un libro* to return a book. 2 ⟨*fig*⟩ to give (*o* bring) back, to restore: *la cura gli ha restituito la salute* the treatment restored his health. 3 (*contraccambiare*) to return, to pay back: ~ *una cortesia* to return (*o* pay back) a favour. **restituzione** *f.* 1 restitution, return(ing), giving back: ~ *immediata dei libri alla biblioteca* immediate return of the books to the library; (*rimborso*) repayment, paying back. 2 (*il contraccambiare*) return(ing), repaying: *la* ~ *di una visita* the returning of a visit.

resto *m.* 1 rest, remainder: *ho passato il* ~ *della giornata a dormire* I spent the rest of the day sleeping. 2 (*spiccioli*) change: *tenga pure il* ~ keep the change. 3 ⟨*Comm*⟩ (*differenza a saldo*) balance: *pagherà il* ~ *in comode rate* he will pay the balance in easy instalments. 4 (*rif. a cibo*) remains *pl,* left–overs *pl: mangeremo i –i del pranzo* we'll eat the lef–tovers from dinner. 5 *pl.* (*ruderi*) remains *pl,* ruins *pl.* 6 ⟨*Mat*⟩ remainder. □ ~ *di* **cassa** balance in hand; *del* ~ (*d'altronde*) however, on the other hand, after all: *del* ~ *è un buon figliolo* on the other hand he's a good boy; *avere cento* **di** ~ (*rif. a danaro*) to have a hundred lire change; (*nella divisione*) to have one hundred left over; ⟨*Mat*⟩ ~ *della* **divisione** remainder (of the division); *–i* **mortali** mortal remains.

restringere *v.t.* (*restringo, restringi; restrinsi, ristretto*) 1 to reduce, to make smaller, to contract: *il freddo restringe i corpi* cold contracts things; (*rif. a vestiti*) to take in; (*rif. a stoffe*) to shrink. 2 ⟨*fig*⟩ (*limitare*) to limit, to curtail, to restrict, to cut down on: ~ *le spese* to limit (*o* cut down on) expenses. 3 (*assol*) (*rendere stitico*) to constipate, to bind. **restringersi** *v.r.* 1 (*diventare più stretto*) to narrow, to grow (*o* get) narrower: *la strada si restringeva* the road narrowed; (*rif. a stoffe*) to shrink. 2 (*raccogliersi per occupare meno posto*) to squeeze together: *ci siamo ristretti per far posto ai nuovi arrivati* we squeezed together to make room for the newcomers. 3 (*contrarsi*) to contract, to shrink: *alla luce la pupilla si restringe* the pupil contracts in the light. 4 ⟨*fig*⟩ (*limitarsi*) to cut down (*in* on), to limit, to restrict (s.th.): *restringersi nelle spese* to cut down on expenses. **restringimento** *m.* 1 reduction, restriction; (*il diventare più stretto*) narrowing: *un* ~ *della strada* a narrowing in the road; (*rif. a stoffe*) shrinking. 2 (*contrazione*) contraction. 3 ⟨*fig*⟩ (*restrizione*) restriction, limitation. 4 ⟨*Med*⟩ stricture: ~ *uretrale* stricture of the ureter.

restrittivamente *avv.* restrictively. **restrittivo** *a.* 1 restrictive. 2 ⟨*fig*⟩ restrictive, limiting: *condizione –a* limiting condition.

restrizione *f.* 1 restriction, limitation: ~ *dei consumi* restriction on consumption. 2 ⟨*Dir,Econ*⟩ restraint, restriction. □ *–i* **creditizie** credit squeezes; *–i all'*immigrazione immigration restrictions; *–i alle* importazioni import restrictions, restriction on imports; **senza** *–i* unreservedly, unrestrictedly; *–i* **valutarie** exchange restrictions.

resurrezione *f.* → **risurrezione.**

retaggio *m.* ⟨*lett*⟩ inheritance, heritage (*anche fig.*).

retata *f.* 1 (*gettata di rete*) cast; (*quantità di pesce preso*) catch, haul, netful. 2 ⟨*fig*⟩ (*cattura*) round-up, ⟨*fam*⟩ drag–net.

rete *f.* 1 net. 2 ⟨*fig*⟩ (*tranello*) trap, snare: *cadere nella* ~ to fall into the trap. 3 (*del letto*) bedspring. 4 (*borsa a rete*) string bag. 5 (*rete di recinzione*) wire fencing. 6 (*struttura a rete*) network: ~ *di spionaggio* spy network; ~ *tranviaria* streetcar network. 7 ⟨*Pesc,Venat*⟩ net. 8 ⟨*Sport*⟩ net; (*nel tennis: punto di servizio*) net ball; (*nel calcio: porta*) goal: *segnare due –i* to score two goals. 9 ⟨*Anat,Macell*⟩ omentum. 10 ⟨*El*⟩ network, system, mains *pl.* □ ⟨*Tel,El*⟩ ~ **aerea** overhead system (*o* network); ⟨*El*⟩ ~ *ad* **alta** *tensione* high-tension network; ⟨*Inform*⟩ ~ **analogica** analog(ue) network; ⟨*Mar.mil*⟩ ~ **antisommergibili** submarine net; ~ **autostradale** highway network; ⟨*fig*⟩ **cadere** *nella* ~ to fall into the trap; ~ **commerciale** sales network; ⟨*Pesc*⟩ ~ *alla* **deriva** drift net; ⟨*El*⟩ ~ *di* **distribuzione** power mains *pl* (*o* supply system), network; ~ **elettrica** electrical grid (*o* network); ~ **ferroviaria** railway network (*o* system); ~ *da* **gamberi** crawfish net; **gettare** *le –i* to cast the nets; ⟨*El*⟩ ~ *d'*illuminazione lighting system (*o* mains *pl,* circuit); ~ *del* **letto** bedspring; ⟨*Geog*⟩ ~ *dei* **meridiani** *e paralleli* grid of parallels and meridians; ~ **metallica** (*di recinzione*) wire fencing; ~ *da* **pesca** fishing–net; ~ **portabagagli** luggage rack; ⟨*fig*⟩ **prendere** *qd. nella* ~ to catch s.o. in the net; ~ **radiofonica** radio network; ⟨*Mar.mil*⟩ ~ *di* **sbarramento** defence net; ~ *di* **sicurezza** safety net; ~ *di* **spionaggio** spy network; ~ **stradale** road system (*o* network); ⟨*Pesc*⟩ ~ *a* **strascico** trawl (net), drag–net; ~ **telefonica** telephone system; ~ **televisiva** television network; ⟨*Ferr*⟩ ~ **urbana** urban railway system (*o* network); ⟨*Comm*⟩ ~ *di* **vendita** commercial network.

reticella *f.* 1 (*per capelli*) hairnet. 2 ⟨*Chim*⟩ wire gauze.

reticente *a.* reticent, reserved: *è molto* ~ *sui suoi progetti* he is very reticent about his plans. □ ⟨*Dir*⟩ *testimone* ~ reticent witness. **reticenza** *f.* reticence (*anche Dir.*): *si è espresso con molta* ~ he expressed himself with great reticence. □ *senza –e* unreservedly, without reserve.

retico *a.* (*pl.* **-ci**) Rhaetian. □ ⟨*Geog*⟩ *Alpi Retiche* Rhaetian Alps.

reticolare *a.* réticulate(d), reticular: *tessuto* ~ reticular tissue. **reticolato** I *a.* → **reticolare.** II *s.m.* 1 grille, grating, grid; (*graticcio*) lattice, trellis. 2 ⟨*Mil*⟩ barbed wire entanglement. 3 ~ *geografico* grid of parallels and meridians. **reticolatura** *f.* ⟨*Fot*⟩ reticulation. **reticolo** *m.* 1 (*struttura a rete*) network, grid; (*struttura a graticcio*) grillwork, lattice. 2 ⟨*Biol*⟩ reticulum. 3 ⟨*Fot,Tip*⟩ screen. □ *a* ~ reticulate, netted; ⟨*Ott*⟩ ~ *di* **diffrazione** diffraction grating; ~ *geografico* (*o* *dei gradi*) grid. **retiforme** *a.* retiform.

retina[1] *f.* 1 (*per capelli*) hairnet. 2 (*per la spesa*) mesh. 3 (*in treno*) baggage rack.

retina[2] *f.* ⟨*Anat*⟩ retina.

retinare *v.t.* 1 ⟨*tecn*⟩ to reinforce; (*rif. a vetro*) to wire. 2 ⟨*Fot,Tip*⟩ to (insert a) screen.

retinico *a.* (*pl.* **-ci**) ⟨*Anat*⟩ retinal. **retinite** *f.* ⟨*Med*⟩ retinitis.

retino *m.* 1 ⟨*Pesc*⟩ landing net. 2 ⟨*Fot,Tip*⟩ screen. 3 ⟨*Entom*⟩ butterfly net.

retore *m.* ⟨*Stor*⟩ rhetor, rhetorician (*anche fig.*). **retorica** *f.* 1 rhetoric. 2 ⟨*spreg*⟩ rhetoric, bombast: *il suo discorso è tutta* ~ his speech is so much bombast. **retoricamente** *avv.* rhetorically. **retorico** *a.* (*pl.* **-ci**) 1 rhetorical: *effetto* ~ rhetorical effect. 2 ⟨*spreg*⟩ rhetorical, bombastic. □ *figura –a* figure of speech.

retrarre *v.t.* (*retraggo, retrai; retrassi, retratto;* → **trarre**) ⟨*rar*⟩ to retract.

retrattile *a.* retractile, retractable: *unghie –i* retractile

claws. **retrattilità** *f.* retractility.
retribuire *v.t.* (retribu**i**sco, retribu**i**sci) to recompense, to reward, to pay: ~ *qd. secondo i meriti* to reward s.o. according to his merits. **retribuito** *a.* rewarded, recompensed, paid: *un lavoro ben* ~ a well-paid job. □ *non* ~ unpaid: *lavoro non* ~ unpaid job. **retributivo** *a.* retributive, retributory. **retribuzione** *f.* 1 reward. 2 (*paga*) pay(ment), remuneration; (*stipendio*) salary: *gli statali chiedono un aumento della* ~ the civil servants are asking for an increase in salary; (*salario*) wage, wages *pl.* □ ~ *in denaro* cash payment; ~ *a incentivo* incentive wages *pl;* ~ *in natura* payment in kind.
retrivo I *a.* backward, behind the times: *essere d'idee –e* to have backward ideas; (*reazionario*) reactionary. II *s.m.* (*f.* -a) reactionary.
retro *m.* 1 (*parte posteriore*) back. 2 (*verso: di moneta*) reverse; (*di pagina*) verso. □ *vedi* ~ please turn over, see overleaf.
retro|attività *f.* ⟨*Dir*⟩ retroactivity. **~attivo** *a.* retroactive. **~azione** *f.* ⟨*El*⟩ feed-back. **~bottega** *m.inv.* back-shop. **~carica:** ⟨*Artigl*⟩ *a* ~ breech-loading–: *arma a* ~ breech -loading weapon.
retrocedere *v.* (retroce**ssi**/retroce**dei**/retroce**detti**, retroce**sso**/retroced**uto**) I *v.i.* (*aus.* **essere**) 1 to recede, to go (*o* move) back; (*in veicolo*) to reverse, to back up. 2 (*ritirarsi*) to withdraw, to retreat. 3 ⟨*fig*⟩ (*rinunciare*) to draw back (*da* from), to go back (on), to give up: ~ *da una decisione presa* to go back on a decision. II *v.t.* 1 ⟨*burocr*⟩ to demote, to degrade (*anche Mil.*): *lo hanno retrocesso a sergente* he has been demoted to sergeant. 2 ⟨*Sport*⟩ to move down, to relegate. **retrocessi** → **retrocedere. retrocessione** *f.* 1 receding, going (*o* moving) back; (*ritiro*) withdrawal, retreat. 2 ⟨*burocr*⟩ demotion (*anche Mil.*). 3 ⟨*Sport*⟩ relegation. **retrocesso** → **retrocedere.**
retro|cucina *f.inv.* scullery. **~datare** *v.t.* 1 ⟨*burocr*⟩ to backdate. 2 (*attribuire una data anteriore*) to antedate. **~datazione** *f.* 1 ⟨*burocr*⟩ backdating. 2 (*attribuzione di una data anteriore*) antedating. **~flessione** *f.* ⟨*Med,Fon*⟩ retroflexion. **~flesso** *a.* 1 ⟨*Med*⟩ retroflex(ed). 2 ⟨*Fon*⟩ retroflex. **~frontespizio** *m.* verso of the title page. **~gradare** *v.i.* (retr**o**grado; *aus.* **avere**) ⟨*Astr*⟩ to retrograde. **~gradazione** *f.* retrogradation.
retrogrado I *a.* 1 retrograde. 2 ⟨*fig*⟩ (*retrivo*) backward, behind the times; (*reazionario*) reactionary. II *s.m.* (*f.* -a) (*persona retriva*) reactionary.
retro|guardia *f.* ⟨*Mil*⟩ rearguard. □ *stare* (*o essere*) *alla* ~: 1 to keep in the rear; 2 ⟨*fig*⟩ to hang back. **~marcia** *f.* (*pl.* -ce) ⟨*Aut*⟩ 1 reverse (motion), reversing: *andare in* ~ to go into reverse. 2 (*dispositivo*) reverse (gear): *innestare la* ~ to put into reverse. **~sapore** *m.* aftertaste. **~scena** I *m.inv.* 1 backstage activity. 2 ⟨*fig,spreg*⟩ (*maneggi occulti*) underhand dealings *pl,* behind-the-scenes action (*o* intrigue): *in quest'affare c'è un* ~ *poco pulito* there's something fishy going on behind the scenes in this affair. II *f.* ⟨*Teat*⟩ backstage.
retrospettivo *a.* retrospective: *mostra –a* retrospective (exhibition).
retro|stante *a.* at (*o* in) the back, (lying) behind, back: *stanza* ~ room at the back, back room. **~terra** *m.inv.* ⟨*Geog,Econ*⟩ hinterland. **~versione** *f.* 1 retroversion (*anche Med.*): ~ *uterina* retroversion of the uterus. 2 (*ritraduzione*) retroversion, back version, retranslation. **~vie** *f.pl.* ⟨*Mil*⟩ rear, zone behind the front. **~visivo** *a.* rearview–, rear-vision–, driving: *specchio* ~ → **retrovisore. ~visore** *m.* ⟨*Aut*⟩ rearview mirror.
retta[1] *f.* ⟨*Geom*⟩ (straight) line.
retta[2] *f.* room and board: *un mese di* ~ a month's room and board. □ ~ *di degenza* (*in ospedale*) hospital fee (*o* tariff).
retta[3]: *dare* ~ *a* (*dare ascolto*) to listen to, to pay attention to: *non vuole dare* ~ *a nessuno* he won't listen to anyone.
rettale *a.* ⟨*Anat*⟩ rectal.
rettamente *avv.* 1 (*con rettitudine*) righteously, uprightly. 2 (*in modo giusto*) correctly, exactly.
rettangolare *a.* rectangular. **rettangolo** I *s.m.* ⟨*Geom*⟩

rectangle. II *a.* right-angle(d), rectangular: *triangolo* ~ right-angle triangle.
rettifica *f.* 1 rectification, straightening (out). 2 (*correzione di un errore*) rectification, correction. 3 ⟨*Mecc*⟩ grinding, refacing. 4 ⟨*Chim*⟩ (*rettificazione*) rectification. □ ~ *di confine* border correction; ~ *di una curva* rectification (of a curve). **rettificare** *v.t.* (rett**i**fico, rett**i**fichi) 1 to straighten (out), to rectify: ~ *il corso d'un fiume* to rectify the course of a river. 2 ⟨*fig*⟩ (*correggere*) to rectify, to correct: ~ *una data* to correct a date. 3 ⟨*Giorn*⟩ to correct, to amend. 4 ⟨*Mecc*⟩ to grind, to reface. 5 ⟨*Chim,Mat*⟩ to rectify. **rettificato** *a.* rectified (*anche Chim.*). **rettificatore** I *s.m.* 1 (*operaio*) grinder. 2 ⟨*El*⟩ (*raddrizzatore*) rectifier. 3 ⟨*Rad*⟩ (*rivelatore*) detector. II *a.* 1 ⟨*El*⟩ rectifier–. 2 ⟨*Mecc*⟩ grinding. 3 ⟨*Chim*⟩ rectifying. **rettificatrice** *f.* (*macchina*) grinder, grinding machine. **rettificazione** *f.* 1 (*il rendere diritto*) straightening (out), rectification: ~ *di un canale* rectification of a canal. 2 (*correzione*) rectification, correction. 3 ⟨*Chim,Mat,El*⟩ rectification.
rettifilo *m.* ⟨*Strad*⟩ straight stretch.
rettile[1] *m.* 1 ⟨*Zool*⟩ reptile, reptilian. 2 ⟨*fig,spreg*⟩ snake, reptile.
rettile[2] *a.* ⟨*Bot*⟩ repent, reptant.
rettilineo I *a.* 1 straight, rectilinear: *costa –a* straight coastline. 2 ⟨*fig*⟩ (*lineare*) straightforward. 3 ⟨*Geom*⟩ rectilinear. II *s.m.* → **rettifilo.** □ ⟨*Sport*⟩ ~ *d'arrivo* home stretch.
rettitudine *f.* rectitude, uprightness, righteousness.
retto[1] I *a.* 1 (*diritto*) straight: *procedere in linea –a* to go straight ahead (*o* on). 2 ⟨*fig*⟩ (*onesto, buono*) upright, straight(forward). 3 ⟨*fig*⟩ (*corretto, esatto*) correct, right(ful), proper: *il* ~ *uso di una parola* the correct (*o* proper) use of a word. 4 ⟨*Geom*⟩ right. II *s.m.inv.* right. □ ⟨*fig*⟩ *seguire la –a via* to follow (*o* stick to) the straight and narrow path.
retto[2] *m.* ⟨*Anat*⟩ rectum.
retto[3] → **reggere.**
rettocele *m.* ⟨*Med*⟩ rectocele.
rettorato *m.* rectorate, rectorship: *gli hanno affidato il* ~ *di un collegio* he has been given the rectorship of a boarding school. **rettore** *m.* (*f.* -trice) rector. □ ⟨*Univ*⟩ *magnifico* ~ (title of a) university rector.
reuma *m.* ⟨*Med*⟩ rheumatism. **reumatalgia** *f.* rheumatic pain. **reumatico** *a.* (*pl.* -ci) rheumatic: *febbre –a* rheumatic fever. **reumatismo** *m.* rheumatism, ⟨*fam*⟩ rheumatics *pl.* □ ~ *articolare* articular rheumatism; *soffrire di –i* to suffer from rheumatism. **reumatizzare** *v.t.* to cause rheumatism in. **reumatizzarsi** *v.r.* to get (*o* contract) rheumatism. **reumatizzato** *a.* rheumatic. **reumatoide** *a.* rheumatoid: *artrite* ~ rheumatoid arthritis. **reumatologo** *m.* (*pl.* -gi; *f.* -a) rheumatologist.
revanscismo *m.* ⟨*Pol*⟩ revanchism. **revanscista** *m./f.* revanchist. **revanscistico** *a.* (*pl.* -ci) revanchist.
Rev. = ⟨*Rel*⟩ *Reverendo* Reverend (*abbr.* Rev., Revd.).
reverendo I *a.* ⟨*Rel*⟩ Reverend: *la –a madre superiora* the Reverend Mother Superior. II *s.m.* reverend. □ *reverendissimo* very reverend, most reverend.
reverente, reverenza → **riverente, riverenza.**
reverenziale *a.* reverential.
reversale *f.* ⟨*Comm*⟩ (*reversale di cassa*) collection order (*o* voucher). □ ~ *ferroviaria* copy of a consignment note.
reversibile *a.* reversible. **reversibilità** *f.* reversibleness, reversibility. **reversibilmente** *avv.* reversibly. **reversione** *f.* ⟨*Dir,Biol*⟩ reversion.
revisionare *v.t.* (revis**i**ono) 1 ⟨*tecn*⟩ to overhaul, to recondition: *far* ~ *il motore* to have the motor overhauled. 2 ⟨*burocr*⟩ to review, to revise; (*nella contabilità*) to audit: ~ *un conto* to audit an account. **revisione** *f.* 1 review, revision. 2 (*modificazione*) revision, change: *la* ~ *di un contratto* the revision of a contract. 3 ⟨*tecn*⟩ overhaul: *la mia macchina ha bisogno di una* ~ *accurata* my car needs a thorough overhaul. 4 ⟨*Dir*⟩ rehearing: ~ *di un processo* rehearing of a trial, retrial. 5 ⟨*Econ*⟩ audit(ing): ~ *aziendale* company audit. □ ~ *contabile* (*o dei conti*) audit, auditing of accounts; ~

del motore engine overhaul.
revisionismo *m.* ⟨*Pol*⟩ revisionism. **revisionista** *m./f.* revisionist.
revisore *m.* (*f.* **-a**) reviser. □ ~ *delle bozze* proof reader; ~ *dei conti* auditor.
revivalismo *m.* ⟨*Rel*⟩ revivalism (*anche fig.*). **revivalista** *m./f.* ⟨*Rel*⟩ revivalist (*anche fig.*).
reviviscente *a.* **1** ⟨*Biol*⟩ revivescent. **2** ⟨*fig*⟩ reviving. **reviviscenza** *f.* **1** ⟨*Biol*⟩ revivescence. **2** ⟨*fig*⟩ revival, renewal.
Rev.mo = ⟨*Rel.catt*⟩ *Reverendissimo* Very Reverend (*abbr.* V.Rev.), Most Reverend.
revoca *f.* ⟨*Dir*⟩ revocation, annulment: ~ *di una nomina* annulment of an appointment; (*rif. a leggi e sim.*) repeal: *la* ~ *di un provvedimento* the repeal of a measure. □ *fino a* ~ until revocation; ~ *di un'interdizione* lifting of a ban; ~ *della patente* disqualification (from holding a driving licence); ~ *di sequestro* lifting of a distress. **revocabile** *a.* revocable. **revocabilità** *f.* revocability. **revocare** *v.t.* (**revoco, revochi**) ⟨*Dir*⟩ to revoke, to annul, to cancel: ~ *una procura* to revoke a power of attorney; (*rif. a leggi*) to repeal. □ ~ *un mandato* to revoke a mandate; ~ *una sentenza* to quash a sentence. **revocativo** *a.* revoking, revocatory. **revocatorio**: ⟨*Dir*⟩ *azione* **–a** action for revocation. **revocazione** *f.* revocation, annulment.
revolver *m.* (*rivoltella*) revolver. **revolverata** *f.* (revolver) shot.
revulsione *f.* ⟨*Med*⟩ revulsion. **revulsivo** *a./s.m.* revulsive.
Rezia *N.pr.f.* ⟨*Geog.stor*⟩ Rhaetia.
reziario *m.* ⟨*Stor.rom*⟩ retiarius.
R.F. = *radiofrequenza* radio frequency (*abbr.* r.f.).
R.F.T. = *Repubblica Federale Tedesca* Federal Republic of Germany.
Rhodesia *N.pr.f.* ⟨*Geog*⟩ Rhodesia. **rhodesiano** *a./s.m.* (*f.* **-a**) Rhodesian.
riabbassare *v.t.* to lower again. **riabbassarsi** *v.r.* to lower o.s. again, to stoop again.
riabbellire *v.t.* (**riabbellisco, riabbellisci**) to make beautiful again; (*abbellire di più*) to make more beautiful, to embellish.
riabbonare *v.t.* (**riabbono**) to renew a subscription for. **riabbonarsi** *v.r.* to renew one's subscription.
riabbottonare *v.t.* (**riabbottono**) to button (up) again. **riabbottonarsi** *v.r.* to button (up) one's clothes again, to button (o.s.) up again.
riabbracciare *v.t.* (**riabbraccio, riabbracci**) **1** to embrace again (*anche fig.*): ~ *la fede* to embrace the faith again. **2** (*rivedere*) to see (*o* meet) again. **riabbracciarsi** *v.r.* ⟨*recipr*⟩ **1** to embrace (*o* hug) e.o. again. **2** (*rivedersi*) to meet again.
riabilitare *v.t.* (**riabilito**) **1** to retrain. **2** ⟨*Dir*⟩ to rehabilitate, to reinstate. **3** ⟨*fig*⟩ (*rendere la stima*) to rehabilitate; (*redimere*) to redeem. **4** (*ricostruire*) to rebuild, to rehabilitate, to restore: ~ *un impianto* to rebuild a plant. **5** ⟨*Med*⟩ to rehabilitate: ~ *handicappati* to rehabilitate the disabled. **riabilitarsi** *v.r.* to be rehabilitated, to restore one's good name: *il tuo gesto ti ha riabilitato agli occhi di tutti* your gesture has restored your good name in everyone's eyes. **riabilitativo** *a.* rehabilitative, rehabilitating: *medicina* **–a** rehabilitative medicine; *terapia* **–a** rehabilitative therapy. **riabilitato** *a./s.m.* rehabilitated. **riabilitazione** *f.* **1** rehabilitation. **2** ⟨*Dir*⟩ rehabilitation, restoration (of a forfeited right). **3** ⟨*Med*⟩ (physical) rehabilitation. □ ~ *dei tossicodipendenti* rehabilitation of drug addicts; *centro di* ~ rehabilitation centre.
riabitare *v.t.* (**riabito**) to reinhabit, to inhabit again.
riabituare *v.t.* (**riabituo**) to reaccustom. **riabituarsi** *v.r.* to reaccustom o.s., to get used again (*a* to).
riaccasare *v.t.* to marry (off) again. **riaccasarsi** *v.r.* to marry (*o* get married) again, to remarry.
riaccendere *v.t.* (**riaccesi, riacceso**) **1** to relight, to rekindle: ~ *il fuoco* to relight the fire. **2** (*girando l'interruttore*) to switch (*o* turn) on again. **3** ⟨*fig*⟩ to rekindle: ~ *l'odio* to rekindle hatred. **4** ⟨*Comm*⟩ to open (*o* raise) again: ~ *un'ipoteca* to raise a mortgage again.

riaccendersi *v.r.* **1** to light up again, to catch fire again. **2** ⟨*fig*⟩ (*rinfocolarsi*) to be rekindled.
riaccennare *v.t.* (**riaccenno**) to allude (*o* refer) to again.
riaccettare *v.t.* (**riaccetto**) to reaccept, to accept (*o* take) again.
riacchiappare *v.t.* ⟨*fam*⟩ to catch again, ⟨*fam*⟩ to nab again.
riacciuffare *v.t.* to catch again, to recapture.
riaccogliere *v.t.* (**riaccolgo, riaccogli; riaccolsi, riaccolto**, → **cogliere**) to welcome (*o* take in) again; (*riammettere*) to readmit.
riaccomodare *v.t.* (**riaccomodo**) to repair (*o* mend) again. **riaccomodarsi** *v.r.* ⟨*recipr*⟩ (*riconciliarsi*) to make it up, to be reconciled.
riaccompagnare *v.t.* (*accompagnare indietro*) to take back.
riaccostamento *m.* reapproaching, drawing close again (*anche fig.*). **riaccostare** *v.t.* (**riaccosto**) **1** to bring near again, to put close (together) again. **2** (*socchiudere di nuovo*) to set (*o* leave) ajar again, to put (*o* set) to again: ~ *la porta* to leave the door ajar again. **riaccostarsi** *v.r.* to draw near to again, to reapproach (*anche fig.*).
riacquistare *v.t.* **1** to repurchase, to buy back. **2** (*acquistare ciò che era stato perduto*) to regain, to win (*o* get) back: ~ *le forze* to regain one's strength, to get one's strength back. **riacquisto** *m.* **1** regaining, recovery, reacquisition: *il* ~ *della libertà* the regaining of liberty. **2** (*il ricomprare*) repurchase, buying back.
riacutizzare *v.t.* to make acute again: ~ *una crisi* to make a crisis acute again. **riacutizzarsi** *v.r.* to become (*o* grow) acute again. **riacutizzazione** *f.* ⟨*Med*⟩ new acute phase (*o* stage).
riadattamento *m.* readaptation, readjustment, reaccommodation. □ ~ *professionale* vocational retraining. **riadattare** *v.t.* to readapt, to readjust. **riadattarsi** *v.r.* to readapt, to readjust.
riaddormentare *v.t.* (**riaddormento**) to send (*o* put) to sleep again. **riaddormentarsi** *v.r.* to fall asleep again.
riaffacciare *v.t.* (**riaffaccio, riaffacci**) **1** to show (*o* present) again. **2** ⟨*fig*⟩ to advance (*o* put forward) once more. **riaffacciarsi** *v.r.* **1** to show o.s. again (*a* at), to come again (to): *riaffacciarsi alla finestra* to come to the window again. **2** ⟨*fig*⟩ to return, to come (back), to reoccur: *un'idea che si riaffaccia alla mente* an idea which comes to mind (*o* crosses one's mind) again.
riaffermare *v.t.* (**riaffermo**) to reassert, to reaffirm. **riaffermarsi** *v.r.* to reassert o.s.
riafferrare *v.t.* (**riafferro**) to seize (*o* clutch) again, to grab (*o* get hold of) again, to grasp again.
riaffittare *v.t.* **1** (*dare di nuovo in affitto*) to relet, to rent (*o* lease) again. **2** (*prendere di nuovo in affitto*) to rent again.
riagganciare *v.t.* (**riaggancio, riagganci**) **1** to refasten, to hook (up) again. **2** ⟨*Tel*⟩ to hang up.
riaggiustare *v.t.* to mend (*o* repair) again.
riaggravare **I** *v.t.* to aggravate again, to make still worse. **II** *v.i.* (*aus.* essere), **riaggravarsi** *v.r.* to worsen (again).
riagguantare *v.t.* **1** to catch (*o* seize) again. **2** ⟨*fig*⟩ to seize again: ~ *l'occasione* to seize one's opportunity again.
riallacciare *v.t.* (**riallaccio, riallacci**) **1** to tie (*o* fasten) again; (*con lacci*) to lace (up) again. **2** ⟨*fig*⟩ to renew, to resume: ~ *un'amicizia* to renew a friendship. **riallacciarsi** *v.r.* to be connected (*a* with).
riallargare *v.t.* (**riallargo, riallarghi**) to widen again.
riallineamento *m.* ⟨*Econ*⟩ realignment. **riallineare** *v.t.* to realign.
riallungare *v.t.* (**riallungo, riallunghi**) to lengthen again.
rialto *m.* height, rise.
rialzamento *m.* **1** raising. **2** ⟨*concr*⟩ (*parte rialzata*) rise, elevation: *un* ~ *del terreno* a rise in the ground. **3** ⟨*fig*⟩ (*aumento*) rise, increase: ~ *dei prezzi* increase (*o* rise) in prices. **rialzare** **I** *v.t.* **1** (*sollevare*) to raise, to lift; (*raccogliere*) to pick up: ~ *un bambino caduto* to pick up a child who has fallen. **2** (*rendere più alto*) to make higher, to raise: ~ *un edificio di un piano* to make a building one floor higher. **3** ⟨*fig*⟩ (*aumentare*) to increase,

to raise, to put up. **II** *v.i.* (*aus.* **essere**) to rise, to increase, to go up: *i prezzi rialzano* prices are going up. **rialzarsi** *v.r.* **1** to get up, to rise. **2** ⟨*fig*⟩ (*risollevarsi*) to rise, to rouse o.s., to pick o.s. up. **rialzato** *a.* **1** raised, elevated. **2** ⟨*fig*⟩ (*aumentato*) raised, increased: *prezzi –i* raised prices. **rialzatura** *f.* (*rialzo*) raising, lifting, elevating. **rialzista** *m.* ⟨*Econ*⟩ bull. **rialzo** *m.* **1** raising, lifting, elevating. **2** (*rif. a prezzi*) increase, rise. **3** (*parte rialzata*) rise, elevation: *un ~ del terreno* 'a rise in' (*o* an elevation of) the ground. **4** ⟨*Econ*⟩ rise: *~ delle quotazioni* rise in quotations; (*in borsa*) bull: *giocare al ~* to bull. □ *essere in ~:* 1 to be on the rise (*o* up), to be booming; 2 ⟨*fig*⟩ (*acquistare stima*) to rise, to be on the up: *la sua reputazione è in ~* his reputation is rising (*o* going up); *mercato al ~* bull market; *~ dei prezzi* rise in prices, price increase; *tendenza al ~* (*in borsa*) bullish tendency.

riamare *v.t.* **1** to love again (*o* once more). **2** (*ricambiare l'amore*) to love in return.

riammalarsi *v.r.* to fall ill again.

riammettere *v.t.* (**riammisi, riammesso**) to readmit. **riammissione** *f.* readmittance, readmission.

riammogliare *v.t.* (**riammoglio, riammogli**) to marry (off) again. **riammogliarsi** *v.r.* to remarry.

riandare *v.* (**rivado/rivò, rivai; riandai, riandato;** → **andare**) **I** *v.i.* (*aus.* **essere**) to go again. **II** *v.t.* (*ripercorrere con la memoria*) to go over, to think back to (*o* over): *~ gli avvenimenti passati* to think back to past events.

rianimare *v.t.* (**rianimo**) **1** to reanimate, to revive. **2** ⟨*fig*⟩ to cheer, to hearten. **rianimarsi** *v.r.* **1** (*riprendere i sensi*) to recover consciousness. **2** ⟨*fig*⟩ (*riprendere vita e movimento*) to come (*o* spring) to life again: *verso sera le vie della città si rianimano* towards evening the city streets come to life again. **3** ⟨*fig*⟩ (*riprendere animo*) to take heart again, to cheer up. **rianimato** *a.* **1** reanimated, revived. **2** ⟨*fig*⟩ cheered up, heartened. **rianimatore** *m.* ⟨*Med*⟩ resuscitator. **rianimazione** *f.* **1** reanimation (*anche Med.*). **2** ⟨*fig*⟩ cheering up, heartening.

riannessione *f.* reannexation. **riannettere** (*o riannèttere*) *v.t.* (**riannettei/riannessi/riannessi, riannesso/riannesso**) to reannex.

riannodare *v.t.* (**riannodo**) **1** to knot (*o* tie) again. **2** ⟨*fig*⟩ to renew: *~ un'amicizia* to renew a friendship.

riannunciare *v.t.* (**riannuncio, riannunci**) to reannounce, to announce again.

riapertura *f.* reopening: *la ~ del cinematografo* the reopening of the cinema. □ *la ~ delle ostilità* the resumption of hostilities.

riappaltare *v.t.* **1** to let out on contract again. **2** (*subappaltare*) to subcontract. **riappalto** *m.* (*subappalto*) subcontract.

riapparecchiare *v.t.* (**riapparecchio, riapparecchi**) to lay (*o* set) again: *~ la tavola* to lay the table again.

riapparire *v.i.* (**riappaio/riapparisco, riappari/riapparisci; riapparvi, riapparso;** *aus.* **essere**) to reappear. **riapparizione** *f.* reappearance, reappearing.

riappendere *v.t.* (**riappesi, riappeso**) **1** to rehang. **2** ⟨*Tel*⟩ to hang up.

riappiccicare *v.t.* (**riappiccico, riappiccichi**) to stick (*o* glue) again. **riappiccicarsi** *v.r.* to stick (*o* cling) again (*anche fig.*).

riapplicare *v.t.* (**riapplico, riapplichi**) to reapply, to apply again.

riappropriarsi *v.r.* (**mi riapproprio, ti riappropri**) to repossess, to regain possession (*di* of). **riappropriazione** *f.* repossession.

riaprire *v.t.* (**riaprii/riapersi, riaperto**) **1** to reopen. **2** ⟨*fig*⟩ (*ridare inizio*) to reopen, to begin (*o* open) again: *~ le iscrizioni* to reopen enrolments. **riaprirsi** *v.r.* **1** to open again, to reopen. **2** ⟨*fig*⟩ (*riprendere*) to open again, to resume: *lunedì si riaprono le scuole* school begins again on Monday. □ *~ gli occhi:* 1 (*riprendere i sensi*) to come round (*o* to); 2 (*svegliarsi*) to open one's eyes (*anche fig.*); ⟨*fig*⟩ *~ la ferita* to open up an old wound.

riardere *v.* (**riarsi, riarso**) **I** *v.t.* **1** to burn (*o* sear) again. **2** (*disseccare*) to parch (*o* scorch), to dry up: *il sole ha riarso*

i campi the sun has scorched the fields. **II** *v.i.* (*aus.* **essere**) **1** (*riaccendersi*) to burn (*o* blaze) again. **2** ⟨*fig*⟩ to burn, to blaze (*di* with).

riarmamento *m.* rearmament. **riarmare** **I** *v.t.* **1** to rearm, to arm again. **2** ⟨*Mar*⟩ to recommission, to equip (*o* fit out) again. **II** *v.i.* (*aus.* **avere**), **riarmarsi** *v.r.* to rearm.

riarmatura *f.* ⟨*Edil*⟩ refurnishing with supports (*o* centring); (*rif. a cemento*) reinforcement.

riarmo *m.* rearmament.

riarso (*p.p. di riardere*) *a.* (*arido*) parched, dry (*anche fig.*): *avere la gola –a dalla sete* to have one's throat parched with thirst.

riascoltare *v.t.* (**riascolto**) to listen to again.

riassaggiare *v.t.* (**riassaggio, riassaggi**) to retaste, to try (*o* taste) again.

riassalire *v.t.* (**riassalgo, riassali; riassalii**) to reattack, to attack (*o* assail) again.

riassestamento *m.* rearrangement, resettlement. **riassestare** *v.t.* (**riassesto**) to rearrange, to set in order again: *~ le proprie faccende* to set one's affairs in order again; (*assestare*) to arrange, to adjust.

riassettare *v.t.* (**riassetto**) to put in order, to tidy up: *~ la stanza* to tidy up the room. **riassetto** *m.* **1** tidying up, putting in order: *il ~ della casa* tidying up the house. **2** ⟨*fig*⟩ resetting, adjustment, straightening out: *~ del bilancio* adjustment of the budget. **3** (*nuovo assetto*) new order.

riassicurare *v.t.* ⟨*Assic,Dir*⟩ to reinsure. **riassicuratore** *m.* reinsurer. **riassicurazione** *f.* reinsurance.

riassociare *v.t.* (**riassocio, riassoci**) to reassociate. **riassociarsi** *v.r.* to become a member again, to rejoin.

riassopimento *m.* drowsing (*o* dozing) again. **riassopire** *v.t.* (**riassopisco, riassopisci**) to make drowsy again, to cause to doze off again. **riassopirsi** *v.r.* to drop (*o* nod) off again, to doze again.

riassorbimento *m.* reabsorption (*anche fig.*): *~ di manodopera* reabsorption of labour. **riassorbire** *v.t.* (**riassorbo/riassorbisco, riassorbi/riassorbisci**) to reabsorb; (*assorbire*) to absorb (*anche fig.*): *il terreno riassorbe l'acqua piovana* the soil absorbs rain-water; *i nuovi guadagni saranno riassorbiti dagli investimenti* the future profits will be absorbed by investments.

riassumere *v.t.* (**riassunsi, riassunto**) **1** to reassume, to take on again: *~ una carica* to take on a position again. **2** (*impiegare di nuovo*) to re-employ, to take on again: *~ un operaio licenziato* to re-employ a dismissed worker. **3** (*compendiare*) to summarize, to recapitulate, to sum up: *cercherò di ~ il suo discorso* I shall try to summarize his talk. □ *per ~* in brief. **riassuntivo** *a.* recapitulatory, summary, resumptive: *rapporto ~* summary report. **riassunto** *m.* recapitulation, summary, précis; (*compendio*) abridgement, abstract, digest. □ *fare il ~ di un libro* to summarize a book. **riassunzione** *f.* **1** reassumption, taking on again: *~ di una carica* reassumption of an office. **2** (*reimpiego*) re-employment, re-engagement: *la ~ del personale di una ditta* the re-engagement of a company's personnel.

riattaccare *v.* (**riattacco, riattacchi**) **I** *v.t.* **1** to reattach, to attach again; (*ricucire*) to sew (*o* stitch) on (again): *~ un bottone* to sew a button on; (*riappendere*) to hang (up) again; (*incollare*) to stick on (*o* together) again. **2** (*rif. ad animali da tiro*) to reharness (*o* yoke again). **3** ⟨*fig*⟩ (*riprendere*) to resume: *~ un discorso* to resume a speech. **II** *v.i.* (*aus.* **avere**) **1** ⟨*fam*⟩ (*ricominciare*) to begin (*o* start) again, to resume: *~ a piovere* to begin raining again. **2** ⟨*Tel*⟩ to hang up.

riattamento *m.* refitting, renovating, reconditioning. **2** (*riparazione*) repairing, mending. **riattare** *v.t.* **1** to refit, to renovate, to recondition. **2** (*riparare*) to repair, to mend.

riattivare *v.t.* **1** to reopen, to get working again, to reactivate: *~ una strada* to reopen a road. **2** ⟨*Med*⟩ to stimulate: *~ la respirazione* to stimulate respiration. **3** ⟨*Psic,Chim*⟩ to reactivate. **riattivazione** *f.* **1** reopening, reactivation. **2** ⟨*Med*⟩ stimulation. **3** ⟨*Chim,Psic*⟩ reactivation.

riattizzare *v.t.* **1** to poke (*o* stir up) again: ~ *il fuoco* to stir (*o* rake) up the fire again. **2** ⟨*fig*⟩ to rekindle: ~ *l'odio* to rekindle hatred.

riavere *v.t.* (riò, riai, rià, rianno; riebbi, riavuto; → avere) **1** to have again (*o* another time): *oggi ho riavuto un po' di febbre* today I had a bit of a temperature again. **2** (*avere in restituzione*) to have (*o* get) back: ~ *i soldi* to get one's money back. **3** (*ricuperare*) to recover, to regain: ~ *la libertà* to regain one's freedom. **riaversi** *v.r.* **1** to recover (*da* from): *riaversi da uno spavento* to recover from a fright. **2** (*riprendere i sensi*) to come round, to regain consciousness. **3** (*riprendersi economicamente*) to recover, to get on one's feet again. □ *ti sei riavuto da quel raffreddore?* have you got over that cold?

riavvampare *v.i.* (*aus.* essere) to blaze up again (*anche fig.*).

riavventarsi *v.r.* (mi riavvento) to fling (*o* hurl, throw) o.s. again.

riavvicinamento *m.* **1** (*il riavvicinare*) drawing together (*o* up) again; (*il riavvicinarsi*) reapproaching, drawing near again (*a qd.* to s.o.). **2** (*riconciliazione*) reconciliation (with). **riavvicinare** *v.t.* **1** to draw together (*o* up) again, to put (*o* move) near again: ~ *la sedia al tavolo* to move the chair near⸣ (*o* draw the chair up) to the table. **2** ⟨*fig*⟩ to reconcile, to bring together (*o* closer) again: ~ *due amici* to bring two friends together again. **riavvicinarsi** *v.r.* **1** to approach again, to draw near again (*a qc.* to s.th.). **2** ⟨*fig*⟩ to draw close again (to), to be reconciled (with): *dopo tre anni si è riavvicinato alla famiglia* after three years he was reconciled with his family. **3** ⟨*recipr*⟩ to be reconciled.

riavvolgere *v.t.* (riavvolgo, riavvolgi; riavvolsi, riavvolto) **1** to wrap (up) again; (*con spago e sim.*) to tie up again; (*arrotolare di nuovo*) to roll (up) again. **2** (*rif. a bobine e sim.*) to wind on again, to rewind. **riavvolgitore** *m.* ⟨*tecn*⟩ rewinder.

riazzuffarsi *v.r.* to brawl (*o* fight) again, to come to blows again.

ribaciare *v.t.* (ribacio, ribaci) to kiss again.

ribadire *v.t.* (ribadisco, ribadisci) **1** to rivet, to clinch. **2** ⟨*fig*⟩ (*confermare*) to confirm, to clinch, to nail (down): ~ *un'accusa con nuove prove* to confirm an accusation with new proof. **ribaditoio** *m.* ⟨*Mecc*⟩ riveting hammer. **ribaditrice** *f.* riveting machine, riveter. **ribaditura** *f.* **1** riveting, clinching. **2** (*parte ribadita*) clench.

ribalderia *f.* **1** roguery, rascality. **2** (*azione*) roguery, knavish trick. **ribaldo** *m.* scoundrel, rogue, rascal.

ribalta *f.* **1** ⟨*Teat*⟩ (*proscenio*) forestage, proscenium; (*apparecchio per l'illuminazione*) footlights *pl.* **2** ⟨*fig*⟩ limelight. **3** (*piano ribaltabile*) flap, fold, leaf: *la* ~ *della scrivania* the leaf of the desk. □ *le luci della* ~ the footlights; *venire alla* ~: 1 ⟨*Teat*⟩ to take a curtain call; 2 ⟨*fig*⟩ to be in the limelight.

ribaltabile *a.* **1** folding; (*rif. a sedili*) tip–up; (*rif. a tavoli*) drop leaf, folding; (*rif. a scrivania e sim.*) drop front, fall front. **2** ⟨*Aut*⟩ dump–, dumping: *rimorchio a cassone* ~ dump trailer, dumper. **ribaltamento** *m.* **1** turning over, upsetting. **2** (*capotamento*) capsizing, overturning. **ribaltare** **I** *v.t.* (*rovesciare*) to turn over, to upset; (*con forza*) to knock over: *scivolando ribaltò il secchio* he slipped and knocked the bucket over; (*rif. a barca o velivolo*) to capsize, to overturn. **II** *v.i.* (*aus.* essere), **ribaltarsi** *v.r.* to turn over: *l'automobile si è ribaltata* the car turned over; (*rif. a barca o velivolo*) to capsize, to overturn.

ribaltina *f.* ⟨*Edit*⟩ flap.

ribassare **I** *v.t.* to reduce, to lower: ~ *gli affitti* to reduce rents. **II** *v.i.* (*aus.* essere) to drop, to go down, to fall, to decline. **ribassato** *a.* **1** reduced, lowered. **2** ⟨*Edil*⟩ depressed: *arco* ~ depressed (*o* longitudinal) arch. **ribassista** *m.* ⟨*Econ*⟩ bear.

ribasso *m.* **1** (*rif. a prezzi e sim.*) reduction, fall, decline: *il* ~ *dei prezzi* the fall in prices. **2** (*sconto*) discount, reduction: *fare un* ~ to give a discount. **3** ⟨*Econ*⟩ (*rif. a titoli*) drop, fall, decline. □ *essere in* ~ to be falling; ⟨*fig*⟩ to be on the decline; *mercato al* ~ bear market; *speculatore al* ~ bear; *speculare al* ~ to bear; *tendenza al* ~ (*in borsa*) bearish tendency.

ribattere **I** *v.t.* **1** to strike (*o* hammer, beat, hit) again. **2** (*battere di rimando*) to hit back, to return: ~ *la palla* to return the ball. **3** (*ribadire*) to clinch, to rivet. **4** ⟨*fig*⟩ (*respingere*) to rebut: ~ *un'accusa* to rebut a charge; (*confutare*) to confute, to refute, to disprove: ~ *le ragioni dell'avversario* to disprove the arguments of the adversary. **5** ⟨*Sart*⟩ to press (open): ~ *una cucitura* to press a seam flat. **II** *v.i.* (*aus.* avere) **1** (*picchiare di nuovo all'uscio*) to knock again (*a* on). **2** ⟨*fig*⟩ (*insistere*) to insist, to harp (*su* on), to hammer (s.th.): ~ *sullo stesso argomento* to harp on a matter. **3** ⟨*fig*⟩ (*replicare*) to retort, to answer back: *tu sei sempre pronto a* ~ you're always ready to answer back. □ *battere e* ~ to keep knocking.

ribattezzare *v.t.* (ribattezzo) **1** ⟨*Rel*⟩ to rebaptize. **2** ⟨*fig*⟩ (*chiamare con un nome diverso*) to rename, to rebaptize.

ribattino *m.* ⟨*tecn*⟩ rivet. **ribattitore** *m.* (*f.* -trice) **1** beater, striker. **2** ⟨*Sport*⟩ (*nel tennis*) receiver; (*nel cricket*) batsman. **3** ⟨*tecn*⟩ (*operaio*) riveter. **ribattitura** *f.* **1** ⟨*Mecc*⟩ riveting, clinching. **2** ⟨*Lav. femm*⟩ felling. **ribattuta** *f.* **1** beating (*o* striking) again; (*di chiodi*) riveting. **2** ⟨*Sport*⟩ return.

ribeca *f.* ⟨*Mus*⟩ rebec(k).

ribellarsi *v.r.* (mi ribello) **1** (*insorgere*) to rebel, to revolt, to rise up (*a* against). **2** (*rifiutare obbedienza*) to rebel (*a* against): *il ragazzo si è ribellato alla volontà del padre* the boy rebelled against his father's wishes. **ribelle** **I** *a.* **1** (*insorto*) rebellious, rebel: *le città* –*i* the rebel towns. **2** (*indocile*) rebellious, unruly, intractable: *carattere* ~ intractable character. **3** ⟨*fig*⟩ (*tenace*) refractory, tenacious: *un male* ~ a tenacious illness. **II** *s.m./f.* rebel. **ribellione** *f.* rebellion, revolt (*a, contro* against) (*anche fig.*): *organizzare una* ~ *contro il governo* to organize a revolt against the government; ~ *contro la sorte* rebellion against one's lot. **ribellismo** *m.* rebelliousness.

ribenedire *v.t.* (ribenedico, ribenedici; ribenedissi, ribenedii, ribenedetto; → dire) ⟨*Rel*⟩ **1** to bless again. **2** (*riconsacrare*) to reconsecrate.

ribes *m.* **1** ⟨*Bot*⟩ red currant. **2** (*arbusto*) currant (bush). □ ~ *comune* (*o a grappoli*) red currant; ~ *nero* black currant.

riboccante *a.* overflowing: ~ *di gente* overflowing with people. **riboccare** *v.i.* (ribocco, ribocchi; *aus.* essere) **1** (*essere gremito*) to be crowded (*o* packed) (*di* with): *la strada ribocca di gente* the street is packed with people. **2** ⟨*fig*⟩ (*rif. a sentimenti*) to be overflowing (*o* brimming over) (with).

ribollente *a.* boiling, seething (*anche fig.*). **ribollimento** *m.* **1** (*fermentazione*) fermentation, working: *il* ~ *del mosto* the fermentation of must. **2** ⟨*fig*⟩ (*fermento*) turmoil, whirl, ferment. **ribollio** *m.* (continuous) boiling, seething. **ribollire** *v.* (ribollo) **I** *v.i.* (*aus.* avere) **1** to boil again, to reboil: *l'acqua ribolle* the water is boiling again. **2** (*fermentare*) to ferment, to work. **3** (*fare bolle, agitarsi in superficie*) to bubble, to boil. **4** ⟨*fig*⟩ (*accendersi*) to seethe, to boil: ~ *d'ira* to seethe with anger. **II** *v.t.* to boil again, to reboil. **ribollitura** *f.* **1** boiling again, reboiling. **2** (*fermentazione*) fermenting, working.

ribonucleico: ⟨*Biol*⟩ *acido* ~ ribonucleic acid.

ribotta *f.* ⟨*fam*⟩ spree, binge: *far* ~ to go on a binge (*o* spree).

ribrezzo *m.* disgust, loathing. □ *avere* (*o provare*) ~ *di qc.* to have a loathing of s.th., to be disgusted (*o* revolted) by s.th.; *fare* ~ *a qd.* to disgust (*o* revolt) s.o.

ribussare *v.i.* (*aus.* avere) to knock (*o* rap) again.

ributtante *a.* disgusting, nauseating, revolting. **ributtare** **I** *v.t.* **1** to throw (*o* fling) again. **2** (*vomitare*) to throw up. **3** (*ricacciare*) to repel, to repulse: ~ *il nemico* to repel the enemy. **II** *v.i.* (*aus.* avere) **1** (*germogliare di nuovo*) to sprout again. **2** (*suscitare ribrezzo*) to disgust, to revolt (*a qd.* s.o.). **ributtarsi** *v.r.* to throw o.s. back.

ricacciare *v.t.* (ricaccio, ricacci) **1** (*cacciare via*) to drive (*o* throw) out again, to chase (*o* send) away again: *l'hanno ricacciato dal locale per il suo comportamento* they threw him out of the nightclub again because of his behaviour. **2** ⟨*fig*⟩ (*respingere*) to drive (*o* push) back, to repel, to repulse: ~ *il nemico* to drive the enemy back. **3**

(*rimettere*) to put (*o* thrust) back, ⟨*fam*⟩ to shove (*o* stick) back: *ricacciò i documenti nella borsa* he shoved the papers back in his briefcase. □ ⟨*fig*⟩ ~ *in gola* (*rif. a grida e sim.*) to smother, to stifle.

ricadere *v.i.* (**ricaddi, ricaduto**; → **cadere**; *aus.* **essere**) **1** to fall again, to fall down once more: *tentò di alzarsi ma ricadde a terra* he tried to get up but fell to the ground again. **2** ⟨*fig*⟩ to relapse, to fall (back): ~ *nel vizio* to relapse into evil ways. **3** (*scendere*) to fall, to drop: *l'acqua ricadeva in mille zampilli* the water fell in a thousand streams; (*rif. a vestiti, capelli e sim.*) to hang (*o* fall) down: *le chiome le ricadevano sulle spalle* her hair hung down on her shoulders. **4** (*riversarsi*) to fall, to rest: *il biasimo ricadrà su di lui* the blame will fall upon him; (*rif. a colpe e sim.*) to be on the head of: *il loro sangue ricadrà su lui* their blood will be on his head. □ ~ *in un sonno profondo* to fall into a deep sleep again. **ricaduta** *f.* **1** (*atto*) falling again; (*effetto*) another (*o* second) fall. **2** ⟨*fig*⟩ relapse (*anche Med.*): *fare* (*o* *avere*) *una* ~ to have a relapse. □ ~ *radioattiva* fall-out.

ricalare *v.t.* to lower (*o* drop) again, to let down once more.

ricalcabile *a.* traceable: *disegno* ~ traceable drawing. **ricalcare** *v.t.* (**ricalco, ricalchi**) **1** to press (*o* squeeze) again; (*con i piedi*) to tread (on) again. **2** (*premere di più*) to press (*o* push, squeeze) harder: *si ricalcò il cappello in capo* he pushed his hat down harder on his head. **3** (*ricopiare*) to trace: ~ *un disegno* to trace a drawing. **4** ⟨*fig*⟩ (*imitare*) to follow faithfully (*o* closely): ~ *l'esempio di qd.* to follow s.o.'s example closely. □ ⟨*fig*⟩ ~ *le orme di qd.* to follow (*o* tread) in s.o.'s footsteps. **ricalcatura** *f.* **1** tracing. **2** ⟨*fig*⟩ (*imitazione*) copy, imitation.

ricalcitrante *a.* **1** kicking: *asino* ~ kicking donkey. **2** ⟨*fig*⟩ (*contrario*) resistant, hesitant. **ricalcitrare** *v.i.* (**ricalcitro**; *aus.* **avere**) **1** to kick back (*o* out), to recalcitrate. **2** ⟨*fig*⟩ (*opporsi ostinatamente*) to resist (*a, contro* s.th.), to kick out (against), to be recalcitrant (to): ~ *alla disciplina* to kick against discipline.

ricalco *m.* (*pl.* **-chi**) tracing. □ ~ *a* tracing–: *copia a* ~ (*rif. a disegno*) tracing; (*rif. a scritto*) carbon copy.

ricamare *v.t.* to embroider (*anche fig.*): ~ *un lenzuolo* to embroider a sheet; ~ *in oro* to embroider in gold; ~ *una frase* to embroider a phrase. □ ~ *in bianco* to embroider linen; ~ *a macchina* to embroider by machine; ~ *a mano* to embroider by hand. **ricamato** *a.* embroidered: ~ *a mano* hand embroidered. **ricamatore** *m.* (*f.* **-trice**) embroiderer (*f* –ress).

ricambiare *v.t.* (**ricambio, ricambi**) **1** (*cambiare di nuovo*) to change again. **2** (*contraccambiare*) to return, to repay: ~ *l'amore di qd.* to return s.o.'s love; ~ *una gentilezza* to repay a courtesy. **ricambiarsi** *v.r.* **1** (*cambiarsi d'abito*) to change (one's clothes). **2** (*recipr*) to exchange, to reciprocate: *ricambiarsi gli auguri di Natale* to exchange Christmas greetings. **ricambio** *m.* **1** (*contraccambio*) return, repayment, exchange: *il* ~ *d'un favore* the repayment of a favour. **2** (*riserva*) replacement, substitute, spare (part); (*ricarica*) refill: ~ *per una penna a sfera* refill for a ballpoint pen. **3** ⟨*Fisiol*⟩ metabolism: *malattie del* ~ metabolism disorders. **4** (*confezione di ricambio*) refill. □ ~ *d'aria* change of air; ~ *cellulare* cell metabolism; *di* ~ spare, extra: *colletto di* ~ spare collar; ~ *energetico* energy metabolism; *ruota di* ~ spare tyre. **ricambista** *m.* ⟨*Aut*⟩ spare parts dealer.

ricamo *m.* **1** (*il ricamare*) embroidering. **2** (*lavoro ricamato*) embroidery. **3** *pl.* ⟨*fig*⟩ (*particolari inventati*) frills *pl*, embroidery. □ *ago da* ~ embroidery needle; ~ *in bianco* white (thread) embroidery; ~ *a giorno* open-work, à-jour work; ~ *a macchina* machine embroidery; ~ *a mano* hand embroidery; ~ *in oro* gold (thread) embroidery.

ricantare *v.t.* **1** to sing again. **2** (*fam*) (*dire e ridire insistentemente*) to say over and over again.

ricapitolare *v.t.* (**ricapitolo**) to recapitulate, to summarize, to sum up. **ricapitolazione** *f.* recapitulation, summary, summing up.

ricarica *f.* **1** (*rif. ad armi e sim.*) reloading. **2** (*riempimento*) refilling. **3** ⟨*Orol*⟩ rewinding. **4** ⟨*El*⟩

recharging. **ricaricabile** *a.* rechargeable. **ricaricare** *v.t.* (**ricarico, ricarichi**) **1** (*rif. ad armi*) to reload. **2** (*riempire*) to refill: ~ *la pipa* to refill one's pipe. **3** ⟨*Orol*⟩ to rewind. **4** ⟨*El*⟩ to recharge.

ricascare *v.i.* (**ricasco, ricaschi**; *aus.* **essere**) ⟨*fam*⟩ **1** to fall (down) again: ~ *per terra* to fall to the ground again. **2** ⟨*fig*⟩ to make (*o* do) again (*in* s.th.), to fall again, to relapse (into): ~ *in un errore* to make the same mistake again. □ ⟨*pop*⟩ *ricascarci*: **1** (*fare lo stesso errore*) to make the same mistake again; **2** (*farsi ingannare di nuovo*) to fall for it again.

ricattare *v.t.* to blackmail (*anche fig.*). **ricattatore** *m.* (*f.* -trice/*pop* -a) blackmailer. **ricattatorio** *a.* blackmail–: *minacce* –*e* blackmail threat(s). **ricatto** *m.* blackmail: *cedere ai* –*i* to give in to blackmail.

ricavare *v.t.* **1** (*estrarre*) to extract: ~ *il petrolio dal sottosuolo* to extract oil from the ground. **2** ⟨*fig*⟩ (*trarre, ottenere*) to draw, to get, to obtain, to take: *film ricavato da un romanzo* film taken from a novel. **3** (*avere un profitto*) to gain, to get; (*da una vendita*) to make, to get: ~ *poco dalla vendita di una casa* to ⌈make little on⌉ (*o* get little out of) the sale of a house. □ *non se ne ricava nulla* there is nothing to be got out of it; ~ *un insegnamento da un'esperienza* to learn from experience. **ricavato** *m.* **1** proceeds *pl*: *il* ~ *della vendita* the proceeds of the sale. **2** ⟨*fig*⟩ (*frutto, prodotto*) result: *ecco il* ~ *di tante fatiche!* that's the result of all my efforts! **ricavo** *m.* proceeds *pl*; (*in contabilità*) revenue.

riccamente *avv.* richly; (*con abbondanza*) richly, abundantly.

Riccardo *N.pr.m.* Richard. □ ⟨*Stor*⟩ ~ *Cuor di Leone* Richard the Lion-heart.

ricchezza *f.* **1** richness, wealth. **2** *pl.* ⟨*concr*⟩ (*beni*) wealth, riches *pl* (*anche estens.*): *ha ereditato grandi* –*e* he inherited great wealth; *le* –*e del mare* the riches of the sea. **3** ⟨*iperb*⟩ (*ciò che si possiede*) wealth, riches *pl*: *i figli sono tutta la sua* ~ his children are ⌈his only wealth⌉ (*o* all he has). **4** ⟨*fig*⟩ (*abbondanza*) plenty, wealth, abundance: ~ *d'acqua* abundance of water; *lingua che ha* ~ *di vocaboli* language with a ⌈wealth of⌉ (*o* rich) vocabulary; *con* ~ *di particolari* with a wealth of detail. □ ⟨*fig*⟩ *le* –*e di Creso* the riches of Croesus; ⟨*Dir*⟩ ~ *mobile* personal (*o* movable) property; *imposta di* ~ *mobile* income tax; –*e naturali* natural resources.

riccio[1] **I** *a.* curly, curled (*anche estens.*). **II** *s.m.* **1** (*ciocca di capelli*) curl, lock: *una testa piena di ricci* a head full of curls, a curly head of hair. **2** (*cosa a forma di riccio*) curl: *un* ~ *di burro* a butter curl. □ *farsi i ricci con il ferro* to curl one's hair with curling irons; ~ *di legno* wood shaving.

riccio[2] *m.* **1** ⟨*Zool*⟩ hedgehog. **2** ⟨*Zool*⟩ (*riccio di mare*) sea urchin. **3** ⟨*Bot*⟩ chestnut husk.

ricciolina *f.* ⟨*Bot*⟩ much-curled endive.

ricciolo *m.* curl, lock. **ricciuto** *a.* **1** curly: *testa* –*a* curly (head) of hair; (*crespo*) kinky, frizzy: *barba* –*a* kinky beard. **2** (*rif. a persona: riccio*) curly-headed, curly-haired.

ricco *a./s.* (*pl.* **-chi**) **I** *a.* **1** rich, wealthy: *un* ~ *industriale* a rich industrialist. **2** ⟨*fig*⟩ (*che ha abbondanza*) rich, abounding (*in, of*), full (of): *paese* ~ *di materie prime* country ⌈rich in⌉ (*o* with a wealth of) raw materials; *scrittore* ~ *di fantasia* writer full of imagination. **3** (*abbondante*) rich, abundant, plentiful: *un* ~ *raccolto* a plentiful harvest; (*lussureggiante*) luxuriant, lush: *vegetazione* ~ a lush vegetation. **4** ⟨*fig*⟩ (*ampio*) full, abundant, deep: *la gonna scendeva in ricche pieghe* the skirt hung in deep folds. **5** ⟨*fam,scherz*⟩ (*copioso, saporito*) copious, hearty, rich: *voglio fare un* ~ *pranzo* I want to have a hearty dinner. **II** *s.m.* (*f.* -a) rich (*o* wealthy) person; *pl.* the rich (*costr.pl.*). □ ~ *nuovo* nouveau-riche, parvenu; ~ *sfondato* as rich as Croesus, ⟨*am.fam*⟩ loaded. **riccone** *m.* (*f.* -a) ⟨*fam*⟩ millionaire, Croesus. □ *essere un* ~ to be ⌈rolling in⌉ (*o* loaded with) money.

ricerca *f.* **1** search, quest, seeking: *la* ~ *di una persona* the search for a person. **2** (*indagine*) inquiry, investigation, search: *dopo lunghe ricerche* after lengthy investigation. **3**

(*ricerca scientifica*) research. □ ~ **agraria** agricultural research; ~ **ambientale** environmental research; **andare alla** ~ *di qc.* to go in search of s.th., to search for s.th.; ~ **applicata** applied research; ⟨*Sociol*⟩ ~ **attiva** action research; ~ *di* **base** (*o pura*) basic research; ⟨*Inform*⟩ ~ **binaria** binary search; ~ *sul* **campo** field research; ~ **civile** civil research; ~ *dell'***effetto** striving after an effect; ~ **energetica** energy research; **ente** *di* ~ research body; **fare ricerche:** 1 to do (*o* carry out, conduct) research, to research; 2 (*indagare*) to make inquiries, to investigate; ~ **farmaceutica** pharmaceutical research; ⟨*Inform*⟩ ~ **delle informazioni** information retrieval; ⟨*Comm*⟩ **ricerche di mercato** market research; **occuparsi** *di ricerche* to be a research worker; ~ **operativa:** 1 ⟨*Ind*⟩ operational research, ⟨*am*⟩ operations research; 2 ⟨*Inform*⟩ operating logic; ~ *di* **opinione** opinion research; ~ **spaziale** space research; ~ *e* **sviluppo** research and development; ~ *a* **tavolino** desk research.

ricercapersone *m.inv.* beeper, ⟨*fam*⟩ beep.

ricercare *v.t.* (**ricerco, ricerchi**) 1 (*cercare di nuovo*) to look (*o* search) for again, to seek again. 2 (*cercare con impegno*) to look (*o* hunt, search) for: ~ *una lettera dappertutto* to hunt everywhere for a letter. 3 (*indagare*) to investigate, to inquire (*o* go) into. 4 ⟨*assol*⟩ (*compiere una ricerca scientifica*) to do (*o* carry out, conduct) research. 5 (*scegliere*) to choose (carefully), to pick: ~ *le parole* to choose one's words.

ricercatamente *avv.* 1 (*con affettazione*) affectedly. 2 (*con raffinatezza*) refinedly. **ricercatezza** *f.* affectation, preciosity. □ *senza* ~ (*avv.*) unaffectedly; (*agg.*) unaffected. **ricercato** I *a.* 1 sought, wanted. 2 (*richiesto, apprezzato*) (much–)sought–after, in (great) demand, (much–)prized: *merce –a* merchandise in great demand. 3 (*affettato*) affected: *essere* ~ *nel parlare* to be affected in one's speech. 4 (*raffinato*) refined: *un'eleganza –a* a refined elegance. II *s.m.* (*f.* -**a**) wanted person. **ricercatore** *m.* (*f.* -**trice**) 1 (*chi ricerca*) seeker, searcher. 2 (*chi si dedica a ricerche scientifiche*) researcher, research worker. □ ~ *scientifico* scientific research worker, research scientist; ~ *universitario* university researcher.

ricetrasmettere *v.t.* (**ricetrasmisi, ricetrasmesso**) ⟨*Tel*⟩ to transmit and receive. **ricetrasmettitore** *m.,* **ricetrasmittente** *m./f.* ⟨*Rad,Tel*⟩ transmitter–receiver, transceiver.

ricetta *f.* 1 (*prescrizione medica*) prescription, recipe: ~ *medica* medical prescription. 2 ⟨*estens*⟩ (*rimedio*) cure, remedy, recipe (*anche fig.*): *ho una* ~ *infallibile contro la tosse* I have a sure cure for coughs. 3 ⟨*Gastr*⟩ recipe. □ ⟨*fig*⟩ *una* ~ *miracolosa* a miracle drug; ⟨*Farm*⟩ *soggetto a obbligo di* ~ only on prescription; *non soggetto a obbligo di* ~ over–the–counter–, non–prescription–.

ricettacolo *m.* 1 receptacle (*anche Biol.*). 2 (*covo*) den, hideout: ~ *di ladri* den of thieves; ~ *di vizi* den of vice.

ricettare *v.t.* (**ricetto**) ⟨*Dir*⟩ to receive: ~ *merce di contrabbando* to receive smuggled goods.

ricettario *m.* 1 (*blocchetto per le ricette*) prescription pad. 2 (*raccolta di ricette*) recipe book.

ricettatore *m.* (*f.* -**trice**) ⟨*Dir*⟩ receiver (of stolen goods). **ricettazione** *f.* receiving (of stolen goods).

ricettività *f.* 1 receptiveness. 2 ⟨*Med*⟩ susceptibility. **ricettivo** *a.* 1 receptive. 2 ⟨*Med*⟩ susceptible.

ricetto *m.* ⟨*lett*⟩ (*rifugio*) shelter: *dar* ~ *a qd.* to give shelter to s.o.

ricevente I *a.* receiving (*anche Rad.*): *stazione* ~ receiving station. II *s.m./f.* receiver.

ricevere *v.t.* 1 to receive: ~ *un regalo* to receive a gift. 2 (*accogliere*) to welcome, to receive: *ricevettero l'ospite con grandi onori* they welcomed the guest with full honours. 3 (*ammettere*) to admit: ~ *qd. in un circolo* to admit s.o. into a club; (*ammettere alla propria presenza*) to see, to receive: *il direttore non può* ~ *nessuno adesso* the director cannot see anyone now. 4 (*prendere, derivare*) to receive, to take, to get: *la stanza riceve luce da una vetrata* the room takes (*o* gets) its light from a window. 5 (*trarre*) to draw, to get: *ho ricevuto un grande conforto dalle tue parole* I have drawn great comfort from your words; ~

una cattiva impressione to get a bad impression. 6 (*accettare, gradire*) to accept: *riceva i miei più sinceri auguri* please accept my sincerest good wishes. 7 ⟨*assol*⟩ to be at home, to receive; (*rif. a medici*) to receive patients. 8 (*subire*) to be given, to get: ~ *un pugno sul naso* to get a punch on the nose. 9 (*riscuotere*) to get. 10 ⟨*Tel,Rad*⟩ to receive; (*captare*) to pick up. □ ~ *a* **braccia aperte** to welcome s.o. with open arms; ~ *un'ottima* **educazione** to be well brought up; ~ *un* **insulto** to be insulted; ~ **istruzioni** to receive (*o* have) instructions, to be briefed; ~ **lodi** to be praised; ~ *un* **ordine** to receive (*o* be given) an order; ~ *in* **premio** *qc.* to be awarded s.th., to get s.th. as a prize; ~ *in* **regalo** *qc.* to be given s.th.; ⟨*Rel*⟩ ~ *i* **sacramenti** to receive the sacraments.

ricevimento *m.* 1 receipt, receiving, reception: *il conto sarà regolato al* ~ *della merce* the account will be settled upon receipt of the goods. 2 (*trattenimento*) reception; (*meno formale*) party: *offrire un* ~ to hold a reception, to give a party. 3 (*accoglienza*) reception, welcome; (*ammissione*) admission. □ ~ *a* **corte** court reception.

ricevitore I *s.m.* (*f.* -**trice**) 1 (*chi riceve*) receiver. 2 ⟨*Tel*⟩ receiver: *alzare il* ~ to lift the receiver. 3 ⟨*Rad,TV*⟩ (*apparecchio ricevente*) receiver, receiving set. II *a.* ⟨*Rad,Tel*⟩ receiving: *apparecchio* ~ receiving set, receiver. □ ⟨*El*⟩ ~ **acustico** sounder; ~ *a* **galena** galena (*o* crystal) receiver; ~ *del* **lotto** receiver for the State lotto; ~ *a* **modulazione** *di frequenza* frequency modulation receiver; ⟨*Tel*⟩ **riattaccare** *il* ~ to hang up; ⟨*Tel*⟩ **staccare** *il* ~ to take the receiver off the hook; ~ *a* **superreazione** superregenerative receiver.

ricevitoria *f.* (receiving) office: ~ *del totocalcio* football pools office. □ ~ *delle* **imposte** tax office; ~ *del* **lotto** lotto office.

ricevuta *f.* receipt: *rilasciare una* ~ to give (*o* issue) a receipt. □ ⟨*Comm*⟩ **accusare** ~ to acknowledge receipt; ~ *di* **deposito** deposit receipt; ~ **fiscale** receipt for fiscal purposes; ⟨*Post*⟩ ~ *di* **ritorno** return receipt.

ricezione *f.* 1 receipt, reception: ~ *di una merce,* receipt of goods. 2 ⟨*Rad,Tel*⟩ reception. □ ~ **acustica** sound reception; ⟨*TV*⟩ ~ **audio** audio reception.

richiamare *v.t.* 1 (*chiamare di nuovo*) to call again; (*al telefono*) to call back: *ti richiamerò tra un'ora* I'll call you back in an hour. 2 (*chiamare indietro*) to call back: *stavo per uscire, ma mi hanno richiamato* I was just leaving but they called me back. 3 (*far tornare*) to recall: ~ *un ambasciatore* to recall an ambassador. 4 ⟨*Mil*⟩ (*richiamare sotto le armi*) to recall, ⟨*am*⟩ to redraft. 5 (*ritirare: rif. a truppe e sim.*) to withdraw. 6 ⟨*fig*⟩ (*far rivivere*) to revive, to bring back: ~ *in vita un'usanza* to revive a custom. 7 (*attirare*) to attract, to draw: *i prezzi bassi richiamano i clienti* the low prices attract (*o* bring in) customers; *è un film che richiama molto pubblico* it's a film that draws big audiences. 8 ⟨*fig*⟩ (*rimproverare*) to rebuke, to reprimand. 9 ⟨*Inform*⟩ to retrieve: ~ *i dati* to retrieve data. **richiamarsi** *v.r.* 1 (*riferirsi*) to refer: *mi richiamo alle vigenti disposizioni di legge* I refer to the provisions of the law in force. 2 (*fare appello*) to appeal. □ ~ *l'***attenzione** *di qd. su qc.* to draw s.o.'s attention to s.th.; ~ *una* **cambiale** to withdraw a bill; ~ *qd. al* **dovere** to remind s.o. of his duty; ~ *qc. alla* **mente** to recall (*o* remember) s.th., to call s.th. to mind; ~ *all'***ordine** to call to order; ~ *qd. alla* **realtà** to bring s.o. back to reality; ~ *in* **vita** *qd.* to bring s.o. back to life.

richiamato *m.* recalled serviceman. **richiamo** *m.* 1 call, cry: *nessuno ascoltava i suoi –i* nobody listened to his cries. 2 (*ordine di far ritorno*) recall: *il* ~ *di un ambasciatore* the recall of an ambassador; ~ *in* **servizio** recall to duty. 3 ⟨*fig*⟩ (*rimprovero*) reprimand, rebuke. 4 (*attrazione*) appeal, attraction: *un grande* ~ *turistico* a great tourist attraction. 5 (*segno di rinvio*) cross–reference mark. 6 ⟨*Mil*⟩ recall, ⟨*am*⟩ redrafting: ~ *alle* **armi** recall to arms. 7 ⟨*Venat*⟩ decoy: *servire* (*o fare*) *da* ~ to act as a decoy. □ *il* ~ *della* **foresta** the call of the wild; *il* ~ *della* **natura** the call of nature; ~ *all'***ordine** call to order; ~ *alla* **realtà** bringing back to reality.

richiedente *m./f.* ⟨*burocr*⟩ applicant, petitioner. **richiedere** *v.t.* (**richiesi, richiesto**) 1 (*chiedere di nuovo*) to ask (for) again: *devo richiederti il solito favore* I must ask you for the usual favour again. **2** (*esigere*) to demand, to request: *ha richiesto al fratello la sua parte di eredità* he asked his brother for his share of the inheritance. **3** (*chiedere indietro*) to ask for (s.th.) back: *gli ho richiesto le lettere* I asked him for the letters back, I asked him to give me back the letters. **4** (*chiedere: per sapere*) to ask: *mi hanno richiesto nome e cognome* they asked me my name and surname; (*per avere*) to ask (for), to seek: ~ *conforto a qd.* to seek comfort from s.o. **5** (*aver bisogno*) to need, to require, to call for: *le ortensie richiedono molta acqua* hydrangeas need a lot of water; *un lavoro che richiede continuo esercizio* a job that requires constant practice; *le circostanze richiedono prudenza* the circumstances call for caution. **6** (*ricercare*) to look (*o* ask) for, to be after: *molti clienti richiedono questa merce* many customers ask for these goods. **7** ⟨*burocr*⟩ (*fare una richiesta*) to apply for, to request: ~ *un certificato* to apply for a certificate. □ ~ *il consiglio di qd.* to ask for s.o.'s advice; ~ *un prestito* to apply for a loan.

richiesta *f.* **1** (*domanda*) request: ~ *di asilo* request for asylum. **2** (*esigenza, pretesa*) demand: *le sue* ~*e mi sembrano sproporzionate* his demands seem excessive to me. **3** (*domanda di matrimonio*) proposal. **4** ⟨*burocr*⟩ (*istanza*) application, request: *presentare una* ~ to make (*o* put in) an application. **5** ⟨*Econ*⟩ (*domanda*) demand: *c'è una grande* ~ *di automobili* there is a great demand for cars. □ *a* ~: 1 by (*o* on) request: *canzoni a* ~ songs by request; 2 (*secondo il bisogno*) request–, optional, on request; *a* ~ *generale* by public demand; *è stato trasferito a sua* ~ he was transferred at his own request; *dietro* ~ on application; ~*e salariali* salary demands. **richiesto** (*p.p. di richiedere*) *a.* **1** (*ricercato*) in demand: *questa merce è molto* ~*a* these goods are very much in demand. **2** (*necessario*) necessary, required: *è* ~*a la presenza dell'interessato* the presence of the person concerned is necessary.

richiudere *v.t.* (**richiusi, richiuso**) to close (*o* shut) again, to reclose. **richiudersi** *v.r.* **1** to close (*o* shut) again. **2** (*rimarginarsi*) to heal (up).

riciclabile *a.* recyclable: *materie prime* ~*i* recyclable raw materials. **riciclare** *v.t.* ⟨*Ind*⟩ to recycle. **riciclaggio** *m.* ⟨*Ind*⟩ recycling (*anche Econ.*): ~ *dei rifiuti* waste recycling; ~ *dei petrodollari* petrodollars recycling. □ *impianto di* ~ recycling plant; ~ *professionale* retraining.

ricino *m.* ⟨*Bot*⟩ castor-oil plant. □ ⟨*Farm*⟩ *olio di* ~ castor-oil.

ricinoleico *a.* (*pl.* **-ci**) ⟨*Chim*⟩ ricinoleic: *acido* ~ ricinoleic acid.

rickettsia *f.* ⟨*Biol*⟩ rickettsia.

ricognitivo *a.* ⟨*Dir*⟩ of acknowledgement, of recognition. **ricognitore** *m.* **1** reconnoit(e)rer. **2** ⟨*Aer.mil*⟩ reconnaissance aircraft, spotter (plane). **3** ⟨*Mar.mil*⟩ scout (ship). **ricognizione** *f.* **1** ⟨*Mil*⟩ reconnaissance: *partire in* ~ to go on a reconnaissance, to reconnoitre. **2** ⟨*Dir*⟩ recognition, acknowledgement. □ ~ *aerea* air reconnaissance; ~ *fotografica* photo reconnaissance; ~ *marittima* (*o navale*) naval reconnaissance; ~ *terrestre* land reconnaissance.

ricollegare *v.t.* (**ricollego, ricolleghi**) **1** (*collegare di nuovo*) to reconnect, to link (*o* join) up again. **2** ⟨*fig*⟩ (*mettere in relazione*) to connect, to associate, to link up: ~ *due fatti fra loro* to link up two facts. **ricollegarsi** *v.r.* to be connected (*o* associated), to be linked together: *questo delitto si ricollega al precedente* this crime is connected with the previous one.

ricollocare *v.t.* (**ricolloco, ricollochi**) **1** (*collocare di nuovo*) to place again. **2** (*rimettere a posto*) to put back, to replace.

ricolmare *v.t.* (**ricolmo**) **1** (*colmare di nuovo*) to refill. **2** (*colmare fino all'orlo*) to fill up, to fill to the brim. **3** ⟨*fig*⟩ to overwhelm, to load, to shower (*di* with): ~ *qd. di complimenti* to shower s.o. with compliments. **ricolmo** *a.* **1** full (*di* of), full up: ~ *d'acqua* full of water; (*fino all'orlo*) full (*o* filled) to the brim (with), brimful (of). **2** ⟨*fig*⟩ overflowing (with), full (of): *avere il cuore* ~ *di gioia* to be overflowing with happiness.

ricolorare *v.t.* (**ricoloro**) to colour again; (*pitturare di nuovo*) to repaint, to paint again. **ricolorarsi** *v.r.* to (take on a) colour again, to take on more colour. **ricolorire** *v.t.* (**ricolorisco, ricolorisci**) to colour again. **ricolorirsi** *v.r.* to (take on a) colour again.

ricominciare *v.* (**ricomincio, ricominci**) **I** *v.t.* to begin (*o* start) again: ~ *il lavoro* to start work again. **II** *v.i.* (*aus.* avere/essere) **1** to begin (*o* start) again: *ricomincia a piovere* it's started raining again. **2** (*riprendere a parlare*) to begin (talking) again, to resume what one was saying. □ ~ *daccapo* to begin all over again, to go back to the beginning; ⟨*pop*⟩ *si ricomincia* (*siamo alle solite*) here we go again.

ricomparire *v.i.* (**ricomparisco/ricompaio, ricomparisci/ricompari; ricomparvi/ricomparii, ricomparso;** *aus.* essere) **1** to reappear, to come back. **2** (*rif. al sole, alla luna*) to come out again. **ricomparsa** *f.* reappearance.

ricompensa *f.* recompense; (*premio*) reward, recompense. □ ⟨*iron*⟩ *bella* ~ *per i miei sacrifici!* that's a fine reward for my pains!; *in* (*o per*) ~ as a reward; ~ *al valore* award for bravery. **ricompensabile** *a.* rewardable. **ricompensare** *v.t.* (**ricompenso**) **1** (*premiare*) to reward, to recompense, to requite. **2** (*pagare*) to pay: ~ *qd. per un lavoro* to pay s.o. for a job. □ ~ *a usura* to reward richly.

ricompilare *v.t.* to compile again, to recompile.

ricomporre *v.t.* (**ricompongo, ricomponi; ricomposi, ricomposto;** → **porre**) **1** to reassemble: ~ *i pezzi di un congegno* to reassemble the parts of a mechanism. **2** (*ricostruire*) to reconstruct. **3** (*riorganizzare*) to reorganize. **4** (*riordinare*) to straighten out, to rearrange: ~ *una situazione caotica* to straighten out a confused situation. **5** ⟨*Tip*⟩ to reset. **ricomporsi** *v.r.* to recompose o.s., to regain one's composure. □ ~ *il viso* to recompose one's features. **ricomposizione** *f.* **1** reassembly. **2** (*ricostruzione*) reconstruction. **3** ⟨*Tip*⟩ reset(ting). □ ~ *fondiaria* land consolidation.

ricomprare *v.t.* (**ricompro**) (*comprare di nuovo: la stessa cosa*) to buy back, to repurchase: ~ *la vecchia casa* to buy one's old house back; (*una cosa simile*) to buy again, to buy another (*o* more): *ho ricomprato i piatti che mi avevi rotto* I've bought some more of those plates you broke.

ricomunicare *v.t.* (**ricomunico, ricomunichi**) to inform (*o* notify) of again.

riconciliabile *a.* reconcilable. **riconciliare** *v.t.* (**riconcilio, riconcili**) **1** to reconcile, to conciliate (again): ~ *due persone* to reconcile two people. **2** (*far riacquistare*) to regain, to win back (*o* again): *la sua generosità gli ha riconciliato la benevolenza di tutti* his generosity won him back everybody's goodwill. **riconciliarsi** *v.r.* to be reconciled, to make peace, ⟨*fam*⟩ to make it up again: *il giovane si è riconciliato con i suoi genitori* the young man has made it up with his parents (again). □ ~ *con Dio* (*assolvere dal peccato*) to give absolution to; *riconciliarsi con Dio* (*riaccostarsi ai sacramenti*) to return to the sacraments. **riconciliatore** *m.* (*f.* **-trice**) reconciler, peacemaker. **riconciliazione** *f.* reconciliation. □ *fare opera di* ~ to attempt to reconcile.

riconducibile *a.* referable (*a* to). **ricondurre** *v.t.* (**riconduco, riconduci; ricondussi, ricondotto;** → **condurre**) **1** to lead again, to take again: *ti ricondurrò al cinema domenica* I'll take you to the cinema again on Sunday; (*verso chi parla*) to bring again. **2** (*riportare al luogo di partenza*) to bring (*o* take) back (*anche fig.*): *l'evaso fu ricondotto in galera* the escapee was taken back to prison. **riconduzione** *f.* ⟨*Dir*⟩ reconduction.

riconferma *f.* (re)confirmation: ~ *di un incarico* reconfirmation of an appointment; *a* ~ *di quanto ho detto* in confirmation of what I have said. **riconfermare** *v.t.* (**riconfermo**) to (re)confirm: ~ *qd. in un incarico* to confirm s.o. in a position; ~ *una notizia* to confirm a piece of news.

riconfortare *v.t.* (**riconforto**) to comfort, to console, to cheer (up).

ricongelamento *m.* refreezing. **ricongelare** *v.t.* to refreeze.

ricongiungere *v.t.* (**ricongiungo, ricongiungi; ricongiunsi,**

ricongiunto (*rif. a cose*) to join (*o* put) together again, to rejoin; (*rif. a persone*) to (re)join. **ricongiungersi** *v.r.* to meet (up) again; (*riunirsi*) to be reunited (*a* to), to (re)join. **ricongiungimento** *m.*, **ricongiunzione** *f.* 1 (*il ricongiungere*) rejoining, reuniting. 2 (*il ricongiungersi*) meeting (up), reunion.

riconnettere (*o riconnettere*) *v.t.* (**riconnettei, riconnesso/riconnesso**) to reconnect, to connect (*o* link) again. **riconnettersi** *v.r.* to be connected.

riconoscente *a.* grateful, thankful. **riconoscenza** *f.* gratitude, thankfulness. □ *serbare eterna ~ a qd. per qc.* to be everlastingly grateful to s.o. for s.th.

riconoscere *v.* (**riconosco, riconosci; riconobbi, riconosciuto**) I *v.t.* 1 (*ravvisare cosa o persona nota*) to recognize: *sei tanto dimagrito che non ti riconosco più* you have become so thin that I don't recognize you anymore; *~ qd. al* (*o dal*) *passo* to recognize s.o. by his walk; (*identificare*) to identify: *~ un'automobile rubata* to identify a stolen car. 2 (*conoscere, distinguere*) to see, to recognize, to distinguish: *si riconosce subito in lui il vero galantuomo* you can see immediately that he is a true gentleman. 3 (*ammettere*) to admit (to), to acknowledge: *~ il proprio errore* to admit one's mistake. 4 (*considerare legittimo*) to acknowledge, to recognize: *i soldati lo riconobbero come loro imperatore* the soldiers acknowledged him as their emperor; *~ un figlio* to acknowledge a child. 5 (*apprezzare*) to appreciate: *~ il merito* to appreciate worth. 6 ⟨*Dir*⟩ to acknowledge: *~ un figlio* to acknowledge a son. II *v.i.* (*aus. avere*) (*rif. a moribondi*) to recognize people. **riconoscersi** *v.r.* ⟨*recipr*⟩ to recognize e.o. □ *~ il cadavere* to identify the body; *riconoscersi colpevole* to admit one's guilt; *farsi ~* to identify o.s., to make o.s. known: *non ha documenti per farsi ~* he has no credentials to identify himself; ⟨*iperb*⟩ *~ qd. fra mille* to recognize s.o. anywhere (*o* in a crowd). **riconoscibile** *a.* recognizable.

riconoscimento *m.* 1 recognition; (*identificazione*) identification: *il ~ di una persona* the identification of a person. 2 (*accettazione*) acknowledgement, recognition: *~ di un diritto* acknowledgement of a right; *~ di uno stato* recognition of a state. 3 (*ammissione*) acknowledgement, admission: *~ delle proprie colpe* admission of one's faults. 4 (*apprezzamento*) appreciation, recognition: *in ~ dei tuoi servizi* in recognition of your services. 5 (*compenso*) reward: *merita un ~ per i suoi meriti* he deserves a reward for his merits; (*gratifica*) gratuity. 6 ⟨*Dir*⟩ recognition, acknowledgement: *~ di debito* acknowledgement of a debt. □ *~ di figlio naturale* acknowledgement of an illegitimate child; *~ di un governo* recognition of a government; *~ della paternità* acknowledgement of paternity; *~ delle persone giuridiche* incorporation. **riconosciuto** (*p.p. di riconoscere*) *a.* 1 recognized. 2 (*ammesso, accettato*) acknowledged. □ *legalmente ~* legally recognized.

riconquista *f.* 1 recovery. 2 ⟨*Mil*⟩ reconquest. **riconquistare** *v.t.* 1 to win back, to recover. 2 ⟨*Mil*⟩ to reconquer.

riconsacrare *v.t.* to reconsecrate. **riconsacrazione** *f.* reconsecration.

riconsegna *f.* 1 redelivery. 2 (*restituzione*) restitution, return. **riconsegnare** *v.t.* (**riconsegno**) 1 (*consegnare di nuovo*) to reconsign, to deliver again. 2 (*restituire*) to return, to give back.

riconsiderare *v.t.* (**riconsidero**) to reconsider.

riconsolare *v.t.* (**riconsolo**) to console (*o* comfort) again. **riconsolarsi** *v.r.* to take comfort (*o* fresh heart), to cheer up.

ricontare *v.t.* (**riconto**) to recount.

riconvenire *v.t.* (**riconvengo, riconvieni; riconvenni, riconvenuto**; → **venire**) ⟨*Dir*⟩ to bring a countercharge (*o* counterclaim) against.

riconvenzionale *a.* ⟨*Dir*⟩ cross–, counter–. **riconvenzione** *f.* (*anche azione in riconvenzione*) countercharge, counterclaim, cross action.

riconversione *f.* reconversion. □ *~ industriale* industrial redevelopment. **riconvertire** *v.t.* (**riconverto; riconvertii**) to reconvert. **riconvertirsi** *v.r.* to be reconverted, to reconvert.

riconvocare *v.t.* (**riconvoco, riconvochi**) to convoke (*o* summon) again, to reconvoke. **riconvocazione** *f.* reconvocation, recalling.

ricoperto (*p.p. di ricoprire*) *a.* 1 (*coperto*) covered (up): *divano ~ di stoffa* sofa covered with material. 2 (*celato, occultato*) hidden, covered. 3 (*rivestito*) coated; (*placcato*) plated. **ricopertura** *f.* 1 covering; (*rivestitura*) coating. 2 ⟨*concr*⟩ (*copertura*) cover(ing). 3 ⟨*Econ*⟩ coverage, cover.

ricopiare *v.t.* (**ricopio, ricopi**) 1 (*copiare di nuovo*) to recopy. 2 (*trascrivere*) to copy (out): *~ una lettera* to copy out a letter; (*trascrivere in bella copia*) to make a fair copy of. 3 (*imitare*) to copy, to imitate. □ *~ a macchina* to type (out); *~ a mano* to copy by hand. **ricopiatura** *f.* 1 (*il ricopiare*) (re)copying. 2 (*copia*) copy.

ricoprente *a.* ⟨*tecn*⟩ covering, finishing. **ricopribile** *a.* coverable. **ricoprimento** *m.* 1 recovering. 2 (*il coprire completamente*) covering up. 3 (*rivestimento*) cover(ing). 4 ⟨*tecn*⟩ coat(ing): *~ di vernice* coat of paint; (*placcatura*) plating. **ricoprire** *v.t.* (**ricopro; ricoprii/ricopersi, ricoperto**) 1 to cover again, to recover: *le nuvole hanno ricoperto il cielo* the clouds have covered the sky again. 2 (*coprire*) to cover (up, over): *la neve ricopriva le cime dei monti* the mountain peaks were covered with snow; (*avvolgere*) to wrap (up): *~ qd. con uno scialle* to wrap s.o. up in a shawl. 3 (*rivestire*) to coat (over): *~ qc. di vernice* to coat s.th. with paint; (*placcare*) to plate. 4 (*rif. a vegetazione*) to cover, to overgrow. 5 ⟨*fig*⟩ (*colmare*) to smother, to load, to lavish: *~ qd. di baci* to smother s.o. with kisses; *~ qd. di elogi* to lavish praise on s.o. 6 ⟨*fig*⟩ (*rif. a impieghi e sim.*) to hold: *ricopre un'alta carica al ministero* he holds a top position in the ministry. **ricoprirsi** *v.r.* to cover o.s. (*anche fig.*): *ricoprirsi di gloria* to cover o.s. with glory. □ ⟨*fig*⟩ *~ d'oro qd.* to shower gifts on s.o.

ricordabile *a.* memorable. **ricordanza** *f.* ⟨*ant,poet*⟩ 1 (*ricordo*) memory, remembrance, recollection. 2 *pl.* ⟨*Lett*⟩ memoirs *pl.*

ricordare *v.t.* (**ricordo**) 1 to remember, to recall, to recollect: *non ricordo il tuo indirizzo* I don't recall your address; *ricordo la mia promessa* I remember my promise; *ricordo bene di averti promesso un regalo* I remember very well that I promised you a present. 2 (*richiamare alla memoria altrui*) to remind: *~ a qd. una promessa* to remind s.o. of a promise; *gli ricordai che comandavo io* I reminded him that I was the boss. 3 (*serbare memoria*) to remember: *la storia ricorderà questo avvenimento* this event will be remembered in history. 4 (*tener presente*) to remember, to keep (*o* bear) in mind: *~ qd. nel testamento* to remember s.o. in one's will. 5 (*menzionare, nominare*) to recall, to mention. 6 (*rassomigliare*) to look (*o* be) like, to recall: *questo bambino ricorda molto il padre* this child looks very like his father; (*rif. a suoni*) to sound like. 7 (*trasmettere i saluti*) to remember: *ricordami agli amici* remember me to our friends. **ricordarsi** *v.r.* 1 to remember, to recollect (*di qd.* s.o.): *ti ricordi ancora di me?* do you still remember me?; *mi ricordo di aver imbucato quella lettera* I remember posting that letter. 2 (*tener presente*) to remember, to bear (*o* keep) in mind: *ricordati che sei un padre di famiglia* remember that you have a family to look after. □ *cerca di ~* try to remember; ⟨*fam*⟩ *fammi ~* let me think; *una lapide che ricorda i caduti* a stone commemorating the fallen; ⟨*fam*⟩ *non si ricorda dal naso alla bocca* he would forget his own name; *~ qd. nelle preghiere* to remember s.o. in one's prayers; *se ben ricordo* if my memory serves me right.

ricordino *m.* 1 (*piccolo dono*) small gift. 2 (*ricordo di viaggio*) souvenir.

ricordo *m.* 1 memory, remembrance, recollection: *ha solo un lontano ~ della guerra* he has only a vague recollection of the war. 2 (*memoria*) memory: *morendo ha lasciato un buon ~ di sé* when he died he left a good memory. 3 (*oggetto*) souvenir; (*per ricordare una persona defunta*) memento; (*per ricordare una persona assente*) keepsake; (*dono*) small gift. 4 ⟨*fig*⟩ (*segno*) mark, ⟨*scherz*⟩ souvenir: *questa cicatrice è il ~ di un incidente d'auto* this scar is a souvenir of a car accident. 5 ⟨*fig*⟩ (*resto*) record, remain;

(*vestigia*) trace. **6** *pl.* (*memorie*) memoirs *pl: ha scritto un libro di –i* he wrote a book of memoirs. □ **a** ~ *di* in memory of; **degno** *di* ~ memorable, worth remembering; *un* ~ *di* **famiglia** an heirloom; **foto** ~ souvenir photo; *–i di* **gioventù** memories of one's youth; ~ *d'*infanzia childhood memory; **lasciare** *qc. in* ~ *a qd.* to leave s.th. to s.o. as a memento; **per** ~ in remembrance (*o* memory); *per tuo* ~ in memory of you; **serbare** *un buon* ~ *di qd.* to have a pleasant recollection of s.o.; ~ *di* **viaggio** souvenir.

ricoricare *v.t.* (**ricorico, ricorichi**) to lay down again; (*mettere di nuovo a letto*) to put to bed again. **ricoricarsi** *v.r.* to lie down again; (*nel letto*) to go to bed again.

ricorrente I *a.* **1** recurrent, recurring: *fatti –i* recurring events. **2** ⟨*Med,Anat*⟩ recurrent: *febbre* ~ recurrent (*o* relapsing) fever. **3** ⟨*Arch*⟩ repeated: *ornamento* ~ repeated ornament. II *s.m./f.* ⟨*Dir*⟩ petitioner, claimant. **ricorrenza** *f.* **1** recurrence: *la* ~ *di un fenomeno* the recurrence of a phenomenon. **2** (*festività ricorrente*) feast, festivity, holiday: ~ *del Natale* (feast of) Christmas; (*anniversario*) anniversary; (*occasione*) occasion.

ricorrere *v.i.* (**ricorsi, ricorso**; *aus.* **essere**) **1** (*correre indietro*) to run back. **2** (*correre di nuovo*) to run again. **3** ⟨*fig*⟩ (*ritornare*) to return, to go back: *il suo sguardo ricorreva spesso al ritratto* his glance kept returning to the portrait; (*con la mente, con la memoria*) to look back, to remember. **4** (*rivolgersi*) to have recourse, to go (*a* to): ~ *al medico* to ˈgo toˈ (*o* consult) the doctor; (*per consigli, aiuto e sim.*) to turn, to appeal: ~ *a qd. per consiglio* to turn to s.o. for advice. **5** (*valersi, servirsi*) to resort, to have recourse: *dovetti* ~ *alle maniere forti* I had to resort to force; ~ *all'inganno* to resort to trickery. **6** (*rif. ad anniversari e sim.*) to be: *oggi ricorre l'anniversario del mio matrimonio* today is my wedding anniversary; (*cadere*) to fall: *quest'anno il primo dell'anno ricorre di lunedì* New Year's Day falls on a Monday this year. **7** (*ripetersi: di avvenimenti e sim.*) to recur, to occur (*o* happen) again: *vicende che ricorrono nel corso della storia* events which recur in the course of history; (*rif. a frasi, discorsi e sim.*) to be found (*o* met with): *una frase che ricorre spesso in Omero* a phrase that is frequently met with in Homer. **8** ⟨*Dir*⟩ (*fare appello*) to appeal: ~ *in cassazione* to appeal to the Court of Cassation. □ ~ *a qd. per aiuto* to turn (*o* appeal) to s.o. for help; ~ *alle vie legali* to take legal action.

ricorso *m.* **1** recourse, resort: ~ *alla violenza* recourse to violence. **2** (*reclamo*) claim: *ascoltare un* ~ to hear a claim. **3** (*il ripetersi, ritorno*) recurrence. **4** ⟨*Dir*⟩ petition: *presentare un* ~ to file (*o* lodge) a petition; (*appello*) appeal. □ ⟨*Dir*⟩ **accogliere** *un* ~ to uphold an appeal; ~ *in* **appello** appeal; ~ *in* **cassazione** appeal to the Court of Cassation; **fare** ~ *a:* **1** (*rivolgersi a professionisti*) to go to; (*per aiuto, consigli e sim.*) to appeal (*o* turn) to; **2** (*servirsi, avvalersi*) to resort to: *far* ~ *all'inganno* to resort to trickery; **3** (*appellarsi*) to appeal to (*anche Dir.*): *fare* ~ *alla comprensione di qd.* to appeal to s.o.'s understanding; *fare* ~ *contro una sentenza* to (make an) appeal against a sentence; **respingere** *un* ~ to reject an appeal.

ricostituente I *a.* ⟨*Med*⟩ reconstituent, tonic–: *cura* ~ tonic treatment. II *s.m.* tonic, ⟨*fam*⟩ pick–me–up. **ricostituire** *v.t.* (**ricostituisco, ricostituisci**) **1** to reconstitute, to re–establish: ~ *una società* to reconstitute a partnership. **2** ⟨*fig*⟩ (*rinvigorire*) to restore. **ricostituirsi** *v.r.* to be reconstituted, to reform. **ricostituito** *a.* ⟨*Chim,Ind*⟩ reconstituted: *latte* ~ reconstituted milk. **ricostituzione** *f.* **1** reconstitution, re–establishment. **2** ⟨*Chim,Ind*⟩ reconstitution.

ricostruire *v.t.* (**ricostruisco, ricostruisci**) **1** to rebuild, to reconstruct: ~ *una città distrutta dall'incendio* to rebuild a city destroyed by fire. **2** ⟨*fig*⟩ (*ricreare*) to reconstruct: ~ *un delitto* to reconstruct a crime; (*rif. a un testo*) to restore. **ricostruttivo** *a.* reconstructive; *chirurgia –a* reconstructive surgery. **ricostruttore** I *s.m.* (*f.* -trice) rebuilder, reconstructor. II *a.* reconstructive. **ricostruzione** *f.* **1** rebuilding, reconstruction: *progettare la* ~ *di un teatro* to plan the rebuilding of a theatre. **2** ⟨*fig*⟩ reconstruction: *nel romanzo è molto pregevole*

l'accurata ~ *della vita medievale* the novel gives an excellent reconstruction (*o* picture) of life in the middle ages.

ricotta *f.* ⟨*Gastr*⟩ ricotta (kind of cottage cheese). □ *di* ~ (*debole*) weak, spineless, soft; *avere le mani di* ~ to be butter–fingered.

ricotto (*p.p. di* ricuocere) *a.* **1** re–cooked. **2** ⟨*Met*⟩ annealed. **ricottura** *f.* **1** re–cooking. **2** ⟨*Met*⟩ annealing.

ricoverare *v.t.* (**ricovero**) **1** (*accogliere*) to take (*a, in* into, in): *è stato ricoverato in un ospizio* he has been taken into a home. **2** (*mettere al sicuro*) to give shelter to. **3** (*mandare, far entrare*) to send, to take, to place: *fare* ~ *qd. all'ospedale* to send s.o. to hospital, to hospitalize s.o. **ricoverarsi** *v.r.* to take shelter. **ricoverato** *m.* (*f.* -a) **1** (*in un ospizio*) inmate. **2** (*in un ospedale*) patient.

ricovero *m.* **1** admission (to a hospital), hospitalization: *ordinare il* ~ *in una casa di cura* to order hospitalization in a clinic. **2** (*rifugio, riparo*) shelter, refuge. **3** (*ospizio*) home, asylum. **4** ⟨*Mil*⟩ shelter. □ ~ **antiaereo** air–raid shelter; *casa di* ~ *per i poveri* almshouse, poorhouse; *casa di* ~ *per i vecchi* old folks' home; **dare** ~ *a qd.* to shelter s.o.; ~ *di* **mendicità** workhouse; ~ *d'*urgenza emergency hospitalization.

ricreare *v.t.* (**ricreo**) **1** (*creare di nuovo*) to recreate. **2** (*ristorare, rinvigorire*) to restore. **3** (*distrarre, rasserenare*) to amuse, to cheer: *questa musica ricrea l'anima* this music cheers one up. **ricrearsi** *v.r.* to amuse (*o* enjoy) o.s., to take (*o* find) recreation. **ricreativo** *a.* recreational, recreative. **ricreatorio** *m.* (*per giovani*) youth club; (*per bambini*) play centre. **ricreazione** *f.* **1** recreation: *concedersi una* ~ to take some recreation; *lo sport è una sana* ~ sport is a healthy recreation. **2** (*pausa nel lavoro*) break; (*a scuola*) recreation, playtime: *è sonata la* ~ the bell has rung for playtime.

ricredere *v.i.* (**ricredei/ricredetti**; *aus.* **avere**) to believe again. **ricredersi** *v.r.* to change one's mind. □ *far* ~ *qd.* to make s.o. change his mind; *ricredersi sul conto di qd.* to change one's ˈmind aboutˈ (*o* opinion of) s.o.

ricrescere *v.i.* (**ricresco, ricresci; ricrebbi, ricresciuto;** *aus.* **essere**) to grow again, to regrow: *si è fatto* ~ *la barba* he let his beard grow again. **ricrescita** *f.* regrowth, new growth.

ricucimento *m.* **1** stitching (*o* sewing) again, restitching. **2** (*cucitura*) stitching (*anche Chir.*). **ricucire** *v.t.* (**ricucio, ricuci**) **1** to stitch (*o* sew) again, to restitch. **2** ⟨*Chir*⟩ to stitch, to sew up. **ricucitura** *f.* **1** restitching. **2** (*complesso di punti*) stitches *pl,* stitching.

ricuocere *v.t.* (**ricuocio, ricuoci, ricociamo; ricossi, ricotto**) **1** ⟨*Gastr*⟩ to recook, to cook again. **2** ⟨*Met*⟩ to anneal.

ricuperabile *a.* **1** recoverable, retrievable: *beni –i* retrievable goods. **2** (*che si può riguadagnare*) recoverable. **3** ⟨*Med*⟩ likely to recover, recoverable. **ricuperamento** *m.* **1** recovery, retrieval. **2** (*il riguadagnare*) regaining, making up. **ricuperare** *v.t.* **1** to recover, to retrieve: ~ *la refurtiva* to recover the stolen goods. **2** ⟨*fig*⟩ (*riacquistare*) to recover, to regain: ~ *la libertà* to regain one's liberty. **3** (*riguadagnare*) to make up for, to regain, to recover: ~ *il tempo perduto* to make up for lost time. **4** (*salvare*) to save, to salvage: *l'incendio ha distrutto il deposito ma molta merce è stata ricuperata* fire destroyed the warehouse but much of the merchandise was salvaged. **5** (*rendere utilizzabile*) to reclaim. **6** ⟨*fig*⟩ (*restituire*) to restore; (*riabilitare*) to rehabilitate: ~ *un delinquente alla società* to rehabilitate a criminal. **7** ⟨*Mar*⟩ to salvage; (*riportare alla superficie*) to bring up; (*rif. a nave affondata*) to refloat. **8** ⟨*Chim,Ind*⟩ to recover, to reclaim; (*rigenerare*) to regenerate. **9** ⟨*Sociol*⟩ (*reinserire nella società*) to reintegrate; (*rif. a tossicodipendenti e sim.*) to rehabilitate. **10** ⟨*Ind*⟩ (*riciclare*) to recycle, to re–use. □ ~ *le forze* to recover one's strength; ~ *la salute* to recover one's health. **ricuperatore** *m.* (*f.* -trice) **1** retriever. **2** ⟨*tecn*⟩ regenerator, recuperator. □ ~ *di calore* regenerator, recuperator.

ricupero *m.* **1** recovery, retrieval; (*rif. a crediti e sim.*) collection. **2** (*il riacquistare*) recovery, regaining. **3** (*il riguadagnare*) regaining. **4** (*salvataggio*) salvage, salvaging. **5** (*utilizzazione*) reclamation. **6** (*rieducazione*) rehabilitation. **7** ⟨*Mar*⟩ salvage; (*il riportare alla superficie*) bringing up; (*rif. a nave affondata*) refloating. **8** ⟨*tecn*⟩ recovery. **9** ⟨*Inform*⟩ retrieval: ~ *dell'informazione* information retrieval. □ ⟨*Scol*⟩ **classe** *di* ~ catching–up class; ~ *di* **crediti** collection of debts; ~ *delle* forze recuperation, recovery of one's strength; ~ *degli* **handicappati** rehabilitation of the disabled; ⟨*Ind*⟩ **materiale** *di* ~ salvage; ~ *dei* **rifiuti** waste recovery; ~ **termico** heat recovery; ~ *dei* **tossicodipendenti** drug addict rehabilitation.

ricụrvo *a.* **1** bent, curved, round: *schiena* –*a* round shoulders. **2** (*rif. a persone*) bent, stooping.

ricụsa *f.* (*rifiuto*) refusal. **ricusạbile** *a.* refusable. **ricusabilità** *f.* possibility of refusing. **ricusạre** *v.t.* to decline, to refuse, to turn down: ~ *un onore* to decline an honour; ~ *un invito* to refuse an invitation. □ ⟨*Dir*⟩ ~ *per causa di legittima suspicione* to challenge (*o* object to) on the grounds of reasonable suspicion; ⟨*Mar*⟩ *il vento ricusa* the wind is slackening. **ricusazịone** *f.* ⟨*Dir*⟩ objection, challenge.

ridacchiạre *v.i.* (**ridạcchio**, **ridạcchi**; *aus.* avere) to titter, to giggle; (*ridere malignamente*) to snigger, to snicker.

ridanciạno *a.* **1** (*rif. a persona*) jolly. **2** (*rif. a cosa: che fa ridere*) comic(al), funny.

ridạre *v.t.* (**ridò**, **ridại**, **ridà**; **ridiẹdi/ridẹtti**, **ridạto**; → **dare**) **1** to give again: *devo* ~ *la medicina al bambino* I must give the baby his medicine again. **2** (*restituire*) to give back, to return: *gli ho ridato i soldi che gli dovevo* I gave (*o* paid) him back the money I owed him. □ *dagli e ridagli* by keeping on, by persisting.

ridarẹlla *f.* ⟨*fam*⟩ giggles *pl*: *avere la* ~ to have the giggles.

ridda *f.* **1** (*antica danza*) round (dance). **2** ⟨*fig*⟩ turmoil, jumble: *una* ~ *di notizie contraddittorie* a jumble of contradictory information. □ ~ *infernale* great confusion, bedlam.

ridefinịre *v.t.* (**ridefinịsco**, **ridefinịsci**) to define again. **ridefinizịone** *f.* new defining.

ridẹnte *a.* **1** smiling, bright (*anche fig.*): *occhi* –*i* smiling eyes. **2** ⟨*fig*⟩ (*sereno, ameno*) pleasant, delightful, charming: *una valle* ~ a pleasant valley.

ridẹre¹ *v.i.* (**rịsi**, **rịso**; *aus.* avere) **1** to laugh: *tu mi fai sempre* ~ you always make me laugh. **2** (*canzonare, deridere*) to laugh (at), to make fun (of): *tutti ridono di lui* everyone is making fun of him. **3** (*scherzare*) to joke, to be in fun: *non arrabbiarti, si faceva per* ~ don't be annoyed, it was only ⌜in fun⌝ (*o* a joke). **4** ⟨*fig,lett*⟩ (*risplendere*) to shine, to be bright, to sparkle: *le ridono gli occhi* her eyes sparkle. **5** ⟨*fig,lett*⟩ (*arridere*) to smile (a on): *la vita ride ai giovani* life smiles on the young. **ridẹrsi** *v.r.* **1** (*burlarsi*) to laugh (*di* at): *ridersi della stoltezza di qd.* to laugh at s.o.'s stupidity. **2** (*non prendere in considerazione*) not to give a fig (*o* jot) (*di* for), not to care (about): *mi rido delle tue opinioni* I don't care about your opinions. □ ~ *a* **crepapelle** to roar (*o* split one's sides) with laughter; ~ *di* **cuore** to laugh heartily; **da** ~ funny, comic(al): *un film da* ~ a comic film; ⟨*fam*⟩ *sono cose da* ~ (*senza importanza*) they are mere trifles; *ci sarà da* ~ it will be fun; ~ **dietro** *a qd.* to laugh at s.o.; *farsi* ~ *dietro* to make a laughing stock of o.s.; ~ *in* **faccia** *a qd.* to laugh in s.o.'s face; **far** ~ to be funny; (*essere ridicolo*) to be ridiculous (*o* absurd): *le sue scuse mi fanno* ~ his excuses are ridiculous; *non mi faccia* ~! don't make me laugh!; ~ **fra** *sé e sé* to laugh up one's sleeve; *non c'è* **niente** *da* ~ there is nothing to laugh about; *c'è* **poco da** ~ it's no laughing matter; *far* ~ *i* **polli** (*o sassi*) to be absurd (*o* ridiculous); ~ *alle* **spalle** *di qd.* to laugh behind s.o.'s back; *mi* **viene** *da* (*o voglia di*) ~ it makes me want to laugh, I can't help laughing; *non ho* **voglia** *di* ~ I'm in no laughing mood. *Prov.*: *chi ride il venerdì, piange la domenica* he that sings on Friday will weep on Sunday; *ride bene chi ride ultimo* he laughs best who laughs last.

ridẹre² *m.* laughter, laughing. □ ⟨*pop*⟩ *c'è da crepare* (*o morire*) *dal* ~ it's howlingly funny; *fare un gran* ~ to laugh heartily; *non poteva trattenersi dal* ~ he couldn't help laughing.

ridestạre *v.t.* (**ridẹsto**) **1** to reawaken, to wake up again: *il rumore del treno ci ridestò* the noise of the train woke us up again. **2** ⟨*fig*⟩ to reawaken, to bring back, to arouse again: *la notizia gli ridestò molti ricordi* the news brought back many memories. **3** ⟨*lett*⟩ (*svegliare*) to awake. **ridestạrsi** *v.r.* **1** to reawaken, to wake up again. **2** ⟨*fig*⟩ to be aroused (again), to come back (to life), to reawaken: *i suoi sospetti si erano ridestati* his suspicions were aroused again. **3** ⟨*lett*⟩ (*svegliarsi*) to wake up, to awaken.

ridicolạggine *f.* **1** ridiculousness. **2** (*cosa, detto*) absurdity, nonsense: *dire* –*i* to talk nonsense. **ridicolẹzza** *f.* **1** ridiculousness. **2** (*cosa*) absurdity, nonsense. **3** (*inezia*) trifle. **ridicolizzạre** *v.t.* to ridicule; (*rendere ridicolo*) to make ridiculous. **ridicolmẹnte** *avv.* ridiculously. **ridịcolo I** *a.* **1** ridiculous, absurd: *rendersi* ~ to make o.s. ridiculous, to make a fool (*o* laughing stock) of o.s. **2** (*meschino, insignificante*) paltry, meagre: *compenso* ~ meagre pay. **II** *s.m.inv.* **1** ridiculousness, ridiculous side: *il* ~ *di una situazione* the ridiculous side of a situation. **2** (*derisione, scherno*) ridicule. □ *cadere nel* ~ to become ridiculous; *gettare il* ~ *su qd.* to ridicule s.o.

ridimensionamẹnto *m.* **1** reorganization. **2** (*riduzione*) reduction: ~ *dell'organico* reduction of staff. **3** ⟨*fig*⟩ reappraisal. **ridimensionạre** *v.t.* (**ridimensịono**) **1** (*riorganizzare*) to reorganize: ~ *un'industria* to reorganize an industry. **2** (*ridurre*) to reduce, to cut down (on): ~ *il personale* to reduce (*o* cut down on) personnel. **3** ⟨*fig*⟩ to reappraise, to put back into perspective, to see for what it is worth: ~ *uno scrittore* to reappraise a writer; ~ *un fatto storico* to put a historical event back into perspective; (*ridurre a proporzioni minori*) ⟨*fam*⟩ to cut down to size.

ridipịngere *v.t.* (**ridipịngo**, **ridipịngi**; **ridipịnsi**, **ridipịnto**) to repaint, to paint again.

ridịre *v.t.* (**ridịco**, **ridịci**; *imperat.* **ridì/ridi'**; → **dire**) **1** to repeat, to tell (*o* say) again: *non* ~ *più una cosa simile* never say a thing like that again. **2** (*riferire*) to tell, to repeat: *ridice tutto alla mamma* he repeats everything to his mother. **3** (*criticare*) to object to, to find fault with: *trova sempre qualcosa da* ~ he always finds fault; *avete qualcosa da* ~? have you any objection?

ridiscẹndere *v.t./i.* (**ridiscẹsi**, **ridiscẹso**; *aus.* essere) to go (*o* come) down again: ~ *le scale* to go down the stairs again.

ridistribuịre *v.t.* (**ridistribuịsco**, **ridistribuịsci**) to redistribute. **ridistribuzịone** *f.* redistribution. □ ~ *degli oneri fiscali* equalization of taxes.

ridivenịre *v.* (**ridivẹngo**, **ridivịeni**; **ridivẹnni**, **ridivenụto**; → **venire**) → **ridiventare**. **ridiventạre** *v.i.* (**ridivẹnto**; *aus.* essere) to become again, to grow (*o* turn) again: *ridiventò serio* he grew serious again.

ridivịdere *v.t.* (**ridivịsi**, **ridivịso**) **1** to divide (up) again. **2** (*dividere ulteriormente*) to subdivide.

ridomandạre *v.t.* **1** (*domandare di nuovo*) to ask again: *gli ho ridomandato che cosa volesse* I asked him again what he wanted; (*domandare con insistenza*) to keep on asking. **2** (*chiedere in restituzione*) to ask to give back, to ask for ... back: *gli ridomandai il danaro* I asked him ⌜to give me back the money⌝ (*o* for the money back).

ridonạre *v.t.* (**ridọno**) to give back (*o* again) (*anche fig.*).

ridondạnte *a.* redundant. **ridondạnza** *f.* redundance, redundancy, excess: ~ *di metafore* excess of metaphors. **ridondạre** *v.i.* (**ridọndo**; *aus.* essere) ⟨*lett*⟩ **1** to (super)abound, to be loaded (*di* with). **2** (*risultare, tornare a*) to redound, to be: ~ *in danno di qd.* to be to s.o.'s disadvantage; ~ *in favore di qd.* to redound to s.o.'s favour.

ridọsso *m.* shelter, lee (*anche Mar.*): *la montagna fa* ~ *al paese* the town ⌜lies in the shelter of⌝ (*o* is sheltered by) the mountain. □ *a* ~ *di:* 1 (*riparato da*) sheltered (*o* protected) by, in the lee (*o* shelter) of: *a* ~ *del vento* in the lee of the wind; 2 (*vicino a*) ⌜close to⌝ (*o* by): *la casa era a* ~ *del monte* the house was ⌜close to⌝ (*o* sheltered by) the mountain; 3 (*dietro*) behind, at the back of: *le montagne stanno a* ~ *del paese* the mountains lie behind the town.

ridotta *f.* ⟨*Mil*⟩ redoubt. **ridotto** (*p.p. di ridurre*) **I** *a.* **1** reduced, small(er): *proporzioni –e* reduced proportions; *su scala –a* on a smaller scale. **2** ⟨*Mat,Chim*⟩ reduced. **II** *s.m.* ⟨*Teat*⟩ foyer. □ ⟨*iron*⟩ *siamo –i proprio bene!* we're in a fix (*o* nice mess)!; *guarda come sei* ~ *!* just look at the state you're in!; *essere* ~ *agli estremi* to be in dire straits; *mal* ~ (*rif. a persone*) in a bad way, in a sorry plight; (*rif. a cose*) in a bad state. **riducente I** *a.* reducing (*anche Cosmet.*): *fiamma* ~ reducing flame; *crema* ~ reducing cream. **II** *s.m.* ⟨*Chim*⟩ reducer, reductant. **riducibile** *a.* reducible: *prezzi –i* reducible prices.

ridurre *v.t.* (**riduco, riduci; ridussi, ridotto;** → **condurre**) **1** (*diminuire*) to reduce, to curtail: ~ *del dieci per cento* to reduce by ten per cent; ~ *le esportazioni* to curtail exports. **2** (*far diventare più corto*) to shorten: ~ *la lunghezza di un vestito* to shorten a dress; (*rif. a opere letterarie*) to abridge. **3** (*adattare*) to adapt: ~ *una commedia per la televisione* to adapt a play for television. **4** (*trasformare*) to convert, to transform, to turn: ~ *un convento in ospedale* to convert a convent into a hospital; (*far diventare*) to turn into: *mi hanno ridotto la casa un porcile* they have turned my house into a pigsty. **5** (*mettere in condizioni peggiori*) to reduce, to bring: *i debiti lo hanno ridotto alla miseria* his debts reduced him to poverty; ~ *un popolo in schiavitù* to reduce a people to slavery. **6** (*costringere*) to force, to drive, to reduce: ~ *i propri figli a mendicare* to drive one's children to begging. **7** ⟨*Mat,Chim,Chir*⟩ to reduce: ~ *due frazioni al minimo comune denominatore* to reduce two fractions to the lowest common denominator. **8** ⟨*Mus*⟩ to arrange, to adapt. **ridursi** *v.r.* **1** (*diventare*) to be reduced: *ridursi pelle e ossa* to be reduced to skin and bone. **2** (*indursi, giungere*) to lower o.s., to reduce o.s.: *non mi ridurrò mai ad accettare compromessi* I shall never lower myself to accepting compromises. **3** (*diminuire*) to be reduced, to shrink, to dwindle away: *il mio gruzzolo si è ridotto a poche migliaia di lire* my savings have dwindled away to a few thousand lire. **4** (*limitarsi*) to be confined (*o* limited), to consist merely (of): *il suo aiuto si riduce a qualche promessa* his help merely consists of a few promises. □ *hai visto* **come** *si è ridotto dopo la malattia?* have you seen how bad he looks since his illness?; ~ *sul* **lastrico** to reduce to poverty; *ridursi sul lastrico* to be reduced to poverty; *ridursi a* **niente** (*o* nulla): 1 to leave almost nothing; 2 ⟨*fig*⟩ to come to nothing; ~ *a mal* **partito** to reduce to a sorry plight (*o* state); *ridursi a mal partito* to be in a ⸢bad way⸣ (*o* sorry plight); ~ *il* **personale** to cut down on personnel; ~ *in* **pezzi** to break into pieces; (*stracciare*) to tear up (*o* to pieces); ~ *in* **polvere** to reduce to dust, to pulverize; ~ *qd. in proprio* **potere** to get s.o. into one's power; ~ *qd. al* **silenzio** to silence s.o.; ~ *le* **spese** to cut down on expenses; ⟨*fig*⟩ ~ *qd. uno* **straccio** to wear s.o. out (*o* to a frazzle); ⟨*fig*⟩ ~ *ai minimi* **termini** to reduce to a sorry state; ⟨*Mar*⟩ ~ *la* **velatura** to shorten (*o* take in) sail; *essere ridotto al* **verde** to be broke (*o* on the rocks); ~ *qd. in fin di* **vita** to bring s.o. to the brink of death.

riduttore *m.* (*f.* **-trice**) **1** reducer; (*di romanzi e sim.*) adapter. **2** ⟨*Mecc,El,Chim*⟩ reducer. □ ⟨*El*⟩ ~ *di corrente* current reducer (*o* transformer).

riduzione *f.* **1** (*diminuzione*) reduction, decrease, cutting (down): ~ *del personale* ⸢reduction of⸣ (*o* cutting down on) staff; ~ *dei costi* reduction (*o* cutting down) of costs; *si è registrata una* ~ *delle entrate* there has been a decrease in income. **2** (*raccorciamento*) shortening; (*rif. a opera letteraria*) abridgement. **3** (*sconto*) reduction, discount: *concedere una* ~ *del dieci per cento* to give a ten per cent discount. **4** (*adattamento, opera adattata*) adaptation: ~ *cinematografica di un romanzo* screen adaptation of a novel. **5** ⟨*Mus*⟩ arrangement, adaptation. **6** ⟨*tecn,Med*⟩ reduction. □ ~ *fiscale* tax cut; ~ *dell'orario di lavoro* shortening of working hours; ~ *dei* **prezzi** reduction of prices, price cut(ting); ~ *di* (*o* sul) *prezzo* reduction, discount; ⟨*Edit*⟩ ~ *per* **ragazzi** children's edition; ~ *del* **salario** wage cut; ⟨*Dir.can*⟩ ~ *allo* **stato** *laicale* reduction to the lay state; ~ *di* **tariffa** lowering of rates; (*rif. a*

viaggi) reduced fare; ~ *di* **tassa** tax reduction.

riecco *avv.* **1** (*ecco di nuovo*) here is again, here are again, here comes again, here come again: ~ *il sole* here comes the sun again. **2** (*nel restituire*) here is (back), here are back: *rieccoti la penna* here is your pen back. □ *rieccoci qua* here we are again.

riecheggiare *v.t./i.* (**riecheggio, riecheggi;** *aus.* **essere/avere**) **1** to re-echo, to resound. **2** ⟨*fig*⟩ to echo.

riedificare *v.t.* (**riedifico, riedifichi**) to rebuild, to reconstruct, to build again. **riedificazione** *f.* rebuilding, reconstruction.

riedito *a.* republished, reprinted, reissued. **riedizione** *f.* **1** new edition, reissue: ~ *di un libro* new edition of a book. **2** ⟨*Cin*⟩ remake.

rieducabile *a.* re-educable; (*correggibile*) reformable. **rieducare** *v.t.* (**rieduco, rieduchi**) to re-educate, to rehabilitate (*anche Med.*): ~ *i minorenni traviati* to rehabilitate juvenile delinquents. **rieducazione** *f.* re-education, rehabilitation (*anche Med.*). □ *casa di* ~ (*per delinquenti minorenni*) reformatory; ⟨*Med*⟩ *centro di* ~ rehabilitation centre; ~ *professionale* retraining.

rielaborare *v.t.* (**rielaboro**) to elaborate again. **rielaborazione** *f.* new elaboration.

rieleggere *v.t.* (**rieleggo, rieleggi; rielessi, rieletto**) to re-elect. **rieleggibile** *a.* re-eligible. **rieleggibilità** *f.* re-eligibility. **rielezione** *f.* re-election.

riemergere *v.i.* (**riemergo, riemergi; riemersi, riemerso;** *aus.* **essere**) to re-emerge, to emerge again. **riemersione** *f.* re-emergence.

riemigrare *v.i.* (*aus.* **essere**) to re-emigrate, to emigrate again.

riempibile *a.* (re)fillable. **riempibottiglie** *f.inv.* bottler. **riempimento** *m.* **1** filling (up); (*il riempire di nuovo*) refilling. **2** (*ciò che serve a riempire*) filling. **riempire** *v.t.* (**riempio, riempi; riempii, riempito**) **1** to fill (up): ~ *un bicchiere d'acqua* to fill a glass with water. **2** (*empire di nuovo*) to refill, to fill (up) again. **3** (*mettere dentro*) to fill, to cram, to stuff: ~ *una valigia* to fill a suitcase. **4** (*compilare*) to fill in: ~ *un formulario* to fill in a form. **5** ⟨*fig*⟩ (*colmare*) to fill: *le tue parole mi riempiono di speranza* your words fill me with hope. **riempirsi** *v.r.* ⟨*fam*⟩ to stuff (*o* cram) o.s. (with): *si è riempito di pasticcini* he stuffed himself with pastries. □ *riempirsi lo stomaco* to eat one's fill. **riempitivo I** *a.* filling. **II** *s.m.* **1** filler, filling. **2** ⟨*fig*⟩ filler, stopgap, fill-in. □ *fare da* ~ to make up numbers. **riempitrice** *f.* ⟨*Ind*⟩ filler. **riempitura** *f.* **1** filling (up, in). **2** (*ciò che serve a riempire*) filling, filler; (*imbottitura*) stuffing.

rientrabile *a.* (*retrattile*) retractable, folding. **rientrante** *a.* receding, re-entrant, re-entering: *superficie* ~ receding surface. **rientranza** *f.* indentation, recess.

rientrare *v.* (**rientro**) **I** *v.i.* (*aus.* **essere**) **1** to re-enter, to enter again, to go back in: *rientrai nel negozio per avere il resto* I went back in(to) the store to get my change. **2** (*tornare*) to come (*o* go) back, to return: ~ *in patria* to return to one's native land. **3** (*assol*) (*rincasare*) to come (*o* go) home. **4** (*presentare concavità*) to recede, to be indented. **5** (*essere compreso*) to form (*o* be) part (*in* of), to be included (among), to fall (within): *il caso non rientra nelle mie competenze* the case does not fall within my province. **6** (*riferito a sciopero*) to be called off. **II** *v.t.* ⟨*Mar*⟩ to ship: ~ *i remi* to ship (*o* lay in) oars. □ ⟨*fig*⟩ ~ *alla* **base** to get back to the starting point; ⟨*Sport*⟩ ~ *in* **campo** to return to the field (*o* game); ~ *in* **casa** to come (*o* go) home; ~ *nelle* **grazie** *di qd.* to get back into s.o.'s good graces; ~ *in* **possesso** *di qc.* to recover s.th; ~ *nei* **ranghi** to fall into line (*anche fig.*).

rientrato *a.* **1** (*represso*) stifled, suppressed, repressed: *uno starnuto* ~ a stifled sneeze. **2** ⟨*fig*⟩ unfulfilled: *un'ambizione –a* an unfulfilled ambition. **rientro 1** *m.* (*ritorno*) return: *aspettiamo il* ~ *del direttore* we are awaiting the manager's return; (*ritorno a casa, in patria*) coming (*o* going) home, homecoming. **2** ⟨*Tess*⟩ shrinkage. □ ⟨*Astron*⟩ ~ *nell'atmosfera* re-entry into the atmosphere.

riepilogare *v.t.* (**riepilogo, riepiloghi**) to summarize, to recapitulate, ⟨*fam*⟩ to recap. **riepilogativo** *a.* summary:

prospetto ~ summary sheet. **riepilogo** *m.* (*pl.* -ghi) summary, recapitulation, ⟨*fam*⟩ recap.

riequilibrare *v.t.* to re-equilibrate, to re-balance. □ ~ *il deficit* to redress the deficit.

riesame *m.* re-examination. **riesaminare** *v.t.* (**riesamino**) to re-examine; (*rivedere*) to reconsider.

riesercitare *v.t.* (**riesercito**) to exercise (*o* exert) again, to re-exercise: ~ *le forze* to exert one's strength again. **riesercitarsi** *v.r.* to practise again.

riesporre *v.t.* (**riespongo, risponi; riesposi, riesposto,** → **porre**) (*rispiegare*) to explain again, to expound again.

riesportare *v.t.* (**riesporto**) ⟨*Comm*⟩ to re-export, to export again. **riesportazione** *f.* re-exportation.

riesposizione *f.* 1 re-exhibiting. 2 (*rispiegazione*) re-explanation: *la* ~ *dei fatti* the re-explanation of the facts.

riessere *v.i.* (**risono, risei; rifui, ristato;** → **essere**) to be again. □ *ci risiamo!* here we go again!

riesumabile *a.* unearthable, disinterrable. **riesumare** *v.t.* 1 to disinter, to exhume. 2 ⟨*fig*⟩ (*riportare alla luce*) to unearth, to bring to light, to revive: ~ *vecchi ricordi* to revive old memories. **riesumazione** *f.* 1 exhumation, disinterment. 2 ⟨*fig*⟩ unearthing, bringing to light, revival.

rievocare *v.t.* (**rievoco, rievochi**) 1 (*richiamare alla memoria*) to recall, to remember, to call to mind: ~ *il passato* to recall the past. 2 (*commemorare*) to commemorate. **rievocativo** *a.* evocative. **rievocazione** *f.* 1 (*il rievocare*) evoking, recalling. 2 (*cosa rievocata*) memory, remembrance. 3 (*commemorazione*) commemoration.

rifabbricare *v.t.* (**rifabbrico, rifabbrichi**) to rebuild, to reconstruct.

rifacimento *m.* 1 remaking. 2 (*ricostruzione*) rebuilding, reconstruction. 3 (*rif. a opera letteraria*) rewrite, rewriting. 4 ⟨*Cin*⟩ remake. **rifacitore** *m.* (*f.* -trice) 1 remaker. 2 (*rielaboratore*) rewriter.

rifare *v.t.* (**rifaccio, rifai; rifeci, rifatto;** → **fare**) 1 to remake, to make again, to do (over) again: *devi* ~ *l'esercizio* you have to do the exercise (over) again. 2 (*sostituire, cambiare*) to change, to substitute, to replace: ~ *i polsini della camicia* to change the cuffs on the shirt. 3 (*ricostruire*) to rebuild, to reconstruct: *la chiesa fu rifatta nel diciottesimo secolo* the church was reconstructed in the eighteenth century. 4 (*ripetere*) to repeat, to make (*o* do) again: ~ *un tentativo* to repeat an attempt, to make another attempt; (*ripercorrere*) to retrace: *rifece il cammino già percorso* he retraced the path already followed. 5 (*imitare*) to imitate: *sa* ~ *il modo di camminare del maestro* he knows how to imitate the teacher's gait; (*contraffare*) to forge: ~ *la firma di qd.* to forge s.o.'s signature. 6 (*compensare, risarcire*) to compensate, to reimburse, to indemnify: ~ *qd. delle spese* to reimburse s.o. for expenses. 7 (*rieleggere*) to re-elect. **rifarsi** *v.r.* 1 (*diventare di nuovo*) to become (*o* grow, get, go) again. 2 (*rimettersi in salute*) to recuperate, to recover: *era deperito, ma in montagna si è rifatto* he was run-down, but he recuperated in the mountains. 3 (*rif. al tempo: ristabilirsi*) to clear up, to settle: *se il tempo si rifarà, faremo una gita* if the weather clears up we'll go on an outing. 4 (*prendersi la rivincita*) to make up for: *rifarsi di una perdita* to make up for a loss; (*vendicarsi*) to revenge o.s., to get even: *vuole rifarsi del torto subito* he wants to revenge himself for the wrong done him. 5 ⟨*fig*⟩ (*riacquistare*) to regain: *rifarsi un buon nome* to regain a good name; (*riguadagnare*) to make up: *rifarsi del tempo perduto* to make up for lost time. 6 (*risalire nel tempo*) to go back: *per spiegare i fatti bisogna rifarsi a cinque anni fa* to explain what has happened one must go back five years. □ ~ *l'abitudine a qc.* to get used to s.th. again; *rifarsi la* **bocca** to take s.th. to take away an (unpleasant) taste (*anche fig.*); ~ *qc. da* **capo** *a fondo* to do s.th. over again from top to bottom; ⟨*fam*⟩ *rifarsela con qd.* to take it out on s.o.; *rifarsi una* **famiglia** to set up a household again; ~ *il* **letto** to make the bed; (~ *la*) **pace** *con qd.* to make it up with s.o.; *rifarsi un* **patrimonio** to make another fortune; ~ *un* **processo** to retry a case; ~ *la*

punta alla matita to sharpen a pencil; ~ *le* **scale** (*in giù*) to go downstairs again; (*in su*) to go upstairs again; ⟨*fig*⟩ *rifarsi una* **verginità** to try to clear one's name; *rifarsi una* **vita** to start a new life.

rifasciare *v.t.* (**rifascio, rifasci**) 1 to bandage (*o* bind up) again. 2 (*rif. a bambini: fasciare*) to swathe, to swaddle.

rifatto (*p.p. di rifare*) *a.* remade, redone. □ *vestito* ~ made-over suit; *villano* (*o pidocchio*) ~ upstart.

riferibile *a.* 1 repeatable, fit to be told. 2 (*attribuibile*) referable. **riferimento** *m.* 1 reference (*a* to): *in* ~ *alla Vostra lettera* with (*o* in) reference to your letter. 2 ⟨*fig*⟩ (*punto di riferimento*) reference point. 3 ⟨*Aer*⟩ check-point. □ *fare* ~ *a qc.* to refer to s.th., to mention s.th.; ⟨*Topogr*⟩ *punto di* ~ datum point. **riferire** *v.t.* (**riferisco, riferisci**) 1 (*raccontare*) to tell, to relate: ~ *l'accaduto* to tell what happened. 2 (*riportare*) to report, to give an account of: *riferisce ogni cosa ai suoi superiori* he reports everything to his superiors. 3 (*mettere in relazione*) to relate, to connect: ~ *un effetto a una causa* to relate cause and effect; (*attribuire*) to attribute, to ascribe. 4 ⟨*assol*⟩ (*fare una relazione*) to make a report. **riferirsi** *v.r.* 1 to refer (*a* to): *mi riferisco alla tua lettera* I'm referring to your letter. 2 (*concernere*) to refer, to be related, to apply (*a* to), to concern (s.o., s.th.): *le mie parole si riferiscono a tuo fratello* what I am saying concerns your brother.

rifermare *v.t.* (**rifermo**) 1 to stop again. 2 (*fissare di nuovo*) to refasten, to fasten again. **rifermarsi** *v.r.* to stop again.

riffa[1] *f.* (*lotteria*) raffle.

riffa[2] *f.* ⟨*region*⟩ (*sopruso, violenza*) violence, bullying. □ *di* ~ *o di raffa* by hook or by crook.

rificcare *v.t.* (**rificco, rificchi**) to thrust (*o* drive) in again. **rificcarsi** *v.r.* to go, to get. □ *rificcarsi a letto* to get back into bed.

rifilare *v.t.* 1 (*tagliare a filo*) to trim, to edge. 2 ⟨*Legat*⟩ to trim (down). 3 (*filare di nuovo*) to respin. 4 ⟨*fam*⟩ (*affibbiare*) to palm off: *mi hanno rifilato un biglietto da mille lire falso* they palmed off a counterfeit thousand-lire note on me. 5 ⟨*fam*⟩ (*dare, allungare*) to deal, to give, to deliver: ~ *un calcio a qd.* to give s.o. a kick, to kick s.o. **rifilatore** *m.* (*f.* -trice) trimmer. **rifilatrice** *f.* 1 (*operaia*) trimmer. 2 (*macchina*) trimmer, trimming -machine. **rifilatura** *f.* 1 trimming, edging. 2 ⟨*Legat*⟩ trimming (down).

rifinanziare *v.t.* to re-finance. **rifinanziamento** *m.* re-financing, replenishment: ~ *di un fondo* replenishment of a fund.

rifinire *v.* (**rifinisco, rifinisci**) I *v.t.* 1 (*dare l'ultima mano*) to finish (off), to put the finishing (*o* last) touch to. 2 (*ridurre in cattivo stato*) to finish off, to ruin, to bring low. II *v.i.* (*aus.* **avere**) ⟨*region*⟩ (*contentare interamente*) to please (*a qd.* s.o.), to be to the liking (of): *c'è qc. in lui che non mi rifinisce* there's s.th. about him that's not to my liking' (*o* that I don't like). **rifinitezza** *f.* finish. **rifinito** *a.* finished (off), polished: *vestito ben* ~ well (*o* beautifully) finished suit. **rifinitura** *f.* 1 (*il rifinire un lavoro*) finishing-off, touching-up. 2 *pl.* finishings *pl*, fittings *pl*.

rifiorente *a.* 1 re-flowering, flowering (*o* blooming) again. 2 ⟨*fig*⟩ flourishing (*o* thriving) again. **rifiorire** *v.* (**rifiorisco, rifiorisci**) I *v.i.* (*aus.* **essere/avere**) 1 to re-flower, to flower (*o* bloom) again; (*rif. ad alberi da frutto*) to blossom again. 2 ⟨*fig*⟩ to flourish (*o* thrive) again, to re-flourish: *gli affari rifioriscono* business is flourishing again. 3 (*riapparire: rif. a macchie*) to reappear, to come back again. II *v.t.* ⟨*lett*⟩ (*far rifiorire*) to make flower (*o* bloom) again: *la primavera rifiorisce i prati* spring makes the meadows bloom again. **rifiorita** *f.* ⟨*Bot*⟩ new blooming, second flowering. **rifioritura** *f.* 1 ⟨*Bot*⟩ re-flowering, re-blooming, re-florescence; (*rif. ad alberi da frutto*) re-blossoming; (*seconda fioritura*) second flowering (*o* blooming). 2 ⟨*fig*⟩ revival, re-flourishing: ~ *delle arti* revival of the arts.

rifischiare *v.t.* (**rifischio, rifischi**) 1 to whistle again; (*rispondere fischiando*) to whistle back (*o* in reply). 2 ⟨*fam*⟩ (*riferire*) to sneak.

rifiutabile *a.* refusable. **rifiutare** *v.t.* 1 (*non accettare*) to refuse, to decline, to reject, to turn down: *ha rifiutato qualsiasi compenso* he refused any kind of payment; *rifiuta di prestare giuramento* he ⌐refuses to⌐ (*o* will not) take the oath. **2** (*non voler concedere*) to refuse, to deny, to withhold: *rifiuta il suo consenso* he refuses to give his consent. **3** (*non tollerare*) to be unable to take (*o* stand): *il mio stomaco rifiuta i cibi grassi* my stomach can't take fatty foods. **4** ⟨*Equit*⟩ to refuse. **rifiutarsi** *v.r.* to refuse: *mi rifiuto di parlargli* I refuse to speak to him.

rifiuto *m.* **1** refusal: *il tuo ~ ci ha sorpreso* your refusal surprised us. **2** (*scarto*) waste, refuse, rubbish. **3** *pl.* (*immondizie*) rubbish, garbage. **4** ⟨*Equit*⟩ refusal. □ *–i animali* animal waste *sing;* *~ d'assistenza* withholding of aid; *–i chimici* chemical waste *sing;* **di** *~* (*di scarto*) waste–, reject(ed): *merce di ~* rejects *pl;* *–i domestici* household waste *sing;* **eliminazione** *dei –i* waste disposal; **incontrare** *un ~* to meet with a refusal; *–i industriali* industrial waste *sing;* *–i ingombranti* bulky waste *sing; –i liquidi* liquid waste *sing; ~ d'obbedienza* refusal to obey an order; **opporre** *un ~ a qc.* to refuse s.th.; *–i organici* organic waste *sing;* **raccolta** *dei –i* waste collection; **smaltimento** *dei –i* waste disposal; *smaltire i –i* to dispose of waste; ⟨*fig*⟩ *–i della* **società** dregs of society; *–i* **solidi** solid waste *sing; –i* **speciali** special waste *sing;* ⟨*Dir*⟩ *~ di* **testimoniare** refusal to testify (*o* give evidence); *–i* **tossici** toxic waste *sing;* **trattamento** *e smaltimento dei –i* waste management.

riflessione *f.* **1** (*il riflettere, il riflettersi*) reflection, reflexion (*anche Fis.*). **2** ⟨*fig*⟩ reflection, meditation, thought. **3** (*osservazione*) reflection, remark, comment. □ *con ~* thoughtfully, upon due consideration; *dopo matura ~* after mature reflection; *pausa di ~* pause to think; *senza ~* without thinking, thoughtlessly; ⟨*Acu*⟩ *~ del suono* reflection of sound. **riflessivamente** *avv.* reflectively, thoughtfully. **riflessivo** *a.* **1** reflective, thoughtful. **2** ⟨*Gramm*⟩ reflexive: *verbo ~* reflexive verb.

riflesso[1] *m.* **1** reflection, glare: *il ~ della neve feriva gli occhi* the glare from the snow hurt the eyes. **2** ⟨*fig*⟩ (*ripercussione*) repercussion, effect: *il provvedimento ha avuto –i negativi* the measures had negative repercussions. **3** ⟨*Fisiol*⟩ reflex: *avere i –i pronti* to have quick reflexes. □ ⟨*Fisiol*⟩ *–i condizionati* conditioned reflexes (*o* responses); *di* (*o per*) *~* indirectly.

riflesso[2] (*p.p. di riflettere*) *a.* reflected, reflex: *brillare di luce –a* to glitter with reflected light; *immagine –a* reflected image; *azione –a* reflex action. □ ⟨*Fisiol*⟩ *moto ~* reflex movement.

riflessologia *f.* ⟨*Psic*⟩ reflexology. □ ⟨*Med*⟩ *~ plantare* foot reflexology.

riflettente *a.* ⟨*Fis*⟩ reflecting. **riflettenza** *f.* ⟨*Fis*⟩ reflection factor.

riflettere *v.* (**riflettei/riflessi, riflettuto/riflesso**) **I** *v.t.* **1** (*rif. a luce, suoni e sim.*) to reflect: *lo specchio riflette i raggi del sole* the mirror reflects the rays of the sun. **2** ⟨*fig*⟩ (*manifestare*) to reflect, to attest to, to be witness to: *i suoi modi gentili riflettono una buona educazione* his courteous ways attest to a good upbringing. **II** *v.i.* (*aus.* avere) to reflect (*su* on), to think (over, about): *~ sulle conseguenze di un'azione* to think about the consequences of an act; *ci hai riflettuto bene?* have you really thought ⌐about it⌐ (*o* it over)? **riflettersi** *v.r.* **1** (*rispecchiarsi*) to be reflected: *la luna si rifletteva sul mare* the moon was reflected in the sea. **2** ⟨*fig*⟩ (*ripercuotersi*) to be reflected (*su* in), to affect (s.th.): *l'aumento della produzione si riflette sui prezzi* the production increase is reflected in the prices. **3** ⟨*fig*⟩ (*manifestarsi*) to show, to shine: *nei suoi occhi si riflette la passione* passion shines in his eyes. □ *riflettendoci bene* thinking it over carefully; *dopo avere ben riflettuto* after careful consideration; *far ~* to give food for thought; *senza ~* without thinking; *lasciare il tempo di ~* to give time for reflection.

riflettore **I** *s.m.* **1** reflector (*anche Rad.*). **2** (*proiettore*) floodlight, searchlight. **II** *a.* ⟨*Fot*⟩ reflecting: *schermo ~* reflecting screen, reflector. □ ⟨*Cin*⟩ *~ ad arco* kleig (*o* klieg) light; *~ elettronico* electron reflector ⟨*Cin,Teat*⟩; *~ lenticolare* spot(light); ⟨*Teat*⟩ *~ per palcoscenico* stage

floodlight; *~ parabolico* parabolic reflector.

rifluire *v.i.* (**rifluisco, rifluisci;** *aus.* essere/avere) **1** to flow again. **2** (*scorrere indietro*) to flow back, to reflow. **3** ⟨*fig*⟩ (*tornare ad affluire*) to pour (*o* flow) back. **riflusso** *m.* **1** reflux, flowing back: *il ~ del sangue al cuore* the reflux of blood to the heart. **2** ⟨*fig*⟩ (*ritorno*) surge (*o* stream) back, return. **3** ⟨*Geog*⟩ (*bassa marea*) ebb tide, low tide.

rifocillamento *m.* refreshment. **rifocillare** *v.t.* to refresh, to feed. **rifocillarsi** *v.r.* to refresh o.s., to take some refreshment.

rifondere *v.t.* (**rifusi, rifuso**) **1** to remelt, to recast. **2** ⟨*fig*⟩ (*rimborsare, risarcire*) to refund, to reimburse: *~ le spese* to refund expenses; (*rif. a danni e sim.*) to recompense: *~ qd. dei danni subiti* to compensate (*o* indemnify) s.o. for damages (suffered). **rifondibile** *a.* (*rimborsabile*) reimbursable; (*risarcibile*) indemnifiable: *danni –i* indemnifiable damages.

riforma *f.* **1** reform, reformation: *introdurre una ~* to bring in a reform. **2** ⟨*Mil*⟩ (*rif. a soldati*) exoneration from military service. **Riforma** *f.* ⟨*Stor*⟩ Reformation. □ *~* **agraria** land reform; *~ del calendario* reformation (*o* reform) of the calendar; *~* **carceraria** prison reform; *delle* **leggi** law reform; *~ delle* **pensioni** pension reform; *~* **sanitaria** health reform; *~* **scolastica** educational reform; *~* **strutturale** structural reform; *~* **tributaria** tax reform.

riformabile *a.* **1** reformable. **2** ⟨*Mil*⟩ rejectable. **riformare** *v.t.* (**riformo**) **1** (*sottoporre a riforma*) to reform: *~ una società* to reform a society; (*migliorare*) to amend. **2** ⟨*Mil*⟩ to reject (for military service). **riformarsi** *v.r.* to form again, to re–form: *si è riformato il ghiaccio sulle strade* ice has formed again on the roads. □ ⟨*scherz*⟩ *~ i connotati a qd.* to give s.o. a good hiding; ⟨*Mil*⟩ *farsi ~* to dodge ⌐military service⌐ (*o* the draft). **riformato** *a.* **1** reformed. **2** ⟨*Mil*⟩ rejected. **II** *s.m.* (*f.* -a) **1** ⟨*Mil*⟩ reject. **2** ⟨*Rel*⟩ Protestant. **riformatore** **I** *s.m.* (*f.* -trice) **1** reformer, reformist. **2** ⟨*Rel*⟩ (Protestant) Reformer. **II** *a.* reforming. **riformatorio** *m.* reformatory, approved school. **riformazione** *f.* re–formation, new formation.

riformismo *m.* ⟨*Pol*⟩ reformism. **riformista** *m./f.* reformist (*anche Pol.*). **riformistico** *a.* (*pl.* -ci) reformist(ic).

rifornimento *m.* **1** (*il rifornire*) (re–)provisioning, (re–)supplying: *ostacolare il ~ della città* to prevent the provisioning of the city; (*il rifornirsi*) stocking up. **2** *pl.* (*provviste*) supplies *pl,* provisions *pl,* stocks *pl* (*anche Mil.*). **3** ⟨*scherz*⟩ (*buona provvista*) supply: *penso io al ~ di sigarette* I'll take care of the cigarette supply. □ *~ d'acqua* water supply; *fare ~ d'acqua* to water; *~ di* **carbone** coal supply; *fare ~ di carbone:* 1 ⟨*Ferr*⟩ to take in coal; 2 ⟨*Mar*⟩ to coal, to bunker; ⟨*Aut*⟩ *~ di* **combustibile** refuelling, filling up (with petrol); *fare ~ di qc.* to stock up on s.th.; ⟨*Mil*⟩ *~ di* **munizioni** ammunitions supply; ⟨*Aut*⟩ **stazione** *di ~* petrol station (*o* pump); ⟨*am*⟩ filling (*o* gas) station; *~ di* **viveri** food supplies (*o* provisions) *pl;* ⟨*Aer*⟩ *~ in* **volo** refuelling in flight.

rifornire *v.t.* (**rifornisco, rifornisci**) **1** (*provvedere*) to supply, to provide, to furnish: *~ qd. di denaro* to supply s.o. with money. **2** (*completare*) to replenish, to restock: *~ il proprio guardaroba* to replenish one's wardrobe. **rifornirsi** *v.r.* to provide (*o* supply) o.s. (*di* with), to get supplies (of), to stock up (on). □ *rifornirsi di carbone:* 1 ⟨*Ferr*⟩ to coal; 2 ⟨*Mar*⟩ to bunker coal, to (take on) coal; ⟨*Aut*⟩ *~ di combustibile* to refuel, to fill up with fuel. **rifornitore** *m.* (*f.* -trice) **1** provider, supplier. **2** ⟨*Aer*⟩ (*anche velivolo rifornitore*) air tanker.

rifrangente *a.* ⟨*Fis*⟩ refractive, refracting. **rifrangenza** *f.* refractivity, refractive power. **rifrangere** *v.t.* (**rifrango, rifrangi; rifransi, rifratto**) to refract. **rifrangersi** *v.r.* to be refracted. **rifrangibile** *a.* refrangible. **rifrangibilità** *f.* refrangibility. **rifratto** (*p.p. di rifrangere*) *a.* refracted: *raggio ~* refracted ray. **rifrattometro** *m.* refractometer. **rifrattore** **I** *s.m.* ⟨*Fis,Astr*⟩ refractor. **II** *a.* refracting. **rifrazione** *f.* ⟨*Fis*⟩ refraction. □ *angolo di ~* angle of refraction; *~ atmosferica* atmospheric refraction; *indice di ~* index of refraction, refraction index; *~ della luce* refraction of light.

rifreddo a. cold: *carne –a* cold meat.

rifrìggere v. (rifrìggo, rifrìggi; rifrìssi, rifrìtto) **I** v.t. **1** to fry (up) again. **2** ⟨*fig*⟩ to repeat (over and over), to harp on: *nei suoi articoli rifriggeva sempre le stesse cose* he always harped on the same things in his articles. **II** v.i. (aus. **avere**) (*friggere a lungo*) to overfry. **rifrìtto** (*p.p. di rifriggere*) a. **1** fried (up) again, refried: *pesce ~* fish fried up again. **2** ⟨*fig*⟩ (*risaputo*) repeated over and over again, hackneyed. □ ⟨*fig,fam*⟩ *cose fritte e –e* the same old stuff; ⟨*fam*⟩ *notizie che sanno di ~* stale news. **rifrittume** m., **rifrittura** f. (re)hash (*anche fig.*).

rifrugare v.t. (rifrugo, rifrughi) to search again.

rifuggire v.i. (rifuggo, rifuggi; aus. **essere**) **1** (*fuggire di nuovo*) to flee (*o* run away) again, to escape (*o* get away) again (*da* from). **2** ⟨*fig*⟩ (*respingere*) to shrink, to shun (s.th.): *~ da ogni compromesso* to shun all half –measures.

rifugiarsi v.r. (mi rifugio, ti rifugi) **1** to take shelter (*o* cover), to seek (*o* take) refuge. **2** ⟨*fig*⟩ (*cercare conforto*) to take refuge, to seek consolation (*in* in), to turn (to). **rifugiato** m. (f. -a) refugee: *~ politico* political refugee.

rifugio m. **1** (*riparo, difesa*) refuge, shelter (*anche fig.*): *dare ~ a qd.* to give s.o. shelter, to shelter s.o.; *trovare ~ nella preghiera* to find refuge in prayer. **2** (*luogo*) (place of) refuge, retreat, shelter; (*nascondiglio*) hideout. □ *~ alpino* mountain (*o* alpine) hut; ⟨*Mil*⟩ *~ antiaereo* air–raid shelter, anti–aircraft shelter.

rifulgente a. shining, bright, radiant, ⟨*lett*⟩ refulgent (*anche fig.*): *stella ~* shining (*o* bright) star. **rifulgere** v.i. (rifulgo, rifulgi; rifulsi; no past participle and compound tenses) to shine, to be bright, to glow (*di* with) (*anche fig.*): *le stelle rifulgevano nel cielo* the stars were shining in the sky.

rifusione f. **1** remelting, recasting. **2** ⟨*fig*⟩ (*rimborso*) reimbursement, repayment; (*risarcimento*) compensation, indemnification: *~ dei danni* compensation for damages. **rifuso** (*p.p. di rifondere*) a. **1** remelted. **2** ⟨*fig*⟩ (*rimborsato*) reimbursed, refunded; (*risarcito*) compensated, indemnified.

riga f. **1** line: *tracciare una ~* to draw a line. **2** (*linea di scrittura*) line: *gli ho scritto qualche ~ per ringraziarlo* I have written him a few lines to thank him. **3** (*serie, fila*) line, row: *stare seduti in ~* to be sitting in a row. **4** (*righello*) ruler. **5** (*scriminatura*) part(ing): *farsi la ~* to make a parting, to part one's hair. **6** (*striscia*) stripe. **7** ⟨*Mil*⟩ rank, line. □ **a righe** (*a strisce*) striped, with stripes: *cravatta a righe* striped tie; *vestito a righe bianche* white–striped dress; *quaderno a righe* ruled exercise book; ⟨*iperb*⟩ **due righe** (*poche parole*) a line, a few lines: *scrivere due righe a qd.* to drop (*o* write) s.o. a line; **in ~ per dieci** in ranks of ten; ⟨*Tip*⟩ *~ intera* slug; **leggere** *fra le righe* to read between the lines; **mettersi** *in ~* to line up, to get into line; **pettinarsi** *con la ~ in mezzo* to wear one's hair parted in the middle; ⟨*fig*⟩ **rimettere** *qd. in ~* to bring s.o. back in line; ⟨*fig*⟩ *rimettersi in ~* to get back into line; ⟨*Mil*⟩ **rompere** *le righe* to break ranks; ⟨*Mil*⟩ **serrare** *le righe!* close the ranks!

rigaglia f. **1** (*cascame*) cloth scraps pl. **2** pl. ⟨*Macell*⟩ giblets pl: *–e di pollo* chicken giblets.

rigagnolo m. (*ruscelletto*) rivulet, brooklet; (*nelle strade*) gutter.

rigare v.t. (rigo, righi) **1** (*scalfire*) to score, to scratch, to furrow: *~ il tavolo* to score the table. **2** (*tracciare linee*) to rule. **3** ⟨*fig*⟩ (*solcare*) to furrow; (*scorrere*) to stream (*o* run) down: *le lacrime le rigavano il viso* tears streamed down her face. □ *~ diritto* to toe the line, to stay in line.

rigatino m. ⟨*Tess*⟩ (*bordatino*) ticking. **rigato** a. **1** (*a linee*) lined, ruled: *carta –a* ruled paper; (*a strisce*) striped. **2** (*scalfito*) scratched, scored. **3** ⟨*fig*⟩ (*solcato*) furrowed (*di* with).

rigatoni m.pl. ⟨*Alim*⟩ rigatoni (short fluted pasta).

rigattiere m. junk (*o* second–hand) dealer.

rigatura f. **1** ruling, lining. *~ di un foglio* ruling of a sheet of paper. **2** (*linee*) lines pl.

rigelare v. (rigelo) **I** v.t. to (make) freeze again. **II** v.i. (aus. **essere**) **1** to freeze (*o* become frozen) again: *il lago è*

---

rigelato the lake has frozen over again. **2** (*usato impersonalmente*) to freeze again. **rigelo** m. regelation.

rigenerabile a. regenerable (*anche Atom.*). **rigenerante** a. regenerating: *cura ~* regenerating cure. **rigenerare** v.t. (rigenero) **1** ⟨*Biol*⟩ to regenerate. **2** (*rendere di nuovo efficiente*) to revive, to restore. **3** ⟨*Ind*⟩ to regenerate; (*rif. alla gomma*) to reclaim; (*rif. a pneumatici*) to retread; (*rif. a metalli*) to restore. **4** ⟨*Atom*⟩ to regenerate: *~ il plutonio* to regenerate plutonium. **rigenerarsi** v.r. **1** ⟨*Biol*⟩ to be regenerated, to regenerate. **2** ⟨*fig*⟩ (*nascere a nuova vita*) to be reborn (*o* born anew), to be regenerated. **rigenerativo** a. ⟨*Biol*⟩ regenerative. **rigenerato** a. **1** ⟨*Biol*⟩ regenerated. **2** ⟨*fig*⟩ regenerate(d), reborn. **3** ⟨*Ind*⟩ regenerated: *olio ~* regenerated oil; (*rif. alla gomma*) reclaimed; (*rif. a pneumatici*) retreaded; (*rif. a metalli*) restored. **rigeneratore I** s.m. (f. -trice) **1** regenerator. **2** (*rimedio, ricostituente*) strengthener, restorer. **3** ⟨*tecn*⟩ heat exchanger. **II** a. **1** regenerator–, regenerative: *opera rigeneratrice* regenerative work. **2** (*rif. a rimedi e sim.*) strengthening, restoring. □ *lozione rigeneratrice dei capelli* hair restorer. **rigenerazione** f. ⟨*Biol,Chim,Atom*⟩ regeneration. **2** ⟨*fig*⟩ (*rinascita*) regeneration, rebirth: *~ politica di un popolo* political rebirth of a nation. **3** ⟨*Ind*⟩ regeneration; (*rif. alla gomma*) reclaiming; (*rif. a pneumatici*) retreading, ⟨*am*⟩ recapping; (*rif. a metalli*) restoring.

rigermogliare v.i. (rigermoglio, rigermogli; aus. **essere**) to sprout (*o* bud) again.

rigettabile a. rejectable. **rigettare** v.t. (rigetto) **1** (*gettare di nuovo*) to throw again; (*gettare indietro*) to throw (*o* hurl) back. **2** ⟨*fig*⟩ (*respingere*) to drive (*o* push) back, to repel: *~ un assalto* to repel an attack; (*rif. all'acqua: gettare sulla riva*) to wash (*o* cast) up. **3** ⟨*fig*⟩ (*non accettare*) to reject, to turn down: *~ una proposta* to reject a proposal. **4** (*vomitare*) to vomit, to bring (*o* throw) up. **5** ⟨*Biol,Med*⟩ to reject. **rigettarsi** v.r. to throw (*o* fling) o.s. again. **rigetto** m. **1** (*non accettazione*) rejection, turning down. **2** ⟨*Biol,Med*⟩ rejection: *azione di ~* process of rejection. **3** ⟨*Geol*⟩ displacement. □ ⟨*Med*⟩ *crisi di ~* rejection crisis.

righello m. rule, ruler.

righettare v.t. (righetto) **1** to rule. **2** (*fare a strisce*) to stripe. **righettato** a. ruled, lined.

righino m. ⟨*Tip*⟩ break line.

rigidamente avv. **1** rigidly, stiffly. **2** ⟨*fig*⟩ (*con severità*) rigidly, strictly. **rigidezza** f. **1** rigidity, stiffness. **2** (*rif. a condizioni atmosferiche*) rigours pl: *la ~ del clima* the rigours of the climate. **3** ⟨*fig*⟩ (*severità*) strictness, sternness, rigour: *la ~ di un giudice* the sternness of a judge. **rigidità** f. **1** rigidity, stiffness: *~ muscolare* muscle rigidity. **2** ⟨*Econ*⟩ inelasticity. **3** ⟨*Fis*⟩ (electrical) strength. **4** ⟨*fig*⟩ (*rif. al clima*) rigours pl. **5** ⟨*fig*⟩ (*severità*) strictness. □ *~ cadaverica* rigor mortis, cadaveric (*o* post–mortem) rigidity; ⟨*El*⟩ *~ dielettrica* dielectric rigidity (*o* strength); ⟨*Edil*⟩ *~ flessionale* bending strength (*o* rigidity); ⟨*Med*⟩ *~ nucale* nuchal rigidity. **rigido** a. **1** rigid, stiff. **2** (*molto freddo: rif. a condizioni atmosferiche*) harsh, severe. **3** ⟨*fig*⟩ (*severo*) rigorous, strict, harsh, severe: *una –a disciplina* a rigorous discipline. **4** ⟨*Econ*⟩ inelastic.

rigirare I v.t. **1** to turn (round) again, to give another turn to: *~ la manovella* to give the crank another turn. **2** (*girare*) to turn (round): *rigirava gli occhi da tutte le parti* she turned her eyes in all directions. **3** (*ripercorrere*) to go (a)round: *girarono e rigirarono tutto il paese* they went all around the entire town. **4** ⟨*fig*⟩ (*raggirare*) to get round. **5** ⟨*fig*⟩ (*volgere a proprio vantaggio: rif. a problemi, discorsi e sim.*) to turn (*o* twist) to one's own ends. **6** (*rif. ad assegni*) to re-endorse. **II** v.i. (*andare in giro*) to walk about. **rigirarsi** v.r. (*girare su se stesso*) to turn over; (*di continuo*) to toss and turn; (*completamente*) to turn around. □ *girarsi e rigirarsi nel letto* to toss and turn in bed; *gira e rigira* whichever way one looks at it; *~ qc. tra le mani* to turn s.th. over in one's hands. **rigiro** m. **1** turn(ing). **2** (*giro*) turn, twist; (*rotazione*) rotation. **3** pl. (*intrigo*) tricks pl. **4** pl. ⟨*fig*⟩ (*discorso tortuoso*) beating about the bush, circumlocutions pl.

rigo *m.* (*pl.* **-ghi**) line. □ ~ *musicale* staff, stave.
rigoglio *m.* **1** luxuriance. **2** ⟨*fig*⟩ prime, bloom: *essere nel* ~ *della giovinezza* to be in the prime of youth. **3** (*gorgoglio*) gurgling. **rigogliosaménte** *avv.* luxuriantly.
rigoglióso *a.* **1** luxuriant. **2** ⟨*fig*⟩ blooming, exuberant: *salute* ~*a* exuberant health.
rigògolo *m.* ⟨*Ornit*⟩ (*oriolo*) golden oriole.
rigonfiaménto *m.* **1** (*il rigonfiare: atto*) reinflating; (*il rigonfiarsi*) swelling. **2** (*parte rigonfia*) bulge, swelling.
rigonfiare *v.* (**rigónfio, rigónfi**) **I** *v.t.* to reinflate, to blow up again: ~ *un pallone* to blow up a balloon again. **II** *v.i.* (*aus.* essere), **rigonfiarsi** *v.r.* to swell (up, out) again.
rigónfio I *a.* **1** swollen, inflated. **2** ⟨*fig*⟩ swollen (*o* puffed) up, bursting, filled (*di* with): ~ *d'orgoglio* filled with pride, puffed up. **II** *s.m.* bulge, swelling.
rigóre *m.* **1** rigours *pl,* severity: *i* ~*i del clima* the rigours of the climate. **2** ⟨*fig*⟩ (*severità*) rigour, severity, strictness: *il* ~ *di una pena* the severity of a punishment. **3** ⟨*fig*⟩ (*precisione, esattezza*) rigour, exactness. **4** ⟨*Sport*⟩ penalty (kick). □ ~ *a* (*stretto*) ~ strictly speaking, in point of fact; *di* ~ de rigueur, compulsory: *l'abito da sera è di* ~ evening dress ⌐is de rigueur⌐ (*o* must be worn); *a rigor di logica* strictly speaking; *a rigor di termini* in the strict sense of the term.
rigorismo *m.* rigo(u)rism (*anche Filos.,Teol.*). **rigoristico** *a.* (*pl.* **-ci**) rigo(u)ristic. **rigorosaménte** *avv.* **1** rigorously, severely, strictly. **2** (*strettamente*) strictly: ~ *parlando* strictly speaking. **rigorosità** *f.* **1** (*severità*) rigorousness, rigour, strictness. **2** (*precisione*) accuracy, rigorousness, rigour: ~ *di un metodo* accuracy of a method. **rigoróso** *a.* **1** (*severo*) rigorous, severe, strict: *essere* ~ *con qd.* to be rigorous (*o* strict) with s.o. **2** (*preciso, esatto*) rigorous, extremely accurate (*o* exact).
rigovernare *v.t.* (**rigovèrno**) **1** to wash (up): ~ *i piatti* to wash the dishes, to wash up. **2** (*rif. ad animali*) to take care of, to look after. **rigovernatura** *f.* **1** washing–up. **2** (*rif. ad acqua*) dishwater.
riguadagnare *v.t.* **1** to recover, to win (*o* get) back, to regain: *ha riguadagnato il denaro perduto al gioco* he has won back the money he lost gambling; ~ *la stima di qd.* to regain s.o.'s esteem; ~ *il tempo perduto* to recover (*o* make up for) lost time. **2** (*ritornare*) to reach again, to get back on to: ~ *la strada maestra* to get back on to the main road.
riguardante *a.* regarding, concerning, about: *notizie* ~*i la famiglia* news concerning (*o* about) the family.
riguardare *v.t.* **1** to look at again: ~ *vecchie fotografie* to look at old photos again. **2** (*considerare*) to regard, to consider: ~ *qd. come un figlio* to regard s.o. as a son. **3** (*esaminare, riscontrare*) to look over, to check: ~ *i conti* to check the accounts. **4** (*concernere*) to concern, to regard, to be of interest (*o* concern) to: *non occuparti di cose che non ti riguardano* don't get involved in things that don't concern you. **5** (*custodire con attenzione*) to take good care of, to keep carefully. **riguardarsi** *v.r.* **1** (*guardarsi, evitare*) to be careful, to beware (*da* of), to keep away (from): *riguardarsi dalle correnti d'aria* to keep ⌐away from⌐ (*o* out of) draughts. **2** (*assol*) (*avere cura di sé*) to take care of o.s., to look after o.s. □ *per quel che mi riguarda* as far as I'm concerned, as for me.
riguardata *f.* (quick) look, glance: *dare una* ~ *a qc.* to take (*o* have) a look at s.th.
riguardo *m.* **1** (*cautela*) care: *trattare qc. con* ~ to handle s.th. ⌐with care⌐ (*o* carefully); *avere* ~ *di sé* to take care of o.s., to look after o.s. **2** (*considerazione*) consideration, respect, regard: *trattare le persone anziane con ogni* ~ to treat old people with all respect. **3** (*relazione, rapporto*) connexion, relation, regard. □ ~ *a* (*in relazione a*) with regard (*o* respect) to, regarding, concerning: ~ *alla Vostra proposta* with regard to your offer; *a questo* (*o* tale) ~ on this matter; *aver* ~ *nel fare qc.* to do s.th. carefully; *non aver* ~*i per nessuno* to have no regard for anyone; *di* ~ distinguished: *ospiti di* ~ distinguished guests; *vestito di* ~ best dress; *col dovuto* ~ with due respect; *mancare di* ~ *verso qd.* to have no respect for s.o.; *nei* ~*i di:* 1 (*di fronte a*) as regards, with regard to: *nei* ~*i di questo problema* with regard to this problem; 2 (*contro*) against: *prendere*

provvedimenti nei ~*i di qd.* to take steps against s.o.; 3 (*nei confronti di*) in s.o.'s regard: *hai mancato nei suoi* ~*i* you were lacking in his regard; **per** ~ *a qd.* out of consideration (*o* respect) for s.o.; *pieno di* ~ considerate; **senza** ~: 1 (*irriguardoso*) inconsiderate; 2 (*non rispettoso*) disrespectful, rude; *trattare qc. senza* ~ to treat s.th. carelessly; *senza* ~*i:* 1 (*senza far complimenti*) without standing on ceremony; 2 (*con franchezza*) bluntly, straight off; **sotto ogni** ~ in every respect.
riguardosaménte *avv.* considerately; (*rispettosamente*) respectfully. **riguardóso** *a.* considerate (*con* to); (*rispettoso*) respectful (*di*). □ *essere poco* ~ to be inconsiderate (*o* thoughtless); (*mancare di rispetto*) to be disrespectful.
rigurgitante *a.* **1** (*pieno zeppo*) packed, swarming. **2** (*traboccante*) overflowing. **rigurgitare** *v.i.* (**rigúrgito**; *aus.* essere/avere) **1** to pour (*o* gush, flow) out; (*scorrere indietro*) to flow (*o* pour, gush) back. **2** ⟨*fig*⟩ (*traboccare*) to overflow, to swarm (*di* with): *le strade rigurgitavano di gente* the streets were swarming with people. **rigurgito** *m.* **1** regurgitation, flowing (*o* pouring, gushing) back; (*il traboccare*) overflowing. **2** ⟨*fig*⟩ outburst, fit: *un* ~ *di rabbia* a fit of rage. **3** ⟨*fig*⟩ (*ritorno*) (short) revival. **4** ⟨*Med*⟩ regurgitation.
rilanciare *v.t.* (**rilàncio, rilànci**) **1** (*lanciare di nuovo*) to throw (*o* fling, hurl) again. **2** (*lanciare di ritorno*) to throw (*o* fling, hurl) back: ~ *la palla* to throw the ball back. **3** (*estens*) (*riaccelerare*) to speed up again, to accelerate again, ⟨*am*⟩ to gun again. **4** ⟨*fig*⟩ to relaunch: ~ *un partito politico* to relaunch a political party; ~ *una moda* to relaunch a fashion. **5** (*nelle aste, nel poker*) to raise.
rilàncio *m.* **1** throwing (*o* flinging, hurling) again; (*il lanciare di ritorno*) throwing (*o* flinging) back. **2** ⟨*fig*⟩ relaunching: *il* ~ *di un prodotto* the relaunching of a product. **3** (*nelle aste, nel poker*) raise.
rilasciare *v.t.* (**rilàscio, rilàsci**) **1** (*lasciare di nuovo*) to leave again. **2** (*rimettere in libertà*) to release, to set free (*o* at liberty): ~ *un prigioniero* to release (*o* free) a prisoner. **3** ⟨*burocr*⟩ to issue, to give: ~ *una ricevuta* to issue a receipt; ~ *un permesso a qd.* to give s.o. a permit. **4** ⟨*fig*⟩ (*allentare*) to relax, to loosen, to slacken. **rilasciarsi** *v.r.* (*rilassarsi*) to relax. **rilàscio** *m.* **1** (*liberazione, scarcerazione*) release, setting free. **2** ⟨*burocr*⟩ (*consegna*) issue: ~ *di un certificato* issue of a certificate; (*concessione*) grant(ing): ~ *di un permesso* granting of a permit.
rilassaménto *m.* **1** (*allentamento*) relaxing, loosening, slackening (*anche fig.*): ~ *dei costumi* loosening of morals. **2** ⟨*Med*⟩ relaxation. **rilassare** *v.t.* to loosen, to slacken, to relax (*anche fig.*): ~ *le corde del violino* to loosen the strings on a violin; ~ *i muscoli* to relax one's muscles; ~ *la sorveglianza* to relax supervision. **rilassarsi** *v.r.* **1** (*distendersi*) to relax: *per rilassarmi faccio un po' di ginnastica* I do a few exercises to relax. **2** (*scadere, infiacchirsi*) to become loose (*o* slack, relaxed): *i costumi si erano molto rilassati* morals had become very loose. **rilassatézza** *f.* laxity, looseness: ~ *dei costumi* moral laxity. **rilassàto** *a.* **1** relaxed. **2** ⟨*fig*⟩ lax, loose.
rilavare *v.t.* to wash again, to rewash.
rilegare *v.t.* (**rilégo, riléghi**) **1** (*legare di nuovo*) to tie (up) again, to bind (*o* do up) again. **2** ⟨*Legat*⟩ to bind: ~ *un libro in pelle* to bind a book in leather. **rilegàto** *a.* ⟨*Legat*⟩ bound: ~ *in pelle* leather–bound. **rilegatóre** *m.* (*f.* **-trice**) (book)binder. **rilegatura** *f.* ⟨*Legat*⟩ **1** (*il rilegare*) (book)binding. **2** (*concr*) binding. □ ~ *in pelle* leather–binding; ~ *in mezza pelle* half–binding; ~ *in tela* cloth–binding; ~ *in mezza tela* half cloth–binding.
rilèggere *v.t.* (**rilèggo, rilèggi; rilèssi, rilètto**) to read again, to reread.
rilènto: *a* ~ slowly: *i lavori vanno a* ~ the work is going slowly.
rilevàbile *a.* noticeable: *difetti appena* ~*i* barely noticeable defects.
rilevaménto *m.* **1** (*raccolta sistematica*) survey (*anche Topogr.*): ~ *statistico* statistical survey. **2** (*assunzione di una gestione*) taking over: *il* ~ *di un negozio* the taking over of a shop. **3** ⟨*Mar,Aer*⟩ bearing. □ ~ *altimetrico*

survey of heights; ~ *fotogrammetrico* photogrammetrical survey; ~ *del terreno* land survey; ~ *topografico* topographical survey.

rilevante *a.* **1** (*notevole*) considerable, large: *un numero ~ di spettatori* a considerable (*o* large) number of spectators. **2** (*importante*) important. **rilevanza** *f.* (*importanza*) importance, consequence.

rilevare *v.* (**rilęvo**) **I** *v.t.* **1** (*mettere in evidenza*) to point out: *far ~ qc. a qd.* to point s.th. out to s.o.; (*notare*) to notice. **2** (*venire a conoscere*) to learn: *~ qc. da un giornale* to learn s.th. from a newspaper. **3** (*raccogliere dati*) to gather, to collect: *~ le cifre sull'andamento del commercio con l'estero* to gather figures on the trend in foreign trade. **4** (*levare di nuovo*) to take off (*o* away) again: *~ la pentola dal fuoco* to take the pot off the stove again; (*rif. a indumenti e sim.*) to take off again. **5** (*dare il cambio*) to relieve: *~ una sentinella* to relieve a guard. **6** (*andare a prendere*) to pick up, to call for: *andrò a rilevarlo in ufficio* I'll pick him up at the office. **7** ⟨*Comm*⟩ (*subentrare in un contratto*) to take over: *~ una bottega* to take over a shop; (*ricomprare*) to buy back: *~ una partita di merce* to buy back a parcel of goods. **8** (*ricavare da un modello*) to take: *~ un disegno da uno schizzo* to take a design from a sketch. **9** ⟨*Topogr*⟩ to survey, to plot. **10** ⟨*Mar*⟩ to take a bearing of: *~ la rotta* to take a bearing of the route. **II** *v.i.* (*aus.* **avere**) (*aggettare, risaltare*) to stand out, to show up. **rilevarsi** *v.r.* **1** (*stagliarsi*) to stand out, to show up. **2** ⟨*fig*⟩ (*risollevarsi*) to rise (out of).

rilevatario *m.* (*f.* **-a**) ⟨*Dir*⟩ successor.

rilevato *a.* **1** (*sporgente*) prominent, protruding, projecting. **2** (*che si staglia*) in relief. **rilevazione** *f.* survey (*anche* *Geog.,Scult.*).

rilievo *m.* **1** relief: *una forte luce dava ~ ai contorni della statua* a strong light put the outlines of the statue into relief; (*ciò che è in rilievo*) rise, height, elevation: *un ~ del terreno* a rise in the ground. **2** ⟨*fig*⟩ (*evidenza, risalto*) importance, emphasis: *dare maggiore ~ all'aspetto sociale di una questione* to place greater emphasis on the social aspect of a matter; *il fenomeno non ha alcun ~ scientifico* the phenomenon is of no scientific importance. **3** (*osservazione*) remark, criticism: *dar luogo a -i* to give rise to criticism. **4** ⟨*Topogr*⟩ survey: *prendere un ~* to make a survey. **5** ⟨*Mar*⟩ position (*o* direction) finding, taking of a bearing. □ ~ **alto** (*altorilievo*) high relief; **aver** ~ to stand out, to be prominent (*anche fig.*); **basso** ~ (*bassorilievo*) bas-relief, low relief; ⟨*Geog*⟩ *-i* **continentali** continental mountain chains (*o* ranges); **dar** ~ *a qc.* to make s.th. stand out; ⟨*fig*⟩ (*mettere in evidenza*) to give importance (*o* prominence) to s.th.; ⟨*fig*⟩ **di** ~: 1 (*importante: rif. a cosa*) important; 2 (*rif. a persona*) prominent, outstanding: *persona di grande ~* very prominent (*o* important) person; ~ **fotografico** photographic relief; **in** ~: 1 raised: *ricamo in ~* raised embroidery; 2 ⟨*Geog,Art,Tip*⟩ in relief, relief–: *carta geografica in ~* relief map; 3 (*a sbalzo, stampato in rilievo*) embossed: *lavoro in ~* embossed (*o* raised) work; *indirizzo stampato in ~* embossed address; ⟨*fig*⟩ *di* **molto** ~ of great importance (*o* weight); ⟨*fig*⟩ *di* **nessun** ~ of no importance; ⟨*fig*⟩ *di* **poco** ~ of little importance (*o* account); **senza** ~ (*insignificante*) insignificant, unimportant; *-i* **statistici** (*dati*) statistics *pl.*

rilocabile *a.* ⟨*Inform*⟩ relocatable.

rilucente *a.* glittering, twinkling, shining: *stelle -i* shining (*o* twinkling) stars. **rilucentezza** *f.* brightness, shine, brilliance. **rilucere** *v.i.* (**riluce, rilucono**; → **lucere**) to shine: *i suoi occhi rilucevano* her eyes shone; (*luccicare*) to glitter, to twinkle: *le stelle rilucevano nel cielo* the stars twinkled in the sky.

riluttante *a.* reluctant, loath, averse. □ *essere ~ a una proposta* to be averse to a suggestion; *essere ~ a fare qc.* to be reluctant to do s.th. **riluttanza** *f.* reluctance: *obbedire con ~* to obey 'with reluctance' (*o* reluctantly). **riluttare** *v.i.* (*aus.* **avere**) to be reluctant: *~ a fare qc.* to be reluctant to do s.th.

rima[1] *f.* **1** ⟨*Metr*⟩ rhyme: *parlare in ~* to talk in rhyme. **2** *pl.* ⟨*estens*⟩ (*versi*) rhymes *pl*, rhymed verses *pl* (*o* poetry).

□ ~ **accoppiata** (*o baciata*) rhyming (*o* rhymed) couplet; ~ **alternata** alternate rhyme; ⟨*fam*⟩ **cantare** *qc. in ~* (*dire chiaro e tondo*) to say s.th. point-blank (*o* straight out); **far** ~ *con qc.* to rhyme with s.th.; ~ **finale** end rhyme; ~ **obbligata** set rhyme; ⟨*fig*⟩ **rispondere** *per le -e a qd.* to give s.o. a sharp answer, ⟨*fam*⟩ to give s.o. tit for tat.

rima[2] *f.* ⟨*Anat*⟩ rima: ~ *glottidea* rima (glottidis).

rimalmezzo *f.* ⟨*Metr*⟩ internal (*o* middle) rhyme.

rimandare *v.t.* **1** to send again: *ho rimandato mio figlio al mare* I have sent my son to the seaside again. **2** (*mandare indietro*) to send back, to return: *gli rimandò i regali* she sent him back his gifts. **3** (*spostare, differire*) to postpone, to put off, to defer: *~ un appuntamento* to postpone an appointment; (*rif. a sedute e sim.*) to adjourn; (*tirare per le lunghe*) to delay. **4** (*fare riferimento*) to refer: *~ il lettore a un altro capitolo* to refer the reader to another chapter. **5** ⟨*Scol*⟩ to make repeat an exam(ination) (*o* a subject): *lo hanno rimandato in due materie* they made him repeat two subjects. □ ⟨*Scol*⟩ *essere rimandato a settembre* to have to repeat the exams. **rimandato I** *a.* ⟨*Scol*⟩ having to repeat an exam(ination). **II** *s.m.* (*f.* **-a**) pupil who has to repeat the exams. **rimando** *m.* **1** return: *il ~ del pallone* the return of the ball. **2** (*dilazione*) extension, deferment, postponement: *ha ottenuto un breve ~* he has been allowed a short extension. **3** (*riferimento*) reference. **4** ⟨*concr*⟩ (*segno*) cross-reference; (*numero*) reference number. □ *di ~* in retort: *e lui di ~* and he retorted; *fare ~ da una voce a un'altra* to cross-refer from one entry to another.

rimaneggiamento *m.* **1** recast(ing), rewriting: *~ di un libro* rewriting of a book. **2** (*riordinamento*) rearrangement, reshuffle: *~ ministeriale* cabinet reshuffle. **rimaneggiare** *v.t.* (**rimaneggio, rimaneggi**) **1** to work (*o* go) over, to recast, to rewrite: *~ un articolo* to rewrite an article. **2** (*riordinare*) to reshuffle, to rearrange: *~ il governo* to reshuffle the government.

rimanente I *a.* remaining: *col denaro ~* with the remaining (*o* rest of the) money. **II** *s.m.* **1** rest, remainder, residue. **2** *pl.* (*rif. a persone: tutti gli altri*) (all) the others, the rest. **rimanenza** *f.* **1** rest, remainder, left-over, remnant. **2** *pl.* ⟨*Comm*⟩ (*giacenze*) unsold (*o* left-over) stock. □ ~ *di cassa* cash on hand.

rimanere *v.i.* (**rimango, rimani; rimarrò; rimasi/rimasi, rimasto;** *aus.* **essere**) **1** (*restare*) to stay, to remain: *~ a letto* to stay in bed; *non andartene, rimani qua* don't go away, stay here. **2** (*rif. a letture, lezioni e sim.*) to leave off: *riprendiamo la lettura da dove siamo rimasti l'ultima volta* we'll begin reading from where we left off last time. **3** (*avanzare*) to have left (*costr.pers.*), to be left (over), to remain: *mi rimangono solo cento lire* I have only a hundred lire left; (*rif. a spazio*) to be further (*o* more) (*costr. impers.*): *quanta strada rimane fino in città?* how much further is it to town?; (*rif. a tempo*) to be more (*o* longer) (*costr. impers.*), to be left: *rimangono pochi giorni a Pasqua* it is only a few more days to Easter. **4** (*rif. ad azioni ancora da compiere*) to remain (*costr.impers.*), to be left: *non ci rimane che accettare* there's nothing left for us to do but accept. **5** (*permanere*) to continue, to last: *lo stato d'allarme rimane* the state of alarm continues. **6** (*permanere in uno stato*) to remain, to keep, to be: *questo cinema rimarrà chiuso nel periodo estivo* this cinema will be closed during the summer; *siamo rimasti amici* we have remained friends. **7** (*essere*) to be: *rimasi molto sorpreso dalle sue parole* I was very surprised by her words. **8** (*essere situato*) to be, to be situated (*o* located): *il mio ufficio rimane al centro della città* my office is in the centre of town. **9** (*restare meravigliato, stupito*) to be (left) astounded, to be amazed (*o* astonished, surprised): *a quella vista tutti rimasero* everyone was astounded at the sight. □ ~ *d'accordo* to agree: *siamo rimasti d'accordo di partire presto* we agreed to leave early; ~ **alzato** to stay up; ~ *in* **carica** to stay (*o* remain) in office; ~ *in* (*o nel*) **dubbio** to continue to doubt; ~ **ferito** to be wounded; *siamo rimasti soltanto in otto* there are only eight of us left; ~ **indietro** to be left behind, to fall (*o* get) behind; ~ (*o* **rimanerci**) **male** (*essere deluso*) to be disappointed; ~ *in* **piedi** to stay (*o* remain) standing; ~ *a* **pranzo** to stay to lunch; *non mi rimane altra* **scelta** I have no other choice; *siamo rimasti* **senza** *pane* we've run out of bread; ~ **solo** to be left alone; ~ *di* **stucco** to be stunned (*o* dumbfounded); *rimanga* **tra** *noi* keep it for (*o* to) yourself; *rimane da* **vedere** *se* it remains to be seen whether; ~ **vedova** to be left a widow, to be widowed; ⟨*fam*⟩ ~ *al* **verde** to be broke. || ⟨*pop*⟩ **rimanerci** (*morire*) to be killed.

rimangiare *v.t.* (**rimangio, rimangi**) to eat again. **rimangiarsi** *v.r.* ⟨*pop*⟩ (*non mantenere*) to take back, to retract, ⟨*fam*⟩ to go back on: *rimangiarsi una promessa* to ˈgo back onˈ (*o* break) a promise.

rimango → **rimanere**.

rimarcare *v.t.* (**rimarco, rimarchi**) ⟨*burocr*⟩ (*notare*) to remark, to observe; (*mettere in evidenza*) to point out. **rimarchevole** *a.* remarkable, noteworthy.

rimare I *v.t.* to (make) rhyme. II *v.i.* (*aus.* **avere**) to rhyme.

rimarginare *v.* (**rimargino**) I *v.t.* to heal, to cicatrize. II *v.i.* (*aus.* **essere**), **rimarginarsi** *v.r.* to heal (up) (*anche fig.*).

rimario *m.* rhyming dictionary.

rimaritare *v.t.* to remarry, to marry (off) again. **rimaritarsi** *v.r.* to remarry, to marry (*o* get married) again.

rimarrò, rimasi (o *rimasi*) → **rimanere**.

rimasticare *v.t.* (**rimastico, rimastichi**) **1** to chew (*o* masticate) again, to rechew. **2** ⟨*fig*⟩ (*ripensare*) to chew (*o* brood) over.

rimasto (*p.p. di rimanere*) *a.* **1** left: *essere ~ fuori* to be left outside. **2** (*avanzato*) remaining, left–over. **rimasuglio** *m.* remains *pl,* left–overs *pl.*

rimato *a.* rhymed, in rhyme: *versi –i* rhymed verses. **rimatore** *m.* (*f.* **-trice**) poet, rhymer.

rimbacuccare *v.t.* (**rimbacucco, rimbacucchi**) to wrap up, to muffle up. **rimbacuccarsi** *v.r.* to wrap o.s. up. **rimbacuccato** *a.* wrapped (*o* muffled) up.

rimbaldanzire *v.* (**rimbaldanzisco, rimbaldanzisci**) ⟨*lett*⟩ I *v.t.* to embolden again, to make bold (*o* daring) again. II *v.i.* (*aus.* ˜**essere**), **rimbaldanzirsi** *v.r.* to become bold (*o* self–confident).

rimbalzare *v.i.* (*aus.* **essere/avere**) **1** to rebound, to bounce (off); (*balzare indietro*) to rebound, to bounce back; (*rif. a proiettile di arma da fuoco*) to ricochet. **2** ⟨*fig*⟩ to spread, to be passed on: *la notizia rimbalzò di bocca in bocca* the news spread quickly by word of mouth. **rimbalzello** *m.* ducks and drakes *pl: giocare a ~* to play ducks and drakes. **rimbalzo** *m.* rebound(ing), bounce; (*balzo indietro*) rebound(ing), bounce back. □ *di ~:* **1** on the rebound: *colpire la palla di ~* to hit the ball on the rebound; **2** ⟨*fig*⟩ (*indirettamente*) indirectly; *il sasso colpì di ~ un passante* the stone rebounded and hit a passer–by.

rimbambimento *m.* dotage, second childhood. **rimbambire** *v.i.* (**rimbambisco, rimbambisci**; *aus.* **essere**), **rimbambirsi** *v.r.* **1** to grow (*o* become) childish, to reach one's dotage (*o* second childhood). **2** (*rincretinire*) to become stupid (*o* a fool), to go silly. **rimbambito** I *a.* **1** in one's dotage (*o* second childhood). **2** (*rincretinito*) imbecile, stupid, weak–minded. II *s.m.* (*f.* **-a**) dotard.

rimbarcare *v.t.* (**rimbarco, rimbarchi**) → **reimbarcare**. **rimbarco** *m.* (*pl.* **-chi**) → **reimbarco**.

rimbastire *v.t.* (**rimbastisco, rimbastisci**) to tack (*o* baste) again.

rimbeccare *v.t.* (**rimbecco, rimbecchi**) (*ribattere*) to answer back sharply, to return: ~ *un'ingiuria* to return an insult; ~ *qd.* to answer s.o. back sharply. **rimbeccarsi** *v.r.* ⟨*recipr*⟩ (*discutere vivacemente*) to bicker, to squabble. **rimbecco** *m.* (*pl.* **-chi**) retort, sharp (*o* smart) reply. □ *di ~* sharply, in retort.

rimbecillire *v.* (**rimbecillisco, rimbecillisci**) I *v.t.* **1** to make stupid (*o* imbecile). **2** ⟨*estens*⟩ (*stordire*) to stun. II *v.i.* (*aus.* **essere**), **rimbecillirsi** *v.r.* to become (*o* grow) stupid. **rimbecillito** *a.* stupid, imbecile.

rimbellire *v.* (**rimbellisco, rimbellisci**) I *v.i.* (*aus.* **essere**) **1** (*ridiventare bello*) to become beautiful again. **2** (*diventare più bello*) to become more beautiful. II *v.t.* (*rendere più bello*) to make more beautiful: *la maternità*

l'ha rimbellita motherhood has made her more beautiful.

rimbiancare *v.t.* (**rimbianco, rimbianchi**) (*imbiancare di nuovo*) to whiten again; (*rif. a muri*) to whitewash again; (*rif. a tessuti*) to rebleach.

rimbiondire *v.* (**rimbiondisco, rimbiondisci**) I *v.i.* (*aus.* **essere**) to become golden again; (*rif. a capelli*) to turn fair again, to go blond again. II *v.t.* (*far ridiventare biondo*) to make golden again; (*rif. a capelli*) to turn blond again.

rimboccare *v.t.* (**rimbocco, rimbocchi**) to fold in (*o* over): ~ *un sacco* to fold in the top of a sack; (*rif. a coperte e sim.*) to tuck in; (*rif. a maniche, a pantaloni*) to roll (*o* turn) up. □ ⟨*fig*⟩ *rimboccarsi le maniche* to roll up one's sleeves, to get down to work. **rimboccatura** *f.* **1** (*atto*) rolling (*o* turning) up. **2** (*parte rimboccata*) part ˈturned backˈ (*o* folded over); (*rif. a lenzuola*) turn–down; (*rif. a pantaloni*) turn–up.

rimbombante *a.* **1** resounding, thundering, booming. **2** ⟨*fig*⟩ bombastic. **rimbombare** *v.i.* (**rimbombo;** *aus.* **essere/avere**) to resound, to thunder (out), to boom: *la voce rimbombava nel salone vuoto* the voice resounded in the empty room; (*rif. ad acqua e sim.*) to roar, to thunder. **rimbombo** *m.* thunder(ing), boom(ing), roar.

rimborsabile *a.* repayable, refundable, reimbursable. **rimborsare** *v.t.* (**rimborso**) to reimburse, to refund, to repay, to pay back: ~ *qd. delle spese* to refund s.o. his expenses, to reimburse s.o.'s expenses. **rimborso** *m.* refund, reimbursement, repayment: ~ *spese* reimbursement (*o* refund) of expenses; ~ *degli interessi* repayment of interest; (*rif. a debiti*) repayment; ~ *di un prestito* repayment of a loan. □ ~ *anticipato* advance refunding; ~ *d'imposta* tax refund.

rimboscare *v.t.* (**rimbosco, rimboschi**) ⟨*Silv*⟩ to re(af)forest. **rimboscarsi** *v.r.* ⟨*lett*⟩ to take to the woods again. **rimboschimento** *m.* re(af)forestation.

rimbrottare *v.t.* (**rimbrotto**) to rebuke, to scold. **rimbrottarsi** *v.r.* ⟨*recipr*⟩ to rebuke e.o. **rimbrotto** *m.* (harsh) rebuke.

rimediabile *a.* remediable. **rimediare** *v.* (**rimedio**) I *v.t.* **1** ⟨*fam*⟩ (*procurarsi*) to scrape (*o* get) together: *ha rimediato qualche migliaio di lire* he has scraped together a few thousand lire. **2** ⟨*fam,iron*⟩ (*buscare*) to get, to catch: ~ *un sacco di botte* to get a beating; ~ *un raffreddore* to catch a cold. II *v.i.* (*aus.* **avere**) to remedy, to put right, to find a remedy (for), to make up (for): ~ *a una faccenda* to put a matter right; ~ *al tempo perduto* to make up for lost time. **rimediato** *a.* scraped together.

rimedio *m.* **1** (*farmaco*) remedy, cure: *un buon ~ contro la tosse* a good remedy for a cough. **2** ⟨*estens*⟩ (*riparo, ripiego*) remedy, way out, cure: *trovare un ~ a una situazione* to find a way out of a situation. □ ~ *empirico* empirical remedy; *mettere ~ a qc.* to put s.th. right, to remedy s.th.; *senza ~:* **1** (*agg.*) irremediable, incurable; **2** (*avv.*) irremediably, incurably. *Prov.: a tutto c'è ~ fuorché alla morte* there is a remedy for all things but death.

rimembranza *f.* ⟨*lett*⟩ memory, remembrance: *dolci –e* sweet memories. □ *parco delle –e* memorial park. **rimembrare** *v.t.* (**rimembro**) ⟨*lett*⟩ to remember. **rimembrarsi** *v.r.* to remember (*di qc.* s.th.).

rimenare *v.t.* (**rimeno**) **1** (*ricondurre*) to lead (*o* bring) back. **2** (*rimescolare*) to mix, to stir (up). **rimenata** *f.* (quick) mix, stir (up).

rimescolamento *m.* **1** (*il mescolare di nuovo*) mixing (up) again. **2** (*il mescolare bene*) mixing up, stirring up; (*rif. a carte*) shuffling. **3** ⟨*fig*⟩ (*turbamento*) confusion, bewilderment. **rimescolare** *v.t.* (**rimescolo**) **1** (*mescolare di nuovo*) to mix (*o* blend) again. **2** (*mescolare*) to mix (*o* blend) well; (*rimestare*) to stir well; (*rif. a carte da gioco*) to shuffle. **3** ⟨*assol*⟩ to seethe: *mi sento ~ dallo sdegno* I'm seething with outrage. **4** ⟨*fig*⟩ (*rivangare*) to rake (*o* bring) up, to revive. **rimescolarsi** *v.r.* (*turbarsi*) to be upset (*o* shocked): *si rimescolò tutta per lo spavento* she was upset by the shock. □ *sentirsi ~ il sangue* (*per paura*) to feel one's blood ˈrun coldˈ (*o* curdle); (*per sdegno*) to feel one's blood boil. **rimescolata** *f.* (quick) stir, mix: *dare una ~ alla minestra* to give the soup a stir; (*rif. a carte da gioco*) shuffle. **rimescolio** *m.* **1** stir(ring), mixing. **2** ⟨*fig*⟩ (*turbamento*) confusion; (*eccitazione*) excitement;

(*spavento*) fright, shock.

rimessa *f.* **1** (*deposito: per tram e sim.*) depot, garage; (*per carrozze*) coach house, carriage house; (*per automobili*) garage: *portare la macchina in* ~ to put the car in the garage; (*per aeroplani*) hangar. **2** ⟨*Comm*⟩ (*invio: rif. a merce*) consignment, shipment; (*rif. a denaro*) remittance. **3** ⟨*Comm*⟩ (*perdita*) loss. **4** ⟨*Comm*⟩ (*immagazzinamento*) storage, storing (up); (*magazzino*) store(house), warehouse; (*derrate immagazzinate*) stores *pl*, goods *pl* in a warehouse. **5** ⟨*Sport*⟩ (*rilancio, rinvio*) return; (*nel calcio: rimessa in gioco*) throw-in; (*nella scherma*) remise; (*nel rugby*) line-out. **6** ⟨*Bot*⟩ shooting, budding. **7** ⟨*Tess*⟩ mounting. □ ⟨*Econ*⟩ *-e degli* **emigrati** immigrant remittances; ~ **finanziaria** money transfer; ~ *in* **funzione** restarting, reopering; ~ *per* **locomotive** engine shed; ~ *di* **merci** shipment of goods; ⟨*Teat*⟩ ~ *in* **scena** restaging; **vendere** *a* ~ (*sottocosto*) to sell ⌐at a loss⌐ (*o* below cost).

rimessaggio *m.* garaging.

rimesso (*p.p. di rimettere*) *a.* **1** replaced, put back. **2** (*condonato*) remitted, forgiven, pardoned: *peccato* ~ remitted sin.

rimestare *v.t.* (*rimesto*) **1** to stir again. **2** ⟨*fig*⟩ (*frugare*) to rake (*o* bring, stir) up. **3** ⟨*assol*⟩ to search, to stir up, ⟨*fam*⟩ to dig up: ~ *nel passato di qd.* to dig up s.o.'s past.

rimestio *m.* (constant) stirring.

rimettere *v.t.* (*rimisi, rimesso*) ⌐(*collocare di nuovo*) to replace, to put back: ~ *un vestito nell'armadio* to put a dress back in the wardrobe; ~ *le mani in tasca* to put one's hands back in one's pockets. **2** (*indossare di nuovo*) to put ⌐on again⌐ (*o* back on): ~ *il cappotto* to put one's coat on again. **3** (*affidare*) to refer, to remit, to submit: ~ *una decisione a qd.* to refer a decision to s.o. **4** (*condonare*) to remit, to forgive, to pardon: ~ *i peccati* to forgive sins. **5** ⟨*Comm*⟩ (*spedire: rif. a merci*) to ship, to send, to dispatch; (*rif. a denaro*) to remit. **6** (*vomitare*) to bring up, to throw up: ~ *il cibo* to bring up one's food. **7** (*regolare*) to put right, to reset: *hai rimesso l'orologio?* have you put the clock right? **8** (*consegnare*) to deliver, to give (in); (*nelle mani di qd.*) to hand over (*o* in). **9** ⟨*Sport*⟩ (*rimettere in gioco*) to throw in. **10** (*rimandare, differire*) to postpone, to defer. **rimettersi** *v.r.* **1** (*accingersi di nuovo*) to set to (*o* about) again, to start again: *rimettersi al lavoro* to set to work again. **2** (*riaversi, ristabilirsi*) to recover (*da* from), to get over: *rimettersi dallo spavento* to recover from the fright. **3** ⟨*assol*⟩ (*rif. alla salute*) to recover. **4** (*rif. al tempo*) to clear up. **5** (*affidarsi*) to trust (*a* in), to put o.s. in the hands (of). □ *rimettersi al* **bello** to clear up; *rimettersi in* **cammino** to start off again, to set out again; *rimettersi in* **carne** to put on weight again; *rimettersi alle* **decisioni** *di qd.* to leave it to s.o. to decide; ~ *in* **discussione** to bring up (for discussion) again; *rimettersi in* **forze** to get back one's strength; ⟨*Sport*⟩ ~ *in* **gioco** to throw in; *rimettersi* **insieme** to be back together again; ~ *in* **libertà** to release, to set free (again); ~ *in* **moto** (*o* **marcia**) to restart; ~ *in* **ordine** to set (*o* put) in order again; ~ (*o* *rimettersi*) *in* **pari** to catch up; ⟨*fig*⟩ *rimetterci la* **pelle** to lose one's life; ⟨*fig*⟩ ~ *in* **piedi** *qc.* to get s.th. back in order; ~ *a* **posto** to put back in its place; *rimettersi in* **salute** to recover (one's health); *rimettersi a* **sedere** to sit down again; ~ *in* **sesto** to settle (*o* put right) again; ~ *in* **uso** to bring into use again; ⟨*Inform*⟩ ~ *a* **zero** to reset. ‖ ⟨*fam*⟩ *rimetterci* (*perdere*) to lose (by s.th.): *ci rimetterò molto* I'll lose a lot by it.

rimirare *v.t.* to gaze (*o* look, stare) at, to contemplate. **rimirarsi** *v.r.* to gaze (*o* look, stare) at o.s.; (*ammirarsi*) to admire o.s.: *rimirarsi allo specchio* to admire o.s. in the mirror.

rimischiare *v.t.* (*rimischio, rimischi*) to remix, to mix again.

rimmel *m.* ⟨*Cosmet*⟩ mascara.

rimminchionire *v.i.* (*rimminchionisco, rimminchionisci*; *aus.* **essere**) ⟨*volg*⟩ to become more stupid (*o* slow-witted). **rimminchionito** *a.* stupid, foolish.

rimodellare *v.t.* (*rimodello*) to remodel, to reshape, to refashion.

rimodernamento *m.* modernizing, modernization.

rimodernare *v.t.* (*rimoderno*) to modernize, to renovate: ~ *un appartamento* to renovate a flat; (*rif. a vestiti*) to remodel. **rimodernarsi** *v.r.* to become modernized, to undergo modernization: *la città si è molto rimodernata* the town has become very modernized. **rimodernatura** *f.* modernization; (*rif. a vestiti*) remodelling.

rimondare *v.t.* (*rimondo*) **1** (*mondare*) to clean, to clear; (*rif. ad alberi*) to prune, to trim. **2** (*mondare di nuovo*) to clean again. **rimondatura** *f.* **1** (*il rimondare*) cleaning; (*rif. a piante*) pruning. **2** (*ciò che si porta via rimondando*) rubbish, clippings *pl*; (*rif. a piante*) prunings *pl*, loppings *pl*.

rimonta *f.* **1** ⟨*Sport*⟩ recovery, catching (*o* picking) up. **2** ⟨*Mil*⟩ remounting. **3** ⟨*Minier*⟩ slant.

rimontare *v.* (*rimonto*) **I** *v.t.* **1** (*rimettere insieme*) to reassemble: ~ *un meccanismo* to reassemble a mechanism; (*reinstallare*) to reinstall, to refit. **2** (*andare contro corrente*) to go up; (*navigando*) to sail up: ~ *un fiume* to sail up a river. **3** ⟨*Sport*⟩ (*annullare uno svantaggio*) to recover; (*rif. a concorrenti*) to catch up on. **II** *v.i.* (*aus.* **essere**) **1** (*risalire*) to climb up again, to remount (s.th.); (*in un veicolo chiuso*) to get in again (*in qc.* s.th.): ~ *in macchina* to get in (*o* into) the car again; (*in un veicolo scoperto*) to get on again. **2** ⟨*fig*⟩ to go back (*a* to); (*aver origine*) to date (from). □ ~ *la* **corrente** to go upstream.

rimontatura *f.* reassemblage.

rimorchiare *v.t.* (*rimorchio, rimorchi*) **1** to tow. **2** ⟨*fam*⟩ to pick up: ~ *una ragazza* to pick a girl up. □ ⟨*fig*⟩ *farsi* ~ to let o.s. be led; ~ ⌐*fuori dal porto*⌐ (*o in uscita*) to tow out (of port). **rimorchiatore** *m.* ⟨*Mar*⟩ tug(boat), tow-boat. □ ~ *agricolo* agricultural trailer; ~ *ferroviario* trailer (car); ~ *di porto* harbour tug; ~ *a vapore* steam tug.

rimorchio *m.* **1** tow, towing, towage. **2** (*concr*) trailer: *staccare il* ~ to unhook the trailer. □ ~ *per* **autocarro** truck trailer; ~ *di* **autoveicoli** trailer; **da** ~ tow-: *cavo da* ~ tow-rope, tow-line; **prendere** *a* ~ to take in tow; ⟨*fig*⟩ **tirarsi** *dietro a* ~ *qd.* to drag s.o. along.

rimordere *v.t.* (*rimorsi, rimorso*) **1** to bite again. **2** ⟨*fig*⟩ to prick: *gli rimorde la coscienza* his conscience is pricking him. **rimorso** *m.* remorse. □ *avere* ~ *di aver fatto qc.* to feel remorseful (*o* remorse) for having done s.th.; ~ *di coscienza* pangs *pl* of conscience; *essere preso dai –i* to be conscience-stricken.

rimostranza *f.* remonstrance, protest, complaint. □ *fare le proprie –e a qd.* to protest (*o* complain) to s.o., to remonstrate with s.o. **rimostrare** *v.t.* (*rimostro*) **1** to show again. **2** ⟨*assol*⟩ (*fare rimostranze*) to remonstrate, to protest, to complain.

rimovibile *a.* removable. □ *non* ~ irremovable.

rimozione *f.* **1** (*il rimuovere*) removal (*anche Dir.*): *la* ~ *di una lapide* the removal of a plaque; ~ *dei sigilli* removal (*o* breaking) of seals. **2** (*destituzione da una carica*) dismissal, discharge, removal: ~ *da un impiego* discharge from a job. **3** ⟨*Psic*⟩ repression. □ ~ *di* **automobili** towing away, ⟨*fam*⟩ tow-away; *zona di* ~ towing away zone.

rimpacchettare *v.t.* (*rimpacchetto*) to repackage.

rimpadronirsi *v.r.* (*mi rimpadronisco, ti rimpadronisci*) to take possession again (*di* of), to seize again (s.th.).

rimpaginare *v.t.* (*rimpagino*) ⟨*Tip*⟩ to make up again. **rimpaginatura** *f.* paging (*o* making up) again.

rimpagliare *v.t.* (*rimpaglio, rimpagli*) to re-cover with straw.

rimpallo *m.* **1** (*nel biliardo*) cannon. **2** ⟨*Sport*⟩ bounce back.

rimpannucciare *v.t.* (*rimpannuccio, rimpannucci*) **1** (*rivestire di panni nuovi*) to reclothe. **2** ⟨*fig*⟩ to improve the financial conditions of. **rimpannucciarsi** *v.r.* to improve one's financial position.

rimpastare *v.t.* **1** to knead again, to reknead: ~ *il pane* to knead dough again. **2** ⟨*fig*⟩ (*rimaneggiare*) to reshuffle, to reorganize, to reshape: *vorrebbe* ~ *tutto a modo suo* he'd like to reorganize everything his way; ~ *il ministero* to reshuffle the cabinet.

rimpasticciare *v.t.* (*rimpasticcio, rimpasticci*) (*abborrac-*

ciare) to botch (*o* bungle) again; (*ingarbugliare*) to muddle (*o* mix) up again.

rimpasto *m.* **1** (*il rimpastare*) rekneading. **2** (*cosa impastata*) mixture. **3** ⟨*fig*⟩ (*rimaneggiamento*) rearrangement, reorganization, reshuffle: ~ *ministeriale* cabinet reshuffle.

rimpatriare *v.* (rimpàtrio, rimpàtri) **I** *v.i.* (*aus.* essere) to return to one's homeland, ⟨*lett*⟩ to repatriate. **II** *v.t.* to send back home, to repatriate. □ *far* ~ to repatriate. **rimpatriato** *m.* (*f.* **-a**) repatriate; (*rif. a emigranti*) returning emigrant. **rimpàtrio** *m.* repatriation.

rimpettirsi *v.r.* (mi rimpettìsco, ti rimpettìsci) to swell (*o* puff up) with pride. **rimpettito** *a.* swollen (*o* puffed up) with pride. □ *camminava tutto* ~ he strutted along.

rimpetto: *di* ~ (*dirimpetto*) opposite: *abitare di* ~ to live opposite; *la camera di* ~ the room opposite; *di* ~ *a* opposite (to), facing.

rimpiallacciare *v.t.* (rimpiallàccio, rimpiallàcci) to veneer again.

rimpiangere *v.t.* (rimpiàngo, rimpiàngi; rimpiànsi, rimpiànto) to regret: ~ *la giovinezza sprecata* to regret one's wasted youth. **rimpianto** (*p.p. di rimpiangere*) **I** *a.* (*rif. a persone*) mourned, lamented; (*rif. a cose*) regretted. **II** *s.m.* regret.

rimpiattare *v.t.* to hide, to conceal. **rimpiattarsi** *v.r.* to hide (o.s.), to conceal o.s. **rimpiattino** *m.* hide–and –seek: *giocare a* ~ to play hide–and–seek.

rimpiazzare *v.t.* **1** (*sostituire*) to replace, to substitute: ~ *qd. con qd.* to replace s.o. with s.o. **2** (*fare le veci*) to take the place of, to replace: ~ *qd.* to replace s.o. **rimpiazzo** *m.* **1** (*il sostituire*) replacement, substitution. **2** (*sostituto*) substitute. □ *provvedere al* ~ *di qd.* to replace (*o* substitute) s.o.

rimpiccolimento *m.* decrease, diminishing. **rimpiccolire** *v.* (rimpiccolìsco, rimpiccolìsci) **I** *v.t.* **1** to make smaller, to decrease, to diminish. **2** ⟨*fig*⟩ to belittle, to disparage. **II** *v.i.* (*aus.* essere) to become (*o* get) smaller, to decrease, to diminish.

rimpinguare *v.t.* **1** to fatten (up), to make fat. **2** ⟨*fig*⟩ (*accrescere*) to supplement, to increase. □ ⟨*fig*⟩ ~ *il proprio portafoglio* to line one's purse.

rimpinzare *v.t.* to stuff, to cram, to fill (up). **rimpinzarsi** *v.r.* to stuff (*o* cram) o.s., to fill o.s. (up), to gorge (*anche fig.*): *rimpinzarsi di dolci* to gorge on sweets.

rimpolpare *v.t.* (rimpólpo) **1** to fatten (up). **2** ⟨*fig*⟩ (*ampliare*) to pad (out), to fill out (*di* with): ~ *un articolo* to pad out an article. **rimpolparsi** *v.r.* (*ingrassare*) to get plumper, to put on weight.

rimproverabile *a.* reproachable, blamable. **rimproverare** *v.t.* (rimpròvero) to reproach, to scold, to rebuke, to reprimand, ⟨*lett*⟩ to chide, ⟨*fam*⟩ to tell off: ~ *qd. di* (*o per*) *qc.* to reproach s.o. for s.th.; *il maestro rimproverava lo scolaro per la sua negligenza* the teacher scolded the pupil for his carelessness. **rimproverarsi** *v.r.* to reproach o.s. with: *non aver nulla da rimproverarsi* to have nothing to reproach o.s. with. **rimpròvero** *m.* reproach, scolding, rebuke, reprimand, ⟨*lett*⟩ chiding, ⟨*fam*⟩ telling–off. □ *fare* (*o muovere*) *–i a qd.* to reproach s.o.

rimuginare *v.* (rimùgino) **I** *v.t.* to brood (over), to ruminate over (*o* about, on), to ponder (over). **II** *v.i.* (*aus.* avere) to ponder, to ruminate (*su* over): ~ *su una frase* to ponder over a phrase.

rimunerare *v.t.* (rimùnero) to reward, to recompense, to remunerate: ~ *il sacrificio di qd.* to reward s.o.'s sacrifice. **rimunerativo** *a.* **1** (*atto a rimunerare*) remunerative, rewarding. **2** (*che rimunera bene*) that pays well, well–paid, remunerative: *lavoro* ~ well–paid job. **rimuneratore** *m.* (*f.* **-trice**) rewarder, remunerator. **rimunerazione** *f.* reward, recompense, remuneration: *ricevere una* ~ to receive a recompense, to be rewarded; (*in denaro*) pay(ment): ~ *in natura* payment in kind.

rimuovere *v.t.* (rimòssi, rimòsso) **1** (*sgomberare*) to remove, to clear (away): *i soldati rimuovono le macerie* the soldiers are clearing away the rubble. **2** (*allontanare: rif. a persone*) to send (*o* take) away, to remove; (*rif. a feriti o morti*) to evacuate, to remove. **3** (*distogliere*) to dissuade, to deter: ~ *qd. dal suo proposito* to dissuade s.o. from his

purpose. **4** (*destituire*) to dismiss, to remove (from office): ~ *qd. dal suo impiego* to dismiss s.o. from his position. **5** ⟨*Psic*⟩ to repress.

rinascente *a.* ⟨*lett*⟩ reviving, renascent: *fiducia* ~ reviving confidence. **rinascenza** *f.* ⟨*lett*⟩ rebirth, revival, (*anche fig.*): *la* ~ *delle arti* the revival of the arts. **Rinascenza** *f.* Renaissance. **rinascere** *v.i.* (rinàsco, rinàsci; rinàcqui, rinàto; *aus.* essere) **1** to be reborn, to come back to life. **2** (*rigermogliare*) to grow again. **3** ⟨*fig*⟩ to come alive again, to be revived: *sentì* ~ *la speranza* he felt his hope come alive again. **4** ⟨*fam*⟩ (*sentirsi sollevato*) to feel relieved, to feel like a new man: *mi sentii* ~ I felt like a new man. **5** (*rif. al sole e sim.*) to rise (*o* come up) again. □ ~ *a nuova vita* to be reborn; *mi rinascono le forze* my strength is coming back.

rinascimentale *a.* Renaissance, of the Renaissance. **Rinascimento** *m.* Renaissance: *stile* ~ Renaissance style. **rinascita** *f.* **1** rebirth; (*ricrescita*) regrowth. **2** ⟨*fig*⟩ (*il rifiorire*) revival, renewal: *la* ~ *degli studi classici* the revival of classical studies. **rinato** (*p.p. di rinascere*) *a.* **1** reborn, born again. **2** ⟨*fig*⟩ reborn, revived: *sentirsi* ~ to feel reborn, to feel like a new man.

rincagnarsi *v.r.* to scowl, to frown. **rincagnato** *a.* pug–, snub: *viso* ~ pug face; *naso* ~ pug nose.

rincalcare *v.t.* (rincàlco, rincàlchi) to pull (*o* push) down: *rincalcarsi il cappello in testa* to push one's hat down on one's head.

rincalzare *v.t.* **1** (*sorreggere, sostenere*) to prop up, to support. **2** ⟨*Agr*⟩ to earth up. □ ~ *le coperte* to tuck in the blankets. **rincalzata** *f.* ⟨*Agr*⟩ earthing up. □ *dare una* ~ *alle coperte* to tuck in the blankets. **rincalzatura** *f.* ⟨*Agr*⟩ earthing up. **rincalzo** *m.* **1** (*appoggio*) support, prop; (*rinforzo*) reinforcement; (*bietta*) wedge. **2** ⟨*fig*⟩ (*sostegno*) support, backing. **3** ⟨*Agr*⟩ earthing up. **4** ⟨*Sport*⟩ (*riserva*) reserve. **5** *pl.* ⟨*Mil*⟩ (*truppe di rincalzo*) reinforcements *pl.* □ *di* (*o per*) ~ in support.

rincamminarsi *v.r.* to set out (*o* off) again.

rincantucciare *v.t.* (rincantùccio, rincantùcci) to put (*o* drive) into a corner. **rincantucciarsi** *v.r.* to hide (in a corner): *dove si sarà rincantucciato?* where is he hiding?

rincarare **I** *v.t.* to raise (*o* increase) the price of, to put up: *il fornaio ha rincarato il pane* the baker has raised the price of bread; ~ *l'affitto* to put up the rent. **II** *v.i.* (*aus.* essere) to become more expensive, to go up, to rise: *l'olio è rincarato* oil has become more expensive. □ ⟨*fig*⟩ ~ *la dose* to make things worse.

rincarcerare *v.t.* (rincàrcero) to reimprison, to imprison again.

rincaro *m.* (*il rincarare*) increasing, rising; (*aumento di prezzo*) increase, rise.

rincasare *v.i.* (*aus.* essere) to return home, to go (*o* come) back home.

rincattivire *v.i.* (rincattivìsco, rincattivìsci; *aus.* essere) **1** (*diventare più cattivo*) to become more wicked. **2** (*ridiventare cattivo*) to become wicked again.

rincentrare *v.t.* (rincèntro) to recentre.

rinchiodare *v.t.* (rinchiòdo) to renail, to nail again.

rinchiudere *v.t.* (rinchiùsi, rinchiùso) **1** to shut (*o* lock) up: ~ *un delinquente in prigione* to lock up a criminal in jail. **2** (*ricoverare: rif. ad ammalati*) to put away. **rinchiudersi** *v.r.* to withdraw (in into), to lock (*o* shut) o.s. (in, into). □ *rinchiudersi in convento* to withdraw into a monastery, to enter monastic life. **rinchiuso** (*p.p. di rinchiudere*) **I** *a.* (*chiuso dentro*) shut up, closed; (*a chiave*) locked (up). **II** *s.m.* enclosure; (*per animali*) pen, enclosure. □ *sapere di* ~ to smell fusty.

rinciampare *v.i.* (*aus.* avere/essere) to stumble again (*in* over).

rincitrullire *v.* (rincitrullìsco, rincitrullìsci) **I** *v.t.* to make foolish (*o* stupid). **II** *v.i.* (*aus.* essere), rincitrullirsi *v.r.* to become foolish (*o* silly). **rincitrullito** *a.* foolish, silly, ⟨*fam*⟩ daft.

rincivilire *v.* (rincivilìsco, rincivilìsci) **I** *v.t.* to civilize. **II** *v.i.* (*aus.* essere), rincivilirsi *v.r.* to become refined, to acquire polish. **rincivilito** *a.* refined, polished.

rincofori *m.pl.* ⟨*Entom*⟩ rhynchophores *pl.*

rincoglionimento *m.* ⟨*volg*⟩ foolishness, feeble–mindedness. **rincoglionito** (*p.p. di rincoglionire*) *a.* foolish, feeble–minded. **rincoglionire** *v.t./i.* (**rincoglionisco, rincoglionisci**) **I** *v.t.* to make stupid (*o* feeble–minded). **II** *v.i.* (*aus.* **essere**), **rincoglionirsi** *v.r.* to become foolish (*o* feeble–minded).

rincollare *v.t.* (**rincollo**) to glue (*o* paste) again.

rincominciare *v.t.* (**rincomincio, rincominci**) to begin (*o* start) again.

rincontrare *v.t.* (**rincontro**) to meet again. **rincontrarsi** *v.r.* ⟨*recipr*⟩ to meet again.

rincorare *v.t.* (**rincoro**) to encourage, to cheer up, to hearten. **rincorarsi** *v.r.* to take heart, to feel (*o* be) encouraged, to cheer up.

rincorporare *v.t.* (**rincorporo**) to reincorporate.

rincorrere *v.t.* (**rincorsi, rincorso**) to run after, to pursue (*anche fig.*): ~ *un ladro* to run after a thief; ~ *la gloria* to pursue glory. **rincorrersi** *v.r.* ⟨*recipr*⟩ to run after e.o., to chase e.o. ◻ *giocare a rincorrersi* to play tag (*o* tig). **rincorsa** *f.* run–up, run: *prendere la* ~ *per fare un salto* to take a run before making a jump.

rincoti *m.pl.* ⟨*Entom*⟩ (true) bugs *pl.*

rincrescere *v.* (**rincresco, rincresci; rincrebbi, rincresciuto**) **I** *v.i.impers.* (*aus.* **essere**) to be sorry (*costr. pers.*), to regret (*costr.pers.*): *mi rincresce di non poter aiutarti* I'm sorry I can't help you; (*in formule di cortesia*) to mind (*costr.pers.*): *ti rincresce se leggo il giornale?* do you mind if I read the paper? **II** *v.i.* (*aus.* **essere**) to displease, to dislike: *cose che rincrescono a tutti* things that ⌜displease everybody⌝ (*o* everybody dislikes). ◻ *spero che non ti rincresca* I hope you don't mind. **rincrescimento** *m.* regret: *con mio grande* (*o sommo*) ~ much to my regret.

rincretinire *v.i.* (**rincretinisco, rincretinisci;** *aus.* **essere**) to become (*o* grow) stupid. **rincretinito** *a.* stupid, silly, ⟨*am.fam*⟩ dumb.

rincrudelire *v.i.* (**rincrudelisco, rincrudelisci;** *aus.* **essere**) to become cruel (*o* pitiless) again.

rincrudimento *m.* (*peggioramento*) worsening, aggravation. **rincrudire** *v.* (**rincrudisco, rincrudisci**) **I** *v.t.* to worsen, to aggravate. **II** *v.i.* (*aus.* **essere**) to grow (*o* get) worse, to worsen: *il freddo è rincrudito* the cold has got worse.

rinculare *v.i.* (*aus.* **essere**) **1** (*indietreggiare*) to draw back, to withdraw; (*per lo spavento*) to recoil, to shrink. **2** ⟨*Equit*⟩ to back. **3** ⟨*Artigl*⟩ to recoil, to kick (back). **rinculata** *f.* drawing back, withdrawal, recoiling. **rinculo** *m.* **1** recoil. **2** ⟨*Equit*⟩ backing. ◻ *senza* ~ recoilless.

rincuorare *v.* ⟨*lett*⟩ → **rincorare**.

rindossare *v.t.* (**rindosso**) to put on again.

rindurire *v.* (**rindurisco, rindurisci**) **I** *v.t.* to harden (*o* make hard) again. **II** *v.i.* (*aus.* **essere**), **rindurirsi** *v.r.* to become (*o* get) harder.

rinfacciare *v.t.* (**rinfaccio, rinfacci**) **1** (*ricordare con risentimento*) to throw (*o* cast, fling) in s.o.'s teeth (*o* face), to bring up: *mi rinfaccia sempre i quattro soldi che mi ha prestato* he's always bringing up that measly loan he gave me. **2** (*rimproverare*) to reproach: ~ *a qd. la sua alterigia* to reproach s.o. for his haughtiness.

rinfagottare *v.t.* (**rinfagotto**) **1** to bundle up: *rinfagottò la sua roba e ripartì* he bundled up his things and left. **2** (*coprire per difendere dal freddo*) to wrap up (well, warmly), to bundle up. **rinfagottarsi** *v.r.* to bundle (o.s.) up, to wrap (o.s.) up: *si era rinfagottato in una vecchia coperta* he had wrapped himself up in an old blanket. **rinfagottato** *a.* bundled up, wrapped up.

rinfiammare *v.t.* to rekindle (*anche fig.*).

rinfiancare *v.t.* (**rinfianco, rinfianchi**) **1** to support (at the sides), to strengthen the sides of. **2** ⟨*fig*⟩ (*rafforzare*) to back (up), to prop.

rinfilare *v.t.* **1** to thread, to rethread: ~ *l'ago* to rethread a needle; (*rif. a perle e sim.*) to restring. **2** (*rimettere: rif. a indumenti*) to put (*o* slip) on again. **3** ⟨*fig*⟩ (*percorrere: rif. a strade e sim.*) to take (*o* go down) again: ~ *la stessa via* to go down the same street again. **rinfilarsi** *v.r.* (*indossare di nuovo*) to put (*o* slip) on again.

rinfittire *v.* (**rinfittisco, rinfittisci**) **I** *v.t.* to thicken; (*rendere più frequente*) to make more frequent. **II** *v.i.*

(*aus.* **essere**), **rinfittirsi** *v.r.* to thicken, to become thicker (*o* denser); (*diventare frequente*) to become frequent.

rinfocolare *v.t.* (**rinfocolo**) to rekindle (*anche fig.*). **rinfocolarsi** *v.r.* to be rekindled.

rinfoderare *v.t.* (**rinfodero**) **1** (*rimettere nel fodero*) to sheathe: ~ *la spada* to sheathe one's sword. **2** ⟨*estens*⟩ (*ritirare*) to withdraw, to sheathe: ~ *le unghie* to sheathe one's claws.

rinforzamento *m.* **1** strengthening, invigorating, bracing: ~ *dei muscoli* strengthening of the muscles. **2** (*rif. a suoni*) strengthening, intensification. **3** (*rif. a costruzioni e sim.*) strengthening, reinforcement. **rinforzando** *avv./s.m.* ⟨*Mus*⟩ rinforzando. **rinforzare** *v.t.* (**rinforzo**) **1** (*rendere più forte*) to strengthen, to make stronger. **2** (*rif. a suoni*) to strengthen, to emphasize. **3** (*rif. a costruzioni e sim.*) to strengthen, to brace, to reinforce: ~ *un muro* to brace a wall; (*puntellare*) to prop (up). **4** ⟨*fig*⟩ (*rafforzare*) to strengthen, to support: ~ *la fiducia di qd.* to strengthen s.o.'s faith. **5** ⟨*Mil*⟩ to reinforce, to strengthen: ~ *il presidio* to reinforce the garrison. **6** ⟨*Fot*⟩ to intensify. **rinforzarsi** *v.r.* **1** to become (*o* grow) stronger. **2** (*rimettersi in forze*) to build o.s. up, to strengthen o.s., to regain one's strength. **rinforzato** *a.* strengthened, reinforced. **rinforzo** *m.* **1** strengthening, reinforcement. **2** (*ciò che serve a rinforzare*) reinforcement; (*appoggio*) support, brace. **3** ⟨*fig*⟩ support, backing. **4** *pl.* ⟨*Mil*⟩ reinforcements *pl.* **5** ⟨*Sart*⟩ reinforcement.

rinfrancare *v.t.* (**rinfranco, rinfranchi**) to hearten, to encourage, to reassure. **rinfrancarsi** *v.r.* to take heart, to feel encouraged, to be reassured. **rinfrancato** *a.* reassured.

rinfrescante **I** *a.* refreshing, cooling: *bibita* ~ refreshing drink. **II** *s.m.* ⟨*Farm*⟩ mild laxative. **rinfrescare** *v.* (**rinfresco, rinfreschi**) **I** *v.t.* **1** to cool (off), to make cooler (*o* fresher): *il temporale ha rinfrescato l'aria* the storm has cooled the air. **2** (*rinnovare, pulire*) to freshen up, to clean: ~ *un abito* to freshen up a suit. **3** ⟨*fig*⟩ (*ripassare*) to brush up: *bisogna che rinfreschi il mio tedesco* I need to brush up my German. **4** ⟨*Art*⟩ (*restaurare*) to restore. **II** *v.i.* (*aus.* **essere/avere**) to become (*o* get) cooler, to cool (off, down): *da qualche giorno è rinfrescato* it has become cooler in the last few days. **rinfrescarsi** *v.r.* **1** (*perdere calore*) to cool down. **2** (*lavarsi, mettersi in ordine*) to refresh o.s., to freshen up; (*ristorarsi*) to refresh o.s., to take refreshment. **3** ~ *la memoria* to refresh one's memory. **rinfrescata** *f.* **1** cooling, cooler weather. **2** (*il rinfrescarsi*) freshening up. **3** (*il rinnovare, il rimodernare*) freshening up, renovation. ◻ *darsi una* ~ to freshen up; *dare una* ~ *alle pareti* to give a light coat of paint to the walls. **rinfresco** *m.* (*pl.* **-chi**) **1** (*ricevimento*) reception: ~ *di nozze* wedding reception; (*meno formale*) party: *dare un* ~ to give a party. **2** *pl.* (*cibi e bevande*) refreshments *pl.*

rinfusa: *alla* ~: 1 helter–skelter, in confusion; 2 ⟨*Comm*⟩ in bulk. ◻ *merce alla* ~ bulk goods *pl*; *trasporto alla* ~ bulk transport.

ring *ingl.* *m.* ⟨*Sport*⟩ ring.

ringagliardimento *m.* reinvigoration, strengthening. **ringagliardire** *v.* (**ringagliardisco, ringagliardisci**) **I** *v.t.* to reinvigorate, to strengthen. **II** *v.i.* (*aus.* **essere**), **ringagliardirsi** *v.r.* to become more vigorous.

ringalluzzire *v.* (**ringalluzzisco, ringalluzzisci**) **I** *v.t.* to make cocky (*o* jaunty), to perk up. **II** *v.i.* (*aus.* **essere**), **ringalluzzirsi** *v.r.* to get cocky, to grow jaunty, to perk up. **ringalluzzito** *a.* cocky, jaunty, perked up.

ringhiare *v.i.* (**ringhio, ringhi;** *aus.* **avere**) to growl, to snarl.

ringhiera *f.* ⟨*Edil*⟩ railing; (*delle scale*) banister, handrail.

ringhio *m.* growl, snarl. **ringhioso** *a.* **1** growling, snarling. **2** ⟨*fig*⟩ (*rif. a persona*) snarling, snappish.

ringiovanire *v.* (**ringiovanisco, ringiovanisci**) **I** *v.t.* **1** to make look (*o* feel) younger: *questa pettinatura ti ringiovanisce* this hairstyle makes you look younger. **2** ⟨*fig*⟩ to renew, to revive, to rejuvenate. **II** *v.i.* (*aus.* **essere**), **ringiovanirsi** *v.r.* to look younger, ⟨*fam*⟩ to green. **ringiovanito** *a.* younger–looking, rejuvenated.

ringoiare *v.t.* (**ringoio, ringoi**) **1** to swallow again. **2** ⟨*fig*⟩

to swallow, to take back.

ringorgare *v.t.* (**ringorgo, ringorghi**) to fill (*o* stop) up again. **ringorgarsi** *v.r.* to fill up again, to become stopped up again.

ringraziamento *m.* **1** thanks *pl: scrivere qualche riga di ~* to write a few words of thanks; *gradisca i miei più vivi ~i* please accept my sincere thanks. **2** ⟨*Lit*⟩ thanksgiving. □ *di ~* of thanks, thank-you–: *lettera di ~* letter of thanks, thank-you letter; *parole di ~* (words of) thanks.

ringraziare *v.t.* (**ringrazio, ringrazi**) to thank: *~ qd. di qc.* to thank s.o. for s.th. □ *~ di cuore* to thank sincerely (*o* with all one's heart); *ringraziando (o sia ringraziato) Dio (o il cielo)!* thank heavens!, thank God!; *ti ringrazio infinitamente per essere venuto* thank you so much for coming; *~ per iscritto* to thank in writing, to write a ⸢letter of thanks⸣ (*o* thank-you letter).

ringuainare *v.t.* (**ringuaino/ringuaino**) to sheathe: *~ la spada* to sheathe one's sword.

rinite *f.* ⟨*Med*⟩ rhinitis.

rinnegamento *m.* repudiation, denial, disavowal. **rinnegare** *v.t.* (**rinnego/rinnego, rinneghi/rinneghi**) to repudiate, to deny, to disown: *~ i propri genitori* to deny one's own parents; *~ i propri principi* to repudiate one's own principles. **rinnegato I** *a.* renegade–. **II** *s.m.* (*f.* **-a**) renegade.

rinnestare *v.t.* (**rinnesto**) **1** ⟨*Giard*⟩ to regraft. **2** ⟨*Mecc*⟩ to re-engage: *~ una marcia* to re-engage a gear. **rinnesto** *m.* ⟨*Giard*⟩ regrafting.

rinnovabile *a.* renewable. **rinnovamento** *m.* **1** renewal. **2** ⟨*fig*⟩ revival, renewal: *~ morale* moral revival. **rinnovare** *v.t.* (**rinnovo**) **1** (*rendere nuovo*) to renew, to restore (*anche fig.*): *~ la facciata di un palazzo* to restore the façade of a building; *~ il dolore* to renew the anguish. **2** (*fare di nuovo*) to renew, to repeat: *~ una promessa* to renew a promise; *~ l'abbonamento a un giornale* to renew a newspaper subscription. **3** (*sostituire il vecchio col nuovo*) to change, ⟨*fam*⟩ to redo: *~ la tappezzeria di una poltrona* to redo (the upholstery of) an armchair. **4** ⟨*fig*⟩ (*migliorare, riformare*) to reform, to improve: *~ la società* to reform society. **rinnovarsi** *v.r.* **1** (*diventare nuovo*) to be renewed (*o* made new again, restored). **2** (*ripetersi*) to happen again, to be repeated; to reoccur: *spero che l'inconveniente non si rinnovi* I hope the trouble doesn't happen again. □ *~ un contratto* to renew a contract; ⟨*epist*⟩ *Le rinnovo i miei ringraziamenti* my sincere thanks once again; *uscì da quella prova come rinnovato* once out of that difficulty, he was a new man. **rinnovativo** *a.* renewing. **rinnovatore I** *s.m.* (*f.* **-trice**) renewer. **II** *a.* renewing. **rinnovazione** *f.* renewal.

rinnovellare *v.t.* (**rinnovello**) ⟨*poet*⟩ to renew.

rinnovo *m.* **1** renewal, renewing: *~ di una cambiale* renewal of a bill. **2** (*rimodernamento*) renovation.

rinoceronte *m.* ⟨*Zool*⟩ rhinoceros.

rinofaringite *f.* ⟨*Med*⟩ rhinopharyngitis.

rinogeno *a.* ⟨*Med*⟩ rhinogenous.

rinolalia *f.* rhinolalia.

rinologia *f.* ⟨*Med*⟩ rhinology. **rinologo** *m.* (*pl.* **-gi**; *f.* **-a**) rhinologist.

rinomanza *f.* renown, reputation, fame: *un medico di ~ internazionale* a doctor of international renown. **rinomato** *a.* renowned, famous.

rinominare *v.t.* (**rinomino**) **1** (*nominare di nuovo*) to name again. **2** (*designare di nuovo*) to reappoint. **3** (*rieleggere*) to re-elect.

rinoplastica *f.* ⟨*Chir*⟩ rhinoplasty. **rinorragia** *f.* ⟨*Med*⟩ rhinorrhagia. **rinorrea** *f.* ⟨*Med*⟩ rhinorrh(o)ea. **rinoscopia** *f.* rhinoscopy.

rinquadrare *v.t.* **1** to reframe. **2** ⟨*estens*⟩ to put (*o* get) back into perspective. **3** ⟨*Fot,Cin*⟩ to frame again.

rinsaccare *v.* (**rinsacco, rinsacchi**) **I** *v.t.* (*insaccare di nuovo*) to sack (*o* bag) again, to repack; (*battere a terra un sacco per pigiarne il contenuto*) to shake down a sack. **II** *v.i.* (*aus.* **essere**), **rinsaccarsi** *v.r.* **1** (*affondare la testa nelle spalle: come andatura abituale*) to draw one's head in; (*per indicare indifferenza*) to shrug one's shoulders. **2** (*rif. a chi cavalca*) to be jolted.

rinsaldamento *m.* strengthening, consolidation.

rinsaldare *v.t.* **1** to strengthen, to consolidate: *~ un'alleanza* to consolidate an alliance. **2** (*inamidare nuovamente*) to starch again. **rinsaldarsi** *v.r.* to become (*o* grow, get) stronger, to be strengthened (*o* consolidated); (*confermarsi*) to be confirmed: *rinsaldarsi nelle proprie convinzioni* to be confirmed in one's convictions.

rinsanguamento *m.* **1** giving (*o* transfusion) of new blood. **2** ⟨*fig*⟩ infusion of new life (*o* energy), boost: *un ~ delle finanze* a boost to finances. **rinsanguare** *v.t.* **1** to give new blood to, to transfuse new blood. **2** ⟨*estens*⟩ (*rinvigorire*) to reinvigorate, to give new strength to. **rinsanguarsi** *v.r.* **1** (*riprendere vigore*) to recover one's strength, to become stronger. **2** ⟨*fig*⟩ (*riprendersi economicamente*) to recover financially.

rinsanire *v.i.* (**rinsanisco, rinsanisci**; *aus.* **essere**) (*ricuperare il senno*) to recover one's wits (*o* mental health).

rinsavire *v.i.* (**rinsavisco, rinsavisci**; *aus.* **essere**) **1** (*ricuperare il senno*) to recover one's wits. **2** (*ridiventare giudizioso*) to come to one's senses, to become sensible again.

rinsecchire *v.i.* (**rinsecchisco, rinsecchisci**; *aus.* **essere**) **1** (*diventare secco*) to dry up, to go (*o* get) dry: *il pane rinsecchisce* bread goes dry (*o* stale). **2** (*diventare magro*) to grow (*o* get) thin, to become gaunt. **rinsecchito** *a.* **1** dry, dried up: *pane ~* dry (*o* stale) bread. **2** (*magro*) thin, gaunt.

rinselvarsi *v.r.* (**mi rinselvo**) ⟨*lett*⟩ **1** (*rifugiarsi nella selva*) to take to the woods. **2** (*rimboschire*) to become wooded again.

rinselvatichire *v.* (**rinselvatichisco, rinselvatichisci**) **I** *v.t.* (*rif. ad animali e persone*) to make (become) wild; (*rif. a piante*) to let run (*o* grow) wild. **II** *v.i.* (*aus.* **essere**) **1** (*rif. ad animali e piante*) to become (*o* run) wild. **2** (*rif. a persone*) to grow (*o* run) wild.

rinserrare *v.t.* (**rinserro**) **1** (*serrare*) to shut up; (*a chiave*) to lock up. **2** (*serrare di nuovo*) to shut up again; (*a chiave*) to lock up again, to relock. **3** (*stringere, abbracciare*) to clasp, to clutch: *la donna rinserrò il bimbo tra le braccia* the woman clasped the child in her arms. **rinserrarsi** *v.r.* to shut o.s. up; (*a chiave*) to lock o.s. in.

rinsudiciare *v.t.* (**rinsudicio, rinsudici**) (*insudiciare di nuovo*) to dirty (*o* soil) again; (*insudiciare di più*) to make dirtier. **rinsudiciarsi** *v.r.* to dirty o.s. again; (*di più*) to get (even) dirtier.

rintanarsi *v.r.* **1** (*rientrare nella tana*) to go to earth again. **2** (*intanarsi*) to hide in one's den (*o* hole, burrow), to go to earth, to lair. **3** ⟨*estens*⟩ (*rifugiarsi*) to hide, to conceal o.s.

rintasare I *v.t.* (*intasare di nuovo*) to stop up again, to clog again. **II** *v.i.* (*aus.* **essere**), **rintasarsi** *v.r.* to become clogged again.

rintascare *v.t.* (**rintasco, rintaschi**) to (put in one's) pocket again.

rintavolare *v.t.* (**rintavolo**) to start (*o* begin, open) again.

rintenerire *v.t.* (**rintenerisco, rintenerisci**) to move (*o* touch) again. **rintenerirsi** *v.r.* to be moved (*o* touched) again (*di* by).

rinterrare *v.t.* (**rinterro**) **1** (*interrare*) to fill up (with earth), to fill in: *~ un pozzo* to fill in a well. **2** (*interrare di nuovo*) to fill up (with earth) again, to fill in again. **rinterrarsi** *v.r.* to fill up (with earth); (*rif. a porti e sim.*) to silt up. **rinterro** *m.* **1** (*atto*) filling up (with earth), filling in. **2** (*materiale*) backfill, filler.

rinterrogare *v.t.* (**rinterrogo, rinterroghi**) to reinterrogate, to interrogate again.

rintiepidire *v.* (**rintiepidisco, rintiepidisci**) **I** *v.t.* (*aumentando il calore*) to warm up (*o* over), to warm again; (*diminuendo il calore*) to cool off (*o* down) again. **II** *v.i.* (*aus.* **essere**), **rintiepidirsi** *v.r.* (*scaldarsi*) to warm (up) again, to get warmer again; (*freddarsi*) to cool (down) again, to grow cooler again.

rintoccare[1] *v.i.* (**rintocco, rintocchi**; *aus.* **avere**) **1** (*rif. a campane*) to toll. **2** (*rif. a orologi*) to strike.

rintocco[2] *m.* **1** (*rif. a campane*) toll(ing). **2** (*rif. a orologi*) striking, stroke.

rintocco *m.* (*pl.* **-chi**) **1** (*rif. a campane*) toll. **2** (*rif. a* *orologi*) stroke.

rintonacare *v.t.* (**rintonaco, rintonachi**) to plaster again.

rintonare *v.t.* (**rintono**) to strike up again.

rintontire *v.* (**rintontisco, rintontisci**) **I** *v.t.* (*stordire*) to stun, to daze: ~ *qd. di chiacchiere* to stun s.o. with chatter; (*incretinire*) to dull, to make stupid. **II** *v.i.* (*aus.* essere), **rintontirsi** *v.r.* (*diventare tonto*) to become stupid.

rintorpidire *v.t.* (**rintorpidisco, rintorpidisci**) **1** to numb again, to make torpid (*o* sluggish) again. **2** ⟨*fig*⟩ to dull again. **rintorpidirsi** *v.r.* to become torpid (*o* sluggish) again.

rintracciabile *a.* traceable, findable. **rintracciamento** *m.* **1** tracing, tracking. **2** ⟨*fig*⟩ finding. **rintracciare** *v.t.* (**rintraccio, rintracci**) **1** to track down: *la polizia riuscì a* ~ *i ladri* the police succeeded in tracking down the thieves. **2** ⟨*estens*⟩ (*ritrovare cercando*) to find, to track down, to trace, to ferret out: *non ho potuto rintracciarlo perché era già uscito* I couldn't find him because he had already gone out; ~ *un documento fra le vecchie carte* to ferret out a document from among (one's) old papers.

rintrodurre *v.t.* (**rintroduco, rintroduci; rintrodussi, rintrodotto**; → **condurre**) to put in again, to reinsert, to reintroduce.

rintronamento *m.* thundering, booming, roaring. **rintronare** *v.* (**rintrono**) **I** *v.i.* (*aus.* **avere/essere**) to thunder, to boom, to roar: *i cannoni rintronavano in lontananza* the cannons roared in the distance. **II** *v.t.* **1** (*assordare*) to deafen: *gli altoparlanti ci hanno rintronato* the loudspeakers deafened us. **2** (*stordire*) to stun.

rintuzzamento *m.* blunting, dulling. **rintuzzare** *v.t.* **1** (*spuntare*) to blunt, to dull. **2** ⟨*fig*⟩ (*respingere*) to drive back, to repel: ~ *un assalto* to repel an attack. **3** ⟨*fig*⟩ (*reprimere, frenare*) to check, to hold back, to repress: ~ *l'ira* to hold back one's anger. **4** ⟨*fig*⟩ (*ribattere*) to refute, to throw (*o* fling) back: ~ *un'accusa* to refute an accusation.

rinuncia *f.* (*pl.* **-ce**) **1** giving up: *la* ~ *a un impiego* the giving up of a position; (*rif. a diritti*) rejection, renunciation: ~ *al trono* renunciation of the throne; ~ *all'eredità* rejection of an inheritance. **2** (*atto, documento di rinuncia*) renunciation, waiver. **3** *pl.* (*privazioni, sacrifici*) hardships *pl*, sacrifice: *una vita piena di rinunce* a life full of hardship(s). □ *fare atto di* ~ to renounce.

rinunciare *v.i.* (**rinuncio, rinunci;** *aus.* **avere**) **1** to give up, to renounce, to resign (*a qc.* s.th.): ~ *alle proprie ricchezze* to give up one's riches; (*rif. a diritti*) to renounce, to decline: ~ *a un'eredità* to renounce an inheritance. **2** (*desistere, astenersi*) to refrain, to abstain, to hold back (*o* from): ~ *a compiere una vendetta* to refrain from taking revenge; ~ *a un'impresa* to abstain from an undertaking. **3** (*fare a meno*) to do (*o* go) without, to give up: *se questo gioco è tanto complicato rinuncio a impararlo* if this game is so complicated I give up trying to learn it. □ *io ci rinuncio* (*è troppo difficile per me*) I give up.

rinunciatario I *a.* renunciatory, renunciative. **II** *s.m.* (*f.* **-a**) renouncer.

rinvangare *v.* → **rivangare**.

rinvasare *v.t.* ⟨*Giard*⟩ to repot. **rinvasatura** *f.* repotting.

rinvenibile *a.* recoverable.

rinvenimento[1] *m.* (*ritrovamento*) finding, recovery; (*oggetto ritrovato*) find: ~ *archeologico* archaeological find.

rinvenimento[2] *m.* (*il riprendere i sensi*) recovery.

rinvenire[1] *v.t.* (**rinvengo, rinvieni; rinvenni, rinvenuto**; → **venire**) **1** to find, to recover: ~ *una lettera smarrita* to find a lost letter. **2** (*scoprire*) to discover, to find out.

rinvenire[2] *v.i.* (**rinvengo, rinvieni; rinvenni, rinvenuto**; → **venire**; *aus.* **essere**) **1** (*riprendere i sensi*) to recover consciousness. **2** (*riprendere l'aspetto naturale*) to revive, to become fresh again: *i fiori rinvengono nell'acqua fresca* flowers revive in cool water.

rinverdire *v.* (**rinverdisco, rinverdisci**) **I** *v.t.* **1** to make green again. **2** ⟨*fig,lett*⟩ (*rinnovare, ravvivare*) to renew, to revive. **II** *v.i.* (*aus.* **essere**) **1** to turn (*o* become) green

again. **2** ⟨*fig*⟩ (*riprendere vigore*) to revive, to be renewed.

rinviare *v.t.* (**rinvio, rinvii**) **1** (*mandare indietro*) to send back, to return: ~ *una lettera al mittente* to return a letter to the sender. **2** (*spostare, differire*) to postpone, to put off, to defer: ~ *un appuntamento ad altra data* to postpone an appointment to a later date; (*rif. a sedute e sim.*) to adjourn: ~ *una causa* to adjourn a case. **3** (*inviare ad altri o ad altro luogo*) to refer, to send, to direct. **4** (*fare un rimando*) to refer: *per una trattazione più ampia dell'argomento vi rinviamo ai capitoli successivi* for a fuller treatment of the subject we refer the reader to the following chapters. **5** ⟨*Sport*⟩ to return. □ ⟨*Dir*⟩ ~ *qd. a giudizio* to commit s.o. (*o* send s.o. up) for trial.

rinvigorimento *m.* invigoration, strengthening. **rinvigorire** *v.* (**rinvigorisco, rinvigorisci**) **I** *v.t.* to reinvigorate, to make strong(er), to strengthen: *la ginnastica rinvigorisce i muscoli* gymnastics strengthens the muscles. **II** *v.i.* (*aus.* essere), **rinvigorirsi** *v.r.* **1** to regain strength, to be strengthened (*o* invigorated) again. **2** ⟨*fig*⟩ to revive, to be strengthened (*o* boosted): *le nostre speranze si rinvigorirono* our hopes (were) revived.

rinvilire *v.* (**rinvilisco, rinvilisci**) **I** *v.t.* to lower, to slash: ~ *il prezzo del frumento* to slash the price of wheat. **II** *v.i.* (*aus.* essere) to go down, to fall, to drop.

rinvio *m.* **1** (*il mandare indietro*) return, sending back. **2** (*differimento*) postponement, deferment, putting off: *chiedere un* ~ to ask for a postponement; (*rif. a sedute e sim.*) adjournment. **3** (*rimando*) cross-reference: *un articolo con molti rinvii* an article with many cross-references. **4** ⟨*Sport*⟩ return. **5** ⟨*Parl*⟩ (*rif. a leggi*) sending (of a law to the other Chamber). □ ⟨*Dir*⟩ ~ *a giudizio* committal for trial; ~ *a un tribunale superiore* committal to a higher court.

rinvolgere *v.t.* (**rinvolgo, rinvolgi; rinvolsi; rinvolto**) to rewrap, to re-envelop. **rinvoltare** *v.t.* (**rinvolto**) **1** to wrap (up), to envelop. **2** (*involtare di nuovo*) to rewrap, to envelop again. **rinvoltarsi** *v.r.* to wrap o.s. (up) again. **rinvoltolare** *v.t.* (**rinvoltolo**) to wrap round (and round).

rinzaffare *v.t.* ⟨*Mar*⟩ to rough in, to render. **rinzaffatura** *f.,* **rinzaffo** *m.* roughing in, rendering.

rinzeppare *v.t.* (**rinzeppo**) ⟨*fam*⟩ to stuff, to cram (*anche fig*).

rio *m.* ⟨*poet*⟩ (*ruscello*) brook.

rioccupare *v.t.* (**rioccupo**) to reoccupy. **rioccuparsi** *v.r.* to occupy o.s. again (*di* with). **rioccupazione** *f.* reoccupation.

rioffendere *v.t.* (**rioffesi, rioffeso**) to offend again.

rioffrire *v.t.* (**rioffro; rioffrii/rioffersi, riofferto**) to offer again.

rionale *a.* local, neighbourhood–, district–: *mercato* ~ local market; *festa* ~ neighbourhood festival. **rione** *m.* quarter, district, ward.

rioperare *v.t.* (**riopero**) ⟨*Chir*⟩ to operate (on) again.

riordinamento *m.* (*riassetto*) reorganization, rearrangement. **riordinare** *v.t.* (**riordino**) **1** to put back in order; (*rif. a stanze e sim.*) to tidy up. **2** (*dare un nuovo assetto*) to reorganize, to rearrange: ~ *l'archivio* to reorganize the files. **3** ⟨*Comm*⟩ (*fare una nuova ordinazione*) to reorder, to order again. **riordinatore** *m.* (*f.* **-trice**) reorganizer. **riordinazione** *f.* ⟨*Comm*⟩ reorder, new order.

riorganizzare *v.t.* to reorganize. **riorganizzatore** *m.* (*f.* **-trice**) reorganizer. **riorganizzazione** *f.* reorganization.

riosservare *v.t.* (**riosservo**) to observe again.

riottosità *f.* ⟨*lett*⟩ **1** (*indocilità*) unruliness, intractability. **2** (*litigiosità*) quarrelsomeness, contentiousness. **riottoso** *a.* ⟨*lett*⟩ **1** (*indocile*) unruly, intractable. **2** (*litigioso*) quarrelsome, contentious.

riotturare *v.t.* to fill (*o* stop) again.

ripa *f.* ⟨*lett*⟩ (*riva: di un fiume*) bank; (*di un lago*) shore.

ripagare *v.t.* (**ripago, ripaghi**) **1** to pay again, to repay. **2** (*indennizzare*) to pay for: ~ *un libro danneggiato* to pay for a damaged book. **3** (*ricompensare*) to pay back, to repay: ~ *qd. con l'ingratitudine* to pay s.o. back with ingratitude. □ ⟨*fig*⟩ ~ *qd. con la stessa moneta* to pay s.o.

back in his own coin.

riparabile *a.* **1** repairable: *guasto* ~ repairable breakdown. **2** (*rif. a mali, errori e sim.*) reparable.

riparare[1] **I** *v.t.* **1** (*proteggere*) to protect, to shelter, to defend: *un pesante mantello lo riparava dal freddo* he was protected from the cold by a heavy cloak. **2** (*porre rimedio, risarcire*) to make up (*o* amends) for, to put (*o* set) right, to rectify, to repair: ~ *un torto* to make up for a wrong; ~ *un'ingiustizia* to rectify an injustice. **3** (*accomodare, aggiustare*) to repair, to mend, to put right, ⟨*fam*⟩ to fix: ~ *un guasto* to repair a breakdown. **4** ⟨*Scol*⟩ to repeat, to make up: ~ *un esame* to repeat an examination. **II** *v.i.* (*aus.* avere) to remedy, to rectify, to set (*o* put) right (*a qc.* s.th.): ~ *a un inconveniente* to remedy a difficulty. **ripararsi** *v.r.* to protect (*o* shelter, shield) o.s., to take shelter: *ripararsi dalla pioggia* to take shelter from the rain; *ripararsi dalle percosse* to protect o.s. against blows. □ *dare qc. a* ~ to take s.th. in to be repaired.

riparare[2] *v.i.* (*aus.* essere) (*rifugiarsi*) to take refuge (*o* shelter): ~ *all'estero* to take refuge abroad; (*fuggire*) to flee, to escape.

riparato *a.* sheltered. **riparatore I** *s.m.* (*f.* -trice) repairer, mender. **II** *a.* reparative, reparatory.

riparazione *f.* **1** reparation, amends *pl*, redress, remedy, satisfaction: *esigere* ~ *di un torto subito* to demand reparation for a wrong. **2** (*risarcimento*) compensation, indemnification: ~ *dei danni* compensation for damages. **3** (*accomodatura*) repair(ing), mending, ⟨*fam*⟩ fixing: *la* ~ *di un paio di scarpe* the repairing of a pair of shoes. **4** (*restauro*) restoration, repair: *la* ~ *di un edificio* restoration of a building. □ *esami di* ~ resit examinations; *–i di* guerra war reparations; *essere in* ~ to be under repair; ~ **pecuniaria** *di un danno morale* punitive damages *pl*, smart money; ~ **provvisoria** temporary (*o* makeshift) repair; **spese** *di* ~ repair charges, cost of repair; *–i* **stradali** road repairs; ⟨*Dir*⟩ ~ *di un* **torto** redress of grievance.

ripario *a.* ⟨*lett*⟩ riparian, riparious.

riparlare *v.i.* (*aus.* avere) to speak (*o* talk) again. **riparlarsi** *v.r.* ⟨*recipr*⟩ to talk (*o* speak) to e.o. again, to be on speaking terms again. □ *ne riparleremo*: **1** we'll go into it later (*o* another time); **2** (*con tono minaccioso*) I'll deal with you later.

riparo *m.* **1** shelter, protection, cover: *cercare* ~ *dal sole* to seek shelter from the sun. **2** (*rimedio*) remedy, cure: *trovare un* ~ *a qc.* to find a remedy for s.th. **3** ⟨*Mecc*⟩ guard: ~ *per cinghia* belt safety guard. □ *correre ai –i* to take measures; *farsi* ⌈*con la*⌉ (*o della*) *mano* to protect (*o* shield) o.s. with one's hand; ⟨*Mil*⟩ *mettersi al* ~ to take cover; *al* ~ *dal vento* sheltered from the wind.

ripartenza *f.* ⟨*tecn,Inform*⟩ restart. □ ⟨*Inform*⟩ ~ *automatica* autorestart.

ripartibile *a.* divisible, distributable. **ripartimentale** *a.* ⟨*burocr*⟩ departmental, of a division (*o* section). **ripartimento** *m.* ⟨*burocr*⟩ division, department, section.

ripartire[1] *v.i.* (*aus.* essere) **1** to leave (*o* depart) again, to start (*o* set out) again: *ripartirò dopo pranzo* I'll be leaving again after lunch. **2** (*rif. a motori e sim.*) to start (up) again.

ripartire[2] *v.t.* (*ripartisco, ripartisci*) **1** (*dividere*) to divide (up), to share (out): ~ *le spese* to share expenses. **2** (*ordinare in gruppo*) to arrange, to distribute, to divide: ~ *i libri secondo il formato* to arrange the books according to size. **3** (*distribuire*) to distribute, to share out, to allot. **ripartirsi** *v.r.* ⟨*recipr*⟩ to divide (up), to split (up): *i ladri si ripartirono la refurtiva* the thieves split up the loot; *ripartirsi un'eredità* to divide up an inheritance.

ripartizione *f.* **1** division, splitting up: ~ *di una somma* splitting up of a sum. **2** (*distribuzione*) distribution, allotment, sharing, sharing out, division: ~ *delle spese* sharing of expenses; ~ *degli utili* profit–sharing. **3** (*parte*) part, share, portion. **4** (*reparto*) department, division, section.

ripassare I *v.t.* **1** (*riattraversare*) to cross (*o* go over) again, to recross: ~ *la frontiera* to cross the border again. **2** (*porgere di nuovo*) to pass (*o* hand) again: *ripassami il vino, per favore* pass me the wine again, please. **3** (*rileggere, ripetere*) to read (*o* go, look) over again: ~ *la*

lezione to look over the lesson again; (*ripensare*) to review, to think (*o* go) over: ~ *con la mente gli avvenimenti trascorsi* to think over what has happened. **4** (*rivedere, riscontrare*) to go (*o* look) over again, to check: ~ *i conti* to check the accounts. **5** (*ricalcare*) to trace over. **6** (*ritoccare un lavoro*) to touch up, to retouch. **7** ⟨*Mecc*⟩ to overhaul. **II** *v.i.* (*aus.* essere) **1** to pass again: ~ *davanti a una casa* to pass (*o* go) by a house again. **2** (*ritornare*) to come back, to call again: *ripassi nel pomeriggio* come back this afternoon. **ripassata** *f.* **1** (*rif. a pittura e sim.*) new (*o* fresh) coat of paint, touch–up. **2** (*letta*) another look, rereading, revision. **3** ⟨*Mot*⟩ (*revisione*) overhaul. □ *dare una* ~ *alla lezione* to go over the lesson again quickly. **ripasso** *m.* **1** (*rif. a uccelli*) return. **2** (*rif. a lezioni*) review. **3** ⟨*Mot*⟩ overhaul. □ *fare il* ~ *di una materia* to review (*o* go over) a subject.

ripensamento *m.* **1** reflection. **2** (*mutamento d'opinione*) change of mind, second thoughts *pl*: *avere un* ~ to have second thoughts, to change one's mind. **ripensare** *v.i.* (*ripenso; aus.* avere) **1** to think (over), to reflect (upon): *prima di decidere, ripensaci* think it over before deciding. **2** (*mutare pensiero*) to change one's mind. **3** (*ritornare col pensiero*) to think (of), to remember, to recall, to recollect (s.th.): ~ *agli anni della giovinezza* to recall the days of one's youth; ~ *a una persona morta* to think of s.o. who is dead.

ripercorrere *v.t.* (*ripercorsi, ripercorso*) **1** to run through again, to travel over again. **2** ⟨*fig*⟩ to ⌈go over⌉ (*o* run through) again.

ripercossa *f.* repercussion. **ripercuotere** *v.t.* (*ripercossi, ripercosso*) **1** to strike (*o* hit, beat) again. **2** (*riflettere: rif. alla luce*) to reflect: *lo specchio ripercuoteva la luce del sole* the mirror reflected the sunlight; (*rif. a suoni*) to reverberate. **ripercuotersi** *v.r.* **1** (*riflettersi: rif. alla luce*) to be reflected; (*rif. a suoni*) to reverberate. **2** (*causare un contraccolpo*) to rebound, to be felt. **3** ⟨*fig*⟩ to influence, to affect (*su qc.* s.th.): *la scarsità del raccolto si ripercuoterà sui prezzi* the poor harvest will affect prices. **ripercussione** *f.* **1** (*rif. alla luce*) reflection; (*rif. a suoni*) reverberation. **2** (*contraccolpo*) rebound, repercussion. **3** ⟨*fig*⟩ (*effetto indiretto*) repercussions *pl*, consequence, influence.

ripescare *v.t.* (*ripesco, ripeschi*) **1** to catch again: *ho ripescato una trota* I caught a trout again. **2** ⟨*estens*⟩ (*ricuperare*) to fish out: ~ *un cadavere dall'acqua* to fish a body out of the water. **3** ⟨*fam*⟩ (*ritrovare*) to find (again), to fish out, to get hold of: ~ *una citazione in un libro* to find a quotation in a book.

ripestare *v.t.* (*ripesto*) (*pestare di nuovo*) to crush (*o* pound) again; (*calpestare di nuovo*) to trample (*o* tread) on again.

ripetente I *a.* ⟨*Scol*⟩ repeating (the school year). **II** *s.m./f.* repeater. **ripetere** *v.t.* **1** (*rifare*) to repeat: ~ *una prova* to repeat a test; ~ *una classe* to repeat a class. **2** (*dire di nuovo*) to repeat, to say again (*o* over), to tell again: *ripeti quelle parole se hai coraggio* say that again if you dare; (*dire a memoria*) to recite, to say by heart. **3** (*riferire*) to repeat, to tell, to relate: *ripetimi ciò che hanno detto* tell me what they said. **4** (*ripassare*) to go over: ~ *la lezione* to go over the lesson. **5** (*ottenere di nuovo*) to have (*o* gain) again, to repeat: ~ *un successo* to have another success, to be successful again. **6** (*arieggiare*) to echo. **7** (*replicare*) to repeat, to perform again: ~ *una commedia* to perform a play again. **ripetersi** *v.r.* **1** to repeat o.s.: *questo scrittore si ripete troppo* this writer ⌈repeats himself too much⌉ (*o* is too repetitive). **2** (*accadere più volte*) to be repeated, to happen again (*o* over), to reoccur: *questo fatto non deve ripetersi* this must not happen again. **3** ⟨*Scol*⟩ *l'anno* to repeat a year; *quante volte lo devo* ~? how many times must I say it?; ~ *un esame* to take an exam(ination) again; *tornare a* ~ to repeat again.

ripetibile *a.* repeatable.

ripetitivo *a.* repetitive, repetitious: *un lavoro* ~ a repetitive job. □ *in modo* ~ repetitively, repetitiously.

ripetitore I *s.m.* (*f.* **-trice**) **1** repeater (*anche tecn.*). **2** ⟨*Scol*⟩ coach, tutor (*f* –ess). □ ⟨*El*⟩ ~ *d'impulsi* impulse repeater; ⟨Tel⟩ ~ di linea line repeater; ⟨Ferr⟩ ~ di segnale signal repeater; ~ per televisione television relay station. **ripetitrice** f. ⟨Rad,TV⟩ relay station.

ripetizione f. 1 repetition: la ~ di un tentativo the repetition of an attempt; ~ di un discorso repetition of a speech. 2 ⟨Scol⟩ (ripasso) review. 3 ⟨Scol⟩ (lezione privata) private lesson, tutoring, coaching: dare –i a qd. to give s.o. private lessons. 4 ⟨Dir⟩ reclaiming, claiming back. 5 ⟨Ling⟩ iteration. □ a ~ repeating: fucile a ~ repeating rifle, repeater. **ripetutamente** avv. repeatedly, over and over again, again and again. **ripetuto** (p.p. di ripetere) a. repeated.

ripiano m. 1 terrace. 2 (scomparto) shelf.

ripiantare v.t. to plant again, to replant.

ripicca f. spite. □ per ~ out of spite.

ripicchiare v. (ripicchio, ripicchi) I v.t. to thrash (o beat, hit) again. II v.i. (aus. avere) to knock again.

ripicco m. (pl. -chi) → ripicca.

ripidezza f. steepness. **ripido** a. steep: sentiero ~ steep path.

ripiegamento m. 1 (cedimento) giving in, yielding. 2 (riflessione) reflection. 3 ⟨Mil⟩ (ritirata) retreat, withdrawal, falling back. 4 ⟨Geol⟩ secondary fold(ing). **ripiegare** v. (ripiego, ripieghi) I v.t. 1 (piegare di nuovo) to refold: ~ un tovagliolo to refold a napkin. 2 (piegare) to fold: ~ un foglio di carta to fold a sheet of paper. 3 (incurvare) to bend, to curve. 4 (flettere) to bend: ~ le gambe to bend one's legs. 5 (ammainare) to furl: ~ le vele to furl the sails. II v.i. (aus. avere) 1 (indietreggiare) to retreat, to withdraw, to fall back: gli insorti ripiegarono sui monti the rebels fell back into the hills. 2 ⟨fig⟩ (trovare ripiego) to fall back (on), to have to make do with: quest'anno ripiegheremo su vacanze poco costose this year we'll have to make do with a cheap holiday. **ripiegarsi** v.r. 1 (piegarsi su se stesso) to fold, to bend. 2 (meditare) to retire (o withdraw) into o.s. □ ⟨fig⟩ ~ le ali to fold one's wings. **ripiegata** f. quick fold: dare una ~ a qc. to give s.th. a quick fold. **ripiegatura** f. (il ripiegare) folding; (il ripiegarsi) folding, bending. **ripiego** m. (pl. -ghi) makeshift, expedient. □ di ~ makeshift-: soluzione di ~ makeshift solution.

ripieno I a. 1 full (di of), filled (with): bicchiere ~ di vino glass full of wine. 2 ⟨Gastr⟩ filled (with): paste –e di crema cream-filled pastries; (farcito) stuffed (with): tacchino ~ stuffed turkey. II s.m. 1 stuffing, padding, filling: il ~ del materasso è di lana the mattress stuffing is wool. 2 ⟨Gastr⟩ stuffing. 3 ⟨fig⟩ (riempitivo) make-weight.

ripigliare v.t. (ripiglio, ripigli) ⟨fam⟩ → riprendere. **ripiglino** m. cat's cradle.

ripiombare v. (ripiombo) I v.t. 1 to reseal with lead, to plumb again. 2 ⟨fig⟩ to plunge back. II v.i. (aus. essere) 1 to assail again, to fall (o pounce) upon again: gli ripiombò addosso he fell upon him again, he assailed (o was on) him again. 2 ⟨fig⟩ to plunge (o fall) back: ripiombò nella più nera disperazione he plunged back into darkest despair. □ ~ nel sonno to fall asleep again.

riplasmare v.t. to remould (anche fig.).

ripopolamento m. 1 repopulation, repeopling: il ~ delle campagne the repopulation of the countryside. 2 ⟨Venat⟩ repopulation, restocking. 3 ⟨Itt⟩ restocking (with fish). 4 ⟨Silv⟩ reforestation. **ripopolare** v.t. (ripopolo) 1 to repopulate, to repeople: ~ le campagne to repopulate the countryside. 2 ⟨Venat⟩ to repopulate, to restock. 3 ⟨Itt⟩ to restock: ~ un lago to restock a lake with fish. 4 ⟨Silv⟩ to reforest, to replant with forest trees. **ripopolarsi** v.r. to be repopulated (o repeopled).

riporre v.t. (ripongo, riponi; riposi, riposto; → porre) 1 to put back, to replace: ~ la biancheria nell'armadio to put the linen back in the closet. 2 (mettere via) to put (away): ~ gli occhiali nell'astuccio to put one's glasses in their case; (nascondere) to hide, to conceal: ripose la lettera sotto una pila di carte he hid the letter under a pile of papers. 3 ⟨fig⟩ (rif. a sentimenti) to put, to place, to set: ~ tutte le speranze in qd. to place all one's hopes in s.o. 4 (rivolgere di nuovo) to put again: mi ha riposto il medesimo quesito he put the same question to me again.

riportare v.t. (riporto) 1 (portare indietro) to bring (o take) back: ci hanno riportato il cane fuggito they brought us back the dog that ran away. 2 (ricondurre) to take again: mi riporterai al circo? will you take me to the circus again? 3 (riferire) to tell, to report, to relate: ~ a qd. le parole di qd. to tell s.o. what s.o. said; (fare la spia) to tell: riporta tutto al direttore he tells the boss everything. 4 (citare) to quote: ~ una terzina di Dante to quote a tercet from Dante. 5 ⟨Giorn⟩ to report, to carry, to publish: il giornale riporta la notizia in prima pagina the paper carries this news item on the front page. 6 ⟨fig⟩ (ricevere) to receive, to get, to have: ~ una buona impressione to get (o have) a good impression; (conseguire) to gain, to win: ~ una vittoria to gain (o win) a victory. 7 ⟨fig⟩ (subire) to suffer: ~ un danno to suffer damage; nell'incidente ha riportato solo leggere ferite in the accident he only suffered slight injury. 8 (riprodurre) to reproduce: ~ un disegno sulla stoffa to reproduce a design on cloth; (copiare) to copy: ~ in bella copia to copy in final form. 9 ⟨Mat⟩ to carry: sette più otto fa quindici, scrivo cinque e riporto uno seven and eight are fifteen, I put down five and carry one. 10 ⟨Comm⟩ (conteggiare su altro conto) to carry forward. **riportarsi** v.r. 1 to think (o look, go) back: riportarsi al clima politico del medioevo to go back to the political climate of the Middle Ages. 2 (riferirsi) to refer: l'autore si riporta al suo precedente articolo the author is referring to his previous article.

riportato I a. ⟨Sart⟩ patch–: tasche –e patch pockets. II s.m. ⟨Econ⟩ payer of contango. **riportatore** m. (f. -trice) 1 (chi riporta notizie e sim.) informer, reporter. 2 ⟨Econ⟩ receiver of contango. **riporto** m. 1 bringing (o taking) back. 2 (materiale di riporto) backfill, filling material. 3 ⟨Mat⟩ number (o amount) carried. 4 ⟨Comm⟩ carry –over. 5 ⟨Econ⟩ contango; (contratto di riporto) contango contract. 6 ⟨Venat⟩ retrieving, retrieval.

riposante a. relaxing, restful: una vacanza ~ a relaxing holiday.

riposare[1] v.t. (riposo) (rimettere a posto) to put (o place) back, to replace; (rimettere giù) to put (o lay, set) down again. **riposarsi** v.r. to stop, to lay; (rif. a uccelli e sim.) to alight (o perch) again.

riposare[2] v. (riposo) I v.i. (aus. avere) 1 to rest: desidero ~ una mezz'oretta I want to rest for a half an hour. 2 (dormire) to sleep. 3 (rif. a defunti) to rest, to lie: riposa in pace rest in peace; qui riposa here lies. 4 (poggiare) to rest, to stand: l'edificio riposa su solide fondamenta the building stands on solid foundations. 5 ⟨Agr⟩ to lie fallow, to rest. 6 (rif. a liquidi: posare) to settle, to stand. II v.t. 1 to rest, to let rest: ~ le gambe to rest one's legs. 2 (essere riposante) to rest, to be restful (o relaxing) to: colori che riposano la vista colours that are restful to the eyes. **riposarsi** v.r. 1 to rest, to take (o have) a rest: riposarsi da un lavoro to take a rest from work. 2 (distendersi) to relax. □ riposarsi la vista to rest one's eyes.

riposata f. rest. **riposato** a. rested, refreshed, fresh: mente –a fresh mind.

riposo I s.m. 1 rest, repose: concedersi un po' di ~ to take a little rest. 2 (sonno) sleep, rest: buon ~! sleep well! 3 (rif. a liquidi) settling. 4 ⟨lett⟩ (quiete, pace) tranquillity, peace. 5 ⟨burocr⟩ retirement. 6 ⟨Ginn,Mil⟩ ease. 7 ⟨Agr⟩ (lying) fallow. II intz. ⟨Ginn,Mil⟩ (stand) at ease. □ ⟨burocr⟩ a ~ retired, into retirement: andare a ~ to go into retirement, to retire; collocare (o mettere) a ~: 1 to pension off, to superannuate; 2 ⟨scherz⟩ to discard, to throw away (o out): mettere a ~ un paio di scarpe to throw away a pair of shoes; casa di ~ rest home, ⟨am⟩ nursing home; l'eterno ~ eternal repose; ~ festivo holiday; essere in ~ to be at rest (anche Fis.); lasciare in ~ to (let) rest; mettere a ~ (pensionare) to pension (off); (per raggiunti limiti di età) to superannuate; ~ notturno sleep; ⟨Teat⟩ oggi ~ no performance today; ~ pomeridiano afternoon nap; senza ~ uninterruptedly, incessantly, without stopping (o rest): lavorare senza ~ to work without stopping; ~ settimanale weekly day off.

ripostiglio m. 1 store-room, lumber-room. 2 (armadio) closet.

riposto (*p.p. di riporre*) *a.* **1** secluded, remote. **2** ⟨*fig*⟩ (*recondito*) innermost, secret: *i più -i pensieri* the most secret thoughts.

riprendere *v.* (**ripresi, ripreso**) **I** *v.t.* **1** to take up (again), to pick up (again): *riprese il cappello e se ne andò* he picked up his hat and left. **2** (*prendere ancora*) to take again. **3** (*prendere indietro*) to take back: *se il regalo non ti piace me lo riprendo* if you don't like the gift, I'll take it back. **4** (*andare a prendere*) to collect, to pick up, to fetch: *devo andare a ~ mio figlio a scuola* I must go and collect my son from school. **5** (*acchiappare*) to catch: *~ la palla* to catch the ball. **6** (*assumere di nuovo*) to take back (*o* on again), to rehire, to re-employ: *l'azienda riprese gli operai licenziati* the company rehired the dismissed employees. **7** (*raggiungere di nuovo*) to catch up (with), to reach: *il corridore è riuscito a ~ il gruppo* the racer was able to catch up with the group (*o* the group up). **8** (*catturare nuovamente*) to recapture, to capture (*o* catch) again: *la polizia ha ripreso l'evaso* the police have recaptured the escaped prisoner. **9** (*riconquistare*) to reconquer, to retake: *~ una città* to reconquer (*o* retake) a city. **10** ⟨*fig*⟩ (*riacquistare*) to regain, to recover: *~ vigore* to recover one's strength. **11** ⟨*fig*⟩ (*contrarre di nuovo: rif. ad affezioni fisiche*) to catch (*o* get, contract) again: *~ l'influenza* to catch the flu again. **12** (*ricominciare*) to begin (*o* start) again, to resume: *~ un lavoro* to begin work(ing) again; *~ le trattative* to resume negotiations. **13** (*rimproverare*) to reprove, to reprimand: *l'ha ripreso per la sua negligenza* he reprimanded him for his negligence. **14** ⟨*Fot*⟩ to take: *~ una persona* to take s.o.'s photograph. **15** ⟨*Cin*⟩ to shoot, to take: *~ una scena* to shoot a scene. **16** ⟨*Sart*⟩ (*restringere*) to take in. **17** ⟨*Mar*⟩ to haul taut. **II** *v.i.* (*aus.* **avere**) **1** (*ricominciare*) to begin (*o* start) again, to resume: *lo spettacolo riprenderà fra dieci minuti* the show will begin again in ten minutes. **2** (*ricominciare a parlare*) to resume (speaking), to begin (to speak) again. **riprendersi** *v.r.* **1** (*riaversi*) to recover (*da* from), to get over (s.th.), to rally (*anche fig.*): *riprendersi da una crisi* to recover from a crisis; *dopo la morte della moglie non si è più ripreso* he has never got over his wife's death; *il mercato si è ripreso* the market has rallied. **2** (*correggersi*) to correct o.s., to pull o.s. up. □ *~ le* **armi** to take up arms again; *~ il* **cammino** to set out again; *~ coscienza* to regain consciousness; *~ in* **esame** to re-examine; *~* **fiato** to catch one's breath; ⟨*fig*⟩ *~ in* **mano** to begin (*o* start) again: *~ in mano i pennelli* to begin painting again; *~* **marito** to get married again, to remarry; *~* **quota:** 1 ⟨*Aer*⟩ to regain altitude; 2 ⟨*fig*⟩ to pick up speed.

riprensibile *a.* ⟨*lett*⟩ reprehensible. **riprensione** *f.* ⟨*lett*⟩ reprehension.

ripresa *f.* **1** resumption, renewal, restarting: *la ~ dei lavori* the resumption of work; *la ~ dei negoziati* the resumption of negotiations. **2** ⟨*Teat,Cin*⟩ (*ripetizione*) revival: *la ~ di quel soggetto ha determinato nuovi successi per la compagnia* the revival of that show brought the company fresh success. **3** ⟨*Mot*⟩ pick-up, acceleration. **4** ⟨*Sport*⟩ (*tempo di gara*) second half; (*nel pugilato*) round; (*nella scherma*) bout. **5** ⟨*Cin*⟩ (*atto*) shooting; (*effetto*) shot, take. **6** ⟨*Mus*⟩ (*ritornello*) refrain, ritornello; (*nella sonata*) recapitulation. **7** ⟨*Econ*⟩ (*incremento*) recovery; (*in borsa: rialzo*) rise. **8** ⟨*Med*⟩ recovery. □ **capacità** *di ~* capacity for recovery; ⟨*Rad,TV*⟩ *~* **diretta** live broadcast; ⟨*Rad,TV*⟩ *in ~ diretta* live: *trasmettere in ~ diretta* to broadcast live; *~* **economica** economic recovery; ⟨*Cin*⟩ *~* **esterna** outdoor shot; ⟨*fig*⟩ *essere in ~* to be on the upswing (*o* rise); ⟨*Cin*⟩ *~* **interna** studio (*o* indoor) shot; *a* **più** *-e* (*in più volte*) in (successive) stages; (*ripetutamente*) several (*o* many) times, over and over; ⟨*Cin*⟩ *~ col* **rallentatore** slow-motion shot; *~* **televisiva** televising.

ripresentare *v.t.* (**ripresento**) to present again, to represent. **ripresentarsi** *v.r.* to re-present o.s., to present o.s. again. □ *se se ne ripresenterà l'occasione* if the opportunity occurs (*o* arises) again.

ripresi, ripreso → riprendere.

riprestare *v.t.* (**ripresto**) to lend again.

ripristinamento *m.* → ripristino. **ripristinare** *v.t.*

(**ripristino**) **1** (*rimettere in funzione*) to repair, to put back in operation: *le comunicazioni telefoniche non sono state ancora ripristinate* the telephones have not yet been put back in operation. **2** ⟨*fig*⟩ (*rimettere in uso*) to revive, to restore: *~ una tradizione* to revive a tradition. **ripristino** *m.* **1** (*il rimettere in funzione*) putting back in operation, repair. **2** ⟨*fig*⟩ (*il rimettere in uso*) revival, restoration, reinstatement.

riprocessatore *m.* **I** *a.* reprocessing: *impianto ~* reprocessing plant. **II** *s.m.* reprocessing plant.

riprodotto (*p.p. di riprodurre*) *a.* **1** reproduced. **2** (*a stampa*) reprinted, republished. **3** (*copiato*) copied, reproduced. **4** ⟨*Acu*⟩ reproduced. **riproducibile** *a.* reproducible. **riprodurre** *v.t.* (**riproduco, riproduci; riprodussi, riprodotto;** → **condurre**) **1** (*produrre di nuovo*) to produce again, to reproduce. **2** (*ripresentare*) to produce (*o* show, present) again, to reproduce: *~ i documenti* to show one's papers again. **3** (*eseguire la copia*) to reproduce, to make a copy (*o* reproduction) of: *~ in gesso un bassorilievo* to make a copy of a bas-relief in plaster of Paris; (*copiare, moltiplicare*) to reproduce, to copy: *~ col sistema fototipico* to copy by phototype. **4** (*stampare, pubblicare*) to print, to publish. **5** (*rappresentare, ritrarre*) to portray, to depict, to reproduce, to represent: *il quadro riproduce la scena di una battaglia* the painting depicts a battle scene. **6** ⟨*Biol,Acu*⟩ to reproduce. **riprodursi** *v.r.* **1** ⟨*Biol*⟩ to reproduce. **2** (*formarsi di nuovo*) to form (*o* make, arise) again: *in cantina si è riprodotta la muffa* mould has formed in the cellar again. **riproduttività** *f.* reproductivity. **riproduttivo** *a.* ⟨*Biol*⟩ reproductive. **riproduttore** **I** *s.m.* (*f.* **-trice**) **1** ⟨*Zootecn*⟩ breeder; (*rif. a cavalli*) stud. **2** ⟨*tecn*⟩ reproducer. **II** *a.* ⟨*Biol*⟩ reproductive. □ *~ fonografico* pick-up.

riproduzione *f.* **1** (*il ritrarre*) portrayal, depiction, representation: *~ di un paesaggio campestre* representation of a rural landscape. **2** (*copia*) copy, reproduction: *la ~ di un quadro di Picasso* a Picasso reproduction. **3** (*copiatura, moltiplicazione*) reproducing, copying: *~ al ciclostile* copying by mimeograph. **4** (*il ristampare*) reprinting; (*ristampa*) reprint: *~ non autorizzata* unauthorized reprint. **5** ⟨*Biol,Acu,Econ*⟩ reproduction. □ ⟨*Biol*⟩ *~* **agamica** (*o asessuale*) asexual (*o* vegetative) reproduction; **azienda** *di ~* multiplying farm; *~* **fotografica** photographic reproduction, photoreproduction; ⟨*Tip*⟩ *~* **litografica** lithographic reproduction; ⟨*concr*⟩ lithograph, lithographic print; ⟨*Biol*⟩ *~ per* **scissione** reproduction by fission; *~* **sessuale** sexual reproduction; *~* **vietata** all rights reserved, copyright.

riprografia *f.* reprography; (*tecnica*) reprographics *pl* (*costr. sing.*). **riprografico** *a.* (*pl.* **-ci**) reprographic.

ripromettere *v.t.* (**ripromisi, ripromesso**) to promise again. **ripromettersi** *v.r.* **1** (*proporsi*) to intend, to propose: *ripromettersi di fare qc.* to intend to do s.th. **2** (*aspettarsi*) to expect, to hope (*da* of, from): *si ripromette molto da suo figlio* he expects a lot of his son.

riproporre *v.t.* (**ripropongo, riproponi; riproposi, riproposto;** → **porre**) to propose again, to repropose. **riproporsi** *v.r.* to come up again, to arise again: *un problema che si ripropone spesso* a problem which comes up often.

riprova *f.* **1** double-check, control (*o* check) test: *fare la ~ di un esperimento* to make a double-check on (*o* double-check) an experiment; (*prova nuova e diversa*) new test (*o* check). **2** ⟨*Mat*⟩ proof. **3** (*conferma*) confirmation. **4** ⟨*Dir*⟩ new evidence (*o* proof). □ *a ~ di* as proof of, in confirmation of.

riprovare¹ *v.* (**riprovo**) **I** *v.t.* to try (*o* attempt) again. **II** *v.i.* (*aus.* **avere**), **riprovarsi** *v.r.* to try again, to make another attempt.

riprovare² *v.t.* (**riprovo**) (*disapprovare*) to condemn, to censure, to disapprove of, ⟨*lett*⟩ to reprove.

riprovazione *f.* (*disapprovazione*) censure, disapproval, reproof, reprobation. **riprovevole** *a.* censurable, reprehensible, blameworthy.

ripubblicare *v.t.* (**ripubblico, ripubblichi**) to republish.

ripudiabile *a.* that may be repudiated. **ripudiare** *v.t.*

(rip**u**dio, rip**u**di) **1** to repudiate, to reject, to disown: ~ *la moglie* to repudiate one's wife. **2** ⟨*estens*⟩ ⟨*rinnegare*⟩ to repudiate, to reject, to deny, to disown: ~ *la propria fede* to deny one's faith; ⟨*rinunciare*⟩ to renounce, to give up: ~ *la nazionalità* to give up one's nationality. **3** (*respingere, rifiutare*) to reject, to refuse: ~ *ogni compromesso* to refuse all compromises. **rip**u**dio** *m.* **1** repudiation, disavowal. **2** (*rinnegamento*) denial, repudiation, disavowal: ~ *della fede* denial of faith. **3** (*rifiuto*) rejection, refusal, repudiation.

ripugna**nte** *a.* repugnant, disgusting, revolting. **ripugn**a**nza** *f.* **1** (*disgusto*) repugnance, disgust, repulsion. **2** (*avversione*) repugnance (*per* for), aversion (to), strong dislike (of). **ripugn**a**re** *v.i.* (*aus.* **avere**) **1** to disgust, to repulse, to revolt (*a qd.* s.o.): *le lumache mi ripugnano* snails revolt me. **2** (*suscitare avversione*) to be repugnant (to), to dislike (*costr. pers.*): *mi ripugna mentire* I dislike lying, lying is repugnant to me.

ripuli**re** *v.t.* (**ripul**i**sco, ripul**i**sci**) **1** to clean (up), to make clean. **2** (*pulire di nuovo*) to clean again, to reclean. **3** ⟨*fig,scherz*⟩ (*portare via tutto*) to clean out: *i ladri hanno ripulito la cassaforte* the thieves cleaned out the safe; (*mangiare tutto*) to clean (off): *i miei ragazzi hanno ripulito i piatti* the boys cleaned off their plates. **4** ⟨*fig*⟩ (*vuotare*) to clean, to clear, to rid: ~ *la città dagli speculatori* to rid the city of speculators. **5** ⟨*fig*⟩ (*dirozzare*) to polish, to refine. **6** (*pulire togliendo le parti inutili o dannose*) to clear: ~ *un campo dai sassi* to clear a field of rocks; (*da erbacce*) to weed. **ripul**i**rsi** *v.r.* **1** to clean (o.s.) up, to make o.s. tidy. **2** ⟨*fig*⟩ to polish up one's manners. □ ⟨*fig*⟩ ~ *le tasche a qd.* to clean s.o. out. **ripul**i**sti:** (*pop*) *far* ~ to clean out (*o* up). **ripul**i**ta** *f.* **1** (*il ripulire, il ripulirsi*) clean(ing) up, tidying up. **2** ⟨*fig*⟩ clean sweep. □ ⟨*fam*⟩ *darsi una* ~ to tidy (o.s.) up, to spruce up. **ripulit**u**ra** *f.* **1** cleaning (up). **2** ⟨*fig*⟩ (*rifinitura*) final (*o* finishing) touch.

ripu**lsa** *f.* ⟨*lett*⟩ (*rifiuto*) refusal, rejection. **ripuls**i**one** *f.* **1** repulsion, repugnance: *provare* ~ *per qd.* to feel repugnance for s.o. **2** ⟨*Fis*⟩ repulsion. **ripuls**i**vo** *a.* **1** repulsive, repellent, revolting. **2** ⟨*Fis*⟩ repulsive.

riputa**re, riputazi**o**ne** → **reputare, reputazione.**

riquadra**re** **I** *v.t.* to square (*anche Mat.*): ~ *un blocco di pietra* to square a stone block. **riquadrat**u**ra** *f.* squaring (*anche Mat.*). **riqu**a**dro** *m.* **1** (*quadrato*) square. **2** (*pannello*) panel; (*cornice*) frame.

ri**sa** → **riso².**

risa**cca** *f.* ⟨*Mar*⟩ undertow.

risa**ia** *f.* ⟨*Agr*⟩ rice paddy, rice-field. **risai**o**lo** *m.* (*f.* -a) rice weeder.

risalda**re** *v.t.* to resolder. **risaldat**u**ra** *f.* resoldering.

risali**re** *v.* (**ris**a**lgo, ris**a**li; risal**i**, risal**i**to**; → **salire**) **I** *v.i.* (*aus.* **avere**) **1** to go (*o* climb) up again, to reascend: *risalì a cavallo e partì* he climbed up on his horse again and left. **2** (*salire*) to go (*o* climb) up, to ascend. **3** ⟨*fig*⟩ (*ritornare con la mente*) to go back: ~ *all'origine di una tradizione* to go back to the origin of a tradition. **4** ⟨*fig*⟩ (*rincarare*) to rise (*o* go up) again: *il prezzo dell'olio tende a* ~ the price of oil is tending to rise again. **5** (*essere avvenuto in un tempo anteriore*) to date (*o* go) back (*a* to): *la sua ultima visita risale a tre mesi fa* his last visit goes back to three months ago; *la chiesa risale al Trecento* the church dates back to the fourteenth century. **II** *v.t.* **1** to go up again, to reascend: ~ *le scale* to go up the stairs again. **2** (*salire*) to climb, to go up, to ascend: ~ *il pendio* to climb the slope. □ ~ *alle cause* to go back to the causes; ~ *il corso d'un fiume* to go upstream; ~ *alla sorgente di un fiume* to trace a river back to its source; (*navigando*) to sail up a river to its source. **risal**i**ta** *f.* reascending, going up again. □ *mezzi di* ~ lifts.

risalta**re** **I** *v.i.* (*aus.* **avere/essere**) **1** (*sporgere*) to project, to jut (*o* stick) out: *il bassorilievo risalta sulla colonna* the bas-relief sticks out on the column. **2** (*fare spicco*) to stand out (*su* against), to show up (against, on): *quel nero risalta sul bianco* that black shows up against the white. **3** ⟨*fig*⟩ (*distinguersi, emergere*) to be outstanding, to stand out (*fra* among): *risalta tra i compagni per la sua intelligenza* he stands out among his companions for his intelligence.

4 (*saltare di nuovo*) to jump again. **II** *v.t.* to jump (*o* leap) over again. □ *far* ~: **1** (*mettere in evidenza*) to bring out, to emphasize, to show up; **2** (*conferire maggiore bellezza*) to enhance; ~ *fuori* to turn up again. **ris**a**lto** *m.* **1** (*spicco*) relief, prominence, emphasis, stress. **2** (*sporgenza*) projection. **3** ⟨*Arch*⟩ relief. □ *dare* ~ *a qc.* to bring s.th. out, to make s.th. stand out, to emphasize (*o* stress) s.th.; (*conferendo maggiore bellezza*) to enhance s.th.

risaluta**re** *v.t.* to greet again.

risana**bile** *a.* **1** curable. **2** (*rif. a luoghi malsani*) reclaimable. **risanam**e**nto** *m.* **1** (*guarigione*) recovery. **2** ⟨*fig*⟩ (*miglioramento*) improvement. **3** (*bonifica*) reclamation. **4** ⟨*Edil*⟩ (*rif. a quartieri urbani*) slum clearance. **5** ⟨*Econ*⟩ reorganization, reconstruction: ~ *finanziario* financial reconstruction. **risan**a**re** **I** *v.t.* **1** to cure, to heal, to restore to health: ~ *gli infermi* to heal the sick. **2** ⟨*fig*⟩ (*riordinare, riorganizzare*) to reorganize, to improve: ~ *un'amministrazione* to reorganize an administration. **3** (*bonificare*) to improve; (*rif. a terreni acquitrinosi*) to reclaim. **II** *v.i.* (*aus.* **essere**) to recover; (*rif. a ferite*) to heal (up). **risanat**o**re** **I** *s.m.* (*f.* -trice) ⟨*lett*⟩ healer, restorer. **II** *a.* healing, restoring.

risape**re** *v.t.* (**risò, ris**a**i, ris**à; ris**e**ppi, risap**u**to;** → **sapere**) to hear about, to come to know: *venire a* ~ *qc.* to hear about s.th. **risap**u**to** (*p.p. di risapere*) *a.* (*noto*) well-known.

risarci**bile** *a.* indemnifiable. **risarcim**e**nto** *m.* (*rif. a persone: indennizzo*) indemnification, indemnity, compensation; (*rif. a cose: rimborso*) compensation: ~ *dei danni* compensation for damages; ~ *dei danni morali* compensation for moral injuries; ~ *avere diritto al* ~ to be entitled to damages. **risarc**i**re** *v.t.* (**risarc**i**sco, risarc**i**sci**) (*rif. a persone: indennizzare*) to compensate, to indemnify: ~ *qd. di qc.* to indemnify s.o. for s.th.; (*rif. a cose: rimborsare*) to make good, to pay (*o* make) compensation for: *lo stato risarcisce i danni di guerra* the government pays compensation for war damage.

risa**ta** *f.* laugh, laughing, burst of laughter: *trattenere una* ~ to hold back a laugh. □ ~ *beffarda* sneer; *fare* (*o farsi*) *una* ~ to laugh, to have (*o* give) a laugh: *fare una* ~ *in faccia a qd.* to laugh in s.o.'s face; ~ *grassa* hearty laugh; *scoppiare in una* ~ to burst out laughing. **risat**i**na** *f.* snicker, snigger.

riscaldame**nto** *m.* **1** heating, warming: *appartamento con* ~ flat with (central) heating. **2** (*impianto*) heating plant (*o* system). **3** (*aumento di temperatura*) rise in temperature, heating up. □ ~ *ad aria* air heating; ~ **autonomo** independent central heating (serving one flat); ~ *a* **carbone** coal heating; ~ **centrale** (*per un edificio*) central heating; (*per più edifici o quartieri*) district heating; ~ **elettrico** electric heating; ~ *a* **gas** gas heating; ~ *a* **gasolio** oil heating; ~ *a* **nafta** fuel oil heating; ~ *a* **pannelli** *radianti* panel (*o* radiant) heating; ~ **solare** solar heating; *spese di* ~ fuel expenses.

riscalda**re** *v.t.* **1** (*scaldare*) to warm (up), to heat: *i raggi del sole riscaldano l'aria* the sun's rays warm the air; ~ *una casa* to heat a house. **2** (*scaldare di nuovo*) to warm (*o* heat) again; (*rif. a cibi*) to warm up. **3** ⟨*fig*⟩ (*eccitare, infiammare*) to fire, to heat, to stir up. **riscald**a**rsi** *v.r.* **1** to warm up, to get warm, to warm o.s.: *mi misi a correre per riscaldarmi* I started to run to warm up. **2** (*divenire caldo*) to become (*o* get) hot, to get warm: *l'aria si sta riscaldando* the air is getting warm. **3** ⟨*fig*⟩ (*accalorarsi*) to get excited, to become heated. **4** ⟨*Mot*⟩ to become warm; (*eccessivamente*) to get overheated. □ ⟨*Mot*⟩ *far* ~ to warm up. **riscald**a**ta** *f.* warming up. □ *dare una* ~ *a qc.* to warm s.th. up. **riscald**a**to** *a.* **1** warmed, heated: *una stanza ben –a* a well-heated room. **2** (*rif. a cibi*) warmed. **3** (*rif. a persone*) hot, heated: *arrivò a casa* ~ *dalla lunga corsa* he reached home hot from the long run. **4** ⟨*fig*⟩ (*infervorato*) heated, excited. **riscaldat**o**re** *m.* heater. **risc**a**ldo** *m.* (*pop*) ⟨*leggera infiammazione*⟩ inflammation.

riscatta**bile** *a.* redeemable. **riscatt**a**re** *v.t.* **1** to ransom, to redeem: ~ *un prigioniero* to ransom a prisoner. **2** ⟨*fig*⟩ (*liberare*) to (set) free, to deliver: ~ *un popolo dalla servitù* to deliver a people from slavery. **3** ⟨*fig*⟩ (*compensare*) to make up for, to compensate, to redeem. **4** ⟨*Econ*⟩ to redeem, to recover: ~ *una rendita* to redeem an annuity. **riscattarsi** *v.r.* **1** to vindicate o.s. (*da* from), to make up (for). **2** ⟨*fig*⟩ (*liberarsi*) to free o.s. (*da* from); (*redimersi*) to redeem o.s. □ ~ *un appartamento* to pay off the mortgage on an apartment; ~ *un pegno* to redeem a pledge. **riscatto** *m.* **1** ransom, ransoming, redeeming. **2** (*prezzo*) ransom: *pagare il* ~ to pay the ransom. **3** ⟨*fig*⟩ (*liberazione*) deliverance, liberation; (*redenzione*) redemption. **4** ⟨*Econ*⟩ redemption. □ *a* ~ with right of redemption, on mortgage; ⟨*Dir*⟩ *patto di* ~ right of redemption.

rischiaramento *m.* **1** lighting, illumination. **2** (*rif. a liquidi*) clarification, clearing. **rischiarare I** *v.t.* **1** to light up, to illuminate: *la luna rischiara la notte* the moon illuminates the night. **2** (*rendere meno cupo*) to lighten; (*rif. a colori*) to make lighter (*o* paler); (*rif. a suoni*) to make clearer. **3** ⟨*fig*⟩ (*rendere più chiaro*) to clarify, to clear up: ~ *un'affermazione* to clarify a statement. **II** *v.i.impers.* (*aus.* **essere**) (*rif. al tempo*) to clear up, to brighten up. **rischiararsi** *v.r.* **1** (*rif. al cielo*) to brighten; (*rif. al tempo*) to clear (*o* brighten) up. **2** ⟨*fig*⟩ (*assumere un'espressione più lieta*) to light up, to brighten (up): *il volto gli si rischiarò* his face brightened (*o* lit up). **3** ⟨*fig*⟩ (*diventare più nitido, più preciso*) to become clearer. □ *rischiararsi la voce* to clear one's throat.

rischiare *v.* (**rischio, rischi**) **I** *v.t.* **1** to risk, to venture, to hazard: *ha rischiato la vita per salvare l'amico* he risked his life to save his friend. **2** (*assol*) to risk, to run (*o* take) the risk: ~ *di fare qc.* to run the risk of doing s.th. **II** *v.i.impers.* (*aus.* **essere**) to threaten: *rischia di nevicare* it is threatening to snow.

rischio *m.* risk: *affrontare il* ~ *di qc.* to run the risk of s.th., to risk s.th. □ *a* ~ *di* at the risk of (*anche fig.*): *la merce viaggia a* ~ *del committente* merchandise shipped at buyer's risk; *l'ha voluto fare a* ~ *di rompersi il collo* he insisted on doing it at the risk of breaking his neck; *ad* **alto** ~ high-risk: *gravidanza ad alto* ~ high-risk pregnancy; ~ *per l'***ambiente** environmental hazard; ⟨*Assic*⟩ ~ **coperto** covered risk; **coprire** *un* ~ to cover a risk; **correre** *un* ~ to run (*o* take) a risk; *c'è il* ~ *che* there's the danger (*o* risk) that; **gestione** *dei rischi* risk management; ~ *di* **morte** danger of death; *a* ~ *e* **pericolo** *di* at the risk of: *a proprio* ~ *e pericolo* at one's own risk; **ripartizione** *dei rischi* split of risks; **valutazione** *del* ~ risk assessment; *a* ~ *della propria* **vita** at the risk of one's life.

rischiosamente *a.* riskily, hazardously.

rischioso *a.* risky, dangerous: *impresa* –*a* risky undertaking.

risciacquare *v.t.* to rinse (out): ~ *un piatto* to rinse a plate. **risciacquarsi** *v.r.* to rinse. **risciacquata** *f.* rinse, rinsing. □ *dare una* ~ *al bucato* to rinse out the washing. **risciacquatura** *f.* **1** rinse, rinsing: ~ *delle stoviglie* rinsing the dishes. **2** (*rif. ad acqua*) dishwater, rinsewater. **3** ⟨*spreg*⟩ (*bevanda allungata*) dishwater; (*rif. a scritti o discorsi*) bilge. **risciacquo** *m.* **1** (*sciacquo*) rinsing, rinse. **2** ⟨*Med*⟩ mouthwash.

risciò *m.* rickshaw(s).

riscontare *v.t.* (**risconto**) ⟨*Econ*⟩ to rediscount. **risconto** *m.* ⟨*Econ*⟩ rediscount.

riscontrabile *a.* (*verificabile*) checkable, verifiable; (*trovabile*) findable. **riscontrare** *v.* (**riscontro**) **I** *v.t.* **1** (*confrontare*) to compare, to set off: ~ *la copia con l'originale* to set the copy off against the original. **2** (*esaminare attentamente*) to check, to verify: ~ *i conti* to check the accounts. **3** (*rilevare*) to find, to notice: ~ *qc. di anormale* to find s.th. wrong. **II** *v.i.* (*aus.* **avere**) (*corrispondere*) to agree, to tally. **riscontro** *m.* **1** (*confronto*) comparison. **2** (*verifica, controllo*) check, control, inspection: ~ *del peso* weight inspection. **3** (*conferma*) confirmation. **4** (*oggetto corrispondente*) counterpart, match, pendant. **5** ⟨*burocr*⟩ reply: *in attesa di un cortese* ~ looking forward to your reply. **6** ⟨*Econ*⟩ audit(ing), check(ing). □ ⟨*fig*⟩ *avere* ~ to correspond, to tally; *non avere* ~ to be unmatched, to stand alone; *far degno* ~ *a* to be a match for; *fare* ~ *a qc.* to be the

counterpart of s.th.; *fare il* ~ *di* (*controllare*) to check.

riscoperta *f.* rediscovery. **riscoprire** *v.t.* (**riscopro; riscoprii/riscopersi, riscoperto**) to rediscover.

riscossa *f.* **1** reconquest, recovery. **2** (*insurrezione*) revolt, uprising, insurrection. **3** (*rivincita*) revenge. □ *alla* ~! revenge!

riscossione *f.* collection: ~ *di un'entrata* collection of an outstanding debt; ~ *delle imposte* tax collection. □ *mandato di* ~ collection order. **riscosso** → **riscuotere**.

riscotibile *a.* collectable: *credito* ~ collectable credit.

riscotimento *m.* shaking, rousing (*anche fig.*): ~ *dall'inerzia* shaking off inertia.

riscrivere *v.t.* (**riscrissi, riscritto**) **1** to write again, to rewrite. **2** (*rispondere per iscritto*) to write back.

riscuotere *v.t.* (**riscossi, riscosso**) **1** (*ritirare una somma dovuta*) to collect, to draw: ~ *lo stipendio* to draw one's salary. **2** ⟨*fig*⟩ (*riportare, ottenere*) to win, to earn, to have: ~ *onori* to win honour; ~ *un enorme successo* to have great success. **3** (*scuotere di nuovo*) to shake again. **4** ⟨*fig*⟩ (*scuotere energicamente*) to shake, to rouse, to stir: *bisogna riscuoterlo dalla sua inerzia* we must rouse him from his inertia. **riscuotersi** *v.r.* **1** (*trasalire*) to shake o.s. (*da* out of, from), to rouse o.s. (from). **2** ⟨*fig*⟩ (*risvegliarsi dal torpore*) to shake off (s.th.), to rouse (*o* stir) o.s. (from): *riscuotersi dalla pigrizia* to shake off one's laziness.

riscuotibile *a.* → **riscotibile**.

risedere *v.i.* (**risiedo; risedei/risedetti, riseduto**; → **sedere**; *aus.* **essere**), **risedersi** *v.r.* (*rimettersi a sedere*) to sit down again.

risega *f.* ⟨*Mur*⟩ offset, setback.

risemina *f.* ⟨*Agr*⟩ resowing, reseeding. **riseminare** *v.t.* (**risemino**) to resow, to reseed.

risentimento *m.* resentment, grudge: *serbare* ~ *contro qd.* to bear s.o. a grudge, to resent s.o. **risentire** *v.* (**risento**) **I** *v.t.* **1** (*provare di nuovo*) to feel again: ~ *al piede il dolore della distorsione* to feel the pain of the sprain in one's foot again. **2** (*udire di nuovo*) to hear again: *non voglio più* ~ *questi discorsi* I don't want to hear this kind of talk again. **3** (*sentire, provare*) to feel, to suffer: ~ *la perdita di qd.* to feel s.o.'s loss. **II** *v.i.* (*aus.* **avere**) **1** (*soffrire*) to feel the effects (*di* of), to suffer (from): *risente ancora dell'incidente dello scorso anno* he is still feeling the effects of last year's accident. **2** (*sentire l'influenza*) to show traces (of), to be influenced (by). **risentirsi** *v.r.* **1** ⟨*recipr*⟩ to talk to e.o. again: *ci risentiamo domani alla stessa ora* we'll talk (to e.o.) again at the same time tomorrow. **2** (*offendersi*) to take offence (*o* umbrage) (*per* at), to resent (s.th.): *si risente per ogni minima osservazione* he takes offence at the slightest remark. □ *a risentirci!* good-bye for now!, until next time!; *risentirsi male* to feel ill again. **risentitamente** *avv.* resentfully. **risentito** *a.* **1** heard again: *discorsi sentiti e* –*i* the same old words heard over and over again. **2** (*irritato*) irritated, angry, annoyed: *tono* ~ irritated tone. **3** (*offeso*) resentful, offended, hurt.

riseppellire *v.t.* (**riseppellisco, riseppellisci**) to bury again.

riserbare *v.t.* (**riserbo**) (*tenere in serbo*) to keep, to save (up).

riserbo *m.* reserve, restraint, reticence: *mantenere un assoluto* ~ to maintain an absolute reserve; *uscire dal* ~ to drop one's reserve.

riseria *f.* rice mill, rice factory.

riserva *f.* **1** (*provvista*) supply, stock, provision: *le* –*e di viveri stanno per finire* the food supplies have almost run out; (*scorta*) reserve: *terrò questa penna per* ~ I'll keep this pen in reserve. **2** (*condizione, limitazione*) reservation, reserve: *ha promesso di aiutarlo ma con qualche* ~ he promised to help him, but with some reservations. **3** (*privilegio, esclusività*) privilege, reservation. **4** (*riserva di caccia*) hunting preserve. **5** ⟨*Etnol*⟩ reservation, reserve: *le* –*e indiane* the Indian reservations. **6** ⟨*Mil*⟩ reserves *pl*, reserve: *ufficiale della* ~ reserve officer; (*insieme di forze*) reserves *pl*. **7** ⟨*Sport*⟩ reserve. **8** ⟨*Enol*⟩ (*annata*) vintage: ~ *1959* 1959 vintage. □ ~ **aurea** gold reserve(s), gold stock; ~ **bancaria** bank reserve(s); **di** ~ reserve-, extra, spare-: *motore di* ~ spare engine; ~ *di* **energia** reserves *pl* of strength, store of energy; **esaurire** *tutte le -e* to use up all reserves; **fare delle** *-e su qc.* to have (*o* express) doubts about s.th.; ⟨*Comm*⟩ **fondo** *di* ~ reserve fund; ⟨*Mot*⟩ *essere* **in** ~ to be very low on petrol; ⟨*Dir,Teol*⟩ ~ **mentale** mental reservation; *-e* **monetarie** monetary reserve(s); ~ *di* **pesca** fish preserve; *-e* **petrolifere** oil reserves; **sciogliere** *la* ~ to put aside all reservations; **senza** *-e* without reservation(s), without reserve; ⟨*Dir*⟩ ~ **d'usufrutto** reservation of usufruct; *-e* **valutarie** exchange reserves; ⟨*Dir*⟩ **vendita** *con* ~ *di proprietà* conditional sale.

riservare *v.t.* (**riservo**) **1** to keep, to save (up), to put by, to put aside, to reserve: *ho riservato questa bottiglia per Natale* I have put this bottle by for Christmas. **2** (*prenotare*) to book, to reserve: ~ *un tavolo al ristorante* to reserve a table at a restaurant. **3** (*dimostrare*) to show, to give: ~ *a qd. un trattamento di favore* to give s.o. special treatment. **riservarsi** *v.r.* **1** to reserve: *riservarsi il diritto di fare qc.* to reserve the right to do s.th. **2** (*ripromettersi*) to intend, to propose: *mi riservo di decidere in seguito* I intend to take my decision later.

riservatamente *avv.* **1** (*con riservatezza*) reservedly, with reserve. **2** (*in modo confidenziale*) confidentially. **riservatezza** *f.* **1** (*segretezza*) confidential (*o* secret, private) nature: ~ *di una notizia* confidential nature of a piece of news. **2** (*carattere riservato*) reservedness, reserve: *la sua* ~ *è proverbiale* his reserve is proverbial. **3** (*discrezione*) discretion, reserve: *agire con* ~ to act with discretion. □ ~ *delle informazioni* confidentiality of information. **riservato** *a.* **1** (*rif. a persona*) reserved. **2** (*prenotato*) booked, reserved. **3** (*esclusivo*) reserved: *tutti i diritti -i* all rights reserved. **4** (*discreto*) discreet. **5** (*confidenziale*) confidential: *lettera -a* confidential letter. **riservista** *m.* ⟨*Mil*⟩ reservist.

risguardo *m.* ⟨*Legat*⟩ (inner) endpaper, flyleaf; (*risvolto*) flap.

risibile *a.* laughable, ludicrous: *proposta* ~ ludicrous proposal. **risibilità** *f.* laughableness, ludicrousness.

risicare *v.t.* (**risico**, **risichi**) ⟨*region*⟩ (*rischiare*) to risk. □ *Prov.: chi non risica, non rosica* nothing ventured, nothing gained.

risicolo *a.* ⟨*Agr*⟩ rice-growing-, rice-. **risicoltore** *m.* (*f. -trice*) rice grower. **risicoltura** *f.* rice growing.

risiedere *v.i.* (*aus.* avere) **1** to reside, to dwell, to live; (*rif. a sovrani e sim.*) to reside. **2** (*rif. a istituti e sim.*) to be located (*o* situated), to have its seat. **3** ⟨*fig*⟩ (*stare, consistere*) to lie (*in* in), to reside, to consist (of): *tutta la sua bravura risiede in un'eccezionale prontezza di riflessi* all his skill lies in his exceptional reflexes.

risiero *a.* rice, rice-growing: *industria -a* rice(-growing) industry.

risigillare *v.t.* to reseal, to seal again.

risina *f.* ⟨*Alim*⟩ broken rice.

risipola *f.* ⟨*Med,pop*⟩ (*erisipela*) erysipelas.

risma *f.* **1** ⟨*Cart*⟩ ream. **2** ⟨*fig,spreg*⟩ (*razza*) kind, sort: *gente d'ogni* ~ all kinds of people.

riso[1] *m.* ⟨*Bot*⟩ rice. □ ⟨*Gastr*⟩ ~ *in bianco* rice with butter; ⟨*Gastr*⟩ *-i e bisi* rice with peas; ~ *brillato* polished (*o* glazed) rice; ~ *greggio* paddy (*o* unhusked, unhulled) rice; ~ *soffiato* puffed rice.

riso[2] *m.* (*pl. le* **risa**) **1** laughter, laughing, laugh: *un* ~ *soffocato* a stifled laugh. **2** ⟨*fig*⟩ (*allegria, gioia*) mirth, glee, laughter: *il* ~ *le brillava negli occhi* her eyes were sparkling with mirth. **3** (*ridicolo*) ridicule, mockery: *volgere tutto in* ~ to turn everything into ridicule. □ ~ **beffardo** sneer; ~ **canzonatorio** teasing (*o* mocking) laugh; ~ *a* **denti** *stretti* (*o forzato*) forced laugh; *non poter* **frenare** *il* ~ to be unable to hold back one's laughter; *fare* (*o farsi*) *delle -a* **grasse** (*o da matti*) to have a good laugh; ~ **isterico** hysterical laughter; *morire dalle -a* to split one's sides (with laughter); *essere* **oggetto** *di* ~ to be a laughing-stock; ~ **sardonico** sneer; ~ **soffocato** stifled laughter. *Prov.: il* ~ *abbonda sulla bocca degli stolti* laughter is the hiccup of a fool; *il* ~ *fa buon sangue* laughter is the best medicine.

riso[3] → **ridere**[1].

risoffiare *v.t.* (**risoffio**, **risoffi**) **1** to blow again (*anche assol.*). **2** ⟨*fam*⟩ (*fare la spia*) to tell(tale).

risolare *v.t.* (**ris(u)olo**) ⟨*Calz*⟩ to resole, to put new soles on. **risolatura** *f.* (*atto*) resoling; (*effetto*) (new) sole.

risolino *m.* mocking (*o* ironic) laughter, sneer.

risollevare *v.t.* (**risollevo**) **1** to raise (*o* lift up) again: ~ *un peso* to lift up a weight again. **2** ⟨*fig*⟩ (*rialzare*) to lift (*o* pull) up; (*liberare*) to (set) free: ~ *un popolo dalla miseria* to free a people from misery. **3** (*riproporre*) to raise again: ~ *una questione* to raise a question again. **4** (*rallegrare, ricreare*) to cheer up. **risollevarsi** *v.r.* **1** to lift (*o* raise) o.s. up again. **2** ⟨*fig*⟩ to recover, to pick up again.

risolto (*p.p. di risolvere*) *a.* (re)solved: *problema* ~ solved problem; (*chiarito*) cleared up. **risolubile** *a.* (re)solvable. **risolutamente** *avv.* resolutely, decidedly. **risolutezza** *f.* resoluteness, resolution, decisiveness. **risolutivo** *a.* **1** resolutive. **2** (*determinante*) decisive: *il momento* ~ the decisive (*o* crucial) moment. **3** ⟨*Dir*⟩ resolutory, resolutive. **risoluto** (*p.p. di risolvere*) *a.* resolved, determined, resolute: *essere* ~ *a fare qc.* to be resolved to do s.th.; *un uomo* ~ a resolute man. **risolutore** *m.* (*f. -trice*) (re)solver. **risoluzione** *f.* **1** (*soluzione*) (re)solution, (re)solving: *la* ~ *di una questione complicata* the resolution of a complicated matter; ~ *di un'equazione* solution of an equation. **2** (*decisione*) decision, resolution: *prendere una* ~ *decisiva* to make a crucial decision; *le -i dell'assemblea* the resolutions of the assembly. **3** ⟨*Med*⟩ resolution. **4** ⟨*Dir*⟩ cancellation, annulment: ~ *di un contratto* cancellation of a contract. **5** ⟨*Pol*⟩ resolution. □ ⟨*Pol*⟩ *adottare una* ~ to pass (*o* carry, adopt) a resolution; ⟨*tecn*⟩ *ad alta* ~ high-resolution: *grafica ad alta* ~ high-resolution graphic; ⟨*Pol*⟩ *presentare una* ~ *all'assemblea* to put a resolution to the meeting. **risolvente I** *a.* (re)solving, resolvent. **II** *s.m.* ⟨*Farm*⟩ resolvent. □ ⟨*Fis*⟩ *potere* ~ resolving power. **risolvere** *v.t.* (**risolvei/risolvetti/risolsi**, **risolto/rar.** **risoluto**) **1** to (re)solve, to work out (*anche assol.*): ~ *un indovinello* to solve (*o* work out) a riddle; ~ *un'equazione* to solve an equation. **2** (*decidere*) to resolve, to decide: *abbiamo risolto di firmare il contratto* we've decided to sign the contract. **3** (*scomporre*) to resolve, to break down (*o* up): ~ *un composto nei suoi elementi* to break a compound down into its elements. **4** ⟨*Dir*⟩ to cancel, to annul. **risolversi** *v.r.* **1** (*dissolversi*) to dissolve, to melt: *le nuvole si risolsero in pioggia* the clouds dissolved in rain. **2** ⟨*fig*⟩ (*concludersi*) to end (up), to turn out: *tutto si è risolto in bene* everything turned out well. **3** (*decidersi*) to decide, to resolve, to make up one's mind: *mi sono risolto a farlo* I have decided to do it. **4** ⟨*Med*⟩ to clear up, to resolve: *il raffreddore si risolverà presto* the cold will soon clear up. □ ~ *una controversia* to settle a dispute; ⟨*fig*⟩ *risolversi in nulla* (*o una bolla di sapone*) to come to nothing. **risolvibile** *a.* (re)solvable. **risolvibilità** *f.* (re)solvability.

risommare *v.t.* (**risommo**) to add (up) again.

risonante *a.* resonant (*anche Fis.*). **risonanza** *f.* **1** ⟨*Fis*⟩ resonance. **2** ⟨*fig*⟩ (*eco, interesse*) interest, comment: *il libro ha avuto vasta* ~ the book aroused a great deal of interest. □ ⟨*Fis*⟩ ~ *magnetica nucleare* nuclear magnetic resonance. **risonare** *v.* (**risuono**) **I** *v.i.* (*aus.* avere) **1** (*sonare di nuovo: rif. a strumenti musicali*) to play again; (*rif. a campanelli e sim.*) to ring again. **2** (*riecheggiare*) to re-echo, to resound, to reverberate: *la sua voce risonava nella stanza* her voice re-echoed through the room; *la sala risonò di applausi* the hall reverberated with applause; *il giardino risuona delle grida dei fanciulli* the garden resounds with the children's cries. **3** ⟨*fig*⟩ (*rif. a ricordi, pensieri e sim.*) to ring, to resound, to re-echo: *mi risuonavano nella mente le sue parole* his words rang in my memory. **4** ⟨*Fis*⟩ to resonate, to be resonant. **II** *v.t.* (*sonare di nuovo: rif. a strumenti musicali*) to play again; (*rif. a campanelli e sim.*) to ring again. **risonatore** *m.* ⟨*Fis*⟩ resonator.

risorgere *v.i.* (**risorgo**, **risorgi**; **risorsi**, **risorto**; *aus.* essere) **1** to rise again: *il sole risorgerà presto* the sun will soon rise again. **2** ⟨*Rel*⟩ (*risuscitare*) to rise again (*o* from the dead), to resurrect. **3** ⟨*fig*⟩ (*rifiorire*) to flourish (*o* arise) again, to revive; (*rinascere*) to arise again, to revive, to be renewed: *risorse in lui tutto il coraggio che lo aveva abbandonato* the courage which had deserted him was renewed. **4** ⟨*fig*⟩ (*essere riedificato*) to arise again: *la città risorse dalle sue rovine* the city arose again from its ruins. **5** ⟨*fig*⟩ (*ripresentarsi*) to arise again, to come back: *una difficoltà che risorge* a difficulty that arises again. □ *far ~* to revive.

risorgimentale *a.* ⟨*Stor*⟩ of the Risorgimento. **risorgimento** *m.* revival, renewal: *il ~ delle arti* the revival of the arts. **Risorgimento** *m.* ⟨*Stor*⟩ Risorgimento.

risorsa *f.* **1** resource: *aver esaurito le proprie ~e* to be at the end of one's resources. **2** *pl.* (*ricchezze*) resources *pl,* reserves *pl: le ~e dell'Africa sono immense* Africa's resources are immense. □ *~e* **agricole** agricultural resources; *~e* **idriche** water resources; *~e* **marine** marine resources; *persona piena di ~e* resourceful person; *~e* **petrolifere** oil resources; *~e* **umane** human resources; *uomo privo di ~e* unresourceful man.

risorto (*p.p. di risorgere*) *a.* **1** ⟨*Rel*⟩ (*risuscitato*) resurrected. **2** ⟨*fig*⟩ (*rifiorito*) revived; (*rinato*) risen again. **3** ⟨*fig*⟩ (*riedificato*) rebuilt, risen again.

risospingere *v.t.* (**risospingo, risospingi; risospinsi, risospinto**) **1** to push (*o* drive) again. **2** (*sospingere indietro*) to push (*o* drive) back.

risotto *m.* ⟨*Gastr*⟩ risotto (kind of rice dish).

risovvenirsi *v.r.* (**mi risovvengo, ti risovvieni; mi risovvenni, risovvenuto; → venire**) to remember, to recollect, to recall (*di qc.* s.th.).

risparmiare *v.t.* (**risparmio, risparmi**) **1** to save: *~ le forze* to save one's strength; (*amministrare con parsimonia*) to economize (*o* save) on, to be thrifty (*o* careful) with: *~ il gas* to economize on gas. **2** (*mettere da parte*) to save, to put aside: *~ diecimila lire ogni settimana* to save ten thousand lire a week; (*per un determinato scopo*) to save up: *~ denaro per comprare una motocicletta* to save up money to buy a motorcycle. **3** (*astenersi da, evitare*) to spare: *risparmiaci le tue lamentele* spare us your complaints; *non ha risparmiato fatiche* he spared no effort (*o* pains). **4** (*aver riguardo, salvare*) to spare: *la morte non risparmia nessuno* death spares no one. **risparmiarsi** *v.r.* (*aver riguardo di sé*) to spare o.s., to take care of o.s. □ *risparmia il fiato!* save your breath!; *~ (la vita a) qd.* to spare s.o.'s life. **risparmiatore** *m.* (*f.* -*trice*) **1** saver, thrifty person. **2** ⟨*Econ*⟩ depositor, saver: *piccolo ~* small depositor.

risparmio *m.* **1** (*il risparmiare*) saving (*di* of), economizing (on): *~ di munizioni* saving of ammunition. **2** ⟨*concr*⟩ (*denaro risparmiato*) savings *pl,* money saved up: *con i suoi risparmi si è comprato una macchina* he bought a car with his savings. □ **cassa** *di ~* savings bank; *~* **energetico** (*o di energia*) energy saving; *~* **familiare** household saving; *~* **forzato** (*o coattivo)* forced saving; **indice** *di ~* savings ratio; *~* **postale** postal savings *pl;* **promozione** *del ~* savings incentive; ⟨*fig*⟩ *senza ~* lavishly, profusely; *prodigarsi senza ~* to spare no pains; *senza ~ di forze* sparing no effort; *~ di* **tempo** time-saving.

rispecchiare *v.t.* (**rispecchio, rispecchi**) to reflect, to mirror (*anche fig.*): *le tue azioni rispecchiano il tuo carattere* your behaviour reflects your character. **rispecchiarsi** *v.r.* **1** (*specchiarsi*) to be reflected (*o* mirrored): *gli alberi si rispecchiavano nel fiume* the trees were reflected in the river. **2** (*specchiarsi di nuovo*) to look at o.s. in the mirror again.

rispedire *v.t.* (**rispedisco, rispedisci**) **1** to send (*o* ship, dispatch) again. **2** (*spedire indietro*) to send (*o* ship) back. **rispedizione** *f.* (*lo spedire indietro*) sending back, return.

rispettabile *a.* **1** respectable. **2** (*considerevole*) considerable, notable: *una fortuna ~* a considerable fortune. **rispettabilità** *f.* respectability. **rispettare** *v.t.* (**rispetto**) **1** to respect: *~ i vecchi* to respect the elderly; *~ le opinioni degli altri* to respect other people's opinions. **2** (*osservare*) to respect, to observe, to comply with: *tutti i cittadini sono tenuti a ~ le leggi* all citizens must respect

the laws. **3** (*mantenere*) to keep: *~ la promessa* to keep a promise. **4** (*non rovinare*) to take care of, to treat with care: *~ i libri* to take care of books. **5** (*non travisare*) to keep (*o* stick) to: *i traduttori hanno rispettato il testo originale* the translators kept to the original text. **rispettarsi** *v.r.* to have self-respect, to respect o.s. □ ⟨*pop*⟩ *che si rispetta* (*buono*) good, decent, square: *una cena che si rispetta* a good (*o* square) dinner; *farsi ~* to command respect; *~ la propria firma* to honour one's signature. **rispettivamente** *avv.* respectively. **rispettivo** *a.* respective: *le squadre erano precedute dai -i capitani* the teams were preceded by their respective captains.

rispetto *m.* **1** respect: *incutere ~* to command respect. **2** (*osservanza scrupolosa*) observance (*di* of), respect (for), compliance (with): *il ~ delle leggi* observance of the laws. **3** *pl.* (*saluti*) regards *pl,* ⟨*lett*⟩ respects *pl.* **4** ⟨*Mar*⟩ (*riserva*) spare (part). □ *~* a: **1** (*in relazione a*) with respect (*o* regard, reference) to, as regards, as to: *~ alla Vostra richiesta* as regards your request; **2** (*in confronto*) in comparison with, compared to; **avere** *~ per qd.* to respect s.o., to hold s.o. in respect; *~ a ciò* in this regard (*o* respect); *col* **dovuto** *~* with due respect; *~ della propria* **firma** honouring of one's signature; **mancanza** *di ~* disrespectfulness; **mancare** *di ~ a qd.* to be disrespectful to s.o.; *con ~* **parlando** if you'll excuse my saying so; **pieno** *di ~* respectful; **portare** *~ a qd.* to respect s.o.; ⟨*epist*⟩ *col più* **profondo** *~* respectfully yours, yours faithfully; *~ per se stesso* self-respect; **senza** *~* disrespectful; **sotto** *ogni ~* from every point of view, in all respects; *sotto* **questo** *~* from this point of view.

rispettosamente *avv.* respectfully. **rispettoso** *a.* respectful: *essere ~ verso i genitori* to ⌈be respectful to⌉ (*o* show respect for) one's parents. □ *essere ~ di qc.* to respect (*o* observe) s.th.; *~ della legge* law-abiding, respectful (*o* observant) of the law.

rispiegare *v.t.* (**rispiego, rispieghi**) **1** to unfold again. **2** ⟨*fig*⟩ (*chiarire meglio*) to explain again (*o* more thoroughly).

risplendente *a.* shining, resplendent, sparkling (*anche fig.*): *gemme -i* sparkling gems; *occhi -i di felicità* eyes shining with happiness. **risplendere** *v.i.* (**risplendei/risplendetti**; past participle and compound tenses not used) **1** to shine, to glow: *le stelle risplendevano nel cielo* the stars shone in the sky; (*luccicare*) to glitter. **2** ⟨*fig*⟩ to shine, to sparkle, to ⌈be glowing⌉ (*o* glow) (*di* with): *gli occhi le risplendevano di felicità* her eyes shone with happiness.

rispondente *a.* in conformity, in keeping, in accordance (with), answering (s.th.): *~ alle prescrizioni* in accordance with the regulations. □ *questo non è ~ al vero* this is not true. **rispondenza** *f.* correspondence, agreement, harmony: *~ delle parole alle azioni* correspondence between words and deeds.

rispondere *v.* (**risposi, risposto**) **I** *v.i.* (*aus.* avere) **1** to answer (*a qd.* s.o.), to reply (to): *~ a una lettera* to reply to a letter; *mi rispose con un sorriso* he answered me with a smile; *chiamai, ma nessuno ripose* I called out, but no one answered. **2** (*ricambiare*) to answer (*a qd.* s.o.), to respond (to): *ha risposto con sgarbo al mio invito* he answered my invitation rudely. **3** (*rimbeccare*) to retort (s.th.); (*con arroganza*) to answer back (to s.o.): *non si risponde al professore* one must not answer back to one's teacher; (*reagire*) to react, to answer (s.th.): *alla provocazione rispose con uno schiaffo* he answered the provocation with a slap. **4** (*rendere conto, essere responsabile*) to answer, to be responsible, (*di* for): *~ di ciò che si fa* to be responsible for what one does; *la direzione non risponde degli oggetti non depositati* the management cannot be (held) responsible for unchecked articles; (*rif. a persone*) to vouch, to be responsible (for): *rispondo io di questa persona* I'll vouch for this person. **5** (*obbedire a uno stimolo, a un comando*) to respond (to): *il fisico non risponde alle terapie* the body doesn't respond to the treatment; *l'apparecchio non risponde più ai comandi* the plane no longer responds to the controls. **6** (*corrispondere*) to correspond (to, with); (*essere corrispondente, conforme*) to answer (s.th.), to meet, to come up (to): *l'esito dell'impresa non risponde alle nostre speranze* the outcome of the undertaking does not come up to our expectations; *non ~ ai requisiti* not to meet requirements; *(essere adatto)* to be suitable (for). **7** *(seguire)* to follow, to come after (s.th.): *i tuoni rispondevano ai lampi* the lightning was followed by thunder. **8** *(aprirsi, dare)* to look out (on), to give, to open (onto): *questa finestra risponde sul giardino* this window opens onto the garden. **9** *(nei giochi di carte)* to follow suit: *~ a fiori* to follow suit in clubs. **II** *v.t.* to answer, to reply; *(scrivere)* to write in reply: *~ poche righe* to write a few lines in reply. □ ⟨*Scol*⟩ *~ bene* to give ⌜the right⌝ *(o a good)* answer; *~ di un danno* to be liable for damage; *(risarcirlo)* to pay damages; ⟨*Mil*⟩ *~ al fuoco* to reply to the enemy's fire; *~ per iscritto* to answer in writing; *~ male (sbagliando)* to give a wrong answer; *(sgarbatamente)* to answer rudely; *~ di no* to say no; *~ al nome di* to be called; ⟨*fig*⟩ *~ picche* to refuse flatly, to give a flat refusal; *~ al saluto di qd.* to return *(o* answer) s.o.'s greeting; *~ di sì* to say yes; *~ a sproposito* to give a reply that is off the point; *~ al telefono* to answer the telephone; ⟨*fig*⟩ *~ telegraficamente* to answer briefly; *le tue parole non rispondono a verità* what you say is not true; *~ a voce* to answer verbally.

risposare *v.t.* (**rispọso**) to marry again, to remarry. **risposarsi** *v.r.* to get married again, to remarry.

rispọsta *f.* **1** answer, reply, response: *ascoltò in silenzio la mia ~* he listened to my answer in silence; *(scritti)* reply: *ho letto la tua ~* I read your reply. **2** *(reazione)* response, reaction. □ ⟨*Inform*⟩ *~ automatica* auto-answering; **botta** *e ~* thrust and counterthrust; ⟨*fig*⟩ tit for tat; ⟨*Mil*⟩ *~* **controllata** controlled response; **dare** *~ a qc.* to answer *(o* reply to) s.th.; ⟨*Pol*⟩ *~* **flessibile** flexible response; ⟨*Acu*⟩ *~ in* **frequenza** frequency response; *in ~ a qc.* in answer *(o* reply) to s.th.; ⟨*Comm*⟩ *in ~ alla Vostra lettera* in reply to your letter; ⟨*Post*⟩ *~* **pagata** prepaid answer; *avere sempre la ~* **pronta** to have an answer always ready *(o* pat); **senza** *~* unanswered, without an answer *(o* a reply); *per* **tutta** *~* only answer, as an answer: *per tutta ~ si alzò e uscì* her only answer was to get up and go out.

rispuntạre *v.i.* *(aus.* **essere**) **1** to rise again, to come up *(o* out) again, to reappear: *tra le nubi rispuntò il sole* the sun reappeared through the clouds. **2** *(rif. a persona: ricomparire)* to reappear, ⟨*fam*⟩ to turn *(o* show) up again.

rịssa *f.* **1** brawl, fight: *si è cacciato in una ~* he got into a brawl. **2** *(fig,lett)* dispute, controversy, argument. □ ⌜*venire a*⌝ *(o attaccare, fare) ~ con qd.* to get into a fight with s.o. **rissạre** *v.i.* *(aus.* **avere**) to brawl, to fight, to quarrel. **rissosità** *f.* quarrelsomeness. **rissọso** *a.* quarrelsome.

ristabilimẹnto *m.* **1** restoration, re-establishment: *~ della monarchia* restoration of the monarchy. **2** *(il ristabilirsi in salute)* recovery. **ristabilịre** *v.t.* (**ristabilịsco, ristabilịsci**) **1** to re-establish: *~ l'ordine* to re-establish order. **2** *(rif. alla salute)* to restore. **ristabilirsi** *v.r.* to recover: *ristabilirsi da una lunga malattia* to recover from a long illness. □ *~ le relazioni diplomatiche* to re-establish *(o* resume) diplomatic relations. **ristabilịto** *a.* recovered.

ristagnạnte *a.* *(rif. ad aria)* stale, stagnant; *(rif. ad acqua)* stagnant.

ristagnạre[1] *v.t.* *(ricoprire di stagno)* to tin-plate *(o* coat with tin) again.

ristagnạre[2] *v.i.* *(aus.* **avere**) **1** to cease to flow, to stagnate. **2** ⟨*fig*⟩ to stagnate, to become stagnant *(o* slack, sluggish). **3** ⟨*Econ*⟩ to stagnate, to come to a standstill, to be slack: *gli affari ristagnano* business is slack. **ristagnarsi** *v.r.* to cease to flow, to stagnate.

ristagnatụra *f.* new tin-plating, retinning.

ristagno *m.* **1** stagnation, ceasing to flow. **2** ⟨*fig*⟩ stagnation, slackness: *~ economico* economic stagnation. □ ⟨*Idr*⟩ *~ d'acqua* backwater; ⟨*Econ*⟩ *fase di ~* stagnation; ⟨*Comm*⟩ *~ nelle vendite* slump in sales.

ristạmpa *f.* **1** reprint(ing), new impression. **2** ⟨*concr*⟩ *(opera ristampata)* reprint, (new) impression. □ *essere in ~* to be reprinting. **ristampạbile** *a.* reprintable.

ristampạre *v.t.* to reprint.

ristạre *v.i.* (**ristò, ristại, ristà; ristẹtti, ristạto; →** stare; *aus.* **essere**) ⟨*lett*⟩ **1** *(cessare di muoversi)* to stop, to cease. **2** ⟨*fig*⟩ *(cessare)* to stop, to desist.

ristorạnte *m.* restaurant. □ *albergo ~* hotel with a restaurant; *~ automatico* automat; *~ della stazione* refreshment room, buffet; ⟨*Ferr*⟩ *vagone ~* dining–car. **ristorạre** *v.t.* (**ristọro**) **1** to restore, to refresh. **2** ⟨*fig*⟩ to refresh, to revive, to restore: *~ lo spirito* to restore the spirit. **ristorarsi** *v.r.* to refresh o.s.: *ristorarsi con un buon pranzo* to refresh o.s. with a good meal. **ristoratịvo I** *a.* refreshing, restorative. **II** *s.m.* refreshment. **ristoratọre I** *s.m.* *(ristorante)* restaurant; *(in una stazione ferroviaria)* refreshment room. **II** *A.* refreshing: *sonno ~* refreshing sleep. **ristorazịone** *f.* catering industry. **ristọro** *m.* **1** refreshment, relief. **2** *(rifocillamento)* refreshment. □ *dare ~* to refresh; *posto di ~* refreshment room.

ristrettẹzza *f.* **1** *(strettezza)* narrowness. **2** ⟨*fig*⟩ *(scarsezza)* scarcity, lack, shortage, want: *~ di tempo* lack of time. **3** ⟨*fig*⟩ *(meschinità)* meanness. **4** *pl.* *(condizioni economiche disagiate)* straitened circumstances *pl,* (financial) straits *pl.* □ *vivere in –e* to live in poverty; *~ di idee* narrow–mindedness. **ristrẹtto** *(p.p. di restringere e di ristringere)* *a.* **1** *(racchiuso)* shut *(o* hemmed) in, enclosed: *un paese ~ tra i monti* a village hemmed in by the mountains. **2** *(angusto)* narrow, tight: *siamo in troppi in uno spazio così ~* there are too many of us for such a tight space. **3** *(limitato)* restricted, confined, limited: *l'uso di questa parola è ~ al linguaggio tecnico* the use of this word is restricted to technical terminology. **4** *(scarso)* small, little, scanty: *un ~ numero di amici* a small number of friends; *tempo ~* little time. **5** ⟨*fig*⟩ *(meschino)* mean, petty, narrow-minded: *essere ~ di mente* to be narrow–minded. **6** *(stipato)* crowded, crammed, packed. **7** *(concentrato)* concentrated, condensed, thick: *una salsa –a* a thick sauce; *(rif. al caffè)* extra strong: *caffè ~* extra strong coffee. **8** ⟨*fig*⟩ *(riassunto)* condensed, summarized, summed up: *romanzo ~ in poche pagine* novel condensed into a few pages. **9** *(rif. a prezzi)* lowest, ⟨*fam*⟩ rock–bottom. □ *brodo ~* consommé, clear broth.

ristrịngere *v.t.* (**ristrịngo, ristrịngi; ristrịnsi, ristrẹtto**) to clasp *(o* grasp) again; *(rif. alla mano)* to shake again.

ristrutturạre *v.t.* to restructure. **ristrutturazịone** *f.* restructuring, change in structure: *~ industriale* industrial restructuring.

ristuccạre *v.t.* (**ristụcco, ristụcchi**) **1** to replaster. **2** ⟨*fig*⟩ *(saziare fino alla nausea)* to cloy, to nauseate. **ristuccatụra** *f.* replastering.

ristudiạre *v.t.* (**ristụdio, ristụdi**) to study again *(anche estens.)*.

risucchiạre *v.t.* (**risụcchio, risụcchi**) to swallow up: *la barca fu risucchiata dai gorghi* the boat was swallowed up by the whirlpools. **risụcchio** *m.* **1** suction, undertow. **2** ⟨*Met*⟩ pipe, piping.

risultạnte I *a.* resulting, resultant: *l'effetto ~* the resulting effect. **II** *s.f./m.* ⟨*Fis,Mat*⟩ resultant. **risultạnza** *f.* ⟨*burocr*⟩ *(risultato)* result, outcome.

risultạre *v.i.* *(aus.* **essere**) **1** to (be the) result, to be the outcome, to ensue, to come: *dalle guerre risultano danni per tutta l'umanità* great harm to all mankind comes of *(o* from) war. **2** *(essere noto)* to be known, to appear: *sul suo conto non risulta nulla di male* nothing is known against him; *(con costruzione impersonale)* to understand *(costr.pers.)*, to hear *(costr.pers.)*: *mi risulta che vi siete visti ieri* I understand you saw e.o. yesterday. **3** *(essere accertato)* to be clear, to emerge: *dall'esame risultò che si trattava di una malattia infettiva* from the examination it was clear that it was an infectious disease. **4** *(dimostrarsi, rivelarsi)* to be, to prove (to be), to turn out (to be): *i nostri tentativi sono risultati inutili* our attempts were in vain; *~ falso* to turn out to be false. **5** *(riuscire)* to be, to come out: *è risultato vincitore* he was the winner. **risultạto** *m.* **1** result *(anche Mat.)*: *il ~ di un'indagine* the result of an inquiry. **2** ⟨*Sport*⟩ *(punteggio)* score. □ *avere per (o come) ~ qc.* to result in s.th.; *-i elettorali* election returns *(o* results); *~ finale:* 1 final result; 2 ⟨*Sport*⟩ final score; *senza ~* without any result; *(senza* *successo; agg.*) unsuccessful, fruitless.

risuolare *e der.* → **risolare** *e der.*

risuonare *e der.* → **risonare** *e der.*

risurrezione *f.* resurrection; (*risurrezione di Cristo*) Resurrection (of Christ). □ ⟨*Bibl*⟩ *la ~ della carne* the resurrection of the body (*o* flesh).

risuscitare *v.* (**risuscito**) **I** *v.t.* **1** ⟨*Rel*⟩ to raise, to resurrect: *~ qd. da morte* to raise s.o. from the dead. **2** ⟨*iperb*⟩ to revive, to put ⌈new life⌉ (*o* fresh heart) into: *questa notizia lo risuscitò* this news put fresh heart into him; *~ antichi odi* to revive old hatreds; *~ un uso* to revive a custom. **II** *v.i.* (*aus.* essere) ⟨*Rel*⟩ to be resurrected, to be raised from the dead. **risuscitato** *a.* resurrected, raised from the dead: *Cristo ~* Christ Resurrected. □ ⟨*scherz*⟩ *sembrare un morto ~* to look like death warmed over.

risvegliare *v.t.* (**risveglio, risvegli**) **1** (*svegliare di nuovo*) to wake (up) again. **2** (*svegliare*) to wake (up), to awake. **3** ⟨*fig*⟩ (*scuotere dal torpore*) to awaken, to (a)rouse: *~ la coscienza sopita* to arouse a dormant conscience. **4** ⟨*fig*⟩ (*stimolare di nuovo*) to arouse (*o* stir up) again, to whet: *~ l'appetito* to whet the appetite; (*rif. a sentimenti e sim.*) to (re-)awaken, to rekindle, to arouse, to revive: *~ vecchi ricordi* to revive old memories. **risvegliarsi** *v.r.* **1** (*svegliarsi di nuovo*) to wake up again. **2** (*svegliarsi*) to wake up, to awake. **3** ⟨*fig*⟩ to be rekindled, to be aroused again: *la sua gelosia si risvegliò* her jealousy was aroused again. **risveglio** *m.* **1** waking up, awak(en)ing: *al suo ~ trovò che tutto era già pronto* upon waking up he found everything ready. **2** ⟨*fig*⟩ (*rifioritura*) revival: *~ delle arti* revival of the arts.

risvolto *m.* **1** ⟨*Sart*⟩ lapel: *i –i della giacca* jacket lapels; (*di manica*) cuff; (*dei pantaloni*) turn-up, ⟨*am*⟩ cuff; (*di una tasca*) flap. **2** ⟨*fig*⟩ (*aspetto secondario*) implication: *i –i politici di una situazione* the political implications of a situation. **3** ⟨*Legat*⟩ flap.

ritagliare *v.t.* (**ritaglio, ritagli**) **1** to cut (*o* clip) again: *mi son fatta ~ i capelli* I had my hair cut again. **2** (*tagliare tutt'intorno*) to cut (*o* clip) out: *~ un articolo* to clip out an article. **ritaglio** *m.* **1** cutting, clipping: *~ di giornale* (*o stampa*) newspaper cutting, press clipping. **2** *pl.* (*avanzi*) scraps *pl*; (*rif. a stoffe*) remnants *pl.* □ *~ di tempo* spare time.

ritardabile *a.* that can be delayed (*o* deferred).

ritardante *a.* delaying, retarding. **ritardare** **I** *v.i.* (*aus.* avere) **1** (*tardare*) to take a long time, to be late: *~ a rispondere* to be late in answering. **2** (*tardare ad arrivare*) to be late: *il treno ritarda di un'ora* the train is an hour late (*o* overdue). **3** ⟨*Orol*⟩ to be slow: *il tuo orologio ritarda di cinque minuti* your watch is five minutes slow. **II** *v.t.* **1** to delay, to hold up: *lo sciopero ha ritardato il lavoro* the strike delayed the work. **2** (*rallentare*) to slow (down), to slacken. **3** (*differire*) to postpone, to delay, to put off, to defer: *abbiamo ritardato la partenza* we have postponed our departure. **ritardatario** *m.* (*f.* -**a**) **1** (*chi arriva in ritardo*) latecomer. **2** (*chi indugia*) defaulter. **ritardato** *a.* **1** delayed; (*rallentato*) slowed (down). **2** ⟨*Psic,Med*⟩ retarded. **II** *s.m.* (*f.* -**a**) ⟨*Psic*⟩ retardate, retarded (*o* backward) person. □ *~ mentale* mentally retarded. **ritardatore** **I** *a.* **1** delaying. **2** ⟨*Chim, Fis*⟩ retardant. **II** *s.m.* ⟨*Chim, Fis*⟩ retarder.

ritardo *m.* delay: *pagare con una settimana di ~* to pay ⌈after a week's delay⌉ (*o* a week late); *il ~ della posta* the mail delay, lateness in mail delivery. □ ⟨*Mot*⟩ *~ d'accensione* hangfire; *arrivare in ~* to come late; *~ nella consegna* delay in delivery; ⟨*Sociol*⟩ *~ culturale* cultural lag; *essere in ~* to be late: *il treno è in ~ di tre ore* the train is three hours late; ⟨*El*⟩ *~ di fase* phase lag; ⟨*Med*⟩ *~ mentale* mental retardation; *~ nel pagamento* delay in payment; *scusami il ~* sorry I'm late.

ritegno *m.* **1** (*freno*) restraint: *la sua passione non conosce alcun ~* his passion knows no restraint; (*moderazione*) moderation, control: *spendere con ~* to spend with moderation. **2** ⟨*Mecc*⟩ stop, check. □ *aver ~* to be reserved; *senza ~*: **1** (*agg.*) without restraint, unrestrained; **2** (*avv.*) unrestrainedly.

ritemprare *v.t.* (**ritempro**) **1** to retemper. **2** ⟨*fig*⟩

(*rinforzare, rinfrancare*) to strengthen, to fortify, to restore. **ritemprarsi** *v.r.* to fortify o.s., to gain new strength, to be restored.

ritenere *v.t.* (**ritengo, ritieni; ritenni, ritenuto;** → **tenere**) **1** (*trattenere, fermare*) to hold (*o* keep) back, to restrain, to check. **2** (*non consegnare*) to keep back, to withhold: *hanno ritenuto trecento lire* they withheld three hundred lire. **3** ⟨*fig*⟩ (*ricordare*) to remember: *non riesco a ~ le date* I can't remember dates. **4** ⟨*fig*⟩ (*giudicare, stimare*) to think, to consider, to believe: *lo ritengono una persona onesta* they consider him an honest person; *ritengo di avere sbagliato* I believe I was wrong. **ritenersi** *v.r.* to think (o.s.), to believe (o.s.), to consider (o.s.): *si ritiene un genio* he thinks he's a genius.

ritentare *v.t.* (**ritento**) to try again, to reattempt.

ritenuta *f.* deduction: *fare una ~ sul salario* to make a deduction from wages. □ *~ alla fonte* withholding tax.

ritenuto → **ritenere**. **ritenzione** *f.* ⟨*Med,Dir*⟩ retention.

ritessere *v.t.* (**ritessei, ritessuto**) to reweave (*anche fig.*).

ritingere *v.t.* (**ritingo, ritingi; ritinsi, ritinto**) to dye (again), to redye: *~ un vestito in* (*o di*) *rosso* to dye a dress red. **ritinto** (*p.p. di ritingere*) *a.* **1** dyed (again), redyed. **2** ⟨*fig,spreg*⟩ (*malamente truccato*) painted (up): *una vecchia tinta e –a* a painted up old woman.

ritirare *v.t.* **1** (*tirare indietro, ritrarre*) to withdraw, to pull (*o* draw) back: *mi dette la mano ma la ritirò subito* he gave me his hand but drew it back at once; *la lumaca ritira le corna* the snail withdraws its horns. **2** (*far tornare indietro*) to withdraw, to recall: *~ le truppe* to withdraw the troops; (*richiamare*) to recall, to call back: *lo stato ritirò i suoi rappresentanti* the country recalled its representatives. **3** (*togliere*) to take away, to confiscate, to revoke: *~ la patente a qd.* to confiscate s.o.'s driving-licence. **4** (*togliere dalla circolazione*) to withdraw (from circulation), to call in: *la banca ha ritirato tutte le banconote da cento lire* the bank has called in all the hundred lire notes; *~ un prodotto dal mercato* to withdraw a product. **5** (*farsi consegnare*) to collect, ⟨*fam*⟩ to pick up: *il pacco potrà essere ritirato alla posta* the parcel may be collected at the post office. **6** (*rif. a denaro: prelevare*) to draw (out), to take out, to withdraw: *~ una somma in banca* to draw a sum from the bank. **7** ⟨*fig*⟩ (*ritrattare*) to withdraw, to retract: *~ le dimissioni* to withdraw (*o* retract) one's resignation. **8** (*rimuovere tirando*) to draw (*o* pull) in: *~ le reti* to draw in (*o* up) the nets. **ritirarsi** *v.r.* **1** to draw (*o* move) back, to retreat: *si ritirò prontamente per non essere investito* he drew (*o* stepped) back quickly to avoid being hit. **2** (*ripiegare: rif. a truppe e sim.*) to retreat, to fall back, to withdraw; *i soldati si ritirarono sulla collina* the soldiers retreated to the hill; (*sgombrare*) to move out, to evacuate. **3** (*appartarsi*) to retire, to withdraw: *ritirarsi a vita privata* to retire to private life; *ritirarsi in camera propria* to withdraw (*o* retire) to one's room. **4** (*interrompere un'attività*) to retire (*da* from), to give up (s.th.): *ritirarsi dal commercio* to retire from business; (*dando le dimissioni*) to resign (from). **5** (*rinunciare a una gara*) to withdraw (from): *ritirarsi da un concorso* to withdraw from a contest. **6** (*disdire la propria parola*) to retract (*da qc.* s.th.); (*disdire il proprio impegno*) to withdraw (from). **7** (*accorciarsi, restringersi*) to shrink: *la stoffa non si è ritirata* the material didn't shrink. **8** (*defluire*) to subside, to recede: *le acque si ritirano lentamente dalle campagne* the water is slowly receding from the fields; (*rif. alla marea*) to ebb. □ *la corte si ritira* the Court withdraws; *ritirarsi dal mondo* to retreat (*o* withdraw) from the world; *~ la parola data* to go back on one's word.

ritirata *f.* **1** retreat, withdrawal (*anche Mil.*): *tagliare la ~ al nemico* to cut off the enemy's retreat. **2** ⟨*Mil*⟩ (*rientro in caserma: segnale*) tattoo: *sonare la ~* to sound (*o* beat) the tattoo. **3** (*latrina*) lavatory, toilet. □ *battere in ~*: **1** ⟨*Mil*⟩ to retreat; **2** ⟨*fig*⟩ (*scappare*) to beat a retreat; ⟨*Mil*⟩ *~ strategica* strategic withdrawal (*o* retreat). **ritirato** *a.* (*appartato*) retired, secluded: *far vita –a* to lead a ⌈secluded life⌉ (*o* life of seclusion). **ritiro** *m.* **1** (*il ritirare*) withdrawal; (*il ritirarsi*) retreat, withdrawal, retirement. **2**

(*richiamo*) recall, withdrawal: *il ~ dell'ambasciatore* the ambassador's recall. **3** (*revoca*) taking away, revocation: *~ del passaporto* taking away of a passport. **4** (*il togliere dalla circolazione*) withdrawal (from circulation): *~ di carta moneta* withdrawal (from circulation) of paper money. **5** (*il prendere, il farsi consegnare*) collection, collecting: *il ~ dei biglietti* the collection of tickets. **6** (*rinuncia*) withdrawal: *~ da un concorso* withdrawal from a competition. **7** (*il ritirarsi in un luogo appartato*) withdrawal, retiring, retreat. **8** (*luogo appartato*) retreat, secluded spot. **9** ⟨*Rel*⟩ (*ritiro spirituale*) retreat. **10** (*condizione di chi vive ritirato*) seclusion, retirement: *vivere in ~* to live in seclusion. **11** ⟨*Met*⟩ shrink(age), contraction. □ *~ bagagli* luggage claim, ⟨*am*⟩ baggage claim; *~ della patente di guida* suspension (*o* revocation) of a driving licence.

ritmare *v.t.* to ⌐beat out⌐ (*o* mark, measure) the rhythm of: *~ una canzone* to beat out the rhythm of a song. **ritmato** *a.* rhythmic, measured: *movimento ~* measured movement. **ritmica** *f.* **1** ⟨*Mus*⟩ rhythmics *pl* (*costr. sing.*). **2** ⟨*Metr*⟩ metrics *pl* (*costr. sing. o pl.*). **ritmicamente** *avv.* rhythmically. **ritmicità** *f.* rhythmicity. **ritmico** *a.* (*pl.* -ci) ⟨*Mus,Metr*⟩ rhythmic(al) (*anche fig.*): *cadenza –a* rhythmic cadence. **ritmo** *m.* **1** rhythm: *il valzer ha un ~ ternario* the waltz has a ternary rhythm. **2** ⟨*fig*⟩ rhythm, pace: *il ~ dello sviluppo industriale* the rhythm of industrial development; *il ~ di un racconto* the pace of a story. □ *~ biologico* biological rhythm, biorhythm; *muoversi a ~ di danza* to move in dance rhythm; *~ di lavoro* work tempo (*o* pace); ⟨*Med*⟩ *~sinusale* sinus rhythm; ⟨*Mus,Metr*⟩ *~ sostenuto* swing. **ritmologia** *f.* rhythmics *pl* (*costr. sing.*). **ritmo-melodico** *a.* (*pl.* -ci) ⟨*Mus*⟩ rhythmic and melodic.

rito *m.* **1** rite, ceremony: *~ nuziale* nuptial rite; *~ funebre* funeral rite. **2** ⟨*fig*⟩ (*usanza*) custom, usage, rite: *in Inghilterra il tè del pomeriggio è un ~* in England, afternoon tea is a rite. **3** ⟨*Rel*⟩ (*liturgia*) Rite: *~ romano* Roman Rite. □ *celebrare le nozze col ~ civile* to have a civil wedding; *di ~* usual, customary: *i documenti di ~* the usual documents; ⟨*Rel*⟩ *~ della messa* rite of the Mass.

ritoccare *v.t.* (**ritocco, ritocchi**) **1** to touch up, to retouch, to revise: *~ una poesia* to revise a poem. **2** ⟨*Art,Fot,Cosmet*⟩ to touch up, to retouch: *~ il trucco* to touch (*o* freshen) up one's make-up. □ *~ i prezzi* to revise prices. **ritoccata** *f.* ⟨*Art,Fot,Cosmet*⟩ (*atto*) retouching, touching up; (*effetto*) touch up, retouch. **ritoccatore** *m.* (*f.* -trice) retoucher. **ritocco** *m.* (*pl.* -chi) **1** touch up, finishing touch, retouch, correction, revision: *il libro fu pubblicato con qualche piccolo ~* the book was published with a few slight revisions. **2** ⟨*Fot*⟩ retouching.

ritogliere *v.t.* (**ritolgo, ritogli; ritolsi, ritolto**) **1** to take away again; (*rif. a vestiti e sim.*) to take off again. **2** (*riprendere ciò che si era dato*) to take back.

ritorcere *v.t.* (**ritorco, ritorci; ritorsi, ritorto**) **1** to twist (*o* wring) again, to retwist; (*rif. a panni lavati*) to wring out again. **2** (*rif. al filo*) to twist, to twine. **3** ⟨*fig*⟩ (*rivolgere contro*) to turn against, to throw back: *~ un argomento contro qd.* to turn an argument against s.o. **ritorcersi** *v.r.* **1** to be (*o* become, get) twisted. **2** ⟨*fig*⟩ to retort, to be turned: *tutte le tue accuse si ritorcono contro di te* all your accusations are turned against you. **ritorcitura** *f.* ⟨*Tess*⟩ twisting, doubling.

ritornare *v.* (**ritorno**) **I** *v.i.* (*aus.* essere) **1** (*tornare*) to return, to go (*o* come) back: *~ in patria* to return to one's country; *~ a casa* to return (*o* go) home. **2** ⟨*fig*⟩ (*riprendere*) to return, to go back (*su* to): *~ su un argomento* to go back to a subject. **3** (*ripresentarsi*) to recur, to be repeated: *un motivo che ritorna spesso nell'arte bizantina* a motif that frequently recurs in Byzantine art. **4** (*ridiventare*) to become (*o* be) again, to return: *il cielo ritorna sereno* the sky is (*o* has become) clear again; *queste scarpe sono ritornate nuove* these shoes are like new again. **II** *v.t.* (*restituire*) to give back, to return: *ti ritorno il libro che mi hai prestato* I am giving

you back the book you loaned me. □ *~ a lavorare* to start work again; *~ in mente* to come to mind again; *~ di moda* to come back into fashion; *~ in sé* to come to. ‖ **ritornarsene** to return, to go back.

ritornello *m.* **1** ⟨*Mus,Metr,Lett*⟩ refrain. **2** ⟨*fig*⟩ story, song: *e dagli con il solito ~* it's always the same old story.

ritorno *m.* **1** return: *il ~ della primavera* the return of spring; *~ in città* return to town. **2** (*viaggio di ritorno*) return trip (*o* journey), trip (*o* way) back: *al ~* on the return trip. **3** ⟨*Mecc*⟩ (*di molla*) recovery; (*di pistone*) reversal. □ *al mio ~* on my return: *al mio ~ trovai la casa svaligiata* on my return I found the house had been burgled; *essere di ~:* **1** (*stare tornando*) to be on the way back; **2** (*essere ritornato*) to be back: *non sarò di ~ prima di lunedì* I won't be back before Monday; *fare ~* (*ritornare*) to return, to come (*o* go) back; *~ di* **fiamma:** **1** ⟨*Mot*⟩ back fire, flashback; **2** ⟨*fig*⟩ sudden outbreak of an old passion; ⟨*Sport*⟩ *partita di ~* return match; *~ in patria* homecoming, return (to one's country); *sulla via del ~* on the way back; *viaggio di andata e ~* round trip; *vuoti di ~* deposit bottles, ⟨*fam*⟩ empties.

ritorsione *f.* **1** retort. **2** (*rappresaglia*) retaliation. □ *per ~* in retaliation. **ritorta** *f.* withe, withy. **ritorto** (*p.p. di ritorcere*) *a.* **1** twisted, twined: *corda –a* twisted rope. **2** (*storto, contorto*) twisted, crooked. **3** ⟨*Tess*⟩ twisted: *cotone ~* twisted cotton.

ritradurre *v.t.* (**ritraduco, ritraduci; ritradussi, ritradotto; → condurre**) **1** to translate again, to retranslate. **2** (*tradurre di nuovo nella lingua originale*) to translate back. **ritraduzione** *f.* retranslation, new translation.

ritrarre *v.t.* (**ritraggo, ritrai; ritrassi, ritratto; → trarre**) **1** (*tirare indietro*) to retract, to withdraw, to draw back: *ritrasse con orrore la mano* he drew back his hand in horror. **2** (*distogliere*) to divert, to turn away from. **3** (*rappresentare*) to portray, to depict, to represent, to reproduce: *~ una scena* to portray a scene. **4** (*descrivere*) to portray, to depict, to describe, to picture: *~ un ambiente* to describe a milieu. **5** ⟨*Fot*⟩ to photograph, to take a photo of. **ritrarsi** *v.r.* **1** (*farsi indietro*) to step (*o* move, draw) back: *mi ritrassi appena in tempo per non essere investito* I stepped back just in time to avoid being hit. **2** ⟨*fig*⟩ (*ritirarsi*) to withdraw (*da* from), to back out (of): *ritrarsi da un impegno* to back out of a commitment.

ritrasmettere *v.t.* (**ritrasmisi, ritrasmesso**) ⟨*Rad,TV*⟩ to retransmit, to rebroadcast. **ritrasmissione** *f.* retransmission, rebroadcast(ing).

ritrattabile *a.* retractable.

ritrattare[1] *v.t.* **1** to deal with again, to treat (*o* cover) again: *ritratterò questo argomento nella prossima lezione* I shall deal with this topic again in the next lesson. **2** (*rinnegare*) to recant: *~ una dottrina eretica* to recant a heretical doctrine. **3** (*ritirare*) to retract, to take back, to withdraw: *~ un'accusa* to retract an accusation. **ritrattarsi** *v.r.* to retract, to recant, to disavow (*o* take back) what one has said.

ritrattare[2] *v.t.* ⟨*Atom*⟩ to reprocess.

ritrattamento *m.* reprocessing: *~ del combustibile nucleare* reprocessing of nuclear fuel.

ritrattazione *f.* retraction, withdrawal: *~ di un'affermazione* retraction of a statement; *~ di una confessione* retraction of a confession.

ritrattista *m./f.* ⟨*Pitt*⟩ portrait-painter, portraitist. **ritrattistica** *f.* portrait-painting.

ritratto I *s.m.* **1** portrait (*anche estens.*): *fare il ~ di qd.* to paint s.o.'s portrait. **2** ⟨*fig*⟩ image, picture, portrait: *sembra il ~ del nonno* he is the image of his grandfather; *essere il ~ della salute* to be a picture of health. **II** *a.* (*rappresentato, raffigurato*) portrayed, depicted, pictured. □ ⟨*Fot*⟩ *~ a colori* colour portrait (*o* photograph); *~ di famiglia* family portrait; *~ al naturale* (*a grandezza naturale*) life-size (*o* actual size) portrait; *~ a olio* portrait in oil, oil portrait; *~ parlante* lifelike portrait; *~ di profilo* profile (portrait).

ritrazione *f.* **1** retraction. **2** (*restringimento*) shrinking.

ritrito *a.* finely minced. □ ⟨*fig*⟩ *trito e ~* hackneyed, rehashed.

ritrosaggine *f.* → ritrosia. **ritrosamente** *avv.* reluctantly, unwillingly. **ritrosia** *f.* reluctance, unwillingness; (*scontrosità*) contrariness; (*riservatezza*) shyness, bashfulness. **ritroso** *a.* **1** (*scontroso*) contrary. **2** (*restio*) reluctant, unwilling: *essere ~ a fare qc.* to be reluctant to do s.th.; *fu ~ ad accettare* he was reluctant to accept. **3** (*riservato*) shy, bashful. **4** (*che va all'indietro*) (moving) backward. □ *a ~*: 1 backwards: *camminare a ~* to walk backwards; 2 ⟨*fig*⟩ (*controcorrente*) against the tide (*o* stream).

ritrovamento *m.* **1** finding. **2** (*invenzione*) invention; (*scoperta*) discovery, find. **ritrovare** *v.t.* (**ritrovo**) **1** to find: *~ gli occhiali* to find one's glasses. **2** (*incontrare di nuovo*) to meet (*o* find) again, ⟨*fam*⟩ to run into: *ho ritrovato a Napoli un vecchio compagno di scuola* I ran into an old school friend in Naples. **3** ⟨*fig*⟩ (*riacquistare, ricuperare*) to find again, to recover, to regain: *~ la serenità* to find serenity again. **4** (*riuscire a scoprire*) to discover, to find: *~ la spiegazione di un fenomeno* to discover the explanation of a phenomenon. **5** ⟨*fig*⟩ (*riconoscere*) to see (a likeness): *~ le sembianze di qd. in una fotografia* to see a likeness to s.o. in a photograph. **ritrovarsi** *v.r.* **1** (*incontrarsi di nuovo*) to meet again (*con qd.* s.o.). **2** (*riunirsi*) to meet: *ci ritroviamo stasera* we'll meet tonight. **3** (*essere, capitare*) to be, to find o.s.: *ritrovarsi nei guai* to be in trouble. **4** (*orientarsi, raccapezzarsi*) to make out, to see (*o* find) one's way around, to get one's bearings: *non riesco a ritrovarmi in una città così grande* I can't get my bearings in such a big city. **5** (*trovarsi a proprio agio*) to feel at ease, to be at home, to get on well: *fra questa gente non mi ci ritrovo* I don't feel at ease with these people.

ritrovato *m.* **1** (*invenzione*) invention; (*scoperta*) discovery, find. **2** (*espediente*) expedient, device.

ritrovo *m.* meeting place; (*circolo*) club: *~ notturno* night-club. □ *un ~ di ladri* a den of thieves.

ritto I *a.* **1** (*dritto in piedi*) upright, erect, on one's feet: *si piazzò ~ in mezzo alla stanza* he stood upright in the middle of the room; *è così stanco che non riesce a star ~* he's so tired he can't stand on his feet. **2** (*levato in alto, alzato*) raised, erect, straight up: *il gatto passò con la coda –a* the cat walked by with its tail erect. **3** (*posto verticalmente*) upright, (standing up), vertical. **4** ⟨*region*⟩ (*destro*) right. **II** *s.m.* **1** right side, face: *il ~ della stoffa* the right side of the cloth. **2** ⟨*Sport*⟩ upright. **3** ⟨*Edil*⟩ (*piedritto*) pier. **4** (*sostegno verticale*) upright, prop. □ *avere i capelli –i* (*per lo spavento*) to have one's hair standing on end; *reggersi (o stare) ~* to stand upright; *stare su ~* to stand up straight.

rituale I *a.* **1** ritual: *preghiere –i* ritual prayers. **2** ⟨*estens*⟩ (*abituale*) customary, usual, ritual. **II** *s.m.* ritual (*anche Rel.*). □ ⟨*Rel.catt*⟩ *~ romano* (Roman) ritual. **ritualismo** *m.* ⟨*Rel*⟩ ritualism. **ritualista** *m./f.* ⟨*Rel*⟩ ritualist. **ritualistico** *a.* (*pl.* -ci) ritualistic. **ritualità** *f.* rituality. **ritualizzare** *v.t.* to ritualize. **ritualizzazione** *f.* ritualization. **ritualmente** *avv.* ritually.

rituffare *v.t.* to dive (*o* plunge) again. **rituffarsi** *v.r.* **1** to dive (*o* plunge) again. **2** ⟨*fig*⟩ to plunge again.

riudire *v.t.* (**riodo**; **riudii**, **riudito**; → udire) to hear again.

riunificare *v.t.* (**riunifico**, **riunifichi**) to reunify. **riunificazione** *f.* reunification.

riunione *f.* **1** meeting, gathering, reunion; (*di carattere familiare*) get-together. **2** (*riconciliazione*) reconciliation, reunion. **3** ⟨*Sport*⟩ meet(ing). □ *~ all'aperto* open-air gathering; *~ d'apertura* opening meeting; *~ del consiglio dei ministri* Cabinet meeting; *~ a porte chiuse* meeting behind closed doors. **riunire** *v.t.* (**riunisco**, **riunisci**) **1** (*ricongiungere*) to reunite, to put (*o* join) together: *~ i pezzi di una pagina strappata* to put the pieces of a torn page together. **2** (*mettere insieme*) to gather (together), to collect (up): *riunì le sue poche cose e se ne andò* he gathered his few things together and left. **3** (*rif. a persone: radunare*) to assemble, to get together, to gather: *~ gli amici per una festa* to get one's friends together for a party; (*convocare*) to call, to summon: *~ il consiglio dei*

professori to call a teachers' meeting. **4** ⟨*fig*⟩ (*riconciliare*) to reconcile, to bring together again: *la disgrazia li ha riuniti* misfortune brought them together again. □ *~ di lavoro* work meeting. **riunirsi** *v.r.* **1** (*radunarsi*) to meet, to gather, to assemble, to come (*o* get) together. **2** (*tornare a unirsi*) to be reunited, to come together again. **riunito** *a.* **1** reunited: *una famiglia –a* a reunited family. **2** (*radunato*) assembled, gathered (together): *eccoci tutti –i* here we are all gathered together.

riusabile *a.* re-usable.

riuscire *v.i.* (**riesco**, **riesci**; → uscire; *aus.* essere) **1** to succeed, to manage, to be able: *~ a fare qc.* to succeed in doing s.th.; *non è riuscito a superare gli esami* he wasn't able to pass the exams; *riusciremo a finire il lavoro entro la settimana?* will we manage to finish the work within the week?; (*aver esito positivo*) to be successful, to come (*o* turn) out well, to succeed: *l'operazione è riuscita* the operation was successful; *l'esperimento non è riuscito* the experiment did not turn out well. **2** (*avere fortuna*) to succeed, to be successful, to get ahead, to do well: *è un giovane che riuscirà nella vita* he is a young man who will get ahead in life. **3** (*avere attitudine*) to be good (*o* clever) (*in* at): *tuo figlio non riesce in matematica* your son is not good at mathematics. **4** (*apparire, risultare*) to be, to prove: *ciò che mi racconti mi riesce nuovo* what you say is new to me. **5** (*uscire di nuovo*) to go out again. □ *mi riesce* **antipatico** I don't like him; *~ **bene*** to come (*o* turn) out well, to be a success; *~ **difficile*** to be difficult; *~ **facile*** to be easy; *~ **nell'intento*** to achieve one's goal; *~ **male*** to turn (*o* come) out badly, to be unsuccessful, ⟨*fam*⟩ to (be a) flop; *il **segreto** per ~* the secret of success.

riuscita *f.* result, outcome, issue; (*buon esito*) success: *la ~ di un esperimento* the success of an experiment. □ *avere (o fare) una buona ~*: 1 to be a success, to be successful, to turn (*o* come) out well; 2 (*rif. a prodotti commerciali*) to be (*o* prove) good; 3 (*durare*) to last; 4 (*rif. a indumenti*) to wear well; *cattiva ~* failure. **riuscito** *a.* **1** well-done: *un lavoro ~* a well-done job. **2** (*che ha avuto buon esito*) successful: *un'impresa –a* a successful undertaking.

riutilizzabile *a.* re-usable. □ *non ~* one-way, non returnable: *imballaggio non ~* non-returnable packing. **riutilizzare** *v.t.* to use again, to re-use. **riutilizzazione** *f.* re-use. **riutilizzo** *m.* re-use; (*riciclaggio*) recycling, recovery: *~ dei rifiuti* waste recovery.

riva *f.* (*rif. al mare*) shore, coast: *navigare lungo la ~* to sail along the coast; (*rif. a fiume*) bank; (*rif. a lago*) shore. □ *in ~ al mare* by the sea, on the sea-shore.

rivaccinare *v.t.* to revaccinate. **rivaccinazione** *f.* revaccination.

rivale I *a.* **1** rival. **2** (*emulo, competitore*) rival, competing: *squadra ~* competing team. **II** *s.m./f.* rival (*anche estens.*). □ ⟨*fig*⟩ *non avere –i* to be unrivalled (*o* matchless). **rivaleggiare** *v.i.* (**rivaleggio**, **rivaleggi**; *aus.* avere) **1** to vie, to be a rival (*anche estens.*): *~ con qd. per l'amore di una donna* to vie with s.o. for a woman's love. **2** ⟨*fig*⟩ (*essere alla pari*) to rival, to equal, to match: *nessuno può ~ con lui nel tennis* no one can match him at tennis.

rivalersi *v.r.* (mi **rivalgo**, ti **rivali**; mi **rivalsi**, **rivalso**; → valere) **1** to avail o.s. again, to make use again (*di* of): *devo rivalermi del suo aiuto* I must avail myself of his help again; (*ricorrere*) to have recourse (to). **2** (*rifarsi*) to make up (*o* good): *~ delle perdite alle corse* to make good one's losses at the races.

rivalità *f.* rivalry.

rivalsa *f.* **1** (*risarcimento*) compensation, reimbursement. **2** (*rivincita*) revenge: *prendersi una ~ su qd.* to take revenge (*o* s.th. out) on s.o. **3** ⟨*Econ*⟩ (*cambiale di rivalsa*) redraft.

rivalutare *v.t.* (**rivaluto/rivaluto**) ⟨*Econ*⟩ to revalue, to re-evaluate (*anche fig.*). **rivalutativo** *a.* revaluation-, re-evaluation- (*anche fig.*). **rivalutazione** *f.* revaluation, re-evaluation (*anche fig.*).

rivangare *v.t.* (**rivango**, **rivanghi**) to dig up again (*anche fig.*): *~ il passato* to dig up the past again.

rivedere *v.t.* (**rivedo**; **rividi**, **rivisto**; → vedere) **1** to see again: *se la rivedi, salutala da parte mia* if you see her again, say hello for me. **2** (*incontrare di nuovo*) to meet again: *lo rivedrò domani alla stazione* I'm meeting him again tomorrow at the station. **3** (*rileggere*) to read again (*o* over), to reread; (*ripassare*) to review, to look (*o* go) over: ∼ *la lezione* to look over the lesson. **4** (*esaminare*) to examine, to look over (*o* through): ∼ *una relazione* to look over a report; (*controllare*) to check: ∼ *i conti* to check (*o* audit) the accounts. **5** (*correggere*) to correct, to revise; (*rif. a bozze*) to proof-read. **6** (*modificare*) to revise: ∼ *i prezzi* to revise prices. **7** 〈*Mecc*〉 (*revisionare*) to overhaul. **rivedersi** *v.r.* 〈*recipr*〉 **1** (*vedersi di nuovo*) to see e.o. again. **2** (*incontrarsi di nuovo*) to meet again. □ *fatti* ∼ *ogni tanto* come round (*o* and see us) once in a while; 〈*Dir*〉 ∼ *un processo* to review a case. **rivedibile** *a.* **1** that can be seen again, worth seeing again. **2** 〈*Mil*〉 temporarily unfit: *dichiarare* ∼ to declare temporarily unfit. **riveduta** *f.* revision, look-over. □ *dare una* ∼ *alle bozze* to check the proofs. **riveduto** (*p.p. di rivedere*) *a.* revised, looked over, corrected: ∼ *e corretto* revised and corrected.

rivelabile *a.* revealable. **rivelare** *v.t.* (**rivelo**) **1** to reveal, to disclose, to divulge. **2** (*manifestare*) to reveal, to show, to display: ∼ *gioia* to show happiness; *l'articolo rivela un'eccezionale conoscenza dell'ambiente* the article displays thorough familiarity with the milieu. **rivelarsi** *v.r.* **1** (*manifestarsi*) to be revealed (*o* disclosed): *le capacità dell'autore si rivelano nell'ultimo romanzo* the author's qualities are revealed in his last novel. **2** (*dimostrare*) to prove, to reveal (*o* show): *rivelarsi un mascalzone* to prove to be a scoundrel. **rivelato** *a.* revealed (*anche Rel.*): *verità –a* revealed truth. **rivelatore** **I** *s.m.* **1** 〈*tecn*〉 detector: ∼ *di mine* mine detector. **2** 〈*Fot*〉 developer. **II** *a.* revealing, disclosing. □ ∼ *di fuga* leak detector; ∼ *a galena* galena detector; 〈*tecn*〉 ∼ *di metalli* metal detector; ∼ *radioattivo* radioactive tracer; 〈*Rad*〉 ∼ *a ultrasuoni* ultrasound detector. **rivelazione** *f.* **1** (*il rivelare*) revelation, revealing: ∼ *di segreti* revealing of secrets. **2** (*notizia rivelata*) revelation: *l'articolo contiene molte –i interessanti* the article contains many interesting revelations. **3** 〈*Rel*〉 revelation. **4** 〈*Fis*〉 detection.

rivendere *v.t.* (**rivendei/rivendetti, rivenduto**) **1** (*vendere di nuovo*) to sell again, to resell. **2** (*vendere al dettaglio*) to retail. **rivendicare** *v.t.* (**rivendico, rivendichi**) **1** to avenge (*o* vindicate) again. **2** (*riaffermare un diritto*) to claim, to lay claim to: ∼ *il diritto alla libertà di stampa* to claim the right to freedom of the press. **3** (*esigere*) to demand, to claim: ∼ *un aumento di stipendio* to demand an increase in salary; (*chiedere indietro*) to reclaim, to claim back: ∼ *i territori ceduti dopo una sconfitta* to reclaim territory ceded after a defeat. **rivendicarsi** *v.r.* to avenge (*o* vindicate) o.s. again. □ ∼ *un attentato* to claim responsibility for an assault. **rivendicativo** *a.* concerning a claim. **rivendicatore** *m.* (*f.* -trice) vindicator. **rivendicazione** *f.* **1** claim, demand. **2** 〈*Dir*〉 claim, revendication. □ *–i salariali* wage demands; *–i sindacali* union demands; *–i territoriali* territorial claims. **rivendita** *f.* **1** resale, reselling. **2** (*bottega*) (retail) shop, (*am*) store: ∼ *di generi alimentari* food shop, grocery store. □ ∼ *di tabacchi* tobacconist's (shop). **rivenditore** *m.* (*f.* -trice) **1** reseller; (*venditore al minuto*) retailer. **2** (*rigattiere*) second-hand dealer. **rivendugliolo** *m.* (*f.* -a) small retailer; (*ambulante*) pedlar, hawker.

riverberante *a.* 〈*Acu*〉 reverberating, echoing, echo–, reverberation–: *camera* ∼ echo (*o* reverberation) chamber. **riverberare** *v.t.* (**riverbero**) **1** (*rif. a luce o calore*) to reflect, to reverberate. **2** 〈*Acu*〉 to echo, to reverberate. **riverberarsi** *v.r.* **1** to be(come) reflected, to reverberate: *i raggi del sole si riverberano sull'acqua* the sun's rays are reflected on the water. **2** 〈*Acu*〉 to echo, to reverberate. **3** 〈*fig*〉 (*ripercuotersi*) to be reflected, to reverberate. **riverberazione** *f.* reverberation, reflection. **2** 〈*Acu*〉 reverberation, echo. **riverbero** *m.* **1** (*rif. a luce o calore*) reflection, reverberation. **2** 〈*Acu*〉 echo, reverberation. □ 〈*fig*〉 *di* ∼ indirectly, by reflection.

riverente *a.* reverent, respectful. **riverenza** *f.* **1** reverence, respect: *ispirare* ∼ to inspire respect (*o* reverence). **2** (*inchino*) bow, 〈*lett*〉 reverence: *fare una profonda* ∼ to make a deep bow; (*rif. a donne*) curts(e)y. □ *con* ∼ reverently, respectfully. **riverire** *v.t.* (**riverisco, riverisci**) **1** to revere, to respect: ∼ *i superiori* to respect one's superiors. **2** (*salutare deferentemente*) to pay one's respects to. □ (*La*) *riverisco* my respects (*o* regards); (*salutando*) good–bye. **riverito** *a.* **1** revered, respected. **2** 〈*epist,ant*〉 dear, 〈*ant*〉 esteemed.

riverniciare *v.t.* (**rivernicio, rivernici**) to repaint, to paint again.

riversamento *m.* **1** (*il riversarsi*) pouring, flowing, streaming, gushing: *il* ∼ *delle acque nella vallata* the gushing of the water in the valley. **2** 〈*fig*〉 (*rif. ad affetti*) pouring, lavishing, showering. **3** 〈*Acu*〉 rerecording. **riversare** *v.t.* (**riverso**) **1** (*versare di nuovo*) to pour again. **2** (*versare, rovesciare*) to pour, to flow: *il fiume riversò le sue acque sulle campagne circostanti* the water from the river flowed over the surrounding countryside. **3** 〈*fig*〉 (*rif. ad affetti*) to pour, to shower: ∼ *il proprio amore su qd.* to shower one's love on s.o. **4** 〈*fig*〉 (*attribuire*) to lay, to put, to throw: ∼ *la colpa addosso a qd.* to put the blame on s.o. **5** 〈*Acu*〉 to rerecord. 〈*Inform*〉 ∼ *dati* to transfer data. **riversarsi** *v.r.* **1** (*rif. a fiumi*) to flow. **2** (*traboccare*) to overflow, to flow (*o* pour) over: *il liquido si riversò sulla tavola* the liquid overflowed onto the table. **3** 〈*fig*〉 (*spargersi in massa*) to pour, to stream, to swarm: *la folla si riversò nelle strade* the crowd poured into the streets. **4** 〈*fig*〉 (*concentrarsi*) to concentrate (*o* centre) (on): *tutta l'attenzione si riversò su di lui* all attention centred on him. **riverso** *a.* (*supino*) on one's back, supine.

rivestimento *m.* **1** covering, coating: ∼ *di ceramica* ceramic coating. **2** (*fodero, involucro*) covering; (*rivestimento interno*) lining. □ ∼ *esterno* outer covering; ∼ *interno*: 1 lining, inner coating; 2 〈*Edil*〉 interior covering (*o* finishings *pl*); 3 〈*Aut*〉 (*della carrozzeria*) upholstery; ∼ *in* **legno** wood panelling, wainscot(ing); ∼ *con* **mattoni** brick veneer; 〈*Edil*〉 ∼ *a* **piastrelle** tiling; ∼ *in* **pietra** stone facing (*o* revetment); ∼ **protettivo** protective coating.

rivestire *v.t.* (**rivesto**) **1** (*vestire di nuovo*) to dress again; (*indossare di nuovo*) to put on again: ∼ *la divisa* to put on a uniform again. **2** (*provvedere di vestiti nuovi*) to fit out: ∼ *qd. da capo a piedi* to fit s.o. out from head to toe; (*provvedere di vestiti*) to dress, to clothe, to fit out. **3** (*ricoprire*) to cover, to coat: ∼ *la cucina di piastrelle* to cover the kitchen with tiles, to tile the kitchen. **4** (*rif. a piante*) to cover: *l'edera rivestiva il muro di cinta* ivy covered the garden wall. **5** (*foderare esternamente*) to cover; (*foderare internamente*) to line. **6** 〈*fig*〉 (*coprire, mascherare*) to hide, to cloak, to mask, to veil: ∼ *un inganno di attendibilità* to cloak a deception with plausibility. **7** 〈*fig*〉 (*rif. a dignità e sim.: assumere*) to hold: *riveste la carica di sindaco* he holds the office of mayor. **8** 〈*fig*〉 (*assumere, avere*) to have, to take on, to be: *la questione riveste una grande importanza* the matter has (*o* is of) great importance. **rivestirsi** *v.r.* **1** to dress (o.s.) again, to get dressed (again), to put one's clothes on again: *rivestirsi in fretta* to get dressed again in a hurry; (*cambiarsi d'abito*) to put on fresh clothes. **2** (*ricoprirsi*) to be covered (*o* bedecked) (*di* with), to clothe o.s. (in, with): *i prati si rivestono di margherite* the fields are covered with daisies. □ ∼ *in legno* to panel, to wainscot; ∼ *con mattoni* to line (*o* cover) with bricks; ∼ *con pannelli* to panel, to cover with panels. **rivestito** *a.* (*ricoperto*) covered (*di* with, in): *pareti –e di stoffa* walls covered with fabric; (*foderato internamente*) lined (with); (*ricoperto di vegetazione*) covered, clad: *muro* ∼ *di edera* ivy–clad wall. **rivestitura** *f.* → rivestimento.

rivettare *v.t.* (**rivetto**) 〈*Mecc*〉 to rivet. **rivetto** *m.* 〈*Mecc*〉 rivet. □ ∼ *a maschio* screw (*o* stud) rivet.

riviera *f.* **1** (*litorale*) coast, coastal region. **2** 〈*Equit*〉 water jump. **Riviera** *N.pr.f.* (*anche Riviera Ligure*) Ligurian (*o* Italian) Riviera. **rivierasco** *a./s.* (*pl.* -chi) **I** *a.* coastal, coast–, of (*o* on) the coast: *paesi rivieraschi* towns on the coast, coastal towns. **II** *s.m.* coast dweller.

rivincere *v.t.* (rivinco, rivinci; rivinsi, rivinto) **1** (*vincere di nuovo*) to win again. **2** (*ricuperare ciò che si era perduto*) to win back. **rivincita** *f.* **1** return match (*o* game) (*anche Sport.*). **2** ⟨*fig*⟩ (*rivalsa*) revenge: *prendersi la* ~ to take (*o* get) one's revenge.

rivisitare *v.t.* (rivisito) to visit again, to revisit.

rivista *f.* **1** (*periodico*) magazine, review, journal, gazette: *una* ~ *di moda* a fashion magazine; ~ *letteraria* literary review. **2** ⟨*Teat*⟩ revue, variety show. **3** ⟨*Mil,Mar*⟩ review, inspection. □ ~ *di* **categoria** trade magazine; ~ **economica** business magazine; ~ **femminile** women's magazine; ~ *d'***informazione** news magazine; ~ **letteraria** literary magazine; *passare in* ~: 1 ⟨*Mil*⟩ to review (*o* inspect) the troops; 2 ⟨*fig*⟩ to review, to examine; ~ *di* **programmi** *radiotelevisivi* TV guide.

rivisto → **rivedere**.

rivitalizzare *v.t.* to revitalize. **rivitalizzazione** *f.* revitalization.

rivivere *v.* (rivissi, rivissuto) **I** *v.i.* (*aus.* essere/avere) **1** to live again; (*tornare in vita*) to come to life again. **2** ⟨*fig*⟩ to live on: *nella figlia rivive la bellezza della madre* the mother's beauty lives on in her daughter. **3** ⟨*fig*⟩ (*rifiorire*) to flourish (*o* live) again, to revive. **II** *v.t.* to live over again. □ *far* ~ to bring ⌈to life again⌉ (*o* back to life); *sentirsi* ~ to feel like a new man.

rivivificare *v.t.* (rivivifico, rivivifichi) to revivify.

rivo *m.* ⟨*lett*⟩ stream, brook, ⟨*lett*⟩ rivulet. □ ~ *di sangue* stream of blood.

rivolere *v.t.* (rivoglio, rivuoi; rivolli, rivoluto; → volere) **1** to want again. **2** (*volere la restituzione*) to want back: *rivoglio il mio libro* I want my book back.

rivolgere *v.t.* (rivolgo, rivolgi; rivolsi, rivolto) **1** (*voltare di nuovo*) to turn again; (*girare di nuovo*) to turn again. **2** (*volgere, indirizzare*) to direct, to turn, to head, to bend: ~ *il passo verso casa* to direct one's steps homewards; ~ *gli occhi verso qd.* to turn one's eyes on s.o. **3** (*indirizzare la parola*) to address. **4** ⟨*fig*⟩ (*rif. a sentimenti*) to turn, to direct: ~ *la propria attenzione a qc.* to turn one's attention to s.th. **5** ⟨*fig*⟩ (*agitare, macchinare*) to turn (*o* think, brood) over: ~ *nella mente un piano* to turn a plan over in one's mind. **rivolgersi** *v.r.* **1** to turn: *si rivolse verso di me* he turned towards (*o* to face) me; (*completamente*) to turn round. **2** (*indirizzare la parola*) to address (*a qd.* s.o.), to speak, to talk (to): *non mi rivolgo a te* I'm not talking to you. **3** ⟨*fig*⟩ (*ricorrere*) to turn (*a* to): *mi rivolsi a lui per un prestito* I turned to him for a loan; (*con senso più formale*) to apply (to): *a chi bisogna rivolgersi?* to whom must one apply? □ ~ *una critica a qd.* to criticize s.o.; ~ *una domanda a qd.* to ask s.o. a question, to put a question to s.o.; ~ *il saluto a qd.* to say hello to s.o. **rivolgimento** *m.* **1** (*sconvolgimento*) upheaval; (*rivoluzione*) revolution. **2** ⟨*Med*⟩ version. **3** ⟨*Astr*⟩ revolution. □ ~ *di stomaco* stomach upset, nausea.

rivolo *m.* stream(let), rivulet. □ *un* ~ *di sangue* a trickle of blood.

rivolta *f.* **1** (*ribellione*) revolt, rebellion, uprising: *domare una* ~ to put down a revolt. **2** ⟨*Mil,Mar*⟩ mutiny. □ **aperta** open revolt; ~ **carceraria** prison uprising; *in* ~ in revolt, revolting, insurgent: *popolo in* ~ insurgent populace; ~ **popolare** popular uprising (*o* revolt); ~ ∧**studentesca** student revolution; ~ **universitaria** campus upheaval.

rivoltante *a.* revolting, disgusting: *spettacolo* ~ disgusting sight. **rivoltare** *v.t.* (rivolto) **1** (*voltare di nuovo*) to turn (over) again. **2** (*rif. a cose piatte*) to turn (over): ~ *la bistecca sulla brace* to turn the steak (over) on the charcoal; ~ *i materassi* to turn the mattresses. **3** (*rif. a vestiti*) to turn (inside out). **4** (*mescolare*) to mix, to toss: ~ *l'insalata* to toss the salad; (*con la pala*) to turn up (*o* over): ~ *la terra* to turn up the earth; (*con l'aratro*) to plough up. **5** (*sconvolgere*) to turn, to upset: *questo odore mi rivolta lo stomaco* this smell turns my stomach. **6** ⟨*fig*⟩ (*ripugnare*) to disgust, to revolt: *la tua ipocrisia mi rivolta* your hypocrisy revolts me. **rivoltarsi** *v.r.* **1** (*rivoltolarsi*) to turn over, to turn (*o* roll) about, to toss and turn: *rivoltarsi nel letto* to toss and turn in bed. **2** (*ribellarsi*) to

revolt, to rebel, to rise: *la guarnigione si rivoltò al suo comandante* the garrison revolted against the commander; (*ammutinarsi*) to mutiny; (*opporsi*) to resist, to oppose (*a qc.* s.th.), to struggle (against). **3** ⟨*fig*⟩ (*rif. alla coscienza*) to revolt, to disgust: *mi si rivolta l'animo al sentire certe cose* it revolts me to hear certain things. **rivoltata** *f.* turn, turning over. **rivoltato** *a.* turned (inside out): *cappotto* ~ overcoat which has been turned.

rivoltella *f.* revolver. **rivoltellata** *f.* revolver shot.

rivolto (*p.p. di rivolgere*) *a.* turned: ~ *all'indietro* turned back(wards).

rivoltolamento *m.* turning over, tossing and turning, wallowing. **rivoltolare** *v.t.* (rivoltolo) (*avvolgere più volte*) to turn over, to roll (*o* toss) about. **rivoltolarsi** *v.r.* to turn over, to toss around (*o* about), to toss and turn: *rivoltolarsi nel letto* to toss and turn in bed; (*nella polvere, nel fango e sim.*) to wallow (*anche fig.*). **rivoltolio** *m.* continual turning (over), rolling about. **rivoltolone** *m.* (*sobbalzo*) jump, somersault, leap: *il cuore mi fece* (*o diede*) *un* ~ my heart gave a jump.

rivoltoso **I** *a.* rebellious, revolting, insurgent. **II** *s.m.* (*f.* -a) rebel.

rivoluzionamento *m.* revolutionizing. **rivoluzionare** *v.t.* (rivoluziono) **1** to revolutionize (*anche estens.*): *scoperta che rivoluzionerà il mondo* discovery that will revolutionize the world. **2** ⟨*fig*⟩ (*sconvolgere*) to upset, to unsettle. **rivoluzionario** **I** *a.* revolutionary (*anche estens.*): *moti rivoluzionari* revolutionary uprisings; *partito* ~ revolutionary party; *scoperta* -*a* revolutionary discovery. **II** *s.m.* (*f.* -a) revolutionary, revolutionist. **rivoluzionarismo** *m.* ⟨*Pol*⟩ revolutionism.

rivoluzione *f.* **1** revolution: *reprimere una* ~ to put down a revolution. **2** ⟨*fig*⟩ (*mutamento profondo*) revolution, radical change. **3** ⟨*Astr*⟩ revolution: ~ *della luna* revolution of the moon. **4** ⟨*Mot,Fis*⟩ (*giro*) revolution. **5** ⟨*fig*⟩ (*confusione*) mess: *che* ~! what a mess! □ ⟨*Med*⟩ **cardiaca** cardiac cycle; ~ **culturale** cultural revolution; ⟨*Stor*⟩ ~ **francese** French Revolution; ⟨*Stor*⟩ ~ **industriale** Industrial Revolution; ~ **sessuale** sexual revolution; ~ **studentesca** student revolution; ⟨*Astr*⟩ **terrestre** revolution of the earth; ⟨*Agr*⟩ *la* ~ **verde** Green Revolution.

rivulsione *f.* ⟨*Med*⟩ (*revulsione*) revulsion. **rivulsivo** **I** *a.* (*revulsivo*) revulsive. **II** *s.m.* revulsive, revulsant.

rizobio *m.* ⟨*Bot*⟩ rhizobium. **rizoma** *m.* ⟨*Bot*⟩ rhizome. **rizomatoso** *a.* rhizomatous.

rizza *f.* ⟨*Mar*⟩ lashing.

rizzare *v.t.* **1** to lift (*o* pick) up: ~ *un bambino caduto* to pick up a child who has fallen. **2** (*montare*) to set up, to erect: ~ *una tenda* to ⌈set up⌉ (*o* pitch) a tent. **3** (*costruire*) to build, to set up, to erect, to raise: ~ *un muro* to erect a wall. **rizzarsi** *v.r.* (*rif. a persone: in piedi*) to stand up, to rise (to one's feet); (*a sedere*) to sit up: *si rizzò sul letto* he sat up in bed; (*rif. ad animali*) to rise on one's hind legs. □ ⟨*fig*⟩ *mi si rizzano i capelli dallo spavento* my hair is standing on end with fear; ⟨*fig*⟩ *da far* ~ *i capelli* hair-raising, terrifying; ⟨*fig*⟩ ~ *la* **cresta** to get on one's high horse; ⟨*fig*⟩ ~ *le* **orecchie** to prick up one's ears; *rizzarsi sulla* **punta** *dei piedi* to stand on tiptoe.

R.N.A. = ⟨*Biol*⟩ *acido ribonucleico* ribonucleic acid (*abbr.* RNA).

roano *a./s.m.* ⟨*Zootecn*⟩ roan.

roba *f.* **1** stuff, things *pl*: *questa è* ~ *mia* these are my things; *è* ~ *da buttar via* it's worthless stuff. **2** (*ciò che si possiede*) things *pl*, stuff, belongings *pl*; (*beni*) goods *pl*, property, possessions *pl*: *morendo ha lasciato la sua* ~ *ai poveri* when he died he left all his possessions to the poor. **3** (*suppellettili di casa*) household goods (*o* articles) *pl*, stuff, things *pl*: *ha la casa piena di* ~ his house is full of stuff. **4** ⟨*collett*⟩ (*indumenti*) clothes *pl*, things *pl*: *ho messo via tutta la* ~ *d'estate* I have put all the summer clothes (*o* things) away. **5** (*tessuto*) cloth, material, fabric. **6** (*merce, mercanzia*) merchandise, goods *pl*: *vetrina piena di* ~ shop-window full of goods; ~ *rubata* stolen goods. **7** (*commestibili*) food, things *pl* to eat: *una tavola carica di* ~ *buona* a table laden with good things to eat. **8** (*affare, faccenda*) matter, affair, thing: *non immischiarti in questa*

~ don't get mixed up in this affair. **9** ⟨*fig,spreg*⟩ (*faccenda*) things *pl, a volte non si traduce: non è ~ per me* it's not my cup of tea; *che ~ è questa?* what's this? **10** ⟨*pop*⟩ (*opera, lavoro*) work: *l'articolo è proprio ~ sua* the article is all his own work. **11** ⟨*gerg*⟩ (*droga*) drug. □ ⟨*iron*⟩ **bella** ~! a fine thing indeed!, a fine piece of work!; *questa è ~ da* **cani** this is rubbish (*o* trash, junk); *che ~!* my goodness!; ⟨*Bibl*⟩ *non* **desiderare** *la ~ d'altri* thou shalt not covet thy neighbour's goods; ~ *da* **lavare** washing; ~ *da* **mangiare** things *pl* to eat; ⟨*pop*⟩ ~ *da* **matti** (*o chiodi*)! it's sheer madness (*o* lunacy)!, it's crazy!; **molta** ~ a lot (of things); **poca** ~ not much (stuff); *è ~ da* **poco** it's nothing; *non ho mai visto ~* **simile** I've never seen such a thing; ~ *di* **valore** valuables *pl;* ~ **vecchia** old things *pl,* ⟨*fam*⟩ junk.

robaccia *f.* (*pl.* **-ce**) rubbish, trash, ⟨*fam*⟩ junk.

robbia *f.* ⟨*Bot*⟩ madder.

Roberto *N.pr.m.* Robert.

robinia *f.* ⟨*Bot*⟩ locust (tree), black (*o* honey) locust, false acacia.

robiola *f.* ⟨*Alim*⟩ robiola (kind of soft cheese).

robivecchi *m.inv.* junk man, rag-and-bone man.

roboante *a.* **1** (*rimbombante*) resounding, ⟨*lett*⟩ reboant. **2** ⟨*fig,spreg*⟩ bombastic, high-sounding.

robot (*o* **robot**) *m.* **1** robot. **2** ⟨*fig*⟩ robot, automaton. □ ~ **industriale** industrial robot. **robotica** *f.* robotics *pl* (*costr. sing.*). **robotistico** *a.* (*pl.* **-ci**) robotistic. **robotizzare** *v.t.* to robotize, to automate. **robotizzazione** *f.* robotization, automation.

robustezza *f.* **1** robustness, sturdiness, hardiness: ~ *di braccia* sturdiness of arm. **2** (*solidità*) soundness, solidity, stoutness. **3** ⟨*fig*⟩ (*forza espressiva*) pithiness, vigour. **robusto** *a.* **1** robust, sturdy, hardy: *un ragazzo ~* a sturdy boy. **2** (*eufem*) (*grasso*) fat, stout, portly. **3** (*solido*) sound, solid, strong: *un bastone ~* a strong stick. **4** ⟨*fig*⟩ (*saldo*) staunch, steadfast, unswerving: *fede –a* steadfast faith. **5** ⟨*fig*⟩ (*espressivo*) pithy, telling, vigorous: *stile ~* pithy style.

rocambolesco *a.* (*pl.* **-chi**) (*audace*) daring, bold; (*strabiliante*) amazing, astonishing, marvellous.

rocca[1] *f.* **1** fort(ress), stronghold. **2** ⟨*Anat*⟩ petrous (*o* petrosal) bone. **3** ⟨*ant*⟩ (*roccia*) rock. □ ⟨*fig*⟩ *saldo come una ~* as firm as a rock.

rocca[2] *f.* **1** distaff. **2** ⟨*Tess*⟩ twisting bobbin.

roccaforte *f.* (*pl.* **roccheforti**) **1** fort(ress), stronghold. **2** ⟨*fig*⟩ stronghold.

rocchetto[1] *m.* **1** ⟨*Tess*⟩ spool; (*di filo*) reel. **2** ⟨*Cin*⟩ take-off and take-up spool. **3** ⟨*Mecc*⟩ sprocket (wheel). **4** ⟨*El*⟩ coil. **5** ⟨*Fot*⟩ roll. □ ⟨*Mot*⟩ ~ *d'accensione* ignition coil; ⟨*Cin*⟩ ~ *avvolgitore* take-up spool; ~ *a* **denti:** 1 ⟨*Mecc*⟩ sprocket wheel; 2 ⟨*Cin*⟩ claw; ⟨*El*⟩ ~ *d'induzione* induction coil.

rocchetto[2] *m.* ⟨*Lit*⟩ rochet.

rocchio *m.* **1** ⟨*Arch*⟩ drum. **2** (*pezzo*) (thick) piece, section. □ *un ~ di manzo* a piece of lean beef with no bone; ~ *di salsiccia* (single) sausage.

roccia *f.* (*pl.* **-ce**) ⟨*Geol*⟩ rock: *una ~ aguzza* a jagged rock. □ ~ *calcarea* calcareous rock; *rocce scistose* shale (rocks); ⟨*Alp*⟩ *scuola di ~* rock-climbing school; ~ *sedimentaria* sedimentary rock. **rocciatore** *m.* (*f.* **-trice**) ⟨*Alp*⟩ rock climber. **roccioso** *a.* rocky: *terreno ~* rocky soil. □ ⟨*Geog*⟩ *le Montagne –e* the Rocky Mountains.

rocco *m.* (*pl.* **-chi**) ⟨*Lit*⟩ pastoral staff.

roccocò *a./s.* → **rococò**.

roccolo *m.* ⟨*region,Venat*⟩ kind of bird snare.

rock *ingl.* (*accorc. di rock and roll*) **I** *s.m.* rock and roll; (*musica rock*) rock music. **II** *a.* rock (and roll): *cantante ~* rock singer. □ *concerto ~* rock concert; *musicista ~* rock performer, rocker. **rockettaro** *m.* (*f.* **-a**) rock singer.

roco *a.* (*pl.* **-chi**) (*rauco*) hoarse.

rococò *a./s.m.* ⟨*Art*⟩ rococo: *stile ~* rococo style.

rodaggio *m.* **1** ⟨*Mecc,Mot*⟩ running-in, ⟨*am*⟩ break(ing)-in; (*periodo*) running-in period, ⟨*am*⟩ break(ing)-in period. **2** ⟨*fig*⟩ (*periodo d'adattamento*) period of adjustment (*o* adaptation, settling-in). □ ⟨*Aut*⟩ *in ~* running-in, ⟨*am*⟩ break(ing)-in.

Rodano *N.pr.m.* ⟨*Geog*⟩ Rhone.

rodare *v.t.* (**rodo**) **1** ⟨*Mecc,Mot*⟩ to run in, ⟨*am*⟩ to break in. **2** ⟨*fig*⟩ (*adattare*) to adjust, to adapt. **rodato** *a.* **1** ⟨*Mecc,Mot*⟩ run-in, ⟨*am*⟩ broken-in: *motore ben ~* well run-in engine. **2** ⟨*fig*⟩ (*adattato*) adjusted, adapted.

rodeo *m.* rodeo.

rodere *v.t.* (**rosi, roso**) **1** (*rosicchiare*) to gnaw (at), to nibble (at): ~ *un osso* to gnaw a bone; (*intaccare coi denti*) to gnaw away, to nibble away, to eat into. **2** (*erodere*) to erode, to eat away (*o* into), to wear away: *il mare rode la costa* the sea is eroding the coast; (*rif. ad acidi e sim.*) to corrode. **3** ⟨*fig*⟩ to eat up (*o* into), to gnaw (into): *l'invidia gli rode il fegato* envy is eating into him. **rodersi** *v.r.* (*consumarsi*) to be eaten up, to be consumed (*di* with): *rodersi di gelosia* to be consumed with jealousy.

Rodesia *N.pr.f.* ⟨*Geog*⟩ Rhodesia. **rodesiano** *a.* Rhodesian.

Rodi *N.pr.f.* ⟨*Geog*⟩ Rhodes.

rodimento *m.* **1** gnawing, nibbling. **2** (*corrosione*) corrosion, eating away. **3** (*erosione*) erosion, eating (*o* wearing) away. **4** ⟨*fig*⟩ torment, affliction.

rodina *f.* ⟨*Chim*⟩ rodine.

rodio[1] *m.* ⟨*Chim*⟩ rhodium.

rodio[2] *m.* ⟨*fig*⟩ gnawing, torment.

roditore **I** *s.m.* (*f.* **-trice**) **1** rodent. **2** *pl.* ⟨*Zool*⟩ rodents *pl.* **II** *a.* gnawing (*anche fig.*): *tarlo ~* gnawing woodworm; *il tarlo ~ della gelosia* the gnawing pangs of jealousy.

rododendro *m.* ⟨*Bot*⟩ rhododendron.

Rodolfo *N.pr.m.* Rudolph.

rodomontata *f.* r(h)odomontade, bragging. **rodomonte** *m.* rodomont, braggart, blusterer. □ *fare il ~* to rodomontade, to brag, to boast.

Rodrigo *N.pr.m.* Roderick.

roentgen *e der.* → **röntgen** *e der.*

rogare *v.t.* (**rogo, roghi**) ⟨*Dir*⟩ to draw up (before a notary), to notarize. **rogatario** *m.* drafter and certifier. **rogatoria** *f.* (*anche commissione rogatoria*) rogatory commission. **rogatorio** *a.* rogatory. **rogazione** *f.* rogation.

roggia *f.* (*pl.* **-ge**) ⟨*region*⟩ artificial canal.

rogito *m.* ⟨*Dir*⟩ notarial document (*o* deed).

rogna *f.* **1** ⟨*Med*⟩ scabies, itch. **2** ⟨*Veter*⟩ mange, scabies. **3** ⟨*pop*⟩ (*noia, fastidio*) nuisance, trouble, bother, ⟨*fam*⟩ bore. □ ⟨*pop*⟩ *cercare ~* to be looking for trouble.

rognone *m.* ⟨*Macell*⟩ kidney: ~ *di vitello* veal kidney.

rognoso *a.* **1** scabby. **2** ⟨*fig*⟩ (*noioso*) boring, bothersome.

rogo (*o* **rogo**) *m.* (*pl.* **-ghi**) **1** stake: *morire sul ~* to die at the stake; *essere condannato al ~* to be sent to the stake. **2** (*catasta per bruciare cadaveri*) (funeral) pyre. **3** ⟨*fig*⟩ (*incendio*) fire. □ *la casa diventò subito un ~* the house was soon blazing; *fare un ~ di qc.* to burn s.th.; *ho fatto un ~ dei miei libri* I made a bonfire of my books.

Rolando *N.pr.m.* Roland.

rollare *v.i.* (**rollo**; *aus.* avere) ⟨*Mar,Aer*⟩ (*rullare*) to roll. **rollata** *f.* rolling.

rollino *m.* ⟨*Fot*⟩ roll.

rollio *m.* ⟨*Mar,Aer*⟩ roll(ing).

rollometro *m.* ⟨*Mar*⟩ oscillometer.

Roma *N.pr.f.* ⟨*Geog*⟩ Rome. □ *Prov.:* ~ *non fu fatta in un giorno* Rome was not built in a day; *tutte le strade conducono* (*o portano*) *a ~* all roads lead to Rome.

romagnolo **I** *a.* Romagnese. **II** *s.m.* (*f.* **-a**) native (*o* inhabitant) of the Romagna, Romagnese, Romagnol(e).

romanamente *avv.* in the Roman way, like a Roman.

romancio **I** *a.* ⟨*Ling*⟩ Romans(c)h–. **II** *s.m.* Romans(c)h, Romanche.

romanesco *a./s.* (*pl.* **-chi**) **I** *a.* (modern) Roman. **II** *s.m.* (*dialetto*) Roman dialect.

Romania *N.pr.f.* ⟨*Geog*⟩ Rumania, Romania.

romanico *a.* (*pl.* **-ci**) ⟨*Art*⟩ Romanesque: *stile ~* Romanesque style.

romanismo *m.* ⟨*Ling*⟩ idiom of the Roman dialect. **romanista** *m./f.* ⟨*Ling,Dir,Art*⟩ Romanist. **romanistica** *f.* **1** ⟨*Ling*⟩ Romance philology. **2** ⟨*Dir*⟩ study of Roman law. **romanistico** *a.* (*pl.* -ci) **1** ⟨*Ling*⟩ of Romance philology. **2** ⟨*Dir*⟩ Romanist(ic).

romanità *f.* **1** Roman spirit, Romanity. **2** ⟨*Stor*⟩ (*insieme di popoli che riconoscevano l'autorità di Roma*) Roman world. **romanizzare** *v.t.* to romanize. **romanizzarsi** *v.r.* to become Roman. **romano** I *a.* **1** Roman: *impero* ∼ Roman Empire. **2** ⟨*Rel*⟩ Roman (Catholic): *rito* ∼ Roman rite. **3** ⟨*Tip*⟩ roman (type): *carattere* ∼ *antico* old roman letter. II *s.m.* (*f.* -a) Roman, native (*o* inhabitant) of Rome. □ *alla* -*a* Roman style, in the Roman way; *pagare alla* -*a* to go Dutch.

romanticamente *avv.* romantically. **romanticheria** *f.* mawkishness, romanticism. **romanticismo** *m.* **1** ⟨*Stor*⟩ Romanticism, Romantic Movement. **2** (*atteggiamento culturale*) romanticism (*anche estens.*): *il* ∼ *del Manzoni* the romanticism of Manzoni. **romantico** *a./s.* (*pl.* -ci) I *a.* **1** ⟨*Stor*⟩ Romantic: *poeta* ∼ Romantic poet. **2** ⟨*estens*⟩ romantic: *letteratura* -*a* romantic writing; *passeggiata* -*a* romantic walk. II *s.m.* (*f.* -a) **1** Romantic, Romanticist. **2** (*persona incline al sentimentalismo*) romantic, sentimentalist. **romanticume** *m.* ⟨*spreg*⟩ romantic nonsense, romantics *pl.*

romanza *f.* **1** ⟨*Mus*⟩ romance, romanza. **2** ⟨*Lett*⟩ romance. **romanzare** *v.t.* to romance, to romanticize. **romanzato** *a.* romanticized, fictionalized. □ *biografia* -*a* biographical novel. **romanzesco** I *a.* (*pl.* -chi) **1** of a novel, novel-: *letteratura* -*a* novels, novel writing. **2** ⟨*estens*⟩ (*non storico*) fictional, fictitious: *un racconto con elementi romanzeschi* a tale with fictional elements. **3** ⟨*fig*⟩ (*straordinario*) fantastic, fabulous: *impresa* -*a* fantastic feat; (*avventuroso*) adventurous. **4** ⟨*Lett*⟩ (*cavalleresco*) romantic: *poema* ∼ romantic epic. II *s.m.inv.* fantastic, incredible: *avere del* ∼ to partake of the fantastic (*o* far-fetched). **romanzetto** *m.* **1** novelette, light novel. **2** ⟨*fig*⟩ (*relazione amorosa*) love affair, romance. **romanziere** *m.* (*f.* -a) novelist.

romanzo[1] *a.* **1** ⟨*Ling*⟩ Romance, Romanic: *filologia* -*a* Romance philology. **2** (*che riguarda la romanistica*) Romanist(ic).

romanzo[2] *m.* **1** ⟨*Lett*⟩ novel; (*nel medioevo*) romance. **2** ⟨*fig*⟩ (*vicenda complessa*) novel, story: *la sua vita sembra un* ∼ his life is like a novel. **3** (*genere narrativo*) fiction. □ ∼ *d'appendice* serial story; ∼ *d'avventure* adventure story; ∼ *cavalleresco* romance; ∼ *fantascientifico* (*o di fantascienza*) science fiction novel; ∼ *fiume* saga, roman fleuve; ∼ *a fumetti* comic-strip story; ∼ *giallo* detective (*o* murder, crime) story, thriller; ∼ *nero* Gothic novel; ∼ *radiofonico* radio play; ∼ *rosa* love (*o* romantic) novel; ⟨*Teat,TV*⟩ ∼ *sceneggiato* novel adapted for the stage and television; ∼ *storico* historical novel.

rombare *v.i.* (*rombo*; *aus.* *avere*) to rumble, to roar, to thunder, to roll: *il cannone rombava* the cannon thundered (*o* roared); (*rif. a motore*) to roar; (*rif. a tuono*) to rumble, to roll.

rombico *a.* (*pl.* -ci) rhombic, rhombiform.

rombo[1] *m.* roar, rumble; (*del cannone*) roar, thunder, roll; (*del motore*) roar; (*del tuono*) roar, roll.

rombo[2] *m.* **1** ⟨*Geom*⟩ rhomb(us). **2** ⟨*Mar*⟩ point, rhumb.

rombo[3] *m.* ⟨*Itt*⟩ turbot.

romboedrico *a.* (*pl.* -ci) ⟨*Geom,Min*⟩ rhombohedric. **romboedro** *m.* rhombohedron. **romboidale** *a.* ⟨*Geom*⟩ rhomboid(al). **romboide** *m.* **1** ⟨*Geom*⟩ rhomboid. **2** ⟨*Anat*⟩ rhomboid (muscle), rhomboideus.

romeno I *a.* Rumanian, Romanian, Roumanian. II *s.m.* **1** (*lingua*) Rumanian, Romanian. **2** (*abitante*; *f.* -a) Rumanian, Romanian.

romeo *m.* (*f.* -a) ⟨*ant*⟩ **1** pilgrim (going) to Rome. **2** (*pellegrino*) pilgrim.

Romeo *N.pr.m.* Romeo.

romice *f.* ⟨*Bot*⟩ dock.

romitaggio *m.* hermitage (*anche estens.*). **romito** *a.* ⟨*lett*⟩ solitary, lonely.

Romolo *N.pr.m.* Romulus.

rompere *v.* (**ruppi**, **rotto**) I *v.t.* **1** to break: ∼ *un bastone in due* to break a stick in two; (*spaccare*) to break (into pieces), to shatter, to smash: ∼ *un bicchiere* to smash a glass. **2** (*lacerare, stracciare*) to tear, to rip, to break: ∼ *i calzoni* to tear one's trousers. **3** (*far saltare, spezzare*) to break, to burst: ∼ *le catene* to break one's chains. **4** (*sfondare*) to break (down, through): *il fiume ruppe gli argini* the river broke its banks. **5** (*fendere, aprirsi un varco*) to force (*o* elbow) one's way through, to break (through): ∼ *la calca* to force one's way through the crowd. **6** (*guastare*) to break, ⟨*fam*⟩ to bust: ∼ *un giocattolo* to break a toy. **7** ⟨*fig*⟩ (*interrompere*) to break (up), to relieve, to interrupt: ∼ *il silenzio* to relieve the silence; ∼ *le relazioni diplomatiche* to break off diplomatic relations; (*sospendere*) to break (off), to stop: ∼ *il digiuno* to break one's fast. **8** ⟨*fig*⟩ (*violare*) to break, to violate, to fail to keep: ∼ *un patto* to violate a pact. II *v.i.* (*aus.* *avere*) **1** to break off: *ha rotto già da tempo con la famiglia* he broke off with his family some time ago. **2** (*prorompere*) to burst, to break (*in* into): ∼ *in lacrime* to burst into tears. **3** ⟨*Equit*⟩ to break. **4** ⟨*volg*⟩ to be a nuisance. **rompersi** *v.r.* **1** to break: *il bastone si è rotto* the stick broke; (*andare in pezzi*) to break (into pieces), to shatter. **2** (*strapparsi*) to tear, to rip, to break. **3** (*guastarsi*) to break (down), ⟨*fam*⟩ to burst: *l'orologio si è rotto* the clock has (*o* is) broken. □ ⟨*fam*⟩ ∼ *l'anima a qd.* to pester s.o.; ⟨*fig*⟩ *rompersi il capo* to rack (*o* cudgel) one's brains; ∼ *le dighe* to burst the dikes; ⟨*fig*⟩ to burst all barriers; ∼ *il fidanzamento con qd.* to break off an engagement with s.o.; ⟨*Mil,Ginn*⟩ *rompete le file!* break ranks!; *rompersi una gamba* to break (*o* fracture) one's leg; ∼ *la monotonia* to break the monotony; ⟨*Mil*⟩ ∼ *le righe* dismiss!, fall out! *Prov.*: *chi rompe paga* (*e i cocci sono suoi*) he who is guilty must pay for it.

rompi|balle *m./f. inv.* → **rompipalle**. **∼capo** *m.* **1** (*indovinello*) riddle, puzzle; (*in enigmistica*) brain twister, brain teaser. **2** (*preoccupazione, fastidio*) worry, trouble, ⟨*fam*⟩ headache. **∼coglioni** *m./f.inv.* ⟨*volg*⟩ pain in the ass. **∼collo** *m.* (*persona sconsiderata*) daredevil, madcap. □ *a* ∼ at breakneck speed: *correre a* ∼ to run at breakneck speed. **∼ghiaccio** *m.inv.* **1** ⟨*Mar*⟩ ice-breaker. **2** (*arnese per rompere il ghiaccio*) ice pick.

rompimento *m.* **1** (*atto*) breaking; (*effetto*) break. **2** ⟨*pop*⟩ (*seccatura*) nuisance, bore, bother. □ ⟨*fam*⟩ ∼ *di scatole* (*o tasche*) pain in the neck.

rompi|palle *m./f. inv.* ⟨*volg*⟩ bore, nuisance, ⟨*fam*⟩ drag. **∼scatole** *m./f.inv.* ⟨*fam*⟩ pest, pain in the neck.

roncatura *f.* ⟨*Agr*⟩ pruning.

Roncisvalle *N.pr.f.* ⟨*Geog*⟩ Roncesvalles.

roncola *f.* ⟨*Agr*⟩ bill hook, brush hook. **roncolare** *v.t.* (*roncolo*) ⟨*Agr*⟩ to prune. **roncolo** *m.* pruning knife, gardening knife.

ronda *f.* ⟨*Mil*⟩ **1** rounds *pl*, watch: *essere di* ∼ to be on watch. **2** (*pattuglia*) patrol, round, watch. □ *cammino di* ∼ beat, round; *fare la* ∼ to go the rounds, to make one's rounds; ⟨*fig*⟩ *fare la* ∼ *a una ragazza* to court a girl.

rondella *f.* ⟨*Mecc*⟩ washer. □ ∼ *in feltro* felt washer; ∼ *di spessore* spacing washer.

rondello *m.* ⟨*Mus*⟩ rondel, rondelle, rondeau.

rondine *f.* ⟨*Ornit*⟩ **1** swallow. **2** ⟨*pop*⟩ (*rondone*) (common) swift. □ ∼ *di mare*: **1** ⟨*Ornit*⟩ sea swallow; **2** ⟨*Itt*⟩ (*pesce rondine*) flying gurnard (*o* robin). *Prov.*: *una* ∼ *non fa primavera* one swallow does not make a summer.

rondò[1] *m.* ⟨*Mus*⟩ rondo, rondeau.

rondò[2] *m.* ⟨*Strad*⟩ roundabout, ⟨*am*⟩ rotary (intersection).

rondone *m.* ⟨*Ornit*⟩ (common) swift.

ronfare *v.i.* (*ronfo*; *aus.* *avere*) **1** ⟨*fam*⟩ (*russare*) to snore. **2** (*rif. a gatti*: *fare le fusa*) to purr.

röntgen *ted.* ['rʁntgen] *m.* ⟨*Fis*⟩ roentgen, röntgen. **röntgenterapia** *f.* roentgenotherapy.

ronzare *v.i.* (*ronzo*; *aus.* *avere*) **1** (*rif. a insetti*) to buzz, to hum, to drone. **2** ⟨*estens*⟩ to hum, to drone: *si sentiva* ∼ *un motore* an engine could be heard humming. **3** ⟨*fig*⟩ (*girare intorno*) to go about (*o* around); (*fare la corte*) to swarm (*intorno a* around), to court (s.o.). **4** ⟨*fig*⟩ (*rif. a idee e sim.*: *mulinare*) to seethe. □ *mi ronzano gli orecchi* my ears are ringing.

Ronzinante *m.* ⟨*Lett*⟩ Rosinante. **ronzinante** *m.* (*cavallo*) nag, jade, hack. **ronzino** *m.* ⟨*spreg,scherz*⟩ nag, hack, jade.

ronzio m. **1** (rif. a insetti) buzz(ing), hum(ming), drone. **2** (estens) hum, drone, buzz: il ~ del motore the drone of the engine. **3** (Med) tinnitus. □ sento un ~ negli orecchi I hear a buzzing (o ringing) in my ears, my ears are buzzing.

rorido a. (poet) **1** (rugiadoso) dewy. **2** (bagnato) wet, moist.

rosa I s.f. **1** (Bot) rose: un mazzo di -e a bouquet of roses. **2** (fig) (cerchia, gruppo) group, set: una ~ di candidati a group of candidates. **3** (Arch) (rosone) rose window, wheel window. **4** (Mus) (rif. a violini e sim.) sound hole. **5** (Oref) (taglio) rose (cut); (pietra preziosa) rose, rose(-cut) diamond. II s.m.inv. (colore) pink, rose. III a.inv. **1** pink, rose: vestito ~ pink dress. **2** (Lett,Cin) romantic, love-: un film ~ a love film. □ ~ ad alberello standard (o tree) rose; (Mar) ~ della bussola compass rose; ~ canina dog rose; ~ a cespuglio bush rose; ~ damascena damask rose; non sono tutte -e e fiori things are not as rosy as they seem, it's not all a bed of roses; se son -e fioriranno the proof of the pudding is in the eating; fresco come una ~ as fresh as a daisy; (Stor) guerra delle due -e Wars pl of the Roses; ~ di Natale Christmas rose; ~ dei nomi list of names; (Chim) olio essenziale di ~ rose oil, oil of rose; ~ rampicante rambler, rambling rose; ~ tea (o tè) tea-rose; (fig) veder tutto ~ to see things through rose-coloured glasses; (Meteor) ~ dei venti wind rose. Prov.: non c'è ~ senza spine there's no rose without a thorn.

rosacee f.pl. (Bot) rosaceans pl. **rosaceo** a. rosaceous.

rosacrociani m.pl. (Stor) Rosicrucians pl.

rosaio m. **1** (roseto) rosary. **2** (pianta) rose-bush.

Rosalinda N.pr.f. Rosalind.

Rosamunda N.pr.f. Rosamund, Rosamond.

rosario m. **1** (Rel) rosary: recitare il ~ to say the rosary. **2** (fig) series, succession.

rosato a. **1** rosy, pink, rose-coloured: guance -e rosy cheeks. **2** (che contiene essenza di rose) rose: aceto ~ rose-vinegar; acqua -a rose-water.

rosbif m. (Gastr) roast-beef.

roseo a. **1** rosy, rose-coloured, pink, (lett) roseate: gote rosee rosy cheeks. **2** (fig) rosy, bright: avvenire ~ rosy future. **roseola** f. (Med) roseola, rose rash. **roseto** m. **1** rosary. **2** (pianta) rose-bush. **rosetta** f. **1** (Oref) (taglio) rose (cut); (pietra) rose(-cut) diamond, rose. **2** (coccarda) rosette, rose. **3** (rotella dello sperone) rowel. **4** (Arch) rosette, rosace. **5** (Mecc) washer.

rosi → rodere.

rosicanti m.pl. (Zool) → roditori. **rosicare** v.t. (rosico, rosichi) (rosicchiare) to nibble; (rodere) to gnaw (at): ~ un osso to gnaw a bone. **rosicatura** f. **1** nibbling, gnawing. **2** (segni) teethmarks pl. **rosicchiare** v.t. (rosicchio, rosicchi) to nibble; (rodere) to gnaw (at). **rosichio** m. nibbling, gnawing.

rosicoltore m. (f. -trice) (Giard) rose grower. **rosicoltura** f. rose growing.

rosign(u)olo m. (lett) (usignolo) nightingale.

rosmarino m. (Bot) rosemary.

Rosmunda N.pr.f (Stor) Rosamund.

roso (p.p. di rodere) a. **1** gnawed, eaten. **2** (estens) eaten (o worn) away, worn: una pietra -a dal tempo a timeworn stone.

rosolaccio m. (Bot) (papavero) corn (o field) poppy.

rosolare v.t. (rosolo) (Gastr) to brown. **rosolato** a. brown(ed).

rosolia f. (Med) German measles pl (costr.sing. o pl.), rubella.

rosolio m. rosolio.

rosone m. (Arch) rosette; (a riquadro) rosace; (finestra circolare) rose window, wheel window. □ ~ da soffitto ceiling rose.

rospo m. **1** (Zool) toad. **2** (fig,spreg) (persona ripugnante) hideous (o loathsome) person, (fam) creep; (persona scontrosa) unsociable person, (am.fam) drip. □ (fig) ingoiare il (o un) ~ to swallow a bitter pill; ~ ostetrico obstetrical toad; ~ smeraldino green toad.

Rossana N.pr.f. Roxana.

rossastro a. reddish, ruddy. **rosseggiante** a. reddening: cielo ~ reddening sky. **rosseggiare** v.i. (rosseggio, rosseggi; aus. avere) to redden, to turn red, to become reddish (o ruddy). **rossetta** f. (Zool) fruit bat. **rossetto** m. (Cosmet) lipstick; (belletto) rouge. □ (Cosmet) ~ indelebile indelible lipstick. **rossiccio** I a. reddish, pale red. II s.m.inv. reddish colour, pale red.

rosso I a. **1** red: una cravatta -a a red tie. **2** (Pol) (comunista) Red. **3** (Comm) (che si riferisce ai debiti) red, debit-. II s.m. **1** (il colore) red; (l'essere rosso) redness: il ~ delle labbra the redness of the lips. **2** (persona dai capelli rossi; f. -a) red-head, (fam) carrot-top. **3** (sostanza rossa) red (substance). **4** (nella roulette) rouge, red: puntare sul ~ to play the rouge. **5** (Pol) (comunista) Red. **6** (Gastr) (tuorlo d'uovo) (egg) yolk. **7** (Comm) debit side, (fam) red. **8** (Chim) red: ~ d'anilina aniline red. **9** (Strad) red light: passare con il ~ to cross on (o go through) the red light, to run a red light. □ ~ acceso bright red; ~ bandiera pillar-box red; ~ come la brace fiery (o glowing) red; di ~ (in) red: vestire di ~ to dress in red, to wear red; diventare ~ per la vergogna to blush, to flush, to go red; (Comm) essere in ~ to be in the red; ~ fiammante (o fuoco) flaming (o bright) red; ~ mattone brick red; ~ papavero poppy red; di pelo ~ red-headed, red-haired; ~ come un peperone (o pomodoro) as red as a beetroot (o lobster); (Pitt) ~ pompeiano Pompeian red; ~ scuro dark red. Prov.: ~ di sera, bel tempo si spera, ~ di mattina, la pioggia s'avvicina red sky at night, shepherd's delight, red sky in the morning, shepherd's warning.

rossore m. **1** (colore rosso del viso) red, colour; (per pudore) blush, flush: le sue gote si tinsero di ~ she went bright red. **2** (fig) (sentimento di vergogna o pudore) shame. □ coprirsi di ~ to blush, to flush, to go red.

rosta f. (inferriata) fanlight, fan window.

rosticceria f. rotisserie, (am) delicatessen (shop). **rosticciere** m. (f. -a) owner of a rotisserie.

rosticcio m. (Met) dross, waste.

rostrato a. (Mar.ant,Zool) rostrate(d). □ colonna -a rostral column. **rostro** m. **1** (Ornit,Zool) rostrum. **2** pl. (Stor.rom) rostra pl. **3** (Edil) cutwater, starling. □ (Aut) ~ del paraurti overrider, (am) bumper guard.

Rota f. (Dir) (anche Sacra Rota) Sacred Roman Rota.

rotabile I a. **1** (rif. a strade) carriage-, that may be driven on. **2** (rif. a materiali e sim.) rolling-. II s.f. (Strad) roadway, carriageway. □ (Ferr) materiale ~ rolling stock.

rotacismo m. (Ling) rhotacism(us), rotacism. **rotacizzare** v.t. to change by rhotacism. **rotacizzarsi** v.r. to rhotacize. **rotacizzazione** f. rhotacism.

rotaia f. **1** rail. **2** (solco della ruota) (wheel) rut, wheel track. □ ~ di smistamento shunt (o switch) rail; (El) terza ~ contact (o conductor) rail, third (o live) rail; uscire dalle -e to run (o go) off the rails.

rotante a. rotating, revolving: campo ~ rotating field. **rotare** v. (ruoto) I v.i. (aus. avere) **1** to rotate, to revolve, to turn round, to pivot: la terra ruota intorno al suo asse the earth rotates on its axis. **2** (volare in circolo) to circle (round), to wheel (about). II v.t. to rotate, to roll, to revolve, to circle, to whirl (around): ~ gli occhi to roll one's eyes.

rotariano I a. (del Rotary Club) Rotarian, of the Rotary Club. II s.m. (f. -a) Rotarian, member of the Rotary Club.

rotativa f. (Tip) rotary press. □ ~ offset offset rotary press; ~ rotocalco photogravure rotary press; ~ a stampa piana flatbed rotary press. **rotativo** a. **1** rotating, rotative, rotatory. **2** (che avviene per avvicendamento) rotating, rotation-. **rotatorio** a. rotatory, rotating, rotative, rotary: circolazione -a rotary traffic. **rotazionale** a. (Fis) rotational.

rotazione f. **1** (avvicendamento) rotation, alternation: la ~ dei turni shift rotation, alternation of shifts. **2** (Astr) rotation. **3** (Sport) (nel salto con l'asta) turn. **4** (Ginn) rotation; (alla sbarra fissa) circle, swing. **5** (Agr) (crop) rotation. □ (tecn) ~ antioraria anti-clockwise (o counter-clockwise) rotation; (Econ) ~ del capitale asset turnover; ⟨*Ling*⟩ ~ **consonantica** consonant shift(ing); ⟨*tecn*⟩ ~ **oraria** clockwise rotation; ~ *del* **personale** staff rotation; ~ *delle* **scorte** inventory turnover; ~ **terrestre** rotation of the earth; ⟨*Agr*⟩ ~ **triennale** three–crop rotation system.

roteare *v.* (**rọteo**) **I** *v.t.* to whirl, to roll, to rotate, to turn: ~ *gli occhi* to roll one's eyes; ~ *la spada* to whirl one's sword. **II** *v.i.* (*aus.* **avere**) to wheel, to turn (round), to whirl. **roteaziọne** *f.* rotation, whirling, wheeling. **rotẹlla** *f.* **1** (*piccola ruota*) small wheel; (*dei pattini*) roller; (*di mobili e sim.*) castor. **2** (*dello sperone*) rowel. **3** ⟨*Mecc*⟩ roller: ~ *d'arresto* grip roller. **4** ⟨*Anat*⟩ (*rotula*) rotula, knee cap. **5** ⟨*Mil.ant*⟩ buckler, round shield. □ *a* –*e* (*rif. a mobili*) on castors (*o* wheels); *poltrona a* –*e* wheel chair; ⟨*fam*⟩ *gli manca una* ~ he has a screw loose; ~ *metrica* tape–measure, measuring tape; *pattino a* –*e* roller skate.

rotiferi *m.pl.* ⟨*Zool*⟩ rotifers *pl*, rotiferans *pl.*

rotịsmo *m.* ⟨*Mecc*⟩ wheelwork, gears *pl.*

rotocalco I *s.m.* (*pl.* **-chi**) **1** ⟨*Tip*⟩ rotogravure. **2** ⟨*Giorn*⟩ (illustrated) magazine. **II** *a. inv.* ⟨*Tip*⟩ rotogravure–. □ *stampare a* ~ to print by the rotogravure process. **rotocalcografịa** *f.* rotogravure. **rotocalcogrạfico** *a.* (*pl.* **-ci**) rotogravure–: *procedimento* ~ rotogravure process.

rotolamẹnto *m.* ⟨*Sport*⟩ rolling (in ground wrestling). **rotolạre** *v.* (**rọtolo**) **I** *v.t.* to roll, to turn over and over: ~ *una botte* to roll a barrel. **II** *v.i.* (*aus.* **essere**) to roll, to turn over and over: *il masso rotolò giù per la scarpata* the boulder rolled down the slope. **rotolarsi** *v.r.* to roll (about): *il cane si rotolava nell'erba* the dog was rolling in the grass. **rotolịo** *m.* rolling. **rọtolo** *m.* **1** roll: *un* ~ *di carta igienica* a roll of toilet paper. **2** ⟨*Paleogr*⟩ scroll. □ ⟨*fig*⟩ *a* –*i* (*in rovina*) to rack and ruin, ⟨*fam*⟩ to the dogs: *andare a* –*i* to go to rack and ruin; *mandare a* –*i* to ruin. **rotolọne** *m.* fall, tumble. □ *fare un* ~ *per le scale* to tumble (*o* fall) down the stairs. **rotolọni** *avv.* rolling (over and over): *cadde giù* ~ he fell down rolling over and over.

rotọnda *f.* **1** ⟨*Arch*⟩ rotunda. **2** (*piattaforma*) (round) terrace. **rotondạre** *v.t.* → **arrotondare**. **rotondeggiạnte** *a.* roundish. **rotondeggiạre** *v.i.* (**rotondẹggio**, **rotondẹggi**; *aus.* **avere**) to become (*o* get) round. **rotondẹtto** *a.* roundish. **rotondità** *f.* **1** roundness, rotundity. **2** *pl.* ⟨*scherz*⟩ (*rif. al corpo*) curves *pl.* **3** ⟨*fig*⟩ (*armonia*) rotundity. **rotọndo** *a.* **1** round: *la terra è* –*a* the earth is round. **2** (*rotondeggiante*) round, plump, roundish: *mento* ~ round chin; (*arrotondato*) rounded. **3** ⟨*fig*⟩ (*armonico*) rotund, round. **II** *s.m.* round part, rotundity.

rotọre *m.* ⟨*tecn*⟩ rotor. □ ⟨*El*⟩ ~ *ad* **anelli** slip–ring rotor; ⟨*El*⟩ ~ **bipolare** two–pole rotor; ⟨*Aer*⟩ ~ *dell'elicottero* helicopter rotor.

rọtta[1] *f.* ⟨*Mar,Aer*⟩ course, route. □ **cambiare** ~ to change course (*o* route) (*anche fig.*); **deviare** *dalla* ~: **1** ⟨*Mar*⟩ to bear away; **2** ⟨*Aer*⟩ to yaw; ⟨*Mar*⟩ **fare** ~ *per* to head for, to sail (*o* steer) to; **invertire** *la* ~ to reverse course; ~ **obbligata** prescribed route; **ufficiale** *di* ~ navigator, navigating officer.

rọtta[2] *f.* **1** (*disfatta*) rout, defeat, disorderly retreat: *la* ~ *di Roncisvalle* the defeat at Roncesvalles. **2** (*breccia*) breach, break: *la* ~ *del Po* the breach of the Po. **3** (*rottura di buone relazioni*) bad terms *pl*: *essere in* ~ *con la famiglia* to be on bad terms with one's family. □ *a* ~ *di* **collo** headlong, at breakneck speed: *correre a* ~ *di* **collo** to run at breakneck speed; *mettere in* ~ to (put to) rout.

rottamạggio *m.* scrapping. **rottamạre** *v.t.* to scrap. **rottamạto I** *a.* scrapped. **II** *s.m.* scrap, scrappage. **rottamaziọne** *f.* → **rottamaggio**.

rottạme *m.* **1** scrap, fragment, broken bit: *un ammasso di* –*i* a pile of scraps. **2** *pl.* ⟨*Met*⟩ scrap: –*i d'acciaio* steel scrap. **3** ⟨*fig*⟩ (*rif. a persone*) wreck. **4** ⟨*Mar*⟩ (*relitto*) wreck, wreckage. **rọtto** (*p.p. di* **rompere**) *a.* **1** broken: *un piatto* ~ a broken dish. **2** (*lacerato, stracciato*) torn, ripped, rent, split: *calzoni* –*i* torn trousers. **3** (*guasto*) broken (down), out of order: *il nostro televisore è* ~ our television is broken. **4** (*fratturato*) broken, fractured: *una gamba* –*a* a broken leg. **5** ⟨*fig*⟩ (*interrotto*) broken, interrupted: *parole* –*e dal pianto* words interrupted by

sobs. **6** ⟨*fig*⟩ (*rif. a persona: assuefatto, abituato*) inured, hardened, accustomed: *essere* ~ *alle* **fatiche** to be accustomed to hard work. **7** ⟨*fam*⟩ (*indolenzito*) aching, tired: *avere le gambe* –*e* to have aching legs. □ *e* –*i* odd: *questo oggetto costa diecimila lire e* –*i* this object costs ten thousand lire odd; *sentirsi tutto* ~ to ache all over.

rottụra *f.* **1** (*atto*) breaking; (*effetto, parte rotta*) break, breach, breakage: *riparare una* ~ to repair a break. **2** (*strappo*) tear, rip, rent, split. **3** ⟨*Chir*⟩ (*frattura*) fracture, break. **4** ⟨*fig*⟩ (*violazione*) breach, violation, breaking: *la* ~ *di un trattato* the violation of a treaty; ~ *di un contratto* breach of contract. **5** ⟨*fig*⟩ (*interruzione*) breaking off, breakdown, severance: ~ *dei negoziati* breakdown in negotiations; *la* ~ *di un fidanzamento* the breaking off of an engagement; *una* ~ *tra due amici* a break between two friends; ~ *delle relazioni diplomatiche* severance of diplomatic relations. **6** ⟨*Equit*⟩ break. **7** ⟨*fam*⟩ (*seccatura*) bore, bother, ⟨*fam*⟩ drag. □ ~ *di un* **argine** breach in a dam, bursting of a dike; ⟨*Fis*⟩ *carico di* ~ breaking load; ⟨*volg*⟩ ~ *di* **corbelli** pain in the ass; ⟨*fam*⟩ ~ *di* **scatole** nuisance, bore, ⟨*fam*⟩ drag.

rọtula *f.* ⟨*Anat*⟩ rotula, knee cap.

roulette *fr.* [ru'lɛt] *f.* (*gioco*) roulette: *giocare alla* ~ to play roulette. □ ~ **russa** Russian roulette.

roulotte *fr.* [ru'lɔt] *f.* ⟨*Aut*⟩ caravan, ⟨*am*⟩ trailer. **roulottịsta** *m./f.* caravanner.

routine *fr.* [ru'tin] *f.* routine. □ *ormai è una* ~ it's just a routine now; ⟨*fig*⟩ *evadere dalla* ~ to break out of the routine.

rovẹnte *a.* **1** red–hot, burning, scorching: *ferro* ~ red–hot iron. **2** ⟨*fig*⟩ burning: *lacrime* –*i* burning tears.

rọvere I *m./f.* ⟨*Bot*⟩ English (*o* common) oak. **II** *m.* ⟨*Fal*⟩ oak. □ *di* ~ oak–, oaken: *una trave di* ~ an oak beam. **roverẹto** *m.* oak wood.

rovẹscia *f.* ⟨*Sart*⟩ (*risvolto: di colletto*) lapel; (*di manica*) cuff; (*di pantaloni*) turn–up, ⟨*am*⟩ cuff. □ *alla* ~: **1** (*capovolto*) upside–down, overturned; **2** (*col davanti dietro*) back to front, the wrong way round; **3** (*con l'interno all'esterno*) inside out; **4** ⟨*fig*⟩ (*al contrario*) wrong, the opposite: *capire tutto alla* ~ to get everything wrong; **5** (*male*) wrong, the wrong way: *oggi mi va tutto alla* ~ everything is going wrong (for me) today; *conto alla* ~ countdown. **rovesciamẹnto** *m.* **1** overturning, upsetting; (*rif. a natanti*) capsizing. **2** ⟨*fig*⟩ (*caduta*) overthrow, (*down*)fall: *il* ~ *del governo* the overthrow of the government. **rovesciạre** *v.t.* (**rovẹscio**, **rovẹsci**) **1** (*capovolgere*) to turn upside–down, to overturn: ~ *un bicchiere* to turn a glass upside–down; (*rif. a cose piatte*) to turn over; (*rif. a natanti*) to capsize. **2** (*rivoltare*) to turn inside out: ~ *un golfino* to turn a jumper inside out. **3** (*rif. a liquidi: versare*) to spill: ~ *l'inchiostro per terra* to spill the ink on the floor; (*versare intenzionalmente*) to pour: ~ *olio bollente sugli assedianti* to pour boiling oil on the besiegers. **4** (*far cadere*) to knock (over, down), to topple, to upset: *chi ha rovesciato il vaso?* who has knocked the vase over? **5** (*piegare all'indietro*) to throw back: ~ *la testa* to throw back one's head. **6** (*gettare, buttare addosso*) to throw, to shower (*anche fig.*): ~ *insulti su qd.* to shower insults on s.o. **7** ⟨*fig*⟩ (*abbattere*) to overthrow: ~ *il governo* to overthrow the government. **8** ⟨*fig*⟩ (*mutare radicalmente*) to reverse: ~ *la situazione* to reverse the situation. **rovesciarsi** *v.r.* **1** (*capovolgersi*) to upset, to overturn, to turn over; (*rif. a natanti*) to capsize. **2** (*rif. a liquidi*) to spill, to upset: *il vino si rovesciò sulla tovaglia* the wine spilt onto the cloth. **3** (*cadere giù: rif. a pioggia e sim.*) to pour (down), to beat down. **4** ⟨*fig*⟩ (*rif. a colpi, insulti e sim.*) to rain (*o* pour) down. **5** ⟨*fig*⟩ (*affluire*) to pour, to stream, to swarm: *la folla si rovesciò nella piazza* the crowd poured into the square. □ ~ *qc. addosso a qd.* to hurl (*o* throw) s.th. on (*o* at) s.o. (*anche fig.*); ~ *la colpa su* (*o addosso a*) *qd.* to throw (*o* put) the blame on s.o.; *la situazione si è rovesciata a mio vantaggio* the situation has taken a favourable turn for me; ~ *a terra qd.* to throw s.o. to the ground. **rovesciạta** *f.* ⟨*Sport*⟩ overhead kick. **rovesciạto** *a.* **1** (*capovolto*) upside–down, overturned; (*rif. a cosa piatta*) turned over; (*rif. a natanti*) overturned, capsized. **2** ⟨*Sport*⟩ overhead:

tiro ~ overhead kick. **3** (*rif. a vestiti: rivoltato*) (turned) inside out. **rovescio I** *a.* **1** (*capovolto*) upside–down. **2** ⟨*Lav.femm*⟩ purl–: *maglia –a* purl stitch. **II** *s.m.* **1** wrong (*o other*) side, back(side), reverse (side): *il ~ della stoffa* the wrong side of the material. **2** (*dorso, retro*) back, reverse: *il ~ della mano* the back of the hand. **3** (*scroscio violento di pioggia*) heavy shower, downpour. **4** ⟨*fig*⟩ (*grande quantità, profluvio*) hail, volley, shower, rain: *un ~ d'insulti* a volley of insults. **5** ⟨*fig*⟩ (*danno*) setback, reverse: *subire un ~* to meet with a setback; *~ finanziario* financial reverse. **6** (*manrovescio*) backhander. **7** ⟨*Lav.femm*⟩ purl: *lavorare un dritto e un ~* to do (*o* knit) one plain and one purl. **8** ⟨*Sport*⟩ backhand (stroke). □ *~ d'acqua* shower, downpour; ⟨*Mil*⟩ *colpire di ~* (*con un'arma*) to hit with the butt of a weapon; ⟨*fig*⟩ *il ~ della medaglia* the reverse of the medal. **rovescione** *m.* **1** (*manrovescio*) backhander. **2** (*rovescio di pioggia, di grandine, ecc.*) downpour, heavy shower. **rovescioni** *avv.* (flat) on one's back, flat: *cadere ~* to fall flat on one's back.

roveto *m.* briar, bramble bush, thorn bush. □ ⟨*Bibl*⟩ *il ~ ardente* the burning bush.

rovina *f.* **1** ruin (*anche fig.*): *l'edificio cadde in ~* the building fell to ruin; *provocare la ~ di un'azienda* to cause the ruin of a firm; *il gioco è stato la sua ~* gambling was the ruin of him. **2** (*crollo*) collapse, fall: *la ~ di un ponte* the collapse of a bridge. **3** *pl.* (*macerie*) ruins *pl*, rubble, debris, wreckage: *rimase sepolto tra le –e* he was buried in the ruins. **4** *pl.* (*ruderi*) ruins *pl*, remains *pl*: *le –e del Foro romano* the ruins of the Roman Forum. □ **andare** *in ~*: 1 (*crollare*) to collapse, to fall (down); 2 (*decadere*) to decline, to decay, to go to rack and ruin; **3** ⟨*fig*⟩ to be ruined: *non andrai in ~ per questa spesa* you won't be ruined by this expense; **in ~** in ruins, ruined; **mandare** *in ~* to (bring to) ruin; **portare** *qd. alla ~* to bring s.o. to ruin, to ruin s.o.; ⟨*fig*⟩ *risorgere dalle –e* to rise from the ruins.

rovinare I *v.t.* **1** to ruin, to spoil: *la grandine ha rovinato il raccolto* hail ruined the harvest. **2** ⟨*fig*⟩ to spoil, to wreck: *questa notizia mi ha rovinato la giornata* this news spoiled my whole day; *~ la reputazione di qd.* to ruin s.o.'s reputation; *il clima umido mi ha rovinato la salute* the damp climate has ruined my health. **3** ⟨*fig*⟩ (*causare la rovina*) to be (the) ruin: *una speculazione sbagliata lo ha rovinato* he was ruined by an unsuccessful speculation. **II** *v.i.* (*aus. essere*) (*crollare*) to collapse, to fall down, to crash: *il ponte minaccia di ~* the bridge is threatening to collapse: *un masso rovinò sugli alpinisti* a boulder crashed down on the mountain climbers. **rovinarsi** *v.r.* to be ruined, to ruin o.s.: *si è rovinato col gioco* he ruined himself by gambling. **rovinato** *a.* **1** (*diroccato*) ruined, in ruins: *edifici –i* ruined buildings. **2** (*danneggiato*) ruined, spoilt, damaged: *un paio di scarpe –e dalla pioggia* a pair of shoes ruined by the rain. **3** ⟨*fig*⟩ ruined, ⟨*fam*⟩ done for: *se non ci concedono il prestito, siamo tutti –i* if they don't give us the loan we're all done for. **rovinio** *m.* crash(ing). **rovinosamente** *avv.* ruinously, violently. □ *cadere ~* to crash down. **rovinoso** *a.* **1** ruinous: *una speculazione –a* a ruinous speculation. **2** (*furioso, impetuoso*) violent, heavy: *un uragano ~* a violent hurricane.

rovistare *v.t.* to ransack, to rummage, to search thoroughly: *ho rovistato tutta la stanza senza trovare nulla* I've searched the room thoroughly without finding anything.

rovo *m.* ⟨*Bot*⟩ blackberry bush.

rozzezza *f.* **1** roughness. **2** ⟨*fig*⟩ boorishness, roughness, rudeness. **rozzo** *a.* **1** rough: *pietra –a* rough stone. **2** ⟨*fig*⟩ rough, boorish, uncouth, unrefined, unpolished.

Rp = ⟨*Farm*⟩ *recipe* recipe (*abbr.* rp.).

R.P. = **1** ⟨*Rel*⟩ *reverendo padre* reverend father (*abbr.* R.P.). **2** *riservato* (*o riservata*) *personale* private and confidential.

R.S.I. = ⟨*Stor*⟩ *Repubblica sociale italiana* Italian Social Republic.

R.T. = ⟨*Mar*⟩ *radiotelegrafia* radiotelegraphy (*abbr.* R.T.), wireless telegraphy (*abbr.* W.T.).

R.U. = **1** *Regno Unito* United Kingdom (*abbr.* U.K.). **2** *relazioni umane* human relations (*abbr.* HR).

Ruanda *N.pr.m.* Rwanda. **Ruanda-Urundi** *N.pr.m.* ⟨*Geog*⟩ Ruanda–Urundi.

ruba *f.* ⟨*ant*⟩ theft. □ ⟨*fig*⟩ *andare a ~* to sell (*o* go) like hotcakes. **rubacchiamento** *m.* pilfering, pilferage. **rubacchiare** *v.t.* (*rubacchio, rubacchi*) to pilfer, to filch, to lift. **rubacuori I** *s.m.inv.* lady–killer. **II** *a.* (be)witching, captivating. **rubamazzetto** *m.* (*gioco di carte*) snap.

rubare *v.t.* **1** to steal: *~ qc. a qd.* to steal s.th. from s.o.; *le hanno rubato la borsetta* they stole her purse. **2** (*rubacchiare*) to pilfer, to filch, to lift: *ha rubato qualche pacchetto di sigarette* he filched a few packets of cigarettes. **3** ⟨*fig*⟩ to steal, to rob: *~ a qd. l'affetto di una persona* to steal a person's affection from s.o., to rob s.o. of a person's affection. **4** ⟨*fig*⟩ (*plagiare*) to plagiarize, ⟨*fam*⟩ to crib. **5** (*assol*) to steal, to be a thief: *il ragazzo ruba* the boy steals (*o* is a thief). **rubarsi** *v.r.* (*contendersi*) to compete (*qd.* for s.o.), to argue (over), to fight: *le ragazze se lo rubano* all the girls 'fight over' (*o* are after) him. □ ⟨*fig*⟩ *~ il cuore a qd.* to steal s.o.'s heart; *~ a man salva* to steal with impunity; *~ il mestiere a qd.* to put s.o. out of business, to do s.o. out of a job; *~ le ore al sonno* to burn the midnight oil; *~ sul peso* to give short weight, to cheat on weight.

rubato I *a.* stolen: *roba –a* stolen goods. **II** *s.m.* ⟨*Mus*⟩ rubato.

ruberia *f.* theft, stealing. □ ⟨*fig*⟩ *è una ~* it's sheer robbery.

rubicondo *a.* red, ruddy, ⟨*lett*⟩ rubicund: *gote –e* red cheeks.

Rubicone *N.pr.m.* ⟨*Geog*⟩ Rubicon. □ ⟨*fig*⟩ *passare il ~* to cross the Rubicon.

rubidio *m.* ⟨*Chim*⟩ rubidium.

rubinetteria *f.* taps and fittings *pl.* **rubinetto** *m.* tap, cock, ⟨*am*⟩ faucet: *aprire il ~* to turn on the tap; *lasciare aperto il ~* to leave the tap running (*o* on). □ *~ dell'acqua* water tap; *~ d'alimentazione* feed cock (*o* tap); *~ del gas* gas cock (*o* tap); *~ di scarico* drain (*o* discharge) cock.

rubino *m.* ⟨*Min*⟩ ruby. □ *~ spinello* spinel ruby.

rubizzo *a.* sprightly, hale (and hearty).

rublo *m.* (*unità monetaria*) rouble, ruble.

rubrica (*o rubrica*) *f.* **1** (*quaderno con margini a scaletta*) index book; (*per indirizzi*) address book; (*per numeri telefonici*) telephone book. **2** ⟨*Giorn*⟩ column, page: *~ sportiva* sports page; *~ letteraria* book page (*o* review), books. **3** ⟨*Rad,TV*⟩ time, hour, programme. **2** ⟨*Giorn*⟩ *~ scientifica* science page: *tenere una ~ scientifica* to run a science page. **rubricare** *v.t.* (*rubrico/rubrico, rubrichi/rubrichi*) **1** (*annotare in una rubrica*) to enter (in a book), to index. **2** ⟨*Paleogr*⟩ to rubricate. **rubricista** *m./f.* ⟨*Lit*⟩ rubrician.

ruchetta *f.* ⟨*Bot*⟩ (*rucola*) rocket: *~ dei campi* corn rocket.

rude *a.* **1** (*rozzo*) rough, coarse. **2** (*duro e risoluto*) rough, tough. **rudemente** *avv.* roughly.

rudere *m.* (generally in pl.) **1** ruin, remains *pl*: *i –i del castello* the castle ruins. **2** ⟨*fig*⟩ wreck, ruin, derelict: *un ~ d'uomo* a human wreck.

rudezza *f.* **1** roughness, coarseness. **2** (*risolutezza*) roughness, toughness.

rudimentale *a.* **1** (*elementare*) rudimentary, elementary: *conoscenza ~ di una lingua* rudimentary knowledge of a language. **2** ⟨*Biol*⟩ (*non sviluppato*) rudimentary, rudimental. **rudimento** *m.* **1** rudiment, first principle (*o* element): *possedere i primi –i di una lingua* to know the rudiments of a language. **2** ⟨*Biol*⟩ rudiment.

ruffiana *f.* procuress, ⟨*lett*⟩ bawd. **ruffianata** *f.* ⟨*spreg*⟩ pimping, pandering. **ruffianeggiare** *v.i.* (*ruffianeggio, ruffianeggi; aus. avere*) ⟨*spreg*⟩ **1** to pimp, to pander, to procure. **2** ⟨*fig*⟩ to pander, to toady. **ruffianeria** *f.* ⟨*spreg*⟩ **1** (*comportamento*) panderism. **2** (*atto*) pimping, pandering, procuring. **ruffianesco** *a.* (*pl.* -chi) ⟨*spreg*⟩ **1** pandering. **2** ⟨*fig*⟩ toadying. **ruffiano** *m.* (*f.* -a) ⟨*spreg*⟩ **1** pimp, pander, procurer. **2** ⟨*fig*⟩ (*persona subdola*) toady,

⟨*fam*⟩ bootlicker.

Rufo *N.pr.m.* Rufus.

ruga *f.* **1** wrinkle: *sul suo viso sono apparse le prime rughe* the first wrinkles have appeared on her face. **2** ⟨*Geol*⟩ (*corrugamento*) fold. □ *rughe di espressione* expression lines.

rugbista [rʌg–] *m.* ⟨*Sport*⟩ rugby player. **rugby** *ingl.* ['rʌgbi] *m.* rugby.

ruggente *a.* roaring: *gli anni –i* the roaring twenties.

Ruggero *N.pr.m.* Roger.

ruggine I *s.f.* **1** rust. **2** ⟨*fig*⟩ (*astio, rancore*) grudge, ill-feeling, bad blood: *c'è della* ~ *tra i due fratelli* there is bad blood between the two brothers; *avere della* ~ *con qd.* to have a grudge against s.o. **3** ⟨*Agr*⟩ rust (disease): ~ *del fagiolo* bean rust. **II** *a.inv.* rust-, rusty, russet: *color* ~ rust (colour), russet. **rugginoso** *a.* rusty: *ferro* ~ rusty iron.

ruggire *v.i.* (**ruggisco, ruggisci, ruggisce**/*lett.* **rugge, ruggiscono**/*lett.* **ruggono**; *aus.* **avere**) **1** to roar: *il leone ruggisce* the lion roars. **2** ⟨*fig*⟩ (*rif. al fuoco, al mare*) to roar; (*rif. al vento*) to roar, to howl. **ruggito** *m.* roar(ing) (*anche fig.*): *il* ~ *del mare in tempesta* the roaring of a stormy sea.

rugiada *f.* dew. □ *goccia di* ~ dewdrop; ⟨*Fis*⟩ *punto di* ~ dew point. **rugiadoso** *a.* ⟨*lett*⟩ dewy (*anche fig.*). □ *occhi –i* tear-filled (*o* dewy) eyes.

rugosità *f.* **1** wrinkledness: *la* ~ *della pelle* the wrinkledness of the skin; (*scabrosità*) roughness. **2** ⟨*Bot*⟩ rugosity. **rugoso** *a.* **1** wrinkled, wrinkly: *volto* ~ wrinkled face. **2** (*scabro*) rough. **3** ⟨*Bot*⟩ rugose: *foglie –e* rugose leaves.

rullaggio *m.* ⟨*Aer*⟩ taxiing, taxying. □ *pista di* ~ taxiway, taxi strip. **rullare I** *v.i.* (*aus.* **avere**) **1** to roll: *i tamburi rullarono* the drums rolled. **2** ⟨*Aer*⟩ to taxi. **3** ⟨*Mar*⟩ (*rollare*) to roll. **II** *v.t.* **1** (*spianare con il rullo*) to roll: ~ *una strada* to roll a road. **2** ⟨*Met*⟩ to roll: ~ *a freddo* to cold-roll. **rullata** *f.* → **rullaggio**. **rullatura** *f.* ⟨*tecn*⟩ rolling: ~ *a freddo* cold-rolling. **rullino** *m.* ⟨*Fot*⟩ roll. □ ⟨*tecn*⟩ ~ *pressore* pinch roller (*o* wheel). **rullio** *m.* roll(ing).

rullo *m.* **1** roll: *il* ~ *dei tamburi* the roll of the drums. **2** (*arnese di forma cilindrica*) roll(er). **3** (*cilindro della macchina da scrivere*) platen; (*della macchina da stampare*) roller. **4** *pl.* ⟨*Sport*⟩ rollers *pl.* **5** ⟨*Cin*⟩ reel, roll. **6** ⟨*Strad*⟩ (*compressore*) road roller; (*a vapore*) steam roller. □ ⟨*Tess*⟩ ~ *avvolgitore* take-up roller; ⟨*Agr*⟩ ~ *compressore* flat (*o* plain) roller; ~ *a dischi* continental Cambridge roller; ~ *frangizolle* clod breaker (*o* crusher); ⟨*Tip*⟩ ~ **inchiostratore** ink roller, inker; ⟨*Acu*⟩ ~ **preminastro** pressure roller; ~ **trasportatore** tension roller.

rum *m.* rum.

rumba *f.* rumba, rhumba.

rumeno *a./s.* → **romeno**.

ruminante *m.* ⟨*Zool*⟩ ruminant. **ruminare** *v.t.* (**rumino**) **1** to ruminate, to chew the cud. **2** ⟨*fig*⟩ (*meditare a lungo*) to ponder (over), to ruminate. **ruminazione** *f.* rumination, chewing the cud. **rumine** *m.* ⟨*Zool*⟩ rumen.

rumore *m.* **1** (*suono*) sound, noise: *il* ~ *della pioggia* the sound of the rain; *si sentivano dei –i nella casa* noises could be heard in the house. **2** (*chiasso*) noise, din, uproar, ⟨*fam*⟩ row: *zitti, non fate* ~ quiet, don't make any noise. **3** ⟨*fig*⟩ (*sensazione*) sensation, stir: *la notizia ha destato gran* ~ the news has caused a great sensation. **4** ⟨*fig,lett*⟩ (*diceria*) rumour, talk. **5** ⟨*Med*⟩ bruit, sound. □ ⟨*Med*⟩ *–i* **cardiaci** cardiac (*o* heart) sounds; ⟨*Rad*⟩ ~ *di* **fondo** background noise; *isolato contro i –i* sound-insulated; ⟨*Acu*⟩ **livello** *massimo di* ~ noise peak; ~ **metallico** clang, metallic noise; *–i* **molesti** irritating noises.

rumoreggiamento *m.* (*atto*) rumbling; (*effetto*) rumble, noise. **rumoreggiante** *a.* noisy. **rumoreggiare** *v.i.* (**rumoreggio, rumoreggi**; *aus.* **avere**) **1** to rumble, to make a noise. **2** (*tumultuare*) to be in an uproar, to clamour. **rumorio** *m.* (faint) noise, (dull) sound, (low) rumbling. **rumorista** *m./f.* ⟨*Cin,Teat*⟩ sound-effects man. **rumorosamente** *avv.* noisily. **rumorosità** *f.*

noisiness, noise. **rumoroso** *a.* **1** noisy, full of noise: *strade molto –e* very noisy streets. **2** (*sonoro*) loud, noisy: *una risata –a* a loud laugh.

runa *f.* ⟨*Paleogr*⟩ rune. **runico** *a.* (*pl.* **-ci**) runic: *caratteri –i* runic characters.

ruolino *m.* ⟨*Mil*⟩ roster. □ ~ *di* **marcia**: 1 ⟨*Mil*⟩ marching order (*o* list); 2 ⟨*Sport*⟩ time schedule; 3 ⟨*fig*⟩ timetable, schedule.

ruolo *m.* **1** (*elenco, registro*) roll, list, register. **2** ⟨*burocr*⟩ (*organico*) roll, employees *pl,* staff. **3** ⟨*Teat*⟩ role, part (*anche estens.*): *ha avuto un* ~ *importante nella mia vita* he has played an important part in my life. **4** ⟨*Mil*⟩ (muster) roll, muster (*o* nominal) list, roster. **5** ⟨*Dir*⟩ case list, calendar, roll. □ **assumere** *in* ~ to appoint to¹ (*o* put on) the permanent staff; **assunzione** *del* ~ role taking; **conflitto** *tra –i* role conflict; ~ *dei* **contribuenti** tax list, tax roll; *di* ~ permanent, on the permanent staff: *insegnante di* ~ teacher on the permanent staff; **entrare** *in* ~ to be put on the permanent staff; **fuori** ~ temporary: *personale fuori* ~ temporary staff; ~ *delle* **imposte** tax roll; ⟨*Dir*⟩ **mettere** *a* ~ *una causa* to enter a case (for trial); ⟨*fig*⟩ *avere un* ~ *di* **primo** *piano* to play a leading role; ⟨*Cin,TV*⟩ ~ *di* **protagonista** starring role.

ruota *f.* **1** wheel: *la* ~ *gira* the wheel turns. **2** (*nel lotto*) drum. **3** (*antico supplizio*) wheel: *essere condannato alla* ~ to be condemned to the wheel. □ **a** ~ circular: *mantello a* ~ (circular) cape; *gonna a* ~ flared skirt; *piroscafo a* ~ paddle steamer; *a due –e* two-wheeled; *veicolo a due –e* two-wheeler; ⟨*Idr*⟩ ~ *d'*acqua water wheel; ~ **anteriore** front wheel; **arrivare** *a* ~ *di qd.*: 1 ⟨*Sport*⟩ to arrive a wheel's length behind s.o.; 2 ⟨*fig*⟩ to arrive hot on s.o.'s heels; ~ *dell'*arrotino grindstone; ~ *del* **carro** cart wheel; ⟨*fig*⟩ *essere l'ultima* ~ *del carro* to be the smallest cog on the wheel; ~ **cingolata** caterpillar wheel; ~ **dentata** toothed (*o* cogged) wheel, cog wheel; ~ *a* **disco**: 1 ⟨*Aut*⟩ disk wheel; 2 ⟨*Ferr*⟩ plate wheel; ⟨*ant*⟩ ~ *degli* **esposti** revolving box for taking foundlings into convents; **fare** *la* ~: 1 (*rif. al pavone*) to spread one's tail; 2 ⟨*fig*⟩ (*pavoneggiarsi*) to strut; ⟨*fig*⟩ ~ *della* **fortuna** wheel of fortune, fortune's wheel; ~ **libera** free wheel; *andare a* ~ **libera** to free-wheel; ~ *del* **lotto**: 1 lottery mixing drum; 2 (*sede*) town where the lottery is drawn; ⟨*Aut*⟩ ~ **motrice** driving wheel; *a quattro –e motrici* with four-wheel drive; ~ *del* **mulino** mill-wheel; ~ *a* **pale** paddle wheel; ⟨*Idr*⟩ ~ *a* **palette** flash wheel; ~ **posteriore** back (*o* rear) wheel; ~ *a* **raggi** spoked wheel; ~ *della* **roulette** roulette wheel; ~ *di* **scorta** spare tyre (*o* wheel), spare; **seguire** *qd. a* ~ to follow close behind s.o.; **supplizio** *della* ~ (torture of) the wheel: *mettere qd. al supplizio della* ~ to break s.o. on the wheel; ⟨*Mar*⟩ ~ *del* **timone** helm; **ungere** *le –e* to oil the wheels; ⟨*fig*⟩ to grease s.o.'s palm (*o* hand); ~ *da* **vasaio** potter's wheel; ~ *a* **vento** windmill.

ruotare *v.* → **rotare**.

rupe *f.* cliff, rock, crag. □ ⟨*Stor.rom*⟩ ~ *Tarpea* Tarpeian rock. **rupestre** *a.* **1** rocky, craggy: *paesaggio* ~ rocky countryside. **2** ⟨*Art*⟩ rock-, rupestrian, rupestral: *pittura* ~ rock-painting, rock-drawing. □ ⟨*Bot*⟩ *piante –i* rock-plants.

rupia *f.* (*unità monetaria*) rupee.

rurale I *a.* rural, rustic, country: *popolazione* ~ rural population, country folk. **II** *s.m.pl.* country folk, country dwellers.

ruscelletto *m.* brooklet, streamlet, rivulet, rill. **ruscello** *m.* brook, stream.

ruspa *f.* scraper: ~ *a trazione meccanica* motor scraper.

ruspante *m.* (*anche pollo ruspante*) free-range (*o* farmyard) chicken. **ruspare I** *v.i.* (*aus.* **avere**) **1** (*cercare le castagne dopo la raccolta*) to gather chestnuts. **2** (*rif. a polli: razzolare*) to scratch about. **II** *v.t.* (*lavorare con la ruspa*) to scrape.

ruspista *m.* (*operaio*) scraper operator.

russare *v.i.* (*aus.* **avere**) to snore.

Russia *N.pr.f.* ⟨*Geog*⟩ Russia. **russificare** *v.t.* to russianize. **russificazione** *f.* Russianization. **russo I** *a.* Russian. **II** *s.m.* **1** (*lingua*) Russian. **2** (*abitante; f.* **-a**) Russian. □ *alla –a* Russian-style; *camicia alla –a* Cossack shirt; ~ *bianco* White Russian; ⟨*Gastr*⟩ *insalata –a*

Russian salad. **russofilo** *a.* Russophil(e).

rusticamente *avv.* rustically, (in) country–style.
rusticano *a.* country, rural, rustic: *duello* ~ rustic duel.
rustichezza *f.* roughness, rudeness. **rusticità** *f.* →
rustichezza. **rustico** *a./s.* (*pl.* -ci) **I** *a.* **1** (*di campagna*)
country, rustic, rural: *casetta –a* country cottage. **2** (*fig*)
(*rozzo*) rough, coarse, unrefined, rude: *è* ~*, ma d'animo
gentile* he's coarse but kind–hearted. **3** ⟨*Arch*⟩ rustic. **II**
s.m. (*alloggio per contadini*) lodge, servants' quarters *pl;*
(*magazzino per attrezzi*) outhouse, shed.

Rut *N.pr.f.* ⟨*Bibl*⟩ Ruth.

ruta *f.* ⟨*Bot*⟩ rue. □ ~ *di muro* wall rue.

rutenico *a.* (*pl.* -ci) ⟨*Chim*⟩ ruthenic. **rutenio** *m.*
ruthenium.

ruteno *a./s.m.* (*f.* -a) Ruthenian, Ruthene.

rutilante *a.* ⟨*lett*⟩ glowing, ⟨*lett*⟩ rutilant. **rutilo** *m.*
⟨*Min*⟩ rutile.

rutina *f.* ⟨*Chim*⟩ rutin.

ruttare *v.i.* (*aus.* avere) ⟨*volg*⟩ to belch. **ruttino** *m.*
⟨*infant*⟩ burp. **rutto** *m.* ⟨*volg*⟩ belch.

ruttore *m.* ⟨*El*⟩ contact breaker, trembler. □ ⟨*Aut*⟩ ~
d'accensione trembler, ⟨*am*⟩ timer.

ruvidamente *avv.* roughly, coarsely (*anche fig.*).
ruvidezza *f.* **1** roughness, coarseness. **2** (*fig*) roughness,
rudeness. **ruvidità** *f.* ⟨*lett*⟩ → ruvidezza. **ruvido** *a.* **1**
rough, coarse: *pelle –a* rough skin. **2** (*fig*) rough, rude,
brusque: *una risposta –a* a brusque answer.

ruzzare *v.i.* (*aus.* avere) to romp, to play. **ruzzo** *m.* **1**
playfulness, rompishness; (*il ruzzare*) romping. **2** (*voglia,
capriccio*) whim, fancy.

ruzzolare *v.* (*ruzzolo*) **I** *v.i.* (*aus.* essere) to tumble, to
roll: *è ruzzolato per le scale* he tumbled down the stairs.
II *v.t.* to roll: ~ *un barile* to roll a barrel. **ruzzolata** *f.*
(*atto*) tumbling; (*effetto*) tumble. **ruzzolio** *m.* ⟨*region*⟩
rolling. **ruzzolone I** *s.m.* **1** tumble, heavy fall. **2** (*fig*)
fall. **II** *avv.* → ruzzoloni. □ *fare un* ~ to fall, ⟨*fam*⟩ to
come a cropper; ⟨*fig*⟩ to come down in the world.
ruzzoloni *avv.* tumbling, rolling. □ *andare* ~ to go
tumbling down.

S

s, S ['ɛsse] *f./m.* (*lettera dell'alfabeto*) s, S: *due s* two s's; ⟨*Tel*⟩ *s come Salerno* s for Sugar.

s = 1 ⟨*Fis*⟩ *secondo* second (*abbr.* sec., s.). 2 *shilling* shilling (*abbr.* s.).

S = *sud* south (*abbr.* S., s.).

s., S. = *santo* saint (*abbr.* St.).

S.A. = 1 ⟨*Econ*⟩ *società anonima* société anonyme (*abbr.* S.A.). 2 *Sua Altezza* His (*f* Her) Highness (*abbr.* H.H.).

sab. = *sabato* Saturday (*abbr.* Sat., S.).

Saba: ⟨*Bibl*⟩ *regina di* ~ Queen of Sheba.

sabatico *a.* → **sabbatico. sabato** *m.* 1 Saturday. 2 ⟨*Rel.ebr*⟩ Sabbath (Day). □ *di* ~ on Saturday(s); ⟨*Rel*⟩ ~ *santo* Holy Saturday, Saturday of Passion Week.

sabaudo *a.* ⟨*Stor*⟩ of (the House) of Savoy.

sabba *m.* (*pl. inv./*sabbati) ⟨*Mediev*⟩ sabbat, (witches') sabbath.

sabbatico: ⟨*Rel.ebr*⟩ *anno* ~ Sabbatical year.

sabbia *f.* 1 sand. 2 *pl.* ⟨*Med*⟩ sand, gravel. □ **a** ~ sand–: *orologio a* ~ sand–glass, sand clock; ~ *aurifera* auriferous sand; **color** ~ sand (colour); *di color* ~ sandy, sand–coloured; ⟨*fig*⟩ **costruire** *sulla* ~ to build on sand; ⟨*Geol*⟩ *-e* **mobili** quicksand *sing*; ⟨*fig*⟩ **scrivere** *sulla* ~ to write in water; ⟨*Meteor*⟩ **tempesta** *di* ~ sandstorm.

sabbiare *v.t.* (**sabbio, sabbi**) ⟨*Mecc*⟩ to sand–blast. **sabbiato** *a.* 1 ⟨*Mecc*⟩ sand–blasted. 2 ⟨*Meteor,Oref*⟩ dull. **sabbiatrice** *f.* ⟨*Mecc*⟩ sand–blasting machine, sander, sand–blaster. **sabbiatura** *f.* 1 ⟨*Med*⟩ sand bath: *fare le* *-e* to take sand baths. 2 ⟨*Mecc*⟩ sand–blasting. □ ~ *con abrasivo* sand–bobbing. **sabbiera** *f.* ⟨*Ferr*⟩ sandbox, sand dome. **sabbione** *m.* 1 (*terreno sabbioso*) sandy land (*o* soil). 2 (*sabbia grossolana*) coarse sand, sharp–graded sand. **sabbioso** *a.* sandy: *riva* *-a* sandy shore.

sabelli *m.pl.* ⟨*Stor*⟩ Sabellians *pl.* **sabellico** *a.* (*pl.* -ci) ⟨*Stor*⟩ Sabellian.

sabina *f.* ⟨*Bot*⟩ savin.

sabino *a./s.m.* (*f.* -a) ⟨*Stor*⟩ Sabine.

sabotaggio *m.* sabotage. □ *atti di* ~ (acts of) sabotage. **sabotare** *v.t.* (**saboto**) to sabotage. **sabotatore** *m.* (*f.* -trice) saboteur.

sabra *m.* (*nato in Israele*) sabra.

sacca *f.* 1 bag: ~ *da viaggio* travelling bag; (*bisaccia*) knapsack, haversack. 2 ⟨*Mil*⟩ pocket. 3 ⟨*Geog*⟩ (*insenatura*) inlet, small bay. 4 ⟨*Med,Anat*⟩ sac, pocket. □ ⟨*Aer*⟩ ~ *d'aria* (air–)pocket; ⟨*fig*⟩ ~ *di resistenza* pocket of resistance.

saccarasi *f.* ⟨*Biol*⟩ saccharase. **saccarato** *m.* ⟨*Chim*⟩ saccharate. **saccarico:** ⟨*Chim*⟩ *acido* ~ saccharic acid. **saccaride** *m.* saccharide. **saccarifero** *a.* sacchariferous, sugar–: *bietola* ~*a* sugar beet; *industria* ~*a* sugar industry. **saccarificare** *v.t.* (**saccarifico, saccarifichi**) ⟨*Chim*⟩ to saccharify. **saccarificazione** *f.* saccharification. **saccarimetria** *f.* ⟨*Chim*⟩ saccharimetry. **saccarimetro** *m.* saccharimeter. **saccarina** *f.* ⟨*Chim*⟩ saccharin(e). **saccarinato** *a.* ⟨*Chim*⟩ saccharated, saccharinated. **saccaromicete** *m.* ⟨*Bot*⟩ saccharomycete. **saccaroso**

m. ⟨*Chim*⟩ saccharose.

saccata *f.* sack(ful): *una* ~ *di fieno* a sackful of hay.

saccente **I** *a.* presumptuous, ⟨*fam*⟩ know–all, ⟨*fam*⟩ smart–aleck: *ragazzo* ~ presumptuous boy. **II** *s.m./f.* presumptuous person, wiseacre, ⟨*fam*⟩ know–all, ⟨*fam*⟩ smart–aleck: *fare il* ~ to be a know–all. **saccentemente** *avv.* presumptuously. **saccenteria** *f.* (*presunzione*) presumptuousness.

saccheggiamento *m.* → **saccheggio. saccheggiare** *v.t.* (**saccheggio, saccheggi**) 1 to sack, to plunder, to loot, to pillage: ~ *una città espugnata* to sack a conquered city. 2 ⟨*estens*⟩ (*derubare*) to rob, to loot: ~ *una banca* to rob a bank. 3 ⟨*fig*⟩ (*plagiare*) to plunder, to plagiarize. **saccheggiatore** *m.* (*f.* -trice) 1 plunderer, looter, sacker. 2 (*ladro*) looter, thief, robber. 3 ⟨*fig*⟩ (*plagiatore*) plunderer, plagiarizer. **saccheggio** *m.* 1 sack(ing), plundering, looting, pillaging: *il* ~ *d'una città* the sack of a city. 2 ⟨*estens*⟩ (*rapina*) looting, robbery. 3 ⟨*fig*⟩ (*plagio*) plunder(ing), plagiarism.

sacchetta *f.* 1 (small) bag, pouch. 2 (*per il foraggio di cavalli*) nosebag, feedbag. **sacchetto** *m.* (small) sack, (small) bag, pouch: *un* ~ *di plastica* a plastic bag; *un* ~ *di caramelle* a bag of sweets; (*contenuto*) sack(ful), bag(ful). □ ~ *di carta* paper bag; ~ *di sabbia* sandbag.

sacco *m.* (*pl.* -chi) 1 sack, bag: *riempire un* ~ *di grano* to fill a sack with corn. 2 (*quantità*) sack(ful), bag(ful): *un* ~ *di carbone* a sack of coal. 3 ⟨*fam*⟩ (*gran quantità*) great deal, lot, pack, ⟨*fam*⟩ heap: *avere un* ~ *di soldi* to have a lot (*o* heaps) of money; *mi ha detto un* ~ *di bugie* he told me a pack of lies. 4 (*tela grossolana*) sackcloth, sacking: *essere vestito di* ~ to be dressed in sackcloth. 5 (*saccheggio*) sack(ing), plunder, pillage. 6 ⟨*gerg*⟩ (*biglietto da mille lire*) thousand–lira note. 7 ⟨*Sport*⟩ (*nel pugilato*) punching bag. 8 ⟨*Biol,Anat*⟩ sac. 9 ⟨*ant*⟩ (*unità di misura del grano*) sack. □ ⟨*Mod*⟩ **a** ~ sack–: *giacca a* ~ sack coat; *a sacchi* by the sack(ful); ⟨*fig*⟩ (*in gran quantità*) in great quantities; **corsa** *nei sacchi* sack race; ~ *d'equipaggiamento* knapsack, kit–bag; ⟨*scherz*⟩ **fare** *il* ~ *a qd.* to make s.o. 'an apple–pie' (*o* a French) bed; ⟨*Anat*⟩ ~ **lacrimale** lachrymal (*o* lacrimal) sac; ⟨*fig*⟩ **cogliere** *qd.* *con le* **mani** *nel* ~ to catch s.o. red–handed; **mettere** *a* ~ (*saccheggiare*) to sack, to loot; ⟨*fig*⟩ **mettere** *qd.* *nel* ~ to swindle s.o., to cheat s.o.; ~ *da* **montagna** rucksack; ~ *a* **pelo** sleeping–bag; ⟨*fig*⟩ *tornarsene con le* **pive** *nel* ~ to return empty–handed; ~ **postale** mail–bag; ⟨*fig*⟩ **reggere** *il* ~ *a qd.* to be s.o.'s accomplice; ⟨*Stor*⟩ *il* ~ *di* **Roma** the sack of Rome; ⟨*fam*⟩ *un* ~ *e una* **sporta** a great deal, ⟨*fam*⟩ loads; *se ne dissero un* ~ *e una sporta* they called each other all sorts of names; ⟨*fig*⟩ *con la* **testa** *nel* ~ thoughtlessly, heedlessly: *fare qc. con la testa nel* ~ to do s.th. thoughtlessly; ⟨*fig*⟩ **vuotare** *il* ~ to speak out (*o* one's mind). *Prov.*: ~ *vuoto non sta ritto* an empty belly bears no body.

saccoccia *f.* (*pl.* -ce) ⟨*region*⟩ (*tasca*) pocket. **saccone** *m.* (*pagliericcio*) straw mattress, palliasse. **saccopelo** *m.inv.* (*sacco a pelo*) sleeping–bag.

sacello m. **1** ⟨lett⟩ (piccola cappella votiva) votive chapel. **2** ⟨Stor.rom⟩ sacellum. □ ~ mortuario mortuary chapel.

sacerdotale a. priestly, priest's, sacerdotal. **sacerdote** m. (f. -essa) **1** priest (f –ess): i –i pagani the pagan priests. **2** ⟨fig⟩ (cultore) devotee, lover. □ sommo ~: 1 ⟨Rel.catt⟩ (papa) Pope; 2 ⟨Bibl⟩ High Priest. **sacerdozio** m. priesthood, ministry, sacerdocy.

sacrale[1] a. holy, sacred.

sacrale[2] a. ⟨Anat⟩ sacral.

sacralgia f. ⟨Med⟩ sacralgia.

sacralità f. holiness, sacredness: ~ di un luogo sacredness of a place. **sacramentale** a. ⟨Rel.catt⟩ sacramental.

sacramentare v. (sacramento) **I** v.t. ⟨Lit⟩ to administer the sacraments to, to sacramentize. **II** v.i. (aus. avere) **1** (giurare solennemente) to swear, to take an oath, to vow. **2** (assol) (bestemmiare) to swear, to curse.

sacramentario m. **1** ⟨Lit⟩ Sacramentary. **2** ⟨Rel⟩ Sacramentarian. **sacramento** m. ⟨Rel⟩ sacrament: amministrare un ~ to administer a sacrament. □ accostarsi ai –i to confess and communicate; ⟨Rel.catt⟩ Santissimo ~ Blessed (o Holy) Sacrament; ⟨fam⟩ con tutti i –i scrupulously, conscientiously.

sacrario m. **1** ⟨Stor.rom,Rel.catt⟩ sacrarium. **2** (monumento alla memoria) memorial chapel. **3** ⟨fig⟩ sanctuary.

sacrestano e der. → **sagrestano** e der.

sacrificale a. sacrificial: rito ~ sacrificial rite. **sacrificante I** s.m./f. ⟨Rel⟩ sacrificing, priest, sacrificer. **II** a. sacrificing: sacerdote ~ sacrificing priest. **sacrificare** v. (sacrifico, sacrifichi) **I** v.t. **1** to sacrifice: ~ vittime umane agli dei to sacrifice human victims to the gods; ~ la vita per il bene dell'umanità to sacrifice one's life for the good of mankind. **2** (rinunciare) to give up, to sacrifice, to forgo: ho sacrificato la mia vacanza per finire il lavoro I've given up my vacation in order to finish the work. **3** (non valorizzare) to waste, to spoil: ~ un quadro in un angolo buio to waste a painting by putting it in a dark corner. **II** v.i. (aus. avere) to sacrifice. **sacrificarsi** v.r. **1** (immolarsi) to sacrifice o.s., to offer o.s. up. **2** (fare sacrifici, rinunce) to make sacrifices, to sacrifice o.s.: sacrificarsi per i figli to make sacrifices for one's children's sakes. **sacrificato** a. **1** (offerto in sacrificio) sacrificed. **2** (pieno di sacrifici) of sacrifice(s), of privation(s): vita –a life of sacrifice. **3** (non valorizzato) wasted: questa ragazza è –a in questo lavoro this girl is wasted in this job.

sacrificio m. **1** ⟨Rel⟩ sacrifice: offrire un ~ a una divinità to offer up a sacrifice to a deity; il ~ supremo the supreme sacrifice. **2** ⟨fig⟩ (rinuncia) sacrifice, privation. □ fare un ~ to make a sacrifice (anche fig.); ~ incruento bloodless sacrifice; ~ della **Messa** (Holy) Sacrifice of the Mass; offrire qc. in ~ a qd. to sacrifice s.th. to s.o.; ~ **propiziatorio** propitiatory sacrifice; ~ di sé self–sacrifice; **spirito** di ~ spirit of (self–)sacrifice; ~ **umano** human sacrifice.

sacrilegamente avv. sacrilegiously. **sacrilegio** m. **1** sacrilege: commettere un ~ to commit sacrilege. **2** ⟨fig⟩ (azione irriverente) crime, outrage, sin: sarebbe un ~ abbattere una costruzione così antica it would be a crime to knock down such an old building. **sacrilego** a. (pl. -ghi) **1** sacrilegious, impious. **2** (irriverente) outrageous, sacrilegious; (empio) wicked: lingua –a wicked tongue.

sacripante m. (smargiasso) braggart, boaster. □ fare il ~ to brag, to boast.

sacrista m. ⟨Rel⟩ sacristan, sexton.

sacro[1] **I** a. **1** holy, sacred: luogo ~ holy place; arte –a sacred art. **2** (di chiesa) church–, sacred: musica –a church music. **3** ⟨fig⟩ sacred, consecrated: il mirto è ~ a Venere the myrtle is sacred to Venus; i –i ideali del Risorgimento the sacred ideals of the Risorgimento; l'ospite è ~ a guest is sacred. **II** s.m.inv. sacred: il ~ e il profano the sacred and the profane. □ ⟨Stor⟩ ~ Romano Impero Holy Roman Empire.

sacro[2] m. ⟨Anat⟩ (anche osso sacro) sacrum.

sacrosantamente avv. deservedly, rightly: castigo ~ meritato rightly – deserved punishment. **sacrosanto** a. **1**

sacrosanct. **2** ⟨iperb⟩ (meritato) well–deserved.

sadduceo m. ⟨Stor⟩ Sadducee.

sadicamente avv. sadistically. **sadico** a./s. (pl. -ci) **I** a. ⟨Psic⟩ sadistic (anche estens.). **II** s.m. (f. -a) sadist. **sadismo** m. ⟨Psic⟩ sadism (anche estens.). **sadomasochismo** m. sadomasochism. **sadomasochista** a./s.m./f. sadomasochist.

saetta f. **1** (fulmine) thunderbolt, flash of lightning. **2** ⟨Mecc⟩ (utensile da trapano) bit. **3** ⟨Geom⟩ (freccia) camber. **4** ⟨Edil⟩ (saettone) strut, brace. **5** ⟨lett⟩ (freccia) arrow. □ veloce come una ~ as fast as lightning; ti venga una ~! go to the devil!, damn (o blow) you! **saettare** v. (saetto) **I** v.t. **1** ⟨lett⟩ (colpire con frecce) to shoot with arrows; (ferire) to strike (o wound) with an arrow; (colpire con fulmini) to strike with thunderbolts. **2** ⟨fig⟩ to dart, to shoot, to fling: ~ occhiate furibonde to dart furious looks. **II** v.i. (aus. avere) **1** (scagliare frecce) to shoot arrows. **2** (lampeggiare) to lighten. **saettiera** f. ⟨Mil.ant⟩ loophole, embrasure. **saettiere** m. ⟨lett⟩ (arciere) archer, bowman; (balestriere) crossbowman. **saettone** m. **1** ⟨Zool⟩ Aesculapian snake. **2** ⟨Edil⟩ strut, brace.

safari m. safari. □ ~ fotografico photographic safari; partecipare a un ~ to go on a safari.

safena f. ⟨Anat⟩ (anche vena safena) saphena, saphenous vein.

saffica f. ⟨Metr⟩ Sapphic (ode). **saffico** a. (pl. -ci) ⟨Lett,Metr⟩ Sapphic: lirica –a Sapphic lyric. **saffismo** m. ⟨Psic⟩ sapphism. **Saffo** N.pr.f. ⟨Stor.gr⟩ Sappho.

safranina f. ⟨Chim⟩ safranin(e), saffranine.

saga f. ⟨Lett⟩ saga (anche estens.).

sagace a. sagacious, shrewd, perspicacious. **sagacemente** avv. sagaciously. **sagacia** f. (pl. -cie) sagacity, shrewdness, perspicacity.

saggezza f. wisdom, sound judg(e)ment: la ~ dei vecchi the wisdom of the old. **saggiamente** avv. wisely.

saggiare v.t. (saggio, saggi) **1** to test; (rif. a metalli preziosi) to assay: ~ l'oro to assay gold. **2** ⟨fig⟩ (mettere alla prova) to test, to try, to prove: ~ le proprie forze to test one's strength. **saggiatore** m. (f. -trice) **1** tester, assayer. **2** (bilanciere) assay balance. **saggiatura** f. assay(ing), test(ing). **saggiavino** m.inv. ⟨Enol⟩ pipette (for wine tasting).

saggina f. ⟨Bot⟩ sorghum, common (o Indian) millet. □ ~ da scope common millet, ⟨am⟩ broomcorn. **sagginale** m. (fusto secco della saggina) (dry sorghum) stalk. **sagginare** v.t. (ingrassare) to fatten.

saggio[1] **I** a. wise, sage: un vecchio ~ a wise old man. **II** s.m. (f. -a) wise person, sage; (sapiente) learned person.

saggio[2] m. **1** test; (rif. a metalli preziosi) assay. **2** (prova) proof: dare ~ della propria bravura to give proof of (o prove) one's skill. **3** (campione) sample, specimen: ~ gratuito free sample. **4** (pubblica dimostrazione) display, exhibition: ~ ginnico (o di ginnastica) gym display. **5** ⟨Scol⟩ (written) test. **6** ⟨Lett⟩ essay: ~ sull'arte moderna essay on modern art. **7** ⟨Econ⟩ (tasso) rate: ~ d'interesse rate of interest. □ ~ di composizione essay, composition, ⟨am⟩ theme; ⟨Lett⟩ ~ critico critical essay; ~ di danza (dance) recital; ~ musicale end–of–term concert (o recital); ⟨Econ⟩ ~ di profitto rate of profit.

saggista m./f. ⟨Lett⟩ essayist. **saggistica** f. **1** (arte) essay–writing. **2** (produzione, saggi) essays pl. **saggistico** a. (pl. -ci) essay–, essayistic(al).

sagittario m. ⟨ant⟩ (arciere) archer, bowman. **Sagittario** N.pr.m. **1** ⟨Astr⟩ Sagittarius. **2** (persona nata sotto il segno del Sagittario) Sagittarian.

sagittato a. ⟨Bot⟩ sagittate.

sagola f. ⟨Mar,Pesc⟩ line, halyard. □ ~ della bandiera flag halyard; ~ per scandaglio sounding (o lead) line.

sagoma f. **1** (profilo, linea) line, outline, contour, silhouette: una ~ elegante an elegant line; (forma) shape, form. **2** (forma di legno, cartone e sim.) template, pattern, model, outline. **3** (nel tiro a segno: bersaglio) silhouette, target: colpire la ~ to hit the target. **4** ⟨fam,scherz⟩ (persona stravagante, curiosa) (odd) character, sketch, card: lo sai che sei proprio una ~? you know you're really a character. **5** ⟨Met,Edil⟩ strickle. □ ~ aerodinamica aerodynamic line; ⟨Ferr⟩ ~ limite clearance (o structure) gauge; ~ *limite di carico* loading gauge. **sagomare** *v.t.* (**sagomo**) to mould, to shape, to form, to model: ~ *la carrozzeria di un'automobile* to shape the body of a car. **sagomato** *a.* shaped, formed, modelled: *mobili ben –i* well–shaped furniture. **sagomatrice** *f.* ⟨*Mecc*⟩ 1 (*fresatrice*) milling machine, miller. 2 (*molatrice*) grinder. **sagomatura** *f.* ⟨*tecn*⟩ 1 shaping, forming. 2 (*sagoma*) profile, line, outline. □ ~ *al tornio* profile turning.

sagra *f.* 1 festival, feast: *la* ~ *del vino* the wine festival. 2 (*festa nell'anniversario della consacrazione di una chiesa*) feast of the consecration of a church. **sagrato** *m.* parvis, churchyard.

sagrestano *m.* sacristan, sexton. **sagrestia** *f.* sacristy, vestry. □ ⟨*scherz*⟩ *c'è odor di* ~ it smacks of the church.

sagrì *m.* ⟨*Itt*⟩ latern shark.

sagrista *m.* → **sagrestano**.

Sahara *N.pr.m.* ⟨*Geog*⟩ Sahara. **sahariana** *f.* ⟨*Mod*⟩ bush jacket. **sahariano** *a.* Sahara–, Sahar(i)an: *regione –a* Sahara region.

Sahel *N.pr.m.* ⟨*Geog*⟩ Sahel: *zona del* ~ Sahel region.

saia *f.* ⟨*Tess*⟩ twill.

saio *m.* 1 (*di frati*) habit. 2 ⟨*Stor.rom*⟩ sagum. □ ⟨*fig*⟩ *vestire il* ~ to take the cowl.

sala[1] *f.* room, hall: ~ *da pranzo* dining–room. □ ~ **anatomica** anatomical theatre; ~ *degli* **arazzi** tapestry room; ~ *d'*armi salle d'armes; ~ *d'*aspetto waiting–room; ~ *da* **ballo** (*pubblica*) dance hall; (*privata*) ballroom; ~ *dei* **banchetti** banquet room; ~ *da* **biliardo** billiard room (*o* hall), ⟨*am*⟩ poolroom; ⟨*Mar,Ind*⟩ ~ **caldaie** boiler room, stokehold; ~ **cinematografica** cinema, ⟨*am*⟩ movie (house); ~ (*dei*) **comandi** control room; ~ *dei* **concerti** concert hall; ~ *per* **conferenze** conference room; ⟨*Univ*⟩ lecture hall, lecture room; ⟨*Sport*⟩ ~ (*delle*) **corse** bookmaker's betting office; ~ *per* **esposizioni** showroom, salon; ~ *da* **gioco** gaming room; ~ *di* **lettura** reading room; ~ **macchine**: 1 ⟨*Mar,Ind*⟩ engine room; 2 ⟨*Tip*⟩ press room; ~ *da* **musica** music room; ~ **nautica** chart room; ~ **operatoria** operating theatre, ⟨*am.*⟩ operating room; ~ *delle* **partenze** (*di aeroporti*) departure lounge; ~ **parto** delivery room; ~ **pompe** pump house, pump room; ~ *per* **ricevimenti** banqueting hall (*o* room); ~ *per* **riunioni** meeting room; ~ *di* **scrittura** writing room; ~ *degli* **specchi** hall of mirrors; ~ **stampa**: 1 ⟨*Tip*⟩ press room; 2 ⟨*Giorn*⟩ press centre; ~ *del* **trono** throne room; ~ *delle* **udienze**: 1 audience chamber (*o* room); 2 ⟨*Dir*⟩ Court, courtroom.

sala[2] *f.* ⟨*Mecc*⟩ axle tree.

salacca *f.* 1 ⟨*Itt*⟩ (*sardina*) pilchard. 2 ⟨*fig*⟩ (*persona secca*) beanpole, rake.

salace *a.* 1 (*lascivo*) salacious. 2 (*mordace, pungente*) biting. **salacità** *f.* salaciousness, salacity.

Saladino *N.pr.m.* ⟨*Stor*⟩ Saladin.

salagione *f.* ⟨*Alim*⟩ salting.

salamandra *f.* ⟨*Zool*⟩ salamander. □ ~ *acquaiola* aquatic salamander; ~ *pezzata* spotted (*o* fire) salamander.

salame *m.* 1 ⟨*Alim*⟩ salami. 2 ⟨*fig*⟩ (*persona sciocca*) dolt, blockhead.

salamelecco *m.* (*pl.* -**chi**) ⟨*pop*⟩ bowing and scraping, salaam. □ *fare salamelecchi* to bow and scrape; *senza tanti salamelecchi* without ceremony.

Salamina *N.pr.f.* ⟨*Geog*⟩ Salamis.

salamoia *f.* 1 pickle, brine. 2 (*nei frigoriferi*) brine. □ *fare* (*o mettere*) *in* ~ to pickle; *cipolline in* ~ pickled onions, onion pickles. **salamoiare** *v.t.* (**salamoio**, **salamoi**) to pickle, to brine. **salamoiatura** *f.* curing.

salangana *f.* ⟨*Ornit*⟩ salangane.

salare *v.t.* 1 to salt, to put salt in, to add salt to: ~ *il brodo* to add salt to the broth. 2 (*mettere sotto sale*) to salt (down); (*in salamoia*) to pickle, to brine. 3 ⟨*Conc*⟩ to salt. □ ⟨*region,fig*⟩ ~ *la scuola* to play truant, ⟨*am*⟩ to play hooky.

salariale *a.* wage–, pay–, of wages: *aumento* ~ wage increase, pay rise; *tregua* ~ wage freeze, wage pause. □ *rivendicazioni –i* wage claims. **salariare** *v.t.* (**salario**, **salari**) to pay, to give a wage to. **salariato I** *a.* wage–earning, hired: *operaio* ~ hired worker. **II** *s.m.* (*f.*

-**a**) wage earner.

salario *m.* wage, wages *pl*, pay, rate (of pay): *percepire un* ~ to receive a wage. □ ~ **base** basic wage, base pay; ~ **contrattuale** contract (*o* union) rate; ~ *a* **cottimo** piece (*o* job) wages *pl*; ~ *da* **fame** starvation wage; ~ **fisso** fixed (*o* steady) wage; ~ **garantito** guaranteed wage; ~ **giornaliero** daily wage, day's pay; ~ *a* **incentivo** incentive (*o* premium) wage; ~ **iniziale** beginning (*o* starting) wage; ~ **lordo** gross wage; ~ **massimo** maximum wage, ⟨*am*⟩ wage ceiling; ~ **mensile** monthly wages *pl* (*o* salary, pay); ~ **minimo** (*o* *di mercato*) living (*o* minimum) wage; ~ **netto** net salary, take–home pay; ~ *a* **premio** bonus (*o* premium) system wage; ~ **settimanale** weekly wages *pl*.

salassare *v.t.* to bleed (*anche fig.*): ~ *un ammalato* to bleed a patient. **salassatore** *m.* (*f.* -**trice**) bleeder (*anche fig.*). **salasso** *m.* 1 bleeding, blood–letting. 2 ⟨*fig*⟩ (*spesa onerosa*) drain, big outlay, soaking: *la villeggiatura è stata un* ~ the holiday was a drain. □ *fare un* ~ *a qd.* to bleed s.o.

salata *f.* 1 salting. 2 (*salatura per conservare*) salting (down), corning; (*in salamoia*) pickling, brining. □ *dare una* ~ *a qc.* to put some salt in s.th., to salt s.th. **salatamente** *avv.* ⟨*fig*⟩ dearly, ⟨*fam*⟩ through the nose: *pagare qc.* ~ to pay through the nose for s.th. **salatino** *m.* ⟨*Alim*⟩ salty cracker, salt biscuit. **salato I** *a.* 1 (*salino*) salt–, saline, salty: *acqua –a* salt water. 2 (*insaporito col sale*) salty, salt. 3 (*conservato sotto sale*) salted, salt, corned: *aringhe –e* salted herrings; (*in salamoia*) salt, pickled, brined: *carne –a* salt meat. 4 ⟨*fig*⟩ (*caro, costoso*) expensive, dear, costly; (*rif. a conti, prezzi e sim.*) high, stiff: *il conto era* ~ the bill was high. 5 ⟨*fig*⟩ (*pungente*) sharp, pungent, biting, salty: *risposta –a* sharp answer; (*arguto*) sharp, witty. **II** *avv.* → **salatamente**.

salatoio *m.* ⟨*Alim*⟩ salting room. **salatura** *f.* 1 (*il salare*) salting (*anche Conc.*). 2 (*quantità di sale*) salt.

salciccia *f.* ⟨*pop*⟩ → **salsiccia**.

salcigno *a.* 1 (*di salice*) willow–. 2 ⟨*estens*⟩ (*rif. a legname*) tough, knotty. 3 (*rif. a carne*) tough, stringy.

salda *f.* 1 starch. 2 ⟨*Tess*⟩ sizing, dressing. □ *dare la* ~ *a un colletto* to starch a collar.

saldabile *a.* 1 solderable, weldable. 2 ⟨*Comm*⟩ payable, that may be settled. **saldabilità** *f.* 1 solderability, weldability. 2 ⟨*Comm*⟩ payability.

saldaconti *m.inv.* ⟨*Comm*⟩ 1 (*ufficio*) accounts office. 2 (*registro*) account book, ledger. **saldacontista** *m./f.* bookkeeper.

saldamente *avv.* 1 firm(ly), solidly, steadily: *reggersi* ~ to stand firm, to hold on tightly. 2 (*profondamente*) firmly, deeply: *principi* ~ *radicati* deeply–rooted principles.

saldare *v.t.* 1 (*congiungere*) to join, to bind, to unite. 2 ⟨*Met*⟩ to solder, to weld; (*saldare insieme*) to solder (*o* weld) together: ~ *due pezzi di tubo* to solder two pieces of pipe together. 3 ⟨*Comm*⟩ (*pagare*) to pay (up), to settle, to square: ~ *un conto* to pay a bill; (*rif. a debiti*) to pay (off), to settle up. 4 ⟨*Econ*⟩ (*chiudere i conti*) to balance, to close (out). **saldarsi** *v.r.* (*cicatrizzarsi*) to heal (up). □ ⟨*Mecc*⟩ ~ *ad arco* to arc–weld; ~ *a dolce* to soft–solder; ~ *a freddo* to cold–solder; ~ *a punti* to spot–weld. **saldato** *a.* 1 (*unito, congiunto*) joined, bound, united. 2 ⟨*Met*⟩ soldered, welded. 3 ⟨*Comm*⟩ (*pagato*) paid (up), settled. 4 ⟨*Econ*⟩ (*chiuso, pareggiato*) balanced, closed (out). **saldatoio** *m.* ⟨*Mecc*⟩ soldering iron, soldering copper. **saldatore** *m.* 1 (*operaio*) solderer, welder. 2 (*utensile*) soldering iron. **saldatrice** *f.* welder, welding machine. □ ~ *ad arco* arc–welder, arc–welding set.

saldatura *f.* 1 ⟨*Mecc*⟩ welding, soldering; (*tecnica*) welding (process); (*punto di saldatura*) weld, welded joint, soldering. 2 ⟨*fig*⟩ welding together, linking up: *la* ~ *delle varie parti di un romanzo* the welding together of the various parts of a novel. 3 ⟨*Med*⟩ (*rif. a fratture*) setting. □ ~ *ad* **arco** (electric) arc–welding; ~ **autogena** autogenous–welding; ~ **dolce** soft–soldering; ~ **elettrica** electric–welding; ~ *a* **freddo** cold–soldering; ~ *a* **fuoco** forge–welding; ~ *per* **fusione** gas–brazing (*o* welding); ~ **ossiacetilenica** oxyacetylene (gas) welding; ~ **ossidrica** oxyhydrogen welding; ~ *per* **punti** spot (*o* point, ridge) welding; welding; ~ *a* **rilievo** projection welding; ~ *a* ultrasuoni ultrasonic welding.

saldezza f. firmness, strength (anche fig.): ~ d'animo strength of character.

saldo[1] a. **1** solid, firm, strong: una trave –a a solid beam. **2** (stabile) steady, firm, stable: una sedia ~ a steady chair. **3** ⟨fig⟩ (irremovibile) firm, staunch, steadfast, unswerving: ~ proposito firm intention (o purpose). □ reggersi ~ sulle gambe to stand steady; stare ~ to stand firm.

saldo[2] m. **1** settlement: ~ d'un conto settlement of a bill. **2** (somma residua da pagare) balance: pagherò il ~ in sei rate I'll pay the balance in six instalments. **3** ⟨Comm⟩ (clearance) sale: –i di fine stagione end-of-season sales. □ a ~ in full, in settlement: pagamento a ~ payment in full, full settlement; ricevere una somma a ~ to receive a sum in settlement; ~ attivo credit balance, balance (o on) hand; ~ contabile book balance; ~ a credito credit balance; ~ a debito debit balance; fare il ~ to settle up; fare il ~ di qc. to settle (o pay) s.th.; merce di ~ sale goods pl, merchandise on sale; ~ passivo debit balance; ~ totale full balance.

saldobrasatura f. ⟨Met⟩ braze welding.

sale m. **1** salt: in questa minestra manca il ~ there's no salt in this soup. **2** pl. ⟨Cosmet⟩ bath-salts pl. **3** pl. ⟨Farm⟩ smelling-salts pl, sal volatile. **4** ⟨fig⟩ (arguzia) salt, wit, sharpness (of wit). □ ⟨Chim⟩ ~ basico basic salt; ~ comune (o da cucina) (common) salt, (kitchen) salt; dieta senza ~ salt-free diet; ~ fino fine salt; essere giusto di ~ to have enough salt; ⟨fig⟩ con un grano di ~ with a grain of salt; ~ grosso coarse salt; ~ inglese Epsom salts pl; ~ minerale mineral salt; ⟨fig⟩ restare di ~ to be dumbfounded (o astonished); sapere di ~ to taste salty; mettere sotto ~ to salt (down); (rivendita di) –i e tabacchi (government monopoly) salt and tobacco shop; ~ da tavola table salt; ⟨pop⟩ non avere ~ in zucca to be a blockhead.

saleggiola f. ⟨Bot⟩ common sorrel.

salesiano a./s.m. (f. -a) ⟨Rel⟩ Salesian.

salgemma m. ⟨Min⟩ rock salt.

salgo → salire.

saliare a. ⟨Stor.rom⟩ Salian, Saliar.

salicacee f.pl. ⟨Bot⟩ willow family. **salice** m. ⟨Bot⟩ willow. □ ~ piangente weeping willow; ⟨scherz⟩ sembrare un ~ piangente to be tearful (o weepy). **saliceto** m. willow grove, salicetum.

salicilato m. ⟨Chim⟩ salicylate. **salicilico** a. (pl. -ci) salicylic: acido ~ salicylic acid.

salico a. (pl. -ci) ⟨Stor⟩ Salic, Salique, Salian: legge –a Salic law.

saliente I a. **1** (che sale) rising, mounting. **2** ⟨fig⟩ (notevole) main, conspicuous, salient, striking: i punti –i di un discorso the main points in a speech. **3** (sporgente) projecting, salient, prominent. II s.m. **1** (sporgenza) protuberance, prominence, salience: ~ roccioso rocky protuberance. **2** ⟨Arch,Mil⟩ salient.

saliera f. salt-cellar. **salifero** a. **1** saliferous, salt-. **2** (che riguarda l'estrazione del sale) salt-, salt-extracting. **salificare** v.t. (salifico, salifichi) ⟨Chim⟩ to salify. **salificazione** f. salification. **salina** f. **1** salt works pl (costr. sing. o pl.). **2** (deposito naturale) saline. **3** (miniera di salgemma) (rock-)salt mine. **salinaio, salinaro, salinatore** m. salt worker. **salinità** f. salinity, saltiness. **salino** a. salt-, saline: deposito ~ salt deposit; soluzione –a saline solution.

salio m. ⟨Stor.rom⟩ Salian (priest).

salire v. (pres.ind. salgo, sali; p.rem. salii; p.pr. salente/saliente; ger. salendo; p.p. salito) I v.i. (aus. essere) **1** (andare verso l'alto) to climb (su, in qc. s.th.), to go (up), to come (up): ~ su un albero to climb a tree; ~ su per le scale to go up the stairs; ~ in ascensore to go up in the lift; vieni, saliamo in terrazza come, let's go up on the terrace; perché non sali un momento? why don't you come up for a minute? **2** (montare) to get up (on), to climb (onto), to mount (s.th.): ~ sulla sedia to get up on the chair; ~ a cavallo to mount a horse; (rif. a mezzi di trasporto) to get (on, into), to board (s.th.): ~ sull'autobus to board the bus; ~ in macchina to get into the car. **3**

(scalare) to climb (up), to go up (su qc. s.th.), to ascend: ~ su una montagna to climb up a mountain; (rif. ad automobili e sim.) to climb: l'automobile sale lentamente verso il passo the car is climbing slowly towards the pass. **4** (alzarsi, levarsi) to rise, to go (o come) up: il fumo sale smoke rises; la nebbia saliva dalla valle the fog was coming up from the valley; il sole sale sull'orizzonte the sun is rising on the horizon; (rif. ad aerei e sim.) to climb: l'aeroplano continuava a ~ the plane kept climbing. **5** (ergersi) to rise: il monte sale a più di duemila metri the mountain rises over two thousand metres. **6** (essere in salita) to go up(hill), to climb: la strada sale dolcemente the road goes uphill gradually. **7** ⟨fig⟩ (aumentare, crescere) to rise, to increase, to go up: il numero degli abitanti continua a ~ the number of inhabitants keeps rising; la temperatura è salita the temperature has gone up; il livello del fiume sta salendo the river is rising; il prezzo dell'olio è salito di venti lire the price of oil has gone up twenty lire. **8** (rif. ad apparecchi di misura) to rise: il barometro sale the barometer is rising. **9** ⟨fig⟩ (raggiungere una condizione migliore) to rise, to go up: ~ nella considerazione di qd. to rise in s.o.'s estimation; ~ di grado to rise in rank. II v.t. to climb, to go (o come) up, to ascend, to mount: ~ le scale to go up the stairs. □ ~ a bordo to come aboard; ~ al cielo: 1 ⟨Rel⟩ to ascend (into Heaven); 2 ⟨eufem⟩ (morire) to go to Heaven; 3 (rif. a grida e sim.) to go up to high heaven; ~ al potere to rise (o come) to power; fare ~ i prezzi to make prices rise (o go up), to send prices up; il sangue le salì al viso the blood rushed to her cheeks; ~ in sella to get into the saddle; ⟨fig⟩ ~ alle stelle (rif. a prezzi) to soar, to rocket; ~ al trono to ascend (o come to) the throne.

Salisburgo N.pr.f. ⟨Geog⟩ Salzburg.

saliscendi m.inv. **1** latch. **2** (continuo salire e scendere) ups and downs pl.

salita f. **1** (il salire) climb(ing), going (o coming) up, ascent: la ~ è più difficile della discesa going up is harder than coming down. **2** (strada in salita) hill, slope: a metà della ~ c'è una cappella halfway up the hill there is a chapel. **3** ⟨Ginn⟩ (arrampicata) climb(ing). □ ⟨Arch⟩ ~ dell'arco rise of an arch; ⟨Alp⟩ ~ in cordata rope climb (o ascent); ⟨Ginn⟩ ~ alle funi rope climbing; in ~: 1 (che sale) uphill: sentiero in ~ uphill path; camminare in ~ to walk uphill, to climb; 2 (che aumenta) rising, going up: la febbre è in ~ the temperature is rising; ⟨Ginn⟩ ~ alle pertiche pole climbing, shinning poles.

saliva f. saliva, spittle. □ ⟨fig⟩ attaccato con la ~ stuck together with spit. **salivale** a. salivary: secrezione ~ salivary secretion.

salivare[1] v.i. (aus. avere) to secrete saliva, to salivate.

salivare[2] a. → salivale.

salivatorio a. salivatory. **salivazione** f. salivation.

Sallustio N.pr.m. ⟨Stor⟩ Sallust.

salma f. **1** corpse, body. **2** ⟨ant⟩ (unità di misura di capacità) unit of dry measure (213–275 l).

salmastro I a. **1** (che contiene sale) brackish, saltish: acqua –a brackish water. **2** (che sa di sale) salty: vento ~ salty wind. II s.m. (sapore) salt(y) taste; (odore) salt(y) smell.

salmeria f. (usually in pl.) ⟨Mil⟩ train.

salmì m. ⟨Gastr⟩ salmi(s): lepre in ~ salmi of hare.

salmista m. ⟨Bibl⟩ psalmist.

salmistrare v.t. ⟨Gastr⟩ to corn.

salmo m. ⟨Bibl,Mus⟩ psalm. □ libro dei –i Book of Psalms. Prov.: tutti i –i finiscono in gloria these things always end up the same way. **salmodia** f. ⟨Rel⟩ psalmody. **salmodiante** a. psalmodizing, psalm singing. **salmodiare** v.i. (salmodio, salmodi; aus. avere) to psalmody, to psalmodize. **salmodico** a. (pl. -ci) psalmodic(al).

salmone I s.m. ⟨Itt⟩ salmon. II a.inv. salmon. □ ⟨Gastr⟩ ~ affumicato smoked salmon; ⟨Itt⟩ ~ rosso red (o sockeye) salmon; ⟨Gastr⟩ ~ in scatola tinned salmon.

salmonella f. ⟨Biol⟩ salmonella. **salmonellosi** f. ⟨Med⟩ salmonellosis.

salnitro m. ⟨Chim⟩ saltpetre. **salnitroso** a. saltpetre-, saltpetrous.

Salomè *N.pr.f.* ⟨*Bibl*⟩ Salome.
Salomone[1] *N.pr.m.* ⟨*Bibl*⟩ Solomon.
Salomone[2]: ⟨*Geog*⟩ *isole* ~ Solomon Islands.
salomonico *a.* (*pl.* -ci) Solomonic.
salone I *s.m.* **1** (*sala di soggiorno*) living-room, sitting-room; (*sala di ricevimento*) reception room; (*nei grandi piroscafi*) saloon, lounge: *il* ~ *di prima classe* the first-class saloon. **2** (*mostra, esposizione*) exhibition, show: ~ *dell'automobile* Motor (*o* Car) Show. **3** (*negozio di barbiere*) barber's shop; (*negozio di parrucchiere*) hairdresser's salon. II *a.* saloon-, Pullman, ⟨*am*⟩ parlor-: *vettura* ~ Pullman (car), saloon car (*o* carriage), ⟨*am*⟩ parlor car. □ ~ *da ballo* ballroom; ~ *di bellezza* beauty salon (*o* shop); ~ *dell'aeronautica* air show.
Salonicco *N.pr.f.* ⟨*Geog*⟩ Salonika.
salottiero *a.* drawing-room-. **salottino** *m.* small drawing-room, parlour. **salotto** *m.* **1** drawing-room, living-room, lounge, parlour. **2** (*mobilio*) drawing-room suite, living-room furniture. □ ~ *da* (*o di*) ~ drawing-room-, society-: *chiacchiere da* ~ drawing-room gossip, society talk; *tenere* ~ to hold a salon.
salpare I *v.t.* ⟨*Mar*⟩ (*rif. all'ancora*) to weigh. II *v.i.* (*aus.* **essere**) **1** ⟨*Mar*⟩ (*levare le ancore*) to weigh anchor. **2** ⟨*Mar*⟩ (*partire*) to set sail, to leave; (*rif. a piroscafi*) to steam off. **3** ⟨*scherz*⟩ (*prendere il largo*) to make off, to leave.
salpinge *f.* ⟨*Anat,Stor*⟩ salpinx. **salpingectomia** *f.* ⟨*Chir*⟩ salpingectomy. **salpingite** *f.* ⟨*Med*⟩ salpingitis.
salsa *f.* ⟨*Gastr*⟩ **1** sauce. **2** (*intingolo di sugo di carne*) gravy. □ ⟨*fig*⟩ *cucinare qc. in tutte le* -*e* to present (the same old thing) in all kinds of ways; ~ *piccante* piquant sauce; ~ *di pomodoro* tomato sauce; ~ *verde* piquant sauce with herbs and garlic. **salsamentario** *m.* ⟨*region*⟩ grocer.
salsapariglia *f.* ⟨*Bot*⟩ sarsaparilla.
salsedine *f.* salt(i)ness: ~ *del vento di mare* saltiness of the sea air; (*incrostazione salina*) salt (deposit): *anfora incrostata di* ~ amphora encrusted with salt.
salsedinoso *a.* salt-, salty, saline.
salsiccia *f.* (*pl.* -ce) ⟨*Gastr*⟩ sausage. □ ⟨*pop*⟩ *fare* ~ (*o salsicce*) *di qd.* to make mincemeat of s.o. **salsicciaio** *m.* (*f.* -a) **1** (*fabbricante*) sausage-maker. **2** (*venditore*) sausage-seller, pork-butcher.
salsiera *f.* sauce boat, gravy boat.
salso I *a.* salty. II *s.m.* saltiness. □ *sapere di* ~ to taste salty. **salsoiodico** *a.* (*pl.* -ci) containing sodium chloride and sodium iodide.
saltabeccare *v.i.* (**saltabecco, saltabecchi;** *aus.* **avere**) to hop.
saltaleone *m.* ⟨*Mecc*⟩ spring wire.
saltamartino *m.* **1** ⟨*pop*⟩ (*insetto*) jumping insect; (*cavalletta*) grasshopper. **2** ⟨*fig*⟩ (*bambino vivace*) imp. **3** (*giocattolo*) jumping toy.
saltare I *v.i.* (*aus.* **essere/avere**) **1** to jump, to spring, to leap: ~ *a piè pari* to jump with both feet together; ~ *nell'acqua* to jump into the water; (*col paracadute*) to jump, to bale out. **2** (*cadere*) to come (*o* pop) off: *mi è saltato un bottone* one of my buttons has popped off; (*rompersi*) to break: *è saltata la molla* the spring has broken. **3** (*esplodere*) to blow, to explode: *è saltato il deposito delle munizioni* the ammunition dump has exploded. **4** ⟨*fig*⟩ (*passare ad altro*) to go on: *saltiamo a pagina dieci* let's go on to page ten; (*omettendo i passaggi logici*) to skip, to jump: ~ *da un'idea all'altra* to jump from one idea to another. **5** ⟨*El*⟩ (*rif. a valvole e sim.*) to blow, to go. II *v.t.* **1** to jump (over), to leap (over), to clear: *con un balzo saltò il muretto* he cleared the wall with a bound. **2** ⟨*fig*⟩ (*omettere, tralasciare*) to leave out (*o* off), to omit, to skip: *nell'elenco hanno saltato il mio nome* my name was left off the list; ~ *un passo difficile* to leave out a difficult passage. **3** ⟨*Scol*⟩ to jump, to skip: ~ *una classe* to skip a year. **4** ⟨*Gastr*⟩ (*rosolare*) to sauté, to fry lightly. □ ~ *addosso a qd.:* **1** to jump (*o* fall, leap) on s.o.; **2** (*rif. a cani: far festa*) to jump up at s.o., to leap on s.o.; ~ *in* **aria** (*esplodere*) to blow up, to explode; *far* ~ *in aria* to blow up, to (cause to) explode; ⟨*fig*⟩ to debunk; *farsi* ~ *le* **cervella** to blow one's brains out; ~ *al collo di*

qd. (*per abbracciarlo*) to hug s.o., to throw one's arms round s.o.'s neck; *far* ~: **1** (*obbligare all'attività*) to get moving, to make jump to it: *vedrai come il nuovo direttore li farà* ~ *tutti* you'll see how the new director will get them all moving (*o* make them all jump to it); **2** (*cacciare da un posto*) to have (*o* get) fired; **3** (*far esplodere: rif. a munizioni*) to blow up, to explode; **4** (*distruggere con un'esplosione*) to blow up: *i ribelli fecero* ~ *la ferrovia* the rebels blew up the railroad; **5** (*forzare*) to break (open); (*con un colpo d'arma da fuoco*) to shoot off: *far* ~ *la serratura* to break (*o* shoot off) the lock; *far* ~ *il governo* to bring down the Government; *far* ~ *una palla* to bounce a ball; *far* ~ *il banco* to break the bank; ~ **fuori**: **1** to jump out; **2** (*sbucare d'un tratto*) to jump (*o* pop) out, to spring: *da dove salti fuori?* where have you sprung from?; **3** (*ritrovarsi*) to turn up, to show up (again): *prima o poi il libro salterà fuori* the book will turn up sooner or later; ~ *su una* **gamba** to hop; ~ **giù** to jump down; ~ *giù da un muro* to jump off a wall; ~ *giù dal letto* to jump out of bed; ~ *in* **mente** to come to mind, to get (*o* pop) into one's head: *che cosa ti salta in mente?* what has got into your head?; ⟨*fig*⟩ ~ *agli* **occhi** to be obvious (*o* glaring, evident); ⟨*fig*⟩ ~ *di* **palo** *in frasca* to jump (*o* switch) from one subject to another; ~ *in* **piedi** to jump (*o* leap) to one's feet; ⟨*fam*⟩ *gli è saltato il* **ticchio** he's taken a fancy.
saltarello *m.* (*danza*) saltarello. **saltato** *a.* **1** (*omesso*) skipped, left out, omitted. **2** ⟨*Gastr*⟩ sautéed, sauté: *patate* -*e* sautéed potatoes. **saltatore** I *s.m.* (*f.* **-trice**) **1** jumper (*anche Sport.*). **2** ⟨*Equit*⟩ jumper; (*rif. a cavalli*) steeplechaser, jumper. II *a.* jumping, leaping, hopping: *animale* ~ jumping animal, jumper. **saltellamento** *m.* hopping, skipping, jumping (about). **saltellante** *a.* skipping, tripping, hopping. **saltellare** *v.i.* (**saltello;** *aus.* **avere**) to skip, to hop. **saltelloni** *avv.* by jumps (*o* bounds). □ *camminare* ~ to skip (*o* hop, jump) along. **salterellare** *v.i.* (**salterello;** *aus.* **avere**) to hop, to jump (about), to skip. **salterello** *m.* (*fuoco d'artificio*) jumping cracker, squib.
salterio *m.* **1** ⟨*Bibl*⟩ Psalter, Book of Psalms. **2** ⟨*Mus*⟩ psaltery. **3** ⟨*ant*⟩ (*libro usato per insegnare a leggere*) primer.
saltimbanco *m.* (*pl.* -chi) **1** acrobat, tumbler. **2** ⟨*fig,spreg*⟩ (*ciarlatano*) quack, charlatan, mountebank.
saltimbocca *m.inv.* ⟨*Gastr*⟩ saltimbocca (rolled veal with ham and sage).
salto *m.* **1** jump, leap: *spiccare un* ~ to take a jump, to jump; (*balzo*) bound, jump; (*rimbalzo*) bounce. **2** (*brusco dislivello*) drop, fall: *l'acqua precipita con un* ~ *di cento metri* the water hurls down a hundred-metre drop; (*rif. a impianti idroelettrici*) head. **3** ⟨*fig*⟩ (*rapido e improvviso mutamento*) jump, leap, sudden change (*o* transition): *abbiamo avuto un bel* ~ *di temperatura* we had quite a sudden change in temperature; (*rincaro*) jump, leap: *il prezzo dell'olio ha fatto un salto* the price of oil has taken a jump (*o* jumped). **4** ⟨*fig*⟩ (*omissione, lacuna*) gap. **5** ⟨*Sport,Equit,Scol*⟩ jump. **6** ⟨*Mus*⟩ leap; (*intervallo*) interval: ~ *di quinta* (interval of a) fifth. **7** ⟨*Inform*⟩ jump; (*diramazione*) branch. □ *a* -*i* (*in modo saltuario*) by fits and starts; *camminare a* -*i* to jump, to skip, to hop; ~ *d'*acqua waterfall; ⟨*Gastr*⟩ *al* ~ sautéed, sauté; ⟨*Sport*⟩ ~ *in* **alto** high jump; ⟨*Sport*⟩ ~ *con l'*asta pole-vault; ⟨*fig*⟩ ~ *nel* **buio** leap in the dark; ⟨*Inform*⟩ ~ **condizionato** conditional branch; ⟨*Sport*⟩ ~ *della* **corda** jumping rope, skipping-rope; ⟨*Aut*⟩ *fare un* ~ *di* **corsia** to skid into the oncoming lane; *fare un* ~ to (make a) jump, to (take a) leap; ⟨*fam*⟩ *farò un* ~ *in centro* I'll dash downtown; ⟨*fam*⟩ *se ho tempo faccio un* ~ *da te* if I've time, I'll drop by your place; ⟨*fam*⟩ *fare quattro* -*i* (*ballare*) to dance; ~ *da* **fermo** standing jump; **gara** *di* ~ jumping match (*o* competition); ⟨*Inform*⟩ ~ **incondizionato** (*o non condizionato*) unconditional branch; ⟨*Sport*⟩ ~ *in* **lungo** long jump; ⟨*fam*⟩ broad jump; ⟨*Equit*⟩ ~ *del* **montone** buck-jump, bucking; ⟨*Sport*⟩ ~ **mortale** somersault; ⟨*fig*⟩ *fare i* -*i mortali* (*fare l'impossibile*) to move heaven and earth; ⟨*Mecc*⟩ ~ *di* **pressione** pressure stage; ⟨*fig*⟩ ~ *di* **qualità** quality jump;

⟨*fig*⟩ *un* ~ *nel* **vuoto** a leap in the dark.

saltuariamente *avv.* at intervals, on and off, off and on. **saltuarietà** *f.* discontinuity. **saltuario** *a.* desultory, occasional: *visite –e* occasional visits. □ *fare dei lavori –i* to job, to work at odd jobs; *lavoratore* ~ casual labourer, odd–job worker; *lavoro* ~ casual (*o* odd) job.

salubre (o *salubre*) *a.* (*sup.* **saluberrimo**) healthily, wholesome, ⟨*lett*⟩ salubrious: *clima* ~ healthy climate. **salubrità** *f.* healthiness, wholesomeness, ⟨*lett*⟩ salubrity.

salumaio *m.* → **salumiere. salume** *m.* (generally in pl.) ⟨*Gastr*⟩ dressed pork product, charcuterie. **salumeria** *f.* grocer's (shop), charcuterie, delicatessen. **salumiere** *m.* (*f.* -a) grocer. **salumificio** *m.* dressed pork factory.

saluretico *a.* (*pl.* -ci) ⟨*Farm*⟩ saluretic.

salutare[1] *v.t.* **1** (*nell'incontrare*) to greet, to say hello to, ⟨*lett*⟩ to hail, ⟨*lett*⟩ to salute: ~ *qd. con un «buongiorno»* to greet s.o. by saying "Good morning", to say "Good morning" to s.o.; (*nell'accomiatarsi*) to say good–bye to: *ti saluto perché devo andare* I'll say good–bye as I've got to go. **2** (*mandare i saluti*) to send (*o* give) one's regards to, to ask to be remembered to: *tuo cugino ti saluta* your cousin sends his regards (to you); *salutami tuo padre* remember me to your father. **3** (*estens*) (*ossequiare, accogliere*) to greet, to welcome: *al suo arrivo fu salutato da calorosi applausi* on his arrival he was greeted with warm applause. **4** (*separarsi da un luogo caro*) to take one's farewell of, to say good–bye to, ⟨*lett*⟩ to bid farewell to. **5** ⟨*lett*⟩ (*proclamare, acclamare*) to hail, to proclaim: *fu salutato eroe nazionale* he was ꜝhailed asꜞ (*o* proclaimed) a national hero. **6** ⟨*Mil*⟩ to salute: ~ *la bandiera* to salute the flag. **salutarsi** *v.r.* (*recipr*) (*incontrandosi*) to greet e.o., to say hello; (*accomiatandosi*) to say good–bye. □ **andare** *a* ~ *qd.* to call (*o* drop in) on s.o.; ~ *qd. con un cenno del* **capo** to nod to s.o.; ~ *qd. togliendosi il* **cappello** to salute (*o* raise) one's hat to s.o. one meets; ⟨*epist,comm*⟩ **distintamente** *Vi salutiamo* Yours faithfully, Yours truly; ~ *qd. con il* **fazzoletto** to wave good–bye to s.o. with one's handkerchief; ~ *qd. con un* **inchino** to bow to s.o.; ~ *con la* **mano** to wave to; (*nel separarsi*) to wave good–bye to; ~ *qd. da* **parte** *di qd.* to remember s.o. to s.o., to give s.o. s.o.'s best regards; ⟨*fam*⟩ **passare** *a* ~ *qd.* to drop in on s.o. ~ *qd. con un* **sorriso** to greet s.o. with a smile; *ti* **saluto**: **1** (*ciao*) good–bye, ⟨*fam*⟩ bye–bye, ⟨*fam*⟩ so long, ⟨*fam*⟩ cheerio; **2** ⟨*fig*⟩ (*rif. a cose perdute e sim.*) you can say good–bye to that.

salutare[2] *a.* **1** healthy, wholesome. **2** ⟨*fig*⟩ timely, beneficial.

salutarmente *avv.* **1** healthily. **2** ⟨*fig*⟩ beneficially. **salutazione** *f.* ⟨*rar*⟩ salutation, greeting. □ ⟨*Rel*⟩ ~ *angelica* Angelical Salutation.

salute *f.* **1** health: *essere il ritratto della* ~ to be the picture of health; *chiedere notizie della* ~ *di qd.* to ask about s.o.'s health. **2** ⟨*lett*⟩ (*benessere*) well being, welfare: ~ *pubblica* public welfare. **3** (*esclam*) (*a chi starnutisce*) (God) bless you, gesundheit; (*nel brindisi*) your health, cheers; (*salutando*) hello, ⟨*am.fam*⟩ hi. □ **alla** ~*!* cheers!, good health!, ⟨*fam*⟩ bottoms up!; *alla tua* ~*!* (here's) to your health!; **bere** (*o* **brindare**) *alla* ~ *di qd.* to drink to s.o.'s health; *avere una* ~ **cagionevole** to have delicate health; ⟨*Stor*⟩ **Comitato** *di* ~ *pubblica* Committee of Public Safety; **fare** *bene* (*o* *male*) *alla* ~ to be good (*o* bad) for one's (*o* the) health; *avere una* ~ *di* **ferro** to have an iron constitution; *essere in* **buona** (*o* *cattiva*) ~ to be in good (*o* poor) health; ~ **mentale** mental health; *per motivi di* ~ for reasons of health; *nocivo* **alla** ~ bad for the health; *godere* **ottima** ~ to enjoy the best of health; *avere* **poca** ~ to be in poor health; ~ **pubblica** public health; **riacquistare** *la* ~ to regain one's health; ⟨*fam*⟩ **rimetterci** *la* ~ to ruin one's health; *rimettersi in* ~ to recover (one's health); **sprizzare** ~ *da tutti i pori* to be bursting with health; **stato** *di* ~ state of health; *quando c'è la* ~ *c'è* **tutto** good health is everything (*o* all–important); *come va la* ~*?* how are you feeling (*o* keeping)?

salutista *m./f.* **1** health fanatic (*o* addict). **2** (*appartenente all'esercito della salvezza*) Salvationist.

saluto *m.* **1** greeting, salutation (*anche estens.*): *rispondere*

al ~ *di qd.* to return s.o.'s greeting; *rivolgere un* ~ *ai congressisti* to extend a greeting to the congress participants; (*con un gesto della mano*) wave; (*con un cenno del capo*) nod; (*addio*) good–bye, ⟨*lett*⟩ farewell. **2** (*ossequio, accoglienza*) welcome. **3** *pl.* (*nelle formule di cortesia*) regards *pl: porgi i miei –i a tua madre* give your mother my regards. **4** *pl.* ⟨*epist*⟩ regards *pl*, good wishes *pl: i nostri migliori –i* kindest regards; ⟨*comm*⟩ yours faithfully, yours truly. **5** ⟨*Mil,Sport*⟩ salute. □ *levare il* ~ *a qd.* to cut s.o. (dead); *rivolgere un* ~ *a qd.* to greet s.o.; ~ *romano* Roman salute.

salva *f.* **1** salvo, volley: *una* ~ *in onore del presidente* a salvo in honour of the president. **2** ⟨*fig*⟩ outburst, volley: ~ *di fischi* outburst of boos; (*rif. ad applausi*) salvo, burst, round. □ *a* ~ blank: *caricare a* ~ to load blanks; *sparare a* ~ to fire a salvo (*o* volley); *colpo a* ~ blank shot.

salvabile *a./s.m.inv.* savable. □ ⟨*fam*⟩ *salvare il* ~ to save whatever possible.

salvacondotto *m.* safe–conduct, pass.

salvadanaio *m.* money–box.

Salvador *N.pr.m.* ⟨*Geog*⟩ El Salvador, Salvador. **salvadoregno** *a./s.m.* (*f.* -a) Salvador(i)an.

salvagente *m.* (*pl. inv./*salvagenti) **1** life–preserver; (*ciambella*) life–ring, lifebuoy; (*cintura di salvataggio*) life–jacket; (*per aviatori*) Mae West. **2** ⟨*Strad*⟩ traffic island, safety island.

salvagocce *m.inv.* (*paragocce*) drip–catcher.

salvaguardare *v.t.* to safeguard. **salvaguardia** *f.* safeguard. □ *a* ~ *di qc.* to safeguard s.th.

salvamento *m.* **1** (*atto: il salvare*) saving, rescuing; (*il salvarsi*) saving o.s., escape. **2** (*effetto*) rescue, safety: *giungere a* ~ to reach safety. □ *trarre* (*o* *portare*) *a* ~ to save, to rescue.

salva|motore *m.* ⟨*Mot*⟩ motor protector, motor overload ~**punte** *m.inv.* (*di matite*) cap; (*di scarpa*) tip.

salvare *v.t.* **1** to save: *i medici sperano di salvarlo* the doctors hope to save him; (*rif. a naufragi, incendi e sim.*) to rescue. **2** (*conservare, mantenere*) to keep, to save, to preserve: *è riuscito a* ~ *una parte del suo patrimonio* he has managed to keep part of his property. **3** (*salvaguardare, proteggere*) to safeguard, to protect: ~ *qc. da qc.* to protect s.th. against (*o* from) s.th.; ~ *la propria reputazione* to protect one's reputation. **4** (*in frasi d'augurio, d'invocazione*) to save, to keep, to preserve: *Dio ci salvi dalla guerra* (may) God keep us from war; *Dio salvi la regina* God save the Queen. **salvarsi** *v.r.* **1** to save o.s.: *salvarsi a nuoto* to save o.s. (by) swimming. **2** ⟨*iperb*⟩ (*evitare*) to be safe (from), to escape, to avoid (s.th.): *nessuno si salva dalle sue critiche* nobody is safe from his criticism. **3** (*cercare scampo, riparo*) to take shelter (*o* refuge). **4** (*resistere, evitare un danno*) to survive, to be spared: *neppure una casa si è salvata dal terremoto* not one house survived the earthquake. **5** ⟨*Rel*⟩ to be saved. □ ⟨*Rel*⟩ ~ (*o salvarsi*) *l'***anima** to save one's soul; ~ *le* **apparenze** to keep up appearances; ~ **capra** *e cavoli* to strike a happy medium; *salvarsi in* **extremis** to escape at the eleventh hour; ~ *la* **faccia** to save a person's or one's face; *salvarsi per* **miracolo** to escape by a miracle; *si salvi chi* **può**! every man for himself!; *salvarsi per il* **rotto** *della* **cuffia** to have a narrow escape, to escape by the skin of one's teeth; ~ *la* **situazione** to save the situation; ~ *la* **vita** *a qd.* to save s.o.'s life.

salvastrella *f.* ⟨*Bot*⟩ salad burnet.

salvatacco *m.* (*pl.* -chi) ⟨*Calz*⟩ heel–tap, stud.

salvataggio *m.* **1** rescue (*anche fig.*): *compiere un* ~ to carry out a rescue; *operazioni di* ~ rescue operations. **2** ⟨*Econ*⟩ (*di aziende in crisi*) bail out. **salvatore I** *s.m.* (*f.* -trice) rescuer, saviour, saver. **II** *a.* saving. **Salvatore** *m.* ⟨*Rel*⟩ Saviour. **salvazione** *f.* salvation: ~ *eterna* eternal salvation.

salve *intz.* **1** ⟨*fam*⟩ hello, ⟨*am.fam*⟩ hi. **2** ⟨*poet*⟩ hail. **3** ⟨*fam*⟩ (*a chi starnutisce*) (God) bless you.

salvezza *f.* **1** safety, salvation: *pensare alla propria* ~ to think of one's own safety. **2** (*persona, mezzo che salva*) salvation, means of escape: *il tuo intervento è stato la mia* ~ your intervention was my salvation. **3** ⟨*lett*⟩ (*salvazione*) salvation: ~ *dell'anima* spiritual salvation.

salvia *f.* ⟨*Bot*⟩ sage.
salvietta *f.* ⟨*region*⟩ **1** (*tovagliolo*) (table) napkin. **2** (*asciugamano*) hand–towel, towel. **salviettina** *f.* napkin. □ ~ *rinfrescante* refreshing tissue, towelette.
salvo I *a.* **1** (*rif. a persone*) safe, unhurt, unscathed: *uscire* ~ *da un incidente* to come out of an accident unhurt; (*rif. a cose*) safe, unharmed. **2** (*fuori pericolo*) safe, out of danger: *il malato è* ~ the patient is out of danger. **II** *prep.* except (for), apart from, but (for): *ho letto tutto il libro* ~ *le ultime pagine* I have read the whole book except for the last few pages. □ ~ *che*: 1 (*a meno che*) unless, provided (that) ... not, providing (that) ... no: *uscirò nel pomeriggio* ~ *che non piova* I shall go out in the afternoon provided (*o* if) it doesn't rain; *verrò alle cinque* ~ *che non telefoni prima* I'll come at five unless I phone first; 2 (*eccetto che*) except (that), excepting (that): *assomiglia molto al padre,* ~ *che ha il carattere della madre* he is very like his father except that he has his mother's character; 3 (*fuorché*) except, apart from, but for: *siamo d'accordo,* ~ *che sulla data* we agree except for the date. □ (*burocr,Comm*) ~ **errori** *e omissioni* errors and omissions excepted; (*burocr*) ~ **espressa** *disposizione contraria* unless expressly provided otherwise; ~ **imprevisti** barring accidents; **in** ~ safe, secure: *siamo in* ~ we are safe; **mettere** *in* ~ to save, to rescue; *mettersi* (*o porsi*) *in* ~ to reach safety, to save o.s.; **sano** *e* ~ safe and sound: *il pacco è arrivato sano e* ~ the parcel arrived safe and sound; *aver* –*a la* **vita** *a qd.* to be spared; *lasciare* –*a la vita a qd.* to spare s.o. (*o* s.o.'s life).
SAMA = *stati africani e malgascio associati* Association of African States and Madagascar.
samara *f.* ⟨*Bot*⟩ samara, key (fruit).
samario *m.* ⟨*Chim*⟩ samarium.
samaritano *a./s.m.* (*f.* -a) Samaritan. □ ⟨*Bibl*⟩ *il buon* ~ the Good Samaritan.
samba *f.* (*danza*) samba.
sambuca *f.* (*liquore*) sambuca (kind of anisette).
sambuco[1] *m.* (*pl.* -**chi**) ⟨*Bot*⟩ (common) elder.
sambuco[2] *m.* (*pl.* -**chi**) ⟨*Mar*⟩ samb(o)uk, sambuq.
Samo *N.pr.f.* ⟨*Geog*⟩ Samos. □ ⟨*fig*⟩ *portar vasi a* ~ to carry coals to Newcastle.
samoiedo I *s.m.* ⟨*Etnol*⟩ Samoyed(e). **II** *a.* Samoyed(e), Samoyedic.
Samotracia *N.pr.f.* ⟨*Geog*⟩ Samothrace.
samovar *russ. m.* samovar.
sampietro *m.* ⟨*Itt*⟩ John Dory, St. Peter's fish.
Samuele *N.pr.m.* ⟨*Bibl*⟩ Samuel.
samurai *m.* ⟨*Stor*⟩ samurai.
san → **santo**.
sanabile *a.* **1** curable, healable: *ferita* ~ curable wound. **2** ⟨*estens*⟩ repairable, remediable: *male* ~ repairable ill. □ ⟨*Econ*⟩ *gestione* ~ administration that can be made sound. **sanabilità** *f.* **1** curability. **2** ⟨*estens*⟩ repairability, remediableness. **sanamente** *avv.* **1** healthily, wholesomely: *vivere* ~ to live healthily (*o* a healthy life). **2** ⟨*fig*⟩ (*rettamente*) soundly. **sanare** *v.t.* **1** to heal, to cure (*anche fig.*): ~ *una piaga* to heal a wound; *il tempo sana tutti i mali* time heals all ills. **2** ⟨*fig*⟩ (*porre rimedio*) to remedy, to rectify, to set (*o* put) right, to repair: ~ *la piaga della disoccupazione* to remedy (*o* wipe out) the scourge of unemployment. **3** ⟨*Econ*⟩ (*risanare*) to restore, to re–establish; (*rif. ad aziende e sim.*) to set on its feet again. **4** (*bonificare*) to reclaim: ~ *una zona malarica* to reclaim a malarial region. **sanarsi** *v.r.* to heal (up), to be healed. □ ~ *un bilancio* to balance a budget; ~ *un passivo* to make up a deficit. **sanatoria** *f.* ⟨*Dir*⟩ deed of indemnity; (*convalida*) confirmation. **sanatorio I** *s.m.* sanatorium. **II** *a.* ⟨*Dir*⟩ amending, indemnifying.
sanbernardo (*o san bernardo*) *m.* ⟨*Zool*⟩ St. Bernard (dog).
sancire *v.t.* (**sancisco, sancisci**) to confirm, to sanction: *la legge sancisce il diritto al lavoro* the law confirms the right to work; (*ratificare*) to ratify: ~ *un'alleanza* to ratify an alliance.
sancta sanctorum *lat. m.* **1** ⟨*Rel*⟩ (*a Gerusalemme*) Sanctum Sanctorum, Holy of Holies; (*tabernacolo del Sacramento*) tabernacle. **2** ⟨*fig,scherz*⟩ holy of holies,

sanctum (sanctorum).
sanctus *lat. m.* ⟨*Lit,Bibl*⟩ Sanctus.
sanculotto *m.* ⟨*Stor*⟩ sansculotte.
sandalo[1] *m.* ⟨*Calz*⟩ sandal.
sandalo[2] *m.* (*albero, legno*) sandalwood, sandal.
sandolino *m.* ⟨*Mar*⟩ kayak.
sandracca *f.* sandarac.
sandwich *ingl.* ['sendwitʃ] *m.* sandwich.
sanforizzare *v.t.* ⟨*Tess*⟩ to sanforize. **sanforizzazione** *f.* sanforization.
sangallo *m.* ⟨*Tess*⟩ broderie anglaise material.
sangiaccato *m.* ⟨*Stor*⟩ sanjak. **sangiacco** *m.* (*pl.* -**chi**) sanjakbey.
sangue *m.* **1** blood: *dalla ferita usciva abbondante* ~ blood poured from the wound. **2** ⟨*estens*⟩ (*origine, discendenza*) blood, descent, origin, birth: *di* ~ *nobile* of noble blood; (*stirpe, razza*) race, blood, stock. **3** (*parente stretto*) blood, flesh and blood: *l'amava come se fosse del suo stesso* ~ he loved him as if he were his own flesh and blood. **4** ⟨*fig*⟩ (*vita*) life, life–blood, blood: *la vittoria è costata molto* ~ the victory took a heavy toll of lives. □ **a** ~ black and blue: *picchiare qd. a* ~ to beat s.o. black and blue; ⟨*Gastr*⟩ **al** ~ rare, underdone: *bistecca al* ~ rare steak; ~ **arterioso** arterial blood; **assetato** *di* ~ bloodthirsty; **bagno** *di* ~ bloodbath; ⟨*scherz,fig*⟩ ~ **blu** blue blood; ⟨*fig*⟩ *sentirsi* **bollire** *il* ~ to feel one's blood boil; *il riso fa* **buon** ~ laughter makes good blood; *tra i due non corre buon* ~ there is bad blood between them; ⟨*fig*⟩ *a* ~ **caldo** in hot blood; *animali a* (*o di*) ~ *caldo* warm–blooded animals; ⟨*fig*⟩ *avere il* ~ *caldo* to be hot–blooded; ⟨*fig*⟩ *farsi* **cattivo** ~ to fret, to be vexed; **cavare** ~ to let (*o* draw) blood; ⟨*scherz*⟩ *cavare* ~ *da una rapa* to squeeze blood out of a stone; *principe del* ~ prince of the blood; **di** ~ bloody, of blood, of bloodshed: *fatto di* ~ bloody deed; (*omicidio*) murder; *notte di* ~ night of bloodshed; **donare** *il* ~: 1 to give (*o* donate) blood; 2 ⟨*fig*⟩ to give one's life (*o* blood); ⟨*Ind*⟩ ~ *di* **drago** dragon's blood; ⟨*fig*⟩ ~ **freddo** sangfroid, self–control, composure, (*fam*) cool; *conservare il* ~ *freddo* to keep a cool head; *a* ~ *freddo* in cold blood: *lo uccise a* ~ *freddo* he killed him in cold blood; *calma e* ~ *freddo!* keep calm!; *animali a* (*o di*) ~ *freddo* cold–blooded animals; ⟨*fig*⟩ *sentirsi* **gelare** *il* ~ (*nelle vene*) to feel one's blood run cold⌉ (*o* curdle); **grondare** ~ to pour (with) blood, to be streaming with blood; *occhi* **iniettati** *di* ~ bloodshot eyes; **lavare** *un'offesa nel* ~ to wipe out an offence with blood; *ce l'ha* **nel** ~ it's in his blood; *si vede che ha la musica nel* ~ you can see he has music in his blood; *al* **primo** ~ until blood is drawn; ~ *del* **proprio** ~ one's own flesh and blood; *di* ~ **reale** of royal blood; ⟨*fig*⟩ *fare* **ribollire** *il* ~ to make one's blood boil; *mi sento ribollire il* ~ my blood is up; **rosso** (*come il*) ~ blood–red; ⟨*fig*⟩ *me lo* **sento** *nel* ~ I feel it in my bones (*o* blood); **senza** (*spargimento di*) ~ bloodless; **soffocare** *una rivolta nel* ~ to put down an uprising with great bloodshed; ⟨*fig*⟩ **spargere** (*o spandere*) ~ to shed (*o* spill) blood; **spargimento** *di* ~ bloodshed; **sputare** ~ to spit blood; ⟨*fig*⟩ to sweat blood; ⟨*fig*⟩ **succhiare** *il* ~ *a qd.* to be a blood sucker; ⟨*fig*⟩ **sudare** ~ to sweat blood; ⟨*fig*⟩ *il* ~ *gli montò* (*o andò*) *alla* **testa** his blood rose (*o* was up); *all'*ultimo ~ to the death: *duello all'ultimo* ~ duel to the death; ⟨*fig*⟩ *non avere* ~ *nelle* **vene** to be cold–blooded; ~ **venoso** venous blood; *la voce del* ~ the call of blood. *Prov.:* *il* ~ *non è acqua* blood is thicker than water; *buon* ~ *non mente* blood will tell.
sanguemisto *m.* **1** half–breed. **2** (*rif. a cavalli*) cross.
sanguifero *a.* ⟨*Anat*⟩ blood–, sanguiferous: *vasi* -*i* blood vessels.
sanguigna *f.* **1** ⟨*Min*⟩ red haematite. **2** ⟨*Pitt*⟩ sanguine.
sanguigno I *a.* **1** blood–, of the blood: *gruppo* ~ blood group. **2** (*ricco di sangue*) sanguine, rich in blood. **3** (*misto a sangue*) bloody, mixed with blood: *bava* -*a* saliva mixed with blood. **4** ⟨*lett*⟩ (*del colore del sangue*) blood–red, blood–, sanguine: *un tramonto* ~ a blood–red sunset; *arancia* -*a* blood orange. **II** *s.m.* (*f.* -a) sanguine person (*o* type).
sanguinaccio *m.* ⟨*Alim*⟩ blood–sausage, blood–pudding,

black–pudding.

sanguinante *a.* bleeding. **sanguinare** *v.i.* (**sanguino**; *aus.* avere) to bleed (*anche fig.*): *la ferita sanguina ancora* the wound is still bleeding; *mi sanguina il cuore* my heart bleeds.

sanguinaria *f.* ⟨*Bot*⟩ Sanguinaria.

sanguinario I *a.* sanguinary, bloodthirsty. **II** *s.m.* (*f.* **-a**) bloodthirsty person. □ *Maria la* ~ Bloody Mary.

sanguine *m.* ⟨*Bot*⟩ (common) dogwood, wild cornel.

sanguinella *f.* ⟨*Bot*⟩ **1** → **sanguine**. **2** (*graminacea*) crab grass.

sanguineo *a.* ⟨*poet*⟩ (*sanguigno*) blood(–red), sanguine; (*insanguinato*) bloody, blood–stained. **sanguinolento** *a.* **1** (*sanguinante*) bleeding. **2** (*misto a sangue*) sanguinolent, containing blood. **sanguinosamente** *avv.* bloodily. **sanguinoso** *a.* **1** (*pieno di sangue*) bloody, gory: *spada –a* bloody sword. **2** (*che ha fatto spargere sangue*) bloody, sanguinary: *una vittoria –a* a bloody victory. **3** ⟨*fig*⟩ (*che ferisce, che offende*) bitter, mortal: *ingiuria –a* bitter insult.

sanguisuga *f.* **1** ⟨*Zool*⟩ leech. **2** ⟨*fig*⟩ (*persona avida di denaro*) bloodsucker, leech.

sanità *f.* **1** health, soundness: *recuperare la* ~ to regain one's health. **2** (*salubrità*) healthiness: *la* ~ *del clima* the healthiness of the climate. **3** ⟨*fig*⟩ (*sanità morale*) healthiness, soundness. **4** (*ente*) health service. **5** ⟨*Mil*⟩ Medical Corps. □ ~ *marittima* Port Medical Office; ~ *mentale* sanity; *ministero della* ~ Ministry of Health; *soldato della* ~ soldier in the Medical Corps, ⟨*am*⟩ medic.

sanitario I *a.* sanitary, medical, health–: *condizioni –e* sanitary conditions; *controllo* ~ sanitary inspection; *cordone* ~ sanitary cordon, cordon sanitaire; *materiale* ~ medical supplies *pl.* **II** *s.m.* ⟨*burocr*⟩ doctor, physician.

sannita I *s.m./f.* ⟨*Stor*⟩ Samnite. **II** *a.* → **sannitico**.
sannitico *a.* (*pl.* **-ci**) Samnite.

sano I *a.* **1** (*in buona salute fisica*) healthy, sound: *mantenersi* ~ to keep healthy; (*in buona salute psichica*) sane, sound: ~ *di mente* sane, of sound mind. **2** (*che rivela buona salute*) healthy, wholesome: *colorito* ~ healthy complexion. **3** (*salubre, salutare*) healthy, wholesome: *clima* ~ healthy climate; *alimenti –i* wholesome food. **4** (*non viziato, non guasto*) sound: *frutta –a* sound fruit; *denti bianchi e –i* white sound teeth. **5** (*intatto*) whole, sound, unbroken, intact: *non è rimasto un solo bicchiere* ~ there isn't a single unbroken glass left. **6** ⟨*fig*⟩ (*onesto*) sound, healthy, wholesome: *–i principi* sound principles. **II** *s.m.* healthy person; *pl.* the healthy (*costr. pl.*). □ ~ *come un pesce* as sound as a bell, as fit as a fiddle; ~ *e salvo* safe and sound.

sansa *f.* ⟨*Ind*⟩ olive residues *pl.*

sanscritista *m./f.* Sanskritist. **sanscrito I** *s.m.* ⟨*Ling*⟩ Sanskrit. **II** *a.* Sanskrit, Sanskritic.

sansevieria *f.* ⟨*Bot*⟩ sansevieria, bowstring hemp.

Sansone *N.pr.m.* ⟨*Bibl*⟩ Samson. **sansone** *m.* ⟨*fam*⟩ Samson.

sant' → **santo**.

santabarbara *f.* (*pl.* **santebarbare**) ⟨*Mar*⟩ (powder) magazine.

santamente *avv.* devoutly, holily, in a saintly way.
santerellino, santerello *m.* (*f.* **-a**) ⟨*iron*⟩ goody-goody.
santificante *a.* sanctifying: *grazia* ~ sanctifying grace.
santificare *v.t.* (**santifico**, **santifichi**) **1** to sanctify. **2** (*canonizzare*) to canonize. **3** (*onorare, venerare*) to hallow: *sia santificato il Tuo nome* hallowed be Thy name. **4** (*celebrare religiosamente*) to consecrate, to hallow, to keep. **santificarsi** *v.r.* to become saintly (*o* holy).
santificatore I *s.m.* (*f.* **-trice**) sanctifier. **II** *a.* sanctifying. **santificazione** *f.* **1** sanctification, consecration, hallowing. **2** (*canonizzazione*) canonization.

santimonia *f.* ⟨*spreg*⟩ sanctimony, sanctimoniousness.
santino *m.* (*piccola immagine sacra*) holy picture.
Santippe *N.pr.f.* ⟨*Stor*⟩ Xanthippe. **santippe** *f.* ⟨*fig*⟩ Xanthippe.

santissimo (*sup. di santo*) *a.* **1** ⟨*Rel*⟩ Most Holy (*o* Sacred). **2** ⟨*esclam,fam*⟩ blessed, great: *fammi il* ~ *piacere di stare zitto* do me the great favour of shutting up. **Santissimo** *m.* ⟨*Rel*⟩ Most Holy Sacrament. **santità** *f.* **1**

sanctity, holiness. **2** ⟨*fig*⟩ sanctity, sacredness: *la* ~ *della famiglia* the sanctity of the family. **Santità** *f.* ⟨*Rel.catt*⟩ Holiness: *Sua Santità* His Holiness. □ *essere in odore di* ~ to be in the odour of sanctity.

santo I *a.* (becomes *san* before most masculine proper nouns and *sant'* before all nouns beginning with a vowel) **1** holy: *la –a messa* the Holy Mass; *l'anno* ~ the holy year. **2** (*seguito dal nome proprio*) Saint (*abbr.* St.): *san Giuseppe* St. Joseph; (*rif. a chiesa*) Saint: (*la chiesa di*) *san Pietro* St. Peter's (church); (*rif. al giorno del santo*) Saint: *san Giuseppe* St. Joseph's (Day). **3** ⟨*fig*⟩ (*pio*) holy, pious. **4** (*rafforzativo*) blessed, *a volte non si traduce*: *ho lavorato tutto il* ~ *giorno* I've worked all (the blessed) day; *fammi il* ~ *piacere di andartene* do me the favour of clearing off; *picchiare qd. di –a ragione* to give s.o. a sound beating. **5** ⟨*esclam*⟩ good, holy: ~ *cielo!* good heavens! **II** *s.m.* (*f.* **-a**) **1** ⟨*Rel.catt*⟩ saint (*anche fig.*): *il culto dei –i* the cult of the saints; *tua madre è una –a* your mother is a saint. **2** (*fam*) (*onomastico*) name day, saint's day: *per il mio* ~ *ho avuto molti regali* I got a lot of presents for my name day. **3** (*patrono*) patron saint. **4** *pl.* (*festa d'Ognissanti*) All Saints' (*o* Hallows') Day. □ *qualche* ~ **aiuterà** something will turn up; ⟨*fam*⟩ *avere un* (*qualche*) ~ *dalla sua* (*avere fortuna*) to have a guardian angel; *a dispetto dei –i* in spite of everything; ⟨*Rel.catt*⟩ **fare** ~ *qd.* to make s.o. a saint; ⟨*fam*⟩ **raccomandarsi** *a tutti i –i del paradiso* to beg help from all and sundry; *non essere uno stinco di* ~ to be no angel; *non c'è* ~ *che* **tenga** there's no help for it; *non sapere a che* ~ **votarsi** not to know which way to turn.

santocchieria *f.* ⟨*spreg*⟩ bigotry. **santocchio** *m.* (*f.* **-a**) ⟨*spreg*⟩ bigot. **santone** *m.* **1** santon, dervish. **2** ⟨*spreg*⟩ (*bigotto*) bigot.

santonina *f.* ⟨*Chim*⟩ santonin.
santorale *m.* ⟨*Lit*⟩ sanctorale.
santoreggia *f.* (*pl.* **-ge**) ⟨*Bot*⟩ savory.
santuario *m.* **1** ⟨*Rel*⟩ sanctuary (*anche fig.*): *il* ~ *della famiglia* the sanctuary of the family. **2** ⟨*Rel.ebr*⟩ Holy of Holies, Sanctum Sanctorum.

sanzionare *v.t.* (**sanziono**) to sanction (*anche fig.*): ~ *una legge* to sanction a law; *un'antica tradizione sanziona quest'uso* this custom is sanctioned by an ancient tradition. **sanzione** *f.* **1** sanction (*anche fig.*). **2** ⟨*Dir*⟩ (*minaccia di pena*) sanction; (*pena*) penalty. □ ~ *disciplinare* disciplinary sanction; ~ *economica* economic sanction.

sapere¹ *v.* (*pr.ind.* **so**, **sai**, **sa**, **sappiamo**, **sapete**, **sanno**; *fut.* **saprò**; *pr.rem.* **seppi**; *pr.cong.* **sappia**; *condiz.* **saprei**; *imperat.* **sappi**, **sappiate**; *ger.* **sapendo**; *p.pr.* **sapiente**; *p.p.* **saputo**) **I** *v.t.* **1** to know: *sai il mio indirizzo?* do you know my address?; *non so che cosa dire* I don't know what to say; *sapevo che saresti venuto* I knew you would come; *e che ne sai tu?* what do you know about it?; *lo so* (yes) I know. **2** (*avere imparato*) to know how, can: *sa parlare tre lingue* he can speak three languages; *sai andare in bicicletta?* ⌐do you know how to⌐ (*o* can you) ride a bike?; *il bambino non sa ancora scrivere* the little boy doesn't know how to write yet. **3** (*essere in grado, essere capace*) can, to be able, to know how: *ha saputo rispondere a tutte le nostre domande* he was able to answer all our questions; *sapresti riconoscere quella persona?* ⌐would you be able to⌐ (*o* could you) recognize that person?; *non sai distinguere il bene dal male* you can't (*o* don't know how to) tell good from evil; *non so fare a meno delle sigarette* I can't do without cigarettes. **4** (*avere conoscenza, notizia*) to know, to be aware, to be acquainted with: *so la ragione della tua assenza* I am aware of the reason for your absence; *sappiamo tutto sul suo conto* we know everything about him; *sai che sono arrivati i tuoi amici?* do you know your friends have arrived? **5** (*venire a conoscenza, apprendere*) to learn, to hear, to get to know: *ho saputo tutto da tuo fratello* I heard all about it from your brother; *ho saputo la notizia dai giornali* I learned the news from the papers. **6** (*presagire, prevedere*) to know, to feel, to have a feeling: *sapevo che sarebbe andata a finire così* I had a feeling it would end up like this. **II** *v.i.* (*aus.* **avere**) **1** to know: *sa* *più di quel che tu pensi* he knows more than you think. **2** (*avere sapore*) to taste, to have a taste: *il vino sa d'aceto* the wine tastes ʼof vinegarʼ (*o* vinegary). **3** (*avere odore*) to smell: *questa stanza sa di muffa* this room smells musty. **4** ⟨*fig*⟩ (*dare l'idea, l'impressione*) to smell, to smack: *la sua richiesta sapeva di ricatto* his demand smacked of blackmail. **5** (*parere*) to think, to bet: *mi sa che stavolta ce la farai* I think you're going to make it this time; *mi sa che sta per piovere* I bet it's going to rain. □ *a saperlo!* if only I knew!; *ad averlo saputo!* if only I had known!; *ti* **basti** ~ I need only tell you; **buono** *a sapersi* that's worth knowing; ~ *di buono* (*odorare*) to smell good; (*avere gusto*) to taste good; ~ *di* **bruciato** to taste burnt; *che ne so io?* how should I know?; **chi** *sa:* 1 (*interrogativo*) who knows?, who can tell?; 2 (*dubitativo*) I wonder: *chi sa come andrà a finire tutto ciò* I wonder how it will all end up; ~ *di* **chiuso** to smell fusty (*o* stuffy); *non so* **come** I don't know how; *bisogna sapersi* **contentare** one must (learn to) make do; ~ *per* **esperienza** (*diretta*) to know from (personal) experience; **fare** ~ *qc. a qd.* to let s.o. know s.th.; *saper fare* to know how to handle (*o* treat): *sa fare con i clienti* he knows how to handle the customers; *saperci fare* to be good (*o* clever, skilful) at s.th., to know how to do s.th.; ~ *il* **fatto** *proprio* to know what's what; ~ *qc. per* **filo** *e per segno* to know s.th. thoroughly (*o* inside out); ~ *qc. da* **fonte** *sicura* to have s.th. on good authority; *saperla* **lunga** to know a thing or two; *non si sa* **mai** you never can tell, you never know: *sii prudente, non si sa mai quello che può accadere* be careful, you never know what can happen; ~ *qc. a* **memoria** to know s.th. by heart; ~ *qc. a* **menadito** to have s.th. at one's fingertips; *non* ~ *di* **niente**: 1 (*non avere sapore*) to have no taste, to be tasteless; 2 (*non odorare*) to have no smell; 3 ⟨*fig*⟩ to be insipid (*o* dull, flat, colourless); *saperne* **qualcosa** to know something about s.th.; *ne so* **quanto** *te* I'm as wise as you are; *ne so quanto prima* I'm as wise as before, I'm none the wiser; *se* **tu** *sapessi!* if you only knew!; **si** *sa:* 1 (as) one knows, it is well-known, as everybody knows: *i prezzi, si sa, aumentano continuamente* as everyone knows, prices are always rising; 2 ⟨*iron*⟩ naturally: *si sa, la colpa è sempre mia* naturally, it's always my fault; *non* **volerne** ~ *di qd.* not to want to have anything to do with s.o.; *non ne vuol* ~ *di lavorare* he doesn't want to have anything to do with work. ‖ *che io sappia* as far as I know; *un certo non so che* a certain something; *sappi* I want you to know, take note: *sappi che questa è l'ultima volta che ti perdono* I want you to know this is the last time I'm going to forgive you.

sapere[2] *m.* **1** knowledge. **2** (*dottrina*) learning.

sapidità *f.* ⟨*lett*⟩ sapidity (*anche fig.*). **sapido** *a.* sapid (*anche fig.*).

sapiente I *a.* **1** (*dotto*) learned: *un uomo* ~ a learned man. **2** (*saggio*) wise. **3** (*ammaestrato: rif. ad animali*) trained. **4** (*che rivela abilità*) expert, sure, masterly: *con mano* ~ with a sure touch. **II** *s.m.* **1** wise man, sage. **2** (*dotto*) scholar, learned man. **sapientemente** *avv.* **1** wisely; (*dottamente*) learnedly. **2** (*con capacità*) skilfully. **sapientone I** *a.* ⟨*spreg,iron*⟩ know-it-all. **II** *s.m.* (*f.* -a) know-it-all, wiseacre. **sapienza** *f.* **1** (*saggezza*) wisdom. **2** (*dottrina*) learning, knowledge. **sapienziale** *a.* ⟨*Bibl*⟩ *libri* –*i* sapiental books.

saponaceo *a.* saponaceous, soapy. **saponaria** *f.* ⟨*Bot*⟩ soapwort. **saponata** *f.* **1** (*acqua*) soapy water. **2** (*schiuma*) (soap)suds *pl.*

sapone *m.* soap: *lavare col* ~ to wash with soap; (*saponetta*) (bar of) soap, cake of soap: *comprare un* ~ to buy a bar of soap. □ ~ *da* **barba** shaving soap; ~ *da* **bucato** laundry soap; ~ *alla* **lavanda** lavender soap; ~ **liquido** liquid soap; ~ *di* **Marsiglia** Marseilles soap; ~ *per* **neonati** baby soap; ~ **neutro** mild soap; ~ *in* **polvere** soap powder; ~ *a* **scaglie** soap flakes *pl.*

saponetta *f.* bar (*o* cake) of soap. **saponiera** *f.* soap dish. **saponiere** *m.* **1** (*fabbricante*) soap manufacturer. **2** (*venditore*) soap dealer. **3** (*operaio*) soap-boiler. **saponiero** *a.* soap-: *industria* –*a* soap industry. **saponificabile** *a.* ⟨*Chim*⟩ saponifiable. **saponificare** *v.t.* (**saponifico, saponifichi**) to saponify. **saponificatore**

m. (*f.* -**trice**) soap-boiler. **saponificazione** *f.* saponification. **saponificio** *m.* soapworks *pl* (*costr. sing. o pl.*). **saponina** *f.* ⟨*Chim*⟩ saponin. **saponoso** *a.* soapy (*anche Min.*).

sapore *m.* **1** taste, flavour; (*sapore leggero*) slight taste, smack; (*sapore caratteristico o piccante*) tang: ~ *salino* salty tang (*o* taste); (*sapore che rimane in bocca*) (after-)taste: *l'aglio lascia un cattivo* ~ *in bocca* garlic leaves a bad taste in the mouth. **2** ⟨*fig*⟩ (*tono*) ring, note: *c'era un* ~ *amaro nelle sue parole* there was a bitter ring to his words; (*carattere*) flavour: *prosa di* ~ *arcaico* prose with an archaic flavour. **3** ⟨*fig*⟩ (*vivacità, colorito*) spice, zest: *una commedia priva di* ~ a play with no zest; *è questo che dà* ~ *alla vita* this is what gives spice to life. **4** *pl.* ⟨*region*⟩ (*odori*) (aromatic) herbs *pl.* □ *aver* ~ *di qc.* to taste of s.th.; *che* ~ *ha?* what does it taste like?; *dare* ~ *a* to give taste to; ⟨*fig*⟩ to spice, to give zest to; *senza* ~ (*insipido*) tasteless; ⟨*fig*⟩ flat, dull, insipid. **saporitamente** *avv.* with relish, with gusto, with zest. □ *dormire* ~ to sleep soundly (*o* like a log). **saporito** *a.* **1** tasty, seasoned. **2** (*troppo salato*) too salty: *un po'* ~ rather salty. **3** ⟨*fig*⟩ (*fatto con gusto*) hearty; (*rif. al sonno*) sound. **4** ⟨*fig*⟩ (*vivace, arguto*) witty, piquant: *una risposta* –*a* a witty reply. **5** ⟨*fam*⟩ (*costoso*) stiff, steep, high: *conto* ~ stiff bill. □ *poco* ~ insipid, tasteless. **saporoso** *a.* **1** tasty, savoury. **2** ⟨*fig*⟩ (*vivace, saporito*) piquant, racy, witty: *un aneddoto* ~ a racy anecdote.

saprofita, **saprofito I** *a.* saprophytic: *piante* –*e* saprophytic plants. **II** *s.m.* saprophyte.

saputamente *avv.* ⟨*spreg,scherz*⟩ knowledgeably, in a learned tone. **saputello I** *a.* know-it-all. **II** *s.m.* (*f.* -a) little know-it-all, little prig. **saputo** (*p.p. di sapere*[1]) **I** *a.* **1** ⟨*spreg*⟩ pretentious, know-it-all. **2** ⟨*lett*⟩ (*informato*) well-informed, knowledgeable. **II** *s.m.* (*f.* -a) ⟨*spreg*⟩ know-it -all, wiseacre. □ *fare il* ~ to be a know-it-all; ~ *e risaputo* hackneyed, trite.

S.A.R. = *Sua Altezza Reale* His (*f* Her) Royal Highness (*abbr.* H.R.H.).

Sara *N.pr.f.* ⟨*Bibl*⟩ Sara(h).

sarabanda *f.* **1** ⟨*Mus*⟩ saraband. **2** ⟨*fig*⟩ (*confusione, chiasso*) bedlam.

saracco *m.* (*pl.* -chi) rip saw, split saw.

saraceno I *a.* ⟨*Stor*⟩ Saracen, Saracenic. **II** *s.m.* (*f.* -a) Saracen.

saracinesca *f.* **1** (rolling) shutter. **2** ⟨*Idr*⟩ sluice-gate. **3** ⟨*Stor*⟩ (*cateratta*) portcullis.

sarago *m.* (*pl.* -ghi) ⟨*Itt*⟩ white bream.

sarcasmo *m.* sarcasm. □ *fare del* ~ to make sarcastic remarks, to be sarcastic. **sarcasticamente** *avv.* sarcastically. **sarcastico** *a.* (*pl.* -ci) sarcastic.

sarchiare *v.t.* (**sarchio, sarchi**) ⟨*Agr*⟩ to hoe; (*per estirpare le erbacce*) to weed. **sarchiata** *f.* hoeing. □ *dare una* ~ *al terreno* to hoe the ground. **sarchiatore** *m.* (*f.* -**trice**) hoer. **sarchiatrice** *f.* (*macchina*) mechanical hoe, hoeing machine. **sarchiatura** *f.* hoeing. **sarchiellare** *v.t.* (**sarchiello**) ⟨*Agr*⟩ to hoe lightly, to weed with a hoe. **sarchiello** *m.* garden hoe, grubber. **sarchio** *m.* ⟨*Agr*⟩ hoe.

sarcofaga *f.* ⟨*Entom*⟩ flesh fly. **sarcofago** *m.* (*pl.* -gi /-ghi) ⟨*Archeol*⟩ sarcophagus. **sarcofilo** *m.* ⟨*Zool*⟩ Tasmanian devil. **sarcoide** *m.* ⟨*Med*⟩ sarcoid. **sarcolemma** *m.* ⟨*Anat*⟩ sarcolemma. **sarcoma** *m.* ⟨*Med*⟩ sarcoma. **sarcomatosi** *f.* sarcomatosis. **sarcomatoso** *a.* sarcomatous. **sarcoplasma** *m.* ⟨*Anat*⟩ sarcoplasm.

sarda[1] *f.* ~ sardella.

sarda[2] *f.* ⟨*Min*⟩ sard.

sardanapalesco *a.* (*pl.* -chi) ⟨*lett*⟩ Sardanapalian. **Sardanapalo** *N.pr.m.* ⟨*Stor*⟩ Sardanapalus. **sardanapalo** *m.* ⟨*fig*⟩ debauchee.

Sardegna *N.pr.f.* ⟨*Geog*⟩ Sardinia. **sardegnolo** *a.* ⟨*pop*⟩ (*sardo*) Sardinian.

sardella, sardina *f.* ⟨*Itt*⟩ sardine.

sardo *a./s.m.* (*f.* -a) Sardinian.

sardonica *f.* ⟨*Min*⟩ sardonyx.

sardonicamente *avv.* sardonically. **sardonico** *a.* (*pl.* -ci) sardonic: *ghigno* ~ sardonic sneer (*o* grin). □ ⟨*Med*⟩ *riso* ~ sardonic grin (*o* laugh).

sargasso m. ⟨Bot⟩ sargasso, gulf weed. □ ⟨Geog⟩ mar dei Sargassi Sargasso Sea.

sari m.inv. ⟨Vest⟩ sari.

sariga f. ⟨Zool⟩ opossum.

S.a.r.l. = ⟨Comm⟩ società a responsabilità limitata limited liability company (abbr. Ltd.).

sarmati m.pl. ⟨Stor⟩ Sarmatians pl. **sarmatico** a./s.m. (pl. -ci) Sarmatian. **Sarmazia** N.pr.f. ⟨Geog.stor⟩ Sarmatia.

sarmentaceo a. ⟨Bot⟩ sarmentaceous. **sarmento** m. 1 (tralcio di vite) vine sarment (o runner). 2 (ramo) sarment, runner. **sarmentoso** a. sarmentose.

sarò → essere[1].

sarong m. ⟨Vest⟩ sarong.

sarta f. dressmaker.

sartia f. ⟨Mar⟩ shroud, stay. □ ~ di maestra main shroud; –e maggiori lower rigging; ~ di mezzana mizzen shroud; –e minori upper rigging. **sartiame** m. ⟨Mar⟩ stays pl, shrouds pl, rigging.

sartina f. seamstress. **sarto** m. (f. -a) tailor. □ ~ da donna ladies' tailor. **sartoria** f. 1 (laboratorio: di sarto) tailor's (workshop); (di sarta) dressmaker's (workshop): aprire una ~ to open a tailor's (o dressmaker's). 2 (arte, tecnica: per uomo) tailoring; (per donna) dressmaking, tailoring.

sartorio m. ⟨Anat⟩ sartorius.

sassaia f. 1 heap of stones; (luogo sassoso) stony place. 2 (riparo) barrier of stones. **sassaiola** f. hail (o volley) of stones; (battaglia) fight with stones. **sassata** f. blow from a stone. □ fare a –e to throw stones; prendere qd. a –e to throw stones at s.o., to pelt s.o. with stones; tirare una ~ a qd. to throw stones (o a stone) at s.o.; uccidere qd. a –e to stone s.o. to death.

sassifraga f. ⟨Bot⟩ saxifrage, breakstone.

sasso m. 1 stone: tirare un ~ to throw a stone; (ciottolo) pebble; (roccia) rock. 2 (macigno, masso) (block of) rock, boulder. □ di ~ stone–, of stone; ⟨fig⟩ essere di ~ (insensibile) to be made of stone (o flint), to be stony–hearted (o hard–hearted); duro come un ~ as hard as stone; ⟨fig⟩ far **piangere** i –i: 1 (rif. a cose compassionevoli) to melt a heart of stone; 2 (rif. a situazioni penose) to make one weep; pieno di –i stony; ⟨fig⟩ **restare** di ~ to be astounded (o dumbfounded).

sassofonista m./f. ⟨Mus⟩ saxophonist. **sassofono** m. 1 (strumento) saxophone, ⟨fam⟩ sax. 2 (sonatore) → sassofonista.

sassofrasso m. ⟨Bot⟩ sassafras.

sassolino m. pebble, small stone.

sassolite f. ⟨Min⟩ sassolite.

sassone I a. Saxon. II s.m. 1 (dialetto) Saxon. 2 ⟨Stor⟩ (lingua) Old Saxon. 3 m./f. (abitante) Saxon. **Sassonia** N.pr.f. ⟨Geog⟩ Saxony.

sassoso a. stony: strada –a stony road.

Satana N.pr.m. ⟨Bibl⟩ Satan. **Satanasso** N.pr.m. ⟨pop⟩ → Satana. **satanasso** m. (persona violenta) fiend, devil; (persona prepotente) bully, overbearing person. **satanico** a. (pl. -ci) 1 satanic. 2 ⟨estens⟩ (perfido, diabolico) satanic, diabolic(al), devilish: ghigno ~ devilish grin. **satanismo** m. 1 (culto) satanism. 2 ⟨Lett⟩ Satanism.

satellite I s.m. 1 ⟨Astron⟩ satellite: ~ artificiale artificial satellite. 2 ⟨Pol⟩ (stato satellite) satellite, satellite country (o state). 3 ⟨estens⟩ (seguace) follower, satellite. 4 ⟨Aut⟩ planetary gear, planet wheel. II a. satellite–, satellitic: città ~ satellite town. □ ~ di comunicazione communications satellite; ~ a diffusione diretta direct broadcasting satellite; ~ killer killer satellite; lanciare un ~ to launch a satellite; ~ lunare moon (o lunar) satellite; ~ meteorologico meteorological satellite, weather satellite; ~ di osservazione observation satellite; ~ sperimentale experimental satellite; ~ di ricerca research satellite; ~ di ricognizione reconnaissance satellite; ~ spia spy satellite; ~ per telecomunicazioni telecommunications satellite; ~ terrestre earth satellite; trasmissione via ~ satellite broadcasting; ⟨Rad,TV⟩ collegamento via ~ link–up via satellite.

satellizzare v.t. ⟨Pol⟩ to make into a satellite. **satelloide**

m. ⟨Astron⟩ satelloid.

satin fr. [sa'tẽ] m. ⟨Tess⟩ satin. □ di ~ satin–: fodera di ~ satin lining. **satinare** v.t. to glaze, to satin. **satinato** a. glazed, satin–. **satinatura** f. 1 (atto) glazing. 2 (effetto) glaze.

satira f. ⟨Lett⟩ satire: ~ classica classical satire. □ fare la ~ di qd. to make a satire on s.o.; fare qd. oggetto di ~ to make s.o. an object of satire. **satireggiare** v. (satireggio, satireggi) I v.t. to satirize, to lampoon: ~ un vizio to satirize a vice. II v.i. (aus. avere) I ⟨Lett⟩ to write satires. 2 (fare della satira) to be satirical. **satiresco** a. satyr–: dramma ~ satyr play. **satiriasi** f. ⟨Psic⟩ satyriasis. **satiricamente** avv. satirically. **satirico** a./s. (pl. -ci) I a. ⟨Lett⟩ satiric (anche estens.): poesia –a satiric poetry; opera –a satirical work; tono ~ satirical tone. II s.m. satirist. **satirista** m. satirist. **satiro** m. 1 ⟨Mitol⟩ satyr. 2 ⟨fig⟩ (persona lasciva) satyr, goat.

satollare v.t. (satollo) to fill (up), to surfeit. **satollarsi** v.r. to stuff (o cram, glut, gorge) o.s. (di with), to fill up (on), to eat one's fill (of). **satollo** a. (sazio) full (up), sated, satiated, replete, glutted.

satrapia f. ⟨Stor⟩ satrapy. **satrapo** m. 1 ⟨Stor⟩ satrap. 2 ⟨fig⟩ (persona autoritaria) petty despot. □ ⟨fig⟩ fare il ~ to lord it.

saturabile a. saturable. **saturabilità** f. saturability, capacity for saturation. **saturare** v.t. (saturo) 1 ⟨Fis,Chim⟩ to saturate. 2 ⟨fig⟩ (riempire) to saturate, to fill, to stuff, to cram: ~ la mente di nozioni to cram one's head with notions. **saturarsi** v.r. 1 ⟨Fis,Chim⟩ to be saturated. 2 ⟨fig⟩ (riempirsi) to be filled (o saturated). □ ~ un merca-to to overstock a market.

saturazione f. ⟨Chim,Fis,Econ⟩ saturation. □ ⟨Chim,Fis⟩ giungere a ~ to reach saturation point; ⟨fig⟩ essere giunto a ~ to have reached the point of saturation; ⟨Chim⟩ grado di ~ degree of saturation; ⟨Econ⟩ ~ del mercato saturation of the market; ⟨Chim,Fis⟩ portare a ~ to bring to saturation point; ⟨Chim,Fis⟩ punto di ~ saturation point (anche fig.).

satureia f. ⟨Bot⟩ summer savory.

saturnale a. ⟨Mitol⟩ of Saturn, Saturnian. **saturnali** m.pl. ⟨Stor.rom⟩ Saturnalia pl (costr. sing. o pl.).

saturniano a. ⟨Astr⟩ Saturnian. **saturnino** a. 1 ⟨Astr⟩ Saturnian, of Saturn. 2 ⟨Med⟩ saturnine. **saturnio** I a. 1 ⟨Mitol⟩ of Saturn, Saturn's; (sacro a Saturno) Saturnian. 2 ⟨Metr⟩ Saturnian. II s.m. ⟨Metr⟩ Saturnian (verse). **saturnismo** m. ⟨Med⟩ saturnismus, lead poisoning. **Saturno** N.pr.m. ⟨Mitol,Astr⟩ Saturn.

saturo a. 1 ⟨Fis,Chim⟩ saturated. 2 ⟨fig⟩ full (di of), saturated, charged, crammed (with): ~ d'odio full of hatred, hate–filled.

saudita a./s.m./f. (abitante) Saudi.

Saul N.pr.m. ⟨Bibl⟩ Saul.

sauna f. sauna (bath): fare la ~ to take a sauna (bath).

sauro I a. sorrel. II s.m. 1 (cavallo) sorrel. 2 pl. ⟨Zool⟩ saurians pl. **sauropodi** m.pl. ⟨Paleont⟩ sauropods pl.

savana f. savannah.

Saverio N.pr.m. Xavier.

saviamente avv. wisely, prudently. **saviezza** f. ⟨non com⟩ wisdom, prudence.

savio I a. wise, prudent, sage, sensible: una persona –a a wise person; è una ragazza –a per la sua età she's a sensible girl for her age; una –a decisione a wise decision. II s.m. (f. -a) 1 (uomo saggio) wise man; (uomo sapiente) wise (o learned) man, sage. 2 pl. ⟨Stor⟩ the wise (costr. pl.): il consiglio dei Savi the council of the Wise.

Savoia I N.pr.f. ⟨Geog⟩ Savoy. II a. of Savoy, Savoy–. **savoiardo** I a. of Savoy, Savoyard. II s.m. 1 (dialetto) Savoyard dialect. 2 (abitante; f. -a) Savoyard. 3 ⟨Dolc⟩ savoy biscuit (o cake, finger).

savoir–faire fr. [sa'vwar'fɛr] m. savoir–faire.

savonarola f. ⟨Arred⟩ Savonarola chair.

saziabilità f. satiability. **saziare** v. (sazio, sazi) I v.t. 1 to satisfy, to satiate, to sate: ~ la fame to satisfy hunger; ~ un affamato to satiate a hungry man. 2 (soddisfare fino alla nausea) to satiate, to surfeit, to glut, to cloy. 3 ⟨fig⟩ (appagare) to appease, to sate, to satisfy: ~ il desiderio di vendetta to sate the desire for vengeance. II v.i. (aus.

avere) 1 to satisfy: *un cibo che sazia* food that satisfies; (*riempire presto*) to be filling, to fill up: *questo piatto sazia subito* this dish is very filling. **2** ⟨*fig*⟩ (*annoiare*) to be boring (*o* wearisome), to cloy. **saziarsi** *v.r.* **1** to fill (o.s.) up, to be satisfied, to have (*o* eat) one's fill. **2** ⟨*fig*⟩ to have ⌐one's fill⌐ (*o* too much), to be satisfied; (*stancarsi*) to tire, to be (*o* grow) tired, to weary (*di of*): *non mi sazierò mai di sentire questa musica* I shall never tire (*o* get tired) of listening to this music.

sazietà *f.* **1** satiety, enough, one's fill (*anche fig.*): ∼ *di cibo* one's fill of food; ∼ *degli onori* enough of honour. **2** (*disgusto*) satiety, surfeit, weariness: ∼ *di piaceri* surfeit of pleasures. ☐ *a* ∼: **1** all one wants, to overflowing, to repletion: *mangiare a* ∼ to eat ⌐to repletion⌐ (*o* one's fill); **2** ⟨*fig*⟩ all one wants, more than enough, to repletion (*o* overflowing): *qui di sole ce n'è a* ∼ there's all the sun one wants here; *avere soldi a* ∼ to have all the money one wants. **sazio** *a.* **1** satisfied, full up, satiated, sated: *sentirsi* ∼ to feel satisfied, to have had enough (to eat). **2** ⟨*fig*⟩ sated, satiated; (*stufo*) fed up, ⟨*fam*⟩ sick.

sbaccellare *v.t.* (*sbaccèllo*) to shell: ∼ *i fagioli* to shell the beans. **sbaccellatura** *f.* shelling.

sbaciucchiamento *m.* ⟨*fam*⟩ smooching, necking. **sbaciucchiare** *v.t.* (*sbaciùcchio*, *sbaciùcchi*) ⟨*fam*⟩ to kiss repeatedly, to neck. **sbaciucchiarsi** *v.r.* ⟨*recipr*⟩ to kiss e.o. repeatedly, ⟨*fam*⟩ to smooch, ⟨*fam*⟩ to neck.

sbadataggine *f.* **1** (*l'essere sbadato*) carelessness, heedlessness, thoughtlessness. **2** ⟨*concr*⟩ carelessness, inadvertent blunder. **sbadatamente** *avv.* carelessly, without thinking. **sbadato** *I a.* careless, heedless, thoughtless. **II** *s.m.* (*f.* **-a**) careless (*o* thoughtless) person, scatter-brain.

sbadigliare *v.i.* (*sbadìglio*, *sbadìgli*; *aus.* **avere**) to yawn: ∼ *in faccia a qd.* to yawn in s.o.'s face. **sbadiglio** *m.* yawn.

sbafare *v.t.* ⟨*fam*⟩ **1** (*mangiare avidamente*) to gobble up, to gulp down, to wolf: *si è sbafato tutta la torta* he gobbled up the whole cake. **2** (*mangiare a ufo*) to sponge, to cadge, ⟨*fam*⟩ to scrounge: *noi spendiamo e lui sbafa* we pay and he sponges. **sbafata** *f.* **1** (*scorpacciata*) feed, ⟨*fam*⟩ bellyful. **2** (*mangiata a spese altrui*) free meal. **sbafatore** *m.* (*f.* **-trice**) (*scroccone*) sponge(r), ⟨*fam*⟩ scrounge(r).

sbaffo *m.* smear, smudge: *una lettera piena di –i* a letter full of smudges.

sbafo *m.* sponging, cadging, ⟨*fam*⟩ scrounging. ☐ *a* ∼ by scrounging (*o* cadging), ⟨*fam*⟩ (for) free; *mangiare a* ∼ to have a free feed, to scrounge a meal; *vivere a* ∼ to scrounge a living, to live by scrounging. **sbafone** *m.* (*f.* **-a**) → **sbafatore**.

sbagliare *v.* (*sbàglio*, *sbàgli*) **I** *v.i.* (*aus.* **avere**) **1** to make ⌐a mistake⌐ (*o* mistakes), to commit an error, to be wrong (*o* mistaken): ∼ *nel copiare* to make a mistake in copying; *tutti possono* ∼ everybody can make mistakes; *potrei* ∼ I may be wrong. **2** (*commettere una colpa morale*) to do wrong, to err. **II** *v.t.* **1** (*mancare, fallire*) to miss, to do ... wrong: *il giocatore ha sbagliato il tiro* the player missed his shot; ∼ *la mira* to miss one's aim. **2** (*fare un errore*) to make a mistake⌐ (*o* mistakes), to mistake, to miss, *spesso si traduce con un verbo specifico e* wrong(ly) *o* incorrectly: ∼ *l'ortografia* to spell a word incorrectly; ∼ *l'accento di una parola* to put the wrong stress on a word. **3** (*scambiare*) to mistake, to get wrong: *ho sbagliato numero* I've got the wrong number. **4** (*non scegliere bene*) to choose ... wrong: ∼ *mestiere* to choose the wrong job. **sbagliarsi** *v.r.* to be mistaken (*o* wrong): *se non mi sbaglio, ci siamo già incontrati* if I'm not mistaken we have met before. ☐ ∼ *i calcoli*: **1** to miscalculate; **2** ⟨*fig*⟩ to make a big mistake, to be very much mistaken, to miscalculate: *se conti sul mio aiuto, hai sbagliato i calcoli* if you're counting on my help you're making a big mistake; *sbagliarsi sul conto di qd.* to be wrong about s.o.; ∼ *di molto* (*o* grosso) to be very wrong; ∼ *momento* to choose (*o* do s.th. at) the wrong time.

sbagliato *a.* **1** badly done, full of mistakes: *un lavoro* ∼ a badly done job. **2** (*non conforme alle regole*) wrong, incorrect, erroneous: *pronuncia –a* wrong pronunciation,

mispronunciation. **3** (*erroneo*) wrong, mistaken, erroneous, incorrect: *opinione –a* wrong (*o* mistaken) opinion. **4** (*inopportuno*) wrong: *hai scelto il momento* ∼ you have chosen the wrong time. **sbaglio** *m.* **1** mistake, error: *commettere uno* ∼ to make a mistake, to commit an error; ∼ *d'ortografia* spelling mistake; *deve esserci uno* ∼ there must be some mistake; *per* ∼ by mistake; (*sbaglio grossolano*) blunder. **2** (*colpa morale*) error; (*passo falso*) wrong step.

sbalestramento *m.* upset, lack of balance, tension, strain: ∼ *dovuto a una giornata agitata* strain of a busy day. **sbalestrare** *v.t.* (*sbalèstro*) **1** (*turbare*) to upset, to unsettle: *la notizia lo ha sbalestrato* the news has upset him. **2** (*trasferire bruscamente*) to send (off), to transfer: ∼ *un impiegato in una cittadina di provincia* to transfer an employee to a small town in the provinces. **3** (*scagliare*) to hurl, to fling: *il vento sbalestrò la barca contro gli scogli* the wind hurled the boat against the rocks. **sbalestrato** *a.* **1** (*non equilibrato*) unsettled, unbalanced; (*sfrenato*) reckless, wild. **2** ⟨*fig*⟩ (*spaesato*) bewildered, ill at ease.

sballare **I** *v.t.* **1** to unpack, to unbale: ∼ *la merce* to unpack the goods. **2** ⟨*fam*⟩ (*dire cose incredibili*) to tell stories (*o* fibs). **II** *v.i.* (*aus.* **essere**; *nei giochi*) to go over, ⟨*fam*⟩ to bust. ☐ ⟨*fam*⟩ *sballarle grosse* to talk big, to shoot a line. **sballato** *a.* **1** unpacked, unbaled: *merci –e* unpacked goods. **2** ⟨*fig*⟩ (*avventato, campato in aria*) wild, unfounded, groundless: *un'idea –a* a wild idea. **sballatura** *f.*, **sballo** *m.* unpacking, unbaling.

sballottamento *m.* tossing, jerking, jolting. **sballottare** *v.t.* (*sballòtto*) to toss (about, up and down), to jerk, to jolt: *il mare agitato sballottava la nave* the rough sea tossed the ship about. **sballottio** *m.* (continual) tossing, jolting.

sbalordimento *m.* astonishment, wonder, amazement, bewilderment. **sbalordire** *v.t.* (*sbalordìsco*, *sbalordìsci*) **1** (*impressionare*) to shock, to stagger, to startle: *quel delitto ci sbalordì tutti* that crime shocked us all. **2** (*meravigliare*) to astonish, to amaze, to astound: *il giovane tenore ha sbalordito il pubblico* the young tenor astounded the audience. ☐ *da* ∼ astonishing, staggering, amazing. **sbalorditaggine** *f.* **1** (*sventatezza*) thoughtlessness, carelessness. **2** (*atto sventato*) carelessness, careless (*o* thoughtless) act, blunder. **sbalorditivo** *a.* **1** amazing, astonishing, astounding, ⟨*fam*⟩ stunning: *una memoria –a* an amazing memory. **2** ⟨*enfat*⟩ (*incredibile, esagerato*) staggering, incredible: *prezzi –i staggering* (*o* exorbitant) prices. **sbalordito** *a.* **1** (*sbigottito*) staggered, dismayed; (*confuso*) stunned, bewildered, dazed: ∼ *dal fracasso* stunned by the noise. **2** (*stupefatto*) astonished, amazed, astounded, dumbfounded: *espressione –a* amazed look.

sbalzare¹ **I** *v.t.* **1** to throw, to fling, to hurl: *il cavallo lo sbalzò di sella* the horse threw him (out of the saddle). **2** ⟨*fig*⟩ (*rimuovere*) to throw, to dismiss, to remove: ∼ *qd. da un posto* to throw (*o* boot) s.o. out of a job. **II** *v.i.* (*aus.* **essere**) **1** (*balzare, saltar via*) to jump, to leap, to bound, to spring: ∼ *dal letto* to jump out of bed. **2** (*cadere giù di colpo*) to crash, to be thrown: ∼ *a terra* to be thrown to the ground. **3** ⟨*fig*⟩ to jump, to plunge: *la temperatura è sbalzata a tre gradi sotto zero* the temperature plunged to three degrees below zero.

sbalzare² *v.t.* **1** (*lavorare a sbalzo*) to emboss. **2** ⟨*Edil*⟩ to cantilever. **sbalzato** *a.* embossed: *oro* ∼ embossed gold.

sbalzo¹ *m.* **1** jerk, jolt, bounce: *la carrozza fece uno* ∼ the carriage gave a jolt. **2** (*salto*) bound, spring. **3** ⟨*fig*⟩ (*cambiamento improvviso*) sudden change, jump: *uno* ∼ *di temperatura* a sudden change in temperature. ☐ *a –i*: **1** jerkily, joltingly, bouncing; **2** ⟨*fig*⟩ (*senza continuità*) (*by* in) fits and starts; *avanzare a –i* to jolt (*o* jerk, bounce) along; ⟨*fig*⟩ to progress by fits and starts; ⟨*Fis*⟩ ∼ *termico* thermal stress.

sbalzo² *m.* **1** ⟨*Met*⟩ embossment. **2** ⟨*Edil*⟩ projection, overhang, cantilever, jetty, jutty. ☐ *a* ∼: **1** ⟨*Edil*⟩ overhanging; **2** ⟨*Met*⟩ embossed: *lavoro a* ∼ embossed work; *lavorare a* ∼ to emboss.

sbancamento *m.* ⟨*Edil,Strad*⟩ excavation, earth moving: ∼ *della roccia* excavation of rock.

sbancare[1] *v.t.* (sbạnco, sbạnchi) **1** (*rif. a casinò e sim.*) to break the bank at (*o* of); (*rif. al banco*) to break, to win: ~ *il banco* to break the bank; (*rif. a persone*) to win the bank from. **2** ⟨*fig*⟩ (*mandare in rovina*) to bankrupt, to ruin.

sbancare[2] *v.t.* (sbạnco, sbạnchi) ⟨*Edil,Strad*⟩ to excavate, to move earth (from).

sbandamento *m.* **1** (*rif. a veicoli*) skid, skidding. **2** ⟨*Mil*⟩ disbandment, scattering, dispersal. **3** ⟨*fig*⟩ (*dispersione*) breaking up, dispersal. **4** ⟨*Mar*⟩ list(ing), heel(ing), careening. **5** ⟨*Aer*⟩ banking. □ *la vettura è uscita di strada per uno* ~ the vehicle skidded off the road.

sbandare *v.i.* (*aus.* **avere**) **1** (*rif. a veicoli*) to skid: *la macchina ha sbandato per la strada sdrucciolevole* the car skidded on the slippery road. **2** ⟨*fig*⟩ (*deviare*) to lean, to tend. **3** ⟨*Mar*⟩ to list, to heel, to careen. **4** ⟨*Aer*⟩ to bank.

sbandarsi *v.r.* **1** to scatter, to disband, to disperse: *l'esercito si sbandò al primo scontro* the army scattered at the first clash. **2** ⟨*fig*⟩ (*dividersi, disgregarsi*) to break up, to fall apart: *dopo la morte del padre la famiglia si sbandò* after the father's death the family broke up. **sbandạta** *f.* **1** skid. **2** ⟨*Mar*⟩ list, heel. **3** ⟨*Aer*⟩ banking. □ *fare una pericolosa* ~ to skid dangerously; ⟨*scherz*⟩ *prendere una* ~ *per qd. (innamorarsene)* to fall for s.o. **sbandạto** I *a.* **1** (*disperso*) scattered, disbanded: *soldati -i* scattered soldiers. **2** ⟨*fig*⟩ (*disorientato*) confused, bewildered: *la gioventù -a del dopoguerra* the bewildered youth of the post-war period. **II** *s.m.* (*f.* **-a**) straggler.

sbandieramento *m.* **1** flag waving, waving (of flags). **2** ⟨*fig*⟩ (*ostentazione*) display, show. **sbandierare** *v.t.* (sbandiẹro) **1** to wave: ~ *i vessilli* to wave the standards. **2** ⟨*fig*⟩ (*ostentare*) to display, to flaunt, ⟨*fam*⟩ to show off: ~ *i propri meriti* to flaunt one's good points. **3** ⟨*assol*⟩ to wave flags. **sbandierạta** *f.* waving of flags.

sbandọmetro *m.* ⟨*Aer*⟩ bank(ing) indicator.

sbaraccare *v.* (sbarạcco, sbarạcchi) ⟨*fam*⟩ **I** *v.t.* to sweep away, to get rid of. **II** *v.i.* (*aus.* **avere**) to pack up (and leave), ⟨*fam*⟩ to clear (*o* get) out.

sbaragliamento *m.* rout. **sbaragliare** *v.t.* (sbarạglio, sbarạgli) **1** ⟨*Mil*⟩ to (put to) rout: ~ *il nemico* to rout the enemy. **2** (*disperdere*) to disperse, to scatter: *la polizia sbaragliò i dimostranti* the police scattered the demonstrators. **3** (*infliggere una sconfitta*) to beat, to overcome: ~ *la squadra di calcio avversaria* to beat the rival football team. **sbaraglino** *m.* (*gioco*) backgammon. **sbaraglio** *m.* rout, defeat. □ *andare* (*o gettarsi*) *allo* ~ to risk everything; *mettere* (*o porre*) *allo* ~ to jeopardize, to imperil.

sbarazzare *v.t.* **1** (*sgombrare*) to free, to clear, to rid: ~ *una stanza dai mobili* to clear the furniture out of a room. **2** (*mettere in ordine*) to clear (out): ~ *la tavola* to clear the table. **3** ⟨*fig*⟩ (*liberare*) to rid, to free, to clear: ~ *la mente dal sospetto* to clear one's mind of suspicion. **sbarazzarsi** *v.r.* to get rid (*di* of), to rid o.s. (of), to free o.s. (from): *sbarazzarsi di una persona molesta* to get rid of a bothersome person. **sbarazzina** *f.* tomboy, romp. **sbarazzino** I *a.* free-and-easy, unruly, cheeky. **II** *s.m.* scamp, little rascal.

sbarbare *v.t.* **1** (*radere*) to shave. **2** (*sradicare*) to uproot. **3** ⟨*Mecc*⟩ to shave. **sbarbarsi** *v.r.* to (have a) shave. **sbarbatẹllo** *m.* ⟨*scherz,spreg*⟩ novice, green (*o* raw) youth, greenhorn. **sbarbạto** *a.* **1** (*rasato*) shaved, (clean-)shaven. **2** (*ripulito dalle radici*) uprooted. **sbarbatura** *f.* ⟨*Agr*⟩ shaving.

sbarbificare *v.t.* (sbarbịfico, sbarbịfichi) ⟨*scherz*⟩ (*radere*) to shave. **sbarbificarsi** *v.r.* to (have a) shave.

sbarcare *v.* (sbạrco, sbạrchi) **I** *v.t.* **1** to unload, to unship. **2** (*far scendere a terra: da una nave*) to land, to put ashore, to disembark: ~ *truppe* to land troops; (*da un aereo*) to land. **3** ⟨*scherz*⟩ (*far scendere da un mezzo di trasporto*) to leave, to get off: *l'autobus ti sbarca proprio davanti alla scuola* the bus will leave you right outside the school. **II** *v.i.* (*aus.* **essere**) **1** to land, to disembark. **2** (*estens*) (*scendere da un mezzo di trasporto*) to get off. □ ⟨*pop*⟩ ~ *il lunario* to scrape through (*o* a living), to manage to make both ends meet. **sbạrco** *m.* (*pl.* **-chi**) **1** unloading, discharge: *lo* ~ *del carbone* the unloading of coal. **2** (*lo scendere a terra: da una nave*) landing, disembarkation (*anche Mil.*); (*da un aereo*) landing. □ *di* (*o da*) ~ landing-, assault-: *truppe da* ~ landing parties; *testa di* ~ beach head.

sbarra *f.* **1** bar, barrier: *l'accesso era impedito da una* ~ the way was blocked by a barrier; (*nei passaggi a livello*) barrier. **2** (*bastone, spranga*) bar: *il ladro lo colpì con una* ~ *di ferro* the thief struck him with an iron bar. **3** (*nei tribunạli*) bar. **4** ⟨*fig*⟩ (*tribunale*) court, bar: *presentarsi alla* ~ to appear before the court. **5** ⟨*Ginn*⟩ (*horizontal*) bar; (*bilanciere*) bar bell. **6** ⟨*Tip*⟩ (*lineetta obliqua*) (oblique) stroke; (*lineetta verticale*) (vertical) stroke. **7** ⟨*Mus*⟩ (double) bar line. **8** ⟨*Mar*⟩ (*barra del timone*) (rudder) tiller, helm. **9** ⟨*Arald*⟩ bend sinister. □ ~ *a bilico* bascule barrier; ⟨*fig*⟩ *passare la vita* **dietro** *le* -*e* to spend one's life behind bars; ~ *di* **ferro** iron bar; -*e del* **passaggio** *a* **livello** level-crossing barriers (*o* arms); ~ **spaziatrice** space bar.

sbarramento *m.* **1** (*atto*) blocking, barring. **2** (*effetto*) barrier, blockage, barrage, barricade. □ ⟨*Mil*⟩ ~ **contraereo** anti-aircraft barrage; ~ **difensivo** barricade, defence barrage; ⟨*Idr*⟩ **impianto** *di* ~ barrage, weir; ⟨*Mil*⟩ ~ *di* **mine** mine barrage; ~ **offensivo** offensive barrage; ~ *di* **palloni** balloon barrage; ~ **radar** radar defence.

sbarrare *v.t.* **1** to bar, to bolt: ~ *la porta* to bolt the door; (*chiudere*) to block, to bar; (*barricare*) to barricade: *le vie della città erano sbarrate* the city streets were barricaded. **2** (*impedire, bloccare*) to block, to bar: *un uomo armato gli sbarrò il passo* an armed man blocked his way. **3** (*segnare con sbarre*) to cross: ~ *un assegno* to cross a cheque. **4** (*rif. agli occhi: spalancare*) to open wide. **sbarrạto** *a.* **1** barred, bolted: *finestra -a* barred window. **2** (*bloccato*) blocked, barred: *strada -a* blocked road. **3** (*segnato con sbarre*) crossed: *assegno* ~ crossed cheque. **4** (*rif. agli occhi: spalancato*) wide-open, staring. **sbarrẹtta** *f.* ⟨*Mus*⟩ bar line, double bar.

sbarrista *m./f.* ⟨*Sport*⟩ horizontal-bar expert.

sbassare *v.t.* **1** to (make) lower: ~ *il piano del tavolo* to lower the top of the table. **2** (*spostare più in basso*) to lower.

sbastire *v.t.* (sbastịsco, sbastịsci) ⟨*Lav.femm*⟩ to take the basting (*o* tacking) out of.

sbatacchiamento *m.* banging, slamming: *lo* ~ *delle imposte* the banging of the shutters. **sbatacchiare** *v.* (sbatạcchio, sbatạcchi) **I** *v.t.* **1** to bang, to slam: ~ *la porta in faccia a qd.* to slam the door in s.o.'s face. **2** (*agitare*) to flap, to beat: ~ *le ali* to flap one's wings. **II** *v.i.* (*aus.* **avere**) to bang, to slam, to rattle. **sbatacchiata** *f.* bang, slam, crash. **sbatacchịo** *m.* (*continual*) banging.

sbattere **I** *v.t.* **1** (*battere*) to beat: ~ *i tappeti* to beat the carpets. **2** (*urtare*) to bang, to hit, to bump, ⟨*fam*⟩ to bash: ~ *il naso contro la porta* to bump one's nose against the door. **3** (*scaraventare*) to hurl, to fling, to dash, to throw: *la tempesta sbatté la nave contro gli scogli* the storm hurled the ship against the rocks. **4** (*chiudere violentemente*) to slam, to bang: ~ *l'uscio in faccia a qd.* to slam the door in s.o.'s face. **5** ⟨*Gastr*⟩ to beat: ~ *le uova* to beat the eggs; (*far montare*) to whip, to whisk: ~ *la panna* to whip the cream. **6** ⟨*pop*⟩ (*trasferire*) to send, to shunt: *lo hanno sbattuto in una città di provincia* he has been shunted to a provincial town. **7** ⟨*fam*⟩ (*rendere smorto*) to make s.o. look wan (*o* lifeless, pale): *questa tinta ti sbatte* this shade makes you look pale. **II** *v.i.* (*aus.* **avere**) **1** to bang, to slam: *la porta sbatte perché c'è corrente* the door is banging because there is a draught. **2** (*andare a urtare*) to bang (*contro* into, against), to hit (s.th.): *ha sbattuto con la macchina contro un muro* he banged his car into a wall. **3** ⟨*Mar*⟩ to flap. □ ~ *le* **ali** to flap (*o* beat) one's wings; ⟨*pop*⟩ ~ **dentro** to throw in the clink; ⟨*pop*⟩ ~ **fuori** to chuck out; ~ *qd.* **fuori** *della porta* to throw s.o. out the door; ~ *le* **palpebre** to flutter one's eyelids; ⟨*fig*⟩ *non sapere dove* ~ *la* **testa** not to know which way to turn. ‖ ⟨*volg*⟩ *sbattersene* (*infischiarsene*) not to give a damn, (*pop*) not to care tuppence.

sbattezzare *v.t.* (sbattẹzzo) to force to abjure Christianity. **sbattezzarsi** *v.r.* (*abiurare*) to abjure (Christianity), to apostatize.

sbattighiaccio *m.inv.* (*shaker*) shaker.

sbattimento *m.* **1** (*lo sbattere*) beating; (*lo scaraventare*) hurling, dashing. **2** (*il chiudere violentemente*) slamming, banging. **3** ⟨*Gastr*⟩ beating, whipping. **4** (*l'essere sbattuto*) beating; (*l'essere chiuso violentemente*) slam, bang. **5** ⟨*Aer*⟩ flutter. **sbattitura** *f.* **1** (*il battere*) beating. **2** (*lo scaraventare*) hurling, flinging. **3** (*il chiudere violentemente*) slamming, banging. **4** ⟨*Gastr*⟩ beating; (*il far montare*) whipping, whisking.

sbattiuova *m.inv.* (egg)whisk.

sbattuta *f.* **1** (*il battere*) beating. **2** ⟨*Gastr*⟩ whipping, beating. **sbattuto** *a.* **1** ⟨*Gastr*⟩ whipped, whisked, beaten up: *uova –e* whisked eggs. **2** ⟨*fig*⟩ (*stanco*) tired (out), worn(–out), ⟨*am*⟩ deadbeat, beat: *viso ~* tired face; (*abbattuto*) run–down, downcast, depressed.

sbavare I *v.i.* (*aus. avere*) **1** (*emettere bava*) to dribble, to drool, to slobber. **2** ⟨*Pitt*⟩ to blur, to smear. **3** ⟨*Tip*⟩ to smudge, to blur. **II** *v.t.* **1** (*sporcare di bava*) to dribble (*o* slaver), to drool over, to beslobber. **2** ⟨*Mecc*⟩ to burr, to deburr. **3** ⟨*Met*⟩ to fettle, to clean, to trim, to snag: *~ a caldo* to hot–trim. **sbavarsi** *v.r.* (*sporcarsi di bava*) to dribble (*o* slaver, drool) over o.s., to beslobber o.s.

sbavato *a.* **1** (*sporco di bava*) beslobbered, dribbled (*o* slavered) over. **2** ⟨*Pitt*⟩ blurred, smeared. **3** ⟨*Tip*⟩ smudged, blurred. **sbavatura** *f.* **1** (*lo sbavare*) dribbling, drooling, slobbering, slavering. **2** (*bava*) dribble, slobber, slaver; (*delle lumache e sim.*) slime. **3** ⟨*fig*⟩ (*divagazione*) wandering from the point, padding. **4** ⟨*Pitt*⟩ blur, smear, drop, dribble, smudge. **5** ⟨*Mecc*⟩ (*operazione*) (de)burring; (*bava*) burr. **6** ⟨*Met*⟩ (*operazione*) fettling, cleaning, trimming, snagging, dressing–off; (*bava*) flash. **7** ⟨*Tess*⟩ silk filament. **8** ⟨*Tip*⟩ blur, blotch, smudge. **sbavone** *m.* (*f.* **-a**) slobberer, drooler.

sbeccare *v.t.* (**sbecco, sbecchi**) to break (*o* chip) the spout of, to chip. **sbeccarsi** *v.r.* to chip at the spout (*o* rim). **sbeccato** *a.* chipped, with a chipped spout (*o* rim).

sbeffare *v.* (**sbeffo**) → **sbeffeggiare**. **sbeffeggiare** *v.t.* (**sbeffeggio, sbeffeggi**) (*beffeggiare*) to mock cruelly, to jeer at.

sbellicarsi *v.r.* (**mi sbellico, ti sbellichi**): *~ dalle risa* to split (*o* burst) one's sides with laughing.

sbendare *v.t.* (**sbendo**) to unbandage, to take the bandages off.

sberla *f.* ⟨*region*⟩ (*schiaffo*) slap, cuff. □ *prendere a –e qd.* to give s.o. a slapping.

sberleffo *m.* (*smorfia, boccaccia*) sneer, disdainful (*o* mocking) look; (*gesto di scherno*) scornful gesture.

sbertucciare *v.t.* (**sbertuccio, sbertucci**) (*schernire, canzonare*) to mock, to make fun of, to jeer at.

sbevacchiare *v.* (**sbevacchio, sbevacchi**) → **sbevazzare**. **sbevazzare** *v.i.* (*aus.* **avere**) ⟨*spreg*⟩ to tipple, ⟨*fam*⟩ to booze, ⟨*fam*⟩ to soak.

s.b.f. = ⟨*Comm*⟩ *salvo buon fine* subject to collection.

sbiadire *v.* (**sbiadisco, sbiadisci**) **I** *v.i.* (*aus.* **avere/essere**), **sbiadirsi** *v.r.* **1** (*scolorire*) to fade, to lose one's colour: *col sole il rosso sbiadisce* red fades in the sun. **2** ⟨*fig*⟩ (*affievolirsi*) to fade, to grow faint: *il ricordo di quell'uomo è ormai sbiadito* all memory of that man has now faded. **II** *v.t.* to fade, to take the colour out of. **sbiadito** *a.* **1** faded, washed – out: *colore ~* faded colour. **2** ⟨*fig*⟩ (*scialbo*) dull, colourless: *uno stile ~* a dull style.

sbianca *f.* ⟨*Ind*⟩ bleaching. **sbiancante I** *a.* bleaching: *azione ~* bleaching action. **II** *s.m.* ⟨*Chim*⟩ bleach. **sbiancare** *v.* (**sbianco, sbianchi**) **I** *v.t.* to turn white, to whiten, to bleach. **II** *v.i.* (*aus.* **essere**), **sbiancarsi** *v.r.* **1** to go white, to whiten, to pale. **2** ⟨*fig*⟩ (*impallidire*) to blanch, to go white, to (turn) pale: *~ in viso* to blanch, to go white. **sbiancato** *a.* whitened, white, bleached; (*pallido*) white, pale: *viso ~* pale face.

sbicchierare *v.i.* (**sbicchiero**; *aus.* **avere**) (*bere allegramente in compagnia*) to have a drink (*o* glass) together, to drink (in cheerful company). **sbicchierata** *f.* drink (in company).

sbieco *a./s.* (*pl.* **-chi**) **I** *a.* (*storto*) slanting, ⟨*pred*⟩ aslant. **II** *s.m.* ⟨*Sart*⟩ cross(cutting), bias. □ *di ~* sidelong, askance: *guardare qd. di ~* to look sidelong at s.o.; ⟨*fig*⟩ (*guardarlo con malanimo*) to look askance at s.o.

sbiettare *v.t.* (**sbietto**) ⟨*tecn*⟩ to unwedge, to remove wedges from.

sbigottimento *m.* dismay, consternation; (*sgomento*) awe.

sbigottire *v.* (**sbigottisco, sbigottisci**) **I** *v.t.* **1** (*turbare profondamente*) to dismay, to appal: *le sue parole sbigottirono gli amici* his words appalled his friends. **2** (*stupire*) to dumbfound, to stun, to amaze, to astonish. **II** *v.i.* (*aus.* **essere**), **sbigottirsi** *v.r.* **1** to be dismayed (*o* appalled); (*per stupore*) to be astounded (*o* dumbfounded). **2** (*perdersi d'animo*) to lose heart, to be discouraged. **sbigottito** *a.* **1** dismayed, appalled, dumbfounded.

sbilanciare *v.* (**sbilancio, sbilanci**) **I** *v.t.* **1** to throw off balance, to unbalance. **2** ⟨*fig*⟩ to throw off balance, to upset (the plans of): *questo viaggio sbilancia tutti i miei progetti* this trip upsets all my plans; (*dissestare economicamente*) to cause financial problems. **II** *v.i.* (*aus.* **avere**) (*non essere bene in equilibrio*) to be unbalanced (*o* off balance); (*perdere l'equilibrio*) to overbalance. **sbilanciarsi** *v.r.* **1** to be off balance. **2** ⟨*fig*⟩ to go too far. **3** ⟨*fig*⟩ (*spendere troppo*) to overspend, to spend beyond one's means; (*rovinarsi*) to ruin o.s. □ *sbilanciarsi troppo in* (*o con*) *promesse* to be over–free with one's promises. **sbilanciato** *a.* **1** off balance. **2** ⟨*fig*⟩ thrown off balance. **3** ⟨*Mecc*⟩ unbalanced, out of balance. **sbilancio** *m.* **1** (*squilibrio*) loss of balance, unbalance. **2** (*sproporzione*) imbalance, disproportion. **3** ⟨*Econ*⟩ balance; (*deficit*) deficit, deficiency.

sbilenco (*o* **sbilenco**) *a.* (*pl.* **-chi**) **1** (*rif. a persone*) crooked, twisted, misshapen: *un vecchio ~* a misshapen old man. **2** (*rif. a cose*) crooked.

sbirciare *v.t.* (**sbircio, sbirci**) **1** (*guardare di sfuggita*) to eye, to look at sidelong (*o* out of the corner of one's eye), ⟨*fam*⟩ to squint at. **2** (*squadrare*) to look closely at, to take a good look at. **sbirciata** *f.* (sidelong) glance, squint. □ *dare una ~ a qd.* to glance (*o* have a squint) at s.o.

sbirraglia *f.* ⟨*spreg*⟩ cops *pl.* **sbirro** *m.* ⟨*spreg*⟩ cop, fuzz.

sbittare *v.t.* ⟨*Mar*⟩ to unbitt.

sbizzarrire *v.t.* (**sbizzarrisco, sbizzarrisci**) to calm down, to cool off, to sober (up). **sbizzarrirsi** *v.r.* to indulge one's whims (*o* caprices), to do as one likes: *lascia che si sbizzarrisca, avrà tutto il tempo per mettere giudizio* let him do what he likes (now), he'll have lots of time to be wise later.

sbloccare *v.t.* (**sblocco, sblocchi**) **1** to unblock, to open up: *~ una strada* to unblock (*o* open up) a road; (*liberare*) to free. **2** (*allentare*) to release, to let go, to slacken, to loosen; *~ il freno* to release the brake. **3** ⟨*fig*⟩ to free, to decontrol: *~ i prezzi* to decontrol prices. **4** ⟨*Mil*⟩ to lift the blockade of. **sblocco** *m.* (*pl.* **-chi**) **1** release, unblocking, freeing. **2** (*allentamento*) release, loosening, slackening. **3** ⟨*fig*⟩ unfreezing, decontrolling: *~ dei fitti* decontrolling of rents. **4** ⟨*Mil*⟩ lifting of a blockade.

sboba, sbobb(i)a *f.* ⟨*fam*⟩ (*brodaglia*) slop, dishwater.

sboccare *v.* (**sbocco, sbocchi**) **I** *v.i.* (*aus.* **avere**) **1** (*rif. a fiumi*) to flow, to open (in into): *il Tevere sbocca nel Tirreno* the Tiber flows into the Tyrrhenian Sea. **2** (*rif. a strade e sim.*) to open, to lead (into), to come out: *questa via sbocca nella piazza principale* this street leads into the main square. **3** (*arrivare*) to come (out), to emerge, to finish (*o* wind) up: *il corteo sboccò in piazza* the procession emerged in the square. **4** ⟨*fig*⟩ (*andare a finire*) to end (up): *la discussione sboccò in una lite* the discussion ended in a quarrel. **II** *v.t.* **1** (*versare*) to pour (out). **2** (*rompere, sboccare*) to chip (*o* break) the lip of. **3** (*rif. a bottiglie*) to pour a few drops. **sboccataggine** *f.* scurrility, foul language. **sboccatamente** *avv.* coarsely, vulgarly. **sboccato** *a.* **1** (*senza ritegno*) uncontrolled, unbridled, over–free; (*sconveniente*) coarse, vulgar, foul–mouthed. **2** (*rif. a bottiglie*) with a few drops from the top having been poured out; (*aperto*) open, started: *versami il vino, se la bottiglia è già –a* pour me some wine if the bottle is already open. **3** (*rotto all'orlo, sbeccato*) chipped, with a broken rim (*o* spout).

sbocciare *v.i.* (**sboccio, sbocci**; *aus.* **essere**) **1** to bloom, to flower, to bud: *cominciano a ~ le rose* the roses are beginning to bloom; (*rif. a fiori di alberi da frutto*) to blossom. **2** ⟨*fig*⟩ to blossom, to flower: *sbocciano nuove speranze* new hope blossoms. **sboccio** *m.* budding, blooming, flowering.

sbocco *m.* (*pl.* -chi) **1** flowing into, outlet. **2** (*luogo di sbocco*) outlet, exit, mouth: *allo ~ del tunnel c'è una piazzola di sosta* at the exit to the tunnel there's a lay-by; (*rif. a fiumi*) mouth. **3** (*apertura*) access, opening: *regione senza ~ sul mare* region without access to the sea. **4** ⟨*fig*⟩ (*via d'uscita*) way out: *non vedo lo ~ di questa situazione* I see no way out of this situation. **5** ⟨*Econ*⟩ outlet, channel; (*mercato*) market: *aprire nuovi sbocchi* to open up new markets. ▢ ⟨*pop*⟩ *~ di sangue* (*emottisi*) bleed from the mouth; *~ di vendita* sales outlet.

sbocconcellare *v.t.* (sbocconcèllo) **1** to nibble (at): *~ una mela* to nibble an apple. **2** ⟨*estens*⟩ (*sbeccare*) to chip. **3** ⟨*fig*⟩ (*dividere, frazionare*) to split up, to parcel out. **sbocconcellato** *a.* **1** nibbled. **2** ⟨*estens*⟩ (*sbeccato*) chipped. **sbocconcellatura** *f.* **1** nibbling. **2** ⟨*concr*⟩ chip.

sboffo *m.* ⟨*Mod*⟩ (*sbuffo*) puff.

sbollentare *v.t.* (sbollènto) ⟨*Gastr*⟩ to parboil. **sbollire** *v.i.* (sbollìsco/sbòllo, sbollìsci/sbòlli; *aus.* avere/essere) **1** (*cessare di bollire*) to stop boiling, to go off the boil. **2** ⟨*fig*⟩ to cool (*o* simmer, die) down: *la collera gli è sbollita* his anger has simmered down. **sbollitura** *f.* ⟨*Met*⟩ (*soffiatura*) blowhole.

sbolognare *v.t.* (sbològno) ⟨*fam*⟩ **1** (*liberarsi da monete false*) to pass (*o* palm) off. **2** (*dare via oggetti difettosi*) to get rid of, to foist off: *~ un vecchio armadio* to get rid of an old wardrobe.

sbornia *f.* ⟨*pop*⟩ drunkenness. ▢ *prendere una ~* to get drunk, ⟨*fam*⟩ to get high; *smaltire la ~* to sober up. **sborniare** *v.t.* (sbòrnio, sbòrni) ⟨*pop*⟩ (*ubriacare*) to make drunk, to intoxicate. **sborniarsi** *v.r.* to get drunk, ⟨*fam*⟩ to get plastered (*o* tight, high). **sborniato** *a.* (*ubriaco*) drunk, ⟨*fam*⟩ high, ⟨*fam*⟩ loaded, ⟨*fam*⟩ plastered. **sbornione** *m.* (*f.* -a) ⟨*pop*⟩ (*ubriacone*) drunk(ard), tippler, ⟨*fam*⟩ boozer, ⟨*fam*⟩ soak.

sborsare *v.t.* (sbòrso) **1** to disburse. **2** ⟨*estens*⟩ (*pagare*) to pay (out), ⟨*fam*⟩ to fork (*o* shell) out: *~ molto denaro* to pay out lots of money. **sborso** *m.* disbursement, outlay, payment.

sboscare *v.t.* (sbòsco, sbòschi) ⟨*pop*⟩ (*diboscare*) to deforest.

sbottare *v.i.* (sbòtto; *aus.* essere) **1** to burst (out): *~ in pianto* to burst out crying⌉ (*o* into tears). **2** ⟨*assol*⟩ (*non riuscire a contenersi*) to burst (out), to explode, to pop, to let it all out. **sbottata** *f.* **1** burst, outburst: *una ~ di risate* an outburst of laughter. **2** ⟨*concr*⟩ (*parole*) outburst.

sbottonare *v.t.* (sbottòno) to unbutton: *~ il colletto* to unbutton one's collar. **sbottonarsi** *v.r.* **1** to unbutton. **2** ⟨*fig,fam*⟩ (*parlare apertamente*) to open up, to unbutton, to unbosom (*o* unburden) o.s. **sbottonato** *a.* unbuttoned. **sbottonatura** *f.* unbuttoning.

sbozzare *v.t.* (sbòzzo) **1** (*digrossare*) to rough-hew, to rough(-shape): *~ il legno* to rough-hew wood. **2** ⟨*Scult*⟩ to rough-hew, to boast. **3** ⟨*Pitt*⟩ to sketch in, to outline. **4** ⟨*fig*⟩ (*abbozzare, delineare*) to outline, to sketch out: *~ la trama di un romanzo* to outline the plot of a novel. **sbozzatore** *m.* (*f.* -trice) (*marmorario*) rough-hewer. **sbozzatura** *f.* **1** roughing, rough-hewing. **2** ⟨*Scult*⟩ rough-hewing, boasting. **3** ⟨*Pitt,fig*⟩ outline, outlining, sketch.

sbozzimare *v.t.* (sbòzzimo) ⟨*Tess*⟩ to desize. **sbozzimatura** *f.* desizing.

sbozzo *m.* **1** (*lo sbozzare*) rough-hewing, roughing. **2** ⟨*concr*⟩ (*abbozzo*) sketch, outline, draft.

sbozzolare *v.* (sbòzzolo) **I** *v.i.* (*aus.* avere) to emerge from the cocoon. **II** *v.t.* to gather cocoons from. **sbozzolatura** *f.* **1** (*raccolta dei bozzoli*) gathering of cocoons. **2** (*tempo della sbozzolatura*) period when cocoons are gathered.

sbracalato *a.* ⟨*fam,scherz*⟩ (*sciatto, disordinato*) slovenly, sloppy. **sbracare** *v.t.* (sbràco, sbràchi) (*togliere le brache*) to take the trousers off. **sbracarsi** *v.r.* **1** (*togliersi le brache*) to take one's trousers off. **2** ⟨*estens*⟩ (*mettersi in libertà*) to loosen one's clothing. **sbracato** *a.* **1** (*senza*

brache) trouserless. **2** (*coi vestiti slacciati*) with one's clothing loosened; (*sbottonato*) unbuttoned. **3** ⟨*estens*⟩ (*disordinato*) sloppy, slovenly.

sbracciare *v.i.* (sbràccio, sbràcci; *aus.* avere) (*gesticolare eccessivamente*) to wave one's arms about, to saw the air. **sbracciarsi** *v.r.* **1** to bare one's arms; (*indossare abiti senza maniche*) to wear sleeveless clothing; (*tirare su le maniche*) to roll (*o* tuck) up one's sleeves. **2** (*agitare le braccia*) to wave one's arms about, to gesticulate frantically. **3** ⟨*fig*⟩ (*adoperarsi*) to do one's utmost, to spare no effort. **sbracciato** *a.* **1** (*senza maniche*) sleeveless: *un vestito ~* a sleeveless dress. **2** (*con le braccia scoperte*) bare-armed, with bare arms. **sbraccio** *m.* ⟨*Sport*⟩ throwing action.

sbraciare *v.t.* (sbràcio, sbràci) to poke, to stir. **sbraciatoio** *m.* poker.

sbraitare *v.i.* (sbràito; *aus.* avere) **1** (*parlare a voce alta*) to shout, to yell, ⟨*am*⟩ to holler. **2** (*protestare*) to shout (angrily), to protest. **sbraitio** *m.* shouting, yelling.

sbranare *v.t.* to tear to pieces, to rend, to lacerate (*anche fig.*): *il leone sbranò la pecora* the lion tore the sheep to pieces. **sbranarsi** *v.r.* ⟨*recipr*⟩ to rend e.o., to tear e.o. to pieces (*anche fig.*).

sbrancare *v.t.* (sbranco, sbranchi) **1** (*far uscire dal branco*) to detach (from the herd), to take from the flock, to cut out: *~ gli agnelli dal gregge* to cut the flock. **2** (*disperdere il branco*) to scatter, to break up. **sbrancarsi** *v.r.* **1** (*uscire dal branco*) to leave the flock (*o* herd). **2** (*disperdersi*) to stray, to break up, to scatter, **sbrancato** *a.* **1** (*uscito dal branco*) stray, detached from the flock, separated: *pecora -a* stray sheep. **2** (*disperso*) scattered: *gregge ~* scattered flock.

sbrattare **I** *v.t.* (*liberare da ciò che ingombra*) to clear: *~ il tavolo* to clear the table; (*riordinare*) to tidy (up), to straighten; (*pulire*) to clean. **II** *v.i.* (*aus.* avere) to clear (*o* tidy, straighten) up. **sbrattata** *f.* quick clear up, tidy-up; (*ripulita*) (quick) clean. ▢ *dare una ~ a una stanza* to give a room a quick tidy-up. **sbratto** *m.* clearing (up), clean(ing), tidying (up). ▢ *stanza di ~* lumber-room, store-room.

sbreccare *v.t.* (sbrècco, sbrècchi) to chip the edge of. **sbreccato** *a.* chipped.

sbriciolamento *m.* crumbling. **sbriciolare** *v.t.* (sbrìciolo) **1** to crumble: *~ il pane* to crumble bread. **2** ⟨*iperb*⟩ (*annientare*) to destroy, to finish off, to wipe out. **sbriciolarsi** *v.r.* to crumble. **sbriciolatura** *f.* **1** crumbling. **2** ⟨*concr*⟩ fragments *pl*, scraps *pl*, bits *pl*; (*briciole*) crumbs *pl*.

sbrigare *v.t.* (sbrìgo, sbrìghi) **1** (*fare sollecitamente*) to hurry (*o* get) through, to get done (*o* over), to finish off: *~ le faccende domestiche* to get the housework done. **2** (*risolvere*) to settle, to arrange: *~ una pratica* to settle a matter. **3** (*rif. a persone*) to see to, to handle, to finish with, to get through (*o* rid of): *quel cliente lo sbrigherò in un attimo* I'll handle that customer quickly. **sbrigarsi** *v.r.* (*fare presto*) to hurry (up), to be quick: *sbrighiamoci, altrimenti faremo tardi* let's hurry or we'll be late. ▢ *sbrigarsela* (*disimpegnarsi*) to see (*con* to), to get rid (of), to do, to get through (s.th.); *me la sbrigo subito* I'll be through in a minute; *sbrigati!* (be) quick!, hurry up!; *~ la corrispondenza* to handle the correspondence. **sbrigativamente** *avv.* quickly, hastily, in a hurry. **sbrigativo** *a.* **1** (*rapido*) quick, swift, rapid, fast. **2** (*che si può sbrigare in fretta*) quick, quickly (*o* rapidly) done, brief: *un lavoro ~* a quick (*o* quickly done) job. **3** (*energico, brusco*) brusque, rough, forceful: *modi -i* brusque ways. **4** (*superficiale*) hurried, hasty: *un giudizio troppo ~* an over-hasty decision.

sbrigliamento *m.* **1** unbridling. **2** ⟨*Chir*⟩ debridement. **sbrigliare** *v.t.* (sbrìglio, sbrìgli) **1** to unbridle. **2** ⟨*fig*⟩ to unbridle, to give free rein (*o* play) to: *~ la fantasia* to give free play to one's imagination. **3** ⟨*Chir*⟩ to debride. **sbrigliarsi** *v.r.* to be unbridled, to run free (*o* wild), to let o.s. go. **sbrigliatezza** *f.* unruliness, unbridled behaviour. **sbrigliato** *a.* **1** unbridled. **2** ⟨*fig*⟩ unbridled, with free play: *fantasia -a* unbridled imagination; (*rif. a persone*) wild, unruly. **3** ⟨*Chir*⟩ debrided.

sbrinaménto *m.* ⟨*tecn*⟩ defrosting. **sbrinàre** *v.t.* to defrost. **sbrinatóre** *m.* defroster.

sbrindellàre *v.* (sbrindèllo) I *v.t.* to tear (*o* rip) to shreds. II *v.i.* (*aus.* avere), **sbrindellarsi** *v.r.* to be tattered. **sbrindellàto** *a.* 1 (*rif. a stoffe, vestiti e sim.*) tattered, ragged, shabby: *un maglione* ∼ a tattered sweater. 2 (*rif. a persone*) tattered, ragged, shabby, in rags: *va in giro tutto* ∼ he goes around in rags.

sbrodolaménto *m.* (*lo sbrodolare*) staining with soup (*o* sauce, food); (*lo sbrodolarsi*) dirtying (*o* staining) o.s. with soup (*o* sauce, food). **sbrodolàre** *v.t.* (sbròdolo) 1 to stain with soup (*o* sauce, food). 2 (*fig*) (*tirare in lungo: rif. a discorsi e sim.*) to spin (*o* draw, pad) out: ∼ *una conferenza* to spin out a lecture. **sbrodolarsi** *v.r.* to dirty (*o* stain) o.s. (with soup, sauce, food). **sbrodolàto** *a.* 1 soup-stained. 2 (*fig*) (*prolisso*) wordy, long-drawn-out. **sbrodolóne** *m.* (*f.* -a) messy eater.

sbrogliàre *v.t.* (sbròglio, sbrògli) 1 to unravel, to disentangle: ∼ *una matassa* to unravel a skein. 2 (*fig*) to sort out, to disentangle, to unravel: ∼ *una pratica noiosa* to sort out a boring matter. 3 (*sgombrare*) to clean out, to clear: ∼ *un armadio* to clean out a wardrobe. **sbrogliarsi** *v.r.* to extricate o.s. (*da* from), to get (*o.s.*) out, to wriggle out (of). □ *sbrogliarsela* to get out of s.th.

sbrónza *f.* ⟨*scherz*⟩ drunkenness. **sbronzàrsi** *v.r.* (mi sbrónzo) ⟨*fam, scherz*⟩ to get drunk, ⟨*fam*⟩ to get high (*o* plastered). **sbrónzo** *a.* ⟨*fam,scherz*⟩ drunk, plastered, tight, loaded.

sbruffàre *v.t.* 1 to spurt, to squirt: ∼ *acqua* to spurt water. 2 ⟨*fig,region*⟩ (*raccontare spacconate*) to brag, ⟨*fam*⟩ to talk big. **sbruffàta** *f.* 1 spurt, squirt. 2 ⟨*fig,region*⟩ boast, bragging. **sbruffo** *m.* (spruzzo) spurt, gush, squirt. **sbruffonàta** *f.* ⟨*region*⟩ bragging, boasting. **sbruffóne** I *s.m.* (*f.* -a) ⟨*region*⟩ (*spaccone*) boaster, braggart, swaggerer. II *a.* boastful, bragging. □ *fare lo* ∼ to boast, to brag.

sbucàre *v.i.* (sbùco, sbùchi; *aus.* essere) 1 (*uscire fuori*) to come out (*da* of), to emerge (from): *la lepre sbucò dalla tana* the hare came out of its hole; *sbucammo dalla galleria* we emerged from the tunnel. 2 (*estens*) (*apparire d'un tratto*) to spring (up), to pop up, to leap out. 3 (*sboccare*) to lead, to come out: *il vicolo sbuca nella piazza* the alley comes out in the square.

sbucciapatàte *m.inv.* ⟨*Gastr*⟩ potato peeler. **sbucciàre** *v.t.* (sbùccio, sbùcci) 1 to peel, to pare, to scrape: ∼ *una mela* to peel an apple. 2 (*provocare un'escoriazione*) to take the skin off, to scrape. **sbucciarsi** *v.r.* 1 (*escoriarsi*) to scrape, to skin, to graze: *mi sono sbucciato un ginocchio* I've grazed my knee. 2 (*rif. a serpenti: cambiare la pelle*) to slough (*o* shed, cast) its skin. **sbucciatùra** *f.* 1 (*lo sbucciare*) peeling, paring, scraping. 2 (*abrasione*) scrape, graze. 3 (*rif. a serpenti*) sloughing.

sbudellaménto *m.* gutting. **sbudellàre** *v.t.* (sbudèllo) 1 to gut, to disembowel: ∼ *un animale* to gut an animal. 2 ⟨*iperb*⟩ (*uccidere*) to stab to death, to run through, to butcher. **sbudellarsi** *v.r.* ⟨*recipr*⟩ to stab (*o* knife) e.o. □ *sbudellarsi dalle risa* to split one's sides with laughter.

sbuffànte *a.* 1 (*rif. a cavalli*) snorting. 2 (*rif. a persone*) snorting, puffing: ∼ *di rabbia* snorting with anger, fuming. **sbuffàre** *v.i.* (*aus.* avere) 1 (*rif. a cavalli*) to snort. 2 (*rif. a persone*) to snort, to fret, to fume; (*in seguito a uno sforzo fisico*) to puff, to pant. 3 (*emettere fumo a tratti*) to puff. □ ⟨*scherz*⟩ ∼ *come una locomotiva* to puff and pant. **sbuffàta** *f.* snort. **sbuffo** *m.* 1 (*lo sbuffare*) puffing. 2 (*aria, fumo, vapore emesso*) puff. 3 ⟨*estens*⟩ (*folata*) puff, gust: *uno* ∼ *di vento* a gust of wind.

sbugiardàre *v.t.* to give the lie to, to catch out in a lie. **sbullettàre** *v.* (sbullétto) I *v.t.* to untack, to take the tacks out of. II *v.i.* (*aus.* avere) ⟨*Mur*⟩ to blister. **sbullonàre** *v.i.* (sbullóno) to unbolt. **sbullonarsi** *v.r.* to come unbolted (*o* loose).

sburràre *v.t.* to skim.

sc = ⟨*Mat*⟩ *secante* secant (*abbr.* sec.).

s.c. = 1 *salvo complicazioni* barring complications. 2 *secondo consumo* according to consumption. 3 *sopra citato* above mentioned.

scàbbia *f.* 1 ⟨*Med,Veter*⟩ scabies. 2 ⟨*Agr*⟩ scab.

scabbiósa *f.* ⟨*Bot*⟩ scabious. **scabbióso** I *a.* 1 ⟨*Med,Veter*⟩ scabious, scabby. 2 ⟨*Agr*⟩ scabbed, scabby. II *s.m.* (*f.* -a) sufferer from scabies. **scabiósa** *f.* → scabbiosa.

scabrézza *f.* roughness, harshness. **scàbro** *a.* 1 rough, harsh: *superficie* –*a* rough surface. 2 ⟨*fig*⟩ (*conciso*) terse, concise: *stile* ∼ terse style. **scabrosaménte** *avv.* 1 roughly, unevenly, ruggedly. 2 ⟨*fig*⟩ knottily, thornily, with difficulty. **scabrosità** *f.* 1 (*ruvidezza*) roughness, ruggedness, harshness. 2 (*concr*) (*parte ruvida*) rough part, roughness; (*sporgenza*) lump, bump, snag: *le* ∼ *di un tronco* the bumps on a trunk. 3 ⟨*fig*⟩ (*difficoltà*) knottiness, thorniness: ∼ *di un problema* knottiness of a problem. **scabróso** *a.* 1 (*ruvido*) rough, rugged, harsh: *superficie* –*a* rough surface; (*rif. a strade e sim.*) rough, uneven, bumpy. 2 ⟨*fig*⟩ (*difficile*) knotty, difficult, thorny, troublesome: *problema* ∼ knotty problem.

scacchiàre *v.t.* (scàcchio, scàcchi) ⟨*Agr*⟩ to prune, to pollard. **scacchiatùra** *f.* pruning, pollarding.

scacchièra *f.* (*per gli scacchi*) chess-board; (*per la dama*) draught-board, ⟨*am*⟩ checkerboard. □ *a* ∼ chequered. **scacchière** *m.* 1 ⟨*Mil*⟩ sector, zone. 2 ⟨*GB*⟩ (*erario*) Exchequer: *Cancelliere dello* ∼ Chancellor of the Exchequer. **scacchista** *m./f.* chess player. **scacchistico** *a.* (*pl.* -ci) chess-, of chess: *torneo* ∼ chess tournament.

scàccia *m.inv.* ⟨*Venat*⟩ beater.

scàccia|càni *m./f.inv.* (*anche pistola scacciacani*) blank pistol. ∼**fùmo** *m.inv.* ⟨*Artigl*⟩ air blast. ∼**mósche** *m.inv.* fly-whisk. ∼**pensièri** *m.inv.* 1 ⟨*Mus*⟩ jew's harp. 2 (*svago*) pastime, distraction.

scacciàre *v.t.* (scàccio, scàcci) 1 to drive out (*o* away, off), to expel, to chase off: ∼ *le mosche* to drive off the flies. 2 (*disperdere: rif. a nubi e sim.*) to drive (*o* blow) away, to dispel, to disperse, to scatter: *il vento ha scacciato le nuvole* the wind has blown the clouds away. 3 (*rif. a spiriti maligni, capricci e sim.*) to drive out. 4 ⟨*fig*⟩ (*far passare*) to drive away, to dispel, to banish: ∼ *la tristezza* to banish sadness. 5 ⟨*Venat*⟩ to beat. □ ∼ *qd. da casa* to turn s.o. out of the house.

scaccìno *m.* (*sagrestano*) sacristan, sexton.

scàcco *m.* (*pl.* -chi) 1 *pl.* (*gioco*) chess: *giocare a scacchi* to play chess. 2 (*quadretto della scacchiera*) square; (*figurina*) chess-man, chess-piece. 3 ⟨*estens*⟩ (*quadretto, piccolo riquadro*) check, square. 4 ⟨*fig*⟩ (*sconfitta*) checkmate, loss, defeat, setback: *subire uno* ∼ to suffer a setback, to be checkmated (*o* checked, mated). □ *a scacchi* check(ed), squared: *stoffa a scacchi* check material; ⟨*fig*⟩ *vedere il sole a scacchi* to see the sun from behind bars; *dare* ∼ to check: *dare* ∼ *al re* to check the king; ∼ *matto* → scaccomatto; ⟨*fig*⟩ *tenere qd. in* ∼ to hold s.o. in check. **scaccomàtto** (*o scacco matto*) *m.* checkmate (*anche fig.*). □ *dare* ∼ *a qd.* to (check)mate s.o. (*anche fig.*).

scadènte *a.* 1 (*di cattiva qualità*) poor (*o* low) quality–, below standard–, inferior, shoddy: *merce* ∼ poor quality goods. 2 (*insufficiente*) low, poor, bad, inferior: *voto* ∼ low mark; *essere* ∼ *in una materia* to be poor at a subject. 3 (*che scade*) expiring, maturing, (falling) due: *effetti* –*i* bills falling due.

scadènza *f.* 1 expiry, expiration, term: ∼ *del termine fissato per un trattato* expiry of the term fixed for a treaty; (*rif. a effetti e sim.*) maturity: ∼ *di una cambiale* maturity of a bill of exchange. 2 (*giorno*) date of expiry, due date, term (day), deadline. □ *a* ∼ *di sei mesi* falling due in six months; *acquisto a* ∼ purchase on term; **alla** ∼ on expiry, when due; (*rif. a effetti*) on maturity, when due: *pagare alla* ∼ to pay on maturity; *a* **breve** ∼: 1 short-term, short(-dated): *mutuo a breve* ∼ short(-dated) loan; 2 ⟨*fig*⟩ before long, in the near future: *fissare un appuntamento a breve* ∼ to make an appointment in the near future; *con* ∼ *al 31 dicembre* falling due on December 31st; *a* ∼ **fissa** fixed-term–, having a ⌐fixed term⌐ (*o* due date); **giorno** *della* ∼ due date, expiry date, term (day); *in* ∼ (falling) due, expiring; (*rif. a effetti*) maturing, (falling) due; *a* **lunga** ∼: 1 long-term, long(-dated); 2 ⟨*fig*⟩ long-term: *un progetto a lunga* ∼ a long-term plan; ⟨*Comm*⟩ *in* **ordine** *di* ∼ as they fall due; ∼ *di* **pagamento** date of payment; *la cambiale è* **prossima** *alla* ∼ the bill is almost due; ∼

rateale expiry date for an instalment payment; ~ *a* **vista** maturity at sight.

scadenzario *m.* bill book, ⟨*am*⟩ tickler.

scadere *v.i.* (**scaddi, scaduto;** → **cadere;** *aus.* essere) **1** (*giungere a scadenza*) to expire, to run out: *il contratto scade tra due mesi* the contract expires in two months. **2** (*perdere valore, decadere*) to decline, to fall off, to go down, to be on the wane: ~ *nell'opinione pubblica* to go down in public opinion. **3** ⟨*Comm,Econ*⟩ (*rif. a effetti e sim.*) to mature, to fall (*o* be, become) due: *la cambiale scade oggi* the bill falls due today. **scadimento** *m.* **1** (*decadenza, declino*) decline, falling off, decadence. **2** ⟨*Ling*⟩ assimilation, combinative change. **scaduto** (*p.p. di scadere*) *a.* **1** expired. **2** (*decaduto*) in decline, on the wane, declined. **3** (*rif. a effetti e sim.*) due, owing: *cambiale -a* bill due.

scafandro *m.* **1** ⟨*Mar*⟩ diving suit. **2** ⟨*Aer*⟩ pressure suit. **3** ⟨*Astron*⟩ space suit.

scaffalare *v.t.* **1** to furnish (*o* fit up) with shelves, to shelve: ~ *una stanza* to furnish a room with shelves. **2** (*disporre negli scaffali*) to place (*o* arrange) on shelves, to shelve. **scaffalatura** *f.* **1** (*disposizione*) shelving. **2** ⟨*concr*⟩ (*insieme di scaffali*) shelving, shelves *pl.* **scaffale** *m.* (*mensola*) shelf; (*mobile*) set of shelves. □ ~ *per bottiglie* bottle rack (*o* shelf); ~ *a muro* wall shelf; ~ *a* **rastrelliera** rack.

scafo *m.* **1** ⟨*Mar*⟩ hull, body. **2** ⟨*Aer*⟩ hull. □ ~ *ad ala portante* (*aliscafo*) hydrofoil.

scafo|cefalia *f.* ⟨*Anat*⟩ scaphocephaly. **~cefalico** *a.* (*pl.* -ci) scaphocephalic. **~cefalo** *m.* (*f.* -a) scaphocephalic individual.

scafoide *m.* ⟨*Anat*⟩ (*anche osso scafoide*) scaphoid (bone).

scagionare *v.t.* (**scagiono**) to free from blame, to exonerate, to exculpate. **scagionarsi** *v.r.* to free o.s. from blame.

scaglia *f.* **1** ⟨*Zool*⟩ scale. **2** (*estens*) (*scheggia*) splinter, chip, scale, flake: ~ *di sapone* soap flake. **3** (*lamina di metallo*) hammer scale. **4** *pl.* ⟨*Mil.ant*⟩ (*nelle carrozze*) plates *pl.* □ *tetto a -e* roof with overlapping tiles, scaled roof; *pulire un pesce dalle -e* to scale a fish.

scagliare[1] *v.t.* (**scaglio, scagli**) **1** to throw, to fling, to hurl, to cast: ~ *sassi* to throw stones. **2** ⟨*fig*⟩ to hurl, to fling: ~ *ingiurie contro qd.* to hurl insults at s.o. **scagliarsi** *v.r.* **1** to hurl (*o* fling, throw) o.s. (*contro* on, at): *si scagliò contro l'avversario* he flung himself on his adversary. **2** ⟨*fig*⟩ (*inveire*) to let fly, to rail (*su, contro* at), to abuse (s.o.).

scagliare[2] *v.t.* (**scaglio, scagli**) (*ridurre in scaglie*) to splinter, to flake. **scagliarsi** *v.r.* (*rompersi in scaglie*) to splinter, to flake.

scagliola *f.* **1** (*tipo di gesso*) scagliola. **2** ⟨*Bot*⟩ canary grass.

scaglionamento *m.* **1** spacing (*o* spreading) out, staggering. **2** ⟨*Mil*⟩ drawing-up in echelon formation. **scaglionare** *v.t.* (**scaglionò**) **1** to space (out), to stagger, to spread out: ~ *i pagamenti* to stagger payments. **2** ⟨*Mil*⟩ to echelon. **scaglione** *m.* **1** (*gruppo*) group. **2** (*ripiano, balza*) terrace. **3** ⟨*Mil*⟩ echelon. **4** ⟨*Econ*⟩ bracket. □ *a -i:* **1** in groups; **2** ⟨*Mil*⟩ in echelon (formation); ~ *d'imposta* tax bracket.

scaglioso *a.* scaly.

scagnozzo *m.* ⟨*spreg*⟩ henchman, lackey, hanger-on.

scala *f.* **1** stairs *pl*, staircase, stairway: *cadere giù per le -e* to fall down the stairs. **2** (*a pioli*) rung ladder. **3** ⟨*fig*⟩ (*piano, livello*) scale, level: *su ~ internazionale* on an international scale, at international level. **4** (*negli strumenti di misura*) scale: ~ *di un amperometro* scale of an ammeter. **5** (*nel disegno, nella cartografia*) scale: ~ *di uno a cinquemila* scale of one to five thousand. **6** (*nei giochi di carte*) run, straight. **7** ⟨*Mus*⟩ scale: ~ *di do maggiore* scale of C major. **8** ⟨*tecn*⟩ (*ordine, serie*) scale: ~ *delle durezze* scale of hardness. □ *a ~:* **1** in ascending (*o* descending) order: *disporre a ~* to arrange in ascending (*o* descending) order; **2** (*graduato*) graded; ~ **allungabile** extension ladder; ~ **antincendio** fire-escape; ⟨*Fis*⟩ ~ **centigrada** centigrade scale; ~ *a* **chiocciola** winding staircase; ~ *di* **corda** rope ladder; ~ **decimale** decimal scale; **disegnare** *in* ~ to draw in scale, to make scale drawings; ~ *d'***emergenza:** **1** emergency stairs *pl;* **2** (*per incendio*) fire-escape; ~ **esterna** outdoor staircase, perron; **fare** *le -e:* **1** to climb (*o* go up) the stairs; **2** ⟨*Mus*⟩ to practise one's scales; ⟨*tecn*⟩ ~ **graduata** graduated scale; **in** ~ scale–: *disegno in ~* scale drawing; ~ **interna** inside staircase; ⟨*fig*⟩ *su* **larga** ~ on a large (*o* broad) scale; ~ *a* **libretto** (*o libretto*) step ladder; ⟨*Mat*⟩ ~ **logaritmica** logarithmic (*o* log) scale; ⟨*Mar*⟩ ~ **maestra** gangway ladder; ~ **millimetrica** millimetric scale; ~ **mobile:** **1** escalator; **2** ⟨*Econ*⟩ sliding scale; ~ **musicale** (musical) scale; *su* ~ **nazionale** on a national level (*o* scale), at national level; ⟨*Rad*⟩ ~ **parlante** tuning–dial; ~ *a* **pioli** rung ladder; ~ **portatile** step–ladder, steps *pl;* ~ **principale** main staircase; ~ **quaranta** (*gioco di carte*) kind of rummy; ~ *a* **rampe** dog–legged staircase; ~ **reale** (*nel poker*) straight (*o* running) flush; (*all'asso*) royal flush; ~ **retrattile** aerial (*o* retractable) ladder; ~ **ridotta** reduced scale; ~ *dei* **salari** wage scale; ⟨*Rel.catt*⟩ ~ **santa** Holy Stairs *pl;* **scendere** *le -e* to go downstairs; ~ *di* **servizio** backstairs *pl*, service stairs *pl;* ~ *di* **sicurezza** = *scala* antincendio; ⟨*Geol*⟩ ~ **sismica** seismic scale; ~ **sociale** social ladder: *salire nella ~ sociale* to move up the social ladder; ⟨*Ginn*⟩ ~ **svedese** ladder; ~ **termometrica** thermometric (*o* temperature) scale, scale of temperature; ~ *dei* **valori** scale of values; ⟨*Meteor*⟩ ~ *dei* **venti** wind (*o* Beaufort) scale.

scalandrone *m.* ⟨*Mar*⟩ gangplank, gangway.

scalare[1] **I** *a.* **1** (*graduato*) graduated, stepped, graded. **2** ⟨*Fis,Mat*⟩ scalar: *grandezza* ~ scalar (magnitude). **II** *s.m.* ⟨*Mat*⟩ scalar.

scalare[2] *v.t.* **1** to scale, to climb: ~ *un muro* to scale a wall. **2** (*togliere, detrarre*) to take off (*o* away), to deduct: *mi ha scalato mille lire sul prezzo* he took a thousand lira off the price for me. **3** (*disporre in ordine decrescente*) to arrange in diminishing order. **4** ⟨*Alp*⟩ to climb, to ascend. **5** (*rif. a capelli*) to layer.

scalata *f.* **1** scaling, climb. **2** ⟨*Alp*⟩ climb, ascent. **3** ⟨*Mil.ant*⟩ escalade. □ ⟨*fig*⟩ *dare la ~ al cielo* to reach for the moon; *dare la ~ a una fortezza* to scale (the walls of) a fortress; ⟨*fig*⟩ *dare la ~ al potere* to make a bid for power. **scalato** *a.* graduated, graded: *tinte ben -e* well–graded colours. **scalatore** *m.* (*f.* -**trice**) **1** ⟨*Mil*⟩ escalader, scaler. **2** ⟨*Alp*⟩ climber.

scalcagnato *a.* **1** (*rif. a scarpe*) down at heel. **2** ⟨*estens*⟩ (*rif. a persone: mal vestito*) down at heel, shabby.

scalcare *v.t.* (**scalco, scalchi**) ⟨*Gastr*⟩ to carve, to cut.

scalciare *v.i.* (**scalcio, scalci;** *aus.* avere) to kick. **scalciata** *f.* **1** (*atto*) kicking. **2** (*effetto*) kick.

scalcinare *v.t.* (*togliere la calcina*) to remove plaster from, to knock the plaster off. **scalcinarsi** *v.r.* to fall off. **scalcinato** *a.* **1** unplastered, peeling. **2** ⟨*fig*⟩ (*rif. a cose*) shabby, worn. **scalcinatura** *f.* **1** (*lo scalcinare*) removal of plaster. **2** (*parte scalcinata*) patch bare of plaster.

scalco *m.* (*pl.* -**chi**) ⟨*Stor*⟩ carver, steward.

scaldabagno *m.inv.* (water) heater, geyser: ~ *elettrico* electric (water) heater; ~ *a gas* gas heater. **scaldacqua** *m.inv.* (water) heater geyser. □ ~ *a immersione* immersion heater.

scalda|letto *m.inv.* warming pan, bed warmer. **~muscoli** *m.inv.* leg warmer. **~panche** *m./f.inv.* ⟨*fig*⟩ lazy–bones, idler. **~piatti** *m.inv.* plate–warmer. **~piedi** *m.inv.* footwarmer.

scaldare **I** *v.t.* **1** (*rendere caldo*) to warm (up): ~ *il letto dell'infermo* to warm up the patient's bed; (*portare a una temperatura piuttosto elevata*) to heat (up): ~ *l'acqua* to heat the water. **2** ⟨*fig*⟩ (*infervorare*) to excite, to inflame, to kindle. **II** *v.i.* (*aus.* avere) **1** (*dare calore*) to give out heat, to be warm: *il sole comincia a ~* the sun is beginning to be (*o* get) warm. **2** (*rif. a motori e sim.*) to overheat. **scaldarsi** *v.r.* **1** to warm o.s., to get warm, to warm up: *scaldarsi al fuoco* to warm o.s. at the fire. **2** (*intiepidirsi*) to warm up, to get warm(er): *l'acqua non si è ancora scaldata* the water hasn't warmed up yet; (*diventare caldo*) to heat up, to get hot(ter). **3** ⟨*fig*⟩ (*appassionarsi*) to get excited, to warm up: *il pubblico cominciò a* *scaldarsi al secondo atto* the audience began to warm up during the second act. **4** ⟨*fig*⟩ (*accalorarsi*) to get heated (*o excited*); (*irritarsi*) to get angry: *si scalda per un nonnulla* he gets angry over nothing. □ *scaldarsi le* **mani** to warm one's hands; ∼ *il* **motore** to warm up the engine; *scaldarsi i* **muscoli** to warm up; ⟨*fig*⟩ ∼ *le* **panche** to be a lazybones; *scaldarsi al* **sole** to bask in the sun.

scaldata *f.* (quick) warm, warming-up. □ *dare una* ∼ *a qc.* to give s.th. a warming-up (*o quick warm*); (*rif. a cibi*) to warm s.th. up; *darsi una* ∼ to warm o.s. **scalda-vivande** *m.inv.* food-warmer. **scaldino** *m.* (hand-) warmer.

scaldo *m.* ⟨*lett*⟩ skald, scald.

scalea *f.* ⟨*Arch*⟩ staircase, flight of steps.

scaleno I *a.* ⟨*Geom*⟩ scalene. **II** *s.m.* ⟨*Anat*⟩ (*anche muscolo scaleno*) scalenus. **scalenoedro** *m.* ⟨*Geom*⟩ scalenohedron.

scaletta *f.* **1** short flight of steps. **2** (*scala portatile*) (small) step ladder. **3** ⟨*Cin*⟩ treatment. **4** (*schema, sommario*) outline: *la* ∼ *di un romanzo* the outline of a novel. □ ⟨*Mar*⟩ ∼ *di boccaporto* companion way, hatch ladder; ⟨*Aer*⟩ ∼ *d'imbarco* ramp. **scalettare** *v.t.* (*scaletto*) to cut steps in, to terrace; (*rif. a rubrica e sim.*) to step index. **scalettato** *a.* stepped, terraced; (*rif. a rubrica e sim.*) (step) indexed: *margine* ∼ (step) indexed margin.

scalfare *v.t.* ⟨*Sart*⟩ to enlarge, to widen.

scalfarotto, scalferotto *m.* ⟨*region*⟩ **1** (*pantofola*) (fur) slipper. **2** (*calzatura di lana per la notte*) bed-sock.

scalfire *v.t.* (*scalfisco, scalfisci*) **1** to scratch: *il chiodo ha scalfito il cristallo* the nail scratched the crystal. **2** (*ferire superficialmente*) to scratch, to graze: *la pallottola gli scalfì il braccio* the bullet grazed his arm. **3** ⟨*fig*⟩ to touch, to affect: *le tue allusioni non mi scalfiscono* your insinuations don't touch me. **scalfittura** *f.* **1** (*leggera incisione*) scratch. **2** (*ferita superficiale*) scratch, graze.

scalfo *m.* ⟨*Sart*⟩ sleeve hole.

scalinata *f.* ⟨*Arch*⟩ staircase, stairway, flight of steps, stairs *pl.* **scalino** *m.* step (*anche fig.*): *il primo* ∼ *della carriera* the first step in one's career; (*di scala a pioli*) rung.

scalmana *f.* **1** chill, cold: *prendersi una* ∼ to catch a chill. **2** (*vampa di calore al viso*) flush. **3** ⟨*fig*⟩ (*eccessivo entusiasmo*) craze, fad, fancy: *prendersi una* ∼ *per qc.* to get a craze for s.th. **scalmanarsi** *v.r.* **1** to work up a sweat, to get all hot and sticky. **2** (*affrettarsi*) to rush, to hurry, to bustle. **3** ⟨*fig*⟩ (*darsi da fare*) to do ⌐all one can⌐ (*o one's best*), to strive. **scalmanata** *f.* fuss, fluster. **scalmanato I** *a.* **1** sweating, in a sweat. **2** ⟨*fig*⟩ (*violento, sfrenato*) hot-headed. **II** *s.m.* (*f.* **-a**) hot-head, firebrand.

scalmiera *f.* ⟨*Mar*⟩ rowlock, oar lock. **scalmo** *m.* ⟨*Mar*⟩ (*piolo*) thole, thole pin; (*scalmiera*) rowlock, oar lock.

scalo *m.* **1** ⟨*Mar*⟩ (*porto d'approdo*) port (of call); (*luogo d'approdo*) landing place, landing stage. **2** ⟨*Mar*⟩ (*opera in muratura*) stocks *pl,* slips *pl,* slipway. **3** ⟨*Ferr*⟩ goods yard, ⟨*am*⟩ yard, ⟨*am*⟩ depot. **4** ⟨*Aer*⟩ stopover, intermediate landing (*o call, stop*). □ ∼ *aereo* airport; *fare* ∼: 1 ⟨*Mar*⟩ to call, to put in: *fare* ∼ *in un porto* to call at a port; 2 ⟨*Aer*⟩ to land, to make a stop; ∼ **intermedio:** 1 ⟨*Mar*⟩ intermediate port of call; 2 ⟨*Aer*⟩ stopover, intermediate stop (*o landing*); ⟨*Ferr*⟩ ∼ **merci** goods yard, freight yard (*o depot*); **senza** ∼ non-stop: *volo senza* ∼ non-stop flight.

scalogna *f.* ⟨*fam*⟩ (*sfortuna*) bad luck, misfortune. □ *portare* ∼ to bring bad luck. **scalognato** *a.* ⟨*fam*⟩ unlucky, luckless. □ *essere* ∼ to be unlucky.

scalogno *m.* ⟨*Bot*⟩ shallot, scallion.

scaloppa *f.* ⟨*Gastr*⟩ escalope, cutlet: ∼ *di vitello* veal cutlet.

scalpellare *v.t.* (*scalpello*) **1** to chisel. **2** ⟨*Chir*⟩ to use a bone chisel on. **scalpellatore** *s.m.* (*f.* **-trice**) **1** chiseller, stone-cutter, stone-dresser. **2** ⟨*Met*⟩ (*sbavatore*) cleaner, trimmer, fettler. **scalpellatura** *f.* **1** chiselling, stone-dressing. **2** ⟨*Chir*⟩ bone chiselling. **scalpellino** *m.* stone-dresser, stone-cutter.

scalpello *m.* **1** chisel. **2** ⟨*tecn*⟩ (*nella perforazione dei pozzi*) (boring-)bit, drill. □ **arte** *dello* ∼ (*scultura*) sculpture; ⟨*Fal*⟩ ∼ *da* **legno** wood(working) chisel; ∼ *da* **muratore** stone chisel; ∼ *da* **perforazione** bit, drill; ∼ *a* **punta** point chisel; ∼ *a punta di diamante* diamond(-point) chisel; ⟨*Minier*⟩ ∼ *da* **roccia** rock drill; ∼ **tondo** gouge; ∼ *da* **tornitore** turning chisel.

scalpicciare *v.i.* (*scalpiccio, scalpicci; aus.* avere) to scuttle (about), to shuffle. **scalpiccio** *m.* scuttling, shuffling.

scalpitante *a.* stamping, pounding; (*con la punta degli zoccoli*) pawing (the ground): *cavallo* ∼ pawing horse. **scalpitare** *v.i.* (*scalpito; aus.* avere) to stamp, to pound; (*con gli zoccoli*) to paw (the ground). **scalpitio** *m.* stamping; (*con gli zoccoli*) pawing.

scalpo *m.* scalp.

scalpore *m.* **1** (*risonanza*) sensation, stir. **2** (*risentimento, indignazione*) fuss, outburst, stir. □ ⟨*fig*⟩ *destare* ∼ to cause a sensation, to make a stir.

scaltramente *avv.* cleverly, shrewdly. **scaltrezza** *f.* shrewdness, cunning, sharpness. **scaltrire** *v.t.* (*scaltrisco, scaltrisci*) **1** to make cleverer, to sharpen the wits of. **2** (*rendere più esperto*) to make more skilled. **scaltrirsi** *v.r.* to sharpen (*o wake*) up, to get cleverer. **scaltrito** *a.* **1** clever, cunning; (*esperto*) expert, skilled, skilful. **2** (*avveduto*) shrewd, aware, discerning. **scaltro** *a.* clever, cunning, crafty, wily, shrewd: ∼ *come una volpe* as cunning as a fox; *una mossa* -*a* a clever move.

scalza|cane *m./f.* ⟨*spreg*⟩ **1** (*individuo mal vestito*) ragamuffin, down-and-out, tramp. **2** (*persona incompetente*) botcher, bungler. **~pelli** *m.inv.* ⟨*Cosmet*⟩ orange stick.

scalzare *v.t.* **1** to remove the shoes and stockings (*o socks*) of. **2** (*rif. ad alberi*) to bare the roots of; (*rif. a muri e sim.*) to undermine, to sap; (*rif. all'azione dell'acqua*) to underwash. **3** ⟨*fig*⟩ (*indebolire*) to undermine, to sap: ∼ *l'autorità di qd.* to undermine s.o.'s authority. **4** ⟨*fig*⟩ (*far perdere posti, uffici, gradi e sim.*) to oust (by intrigue). **5** ⟨*Dent*⟩ to expose the roots of. **scalzarsi** *v.r.* to take off one's shoes and stockings (*o socks*): *mi scalzai per camminare sulla sabbia* I took off my shoes and stockings to walk on the sand. **scalzo** *a.* **1** barefoot(ed). **2** ⟨*Rel*⟩ barefooted, discalced. □ *a piedi* -*i* barefoot(ed), with bare feet.

Scamandro *N.pr.m.* ⟨*Geog.stor*⟩ Scamander.

scambiabile *a.* exchangeable. **scambiare** *v.t.* (*scambio, scambi*) **1** (*confondere*) **1** to mistake, to take: *l'ho scambiato per suo fratello* I mistook him for his brother. **2** (*prendere una cosa per l'altra*) to take by mistake, to take ... instead of, to take the wrong ...: ∼ *il sale per il pepe* to take salt instead of the pepper; *mi hanno scambiato l'ombrello al ristorante* someone in the restaurant took my umbrella by mistake. **3** (*dare in cambio, fare uno scambio*) to exchange, to change, to trade, ⟨*fam*⟩ to swap: *vorrei* ∼ *il mio anello con il tuo* I'd like to ⌐exchange rings with you⌐ (*o* swap my ring for yours). **4** (*cambiare una banconota*) to change, to get change for. **scambiarsi** *v.r.* ⟨*recipr*⟩ (*darsi, farsi a vicenda*) to exchange: *scambiarsi doni* to exchange gifts. □ *scambiarsi gli anelli* (*rif. a fidanzati*) to exchange rings; ∼ *merci* to exchange (*o* trade, barter) goods; ∼ *due parole con qd.* to exchange a few words with s.o. **scambiato** *a.* exchanged, traded; (*confuso*) mistaken, wrong, confused. **scambievole** *a.* mutual, reciprocal: *amore* ∼ mutual love. **scambievolmente** *avv.* mutually, reciprocally.

scambio *m.* **1** exchange: ∼ *di cortesie* exchange of courtesies. **2** (*errore, equivoco*) mistake, confusion, mix-up: *c'è stato uno* ∼ *di posti* there was a mix-up over the seats. **3** (*cambio*) exchange, trade, ⟨*fam*⟩ swap; (*baratto*) barter. **4** ⟨*Ferr*⟩ points *pl,* ⟨*am*⟩ switch. **5** ⟨*Econ*⟩ trade, exchange. **6** *pl.* ⟨*Econ*⟩ trade, trading. □ ⟨*Ferr*⟩ ∼ **aereo** aerial frog, trolley frog; ⟨*Fis*⟩ ∼ *di* **calore** heat exchange (*o transfer*); *scambi* **commerciali** trade *sing; scambi* **culturali** cultural exchange *sing;* ⟨*Ferr*⟩ ∼ **doppio** double points *pl; scambi con l'*estero foreign trade *sing;* ∼ **gassoso** gas exchange; ∼ *d'*identità mistaken identity; ∼ *d'*informazioni exchange of information; ∼ *di* **lettere** exchange of letters; ⟨*Econ*⟩ **libero** ∼ free trade; ⟨*Ferr*⟩ ∼ *a* **mano** hand-operated points *pl;* ∼ *di* **merci** exchange of goods; ⟨*Econ*⟩ ∼ *in* **natura** trading in kind; ∼ *d'opinioni* exchange of views; ∼ *di* **persona** case of mistaken identity; ∼ *di* **prigionieri** exchange of prisoners; ∼ *di* **vedute** exchange of views.

scambista *m.* 1 ⟨*Ferr*⟩ pointsman, switchman. 2 ⟨*Econ*⟩ trader.

scamiciarsi *v.r.* (**mi scamicio, ti scamici**) to take one's jacket off. **scamiciato** I *a.* 1 in one's shirt sleeves, jacketless. 2 ⟨*estens*⟩ ⟨*scomposto*⟩ slovenly, in disarray. II *s.m.* 1 ⟨*Mod*⟩ pinafore dress, ⟨*am*⟩ jumper. 2 ⟨*spreg*⟩ (*rivoluzionario*) radical, extremist, descamisado.

scamone *m.* ⟨*Macell,region*⟩ rump.

scamonea *f.* ⟨*Bot*⟩ scammony.

scamorza *f.* ⟨*Alim*⟩ scamorza (kind of cheese).

scamosciare *v.t.* (**scamoscio/scamoscio, scamosci/scamosci**) to chamois, to oil–tan. **scamosciato** *a.* 1 oil–tanned, chamois–. 2 (*di camoscio*) suede–: *guanti –i* suede gloves. **scamosciatura** *f.* chamoising, oil–tanning.

scamozzare *v.t.* (**scamozzo**) ⟨*Agr*⟩ to pollard, to poll. **scamozzatura** *f.* 1 (*atto*) pollarding, polling. 2 (*parte scamozzata*) lop, lopping.

scampagnata *f.* trip (*o* outing) in the country; (*merenda all'aperto*) picnic. □ *fare una* ∼ to go for a trip (*o* outing) in the country; (*fare merenda*) to have a picnic.

scampanare *v.i.* (*aus.* **avere**) 1 to peal. 2 ⟨*fig*⟩ (*rif. a vestiti*) to flare (in the shape of a bell). **scampanata** *f.* pealing. **scampanato** *a.* ⟨*Mod*⟩ bell–shaped, flared: *gonna –a* flared skirt.

scampanellare *v.i.* (**scampanello**; *aus.* **avere**) to ring loudly (*o* vigorously). **scampanellata** *f.* loud ringing. **scampanellio** *m.* ringing. **scampanio** *m.* (prolonged) pealing.

scampare I *v.i.* (*aus.* **essere**) 1 to survive, to escape (*a qc.* s.th.), to live (through): ∼ *al massacro* to escape massacre. 2 (*rifugiarsi, fuggire*) to take refuge. II *v.t.* 1 to save, to rescue: *gli amici lo scamparono dal fallimento* his friends saved him from bankruptcy. 2 (*sfuggire, evitare*) to escape, to avoid: *è riuscito a* ∼ *la prigione* he has managed to avoid prison; ∼ *la morte* to escape death. 3 (*nelle espressioni deprecative*) to save, to keep: *Dio ce ne scampi!* God save us! □ *scamparla* to have a ⸢narrow escape⸣ (*o* close shave): *l'ha scampata bella* he had a narrow escape. **scampato** I *a.* 1 (*evitato*) escaped, avoided: *pericolo* ∼ danger which has been avoided. 2 (*salvato*) saved, rescued. II *s.m.* (*f.* **-a**) survivor: *gli –i al* (*o dal*) *naufragio* the survivors of the shipwreck.

scampo¹ *m.* (*via d'uscita*) way out, escape; (*salvezza*) safety, survival, rescue: *cercare* ∼ *nella fuga* to seek safety in flight. □ *non c'è* ∼ there·is no ⸢way out⸣ (*o* help for it); *senza* ∼ hopeless, with no way out; *trovare una via di* ∼ to find a way out.

scampo² *m.* 1 ⟨*Zool*⟩ Dublin Bay prawn. 2 ⟨*Gastr*⟩ shrimp.

scampolo *m.* 1 remnant, oddment: *liquidazione degli –i* remnant sale. 2 ⟨*fig*⟩ (*piccola quantità*) scrap, vestige, trace. □ *negli –i di tempo* in one's spare time; ⟨*spreg*⟩ *d'uomo* shrimp (*o* runt) of a man.

scanalare *v.t.* 1 to flute, to channel: ∼ *una colonna* to flute a column. 2 ⟨*Mecc*⟩ to groove, to spline, to slot. **scanalato** *a.* 1 fluted, channelled: *colonna –a* fluted column. 2 ⟨*Mecc*⟩ grooved, splined. **scanalatura** *f.* 1 (*lo scanalare*) grooving, channelling. 2 (*incavo*), groove, channel. 3 ⟨*Arch*⟩ flute, fluting. 4 ⟨*Mecc*⟩ groove, spline.

scancellare *v.t.* (**scancello**) ⟨*pop*⟩ 1 (*cancellare*) to cancel, to delete; (*con un frego*) to cross (*o* strike) out; (*con la gomma*) to rub out, to erase; (*con lo straccio*) to wipe off (*o* out). 2 (*annullare*) to cancel, to wipe out, to write off: ∼ *un debito* to cancel a debt. 3 ⟨*fig*⟩ (*far dimenticare*) to wipe (*o* blot) out, to obliterate, to remove: ∼ *un triste ricordo* to obliterate a sad memory. **scancellatura** *f.* crossing out, erasure.

scandagliamento *m.* 1 ⟨*Mar*⟩ cast, sounding. 2 ⟨*fig*⟩ (*indagine*) sounding, probe. **scandagliare** *v.t.* (**scandaglio, scandagli**) ⟨*Mar*⟩ to sound, to plumb, to fathom (*anche fig.*): ∼ *le idee di qd.* to sound out s.o.'s ideas. **scandagliatore** *m.* ⟨*Mar*⟩ leadsman. **scandaglio**

m. 1 ⟨*Mar*⟩ (*strumento*) sounding line, sounding lead. 2 ⟨*Mar*⟩ (*lo scandagliare*) sounding, fathoming: *fare uno* ∼ to take a sounding, to plumb. 3 ⟨*fig*⟩ (*indagine*) probe, test, sounding. □ ⟨*Mar*⟩ ∼ *acustico* echo sounder (*o* sounding gear); ∼ *elettronico* electronic sounding gear; ∼ *di prova* practice lead; ∼ *ultrasonoro* (*o ultracustico*) supersonic (*o* ultrasonic) sounding set, echo sounding gear.

scandalismo *m.* scandal–mongering. **scandalista** *m./f.* scandal–monger. **scandalistico** *a.* (*pl.* **-ci**) scandal –mongering: *giornale* ∼ scandal sheet. **scandalizzare** *v.t.* (*dare scandalo*) to scandalize; (*suscitare l'indignazione*) to offend, to shock, to outrage: *scandalizzò tutti con il suo comportamento* he shocked everyone with his behaviour. **scandalizzarsi** *v.r.* to be scandalized (*o* outraged), to be shocked (*di, per* by). **scandalizzato** *a.* scandalized, shocked, outraged: *rimanere* ∼ *di* (*o per*) *qc.* to be scandalized by s.th. **scandalo** *m.* 1 scandal, outrage: *essere causa di* ∼ to cause (*o* create) scandal; *questo libro è un vero* ∼ this book is a real outrage. 2 (*fatto clamoroso*) scandal, sensation: *lo* ∼ *delle obbligazioni contraffatte* the scandal of the forged bonds. □ *dare* ∼ to scandalize; *fare uno* ∼ to cause (*o* stir up) a scandal; ⟨*fig*⟩ *gridare allo* ∼ to cry shame; ∼ *pubblico* public scandal; *soffocare uno* ∼ to hush up a scandal. **scandalosamente** *avv.* scandalously, outrageously, shockingly (*anche estens.*): *un uomo* ∼ *fortunato* an outrageously lucky man. **scandaloso** *a.* scandalous, outrageous, shocking: *condotta –a* scandalous behaviour.

Scandinavia *N.pr.f.* ⟨*Geog*⟩ Scandinavia. **scandinavo** (*o scandinavo*) *a./s.m.* (*f.* **-a**) Scandinavian.

scandio *m.* ⟨*Chim*⟩ scandian.

scandire *v.t.* (**scandisco, scandisci**) 1 to scan: ∼ *versi* to scan verse. 2 (*pronunciare distintamente*) to articulate, to pronounce distinctly (*o* clearly): ∼ *bene le parole* to articulate words clearly. 3 ⟨*TV*⟩ to scan. □ ∼ *il tempo* to beat time.

scannare¹ *v.t.* 1 (*rif. ad animali*) to butcher, to slaughter: ∼ *un maiale* to butcher a pig; (*rif. a persone: tagliare la gola*) to cut (*o* slit) the throat of. 2 ⟨*estens*⟩ (*trucidare selvaggiamente*) to butcher, to slaughter, to massacre. 3 ⟨*fig*⟩ (*far pagare molto*) to fleece, ⟨*fam*⟩ to skin. □ ⟨*iperb*⟩ *non fa un favore neppure se lo scannano* he wouldn't do a favour to save his own life.

scannare² *v.t.* ⟨*Tess*⟩ to unwind, to unreel.

scannatoio *m.* slaughterhouse, shambles *pl* (*costr. sing.*), abattoir.

scannellare *v.t.* (**scannello**) 1 → scanalare. 2 ⟨*Tess*⟩ to unwind, to unreel. **scannellato** *a.* 1 → scanalato. 2 ⟨*Mod*⟩ fluted, with long loose pleats. **scannellatura** *f.* → scanalatura.

scannello *m.* ⟨*Macell*⟩ sirloin.

scanno *m.* 1 (*sedile*) seat; (*stallo*) stall: ∼ *del coro* choir–stall. 2 ⟨*Geol*⟩ (*barra di foce*) shoal, bank.

scansafatiche *m./f.inv.* loafer, idler, dodger, slacker. **scansare** *v.t.* 1 to move (aside), to shift: *ho scansato i miei libri per farti posto* I've shifted my books to make room for you. 2 (*schivare*) to dodge: ∼ *un colpo* to dodge a blow; (*abbassandosi*) to duck. 3 (*sottrarsi*) to shirk, to dodge, to get round, to fight shy of: ∼ *una responsabilità* to shirk a responsibility. 4 (*rif. a persone: evitare*) to shun, to avoid, to steer clear of. **scansarsi** *v.r.* to step (*o* draw) aside, to get out of the way.

scansia *f.* ⟨*Arred*⟩ shelves *pl*; (*per libri*) bookcase.

scansione *f.* 1 ⟨*Metr*⟩ scansion. 2 ⟨*TV*⟩ (*analisi*) scanning.

scanso *a* ∼ *di* (*per evitare*) to avoid, as a precaution against: *a* ∼ *di equivoci* to avoid misunderstandings.

scantinato *m.* ⟨*Edil*⟩ basement, cellar.

scantonare *v.i.* (**scantono**; *aus.* **avere**) 1 to turn (*o* slip round) a corner: *non appena mi vide, scantonò* as soon as he saw me he slipped round a corner. 2 (*svignarsela*) to slip off, to slink away.

scanzonato *a.* free–and–easy, light–hearted, easy–going.

scapaccione *m.* clout (on the head), slap: *dare uno* ∼ *a qd.* to give s.o. a clout.

scapataggine *f.* thoughtlessness, heedlessness. **scapato** *a.* (*sventato*) thoughtless, heedless, scatter–brained.

scapecchiare *v.t.* (**scapecchio, scapecchi**) ⟨*Tess*⟩ to hackle. **scapecchiatoio** *m.* hackle. **scapecchiatura** *f.* hackling.

scapestrataggine *f.* dissoluteness, profligacy; (*sfrenatezza*) wildness, recklessness; (*azione da scapestrato*) reckless act. **scapestrato** I *a.* loose(living), dissolute, profligate; (*sfrenato*) wild, reckless, madcap. II *s.m.* (*f.* -a) loose liver, rake, profligate; (*scavezzacollo*) daredevil, madcap.

scapezzare *v.t.* (**scapezzo**) ⟨*Silv*⟩ to poll, to pollard.

scapicollarsi *v.r.* (**mi scapicollo**) ⟨*region*⟩ 1 to rush headlong down, to plunge (*o* dash) down: ~ *per una discesa* to plunge down a slope. 2 ⟨*fig*⟩ (*affannarsi*) to do one's utmost, to struggle, to strive.

scapigliare *v.t.* (**scapiglio, scapigli**) to tousle (*o* mess, dishevel) the hair of: *il vento mi ha scapigliata* the wind has messed my hair. **scapigliarsi** *v.r.* to tousle (*o* ruffle) one's hair, to get dishevelled. **scapigliato** I *a.* 1 (*spettinato*) tousled, ruffled, dishevelled. 2 ⟨*fig*⟩ loose living. II *s.m.* loose liver. **scapigliatura** *f.* 1 loose living, dissoluteness, profligacy. 2 ⟨*Lett,Art*⟩ Scapigliatura movement.

scapitare *v.i.* (**scapito**; *aus.* avere) (*rimetterci*) to lose, to suffer loss (*o* damage): *vendendo a prezzi così bassi ci scapito* selling at such low prices I lose (money). **scapito** *m.* 1 (*perdita di guadagno*) loss. 2 (*danno*) damage, harm, injury: *con grave ~ della sua reputazione* with great harm to' (*o* to the serious detriment of) his reputation. □ *a ~ di* (*con grave pregiudizio*) to the detriment of; *vendere a ~* to sell at a loss.

scapitozzare *v.t.* (**scapitozzo**) ⟨*Silv*⟩ to poll, to pollard.

scapo *m.* ⟨*Arch,Bot*⟩ scape.

scapola *f.* ⟨*Anat*⟩ scapula, shoulder–blade.

scapolare[1] *a.* ⟨*Anat,Ornit*⟩ scapular, shoulder–.

scapolare[2] *m.* ⟨*Rel*⟩ scapular.

scapolare[3] *v.* (**scapolo**) I *v.i.* (*aus.* avere) ⟨*fam*⟩ (*sfuggire*) to escape (*da qc.* s.th., from s.th.), to flee (from): ~ *da un pericolo* to escape a danger. II *v.t.* 1 ⟨*fam*⟩ (*scampare*) to escape, to survive, to come through. 2 ⟨*Mar*⟩ (*evitare*) to avoid: (*sorpassare*) to double; (*liberare*) to loose, to free, to slip. □ *scapolarsela* to have a narrow escape.

scapolo I *s.m.* bachelor. II *a.* single, unmarried, bachelor–. □ *appartamento da ~* bachelor flat. **scapolone** *m.* ⟨*scherz*⟩ confirmed (*o* old) bachelor.

scapolo-omerale *a.* ⟨*Anat*⟩ scapulo–humeral.

scappamento *m.* 1 ⟨*Mot*⟩ exhaust; (*tubo*) exhaust–pipe. 2 ⟨*Orol*⟩ escapement. 3 ⟨*Mus*⟩ (*nel pianoforte*) escapement. 4 ⟨*Ferr*⟩ blast–pipe. □ ⟨*Aut*⟩ ~ *libero* straight exhaust.

scappare *v.i.* (*aus.* essere) 1 to run away (*o* off), to flee: *il ladro è scappato* the thief has run away. 2 (*fuggire dal luogo in cui si è rinchiusi*) to escape (*di* from), to break (*o* get) out (of, from), to run away (from): ~ *di prigione* to escape from prison; ~ *di collegio* to run away from boarding school; (*rif. a uccelli*) to fly away; (*svignarsela*) to slip off, to sneak (*o* steal) away. 3 (*correre, affrettarsi*) to rush (off), to dash (off), to hurry, to run: *scappo a vestirmi e sono subito pronto* I'll run and get dressed and be ready in a minute; ~ *a casa* to rush home. 4 ⟨*fig*⟩ (*sfuggire*) to miss, to let slip, to slip (*o* go, pass) by: *mi sono lasciato ~ una magnifica occasione* I let a great chance slip by; *mi è scappato il treno* I missed the train; (*rif. a parole e sim.*) to slip out, to escape: *mi è scappato di bocca* it just slipped out; *ti è scappato questo errore* this mistake slipped your attention. 5 (*non potersi contenere*) not to be able to help, to have to, to be bursting (*o* dying): *mi scappò da ridere* I couldn't help laughing (*o* keep myself from laughing); *mi scappa la pipì* I'm dying to go to the loo. 6 (*uscire, sbucare*) to come out, to straggle, to slip (*o* hang, fall) out: *i capelli gli scappavano di sotto il cappello* his hair was straggling out from under his hat. □ *lasciarsi ~ qc. di* **bocca** to let s.th. slip, to blurt s.th. out; *scappar* **detto** to come out with, to let slip (*o* come out): *mi scappò detto* I 'let slip' (*o* blurted) out; ~ *dalla* **mente** to slip one's mind; ⟨*pop*⟩ *per poco non ci scappava il* **morto** somebody was nearly killed; *lasciarsi ~ un'*occasione to

miss an opportunity; *far ~ la* **pazienza** *a qd.* to make s.o. lose his patience (*o* temper); *di qui non si scappa* there's no getting out of it; ~ *via* to run off (*o* away), to take to one's heels. || *scappa scappa!* run for it!

scappata *f.* 1 dash: *devo fare una ~ in ufficio* I must make a dash to the office. 2 (*breve visita*) call, (quick) visit, look–in. 3 (*breve gita*) (short) trip. 4 ⟨*fig*⟩ (*errore, leggerezza*) escapade, folly, prank: *~e di gioventù* youthful escapades; (*rif. ad avventure amorose*) escapade, flirtation. 5 (*partenza veloce di cavalli*) flying start. 6 (*in pirotecnica*) (grand) finale, climax. □ *fare una ~ da qd.* to run (*o* pop) over to s.o.'s; (*fargli visita*) to call in at (*o* on) s.o., to pay s.o. a flying visit. **scappatella** *f.* escapade; (*rif. ad avventure amorose*) escapade, flirtation.

scappatina *f.* quick visit (*o* call), look–in. □ *farò una ~ a casa tua* I'll look in on you, I'll pop in to you.

scappatoia *f.* (*espediente*) way out, loophole: *cercare una ~* to try and find a way out; (*scusa*) pretext, excuse. □ ~ *fiscale* tax loophole.

scappellare *v.t.* (**scappello**) 1 (*rif. a falchi*) to unhood. 2 ⟨*Mar*⟩ to unring. **scappellarsi** *v.r.* to raise (*o* lift, tip) one's hat. **scappellata** *f.* raising (*o* tipping, lifting, taking off) of one's hat. □ *fare una ~* to raise (*o* sweep off) one's hat. **scappellotto** *m.* cuff, slap (*o* clap) on the head: *dare uno ~ a qd.* to cuff s.o., to give s.o. a slap (*o* clap) on the head.

scappucciare *v.t.* (**scappuccio, scappucci**) to lift the hood off.

scapricciare *v.t.* (**scapriccio, scapricci**) to indulge (the whim of). **scapricciarsi** *v.r.* to indulge one's whim (*o* fancy), to satisfy one's desire.

scapsulamento *m.* 1 removal of a capsule. 2 ⟨*Chir*⟩ decapsulation. **scapsulare** *v.t.* (**scapsulo**) 1 to remove a capsule from. 2 ⟨*Chir*⟩ to decapsulate.

scarabattola[1] *f.* ⟨*Arred*⟩ (*stipetto*) cabinet, show case.

scarabattola[2] *f.* ⟨*pop*⟩ (*carabattola*) thing, trinket; (*bazzecola*) trifle.

scarabeo *m.* 1 ⟨*Entom*⟩ scarabaeus. 2 ⟨*Oref*⟩ scarab. □ ~ *sacro* scarabaeus, scarab (beetle); ~ *stercorario* dor–beetle, dung beetle.

scarabocchiare *v.t.* (**scarabocchio, scarabocchi**) 1 (*fare scarabocchi*) to scribble (*o* scrawl, doodle) on; (*riempire di scarabocchi*) to scribble all over, to fill with scrawls. 2 ⟨*fig*⟩ (*scrivere disordinatamente*) to scribble (off), to scrawl. **scarabocchiato** *a.* 1 full of scrawls, scribbled all over. 2 ⟨*fig*⟩ (*scritto male*) scrawled, scribbled.

scarabocchio *m.* 1 (*macchia*) blot. 2 (*sgorbio*) scribble, scrawl. 3 (*disegno mal fatto*) daub, doodle; (*scritto mal fatto*) scribble, scrawl. 4 ⟨*fig*⟩ (*persona piccola e mal fatta*) runt, shrimp, wart.

scaracchiare *v.i.* (**scaracchio, scaracchi**; *aus.* avere) ⟨*volg*⟩ to hawk and spit phlegm. **scaracchio** *m.* ⟨*volg*⟩ phlegm.

scarafaggio *m.* ⟨*Entom*⟩ cockroach, black beetle.

scaramanzia *f.* spell, charm. □ *fare la ~* to perform a spell; *per ~* for (good) luck, against bad luck: *toccare ferro per ~* to touch wood for luck.

scaramazza *f.* (*anche perla scaramazza*) blister (*o* gibbous) pearl.

scaramuccia *f.* (*pl.* -ce) skirmish, clash (*anche fig.*).

scaraventare *v.t.* (**scaravento**) 1 to fling, to hurl, to throw: ~ *qc. fuori dalla finestra* to fling s.th. out of the window. 2 ⟨*fig*⟩ (*trasferire*) to shift, to shunt, to transfer: *l'hanno scaraventato in un paesino di montagna* he has been transferred to a village in the mountains. **scaraventarsi** *v.r.* 1 to hurl (*o* fling) o.s.: *scaraventarsi addosso a qd.* to hurl o.s. on s.o. 2 (*precipitarsi*) to dash, to tear, to hurl (*o* fling) o.s., to rush: *si scaraventò giù per le scale* he dashed down the stairs.

scarcassato *a.* ⟨*fam*⟩ (*sconquassato*) smashed, shattered.

scarceramento *m.* release (*o* setting free) from prison.

scarcerare *v.t.* (**scarcero**) to release from prison, to (set) free from prison. **scarcerazione** *f.* release (from prison).

scardare *v.t.* to husk: ~ *le castagne* to husk chestnuts.

scardassare *v.t.* ⟨*Tess*⟩ to card. **scardassatore** *m.* (*f.* -trice/-a) carder. **scardassatura** *f.* carding. **scardasso**

m. card.

scardinare *v.t.* (**scardino**) to unhinge, to take off its hinges: ~ *la porta* to unhinge the door.

scardola *f.* ⟨*Itt*⟩ rudd.

scarica *f.* 1 (*lo scaricare*) discharge, firing, letting off; (*lo scaricarsi*) discharge. 2 (*raffica*) salvo, volley, fusillade, burst. 3 ⟨*fig*⟩ (*gran quantità*) hail, volley, shower, flood, storm: *una ~ di pugni* a hail of blows; *una ~ d'insulti* a storm of abuse. 4 (*violenta evacuazione intestinale*) (faecal) discharge. 5 ⟨*El,Fis*⟩ discharge. □ ~ *atmosferica* atmospheric discharge, flash (*o* stroke) of lightning; ~ *continua* continuous discharge; ~ *a fiocco* brush discharge; ~ *rapida* rapid discharge.

scaricabarili *m.inv.* (*gioco*) children's game (of lifting each other back to back). □ ⟨*fig,fam*⟩ *fare a ~* to pass the buck.

scaricamento *m.* discharge, unloading.

scaricare *v.t.* (**scarico**, **scarichi**) 1 to unload, to discharge: ~ *una nave* to unload a ship; ~ *il carbone* to unload coal. 2 (*far scendere le persone: da veicoli*) to set down, to put (*o* let) off: *il pullman ci scaricò davanti all'albergo* the coach set us down in front of the hotel; (*da navi*) to land, to disembark. 3 (*svuotare: rif. a liquidi*) to drain, to empty: ~ *un bacino* to drain a basin. 4 ⟨*Fisiol*⟩ (*evacuare*) to empty, to discharge, to evacuate: ~ *l'intestino* to evacuate the bowels. 5 (*rif. ad armi: sparare*) to fire, to discharge; (*togliere la carica*) to unload. 6 (*vibrare, scagliare*) to rain, to shower, to hail: *gli scaricò addosso un sacco di pugni* he rained blows on him. 7 (*rif. a meccanismi a molla*) to allow to run down. 8 (*riversare*) to pour, to empty, to discharge: *il Po scarica le sue acque nell'Adriatico* the Po empties its waters into the Adriatic. 9 ⟨*fig*⟩ (*liberare, alleggerire*) to unburden, to relieve, to clear: ~ *la coscienza dai rimorsi* to clear one's conscience of remorse. 10 ⟨*fig*⟩ (*sfogare*) to vent, to give vent to, to let out: ~ *la propria ira su qd.* to vent one's anger on s.o. 11 ⟨*fig*⟩ (*addossare*) to shift, to pass: ~ *la colpa addosso a qd.* to shift the blame onto s.o. 12 ⟨*gerg*⟩ (*liberarsi di una persona fastidiosa*) to free (*o* rid) o.s. of, to get rid of. 13 ⟨*El*⟩ to discharge; (*rif. a batterie*) to run down: *l'accensione prolungata scarica la batteria* leaving the ignition on runs down the battery. **scaricarsi** *v.r.* 1 (*liberarsi*) to unburden (*o* relieve, rid) o.s. (*di* of), to free o.s. (from) (*anche fig.*): *scaricarsi di una responsabilità* to relieve o.s. of a responsibility. 2 ⟨*fig*⟩ (*sfogarsi*) to vent (*o* give vent) to one's feelings, to pour out (one's heart). 3 (*riversarsi*) to empty, to flow; (*scorrere*) to flow, to run. 4 (*rif. a meccanismi a molla*) to run (*o* wind) down. 5 (*rif. ad accumulatori e sim.*) to run down, to go dead (*o* flat). □ ~ *le spese* to deduct expenses (from taxes).

scaricato *a.* 1 (*liberato dal carico*) unloaded, emptied: *vagone ~* unloaded waggon. 2 ⟨*tecn*⟩ discharged.

scaricatore *m.* 1 (*f.* **-trice**) (*chi scarica merci*) unloader; (*nei porti*) docker, stevedore, (*am*) longshoreman. 2 (*dispositivo di scarico di merci*) unloader. 3 ⟨*El*⟩ discharger, arrester. □ ⟨*Idr*⟩ ~ *d'acqua* water trap; ~ *d'aria* air escape.

scarico *a./s.* (*pl.* **-chi**) **I** *a.* 1 unloaded: *carro ~* unloaded truck. 2 (*privo di carica: rif. ad armi*) unloaded, empty; (*rif. a molle*) run-down: *l'orologio è ~* the clock has run-down. 3 ⟨*fig*⟩ (*privo, libero*) unburdened, untroubled (*di* by), free (of, from): *mente –a di preoccupazione* mind free of worries, untroubled mind. 4 ⟨*El*⟩ discharged, flat, dead: *batteria –a* dead (*o* flat) battery. **II** *s.m.* 1 unloading, discharging: *lo ~ del carbone* the unloading of the coal; (*da navi*) discharging, unloading, disembarking. 2 (*rif. a rifiuti*) dumping, tipping; (*materiale di rifiuto*) refuse, rubbish, waste; (*luogo*) (rubbish) dump, refuse tip. 3 (*svuotamento*) emptying, clearing. 4 (*rif. a liquidi*) draining, drainage; (*condotto*) drain; (*fogna*) sewer. 5 (*discarico, giustificazione*) defence. 6 ⟨*Mot*⟩ exhaust. 7 ⟨*Comm*⟩ (*uscita di merce*) release of stock. □ *a ~ in defence*: *a mio ~* in my defence, to justify myself; *testimoni a ~* witnesses for the defence; *a ~ di ogni responsabilità* to avoid all responsibility; *a ~ di coscienza* to clear one's conscience; ~ *dell'acqua* water drain; *di ~ exhaust-*; *waste, drain-*: *gas di ~* exhaust gas; *scarichi*

industriali industrial waste; **lavori** *di* ~ unloading, discharging; ~ *in mare* discharge into the sea; ~ *illegale di rifiuti* fly-tipping; ~ *del* **vapore** steam exhaust; *vietato lo* ~ tipping (*o* dumping) prohibited, no tipping (*o* dumping); ⟨*Mar,Aer*⟩ ~ *della* **zavorra** jettisoning of ballast.

scarificare *v.t.* (**scarifico**, **scarifichi**) ⟨*Med,Agr*⟩ to scarify. **scarificatore** *m.* ⟨*Agr*⟩ scarifier. **scarificazione** *f.* ⟨*Med*⟩ (*atto*) scarifying; (*effetto*) scarification.

scarlattina *f.* ⟨*Med*⟩ scarlet fever, scarlatina.

scarlatto I *a.* scarlet. **II** *s.m.* scarlet (*anche Chim.*).

scarmigliare *v.t.* (**scarmiglio**, **scarmigli**) to tousle, to ruffle, to dishevel. **scarmigliarsi** *v.r.* to become tousled, to get ruffled (*o* dishevelled). **scarmigliato** *a.* (*rif. a capelli*) tousled, ruffled, dishevelled; (*rif. a persone*) dishevelled, unkempt, untidy.

scarnare *v.t.* ⟨*Conc*⟩ to flesh. **scarnatoio** *m.* ⟨*Conc*⟩ fleshing knife. **scarnificare** *v.t.* (**scarnifico**, **scarnifichi**) to strip (*o* rip) the flesh from: ~ *un osso* to strip the flesh from a bone. **scarnificato** *a.* stripped of flesh. **scarnificazione** *f.* stripping of flesh. **scarnire** *v.t.* (**scarnisco**, **scarnisci**) 1 to strip the flesh from. 2 ⟨*fig*⟩ (*ridurre all'essenziale*) to bare, to strip, to pare down. **scarnito** *a.* 1 stripped of flesh. 2 ⟨*fig*⟩ (*magro, secco*) lean, thin, skinny. 3 ⟨*fig*⟩ (*nudo, essenziale*) bare, spare. **scarnitura** *f.* stripping of flesh.

scarno *a.* 1 lean, thin, skinny: *viso ~* lean face. 2 ⟨*fig*⟩ (*povero*) meagre, scanty, inadequate: *un articolo troppo ~* too meagre an article. 3 ⟨*fig*⟩ (*sobrio, essenziale*) bare, terse, spare: *stile ~* spare style.

scarogna *e der.* → **scalogna** *e der.*

scarola *f.* ⟨*Bot*⟩ 1 (*indivia*) endive. 2 (*lattuga*) prickly lettuce.

scarpa *f.* 1 shoe: *mettersi le –e* to put on one's shoes; *un paio di –e* a pair of shoes. 2 (*cuneo*) chock, shoe. 3 (*scarpata*) (e)scarp. 4 ⟨*Mecc*⟩ (*nelle funivie*) support shoe, bearing shoe. 5 ⟨*fam*⟩ dead loss. □ ~ **alta** boot; ⟨*Ferr*⟩ ~ **d'arresto** slipper; *–e da* **ballo** dancing shoes; ~ *da* **calciatore** football boot; *–e di* **camoscio** suede shoes; ~ **chiodata** hobnailed shoe (*o* boot); *da –e* shoe–: *lucido da –e* shoepolish; ⟨*fam*⟩ *fare le –e a qd.* to double-cross s.o.; ~ *con* **fibbia** buckle shoe; *–e da* **ginnastica** gym-shoes; *–e da* **golf** golf(ing) shoes; *–e di* **gomma** rubber shoes; ⟨*fam*⟩ *non essere degno di* **legare** (*o* lustrare) *le –e a qd.* not to be worthy to tie (*o* lace) s.o.'s shoes; *–e da* **montagna** climbing boots; ⟨*Edil*⟩ *muro a ~* scarp wall; *–e da* **neve** snow shoes; ~ **ortopedica**: 1 orthopaedic shoe; 2 ⟨*Mod*⟩ wedge-heeled shoe, ⟨*fam*⟩ wedgie; *–e da* **passeggio** walking shoes; *–e a* **punta** *quadra* square-toed shoes; ~ *da* **riposo**: 1 (*pantofola*) slipper; 2 (*scarpa per doposci*) after-ski boot; *–e da* **roccia** rock-climbing boots; *–e* **scollate** court shoes, pumps; *–e da* **sera** evening (*o* dress) shoes; *–e da* **signora** lady's shoes; ⟨*fam*⟩ *morire con le –e al* **sole** (*morire ammazzato*) to die with one's boots on; *–e* **sportive** sports shoes; *ho le –e* **strette** my shoes pinch; *–e con* **tacco** *alto* high-heeled shoes, ⟨*fam*⟩ high-heels; *–e con tacco basso* low-heeled shoes; *–e senza tacco* flat shoes, ⟨*fam*⟩ flats; *–e da* **tennis** tennis shoes; *–e di* **vernice** patent leather shoes. *Prov.*: *–e grosse e cervello fino* wisdom sometimes walks in clouted shoes.

scarpaio *m.* shoe pedlar.

scarpata¹ *f.* (*colpo*) kick with a shoe.

scarpata² *f.* (e)scarp, escarpment; (*pendio*) (steep) slope: *scendere giù per la ~* to go down the slope.

scarpiera *f.* 1 (*borsa da viaggio*) shoe-bag. 2 (*armadietto*) shoe-rack.

scarpinare *v.i.* (*aus.* avere) ⟨*fam,scherz*⟩ to tramp, to trek, ⟨*fam*⟩ to hoof it. **scarpinata** *f.* ⟨*fam,scherz*⟩ long walk, tramp.

scarpino *m.* (elegant woman's) shoe, ⟨*lett*⟩ slipper. **scarponcino** *m.* 1 (*per bambini*) child's boot. 2 (*scarpa alta*) boot. **scarpone** *m.* boot. □ ~ **chiodato** hobnailed boot; ~ *da* **montagna** mountaineering (*o* climbing) boot; ~ *da* **sci** ski boot; ~ *da* **soldato** army boot.

scarrocciare *v.i.* (**scarroccio**, **scarrocci**; *aus.* avere) ⟨*Mar,Aer*⟩ to make (*o* drift to) leeway. **scarroccio** *m.* leeway, leeward drift. **scarrozzare** *v.* (**scarrozzo**) **I** *v.t.*

(*portare in giro: in carrozza*) to drive (*o* take) around in a carriage; (*con altro veicolo*) to drive (*o* take) around. **II** *v.i.* (*aus.* **avere**) (*girare: in carrozza*) to drive (*o* go) around in a carriage; (*con altro veicolo*) to drive (*o* go) around, to go for a drive. **scarrozzata** *f.* (*gita: in carrozza*) carriage ride, drive in a carriage; (*con altro veicolo*) drive, trip (in a car).

scarrucolare *v.* (**scarrucolo**) **I** *v.i.* (*aus.* **avere**) to run freely over a pulley. **II** *v.t.* to slip off a pulley. **scarrucolio** *m.* **1** running of a pulley block. **2** (*rumore*) noise of a pulley–block running.

scarruffare *v.t.* ⟨*region*⟩ (*spettinare*) to ruffle, to tousle, to dishevel. **scarruffato** *a.* (*rif. a capelli*) ruffled, tousled, dishevelled; (*rif. a persone*) untidy, dishevelled.

scarsamente *avv.* scantily, poorly, meagrely, sparely. **scarseggiare** *v.i.* (**scarseggio**, **scarseggi**; *aus.* **avere**) **1** (*essere scarso*) to run short, to be running out, to get scarce: *i viveri scarseggiano* provisions are running out. **2** (*avere scarsezza*) to be short (*di* of), to be down (*o* low) (on): ~ *di denaro* to be short of money. **3** ⟨*fig*⟩ to lack (*di qc.* s.th.), to be lacking (in), ⟨*fam*⟩ to be short (on): *scarseggia d'intelligenza* he lacks (*o* hasn't much) intelligence.

scarsella *f.* ⟨*region*⟩ purse, money–bag. □ *mettere mano alla* ~ to put one's hand in one's purse, to dip into one's pocket.

scarsezza, scarsità *f.* **1** shortage, scarcity, scarceness: ~ *d'acqua* water shortage. **2** (*mancanza*) lack: ~ *di personale* personnel (*o* staff) shortage. **scarso** *a.* **1** scarce, scanty, poor, meagre: *vitto* ~ meagre fare; *raccolto* ~ poor harvest. **2** (*manchevole, povero*) lacking, poor (*di* in), short (of, on): ~ *d'intelligenza* lacking in intelligence; *essere* ~ *di quattrini* to be short of money. **3** (*debole*) feeble, weak, poor: *luce* –*a* feeble light. **4** (*che non raggiunge la misura precisa*) just under, short: *un chilo* ~ just under one kilo; *misura* –*a* short measure. **5** ⟨*Mar*⟩ light: *vento* ~ light air. **6** ⟨*Scol*⟩ poor. □ *tre chilometri* –*i* a bare three kilometres; ~ *d'ingegno* lacking in intelligence; *essere* ~ *in una materia scolastica* to be weak in a (school) subject.

scartabellare *v.t.* (**scartabello**) to leaf (*o* skim, flip) through.

scartafaccio *m.* **1** scribbling block (*o* pad), notebook. **2** (*libro mal ridotto*) tattered book.

scartamento *m.* ⟨*Ferr,Mecc*⟩ gauge. □ ~ *del binario* track gauge; ~ *normale* standard gauge; ~ *ridotto* narrow gauge; *a* ~ *ridotto:* 1 ⟨*Ferr*⟩ narrow gauge: *linea a* ~ *ridotto* narrow–gauge line; 2 ⟨*scherz*⟩ miniature, ⟨*fam*⟩ pint–sized: *una casa a* ~ *ridotto* a pint–sized house.

scartare[1] *v.t.* to unwrap: ~ *un pacco* to unwrap a package.

scartare[2] *v.t.* **1** (*respingere, rifiutare*) to discard, to reject, to turn down: ~ *una teoria* to discard a theory. **2** (*eliminare*) to discard, to reject, to throw (*o* weed) out: ~ *la frutta guasta* to throw out the rotten fruit. **3** (*nei giochi di carte*) to discard, to throw away. **4** ⟨*Mil*⟩ (*riformare*) to reject.

scartare[3] *v.i.* (*aus.* **avere**) **1** (*rif. ad animali*) to shy, to swerve, to side–step. **2** (*rif. a veicoli*) to swerve, to skid. **3** ⟨*Sport*⟩ to swerve, to side–step, to dodge.

scartata *f.* **1** (*rif. ad animali*) shy, swerve, side–step. **2** (*rif. a veicoli*) swerve, skid.

scartavetrare *v.t.* (**scartavetro**) to sandpaper.

scartellare *v.i.* (**scartello**; *aus.* **avere**) ⟨*Comm*⟩ to disregard the norms of a banking cartel.

scartina *f.* **1** (*nei giochi: carta bassa*) low card. **2** (*estens*) (*persona di scarso valore*) nonentity. **3** ⟨*Sport*⟩ (*atleta scadente*) poor athlete.

scartinare *v.t.* ⟨*Tip*⟩ to slip–sheet, to insert slip sheets between. **scartino** *m.* **1** ⟨*Tip*⟩ slip sheet. **2** → **scartina**.

scarto[1] *m.* **1** discarding, rejection; (*esclusione*) throwing out, rejection, scrapping. **2** ⟨*concr*⟩ (*cosa scartata*) discard, reject, throw–out. **3** ⟨*fig*⟩ (*insieme di cose di scarso valore*) refuse, waste, scrap, rubbish; (*rif. a persone*) reject, throw–out. **4** (*nei giochi di carte*) discard. **5** ⟨*Met*⟩ scrap, rejects *pl.* □ ⟨*Mecc*⟩ ~ *di lavorazione* machine–shop rejection; ⟨*spreg*⟩ ~ *di leva* reject; *merce di* ~ (*scarti di*

magazzino) rejects *pl.*

scarto[2] *m.* **1** (*rif. ad animali*) shy, swerve, side–step. **2** (*rif. a veicoli*) swerve, skid. **3** (*estens*) (*differenza, distacco*) difference, gap, interval. **4** ⟨*Mat*⟩ spread. □ ⟨*Econ*⟩ ~ *deflatorio* deflationary gap; ~ *temporale* time lag; ⟨*Statist*⟩ ~ *tipo* standard deviation.

scartocciare *v.t.* (**scartoccio**, **scartocci**) **1** (*levare dal cartoccio*) to unwrap. **2** ⟨*Agr*⟩ (*rif. a pannocchie di granoturco*) to strip, to husk, ⟨*am*⟩ to shuck. **scartocciatura** *f.* ⟨*Agr*⟩ stripping, husking, ⟨*am*⟩ shucking.

scartoffia *f.* ⟨*spreg*⟩ **1** paper, file. **2** *pl.* (*fogli, carte*) papers *pl*, heaps *pl* of paper.

scassa *f.* ⟨*Mar*⟩ step.

scassare[1] *v.t.* to unbale, to unpack: ~ *la merce* to unbale the goods.

scassare[2] *v.t.* **1** ⟨*Agr*⟩ to break (*o* plough) up, to loosen. **2** (*forzare*) to force, to break: ~ *la serratura* to force the lock. **3** (*fam*) (*rompere*) to break, to wreck, to smash, ⟨*fam*⟩ to bust: *ha già scassato la bicicletta nuova* he has already broken his new bicycle. **scassarsi** *v.r.* ⟨*pop*⟩ (*rompersi*) to break. **scassato** *a.* **1** ⟨*Agr*⟩ broken (*o* ploughed) up. **2** ⟨*fam*⟩ (*guasto*) broken, wrecked, smashed.

scassinare *v.t.* **1** to force, to break: ~ *una serratura* to force a lock; (*con un grimaldello*) to pick a lock. **2** (*aprire*) to force (open), to break open (*o* down): ~ *l'uscio* to force the door open, to break down the door. **scassinatore** *m.* (*f.* **-trice**) (*chi compie furti con scasso*) housebreaker; (*agendo di notte*) burglar. □ ~ *di banche* bank robber; ~ *di casseforti* safe cracker. **scassinatura** *f.* forcing open, breaking open. **scasso** *m.* **1** forcing open, breaking open (*o* down). **2** ⟨*Agr*⟩ breaking up. □ *furto con* ~ housebreaking; (*di notte*) burglary.

scatarrare *v.i.* (*aus.* **avere**) to expectorate, to cough up phlegm. **scatarrata** *f.* expectoration, coughing up of phlegm.

scatenamento *m.* (*lo sfrenarsi*) going wild, running riot.

scatenare *v.t.* (**scateno**) **1** (*eccitare, aizzare*) to unleash, to give free rein to, to unbridle: ~ *l'odio della folla contro qd.* to unleash the anger of the crowd against s.o. **2** ⟨*fig*⟩ (*far scoppiare*) to set off, to cause: ~ *una guerra* to cause a war. **scatenarsi** *v.r.* **1** (*sfrenarsi*) to break out, to go wild. **2** (*insorgere violentemente: rif. a intemperie*) to rise: *si sta scatenando il vento* the wind is rising (*o* blowing up). **scatenato** *a.* unbridled, wild, unrestrained. □ *è un diavolo* ~ he's a holy terror; *vento* ~ raging wind.

scatola *f.* **1** box, case: *una* ~ *di sigari* a box of cigars; (*di cartone*) (cardboard) box, carton, case: *la* ~ *delle scarpe* the shoe box. **2** (*confezione, pacchetto*) box: *una* ~ *di cioccolatini* a box of chocolates. **3** (*barattolo di latta*) tin, ⟨*am*⟩ can: *una* ~ *di fagioli* a tin of beans. **4** ⟨*tecn*⟩ (*cassetta, cofano*) box, case, housing. **5** ⟨*El*⟩ box. □ ~ *armonica* musical box; ⟨*Aut*⟩ ~ *del* **cambio** gear–box; ⟨*fig*⟩ *a* ~ **chiusa** (*senza controllare*) blindly, without checking, sight unseen: *ho accettato la sua proposta a* ~ *chiusa* I accepted his offer blindly; *comprare a* ~ *chiusa* to buy sight unseen; ~ *di* **cipria** box of face powder; ~ *di* **colori** paintbox; ~ *di* **compassi** compass case; ⟨*Anat*⟩ ~ **cranica** brain box, brain case; ⟨*Aut*⟩ ~ *del* **differenziale** differential gear–box (*o* housing); *una* ~ *di* **fiammiferi** a box of matches; ⟨*Aut*⟩ ~ *della* **frizione** clutch box (*o* housing); ⟨*volg*⟩ *far* **girare** *le* –*e a qd.* to get s.o.'s goat (*o* back up); *in* ~ tinned, ⟨*am*⟩ canned: *carne in* ~ tinned meat; ⟨*Aer*⟩ ~ **nera** flight recorder, ⟨*fam*⟩ black box; ⟨*fam*⟩ *averne* **piene** *le* –*e* to be fed up to one's back teeth; ⟨*fam*⟩ **rompere** *le* –*e a qd.* to be a (damned) nuisance to s.o.; ~ *a* **sorpresa** jack–in–the–box.

scatolaio *m.* (*f.* **-a**) (*fabbricante*) box–maker. **scatolame** *m.* ⟨*collett*⟩ **1** boxes *pl.* **2** ⟨*Alim*⟩ tins *pl*, ⟨*am*⟩ cans *pl;* (*cibi conservati in scatola*) tinned (*o* canned) food. **scatolare** *a.* box–: *sistema* ~ box system. **scatolificio** *m.* box factory; (*rif. a barattoli*) tin factory.

scatologia *f.* scatology. **scatologico** *a.* (*pl.* **-ci**) scatologic(al).

scattante *a.* (*svelto, agile*) quick (off the mark), wide–awake. **scattare** **I** *v.i.* (*aus.* **essere/avere**) **1** to go (*o* fly) off, to be released; (*rif. a molle e sim.*) to spring up, to go off, to fly off (*o* up). **2** (*chiudersi di scatto*) to snap shut; (*aprirsi di scatto*) to spring (*o* fly) open. **3** ⟨*estens*⟩ (*assumere di scatto una posizione*) to spring, to leap, to jump: ~ *in piedi* to spring (*o* jump) to one's feet; ~ *sull'attenti* to leap to attention; (*slanciarsi*) to spring, to fling o.s., to shoot (*o* rush) off: ~ *all'assalto* to spring to the attack. **4** ⟨*fig*⟩ (*adirarsi*) to fly into a rage, ⟨*fam*⟩ to fly off the handle. **5** (*rif. a misure*) to jump, to leap: *la contingenza è scattata di tre punti* the cost of living index jumped three points. **6** ⟨*Sport*⟩ to spring, to spurt, to make a burst. **II** *v.t.* to take, to snap, to shoot: ~ *una fotografia* to snap a photo, to take a picture. **scattista** *m./f.* ⟨*Sport*⟩ sprinter.

scatto *m.* **1** release, flying off: *lo ~ di un congegno* the release of a spring mechanism. **2** (*rumore*) click, snap: *sentire uno ~* to hear a click. **3** (*congegno che scatta*) release, trigger, trip, snap, catch. **4** (*movimento brusco*) jump, leap, start. **5** ⟨*fig*⟩ (*risposta, atto concitato*) burst, outburst, fit. **6** ⟨*fig*⟩ (*avanzamento*) automatic promotion: (*rif. a retribuzioni*) automatic rise (*o* raise). **7** (*nelle armi da fuoco*) trigger mechanism. **8** ⟨*Sport*⟩ sprint, spurt; (*nello sci*) take–off. **9** ⟨*Fot*⟩ release. **10** ⟨*Tel*⟩ unit. □ *a –i* by fits and starts, in jerks, jerkily: *parlare a –i* to speak jerkily; *a ~* spring–, snap–: *serratura a ~* spring lock; ⟨*burocr*⟩ ~ *di* **anzianità** seniority increase; ~ **automatico**: 1 ⟨*Fot*⟩ self–timer; 2 ⟨*Mecc,Cin*⟩ automatic release; *di ~* suddenly, all of a sudden: *alzarsi di ~* to jump to one's feet; ⟨*Sport*⟩ ~ **finale** final sprint (*o* spurt); *avere uno ~ d'ira* to have an outburst of anger (*o* temper); ~ **libero** free–wheel; ⟨*Fot*⟩ ~ *dell'***otturatore** shutter release; ~ **salariale** automatic pay increase.

scaturigine *f.* ⟨*lett*⟩ source, origin, spring (*anche fig.*). **scaturire** *v.i.* (**scaturisco, scaturisci**; *aus.* **essere**) **1** to gush, to spring: *l'acqua scaturiva dalla roccia* the water gushed from the rock. **2** ⟨*fig*⟩ (*prorompere: rif. a lacrime*) to well up, to gush. **3** ⟨*fig*⟩ (*avere origine, derivare*) to come, to arise, to ensue: *il male può ~ dal bene* ill may come of good.

scavalcare *v.t.* (**scavalco, scavalchi**) **1** to climb (*o* clamber) over: ~ *un muro* to climb over a wall; (*con un salto*) to jump (over), to leap (over), to hurdle. **2** ⟨*Equit*⟩ (*sbalzare di sella*) to unhorse, to unseat. **3** ⟨*Lav.femm*⟩ to slip. **4** ⟨*fig*⟩ (*oltrepassare, superare in graduatoria*) to get ahead of, to overtake: ~ *un concorrente* to get ahead of a competitor. **5** (*non rispettare la linea gerarchica*) to go over s.o.'s head.

scavallare *v.i.* (*aus.* **avere**) to run free (*o* wild), to frolic, to frisk.

scavapatate *f.inv.* potato digger.

scavare I *v.t.* **1** to dig, to excavate: ~ *un buco* to dig a hole; (*con scavatrici*) to excavate. **2** (*fare un incavo*) to hollow (out), to scoop out: ~ *un tronco* to hollow out a trunk. **3** (*trovare dissotterrando*) to dig up, to unearth, to uncover: ~ *un tesoro* to dig up a treasure. **4** ⟨*fig*⟩ (*escogitare*) to dig (*o* rake) up, to find: ~ *pretesti* to dig up excuses. **5** ⟨*Sart*⟩ (*incavare*) to enlarge, to scoop out, to widen: ~ *le maniche* to widen the sleeves. **6** ⟨*Minier*⟩ (*asportare*) to mine, to extract: ~ *carbone* to mine coal; (*forare*) to sink, to bore: ~ *un pozzo* to sink a well; (*rif. a gallerie e sim.*) to dig, to bore. **II** *v.i.* (*aus.* **avere**) (*approfondire*) to go (*o* look) into s.th., to probe: *scava scava e trovi che mente* if you go into it enough you'll find he's lying. □ ⟨*fig*⟩ *scavarsi la fossa con le proprie mani* to dig one's own grave. **scavato** *a.* **1** dug out, excavated. **2** (*eroso*) hollowed out, worn away, sapped: *sponde –e dalle acque* banks hollowed out by the current. **3** (*incavato*) hollow, sunken: *guance –e* hollow cheeks. **4** (*dissotterrato*) dug up, unearthed. **5** ⟨*Sart*⟩ enlarged, scooped out, widened: *maniche troppo –e* sleeves that have been widened too much. **scavatore** *m.* (*f.* **-trice**) digger, excavator. **2** → **scavatrice**. **scavatrice** *f.* digger, excavator, shovel. □ ~ *a cucchiaia* power shovel. **scavatura** *f.* **1** digging, excavation. **2** (*tratto scavato*) hole, excavation, cavity. **3** (*terra scavata*) earth dug up.

scavezzacollo *m.* daredevil, reckless fellow, madcap. □ *a ~* (*precipitosamente*) headlong, at breakneck speed, precipitously.

scavezzare[1] *v.t.* (**scavezzo**) **1** (*spezzare la cima degli alberi*) to break the top off: *la tempesta ha scavezzato i pioppi* the storm has broken the tops off the poplars. **2** ⟨*Tess*⟩ to break (up). □ *scavezzarsi il collo* to break one's neck.

scavezzare[2] *v.t.* (**scavezzo**) (*togliere la cavezza*) to un-halter.

scavezzatrice *f.* ⟨*Tess*⟩ breaker. **scavezzatura** *f.* breaking.

scavo *m.* **1** excavation, excavating, digging. **2** ⟨*Edil*⟩ excavation. **3** ⟨*Archeol*⟩ excavation, dig; (*luogo*) excavation site; (*rovine*) ruins *pl*: *visitare gli –i di Cnosso* to visit the ruins of Knossos. **4** ⟨*Sart*⟩ hole: ~ *della manica* armhole. □ ~ **archeologico** archaeological excavation; ⟨*Minier*⟩ ~ *di* **estrazione** stope; ⟨*Edil*⟩ ~ *di* **fondazione** founding pit; ⟨*Minier*⟩ ~ *a* **giorno** open–cast mining; **lavori** *di* ~ mining; **materiale** *di* ~ excavated material; ⟨*Minier*⟩ ~ *di un* **pozzo** well boring, well sinking; **sezione** *di* ~ working face; ⟨*Edil*⟩ ~ *a* **trincea** trench.

scazzottare *v.t.* (**scazzotto**) to punch; (*picchiare*) to beat, to thrash, to hit. **scazzottarsi** *v.r.* ⟨*recipr*⟩ to fight, to come to blows; (*picchiarsi*) to punch (*o* thump) e.o. **scazzottata, scazzottatura** *f.* **1** punching, fighting. **2** (*rissa*) fist fight, ⟨*fam*⟩ punch–up. **3** (*serie di cazzotti*) hail of punches.

scegliere *v.* (**scelgo, scegli; scelsi, scelto**) **I** *v.t.* **1** to choose, to pick: *ha scelto una carriera difficile* he has chosen a difficult career; (*selezionare*) to select, to choose: ~ *alcune poesie per una raccolta* to select some poems for an anthology; *il capitano ha scelto i più abili* the captain has chosen the most able men. **2** (*separare, vagliare*) to sort out: ~ *la frutta* to sort out the fruit. **3** (*preferire*) to choose, to prefer: *fra i due mali scelgo il minore* I prefer the lesser of the two evils. **II** *v.i.* (*aus.* **avere**) to choose, to take one's pick: *hai da ~* you can take your pick. □ *c'è da ~* there's plenty ⸢to choose from⸣ (*o* of choice); *non c'è da ~* there's no choice; *c'è poco da ~* there's not much choice; *far* (*o lasciar*) ~ *qd.* to let s.o. choose; ~ *meticolosamente* to pick and choose; *li ho scelti a uno a uno* I picked them (out) one by one.

sceglitore *m.* (*f.* **-trice**) (*operaio addetto alla cernita*) sorter.

sceiccato *m.* **1** (*carica*) office of sheik(h). **2** (*territorio*) sheik(h)dom. **sceicco** *m.* (*pl.* **-chi**) sheik(h). □ ~ *del petrolio* oil sheik(h).

scelgo → **scegliere**.

scelleratamente *avv.* wickedly, evilly. **scellerratezza** *f.* **1** wickedness, infamy, iniquity, villainy. **2** (*azione scellerata*) wicked deed, infamy, iniquity. **scellerato I** *a.* **1** (*rif. a persona: malvagio, infido*) wicked, evil, villainous. **2** (*rif. a cosa: nefando*) wicked, iniquitous, infamous, foul. **II** *s.m.* (*f.* **-a**) wicked (*o* evil) person, villain.

scellino *m.* **1** ⟨*GB*⟩ (*moneta*) shilling. **2** (*unità monetaria austriaca*) schilling.

scelsi → **scegliere**. **scelta** *f.* **1** choice, selection, picking (out): *fare una ~* to make a choice; *cattiva ~* bad choice; *in questo negozio c'è molta ~* there's plenty of choice in this shop. **2** (*ciò che è stato scelto*) choice, selection: *una ~ di poesie francesi* a selection of French poetry. **3** (*qualità*) quality, grade: *di seconda ~* second grade, lower quality; *carne di prima ~* prime (quality) meat, choice meat; *merce di prima ~* top quality goods, top grade goods. □ *a ~* as preferred, according to choice (*o* preference), to taste: *il primo premio è una lavatrice o un televisore a ~* first prize is a washing machine or television set according to preference; *frutta o dolce a ~* choice of fruit or sweet; *non ho altra ~* I have no choice; ⟨*Sport*⟩ ~ *del campo* choice of ends; *fare la propria ~* to take one's choice; *lasciar la ~ a qd.* to let s.o. choose (*o* take) his pick; *avere possibilità di ~* to have a choice.

scelto (*p.p. di* **scegliere**) *a.* **1** chosen, picked, selected; (*prescelto*) select, selected: *passi –i di Omero* selected passages from Homer. **2** (*eccellente, pregevole*) choice, first–rate: *merce –a* choice goods. **3** ⟨*Mil*⟩ crack–, picked, highly–skilled, specially trained: *truppe –e* crack troops.

scemare *v.* (**scemo**) **I** *v.i.* (*aus.* **essere**) **1** to lessen, to abate, to go (*o* die) down: *il vento va scemando* the wind is abating (*o* dropping); (*rif. a dolore*) to decrease, to lessen, to abate; (*rif. a forze*) to wane, to decline. **2** ⟨*Astr*⟩ to go down, to set; (*rif. alla luna*) to wane. **II** *v.t.* to reduce, to diminish, to lessen, to put down: ~ *un prezzo* to reduce a price; (*rif. a dolore*) to lessen, to ease, to abate; (*rif. a forze*) to sap, to drain, to decrease. □ ~ *d'autorità* to lose authority.

scemenza *f.* **1** stupidity, imbecility, foolishness. **2** (*azione*) stupid act, idiocy; (*frasi, parole*) rubbish, nonsense: *non dire –e* don't talk nonsense. **scemo I** *a.* stupid, silly, ⟨*fam*⟩ dumb. □ ~ *di forze* without (*o* lacking in) strength, weak. **II** *s.m.* (*f.* **-a**) fool, idiot. □ ⟨*Edil*⟩ *arco* ~ flat (*o* segmental) arch.

scempiaggine *f.* **1** stupidity; (*stoltezza*) foolishness. **2** (*detto, parole*) rubbish, nonsense: *non dire –i* don't talk rubbish; (*azione stolta*) foolish (*o* stupid) act, idiocy. **scempiare** *v.t.* (**scempio, scempi**) (*sdoppiare*) to make single.

scempio *m.* ⟨*lett*⟩ **1** (*strage*) slaughter, massacre. **2** ⟨*fig*⟩ (*deturpazione*) havoc, destruction, ruin(ing): ~ *del paesaggio* ruining of the landscape. □ *fare* ~ *di*: 1 (*infierire su*) to slaughter, to massacre, to tear to pieces: *fare* ~ *dei nemici* to slaughter one's enemies; 2 ⟨*fig*⟩ (*rovinare*) to play (*o* wreak) havoc on, ⟨*fam*⟩ to murder: *fare* ~ *di una musica* to ruin (*o* murder) a piece of music.

scena *f.* **1** stage: *comparire in* ~ to come on stage. **2** *pl.* (*teatro*) stage, theatre: *la commedia appare per la prima volta sulle –e* the play is appearing on the stage for the first time. **3** (*scenario*) scene, set: *la* ~ *rappresenta una sala del castello* the scene shows a hall of the castle. **4** (*azione scenica*) scene, action. **5** (*parte dell'atto*) scene. **6** ⟨*fig*⟩ (*vista, spettacolo*) scene: *tra i due si svolse una* ~ *commovente* there was a moving scene between them. **7** ⟨*fig*⟩ (*manifestazione esagerata*) act(ing), put-on: *sono sicuro che è tutta una* ~, *non sta affatto male* I'm sure it's all an act, he's not sick at all. **8** ⟨*fig*⟩ (*scenata*) scene, quarrel, row: *non fare –e!* don't make a scene! **9** ⟨*Pitt,Cin*⟩ scene: ~ *agreste* country scene; *girare una* ~ to shoot a scene. □ *andare in* ~ to be staged (*o* put on, performed); *a* ~ **aperta** with the curtain up; *applausi a* ~ *aperta* spontaneous applause; *darsi alle –e* to become an actor, to take up acting; *dietro le –e* behind the scenes, backstage (*anche fig.*); **direttore** *di* ~ stage manager; **entrare** *in* ~ to come on (stage); ⟨*fig*⟩ to come on the scene; **essere** *di* ~ to be due on stage; ⟨*fig*⟩ to be in the limelight; **far** ~ to hold an audience; ⟨*fig*⟩ to make an impression (*o* a sensation); ~ **madre** principal scene, main action; ⟨*fig*⟩ violent (*o* hysterical) scene; ~ *di* **massa** crowd scene; **mettere** *in* ~ to stage, to put on; ~ **muta** dumb show; ⟨*fig*⟩ *fare* ~ *muta* to be tongue-tied; **ridurre** *per le –e* to adapt for the stage; ⟨*fig*⟩ **rubare** *la* ~ to steal the show; ⟨*fig*⟩ **scomparire** *dalla* ~ *del mondo* (*morire*) to make one's exit from the world; ⟨*fig*⟩ **uscire** *di* ~ to (make one's) exit; ⟨*fig*⟩ to disappear from the scene.

scenario *m.* **1** ⟨*Teat*⟩ scenery, set, décor, (*scena dipinta*) backdrop. **2** ⟨*fig*⟩ (*sfondo, paesaggio*) setting, scenery, backdrop: *la gara si svolge nel grandioso* ~ *delle Alpi* the race takes place against the grand setting of the Alps. **3** (*nella commedia dell'arte: canovaccio*) scenario, plot outline. **4** ⟨*Cin*⟩ screenplay, scenario. **scenarista** *m./f.* → **sceneggiatore**.

scenata *f.* scene, quarrel: *fare una* ~ *a qd.* to have a scene with s.o., to make a scene.

scendere *v.* (**scesi, sceso**) **I** *v.i.* (*aus.* **essere**) **1** (*andare verso il basso*) to come (*o* go) down, to descend: *scendi, ti aspetto* come down, I am waiting for you. **2** (*smontare*) to get off (s.th.), to climb down: ~ *da un albero* to climb down a tree; ~ *da una scala* to get off a ladder; ~ *da cavallo* to get off a horse; (*rif. a mezzi di trasporto*) to get out (of), to get off (s.th.): ~ *dal treno* to get off a train; ~ *dalla macchina* to get out of the car; (*rif. a navi: sbarcare*) to go ashore, to disembark, to land: *la maggior parte dei turisti scende a Napoli* most of the tourists disembark at Naples. **3** (*essere in pendenza*) to slope (down), to descend: *il sentiero scendeva ripido verso la valle* the path

sloped steeply toward the valley; (*scorrere verso il basso*) to flow (*o* run, go) down, to descend: *i fiumi scendono al mare* the rivers flow down to the sea. **4** (*atterrare: rif. ad aeroplani*) to land, to come down: *l'aereo scese in un campo* the plane landed in a field. **5** (*scaturire*) to spring (*da* from), to rise (in): *il Tevere scende dagli Appennini* the Tiber rises in the Appennines. **6** (*sostare*) to stop (at): *scenderemo al prossimo motel per pranzare* we'll stop at the next motel for lunch; (*prendere alloggio*) to stay, to put up: *i miei amici sono scesi all'albergo Bristol* my friends are staying at the Bristol Hotel. **7** (*diminuire, decrescere*) to go (*o* come) down, to decrease, to drop, to fall: *il livello del fiume continua a* ~ the level of the river is still falling; *la temperatura è scesa sotto lo zero* the temperature has dropped (*o* fallen) below zero; *il prezzo del burro è sceso di poco* the price of butter has fallen slightly. **8** (*digradare*) to slope down. **9** (*ricadere*) to hang (*o* fall, come) down: *i capelli le scendevano sulle spalle* her hair hung (*o* flowed) down over her shoulders; *il mantello le scendeva fino ai piedi* the cloak came down to her feet. **10** (*calare*) to sink, to go down: *il sole scende all'orizzonte* the sun is sinking below the horizon; (*perdere quota*) to descend: *l'aereo scese a venticinquemila piedi* the plane descended to twenty-five thousand feet. **11** ⟨*fig*⟩ (*umiliarsi*) to stoop, to sink, to lower o.s.: *non credevo che sarebbe sceso così in basso* I didn't think he would stoop so low. **II** *v.t.* to come (*o* go) down, to descend: ~ *una montagna* to go down a mountain. □ ~ *in* **basso**: 1 = *scendere* **giù**; 2 ⟨*fig*⟩ to stoop, to sink, to lower (*o* demean) o.s.; ~ *a più miti* **consigli** to take a milder attitude; ⟨*fig*⟩ ~ *al* **cuore** (*commuovere*) to touch the heart of; ~ **giù** to come (*o* go) down; ~ *dal* **letto** to get up, to get out of bed; ~ **lungo** *il fiume* to go downstream; (*navigando*) to sail downstream; *scende la* **notte** night is falling; ⟨*fig*⟩ ~ *a* **patti** *con qd.* to come to terms with s.o.; ⟨*fig*⟩ ~ *in* **piazza** to take part in a demonstration; ~ *le* **scale** to go (*o* come) downstairs; ⟨*Mar*⟩ ~ *a* **terra** to go ashore; ~ *a* **valle** to go downhill; (*navigando*) to go downstream; (*rif. a fiumi*) to flow down.

scendi|bagno *m.inv.* bath-mat. **~letto** *m.inv.* (*tappetino*) bedside-rug, scatter-rug.

sceneggiare *v.t.* (**sceneggio, sceneggi**) **1** ⟨*Teat*⟩ (*ridurre per le scene*) to adapt for the stage. **2** ⟨*Rad*⟩ to adapt (*o* dramatize) for radio; (*rif. a soggetti originali*) to write for radio. **3** ⟨*TV*⟩ to adapt (*o* dramatize) for television; (*rif. a soggetti originali*) to write for television. **4** ⟨*Cin*⟩ to write a film version of; (*rif. a soggetti originali*) to write the script of. **sceneggiato** *m.* ⟨*TV*⟩ serial. **sceneggiatore** *m.* (*f.* **-trice**) **1** ⟨*Teat*⟩ dramatist, playwright. **2** ⟨*Rad,TV,Cin*⟩ scriptwriter. **sceneggiatura** *f.* **1** ⟨*Teat,TV*⟩ play, script. **2** ⟨*Cin*⟩ (film-)script, screenplay, scenario. **scenicamente** *avv.* scenically. **scenico** *a.* (*pl.* **-ci**) stage-, scenic: *apparato* ~ stage set. **scenografia** *f.* **1** (*arte, tecnica*) stage designing, set designing; (*nell'antica Grecia*) scenography. **2** (*scenario*) scenery, set, scene; (*complesso delle costruzioni*) set, décor. **3** ⟨*Cin*⟩ set designing, setting, architecture. **scenograficamente** *avv.* scenically. **scenografico** *a.* (*pl.* **-ci**) **1** stage-, scene-, set-, scenery-, scenic: *tecnica –a* stage designing, set-construction. **2** ⟨*fig,spreg*⟩ (*artificioso, spettacolare*) showy, stagy. **scenografo** *m.* (*f.* **-a**) **1** ⟨*Teat*⟩ scene-painter, scenographer. **2** ⟨*Cin,TV*⟩ art-director, set designer. **scenotecnica** *f.* **1** ⟨*Teat*⟩ staging, stagecraft. **2** ⟨*Cin*⟩ art direction.

scepsi *f.* ⟨*Filos*⟩ scepsis, skepsis.

sceriffo[1] *m.* ⟨*GB,SU*⟩ sheriff.

sceriffo[2] *m.* (*nel mondo musulmano*) sharif, sherif, shereef.

scervellarsi *v.r.* (**mi scervello**) to rack (*o* cudgel) one's brains, to puzzle: ~ *su un problema di fisica* to rack one's brains over a physics problem. **scervellato I** *a.* brainless, empty-headed, hare-brained. **II** *s.m.* (*f.* **-a**) hare-brain, crack-brain.

scesa *f.* **1** (*lo scendere*) descent, coming (*o* going) down. **2** (*strada, sentiero in pendio*) way (*o* path, road) down; (*terreno in pendio*) slope, descent.

scesi, sceso → **scendere**.

scetticamente *avv.* sceptically. **scetticismo** *m.* scepticism (*anche Filos.*). **scettico** *a./s.* (*pl.* **-ci**) **I** *a.* sceptical (*anche Filos.*): *sono ~ sugli effetti di questa cura* I am sceptical about the effects of this treatment. **II** *s.m.* sceptic (*anche Filos.*).

scettro *m.* **1** sceptre: *~ imperiale* imperial sceptre. **2** ⟨*estens*⟩ sceptre, throne, crown. **3** ⟨*fig*⟩ (*potere assoluto*) sway, crown: *tenere lo ~* to hold sway.

sceverare *v.t.* (**scevero**) ⟨*lett*⟩ to distinguish: *~ il bene dal male* to distinguish good from evil, to tell good from bad. **scevro** *a.* ⟨*lett*⟩ free (*di* from), lacking (in), without (s.th.): *~ di colpe* without blame, blameless.

scheda *f.* **1** card; (*di schedario*) index–card: *ordinare le –e* to arrange the index–cards. **2** ⟨*Inform*⟩ card. □ *~ bianca* blank ballot: *votare ~ bianca* to cast a blank ballot; *–e della* **biblioteca** library catalogue; *~ elettorale* ballot, ballot paper, voting paper; *~ di* **macchina** machine load card; ⟨*Inform*⟩ *~* **magnetica** magnetic card; *~* **matrice** (*o principale*) master card; *~* **meccanografica** punched card, tab card; *~* **nulla** void ballot (*o* vote); *~* **perforata** punched (*o* punch) card; *~* **personale** staff card, employee rating chart; *~ di* **richiesta** order form; *~* **segnaletica** fingerprint card; ⟨*Scol*⟩ *~ di* **valutazione** report card.

schedare *v.t.* (**schedo**) **1** to catalogue, to card–index. **2** (*registrare*) to put on one's files (*o* records), to make a file on. **3** (*registrare negli schedari della polizia*) to put down in the (police) records; (*per motivi politici*) to keep a dossier on.

schedario *m.* **1** card–index, files *pl,* card file. **2** (*mobile*) filing–cabinet, file; (*ufficio*) records (*o* filing) office, archive. □ *~* **alfabetico** index–cards *pl;* *~* **centrale** central file; *~ dei* **clienti** customer file; ⟨*Inform*⟩ *~ di* **lavoro** batch file; *~* **rotante** rotary file.

schedarista *m./f.* filing clerk. **schedato** (*p.p. di schedare*) **I** *a.* indexed, catalogued. **II** *s.m.* (*f.* **-a**) person having a police record. **schedatore** *m.* (*f.* **-trice**) cataloguer. **schedatura** *f.* filing, (*il catalogare*) cataloguing, card–indexing. **schedina** *f.* **1** slip. **2** (*del totocalcio e sim.*) coupon: *~ del totocalcio* (football) pools coupon.

schedulare *v.t.* ⟨*Inform*⟩ to schedule.

scheggia *f.* (*pl.* **-ge**) splinter, sliver: *una ~ di osso* a bone splinter; (*di legno*) splinter, chip, sliver. **scheggiare** *v.t.* (**scheggio, scheggi**) (*staccare*) to break splinters off, to chip; (*ridurre in schegge*) to splinter, to sliver. **scheggiarsi** *v.r.* to splinter, to sliver, to chip: *il marmo si scheggia facilmente* marble chips easily; (*staccarsi*) to splinter off. **scheggiatura** *f.* chipping, splintering.

scheletrico *a.* (*pl.* **-ci**) **1** skeletal. **2** ⟨*fig*⟩ (*magrissimo*) skeletal, skeleton–like, ⟨*fam*⟩ all skin and bones. **3** ⟨*fig*⟩ (*ridotto all'essenziale*) skeleton–, skeletal, terse: *schema ~* skeleton plan; *stile ~* terse style. **scheletrire** *v.t.* (**scheletrisco, scheletrisci**) to skeletonize, to reduce to a skeleton. **scheletrirsi** *v.r.* to become skeletal (*o* skeleton–like). **scheletrito** *a.* **1** (*rif. a persona*) skeletal, skeleton–like, gaunt, ⟨*fam*⟩ all skin and bones: *un vecchio ~* a skeletal old man. **2** (*rif. a cosa*) bare, skeletal: *albero ~* bare tree.

scheletro *m.* **1** skeleton. **2** ⟨*estens*⟩ (*struttura di sostegno*) skeleton, frame, framework. **3** ⟨*fig*⟩ (*intelaiatura*) (skeleton) outline, skeleton, frame(work): *lo ~ di un romanzo* the outline of a novel. □ *magro come uno ~* as thin as a rake; *sembrare uno ~* (*essere magrissimo*) to look like a skeleton, ⟨*fam*⟩ to be all skin and bones.

schema *m.* **1** sketch, plan, scheme: *lo ~ di un aereo* the plan of an airplane. **2** (*abbozzo*) outline, draft, scheme: *buttare giù lo ~ di una novella* to jot down the outline for a short story. **3** (*modello normativo*) pattern, mould, model: *liberarsi dagli –i del classicismo* to free o.s. from the mould of classicism. **4** ⟨*Filos*⟩ schema. □ *~ dei* **collegamenti** connection diagram; *~ elettrico* wiring diagram; ⟨*Parl*⟩ *~ di legge* bill; *~ di montaggio* hookup. **schematicamente** *avv.* schematically, in outline. **schematicità** *f.* schematism. **schematico** *a.* (*pl.* **-ci**) schematic (*anche fig.*). **schematismo** *m.* schematism. **schematizzare** *v.t.* to schematize. **schematizzazione** *f.* schematization.

scherma *f.* fencing. □ *maestro di ~* fencing master; *sala*
di ~ fencing room; *tirare di ~* to fence.

schermaggio *m.* ⟨*tecn*⟩ **1** (*lo schermare*) screening, shielding. **2** ⟨*concr*⟩ (*schermo*) shield, screen.

schermaglia *f.* **1** sword–fight, skirmish (*o* combat) with swords. **2** ⟨*fig*⟩ (*polemica, contrasto*) skirmish, brush, controversy.

schermare *v.t.* (**schermo**) to screen, to shield: *~ un riflettore* to screen a reflector. **schermato** *a.* **1** screened, shielded, hooded: *fari –i* hooded headlights. **2** ⟨*tecn*⟩ shielded, screened. **schermatura** *f.* ⟨*El*⟩ shielding.

schermire *v.t.* (**schermisco, schermisci**) to shield, to protect, to defend. **schermirsi** *v.r.* **1** (*ripararsi*) to shield (*o* defend) o.s. (*da* from), to protect o.s. (*against, from*): *schermirsi il viso dal sole* to protect one's face against the sun. **2** ⟨*estens*⟩ (*destreggiarsi*) to be adroit (*o* skilful), to fend (for o.s.); (*eludere*) to avoid, to ward off: *schermirsi da domande indiscrete* to ward off indiscreet questions. **schermistico** *a.* (*pl.* **-ci**) fencing–, of fencing, sword–. **schermitore** *m.* (*f.* **-trice/-a**) **1** fencer, swordsman. **2** (*chi si batte all'arma bianca*) sword fighter.

schermo *m.* **1** (*riparo*) shelter; (*protezione*) screen, protection; (*difesa*) shield. **2** ⟨*fig*⟩ screen, veil. **3** ⟨*Fis*⟩ shield, screen. **4** ⟨*Cin*⟩ screen; (*film, cinema*) screen, film: *un divo dello ~* a star of the screen, a film star; (*sala di proiezione*) cinema, ⟨*am*⟩ movie theater: *il film non è ancora uscito sui nostri –i* the film has not yet been shown ⌐ *in our cinemas* (*o* on our screens). **5** ⟨*Fot*⟩ (*diaframma*) diaphragm; (*filtro*) filter. **6** ⟨*Rad*⟩ screen. □ *~* **acustico** baffle; *~* **antiradiazioni** radiation shield; ⟨*fig*⟩ *farsi ~ con qc.* to shield o.s. behind s.th., to shelter o.s. with s.th.; ⟨*Cin*⟩ *~* **gigante** wide (*o* big) screen; *~* **magnetico** magnetic shielding (*o* screen); ⟨*Cin*⟩ *~* **panoramico** panoramic screen; *il piccolo ~* the television screen, ⟨*fam*⟩ the small screen; *~ di* **piombo** lead shield; *~* **protettivo** (*o di protezione*): 1 protective screen; 2 ⟨*Met*⟩ glow screen; *~ a* **raggi** *catodici* cathode ray screen; ⟨*Acu*⟩ *~* **riflettente** reflex baffle; ⟨*Cosmet*⟩ *~* **solare** sun block; *~* **televisivo** television screen; *~* **termico**: 1 heat baffle; 2 ⟨*Atom*⟩ thermal shield; *~* **video** display.

schermografare *v.t.* (**schermografo**) to X–ray. **schermografia** *f.* ⟨*Radiol*⟩ X–rays *pl.* □ *fare la ~ a qd.* to X–ray s.o. **schermografico** *a.* (*pl.* **-ci**) X–ray–: *esame ~* X–ray examination.

schernevole *a.* ⟨*lett*⟩ scornful, sneering, mocking. **schernevolmente** *avv.* ⟨*lett*⟩ scornfully, sneeringly. **schernire** *v.t.* (**schernisco, schernisci**) to scorn, to sneer (*o* scoff, jeer) at, to mock, to deride. **schernitore I** *s.m.* (*f.* **-trice**) scorner, sneerer, jeerer, scoffer. **II** *a.* scornful, mocking, derisory. **scherno** *m.* **1** scorn(ing), sneering, mockery, derision. **2** (*persona oggetto di scherno*) laughing stock, butt, mock: *essere lo ~ di tutti* to be a general laughing stock. □ *di ~* of scorn, scornful, sneering, mocking: *parole di ~* mocking words.

scherzare *v.i.* (**scherzo**; *aus.* avere) **1** (*trastullarsi*) to play, to lark (about): *il gattino scherza con il gomitolo* the kitten is playing with the ball of yarn. **2** (*agire, parlare alla leggera*) to joke, to jest, to make light (*o* fun) of, ⟨*fam*⟩ to kid: *è un tipo che scherza su tutto* he makes light (*o* fun) of everything; *bada che non scherzo* look I'm not joking (*o* kidding); (*agire in modo imprudente*) to play, to trifle: *non ~ col fuoco* don't play with fire; *con l'amore non si scherza* one must not trifle with love. **3** ⟨*lett*⟩ (*muovere dolcemente*) to play, to toy: *il venticello scherza con le foglie* the breeze is toying with the leaves. □ *c'è poco da ~* it's no joke (*o* laughing matter); ⟨*fig*⟩ *~ con la morte* to gamble with death. *Prov: scherza coi fanti e lascia stare i santi* religion is no laughing matter.

scherzo *m.* **1** (*lo scherzare*) joking, jesting, joke, jest. **2** (*burla*) (practical) joke, prank, trick: *il tuo è stato uno ~ veramente gustoso* your joke was really good. **3** ⟨*fig*⟩ (*impresa facile*) child's play. **4** ⟨*Mus*⟩ scherzo. □ *–i d'acqua* waterworks; *bando agli –i* joking apart; *brutto ~*: 1 nasty joke; 2 (*colpo mancino*) dirty trick; 3 (*cosa sgradita*) nasty surprise, let–down: *questa stoffa mi ha fatto il brutto ~ di restringersi* this material gave me a nasty surprise by shrinking; *non* **fare** *–i* let's have no fooling (*o* messing) around; *uno ~* **innocente** a harmless joke; ⟨*iperb*⟩ ~ *di* natura freak; *per* ~ as (*o* for) a joke, for sport (*o* a laugh), in fun; *neppure per* ~ (*in nessun modo*) by no means, absolutely not; prendere *tutto in* ~ to take everything lightly; ⟨*fam*⟩ ~ *da* prete dirty trick; senza *–i* (*sul serio*) really, seriously, ⟨*fam*⟩ no joke; stare *allo* ~ to take a joke; *gli –i del vino* the strange effects of wine; volgere *tutto in* ~ to 'make light of' (*o* laugh off) everything, to joke about everything. *Prov.: lo* ~ *è bello quando è corto* the best joke is briefest; ~ *di mano,* ~ *di villano* rough play is poor breeding's way.

scherzosaménte *avv.* jokingly, jestingly, laughingly. scherzóso *a.* 1 (*che scherza volentieri*) playful, frolicsome: *un gattino* ~ a playful kitten. 2 (*detto, fatto per scherzo*) joking, jesting, playful: *frase –a* joking words; (*di scherzo*) joking, laughing, jesting: *tono* ~ laughing tone.

schettinàggio *m.* roller-skating. schettinàre *v.i.* (schettino; *aus.* avere) to roller-skate. schettinatóre *m.* (*f.* -trice) roller-skater. schéttini *m.pl.* roller-skates.

schiacciaménto *m.* 1 crushing, squashing. 2 (*pressione*) pressing. 3 (*appiattimento*) flattening: ~ *dei poli terrestri* flattening of the earth's poles. 4 ⟨*Mecc*⟩ squashing, crushing; (*rif. a pneumatici*) deflection. □ ⟨*Med*⟩ *sindrome da* ~ crush syndrome. schiaccianóci *m.inv.* nutcracker, nutcrackers *pl.* schiacciànte *a.* 1 crushing, squashing. 2 ⟨*fig*⟩ (*irrefutabile*) crushing, overwhelming, incontestable: *prove –i* crushing proof. schiacciapatàte *m.inv.* potato masher, ⟨*am*⟩ ricer.

schiacciàre *v.t.* (schiàccio, schiàcci) 1 to crush, to squash, to squeeze: *ha chiuso il cassetto e mi ha schiacciato un dito* he closed the drawer and squashed my finger. 2 (*calpestare*) to crush (underfoot), to squash, to tread on: ~ *una lumaca col piede* to crush a snail underfoot. 3 (*rompere*) to crack: ~ *le mandorle* to crack almonds. 4 (*uccidere schiacciando*) to crush, to squash, to flatten: *schiacciò l'insetto contro la parete* he flattened the insect against the wall. 5 (*premere*) to press, to push (down): ~ *il bottone* to press the button; (*premere fino in fondo*) to push (*o* press) right down, to drive (*o* slam, ram) down: ~ *il pedale del freno* to slam down on the brake pedal. 6 ⟨*fig*⟩ (*superare, vincere*) to crush, to overwhelm, ⟨*fam*⟩ to smash: ~ *gli avversari* to crush the enemy. 7 ⟨*fig*⟩ (*opprimere*) to crush, to weigh (*o* bear) down on: *il rimorso lo schiaccia* remorse is weighing down on him. schiacciarsi *v.r.* 1 (*perdere la forma originaria*) to get squashed (*o* crushed): *le paste si sono schiacciate* the pastries got crushed. 2 (*urtare deformandosi*) to crush: *mi sono schiacciato un dito nella porta* I crushed my finger in the door. □ ⟨*Sport*⟩ ~ *la palla* to smash (the ball); ⟨*pop*⟩ ~ *un sonnellino* to take a nap.

schiacciasàssi *m.inv.* ⟨*Strad*⟩ road roller. schiacciàta *f.* 1 squeeze, crush(ing), squash(ing); (*stirando*) press(ing), iron-over. 2 (*pestata, confusione*) bruise, crush(ing); (*rif. a cose: deformazione*) dent(ing), flattening. 3 ⟨*Gastr*⟩ kind of flat loaf. 4 ⟨*Sport*⟩ (*nel tennis*) smash. □ *dare una* ~ *a qc.*: 1 to squeeze s.th.; 2 (*deformando*) to dent (*o* flatten) s.th. schiacciàto *a.* 1 (*deformato*) dented, battered: *un cappello* ~ a battered hat; (*compresso, spiaccicato*) crushed, squashed. 2 (*appiattito*) flattened, squashed: *naso* ~ flattened nose. 3 ⟨*Arch*⟩ flattened. □ ⟨*Sport*⟩ *tiro* (*o colpo*) ~ *(nel tennis)* smash. schiacciatùra *f.* 1 crushing, squashing, squeezing. 2 (*parte schiacciata*) flattened (*o* crushed) part.

schiaffàre *v.t.* ⟨*fam*⟩ to fling, to chuck, to sling: *schiaffò i suoi vestiti nella valigia* he flung his clothes into the suitcase. schiaffarsi *v.r.* to throw (*o* fling) o.s. □ ~ *dentro qd.* (*metterlo in prigione*) to throw s.o. in the clink; *schiaffarsi a letto* to jump (*o* hop, leap) into bed.

schiaffeggiàre *v.t.* (schiafféggio, schiafféggi) to slap, to smack, to cuff. schiàffo *m.* 1 slap, smack, cuff. 2 (*offesa, umiliazione*) humiliation, slap in the face. □ ⟨*fig*⟩ ~ *morale* humiliation, insult; *prendere a –i qd.* to slap s.o. (*o* s.o.'s face).

schiamazzàre *v.i.* (*aus.* avere) 1 (*rif. a oche e sim.*) to cackle, to gaggle, to squawk; (*rif. a galline*) to cackle. 2 ⟨*estens*⟩ (*gridare*) to shout, to make a noise (*o* din, racket). schiamazzatóre *m.* (*f.* -trice) rowdy, boisterous

person. schiamàzzo *m.* 1 (*rif. a oche e sim.*) cackling, gaggling, squawking; (*rif. a galline*) cackle, cackling. 2 ⟨*estens*⟩ (*chiasso*) din, uproar, racket, ⟨*fam*⟩ row. □ *far* ~ to make a noise (*o* din, racket) to make a great uproar (*o* fuss).

schiantàre I *v.t.* 1 to break (*o* snap) off, to tear (off): *il temporale ha schiantato le cime degli alberi* the storm snapped off the tree tops. 2 (*rompere*) to break, to smash: *l'urto ha schiantato l'automobile* the collision smashed the car. II *v.i.* (*aus.* essere) 1 to break, to burst (*anche fig.*): ~ *d'invidia* to burst with envy. 2 ⟨*fam*⟩ (*morire*) to die: ~ *dalla fatica* to die of overwork. schiantarsi *v.r.* to break (up), to break (*o* smash) into pieces, to shatter, to be smashed up: *l'aereo si schiantò contro la montagna* the aeroplane smashed into pieces against the mountainside. □ ⟨*fig*⟩ ~ *il cuore* to break one's heart; *mi si schianta il cuore* it breaks my heart; ~ *dalle risa* to split one's sides with laughter. schiànto *m.* 1 breaking, tearing, snapping, splitting; (*lo scoppiare*) burst(ing). 2 ⟨*fig*⟩ (*pena, dolore acuto*) great blow, pain, pang, wrench. 3 (*rumore*) crash, crack, snap, tearing sound: *lo* ~ *del tuono* the crash of thunder. □ ⟨*fam*⟩ *uno* ~ *di ragazza* a smashing girl; *di* ~ abruptly, suddenly: *crollare di* ~ to collapse suddenly.

schiàppa *f.* ⟨*pop*⟩ (*persona incapace*) bungler, duffer, wash-out, dud: *è una* ~ *alle carte* he's a wash-out at cards. □ *essere una* ~ *in qc.* to be hopeless (*o* no good) at s.th.

schiariménto *m.* 1 (*lo schiarire*) lightening. 2 (*lo schiarirsi*) growing lighter, brightening up. 3 ⟨*fig*⟩ (*chiarimento*) explanation, clarification. schiarìre *v.* (schiarìsco, schiarìsci) I *v.t.* 1 to lighten, to make lighter: ~ *un colore* to lighten a colour. 2 (*sbiadire*) to fade. II *v.i.* (*aus.* essere), schiarirsi *v.r.* 1 (*diventare chiaro*) to become lighter, to lighten; (*sbiadire*) to fade. 2 (*farsi chiaro, rasserenarsi*) to brighten (up), to clear (up): *il cielo comincia a* ~ the sky is beginning to clear up. □ *schiarirsi i capelli* to lighten one's hair, to dye one's hair a lighter shade; *schiarirsi la voce* to clear one's throat. schiarìta *f.* 1 clearing up. 2 ⟨*fig*⟩ (*miglioramento*) improvement, turn for the better: *una* ~ *della situazione politica* an improvement in the political situation. schiaritùra *f.* lightening, brightening.

schiàtta *f.* ⟨*lett*⟩ 1 (*stirpe*) stock, race. 2 (*discendenza*) lineage, descent, issue.

schiattàre *v.i.* (*aus.* essere) 1 to burst (*anche fig.*): ~ *d'invidia* to burst with envy. 2 ⟨*pop*⟩ (*morire improvvisamente*) to drop dead.

schiavardàre *v.t.* to unbolt, to remove the bolts from.

schiavétto *m.* (*f.* -a) ⟨*scherz*⟩ (*tirapiedi*) slavey, drudge, flunkey. schiavìna *f.* ⟨*Mediev*⟩ 1 (*veste*) hooded gown; (*mantello*) hooded cloak. 2 (*coperta*) coarse blanket. schiavìsmo *m.* (*dottrina*) support of slavery, ⟨*SU*⟩ anti-abolitionism; (*sistema*) slavery, slave system (*anche estens.*). schiavìsta *I s.m./f.* 1 slave merchant, slave trader, slaver. 2 (*fautore dello schiavismo*) advocate (*o* supporter) of slavery, ⟨*SU*⟩ anti-abolitionist. II *a.* slave-: *stato* ~ slave state. schiavìstico *a.* (*pl.* -ci) 1 (*dello schiavismo*) of slavery, slave-. 2 (*da schiavista*) of a supporter of slavery, ⟨*SU*⟩ anti-abolitionist. schiavitù *f.* 1 slavery: *abolizione della* ~ abolition of slavery. 2 (*condizione di schiavo*) slavery, slavedom, bondage, servitude: *liberarsi dalla* ~ to free o.s. from bondage. 3 ⟨*fig*⟩ slavery, subjection, bondage: *la* ~ *dell'orario* the bondage of the timetable. □ *ridurre in* ~ to reduce to slavery. schiàvo I *s.m.* (*f.* -a) 1 slave: *la tratta degli –i* the slave trade. 2 ⟨*fig*⟩ (*persona asservita*) slave, servant. II *a.* 1 enslaved, captive. 2 (*asservito*) subject: *popolo* ~ subject people. 3 ⟨*fig*⟩ slave: *essere* ~ *delle passioni* to be slave to passion.

schiavóne I *a.* ⟨*Stor*⟩ Slavonian. II *s.m.* ⟨*Stor*⟩ (*abitante; f.* -a) Slavonian.

schiccheràre *v.t.* (schìcchero) ⟨*region*⟩ (*bere abbondantemente*) to drink up, to tipple.

schidióne *m.* (*spiedo*) spit.

schièna *f.* 1 back. 2 ⟨*Geog*⟩ (*dorsale*) ridge, crest. □ *a* ~ *d'asino* by donkey, on donkey-back: *trasportare qc. a* ~ *d'asino* to carry s.th. on donkey-back; ⟨*Strad*⟩ *ponte a* ~

d'asino hog–backed (*o* humpbacked) bridge; *strada a ~ d'asino* cambered road; ⟨*fig*⟩ **colpire** *qd. alla ~* to stab s.o. in the back; ⟨*fig*⟩ **curvare** *la ~* to stoop, to bow one's neck; **di** *~* from the back, from behind; *a forza di ~* by hard work; **girare** *la ~ a qd.* to turn one's back on s.o. (*anche fig.*); **mal** *di ~* backache; **rompersi** *la ~* to break one's back (*anche fig.*).

schienale *m.* **1** (*spalliera*) back: *lo ~ del sedile* the back of the seat. **2** ⟨*Macell*⟩ saddle; (*midollo*) spinal marrow.

schiera *f.* **1** formation, array, rank: *ordinare le –e* to order the ranks. **2** (*gruppo*) group, band, team: *una ~ di collaboratori* a team of collaborators. **3** (*folla, massa*) crowd, mass, swarm, host. □ *a –e* (*in più schiere*) in hosts, in swarms; *mettere in ~ i soldati* to marshal (*o* line up) the soldiers. **schieramento** *m.* **1** marshalling, drawing (*o* lining) up; (*disposizione delle truppe*) array, deployment. **2** ⟨*fig*⟩ body, front, line-up: *~ politico* political line-up. **3** ⟨*Sport*⟩ formation, line-up. □ *il nemico ha rotto lo ~* the enemy has broken the front. **schierare** *v.t.* (*schiero*) to array, to line up, to draw up (in line), to marshal: *~ l'esercito* to draw up the army; *~ in battaglia* to draw up in battle order. **schierarsi** *v.r.* **1** to draw (*o* line) up: *la fanteria si schierò per l'attacco* the infantry drew up for the attack. **2** ⟨*fig*⟩ to side, to take sides (*con, dalla parte di* with): *schierarsi dalla parte del più debole* to side with the weakest.

schiettamente *avv.* **1** (*puramente*) purely; (*genuinamente*) genuinely. **2** ⟨*fig*⟩ (*sinceramente*) sincerely, truly; (*francamente*) frankly, straightforwardly. **schiettezza** *f.* **1** (*purezza*) purity; (*autenticità*) genuineness. **2** ⟨*fig*⟩ (*sincerità, lealtà*) sincerity; (*franchezza*) frankness, straightforwardness. □ *parlare con ~* to speak frankly (*o* openly). **schietto** (*o schietto*) **I** *a.* **1** (*puro*) pure; (*rif. a vino e sim.*) pure, undiluted; (*genuino, autentico*) pure, genuine. **2** ⟨*fig*⟩ (*franco*) frank, straightforward: *parole –e* frank words; (*sincero*) sincere, true: *amicizia –a* true friendship. **II** *avv.* frankly, sincerely. □ *a dirla –a* (*francamente*) to be frank (*o* candid), frankly.

schifare *v.t.* **1** (*disdegnare*) to spurn, to look down on, to disdain: *~ il cibo* to spurn food. **2** (*disgustare*) to disgust: *la sua vista mi schifa* the sight of him disgusts me. **schifarsi** *v.r.* to be disgusted (*di* by), to feel repugnance (for). **schifato** *a.* disgusted, nauseated, sickened (*di* by). **schifezza** *f.* **1** nastiness, filthiness, foulness. **2** ⟨*concr*⟩ (*cosa schifosa*) disgusting (*o* repulsive) thing; (*azione schifosa*) disgusting action, ⟨*fam*⟩ lousy (*o* rotten) thing to do. **3** (*cosa mal riuscita*) mess: *questo film è una vera ~* this film is a real mess. **4** ⟨*fam*⟩ (*rif. a cibi*) muck: *questo cibo è una ~* this food is muck; (*rif. a bevande*) slop.

schifiltosamente *avv.* fastidiously, fussily. **schifiltoso** *a.* fastidious, fussy, squeamish. □ *fare lo ~* to be fastidious; (*essere delicato*) to be squeamish.

schifo[1] *m.* **1** (*ripugnanza*) disgust, repugnance: *provare ~ per qc.* to feel disgust for s.th., to be disgusted by s.th. **2** (*cosa schifosa*) disgusting (*o* repulsive) thing; (*azione schifosa*) disgusting action, ⟨*fam*⟩ lousy (*o* rotten) thing to do. **3** ⟨*fam*⟩ (*rif. a cibi*) muck; (*rif. a bevande*) slop. **4** ⟨*fam*⟩ (*rif. a stanze e sim.*) pigsty: *questa casa è uno ~* this house is a pigsty. □ *che ~!* how disgusting!, ugh!; **fare** *~*: 1 to (fill with) disgust: *le lumache mi fanno ~* snails disgust me! (*o* make me feel sick); 2 (*essere brutto o malfatto*) ⟨*fam*⟩ to be awful: *questo film fa ~* this film is awful; ⟨*pop*⟩ *~ d'*uomo loathsome fellow, disgusting man, ⟨*fam*⟩ creep; *questo lavoro mi è venuto a ~* I have got sick of this work.

schifo[2] *m.* ⟨*Mar*⟩ skiff.

schifosaggine *f.* **1** (*l'essere schifoso*) nastiness, foulness. **2** (*cosa schifosa*) disgusting (*o* repulsive) thing; (*atto schifoso*) disgusting action, ⟨*fam*⟩ lousy (*o* rotten) thing to do. **schifosamente** *avv.* nastily; (*in modo pessimo*) shockingly, dreadfully. **schifoso** *a.* **1** disgusting, repulsive, repellent, nauseating, sickening, loathsome: *un insetto ~* a repulsive insect; (*pessimo*) shocking, dreadful, ⟨*fam*⟩ lousy: *hai fatto una prova –a* your test was shocking. **2** ⟨*fig*⟩ dirty, foul, disgusting: *è di un egoismo ~* his selfishness is disgusting.

schiniere *m.* ⟨*Mil.ant*⟩ shin guard, greave.

schioccare *v.* (*schiocco, schiocchi*) **I** *v.i.* (*aus.* **avere**) (*fare uno schiocco*) to crack, to smack; (*con le dita*) to snap; (*con la lingua*) to click. **II** *v.t.* (*produrre uno schiocco*) to crack, to smack: *~ le labbra* to smack one's lips; *~ la frusta* to crack the whip; (*rif. alle dita*) to snap; (*rif. alla lingua*) to click. □ *~ un bacio a qd.* to give s.o. a smacking kiss. **schioccata** *f.* **1** (*lo schioccare*) cracking, smacking; (*con le dita*) snapping; (*con la lingua*) clicking, smacking. **2** → schiocco. **schiocco** *m.* (*pl.* -chi) crack, smack: *uno ~ di frusta* the crack of a whip; (*con le dita*) snap; (*con la lingua*) click.

schiodare *v.t.* (*schiodo*) to unnail: *~ una cassa* to unnail a case. **schiodatura** *f.* unnailing.

schioppettata *f.* (*colpo*) gunshot, rifle shot; (*ferita*) gunshot wound. □ *a una ~ da qui* a stone's throw from here. **schioppo** *m.* **1** ⟨*Stor*⟩ flintlock, musket. **2** (*fucile*) rifle, gun. **3** (*arma da caccia*) shotgun. □ *a un tiro di ~ da* at a stone's throw from.

schitarrare *v.i.* (*aus.* **avere**) ⟨*spreg*⟩ to strum (*o* twang) a guitar. **schitarrata** *f.* ⟨*spreg*⟩ strum(ming), twang(ing).

schiudere *v.t.* (*schiusi, schiuso*) to open, to part: *~ le labbra* to part one's lips; (*aprire parzialmente*) to half-open, to open (partially): *~ la porta* to open the door (a little). **2** ⟨*fig*⟩ to open: *~ il cuore alla speranza* to open one's heart to hope. **schiudersi** *v.r.* **1** (*aprirsi*) to open, to part. **2** (*uscire dall'involucro*) to come out, to appear, to open: *si schiudono le prime viole* the first violets are coming out. **3** ⟨*fig*⟩ (*manifestarsi*) to open up: *mi si schiude un nuovo avvenire* a new future is opening up for me.

schiuma *f.* **1** froth, foam: *la ~ della birra* the froth (*o* head) of beer. **2** (*rif. al mare agitato*) foam. **3** ⟨*fig*⟩ (*feccia*) dregs *pl*, scum: *la ~ della società* the dregs of society. **4** ⟨*Gastr*⟩ mousse. □ *~* **antincendio** (fire fighting) foam; **bagno** *di ~* bubble bath; *~ da* **barba** shave foam; *avere la ~ alla* **bocca** to foam (*o* froth) at the mouth (*anche fig.*); **fare** *~* (*rif. al sapone*) to lather; ⟨*Min*⟩ *~ di* mare meerschaum, sea foam: *una pipa di ~* (*di mare*) a meerschaum pipe; *~ di* **sapone** lather. **schiumare I** *v.t.* (*rif. al brodo anche Met.*): *~ il brodo* to skim the broth. **II** *v.i.* (*aus.* **avere**) **1** (*fare schiuma*) to foam, to froth; (*rif. al sapone*) to lather. **2** (*emettere bava*) to foam, to froth. □ ⟨*fig*⟩ *~ dalla* (*o di*) *rabbia* to seethe with anger. **schiumarola** *f.* skimmer, strainer. **schiumogeno I** *a.* foaming, foam–. **II** *s.m.* foam extinguisher. **schiumosità** *f.* foaminess, frothiness. **schiumoso** *a.* foamy, frothy: *liquido ~* foamy liquid; (*rif. al sapone*) lathery.

schiusi → schiudere. **schiuso** (*p.p. di schiudere*) *a.* ⟨*lett*⟩ (half-)open; (*rif. a porte*) ajar.

schivabile *a.* avoidable, shunnable. **schivare** *v.t.* to dodge, to avoid: *~ un colpo* to dodge a blow; *~ una persona* to avoid a person. **schivata** *f.* ⟨*Sport*⟩ dodge; (*nel pugilato*) duck(ing). **schivo** *a.* ⟨*lett*⟩ **1** lo(a)th, averse, unwilling, reluctant: *essere ~ di lodi* to be averse to praise. **2** (*ritroso: per orgoglio*) reserved, stand-offish; (*per timidezza*) bashful, shy.

schizofrenia *f.* ⟨*Psic*⟩ schizophrenia. **schizofrenico** *a./s.* (*pl.* -ci) **I** *a.* schizophrenic. **II** *s.m.* (*f.* -a) schizophrenic, schizophrene. **schizoide** *a./s.m./f.* ⟨*Psic*⟩ schizoid.

schizomiceti *m.pl.* ⟨*Biol*⟩ schizomycetes *pl.*

schizzare I *v.t.* **1** to squirt, to spurt: *l'acqua addosso a qd.* to squirt water on s.o. **2** (*sporcare*) to splash, to (be)spatter, to stain: *mi hanno schizzato il cappotto di fango* my coat got 'mud splashed on it' (*o* spattered with mud). **3** ⟨*fig*⟩ to dart, to shoot, to flash: *occhi che schizzano odio* eyes that flash with hate. **4** ⟨*fig*⟩ (*disegnare rapidamente*) to sketch: *~ una caricatura* to sketch a caricature. **5** ⟨*fig*⟩ (*descrivere brevemente*) to sketch (out), to outline: *~ una scenetta* to outline a scene. **II** *v.i.* (*aus.* **essere**) **1** (*zampillare*) to squirt, to spurt, to gush: *l'acqua schizzava da tutte le parti* water spurted all over. **2** (*saltare, balzare via*) to shoot, to jump, to dart, to spring: *schizzar fuori dal letto* to jump out of bed. □ ⟨*fig*⟩ *~* **fuoco** to flash fire; *schizzava fuoco dagli occhi* his eyes flashed fire; ⟨*fig*⟩ *gli* **occhi** *gli schizzavano dalle orbite* his eyes were popping out of his head; ⟨*fig*⟩ *~* **salute** to be bursting with health; ~ **scintille** (o *faville*) to send out sparks; ⟨*fig*⟩ ~ **veleno** to vent one's spleen (o wrath); ~ **via** to dash off.

schizzata *f.* **1** (*lo schizzare*) splashing, spurting, squirting. **2** ⟨*concr*⟩ (*schizzo*) splash, spurt, spatter. **schizzato** *a.* **1** splashed, spattered (*di* with): *scarpe -e di fango* shoes spattered with mud, mud–splashed shoes. **2** ⟨*fig*⟩ (*abbozzato*) sketched. **3** ⟨*fig*⟩ (*descritto*) sketched (out), outlined.

schizzettare *v.t.* (**schizzetto**) to spray, to sprinkle. **schizzetto** *m.* **1** (*strumento*) spray, syringe: ~ *uretrale* uretral syringe. **2** (*giocattolo*) water–pistol.

schizzinoso *a.* fussy, fastidious, squeamish.

schizzo *m.* **1** spurt, splash: *uno ~ d'acqua* a splash of water. **2** (*macchia*) splash, stain, spot. **3** (*piccola quantità di liquore*) dash (o drop) of liquor: *caffè con lo ~* coffee with a dash of liquor in it. **4** (*abbozzo*) sketch. **5** ⟨*gerg*⟩ (*iniezione di droga*) drug–injection. □ ~ *architettonico* architect's view; ~ *a mano libera* free–hand sketch.

sci *m.* **1** (*attrezzo*) ski: *un paio di ~* a pair of skis. **2** (*attività*) skiing: *appassionato dello ~* skiing enthusiast. □ ~ *d'acqua* water–ski; (*attività*) water–skiing; ~ *da* **corsa** racing ski; *da* ~ ski–; *di* ~ skiing, ski–: *gara di ~* skiing competition (o contest); **fare** *dello* ~ to ski, to go skiing; ~ **nautico** water–skiing.

scia *f.* **1** wake: *la ~ di una nave* the wake of a ship. **2** (*traccia*) trail, wake: *la ~ di un razzo* the trail of a rocket; *lasciava dietro di sé una ~ di profumo* she left a trail of perfume ⌈behind her⌉ (*o in her wake*). **3** ⟨*fig*⟩ wake, track, (*foot*)steps *pl*, trail: ⌈*mettersi sulla*⌉ (o *seguire la*) ~ *di qd.* to follow ⌈s.o.'s trail⌉ (*o in s.o.'s steps*). □ ⟨*fig*⟩ *sulla ~ di* imitating, following (the example of).

scià *m.* shah.

sciabica *f.* **1** ⟨*Pesc*⟩ kind of trawl net. **2** ⟨*Mar*⟩ trawler.

sciabola *f.* sabre: *tirare di ~* to fence with a sabre. **sciabolare** *v.t.* (**sciabolo**) to (strike with a) sabre, to slash. **sciabolata** *f.* (*colpo*) sabre cut, slash. **sciabolatore** *m.* (*f.* -trice) sabreur, sabre fencer.

sciabordare *v.* (**sciabordo**) **I** *v.t.* to shake (up), to swash, to stir (up). **II** *v.i.* (*aus.* avere) to swash; (*rif. a onde e sim.*) to lap. **sciabordio** *m.* **1** swash(ing), stir(ring); (*rif. a onde e sim.*) lapping. **2** (*rumore*) swash, splash(ing).

sciacallaggio *m.* **1** profiteering, exploitation. **2** (*in occasione di catastrofi e sim.*) looting, pillaging. **sciacallo** *m.* **1** ⟨*Zool*⟩ jackal. **2** ⟨*fig*⟩ (*vile profittatore*) shark, profiteer, vulture. **3** ⟨*fig*⟩ (*chi ruba in luoghi abbandonati*) looter.

sciacquadita *m.inv.* finger–bowl.

sciacquare *v.t.* **1** to rinse: ~ *i piatti* to rinse the dishes. **2** (*lavare internamente*) to rinse (o wash) out: ~ *un fiasco* to rinse out a flask. □ *sciacquarsi la bocca* to rinse (out) one's mouth. **sciacquata** *f.* rinse, rinsing; (*lavando internamente*) rinse–out. □ *dare una ~ a qc.* to rinse s.th., to give s.th. a rinse. **sciacquatura** *f.* **1** (*azione*) rinsing. **2** ⟨*concr*⟩ (*acqua*) rinse water; (*dei piatti*) dishwater. □ ⟨*spreg*⟩ ~ *di piatti* (*brodaglia*) dishwater. **sciacquio** *m.* (*sciabordio*) swash(ing). **sciacquo** *m.* **1** (*lo sciacquarsi la bocca*) mouth–rinsing, gargling. **2** (*liquido*) mouthwash, wash, gargle. **sciacquone** *m.* (toilet) flushing system. □ *tirare lo ~* to flush the toilet.

sciagura *f.* **1** disaster, calamity: *rimanere vittima di una* ~ to be a disaster victim; (*incidente*) (terrible) accident, crash: ~ *aerea* plane crash. **2** (*sfortuna*) misfortune. **sciaguratamente** *avv.* **1** (*sfortunatamente*) unfortunately, unluckily. **2** (*scelleratamente*) wickedly. **sciagurato I** *a.* **1** (*colpito da sciagura*) wretched, unfortunate, unlucky. **2** (*che è causa di sciagura*) disastrous, unlucky, calamitous. **3** (*malvagio, scellerato*) wicked. **II** *s.m.* (*f.* -a) **1** (*persona sventurata*) wretch, unlucky person. **2** (*persona malvagia*) wicked person.

scialacquamento *m.* squandering. **scialacquare** *v.t.* **1** to squander, to dissipate: *ha scialacquato tutto il patrimonio* he has squandered all he had. **2** ⟨*assol*⟩ to squander one's money. **scialacquatore** *m.* (*f.* -trice) squanderer, spendthrift. **scialacquio** *m.* squandering, dissipation. **scialacquo** *m.* **1** squandering, dissipation. **2** ⟨*fig*⟩ waste, lavishness: ~ *di parole* waste of words.

scialare **I** *v.i.* (*aus.* avere) **1** to lead a ⌈life of luxury⌉ (o gay life), to spend money extravagantly. **2** ⟨*estens*⟩ (*spassarsela*) to have a good time. **II** *v.t.* (*dissipare*) to squander, to dissipate. □ *c'è poco da* ~ we must watch every penny.

scialbo *a.* **1** (*pallido, smorto*) pale, wan, dull: *colore ~* pale colour; (*sbiadito*) faded. **2** ⟨*fig*⟩ colourless, flat, dull: *racconto ~* flat story; (*privo di personalità*) insignificant, expressionless: *volto ~* expressionless face.

scialitico: ⟨*Chir*⟩ *lampada -a* scialytic lamp.

sciallato *a.* ⟨*Sart*⟩ shawl–: *collo ~* shawl collar. **scialle** *m.* shawl. □ ⟨*Sart*⟩ *bavero a ~* shawl collar.

scialo *m.* **1** (*lo scialare*) luxurious (o extravagant) living, lavishness. **2** (*spreco*) waste, dissipation, squandering. □ *fare ~ di qc.* to be lavish with s.th. (*anche fig.*): *fare ~ di citazioni* to be lavish with quotations. **scialone** *m.* (*f.* -a) ⟨*fam*⟩ spendthrift, squanderer.

scialuppa *f.* **1** shallop. **2** (*imbarcazione di salvataggio*) lifeboat.

sciamanico *a.* (*pl.* -ci) ⟨*Rel*⟩ shamanist(ic). **sciamanismo** *m.* shamanism.

sciamannare *v.t.* ⟨*region*⟩ **1** (*mettere in disordine*) to untidy, ⟨*fam*⟩ to mess up. **2** (*sciupare, sgualcire*) to spoil, to crumple. **sciamannato** *a.* (*sciatto, disordinato*) untidy, ⟨*fam*⟩ in a mess.

sciamare *v.i.* (*aus.* avere/essere) to swarm (*anche fig.*). **sciamatura** *f.* swarming. **sciame** *m.* **1** swarm: *uno ~ di mosche* a swarm of flies. **2** ⟨*fig*⟩ (*folto gruppo*) swarm, crowd.

sciampista *m./f.* shampooer. **sciampo** → shampoo.

sciancare *v.t.* (**scianco, scianchi**) to cripple, to lame. **sciancarsi** *v.r.* to become crippled (o lame). **sciancato I** *a.* crippled, lame, limping. **II** *s.m.* (*f.* -a) cripple.

sciancrato *a.* ⟨*Sart,region*⟩ fitted at the waist. **sciancratura** *f.* ⟨*region*⟩ fitting at the waist.

sciangai *m.* (*gioco*) pick–up–sticks.

Sciangai *N.pr.f.* ⟨*Geog*⟩ Shanghai.

sciantosa *f.* ⟨*region*⟩ chanteuse, cabaret (o music–hall) singer.

sciantun(g) *m.* ⟨*Tess*⟩ shantung.

sciarada *f.* **1** (*gioco*) charade. **2** ⟨*fig*⟩ (*problema difficile*) puzzle.

sciare[1] *v.i.* (**scio, scii**; *aus.* avere) to ski: *andare a ~* to go skiing.

sciare[2] *v.i.* (**scio, scii**; *aus.* avere) ⟨*Mar*⟩ (*remare all'indietro*) to hold (o back) water; (*con un remo solo*) to hold (o back) water with one oar.

sciarpa *f.* **1** scarf. **2** (*distintivo di carica*) sash.

sciarrano *m.* ⟨*Itt*⟩ serran, sea perch.

sciatica *f.* ⟨*Med*⟩ sciatica. **sciatico** *a.* (*pl.* -ci) sciatic.

sciatore *m.* (*f.* -trice) skier. □ ~ *acquatico* water–skier. **sciatorio** *a.* ski–, skiing.

sciattamente *avv.* untidily, carelessly, in a slovenly way, ⟨*fam*⟩ sloppily. **sciatteria** *f.* **1** (*l'essere sciatto*) slovenliness, untidiness, ⟨*fam*⟩ sloppiness. **2** (*cosa sciatta*) bungle, careless thing. **sciattezza** *f.* slovenliness, untidiness. **sciatto** *a.* **1** (*rif. a persona: trascurato, negligente*) slovenly, untidy, ⟨*fam*⟩ sloppy. **2** (*rif. a cosa: fatto senza cura*) careless, slipshod, ⟨*fam*⟩ sloppy. **sciattone** *m.* (*f.* -a) ⟨*spreg*⟩ slovenly (o untidy) person, ⟨*am.fam*⟩ slob.

scibile *m.* knowledge.

sciccche *a.* ⟨*pop*⟩ (*elegante*) elegant, smart, chic. **sciccheria** *f.* ⟨*pop*⟩ **1** (*eleganza*) elegance, smartness, chic. **2** (*cosa elegante*) elegant thing. □ *questo vestito è una ~* this dress is very elegant (o chic).

sciente *a.* ⟨*lett*⟩ (*consapevole*) knowing, conscious, aware. **scientemente** *avv.* knowingly, consciously, deliberately: *dire ~ una bugia* to tell a lie knowingly.

scientifica *f.* (*polizia scientifica*) criminal laboratory department. **scientificamente** *avv.* scientifically, in a scientific way. **scientificità** *f.* scientific nature. **scientifico** *a.* (*pl.* -ci) scientific, science–: *studi -i* scientific studies.

scientismo *m.* ⟨*Filos*⟩ scientism. **scientista** *m./f.* follower of scientism.

scienza *f.* **1** science: ~ *pura* pure science; *-e morali* moral science. **2** *pl.* (*scienze naturali*) natural science(s), science: *lezione di –e* science lesson. **3** (*dottrina, insieme di cognizioni*) knowledge, learning. □ *–e* **aerospaziali** aerospace science; ~ *dell'*alimentazione food science; ~ **ambientale** environmental science; ~ **applicata** applied science; ⟨*fig*⟩ *un'*arca *di* ~ a mine of information; *–e* **attuariali** actuarial science *sing; –e* **biologiche** biological science, bioscience; *–e* **commerciali** (science of) business management *sing;* ~ *del* **comportamento** behavioural science; ~ *dei* **computer** computer science; *–e* **demografiche** demography *sing; –e* **economiche** economics *pl* (*costr. sing.*); *–e* **esatte** exact science; ~ **finanziaria** (o *delle finanze*) finance; ~ **giuridica** jurisprudence; ~ *dell'*informazione information science, informatics *pl* (*costr. sing.*); ~ **marina** marine science; *–e* **matematiche** mathematical science; ~ *dei* **materiali** materials science; ~ **medica** medical science; *–e* **naturali** natural science; *–e* **occulte** occult science; *–e* **politiche** political science; ⟨*Univ*⟩ politics *pl* (*costr. sing.*), political science; *–e* **sociali** social science; ~ *dello* **sport** sports science; *–e* **umane** behavioural science; *–e* **umanistiche** humanities.

scienziato *m.* (*f.* **-a**) **1** scientist, man of science: ~ *atomico* nuclear scientist. **2** (*persona dotta*) scholar, man of learning.

sciffoniera *f.* ⟨*Arred*⟩ chiffonier, sideboard.

sciistico *a.* (*pl.* **-ci**) ski–, skiing: *gara –a* ski race, ski competition.

scilinguagnolo *m.* **1** ⟨*Anat*⟩ fr(a)enum, fr(a)enulum. **2** ⟨*fig*⟩ (*parlantina*) loquacity, glibness, talkativeness. □ ⟨*fig*⟩ *sciogliere lo* ~ to find one's tongue; ⟨*fig*⟩ *avere lo* ~ *sciolto* to have the gift of the gab. **scilinguato** *a.* (*balbuziente*) stuttering, stammering.

Scilla *N.pr.f.* ⟨*Mitol*⟩ Scylla. □ ⟨*fig*⟩ *essere tra* ~ *e Cariddi* to be between the devil and the deep blue sea.

scimitarra *f.* scimitar.

scimmia *f.* **1** ⟨*Zool*⟩ monkey; (*antropomorfa*) ape. **2** ⟨*fig*⟩ (*persona brutta*) ugly person, ⟨*fam*⟩ fright; (*persona che imita gli altri*) mimic, ape, monkey. □ *–e* **antropomorfe** anthropoid apes; **arrampicarsi** *come una* ~ to climb like a monkey; **brutta** *~!* ugly brute (*o* thing)!; *brutto come una* ~ as ugly as sin; ⟨*fig*⟩ **fare** *la* ~ *a qd.* (*imitarlo*) to ape (*o* monkey, mimic) s.o., to do a take–off on s.o.; **sembrare** *una* ~ to look like an ape; ~ **urlatrice** howler (monkey), howling monkey.

scimmieggiare *v.* (**scimmeggio, scimmeggi**) → **scimmiottare. scimmiesco** *a.* (*pl.* **-chi**) monkey–like, monkeyish, ape–like, apish. **scimmiottare** *v.t.* (**scimmiotto**) ⟨*spreg*⟩ to ape, to mimic. **scimmiotto** *m.* **1** (*giovane scimmia*) young monkey. **2** ⟨*scherz*⟩ (*rif. a bambino*) little monkey. **3** ⟨*spreg*⟩ (*persona piccola e brutta*) little ape.

scimpanzè *m.* ⟨*Zool*⟩ chimpanzee.

scimunitaggine *f.* **1** (*qualità*) foolishness, silliness. **2** (*atto*) foolish (*o* silly) act, silly thing to do. **scimunito I** *a.* foolish, silly, idiotic. **II** *s.m.* (*f.* **-a**) fool, foolish (*o* silly) person, idiotic, ⟨*fam*⟩ nitwit.

scinco *m.* (*pl.* **-chi**) skink.

scindere *v.t.* (**scissi, scisso**) ⟨*lett*⟩ **1** to separate, to sever, to cleave, to sunder. **2** ⟨*fig*⟩ (*dividere*) to split (up), to break up, to divide. **scindersi** *v.r.* to split (up), to break up: *dopo il congresso il partito si è scisso* after the Congress the party split up.

scintigrafia *f.* ⟨*Med*⟩ scintigraphy. **scintigrafico** *a.* (*pl.* **-ci**) scintigraphic. **scintigrafo** *m.* scintiscanner. **scintigramma** *m.* scintigram, scintiscan.

scintilla *f.* spark (*anche fig.*): ~ *del* **genio** spark of genius; *la* ~ *che determinò lo scoppio della guerra* the spark that set off the war. □ ⟨*Mot*⟩ ~ *d'*accensione ignition spark; ⟨*El*⟩ *dare* ~*e* to spark, to produce (*o* emit) sparks. **scintillante** *a.* **1** (*risplendente*) sparkling, shining: *occhi –i* sparkling eyes; (*lampeggiante*) flashing. **2** ⟨*Fis*⟩ scintillating. **scintillare** *v.i.* (*aus.* avere) **1** (*mandare scintille*) to emit (*o* give out) sparks. **2** ⟨*fig*⟩ to sparkle, to gleam: *gli occhi le scintillavano di gioia* her eyes sparkled with joy; (*lampeggiare*) to flash: *le armi scintillavano al sole* the weapons flashed (*o* glinted) in the sunlight. **scintillatore** *m.* ⟨*Fis*⟩ scintillator. **scintillazione** *f.*

⟨*Astr,Fis*⟩ scintillation. **scintillio** *m.* sparkling, glittering, flashing.

scintoismo *m.* ⟨*Rel*⟩ Shinto, Shintoism. **scintoista** *m./f.* Shintoist. **scintoistico** *a.* (*pl.* **-ci**) Shintoistic.

scioccamente *avv.* foolishly, in a silly way.

scioccante *e der.* → **shoccante** *e der.*

sciocchezza *f.* **1** (*l'essere sciocco*) silliness, foolishness. **2** (*azione da sciocco*) foolish action, silly thing (to do): *finiranno col fargli commettere qualche* ~ they'll end up by making him do some silly thing; (*parole da sciocco*) silly (*o* foolish) talk, nonsense, rubbish: *dire –e* to talk nonsense. **3** ⟨*fig*⟩ (*cosa di poco valore*) trifle, mere nothing: *è una* ~ *ma spero vorrai gradirla ugualmente* it's a trifle but I hope you'll like it anyway; (*prezzo basso*) trifle, song: *acquistare qc. per una* ~ to buy s.th. for a song; (*impresa facile*) child's play. □ *fare una* ~ to do s.th. silly, to act foolishly. **sciocchezzuola** *f.* (*cosa da nulla*) little something, trifle. **sciocco** *a./s.* (*pl.* **-chi**) **I** *a.* **1** silly, foolish: *un ragazzo* ~ a silly boy; (*insulso, stolto*) inane, fatuous: *un sorriso* ~ an inane smile. **2** (*banale, poco importante*) stupid, foolish, trifling: *una –a coincidenza* a stupid coincidence. **II** *s.m.* (*f.* **-a**) fool, silly (*o* foolish) person, simpleton, dolt. **scioccone I** *a.* foolish, silly, stupid. **II** *s.m.* (*f.* **-a**) fool, dolt, ⟨*fam*⟩ nitwit.

sciogliere *v.t.* (**sciolgo, sciogli, sciolsi, sciolto**) **1** (*disfare un legame*) to undo, to untie, to loose(n), to unfasten: ~ *i capelli* to loosen (*o* let down) one's hair; ~ *un nodo* to untie a knot. **2** (*liberare dai legami*) to (set) free, to release: ~ *un prigioniero dalle catene* to free a prisoner of his chains. **3** ⟨*fig*⟩ (*liberare da un obbligo*) to release, to free, to absolve: ~ *qd. da un giuramento* to release s.o. from an oath. **4** ⟨*fig*⟩ (*adempiere, soddisfare*) to keep, to fulfil: ~ *una promessa* to keep a promise. **5** ⟨*Dir*⟩ (*rescindere*) to cancel, to annul, to break off: ~ *un contratto* to cancel a contract. **6** ⟨*fig*⟩ (*rif. a riunioni*) to break up, to bring to an end: ~ *la seduta* to break up the meeting; (*rif. ad associazioni e sim.*) to wind up, to dissolve, to liquidate: ~ *una società* to wind up a company. **7** ⟨*fig*⟩ (*risolvere*) to solve: ~ *un enigma* to solve a puzzle. **8** (*fondere, liquefare*) to melt; (*rif. alla neve*) to melt, to thaw: *il sole ha sciolto la neve* the sun has thawed the snow. **9** (*dissolvere*) to dissolve (*anche Chim.*): *l'acqua scioglie lo zucchero* water dissolves sugar. **10** ⟨*fig*⟩ (*rendere più agile, meno impacciato*) to loosen (up), to limber (up): *la ginnastica scioglie i muscoli* exercise limbers up one's muscles. **11** ⟨*fig*⟩ (*rif. a canti: innalzare*) to utter, to raise: ~ *un canto* to raise a song. **sciogliersi** *v.r.* **1** (*slegarsi*) to undo, to untie; (*rif. a nodi e sim.*) to come (*o* get) undone, to come loose. **2** (*liberarsi*) to free o.s. (*da* from), to throw off (s.th.) (*anche fig.*): *sciogliersi dai lacci* to free o.s. from one's bonds. **3** ⟨*fig*⟩ (*diventare più disinvolto*) to relax, ⟨*fam*⟩ to unwind. **4** (*fondersi, liquefarsi*) to melt; (*rif. alla neve*) to melt, to thaw. □ ~ *un* **assembramento** to ⌐break up⌐ (*o* disperse) a crowd; ⟨*Parl*⟩ ~ *le* **camere** to dissolve the Houses; ~ *un* **cane** to let a dog loose; *sciogliersi in* **lacrime** to dissolve into tears; ~ *la* **lingua** to loosen one's tongue; *far* ~ *la lingua a qd.* to loosen s.o.'s tongue; ~ *una* **riserva** to put aside reservations; ~ *una* **società** *per azioni* to ⌐wind up⌐ (*o* dissolve) a corporation; ~ *le* **vele** to unfurl the sails.

scioglilingua *m.inv.* tongue–twister. **scioglimento** *m.* **1** undoing, loosening, unfastening. **2** (*il fondersi*) melting; (*rif. alla neve*) melting, thawing. **3** ⟨*Dir*⟩ (*rescissione*) cancellation, annulment: *lo* ~ *di un contratto* the cancellation of a contract; (*rif. a matrimoni*) dissolution. **4** ⟨*fig*⟩ dissolution; (*rif. a riunioni*) breaking up: *lo* ~ *di un'assemblea* the breaking up of a meeting; (*rif. ad associazioni e sim.*) winding up, dissolution, liquidation: ~ *di una società* dissolution of a company; ~ *di un ordine religioso* dissolution of a religious order. **5** ⟨*lett*⟩ (*conclusione, epilogo*) dénouement, unravelling: ~ *di un dramma* dénouement (of a play). □ ⟨*Parl*⟩ ~ *delle* camere dissolution of the Houses.

sciolina *f.* ski wax.

sciolsi → **sciogliere. sciolta** *f.* ⟨*pop*⟩ the runs. **scioltamente** *avv.* freely, easily. **scioltezza** *f.* **1** (*agilità*) agility, nimbleness; (*rif. alle membra*) suppleness, flexibility. **2** (*destrezza*) readiness, fluency, smoothness: ~ *di lingua* fluency of speech, glibness. **3** ⟨*fig*⟩ (*facilità*) ease, smoothness: *scrivere con* ~ to write with ease. □ ~ *di modi* easy manner. **sciolti** *m.pl.* ⟨*Metr*⟩ (*anche versi sciolti*) blank verse *sing.* **sciolto** (*p.p. di sciogliere*) *a.* **1** (*non legato*) loose, untied, unfastened: *portare i capelli –i* to wear one's hair loose. **2** (*libero*) (set) loose, (set) free: *lasciare un cane* ~ to leave a dog loose. **3** ⟨*fig*⟩ (*agile*) agile, nimble: *movimenti –i* nimble movements. **4** ⟨*fig*⟩ (*pronto, spedito*) ready, easy: *parola –a* ready (*o* glib) tongue; (*disinvolto*) free–and–easy, smooth: *stile* ~ smooth style. **5** (*disciolto*) dissolved. **6** (*fuso, liquefatto*) melted: *burro* ~ melted butter; (*rif. alla neve*) thawed, melted. **7** ⟨*Comm*⟩ (*sfuso*) loose, bulk: *zucchero* ~ loose sugar. □ *avere la lingua –a* to have the gift of the gab; *terreno* ~ loose soil.

scioperante I *s.m./f.* striker. **II** *a.* striking, on strike. **scioperare** *v.i.* (*sciopero; aus.* avere) to strike; (*entrare in sciopero*) to (go on) strike. **scioperataggine** *f.* **1** (*qualità*) idleness, laziness, sloth. **2** (*atto*) idle action. **scioperatamente** *avv.* idly, slothfully. **scioperatezza** *f.* **1** idleness, laziness, sloth. **2** (*dissolutezza*) looseness, dissipation. **scioperato I** *a.* **1** idle, lazy, slothful: *studente* ~ lazy student. **2** (*dissoluto*) loose, dissolute. **II** *s.m.* (*f.* **-a**) **1** idler, loafer, ⟨*fam*⟩ lazy–bones. **2** (*dissoluto*) dissolute person, loose liver.

sciopero *m.* strike, walk–out. □ *aderire allo* ~ to go on strike; ~ **articolato** set of co–ordinated strikes; ~ **bianco** working to rule; *dichiarare lo* ~ to call a strike; ~ **dimostrativo** token strike; **diritto** *di* ~ right to strike; *entrare in* ~ to (go on) strike; *essere in* ~ to be on strike; ~ *della* **fame** hunger strike; *fare* ~ to (go on) strike (*anche fig.*); ~ **generale** general strike; ~ **illegale** illegal strike; ~ *con* **occupazione** *del posto di lavoro* stay–in (strike); ~ *a* **oltranza** strike to the last; ~ *senza* **preavviso** lightning strike; *revocare uno* ~ to call off a strike; ~ **selvaggio** wildcat strike; ~ *a* **singhiozzo** on–off strike, hiccup strike; ~ *di* **solidarietà** sympathetic (*o* sympathy) strike; ~ *a* **sorpresa** lightning strike, strike without warning; ~ **spontaneo** unofficial strike; ~ **ufficiale** official strike.

sciorinare *v.t.* **1** (*stendere: ad asciugare* to hang out (to dry): ~ *il bucato* to hang out the washing; (*a prendere aria*) to air. **2** ⟨*fig*⟩ (*dire con disinvoltura*) to throw (*o* pour) out, to rattle off: ~ *complimenti* to pour out compliments; ~ *citazioni* to rattle off quotations. **3** (*ostentare*) to show off, to make a display of: ~ *la propria erudizione* to show off one's knowledge. □ ~ *bugie* to tell one lie after another, to be a glib liar.

sciovia *f.* ski-lift.
sciovinismo *m.* ⟨*Pol*⟩ chauvinism. **sciovinista** *m./f.* chauvinist. **sciovinistico** *a.* (*pl.* -ci) chauvinistic.
Scipione *N.pr.m.* ⟨*Stor*⟩ Scipio.
scipitaggine *f.* **1** (*l'essere insulso*) dullness, insipidness. **2** ⟨*fig*⟩ (*insulsaggine*) dullness, flatness. **scipitamente** *avv.* in a dull way, insipidly. **scipitezza** *f.* → scipitaggine. **scipito** *a.* **1** tasteless, insipid. **2** ⟨*fig*⟩ (*insulso*) dull, flat, insipid.
scippare *v.t.* to bag-snatch. **scippatore** *m.* (*f.* **-trice**) bag-snatcher. **scippo** *m.* bag-snatching.
sciroccale *a.* ⟨*Meteor*⟩ sirocco-. **sciroccata** *f.* **1** sirocco gale. **2** (*burrasca di mare*) storm, tempest (caused by a sirocco). **scirocco** *m.* (*pl.* -chi) sirocco, scirocco.
sciroppare *v.t.* (*sciroppo*) to syrup. **sciropparsi** *v.r.* ⟨*fam*⟩ (*sorbirsi*) to put up with, to bear, ⟨*fam*⟩ to stick: *mi sono dovuto* ~ *una conferenza di due ore* I had to put up with (*o* sit through) a two-hour lecture. **sciroppato** *a.* syruped, in syrup: *frutta –a* fruit in syrup; *ciliegie –e* cherries in syrup. **sciroppo** *m.* syrup (*anche Farm.*): ~ *per la tosse* cough syrup (*o* mixture). **sciropposo** *a.* **1** syrupy: *bibita –a* syrupy drink. **2** ⟨*fig*⟩ (*stucchevole*) oversentimental, syrupy, ⟨*fam*⟩ sloppy: *romanzetto* ~ sloppy story.
scirro *m.* ⟨*Med*⟩ scirrhus.
scisma *m.* ⟨*Rel,Pol*⟩ schism. □ ⟨*Stor*⟩ *il grande* ~ *d'Occidente* Great (*o* Western) Schism; ⟨*Stor*⟩ *lo* ~

d'Oriente Byzantine (*o* Greek) Schism. **scismatico** *a./s.* (*pl.* -ci) **I** schismatic(al). **II** *s.m.* schismatic.
scissi → **scindere. scissione** *f.* **1** splitting (*o* breaking) up, split, division: *la* ~ *di un partito* a party split. **2** ⟨*Biol,Fis*⟩ fission. **scissionismo** *m.* secessionism, tendency to split up. **scissionista** *m./f.* secessionist. **scissionistico** *a.* (*pl.* -ci) secessional. **scisso** (*p.p. di scindere*) *a.* (*diviso*) split, divided. **scissura** *f.* **1** (*fessura*) cleft, fissure. **2** ⟨*fig*⟩ (*divisione*) division, split. **3** ⟨*Anat*⟩ scissura, scissure, fissure: ~ *cerebrale* cerebral fissure.
scisto *m.* ⟨*Geol*⟩ schist. **scistosità** *f.* schistosity. **scistoso** *a.* schistose.
Sciti *N.pr.m.pl.* ⟨*Stor*⟩ Scythians *pl.* **scitico** *a.* (*pl.* -ci) Scythian.
sciupacchiare *v.r.* (**sciupacchio, sciupacchi**) ⟨*fam*⟩ to spoil (a little). **sciupacchiato** *a.* (slightly) spoiled; (*sgualcito*) rather creased.
sciupare *v.t.* **1** to spoil, to ruin: ~ *un vestito nuovo* to ruin a new suit; ~ *un libro* to spoil a book; (*danneggiare*) to damage, to harm. **2** (*guastare*) to ruin, to impair, to harm, to spoil: *la luce debole sciupa gli occhi* poor light ruins the eyes. **3** (*perdere*) to lose, to waste, to miss: *hai sciupato una bella occasione* you've missed a good opportunity; ~ *denaro* to waste money; ~ *il fiato* to waste one's breath. **4** (*far dimagrire*) to waste, to make thinner, to wear away: *la malattia lo ha sciupato* his illness has made him get thinner. **sciuparsi** *v.r.* **1** (*deteriorarsi*) to be ruined, to get spoilt; (*danneggiarsi*) to be (*o* get) damaged. **2** (*rovinarsi la salute*) to ruin (*o* impair) one's health, to wear o.s. out. **3** (*sgualcirsi*) to crease (up), to get creased (*o* wrinkled). **4** ⟨*fam,iron*⟩ (*affannarsi, sprecarsi*) to wear o.s. out. **sciupato** *a.* **1** (*ridotto in cattivo stato*) spoilt, damaged, ruined; (*sgualcito*) creased, wrinkled. **2** (*sprecato*) wasted: *fatica –a* wasted effort. **3** (*affaticato*) worn-out, run-down. **sciupio** *m.* waste: ~ *di energie* waste of energy. **sciupone** *m.* (*f.* **-a**) ⟨*fam*⟩ wasteful person, waster; (*chi spreca denaro*) spendthrift, squanderer.
scivolamento *m.* sliding, slipping. **scivolare** *v.i.* (*scivolo; aus.* essere/avere) **1** to slide, to glide (*anche fig.*): ~ *lungo il pendio* to slide down the slope; *la barca scivolava sulle onde* the boat glided over the waves. **2** (*sdrucciolare*) to slip: ~ *sul ghiaccio* to slip on the ice. **3** (*cadere lentamente*) to slip, to fall; (*sfuggire alla presa*) to slip, to drop: *mi è scivolato il vaso dalle mani* the vase slipped (*o* dropped) out of my hands. **4** ⟨*fig*⟩ (*allontanarsi alla chetichella*) to slip off (*o* away, out); (*introdursi inosservato*) to slide, to slip: *il ladro scivolò nell'appartamento sottostante* the thief slipped into the apartment below. **5** ⟨*fig*⟩ (*sorvolare*) to pass (*su* over). □ ⟨*Aer*⟩ ~ *d'ala* to sideslip, to slip; ⟨*Aer*⟩ ~ *di coda* to tail-slide, to whip-stall. **scivolata** *f.* **1** (*lo scivolare*) slide, sliding, slip(ping). **2** (*scivolone*) slip. **3** ⟨*Sport*⟩ glide, gliding. **4** ⟨*Aer*⟩ slip, sideslip. □ *fare una* ~ to have a slide; (*involontariamente*) to slip. **scivolato** *a.* **1** ⟨*Mod*⟩ flowing: *abito* ~ flowing dress. **2** ⟨*Mus*⟩ glided: *nota –a* glided note. **scivolo** *m.* **1** (*piano inclinato*) chute. **2** (*gioco per bambini*) slide, sliding-board. **3** ⟨*Mar,Aer*⟩ slipway. **4** ⟨*Minier*⟩ chute. **scivolone** *m.* tumble, bad fall: *fare uno* ~ to slip, to take a tumble.
scivolosamente *avv.* (*untuosamente*) in a slippery way, unctuously. **scivolosità** *f.* slipperiness. **scivoloso** *a.* **1** slippery: *strada –a* slippery road. **2** ⟨*fig*⟩ (*untuoso, affettato*) oily, unctuous, slippery: *persona –a* slippery person.
Scizia *N.pr.f.* ⟨*Geog.stor*⟩ Scythia.
sclera *f.* ⟨*Anat*⟩ sclera. **sclerale** *a.* scleral. **sclerenchima** *m.* ⟨*Bot*⟩ sclerenchyma. **sclerenchimatico** *a.* (*pl.* -ci) sclerenchymatous. **sclerite** *f.* ⟨*Med*⟩ scleritis. **sclerometro** *m.* ⟨*Min*⟩ sclerometer. **sclerosare** *v.t.* ⟨*Med*⟩ to sclerose. **sclerosi** (*o sclerosi*) *f.* ⟨*Med*⟩ sclerosis: ~ *cerebrale* cerebral sclerosis. **scleroso** *a.* ⟨*Bot*⟩ sclerous. **sclerotico** *a.* (*pl.* -ci) ⟨*Med*⟩ sclerotic. **sclerotizzare** *v.t.* to stiffen, to make stiff. **sclerotizzarsi** *v.r.* **1** to undergo sclerosis. **2** ⟨*fig*⟩ to stiffen. **sclerotizzato 1** sclerosed, affected with sclerosis. **2** ⟨*fig*⟩ stiffened. **sclerotomia** *f.* ⟨*Chir*⟩ sclerotomy.

scocca *f.* ⟨*Aut*⟩ body: ~ *in acciaio* steel body.

scoccare *v.* (**scocco, scocchi**) **I** *v.t.* **1** to shoot: ~ *una freccia* to shoot an arrow. **2** ⟨*fig*⟩ to shoot, to dart, to cast: ~ *un'occhiata minacciosa* to cast a threatening look. **3** (*battere le ore*) to strike. **II** *v.i.* (*aus.* **essere**) **1** (*scattare: rif. a congegni a molla e sim.*) to be released, to spring up. **2** (*guizzare, balenare*) to dart, to shoot (out); (*rif. a scintilla*) to flash, to shoot (out). **3** (*battere: rif. alle ore*) to strike. □ ~ *un bacio* to give a (smacking) kiss.

scocciante *a.* ⟨*fam*⟩ bothersome, annoying. **scocciare** *v.t.* (**scoccio, scocci**) **1** ⟨*region*⟩ (*rompere*) to break. **2** ⟨*fam*⟩ (*seccare, importunare*) to bother, to annoy. **scocciarsi** *v.r.* **1** ⟨*region*⟩ (*rompersi*) to break. **2** ⟨*fam*⟩ (*seccarsi*) to be bothered (*o* annoyed). **scocciato** *a.* ⟨*fam*⟩ (*seccato*) annoyed, bothered, ⟨*fam*⟩ fed up; (*annoiato*) bored. **scocciatore** *m.* (*f.* **-trice**) ⟨*fam*⟩ nuisance, bother, bore. □ *che ~ quello!* what a nuisance (*o* bore) he is! **scocciatura** *f.* ⟨*fam*⟩ **1** (*noia*) boredom, tediousness; (*cosa noiosa*) boring thing. **2** (*seccatura*) nuisance, bore, bother.

scodare *v.t.* (**scodo**) to dock: ~ *un cavallo* to dock a horse. **scodato** *a.* docked, tailless.

scodella *f.* **1** (*piatto fondo*) soup-plate; (*ciotola*) bowl. **2** (*quantità di cibo contenuta*) (soup-)plateful; (*ciotolata*) bowlful. **scodellare** *v.t.* (**scodello**) **1** (*versare nei piatti*) to dish up: ~ *il brodo* to dish up the soup; (*rif. a cibi solidi*) to turn (out). **2** ⟨*fam*⟩ (*presentare*) to think up, to dish up, to drag up: ~ *storielle* to think up stories. **3** ⟨*fam*⟩ (*dare alla luce*) to give birth to. **scodellata** *f.* (soup-)plateful, helping; (*ciotolata*) bowlful. **scodellino** *m.* ⟨*Mecc*⟩ cup, cap.

scodinzolare *v.i.* (**scodinzolo**; *aus.* **avere**) to wag one's tail. **scodinzolio** *m.* wagging (of the tail).

scogliera *f.* **1** rocks *pl*, reef (of rocks): *la nave urtò contro la ~* the ship hit the reef; (*rupe, dirupo*) cliff: *le bianche -e di Dover* the white cliffs of Dover. **2** ⟨*Geol*⟩ reef: ~ *corallina* coral reef. **scoglio** *m.* **1** cliff, crag. **2** (*roccia*) rock. **3** ⟨*fig*⟩ (*grave ostacolo*) obstacle, difficulty, stumbling block. **scoglioso** *a.* rocky, craggy.

scoiare *v.t.* (**scuoio**/*pop.* **scoio, scuoi**/*pop.* **scoi**) to skin, to flay. **scoiato** *a.* skinned, flayed.

scoiattolo *m.* ⟨*Zool*⟩ squirrel. □ *agile come uno ~* as agile as a monkey.

scola|bottiglie *m.inv.* **1** bottle rack. **2** ⟨*fam*⟩ (*ubriacone*) drunkard. **~brodo** *m.inv.* ⟨*region*⟩ (*colabrodo*) colander, strainer. **~fritto** *m.inv.* dripper. **~insalata** *m.* salad spinner. **~pasta** *m.inv.* ⟨*region*⟩ (*colapasta*) colander for pasta. **~piatti** *m.inv.* draining-board; (*rastrelliera*) plate-rack, dish drainer.

scolare[1] *v.* (**scolo**) **I** *v.t.* to drain: ~ *la pasta* to drain the pasta. **II** *v.i.* (*aus.* **essere**) **1** (*defluire*) to drip, to drop, to trickle. **2** (*sgocciolare*) to drain (off), to drip: *mettere i piatti a ~* to put the dishes to drain. **scolarsi** *v.r.* ⟨*fam*⟩ to drain, to down, ⟨*fam*⟩ to knock back: *scolarsi una bottiglia di vino* to knock back a bottle of wine.

scolare[2] *a.* school-: *età ~* school age.

scolaresca *f.* schoolchildren *pl*, pupils *pl*; (*classe*) class. **scolaretto** *m.* (*f.* **-a**) schoolchild (in elementary school).

scolarità *f.* school attendance. □ *tasso di ~* enrolment percentage. **scolarizzare** *v.t.* to enforce compulsory schooling (in). **scolarizzazione** *f.* enforcement of compulsory schooling.

scolaro *m.* (*f.* **-a**) **1** schoolboy (*f* –girl), pupil ⟨*am*⟩ grader, grade schooler. *un bravo ~* a good pupil. **2** (*discepolo*) pupil, disciple, follower: *Giotto fu ~ di Cimabue* Giotto was a disciple of Cimabue.

scolastica *f.* ⟨*Filos*⟩ Scholasticism. **scolasticamente** *avv.* scholastically. **scolasticismo** *m.* ⟨*Filos*⟩ Scholasticism. **scolastico** *a./s.* (*pl.* **-ci**) **I** *a.* **1** school-, scholastic: *anno ~* school year; *tasse scolastiche* school fees. **2** ⟨*spreg*⟩ scholastic, formal. **3** ⟨*Filos*⟩ Scholastic. **II** *s.m.* ⟨*Filos*⟩ Scholastic philosopher.

scolatoio *m.* **1** (*scolapiatti*) draining-board. **2** ⟨*Ind*⟩ dripping pan. **scolatura** *f.* **1** (*lo scolare*) draining; (*lo sgocciolare*) dripping. **2** (*liquido, sostanza scolata*) drippings *pl*, drainings *pl*.

scoliasta, scoliaste *m.* ⟨*Filol*⟩ scholiast. **scolio** *m.*

scholium.

scoliosi *f.* ⟨*Med*⟩ scoliosis. **scoliotico** *a.* (*pl.* **-ci**) scoliotic.

scollacciarsi *v.r.* (**mi scollaccio, ti scollacci**) to wear dresses 'that are too décolleté' (*o* with plunging necklines). **scollacciato** *a.* **1** (*rif. ad abiti*) low-necked, low-cut, with a low (*o* plunging) neckline; (*rif. a persone*) wearing a (very) low-necked dress, bare-necked. **2** ⟨*fig*⟩ (*licenzioso, salace*) risqué, licentious, lewd, ⟨*fam*⟩ dirty: *commedia –a* risqué play. **scollacciatura** *f.* (very) low-cut (*o* plunging) neckline.

scollamento *m.* **1** → scollatura[2]. **2** ⟨*Med*⟩ detachment. **scollare**[1] *v.t.* (**scollo**) ⟨*Sart*⟩ to cut low in the neck: ~ *un vestito* to cut a dress low in the neck.

scollare[2] *v.t.* (**scollo**) to unstick, to unglue: ~ *una busta* to unstick an envelope. **scollarsi** *v.r.* to come (*o* get) unstuck, to come off: *il francobollo si è scollato* the stamp has come off.

scollato[1] *a.* (*rif. ad abiti*) low-necked, low-cut: *un vestito ~* a low-cut dress; (*rif. a persone*) wearing a low neckline.

scollato[2] *a.* unglued, unstuck.

scollatura[1] *f.* **1** ⟨*Sart*⟩ neckline, neck. **2** (*parte del collo lasciata scoperta*) neck and shoulders.

scollatura[2] *f.* (*lo scollare*) ungluing, unpasting.

scollo *m.* → scollatura[1].

scolo *m.* **1** draining, drainage; (*sbocco*) drain, outlet, outflow. **2** (*liquido*) waste water, backwater. **3** ⟨*pop*⟩ (*blenorragia*) clap. □ *di ~* drainage-, drain-: *canale di ~* drain, drainage canal.

scolopendra *f.* ⟨*Zool*⟩ scolopendra.

scolopio **I** *s.m.* ⟨*Rel*⟩ Piarist. **II** *a.* Piarist-.

scoloramento *m.* discolouration. **scolorare** *v.t.* (**scoloro**) to discolour, to fade: *il sole ha scolorito i panni* the sun has faded the clothes. **scolorarsi** *v.r.* **1** (*perdere il colore*) to fade, to lose colour. **2** (*impallidire*) to grow (*o* turn) pale, to lose one's colour. **scolorimento** *m.* discolouring, fading. **scolorina** *f.* ink – eraser. **scolorire** *v.* (**scolorisco, scolorisci**) **I** *v.t.* **1** to discolour, to (cause to) fade: *il sole ha scolorito le tende* the sun has faded the curtains. **2** ⟨*fig*⟩ to (cause to) fade, to dim: *il tempo scolorisce i ricordi* time fades memories. **II** *v.i.* (*aus.* **essere**), **scolorirsi** *v.r.* **1** to fade, to lose colour: *queste tinte non (si) scoloriscono* these colours do not fade. **2** (*impallidire*) to grow (*o* turn) pale, to lose one's colour: *scolorirsi in volto* to (turn) pale. **3** ⟨*fig*⟩ to fade, to grow faint (*o* dim). □ *un colore che non (si) scolorisce* a fast colour. **scolorito** *a.* **1** (*sbiadito*) discoloured, faded: *un vestito tutto ~* a very faded dress. **2** (*pallido, esangue*) pale, wan, colourless. **3** ⟨*fig*⟩ (*tenue, non vivace*) faint, faded, dim: *ricordo ~* faint (*o* dim) memory.

scolpare *v.t.* (**scolpo**) to free from blame, to exculpate. **scolparsi** *v.r.* to free o.s. from blame.

scolpire *v.t.* (**scolpisco, scolpisci**) **1** (*lavorare pietra, legno e sim.*) to sculpture, to sculpt, to carve: ~ *una statua* to sculpt a statue. **2** (*incidere*) to carve: *scolpirono i loro nomi su un tronco d'albero* they carved their names on the trunk of a tree. **3** ⟨*fig*⟩ (*imprimere, fissare*) to engrave, to impress, to stamp: *mi sono scolpito nella mente le tue parole* your words are engraved in my mind. **scolpito** *a.* **1** sculptured, carved, engraved. **2** (*inciso*) engraved, carved, cut. **3** ⟨*fig*⟩ (*impresso*) engraved, impressed, stamped (*in* upon, in), fixed (in): *principi –i nella memoria* principles stamped in one's memory.

scolta *f.* **1** (*guardia*) guard, sentry, watch: *fare la ~* to be on sentry duty. **2** (*sentinella*) sentinel, sentry.

scombaciare *v.t.* (**scombacio, scombaci**) to disjoin.

scombinamento *m.* **1** disarranging, upsetting. **2** (*pasticcio*) mess, muddle, botch. **scombinare** *v.t.* **1** (*mettere in disordine*) to disarrange, to upset. **2** (*mandare a monte*) to upset, to spoil, ⟨*fam*⟩ to mess up. **scombinato** **I** *a.* **1** badly arranged: *affare ~* badly arranged business. **2** (*disordinato, confuso*) muddled: *un cervello ~* a muddled brain. **II** *s.m.* (*f.* **-a**) muddle-head, scatter-brain.

scombro *m.* ⟨*Itt*⟩ mackerel.

scombussolamento *m.* **1** (*lo scombussolare*) upsetting, derangement, muddling; (*l'essere scombussolato*) topsy–turvy state. **2** (*confusione*) muddle, jumble. **scombussolare** *v.t.* (**scombussolo**) **1** (*mettere in disordine*) to throw into disorder, to turn upside–down (*o* topsy–turvy). **2** (*sconvolgere*) to upset, to disturb, to derange: *la notizia l'ha scombussolata* the news has upset her; (*causare malessere*) to upset, to turn topsy–turvy: *il viaggio mi ha scombussolato lo stomaco* the trip has upset my stomach. **3** ⟨*fig*⟩ (*mandare all'aria*) to upset, to mess up: ~ *i piani di qd.* to upset s.o.'s plans. **4** ⟨*fig*⟩ (*frastornare*) to muddle: ~ *le idee a qd.* to muddle s.o. (*o* s.o.'s ideas). **scombussolato** *a.* **1** (*stordito*) confused, stunned: *sono completamente ~ per quello che mi hai detto* I'm completely stunned by what you said. **2** (*disordinato*) confused, untidy, in disorder. **scombussolio** *m.* muddle.

scommessa *f.* **1** bet, wager: *vincere una ~* to win a bet. **2** (*somma puntata*) bet, stake, stakes *pl: una ~ di un milione* a million stake. □ *fare una ~* to (make a) bet.

scommettere[1] *v.* (**scommisi, scommesso**) **I** *v.t.* **1** to bet, to wager: *abbiamo scommesso una cena* we bet a dinner; *scommetto che non ce la farai* I bet you won't succeed. **2** (*puntare*) to place a bet of, to stake, to wager: ~ *diecimila lire su un cavallo* to bet ten thousand lire on a horse. **II** *v.i.* (*aus.* avere) to (make a) bet; (*rif. all'oggetto della scommessa*) to bet (*su* on), to back (s.th.): ~ *su un cavallo* to bet on a horse.

scommettere[2] *v.t.* (**scommisi, scommesso**) (*disunire*) to disjoin.

scommettitore *m.* (*f.* **-trice**) bettor, better, wagerer.

scomodamente *avv.* uncomfortably. **scomodare** *v.* (**scomodo**) **I** *v.t.* **1** to disturb, to bother: *per trovare posto ho dovuto ~ diversi passeggeri* to find room I had to disturb several passengers. **2** (*servirsi di citazioni autorevoli senza necessità*) to drag in: *per questa dimostrazione non c'era bisogno di ~ Aristotele* there was no need to drag in Aristotle just to prove that. **II** *v.i.* (*aus.* avere) to be inconvenient (*o* awkward): *una spesa del genere in questo momento mi scomoda* an expense like that would be very inconvenient for me right now. **scomodarsi** *v.r.* (*prendersi il disturbo*) to bother (o.s.), to put o.s. out, to go to (the) trouble: *scomodarsi a fare qc.* to go to the trouble of doing s.th.; *non si scomodi ad accompagnarmi, conosco la strada* don't bother to come with me, I know the way. □ *non è tipo da scomodarsi* he's not likely to go out of his way; *far ~ qd.* to disturb s.o.; *mi ha fatto ~ per nulla* he made me go to all that trouble for nothing. **scomodità** *f.* **1** discomfort, uncomfortableness. **2** (*disagio, situazione o posizione scomoda*) inconvenience, bother: *la lontananza dalla città presenta qualche ~* the distance from the town causes some inconvenience. **scomodo I** *a.* **1** uncomfortable: *una sedia –a* an uncomfortable chair. **2** (*inopportuno, non gradito*) inconvenient, awkward: *un'ora –a per le visite* an awkward time for visits; *orario d'ufficio ~* inconvenient office hours. **3** (*fastidioso: rif. a persona*) tedious: *un compagno di viaggio ~* a tedious travelling companion. **II** *s.m.* (*disturbo*) trouble, bother. □ *è ~ per me venire qui tutti i giorni* it's inconvenient for me to come here every day.

scompaginamento *m.* **1** (*lo scompaginare*) upsetting, disarranging; (*lo scompaginarsi*) being upset. **2** ⟨*fig*⟩ upsetting. **scompaginare** *v.t.* (**scompagino**) **1** to upset, to disarrange. **2** ⟨*fig*⟩ to upset, to break up: ~ *l'unità di un partito* to break up the unity of a party. **3** ⟨*Tip*⟩ to break up. **scompaginarsi** *v.r.* to be upset, to be broken up. **scompaginato** *a.* **1** upset, disarranged, thrown into disorder, in disarray. **2** (*rif. a libri e sim.*) with loose pages, unbound. **scompaginatura, scompaginazione** *f.* disarrangement, upsetting.

scompagnamento *m.* breaking up, splitting. **scompagnare** *v.t.* (*spaiare, dividere*) to break up, to split. **scompagnarsi** *v.r.* to part, to separate (*da* from). **scompagnato** *a.* odd, broken up, unmatching: *una calza –a* an odd stocking.

scomparire *v.i.* (**scompaio/scomparisco, scompari/scomparisci; scomparvi/scomparii, scomparso;** *aus.* essere) **1**

(*sparire*) to disappear, to vanish: *la luna scomparve dietro le nuvole* the moon vanished behind the clouds; *è scomparso da un mese* he disappeared a month ago. **2** ⟨*fig*⟩ (*fare una brutta figura: rif. a persone*) to cut a poor figure, to look bad, to be insignificant; (*rif. a cose*) to seem (*o* be) nothing: *il mio regalo scompare di fronte al tuo* my gift is nothing compared with yours. **scomparsa** *f.* **1** disappearance, vanishing. **2** ⟨*eufem*⟩ (*morte*) death. **scomparso** (*p.p. di scomparire*) **I** *a.* **1** lost: *continente ~* lost continent. **2** ⟨*eufem*⟩ (*morto*) dead, deceased. **II** *s.m.* (*f.* **-a**) ⟨*eufem*⟩ (*defunto*) dead person, deceased.

scompartimento *m.* **1** division, compartment, section: *gli –i di una credenza* the sections of a cupboard. **2** ⟨*Ferr*⟩ compartment: ~ *di prima classe* first-class compartment. □ ⟨*Ferr*⟩ ~ *per fumatori* smoking compartment, ⟨*fam*⟩ smoker; ~ *per non fumatori* non-smoking compartment, ⟨*fam*⟩ non-smoker; ⟨*Mar*⟩ ~ *stagno* watertight compartment. **scompartire** *v.t.* (**scompartisco/scomparto, scompartisci/scomparti**) **1** (*dividere in parti*) to divide up, to (sub)divide. **2** (*distribuire*) to share (out). **scomparto** *m.* **1** division, compartment, section. **2** ⟨*Arch*⟩ compartment.

scompensare *v.t.* (**scompenso**) **1** to unbalance, to put out of balance, to upset the balance of. **2** ⟨*Med*⟩ to cause decompensation in. **scompenso** *m.* **1** lack of balance: ~ *tra la domanda e l'offerta* lack of balance between supply and demand. **2** ⟨*Med*⟩ decompensation: ~ *cardiaco* (cardiac) decompensation.

scompiacente *a.* discourteous: *mostrarsi ~ verso qd.* to be discourteous to s.o. **scompiacenza** *f.* discourtesy.

scompigliamento *m.* **1** disarranging, muddling. **2** ⟨*fig*⟩ upsetting. **scompigliare** *v.t.* (**scompiglio, scompigli**) **1** to disarrange, to throw into disorder, to mess (up): ~ *un cassetto* to mess up a drawer. **2** (*rif. a capelli*) to ruffle, to dishevel, to rumple. **3** ⟨*fig*⟩ (*sconvolgere*) to upset: ~ *i piani di qd.* to upset s.o.'s plans. **scompigliato** *a.* **1** disarranged, messy, topsy–turvy. **2** (*rif. a capelli*) ruffled, dishevelled. **3** ⟨*fig*⟩ confused: *idee –e* confused ideas. **scompiglio** *m.* **1** (*lo scompigliare*) upsetting, throwing into disorder. **2** (*confusione*) disorder, confusion, chaos (*anche fig.*): *portare lo ~ in qc.* to cause confusion in s.th.

scomponibile *a.* **1** dismountable, that can be disassembled (*o* taken apart). **2** ⟨*Mat*⟩ reducible. **scomponibilità** *f.* **1** possibility of being dismounted (*o* disassembled). **2** ⟨*Mat*⟩ reducibility. **scomponimento** *m.* dismounting, disassembly. **scomporre** *v.t.* (**scompongo, scomponi; scomposi, scomposto; → porre**) **1** to disassemble, to take apart, to break up; (*separare le parti di un tutto*) to break down, to decompose. **2** (*scompigliare*) to disarrange, to dishevel, to untidy. **3** (*decomporre*) to decompose (*anche Chim.*). **4** (*alterare*) to upset, to distort: *il dolore le scomponeva il volto* pain distorted her face. **5** ⟨*Mat*⟩ to factorize, to break up into factors. **6** ⟨*Tip*⟩ to distribute, to kill, to break up. **scomporsi** *v.r.* (*turbarsi*) to get upset, to lose one's composure. □ ⟨*Mat*⟩ ~ *in fattori* to factorize; *senza scomporsi* unperturbed, without losing one's composure. **scomposizione** *f.* **1** (*lo scomporre*) disassembling, taking apart, breaking up; (*rif. alle parti di un tutto*) breakdown. **2** (*separazione, smembramento*) decomposition, breaking down. **3** (*decomposizione*) decomposition (*anche Chim.*). **4** ⟨*Mat*⟩ factorization. **5** ⟨*Tip*⟩ distribution, killing, breaking up. **6** ⟨*TV*⟩ *dei colori* colour break–up; ⟨*TV*⟩ ~ *dell'immagine* image scanning.

scompostamente *avv.* in an unseemly way, unbecomingly. **scompostezza** *f.* unseemliness. **scomposto** (*p.p. di scomporre*) *a.* **1** disassembled, in (*o* taken to) pieces, broken up (*o* down). **2** (*in disordine*) untidy, dishevelled: *vestiti –i* untidy clothes; (*rif. a capelli*) ruffled, dishevelled. **3** (*sguaiato, privo di compostezza*) unseemly: *atteggiamento ~* unseemly position. **4** ⟨*Mat*⟩ factorized. □ *non stare ~* sit properly.

scomunica *f.* ⟨*Rel*⟩ excommunication. □ *dare* (*o lanciare*) *la ~ a qd.* to excommunicate s.o. **scomunicare** *v.t.* (**scomunico, scomunichi**) **1** ⟨*Rel*⟩ to excommunicate. **2** ⟨*fig,scherz*⟩ (*mettere al bando*) to disown, to repudiate, to outlaw. **scomunicato I** *a.* excommunicated. **II** *s.m.* (*f.* -a) excommunicated person, excommunicant.

sconcertante *a.* disconcerting: *un atteggiamento* ~ a disconcerting attitude. **sconcertare** *v.t.* (**sconcerto**) **1** to upset, to disrupt: ~ *i piani di qd.* to upset s.o.'s plans. **2** (*fig*) (*turbare*) to disconcert, to bewilder: *le sue parole mi sconcertarono* his words disconcerted me. **sconcertarsi** *v.r.* (*turbarsi*) to be disconcerted (*o* bewildered). □ *non lasciarsi* ~ to remain unperturbed. **sconcertato** *a.* disconcerted, bewildered: *avere un'aria* -a to look bewildered; *rimanere un po'* ~ to be rather disconcerted. **sconcerto** *m.* **1** upset, disorder, disturbance. **2** (*fig*) (*turbamento*) disconcertedness, perturbation.

sconcezza *f.* **1** indecency, obscenity. **2** (*espressione sconcia*) foul language, dirty talk, smut: *non dire altro che* -*e* to talk smut, to use foul language. **sconciamente** *avv.* indecently, obscenely. **sconciare** *v.t.* (**sconcio, sconci**) (*rar*) to spoil, to ruin, to mar. **sconcio I** *a.* indecent, obscene, lewd, smutty, bawdy, dirty: *parole sconce* dirty words. **II** *s.m.* **1** (*cosa indecente*) shame, scandal, disgrace: *è uno* ~ *che siano ammessi spettacoli del genere* it's a disgrace that they allow shows like that. **2** (*cosa mal fatta*) disgrace, (*fam*) mess: *questo libro è uno* ~ this book is a disgrace.

sconclusionato I *a.* **1** inconclusive, rambling; (*incoerente*) incoherent, disconnected. **2** (*rif. a persone*) inconsequent, ineffective, ineffectual: *che tipo* ~*!* what an inconsequent fellow! **II** *s.m.* (*f.* -a) ineffectual person who gets nothing done.

sconcordanza *f.* **1** disagreement, discordance. **2** (*rif. a suoni*) discordance, jarring; (*rif. a colori*) clash. **sconcordare** *v.i.* (**sconcordo;** *aus.* avere) **1** to conflict, to clash, to disagree. **2** (*rif. a suoni*) to jar, to be discordant; (*rif. a colori*) to clash.

scondito I *a.* (*Gastr*) unseasoned, without seasoning; (*rif. all'insalata*) without dressing. **II** *avv.* without seasoning. □ *mangiare* ~ to eat unseasoned (*o* plain) food.

sconfessare *v.t.* (**sconfesso**) **1** (*ritrattare*) to renounce, to retract, to disavow: ~ *le proprie idee politiche* to renounce one's political ideas. **2** (*disconoscere*) to repudiate, to disclaim (responsibility for). **sconfessione** *f.* renouncing, retraction, disavowal.

sconficcare *v.t.* (**sconficco, sconficchi**) to remove, to extract, to pull (*o* draw) out: ~ *i chiodi da una parete* to pull the nails out of a wall.

sconfiggere *v.t.* (**sconfiggo, sconfiggi; sconfissi, sconfitto**) to defeat, to beat, to overcome, (*lett*) to vanquish (*anche fig.*): ~ *il nemico* to defeat the enemy; ~ *il male* to vanquish evil.

sconfinamento *m.* **1** border violation, crossing a frontier. **2** (*rif. a proprietà privata*) trespass(ing). **sconfinare** *v.i.* (*aus.* avere) **1** to cross the frontier (*o* border): *sconfinarono in Francia* they crossed the frontier into France (*o* French border). **2** (*rif. a proprietà privata*) to trespass. **3** (*fig*) (*uscire dai limiti fissati*) to stray, to digress (*da* from), to exceed (*o* go beyond) the limits (of): ~ *dall'oggetto della discussione* to stray from the matter under discussion. **sconfinatamente** *avv.* **1** boundlessly, unlimitedly. **2** (*fig*) (*immensamente*) immensely, tremendously. **sconfinato** *a.* **1** boundless, unlimited: *l'oceano* ~ the boundless ocean. **2** (*fig*) (*immenso*) immense, tremendous: *potere* ~ tremendous power.

sconfitta *f.* defeat (*anche fig.*). □ *subire una* ~ to be defeated. **sconfitto** (*p.p. di sconfiggere*) **I** *a.* (*vinto*) defeated, beaten, (*lett*) vanquished. **II** *s.m.* (*f.* -a) defeated person; *pl.* the defeated (*costr. pl.*), (*lett*) the vanquished (*costr. pl.*).

sconfortante *a.* disheartening, discouraging, depressing: *notizie* -*i* depressing news. **sconfortare** *v.t.* (**sconforto**) to dishearten, to discourage, to dispirit: *l'indifferenza di tutti lo sconfortava* he was disheartened by everyone's indifference. **sconfortarsi** *v.r.* (*avvilirsi*) to lose heart, to become (*o* get) disheartened, to become discouraged (*o* depressed). **sconforto** *m.* dejection, discouragement, depression, distress.

scongelamento *m.* defrosting, unfreezing. **scongelare** *v.t.* (**scongelo**) to defrost, to unfreeze.

scongiurare *v.t.* **1** (*supplicare*) to beg, to implore, to entreat, to beseech: *ti scongiuro di tacere* I beg you to be silent. **2** (*evitare, scansare*) to avert, to avoid, to ward off: ~ *una disgrazia* to avert an accident. **3** (*Rel*) to exorcise. **scongiurato** *a.* **1** exorcized: *demoni* -*i* exorcized demons. **2** (*evitato*) averted, avoided: *pericolo* ~ averted danger. **scongiuro** *m.* **1** exorcism. **2** *pl.* (*formula magica*) exorcism, charm, spell, conjuration. □ (*fam*) *fare gli* -*i* to touch (*o* knock on) wood.

sconnessamente *avv.* incoherently, disjointedly. **sconnessione** *f.* incoherence, disjointedness. **sconnesso** (*o sconnesso*) (*p.p. di sconnettere*) *a.* **1** disconnected, unconnected. **2** (*fig*) (*incoerente*) incoherent, rambling. **sconnessura** *f.* **1** disconnection, disconnectedness. **2** (*punto di sconnessura*) opening, separation. **sconnettere** (*o sconnettere*) *v.t.* (**sconnettei/sconnessi/sconnessi, sconnesso/sconnesso**) **1** to disconnect, to separate. **2** (*fig,assol*) (*sragionare*) to wander, to talk nonsense (*o* wildly).

sconoscente *a.* (*ingrato*) ungrateful (*di* for). **sconoscere** *v.t.* (**sconosco, sconosci; sconobbi, sconosciuto**) to ignore, to refuse to recognize. **sconosciuto** (*p.p. di sconoscere*) **I** *a.* **1** unknown, unfamiliar; (*inesplorato*) unexplored: *paesi* -*i* unexplored countries; (*rif. a persona: privo di fama*) unknown, obscure, little known: *un attore* ~ an unknown actor. **2** (*mai provato prima*) unknown, new: *una sensazione* -*a* a new sensation. **3** (*non identificato*) unknown, unidentified: *l'assassino è ancora* ~ the murderer is still unknown. **II** *s.m.* (*f.* -a) unknown person, stranger.

sconquassamento *m.* **1** shaking. **2** (*sfasciamento*) shattering, smashing. **sconquassare** *v.t.* **1** to shake. **2** (*sfasciare*) to shatter, to smash (in), to break up (*o* down). **3** (*fig*) (*scombussolare*) to upset, to shake up: *il viaggio mi ha sconquassato* the journey has shaken me up. **sconquassarsi** *v.r.* to break, to be ruined. **sconquassato** *a.* **1** shaken. **2** (*sfasciato*) broken(-down), ramshackle, smashed, shattered. **3** (*fig*) (*scombussolato*) upset, shaken (up). **sconquasso** *m.* **1** shaking. **2** (*sfasciamento*) shattering, smashing, breaking (up). **3** (*fragore*) crash(ing), smash; (*danno*) damage. **4** (*fig*) (*confusione*) confusion; (*disordine*) disorder, mess.

sconsacrare *v.t.* (*Rel*) to deconsecrate. **sconsacrato** *a.* deconsecrated. **sconsacrazione** *f.* deconsecration.

sconsideratamente *avv.* thoughtlessly, rashly, imprudently, inconsiderately. **sconsideratezza** *f.* thoughtlessness, heedlessness; (*imprudenza*) rashness, imprudence. **sconsiderato I** *a.* thoughtless, rash, inconsiderate, imprudent. **II** *s.m.* (*f.* -a) thoughtless (*o* heedless) person.

sconsigliabile *a.* unadvisable. **sconsigliare** *v.t.* (**sconsiglio, sconsigli**) **1** (*non consigliare*) not to advise, not to recommend, to advise against: *questa stoffa te la sconsiglio* I don't recommend this material. **2** (*raccomandare di non fare*) to advise (*da* against), not to advise (s.th.): *ti sconsiglio dal tentare l'affare* I don't advise you to try it. **sconsigliato I** *a.* heedless, thoughtless; (*avventato*) rash. **II** *s.m.* (*f.*-a) heedless person.

sconsolante *a.* discouraging, disheartening. **sconsolare** *v.t.* (**sconsolo**) to discourage, to dishearten. **sconsolatamente** *avv.* disconsolately, dejectedly. **sconsolato** *a.* disconsolate, dejected, downcast: *avere un'aria* -a to look disconsolate.

scontabile *a.* **1** deductible. **2** (*Econ*) discountable. **scontare** *v.t.* (**sconto**) **1** (*detrarre da un conto*) to deduct; (*pagare, estinguere*) to pay off: ~ *un debito* to pay off a debt. **2** (*espiare*) to pay (the penalty) for, to expiate: ~ *un delitto* to pay for a crime. **3** (*rif. a pene*) to serve: ~ *due anni di carcere* to serve a two-year prison sentence. **4** (*subire le conseguenze di uno sbaglio*) to pay (*o* suffer) for: ~ *gli errori di gioventù* to pay for the errors of one's youth. **5** (*Econ*) to discount: ~ *una cambiale* to discount a bill. □ ~ *la propria pena* to serve one's time. **scontato** *a.* **1** deducted. **2** (*pagato*) paid (off, up), settled: *debito* ~ paid-up debt. **3** (*espiato*) paid for, expiated, atoned for: *delitto* ~ expiated crime; (*rif. a pena*) served. **4** (*previsto*) foreseen, taken for granted: *successo* ~ success taken for granted; *la tua bocciatura era* ~ your failure was foreseen. **5** ⟨*Econ*⟩ discounted. □ *dare per* ~ to take for granted.

scontentare *v.t.* (**scontento**) **1** (*rendere scontento*) to displease, to dissatisfy, to discontent. **2** (*lasciare scontento*) to leave dissatisfied (*o* discontented), to disappoint. **scontentezza** *f.* **1** discontent, displeasure, dissatisfaction. **2** (*cattivo umore*) discontentedness, ill temper. **scontento I** *a.* **1** discontented, dissatisfied, displeased: *essere* ~ *di qc.* to be dissatisfied with s.th. **2** (*difficile a contentarsi*) difficult, hard to please. **II** *s.m.* **1** (*f.* **-a**) discontented person. **2** (*insoddisfazione*) discontent, dissatisfaction, disappointment: *c'è uno* ~ *generale tra la cittadinanza* there is widespread discontent among the people.

scontista *m.* ⟨*Econ*⟩ discounter.

sconto *m.* reduction, discount: *fare* (*o concedere*) *uno* ~ to give a discount (*o* reduction); *uno* ~ *del dieci per cento* a ten per cent discount. □ ~ **bancario** bank discount; ~ **cambiario** discounting of bills of exchange; ~ **commerciale** trade discount; ⟨*Econ*⟩ **tasso** *di sconto* discount rate.

scontornare *v.t.* (**scontorno**) ⟨*Tip*⟩ to block out, to outline.

scontrare *v.t.* (**scontro**) (*incontrare*) to meet; (*imbattersi*) to run into. **scontrarsi** *v.r.* **1** to meet in battle, to engage: *i due eserciti si scontrarono nella pianura* the two armies met in battle on the plain. **2** (*rif. a veicoli*) to collide (*con* with), to crash, to run (into): *il rapido si è scontrato con un treno merci* the express crashed into a goods train.

scontrino *m.* ticket, coupon, ⟨*am*⟩ check. □ ~ *bagagli* luggage ticket (*o* check); ~ *del deposito bagagli* left luggage ticket, ⟨*am*⟩ baggage room check; ~ *di cassa* cash slip; ~ *del guardaroba* cloakroom ticket (*o* check).

scontro *m.* **1** (*rif. a veicoli*) crash, collision: ~ *ferroviario* rail crash. **2** (*rif. a forze ostili*) battle, encounter, engagement, action. **3** ⟨*fig*⟩ (*contrasto*) clash, dispute, argument, quarrel: *avere uno* ~ *con qd.* to have an argument with s.o. □ ~ *automobilistico* bump, crash; ~ *a fuoco* gunfight, shooting, ⟨*fam*⟩ shoot-out.

scontrosaggine *f.* surliness, sullenness, peevishness, cantankerousness. **scontrosamente** *avv.* peevishly, sullenly. **scontrosità** *f.* **1** (*l'essere scontroso*) surliness, sullenness, peevishness, cantankerousness. **2** (*atto scontroso*) surly behaviour, rudeness. **scontroso** *a.* surly, sullen, peevish, cantankerous; (*poco socievole*) unsociable; (*permaloso*) touchy, huffy.

sconveniente *a.* **1** improper, unseemly, unbecoming: *parole* –*i* improper language. **2** (*che non conviene*) disadvantageous, unfavourable: *prezzo* ~ unfavourable price. **sconvenientemente** *avv.* improperly, unbecomingly. **sconvenienza** *f.* **1** (*mancanza di buone maniere*) impropriety, unseemliness, unbecomingness. **2** (*atto*) improper (*o* unseemly) behaviour. **sconvenire** *v.i.* (**sconvengo, sconvieni; sconvenni, sconvenuto;** → **venire;** *aus.* **essere**), **sconvenirsi** *v.r.* not to become (*o* befit) (*a qd.* s.o.), to be unbecoming (in, to); (*non essere adatto*) to be unsuitable (to).

sconvolgente *a.* upsetting, perturbing; (*trascinante*) overwhelming: *passione* ~ overwhelming passion. **sconvolgere** *v.t.* (**sconvolgo, sconvolgi; sconvolsi, sconvolto**) **1** to upset, to throw into confusion: *la guerra ha sconvolto il paese* the war threw the country into confusion. **2** (*mettere in disordine*) to upset, to mix (*o* mess) up: *un colpo di vento ha sconvolto le carte* a gust of wind mixed up the papers. **3** ⟨*fig*⟩ (*turbare gravemente*) to upset, to perturb, to disturb, to unsettle: *la notizia mi ha sconvolto* the news upset me; *la sua mente era sconvolta dalla passione* his mind was unsettled by passion. **4** (*rivoluzionare*) to upset: ~ *i progetti di qd.* to upset s.o.'s plans. **5** (*devastare*) to devastate, to ravage: *il paesaggio fu sconvolto dall'alluvione* the countryside was ravaged by the flood. **sconvolgimento** *m.* **1** upset(ting): *lo* ~ *prodotto dalla rivoluzione* the upset caused by the revolution. **2** (*disordine*) disorder, confusion, muddle. **3** (*devastazione*) devastation. **4** ⟨*fig*⟩ (*grave perturbazione*)

upset, perturbation. □ ~ *di stomaco* stomach upset. **sconvolto** (*p.p. di sconvolgere*) *a.* **1** ravaged, devastated: *paese* ~ *dal terremoto* land devastated by the earthquake. **2** ⟨*fig*⟩ (*turbato*) upset, perturbed, deranged; (*fuori di sé*) beside oneself: ~ *dal dolore* beside oneself with grief. □ *avere l'aspetto* ~ to look very upset.

scoop *ingl.* [sku:p] *m.* ⟨*Giorn*⟩ scoop, exclusive news story.

scoordinamento *m.*, **scoordinazione** *f.* lack of coordination.

scooter *ingl.* ['sku:tər] *m.* **1** (*motoretta*) (motor)scooter. **2** ⟨*Mar*⟩ scooter. **scooterista** [sku–] *m./f.* (motor)scooter rider, scooterist.

scopa[1] *f.* ⟨*Bot*⟩ tree heath.

scopa[2] *f.* broom. □ ~ *elettrica* electric broom; *magro come una* ~ as thin as a lath (*o* rake); *manico di* ~: **1** broomstick; **2** ⟨*fig*⟩ (*persona molto magra*) beanpole.

scopa[3] *f.* (*gioco di carte*) scopa (kind of card game).

scopamare *m.* ⟨*Mar*⟩ lower studding–sail.

scopare *v.t.* (**scopo**) **1** to sweep (out): ~ *una stanza* to sweep out a room. **2** ⟨*triv*⟩ to fuck. **scopata** *f.* **1** sweep(ing). **2** (*colpo di scopa*) blow with a broom. **3** ⟨*volg*⟩ intercourse, ⟨*volg*⟩ fuck. □ *dare una* ~ *alla cucina* to sweep the kitchen (out).

scopatappeti *m.inv.* carpet-sweeper.

scopatura *f.* **1** sweeping. **2** (*spazzatura*) sweepings *pl*, rubbish, ⟨*am*⟩ garbage.

scoperchiare *v.t.* (**scoperchio, scoperchi**) **1** to take the lid off: ~ *la pentola* to take the lid off the pot. **2** (*togliere la copertura*) to uncover, to remove the cover from; (*rif. al tetto*) to take (*o* blow) the roof off, to unroof: *il vento ha scoperchiato la casa* the wind has blown the roof off the house. **scoperchiato** *a.* uncovered; (*privo del tetto*) unroofed, roofless.

scoperta *f.* **1** discovery: *la* ~ *dell'America* the discovery of America; *la* ~ *di una tomba etrusca* the discovery of an Etruscan tomb. **2** ⟨*iron*⟩ discovery, find: *bella* ~! what a discovery (*o* find)!, ⟨*fam*⟩ tell me another! **3** ⟨*Mil*⟩ reconnaissance, reconnoitring. **scopertamente** *avv.* openly.

scoperto (*p.p. di scoprire*) **I** *a.* **1** (*senza coperchio*) uncovered, with the lid off. **2** (*senza copertura*) open, uncovered: *terrazzo* ~ open terrace. **3** (*non riparato da indumenti*) bare: *andare a capo* ~ to go bare–headed. **4** (*senza coperte*) without bedclothes: *dormire* ~ to sleep without bedclothes. **5** (*privo di riparo, indifeso*) exposed. **6** ⟨*fig*⟩ (*sincero, franco*) sincere, open, frank. **7** ⟨*Econ*⟩ (*senza copertura*) uncovered, unsecured: *un assegno* ~ an uncovered cheque; (*non saldato*) unpaid, outstanding; (*rif. a conto:* *con saldo passivo*) overdrawn. **8** ⟨*Mil*⟩ (*privo di difesa*) undefended; (*esposto*) without cover, exposed. **II** *avv.* → **scopertamente. III** *s.m.* **1** (*luogo scoperto*) open (place), open air, outdoors *pl* (*costr.sing.*). **2** ⟨*Econ*⟩ overdraft; (*saldo passivo*) deficit, debit balance. □ **allo** ~: **1** in the open air, outdoors: *dormire allo* ~ to sleep outdoors; **2** ⟨*Econ*⟩ uncovered, unsecured: *credito allo* ~ unsecured credit; (*rif. a conti*) overdrawn; **3** ⟨*Mil*⟩ (*privo di difesa*) undefended; (*esposto*) exposed; *vendere allo* ~ to sell short; *vendita allo* ~ short (*o* bear) sale; ⟨*Comm*⟩ ~ *di conto corrente* bank overdraft: *avere un conto* ~ to be overdrawn, ⟨*fam*⟩ to be in the red; ⟨*Aut*⟩ **macchina** –*a* convertible, open car; ⟨*fig*⟩ *uscire allo* ~ to come out in the open.

scopeto *m.* heath.

scopetta *f.* brush.

scopettoni *m.pl.* ⟨*scherz*⟩ (*basette lunghe*) long side–whiskers *pl*.

scopiazzare *v.t.* ⟨*spreg*⟩ to copy (badly). **scopiazzato** *a.* (badly) copied. **scopiazzatore** *m.* (*f.* **-trice**) ⟨*spreg*⟩ copier. **scopiazzatura** *f.* ⟨*spreg*⟩ **1** (bad) copying. **2** (*opera scopiazzata*) copied work.

scopino *m.* ⟨*region*⟩ (*spazzino*) street sweeper, street cleaner.

scopo *m.* **1** purpose, aim. **2** ⟨*Topogr*⟩ target. □ *a che* (*o quale*) ~? for what purpose?, why?, what for?; *a* ~ in order to, for the purpose (*o* sake) of, for: *a* ~ *di lucro* for (the sake of) money; *a* ~ *di studio* in order to study, for (the sake of) studying; *a questo* ~ to this end, for this purpose; **allo** ~ *di* (in order) to, so as to, for the purpose of, for: *allo* ~ *di controllare* (in order) to check; *andare dritto allo* ~ to go straight to the point; **non** *c'è* ~ there is no point, it is pointless (*o* useless); **raggiungere** *il proprio* ~ to achieve one's end; **senza** ~: 1 (*agg.*) aimless, purposeless; 2 (*avv.*) aimlessly, purposelessly.

scopola *f.* → **scoppola.**

scopolamina *f.* ⟨*Chim*⟩ scopolamine.

scopone *m.* scopone (kind of card game).

scoppiare *v.i.* (**scoppio, scoppi**; *aus.* **essere**) **1** to burst: *è scoppiato un pneumatico* a tyre has burst. **2** (*esplodere*) to explode, to blow up: *è scoppiata una mina* a mine has exploded; (*detonare*) to detonate. **3** (*aprirsi*) to burst, to split: *l'ascesso è scoppiato* the abscess has burst. **4** ⟨*fig*⟩ (*manifestarsi, insorgere*) to break out: *scoppiarono disordini nelle fabbriche* trouble broke out in the factories. **5** (*rif. a temporali*) to break. **6** ⟨*fig*⟩ (*prorompere*) to burst: ~ *in lacrime* to burst into tears; ~ *a ridere* to burst out laughing. **7** (*iperb*) (*non potersi contenere*) to burst: *se non parlo scoppio* I'll burst if I don't speak; ~ *dall'invidia* to burst with envy. **8** ⟨*Sport*⟩ (*cedere, non farcela*) to collapse, to crack (up). □ *mi scoppia il cuore* my heart is breaking; *è scoppiato un incendio* a fire broke out; ⟨*fig*⟩ *mangiare fino a* ~ to eat fit to burst; ~ *dalle risa* to split one's sides with laughter.

scoppiettamento *m.* crackling. **scoppiettante** *a.* **1** crackling. **2** ⟨*fig*⟩ ringing, echoing: *una risata* ~ a ringing laugh. **scoppiettare** *v.i.* (**scoppietto**; *aus.* **avere**) **1** to crackle: *la legna scoppiettava nel caminetto* the wood crackled in the fireplace. **2** ⟨*fig*⟩ (*risonare*) to ring (out), to (re-)echo. **scoppiettio** *m.* **1** crackling. **2** ⟨*Rad*⟩ shot noise.

scoppio *m.* **1** burst(ing): *lo* ~ *di una caldaia* the bursting of a boiler. **2** (*esplosione*) explosion: *lo* ~ *di una bomba* the explosion of a bomb; (*detonazione*) detonation. **3** (*rumore*) crash, bang: *lo* ~ *si udì a grande distanza* the bang could be heard a long way off. **4** ⟨*fig*⟩ (*accesso*) fit, (out)burst: ~ *d'ira* fit of anger. **5** ⟨*fig*⟩ (*l'insorgere improvviso*) outbreak: *lo* ~ *della guerra* the outbreak of war. □ *motore a* ~ internal–combustion engine; *a* ~ *ritardato* delayed action– (*anche fig.*); ~ *di un pneumatico* blow-out, tyre burst.

scoppola *f.* **1** ⟨*dial*⟩ (*scappellotto*) rabbit punch, smack (on the back of the neck). **2** ⟨*fig*⟩ (*perdita*) loss. □ ⟨*fig*⟩ *prendere una bella* ~ to lose quite a bit.

scoprimento *m.* uncovering, unveiling: *lo* ~ *di una lapide* the unveiling of a plaque.

scoprire *v.t.* (**scopro; scoprii/scopersi, scoperto**) **1** (*togliere la coperta*) to uncover; (*scoperchiare: rif. a pentole e sim.*) to take the lid off; (*rif. a tetti*) to take (*o* blow) the roof off, to unroof. **2** (*denudare*) to bare, to uncover: *il vento le scopriva le gambe* the wind bared her legs. **3** (*rendere visibile*) to reveal, to show: ~ *i denti nel sorridere* to show one's teeth when smiling. **4** (*estens*) (*inaugurare*) to unveil, to uncover: ~ *una lapide* to unveil a plaque. **5** (*trovare, acquisire alla conoscenza*) to discover: ~ *una legge fisica* to discover a law of physics. **6** (*identificare, trovare*) to discover, to find (out): *hanno scoperto il ladro* they have discovered the thief. **7** ⟨*Mil,Sport*⟩ (*lasciare indifeso*) to expose, to leave unprotected (*o* without cover). **8** ⟨*fig*⟩ (*manifestare*) to reveal, to disclose, to show: ~ *i propri sentimenti* to show one's feelings. **scoprirsi** *v.r.* **1** to bare (o.s.), to uncover (o.s.): *scoprirsi le braccia* to bare one's arms; (*nel letto*) to throw off the bedclothes; (*vestirsi leggero*) to put on light(er) clothes: *non è ancora tempo di scoprirsi* it's too early yet to put on light clothes. **2** (*togliersi il cappello*) to take off one's hat, to bare (*o* uncover) one's head. **3** (*manifestare il proprio pensiero*) to give o.s. away: *rispose evasivamente per non scoprirsi* he replied evasively so as not to give himself away. **4** (*rivelarsi*) to show o.s. (to be): *si scoprì un vero amico* he showed himself to be a true friend. **5** (*venire in luogo aperto*) to come out into the open, to expose o.s.: *per attaccare aspettarono che il nemico si fosse scoperto* they held off the attack until the enemy came out into the open. **6** ⟨*Sport*⟩ (*nel pugilato*) to drop one's guard. □

⟨*iron*⟩ *hai scoperto l'America* aren't you clever; ⟨*fig*⟩ ~ *gli altarini a qd.* to discover s.o.'s secrets; ⟨*fig*⟩ ~ *le carte* (*o il gioco*) to lay one's cards on the table.

scopritore *m.(f.* -**trice**) discoverer.

scoraggiamento *m.* discouragement, disheartenment: *essere preso dallo* ~ to be overcome by discouragement. **scoraggiante** *a.* discouraging, disheartening. **scoraggiare** *v.t.* (**scoraggio, scoraggi**) to discourage, to dishearten. **scoraggiarsi** *v.r.* to be (*o* get) discouraged, to get disheartened, to lose heart. **scoraggiato** *a.* discouraged, disheartened, downhearted.

scoramento *m.* ⟨*lett*⟩ disheartenment, downheartedness.

scorbutico *a./s.* (*pl.* -**ci**) **I** *a.* **1** (*malato*) scorbutic, suffering from scurvy. **2** ⟨*fig*⟩ (*scontroso*) cantankerous, ill–tempered, peevish. **II** *s.m.* **1** sufferer from scurvy. **2** ⟨*fig*⟩ cantankerous person. **scorbuto** (*o* **scorbuto**) *m.* ⟨*Med*⟩ scurvy, scorbutus.

scorciare *v.t.* (**scorcio, scorci**) to shorten, to make shorter: ~ *un vestito* to shorten (*o* take up) a dress. **scorciarsi** *v.r.* to shorten, to grow (*o* get) shorter; (*rif. a giornate*) to become shorter, to draw in: *le giornate si sono scorciate* the days have ⸢become shorter⸣ (*o* drawn in). **scorciatoia** *f.* short cut (*anche fig.*): *prendere una* ~ to take a short cut. **scorcio** *m.* **1** foreshortening. **2** (*figura, cosa rappresentata di scorcio*) foreshortened figure (*o* image). **3** (*breve spazio di tempo*) brief period, short space (of time), short lapse (of time): ~ *di tempo* brief period of time; (*fine*) end, close: ~ *di secolo* end of the century. □ *di* ~ foreshortened.

scordare[1] *v.i.* (**scordo**) to forget: *scordo sempre il tuo indirizzo* I always forget your address; ~ *un'offesa* to forget (*o* think no more of) an insult. **scordarsi** *v.r.* to forget (*di qc.* s.th., about s.th.): *non scordarti dell'invito* don't forget the invitation.

scordare[2] *v.t.* (**scordo**) ⟨*Mus*⟩ to untune, to put out of tune. **scordarsi** *v.r.* to go (*o* get) out of tune.

scordato[1] *a.* **1** (*dimenticato*) forgotten. **2** (*trascurato*) forgotten, neglected, overlooked.

scordato[2] *a.* ⟨*Mus*⟩ out of tune, untuned.

scordatura *f.* (*lo scordare*) untuning; (*l'essere scordato*) being out of tune; (*il perdere l'accordatura*) getting out of tune.

scoreggia *f.* (*pl.* -**ge**) ⟨*volg*⟩ fart. **scoreggiare** *v.i.* (**scoreggio, scoreggi**; *aus.* **avere**) ⟨*volg*⟩ to fart.

scorfano *m.* **1** ⟨*Itt*⟩ scorpion fish. **2** ⟨*fig*⟩ (*persona brutta e malfatta;* f. -**a**) fright.

scorgere *v.t.* (**scorgo, scorgi; scorsi, scorto**) **1** to distinguish, to make out, to perceive, to sight: ~ *una luce* to perceive a light. **2** ⟨*fig*⟩ (*discernere*) to discern, to perceive, to see: ~ *un pericolo* to see a danger. □ *farsi* ~ to let o.s. be noticed (*o* seen).

scoria *f.* (generally in pl.) **1** ⟨*Met*⟩ slag, dross, cinder, scoria. **2** ⟨*fig*⟩ (*parte inutile*) dross. □ ⟨*Met*⟩ ~ *d'altoforno* blast–furnace slag; ⟨*Geol*⟩ -*e di lava* scoriae; -*e nucleari* nuclear waste *sing;* ⟨*Atom*⟩ -*e radioattive* radioactive wastes.

scorificare *v.t.* (**scorifico, scorifichi**) to scorify. **scorificazione** *f.* scorification.

scornare *v.t.* (**scorno**) **1** to break the horns of, to dishorn. **2** ⟨*fig*⟩ (*mettere in ridicolo*) to ridicule, to mock. **scornarsi** *v.r.* **1** to break one's horns. **2** ⟨*fig*⟩ to make a fool of o.s. **scornato** *a.* **1** (*con le corna rotte*) with broken horns. **2** ⟨*fig*⟩ (*svergognato*) humiliated, crestfallen.

scorniciare *v.t.* (**scornicio, scornici**) to unframe, to remove the frame from: ~ *un quadro* to remove the frame from a picture.

scorno *m.* humiliation, ignominy: *subire uno* ~ to suffer a humiliation, to be put to ignominy. □ *a* ~ *di qd.* to humiliate s.o.

scoronamento *m.* ⟨*Dent*⟩ (*il togliere la corona*) removal of the crown; (*il rompere la corona*) breaking of the crown. **scoronare** *v.t.* (**scorono**) **1** ⟨*Dent*⟩ (*togliere la corona*) to remove the crown from; (*rompere la corona*) to break the crown of. **2** ⟨*Agr*⟩ to poll(ard).

scorpacciata *f.* **1** feed, ⟨*volg*⟩ bellyful. **2** ⟨*fig*⟩ surfeit. □ *farsi una* ~ *di qc.* to stuff o.s. with s.th., to have a big feed of s.th.

scorpena (o *scorpena*) *f.* → **scorfano**.

scorpione *m.* ⟨*Zool*⟩ scorpion. **Scorpione** *N.pr.m.* **1** ⟨*Astr*⟩ Scorpio(n). **2** (*persona nata sotto il segno dello Scorpione*) Scorpio.

scorporare *v.t.* (**scorporo**) ⟨*Dir*⟩ to separate from capital. **scorporo** *m.* **1** removal from capital, drawing from the estate. **2** ⟨*concr*⟩ (*beni scorporati*) part of an estate set aside.

scorrazzamento *m.* running about. **scorrazzare I** *v.i.* (*aus.* **avere**) **1** (*correre*) to run about: *i bambini scorrazzavano sul prato* the children were running about on the meadow. **2** (*vagare*) to roam, to rove. **3** ⟨*ant*⟩ (*fare scorrerie*) to make raids, to plunder. **II** *v.t.* to rove, to travel all over, to cover. **scorrazzata** *f.* **1** running about. **2** (*breve gita*) trip.

scorrere *v.* (**scorsi**, **scorso**) **I** *v.i.* (*aus.* **essere**) **1** (*scivolare*) to slide, to glide: *la barca scorreva sull'acqua* the boat glided over the water. **2** (*fluire*) to flow, to run: *i fiumi scorrono a valle* rivers flow (*o* run) down to the valley. **3** (*colare*) to run, to flow, to stream: *le lacrime le scorrevano sul viso* tears ran down her cheeks. **4** (*procedere senza difficoltà*) to run, to flow, to fly: *la penna scorreva sulla carta* the pen flew across the paper. **5** ⟨*fig*⟩ (*procedere, filare*) to run on, to flow; (*quadrare*) to make sense, to hang together: *il ragionamento scorre bene* the argument makes sense; (*rif. a scritti*) to read well. **6** (*passare, trascorrere*) to pass (by), to roll (*o* go) by, to elapse: *le ore scorrevano velocemente* the hours passed quickly (*o* flew by). **II** *v.t.* (*leggere in fretta*) to run (*o* skim) through, to glance (*o* look) over, to have a quick look at: *~ un articolo* to skim through an article. **2** ⟨*ant*⟩ (*fare scorrerie*) to raid, to ravage. **scorreria** *f.* raid, foray, incursion.

scorrettamente *avv.* incorrectly, wrongly; (*in modo sconveniente*) incorrectly; (*slealmente*) unfairly. **scorrettezza** *f.* **1** incorrectness, inaccuracy: *la ~ di un compito* the inaccuracy of an exercise. **2** ⟨*concr*⟩ (*errore, inesattezza*) mistake, error. **3** (*l'essere poco educato*) impoliteness, rudeness, incivility; (*l'essere sconveniente*) impropriety. **4** ⟨*concr*⟩ (*azione scorretta*) rude (*o* impolite) act, impropriety. **scorretto** *a.* **1** incorrect, wrong, not correct; (*pieno di errori*) inaccurate. **2** (*sgarbato*) impolite, rude, uncivil; (*sleale*) unfair. **3** (*sconveniente*) indecorous, improper: *assumere una posa –a* to take up an indecorous pose.

scorrevole *a.* **1** (*che scorre*) flowing, smooth-running. **2** (*fluido*) smooth-flowing, fluid: *inchiostro ~* smooth-flowing ink. **3** ⟨*fig*⟩ (*agile, svelto*) flowing, smooth, fluent, easy: *stile ~* flowing style. □ *porta ~* sliding door. **scorrevolezza** *f.* **1** flow, fluidity, smoothness. **2** ⟨*tecn*⟩ flowability. **3** ⟨*fig*⟩ (*agilità, sveltezza*) fluency, flowingness, smoothness, easiness.

scorribanda *f.* **1** ⟨*Mil*⟩ raid, foray, incursion. **2** (*breve escursione*) excursion, trip.

scorrimento *m.* **1** (*lo scivolare*) sliding, gliding. **2** (*lo scorrere*) flowing, running. **3** ⟨*El*⟩ slip. **4** ⟨*Inform*⟩ scrolling, shift: *~ orizzontale* horizontal scrolling; *~ verso l'alto* scrolling up; *~ verso il basso* scrolling down. **scorsa** *f.* glance, quick look, ⟨*fam*⟩ once-over. □ *dare una ~ al giornale* to glance through the newspaper. **scorsi** → **scorgere**. **scorso** (*p.p. di scorrere*) **I** *a.* last, past: *lo ~ anno* last year. **II** *s.m.* (*errore*) slip, lapse: *~ di lingua* slip of the tongue, lapsus linguae. **scorsoio** *a.* running: *nodo ~* running knot, slip knot.

scorta *f.* **1** escort; (*guida*) guide; (*squadra*) guard: *~ d'onore* guard of honour. **2** ⟨*Mil*⟩ escort, convoy. **3** (*provvista*) stock, supply; (*riserva*) reserve, store, stock. **4** *pl.* ⟨*Dir,Econ,Ind*⟩ stock: *–e morte* dead stock. □ *avere una ~ di qc.* to have a stock of s.th.; *di ~* spare–: *pneumatico* (*o ruota*) *di ~* spare tyre; ⟨*Econ*⟩ *~ di divise* currency reserve; *fare una ~ di qc.* to stock up on s.th.; *fare la ~ a qd.* to act as escort to s.o.; *~ di ~ a qd.* to act as escort to s.o.; *~ in magazzino* stock *sing*, ⟨*am*⟩ inventory *sing*; *~ monetaria* cash reserve; ⟨*Dir*⟩ *–e* **morte** dead stock *sing*; *sotto la ~ di qd.* under s.o.'s guidance; ⟨*Dir*⟩ *–e* **vive** livestock *sing*.

scortare *v.t.* (**scorto**) **1** to escort. **2** ⟨*Mil*⟩ to escort, to

convoy.

scortecciare *v.t.* (**scorteccio**, **scortecci**) **1** to bark, to peel (the bark off): *~ un albero* to bark a tree. **2** (*rif. a intonaco, vernice e sim.: rovinare*) to chip; (*asportare*) to strip, to scrape. **scortecciarsi** *v.r.* **1** to lose bark. **2** (*scrostarsi*) to peel, to chip. □ *~ il pane* to take the crust off the bread. **scortecciatura** *f.* **1** barking. **2** ⟨*concr*⟩ bark (stripped off).

scortese *a.* rude, impolite, discourteous. **scortesemente** *avv.* rudely, impolitely, discourteously. **scortesia** *f.* **1** (*qualità*) rudeness, impoliteness, discourteousness. **2** (*azione*) discourtesy, rude behaviour.

scorticamento *m.* skinning. **scorticare** *v.t.* (**scortico**, **scortichi**) **1** to skin, to flay. **2** (*produrre un'escoriazione*) to graze, to skin, to scratch. **3** ⟨*fig*⟩ (*estorcere denaro*) to fleece. **4** (*sottoporre a prove severe*) ⟨*fam*⟩ to grill. **scorticarsi** *v.r.* to graze, to skin, to scratch: *mi sono scorticato un ginocchio* I grazed my knee. **scorticato** *a.* **1** skinned, flayed. **2** (*escoriato*) grazed, scratched, skinned. **scorticatoio** *m.* **1** (*luogo*) knacker's yard. **2** (*coltello*) skinning knife. **scorticatore** *m.* (*f.* -trice) skinner (*anche fig.*). **scorticatura** *f.* **1** skinning, flaying. **2** (*escoriazione*) graze.

scorto → **scorgere**.

scorza *f.* **1** (*corteccia*) bark: *la ~ di un albero* the bark of a tree. **2** (*buccia*) skin, rind, peel: *~ d'arancio* orange peel. **3** ⟨*fig*⟩ (*aspetto esteriore*) (outer) appearance, surface, outside: *sotto una ruvida ~ cela un cuore generoso* he looks rough on the outside but he has a kind heart. □ ⟨*fig*⟩ *avere la ~ dura* to have a thick skin.

scorzonera *f.* ⟨*Bot*⟩ scorzonera.

scoscendere *v.* (**scoscesi**, **scosceso**) **I** *v.t.* ⟨*lett*⟩ (*rompere*) to slit, to cleave. **II** *v.i.* (*aus.* **essere**), **scoscendersi** *v.r.* (*cadere rovinando*) to slip (*o* come crashing) down, to hurl down. **scosceso** (*p.p. di scoscendere*) *a.* **1** (*ripido*) steep. **2** (*dirupato*) precipitous, rugged.

scosciare *v.t.* (**scoscio**, **scosci**) **1** to dislocate the hip of. **2** (*staccare una coscia di animale cucinato*) to cut the leg off.

scossa *f.* **1** jolt, jerk, shake, bump: *ricevere una ~* to get a jolt, to be shaken (*o* jolted). **2** (*scossa elettrica*) shock (*anche fig.*): *la morte della moglie è stata per lui una terribile ~* the death of his wife was a great shock for him. **3** ⟨*fig*⟩ (*danno finanziario*) blow. **4** ⟨*Geol*⟩ shock; (*terremoto*) earthquake. □ *a –e* jerkily, in jerks; *dare una ~ a qc.* to jolt (*o* shake) s.th.; *dare una ~ a qd.* to shake s.o., to give s.o. a shake; ⟨*Geol*⟩ *~ ondulatoria* undulatory shock; *prendere la ~* to get a shock; *senza –e* smoothly, without jerks; ⟨*Geol*⟩ *~ sismica* (earthquake) shock; ⟨*Geol*⟩ *~ sussultoria* tremor.

scossi → **scuotere**. **scosso** (*p.p. di scuotere*) *a.* **1** shaken. **2** ⟨*fig*⟩ (*turbato*) shaken, upset, shattered: *rimanere ~ per una notizia* to be upset by some news.

scostamento *m.* moving, shifting, removal. **scostante** *a.* **1** unpleasant, disagreeable, ⟨*fam*⟩ off-putting. **2** (*poco socievole*) unfriendly. **scostare** *v.t.* (**scosto**) **1** to move away, to shift, to remove: *~ una sedia dalla parete* to move a chair away from the wall. **2** ⟨*fig*⟩ (*evitare, sfuggire*) to avoid, to keep away from: *ora che è povero tutti lo scostano* now that he's poor everyone avoids him. **scostarsi** *v.r.* **1** (*allontanarsi*) to move (away), to leave. **2** (*farsi più in là*) to move (*o* step, stand) aside, to move (*o* get) out of the way: *scostati un po', per favore!* would you move aside please! **3** ⟨*fig*⟩ (*deviare*) to stray (*da* from), to leave (s.th.).

scostumatamente *avv.* immorally, dissolutely, licentiously. **scostumatezza** *f.* immorality, dissoluteness, licentiousness. **scostumato** *a.* immoral, dissolute, licentious: *fare una vita –a* to lead a dissolute life. **II** *s.m.* (*f.* -a) dissolute (*o* immoral) person; (*rif. a donne*) shameless (*o* brazen) hussy.

scotch *ingl.* [skɔtʃ] *m.* **1** Scotch whysky, ⟨*am*⟩ Scotch whiskey, ⟨*fam*⟩ Scotch. **2** (*adesivo*) adhesive tape, sellotape.

scotennare *v.t.* (**scotenno**) **1** (*levare la cotenna*) to skin, to flay: *~ un maiale* to skin a pig. **2** (*togliere il cuoio capelluto*) to scalp. **scotennatoio** *m.* skinning knife.

scotennatore *m.* (*f.* -trice) **1** skinner. **2** ⟨*Etnol*⟩ scalper.
scotennatura *f.* **1** skinning, flaying. **2** ⟨*Etnol*⟩ scalping.
scotimento *m.* **1** (*lo scuotere*) shaking. **2** (*l'essere scosso*) being shaken.
scoto I *a.* ⟨*Stor*⟩ Scotic, of the Scots. **II** *s.m.* Scot.
scotola *f.* ⟨*Tess*⟩ scutch(er), brake. **scotolare** *v.t.* (**scotolo**) to scutch, to brake. **scotolatura** *f.* scutching, braking.
scotoma *m.* ⟨*Med*⟩ scotoma.
scotta[1] *f.* ⟨*Mar*⟩ sheet.
scotta[2] *f.* (*siero del latte*) whey.
scottante *a.* **1** burning, scorching; (*rif. a liquido bollente*) scalding. **2** ⟨*fig*⟩ galling, stinging: *offesa ~* galling insult. **3** ⟨*fig*⟩ (*urgente*) burning, pressing: *problema ~* pressing problem. **scottare** *v.* (**scotto**) **I** *v.t.* **1** to burn, to scorch; (*con liquido bollente*) to scald. **2** (*far cuocere brevemente*) to half-cook; (*in acqua calda*) to parboil, to scald. **3** ⟨*fig*⟩ (*offendere*) to sting, to gall, to nettle, to hurt. **II** *v.i.* (*aus. avere*) **1** to be hot, to be burning (*o scorching*): *il sole scotta* the sun is burning (*o very hot*); (*essere troppo caldo*) to be too hot: *la minestra scotta* the soup is too hot. **2** ⟨*estens*⟩ to burn, to be burning (*o very hot*): *la fronte gli scotta per la febbre* his forehead is burning with fever. **3** ⟨*fig*⟩ (*causare profondo interesse*) to be burning (*o pressing*): *un problema che scotta* a burning problem; (*causare viva preoccupazione*) to be dangerous (*o hot*): *la merce scotta* the goods are hot. **scottarsi** *v.r.* **1** to burn (o.s.); (*con un liquido bollente*) to scald (o.s.). **2** ⟨*fig*⟩ (*fare un'esperienza spiacevole*) to get one's fingers burnt. ☐ ⟨*fig*⟩ *gli scotta la terra sotto i piedi* he is itching to leave. **scottata** *f.* ⟨*Gastr*⟩ half-cooking, light cooking; (*con liquido bollente*) parboiling, scalding. ☐ *dare una ~ a qc.:* 1 to half-cook s.th.; 2 (*con liquido bollente*) to parboil (*o scald*) s.th. **scottato** *a.* **1** burnt, scorched; (*con un liquido bollente*) scalded. **2** ⟨*fig*⟩ (*deluso, amareggiato*) hurt, bitter. **3** ⟨*fig*⟩ (*danneggiato*) harmed. **4** ⟨*Gastr*⟩ half-cooked, lightly cooked; (*con liquido bollente*) parboiled, scalded. **scottatura** *f.* **1** (*ustione*) burn; (*provocata da un liquido bollente*) scald. **2** ⟨*fig*⟩ (*delusione*) disappointment (*esperienza spiacevole*) unpleasant experience.
scotto[1] (*p.p. di scuocere*) *a.* ⟨*Gastr*⟩ overdone, overcooked: *pasta -a* overcooked pasta.
scotto[2] *m.* score, reckoning. ☐ ⟨*fig*⟩ *pagare lo ~ di qc.* to pay for s.th., ⟨*lett*⟩ to pay one's scot.
scout *ingl.* [skaut] *m.* (*boy*) scout. **scoutismo** [skaut-] *m.* scouting. **scoutista** [skau-] *m.* (*boy*) scout. **scoutistico** [skau-] *a.* (*pl.* -ci) (*boy*) scout-, scouting-.
scovare *v.t.* (**scovo**) **1** to start, to rouse, to flush: *~ la selvaggina* to start game. **2** ⟨*fig*⟩ (*rintracciare*) to find, to track down, to flush: *~ un ladro* to track a thief; (*trovare*) to find: *ho scovato un posticino dove si mangia proprio bene* I've found a place where you can really eat well.
scovolino *m.* bottle cleaner. **scovolo** *m.* ⟨*Artigl*⟩ swab, cleaning rod.
scozia *f.* ⟨*Arch*⟩ scotia.
Scozia *N.pr.f.* ⟨*Geog*⟩ Scotland.
scozzare *v.t.* (**scozzo**) to shuffle: *~ le carte* to shuffle the cards.
scozzese I *a.* Scottish, Scots, Scotch. **II** *s.* **1** *m.* (*lingua*) Scottish, Scotch. **2** *m./f.* (*abitante*) Scot, Scotsman (*f* -woman), Scotchman (*f* -woman); *pl.* the Scottish (*costr.pl.*), the Scotch (*costr.pl.*), the Scots *pl.* ☐ *tessuto* (*di lana*) *~* tartan (cloth).
scozzonare *v.t.* (**scozzono**) **1** to break in, to train: *~ un puledro* to break in a colt. **2** ⟨*fig*⟩ (*insegnare i primi elementi*) to teach the first elements to; (*rendere meno rozzo*) to refine, to polish. **scozzonata** *f.* **1** breaking in, training. **2** ⟨*fig*⟩ basic (*o initial*) training. **scozzonatura** *f.* → **scozzonata. scozzone** *m.* horse breaker, trainer.
scranna *f.* **1** high-backed chair. **2** ⟨*region*⟩ (*sedia*) chair. **scranno** *m.* (*scanno*) seat.
screanzatamente *avv.* rudely, impolitely. **screanzato I** *a.* rude, impolite, unmannerly. **II** *s.m.* (*f.* -a) rude (*o unmannerly*) person, boor.
screditare *v.t.* (**scredito**) to discredit, to throw discredit on: *~ un negozio* to discredit a shop. **screditarsi** *v.r.* to bring discredit on o.s., to lose one's reputation.

screditato *a.* discredited.
scremare *v.t.* (**scremo**) to skim (*anche Met.*). ☐ *latte scremato* skim milk, skimmed milk. **scrematrice** *f.* ⟨*Alim*⟩ skimmer. **scrematura** *f.* skimming (*anche Met.*).
screpolare *v.t.* (**screpolo**), **screpolarsi** *v.r.* to crack; (*rif. alla pelle*) to chap. **screpolato** *a.* cracked; (*rif. alla pelle*) chapped: *mani -e* chapped hands. **screpolatura** *f.* **1** crack; (*rif. alla pelle*) chap. **2** ⟨*Pitt*⟩ cracking.
screziare *v.t.* (**screzio, screzi**) to variegate, to speckle. **screziato** *a.* **1** (*variopinto*) variegated (*anche Bot.*). **2** (*che presenta macchie, chiazze*) speckled, flecked; (*striato*) streaked. **screziatura** *f.* **1** (*chiazza*) mark, speckle, fleck; (*striatura*) streak. **2** ⟨*Bot*⟩ variegation.
screzio *m.* disagreement, friction, difference: *c'è qualche ~ tra i due fratelli* there is some friction between the two brothers.
scriba *m.* ⟨*Stor,Bibl*⟩ scribe. **scribacchiare** *v.t.* (**scribacchio, scribacchi**) to scribble. **scribacchino** *m.* ⟨*spreg*⟩ scribbler.
scricchiolare *v.i.* (**scricchiolo**; *aus.* **avere**) **1** to crunch: *la neve ghiacciata scricchiolava sotto le ruote dell'automobile* the frozen snow crunched under the wheels of the car. **2** (*cigolare*) to creak, to squeak: *la sedia scricchiolava sotto il suo peso* the chair was creaking under his weight. **scricchiolio** *m.* **1** crunching. **2** (*cigolio*) creaking, squeaking.
scricciolo *m.* **1** ⟨*Ornit*⟩ wren. **2** ⟨*fig*⟩ (*persona piccola*) mite.
scrigno *m.* casket, case: *~ di gioielli* jewel casket.
scriminante *a.* ⟨*Dir*⟩ extenuating. **scriminare** *v.t.* (**scrimino**) to extenuate.
scriminatura *f.* part(ing): *~ al centro* centre part(ing).
scrimolo *m.* ⟨*Geog*⟩ ridge.
scripofilia *f.* ⟨*Econ*⟩ scripophily. **scripofilo** *m.* scripophile.
scrissi → **scrivere.**
scristianizzare *v.t.* to unchristianize, to dechristianize. **scristianizzarsi** *v.r.* to give up Christianity.
scriteriatamente *avv.* senselessly. **scriteriato I** *a.* scatter-brained, senseless. **II** *s.m.* (*f.* -a) scatter-brain, senseless person.
scritta *f.* **1** writing: *~ indecifrabile* illegible writing; (*su cartelli*) notice, sign, poster; (*iscrizione*) inscription: *una lapide con una ~ in latino* a plaque with a Latin inscription. **2** (*contratto*) contract; (*documento*) document, deed. ☐ *~ pubblicitaria* advertisement; *~ sui muri* inscription on a wall, graffito. **scritto** (*p.p. di scrivere*) *a.* **1** written (*anche fig.*): *ordine ~* written order; *il suo nome è ~ nel mio cuore* his name is written in my heart. **2** (*destinato*) bound, doomed, fated: *era ~ che dovesse finire così* it was bound to finish like this; *era ~ che non sarei potuto partire* it was fated that I wouldn't be able to leave. **II** *s.m.* **1** writing: *questo ~ non si legge più* you can't read this writing any more. **2** (*opera*) writing, work: *gli -i minori di Byron* Byron's minor works. **3** (*lettera*) letter: *ho ricevuto il tuo ~* I received your letter. **4** ⟨*Scol*⟩ (*esame scritto*) written exam(ination). ☐ *in* (*o per*) *~* in writing: *mettere qc. in* (*o per*) *~* to put s.th. in writing, to write s.th. down; *~ a mano* handwritten; *~ a macchina* typewritten; *rispondere per ~* to reply in writing.
scrittoio *m.* (*writing*) desk.
scrittore *m.* (*f.* -trice) writer, author. **scrittorello** *m.* ⟨*spreg*⟩ scribbler. **scrittrice** *f.* woman writer, author(ess).
scrittura *f.* **1** writing: *apprendere la ~* to learn writing (*o how to write*). **2** (*sistema*) script, writing: *~ araba* Arabic writing. **3** (*calligrafia*) writing, hand(writing): *~ illeggibile* illegible writing. **4** (*atto, documento*) deed, document; (*contratto*) contract. **5** ⟨*Teat,Cin*⟩ (*contratto di lavoro*) engagement, contract: *ottenere una ~* to get a contract. ☐ *~ alfabetica* alphabetical writing; *bella ~* good handwriting (*o penmanship*): *avere una bella ~* to have a good handwriting, to write a good hand; *-e contabili* (account) books, accounts; *~ cuneiforme* cuneiform script; *di ~* writing: *esercizio di ~* writing exercise; *~ fonetica* phonetic writing; *~ geroglifica* hieroglyphic writing, hieroglyphics *pl*; ⟨*Tip*⟩ *~ gotica* Gothic script; *~ a*

macchina typing, typewriting; ~ *a* **mano** handwriting; ⟨*Dir*⟩ ~ **privata** simple (*o* parol) contract; ⟨*Dir*⟩ ~ **pubblica** contract (*o* deed) under seal; **Sacra** ~ Holy Scripture; ⟨*Econ*⟩ ~ **semplice** single–entry book–keeping; **sistema** *di* ~ type of script; ~ **tedesca** German type, Fraktur.

scritturabile *a.* **1** ⟨*Teat,Cin*⟩ suitable for engagement, that can be signed on. **2** ⟨*Comm*⟩ enterable.

scritturale[1] **I** *s.m.* (*scrivano*) scribe; (*copista*) copyist. **II** *a.* ⟨*Comm*⟩ book–keeping–, account–, of accounts.

scritturale[2] **I** *a.* ⟨*Teol*⟩ Scriptural. **II** *s.m./f.* scripturalist.

scritturare *v.t.* **1** ⟨*Teat,Cin*⟩ to engage, to sign up (*o* on). **2** ⟨*Comm*⟩ to enter. **scritturato** *a.* ⟨*Teat,Cin*⟩ engaged, under contract, signed up. **scritturazione** *f.* **1** ⟨*Teat, Cin*⟩ engagement, signing up. **2** (*lo scrivere per conto d'altri*) writing. **3** ⟨*Comm*⟩ entry.

Scritture *N.pr.f.pl.* (Holy) Scriptures *pl.*

scritturista *m./f.* scripturalist.

scrivanìa *f.* (writing) desk, (writing) bureau. **scrivano** *m.* **1** scribe; (*copista*) copyist. **2** ⟨*Dir,burocr*⟩ clerk, scribe, scrivener. □ ⟨*Entom*⟩ ~ *della vite* Western grape root–worm. **scrivente** *m./f.* **1** writer. **2** ⟨*burocr*⟩ undersigned, writer.

scrivere *v.* (**scrissi, scritto**) **I** *v.t.* **1** to write: ~ *una lettera* to write a letter. **2** (*fissare per mezzo della scrittura*) to write (*o* set) down; (*annotare*) to note, to make (*o* take) a note of: ~ *la nota delle spese* to make a note of the expenses. **3** (*redigere*) to draft, to draw up: ~ *un documento* to draw up a document. **4** (*copiare, trascrivere*) to write, to transcribe. **5** (*scrivere compitando*) to spell: *come si scrive questa parola?* how do you spell this word?; *ho scritto giusto il suo nome?* have I spelled your name right? **6** ⟨*Comm*⟩ (*registrare*) to enter, to record: ~ *il dare e l'avere* to enter the debit and the credit. **7** ⟨*lett*⟩ (*ascrivere, attribuire*) to ascribe, to attribute: ~ *qc. a lode di qd.* to ascribe s.th. to s.o.'s credit. **II** *v.i.* (*aus.* avere) **1** to write: *non ci scrive da parecchio tempo* he hasn't written to us for a long time. **2** (*fare lo scrittore, il giornalista*) to write, to be a writer: *scrive per un giornale sportivo* he writes for a sports paper. **3** (*affermare, sostenere, per iscritto*) to write, to say: *come scrive Dante* as Dante says. □ ~ *un* **appunto** to make (*o* take) a note; ~ *qc. in* **bella** (*copia*) to write the fair copy of s.th.; ~ **bene:** 1 (*avere una bella scrittura*) to have a good hand–writing; 2 (*rif. allo stile*) to write well, to be a good writer; 3 (*rif. all'ortografia*) to spell correctly; ~ *in* **brutta** (*copia*) to write out roughly, to draft; **da** ~ writing: *carta da* ~ writing paper; ~ *sotto* **dettatura** to write down from dictation; ~ *per* **esteso** to write out in full; ~ *a* **macchina** to type; ~ **male:** 1 (*avere una brutta scrittura*) to have a bad hand–writing; 2 (*rif. allo stile*) to write badly; 3 (*rif. all'ortografia*) to misspell; ~ *a* **mano** to write by hand; ~ *a* **matita** to write in pencil, to pencil; ~ *a* **penna** to write in pen (*o* ink), to pen; ~ *qc. di proprio* **pugno** to write s.th. o.s. (*o* in one's own hand); ~ *per le* **scene** to write plays (*o* for the stage); ~ *in* **stampatello** to write in block letters, to print.

scroccare *v.t.* (**scrocco, scrocchi**) ⟨*fam*⟩ **1** to scrounge, to cadge: ~ *una cena* to cadge a meal. **2** ⟨*assol*⟩ to scrounge, to cadge, to sponge, to be a scrounger: *campa scroccando qua e là* he gets along by scrounging around. **scroccatore** *m.* (*f.* **-trice**) ⟨*fam*⟩ scrounger, cadger, sponger.

scrocco[1] *m.* (*pl.* **-chi**) (*lo scroccare*) scrounging, cadging, sponging. □ *a* ~ by scrounging, by cadging, by sponging: *vivere a* ~ to live by scrounging.

scrocco[2] *m.* (*pl.* **-chi**) (*scatto*) click. □ *coltello a* ~ jack–knife, clasp–knife; *serratura a* ~ spring lock.

scroccone *m.* (*f.* **-a**) scrounger, cadger, sponger.

scrofa *f.* sow.

scrofola *f.* ⟨*pop*⟩ → **scrofolosi. scrofolosi** *f.* ⟨*Med*⟩ scrofula. **scrofoloso I** *a.* scrofulous. **II** *s.m.* (*f.* **-a**) scrofulous person, sufferer from scrofula.

scrofularia *f.* ⟨*Bot*⟩ figwort. □ ~ *nodosa* knotted figwort.

scrollare *v.t.* (**scrollo**) to shake: ~ *un ramo* to shake a branch. **scrollarsi** *v.r.* **1** (*scuotersi*) to shake o.s. **2** ⟨*fig*⟩

(*scuotersi da uno stato di apatia*) to bother, to stir, to rouse o.s. □ *scrollarsi di dosso qc.* to shake s.th. off; ~ *le* **spalle** to shrug one's shoulders; ~ *la* **testa** to shake one's head. **scrollata** *f.* (*atto*) shaking; (*effetto*) shake. □ *dare una* ~ *a qc.* to shake s.th., to give s.th. a shake; ~ *di* **spalle** shrug (of the shoulders); ~ *di* **testa** shake of the head. **scrollo** *m.* shake, shaking.

scrosciante *a.* **1** (*rif. a pioggia*) pelting, pouring: *pioggia* ~ pelting rain; (*rif. a torrenti e sim.*) roaring, thunderous, crashing. **2** ⟨*fig*⟩ (*fragoroso*) thunderous: *applausi –i* thunderous applause; (*rif. a risa*) roaring. **scrosciare** *v.i.* (**scroscio, scrosci;** *aus.* avere/essere) **1** (*rif. a pioggia*) to pelt, to beat (*o* pour) down; (*rif. a torrenti e sim.*) to roar, to thunder. **2** (*produrre un fragore*) to roar, to thunder: *gli applausi scrosciarono nel teatro* the applause thundered in the theatre. **scroscio** *m.* **1** pelting, downpour. **2** (*rumore*) roar(ing), crash(ing), thunder(ing): *lo* ~ *della cascata* the roaring of the waterfall. **3** ⟨*fig*⟩ burst, thunder, roar: *uno* ~ *di risa* a roar of laughter. □ *a* ~ violently, hard: *piove a* ~ it's pouring (with rain), ⟨*fam*⟩ it's raining cats and dogs; ~ *di applausi* burst of applause; ~ *di pioggia* heavy shower, downpour.

scrostamento *m.* **1** (*lo scrostare*) removal of the scab; (*rif. a muri e sim.*) chipping. **2** (*lo scrostarsi*) falling off of the scab; (*rif. a muri e sim.*) peeling. **scrostare** *v.t.* (**scrosto**) **1** to remove the scab from, to pick (off). **2** (*asportare lo strato superficiale*) to chip, to scratch: ~ *l'intonaco* to chip the plaster; (*grattare via*) to scrape (off), to strip. **scrostarsi** *v.r.* **1** to lose the scab. **2** (*perdere lo strato superficiale*) to peel (*o* chip) off, to flake (off). **scrostato** *a.* chipped: *parete –a* chipped wall. **scrostatura** *f.* **1** chipping, scraping off. **2** (*parte scrostata*) chipped place, peeling patch.

scrotale *a.* ⟨*Anat*⟩ scrotal. **scroto** *m.* scrotum.

scrupolo *m.* **1** scruple: ~ *di coscienza* scruple (of conscience). **2** (*cura, diligenza*) care, conscientiousness. □ *non avere* ~ *a fare qc.* to have no scruples about doing s.th.; *con* ~ (*coscienziosamente*) conscientiously; *farsi* ~ *di qc.* to hesitate to do s.th.; *pieno di –i* very scrupulous; *senza –i* unscrupulous.

scrupolosamente *avv.* **1** scrupulously. **2** (*coscienziosamente*) conscientiously; (*diligentemente*) carefully. **scrupolosità** *f.* scrupulousness, scrupulosity. **scrupoloso** *a.* conscientious, scrupulous; (*preciso, diligente*) meticulous, painstaking, thorough: *una visita –a* a thorough (medical) examination.

scrutabile *a.* scrutable. **scrutare** *v.t.* **1** (*osservare*) to scrutinize, to scan. **2** (*indagare*) to investigate, to delve (*o* look) into: ~ *i misteri della natura* to delve into the mysteries of nature. **scrutatore I** *s.m.* (*f.* **-trice**) scrutineer. **II** *a.* searching, inquiring: *occhio* ~ searching eye. **scrutinare** *v.t.* **1** to scrutinize: ~ *i voti* to scrutinize the votes. **2** ⟨*Scol*⟩ to assign marks to. **scrutinatore** *m.* (*f.* **-trice**) **1** ⟨*lett*⟩ → **scrutatore. 2** ⟨*Pol*⟩ polling clerk.

scrutinio *m.* **1** scrutiny; (*votazione*) voting, poll; (*operazione di voto*) ballot, vote. **2** (*spoglio dei voti*) scrutiny. **3** ⟨*Scol*⟩ assignment of marks; (*riunione*) meeting to assign marks. □ ~ *di* **ballottaggio** additional ballot; *fare lo* ~ *dei voti* to count the votes; ⟨*Scol*⟩ ~ **finale** assignment of marks at the end of the school year; (*riunione*) meeting to assign the final marks; ~ *di* **lista** list voting, party list system; **primo** ~ first count; **secondo** ~ second (*o* additional) count; ~ **segreto** secret ballot; ⟨*Scol*⟩ ~ **trimestrale** assignment of term's marks.

scucire *v.t.* (**scucio, scuci**) **1** to unpick, to undo, to unstitch: ~ *un orlo* to unpick a hem. **2** ⟨*gerg*⟩ (*tirare fuori*) to get out, ⟨*fam*⟩ to fork (*o* shell) out: ~ *i soldi* to get out one's money. **scucirsi** *v.r.* to come undone (*o* loose, unstitched): *si è scucita una tasca* a pocket came unstitched. **scucito** *a.* **1** unstitched, undone. **2** ⟨*fig*⟩ (*incoerente*) incoherent, disjointed, rambling: *stile* ~ incoherent style. **scucitrice** *f.* ⟨*Lav. femm*⟩ seam ripper. **scucitura** *f.* **1** (*lo scucire*) undoing, unstitching. **2** (*punto, tratto scucito*) part that has come undone.

scudato *a.* bearing (*o* armed with) a shield.

scuderia *f.* **1** (*stalla*) stable. **2** (*allevamento di cavalli*) stud farm. **3** ⟨*Sport*⟩ (*di macchine da corsa*) stable.

scudętto m. ⟨Sport⟩ shield, championship: *vincere lo* ~ to win the shield.

scudięra: *alla* ~ riding: *calzoni alla* ~ riding breeches. **scudięro** m. 1 ⟨Mediev⟩ (e)squire; *(accompagnatore di cavaliere)* groom. 2 *(dignitario di corte)* equerry.

scudisciare v.t. **(scudiscio, scudisci)** to whip, to lash. **scudisciata** f. lash. □ *dare una* ~ *a qd.* to lash s.o. **scudiscio** m. riding–whip, riding–crop.

scụdo m. 1 shield, buckler. 2 ⟨Arald⟩ escutcheon, shield. 3 ⟨Bot⟩ shield. 4 ⟨fig⟩ *(riparo)* shield, screen. 5 ⟨Geol,Minier⟩ shield. 6 ⟨Zool⟩ shield, scutum. 7 ⟨Mar.ant⟩ escutcheon. 8 ⟨Numism⟩ scudo. □ ⟨Pol⟩ ~ **crociato** Italian Christian–Democratic Party; ⟨Econ⟩ ~ **europeo** European currency unit; ⟨fig⟩ *fare un'alzata di –i* to rebel, to rise, to revolt; *fare* (o *farsi*) ~ *di* (o *con*) *qc.* to shield o.s. with s.th. *(anche fig.)*; ⟨Pol⟩ ~ **spaziale** (o *stellare*) space shield; ⟨Astron⟩ ~ **termico** thermal shield.

scụffia f. 1 ⟨pop⟩ *(cuffia)* bonnet, cap. 2 ⟨pop⟩ *(cotta)* infatuation, ⟨fam⟩ crush. 3 ⟨pop⟩ *(sbornia)* drunkenness. 4 ⟨Mar⟩ capsizing. □ ⟨pop⟩ *avere una* ~ *per qd.* to be head over heels in love with s.o., to have a crush on s.o.; *fare* ~ to overturn; *(rif. a navi)* to capsize; ⟨pop⟩ *prendere* (o *prendersi*) *una* ~ *(ubriacarsi)* to get drunk (o tight).

scugnizzo m. (f. **-a**) Neapolitan street urchin.

sculacciare v.t. **(sculaccio, sculacci)** to spank. **sculacciata** f. spank(ing). **sculaccione** m. spank, smack. □ *prendere qd. a –i* to give s.o. a spanking.

sculettare v.i. **(sculetto;** *aus.* **avere)** to sway (one's hips), ⟨fam⟩ to wiggle.

scultore m. (f. **-trice)** sculptor m (f –tress); *(in legno)* wood–carver. **scultoreo** a. → **scultorio**. **scultorio** a. 1 of sculpture, sculptural: *arte –a* (art of) sculpture. 2 ⟨fig⟩ *(incisivo)* incisive, clear–cut. **scultura** f. sculpture; *(in legno)* wood–carving.

scuọcere v.i. **(scuọcio, scuọci; scọssi, scọtto;** → **cuocere;** *aus.* **avere)** ⟨Gastr⟩ to overcook. **scuocersi** v.r. to become overcooked (o overdone).

scuoiare e der. → **scoiare** e der.

scuọla f. 1 school: *andare a* ~ to go to school. 2 *(edificio)* school (building), schoolhouse: *la* ~ *è a due passi da casa mia* the school is very near my home. 3 *(periodo)* school(time): *dopo la* ~ *andremo al cinema* after school we're going to the cinema. 4 *(attività)* school, teaching: *dedicare la vita alla* ~ to dedicate one's life to teaching. 5 *(indirizzo seguito da poeti, scienziati e sim.)* school: *un dipinto della* ~ *di Raffaello* a painting from the school of Raphael. 6 ⟨fig⟩ *(pratica, esercizio)* school: *essere allevato alla* ~ *della vita* to be brought up in the school of life. □ ⟨Equit⟩ *alta* ~ haute école, high school; *andare a* ~ *da qd.* to take lessons from s.o.; ⟨fig⟩ *(imparare)* to learn from s.o.; ~ *all'***aperto** open–air school; *l'***apertura** *delle –e* the beginning of school (o the school year); ~ *di belle* **arti** school of fine arts, art school; ⟨Ped⟩ ~ **attiva** progressive school; ~ **autorizzata** authorized school; ~ **aziendale** business school; *quando chiudono le –e?* when does school end?; *la* **chiusura** *delle –e* the end of the school year; ~ **commerciale** business (o commercial) school; **compagno di** ~ schoolmate, schoolfellow; ~ **comunale** municipal school; ~ **confessionale** denominational (o sectarian) school; ~ **per corrispondenza** correspondence school; ~ *di* **cucito** sewing school; ~ *di* **danza** dancing school; *(rif. alla danza classica)* ballet school; **di** ~ school: *maestro di* ~ schoolmaster, (school)teacher; ~ **elementare** primary school, ⟨am⟩ grammar school; ~ *di* **equitazione** riding–school; **fare** ~: 1 *(insegnare)* to teach; 2 *(trovare seguaci)* to found a school: *un filosofo che ha fatto* ~ a philosopher who founded a school; ~ **femminile** girls' school; **frequentare** *la* ~ to attend (o go to) school; *quale* ~ *hai frequentato?* which school did you go to?; ~ **globale** comprehensive school; ~ *(di)* **guida** driving school; ~ **industriale** industrial (o trade) school, ⟨am⟩ vocational (training) school; *siamo stati a* ~ **insieme** we were at school together; ~ **interpreti** interpreters' school; ~ **laica** non–sectarian school; **libri** *di* ~ schoolbooks, textbooks; ~ *di* **lingue** *straniere* school of foreign languages; ~ **marxista** Marxist school; ~ **maschile** boys' school; ~ **materna** nursery school; ~ **media** secondary school, ⟨am⟩ high

school; ~ *media inferiore* intermediate (o middle) school, ⟨am⟩ junior high school; ~ *media superiore* secondary school, ⟨am⟩ high school; ~ *di* **medicina** medical school; ~ *per* **minorati** school for disabled children; ~ **mista** coeducational school; ~ *dell'***obbligo** compulsory education (o schooling); ~ **parificata** officially–recognized school; ~ *di* **pensiero** school of thought; ~ **privata** private school; ~ **professionale** vocational school; ~ **pubblica** state school, ⟨am⟩ public school; ~ *di* **recitazione** drama (o acting) school; *la* **riapertura** *delle –e* the beginning of term; *alla riapertura delle –e* when school begins again; ~ **rurale** country school; ~ **serale** evening school (o classes *pl*); ~ **speciale** special school; ⟨Mil⟩ ~ *di* **specializzazione** special service school; ~ **statale** state school, ⟨am⟩ public school; ~ **tecnica** *commerciale* school of commerce, ⟨am⟩ commercial high school; ~ *tecnica industriale* industrial (o trade) school, ⟨am⟩ vocational (training) school; ~ *a* **tempo** *pieno* full–time school; ~ *della* **terza** *età* school for seniors; ⟨Mil⟩ ~ **allievi ufficiali** officer's candidate school, officer–training school; ⟨fig⟩ *è un uomo della vecchia* ~ he is one of the old school; ~ *di* **volo** flying school.

scuọlabus (o *scuolabụs*) m. school bus. **scuolaguida** f. driving school.

scuọtere v. **(scuọto; scọssi, scọsso) I** v.t. 1 to shake: ~ *i rami di un albero* to shake the branches of a tree; *(agitare)* to shake (up): ~ *il liquido in una bottiglia* to shake up the liquid in a bottle. 2 *(far cadere scrollando)* to shake (down): ~ *le mele dall'albero* to shake apples down from the tree; *(rimuovere scrollando)* to shake (out): ~ *la polvere dai tappeti* to shake the dust out of the carpets. 3 *(scrollare)* to shake: ~ *qd. dal sonno* to shake s.o. awake, to wake s.o. up. 4 *(sollecitare all'azione)* to shake (up), to rouse, to stir. 5 *(commuovere fortemente)* to shake, to upset: *la scena mi ha scosso* the sight shook me; *(far perdere la calma)* to shake (up). **II** v.i. *(aus.* **avere)** to shake, to vibrate, to jolt: *questa carrozza scuote troppo* this carriage shakes too much. **scuotersi** v.r. 1 to jump, to (give a) start, to be startled: *a quel rumore si scosse* at that sound he gave a start. 2 *(uscire dallo stato d'inerzia)* to rouse o.s., to stir o.s.: *scuotersi dal torpore* to rouse o.s. 3 *(commuoversi)* to be shaken (o upset, moved); *(perdere la calma)* to be shaken. □ ~ *il* **dito** to wag (o shake) one's finger; *scuotersi di* **dosso** *qc.* to shake (o shrug) s.th. off; ⟨fig⟩ to shake (o throw) s.th. off; ⟨fig⟩ ~ *il* **giogo** to throw off the yoke; ~ *le* **spalle** to shrug one's shoulders, to give a shrug; ~ *la* **testa** to shake one's head.

scuotimento m. → **scotimento**.

scụre f. axe, ax. □ *tagliato con la* ~: 1 *(rif. a lavoro: fatto grossolanamente)* rough–hewn; 2 *(rif. a persona: rozzo)* rough–hewn, unpolished.

scurętto m. window shutter.

scurire v. **(scurisco, scurisci) I** v.t. to darken, to make darker. **II** v.i. *(aus.* **essere)**, **scurirsi** v.r. 1 to become dark. 2 *(imbrunire)* to grow (o get) dark.

scụro[1] **I** a. 1 *(oscuro)* dark, dim: *un vicolo* ~ a dark alley. 2 *(rif. al colore)* dark: *rosso* ~ dark red; *(non chiaro)* dark: *capelli e occhi –i* dark eyes and hair; *(rif. a carnagione)* swarthy, dark. 3 ⟨fig⟩ *(fosco)* sullen, grim, dark: *essere* ~ *in volto* to have a grim expression. **II** s.m. 1 dark(ness), obscurity. 2 *(colore scuro)* dark colour: *vestire di* ~ to wear dark colours. □ *essere allo* ~ *di qc.* to be in the dark about s.th.

scụro[2] m. inside (window–)shutter.

scurrile a. scurrilous. **scurrilità** f. scurrility. **scurrilmente** avv. scurrilously.

scụsa f. 1 apology: *fare* (o *presentare*) *le proprie –e a qd.* to make one's apologies to s.o. 2 *(perdono)* pardon, forgiveness: *chiedere* ~ *a qd.* to beg (o ask) s.o.'s pardon, to ask to be forgiven. 3 *(attenuare)* excuse: *il tuo comportamento non ammette –e* there is no excuse for your behaviour. 4 *(giustificazione)* excuse: *ha sempre una* ~ *pronta* he's always got some excuse. 5 *(pretesto)* excuse, pretext: *cercare* (o *trovare*) *una* ~ *per fare qc.* to find an excuse not to do s.th. □ **bella** ~! what an excuse!; **chiedo** ~: 1 *(disturbando o interrompendo)* excuse me, I beg your pardon; 2 *(chiedendo perdono di una mancanza)* (I am) sorry, I apologize: *ti chiedo ~ per* (o *di*) *quanto ho detto* I am sorry for what I said; **con** *la ~ che* on (o under) the pretext that; *avere sempre* **mille** *–e* to always have an excuse ready; *non ci sono –e che* **tengano** there can be no excuse for this. **scusabile** *a.* excusable, pardonable, forgivable. **scusante** *f.* excuse, justification: *non avere –i* to have no excuse. **scusare** *v.t.* **1** to excuse. **2** (*in forme di cortesia: perdonare*) to forgive, to pardon, to excuse; (*disturbando o interrompendo*) to excuse: *mi scusi, sa dirmi dov'è la stazione?* excuse me please, can you tell me the way to the station? **scusarsi** *v.r.* **1** (*scagionarsi*) to excuse o.s., to make excuses. **2** (*in formule di cortesia*) to apologize, to be sorry, to excuse o.s., to beg pardon: *mi scuso per il ritardo* I apologize for being late, I am sorry I am late. □ (*iron*) *scusa se è poco* and that's really something; *scusi per il disturbo* I'm sorry to bother you.

scuter *m.* → scooter.

sdaziabile *a.* 〈*Comm*〉 that can be cleared through Customs. **sdaziamento** *m.* clearing through Customs. **sdaziare** *v.t.* (*sdazio, sdazi*) to clear (through) Customs, to pay duty on. **sdaziato** *a.* that has been cleared through Customs; (*che ha pagato la dogana*) duty paid, ex bond.

sdebitare *v.t.* (*sdebito*) to free (o clear) from debt. **sdebitarsi** *v.r.* **1** to pay (off) one's debts, to settle up, to get out of debt; (*rif. a obblighi*) to discharge, to fulfil. **2** 〈*fig*〉 (*disobbligarsi*) to return (o pay back) a favour, to repay a kindness.

sdegnare *v.* (*sdegno*) **I** *v.t.* **1** to disdain, to scorn: *~ l'adulazione* to scorn flattery. **2** (*irritare*) to provoke, to irritate, to anger: *il suo comportamento ci ha sdegnato* his behaviour irritated us. **II** *v.i.* (*aus.* avere) to disdain: *~ di rispondere* to disdain to reply. **sdegnarsi** *v.r.* to get angry, to be annoyed (o irritated); (*indignarsi*) to be (o get) indignant. **sdegnato** *a.* irritated, annoyed, angry; (*indignato*) indignant. **sdegno** *m.* **1** indignation, resentment; (*collera*) anger, wrath. **2** 〈*lett*〉 (*disprezzo*) scorn, contempt, disdain. □ *muovere a ~* to make indignant, to arouse the indignation (o anger) of. **sdegnosamente** *avv.* disdainfully, scornfully. **sdegnosità** *f.* **1** disdainfulness, scornfulness. **2** (*alterigia*) haughtiness, superciliousness. **sdegnoso** *a.* **1** contemptuous, scornful, disdainful. **2** (*altero*) haughty, supercilious.

sdentare *v.t.* (*sdento*) to break the teeth of. **sdentarsi** *v.r.* to lose one's teeth. **sdentati** *m.pl.* 〈*Zool*〉 edentates *pl.* **sdentato** *a.* (*privo di tutti i denti*) toothless, without teeth; (*privo di qualche dente*) with teeth missing.

sdilinquimento *m.* **1** faint, swoon. **2** (*smanceria*) mawkishness. **sdilinquire** *v.t.* (*sdilinquisco, sdilinquisci*) (*indebolire*) to weaken. **sdilinquirsi** *v.r.* **1** (*svenire*) to faint, to pass out. **2** 〈*fig*〉 (*perdersi in smancerie*) to be over-sentimental, to be mawkish.

S.d.N. = 〈*Stor*〉 *Società delle Nazioni* League of Nations.

sdoganamento *m.* 〈*Comm*〉 clearance (through Customs). **sdoganare** *v.t.* to clear (through Customs). **sdoganato** *a.* cleared (through Customs); (*che ha pagato la dogana*) duty paid, ex bond: *merci –e* duty paid goods. □ *merci non –e* uncleared goods.

sdogare *v.t.* (*sdogo, sdoghi*) to remove staves from.

sdolcinatezza *f.* mawkishness, sickliness; (*smanceria*) mawkish behaviour. **sdolcinato** *a.* (*lezioso, stucchevole*) mawkish, sickly, sugary, 〈*fam*〉 s(l)oppy. □ *fare lo ~* to be a maudlin. **sdolcinatura** *f.* mawkish (o sentimental) behaviour.

sdoppiamento *m.* **1** splitting (o dividing) in two. **2** 〈*Cin*〉 doubling of an image. □ 〈*Psic*〉 *~ della personalità* split personality.

sdoppiare[1] *v.t.* (*sdoppio, sdoppi*) (*rendere semplice*) to (make) single, to undouble: *~ un filo* to make a thread single.

sdoppiare[2] *v.t.* (*sdoppio, sdoppi*) to split (o divide) in two. **sdoppiarsi** *v.r.* to split (o divide) in two.

sdottoreggiare *v.i.* (*sdottoreggio, sdottoreggi; aus.* avere) to show off (one's learning), to put on learned airs.

sdraia *f.* deck-chair. **sdraiare** *v.t.* (*sdraio, sdrai*) (*cori-*

care) to lay (o put, set) down: *~ l'ammalato sul letto* to lay the invalid down on the bed. **sdraiarsi** *v.r.* to lie down; (*stendersi*) to stretch (out): *sdraiarsi per terra* to stretch out on the ground. **sdraiato** *a.* lying (down), stretched out. □ *starsene ~ al sole* to lie in the sun. **sdraio**: *sedia* (o *poltrona*) *a ~* → sdraia.

sdrammatizzare *v.t.* to play down, to make less dramatic. **sdrammatizzazione** *f.* playing down, minimization.

sdrucciolare *v.i.* (*sdrucciolo; aus.* essere/avere) **1** (*cadere scivolando*) to slip, to slide, to skid: *sono sdrucciolato su una buccia di banana* I slipped on a banana peel. **2** (*pattinare*) to slip: *~ sul ghiaccio* to skate on ice. **sdrucciolevole** *a.* **1** slippery. **2** 〈*fig*〉 delicate, tricky. **sdrucciolio** *m.* (*continual*) slipping. **sdrucciolo I** *a.* 〈*Gramm*〉 proparoxytone: *parola –a* proparoxytone (word). **II** *s.m.* 〈*Metr*〉 trisyllabic (rhyme) verse. **sdrucciolone** *m.* slip(ping), slide. □ *fare uno ~* to slip, to slide. **sdruccioloni** *avv.* slipping, sliding, skidding. □ *scendere ~ per un pendio* to slip down a slope; (*intenzionalmente*) to slide down a slope.

sdrucire *v.t.* (*sdrucisco/sdrucio, sdrucisci/sdruci*) **1** (*scucire*) to undo, to unstitch, to unsew: *~ una camicia* to unstitch a shirt. **2** (*strappare*) to rip, to tear. **sdrucito** *a.* ripped, torn: *vestito ~* torn dress; (*lacero*) ragged, threadbare. **sdrucitura** *f.* **1** unpicking, unsewing. **2** (*strappo*) tear, rip, rent.

se[1] **I** *congz.* **1** (*condizionale*) if: *~ avrò tempo verrò volentieri* if I have time, I shall be glad to come; *che mi venga un accidente ~ non è vero* I'll be damned if it isn't true; (*con l'apodosi sottintesa*) if, just, *spesso non si traduce*: *~ t'acchiappo!* if I catch you!; **2** (*negli incisi*) if: *oggi, ~ non sbaglio, è martedì* today is Tuesday, if I'm not mistaken. **3** (*causale*): *perché dovrei uscire ~ non ne ho voglia?* why should I go out if I don't feel like it? **4** (*interrogativo, dubitativo*) whether, if: *gli ho chiesto ~ sarebbe tornato* I asked him whether he would be coming back; *non so ~ devo crederti* I don't know ⌜whether to believe you⌝ (o if I can believe you). **5** 〈*esclam*〉 (*desiderativo*) if only, 〈*lett*〉 would that: *~ solo mi avesse dato retta* if only he had listened to me; *~ potesse essere vero* if only it were true. **6** 〈*pop,enfat*〉 certainly, 〈*fam*〉 and how, 〈*fam*〉 rather, 〈*am.fam*〉 sure: *~ lo conosco!* certainly I know him!, do I know him! **II** *s.m.* if: *potrei terminare il lavoro in giornata, ma c'è un ~* I could finish the job today, but there's one if. □ *~* **almeno** if only; **anche** *~* even if: *uscirò anche ~ piove* I am going out even if it rains; **come** *~* as if, as though; *~* **Dio** *vuole*: **1** God willing; **2** (*finalmente*) at last, finally; **e** *~* what if, what about, suppose: *e ~ facessimo una partita a bridge?* what about a game of bridge?; *e ~ viene a saperlo?* and what if she hears of it?; *e ~ venisse?* suppose he came?; *~* **mai**: **1** if, if … ever: *~ mai sapessi qualcosa, avvertimi per favore* if you hear s.th., please let me know; **2** (*eventualmente*) if necessary, in (that) case: *cercherò di studiare, ~ mai prenderò lezioni private* I'll try to study, if necessary I'll take private lessons; **3** (*nella peggiore delle ipotesi*) if the worst comes to the worst, at worst: *tenterò ugualmente l'esame, ~ mai mi bocceranno* I shall try the exam just the same, at worst they'll flunk me; **4** (*in caso contrario*) if not: *il portone è aperto, ~ mai c'è il citofono* the front door will be open but if it isn't there is an intercom; *~* **no** otherwise, if not: *sono andato a scuola, ~ no mio padre mi avrebbe sgridato* I went to school, otherwise my father would have scolded me; *~* **non** but, except: *non devi far altro ~ non tacere* ⌜you don't have to do anything except⌝ (o all you have to do is) keep quiet; *~ non altro* at least, if nothing else: *~ non altro è un ragazzo studioso* if nothing else, he's a studious boy; *~ non che* but, except (that), only: *volevo uscire, ~ non che si mise a piovere* I wanted to go out, but it began to rain; *~* **poi** if: *~ poi vi stancate potete riposarvi* if you get tired you can rest; *~* **solamente** if only.

se[2] *pron.* → si[2].

sé *pron.rifl.* (followed by *stesso* is written without the accent) **1** (*rif. a persone: se stesso*) himself: *vuole tutto per ~* he wants everything for himself; (*se stessa*) herself: *le piace parlare di ~* she likes to talk about herself; (*se stessi, se* *stesse*) themselves: *i bambini erano fuori di ~ dallo spavento* the children were beside themselves with fear; (*indefinito*) oneself: *studiare da ~* to study by oneself. 2 (*rif. a soggetto neutro*) itself: *il problema si risolverà da ~* the problem will take care of itself. □ **a ~**: 1 (*separato*) separate, independent: *formano un gruppo a ~* they make up a separate group; 2 (*singolare*) special, singular: *un caso a ~* a special case; *a ~ stante* separate, special; **da ~** (*senza aiuto*) by oneself, alone, without help: *il bambino cammina da ~* the baby can walk by itself; *si è fatto da ~* (*da solo*) he is a self-made man; *lo sa da ~* he knows that without anyone having to tell him; *farsi giustizia da ~* to take the law into one's own hands; *va da ~ che* it's natural (*o* obvious) that; *questo va da ~* this goes without saying; *fare da ~* to do s.th. alone (*o* by oneself); (*di propria iniziativa*) to do s.th. of one's own initiative; **dentro** *di ~* inside (*o* within) oneself; **di** *per ~* in itself: *la cosa di per ~ ha poca importanza* the matter is not important in itself; **fiducia** *in ~* self-confidence; **fra ~** (*e sé*) to oneself; *essere* **fuori** *di ~* to be beside oneself; **in ~** in itself: *la cosa in ~* the thing in itself; *chiuso in ~* wrapped up in oneself; *non essere in ~* not to be oneself; *tornare in ~* (*riprendere i sensi*) to regain consciousness; (*rientrare nel possesso delle facoltà mentali*) to regain one's sanity; *tenere qc.* **per** *~* to keep s.th. for oneself; (*di*) *per ~ stesso* in itself; *va da ~ che* it goes without saying that. *Prov.: chi fa da ~ fa per tre* if you want a thing done go; if not, send.

S.E. = 1 *Sua Eccellenza* His (*o* Her) Excellency (*abbr.* HE). 2 *Sua Eminenza* His Eminence (*abbr.* HE).

SEATO = *Organizzazione del trattato per l'Asia Sud-Orientale* South East Asia Treaty Organization (*abbr.* SEATO).

sebạceo *a.* sebaceous: *ghiandola –a* sebaceous gland.

Sebastiạno *N.pr.m.* Sebastian.

Sebastọpoli *N.pr.f.* (*Geog*) Sebastopol, Sevastopol.

sebbẹne *congz.* (al)though, even though: *~ mi conoscesse non mi salutò* although he knew me, he didn't greet me.

sẹbo *m.* (*Fisiol*) sebum. **seborrẹa** *f.* (*Med*) seborrh(o)ea.

sec = 1 (*Mat*) *secante* secant (*abbr.* sec.). 2 (*Fis*) *secondo* second (*abbr.* sec., s.).

sec. = *secolo* century (*abbr.* c., cent.).

secạnte *a./s.f.* (*Geom,Mat*) secant.

sẹcca *f.* 1 shallow, shoal, bank: *la nave s'incagliò in una ~* the ship ran aground on a bank. 2 (*region*) (*periodo di siccità*) drought. □ **andare** *in ~* to run aground; *essere in ~*: 1 to be aground (*o* on the rocks); 2 = *rimanere in secca;* (*fig*) **lasciare** *qd. in ~* to leave s.o. stranded (*o* in the lurch, in a nasty fix); (*fig,fam*) **rimanere** (*o restare*) *in ~* to be broke; (*fig*) **trovarsi** *nelle* (*o sulle*) *secche* to be stranded, to be in a bad fix.

seccamẹnte *avv.* brusquely, curtly, sharply. **seccạnte** *a.* tiresome, bothersome, annoying, tedious; (*spiacevole*) unpleasant, disagreeable: *una situazione ~* an unpleasant situation.

seccạre *v.* (**sẹcco, sẹcchi**) **I** *v.t.* 1 to dry (up): *il sole ha seccato i campi* the sun has dried up the fields. 2 (*essiccare*) to dry, to desiccate: *~ i pomodori al sole* to dry tomatoes in the sun. 3 (*prosciugare*) to drain, to dry up: *~ una palude* to drain a swamp. 4 (*fam*) (*importunare*) to bother: *mi secca con continue telefonate* he keeps bothering me with phone calls. **II** *v.i.* (*aus.* **essere**) to dry, to dry up. **seccarsi** *v.r.* 1 to (become) dry, to dry up; (*rif. a fonti e sim.*) to run (*o* go) dry: *il pozzo si è seccato* the well has gone dry. 2 (*essiccarsi*) to dry up (*o* out), to be desiccated. 3 (*fig*) (*infastidirsi*) to be annoyed (*o* irritated), to be put out.

seccạto *a.* 1 (*secco*) dry, dried (up, out). 2 (*fam*) (*infastidito*) annoyed (*di* at, by), irritated, bothered, put out (by); (*stufo*) fed up. **seccatọio** *m.* 1 (*Ind*) drying room. 2 (*Mar*) squeegee. **seccatọre** *s.m.* (*f.* -**trice**) nuisance, bother, (*fam*) bore. **seccatụra** *f.* 1 (*fam*) (*cosa che reca disturbo*) nuisance, bother, (*fam*) bore, (*fam*) pain in the neck: *che ~ quel tipo!* what a nuisance that fellow is!; *che ~ questa visita!* what a bore this visit is! 2 (*fam*) (*noia*) trouble: *non voglio –e* I don't want any

trouble. **secchẹzza** *f.* 1 dryness: *la ~ dell'aria* the dryness of the air. 2 (*magrezza*) thinness, gauntness. 3 (*fig*) (*modi bruschi*) brusqueness, curtness, sharpness. 4 (*fig*) (*scarna linearità*) spareness, plainness: *~ di stile* spareness of style.

sẹcchia *f.* 1 bucket, pail: *~ per mungere* milk pail. 2 (*quantità*) bucket(ful), pail(ful). 3 (*scol*) (*studente sgobbone*) swot, (*am*) grind. □ *piovere a -e* (*a dirotto*) to rain cats and dogs, to pour down. (*Met*) *~ di colata* ladle. **secchiạta** *f.* bucket(ful), pail(ful). **secchiẹllo** *m.* 1 (*dei bambini*) pail, bucket. 2 (*per il ghiaccio*) ice-bucket. **sẹcchio** *m.* 1 (*secchia*) bucket, pail. 2 (*quantità*) bucketful. □ *~ per il carbone* coal scuttle, coal bucket, coal-hod; *~ della spazzatura* dustbin, (*am*) garbage can (*o* pail). **secchiọne** *m.* (*f.* -**a**) (*scol*) swot, (*am*) grind.

sẹcco *a./s.* (*pl.* -**chi**) **I** *a.* 1 (*asciutto*) dry: *clima ~* dry climate. 2 (*arido*) arid, dry, parched: *terreno ~* parched land. 3 (*non fresco*) stale: *pane ~* stale bread. 4 (*essiccato*) dried, desiccated: *pesce ~* dried fish. 5 (*disseccato*) dry, dried up: *ramo ~* dry branch. 6 (*esaurito*) dry, dried up: *sorgente –a* dried-up spring. 7 (*magro*) thin, skinny. 8 (*Enol*) dry, sec. 9 (*fig*) (*brusco, reciso*) brusque, curt, sharp, blunt, downright: *una risposta –a* a sharp reply; *un ~ rifiuto* a downright refusal. 10 (*fig*) (*disadorno*) dry, spare, bare: *stile ~* spare style. 11 (*fig*) (*netto*) clean, sharp, single: *colpo ~* clean blow. 12 (*fig*) (*rif. a sensazioni uditive*) sharp, clear: *rumore ~* sharp noise. **II** *s.m.* 1 dryness; (*mancanza d'acqua*) drought; (*siccità, aridità*) dryness, aridity. 2 (*parte secca*: *rif. a fiori o piante*) dry (*o* withered) part. □ *a ~* dry: *lavaggio a ~* dry-cleaning; *murare a ~* to dry-wall; (*fig*) *essere a ~* (*di quattrini*) to be broke; (*Mar*) *mettere in ~* to beach; (*fam*) *restarci ~* to die instantly; *restare in ~*: 1 (*Mar*) to run aground; 2 (*fig*) (*restare privo di mezzi, di risorse*) to be on the rocks. **seccụme** *m.* (*Agr,Giard*) dry (*o* withered) branches and leaves *pl.*

secentẹsco *a.* (*pl.* -**chi**) 1 seventeenth-century-, of the seventeenth century; (*rif. all'arte e alla letteratura italiana*) of the Seicento, Seicento-. 2 (*in stile secentesco*) in seventeenth-century style. **secentịsmo** *m.* (*Lett*) highflown style of the seventeenth century. **secentịsta** *s.m./f.* 1 (*artista*) seventeenth-century artist; (*scrittore*) seventeenth-century writer. 2 (*in Italia: artista*) artist of the Seicento; (*scrittore*) Seicento writer.

secẹrnere *v.t.* (*p.p.* secrẹto) (*Biol*) to secrete, to secern.

secessiọne *f.* (*Pol,Art*) secession. □ (*Stor*) *guerra di ~* War of Secession. **secessionịsmo** *m.* secessionism. **secessionịsta** *m./f.* secessionist.

sẹco *pron.* (*lett*) (*con lui*) with him(self); (*con lei*) with her(self); (*con esso*) with it(self); (*con loro*) with them(selves).

secolạre **I** *a.* 1 (*che ha più secoli di vita*) centuries-old, age-old, hundreds of years old: *mura –i* centuries-old walls; (*che ha un secolo di vita*) century-old. 2 (*che dura da un secolo*) century-old, centennial. 3 (*che dura secoli*) age-long, centuried. 4 (*che si ripete ogni secolo*) secular, centennial. 5 (*laico*) secular, lay; (*rif. al clero*) secular. **II** *s.m.* (generally in pl.) 1 (*laico*) layman (*f* -woman); *pl.* the laity (*costr.pl.*). 2 (*prete secolare*) secular (priest).

secolarizzạre *v.t.* (*Rel*) to secularize; (*laicizzare*) to laicize: *~ la scuola* to laicize schools. **secolarizzạrsi** *v.r.* to return to secular life. **secolarizzaziọne** *f.* (*Rel*) secularization, laicization.

sẹcolo *m.* 1 century: *nel quinto ~ avanti Cristo* in the fifth century before Christ. 2 (*periodo*) age, century, epoch: *il ~ di Dante* the age of Dante. 3 (*iperb,fam*) ages *pl*, age: *è un ~ che non ricevo tue notizie* I haven't heard from you for ages. 4 (*vita terrena, mondana*) world, (worldly) life. □ *a ~* (*rif. a religiosi*) in the world: *frate Antonio al ~ Luigi Rossi* Brother Anthony, in the world Luigi Rossi; (*rif. ad artisti*) real name; (*fig*) *il ~ dei lumi* (*dell'illuminismo*) the Age of Enlightenment; *nei –i dei –i* until the end of time; *perdersi nella notte dei –i* to go back to the beginning of time; *per tutti i –i* forever (and ever), time without end; *al principio dei –i* at the beginning of time.

secọnda *f.* 1 (*Mot*) second (gear): *innestare la ~* to shift into second, to engage the second gear; *partire in ~* to start in second. **2** ⟨*Scol*⟩ (*seconda classe*) second year (*o* form), ⟨*am*⟩ second grade. **3** ⟨*Mat*⟩ second power (*o* degree): *elevare alla ~* to raise to the second power, to square. **4** ⟨*Sport*⟩ (*nella scherma*) second(e). **5** ⟨*Mus*⟩ second. **6** ⟨*Ferr*⟩ (*seconda classe*) second class: *viaggiare in ~* to travel second class. □ *a ~ di* according to, depending on, in accordance with: *decideremo a ~ delle circostanze* we'll decide according to the circumstances; ⟨*Mil*⟩ *in ~* second: *comandante in ~* second–in –command; ⟨*scol*⟩ *braccia in ~* crossed arms.

secondamento *m.* ⟨*Fisiol*⟩ discharge of the afterbirth.

secondare *v.* (*secondo*) **I** *v.t.* **1** (*lett*) (*assecondare*) to support, to favour, to second: *~ le inclinazioni di qd.* to favour s.o.'s likings. **2** (*esaudire*) to comply with: *~ i desideri di qd.* to comply with s.o.'s wishes; (*indulgere*) to indulge: *~ i capricci di qd.* to indulge s.o.'s whims. **II** *v.i.* (*aus. avere*) ⟨*Fisiol*⟩ to discharge the afterbirth.

secondariamente *avv.* secondly, in the second place. **secondarietà** *f.* secondariness. **secondario I** *a.* **1** (*secondo in una successione*) secondary, second. **2** (*di minore importanza*) secondary, minor: *di –a importanza* of minor importance. **3** ⟨*tecn*⟩ secondary: *avvolgimento ~* secondary winding. **4** ⟨*Geol*⟩ (*mesozoico*) Secondary. **5** ⟨*Econ*⟩ industrial: *settore ~* industrial sector. **II** *s.m.* ⟨*Geol*⟩ Secondary (era). □ ⟨*Ferr*⟩ *linea –a* branch line.

secondino *m.* warder, prison guard, gaoler.

secondo[1] **I** *a.* **1** second: *il ~ mese dell'anno* the second month of the year; (*rif. a grandezza*) second largest: *questa è la –a città d'Italia* this is the second largest city in Italy; (*rif. a qualità*) second best; (*rif. a importanza*) second most important. **2** (*rif. a regnanti e sim.*) second, II: *Federico ~* Frederick the Second, Frederick II. **3** (*rif. a tempo*) second half: *il ~ ottocento* the second half of the nineteenth century. **4** (*estens*) (*nuovo, differente rispetto al primo*) second, other, new: *è stato per noi un ~ padre* he was a second father to us. **5** ⟨*fig*⟩ (*minore, inferiore*) second, inferior (*a* to): *non essere ~ a nessuno* to be second to none. **6** (*superiore*) second, higher, upper: *diploma di ~ grado* upper–class diploma. **II** *avv.* (*in secondo luogo*) secondly, in the second place. **III** *s.m.* (*f.* -a) **1** second: *è il ~ della lista* he is the second on the list. **2** (*altro*) second, other: *dei due fratelli il primo è già laureato, il ~ studia ancora* the first of the brothers already has his degree, the second is still studying. **3** (*minuto secondo*) second. **4** ⟨*Geom,Fis*⟩ (*rif. ad angoli*) second. **5** (*nei duelli: padrino*) second. **6** ⟨*Sport*⟩ (*nel pugilato*) second: *fuori i –i!* seconds out of the ring! **7** (*seconda portata*) main dish (*o* course). **8** ⟨*Mar*⟩ second mate. □ (*iperb*) *in un ~* in a second, ⟨*fam*⟩ in a sec (*o* jiffy); *per la –a volta* for the second time.

secondo[2] *prep.* **1** according to, in accordance (*o* conformity) with: *~ verità* in conformity with the truth; *vivere ~ natura* to live according to nature; (*secondo l'opinione di*) according to, in s.o.'s opinion (*o* view): *~ me, il lavoro dovrebbe essere già finito* in my opinion, the job should already be finished. **2** (*in rapporto a, in proporzione a*) according to, in proportion to, in accordance with: *premiare ~ il merito* to reward according to merit. **3** (*a seconda di, in base a*) according to, depending on: *~ le circostanze* depending on the circumstances. **4** ⟨*assol*⟩ (*dipende*) it depends: *verrai? – ~* will you come? – it depends. □ *~ il caso* according to (the) circumstances; *~ (ciò) che:* 1 according to what, depending on what: *~ che tempo fa* depending on the weather (*o* what the weather is like); 2 (*a seconda se*) depending on whether: *le cose sono differenti, ~ che sia stato lui o no* the situation varies depending on whether it was him or not; *~ ciò che si dice* as they say, according to what people say; *~ dove* depending on where (*o* the place); *~ quanto scrive il tuo amico* according to what your friend writes.

secondogenito I *a.* second, second-born: *figlio ~* second son. **II** *s.m.* (*f.* -a) second-born.

secrétaire *fr.* [səkrɛˈtɛːr] *m.* ⟨*Arred*⟩ secretaire, (writing-) desk.

secretivo *a.* ⟨*Biol*⟩ secretory.

secreto[1] *m.* ⟨*Biol*⟩ secretion.

secreto[2] → **secernere**.

secretore I *s.m.* ⟨*Biol*⟩ secretor. **II** *a.* secretory. **secretorio** *a.* secretory, secretionary. **secrezione** *f.* ⟨*Fisiol*⟩ secretion. □ *~ lattea* milk secretion.

sedano *m.* ⟨*Bot*⟩ celery.

sedare *v.t.* (*sedo*) **1** (*lenire*) to calm, to soothe, to assuage (*anche fig.*): *~ il dolore* to soothe pain. **2** (*reprimere*) to put down, to suppress, to repress: *~ un tumulto* to suppress a riot. **sedativo** *a./s.m.* ⟨*Farm*⟩ sedative.

sede *f.* **1** seat: *il ministero ha ~ a Roma* the ministry has its seat in Rome. **2** ⟨*Rel*⟩ see: *~ vescovile* bishop's see. **3** (*dimora stabile*) residence, abode: *stabilire la propria ~ in un luogo* to establish one's residence in a place. **4** (*edificio*) seat, building: *la ~ del governo* the government building; (*ufficio*) office, seat: *la ~ del partito* the party office. **5** ⟨*fig*⟩ seat, centre: *il cuore è considerato la ~ degli affetti* the heart is thought to be the seat of the feelings. **6** ⟨*fig*⟩ (*seduta*) session, sitting. **7** ⟨*Comm*⟩ office; (*sede centrale*) head (*o* main) office, headquarters *pl* (*costr.sing. o pl.*); (*filiale*) branch (office). □ *in altra ~:* 1 (*in altro luogo*) elsewhere, in another place; 2 (*in un altro momento*) some other time, on another occasion; *~ apostolica* Apostolic See; *aver ~* (*trovarsi*) to be (situated), to have one's seat; *~ centrale* head (*o* main) office, headquarters *pl*; *~ elettorale* polling station (*o* place), poll; *essere ~ di qc.* to be the place where s.th. takes place (*o* is held), to be a ... centre: *la nostra scuola è ~ d'esami* our school is an examination centre, the examinations are held in our school; *in ~ di* (*in occasio ne di*) during: *in ~ d'esame* during the examination; *~ legale* registered office; *~ principale* head office; *in questa ~:* 1 (*rif. a tempo*) at this time; 2 (*rif. a luogo*) here, in this place; ⟨*Rel*⟩ *Santa ~* Holy See; *in separata ~* in a separate session (*o* meeting); ⟨*fig*⟩ (*privatamente*) privately, in private; *~ stradale* road-bed; *~ vacante* vacancy.

sedentarietà *f.* sedentariness. **sedentario** *a.* sedentary: *lavoro ~* sedentary work. **sedentarismo** *m.* sedentariness.

sedere[1] *v.i.* (*pr.ind.* siedo/*lett.* seggo, siedi, siede, sediamo, sedete, siedono/*lett.* seggono; *p.rem.* sedei/sedetti; *fut.* sederò/siederò; *pr.cong.* sieda/*lett.* segga; *p.p.* seduto; *aus.* essere) **1** to sit (*su, in* in, on): *~ in una poltrona* to sit in an armchair; *~ in terra* to sit on the ground. **2** (*mettersi a sedere*) to sit down: *siedi un momento* sit down a minute; (*in formule di cortesia*) to take a seat, to sit down. **3** ⟨*fig*⟩ (*aver seggio, fare parte*) to sit, to have a seat (*in* in), to be a member (of): *~ in parlamento* to sit in Parliament. **4** (*essere in funzione, in attività*) to sit, to meet, to be in session: *il comitato sedette a lungo* the committee sat for a long time. **sedersi** *v.r.* to sit down, to take a seat: *mi siedo perché sono stanco* I'm going to sit down because I'm tired. □ *~ in alto loco* (*coprire un'alta carica*) to hold a high office; *~ a cassetta* to sit on the box; ⟨*fig*⟩ *~ in cattedra* (*arrogarsi il diritto di dare insegnamenti*) to pontificate; *~ in giudizio* to sit in judgement; *mettere a ~ qd.* to seat s.o.; *mettersi a ~* to sit down; *~ in sella* to sit in the saddle; *stare a ~* to be sitting, to sit; (*starsene in ozio*) to sit around (doing nothing); *non sta mai a ~* she is always on the go; *~ a tavola* to be (*o* sit) at table; *~ alla turca* to sit cross-legged.

sedere[2] *m.* (*deretano*) bottom, seat, ⟨*fam*⟩ behind. □ *prendere qd. a calci nel ~* to kick s.o. in the bottom. **sederino** *m.* ⟨*fam*⟩ fanny.

sedia *f.* chair. □ *~ a braccioli* armchair, easy chair; *~ elettrica* electric chair: *condannare alla ~ elettrica* to condemn (*o* send) to the electric chair; ⟨*Rel*⟩ *~ gestatoria* gestatorial chair; *~ da giardino* garden chair; *~ girevole* swivel chair; *~ a rotelle* wheelchair; *~ a sdraio* deck-chair; *~ di vimini* wicker-chair.

sediario *m.* ⟨*Rel*⟩ bearer of the gestatorial chair.

sedicenne I *a.* sixteen-year-old, of sixteen, ⟨*pred*⟩ sixteen (years old). **II** *s.m./f.* person of sixteen.

sedicente *a.* self-styled, would-be.

sedicesimo I *a.* sixteenth. **II** *s.m.* **1** (*ordinale; f.* -a) sixteenth. **2** ⟨*Tip*⟩ sixteenmo, sextodecimo. □ *in* ~: 1 ⟨*Tip*⟩ in sixteenmo; **2** ⟨*fig,spreg*⟩ petty. **sedici** *a./s.inv.* **I** *a.* sixteen: *sono passati* ~ *anni* sixteen years have gone by. **II** *s.m.* **1** (*numero*) sixteen. **2** (*nelle date*) sixteenth: *il* ~ *di agosto* the sixteenth of August, August (the) sixteenth. **III** *s.f.pl.* four (o'clock), four p.m.: *sono le* ~ it's four o'clock; (*negli orari di trasporto internazionale*) sixteen hundred hours *pl.*

sedile *m.* seat; (*panchina*) bench; (*negli automezzi*) seat. □ ⟨*Aut*⟩ ~ **anteriore** front seat; ⟨*Aut*⟩ ~ *da* **corsa** bucket seat; ⟨*Aer*⟩ ~ **eiettabile** (o *a espulsione*) ejection seat; ~ **imbottito** upholstered seat; ~ **inclinabile** tip–up seat, reclining seat; ⟨*Aut*⟩ ~ **posteriore** rear (o back) seat; (*nelle motociclette*) pillion; ~ **ribaltabile** folding seat.

sedimentare *v.i.* (**sedimento**; *aus.* **avere/essere**) ⟨*Fis,Chim*⟩ to sediment. **sedimentario** *a.* sedimentary (*anche Geol.*). **sedimentato** *a.* **1** settled, deposited (*anche fig.*). **2** ⟨*Fis,Chim*⟩ sedimented. **sedimentazione** *f.* sedimentation. □ ⟨*Med*⟩ *velocità di* ~ sedimentation rate. **sedimento** *m.* sediment, deposit. **sedimentologia** *f.* ⟨*Geol, Paleont*⟩ sedimentology.

sediolo *m.* ⟨*Sport*⟩ (*sulky*) sulky.

sedizione *f.* sedition; (*ribellione*) revolt, rebellion, insurrection, uprising. **sediziosamente** *avv.* seditiously. **sedizioso** **I** *a.* **1** seditious, insurrectionary: *moto* ~ insurrectionary movement. **2** (*che spinge alla sedizione*) seditious, rebellious. **3** ⟨*estens*⟩ (*turbolento, rissoso*) turbulent, riotous. **II** *s.m.* (*f.* **-a**) seditionary, insurrectionist, insurgent.

sedotto → **sedurre**. **seducente** *a.* **1** seductive, seducing. **2** ⟨*fig*⟩ (*allettante*) enticing, alluring, tempting: *una proposta* ~ a tempting proposal. **sedurre** *v.t.* (**seduco**, **seduci**; **sedussi**, **sedotto**; → **condurre**) **1** to seduce: ~ *una ragazza* to seduce a girl. **2** ⟨*fig*⟩ (*allettare, attrarre*) to entice, to allure, to tempt: *lasciarsi* ~ *da una promessa* to be enticed by a promise. **3** (*trascinare al male*) to entice astray, to seduce.

seduta *f.* **1** session, sitting: *aprire una* ~ to open a session; (*riunione*) meeting. **2** (*posa come modello*) sitting: *ha terminato il ritratto in poche -e* he finished the portrait in a few sittings. □ ~ **annuale** annual meeting; ~ *d'*apertura opening session; *in apertura di* ~ at the opening of the meeting; ~ *di* chiusura closing session; ~ *del* consiglio *d'amministrazione* board meeting; **essere** *in* ~ to be sitting (o in session); *riunirsi in* ~ **pubblica** to hold a public meeting; **rinviare** *la* ~ to adjourn the session; **riprendere** *la* ~ to resume the session; **sospendere** *la* ~ to suspend the session; ~ **spiritica** séance; ~ **stante** (*immediatamente*) directly, immediately: *c'è andato* ~ *stante* he went there immediately; **togliere** *la* ~ to close the session; ~ **ufficiale** official meeting.

seduto (*p.p. di* **sedere**[1]) *a.* sitting, seated. □ *essere* (o *stare*) ~ to be seated (o sitting), to sit; *mettersi* ~ to sit down, to be seated; *rimanere* (o *restare*) ~ to stay seated.

seduttore **I** *s.m.* (*f.* **-trice**) seducer (*f* seductress). **II** *a.* **1** seductive, seducing. **2** ⟨*fig*⟩ enticing, alluring, seductive, tempting: *promesse seduttrici* tempting promises. **seduzione** *f.* **1** seduction. **2** ⟨*fig*⟩ seductiveness, charm, allure, appeal.

S.E. e O. = ⟨*burocr*⟩ *salvo errori e omissioni* errors and omissions excepted (*abbr.* E. and O.E., e. and o.e.).

seg. = *seguente* following (*abbr.* foll.).

sega *f.* saw. □ **a** ~ with a serrated edge, saw(–edged), saw–toothed: *coltello a* ~ knife with a serrated edge, steak knife; ~ **circolare** (o *a disco*) circular (o buzz, disk) saw; (*segatrice circolare*) circular saw (o sawing machine); ~ *a* **mano** hand saw; ~ *a* **nastro** belt (o endless, band) –saw; (*segatrice a nastro*) band–saw, ribbon–saw; ~ *a* **telaio** frame–saw, web saw; ~ *da* **traforo** fretsaw; ~ *da* **tronchi** pit–saw, whip–saw.

segala, **segale** *f.* ⟨*Bot*⟩ rye. □ ~ **cornuta** spurred rye; ~ *da* **foraggi** fodder rye. **segaligno** *a.* **1** (*di segale*) rye–; (*simile a segale*) ryelike. **2** ⟨*fig*⟩ (*magro, asciutto*) lean, wiry. **segalino** *a.* (*di segale*) rye–.

segantino *m.* sawyer.

segare *v.t.* (**sego**, **seghi**) **1** to saw: ~ *un albero* to saw a

tree; (*da parte a parte*) to saw through; (*in più parti*) to saw up; (*staccare segando*) to saw off. **2** ⟨*iperb*⟩ (*stringere lasciando il segno*) to cut (into): *le corde gli segavano i polsi* the ropes cut (into) his wrists. □ **segarsi** *le* **vene** to slash (o cut) one's wrists; ⟨*scherz*⟩ ~ *il violino* to saw (o scrape) the violin. **segata** *f.* sawing. □ *dare una* ~ *a qc.* to saw s.th. **segatore** *m.* sawyer. **segatrice** *f.* ⟨*Mecc*⟩ sawing–machine. □ ~ **circolare** (o *a disco*) circular saw; ~ *a* **nastro** band–saw, ribbon–saw. **segatura** *f.* **1** (*il segare*) sawing. **2** (*frammenti minuti di materiale segato*) sawdust.

segg. = *seguenti* following (*abbr.* foll.).

seggetta *f.* **1** close–stool. **2** ⟨*ant*⟩ (*portantina*) litter, sedan chair. **seggio** *m.* **1** seat, chair: *il* ~ **presidenziale** the President's chair; (*stallo*) stall. **2** ⟨*Parl*⟩ seat: *il partito ha ottenuto dieci seggi* the party won ten seats. **3** (*seggio elettorale*) polls *pl*, polling place (o station). **4** ⟨*lett*⟩ (*sedile*) seat; (*trono*) throne. □ ⟨*Parl*⟩ ~ *alla camera* seat in the House; ~ *al parlamento* seat in Parliament. **seggiola** *f.* chair. **seggiolaio** *m.* (*f.* **-a**) **1** (*fabbricante*) chair maker. **2** (*venditore*) chair seller. **seggiolata** *f.* blow with a chair. **seggiolino** *m.* **1** (*per bambini*) child's chair. **2** ⟨*Aut,Ferr*⟩ seat: ~ *del* bigliettaio conductor's seat. **3** ⟨*Aer*⟩ (pilot's) seat. □ ⟨*Aer*⟩ ~ **eiettabile** (o *a espulsione*) ejection seat; ~ **pieghevole** folding (o camp) chair; ~ **ribaltabile** tip–up seat; ⟨*Sport*⟩ ~ **scorrevole** sliding seat. **seggiolone** *m.* (*per bambini*) highchair.

seggiovia *f.* chair–lift.

segheria *f.* sawmill, timber – yard. **seghetta** *f.* (*per le fiale*) small file (for phials). **seghettare** *v.t.* (**seghetto**) to serrate. **seghettato** *a.* **1** with a serrated edge, saw(–edged), saw–toothed: *coltello* ~ knife with a serrated edge. **2** ⟨*Bot*⟩ serrate(d). **seghetto** *m.* ⟨*Mecc*⟩ hack–saw.

segmentale *a.* ⟨*Geom,Biol,Ling*⟩ segmental. **segmentare** *v.t.* (**segmento**) **1** to segment, to divide into segments. **2** ⟨*fig*⟩ (*frazionare*) to (sub)divide, to split up. **segmentazione** *f.* **1** ⟨*Geom,Biol*⟩ segmentation. **2** ⟨*fig*⟩ (*frazionamento*) breaking (o splitting) up. □ ⟨*Econ*⟩ ~ *del mercato* market segmentation. **segmento** *m.* **1** ⟨*Geom,Biol,Anat,Med*⟩ segment. **2** ⟨*Mot*⟩ piston–ring.

segna|carte *m.inv.* (*segnalibro*) bookmark(er). **~caso** *m.* ⟨*Gramm*⟩ preposition (as case sign).

segnalamento *m.* signalling, signalization. □ ~ *aereo* route marking; ~ *ferroviario* railway signalling; ~ *marittimo* signalling. **segnalare** *v.t.* **1** to signal: ~ *la posizione di una nave* to signal the position of a ship. **2** (*annunciare, rendere noto*) to announce, to report, to make known: *si segnalano piogge su tutta la regione* rain is reported for the whole region. **3** (*far presente*) to point (o single, mark) out, to inform, to make known: *mi hanno segnalato un caso veramente pietoso* they informed me of a really pitiful case. **4** (*contraddistinguere*) to mark, to distinguish. **5** ⟨*fig*⟩ (*raccomandare*) to recommend, to bring to the attention of. **6** (*notificare*) to notify: ~ *alle autorità* to notify the authorities. **segnalarsi** *v.r.* (*distinguersi*) to distinguish o.s., to stand out, to draw attention to o.s. **segnalato** *a.* **1** (*straordinario*) outstanding, remarkable, signal: *un* ~ *esempio di eroismo* a signal act of heroism. **2** ⟨*iperb*⟩ (*notevole, grande*) great, notable, considerable.

segnalatore **I** *s.m.* (*f.* **-trice**) **1** (*persona addetta alle segnalazioni*) signaller, signalman. **2** (*strumento*) signaller, signalling apparatus. **3** ⟨*Mar.mil*⟩ (*con bandiere*) flagman. **4** ⟨*El*⟩ alarm device. **5** ⟨*Inform*⟩ flag. **II** *a.* signalling: *strumento* ~ signalling instrument. □ ~ *acustico:* 1 audible alarm device; 2 ⟨*Aut*⟩ horn, hooter; ~ *automatico d'incendio* (automatic) fire–alarm; ⟨*Aut*⟩ ~ *di retromarcia* reverse (o back up) light.

segnalazione *f.* **1** signalling: ~ *con bandiere* flag signalling. **2** ⟨*concr*⟩ (*segnale*) signal; (*complesso di segnali*) signals *pl*, signalling. **3** (*comunicazione, trasmissione di notizie*) communication; (*annuncio*) announcement, report. **4** (*il contraddistinguere*) marking, distinguishing. **5** ⟨*fig*⟩ (*il mettere in evidenza*) pointing (o singling, marking) out. **6** (*raccomandazione*) recommendation. □ ~ *acustica* sound signal(ling); ⟨*Strad*⟩ di-

vieto di –i acustiche no horns; ~ *luminosa* beacon, signal light; ⟨*Strad*⟩ ~ *orizzontale* traffic signs *pl* painted on the road surface; ⟨*Strad*⟩ ~ *verticale* traffic signs *pl*, signposts *pl*.

segnale *m.* **1** signal, sign: *ricevere un* ~ to receive a signal. **2** ⟨*concr*⟩ signal; (*cartello*) sign. □ ~ **acustico** audible (*o* acoustic, sound) signal; (*clacson e sim.*) (signal) horn; ~ *d'*allarme: 1 alarm (signal), warning signal; 2 ⟨*Ferr*⟩ emergency brake; ~ *d'*arresto stop sign; ⟨*TV*⟩ ~ **audio** sound (*o* audio) signal; ~ *d'*avvertimento warning (signal); ~ *di* chiamata: 1 ⟨*Tel*⟩ ringing tone; 2 ⟨*Inform*⟩ call signal; *dare il* ~ *di qc.* to give the signal for s.th.: *dare il* ~ *della partenza* to give the signal for departure; ~ **ferroviario** rail signal; ⟨*Inform*⟩ ~ *di* **interruzione** interrupt signal; ⟨*Rad,TV*⟩ ~ *d'*intervallo interval signal; ⟨*Tel*⟩ ~ *di* **libero** ringing tone, line signal; ~ **luminoso** signal light, beacon; ⟨*Tel*⟩ ~ *di* **occupato** busy signal (*o* tone); ~ **orario** time signal; ~ *di* **partenza**: 1 starting (*o* departure) signal; 2 ⟨*Mar*⟩ blue peter; ~ *di* **pericolo**: 1 danger sign(al), warning sign(al); 2 ⟨*Strad*⟩ warning sign; 3 (*SOS*) distress signal, S.O.S.; 4 ⟨*Ferr*⟩ tell–tale; ~ **radio** radio signal; ⟨*TV*⟩ ~ **video** video signal.

segnaletica *f.* **1** system of sign(al)s; (*complesso di segnali*) signals *pl.* **2** ⟨*Strad*⟩ (road) signs *pl*, traffic signs *pl.* □ ⟨*Strad*⟩ ~ *orizzontale* traffic signs *pl* painted on the road surface; ~ *in rifacimento* signs *pl* being repainted; ~ *verticale* traffic signs *pl*, signposts *pl.* **segnaletico** *a.* (*pl.* -**ci**) characteristic, identification–: *dati* –*i* identification marks.

segna|libro *m.* bookmark(er). **~linee** *m.inv.* ⟨*Sport*⟩ (*guardalinee*) linesman. **~posto** *m.* place card. **~prezzo** *m.* price–tag, price–card. **~punti** *m.inv.* ⟨*Sport*⟩ **1** (*persona*) score–keeper. **2** (*tabellone*) score–board; (*cartoncino, agendina*) score–card. **~tempo** *m.inv.* → **marcatempo**.

segnare *v.t.* (**segno**) **1** to mark: ~ *le frasi da tradurre* to mark the sentences to be translated. **2** (*sottolineare*) to underline. **3** (*prendere nota*) to note (*o* write) down, to make a note of: ~ *le spese* to write down one's expenses; ⟨*estens*⟩ (*scrivere*) to write, to put: *ho segnato il tuo nome sulla lista* I've put your name on the list. **4** (*incidere, rigare*) to mark, to score, to cut into: ~ *il banco col temperino* to score the desk with a penknife; (*graffiare*) to scratch. **5** (*rif. a punteggi e sim.*) to mark, to keep, to write (down, up), to score (up): ~ *i punti al gioco* to keep the score; (*con il gesso*) to chalk (up). **6** (*indicare*) to indicate, to mark, to show; (*con il dito*) to point to (*o* at); (*rif. a strumenti*) to show, to indicate, to register, to read, to say: *l'orologio segna le quattro e dieci* the clock says ten past four. **7** ⟨*fig*⟩ (*rappresentare, costituire*) to mark, to constitute: *questa battaglia segnò la fine della guerra* this battle marked the end of the war; *questa scoperta segna un passo (in) avanti nella via del progresso* this discovery constitutes a step forward on the path of progress. **8** (*addebitare*) to charge (up), to put down. **9** ⟨*Sport*⟩ to score (*anche assol.*): ~ *un punto* to score a point; ~ *un goal* to score a goal. **segnarsi** *v.r.* (*farsi il segno della croce*) to cross o.s., to make the sign of the cross. □ ⟨*Comm*⟩ ~ *all'attivo di qd.* to enter to s.o.'s credit; ~ *con un cartellino* to label, to tag, to ticket; ~ *con crocetta* to (mark with a) cross; ⟨*Comm*⟩ ~ *a debito di qd.* to enter to s.o.'s debit.

segnatario *m.* (*f.* -**a**) ⟨*ant*⟩ signatory. **segnatasse** *m.inv.* ⟨*Post*⟩ unpaid–postage stamp. **segnato** *a.* **1** marked, lined: *volto* ~ *dagli stenti* face marked by hardship. **2** ⟨*fig*⟩ (*deciso, stabilito*) decided, settled: *la mia vita è già* –*a* my life is already settled; (*rif. a destino e sim.*) sealed. **segnatoio** *m.* ⟨*Mecc*⟩ (*truschino*) surface gauge. **segnatura** *f.* **1** marking. **2** ⟨*concr*⟩ mark. **3** ⟨*Bibliot*⟩ pressmark, ⟨*am*⟩ call number (*o* mark). **4** ⟨*Tip*⟩ signature. **5** ⟨*Sport*⟩ score. □ ⟨*Dir.can*⟩ ~ *apostolica* Apostolic Signature. **segnavento** *m.inv.* weather–vane, weathercock.

segno *m.* **1** mark, sign: *fare un* ~ *sulla carta* to make a mark on the paper; *il banco era pieno di* –*i fatti col temperino* the desk was full of marks made with a penknife. **2** (*impronta*) mark: *i* –*i di mani sporche* the marks of dirty hands; (*orma*) footprint, footstep: *sulla neve si vedevano i* –*i dei suoi passi* his footsteps were visible in the snow. **3** (*traccia*) trace: *quel monello lascia sempre qualche* ~ *dove passa* that little rascal always leaves traces wherever he goes. **4** (*indizio*) sign, mark, indication: *la sua condotta è* ~ *di animo sensibile* his behaviour is a sign (*o* mark) of his sensitivity. **5** (*avvertimento*) sign, warning: *questo vento è* ~ *di temporale imminente* this wind is a sign that there is a storm rising. **6** (*sintomo*) sign, symptom. **7** (*prova*) sign, proof, token: *se tace è* ~ *che non ha nulla da obiettare* if he says nothing it's a sign that he has no objection. **8** (*cenno, gesto*) sign, gesture: *gli feci* ~ *di tacere* I made a sign to him to keep quiet; (*cenno fatto con la mano*) wave, gesture, sign. **9** (*bersaglio*) mark, target (*anche fig.*): *sbagliare il* ~ to miss the mark; *colpire nel* ~ to hit the mark. **10** (*limite*) bounds *pl*, limit, mark: *la tua sfrontatezza ha passato il* ~ your impudence has gone beyond all bounds. **11** ⟨*Astr,Astrol*⟩ sign: *il* ~ *dell'Acquario* the sign of Aquarius. **12** (*espressione grafica*) sign: ~ *dell'accento* accent (sign); *il* ~ *della sottrazione* the minus sign. **13** (*simbolo*) emblem, symbol: *la colomba è* ~ *di pace* the dove is a symbol of peace. **14** (*vestigia*) trace, remains *pl*, vestige: *i* –*i dell'antica Roma* the traces of ancient Rome. **15** ⟨*Tip*⟩ typographical mark. □ **a** ~ right: *mettere a* ~ *qc.* to put (*o* set) s.th. right; *comunicare a* –*i* to communicate by gestures (*o* signs); ⟨*Mat*⟩ ~ *di* **addizione** plus (*o* addition) sign; **andare** *a* ~ to hit the target (*o* mark, bull's eye); *il colpo è andato a* ~ it's a hit; –*i* **caratteristici** distinguishing marks, characteristics *pl;* ~ **convenzionale**: 1 (*segno prestabilito*) pre–arranged sign; 2 (*in cartografia*) conventional sign; ⟨*Rel*⟩ ~ *della* **croce** sign of the cross: *fare* (*o farsi*) *il* ~ *della croce* to make the sign of the cross, to cross o.s.; **dare** –*i* to give (*o* show) signs: *dare* –*i d'impazienza* to give signs of impatience; ⟨*fig*⟩ *è un anno che non dà più* –*i di vita* we haven't heard from him for a year; ~ **distintivo**: 1 distinguishing mark; 2 ⟨*Comm*⟩ brand, trade–mark; ~ *di* **divisione** division sign; **essere** ~ *che* to mean, to be a sign that: *se non mangia è* ~ *che non ha appetito* if he doesn't eat that means he's not hungry; **fare** (*un*) ~ *con la mano* to signal, to make a sign (*o* gesture), to wave; *fare* ~ *di no* to give a sign of disapproval; (*con il capo*) to shake one's head; *fare* ~ *di sì* to nod (assent); **essere fatto** ~ *di* (*o a*) (*essere oggetto di*) to be the object of: *essere fatto* ~ *di beffe* to be the object of hoaxes, to be the butt; *mi fece* ~ *di avvicinarmi* ⌐made a sign⌐ (*o* gestured, signalled) to me to approach; ⟨*fig*⟩ **fino** *a quale* ~ to what point (*o* extent), how far; ⟨*Strad*⟩ ~ *della* **frenata** skid mark; ~ *d'*identificazione identification mark; **in** ~ *di* as a sign of, in token of: *in* ~ *di riconciliazione gli dette la mano* as a sign of reconciliation he gave him his hand; ~ *d'*interpunzione punctuation mark; ~ *di* **lutto** sign of mourning; ~ *di* **moltiplicazione** multiplication sign; ⟨*Mat*⟩ ~ **negativo** minus (*o* negative) sign; ⟨*Mat*⟩ ~ **positivo** plus (*o* positive) sign; ~ **premonitore** (warning) sign, warning; ~ *di* **richiamo**: 1 ⟨*Tip*⟩ cross reference (mark); 2 ⟨*Topogr*⟩ bench mark; *nato* **sotto** *il* ~ *del Toro* born under the sign of Taurus; ~ *di* **uguaglianza** equal sign; *non dare* –*i di* **vita** to show no sign of life; ~ **zodiacale** zodiacal sign.

sego *m.* (*pl.* -**ghi**) tallow: *candela di* ~ tallow candle. **segolo** *m.* ⟨*Agr*⟩ bill hook, pruning–hook. **segoso** *a.* (*che contiene sego*) tallow–; (*simile al sego*) tallowy.

segregamento *m.* segregation. **segregare** *v.t.* (**segrego**, **segreghi**) to segregate, to isolate, to set apart. **segregarsi** *v.r.* to isolate (*o* seclude) o.s., to withdraw. **segregato** *a.* segregated, isolated, set apart. **segregazione** *f.* segregation, isolation, seclusion. □ ~ *cellulare* solitary confinement; ~ *razziale* (racial) segregation. **segregazionismo** *m.* segregation. **segregazionista** *m./f.* segregationist.

segreta *f.* (*cella*) dungeon. **segretamente** *avv.* secretly, in secret.

segretaria *f.* secretary. □ ~ *d'*azienda (commercial) secretary; ~ *di* **direzione** executive secretary; ⟨*Cin*⟩ ~ *di* **edizione** continuity girl (*o* clerk); ⟨*Cin,TV*⟩ ~ *di*

produzione production secretary; ⟨*Giorn*⟩ ~ *di* **redazione** editorial secretary.

segretariale *a.* secretarial. **segretariato** *m.* **1** (*carica*) secretariat(e), secretaryship. **2** (*ufficio*) secretariat(e). **3** (*personale*) secretarial staff, secretariat(e). □ *scuola di* ~ secretarial school.

segretario *m.* (*f.* **-a**) **1** secretary. **2** (*chi redige verbali, resoconti e sim.*) clerk: *il* ~ *della giuria* the court clerk. **3** ⟨*Ornit*⟩ (*serpentario*) secretary bird. □ ~ *d'*ambasciata Embassy Secretary; ~ **apostolico** Apostolic Secretary; ~ **particolare** (*o privato*) private secretary; ~ **comunale** town clerk; *fare da* ~ *a qd.* to be (*o* act as) s.o.'s secretary, to be secretary to s.o.; ~ *di* **legazione** Legation Secretary; ~ *del* **partito** party secretary; ~ **politico** head of a party's political secretariat; ~ **privato** private secretary; ⟨*Giorn*⟩ ~ *di* **redazione** editorial secretary; ~ *di* **stato** Secretary of State; **vice** ~ assistant secretary.

segreteria *f.* **1** (*ufficio*) secretary's office; (*negli enti pubblici e sim.*) secretariat(e). **2** ⟨*collett*⟩ (*personale*) secretarial staff. **3** (*carica*) secretariat(e), secretaryship. □ ~ **generale** secretariat general; ~ **politica** party's political secretariat; ~ *di* **stato** secretariat of state; ~ **telefonica** answering service; (*automatica*) automatic answering device; *con richiamo a distanza* answering machine with remote control.

segretezza *f.* secrecy, secretiveness; (*riservatezza*) reservedness. □ *con* ~ secretly, in secrecy; *con la massima* ~ in the greatest secrecy, in strict confidence; *in tutta* ~ in all secrecy.

segreto[1] *a.* **1** secret: *archivio* ~ secret archive; *convegno* ~ secret meeting. **2** (*riservato*) confidential, secret: *notizia –a* secret news. **3** (*nascosto*) secret, concealed, hidden: *passaggio* ~ secret passage. **4** (*interiore*) inmost, secret, deep (down): *aspirazioni –e* secret aspirations. □ *agente* ~ undercover (*o* secret) agent; *consigliere* ~ Privy Councillor.

segreto[2] *m.* **1** secret: *non avere –i per qd.* to hold no secrets for s.o.; *mantenere un* ~ to keep a secret. **2** ⟨*fig*⟩ (*intimità, riservatezza*) depth, depths *pl*, recesses *pl*: *nel* ~ *dell'animo* in the depths of one's soul, in one's in(ner)most heart. **3** (*mezzo, sistema particolare*) secret, key: *il* ~ *del successo* the key to success. □ *nel* ~ *più* **assoluto** in the greatest (*o* utmost) secrecy; ~ **bancario** bank secret; ~ **confessionale** seal (*o* secret) of the confessional, seal of confession; *essere a* **conoscenza** *di un* ~ to know a secret; ~ **epistolare** secrecy of correspondence; **in** ~: **1** in secret, in secrecy, secretly: *s'incontrarono in* ~ they met in secret; **2** (*riservatamente*) confidentially, in confidence: *me l'hanno confidato in* ~ they told me confidentially; ⟨*Dir*⟩ ~ **istruttorio** secrecy that must be maintained during a preliminary investigation; *mettere qd. a* **parte** *di un* ~ to let s.o. in on a secret; ~ **professionale** professional secrecy; ~ *di* **Pulcinella** open secret; *violazione del* ~ *d'*ufficio revelation (*o* disclosure) of a professional secret.

seguace *m./f.* **1** (*discepolo*) follower, disciple. **2** ⟨*Rel*⟩ disciple. **seguente** *a.* **1** following, next, subsequent, ensuing: *il capitolo* ~ the next chapter; *l'anno* ~ the following (*o* next) year. **2** (*questo*) this, the following: *nel modo* ~ this way, as follows.

segugio *m.* **1** ⟨*Zool*⟩ hound, hunting dog. **2** ⟨*fig*⟩ (*investigatore*) bloodhound, sleuth, ⟨*fam*⟩ private eye.

seguire *v.* (**seguo, segui; seguii, seguito**) **I** *v.t.* **1** to follow: *seguimi a una certa distanza* follow me at a distance; *andate avanti, io vi seguirò* go on ahead, I'll follow you. **2** (*accompagnare*) to follow, to go with: *il cane mi seguì fino alla porta di casa* the dog followed me to the front door. **3** (*pedinare*) to shadow, to follow: *due poliziotti furono incaricati di seguirlo* two policemen were ordered to shadow him. **4** (*procedere in una direzione*) to follow, to keep, to proceed along (*anche fig.*): *seguite questa strada fino alla piazza* follow this road as far as the square; *la polizia segue una nuova pista* the police are following a new lead. **5** (*venir dopo, susseguire*) to follow (on), to come after: *la calma che segue la tempesta* the calm that follows the storm. **6** (*tenere dietro: con lo sguardo*) to follow, to look after. **7** ⟨*fig*⟩ (*tenere dietro:*

con la mente) to follow, to pursue: ~ *un ragionamento* to follow a line of reasoning. **8** (*fare la stessa cosa*) to follow, to do the same (as): *se io mi buttassi in mare, mi seguiresti?* if I jumped into the sea, would you do the same? **9** (*attenersi*) to follow, to keep (*o* stick) to: ~ *le prescrizioni del medico* to follow the doctor's orders; ~ *i propri impulsi* to follow one's impulses; ~ *la moda* to follow the latest fashion. **10** (*farsi seguace: rif. a maestri e sim.*) to follow, to be a follower of; (*rif. a dottrine e sim.*) to follow, to accept, to agree with: *molti studiosi seguono questa teoria* many scholars accept this theory. **11** (*adottare*) to follow, to adopt: ~ *una determinata linea di condotta* to adopt a certain policy. **12** ⟨*fig*⟩ (*interessarsi*) to follow, to keep up (*o* up-to-date) with: ~ *gli sviluppi di una situazione* to keep up with the developments of a situation. **13** (*sorvegliare, soprintendere*) to supervise, to oversee: *ho seguito personalmente lo svolgimento dei lavori* I supervised the execution of the work personally; (*aiutare, istruire*) to help, to assist: *una signorina che segue i bambini nei compiti* a young lady who helps the children with their homework. **14** ⟨*fig*⟩ (*frequentare*) to attend: ~ *un ciclo di conferenze* to attend a series of lectures. **II** *v.i.* (*aus.* **essere**) **1** (*rif. a persone*) to follow, to succeed (*a qd.* s.o.), to come (after): *a Romolo seguì Numa Pompilio* Romulus was succeeded by Numa Pompilius; (*rif. a cose*) to follow (s.th.), to come (after): *al testo segue una lunga bibliografia* the text is followed by a long bibliography. **2** (*accadere dopo*) to follow, to ensue: *seguì un momento di silenzio* there followed a moment of silence. **3** (*derivare come effetto*) to result, to ensue: *ne seguì una baraonda* chaos resulted. **4** (*conseguire*) to follow: *ne segue che* it follows that. **5** (*continuare*) to continue, to follow (on). **6** (*capire*) to follow, to understand: *non riesce a* ~ he cannot follow. □ **come** *segue* as follows; ~ *un* **consiglio** to take (*o* listen to) advice; ~ *la* **corrente**: **1** (*navigando*) to follow the stream; **2** (*nuotando*) to swim with the current, to swim downstream; **3** ⟨*fig*⟩ to follow the general trend, to swim with the tide; ~ *l'*esempio *di qd.* to follow s.o.'s example; ~ **immediatamente**: **1** (*rif. a distanza*) to follow close behind; **2** (*rif. a tempo*) to follow on at once; ~ *qd. come un'*ombra to follow (*o* stick to) s.o. like a shadow; ~ *qd.* passo *per passo* to dog s.o.'s footsteps; **quanto** *segue* what follows; *con* **quel** *che segue* and so on; ~ *la propria* **sorte** to follow (*o* pursue) one's destiny; ~ *la sorte di qd.* to share s.o.'s fate; *segue a* **tergo** continued overleaf; ⟨*fig*⟩ ~ *la via giusta* to take (*o* pursue) the right course, to go the right way. ‖ *segue* to be continued: *segue a pagina venticinque* continued on page twenty-five.

seguitare *v.* (**seguito**) **I** *v.t.* to continue, to pursue, to carry (*o* go, keep) on with: ~ *il lavoro* to continue one's work, to go on working (*o* with one's work). **II** *v.i.* (*aus.* **avere**) to continue, to go on, to keep on (*o* up): ~ *a ridere* to go on laughing.

seguito *m.* **1** retinue, suite, train: *il principe e il suo* ~ the prince and his retinue. **2** (*complesso di seguaci, di sostenitori*) followers *pl.* **3** ⟨*fig*⟩ (*consenso, favore*) favour, support: *un'idea che non ha trovato* ~ an idea that found no favour. **4** (*serie di cose che si susseguono*) series, sequence, train: *un* ~ *di disgrazie* a series of misfortunes. **5** (*continuazione*) continuation, rest: *il* ~ *del racconto* the continuation of the story. **6** ⟨*fig*⟩ (*conseguenza*) consequence, sequel, result: *l'incidente non ha avuto* ~ the incident had no sequel. □ ⟨*burocr*⟩ **a** ~ *di* (*con riferimento a*) further to, in (*o* with) reference to; **al** ~ *di* in the retinue (*o* suite) of; **di** ~ (*senza interruzione*) non-stop, on end, straight: *è piovuto per due settimane di* ~ it rained for two weeks on end; *ho studiato sei ore di* ~ I have studied for six hours straight; *fare* ~ *a qc.* to follow up (*o* on) s.th.; ⟨*burocr*⟩ (*riferirsi*) to ʻrefer toʼ (*o* follow) s.th.; ⟨*burocr*⟩ *facendo* ~ *a*; (*con riferimento a*) with reference to; **in** ~ later on, afterwards; *ne riparleremo in* ~ we'll talk about it again later on; *in* ~ *a*: **1** as a result of, following on: *s'è rotto una gamba in* ~ *a una caduta* he broke his leg as a result of a fall; **2** (*a causa di*) owing to, because of, through; *in* ~ *a ciò* as a result of this, owing to this; *il* ~ *al prossimo* **numero** to be continued in the next issue.

sei[1] *a./s.inv.* **I** *a.* six. **II** *s.m.* **1** (*numero*) six. **2** (*nelle date*) sixth: *il* ~ *ottobre* the sixth of October, October 6th. **III** *s.f.pl.* six o'clock, six a.m. □ *a* ~ *a* ~ six by six; *di* ~ *anni* six-year-old, of six, ⟨*pred*⟩ six years old: *un bambino di* ~ *anni* a six-year-old, a child of six; *tiro a* ~ (*cavalli*) six-in – hand, coach and six.

sei[2] → **essere**[1].

seicento *a./s.inv.* **I** *a.* six hundred. **II** *s.m.* (*numero*) six hundred. **Seicento** *m.* seventeenth century; (*rif. all'arte e alla letteratura italiana*) Seicento.

seigiorni (o *sei giorni*) *f.* ⟨*Sport*⟩ six-day bicycle race. **seigiornista** *m.* competitor in a six-day bicycle race.

seimila *a./s.inv.* six thousand.

selaci *m.pl.* ⟨*Itt*⟩ selachians *pl.*

selce *f.* **1** ⟨*Min*⟩ flint, flintstone. **2** ⟨*Strad*⟩ paving stone. **selciare** *v.t.* (*selcio, selci*) ⟨*Strad*⟩ to pave, to flag. **selciato** **I** *a.* (*lastricato*) paved, flagged. **II** *s.m.* (stone) paving, pavement. **selciatore** *m.* paver, paviour, flagger. **selciatura** *f.* **1** paving, flagging. **2** (*selciato*) paving, pavement.

Selene *N.pr.f.* ⟨*Mitol*⟩ Selene.

selenico[1] *a.* (*pl.* -ci) (*lunare*) selenic.

selenico[2] *a.* (*pl.* -ci) ⟨*Chim*⟩ selenic.

selenio *m.* ⟨*Chim*⟩ selenium. **selenioso** *a.* selenious. **selenita** *m./f.* ⟨*lett*⟩ selenite. **selenite** *f.* ⟨*Min*⟩ selenite.

selenografia *f.* ⟨*Astr*⟩ selenography. **selenografico** *a.* (*pl.* -ci) selenographic(al). **selenografo** *m.* (*f.* -a) selenographer, selenographist.

selettivamente *avv.* selectively, by selection. **selettività** *f.* ⟨*Rad,Fis*⟩ selectivity: ~ *direzionale* directional selectivity. **selettivo** *a.* selective (*anche Rad.,Fis.,Chim.*). **selettore** *m.* ⟨*Tel*⟩ selector. □ ⟨*Tel*⟩ ~ *automatico* automatic selector; ⟨*TV*⟩ ~ *di canale* channel selector; ⟨*Tel*⟩ ~ *di linea* line (*o* final) selector; ⟨*Tel*⟩ ~ *di prefisso* area code selector.

Seleucidi *N.pr.m.pl.* ⟨*Stor*⟩ Seleucids *pl.* **Seleuco** *N.pr.m.* Seleucus.

selezionamento *m.* selection, selecting, choosing, picking out. **selezionare** *v.t.* (*seleziono*) **1** to select, to choose, to pick out; (*cernere*) to sort (out). **2** ⟨*Zootecn,Bot*⟩ to select. **selezionato** *a.* (*scelto*) select(ed), chosen. **selezionatore** **I** *s.m.* (*f.* -trice) **1** selector, chooser; (*cernitore*) sorter. **2** ⟨*Zootecn,Bot*⟩ selector. **II** *a.* selective. **selezionatrice** *f.* ⟨*Mecc*⟩ **1** card sorter, electronic punched card sorting machine. **2** ⟨*Agr*⟩ sorting machine. **selezione** *f.* **1** (*scelta*) selection, choice. **2** ⟨*concr*⟩ (*insieme di cose scelte*) selection: *una* ~ *di canzoni* a selection of songs. **3** (*cernita*) sorting(out). **4** ⟨*Tel,Biol*⟩ selection: ~ *sessuale* sexual selection. □ ⟨*Tel*⟩ ~ *automatica* automatic dialling; ⟨*Biol*⟩ ~ *naturale* natural selection; ~ *del personale* personnel selection.

self-service *ingl.* [-sərvis] *m.* **1** self-service. **2** (*negozio*) self-service shop. **3** (*di benzina*) self-service pump.

sella *f.* **1** saddle: *cadere di* ~ to fall out of the saddle. **2** (*rif. a biciclette e motociclette*) saddle. **3** ⟨*Geog*⟩ saddle. **4** ⟨*Archeol*⟩ (*sedia*) chair: ~ *curule* curule chair. **5** ⟨*Macell,region*⟩ saddle (of lamb). **6** (*tecn*) (*sostegno, supporto*) bearing, seating, support (saddle). □ **a** ~ saddle-shaped, saddle-; **da** ~ saddle-: *cavallo da* ~ saddle (*o* riding) horse; ⟨*Equit*⟩ ~ *da donna* side-saddle, lady's saddle; **levare** *la* ~ *al cavallo* to unsaddle the horse; **mettere** *la* ~ *al cavallo* to saddle the horse; **montare** *in* ~ to mount (one's horse); **reggersi** *in* ~ to stay in the saddle; **rimanere** *in* ~ to stay in the saddle; ⟨*fig*⟩ to remain in power (*o* the saddle); **rimettere** *qd. in* ~ to put (*o* help) s.o. back in the saddle; *rimettersi in* ~ to get back into the saddle; **sbalzare** *di* ~ *qd.* to unsaddle (*o* unhorse); **senza** ~ saddleless; *cavalcare senza* ~ to ride bareback; **stare** *in* ~ to be ⌐in the saddle⌐ (*o* on horseback); *non saper stare in* ~ to be a poor horseman, to ride badly; ⟨*Anat*⟩ ~ *turcica* sella turcica, pituitary fossa; ⟨*Equit*⟩ ~ *da* **uomo** man's saddle.

sellaio *m.* saddler. **sellare** *v.t.* (*sello*) **1** to saddle, to put a saddle on: ~ *i cavalli* to saddle the horses. **2** ⟨*assol*⟩ to saddle (a horse). **sellato** *a.* saddled. **sellatura** *f.*

saddling. **selleria** *f.* **1** (*bottega*) saddlery, saddler's shop. **2** (*tecnica di fabbricazione*) saddlery. **3** ⟨*Mil*⟩ saddle room, saddlery. **sellino** *m.* **1** (*finimento da tiro*) back pad, (harness) pad. **2** (*nelle biciclette e motociclette*) saddle. **3** ⟨*Mod*⟩ bustle.

seltz *m.* → **selz**.

selva *f.* **1** wood; (*foresta*) forest. **2** ⟨*fig*⟩ (*moltitudine*) mass, crowd, host. □ ⟨*Geog*⟩ ~ *nera* Black Forest.

selvaggiamente *avv.* **1** (*da selvaggio*) like a savage (*o* wild man). **2** ⟨*fig*⟩ wildly, savagely. **selvaggina** *f.* game. **selvaggio** **I** *a.* **1** (*non coltivato*) wild: *fiore* ~ wild flower. **2** (*non domestico*) wild, untamed: *una bestia* -*a* a wild beast. **3** (*rif. a persone*) wild. **4** ⟨*fig*⟩ (*rozzo*) rough; (*scontroso*) surly. **5** (*primitivo, incivile*) savage, primitive, uncivilized: *tribù* -*a* a primitive tribe. **6** ⟨*fig*⟩ (*crudele*) savage, fierce. **7** ⟨*fig*⟩ (*violento*) wild, savage, fierce. **8** (*disabitato*) wild, waste. **II** *s.m.* (*f.* -a) **1** savage. **2** ⟨*fig*⟩ (*persona sfrenata, ribelle*) wild (*o* unruly, rebellious) person. **3** ⟨*fig*⟩ (*persona scontrosa*) surly (*o* unsociable) person.

selvaticamente *avv.* wildly. **selvatichezza** *f.* **1** (*l'essere selvatico*) wildness. **2** ⟨*fig*⟩ (*scontrosità*) unsociableness; (*rusticchezza*) roughness, rudeness. **selvatico** *a./s.* (*pl.* -ci) **I** *a.* **1** wild. **2** ⟨*fig*⟩ (*poco docile*) wild, untamed. **3** ⟨*fig*⟩ (*rif. a persone: scontroso*) unsociable; (*rif. a donna: ritrosa*) shy, coy. **II** *s.m.* (*odore*) gamy scent (*o* odour), smell of game: *puzzare di* ~ to have a gamy smell; (*sapore*) gamy flavour, taste of game. **selvaticume** *m.* ⟨*spreg*⟩ wild things *pl.*

selvicoltore *m.* (*f.* -trice) sylviculturist, silviculturist. **selvicoltura** *f.* sylviculture, silviculture. **selvoso** *a.* **1** wooded, woody. **2** ⟨*fig*⟩ (*rif. a barba o capelli: folto, arruffato*) bristly, bushy.

selz *m.* (*anche acqua di selz*) soda, soda-water: *al* ~ and soda.

S.Em. = *Sua Eminenza* His Eminence (*abbr.* H.E.).

semaforico *a.* (*pl.* -ci) **1** ⟨*Mar*⟩ semaphoric, semaphore-. **2** ⟨*Strad*⟩ traffic-light, light-: *impianto* ~ traffic-light system. **semaforista** *m./f.* **1** semaphorist. **2** ⟨*Ferr*⟩ signalman. **semaforo** *m.* **1** ⟨*Strad*⟩ traffic-lights *pl*, light, traffic-signal: *il* ~ *è verde* the light is green. **2** ⟨*Mar*⟩ signal-station, semaphore-station. **3** ⟨*Ferr*⟩ semaphore (signal). □ *passare col* ~ (*al*) *rosso* (*rif. a pedoni*) to cross ⌐when the light is red⌐ (*o* against the light); (*rif. ad automezzi*) to drive through a red light; ⟨*Strad*⟩ -*i sincronizzati* progressive traffic-lights.

semantema *m.* ⟨*Ling*⟩ semanteme. **semantica** *f.* ⟨*Ling*⟩ semantics *pl* (*costr.sing.*). **semantico** *a.* (*pl.* -ci) semantic: *mutamento* ~ semantic change. □ *elaborazione* -*a* semantic processing; *memoria* -*a* semantic memory. **semantista** *m./f.* semanticist.

semasiologia *f.* ⟨*Ling*⟩ semasiology. **semasiologico** *a.* (*pl.* -ci) semasiological, semantic. **semasiologo** *m.* (*pl.* -gi; *f.* -a) semasiologist, semanticist.

sembiante *m.* ⟨*poet*⟩ **1** (*apparenza*) look, appearance, aspect. **2** (*viso, volto*) countenance; (*espressione*) expression. □ *far* ~ (*fingere*) to pretend, to put on the appearance; *in* ~ (*o sembianti*) in (outward) appearance. **sembianza** *f.* ⟨*lett*⟩ **1** (*aspetto*) look, appearance. **2** *pl.* (*lineamenti, fattezze*) features *pl*, looks *pl*: *una giovane di belle* -*e* a young woman with good features. **3** (*falsa apparenza*) semblance.

sembrare *v.i.* (*sembro; aus. essere*) **1** (*avere l'apparenza*) to seem (like), to look (like), to appear: *sembrava un galantuomo* he seemed to be a gentleman; *con questo macchinone sembri un milionario* with this big car you look a millionaire; (*rif. a cose viste*) to look, to seem: *sembri molto abbattuto* you look very depressed; *quel giardino sembrava bello* that garden looked beautiful; (*rif. a cose udite*) to sound (like): *ci sembra incredibile ciò che ci racconti* what you say sounds incredible to us; (*rif. al gusto*) to taste like: *uno sciroppo che sembrava miele* a syrup that tasted like honey; (*rif. al tatto*) to feel (like): *il coltello mi sembra molto tagliente* the knife feels very sharp to me; (*rif. all'olfatto*) to smell like: *sembra gomma bruciata* it smells like burnt rubber. **2** (*ritenere, credere*) to think (*costr.pers.*): *che ve ne sembra?* what do you think of it?; *mi sembra che voglia nevicare* I think it's going to snow. **3** (*avere l'impressione*) to think (*costr.pers.*), to seem (*costr.impers.*), to look (like): *mi è sembrato di averlo già visto* I thought I had seen him before; *ci sembrava di sognare* we thought we were dreaming; *sembrava che tutto andasse bene* it looked like everything was going well. □ *non mi sembra che* [*cong*] I don't think that: *non mi sembra che tu possa finire in tempo il lavoro* I don't think that you can finish the work in time; *sembra di no* it seems not, apparently not; *sembra di sì* so it seems, it seems so, apparently; *non mi sembra vero* I can't believe it.

seme *m.* **1** (*di mele, pere e sim.*) pip, seed; (*di leguminose*) bean. **2** (*granello*) grain, seed; (*semente*) seed. **3** (*nocciolo*) stone, pit: ~ *della ciliegia* cherry stone. **4** (*fig*) (*fonte, principio*) seed: *gettare il* ~ *della discordia* to sow the seed of discord. **5** (*lett*) descendants *pl*, offspring, progeny. **6** (*nelle carte da gioco*) suit. **7** (*sperma*) sperm, semen. **8** *pl.* (*pop*) (*semi di zucca*) pumpkin seeds *pl.* □ *il mal* ~ *di Adamo* the evil seed of Adam; ~ *oleifero* oil seed; *senza* ~*i* seedless; *togliere i* ~*i a qc.* to seed s.th.

semeiotica *f.* **1** (*Med*) semeiotics *pl* (*costr.sing. o pl.*). **2** (*Ling*) → **semiotica. semeiotico** *a.* (*pl.* -**ci**) **1** (*Med*) semeiotic. **2** (*Ling*) → **semiotico.**

sementa *f.* **1** (*il seminare*) sowing, seeding. **2** (*periodo*) sowing time. **3** (*semente*) seed.

semente *f.* seed. □ –*i calibrate* graded seed; –*i confettate* pilled (*o* pelleted) seed; **controllo** *delle* –*i* seed control; **disinfezione** (*o mordenzatura*) *delle* –*i* seed disinfection (*o* dressing); –*i minute* fine seeds; –*i ortive* horticultural seed; **selezionatrice** *per* –*i* seed cleaner–grader.

semenza *f.* **1** (*Agr*) (*semente*) seed. **2** (*region*) (*seme*) seed. **3** (*fig,lett*) (*causa*) seed, source, cause; (*origine*) origin. **4** *pl.* (*pop*) (*semi di zucca salati e abbrustoliti*) roasted pumpkin seeds *pl.* **semenzaio** *m.* **1** (*Agr*) seed–bed, nursery. **2** (*fig*) seed–bed, seminary.

semestrale *a.* **1** (*che dura un semestre*) six–month–, (*lett*) semestral: *corso* ~ six–month course. **2** (*che avviene ogni semestre*) biannual, six–monthly, (*lett*) semestral. **semestralità** *f.* **1** (*rata semestrale*) six–monthly instalment, biannual payment. **2** (*importo semestrale*) six–monthly payment. **semestralmente** *avv.* every six months, biannually. **semestre** *m.* **1** half–year, (period of) six months, (*lett*) semester. **2** (*rata*) six–monthly instalment (*o* payment): *pagare un* ~ *anticipato* to pay a six–monthly instalment in advance. **3** (*Scol,Univ*) semester.

semi|acerbo *a.* half–ripe. **~albero** *m.* (*Aut*) axle–shaft, drive–shaft. **~analfabeta** *m./f.* semiliterate. **~analfabetismo** *m.* semiliteracy. **~aperto** *a.* **1** half–open; (*rif. a porte*) ajar. **2** (*Fon*) half–open. **~asse** *m.* **1** (*Aut*) axle–shaft, drive–shaft, differential shaft. **2** (*Geom*) semi–axis. **~automatico** *a.* (*pl.* -**ci**) semi–automatic. **~brado** *a.* half–wild. **~breve** *f.* (*Mus*) semibreve. **~cerchio** *m.* semicircle, half–circle (*anche Geom.*): *disposti a* ~ arranged in a semicircle. **~chiuso** *a.* **1** (*mezzo chiuso*) half–closed. **2** (*Fon*) half–open. **~cingolato I** *a.* (*Aut*) half–track(ed). **II** *s.m.* half–track. **~circolare** *a.* semicircular: *piazza* ~ semicircular square. □ (*Anat*) *canali* –*i* semicircular canals. **~circolo** *m.* → **semicerchio. ~circonferenza** *f.* (*Geom*) semicircumference. **~conduttore** *m.* (*El,Rad*) semiconductor. **~conduzione** *f.* (*El*) semiconduction. **~consonante** *f.* (*Ling*) semiconsonant. **~consonantico** *a.* (*pl.* -**ci**) semi–consonantal. **~coperto** *a.* **1** (*coperto per metà*) half –covered. **2** (*coperto in parte*) partially covered. **3** (*rif. al cielo*) cloudy, rather overcast. **~cotto** *a.* half –cooked. **~croma** *f.* (*Mus*) semiquaver. **~crudo** *a.* half –raw, almost raw.

semicupio *m.* hip–bath, sitz–bath: *fare un* ~ to take a hip–bath.

semi|denso *a.* (*tecn*) semifluid, of medium density. **~deponente** *m.* (*Gramm*) semi–deponent (verb). **~dio** *m.* (*pl.* semidei) (*Mitol*) demigod (*anche fig.*). **~disteso** *a.* half–lying, reclining. **~distrutto** *a.* half–destroyed, partly destroyed. **~duro** *a.* (*tecn*) medium hard. **~finale** *f.* (*Sport*) semi–final. **~finalista I** *s.m./f.* (*Sport*)

semi–finalist. **II** *a.* semi–final. **~finito** *a.* (*Ind*) semifinished. **~fluido** *a.* semifluid. **~freddo** *m.* (*Dolc*) ice–cream cake. **~grasso**: *formaggio* ~ single–cream cheese, cheese made from partially skimmed milk. **~gratuito** *a.* (*mezzo gratuito*) half–price; (*gratuito in parte*) partly free. **~lavorato I** *a.* (*Ind*) semifinished, semimanufactured. **II** *s.m.* (*prodotto semilavorato*) semimanufactured product. **~libero I** *a.* half–free, partially free. **II** *s.m.* (*f.* -**a**) (*Stor*) half–free man. **~libertà** *f.* (*Dir*) semi–custody. □ *detenuto in regime di* ~ convict on semi–custody. **~liquido** *a.* semiliquid. **~lunare** *a.* (*Anat*) semilunar. **~minima** *f.* (*Mus*) crotchet. **~mobile**: (*Med*) *articolazione* ~ (*anfiartrosi*) amphiarthrosis.

semimpermeabile *a.* partially impermeable.

semina *f.* **1** sowing, seeding: *la* ~ *del grano* the sowing of corn. **2** (*periodo*) seed time, sowing season. □ ~ *a dimora* direct drilling; ~ **precoce** first sowing; ~ *a* **righe** drilling, row seeding; ~ *in* **solco** furrow drilling; ~ *a* **spaglio** broadcast sowing.

seminabile *a.* sowable, that may be sown. **seminagione** *f.* (*lett*) → **semina. seminale** *a.* **1** (*Agr*) seminal, seed–, of seed. **2** (*Fisiol*) seminal, sperm–. **seminare** *v.t.* (*semino*) **1** to sow, to seed: ~ *un campo a frumento* to sow a field with wheat. **2** (*fig*) (*spargere qua e là*) to scatter, to strew, to spread: *semina dappertutto i suoi libri* he scatters his books all over. **3** (*fig*) (*provocare, suscitare*) to sow, to spread: ~ *discordie* to sow (the seeds of) discord. **4** (*fam*) (*lasciare indietro*) to leave behind, (*fam*) to shake (off): *il ladro ha seminato gli inseguitori* the thief shook off his pursuers. □ (*fig*) ~ *nella* (*o sulla*) *sabbia* to sow in the sand. *Prov.: chi non semina non miete* as you sow, so you reap; *chi semina vento, raccoglie tempesta* they that sow the wind shall reap the whirlwind.

seminario *m.* **1** (*Rel*) seminary. **2** (*Univ*) seminar; (*aula*) seminar room. **3** (*fig*) (*luogo originario*) seed–bed, seminary. **seminarista** *m.* (*Rel*) seminarian, seminarist.

seminativo I *a.* (*Agr*) sowable, fit to be sown. **II** *s.m.* sowable land, land that may be sown. **seminato I** *a.* **1** sown, seeded: *terreno* ~ *ad avena* land sown with oats. **2** (*fig*) (*cosparso*) strewn, scattered, spread. **II** *s.m.* (*terreno seminato*) sown ground (*o* land). □ (*fig*) *uscire dal* (*o fuori del*) ~ to wander from the point. **seminatore** *m.* (*f.* -**trice**) **1** sower. **2** (*fig*) sower, spreader. **seminatrice** *f.* (*Agr*) seeder, seed drill. □ ~ *a righe* seed drill, drilling machine; ~ *a spaglio* broadcast seeder.

seminfermità *f.* partial infirmity. □ (*Dir*) ~ *mentale* partial insanity (*o* unsoundness of mind). **seminfermo I** *a.* partially infirm. **II** *s.m.* (*f.* -**a**) partially infirm person.

seminterrato *m.* (*Edil*) (*anche piano seminterrato*) basement.

seminudo *a.* (*quasi nudo*) half–naked, almost nude.

semiologia *f.* **1** (*Ling*) semeiology. **2** (*Med*) (*semeiotica*) semeiology, semeiotics *pl* (*costr.sing. o pl.*). **semiologico** *a.* (*pl.* -**ci**) (*Ling,Med*) semeiologic(al). **semiologo** *m.* (*pl.* -**ghi**; *f.* -**a**) semeiologist.

semi|onciale *f.* (*Paleogr*) semiuncial, half uncial. **~onda** *f.* (*Fis*) half–wave. **~opaco** *a.* (*pl.* -**chi**) semiopaque. **~oscurità** *f.* (half–)darkness, half–light.

semiotica *f.* (*Ling*) semeiology. **semiotico** *a.* (*pl.* -**ci**) semeiotic.

semi|ovale *m.* (*Geom*) semioval. **~periferia** *f.* near suburbs *pl.* **~perimetro** *m.* (*Geom*) semiperimeter. **~permeabile** *a.* (*Chim,Fis*) semi–permeable. **~permeabilità** *f.* semi–permeability. **~pieno** *a.* (*mezzo pieno*) half –full; (*quasi pieno*) almost full. **~professionista I** *a.* semiprofessional, (*fam*) semipro. **II** *s.m./f.* (*Sport*) semiprofessional (player), (*fam*) semipro (player). **~quinario**: (*Metr*) *cesura* –*a* penthemimeral caesura. **~raffinato** *a.* (*Ind*) semirefined.

Semiramide *N.pr.f.* (*Stor*) Semiramis.

semi|retta *f.* (*Geom*) half–line. **~rigido** *a.* **1** semirigid, semiflexible. **2** (*tecn*) semirigid. **~rimorchio** *m.* (*Aut*) semitrailer. **~selvaggio** *a.* half–savage, half–wild. **~serio** *a.* half–serious, serio–comic: *in tono* ~ in a half–serious tone. **~solido** *a.* semisolid. **~sommatore** *m.* (*Inform*) half adder. **~spento** *a.* **1** almost out, dying, half–extinguished: *fuoco* ~ dying fire, fire that is almost out. **2** ⟨*fig*⟩ half–extinguished, almost stifled; (*rif. alla voce*) very low, half audible, faint.

semita I *s.m./f.* Semite. **II** *a.* Semitic. **semitico** *a.* (*pl.* -ci) Semitic.

semi|tono *m.* ⟨*Mus*⟩ semitone. **~trasparente** *a.* simitransparent. **~trasparenza** *f.* semitransparency. **~ufficiale** *a.* semi–official: *notizia* ~ semi–official news. **~vestito** *a.* half–dressed. **~vivo** *a.* ⟨*lett*⟩ half–dead, only half–alive. **~vocale** *f.* ⟨*Ling*⟩ semivowel. **~vocalico** *a.* (*pl.* -ci) semivocalic. **~vuoto** *a.* half – empty.

semmai I *congz.* if. **II** *avv.* **1** (*caso mai*) in any case. **2** (*eventualmente*) if necessary: ~ *verrò domani* I'll come, if necessary, tomorrow. **3** (*tutt'al più*) at the most; (*in caso contrario*) at worst.

semola *f.* **1** (*crusca*) bran. **2** ⟨*pop*⟩ (*lentiggini*) freckles *pl.* **semolata** *f.* bran–water. **semolato** ⟨*Ind*⟩ *zucchero* ~ castor sugar. **semolino** *m.* **1** middlings *pl.* **2** ⟨*Gastr*⟩ semolina. **semoloso** *a.* bran–: *farina* –*a* bran flour.

semovente I *a.* self–moving, self–propelled. **II** *s.m.* ⟨*Artigl*⟩ self–propelled gun. **semovenza** *f.* self–motion, self–propulsion.

Sempione *N.pr.m.* ⟨*Geog*⟩ Simplon. □ *galleria del* ~ Simplon Tunnel; *valico del* ~ Simplon Pass.

sempiterno *a.* ⟨*lett*⟩ sempiternal.

semplice[1] I *a.* **1** (*costituito di un solo elemento*) simple, single: *filo* ~ single thread. **2** (*schietto*) pure, plain: *acqua* ~ plain water; *oro* ~ pure gold. **3** (*non complicato*) simple: *metodo* ~ simple method. **4** (*privo di ornamenti eccessivi*) simple, plain: *arredamento* ~ simple furnishing(s). **5** (*privo di ricercatezza*) natural, simple, unaffected: *parlare in modo* ~ to talk in an unaffected way. **6** (*rif. a persone: alla buona*) simple(–hearted), plain: *è gente* ~ they're simple folk. **7** (*solo*) mere, simply, just, only: *era una* ~ *idea* it was a mere idea, it was just (*o* simply) an idea. **8** ⟨*enfat*⟩ (*preposto a un sost.: nient'altro che, solamente*) simple, common, plain, mere(ly): *non è che un* ~ *manovale* he's only a simple labourer. **9** (*rif. a gradi, gerarchie*) ordinary, common: *soldato* ~ common soldier; *marinaio* ~ ordinary seaman. **10** ⟨*Ling, Gramm,Mus*⟩ simple. **II** *s.m./f.* simpleton, ⟨*fam*⟩ boob. □ *puro e* ~ (pure and) simple, mere, plain: *voglio la pura e* ~ *verità* I want the plain truth.

semplice[2] *m.* (*erba medicinale*) simple.

semplicemente *avv.* **1** simply. **2** (*alla buona*) simply, unceremoniously, without fuss. **3** (*modestamente*) simply, plainly, modestly: *vivere* ~ to live simply. **4** (*solamente*) simply, merely, only, just: *volevo* ~ *aiutarti* I only wanted to help you. **5** (*veramente*) simply, truly, really: *ciò che dici è* ~ *assurdo* what you say is simply absurd.

semplicione *m.* (*f.* -a) simpleton, ⟨*fam*⟩ sucker. **semplicioneria** *f.* simplicity, ingenuousness, naiveté. **sempliciotto** → **semplicione**. **semplicismo** *m.* superficiality, (over)simplification, simplism. **semplicista** I *s.m./f.* superficial person, simplicist. **II** *a.* → **semplicistico**. **semplicisticamente** *avv.* superficially. **semplicistico** *a.* (*pl.* -ci) **1** (*da, di semplicista*) simplistic, superficial. **2** (*fatto con semplicismo*) oversimplified. **semplicità** *f.* simplicity: ~ *d'animo* simplicity (of mind).

semplificare *v.t.* (*semplifico, semplifichi*) **1** to simplify: ~ *un procedimento* to simplify a process. **2** (*facilitare*) to facilitate, to make easier: *il denaro gli ha semplificato la vita* money has made life easier for him. **3** ⟨*Mat*⟩ to reduce (to its lowest terms): ~ *una frazione* to reduce a fraction to its lowest terms. **semplificarsi** *v.r.* to become simpler. **semplificazione** *f.* simplification, simplifying.

sempre *avv.* **1** always: *ha cercato* ~ *di aiutarlo* he has always tried to help him. **2** (*eternamente*) always, eternally, forever. **3** (*ininterrottamente*) always, uninterruptedly; (*continuamente*) always, continually, all the time, the whole time: *non pensarci* ~ don't think about it all the time. **4** (*ancora*) still: *sei* ~ *in collera con me?* are you still angry with me?; *abiti* ~ *a Roma?* do you still live in Rome? **5** (*concessivo*) still, nevertheless, nonetheless, just the same: *è un poco di buono, ma è* ~ *tuo figlio* he is a good–for–nothing, but he's still your son.

6 ⟨*intens*⟩ (*con comparativi*) increasingly, ever, *di solito si traduce con la forma comparata*: *le giornate si fanno* ~ *più corte* the days are becoming shorter and shorter; *sei* ~ *più bella* you get more and more beautiful; *quell'uomo mi piace* ~ *meno* I like that man less and less. □ *che*: **1** (*purché*) provided that, if, as long as: *verrò* ~ *che vi faccia piacere* I shall come if (*o* provided that) you want me to; **2** (*ammesso che*) supposing (*o* granted) that: ~ *che la notizia sia vera* granted that the news is true; (*con verbo negativo*) unless; **da** ~ always, from time immemorial; **di** ~ usual, same (old): *è la storia di* ~ it is the same old story; *lui è quello di* ~ he is just the same; (*con verbo negativo*) unless; **meno** (*rif. a quantità: sing.*) less and less; (*pl.*) fewer and fewer; (*rif. al tempo*) less and less (frequently); **ora e** ~ now and forever; **per** ~ forever, for good; *una volta per* ~ once and for all; ~ **più** more and more; **pur** ~ still, nevertheless, nonetheless; **quasi** ~ nearly always.

sempreverde *a./s.m./f.* ⟨*Bot*⟩ evergreen.

semprevivo *m.* ⟨*Bot*⟩ houseleek.

Sempronio *N.pr.m.* ⟨*Stor*⟩ Sempronius. □ *Tizio, Caio e* ~ Tom, Dick and Harry.

sen = ⟨*Mat*⟩ *seno* sine (*abbr.* sin.).

sen. = ⟨*Parl*⟩ *senatore* senator (*abbr.* sen., Sen.).

sena *f.* ⟨*Bot*⟩ senna.

senapato *a.* ⟨*Farm*⟩ mustard–: *impiastro* ~ mustard plaster (*o* poultice). **senape** I *s.f.* ⟨*Bot,Gastr*⟩ mustard. **II** *a.inv.* mustard–coloured. **senapismo** *m.* (*cataplasma*) mustard plaster, sinapism.

senario I *a.* ⟨*Metr*⟩ (*nella metrica latina*) having six feet; (*nella metrica italiana*) six–syllable. **II** *s.m.* ⟨*Metr*⟩ (*nella metrica latina*) senarius; (*nella metrica italiana*) line of six syllables.

senato *m.* **1** senate. **2** (*sede, palazzo*) senate, senate–house. □ ⟨*Univ*⟩ ~ *accademico* senatus academicus (governing body of a university). **senatore** *m.* (*f.* -trice) senator: ~ *a vita* senator for life. **senatoriale** *a.* senatorial.

Seneca *N.pr.m.* ⟨*Stor*⟩ Seneca.

senecio *m.* ⟨*Bot*⟩: ~ *volgare* groundsel.

Senegal *N.pr.m.* ⟨*Geog*⟩ Senegal. **senegalese** *a./s.m./f.* Senegalese.

senescente *a.* ⟨*lett*⟩ senescent. **senescenza** *f.* senescence.

senese I *a.* Sienese, of Siena. **II** *s.* **1** *m.* (*dialetto*) Sienese. **2** *m./f.* (*abitante*) Sienese, native (*o* inhabitant) of Siena.

senile *a.* senile. □ *l'età* ~ old age. **senilismo** *m.* ⟨*Med*⟩ senilism. **senilità** *f.* senility (*anche Med.*). **senilizzazione** *f.* ⟨*Sociol*⟩ ag(e)ing.: ~ *della popolazione* ag(e)ing of the population.

senior *lat.* *a.* senior, elder. **seniore** (*o seniore*) *m.* senior.

Senna *N.pr.f.* ⟨*Geog*⟩ Seine.

senno *m.* **1** judgement, sense, mind, wits *pl*: *perdere il* ~ to lose one's mind. **2** (*sensatezza*) (common, good) sense: *agire con* ~ to use one's common sense. □ **con** ~ sensibly; *uomo di* ~ sensible man, man of sense (*o* good judgement); *essere fuori di* ~ to be out of one's senses; *il* ~ *di poi* hindsight, afterwit; *senza* ~ giddy; *uscir di* ~ to go out of one's mind, to lose one's wits. *Prov.: del* ~ *di poi son piene le fosse* it's easy to be wise after the event.

seno[1] *m.* **1** bosom, breast, chest: *stringere qd. al* ~ to press (*o* hug) s.o. to one's bosom; *nascondere qc. in* ~ to hide s.th. in one's bosom. **2** (*mammelle*) breasts *pl*, breast, ⟨*fam*⟩ bust. **3** (*grembo*) womb: *portare un bimbo in* ~ to carry a child in one's womb. **4** ⟨*Geog*⟩ inlet, bay, cove. **5** ⟨*Anat,Zool*⟩ sinus. □ *dare il* ~ *a* to put to the breast; *in* ~ *a*: **1** (*tra le braccia: stato*) in the arms of; (*moto*) into the arms of; **2** (*nell'ambito di*) in the bosom of, within: *in* ~ *alla famiglia* in the bosom of the family; (*tra*) among the members of: *in* ~ *all'assemblea* among the members of the assembly; *scaldarsi una serpe in* ~ to nurture a viper in one's bosom; *tenere al* ~ (*allattare*) to breast–feed, ⟨*lett*⟩ to suckle.

seno[2] *m.* ⟨*Mat*⟩ sine.

senofobia *f.* xenophobia. **senofobo** *m.* (*f.* -a) xenophobe.

Senofonte *N.pr.m.* ⟨*Stor*⟩ Xenophon.

sensale *m.* broker, middleman, agent: ~ *in vini* wine broker; (*intermediario*) go-between. □ ~ *di assicurazione* insurance broker; ~ *marittimo* shipping agent, ship broker; ~ *di matrimoni* marriage broker, (professional) matchmaker.

sensatamente *avv.* sensibly, judiciously, with good (*o* common) sense. **sensatezza** *f.* common (*o* good) sense, judgement. **sensato** *a.* sensible, judicious: *fu molto ~ da parte tua* that was very sensible of you.

sensazionale *a.* sensational, exciting, thrilling: *una scoperta ~* an exciting discovery. **sensazionalismo** *m.* sensationalism.

sensazione *f.* **1** sensation: ~ *auditiva* auditory sensation; *una piacevole ~* a pleasant sensation. **2** (*causa di sensazioni*) sensation, thrill: *gente perennemente in cerca di nuove -i* people always looking for new thrills. **3** (*impressione*) feeling, impression, sensation: *avere la ~ di cadere* to have a sensation of falling; *ho la ~ che tutto finirà male* I have a feeling that everything will end up badly. **4** (*scalpore*) sensation, stir: *fare ~* to create a sensation, to cause (*o* make) a stir. □ **a** ~ sensational, thrilling: *romanzo a ~* sensational novel; ~ *di* **benessere** feeling (*o* sense) of well-being; ~ *di* **freddo** feeling of cold; *che* ~ **provi?** what do you feel?; *ho una* **strana** ~ I have a strange feeling (*o* sensation).

senseria *f.* **1** (*attività*) broking, brokerage. **2** (*compenso*) brokerage, broker's commission.

sensibile I *a.* **1** (*che si percepisce*) sensible, perceptible: *mondo ~* sensible world; *fenomeni -i* perceptible phenomena. **2** (*che risponde a uno stimolo*) sensitive: *l'occhio è ~ alla luce* the eye is sensitive to light. **3** (*che sente situazioni emotive*) sensitive: *una ragazza ~* a sensitive girl; (*eccessivamente sensibile*) touchy, thin-skinned; (*facile a commuoversi*) tender-hearted, soft-hearted. **4** (*che si dimostra accessibile*) susceptible: ~ *al fascino femminile* susceptible to feminine charm. **5** (*rilevante*) notable, considerable, appreciable: *una differenza ~* an appreciable difference; *un miglioramento ~ dell'infermo* a considerable improvement in the patient. **6** ⟨*tecn*⟩ (*rif. a strumenti*) sensitive: *un barometro molto ~* a very sensitive barometer. **7** ⟨*Fot*⟩ sensitive: *pellicola ~* sensitive film. **II** *s.f.* ⟨*Mus*⟩ sensible (*o* leading) note.

sensibilità *f.* **1** (*facoltà di percepire stimoli esterni*) sensitivity: *perdere la ~* to lose sensitivity; *la ~ ai dolori fisici* the sensitivity to physical pain. **2** (*disposizione a sentire vivamente*) sensitivity, sensitiveness: *persona di grande ~* person with great sensitivity (*o* sensibility); (*eccessiva sensibilità*) touchiness. **3** (*delicatezza*) sensitivity: *sonare con grande ~* to play with great sensitivity. **4** ⟨*tecn*⟩ sensitivity, sensibility, sensibleness. **5** ⟨*Fot*⟩ sensitivity, speed: *la ~ di un'emulsione* the sensitivity of an emulsion. □ ~ *d'animo* sensitivity; ⟨*Fis*⟩ *grado di ~* degree of sensitivity; *offendere la ~ di qd.* to hurt s.o.'s feelings.

sensibilizzante *a.* **1** making sensitive, sensitizing. **2** ⟨*Med*⟩ sensitizing. □ ~ *sostanza* ~ sensitizer, sensitizing substance. **sensibilizzare** *v.t.* **1** ⟨*Med,Fot*⟩ to sensitize, to make sensitive. **2** (*fig*) to awake(n), to make sensitive (*o* aware), to sensitize: ~ *l'opinione pubblica ai problemi economici* to awaken public opinion to economic problems. **sensibilizzatore** *m.* ⟨*Fot*⟩ sensitizer. **sensibilizzazione** *f.* ⟨*Fot,Med*⟩ sensitization, making sensitive. **sensibilmente** *avv.* **1** with (*o* by means of) one's senses: *percepire ~* to perceive with one's senses. **2** (*notevolmente*) notably, appreciably, considerably, sensibly: *il malato è ~ migliorato* the patient has improved considerably.

sensismo *m.* ⟨*Filos*⟩ sensism. **sensista** *m./f.* sensist. **sensistico** *a.* (*pl.* **-ci**) sensistic. **sensitiva** *f.* ⟨*Bot*⟩ sensitive plant. **sensitività** *f.* sensitivity, sensitiveness (*anche fig.*). **sensitivo I** *a.* **1** (*dei sensi*) sensitive, sensory, sensorial: *funzione -a* sensory function. **2** (*fig*) (*sensibile, emotivo*) sensitive, susceptible, easily affected (*o* moved): *una donna molto -a* a very sensitive woman. **II** *s.m.* (*f.* **-a**) sensitive (*o* emotional) person.

sensitometria *f.* ⟨*Ott*⟩ sensitometry. **sensitometrico** *a.*

(*pl.* **-ci**) sensitometric. **sensitometro** *m.* sensitometer.

senso *m.* **1** sense: *i cinque -i* the five senses; *il ~ della vista* the sense of sight. **2** *pl.* (*attività degli organi di senso*) consciousness, senses *pl: perdere i -i* to lose consciousness. **3** *pl.* (*sensualità*) senses *pl: i piaceri dei -i* the pleasures of the senses. **4** (*percezione*) sense, sensation, feeling: *avere un ~ di vuoto nello stomaco* to have an empty feeling in one's stomach; *un ~ di pudore* a sense of modesty; *un ~ di gratitudine* a feeling of gratitude. **5** (*capacità di discernere*) sense: *non avere il ~ della proporzione* to have no sense of proportion. **6** (*significato, concetto*) meaning, sense: *intendere il ~ di una frase* to understand the meaning of a sentence; *una frase a doppio ~* a sentence with a double meaning. **7** (*direzione*) direction, way: *io vado nel ~ opposto* I'm going in the opposite direction (*o* the opposite way). **8** (*modo*) way, manner: *scrivigli in questo ~* write to him in this way. **9** ⟨*Filos*⟩ sense: ~ *morale* moral sense. □ **a** ~ in one's own words: *ripetere a ~ qc.* to repeat s.th. in one's own words; *tradurre a ~* to render the general sense of a translation; *ai -i di* (*conformemente*) in conformity (*o* accordance) with, according to: *ai -i della legge* according to the law; *in ~* **antiorario** in a counter-clockwise direction, anti-clockwise: *rotazione in ~ antiorario* anti-clockwise rotation; *non* **aver** ~: **1** not to have (*o* make) sense: *questa frase non ha ~* this sentence does not make sense; **2** (*essere inutile*) to be useless (*o* pointless), to be no point (*costr.impers.*): *muoversi a questo punto non avrebbe ~* there would be no point in doing anything now; **buon** ~ (*buonsenso*) common (*o* good) sense, sense: *persona di buon ~* person of common sense; **che** ~ *c'è a farlo?* what's the sense (*o* point) of doing it?; ~ **civico** civic consciousness; ~ **comune:** **1** usual meaning, common sense: ~ *comune di una parola* usual meaning of a word; **2** (*buonsenso*) common sense, (good) sense; *discorsi che sono privi di ~ comune* nonsensical talk, talk lacking in (common) sense; ⟨*Strad*⟩ *a* **doppio** ~ (*di circolazione*) two-way-; ~ *del* **dovere** sense of duty; ⟨*Fisiol*⟩ ~ *dell'*equilibrio sense of balance (*o* equilibrium); ⟨*Ling*⟩ ~ **estensivo** extended sense; ~ **estetico** aesthetic sense, sense of beauty; **fare** ~ *a* (*ripugnare*) to disgust, to repel; ⟨*Ling*⟩ ~ **figurato** figurative sense: *in ~ figurato* in a figurative sense; **in** *un certo* ~ in a (*o* one) sense, in one way; *in* ~ **affermativo** in the affirmative, affirmatively; *in* ~ **negativo** negatively, in the negative; *in* ~ **lato** in a broad sense; ~ **letterale** literal sense; ~ **metaforico** metaphorical meaning; *in* ~ *metaforico* metaphorically; ~ *della* **misura** sense of proportion (*o* measure); **nel** ~ *della* **larghezza** breadthwise, widthways (on); *nel* ~ *della* **lunghezza** lengthwise, lengthways (on); ⟨*Strad*⟩ ~ **obbligatorio** compulsory thoroughfare; ~ *dell'*onore sense of honour; *in* ~ **orario** clockwise, in a clockwise direction *rotazione in ~ orario* clockwise rotation; ~ *dell'*orientamento sense of direction; *perdere il ~ dell'orientamento* to lose one's bearings; ~ **pratico** practical sense; *persona piena di ~ pratico* practical person, down-to-earth person; **privo** *di* ~ senseless, without sense; *affermazione priva di ~* nonsensical statement; *privo di -i* unconscious, senseless: *cadde privo di -i* he fell down unconscious; ⟨*Ling*⟩ ~ **proprio** proper sense; *provare un ~ di gratitudine* to feel grateful; ~ *di* **responsabilità** sense of responsibility; **riacquistare** (*o* *riprendere*) *i -i* to recover (*o* regain) consciousness; *in* ~ **ristretto** in a narrow sense; ⟨*Strad*⟩ ~ **rotatorio** traffic circle, roundabout, ⟨*am*⟩ rotary junction; **sesto** ~ sixth sense; ⟨*Strad*⟩ *a* ~ **unico** one-way: *strada a ~ unico* one-way street; *nel* **vero** ~ *della parola* in the true sense of the word; ⟨*Strad*⟩ ~ **vietato** no entry, no thoroughfare.

sensore *m.* ⟨*El*⟩ sensor. □ ~ *a raggi infrarossi* infra-red sensor.

sensoriale *a.* **1** (*dei sensi*) sensory, sensorial, sense-: *centri -i* sensory centres. **2** (*delle sensazioni*) sense-, of sensation, sensorial: *facoltà -i* sense faculties. **sensorio I** *a.* sensory, sense-, sensorial: *apparato ~* sensory apparatus, sense organs. **II** *s.m.* ⟨*Fisiol*⟩ sense organ, organ of sense.

sensuale *a.* **1** sensual: *un uomo* ~ a sensual man. **2** *(che rivela voluttà)* sensuous: *voce* ~ sensuous voice. **sensualismo** *m.* sensualism. **sensualista** *m./f.* sensualist. **sensualistico** *a.* *(pl.* -ci) sensualistic. **sensualità** *f.* sensuality, sensuousness: ~ *di un quadro* sensuousness of a painting. **sensualmente** *avv.* sensually, sensuously.

sentenza *f.* **1** *(giudizio)* judgement, opinion: *la* ~ *dell'arbitro* the arbiter's opinion. **2** ⟨*Dir*⟩ judgement, sentence: *leggere la* ~ to read the sentence. **3** *(massima)* maxim, (pithy) saying, saw, ⟨*lett*⟩ sentence. □ ~ *d'annullamento* sentence of annulment; ~ **arbitrale** arbitrator's award; ~ **assolutoria** acquittal, absolutory sentence; ~ *di* **condanna** verdict of guilty; ~ **finale** final judgement; ~ *di* **morte** death sentence; **pronunciare** *la* ~ to pass sentence, to pronounce judgement; **sputare** *–e* to be a wiseacre, to be a know–it–all *(o* smart aleck).

sentenziare *v.i.* **(sentenzio, sentenzi;** *aus.* avere) **1** ⟨*Dir*⟩ *(pronunciare una sentenza)* to judge, to deliver a judgement, to pass sentence *(o* judgement), to rule: *la corte sentenziò che era colpevole* the court ruled that he was guilty. **2** *(dare giudizi categorici)* to be sententious, to speak sententiously.

sentenziosamente *avv.* sententiously. **sentenziosità** *f.* sententiousness. **sentenzioso** *a.* sententious.

sentiero *m.* **1** (foot)path, track: ~ *del giardino* garden path. **2** ⟨*fig*⟩ path, way: *il* ~ *della virtù* the path of virtue. □ ~ *ecologico* nature trail.

sentimentale **I** *a.* **1** sentimental: *commedia* ~ sentimental play. **2** ⟨*spreg*⟩ sentimental, mawkish, ⟨*fam*⟩ sloppy. **3** *(che riguarda i sentimenti amorosi)* love–, romantic: *vita* ~ love life. **II** *s.m./f.* **1** sentimental person. **2** ⟨*spreg*⟩ sentimentalist. **sentimentalismo** *m.* **1** sentimentalism *(anche Filos.).* **2** ⟨*spreg*⟩ sentimentality, (sloppy) sentimentalism. **3** *pl.* ⟨*concr*⟩ sentimentalities *pl,* sentimentalisms *pl,* sentimental behaviour. **sentimentalità** *f.* sentimentalism, sentimentality. **sentimentalmente** *avv.* **1** romantically, sentimentally. **2** ⟨*spreg*⟩ sentimentally, ⟨*fam*⟩ sloppily. **3** *(per mezzo di sentimenti)* emotionally, romantically. □ *essere* ~ *legato a qd. (avere una relazione amorosa)* to be having an affair with s.o.

sentimento *m.* **1** *(stato d'animo)* feeling, sentiment: *nascondere un* ~ *di odio* to conceal a feeling of hate; *provare un* ~ *di gratitudine verso qd.* to have a feeling of gratitude towards s.o. **2** *(modo di pensare, di sentire; generally in pl.)* sentiments *pl,* feelings *pl: una persona di* –*i nobili* a person of noble sentiments. **3** *(sfera affettiva, contrapposto a ragione)* feeling, emotion, sentiment: *ascoltare il* ~ *e non la ragione* to follow one's emotions rather than reason; *(sensibilità)* feeling, sentiment, sensitivity, sensibility: *scrive bene ma senza* ~ he writes well but without sensitivity. □ ⟨*fam*⟩ *con tutti i* –*i (per bene)* well, properly: *ha fatto il lavoro con tutti i* –*i* he did the work well, properly; *ispirare* –*i (o un sentimento) d'invidia* to arouse a feeling of envy; *nutrire* –*i (o un sentimento) di pietà per qd.* to feel pity for s.o.; *toccare la corda del* ~ to play on sentiment.

sentina *f.* **1** ⟨*Mar*⟩ bilge, well. **2** ⟨*fig*⟩ sink, den: ~ *di vizi* den of vice.

sentinella *f.* **1** ⟨*Mil*⟩ sentry, sentinel. **2** *(servizio)* sentry–duty, sentry–go: *mettere di* ~ *qd.* to put s.o. on sentry–duty. **3** ⟨*fig*⟩ guard, watch. □ ⌐*essere di*¬ *(o fare la)* ~ to be on sentry–duty; ⟨*fig*⟩ *fare la* ~ *a qd. (sorvegliarlo)* to watch *(o* stand guard) over s.o.; *montare la* ~ to go on sentry–duty; *smontare di* ~ to go off sentry–duty.

sentire[1] *v.* **(sento) I** *v.t.* **1** to feel: ~ *freddo* to feel cold; ~ *pietà per qd.* to feel pity for s.o. **2** *(risentire, soffrire)* to feel, to be affected by: ~ *la fatica* to feel the strain; *sente il minimo cambiamento di temperatura* he is affected by the slightest change in temperature. **3** *(percepire con l'olfatto)* to smell. **4** *(percepire con il gusto)* to taste. **5** *(percepire con il tatto)* to feel. **6** *(udire)* to hear: *hai sentito il campanello?* did you hear the bell?; *non ti ho sentito arrivare* I didn't hear you come in; *(ascoltare)* to listen to: ~ *un concerto* to listen to a concert. **7** *(sapere, conoscere)* to hear, to know: *vorrei* ~ *il tuo parere al riguardo* I'd like to know what you think about it; *(venire*

a sapere) to hear: *hai sentito l'ultima (notizia)?* have you heard the latest? **8** *(interpellare)* to consult: *voglio* ~ *il medico* I want to consult the doctor. **9** *(essere in grado di apprezzare)* to feel, to appreciate: *non senti la bellezza di questo quadro?* don't you feel the beauty of this painting?; ~ *la musica* to appreciate music. **10** *(intuire, avvertire)* to feel, to sense: *nelle sue parole si sente l'entusiasmo della gioventù* you can sense the youthful enthusiasm in what he says; ~ *il pericolo* to sense danger. **11** *(aver coscienza)* to feel, to be aware of: ~ *la propria inferiorità* to feel one's inferiority. **II** *v.i.* *(aus.* avere) **1** *(avere sensazioni)* to feel: *i morti non sentono* the dead do not feel. **2** *(avere odore)* to smell, to have a ... smell: ~ *di muffa* to smell musty. **3** *(avere sapore)* to taste, to have a ... taste: ~ *d'acido* to taste sour, to have a sour taste. **4** *(udire)* to hear: *parla più forte, non sento* speak louder, I can't hear (very well). **5** *(pensare)* to think, to see: *secondo il mio modo di* ~ according to my way of thinking, as I see it. **6** *(provare)* to see: *senti come è morbido* see *(o* feel) how soft it is; *senti se ti piace* see if you like it. **7** *(informarsi, chiedere)* to find out, to ask, to see: *senti chi è* find out who it is. **8** *(accorgersi)* to feel, to sense, to tell: *sento che mi ama* I can tell that he loves me. **9** *(presentire, presagire)* to have a feeling, to feel: *sentivo che qualcosa sarebbe successo* I could feel that something was going to happen. **sentirsi** *v.r.* **1** *(provare una sensazione fisica o psichica)* to feel: *come ti senti oggi?* how do you feel today?; *sentirsi a proprio agio* to feel at ease. **2** *(essere disposto)* to feel like *(o* up to): *non mi sento di aiutarlo* I don't feel like helping him; *ti senti di correre?* do you feel like *(o* up to) running? □ *a sentir lui* from what he says; *a quel che si sente dire* from what one hears; *sentirsi* **affamato** to feel hungry; *sentirsi un* **altro** to feel like a new man; *sentirci* **bene** to hear well; ⟨*fig*⟩ ~ *tutt'e due le* **campane** to listen to both sides; *sentirsi la* **coscienza** *a posto* to have a clear conscience; *sentir* **dire** *qc.* to hear s.th.: *ho sentito dire che eri partito* I heard that you'd left; **farsi** ~: **1** to make itself (be) felt: *il caldo comincia a farsi* ~ the heat is beginning to make itself felt, it's getting quite hot; **2** *(farsi valere, alzare la voce)* to assert o.s., to get what one wants, to speak up: *alla prossima seduta mi farò* ~ I'll speak up at the next meeting; *sentirsi* **male** to feel ill; ~ *la* **mancanza** *di qd.* to miss s.o.; *non sentirci da un* **orecchio** to be deaf in one ear; *sentirsi* **perduto** to feel at a loss; *sentirci* **poco** not to hear well; *non sente* **ragione** he won't listen to reason; ~ *il* **solletico** to be ticklish; **stare** *a* ~ *qd.* to listen to s.o.; *stammi a* ~ just listen to me. ‖ ⟨*pop*⟩ *in quella casa ci si sente (ci sono gli spiriti)* that house is haunted; *si sente che è francese* you can hear *(o* tell) that he is French; ⟨*fam*⟩ *sentirsela:* **1** *(sentirsi in grado)* to feel like *(o* up to), to feel (able to); **2** *(sentirsi disposto)* to feel like, to want: *non me la sento d'ingannarlo* I don't feel like deceiving him; *non me la sento* I don't feel like it.

sentitamente *avv.* sincerely, heartily, warmly, deeply: *ringraziare qd.* ~ to thank s.o. heartily. **sentito** *a.* **1** *(udito)* heard: *cose* –*e e risentite* things heard over and over again. **2** *(sincero)* sincere, hearty, warm: *Le porgo le mie più* –*e scuse* I wish to offer my sincerest apologies. □ *per* ~ *dire* from hearsay.

sentore *m.* **1** *(indizio)* information: *la banca era sorvegliata perché la polizia aveva avuto* ~ *della rapina* the bank was guarded because the police had ⌐received information about¬ *(o* got wind of) the robbery. **2** *(sentimento indistinto)* inkling, feeling: *ho* ~ *che ci saranno dei trasferimenti nel mio ufficio* I have a feeling that there are going to be some transfers in my office. **3** ⟨*lett*⟩ *(odore)* smell; *(profumo)* scent, perfume.

senussita **I** *a.* Senussi, Senussian. **II** *s.m./f.* Senus(s)i, Senussite, Sanusi.

senza **I** *prep.* (before personal pronouns it is usually used together with *di*; before words beginning with a vowel it may become **senz'**) **1** without: ~ *il permesso della mamma* without mother's permission; *andrò* ~ *di te* I shall go without you. **2** *(privo di)* without, –less, –lessly, *oppure si traduce coll'agg. o coll'avv. negativo corrispondente:* ~ *speranza* without hope, hopeless; *un*

bambino ~ *madre* a motherless child. **3** (*oltre, senza contare*) apart from, on top of, without counting (*o* considering), not to mention: *ho speso diecimila lire,* ~ *il conto dell'albergo* I have spent ten thousand lire without counting the hotel bill. **4** ⟨*Sport*⟩ (*nel canottaggio*) coxswainless, coxless, without coxswain: *quattro* ~ coxswainless four. **II** *congz.* without [*ger*]: *parlare* ~ *riflettere* to speak without thinking. ☐ *senz'altro* certainly, definitely, without doubt (*o* fail): *verrò senz'altro* I'll definitely come; ~ *che* [*cong*] without [*ger*]: *è uscito* ~ *che me ne accorgessi* he went out without my noticing it; ~ *tanti* **complimenti** without ceremony (*o* any fuss); ~ **contare** (quite) apart from, without considering (*o* counting), on top: *ho un debito di seimila lire,* ~ *contare le tremila lire che devo a te* I have a debt of six thousand lire, without considering the three thousand lire I owe you; ~ **di** *che* without which; ~ **dire** not to mention, apart from; ~ *dire nulla* (o *motto*) without (saying) a word; ~ *tanti* **discorsi** without beating about the bush; ~ **dubbio** without (any) doubt, doubtless; **essere** ~ *qc.* not to have s.th., to be without s.th.; (*rimanere sprovvisto*) to run out of s.th.: *siamo rimasti* ~ *pane* we have run out of bread; **fare** ~ (*di*) *qc.* to manage without s.th., to (make) do without s.th.; **essere** ~ **fiato** to be breathless; ~ **fine** endless: *un'attesa* ~ *fine* an endless wait; ~ **frapporre** **indugi** without delay.
senzadio (o *senza Dio*) *m./f.inv.* **1** (*ateo*) atheist. **2** (*persona senza scrupoli o morale*) godless person. **~patria** *m./f.inv.* **1** (*apolide*) displaced (*o* stateless) person. **2** ⟨*spreg*⟩ unpatriotic person. **~tetto** *m./f.inv.* homeless person; *pl.* the homeless.
sepalo *m.* ⟨*Bot*⟩ sepal.
separabile *a.* **1** separable; (*staccabile*) detachable, separable. **2** (*isolabile*) that may be isolated. **separabilità** *f.* separability, separableness. **separare** *v.t.* (*separo*) **1** to separate, to divide: *un fiume separa le due nazioni* a river separates the two countries. **2** (*tenere distante, sceverare*) to keep separate, to separate, to sort out: ~ *il buono dal cattivo* to separate the good from the bad. **3** ⟨*Sport*⟩ (*nel pugilato*) to break. **4** ⟨*Minier*⟩ to win. **separarsi** *v.r.* **1** (*allontanarsi*) to leave, to go away, to be separated (*da* from): *il viaggio mi attira, ma l'idea di separarmi dai bambini mi trattiene* the trip is attractive but the idea of leaving my children holds me back. **2** (*dividersi*) to separate (from), to break up (with); (*rif. a coniugi*) to separate, to split up. **3** (*staccarsi*) to leave (*da qd. s.o.*), to part (from), to part company (with): *si sono separati dal gruppo e sono tornati prima* they left the group and came back early. ☐ ⟨*Dir*⟩ *separarsi di fatto* to separate (in fact); ⟨*Dir*⟩ *separarsi legalmente* to obtain a legal separation.
separatamente *avv.* **1** (*a parte*) separately. **2** (*da sé*) separately, individually. **3** (*uno alla volta*) one by one, one at a time, severally. **separatismo** *m.* ⟨*Pol*⟩ separatism.
separatista *m./f.* ⟨*Pol*⟩ separatist, separationist.
separatistico *a.* (*pl.* -ci) separatist(ic). **separato** *a.* **1** separate: *stanze* ~*e* separate rooms; *pace* ~*a* separate peace. **2** (*rif. a coniugi*) separated: *sono* ~*i legalmente* they are legally separated. **separatore** **I** *s.m.* **1** ⟨*Ind*⟩ separator. **2** ⟨*Rad*⟩ (*anche stadio separatore*) buffer stage, separator. **II** *a.* separating, separatory. ☐ ~ *centrifugo* centrifugal separator.
separazione *f.* **1** separation; (*stacco*) severance. **2** ⟨*Dir*⟩ separation. **3** ⟨*Ind*⟩ cutting, graining. **4** ⟨*Minier*⟩ winning. ☐ ⟨*Dir*⟩ ~ *dei* **beni** separation of property (*o* estates); ~ *della* **chiesa** *dallo stato* separation of church and state; ⟨*Dir*⟩ ~ **coniugale** separation (of husband and wife); ⟨*Dir*⟩ ~ **consensuale** separation by mutual consent; ⟨*Dir*⟩ ~ **legale** legal separation; ⟨*Chim*⟩ ~ *mediante* **precipitazione** precipitation.
séparé *fr.* [sepa're] *m.* dining alcove, ⟨*am*⟩ booth.
sepiolite *f.* ⟨*Min*⟩ sepiolite.
sepolcrale *a.* **1** sepulchral: *pietra* ~ sepulchral stone. **2** ⟨*fig*⟩ (*cupo*) sepulchral, dismal, gloomy: *silenzio* ~ dismal silence. **3** ⟨*lett*⟩ graveyard-: *poesia* ~ graveyard poetry. **sepolcreto** *m.* graveyard, burial ground. **sepolcro** *m.* **1** sepulchre. **2** ⟨*Lit*⟩ (*repositorio*) repository, altar of repose. **3** ⟨*fig*⟩ (*morte*) grave: *condurre qd. al* ~ to drive s.o. to

the grave. ☐ ⟨*Bibl*⟩ –*i imbiancati* whited sepulchres (*anche fig.*); ⟨*Rel*⟩ *Santo* ~ Holy Sepulcre; *scendere nel* ~ (*morire*) to go to one's last resting place; ⟨*Lit*⟩ *visitare i* –*i* to visit the Easter Sepulchres.
sepolto (*p.p. di seppellire*) **I** *a.* **1** buried: *essere* ~ *vivo* to be buried alive. **2** (*ricoperto di terra e sim.*) buried: *rimanere* ~ *sotto una valanga* to be buried by an avalanche. **3** ⟨*fig*⟩ (*immerso, sprofondato*) buried, steeped, plunged. **II** *s.m.* (*f.* -**a**) (generally in pl.) the dead. ☐ ⟨*Rel*⟩ –*e vive* cloistered nuns. **sepoltura** *f.* **1** (*il seppellire*) burial. **2** (*cerimonia funebre*) burial. **3** (*luogo*) burial place; (*tomba*) sepulchre, grave. ☐ *dare* ~ *a qd.* to bury s.o.; ⟨*Etnol*⟩ ~ *per esposizione* laying out.
seppellimento *m.* burial, (*lett*) sepulture. ☐ ~ *in terra* interment. **seppellire** *v.t.* (seppellisco, seppellisci; *p.p.* sepolto/*non com.* seppellito) **1** to bury. **2** (*sotterrare*) to bury: ~ *la refurtiva* to bury stolen goods. **3** (*ricoprire di terra e sim.*) to bury, to cover: *la valanga ha sepolto l'intero paese* the avalanche has buried the whole village. **4** ⟨*fig*⟩ (*dimenticare*) to bury, to forget: ~ *il passato* to forget the past; ~ *i vecchi rancori* to bury the hatchet. **5** (*fam*) (*sopravvivere*) to bury, to survive, to outlive: *ha già sepolto due mariti* she has already survived two husbands. **seppellirsi** *v.r.* **1** (*isolarsi*) to bury (*o* isolate) o.s., to shut o.s. up, to cut o.s. off. **2** (*sprofondarsi, immergersi*) to bury o.s.: *seppellirsi nello studio* to bury o.s. in one's studies. **seppellitore** *m.* (*f.* -**trice**) burier; (*becchino*) grave–digger.
seppia **I** *s.f.* ⟨*Zool,Gastr*⟩ cuttlefish. **II** *s.m.inv.* (*colore*) sepia. **III** *a.inv.* sepia.
seppure *congz.* even if, even though: *lo aiuterò* ~ *dovesse costarmi caro* I'll help him even if it should cost me dearly.
sepsi *f.* ⟨*Med*⟩ sepsis, septic poisoning.
sequela *f.* series, succession, sequence. **sequenza** *f.* **1** (*serie*) series, succession, sequence. **2** ⟨*Lit,Mus,TV*⟩ sequence. **3** (*nei giochi di carte*) sequence, run. ☐ ⟨*Inform*⟩ ~ *di istruzioni* routine. **sequenziale** *a.* ⟨*El*⟩ sequential. **2** ⟨*Inform*⟩ *accesso* ~ sequential access; ⟨*Statist*⟩ *analisi* ~ sequential analysis. **sequenzialità** *f.* sequentiality.
sequestrabile *a.* ⟨*Dir*⟩ attachable, seizable, ⟨*lett*⟩ sequestrable. **sequestrabilità** *f.* liability to attachment. **sequestrante** **I** *a.* **1** ⟨*Dir*⟩ seizing, sequestering. **2** ⟨*Chim*⟩ sequestering. **II** *s.m./f.* **1** ⟨*Dir*⟩ sequestrator. **2** ⟨*Chim*⟩ sequestrant. **sequestrare** *v.t.* (sequestro) **1** ⟨*Dir*⟩ to attach, to distrain (upon), to seize, to sequester, to sequestrate: ~ *i mobili a un debitore* to seize a debtor's furniture. **2** (*estens*) (*togliere dalla circolazione*) to seize, to confiscate, to sequester, to sequestrate: ~ *un giornale* to confiscate a newspaper. **3** (*rapire*) to kidnap: *i banditi hanno sequestrato un noto industriale* the outlaws kidnapped a famous industrialist. **4** (*costringere in un luogo*) to keep, to confine: *il cattivo tempo ci ha sequestrati in casa* the bad weather kept us indoors. **sequestratario** *m.* ⟨*Dir*⟩ sequestrator. **sequestrato** **I** *a.* ⟨*Dir*⟩ distrained, seized, sequestered. **II** *s.m.* (*f.* -**a**) **1** distrainee. **2** (*vittima di un sequestro*) kidnapped person. **sequestratore** *m.* (*f.* -**trice**) **1** distrainer. **2** (*di persona*) kidnapper.
sequestro *m.* **1** ⟨*Dir*⟩ attachment, distraint, seizure, sequestration: *ordinare un* ~ to order an attachment; ~ *dei beni di un fallito* distraint on a bankrupt's estate. **2** (*rapimento*) kidnapping. **3** ⟨*Med*⟩ sequestrum. ☐ ⟨*Dir*⟩ ~ **conservativo** protective sequestration; ~ **giudiziario** judicial attachment, seizure by order of the court; ~ *di* **persona**: **1** (*unlawful*) restraint, illegal confinement; **2** (*rapimento*) kidnapping; ~ **preventivo** attachment; ~ **provvisorio** arrest; *sotto* ~ under sequestration, under attachment (*o* distraint): *mettere* (*o porre*) *sotto* ~ to place under distraint, to attach, to sequester.
sequoia *f.* ⟨*Bot*⟩ sequoia.
sera *f.* **1** evening: *giornali della* ~ evening papers; *domani passo la* ~ *a teatro* tomorrow I'm going to spend the evening at the theatre. **2** (*notte*) night. ☐ **buona** ~*!*: **1** (*arrivando: di sera*) good evening!; (*di pomeriggio*) good afternoon!; **2** (*congedandosi*) good–bye!; *dare la buona* ~ *a*

qd. to say good evening to s.o.; **da** ~ evening–: *abito da* ~ evening dress; **di** ~: 1 in the evening: *fare una passeggiata di* ~ to take ⌐a walk in the evening⌐ (*o* an evening walk); 2 (*della sera*) in the evening: *le otto di* ~ eight o'clock in the evening, eight p.m., eight at night; **domani** ~ tomorrow evening; *la* ~ **dopo** the evening after, the following evening; **far** ~ to become (*o* get) dark; *si è fatta* ~ evening has come, it has got dark; *sul far della* ~ at nightfall, at dusk; **ieri** ~ yesterday evening, last night; **lunedì** ~ (on) Monday evening; (*la sera di tutti i lunedì*) (on) Monday evenings; *dalla* **mattina** *alla* ~ from morning till night; (*in breve tempo*) overnight; **quella** ~ that evening; **questa** ~ this evening, tonight; **scende** *la* ~ night is falling; *la* (*o di*) ~ **tardi** late in the evening; (*molto tardi*) late at night; **tutta** *la* ~ all (the) evening; *tutte le –e* every evening; **verso** ~ towards evening. *Prov.*: *di* ~ *tutti i gatti sono bigi* at night all cats are grey.

seraccata *f.* ⟨Geol⟩ seracs *pl.* **seracco** *m.* (*pl.* -chi) serac.

serafico *a.* (*pl.* -ci) 1 seraphic. 2 ⟨fig⟩ (*pacifico, tranquillo*) calm, peaceful, serene, tranquil. □ *dottore* ~ (*san Bonaventura da Bagnorea*) Seraphic Doctor. **serafino** *m.* ⟨Teol⟩ seraph. □ ⟨Rel⟩ *Ordine dei –i* Order of the Seraphim.

serale *a.* evening–, night–: *pasto* ~ evening meal; *scuola* ~ night school. □ *ore –i* evening.

serata *f.* 1 evening, night: *una bella* ~ *di primavera* a beautiful spring night. 2 (*rappresentazione serale*) performance. 3 (*ricevimento serale*) soirée, evening party (*o* reception), evening. □ ⟨Teat⟩ ~ *d'addio* farewell performance; ~ *di beneficenza* charity performance; ~ *danzante* dance, ball; ~ *di gala* gala performance.

serbare *v.t.* (**serbo**) 1 (*mettere da parte*) to put (*o* lay) aside, to save, to keep: *ti ho serbato una fetta di torta* I saved a piece of cake for you. 2 (*riservare*) to reserve, to keep: ~ *le proprie attenzioni a qd.* to reserve one's attentions for s.o. 3 (*mantenere, conservare*) to keep, to stick to: ~ *la parola data* to keep one's word; ~ *fede ai propri ideali* to stick to one's ideals; (*rif. a sentimenti*) to bear, to cherish, to harbour: ~ *rancore* to bear a grudge, to harbour resentment. **serbarsi** *v.r.* (*conservarsi*) to keep (o.s.), to remain, to stay. □ ~ *gratitudine verso qd.* to be grateful to s.o.; ~ *odio verso qd.* to (continue to) hate s.o., to bear s.o. hatred; ~ *un ricordo di qc.* to remember s.th.; ~ *un dolce ricordo di qc.* to cherish a fond memory of s.th.

serbatoio *m.* 1 tank, reservoir. 2 ⟨Artigl⟩ magazine. 3 ⟨Aut⟩ (petrol) tank. 4 ⟨Idr⟩ reservoir; (*cisterna*) cistern. □ ~ *d'acqua* water reservoir (*o* tank, cistern); ~ *d'alimentazione* feed tank; ⟨Mecc⟩ ~ *dell'aria compressa* air receiver; ~ *ausiliario* auxiliary tank; ~ *della benzina* petrol tank, ⟨am⟩ gas(oline) tank; ~ *del carburante* fuel tank; ~ *di* (*o per*) **gas** gas tank, receiver; ⟨Idr⟩ ~ *di raccolta* sump.

Serbia *N.pr.f.* ⟨Geog⟩ Serbia.

serbo[1]: *avere* (*o tenere*) *in* ~ to keep aside (*o* by), to keep in store (*o* reserve); *mettere* (*o porre*) *in* ~ to put (*o* lay, set) aside, to put by.

serbo[2] **I** *a.* Serbian, Serb. **II** *s.m.* 1 (*lingua*) Serbian, Serbo–Croat(ian). 2 (*abitante;* *f.* **-a**) Serb, Serbian.

serbocroato **I** *a.* Serbo–Croat(ian). **II** *s.m.* (*lingua*) Serbo–Croat(ian), Serbian.

serenamente *avv.* 1 (*tranquillamente*) calmly, serenely, peacefully, tranquilly. 2 (*obiettivamente*) objectively, impartially.

serenata *f.* 1 serenade: *fare la* ~ *a qd.* to sing s.o. a serenade, to serenade s.o. 2 ⟨Mus⟩ serenata.

serenella *f.* ⟨Bot⟩ (*lillà*) lilac.

Serenissima *f.* ⟨Stor⟩ (*repubblica di Venezia*) Venetian Republic. **serenissimo** *a.* (*rif. a principi*) (Most) Serene. □ *Sua Altezza –a* Your Serene Highness.

serenità *f.* 1 serenity, clearness: *la* ~ *del cielo* the serenity of the sky. 2 ⟨fig⟩ (*tranquillità*) serenity, calm, peace(fulness), tranquillity: ~ *d'animo* peace of mind. 3 ⟨fig⟩ (*obiettività*) objectiveness, impartiality. **sereno** **I** *a.* 1 serene, calm: *cielo* ~ serene sky; (*limpido*) clear, serene, limpid: *notte –a* clear night. 2 ⟨fig⟩ (*tranquillo*) calm,

serene, peaceful, quiet: *animo* ~ serene (*o* quiet) mind; *un volto* ~ a calm expression. 3 ⟨fig⟩ (*libero da preoccupazioni*) happy, carefree, quiet, calm, trouble-free: *vita –a* happy life. 4 ⟨fig⟩ (*obiettivo, imparziale*) objective, unbiased, impartial: *giudizio* ~ objective judgement. **II** *s.m.* (*tempo sereno*) clear skies *pl,* fair weather. □ *è tornato il* ~: 1 (*rif. al tempo*) it has cleared up again; 2 ⟨fig⟩ (*è tornata la calma*) things have calmed down again.

serg. = ⟨Mil⟩ sergente sergeant (*abbr.* Sgt.).

sergente *m.* 1 ⟨Mil⟩ sergeant. 2 ⟨Mar⟩ quartermaster. 3 ⟨fig⟩ (*persona autoritaria*) sergeant–major. 4 ⟨Fal⟩ (*morsetto*) carpenter's clamp. □ ~ *maggiore* sergeant –major.

Sergio *N.pr.m.* Sergious.

seriale *a.* ⟨Inform,Mus⟩ serial. **serialismo** *m.* ⟨Mus⟩ serialism.

seriamente *avv.* 1 (*con serietà*) seriously, earnestly, in earnest. 2 (*gravemente*) seriously, gravely: *essere* ~ *ammalato* to be seriously ill.

serico *a.* (*pl.* -ci) 1 ⟨lett⟩ (*di seta*) silk–, (made) of silk, silken, silky: *veste –a* silk dress. 2 (*della seta*) silk–: *industria –a* silk industry. 3 (*simile a seta*) silky, silk-like: *capelli –i* silky hair. **sericolo** *a.* sericultural. **sericoltore** *m.* (*f.* **-trice**) sericulturist. **sericoltura** *f.* sericulture.

serie *f.* 1 series, succession, sequence: *una* ~ *di avvenimenti* a series of events. 2 (*fila, riga*) line, row, rank. 3 (*gruppo compatto, numero definito*) series, set. 4 (*assortimento*) set: *una* ~ *di chiavi* a set of wrenches. 5 (*rif. a biglietti, titoli e sim.*) series. 6 ⟨Edit,tecn⟩ series. 7 ⟨Sport⟩ division, league: ~ *A* 1st division (*o* league). 8 ⟨Inform⟩ set. □ ⟨Mat⟩ ~ **aperta** infinite series; ~ **armonica** harmonic series; ~ **atomica** atomic series; ⟨Inform⟩ ~ *di* **caratteri** character set; ~ **chiusa** closed series; ~ **cronologica** time series; ⟨Inform⟩ ~ *di* **dati** data set; *di* ~ mass–produced: *vettura di* ~ mass–produced car; **fuori** ~ custom–built, special: *macchina fuori* ~ custom–built car; ⟨Mat⟩ ~ **geometrica** geometric series (*o* progression); *in* ~: 1 mass–, mass–produced: *produzione in* ~ mass–production; 2 ⟨El⟩ in series: *collegare in* ~ to connect in series; *collegamento in* ~ series connection; ~ *di* **istruzioni** instruction set; ⟨Mat⟩ ~ **numerica** numerical series, number sequence; ~ **statistica** statistical series; ~ **televisiva** serial; ~ **temporale** time series.

serietà *f.* 1 seriousness, earnestness. 2 (*rettitudine, onestà*) honesty, respectability, uprightness; (*fidatezza*) reliability. 3 (*gravità*) seriousness, gravity. □ *con* ~ seriously, in a serious manner, gravely; (*in modo degno di fiducia*) reliably; *con tutta* ~ in all seriousness.

serigrafia *f.* ⟨Tip⟩ serigraphy, silk–screen process (*o* printing).

serio **I** *a.* 1 serious, earnest: *una faccia –a* a serious face. 2 (*retto, onesto*) honest, respectable, upright: *un cittadino* ~ *e leale* an honest and loyal citizen; (*rif. alla moralità*) good, respectable, reputable: *ragazza –a* good girl. 3 (*di cui ci si può fidare*) reliable, trustworthy, reputable: *ditta –a* reputable company. 4 (*impegnativo, importante*) serious, important, weighty: *studi seri* serious studies; (*arduo, grave*) serious, grave: *la situazione è molto –a* the situation is very serious; (*difficile*) weighty, serious, difficult: *problema* ~ serious (*o* weighty) problem; (*rif. a malattie*) serious, grave. 5 (*severo, accigliato*) strict, severe, stern. **II** *s.m.inv.* seriousness. □ *parlare tra il* ~ *e il faceto* to speak ⌐half in jest⌐ (*o* half–jokingly); *una donna poco –a* (*leggera*) a loose (*o* fast) woman; *un giovane poco* ~ an unreliable young man; *sul* ~: 1 (*davvero, veramente*) really, truly; 2 (*seriamente*) seriously, in earnest: *parlo sul* ~ I'm talking seriously, I mean it, I'm in earnest; *prendere qc. sul* ~ to take s.th. seriously; *fare qc. sul* ~ to do s.th. in earnest; *dici sul* ~? really?, are you serious?, do you really mean it?

sermone *m.* 1 ⟨lett⟩ (*predica*) sermon. 2 ⟨scherz⟩ (*paternale*) lecture, ⟨fam⟩ telling–off. 3 ⟨spreg⟩ (*discorso prolisso, noioso*) harangue, lecture, sermon. □ ~ *domenicale* Sunday sermon; ⟨Bibl⟩ ~ *della montagna* Sermon on the Mount. **sermoneggiare** *v.i.* (**sermoneggio, sermoneggi;** *aus.* **avere**) (*predicare*) to preach, to sermonize (*anche iron.*).

serotino *a.* **1** (*che matura tardi*) late, serotine: *mele –e* late apples; (*rif. a fiori*) late-flowering, serotinous. **2** ⟨*lett*⟩ (*di sera, della sera*) evening-, in the evening.

serotonina *f.* ⟨*Biol*⟩ serotonin.

serpa *f.* **1** (*nelle carrozze*) coach box: *montare in* ~ to get up on the box; (*nelle diligenze*) (stage coach) seat. **2** ⟨*Mar*⟩ cutwater.

serpaio *m.* **1** (*luogo pieno di serpi*) snake-infested place. **2** (*chi cattura serpenti*) snake-catcher, snake-hunter; (*incantatore di serpenti*) snake-charmer. **serpe** *f./m.* **1** snake, serpent. **2** ⟨*fig*⟩ (*persona infida*) snake (in the grass), serpent. □ ~ *d'acqua* water-snake; *scaldare* (*o scaldarsi*) *una* ~ *in seno* to nurture a viper in one's bosom; *infido come una* ~ as treacherous as a snake.

serpeggiamento *m.* **1** winding, twisting, snaking, meandering, zigzagging (*anche fig.*). **2** ⟨*Sport*⟩ zigzagging, weaving. **3** ⟨*Mar*⟩ sailing a zigzag course. **serpeggiante** *a.* winding, meandering, twisting: *strada* ~ winding road.

serpeggiare *v.i.* (**serpeggio, serpeggi;** *aus.* **avere**) **1** to wind, to meander, to twist, to snake: *il fiume serpeggia nella valle* the river meanders through the valley. **2** ⟨*fig*⟩ (*diffondersi*) to spread, to be rife: *il malcontento già serpeggiava tra il popolo* discontent was already rife among the people. **3** ⟨*Mar*⟩ to sail a zigzag course. **serpentaria** *f.* ⟨*Bot*⟩ birthwort. **serpentario** *m.* ⟨*Ornit*⟩ secretary bird, serpent eater, snake killer.

serpente *m.* **1** snake, serpent. **2** ⟨*Conc*⟩ snakeskin. **3** ⟨*Mus*⟩ serpent. **4** ⟨*Econ*⟩ snake: *il* ~ *europeo* the European snake. □ ~ **boa** boa constrictor; **di** ~ snakeskin-: *una borsa di* ~ a snakeskin bag; ⟨*Chim*⟩ ~ *di* **faraone** Pharaoh's serpent(s); ~ *dagli* **occhiali** Indian (*o* spectacled, hooded) cobra; ~ *a* **sonagli** rattlesnake; **uomo** ~ contortionist.

serpentina *f.* **1** (*linea serpeggiante*) serpentine, winding line. **2** (*strada serpentina*) winding road, serpentine. **3** ⟨*tecn*⟩ (*tubo a spirale*) (pipe) coil. **4** ⟨*Geol*⟩ serpentine. **5** ⟨*Bot*⟩ (*bistorta*) snake root, bistort, adderwort. □ *a* ~ winding, twisting; (*a zigzag*) zigzag(ging).

serpentino[1] *a.* **1** (*di serpente*) serpentine. **2** (*simile al serpente*) serpentine, serpent-like, snake-like, snaky: *movimenti –i* serpentine movements. □ *lingua –a* venomous tongue; *pietra –a* serpentine.

serpentino[2] *m.* **1** ⟨*Chim*⟩ (pipe) coil. **2** ⟨*Min*⟩ serpentine. □ ⟨*Mot*⟩ ~ *di raffreddamento* cooling (*o* refrigerating) coil; ~ *di riscaldamento* heating coil.

serpigine *f.* ⟨*Med*⟩ serpigo. **serpiginoso** *a.* serpiginous.

serra[1] *f.* **1** greenhouse, glasshouse, conservatory. **2** (*briglia*) dike, embankment. □ ⟨*fig*⟩ *essere allevato in una* ~ to be raised in a hothouse; ~ **calda** hothouse; **fiore di** ~ hothouse flower; ⟨*fig*⟩ hothouse plant; ~ **fredda** cold house; ~ **mobile** mobile glasshouse; ~ **per viti** vinery.

serra[2] *f.* ⟨*Geog*⟩ (*catena montuosa*) sierra, serra.

serra|fila **I** *s.m./f.* ⟨*Mil*⟩ file closer, serrefile. **II** *s.f.* ⟨*Mar*⟩ rear ship, tail of the line. **~filo** *m.* ⟨*El*⟩ terminal. **~forme** *m.inv.* ⟨*Tip*⟩ quoin.

serraglio[1] *m.* **1** (*insieme di animali esotici*) menagerie. **2** ⟨*fig*⟩ menagerie, zoo: *quella classe è un vero* ~ that class is a real menagerie.

serraglio[2] *m.* (*residenza dei sultani e harem*) seraglio.

serramanico: *coltello a* ~ jackknife, clasp knife.

serramento *m.* (*pl. i* **serramenti**/*collett. le* **serramenta**) (*rif. a porte*) door frame; (*rif. a finestre*) window frame.

serranda *f.* **1** (*saracinesca*) (rolling) shutter, rolling gate. **2** (*del forno*) oven door. □ ~ *avvolgibile* rolling shutter (*o* gate).

serrare *v.* (**serro**) ⟨*lett,region*⟩ **I** *v.t.* **1** (*chiudere*) to close, to shut; (*a chiave*) to lock; (*con il chiavistello*) to bolt. **2** (*chiudere stringendo*) to shut (*o* close) tightly, to clench: ~ *gli occhi* to shut one's eyes tightly. **3** (*sbarrare, ostruire*) to block (up), to obstruct, to close (*o* shut) off: *una catena di colline serra la valle* the valley is shut off by a chain of hills. **4** (*intensificare, accelerare*) to speed up, to quicken, to accelerate: ~ *il ritmo* to speed up the pace. **5** (*premere, incalzare*) to close in on, to press, to follow (*o* chase, pursue) closely: ~ *il nemico* to close in on the enemy. **6** ⟨*Mecc*⟩ (*stringere*) to tighten: ~ *un dado* to tighten a nut.

7 ⟨*Mar*⟩ to furl, to take in. **II** *v.i.* (*aus.* **avere**) **1** (*combaciare*) to close, to shut: *questa porta non serra* (*bene*) this door doesn't close properly. **2** ⟨*Mil,Sport*⟩ to close (the ranks): ~ *a destra* to close right. **serrarsi** *v.r.* (*chiudersi*) to close (itself). □ ~ *al* **cuore** *qd.* to hold s.o. in one's arms; ~ *i* **denti** to clench one's teeth; ⟨*Mil,Sport*⟩ ~ *le* **file** to close the ranks; ⟨*fig*⟩ to unite, to join forces; ~ *le* **labbra** to tighten one's lips; ⟨*Mar*⟩ ~ *le* **vele** to furl the sails, to shorten sail.

serrata *f.* lock-out: *allo sciopero gli industriali risposero con una* ~ the industrialists reacted to the strike with a lock-out. **serrato** *a.* **1** (*chiuso*) closed, shut. **2** (*compatto*) compact, tight, firm. **3** (*rapido, concitato*) quick, fast. **4** ⟨*fig*⟩ (*stringato, coerente*) consistent, logical, coherent: *discorso* ~ logical argument. **5** ⟨*Zootecn*⟩ compact, close-coupled.

serratura *f.* **1** lock. **2** ⟨*Tip*⟩ quoin. □ **buco** *della* ~ keyhole; ~ *a* **cilindro** cylinder lock, Yale lock; ~ *a* **combinazione** combination (*o* dial) lock; **forzare** *la* ~ to force the lock; ~ *a* **doppia** **mandata** double lock; *far* **saltare** *la* ~ to break the lock; **scassinare** *la* ~ to pick (*o* force open) the lock; ~ *di* **sicurezza** safety lock.

serricoltore *m./f.* greenhouse (*o* hothouse) farmer; (*lavoratore*) greenhouse (*o* hothouse) worker.

Serse *N.pr.m.* ⟨*Stor*⟩ Xerxes.

serto *m.* ⟨*poet*⟩ (*corona, ghirlanda*) wreath, garland: ~ *d'alloro* laurel wreath. □ ~ *nuziale* bridal wreath; ~ *regale* royal crown.

serva *f.* **1** (*donna di servizio*) woman servant; (*cameriera*) house maid. **2** ⟨*fig,spreg*⟩ (*persona volgare*) washerwoman. **3** ⟨*Rel*⟩ servant, sister, nun. □ *da* ~ vulgar, common, coarse, petty; ~ *padrona* bossy maid.

servalo *m.* ⟨*Zool*⟩ serval.

servente **I** *a.* ⟨*ant*⟩ (*servizievole*) obliging, amiable. **II** *s.m./f.* **1** ⟨*ant*⟩ (*servitore*) servant. **2** ⟨*Mil*⟩ gunner, member of a gun crew. □ *cavalier* ~ lover, galant.

serventese *m.* ⟨*Lett*⟩ (*sirventese*) sirvente.

servetta *f.* **1** young (house)maid, servant girl. **2** ⟨*spreg*⟩ washerwoman. **3** ⟨*Teat*⟩ soubrette, abigail. **servibile** *a.* (*utilizzabile*) serviceable, usable, of use. **servidorame** *m.* ⟨*lett*⟩ **1** servants *pl.* **2** ⟨*spreg*⟩ flunkies *pl.* **servigio** *m.* service, favour: *rendere un* ~ *a qd.* to do s.o. a favour.

servile *a.* **1** servile, slave: *lavoro* ~ servile work. **2** ⟨*fig*⟩ (*basso, vile*) servile, obsequious, subservient: *animo* ~ servile mind. **3** ⟨*fig*⟩ (*privo di originalità*) servile, slavish: *imitazione* ~ slavish imitation. **4** ⟨*Gramm*⟩ auxiliary, servile: *verbi –i* auxiliary verbs. **servilismo** *m.* servilism, servility. **servilità** *f.* servilism, servility. **servilmente** *avv.* servilely, slavishly.

Servio *N.pr.m.* ⟨*Stor*⟩ Servius. □ ~ *Tullio* Servius Tullius.

servire *v.* (**servo**) **I** *v.t.* **1** (*essere servo*) to serve: *ci sarà sempre chi serve e chi comanda* there will always be someone who serves and someone who gives the orders. **2** (*essere al servizio*) to serve, to be a servant to, to be in the service of: *ha servito per lunghi anni la mia famiglia* she has served my family for many years. **3** (*nei negozi*) to serve, to attend (*o* see) to, to help, ⟨*am*⟩ to wait on: *la commessa La servirà subito* the saleswoman will serve you right away; *posso servirLa?* may I help you? **4** (*avere come cliente*) to serve, to have as one's customer: *lo servo da due anni* I've been serving him (*o* he has been my customer) for two years. **5** (*presentare vivande in tavola*) to serve (up): ~ *la frutta* to serve the fruit; (*nei ristoranti e sim.*) to serve, to wait on. **6** (*compiacere: in forme di cortesia*) to help, to serve, to be at the service of: *in che cosa posso servirLa?* what can I do for you? **7** ⟨*iron*⟩ (*trattare male*) to fix, to do for: *ora lo servo io* I'll fix him. **8** ⟨*fig*⟩ (*giovare*) to help, to aid. **9** ⟨*fig*⟩ (*rif. a mezzi di trasporto*) to run (*o* go) to, to cover, to serve: *questo autobus serve parecchi quartieri* this bus serves several neighbourhoods; (*rif. a servizi pubblici*) to serve. **II** *v.i.* (*aus.* **avere/essere**) **1** to serve, to do one's military service: ~ *in marina* to serve in the navy. **2** ⟨*fig*⟩ (*essere utile, giovare*) to serve, to be ⌐of use⌐ (*o* useful for): *le note servono alla chiarezza del testo* the notes serve to clarify the text; *a che serve questo arnese?* what use is this tool?, what's this tool for?; *(fungere da)* to serve for, to be used as: *questa scatola servirà da sedia* this box will be used as a seat. **3** ⟨*fam*⟩ *(occorrere)* to need, to require: *mi serve un foglio pulito* I need a clean sheet of paper. **4** ⟨*Stor*⟩ *(essere in servitù)* to serve. **5** ⟨*fig*⟩ *(adempiere alla propria funzione)* to serve, to work, to be good: *la vista non mi serve bene* my eyesight isn't very good. **6** ⟨*Sport*⟩ *(nel tennis)* to serve. **7** *(nei giochi di carte)* to deal. **servirsi** *v.r.* **1** *(prendere da sé)* to serve o.s., to help o.s. (to): *serviti pure* help yourself. **2** *(essere cliente)* to be a (steady) customer, to buy, to go: *mi servo da tempo nello stesso negozio* I've been a steady customer at the same shop for some time. **3** *(adoperare)* to use (*di qc.* s.th.), to make use (of): *non sa servirsi del registratore* he doesn't know how to use the tape recorder; *(ricorrere)* to make use (*di* of), to resort (to), to use (s.th.): *mi servirò di un esempio* I'll use an example. □ ~ *qd. di barba e capelli:* 1 to give s.o. a shave and haircut; 2 ⟨*fig*⟩ *(bastonarlo)* to beat s.o., to treat s.o. roughly; ~ *da bere a qd.* to serve s.o. a drink; ⟨*iron*⟩ *l'ho servito a* **dovere** I gave him what he deserved; *servir* **messa** to serve Mass; **non** ~ *più* to be no longer necessary, not to be needed any more, to be of no further use; **per** *servirLa* (I am) at your service; ~ *a* **tavola** to wait at table.

servita *m.* ⟨*Rel*⟩ Servite.

servito *m.* ⟨*region*⟩ *(servizio da tavola)* set, service. **servitorame** *m.* → **servidorame**. **servitore** *m.* *(f.* -trice) **1** *(lavoratore domestico)* servant, manservant *(f* maidservant). **2** ⟨*spreg*⟩ slave, servant. **3** *(chi assolve un compito con dedizione)* servant, one who serves: *un fedele* ~ *della patria* a faithful servant to one's country. □ ⟨*Arred*⟩ ~ *muto* dumb-waiter. **servitù** *f.* **1** *(schiavitù)* slavery, bondage, servitude: *liberare qd. dalla* ~ to free s.o. from slavery. **2** *(concr,collett)* servants *pl,* domestic staff: *licenziare la* ~ to dismiss the servants. **3** ⟨*Dir*⟩ easement, servitude, charge. □ ⟨*Stor*⟩ ~ *della gleba* serfdom; ~ *di passaggio* right of way; *ridurre in* ~ to enslave.

servizievole *a.* obliging, helpful, amiable.

servizio *m.* **1** *(servizio domestico)* service: *essere a* ~ *presso una famiglia* to be in a family's service. **2** ⟨*burocr*⟩ service: *trasferimento per* ~ service transfer; ~ *pubblico* public service. **3** ⟨*Mil*⟩ service, duty: *essere in* ~ *attivo* to be on active duty; *fare il* ~ *militare* to do one's military service. **4** *(nei pubblici esercizi)* service: ~ *in camera* room service; *(compenso per il servizio)* service (charge): *nel conto è compreso il* ~ service is included in the bill. **5** *(rif. a servizi pubblici)* service: ~ *di autobus* bus service. **6** *pl.* *(faccende domestiche)* housework, (household) chores *pl.* **7** ⟨*fig*⟩ *(favore, cortesia)* favour *(anche iron.):* *puoi farmi un* ~? could you do me a favour?; *mi hai fatto un bel* ~*!* you really did me some favour! **8** *(insieme di oggetti destinati a un uso determinato)* set, service: *un* ~ *da tè* a tea service; ~ *da toletta* dresser *(o* toilet) set. **9** *pl.* ⟨*Edil*⟩ *(bagno)* bathroom: *l'appartamento ha quattro camere e doppi servizi* the flat has four rooms and two bathrooms; *(cucina e bagno)* kitchen and bathroom. **10** *(serie di prestazioni)* service: ~ *diplomatico* diplomatic service; *(sezione)* department: *il* ~ *del personale* the personnel department. **11** ⟨*Giorn,Rad,TV*⟩ report: ~ *speciale* special report. **12** ⟨*Sport*⟩ *(nel tennis)* serve, service. **13** ⟨*Comm*⟩ *(assistenza)* service. □ *andare a* ~ to go 'out to' *(o* into) service; ⟨*Comm*⟩ ~ **acquisti** purchasing department; ~ **aereo** air service; *essere al* ~ *di qd.* to be in s.o.'s service *(o* employ); ~ *all'***americana** place-mats *pl;* ~ **amministrativo** administration; *avere molti anni di* ~ to have served for a long time; *(rif. a impiegati)* to have 'been with' *(o* worked for) a firm for many years; ⟨*Strad*⟩ *area di* ~ service *(o* servicing) area; ⟨*burocr*⟩ ~ **attivo** active employment; ~ **ausiliario** auxiliary service; *-i* **bancari** banking services; ~ *di* **bicchieri** set of glasses; ~ *ai* **clienti** customer service; ~ **combinato** piggyback traffic; ~ **compreso** service included, including service; *-i* **comuni** joint services; ~ *di* **consulenza** advisory service; **di** ~: 1 *(di turno)* on duty: *il medico di* ~ the doctor on duty *(o* call); 2 *(proprio del personale di servizio)* service, servants': *scala di* ~ service stairs *pl;* *essere di* ~ to be on duty; *persona di* ~ person in service, domestic servant; *persone di* ~ servants *pl,* domestic staff *sing;* ~ *a* **domicilio** home delivery; **entrare** *in* ~ to go into service *(o* operation) *(rif. a persone)* to start work; *esente da* ~: 1 ⟨*Mil*⟩ exempt from military service 2 *(non di turno)* off duty; **fare** ~: 1 to be in service, to work, to cover, to serve: *questo metronotte fa* ~ *nel mio quartiere* this night-watchman covers my neighbourhood; 2 *(essere di turno)* to be on duty; 3 *(essere aperto)* to be open; 4 *(rif. a mezzi di trasporto)* to run, to operate; *non fare* ~: 1 to be out of service; 2 *(non essere di turno)* to be off (duty); 3 *(essere chiuso)* to be closed; ~ **fotografico** photo reportage; **fuori** ~ *(non di turno)* off duty, ⟨*fam*⟩ off; *(non funzionante)* not working, out of order *(o* commission), ⟨*fam*⟩ on the blink; *-i* **igienici** bathroom *sing;* **in** ~ in service; *(funzionante)* working, operating; ⟨*Mil*⟩ ~ **informazioni** secret service, intelligence; **lasciare** *il* ~: 1 *(sospendere il lavoro)* to come off duty, to stop work; 2 *(dimettersi)* to resign (from one's post); 3 *(andare in pensione)* to retire; 4 ⟨*Mil*⟩ to leave the service; ~ *di* **leva** military service; ⟨*Mar,Aer*⟩ ~ *di* **linea** regular *(o* scheduled) service, regular line; ~ **meteorologico** weather service; **mettersi** *al* ~ *di qd.* to enter s.o.'s service; *(a disposizione)* to place o.s. at s.o.'s disposal *(o* service); **mezzo** ~ part-time: *donna a mezzo* ~ part-time maid *(o* help); ~ **militare** military *(o* national) service; ~ *militare attivo* active military duty *(o* service); ~ *militare di leva* conscription, call-up, military *(o* national) service; ~ *militare obbligatorio* compulsory military service; ~ *d'***ordine** maintenance of law and order; **orientato** *alla produzione di -i* service-oriented; ~ *pacchi* **postali** parcel post; **per** *(motivi di)* ~ on official business; ~ *di* **posate** set of silverware *(o* flatware), canteen of cutlery; **prendere** ~ to begin work; ⟨*Mil*⟩ to go into the service; *prendere qd. al proprio* ~ to engage *(o* hire) s.o., to take s.o. on; *servizi* **pubblici** public services *pl;* **riprendere** *il* ~ to go on duty again; *(riprendere il lavoro)* to begin work again; ~ **sanitario** nazionale national health service; ~ *di* **segreteria** *telefonica* telephone answering service; ~ **segreto** secret service; *-i* **sociali** social services; ~ *da* **tavola** set of table linen, tablecloth and napkin set; *(rif. a piatti e sim.)* dinner set, set of dishes; ~ **telefonico** telephone service.

servo I *s.m.* *(f.* -a) **1** *(domestic)* servant, manservant *(f* maidservant). **2** *(in formule di cortesia)* servant: *sono il suo umilissimo* ~ I am your most humble servant. **II** *a.* ⟨*lett*⟩ **1** *(schiavo)* slave-. **2** *(servile)* servile. □ ⟨*Rel*⟩ ~ *di Dio* servant of God; ⟨*Mediev*⟩ ~ *della gleba* serf.

servo|comando *m.* ⟨*tecn*⟩ servocontrol. **~freno** *(o servofreno) m.* ⟨*Aut*⟩ booster brake, brake booster; *(funzionante per mezzo di un servocomando)* servobrake, power brake: ~ *a depressione (o vuoto)* vacuum servobrake. **~motore** *m.* servomotor. **~sterzo** *m.* ⟨*Aut*⟩ power steering.

sesamo *m.* ⟨*Bot*⟩ sesame. □ *apriti,* ~*!* open Sesame!

sessa *f.* ⟨*Geog*⟩ seiche.

sessagesima *f.* ⟨*Lit*⟩ Sexagesima (Sunday). **sessagesimale** *a.* ⟨*Fis*⟩ sexagesimal: *sistema* ~ sexagesimal system. **sessagesimo** *a.* ⟨*lett*⟩ sixtieth.

sessanta *a./s.m. inv.* sixty □ *gli anni* ~ the sixties *pl.* **sessantenne I** *a.* sixty-year-old, *(pred)* sixty years old, of sixty. **II** *s.m./f.* sixty-year-old man *(f* woman), man *(f* woman) of sixty, sexagenarian. **sessantennio** *m.* (period of) sixty years. **sessantesimo** *a.* */s.m.* sixtieth. **sessantina** *f.* about *(o* some) sixty.

sessantottista I *a* relating to the 1968 protest movement. **II** *s.m./f.* → **sessantottino**. **sessantottino** *m.* *(f.* -a) member of the protest movement in 1968. **sessantottismo** *m.* protest movement in 1968.

sessile *a.* ⟨*Biol*⟩ sessile.

sessione *f.* **1** *(seduta)* session, meeting, sitting. **2** ⟨*Scol*⟩ examination session, exams *pl:* ~ *autunnale d'esami* autumn exams. □ ~ *ordinaria* ordinary session; ~ *plenaria* plenary session; ~ *straordinaria* special session.

sessismo *m.* sexism. **sessista** *m./f.* sexist.

sęsso *m.* **1** sex: *determinazione del* ~ sex determination; ~ *femminile* female sex. **2** (*organi genitali*) sex, sexual organs *pl.* **3** (*sessualità*) sex, sexuality. □ ~ *debole* weak(er) sex; ~ *forte* strong(er) sex; *gentil* ~ fair sex; *il terzo* ~ the third sex.

sęssola *f.* ⟨*Mar*⟩ (*sassola*) bailer, bailing scoop.

sessuale *a.* sexual, sex-. **sessualità** *f.* sexuality, sex. **sessualizzare** *v.t.* ⟨*Biol,Psic*⟩ to sexualize. **sessualizzazione** *f.* sexualization. **sessuato** *a.* **1** ⟨*Biol*⟩ sexual. **2** ⟨*Entom*⟩ sexual, sexuate(d). **sessuofobia** *f.* ⟨*Psic*⟩ sex phobia. **sessuologia** *f.* ⟨*Med*⟩ sexology. **sessuologico** *a.* (*pl.* -ci) sexological. **sessuologo** *m.* (*pl.* -gi; *f.* -a) sexologist.

sęsta *f.* **1** (*ora sesta*) noon, midday, sext. **2** ⟨*Mus*⟩ (*intervallo*) sixth (interval); (*opera sesta*) sixth. **3** ⟨*Lit*⟩ sext. **sestante** *m.* ⟨*Astr*⟩ sextant.

sestęrzio *m.* ⟨*Stor.rom*⟩ sestertious, sesterce.

sestętto *m.* ⟨*Mus*⟩ sextet(te). **sestięre** *m.* quarter, district. **sestile** *m.* ⟨*Astr*⟩ sextile. **sestina** *f.* **1** ⟨*Metr*⟩ (*strofa di sei versi*) six-line stanza, sextet(te), sestet; (*forma della canzone*) sestina. **2** ⟨*Mus*⟩ sextuplet, sextole(t).

sęsto[1] *I a.* **1** sixth: *il* ~ *giorno della settimana* the sixth day of the week. **2** (*rif. a regnanti*) the Sixth: *Giorgio* ~ George the Sixth, George VI. **II** *avv.* sixth, in the sixth place: *arrivare* ~ to come (in) sixth. **III** *s.m.* sixth.

sęsto[2] *m.* **1** (*ordine, assetto*) order: *rimettere in* ~ *qc.* to put s.th. back in order, to reorder s.th. **2** ⟨*Arch*⟩ curve (of an arch). **3** ⟨*Tip*⟩ size, format. □ ⟨*Arch*⟩ *arco a* ~ *acuto* pointed (*o* ogival) arch, ogive; *fuori* (*di*) ~ out of order; *mettere in* (*o* ~) *una stanza* to tidy up a room; *porre in* ~ *i propri affari* to put one's affairs in order, to settle one's affairs; ⟨*fig*⟩ *rimettersi in* ~ to recover financially, ⟨*fam*⟩ to get back on one's feet again; ⟨*Arch*⟩ *arco a tutto* ~ round arch.

Sęsto *N.pr.m.* ⟨*Stor*⟩ Sextus.

sestultimo *a.* last but five, sixth from last.

sestuplicare *v.t.* (**sestuplico, sestuplichi**) to sextuple, to multiply by six. **sestuplicarsi** *v.r.* to sextuple. **sestuplice** *a.* sextuple, sixfold. **sęstuplo** *I a.* six times (as great), sixfold, sextuple. **II** *s.m.* sextuple.

sęt *ingl. m.* set.

sęta *f.* silk (*anche fig.*). □ ~ *artificiale* artificial silk; ~ *cruda* unscoured (*o* unbleached) silk; *di* ~ silk-, (made) of silk, ⟨*lett*⟩ silken: *una camicia di* ~ a silk shirt; ~ *greggia* raw silk; ~ *pura* pure silk.

setacciare *v.t.* (**setaccio, setacci**) **1** to sift, to sieve (*anche fig.*): ~ *la farina* to sift flour. **2** (*perlustrare*) to search, to comb: *la polizia ha setacciato la campagna alla ricerca dei banditi* the police combed the countryside in search of the bandits. **setacciata** *f.* sifting. □ *dare una* ~ *a qc.* to sift s.th. **setaccio** *m.* **1** sifter, sieve. **2** ⟨*tecn*⟩ (*crivello*) sieve, screen. □ *passare qc. al* ~ (*o* sieve) s.th. (*anche fig.*).

setaceo *a.* ⟨*Bot*⟩ setaceous. **setaiolo** *m.* (*f.* -a) **1** (*tessitore*) silk weaver. **2** (*filatore*) silk spinner. **3** (*venditore*) silk merchant, dealer in silks.

sęte *f.* **1** thirst. **2** ⟨*fig*⟩ (*desiderio*) thirst, longing, yearning, craving: ~ *di vendetta* thirst for vengeance. □ ~ *ardente* burning thirst; *avere* ~ to be thirsty; ⟨*fig*⟩ *avere* ~ *di qc.* to thirst (*o* long) for s.th.; *avere* ~ *di sangue* to be blood-thirsty; *mettere* (*o far venire*) ~ *a qd.* to make s.o. thirsty; *morire di* ~ to die of thirst; *saziare* (*o spegnere*) *la* ~ to quench one's thirst; *soffrire la* ~ to suffer thirst.

seteria *f.* **1** silk factory, silk mill. **2** *pl.* (*filati, tessuti di seta*) silk goods *pl*, silks *pl.* **setificio** *m.* silk factory, silk mill.

sętola *f.* **1** bristle; (*dei cavalli*) horsehair. **2** ⟨*scherz*⟩ (*pelo, capello ispido*) bristle, coarse (*o* tough) hair. **setoloso** *a.* **1** bristly, ⟨*lett*⟩ setose. **2** ⟨*estens*⟩ (*ispido, duro*) bristly, stiff, hard.

sett. = *settembre* September (*abbr.* Sept.).

sętta *f.* **1** sect: *una* ~ *protestante* a Protestant sect. **2** (*società segreta*) secret society.

settanta *a./s.m.inv.* seventy. □ *gli anni* ~ the seventies *pl.* **settantenne** *I a.* seventy-year-old, ⟨*pred*⟩ seventy years old, *of* seventy. **II** *s.m./f.* seventy-year-old man (*f*

woman), man (*f* woman) of seventy. **settantęsimo** *a./s.m.* seventieth. **settantina** *f.* **1** seventy. **2** (*circa settanta*) about (*o* some) seventy. **3** (*rif. ad anni*) about seventy years old (*o* of age), (almost) seventy.

settario *I a.* **1** sectarian. **2** ⟨*fig*⟩ (*fazioso*) factious, party-, sectarian. **II** *s.m.* (*persona faziosa*) sectarian, partisan. **settarismo** *m.* sectarianism.

sętte *a./s.inv.* **I** *a.* seven. **II** *s.m.* **1** (*numero*) seven. **2** (*nelle date*) seventh: *il* ~ *giugno* the seventh of June, June (the) seventh. **3** ⟨*fam*⟩ (*taglio, strappo*) tear, rip, rent: *farsi un* ~ *nei calzoni* to make a tear in one's trousers. **III** *s.f.pl.* seven (o'clock), seven a.m.: *sono appena le* ~ it's only seven. □ *di* ~ *anni* seven-year-old, of seven: *un ragazzo di* ~ *anni* a seven-year-old child, a child of seven; *la città dei* ~ *colli* (*Roma*) Rome, the city of the seven hills; *le* ~ *e mezzo* seven-thirty, half past seven; ~ *e mezzo* (*gioco di carte*) seven and a half; ⟨*Lett*⟩ *i* ~ *pilastri della saggezza* the Seven Pillars of Wisdom.

settebęllo (*o* sętte bęllo) *m.* (*sette di quadri*) seven of diamonds.

settecentęsco *a.* (*pl.* -chi) eighteenth-century-, of the eighteenth century. **settecentęsimo** *a.* seven-hundredth. **settecentista** *I a.* eighteenth-century, of the eighteenth century. **II** *s.m./f.* **1** (*artista*) eighteenth-century artist; (*poeta*) eighteenth-century poet (*o* writer); (*rif. all'arte e alla letteratura italiana*) settecentist. **2** (*studioso*) scholar (*o* student) of the eighteenth century, settecentist. **settecęnto** *a./s.inv.* seven hundred. **Settecento** *m.* eighteenth century; (*rif. all'arte e alla letteratura italiana*) Settecento.

settembre *m.* September: *il quattro* (*di*) ~ the fourth of September, September (the) fourth. □ *di* ~ September-, in September: *una giornata di* ~ a September day; *in* ~ in September; *a metà* (*di*) ~ in mid-September. **settembrino** *a.* of September.

settemila *a./s.inv.* seven thousand.

settenario *I a.* ⟨*Metr*⟩ seven-syllable-; (*nella metrica latina*) of seven and a half feet. **II** *s.m.* ⟨*Metr*⟩ seven-syllable line; (*nella metrica latina*) septenar(y), septenarius. **settennale** *a.* **1** (*che dura sette anni*) seven-year(-long), lasting seven years, septennial: *piano* ~ seven-year plan. **2** (*che avviene ogni sette anni*) septennial, that occurs every seven years. **settennato** *m.* ⟨*Pol*⟩ term of office of seven years. **settenne** *a.* seven-year-old, of seven. **settennio** *m.* (period of) seven years, ⟨*lett*⟩ septennium.

settentrionale *I a.* **1** northern, north, ⟨*lett*⟩ septentrional: *paesi* -*i* northern countries; *Italia* ~ North(ern) Italy; *vento* ~ north (*o* northerly) wind. **2** (*dell'Italia del nord*) North Italian, of (*o* from) North Italy. **II** *s.m./f.* **1** northerner. **2** (*italiano settentrionale*) North(ern) Italian. **settentrione** *m.* **1** (*punto cardinale*) north. **2** (*parte settentrionale*) north, northern part; (*paesi situati a nord*) north, northern countries *pl*: *nel* ~ *dell'Europa* in the north of Europe, in northern Europe. **3** (*rif. all'Italia*) North(ern) Italy.

sętter *m.* ⟨*Zool*⟩ setter.

setticemia *f.* ⟨*Med*⟩ septic(a)emia. **setticęmico** *a.* (*pl.* -ci) septic(a)emic.

setticlavio *m.* ⟨*Mus*⟩ system of seven clefs.

sęttico *a.* (*pl.* -ci) ⟨*Med*⟩ septic. □ *fossa* -*a* septic tank.

sęttima *f.* ⟨*Mus*⟩ (*intervallo*) seventh (interval); (*settima opera*) seventh.

settimana *f.* **1** week: *lavorare tutta la* ~ to work all week. **2** (*salario*) week's pay (*o* wages *pl*): *riscuotere la* ~ to collect a week's pay. □ ~ *corta* five-day week; *essere di* ~ (*svolgere un turno di servizio settimanale*) to be on duty for the week; *fine* ~ week-end; ~ *lavorativa* working week, work-week; *a metà* ~ halfway through the week, at midweek; *un paio di* -*e* a fortnight; ~ *di quaranta ore* forty-hour week; ⟨*Rel*⟩ ~ *santa* Holy Week; *due volte la* ~ twice a week.

settimanale *I a.* weekly (*anche Giorn.*). **II** *s.m.* ⟨*Giorn*⟩ weekly (publication). □ *incasso* ~ weekly takings *pl.* **settimanalmente** *avv.* weekly; (*a settimana*) by the week: *mi pagano* ~ I am paid by the week.

settimino *I a.* seven-month: *neonato* ~ seven-month

baby. **II** *s.m.* (*f.* **-a**) seven–month baby, seven months' child.

settimo I *a.* **1** seventh. **2** (*rif. a regnanti*) the Seventh: *Enrico* ~ Henry the Seventh, Henry VII. **II** *avv.* seventh, in the seventh place. **III** *s.m.* (*ordinale; f.* **-a**) seventh.

setto *m.* ⟨*Anat*⟩ septum: ~ *nasale* nasal (*o* nose) septum.

settore[1] *m.* **1** (*zona*) area, zone, sector (*anche Mil.*): ~ *d'azione* zone of action. **2** ⟨*fig*⟩ (*ambito, campo d'azione*) sector, field: ~ *economico* economic sector. **3** ⟨*Geom*⟩ sector. □ ~ **bancario** banking; ⟨*Geom*⟩ ~ **circolare** sector of a circle; ~ **industriale** industrial sector, branch of industry; ~ **privato** private sector; ~ **produttivo** production sector, sphere of production; ⟨*Geom*⟩ ~ **sferico** sector of a sphere, spherical sector.

settore[2] *m.* ⟨*Chir*⟩ prosector. □ ~ *anatomico* prosector; *perito* ~ medical examiner.

settoriale *a.* sectorial.

settuagenario I *a.* ⟨*lett*⟩ septuagenary, seventy–year–old, of seventy. **II** *s.m.* (*f.* **-a**) septuagenarian, man (*f* woman) of seventy. **settuagesima** *f.* ⟨*Lit*⟩ Septuagesima (Sunday).

settuplicare *v.i.* (**settuplico, settuplichi**) to multiply by seven, to septuple. **settuplicarsi** *v.r.* to increase seven times, to septuple. **settuplo I** *a.* sevenfold, septuple. **II** *s.m.* seven times as much, septuple: *pagare il* ~ to pay seven times ⌐as much⌐ (*o* the amount).

severamente *avv.* severely, strictly, sternly. **severità** *f.* **1** (*rif. a persone*) severity, strictness, sternness: *trattare qd. con* ~ to treat s.o. with severity; (*rif. a cose*) severity, sternness: *la* ~ *di una condanna* the severity of a sentence. **2** ⟨*fig*⟩ (*austerità*) severity, austerity: ~ *di costumi* severity (of morals). **3** ⟨*fig*⟩ (*gravità*) severity, seriousness, gravity. **severo** *a.* **1** severe, strict, stern: *essere* ~ *nel giudicare* to be a severe judge; *insegnante* ~ strict teacher; *critica* –*a* stern criticism. **2** ⟨*fig*⟩ (*austero*) severe, austere: *vita* –*a* austere life. **3** ⟨*fig*⟩ (*grave, rilevante*) severe, serious, grave: *una* –*a sconfitta* a serious (*o* bad) defeat.

Severo *N.pr.m.* Severus.

sevizia *f.* **1** *pl.* torture: *subire terribili* –*e* to suffer terrible torture. **2** (*violenza carnale*) carnal violence, rape. **3** ⟨*Dir*⟩ (*con gravi mutilazioni*) mayhem. □ *usare* –*e contro qd.* to torture s.o.; (*maltrattarlo*) to ill–treat s.o. **seviziare** *v.t.* (**sevizio, sevizi**) **1** to torture. **2** ⟨*fig*⟩ (*maltrattare*) to ill–treat, to torment, to torture. **3** (*violentare*) to rape. **seviziatore** *m.* (*f.* **-trice**) **1** torturer. **2** ⟨*fig*⟩ tormentor, abuser.

sexy *ingl.a.inv.* sexy: *una donna molto* ~ a very sexy woman.

sezionamento *m.* **1** division, separation (*anche fig.*). **2** ⟨*Med*⟩ dissection. **sezionare** *v.t.* (**seziono**) **1** to divide (*o* cut) up, to separate, to dissect. **2** ⟨*fig*⟩ (*spartire, dividere in classi*) to divide (up), to separate (into sections), to section. **3** ⟨*Med*⟩ to dissect. **sezionatore** *m.* ⟨*El*⟩ isolator: ~ *di potenza* power isolator. **sezione** *f.* **1** ⟨*Geom*⟩ section: ~ *piana* plane section. **2** (*spaccato*) (cross–)section, cutaway view: ~ *di una galleria* cutaway view of a tunnel. **3** (*suddivisione*) section, subdivision; (*di tribunale*) division: ~ *civile* civil division. **4** (*nei partiti*) section, local branch; (*sede*) local party branch office. **5** ⟨*Med*⟩ section; (*sezionamento*) dissection. □ ~ **circolare** circular cross–section; *a* ~ **circolare** round, circular; ~ **elettorale** electoral division; ~ **microscopica** microscope section; ~ **di polizia** police station.

sfaccendare *v.i.* (**sfaccendo**; *aus.* **avere**) to be busy, to bustle about. **sfaccendato I** *a.* **1** idle. **2** (*ozioso*) lazy. **II** *s.m.* (*f.* **-a**) (*fannullone*) idler, loafer, ⟨*fam*⟩ lazy–bones.

sfaccettare *v.t.* (**sfaccetto**) **1** (*rif. a pietre preziose*) to facet. **2** ⟨*fig*⟩ to consider from all points of view. **sfaccettato** *a.* faceted: *cristallo* ~ faceted crystal. **sfaccettatura** *f.* (*atto*) faceting; (*effetto*) facets *pl.*

sfacchinare *v.i.* (*aus.* **avere**) ⟨*fam*⟩ to toil, to drudge. **sfacchinata** *f.* ⟨*fam*⟩ drudgery, toil.

sfacciataggine *f.* impudence, insolence, cheek, nerve: *che* ~*!* what (a) nerve! **sfacciatamente** *avv.* impudently, insolently. **sfacciatello I** *a.* impudent, insolent, cheeky.

II *s.m.* (*f.* **-a**) cheeky fellow. **sfacciato I** *a.* **1** (*impudente*) impudent, insolent, cheeky, ⟨*fam*⟩ saucy. **2** (*spudorato, svergognato*) shameless. **3** ⟨*fig*⟩ (*vivace, vistoso*) gaudy, showy: *colori* –*i* gaudy colours. **4** (*rif. a cavalli*) blazed. **II** *s.m.* (*f.* **-a**) impudent fellow.

sfacelo *m.* **1** (*decomposizione*) decomposition: *lo* ~ *di un corpo* the decomposition of a body. **2** ⟨*fig*⟩ (*decadimento*) decay, decline: ~ *morale* moral decay. **3** (*rovina, disastro*) ruin, disaster.

sfagiolare *v.i.* (**sfagiolo**; *aus.* **essere**) ⟨*fam*⟩ to be to one's liking (*o* taste), to like: *quell'uomo non mi sfagiola* I don't like that fellow.

sfagno *m.* ⟨*Bot*⟩ sphagnum moss, bog moss.

sfaldabile *a.* **1** flaky, scaly. **2** (*che si può sfaldare*) that may be flaked (*o* scaled). **3** ⟨*Min*⟩ spathic. **sfaldamento** *m.* **1** flaking, scaling. **2** (*disgregamento*) disintegration, crumbling (*anche fig.*). **sfaldare** *v.t.* **1** to flake, to scale. **2** (*disgregare*) to disintegrate, to crumble. **sfaldarsi** *v.r.* **1** to flake, to scale. **2** ⟨*Min*⟩ to cleave, to undergo cleavage. **3** (*sbriciolarsi, disgregarsi*) to disintegrate, to crumble (*anche fig.*). **sfaldatura** *f.* **1** flaking, scaling. **2** ⟨*Min*⟩ cleavage: *piano di* ~ cleavage plane. **3** (*disgregamento*) disintegration, crumbling.

sfalsare *v.t.* **1** to stagger: ~ *i piani di una libreria* to stagger the shelves in a bookcase. **2** ⟨*Sport*⟩ (*nella scherma*) to parry. **3** (*deviare*) to deflect, to turn aside.

sfamare *v.t.* to appease (*o* satisfy) the hunger of; (*nutrire*) to feed: *basta per* ~ *un esercito* that's enough to feed an army. **sfamarsi** *v.r.* to appease (*o* satisfy) one's hunger, to have one's fill.

sfare *v.t.* (**sfaccio, sfai; sfeci, sfatto**; → **fare**) (*disfare*) to undo. **sfarsi** *v.r.* **1** to dissolve; (*sciogliersi*) to thaw, to melt: *la neve si è tutta sfatta* the snow has all melted. **2** (*sfiorire*) to fade, to wither, to sag: *il suo viso comincia a sfarsi* her face is starting to sag. **3** (*perdere la compattezza*) to get (*o* go) soft: *il budino s'è tutto sfatto* the pudding has gone all soft.

sfarfallamento *m.* **1** ⟨*Entom*⟩ emergence from the cocoon. **2** ⟨*fig*⟩ (*incostanza, volubilità*) fluttering, flitting, fickleness, flightiness. **3** ⟨*tecn*⟩ flicker. **sfarfallare** *v.i.* (*aus.* **avere**) **1** ⟨*Entom*⟩ to emerge from the cocoon. **2** ⟨*fig*⟩ (*cambiare volubilmente*) to flutter, to flit, to be fickle: *sfarfalla da un ragazzo all'altro* she flits from one boy to another. **3** ⟨*tecn*⟩ (*tremolare*) to flicker. **sfarfallatura** *f.* ⟨*Entom*⟩ emergence from the cocoon; (*periodo*) time of emergence from the cocoon. **sfarfallio** *m.* **1** flutter(ing). **2** ⟨*tecn*⟩ flickering.

sfarinare I *v.t.* **1** to grind to flour. **2** (*polverizzare*) to pulverize. **II** *v.i.* (*aus.* **avere**), **sfarinarsi** *v.r.* **1** to become floury (*o* mealy). **2** (*ridursi in polvere*) to pulverize, to become pulverized.

sfarzo *m.* magnificence, pomp, splendour. □ *con* ~ magnificently, splendidly; *senza* ~ simply, plainly, unostentatiously. **sfarzosamente** *avv.* magnificently, splendidly, sumptuously. **sfarzosità** *f.* **1** magnificence, splendour, sumptuousness. **2** (*ostentazione di sfarzo*) lavish display, ostentation. **3** (*apparato sfarzoso*) pomp (and circumstance). **sfarzoso** *a.* magnificent, splendid, sumptuous.

sfasamento *m.* **1** (*disorientamento*) bewilderment, confusion. **2** ⟨*tecn*⟩ phase displacement (*o* difference). **sfasare** *v.t.* **1** (*disorientare*) to confuse, to bewilder. **2** ⟨*tecn*⟩ to dephase, to displace the phase of. **sfasato** *a.* **1** confused, bewildered. **2** ⟨*tecn*⟩ out of phase. **3** ⟨*Mot*⟩ with faulty timing. **sfasatura** *f.* → sfasamento.

sfasciacarrozze *m.inv.* car wrecker.

sfasciamento *m.* **1** breaking, smashing, shattering. **2** (*crollo*) collapse, break–up, ruin.

sfasciare[1] *v.t.* (**sfascio, sfasci**) **1** (*disfare la fasciatura*) to unbandage, to remove the bandage(s) from: ~ *una ferita* to unbandage a wound. **2** (*rif. a neonati*) to unswaddle, to unswathe.

sfasciare[2] *v.t.* (**sfascio, sfasci**) **1** (*rompere*) to break, to smash. **2** (*sconquassare*) to smash, to wreck, to shatter, to break (*o* tear) up: ~ *una sedia* to smash a chair. **sfasciarsi** *v.r.* **1** (*fracassarsi*) to break up (*o* in pieces), to be wrecked: *la nave si sfasciò sugli scogli* the ship ⌐was wrecked[1] (*o broke up*) on the rocks; (*rif. a veicoli*) to crash. **2** (*rompersi*) to break, to shatter, to be smashed. **3** 〈*fig*〉 (*crollare, scompaginarsi*) to collapse, to break up, to crumble (away), to fall down (*o into ruin*). **4** 〈*fam*〉 (*perdere la snellezza*) to go to pot.

sfasciato[1] *a.* **1** (*senza fasciatura*) unbandaged. **2** (*rif. a neonati*) unswaddled, unswathed.

sfasciato[2] *a.* **1** (*sconquassato*) smashed, wrecked, broken (*o torn*) up, shattered; (*fracassato*) broken up, in pieces (*o smithereens*), wrecked. **2** 〈*fam*〉 (*rif. a persone: cascante*) flabby, 〈*fam*〉 gone to pot.

sfasciume *m.* (*insieme di cose sfasciate*) debris, rubble, junk.

sfatare *v.t.* to disprove, to refute, to explode, 〈*fam*〉 to debunk: ~ *una leggenda* to explode a myth.

sfaticare *v.i.* (*sfatico, sfatichi; aus. avere*), **sfaticarsi** *v.r.* 〈*region*〉 (*sfacchinare*) to toil, to drudge, to slave. **sfaticato** **I** *a.* 〈*region*〉 (*scansafatiche*) idle, lazy. **II** *s.m.* (*f.* -a) idler, loafer, 〈*fam*〉 lazy-bones.

sfatto *a.* **1** undone. **2** (*sciolto*) dissolved; (*fuso*) melted; (*rif. alla neve*) thawed, melted. **3** 〈*fig*〉 (*rif. a persone: sfiorito*) faded, drooping, withered, sagging. □ *letto* ~ unmade bed.

sfavillante *a.* **1** spark(l)ing. **2** (*splendente*) sparkling, glittering, shining (*anche fig.*): *occhi* ~*i di gioia* eyes sparkling with joy. **sfavillare** *v.i.* (*aus. avere*) **1** to sparkle, to give off sparks, to spark. **2** (*risplendere*) to sparkle, to glitter, to shine (*anche fig.*): *le sfavillano gli occhi di gioia* her eyes are shining with joy. **sfavillio** *m.* sparkling, glittering, shining (*anche fig.*).

sfavore *m.* disfavour, disapproval; (*svantaggio*) disadvantage. **sfavorevole** *a.* **1** unfavourable: *opinione* ~ unfavourable opinion; (*inopportuno*) unfavourable, bad: *è un momento* ~ it's a bad time. **2** (*mal disposto*) against (*a qc.* s.th.), adverse (*to*): *essere* ~ *a un progetto* to be against a plan. **sfavorevolmente** *avv.* unfavourably.

sfebbrare *v.i.* (*sfebbro; aus. essere*) to get rid of a fever. **sfebbrato** *a.* no longer having a fever.

sfegatarsi *v.r.* (*mi sfegato*) 〈*fam*〉 **1** to wear o.s. out, 〈*fam*〉 to break one's back. **2** (*gridare*) to shout one's lungs out. **sfegatato** **I** *a.* passionate, ardent, keen. **II** *s.m.* (*f.* -a) daredevil.

sfeltrare *v.t.* (*sfeltro*) 〈*Tess*〉 to pluck. **sfeltratura** *f.* plucking.

sfenoidale *a.* 〈*Anat*〉 sphenoid(al). **sfenoide** *m.* sphenoid (bone).

sfera *f.* **1** 〈*Geom*〉 sphere. **2** (*oggetto sferico, palla*) sphere, ball: ~ *di ferro* iron ball. **3** 〈*fig*〉 (*ambiente*) circle, set, sphere. **4** 〈*fig*〉 (*campo, settore*) sphere, field, province: ~ *d'azione* sphere of influence. □ **a** ~ ball-: *cuscinetto a* ~ ball bearing; *penna a* ~ ball(point) pen, ballpoint; 〈*fig*〉 *allargare la propria* ~ *di attività* to extend one's sphere of activity; 〈*fig*〉 **alte** ~*e* high places; 〈*Astr*〉 ~ **celeste** celestial sphere; ~ *d'*influenza sphere of influence; ~ **intima** (*o privata*) privacy; ~ **solare** solar sphere; ~ **terrestre** terrestrial sphere (*o globe*).

sfericità *f.* sphericity. **sferico** *a.* (*pl.* -ci) spherical. **sferisterio** *m.* court (for ball games), 〈*lett*〉 spheristerion. **sferoidale** *a.* spheroidal. **sferoide** *m.* 〈*Astr, Geom*〉 spheroid. **sferometro** *m.* 〈*tecn*〉 spherometer.

sferragliamento *m.* rattle, clatter(ing), clang(ing). **sferragliare** *v.i.* (*sferraglio, sferragli; aus. avere*) to rattle, to clatter; (*rif. a treni e sim.*) to clang.

sferrare *v.t.* (*sferro*) **1** to unshoe. **2** 〈*fig*〉 (*dare, tirare con forza*) to deal, to throw, 〈*fam*〉 to land: ~ *un pugno* to land a punch. **3** 〈*fig*〉 (*fare improvvisamente*) to launch, to deliver: ~ *un attacco* to launch an attack. **sferrarsi** *v.r.* **1** (*perdere i ferri*) to cast (*o lose*) a shoe, to be(come) unshod. **2** 〈*fig*〉 (*avventarsi*) to fling (*o hurl*) o.s.

sferruzzare *v.i.* (*aus. avere*) to knit away.

sferza *f.* **1** whip, lash. **2** 〈*fig*〉 lash: *la* ~ *della critica* the lash of criticism. □ *sotto la* ~ *del sole* under the burning (*o merciless*) rays of the sun; 〈*fig*〉 *usare la* ~ to act harshly. **sferzare** *v.t.* (*sferzo*) **1** to whip, to lash, to flog: ~ *i cavalli* to whip the horses. **2** 〈*fig*〉 (*biasimare*) to lash out at, to scourge: ~ *i vizi* to lash out at immorality. **3** 〈*fig*〉 (*incitare*) to spur on, to drive (on). **sferzata** *f.* **1** cut

(*o blow*) with a whip, lash. **2** 〈*fig*〉 (*critica*) lashing.

sfiancare *v.t.* (*sfianco, sfianchi*) **1** to break (through) the sides of, to burst (open). **2** 〈*iperb*〉 (*logorare*) to wear out, to exhaust, 〈*fam*〉 to do in. **3** (*rif. a cavalli*) to wear out, to exhaust. **sfiancarsi** *v.r.* **1** to break open, to burst, to cave in. **2** 〈*iperb*〉 to be exhausted (*o worn-out*), 〈*fam*〉 to be done in. **sfiancato** *a.* **1** (*spossato*) worn-out, exhausted, 〈*fam*〉 done in. **2** (*rif. ad animali: smagrito*) hollow-flanked.

sfiatamento *m.* leaking, leakage, escape. **sfiatare** *v.i.* (*aus.* avere) **1** (*uscire fuori*) to leak, to escape. **2** (*emettere vapore e sim.*) to let off gas, to give off steam, to leak; (*con forza*) to blow. **sfiatarsi** *v.r.* **1** (*rif. a strumenti a fiato*) to lose tone, to crack. **2** 〈*fam*〉 (*sgolarsi*) to go (*o talk o.s.*) hoarse; (*sprecare il fiato*) to waste one's breath. **sfiatato** *a.* **1** (*rif. a strumenti musicali*) cracked. **2** 〈*fam*〉 (*senza più voce*) hoarse; (*senza più fiato*) breathless. **sfiatatoio** *m.* **1** breather (pipe); (*rif. a impianti di ventilazione*) (air) vent. **2** 〈*Zool*〉 spiracle, blow-hole. **sfiatatura** *f.* **1** escape, leakage. **2** (*apertura*) hole.

sfibbiare *v.t.* (*sfibbio, sfibbi*) to unbuckle, to unfasten: *sfibbiarsi la cintura* to unbuckle one's belt.

sfibramento *m.* **1** defibration. **2** 〈*fig*〉 (*logorio*) weakening, enervation. **sfibrante** *a.* weakening, enervating, exhausting, wearing: *caldo* ~ exhausting heat. **sfibrare** *v.t.* **1** to defiber(ize), to defibrate. **2** 〈*fig*〉 (*logorare*) to weaken, to enfeeble, to enervate, to wear. **sfibrato** *a.* **1** defiberized, defibrated. **2** 〈*fig*〉 weakened, enfeebled, enervated.

sfida *f.* challenge (*anche fig.*). □ *con aria di* ~ defiantly, challengingly; *lanciare la* ~ *a qd.* to challenge s.o.; *raccogliere una* ~ to accept a challenge. **sfidante** **I** *a.* challenging. **II** *s.m./f.* challenger. **sfidare** *v.t.* **1** to challenge: ~ *a duello* to challenge to a duel. **2** (*invitare*) to challenge, to defy: *ti sfido a dimostrarmi il contrario* I defy you to prove the contrary. **3** 〈*fig*〉 (*affrontare*) to dare, to brave, to defy: ~ *il pericolo* to brave danger. **sfidarsi** *v.r.* 〈*recipr*〉 to challenge e.o. □ 〈*fig*〉 ~ *i secoli* to defy the passing of time; *sfido (io)!* of course!, I should say so! **sfidato** *m.* challengee.

sfiducia *f.* distrust, mistrust, lack of confidence. □ *avere* ~ *in qd.* to distrust s.o., to have no trust (*o confidence*) in s.o.; ~ *in se stesso* lack of self-confidence; *voto di* ~ vote of no-confidence. **sfiduciare** *v.t.* (*sfiducio, sfiduci*) to discourage, to dishearten. **sfiduciarsi** *v.r.* to become discouraged, to lose heart. **sfiduciato** *a.* discouraged, disheartened.

sfigmico *a.* (*pl.* -ci) 〈*Med*〉 sphygmic.

sfigmografia *f.* 〈*Med*〉 sphygmography. **sfigmografo** *m.* sphygmograph. **sfigmomanometro** *m.* sphygmomanometer.

sfigurare **I** *v.t.* **1** to mar, to ruin, to spoil: *le costruzioni hanno sfigurato il paesaggio* the buildings have ruined the landscape; (*rif. al viso*) to disfigure: *la cicatrice gli ha sfigurato il viso* the scar disfigured his face. **2** (*iperb*) to disfigure, to distort: *la rabbia gli sfigurava il volto* anger distorted his features. **II** *v.i.* (*aus. avere*) **1** (*rif. a persone*) to cut a poor (*o sorry*) figure, to make a bad impression, to look bad; (*in una prova*) to do badly. **2** (*rif. a cose*) not to look well (*o good*), to look wrong (*o out of place*), to make a bad impression; (*rif. a capi di vestiario*) not to go (*o match*). □ *far* ~ *qd.* to show s.o. up. **sfigurato** *a.* **1** marred; (*deformato, deturpato*) disfigured: *volto* ~ *dalle cicatrici* face disfigured by scars. **2** 〈*iperb*〉 (*stravolto*) disfigured, distorted.

sfilaccia *f.* (*pl.* -ce) rope-yarn, bast. **sfilacciare** *v.* (*sfilaccio, sfilacci*) **I** *v.t.* to unravel. **II** *v.i.* (*aus. essere*), **sfilacciarsi** *v.r.* **1** (*rif. a tessuti e sim.*) to fray: *un tessuto che* (*si*) *sfilaccia facilmente* a material that frays easily. **2** (*rif. a cavi vegetali*) to unravel, to fray. **sfilacciato** *a.* (*rif. a corde e sim.*) unravelled, frayed. **sfilacciatrice** *f.* **1** 〈*Cart*〉 rag-grinding machine, rag-grinder. **2** 〈*Tess*〉 grinding (*o tearing*) machine, rag-picker. **sfilacciatura** *f.* **1** fraying, unravelling. **2** (*parte sfilacciata*) ravel, fray, frayed (*o worn*) part. **3** 〈*Tess, Cart*〉 rag-grinding.

sfilare[1] *v.t.* **1** to unthread: ~ *l'ago* (*o il filo dalla cruna dell'ago*) to unthread a needle; (*rif. a perle e sim.*) to unstring, to unthread. **2** (*togliere i fili*) to draw threads from, to pull threads out of: ~ *un tessuto* to draw threads from a piece of cloth. **3** (*togliere di dosso*) to take (*o* pull slip) off, to remove: ~ *l'anello dal dito* to slip off one's ring; ~ *le scarpe* to take off one's shoes. **sfilarsi** *v.r.* **1** to become unthreaded; (*rif. a perle e sim.*) to become unstrung. **2** (*perdere i fili*) to rip, to unravel; (*smagliarsi*) to ladder, ⟨*am*⟩ to run: *mi si è sfilata la calza* my stocking has laddered. **3** (*sfilacciarsi*) to fray: *questo tessuto si sfila facilmente* this material frays easily. **4** (*togliersi di dosso*) to take (*o* slip, pull) off, to remove: *sfilarsi il vestito* to take off one's dress.

sfilare[2] *v.i.* (*aus. avere/essere*) **1** to go, to wind (one's way), to pass, to parade: *il corteo sfilava per le strade* the procession went by through the streets; (*rif. a vetture*) to drive, to pass. **2** ⟨*Mil,Sport*⟩ to march (in parade) (*davanti a* past), to parade (before).

sfilata *f.* **1** parade, march past. **2** (*serie, fila*) line, string: *una ~ di nomi* a string of names; *una ~ di case* a line of houses. **3** ⟨*Mil*⟩ (*rivista*) review, parade. **4** (*sfilata di moda*) fashion show.

sfilatino *m.* ⟨*Alim*⟩ small French loaf.

sfilato *a.* **1** (that has come) unthreaded; (*rif. a perle e sim.*) unstrung, unthreaded: *perle –e* unstrung pearls. **2** (*tolto*) removed, (taken) off: *avere una manica infilata e una –a* to have one sleeve on and one off. **3** (*rif. a calze: smagliato*) laddered, ⟨*am*⟩ run. **sfilatura** *f.* **1** (*lo sfilare*) unthreading; (*rif. a perle e sim.*) unstringing, unthreading. **2** (*parte sfilata*) rip, ravel; (*smagliatura*) ladder, ⟨*am*⟩ run: *una ~ nella calza* a ladder in one's stocking.

sfilza *f.* string, series, long train (*anche fig.*): *una ~ di errori* a series of errors.

sfinge *f.* **1** sphinx (*anche fig.*). **2** ⟨*Entom*⟩ sphinx moth.

sfinimento *m.* exhaustion, weakness, prostration. **sfinire** *v.t.* (*sfinisco, sfinisci*) to exhaust, to wear out, to weaken. **sfinirsi** *v.r.* to wear o.s. out, to lose one's strength. **sfinitezza** *f.* exhaustion, extreme weakness. **sfinito** *a.* worn-out, tired out, exhausted.

sfintere *m.* ⟨*Anat*⟩ sphincter: ~ *anale* (*o dell'ano*) anal sphincter.

sfioccare *v.t.* (*sfiocco, sfiocchi*) to fray, to unravel. **sfioccarsi** *v.r.* ⟨*fig*⟩ to break up, to scatter.

sfioramento *m.* touching, brushing, grazing. **sfiorare** *v.t.* (*sfioro*) **1** to touch (lightly), to brush (against, past), to skim (along, over), to graze: *l'aereo sfiorava la superficie dell'acqua* the plane skimmed over the water; *una pallottola gli sfiorò la guancia* a bullet grazed his cheek; (*mancare di poco*) to just miss: *l'automobile sfiorò il pedone* the car just missed the pedestrian. **2** ⟨*fig*⟩ to be very close (*o* near) to, to be on the verge of: ~ *il successo* to be very close to success. **3** ⟨*fig*⟩ (*accennare*) to (barely) touch on, to skim over: ~ *un argomento* to skim over a subject. **4** ⟨*fig*⟩ (*rasentare*) to come very close to, to border on. □ *le sfiorò la fronte con un bacio* he brushed her forehead with his lips. **sfioratore** *m.* ⟨*Idr*⟩ spillway.

sfiorire *v.i.* (*sfiorisco, sfiorisci; aus. essere*) **1** to lose petals, to go out of bloom; (*appassire*) to wither, to fade. **2** ⟨*fig*⟩ to fade, to wither. **sfiorito** *a.* faded, withered (*anche fig.*): *bellezza –a* faded beauty. **sfioritura** *f.* fading, withering.

sfirena *f.* ⟨*Itt*⟩ (*anche sfirena comune*) sphyraena.

sfittare *v.t.* to vacate, to leave vacant (*o* untenanted). **sfitto** *a.* vacant, unlet, empty: *appartamento ~* vacant flat.

sfizio *m.* ⟨*region*⟩ whim, fancy: *togliersi uno ~* to satisfy a whim.

sfocare *v.t.* (*sfuoco/sfoco, sfuochi/sfochi*) ⟨*Fot*⟩ to photograph out of focus. **sfocato** *a.* **1** ⟨*Fot*⟩ blurred, fuzzy. **2** ⟨*fig*⟩ hazy, indefinite. **sfocatura** *f.* ⟨*Fot*⟩ blur(ring), fuzziness.

sfociare *v.i.* (*sfocio, sfoci; aus. essere/avere*) **1** to flow, to debouch: *il Tevere sfocia nel mar Tirreno* the Tiber flows into the Tyrrhenian Sea. **2** ⟨*fig*⟩ (*causare*) to result (*in* in), to lead (to): *i disordini sfociarono in una rivolta* the riots led to a revolution.

sfoderare *v.t.* (*sfodero*) **1** to unsheathe, to draw: ~ *la spada* to draw one's sword. **2** (*togliere la fodera*) to take

the cover(s) off; (*rif. a vestiti*) to take out the lining of. **3** ⟨*fig*⟩ to turn out to have, ⟨*fam*⟩ to come out with: *ha sfoderato una bellissima voce di tenore* he turned out to have a beautiful tenor voice. **4** ⟨*fig*⟩ (*ostentare*) to display, to show off: ~ *tutta la propria cultura* to display all one's learning. □ ~ *un sorriso* to flash a smile. **sfoderato** *a.* **1** drawn, unsheathed: *con la spada –a* with drawn sword. **2** (*senza fodera*) unlined: *abito ~* unlined dress.

sfogare *v.* (*sfogo, sfoghi*) **I** *v.t.* to vent, to give vent to, to let (*o* take, pour) out: ~ *la propria rabbia su qd.* to take out one's anger on s.o. **II** *v.i.* (*aus. essere*) **1** (*uscire fuori: rif. a gas, vapori e sim.*) to come (*o* go) out, to escape; (*rif. a liquidi*) to flow out, to come (*o* go) out. **2** ⟨*fig*⟩ (*prorompere*) to find relief (*o* an outlet): *il suo dolore sfogò nel pianto* his sorrow found relief in tears. **3** ⟨*fig*⟩ (*rif. a passioni, sentimenti*) to let o.s. go. **sfogarsi** *v.r.* **1** (*confidarsi*) to unburden o.s., to open one's heart, ⟨*fam*⟩ to get s.th. off one's chest. **2** (*sfogare la propria rabbia*) to give vent to one's feelings (*o* anger). **3** (*rif. a passioni, sentimenti*) to let o.s. go. □ *sfogarsi a correre* to run wild; *sfogarsi contro qd.* to say just what one thinks of s.o.; *sfogarsi mangiando* to eat one's fill. **sfogatoio** *m.* outlet.

sfoggiare *v.* (*sfoggio, sfoggi*) **I** *v.t.* to show off, to display, to flaunt, to parade: ~ *un vestito nuovo* to show off a new suit; ~ *la propria cultura* to flaunt one's learning. **II** *v.i.* (*aus. avere*) to show off. **sfoggio** *m.* **1** (*sfarzo*) show, pomp. **2** ⟨*fig*⟩ display, show, showing off: ~ *d'erudizione* show of learning. □ *fare ~ di qc.* to show s.th. off, to make a display of s.th.

sfoglia *f.* **1** foil. **2** ⟨*Gastr*⟩ sheet of pasta dough; (*pasta sfoglia*) puff pastry. **3** ⟨*Itt*⟩ (*sogliola*) sole.

sfogliare[1] *v.t.* (*sfoglio, sfogli*) **1** to strip (*o* pull) the leaves off: ~ *un ramo* to strip the leaves off a branch. **2** (*togliere i petali*) to pluck the petals off. **sfogliarsi** *v.r.* **1** to shed (*o* lose) leaves. **2** (*perdere i petali*) to shed petals.

sfogliare[2] *v.t.* (*sfoglio, sfogli*) to glance (*o* skim) through, to have a quick look through: ~ *un libro* to glance through a book.

sfogliata[1] *f.* (*scorsa*) glance, look-through.

sfogliata[2] *f.* ⟨*Dolc*⟩ napoleon. **sfogliatella** *f.* puff.

sfogliatrice *f.* ⟨*El*⟩ peeling-machine, rotary-veneer cutting-machine.

sfogo *m.* (*pl. -ghi*) **1** vent, outlet: ~ *d'aria* vent-hole; ~ *d'acqua* water outlet. **2** (*sfiatatoio*) air-hole, ventilation opening. **3** ⟨*fig*⟩ vent, outburst: *dare ~ all'ira* to give vent to one's wrath. **4** (*sbocco*) access, outlet: *paese senza ~ sul mare* country that has no access to the sea; (*sbocco economico*) outlet, channel; (*mercato*) market. **5** ⟨*fam*⟩ (*eruzione cutanea*) eruption, rash. □ **avere** ~ (*essere ampio*) to be spacious; ~ *del* **cuore** opening of one's heart; *dare* (*o aprire*) *uno ~ a qc.* to provide an outlet for s.th.; ⟨*fig*⟩ *dare ~ a qc.* to give vent to s.th; ⟨*fig*⟩ *libero* ~ free play: *dare libero ~ alla fantasia* to give free play to one's imagination; *stanza senza* ~ poky (*o* cramped) room.

sfolgorante *a.* **1** blazing, shining, radiant: *luce ~* blazing light. **2** ⟨*fig*⟩ radiant, shining: ~ *di gioia* radiant with joy. **sfolgorare** *v.i.* (*sfolgoro; aus. avere*) **1** to blaze, to shine (brightly). **2** ⟨*fig*⟩ to shine: *gli occhi le sfolgoravano di gioia* her eyes shone with joy. **sfolgorio** *m.* blaze, shining.

sfollagente *m.inv.* truncheon, baton, ⟨*am*⟩ nightstick.

sfollamento *m.* dispersal, dispersion; (*come misura di sicurezza*) evacuation. **sfollare** *v.* (*sfollo/sfollo*) **I** *v.t.* **1** to disperse from; (*vuotare*) to empty; (*abbandonare*) to leave: *gli spettatori cominciarono a ~ il teatro* the audience began to leave the theatre. **2** (*far sgomberare*) to clear; (*come misura di sicurezza*) to evacuate. **II** *v.i.* **1** to disperse, to thin out, to go out (*o* away): *la gente cominciò a ~* the people began to disperse. **2** (*allontanarsi da luoghi abitati*) to evacuate, to be evacuated: *durante la guerra sfollammo in campagna* during the war we (were) evacuated to the country. **sfollarsi** *v.r.* to (become) empty. **sfollato I** *a.* evacuated. **II** *s.m.* (*f.* -a) evacuee.

sfoltimento *m.* thinning (out). **sfoltire** *v.t.* (*sfoltisco,* sfoltisci) to thin (out). **sfoltirsi** *v.r.* to thin. **sfoltita** *f.* thinning. □ *dare una ~ alla siepe* to thin the hedge.

sfondamento *m.* **1** breaking. **2** ⟨*Mil*⟩ breakthrough.

sfondare *v.* (sfondo) **I** *v.t.* **1** (*rompere il fondo*) to break the bottom of, to knock the bottom out of: *~ un cestino* to knock the bottom out of a basket. **2** (*schiantare*) to break (*o* smash, crash) through: *l'automobile ha sfondato il parapetto* the car crashed through the parapet; (*forzare*) to break open, to burst open (*o* in): *~ una porta* to break open a door. **3** (*logorare consumando: rif. a scarpe, tasche e sim.*) to wear out (*o* down, through), to make (*o* wear) holes in: *~ le scarpe* to wear one's shoes out; *~ le tasche* to make holes in one's pockets; (*rif. a sedie*) to wear the bottom out of. **4** ⟨*Mil*⟩ to break through. **II** *v.i.* (*aus.* avere) to be successful, ⟨*fam*⟩ to make it: *ha sfondato nel cinema* he was successful in the movies. **sfondarsi** *v.r.* **1** (*perdere il fondo*) to burst (*o* break) at the bottom; (*sfasciarsi*) to burst (*o* break) open. **2** (*rif. a scarpe e sim.*) to wear out, to be worn through, to get holes in the soles. □ (*fig*) *~ una porta aperta:* 1 to force an open door; 2 (*dire cose inutili*) to state the obvious; *la scatola si è sfondata* the bottom has fallen out of the box. **sfondato I** *a.* **1** (*senza fondo*) bottomless, with no bottom: *botte –a* barrel with no bottom; (*rotto*) broken. **2** (*logoro*) worn down (*o* through), worn–out: *scarpe –e* shoes with holes in them, worn–out shoes. **II** *s.m.* ⟨*Pitt*⟩ trompe–l'œil perspective. □ ⟨*fam*⟩ *ricco ~* rolling in money.

sfondo *m.* **1** background, setting (*anche fig.*): *sullo ~ delle montagne* against (*o* in) a mountain setting, with the mountains in the background; *un romanzo a ~ sociale* a novel with a social setting. **2** ⟨*Pitt,Fot*⟩ background. □ *di ~* background–: *figure di ~* background figures; ⟨*Sart*⟩ *~ piega* inverted pleat; ⟨*Teat*⟩ *~ della scena* backdrop.

sfondone *m.* ⟨*fam*⟩ (*sbaglio grossolano*) blunder, ⟨*fam*⟩ bloomer.

sforacchiare *v.t.* (sforacchio, sforacchi) to riddle (with holes). **sforacchiato** *a.* riddled (with holes). **sforacchiatura** *f.* holes *pl*, perforations *pl*.

sforbiciare *v.* (sforbicio, sforbici) **I** *v.t.* to snip, to scissor. **II** *v.i.* (*aus.* avere) to cut, to snip. **sforbiciata** *f.* **1** (*taglio*) snip; (*colpo*) jab with a pair of scissors. **2** ⟨*Sport*⟩ scissors *pl* (*costr.sing.*); (*nel nuoto*) scissors kick. □ *dare una ~ ai capelli* to cut (*o* trim) one's hair.

sformare *v.t.* (sformo) **1** (*deformare*) to put (*o* pull, knock) out of shape, to deform. **2** (*estrarre dalla forma*) to turn out, to remove from the mould: *~ il budino* to turn out the pudding. **3** ⟨*Met*⟩ to strip. **4** ⟨*Ceram*⟩ to remove from the mould, to deliver. **sformarsi** *v.r.* to lose one's shape, to go (*o* get) out of shape. **sformato I** *a.* shapeless. **II** *s.m.* ⟨*Gastr*⟩ soufflé.

sfornaciare *v.t.* (sfornacio, sfornaci) to take out of the furnace. **sfornare** *v.t.* (sforno) **1** to take out of the oven: *~ il pane* to take the bread out of the oven. **2** (*fig*) to turn (*o* churn, bring) out, to dish up: *~ un romanzo all'anno* to bring out a novel a year. **sfornellare** *v.i.* (sfornello; *aus.* avere) ⟨*fam*⟩ (*cucinare*) to cook.

sfornire *v.t.* (sfornisco, sfornisci) to deprive: *~ di truppe una fortezza* to deprive a fortress of troops. **sfornito** *a.* **1** (*privo, sprovvisto*) without (*di qc.* s.th.), deprived (of), lacking (in): *~ di denaro* without any money, having no money. **2** (*mal fornito*) badly (*o* poorly) stocked: *negozio ~* poorly stocked shop.

sfortuna *f.* **1** bad (*o* ill) luck: *essere perseguitato dalla ~* to be dogged by bad luck, to be very unlucky. **2** (*infortunio, contrattempo*) misfortune, (piece of) bad luck. □ *avere ~* to be unlucky; *che ~!* what bad luck!, how unlucky!; *~ volle che arrivassimo in ritardo* as luck would have it we arrived late. *Prov.: ~ al gioco, fortuna in amore* unlucky at cards, lucky in love. **sfortunatamente** *avv.* unfortunately, unluckily. **sfortunato I** *a.* **1** unlucky, unfortunate, luckless: *essere ~ in amore* to be unlucky in love. **2** (*senza successo*) unfortunate, unsuccessful: *un film ~* an unsuccessful film. **II** *s.m.* (*f.* -a) unlucky person. □ *essere ~* to be unlucky, to have no luck: *essere ~ negli affari* to be unlucky in business; *~ me!* poor me!

sforzare *v.t.* (sforzo) **1** (*sottoporre a sforzo*) to force, to strain: *~ gli occhi* to strain one's eyes; (*rif. a congegni*) to

force, to strain, to put under stress: *~ il motore dell'auto* to force the engine of the car. **2** (*costringere*) to force, to compel, to oblige: *~ qd. a mangiare* to force s.o. to eat. **3** (*forzare*) to force (*o* open): *~ un cassetto* to force open a drawer; (*scassinare*) to break open: *~ una serratura* to break (*o* force) open a lock. **4** ⟨*fig*⟩ (*dare un'interpretazione esagerata*) to strain, to stretch: *~ il senso di un testo* to stretch the meaning of a text.

sforzarsi *v.r.* **1** to force (*o* make) o.s.: *sforzarsi di fare qc.* to force o.s. to do s.th., to make o.s. do s.th. **2** (*adoperarsi in un intento*) to strive, to try (hard), to do one's best (*o* utmost): *sforzarsi di non ridere* to try not to laugh. **3** ⟨*iron,fam*⟩ to strain (*o* kill) o.s., to overdo things: *hai lavorato un'ora? attento a non sforzarti troppo* you've worked for an hour? mind you don't kill yourself. □ *sforzarsi eccessivamente* to overstrain (*o* overexert) o.s., to overdo things, to overtax one's strength. **sforzatamente** *avv.* **1** (*controvoglia*) against one's will, unwillingly. **2** (*in modo forzato*) forcedly. □ *ridere ~* to give a forced laugh. **sforzato** *a.* **1** forced, strained: *sorriso ~* forced smile. **2** (*affettato*) forced, false, affected. **3** (*arbitrario*) arbitrary, strained: *interpretazione –a* arbitrary interpretation. **sforzatura** *f.* **1** strain(ing), forcing, force. **2** ⟨*fig*⟩ (*arbitrarietà*) straining, forcing; (*travisamento*) misrepresentation, distortion.

sforzo *m.* **1** (*fatica*) effort, strain: *con uno ~ si sollevò* he got up with an effort. **2** (*impegno*) effort: *costare poco ~* to require little effort. **3** ⟨*Mecc,Fis*⟩ stress, strain. □ ⟨*iron*⟩ *bello* (*o che*) *~!* that didn't take much effort!; *con ~:* 1 with an effort; 2 (*controvoglia*) reluctantly, unwillingly; *fare uno ~:* 1 to make an effort; 2 (*impegnarsi*) to make an effort, to try hard, to do one's best: *fare uno ~ per non ridere* to do one's best not to laugh; *fare tutti gli –i possibili* to do everything possible; ⟨*Mecc*⟩ *~ di* **flessione** bending stress; *fare uno ~ di* **memoria** *per ricordare qc.* to ⌐make an effort⌐ (*o* strain one's memory) to recall s.th.; *senza ~* effortlessly, without (any) effort; *mettere* **sotto** *~* to put under stress; *~ di* **torsione** torsional stress; *~ di* **volontà** effort of will.

sfottere *v.t.* ⟨*pop*⟩ to tease, to make fun of, ⟨*fam*⟩ to take the mickey out of. **sfottitore** *m.* (*f.* -trice) ⟨*pop*⟩ tease(r). **sfottitura** *f.* ⟨*pop*⟩ teasing, ridiculing. **sfottò** *m.* ⟨*pop*⟩ hoax, leg–pull, take–off.

sfracellare *v.t.* (sfracello) to smash, to shatter, to crush: *lo scoppio della bomba gli ha sfracellato la mano* the exploding bomb shattered his hand. **sfracellarsi** *v.r.* to smash (to pieces), to be smashed, to crash: *la macchina si sfracellò contro un muro* the car smashed to pieces against a wall.

sfrangiare *v.t.* (sfrangio, sfrangi) to fringe, to fray (into a fringe), to make a fringe on. **sfrangiato** *a.* **1** fringed: *scialle ~* fringed shawl. **2** ⟨*Bot*⟩ laciniate(d), fringed. **sfrangiatura** *f.* **1** fringing, fraying. **2** (*parte sfrangiata*) fringe.

sfrascare *v.t.* (sfrasco, sfraschi) to clip, to trim, to cut the boughs from.

sfratarsi *v.r.* to leave a monastic order. **sfratato I** *a.* ⟨*spreg*⟩ having left a monastic order, ⟨*fam,spreg*⟩ spoiled. **II** *s.m.* ex–monk, ⟨*fam,spreg*⟩ spoiled monk.

sfrattare *v.t.* **1** (*dare lo sfratto*) to evict, to turn out. **2** (*cacciare*) to send away; (*espellere*) to expel. **sfrattato I** *a.* evicted. **II** *s.m.* (*f.* -a) evicted person, evicted. **sfratto** *m.* **1** ⟨*Dir*⟩ eviction order, notice to quit. **2** (*espulsione*) expulsion. □ *dare lo ~ a qd.* to give s.o. an eviction notice; *ricevere lo ~* to receive an eviction notice.

sfrecciare *v.i.* (sfreccio, sfrecci; *aus.* essere) to dart, to flash, to shoot; (*rif. a veicoli*) to speed, to shoot, ⟨*fam*⟩ to whiz: *le auto sfrecciavano lungo l'autostrada* the cars sped along the motorway. □ *~ via* to dart off.

sfregamento *m.* **1** rubbing, friction. **2** (*massaggio*) massage; (*frizione*) rubbing. **sfregare** *v.t.* (sfrego, sfreghi) **1** to rub, to scratch: *~ il muro con la sedia* to scratch the wall with the chair. **2** (*per pulire*) to rub; (*per lucidare*) to polish, to shine; (*per lavare*) to scrub. **3** (*massaggiare*) to massage; (*frizionare*) to rub. **sfregarsi** *v.r.* to rub (o.s.): *sfregarsi gli occhi* to rub one's eyes. □ *~ un fiammifero* to strike a match. **sfregata** *f.* rub. □ *dare una ~ a qc.* to give s.th. a rub, to rub s.th. **sfregatina** *f.* quick rub.

sfregiàre *v.t.* (sfręgio/sfrégio, sfręgi/sfrégi) **1** (*deturpare*) to disfigure: ~ *il viso a qd.* to disfigure s.o.'s face; (*fare tagli*) to slash, to gash. **2** (*rif. a quadri e sim.*) to deface: ~ *una tela* to deface a painting. **sfregiàto** *a.* disfigured.

sfregiatóre *m.* (*f.* -trice) disfigurer; (*con oggetto tagliente*) slasher. **sfrègio** (*o sfrégio*) *m.* **1** disfigurement; (*fatto con oggetto tagliente*) slash, cut; (*cicatrice*) scar: *avere uno ~ sulla guancia* to have a scar on one's cheek. **2** (*taglio, graffio*) slash, gash, cut, scratch. □ *fare uno ~ a qd.*: 1 to disfigure s.o.; 2 (*con arma tagliente*) to slash s.o.

sfrenàre *v.t.* (sfręno/sfréno) **1** (*levare il freno*) to take the brake off, to release the brake of. **2** ⟨*fig*⟩ to unbridle, to unleash, to give free play to, to let loose: ~ *la fantasia* to give free play to one's imagination. **sfrenàrsi** *v.r.* (*scatenarsi*) to let o.s. go, to break loose, to throw off all restraint. □ ⟨*fig*⟩ ~ *la lingua* to unbridle one's tongue. **sfrenataménte** *avv.* unrestrainedly, immoderately. **sfrenatézza** *f.* **1** wildness, unbridledness, lack of restraint. **2** ⟨*concr*⟩ wild behaviour. **sfrenàto** *a.* **1** (*rif. a cavalli*) unbridled; (*rif. a veicoli*) with the brake off. **2** ⟨*fig*⟩ (*smodato*) unbridled, unrestrained: *ambizione –a* unbridled ambition. **3** ⟨*fig*⟩ (*senza ritegno*) immoderate, intemperate: *essere ~ nel bere* to be an immoderate drinker. □ *un ragazzo ~* a reckless (*o* wild) youth.

sfrìggere *v.i.* (sfrìggo, sfrìggi; sfrìssi, sfrìtto; *aus.* avere) **1** to sizzle, to hiss: *il pesce sfrigge nell'olio bollente* the fish is sizzling in hot oil. **2** (*crepitare, cigolare*) to crackle. **sfrigolàre** *v.* (sfrìgolo) → sfriggere. **sfrigolìo** *m.* sizzling, hissing.

sfrondàre *v.t.* (sfróndo) **1** to strip of leaves, to prune: ~ *un albero* to prune a tree. **2** ⟨*fig*⟩ (*eliminare il superfluo*) to prune, to cut down: ~ *un articolo* to prune an article. **sfrondàrsi** *v.r.* to shed (*o* lose) leaves. **sfrondàto** *a.* **1** bare, stripped of leaves: *ramo ~* bare branch. **2** ⟨*fig*⟩ (*ridotto all'essenziale*) pruned. **sfrondatùra** *f.* **1** stripping, pruning, trimming. **2** ⟨*fig*⟩ pruning.

sfrontataménte *avv.* impudently, brazenly. **sfrontatèllo** *m.* (*f.* -a) impudent child, brat. **sfrontatézza** *f.* (*qualità*) impudence, effrontery, shamelessness, ⟨*fam*⟩ cheek. **sfrontàto** **I** *a.* impudent, brazen, shameless, ⟨*fam*⟩ cheeky. **II** *s.m.* (*f.* -a) impudent (*o* cheeky) person, brazen face.

sfruttaménto *m.* **1** (*utilizzazione*) utilization, exploitation: ~ *delle risorse di un paese* utilization of a country's resources. **2** (*l'approfittare degli altri*) exploitation, taking advantage: ~ *dei lavoratori* exploitation of the workers. □ ~ *eccessivo* over exploitation. **sfruttàre** *v.t.* **1** (*utilizzare*) to make use of, to utilize, to exploit: ~ *un giacimento petrolifero* to exploit an oil field; ~ *bene lo spazio disponibile* to make good use of available space. **2** ⟨*fig*⟩ (*trarre vantaggio dal lavoro altrui*) to exploit, to take advantage of: ~ *gli operai* to exploit the workers. **3** (*mettere a profitto*) to make the most of, to exploit: ~ *il proprio talento* to make the most of one's talent. **4** (*rif. a terreni*) to overwork, to exhaust. □ ~ *una donna* to live on the immoral earnings of a woman. **sfruttàto** *a.* **1** (*utilizzato*) exploited, utilized. **2** ⟨*fig*⟩ exploited; (*rif. a lavoratori*) exploited, sweated. **3** ⟨*Agr*⟩ impoverished, overworked, exhausted: *terreno ~* impoverished land. □ ~ *eccessivamente* over exploited; (*rif. a miniere e sim.*) worked out. **sfruttatóre** *m.* (*f.* -trice) exploiter, profiteer. □ ~ *di donne* pimp.

sfuggènte *a.* **1** fleeing. **2** ⟨*fig*⟩ slippery, evasive, shifty: *sguardo ~* evasive look. □ *fronte ~* receding forehead; *mento ~* receding chin. **sfuggévole** *a.* fleeting: *immagine ~* fleeting image; (*passeggero*) transient, transitory. **sfuggevolménte** *avv.* fleetingly. **sfuggìre** *v.* (sfuggo, sfuggi) **I** *v.t.* to avoid, to shun: ~ *la pubblicità* to shun publicity. **II** *v.i.* (*aus.* essere) **1** (*scappare*) to run away, ⟨*lett*⟩ to flee; (*sottrarsi*) to escape, to elude (*a qc.* s.th.): ~ *alla cattura* to escape capture. **2** (*scampare*) to escape: ~ *alla morte* to escape (from) death. **3** (*scappare inavvertitamente*) to slip: *gli è sfuggito il coltello* the knife slipped out of his hand; (*rif. a parole e sim.*) to escape, to slip out: *mi è sfuggita un'imprecazione* a curse slipped out

(*o from my lips*). **4** (*far passare senza notare*) to escape attention, to pass unnoticed, to slip by: *nel leggere le bozze mi sono sfuggiti alcuni errori* in reading the proofs a few errors escaped my attention; (*uscire di mente*) to escape: *mi sfugge il suo nome* his name escapes me. □ ~ *di mano* to slip out of one's hands, to drop; *mi è sfuggito di mente* it slipped my mind; *lasciarsi ~ un'occasione* to miss an opportunity; *lasciarsi ~ un segreto* to let out a secret. **sfuggìta** *f.* (*scappata*) short visit: *fare una ~ da qd.* to pay a short visit to s.o. □ *di ~* quickly, fleetingly; *ci siamo visti di ~ ieri* we saw e.o. for a minute yesterday.

sfumàre **I** *v.t.* **1** (*rif. a colori*) to tone down, to shade off, to soften, to gradate: ~ *i colori* to tone down the colours; (*rif. a disegni: mediante lo sfumo*) to stump, to shade off (with a stump), to soften. **2** (*rif. a suoni*) to fade (out), to diminish gradually. **3** ⟨*fig*⟩ to nuance. **II** *v.i.* (*aus.* essere) **1** (*dileguarsi*) to dissolve, to disappear: *la nebbia sfuma lentamente* the fog is disappearing slowly. **2** ⟨*fig*⟩ (*andare in fumo*) to vanish, to fade away, to disappear: *sono sfumate tutte le nostre speranze* all our hopes have vanished; (*andare a monte*) to fail, to come to nothing, ⟨*fam*⟩ to fall through: *la gita è sfumata* the trip has fallen through. **3** (*digradare d'intensità: rif. a colori*) to shade (off), to fade; (*rif. a suoni*) to diminish, to die (*o* fade) away. **4** (*perdere la precisione dei contorni*) to fade, to become hazy (*o* blurred), to blur, to grow indistinct: *i profili dei monti sfumavano nella nebbia* the outline of the mountains faded into the mist. □ ~ *i capelli* to shape (*o* trim, taper) the hair. **sfumàto** **I** *a.* **1** (*svanito, perduto*) vanished, faded (away), lost: *occasione –a* lost opportunity. **2** ⟨*Pitt*⟩ (*rif. a colori*) soft, (delicately) shaded. **II** *s.m.* ⟨*Pitt*⟩ sfumato. **sfumatùra** *f.* **1** (*rif. a colori*) toning down, shading off, softening; (*tonalità*) shade, tone, nuance. **2** (*rif. a suoni*) fading. **3** (*rif. al tono della voce*) tone, hint, touch: *una ~ d'ironia* a hint of irony. **4** ⟨*fig*⟩ nuance: *prosa ricca di –e* prose rich in nuances. **5** (*nel taglio dei capelli*) tapering. **sfumìno** *m.* stump. **sfùmo** *m.* (*nel disegno*) stumping.

sfuocàto *a.* → sfocato.

sfuriàta *f.* **1** (*sfogo violento*) outburst (of anger), fit of rage (*o* temper), temper tantrum: *sopportare le –e di qd.* to put up with s.o.'s temper tantrums. **2** (*rimprovero aspro*) tirade, sharp reproof, ⟨*fam*⟩ telling off. **3** (*tempesta breve e violenta*) storm, burst: ~ *di pioggia* rain-storm, cloudburst; (*rif. a vento*) gust: ~ *di vento* gust of wind. □ *fare una ~ a qd.* to ⌜fly into a⌝ (*o* lose one's) temper with s.o.; (*fare un rabbuffo*) to scold s.o., ⟨*fam*⟩ to blow s.o. up.

sfuso *a.* **1** (*liquefatto*) melted: *burro ~* melted butter. **2** (*che si vende sciolto*) loose, in bulk: *olio ~* loose oil, oil sold by measure.

sg. = *seguente* following (*abbr.* foll.).

S.G. = *Sua Grazia* His (*f* Her) Grace (*abbr.* H.G.); (*vocativo*) Your Grace.

sgabèllo *m.* **1** stool. **2** (*panchetto per i piedi*) footstool. □ ~ *del bar* bar-stool; ~ *del pianoforte* piano-stool.

sgabuzzìno *m.* **1** closet. **2** (*stanzino*) store-room.

sgambàre *v.i.* (*aus.* avere) to stride (along). **sgambàrsi** *v.r.* **1** (*fare passi troppo lunghi*) to stride (along). **2** (*camminare in fretta*) to step out; (*camminare molto*) to get footsore. **sgambàta** *f.* **1** (*camminata*) long tiring walk. **2** ⟨*Equit*⟩ warm-up. **sgambettàre** *v.* (sgambétto) **I** *v.i.* (*aus.* avere) **1** (*muovere le gambe*) to kick (one's legs). **2** (*camminare a piccoli passi*) to toddle. **II** *v.t.* (*fare lo sgambetto*) to trip (up). **sgambétto** *m.* **1** trip. **2** ⟨*Sport*⟩ trip(ping). □ *fare lo ~ a qd.* to trip s.o. (up); ⟨*fig*⟩ to oust s.o.

sganasciàre *v.* (sganàscio, sganàsci) **I** *v.t.* to dislocate the jaw(s) of. **II** *v.i.* (*aus.* avere) (*mangiare avidamente*) to eat greedily, to stuff o.s. **sganasciàrsi** *v.r.* to dislocate one's jaw(s). □ *sganasciarsi dalle* (*o per le*) *risa* to split one's sides with laughter. **sganascióne, sganassóne** *m.* ⟨*region*⟩ (*ceffone*) slap in the face; (*pugno sul viso*) punch on the jaw.

sganciabómbe *m.inv.* ⟨*Aer*⟩ bomb release (gear).

sganciaménto *m.* **1** (*lo sganciare*) release, unhooking. **2**

⟨*Ferr*⟩ uncoupling. **3** (*rif. a bombe*) releasing, dropping. **4** ⟨*Astron*⟩ staging. **sganciare** *v.t.* (**sgancio, sganci**) **1** to unhook, to unfasten. **2** ⟨*Ferr*⟩ (*staccare*) to uncouple: ~ *un vagone* to uncouple a wagon. **3** (*rif. a bombe*) to release, to drop. **4** ⟨*fam*⟩ (*sborsare denaro*) to fork out: *mi è toccato* ~ *mille lire* I had to fork out a thousand lire. **sganciarsi** *v.r.* **1** (*sciogliersi dal gancio*) to come unhooked. **2** (*staccarsi*) to come uncoupled. **3** ⟨*fam*⟩ (*riuscire a liberarsi*) to manage to get away (*da* from), to get rid of: *sganciarsi da un amico noioso* to get rid of a boring friend; (*rompere i rapporti*) to break (with): *già da un anno mi sono sganciato da quella compagnia* I broke with that group a year ago. **4** ⟨*Mil*⟩ to disengage o.s. (*da* from). **sgancio** *m.* **1** release. **2** ⟨*tecn*⟩ release (mechanism): ~ *automatico* automatic release mechanism.

sgangherare *v.t.* (**sganghero**) **1** to unhinge, to take off the hinges: ~ *la porta* to take the door off its hinges. **2** (*rompere*) to break, to smash: ~ *un tavolo* to break a table. **sgangherarsi** *v.r.* to dislocate one's jaw(s). □ *sgangherarsi dalle risa* to split one's sides with laughter. **sgangheratamente** *avv.* coarsely, uproariously. **sgangherato** *a.* **1** unhinged, off its hinges. **2** (*sfasciato*) rickety, ramshackle. **3** ⟨*fig*⟩ (*esagerato, scomposto*) boisterous, coarse: *riso* ~ boisterous laughter.

sgarbatamente *avv.* rudely. **sgarbatezza** *f.* **1** (*qualità*) rudeness, poor manners *pl.* **2** (*azione sgarbata*) impolite action (*o* behaviour). **sgarbato** **I** *a.* **1** rude, ill-mannered: *risposta –a* rude answer. **2** (*privo di garbo*) coarse: *voce –a* coarse voice. **II** *s.m.* (*f.* **-a**) boor, rude person. **sgarberia** *f.* impoliteness, discourtesy. **sgarbo** *m.* impolite action (*o* behaviour). □ *fare uno* ~ *a qd.* to be rude to s.o.; *ricevere uno* ~ *da qd.* to be treated rudely by s.o.

sgarbugliare *v.t.* (**sgarbuglio, sgarbugli**) **1** to untangle, to disentangle. **2** ⟨*fig*⟩ (*chiarire*) to untangle, to straighten (*o* sort) out: ~ *una faccenda complicata* to straighten out a complicated matter.

sgargiante *a.* gaudy, showy, loud: *colori –i* gaudy colours; (*appariscente*) showy, flashy: *un vestito* ~ a flashy suit.

sgarrare *v.i.* (*aus.* avere) **1** (*sbagliare*) to be (*o* go) wrong, to be mistaken (*o* inaccurate); (*mancare di puntualità*) to be late. **2** ⟨*fig*⟩ (*venir meno al proprio dovere*) to go wrong. □ *l'orologio non sgarra un secondo* the clock keeps perfect time.

sgarza *f.* ⟨*Ornit*⟩ heron, grey heron.

sgarzino *m.* ⟨*Tip*⟩ overlay knife.

sgattaiolare *v.i.* (**sgattaiolo**; *aus.* essere) to slip (*o* steal) away, to sneak, to slink (*anche fig.*): ~ *via* to sneak off.

sgelare *v.* (**sgelo**) **I** *v.t.* **1** (*disgelare*) to thaw (out); (*rif. a frigoriferi*) to defrost. **2** ⟨*Aer*⟩ to de-ice. **3** ⟨*fig*⟩ to thaw, to soften, to melt. **II** *v.i.* (*aus.* essere), **sgelarsi** *v.r.* to thaw (out). **III** *v.i.impers.* (*aus.* essere/avere) to thaw. **sgelatore** *m.* **1** defroster. **2** ⟨*Aer*⟩ de-icer. **sgelo** *m.* **1** thaw. **2** ⟨*fig*⟩ thawing out, melting, softening.

sgg. = *seguenti* (the) following (*abbr.* ff.).

sghembo **I** *a.* **1** (*storto*) crooked; (*rif. a persone*) crooked, twisted. **2** (*obliquo*) oblique, slanting. **3** ⟨*Geom*⟩ not in the same plane: *rette –e* lines not in the same plane. **II** *s.m.* **1** crookedness. **2** (*obliquità*) obliquity, slant. **III** *avv.* **1** crookedly. **2** (*obliquamente*) obliquely, slantingly. □ *di* ~ (*per storto*) crookedly; (*obliquamente*) obliquely, on the slant.

sgherro *m.* **1** ⟨*Stor*⟩ retainer, private soldier. **2** ⟨*spreg*⟩ (*rif. a guardie e sim.*) cop, ⟨*spreg*⟩ pig. **3** (*bravaccio*) hired ruffian, thug. □ *da* ~ of a thug: *faccia da* ~ face of a thug.

sghiacciare *v.* (**sghiaccio, sghiacci**) **I** *v.t.* to thaw, to melt. **II** *v.i.impers.* (*aus.* essere/avere), **sghiacciarsi** *v.r.* to thaw.

sghiaiare *v.t.* (**sghiaio, sghiai**) to remove gravel from.

sghignazzamento *m.* sarcastic laughter, sneering. **sghignazzare** *v.i.* (*aus.* avere) **1** to laugh sarcastically (*o* scornfully), to sneer (*di* at). **2** (*ridere sguaiatamente*) to guffaw. **sghignazzata** *f.* **1** (*lo sghignazzare*) sarcastic (*o* sardonic) laughter, sneering. **2** (*risata sguaiata*) guffaw.

sghimbescio *a.* **1** (*storto*) crooked. **2** (*obliquo*) oblique,

slanted, aslant, askew. □ *a* (*o di*) ~: **1** (*storto*) crookedly: *camminare a* ~ to walk crookedly: **2** (*obliquamente*) obliquely, on the slant, askew.

sghiribizzo *m.* (*ghiribizzo*) whim, fancy, caprice.

sgobbare *v.i.* (**sgobbo**; *aus.* avere) ⟨*fam*⟩ **1** to slave, to slog, to kill o.s. **2** ⟨*scol*⟩ to swot, to grind. **sgobbata** *f.* ⟨*fam*⟩ **1** drudgery, ⟨*fam*⟩ slavery. **2** ⟨*scol*⟩ swotting, grind. □ *fare una* ~ to put one's nose to the grindstone. **sgobbone** *m.* (*f.* **-a**) ⟨*fam,spreg*⟩ **1** plodder, slogger. **2** ⟨*scol*⟩ swot, grind.

sgocciolare *v.* (**sgocciolo**) **I** *v.t.* **1** to (let) drip. **2** (*vuotare*) to drain, to empty to the last drop. **II** *v.i.* (*aus.* essere/avere) to drip, to trickle. **sgocciolatoio** *m.* **1** drainer. **2** (*scolapiatti*) draining-board. **sgocciolatura** *f.* **1** (*lo sgocciolare*) dripping. **2** (*gocce cadute*) drippings *pl,* drops *pl.* **3** (*macchia*) spot, stain (from drippings). **sgocciolio** *m.* dripping. **sgocciolo** *m.* dripping. □ ⟨*fig*⟩ *essere agli –i* to be (*o* have) nearly finished.

sgolarsi *v.r.* (**mi sgolo**) to yell (*o* shout, bawl) o.s. hoarse; (*cantando*) to sing o.s. hoarse.

sgomberare *v.* (**sgombero**) **I** *v.t.* **1** (*evacuare*) to evacuate: *è stato emanato l'ordine di* ~ *la zona* the order to evacuate the zone has been issued. **2** (*lasciare libero un appartamento*) to vacate, to move out of. **II** *v.i.* (*aus.* avere) to move. **sgombero** *m.* **1** (*trasloco*) move, removal: *il prossimo* ~ *mi preoccupa molto* I am very worried about the coming move. **2** ⟨*Mil*⟩ (*rif. a luoghi*) abandoning of a position. □ ⟨*Mil*⟩ ~ *dei feriti* evacuation of the wounded. **sgombrare** *v.* (**sgombro**) **I** *v.t.* **1** (*liberare da ciò che ingombra*) to clear: ~ *la strada dalle macerie* to clear the street of rubble; ~ *il tavolo* to clear the table; (*vuotare*) to empty: ~ *un cassetto* to empty a drawer. **2** (*evacuare*) to clear, to leave: *i dimostranti furono invitati a* ~ *la piazza* the demonstrators were asked to clear the square. **3** (*lasciare libero un appartamento*) to move out, to vacate: *domani sgombriamo il villino* tomorrow we are moving out of the cottage. **4** (*portar via ciò che ingombra*) to clear away, to carry away: *il vento ha sgombrato le nuvole* the wind cleared the clouds away. **5** ⟨*fig*⟩ (*liberare*) to clear, to free: ~ *l'animo dai pregiudizi* to clear the mind of prejudice. **6** ⟨*Mil*⟩ to evacuate. **II** *v.i.* (*aus.* avere) to move. □ ⟨*Mil*⟩ ~ *i feriti* to evacuate the wounded.

sgombro¹ **I** *a.* **1** clear; (*vuoto*) empty: *la stanza è –a* the room is empty. **2** ⟨*fig*⟩ free: *avere l'animo* ~ *dai timori* to be free from fear. **II** *s.m.* → sgombero. □ *avere la mente –a dai pregiudizi* to have a mind free from prejudice.

sgombro² *m.* ⟨*Itt*⟩ mackerel.

sgomentare *v.t.* (**sgomento**) to dismay, to daunt. **sgomentarsi** *v.r.* to be dismayed (*o* daunted). **sgomentato** *a.* dismayed, appalled, daunted. **sgomento** **I** *s.m.* dismay, consternation. **II** *a.* → sgomentato.

sgominare *v.t.* (**sgomino**) to rout, to put to flight.

sgomitolare *v.t./i.* (**sgomitolo**) to unwind.

sgommare *v.t.* (**sgommo**) **1** to remove the gum from. **2** ⟨*Tess*⟩ to degum, to ungum. **sgommarsi** *v.r.* to lose gum. **sgommato** *a.* not gummed, with no gum on. **sgommatura** *f.* ⟨*Tess*⟩ degumming, ungumming.

sgonfiamento *m.* deflating, deflation; (*rif. a pneumatici e sim.*) going flat. **sgonfiare** *v.* (**sgonfio, sgonfi**) **I** *v.t.* **1** to deflate, to let the air out of. **2** ⟨*fig*⟩ to deflate, to bring (*o* take) down: ~ *la boria di qd.* to deflate s.o.'s ego. **II** *v.i.* (*aus.* essere) to go down. **sgonfiarsi** *v.r.* **1** to deflate, to go flat (*o* down), to flatten. **2** (*perdere il gonfiore*) to go down. **3** ⟨*fig*⟩ (*perdere la boria*) to be deflated, ⟨*fam*⟩ to be taken down a peg or two: *al primo insuccesso si è sgonfiato* at his first failure he was deflated. **sgonfiato** *a.* **1** deflated, flat; (*rif. a pneumatici*) flat. **2** ⟨*Med*⟩ gone down, reduced. **3** ⟨*fig*⟩ (*ridimensionato*) deflated, taken down a peg or two. **sgonfietto** *m.* → sgonfiotto.

sgonfio¹ *a.* → sgonfiato.

sgonfio² *m.* ⟨*Sart*⟩ puff. **sgonfiotto** *m.* ⟨*Dolc,Sart*⟩ puff.

sgonnellare *v.i.* (**sgonnello**; *aus.* avere) (*andare in giro per mettersi in mostra*) to gad about.

sgorbia *f.* ⟨*Fal,Chir*⟩ gouge.

sgorbiare *v.t.* (sgòrbio, sgòrbi) **1** (*macchiare*) to blot, to stain. **2** (*scarabocchiare*) to scribble on, to scrawl over. **sgorbiatura** *f.* **1** scribble, scrawl. **2** (*macchia*) blot, stain. **sgòrbio** *m.* **1** blot. **2** (*scarabocchio*) scribble, scrawl. **3** (*disegno malfatto*) daub. **4** (*fig*) (*persona brutta*) ugly person, ⟨*fam*⟩ fright: *uno* ∼ *di ragazza* a fright of a girl.

sgorgare *v.i.* (sgòrgo, sgòrghi; *aus.* **essere**) **1** to gush (out), to spout, to spurt. **2** (*fig*) (*uscire in gran copia*) to flow (*o* pour) out: *le lacrime le sgorgavano dagli occhi* tears ꞌpoured fromꞌ (*o* welled up in) her eyes; (*uscire*) to spring, to pour out, to burst: *parole che sgorgano dal cuore* words that spring from the heart.

sgottare *v.t.* (sgòtto) ⟨*mar*⟩ to bail.

sgozzare *v.t.* (sgòzzo) **1** to cut (*o* slit) the throat of. **2** (*macellare*) to butcher, to slaughter (*anche fig.*). **sgozzatura** *f.* throat cutting; (*il macellare, il trucidare*) slaughter.

sgradévole *a.* unpleasant, disagreeable. **sgradevolezza** *f.* unpleasantness, disagreeableness. **sgradevolmente** *avv.* unpleasantly, disagreeably. **sgradire** *v.t.* (sgradisco, sgradisci) not to appreciate (*o* welcome). **sgradito** *a.* **1** unwelcome, unwanted, undesirable: *una visita –a* an unwelcome visit. **2** (*spiacevole*) unpleasant, disagreeable: *una notizia –a* unpleasant (*o* bad) news.

sgraffiare *v.t.* (sgraffio, sgraffi) ⟨*pop*⟩ **1** (*graffiare*) to scratch. **2** (*rubare*) to steal, ⟨*fam*⟩ to pinch. **sgraffignare** *v.t.* ⟨*pop*⟩ **1** (*portar via*) to take. **2** (*rubare*) to steal, to pilfer, ⟨*fam*⟩ to pinch.

sgrammaticare *v.i.* (sgrammàtico, sgrammàtichi; *aus.* **avere**) to make grammatical errors. **sgrammaticato** *a.* containing grammatical errors. **sgrammaticatura** *f.* grammatical error.

sgranare *v.t.* **1** (*staccare i grani*) to shell: ∼ *il granoturco* to shell maize. **2** (*sbucciare*) to shell, to hull: ∼ *i piselli* to shell peas. **3** ⟨*fam*⟩ (*pregare*) to say: ∼ *il rosario* to say the rosary, to tell one's beads. □ ∼ *gli occhi* (*o tanto d'occhi*) to open one's eyes wide. **sgranato** *a.* **1** (*senza grani*) shelled. **2** (*senza buccia*) shelled, hulled. □ *occhi –i* wide-open eyes. **sgranatoio** *m.* ⟨*Agr*⟩ sheller. **sgranatrice** *f.* **1** ⟨*Agr*⟩ maize (*o* corn) sheller. **2** ⟨*Tess*⟩ cotton-gin. **sgranatura** *f.* **1** husking. **2** (*sbucciatura*) shelling, hulling. **3** ⟨*Tess*⟩ ginning.

sgranchire *v.t.* (sgranchisco, sgranchisci) to stretch. **sgranchirsi** *v.r.* to stretch (o.s.). □ *sgranchirsi le gambe* (*fare due passi*) to stretch one's legs.

sgranocchiare *v.t.* (sgranòcchio, sgranòcchi) to munch.

sgrassaggio, **sgrassamento** *m.* removal of grease (*o* fat). **sgrassante** **I** *a.* **1** degreasing. **2** ⟨*Tess*⟩ scouring. **II** *s.m.* degreasing agent, degreaser. **sgrassare** *v.t.* **1** (*togliere il grasso*) to remove the grease (*o* fat) from; (*schiumando*) to skim (the fat off): ∼ *il brodo* to skim the broth. **2** (*togliere macchie di grasso*) to remove grease spots from. **3** ⟨*Tess*⟩ to degrease. **sgrassatura** *f.* **1** degreasing (operation). **2** ⟨*Tess*⟩ degreasing, scouring.

sgravare **I** *v.t.* **1** (*alleggerire*) to lighten. **2** (*fig*) to relieve, to ease (*da, di* of), to free (from): ∼ *qd. da una responsabilità* to relieve s.o. of a responsibility. **3** (*rif. a oneri fiscali*) to relieve, to free (from). **II** *v.i.* (*aus.* **avere**), **sgravarsi** *v.r.* (*partorire: rif. a donne*) to give birth, to be delivered of a child; (*rif. ad animali*) to give birth, to have young. **sgravio** *m.* **1** lightening. **2** (*rif. a imposte e sim.*) relief: ∼ *fiscale* tax relief. □ *a* (*o per*) ∼ *di* to avoid, to get out of: *a* ∼ *di responsabilità devo avvertire la polizia* to get out of the responsibility I must inform the police; *per* ∼ *di coscienza* to ease one's conscience.

sgraziataggine *f.* clumsiness, awkwardness, gracelessness. **sgraziatamente** *avv.* clumsily, awkwardly, ungracefully, gracelessly. **sgraziato** *a.* clumsy, awkward, ungraceful, ungainly, graceless.

sgretolamento *m.* shattering, crumbling, smashing. **sgretolare** *v.t.* to shatter, to crumble, to smash (to pieces). **sgretolarsi** *v.r.* to crumble, to fall to pieces, to break up: *una pietra che si sgretola facilmente* a rock that crumbles easily. **sgretolato** *a.* smashed, shattered, crushed, broken up; (*rovinato*) crumbling. □ *intonaco* ∼ chipped plaster. **sgretolio** *m.* **1** shattering, crumbling,

smashing. **2** (*rumore*) grinding.

sgridare *v.t.* to scold, to rebuke, ⟨*lett*⟩ to chide, ⟨*fam*⟩ to tell off. **sgridata** *f.* scolding, ⟨*fam*⟩ lecture, ⟨*fam*⟩ telling-off: *prendersi una bella* ∼ to get a good telling-off.

sgrinfia *f.* ⟨*pop*⟩ (*grinfia*) claw.

sgrommare *v.t.* (sgrommo) to cleanse (of incrustation), to scrape. **sgrommatura** *f.* **1** cleansing (of incrustation), scraping. **2** (*concrezione*) incrustation.

sgrondare *v.* (sgrondo) **I** *v.i.* (*aus.* **avere**) to drain, to drip. **II** *v.t.* to drain, to let drip. **sgrondatura** *f.* dripping. **sgrondo** *m.* **1** dripping. **2** (*acqua che cade*) (drops *pl* of) water.

sgroppare[1] *v.t.* (sgroppo) (*sciogliere un groppo*) to untie, to undo. **sgropparsi** *v.r.* (*rif. a membra: distendersi*) to stretch (o.s.).

sgroppare[2] *v.* (sgròppo) **I** *v.t.* (*stancare*) to wear out. **II** *v.i.* (*aus.* **avere**) to buck. **sgroppata** *f.* **1** (*l'inarcare la groppa*) buck(ing), buck jump. **2** (*cavalcata*) short gallop.

sgrossare *v.t.* (sgròsso) **1** (*rendere meno grosso, assottigliare*) to cut (*o* whittle) down. **2** (*dare la prima mano, abbozzare*) to roughcast, to rough-hew, to rough-shape: ∼ *un blocco di marmo* to rough-shape a block of marble. **3** (*fig*) (*insegnare i primi rudimenti*) to teach the rudiments to. **4** ⟨*tecn*⟩ to rough. **sgrossarsi** *v.r.* (*dirozzarsi*) to become more refined, to acquire polish (*o* better manners). **sgrossatura** *f.* **1** (*lo sgrossare*) cutting (*o* whittling) down. **2** (*il dare la prima mano*) rough-shaping, roughcasting, rough-hewing. **3** ⟨*teen*⟩ roughing.

sgrovigliare *v.t.* (sgroviglio, sgrovigli) to unravel (*anche fig.*): ∼ *una situazione complessa* to unravel a difficulty.

sgrugnare *v.t.* ⟨*volg*⟩ to punch in the face, ⟨*fam*⟩ to bash in the face of. **sgrugnarsi** *v.r.* to injure (*o* smash) one's face. **sgrugnata** *f.*, **sgrugno** *m.* ⟨*volg*⟩ blow in the face, punch on the nose.

sguaiataggine *f.* **1** (*l'essere sguaiato*) coarseness, uncouthness, vulgarity. **2** (*azione sguaiata*) coarse behaviour, vulgarity. **sguaiatamente** *avv.* coarsely, uncouthly, shamelessly, vulgarly. **sguaiato** *a.* coarse, uncouth, vulgar, unseemly: *risata –a* coarse laugh.

sguainare *v.t.* (sguaino) to unsheathe, to draw: ∼ *la spada* to unsheathe one's sword. **sguainato** *a.* drawn, unsheathed: *con la spada –a* with drawn sword.

sgualcire *v.t.* (sgualcisco, sgualcisci) **1** to crumple, to crease, to crush: ∼ *un foglio* to crumple a sheet of paper. **2** (*rif. a vestiti*) to wrinkle, to crease. **sgualcirsi** *v.r.* to wrinkle, to crease: *sgualcirsi la gonna* to wrinkle one's skirt. **sgualcito** *a.* **1** crumpled, creased, crushed: *giornale* ∼ crumpled newspaper. **2** (*rif. a vestiti*) wrinkled, creased. **sgualcitura** *f.* crease; (*rif. a vestiti*) wrinkle, crease.

sgualdrina *f.* ⟨*spreg*⟩ trollop, strumpet, harlot, ⟨*fam*⟩ tart.

sguancia *f.* (*pl.* -ce) ⟨*Equit*⟩ cheek piece.

sguancio *m.* ⟨*Arch*⟩ (*sguincio*) splay, splayed jamb. □ *a* ∼ obliquely, on the slant.

sguardo *m.* **1** look, glance: ∼ *penetrante* piercing look. **2** (*vista, occhi*) eyes *pl*: *abbassare lo* ∼ to lower one's eyes, to look down. **3** (*capacità visiva*) eye(s) *pl*: *fin dove arriva lo* ∼ as far as the eye can see. □ *al primo* ∼ at the first glance; (*a prima vista*) at first sight; *cercare qd. con lo* ∼ to look around for s.o.; *dare uno* ∼ to have a look, to take a glance (*o* look); *dai uno* ∼ *a questa lettera* just have a look at this letter; *non degnare qd. di uno* ∼ (*disprezzarlo*) to ignore s.o.; *distogliere lo* ∼ *da qd.* to look away from s.o.; *evitare lo* ∼ *di qd.* to avoid s.o.'s eyes; *fissare lo* ∼ *su qc.* to gaze at s.th.; ∼ *fisso* stare; *tenere lo* ∼ *fisso su qc.* to stare at s.th.; *gettare uno* ∼ to glance, to give a look: *gettare uno* ∼ *d'odio a qd.* to give s.o. a look of hatred; ∼ *d'insieme* overall view; *rispondere allo* ∼ *di qd.* to meet s.o.'s eyes (*o* gaze); *sollevare lo* ∼ to look up, to raise one's eyes.

sguarnire *v.t.* (sguarnisco, sguarnisci) **1** (*privare di difesa*) to strip of defences, to dismantle: ∼ *una fortezza* to dismantle a fort; (*togliere la guarnigione*) to withdraw the garrison from. **2** (*privare di ornamenti*) to take the trimmings off, to strip. **3** ⟨*mar*⟩ to unrig, to strip.

sguarnito *a.* **1** dismantled; (*privo di difesa*) defenceless. **2** (*privo di guarnizioni*) untrimmed, plain. **3** ⟨*mar*⟩ unrigged, stripped.

sguattero *m.* (*f.* -a) scullery boy (*f* maid), dishwasher.

sguazzare *v.i.* (*aus.* avere) **1** to splash about: ~ *nell'acqua* to splash about in the water; (*nel fango e sim.*) to wallow, to welter. **2** ⟨*fig*⟩ (*trovarsi a proprio agio*) to feel at home, to be in one's element: *nel freddo io ci sguazzo* I'm in my element in the cold. **3** ⟨*fig*⟩ (*stare largo: rif. a vestiti, scarpe*) to swim: ~ *in un vestito* to swim in a dress. **4** ⟨*fig*⟩ (*disporre largamente di mezzi*) to be rolling (*o* wallowing) in money. □ ⟨*fig*⟩ ~ *nell'abbondanza* to wallow in plenty; ⟨*fig*⟩ ~ *nell'oro* to be rolling in money.

sguinzagliare *v.t.* (**sguinzaglio, sguinzagli**) **1** to unleash, to let loose: ~ *i cani* to unleash the dogs, to let the dogs loose. **2** ⟨*fig*⟩ to set on (the track of).

sgusciare[1] *v.i.* (**sguscio, sgusci**; *aus.* essere) **1** (*scivolar via*) to slip: ~ *tra le dita* to slip through one's fingers; (*cadendo*) to drop. **2** (*sfuggire*) to escape, to get (*o* slip) away: *è riuscito a ~ via inosservato* he managed to slip away unobserved. **3** ⟨*fig*⟩ (*sottrarsi a qc. di sgradito*) to wriggle out, to be slippery: *non riesco a parlargli dei suoi impegni, sguscia sempre via* I never manage to talk to him about his commitments, he always wriggles out.

sgusciare[2] *v.* (**sguscio, sgusci**) **I** *v.t.* **1** (*levare dal guscio*) to shell: ~ *fagioli* to shell beans. **2** (*rif. a noci e sim.*) to crack. **II** *v.i.* (*aus.* essere) to hatch. **sgusciato** *a.* shelled: *fagioli –i* shelled beans; (*rif. a noci e sim.*) cracked.

shakespeariano [ʃekspi–] *a.* Shakespearian.

shampoo [ʃam'pu:, 'ʃampo] *ingl. m.* shampoo. □ *fare lo* ~ to shampoo.

Shanghai [ʃ–] *N.pr.f.* ⟨*Geog*⟩ Shanghai. **shanghai** *m.* (*gioco*) pick–a–stick.

shetland *ingl.* [ʃ–] **I** *s.m.* **1** (*lana*) Shetland wool. **2** (*tessuto*) Shetland (cloth). **II** *a.* Shetland.

shoccante [ʃ–] *a.* shocking, highly disturbing. **shoccare** *v.t.* to shock. **shock** *m.* ⟨*Med*⟩ shock: ~ *anafilattico* anaphylactic shock; ~ *operatorio* surgical shock. **shocking** *a.* **1** shocking. **2** (*rif. a colore*) shocking: *rosa* ~ schocking pink. **shockizzante** *a.* shock: *terapia* ~ shock therapy. **shockterapia** *f.* shock therapy.

shopping *ingl.* ['ʃɔpiŋ] *m.* shopping: *fare lo* ~ to do one's shopping.

shorts *ingl.* [ʃɔ:ts] *m.pl.* shorts.

show *ingl.* [ʃo:] *m.* show.

shunt *ingl.* [ʃʌnt] *m.* ⟨*El*⟩ shunt. **shuntare** *v.t.* to shunt.

si[1] *m.* ⟨*Mus*⟩ B, si: ~ *bemolle maggiore* B flat major.

si[2] *pron.* (before words beginning with a vowel *si* becomes *s'*; when it is used with *la, lo, li, le* and *ne* it becomes *se*) **I** *pron.rifl.* **1** (*masch.*) himself: ~ *ferì facendosi la barba* he cut himself while shaving; (*femm.*) herself: *la fanciulla* ~ *guardava nello specchio* the girl was looking at herself in the mirror; (*rif. a soggetto neutro*) itself; (*indef.*) oneself: *per lavarsi sono necessari acqua e sapone* to wash oneself one needs soap and water; *pl.* themselves: ~ *sono lavati* they washed themselves. **2** (*coi riflessivi impropri, quando il rifl. funge da compl. di termine*) *si traduce general. con l'agg. possessivo corrispondente:* ~ *è asciugato le mani?* did he dry his hands?; *i bambini* ~ *sono lavati i denti* the children brushed their teeth; *il leone* ~ *leccava la ferita* the lion licked his wound. **3** (*coi verbi intransitivi pronominali*) *general. non si traduce:* ~ *alza* he gets up, ~ *lamentano* they are complaining; *perché* ~ *adira?* why is he getting angry? **II** *pron.recipr.* each other, one another, *a volte non si traduce:* ~ *aiutano sempre* they always help each other; *i tre amici* ~ *vedono spesso* the three friends often see one another. **III** *pron.indef.* **1** one, they, people, we, you, man, men. **2** (*particella passivante*) you, one: *non* ~ *sa mai* you never know, one never can tell. **3** (*particella pleonastica*) *non si traduce: alla fine* ~ *tacque* in the end he fell silent.

sì[1] **I** *avv.* **1** yes: *hai comprato il pane?* – ~ did you buy the bread? – yes, I did; ~, *l'ho visto ieri* yes, I saw him yesterday. **2** (*dopo una proposizione interrogativa negativa*) oh yes, yes of course: *non vieni con noi?* – ~ aren't you coming with us? – oh yes, I am. **3** (*davvero*) really: *questa* ~ *che è bella!* this is really beautiful! **4** (*in correlazione con ma*) *non si traduce, oppure si usa la forma enfatica del verbo: è bello* ~, *ma troppo caro* it is nice but it's too dear; *l'ho visto* ~, *ma per poco tempo* I did see him, but only briefly. **5** (*Tel*) (*pronto*) hello!, yes! **II** *s.m.* **1** yes, affirmative: *voglio un bel* ~ I want to hear a clear yes; *mi sono deciso per il* ~ I have decided in the affirmative. **2** (*voto favorevole*) ay(e): *tre* ~ *e due no* three ayes and two nays, three votes for and two against. **3** (*assenso*) yes, agreement: *non me ne andrò se prima non avrò ottenuto il tuo* ~ I won't leave until I get your agreement. □ **allora** ~ *che potrò lavorare in pace* then I really shall be able to work in peace; *far* **cenno** *di* ~ (*col capo*) to nod (one's head); ~ **certamente** (*o certo*) yes of course; **credo** *di* ~ I think so; ~ **davvero** yes, really (*o indeed*); **dire** *di* ~: 1 to say yes: *dice di* ~ *a tutti* she says yes to everyone; 2 (*acconsentire*) to say yes, to agree: *la mamma ha detto di* ~, *quindi posso venire* mother has agreed, so I can come; 3 (*affermare*) to say (it is) so, to think so: *pensi che verrà?* – *io dico di* ~ do you think he'll come? – I think so; *lui dice di* ~ he says (it is) so; ⟨*iron*⟩ ~, **domani** when the moon turns blue; **e** ~ *che* and yet: **e** ~ *che l'avevo avvertito* and yet I had warned him; **ma** ~! (yes) of course!, certainly!; ~ **e no**: 1 yes and no, perhaps, maybe; 2 (*in un certo modo*) in some ways: *ti è piaciuto?* – ~ *e no* did you like it? – in some ways; 3 (*circa*) about, approximately: *saranno* ~ *e no due chilometri* it's about two kilometres; *essere tra il* ~ *e il no* to be undecided; *uno* ~ *e uno no:* 1 (*agg.*) alternate, every other: *un giorno* ~ *e uno no* every other day, on alternate days; 2 (*avv.*) alternately; *un giorno* ~ *e uno no* every other day; **ora** ~ now: *ora* ~ *che capisco* now I understand; **pare** *di* ~ it seems so; **pronunciare** *il* ~ (*nel matrimonio*) to say "I do"; **rispondere** *di* ~ to say yes, to agree; **speriamo** *di* ~ let's hope so.

sì[2] *avv.* ⟨*lett*⟩ (*così*) so. □ ~ *che* [*cong*] (*tanto che, in modo che*) so that: *bisogna far* ~ *che tutti lo sappiano in tempo* we must see to it that everyone knows in time; ~ *da* [*inf*] (*in modo che*), so that: *lavora sodo,* ~ *da finire presto* work hard, so 'as to' (*o that you*) finish soon.

sia[1] *congz.* (always used together with *sia, quanto, come, o*) **1** (*nelle supposizioni*) whether ... or: ~ *che tu lo voglia o non lo voglia, verremo anche noi* whether you like it or not we're coming too; ~ *per ineducazione* ~ *per pigrizia, non scrive mai* whether out of impoliteness or laziness he never writes. **2** (*proponendo un'alternativa*) either ... or: ~ *lui che un altro, per me è indifferente* either him or someone else, it doesn't matter to me. **3** (*entrambi*) both ... and: *verremo* ~ *io che mia moglie* both my wife and I will come.

sia[2] → essere[1].

SIAE = *Società italiana autori ed editori* Italian Authors' and Publishers' Association; ⟨*GB*⟩ Performing Rights Society; ⟨*SU*⟩ American Society of Composers, Authors and Publishers (*abbr.* ASCAP).

sial *m.* ⟨*Geol*⟩ sial. **sialico** *a.* (*pl.* -ci) sialic. □ *crosta –a* sial.

Siam *N.pr.m.* ⟨*Geog*⟩ Siam. **siamese I** *a.* Siamese. **II** *s.m./f.* **1** Siamese. **2** ⟨*Zool*⟩ (*gatto*) Siamese (cat). **3** *pl.* (*fratelli siamesi*) Siamese twins *pl.*

siamo → essere[1].

Sibari *N.pr.f.* ⟨*Geog.stor*⟩ Sybaris. **sibarita** *m./f.* ⟨*Stor*⟩ Sybarite (*anche fig.*). **sibaritico** *a.* (*pl.* -ci) ⟨*Stor*⟩ Sybaritic (*anche fig.*).

Siberia *N.pr.f.* **1** ⟨*Geog*⟩ Siberia. **2** ⟨*fig*⟩ (*luogo molto freddo*) very cold place, ⟨*scherz*⟩ North Pole. □ ⟨*fig*⟩ *mandare qd. in* ~ to send s.o. to Siberia. **siberiano I** *a.* **1** (*della Siberia*) Siberian. **2** ⟨*fig*⟩ (*freddissimo*) icy, freezing, bitterly cold. **II** *s.m.* (*f.* -a) Siberian.

sibilante I *a.* sibilant, hissing. **II** *s.f.* ⟨*Fon*⟩ sibilant. **sibilare** *v.i.* (*sibilo*; *aus.* avere) **1** to hiss, ⟨*lett*⟩ to sibilate: *il serpente sibila* snakes hiss. **2** (*fischiare*) to whistle: *il vento sibila* the wind is whistling.

sibilla *f.* ⟨*Stor*⟩ sybil (*anche fig.*). **sibillino** *a.* **1** ⟨*Stor*⟩ Sibylline, Sibyllic: *responsi –i* Sibylline answers, the Sibyl's replies. **2** ⟨*fig*⟩ sibylline.

sibilo *m.* **1** hiss(ing), ⟨*lett*⟩ sibilation. **2** (*fischio*) whistle, whistling. **3** ⟨*Med*⟩ sibilus, sibilant rale.

sicario *m.* hired assassin, killer.

siccatività *f.* ⟨*Chim*⟩ drying property. **siccativo** *a.* ⟨*Chim*⟩ drying, siccative.

sicché *congz.* **1** (*di modo che*) (and) so: *si è comportato male, ~ ho dovuto punirlo* he behaved badly, so I had to punish him. **2** (*e perciò*) so (that), therefore: *si è messo a piovere, ~ sono tornato* it began to rain, so I came back.

siccità *f.* drought, dry weather.

siccome *congz.* as, since, because: *~ dovevo uscire, ti ho lasciato un biglietto* as I had to go out, I left you a note.

Sicilia *N.pr.f.* ⟨*Geog*⟩ Sicily. **siciliano I** *a.* Sicilian. **II** *s.m.* **1** (*dialetto*) Sicilian (dialect). **2** (*abitante; f.* -a) Sicilian.

sicofante *m.* **1** ⟨*Stor.gr*⟩ sycophant. **2** ⟨*estens*⟩ (*delatore*) informer; (*calunniatore*) sycophant.

sicomoro *m.* ⟨*Bot*⟩ sycamore.

siconio *m.* ⟨*Bot*⟩ syconium.

sicosi *f.* ⟨*Med*⟩ sycosis.

siculo I *a.* ⟨*Stor*⟩ Sicul(i)an. **II** *s.m.* (*f.* -a) ⟨*Stor*⟩ Sicul(i)an, Sicel; *pl.* Siculi *pl.*

sicumera *f.* ⟨*lett*⟩ presumption, arrogance.

sicura *f.* safety, safety catch. □ *in ~* with the safety catch on, at safety: *tenere l'arma in ~* to keep a weapon at safety; *mettere la ~* to put on the safety catch; *togliere la ~* to release the safety catch. **sicuramente** *avv.* **1** (*senza pericolo*) safely, in safety. **2** (*certamente*) certainly.

sicurezza *f.* **1** safety, safeness, security: *la campagna per la ~ stradale* the road safety campaign. **2** (*garanzia*) security: *questo lavoro mi offre una ~ economica* this job gives me (economic) security. **3** (*abilità*) skill, ability: *guidare con ~* to drive ʾwith skillʾ (*o* skilfully); (*sicurezza di sé*) (self-)confidence, (self-)assurance. □ ⟨*tecn*⟩ **coefficiente di** ~ safety factor; ~ **collettiva** collective security; ⟨*Inform*⟩ ~ **dei dati** data security; **di** ~ safety-, security-: *margine di* ~ safety margin; *spilla di* ~ safety pin; *misura di* ~ precautionary measure; ~ **internazionale** international security; *a* ~ **intrinseca** fail safe; **motivi** *di* ~ security (*o* safety) reasons; **per maggior** ~ for safety's sake, to be on the safe side; ~ **pubblica** public safety; *pubblica* ~ (*polizia*) police; *agente di pubblica* ~ policeman.

sicuro I *a.* **1** (*privo di timore*) safe, secure: *qui siamo –i* we're safe here; (*tranquillo*) confident: *non mi sento troppo ~ per l'esame* I don't feel too confident about the exam. **2** (*che non presenta pericoli*) safe: *un viaggio ~* a safe trip; (*ben difeso*) secure, well-defended, inviolable: *un asilo ~* a secure refuge. **3** (*che sa con certezza*) sure, certain, positive: *sono sicurissimo di averlo visto* I'm absolutely positive I saw him; *sei ~ di ciò che dici?* are you sure of what you're saying? **4** (*esperto, pratico*) skilled, skilful, good, clever: *è molto ~ nel maneggiare le armi* he is very skilled (*o* good) at handling arms. **5** (*fidato*) real, true, genuine, reliable: *quello è un amico ~* he is a real friend. **6** (*deciso, fermo*) steady, sure, firm: *rispose con tono ~* he answered in a steady voice. **7** (*certo: rif. a cose previste*) certain, sure, assured, inevitable: *il profitto è ~* the profit is assured; *salvare qd. da morte –a* to save s.o. from certain death. **II** *avv.* (*certamente*) certainly, of course, undoubtedly: *verrai domani? – ~* will you come tomorrow? – of course. □ **essere al** ~ *da qc.* to be safe from s.th.; **essere** (*o* **stare**) **al** ~ to be safe; ⟨*pop*⟩ (*essere in prigione*) to be in jail; *mettere al* ~ to put in a safe place; **dare per** ~ *qc.* to be sure about s.th.; **di** ~ certainly, surely; *verrà di* ~ he will certainly come, he is sure to come; ⟨*fam*⟩ **essere** (*o* **mostrarsi**) ~ *del fatto proprio* to know what one is about; ~ *di sé* self-confident; **sentirsi** ~ *in una materia* to be sure of o.s. on a subject; **star** ~ (*non preoccuparsi*) not to worry; (*essere certo*) to be sure, to rest assured; *andare sul* ~ to take no risks.

sicurtà *f.* ⟨*Dir*⟩ (*assicurazione*) insurance.

siderale *a.* **1** ⟨*Astr*⟩ sidereal: *mese ~* sidereal month. **2** (*molto freddo*) icy: *temperatura ~* icy temperature.

sidereo *a.* ⟨*Astr*⟩ sidereal.

siderite *f.* ⟨*Min,Astr*⟩ siderite. **siderografia** *f.* siderography. **siderolite** *f.* ⟨*Min*⟩ siderolite. **siderosi** *f.* ⟨*Med*⟩ siderosis.

siderurgia *f.* ⟨*Met*⟩ iron metallurgy, iron and steel industry. **siderurgico** *a./s.* (*pl.* -ci) **I** *a.* iron-, of the iron and steel industry. **II** *s.m.* (*operaio*) steel worker.

Sidone *N.pr.f.* ⟨*Geog.stor*⟩ Sidon.

sidro *m.* cider, cyder.

siedo → **sedere**[1].

Siena *N.pr.f.* ⟨*Geog*⟩ Siena.

sienite *f.* ⟨*Min*⟩ syenite. **sienitico** *a.* (*pl.* -ci) syenitic.

siepa(gl)ia *f.* thick hedge. **siepe** *f.* **1** hedge. **2** ⟨*fig*⟩ (*barriera*) hedge, barrier, wall: *una ~ di soldati* a wall of soldiers. **3** ⟨*Sport*⟩ hedge, hurdle. □ ~ *viva* (*o naturale*) (quickset) hedge.

siero *m.* ⟨*Biol*⟩ serum. □ ~ *antidifterico* antidiphtheric serum; ~ *di latte* whey; ~ *della verità* truth serum (*o* drug).

sieroglobulina *f.* ⟨*Biol*⟩ serum globulin.

sierologia *f.* ⟨*Med*⟩ serology. **sierologico** *a.* (*pl.* -ci) serologic(al). **sierologo** *m.* (*pl.* -ghi) serologist.

siero|positivo *a.* ⟨*Med*⟩ seropositive. **~profilassi** *f.* seroprophylaxis.

sierosa *f.* ⟨*Anat*⟩ (*anche membrana sierosa*) serosa, serous membrane. **sierosità** *f.* serosity. **sieroso** *a.* serous.

siero|terapia *f.* ⟨*Med*⟩ serotherapy, serum therapy. **~terapico** *a.* (*pl.* -ci) serotherapeutical. **~tipizzazione** *f.* ⟨*Med*⟩ serotyping.

sierra *f.* ⟨*Geog*⟩ sierra.

Sierra Leone *N.pr.f.* ⟨*Geog*⟩ Sierra Leone.

siesta *f.* siesta, (afternoon) nap: *fare la ~* to have a nap.

siete → **essere**[1].

siffatto (*o* sì fatto) *a.* (*tale*) such: *con –a gente non bisogna discutere* it's better not to argue with such people.

sifilide *f.* ⟨*Med*⟩ syphilis. **sifilitico** *a./s.m.* (*pl.* -ci; *f.* -a) syphilitic.

sifone *m.* **1** ⟨*Idr*⟩ siphon. **2** (*recipiente*) siphon, ⟨*am*⟩ (soda water) syphon.

sig., Sig. = *signore* Mister (*abbr.* Mr.).

sig.a, Sig.a = *signora* Mistress (*abbr.* Mrs.).

sigaraia *f.* **1** (*venditrice*) cigar and cigarette seller. **2** (*operaia*) worker in a tobacco factory. **sigaraio** *m.* **1** (*venditore*) cigar and cigarette seller. **2** (*operaio*) worker in a tobacco factory. **sigaretta** *f.* cigarette: *fumare una ~* to smoke a cigarette; ~ *di cioccolato* chocolate cigarette. □ *–e estere* imported cigarettes; ~ *con filtro* filter-tip(ped) cigarette; ~ *senza filtro* non-filter (*o* regular) cigarette; ~ *lunga* king-size cigarette; *–e fatte a mano* hand-rolled (*o* handmade) cigarettes. **sigaretto** *m.* cigarillo, cigarito. **sigaro** *m.* cigar.

Sigfrido *N.pr.m.* Siegfried.

sigg., Sigg. = *signori:* **1** Gentlemen; **2** ⟨*Comm*⟩ (Dear) Sirs (*abbr.* Messrs.).

sigillare *v.t.* **1** (*chiudere con sigilli*) to seal: ~ *una busta* to seal an envelope. **2** (*chiudere bene*) to seal, to close well: ~ *un barattolo* to seal a jar. **3** ⟨*Dir*⟩ to seal, to affix (*o* set) an authenticating seal to: ~ *una porta* to seal a door. **sigillatura** *f.* **1** (*atto*) sealing. **2** (*effetto*) seal.

sigillo *m.* **1** seal, signet: *un ~ con inciso lo stemma di famiglia* a seal with the family crest. **2** ⟨*Dir*⟩ seal: *apporre i –i alla porta* to put the seal on the door. □ **anello con** ~ signet-ring; **applicare** *un ~ a qc.* to affix (*o* set) a seal to s.th., to seal s.th.; ~ *per* **lettere** letter seal; ⟨*fig*⟩ **mettere** *il ~ ʾalla boccaʾ* (*o alle labbra*) *di qd.* to seal s.o.'s lips; ⟨*Stor*⟩ ~ **privato** privy seal; ~ *dello* **stato** Great Seal.

Sigismondo *N.pr.m.* Sigismund (*anche Stor.*).

sigla *f.* **1** initials *pl*, letters *pl.* **2** (*forma abbreviata*) abbreviation: *ENEL è la ~ dell'Ente Nazionale per l'Energia Elettrica* ENEL is the abbreviation for the Ente Nazionale per l'Energia Elettrica. □ ~ *commerciale* trade name; ⟨*Rad,TV*⟩ ~ *musicale* signature (tune), theme song (*o* music). **siglare** *v.t.* to initial, to put one's initial to.

sigma *m.inv.* **1** (*lettera dell'alfabeto greco*) sigma. **2** ⟨*Anat*⟩ sigmoid flexure (*o* colon).

sigmoideo *a.* ⟨*Anat*⟩ sigmoid(al).

sig.na, Sig.na = *signorina* Miss.

signifero m. ⟨Stor.rom⟩ standard–bearer, signifer.

significare v.t. (**significo**, **significhi**) **1** (voler dire) to mean: che cosa significa questa parola? what does this word mean? **2** (simboleggiare) to stand for, to symbolize: il verde significa speranza green stands for hope. **3** ⟨fig⟩ (avere importanza, valere) to mean, to matter: lei non significa niente per me she means nothing to me. **significativamente** avv. significantly, meaningfully. **significativo** a. **1** meaningful, significant, significative: osservazione –a significant observation. **2** (espressivo) expressive, significant, meaningful: sguardo ~ expressive look. **3** (importante) important, significant, big: successo ~ big (o great) success. **4** ⟨Statist⟩ significant. **significato** m. **1** meaning, sense, purport: il ~ di un termine the meaning of a term. **2** ⟨Ling⟩ signified, significatum. **3** ⟨estens⟩ (rif. ad azioni, avvenimenti e sim.) meaning, reason: adesso capisco il ~ del suo atteggiamento now I understand the reason for his attitude. **4** ⟨fig⟩ (importanza, valore) importance, significance: attribuire un grande ~ a qc. to attach great importance to s.th. □ senza (o privo di) ~ meaningless.

signora f. **1** lady, woman: c'è una ~ al telefono there's a lady on the phone. **2** (appellativo: seguito dal cognome) Mrs.: la ~ Rossi Mrs. Rossi; (seguito dal nome) non si traduce: parlo con la ~ Maria? am I speaking to Maria?; (seguito dal titolo) non si traduce: la ~ contessa the Countess; (usato assolutamente) di solito non si traduce: scusi ~ excuse me; (da parte del personale di servizio) madam: buon giorno ~ good morning, madam; pl. ladies pl. **3** (donna sposata) married woman. **4** ⟨pred⟩ (sposata) married (woman), Mrs.: ~ o signorina? Mrs. or Miss?, are you married or single? **5** (moglie) wife; ⟨pop⟩ missus: il signor Bianchi e ~ Mr. Bianchi and his wife, Mr. and Mrs. Bianchi. **6** (padrona di casa) lady of the house: la ~ non è in casa the lady of the house isn't in. **7** (donna di classe) lady, ⟨lett⟩ gentlewoman: è una vera ~ she's a real lady. **8** ⟨lett⟩ (padrona, dominatrice) mistress: la ~ dei mari the mistress of the seas. □ fare la ~ to live like a lady (o queen); ⟨epist⟩ **gentile** ~ Dear Madam; ⟨epist⟩ **gentili** –e Mesdames; ⟨epist⟩ gentile ~ Maria Rossi: 1 (sulla busta) Mrs. Maria Rossi; 2 (formula iniziale) Dear Mrs. Rossi; ⟨Rel⟩ **Nostra** ~ Our Lady; –e e signori buona sera good evening ladies and gentlemen.

signore m. (f. **-a**) **1** (uomo) gentleman, man: è venuto un ~ a cercarti a man came looking for you. **2** (appellativo: seguito dal cognome) Mr.: il signor Rossi Mr. Rossi; (seguito dal nome) non si traduce: permette ~? may I?; (da parte del personale di servizio) sir: tassì ~? taxi, sir?; il ~ desidera? may I help you, sir? **3** pl. gentlemen pl: buona sera –i good evening gentlemen; (rif. a uomini e donne) ladies and gentlemen pl, spesso non si traduce; (rif. a una coppia) Sir ... Madam: buona sera –i good evening Sir, good evening Madam. **4** (padrone di casa) master, man of the house. **5** (uomo raffinato) gentleman: è un vero ~ he's a real gentleman. **6** (uomo benestante) rich man. **7** (padrone, sovrano) lord, master. **Signore** m. **1** (Dio) Lord, (Lord) God. **2** (esclam) good Lord, good gracious, my goodness. □ ⟨epist⟩ **egregio** ~ Dear Sir; ⟨epist⟩ egregi –i Dear Sirs, ⟨am⟩ Gentlemen; ⟨epist⟩ egregio signor Mario Rossi: 1 (sulla busta) Mr. Mario Rossi; 2 (formula iniziale)· Dear Mr. Rossi; **fare** il ~ (spendere con profusione) to throw one's money around; far vita da (gran) ~ to live like a lord; ⟨epist⟩ **gentili** –i Dear Sirs, ⟨am⟩ Gentlemen; ⟨Rel⟩ **Nostro** ~ Our Lord; i poveri e i –i the poor and the rich; Signor Presidente! Mr. President!; il signor tal dei tali Mr. So–and–So.

signoreggiare v. (**signoreggio**, **signoreggi**) **I** v.t. ⟨lett⟩ (dominare) to rule (over), to dominate (over): ~ una città to dominate a city. **II** v.i. (aus. avere) to rule, to dominate (su qc. s.th., over s.th.), to hold sway (over). □ ~ su un città to be master of a city. **signoria** f. **1** (dominio) rule, mastery, dominion: vivere sotto la ~ di qd. to live under s.o.'s rule. **2** ⟨Stor⟩ signory, seigniory (l'età delle –e the age of the seigniories). **Signoria** f. **1** (titolo d'onore) Lordship: Vostra Signoria Your Lordship; (rif. a una donna) Ladyship. **2** ⟨burocr⟩ you, spesso non si traduce: la Signoria Vostra è pregata di presentarsi please

(o kindly) present yourself. **signorile** a. **1** good–class, high–class, exclusive, elegant: quartiere ~ high–class neighbourhood. **2** (raffinato) refined: modi –i refined manners; (rif. a uomini) gentlemanlike; (rif. a donne) ladylike. **signorilità** f. **1** elegance, urbanity. **2** (raffinatezza) refinement, courtliness: tratta gli ospiti con gran ~ he treats his guests with great courtliness. **signorilmente** avv. in a refined manner; (rif. a uomini) in a gentlemanly way; (rif. a donne) in a ladylike way.

signorina f. **1** (giovane donna) young lady, girl: ha telefonato una ~ a young lady phoned; diventare una ~ to become a young lady. **2** (appellativo) Miss: la ~ Bianchi Miss Bianchi; la ~ Maria (Miss) Mary; (con un titolo) non si traduce; (usato assolutamente) miss: scusi ~ excuse me miss. **3** (donna nubile) unmarried (o single) woman, ⟨burocr,spreg⟩ spinster. **4** ⟨pred⟩ (nubile) unmarried (woman), single (girl): sono ~ I am unmarried; (ragazza) girl, ⟨lett⟩ maiden: nome di ~ maiden name. **5** (scherz) (rif. a bambina) young lady. **6** (rif. a impiegata, cameriera) girl: la ~ del centralino the girl at the switchboard; (vocativo) Miss; (cameriera di ristorante) waitress; (vocativo) waitress, Miss. **7** (commessa) (sales–)girl, (shop–)attendant. **8** (padroncina) young mistress. □ diventare ~ to reach the age of puberty; è rimasta ~ she has not married.

signorino m. master, young gentleman. **signornò** (o signor no) avv. no, sir. **signorone** m. (f. **-a**) ⟨fam⟩ wealthy man, man of standing; (signore raffinato) grand gentleman. **signorotto** m. ⟨spreg⟩ squire, country gentleman. **signorsì** (o signor sì) avv. yes, sir.

silaggio m. ⟨Agr⟩ ensilage.

silene f. ⟨Bot⟩ catchfly, silene.

Sileno N.pr.m. ⟨Mitol⟩ Silenus.

silente a. ⟨lett⟩ silent. **silenziare** v.t. (**silenzio**, **silenzi**) to muffle, to silence: ~ un motore to muffle a motor. **silenziatore** m. **1** (rif. ad armi) silencer: pistola con ~ gun with a silencer. **2** ⟨Mot⟩ silencer, ⟨am⟩ muffler.

silenzio m. **1** (quiete) silence, still(ness), hush: il ~ della notte the still of the night. **2** (il tacere) silence: ascoltare in ~ to listen in silence; costringere qd. al ~ to reduce s.o. to silence. **3** ⟨fig⟩ (discrezione, segretezza) secrecy, discretion, silence: ti raccomando il ~ su questa faccenda please maintain secrecy about this matter; (dimenticanza, oblio) oblivion, silence: cadere nel ~ to fall into oblivion. **4** (prescrizione di quiete e periodo di tempo) lights–out (anche Mil.): durante il ~ during lights–out. **5** ⟨Mil⟩ (segnale di tromba) lights–out, taps pl (costr.sing.). **6** (esclam) quiet, be (o keep) quiet, silence, hush, ⟨fam⟩ shut up. □ **far** ~ to stop talking, to be quiet (o silent): fate ~! stop talking!, (be) quiet!, ⟨fam⟩ shut up!; **in** ~ in silence; mettere in ~ qc. to hush s.th. up; **passare** sotto ~ qc. to pass s.th. over in silence; **restare** in ~ to keep (o be) silent; **ridurre** al ~ to reduce to silence, to still; ⟨fig⟩ to silence; **rompere** il ~ to break the silence; ~ di **tomba** silence of the grave, deathlike silence. Prov.: il ~ è d'oro, la parola (è) d'argento speech is silver, silence is golden.

silenziosamente avv. **1** quietly, noiselessly, silently. **2** (tacendo) silently, without speaking. **silenziosità** f. **1** silence, quietness, stillness, noiselessness. **2** (carattere taciturno) taciturnity, reticence, muteness. **silenzioso** a. **1** silent, quiet, still: strada –a quiet street. **2** (che non fa rumore) noiseless, silent: passi –i silent steps. **3** (rif. a persone) silent, quiet. **4** ⟨fig⟩ silent, unspoken, tacit: gioia –a silent joy.

silfide f. ⟨Mitol.nord⟩ sylph (anche fig.).

silhouette fr. [silwεt] f. **1** silhouette. **2** (corpo, linea snella) slim (o svelte) figure.

silicato m. ⟨Min,Chim⟩ silicate. **silice** f. ⟨Min⟩ silica. **siliceo** a. siliceous, silicious. **silicico** a. (pl. **-ci**) ⟨Chim⟩ silicic: acido ~ silicic acid. **silicio** m. ⟨Chim⟩ silicon, silicium. **silicizzare** v.t. ⟨Bot,Geol⟩ to silicify. **silicizzarsi** v.r. to silicify, to become silicified. **silicizzato** a. silicified: legno ~ silicified wood. **silicizzazione** f. silicification. **silicone** m. ⟨Chim⟩ silicone. **silicosi** f. ⟨Med⟩ silicosis.

siliqua f. ⟨Bot⟩ silique, siliqua.

Silla N.pr.m. ⟨Stor⟩ Silla.

sillaba *f.* syllable: *dividere in –e* to divide into syllables, to syllabize(–ise). □ ~ *breve* short syllable; *di tre –e* three–syllable–: *parola di tre –e* three–syllable word; *non dire* (o *proferire*) *una* ~ not to say a word; ~ *lunga* long syllable. **sillabare** *v.t.* (*sillabo*) to syllabize(–ise), to divide into syllables. **sillabario** *m.* syllabary, syllabarium; (*abbecedario*) primer, spelling book. **sillabazione** *f.* syllabi(fi)cation, dividing into syllables. **sillabico** *a.* (*pl.* -ci) syllabic.

sillabo *m.* ⟨*Stor*⟩ syllabus (of errors).

sillepsi, sillessi *f.* ⟨*Ret*⟩ syllepsis.

silloge *f.* ⟨*lett*⟩ sylloge.

sillogismo *m.* ⟨*Filos*⟩ syllogism. **sillogistica** *f.* ⟨*Filos*⟩ syllogistic. **sillogisticamente** *avv.* syllogistically. **sillogistico** *a.* (*pl.* -ci) syllogistic. **sillogizzare** I *v.t.* to syllogize. II *v.i.* (aus. avere) 1 to syllogize. 2 ⟨*fig*⟩ (*ragionare sottilmente*) to ponder, to puzzle.

silo *m.* (*pl.* sili/silos) silo, (storage) bin, ⟨*am*⟩ elevator. □ ~ *per cemento* cement silo; ~ *da cereali* grain silo; **conservazione** *nei –i* ensilage; ~ *da foraggio* forage silo; ~ *a* fossa trench silo; **mettere** *nel* ~ to silo, to ensile; ~ *per minerale* ore bin; ~ *sotto vuoto* vacuum silo.

silofonista *m./f.* ⟨*Mus*⟩ xylophonist, xylophone player. **silofono** *m.* xylophone.

silografia *f.* xylography, wood engraving. **silografico** *a.* (*pl.* -ci) xylographic(al). **silografo** *m.* (*f.* -a) xylographer.

silumin *m.* ⟨*Met*⟩ silumin.

siluramento *m.* 1 ⟨*Mil*⟩ torpedoing. 2 ⟨*fig*⟩ (*allontanamento, rimozione*) ousting, dismissal, ⟨*fam*⟩ sack(ing), ⟨*fam*⟩ firing. 3 ⟨*fig*⟩ (*distruzione*) torpedoing, undermining, wrecking: ~ *di un progetto* undermining a project. **silurante** I *a.* ⟨*Mil*⟩ torpedo–: *aereo* ~ torpedo bomber (*o* plane). II *s.f.* (*nave silurante*) torpedo–boat. **silurare** *v.t.* 1 to torpedo: *il nemico ha silurato due navi mercantili* the enemy torpedoed two merchant ships. 2 ⟨*fig*⟩ (*rimuovere da un incarico*) to remove (from one's post), to oust; (*licenziare*) to dismiss, ⟨*fam*⟩ to sack, ⟨*fam*⟩ to fire. 3 (*far fallire*) to torpedo, to ruin, to wreck: ~ *un progetto* to wreck a plan; ~ *una legge* to torpedo a bill. **siluratore** *m.* torpedoer (*anche* fig.).

siluriano I *a.* ⟨*Geol*⟩ Silurian. II *s.m.* Silurian (period).

siluriforme *a.* torpedo–shaped. **silurista** *m.* ⟨*Mil*⟩ torpedoist, torpedoman.

siluro[1] *m.* ⟨*Itt*⟩ 1 silurus. 2 (*siluro d'Europa*) sheat–fish, European catfish.

siluro[2] *m.* ⟨*Mar.mil*⟩ torpedo. □ *lanciare un* ~ to fire a torpedo, to torpedo; ~ *umano* manned torpedo.

silvano *a.* sylvan, silvan. **silvestre** *a.* ⟨*lett*⟩ forest–, wood(s), woodland, ⟨*lett*⟩ sylvan, ⟨*lett*⟩ sylvestrian: *fiori –i* woodland flowers.

Silvestro *N.pr.m.* ⟨*Stor*⟩ Sylvester, Silvester. □ *san* ~ (*ultimo giorno dell'anno*) New Year's Eve.

silvia *f.* 1 ⟨*Bot*⟩ wood anemone. 2 ⟨*Ornit*⟩ warbler. **Silvia** *N.pr.f.* Sylvia, Silvia.

silvicolo *a.* forest–, forestal, of forests, woodland, wood. **silvicoltore** *m.* (*f.* -trice) silviculturist, sylviculturist. **silvicoltura** *f.* silviculture, sylviculture.

SIM = ⟨*Mil*⟩ *Servizio informazioni militari* Army Intelligence Service.

sima *m.* ⟨*Geol*⟩ sima.

simbionte *m.* ⟨*Biol*⟩ symbiont, symbiot(e). **simbiosi** *f.* symbiosis. **simbiotico** *a.* (*pl.* -ci) symbiotic(al).

simboleggiante *a.* symbolizing, standing for. **simboleggiare** *v.t.* (*simboleggio, simboleggi*) to symbolize, to stand for. **simbolicamente** *avv.* symbolically. **simbolicità** *f.* symbolic nature. **simbolico** *a.* (*pl.* -ci) symbolic(al): *dono* ~ symbolic gift; *poesia –a* symbolical poetry. **simbolismo** *m.* symbolism (anche Art.). **simbolista** I *s.m./f.* symbolist. II *a.* → simbolistico. **simbolistico** *a.* (*pl.* -ci) symbolistic, symbolic. **simbolizzare** *v.t.* to symbolize. **simbolizzazione** *f.* symbolization. **simbolo** *m.* symbol: *la colomba è il* ~ *della pace* the dove is the symbol of peace; *–i chimici* chemical symbols. □ ⟨*Rel*⟩ ~ *apostolico* Apostle's Creed; ~ *cartografico* map symbol (*o* sign); ~ *matematico* mathematical symbol (*o* sign); ~ *di successo*

status symbol. **simbologia** *f.* symbology.

Simeone *N.pr.m.* ⟨*Bibl*⟩ Simeon.

similare *a.* similar, suchlike. **simile** I *a.* 1 like (*a qd.* s.o.), similar (to), ⟨*pred*⟩ alike: *una disgrazia* ~ *è successa l'anno scorso* a similar accident occurred last year; *il burro e la margarina sono –i* butter and margarine are alike. 2 (*tale*) such, like this (*o* that), of this (*o* that) sort: *una cosa* ~ such thing, a thing like this. 3 ⟨*Geom*⟩ similar. II *s.m.* fellow man, fellow creature: *la carità verso i propri –i* charity towards one's fellow men. □ *e –i* and the like, and such; *qualcosa di* ~ something like that. Prov.: *ogni* ~ *ama il suo* ~ birds of a feather flock together.

similitudine *f.* 1 ⟨*Ret*⟩ simile, similitude. 2 ⟨*Geom*⟩ similarity.

similmente *avv.* similarly, likewise, in the same manner, the same.

similoro *m.* ⟨*Met*⟩ Dutch metal, tombac.

similpelle *f.* ⟨*Ind*⟩ imitation leather, leatherette.

simmetria *f.* symmetry. **simmetricamente** *avv.* symmetrically. **simmetrico** *a.* (*pl.* -ci) symmetric(al).

Simone *N.pr.m.* Simon.

simonia *f.* ⟨*Dir.can*⟩ simony. **simoniacamente** *avv.* simoniacally. **simoniaco** *a./s.* (*pl.* -ci) I *a.* simoniac(al). II *s.m.* simoniac.

simpamina *f.* ⟨*Farm*⟩ simpamina, amphetamine sulphate.

simpatia *f.* 1 (*sentimento di attrazione*) liking, attraction: *sentire* ~ *per qd.* to have a liking for s.o., to like s.o. 2 (*qualità*) likeableness, attractiveness, niceness. 3 (*affinità*) sympathy: *per* ~ in sympathy. 4 ⟨*Fis,Med*⟩ sympathy. □ *andare a* ~ (*o simpatie*) to be partial; *avere* (*o provare*) ~ *verso* (*o per*) *qd.* to like (*o* have a liking for) s.o.; *prendere in* ~ *qd.* to take a liking (*o* fancy) to s.o.

simpatico[1] *a./s.* (*pl.* -ci) I *a.* 1 (*rif. a persone*) likeable, nice, pleasant: *non è bella ma è molto –a* she's not beautiful but she's very likeable. 2 (*rif. a cose*) pleasant, nice, agreeable: *abbiamo passato una serata –a* we spent a very pleasant evening. II *s.m.* likeable (*o* nice, attractive) person, ⟨*am.fam*⟩ nice guy. □ *inchiostro* ~ invisible (*o* sympathetic) ink; *riuscire* ~ to be popular.

simpatico[2] *a./s.* (*pl.* -ci) I *s.m.* ⟨*Anat*⟩ (*grande simpatico*) sympathetic nervous system, sympathicus. II *a.* sympathetic: *fenomeno* ~ sympathetic phenomenon.

simpatizzante I *a.* sympathizing, supporting. II *s.m./f.* sympathizer (anche Pol.). **simpatizzare** *v.i.* (aus. avere) 1 to take a liking (con to), to become fond (of): *il ragazzo ha simpatizzato con i suoi compagni di scuola* the boy took a liking to his class–mates. 2 (*rif. a idee e sim.*) to sympathize, to go along (*per* with): ~ *per un partito* to sympathize with a party.

simpetalo *a.* ⟨*Bot*⟩ sympetalous.

simplex I *a.* ⟨*tecn*⟩ single, individual: *collegamento* ~ individual (*o* private) connection. II *s.m.* ⟨*Tel*⟩ individual (*o* private) line.

simpodiale *a.* ⟨*Bot*⟩ sympodial. **simpodio** *m.* sympodium.

simposiaco *a.* (*pl.* -ci) ⟨*lett*⟩ symposiac. **simposio** *m.* symposium (anche fig.). □ *il* ~ *di Platone* Plato's Symposium.

simulacro *m.* 1 (*immagine*) simulacrum. 2 ⟨*fig*⟩ (*parvenza*) appearance, semblance, simulacrum.

simulare *v.t.* (*simulo*) 1 to feign, to simulate, to put on, to make a show (*o* pretence) of: ~ *amicizia* to feign friendship. 2 (*cercare di far credere ciò che non è*) to fake, to feign, to pretend, to simulate: ~ *una malattia* to fake an illness, to pretend to be ill. 3 ⟨*tecn*⟩ to simulate. **simulato** *a.* feigned, sham, fake, simulated, mock. **simulatore** *m.* (*f.* -trice) 1 sham(mer), fake(r), simulator. 2 ⟨*tecn*⟩ simulator. □ ⟨*Aer*⟩ ~ *di volo* flight simulator. **simulatorio** *a.* false, mock, pretended, simulated. **simulazione** *f.* 1 (*finzione*) feigning, pretence, simulation. 2 ⟨*Dir*⟩ simulation. 3 ⟨*tecn*⟩ simulation: ~ *al calcolatore* computer simulation. □ ~ *d'infermità* feigning illness, malingering; ~ *di reato* simulation of offence.

simultanea *f.* (*anche traduzione simultanea*) simultaneous translation. □ *tradurre in* ~ to translate simultaneously. **simultaneamente** *avv.* simultaneously, at the same time.

simultaneista *m./f.* simultaneous translator. **simultaneità** *f.* simultaneousness, simultaneity. **simultaneo** *a.* simultaneous: *traduzione –a* simultaneous translation.

simum *m.* ⟨*Meteor*⟩ simoom, simoon, samum.

sin = ⟨*Mat*⟩ *seno* sine (*abbr.* sin).

sinagoga *f.* ⟨*Rel.ebr*⟩ synagogue.

Sinai *N.pr.f.* ⟨*Geog*⟩ Sinai.

sinallagma *m.* ⟨*Dir*⟩ synallagmatic obligation. **sinallagmatico** *a.* (*pl.* -ci) synallagmatic.

sinantropo *m.* ⟨*Paleont*⟩ Sinanthropus.

sinartrosi *f.* ⟨*Anat*⟩ synarthrosis.

sinceramente *avv.* sincerely, honestly, truly: *rispondere* ~ to answer honestly; ~, *non ti capisco* I truly don't understand you. **sincerare** *v.t.* (**sincero**) ⟨*lett*⟩ to convince, to persuade, to make believe: *vorrei sincerarti della mia buona fede* I would like to convince you of my good faith. **sincerarsi** *v.r.* (*accertarsi*) to make sure, to assure o.s. (*di* of), to ascertain (s.th.). **sincerità** *f.* sincerity, honesty, frankness, straightforwardness. ◻ *con* ~ sincerely, with sincerity; *con tutta* ~ in all sincerity. **sincero** *a.* **1** sincere, honest, true, straightforward: *un amico* ~ a true friend; *risposta –a* honest answer. **2** (*sentito, non simulato*) sincere, genuine, true, real, unfeigned: *provare un affetto* ~ *per qd.* to feel true (*o* genuine) affection for s.o. **3** (*in formule di cortesia*) sincere, heartfelt, whole-hearted: *le mie più –e congratulazioni* my most sincere congratulations. **4** (*genuino, puro*) pure, genuine, unadulterated: *vino* ~ genuine (*o* pure) wine. ◻ *essere* ~ *con qd.* to be honest (*o* frank) with s.o.

sinché *congz.* **1** (*per tutto il tempo che*) as long as. **2** (*fino al momento in cui*) until, till.

sinciziale *a.* ⟨*Biol*⟩ syncytoid, syncytial. **sincizio** *m.* syncytium.

sinclinale *f.* ⟨*Geol*⟩ syncline, synclinal.

sincopare *v.t.* (**sincopo**) ⟨*Mus,Ling*⟩ to syncopate. **sincopato** *a.* syncopated. **sincope** *f.* ⟨*Ling,Mus,Med*⟩ syncope.

sincretismo *m.* ⟨*Rel,Filos,Ling*⟩ syncretism. **sincretista** *m./f.* syncretist. **sincretistico** *a.* (*pl.* -ci) syncretistic.

sincrociclotrone *m.* ⟨*Atom*⟩ synchrocyclotron.

sincronia *f.* synchrony. ◻ *in* ~ contemporaneously, at the same time; *mettere in* ~ to synchronize. **sincronico** *a.* (*pl.* -ci) **1** synchronous. **2** ⟨*Ling*⟩ synchronic(al). **3** ⟨*tecn*⟩ synchronized. **sincronismo** *m.* ⟨*Fis,Ling,tecn*⟩ synchronism. ◻ *con* (o *in*) ~ synchronized; *mettere in* ~ to synchronize. **sincronistico** *a.* (*pl.* -ci) synchronistic(al), synchronous. **sincronizzare** *v.t.* to synchronize. **sincronizzato** *a.* synchronized (*anche tecn.*). ◻ ⟨*Aut*⟩ *marce –e* synchromesh. **sincronizzatore** **I** *s.m.* (*f.* -trice) **1** synchronizer. **2** ⟨*Cin*⟩ (sound) synchronizer. **II** *a.* synchronizing, synchronous: *dispositivo* ~ synchronizing device, synchronizer. ◻ ⟨*TV*⟩ ~ *di fase* phase synchronizer; ~ *dell'immagine* picture (*o* frame) synchronizer. **sincronizzazione** *f.* synchronization (*anche Cin.*). ◻ ⟨*TV*⟩ ~ *delle immagini* frame (*o* picture) synchronization. **sincrono** *a.* synchronous (*anche tecn.*): *macchina –a* synchronous machine.

sincrotrone *m.* ⟨*Atom*⟩ synchrotron.

sindacabile *a.* **1** (*controllabile*) checkable, controllable, verifiable; (*nella contabilità*) subject to auditing. **2** (*criticabile*) criticizable, that may be judged (*o* censured).

sindacale[1] *a.* (*dei sindacati*) trade union–, union–, of trade unions, ⟨*am*⟩ labor-union–: *lotte –i* union struggles; *organizzazione* ~ trade union organization, (trade–)union.

sindacale[2] *a.* (*del sindaco*) mayor's, mayoral, of the mayor. ◻ ⟨*Comm*⟩ *collegio* ~ board of auditors.

sindacalismo *m.* **1** trade-unionism, syndicalism. **2** ⟨*Pol*⟩ syndicalism. ~ *aziendale* business unionism. **sindacalista** *m./f.* **1** trade unionist, union man, trade union representative. **2** ⟨*Pol*⟩ syndicalist. **sindacalistico** *a.* (*pl.* -ci) **1** trade union–, trade union–, union–. **2** ⟨*Pol*⟩ syndicalist(ic).

sindacalizzare *v.t.* to organize into a trade union, to unionize. **sindacalizzarsi** *v.r.* to join a trade union. **sindacalizzato** *a.* unionized: *lavoratore* ~ unionized employee. **sindacalizzazione** *f.* unionization.

sindacare *v.t.* (**sindaco, sindachi**) **1** to check, to control, to verify; (*rif. alla contabilità*) to audit. **2** ⟨*fig*⟩ (*criticare*) to criticize, to judge, to pass judgement on.

sindacato[1] *m.* ⟨*Econ*⟩ **1** (*organizzazione di lavoratori*) trade union, ⟨*am*⟩ labor union. **2** (*sindacato di produzione*) syndicate, union; (*a carattere monopolistico*) trust, cartel, pool. **3** ⟨*spreg*⟩ racket. ◻ ~ **affiliato** affiliated trade union; ~ **autonomo** independent union; ~ *di* **categoria** occupational union; ~ *del* **crimine** crime racket; ~ *dei* **datori** *di lavoro* employers' association; ~ *degli* **impiegati** white–collar trade union; ~ *d'*impresa company union; ~ *dei* **lavoratori** trade union, ⟨*am*⟩ labor union; ~ **libero** free trade union; ~ **rosso** Socialist trade union.

sindacato[2] **I** *a.* checked, controlled, verified; (*nella contabilità*) audited. **II** *s.m.* (*revisione*) control, check, inspection; (*revisione dei conti*) audit(ing).

sindaco *m.* (*pl.* -ci; *f.rar, scherz.* **sindachessa**) **1** mayor. **2** ⟨*Comm*⟩ auditor. ◻ ~ *di Londra* Lord Mayor of London.

sinderesi *f.* ⟨*Filos*⟩ synderesis, synteresis.

sindone *f.* **1** shroud, ⟨*lett*⟩ sindon. **2** ⟨*Rel*⟩ (*anche sacra sindone*) Holy Shroud.

sindrome *f.* ⟨*Med*⟩ syndrome. ◻ ⟨*Med*⟩ ~ *da sforzo* effort syndrome.

sineddoche *f.* ⟨*Ret*⟩ synecdoche.

sinedrio *m.* ⟨*Stor*⟩ (*presso i greci*) Synedrion, Synedrium; (*presso gli ebrei*) Sanhedrin, Sanhedrim, Synedrion.

sineresi *f.* ⟨*Ling*⟩ syn(a)eresis.

sinergia *f.* ⟨*Med*⟩ synergia, synergy. **sinergico** *a.* (*pl.* -ci) synergic(al). **sinergismo** *m.* synergism.

sinfisi *f.* ⟨*Anat,Bot*⟩ symphysis. ◻ ~ *pubica* symphysis (ossium) pubis, pubic symphysis.

sinfonia *f.* **1** ⟨*Mus*⟩ symphony (*anche estens.*): *la terza* ~ *di Beethoven* Beethoven's symphony no. 3; *una* ~ *di colori* a symphony of colours. **2** ⟨*spreg*⟩ (*discorso noioso*) lecture, litany. **sinfonico** *a.* (*pl.* -ci) symphony–, symphonic: *orchestra –a* symphony orchestra; *musica –a* symphonic music. **sinfonismo** *m.* **1** symphonic nature. **2** (*musica sinfonica*) symphonic music. **sinfonista** *m./f.* symphonist.

sinforosa *f.* **1** (*donna matura che si atteggia a giovanetta*) old flirt (*o* coquette), ⟨*fam*⟩ mutton dressed as lamb. **2** ⟨*Mod*⟩ Dolly Varden hat.

sing. = ⟨*Gramm*⟩ *singolare* singular (*abbr.* sing.).

singalese **I** *a.* Sinhalese, Singhalese, Cingalese **II** *s.* **1** *m.* (*lingua*) Sinhalese, Singhalese, Cingalese. **2** *m./f.* (*abitante*) Sinhalese, Singhalese, Cingalese.

Singapore *N.pr.f.* ⟨*Geog*⟩ Singapore.

singhiozzare *v.i.* (**singhiozzo**; *aus.* avere) **1** (*piangere*) to sob: *la donna singhiozzava disperatamente* the woman sobbed bitterly. **2** (*avere il singhiozzo*) to have (the) hiccups, to hiccup, to hiccough. **singhiozzo** *m.* **1** sob(bing): *frenare i –i* to stifle one's sobs. **2** (*fenomeno respiratorio*) hiccup, hiccough: *avere il* ~ to have (the) hiccups. ◻ ⟨*fig*⟩ *a* ~ (*o singhiozzi*) jerking, by fits and starts; *avanzare a* ~ to jerk (*o* jolt) along; *scoppiare in –i* to burst out sobbing.

singolare **I** *a.* **1** (*unico nel suo genere*) singular, unique. **2** (*caratteristico, particolare*) strange, peculiar, special, distinctive: *ha un modo* ~ *di camminare* he has a strange way of walking. **3** (*insolito raro*) singular, uncommon, rare, unique, usual: *donna di* ~ *bellezza* woman of rare beauty. **4** (*bizzarro*) odd, strange, queer, quaint: *gusti –i* strange tastes. **5** ⟨*Gramm,Filos,Dir*⟩ singular. **II** *s.m.* **1** ⟨*Gramm*⟩ (*numero singolare*) singular. **2** ⟨*Sport*⟩ singles *pl* (*costr.sing.*): ~ *femminile* women's singles. **singolarista** *m./f.* ⟨*Sport*⟩ (*nel tennis*) singles player. **singolarità** *f.* **1** singularity, singleness, uniqueness, oneness. **2** (*originalità, peculiarità*) originality, distinctiveness, individuality: *la* ~ *di un libro* the originality of a book. **3** ⟨*fig*⟩ (*eccezionalità, rarità*) rarity, rareness, singularity: *la* ~ *d'un caso* the rareness of a case. **4** ⟨*fig*⟩ (*stranezza*) peculiarity, eccentricity, strangeness, oddness: *fra le sue* ~ *c'è quella di non salutare mai* one of his peculiarities is that he never says hello. **singolarmente** *avv.* **1** (*a uno a uno*) individually, separately, singly, one by one: *ho risposto a tutti* ~ I answered everyone individually. **2** (*in particolare*) particularly, (e)specially, singularly. **3** (*in modo originale, strano*) peculiarly, strangely, oddly: *comportarsi* ~ to behave strangely. **singolo I** *a.* **1** (*separato dagli altri*) single, individual: *la discussione verterà su ogni* ~ *articolo* the discussion will cover each individual article. **2** (*destinato a una sola persona*) single, for one (person): *cabina* –*a* single cabin, cabin for one. **II** *s.m.* **1** individual: *le esigenze del* ~ the needs of the individual. **2** (*Tel*) individual (*o* private) line. **3** (*Sport*) (*nel tennis*) singles *pl* (*costr.sing.*): ~ *femminile* women's singles.

singulto *m.* **1** hiccup, hiccough: *avere il* ~ to have the hiccups. **2** (*rif. al pianto*) sob.

siniscalcato *m.* (*Mediev*) seneschalship, seneschalsy. **siniscalco** *m.* (*pl.* -chi) seneschal.

sinistra *f.* **1** (*mano sinistra*) left hand: *scrivere con la* ~ to write with one's left hand. **2** (*parte sinistra*) left, left–hand side: *andare a* ~ to turn left. **3** (*Pol*) left: *la* ~ *di un partito* the left (wing) of a party. **4** (*Mar*) (*manca*) port. **5** (*Arald*) sinister. □ **a** ~: 1 (*stato*) on the left(–hand side); 2 (*moto*) to the left, left, leftwards; 3 (*Mar*) aport, to port; **alla** *sua* ~ (*stato*) on his left; (*moto*) to his left; **di** ~ left; (*Pol*) left, left–wing; *uomo di* ~ left–winger; (*Pol*) **estrema** ~ extreme left, far left; **sulla** ~ on the left: *stare sulla* ~ to be on the left; (*Strad*) **tenere** *la* ~ to keep left; (*Mar*) **tutto** *a* ~! hard aport!; **verso** ~ towards the left, leftwards. || (*Bibl*) *la tua* ~ *ignori ciò che fa la destra* let not thy left hand know what thy right hand doeth.

sinistramente *avv.* **1** (*torvamente*) sinisterly, in a sinister manner. **2** (*in modo infausto*) ominously, inauspiciously, sinisterly.

sinistrare *v.t.* to damage, to cause damage to. **sinistrato I** *a.* damaged. **II** *s.m.* (*f.* -a) victim, casualty. □ ~ *di guerra* war victim; *zona* –*a* disaster area.

sinistrese *m.* (*iron*) jargon of the Left. **sinistrismo** *m.* (*Pol*) left–wing trend (*o* tendency). **sinistro I** *a.* **1** left, left–hand; (*rif. al corpo umano*) left: *il piede* ~ the left foot. **2** (*fig*) (*infausto*) sinister, ominous. **II** *s.m.* **1** (*disgrazia*) accident, disaster. **2** *pl.* (*Pol*) left–wingers *pl*, left wing. **3** (*Sport*) (*nella box*) left. □ (*Assic*) *in caso di* ~ in case of accident; *assicurazione contro i* –*i* accident insurance; *liquidare un* ~ to pay off damages. **sinistrogiro** *a.* **1** (*Geom*) left–hand(ed). **2** (*Fis,Chim*) l(a)evorotatory, l(a)evorotary, l(a)evogyrate. **sinistroide I** *a.* (*spreg*) (*Pol*) leftist, leftish. **II** *s.m./f.* leftist. **sinistrorso** *a.* **1** sinistrorse, from right to left. **2** (*Pol,scherz*) (*sinistroide*) leftist, leftish. **3** (*Mecc*) left–hand(ed), counter–clockwise. **4** (*Chim*) (*levogiro*) l(a)evorotatory, l(a)evogyrate.

sino I *prep.* (used only with another preposition or adverb: often shortened to *sin*) **1** (*rif. a tempo*) until, till, up to, up till: *ti aspetto* ~ *a stasera* I'll wait for you until this evening. **2** (*rif. a luogo*) as far as, to: *sono arrivato* ~ *a Firenze* I went as far as Florence. **II** *avv.* (*persino, anche*) even, actually. □ ~ **a:** 1 [*inf*] until, till; 2 (*tanto da*) so much that; 3 (*temporale*) until, till, up to, up till; *ti accompagno* ~ *a casa* I'll take you home; ~ *a che* ~ **sinché;** *sin* **da:** 1 (*rif. al presente o al futuro*) (as) from, from ... on(wards), starting: *sin da oggi* starting today; 2 (*rif. al passato*) since, (*enfat*) ever since, as far back as: *sin dalla nascita* since birth, ever since he was born; *sin* **dove?** how far?; ~ *in* **fondo** to the (very) bottom, right down; *sin* **là** (as far as) there; ~ *a* **ora** → **sinora;** *sin* **d'ora:** 1 (*a partire da questo momento*) from now on; 2 (*già ora*) as from now; ~ *a* **quando** until; (*interr.*) till when?; *sin* **qui:** 1 (*rif. a distanza*) (as far as) here; 2 (*fino a questo punto*) so (*o* thus) far, up to this point.

sinodale *a.* synodal. **sinodico** *a.* (*pl.* -ci) (*Astr*) synodic(al). **sinodo** *m.* (*Rel*) synod.

sinologia *f.* sinology. **sinologo** *m.* (*pl.* -gi/-ghi; *f.* -a) sinologist.

sinonimia *f.* (*Ling*) synonymousness, synonymity. **sinonimico** *a.* (*pl.* -ci) synonymic(al), synonymatic. **sinonimo I** *a.* synonymous: *parole* –*e* synonymous words. **II** *s.m.* synonym. □ *diventare* ~ *di qc.* to become synonymous with s.th.

sinopia *f.* sinopite.

sinopsi *f.* **1** (*Cin*) synopsis. **2** → **sinossi.**

sinora (*o sin ora*) *avv.* (*finora*) so far, until now, up to now: *ho studiato* ~ I've been studying until now; (*in frasi negative*) so far, yet: ~ *non ha telefonato nessuno* no one has telephoned so far.

sinossi *f.* (*compendio*) outline, synopsis. □ ~ *evangelica* Synoptic Gospels *pl.* **sinottico** *a.* (*pl.* -ci) synoptic(al): *tavole sinottiche* synoptic tables.

sinovia *f.* (*Anat*) synovia. **sinoviale** *a.* synovial. **sinovite** *f.* (*Med*) synovitis.

sintagma *m.* (*Ling*) syntagm(a). **sintagmatico** *a.* (*pl.* -ci) syntagmatic.

sintassi *f.* (*Gramm*) syntax. **sintattica** *f.* syntactics *pl* (*costr.sing. o pl.*). **sintattico** *a.* (*pl.* -ci) syntactic(al).

sinterizzare *v.t.* (*Met*) to sinter. **sinterizzato** *a.* sintered. **sinterizzazione** *f.* sintering.

sintesi *f.* **1** synthesis. **2** (*sunto*) summary, résumé: *fare una* ~ *di qc.* to make a summary of s.th., to summarize s.th. □ (*Biol*) ~ *clorofilliana* (*fotosintesi*) photosynthesis; *in* ~: 1 (*sommariamente*) in summary, summing up; 2 (*in poche parole*) in brief, in a few words, in short. **sinteticamente** *avv.* **1** synthetically (*anche Chim.*). **2** (*in sintesi*) in summary, summing up; (*in poche parole*) in brief, in a few words, in short. **3** (*tecn*) synthetically. **sinteticità** *f.* conciseness. **sintetico** *a.* (*pl.* -ci) **1** synthetic(al): *esposizione* –*a* synthetic statement. **2** (*conciso, rapido*) concise, brief, terse: *stile* ~ terse style. **3** (*Chim*) synthethic(al). **4** (*tecn,Ind*) (*artificiale*) synthetic(al): *fibre sintetiche* synthetic (*o* man–made) fibres. **sintetizzare** *v.t.* **1** (*ordinare in forma sintetica*) to synthesize, to synthetize. **2** (*riassumere*) to summarize: ~ *un discorso* to summarize a speech. **3** (*Chim*) to synthesize. **sintetizzatore I** *s.m.* (*Acu*) synthesizer. **II** *a.* synthesizing, synthetic(al).

sintomatico *a.* (*pl.* -ci) symptomatic (*anche fig.*). **sintomatologia** *f.* (*Med*) symptomatology. **sintomo** *m.* **1** symptom: *i* –*i di una malattia* the symptoms of a disease. **2** (*segno, indizio*) symptom, sign: *i* –*i di una rivolta* the signs of a revolt. □ (*Med*) ~ *precoce* early symptom.

sintonia *f.* **1** (*Rad*) tuning, syntony. **2** (*fig*) agreement, tune, syntony: *essere in* ~ *con qd.* to be in agreement with s.o. □ *in* ~ *su* tuned in to (*o* on); *mettere in* ~ to tune. **sintonico** *a.* (*pl.* -ci) (*Rad*) syntonic, syntonous. **sintonismo** *m.* (*Rad*) syntony. **sintonizzare** *v.t.* (*Rad*) to tune in, to syntonize. **sintonizzarsi** *v.r.* to be tuned in. **sintonizzatore** *m.* (*Rad*) tuner. **sintonizzazione** *f.* tuning, syntonization.

sinuosamente *avv.* sinuously. **sinuosità** *f.* sinuosity, sinuousness. **sinuoso** *a.* **1** winding, sinuous: *corso* ~ *di un fiume* winding course of a river. **2** (*rif. al corpo femminile*) curvaceous.

sinusite *f.* (*Med*) sinu(s)itis.

sinusoidale *a.* (*Geom*) sinusoidal. **sinusoide** *f.* sinusoid.

Sion (*o Sion*) *N.pr.f.* (*Geog*) Zion. **sionismo** *m.* Zionism. **sionista** *m./f.* Zionist. **sionistico** *a.* (*pl.* -ci) Zionist(ic).

SIP = *Società italiana per l'esercizio telefonico* Italian Telephone Company.

siparietto *m.* (*Teat*) (entr'acte) curtain, drop–curtain; (*dipinto*) drop–scene. **sipario** *m.* (house) curtain, drop–curtain; (*dipinto*) drop–scene. □ (*Teat*) *alzare il* ~ to raise the curtain; (*Teat*) *calare il* ~ to drop (*o* lower) the curtain; *cala il* ~! curtain!; (*fig*) *calare il* ~ *su qc.* to draw the curtain on (*o* over) s.th. **siparista** *m.* curtain man.

Siracusa *N.pr.f.* (*Geog*) Syracuse.

sire *m.* (*lett*) Sire.

sirena *f.* **1** (*Mitol*) mermaid. **2** (*fig*) (*donna seducente*) siren. **3** (*Zool*) siren. **4** (*segnale*) siren, whistle: *la* ~ *di una fabbrica* the factory whistle. □ ~ *d'allarme* alarm, warning siren; (*fig*) *canto di* ~ siren song; (*Mar*) ~ *da nebbia* fog–horn; *a* ~ *spiegate* with sirens wailing.

Siria *N.pr.f.* (*Geog*) Syria. **siriaco** *a./s.* (*pl.* -ci) **I** *a.* Syrian, of Syria; (*rif. alla lingua*) Syriac. **II** *s.m.* (*lingua*) Syriac. **siriano I** *a.* Syrian, Syria, of (*o* from) Syria. **II**

s.m. **1** (*abitante; f.* **-a**) Syrian, inhabitant (*o* native) of Syria. **2** (*lingua*) Syriac.

sirice *m.* 〈*Entom*〉 horntail, sirex.

siringa *f.* **1** syringe. **2** 〈*Mus*〉 pan–pipe, syrinx. **3** 〈*Gastr*〉 pastry tube. **4** 〈*Bot*〉 lilac. **siringare** *v.t.* (**siringo, siringhi**) to syringe. **siringatura** *f.* syringing.

siringe *f.* 〈*Ornit*〉 syrinx.

Sirio *N.pr.m.* 〈*Astr*〉 Sirius, Dog Star.

sirte *f.* 〈*lett*〉 **1** (*banco sabbioso mobile*) quicksand. **2** 〈*fig*〉 (*insidia*) danger, peril, quicksand.

Sirte *N.pr.f.* **1** 〈*Geog.stor*〉 Syrtis: *Grande* ~ Syrtis Major. **2** 〈*Geog*〉 Sirte.

sirventese *m.* 〈*Lett*〉 sirvente(s) *pl,* sirvent.

sisal *f.* **1** 〈*Bot*〉 sisal. **2** 〈*Tess*〉 sisal (hemp).

Sisifo *N.pr.m.* 〈*Mitol*〉 Sisyphus. □ 〈*fig*〉 *fatica di* ~ fruitless toil, Sisyphean task.

sisma *m.* 〈*Geol*〉 earthquake, seism. **sismicità** *f.* seismicity. **sismico** *a.* (*pl.* **-ci**) seismic: *fenomeno* ~ seismic phenomenon. **sismografia** *f.* seismography. **sismografico** *a.* (*pl.* **-ci**) seismographic(al). **sismografo** *m.* seismograph. **sismogramma** *m.* seismogram. **sismologia** *f.* seismology. **sismologico** *a.* (*pl.* **-ci**) seismologic(al). **sismologo** *m.* (*pl.* **-gi**; *f.* **-a**) seismologist.

sissignora (*o sì signora*) *intz.* yes, Madam. **sissignore** (*o sì signore*) *intz.* **1** yes, Sir. **2** (*naturalmente*) of course, obviously.

sistema *m.* **1** system: ~ *solare* solar system. **2** (*organizzazione*) system: ~ *sociale* social system. **3** 〈*tecn*〉 (*procedimento*) method, system, process, procedure: ~ *di estrazione* mining method. **4** 〈*pop*〉 (*modo di fare, condotta*) behaviour, way of acting, conduct: *che –i sono questi?* what kind of behaviour is this?; (*metodo*) way, method: *questo non è il* ~ *di studiare* this is no way to study. **5** (*classificazione*) system, classification (*anche* Biol.). **6** (*nei giochi*) system. **7** (*Sport*) (*nel calcio*) MW formation, 〈*fam*〉 third back game. **8** 〈*Social*〉 establishment. □ ~ **bancario** banking system; 〈*Comm*〉 ~ **contabile** accounting system; **contrario** *al* ~ anti–establishment; 〈*Pol,Econ*〉 ~ **cooperativo** cooperative system; ~ **delle coordinate** coordinate system; ~ **creditizio** credit system; **critico** *del* ~ critic of the establishment; ~ *di* **determinazione** *dei costi* costing system; 〈*Mil*〉 ~ **difensivo** defensive system; ~ **economico** economic system; 〈*Pol*〉 ~ **elettorale** *proporzionale* (system of) proportional representation; 〈*Inform*〉 ~ **esadecimale** hexadecimal system; ~ **fiscale** fiscal (*o* financial) system; 〈*Fis*〉 ~ *di* **forze** system of forces; ~ **giudiziario** judicial system; 〈*Geog*〉 ~ **idrografico** hydrographic (*o* river) system; 〈*Mecc*〉 ~ *di* **ingranaggi** gearing; ~ *di* **lavoro** work(ing) method; 〈*Ott*〉 ~ *di* **lenti** optical system; ~ **metrico** *decimale* (decimal) metric system; ~ **monetario** *europeo* European monetary system; 〈*Geog*〉 ~ **montuoso** mountain system (*o* chain); ~ **nervoso** nervous system; ~ **neurovegetativo** vegetative nervous system; 〈*Inform*〉 ~ *di* **numerazione** *binaria* binary number system; ~ **operativo** operating system; ~ **operativo** *su* (*o a*) *disco* disk operating system; ~ **ottico** optical system; 〈*Comm*〉 ~ *di* **pagamento** method of payment; ~ **parlamentare** parliamentary government (*o* system); **per** ~ (*per abitudine*) habitually, out of habit; (*per partito preso*) deliberately; 〈*Chim*〉 ~ **periodico** (*degli elementi*) periodic system; 〈*Astr*〉 ~ **planetario** planetary system; ~ **previdenziale** social security plan; 〈*Comm*〉 ~ **rateale** *di vendita* instalment plan; 〈*Astr*〉 ~ **solare** solar system; ~ **tributario** taxation system; ~ *di* **vita** way of life.

sistemare *v.t.* (**sistemo**) **1** (*ordinare, organizzare in sistema*) to system(at)ize, to reduce to a system. **2** (*mettere a posto*) to arrange: ~ *i quadri* to arrange the pictures; (*riordinare*) to (put in) order, to tidy (up), 〈*fam*〉 to fix: ~ *la casa* to put the house in order, to tidy up the house. **3** (*risolvere, definire*) to settle: ~ *una questione* to settle a matter. **4** (*collocare, alloggiare*) to settle, to put: *ho sistemato i bambini in una pensione* I have put the children in a boarding house. **5** (*procurare un lavoro adatto*) to find work (*o* employment) for, 〈*fam*〉 to frx up

(with a job): ~ *un disoccupato* to find a job for an unemployed person. **6** (*installare*) to install: *ho sistemato il frigorifero tra la credenza e la cucina* I installed the fridge between the cupboard and the stove. **7** (*rif. a ragazze: maritare*) to marry off (well), to settle. **8** 〈*fam*〉 (*dare una lezione*) to settle (the hash of), to see to, 〈*fam*〉 to fix: *ora lo sistemo io* I'll settle him. **sistemarsi** *v.r.* **1** to get settled (*o* fixed up): *appena mi sono sistemato all'estero mi farò raggiungere dalla famiglia* as soon as I get settled abroad I'll have my family join me. **2** (*trovare un lavoro*) to find employment, to get work (*o* a job). **3** (*rif. a ragazze: prendere marito*) to get married, to marry.

sistematica *f.* systematics *pl* (*costr.sing.*). **sistematicamente** *avv.* systematically. **sistematico** *a.* (*pl.* **-ci**) **1** systematic(al). **2** (*metodico*) systematic(al), methodical, regular: *uomo* ~ methodical man.

sistematizzare *v.t.* to systematize, to reduce to a system. **sistematizzazione** *f.* systematization.

sistemazione *f.* **1** (*il mettere a posto*) arrangement; (*effetto*) arrangement, layout: *la* ~ *dei libri negli scaffali* the arrangement of the books on the shelves. **2** (*definizione, composizione*) settlement, settling: *la* ~ *di una vertenza* the settlement of a controversy. **3** (*alloggio*) accommodation, lodging; (*collocamento*) lodging, settling: *provvedere alla* ~ *dei turisti in albergo* to take care of lodging the tourists in a hotel. **4** (*lavoro, impiego*) job, work, employment: *cercare una* ~ to look for a job. **5** (*installazione*) installation. **6** (*matrimonio*) marrying–off.

sistemico *a.* (*pl.* **-ci**) systemic: *malattia –a* systemic disease. **sistemista** **I** *a.* systems–. **II** *s.m./f.* **1** systems player. **2**(*Inform*) systems analyst. **sistemistica** *f.* (*scienza dei sistemi*) systems science.

sistilo *m.* 〈*Archeol*〉 systyle.

Sistina *N.pr.f.* 〈*Art*〉 (*anche cappella Sistina*) Sistine Chapel. **Sisto** *N.pr.m.* Sixtus.

sistole *f.* 〈*Fisiol,Metr*〉 systole.

sistro *m.* 〈*Mus*〉 sistrum.

sitibondo *a.* 〈*lett*〉 thirsty (*anche fig.*). □ *essere* ~ *di sangue* to be bloodthirsty.

sito **I** *s.m.* 〈*lett*〉 (*posto*) place, site; (*località*) locality, place. **II** *a.* 〈*lett,burocr*〉 situated, located, lying. □ ~ *archeologico* archaelogical site.

sitologia *f.* sitology. **sitologo** *m.* (*pl.* **-gi**; *f.* **-a**) dietician.

situare *v.t.* (**situo**) **1** (*porre*) to put, to place, to set. **2** (*collocare*) to situate, to locate.

situazionale *a.* situational.

situazione *f.* **1** situation, state (of affairs): *la* ~ *economica del paese* the economic situation of the country. **2** (*circostanza*) situation, position, circumstance: *essere in una difficile* ~ to be in an awkward position. □ *essere all'altezza della* ~ to be capable of handling (*o* coping with) a situation; 〈*Econ*〉 ~ *di* **cassa** cash situation; 〈*Econ*〉 ~ **congiunturale** business (*o* economic) situation; ~ **economica** economic situation; 〈*Econ*〉 ~ *del* **mercato** market situation (*o* conditions *pl*); *sfruttare la* ~ to take advantage of the situation.

siviera *f.* 〈*Met*〉 ladle.

Siviglia *N.pr.f.* 〈*Geog*〉 Seville.

sizigia *f.* (*pl.* **-gie**) 〈*Astr*〉 syzygy, syzygium.

S.J. = *Societas Jesu* Society of Jesus (*abbr. SJ*).

skai *m.* 〈*Ind*〉 leatherette, imitation leather.

sketch *ingl.* [sketʃ] *m.* sketch.

skilift *ingl. m.* skilift.

skunk *ingl.* [skʌŋk] *m.* **1** 〈*Zool*〉 (*moffetta*) skunk. **2** (*pelliccia*) skunk (fur).

slabbrare **I** *v.t.* **1** to chip (*o* break) the edge (*o* rim, lip) of: ~ *una tazza* to chip the rim of a cup. **2** (*rif. a ferite*) to open, to enlarge. **II** *v.i.* (*aus.* avere) (*traboccare*) to overflow, to brim (*o* spill) over. **slabbrarsi** *v.r.* (*rif. a vasellame*) to chip at the edge; (*rif. a ferite*) to open, to gape. **slabbrato** *a.* **1** chipped: *una tazza –a* a cup with a chipped rim. **2** (*rif. a ferite*) gaping, open. **slabbratura** *f.* **1** chipping (of the rim). **2** (*rif. a ferite*) opening, gaping. **3** (*parte slabbrata*) torn edge (*o* rim). **4** 〈*Mecc*〉 burr.

slacciare *v.t.* (**slaccio, slacci**) to unlace, to untie, to undo, to unfasten: ~ *le scarpe* to unlace one's shoes. **slacciarsi** *v.r.* to come unlaced (*o* untied, undone), to get loose. ☐ *slacciati la giacca* unbutton your coat.

slalom *m.* ⟨*Sport*⟩ slalom: ~ *gigante* giant slalom. **slalomista** *m./f.* slalom racer.

slamare *v.t.* ⟨*Pesc*⟩ to disgorge. **slamatore** *m.* hook disgorger.

slanciare *v.t.* (slancio, slanci) to throw, to fling, to hurl. **slanciarsi** *v.r.* **1** to throw o.s., to fling o.s., to hurl o.s. (*contro, su* on, upon, at): *slanciarsi contro qd.* to fling o.s. upon s.o. **2** ⟨*fig*⟩ (*protendersi*) to soar (up), to reach (up): *la torre si slancia verso il cielo* the tower soars skywards. ☐ *slanciarsi all'inseguimento di qd.* to rush off in pursuit of s.o.; *slanciarsi sul* (*o contro il*) *nemico* to hurl o.s. on (*o* against) the enemy. **slanciato** *a.* **1** (*rif. a persone*) slender, slim: *figura -a* slender figure. **2** (*rif. a cose*) soaring, slender: *un campanile* ~ a soaring bell tower. **slancio** *m.* **1** (*lo slanciarsi*) (on)rush, dash, bound, leap: *con uno* ~ *gli fu addosso* he was on him in a bound, he rushed upon him; (*rincorsa*) run: *prendere lo* ~ to take a run. **2** ⟨*fig*⟩ (*accesso, impeto*) fit, outburst, rush: *uno* ~ *di generosità* an outburst of generosity. **3** ⟨*Ginn*⟩ swing. **4** ⟨*Sport*⟩ (*nel golf*) swing; (*nel sollevamento pesi*) jerk. ☐ *di* ~: **1** with a leap (*o* dash); **2** ⟨*fig*⟩ on impulse: *agire di* ~ to act on impulse; ⟨*Filos*⟩ ~ *vitale* élan vital.

slang *ingl.* [slɛŋ] *m.* slang.

slargamento *m.* widening, broadening. **slargare** *v.* (slargo, slarghi) **I** *v.t.* (*rendere più largo*) to widen, to broaden, to make wider; (*rif. a scarpe, guanti, maglia e sim.*) to stretch. **II** *v.i.* (*aus.* avere) ⟨*Tip*⟩ to take up space. **slargarsi** *v.r.* to widen, to become wider (*o* broader), to spread, to extend; (*rif. a scarpe, guanti, maglia e sim.*) to stretch. **slargo** *m.* (*pl.* -ghi) widening, wider part.

slattamento *m.* weaning. **slattare** *v.t.* to wean.

slavato *a.* **1** (*sbiadito*) faded, washed out: *colore* ~ faded colour; (*pallido*) pale, wan, colourless, ⟨*fam*⟩ washed out. **2** ⟨*fig*⟩ (*scialbo, incolore*) dull, dreary, flat, colourless: *stile* ~ dull style; (*inespressivo*) dull, wooden, inexpressive, expressionless: *faccia -a* wooden (*o* expressionless) face.

slavina *f.* landslide, landslip; (*lavina*) snowslide, snow–slip.

slavismo *m.* ⟨*Ling,Pol*⟩ Slavism. **slavista** *m./f.* Slavicist, Slavist. **slavistica** *f.* Slavic studies *pl.* **slavizzare** *v.t.* to Slavicize, to Slavize. **slavizzarsi** *v.r.* to become Slavic. **slavizzazione** *f.* Slavification. **slavo I** *a.* Slavic, Slavonic, Slav, Slavonian. **II** *s.m.* **1** (*lingua*) Slavic (language). **2** (*abitante; f.* -a) Slav. **slavofilismo** *m.* ⟨*Pol,Filol*⟩ Slavophilism. **slavofilo I** *a.* Slavophil(e). **II** *s.m.* (*f.* -a) Slavophile. **slavofobo** *a.* Slavophobic. **Slavonia** *N.pr.f.* ⟨*Geog*⟩ Slavonia.

sleale *a.* **1** (*privo di lealtà*) disloyal, treacherous, faithless: *amico* ~ disloyal friend. **2** (*non corretto*) unfair: *concorrenza* ~ unfair competition. ☐ *gioco* ~ foul play. **slealmente** *avv.* **1** (*senza lealtà*) disloyally, treacherously. **2** (*senza correttezza*) unfairly. **slealtà** *f.* **1** (*mancanza di lealtà*) disloyalty, treachery. **2** (*mancanza di correttezza*) unfairness.

slegare *v.t.* (slego, sleghi) to untie, to loose(n), to unfasten, to unbind, to undo: ~ *il cane dalla catena* to unfasten the dog's chain; ~ *un nodo* to undo a knot. **slegarsi** *v.r.* to get loose: *i cavalli si sono slegati* the horses have got loose. **slegatamente** *avv.* **1** loosely. **2** ⟨*fig*⟩ (*incoerentemente*) incoherently. **slegato** *a.* **1** (*non legato*) untied, loose, unfastened, unbound, undone. **2** ⟨*fig*⟩ (*sconnesso, incoerente*) incoherent, disjointed, loose, disconnected: *frasi -e* disconnected sentences. **slegatura** *f.* untying, loose(n)ing, unfastening, unbinding.

Slesia *N.pr.f.* ⟨*Geog*⟩ Silesia.

slip *ingl.* *m.* **1** (*mutande da uomo*) briefs *pl;* (*da donna*) briefs *pl,* panties *pl.* **2** (*costume da bagno maschile*) bathing trunks *pl,* bathing slips *pl.*

slitta *f.* **1** ⟨*Sport*⟩ sled, sleigh, sledge. **2** ⟨*tecn*⟩ slide, guide, runner. **3** ⟨*Artigl*⟩ chassis. ☐ **andare** *in* ~ to sleigh, to go sleigh–riding; **cane** *da* ~ sled dog; ~ *trainata da cani* dog sled; ~ *trainata da* **cavalli** horse –drawn sled, horse sleigh; ⟨*Mecc*⟩ ~ **portafresa** cutter slide; ⟨*Mecc*⟩ ~

trasversale cross slide.

slittamento *m.* **1** sliding, slip(ping), skid(ding); (*rif. a veicoli*) skid(ding). **2** ⟨*Econ*⟩ slump, fall, decline. **3** ⟨*tecn*⟩ (*scorrimento*) slipping. ☐ ⟨*Mot*⟩ ~ *della frizione* clutch slip(page); ⟨*Aer,Sport*⟩ ~ *laterale* sideslip; ⟨*Econ*⟩ ~ *monetario* decline of a currency; ⟨*Econ*⟩ ~ *salariale* wage drift. **slittare** *v.i.* (*aus.* avere/essere) **1** (*andare in slitta*) to go sleigh–riding, to (ride in a) sleigh, to sled(ge). **2** (*scivolare*) to slide, to slip, to skid; (*rif. a veicoli*) to skid: *le ruote slittavano sul ghiaccio* the wheels skidded on the ice. **3** ⟨*fig*⟩ (*deviare*) to slide, to stray, to deviate: *il partito slitta verso sinistra* the party is sliding to the left. **4** ⟨*fig*⟩ (*essere rinviato*) to be put off, to be postponed. **5** ⟨*Econ*⟩ to slide, to slump, to decline. ☐*far* ~ to postpone, to put off. **slittino** *m.* sled. **slittovia** *f.* sledge lift.

s.l.m. = *sul livello del mare* above sea–level.

slogamento *m.* ⟨*Med*⟩ dislocation.

slogan *ingl.* *m.* slogan.

slogare *v.t.* (slogo, sloghi) to dislocate, to displace. **slogarsi** *v.r.* to dislocate, to be (*o* get) dislocated: *slogarsi la spalla* to dislocate one's shoulder. **slogato** *a.* dislocated. **slogatura** *f.* dislocation.

sloggiare *v.* (sloggio, sloggi) **I** *v.t.* **1** (*sfrattare*) to evict, to turn out: *il padrone di casa ha sloggiato il nuovo inquilino* the landlord evicted the new tenant. **2** (*cacciare via*) to drive away (*o* out), to dislodge, to throw out: ~ *il nemico* to dislodge the enemy. **II** *v.i.* (*aus.* avere) **1** to move out (*o* away), to go, to leave: ~ *dal proprio ufficio* to move out of one's office. **2** (*fam*) (*andarsene*) to leave, to go away (*o* off). **3** ⟨*Mil*⟩ to withdraw, to draw (*o* fall) back.

slombare *v.t.* (slombo) **1** to break the back of. **2** ⟨*fig*⟩ (*sfiancare*) to wear (*o* tire) out, to knock out: *questo lavoro mi ha slombato* this job has worn me out. **slombarsi** *v.r.* **1** to break one's back. **2** ⟨*fig*⟩ to wear (*o* tire) o.s. out, to knock o.s. out.

Slovacchia *N.pr.f.* ⟨*Geog*⟩ Slovakia. **slovacco** *a./s.* (*pl.* -chi) **I** *a.* Slovak, Slovakian. **II** *s.m.* **1** (*lingua*) Slovak (language), Slovakian. **2** (*abitante; f.* -a) Slovak, Slovakian.

Slovenia *N.pr.f.* ⟨*Geog*⟩ Slovenia. **sloveno I** *a.* Slovene, Slovenian. **II** *s.m.* **1** (*lingua*) Slovene (language), Slovenian. **2** (*abitante; f.* -a) Slovene.

S.M. = **1** ⟨*Mil*⟩ *stato maggiore* General Staff (*abbr.* G.S.). **2** *Sua Maestà* His (*o* Her) Majesty (*abbr.* H.M.).

smaccare *v.t.* (smacco, smacchi) (*umiliare*) to humiliate, to (put to) shame. **smaccato** *a.* (*esagerato*) excessive, sickening: *adulazioni -e* sickening adulation.

smacchiare *v.t.* (smacchio, smacchi) to remove stains from, to spot clean: ~ *un vestito* to remove stains from a dress. **smacchiatore** *m.* stain remover, spot remover. **smacchiatura** *f.* removal of stains, cleaning: ~ *a secco* dry cleaning.

smacco *m.* (*pl.* -chi) let–down: *subire uno* ~ to have a let–down.

smagliante *a.* dazzling, radiant (*anche fig.*): *luce* ~ dazzling light; *un sorriso* ~ a radiant smile; (*rif. a colori e sim.*) bright, brilliant.

smagliare *v.t.* (smaglio, smagli) **1** (*rif. a catene*) to break the links of. **2** (*disfare un lavoro a maglia*) to undo, to unravel; (*rif. a calze*) to ladder, ⟨*am*⟩ to run. **smagliarsi** *v.r.* **1** (*rif. a tessuti*) to come undone (*o* unravelled); (*rif. a calze*) to ladder, ⟨*am*⟩ to run: *mi si sono smagliate le calze* my stockings have laddered. **2** (*rif. all'epidermide*) to stretch, to develop stretch marks. **smagliato** *a.* (*rif. a tessuti*) undone, unravelled; (*rif. a calze*) laddered: *calze -e* laddered stockings; (*rif. all'epidermide*) stretched, having stretch marks. **smagliatura** *f.* **1** ladder, ⟨*am*⟩ run. **2** ⟨*fig*⟩ (*soluzione di continuità*) gap, break; (*mancanza di coesione*) discontinuity. **3** ⟨*Med*⟩ stria atrophica, stretch mark; (*nella gravidanza*) stria gravidarum, atrophic line.

smagnetizzare *v.t.* to demagnetize. **smagnetizzazione** *f.* demagnetization, demagnetizing.

smagrimento *m.* thinning, slimming. **smagrire** *v.* (smagrisco, smagrisci) **I** *v.t.* **1** (*rendere magro*) to (make) thin. **2** ⟨*Agr*⟩ to exhaust, to make poor (*o* infertile). **II**

v.i. (*aus.* **avere**), **smagrirsi** *v.r.* to get (*o* grow) thin. **smagrito** *a.* thin(ner).

smaliziare *v.t.* (**smalizio, smalizi**) (*scaltrire*) to sharpen the wits of, to make crafty (*o* wily), ⟨*fam*⟩ to teach a thing or two to: *il servizio militare lo ha smaliziato* military service has taught him a thing or two. **smaliziarsi** *v.r.* to become adept, ⟨*fam*⟩ to learn a thing or two: *smaliziarsi in un lavoro* to become adept at a job. **smaliziato** *a.* (*scaltrito*) cunning, crafty, shrewd, knowing: *quella ragazza è troppo –a per la sua età* that girl is too knowing for her age.

smallare *v.t.* to shell: ~ *le noci* to shell walnuts.

smaltare *v.t.* **1** to enamel; (*a vetro*) to glaze. **2** ⟨*Cosmet,tecn*⟩ to varnish: ~ *le unghie* to varnish (*o* paint) one's nails, to put on nail varnish. **smaltato** *a.* **1** enamelled; (*a vetro*) glazed. **2** ⟨*Cosmet,tecn*⟩ varnished: *unghie –e* varnished (*o* painted) nails. **smaltatore** *m.* (*f.* -*trice*) enameller. **smaltatura** *f.* **1** (*atto*) enamelling; (*effetto*) enamel. **2** ⟨*Ceram*⟩ (*atto*) glazing; (*effetto*) glaze. **smalteria** *f.* enamel factory.

smaltimento *m.* **1** (*digestione*) digestion. **2** ⟨*Comm*⟩ (*vendita*) disposal, sale; (*svendita*) selling off. **3** (*deflusso*) discharge, carrying off. **smaltire** *v.t.* (**smaltisco, smaltisci**) **1** (*digerire*) to digest: ~ *un cibo pesante* to digest heavy food. **2** ⟨*Comm*⟩ to dispose of, to sell; (*svendere*) to sell off. **3** (*far defluire*) to carry off, to discharge. □ ~ *la sbornia* to sleep it off. **smaltitoio** *m.* ⟨*Idr*⟩ sump.

smalto *m.* **1** enamel. **2** (*decorazione a smalto*) enamel decoration. **3** ⟨*Ceram*⟩ glaze. **4** *pl.* (*oggetti smaltati*) enamels *pl: collezione di –i* collection of enamels; (*lavoro in smalto*) enamel-work. **5** ⟨*Cosmet*⟩ (*smalto per unghie*) nail polish, nail varnish. **6** ⟨*Dent*⟩ enamel. □ *a* ~: **1** enamel–: *pittura a* ~ enamel painting; **2** (*smaltato*) enamelled; **3** (*smaltato a vetro*) glazed; *decorare a* ~ to enamel; ⟨*Cosmet*⟩ ~ *madreperlato* frosted nail varnish; (*perlaceo*) pearl nail varnish.

smammare *v.i.* (*aus.* **avere**) ⟨*gerg*⟩ (*andarsene*) to clear off, to beat it.

smanceria *f.* (generally in pl.) **1** (*atto lezioso*) affectation, affected act; (*atteggiamenti, modi leziosi*) affectedness, affected ways *pl,* affectation. **2** (*effusione esagerata*) mawkishness, simpering. □ *non fare –e* don't be so affected. **smanceroso** *a.* affected; (*smorfioso*) mawkish.

smangiare *v.t.* (**smangio, smangi**) to corrode, to eat away (*o* into): *gli acidi smangiano i metalli* acids eat into metals. **smangiarsi** *v.r.* **1** to be eaten into, to corrode. **2** ⟨*fig*⟩ (*struggersi*) to be consumed (*o* eaten up): *smangiarsi per l'invidia* to be eaten up by envy. **smangiato** *a.* (*corroso*) corroded, eaten away (*o* into).

smania *f.* **1** (*agitazione*) agitation, restlessness. **2** ⟨*fig*⟩ (*desiderio intenso*) great desire, longing, craving, mania: ~ *del gioco* gambling mania; ~ *di successo* craving (*o* longing) for success. □ *avere la* ~ *addosso* to be restless, to have the fidgets; *dare in –e* to rave, to rage, to storm. **smaniante** *a.* restless, tossing (and turning): ~ *di febbre* tossing with fever. **smaniare** *v.i.* (**smanio, smani**; *aus.* **avere**) **1** (*essere eccitato*) to be restless (*o* agitated), to toss about, to toss and turn: *ha smaniato tutta la notte* I tossed and turned all night. **2** (*essere furioso*) to rave, to rage, to storm. **3** ⟨*fig*⟩ (*desiderare ardentemente*) to long, to yearn, to crave. **smaniosamente** *avv.* eagerly. **smanioso** *a.* **1** (*bramoso*) longing, eager, craving, thirsting (*di* for), ⟨*fam*⟩ dying: *sono* ~ *di vederlo* I am longing to see him. **2** (*che esprime smania*) frenzied, agitated.

smantellamento *m.* **1** (*demolizione*) dismantlement, demolition. **2** ⟨*Mil*⟩ dismantlement, dismantling. **3** ⟨*Ind*⟩ stripping. **smantellare** *v.t.* (**smantello**) **1** to dismantle, to demolish, to pull (*o* tear) down. **2** ⟨*Mil*⟩ to dismantle. **3** ⟨*Ind*⟩ to dismantle, to strip. **4** ⟨*fig*⟩ to demolish, to refute, to break down: ~ *un'accusa* to refute an accusation. **5** ⟨*Mar*⟩ to dismantle, to break up.

smarcare *v.t.* (**smarco, smarchi**) ⟨*Sport*⟩ to draw the cover from, to free from marking. **smarcarsi** *v.r.* to pull out, to break away from cover. **smarcato** *a.* unmarked, freed from cover.

smargiassata *f.* **1** bragging, boasting. **2** (*bravata*) showing off, bravado. **smargiasso** *m.* show-off, braggart, boaster.

□ *fare lo* ~ to brag, to boast.

smarginare *v.t.* (**smargino**) **1** ⟨*Legat*⟩ to trim the margins of. **2** ⟨*Tip*⟩ to bleed (off). **smarginato** *a.* **1** ⟨*Legat*⟩ cropped. **2** ⟨*Tip*⟩ bled (off). **smarginatura** *f.* **1** ⟨*Legat*⟩ trimming of margins. **2** ⟨*Tip*⟩ bleeding (off).

smarrimento *m.* **1** (*lo smarrire*) loss: *denunciare lo* ~ *del portafoglio* to report the loss of one's wallet. **2** (*lo smarrirsi: rif. a persone*) getting lost; (*rif. a cose*) miscarriage. **3** (*il perdere i sensi*) fainting fit. **4** (*turbamento*) confusion, bewilderment, dismay. **smarrire** *v.t.* (**smarrisco, smarrisci**) **1** (*non riuscire a trovare*) to mislay: *la mamma ha smarrito il ditale* mother has mislaid her thimble. **2** (*perdere*) to lose: *andando all'ufficio ho smarrito il portafoglio* on the way to the office I lost my wallet. **smarrirsi** *v.r.* **1** (*rif. a persone*) to get lost, to lose one's way, to lose o.s.: *si smarrì nel bosco* he got lost in the woods. **2** (*rif. a cose*) to get lost, to go astray, to be mislaid; (*rif. alla posta*) to miscarry. **3** ⟨*fig*⟩ (*confondersi*) to be at a loss, to be puzzled. **4** ⟨*fig*⟩ (*perdere la giusta strada*) to go astray, to stray. □ *smarrirsi d'animo* to lose heart; ~ *la ragione* to lose one's reason; ~ *la strada* to lose one's way. **smarrito** *a.* **1** mislaid; (*perso*) lost: *ufficio oggetti –i* lost–property office; *un cane* ~ a lost dog; (*rif. a posta*) miscarried. **2** ⟨*fig*⟩ (*turbato*) confused, bewildered, at a loss; (*attonito*) dazed, stunned: *sguardo* ~ dazed expression. □ *andare* ~ to get lost.

smascellare *v.t.* (**smascello**) to dislocate the jaw of. **smascellarsi** *v.r.* to dislocate one's jaw. □ *smascellarsi dalle risa* to split one's sides with laughter.

smascheramento *m.* unmasking (*anche fig.*). **smascherare** *v.t.* (**smaschero**) **1** to unmask. **2** ⟨*fig*⟩ (*rif. a persone*) to unmask, to show up; (*rif. a cose*) to expose, to disclose: ~ *le intenzioni di qd.* to expose s.o.'s intentions. **smascherarsi** *v.r.* **1** to unmask o.s., to take off one's mask. **2** ⟨*fig*⟩ (*rivelarsi*) to give o.s. away, to reveal one's true nature. **smascherato** *a.* **1** unmasked. **2** ⟨*fig*⟩ (*rif. a persone*) unmasked, exposed, shown up; (*rif. a cose*) exposed, revealed.

smaterializzare *v.t.* to dematerialize. **smaterializzazione** *f.* dematerialization.

smattonare *v.t.* (**smattono**) to remove the bricks of.

smazzata *f.* (*nei giochi di carte*) hand.

s.m.d. = *sistema metrico decimale* (decimal) metric system (*abbr.* MS).

SME = *Sistema Monetario Europeo* European Monetary System (*abbr.* EMS).

smegma *m.* ⟨*Fisiol*⟩ smegma. **smegmatico** *a.* (*pl.* -ci) smegma–.

smembramento *m.* **1** dismemberment. **2** ⟨*fig*⟩ dismemberment, break–up, splitting up: *lo* ~ *di un partito* the break–up of a party. **smembrare** *v.t.* (**smembro**) **1** to dismember. **2** ⟨*fig*⟩ to dismember, to split (*o* break) up: ~ *un paese* to dismember a country. **smembrato** *a.* **1** dismembered: *cadavere* ~ dismembered corpse. **2** ⟨*fig*⟩ dismembered, split (*o* broken) up.

smemorare *v.i.* (**smemoro**; *aus.* **essere**) **1** to lose one's memory. **2** (*diventare stupido*) to become stupid. **smemorataggine** *f.* **1** (*mancanza di memoria*) forgetfulness. **2** (*dimenticanza*) lapse of memory, piece of forgetfulness. **smemoratezza** *f.* forgetfulness; (*distrazione*) absent–mindedness. **smemorato** I *a.* **1** forgetful. **2** (*distratto, sbadato*) absent–minded, scatter–brained. II *s.m.* (*f.* -a) **1** forgetful person. **2** (*persona distratta*) absent–minded person, scatter–brain.

smentire *v.t.* (**smentisco, smentisci**) **1** to deny: *il governo ha smentito le voci d'una crisi* the government denied rumours of a crisis. **2** (*sbugiardare*) to give the lie to; (*rif. a fatti e sim.*) to prove wrong: *le sue azioni smentiscono le sue parole* his actions belie his words; *i fatti ti hanno smentito* the facts have proved you wrong. **3** (*ritrattare*) to retract, to recant, to take back: ~ *una testimonianza* to retract testimony. **4** (*venir meno*) to let down, to be ⌜untrue to⌝ (*o* unworthy of), to belie: ~ *la propria fama* to let down one's good name. **smentirsi** *v.r.* to be untrue to o.s., to be inconsistent. □ *non smentirsi mai* to be always the same; *il suo pessimo gusto non si* *smentisce mai* his bad taste is unfailing. **smentita** *f.* **1** denial, denying. **2** (*parole, fatti*) denial; (*ritrattazione*) recantation. □ *dare una ~ a qc.* to deny s.th.

smeraldino *a.* **1** (*di smeraldo*) emerald. **2** (*di color smeraldo*) emerald (green). **smeraldo** **I** *s.m.* **1** ⟨*Min*⟩ emerald. **2** (*colore*) emerald (green). **II** *a.inv.* emerald: *verde ~* emerald(green).

smerciabile *a.* ⟨*Comm*⟩ saleable, marketable. **smerciare** *v.t.* (*smercio, smerci*) to sell, to dispose of; (*svendere*) to sell off. **smercio** *m.* sale. □ *c'è un grande ~ di questo prodotto* this product sells fast (*o* like hot cakes).

smerdare *v.t.* (*smerdo*) ⟨*volg*⟩ **1** to foul, to dirty (with excrement). **2** (*insudiciare*) to soil, to dirty, to foul. **3** (*pulire dalla merda*) to clean (of filth). **smerdarsi** *v.r.* to dirty (*o* befoul) o.s.

smergo *m.* (*pl.* -ghi) ⟨*Ornit*⟩ merganser.

smerigliare *v.t.* (*smeriglio, smerigli*) **1** to polish with emery. **2** ⟨*Mecc*⟩ to grind, to lap: *~ le valvole* to grind the valves. **3** ⟨*Vetr*⟩ to frost. **smerigliato** *a.* **1** polished (with emery). **2** ⟨*Mecc*⟩ ground, lapped. **3** (*ricoperto di polvere di smeriglio*) emery-: *carta -a* emery paper. **4** ⟨*Vetr*⟩ frosted: *vetro ~* frosted glass. **smerigliatrice** *f.* lapping machine, grinder. **smerigliatura** *f.* **1** emery polishing. **2** ⟨*Mecc*⟩ lapping, grinding. **3** ⟨*Vetr*⟩ frosting.

smeriglio[1] *m.* ⟨*Min*⟩ emery: *mola a ~* emery wheel.

smeriglio[2] *m.* ⟨*Ornit*⟩ merlin, ⟨*am*⟩ pigeon hawk.

smeriglio[3] *m.* ⟨*Itt*⟩ porbeagle.

smerlare *v.t.* (*smerlo*) ⟨*Lav.femm*⟩ to scallop (edge). **smerlato** *a.* scalloped, scallop-edged. **smerlatura** *f.* scalloping. **smerlettare** *v.* (*smerletto*) → smerlare. **smerlo** *m.* scallop. □ *un orlo a punto ~* a scalloped edge.

smesso (*p.p. di smettere*) *a.* cast-off: *abiti -i* cast-off clothes. **smettere** *v.* (*smisi, smesso*) **I** *v.t.* **1** to stop, to leave off, to cease: *~ il lavoro* to stop work. **2** (*non indossare più*) to cast off. **II** *v.i.* (*aus.* **avere**) **1** (*interrompere*) to stop: *è ora di ~* it's time to stop. **2** (*rinunciare*) to stop, to give up: *devi ~ di fumare* you must give up smoking. □ *ha smesso di piovere* it has stopped raining; *smettila!* stop it!; *smettetela di litigare* stop fighting.

smezzare *v.t.* (*smezzo*) to halve, to cut (*o* divide) in half: *~ un panino* to cut a roll in half.

S.M.G. = ⟨*Mil*⟩ *stato maggiore generale* General Staff (*abbr.* GS.).

S.M.I. = *Sua maestà imperiale* His (*o* Her) Imperial Majesty (*abbr.* H.I.M.).

smidollare *v.t.* (*smidollo*) to extract (*o* remove) the marrow from: *~ un osso* to remove the marrow from a bone. **smidollato** **I** *a.* **1** (*vuotato del midollo*) marrowless. **2** ⟨*fig*⟩ (*privo di carattere*) spineless. **II** *s.m.* (*f.* -a) spineless person, ⟨*fam*⟩ namby-pamby.

smielare *v.t.* (*smielo*) to extract (*o* remove) honey from. **smielatore** *m.* honey extractor (*o* separator). **smielatura** *f.* extraction of honey from the honeycomb.

smilitarizzare *v.t.* to demilitarize. **smilitarizzazione** *f.* demilitarization.

smilzo *a.* **1** slim, slender. **2** ⟨*fig*⟩ slight, meagre.

sminamento *m.* ⟨*Mil*⟩ mine removal (*o* clearance). **sminare** *v.t.* to clear of mines. **sminatore** **I** *s.m.* (*f.* -trice) mine remover. **II** *a.* mine-removing.

sminuire *v.t.* (*sminuisco, sminuisci*) **1** to diminish, to lessen. **2** ⟨*fig*⟩ to belittle, to play down: *~ l'importanza di un fatto* to play down the importance of something. □ *~ i meriti di qd.* to detract from s.o.'s merits, to belittle s.o. **sminuito** *a.* belittled, disparaged. □ *~ nei propri diritti* denied one's rights.

sminuzzamento *m.* breaking into small pieces; (*il tritare*) mincing; (*lo sbriciolare*) crumbling. **sminuzzare** *v.t.* **1** to break into small pieces; (*tritare*) to mince; (*tagliuzzare*) to cut up; (*sbriciolare*) to crumble. **2** ⟨*fig*⟩ (*esporre con minuzia*) to go into all the details of. **sminuzzarsi** *v.r.* to break into fragments (*o* bits). **sminuzzatura** *f.* breaking into small pieces; (*il tritare*) mincing; (*lo sbriciolare*) crumbling.

Smirne *N.pr.f.* ⟨*Geog*⟩ Smyrna.

smisi → smettere.

smistamento *m.* **1** sorting (out): *~ della corrispondenza* sorting of mail. **2** ⟨*Ferr*⟩ shunting, ⟨*am*⟩ switching. **3** ⟨*Sport*⟩ pass(ing). **4** ⟨*Mil*⟩ clearing. **smistare** *v.t.* **1** to sort (out): *~ la corrispondenza* to sort the mail. **2** ⟨*Ferr*⟩ to shunt, ⟨*am*⟩ to switch. **3** ⟨*Sport*⟩ to pass. **4** ⟨*Mil*⟩ to clear.

smisuratamente *avv.* **1** beyond measure, immeasurably, exceedingly. **2** ⟨*iperb*⟩ (*moltissimo*) immensely, enormously. **smisuratezza** *f.* immeasurability, immeasurableness, boundlessness. **smisurato** *a.* **1** immeasurable, boundless: *spazio ~* boundless space. **2** (*infinito*) infinite, endless: *la ~a misericordia di Dio* the infinite mercy of God. **3** (*grandissimo*) enormous, immense: *una ricchezza -a* enormous wealth.

smitizzare *v.t.* to debunk. **smitizzazione** *f.* debunking.

S.mo = ⟨*Rel*⟩ *santissimo* most holy, most sacred.

smobiliare *v.t.* (*smobilio, smobili*) to remove the furniture from. **smobiliato** *a.* unfurnished.

smobilitare *v.t.* (*smobilito*) ⟨*Mil*⟩ to demobilize. **smobilitazione** *f.* demobilization. **smobilizzo** *m.* ⟨*Comm*⟩ mobilization, setting free.

smoccolare *v.* (*smoccolo/smoccolo*) **I** *v.t.* to snuff (out): *~ una candela* to snuff out a candle. **II** *v.i.* (*aus.* avere) ⟨*volg*⟩ (*bestemmiare*) to swear. **smoccolatoio** *m.* snuffers *pl.* **smoccolatura** *f.* **1** snuffing (out). **2** (*parte dello stoppino*) snuff.

smodatamente *avv.* immoderately. **smodato** *a.* immoderate, unrestrained: *ambizione -a* unrestrained ambition. **smoderatamente** *avv.* immoderately. **smoderatezza** *f.* **1** (*qualità*) immoderateness, immoderation, excess. **2** (*azione*) excess, intemperance. **smoderato** *a.* (*rif. a cose*) immoderate, excessive; (*rif. a persone*) immoderate, intemperate.

smoking *ingl.* ['smoukiŋ] *m.* ⟨*Vest*⟩ dinner-jacket, ⟨*am*⟩ tux(edo).

smollicare *v.t.* (*smollico, smollichi*) to crumble.

smonacare *v.t.* (*smonaco, smonachi*) to dismiss from a monastic order. **smonacarsi** *v.r.* to leave a monastic order; (*rif. a monache*) to renounce the veil.

smontabile *a.* dismountable, that can be dismantled (*o* disassembled), demountable: *armadio ~* wardrobe that can be dismantled. **smontaggio** *m.* disassembly, dismounting, dismantling.

smontare *v.* (*smonto*) **I** *v.t.* **1** to dismantle, to disassemble, to dismount, to demount: *~ una libreria* to dismantle a bookcase; *~ il televisore* to disassemble the television. **2** (*far scendere da un veicolo*) to set (*o* put) down, to let off, to drop (off): *l'autobus mi smonta davanti a casa* the bus drops me right outside my house. **3** ⟨*Edil*⟩ to dismantle, to take down (*o* to pieces): *~ un'impalcatura* to take scaffolding down. **4** ⟨*fig*⟩ (*far perdere l'entusiasmo*) to dampen: *la tua risposta mi ha smontato* your answer has dampened my enthusiasm. **5** ⟨*fig*⟩ (*ridimensionare*) to put into perspective, to reappraise: *~ una notizia di cronaca* to reappraise a news report. **6** ⟨*Oref*⟩ to remove from its mounting (*o* setting), to unset. **II** *v.i.* (*aus.* essere/avere) **1** (*scendere: avvicinamento*) to come (*o* go) down, to descend. **2** (*scendere: dal tram e sim.*) to get off (*da qc.* s.th.), to alight, to get down (from); (*da un'automobile*) to get out (of); (*da cavallo*) to dismount (from). **3** (*sgonfiarsi; aus.* avere) to fall, to go flat: *il soufflé va servito subito, altrimenti smonta* the soufflé must be served immediately or it will go flat. **4** (*staccare dal lavoro*) to stop (work), ⟨*fam*⟩ to clock out: *gli operai smontano alle cinque* the men stop work at five. **smontarsi** *v.r.* **1** (*scoraggiarsi*) to lose heart; (*perdere l'entusiasmo*) to cool down. **2** ⟨*Gastr*⟩ to go flat. □ *~ di sella* to dismount; ⟨*Mil*⟩ *~ di sentinella* to go off guard duty; *~ a terra* to land. **smontato** *a.* dismantled, taken to pieces. **smontatore** *m.* (*f.* -trice) dismantler. **smontatura** *f.* **1** dismantling, taking to pieces, disassembly. **2** ⟨*fig*⟩ (*scoraggiamento*) disheartening.

smorfia *f.* **1** grimace, wry face: *fare una ~* to make a grimace (*o* wry face), to grimace. **2** (*moina*) simper, simpering. □ *fare una ~ di dolore* to wince with pain; *fare -e a qd.* to make faces at s.o. **smorfiosetto** **I** *a.*

simpering. **II** *s.m.* (*f.* **-a**) affected person. **smorfioso I** *a.* affected, mincing, simpering. **II** *s.m.* (*f.* **-a**) affected person. □ *fare la –a* (*civettare*) to flirt.

smorto *a.* **1** (*rif. a persone: pallido*) (deadly) pale, wan: *diventare* ~ to (turn) pale. **2** (*rif. a colori: privo di splendore*) dull, colourless, pale: *colore* ~ pale colour; (*sbiadito*) faded.

smorzamento *m.* **1** (*rif. a suoni*) deadening, lowering, muffling; (*rif. alla luce*) shading, dimming; (*rif. a colori*) toning down; (*spegnimento*) extinguishing. **2** ⟨*fig*⟩ (*rif. a sentimenti*) quenching. **3** ⟨*Fis*⟩ damping. **smorzando I** *avv.* ⟨*Mus*⟩ smorzando, smorzato. **II** *s.m.* smorzando.

smorzare *v.t.* (**smorzo**) **1** (*attenuare: rif. a suoni*) to deaden, to muffle, to lower; (*rif. alla luce*) to shade, to dim; (*rif. a colori*) to tone down: *in questo quadro i rossi vanno smorzati* the red in this painting needs toning down. **2** ⟨*fig*⟩ (*reprimere*) to dampen: ~ *l'entusiasmo di qd.* to dampen s.o.'s enthusiasm. **3** ⟨*Fis*⟩ to damp. **4** (*region*) (*spegnere: rif. alla luce*) to put out; (*rif. al fuoco*) to put out, to extinguish; (*rif. alla calce*) to slake, to slack. **smorzarsi** *v.r.* **1** to fade (away): *la luce del giorno si smorzava* the daylight was fading. **2** (*rif. a suoni*) to die away; (*rif. al fuoco: spegnersi*) to go out. **smorzata** *f.* ⟨*Sport*⟩ drop shot. **smorzato** *a.* **1** (*attenuato: rif. a suoni*) deadened, muffled, lowered: *rumore* ~ muffled noise; (*rif. a colori*) toned down. **2** ⟨*Fis*⟩ damped. **3** (*region*) (*spento*) put out; (*rif. alla calce*) slaked. **smorzatore** *m.* ⟨*tecn,Mus*⟩ damper.

smossi → smuovere. **smosso** *a.* (*malfermo*) loose: *un dente* ~ a loose tooth; (*rif. a terreno*) freshly turned.

smottamento *m.* ⟨*Geog*⟩ landslip, landslide. **smottare** *v.i.* (**smotto**; *aus.* avere) to slip, to slide down. **smottatura** *f.* landslip, landslide.

smozzicamento *m.* **1** breaking up; (*tagliando*) cutting up (*o* to pieces). **2** ⟨*fig*⟩ breaking up, mangling. **smozzicare** *v.t.* (**smozzico, smozzichi**) **1** to break up; (*tagliando*) to cut up: ~ *un dolce* to cut up a cake. **2** ⟨*fig*⟩ to break up, to mangle: ~ *una frase* to break up a sentence; (*rif. alla pronuncia*) to mumble. **smozzicato** *a.* **1** broken up, cut to pieces. **2** ⟨*fig*⟩ broken up, mangled: *discorso* ~ mangled discourse; (*rif. alla pronuncia*) mumbled.

smungere *v.t.* (**smungo, smungi; smunsi, smunto**) (*sfruttare*) to bleed, to milk, to squeeze: ~ *i cittadini con le tasse* to bleed the citizens with taxes. **smunto** *a.* (*pallido*) pale, wan: *viso* ~ wan face; (*rif. a guance*) gaunt.

smuovere *v.t.* (**smuovo; smossi, smosso**) **1** (*spostare*) to move, to shift: ~ *un masso* to shift a boulder. **2** (*far muovere*) to budge, to shift: *da qui non mi smuove nessuno* nobody's budging me from here. **3** ⟨*fig*⟩ (*distogliere*) to dissuade, to deter, to move: *non riesco a smuoverlo dalle sue idee* I cannot make him change his mind. **4** ⟨*fig*⟩ (*spronare*) to rouse, to stir: *non lo smuovono neppure le cannonate* even cannon shots won't rouse him. **5** ⟨*fig*⟩ (*riuscire a commuovere*) to move, to touch, to affect. **smuoversi** *v.r.* **1** to move, to shift, to budge. **2** ⟨*fig*⟩ (*cambiare proposito*) to move, to budge, to change one's mind.

smurare *v.t.* **1** to tear down the walls of. **2** (*togliere dal muro*) to ⌐remove from⌐ (*o* ⌐take off⌐) the wall.

smussamento *m.* **1** (*lo smussare*) rounding off, smoothing; (*lo smussarsi*) blunting. **2** ⟨*fig*⟩ (*attenuazione*) softening, smoothing. **smussare** *v.t.* **1** to round off, to smooth: ~ *un angolo* to smooth a corner. **2** (*rendere meno affilato o appuntito*) to blunt. **3** ⟨*fig*⟩ (*rendere meno aspro*) to smooth, to soften. **smussarsi** *v.r.* (*perdere il filo*) to become blunt. **smussato** *a.* **1** rounded off, smoothed. **2** (*meno affilato, meno appuntito*) blunted. **3** ⟨*fig*⟩ (*attenuato*) smoothed, softened. **smussatrice** *f.* ⟨*Mecc*⟩ bevelling machine. *f.* **smussatura** *f.* **1** rounding off, smoothing. **2** ⟨*concr*⟩ (*parte smussata*) smoothed (*o* blunted) part. **3** ⟨*Arch*⟩ chamfer. **smusso** *m.* **1** (*smussatura*) rounding off, smoothing. **2** (*parte smussata*) smoothed (*o* blunted) part. **3** ⟨*Fal*⟩ chamfer, bevel (*o* chamfered) edge. □ *tagliare a* ~ to chamfer, to bevel.

snaturamento *m.* perversion of one's true nature, denatur(aliz)ation. **snaturare** *v.t.* **1** to pervert the nature

of, to denatur(aliz)e. **2** ⟨*estens*⟩ to change, to alter, to distort: ~ *una teoria* to distort a theory. **snaturarsi** *v.r.* to change one's nature, to be denatur(aliz)ed. **snaturatamente** *avv.* **1** unnaturally, in an unnatural way. **2** (*crudelmente*) inhumanly, cruelly. **snaturato** *a.* **1** perverted, unnatural: *idee* –*e* unnatural ideas. **2** (*degenerato*) degenerate, depraved. **3** ⟨*fig*⟩ (*cattivo*) cruel, wicked, heartless: *madre* –*a* cruel mother.

snazionalizzare *v.t.* to denationalize (*anche Econ.*): ~ *un'azienda* to denationalize a company. **snazionalizzazione** *f.* denationalization (*anche Econ.*).

snebbiare *v.t.* (**snebbio**) **1** to dispel the fog from, to clear of fog, to dissipate (*o* drive away) the mist from. **2** ⟨*fig*⟩ to clear: ~ *il cervello* (*o la mente*) *a qd.* to clear s.o.'s brain (*o* mind). **snebbiato** *a.* **1** dispelled (*o* cleared) of fog. **2** ⟨*fig*⟩ cleared, clear.

snellezza *f.* **1** slenderness, slimness. **2** (*agilità*) nimbleness, agility, deftness. **snellimento** *m.* **1** making slender (*o* slim), slimming. **2** ⟨*fig*⟩ (*l'accelerare*) speeding up. **3** ⟨*fig*⟩ (*il semplificare*) simplification. **snellire** *v.t.* (**snellisco, snellisci**) **1** to give a slim figure to, to slim: *lo sport snellisce la figura* sport makes one's figure slim. **2** (*far sembrare più snello*) to make look slim(mer), to slim: *questo cappotto ti snellisce* this coat makes you look slimmer. **3** ⟨*fig*⟩ (*rendere più rapido, più efficiente*) to speed up: ~ *il traffico* to speed up the traffic. **4** ⟨*fig*⟩ (*semplificare*) to simplify: ~ *una procedura* to simplify a procedure. **snello** *a.* **1** (*sottile*) slender, slim. **2** (*agile*) agile, nimble, deft: *dita* –*e* deft fingers. **3** ⟨*fig*⟩ easy, fluent, smooth: *stile* ~ easy style.

snervamento *m.* **1** enervation, debilitation, weakening. **2** ⟨*tecn*⟩ yielding. □ *limite di* ~ yield point. **snervante** *a.* **1** enervating, exhausting, debilitating: *un clima* ~ an enervating climate. **2** (*che rende nervosi*) exasperating: *attesa* ~ exasperating wait. **snervare** *v.t.* (**snervo**) **1** to enervate, to debilitate, to weaken: *caldo che snerva* enervating (*o* wearing) heat. **2** (*rendere nervoso*) to get on s.o.'s nerves: *quest'attesa mi snerva* this wait is getting on my nerves. **snervarsi** *v.r.* to become enervated. **snervatezza** *f.* **1** enervation, weakness; (*esaurimento*) exhaustion, weariness. **2** ⟨*estens*⟩ feebleness, weakness. **snervato** *a.* **1** enervated, weak, feeble, debilitated. **2** (*fiacco*) feeble, flabby, weak: *stile* ~ feeble style.

snevare *v.t.* (**snevo**) to clear of snow: ~ *le strade* to clear the streets of snow.

snidare *v.t.* **1** (*rif. ad animali*) to drive out, to rouse; (*rif. a volatili*) to flush. **2** (*rif. a persone*) to drive out. **3** ⟨*Mil*⟩ to dislodge, to drive out.

sniffare *v.t.* (*aus.* avere) ⟨*gerg*⟩ to sniff (narcotics).

snob I *s.m./f.inv.* snob. **II** *a.* snobbish: *una persona* ~ a snobbish person, a snob. **snobbare** *v.t.* (**snobbo**) to snob. **snobismo** *m.* snobbishness, snobbiness, snobbery. **snobista** *m./f.* snob. **snobistico** *a.* (*pl.* -ci) snobbish, snobby.

snocciolare *v.t.* (**snocciolo**) **1** to stone, to remove the stone (*o* kernel) from: ~ *le ciliege* to stone cherries. **2** ⟨*fig*⟩ (*dire rapidamente*) to pour out; (*fam*) to rattle off; (*dire apertamente*) to tell: ~ *la verità* to tell the truth. **snocciolatore** *m.* implement for stoning (cherries, etc.) **snocciolatura** *f.* stoning.

snodabile *a.* hinged, jointed. **snodare** *v.t.* (**snodo**) **1** to unknot, to undo, to untie: ~ *una fune* to untie a knot in a rope. **2** (*svolgere*) to unwind, to uncoil: ~ *un cavo* to uncoil a cable. **3** (*rendere elastico*) to loosen (up), to make supple, to limber up: *la ginnastica snoda i muscoli* exercise loosens the muscles. **snodarsi** *v.r.* **1** (*slegarsi*) to come loose (*o* untied). **2** (*avere un andamento sinuoso*) to wind: *il fiume si snoda nella pianura* the river winds (*o* meanders) across the plain. **3** (*essere articolato*) to be articulated (*o* jointed), to bend: *il braccio della lampada si snoda in tutte le direzioni* the lamp bracket bends in all directions. **4** (*diventare elastico*) to loosen (up): *le articolazioni si snodano con continui esercizi* the joints loosen up with regular exercises. **5** ⟨*fig*⟩ (*risolversi*) to be untangled (*o* sorted out): *l'intreccio del libro si snoda verso la conclusione* the plot of the book is sorted out near the end. **snodato** *a.* **1** unknotted, undone, untied, loose. **2**

(*agile, sciolto*) loose; (*rif. ad articolazioni*) loose, limber, supple. **3** (*snodabile*) hinged, jointed: *manichino* ~ jointed dummy. □ *metro* ~ folding rule. **snodatura** *f.* **1** unknotting, untying, loosening. **2** (*articolazione*) joint. **snodo** *m.* ⟨*Mecc*⟩ articulation, (articulated) joint, pivot, hinge.

snudare *v.t.* ⟨*lett*⟩ to unsheathe, to draw: ~ *la spada* to draw one's sword. **snudato** *a.* unsheathed, drawn: *spada -a* drawn sword.

SO = ⟨*Geog*⟩ *sud-ovest* south-west (*abbr.* S.W.).

soave¹ *a.* **1** (*delicato*) delicate, light, mild, gentle, sweet: *un profumo* ~ a light perfume; *voce* ~ sweet (*o* gentle) voice. **2** (*dolce, piacevole*) sweet: *ricordi -i* sweet memories.

soave² *m.* ⟨*Enol*⟩ Soave (kind of white wine).

soavemente *avv.* **1** (*delicatamente*) delicately, lightly, mildly, gently, sweetly. **2** (*dolcemente*) sweetly. **soavità** *f.* **1** (*delicatezza*) delicacy, lightness, mildness, gentleness, sweetness, softness. **2** (*dolcezza, gradevolezza*) sweetness.

sobbalzare *v.i.* (*aus.* avere) **1** to jerk, to jolt, to bump: *il carro sobbalzava sulla strada* the cart jolted along the road. **2** (*trasalire*) to start, to jump, to give a start (*o* jump): ~ *di paura* to jump with fear. □ *il cuore mi sobbalzò dalla gioia* my heart leapt with joy. **sobbalzo** *m.* **1** jerk(ing), jolt(ing). **2** (*trasalimento*) start, jump. □ *a -i* jerkily, in jolts; *procedere a -i* to jerk (*o* jolt, bounce) along; *dare un* ~ to give a start (*o* jump).

sobbarcare *v.t.* (**sobbarco, sobbarchi**) to burden, to load (*o* weigh) down: ~ *qd. a una spesa* to burden s.o. with an expense. **sobbarcarsi** *v.r.* to take upon o.s., to undertake (*a qc.* s.th.): *si è sobbarcato a un grosso sacrificio* he undertook a great sacrifice.

sobbollimento *m.* simmering (*anche fig.*). **sobbollire** *v.i.* (**sobbollo**; *aus.* avere) **1** to simmer. **2** ⟨*fig*⟩ to simmer, to seethe: *l'ira sobbolliva nel mio cuore* I was simmering with anger, I was seething.

sobborgo *m.* (*pl.* -ghi) **1** suburb. **2** (*città satellite*) dormitory town; (*città economicamente dipendente*) satellite town.

sobillamento *m.* instigation, incitement. **sobillare** *v.t.* to stir up, to instigate, to incite, to spur: ~ *il popolo alla rivolta* to incite the people to rebellion. **sobillatore** *m.* (*f.* -trice) instigator.

sobriamente *avv.* **1** soberly, moderately, temperately. **2** (*concisamente*) concisely. **sobrietà** *f.* **1** sobriety, moderateness, temperance. **2** (*semplicità*) sobriety, simplicity. **3** (*concisione*) concision, restraint. **sobrio** *a.* **1** sober, temperate, simple: *essere* ~ *nel vestire* to be sober in one's dress; *condurre una vita -a* to lead a simple life. **2** (*moderato, contenuto*) sober, simple, restrained: *stile* ~ simple style.

Soc. = *società* Company (*abbr.* Co.).

socchiudere *v.t.* (**socchiusi, socchiuso**) **1** to half-close: ~ *gli occhi* to half-close one's eyes. **2** (*rif. a porte e sim.*) to leave (*o* set) ajar. **socchiuso** (*p.p. di socchiudere*) *a.* **1** half-closed. **2** (*rif. a porte e sim.*) half-closed, ⟨*pred*⟩ ajar: *la porta era -a* the door was ajar.

soccida *f.* ⟨*Dir*⟩ agistment. **soccidante** *m./f.* bailor of cattle in agistment. **soccidario** *m.* (*f.* -a) agistor.

soccombere *v.i.* (compound forms not used) **1** to succumb, to give way (*o* in): ~ *alla violenza* to succumb to violence. **2** (*morire*) to die, to succumb. □ ~ *in giudizio* to lose one's case; ~ *al male* (*morire*) to succumb to a disease, to die.

soccorrere *v.t.* (**soccorsi, soccorso**) **1** to help, to aid, to assist: ~ *i bisognosi* to help the needy. **2** ⟨*Mil*⟩ (*mandare rinforzi*) to succour, to relieve. **soccorrevole** *a.* ⟨*lett*⟩ helping. **soccorritore** *m.* (*f.* -trice) helper, aider; (*chi salva*) rescuer.

soccorso *m.* **1** assistance, help(ing), aid(ing), ⟨*lett*⟩ succour(ing): *omissione di* ~ failure to offer assistance; (*il salvare*) rescue, rescuing: *organizzare i -i* to organize the rescue. **2** (*beneficenza*) assistance. **3** *pl.* ⟨*Mil*⟩ reinforcements *pl.* □ ~ **alpino** mountain rescue service; ~ **finanziario** financial aid (*o* relief); ~ **invernale** winter relief; ~ **marittimo** marine salvage; **prestare** ~ *a qd.* to help (*o* aid, assist) s.o.; **pronto** ~: **1** first-aid (station); **2** (*negli ospedali*) casualty ward, emergency ward; *cassetta di*

pronto ~ first-aid kit; ~ **stradale** road assistance.

soccoscio *m.* ⟨*Macell*⟩ thick flank, round.

socialdemocratico *a./s.* (*pl.* -ci) **I** *s.m.* Social Democrat. **II** *a.* Social Democratic. **socialdemocrazia** *f.* **1** (*partito*) Social Democratic Party. **2** (*movimento*) Social Democracy.

sociale *a.* **1** social: *doveri -i* social obligations; *convenzioni -i* social conventions. **2** (*che tende al benessere sociale*) social, welfare-: *sicurezza* ~ social security; *provvidenze -i* welfare provisions; *assistente* ~ social worker. **3** (*che concerne un'associazione*) of a society (*o* association), club-, association-: *riunione* ~ club meeting. **4** ⟨*Comm*⟩ of a firm (*o* company), firm's, company-: *sede* ~ head office of a firm.

social|imperialismo *m.* ⟨*Pol*⟩ Social Imperialism. **~imperialista** *m./f.* Social Imperialist.

socialismo *m.* ⟨*Pol*⟩ Socialism. □ ~ *reale* real socialism; ~ *rivoluzionario* revolutionary socialism. **socialista I** *s.m./f.* Socialist: ~ *di sinistra* left-wing Socialist. **II** *a.* Socialist. **socialistico** *a.* (*pl.* -ci) Socialist, Socialistic. **socialistoide** *a.* ⟨*spreg*⟩ leaning towards Socialism.

socialità *f.* sociality. **socializzare** *v.t.* **1** (*nazionalizzare*) to nationalize. **2** ⟨*Sociol,Psic*⟩ to socialize. **socializzato** *a.* socialized. **socializzatore I** *s.m.* (*f.* -trice) socializer. **II** *a.* socializing. **socializzazione** *f.* **1** ⟨*Pol*⟩ nationalization. **2** ⟨*Sociol,Psic*⟩ socialization. **socialmente** *avv.* socially. □ ~ *essere* ~ *pericoloso* to be a danger to society.

socialproletario *a./s.m.* (*f.* -a) Social Proletarian.

società *f.* **1** society, community: *essere pericoloso per la* ~ to be a danger to society. **2** (*associazione*) society, association, club: ~ *sportiva* sports club. **3** (*società mondana*) (high) society, fashionable world: *essere presentato in* ~ to be presented in society. **4** ⟨*Econ,Dir*⟩ company, society: *la* ~ *del gas* the gas company. **5** ⟨*Biol*⟩ society: *la* ~ *delle formiche* the society of ants. **6** (*compagnia*) company: *fuggire la* ~ *di certe persone* to flee the company of certain people. □ *abito da* ~ evening dress; ⟨*Econ*⟩ ~ **affiliata** affiliated company; ~ **agraria** agrarian society; **alta** ~ high society; ⟨*Zool*⟩ ~ **animale** animal society; ~ *per* **azioni** limited company, joint-stock company, ⟨*am*⟩ corporation; ~ *del* **benessere** affluent society; ⟨*Econ*⟩ ~ *di* **capitali** joint-stock company; ~ **capogruppo** holding company; ~ *a* **catena** holdings *pl*, holding company; ~ **civile** human society; ⟨*Sociol*⟩ ~ **classista** society based on class; ~ *in nome* **collettivo** general partnership; ~ **commerciale** trading company; ⟨*Comm*⟩ ~ *di* **comodo** dummy company; *la* ~ **competitiva** the competitive society; ~ *di* **consulenza** consulting firm; *la* ~ *dei* **consumi** the consumer society; ⟨*Econ*⟩ ~ **controllante** controlling company, parent company (*o* firm); ~ **controllata** controlled company; ~ *di* **credito** *edilizio* building society; ~ *a carattere* **familiare** closed company, ⟨*am*⟩ closed (*o* private) corporation; **fare** ~ *con qd.* to go into business with s.o., to set up a partnership; ~ **fiduciaria** trust company (*o* corporation); ~ *di* **finanziamento** finance house; ~ **finanziaria**: **1** financial trust (*o* institution); **2** (*società holding*) holding company; **giochi** *di* ~ parlour (*o* party) games; ~ **immobiliare** real estate company; ~ **individuale** one-man company; ~ **irregolare** unincorporated company; ~ *a scopo di* **lucro** profit-making company; ~ *di* **massa** mass society; **mettersi** *in* ~ *con qd.* to ⌜go into business⌝ (*o* enter into partnership) with s.o.; ~ **mutua** mutual company (*o* corporation); ~ *di* **navigazione** shipping company; ~ *di* **navigazione** *aerea* airline; ⟨*Stor*⟩ ~ *delle* **Nazioni** League of Nations; *l'*onorata ~ (*mafia*) Mafia; (*camorra*) camorra; ~ **opulenta** affluent society; ~ *in* **partecipazione** company in association (*o* partnership); ⟨*Dir*⟩ ~ *di* **persone** partnership; ~ **petrolifera** oil (*o* petroleum) company; ~ **protettrice** (*o per la protezione*) *degli animali* Society for the Prevention of Cruelty to Animals; ~ **registrata** incorporated company; ~ *a* **responsabilità** *illimitata* unlimited liability company; ~ *a responsabilità limitata* ⌜limited liability⌝ (*o* joint-stock) company, ⟨*am*⟩ corporation; ~ **segreta** secret society; ~ *di* **servizi** service company; ~ *di mutuo* **soccorso** (mutual) benefit society; *la* ~ *dello* **spreco** the throwaway society; ~ **umana** human society.

societario *a.* ⟨*Comm*⟩ company-, social.

sociẹvole *a.* **1** social: *l'uomo è* ~ *per natura* man is naturally social. **2** (*affabile, cordiale*) sociable, friendly: *è una persona* ~ *e simpatica* he is a pleasant, sociable person. □ *essere poco* ~ to be unsociable. **socievolẹzza** *f.* sociability, sociableness.

sọcio *m.* (*f.* **-a**) **1** ⟨*Comm*⟩ partner, associate: *i soci di un'impresa* the partners in a company. **2** (*membro*) member: ~ *del circolo sportivo* member of the sports club; (*rif. a società scientifiche o accademiche*) fellow: *un* ~ *dell'Accademia Reale* a fellow of the Royal Academy. □ ~ *d'affari* business partner; ~ **anziano** senior partner; ~ **benemerito** contributing member; ~ **effettivo** permanent (*o* active) member; ~ **fondatore** foundation (*o* charter) member; ~ **occulto** sleeping partner; ~ **onorario** honorary member; ~ **ordinario** regular (*o* dues-paying) member; ~ *a* **vita** life member.

sociobiologia *f.* sociobiology. **sociobiolọgico** *a.* (*pl.* **-ci**) sociobiological. **sociobiọlogo** *m.* (*pl.* **-gi**) sociobiologist.

socio|centrismo *m.* sociocentrism. **~culturale** *a.* sociocultural. **~econọmico** *a.* (*pl.* **-ci**) socioeconomic.

sociogramma *m.* sociogram.

sociolinguistica *f.* sociolinguistics *pl* (*costr.sing.*).

sociologia *f.* sociology. □ ~ *dell'*educazione sociology of education; ~ *del* diritto sociology of law; ~ **industriale** industrial sociology; ~ **politica** political sociology; ~ *della* **religione** sociology of religion; ~ **storica** historical sociology.

sociolọgico *a.* (*pl.* **-ci**) sociological. **sociọlogo** *m.* (*pl.* **-gi**/*pop.* **-ghi**; *f.* **-a**) sociologist.

sociometria *f.* sociometry. **sociomẹtrico** *a.* (*pl.* **-ci**) sociometric: *test* ~ sociometric test.

socio|politico *a.* (*pl.* **-ci**) sociopolitical. **~sanitario** *a.* sociomedical.

socioterapia *f.* social therapy. **socioterapista** *m./f.* social therapist.

Sọcrate *N.pr.m.* ⟨*Stor*⟩ Socrates. **socraticamẹnte** *avv.* Socratically. **socrạtico** *a./s.m.* (*pl.* **-ci**) ⟨*Filos*⟩ Socratic.

sọda *f.* **1** ⟨*Chim*⟩ (*carbonato di sodio*) soda, sodium carbonate. **2** (*acqua di soda*) soda water. □ ~ *caustica* caustic soda, sodium hydroxide.

sodaglia *f.* unbroken (*o* untilled) ground.

sodalizio *m.* **1** (*associazione*) society, association. **2** (*legame di amicizia*) fellowship, brotherhood, companionship.

sodare *v.t.* (**sọdo**) ⟨*Tess*⟩ to full. **sodatura** *f.* **1** ⟨*Tess*⟩ fulling. **2** ⟨*Mod*⟩ felting.

soddisfacẹnte *a.* satisfactory, satisfying. **soddisfacentemẹnte** *avv.* satisfactorily, in a satisfactory way. **soddisfacimẹnto** *m.* **1** satisfaction, gratification. **2** (*adempimento*) fulfilment, satisfaction. **soddisfạre** *v.* (*pr.ind.* **soddisfạccio/soddisfạcio/soddisfo, soddisfại/soddisfả** /**soddisfa, soddisfacciamo**/*fam.* **soddisfiamo, soddisfạte, soddisfạnno/soddisfano**; *fut.* **soddisferò**; *p.rem.* **soddisfẹci**; *pr.cong.* **soddisfạccia/soddisfi, soddisfạcciano/soddisfino**; *p.p.* **soddisfạtto**; → **fare**) **I** *v.t.* **1** (*accontentare*) to satisfy, to please, to gratify: ~ *il pubblico* to please the public. **2** (*appagare*) to satisfy, to gratify, to meet: ~ *un desiderio* to gratify a wish. **3** (*adempiere*) to fulfil, to comply with, to meet: ~ *una richiesta* to comply with a request; (*pagare*) to pay (off), to satisfy: ~ *un creditore* to pay a creditor. **4** (*riparare*) to make amends (*o* up) for, to make good, to atone for: ~ *un'offesa* to atone for an offence. **II** *v.i.* (*aus.* **avere**) **1** to fulfil, to carry out (*a qc.* s.th.): ~ *ai propri doveri* to fulfil one's duties. **2** (*dar compimento*) to meet, to satisfy, to fulfil (*a qc.* s.th.), to comply (with): ~ *a una richiesta* to satisfy a request. **soddisfạtto** *a.* **1** satisfied, pleased, contented, gratified. **2** (*adempiuto*) satisfied, performed, fulfilled. **3** (*compensato*) paid-up, discharged: *debito* ~ paid-up debt. □ *mal* ~ dissatisfied, discontented. **soddisfaziọne** *f.* **1** satisfaction, gratification: *un'attività che dà* ~ an occupation which gives satisfaction, a satisfying activity. **2** (*compiacimento*) satisfaction,

gratification: *provare una grande* ~ to feel ⸢great satisfaction⸣ (*o* very satisfied); *con* ~ *generale* to the general satisfaction. **3** (*gioia*) satisfaction, pleasure: *dare molte -i a qd.* to be a great satisfaction to s.o.; (*gusto*) pleasure, satisfaction: *non c'è* ~ *a discutere con lui* you get no satisfaction out of arguing with him. **4** (*riparazione*) satisfaction, redress: *ricevere* ~ *di un'offesa* to obtain satisfaction for a wrong. **5** (*pagamento*) payment, satisfaction. **6** (*adempimento*) fulfilment, performance. □ ⟨*iron*⟩ *bella* ~! that's small comfort!, ⟨*am.fam*⟩ big deal!; *essere di* ~ to be satisfactory.

sodẹzza *f.* firmness, compactness; (*durezza*) hardness; (*solidità*) solidity.

sọdico *a.* (*pl.* **-ci**) ⟨*Chim*⟩ sodic, sodium-. **sọdio** *m.* sodium.

sọdo I *a.* **1** firm, compact: *carni -e* firm flesh. **2** (*duro*) hard, firm; (*rif. alle uova*) hard-boiled. **3** ⟨*fig*⟩ (*solido*) solid, sound, firm: *una -a preparazione* a sound grounding; (*rif. ad argomenti e sim.*) sound, weighty. **4** ⟨*fig*⟩ (*forte*) strong; (*violento*) hard, violent: *colpo* ~ hard blow. **5** ⟨*fig*⟩ (*serio, fondato*) sound, well-grounded: *qualità -e* sound qualities. **II** *avv.* **1** hard: *picchiare* ~ to hit hard; *lavorare* ~ to work hard. **2** (*profondamente*) deeply, soundly: *dormire* ~ to sleep soundly. **III** *s.m.* **1** (*terreno fermo*) hard (*o* firm) ground: *costruire sul* ~ to build on firm ground. **2** (*fam*) (*ciò che è sicuro*) security, solid basis. □ *darle -e* to hit hard; *mangiare* ~ to have a hearty meal; *venire al* ~ (*concludere*) to come to the point.

Sọdoma *N.pr.f.* ⟨*Bibl*⟩ Sodom. **sodomia** *f.* sodomy. **sodomita** *m.* sodomite. **sodomịtico** *a.* (*pl.* **-ci**) sodomitic(al).

sofà *m.* sofa.

sofferẹnte *a.* suffering (*per, di* from). □ *essere* ~ *di* to suffer from. **sofferẹnza** *f.* **1** suffering: *le -e dei poveri* the sufferings of the poor. **2** (*dolore*) suffering, pain, anguish: *è morto tra atroci -e* he died in terrible pain. □ ⟨*Comm*⟩ *in* ~ unpaid, unmet, overdue: *cambiali in* ~ unpaid bills.

soffermạre *v.t.* (**soffẹrmo**) to (bring to a) stop, to hold. **soffermarsi** *v.r.* **1** to stop (a little), to linger, to pause: *si soffermò a guardare la vetrina* she lingered to look in the shop window. **2** ⟨*fig*⟩ (*indugiare*) to dwell (*su* upon), to linger (over): *soffermarsi sui particolari* to dwell upon details.

soffẹrto (*p.p. di* **soffrire**) *a.* **1** suffered, endured, borne. **2** ⟨*fig*⟩ (*sentito*) deeply-felt: *musica -a* deeply-felt music.

soffiạggio *m.* ⟨*tecn*⟩ blow.

soffiạre *v.* (**sọffio, soffi**) **I** *v.t.* **1** to blow, to puff: ~ *il fumo della sigaretta* to blow cigarette smoke. **2** ⟨*fig*⟩ (*sottrarre con astuzia*) to steal, to take away, ⟨*fam*⟩ to pinch: *gli ha soffiato la ragazza* he has stolen his girl-friend from him. **3** (*nei giochi*) to huff: ~ *una pedina* to huff a man (*o* piece). **4** ⟨*pop*⟩ (*riferire in segreto*) to tell, to report, to whisper: ~ *una cosa nell'orecchio di qd.* to whisper s.th. in s.o.'s ear. **5** ⟨*Vetr*⟩ to blow. **II** *v.i.* (*aus.* **avere**) **1** to blow: ~ *sul brodo bollente* to blow on hot soup. **2** (*sbuffare*) to blow, to puff (and pant): *saliva le scale soffiando* he came up the stairs puffing and panting. **3** (*rif. a venti: spirare*) to blow: *il vento soffia forte* the wind is blowing hard. **4** (*rif. a felini*) to spit, to hiss. **5** ⟨*gerg*⟩ (*fare la spia*) to play the spy, ⟨*gerg*⟩ to sing. □ ~ *nel* (*o sul*) **fuoco** to blow the fire; ⟨*fig*⟩ (*fomentare*) to fan the flames; ⟨*iperb*⟩ ~ *come un* **mantice** to (puff and) pant; *soffiarsi il* **naso** to blow one's nose; ~ *il naso al bambino* to make the child blow his nose; ⟨*Sport*⟩ ~ *la* **palla** to steal the ball; ⟨*Ind*⟩ ~ *il* **vetro** to blow glass.

soffiạta *f.* **1** puff. **2** ⟨*gerg*⟩ (*delazione*) tip(-off): ~ *anonima* anonymous tip-off. □ *darsi una* ~ *al naso* to blow one's nose. **soffiạto** *a.* **1** ⟨*Vetr*⟩ blown. **2** ⟨*tecn*⟩ (*insufflato*) forced, pulsated. **soffiatọre** *m.* (*f.* **-trice**) **1** blower. **2** ⟨*Vetr*⟩ glass-blower. **3** ⟨*tecn*⟩ jet, blower. **4** ⟨*El*⟩ magnetic blower. **soffiatrịce** *f.* (*anche macchina soffiatrice*) blowing machine. **soffiatura** *f.* **1** blowing. **2** ⟨*Vetr*⟩ glass-blowing. **3** ⟨*Met*⟩ blow hole.

sọffice *a.* **1** soft: *materasso* ~ soft mattress. **2** ⟨*Agr*⟩ loose.

soffieria *f.* **1** ⟨*Vetr*⟩ glass–works *pl* (*costr.sing. o pl.*). **2** ⟨*Ind*⟩ blowing plant, blower. **3** ⟨*Chim*⟩ blowpipe, blow burner.

soffietto *m.* **1** bellows *pl* (*costr.sing.*). **2** ⟨*Fot*⟩ bellows *pl* (*costr.sing.*). **3** ⟨*Giorn*⟩ puff. **4** ⟨*Ferr*⟩ gangway bellows cover. **5** (*nelle carrozze*) bellows top. □ ∼ *a* folding, accordion–; ∼ *a mantice* bellows *pl* (*costr. sing.*).

soffio *m.* **1** breath, puff: ∼ *d'aria* puff (*o* breath) of air. **2** ⟨*Med*⟩ murmur. **3** (*rumore leggero, ronzio*) buzz, murmur. **4** (*rif. a felini*) spit(ting), hiss(ing). □ ⟨*Med*⟩ ∼ **bronchiale** bronchial murmur; ⟨*Med*⟩ ∼ **cardiaco** (*o al cuore*) cardiac (*o* heart) murmur; ⟨*fig*⟩ **in** *un* ∼ in an instant, in a flash, in the twinkling of an eye; **spegnere** *con un* ∼ to blow (*o* puff) out; ∼ **vitale** breath of life.

soffione *m.* **1** blowpipe. **2** ⟨*Geol*⟩ soffione. **3** ⟨*Bot*⟩ (*dente di leone*) dandelion. □ ⟨*Geol*⟩ ∼ *boracifero* soffione, boric acid fumarole.

soffitta *f.* attic, loft, garret. **soffittatura** *f.* **1** erection of a ceiling. **2** (*soffitto*) ceiling. **soffitto** *m.* ceiling. □ ∼ *a cassettoni* coffered (*o* panelled) ceiling, lacunar; ∼ *a stucco* stuccoed ceiling; ∼ *a travature* timber ceiling; ∼ *a volta* arched ceiling.

soffocamento *m.* suffocation, choking, stifling (*anche fig.*): *morire di* ∼ to die of suffocation, to be chocked to death.

soffocante *a.* suffocating, stifling, choking (*anche fig.*): *caldo* ∼ stifling heat. **soffocare** *v.* (*soffoco, soffochi*) **I** *v.t.* **1** to suffocate, to smother, to choke: *lo soffocò con un cuscino* he suffocated him with a pillow. **2** ⟨*iperb*⟩ (*impedire la respirazione*) to suffocate, to choke, to stifle, to smother: ∼ *qd. di baci* to smother s.o. with kisses. **3** ⟨*fig*⟩ (*reprimere*) to suppress, to stifle, to repress: ∼ *la libertà* to suppress freedom; ∼ *una ribellione* to stifle a rebellion; (*rif. alla voce e sim.*) to choke; (*rif. alle fiamme*) to smother, to put out: ∼ *il fuoco* to smother (*o* put out) a fire. **II** *v.i.* (*aus. avere*), **soffocarsi** *v.r.* **1** (*morire per soffocazione*) to suffocate, to smother, to choke. **2** ⟨*iperb*⟩ (*respirare con difficoltà*) to suffocate, to choke, to stifle: *qui si soffoca* it is stifling here. □ ∼ *uno scandalo* to hush up a scandal; ⟨*fig*⟩ ∼ *una rivolta nel sangue* to drown a revolt in blood. **soffocato** *a.* **1** suffocated, smothered, choked, stifled. **2** ⟨*fig*⟩ (*represso*) choked down (*o* back), repressed, stifled: *un lamento* ∼ a stifled groan. **soffocazione** *f.* **1** choking, suffocation. **2** ⟨*fig*⟩ (*repressione*) repression, stifling. **3** ⟨*fig*⟩ (*oppressione*) oppression. **soffoco** *m.* (*pl.* -**chi**) ⟨*region*⟩ (*afa*) sultriness, oppressive heat.

soffondere *v.t.* (*soffusi, soffuso*) ⟨*lett*⟩ (*cospargere*) to sprinkle lightly; (*colorire*) to suffuse, to tinge.

soffregare *v.t.* (*soffrego, soffreghi*) to rub. **soffregarsi** *v.r.* to rub: *soffregarsi gli occhi* to rub one's eyes.

soffriggere *v.* (*soffriggo, soffriggi; soffrissi, soffritto*) **I** *v.t.* ⟨*Gastr*⟩ to fry slowly, to brown: ∼ *una cipolla nel burro* to brown an onion in butter. **II** *v.i.* (*aus. avere*) ⟨*Gastr*⟩ to fry slowly, to brown.

soffrire *v.* (*soffro; soffrii/soffersi, sofferto*) **I** *v.t.* **1** to suffer (from), to endure: ∼ *atroci dolori* to suffer terrible pain; *da giovane ha sofferto la fame* when he was young he suffered hunger. **2** (*sopportare, tollerare*) to bear, to stand, to put up with, to suffer, to endure: *non posso* ∼ *i rumori* I cannot bear noise; *non posso* ∼ *le persone ipocrite* I cannot stand hypocritical people. **3** (*permettere, consentire*) to permit (of), to allow (of): *questa regola non soffre eccezioni* this rule does not allow exceptions. **II** *v.i.* (*aus. avere*) **1** to suffer: *ha sofferto molto senza lagnarsi* he suffered greatly without complaint. **2** (*essere soggetto a un disturbo*) to suffer (*di* from): ∼ *di cuore* to suffer from heart disease. **3** (*essere danneggiato*) to be damaged, to suffer: *il raccolto ha sofferto per il gelo* the crop has been damaged by the frost.

soffritto I *a.* ⟨*Gastr*⟩ fried slowly, browned, lightly fried. **II** *s.m.* lightly fried mixture of onions, herbs and bacon.

soffusi → **soffondere**. **soffusione** *f.* ⟨*Med*⟩ suffusion. **soffuso** (*p.p. di soffondere*) *a.* ⟨*lett*⟩ (*cosparso*) suffused, spread. □ *volto lievemente* ∼ *di rossore* slightly flushed face.

Sofia *N.pr.f.* ⟨*Geog*⟩ Sofia.

sofisma *m.* ⟨*Filos*⟩ sophism (*anche estens.*). **sofista** *m./f.*

sophist. **sofistica** *f.* sophistry; (*i sofisti*) Sophists *pl.* **sofisticare** *v.* (*sofistico, sofistichi*) **I** *v.t.* (*adulterare*) to adulterate, to doctor. **II** *v.i.* (*aus. avere*) **1** to use sophisms, to argue sophistically. **2** (*criticare pedantemente*) to cavil, to be captious, to split hairs. □ *trovare sempre da* ∼ *su tutto* to find fault with everything. **sofisticato** *a.* **1** adulterated, sophisticated: *burro* ∼ adulterated butter. **2** ⟨*fig*⟩ (*ricercato*) sophisticated, subtle. **3** ⟨*fig*⟩ (*rif. a persone*) sophisticated. **sofisticatore** *m.* (*f.* -**trice**) adulterator, sophisticator. **sofisticazione** *f.* adulteration, sophistication: -*i alimentari* food adulteration. **sofisticheria** *f.* **1** sophistry. **2** (*ragionamento complicato*) hair–splitting, sophistry, sophism, cavil. **sofistico** *a.* (*pl.* -**ci**) **1** ⟨*Filos*⟩ sophistic(al): *ragionamento* ∼ sophistical reasoning; (*dei sofisti*) sophistic(al), of the Sophists. **2** ⟨*fig*⟩ (*pedante*) cavilling, captious.

Sofocle *N.pr.m.* ⟨*Stor*⟩ Sophocles.

software *ingl.* ['sɔftweə] *m.* ⟨*Inform*⟩ software: ∼ *di base* system software.

soggettista *m./f.* ⟨*Cin,Rad,TV*⟩ scriptwriter.

soggettivamente *avv.* subjectively. **soggettivare** *v.t.* **1** to make subjective, to subjectivize **2** (*interpretare soggettivamente*) to interpret subjectively. **3** (*rappresentare soggettivamente*) to represent subjectively. **soggettivazione** *f.* ⟨*lett*⟩ subjectivation. **soggettivismo** *m.* **1** subjectivity, subjectiveness. **2** ⟨*Filos*⟩ subjectivism. **soggettivista** *m./f.* subjectivist (*anche Filos*). **soggettivistico** *a.* (*pl.* -**ci**) subjective, subjectivistic. **soggettività** *f.* subjectivity, subjectiveness (*anche Filos.*). **soggettivo** *a.* subjective (*anche Gramm.*).

soggetto[1] *a.* **1** (*sottoposto*) subject (*a* to): *un popolo* ∼ *alla dominazione straniera* a nation subject to foreign domination. **2** (*obbligato*) subject, liable: ∼ *a tassa* liable to tax, taxable; ∼ *agli obblighi militari* liable to military service. **3** (*predisposto*) subject, prone, inclined: ∼ *a raffreddori* prone to colds. **4** (*esposto*) subject, exposed: *zona* -*a a terremoti* area subject to earthquakes. **5** (*dipendente*) dependent (on): *questo è* ∼ *alla tua approvazione* this is dependent on your approval.

soggetto[2] *m.* **1** (*argomento*) subject, subject matter, topic: *il* ∼ *della discussione* the topic of discussion. **2** (*persona*) person: *un* ∼ *pericoloso* a dangerous person; (*tipaccio*) fellow, (bad) lot: *essere un cattivo* ∼ to be a bad lot. **3** ⟨*Med,Filos,Dir*⟩ subject: *il* ∼ *e l'oggetto* the subject and the object. **4** ⟨*Cin*⟩ treatment. □ ⟨*Teat*⟩ *recitare a* ∼ to act extempore; *cambiare il* ∼ *della conversazione* to change the subject of the conversation; ∼ *grammaticale* grammatical (*o* formal) subject; ∼ *d'imposta* tax payer; ⟨*Gramm*⟩ ∼ *logico* logical subject.

soggezione *f.* **1** (*sudditanza*) subjection. **2** (*imbarazzo, disagio*) embarrassment, uneasiness; (*timore riverente*) awe. □ *avere* ∼ *di qd.*: 1 (*sentirsi imbarazzato*) to fell uneasy (*o* embarrassed) in s.o.'s presence; 2 (*averne timore riverente*) to stand in awe of s.o; *mettere* (*o ispirare*) ∼ *a qd.*: 1 (*metterlo a disagio*) to make s.o. uneasy; 2 (*ispirargli rispetto e timore*) to (over)awe s.o.; *senza* ∼ at one's ease, unembarrassed.

sogghignare *v.i.* (*aus.* avere) to sneer, to grin sarcastically. **sogghigno** *m.* sneer, sarcastic (*o* sardonic) grin. □ *fare un* ∼ to (give a) sneer.

soggiacere *v.i.* (*soggiaccio, soggiaci; soggiacqui, soggiaciuto; aus.* essere) **1** to be subject (*o* liable) (*a* to): ∼ *alle leggi* to be subject to laws. **2** (*essere sottomesso, obbedire*) to be subjected, to submit: ∼ *alle minacce di qd.* to submit to s.o.'s threats. **3** (*soccombere, cedere*) to succumb, to yield.

soggiogamento *m.* subjugation, subjection. **soggiogare** *v.t.* (*soggiogo, soggioghi*) **1** (*assoggettare*) to subjugate, to subdue: *Cesare soggiogò i Galli* Caesar subjugated the Gauls. **2** ⟨*fig*⟩ (*sopraffare*) to subdue, to overpower, to dominate. **3** ⟨*fig*⟩ (*reprimere*) to subdue, to curb: ∼ *le passioni* to subdue one's passions. **soggiogato** *a.* **1** subjugated, subjected, subdued: *popoli* -*i* subjugated peoples. **2** ⟨*fig*⟩ (*domato*) subdued, repressed, curbed. **3** ⟨*fig*⟩ (*sopraffatto*) subdued, overpowered.

soggiornare *v.i.* (*soggiorno; aus.* avere) to stay, ⟨*lett*⟩ to sojourn. **soggiorno** *m.* **1** stay, ⟨*lett*⟩ sojourn: *dopo un* *breve* ~ after a short stay. **2** (*stanza di soggiorno*) living-room, sitting-room. □ ~ *per cure termali* stay at a spa; (*luogo*) spa, health resort; *divieto di* ~ residence prohibition; ~ *all'estero* stay abroad; *tassa di* ~ visitor's (*o* tourist) tax.

soggiùngere *v.* (**soggiungo, soggiungi; soggiunsi, soggiunto**) **I** *v.t.* to add, ⟨*lett*⟩ to subjoin. **II** *v.i.* (*aus.* avere) to add: *è tardi, soggiunse il padre, va' a letto* it's late, added his father, go to bed.

soggiuntivo *m.* ⟨*Gramm,ant*⟩ subjunctive (mood).

soggolo *m.* **1** wimple. **2** ⟨*Mil*⟩ chinstrap. **3** (*parte dei finimenti*) throat band, throat latch.

sogguardàre *v.t.* **1** (*guardare di sottecchi*) to look out of the corner of one's eye, to eye furtively. **2** (*guardare di sfuggita*) to steal a glance at.

sòglia *f.* threshold (*anche fig*.): *aspettare sulla* ~ to wait ⌐on the threshold¬ (*o* at the door); *alle -e della vecchiaia* on the threshold (*o* verge) of old age. □ ⟨*fig*⟩ *essere* **alle** *-e* to be near: *l'inverno è alle -e* winter is (drawing) near; ~ **atomica** (*o nucleare*) nuclear threshold; ~ **biologica** biological threshold (*o* limit) ~ *del* **dolore** threshold of pain; ~ *di* **radiazione** radiation threshold; ⟨*Fisiol*⟩ ~ *di* **sensibilità** threshold of sensitivity; *varcare la* ~ to cross the threshold.

sòglio[1] → solere.

sòglio[2] *m.* ⟨*lett*⟩ **1** (*trono*) throne, seat. **2** (*sede*) seat: ~ *pontificio* papal seat.

sogliòla *f.* ⟨*Itt*⟩ sole.

sognànte *a.* **1** dreamy: *occhi -i* dreamy eyes. **2** (*vago, irreale*) dream-like, dream,unreal: *atmosfera* ~ unreal (*o* dream) atmosphere. **sognàre** *v.* (**sogno**) **I** *v.t.* **1** to dream of (*o* about): ~ *qd.* to dream of s.o. **2** ⟨*fig*⟩ (*vagheggiare*) to dream of: ~ *un avvenire migliore* to dream of a better future; (*desiderare ardentemente*) to wish (one had), to have dreams of: *sogno una casetta al mare* ⌐I wish I had¬ (*o* it is my dream to have) a little house by the sea; ~ *la gloria* to have dreams of glory. **II** *v.i.* (*aus.* avere) **1** to dream (*di* of, about). **2** ⟨*fig*⟩ (*desiderare, vagheggiare*) to wish, to dream, to long (for): ~ *di essere già in vacanza* to ⌐wish one were¬ (*o* long to be) on holiday already. **3** ⟨*fig*⟩ (*fantasticare*) to day-dream. **4** ⟨*fig*⟩ (*pensare, immaginare*) to dream, to think, to imagine: *chi se lo sarebbe mai sognato di vederti qui!* who would ever have imagined seeing you here!; *non avrei mai sognato di diventare presidente* I never dreamt I would become president. **sognarsi** *v.r.* to dream: *si sogna spesso della sua giovinezza* he often dreams of his youth. □ ⟨*fig*⟩ ~ *a occhi aperti* to day-dream; *non sognartelo neppure!* don't even dream of it!; *mi pare di* ~ I must be dreaming; ⟨*fam*⟩ *vorrà dire che me lo sono sognato* I must have dreamt it; *non me lo sono mica sognato* I didn't dream it up. **sognatòre I** *s.m.* (*f.* **-trice**) **1** dreamer. **2** (*chi sogna a occhi aperti*) day-dreamer. **II** *a.* **1** dreaming. **2** ⟨*fig*⟩ dreamy.

sógno *m.* **1** dream (*anche fig*.): *vedere qd. in* ~ to see s.o. in a dream; *la donna dei suoi -i* the woman of his dreams. **2** ⟨*fig*⟩ (*vana immaginazione*) dream, wishful thinking, mere fancy: *spera di vincere, ma è un* ~ he hopes to win, but it's only wishful thinking. □ ~ *un paesino* **di** ~ a dream village, a delightful (*o* enchanting) little village; *fare un* ~ to have a dream; **nemmeno** (*o neanche*) *per* ~*!* I wouldn't dream of it!; ⟨*Lett*⟩ ~ *d'una* **notte** *di mezza estate* A Midsummer Night's Dream; *-i d'oro!* sweet dreams!; ~ **premonitore** warning (*o* premonitory) dream.

sòia *f.* ⟨*Bot*⟩ soy bean, soya (bean).

sòl *m.* ⟨*Mus*⟩ G, sol: ~ *bemolle maggiore* G flat major; *chiave in* ~ G clef.

solàio *m.* ⟨*Edil*⟩ **1** floor. **2** (*soffitta*) attic, loft. □ ~ *di legno* wooden floor; ~ *pieno* solid floor; ~ *a travicelli* joisted floor.

solaménte *avv.* only, just, merely. □ *non* ~ *... ma anche* not only ... but also: *non è* ~ *intelligente, ma anche diligente* he's not only intelligent but also hard-working.

solanàcee *f.pl.* ⟨*Bot*⟩ solanaceae.

solanìna *f.* ⟨*Chim*⟩ solanine.

solàre[1] **I***a.* **1** ⟨*Astr*⟩ solar, sun-, of the sun, sun's: *raggi -i*

sun's rays. **2** (*di protezione contro il sole*) sun-: *crema* ~ sun cream. **3** ⟨*fig,poet*⟩ (*chiaro, evidente*) evident, obvious, clear. **II** *s.m.* solar energy (*o* power). □ *batteria* ~ solar battery; *centrale* ~ solar power plant (*o* station); *pompa* ~ solar pump; ⟨*Astr*⟩ *sistema* ~ solar system; ⟨*Anat*⟩ *plesso* ~ solar plexus.

solàre[2] *v.t.* (**suolo**) ⟨*Calz*⟩ **1** (*mettere la suola*) to sole. **2** (*risolare*) to resole.

solarìmetro *m.* ⟨*Astr*⟩ solarimeter.

solàrio *m.* ⟨*Edil*⟩ solarium. **solarità** *f.* ⟨*lett*⟩ (*luminosità*) brightness. **solàrium** *lat. m.* ⟨*Edil*⟩ solarium. **solarizzazióne** *f.* solarization. **solàtio** *a.* ⟨*lett*⟩ sunny.

solatùra *f.* ⟨*Calz*⟩ **1** (*il mettere la suola*) soling. **2** (*suola*) sole. **3** (*risolatura*) resoling.

solcàbile *a.* ⟨*lett*⟩ ploughable. **solcàre** *v.t.* (**solco, solchi**) **1** to plough, to furrow: ~ *la terra con l'aratro* to plough the land. **2** (*lasciare solchi*) to furrow; (*sul legno*) to groove, to chamfer. **3** ⟨*fig*⟩ (*rif. a navi*) to plough: ~ *le onde* to plough the waves; (*rif. a lampi*) to streak: *i lampi solcavano il cielo* lightening streaked (across) the sky. **4** ⟨*fig*⟩ (*lasciare tracce*) to furrow, to streak: *le lacrime le solcavano il viso* her face was streaked (*o* furrowed) with tears; (*lasciare rughe*) to furrow, to wrinke. **solcàto** *a.* **1** ploughed, furrowed. **2** ⟨*fig*⟩ (*inciso*) furrowed, streaked: *guance -e di lacrime* cheecks streaked with tears; (*rif. a rughe*) furrowed, wrinkled: *fronte -a di rughe* furrowed brow. **solcatùra** *f.* **1** ploughing, furrowing. **2** (*solco*) furrows *pl.* **sólco** *m.* (*pl.* **-chi**) **1** furrow, drill: *seminare nei solchi* to sow in drills. **2** (*incavatura*) rut, track: *i solchi delle ruote del carro* the tracks of the cart wheels. **3** (*scia*) wake: *il* ~ *della nave* the ship's wake. **4** ⟨*fig*⟩ (*grinza, ruga*) furrow, wrinkle: *ha profondi solchi sulla fronte* she has deep wrinkles on her forehead. **5** ⟨*fig*⟩ (*traccia*) trade, mark, sign: *le sofferenze lasciano un* ~ *nell'animo* suffering leaves its mark on the soul. **6** ⟨*Mecc*⟩ groove. □ *a solchi* in drills; ⟨*Met*⟩ ~ *di colata* runner; *i solchi di un disco fonografico* the grooves of a record. **solcòmetro** *m.* ⟨*Mar*⟩ log.

soldatàglia *f.* ⟨*spreg*⟩ **1** mob of soldiers, undisciplined soldiery. **2** (*truppe mercenarie*) mercenary troops *pl,* mercenaries *pl.* **soldatésca** *f.* soldiers *pl,* soldiery. **soldatésco** *a.* (*pl.* **-chi**) **1** soldierly, soldierlike. **2** ⟨*spreg*⟩ soldierlike, rough, coarse. **soldatéssa** *f.* **1** (*female*) soldier. **2** ⟨*fig*⟩ (*donna autoritaria*) battle axe. **soldatìno** *m.* **1** (*soldato giovane*) young soldier; (*umile soldato*) common soldier, private (soldier). **2** (*giocattolo*) tin (*o* lead) soldier.

soldàto *m.* **1** soldier. **2** (*nella gerarchia militare*) (enlisted) man, private: *gli ufficiali e i -i* the officers and the enlisted men. **3** ⟨*Entom*⟩ (*termite*) soldier; (*formica*) soldier (ant). □ *andare a* (*fare il*) ~ to enlist, to join ⌐up¬ (*o* the army); ~ *di* **cavalleria** cavalryman; ~ *di* **fanteria** infantryman, foot soldier; *fare il* ~ to be (*o* serve) in the army; ~ **scelto** soldier with special training; ~ **semplice** private (soldier); ⟨*Stor*⟩ ~ *di* **ventura** soldier of fortune.

sòldo *m.* **1** (*quantità minima di denaro*) penny, cent, farthing: *non avrai un* ~ *da lui* you won't get a penny out of him. **2** *pl.* (*denaro, quattrini*) money, ⟨*fam*⟩ cash, ⟨*fam*⟩ lolly, ⟨*am.fam*⟩ dough: *costa troppi -i* it costs too much money; *essere pieno di -i* to have a lot of money, ⟨*fam*⟩ to be loaded. **3** (*servizio*) service, pay: *essere al* ~ *di qd.* to be in s.o.'s pay (*o* service). **4** ⟨*ant*⟩ (*paga*) salary, wages *pl,* (soldier's) pay: *riscuotere il* ~ to collect one's pay. □ ⟨*fam*⟩ *essere alto quanto un* ~ *di* cacio to be knee-high to a grasshopper; *fare i -i* (*arricchire*) to make money; *roba da* **pochi** *-i* worthless (*o* cheap) stuff, ⟨*fam*⟩ junk; **quattro** *-i* little money; *avere un* **sacco** *di -i* to have a lot of money, ⟨*fam*⟩ to be loaded (*o* rolling in money); *essere* **senza** *un* ~ to be penniless, ⟨*fam*⟩ not to have a bean; *non* **valere** *un* ~ (*bucato*) not to be worth a (brass) farthing, to be worthless.

sóle *m.* **1** sun: *il moto apparente del* ~ the apparent movement of the sun. **2** (*luce solare*) sun, sunlight: *un debole* ~ *di marzo* a weak March sun; *oggi c'è un bel* ~ the sun is bright today; (*calore*) sun(shine): *sdraiarsi al* ~ to lie in the sun. □ *al* ~: **1** in the sun: *mettere qc. al* ~ to put s.th. in the sun; **2** (*al calore del sole*) in the sun(shine);

3 (*alla luce del sole*) in the sunlight; ⟨*fig*⟩ *avere qc. al* ∼ to own some property; *al calar del* ∼ at sunset, at sundown; ⟨*fig*⟩ *essere* **chiaro** *come il* ∼ to be as clear as day(light); **da** ∼ sun–: *occhiali da* ∼ sun–glasses; *il* ∼ **entra** *nel Leone* the sun enters the sign of Leo; *essere* **esposto** *al* ∼ (*a mezzogiorno*) to be facing south; ⟨*fig*⟩ *alla* **luce** *del* ∼ (*apertamente*) openly, for all to see: *agire alla luce del* ∼ to do s.th. openly, to act above board; ∼ *di* **mezzanotte** midnight sun; *il* ∼ **picchia** the sun is scorching (*o* burning); **pieno** *di* ∼ sunny; *in pieno* ∼ in bright sunshine; **prendere** *il* ∼ to sunbathe; **senza** ∼ sunless: *giornata senza* ∼ sunless day; *allo* **spuntare** *del* ∼ at sunrise. *Prov.*: *niente di nuovo sotto il* ∼ there is nothing new under the sun.

solecismo *m.* ⟨*Ret*⟩ solecism.

soleggiare *v.t.* (**soleggio, soleggi**) **1** to place (*o* put out) in the sun, to sun. **2** ⟨*Agr*⟩ to dry in the sun. **soleggiato** *a.* sunny: *una stanza –a* a sunny room.

soleil *fr.* [sɔˈlɛːj] *m.* ⟨*Mod*⟩ (*pieghettatura*) sunburst pleating.

solenne *a.* **1** solemn: *rito* ∼ solemn rite. **2** (*che si compie con gran pompa*) solemn, stately, grand: *–i accoglienze* solemn welcome. **3** (*grave*) solemn, grave: *parlare con tono* ∼ to speak in a solemn tone. **4** ⟨*iron*⟩ (*famoso, matricolato*) utter, downright, thorough, real: *un* ∼ *bugiardo* a real (*o* downright) liar; (*molto forte*) sound, (al)mighty, hearty: *un* ∼ *ceffone* a hearty slap, a mighty wallop. **5** (*che ispira rispetto*) awe–inspiring, solemn. **solennemente** *avv.* solemnly. **solennità** *f.* **1** solemnity. **2** ⟨*concr*⟩ (*festa solenne*) holiday, solemnity, feast day. □ ∼ *civile* civil holiday; *con* ∼ solemnly, with solemnity; ∼ *religiosa* religious holiday (*o* feast day). **solennizzare** *v.t.* to solemnize.

solenoide *m.* ⟨*Fis*⟩ solenoid.

solere *v.i.* (*pr.ind.* **soglio, suoli, suole, sogliamo, solete, sogliono**; *p.rem.* **solei**; *pr.cong.* **soglia, sogliamo, sogliate, sogliano**; *p.p.* **solito**; *aus.* **essere**) to be in the habit of, to be used (*o* accustomed) to, *a volte si rende con un avverbio: sogliono mangiare alle due* they usually eat at two, they are used to eating at two; *come si suol dire* as people (usually) say; *i saggi sogliono parlare poco* the wise usually speak little; (*solo al passato*) would, to use to: *solevano uscire tutte le sere* they would (*o* used to) go out every night.

solerte *a.* ⟨*lett*⟩ **1** (*alacre*) active, brisk, eager, willing, hard–working; (*diligente*) diligent. **2** (*fatto con diligenza*) careful, painstaking, diligent. **solerzia** *f.* **1** (*diligenza*) diligence. **2** (*accuratezza*) care, thoroughness.

soletta *f.* **1** (*nelle calze*) foot, stocking sole. **2** ⟨*Calz*⟩ (*suola interna*) inner sole, insole. **3** ⟨*Edil*⟩ slab. □ ⟨*Edil*⟩ ∼ *di calcestruzzo* concrete slab.

soletto *a.* all alone. □ *solo* ∼ all (*o* quite) alone.

solfa *f.* **1** (*ripetizione monotona*) same old story: *è sempre la stessa* ∼ it's always the same old story. **2** ⟨*ant*⟩ (*solfeggio*) solfeggio.

solfara *f.* ⟨*Minier*⟩ sulphur deposit. **solfare** *v.t.* (**solfo**) ⟨*Agr*⟩ to (treat with) sulphur. **solfatara** *f.* ⟨*Geol*⟩ solfatara, sulphurous volcano. **solfatazione** *f.* sulphation.

solfato *m.* ⟨*Chim*⟩ sulphate. □ ∼ *di* **calcio** calcium sulphate; ∼ *di* **ferro** iron sulphate, sulphate of iron; ∼ *di* **potassio** potassium sulphate; ∼ *di* **rame** copper sulphate; ∼ *di* **sodio** sodium sulphate.

solfeggiare *v.t.* (**solfeggio, solfeggi**) ⟨*Mus*⟩ to sol–fa, to solmizate. **solfeggio** *m.* ⟨*Mus*⟩ solfeggio, sol–fa, solmization.

solferino *a./s.m.inv.* solferino.

solfidrato *m.* ⟨*Chim*⟩ sulphydrate. **solfidrico:** ⟨*Chim*⟩ *acido* ∼ hydrogen sulphide, sulphuretted hydrogen. **solfitare** *v.t.* ⟨*Enol,Alim*⟩ to sulphur, to sulphurize. **solfitazione** *f.* sulphuring, sulphurization. **solfito** *m.* ⟨*Chim*⟩ sulphite. **solfo** *m.* → **zolfo**. **solfonare** *v.t.* (**solfono**) ⟨*Chim*⟩ to sulphonate. **solfonazione** *f.* sulphonation. **solforare** *v.t.* (**solforo**) **1** ⟨*Agr*⟩ to sulphur. **2** ⟨*Ind*⟩ to sulphurize, to sulphur, to sulphurate. **solforato** *a.* ⟨*Chim*⟩ **1** (*che contiene zolfo*) sulphur, sulphur(e)ous. **2** (*trattato con zolfo*) sulphured,

sulphurized. **solforatrice** *f.* sulphurizer: ∼ *a zaino* knapsack sulphurizer. **solforatura** *f.* ⟨*Agr*⟩ sulphuring. **solforazione** *f.* sulphurization, sulphuration. **solforico** *a.* (*pl.* **-ci**) ⟨*Chim*⟩ sulphuric. □ *acido* ∼ sulphuric acid; *anidride* *–a* sulphuric anhydride, sulphur trioxide. **solforoso** *a.* sulphurous. **solfuro** *m.* ⟨*Chim*⟩ sulphide. □ ∼ *di carbonio* carbon disulphide; ∼ *di ferro* iron pyrites *pl*, iron sulphide.

solicello *m.* pale (*o* weak) sun.

solidale *a.* **1** solid, in agreement (*con* with): *essere* ∼ *con qd.* to be in agreement with s.o. **2** ⟨*Mecc*⟩ integral. **3** ⟨*Dir*⟩ solidary; (*rif. a debitore*) jointly and severally liable. **solidalmente** *avv.* in agreement, with solidarity.

solidamente *avv.* solidly, firmly.

solidarietà *f.* **1** solidarity. **2** ⟨*Dir*⟩ solidarity, joint (and several) liability. **solidario** *a.* ⟨*Dir*⟩ solidary, joint (and several). **solidarismo** *m.* solidarism. **solidarizzare** *v.i.* (*aus.* **avere**) to solidarize.

solidificare *v.* (**solidifico, solidifichi**) **I** *v.t.* to solidify, to harden. **II** *v.i.* (*aus.* **essere**), **solidificarsi** *v.r.* to solidify, to harden. **solidificazione** *f.* solidification, hardening. **solidità** *f.* **1** solidity, firmness: *la* ∼ *di un pilastro* the solidity of a pilaster. **2** ⟨*fig*⟩ (*validità*) solidity, soundness, substantiality. **3** ⟨*Econ,Comm*⟩ solidity, soundness: *la* ∼ *di una banca* the soundness of a bank. **4** (*rif. a colori*) fastness. **solido I** *a.* **1** solid, firm: *fondamenta –e* firm foundations. **2** (*forte, robusto*) strong, stout, sturdy, tough: *due gambe –e* a pair of sturdy legs; *scarpe –e* strong (*o* stout) shoes. **3** ⟨*fig*⟩ (*serio, ben fondato*) solid, sound, steady: *una ditta –a* a solid firm; *avere una* ∼ *posizione economica* to be in a sound economic position. **4** ⟨*Geom,Fis*⟩ solid: *geometria –a* solid geometry. **II** *s.m.* ⟨*Geom*⟩ solid (figure), body. □ ⟨*Dir*⟩ *in* ∼ joint (and several).

soliloquio *m.* soliloquy; (*monologo*) monologue.

Solimano *N.pr.m.* ⟨*Stor*⟩ Suleiman, Solyman.

solingo *a.* (*pl.* **-ghi**) ⟨*poet*⟩ solitary, lonely: *vita –a* solitary life.

solino *m.* ⟨*Vest*⟩ **1** (detachable) collar. **2** (*nell'uniforme dei marinai*) (sailor) collar.

solipede *a.* ⟨*Zool*⟩ soliped, solipedal, solipedous.

solipsismo *m.* ⟨*Filos*⟩ solipsism. **solipsista** *m./f.* solipsist. **solipsistico** *a.* (*pl.* **-ci**) solipsistical.

solista I *s.m./f.* ⟨*Mus*⟩ **1** (*cantante*) soloist, solo singer. **2** (*strumentista*) soloist, solo player. **3** (*ballerino*) soloist, solo dancer. **II** *a.* solo: *violino* ∼ solo violin. **solistico** *a.* (*pl.* **-ci**) solo, soloistic.

solitamente *avv.* usually, generally.

solitario I *a.* **1** solitary. **2** (*solo*) lone, solitary: *un pedone* ∼ a lone pedestrian. **3** (*deserto*) solitary, lonely, lonesome: *una strada –a* a lonely road. **II** *s.m.* **1** (*f.* **-a**) solitary (person), ⟨*fam*⟩ loner. **2** ⟨*Oref*⟩ solitaire. **3** (*gioco di carte*) solitaire.

solito (*p.p. di solere*) **I** *a.* **1** usual, customary, habitual, accustomed: *troviamoci al* ∼ *posto* let's meet at the usual place. **2** ⟨*spreg*⟩ usual, ⟨*fam*⟩ same old: *condurre la –a vita* to lead the same old life; *è sempre il* ∼ *bugiardo* he is still the same old liar. **3** (*nelle espressioni ellittiche*) *si traduce a senso: ne ha fatta una delle –e* he has been up to one of his usual tricks. **II** *s.m.* **1** (*abitudine*) habit, custom, usual practice: *secondo il mio* ∼ as my custom is, as I usually do. **2** (*stessa persona; f.* **-a**) same, same (old) person: *sei sempre il* ∼ you are always the same, you never change. **3** (*solita cosa*) usual (thing): *che cosa desidera? – il* ∼ what would you like? – the usual. □ ⟨*pop*⟩ *siamo alle –e* it's (*o* we're back to) the same old story, here we go again; ⟨*pop*⟩ **come** *al* (*o il*) ∼ as (per) usual; *di* ∼ usually, generally, as a rule; **essere** ∼ *fare qc.* to do s.th. usually (*o* as a rule), to be used (*o* accustomed) to doing s.th.: *sono* ∼ *fare tardi la sera* I usually stay up late; (*solo al passato*) to use to, would: *a Londra ero* ∼ *passeggiare nel parco* when I was in London I ⌐used to⌐ (*o* would) go for walks in the park; **fuori** *del* ∼ unusual; *fumare* **più** *del* ∼ to smoke more than usual.

solitudine *f.* **1** solitude, solitariness, loneliness. **2** (*luogo solitario*) solitude, wilderness.

sollazzamento *m.* entertainment, amusement. **sollazzare**

v.t. to entertain, to amuse. **sollazzarsi** *v.r.* to amuse o.s., to enjoy o.s. **sollazzo** *m.* 1 ⟨*lett*⟩ (*divertimento*) amusement, fun; (*passatempo*) pastime. 2 ⟨*fig*⟩ (*zimbello*) laughing stock, butt: *essere il ~ di tutti* to be a general laughing stock.

sollecitamente *avv.* 1 promptly, speedily, with dispatch: *rispondere ~* to reply promptly. 2 (*premurosamente*) carefully, solicitously: *assistere ~ un malato* to help an ill person solicitously. **sollecitamento** *m.* solicitation, pressing, urging. **sollecitare** *v.t.* (**sollecito**) 1 to press for, to request urgently, to urge: *~ una ditta perché dia una risposta* to urge a firm to reply, to press a firm for a reply; *~ una decisione* to press for a decision. 2 (*chiedere con insistenza*) to solicit, to press for: *~ favori da qd.* to solicit s.o. for favours. 3 ⟨*burocr*⟩ to apply for: *~ un posto* to apply for a post. 4 (*accelerare*) to speed up, to hurry (up), to quicken, to expedite: *~ una pratica* to expedite a matter. 5 ⟨*Mecc*⟩ to stress. □ ⟨*assol*⟩ *abbiamo già sollecitato due volte* we have already asked (for action) twice, we've already asked them to hurry twice; *~ il pagamento di un debito* to dun. **sollecitatore** I *s.m.* (*f.* -**trice**) urger, solicitor; (*di pagamenti*) dunner; (*chiedente*) petitioner. II *a.* ⟨*tecn*⟩ of strain, of stress. **sollecitatorio** *a.* soliciting, pressing, urging.

sollecitazione *f.* 1 solicitation, entreaty, (urgent) request, pressing, urging: *perché non rispondi alle nostre –i?* why don't you reply to our requests? 2 ⟨*fig*⟩ (*stimolo*) stimulus, inducement, incentive. 3 ⟨*burocr*⟩ (*richiesta*) application. 4 ⟨*Mecc*⟩ stress. □ *~* **dinamica** dynamic stress; **lettera** *di ~* reminder (letter); (*a un debitore*) dunning letter; ⟨*tecn*⟩ **sottoporre** *qc. a ~* to subject s.th. to stress (*o* strain), to load (*o* stress) s.th.; *~* **statica** static stress; *~ di* **tensione** traction stress; *~ di* **torsione** torsional stress; *~ di* **trazione** tensile stress; *~ d'***urto** impact stress.

sollecito I *a.* 1 (*premuroso*) solicitous, careful; (*che agisce senza indugio*) prompt, quick, expeditious: *essere ~ ad alzarsi dal letto* to be quick in getting out of bed. 2 (*fatto con premura*) prompt, quick, speedy: *risposta –a* prompt reply. II *s.m.* ⟨*burocr,comm*⟩ 1 reminder. 2 (*lettera sollecitatoria*) letter of reminder, follow–up letter; (*a un debitore*) dunning letter. **sollecitudine** *f.* 1 promptness, dispatch, readiness, speed: *ha lavorato con grande ~ per terminare in giornata* he worked with great dispatch to finish within the day. 2 (*cura*) solicitude, care, attentiveness, mindfulness, thoughtfulness: *ha mostrato poca ~ verso di noi* he showed little thoughtfulness for us. □ *con ~* speedily, quickly, with dispatch, promptly.

solleone *m.* 1 dog days *pl.* 2 (*grande calura*) (intense) summer heat: *lavorare sotto il ~* to work in the summer heat.

solleticamento *m.* 1 tickling. 2 ⟨*fig*⟩ (*stimolo*) tickling, titillating: *~ dei sensi* titillating of the senses. **solleticante** *a.* tickling; (*stimolante*) exciting, stimulating. **solleticare** *v.t.* (**solletico, solletichi**) 1 to tickle: *~ i piedi a qd.* to tickle s.o.'s feet. 2 ⟨*fig*⟩ (*stimolare*) to tickle, to stimulate, to excite, to titillate, to arouse, to whet: *~ la curiosità di qd.* to arouse s.o.'s curiosity; *~ l'appetito* to whet the appetite. **solletico** *m.* (*pl.* -**chi**) 1 tickle. 2 ⟨*fig*⟩ prick, spur, stimulus. □ *fare il ~ a qd.* to tickle s.o.; *soffrire il ~* to be ticklish.

sollevamento *m.* 1 (*il sollevare*) raising, lifting. 2 (*il sollevarsi*) rising, rise. 3 (*parte sollevata*) rise, elevation: *un piccolo ~ del terreno* a slight elevation in the ground. 4 ⟨*Geol*⟩ (*corrugamento*) folding. □ ⟨*Mecc*⟩ *apparecchio di ~* lifting equipment; *impianto di ~* lifting (*o* hoisting) apparatus; ⟨*Sport*⟩ *~ pesi* weight lifting.

sollevare *v.t.* (**sollevo**) 1 to raise, to lift (up): *~ un peso* to lift a weight; (*rif. a polvere e sim.*) to raise, to whip (*o* blow) up: *il vento sollevava la sabbia* the wind whipped up the sand; (*con argani e sim.*) to hoist, to heave (up), to raise, to lift (up); (*con manovelle e sim.*) to wind up. 2 (*levare*) raise, to lift (up): *sollevò la mano per salutare* he raised his hand in greeting; *~ il capo dal cuscino* to lift one's head from the pillow; (*rif. a coperchi e sim.*) to take off, to lift, to raise. 3 ⟨*fig*⟩ (*presentare, far sorgere*) to raise, to bring up, to put forward (*o* in the way): *~*

un'obiezione to raise an objection; *non fa che ~ ostacoli* he does nothing but put obstacles in the way. 4 ⟨*fig*⟩ (*togliere da uno stato d'inferiorità*) to raise (up), to lift: *~ qd. dalla miseria* to raise s.o. from poverty. 5 ⟨*fig*⟩ (*alleggerire*) to relieve, to ease, to disburden (*da* of), to free, to take (from): *~ qd. da una fatica* to relieve s.o. of a heavy task; (*destituire*) to dismiss (from), to relieve (of): *il console è stato sollevato dal suo incarico* the consul was relieved of his post. 6 (*dare conforto*) to cheer, to comfort, to make feel better: *la tua risposta mi ha molto sollevato* your answer has cheered me greatly; (*alleviare le sofferenze*) to relieve, to allay, to assuage. 7 ⟨*fig*⟩ (*far insorgere*) to rouse, to stir up, to raise: *~ il popolo contro la tirannia* to rouse (*o* stir up) the people against tyranny. 8 ⟨*fig*⟩ (*causare*) to arouse, to call forth, to cause: *il suo discorso sollevò un'ondata di applausi* his speech aroused thunderous applause. **sollevarsi** *v.r.* 1 (*levarsi in alto*) to (a)rise: *il pallone si sollevò nel cielo* the balloon rose in the sky. 2 (*rizzarsi*) to get up, to lift (*o* raise) o.s., to rise (up), to arise: *sollevarsi da terra* to get up from the ground. 3 ⟨*fig*⟩ (*insorgere*) to rise (up), to rebel, to revolt: *la popolazione si sollevò in massa* the people rose up in a body. □ *mi hai sollevato da un gran peso* you've taken a great weight off my shoulders; *~ gli occhi dal libro* to raise one's eyes from the book; *~ lo spirito* (*o il morale*) *a qd.* to boost s.o.'s morale.

sollevato *a.* (*meno depresso*) relieved, cheered (up), in better spirits. **sollevatore** *m.* (*f.* -**trice**) 1 lifter, raiser. 2 ⟨*Aut*⟩ (*anche ponte sollevatore*) (auto) lift, lifting platform. □ *~* **elettromagnetico** magnet lifter; ⟨*Sport*⟩ *~ di pesi* weight lifter. **sollevazione** *f.* (*insurrezione*) (up)rising, rebellion, insurrection: *reprimere una ~ popolare* to suppress a popular uprising.

sollievo *m.* 1 relief: *cercare ~ dal caldo* to seek relief from the heat. 2 (*conforto*) relief, comfort. □ *con mio grande ~* to my great relief; *dare* (*o portare*) *~ a qd.* to relieve s.o.; *essere di ~ a qd.* to be a relief to s.o.

solluchero *m.* rapture, ecstasy, delight, transport. □ *andare in ~* to go into raptures (*o* ecstasy); *mandare in ~* to enrapture, to send into ecstasy (*o* raptures).

solo I *a.* 1 alone, ⟨*pred*⟩ by oneself: *essere sempre ~* to be always alone; *stavo lì ~* I was there alone (*o* by myself). 2 (*preceduto dall'art.: unico, singolo*) only, (only) one, single: *credere in un ~ Dio* to believe in only one God. 3 (*soltanto*) only, just: *ancora un minuto ~* just (*o* only) one more minute. 4 *pl.* (*preposto a un sost.: solamente, nessun altro che*) only, just: *rivista per –i uomini* magazine for men only. 5 (*di più cose che diventano uno*) one, single: *i due torrenti diventano un ~ fiume* the two streams become one (*o* a single) river; *i fanciulli gridavano a una –a voce* the boys shouted with one voice. 6 (*non ripetuto, non replicato*) just one, one ... only: *fammi un ~ fischio* give me just one whistle. 7 (*che vive da solo*) living alone; (*non sposato*) single: *una donna –a* a single woman. 8 (*in senso spirituale: abbandonato*) forsaken, lonely, lonesome: *sentirsi ~* to feel lonely. 9 (*semplice, senz'altro*) mere, alone, only, just: *mi basta la tua –a parola* your word alone is enough for me; *al ~ pensiero rabbrividisco* I shudder at the mere thought; *l'uomo non vive di ~ pane* man does not live by bread alone. 10 (*esclusivo*) sole: *il ~ rappresentante della ditta* the sole agent of the firm. II *avv.* 1 only, just, merely: *l'ho ~ toccato* I only touched it. 2 (*appena, non prima*) only, just: *l'ho saputo ~ ieri* I heard about it only yesterday; *~ una volta* just once. 3 (*restrittivo*) only, but, just: *è bello, ~ un po' caro* it's lovely, but a trifle expensive. III *s.m.* (*f.* -**a**) only one: *è il ~ a sapere la verità* he is the only one who knows the truth. IV *congz.* only, but, yet, nevertheless: *ho telefonato, ~ non ho trovato nessuno* I phoned but I didn't get any answer. □ ⟨*Mus*⟩ **a** *~* solo, unaccompanied; (*pop*) *~ come un cane* all alone; *~* **che:** I only, but, just, it's just that, the only trouble (*o* thing) is that: *vorrei andarci, ~ che non mi bastano i soldi* I'd like to go, only (*o* the only trouble is that) I don't have enough money; 2 (*purché*) provided that, if only: *~ che ne avessi la possibilità* if only I had the chance; 3 (*se non fosse che*) if it were not that; **da** *~* alone, by oneself: *l'ho fatto da ~* I did it alone (*o* by myself); *essersi fatto da* ~ to be a self–made man; *parlare da* ~ to talk to oneself; *da* ~ *a* ~ in private, tête-à-tête; *ha un* ~ **figlio** he has only one son; **non** ~: 1 not only, not just; 2 (*come aggiunta*) that's not all; *non* ~ ..., *ma anche* not only ..., but also: *non* ~ *lui, ma anche sua sorella* not only him, but ⌈also his sister⌉ (*o* his sister too); ⟨*enfat*⟩ not only ..., but even: *non* ~ *vuotò la cassaforte ma mi prese anche il portafoglio* not only did he clear out the safe but he even took my wallet; (*in frasi negative*) not only ..., but ... either: *non* ~ *è arrivato in ritardo, ma non si è neanche scusato* not only did he arrive late, but he didn't apologize either; *non uno* ~ (*neppure uno*) not (even) one, not a single one; ~ **soletto** all (*o* quite) alone, all ⌈on one's own⌉ (*o* by oneself). *Prov.*: *meglio –i che male accompagnati* better be alone than in bad company.

Solone *N.pr.m.* ⟨*Stor*⟩ Solon.

solstiziale *a.* ⟨*Astr*⟩ solstitial: *punti –i* solstitial points.

solstizio *m.* solstice: ~ *d'estate* summer solstice; ~ *d'inverno* winter solstice.

soltanto *avv.* **1** only, all, just, alone: *voglio* ~ *vederlo* I only want to see him. **2** (*appena*) only, just, barely, merely. ☐ ~ *loro* only they, they alone.

solubile *a.* soluble. ☐ *caffè* ~ instant coffee; ~ *in acqua* water–soluble, soluble in water. **solubilità** *f.* solubility.

solubilizzare *v.t.* ⟨*Chim.Fis*⟩ to solubilize.

soluzione *f.* **1** ⟨*Chim*⟩ solution. **2** ⟨*Mat*⟩ (*risoluzione*) solving, solution: *la* ~ *di un quesito* the solving of a problem. **3** (*spiegazione*) solution, answer, explanation: *la* ~ *di un indovinello* the answer to a riddle. **4** (*decisione*) decision: *venire a una* ~ to take (*o* make) a decision; *è l'unica* ~ *logica* it's the only logical decision. **5** (*compromesso, accordo*) settlement, arrangement, agreement: ~ *pacifica di una controversia* peaceful settlement of a dispute. **6** ⟨*Med*⟩ solution. ☐ ⟨*Chim*⟩ ~ **acquosa** water solution; ~ **alcalina** alkaline solution; ~ **anticongelante** antifreeze; ~ *di* **continuità**: 1 ⟨*Med*⟩ solution of continuity (*o* connection, unity); 2 ⟨*fig*⟩ solution of continuity, interruption, break: *senza* ~ *di continuità* without a break, without solution of continuity; ~ **drastica** drastic solution; ~ **finale** final solution; ~ **globale** global solution; ~ **negoziata** negotiated solution; *il problema non ha* ~ there is no solution to the problem; ~ *di* **ripiego** makeshift solution; ~ **satura** saturated solution; ⟨*Comm*⟩ **unica** ~ single (*o* non–recurring) payment; *in una unica* (*o* *sola*) ~ in a single payment.

solvente **I** *a.* ⟨*Chim,Comm*⟩ solvent. **II** *s.m.* ⟨*Chim*⟩ solvent. **solvenza** *f.* ⟨*Comm*⟩ solvency.

solvibile *a.* ⟨*Comm*⟩ **1** (*che può pagare*) solvent: *cliente* ~ solvent client. **2** (*che può essere pagato*) payable.

solvibilità *f.* ⟨*Comm*⟩ **1** (*il poter pagare*) solvency. **2** (*il poter essere pagato*) payability, payableness.

soma[1] *f.* **1** (*carico*) pack, load, burden. **2** ⟨*fig*⟩ (*responsabilità, onere*) burden, load. ☐ *da* ~ pack–, of burden: *bestia da* ~ pack animal, beast of burden.

soma[2] *m.* ⟨*Biol*⟩ soma.

Somalia *N.pr.f.* ⟨*Geog*⟩ **1** Somaliland. **2** (*Somalia ex italiana*) Somalia. **somalo** **I** *a.* Somalian. **II** *s.m.* **1** (*lingua*) Somali. **2** (*abitante; f.* **-a**) Somali, Somalian.

somara *f.* she–ass, jenny. **somaraggine** *f.* **1** (*qualità*) stupidity, blockheadedness. **2** (*azione*) piece of stupidity; (*discorso*) stupid remarks *pl.* **somaro** *m.* (*f.* **-a**) ass, donkey (*anche fig.*).

somatico *a.* (*pl.* **-ci**) ⟨*Biol*⟩ somatic. **somatizzazione** *f.* ⟨*Psic*⟩ somatization. **somatologia** *f.* somatology. **somatologico** *a.* (*pl.* **-ci**) somatological.

sombrero *sp. m.* sombrero.

someggiabile *a.* transportable by pack animal. **someggiare** *v.t.* (**someggio, someggi**) to transport by pack animal. **someggiato** *a.* transported by pack animal.

somiere *m.* ⟨*Mus*⟩ wind–chest.

somigliante *a.* similar (*a* to), like (s.o.), ⟨*pred*⟩ alike: *è molto* ~ *al nonno* he ⌈is very like⌉ (*o* closely resembles) his grandfather; *i due sono molto –i tra di loro* the two are very alike (*o* like each other). ☐ *un ritratto* ~ a faithful portrait. **somiglianza** *f.* resemblance, similarity, likeness: *non vedo la minima* ~ *tra te e tua sorella* I don't see the

slightest resemblance between you and your sister. ☐ ⟨*lett*⟩ *a* ~ similar (*di* to), in the likeness (of), like (s.o.): ⟨*Bibl*⟩ *Dio creò l'uomo a sua immagine e* ~ God created man in His own image and likeness. **somigliare** *v.i.* (**somiglio, somigli**; *aus.* **avere**) to resemble, to look like (*a qd.* s.o.), to be similar (to): *questo ritratto non somiglia all'originale* this portrait does not resemble the original; (*rif. a membri di una stessa famiglia*) to take after (s.o.): *somiglia al padre* he takes after his father. **somigliarsi** *v.r.* ⟨*recipr*⟩ to look alike, to be alike (*o* similar), to resemble e.o.: *somigliarsi come due gocce d'acqua* to be as alike as two peas in a pod.

somma *f.* **1** ⟨*Mat*⟩ (*addizione*) addition. **2** (*risultato di un'addizione*) sum, (total) amount: *la* ~ *ammonta a due milioni di lire* the total amount comes to two million lire. **3** (*quantità di denaro*) sum (of money), amount (of money): *guadagnare una forte* ~ to earn a great amount (of money). **4** (*complesso risultante dall'insieme di più cose*) (sum) total, sum, whole (amount): *la* ~ *dei nostri sforzi* the sum total of our efforts. **5** (*sostanza, conclusione*) conclusion: *questa è la* ~ *del suo discorso* this is the conclusion of his lecture. ☐ ~ *versata in* **acconto** deposit, down (*o* part) payment; ~ *data in* **cauzione** sum deposited as surety (*o* a guarantee); ~ **complessiva** total (*o* aggregate) sum; ~ **depositata** sum deposited; **fare** *la* ~ *di* to add (up), to sum: *fare la* ~ *di due numeri* to add up two numbers; ~ **forfettaria** lump sum; **tirare** *le –e* to cast up (accounts), to add up; ⟨*fig*⟩ *tirate le –e* all (things) considered.

sommacco *m.* (*pl.* **-chi**) ⟨*Bot*⟩ sumac(h).

sommamente *avv.* (*grandemente: davanti a verbi*) greatly, extremely; (*davanti ad aggettivi*) extremely, most.

sommare *v.* (**sommo**) **I** *v.t.* to add (up, together), to sum: ~ *un numero con* (*o* *a*) *un altro* to add one number to another, to add up two numbers; *alla fatica devi* ~ *anche il tempo speso per finire il lavoro* besides the trouble you have to add the time spent in finishing the job. **II** *v.i.* (*aus.* **avere**) (*ammontare*) to amount: *le perdite sommano a due milioni di lire* losses amount to two million lire. ☐ *tutto sommato* all (things) considered. **sommariamente** *avv.* **1** summarily, briefly. **2** ⟨*Dir*⟩ summarily. **sommarietà** *f.* summariness.

sommario[1] *a.* **1** summary, concise, brief: *un'esposizione –a dell'accaduto* a brief account of the event. **2** ⟨*Dir*⟩ summary: *processo* ~ summary proceedings.

sommario[2] *m.* **1** (*compendio*) summary, compendium, epitome. **2** (*indice*) index: ~ *di un trattato* index of a treatise.

sommatoria *f.* ⟨*Mat*⟩ summation.

sommelier *fr.* [sɔmə'lje] *m.* wine waiter.

sommergere *v.t.* (**sommergo, sommergi; sommersi, sommerso**) **1** (*inondare*) to submerge, to flood: *la campagna fu sommersa dalle acque* the countryside was flooded by the waters. **2** (*far affondare*) to sink: *enormi onde sommersero la barca* huge waves sank the boat. **3** ⟨*fig*⟩ (*colmare*) to overwhelm, to cover: ~ *qd. di insulti* to cover s.o. with insults. **sommergibile** **I** *a.* submersible. **II** *s.m.* ⟨*Mar*⟩ submarine. ☐ ~ *atomico* (*o a propulsione nucleare*) atomic (*o* nuclear–powered) submarine; ~ *di alto mare* ocean–going submarine. **sommergibilista** *m.* ⟨*Mar*⟩ submariner, member of a submarine crew. **sommerso** (*p.p. di* **sommergere**) *a.* **1** (*inondato*) submerged, flooded: *città –a* submerged city. **2** (*affondato*) sunk.

sommessamente *avv.* softly, quietly: *piangere* ~ to weep softly. ☐ *parlare* ~ to talk in ⌈a low voice⌉ (*o* an undertone). **sommesso** *a.* **1** (*sottomesso*) submissive, meek. **2** (*rif. a suoni*) soft, low, subdued.

somministrare *v.t.* **1** to give, to administer: ~ *una medicina* to give a medicine. **2** ⟨*scherz*⟩ (*rif. a schiaffi e sim.*) to deal, to deliver, ⟨*fam*⟩ to land. **3** ⟨*Dir*⟩ ~ *gli alimenti* to provide maintenance; ⟨*Rel*⟩ ~ *un sacramento* to administer (*o* give) a sacrament. **somministratore** *m.* (*f.* **-trice**) administrator, giver. **somministrazione** *f.* **1** (*il somministrare*) administration, giving. **2** (*cosa somministrata*) supply, provision. ☐ ⟨*Rel*⟩ ~ *di sacramenti* administration of the Sacraments.

sommissione *f.* submission, submissiveness.

sommità *f.* **1** (*vetta*) summit, peak, top: *la ~ di un monte* the summit (*o* peak) of a mountain, a mountain top; *la ~ di un albero a* tree top. **2** (*fig*) summit, peak: *la ~ della gloria* the peak of glory. **sommo I** *a.* **1** (*altissimo*) very high (*o* tall); (*il più alto*) highest, tallest, topmost. **2** (*il più elevato*) supreme, highest: *il ~ Pontefice* the Supreme Pontiff. **3** (*fig*) (*massimo*) (the) greatest, (the) highest, prime, extreme, top: *una questione di –a importanza* a question of prime (*o* the greatest) importance; *il ~ bene* the greatest good. **4** (*fig*) (*eccellente*) excellent, outstanding, great: *poeta ~* outstanding (*o* great) poet. **II** *s.m.* **1** summit, peak, top. **2** (*fig*) summit, peak: *raggiungere il ~ del successo* to reach the peak of success. □ *in ~ grado* to the highest degree.

sommossa *f.* (up)rising, revolt, insurrection, rebellion.

sommovimento *m.* **1** (*il sommuovere*) agitation, stirring; (*l'essere sommosso*) agitation; (*rif. a terra*) tremor. **2** (*tumulto*) commotion, tumult, agitation.

sommozzatore *m.* **1** (deep–water) diver. **2** (*Mar.mil*) frogman.

sommuovere *v.t.* (**sommossi, sommosso**; → **muovere**) (*lett*) **1** (*muovere con violenza*) to shake, to stir (up), to agitate. **2** (*fig*) to stir up, to rouse: *~ il popolo* to stir up the people.

sonagliera *f.* bell harness, collar with bells. **sonaglino** *m.* (*giocattolo*) rattle. **sonaglio** *m.* jingle bell, cascabel; (*rif. a slitta*) sleigh bell, jingle bell. □ *serpente a –i* rattlesnake.

sonante *a.* (re)sounding: (*che emette un suono metallico*) ringing. □ *moneta ~* ready cash.

sonar *m.inv.* (*tecn*) sonar.

sonare *v.* (**suono**) **I** *v.t.* **1** (*rif. a strumenti musicali*) to play: *~ il violino* to play the violin; (*rif. a strumenti a fiato*) to play, to blow; (*rif. a strumenti a percussione*) to strike, to play, to sound. **2** (*rif. a persone: eseguire sonando*) to play, to perform: *~ un ballabile* to play a dance tune. **3** (*rif. a strumenti: dare il segnale*) to sound, to play: *la tromba suona il silenzio* the trumpet is sounding 'lights out'. **4** (*rif. a campanelli*) to ring. **5** (*rif. a dischi musicali e sim.*) to play. **6** (*rif. a campane*) to ring, to chime: *~ l'avemaria* to ring the Angelus. **7** (*battere le ore*) to strike: *l'orologio suona le sei* the clock is striking six; (*con rintocchi di campana*) to chime. **8** (*picchiare, bastonare*) to give a thrashing (*o* hiding) to, (*fam*) to wallop: *guarda che te le suono* mind out or you'll get a hiding from me. **II** *v.i.* (*aus.* avere/essere) **1** (*rif. a strumenti musicali*) to play: *il nuovo violino suona magnificamente* the new violin plays marvellously. **2** (*rintoccare*) to ring, to sound, to chime; (*per chiamare i fedeli*) to ring: *le campane suonano a messa* the bells are ringing for Mass. **3** (*rif. a campanelli*) to ring: *il telefono sonò a lungo* the telephone rang for a long time; (*scampanellare, tintinnare*) to tinkle, to jingle; (*rif. a sveglie*) to ring, to go off: *la sveglia non ha sonato* the alarm didn't go off. **4** (*fare il musicista*) to play, to perform: *suona in un locale notturno* he plays in a night club. **5** (*emettere un suono*) to have a sound (*o* ring): *la moneta suona male, sembra falsa* the coin has a false ring (*o* sound). **6** (*rif. alle ore*) to strike: *sono appena sonate le cinque* it has just struck five. **7** (*avere suono, armonia*) to sound, to ring: *questa frase suona male* this sentence ⌐sounds wrong⌐ (*o* has a false ring); (*dare un'impressione*) to sound, to have an effect: *queste parole suonano strane sulla sua bocca* these words ⌐sound strange⌐ (*o* have a strange effect) coming from her. □ *~ alla cameriera* to ring for the maid; *~ il campanello* to ring the bell; (*agitandolo*) to ring (*o* shake) the bell; *~ il clacson* to sound (*o* blow, toot) one's horn; *~ a distesa* to (ring full) peal; *~ a festa* to ring ⌐out joyfully⌐ (*o* a festive peal); *mi suona male* I don't like the sound of it, (*fam*) it sounds funny to me; *~ a martello* to ring the tocsin (*o* alarm bell); *~ a morto* to toll (the knell); *~ a orecchio* to play by ear; *~ a prima vista* to sight–read, to play at sight. ‖ (*fam*) *sonarsele* to hit e.o., to beat e.o. up: *se le sono sonate di santa ragione* they beat e.o. up badly.

sonante *a.* sounding, ringing. □ *denaro ~* ready money.

sonata *f.* **1** ringing; (*suono singolo*) ring. **2** (*Mus*) sonata:

una ~ per violino e pianoforte a sonata for violin and piano. **3** (*fam*) (*conto salato*) exorbitant bill. **4** (*fam*) (*imbroglio*) swindle, (*fam*) swiz: *prendersi una ~* to be swindled. **5** (*fam*) (*bastonatura*) beating, thrashing. (*fam*) hiding: *dare una ~ a qd.* to give s.o. a thrashing. **sonato** *a.* **1** (*rif. a ore*) past, after: *sono le nove –e* it's past nine. **2** (*fam*) (*rif. agli anni: compiuto*) (well) over, past: *ha quarant'anni –i* he is past (*o* over) forty. **3** (*gerg*) (*toccato*) pixilated. **4** (*sport*) (*rif. a pugili*) groggy. □ (*fig*) *essere* (*o rimanere*) *~* (*imbrogliato*) to get swindled, (*fam*) to get caught (*o* taken for a ride). **sonatore** *m.* (*f.* **-trice**) **1** player, performer. **2** (*professionista*) musician, player: *un ~ di tromba* a trumpet player. □ *~ ambulante* strolling (*o* street) musician; (*fam*) *buona notte* (*ai*) *–i!* (and) that's that!

sonda *f.* **1** (*Med*) probe. **2** (*Minier*) drill. **3** (*Mar*) (*scandaglio*) sounding line, sounding lead. □ **~ acustica** sound probe; (*Med*) *~* **gastrica** stomach probe (*o* sound, tube; (*Astron*) *~* **lunare** moon (*o* lunar) probe; *~* **meteorologica** weather sonde; (*Minier*) *~ di* **perforazione** boring drill; *~* **spaziale** space probe.

Sonda: (*Geog*) *isole della ~* Sunda Isles.

sondabile *a.* soundable. **sondaggio** *m.* **1** sounding. **2** (*fig*) (*indagine*) survey, poll, sampling, test, inquiry. **3** (*Med*) probe, sounding. **4** (*Minier*) drilling, boring. □ (*Minier*) *~ esplorativo* explorative drilling; (*fig*) *fare un ~ presso qd.* to sound s.o. out; *~ dell'opinione pubblica* ⌐public opinion⌐ (*o* Gallup) poll. **sondare** *v.t.* (**sondo**) **1** to sound: *~ il fondo del mare* to sound the bottom of the sea. **2** (*fig*) to sound (out), to investigate, to inquire, to probe; (*indagare*) to survey, to poll, to sample, to test. **3** (*Med,Fis*) to probe. **4** (*Minier*) to drill, to bore. □ (*fig*) *~ il terreno presso qd.* to sound s.o. out. **sondatore** *m.* driller, borer.

soneria *f.* **1** striking mechanism. **2** (*Orol*) alarm. **3** (*Tel*) bell. **4** (*di carillon e sim.*) bell. □ *~ d'allarme* alarm bell; *~ elettrica* electric bell; *~ telefonica* telephone bell.

sonettista *m./f.* sonnettist, sonneteer, sonnet–writer. **sonetto** *m.* (*Metr*) sonnet: *~ caudato* (*o* con la coda) sonnet with a tail.

sonico *a.* (*pl.* **-ci**) sonic: *barriera –a* sonic barrier.

sonnacchiosamente *avv.* drowsily, sleepily. **sonnacchioso** *a.* drowsy, sleepy.

sonnambulismo *m.* somnambulism, sleep–walking. **sonnambulo I** *s.m.* (*f.* **-a**) somnambulist, sleep–walker. **II** *a.* somnambulist(ic), sleep–walking.

sonnecchiare *v.i.* (**sonnecchio, sonnecchi;** *aus.* avere) **1** to doze, to drowse, to nod. **2** (*fig*) (*dimostrare scarso impegno*) to take it easy. **sonnellino** *m.* nap, doze, (*fam*) forty winks: *schiacciare un ~* to take (*o* have) a nap, to doze. **sonnifero I** *s.m.* (*Farm*) sleeping pill; (*pozione*) sleeping potion (*o* draught). **II** *a.* soporific, somniferous, sleep–inducing, sleeping. **sonniloquio** *m.* somniloquy, **sonniloquo** *m.* somniloquist.

sonno *m.* **1** sleep: *avere un ~ agitato* to have an uneasy sleep. **2** (*desiderio, bisogno di dormire*) sleep(iness), drowsiness: *vincere il ~* to overcome one's sleepiness; *la città era immersa nel ~* the town was immersed in sleep. □ *avere ~* to be sleepy (*o* drowsy); *cascare dal ~* to be asleep on one's feet; *conciliare il ~* to induce sleep; *avere il ~ duro* to be a deep sleeper, (*fam*) to sleep like a log; (*fig*) *~ eterno* eternal repose; *dormire il ~ del* **giusto** to sleep the sleep of the just; *essere impastato di ~* to be a sleepyhead; *~* **leggero** light sleep; *avere il ~ leggero* to be a light sleeper; *malattia del ~* sleeping sickness; (*fig*) *mettere ~ a qd.* to send s.o. to sleep, to make s.o. sleep; *~ della* **morte** sleep of death; *parlare nel ~* to talk in one's sleep; *perdere il ~* to lose (one's) sleep; *prendere ~* to get to sleep; (*addormentarsi*) to go to sleep; *m'ha preso un gran ~* I feel very sleepy; *~* **profondo** deep (*o* sound) sleep: *addormentarsi d'un ~ profondo* to fall into a deep sleep; *riprendere ~* to go ⌐back to sleep⌐ (*o* to sleep again); *rubare le ore al ~* to burn the midnight oil; *dormire d'un ~ solo* to sleep right through the night; *mi è venuto ~* I feel sleepy.

sonnolento *a.* **1** sleepy, drowsy. **2** (*fig,lett*) (*tardo, lento*) sleepy, drowsy, lazy, sluggish. **sonnolenza** *f.* **1**

sleepiness, drowsiness, ⟨*lett*⟩ somnolence. **2** ⟨*fig*⟩ (*pigrizia, torpore*) torpor, lethargy, sluggishness. **3** ⟨*Med*⟩ somnolence. □ *ho addosso una gran* ∼ I am very sleepy.

sono → **essere**[1].

sonografia *f.* ⟨*Med*⟩ sonography. **sonografico** *a.* (*pl.* -ci) sonographic.

sonometro *m.* ⟨*Acu*⟩ sonometer.

sonora *f.* ⟨*Ling*⟩ voiced consonant. **sonoramente** *avv.* **1** sonorously; (*rumorosamente*) loudly, noisily: *ridere* ∼ to laugh loudly. **2** ⟨*fig*⟩ (*a dovere*) soundly: *bastonare qd.* ∼ to beat s.o. soundly. **sonorista** *m.* ⟨*Cin*⟩ sound engineer, ⟨*am*⟩ sound recordist. **sonorità** *f.* **1** sonorousness, resonance, sonority. **2** (*acustica*) acoustics *pl* (*costr.sing.*). **3** ⟨*spreg*⟩ (*altisonanza*) high-sounding (*o* highflown) nature, sonorousness. **4** ⟨*Fon*⟩ sonority. **sonorizzare** *v.t.* **1** ⟨*Fon*⟩ to sonorize, to voice. **2** ⟨*Cin*⟩ to add the sound track(s) to. **sonorizzatore** *m.* (*f.* -trice) ⟨*Rad*⟩ sound effects man. **sonorizzazione** *f.* **1** ⟨*Fon*⟩ sonorization. **2** ⟨*Cin*⟩ adding the sound track(s). **sonoro I** *a.* **1** sonorous: *un metallo* ∼ a sonorous metal. **2** ⟨*estens*⟩ (*ricco di risonanza*) sonorous, resonant, full-sounding: *una voce –a* a sonorous voice. **3** ⟨*fig*⟩ (*rumoroso*) noisy, loud, sonorous, resounding: *una risata –a* a noisy (*o* loud) laugh, a resounding laughter. **4** ⟨*fig*⟩ sonorous, resonant: *i –i versi del Carducci* the resonant verses of Carducci. **5** ⟨*spreg*⟩ (*altisonante*) high-sounding, highflown, ⟨*fam*⟩ highfalutin. **6** ⟨*Fon*⟩ sonorous, voiced. **7** ⟨*Cin*⟩ sound–: *effetti –i* sound effects; *film* ∼ sound–film. **8** ⟨*Acu*⟩ sound–: *onde –e* sound–waves. **II** *s.m.* ⟨*Cin*⟩ **1** (*film*) sound–film, ⟨*fam*⟩ talkie. **2** (*colonna sonora*) sound–track.

sontuosamente *avv.* sumptuously. **sontuosità** *f.* sumptuousness. **sontuoso** *a.* sumptuous.

sopimento *m.* ⟨*lett*⟩ **1** (*il sopire*) putting (*o* sending) to sleep; (*l'assopirsi*) falling asleep. **2** ⟨*fig*⟩ placating, appeasing, soothing. **sopire** *v.t.* (*sopisco, sopisci*) **1** to put (*o* send) to sleep. **2** ⟨*fig*⟩ (*placare*) to placate, to appease, to soothe, to assuage: ∼ *la collera di qd.* to placate s.o.'s anger. **sopirsi** *v.r.* to fall asleep. **sopito** *a.* **1** asleep. **2** ⟨*fig*⟩ (*placato*) placated, appeased, soothed. **sopore** *m.* drowsiness, light sleep; (*stato patologico*) sopor. **soporifero** *a.* **1** soporiferous, soporific, sleep–inducing. **2** ⟨*fig,lett*⟩ (*noioso*) dull, boring. **soporoso** *a.* soporose.

soppalco *m.* (*pl.* -chi) ⟨*Edil*⟩ **1** intermediate floor. **2** (*soffitta*) attic, garret, loft.

sopperire *v.i.* (*sopperisco, sopperisci; aus.* avere) **1** (*provvedere*) to provide (*a* for), to meet (s.th.): ∼ *ai bisogni della famiglia* to meet the family's needs. **2** (*supplire*) to make up: *sopperisce con l'operosità alla mancanza d'intelligenza* he makes up for his lack of intelligence by hard work.

soppesare *v.t.* (*soppeso*) **1** to weigh (in one's hand), to weigh up. **2** ⟨*fig*⟩ (*valutare*) to weigh (up), to ponder: ∼ *il pro e il contro* to weigh the pros and the cons.

soppiantare *v.t.* to supplant, to usurp, to oust, to supersede.

soppiatto: *di* ∼ (*di nascosto*) stealthily; *entrare di* ∼ to steal in; *uscire di* ∼ to steal out.

sopportabile *a.* bearable, tolerable: *dolore* ∼ bearable pain. **sopportabilmente** *avv.* tolerably. **sopportare** *v.* (*sopporto*) **I** *v.t.* **1** (*reggere*) to support, to sustain, to bear: *quattro colonne sopportano la cupola* four columns support the dome. **2** ⟨*fig*⟩ (*subire*) to bear, to sustain: ∼ *forti spese* to bear heavy expenses. **3** ⟨*fig*⟩ (*patire*) to bear, to endure, to suffer: ∼ *un grande dolore* to bear a great sorrow; (*subire con coraggio e rassegnazione*) to put up with: *quante ne devi* ∼! what a lot you have to put up with! **4** ⟨*fig*⟩ (*tollerare*) to stand, to take, to put up with: *non sopporto il caldo* I can't take (*o* stand) the heat; ∼ *le persone moleste* to put up with bothersome people. **II** *v.i.* (*aus.* avere) to permit, to tolerate, to allow, to stand (for): *non sopporto che tu dica questo* I won't stand your saying that; *non sopporto che in casa mia si facciano queste cose* I won't allow such behaviour in my house. **sopportazione** *f.* **1** endurance. **2** (*tolleranza*) patience, tolerance. forbearance: *anche la mia* ∼ *ha un limite* there is a limit even to ⌜my patience⌝ (*o* what I will put up

with). □ *ascoltare qd. con* ∼ to listen condescendingly to s.o.

soppressata *f.* ⟨*Alim*⟩ head cheese.

soppressione *f.* **1** (*revoca*) suspension, suppression: ∼ *delle garanzie costituzionali* suppression of constitutional guarantees. **2** (*abolizione*) abolition: *la* ∼ *di una legge* the abolition of a law. **3** (*scioglimento*) dissolution: *la* ∼ *di un ordine religioso* the dissolution of a religious order. **4** (*uccisione violenta*) killing, liquidation: *la* ∼ *di un avversario politico* the liquidation of a political adversary. **5** ⟨*TV*⟩ blanking, ⟨*am*⟩ blackout. **sopprimere** *v.t.* (*soppressi, soppresso*) **1** (*abolire*) to abolish, to do away with: ∼ *una carica* to do away with a post; (*rif. a leggi*) to repeal. **2** (*eliminare*) to eliminate, to take out, to delete: ∼ *una clausola contrattuale* to delete a clause from a contract. **3** (*rif. alla censura*) to cut (out): *la censura ha soppresso due scene del film* the censors have cut two scenes from the film. **4** (*uccidere*) to kill, to eliminate, to liquidate: ∼ *un testimone pericoloso* to eliminate a dangerous witness.

sopra I *prep.* (before personal pronouns it is used with the prep. *di* and rarely *a;* in colloquial use it is used with the prep. *a* before substantives) **1** (*sovrapposizione: con contatto*) on, upon: *il libro è* ∼ *la scrivania* the book is on the desk; *la casa sta* ∼ *la collina* the house stands on the hill. **2** (*sovrapposizione: senza contatto*) over: *un lume pende* ∼ *il tavolo* a light hangs over the table; *il ponte* ∼ *il fiume* the bridge over the river; (*con contatto: per esprimere rivestimento*) over: *mettere un cappotto* ∼ *le spalle* to throw a coat over one's shoulders. **3** (*al di sopra di, più in alto di*) above: *l'aereo volava* ∼ *le nubi* the plane was flying above the clouds; *a mille metri* ∼ *il mare* at one thousand metres above sea level; ∼ *zero* above zero. **4** (*per esprimere superiorità, autorità, governo*) over: *regnare* ∼ *molti popoli* to rule over many peoples. **5** (*oltre, più di*) over, more than: *il prezzo di questo mobile è* ∼ *le centomila lire* the price of this piece of furniture is over one hundred thousand lire; (*rif. all'età*) over, more than, older than, past: *essere* ∼ *la cinquantina* to be over (*o* past) fifty. **6** (*per indicare vicinanza immediata*) on, near: *l'albergo è proprio* ∼ *il lago* the hotel is right on the lake. **7** (*al di là da*) beyond, after: *il paese è a pochi chilometri* ∼ *Milano* the village is a few kilometres beyond Milan; (*a nord di*) to the north of: *i monti* ∼ *Torino* the mountains to the north of Turin. **8** (*al piano superiore*) over, above: *ha la casa* ∼ *il negozio* his flat is over the shop. **9** (*moto: dal basso in alto*) onto: *il gatto saltò* ∼ *il tavolo* the cat jumped onto the table. **10** (*più di, più che*) above, more than: *si distingue* ∼ *tutti gli altri* he stands out above all the others; *lo amo* ∼ *ogni cosa* I love him more than anything else. **II** *avv.* **1** above, on top: *a destra ci sono i libri e* ∼ *i dischi* the books are on the right and the records above (*o* on top of them). **2** (*al piano di sopra*) upstairs: *abitano* ∼ they live upstairs. **3** (*sulla superficie superiore*) on the top (*o* surface, outside), on top: *una torta con* ∼ *la panna* a cake with whipped cream on top (*o* it); *il coperchio* ∼ *è smaltato* the lid is enamelled on the top (*o* outside). **4** (*precedentemente*) above, previously, before: *come* ∼ as above; *di questo ho già parlato* ∼ I spoke of this above, I mentioned this previously. **III** *s.m.inv.* (*parte superiore*) top, upper (*o* top) part; (*lato superiore*) top (*o* upper) side; (*rif. a vestiti*) upper part, top: *il* ∼ *del corpetto* the upper part of the bodice. □ ⟨*burocr*⟩ *di* **cui** ∼ above–mentioned, aforesaid; **di** ∼: 1 above, next: *il piano di* ∼ the floor above, the next floor; 2 (*rif. alla parte superiore di un edificio*) upstairs: *una stanza di* ∼ an upstairs room; *visto di* ∼ seen from above; **essere** *al di* ∼ *di ogni sospetto* to be above (*o* beyond) suspicion; ⟨*Econ*⟩ ∼ *la* **pari** above par; *essere* (*o* stare) ∼ **pensiero** to be lost in thought; ⟨*fig*⟩ *metterci una* **pietra** ∼ to let bygones be bygones; **più** ∼ farther up; **prendere** ∼ *di sé* to undertake; ⟨*burocr*⟩ *con riguardo a* **quanto** ∼ with reference to the above; **stare** ∼ *a qd.* (*essergli superiore*) to be over s.o.; **uno** ∼ *l'altro* one on top of another.

soprabito *m.* ⟨*Vest*⟩ overcoat, top coat.

sopracapitalizzare *v.t.* ⟨*Econ*⟩ to overcapitalize. **sopra-**

capitalizzazione *f.* overcapitalization.

sopraccennato *a.* above–mentioned, aforesaid.

sopracciglio *m.* (*pl.* le **sopracciglia**) ⟨*Anat*⟩ eyebrow.

soppracciliare *a.* superciliary, of (*o* near) the eyebrow: *arcata* ~ superciliary ridge (*o* arch).

sopraccitato *a.* ⟨*burocr*⟩ above–mentioned, aforesaid.

sopraccoperta I *s.f.* 1 bedspread, coverlet. 2 ⟨*Legat*⟩ book jacket, dust jacket, book cover. II *avv.* ⟨*Mar*⟩ on deck.

sopraddetto *a.* above–mentioned, aforesaid.

sopraddotare *v.t.* (**sopraddoto**) to dower. **sopraddote** *f.* dower, dowry.

sopra|detto *a.* → sopraddetto. **~elencato** *a.* above –listed, listed above. **~elevare** *e der.* → soprelevare *e der.*

sopraffacimento m. → sopraffazione. **sopraffare** *v.t.* (**sopraffaccio/sopraffò**, **sopraffai**, **sopraffà**; **sopraffeci**, **sopraffatto**; → **fare**) 1 (*superare*) to overwhelm, to overcome: ~ *il nemico* to overwhelm the enemy. 2 ⟨*fig*⟩ to overwhelm, to overcome, to overpower, to beat down: *la stanchezza lo ha sopraffatto* fatigue overwhelmed him; ~ *qd. con le chiacchiere* to beat s.o. down by sheer talk.

sopraffazione *f.* 1 overwhelming, overpowering; (*oppressione*) oppression, bullying. 2 (*sopruso*) abuse of power, outrage, bullying. □ *non tollero –i* I will not be put upon.

sopraffino *a.* 1 extra fine, first-rate, first-class, best quality–, premium, top grade: *burro* ~ best–quality butter. 2 ⟨*fig*⟩ expert, excellent, master–, supreme, consummate: *un ladro* ~ an expert (*o* master) thief.

sopraggitto *m.* ⟨*Lav.femm*⟩ whip–stitch. □ *cucire a* ~ to whip-stitch.

sopraggiungere *v.i.* (**sopraggiungo**, **sopraggiungi**; **sopraggiunsi**, **sopraggiunto**) (*aus.* **essere**) 1 (*arrivare*) to arrive, to come: *sopraggiunse un camion pieno di soldati* a truck full of soldiers arrived; *se non sopraggiungono i rinforzi siamo perduti* if the reinforcements don't come we're finished; *sopraggiunse la notte* night came (*o* fell). 2 (*giungere inaspettatamente*) to turn up, to arrive (*o* come) unexpectedly: *nel corso del comizio sopraggiunse la polizia* in the middle of the political rally the police arrived unexpectedly. 3 (*accadere*) to turn up, to arise: *se non sopraggiungono altre difficoltà* if other difficulties don't arise. **sopraggiunta** *f.* (further) addition. □ *per* ~ (*inoltre*) besides, moreover.

sopraindicato *a.* ⟨*burocr*⟩ above–mentioned, aforesaid, indicated above.

sopralluogo *m.* (*pl.* -ghi) 1 (*ispezione*) on–the–spot investigation (*o* inspection): *fare un* ~ to make an on–the–spot inspection. 2 ⟨*Dir*⟩ visit to the scene (of the crime). **soprammanica** *f.* oversleeve (*anche Mod.*).

soprammenzionato *a.* above–mentioned, aforesaid.

soprammercato: ⟨*scherz*⟩ *per* ~ (*per giunta*) moreover, into the bargain. **soprammobile** *m.* knick-knack, bibelot.

soprannaturale I *a.* 1 ⟨*Filos,Rel*⟩ supernatural. 2 ⟨*fig*⟩ extreme, supernatural, superhuman: *forza* ~ superhuman strength. II *s.m.inv.* supernatural.

soprannome *m.* nickname. **soprannominare** *v.t.* (**soprannomino**) to nickname. **soprannominato** *a.* nicknamed, called, known as.

soprannumerario *a.* supernumerary (*anche burocr,Anat*) **soprannumero** *a./s.m.* supernumerary. □ *in* ~ supernumerary, (in) excess.

soprano *m.* ⟨*Mus*⟩ soprano. □ *chiave di* ~ soprano clef; ~ *leggero* light soprano; *mezzo* ~ mezzo soprano.

sopraornato *m.* ⟨*Arch*⟩ entablature.

soprappaga *f.* extra pay, bonus. **soprappassaggio** *m.* overpass, overbridge, fly–over.

soprappensiero *avv.* absent–minded, lost in thought: *essere* ~ to be lost in thought. **soprappeso** *m.* overweight, excess weight. □ *per* ~ besides, in addition, moreover. **soprappiù** *m.* extra, surplus. □ *in* (*o per*) ~ besides, in addition: *lo pagò e per* ~ *gli fece un regalo* he paid him and in addition gave him a gift; *essere di* ~ (*esssere di troppo*) to be in excess. **soprapporta** *m.* 1 ⟨*Arch*⟩ ornamental panel (over a door). 2 ⟨*Edil*⟩ transom,

fanlight. **soprapprezzo** *m.* 1 extra charge, surcharge; (*maggiorazione*) increase (*o* rise) in price. 2 ⟨*Econ*⟩ price over par. **soprapprofitto** *m.* ⟨*Econ*⟩ excess profit(s), extra profit(s).

soprascarpa *f.* galosh, overshoe: ~ *di gomma* rubber overshoe, ⟨*am*⟩ rubber.

soprascritta *f.* ⟨*rar*⟩ (*indirizzo*) address.

soprassalto *m.* start, jump. □ *di* ~ with a start: *svegliarsi di* ~ to wake up with a start.

soprassaturare *v.t.* (**soprassaturo**) ⟨*Fis*⟩ to supersaturate. **soprassaturazione** *f.* supersaturation. **soprassaturo** *a.* supersaturated.

soprassedere *v.i.* (**soprassiedo**/*lett.* **soprasseggo**, **soprassiedi**; **soprassedei**/**soprassedetti**, **soprasseduto**; → **sedere**; *aus.* **avere**) to postpone, to delay, to defer, to put off (*a qc.* s.th.).

soprassoglio *m.* 1 (*architrave*) architrave. 2 ⟨*Idr*⟩ sandbag defence added to a dike. **soprassoldo** *m.* extra pay. **soprastallia** *f.* ⟨*Mar*⟩ demurrage: *giorni di* ~ demurrage days. **soprastruttura** *f.* (*sovrastruttura*) superstructure (*anche fig.*). **soprattacco** *m.* (*pl.* -chi) ⟨*Calz*⟩ heel–piece; (*di metallo*) heel-plate. **soprattassa** *f.* 1 surtax. 2 ⟨*Post*⟩ additional postage; (*per affrancatura insufficiente*) (extra charge for) postage due.

soprattutto *avv.* 1 above all, most of all, above anything else: *è affezionato* ~ *al fratello maggiore* he is fond of his older brother most of all. 2 (*specialmente*) particularly, especially: *mio figlio s'interessa* ~ *di matematica* my son is particularly interested in mathematics.

sopravanzare I *v.i.* (*aus.* **essere**) to be left (over), to remain: *non sopravanza nulla* there is nothing left. II *v.t.* (*superare*) to surpass, to exceed. **sopravanzo** *m.* 1 remainder. 2 (*eccedenza*) surplus, excess. □ *essere di* ~ to be ⌈in excess⌉ (*o* left over).

sopravvalutare *v.t.* 1 to overestimate, to overrate. 2 ⟨*Econ*⟩ to overestimate, to overvalue. **sopravvalutazione** *f.* 1 overestimation, overrating. 2 ⟨*Econ*⟩ overestimation, overvaluation.

sopravvenienza *f.* 1 unexpected (*o* sudden) arrival. 2 ⟨*Econ*⟩ contingency. □ ⟨*Econ*⟩ ~ *attiva* non–operating profit, contingent asset; ~ *passiva* non–operating loss, contingent liability. **sopravvenire** *v.i.* (**sopravvengo**, **sopravvieni**; **sopravvenni**, **sopravvenuto**; → **venire**; *aus.* **essere**) 1 (*sopraggiungere*) to arrive suddenly (*o* unexpectedly): *sopravvenne il maestro e tutti tacquero* the teacher arrived suddenly and everyone stopped talking; (*arrivare per caso*) to turn up. 2 (*accadere*) to come about. 3 (*capitare*) to occur, to happen. **sopravvento** I *avv.* ⟨*Mar*⟩ (to) windward. II *s.m.* 1 ⟨*Mar*⟩ windward (side). 2 ⟨*Aer*⟩ upwind side. 3 ⟨*fig*⟩ (*predominio, superiorità*) upper hand, superiority: *prendere il* ~ to get the ⌈upper hand⌉ (*o* whiphand), to prevail.

sopravveste *f.* 1 ⟨*Stor*⟩ overgarment. 2 ⟨*Mil.ant*⟩ surcoat.

sopravvissuto (*p.p. di* **sopravvivere**) I *a.* surviving. II *s.m.* survivor. **sopravvivenza** *f.* 1 (*nei confronti di altre persone*) survival, outliving: *la* ~ *del padre al figlio* a father's survival of his son; (*il rimanere in vita*) survival, surviving: *in caso di* ~ in case of survival. 2 (*rif. all'anima*) living on, survival, surviving. □ *lotta per la* ~ fight for survival. **sopravvivere** *v.i.* (**sopravvissi**, **sopravvissuto**; *aus.* **essere**) 1 (*nei confronti di altre persone*) to survive, to outlive (*a qd.* s.o.): ~ *ai propri figli* to outlive one's children. 2 (*restare in vita*) to survive (*a qc.* s.th.), to be a survivor (of): ~ *a una sciagura* to survive a terrible accident. 3 (*fig*) to live on, to survive: ~ *nella memoria di qd.* to live on in s.o.'s memory.

sopredificare *v.t.* (**sopredifico**, **sopredifichi**) to build on top of, to build on (*o* over).

soprelevamento *m.* → soprelevazione. **soprelevare** *v.t.* (**soprelevo**) 1 ⟨*Edil*⟩ to raise; (*di un piano*) to add a floor (*o* storey) to: ~ *un palazzo di un piano* to add a floor to a building. 2 ⟨*Strad,Ferr*⟩ to superelevate, to bank, to cant: ~ *una strada* to bank a road. **soprelevarsi** *v.r.* to rise, to tower (*su* above): *il nuovo grattacielo si sopreleva su tutta la città* the new skyscraper towers above the whole city. **soprelevata** *f.* 1 ⟨*Ferr*⟩ overhead (*o* elevated) railway. 2

〈*Strad*〉 overhead (*o* elevated) road. **soprelevato** *a.* 1 〈*Strad,Ferr*〉 banked, superelevated. 2 〈*Edil*〉 (*rif. a parte di edificio*) added; (*rif. a edificio*) raised. **soprelevazione** *f.* 1 〈*Edil*〉 raising; (*di un piano*) addition of a floor (*o* storey); (*parte soprelevata*) part raised (*o* built on); (*piano*) floor (*o* storey) added. 2 〈*Strad,Ferr*〉 superelevation, cant.

soprintendente *m.* superintendent, supervisor. □ ~ *alle antichità e belle arti* Head of the Monuments and Fine Arts Service. **soprintendenza** *f.* 1 supervision, superintendence. 2 (*ente*) Service, Government office: ~ *alle antichità e belle arti* Monuments and Fine Arts Service. **soprintendere** *v.i.* (**soprintesi, soprinteso**; *aus.* **avere**) to superintend, to supervise (*a qc.* s.th.), to be in charge (of): ~ *ai lavori* to supervise the works.

soprosso *m.* 〈*Med*〉 exostosis, bony outgrowth.

sopruso *m.* abuse of power, bullying. □ *fare un* ~ *a qd.* to bully s.o.; *ricevere un* ~ to be abused (*o* taken advantage of).

soqquadro *m.* disorder, confusion, 〈*fam*〉 mess. □ *mettere a* ~ to turn upside-down (*o* topsy-turvy): *ha messo a* ~ *tutta la stanza* he turned the whole room upside-down.

sorba *f.* (*frutto*) sorb apple.

sorbettare *v.t.* (**sorbetto**) 1 to freeze. 2 〈*fig,scherz*〉 (*sopportare con rassegnazione*) to put up with, to swallow; (*rif. a persone*) to endure, to put up with. **sorbettiera** *f.* ice-cream freezer (*o* machine). **sorbettiere** *m.* (*f.* **-a**) worker in an ice-cream factory. **sorbetto** *m.* 〈*Dolc*〉 sherbet, soft ice-cream.

sorbire *v.t.* (**sorbisco, sorbisci**) 1 to sip: ~ *il caffè* to sip one's coffee. 2 〈*fig,scherz*〉 (*sopportare con rassegnazione*) to put up with, to swallow; (*rif. a persone*) to put up with, to endure: *mi sono dovuto* ~ *la suocera per tutta la sera* I had to put up with my mother-in-law all evening.

sorbo *m.* 〈*Bot*〉 service tree, sorb. **sorbola** *f.* → **sorba**.

Sorbona *N.pr.f.* Sorbonne.

sorcio *m.* 〈*pop*〉 (*topo*) mouse. □ 〈*fig*〉 *far vedere i sorci verdi a qd.* to make things very hard for s.o.

sorda *f.* 〈*Fon*〉 voiceless (*o* unvoiced) consonant.

sordaggine *f.* slight deafness. **sordamente** *avv.* 1 (*con suono cupo*) dully. 2 (*con livida ostilità*) bitterly: *odiare* ~ *qd.* to hate s.o. bitterly. **sordastro** *a.* hard of hearing, slightly deaf, deafish.

sordidamente *avv.* 1 filthily, sordidly. 2 (*spilorciamente*) sordidly, meanly. **sordidezza** *f.* 1 (*sozzura*) filthiness. 2 〈*fig*〉 (*turpitudine*) sordidness, baseness. 3 〈*fig*〉 (*spilorceria*) sordidness, meanness. **sordido** *a.* 1 (*sporco*) filthy, sordid. 2 (*turpe*) sordid, base. 3 〈*fig*〉 (*avaro*) sordid, mean.

sordina *f.* 〈*Mus*〉 mute, sordine, sordino. □ *in* ~: 1 softly: *cantare in* ~ to sing softly; 2 〈*fig*〉 (*nascostamente*) on the sly, stealthily; *mettere la* ~ to mute. **sordità** *f.* deafness.

sordo I *a.* 1 deaf. 2 〈*fig*〉 (*smorzato*) dull, muffled, stifled: *rumore* ~ dull sound. 3 〈*fig*〉 (*insensibile*) deaf, unresponsive: *rimanere* ~ *alle preghiere di qd.* to be deaf to s.o.'s pleas. 4 〈*fig*〉 (*tacito*) veiled, secret, hidden: *un* ~ *rancore* a veiled rancour; (*rif. a dolori*) dull, aching. 5 〈*Fon*〉 unvoiced, hard. II *s.m.* (*f.* **-a**) deaf person; *pl.* the deaf (*costr. pl.*). □ ~ *come una* **campana** as deaf as a doorpost, stone-deaf; *fare il* ~ to turn a deaf ear; ~ *dalla* **nascita** deaf from birth, born deaf; ~ *da un* **orecchio** deaf in one ear; 〈*fig*〉 *parlare ai* ~*i* to cry (*o* talk) to the winds. *Prov.*: *non c'è peggior* ~ *di quello che non vuol sentire* none so deaf as those who will not hear.

sordomutismo *m.* 〈*Med*〉 deaf-mutism. **sordomuto** I *a.* deaf and dumb, deaf mute. II *s.m.* (*f.* **-a**) deaf mute.

sordone *m.* 〈*Ornit*〉 Alpine accentor.

sorella *f.* 1 sister (*anche fig.*). 2 〈*Rel*〉 (*monaca*) nun, sister; (*appellativo*) Sister. □ ~ **adottiva** adopted sister; ~ **carnale** blood (*o* full) sister; ~ *di* **latte** foster sister; *le nove* ~*e* the Muses; ~*e* **siamesi** Siamese twins.

sorellanza *f.* 1 (*relazione naturale*) sisterhood. 2 〈*fig*〉 (*legame reciproco*) sisterhood, relationship. **sorellastra** *f.* half-sister.

sorgente I *a.* rising: *la luna* ~ the rising moon. II *s.f.* 1 (*acqua che sgorga*) spring; (*punto d'origine*) source, springhead, fountain-head: *le* ~*i del Tevere* the sources of the Tiber. 2 〈*fig*〉 source, origin: *l'odio è* ~ *di tanti mali* hate is the source of much evil. 3 〈*Fis*〉 source: ~ *di luce* source of light, light source. □ *acqua di* ~ spring water; ~ *d'acqua minerale* mineral spring; ~ *di calore* source of heat; ~ *luminosa* light source; ~ *termale* thermal (*o* hot) spring. **sorgentifero, sorgentizio** *a.* spring-, of a spring.

sorgere[1] *v.i.* (**sorgo, sorgi; sorsi, sorto**; *aus.* **essere**) 1 to rise: *il sole sorge alle sei* the sun rises at six. 2 (*levarsi*) to rise, to stand (up), 〈*lett,poet*〉 to arise: *nella valle sorge un'antica torre* an old tower rises in the valley. 3 (*scaturire: rif. ad acque*) to spring, to rise. 4 〈*fig*〉 (*nascere*) to (a)rise, to be born, to spring (up): *dalle rovine sorse una nuova città* a new city rose from the ruins; *il centro di ricerche è sorto per iniziativa del comune* the research centre sprang up through the initiative of the town council. 5 〈*fig*〉 (*avere origine*) to arise, to spring, to start, to originate, to come. 6 〈*fig*〉 (*apparire*) to arise, to loom (up), to come (*o* crop) up: *sono sorte delle difficoltà* some problems have cropped up. 7 〈*fig,lett*〉 (*insorgere*) to rise (up), to rebel, to revolt: ~ *in armi* to rise up in arms. □ 〈*fig*〉 *far* ~ to bring about, to cause, to raise: *far* ~ *un dubbio a qd.* to raise a doubt in s.o.'s mind; 〈*ant*〉 ~ *in piedi* to rise to one's feet.

sorgere[2] *m.* rising: *al primo* ~ *del sole* at the (first) rising of the sun.

sorgivo *a.* spring-: *acqua* ~ a spring water.

sorgo *m.* (*pl.* **-ghi**) 〈*Bot*〉 1 sorghum. 2 (*saggina*) (grain) sorghum, Indian (*o* common) millet, 〈*am*〉 broomcorn.

soriano I *s.m.* (*gatto soriano*) tabby (cat), tiger cat. II *a.* Syrian.

sormontabile *a.* 1 surmountable. 2 〈*fig*〉 that may be overcome, surmountable. **sormontare** *v.t.* (**sormonto**) 1 to rise above, to surmount; (*rif. ad acque*) to overflow: *le acque sormontavano gli argini* the water overflowed the banks. 2 〈*fig*〉 (*superare*) to surmount, to overcome: ~ *gravi difficoltà* to overcome great difficulties.

sornione I *a.* sly, sneaky. II *s.m.* (*f.* **-a**) sly person, sneak, 〈*fam*〉 slyboots *pl* (*costr.sing.*).

soro *m.* 〈*Bot*〉 sorus.

sororale *a.* 〈*lett*〉 sisterly, sister's, 〈*lett*〉 sororal.

sorpassare *v.t.* 1 (*oltrepassare: rif. a veicoli*) to overtake: ~ *un autotreno* to overtake a trailer truck. 2 (*superare in altezza*) to be higher than: *l'acqua sorpassa il livello normale* the water is higher than normal; (*rif. a persone*) to be taller than: *il figlio sorpassa il padre di dieci centimetri* the son is ten centimetres taller than his father. 3 〈*fig*〉 to surpass, to outdo, to excel, to outstrip: ~ *qd. in abilità* to surpass s.o. in skill. 4 〈*fig*〉 (*andare oltre*) to exceed, to overstep, to go beyond, to pass: ~ *i limiti* (*o la misura*) to pass all bounds, to go too far. **sorpassato** *a.* out-of-date, old-fashioned. **sorpasso** *m.* 〈*Strad*〉 overtaking. □ ⌜*divieto di*⌝ (*o è vietato il*) ~ no overtaking; *effettuare un* ~ to overtake.

sorprendente *a.* 1 surprising: *un avvenimento* ~ a surprising occurrence. 2 (*eccezionale*) surprising, astonishing, remarkable: *intelligenza* ~ remarkable intelligence; (*inaspettato*) unexpected, unlooked-for. □ *non c'è nulla di* ~ there's nothing ⌜surprising about it⌝ (*o* to wonder at). **sorprendere** *v.t.* (**sorpresi, sorpreso**) 1 (*cogliere inaspettatamente*) to (take by) surprise, to come upon, to catch, to overtake: *ci sorprese la pioggia* we were caught in the rain; *la sera li sorprese in aperta campagna* evening came upon them while they were still in open country; *essere sorpreso da un temporale* to be overtaken by a storm; (*cogliere sul fatto*) to catch: *l'ho sorpreso di nuovo a fumare* I caught him smoking again. 2 (*stupire, meravigliare*) to surprise, to astonish, to amaze: *tu mi sorprendi* you amaze me. **sorprendersi** *v.r.* 1 to catch (*o* find) o.s.: *a volte mi sorprendo a pensare ancora a lei* sometimes I still catch myself thinking of her. 2 (*meravigliarsi*) to be surprised (*o* amazed) (*di* at, by), to wonder (at). □ ~ *la buona fede di* qd. to deceive s.o., to betray (*o* take advantage of) s.o.'s trust; ~ *qd. con le mani nel sacco* to catch s.o. red-handed (*o* in the act); *non mi sorprendo più di nulla* nothing surprises me any more;

quel che più mi sorprende in lui è la sua pigrizia the most surprising thing about him is his laziness.

sorpresa *f.* **1** surprise: *fare una ~ a qd.* to give s.o. a surprise. **2** *(irruzione)* raid: *la polizia ha fatto una ~ in una bisca* the police 'made a raid on' *(o* raided*)* a gambling den. **3** *(stupore, meraviglia)* surprise, amazement, astonishment. □ **a** ~ with a surprise gift inside; *⟨iron⟩* **bella** *~!* some surprise!; **con** ~: 1 *(sorpreso)* in surprise; 2 *(meravigliato, stupito)* in amazement, in wonder, wonderingly; *con sua grande* ~ to his great surprise; **di** ~: 1 by surprise, unawares: *cogliere di ~* to take by surprise, to catch unawares *(o* off guard*)*; 2 *(all'improvviso)* suddenly, unexpectedly; *un attacco di ~* a surprise attack.

sorpreso *(p.p. di sorprendere) a.* **1** surprised, caught: *essere ~ a rubare* to be caught stealing. **2** *(stupito, meravigliato)* surprised, amazed, astonished: *restare ~ di qc.* to be amazed by *(o* at*)* s.th.

sorreggere *v.t.* **(sorreggo, sorreggi; sorressi, sorretto) 1** *(sostenere)* to support, to hold up, to prop: *le colonne sorreggono il soffitto* the pillars hold up the ceiling. **2** *⟨fig⟩ (essere d'aiuto)* to sustain, to buoy up. **sorreggersi** *v.r. (reggersi in piedi)* to stand upright, to stay on one's feet.

sorridente *a.* smiling *(anche fig.)*: *bocca ~* smiling mouth; *occhi –i* smiling eyes. **sorridere** *v.i.* **(sorrisi, sorriso;** *aus.* **avere) 1** to smile: *~ dell'ingenuità di qd.* to smile at s.o.'s ingenuousness. **2** *⟨fig⟩ (arridere)* to smile *(a* on*)*, to favour *(*s.o.*)*: *la fortuna gli sorride* fortune smiles on him. **3** *⟨fig⟩ (piacere)* to appeal, to please, to like *(costr.pers.)*: *l'idea non mi sorride* the idea doesn't appeal to me, I don't like *(o* care for*)* the idea. □ *~ a qd.* to smile at s.o.; *la vita mi sorride* life seems good to me. **sorriso** *m.* smile *(anche fig.)*: *il ~ della natura* the smile of nature. □ *col ~ sulle labbra* with a smile on one's lips; *fare un ~ a qd.* to smile at s.o.; *fare un ~* to (give a) smile; *fare grandi –i* to smile brightly, to beam.

sorsata *f.* gulp, draught. **sorseggiare** *v.t.* **(sorseggio, sorseggi)** to sip: *~ una bibita* to sip a drink.

sorsi → sorgere.

sorso *m.* draught, sip, gulp. □ *(a) ~ a ~* in sips; *bere qc. a ~ a ~* to sip s.th.; *bere in un ~* to drink at one gulp; *bere a piccoli –i* to take small sips; *in un ~* in a single draught, at one gulp.

sorta *f.* sort, kind: *questa ~ di scherzi non mi piace* I don't like this kind of joke. □ *di ~* what(so)ever, of any kind, at all, *spesso non si traduce: non c'è pericolo di ~* there is no danger whatsoever; *non c'è differenza di ~* there is no difference (at all); *gente di questa (o tal) ~* this kind of people, people like this; *di ogni ~* of all kinds *(o* sorts*)*; *ogni ~ di articoli* all kinds of articles; *della stessa ~* of the same kind; *⟨spreg⟩ (rif. a persone)* tarred with the same brush.

sorte *f.* **1** *(destino, fato)* fate, destiny: *essere in balia della ~* to be at the mercy of fate; *le –i di una nazione* a nation's destiny. **2** *(destino individuale)* lot, fate: *lamentarsi della propria ~* to bewail one's lot. **3** *(evento fortuito)* chance, opportunity: *ho avuto la rara ~ di conoscerlo* I had the rare opportunity of meeting him. **4** *(fortuna)* (good) luck: *hai avuto la ~ di trovare un buon amico* you had the luck to find a good friend. □ *a ~ (a casaccio)* at random; *estrarre (o tirare) a ~* to draw lots; **abbandonare** *qd. alla propria ~* to abandon s.o. to his fate; **avere** *in ~* to fall to s.o. *(o* s.o.'s lot*)*: *ebbe in ~ un patrimonio* a fortune fell to him *(o* his lot*)*; **buona** ~ good luck; **mala** ~ bad luck; *per mala ~ (sfortunatamente)* unluckily; **meritare** *una ~ migliore* to deserve better; *la sua ~ è* **segnata** his fate is sealed; **sperare** *nella buona ~* to trust to luck; **tentare** *la ~* to try one's luck; **toccare** *(o venire) in ~ a qd.* to fall to s.o. *(o* s.o.'s lot*)*.

sorteggiare *v.t.* **(sorteggio, sorteggi)** *(estrarre a sorte)* to draw; *(assegnare tirando a sorte)* to draw (lots) for: *~ i premi* to draw for the prizes. **sorteggiato** *a.* drawn (by lot): *i premi –i* the prizes drawn; *(rif. a numeri, biglietti e sim.)* winning: *i biglietti –i* the winning tickets. **sorteggio** *m.* drawing (of lots), draw: *fare il ~* to (hold the) draw.

sortilegio *m.* sorcery, magic, witchcraft. □ *fare un ~* to work magic, to cast a spell.

sortire[1] *v.t.* **(sortisco, sortisci)** *⟨lett⟩* **1** *(avere in sorte)* to be endowed with: *~ un grande ingegno* to be endowed with great genius. **2** *(ottenere, produrre)* to have, to get, to achieve: *la cura non ha sortito l'effetto desiderato* the cure didn't have the desired effect.

sortire[2] *v.i.* **(sorto;** *aus.* **essere) 1** *(uscire per sorteggio)* to be drawn. **2** *⟨pop⟩ (uscire)* to go out. **3** *⟨Mil⟩ (effettuare una sortita)* to make a sortie.

sortita *f.* **1** *⟨Mil⟩* sortie, sally: *fare una ~* to make a sally. **2** *(uscita spiritosa, arguzia)* sally, witty remark, *⟨fam⟩* crack.

sorto → sorgere.

sorvegliante *m./f.* **1** *(guardiano, custode)* watchman, caretaker, keeper. **2** *(sovrintendente)* overseer, superintendent, supervisor. □ *~ di fabbrica* overseer; *~ ai lavori* work supervisor; *~ notturno* night-watchman.

sorveglianza *f.* **1** supervision, surveillance, overseeing. **2** *(vigilanza)* watch, guard: *~ notturna* nightwatch. □ *⟨Dir⟩ ~ speciale* police supervision *(o* surveillance*)*.

sorvegliare *v.t.* **(sorveglio, sorvegli) 1** *(controllare)* to supervise, to oversee, to watch (over): *il caposquadra sorveglia i lavori* the foreman supervises the work. **2** *(vigilare)* to watch over, to look after, to keep watch *(o* an eye*)* on: *puoi ~ i bambini mentre sono fuori?* can you look after the children while I am out? **3** *(seguire con attenzione)* to follow (closely), to watch: *~ lo sviluppo della situazione* to follow developments closely, to watch how things turn out.

sorvolare *v.* **(sorvolo) I** *v.t.* **1** to fly over: *gli aerei sorvolarono la città* the planes flew over the city. **2** *⟨fig⟩ (tralasciare)* to pass over, to overlook, *⟨fam⟩* to skip: *~ un argomento* to skip a subject. **II** *v.i. (aus.* avere*)* **1** to fly over. **2** *⟨fig⟩ (non soffermarsi)* to pass over, *⟨fam⟩* to skip *(su qc.* s.th.*)*. □ *sorvoliamo (lasciamo perdere)* let's skip it, never mind. **sorvolo** *m.* flying over.

S.O.S. *m.* S.O.S. *(anche fig.)*: *lanciare l' ~* to send out an S.O.S.

sosia *m.inv.* double, twin: *essere il ~ di qd.* to be s.o.'s double.

sospendere *v.t.* **(sospesi, sospeso) 1** *(appendere, attaccare in alto)* to hang (up), to suspend. **2** *⟨fig⟩ (interrompere)* to suspend, to break off, to interrupt: *sospendiamo la trasmissione per trasmettere un comunicato* we interrupt the programme to broadcast an announcement; *(interrompere rinviando)* to adjourn: *~ la seduta* to adjourn the session; *(cessare)* to stop, to discontinue: *~ i pagamenti* to stop payment. **3** *(rimandare)* to put off, to postpone, to delay, to defer: *~ la partenza* to put off one's departure. **4** *⟨fig⟩ (privare temporaneamente di una carica)* to suspend; *(escludere)* to suspend: *~ un alunno dalla scuola* to suspend a boy from school. **5** *⟨Chim,Fis⟩* to suspend. □ *⟨Dir.can⟩ ~ a divinis* to suspend (from the exercise of sacred functions); *~ un processo* to stay proceedings.

sospensione *f.* **1** suspending, suspension, hanging (up). **2** *⟨fig⟩ (interruzione)* suspension; *(rif. a riunioni e sim.)* adjournment; *(cessazione)* stoppage, stopping, suspension: *~ delle ostilità* suspension of hostilities. **3** *⟨Dir⟩* stay, suspension: *~ dell'esecuzione* stay of execution. **4** *⟨Dir.can⟩* suspension. **5** *⟨burocr,Scol⟩ (provvedimento disciplinare)* suspension: *~ dalle lezioni* suspension (from school). **6** *⟨Sport⟩* suspension. **7** *⟨Ginn⟩* hang: *~ dorsale* back hang. **8** *⟨Chim⟩* suspension. **9** *⟨tecn⟩* suspension, cushioning. **10** *⟨Aer⟩ (fune di sospensione)* suspension cable. □ *⟨Aut⟩ ~* **anteriore** front-wheel suspension; *⟨Mecc⟩ ~* **cardanica** gimbals *pl*; *⟨Dir⟩ ~* **cautelare** precautionary suspension; *⟨Chim⟩ ~* **colloidale** colloidal suspension; *⟨Aut⟩ ~* **elastica** elastic suspension; *⟨Chim⟩* materiale in *~* suspended matter; *~ del lavoro* work stoppage, lay-off; *⟨Aut⟩ ~ a* **molla** spring suspension; *~ dei* **pagamenti** suspension *(o* stoppage*)* of payments; *⟨Aut⟩ ~* **pneumatica** pneumatic *(o* air*)* suspension; *~* **posteriore** rear suspension; *⟨Dir⟩ ~ del* **processo** stay of proceedings.

sospensiva *f. ⟨burocr,Parl⟩* suspension, adjournment, postponement. **sospensivo** *a. ⟨burocr⟩* suspensive, suspending.

sospensore *m.* suspensor, suspender, hanger. **sospensorio I** *a.* ⟨*Anat*⟩ suspensory. **II** *s.m.* athletic support(er), ⟨*fam*⟩ jock–strap.

sospeso (*p.p. di sospendere*) *a.* **1** (*appeso*) hanging, suspended (*a* from). **2** (*sollevato*) raised, in the air: *restò con la mano –a* he stood with his hand in the air. **3** ⟨*fig*⟩ (*interrotto*) suspended, broken off; (*cessato*) discontinued, suspended, stopped; (*rinviato*) postponed, deferred; (*rif. a riunioni e sim.*) adjourned. **4** ⟨*fig*⟩ (*ansioso*) in suspense, anxious, worried. **5** ⟨*burocr,Scol*⟩ suspended. □ **col fiato ~** with bated breath; ⟨*fig*⟩ ~ *a un filo* (*o capello*) hanging by a thread; **in ~**: 1 ⟨*burocr*⟩ in abeyance, not attended to, not dispatched, pending: *tenere in ~ una pratica* to hold a matter in abeyance, to let a matter lie (*o* hang over); 2 (*rif. a conti*) outstanding, unpaid: *avere un conto in ~* to have an outstanding account; 3 ⟨*fig*⟩ in suspense, anxious: *tenere in ~ qd.* to keep s.o. ⌜in suspense⌝ (*o* on tenterhooks); *essere ~* **tra** *vita e morte* to hover between life and death; *restare ~ nel* **vuoto** to hang in space.

sospettabile *a.* suspectable, that may be suspected. **sospettabilità** *f.* liability to suspicion. **sospettare** *v.* (**sospetto**) **I** *v.t.* **1** to suspect (*anche estens.*): ~ *qd. di un furto* to suspect s.o. of a theft; ~ *un inganno* to suspect trickery. **2** (*supporre, pensare*) to think, to suspect, to guess: *non avrei mai sospettato in lei tanto coraggio* I would never have thought she had so much courage. **II** *v.i.* (*aus.* **avere**) **1** (*avere sospetti di colpevolezza*) to suspect: ~ *di qd.* to suspect s.o. **2** (*diffidare*) to be suspicious (*di* of), to distrust (s.o.): *sospetta di tutti* he distrusts everyone. □ *non ~ minimamente* not to have the slightest suspicion.

sospetto[1] *m.* **1** (*dubbio*) suspicion, mistrust: *destare –i* to arouse suspicion. **2** (*presentimento*) suspicion, misgiving, inkling: *ha il ~ di avere un brutto male* she ⌜has the suspicion⌝ (*o* suspects) that she has an incurable disease. □ *avere dei –i su qd.* (*o qc.*) to suspect s.o. (*o* s.th.); *con ~* suspiciously; *senza ~* unsuspicious, unsuspecting; *al di sopra di ogni ~* above (all) suspicion.

sospetto[2] *a.* **1** suspicious, suspect, under suspicion: *un rumore ~* a suspicious noise; *un individuo ~* a suspicious character. **2** (*dubbio*) doubtful: *essere di provenienza –a* to be of doubtful origin.

sospettosamente *avv.* suspiciously. **sospettosità** *f.* suspiciousness. **sospettoso** *a.* suspicious.

sospingere *v.t.* (**sospingo, sospingi; sospinsi, sospinto**) to drive (on), to push (*anche estens.*): *la folla ci sospingeva verso l'uscita* the crowd pushed us towards the exit. **sospinto** (*p.p. di sospingere*) *a.* driven.

sospirare I *v.t.* **1** (*desiderare*) to long (*o* yearn) for, to sigh after: ~ *una vacanza* to long for a holiday; (*avere nostalgia*) to long for, to be homesick for: ~ *la patria lontana* to long for one's distant homeland. **2** (*attendere con ansia, struggersi*) to wait a long time for, to wait anxiously for: *mi fanno ~ quei soldi* they're making me wait long enough for that money. **II** *v.i.* (*aus.* **avere**) **1** (*emettere sospiri*) to sigh: *perché sospiri?* why are you sighing? **2** (*esprimere sentimenti di dolore*) to sigh, to grieve, to lament, to bewail. □ ~ *per qd.* (*esserne innamorato*) to sigh for s.o.; *farsi ~*: 1 (*farsi attendere*) to keep people waiting for one; 2 (*farsi vedere raramente*) to make o.s. sought after.

sospirato *a.* longed–for, desired: *il giorno tanto ~* the longed–for day. **sospiro** *m.* sigh: *un ~ di sollievo* a sigh of relief. □ *emettere* (*o dare*) *un ~* to (give a) sigh; *mandare un gran ~* to give (*o* heave) a deep sigh; ⟨*fig,lett*⟩ *mandare* (*o rendere*) *l'ultimo ~* (*morire*) to breathe one's last. **sospirone** *m.* ⟨*fam*⟩ deep sigh: *fare un ~* to give a deep sigh. **sospirosamente** *avv.* sighing(ly), with sighs. **sospiroso** *a.* **1** sighing, full of sighs. **2** (*malinconico*) melancholy, plaintive: *canto ~* plaintive air; (*languido*) languishing.

sossopra *avv.* ⟨*region*⟩ (*sottosopra*) upside–down.

sost. = ⟨*Gramm*⟩ *sostantivo* substantive (*abbr.* subst.).

sosta *f.* **1** stop(ping), halt(ing): *faremo una ~ a Roma* we shall make a stop in Rome. **2** (*fermata, arresto*) stop, halt: *il lavoro ha subito una ~* the work has come to a stop. **3** (*riposo*) rest. **4** ⟨*fig*⟩ (*pausa*) pause, stop, break: *lavorare senza ~* to work non-stop; (*tregua*) respite: *non dare ~ a qd.* not to allow s.o. a respite. **5** ⟨*Strad*⟩ parking, waiting. □ ⟨*Strad*⟩ *divieto di ~* no parking, no waiting; ⟨*Strad*⟩ ~ *d'emergenza* emergency stopping only; *fare una ~* (*fermarsi*) to stop; (*riposare*) to have a rest; ⟨*Strad*⟩ **in ~** stationary, stopped; (*parcheggiato*) parked; ⟨*Strad*⟩ ~ **limitata** parking (*o* waiting) for a limited period; ~ *limitata a un'ora* one-hour parking; **senza ~** (*senza interruzione*) non-stop, without a break.

sostantivamente *avv.* ⟨*Gramm*⟩ substantively, as a noun. **sostantivare** *v.t.* to substantivize, to use as a noun. **sostantivato** *a.* substantivized, used as a noun. **sostantivazione** *f.* substantivization. **sostantivo** *m.* ⟨*Gramm*⟩ noun, substantive.

sostanza *f.* **1** ⟨*Filos,Teol*⟩ substance. **2** (*materia*) substance, material, matter: ~ *plastica* plastic material, plastic. **3** ⟨*fig*⟩ (*essenza*) essence, substance, pith: *la ~ di un discorso* the pith of a speech, the essential points in a speech. **4** (*valore nutritivo*) nutrition, nutritive (*o* food) value: *la carne ha molta ~* meat has great nutritive value. **5** *pl.* (*patrimonio*) substance, possessions *pl*, property: *ha ereditato tutte le –e paterne* he inherited all his father's possessions. **6** ⟨*Biol,Chim*⟩ substance. □ ~ **alimentare** foodstuff, food; ~ **colorante** dye (stuff); ~ **gassosa** gaseous matter; *–e* **grasse** fatty substances; **in ~** in substance; (*insomma*) in short, to sum up, in conclusion; ~ **liquida** liquid; ⟨*Biol*⟩ ~ **midollare** medullary substance; *–e* **minerali** minerals; ~ **nutritiva** nutritive substance, nutrient; ~ **organica** organic matter; *di poca ~*: 1 (*di scarso valore nutritivo*) having little nutritive value; 2 ⟨*fig*⟩ unsubstantial; ~ **proteica** protein; ~ **radioattiva** radioactive substance; ~ **solida** solid; ~ **tossica** poisonous substance.

sostanziale *a.* **1** ⟨*Filos*⟩ substantial. **2** (*essenziale*) essential, substantial. **sostanzialità** *f.* **1** ⟨*Filos*⟩ substantiality. **2** (*essenzialità*) essentiality. **sostanzialmente** *avv.* substantially. **sostanzioso** *a.* **1** (*nutriente*) nourishing, rich, substantial: *cibo ~* nourishing food. **2** ⟨*fig*⟩ pithy.

sostare *v.i.* (**sosto;** *aus.* **avere**) **1** (*fermarsi*) to stop, to halt: *sostarono un'ora per riposarsi* they stopped for an hour to rest. **2** (*fare una pausa*) to have a break, to stop, to pause.

sostegno *m.* **1** support, stay, prop (*anche fig.*): *essere il ~ della famiglia* to be the support of one's family. **2** ⟨*tecn*⟩ support, brace, standard. **3** ⟨*Econ*⟩ support: ~ *dei prezzi agricoli* farm price support. □ **a ~ di** supporting; ⟨*fig*⟩ **in support of**; *fare da ~* to support; ⟨*Edil*⟩ *muro di ~* retaining (*o* breast) wall; **pilastro di ~** pillar, bearer, buttress; ⟨*fig*⟩ *trovare ~ in qc.* to have a support (*o* prop) in s.th.; (*rif. ad argomentazioni e sim.*) to be supported (*o* backed up) by s.th.

sostenere *v.* (**sostengo, sostieni; sostenni, sostenuto;** → **tenere**) **I** *v.t.* **1** (*reggere, portare su di sé*) to support, to hold up, to sustain: *i pilastri sostengono il tetto* the pillars hold up the roof; *se non l'avessi sostenuto sarebbe caduto* if I hadn't supported him he would have fallen. **2** (*prendere su di sé*) to bear, to take upon o.s., to shoulder: ~ *le spese* to bear expenses. **3** ⟨*fig*⟩ (*aiutare, soccorrere*) to help out, to back up, to stand by, to support: ~ *un amico nella difficoltà* to stand by a friend in time of need; (*difendere, patrocinare*) to support, to stand up for, to uphold, to defend: ~ *la candidatura di qd.* to support s.o.'s candidacy; ~ *una causa* to defend a cause. **4** ⟨*fig*⟩ (*affermare con convinzione*) to assert, to maintain: ~ *l'innocenza di qd.* to assert s.o.'s innocence. **5** (*mantenere in forze*) to strengthen, to sustain, to help: *un'iniezione che sostiene il cuore* an injection that strengthens the heartbeat. **6** (*sopportare*) to stand, to bear, to endure: *non poté ~ il dolore* he couldn't bear the pain. **7** (*resistere, fare fronte a*) to resist: ~ *l'urto del nemico* to resist the enemy attack. **8** ⟨*Comm*⟩ (*mantenere alto*) to support: ~ *i prezzi* to support prices. **II** *v.i.* (*aus.* **avere**) (*affermare*) to assert, to maintain: *sostengo di essere innocente* I maintain I am innocent. **sostenersi** *v.r.* **1** (*mantenere una posizione sollevata: rif. a persone*) to hold (*o* prop) o.s. up, to support o.s.: *camminava sostenendosi* *col bastone* he walked leaning on a cane. **2** ⟨*fig*⟩ (*mantenersi in forze*) to keep (o.s.) going, to sustain o.s., to keep up one's strength: *sostenersi con cibi nutrienti* to keep up one's strength with nourishing food. □ ~ *la* **concorrenza** to stand up to the competition; ~ *un* **confronto** to bear comparison; ~ *la* **conversazione** to keep the conversation going; ~ *i propri* **diritti** to assert one's rights; ~ *il* **morale** *di qd.* to build up s.o.'s morale; ⟨*Teat*⟩ ~ *una* **parte** to act a role, to play a part; ~ *una* **prova** to stand a test; ~ *lo* **sguardo** *di qd.* to stand up to s.o.'s gaze.

sostenibile *a.* **1** supportable, that may be held up. **2** ⟨*fig*⟩ (*tollerabile*) tolerable, supportable, bearable: *la situazione non è più* ~ the situation is no longer bearable. **3** ⟨*fig*⟩ (*plausibile*) plausible, tenable, sustainable: *teoria* ~ plausible theory. **sostenitore** I *s.m.* (*f.* -trice) supporter, backer: ~ *di un uomo politico* backer of a politician. II *a.* contributing, supporting: *socio* ~ contributing member.

sostentamento *m.* support(ing), maintenance: *il* ~ *della famiglia* the maintenance of the family. □ *mezzi di* ~ (means of) sustenance. **sostentare** *v.t.* (**sostento**) to support, to maintain: ~ *la famiglia* to support one's family. **sostentarsi** *v.r.* to keep o.s.; (*nutrirsi*) to live, to feed o.s. (*di on*): *si sostenta di sola frutta* he lives on fruit. **sostentatore** I *s.m.* (*f.* -trice) supporter, maintainer. II *a.* supporting. **sostentazione** *f.* **1** supporting, maintenance, keeping; (*nutrimento*) sustenance, nourishment. **2** ⟨*Fis,Aer*⟩ sustention.

sostenutezza *f.* **1** (*riservatezza*) reserve(dness). **2** (*freddezza*) aloofness, stiffness, stand–offishness. **3** ⟨*Econ*⟩ (*tendenza al rialzo*) stiffness, upward trend; (*in borsa*) bullishness. **sostenuto** *a.* **1** (*riservato*) reserved. **2** (*freddo*) aloof, stiff, distant, stand–offish. **3** ⟨*Econ*⟩ steady, continuing high (o stable): *mercato* ~ steady market; (*che tende al rialzo*) stiff, upward; (*in borsa*) bullish. **4** ⟨*Mus*⟩ sostenuto.

sostituibile *a.* replaceable, substitutable. **sostituire** *v.t.* (**sostituisco, sostituisci**) **1** (*rimpiazzare*) to replace, to put in the place of: ~ *un prodotto perfezionato a uno inferiore* to replace an inferior product by (o with) a better one. **2** (*cambiare*) to change, to replace: ~ *la frizione* to replace the clutch. **3** (*prendere il posto di: rif. a persone*) to substitute for, to stand in for: ~ *un collega malato* to substitute (o stand in) for a sick colleague; (*fare le veci di*) to act for: *il vicepreside sostituisce il preside* the deputy headmaster is acting for the headmaster; (*rif. a cose*) to take the place of, to replace: *l'affetto della madre non può essere sostituito* nothing can take the place of a mother's love; (*usare al posto di*) to substitute: ~ *la margarina al burro* to substitute margarine for butter. **sostitutivo** *a.* substitutive (*anche Med.*). **sostituto** *m.* (*f.* -a) **1** (*rappresentante*) substitute, representative, deputy; (*aiutante*) assistant. **2** (*succedaneo*) substitute. □ ⟨*Dir*⟩ ~ *procuratore* Assistant Public Prosecutor, ⟨*am*⟩ Assistant District Attorney. **sostituzione** *f.* **1** replacement, changing: *la* ~ *di una macchina vecchia con una nuova* the replacement of an old car with a new one. **2** (*supplenza*) substitution, replacement. **3** (*scambio, fraudolento*) substitution. **4** ⟨*Mat,Fis*⟩ substitution. □ *in* ~ in its place, instead; *in* ~ *di* (*rif. a cose*) in the place of, instead of; (*rif. a persone*) to replace, in place of, as a substitute for; ⟨*Dir*⟩ ~ *di neonato* substitution of a child; ~ *di persona* impersonation; ~ *testamentaria* substitution.

sostrato *m.* **1** substratum, substrate. **2** ⟨*fig*⟩ substratum, basis, foundation: *sotto la civiltà c'è spesso un* ~ *di barbarie* civilization often conceals a substratum of barbarity. **3** ⟨*Ling,Filos*⟩ substratum.

sottabito *m.* ⟨*Vest*⟩ slip, petticoat.

sottacere *v.t.* (**sottaccio, sottaci; sottacqui, sottaciuto**) ⟨*lett*⟩ to omit, not to mention.

sottaceto (o *sott'aceto*) I *a.inv.* ⟨*Gastr*⟩ pickled: *peperoni* ~ pickled peppers. II *avv.* by pickling. III *s.m.* **1** pickle. **2** *pl.* ⟨*collett*⟩ pickles *pl.* □ *conservare* ~ to pickle.

sottaciuto (*p.p. di sottacere*) *a.* omitted, not mentioned.

sottacqua (o *sott'acqua*) *avv.* underwater, under the water:

nuotare ~ to swim underwater. □ ⟨*fig*⟩ *lavorare* ~ (*tramare*) to scheme, to be underhanded.

sottana *f.* **1** (*sottoveste*) slip, petticoat. **2** (*gonna*) skirt, ⟨*ant*⟩ petticoat. **3** ⟨*fam*⟩ (*abito talare*) (priest's) cassock. **4** *pl.* ⟨*scherz*⟩ (*donne*) women *pl.*, ⟨*fam*⟩ skirt, ⟨*fam*⟩ petticoat: *correre dietro alle* –*e* to run after women, ⟨*fam*⟩ to be a skirt chaser. □ ⟨*fig*⟩ *stare sempre attaccato* (o *cucito*) *alle* –*e della mamma* to be tied to one's mother's apron strings.

sottecchi *avv.* furtively, stealthily: *guardare di* ~ *qd.* to glance furtively at s.o., to steal a look at s.o.

sottendere *v.t.* (**sottesi, sotteso**) ⟨*Geom*⟩ to subtend.

sottentrare *v.i.* (**sottentro**; *aus.* **essere**) to take the place of, to replace: *il figlio maggiore sottentrò al padre* the eldest son replaced his father.

sotterfugio *m.* **1** (*pretesto*) subterfuge, pretext, excuse. **2** (*espediente, stratagemma*) subterfuge, device, expedient. □ *di* ~ stealthily, by subterfuge.

sotterra *avv.* underground, under the ground. □ *andare* ~ (*morire*) to die; *volersi nascondere* ~ *dalla vergogna* to wish that the earth would open up and swallow one. **sotterramento** *m.* burial, putting underground. **sotterranea** *f.* (*metropolitana*) underground (railway), ⟨*fam*⟩ tube, ⟨*am*⟩ subway. **sotterraneo** I *a.* **1** underground, subterranean: *passaggio* ~ underground passage. **2** (*che proviene da sottoterra*) underground, subterranean: *boato* ~ underground rumble. **3** ⟨*fig*⟩ (*nascosto, clandestino*) secret, underground, subterranean: *attività* –*e* underground activities. II *s.m.* **1** (*scantinato*) basement, cellar. **2** *pl.* ⟨*Stor*⟩ (*prigioni sotterranee*) dungeons *pl.* □ *mondo* ~ underworld. **sotterrare** *v.t.* (**sotterro**) **1** to bury, to place (o lay) underground: ~ *un tesoro* to bury a treasure. **2** ⟨*Agr*⟩ (*rif. a semi*) to sow, to plant. **3** (*seppellire*) to bury: ~ *i morti* to bury the dead. □ ⟨*fig*⟩ ~ *tutti* (*vivere più a lungo di tutti*) to see everyone else dead and buried. **sotterrato** *a.* **1** buried, placed underground. **2** ⟨*fig*⟩ (*superato*) obsolete, superseded. □ *morto e* ~: 1 dead and buried; 2 ⟨*fig*⟩ (*superato*) obsolete, over and done with.

sotteso (*p.p. di sottendere*) *a.* ⟨*Geom*⟩ subtended.

sottigliezza *f.* **1** thinness; (*snellezza*) slimness, slenderness. **2** ⟨*fig*⟩ (*acutezza*) keenness, sharpness, acuteness: *la* ~ *delle sue osservazioni* the sharpness of his remarks. **3** ⟨*fig*⟩ (*sofisticheria*) cavil, quibble, nicety: *non perdiamoci in* –*e* let's not get lost in quibbles. □ ~ *di mente* quick–wittedness, sharpness (of mind). **sottile** I *a.* **1** thin, fine: *parete* ~ thin wall. **2** (*leggero*) fine: *polvere* ~ fine dust. **3** (*esile, snello*) slender, thin: *una vita* ~ a thin waist. **4** ⟨*fig*⟩ (*rif. all'aria*) thin, light. **5** ⟨*fig*⟩ (*acuto*) keen, sharp, acute, penetrating: *ingegno* ~ keen mind; *vista* ~ sharp sight. **6** ⟨*fig*⟩ (*arguto*) shrewd, acute, subtle: *umorismo* ~ subtle humour. **7** ⟨*fig*⟩ (*cavilloso*) quibbling, hair–splitting. II *s.m.* thin part. □ ⟨*fig*⟩ *andare* (o *guardare*) *per il* ~ to be over nice (o over particular). **sottilizzare** *v.i.* (*aus.* **avere**) to make over subtle distinctions, to split hairs, to subtilize. **sottilmente** *avv.* **1** thinly, finely. **2** ⟨*fig*⟩ (*acutamente*) keenly, sharply, acutely; (*argutamente*) subtly: *ragionare* ~ to argue subtly.

sottintendere *v.t.* (**sottintesi, sottinteso**) **1** (*tralasciare di esprimere*) to leave out, to leave unexpressed: ~ *il soggetto in una proposizione* to leave out the subject of a sentence; (*tacere*) to pass over in silence. **2** (*implicare*) to imply, to involve: *il lavoro sottintende dei sacrifici* work involves sacrifices. **3** (*intendere qc. non espresso*) to infer, to understand: *la risposta lascia* ~ *il suo consenso* his answer allows one to infer his consent. **sottinteso** (*p.p. di sottintendere*) I *a.* **1** (*inespresso*) unsaid, unspoken, unexpressed. **2** (*implicito*) implied, implicit. **3** (*che si capisce da sé*) understood, clear. II *s.m.* implication, implied reference; (*allusione*) allusion, hint. □ *è* (o *resta*) ~ it is understood; *parlare per* –*i* to let s.th. be understood; *senza* –*i* openly, plainly.

sotto I *prep.* (before personal pronouns it is used with the prep. *di* and sometimes with *a*; before substantives it is sometimes used with *a*; before words beginning with a vowel it may become *sott'*) **1** under(neath), beneath: *la* *lettera è ~ il giornale* the letter is under the paper; *si nascose ~ il letto* he hid beneath the bed; *aveva una rivista ~ il braccio* he had a magazine under his arm; *il fiume scorre ~ il ponte* the river flows under the bridge. **2** (*a un livello inferiore*) below, under(neath): ~ *il livello del mare* below sea–level; *la temperatura è ~ zero* the temperature is below zero; *l'appartamento ~ il nostro* the flat under ours; (*inferiore a, meno di*) under, below, less than: *i bambini ~ i dieci anni* children under ten; ~ *i cinquanta chili* less than fifty kilos; *vendere qc. ~ costo* to sell s.th. below cost. **3** (*a sud di*) south of: *il 35° parallelo ~ l'equatore* the 35th parallel south of the equator. **4** (*ai piedi di*) under(neath), at the foot of, below, beneath: *si combatteva ~ le mura delle città* they were fighting at the foot of the city walls. **5** (*per esprimere dipendenza, soggezione*) under: *ha dieci operai ~ di sé* he has ten workers under him; ~ *il dominio straniero* under foreign domination; (*durante il governo di*) under: *visse ~ Cesare Augusto* he lived under Caesar Augustus. **6** (*in espressioni temporali: durante*) at ... –time, during, at: ~ *gli esami* at exam–time, during exams. **7** (*in espressioni indicanti vigilanza, custodia, influsso*) under, with: *il denaro fu trasportato ~ scorta* the money was conveyed under escort; *studia ~ un bravo professore* he studies under a good professor; *essere nato ~ una buona stella* to be born under a lucky star. **8** (*con valore modale*) under: *promettere qc. ~ giuramento* to promise s.th. under oath; *presentarsi ~ falso nome* to present o.s. under a false name. **9** (*a causa di*) under: *ha parlato ~ l'effetto dell'alcool* he talked under the influence of alcohol. **10** (*rif. a condizioni, pericoli incombenti*) under: ~ *la minaccia di un pericolo* under the threat of a danger; *vivere ~ l'incubo della guerra* to live under the incubus of war. **11** ⟨*Gastr*⟩ in: *funghi sott'olio* mushrooms in oil. **II** *avv.* **1** underneath, below, beneath: *prima guarda se c'è qc.* ~ first see if there's anything underneath; (*più giù*) (down) below: *si vede il mare ~* you can see the sea down below. **2** (*al piano inferiore*) downstairs, down. **3** (*sotto il vestito*) underneath: *ha un vestito leggero e nient'altro* ~ she is wearing a light dress with nothing underneath. **4** (*a piè di pagina*) below: *i nomi ~ indicati* the names set below. **5** (*sotto a questo*) underneath: *sul tavolo c'era il libro e ~ il giornale* the book was on the table with the newspaper underneath. **6** (*fam*) (*sotto le armi*) doing one's military service. **7** (*esclam,fam*) come on, ⟨*fam*⟩ get down to it, ⟨*fam*⟩ get moving: ~, *tocca a te* come on, it's your turn. **III** *a.inv.* below, underneath: *la riga ~* the line below; (*inferiore*) lower. **IV** *s.m.inv.* (*parte inferiore*) lower part, bottom: *il ~ della scatola* the bottom of the box. □ **al di ~** underneath, (down) below; *al di ~ di* under(neath), below, beneath: *al di ~ della media* below average; **andar ~:** 1 to go down; 2 (*entrare sotto le coperte*) to get under the bed clothes; 3 (*essere investito*) to be hit (*o* run over), to be knocked down: *il ragazzo è andato ~ il treno* the boy was hit by a train; 4 (*andare sott'acqua*) to go under; *andare di ~* to go down(stairs); ⟨*fig*⟩ *andare ~ le armi* to join the army; ⟨*fig*⟩ *essere ~ le armi* to be in the army; ~ *l'azione di qc.* under the effect of s.th., through s.th.; ⟨*fam*⟩ ~ **casa** downstairs, down below; ~ **condizione** *di* (up)on condition that; **dar** ~ *a qc.* (*impegnarcisi*) to fall to doing s.th.; ⟨*fam*⟩ *mettere qc.* ~ *i* **denti** to eat s.th.; *di* ~: 1 underneath, below, beneath: *la merce più scadente è di* ~ the shoddier goods are underneath; 2 (*inferiore*) lower, underneath, below: *lo strato di* ~ the lower layer, the layer underneath; *il cassetto di* ~ the drawer below; 3 (*al piano inferiore: stato*) downstairs, underneath: *i Rossi abitano di* ~ the Rossis live downstairs (*o* underneath us); (*moto*) downstairs, down; 4 (*fuori di casa*) down below, out in the street, downstairs: *è di* ~ *ad aspettarti* he's downstairs waiting for you; 5 (*dal di sotto*) from (down) below, from underneath: *sbucare di* ~ to spring out from underneath; *il di* ~ (*la parte inferiore*) the lower part, the bottom; (*la parte che sta sotto*) the bottom, the underneath; (*il lato che sta sotto*) the underside; *visto di* ~ seen from below; ⟨*fig*⟩ *c'è* ~ *qc.* there's s.th. 'behind this' (*o* underneath); ⟨*fig*⟩ **farsi** ~ *a* (*avvicinarsi*) to approach, to draw near;

essere ~ il **fuoco** *nemico* to be under enemy fire; ~ **giuramento** on oath; **lì** (*o là*) ~ there below, down there; ~ **mano** within easy reach; ⟨*fig*⟩ *di ~ mano* underhand, on the sly; **metter** ~ *qd.* (*investirlo*) to knock s.o. down, to hit (*o* run over) s.o.; *avere qc.* ~ *il* **naso** to have s.th. under one's nose; ~ **pena** *di morte* on (*o* under) pain of death; **mettere** ~ *i* **piedi** to tread underfoot (*anche fig.*); **camminare** ~ *la* **pioggia** to walk in the rain; **più** ~: 1 farther down, lower down; 2 (*rif. a scritti: in seguito*) farther on, below; **essere** ~ **processo** to be on trial; **mettere** *qd.* ~ **processo** to bring s.o. to trial; ~ *ogni* **punto** *di vista* from all points of view; ~ **sotto:** 1 deep down, down below, ⟨*fam*⟩ on the quiet (*o* sly); 2 ⟨*fig*⟩ (*intimamente*) deep down, in one's heart of hearts; ⟨*fig*⟩ **stare** ~ *a qd.* to be under (*o* subject to) s.o.; **vedi** ~ see below; ~ **vuoto** *spinto* vacuum–.

sottoalimentare *v.t.* (**sottoalimento**) **1** to undernourish, to underfeed. **2** ⟨*Mot*⟩ to underfeed. **sottoalimentato** *a.* **1** undernourished, underfed. **2** ⟨*Mot*⟩ underfed. **sottoalimentazione** *f.* **1** undernourishment, underfeeding. **2** ⟨*Mot*⟩ underfeeding.

sottoapprovvigionamento *m.* insufficient supply. **sottoapprovvigionato** *a.* insufficiently supplied (*di* with).

sotto|ascella *f.* ⟨*Sart*⟩ dress shield. **~banco** (*o sotto banco*) *avv.* (*di nascosto*) secretly, surreptitiously, stealthily; (*rif. alla vendita di merci*) under the counter: *vendere qc.* ~ to sell s.th. under the counter. □ *merce* ~ under–the–counter goods *pl.* **~bicchiere** *m.* coaster; (*di vetro o metallo*) glass stand; (*piattino*) saucer. **~bosco** *m.* (*pl.* -chi) ⟨*Bot*⟩ underwood, undergrowth, underbrush. **~bottiglia** *m.* bottle stand; (*centrino*) mat. **~braccio** *avv.* arm–in–arm: *camminare* ~ to walk arm–in–arm. □ *prendere qd.* ~ to take s.o.'s arm; ~ *a qd.* arm–in–arm with s.o.

sottocapitalizzare *v.t.* ⟨*Econ*⟩ to undercapitalize. **sottocapitalizzazione** *f.* undercapitalization.

sottocapo *m.* **1** assistant chief, deputy head. **2** ⟨*Mar.mil*⟩ coxswain.

sottocchio *avv.* before one's eyes, in front of one. □ *tenere qc.* ~ to keep an eye on s.th.

sottoccupato I *a.* underemployed. **II** *s.m.* (*f.* -a) underemployed person. **sottoccupazione** *f.* underemployment.

sotto|chiave (*o sotto chiave*) *avv.* locked (*o* shut) up, under lock and key. □ *chiudere* ~ *qc.* to lock s.th. up. **~cipria** *m./f.* ⟨*Cosmet*⟩ foundation. **~classe** *f.* ⟨*Biol*⟩ subclass. **~coda** *m.* **1** (*posolino*) crupper. **2** ⟨*Ornit*⟩ subcaudal feathers *pl.* **~commissione** *f.* subcommittee, subcommission. **~coperta** (*o sotto coperta*) **I** *avv.* ⟨*Mar*⟩ below (deck). **II** *s.f.* lower deck, underdeck. **~coppa** *m.inv.* **1** (*centrino*) mat; (*di vetro o metallo*) stand; (*piattino*) saucer. **2** ⟨*Mot*⟩ underpan. **~costo** (*o sotto costo*) **I** *avv.* below cost (price). **II** *a.* selling below cost (price): *merce* ~ goods selling below cost (price). **~cutaneo** *a.* ⟨*Med*⟩ subcutaneous. **~cute** (*o sotto cute*) *avv.* ⟨*Med*⟩ subcutaneously. **~dimensionato** *a.* ⟨*tecn*⟩ undersized. **~dominante** *f.* ⟨*Mus*⟩ subdominant. **~esporre** *v.t.* (**sottoespongo**, **sottoesponi**; **sottoesposi**, **sottoesposto**; → **porre**) ⟨*Fot*⟩ to underexpose. **~esposizione** *f.* ⟨*Fot*⟩ underexposure. **~famiglia** *f.* ⟨*Biol,Ling*⟩ subfamily. **~fascia** (*o sotto fascia*) **I** *m.* ⟨*Post*⟩ printed matter (sent in a wrapper). **II** *avv.* ⟨*Post*⟩ in (*o* under) a wrapper: *spedire* ~ to send (printed matter) in a wrapper. **~fondo** *m.* **1** ⟨*Edil*⟩ foundation, substructure: ~ *del pavimento* floor foundation (*o* rough). **2** ⟨*Strad*⟩ subgrade, road–bed, foundation. **3** ⟨*Cin,Acu*⟩ background sound. **4** (*sfondo*) background (*anche fig.*). □ *in* ~ background–: *musica in* ~ background music. **~gamba** (*o sotto gamba*) *avv.* lightly: *prendere* ~ *qc.* to take s.th. lightly, to make light of s.th. **~genere** *m.* ⟨*Biol*⟩ subgenus. **~gola** *m./f.inv.* **1** ⟨*Mod*⟩ (chin)strap. **2** (*parte dei finimenti*) throat–latch, throat–band. **~gonna** *f.* ⟨*Vest*⟩ stiff petticoat. **~governo** *m.* ⟨*Pol*⟩ abuse of party patronage in the State administration. **~gruppo** *m.* subgroup.

sottolineare *v.t.* (**sottolineo**) **1** to underline: ~ *la parte che interessa* to underline the part of interest. **2** ⟨*fig*⟩

(*mettere in rilievo*) to stress, to emphasize, to underline, to point out. **sottolineatura** *f.* **1** underlining. **2** ⟨*fig*⟩ stressing. **3** ⟨*concr*⟩ underline, underscore.

sottolinguale *a.* ⟨*Anat*⟩ sublingual.

sottolio (*o sott'olio*) **I** *avv.* ⟨*Gastr*⟩ in oil: *mettere ~ le sardine* to put sardines in oil. **II** *a.* in oil: *tonno ~* tunny fish in oil.

sottomano I *avv.* **1** (*a portata di mano*) to (*o* on, at) hand, within easy reach: *ho ~ ciò che mi occorre* I have what I need on hand. **2** ⟨*fig*⟩ (*di nascosto*) on the quiet, stealthily: *mi ha dato una mancia ~* he gave me a tip on the quiet. **II** *s.m.* (*cartella*) desk–pad , writing–pad.

sottomarino I *a.* submarine: *cavo ~* submarine cable; *guerra –a* submarine warfare. **II** *s.m.* submarine. □ *~ atomico* (*o a propulsione nucleare*) atomic submarine; *~ costiero* coastal submarine; *~ di lunga crociera* fleet submarine; *~ d'alto mare* seagoing submarine.

sottomascellare *a.* ⟨*Anat*⟩ submaxillary.

sottomesso (*p.p. di sottomettere*) *a.* **1** subdued, subject(ed); *popoli –i* subject peoples. **2** (*deferente*) submissive, obedient; (*docile*) yielding. **sottomettere** *v.t.* (**sottomisi, sottomesso**) **1** (*assoggettare*) to subdue, to subject, to put down: *~ le popolazioni ribelli* to put down the rebel populations. **2** (*ridurre al proprio volere*) to subject, to make submit: *vuole ~ i compagni alla sua volontà* he wants to make his companions submit to his will. **3** ⟨*fig*⟩ (*subordinare*) to subordinate: *~ i sensi alla ragione* to subordinate one's feelings to reason. **4** (*presentare*) to submit: *~ un caso al giudizio di qd.* to submit a case to s.o.'s judgement. **sottomettersi** *v.r.* to submit. **sottomissione** *f.* **1** subjugation, subjection, subduing. **2** (*remissività*) submission, submissiveness.

sottomultiplo *m.* ⟨*Mat*⟩ submultiple.

sottopagare *v.t.* to underpay. **sottopagato** *a.* underpaid.

sotto|pancia *m.inv.* saddle girth strap, belly band. **~passaggio** *m.* **1** ⟨*Strad*⟩ underpass. **2** ⟨*Ferr*⟩ subway. □ *~ dell'autostrada* motorway underpass; *~ pedonale* subway. **~peso** *a.* underweight. **~piatto** *m.* plate (under a dish of food). **~piede** *m.* **1** (*nelle scarpe*) arch support. **2** ⟨*Vest*⟩ understrap.

sottoporre *v.t.* (**sottopongo, sottoponi; sottoposi, sottoposto; → porre**) **1** (*presentare*) to submit: *~ qc. all'esame di qd.* to submit s.th. to s.o. for examination. **2** ⟨*fig*⟩ (*costringere a qc. di spiacevole*) to subject, to impose: *~ un funzionario a inchiesta* to subject an official to an inquiry; *~ qd. a sacrifici* to impose sacrifices on s.o. **sottoporsi** *v.r.* (*subire*) to undergo, to go through (with): *sottoporsi a un intervento chirurgico* to undergo an operation; (*sobbarcarsi*) to undertake, to take on, to subject o.s. (to): *~ a spese* to take on expenses.

sotto|portico *m.* (*pl.* -ci) ⟨*Arch*⟩ interior of a portico. **~posto** *I a.* **1** subjected (*a* to): *~ a una rigida disciplina* subjected to rigid discipline. **2** (*presentato*) submitted (for): *~ all'approvazione di qd.* submitted for s.o.'s approval. **3** (*esposto*) exposed. **II** *s.m.* (*f.* -a) subordinate, dependent. **~prefetto** *m.* ⟨*Stor*⟩ subprefect. **~prefettura** *f.* subprefecture. **~prezzo** *avv.* below normal prices, reduced. □ *vendere ~ qc.* to sell s.th. off. **~privilegiato I** *a.* ⟨*Sociol*⟩ underprivileged. **II** *s.m.* underprivileged person. **~prodotto** *m.* ⟨*Econ,Comm*⟩ by–product. □ *~ di macellazione* slaughtering waste; *~ della macinazione* milling by–product. **~produzione** *f.* underproduction. **~programma** *m.* ⟨*Inform*⟩ subroutine, subprogram; *~ di trasferimento* swapping routine. **~proletariato** *m.* lumpenproletariat. **~punto** *m.* ⟨*Lav.femm*⟩ blind stitch(ing).

sottordine *m.* ⟨*Biol*⟩ sub-order. □ *in ~:* 1 (*subordinato*) subordinate, dependent, inferior: *un incarico in ~* a subordinate post; 2 (*di secondaria importanza*) of minor importance; ⟨*fig*⟩ *passare in ~* to become of less importance, to move into the background; *porre in ~ un problema* to attach less importance to a problem.

sotto|regno *m.* ⟨*Biol*⟩ subkingdom. **~scala** *m.inv.* space under a staircase. **~scocca** *m.* ⟨*Aut*⟩ underbody. **sottoscritto** (*p.p. di sottoscrivere*) **I** *a.* **1** ⟨*burocr*⟩ undersigned: *io ~* I the undersigned. **2** (*firmato*) signed:

un accordo ~ da ambo le parti an agreement signed by both parties. **II** *s.m.* (*f.* -a) **1** ⟨*burocr*⟩ undersigned. **2** ⟨*scherz*⟩ (*io stesso*) yours truly: *l'unico che c'è riuscito è il ~* the only one who succeeded is yours truly.

sottoscrittore *m.* (*f.* -trice) subscriber. **sottoscrivere** *v.* (**sottoscrissi, sottoscritto**) **I** *v.t.* **1** (*scrivere sotto*) to underwrite; (*firmare sotto*) to undersign. **2** (*firmare*) to sign, to subscribe (to): *~ una petizione* to sign a petition. **3** ⟨*fig*⟩ (*avallare, aderire*) to subscribe to, to support: *~ un'iniziativa* to support an undertaking; *nessuno poté ~ un simile comportamento* no one could subscribe to such a course of action. **II** *v.i.* (*aus.* avere) **1** (*mettere la firma*) to sign. **2** ⟨*fig*⟩ (*aderire*) to agree, to adhere, to subscribe (*a* to): *~ a un programma* to adhere to a programme. **3** (*rif. a pubblicazioni*) to subscribe: *~ un abbonamento a una rivista* to subscribe to a magazine. **sottoscrizione** *f.* **1** signature, signing. **2** (*pubblica raccolta di fondi o di firme*) subscription: *promuovere una ~* to raise (*o* get up) a subscription; *aprire una pubblica ~* to open a public subscription. **3** (*rif. a pubblicazioni periodiche*) subscription.

sottosegretariato *m.* under secretaryship. **sottosegretario** *m.* under secretary. □ *~ di stato* Under Secretary of State.

sottosistema *m.* ⟨*Inform*⟩ subsystem.

sottosopra I *avv.* **1** upside–down: *rivoltare una cassa ~* to turn a crate upside-down. **2** ⟨*fig*⟩ (*in grande disordine*) upside-down, topsy–turvy, in (great) disorder: *un appartamento messo ~* a flat in great disorder. **3** ⟨*fig*⟩ (*in grande turbamento*) in confusion in a turmoil: *la partenza ci mise tutti ~* the departure put us all in a turmoil. **II** *a.* **1** upside-down. **2** ⟨*fig*⟩ (*turbato*) in a whirl, topsy–turvy. **III** *s.m.inv.* confusion, turmoil, whirl. □ *mettere ~ una stanza* to turn a room upside-down.

sottospecie *f.inv.* **1** ⟨*Biol*⟩ subspecies. **2** ⟨*spreg*⟩ (lower) species.

sottostante I *a.* **1** underneath, underlying, down below: *la vallata ~* the valley underneath (*o* down below), the underlying valley. **2** (*inferiore*) below, lower: *l'appartamento ~* the flat below. **sottostare** *v.i.* (**sottostò, sottostai; sottostetti, sottostato; → stare**; *aus.* essere) **1** (*dipendere, essere subordinato*) to be under (*a qd.* s.o.), to be subordinate (*o* subject) (to): *~ all'autorità paterna* to be subject to paternal authority. **2** (*sottomettersi*) to submit, to yield, to give in: *devo sempre ~ alle decisioni degli altri* I always have to give in to the decisions of others. **3** ⟨*fig*⟩ (*sottoporsi*) to undergo, to subject o.s.; (*rif. a esami e sim.*) to take, to sit for.

sotto|stazione *f.* ⟨*El*⟩ substation. **~sterzante** *a.* ⟨*Aut*⟩ understeering. **~sterzare** *v.i.* (*aus.* avere)) ⟨*Aut*⟩ to understeer. **~sterzata** *f.* understeer. **~sterzo** *m.* understeer. **~stima** *f.* underevaluation, underestimate. **~stimare** *v.t.* to underestimate. **~suolo** *m.* **1** subsoil: *esaminare il ~* to examine the subsoil. **2** (*locali*) basement. □ *ricchezze del ~* mineral resources. **~sviluppato** *a.* underdeveloped: *paesi –i* underdeveloped countries. **~sviluppo** *m.* underdevelopment. **~tenente** *m.* ⟨*Mil*⟩ second lieutenant, sublieutenant. □ ⟨*Mar.mil*⟩ *~ di vascello* sublieutenant. **~terra** (*o sotto terra*) *avv.* underground. **~tetto** *m.* (*soffitta*) attic, loft; (*mansarda*) garret, mansard. **~tipo** *m.* subtype (*anche* Zool.). **~titolare** *v.t.* ⟨*Cin*⟩ to provide with subtitles. **~titolato** *a.* undertitled. □ ⟨*TV*⟩ *~ per i non udenti* close-captioned for the deaf. **~titolo** *m.* subtitle (*anche* Cin.): *edizione originale con –i* original version with subtitles. **~valutare** *v.t.* (**sottovaluto**) to underestimate, to underrate. **sottovalutarsi** *v.r.* to underrate o.s. **~vaso** *m.* dish (under a flowerpot). **~vento I** *avv.* leeward: *navigare ~* to sail leeward. **II** *s.m.* ⟨*Mar*⟩ leeward, lee. □ ⟨*Geog*⟩ *isole ~* Leeward Islands *pl.* **~veste** *f.* ⟨*Vest*⟩ **1** slip, petticoat. **2** (*region*) (*panciotto*) waistcoat, ⟨*am*⟩ vest. **~voce** *avv.* in a low voice, softly, in an undertone: *parlare ~* to speak in a low voice. **~vuoto I** *avv.* in a vacuum. **II** *a.* vacuum-, vacuum–packed.

sottraendo *m.* ⟨*Mat*⟩ subtrahend. **sottrarre** *v.t.* (**sottraggo, sottrai; sottrassi, sottratto; → trarre**) **1** (*togliere*) to remove, to take away: *~ qc. alla vista* to remove s.th. from sight. **2** (*liberare, salvare*) to save, to rescue, to deliver: ~ *qd. a un pericolo* to save s.o. from danger; ~ *qd. alla morte* to rescue s.o. from death. **3** (*rubare*) to steal, to pilfer, to purloin: ~ *qc. a qd.* to steal s.th. from s.o. **4** (*togliere con l'inganno*) to abstract, to remove, to take (away): *hanno sottratto importanti documenti* they have removed important documents. **5** ⟨*Mat*⟩ to subtract: ~ *quattro da dieci* to subtract four from ten. **6** (*detrarre*) to deduct: ~ *le spese* to deduct expenses. **sottrarsi** *v.r.* (*sfuggire*) to escape: *sottrarsi a un pericolo* to escape a danger; (*evitare*) to avoid, to shirk: *sottrarsi al proprio dovere* ˈto shirkˈ (*o* not to do) one's duty. **sottratto** (*p.p. di sottrarre*) *a.* **1** ⟨*Mat*⟩ subtracted. **2** (*rubato*) stolen. **sottrazione** *f.* **1** removal, taking (away). **2** ⟨*Mat,Filos*⟩ subtraction. **3** ⟨*Dir*⟩ abstraction, suppression. □ ~ *di cadavere* stealing (*o* removal) of a corpse; ~ *di documenti* abstraction (*o* suppression) of documents; ~ *di minorenne* abduction of a minor.

sottufficiale *m.* **1** ⟨*Mil,Aer*⟩ non commissioned officer. **2** ⟨*Mar*⟩ petty officer.

soubrette *fr.* [subˈrɛt] *f.* ⟨*Teat*⟩ soubrette.

soufflé *fr.* [suˈfle] *m.* ⟨*Gastr*⟩ soufflé: ~ *di formaggio* cheese soufflé.

souvenir *fr.* [suvəˈniːr] *m.* souvenir.

sovènte *avv.* ⟨*lett*⟩ (*spesso*) often: *ti prego di scrivermi più* ~ please write to me more often.

soverchiante *a.* overwhelming: *le –i forze nemiche* the overwhelming enemy forces. **soverchiare** *v.t.* (*soverchio, soverchi*) ⟨*lett*⟩ **1** (*oltrepassare*) to go beyond, to pass; (*passare sopra*) to go over; (*rif. ad acque*) to overflow: *il fiume soverchiò gli argini* the river overflowed its banks. **2** ⟨*fig*⟩ (*superare*) to surpass, to outdo: *in avarizia soverchia tutti* she outdoes everyone in stinginess. **3** ⟨*fig*⟩ (*opprimere*) to crush, to overwhelm. **4** ⟨*fig*⟩ (*rif. a grida*) to shout down. **soverchiatore I** *s.m.* (*f.* -*trice*) oppressor, browbeater. **II** *a.* overbearing. **soverchierìa** *f.* (*angheria, sopruso*) act of oppression (*o* tyranny), abuse (of power), outrage. **soverchio** *a.* (*eccessivo*) excessive, over–, immoderate: *zelo* ~ excessive (*o* excess of) zeal, immoderate zeal; *–a indulgenza* over indulgence.

sovesciare *v.t.* (*sovescio, sovesci*) to green–manure. **sovescio** *m.* (*il sovesciare*) green manuring; (*piante sovesciate*) green manure.

soviet *m.* (*pl. inv.*/*sovieti*) soviet. □ ~ *supremo* Supreme Soviet. **sovietico** *a./s.* (*pl.* -ci) **I** *a.* Soviet, soviet: *Unione –a* Soviet Union. **II** *s.m.* (*f.* -a) Soviet. **sovietizzare** *v.t.* to Sovietize. **sovietizzazione** *f.* Sovietization. **sovietologia** *f.* Sovietology, Kremlinology. **sovietologo** *m.* (*pl.* -gi) Sovietologist, Kremlinologist.

sovrabbondante *a.* (super)abundant. **sovrabbondanza** *f.* (super)abundance. □ *in* ~ in great profusion (*o* plenty). **sovrabbondare** *v.i.* (*sovrabbondo; aus.* avere) **1** to (super)abound. **2** (*possedere in misura sovrabbondante*) to abound greatly (in).

sovraccapacità *f.* excess capacity, overcapacity.

sovraccaricare *v.t.* (*sovraccarico, sovraccarichi*) **1** to overload, to overburden. **2** ⟨*fig*⟩ to weigh down: ~ *qd. di lavoro* to weigh s.o. down with work, to overwork s.o. **3** ⟨*tecn*⟩ to overload. **sovraccarico** *a./s.* (*pl.* -chi) **I** *a.* **1** overloaded, overburdened: *automobile –a* overloaded car. **2** ⟨*fig*⟩ (*oberato*) weighed down: *essere* ~ *di compiti scolastici* to be weighed down with homework assignments. **3** ⟨*tecn*⟩ overloaded. **II** *s.m.* **1** overload, excessive (*o* surplus) load; (*peso eccedente*) excess weight, overweight. **2** ⟨*fig*⟩ excessive burden: ~ *di tasse* excessive burden of taxation. □ *essere* ~ *di debiti* to be deeply (*o* up to one's ears) in debt; *essere* ~ *di lavoro* to be up to one's ears in work.

sovracompressione *f.* overpressure.

sovraddosaggio *m.* ⟨*Farm*⟩ overdosing.

sovraesporre *v.* → sovresporre. **sovraesposizione** → sovresposizione.

sovraffaticare *v.t.* (*sovraffatico, sovraffatichi*) to overtire. **sovraffaticarsi** *v.r.* to overtire o.s. **sovraffaticato** *a.* overtired.

sovraffollamento *m.* overcrowding. **sovraffollare** *v.t.* (*sovraffollo*) to overcrowd. **sovraffollato** *a.* overcrowded.

sovralimentato *a.* supercharged. **sovralimentazione** *f.* ⟨*tecn*⟩ supercharging, boosting.

sovramodulare *v.t.* (*sovramodulo*) ⟨*Rad*⟩ to overmodulate. **sovramodulato** *a.* overmodulated. **sovramodulazione** *f.* overmodulation.

sovrana *f.* ⟨*Numism*⟩ **1** (*in Inghilterra*) sovereign. **2** (*nel Brabante*) souveraine. **sovranamente** *avv.* **1** (*da sovrano*) as (a) sovereign, sovereignly, royally. **2** ⟨*fig*⟩ (*superbamente*) superbly. **sovranità** *f.* **1** sovereignty: *la* ~ *del popolo* the sovereignty of the people. **2** (*indipendenza*) sovereignty, independence. **3** ⟨*fig*⟩ (*superiorità*) sovereignty, supremacy: *la* ~ *dello spirito sulla materia* the supremacy of mind over matter. □ *atto di* ~ act of sovereignty; ~ *personale* personal sovereignty; *piena* ~ full sovereignty; ~ *territoriale* territorial sovereignty. **sovrano I** *a.* **1** sovereign: *stato* ~ sovereign state; *potere* ~ sovereign power. **2** ⟨*fig*⟩ (*sommo*) supreme, sovereign. **II** *s.m.* (*f.* -a) **1** sovereign, ruler, monarch; (*re*) king: *alla presenza del* ~ in the presence of the king. **2** *pl.* (*re e regina*) king and queen. □ *il silenzio regnava* ~ silence reigned supreme.

sovra|nazionale *a.* ⟨*Pol*⟩ supernational. **~occupazione** *f.* ⟨*Econ*⟩ overemployment. **~passaggio** *m.* ⟨*Strad*⟩ flyover (bridge), overbridge, overpass.

sovrapponibile *a.* superimposable.

sovrappopolare *v.t.* (*sovrappopolo*) to overpopulate. **sovrappopolato** *a.* overpopulated. **sovrappopolazione** *f.* overpopulation.

sovrapporre *v.t.* (*sovrappongo, sovrapponi; sovrapposi, sovrapposto;* → porre) **1** to superimpose, to superpose: ~ *due figure* to superimpose two figures. **2** (*mettere sopra*) to put (*o* place) over, to lay on (top of): ~ *un libro a un altro* to put one book on (top of) another. **3** ⟨*Geom*⟩ to superpose. **4** ⟨*Mec*⟩ to overlap. **sovrapporsi** *v.r.* **1** to be superimposed, to be (*o* lie) over. **2** ⟨*fig*⟩ (*aggiungersi*) to be added: *nuovi dissidi si sono sovrapposti ai precedenti* new differences have been added to the previous ones. **sovrapposizione** *f.* superimposition (*anche fig.*). **sovrapposto** (*p.p. di sovrapporre*) *a.* **1** superimposed; (*messo sopra*) placed over (*o* on top of), laid on: *i mattoni sono –i uno sull'altro* the bricks are placed one on top of the other. **2** ⟨*Mec*⟩ overlapping.

sovrappressione *f.* ⟨*Fis*⟩ overpressure.

sovrapproduzione *f.* ⟨*Econ*⟩ overproduction.

sovrassicurazione *f.* double insurance.

sovrastampa *f.* overprint, superprint. **sovrastampare** *v.t.* to overprint, to superprint. **sovrastampato** *a.* overprinted.

sovrastante *a.* **1** standing (*o* towering) above; (*che guarda da sopra*) overlooking. **2** ⟨*fig*⟩ (*imminente*) impending, overhanging: *pericolo* ~ impending danger. **sovrastare** *v.* (*sovrasto, sovrasti; sovrastai, sovrastato;* → stare) **I** *v.t.* **1** to rise (*o* tower) above, to dominate: *il castello sovrasta il paese* the castle towers above the town; (*guardare dall'alto*) to overlook. **2** ⟨*fig*⟩ (*essere imminente*) to be imminent (*o* impending), to hang over, to overhang. **3** ⟨*fig*⟩ (*superare*) to overcome, to surpass: *egli sovrasta gli altri competitori* he surpasses the other contestants. **II** *v.i.* (*aus.* essere/avere) **1** to rise, to tower, to stand (*a* above, over), to dominate (s.th.); (*guardare dall'alto*) to overlook (s.th.). **2** ⟨*fig*⟩ (*essere superiore*) to be over (*a qd.* s.o.), to be superior (to).

sovrasterzante *a.* ⟨*Aut*⟩ oversteering. **sovrasterzare** *v.t.* (*sovrasterzo; aus.* avere) to oversteer. **sovrasterzata** *f.* oversteering.

sovra|struttura *f.* **1** ⟨*tecn*⟩ superstructure. **2** ⟨*fig*⟩ (*inutile aggiunta*) useless adjunct. **~tensione** *f.* ⟨*El*⟩ overvoltage, excess voltage.

sovrattassa *f.* extra tax.

sovreccitabile *a.* over–excitable. **sovreccitabilità** *f.* over–excitability. **sovreccitamento** *m.* over–excitement. **sovreccitare** *v.t.* (*sovreccito*) to over–excite. **sovreccitarsi** *v.r.* to become over–excited. **sovreccitato** *a.* over–excited. **sovreccitazione** *f.* over–excitement.

sovresporre *v.t.* (*sovrespongo, sovresponi; sovresposto;* → porre) ⟨*Fot*⟩ to overexpose. **sovresposizione** *f.* overexposure. **sovresposto** (*p.p. di sovresporre*) *a.*

overexposed.

sovrimposta f. additional tax, surtax.

sovrimpressione f. 1 ⟨Fot,Cin⟩ superimposed exposure, double exposure. 2 ⟨Tip⟩ overprint(ing). **sovrimpresso** a. ⟨Tip⟩ overprinted.

sovrintendere e der. → soprintendere e der.

sovrumano a. superhuman (anche fig.): sforzi –i superhuman efforts.

sovvenire v. (sovvengo, sovvieni; sovvenni, sovvenuto; → venire) I v.t. ⟨lett⟩ (aiutare) to help, to aid, to assist. II v.i. (aus. avere/essere) 1 (aiutare; aus. avere) to help (out); (provvedere) to take care of: ~ ai bisogni di qd. to take care of s.o.'s needs. 2 (venire alla mente; aus. essere) to come to mind, to occur: mi sovviene che it occurs to me that. **sovvenirsi** v.r. (ricordarsi) to remember (di qc. s.th.).

sovvenzionamento m. → sovvenzione. **sovvenzionare** v.t. (sovvenziono) (sussidiare) to subsidize; (finanziare) to finance. **sovvenzionatore** I s.m. (f. -trice) subsidizer; (finanziatore) (financial) backer, financer. II a. supporting, providing financial backing. **sovvenzione** f. subsidy, grant(-in-aid), financial support: accordare una ~ to grant a subsidy; ~ statale state subsidy, government aid. □ ~ all'edilizia abitativa housing subsidy.

sovversione f. subversion, overthrow(ing). **sovversivismo** m. 1 (movimento) subversivism. 2 (carattere, tendenza) subversive nature. **sovversivo** I a. subversive: propaganda –a subversive propaganda. II s.m. (f. -a) subversive (person). **sovvertimento** m. → sovversione. **sovvertire** v.t. (sovverto) to subvert, to overthrow, to overturn: ~ l'ordine costituito to subvert the established order. **sovvertitore** I s.m. (f. -trice) subverter, overthrower. II a. subversive.

sozzamente avv. filthily, foully (anche fig.). **sozzo** a. 1 (sporco) filthy, foul: mani –e filthy hands. 2 (ripugnante) loathsome, repulsive, disgusting. 3 ⟨fig⟩ (turpe) filthy, dirty, nasty: ~ affare dirty (o nasty) business. **sozzume** m. filth, filthy (o dirty) things pl (anche fig.). **sozzura** f. 1 (l'essere sozzo) filthiness. 2 (sporcizia) filth. 3 ⟨fig⟩ (l'essere turpe) foulness, filth, loathsomeness.

S.p.A. = ⟨Comm⟩ società per azioni joint-stock company.

spacca|legna m.inv. woodcutter. **~montagne** m.inv. braggart, big talker. **~pietre** m.inv. ⟨Strad⟩ stone breaker.

spaccare v.t. (spacco, spacchi) 1 to cut, to split, to cleave: ~ le pietre con lo scalpello to split the stones with a chisel. 2 (rompere) to break: ha spaccato il vetro con un sasso he broke the window with a rock; (rompere per aprire) to break open; (con l'accetta e sim.) to chop (up), to cut: ~ la legna to chop wood. **spaccarsi** v.r. 1 (fendersi) to split, to cleave. 2 (aprirsi) to break open. 3 (screpolarsi) to crack. 4 (frantumarsi) to break up, to shiver, to shatter. □ ⟨pop⟩ ~ la faccia (o il muso) a qd. to bash s.o.'s face in; ~ il minuto to be dead on time: questo orologio spacca il minuto this watch keeps perfect (o split-second) time; c'è un sole che spacca le pietre the sun is scorching; ⟨fam⟩ o la va o la spacca it's do or die. **spaccata** f. 1 ⟨Ginn⟩ split(s): fare la ~ to do splits. 2 ⟨gerg⟩ (furto commesso infrangendo una vetrina) smash-and-grab robbery (o raid). **spaccato** I a. 1 split, cut, cleft; (rif. a legna e sim.) chopped. 2 (screpolato) cracked. 3 (rotto) broken. 4 ⟨fig⟩ (vero e proprio) real, thorough, out-and-out: un bugiardo ~ a real liar. 5 ⟨fam⟩ (uguale) just like, the (spitting) image of: è suo padre ~ he is just like his father. II s.m. ⟨Arch⟩ vertical section. **spaccatura** f. 1 cutting, splitting, cleaving; (rif. a legna e sim.) chopping; (il rompere) breaking. 2 (crepa, fenditura) split, fissure, crevice: una ~ nella roccia a crevice in the rock.

spacciare v.t. (spaccio, spacci) 1 (vendere) to sell (off): ~ una partita di merce to sell off a lot of goods. 2 (mettere in circolazione) to put about (o into circulation), to pass: ~ monete false to pass counterfeit coins. 3 (diffondere) to spread (about), to put about: ~ menzogne to spread lies. 4 (far passare) to pass off: ~ ottone per oro to pass off brass as gold. 5 ⟨fam⟩ (dichiarare inguaribile) to give up

(all hope for), to despair of (the life of): i medici lo hanno spacciato the doctors have given up on him. **spacciarsi** v.r. to pass o.s. off, to pretend: si spaccia per un gran signore he passes himself off as a rich man. □ ~ stupefacenti to sell narcotics, ⟨fam⟩ to push, to peddle. **spacciato** a. ⟨fam⟩ 1 (dichiarato inguaribile) given up, done for: i medici lo hanno dichiarato ~ the doctors have given ˈhim upˈ (o up all hope for him). 2 ⟨pop⟩ (rovinato definitivamente) ruined, done for: se anche questo va male, sono ~ if this fails too ˈI'm done forˈ (o I've had it). **spacciatore** m. (f. -trice) 1 distributor, ⟨pop⟩ pusher: ~ di biglietti falsi distributor (o utterer) of counterfeit banknotes. 2 (rif. a notizie e sim.) spreader. □ ~ di droga drug pusher (o peddler). **spaccio** m. 1 (vendita) sale. 2 (rivendita, negozio) shop, ⟨am⟩ store: ~ di vini e liquori shop for the sale of wine and spirits, ⟨am⟩ liquor store; (nelle caserme, fabbriche e sim.) canteen. 3 (diffusione di cose illecite o false) pushing: ~ della droga pushing drugs. □ ~ aziendale company store.

spacco m. (pl. -chi) 1 split, cut, cleavage, cleft; (crepa) crack. 2 (fenditura) fissure, crevice. 3 ⟨Mod⟩ slit; (nella parte inferiore di una cucitura) vent. □ farsi uno ~ nella giacca to tear (o split) one's jacket. **spacconata** f. bragging, boasting, ⟨fam⟩ big talk. **spaccone** m. (f. -a) braggart, boaster, big talker, swaggerer. □ fare lo ~ to brag, to boast, to swagger, ⟨fam⟩ to talk big.

spada f. 1 sword (anche fig.): impugnare una ~ to hold a sword; la ~ della giustizia the sword (of justice). 2 pl. (nelle carte da gioco) spades pl. 3 ⟨Sport⟩ (nella scherma) épée, small sword. □ battersi con la ~ to fight with the sword; cingere la ~ to gird one's sword (anche fig.); ⟨fig⟩ ~ di Damocle sword of Damocles; ⟨Sport⟩ ~ elettrica electric épée; ⟨fig⟩ passare a fil di ~ to put to the sword; incrociare le –e to cross swords; ~ alla mano sword in hand; pesce ~ swordfish; riporre la ~ to sheathe one's sword; snudare la ~ to draw (o unsheathe) one's sword; a ~ tratta with drawn sword; (fig) with all one's might, vigorously: difendere qd. a ~ tratta to stand up vigorously for s.o.; ⟨fig⟩ difendersi a ~ tratta to defend o.s. with might and main. Prov.: chi di ~ ferisce di ~ perisce they that live by the sword shall die by the sword.

spadaccino m. swordsman. **spadaio** m. sword maker.

spadice m. ⟨Bot⟩ spadix.

spadino m. 1 dress sword. 2 ⟨Mil⟩ (officer's) dirk. **spadista** m. ⟨Sport⟩ fencer. **spadone** m. broadsword.

spadroneggiare v.i. (spadroneggio, spadroneggi; aus. avere) to lord it, to play (o act) the master, to be domineering (o bossy).

spaesato a. lost, bewildered, out of one's depth (o element): mi sento ~ senza di te I feel lost without you.

spaghettata f. ⟨fam⟩ spaghetti dinner. **spaghetto** m. 1 thin string. 2 pl. ⟨Alim⟩ spaghetti: questi –i sono buoni this spaghetti is good; –i al pomodoro (o sugo) spaghetti with tomato sauce.

spaginare v.t. (spagino) ⟨Tip⟩ to alter the paging (o pagination) of. **spaginatura** f. alteration of the paging.

spagliare v. (spaglio, spagli) v.t. to remove the straw (covering) from: ~ i fiaschi to remove the straw covering from flasks; (togliere dalla paglia) to unpack (o take out) from the straw. **spagliarsi** v.r. to lose the straw (covering). **spagliato** a. without (o which has lost) its straw: sedia –a chair without its straw bottom; un fiasco ~ a flask which has lost its straw covering.

spagna f. ⟨Bot⟩ lucerne, Spanish clover, ⟨am⟩ alfalfa.

Spagna N.pr.f. ⟨Geog⟩ Spain. **spagnola** f. ⟨Med⟩ Spanish (o pandemic) influenza. **spagnoleggiare** v.i. (spagnoleggio, spagnoleggi; aus. avere) to play the lord. **spagnolesco** a. (pl. -chi) ⟨spreg⟩ Spaniard–like. **spagnoletta** f. 1 spool, reel (of silk or cotton). 2 (serramento per finestra) window bolt. 3 ⟨region⟩ (arachide) peanut. **spagnolismo** m. 1 Spanish way of life, Spanish behaviour; (carattere spagnolo) Spanish character. 2 ⟨Ling⟩ Hispanicism. **spagnolo** I a. Spanish. II s.m. (f. -a) (lingua) Spanish. 2 (abitante; f. -a) Spaniard; pl. the Spanish (costr.pl.).

spago[1] m. (pl. -ghi) 1 string, twine. 2 ⟨Calz⟩ cobbler's thread, lingel, twine. □ ⟨fig⟩ dare ~ a qd. (incoraggiarlo) to give s.o. rope.

spago[2] *m.* (*pl.* **-ghi**) ⟨*fam,scherz*⟩ fright, ⟨*fam*⟩ funk: *avere* (*o prendersi*) *uno* ~ to have a fright.

spaiamento *m.* separation (of a pair). **spaiare** *v.t.* (**spaio**, **spai**) to split (*o* break) up, to separate. **spaiato** *a.* odd, not matching: *scarpe* –*e* odd shoes.

spalancare *v.t.* (**spalanco**, **spalanchi**) to throw open, to open wide: ~ *la finestra* to throw the window open. **spalancarsi** *v.r.* to open wide, to burst open: *la porta si è spalancata* the door burst open. □ ~ *le braccia* to open one's arms; ~ *gli occhi* to open one's eyes wide. **spalancato** *a.* **1** wide open: *occhi* –*i* wide open (*o* staring) eyes. **2** (*aperto*) open: *a braccia* –*e* with open arms. □ *restare a bocca* –*a* to gape.

spalare *v.t.* to shovel: ~ *la neve* to shovel snow. **spalata** *f.* shovelling. □ *dare una* ~ *a qc.* to shovel s.th.

Spalato *N.pr.f.* ⟨*Geog*⟩ Split.

spalatore *m.* (*f.* **-trice**) shoveller. **spalatrice** *f.* ⟨*Mecc*⟩ shovel. **spalatura** *f.* shovelling.

spalcatura *f.* ⟨*Silv*⟩ pruning, lopping.

spalla *f.* **1** ⟨*Anat*⟩ shoulder. **2** *pl.* (*dorso, schiena*) back: *scusate le* –*e* excuse me if I turn my back on you. **3** ⟨*Sart*⟩ shoulder: *un vestito stretto di* –*e* a dress narrow in the shoulders. **4** ⟨*fig*⟩ (*retro*) back, rear: *prendere il nemico alle* –*e* to take the enemy from the rear. **5** ⟨*Edil*⟩ abutment. **6** ⟨*Alim*⟩ shoulder ham. **7** ⟨*Tip*⟩ shoulder. **8** ⟨*teat*⟩ straight man. □ **a** ~ on one's back (*o* shoulders): *portare a* ~ to carry on one's back; ~ *a* ~ shoulder to shoulder; ⟨*scherz*⟩ **accarezzare** *le* –*e a qd.* (*bastonarlo*) to dust s.o.'s jacket; **alle** –*e di qd*: 1 (*dietro di lui*) behind s.o.; 2 = *dietro le spalle di qd.; assalire qd. alle* –*e* to fall on s.o. from behind (*o* the rear); ⟨*fig*⟩ *avere qd. alle* –*e* to have s.o. behind one̓ (*o* backing one up); ⟨*fig*⟩ *mangiare* (*o vivere*) *alle* –*e di qd.* to live off s.o.; *dire qc. alle* –*e di qd.* to say s.th. behind s.o.'s back; *ridere alle* –*e di qd.* to laugh at s.o. behind his back; **alzare** *le* –*e* to shrug (one's shoulders); ~ *d'*argine slope (of an embankment); **battere** *sulla* ~ *di qd.* to clap s.o. on the shoulder; (*leggermente*) to tap s.o. on the shoulder; ⟨*fig*⟩ *avere* **buone** –*e* to have broad shoulders; **buttarsi** *uno scialle sulle* –*e* to throw a shawl over (*o* round) one's shoulders; ⟨*fig*⟩ **dietro** *le* –*e di qd.* behind s.o.'s back; ⟨*fig*⟩ *buttarsi qc. dietro le* –*e* to think no more about s.th.; *parlar male dietro le* –*e di qd.* to speak badly of s.o. behind his back; *essere* **forte** *di* –*e* to have strong shoulders; **guardarsi** *alle* –*e* to protect one's rear; ⟨*fig*⟩ to protect o.s. against the unexpected; *essere* **largo** *di* –*e* to be broad-shouldered; ⟨*fig*⟩ **mettere** *qd. con le* –*e al* **muro** to put s.o. with his back to the wall; ⟨*fig*⟩ *essere con le* –*e al muro* (*non aver scampo*) to have one's back to the wall; *essere* **stretto** *di* –*e* to be narrow-shouldered; **su** *con le* –*e!* stand up straight!; ⟨*fig*⟩ *prendere qc.* **sulle** *proprie* –*e* to shoulder s.th., to take s.th. upon o.s.; *avere molti anni sulle* –*e* to be getting on in years; ⟨*fig*⟩ *avere qd. sulle* –*e* to be saddled with s.o.; *ho tutta la responsabilità sulle* –*e* all responsability falls on me; **tenere** ~ *a qd.* to support s.o.; **voltare** *le* –*e a qd.* to turn one's back on s.o. (*anche fig.*).

spallaccio *m.* **1** shoulder strap (of a knapsack). **2** ⟨*Mil*⟩ shoulder strap (on a uniform).

spallarm *intz.* ⟨*Mil*⟩ shoulder arms.

spallata *f.* **1** push (*o* shove) with the shoulder. **2** (*alzata di spalle*) shrug (of the shoulders).

spallazione *f.* ⟨*Atom*⟩ spallation.

spalleggiamento *m.* backing up, support(ing). **spalleggiare** *v.t.* (**spalleggio**, **spalleggi**) **1** to back up, to support: *era spalleggiato dal suo amico* he was backed up by his friend. **2** ⟨*Mil*⟩ to bear on the shoulders (*o* back). **spalleggiarsi** *v.r.* ⟨*recipr*⟩ to back e.o. up, to support e.o.

spalletta *f.* **1** (*parapetto*) parapet. **2** ⟨*Edil*⟩ jamb, reveal. **spalliera** *f.* **1** (*rif. a sedie, divani e sim.*) back: ~ *regolabile* adjustable back. **2** (*del letto: testata*) head(board); (*dalla parte dei piedi*) foot(board). **3** ⟨*Giard*⟩ espalier *una* ~ *di rose* a rose espalier. **4** ⟨*Ginn*⟩ (*anche spalliera svedese*) wall bars *pl.* **spallina** *f.* **1** ⟨*Mil*⟩ epaulet(te), ⟨*am*⟩ shoulder loop (*o* board). **2** ⟨*Mar.mil*⟩ epaulet(te), ⟨*am*⟩ shoulder mark (*o* loop, board). **3**

(*imbottitura*) shoulder pad(ding). □ ⟨*mil*⟩ *guadagnarsi le* –*e* to earn (*o* win) one's epaulet(te)s. **spallone** *m.* ⟨*gerg*⟩ (*chi porta a spalla il carico di contrabbando*) smuggler (who carries contraband on his back). **spalluccia** ⟨*fam*⟩ *fare spallucce* to shrug (one's shoulders). **spallucciata** *f.* shrug (of one's shoulder).

spalmare *v.t.* **1** to spread, to smear: ~ *il burro sul pane* to spread butter on bread; (*rif. a unguenti e sim.*) to rub (*o* put) on, to apply: ~ *il viso di crema* to apply cream to one's face. **2** (*ricoprire*) to coat, to cover: ~ *la teglia di burro* to coat the baking pan with butter. **spalmarsi** *v.r.* to smear (*o* spread) o.s. (*di* with); (*con creme e sim.*) to apply, to rub (*o* put) on. **spalmata** *f.* smear(ing), spreading; (*con unguenti e sim.*) application, rubbing (*o* putting) on. □ *dare una* ~ *di qc. a qc.* to smear (*o* spread) s.th. with s.th., to spread (*o* smear) s.th. on s.th.; (*con creme e sim.*) to apply s.th. to s.th. **spalmatrice** *f.* ⟨*Tess,Ind*⟩ spreader, spreading machine. **spalmatura** *f.* spreading, smearing.

spalto *m.* **1** (*bastionata*) glacis, bastion. **2** *pl.* (*gradinate*) steps *pl.*

spampanamento *m.* **1** (*lo spampanare*) stripping (*o* removing, thinning out) of vine leaves. **2** (*lo spampanarsi*) shedding (*o* losing) of leaves. **spampanare** *v.t.* (**spampano**) (*spogliare dei pampini*) to strip of vine leaves, to remove (*o* thin out) the leaves of. **spampanarsi** *v.r.* **1** (*perdere i pampini*) to shed (*o* lose) leaves. **2** (*rif. a fiori*) to be overblown. **spampanato** *a.* **1** stripped, thinned out, that has lost its leaves: *viti* –*e* stripped vines. **2** (*rif. a fiori*) overblown: *rosa* –*a* overblown rose.

spampinare *v.t.* (**spampino**) → spampanare.

spanare *v.t.* ⟨*tecn*⟩ to strip, to break the thread of. **spanarsi** *v.r.* ⟨*tecn*⟩ to strip. **spanato** *a.* ⟨*tecn*⟩ stripped.

spanciare *v.i.* (**spancio**, **spanci**; *aus.* avere) **1** (*rif. a tuffatore*) to (do) belly flop. **2** (*presentare uno spancio*) to bulge. **spanciarsi** *v.r.* **1** to split one's sides. **2** (*fare gobbe*) to bulge. □ ⟨*fam*⟩ *spanciarsi dalle risate* to split one's sides with laughter. **spanciata** *f.* **1** (*panciata*) belly flop. **2** ⟨*fam*⟩ (*scorpacciata*) big feed, ⟨*fam*⟩ bellyful. **2** ⟨*pop*⟩ *fare una* ~ *di qc.* to stuff o.s. with s.th.

spandere *v.t.* (**spandei**, **spanto**) **1** (*stendere*) to spread: ~ *la cera sul pavimento* to spread wax on the floor. **2** (*versare involontariamente*) to pour out, to spill: ~ *il vino sulla tovaglia* to spill wine on the tablecloth. **3** (*diffondere*) to diffuse, to give out (*o* of), to shed: *i fiori spandevano un delicato profumo* the flowers gave off a delicate scent; *la candela spandeva una luce tenue* the candle shed a feeble light. **4** ⟨*fig*⟩ (*divulgare*) to spread (about), to divulge: ~ *notizie false* to spread false rumours. **5** (*scialacquare*) to squander. **spandersi** *v.r.* **1** (*estendersi*) to spread, to extend: *la macchia si spande* the stain is spreading. **2** (*versarsi*) to pour, to spill. **3** (*effondersi*) to spread, to be shed (*o* radiated, spread): *l'odore si spande per tutta la stanza* the smell is spreading throughout the room. **4** ⟨*fig*⟩ (*divulgarsi*) to be spread (*o* divulged).

spandi|cera *m.inv.* floor polisher. **~concime** *m.inv.* ⟨*Agr*⟩ manure spreader, fertilizer spreader. **~fieno** *m.inv.* tedder, hay spreader. **~letame** *m.inv.* manure spreader. **~liquami** *m.inv.* liquid manure spreader. **~sabbia** *m.inv.* sand spreader.

spaniare *v.* (**spanio**, **spani**) *v.t.* to free (*o* remove) from bird lime.

spanna *f.* span. □ ⟨*scherz*⟩ *essere alto una* ~ to be knee-high to a grasshopper.

spannare *v.t.* (*levare la panna*) to skim, to cream. **spannatoia** *f.* skimmer. **spannatura** *f.* skimming, creaming.

spannocchiare *v.t.* (**spannocchio**, **spannocchi**) to husk, to shuck. **spannocchiatura** *f.* husking, shucking.

spantanare *v.t.* **1** to get out of the mire (*o* mud, bog). **2** ⟨*fig,scherz*⟩ (*trarre d'impaccio*) to get out of a fix.

spanto → spandere.

spappolamento *m.* **1** (*lo spappolare*) mashing; (*lo spappolarsi*) becoming pulpy (*o* mushy). **2** ⟨*Med*⟩ crushing. **spappolare** *v.t.* (**spappolo**) **1** to (reduce to) pulp, to mash. **2** ⟨*Med*⟩ to crush. **spappolarsi** *v.r.* **1** to become pulpy (*o* mushy), to be reduced to a pulp: *il riso fatto cuocere troppo si spappola* overcooked rice becomes mushy. 2 ⟨*Med*⟩ to be(come) crushed. **spappolato** *a.* 1 pulpy, mushy. 2 ⟨*Med*⟩ crushed.

sparacchiare *v.t.* (**sparacchio, sparacchi**) to fire intermittent shots.

sparagnino *a.* ⟨*region*⟩ (*tirchio*) miserly, niggardly, tight, stingy.

sparare I *v.t.* 1 to shoot: ~ *un proiettile* to shoot a bullet. 2 (*scaricare*) to fire, to shoot, to discharge: ~ *un fucile* to fire a gun. 3 (*far esplodere*) to fire: ~ *una revolverata* to fire a shot. 4 ⟨*fig*⟩ (*sferrare*) to strike, to deal, to deliver, to give: ~ *un calcio* to give a kick. 5 ⟨*fam*⟩ (*dire cose esagerate*) to tell (in an exaggerated way), to talk: ~ *balle* to talk tripe. 6 ⟨*Sport*⟩ to shoot: ~ *il pallone in rete* to shoot a goal. **II** *v.i.* (*aus.* avere) 1 to shoot, to fire (*a* at); (*colpire sparando*) to shoot (*a qd.* s.o.). 2 ⟨*Mil*⟩ (*tenere sotto il fuoco*) to fire (*contro, su, a* on), to shoot (at). **spararsi** *v.r.* to shoot o.s. □ ~ *calci*: 1 (*rif. ad animali*) to kick (out); 2 (*rif. a persone*) to kick; ⟨*fam*⟩ *spararle grosse* to talk big, to tell stories; ~ *a salve* to fire salvoes; ~ *a zero* to shoot point–blank; ⟨*fig*⟩ to be ruthless, to show no pity. **sparata** *f.* 1 (*atto*) shooting, firing, discharging. 2 (*effetto*) shot, discharge. 3 ⟨*fig*⟩ (*smargiassata*) brag(ging), boast(ing).

sparato¹ *a.* ⟨*pop*⟩ (*veloce*) fast, quick, like ˈa shotˈ (*o* greased lightning). □ *sta arrivando* ~ he is coming ˈat top speedˈ (*o* as fast as he can).

sparato² *m.* ⟨*Vest*⟩ (*nelle camicie da uomo*) shirt front.

sparatore *m.* (*f.* -trice) shooter. **sparatoria** *f.* 1 (*scambio di colpi d'arma da fuoco*) exchange of shots, shoot–out. 2 (*susseguirsi di spari*) shooting.

sparecchiare *v.t.* (**sparecchio, sparecchi**) 1 to clear; (*rif. a stoviglie e sim.*) to clear away. 2 ⟨*assol*⟩ to clear the table.

spareggio *m.* 1 (*disparità, disuguaglianza*) disparity, difference, inequality. 2 (*nei giochi di carte*) deciding game. 3 ⟨*Sport*⟩ play–off, decider: *disputare lo* ~ to play the play–off, to play off. 4 ⟨*Econ*⟩ (*disavanzo*) deficit, loss.

spargere *v.t.* (**spargo, spargi; sparsi, sparso**) 1 to scatter, to strew: ~ *i semi nel campo* to scatter seeds in the field. 2 (*rif. a persone: sparpagliare*) to scatter, to spread. 3 (*diffondere*) to give out (*o* off), to shed, to diffuse: ~ *calore* to give off heat. 4 (*versare*) to pour (out), to spill, to shed: ~ *il vino sulla tovaglia* to spill wine on the tablecloth. 5 (*cospargere*) to scatter, to strew, to spread: ~ *una tomba di fiori* to strew a tomb with flowers. 6 ⟨*fig*⟩ (*diffondere*) to spread, to sow, to scatter: ~ *malumori* to sow discontent; (*divulgare*) to spread (about): ~ *voci* to spread gossip. **spargersi** *v.r.* 1 to scatter, to spread (out): *i soldati si sparsero nelle campagne* the soldiers scattered over the countryside. 2 ⟨*fig*⟩ (*diffondersi*) to spread: *la notizia si sparse subito* the news spread fast; *l'epidemia si sparge* the epidemic is spreading. □ ~ *denaro a piene mani* to spend money ˈhand over fistˈ (*o* like water); ~ *sale su qc.* to sprinkle salt on s.th.; ⟨*fig*⟩ ~ *sangue* to shed (*o* spill) blood. **spargimento** *m.* 1 scattering, strewing. 2 (*diffusione*) shedding. 3 (*versamento*) pouring (out), spilling, shedding. □ ⟨*fig*⟩ ~ *di sangue* bloodshed.

spargi|pepe *m.inv.* pepper shaker. **~sale** *m.inv.* salt shaker. **~talco** *m.inv.* talcum duster.

sparigliare *v.t.* (**spariglio, sparigli**) to break up a pair (*o* team) of: ~ *i cavalli* to break up a team of horses.

sparire *v.i.* (**sparisco, sparisci**; *aus.* essere) 1 to disappear, to vanish: ~ *tra la folla* to vanish in the crowd. 2 (*non essere più visibile*) to disappear, to fade away, to go: *le cicatrici dell'operazione sono sparite* the scars from the operation have gone (*o* faded away). 3 ⟨*fig*⟩ (*essere introvabile*) to disappear, to vanish (into thin air), to be gone: *il libro è sparito* the book has disappeared (*o* gone). □ ⟨*fig*⟩ ~ *dalla faccia della terra* (*morire*) to take leave of the world; *far* ~: 1 (*occultare*) to hide, to conceal; 2 (*rubare*) to steal, to rob, ⟨*fam*⟩ to pinch; 3 (*consumare*) to go through; 4 (*uccidere*) to kill, ⟨*fam*⟩ to bump off. **sparizione** *f.* disappearance.

sparlare *v.i.* (*aus.* avere) 1 to speak ill (*di* of), to slander,

⟨*fam*⟩ to run down (s.o.): *sparlavano di tutti* they ran everyone down. 2 (*parlare a sproposito*) to talk nonsense.

sparo¹ *m.* shot: *uno* ~ *di fucile* a rifle shot; (*rumore*) shot, report: *ho sentito uno* ~ I heard a shot.

sparo² *m.* ⟨*Itt*⟩ (*sarago*) sargo, sargus, sar.

sparpagliamento *m.* scattering. **sparpagliare** *v.t.* (**sparpaglio, sparpagli**) 1 to scatter, to strew, to throw about: ~ *le carte sul tavolo* to scatter the cards on the table. 2 (*mandare qua e là*) to scatter: ~ *agenti in borghese per la città* to scatter plain–clothes men all over town. **sparpagliarsi** *v.r.* to scatter, to be scattered. **sparpagliatamente** *avv.* scatteredly; (*in disordine*) in disorder. **sparpagliato** *a.* scattered.

sparsi → **spargere**.

sparso (*p.p. di* spargere) *a.* 1 scattered, strewn (here and there): *libri sul tavolo* books scattered (*o* lying about) on the table. 2 (*cosparso*) strewn, spread, scattered, sprinkled (*di* with): *prato* ~ *di fiori* field strewn with flowers, flower–strewn field. 3 (*versato*) shed, spilled, poured (out): *sangue* ~ *in guerra* blood shed in battle. 4 (*sciolto*) loose: *capelli* –*i* loose (*o* flowing) hair.

Sparta *N.pr.f.* ⟨*Geog*⟩ Sparta.

Spartaco *N.pr.m.* Spartacus (*anche Stor.*).

spartanamente *avv.* Spartanly, in a Spartan manner. **spartano I** *a.* Spartan (*anche fig.*): *educazione* –*a* Spartan upbringing. **II** *s.m.* (*f.* -a) Spartan.

sparteina *f.* ⟨*Chim*⟩ sparteine.

sparti|acque *m.inv.* ⟨*Geog*⟩ watershed, divide. **~neve** *m.inv.* ⟨*Strad, Ferr*⟩ snow plough.

spartire *v.t.* (**spartisco, spartisci**) 1 (*dividere in parti*) to divide up (*o* out), to share (*o* parcel) out, to split (*o* carve) up: *spartirsi il bottino* to split up the loot; ~ *il guadagno* to divide up the profits; *il denaro verrà spartito fra i soci* the money will be shared out among the partners. 2 (*separare, dividere*) to separate, to part, to divide: ~ *due litiganti* to part two quarrellers. 3 (*rif. a capelli*) to part. □ ⟨*fig*⟩ *non aver nulla da* ~ *con qd.* to have nothing in common with s.o. **spartito** *m.* ⟨*Mus*⟩ score.

spartitraffico *m.inv.* ⟨*Strad*⟩ median strip, fender strip.

spartizione *f.* division, dividing up, sharing out: *la* ~ *dell'eredità* the dividing up of the inheritance.

sparto *m.* ⟨*Bot*⟩ esparto.

sparutezza *f.* 1 emaciation, gauntness. 2 ⟨*fig*⟩ (*esiguità*) scantiness, meagreness. **sparuto** *a.* 1 emaciated, gaunt, haggard: *un bambino dal viso* ~ a child with a gaunt face. 2 ⟨*fig*⟩ (*esiguo*) scant(y), meagre.

sparviere, sparviero *m.* 1 ⟨*Ornit*⟩ sparrow hawk. 2 ⟨*Mur*⟩ mortar board.

spasimante *m.* ⟨*scherz*⟩ (*innamorato*) lover, suitor, wooer, ⟨*lett,scherz*⟩ swain. **spasimare** *v.i.* (**spasimo**; *aus.* avere) 1 to be racked with (spasms of) pain. 2 ⟨*estens*⟩ (*soffrire*) to suffer: ~ *di* (*o dalla*) *sete* to suffer thirst. 3 ⟨*fig*⟩ (*desiderare ardentemente*) to long, to yearn, to crave: ~ *di rivedere qd.* to long to see s.o. again. □ ~ *per qd.* (*essere innamorato*) to be (head over heels) in love with s.o. **spasimo** *m.* 1 spasm (of pain), pang, agony: –*i di morte* pangs of death, death agony. 2 (*sofferenza, ansia*) pang, agony: –*i dell'amore* pangs of love; *gli* –*i dell'attesa* the agony of waiting. **spasmo** *m.* ⟨*Med*⟩ spasm. **spasmodicamente** *avv.* 1 spasmodically. 2 (*angosciosamente*) agonizingly, distressingly. **spasmodico** *a.* (*pl.* -ci) 1 ⟨*Med*⟩ spasmodic(al). 2 ⟨*fig*⟩ (*angoscioso*) agonizing, distressing.

spasmofilia *f.* ⟨*Med*⟩ spasmophilia. **spasmolitico** *a./s.m.* (*pl.* -ci) ⟨*Farm*⟩ spasmolytic.

spassare *v.t.* (*divertire*) to amuse, to entertain. **spassarsi** *v.r.* to have fun (*o* good time). □ *spassarsela* to have the time of one's life, ⟨*fam*⟩ to have a ball.

spassionatamente *avv.* dispassionately, impartially. **spassionatezza** *f.* impartiality, lack of bias (*o* prejudice). **spassionato** *a.* dispassionate, impartial, unbiased.

spasso *m.* 1 (*divertimento*) fun, entertainment, lark: *darsi agli* –*i* to have fun. 2 ⟨*scherz*⟩ (*persona spassosa*) wag, ⟨*fam*⟩ scream: *quel ragazzo è uno* ~ that boy is a scream. □ *andare a* ~ to go out for a walk; (*a zonzo*) to loaf; ⟨*fam*⟩ *andate a* ~*!*: 1 (*andate via*) beat it!, ⟨*fam*⟩ clear off!; 2 (*smettetela*) stop it!; **essere** *a* ~ to be out for a walk; **mandare** *a* ~ *qd.:* 1 to send s.o. out for a walk; 2 ⟨*fam*⟩ (*licenziarlo*) to sack s.o.; 3 ⟨*scherz*⟩ (*toglierselo dai piedi*) to get rid of s.o.; **portare** *qd. a* ~ to take s.o. out for a walk; ⟨*pop*⟩ **trovarsi** *a* ~ (*essere disoccupato*) to be unemployed (*o* out of work).

spassoso *a.* amusing, entertaining.

spasticità *f.* ⟨*Med*⟩ spasticity. **spastico** *a./s.m.* (*pl.* -**ci**; *f.* -**a**) spastic.

spastoiare *v.t.* (**spastoio**, **spastoi**) to unfetter (*anche fig.*). **spastoiarsi** *v.r.* **1** to free o.s. of one's hobbles (*o* fetters). **2** ⟨*fig*⟩ to free o.s. (*da* from).

spata *f.* ⟨*Bot*⟩ spathe.

spatico *a.* (*pl.* -**ci**) ⟨*Min*⟩ spathic, spathose. **spato** *m.* spar. □ ~ *d'Islanda* Iceland spar (*o* crystal).

spatola *f.* **1** spatula. **2** ⟨*Ornit*⟩ spoonbill.

spauracchio *m.* **1** (*spaventapasseri*) scarecrow. **2** ⟨*fig*⟩ bugbear, bogey(man), bugaboo: *la matematica è il suo* ~ maths is his bugbear. **spaurire** *v.t.* (**spaurisco**, **spaurisci**) to frighten, to scare. **spaurirsi** *v.r.* (*spaventarsi*) to frightened (*o* scared). **spaurito** *a.* frightened, scared.

spavaldamente *avv.* arrogantly, boldly. **spavalderia** *f.* **1** arrogance, boldness, ⟨*fam*⟩ cockiness. **2** (*bravata*) boast, bragging. **spavaldo** **I** *a.* **1** arrogant, cocksure, ⟨*fam*⟩ cocky: *un giovane* ~ an arrogant youth. **2** (*audace*) bold, daring. **II** *s.m.* (*f.* -**a**) arrogant (*o* cocksure) person; (*millantatore*) boaster, braggart. □ *fare lo* ~ to be a show-off (*o* braggart); *smetti di fare lo* ~ stop bragging.

spaventapasseri *m.inv.* scarecrow (*anche fig.*).

spaventare *v.t.* (**spavento**) **1** to frighten, to scare: *quel rumore mi ha spaventato* that noise frightened me. **2** ⟨*estens*⟩ (*preoccupare*) to frighten, to worry, to alarm: *il tuo stato di salute mi spaventa* the state of your health worries me. **spaventarsi** *v.r.* to be(come) frightened (*o* scared, terrified), to take (*o* get a) fright: *non spaventatevi* don't be frightened; (*rif. a cavalli*) to take fright. **spaventato** *a.* frightened, scared: *il bambino era tutto* ~ the child was thoroughly frightened. **spaventevole** *a.* **1** frightening, frightful, fearful. **2** (*orribile*) terrible, horrible, dreadful, awful. **spavento** *m.* **1** fear, fright, scare: *provare uno* ~ to have a scare. **2** ⟨*iperb*⟩ (*persona, cosa molto brutta*) fright: *quella donna è uno* ~ that woman is a fright. □ *brutto da fare* ~ frightfully ugly; *fare* (*o mettere*) ~ *a qd.* to frighten (*o* scare) s.o.; ⟨*enfat*⟩ *morire di* (*o dallo*) ~ to be scared to death; *prendersi uno* ~ to be frightened.

spaventosamente *avv.* **1** fearfully, frightfully. **2** ⟨*fam*⟩ (*moltissimo*) terribly, awfully, dreadfully: *sono* ~ *stanco* I am terribly tired. **spaventoso** *a.* **1** frightful, dreadful, frightening: *una sciagura* -*a* a frightful disaster, *una visione* -*a* a dreadful sight. **2** ⟨*iperb*⟩ (*grande, incredibile*) tremendous, incredible, fantastic: *avere una fortuna* -*a* to have incredible luck. □ *in modo* ~ terribly, frightfully: *guida la macchina in modo* ~ he drives terribly.

spaziale *a.* **1** space-, spatial: *volo* ~ space flight; *era* ~ space age; *tuta* ~ space suit. **2** ⟨*Mat*⟩ space-: *geometria* ~ space geometry. **spazialità** *f.* ⟨*Arch,Pitt*⟩ spatiality, effect of space. **spazializzare** *v.t.* ⟨*Filos*⟩ to spatialize. **spazializzazione** *f.* spatialization. **spaziare** *v.* (**spazio**, **spazi**) **I** *v.t.* ⟨*Tip*⟩ to space. **II** *v.i.* (*aus.* avere) **1** to roam, to wander, to sweep: *le rondini spaziano nel cielo* the swallows sweep through the sky. **2** ⟨*fig*⟩ to range, to rove: ~ *in* (*o per*) *tutti i campi del sapere* to range over all the fields of knowledge. **spaziato** *a.* ⟨*Tip*⟩ spaced. □ *non* ~ set solid; ~ *a un punto* one-point letter-spaced. **spaziatore** *a.* space-, spacing: *barra spaziatrice* space bar. **spaziatura** *f.* ⟨*Tip*⟩ spacing. **spazieggiare** *v.t.* (**spazieggio**, **spazieggi**) **1** to space (*o*ut), to place at intervals. **2** ⟨*Tip*⟩ to letter-space, to space out. **spazieggiatura** *f.* ⟨*Tip*⟩ letter-spacing.

spazientire *v.t.* (**spazientisco**, **spazientisci**) to make lose one's patience. **spazientirsi** *v.r.* to lose one's patience. **spazientito** *a.* out of patience.

spazio *m.* **1** space: *la conquista dello* ~ the conquest of space. **2** (*posto*) room, space: *il tavolo occupa troppo* ~ the table takes up too much room; *l'articolo non è stato pubblicato per mancanza di* ~ the article was not

published for lack of space. **3** (*distanza, intervallo*) space, distance: *lo* ~ *tra le file dei banchi* the space between the rows of desks; *scrivendo osserva gli spazi tra le righe* when you write ⌈leave the right amount of space between the lines⌉ (*o* space out the lines properly). **4** (*rif. a tempo*) space, lapse (*o* period) of time, spell, *spesso non si traduce: fece la traduzione nello* ~ *di cinque giorni* he did the translation in (the space of) five days. **5** ⟨*Geom,Mus,Tip*⟩ space. **6** ⟨*Inform*⟩ (*carattere spazio*) blank. □ ~ *aereo* air space; *nello* ~ *di un* **anno** in a year, in a year's time; (*entro un anno*) within a year; ⟨*Tip*⟩ ~ *in* bianco blank (space); *lasciare uno* ~ *bianco* to leave a blank space; ⟨*Aut*⟩ ~ *di* frenata braking distance; ~ geometrico geometric space; ⟨*Anat*⟩ ~ intercostale intercostal space; **prendere** ~ to take up room; ~ pubblicitario advertising space; *in breve* ~ *di* tempo in a short time, soon; **trasportato** *nello* ~ spaceborne; –*i* verdi open spaces; ~ vitale living space.

spazio|dromo *m.* space launching centre. ~**nave** *f.* spaceship, spacecraft. ~**porto** *m.* launching base.

spaziosamente *avv.* spaciously. **spaziosità** *f.* **1** spaciousness, roominess. **2** (*ampiezza*) width, breadth. **spazioso** *a.* **1** spacious, roomy. **2** (*ampio*) spacious, wide, broad: *strade* -*e* broad streets. **spazio-tempo** *m.* ⟨*Fis*⟩ space–time.

spazza|camino *m.* chimney-sweeper. ~**mine** *m.inv.* ⟨*Mar*⟩ mine sweeper. ~**neve** *m.inv.* **1** ⟨*Strad,Ferr*⟩ snow plough. ⟨*Sport*⟩ snow plough: *curva a* ~ snow plough turn.

spazzare *v.t.* **1** to sweep: ~ *il pavimento* to sweep the floor; (*rif. a stanze*) to sweep out. **2** (*portar via*) to sweep away (*o* up), to remove: ~ *il sudiciume* to sweep away the dirt. **3** ⟨*fig*⟩ to sweep: *un forte vento spazzava le strade* a strong wind swept the streets; (*portar via*) to sweep (*o* drive) away: *il vento ha spazzato le nuvole* the wind has swept the clouds away. **4** ⟨*fig*⟩ (*togliere di mezzo, distruggere*) to wipe out, to do away with, to sweep away: ~ *i pregiudizi* to wipe out prejudice. □ ~ *via*: 1 to sweep away: ~ *via la polvere* to sweep away the dust; 2 ⟨*fig*⟩ to sweep (*o* drive) away; (*dissipare*) to dispel, to dissipate: *il sole ha spazzato via la nebbia* the sun dissipated the fog; 3 ⟨*fig*⟩ (*distruggere*) to wipe out, to do away with, to sweep away: *il ciclone ha spazzato via la casa* the cyclone swept the house away; 4 (*fare piazza pulita*) to make a clean sweep.

spazzata *f.* quick sweep(ing), sweep-out. □ *dare una* ~ *a qc.* to give s.th. a quick sweep. **spazzatura** *f.* **1** cleaning, sweeping: ~ *delle strade* street cleaning. **2** ⟨*concr*⟩ (*immondizia*) rubbish, garbage, ⟨*am*⟩ trash. **3** ⟨*fig*⟩ (*cosa spregevole*) rubbish, dirt: *mi tratta come se fossi* ~ he treats me like dirt. **spazzaturaio** *m.* **1** dustman, garbage collector. **2** (*spazzino*) street-sweeper, road sweeper. **spazzino** *m.* street-sweeper, road sweeper, ⟨*am*⟩ garbage collector.

spazzola *f.* brush (*anche El.*). □ *capelli tagliati a* ~ crew-cut hair; *baffi tagliati a* ~ toothbrush moustache; ~ *per* abiti clothes brush; *dare un* colpo *di* ~ *a qc.* to give s.th. a quick brush(ing); ~ metallica wire brush; ⟨*Aut*⟩ ~ *del* tergicristallo windscreen wiper.

spazzolare *v.t.* (**spazzolo**) to brush. □ *spazzolarsi i capelli* to brush one's hair. **spazzolata** *f.* quick brush(ing), brush-up: *dare una* ~ *a qc.* to give s.th. a quick brushing (*o* brush-up). **spazzolino** *m.* **1** (small) brush: ~ *per le unghie* nail brush. **2** (*spazzolino da denti*) toothbrush. **spazzolone** *m.* (*per lavare i pavimenti*) scrub(bing) brush; (*per lucidare*) floor polisher.

speaker *ingl.* ['spi:kər] *m.* **1** ⟨*Rad,TV*⟩ announcer; (*nello sport*) commentator. **2** ⟨*GB,SU*⟩ (*presidente della camera*) Speaker.

specchiarsi *v.r.* (**mi specchio**, **ti specchi**) **1** to look at o.s. in the mirror: *sta sempre a specchiarsi* she's always looking at herself in the mirror. **2** (*riflettersi: rif. a persone*) to look at one's reflection: ~ *nelle vetrine* to look at one's reflection in the shop windows; (*rif. a cose*) to be reflected (*o* mirrored): *la casa si specchia nel lago* the house is reflected in the lake. **specchiato** *a.* (*esemplare*) exemplary, model-, upright: *uomo di* -*e virtù* man of exemplary virtue. **specchiera** f. ⟨Arred⟩ **1** (large) mirror. **2** (tavolino con lo specchio) dressing table.

specchietto m. **1** (da borsetta) handbag mirror. **2** (prospetto riassuntivo) table: ~ dei verbi irregolari table of irregular verbs. **3** ⟨Venat⟩ mirror decoy for luring skylarks. □ ⟨fig⟩ ~ per allodole lure, decoy, bait; ⟨Aut⟩ ~ di cortesia vanity mirror; ~ del dentista dental mirror; ⟨Aut⟩ ~ panoramico panoramic mirror; ⟨Aut⟩ ~ retrovisore driving (o rearview) mirror.

specchio m. **1** mirror, looking glass: guardarsi nello (o allo) ~ to look at o.s. in the mirror. **2** ⟨fig⟩ (immagine) mirror, image: gli occhi sono lo ~ dell'anima the eyes are the mirror of the soul. **3** ⟨fig⟩ (esemplare) example, model, pattern: uno ~ di probità a model of honesty. **4** ⟨fig⟩ (prospetto) table, ⟨am⟩ schedule. **5** ⟨Ott,Astr⟩ speculum. □ **a** ~ mirror-: scrittura a ~ mirror writing; ~ d'acqua sheet (o expanse, stretch) of water; ~ da barba shaving mirror; liscio come uno ~ as smooth as a mirror; pulito come uno ~ spotlessly clean, spick-and-span; ⟨Ott⟩ ~ concavo concave mirror; ~ deformante distorting mirror; ⟨Chir⟩ ~ frontale forehead mirror; ~ ingrandente (o a ingrandimento) magnifying mirror; ~ del lago surface of the lake; ⟨Mar⟩ ~ libero free surface; ~ magico magic mirror; ~ parabolico parabolic mirror (o reflector); ⟨Ott⟩ ~ piano plane mirror; stare allo ~ to preen o.s. in the mirror; ~ ustorio burning glass.

speciale I a. **1** special: ha avuto per lui uno ~ riguardo he had a special regard for him. **2** (straordinario) special, extraordinary: numero ~ special issue. **3** (di qualità superiore,scelto) special, choice, premium, best quality-, fine: birra ~ premium beer. II s.m. ⟨TV⟩ special. □ in modo ~ (e)specially, particularly, in a special way. **specialista** m./f. **1** specialist, expert. **2** (medico specialista) specialist: uno ~ delle malattie degli occhi an eye specialist. **3** ⟨Mil,Sport⟩ specialist. **specialistico** a. (pl. -ci) **1** specialistic, specialist-. **2** (che concerne un medico specialista) specialist-, specialist's, by (o of) a specialist: visita –a specialist's examination, examination by a specialist. **specialità** f. **1** (particolarità, singolarità) speciality, specialness. **2** (settore,ramo) special(i)ty, field, branch, line. **3** (competenza, bravura) special(i)ty, line: le nature morte sono la ~ di questo pittore still life is this painter's speciality; ⟨scherz⟩ rompere i bicchieri è la sua ~ his line is breaking glasses. **4** (prodotto caratteristico, piatto tipico) special(i)ty. **5** ⟨Sport,Mil⟩ speciality. **6** ⟨Aer⟩ class, category. □ ⟨Mil⟩ ~ d'arma special branch; ~ farmaceutica (o medicinale) proprietary medicine, pharmaceutical (preparation); ~ gastronomiche gourmet food sing.

specializzare v.t. to specialize. **specializzarsi** v.r. to specialize, to become a specialist (o an expert), to become specialized. **specializzato** a. **1** specialized, skilled, expert: industria –a specialized industry. **2** ⟨Biol⟩ specialized. □ operaio ~ skilled worker, technician, specialist; operaio non ~ unskilled worker. **specializzazione** f. specialization. □ ~ eccessiva overspecialization; ~ del lavoro labour specialization.

specialmente avv. especially, particularly.

specie I s.f.inv. **1** kind, sort, type: che ~ d'uomo è costui? what kind of man is he?; merci di diverse ~ merchandise of various kinds. **2** (aspetto) (outward) form, aspect, ⟨lett⟩ species: apparve in ~ di angelo he appeared in the form of an angel. **3** ⟨Biol⟩ species. **4** ⟨Mat⟩ quantity, species. **5** ⟨Teol⟩ species: sotto le ~ del pane e del vino under the species of bread and wine. II avv. especially, particularly, in particular: il film è piaciuto ~ ai ragazzi the film pleased the children in particular. □ ⟨Biol⟩ conservazione della ~ conservation of the species; una ~ di a sort (o kind) of, some sort of: mi hanno dato una ~ di brodaglia they gave me a kind of watery soup; fare ~ a qd. to cause surprise to s.o., to surprise s.o.: la sua assenza mi fa ~ his absence surprises me; ⟨Zool,Bot⟩ ~ minacciate endangered species; l'origine della ~ the origin of the species; della peggior ~ of the worst kind (o type, sort); ~ protette protected species; protezione della ~ protection of the species; sotto ~ di: 1 (in aspetto di) under the appearance of; 2 (in forma di) in the form of; ~ umana

humankind, mankind.

specifica f. **1** ⟨Comm,burocr⟩ (distinta) detailed list: fatemi avere una ~ please send me a detailed list; (nota) detailed (o itemized) bill. **2** ⟨tecn⟩ specification. **specificabile** a. specifiable. **specificamente** avv. especially, particularly, in particular, specifically. **specificare** v.t. (specifico, specifichi) **1** to specify, to state precisely: ~ le circostanze in cui è avvenuto il delitto to specify the circumstances in which the crime occurred. **2** (elencare dettagliatamente) to list in detail. **specificatamente** avv. in detail, precisely. **specificativo** a. specifying, specificative. **specificato** a. specified. **specificazione** f. **1** (lo specificare) specification, specifying. **2** (indicazione particolareggiata) specification; (descrizione dettagliata) specification, detailed description. □ ⟨Gramm⟩ complemento di ~ genitive case. **specificità** f. specificity, specificness. **specifico** a./s. (pl. -ci) I a. **1** (della specie) specific, of the species: differenze specifiche specific differences. **2** (particolare, determinato) specific, particular: preparazione –a specific preparation. **3** (precisato) specific, precise, explicit: accuse specifiche specific accusations. **4** ⟨Fis,Med⟩ specific: peso ~ specific weight (o gravity). II s.m. ⟨Med⟩ specific (remedy).

specillare v.t. ⟨Chir⟩ to probe. **specillo** m. probe.

specimen lat. m. **1** (saggio) specimen, sample. **2** ⟨Edit⟩ specimen. **3** ⟨Econ⟩ handwriting (o signature) specimen.

speciosamente avv. speciously. **speciosità** f. ⟨lett⟩ speciousness, speciosity. **specioso** a. ⟨lett⟩ specious, ostensible.

specola f. (osservatorio astronomico) observatory.

specolo m. ⟨Med⟩ speculum.

speculare¹ v. (speculo) I v.i. (aus. avere) **1** (indagare con l'intelletto) to speculate. **2** ⟨Econ⟩ to speculate: ~ in borsa to speculate on the Stock Exchange. **3** ⟨estens,spreg⟩ (sfruttare una situazione) to take advantage (su of), to exploit (s.th.): ~ sull'ignoranza altrui to take advantage of other people's ignorance. II v.t. to consider, to reflect upon, to investigate, to inquire into. □ ⟨Econ⟩ ~ al rialzo to bull; ~ al ribasso to bear.

speculare² a. specular, mirror-, of a mirror.

specularmente avv. (secondo una riflessione speculare) specularly. **speculativo** a. speculative (anche Econ.): mente –a speculative mind; conoscenza –a speculative knowledge; un'impresa –a a speculative enterprise. **speculatore** I s.m. (f. -trice) **1** ⟨Econ⟩ speculator. **2** ⟨spreg⟩ profiteer, speculator, promoter. II a. speculative. □ ~ di borsa stock jobber, stockbroker; ~ al rialzo bull; ~ al ribasso bear. **speculatorio** a. ⟨Econ⟩ speculative. **speculazione** f. **1** speculation (anche Econ.): essere portati alla ~ to be given to speculation. **2** ⟨spreg⟩ gamble, play: ~ politica political gamble. □ ⟨Econ⟩ ~ di borsa speculation on the Stock Exchange; ~ al rialzo bull speculation; ~ al ribasso bear speculation.

spedalità f. ⟨burocr⟩ **1** (ricovero) sending (o taking) to hospital, ⟨am⟩ hospitalization. **2** (spesa) hospital expenses pl.

spedire v.t. (spedisco, spedisci) **1** to send, to dispatch, to ship: ~ un pacco to send a package; (per posta) to post, to mail, to send; (via mare) to ship. **2** (mandare) to send: ha spedito i figli dai nonni he sent the children to their grandparents'. □ ⟨Dir⟩ ~ una causa to try and set action down for judgement; ~ a mezzo corriere to send through a forwarding agent; ⟨pop⟩ ~ qd. all'altro mondo to send s.o. to kingdom come, to bump s.o. off; ~ a mezzo raccomandata to send by registered mail; ⟨Dir⟩ ~ una sentenza (emetterla) to pass a sentence. ∥ ⟨Post⟩ spedisce Mario Rossi from Mario Rossi.

speditamente avv. **1** (presto) expeditiously, quickly, fast: camminare ~ to walk quickly. **2** (correntemente) fluently: parlare ~ una lingua to speak a language fluently. **speditezza** f. **1** promptness, readiness; (celerità) speed, quickness. **2** (nel parlare, nello scrivere) fluency. **spedito** I a. **1** (sciolto) fluent, easy, smooth, free: pronuncia –a fluent pronunciation. **2** (svelto) quick, fast: passo ~ quick pace. II avv. **1** quickly, fast: camminare ~ to walk quickly. **2** (correntemente) fluently: parlare ~ to speak fluently. **speditore** I *s.m.* (*f.* **-trice**) (*mittente*) sender, dispatcher. II *a.* forwarding.

spedizione *f.* **1** (*invio*) dispatch(ing), shipping, shipment; (*per posta*) mailing; (*via mare*) shipping, shipment. **2** (*impresa scientifica o militare*) expedition: ~ *geografica* geographical expedition. □ **avviso** *di* ~ advice note; *casa di* ~ shipping company, shippers *pl,* shipper; ⟨*Mil*⟩ **corpo di** ~ expeditionary force; **fare** *una* ~ to send a consignment; ~ **militare** military expedition; ~ **punitiva** punitive expedition; **spese** *di* ~ shipping charges; **ufficio** *di* ~ shipping department.

spedizioniere *m.* shipping (*o* forwarding) agent.

spegnere (*o spegnere*) *v.t.* (**spengo/spengo, spegni/spegni; spensi/spensi, spento/spento**) **1** to extinguish, to put out: ~ *il fuoco* to put out the fire; (*soffiando*) to blow out: *spegni la candela* blow out the candle. **2** (*rif. ad apparecchi elettrici*) to switch (*o* turn) off: ~ *la radio* to turn off the radio; ~ *la luce* to switch off the light. **3** (*rif. a gas, motori*) to turn off. **4** (*smorzare*) to muffle, to dull, to dim, to weaken, to damp, to lessen: *la neve spegne i rumori* snow muffles noise. **5** ⟨*fig*⟩ (*estinguere*) to stifle, to kill. **6** (*rif. a debiti*) to wipe out, to discharge. **spegnersi** *v.r.* **1** to go (*o* die, burn) out: *il fuoco s'è spento* the fire has died out; *mi si è spento il sigaro* my cigar has gone out. **2** (*rif. a corrente e sim.*) to go out (*o* off); (*rif. a gas*) to go out; (*rif. a macchine e sim.*) to stop, to stall: *il motore si spegne facilmente* the engine stalls easily. **3** ⟨*fig*⟩ (*venir meno*) to fade (*o* die) away: *il mio entusiasmo si sta spegnendo* my enthusiasm is dying away; (*scomparire*) to die: *il sorriso se si spense sulle labbra* the smile died on her lips. **4** ⟨*fig*⟩ (*morire*) to die, to pass away: *si è spento tre giorni fa* he died three days ago. □ ~ *la calce* to slake (*o* quench) lime; ⟨*fig*⟩ ~ *la sete* to quench one's thirst; ~ *una sigaretta* (*schiacciandola*) to stub out a cigarette. **spegnimento** *m.* **1** (*lo spegnere*) extinguishing, putting out. **2** (*rif. ad apparecchi elettrici*) switching (*o* turning) off. **3** (*rif. a gas*) turning off. **4** (*rif. a macchine e sim.*) turning off, shut down. **spegnitoio** *m.* snuffer, extinguisher. **spegnitura** *f.* → spegnimento.

spelacchiare *v.t.* (**spelacchio, spelacchi**) to tear the hair (*o* fur) off, to tear patches of hair (*o* fur) off: *perché hai spelacchiato il tuo orsacchiotto?* why have you torn the fur off your teddy bear? **spelacchiarsi** *v.r.* to lose (patches of) hair (*o* fur). **spelacchiato** *a.* **1** (*che ha pochi peli*) mangy, scanty-haired: *gatto* ~ mangy cat. **2** (*logoro*) worn-out, threadbare, shabby, mangy: *una pelliccia -a* a worn-out fur coat. **3** (*che ha poche penne*) sparsely feathered. **spelare** *v.* (**spelo**) I *v.t.* to remove the hair from. II *v.i.* (*aus.* **avere**), **spelarsi** *v.r.* **1** (*perdere il pelo*) to lose fur (*o* hair), to become mangy. **2** (*perdere i capelli*) to lose one's hair, to go (*o* become) bald. □ *la pelliccia comincia a spelarsi* the fur is getting mangy. **spelatura** *f.* **1** (*parte spelata*) bare (*o* bald) patch. **2** ⟨*Tess*⟩ (*cascame di cotone*) cotton waste.

speleo *a.* (*delle caverne*) cave-, spel(a)ean: *orso* ~ cave bear. **speleologia** *f.* spel(a)eology. **speleologico** *a.* (*pl.* **-ci**) spel(a)eological. **speleologo** *m.* (*pl.* **-gi**; *f.* **-a**) spel(a)eologist.

spellare *v.t.* (**spello**) **1** to skin, to flay. **2** (*produrre un'escoriazione*) to skin, to scrape, to graze: ~ *un ginocchio* to graze a knee. **3** ⟨*fam*⟩ (*chiedere prezzi esosi*) to fleece: *in questo negozio mi hanno spellato* they fleeced me in this shop. **spellarsi** *v.r.* **1** to peel: *mi si spella il naso* my nose is peeling. **2** (*prodursi un'escoriazione*) to skin (o.s.), to scrape (o.s.), to graze (o.s.); (*nelle malattie*) to desquamate, to scale off. **spellatura** *f.* **1** skinning, flaying. **2** (*escoriazione*) graze, scrape.

spelonca *f.* **1** (*caverna*) cavern, cave. **2** ⟨*fig*⟩ (*abitazione tetra*) hole, hovel.

spelta *f.* ⟨*Bot*⟩ spel(z).

speme *f.* ⟨*poet*⟩ (*speranza*) hope.

spendaccione *m.* (*f.* **-a**) spendthrift.

spendere *v.t.* (**spesi, speso**) **1** to spend: ~ *mille lire in dolciumi* to spend a thousand lire on sweets. **2** ⟨*fig*⟩ (*impiegare*) to use, to employ, to spend: ~ *tutte le proprie forze in qc.* to employ (*o* spend) all one's energies on s.th.

3 ⟨*fig*⟩ (*sprecare*) to waste, to throw away: ~ *il fiato* to waste one's breath. □ ~ **bene** to spend one's money well (*o* wisely); *senza* ~ **fatica** easily, effortlessly; ~ *una buona* **parola** *per qd.* to put in a good word for s.o.; ⟨*pop*⟩ ~ *un* **patrimonio** to spend a fortune (*o* mint of money); ⟨*fam*⟩ ~ *e* **spandere** to spend money like water. *Prov.: chi più spende meno spende* the dearer is the cheaper.

spendereccio *a.* spendthrift. **spendibile** *a.* spendable. **spendibilità** *f.* what can be spent. **spenditore** *m.* **1** (*f.* **-trice**) spender. **2** ⟨*Mar.mil*⟩ purchaser of provisions.

spennacchiare *v.t.* (**spennacchio, spennacchi**) **1** to pluck. **2** ⟨*fam*⟩ (*chiedere prezzi esosi*) to fleece. **spennacchiato** *a.* plucked. **spennare** *v.t.* (**spenno**) **1** to pluck: ~ *un pollo* to pluck a chicken. **2** ⟨*fam*⟩ (*chiedere prezzi esosi*) to fleece. **spennarsi** *v.r.* to lose feathers; (*fare la muta*) to moult. **spennata** *f.* plucking. □ *dare una* ~ *a una gallina* to pluck a hen. **spennato** *a.* plucked.

spennellare *v.t.* (**spennello**) **1** to paint. **2** (*con sostanze medicinali*) to paint, to swab. **3** ⟨*assol*⟩ (*dipingere*) to distemper. **spennellata** *f.* **1** painting. **2** (*tratto di pennello*) stroke of the brush. □ *dare una* ~ *a qc.* to paint s.th. **spennellatura** *f.* painting, swabbing (*anche Med.*).

spensi → spegnere.

spensieratamente *avv.* in a carefree (*o* light-hearted) way, free from care. **spensieratezza** *f.* light-heartedness, thoughtlessness. **spensierato** *a.* carefree, light-hearted, happy(-go-lucky): *gioventù -a* carefree youth.

spento (*o spento*) (*p.p. di spegnere*) *a.* **1** put out, doused, ⟨*pred*⟩ out; (*che si è spento*) ⟨*pred*⟩ out, burnt-out: *il fuoco è* ~ the fire is (*o* has gone) out; *sigaretta -a* burnt-out cigarette; (*estinto*) extinct: *vulcano* ~ extinct volcano. **2** (*rif. ad apparecchi elettrici*) ⟨*pred*⟩ off, ⟨*pred*⟩ out, switched (*o* turned) off, put out: *la luce è -a* the light is off; (*rif. a gas*) ⟨*pred*⟩ off, turned off; (*rif. a macchine e sim.*) ⟨*pred*⟩ off, turned off. **3** ⟨*fig*⟩ (*smorzato*) dull, dead: *colori -i* dull colours. **4** ⟨*fig*⟩ (*privo di vivacità*) lifeless, dead, dull: *occhi -i* lifeless eyes. **5** (*morto*) lifeless, dead. **6** (*rif. a calce*) slaked, quenched.

spenzolare *v.t./i.* (**spenzolo**; *aus.* **avere**) to hang, to dangle. **spenzolarsi** *v.r.* to hang, to dangle, to swing.

sperabile *a.* to be hoped. □ *è* ~ *che* it is to be hoped that, let us hope that.

speranza *f.* **1** hope (*anche estens.*): *perdere la* ~ to give up hope; *sei la mia ultima* ~ you are my last hope. **2** (*promessa*) hope, promise, ⟨*fam*⟩ hopeful: *una* ~ *del nuoto giovanile* a hopeful in junior swimming, an up-and-coming young swimmer. □ *avere una* ~ to have a chance (*o* hope); *di belle -e* promising, up-and-coming; *con la* ~ *di fare qc.* in the hope of doing s.th.; *aprire il cuore alla* ~ to become hopeful; *deludere le -e di qd.* to disappoint s.o.'s hopes, to dash s.o.'s hopes; *essere deluso nelle proprie -e* to be disappointed in one's expectations; *un filo di* ~ a glimmer (*o* ray) of hope, a faint hope; *avere fondate -e* to have well-founded hopes, to have good hope; *avere una mezza* ~ *di riuscire* to have a fair chance of succeeding; ⟨*epist*⟩ *nella* ~ *di una sollecita risposta* hoping to hear from you soon; *oltre ogni* ~ beyond all hope; *pieno di -e* hopeful, full of hope; *riporre in qd. tutte le proprie -e* to place all one's hopes in s.o.; ~ *di salvezza* hope of salvation; **senza** ~: (*agg.*) hopeless: *un caso senza* ~ a hopeless case; (*avv.*) hopelessly; *ogni* ~ *per loro è vana* there's no hope for them; *vivere di -e* to live on hope.

speranzoso *a.* hopeful, full of hope. **sperare** *v.* (**spero**) I *v.t.* **1** to hope (for): ~ *la promozione* to hope for a promotion; *lo spero* I hope so; *spero di rivederti presto* I hope to see you again soon; *speriamo che tutto vada bene* let's hope everything goes well; *spero di ricevere buone notizie* I hope I will get good news. **2** (*aspettarsi*) to expect: *non speravo che saresti ritornato* I wasn't expecting you to come back. II *v.i.* (*aus.* avere) to hope, to trust, to place one's confidence (*in qd.* in s.o., *in qc.* for s.th.): ~ *in Dio* to trust in God; ~ *nella guarigione di qd.* to hope for s.o.'s recovery; *tutti speriamo in giorni migliori* we all hope for better days. □ *continuare a* ~ to keep hoping; *far* ~ *qc. a qd.* to make s.o. hope ⌐for s.th.⌐ (*o* that s.th.

will happen); *tutto lo fa* ~ it looks very promising (*o* hopeful); *spero di no* I hope not; ~ *di sì* to hope so; *speriamo bene* let's hope for the best.

sperdere *v.t.* (**spersi/sperdei/sperdetti, sperso/sperduto**) ⟨*lett*⟩ (*disperdere*) to scatter, to disperse, to dispel. **sperdersi** *v.r.* **1** to lose one's way, to get lost: *ci sperdemmo nel bosco* we got lost in the woods. **2** ⟨*fig*⟩ to become (*o* get) lost, to lose one's sense of direction: *ci si sperde in una materia così vasta* you can get lost in such a broad subject. **sperduto** (*p.p. di sperdere*) *a.* **1** (*smarrito*) lost, astray: *andare* ~ to get lost. **2** (*isolato*) isolated, out-of-the-way: *un casolare* ~ an out-of-the-way farm-house. **3** ⟨*fig*⟩ (*a disagio*) lost, bewildered, ill at ease: *sentirsi* ~ to feel lost (*o* bewildered).

sperequato *a.* disproportionate, unequal. **sperequazione** *f.* disproportion, inequality.

spergiurare *v.i.* (*aus.* **avere**) (*giurare il falso*) to commit perjury, to perjure o.s.; (*non mantenere il giuramento*) to violate one's oath. □ *giurare e* ~ to swear by all that's holy.

spergiuro[1] **I** *a.* **1** (*che giura il falso*) perjured, foresworn. **2** (*che viola il giuramento*) oath-breaking. **II** *s.m.* (*f.* **-a**) **1** (*chi giura il falso*) perjurer. **2** (*chi viola il giuramento*) oath-breaker.

spergiuro[2] *m.* **1** (*falso giuramento*) perjury. **2** (*violazione del giuramento*) oath-breaking.

spericolatamente *avv.* recklessly. **spericolato I** *a.* reckless, foolhardy: *guidatore* ~ reckless driver. **II** *s.m.* (*f.* **-a**) daredevil, reckless person.

sperimentale *a.* **1** (*basato sull'esperienza*) experimental: *metodo* ~ experimental method. **2** (*volto alla ricerca*) experimental, trial-, test-: *stazione* ~ experimental station; *campo* ~ trial plot. **3** (*d'avanguardia*) experimental, avant-garde: *cinema* ~ experimental cinema. **sperimentalismo** *m.* ⟨*Filos*⟩ experimentalism. **sperimentalmente** *avv.* experimentally. **sperimentare** *v.t.* (**sperimento**) **1** to experiment, to test, to try out: ~ *l'efficacia di una medicina* to test the effectiveness of a medicine; (*verificare con esperimenti*) to try out. **2** ⟨*fig*⟩ (*mettere alla prova*) to (put to the) test, to try: ~ *le proprie forze* to try one's strength. **3** (*tentare*) to try, to attempt: ~ *tutti i mezzi* to try all means. **sperimentato** *a.* **1** (*esperto*) experienced, expert, tried: *un chirurgo* ~ an experienced surgeon. **2** (*conosciuto per esperienza, efficiente*) (well-)tried, proven, tested: *un rimedio* ~ a proven remedy. **sperimentatore** *m.* (*f.* **-trice**) experimenter. **sperimentazione** *f.* experimentation.

sperlano *m.* ⟨*Itt*⟩ sparling, smelt.

sperma *m.* ⟨*Biol*⟩ sperm. **spermaceti** *m.* ⟨*Biol*⟩ spermaceti, sperm oil. □ ~ *vegetale* Chinese wax, (Chinese) insect wax. **spermatico** *a.* (*pl.* **-ci**) spermatic, sperm-: *liquido* ~ spermatic fluid. **spermatofite** *f.pl.* ⟨*Bot*⟩ spermatophytes *pl.* **spermatogenesi** *f.* ⟨*Biol*⟩ spermatogenesis. **spermatozoo** *m.* ⟨*Biol*⟩ spermatozoid, spermatozoon.

spermicida I *a.* ⟨*Fam*⟩ spermicidal, spermatocidal. **II** *s.m.* spermicide, spermatocide.

speronamento *m.* ramming. **speronare** *v.t.* (**speróno**) ⟨*Mar*⟩ to ram: ~ *una nave* to ram a ship. **speronata** *f.* **1** ⟨*Mar*⟩ ramming. **2** (*colpo dato con lo sperone*) spurring. **sperone** *m.* **1** spur. **2** ⟨*Zool*⟩ ergot. **3** ⟨*Geog*⟩ spur. **4** ⟨*Mar.ant*⟩ bow ram.

speronea *f.* ⟨*Bot*⟩ branching lackspur.

sperperamento *m.* squandering, dissipation. **sperperare** *v.t.* (**sperpero**) **1** to squander, to dissipate: *ha sperperato tutto il suo patrimonio* he squandered his entire fortune. **2** (*estens*) (*consumare malamente*) to waste, to dissipate, to fritter (*o* throw) away: ~ *le proprie energie* to dissipate one's energies. **sperperatore** *m.* (*f.* **-trice**) squanderer, dissipater. **sperpero** *m.* squandering, dissipation; (*spreco*) waste: ~ *di energie* waste of energy; ~ *di denaro* waste of money.

sperso (*p.p. di sperdere*) *a.* **1** lost: *un bambino* ~ a lost child; (*rif. ad animali*) stray: *cane* ~ stray dog. **2** (*perduto, spaesato*) lost, bewildered: *sentirsi* ~ to feel lost (*o* bewildered).

spersonalizzare *v.t.* **1** to depersonalize, to deprive of

personality. **2** (*togliere un'impronta troppo personale*) to depersonalize, to make impersonal. **spersonalizzarsi** *v.r.* to become depersonalized, to lose (*o* give up) one's personality: *l'attore deve cercare di spersonalizzarsi* an actor must try to lose his own personality. **spersonalizzazione** *f.* depersonalization (*anche Psic.*).

sperticarsi *v.r.* (**mi spertico, ti spertichi**) to exaggerate, to overdo (*in qc.* s.th.), to lavish (s.th.): ~ *in complimenti* to lavish compliments. **sperticatamente** *avv.* exaggeratedly, excessively. **sperticato** *a.* (*esagerato*) exaggerated, excessive, overprofuse: *lode* ~*a* excessive praise.

spesa *f.* **1** expenditure, expenses *pl:* *la* ~ *si aggira intorno al milione* the expenditure will be about a million lire; *le* ~*e superano le entrate* expenses are greater than receipts. **2** (*costo*) cost: *con modica* ~ at reasonable cost. **3** (*acquisto*) purchase, buy: *fare una buona* ~ to make a good purchase (*o* buy); (*acquisti giornalieri*) shopping: *andare a fare la* ~ to go shopping; *borsa della* ~ shopping bag. □ *a* ~*e di:* 'l at the expense of: *a* ~ *del padrone di casa* at the landlord's expense; **2** ⟨*fig*⟩ at the expense of: *ho imparato a mie* ~*e* I learned 'at my expense⌐ (*o* the hard way); ~*e d'*acquisto initial costs; ~ agricola farm spending; ~*e* administrative administrative expenses; ⟨*Post*⟩ ~*e* assegnate charge collect; ⟨*Econ*⟩ ~*e d'*avviamento start-up (*o* setting-up) costs; *non* badare *a* ~*e* to spare no expense; ~*e* bancarie bank charges (*o* commission); ~*e di* cancelleria stationery expenses; ~*e per il governo della* casa household expenses; ~*e* comprese including expenses; ~*e* condominiali service charges; ~*e di* dogana customs charges (*o* dues); ~*e* effettive actual expenses; ~*e di* esazione collection expenses; ~*e* d'esercizio running costs; ⟨*am*⟩ operating costs; ~*e* extra extra charges, extras *pl;* *fare* fronte *a una* ~ to undertake an expenditure; ⟨*fig*⟩ *far le* ~*e di qc.* to pay for s.th.; ⟨*Econ*⟩ ~*e* fisse fixed costs (*o* expenses); ~*e* generali overheads *pl,* general (*o* overhead) expenses; ~*e di* gestione working (*o* running) costs; ~*e* giornaliere daily expenses (*o* costs); ~*e d'*imballaggio packing charges; ~*e* impreviste unforeseen expenses; ~*e d'*istruzione education costs; ~*e* legali (legal) costs; ~*e di* magazzinaggio storage charges (*o* costs); ~*e di* manodopera labour costs; ~*e di* mantenimento living expenses; ~*e* materiali real (*o* actual) expenses; meno *le* ~*e* excluding expenses; ~*e* minute petty charges (*o* expenses); ~*e* nota ~ expense account; ~*e* operative operating expenses; ~*e* ospedaliere hospital charges; *per una* ~ *di* at a cost of; ~*e per il* personale personnel costs; *più le* ~*e* plus expenses; *con* poca ~ at a low expense; ⟨*fig*⟩ (*con poca fatica*) without much effort; ~*e* postali postage *sing;* ~*e* processuali court costs; ~*e* pubbliche public (*o* government) expenditure *sing; fare qc. a* pubbliche ~*e* to do s.th. at public expense; ~*e di* pubblicità advertising expenditure (*o* outlay) *sing;* ~*e di* rappresentanza entertainment expenses; ~*e di* registro registration dues; ~*e di* riparazione cost of repairs; senza ~ free, without charge; ⟨*Econ*⟩ senza ~*e* free of charge, no charge; ~*e di* spedizione forwarding (*o* shipping) costs; stare *sulle* ~*e* to support o.s.; ⟨*Econ*⟩ ~*e* straordinarie extra expenses; ~*e* supplementari additional (*o* extra) charges; ~*e di* trasferta travelling expenses; ~*e di* trasloco moving expenses; ~*e di* trasporto (*rif. a merci*) transport (*o* carriage) charges, freight(age); (*rif. a passeggeri*) fare(s); ~*e* varie miscellaneous (*o* sundry) expenses; ~*e di* viaggio travel(ling) expenses; ~*e* vive out-of-pocket expenses; *vivere alle* ~*e di qd.* to live off s.o.; ~*e* voluttuarie unnecessary expenses.

spesare *v.t.* (**speso**) to pay (*o* reimburse) the expenses of: ~ *qd.* to pay s.o.'s expenses. **spesato** *a.* reimbursed. □ *essere* ~ *di tutto* to have all expenses paid; *sono* ~ *dalla ditta* the firm pays all my expenses. **spesi, speso** → **spendere.**

spessire *v.* (**spessisco, spessisci**) ⟨*ant*⟩ **I** *v.t.* to thicken, to make thick. **II** *v.i.* (*aus.* **essere**) to thicken, to become thick. **spesso I** *a.* **1** (*denso*) thick *nebbia* ~*a* thick fog. **2** (*fitto, folto*) thick, dense, crowded: *un bosco* ~ a dense forest. **3** (*di notevole spessore*) thick: *un muro* ~ a thick wall; *un'asse* ~*a tre centimetri* a board three centimetres thick. **4** (*frequente*) frequent, repeated; (*numeroso*)

numerous, many. **II** *avv.* often, frequently: *si vedono ~ they often see each other.* □ *meno ~ di prima* less often than before, not so often as formerly; *molto ~* very often (*o* frequently); *più ~* more often; ⟨*pop*⟩ *~ e volentieri* very often. **spessore** *m.* **1** thickness: *lo ~ di una lamiera* the thickness of a sheet; *uno ~ di dieci centimetri* a thickness of ten centimetres. **2** ⟨*tecn,concr*⟩ distance spacer (*o* piece, block), shim, wedge. □ ⟨*Aer*⟩ *~ alare* (*o dell'ala*) wing thickness; ⟨*Aut*⟩ *~ per freni* brake lining.
Spett. = ⟨*Comm*⟩ *spettabile* Messrs.
spettabile *a.* ⟨*epist,Comm*⟩ Messrs., *spesso non si traduce: ~ ditta Bianchi* Messrs. Bianchi and Co.; *alla ~ Direzione* The Manager.
spettacolare *a.* **1** spectacular, fantastic, extraordinary, unusual. **2** ⟨*Cin,Teat*⟩ spectacular: *film ~* spectacular film. **spettacolarità** *f.* spectacularity.
spettacolo *m.* **1** show, display: *~ di varietà* variety show; *~ di giochi di prestigio* conjuring display; (*commedia*) play; (*film*) film; (*al circo*) show. **2** (*rappresentazione*) performance, show: *~ di gala* gala performance; (*al cinema*) performance, show(ing): *domenica ci saranno due –i* there will be two performances on Sunday. **3** (*vista che suscita notevole impressione*) sight, scene: *fu uno ~ meraviglioso* it was a wonderful sight; *affacciandomi alla finestra vidi uno ~ terrificante* looking out of the window I saw a terrifying sight. □ *~* **cinematografico** film, motion picture show, ⟨*am*⟩ movie, ⟨*am*⟩ show; ⟨*fig*⟩ **dare** *~* to draw attention to o.s.; *dare ~ di sé* to make a spectacle (*o* sight) of o.s.; *mondo dello ~* show business; *~* **pomeridiano** matinée; *–i* **pubblici** public entertainment *sing;* *~* **serale** evening performance; *~* **teatrale** play.
spettacolosamente *avv.* ⟨*fam*⟩ spectacularly. **spettacoloso** *a.* **1** spectacular. **2** ⟨*fam*⟩ (*eccezionale*) spectacular, fantastic, extraordinary, ⟨*fam*⟩ terrific: *successo ~* extraordinary (*o* fabulous) success.
spettante *a.* due. **spettanza** *f.* **1** ⟨*burocr*⟩ (*competenza*) province, concern. **2** ⟨*Comm*⟩ (*somma dovuta*) (amount) due, amount owing; (*onorario*) fee, fees *pl.* □ *essere di di* (*o a*) *qd.*: 1 to be s.o.'s concern (*o* business), ⟨*fam*⟩ to be s.o.'s job; 2 ⟨*burocr*⟩ to lie within s.o.'s province.
spettare *v.i.* (**spetto**; *aus.* **essere**) **1** (*competere per dovere*) to be the duty (*o* concern) (*a* of), to be up to, to be for (s.o.): *spettava a te salutare per primo* it was up to you to say hello first. **2** (*essere di pertinenza*) to be the concern (*o* business), to be (*o* lie) within the province (of), to be for (*o* up to): *non spetta a te decidere* it is not ˥for you˥ (*o* up to you) to decide. **3** (*appartenere per diritto*) to be due, to have the right (*costr.pers.*), to be entitled (*costr.pers.*): *dammi quello che mi spetta* give me what is due to me, give me my due; *gli spetta un terzo dell'eredità* he ˥has the right˥ (*o* is entitled) to a third of the estate.
spettatore *m.* (*f.* **-trice**) **1** spectator. **2** *pl.* audience, spectators *pl: c'erano pochissimi –i* there was only a small audience. **3** (*testimone*) witness: *essere ~ di un evento* to be a witness to an event.
spettegolare *v.i.* (**spettegolo**; *aus.* **avere**) to gossip.
spettinare *v.t.* (**spettino**) to dishevel (*o* ruffle) the hair of, ⟨*fam*⟩ to mess up the hair of: *il vento mi ha spettinato* the wind has messed up my hair. **spettinarsi** *v.r.* to make (*o* get) one's hair untidy, to dishevel (*o* ruffle) one's hair. **spettinato** *a.* **1** with untidy (*o* dishevelled, ruffled) hair. **2** (*non pettinato*) uncombed, with unkempt hair.
spettrale *a.* **1** ghostly, ghost–like, spectral: *figura ~* ghostly figure. **2** ⟨*Fis*⟩ spectral, spectrum–. □ *avere un aspetto ~* to look like a ghost, to look ghostly. **spettro** *m.* **1** ghost, spectre, spook, phantom. **2** (*persona magra ed emaciata*) ghost: *sembri uno ~* you look like a ghost. **3** ⟨*fig*⟩ spectre, phantasm: *lo ~ della guerra* the spectre of war. **4** ⟨*Fis*⟩ spectrum. □ *~* **acustico** sound (*o* acoustic) spectrum; *~ a bande* band (*o* channelled, fluted) spectrum; *~* **solare** solar spectrum; *~* **ultravioletto** ultraviolet spectrum.
spettro|fotometria *f.* ⟨*Fis*⟩ spectrophotometry. **~fotometrico** *a.* (*pl.* **-ci**) spectrophotometric. **~fotometro** *m.* spectrophotometer.
spettrografia *f.* ⟨*Fis*⟩ spectrography. **spettrografico** *a.* (*pl.* **-ci**) spectrographic. **spettrografo** *m.* spectrograph.

spettrogramma *m.* spectrogram.
spettrometria *f.* spectrometry. □ ⟨*Fis*⟩ *~ di massa* mass spectrometry. **spettrometrico** *a.* (*pl.* **-ci**) spectrometric. **spettrometro** *m.* spectrometer.
spettroscopia *f.* ⟨*Fis*⟩ spectroscopy. □ ⟨*Fis*⟩ *~ elettronica* electron spectroscopy; *~ nucleare* nuclear spectroscopy. **spettroscopico** *a.* (*pl.* **-ci**) spectroscopic(al). **spettroscopio** *m.* spectroscope.
speziale *m.* **1** (*venditore di spezie*) spice seller. **2** ⟨*pop,ant*⟩ (*farmacista*) chemist; (*droghiere*) grocer. **spezie** *f.pl.* ⟨*Gastr*⟩ spices *pl,* spicery. **spezieria** *f.* ⟨*ant*⟩ **1** (*drogheria*) grocery, grocer's shop. **2** *pl.* (*spezie*) spices *pl,* spicery.
spezzabile *a.* breakable. **spezzare** *v.t.* (**spezzo**) **1** to break: *~ il pane* to break the bread. **2** (*staccare rompendo*) to break (*o* snap) off: *~ un ramo* to break off a branch. **3** (*spaccare*) to chop: *~ la legna* to chop wood. **4** (*strappare, rompere con violenza*) to break, to rend: *~ una catena* to break a chain. **5** ⟨*fig*⟩ (*dividere in due o più parti*) to break (*o* split) up: *~ il viaggio in tre tappe* to break up one's journey into three stages; *questo appuntamento mi spezza tutto il pomeriggio* this appointment breaks up my whole afternoon. **spezzarsi** *v.r.* **1** to break; (*andare in frantumi*) to break up (*o* into pieces), to shatter; (*staccarsi*) to break (*o* snap) off: *il ramo si spezzò sotto il peso della neve* the branch snapped off under the weight of the snow. **2** ⟨*Med*⟩ (*fratturarsi*) to break: *mi si è spezzato il braccio* I broke my arm, my arm got broken. □ ⟨*fig*⟩ *~ le catene* (*riacquistare la libertà*) to break one's fetters; *~ il cuore a qd.* to break s.o.'s heart; *mi si spezza il cuore* my heart is breaking; *spezzarsi in due* to break in two.
spezzatino *m.* ⟨*Gastr*⟩ stew. **spezzato I** *a.* broken. **II** *s.m.* ⟨*Vest*⟩ sports jacket and trousers. **spezzatura** *f.* **1** breaking. **2** (*effetto*) break. **3** ⟨*fig*⟩ (*interruzione*) interruption, break. **4** ⟨*concr*⟩ (*parte spezzata*) piece, fragment.
spezzettamento *m.* breaking up (*anche fig.*). **spezzettare** *v.t.* (**spezzetto**) **1** to break up (*o* into small pieces), to divide into fragments; (*tagliando*) to cut into small pieces: *~ il pane* to cut bread into small pieces; (*spaccando*) to chop up. **2** ⟨*fig*⟩ to break up, to fragment: *~ il discorso* to fragment the exposition. **spezzettato** *a.* **1** broken up, in pieces; (*tagliato*) cut into small pieces; (*spaccato*) chopped (up). **2** ⟨*fig*⟩ broken up, disjointed, fragmentary. **spezzettatura** *f.* → **spezzettamento.**
spezzonare *v.t.* (**spezzono**) to bomb with fragmentation bombs. **spezzone** *m.* **1** ⟨*Mil*⟩ incendiary bomb. **2** ⟨*Cin*⟩ strip of blank film.
S.P.G.M. = ⟨*epist*⟩ *sue proprie gentili mani* personal for addressee.
spia I *s.f.* **1** spy: *una ~ nemica* an enemy spy. **2** (*informatore della polizia*) (police) spy, informer. **3** ⟨*fig*⟩ (*indizio*) indication, sign, evidence: *il rialzo dei prezzi è una ~ della crisi* the rise in prices is an indication of the crisis. **4** (*apertura*) spyhole, peep–hole; (*di prigione*) Judas hole. **5** ⟨*tecn*⟩ (*dispositivo di controllo*) indicator, gauge; (*lampada spia*) pilot lamp, pilot light; (*indicatore d'emergenza*) warning light. **II** *a.* **1** spy–: *aereo ~* spy plane. **2** ⟨*tecn*⟩ pilot, warning: *lampadina ~* pilot light, warning light. □ ⟨*Aut*⟩ *~ dell'*acqua water temperature gauge; *fare la ~*: 1 to play the spy, to (be a) spy; 2 (*fare l'informatore della polizia*) to play the informer; *fare la ~ contro qd.* to inform on s.o.; *fare la ~ di qc.* to report (*o* tell) s.th.; ⟨*scol*⟩ *fare la ~ al maestro contro qd.* to sneak to the teacher on s.o., ⟨*Aut*⟩ *~ dei* **lampeggiatori** winking indicator; *~ delle* **luci abbaglianti** headlight beam indicator; *~* **luminosa** warning light; ⟨*Aut*⟩ *~ dell'*olio oil window (*o* indicator).
spiaccicare *v.t.* (**spiaccico, spiaccichi**) **1** to squash. **2** (*ridurre in poltiglia*) to (squash to a) pulp. **spiaccicarsi** *v.r.* **1** to squash. **2** (*diventare poltiglia*) to become a pulp (*o* mash). **spiaccichio** *m.* **1** (continual) squashing. **2** (*insieme di cose spiaccicate*) squash, squashy mess.
spiacente *a.* sorry: *siamo –i dell'accaduto* we ˥are sorry about˥ (*o* regret) what happened. □ *essere ~* to be sorry, to regret: *siamo –i di dover rifiutare* we are sorry to have

to refuse, we regret having to refuse. **spiacere** *v.* (spiaccio, spiaci; spiacqui, spiaciuto) **I** *v.i.impers.* (*aus.* essere) **1** (*provare rammarico*) to be sorry (*costr.pers.*), to regret (*costr.pers.*): *mi spiace, ma devo dire di no* (I'm) sorry, but I must say no; *mi è spiaciuto di non averti visto* I'm sorry I didn't see you; (*provare contrarietà*) not to like (*costr.pers.*): *mi spiace il tuo modo di fare* I don't like your behaviour. **2** (*in formule di cortesia*) to mind (*costr.pers.*): *se non ti spiace, vorrei andare* if you don't mind I'd like to go. **II** *v.i.* (*aus.* essere) to upset, to displease, to grieve (*a qd.* s.o.): *il vostro contegno spiace a tutti* your behaviour upsets everyone. **spiacersi** *v.r.* to regret (*di qc.* s.th.), to be sorry (about). **spiacevole** *a.* **1** unpleasant, disagreeable: *una sorpresa ~* an unpleasant surprise. **2** (*increscioso*) regrettable, unfortunate: *uno ~ incidente* a regrettable incident. **spiacevolezza** *f.* **1** unpleasantness, disagreeableness. **2** (*l'essere increscioso*) regrettableness, unfortunateness. **spiacevolmente** *avv.* unpleasantly, disagreeably.

spiaggia *f.* (*pl.* -ge) sea-shore, beach: *il mare ha mangiato la ~* the sea has eroded the shore; *andare alla ~* to go to the beach. □ *da ~* beach-: *ombrellone da ~* beach umbrella; *~ ghiaiosa* shingly beach, stony (*o* pebbly) beach; *~ libera* public beach; *~ sabbiosa* sandy beach; *ultima ~* : **1** (*fine della vita*) end of one's life; **2** ⟨*fig*⟩ last resort.

spianabile *a.* that can be levelled. **spianamento** *m.* levelling. **spianare** *v.t.* **1** to (make) level, to make even: *~ un terreno* to level a piece of ground. **2** (*rendere liscio*) to smooth(e), to smooth out, to plane: *~ la fronte* to smooth one's brow. **3** (*stirare*) to iron out: *~ le pieghe di un vestito* to iron out the creases in a dress; (*appiattire*) to flatten: *~ una cucitura* to flatten a seam. **4** (*rif. a pasta e sim.*) to roll out. **5** (*puntare*) to level, to aim: *~ il fucile contro qd.* to level one's gun at s.o. **6** (*radere al suolo*) to raze (to the ground), to flatten: *il villaggio fu spianato dalle bombe* the village was razed to the ground by the bombs; (*rif. a fortezza e sim.*) to raze, to demolish. **7** ⟨*fig*⟩ to smooth (out, away), to straighten out: *~ le difficoltà* to smooth (*o* iron) out the difficulties. **spianarsi** *v.r.* to become smooth, to smooth down (*anche fig.*). □ ⟨*fig*⟩ *~ la via a qd.* to smooth s.o.'s way. **spianata** *f.* **1** levelling; (*il lisciare*) smoothing (out). **2** (*spiazzo*) esplanade. **spianato** *a.* **1** levelled: *terreno ~* levelled ground. **2** (*liscio*) smooth, smoothed (out): *fronte –a* smooth brow. **spianatoia** *f.* pastry-board. **spianatoio** *m.* (*matterello*) rolling-pin. **spianatrice** *f.* grader. **spianatura** *f.* levelling; (*il lisciare*) smoothing; (*il rendere piatto*) flattening. **spiano** *m.* (*spianata*) open space (*o* ground), esplanade. □ ⟨*fig*⟩ *a tutto ~* : **1** (*senza limite*) to the utmost, as hard as one can: *lavorare a tutto ~* to work 'as hard as one can' (*o* flat out); **2** (*senza interruzione*) non-stop, without a break.

spiantare *v.t.* **1** (*sradicare*) to uproot; (*sconficcare*) to dig out: *~ un palo* to dig out a pole. **2** ⟨*fig*⟩ (*mandare in rovina*) to ruin. **spiantarsi** *v.r.* (*rovinarsi*) to ruin o.s. **spiantato I** *a.* penniless. **II** *s.m.* (*f.* -a) pauper: *ha sposato uno ~* she married a pauper.

spiare *v.t.* (spio, spii) **1** (*osservare*) to spy (on): *~ il nemico* to spy on the enemy; (*indagare*) to spy into (*o* on), to investigate: *~ i movimenti di qd.* to investigate s.o.'s movements. **2** (*ascoltare di nascosto*) to eavesdrop (*o* spy) on: *~ qd. dal buco della serratura* to spy on s.o. through the keyhole. **3** (*aspettare*) to watch (*o* wait) for: *~ il momento opportuno* to watch for the right moment. **4** ⟨*assol*⟩ to spy; (*ascoltare*) to listen, to eavesdrop: *lo sorpresi mentre spiava* I caught him eavesdropping. **spiata** *f.* (*delazione*) denouncement, laying of information: *fu arrestato in seguito a una ~* he was arrested following a denouncement.

spiattellare *v.t.* (spiattello) **1** (*riferire*) to tell, to blab, to blurt (*o* let) out: *ha spiattellato tutto ciò che sapeva* he blabbed all he knew. **2** (*raccontare apertamente*) to come out with, to say (*o* declare) openly, ⟨*fam*⟩ to shoot off: *~ la verità* to come out with the truth. **3** (*mostrare*) to wave, to thrust, to hold out: *mi spiattellava davanti al viso la lettera* he was waving the letter in my face.

spiazzare *v.t.* ⟨*sport*⟩ to cause to move out of position. **spiazzato** *a.* ⟨*sport*⟩ out of position. **spiazzo** *m.* **1** open space (*o* ground), esplanade. **2** (*radura*) clearing.

spiccare *v.* (spicco, spicchi) **I** *v.t.* **1** (*staccare*) to detach, to take off; (*rif. a fiori, a frutta*) to pick, to pluck: *~ un grappolo d'uva* to pick a bunch of grapes. **2** (*spezzare*) to break (*o* snap) off. **3** (*staccare: tagliando*) to cut off, to sever: *~ la testa dal corpo* to sever the head from the body. **4** (*compiere un movimento brusco*) to take, to do, to give: *~ un salto* to take a leap, to give a jump. **5** (*pronunciare distintamente*) to pronounce distinctly. **6** ⟨*Dir*⟩ to issue: *~ un mandato di cattura* to issue a warrant of arrest. **7** ⟨*Comm,burocr*⟩ (*emettere*) to emit, to issue: *~ un assegno* to issue a cheque. **II** *v.i.* (*aus.* avere) **1** (*dare nell'occhio*) to show up, to catch the eye, to be striking: *il rosso è un colore che spicca* red is a colour which shows up, red is an eye-catching colour. **2** (*distinguersi*) to stand out (*tra* among, from), to tower (above): *spicca tra i suoi compagni per intelligenza* he towers above his companions in intelligence. **spiccarsi** *v.r.* (*rif. a frutta: staccarsi con facilità*) to come off easily. □ *~ il bollore* to begin to boil; *far ~* (*mettere in risalto*) to show up, to bring out; *~ il volo* to fly up, to soar, to take wing.

spiccatamente *avv.* **1** (*nettamente*) clearly, distinctly, sharply, conspicuously: *distinguersi ~* to stand out clearly. **2** (*tipicamente*) typically; (*marcatamente*) markedly. **spiccato** *a.* **1** (*rif. a fiori, a frutta*) picked, plucked. **2** (*marcato*) marked, unmistakable: *uno ~ accento siciliano* a marked (*o* strong) Sicilian accent; (*notevole, singolare*) great, remarkable: *avere uno ~ senso dell'umorismo* to have a remarkable sense of humour. **3** (*nitido, distinto*) sharp, clear, distinct.

spicchio *m.* **1** ⟨*Bot*⟩ (*rif. ad agrumi*) segment, piece: *uno ~ d'arancia* an orange segment; (*rif. ad aglio*) clove. **2** (*pezzo a forma di spicchio*) piece, slice: *uno ~ di torta* a slice of cake. **3** ⟨*Arch*⟩ gore. □ *fare a spicchi* to cut in pieces, to divide into segments; *~ di luna* crescent (moon); ⟨*Geom*⟩ *~ sferico* spherical segment.

spicciare *v.t.* (spiccio, spicci) **1** (*sbrigare*) to dispatch, to settle, to get done (*o* over with), to get through: *~ una faccenda* to dispatch a piece of business, to get s.th. done. **2** (*rif. a persone*) to attend to, to see to: *il parrucchiere non mi può ~ prima delle cinque* the hairdresser can't attend to me before five. **3** (*riordinare*) to tidy (*o* clear) up, to put straight: *~ la cucina* to tidy up the kitchen. **4** (*cambiare in moneta spicciola*) to give small change for. **spicciarsi** *v.r.* (*sbrigarsi*) to hurry (up). □ *spicciati!* hurry up! **spicciativo** *a.* **1** (*sbrigativo*) quick, quickly done, hurried: *affare ~* quick business. **2** (*brusco*) abrupt, brusque, rough.

spiccicare *v.t.* (spiccico, spiccichi) **1** (*staccare cose appiccicate*) to unstick, to detach: *~ un francobollo* to unstick a stamp. **2** (*articolare*) to utter, to say: *non riesce a ~ una parola* he can't say a word. **spiccicarsi** *v.r.* **1** (*staccarsi*) to come unstuck, to come off (*o* away). **2** ⟨*fig*⟩ (*liberarsi*) to get away (*da* from), to get rid (of): *non so come spiccicarmi da quel seccatore* I don't know how to get rid of that bore. □ *non spiccicar parola* not to utter (*o* say) a word; ⟨*fam*⟩ *non ~ una parola d'inglese* not to know a word of English.

spiccio I *a.* **1** (*sbrigativo*) quick, hasty, quickly done; (*brusco*) brusque, abrupt: *modi spicci* abrupt ways. **2** (*svelto*) speedy, quick, fast. **3** (*spicciolo*) small, loose: *denaro ~* small (*o* loose) change. **II** *s.m.pl.* loose (*o* small) change. □ *andare per le spicce* to go straight to the point. **spicciolame** *m.* (small) change, loose money. **spicciolare** *v.t.* (spicciolo) to change, to give (small) change for: *~ diecimila lire* to change ten thousand lire. **spicciolato** *a.* (*isolato*) scattered, single. □ *alla –a*: **1** (*uno alla volta*) one at a time: *uscire alla –a* to go out one at a time; **2** (*pochi alla volta*) a few at a time. **spicciolo I** *a.* **1** small, loose: *soldi –i* small change. **2** ⟨*fig,region*⟩ (*semplice, comune*) simple, common: *gente –a* simple people. **II** *s.m.pl.* (small) change, small coins.

spicco *m.* (*pl.* -chi) conspicuousness; (*risalto*) prominence, relief. □ *far ~*: **1** (*risaltare*) to catch the eye, to stand out;

2 (*essere superiore*) to tower.

spicconare *v.t.* (**spicc̣ono**) **1** (*rif. a strada*) to tear (*o* break) up with a pick; (*rif. a muro*) to tear (*o* break) down with a pick. **2** (*assol*) (*lavorare col piccone*) to work with a pick.

spicinio *m.* ⟨*region*⟩ **1** (*sbriciolamento*) crumbling. **2** (*effetto*) crumbs *pl.* **3** ⟨*estens*⟩ (*massacro*) massacre.

spider *ingl.* ['spaidər] *m./f.* ⟨*Aut*⟩ two–seater sports car.

spidocchiare *v.t.* (**spidọcchio, spidọcchi**) **1** to delouse, to remove lice from, to pick the lice off (*o* out of). **2** (*rif. a piante*) to remove lice from. **spidocchiarsi** *v.r.* to delouse o.s., to pick lice off o.s.

spiedata *f.* ⟨*Gastr*⟩ spitful. **spiedino** *m.* ⟨*Gastr*⟩ spitful. **spiẹdo** *m.* **1** ⟨*Gastr*⟩ spit, skewer. **2** (*quantità*) spitful: *uno ~ di quaglie* a spitful of quails. □ *allo ~* on the spit: *arrosto allo ~* roast on the spit.

spiegabile *a.* ⟨*Gastr*⟩ explainable, explicable. **spiegamento** *m.* ⟨*Mil*⟩ deployment: *~ di forze* deployment of forces.

spiegare *v.t.* (**spiẹgo, spiẹghi**) **1** to unfold, to spread (*o* open, lay) out: *~ la tovaglia* to spread out the tablecloth; (*srotolare*) to unroll; (*rif. a vele, a bandiere*) to unfurl. **2** (*aprire, allargare*) to spread (out), to open (out): *il falco spiegò le ali* the hawk spread its wings. **3** ⟨*fig*⟩ (*rendere intelligibile*) to explain: *~ un enigma* to explain an enigma; (*esporre commentando*) to expound, to explain: *~ un teorema* to expound a theorem. **4** ⟨*fig*⟩ (*far capire*) to explain, to show, to tell: *~ a qd. cosa deve fare* to explain to s.o. what he must do. **5** (*raccontare*) to tell: *spiegami un po' che ti è successo* tell me what happened to you. **6** (*giustificare*) to account (for): *come spieghi questa differenza?* how can you account for this difference? **7** ⟨*Mil*⟩ to deploy: *~ le truppe* to deploy the troops. **spiegarsi** *v.r.* **1** (*rendersi conto*) to understand: *non riesco a spiegarmi il suo comportamento* I can't understand (*o* explain) his behaviour. **2** (*farsi capire*) to explain o.s., to make o.s. clear: *non so se mi sono spiegato bene* I don't know if I've made myself quite clear. **3** (*recipr*) (*venire a una spiegazione*) to have a frank talk, to clear things up: *dopo la lite si sono spiegati* after the argument they cleared things up. □ *~ il canto* to sing out; ⟨*lett*⟩ *~ le vele al vento* (*salpare*) to set sail; *~ il volo* to spread one's wings; ⟨*fam*⟩ *mi spiego* (*voglio dire*) let me explain; ⟨*fam*⟩ *mi spiego?* (*capisci?*) do you see what I mean?; ⟨*enfat*⟩ *non so se mi spiego* need I say more?

spiegato *a.* **1** unfolded, spread out; (*srotolato*) unrolled; (*rif. a vele o bandiere*) unfurled. **2** (*aperto*) spread (out), opened (out). **3** ⟨*fig*⟩ (*chiarito*) explained, cleared up: *dubbio ~* doubt that has been cleared up. **4** ⟨*fig*⟩ (*delucidato*) explained, expounded. □ *a gola* (o *voce*) *-a* at the top of one's voice; *a vele -e* with unfurled sails.

spiegatura *f.* unfolding, spreading out. **spiegazione** *f.* **1** explanation: *la ~ di una parola* the explanation of a word. **2** (*esposizione*) explanation; (*commento*) commentary: *la ~ di un passo di Dante* the commentary on a passage in Dante; (*interpretazione*) interpretation: *ci sono molte -i per questa allegoria* there are many interpretations of this allegory. **3** ⟨*concr*⟩ explanation: *una ~ plausibile* a plausible explanation. □ *avere* (o *venire a*) *una ~ con qd.* to talk things out with s.o., *chiedere ~ di qc. a qd.* to ask s.o. for an explanation of s.th., to demand an explanation of s.th. from s.o.; *dare ~ di qc. a qd.* to account to s.o. for s.th.; *dare una ~* (*un chiarimento*) to give an explanation; *non so darmi una ~ del suo comportamento* I can't understand his behaviour.

spiegazzare *v.t.* to crease, to crumple, to rumple up. **spiegazzato** *a.* creased, (c)rumpled. **spiegazzatura** *f.* **1** creasing. **2** (*piega*) crease.

spietatamente *avv.* pitilessly, unmercifully, ruthlessly. **spietatezza** *f.* pitilessness, unmercifulness; (*inesorabilità*) ruthlessness. **spietato** *a.* **1** pitiless, unmerciful, merciless: *condanna -a* unmerciful condemnation. **2** (*inesorabile*) inexorable, relentless: *sorte -a* inexorable fate; (*rif. a persone*) ruthless, relentless: *accusatore ~* relentless accuser. **3** ⟨*iperb*⟩ fierce: *una concorrenza -a* a fierce competition. □ *fare una corte -a a una ragazza* to court a girl persistently.

spifferare *v.* (**spiffero**) **I** *v.t.* ⟨*fam*⟩ **1** to blab, to blurt out; ⟨*assol*⟩ to spill the beans. **2** (*dire apertamente*) to say (*o* declare) openly. **II** *v.i.* (*aus.* **avere**) (*rif. al vento*) to whistle (through a crack). **spifferata** *f.* blabbing, blurting out. **spifferatore** *m.* (*f.* **-trice**) blabber, blurter. **spiffero** *m.* ⟨*fam*⟩ draught, ⟨*am*⟩ draft.

spiga *f.* ⟨*Bot*⟩ **1** (*dei cereali*) spike, ear: *~ di grano* ear of corn. **2** ⟨*Bot*⟩ (*infiorescenza*) spike. □ *a ~* spike–like, spike–shaped; ⟨*Edil*⟩ *mattonato a ~* herring–bone brickwork; ⟨*Lav.femm*⟩ *punto a ~* herring–bone stitch.

spigare *v.i.* (**spịgo, spighi**; *aus.* essere/avere) to ear (up), to come into ear: *il frumento comincia a ~* the wheat is starting to ear up. **spigato** *a.* ⟨*Tess*⟩ twilled: *stoffa -a* twilled material. **spigatura** *f.* earing (up); (*periodo*) shooting time. **spighetta** *f.* ⟨*Sart*⟩ trimming, braid.

spigionarsi *v.r.* (**mi spigiono**) to be(come) vacant (*o* empty): *l'appartamento si spigionerà fra tre mesi* the flat will be vacant in three months. **spigionato** *a.* vacant, empty, ⟨*pred*⟩ to let: *appartamento ~* vacant flat.

spigliatamente *avv.* **1** self-confidently, free–and–easily. **2** (*agilmente*) nimbly. **spigliatezza** *f.* self-confidence, self-possession. **spigliato** *a.* **1** (*disinvolto*) self-confident, self-possessed. **2** (*agile*) nimble.

spignattare *v.i.* (*aus.* **avere**) ⟨*fam*⟩ to busy o.s. with the cooking (*o* pots and pans).

spignoramento *m.* (*riscatto*) redemption; (*dal pegno*) taking out of pawn (*o* hock). **spignorare** *v.t.* (**spignoro**) (*riscattare*) to redeem; (*rif. a cosa data in pegno*) to take out of pawn (*o* hock).

spigo *m.* (*pl.* **-ghi**) ⟨*Bot*⟩ lavender.

spigola *f.* ⟨*Itt*⟩ bass, ⟨*am*⟩ sea bass.

spigolare *v.t.* (**spịgolo**) **1** to glean (*anche assol.*). **2** ⟨*fig*⟩ (*raccogliere*) to glean, to collect, to pick up: *~ aneddoti* to collect anecdotes. **spigolatore** *m.* (*f.* **-trice**) gleaner (*anche fig.*). **spigolatura** *f.* **1** gleaning. **2** *pl.* ⟨*fig*⟩ gleanings *pl.* □ *-e di cronaca* news picked up here and there.

spigolo *m.* **1** corner: *urtare contro lo ~ del tavolo* to knock against the corner of the table. **2** ⟨*Geom*⟩ edge. **3** *pl.* ⟨*fig*⟩ harshness of s.o.'s character. □ *~ arrotondato* (o *tondo*) rounded corner; *~ smussato* smoothed (*o* cut–off) edge, bay quoin. **spigoloso** *a.* **1** angular. **2** ⟨*fig*⟩ (*ossuto*) bony. **3** ⟨*fig*⟩ (*scontroso*) difficult, rough, unmanageable: *avere un carattere ~* to have a difficult character.

spigonardo *m.* ⟨*Bot*⟩ spike lavender.

spigrire *v.t.* (**spigrisco, spigrisci**) to rouse (*o* shake) out of laziness. **spigrirsi** *v.r.* to rouse (*o* shake) o.s. out of one's laziness.

spilla *f.* brooch: *una ~ di brillanti* a diamond brooch; (*spilla lunga e piatta*) pin: *~ da* (o *per*) *cravatta* tie-pin. □ *~ 'da balia'* (o *di sicurezza*) safety-pin.

spillaccherare *v.t.* (**spillạcchero**) ⟨*region*⟩ to remove splashes of mud from.

spillare *v.t.* **1** to tap, to broach: *~ una botte* to broach a cask. **2** (*far uscire*) to draw (off), to tap: *~ il vino* to tap the wine. **3** ⟨*fig*⟩ (*cavar fuori*) to get, to squeeze: *~ soldi a qd.* to get money out of s.o.

spillatico *m.* (*pl.* **-ci**) pin money.

spillatrice *f.* stapler.

spillatura *f.* tapping, broaching: *~ della birra* beer tapping.

spillo *m.* **1** pin: *appuntare qc. con uno ~* to fasten s.th. with a pin. **2** (*per forare la botte*) tap-borer; (*foro*) tap-hole. **3** ⟨*tecn*⟩ plunger, valve core. **4** ⟨*Met*⟩ vent wire (*o* rod), pricker. □ *a ~* pin-, needle-: *valvola a ~* needle valve; *tacchi a ~* stiletto heels; *~ da balia* safety pin; *colpi di ~* (pin)pricks *pl.*; *cuscinetto per -i* pincushion.

spillone *m.* **1** (*per capelli*) hairpin. **2** (*per cappelli*) hat-pin.

spilluzzicare *v.t.* (**spilluzzico, spilluzzicchi**) **1** (*mangiare svogliatamente*) to pick (*o* peck) at. **2** (*mangiare fuori pasto*) to nibble (*o* have a snack) (between meals). **3** ⟨*fig*⟩ (*raggranellare*) to scrape (*o* get) together.

spilorceria *f.* **1** miserliness, stinginess, niggardliness. **2** (*azione da spilorcio*) niggardly action. **spilorcio I** *a.* miserly, stingy, niggardly. **II** *s.m.* (*f.* **-a**) miser, skinflint, niggard.

spiluccare *v.t.* (**spilụcco, spilụcchi**) to pick (off).

spilungone *m.* (*f.* **-a**) (*fam*) lanky person, (*fam*) beanpole.

spina *f.* **1** (*Bot*) thorn; (*aculeo*) prickle. **2** (*Zool*) (*aculeo*) spine, quill: *le –e di un riccio* the quills of a hedgehog. **3** (*fig*) (*angustia, cruccio*) pain, grief; (*tribolazione*) distress, trouble, affliction. **4** (*lisca*) fishbone. **5** (*cannella della botte*) tap, spigot; (*foro*) bunghole. **6** (*El*) plug. **7** (*tecn*) plug; (*perno*) pin. **8** (*Inform*) pin. □ *birra* **alla** ~ draught beer; (*El*) ~ **bipolare** two–pin plug; (*El*) ~ *di* **collegamento** (*o contatto*) connecting plug; (*fig*) *avere una* ~ *nel* **cuore** to have a thorn in one's flesh (*o* side); (*Anat*) ~ **dorsale** backbone, spine; (*Tel*) ~ *d'*innesto operator's plug, peg; (*El*) ~ **multipolare** multiple–pin plug; ~ *di* **pesce** fishbone; *a* ~ *di pesce* herring bone–: *disegno a* ~ *di pesce* herring bone (pattern); (*El*) ~ *con* **presa** *a terra* plug with earth wire; **senza** *–e* thornless; (*rif. a pesci*) boneless; (*fig*) *essere* (*o stare*) *sulle –e* to be on tenterhooks; ~ **telefonica** telephone plug.

spinacio *m.* **1** (*Bot*) spinach. **2** *pl.* (*Gastr*) spinach *sing.*

spinacristi *f.* (*Bot*) (*agutoli*) matrimony vine, boxthorn.

spinale *a.* (*Anat*) spinal. **spinapesce**: *a* ~ herring bone–. **spinare** *v.t.* to bone, to fillet.

spinarello *m.* (*Itt*) three–spined stickleback. **spinarolo** *m.* (*Itt*) dogfish.

spinato *a.* **1** barbed; *filo* ~ barbed wire. **2** (*a spina di pesce*) herring–bone–. **3** (*Tess*) (*spigato*) twilled. □ *stoffa –a* twill.

spinello[1] *m.* (*Itt*) (*spinarolo imperiale*) spiny (*o* piked) dogfish.

spinello[2] *m.* (*Min*) spinel.

spinello[3] *m.* (*sigaretta di hascisc*) hashish cigarette.

spineto *m.* thorn bush, bramble bush.

spinetta *f.* (*Mus*) spinet.

spingarda *f.* **1** heavy mounted rifle. **2** (*Mil.ant*) springal(d); (*tipo di mortaio*) mortar piece.

spingere *v.* (*spingo, spingi; spinsi, spinto*) **I** *v.t.* **1** to push, to shove: ~ *il carro* to push the cart. **2** (*rif. a forze naturali: imprimere un movimento*) to drive: *la corrente ha spinto la barca fuori rotta* the current has driven the boat off course. **3** (*far penetrare*) to drive (*o* thrust, push) in: *con una martellata spinse il chiodo nel muro* with a blow of the hammer he drove the nail into the wall. **4** (*premere*) to press, to push: ~ *il pulsante* to press the button. **5** (*fig*) (*portare*) to drive, to lead (on): ~ *qd. alla disperazione* to drive s.o. to despair; (*costringere*) to drive, to force, to make. **6** (*fig*) (*stimolare*) to spur (on), to urge (on), to incite, (*fam*) to egg on: *il maestro spinge gli alunni a studiare di più* the teacher urges his pupils to study harder. **7** (*fig*) (*andare oltre un limite ammissibile*) to carry, to push: *ha spinto la sua sfacciataggine fino a chiedermi del denaro* he carried his cheek to the point of asking me for money. **II** *v.i.* (*aus.* avere) **1** to push, to shove: *non* ~*!* don't shove! **2** (*esercitare una pressione*) to press. **spingersi** *v.r.* **1** (*inoltrarsi*) to push on, to advance, to venture: *spingersi fino al confine della giungla* to venture as far as the edge of the jungle. **2** (*fig*) (*arrivare*) to go as far as. □ ~ *le cose troppo in là* to carry things too far; ~ *la porta* to push the door.

spinite *f.* (*Med*) spinitis.

spinnaker *ingl.* ['spinəkə] *m.* (*Mar*) spinnaker.

spino *m.* **1** (*pianta spinosa*) thorn bush. **2** (*Bot*) (*prugno selvatico*) sloe, blackthorn. **3** (*region*) (*spina*) thorn; (*aculeo*) prickle.

spinone *m.* (*Zool*) griffon.

spinoso *a.* **1** thorny, prickly, spiny. **2** (*fig*) (*irto di difficoltà*) thorny, bristling with difficulties. **3** (*fig*) (*scabroso*) ticklish, awkward, prickly: *un argomento* ~ an awkward matter.

spinotto *m.* (*Mot*) piston pin, gudgeon pin, (*am*) wrist pin.

spinsi → spingere.

spinta *f.* **1** push, shove, thrust: *una* ~ *in avanti* a push ahead. **2** (*pressione*) thrust, pressure, force: *la* ~ *del vento* the force of the wind. **3** (*fig*) (*stimolo*) incentive, spur, stimulus: *ha bisogno di una* ~ he needs an incentive. **4** (*fig*) (*aiuto*) influence, (*fam*) pull, (*fam*) string–pulling: *è*

stato promosso a forza di –e he got his promotion through string–pulling. **5** (*fig*) (*incremento*) boost, impulse: *dare una grande* ~ *all'industria* to give industry a great boost. **6** (*Fis*) thrust. □ (*Fis*) ~ **aerostatica** aerostatic lift (*o* thrust); (*Mecc*) ~ **assiale** axial (*o* end) thrust; *dare una* ~ *a qd.*: 1 to give s.o. a push (*o* shove), to push (*o* shove) s.o.; 2 (*fig*) (*aiutare*) to give s.o. a ⌈helping hand⌉ (*o* push up); *dare una* ~ *a qc.* (*incrementare*) to boost s.th.; ~ **dinamica** dynamic thrust; ~ *dell'*elica screw propeller thrust; *fare a* ~*e* to push e.o.; (*Mar*) ~ *di* **galleggiamento** buoyancy; ~ **idrostatica** fluid pressure; ~ **laterale** lateral thrust.

spintarella (*dim. di* spinta) *f.* **1** light push. **2** (*fig*) (*raccomandazione*) backing, (*fam*) pull.

spinterogeno *m.* (*Mot*) (battery–)coil ignition. **spinterometro** *m.* (*El*) spark gap.

spinto (*p.p. di* spingere) *a.* **1** (*portato*) driven, led; (*costretto*) driven, forced. **2** (*fig*) (*disposto, inclinato*) inclined, ready, willing: *essere* ~ *ad aiutare qd.* to feel inclined to help s.o. **3** (*fam*) (*estremistico*) extremist: *idee –e* extremist ideas. **4** (*fam*) (*scabroso*) daring, audacious: *un libro piuttosto* ~ a rather audacious book. **5** (*Mot*) supercharged, (*fam*) souped–up. **spintonare** *v.t.* to shove, to push. **spintone** *m.* hard push, shove.

spintore *m.* (*Mar*) push towboat.

spiombare *v.t.* (*spiombo*) (*togliere i piombini*) to unseal.

spionaggio *m.* espionage, spying. □ ~ *industriale* industrial espionage; ~ *militare* military espionage; ~ *politico* political espionage. **spioncello** *m.* (*Ornit*) water pipit. **spioncino** *m.* peep hole, spy hole. **spione** *m.* (*f.* **-a**) (*spreg,scherz*) spy, (*spreg*) squealer. **spionistico** *a.* (*pl.* **-ci**) spy–: *attività –a* spy activity, spying, espionage.

spiovente I *a.* **1** sloping: *tetto* ~ sloping roof. **2** (*che ricade giù*) drooping, hanging: *rami –i* drooping branches; (*rif. a capelli: fluente*) flowing. **II** *s.m.* **1** slope. **2** (*Geol*) slope, side. □ (*Arch*) *a* ~ weathered. **spiovere** *v.* (*spiove, spiovuto*) **I** *v.i.impers.* (*aus.* essere/avere) to stop raining. **II** *v.i.* (*aus.* essere) **1** (*scolare*) to run off, to flow down (*da qc.* s.th., from s.th.). **2** (*lett*) (*ricader giù*) to flow (*o* hang) down, to fall (down).

spira *f.* **1** spiral, coil. **2** (*rif. a serpente*) coil. **3** (*El*) loop, turn. □ *a* ~*e* in coils, spiral(ly), winding; (*El*) *–e* morte dead–end turns.

spiraglio *m.* **1** chink, crack, narrow opening, fissure. **2** (*striscia di luce*) gleam, glimmer (*anche fig.*): *dalla finestra socchiusa entrava uno* ~ *di luce* a glimmer of light came through the half–closed window; *uno* ~ *di speranza* a glimmer of hope; (*soffio d'aria*) breath (of air). **3** (*fig*) (*speranza di riuscita*) hope, chance: *nella situazione attuale non vedo alcuno* ~ as things stand now I don't think there's a chance. □ *aprire uno* ~ to let in some light.

spirale I *a.* spiral. **II** *s.f.* **1** (*Mat*) spiral. **2** (*Orol*) hairspring. **3** (*Med*) intrauterine device, IUD. □ *a* ~ spiral, winding; *scala a* ~ spiral stairs *pl*, winding staircase; *avvolgere a* ~ to coil; *la* ~ *delinquenziale* the crime spiral; ~ *inflazionistica* inflationary spiral. **spiralizzazione** *f.* spiralization.

spirante I *a.* **1** blowing. **2** (*Fon*) spirant. **II** *s.f.* (*Fon*) spirant.

spirare[1] I *v.i.* (*aus.* avere) **1** (*soffiare*) to blow: *spirava una leggera brezza* a gentle breeze was blowing. **2** (*emanare*) to emanate, to come (*da* from): *dai fiori spirava un dolce profumo* a lovely scent came from the flowers. **II** *v.t.* **1** (*emanare*) to give off (*o* out, forth), to send out, to exhale: *queste rose spirano un forte profumo* these roses give off a strong scent. **2** (*fig*) to radiate, to give off (*o* out, forth), to express: *occhi che spirano dolcezza* eyes radiating tenderness. □ (*fig*) *che aria spira?* which way is the wind blowing?; (*fig*) *per voi qui non spira buon vento* it's unhealthy for you here; (*fig*) *spira aria di burrasca* there's a storm in the air.

spirare[2] *v.i.* (*aus.* essere) **1** (*morire*) to expire, to breathe one's last. **2** (*fig*) (*finire*) to come to an end: *le vacanze sono spirate* the holidays ⌈have come to an end⌉ (*o* are over); (*scadere*) to expire: *la tregua spira oggi* the truce expires today.

spirea *f.* (*Bot*) spiraea.

spirillo *m.* ⟨*Biol*⟩ spirillum.
spiritato I *a.* **1** (*invasato, ossesso*) possessed. **2** ⟨*estens*⟩ wild, frantic: *sguardo* ~ wild look. II *s.m.* (*f.* -a) one possessed: *sembrare uno* ~ to look like one possessed.
spiritello *m.* (*folletto*) elf, goblin, sprite. **spiritico** *a.* (*pl.* -ci) ⟨*Occult*⟩ spiritualistic, spiritistic. **spiritismo** *m.* ⟨*Occult*⟩ spiritualism, spiritism. **spiritista** *m./f.* ⟨*Occult*⟩ spiritualist, spiritist. **spiritistico** *a.* (*pl.* -ci) spiritualistic, spiritistic.
spirito *m.* **1** spirit: *Dio è puro* ~ God is pure spirit. **2** (*anima*) spirit, soul. **3** (*animo*) mind, spirits *pl,* thoughts *pl, a volte non si traduce: condizione* (o *disposizione*) *di* ~ state (o frame) of mind, mood; *avere lo* ~ *agitato* to be upset; *sollevare lo* ~ *di qd.* to raise s.o.'s spirits. **4** (*essere immateriale*) spirit: *-i maligni* wicked (o evil) spirits. **5** (*genio, folletto*) elf, sprite, (elfin) spirit, goblin: ~ *del bosco* wood sprite. **6** (*fantasma*) ghost: *credere agli –i* to believe in ghosts; *nel castello ci sono gli –i* there are ghosts in the castle, the castle is haunted. **7** (*persona*) spirit, mind: *essere uno* ~ *superiore* to be a noble (o lofty) spirit. **8** (*vivacità d'ingegno*) quick–wittedness, liveliness, lively wit: *persona che è tutta* ~ person who has a lively wit; (*senso dell'umorismo*) wit, sense of humour: *avere molto* ~ to have great sense of humour. **9** (*disposizione d'animo, senso*) spirit, disposition, attitude: ~ *di sacrificio* spirit of sacrifice; *con* ~ *vendicativo* in a spirit of revenge. **10** (*situazione spirituale*) spirit: *lo* ~ *di un'epoca* the spirit of an age. **11** (*significato intimo, parte essenziale*) spirit, sense: *lo* ~ *di una legge* the spirit of a law. **12** (*alcool*) spirit, alcohol. **13** ⟨*lett*⟩ (*respiro*) breath: *esalare lo* ~ to give one's last breath, to breathe one's last. **14** ⟨*Gramm*⟩ breathing. □ **a** ~ spirit–: *fornello a* ~ spirit stove; ⟨*Gramm*⟩ ~ **aspro** rough breathing; **bello** ~ wit, witty person; **con** ~ witt(il)y: *rispondere con* ~ to give a witty reply; *essere nelle migliori* **condizioni** *di* ~ to be in good (o the best of) spirits; *non sono in condizioni di* ~ *tali da poter uscire* I feel too depressed to go out; ~ *di* **contraddizione** spirit of contradiction; ~ *di* **corpo** esprit de corps, team spirit; ⟨*Teol*⟩ *gli –i* **dannati** the damned (*costr.pl.*); ~ **denaturato** denaturated alcohol; **di** ~: **1** (*spiritoso*) witty: *battuta di* ~ witty remark, (*fam*) wisecrack; **2** (*che sta allo scherzo*) who can take a joke: *un uomo di* ~ a man who can take a joke, ⟨*fam*⟩ a good sport; ⟨*Gramm*⟩ ~ **dolce** smooth breathing; **entrare** *nello* ~ *di qc.* to enter into the spirit of s.th.; **fare** *dello* ~ to be witty; *credi di fare dello* ~? do you think you're being funny?; ⟨*Bibl*⟩ *lo* ~ *è* **forte** *ma la carne è debole* the spirit is willing but the flesh is weak; **mancare** *di* ~ to have no sense of humour; ~ *d'***osservazione** spirit of observation; ~ *di* **parte** party (o partisan) spirit; *avere* ~ *di parte* to take sides; ⟨*fig*⟩ ~ *di* **patata** foolish humour; **povero** *di* ~ dull–witted; **presenza** *di* ~ presence of mind; **privo** *di* ~ (*permaloso*) with no sense of humour; **rendere** *lo* ~ *a Dio* to give up the ghost; ⟨*Teol*⟩ ~ **Santo** Holy Ghost (o Spirit); **sotto** ~ in alcohol; *lo* ~ *del* **tempo** the spirit of the age; **valori** *dello* ~ spiritual values.
spiritosaggine *f.* **1** wittiness. **2** (*battuta spiritosa*) witty remark, witticism, ⟨*fam*⟩ wisecrack. **spiritosamente** *avv.* wittily. **spiritoso** *a.* **1** witty: *parlatore* ~ witty speaker; *una battuta –a* a witty remark, a quip. **2** ⟨*iron*⟩ funny: *come sei* ~! aren't you funny! □ *fare lo* ~ (to try) to be funny.
spirituale *a.* spiritual: *godimento* ~ spiritual delight; *natura* ~ spiritual nature; *direttore* ~ spiritual director. **spiritualismo** *m.* ⟨*Filos*⟩ spiritualism. **spiritualista** *m./f.* spiritualist. **spiritualistico** *a.* (*pl.* -ci) spiritualistic. **spiritualità** *f.* spirituality. **spiritualizzare** *v.t.* to spiritualize. **spiritualizzazione** *f.* spiritualization. **spiritualmente** *avv.* **1** spiritually. **2** (*in spirito*) in spirit: *essere presente* ~ to be present in spirit.
spirocheta *f.* ⟨*Biol*⟩ spiroch(a)ete.
spirometro *m.* ⟨*Med*⟩ spirometer.
spiumare *v.t.* to pluck: ~ *un pollo* to pluck a chicken.
spizzicare *v.t.* (*spizzico, spizzichi*) to nibble, to peck (o pick) at. **spizzico**: *a* ~ (o *spizzichi*) little by little, a little at a time.
spleen *ingl.* [splin] *m.* melancholy, depression.

splenalgia *f.* ⟨*Med*⟩ splenalgia.
splendente *a.* **1** shining, bright, brilliant: *luce* ~ bright light. **2** ⟨*fig*⟩ shining, bright, radiant, glowing: *volto* ~ *di felicità* face glowing with happiness; *occhi –i* shining eyes.
splendere *v.i.* (past participle and compound tenses not used) **1** to shine: *il sole splende alto nel cielo* the sun is shining high in the sky. **2** (*luccicare*) to sparkle, to glitter: ~ *come l'oro* to glitter like gold. **3** ⟨*fig*⟩ to shine, to beam, to be radiant (*di* with): *il suo volto splendeva di gioia* his face shone with joy.
splendidamente *avv.* **1** splendidly, wonderfully; (*fastosamente*) splendidly, sumptuously, gorgeously: *casa* ~ *arredata* sumptuously furnished house. **2** (*con larghezza*) lavishly, grandly. □ *vivere* ~ to live in grand style.
splendidezza *f.* **1** (*lucentezza*) splendour. **2** ⟨*fig*⟩ (*generosità*) lavishness. **3** ⟨*fig*⟩ (*magnificenza*) splendour, magnificence, sumptuousness. **splendido** *a.* **1** bright, shining, radiant: *sole* ~ bright sun. **2** ⟨*estens*⟩ (*mirabile*) splendid, magnificent, gorgeous, marvellous: *una giornata –a* a gorgeous day; *panorama* ~ marvellous view; (*fastoso*) splendid, magnificent, sumptuous: *una –a villa* a magnificent villa. **3** ⟨*fig*⟩ (*eccezionale*) brilliant, splendid: *carriera –a* brilliant career. **4** ⟨*fig*⟩ (*ammirevole*) splendid, wonderful: *uno* ~ *esempio di eroismo* a splendid example of heroism. **5** ⟨*fig*⟩ (*generoso*) liberal, lavish. **splendore** *m.* **1** (*luminosità*) brightness, brilliance, radiance: *lo* ~ *del sole* the brightness of the sun. **2** ⟨*fig*⟩ (*fulgore*) splendour, radiance, bloom: *una donna nel pieno* ~ *della sua bellezza* a woman in the full splendour of her beauty. **3** ⟨*fig*⟩ (*fasto*) splendour, pomp, magnificence: *gli –i delle corti rinascimentali* the splendour (o pomp) of Renaissance courts. **4** ⟨*fig,concr*⟩ (*persona o cosa molto bella*) beauty, splendour: *quella donna è uno* ~ that woman is a beauty. □ *che* ~ *di ragazza!* what a beautiful girl!, what a beauty!; *una casa che è uno* ~ a gorgeous house.
splene *m.* ⟨*Anat*⟩ (*milza*) spleen, milt. **splenectomia** *f.* ⟨*Chir*⟩ splenectomy. **splenetico** *a./s.* (*pl.* -ci) I *a.* ⟨*Med*⟩ splenetic (*anche estens.*). II *s.m.* (*f.* -a) **1** ⟨*Med*⟩ person suffering from splenic disorder. **2** ⟨*estens*⟩ splenetic. **splenico** *a./s.* (*pl.* -ci) I *a.* ⟨*Anat*⟩ splenic. II *s.m.* (*f.* -a) person suffering from splenic disorder. **splenite** *f.* ⟨*Med*⟩ splenitis.
Spluga: ⟨*Geog*⟩ *passo dello* ~ Splugen pass.
s.p.m. = ⟨*Farm*⟩ *secondo prescrizione medica* as prescribed.
S.P.M. = ⟨*epist*⟩ *sue proprie mani* personal (for addressee).
spocchia *f.* (*boria, sussiego*) haughtiness, self-conceit. **spocchioso** *a.* ⟨*non com*⟩ haughty, arrogant.
spodestamento *m.* **1** depriving of power. **2** (*detronizzazione*) dethronement, deposition. **3** (*il privare dei beni*) dispossession. **spodestare** *v.t.* (*spodesto*) **1** to deprive of power, to oust: *il vecchio direttore è stato spodestato da un giovane dirigente* the old director has been ousted by a young executive. **2** (*detronizzare*) to dethrone, to depose: ~ *un re* to depose a king. **3** (*privare dei beni*) to dispossess: *la rivoluzione ha spodestato i nobili* the revolution has dispossessed the nobility.
spoetizzante *a.* **1** disenchanting, disillusioning. **2** ⟨*estens*⟩ (*disgustante*) disgusting, sickening. **spoetizzare** *v.t.* **1** (*disincantare*) to disenchant, to disillusion. **2** ⟨*estens*⟩ (*disgustare*) to disgust, to sicken.
spoglia *f.* **1** slough, cast-off skin: *la* ~ *di un serpente* a snake's cast–off skin. **2** ⟨*poet*⟩ (*salma*) mortal remains *pl.* **3** *pl.* (*armatura tolta al nemico vinto*) spoils *pl.* **4** *pl.* (*bottino di guerra*) spoils *pl,* booty: *dividere le –e* to split the booty. □ ⟨*scherz*⟩ *sotto mentite –e* under a false name; *–e mortali* mortal remains; ⟨*Stor.rom*⟩ *–e opime* spolia opima.
spogliare *v.t.* (*spoglio, spogli*) **1** (*svestire*) to undress, to take the clothes off, to strip: *spoglia i bambini per mandarli a letto* she is undressing the children to send them to bed. **2** (*togliere elementi accessori*) to strip: ~ *la pianta dei fiori* to strip the plant of flowers; (*saccheggiare*) to strip, to rob: *il nemico ha spogliato la città dei suoi tesori d'arte* the enemy stripped the town of its art treasures. **3** (*defraudare*) to rob, to cheat: *lo spogliarono di ogni suo*

avere he was cheated out of all he had. **4** ⟨*fig*⟩ (*privare*) to deprive, to divest: ~ *qd. dei suoi diritti* to deprive s.o. of his rights. **5** (*fare lo spoglio*) to sort (out), to go through: ~ *la corrispondenza* to sort (out) the mail. **spogliarsi** *v.r.* **1** to undress, to take one's clothes off; (*completamente*) to strip, to undress. **2** (*rif. a serpenti: mutare pelle*) to cast, to shed, to slough (off): *la serpe si spoglia della pelle* the snake sloughs off its skin. **3** (*perdere*) to lose, to shed (*di qc. s.th.*): *d'inverno gli alberi si spogliano delle foglie* in winter the trees shed their leaves. **4** ⟨*fig*⟩ (*privarsi*) to deprive (*o* divest) o.s. (*di* of), to give up (s.th.): *si spogliò di tutti i suoi averi* he gave up all his property.

spogliarellista *f.* stripper, striptease (artist). **spogliarello** *m.* striptease: *fare uno* ~ to do a striptease.

spogliatoio *m.* dressing room; (*nelle scuole*) locker-room, cloakroom.

spogliatore *m.* (*f.* -**trice**) (*chi deruba*) robber, plunderer, despoiler. □ ~ *di cadaveri* body snatcher.

spoglio[1] *a.* **1** (*squallido, nudo*) bare, bleak: *casa –a* bleak house; (*rif. a piante*) bare, naked; (*rif. a terreni e sim.*) bleak, bare, barren. **2** ⟨*fig*⟩ (*libero*) free (*di* from): ~ *di prevenzioni* free from prejudice.

spoglio[2] *m.* **1** sorting (out); (*esame*) examination, study; (*selezione*) selection, culling. **2** (*vestito smesso*) cast-off (garment). □ *fare lo* ~ *della corrispondenza* to sort out the mail; *fare lo* ~ *dei dati* to extract data; ~ ⌜*delle schede*⌝ (*o dei voti*) checking and counting of votes; ⌜*fare lo*⌝ (*o procedere allo*) ~ *dei voti* to count the votes.

spoiler *ingl. m.* ⟨*Aer,Aut*⟩ spoiler.

spola *f.* (*navetta*) shuttle; (*bobina*) cop. □ *fare la* ~ *da un luogo all'altro* to shuttle (*o* commute) from one place to another; (*rif. a mezzi di trasporto*) to shuttle (*o* ply) between two places. **spoletta** *f.* **1** (*nelle cucitrici*) bobbin. **2** ⟨*Artigl*⟩ fuse. □ ⟨*Artigl*⟩ ~ *ad azione ritardata* delayed-action fuse; ~ *a orologeria* clockwork fuse; ~ *a percussione* percussion fuse; ~ *a tempo* time fuse.

spoliazione *f.* **1** stripping, depriving, taking away. **2** ⟨*ant*⟩ (*saccheggio*) (de)spoliation, plundering, pillage.

spoliticizzare *v.t.* to depoliticize. **spoliticizzazione** *f.* depoliticization.

spollonare *v.t.* (*spollono*) ⟨*Agr*⟩ to remove sideshoots from. **spollonatura** *f.* removal of sideshoots (*o* suckers).

spolmonarsi *v.r.* (**mi spolmono**) to shout o.s. hoarse; (*parlare a voce molto alta*) to talk at the top of one's voice (*o* lungs).

spolpamento *m.* removal of flesh. **spolpare** *v.t.* (**spolpo**; *p.p.* **spolpato/spolpo**) **1** (*privare della carne*) to remove the flesh from, to take the meat off, to pick: ~ *un osso* to pick a bone clean. **2** ⟨*fig*⟩ (*spillare denaro*) to fleece, ⟨*fam*⟩ to skin: *lo hanno spolpato al gioco* they fleeced him at gambling. **spolparsi** *v.r.* (*impoverirsi*) to bleed o.s. white: *mi sono spolpato per farti studiare* I bled myself white to enable you to study. **spolpato** *a.* stripped of flesh, bare: *un osso* ~ a bare bone.

spoltronire *v.t.* (**spoltronisco, spoltronisci**) ⌜*cure of*⌝ (*o* shake off) one's laziness, to knock the laziness out of. **spoltronirsi** *v.r.* to rouse o.s., to shake off one's lazy habits.

spolverare *v.t.* (**spolvero**) **1** to dust: ~ *i mobili* to dust the furniture; (*con la spazzola*) to brush; (*con l'aspirapolvere*) to vacuum(-clean), ⟨*fam*⟩ to hoover. **2** (*spolverizzare*) to dust, to sprinkle: ~ *di farina* to dust with flour. **3** ⟨*fam*⟩ (*mangiare con avidità*) to eat, to gobble (up): *ha spolverato tutto in un attimo* he gobbled it all up in a flash. □ ⟨*fig*⟩ ~ *le spalle* (*o il groppone*) *a qd.* to beat (*o* thrash) s.o., ⟨*fam*⟩ to dust s.o.'s jacket. **spolverata** *f.* **1** dusting; (*con la spazzola*) brush(ing); (*con l'aspirapolvere*) vacuum-, cleaning, ⟨*fam*⟩ hoover(ing). **2** (*lo spolverizzare*) dusting, sprinkling. □ *dare una* ~ *a una stanza* to give a room a ⌜quick dusting⌝ (*o* flick of the duster); *dare una* ~ *a una giacca* to give a jacket a quick brush; *dare una* ~ *di zucchero a un dolce* to sprinkle a cake with sugar. **spolveratura** *f.* **1** dusting; (*con la spazzola*) brushing; (*con l'aspirapolvere*) vacuum-cleaning, ⟨*fam*⟩ hoovering. **2** (*lo spolverizzare*)

dusting, sprinkling (*anche concr.*): ~ *di zucchero* sprinkling of sugar. **3** ⟨*fig*⟩ (*infarinatura*) smattering: ~ *di buona educazione* smattering of good manners. **spolverina** *f.* (*soprabito*) dust coat, ⟨*am*⟩ duster. **spolverino** *m.* **1** (*soprabito*) dust coat, ⟨*am*⟩ duster. **2** (*recipiente*) sprinkler, duster. **3** (*spazzoletta dei barbieri*) neck brush. **spolverio** *m.* **1** clouds *pl* of dust. **2** ⟨*fig,scherz*⟩ (*il mangiare avidamente*) gobbling. **spolverizzare** *v.t.* **1** (*polverizzare*) to pulverize, to reduce to powder (*o* dust). **2** (*cospargere*) to dust, to sprinkle: ~ *di zucchero un dolce* to dust a cake with sugar. **3** (*nel disegno*) to pounce. **spolvero** *m.* **1** (*polvere*) dust. **2** (*nel disegno*) pouncing; (*sacchetto*) pounce bag. **3** ⟨*fig*⟩ (*infarinatura*) smattering.

sponda *f.* **1** (*riva: di mare*) shore, beach; (*di lago*) shore; (*di fiume o canale*) bank: *la* ~ *del fiume* the river bank, the riverside. **2** (*bordo*) edge: *la* ~ *del letto* the edge of the bed. **3** (*parapetto*) parapet; (*ringhiera*) railing. **4** (*rif. a carri*) board, panel, side: ~ *laterale* sideboard.

spondaico *a.* (*pl.* -**ci**) ⟨*Metr*⟩ spondaic(al). **spondeo** *m.* ⟨*Metr*⟩ spondee.

spondilite *f.* ⟨*Med*⟩ spondylitis.

spongina *f.* ⟨*Biol*⟩ spongin.

sponsale *a.* ⟨*lett*⟩ nuptial. **sponsali** *m.pl.* ⟨*lett*⟩ **1** (*promessa di matrimonio*) betrothal *sing.* **2** (*matrimonio*) ⟨*lett*⟩ nuptials *pl.*

sponsor *ingl. m.* sponsor. **sponsorizzare** *v.t.* to sponsor, to act as a sponsor (for). **sponsorizzazione** *f.* sponsoring.

spontaneamente *avv.* spontaneously. **spontaneismo** *m.* spontaneity, spontaneous behaviour. **spontaneità** *f.* spontaneity, spontaneousness. □ *con* ~ spontaneously; (*con naturalezza*) naturally, unaffectedly. **spontaneo** *a.* **1** spontaneous: *offerta –a* spontaneous offer. **2** (*istintivo*) instinctive, spontaneous: *la sua risposta fu una reazione –a all'offesa* his answer was an instinctive reaction to the insult. **3** (*rif. a persone: naturale, franco*) natural, unaffected, open. **4** (*rif. a fenomeni naturali*) spontaneous: *combustione –a* spontaneous combustion. □ *di mia* ~ *volontà* of my own free will.

spopolamento *m.* depopulation. **spopolare** *v.* (**spopolo**) **I** *v.t.* to depopulate; (*rendere deserto*) to empty (of people): *il caldo ha spopolato le città* the heat has emptied the towns. **II** *v.i.* (*aus. avere*) (*avere successo*) to draw the crowds, to be a success (*o* hit): *è un cantante che spopola* he is a singer who draws the crowds. **spopolarsi** *v.r.* **1** to be depopulated. **2** (*diventare deserto*) to empty, to become deserted (*o* empty): *la città si spopola in agosto* the town empties in August. **spopolato** *a.* depopulated, uninhabited, deserted, empty: *città –a* uninhabited city.

spoppare *v.t.* (**spoppo**) to wean.

spora *f.* ⟨*Biol*⟩ spore.

Sporadi *N.pr.f.pl.* ⟨*Geog*⟩ Sporades *pl.*

sporadicamente *avv.* occasionally, sporadically. **sporadicità** *f.* sporadicity. **sporadico** *a.* (*pl.* -**ci**) (*saltuario*) occasional, sporadic; (*raro*) rare, isolated: *è un caso* ~ it is an isolated case.

sporangio *m.* ⟨*Bot*⟩ sporangium, spore case.

sporcaccione **I** *a.* ⟨*pop*⟩ dirty, filthy (*anche fig.*). **II** *s.m.* (*f.* -**a**) **1** dirty (*o* filthy) person, ⟨*fam*⟩ slob; (*rif. a donne*) slut, slattern. **2** (*persona turpe*) dirty person, filthy wretch. **sporcamente** *avv.* dirtily, in an underhand way. **sporcare** *v.t.* (**sporco, sporchi**) **1** to (make) dirty, to soil; (*macchiare*) to stain. **2** ⟨*fig*⟩ (*deturpare*) to sully, to tarnish, to soil, to (be)foul: ~ *il proprio nome* to sully one's name. **sporcarsi** *v.r.* **1** to dirty o.s., to get dirty: *quando mangia si sporca sempre* he always gets dirty when he eats. **2** ⟨*fig*⟩ (*avvilire la propria dignità*) to soil (*o* sully) o.s., to dirty one's hands: *si è sporcato per poche migliaia di lire* he dirtied his hands for a few thousand lire. **3** ⟨*fig,spreg*⟩ (*abbassarsi*) to stoop, to sink, to lower o.s.: *non mi sporco a discutere con gente simile* I don't lower myself arguing with such people. □ *sporcarsi le mani* to dirty (*o* soil) one's hands (*anche fig.*). **sporcizia** *f.* **1** dirtiness, filthiness. **2** (*concr*) dirt, filth. **3** ⟨*fig*⟩ (*azione turpe*) foul (*o* sordid, base) action; (*frase oscena*) dirty talk, filth: *dire –e* to talk filth (*o* dirt). **sporco** *a./s.* (*pl.* -**chi**) **I** *a.* **1** dirty, filthy: *avere le orecchie sporche* to have dirty ears. **2** (*imbrattato*) stained, soiled, *spesso si traduce con l'agg. appropriato: tovaglia –a di vino* tablecloth stained with wine; *scarpe sporche di fango* shoes splashed (*o* spattered) with mud, muddy shoes; *dita sporche d'inchiostro* inky (*o* ink–stained) fingers; *mani sporche di sangue* bloody (*o* blood–stained) hands. **3** ⟨*fig*⟩ (*turpe, immorale*) dirty, filthy, sordid, shabby: *azione –a* shabby behaviour, dirty trick. **4** ⟨*fig*⟩ (*sconcio*) dirty, obscene, foul, filthy: *barzelletta –a* dirty joke. **5** ⟨*fig*⟩ (*cattivo*) guilty, dirty, bad: *avere la coscienza –a* to have a guilty conscience. **II** *s.m.* dirt, filth (*anche fig.*). □ ⟨*fam*⟩ *farla –a* to behave badly (*o* disgracefully), ⟨*fam*⟩ *to do dirty; avere la fedina penale –a* to have a police record; *avere la lingua –a* to have a coated (*o* furry) tongue.

sporgente *a.* **1** protruding, projecting, protuberant: *denti –i* protruding (*o* buck) teeth; (*rif. agli occhi*) protuberant, bulging. **2** (*aggettante*) jutting, ⟨*pred*⟩ jutting out, projecting. **sporgenza** *f.* **1** projection, protrusion. **2** ⟨*Edil*⟩ projection, overhang. **sporgere** *v.* (**sporgo, sporgi; sporsi, sporto**) **I** *v.t.* (*tendere in fuori*) to put out, ⟨*fam*⟩ to stick out: ~ *la testa dal finestrino* to put one's head out of the window; (*protendere*) to hold (*o* stretch) out: ~ *le mani verso qd.* to hold one's hands out to s.o. **II** *v.i.* (*aus. essere*) **1** (*venire in fuori*) to protrude, to stand (*o* stick) out: *un chiodo sporge dal muro* a nail is sticking out of the wall. **2** ⟨*Edil*⟩ to project, to jut out, to overhang. **sporgersi** *v.r.* (*protendersi in avanti*) to lean (*o* stretch) forward; (*protendersi in fuori*) to lean (*o* reach, hang) out: *è pericoloso sporgersi dal finestrino* it is dangerous to lean out of the window. □ ~ *denuncia* to file (*o* make) a complaint; ⟨*Dir*⟩ ~ *querela contro qd.* to sue s.o., to bring (*o* institute) a suit against s.o.

sporocarp(i)o *m.* ⟨*Bot*⟩ sporocarp. **sporofillo** *m.* sporophyll. **sporofito** *m.* sporophyte. **sporogonia** *f.* ⟨*Biol*⟩ sporogony. **sporogonio** *m.* ⟨*Bot*⟩ sporogonium. **sporozoi** *m.pl.* ⟨*Zool*⟩ sporozoans *pl.*

sport **I** *s.m.* sport: *fare dello* ~ to go in for sport; *il mio* ~ *preferito è il nuoto* my favourite sport is swimming. **II** *a.* (*sportivo*) sports–: *macchina* ~ sports car. □ ~ **acquatici** aquatics *pl* (*costr.sing. o pl.*), water (*o* aquatic) sports; ~ **agonistico** competitive sports; **amante** *dello* ~: **1** (*agg.*) sports–loving; **2** (*sost.*) keen sportsman (*f* –woman); ~ *del* **calcio** football; ~ *di* **combattimento** sport of fighting; **darsi** *allo* ~ to go in for sport; ~ **invernali** winter sports; **per** ~ for (*o* out of) fun; **praticare** *uno* ~ to go in for a sport; *praticare lo* ~ *dello sci* to go skiing, to ski, to be a skier; ~ **professionistico** professional sport; ~ **subacqueo** skin–diving; ~ *della* **vela** yachting, sailing; ~ *del* **volante** motor racing.

sporta *f.* **1** (*sacca*) (shopping) bag; (*cesta*) (shopping) basket. **2** (*quantità*) bag(ful); (*cesta*) basket(ful).

sportellista *m./f.* counter clerk, bank clerk, teller.

sportello *m.* **1** door, wing, leaf: *lo* ~ *di un armadio* the door of a wardrobe. **2** (*porta di automobili, carrozze e sim.*) door. **3** (*rif. ad aperture in una porta*) wicket. **4** (*negli uffici*) counter, window: *lo* ~ *è aperto dalle nove alle dodici* the counter is open from nine to twelve. □ ~ **automatico** (*di banca*) automated bank teller; ~ **bancario** bank counter; ~ *per i* **biglietti** ticket counter (*o* window), booking office; ~ *della* **cassa** cashier's (*o* teller's) window; ⟨*Comm,fig*⟩ **chiudere** *gli* ~*i* to suspend payment.

sportivamente *avv.* **1** (*lealmente*) fairly, sportingly. **2** (*serenamente*) sportingly, ⟨*fam*⟩ like a good sport: *prendere le cose* ~ to take things sportingly. **sportività** *f.* sportsmanship. **sportivo** **I** *a.* **1** sports–: *notiziario* ~ sports news. **2** (*che pratica lo sport*) sporting, sports–: *uomo* ~ sporting man, sportsman. **3** (*che si interessa di sport*) sporting, interested in sport, ⟨*fam*⟩ sporty. **4** ⟨*estens*⟩ (*leale*) sportsmanlike, fair, like a (good) sport: *giocare in modo* ~ to play in a sportsmanlike way. **5** ⟨*estens*⟩ (*sereno*) sporting, ⟨*fam*⟩ like a (good) sport. **6** ⟨*Vest,Aut*⟩ sports–: *giacca –a* sports jacket. **II** *s.m.* (*f.* –a) **1** (*chi pratica lo sport*) sportsman (*f* –woman). **2** (*chi si interessa di sport*) sports enthusiast (*o* lover), sportsman. **3** ⟨*estens*⟩ (*persona corretta e leale*) sportsman, (good) sport. □ *saper vincere e perdere con spirito* ~ to be a good winner or loser.

sporto (*p.p. di sporgere*) **I** *a.* (*disteso*) outstretched; (*proteso in fuori*) leaning (*o* hanging) out. **II** *s.m.* **1** (*aggetto*) projection, overhang; ~ *del tetto* roof overhang. **2** (*imposta di legno*) wooden shutter.

sposa *f.* **1** bride: *la* ~ *era vestita di bianco* the bride was dressed in white. **2** (*moglie*) wife, ⟨*lett*⟩ spouse. □ ⟨*lett*⟩ **andare** ~ *a qd.* to become s.o.'s wife, to marry s.o.; **da** ~ bridal, wedding–: *abito da* ~ wedding dress, bridal gown; **dare** *qd. in* ~ *a qd.* to give s.o. to s.o. as his wife; ~ **novella** bride, newly–wed; **promessa** ~ fiancée, ⟨*lett*⟩ betrothed.

sposalizio *m.* wedding, marriage. **sposare** *v.t.* (**sposo**) **1** to marry. **2** (*dare in moglie*) to give (in marriage), to marry (off): *i suoi la vogliono* ~ *a un ricco vicino* her parents want to marry her off to a rich neighbour. **3** (*unire in matrimonio*) to marry: *li ha sposati il sindaco* they were married by the mayor. **4** ⟨*fig*⟩ (*unire*) to combine, to wed: ~ *l'utile al dilettevole* to combine business with pleasure. **5** ⟨*fig*⟩ (*aderire con entusiasmo*) to espouse, to embrace: ~ *una causa* to espouse a cause. **sposarsi** *v.r.* **1** to marry (*con qd.* s.o.), to get married (to), ⟨*lett*⟩ to wed (s.o.): *si è sposato con mia sorella* he married my sister. **2** ⟨*recipr*⟩ (*unirsi in matrimonio*) to get married, to marry: *si sono sposati due anni fa* they got married two years ago. **3** ⟨*fig*⟩ (*armonizzare*) to go well together, to match: *colori che non si sposano* colours that do not go well together. **sposato** *a.* married. **sposo** *m.* **1** (bride)groom. **2** (*marito*) husband, ⟨*lett*⟩ spouse. **3** *pl.* (*coppia nel giorno nuziale*) bride and (bride)groom: *gli –i escono dalla chiesa* the bride and groom are coming out of the church. **4** (*coppia appena sposata*) newly–weds *pl*; (*marito e moglie*) (married) couple, husband (*o* man) and wife. □ ⟨*Rel*⟩ *mistico* ~ mystical Bridegroom; *–i novelli* newly–weds; *promesso* ~ fiancé, ⟨*lett*⟩ betrothed; ⟨*Lett*⟩ *I promessi –i* The Betrothed.

spossamento *m.* → **spossatezza**. **spossante** *a.* **1** (*faticoso*) laborious, wearying, fatiguing: *lavoro* ~ laborious work. **2** (*sfibrante*) exhausting, wearing: *caldo* ~ exhausting heat. **spossare** *v.t.* (**sposso**) **1** to exhaust, to tire (out), to wear (out), to weary: *questo lavoro sposserebbe chiunque* this job would tire anyone out. **2** (*debilitare*) to weaken, to enfeeble, to wear out, to enervate: *la malattia lo ha spossato* his illness has weakened him. **spossarsi** *v.r.* to become exhausted, to exhaust o.s., to grow weak. **spossatezza** *f.* exhaustion, weariness, prostration. **spossato** *a.* **1** (*sfinito*) weary, exhausted, worn–out, fatigued, ⟨*fam*⟩ done in: *mi sento* ~ *dopo la lunga camminata* I feel exhausted (*o* done in) after that long walk. **2** (*fiacco, debole*) weak, feeble, limp: *dopo la malattia è tutto* ~ he is very weak after his illness.

spossessare *v.t.* (**spossesso**) to dispossess.

spostamento *m.* **1** (*atto*) moving, shifting; (*effetto*) move, shift. **2** (*trasferimento*) transfer, movement: *–i di capitali* transfers of capital. **3** (*differimento*) postponement, deferment; (*variazione*) change, shift: *uno* ~ *d'orario* a change in the timetable. **4** ⟨*tecn*⟩ displacement. **5** ⟨*Inform*⟩ → **scorrimento**. □ ~ *d'acqua* water displacement; ~ *d'aria* pressure wave; ⟨*El*⟩ ~ *di fase* phase shift; ⟨*Geol*⟩ ~ *orizzontale* (*di una faglia*) offset.

spostare *v.t.* (**sposto**) **1** to move, to shift ~ *l'armadio in un angolo* to move the wardrobe into a corner; (*in frasi negative*) to budge: *non sono riuscito a* ~ *il tavolo* I couldn't budge the table. **2** (*disporre diversamente*) to arrange differently; (*collocare fuori posto*) to move (*o* get, put) out of place: *non* ~ *i libri nella libreria* don't get the books out of place in the bookcase. **3** (*trasferire*) to transfer, to move: *la ditta mi ha spostato da Milano a Roma* the company transferred me from Milan to Rome. **4** (*differire*) to postpone, to put off, to defer: ~ *la data degli esami* to postpone the date of the exams. **5** (*variare anticipando o posticipando*) to change the time of, to shift: ~ *una lezione* to change the time of a lesson. **6** ⟨*Chim*⟩ (*rif. ad acqua, aria*) to displace. **spostarsi** *v.r.* **1** to move (over, up), to shift: *può spostarsi un po' in modo che veda anch'io?* could you move (over) a bit so that I can see too?; *l'accento si sposta sull'ultima sillaba* the accent shifts to the final syllable; (*general. in frasi negative*) to budge. **2** (*cambiare sede*) to move (around, about), to travel (*o* go) about: *per il lavoro mi devo ~ continuamente* I have to move around continually in this job. □ *~ più in là* to move further over (*o* along); *non spostarsi di un palmo* not to move (*o* budge) an inch; (*fig*) (*non recedere*) not to budge an inch, not to yield an iota. **spostato I** *a.* ill–adjusted. **II** *s.m.* (*f.* -a) misfit: *è sempre stato uno ~* he's always been a misfit.

spot *ingl. m.* **1** ⟨*El*⟩ spotlight, ⟨*am*⟩ spot. **2** ⟨*Rad,TV*⟩ spot, commercial.

spranga *f.* **1** bar, crossbar. **2** (*catenaccio*) bolt. **sprangare** *v.t.* (**sprango, spranghi**) to bolt, to bar: *~ l'uscio di casa* to bolt the front door. **sprangato** *a.* bolted, barred. **sprangatura** *f.* bolting, barring.

spray *ingl.* [sprai] **I** *s.m.* **1** (*spruzzatore*) spray, atomizer. **2** (*liquido*) spray. **II** *a.* spray-.

sprazzo *m.* **1** (*spruzzo*) splash. **2** (*raggio*) flash: *~ di luce* flash of light. **3** ⟨*fig*⟩ (*intuizione improvvisa*) stroke: *uno ~ di genio* a stroke of genius, ⟨*fam*⟩ a brainwave. **4** (*improvvisa manifestazione di un sentimento*) burst: *uno ~ d'allegria* a burst of gaiety.

sprecare *v.t.* (**spreco, sprechi**) **1** to waste, to fritter away: *~ il denaro* to waste (*o* squander) money; *~ il proprio tempo* to fritter one's time away. **2** ⟨*Sport*⟩ to miss: *~ un pallone* to miss a shot. **sprecarsi** *v.r.* **1** to waste (*o* spend) one's energy. **2** ⟨*scherz*⟩ (*fare qc. in modo meschino*) to overexert o.s., to strain o.s., to ruin o.s.: *si è sprecato a dare cinquanta lire di mancia* that fifty–lire tip must have ruined him. □ *~ il fiato* (o *le parole*) to waste one's breath; ⟨*scherz*⟩ *non s'è sprecato* he hasn't strained himself. **sprecato** *a.* wasted, *di solito si traduce con il sost.* waste: *è tempo ~* it's a waste of time; *è fiato ~* it's a waste of breath; *fatica –a* wasted (*o* a waste of) effort; *quell'uomo è ~ per questo lavoro* that man is wasted in this job. **spreco** *m.* (*pl.* -chi) waste, wasting, wastage: *evitare gli sprechi di energia elettrica* to avoid wasting electricity. □ *fare ~ di* to waste, to squander; *~ di tempo* waste of time. **sprecone** *m.* (*f.* -a) waster, spendthrift, squanderer.

spreg. = *spregiativo* pejorative.

spregevole *a.* despicable, contemptible. **spregevolmente** *avv.* despicably, contemptibly. **spregiare** *v.t.* (**spregio, spregi**) (*non tenere in alcun conto*) to hold of no account (*o* in contempt), to have no regard for, to care nothing for; (*disdegnare*) to disdain, to spurn: *~ le ricchezze* to spurn wealth. **spregiativamente** *avv.* contemptuously, scornfully, disdainfully. **spregiativo I** *a.* **1** contemptuous, scornful, disdainful. **2** ⟨*Gramm*⟩ pejorative. **II** *s.m.* ⟨*Gramm*⟩ pejorative. **spregiatore** ⟨*lett*⟩ **I** *s.m.* (*f.* -trice) despiser, scorner. **II** *a.* contemptuous, scornful. **spregio** *m.* insult, affront: *fare uno ~ a qd.* to offer an affront (*o* insult) to s.o., to insult (*o* affront) s.o. □ ⟨*lett*⟩ *avere a* (o *in*) *~* to hold in contempt, to scorn, to disdain; *in ~ a qd.* as a slight to s.o.; *in ~ a qc.* in contempt of s.th.; *mostrare ~ per le ricchezze* to disdain (*o* spurn) wealth.

spregiudicarsi *v.r.* (**mi spregiudico, ti spregiudichi**) to free o.s. from prejudice, to rid o.s. of one's prejudices. **spregiudicatamente** *avv.* unprejudicedly; (*senza scrupoli*) unscrupulously. **spregiudicatezza** *f.* **1** freedom from prejudice. **2** ⟨*spreg*⟩ (*mancanza di scrupoli*) unscrupulousness. **spregiudicato I** *a.* **1** unprejudiced, unbiased. **2** ⟨*spreg*⟩ (*privo di scrupoli*) unscrupulous. **II** *s.m.* (*f.* -a) unscrupulous person.

spremere *v.t.* **1** to squeeze: *~ un limone* to squeeze a lemon. **2** ⟨*fig*⟩ (*spillare denaro*) to squeeze, to bleed: *~ i cittadini con le tasse* to bleed the citizens with taxes. □ ⟨*fig*⟩ *~ denari a* (o *da*) *qd.* to squeeze money out of s.o., to bleed s.o.; ⟨*fig*⟩ *~ le lacrime* (*far piangere*) to wring (*o* draw) tears; ⟨*fig*⟩ *spremersi le meningi* (o *il cervello*) to rack (*o* cudgel) one's brains.

spremiagrumi *m.inv.* citrus–fruit squeezer. **spremilimoni** *m.inv.* lemon squeezer. **spremitoio** *m.* squeezer. **spremitura** *f.* squeezing; (*schiacciatura*) pressing, squashing. **spremuta** *f.* **1** (*lo spremere*) squeeze. **2** (*bibita*) fresh (fruit) juice. □ *~ d'arancia* orange juice;

~ di limone lemon juice.

spretarsi *v.r.* (**mi spreto**) ⟨*Rel*⟩ to leave the priesthood. **spretato I** *a.* unfrocked. **II** *s.m.* unfrocked priest, ⟨*fam,spreg*⟩ spoiled priest.

sprezzante *a.* **1** scornful, contemptuous, disdainful. **2** (*altezzoso*) haughty, arrogant. □ *con fare ~* haughtily. **sprezzantemente** *avv.* scornfully, haughtily. **sprezzare** *v.t.* (**sprezzo**) ⟨*lett*⟩ **1** (*disprezzare*) to despise, to scorn, to disdain. **2** (*tenere in poco conto*) to hold of no account. **sprezzo** *m.* **1** disregard, heedlessness. **2** (*disprezzo*) scorn, contempt, disdain. □ *con ~* with (*o* in) contempt, contemptuously; *con ~ del pericolo* heedless of the danger.

sprigionamento *m.* emanation, efflux. **sprigionare** *v.t.* (**sprigiono**) to emit: *il camino sprigionava un fumo . denso* the chimney emitted thick smoke; (*rif. a calore, raggi, odori*) to give off, to send forth (*o* out). **sprigionarsi** *v.r.* to emanate, to issue; (*con violenza*) to burst out; (*rif. a liquidi*) to gush out.

sprimacciare *v.t.* (**sprimaccio, sprimacci**) to fluff (*o* shake) up. **sprimacciata** *f.* fluffing up, shake. □ *dare una ~ a qc.* to fluff (*o* shake) s.th. up.

sprint *ingl.* **I** *s.m.* **1** ⟨*Sport*⟩ sprint. **2** ⟨*Aut*⟩ (*ripresa*) pick–up, acceleration. **II** *s.f.* ⟨*Aut*⟩ fast sports car. **III** *a.* ⟨*Aut*⟩ sports-. **sprintare** *v.i.* (*aus.* avere) ⟨*Sport*⟩ to sprint. **sprinter** *ingl. m.* sprinter.

sprizzare *v.t.* **1** to squirt, to spurt, to spray. **2** (*rif. a scintille e sim.*) to spray, to scatter. **3** ⟨*fig*⟩ (*manifestare, esprimere*) to display, to be bursting with. **4** ⟨*assol*⟩ to spray, to spurt, to gush: *l'acqua sprizzava dalla fontana* water sprayed out of the fountain. □ *~ salute da tutti i pori* to be bursting (*o* glowing) with health. **sprizzo** *m.* **1** squirt, spurt: *uno ~ di sugo* a spurt of sauce. **2** ⟨*fig*⟩ flash, spark: *uno ~ d'intelligenza* a flash of intelligence.

sprofondamento *m.* **1** (*affondamento*) sinking; (*crollo*) collapse. **2** (*parte sprofondata*) sunken part, depression, hollow. **3** ⟨*Geol*⟩ subsidence, collapse. **sprofondare** *v.* (**sprofondo**) **I** *v.t.* to throw (*o* cast) down. **II** *v.i.* (*aus.* essere) **1** to fall (in), to collapse, to give way: *è sprofondato il tetto* the roof has fallen in. **2** (*affondare in qc. di cedevole*) to sink: *~ nella neve alta* to sink into the deep snow. **3** (*formare una voragine*) to give way, to sink: *il terreno sprofondò sotto di noi* the ground gave way under us. **4** ⟨*fig*⟩ (*lasciarsi sopraffare*) to be overcome (*o* overwhelmed) (*in* by), to give way (to): *~ nella disperazione* to be overcome by despair. **sprofondarsi** *v.r.* **1** (*abbandonarsi su qc.*) to sink: *sprofondarsi in una poltrona* to sink into an armchair. **2** ⟨*fig*⟩ (*immergersi in un'attività*) to be absorbed (*o* engrossed), to bury o.s. (in): *sprofondarsi nello studio* to bury o.s. in one's studies. **sprofondato** *a.* (*immerso*) absorbed, engrossed, ⟨*fam*⟩ buried: *~ nella lettura* absorbed in reading.

sproloquiare *v.i.* (**sproloquio, sproloqui**; *aus.* avere) to ramble. **sproloquio** *m.* rigmarole, rambling talk.

spronare *v.t.* (**sprono**) **1** to spur: *~ il cavallo* to spur one's horse. **2** ⟨*fig*⟩ (*stimolare*) to spur (on), to urge (on), to prod. **spronata** *f.* **1** spurring, touch of the spurs. **2** ⟨*fig*⟩ (*incitamento*) push, spurring on, prod. □ *dare una ~ a* to spur; ⟨*fig*⟩ to spur on. **sprone** *m.* **1** spur. **2** ⟨*fig*⟩ (*stimolo*) spur, incentive, stimulus: *il suo esempio ti sia di ~* let his example be an incentive for you. **3** ⟨*Sart*⟩ yoke. □ *a spron battuto* at full speed, at a gallop; ⟨*fig*⟩ (*senza indugio*) without delay.

sproporzionatamente *avv.* **1** disproportionately. **2** ⟨*fig*⟩ (*eccessivamente*) excessively. **sproporzionato** *a.* **1** disproportionate, out of proportion: *il prezzo della collana è ~ al valore* the price of the necklace is out of proportion to its value. **2** ⟨*fig*⟩ (*eccessivo*) excessive. **sproporzione** *f.* disproportion, lack of proportion.

spropositatamente *avv.* **1** (*eccessivamente*) excessively. **2** (*sproporzionatamente*) disproportionately. **spropositato** *a.* **1** (*sproporzionato*) disproportionate, out of proportion. **2** (*eccessivo*) excessive, too much: *non fare spese –e* don't make excessive outlays. **3** (*troppo grande*) enormous, huge, too big, out of all proportion.

sproposito *m.* **1** (*grave errore*) mistake, blunder, error, ⟨*fam*⟩ howler: *compito pieno di –i grammaticali* exercise full of grammatical mistakes. **2** (*sciocchezza, cosa inopportuna*) (great) mistake, blunder: *è stato uno ~ comprare una macchina così cara* it was a great mistake to buy such an expensive car; (*cosa grave, deplorevole*) dreadful action, something awful (*o* drastic): *farò uno ~ se non mi aiuti* I shall do something dreadful if you don't help me. **3** (*fam*) (*quantità eccessiva*) enormous amount: *ha mangiato uno ~ di dolci* he ate an enormous amount of sweets; (*troppo*) too much: *spendere uno ~ per il gas* to spend too much on gas. ☐ **a ~**: 1 (*inopportunamente*) at the wrong time (*o* moment): *interloquire a ~* to chime in at the wrong moment; 2 (*in modo errato*) in the wrong way, wrongly: *fare qc. a ~* to do s.th. the wrong way; 3 (*non pertinente*) off (*o* beside) the point, irrelevant(ly): *parlare a ~* to speak irrelevantly, to be (*o* go) off the point; **costare** *uno ~* to be frightfully expensive; *uno ~* **madornale** a huge blunder; **pagare** *qc. uno ~* to pay through the nose for s.th.; *dire un* **sacco** *di –i* to talk nonsense (*o* rubbish).

sprovincializzare *v.t.* to free from provincialism. **sprovincializzarsi** *v.r.* to free o.s. from provincialism.

sprovvedutamente *avv.* **1** (*inaspettatamente*) unexpectedly. **2** (*disavvedutamente*) inadvertently, heedlessly. **sprovvedutezza** *f.* **1** deprivation. **2** (*fig*) (*mancanza di cultura o doti intellettuali*) ignorance. **3** (*fig*) (*inettitudine*) helplessness. **sprovveduto I** *a.* **1** (*insufficientemente dotato*) lacking (*di* in), ill-equipped (with), short (of): *sono ~ di denaro* I am short of money. **2** (*fig*) (*impreparato*) unprepared: *questa argomentazione apparirà chiara anche ai lettori più –i* this subject will be clear even to the most unprepared readers. **II** *s.m.* (*f.* -a) unprepared (*o* unsuitable) person. **sprovvisto** *a.* lacking (*di* in), without, having no (s.th.): *una casa ~ di comodità* a house without conveniences; *siamo rimasti –i di legna* we have no wood left, we have run out of wood. ☐ *alla –a* (*di sorpresa*) unawares, by surprise: *cogliere qd. alla –a* to catch s.o. unawares, to take s.o. by surprise; *fui colto alla –a e non seppi che cosa dire* I was taken by surprise and didn't know what to say.

sprue *f.* 〈*Med*〉 sprue.

spruzzare *v.t.* **1** to spray, to sprinkle: *~ un po' di profumo sui capelli* to sprinkle a little perfume in one's hair. **2** (*irrorare*) to sprinkle; (*senza intenzione*) to splash, to spatter: *~ d'olio la camicia* to splash one's shirt with oil. **spruzzarsi** *v.r.* to splash (*o* spatter) o.s., to get splashed: *spruzzarsi di fango* to get splashed with mud. **spruzzata** *f.* **1** spraying, sprinkling. **2** (*fig*) (*pioggia passeggera*) light shower. ☐ *dare una ~ di qc. a qc.* to spray (*o* sprinkle) s.th. on s.th; *darsi una ~ d'acqua in viso* to spray one's face with water. **spruzzatore** *m.* **1** spray(er), sprinkler. **2** (*polverizzatore*) sprayer, pulverizer; (*nebulizzatore*) atomizer, nebulizer, vaporizer, spray(er); (*per polvere insetticida*) duster. **3** (*da imbianchino*) spray-gun, paint-sprayer. **4** 〈*Mot*〉 jet. **5** 〈*Agr*〉 sprinkler, sprayer. ☐ 〈*Mot*〉 *~ del carburante* (carburettor) jet; 〈*Mot*〉 *~ di carburatore a iniezione* injector (nozzle), spray nozzle; *~ a pistola* spray gun. **spruzzatura** *f.* **1** spraying, sprinkling. **2** (*segno*) splash, spot, stain, mark. **spruzzo** *m.* spray, sprinkling: *uno ~ d'acqua* a sprinkling of water; (*rif. alle onde*) spray; (*di fango e sim.*) splash. ☐ *a ~* spray-: *verniciatura a ~* spray painting.

spudoratamente *avv.* shamelessly. **spudoratezza** *f.* shamelessness, impudence; (*fam*) cheek. **spudorato I** *a.* **1** (*che non ha pudore*) shameless, brazen. **2** (*che è fatto spudoratamente*) shameless, impudent, unblushing: *una menzogna –a* a shameless (*o* barefaced) lie. **II** *s.m.* (*f.* -a) shameless person, brazen face; (*rif. a donne*) hussy.

spugna *f.* **1** sponge. **2** *pl.* 〈*Zool*〉 sponges *pl.* **3** 〈*Tess*〉 terry (cloth). **4** (*pop*) (*beone*) sponge, soaker, 〈*fam*〉 boozer. ☐ *~ da* **bagno** bath sponge; 〈*pop*〉 **bere** *come una ~* to drink like a fish; 〈*fig*〉 *dare un* **colpo** *di ~ a qc.* to put s.th. out of one's mind; 〈*Sport*〉 **gettare** *la ~* to throw in the sponge (*anche fig.*); *~* **naturale** natural sponge; 〈*Chim*〉 *~ di* **platino** platinum sponge; *~* **vegetale** loofa(h), luffa.

spugnare *v.t.* to sponge. **spugnata** *f.* sponging. **spugnatura** *f.* **1** sponging, sponge-down. **2** 〈*Med*〉 sponge

bath.

spugnola *f.*, **spugnolo** *m.* 〈*Bot*〉 morel.

spugnosità *f.* sponginess. **spugnoso** *a.* spongy: *osso ~* spongy bone.

spulare *v.t.* 〈*Agr*〉 to winnow, to fan. **spulatura** *f.* winnowing.

spulciare *v.t.* (**spulcio, spulci**) **1** to pick the fleas off. **2** 〈*fig*〉 (*esaminare minuziosamente*) to scrutinize, to examine minutely (*o* meticulously): *~ testi antichi* to examine ancient texts minutely. **spulciarsi** *v.r.* to look for fleas on o.s., to rid o.s. of fleas. **spulciatura** *f.* **1** ridding of fleas. **2** 〈*fig*〉 scrutiny, careful examination.

spuma *f.* **1** foam, froth: *la ~ della birra* the froth (*o* head) of beer. **2** 〈*Gastr*〉 mousse. **3** (*bevanda*) effervescent (*o* fizzy) soft drink. **4** 〈*Min*〉 (*anche spuma di mare*) meerschaum. **spumante I** *s.m.* 〈*Enol*〉 sparkling wine. **II** *a.* **1** foaming, frothing, frothy. **2** 〈*Enol*〉 sparkling. **spumare** *v.i.* (*aus.* **avere**) to bubble, to be effervescent, to fizz; (*rif. al viso*) to sparkle. **spumeggiante** *a.* **1** foaming, frothing, frothy. **2** (*rif. a bevande gassate*) effervescent, bubbly, fizzy; (*rif. al vino*) sparkling. **3** 〈*fig*〉 (*vivace*) sparkling. **spumeggiare** *v.i.* (**spumeggio, spumeggi**; *aus.* **avere**) **1** to foam, to froth. **2** (*rif. a bevande gassate*) to bubble, to be effervescent, to fizz; (*rif. al vino*) to sparkle. **spumone** *m.* 〈*Dolc*〉 **1** mousse: *~ di cioccolata* chocolate mousse. **2** (*gelato*) spumone (kind of ice cream). **spumosità** *f.* foaminess, frothiness. **spumoso** *a.* foamy, foaming, frothy: *liquido ~* frothy liquid.

spunta *f.* 〈*burocr*〉 **1** check(ing); (*revisione contabile*) audit(ing). **2** (*segno*) tick, check. ☐ *fare la ~ di qc.* to check s.th.

spuntare[1] I *v.t.* **1** (*rompere la punta*) to break the point of: *~ la matita* to break the point of the pencil; (*far perdere la punta*) to blunt. **2** (*tagliare la punta*) to cut the tip off; (*rif. a piante*) to trim, to clip; (*rif. a capelli e sim.*) to trim. **3** (*arrotondare la punta*) to sharpen. **4** (*staccare ciò che è appuntato*) to undo, to take out (*o* off); (*togliendo gli spilli*) to unpin. **5** 〈*fig*〉 (*superare, vincere*) to overcome, to get round: *~ una difficoltà* to overcome a difficulty. **II** *v.i.* (*aus.* **essere**) **1** (*cominciare a nascere*) to appear, (*to begin*) to grow, to come out (*o* up): *spuntano i primi germogli* the first buds are coming out; (*germogliare*) to sprout; (*rif. a peli e sim.*) to begin to grow, to appear; (*rif. a denti*) to come through. **2** (*sorgere*) to rise, to come up: *è spuntato il sole* the sun has risen. **3** (*apparire improvvisamente*) to appear (*o* emerge, come out) suddenly: *il sole spuntò da dietro le nubi* the sun suddenly emerged from behind the clouds. **spuntarsi** *v.r.* **1** (*perdere la punta*) to lose (*o* break) the point. **2** (*smussarsi*) to get blunt. **3** 〈*fig*〉 to fade, to die down (*o* away), to soften. ☐ *gli spuntano i primi* **denti** he is cutting his first teeth; *spunta il* **giorno** day is breaking; *le lacrime le spuntarono agli* **occhi** tears ⸢came to⸣ (*o* welled up in) her eyes; *~ un* **sigaro** to clip a cigar; *un* **sorriso** *spuntò sulle sue labbra* a smile came to his lips; **spuntarla** (*averla vinta*) to succeed in getting one's way; *con me non la spunterai* with me you won't get away with it; *ha finito per spuntarla* he made it in the end.

spuntare[2] *v.t.* 〈*burocr*〉 **1** to tick (*o* check) off: *~ i nomi dei candidati* to check off the names of the applicants. **2** (*rivedere*) to check.

spuntare[3] *m.* (*il sorgere*) rising. ☐ *allo ~ del giorno* at daybreak, at dawn; *lo ~ del sole* sunrise.

spuntata *f.* (*taglio delle punte, di capelli*) trim(ming). ☐ *dare una ~ a qc.* to trim (*o* clip) s.th. **spuntato** *a.* (*con la punta rotta*) without a point; (*senza punta*) blunt: *una matita –a* a blunt pencil. **spuntatura** *f.* **1** (*il tagliare la punta*) cutting off the tip, trimming. **2** (*parte spuntata*) tip, end, stump. **3** *pl.* (*di sigaro*) cigar tips (*o* ends) *pl.* **4** 〈*Agr*〉 (*cimature*) polling; (*cime tagliate*) cut tops *pl* (of plants), toppings *pl.* **5** 〈*Mecc*〉 champfering **6** 〈*Tess*〉 snipping.

spuntellare *v.t.* (**spuntello**) to remove the props from, to unprop.

spuntino *m.* snack: *fare uno ~* to have a snack.

spunto *m.* **1** 〈*Teat*〉 cue. **2** (*estens*) (*idea*) idea: *il regista* *prese lo ~ da una novella* the director got the idea from a short story; (*suggerimento*) cue, hint. **3** ⟨*Enol*⟩ sourness, sour taste, acidity. □ *dare* (o *offrire*) *lo ~ per qc.* to give the cue for s.th., to give rise to s.th.; ⟨*Enol*⟩ *prendere lo ~* to go a little sour; *prendere lo ~ da* to take s.th. as a starting point, to start from.

spuntone *m.* **1** (*spina*) thorn; (*punta*) spike, point. **2** ⟨*Alp*⟩ rock spike.

spurgamento *m.* cleaning. **spurgare** *v.t.* (**spurgo, spurghi**) to clean (out), to clear (out): *~ una fogna* to clean out a sewer. **spurgarsi** *v.r.* to clear one's throat and spit. **spurgatura** *f.* **1** cleaning, clearing (out). **2** ⟨*Alim*⟩ working, kneading. **spurgo** *m.* (*pl.* **-ghi**) **1** cleaning, clearing (out); (*rif. a tubature e sim.*) clearing, freeing; (*il vuotare*) bleeding, draining. **2** ⟨*concr*⟩ (*materia spurgata*) drainings *pl,* rubbish; (*catarro espettorato*) phlegm, spit. **3** ⟨*Mar*⟩ run-off valve.

spurio *a.* **1** illegitimate, spurious: *figlio ~* illegitimate child. **2** (*falsificato*) spurious, false: *scritti spuri* spurious writings.

sputacchiare *v.* (**sputacchio, sputacchi**) **I** *v.i.* (*aus. avere*) **1** to spit continuously, to keep spitting. **2** (*emettere schizzi di saliva*) to splutter. **II** *v.t.* (*coprire di sputi*) to spit upon. **sputacchiera** *f.* spittoon. **sputacchio** *m.* spit.

sputare **I** *v.t.* **1** to spit (out): *~ noccioli* to spit out fruit stones. **2** (*rif. a vulcani e sim.*) to spit, to belch. **3** ⟨*fig*⟩ to spit. **II** *v.i.* (*aus. avere*) to spit. □ *~ in faccia a qd.* to spit in s.o.'s face; ⟨*fig*⟩ *~ qc. in faccia a qd.* to tell s.o. s.th. to his face; *~ fumo* to belch smoke; *sputa fuori!* spit it out! (*anche fig.*); ⟨*fig*⟩ *sputa l'osso!* drop it!, give it back!; ⟨*fig*⟩ *~ nel piatto in cui si mangia* to bite the hand that feeds one; ⟨*fig*⟩ *~ i polmoni* (*tossire molto forte*) to cough one's lungs out; ⟨*fig*⟩ *sono riuscito finalmente a ~ il rospo che avevo in gola* (*mi sono sfogato*) I finally got it off my chest; *~ sangue* to spit blood; ⟨*fig*⟩ (*faticare molto*) to sweat blood; *~ sentenze* to be a wiseacre (o smart aleck); *~ su qc.* to spit on s.th.; ⟨*fig*⟩ to despise s.th.; ⟨*fig*⟩ *~ veleno* to speak spitefully; *vietato ~* no spitting.

sputasenno, sputasentenze *m./f.inv.* ⟨*spreg*⟩ wiseacre, know-it-all.

sputo *m.* (*saliva*) spittle, spit; (*espettorato*) sputum, expectoration.

sputtanare *v.t.* ⟨*volg*⟩ to slander. **sputtanarsi** *v.r.* to disgrace o.s.

squadernare *v.t.* (**squaderno**) **1** (*scartabellare*) to leaf through, to turn the pages of. **2** ⟨*estens*⟩ (*aprire completamente per mostrare*) to spread (open), to display: *gli squadernò la lettera davanti agli occhi* she spread the letter open before his eyes.

squadra[1] *f.* (set-)square, triangle. □ **a** *~* (*ad angolo retto*) at right angles; *~ a battente* try square; *~ da falegname* try (o back) square; ⟨*Mur*⟩ *falsa ~* bevel (square); *~ fissa* set square; *essere fuori* (*di*) *~:* 1 to be out of plumb, to be crooked; 2 ⟨*fig*⟩ to be out of sorts; *mettere a* (o *in*) *~* to square; *~ prismatica* prism.

squadra[2] *f.* **1** ⟨*Mil*⟩ squad. **2** ⟨*Mar.mil,Aer.mil*⟩ squadron. **3** (*gruppo*) group, squad, gang, team: *una ~ di operai* a gang of workmen. **4** ⟨*Sport*⟩ team, squad: *~ di calcio* football team. □ *~ a -e* team-: *lavoro a -e* team work; *~ aerea* air-force squadron; *~ antincendio* fire-fighting squad; ⟨*Mil*⟩ *~ d'assalto* storm troops *pl; ~ del buon costume* vice squad; *~ mobile* flying squad, ⟨*am*⟩ riot squad; *~ navale* naval squadron; *~ di soccorso* rescue squad (o team); *~ di turno* duty squad, duty team; *~ di vigilanza* vigilance (o watch) committee; (*durante gli scioperi*) pickets *pl; ~ volante* flying squad.

squadrare *v.t.* **1** to (make) square; (*rif. alle pietre*) to square, to dress. **2** ⟨*fig*⟩ (*osservare attentamente*) to look at (squarely): *~ qd. da capo a piedi* (o *dall'alto in basso*) to look s.o. up and down. **squadrato** *a.* **1** square. **2** (*rif. a pietre, legno*) squared. □ *viso ~* square face.

squadratura *f.* squaring.

squadriglia *f.* ⟨*Mil*⟩ squadron.

squadrismo *m.* ⟨*Fasc*⟩ organization and conduct of Fascist action squads. **squadrista** *m./f.* member of a Fascist action squad.

squadro[1] *m.* **1** squaring. **2** ⟨*Topogr*⟩ cross-staff (head), crosshead.

squadro[2] *m.* ⟨*Itt*⟩ angel shark, angel fish, monkfish.

squadrone *m.* ⟨*Mil*⟩ squadron.

squagliamento *m.* **1** melting; (*rif. alla neve*) thawing. **2** ⟨*fam*⟩ (*fuga*) stealing away, ⟨*fam*⟩ clearing off. **squagliare** *v.t.* (**squaglio, squagli**) to melt; (*rif. alla neve*) to melt, to thaw. □ ⟨*fam*⟩ *squagliarsela* (*svignarsela*) to steal (o sneak) away, ⟨*fam*⟩ to clear off.

squalifica *f.* disqualification (*anche Sport.*). □ *~ del campo* disqualification of a football ground. **squalificare** *v.t.* (**squalifico, squalifichi**) to disqualify (*anche Sport.*): *la giuria ha squalificato due giocatori* the judges have disqualified two players. **squalificarsi** *v.r.* to bring discredit on o.s.

squallidezza *f.* bleakness, dreariness. **squallido** *a.* **1** (*in stato di assoluta miseria*) dismal, desolate, neglected: *una casa -a* a dismal house. **2** ⟨*fig*⟩ (*misero*) wretched, miserable, squalid: *vivere una vita -a* to lead a miserable life. **squallore** *m.* **1** (*aspetto squallido*) bleakness, dreariness: *lo ~ di una baracca* the dreariness of a shanty. **2** (*grave miseria*) wretchedness, misery, squalor.

squalo *m.* ⟨*Itt*⟩ shark.

squama *f.* **1** ⟨*Med,Anat*⟩ squama. **2** (*scaglia*) scale. **squamare** *v.t.* to scale. **squamarsi** *v.r.* **1** to scale. **2** ⟨*Med*⟩ to desquamate. **squamoso** *a.* **1** (*coperto di squame*) scaly. **2** ⟨*Med,Anat*⟩ squamous.

squarciagola: *a ~* at the top of one's voice.

squarciamento *m.* **1** tearing, rending, ripping. **2** ⟨*concr*⟩ (*squarcio*) rent, tear, gash. **squarciare** *v.t.* (**squarcio, squarci**) **1** to tear, to rend, to rip: *~ le vesti* to tear one's clothes. **2** (*dilaniare*) to tear to pieces, to rend; (*sventrare*) to rip open. **3** ⟨*fig*⟩ (*rompere*) to rend, to break (through): *un lampo squarciò le nuvole* a flash of lightning rent (o broke through)· the clouds; (*penetrare*) to pierce, to fathom: *~ il velo di) un mistero* to fathom a mystery. **squarciarsi** *v.r.* to be torn (o rent). **squarcio** *m.* **1** tear, rent: *la bomba produsse uno ~ nella parete* the bomb produced a rent in the wall; (*falla*) hole, leak; (*breccia, varco*) breach: *uno ~ nelle mura nemiche* a breach in the enemy's walls. **2** (*ferita*) gash. **3** ⟨*fig*⟩ (*brano*) passage, excerpt.

squartamento *m.* quartering. **squartare** *v.t.* **1** to quarter. **2** ⟨*Macell*⟩ to cut up (o to pieces), to chop up. **squartatoio** *m.* ⟨*Macell*⟩ butcher's cleaver (o chopper). **squartatura** *f.* ⟨*Macell*⟩ cutting up.

squassamento *m.* ⟨*lett*⟩ violent shaking. **squassare** *v.t.* to shake violently. **squassarsi** *v.r.* to shake o.s.

squattrinato **I** *a.* penniless, ⟨*fam*⟩ broke, ⟨*fam*⟩ hard up. **II** *s.m.* (*f.* **-a**) penniless person.

squilibrare *v.t.* **1** to throw off balance, to unbalance. **2** (*privare dell'equilibrio psichico*) to derange. **squilibrarsi** *v.r.* to lose one's balance, to be unbalanced. **squilibrato** **I** *a.* **1** unbalanced, **2** (*pazzo*) (mentally) unbalanced, deranged. **II** *s.m.* (*f.* **-a**) lunatic, ⟨*fam*⟩ nut. **squilibrio** *m.* **1** unbalance, lack of balance (o equilibrium): *lo ~ tra la domanda e l'offerta* the lack of balance between demand and supply; (*sproporzione*) disproportion. **2** (*squilibrio mentale*) derangement, (mental) unbalance. **3** ⟨*Mecc*⟩ unbalance. □ ⟨*Med*⟩ *~ ormonico* (o *ormonale*) hormonal (o hormone) imbalance.

squilla[1] *f.* **1** (*piccola campana*) little bell. **2** (*campana dei vaccini*) cowbell. **3** ⟨*lett*⟩ (*campana*) bell.

squilla[2] *f.* ⟨*Zool*⟩ (*canocchia*) mantis prawn, squilla.

squillante *a.* shrill, sharp, high: *voce ~* shrill voice. **squillare** *v.i.* (*aus. avere*) **1** (*rif. a campanelli*) to ring: *squilla il telefono* the telephone is ringing; (*rif. a campane*) to ring, to peal. **2** (*rif. a trombe*) to sound, to blare.

squillo[1] *m.* **1** sharp (o ringing, high-pitched) sound. **2** (*di tromba*) blare, blast, sound. **3** (*di campanello*) ring.

squillo[2] *f.* (*anche ragazza squillo*) call-girl. □ *casa ~* call house.

squinternare *v.t.* (**squinterno**) **1** to unstitch, to take (o pull) to pieces: *~ un quaderno* to take a copy-book to pieces. **2** ⟨*fig*⟩ (*disordinare*) to disarrange; (*scombussolare*) to upset. **squinternato** **I** *a.* **1** with pages loose (o torn out), in (*o* taken to) pieces. **2** ⟨*fig*⟩ eccentric, deranged. **II** *s.m.* (*f.* **-a**) eccentric (*o* strange) person.

squisitaménte *avv.* **1** (*rif. a cibi e bevande*) deliciously. **2** (*finemente*) exquisitely, refinedly; (*gradevolmente*) delightfully: *grazia ~ femminile* delightfully femine charm; (*sommamente*) extremely: *persona ~ gentile* extremely kind person. **3** (*tipicamente*) typically. **squisitézza** *f.* **1** (*rif. a cibi e bevande*) deliciousness. **2** (*finezza*) exquisiteness, refinedness; *~ di gusti* refinedness of taste; (*distinzione*) refinement, excellence, distinction. **3** (*cosa squisita*) dainty, delicacy. **squisito** *a.* **1** (*rif. a cibi e bevande*) delicious: *una cena -a* a delicious dinner. **2** (*fine*) exquisite: *modi -i* exquisite (*o* beautiful) manners; (*delicato*) delicate, dainty: *un pensiero ~* a delicate thought; (*raffinato*) exquisite, refined: *gusto ~* exquisite taste.

squittìo *m.* twittering, cheeping, chirping. **squittìre** *v.i.* (**squittisco, squittisci**; *aus.* **avere**) **1** (*rif. a uccellini*) to cheep; (*rif. a pappagalli e sim.*) to squawk. **2** (*rif. a topi*) to squeak. **3** ⟨*scherz,spreg*⟩ (*rif. a persone*) to squeal.

sradicaménto *m.* **1** uprooting. **2** ⟨*fig*⟩ (*eliminazione*) eradication, rooting out. **sradicàre** *v.t.* (**sràdico, sràdichi**) **1** to uproot: *il vento ha sradicato gli alberi* the wind has uprooted the trees. **2** ⟨*fig*⟩ (*estirpare*) to eradicate, to root out, to extirpate: *~ i pregiudizi* to root out prejudice.

sragionaménto *m.* false reasoning. **sragionàre** *v.i.* (**sragiono**; *aus.* **avere**) **1** (*ragionare male*) to reason falsely, to be illogical (*o* irrational). **2** (*fare ragionamenti sconnessi*) to talk nonsense (*o* rubbish).

S.R.C. = *Santa Romana Chiesa* Holy Roman Church.

sregolataménte *avv.* (*senza regola*) in a disorderly way; (*senza misura*) immoderately. **sregolatézza** *f.* **1** (*smodatezza*) immoderation, immoderateness, intemperance. **2** (*azione sregolata*) dissoluteness, dissolute (*o* reckless, wild) behaviour: *le sue -e lo hanno condotto alla tomba* his dissoluteness led him to the grave. **sregolàto** *a.* **1** (*smodato*) immoderate, intemperate: *essere ~ nel bere* to be an immoderate drinker. **2** (*dissoluto*) dissolute: *vita -a* dissolute life.

s.r.l., S.r.l. = ⟨*Econ*⟩ *società a responsabilità limitata* limited(–liability) company (*abbr.* Co. Ltd.).

srotolàre *v.t.* (**sròtolo**) to unroll. **srotolarsi** *v.r.* to unroll.

srugginìre *v.t.* (**srugginisco, srugginisci**) to remove the rust from, to derust.

ss., SS. = ⟨*Rel*⟩ **1** *santi* saints (*abbr.* SS.). **2** *santissimo* most holy, sanctissimus (*abbr.* S.S.).

S.S. = **1** ⟨*Rel.catt*⟩ *Santa Sede* Holy See. **2** ⟨*Rel.catt*⟩ *Sua Santità* His Holiness (*abbr.* H.H.). **3** *strada statale* main road.

SSE = *sud–sud–est* south–south–east (*abb.* S.S.E., s.s.e.).

S.S.N. = *Servizio sanitario nazionale* National Health Service (*abbr.* NHS).

SSO = *sud–sud–ovest* south–south–west (*abbr.* S.S.W., s.s.w.).

stabaccàre *v.i.* (**stabacco, stabacchi**; *aus.* **avere**) ⟨*pop*⟩ to take snuff.

stabbiàre *v.* (**stàbbio, stàbbi**) **I** *v.t.* **1** to (confine in a) fold (*o* pen). **2** (*concimare*) to manure. **II** *v.i.* (*aus.* **avere**) to be confined in a fold (*o* pen). **stabbiatùra** *f.* manuring. **stàbbio** *m.* **1** (*recinto*) fold, pen. **2** (*porcile*) (pig)sty. **3** (*letame*) manure. **stabbiòlo** *m.* (*porcile*) (pig)sty, pigpen.

stàbile **I** *a.* **1** stable, firm, steady: *fondamenta -i* stable foundations. **2** ⟨*fig*⟩ (*costante*) stable, constant: *temperatura ~* constant temperature. **3** ⟨*fig*⟩ (*fisso*) permanent, fixed: *avere ~ dimora* to have a fixed abode; *orchestra ~* permanent orchestra. **4** (*rif. a occupazione*) permanent, steady: *avere un posto ~* to have a steady job; (*con posto fisso*) permanent. **5** (*residente*) resident: *popolazione ~* resident population. **6** (*sicuro*) safe, steady: *questa scala non mi sembra ~* this ladder doesn't seem very safe to me. **II** *s.m.* ⟨*burocr,Dir*⟩ **1** (*bene immobile*) immovable property; *pl.* immovables *pl*, real estate. **2** (*fabbricato*) building; (*casa*) house. **2** (*teatro stabile*) civic theatre. **III** *s.f.* ⟨*Teat*⟩ (*compagnia stabile*) civic (*o* resident) company.

stabiliménto *m.* **1** (*lo stabilire*) establishment: *lo ~ di una pace duratura* the establishment of a lasting peace. **2** (*complesso di edifici attrezzati per una lavorazione industriale*) factory, works *pl* (*costr.sing. o pl.*), plant: *questo ~ produce laminati plastici* this factory produces plastic laminates. **3** *pl.* (*colonie*) settlements *pl: -i dello Stretto* Straits settlements; (*possedimenti*) possessions *pl.* □ *~* **balneare** bathing establishment; *~* **chimico** chemical plant; ⟨*Ind*⟩ *chiusura di ~* shut–down; *~* **industriale** plant, works *pl* (*costr. sing. o pl.*); *~* **siderurgico** iron and steel works *pl; ~* **termale** thermal baths *pl; ~* **tessile** textile mill.

stabilìre *v.t.* (**stabilisco, stabilisci**) **1** (*fissare*) to fix, to settle, to establish, to set: *~ il prezzo di qc.* to fix the price of s.th. **2** (*costituire*) to establish, to set up: *~ un primato* to establish a record. **3** (*deliberare*) to decide, to establish, to set: *abbiamo stabilito la data della partenza* we decided on the departure date. **4** (*statuire, decretare*) to establish, to decree: *~ le condizioni di resa* to establish the conditions of surrender. **5** (*allacciare*) to establish: *~ relazioni diplomatiche* to establish diplomatic relations. **6** (*effettuare, realizzare*) to make, to establish: *~ un collegamento* to make a connection. **7** (*accertare*) to establish, to ascertain, to find out: *~ la causa di una sciagura* to establish the cause of an accident. **8** (*decidere*) to decide: *stabilì di partire subito* he decided to (*o* that he would) leave immediately. **stabilìrsi** *v.r.* to settle, to establish o.s.: *stabilirsi a Roma* to settle in Rome. □ *~ la propria residenza in un luogo* to establish one's residence in a place.

stabilità *f.* **1** stability, firmness, steadiness: *la ~ di un edificio* the stability of a building; *~ dei prezzi* price stability, steadiness of prices. **2** ⟨*estens*⟩ (*l'essere fisso*) permanence: *la ~ di un impiego* the permanence of a position. □ ⟨*Econ*⟩ *~ del* **cambio** stability (*o* steadiness) of the rate of exchange; *~* **economica** economic stability; *~* **monetaria** monetary stability, stability of currency; ⟨*Aut*⟩ *~ su* **strada** road stability; ⟨*Econ*⟩ *~ dei* **tassi** *di cambio* exchange rate stability; *~ del* **terreno** soil stability.

stabilìto[1] *a.* **1** (*fissato*) fixed, settled, established, appointed: *il giorno ~* the appointed day. **2** (*convenuto*) settled, agreed (upon), arranged: *il prezzo ~* the agreed price; *resta ~ che* it is agreed (*o* settled) that, we are agreed that.

stabilìto[2] *m.* ⟨*Dir*⟩ draft contract.

stabilizzànte **I** *a.* stabilizing. **II** *s.m.* ⟨*Chim*⟩ stabilizer.

stabilizzàre *v.t.* to stabilize (*anche fig.*): *~ i prezzi* to stabilize prices. **stabilizzàrsi** *v.r.* to become stable (*o* settled), to settle, to steady (down): *il tempo si è stabilizzato* the weather has (become) settled.

stabilizzatóre *a./s.* (*f.* **-trice**) **I** *s.m.* **1** ⟨*El,Chim,Mar,Aut*⟩ stabilizer. **2** ⟨*Aer*⟩ stabilizer, tail plane. **II** *a.* stabilizing. □ *~* **elettronico** electronic regulator; ⟨*Chim*⟩ *~ d'emulsione* emulsion stabilizer; ⟨*Mar*⟩ *~* **giroscopico** gyrostabilizer, gyroscopic stabilizer; ⟨*Aer*⟩ *~* **monoblocco** all–flying tail; ⟨*El*⟩ *~ di* **tensione** voltage stabilizer (*o* regulator).

stabilizzazióne *f.* stabilization: *~ dei prezzi* price stabilization (*o* pegging). □ ⟨*Econ*⟩ *~ dei* **cambi** stabilization of exchange rates; ⟨*El*⟩ *~ della frequenza* frequency stabilization; *~ del terreno* soil stabilization.

stabilménte *avv.* stably, permanently.

stabulàre *v.* (**stabulo**) **I** *v.t.* **1** to stable, to stall: *~ i buoi* to stable the oxen. **2** ⟨*Pesc*⟩ to farm. **II** *v.i.* (*aus.* **avere**) to be stabled (*o* stalled). **stabulàrio** *m.* **1** pound. **2** (*canile municipale*) dog pound. **3** (*reparto di allevamenti negli istituti di ricerca*) animal breeding department. **stabulazióne** *f.* ⟨*Zootecn*⟩ stabling, stalling, housing.

stacanovìsmo *m.* **1** ⟨*Stor*⟩ Stakhanov movement, Stakhanovism. **2** ⟨*iron*⟩ (*zelo eccessivo*) overeagerness. **stacanovìsta** **I** *s.m./f.* **1** ⟨*Stor*⟩ Stakhanovite. **2** ⟨*iron*⟩ excessively hard worker, ⟨*scherz*⟩ eager beaver. **II** *a.* **1** ⟨*Stor*⟩ Stakhanovite. **2** ⟨*iron*⟩ overzealous.

staccàbile *a.* detachable. **staccaménto** *m.* (*lo staccare*) removal, detaching; (*lo staccarsi*) coming off.

staccàre *v.* (**stacco, stacchi**) **I** *v.t.* **1** to remove, to take off (*o* out), to detach: *un'etichetta ~* to remove a label. **2** (*sganciare*) to unhook, to take off (*o* down), to remove: *~*

un quadro dal muro to take a picture off (*o* down from) the wall; (*rif. a veicoli*) to disconnect, to unhitch: ~ *un rimorchio* to unhitch a trailer; (*rif. a vetture ferroviarie*) to uncouple, to detach. 3 ⟨*fig*⟩ (*separare*) to separate, to divide: ~ *una colonia dalla madrepatria* to separate a colony from its mother country. 4 (*spiccare*) to pick, to pluck: ~ *un frutto dal ramo* to pick some fruit off the branch. 5 (*strappare*) to tear off (*o* out), to pull off (*o* out, away): ~ *un foglio* to tear out a page; (*rif. a due cose unite*) to pull apart. 6 (*scucire*) to take (off), to unstitch: ~ *una manica dalla camicia* to unstitch a sleeve off a shirt, to take a sleeve off a shirt. 7 (*sciogliere, slegare*) to loosen, to unfasten; (*rif. ad animali da tiro: buoi*) to unyoke; (*cavalli*) to unharness, to unhitch. 8 (*pronunciare distintamente*) to pronounce distinctly, to enunciate clearly: ~ *le parole* to enunciate one's words clearly. 9 ⟨*Sport*⟩ (*distanziare*) to (out)distance, to leave behind, to draw away from, to outstrip. 10 ⟨*Mus*⟩ to play staccato. 11 ⟨*El*⟩ to disconnect, to cut out; (*per mezzo di interruttore*) to switch off. II *v.i.* (*aus.* avere) 1 (*risaltare*) to stand out, to show up (*da* against): *figure che staccano bene dal fondo* figures that show up well against the background. 2 ⟨*fam*⟩ (*terminare di lavorare*) to finish work, ⟨*fam*⟩ to knock off: *oggi stacco alle diciassette* I knock off at five today. **staccarsi** *v.r.* 1 (*allontanarsi*) to move away (*o* off), to break (*o* come) away: *la barca si staccò dalla riva* the boat moved away from the shore. 2 (*venir via*) to come off (*o* out): *l'intonaco si sta staccando dal soffitto* the plaster is coming (*o* peeling) off the ceiling. 3 (*strapparsi*) to come off (*o* away), to get torn (*o* ripped) off: *mi si è staccato un bottone dalla camicia* one of my shirt buttons has come off. 4 ⟨*fig*⟩ (*dividersi, separarsi*) to separate, to part: *staccarsi dalla famiglia* to separate from one's family. 5 ⟨*fig*⟩ (*allontanarsi spiritualmente*) to withdraw, to become detached (*o* cut off), to retire (*da* from): *staccarsi dal mondo* to withdraw from the world; (*rif. ad abitudini e sim.*) to grow away (from). □ ~ *un assegno* to tear off a check; ~ *qc. con un morso* to bite s.th. off; *staccarsi nettamente* to come clean away; ⟨*Mus*⟩ ~ *le note* to play notes staccato; *non poter* ~ *gli occhi da qd.* to be unable to take one's eyes off s.o.; ⟨*Tel*⟩ ~ *il ricevitore* to lift (*o* pick up) the receiver.

staccato *m.* ⟨*Mus*⟩ (*modo di esecuzione*) staccato; (*segno*) staccato sign.

stacciare *v.t.* (**staccio, stacci**) (*setacciare*) to sieve, to sift; (*burattare*) to bolt. **stacciata** *f.* (*setacciatura*) sieving, sifting. □ *dare una* ~ *alla farina* to sift the flour. **stacciatura** *f.* sieving, sifting. **staccio** *m.* sieve. □ *passare allo* ~ to sieve, to sift.

staccionata *f.* 1 fence, stockade. 2 ⟨*Equit*⟩ hurdle.

stacco *m.* (pl. **-chi**) 1 (*lo staccare*) removal, detachment, taking off; (*lo staccarsi*) coming off. 2 ⟨*fig*⟩ (*intervallo*) break, gap, interval, pause. 3 (*differenza accentuata*) great (*o* marked) difference; (*risalto*) relief, prominence; (*rif. a colori*) contrast. 4 ⟨*Sport*⟩ take off.

stadera *f.* steelyard, lever scales *pl.* □ ~ *a ponte* weigh-bridge.

stadia *f.* ⟨*Topogr*⟩ stadia rod.

stadio *m.* 1 ⟨*Archeol,Sport*⟩ stadium. 2 ⟨*fig*⟩ (*periodo, fase*) stage, phase, period: ~ *di sviluppo* stage of development. 3 ⟨*tecn*⟩ stage. 4 ⟨*Biol*⟩ stadium, period. 5 ⟨*Stor.gr*⟩ (*unità di misura*) stadium, stadion. 6 ⟨*Stor.gr*⟩ (*gara*) stadium. □ ⟨*tecn*⟩ *a due stadi* two-stage; *missile a tre stadi* three-stage missile; ⟨*El*⟩ ~ *modulato* modulated stage; ~ *olimpico* Olympic stadium.

staff *ingl. m.* staff, personnel.

staffa *f.* 1 stirrup. 2 (*sottopiede*) foot strap; (*delle ghette*) strap. 3 (*nelle calze*) heel. 4 ⟨*Anat*⟩ stirrup bone, stapes. 5 ⟨*Mecc*⟩ stirrup, bracket. 6 ⟨*Alp*⟩ stirrup. 7 ⟨*Edil*⟩ stirrup, bracket; (*nel cemento armato*) stirrup, binder. □ *bicchiere della* ~ stirrup cup, parting glass, ⟨*fam*⟩ one for the road: *bere il bicchiere della* ~ to drink a parting glass, ⟨*fam*⟩ to have one for the road; ⟨*fig*⟩ *perdere le -e* to lose one's temper, ⟨*fam*⟩ to fly off the handle; *far perdere le -e a qd.* to make s.o. lose his temper; *tenere il piede in due -e* to run with the hare and hunt with the hounds.

staffale *m.* (*vangile*) foot rest (of a spade). **staffetta** *f.* 1

courier, dispatch rider. 2 ⟨*Sport*⟩ (*anche corsa a staffetta*) relay race. 3 ⟨*fig*⟩ baton passing. **staffiere** *m.* ⟨*Stor*⟩ groom, footman.

staffilamento *m.* lashing, flogging, whipping. **staffilare** *v.t.* 1 to lash, to flog, to whip. 2 ⟨*fig*⟩ to lash out at. **staffilata** *f.* 1 lash, stroke (of the whip). 2 ⟨*fig*⟩ (*critica aspra*) lashing (*o* biting) criticism. **staffilatore** *m.* (*f.* -**trice**) 1 lasher, flogger, whipper. 2 ⟨*fig*⟩ scourger. **staffile** *m.* 1 stirrup strap. 2 (*sferza*) strap, whip, lash.

stafilococco *m.* (pl. **-chi**) ⟨*Biol*⟩ staphylococcus.

stafiloma *m.* ⟨*Med*⟩ staphyloma.

stage *fr.* [staʒ] *m.* training.

stagflazione *f.* ⟨*Econ*⟩ stagflation.

staggiare *v.t.* (**staggio, staggi**) ⟨*Agr*⟩ to prop up. **staggio** *m.* 1 shaft, prop, support, stay (rod). 2 (*nelle seggiole*) back upright. 3 (*nelle gabbie*) bar. 4 ⟨*Venat,Pesc*⟩ pole.

stagionale I *a.* seasonal: *lavoro* ~ seasonal work. II *s.m./f.* seasonal worker. **stagionamento** *m.* → stagionatura. **stagionare** *v.t.* (**stagiono**) 1 to season. 2 (*lasciar maturare*) to mature, to ripen. **stagionato** *a.* 1 seasoned: *legname* ~ seasoned wood. 2 (*maturato*) mature(d), ripe. 3 (*scherz*) (*rif. a persone: attempato*) elderly, ⟨*pred*⟩ getting on. **stagionatura** *f.* 1 seasoning. 2 (*maturazione*) maturing, ripening.

stagione *f.* 1 season: *le quattro -i dell'anno* the four seasons of the year. 2 (*estens*) (*condizioni meteorologiche*) weather: *la* ~ *è fredda* the weather is cold. 3 (*periodo*) season: ~ *delle piogge* rainy season; (*rif. all'agricoltura*) time, season: *la* ~ *della vendemmia* harvest time. 4 ⟨*Teat*⟩ season; (*ciclo di rappresentazioni*) season. □ **alta** ~ high season; ⟨*Zool*⟩ ~ *degli* **amori** mating season; *a* ~ **avanzata** late in the season; ~ *dei* **bagni** bathing season; **bassa** ~ low (*o* off) season; **bella** (*o* **buona**) ~ good weather; **brutta** ~ bad weather; ~ *della* **caccia** hunting season; **cambiamento** *di* ~ change of season; *di* ~ in season: *frutta di* ~ fruit in season; ~ **estiva** summertime: *nella* ~ *estiva* summertime, in (*o* during the) summer; **fine** ~ end of the season; *saldi di fine* ~ end-of-season sales; **fuori** ~: 1 out of season; 2 (*primaticcio*) early: *frutto fuori* ~ early fruit; 3 (*tardivo*) late; ~ **lirica** opera season; **mezza** ~ in-between season, between seasons; *vestito di mezza* ~: 1 between-seasons (*o* spring-and-fall) dress; 2 (*primaverile*) spring dress; ~ **morta** dead (*o* off, slack) season, slack period; ⟨*Teat*⟩ ~ *di* **prosa** theatrical season.

stagliare *v.t.* (**staglio, stagli**) (*tagliare irregolarmente*) to hack, to cut unevenly; (*intaccare*) to notch. **stagliarsi** *v.r.* (*profilarsi*) to stand out, to be silhouetted.

stagnaio *m.* tinsmith, ⟨*am*⟩ tinman. **stagnamento** *m.* stagnation. **stagnante** *a.* stagnant (*anche fig.*): *situazione* ~ stagnant situation.

stagnare[1] *v.t.* 1 (*ricoprire di stagno*) to tin plate. 2 (*saldare con lo stagno*) to solder. 3 (*chiudere ermeticamente*) to make watertight.

stagnare[2] I *v.i.* (*aus.* avere) 1 to stagnate: *le acque stagnavano nelle campagne sommerse* water stagnated in the flooded fields; (*rif. all'aria: essere ferma*) to be stagnant. 2 ⟨*fig*⟩ to be stagnant (*o* sluggish, slack, at a standstill). II *v.t.* to stop (the flow of), to stanch: ~ *un'emorragia* to stop a haemorrhage.

stagnato *a.* 1 (*ricoperto di stagno*) tinned, tin-plated. 2 (*saldato con lo stagno*) soldered. **stagnatore** *m.* (*operaio*) tin-plater. **stagnatrice** *f.* ⟨*tecn*⟩ tin-plating machine. **stagnatura** *f.* ⟨*tecn*⟩ 1 tinning, tin-plating. 2 (*saldatura con lo stagno*) soldering. □ ~ **elettrolitica** (electrolytic) tin-plating.

stagnazione *f.* stagnation (*anche Econ.*).

stagnino *m.* (*region*) → stagnaio.

stagno[1] *m.* ⟨*Chim*⟩ tin.

stagno[2] *m.* ⟨*Geog*⟩ pond, pool: ~ *artificiale* artificial pond.

stagno[3] *a.* watertight; (*a tenuta d'aria*) airtight. □ ~ *a tenuta -a* watertight.

stagnola *f.* tinfoil.

staio *m.* (pl. gli **stai**, le **staia**) ⟨*Stor*⟩ 1 (*unità di misura*) bushel. 2 (*recipiente*) bushel. 3 (*superficie di terreno*) area of land required to sow a bushel of grain.

stalagmite *f.* ⟨*Geol*⟩ stalagmite. **stalagmitico** *a.* (*pl.* -ci) stalagmitic.

stalattite *f.* ⟨*Geol*⟩ stalactite. **stalattitico** *a.* (*pl.* -ci) stalact(it)ic.

Stalingrado *N.pr.f.* ⟨*Geog*⟩ Stalingrad.

stalinismo *m.* ⟨*Pol*⟩ Stalinism. **stalinista** *a./s.m./f.* Stalinist.

stalla *f.* **1** stable; (*per bovini*) cowshed; (*per equini*) stable. **2** (*bestie*) livestock, herd. **3** ⟨*fig*⟩ pigsty, midden. □ *chiudere la ~ quando i buoi sono scappati* to lock (*o* shut) the stable door after the horse has gone; *di ~* stable-: *mozzo di ~* stable-boy. **stallaggio** *m.* **1** (*luogo*) stables *pl.* **2** (*spesa*) stabling charge. **stallare** *v.i.* (*aus. avere*) ⟨*Mar*⟩ to hold. **stallatico** *a./s.* (*pl.* -ci) **I** *a.* stable-. **II** *s.m.* **1** (*concime stallatico*) (stable) manure, dung. **2** (*stallaggio*) stables *pl.* **3** (*prezzo*) stabling charge. **stallazzo** *m.* ⟨*region*⟩ → **stallaggio**.

stallia *f.* ⟨*Mar*⟩ **1** lay-days *pl.* **2** (*anche compenso di stallia*) demurrage. □ *giorni di ~* lay-days; *~ irregolare* demurrage.

stalliere *m.* groom, stable-boy, stableman. **stallino** *a.* **1** (*di stalla*) stall-, stable-. **2** (*rif. all'animale*) stalled, stable-reared.

stallo *m.* **1** seat; (*nei cori*) choir stall. **2** (*negli scacchi*) stalemate. **3** ⟨*Aer*⟩ stall. **4** ⟨*fig*⟩ impasse, dead-end. □ ⟨*Aer*⟩ *andare in ~* to stall; *situazione di ~* stalemate, deadlock; *sbloccare la situazione di ~* to ˈget out ofˈ (*o* ease) the deadlock.

stallone *m.* stallion, stud-horse.

stamane *avv.* ⟨*lett*⟩ → **stamani**. **stamani, stamattina** *avv.* this morning.

stambecco *m.* (*pl.* -chi) ⟨*Zool*⟩ steinbock, ibex, wild (*o* rock) goat. □ *arrampicarsi come uno ~* to climb like a cat; *saltare come uno ~* to leap like a goat.

stamberga *f.* **1** (*casa*) hovel, shack, rat hole. **2** (*stanza*) wretched room, ⟨*fam*⟩ hole.

stambugio *m.* cubby-hole.

stame *m.* ⟨*Tess*⟩ **1** (*filo*) thread; (*dell'ordito*) yarn. **2** (*lana*) fine carded wool. **3** ⟨*Bot*⟩ stamen.

stamigna *f.* ⟨*Tess*⟩ **1** (*per bandiere e sim.*) bunting. **2** (*tessuto rado e resistente*) estamin, stamin.

staminale *m.* ⟨*Mar*⟩ futtock.

stampa *f.* **1** (*tecnica*) printing: *l'invenzione della ~* the invention of printing; *procedimento di ~* printing process. **2** (*lo stampare*) printing: *curare la ~ di un libro* to supervise the printing of a book; (*impressione*) print: *~ illeggibile* illegible print. **3** (*stampato*) printed matter. **4** *pl.* ⟨*Post*⟩ printed matter, ⟨*am*⟩ prints *pl.* **5** ⟨*Giorn*⟩ press: *tribuna riservata alla ~* press gallery. **6** ⟨*Art*⟩ print: *una ~ dell'800* a nineteenth-century print. **7** ⟨*Art*⟩ (*incisione*) engraving (*anche concr.*). **8** ⟨*Tess*⟩ printing. **9** ⟨*Fot*⟩ printing; (*copia*) print. **10** ⟨*tecn*⟩ moulding; (*stampaggio*) pressing. **11** ⟨*Inform*⟩ print; (*di un programma*) hard copy. □ *andare in ~* to go to press; *circolo della ~* press club; *~ clandestina* clandestine (*o* underground) press; ⟨*Tip*⟩ *~ a colori* colour printing; ⟨*Tip*⟩ *~ a due colori* duotone (*o* two-colour) printing; ⟨*Tip*⟩ *~ a più colori* multicolour printing; ⟨*Fot*⟩ *~ a* (*o per*) **contatto** contact printing; **dare** *alle -e* to send ˈfor printingˈ (*o* to the press); *errore di ~* misprint; *essere in corso di ~* to be printing (*o* in the press); ⟨*Giorn*⟩ *~ estera* foreign press; ⟨*Giorn*⟩ *~* **indipendente** independent press; *~ d'*informazione press, newspapers *pl;* ⟨*Giorn*⟩ *~* **locale** local press; *~* **medica** medical press; ⟨*Fot*⟩ *~ di un negativo* printing of (*o* from) a negative; ⟨*Tip*⟩ *~* **offset** offset printing; ⟨*Giorn*⟩ *~ d'*opposizione opposition press; ⟨*Giorn*⟩ *~* **periodica** periodical press, periodicals *pl;* ⟨*Fot*⟩ *~ in* positivo positive printing; (*copia*) positive (print); ⟨*Tip*⟩ *~* **pronto** *per la ~* ready to go to press; ⟨*Tip*⟩ *~ in* **quadricromia** four-colour printing; ⟨*Giorn*⟩ *~* **quotidiana** daily press; ⟨*Tip*⟩ *~ in* **rilievo** relief printing, embossing; ⟨*Tip*⟩ *~* **rotativa** (*o a rotocalco*) rotary printing; *~ di* **sinistra** left-wing press; **spese** *di ~* printing expenses (*o* costs); *~ dei* **tessuti** textile printing; ⟨*Tip*⟩ *~ in* **tricromia** three-colour printing.

stampabile *a.* **1** (*pronto per la stampa*) ready for printing (*o* the press). **2** (*che merita di essere stampato*) printable,

fit to print.

stampaggio *m.* ⟨*Met*⟩ (*con pressa*) pressing, press work; (*fucinatura*) forging; (*con punzone*) punching; (*di materie plastiche*) moulding. □ ⟨*Met*⟩ *~ a caldo:* **1** (*con la pressa*) hot-pressing, press-forging; **2** (*col maglio*) drop-forging; **3** (*a mano*) swaging; *~ a freddo* cold-pressing.

stampante I *a.* printing: *unità ~* printing unit. **II** *s.f.* ⟨*Inform*⟩ printer. □ ⟨*Inform*⟩ *~ ad* **aghi** wire printer; *~* **bidirezionale** bidirectional printer; *~ a getto d'*inchiostro ink-jet printer; *~ a* **margherita** daisywheel printer; *~ a* **matrice** matrix printer; *~* **parallela** parallel printer; *~* **seriale** serial printer; *~* **termica** thermal printer.

stampare *v.t.* **1** ⟨*Tip*⟩ to print: *~ volantini pubblicitari* to print advertising flyers. **2** (*estens*) (*pubblicare*) to print, to publish: *hanno stampato una nuova edizione del celebre romanzo* they published a new edition of the well-known novel. **3** (*riprodurre*) to print, to reproduce: *~ un'incisione* to print an engraving. **4** (*lasciare un'impronta*) to print, to leave the mark of: *~ le proprie orme sulla sabbia* to leave the mark of one's trail in the sand. **5** (*coniare*) to coin, to strike: *~ monete* to strike coins. **6** ⟨*tecn*⟩ to print, to stamp. **7** ⟨*Met*⟩ (*con la pressa*) to press; (*fucinare*) to forge; (*col punzone*) to punch; (*rif. a materie plastiche*) to mould. **8** ⟨*Fot*⟩ to print. **stamparsi** *v.r.* ⟨*fig*⟩ (*restare impresso*) to impress, to be impressed (*o* imprinted): *le parole del vecchio maestro gli si stamparono nella memoria* the words of his old teacher were imprinted in his memory. □ *~ un* **bacio** to plant a kiss; ⟨*Met*⟩ *~ a* **caldo:** **1** (*con la pressa*) to hot-press, to press-forge; **2** (*col maglio*) to drop-forge; **3** (*a mano*) to swage; ⟨*Met*⟩ *~ a* **freddo** to cold press; ⟨*Met*⟩ *~ con il* **maglio** to drop-forge; *~ qc. in* **mente** *a qd.* to impress s.th. on s.o.; ⟨*fig*⟩ *i* **soldi** *mica li posso ~ io!* I'm not made of money. ‖ (*visto*) *si stampi* imprimatur, passed for printing; *dare il si stampi* to give one's imprimatur, to approve for printing.

stampatello *m.* block (*o* capital) letters *pl: scrivere in ~* to write in block letters. **stampato I** *a.* **1** printed. **2** ⟨*estens*⟩ (*pubblicato*) printed, published. **3** ⟨*fig*⟩ (*impresso*) imprinted, impressed. **4** (*coniato*) coined, struck. **5** ⟨*tecn*⟩ printed, stamped. **6** ⟨*Met*⟩ (*con la pressa*) pressed; (*fucinato*) forged; (*col punzone*) punched; (*rif. a materie plastiche*) moulded. **7** ⟨*Ind*⟩ stamped, pressed: *articoli -i* stamped articles. **II** *s.m.* **1** ⟨*Post*⟩ printed matter: *spedire uno ~* to send printed matter; *pl.* printed matter *sing,* ⟨*am*⟩ prints *pl.* **2** ⟨*burocr*⟩ (*modulo*) form. **stampatore** *m.* (*f.* -**trice**/*pop.* -**a**) **1** ⟨*Tip*⟩ printer, pressman. **2** ⟨*tecn*⟩ hammerman; (*addetto alla pressa*) pressman. **stampatrice** *f.* **1** ⟨*Cin*⟩ printer, printing machine. **2** ⟨*Tip*⟩ printing press, printing machine.

stampella *f.* **1** (*gruccia*) crutch: *camminare con le -e* to walk with crutches. **2** (*per appendere i vestiti*) hanger.

stamperia *f.* printworks *pl* (*costr.sing. o pl.*), printing office.

stampiglia *f.* stamp. **stampigliare** *v.t.* (**stampiglio,** **stampigli**) to stamp. **stampigliatrice** *f.* stamp(er). **stampigliatura** *f.* **1** (*atto*) stamping: *~ dei biglietti di banca* stamping of bank notes. **2** (*effetto*) stamp.

stampino *m.* **1** (*disegno traforato su cartone e sim.*) stencil. **2** (*forma*) little mould. **3** (*arnese per bucare il cuoio*) punch.

stampo *m.* **1** mould: *~ per budino* pudding mould. **2** ⟨*fig*⟩ (*tempra, qualità*) kind, sort, type, ilk: *gente dello stesso ~* people of the same kind. **3** ⟨*Met*⟩ (*matrice*) die, mould, matrix; (*per la fusione*) die. **4** *pl.* ⟨*Venat*⟩ decoys *pl.* □ ⟨*fig*⟩ *d'*antico of the old school (*o* stamp); *~ per* **coniare** (minting) die; ⟨*fig*⟩ **fatto** *con lo ~* mass-produced; *~* **monetario** (minting) die; ⟨*fig*⟩ *se ne è perso lo ~* they don't make them like that any more; *~ per* **punzonare** piercing die.

stampone *m.* ⟨*Tip*⟩ proof, pull.

stanare *v.t.* **1** to drive out, to rouse: *i cani stanarono la volpe* the dogs drove out the fox. **2** ⟨*fig*⟩ (*far uscire*) to get (*o* draw, dig) out: *sono riuscito a stanarti da casa* I succeeded in getting you out of the house.

stanca *f.* ⟨*Geog*⟩ slack water (at high tide). □ *.essere in ~* to be slack (at high tide). **stancabile** *a.* easily tired.

stancamente *avv.* (*fiaccamente*) wearily; (*debolmente*) weakly; (*svogliatamente*) listlessly. **stancare** *v.t.* (**stanco, stanchi**) **1** to tire, to weary, to fatigue: *la corsa mi ha stancato* the rush tired me. **2** ⟨*fig*⟩ (*fiaccare*) to weaken, to wear (*o* beat) down, to break (down), to tire out: ~ *l'avversario* to tire out one's opponent. **3** ⟨*fig*⟩ (*annoiare, infastidire*) to tire, to bore, to weary: *le sue chiacchiere mi hanno stancato* his chattering bored me. **stancarsi** *v.r.* **1** (*affaticarsi*) to get tired (*o* worn-out), to tire, to (grow) weary: *cerca di non stancarti* try not to tire yourself (out). **2** (*annoiarsi, infastidirsi*) to get (*o* be) tired, to grow weary (*di* of), ⟨*fam*⟩ to get (*o* be) fed up (with), ⟨*fam*⟩ to get (*o* be) sick (of): *mi sono stancato di quella musica* I'm sick of that music. **stanchevole** *a.* tiring, wearisome. **stanchezza** *f.* **1** tiredness, fatigue, weariness. **2** ⟨*fig*⟩ (*tedio*) tiredness, boredom: ~ *di vivere* boredom with life. □ *dare segni di* ~ to show signs of fatigue. **stanco** *a.* (*pl.* **-chi**) **1** tired, weary, fatigued: *essere* ~ *per il lungo viaggio* to be tired by the long journey. **2** ⟨*fig*⟩ (*annoiato, tediato*) tired, bored (*di* of), ⟨*fam*⟩ fed up (with): *essere* ~ *della vita* to be tired of life; (*infastidito*) tired, weary, ⟨*fam*⟩ sick (*di* of), ⟨*fam*⟩ fed up (with): *sono* ~ *delle tue lamentele* I am tired (*o* sick) of hearing you complain. **3** ⟨*fig*⟩ (*privo di vivacità*) tired, weary: *uno scrittore dalla fantasia* ~*a* a writer with a tired imagination. □ ⟨*Comm*⟩ *mercato* ~ slack market; ~ *morto* dead tired; (*stufo*) sick and tired.

stand *ingl.* [stɛnd] *m.* stand.

standard I *s.m.* standard: ~ *di vita* standard of living (*o* life). **II** *a.* standard: *formato* ~ standard size. **standardizzare** *v.t.* to standardize (*anche fig.*). **standardizzato** *a.* standard(ized); (*prodotto in serie*) mass-produced. **standardizzazione** *f.* standardization.

standista *m./f.* **1** (*espositore*) exhibitor; **2** (*addetto*) assistant (on a stand).

stanga *f.* **1** bar, beam. **2** ⟨*pop*⟩ (*persona alta e magra*) beanpole. **3** (*nelle stalle*) bar. **4** (*nei passaggi a livello*) barrier. **5** (*nelle carrozze: timone*) shaft. **6** (*nell'aratro*) beam (of a plough). **7** ⟨*Ginn*⟩ bar. **stangare** *v.t.* (**stango, stanghi**) **1** to bar, to bolt: ~ *la porta* to bolt the door. **2** (*picchiare con la stanga*) to beat, to thrash. **3** ⟨*fig*⟩ (*far pagare eccessivamente*) to bleed. **4** ⟨*scol*⟩ (*bocciare*) to fail; (*dare un cattivo voto*) to give a bad mark to. **stangata** *f.* **1** (*colpo*) blow (with a bar). **2** ⟨*fig*⟩ (*spesa superiore al previsto*) blow: *che* ~ *il conto dell'albergo!* what a blow the hotel bill was!; (*danno economico*) blow, hard knock. **3** ⟨*fig*⟩ (*bocciatura*) failing mark, bad result: *prendere una* ~ *agli esami* to get a failing mark in the exams. **4** ⟨*Sport*⟩ shot. □ ⟨*fig*⟩ *dare una* ~ *a qd.* to do s.o. a bad turn. **stanghetta** *f.* **1** (small) bar. **2** (*degli occhiali*) earpiece. **3** (*chiavistello*) bolt. **4** (*nella scrittura*) bar, stroke. **5** ⟨*Mus*⟩ bar line, double bar. **stangone** *m.* (*f.* **-a**) ⟨*pop*⟩ (*persona alta*) beanpole.

Stanislao *N.pr.m.* Stanislaus.

stannico *a.* (*pl.* **-ci**) ⟨*Chim*⟩ stannic: *ossido* ~ stannic oxide. **stannite** *f.* ⟨*Min*⟩ stannite.

stanotte *avv.* **1** tonight: ~ *c'è la luna* the moon is out tonight; *partiremo* ~ *alle undici* we'll leave at eleven tonight. **2** (*la notte passata*) last night: *hai sentito che temporale* ~? did you hear that storm last night?

stante I *a.* standing (*anche Archeol.*): *figura* ~ standing figure. **II** *prep.* (*a causa di*) because of, owing to, on account of: ~ *il cattivo tempo, la cerimonia è rinviata* the ceremony has been postponed because of the bad weather. □ *a sé* ~ separate, independent; *seduta* ~ during the meeting (*o* sitting); ⟨*estens*⟩ (*subito*) immediately, at once, straight away.

stantio *a.* **1** stale; (*rif. a sostanze grasse*) rancid: *burro* ~ rancid butter; (*rif. al pane e sim.*) stale, musty. **2** ⟨*fig*⟩ old, stale, obsolete; (*sorpassato*) old-fashioned, out -of-date; (*non più attuale*) stale: *notizia* ~*a* stale news. □ *sapere di* ~: **1** to have a stale (*o* bad) taste; **2** (*rif. al burro e sim.*) to taste rancid; **3** (*rif. al pane e sim.*) to be stale.

stantuffo *m.* ⟨*Mecc*⟩ piston; (*di pressa idraulica*) plunger. □ ~ *compensatore* dummy (*o* balance) piston; ~ *a disco* flat (*o* disk) piston; ~ *rotante* rotary piston; ~ *a testa piana* flat-top piston.

stanza *f.* **1** room: *cercare una* ~ to look for a room; *appartamento di due* -*e* flat with two rooms, two room(ed) flat. **2** ⟨*Mil*⟩ military post. **3** ⟨*Metr*⟩ stanza. **4** ⟨*lett*⟩ (*dimora*) stay; (*residenza*) residence: *prendere* ~ *in un luogo* to take up residence in a place. □ ~ *ammobiliata* furnished room; ~ *da* **bagno** bathroom; ~ *dei* **bambini** children's room; (*per bambini piccoli*) nursery; ⟨*Econ*⟩ ~ *di* **compensazione** clearing house; ⟨*Mil*⟩ *essere di* ~ *a* to be stationed in; *reparto di* ~ *a Roma* unit stationed in Rome; ~ *d'*ingresso (entrance) hall; ~ *da* **letto** bedroom; ~ *a due letti* double bedroom; ~ *di* **passaggio** hallway; ~ *da* **pranzo** dining-room; ~ *di* **soggiorno** living-room, sitting-room.

stanziabile *a.* appropriable, allocatable. **stanziale** *a.* **1** ⟨*Mil*⟩ standing, permanent: *esercito* ~ standing army. **2** ⟨*Venat*⟩ non-migratory: *selvaggina* ~ non-migratory game. **stanziamento** *m.* **1** allocation, budgeting, earmarking: *è stato approvato lo* ~ *di fondi per le case popolari* the allocation of funds for council houses has been approved. **2** (*fondi di bilancio*) appropriation, budget: ~ *pubblicitario* advertising budget. □ ⟨*Econ*⟩ ~ *di bilancio* budget appropriation. **stanziare** *v.t.* (**stanzio, stanzi**) to allocate, to budget, to earmark, to appropriate: ~ *fondi* to allocate funds. **stanziarsi** *v.r.* **1** (*stabilirsi*) to settle, to establish o.s. **2** ⟨*Mil*⟩ to be garrisoned (*o* quartered, stationed). **stanziatore** *m.* (*f.* **-trice**) appropriator, budgeter.

stanzino *m.* **1** (*ripostiglio*) store-room, lumber-room. **2** (*spogliatoio*) dressing-room. **3** (*gabinetto*) lavatory, toilet. □ ~ *da bagno* bathroom.

stappare *v.t.* to uncork: ~ *una bottiglia* to uncork a bottle.

star *ingl.* *f.* star.

starare *v.t.* ⟨*tecn*⟩ to put out of tune. **stararsi** *v.r.* to get out of tune. **starato** *a.* out of tune.

stare *v.i.* (*pr.ind.* **sto, stai, sta, stiamo, state, stanno**; *fut.* **starò**; *p.rem.* **stetti, stesti, stette, stemmo, steste, stettero** *pr.cong.* **stia, stiamo, stiate, stiano**; *impf.cong.* **stessi**; *imperat.* **sta/sta'/stai**; *p.pr.* **stante**; *p.p.* **stato**; *aus.* essere) **1** (*stare ritto, in piedi*) to be, to stand: *la colonna che vedi sta qui già da un millennio* the column you see has been standing here for a thousand years; ~ *alla finestra* to be at the window. **2** (*essere situato*) to be, to be located (*o* situated): *la fattoria sta a pochi chilometri dal paese* the farm is (located) a few kilometres out of town; (*rif. a posizioni geografiche e sim.*) to lie, to be: *le montagne stanno a nord* the mountains ⌐lie to⌐ (*o* are in) the north. **3** (*essere*) to be: *le cose stanno così* this is how matters stand (*o* are); *stando così le cose, me ne vado* if that's the way ⌐things are⌐ (*o* matters stand), I'm leaving; *sta scritto nella Bibbia* it's written in the Bible; *non c'è proprio da* ~ *allegri* there's nothing to be happy about. **4** (*essere, trovarsi: con determinazioni locali*) to be: ~ *a casa* to be at home; (*sedere*) to be (sitting), to sit, to be seated: ~ *a tavola* to be (*o* sit) at table; (*in posizione orizzontale*) to be, to lie: ~ *a letto* to be in bed. **5** (*rif. a salute, condizioni economiche e sim.*) to be: *come stai? – sto bene* how are you? – I'm fine; *sono stato male tutta la notte* I was ill all night; *è gente che sta bene* they are very well-off. **6** (*rif. ad abiti e sim.: di misura*) to be, to fit: *come ti stanno queste scarpe? – mi stanno strette* how do these shoes fit? – they are tight; (*di colore*) to suit: *questa tinta ti sta bene* this colour suits you. **7** (*abitare*) to live, to be: *i miei amici stanno in Via Nazionale* my friends live on Via Nazionale; *stiamo al secondo piano* we live (*o* are) on the second floor. **8** (*vivere, abitare stabilmente*) to live: *sto con i genitori* I live with my parents; (*essere ospite*) to stay, to be the (*o* a) guest: *quando è a Londra sta dagli amici* when he's in London he stays with his friends. **9** (*rimanere*) to stay, to remain, to be: ~ *al sole* to stay in the sun; *staremo un anno a Londra* we'll be in London for a year; ~ *seduto* to remain seated. **10** (*consistere*) to be, to lie: *la difficoltà sta nello scegliere il momento adatto* the problem ⌐is to pick⌐ (*o* lies in picking) the right moment. **11** (*entrarci, essere contenuto*) to hold (*costr.pers.*), to be held (*o* accommodated), to contain (*costr.pers.*): *nel nuovo teatro possono* ~ *tremila persone* the new theatre holds three thousand people; *in quella bottiglia non ci stanno due litri* that bottle does not hold (*o* contain) two litres. **12** (*dipendere*) to depend (*in* on), to be up (to): *se stesse in me* if it ⌐were up to⌐ (*o* depended on) me; *tutto sta se manterrai la promessa* it all depends on whether you keep your promise or not. **13** (*seguito da un gerundio: per indicare lo svolgersi dell'azione*) to be: *sta studiando* he's studying; *stavo camminando quando mi sentii chiamare* I was walking along when I heard s.o. call me. **14** (*Mat*) to be: *10 sta a 5 come 8 sta a 4* 10 is to 5 as 8 is to 4. **starsi, starsene** *v.r.* **1** (*essere*) to be: *se ne stava tutto solo* he was all alone. **2** (*rimanere*) to stay, to remain, to keep: *domenica me ne starò a casa tutto il giorno* I'm going to stay at home all day on Sunday. **starci:** 1 (*accettare di partecipare*) to agree, to accept, to join, ⟨*fam*⟩ to count in: *per diecimila lire ci sto* I agree to ten thousand lire; *se organizzate una gita ci sto* if you plan a trip ⌐count me in⌐ (*o* I'll join); 2 (*essere d'accordo*) to be willing, to agree: *lei ci sta* she's willing. □ ~ **a** [*inf*] to be [*ger*]: *stanno tutti a guardare la televisione* they're all watching television; *stammi a sentire* listen to me; ~ **a sedere** to be sitting (*o* seated); ~ **a vedere:** 1 to (wait and) see: *staremo a vedere come si metteranno le cose* we'll (wait and) see how things turn out; 2 ⟨*iron*⟩ to bet: *sta a vedere che non verrà affatto* I bet he won't show up at all; ~ **sempre a** [*inf*] to be always [*ger*]: *sta sempre a piangere* she's always crying; ~ **a** [*sost*]: 1 (*attenersi*) to obey, to stick to: ~ *ai regolamenti* to obey the rules; 2 (*rimettersi*) to rely on: ~ *alla decisione dei medici* to rely on the doctors' decision; 3 (*spettare, toccare*) to be up (*a* to), to be (for): *non sta a te giudicarlo* it's not for you to judge him; *sta a lui decidere* it's up to him to decide; ~ **con:** 1 (*convivere*) to live with: *sta con quell'uomo già da diversi anni* she's been living with that man for several years; 2 (*parteggiare*) to side (*o* be) with, to be on the side of: *e tu con chi stai?* who(m) do you side with?, whose side are you on?; ~ **a cuore** to matter, to have at heart (*costr.pers.*); ~ **dietro** *a qd.*: 1 (*trovarsi dietro*) to be behind s.o.; 2 (*seguirlo*) to follow s.o.; 3 (*sorvegliarlo*) to keep an eye on s.o., to watch over s.o.; 4 (*non dargli pace*) to dog (*o* pester) s.o.; 5 (*pop*) (*fargli la corte*) to run after s.o.; ~ **disteso** to be ⌐lying down⌐ (*o* stretched out); *il fatto sta che* the fact is (*o* remains), the fact of the matter is: *dite pure quel che volete, ma il fatto sta che le cose vanno male* say whatever you like, but the fact (of the matter) is that things are going badly; ~ **in forse** (*stare in dubbio*) to be doubtful (*o* in doubt), to be uncertain (*o* hesitant); ⟨*fig*⟩ ~ **fresco** to be mistaken (*o* kidding o.s.): *stai fresco se speri nel mio aiuto* you're kidding yourself if you think I'm going to help you; ~ **fuori:** 1 (*all'aperto*) to be outside (*o* out–of–doors); 2 (*fuori casa*) to be out (*o* away from home): *sta fuori tutto il giorno per ragioni di lavoro* he's out all day because of his work; ~ **sulle generali** to stick (*o* keep) to generalities; ~ **in guardia** to be on one's guard; *non* ~ **insieme** (*andare a pezzi*) to be falling apart (*o* to bits): *questa poltrona non sta più insieme* this armchair is falling apart; **lasciar** ~: 1 (*non toccare*) to leave alone, to keep one's hands off: *lascia* ~ *i miei libri* leave my books alone; 2 ⟨*fig*⟩ (*non occuparsi*) to leave (it), not to bother (*o* worry, mind): *lascia* ~, *faccio io* ⌐leave it⌐ (*o* don't bother), I'll do it; 3 ⟨*fig*⟩ (*non infastidire*) to leave alone (*o* be), not to bother: *lascia* ~ *il gatto* leave the cat alone; *di musica non se ne intende, ma come pittore bisogna lasciarlo* ~ he doesn't know anything about music, but when it comes to painting you can't touch him; *starsene da* **parte** to stand aside, to be on one side; ~ **per** [*inf*] to be just about (*o* going) to, to be on the point of: *il treno sta per partire* the train is (just) about to leave; *stavo proprio per telefonarti* I was just going to call you, I was on the point of calling you; ~ **in piedi** to be standing (*o* on one's feet), to stand; *come stai a* **quattrini?** how are you off for money?; ~ **sdraiato** to be lying down, to be stretched out; *non* ~ **in sé** *dalla gioia* to be beside o.s. with joy; *non poter* ~ **senza** *fare qc.* to be always on the go, to have to keep busy; *non può* ~ *senza fumare* he can't manage (*o* get along) without

smoking; ~ **su:** 1 (*essere ritto, in piedi*) to stand up straight; (*seduto*) to sit up straight; (*rif. a cose*) to be (*o* stand) upright; 2 (*stare sveglio*) to stay up, to be up (*o* awake): *sono stato su tutta la notte a studiare* I stayed (*o* was) up all night studying; ~ **su con lo spirito** to keep one's spirits up; ~ **sulle sue** (*fare il sostenuto*) to be aloof (*o* stand–offish), ⟨*fam*⟩ to keep (o.s.) to o.s.; *non sa* ~ *a* **tavola** he has no table manners; *sta'* **zitto!** shut up!

starna *f.* ⟨*Ornit*⟩ (*pernice*) (common grey) partridge.

starnazzare *v.i.* (*aus.* avere) **1** to flutter, to flap. **2** ⟨*fig,scherz*⟩ (*fare chiasso*) to make noise, ⟨*fam*⟩ to squawk.

starnutare *v.* → **starnutire. starnutaria** *f.* ⟨*Bot*⟩ sneezewort, sneezeweed. **starnutatorio I** *a.* sternutatory, sternutative, sneeze–: *sostanza* –*a* sternutatory agent, sternutator(y). **II** *s.m.* sternutator(y). **starnutire** *v.i.* (**starnutisco, starnutisci;** *aus.* avere) to sneeze. **starnuto** *m.* sneeze, sneezing. □ *fare uno* ~ to (give a) sneeze.

starter *ingl. m.* starter.

stasamento *m.* unclogging, clearing.

stasare (*o stasare*) *v.t.* to unclog, to unstop. **stasatubi** *m.inv.* plumber's snake.

stasera *avv.* this evening, tonight.

stasi *f.* **1** ⟨*Med*⟩ stasis, slowing. **2** ⟨*fig*⟩ (*arresto*) a standstill, stagnation, stagnancy, stasis. **3** ⟨*Econ*⟩ (*congiuntura bassa*) slump. □ ⟨*fig*⟩ *c'è una* ~ *negli affari* business is slack; ⟨*fig*⟩ *essere in un periodo di* ~ to be at a standstill; ~ **sanguigna** stagnation of the blood, (blood) stasis.

statale I *a.* state–, government–, of the state (*o* government), ⟨*am*⟩ statal: *controllo* ~ state control; *scuola* ~ state school. **II** *s.m./f.* (*impiegato statale*) civil servant, government employee; *pl.* civil service, civil servants *pl.* **III** *s.f.* (*strada statale*) trunk road, ⟨*am*⟩ federal highway. **statalizzare** *v.t.* to nationalize, to put under state control. **statalizzazione** *f.* nationalization.

statica *f.* ⟨*Fis*⟩ statics *pl* (*costr.sing.*). **staticamente** *avv.* statically. **staticità** *f.* **1** static nature (*o* quality). **2** (*immobilità*) motionlessness, stillness. **3** ⟨*fig*⟩ static nature; (*ristagno, stasi*) stagnancy, inactivity. **statico** *a.* (*pl.* **-ci**) **1** ⟨*Fis*⟩ static(al): *equilibrio* ~ static equilibrium. **2** ⟨*fig*⟩ (*immobile*) static; (*ristagnante*) stagnant.

statista *m./f.* ⟨*Pol*⟩ statesman (*anche estens.*).

statistica *f.* statistics *pl* (*costr.sing.*): ~ *delle nascite* birth statistics. □ ~ **applicata** applied statistics; ~ **aziendale** operating statistics *pl;* ~ **criminale** crime statistics *pl;* ~ **demografica** population statistics; ~ **economica** economic statistics *pl;* ~ **matematica** mathematical statistics; ~ **medica** medical statistics *pl;* ~ **sanitaria** health statistics *pl.*

statisticamente *avv.* statistically. **statistico** *a.* (*pl.* **-ci**) statistical: *calcoli* –*i* statistical calculations.

stativo *m.* **1** ⟨*Ott*⟩ (*sostegno*) (microscope) stand. **2** ⟨*Cin*⟩ (*treppiede*) tripod.

stato[1] *m.* **1** (*lo stare*) state: *verbi di* ~ verbs of state. **2** (*modo di essere*) state, condition: *in buono* ~ in good condition (*o* shape); ~ *di salute* state of health. **3** (*condizione economica e sociale*) position, social condition, status, standing: *migliorare il proprio* ~ to improve one's position. **4** (*tenore di vita*) state, standard of living: *vivere in uno* ~ *d'indigenza* to live in (a state of) poverty. **5** (*situazione*) situation, state (of affairs): ~ *d'emergenza* state of emergency. **6** (*aspetto esteriore*) state: *non puoi uscire in questo* ~ you can't go out ⌐in this state⌐ (*o* looking like this); *come hai fatto a ridurti in questo* ~? how ever did you get yourself into such a state (*o* mess)? **7** ⟨*Dir,burocr*⟩ state: ~ *coniugale* married (*o* conjugal) state. **8** (*burocr*) (*stato civile*) civil status. **9** *pl.* ⟨*Stor*⟩ (*assemblea*) States *pl,* Estates *pl:* –*i generali* States General. **10** ⟨*Stor*⟩ (*in Francia: divisione della società*) estate: *i nobili, il clero e il terzo* ~ the nobles, the clergy and the third estate. **11** ⟨*Chim,Fis,Med*⟩ state. □ ⟨*Dir*⟩ ~ *d'*accusa committal for trial, arraignment, indictment; *mettere qd. in* ~ *d'accusa* to commit s.o. for trial, to arraign (*o* indict) s.o.; *essere in* ~ *d'accusa* to be committed for trial, to lie under a charge; ~ *d'*animo mood, state of mind; ⟨*Dir*⟩ ~ *d'*arresto arrest, detention:

in ~ *d'arresto* under arrest; ~ *d'assedio* state of emergency; ⟨*Inform*⟩ ~ *di* **attesa** wait state; *allo* ~ **brado** in the wild state; ~ **civile** civil status; (*ufficio*) Registry Office; *registro dello* ~ *civile*: 1 (*libro*) Register of Births, Marriages, and Deaths; 2 (*anagrafe*) Registry (*o* Register) Office, ⟨*am*⟩ Bureau of Vital Statistics; ⟨*Med*⟩ ~ **comatoso** comatose state, coma; ~ **coniugale** marital status; ~ *di* **conservazione** state of preservation; *in buono* ~ *di conservazione* well-preserved; ~ *delle* **cose** state of affairs (*o* things); (*circostanze*) circumstances *pl: in questo* ~ *di cose* under (*o* in) these circumstances; ⟨*Psic*⟩ ~ **depressivo** depressed state, (state of) depression; ~ *di* **emergenza** state of emergency; ~ **fallimentare** (state of) bankruptcy; ~ *di* **famiglia** family (*o* civil) status; (*certificato*) civil status certificate; ⟨*Fis*⟩ ~ **gassoso** gaseous state; ~ **giuridico**: 1 ⟨*Dir*⟩ juridical status, legal standing; 2 ⟨*burocr*⟩ (*rif. a impiegati statali*) legal status of a civil servant; 3 (*ordinamento*) civil service law; ~ *di* **gravidanza** pregnancy: *essere in* ~ *di avanzata gravidanza* to be in the advanced stage(s) of pregnancy; ⟨*Teol*⟩ ~ *di* **grazia** state of grace (*anche fig.*); *di* **guerra** state of war; ~ *d'*incoscienza unconsciousness; *essere in* ~ **interessante** to be pregnant, ⟨*fam*⟩ to be expecting; ~ **laicale** lay state; ⟨*Chim*⟩ *allo* ~ **libero** free; ⟨*Fis*⟩ ~ **liquido** liquid state; ⟨*Mil*⟩ ~ **maggiore** (General) Staff; ~ *maggiore generale* General Staff of the combined forces, ⟨*am*⟩ Joint Chiefs of Staff; ~ *di* **natura** state of nature, natural (*o* primitive) state; ⟨*Dir*⟩ ~ *di* **necessità** jeopardy; *in* **ottimo** ~ in very good condition; (*rif. a cose*) in good repair; ~ **patrimoniale** statement of assets and liabilities, balance sheet; *in* **pessimo** ~ in very bad condition; (*rif. a cose*) in very bad repair; ~ **religioso** religious state; **ridursi** *in cattivo* ~ to get into a sorry (*o* bad) state; ⟨*Mil*⟩ ~ *di* **servizio** officer's military record (*o* file), officer's record of service; ⟨*Fis*⟩ ~ **solido** solid state; ⟨*Stor*⟩ **terzo** ~ (*borghesia*) third estate; *in* ~ *d'*ubriachezza in a state of drunkenness, under the influence of drink (*o* alcohol); ⟨*Dir*⟩ ~ **vedovile** widowhood, widowed state.

stato[2] *m.* ⟨*Pol*⟩ 1 State, state. 2 (*territorio*) state, country: *invadere uno* ~ to invade a country. □ **affare** *di* ~ affair of state; ⟨*fig*⟩ *farne un affare di* ~ to make a mountain out of a molehill; ~ **assistenziale** welfare state; **colpo** *di* ~ coup (d'état); ~ **confinante** border (*o* neighbouring) state; ~ **corporativo** corporative (*o* corporate) state; *di* ~ State-, state-: *religione di* ~ state religion; *scuola di* ~ state school, ⟨*am*⟩ public school; ~ *di* **diritto** constitutional state; ~ **indipendente** independent state; ~ **membro** member state; ~ *non* **membro** non-member state; ⟨*Stor*⟩ ~ **Pontificio** Papal State; ~ **razzista** racist state; ~ **sociale** welfare state; ~ **sovrano** sovereign state; -*i* **terzi** third states; ~ **totalitario** totalitarian state; *Stati Uniti d'America* United States of America; **uomo** *di* ~ statesman; ~ **vassallo** vassal state.

statolatrìa *f.* statolatry, state worship.

statolìtico *a.* (*pl.* -ci) ⟨*Biol*⟩ statolithic. **statolito** *m.* statolith.

statore *m.* ⟨*tecn*⟩ stator.

statoreattore *m.* ⟨*Aer*⟩ ramjet engine.

statoscòpio *m.* ⟨*Meteor,Aer*⟩ statoscope.

stàtua *f.* statue. □ -*e di cera* waxworks *pl;* ~ **equestre** equestrian statue; *essere* (*o sembrare*) *una* ~ (*essere immobile*) to be (*o* stand) as still as a statue; ~ *della libertà* Statue of Liberty. **statuàrio** I *a.* 1 statuary: *marmo* ~ statuary marble. 2 ⟨*fig*⟩ (*maestoso, solenne*) statuesque, majestic: *figura* -*a* statuesque figure. II *s.m.* sculptor, statuary. **statuètta** *f.* statuette.

statuìre *v.t.* (**statuìsco, statuìsci**) to ordain, to decree. **statuizione** *f.* decree.

statunitènse I *a.* United States-, of the United States, ⟨*abbr*⟩ U.S. II *s.m./f.* United States citizen.

stàtu quo *lat. m.* ⟨*Pol*⟩ status quo.

statùra *f.* 1 height, stature: ~ **media** average height. 2 ⟨*fig*⟩ (*levatura morale*) stature, prestige: *essere di grande* ~ *morale* to be of high moral stature. □ *essere di alta* (*o alto di*) ~ to be tall; *di piccola* ~ short.

statutàrio *a.* 1 statutory, statute-: *legge* -*a* statutory law. 2 (*costituzionale*) constitutional.

statùto *m.* 1 statute. 2 (*costituzione*) constitution. 3 (*complesso di deliberazioni*) (company) by-laws *pl.* 4 ⟨*Mediev*⟩ (*norme legislative*) statutes *pl;* (*raccolta di leggi*) statute book, code of law. □ ~ *di* **autonomia** statute of autonomy; ~ *dei* **diritti** *dei lavoratori* statute of workers' rights; ~ **municipale** municipal statute; ~ **regionale** regional statute; ~ **sociale** company by-laws *pl;* ~ **speciale** special statute: *regione a* ~ *speciale* region with a special statute.

stavòlta *avv.* ⟨*fam*⟩ (*questa volta*) this time.

Stàzio *N.pr.m.* ⟨*Stor*⟩ Statius.

stazionale *a.* 1 ⟨*Biol*⟩ habitat-: *forma* ~ habitat form. 2 ⟨*Lit*⟩ stational: *chiesa* ~ stational church. **stazionamènto** *m.* ⟨*Strad*⟩ 1 parking. 2 (*sosta*) stopping, standing. □ *area di* ~ parking area. **stazionare** *v.i.* (**stazióno**; *aus.* avere) 1 ⟨*Strad*⟩ to be parked. 2 (*sostare*) to stop, to stand. **stazionarietà** *f.* stationariness. **stazionàrio** *a.* 1 stationary (*anche fig.*): *temperatura* -*a* stationary temperature. 2 ⟨*Ornit*⟩ non-migratory: *uccelli stazionari* non-migratory birds. 3 ⟨*Econ*⟩ stationary, static, stable.

stazione *f.* 1 station; (*stazione ferroviaria*) (railway) station, ⟨*am*⟩ (train) depot: *questo treno si ferma in tutte le* -*i* this train stops at all the stations; *andrò a prenderlo alla* ~ I'll pick him up at the station. 2 (*località di soggiorno*) resort: ~ **balneare** seaside resort; (*luogo di cura*) health resort; (*stazione idrominerale o termale*) spa, watering place. 3 (*ambiente o attrezzature per prestazioni particolari*) station: *ricevere bene una* ~ *trasmittente* to receive a (radio) station clearly. 4 (*piccolo osservatorio scientifico*) station. 5 ⟨*Lit*⟩ (*nella Via Crucis*) Station (of the Cross). 6 ⟨*Mil*⟩ post: *la* ~ *dei carabinieri* the carabinieri post. 7 (*posizione*) position: ~ **eretta** erect (*o* upright) position. 8 ⟨*Stor.rom*⟩ military station (*o* post). □ ~ **aerea** airport; ~ *d'*arrivo arrival (*o* destination) station; ~ *degli* **autobus** bus station, ⟨*am*⟩ bus depot; ~ *delle* **autocorriere** coach station (*o* terminal), public-transport station; ~ **capolinea** terminal, terminus, reversing (*o* dead-end) station; ~ **centrale** main (*o* central) station; ~ **clandestina** pirate radio station; ~ **climatica** health resort; ~ **destinataria** (*o di destinazione*) receiving station; ⟨*Rad, TV*⟩ ~ *di* **emissione** broadcasting station; ~ *con* **fermata** *facoltativa* flag-station, ⟨*am*⟩ whistle stop, ⟨*am*⟩ flag stop; ⟨*Ferr*⟩ ~ *di* **frontiera** border (*o* frontier) station; ⟨*Ferr*⟩ ~ **intermedia** intermediate station; ~ **invernale** winter sports resort; ⟨*Rad*⟩ ~ **locale** local (radio) station; ⟨*Mar*⟩ ~ **marittima** harbour (*o* seaport) station; ~ **meteorologica** weather station; ⟨*Ferr*⟩ ~ *di* **partenza** departure station; ~ *di* **polizia** police station, ⟨*am*⟩ station house; ⟨*Ferr*⟩ ~ *di* **raccordo** trans-shipping station (*o* depot); ~ **radio** (*o radiofonica*) radio station; ~ **ricevente** receiving station; ⟨*Aut*⟩ ~ *di* **rifornimento** petrol station, ⟨*am*⟩ gas (*o* filling, service) station; ⟨*Rad,Tel*⟩ ~ **ripetitrice** relay (*o* repeater) station; ⟨*Astron*⟩ ~ **spaziale** space station; ⟨*Astron*⟩ ~ *a* **terra** ground station; ~ **terrestre** earth (*o* terrestrial) station; ⟨*Ferr*⟩ ~ *di* **testa** terminal station, terminus, railhead, ⟨*am*⟩ terminal; ~ *di* **transito** transit station; ~ **trasmittente** transmitting (*o* broadcasting) station.

stazza *f.* ⟨*Mar*⟩ tonnage. □ ⟨*Mar,Sport*⟩ ~ *internazionale* international rating; ~ *lorda* gross tonnage; ~ *netta* net tonnage. **stazzàre** *v.t.* 1 to measure (*o* gauge) the tonnage of. 2 (*avere una s.t.*) to have a tonnage of: ~ *mille tonnellate* to have a tonnage of one thousand tons.

stazzatùra *f.* 1 gauging of tonnage. 2 (*stazza*) tonnage.

stazzo *m.* pen; (*ovile*) fold.

stazzonamènto *m.* creasing, crumpling. **stazzonàre** *v.t.* (**stazzóno**) to crease, to crumple.

steapsìna *f.* ⟨*Biol*⟩ steapsin.

steàrico *a.* (*pl.* -ci) stearic: *acido* ~ stearic acid; *candela* -*a* stearic candle. **stearìna** *f.* stearin.

steatìte *f.* ⟨*Min*⟩ steatite, soapstone.

steatopigìa *f.* ⟨*Anat*⟩ steatopyg(i)a, steatopygy. **steatòpigo** *a.* (*pl.* -gi) ⟨*Anat*⟩ steatopygic, steatopygous. **steatòsi** *f.* ⟨*Med*⟩ steatosis, fatty degeneration.

stecca *f.* 1 bar, stick, picket, rod, stake: *le stecche del cancello* the pickets on the gate. 2 (*del busto*) (whale)bone;

(*del ventaglio*) rod, slat; (*dell'ombrello*) rib. **3** (*del biliardo*) cue. **4** (*delle persiane*) slat. **5** ⟨*Med*⟩ (*per fratture*) splint. **6** (*confezione di sigarette*) carton. **7** (*stonatura*) false (*o* wrong) note. □ ~ (*d'osso*) *di balena* whalebone; ~ *per colletto* collar-bone, collar-stiffener, stay; ⟨*fig*⟩ *prendere una* ~ to play a false note; (*cantando*) to sing a false note. **steccaia** *f.* pilework, piling, stockade. **steccare** *v.* (**stecco, stecchi**) **I** *v.t.* **1** to fence (in). **2** ⟨*Gastr*⟩ to make holes in (for larding). **3** ⟨*Med*⟩ to splint, to immobilize with splints. **II** *v.i.* (*aus.* **avere**) **1** (*nel biliardo*) to miscue. **2** (*stonare: cantando*) to sing a false note; (*sonando*) to play a false (*o* wrong) note. **steccato** *m.* **1** fence: *lo* ~ *del giardino* the garden fence. **2** (*staccionata*) stockade, pen. **3** ⟨*Equit*⟩ rails *pl.* **steccatura** *f.* fencing (in).

stecchetto *m.* small stick. □ *a* ~: **1** (*a corto di cibo*) short of food, with little food: *stare a* ~ to have little food; **2** (*a corto di denaro*) short of money, ⟨*fam*⟩ hard up; *tenere qd. a* ~: **1** (*rif. a denaro*) to keep s.o. short of money; **2** (*rif. a cibo*) to keep s.o. on short rations.

stecchiera *f.* cue rack.

stecchino *m.* (*stuzzicadenti*) toothpick.

stecchire *v.* (**stecchisco, stecchisci**) **I** *v.t.* ⟨*fig*⟩ (*uccidere sul colpo*) to kill outright (*o* on the spot). **II** *v.i.* (*aus.* **avere**), **stecchirsi** *v.r.* **1** (*diventare secco*) to dry up; (*diventare magro*) to become thin. **2** (*diventare rigido*) to become stiff (*o* rigid). **stecchito** *a.* **1** (*rinsecchito*) dried up (*o* out). **2** (*magrissimo*) skinny, ⟨*fam*⟩ thin as a rake (*o* beanpole). **3** ⟨*fig*⟩ (*meravigliato*) flabbergasted, astounded: *le sue parole mi lasciarono* ~ I was flabbergasted by what he said. □ *morto* ~ stone dead, ⟨*fam*⟩ dead as a doornail; ⟨*pop*⟩ *rimanere morto* ~ to be killed on the spot.

stecco *m.* (*pl.* **-chi**) **1** twig. **2** *pl.* ⟨*collett*⟩ brushwood. **3** (*bastoncino*) stick. **4** ⟨*fig*⟩ (*persona magrissima*) beanpole, bag of bones. □ ⟨*fig*⟩ *magro come uno* ~ as thin as a rake. **stecconare** *v.t.* (**steccono**) to fence (in). **stecconata** *f.*, **stecconato** *m.* fencing, paling, stockade. **steccone** *m.* stake, pale.

stechiometria *f.* ⟨*Chim*⟩ stoich(e)iometry. **stechiometrico** *a.* (*pl.* **-ci**) stoichiometric(al): *calcoli* *-i* stoichiometric calculations.

Stefano *N.pr.m.* Stephen, Steven. □ (*il giorno di*) *santo* ~ Boxing Day.

stegosauro *m.* ⟨*Paleont*⟩ stegosaur(ian).

stele *f.* ⟨*Archeol*⟩ stela, stele: ~ *funeraria* funerary stele; ~ *votiva* votive stele.

stella *f.* **1** ⟨*Astr*⟩ star: *il sole è una* ~ the sun is a star. **2** *pl.* (*cielo*) stars *pl:* *dormire sotto le* *-e* to sleep under the stars' (*o* out in the open). **3** (*immagine, oggetto a forma di stella*) star. **4** (*sorte, destino*) star, fate, destiny: *la sua buona* ~ *lo aiuterà* his lucky star will help him. **5** ⟨*enfat*⟩ (*rif. a persone*) lucky star, (good) angel. **6** (*diva*) star: *le* *-e del cinema* film stars. **7** (*macchia bianca sulla testa del cavallo*) star, blaze. **8** ⟨*Mar,Sport*⟩ star. □ *a* ~ star-, star-shaped, star-like; ⟨*Bot*⟩ ~ **alpina** edelweiss; ⟨*fig*⟩ **andare** *alle* *-e*: **1** (*rif. a prezzi*) to go (*o* become) sky-high, to rocket; **2** (*rif. a merci*) to become very expensive; *urli che* **arrivavano** *alle* *-e* loud (*o* piercing) cries, cries that rent the air; *i prezzi sono arrivati alle* *-e* prices are sky-high; ~ **cadente** falling star, shooting star; ⟨*fig*⟩ *essere nato sotto una* **cattiva** ~ to be born under an unlucky star; ~ *di* **David** Star (*o* Shield) of David; ⟨*Astr*⟩ ~ **fissa** fixed star; ~ *di prima* **grandezza** star of the first magnitude; *alla* **luce** *delle* *-e* by starlight; ⟨*Zool*⟩ *-e di* **mare** starfishes *pl*, sea stars *pl*; ~ *del* **mattino** (*pianeta Venere*) morning star; ⟨*Bot*⟩ ~ *di* **Natale** poinsettia, Christmas flower; ⟨*Astr*⟩ *le sette* *-e dell'*Orsa *maggiore* the seven stars in Ursa Major, ⟨*am*⟩ the Big Dipper; ~ **polare** Pole star, North Star; **polvere** *di* *-e* stardust; **portare** *qd. alle* *-e* (*esaltare*) to praise s.o. to the skies; *notte senza* *-e* starless night; ⟨*fig*⟩ *vedere le* *-e* to see stars.

stellare *a.* **1** ⟨*Astr*⟩ stellar, star: *ammasso* ~ star cluster. **2** (*a forma di stella*) star-shaped, star, star-like: *collegamento* ~ star connection. □ *motore* ~ radial engine. **stellato** *a.* **1** starry, star-spangled, star-studded,

starlit: *cielo* ~ starry sky. **2** (*simile a stella*) star-like, star-shaped, star: *macchia* *-a* star-shaped spot. □ ⟨*SU*⟩ *bandiera* *-a* Star-Spangled Banner. **stelletta** *f.* **1** (*asterisco*) asterisk, star. **2** (*rotella dello sperone*) rowel. **3** *pl.* ⟨*Mil*⟩ stars *pl.* ⟨*Mil*⟩ *guadagnarsi le* *-e* to earn one's stars; ⟨*Mil*⟩ *rimetterci le* *-e* to be demoted. **stellina** *f.* **1** (*divetta*) starlet. **2** *pl.* ⟨*Alim*⟩ star-shaped soup pasta. **stelloncino** *m.* ⟨*giorn*⟩ short newspaper item.

stelo *m.* **1** ⟨*Bot*⟩ stem, stalk. **2** (*sostegno*) stand: *lo* ~ *della lampada* the lamp stand. **3** ⟨*tecn*⟩ shaft, stem; (*di valvole*) valve steam (*o* spindle). **4** ⟨*Mot*⟩ piston-rod. □ ⟨*Ferr*⟩ ~ *della rotaia* web (of a rail); ⟨*Mot*⟩ ~ *dello stantuffo* piston-rod.

Stelvio *N.pr.m.* ⟨*Geog*⟩ (*anche passo dello Stelvio*) Stelvio (Pass).

stemma *m.* ⟨*Arald*⟩ coat of arms, arms *pl*, armorial bearings *pl.* □ ~ *di città* city coat of arms; ~ *gentilizio* coat of arms.

stemperamento *m.* (*il diluire*) diluting, dilution; (*scioglimento*) dissolving; (*rif. a colori*) mixing, distemper(ing). **stemperare** *v.t.* (**stempero**) **1** (*diluire*) to dilute; (*sciogliere*) to dissolve; (*rif. a colori*) to mix, to distemper. **2** ⟨*Met*⟩ to soften. **3** ⟨*Gastr*⟩ to mix. **stemperarsi** *v.r.* **1** ⟨*Met*⟩ (*perdere la tempera*) to become soft (*o* untempered). **2** ⟨*fig*⟩ (*sciogliersi, struggersi*) to melt, to dissolve: *stemperarsi in lacrime* to melt into tears. **stemperato** *a.* **1** (*diluito*) diluted; (*sciolto*) dissolved; (*rif. a colori*) mixed, distempered. **2** ⟨*Met*⟩ untempered, soft(ened).

stempiarsi *v.r.* (**mi stempio, ti stempi**) to have a receding hair-line, to thin at the temples. **stempiato** *a.* thinning at the temples, having a receding hair-line. **stempiatura** *f.* **1** balding (*o* thinning) at the temples. **2** (*parte della tempia priva di capelli*) receding hair-line.

S.Ten. = ⟨*Mil*⟩ *sottotenente* second lieutenant.

stendardo *m.* **1** standard, banner (*anche Lit.*). **2** ⟨*Bot*⟩ (*vessillo*) standard, banner, vexillum.

stendere *v.t.* (**stesi, steso**) **1** (*allungare*) to stretch (out), to extend: ~ *le braccia* to stretch out one's arms. **2** (*svolgere*) to spread (out), to lay, to stretch out: ~ *la tovaglia sul tavolo* to spread the tablecloth on the table; (*spiegare*) to unfold, to spread (*o* lay) out. **3** (*sciorinare*) to hang out (*o* up): ~ *il bucato* to hang out the washing. **4** (*stirare*) to roll (out): ~ *la pasta* to roll out the dough. **5** (*spalmare*) to spread: ~ *il burro sul pane* to spread butter on bread. **6** (*mettere a giacere*) to lay (down): ~ *qd. sul letto* to lay s.o. on the bed. **7** (*abbattere, tramortire*) to knock flat (*o* down), to floor, to fell: *lo stese a terra con un pugno* he gave him a punch that knocked him flat, he felled him with a blow; (*uccidere*) to kill, to fell. **8** (*mettere per iscritto*) to draw up, to make, to draft: ~ *un contratto* to draw up a contract; ~ *un testamento* to draw up (*o* make) a will; ~ *un verbale* to draw up a report. **9** (*rilassare*) to relax: ~ *i muscoli* to relax the muscles. **10** ⟨*Met*⟩ (*spianare*) to hammer out. **stendersi** *v.r.* **1** (*allungarsi*) to stretch out, to extend. **2** (*mettersi a giacere*) to lie (down), to stretch out: *stenditi sul divano* stretch out on the couch. **3** (*estendersi*) to spread (out), to extend, to stretch, to reach, to run: *le sue terre si stendono fino al fiume* his property reaches (*o* goes) as far as the river. □ ~ *le gambe* to stretch (out) one's legs; ~ *la mano a qd.:* **1** (*porgergliela*) to hold out one's hand to s.o.; **2** ⟨*fig*⟩ (*aiutarlo*) to give s.o. a helping hand; **3** (*chiedergli l'elemosina*) to hold (*o* put) out one's hand, to beg.

stendi|biancheria *m.inv.* clothes drier (*o* rack), ⟨*am*⟩ drier; (*a cavalletto*) retractable clothes rack. **~fili** *m.inv.* ⟨*Tel*⟩ cableman, line(s)man.

stenditoio *m.* **1** (*locale*) drying room. **2** (*incastellatura*) clothes-horse.

stenocardia *f.* ⟨*Med*⟩ stenocardia.

stenodattilografia *f.* shorthand typing, shorthand and typing. **stenodattilografo** *m.* (*f.* **-a**) shorthand typist. **stenografare** *v.t.* (**stenografo**) to write (*o* take) down in shorthand. **stenografato** *a.* shorthand-, written (*o* taken) down in shorthand. **stenografia** *f.* shorthand, stenography, ⟨*fam*⟩ steno. **stenograficamente** *avv.* in shorthand, stenographically. **stenografico** *a.* (*pl.* **-ci**) **1**

shorthand–, stenographic(al): *segno* ~ shorthand symbol. **2** (*stenografato*) shorthand–, in shorthand, written (*o* taken) down in shorthand. **stenografo** *m.* (*f.* **-a**) stenographer.
stenosi *f.* ⟨*Med*⟩ stenosis.
stentacchiare *v.i.* (**stentacchio**, **stentacchi**; *aus.* avere) ⟨*fam*⟩ **1** to find it hard. **2** (*soffrire piccole privazioni*) to be in rather straitened circumstances. **stentare** *v.* (**stento**; *p.p.* **stentato**) **I** *v.i.* (*aus.* avere) **1** (*durare fatica*) to have difficulty (*o* trouble) (*a* in), to find it hard (to), to be hardly able (to): ~ *a leggere* to have difficulty in reading. **2** (*riuscire difficile*) to find it hard, to be hardly able: *stento a credere una cosa simile* I find it hard to believe such a thing; *stentavo a riconoscerlo* I could hardly recognize him. **3** (*stentare a vivere*) to be in want (*o* need), to find it hard to ʼkeep goingʼ (*o* make ends meet): *con quello che guadagna stenta a tirare avanti* he finds it hard to make ends meet on what he earns. **II** *v.t.:* ~ *la vita* to scrape along, to earn barely enough to live on. **stentatamente** *avv.* **1** with difficulty. **2** (*in povertà*) in poverty. **stentatezza** *f.* **1** difficulty. **2** (*lʼessere pieno di stenti*) poverty, privation, hardship, straitened circumstances *pl.* **stentato** *a.* **1** (*ottenuto con fatica*) hard–earned: *pane* ~ hard–earned bread; (*eseguito faticosamente*) laboured. **2** (*pieno di stenti*) hard, poverty–stricken, of poverty (*o* privation): *vita* –*a* hard life, life of poverty. **3** (*sforzato*) forced, stiff, unnatural: *sorriso* ~ forced smile; (*rif. a opere letterarie*) stilted, stiff: *prosa* –*a* stilted prose. **4** (*che cresce a fatica*) stunted, scrubby.
stento *m.* **1** hardship. **2** *pl.* (*miseria*) poverty, privation, straitened circumstances *pl:* *crescere fra gli* –*i* to grow up in poverty. **3** (*difficoltà*) difficulty: *ha fatto il lavoro con molto* ~ he did the work with great difficulty. □ *a* ~ barely, hardly, with difficulty (*o* trouble): *si regge in piedi a* ~ he can barely stand; *lo credo a* ~ I find it difficult to believe; *ci sono riuscito a* ~ I had some difficulty in succeeding; *parlare a* ~ to be barely able to speak; **senza** ~ effortlessly, easily, without difficulty; *una vita di* –*i* a life of poverty (*o* hardship); *fare una vita di* –*i* to lead a hard (*o* poverty–stricken) life.
stentoreo *a.* ⟨*lett*⟩ stentorian: *voce* –*a* stentorian voice.
steppa *f.* ⟨*Geog*⟩ steppe. **stepposo** *a.* steppe–like.
steradiante *m.* ⟨*Mat*⟩ steradian.
sterangolo *m.* (*angolo solido*) solid angle.
sterco *m.* (*pl. rar.* **sterchi**) dung, excrement.
stercorario[1] *a.* ⟨*lett*⟩ dung–, stercoral: *scarabeo* ~ dung beetle.
stercorario[2] *m.* ⟨*Ornit*⟩ skua gull, jaeger, marlin(e)spike.
stereo *a.* **I** *a.* stereo(phonic). **II** *s.m.* stereophonic system.
stereobate *m.* ⟨*Archeol*⟩ stereobate.
stereo|chimica *f.* stereochemistry. **~fonia** *f.* ⟨*Acu*⟩ stereophony. **~fonico** *a.* (*pl.* **-ci**) stereophonic, ⟨*fam*⟩ stereo: *effetto* ~ stereophonic effect. **~grafia** *f.* ⟨*Geom*⟩ stereography. **~grafico** *a.* (*pl.* **-ci**) ⟨*Geom,Min*⟩ stereographic(al): *proiezione* –*a* stereographic projection. **~metria** *f.* ⟨*Geom*⟩ stereometry. **~metrico** *a.* (*pl.* **-ci**) stereometric. **~scopia** *f.* ⟨*Fisiol,Ott*⟩ stereoscopy. **~scopico** *a.* (*pl.* **-ci**) ⟨*Fisiol,Ott*⟩ stereoscopic(al): *figura* –*a* stereoscopic figure. **~scopio** *m.* ⟨*Ott*⟩ stereoscope.
stereotipare *v.t.* (**stereotipo**) ⟨*Tip*⟩ to stereotype. **stereotipato** *a.* **1** ⟨*Tip*⟩ stereotype(d). **2** ⟨*fig*⟩ (*convenzionale*) stereotyped, conventional; (*non spontaneo*) fixed, frozen, stiff: *sorriso* ~ frozen smile.
stereotipia[1] *f.* ⟨*Tip*⟩ **1** stereotypy. **2** (*lastra*) stereotype (plate); (*stampa*) stereotype print.
stereotipia[2] *f.* ⟨*Psic*⟩ stereotypy.
stereotipista *m./f.* stereotypist, stereotyper.
stereotipo *a.* ⟨*Tip*⟩ stereotype(d).
sterile *a.* **1** sterile, infertile, barren (*anche Agr.*). **2** ⟨*fig*⟩ (*improduttivo, inutile*) sterile, useless, unproductive, fruitless: *sforzi* –*i* useless efforts. **3** ⟨*fig*⟩ (*carente*) without (*di qc.* s.th.), lacking, wanting (in): *discussione* ~ *di risultati* discussion without (*o* leading to no) results. **4** ⟨*Med*⟩ (*sterilizzato*) sterile, sterilized. **5** ⟨*Minier*⟩ waste. **sterilire** *v.t.* (**sterilisco**, **sterilisci**) to sterilize, to make barren (*o* unproductive) (*anche fig.*). **sterilità** *f.* **1**

sterility, infertility, barrenness. **2** ⟨*fig*⟩ (*improduttività, inutilità*) sterility, uselessness, unproductivity, fruitlessness. **3** ⟨*Med*⟩ (*assenza di microrganismi*) sterility. **4** ⟨*Agr*⟩ sterility, barrenness, unfruitfulness. **sterilizzare** *v.t.* to sterilize: ~ *un ago* to sterilize a needle. **sterilizzato** *a.* sterile, sterilized: *garza* –*a* sterile gauze. **sterilizzatore I** *s.m.* (*f.* **-trice**) sterilizer. **II** *a.* sterilizing. **sterilizzazione** *f.* sterilization. **sterilmente** *avv.* sterilely, barrenly.
sterletto *m.* ⟨*Itt*⟩ sterlet.
sterlina *f.* (*lira sterlina*) pound (sterling).
sterminabile *a.* exterminable. **sterminare** *v.t.* (**stermino**) to exterminate, to wipe out, to destroy (*anche Mil.*): ~ *le mosche* to exterminate flies. **sterminatezza** *f.* immensity, boundlessness. **sterminato** *a.* **1** (*smisurato*) immense, boundless. **2** ⟨*iperb*⟩ enormous, immense. **sterminatore I** *s.m.* (*f.* **-trice**) exterminator, destroyer. **II** *a.* exterminating, destroying. □ *angelo* ~ angel of death. **sterminio** *m.* **1** extermination, wiping out (*anche Mil.*). **2** ⟨*fam,iperb*⟩ (*enorme quantità*) enormous quantity, huge amount. □ *i campi di* ~ *nazisti* Nazi extermination camps.
sternale *a.* ⟨*Med*⟩ sternal. **sternalgia** *f.* sternalgia. **sterno** *m.* ⟨*Anat*⟩ sternum, breastbone.
sternutare, **sternutire** *v.* (**sternutisco**, **sternutisci**) → starnutire. **sternuto** *m.* → starnuto.
steroide *m.* ⟨*Chim*⟩ steroid. **sterolo** *m.* sterol.
sterpaglia *f.* brushwood. **sterpaia** *f.,* **sterpaio** *m.* scrub(land). **sterpame** *m.* → sterpaglia.
sterpazzola (*o* *sterpazzola*) *f.* ⟨*Ornit*⟩ (greater) white–throat.
sterpo *m.* **1** (*ramoscello secco*) dry twig. **2** (*pruno*) withered thorn bush (*o* bramble–bush). **3** *pl.* scrub, underbrush. **sterposo** *a.* scrubby, covered with underbrush.
sterramento *m.* excavation, digging up (*o* out). **sterrare** *v.t.* (**sterro**) to excavate, to dig up (*o* out). **sterrato I** *a.* excavated, dug up (*o* out). **II** *s.m.* excavated (*o* loose) earth, diggings *pl.* **sterratore** *m.* excavator, digger, navvy. **sterro** *m.* **1** excavation, excavating, digging up (*o* out). **2** (*terra asportata*) excavated (*o* loose) earth, diggings *pl.* **3** (*lavori di sterro*) excavation work.
sterzare *v.t.* (**sterzo**) **1** to steer; (*voltare*) to swerve. **2** ⟨*fig*⟩ (*mutare indirizzo*) to swerve, to veer, to deviate, to shift. **sterzata** *f.* **1** (*lo sterzare*) steering; (*effetto*) sharp turn, swerve. **2** ⟨*fig*⟩ (*mutamento improvviso*) swerve, veer, sudden shift. □ *fare una brusca* ~ to steer sharply; (*voltare*) to make a sharp turn; ⟨*Pol*⟩ ~ *a sinistra* (*o destra*) shift to the left (*o* right). **sterzo** *m.* **1** ⟨*Aut*⟩ steering–gear; (*volante*) steering–wheel. **2** (*di bicicletta o moto*) handlebar; (*manubrio*) handlebars *pl.* □ ⟨*Aut*⟩ ~ *dolce* easy (*o* light) steering wheel; ~ *duro* hard (*o* heavy) steering wheel; ~ *servocomando* power (*o* fingertip) steering.
steso (*p.p. di stendere*) *a.* **1** (*sciorinato*) hung out (*o* up), hanging. **2** (*disteso*) spread out, outspread: ~ *sul pavimento* spread out on the floor. **3** (*allargato*) stretched out, extended.
stesso I *a.* **1** (*medesimo*) same: *oggi danno lo* ~ *film di ieri* they are showing the same film today as yesterday. **2** (*uguale*) same: *due malattie con gli* –*i sintomi* two diseases with the same symptoms. **3** (*rafforzativo, posposto a un sost.: proprio, in persona*) in person, personally: *il ministro* ~ *è intervenuto alla cerimonia* the minister personally (*o* himself) attended the ceremony; *Dante* ~ *usa questa voce* Dante himself uses this word; (*anche, persino*) even: *i suoi* –*i avversari lo hanno ammesso* even his enemies admitted it. **4** (*rafforzativo, posposto a un pron.pers. soggetto*): *io* ~ (*o* –*a*) I myself; *tu* ~ (*o* –*a*) you yourself; *egli* (*o lui*) ~ he himself; *ella* (*o lei*) –*a* she herself; *esso* ~ it itself; *noi* –*i* (*o* –*e*) we ourselves; *voi* –*i* (*o* –*e*) you yourselves; *essi* (*o loro*) –*i* they themselves; *esse* (*o loro*) –*e* they themselves; *lo farò io* ~ Iʼll do it myself; *essi* –*i ci hanno accompagnato* they themselves came with us. **5** (*rafforzativo, posposto a un pron.rifl.*) -self: *me* ~ (*o* –*a*) myself; *te* ~ (*o* –*a*) yourself; *se* ~ (*o* –*a*) himself, herself, itself; *noi* –*i* (*o* –*e*) ourselves; *voi* –*i* (*o* –*e*) yourselves; *se* –*i* (*o* –*e*) themselves; *gli egoisti pensano solo a se* –*i* selfish

people think only of themselves; ⟨Bibl⟩ ama il prossimo tuo come te ~ love thy neighbour as thyself. **6** (rafforzativo, posposto a un agg. poss.) own: questo va contro i suoi –i interessi this goes against his own interests; l'ho fatto con le mie –e mani I did it with my own hands. **7** (rafforzativo, posposto a un avv.) very, right: vorrei farlo oggi ~ I would like to do it this very day. **8** (proprio) very, exact, precise: sono le sue –e parole they are his very words. **9** (in persona, personificato) itself, personified, in person: la tua amica è la gentilezza –a your friend is kindness itself (o personified). **10** (solito) same old, usual: è sempre lo ~ discorso it's (always) the same old story. **II** pron. **1** (la stessa persona) same person: sono sempre gli –i a protestare it's always the same people who complain. **2** (con valore neutro: la stessa cosa) same (thing): che tu lo faccia o no, per me è lo ~ whether you do it or not, it's all the same to me. **3** ⟨enfat⟩ (questo) same, it: per lubrificare la serratura spalmare la –a di grasso to lubricate the lock spread grease on it. **III** avv. (ugualmente) anyway, anyhow, just (o all) the same: te lo racconterò lo ~, anche se non ci credi I'll tell you about it anyway, even if you don't believe it; ci andrò lo ~ I'll go just the same. □ siamo sempre alle –e it's the same old story; fa (o è) lo ~ (non importa) it doesn't matter, it's all the same; non è più lo ~ di una volta he isn't what he used to be; lo ~ che niente ꞌas goodꞋ (o the same) as nothing.

stesura f. **1** (compilazione) drawing up, drafting, writing: la ~ di un contratto the drawing up of a contract. **2** (redazione) draft, version.

stetoscopia f. ⟨Med⟩ stethoscopy. **stetoscopico** a. (pl. -ci) stethoscopic(al). **stetoscopio** m. stethoscope.

Stettino N.pr.f. ⟨Geog⟩ Stettin.

steward ingl. ['stjuəd] m. steward. **stewardess** ['stjuədis] f. stewardess, hostess.

stia f. chicken coop, hutch. □ pigiati come in una ~ packed in like sardines.

stiaccino m. ⟨Ornit⟩ whinchat.

stif(f)elius m. ⟨Mod⟩ frock coat.

Stige N.pr.m. (Mitol) Styx. **stigio** a. ⟨lett⟩ Stygian, of the Styx: palude –a Stygian swamp.

stigliare v.t. (stiglio, stigli) ⟨Tess⟩ to scutch, to skutch. **stigliatrice** f. (macchina) scutcher, scutching machine. **stigliatura** f. scutching.

stigma m. **1** ⟨Bot⟩ stigma. **2** ⟨Zool⟩ stigma; (macchia oculare) eyespot, stigma. **3** (marchio) brand, mark, stigma. **stigmate** f.pl. → stimmate. **stigmatico** a. (pl. -ci) ⟨Bot,Ott⟩ stigmatic. **stigmatismo** m. ⟨Ott⟩ stigmatism. **stigmatizzare** v.t. (biasimare) to stigmatize, to censure. **stigmatizzazione** f. stigmatization.

stilare v.t. ⟨burocr⟩ to draw up, to draft: ~ un contratto to draw up a contract.

stile m. **1** (modo) style, manner, way: non è nel suo ~ agire così it's not Ꞌhis styleꞋ (o like him) to act that way. **2** ⟨Art,Lett⟩ style: ~ gotico Gothic style. **3** (eleganza) style, class. **4** (sistema di computo dell'anno) style: ~ vecchio old style; ~ nuovo new style. **5** ⟨Stor⟩ (stilo) stylus, style. □ avere (dello) ~ to have style; non avere ~ to lack style; ~ direzionale managerial style; in grande ~ in (great) style, on a grand scale; essere in ~ to be stylish (o in style); ⟨Sport⟩ ~ libero free style; mancare di ~ to lack style; mobili in ~ period furniture; ⟨fig⟩ vecchio ~ of the old style; ~ di vita life style. Prov.: lo ~ è l'uomo the style is the man.

stilè a. (elegante) stylish, smart.

stilettare v.t. (stiletto) to (stab with a) stiletto. **stilettata** f. **1** stab with a stiletto. **2** ⟨fig⟩ stab, pang, pain: sentire una ~ al petto to feel a stab in the chest. **stiletto** m. stiletto, stylet.

stilista m./f. **1** ⟨Lett,Art⟩ stylist, master of style. **2** ⟨Sport⟩ stylist. **3** ⟨Mod⟩ (nei grandi magazzini) stylist. **4** (progettista di carrozzerie automobilistiche) stylist. **stilistica** f. ⟨Lett⟩ stylistics pl (costr.sing. o pl.). **stilisticamente** avv. stylistically. **stilistico** a. (pl. -ci) stylistic(al).

stilita, stilite m. ⟨Stor⟩ stylite.

stilizzare v.t. to stylize. **stilizzato** a. stylized. **sti-**

lizzazione f. stylization.

stilla f. ⟨lett⟩ (goccia) drop, bead. □ (a) ~ a ~ drop by drop; cadere (a) ~ a ~ to drip, to fall in drops; ~ di pianto tear drop. **stillante** a. ⟨lett⟩ **1** (coperto di stille) covered with drops, beaded. **2** (gocciolante) dripping. **stillare I** v.t. **1** (trasudare) to ooze, to exude. **2** (versare) to drip, to pour drop by drop, to trickle. **II** v.i. (aus. essere) **1** (gocciolare) to drip, to drop, to trickle: l'acqua che stilla dai rami dell'albero the water dripping from the branches of the tree. **2** (trasudare) to ooze, to exude: la resina stilla dai tronchi the resin is oozing from the tree trunks. **stillarsi** v.r. to rack one's brains: stillarsi per trovare una soluzione a un problema to rack one's brains to find the solution to a problem. □ ⟨fam⟩ stillarsi il cervello to rack one's brains; ~ sudore to drip with sweat. **stillicidio** m. **1** (continual) dripping of water. **2** ⟨fig⟩ continual repetition, constant trickle.

stilnovista I s.m./f. ⟨Lett⟩ dolce stil nuovo poet. **II** a. dolce stil nuovo–, of the dolce stil nuovo. **stilnovo** (o stil novo) m. dolce stil nuovo.

stilo m. **1** ⟨Stor⟩ (strumento per scrivere) stylus. **2** (braccio graduato della stadera) graduated arm (of a steelyard), beam. **3** (pugnale, stiletto) stiletto, stylet. **4** (ago della meridiana) style, gnomon, stylus. **5** ⟨Zool⟩ style, stylus.

stilobate m. ⟨Archeol⟩ stylobate.

stilografica f. (anche penna stilografica) fountain–pen. **stilografico** a. (pl. -ci) stylographic, fountain–: inchiostro ~ stylographic (o fountain–pen) ink.

stima f. **1** (buona opinione) esteem, regard, respect, good opinion: degno di ~ worthy of esteem (o respect); godere la ~ di tutti to enjoy everyone's respect. **2** (valutazione) appraisal, estimate, assessment, rating, (e)valuation: ~ dei danni estimate of damages. **3** ⟨Mar⟩ reckoning. □ avere grande ~ di qd. to hold s.o. in high esteem, to have a high opinion of s.o., to think highly of s.o.; avere poca ~ di qd. not to think much of s.o., to have a poor (o low) opinion of s.o.; ~ catastale cadastral survey; fare la ~ di qc. to appraise (o estimate) s.th.; ⟨epist⟩ con la massima ~ respectfully yours, yours truly, yours sincerely; ⟨Mar⟩ punto di ~ estimated position; ~ delle tasse tax assessment.

stimabile a. **1** (rispettabile) estimable, worthy of esteem (o regard, respect), respectable. **2** (valutabile) estimable, appraisable, assessable. **stimabilità** f. **1** (rispettabilità) estimableness, respectability. **2** (valutabilità) estimableness, appraisability. **stimare** v.t. **1** (reputare) to consider, to hold, to believe: lo stimano un bravo impiegato they consider him a good employee. **2** (apprezzare) to esteem, to think highly of, to hold in high regard (o respect): è stimato da tutti everyone thinks highly of him. **3** (valutare) to estimate, to appraise, to assess: ~ un podere to appraise a farm. **4** ⟨Mar⟩ to fix by dead reckoning, to estimate. **stimarsi** v.r. to consider o.s., to think o.s.: stimarsi fortunato to consider o.s. lucky, to think one is lucky. □ fare ~ qc. to have s.th. appraised; farsi ~ da qd. to earn s.o.'s esteem (o respect); ~ molto qd. to think highly of s.o., to esteem (o respect) s.o. greatly; ~ poco qd. to think poorly of s.o., not to think much of s.o., to have a low opinion of s.o. **stimato** a. **1** esteemed, respected, highly thought of: un medico molto ~ a greatly respected doctor. **2** ⟨epist⟩ (rif. a persone) dear; (rif. a lettere e sim.) valued. **3** ⟨Mar⟩ estimated, reckoned: punto ~ estimated position.

stimmate f.pl. **1** (segno distintivo) stigma, mark. **2** ⟨Med⟩ stigmas pl, stigmata pl. **3** ⟨Rel⟩ stigmata pl.

stimolante I a. stimulating. **II** s.m. ⟨Farm⟩ stimulant. **stimolare** v.t. (stimolo) **1** (incitare) to incite, to urge, to stir, to prod, to stimulate: ~ qd. a studiare to urge s.o. to study. **2** (suscitare) to arouse, to quicken: ~ l'invidia di qd. to arouse s.o.'s envy. **3** (risvegliare una reazione) to whet, to sharpen: ~ l'appetito to whet the appetite. **4** ⟨Fisiol⟩ to stimulate. **5** ⟨lett⟩ (incitare con lo stimolo) to prod, to goad. **stimolatore I** s.m. (f. -trice) **1** stimulator, arouser. **2** ⟨Med⟩ stimulator. **3** ⟨Farm⟩ stimulant. **II** a. inciting, stimulating. □ ⟨Med⟩ ~ cardiaco pacemaker. **stimolazione** f. **1** (incitamento) incitement, urging, prodding, goading, stimulation. **2** (eccitazione) arousing. **3**

⟨*fig*⟩ (*stimolo*) stimulus, incentive. **4** ⟨*Med*⟩ stimulation. □ ~ *cardiaca* pacemaking. **stimolo** *m.* **1** (*sollecitazione*) stimulus, incentive, spur, goad: *per studiare ha bisogno di uno* ~ he needs an incentive to (make him) study; *agire sotto lo* ~ *della gelosia* to act under the stimulus of jealousy. **2** (*bisogno fisico*) pang(s), prick, sting: *lo* ~ *della fame* the pangs of hunger. **3** ⟨*Fisiol*⟩ stimulus: ~ *interno* internal stimulus. **4** (*lett*) (*pungolo*) prod, goad. □ *sotto lo* ~ *di* driven (*o* roused) by, under the influence of: *sotto lo* ~ *dell'ira* ⸢driven by⸣ (*o* full of) anger.

stincata *f.* blow on the shin. □ *dare una* ~ *in qc.* to hit one's shin against s.th. **stinco** *m.* (*pl.* -chi) **1** ⟨*Anat*⟩ shin–bone. **2** ⟨*Zool*⟩ cannon bone. □ ⟨*fig*⟩ *non essere uno* ~ *di santo* to be no angel (*o* saint).

stingere *v.* (stingo, stingi; stinsi, stinto) **I** *v.t.* **1** (*scolorire*) to discolour, to take the colour out of. **2** (*far sbiadire*) to (make) fade: *il sole stinge i colori* the sun makes colours fade. **II** *v.i.* (*aus.* essere/avere), stingersi *v.r.* **1** (*scolorirsi*) to run: *è una tinta che stinge* that colour runs. **2** (*sbiadire*) to fade. **stinto** (*p.p. di stingere*) *a.* **1** discoloured. **2** (*sbiadito*) faded: *un vecchio vestito* ~ *a* faded old dress.

stipa *f.* brushwood.

stipare *v.t.* to pack, to cram: *stiparono i giornalisti in una piccola stanza* they packed the newspapermen into a small room; ~ *una libreria di libri* to cram a bookcase with books. **stiparsi** *v.r.* to crowd, to throng, to swarm. **stipato** *a.* **1** (*rif. a persone: stretto, pigiato*) packed, crammed, crowded, squeezed, crushed. **2** (*rif. a luogo: affollato*) crowded, packed, swarming (*di* with): *il vagone era* ~ *di gente* the carriage was packed with people.

stipendiare *v.t.* (stipendio, stipendi) **1** (*corrispondere lo stipendio*) to pay (a salary to). **2** (*assumere*) to employ, to hire, to take on. **stipendiato I** *a.* **1** (*pagato*) paid: *è* ~ *dal Comune* he is paid by the Borough. **2** (*che percepisce uno stipendio*) salaried: *impiegato* ~ salaried worker. **II** *s.m.* (*f.* -a) salaried worker (*o* employee).

stipendio *m.* salary, wages *pl*, ⟨*am*⟩ pay: ~ *base* basic salary; *uno* ~ *di 900.000 lire il mese* a 900,000 lire per month salary. □ **aumento** *di* ~ increase in salary, rise, ⟨*am*⟩ raise; ~ **fisso** regular (*o* fixed) salary, steady wage; ~ **iniziale** starting salary (*o* pay); ~ **lordo** gross salary; ~ **netto** net salary; **riduzione** *dello* ~ salary cut; ~ **tabellare** union–scale salary.

stipettaio *m.* ⟨*Artig*⟩ cabinet maker. **stipetteria** *f.* cabinet making. **stipetto** *m.* **1** ⟨*Arred*⟩ cabinet. **2** (*scrigno*) chest, casket. **3** ⟨*Mar*⟩ locker.

stipite *m.* **1** ⟨*Edil*⟩ jamb: ~ *della porta* door–jamb. **2** ⟨*Bot*⟩ (*fusto*) trunk; (*gambo, peduncolo*) stipe, stalk. **3** ⟨*fig*⟩ (*ceppo*) stock, line, family.

stipo *m.* ⟨*Arred*⟩ **1** cabinet. **2** (*armadio*) wall cabinet, cupboard.

stipsi *f.* ⟨*Med*⟩ constipation.

stipulante I *a.* **1** ⟨*Dir*⟩ contracting. **2** ⟨*Dir.rom*⟩ stipulating. **II** *s.m./f.* **1** ⟨*Dir*⟩ contracting (*o* stipulating) party, party to a contract (*o* agreement). **2** ⟨*Dir.rom*⟩ stipulator, stipulant. **stipulare** *v.t.* (stipulo) ⟨*Dir*⟩ **1** (*concludere*) to enter into, to make, to contract: ~ *un patto* to enter into an agreement. **2** (*stendere*) to draw up, to draft: ~ *un contratto* to draw up a contract. □ ~ *un matrimonio* to arrange a marriage. **stipulazione** *f.* **1** ⟨*Dir*⟩ (*il concludere*) entering into, making; (*specificando determinate condizioni*) stipulation; (*lo stendere*) drawing up, drafting: ~ *di un contratto* drawing up of a contract; (*firma*) signing. **2** ⟨*Dir*⟩ (*contratto*) contract, agreement. **3** ⟨*Dir.rom*⟩ stipulation.

stiracalzoni *m.inv.* → stirapantaloni.

stiracchiamento *m.* **1** (*lo stiracchiare*) stretching. **2** (*effetto*) stretch. **stiracchiare** *v.* (stiracchio, stiracchi) **I** *v.t.* **1** to stretch: ~ *le gambe* to stretch one's legs. **2** ⟨*fig*⟩ (*forzare il significato*) to force, to strain; (*storcere*) to distort, to twist: ~ *il senso di un discorso* to twist the sense of s.o.'s words. **II** *v.i.* (*aus.* avere) ⟨*fam*⟩ **1** (*lesinare*) to skimp, to economize, to tighten one's purse–strings: *stiracchiando siamo arrivati alla fine del mese* by skimping we made it to the end of the month. **2** (*mercanteggiare*) to bargain (*su* over), to haggle.

stiracchiarsi *v.r.* to stretch (o.s.). □ ~ *le membra* to stretch (one's limbs); ⟨*fam*⟩ ~ *la vita* (*vivere stentatamente*) to have a hard time making ends meet. **stiracchiatamente** *avv.* with difficulty, with an effort. **stiracchiato** *a.* **1** (*sforzato*) forced, strained: *interpretazione –a* forced interpretation; (*storto*) distorted, twisted. **2** (*stentato*) stilted, stiff. **stiracchiatura** *f.* (*forzatura*) forcing, straining; (*travisamento*) distortion, twisting; (*interpretazione forzata*) forced interpretation; (*espressione forzata*) strained expression.

stiramaniche *m.inv.* sleeve board. **stiramento** *m.* **1** stretching. **2** ⟨*Med*⟩ sprain(ing), strain(ing), twisting: ~ *muscolare* muscle sprain. **3** ⟨*tecn*⟩ stretching. **4** (*rif. a capelli*) straightening.

stirapantaloni *m.inv.* trouser–press.

stirare *v.t.* **1** to stretch. **2** (*rif. a biancheria*) to iron: ~ *una camicia* to iron a shirt; (*rif. a vestiti*) to press: ~ *una giacca* to press a jacket. **3** (*rif. a membra: stendere*) to stretch: *stirò le braccia* he stretched his arms. **4** ⟨*tecn*⟩ to stretch. **5** ⟨*Calz*⟩ to roll. **6** ⟨*Tess*⟩ to draw. **7** ⟨*assol*⟩ (*stirare il bucato*) to do the ironing, to iron. **8** (*rif. a capelli*) to straighten. **stirarsi** *v.r.* ⟨*fam*⟩ to stretch (o.s.). □ *farsi* ~ *i capelli* to have one's hair straightened; *indumenti che non si stirano* wash–and–wear (*o* non–iron, drip–dry) garments. **stirata** *f.* quick iron–over, quick ironing (*o* pressing): *dare una* ~ *a qc.* to give s.th. a quick ironing (*o* iron–over). **stirato** *a.* **1** stretched. **2** (*col ferro da stiro*) ironed, pressed. **3** ⟨*tecn*⟩ stretched. **stiratoio** *m.* **1** (*piano del tavolo da disegno*) drawing board. **2** ⟨*Tess*⟩ drawing frame. **3** (*rif. a tavolo da stiro*) ironing blanket. **stiratrice** *f.* **1** ironer; (*col ferro a vapore*) presser. **2** ⟨*Tess*⟩ (*stiratoio*) drawing frame. **stiratura** *f.* **1** stretching. **2** (*col ferro da stiro*) ironing, pressing. **3** ⟨*Med*⟩ (*stiramento*) sprain(ing), strain(ing), twisting. **4** ⟨*tecn*⟩ stretch(ing). **5** ⟨*Calz*⟩ rolling. **6** ⟨*Tess*⟩ drawing. □ ⟨*Mecc*⟩ ~ *a freddo* cold stretch; ~ *a vapore* steam pressing (*o* ironing). **stireria** *f.* **1** (*negozio*) ironing shop. **2** (*locale*) ironing room.

Stiria *N.pr.f.* ⟨*Geog*⟩ Styria.

stiro *m.* **1** ironing, pressing. **2** ⟨*tecn*⟩ stretch(ing). **3** ⟨*Calz*⟩ rolling. **4** ⟨*Tess*⟩ drawing. □ *da* ~ ironing: *tavolo da* ~ ironing–board; *ferro da* ~: **1** iron; **2** (*a vapore*) steam iron; **3** (*elettrico*) electric iron.

stirolo *m.* ⟨*Chim*⟩ styrene, styrol.

stirpe *f.* **1** (*schiatta, famiglia*) stock, family, race: ~ *d'eroi* race of heroes; *d'antica* ~ from an old family. **2** (*origine, discendenza*) descent, extraction, birth, origin: *di nobile* ~ of noble birth. **3** ⟨*Dir*⟩ descendants *pl*, offspring, progeny.

stitichezza *f.* constipation. **stitico** *a./s.* (*pl.* -ci) **I** *a.* constipated. **II** *s.m.* (*f.* -a) person suffering from constipation.

stiva *f.* ⟨*Mar,Aer*⟩ hold. □ ~ *di poppa* aft(er) hold; ~ *di prora* forehold, forward hold. **stivaggio** *m.* ⟨*Mar*⟩ stowage. □ *diritti* (*o tassa*) *di* ~ stowage *sing.*

stivalaio *m.* ⟨*Calz*⟩ bootmaker. **stivalata** *f.* kick from (*o* with) a boot. **stivale** *m.* ⟨*Calz*⟩ boot. □ ~ *da caccia* hunting boot; ⟨*Lett*⟩ *gli –i delle sette leghe* the seven–league boots; *lustrare gli –i a qd.* (*adularlo*) to lick s.o.'s boots; ⟨*spreg*⟩ *scrittore dei miei –i* writer, my foot! **stivaleria** *f.* ⟨*Calz*⟩ boot factory. **stivaletto** *m.* ⟨*Calz*⟩ ankle boot; (*da donna*) bootee, ankle boot.

stivare *v.t.* ⟨*Mar,Aer*⟩ to stow. **stivatore** *m.* **1** ⟨*Mar*⟩ stevedore, longshoreman, stower. **2** ⟨*Aer*⟩ freight handler. **stivatura** *f.* stowage.

stizza *f.* anger, temper, vexation. □ *avere* (*o provare*) ~ *per qc.* to be angry at s.th.; *con* ~ angrily, in a temper; *fare* (*o far montare la*) ~ *a qd.* to make s.o. angry (*o* lose his temper), to send s.o. into a rage; *mi monta la* ~ I'm losing my temper, I'm getting angry (*o* cross). **stizzire** *v.* (stizzisco, stizzisci) **I** *v.t.* to make angry (*o* cross), to vex. **II** *v.i.* (*aus.* essere), stizzirsi *v.r.* to become (*o* get) angry, to lose one's temper, ⟨*fam*⟩ to fly off the handle. **stizzito** *a.* angry, cross, ⟨*pred*⟩ in a temper. **stizzosamente** *avv.* angrily, crossly, in a temper. **stizzoso** *a.* **1** irascible, irritable, hot–tempered: *un bambino* ~ an irritable child. **2** (*che dimostra stizza*) angry, cross, peevish: *parole –e* peevish words.

stọ *a.dimostr.* ⟨*pop*⟩ (*questo*) this.

stoà *gr. f.* ⟨*lett*⟩ (*portico*) stoa, portico.

stocạstica *f.* ⟨*Mat*⟩ stochastics *pl* (*costr. sing.*).

stoccafịsso *m.* **1** ⟨*Alim*⟩ dried cod, stockfish. **2** ⟨*fam*⟩ (*persona magra e secca*) beanpole: *sembrare uno* ~ to look like a beanpole.

Stoccạrda *N.pr.f.* ⟨*Geog*⟩ Stuttgart.

stoccạta *f.* **1** thrust, stab. **2** ⟨*Sport*⟩ (*nella scherma*) straight thrust. **3** ⟨*fig*⟩ (*battuta pungente*) cutting remark, gibe, taunt. **4** ⟨*pop*⟩ (*richiesta di denaro*) sudden (*o* unexpected) request for a loan. **5** ⟨*Sport*⟩ (*nel calcio*) goal shot. □ *dare una* ~ *a qd.* to taunt s.o. **stọcco** *m.* (*pl.* -*chi*) **1** rapier. **2** (*bastone da stocco*) swordstick.

Stoccọlma *N.pr.f.* ⟨*Geog*⟩ Stockholm.

stock *ingl. m.* ⟨*Comm*⟩ stock: ~ *tampone* (*o regolatore*) buffer stock.

stọffa *f.* **1** (*tessuto*) material, fabric, cloth: ~ *per cappotti* cloth for coats; ~ *di buona qualità* good quality material. **2** ⟨*fam*⟩ (*dote naturale*) stuff, makings *pl*, what it takes: *avere la* ~ *del giornalista* to have the makings of a journalist; *c'è della* ~ *in lui* he has what it takes. □ *di* ~ cloth–; ~ *di lana* (wool) cloth, woollen material.

stoicamẹnte *avv.* stoically. **stoicịsmo** *m.* **1** ⟨*Filos*⟩ Stoicism. **2** ⟨*fig*⟩ stoicism. **stọico** *a./s.* (*pl.* -*ci*) **I** *a.* **1** ⟨*Filos*⟩ Stoic(al). **2** ⟨*fig*⟩ stoic(al). **II** *s.m.* (*f.* -*a*) **1** ⟨*Filos*⟩ Stoic. **2** ⟨*fig*⟩ stoic.

stoịno *m.* mat; (*davanti a una porta*) doormat.

stọla *f.* ⟨*Mod,Lit*⟩ stole: ~ *di visone* mink stole.

stọllo *m.* stack pole.

stolọne *m.* ⟨*Bot,Zool*⟩ stolon.

stoltamẹnte *avv.* foolishly, stupidly. **stoltẹzza** *f.* **1** foolishness, stupidity, silliness. **2** (*azione stolta*) stupidity, foolish action; (*parole stolte*) nonsense, stupid talk. **stọlto** **I** *a.* foolish, stupid, silly. **II** *s.m.* (*f.* -*a*) fool, simpleton: *comportarsi da* ~ to act like a fool.

stọma *m.* ⟨*Biol,Bot*⟩ stoma.

stomacạnte *a.* → **stomachevole**. **stomacạre** *v.t.* (**stọmaco, stọmachi**) **1** to turn the stomach of, to sicken, to make (feel) sick. **2** ⟨*fig*⟩ (*disgustare*) to sicken, to disgust, ⟨*fam*⟩ to make sick. **stomacạrsi** *v.r.* to be nauseated (*di* by), ⟨*fam*⟩ to get sick (of). **stomacạto** *a.* **1** sickened (*di* by). **2** ⟨*fig*⟩ (*disgustato*) sickened, disgusted. **stomachẹvole** *a.* **1** sickening, nauseous: *sapore* ~ nauseous taste. **2** ⟨*fig*⟩ (*disgustoso*) disgusting, revolting, ⟨*fam*⟩ sickening. **stomạchico** *a.* (*pl.* -*ci*) stomachic.

stọmaco *m.* (*pl.* -*chi/*-*ci*) **1** ⟨*Anat*⟩ stomach, ⟨*fam,infant*⟩ tummy: *rovinarsi lo* ~ to ruin one's stomach. **2** ⟨*fig*⟩ (*capacità di sopportazione*) stomach. **3** ⟨*fig*⟩ (*coraggio*) courage, nerve, grit, ⟨*fam*⟩ guts *pl.* □ *dare di* ~ to vomit, to be sick, ⟨*fam*⟩ to throw up; ~ *dilatato* dilated stomach; *avere uno* ~ *di* ferro to have a cast–iron stomach; *avere* (*o sentirsi*) *lo* ~ imbarazzato to have an upset stomach; *mal di* ~ stomach–ache, ⟨*fam,infant*⟩ tummy–ache; *essere malato di* ~ to have ⌐stomach trouble⌐ (*o* a bad stomach); *a* ~ pieno on a full stomach; *rimanere nello* ~ to sit on one's stomach; *rivoltare lo* ~ to turn (*o* upset) one's stomach; *avere qc. sullo* ~ to have s.th. sitting (*o* lying) on one's stomach; ⟨*fam*⟩ *avere qd. sullo* ~ to be unable to stomach s.o.; *a* ~ vuoto on an empty stomach.

stomatịte *f.* ⟨*Med*⟩ stomatitis. **stomatologịa** *f.* stomatology. **stomatolọgico** *a.* (*pl.* -*ci*) stomatologic(al). **stomatọlogo** *m.* (*pl.* -*gi*; *f.* -*a*) stomatologist.

stonạre *v.* (**stọno**) **I** *v.t.* ⟨*Mus*⟩ (*rif. a sonatori*) to play flat (*o* out of tune, off–key); (*rif. a cantanti*) to sing flat (*o* out of tune, off–key): *un cantante che stona* a singer that sings flat. **II** *v.i.* (*aus.* avere) **1** ⟨*Mus*⟩ (*rif. a strumenti*) to be (*o* play) out of tune; (*rif. a cantanti*) to sing out of tune (*o* flat, off–key). **2** ⟨*fig*⟩ (*contrastare*) to be out of keeping (*o* place), to clash, to jar (*con* with): *ciò che hai fatto stona col tuo carattere* what you have done is out of keeping with your character; (*rif. a colori e sim.*) to clash, not to go (with), not to match (s.th.): *queste scarpe stonano con il vestito* these shoes do not go well with the suit. **stonạto** *a.* **1** ⟨*Mus*⟩ (*rif. a note*) flat, false, off–key; (*rif. a strumenti*) out of tune: *un pianoforte* ~ an out–of–tune piano; (*rif. a cantanti*) flat, out of tune, off–key. **2** ⟨*fig*⟩

jarring, false, clashing: *una nota* -*a* a jarring note; (*rif. a colori e sim.*) clashing. **3** ⟨*fig*⟩ (*sconcertato, turbato*) upset, disturbed, bewildered: *sentirsi* ~ to feel bewildered. □ ⟨*fig*⟩ *essere* ~ to be out of sorts. **stonatụra** *f.* **1** (*atto: rif. a strumenti*) playing out of tune; (*rif. a cantanti*) singing flat (*o* off–key, out of tune); (*effetto*) lack of harmony. **2** (*suono*) false (*o* wrong, flat) note. **3** ⟨*fig*⟩ jarring note, incongruity. □ ⟨*fig*⟩ *essere una* ~ to be wrong (*o* out of place); (*rif. a colori*) to clash, not to go, to look wrong; *fare una* ~ (*sonando*) to play a false note; (*cantando*) to sing a false note, to go off–key (*o* flat).

stop *m.* **1** ⟨*Tel*⟩ stop. **2** ⟨*Strad*⟩ (*segnale*) stop sign; (*comando*) halt, major road ahead. **3** ⟨*Aut*⟩ (*fanalino d'arresto*) brake light. □ *intimare lo* ~ *a un automobilista* to signal to a motorist to stop.

stọppa *f.* ⟨*Tess*⟩ tow. □ *carne che sembra* ~ tough (*o* stringy) meat; *di* ~ tow–, towy, towlike; ⟨*estens*⟩ (*biondo e irsuto*) flaxen, like straw: *capelli di* ~ flaxen hair; ⟨*Tess*⟩ ~ *di lino* flax tow. **stoppạccio** *m.* wad. **stoppaccịoso** *a.* **1** (*stopposo*) towy, towlike. **2** ⟨*fam*⟩ (*duro e filaccioso*) tough, stringy.

stoppạre[1] *v.t.* (**stọppo**) ⟨*region*⟩ **1** to stop (*o* plug) with tow. **2** (*chiudere bene*) to stop up.

stoppạre[2] *v.t.* (**stọppo**) ⟨*Sport*⟩ to trap, to stop.

stọppia *f.* stubble, stubbles *pl.*

stoppịno *m.* **1** wick. **2** (*miccia*) slow match. **3** ⟨*Tess*⟩ roving. **stoppọso** *a.* **1** towy, towlike. **2** ⟨*estens*⟩ (*rif. a capelli*) like straw. **3** ⟨*fig*⟩ (*filaccioso, fibroso*) stringy; (*rif. a carne*) stringy, tough.

stọrcere *v.t.* (**stọrco, stọrci; stọrsi, stọrto**) **1** to twist, to wrest, to wrench: ~ *il braccio a qd.* to twist s.o.'s arm; *mi sono storto un piede* I have twisted my foot. **2** ⟨*fig*⟩ (*alterare*) to twist, to distort: ~ *le parole altrui* to twist a person's words, to distort what s.o. said. **stọrcersi** *v.r.* **1** (*contorcersi*) to twist, to writhe. **2** (*piegarsi malamente*) to bend, to become bent (*o* crooked, twisted): *il chiodo s'è storto* the nail has bent. □ ⟨*fig*⟩ ~ *la bocca* (*o il muso*) to make a wry face, to twist one's mouth; ⟨*fig*⟩ ~ *il naso* to turn up one's nose; ~ *gli occhi* to roll one's eyes.

stordimẹnto *m.* **1** stunning, dazing, bewildering; (*dovuto a bevande alcoliche*) befuddling, dulling; (*dovuto a rumore*) stunning, deafening. **2** (*stato di turbamento*) dizziness, dullness. **3** (*sbalordimento*) stupefaction, bewilderment, astonishment. **stordịre** *v.t.* (**stordịsco, stordịsci**) **1** to stun, to daze, to bewilder, to stupefy; (*rif. a bevande alcoliche*) to befuddle, to dull (the senses of); (*rif. a rumore*) to stun, to deafen: *il chiasso mi stordisce* the uproar is deafening me. **2** ⟨*fig*⟩ (*sbalordire*) to stun, to stupefy, to dumbfound. **stordịrsi** *v.r.* to lose o.s., to forget (o.s.), to dull one's sense: *cerca di stordirsi bevendo* he tries to forget by drinking. **storditạggine** *f.* **1** carelessness, absent–mindedness, thoughtlessness, heedlessness. **2** (*errore commesso per storditaggine*) blunder. **storditamẹnte** *avv.* carelessly, absent–mindedly, thoughtlessly. **stordịto** **I** *a.* **1** stunned, dazed, bewildered, stupefied, dumbfounded: *era* ~ *per lo scoppio della bomba* he was stunned by the explosion of the bomb. **2** (*distratto, sbadato*) careless, absent–minded, scatter–brained, heedless. **II** *s.m.* (*f.* -*a*) scatter–brain, thoughtless person.

stọria *f.* **1** history: *con la scoperta dell'America inizia la* ~ *moderna* modern history begins with the discovery of America; ~ *della letteratura italiana* history of Italian literature; *una lezione di* ~ a history lesson. **2** (*serie di vicende*) story: *la* ~ *della mia vita* the story of my life; *è una* ~ *penosa* it's a sad story. **3** (*narrazione, racconto*) story, tale, account: *una* ~ *d'amore* a love story; (*favola*) tale, story: -*e per bambini* children's stories. **4** (*faccenda, questione*) matter, affair, question, business: *non voglio più sentir parlare di questa* ~ I don't want to hear another word about this business; *in questa* ~ *io non c'entro* I haven't got anything to do with this matter. **5** (*spesso al pl.: fandonia*) (tall) stories *pl*, tales *pl*, fibs *pl*, nonsense *sing*: *quel ragazzo ci ha raccontato un sacco di* -*e* that boy told us a lot of tall tales; (*pretesto, scusa*) excuse, pretext: *questa è una* ~ *per non andare a scuola* this is an excuse to stay home from school. **6** *pl.* (*tergiversazioni, smorfie*) fuss: *non fare tante* -*e* don't make such a fuss. **7** *pl.*

⟨*esclam*⟩ (stuff and) nonsense, humbug, rubbish: *-e, non ci credo proprio* nonsense, I don't believe a word of it. **8** (*rappresentazione pittorica*) scene, picture: *la parete è affrescata con -e dell'Antico Testamento* the wall is frescoed with scenes from the Old Testament. □ ~ **naturale** natural history; **passare** *alla* ~ to go down in history; ~ **romanzata** historical novel; ~ **sacra** sacred history; *è la solita* ~ it's the same old story. *Prov.: la* ~ *è maestra di vita* history is the teacher of life.

storicamente *avv.* historically. **storicismo** *m.* ⟨*Filos*⟩ historicism. **storicistico** *a.* (*pl.* -ci) historicist. **storicità** *f.* historicity: *la* ~ *di un fatto* the historicity of a fact. **storicizzare** *v.t.* to historicize. **storicizzazione** *f.* historicizing. **storico** *a./s.* (*pl.* -ci) I *a.* **1** historical: *opera -a* historical work; *i personaggi -i di un romanzo* the historical characters in a novel. **2** (*memorabile*) historic, memorable, to be remembered: *una giornata -a* a day to be remembered. II *s.m.* (*f.* -a) historian. **storiella**, **storiellina** *f.* (*aneddoto*) (funny) story, anecdote; (*barzelletta*) joke: ~ *oscena* dirty joke; (*frottola*) (tall) story.

storiografia *f.* historiography. **storiografico** *a.* (*pl.* -ci) historiographic(al). **storiografo** *m.* (*f.* -a) historiographer.

storione *m.* ⟨*Itt*⟩ sturgeon.

stormire *v.i.* (**stormisco, stormisci**; *aus.* **avere**) to rustle. **stormo** *m.* **1** (*rif. a uccelli*) flock, flight. **2** (*gruppo di persone*) crowd, swarm, band. **3** ⟨*fig*⟩ (*grande quantità*) mass. **4** ⟨*Mil*⟩ (*gruppo di cavalieri*) troop of horse. **5** ⟨*Aer*⟩ flight formation composed of a headquarters and several groups (approximately equivalent to a wing). □ *a -i* in flocks (*o* swarms, masses); *sonare a* ~ to ring the tocsin (*o* alarm bell).

stornare *v.t.* (**storno**) **1** (*allontanare*) to avert, to ward (*o* stave) off, to avoid: ~ *il pericolo* to avert danger. **2** (*dissuadere, distogliere*) to dissuade, to divert, ⟨*fam*⟩ to put off: ~ *qd. da qc.* to dissuade s.o. from (doing) s.th. **3** ⟨*Comm*⟩ (*nella contabilità: trasferire*) to transfer; (*rettificare*) to reverse. **4** ⟨*Comm*⟩ (*rif. a contratti: annullare*) to cancel.

stornellare *v.i.* (**stornello**; *aus.* **avere**) to sing stornelli. **stornellata** *f.* **1** singing of stornelli. **2** (*insieme di stornelli*) stornelli *pl.* □ *fare una* ~ to sing stornelli. **stornello**[1] *m.* ⟨*Mus*⟩ stornello. **stornello**[2] *m.* → **storno**[2].

storno[1] *a.* ⟨*Zootecn*⟩ dapple(d)-grey: *cavallo* ~ dapple -grey (horse).

storno[2] *m.* ⟨*Ornit*⟩ starling.

storno[3] *m.* ⟨*Comm*⟩ transfer; (*rettificazione*) reversal; (*rif. a contratti di assicurazione*) cancellation.

storpiamento *m.* **1** crippling, laming, maiming. **2** ⟨*fig*⟩ distortion, twisting. **storpiare** *v.t.* (**storpio, storpi**) **1** (*rendere storpio*) to cripple, to maim: *quell'incidente lo ha storpiato* that accident crippled him; (*rif. ai piedi*) to lame, to cripple. **2** (*rendere deforme*) to deform, to disfigure. **3** ⟨*fig*⟩ (*deformare*) to distort, to twist: *i giornali hanno storpiato i fatti* the papers distorted the facts. **4** ⟨*fig*⟩ (*parlar male*) to mangle, ⟨*fam*⟩ to murder: ~ *una lingua* to mangle a language; (*pronunciare male*) to mispronounce: ~ *un nome* to mispronounce a name. **storpiarsi** *v.r.* to become crippled (*o* lame). **storpiatura** *f.* **1** (*atto*) crippling, laming, maiming; (*effetto*) lameness. **2** (*cosa storpiata*) bungle, botch. **3** ⟨*fig*⟩ (*deformazione*) twisting, distorting: ~ *del senso* twisting of the meaning. **4** ⟨*fig*⟩ (*cattiva pronuncia*) mangling, mispronunciation. **storpio** I *a.* crippled, lame. II *s.m.* (*f.* -a) cripple, lame person.

storta[1] *f.* sprain, twist, wrench. □ *prendere una* ~ *al piede* to sprain one's foot.

storta[2] *f.* ⟨*Chim*⟩ retort, still.

storto (*p.p. di storcere*) I *a.* **1** (*non dritto*) crooked, twisted, bent: *un chiodo* ~ a bent nail. **2** (*sbilenco*) crooked, (*pred*) askew, ⟨*fam*⟩ cockeyed: *il quadro è* ~ the picture is crooked. **3** (*rif. a occhi*) squint, (*pred*) crossed: *ha gli occhi -i* he is squint-eyed (*o* cross-eyed), his eyes are crossed. **4** (*che ha le gambe storte*) bandy-legged, bow-legged. **5** ⟨*fig*⟩ wrong, false, mistaken: *idee -e* mistaken ideas. II *avv.* **1** crookedly. **2** (*di traverso*)

obliquely, askew, awry. □ *guardare* ~ *qd.* to squint at s.o.; ⟨*fig*⟩ to give s.o. a nasty look. **stortura** *f.* **1** crookedness, twistedness. **2** ⟨*fig*⟩ mistakenness, wrongness, falseness; (*assurdità*) absurdity, ridiculousness.

stoviglia *f.* (generally in pl.) dishes *pl*, crockery: *lavare le -e* to wash the dishes, to wash up.

stozzare *v.t.* (**stozzo**) **1** to emboss. **2** ⟨*tecn*⟩ to slot. **stozzatore** *m.* **1** puncher. **2** ⟨*tecn*⟩ slotter. **stozzatrice** *f.* ⟨*tecn*⟩ slotter, slotting-machine. **stozzatura** *f.* **1** ⟨*Oref*⟩ punching, embossing. **2** ⟨*tecn*⟩ slotting. **stozzo** *m.* ⟨*Oref*⟩ punch, embossing tool.

strabenedire *v.t.* (**strabenedico, strabenedici; strabe-nedissi, strabenedetto**) ⟨*pop*⟩ to bless profusely.

strabere *v.i.* (**strabevo; strabevvi/strabevetti, strabevuto**; → **bere**; *aus.* **avere**) to drink excessively (*o* too much).

strabico *a./s.* (*pl.* -ci) I *a.* (*rif. a persone*) squint-eyed, cross-eyed; (*rif. a occhi*) squint, cross(ed). II *s.m.* (*f.* -a) squint-eyed (*o* cross-eyed) person.

strabiliante *a.* marvellous, amazing: *invenzione* ~ marvellous invention. **strabiliare** *v.* (**strabilio, strabili**) I *v.t.* to astound, to stun, to dumbfound: *le tue avventure hanno fatto* ~ *tutti* your adventures have really astounded everyone. II *v.i.* (*aus.* **avere**) **1** (*meravigliarsi*) to be amazed (*o* astonished). **2** (*sbalordirsi*) to be stupefied (*o* dumbfounded). □ *far* ~ to stun, to stupefy, to dumbfound.

strabismo *m.* ⟨*Med*⟩ strabismus, squint, cross-eye. □ *essere affetto da* ~ to squint.

straboccare *v.i.* (**strabocco, strabocchi**; *aus.* **essere/avere**) to overflow, to brim over. **strabocchevole** *a.* (*eccessivo*) (super)abundant, overwhelming: *ricchezza* ~ abundant wealth; (*grandissimo*) huge, enormous, vast: *folla* ~ vast crowd.

strabuzzamento *m.* rolling. **strabuzzare** *v.t.* to roll: ~ *gli occhi* to roll one's eyes.

stracannare *v.t.* ⟨*Tess*⟩ to rewind. **stracannatura** *f.* rewinding.

stracarico *a.* (*pl.* -chi) overladen, overloaded, overbur-dened (*di* with): *essere* ~ *di lavoro* to be overburdened with work.

stracca *f.* (*stanchezza*) tiredness, weariness, fatigue. **straccamente** *avv.* wearily, tiredly. **straccare** *v.t.* (**stracco, stracchi**) ⟨*pop*⟩ (*stancare molto*) to tire (out), to weary, to exhaust, to wear out, ⟨*fam*⟩ to do in. **straccarsi** *v.r.* to tire, to get tired (*o* weary), to get (*o* become) exhausted, to wear o.s. out.

straccetto *m.* (*cencio per pulire*) cloth, cleaning rag.

stracchino *m.* ⟨*Alim*⟩ stracchino (kind of soft cheese).

stracciaiolo *m.* (*f.* -a) rag-man, rag-merchant, rag-and-bone man; (*di vestiti*) old-clothes man. **stracciare** *v.t.* (**straccio, stracci**; *p.p.* **stracciato/straccio**) **1** to tear; (*facendo a pezzi*) to tear up: ~ *un giornale* to tear up a newspaper. **2** (*strappare*) to tear, to rend, to rip: ~ *i vestiti di dosso a qd.* to rip the clothes off s.o. **3** (*in bachicoltura*) to comb. **4** ⟨*sport*⟩ to beat, ⟨*fam*⟩ to lick, ⟨*fam*⟩ to whack. **stracciarsi** *v.r.* to tear, to rend. □ ⟨*sport*⟩ ~ *gli avversari* (*batterli con superiorità*) to lick the opposing team. **stracciatelle** *f.pl.* ⟨*Gastr*⟩ stracciatelle (broth with egg and cheese). **stracciato** *a.* **1** torn, rent, ripped: *foglio* ~ torn sheet; (*fatto a pezzi*) torn up. **2** (*rif. a persone*) ragged, tattered, in rags, in tatters: *andare in giro tutto* ~ to go around in rags. **stracciatura** *f.* **1** (*lo stracciare*) tearing, rending, ripping; (*il fare a pezzi*) tearing up. **2** (*strappo*) tear, rent, rip.

straccio[1] *m.* **1** rag: *raccogliere stracci* to collect rags; (*ritaglio di tessuto*) remnant, bit of material. **2** *pl.* (*indumenti logori*) rags *pl*, tatters *pl*: *essere vestito di stracci* to be dressed in rags. **3** (*cencio per pulire*) rag, cloth; (*per spolverare*) duster, dust cloth; (*per pavimenti*) floor cloth. **4** ⟨*pop*⟩ (*persona malridotta*) wreck: *ridursi uno* ~ to become `a wreck` (*o* worn-out). **5** (*in bachicoltura*) seta estratta dal bozzolo col pettine) combings *pl*. **6** *pl.* ⟨*Cart*⟩ rags *pl*. □ ⟨*pop*⟩ *uno* ~ *di marito* a poor husband; *passare lo* ~ *in* (*o per*) *terra* to wipe (over) the floor; *non avere neppure uno* ~ *di vestito* not to have a rag to put on.

straccio[2] (*p.p. di stracciare*) *a.* waste, odd: *carta -a* waste paper.

straccione *m.* (*f.* -a) ragamuffin, ragged fellow, tatterdemalion. **straccivendolo** → **stracciaiolo**.

stracco *a.* (*pl.* -chi) (*pop*) 1 (*stanco*) tired, weary. 2 (*sfinito*) tired out, worn-out, exhausted, (*fam*) done in. 3 (*fig*) (*logorato*) worn(-out). 4 (*fig*) (*esaurito*) dying, fading, lukewarm, faint: *sentimento* ~ dying (*o* lukewarm) sentiment. □ ~ *morto* dead tired; *terreno* ~ impoverished soil.

stracolmo *a.* overcrowded.

stracontento *a.* very glad (*o* pleased), highly delighted.

stracotto (*p.p. di stracuocere*) I *a.* ⟨*Gastr*⟩ overcooked, overdone. II *s.m.* ⟨*Gastr*⟩ braised meat, stew, casserole. □ *cotto e* ~ overdone; (*fig*) head over heels in love.

stracuocere *v.t.* (**stracuocio, stracuoci; stracossi, stracotto;** → **cuocere**) to overcook, to overdo.

strada *f.* 1 road, way; (*di città*) street, road: *questa finestra dà sulla* ~ this window looks out on to the street. 2 (*via non selciata*) way, path; (*vicolo*) lane, alley. 3 (*percorso*) way, route: *qual è la* ~ *per andare al municipio?* which is the way to the town hall?; *ho segnato la* ~ *sulla carta* I've marked the route on the map; *insegnare la* ~ *a qd.* to tell s.o. the way; (*cammino: a piedi*) walk, journey; (*in macchina*) drive, trip, journey: *ci sono due ore di* ~ it's a two-hour trip, it takes two hours to get there. 4 (*varco*) way, path: *aprirsi una* ~ *nella neve* to clear a path through the snow; (*passaggio*) way, passage: *farsi* ~ *fra la folla* to make one's way through the crowd. 5 (*fig*) path, way, track: *mettersi sulla buona* ~ to take the right path, to go the right way. 6 (*fig*) (*mezzo, metodo*) way, means *pl* (*costr.sing. o pl.*), ways and means *pl*, course: *tentare ogni* ~ *possibile* to try every possible way. □ ~ *d'accesso*: 1 access (*o* approach) road; 2 (*viale*) drive(way); 3 (*raccordo*) connecting (*o* link) road; *andare per la propria* ~ to go on one's way; ~ **asfaltata** asphalt(ed) road; **cambiare** ~ to take another road, to go another way; ~ **camionabile** road open to heavy traffic, ⟨*am*⟩ truck road; ~ *di* **campagna** country road, (*strada stretta*) (country) lane; ~ *a* **doppia carreggiata** dual carriageway, ⟨*am*⟩ two-lane road; **chiedere** *la* ~ *a qd.* to ask s.o. the way; **codice** *della* ~ Highway Code; ~ **comunale** country (*o* rural, local) road; ~ *di grande* **comunicazione** arterial road, trunk road, highway; **da** ~ (*volgare*) gutter-, coarse, vulgar: *linguaggio da* ~ coarse language, gutter talk; **di** ~ street-, road-, highway-, of the road: *ragazzo di* ~ street urchin; *donna di* ~ street-walker; ~ *in* **discesa** downhill road; **divorare** *la* ~ to eat up the road; ~ **extraurbana** road outside a town; ~ **facendo** on the (*o* one's) way; **fare** *una* ~ (*percorrerla*) to go along a road, to cover a route; *che* ~ *fai?* which way are you going?; *fare* ~ *a qd.* to lead the way for s.o., to show s.o. the way; (*fig*) to pave the way for s.o.; *farsi* ~: 1 (*aprirsi un passaggio*) to clear a way (*o* path): *farsi* ~ *nella boscaglia* to clear a path through the brush; 2 (*fig*) (*raggiungere il successo*) to make one's way, to do well for o.s.; 3 (*rivelarsi*) to come out: *la verità si è fatta* ~ the truth has come out; *fare molta* ~ to go (*o* come) a long way (*anche fig.*); ~ **ferrata** railway, ⟨*am*⟩ railroad; **fuori** (*di*) ~: 1 (*su strada sbagliata*) off the route, on the wrong road; 2 (*fuori pista*) off the road: *in curva il camion è andato fuori* ~ the truck went off the road on the curve; 3 (*estens*) (*fuori mano*) out of the way, off the beaten track: *il ristorante è un po'* *fuori* ~ the restaurant is a bit out of the way; 4 (*fig*) (*in errore*) on the wrong track: *sembra che la polizia sia fuori* ~ it seems that the police are on the wrong track; *mettere qd. fuori* (*di*) ~ to lead s.o. astray, to put s.o. on the wrong track; (*fig*) *essere fuori* ~ to be on the wrong track: *se ragioni così sei fuori* ~ if that's what you think you're on the wrong track; ⟨*Aut*⟩ **gara** *fuori* ~ cross-country rally; ~ **impraticabile** impassable (*o* impracticable) road; *la* ~ *è* **interrotta**: 1 the road is impassable; 2 (*per lavori*) the road is up; 3 (*è ostruita*) the road is blocked; ~ **laterale** side street, side road; ~ **maestra** main road, highway, highroad; (*fig*) **mettere** *qd. sulla* (*o in mezzo alla*) ~ to turn s.o. out on the street; (*fig*) *mettere qd. sulla buona* ~ to set (*o* put) s.o. on the right path; *a* **mezza** ~ halfway (there); *essere in* **mezzo** *a una* ~ to be

'out on' (*o* in the middle of) a road; (*fig*) (*essere privo di mezzi*) to be down and out; (*fig*) *lasciare qd. in mezzo a una* ~ to leave s.o. 'out on the street' (*o* high and dry); *la città è a un* **miglio** *di* ~ the town is a mile away (*o* off); (*fig*) **mordere** *la* ~ (*rif. a pneumatici*) to hold the road; (*rif. a ciclisti*) to sprint; ~ **panoramica** panoramic road, scenic drive; **per** *la* ~ along the way (*o* road); ~ **praticabile** (*a piedi*) practicable road; (*con veicolo*) road open to motor vehicles (*o* traffic); ~ *con diritto di* **precedenza** priority road, road with right-of-way; **prendere** *una* ~ to take a road; (*fig*) to choose a way; ~ **principale** main (*o* major) road; ~ **privata** private road; ~ **provinciale** provincial (*o* regional) road; (*fig*) **raccogliere** *qd. dalla* ~ to take s.o. out of the gutter; ~ **rotabile** carriageroad, carriageway; ~ *in* **salita** uphill road; ~ **sbarrata** blocked road; ~ *di* **scorrimento** freeway, throughway, ⟨*am*⟩ expressway; ~ **sdrucciolevole** slippery road; ~ **secondaria** secondary (*o* minor) road, by-road; ~ *a* **senso** *unico* one way road (*o* street); (*fig*) **spianare** *la* ~ *a qd.* to smooth 'the way for s.o.' (*o* s.o.'s path); ~ **statale** trunk road, national road, ⟨*am*⟩ federal highway; **su** ~ road-: ⟨*Aut*⟩ **corsa** *su* ~ road-race; ~ *di* **svincolo** exit road; **tagliare** *la* ~ *a qd.*: 1 to cut across s.o.'s path; 2 (*fig*) to bar (*o* block) s.o.'s way; 3 ⟨*Aut*⟩ to cut in on s.o.; ~ **trasversale** crossroad; (*fig*) **trovare** *la propria* ~ to find one's way; *l'*uomo *della* ~ the man in the street; **uscire** *di* ~ to 'go off' (*o* leave) the road; *senza* **uscita** cul-de-sac, blind alley, dead end. *Prov.: tutte le* ~*e conducono a Roma* all roads lead to Rome; *la* ~ *dell'inferno è lastricata di buone intenzioni* the road to hell is paved with good intentions.

stradale I *a.* 1 road-: *lavori* -i road works. 2 (*del traffico*) road-, traffic-: *incidente* ~ traffic accident. II *s.f.* (*anche polizia stradale*) traffic police, ⟨*am*⟩ highway patrol. □ *fondo* ~ road-bed; *regolamento* ~ traffic regulation, rule of the road. **stradario** *m.* street-guide. **stradino** *m.* road-worker, roadman. **stradista** *m.* ⟨*Sport*⟩ road-racing cyclist.

stradivari(o) *m.* ⟨*Mus*⟩ Stradivarius.

stradone *m.* 1 wide road, ⟨*am*⟩ boulevard. 2 (*viale*) avenue.

strafalcione *m.* blunder, (*fam*) howler: *un compito pieno di* -i an assignment full of howlers.

strafare *v.i.* (**strafaccio/strafò, strafai; strafeci, strafatto;** → **fare**; *aus.* **avere**) to do too much, to overdo things: *tu vuoi sempre* ~ you always want to overdo things.

straforo *m.* (*traforo*) hole, perforation. □ *di* ~: 1 (*di nascosto*) secretly, on the quiet (*o* sly), in secret: *i due si vedono spesso di* ~ the two of them often see each other on the sly; 2 (*indirettamente*) indirectly, in a roundabout way: *l'ho saputo di* ~ I heard about it indirectly; *entrare di* ~ to sneak (*o* slip) in.

strafottente I *a.* 1 arrogant, regardless (*o* heedless) of others. 2 (*rif. ad atti*) impertinent, insolent, pert. II *s.m./f.* arrogant person. **strafottenza** *f.* 1 disregard for other people's opinions, couldn't-care-less attitude. 2 (*impertinenza*) impertinence, insolence, impudence.

strage *f.* 1 slaughter, massacre; (*carneficina*) carnage, butchery. 2 (*distruzione*) havoc, ruin, destruction. 3 (*fig*) (*gran numero di bocciature*) massacre, slaughter: *agli esami di matematica c'è stata una* ~ the math exams were a massacre. □ *fare* ~ *di un nemico* to slaughter (*o* massacre) the enemy; (*fig*) *fare grande* ~ *di* to play havoc with; ⟨*Bibl*⟩ ~ *degli innocenti* Slaughter of the Innocents.

stragiudiziale *a.* ⟨*Dir*⟩ extrajudicial.

stragodere *v.i.* (**stragodo;** *aus.* **avere**) (*fam*) to be overjoyed.

stragonfio *a.* excessively swollen, overinflated.

stragrande *a.* extraordinarily great (*o* big), very large, enormous. □ (*iperb*) *la* ~ *maggioranza* the great majority.

stralciare *v.t.* (**stralcio, stralci**) 1 (*eliminare*) to remove, to take out: ~ *un passo da un testo* to 'remove a passage from' (*o* take a passage out of) a text. 2 (*Comm*) (*mettere in liquidazione*) to wind up, to liquidate: ~ *una società* to wind up a company. 3 ⟨*Comm*⟩ (*liquidare*) to take off, to deduct: ~ *una partita da un conto* to deduct an item from a bill. **stralcio** *m.* **1** removal, taking out (*o* away, off). **2** ⟨*estratto*⟩ extract, excerpt. **3** ⟨*Comm*⟩ (*liquidazione*) winding up, liquidation. □ *vendere a* ~ to sell off (*o* at bargain prices), to clear; ⟨*Dir*⟩ *legge* ~ transitional law.

strale *m.* **1** (*freccia*) arrow, shaft. **2** ⟨*fig*⟩ dart, arrow: *gli –i d'amore* the darts of love.

strallo *m.* **1** ⟨*Mar*⟩ stay. **2** ⟨*Edil*⟩ stay, guy, support.

stralodare *v.t.* (*stralodo*) to overpraise.

stralunamento *m.* rolling. **stralunare** *v.t.* to roll: ~ *gli occhi* to roll one's eyes. **stralunato** *a.* **1** rolling, staring (wildly). **2** (*sconvolto: rif. a persone*) very upset, troubled, beside o.s.: *oggi ti vedo* ~ you look very upset to me today.

stramaledetto *a.* ⟨*pop*⟩ cursed, damned, ⟨*volg*⟩ bloody. **stramaledire** *v.t.* (**stramaledico, stramaledici; stramaledissi, stramaledetto**) ⟨*pop*⟩ to curse with all one's strength. □ ⟨*enfat*⟩ *Dio lo stramaledica!* (God) damn him!

stramaturo *a.* overripe.

stramazzare *v.i.* (*aus.* essere) (*cadere*) to fall (heavily), to drop (down): ~ *a terra* to fall to the ground. **stramazzo** *m.* **1** (heavy) fall, dropping to the ground. **2** ⟨*Idr*⟩ mill weir, overfall (orifice), ⟨*am*⟩ trashrack. **stramazzone** *m.* heavy fall.

strambamente *avv.* strangely, oddly, queerly. **stramberia** *f.* **1** eccentricity, oddness, strangeness. **2** (*azione stramba*) strange action, odd thing, eccentric behaviour; (*rif. a discorsi*) odd remark. **strambo** *a.* odd, strange, peculiar, eccentric. □ *un tipo* ~ an eccentric fellow.

strambotto *m.* ⟨*Metr,Lett*⟩ strambotto, satirical poem.

strame *m.* hay, straw.

stramonio *m.* ⟨*Bot*⟩ thorn apple.

strampalato *a.* strange, odd, outlandish, ⟨*fam*⟩ weird; (*illogico*) illogical: *ragionamento* ~ illogical way of thinking; (*rif. a persone*) eccentric, outlandish, strange, peculiar, odd: *ragazzo* ~ strange boy.

stranamente *avv.* **1** strangely, oddly. **2** (*insolitamente*) unusually, exceptionally. **stranezza** *f.* **1** strangeness, oddness, peculiarity; (*l'essere insolito*) unusualness, uncommonness. **2** (*atto strano*) strange (*o* odd) thing to do, odd behaviour (*o* ways *pl*): *non sopporto più le tue –e* I can't take your odd behaviour any more; (*discorso strano*) odd (*o* peculiar) remark, strange thing to say.

strangolamento *m.* **1** (*lo strangolare*) strangling. **2** (*effetto*) strangulation. **strangolare** *v.t.* (*strangolo*) **1** to strangle, to throttle; (*strozzare*) to choke. **2** ⟨*iperb*⟩ (*stringere al collo*) to choke, to strangle, to suffocate: *questa cravatta mi strangola* this tie is choking me. **strangolarsi** *v.r.* to strangle (o.s.), to choke: *rimase impigliato nelle corde e si strangolò* he was caught in the ropes and strangled. **strangolatore** *m.* (*f.* **-trice**) strangler.

stranguglione *m.* (generally in pl.) **1** (*singhiozzo*) hiccup, hiccough: *avere gli –i* to have (the) hiccups. **2** ⟨*Veter,pop*⟩ (*adenite equina*) strangles *pl* (*costr.sing. o pl.*), colt distemper. **3** ⟨*Med,pop*⟩ (*orecchioni*) mumps *pl* (*costr.sing.*).

stranguria *f.* ⟨*Med*⟩ strangury.

straniare *v.t.* (**stranio, strani**) ⟨*lett*⟩ to estrange, to alienate: ~ *qd. da qd.* to estrange s.o. from s.o. **straniarsi** *v.r.* to become estranged. **straniato** *a.* ⟨*lett*⟩ estranged, alienated.

straniero **I** *a.* **1** (*estero*) foreign, alien: *paese* ~ foreign country; *una ragazza –a* a foreign girl; *lingua –a* foreign language. **2** (*degli stranieri*) foreign, foreigners': *l'occupazione –a* foreign occupation. **3** (*formato da stranieri*) foreign: *legione –a* Foreign Legion. **II** *s.m.* (*f.* **-a**) **1** (*chi appartiene a uno stato estero*) foreigner; ⟨*burocr*⟩ alien: ~ *indesiderabile* undesirable alien. **2** (*forestiero*) stranger: *è uno ~ per me* he's a stranger to me, I don't know him. **3** ⟨*collett*⟩ (*popolazione nemica*) enemy (*costr.sing. o pl.*).

stranire *v.t.* (**stranisco, stranisci**) to bewilder, to daze, to confound. **stranito** *a.* **1** (*turbato*) uneasy, restive. **2** (*intontito*) befuddled, dazed: *è ancora ~ dal sonno* he's

still befuddled with sleep.

strano *a.* **1** strange, odd: *comportamento* ~ strange behaviour; *per uno ~ caso* by an odd chance; (*insolito*) unusual, uncommon. **2** (*rif. a persone*) strange, odd, eccentric, bizarre: *è un ragazzo molto* ~ he's a very strange boy. **3** (*che turba*) strange, peculiar, odd, ⟨*fam*⟩ weird: *mi ha fatto una –a impressione* he made a strange impression on me. □ ~ *a dirsi* oddly enough, strange to say; *è ~ che non mi abbia telefonato* it's odd (*o* funny) that he hasn't called me.

stranutire *v.i.* (**stranutisco, stranutisci;** *aus.* avere) ⟨*pop*⟩ → **starnutire. stranuto** *m.* ⟨*pop*⟩ → **starnuto.**

straordinariamente *avv.* **1** extraordinarily, uncommonly, unusually. **2** (*sommamente*) extremely, highly, exceedingly: *è ~ interessante* it is extremely interesting.

straordinariato *m.* temporary period (*o* term) of office. **straordinarietà** *f.* extraordinariness, uncommonness. **straordinario** **I** *a.* **1** extraordinary, exceptional: *avvenimento* ~ extraordinary event; (*insolito*) unusual, uncommon. **2** (*grandissimo*) extraordinary, tremendous, remarkable: *forza –a* extraordinary strength. **3** (*speciale*) special: *recita –a* special performance; *treno* ~ special train. **4** ⟨*burocr*⟩ supernumerary, temporary: *impiegato* ~ temporary clerk. **II** *s.m.* **1** something unusual (*o* out of the ordinary): *non c'è niente di* ~ there is nothing unusual about it. **2** ⟨*burocr*⟩ (*lavoro straordinario*) overtime: *fare sei ore di* ~ to do six hours (of) overtime; (*compenso*) overtime (pay). **3** ⟨*burocr*⟩ (*impiegato straordinario*) temporary clerk (*o* worker).

straorzare *v.* (**straorzo**) **I** *v.i.* (*aus.* avere) ⟨*Mar*⟩ to yaw, to veer windward. **II** *v.t.* to cause to veer windward, to steer (*o* bring) windward. **straorzata** *f.* **1** (*atto*) yawing, veering windward. **2** (*effetto*) windward veer.

strapagare *v.t.* (**strapago, strapaghi**) to overpay: *il tuo lavoro è strapagato* your work is overpaid.

straparlare *v.i.* (*aus.* avere) **1** to be over-talkative, to talk and talk. **2** (*farneticare*) to rave, to talk wildly (*o* nonsense).

strapazzare *v.t.* **1** (*maltrattare*) to ill-treat, to ill-use, to mistreat; (*rimproverare*) to scold, to rail at, to bully. **2** (*affaticare*) to overwork, to wear out, to overtire. **3** (*trattare con scarso riguardo: rif a cose*) to handle roughly, to treat badly, to knock (*o* throw) about, to batter (about), to mishandle: ~ *i libri* to throw one's books about. **4** ⟨*estens*⟩ (*fare male*) to botch, to bungle: ~ *un lavoro* to bungle a job. **strapazzarsi** *v.r.* **1** not to spare o.s., to overtax one's strength. **2** (*affaticarsi*) to tire (*o* wear) o.s. out, to overtire (*o* strain) o.s. □ ~ *una musica* to play a piece (of) music) badly. **strapazzata** *f.* **1** (*violenta sgridata*) scolding, dressing-down, ⟨*fam*⟩ telling off. **2** (*faticata*) exertion, fatigue, great effort, strain: *quel viaggio è stata una vera* ~ that trip was really a strain. □ *dare* (*o* *fare*) *una ~ a qd.* to give s.o. a dressing-down, to reprimand s.o. severely. **strapazzato** *a.* (*pieno di strapazzi*) hard, full of hardships: *vita –a* hard life. □ ⟨*Gastr*⟩ *uova –e* scrambled eggs. **strapazzo** *m.* (*fatica*) exertion, fatigue, strain, effort: *gli –i del viaggio* the fatigue of the journey. □ *da ~* work(ing)-: *vestiti da ~* working clothes; ⟨*fig,spreg*⟩ worthless, third-rate-: *pittore da ~* third-rate artist.

strapieno *a.* **1** (*pieno zeppo*) full to overflowing (*di* with), brimful (of), packed (with). **2** (*che ha mangiato troppo*) full up.

strapiombare *v.i.* (**strapiombo;** *aus.* essere/avere) **1** to be out of plumb (*o* the perpendicular), to lean: *il muro strapiomba* the wall is leaning. **2** (*sporgere*) to overhang, to jut (out): *una roccia che strapiomba sul mare* a cliff that juts out over the sea. **strapiombo** *m.* **1** overhanging, jutting out. **2** (*parte rocciosa sporgente*) overhanging rock, bulge, projection. **3** ⟨*Edil*⟩ projection. □ *a* ~ overhanging, jutting (out).

strapotente *a.* extremely (*o* very) powerful, very strong. **strapotenza** *f.* extraordinary power (*o* strength), very great power. **strapotere** *m.* **1** (*potere eccessivo*) excessive power. **2** (*abuso di potere*) abuse of power.

strappalacrime *a.inv.* ⟨*fam*⟩ melodramatic.

strappamento *m.* **1** (*lo strappare*) tearing (up, off, away), snatching, wrenching, rending. 2 ⟨Med⟩ laceration, tearing.

strappare v.t. 1 (*togliere con la forza*) to tear away (*o* out), to snatch (away), to pull away (*o* out): *mi strappò la lettera* he snatched the letter (away) from me; (*lottando*) to wrest, to wrench. 2 (*portar via rompendo*) to tear (off, out), to rip (off, out): ~ *un foglio dal quaderno* to tear a page from (*o* out of) the notebook; *gli strappò di dosso la giacca* he tore his jacket off his back; (*staccare*) to tear (*o* pull, break, pluck) off: ~ *un ramo* to break off a branch. 3 (*lacerare, fare uno strappo in qc.*) to tear, to rip, to rend, to make a tear (*o* hole) in: ~ *i calzoni* to tear (*o* make a tear in) one's trousers; (*rompere in più parti*) to tear up (*o* to pieces): ~ *il giornale* to tear up the newspaper; (*rif. a filo, spago e sim.*) to break (in two), to sever: *strappò il laccio della scarpa* he broke his shoe lace. 4 (*svellere, estirpare*) to pull up (*o* out), to uproot, to tear up: ~ *le erbacce* to pull up the weeds; (*rif. a capelli e sim.*) to tear, to rend; (*rif. a penne*) to pluck; (*rif. a denti*) to pull (out), to extract. 5 (*fig*) (*carpire*) to wring: ~ *un segreto a qd.* to wring a secret from s.o., ⟨fam⟩ to get a secret out of s.o.; (*con l'astuzia*) to worm out, to draw, to get; (*con lusinghe e moine*) to coax, to wheedle, to get; (*con la forza*) to wring, to extort. **strapparsi** v.r. 1 to tear, to rip, to split, to get torn: *mi si è strappata la gonna* my skirt has torn; (*rompersi*) to break. 2 (*staccarsi, distaccarsi*) to tear o.s. away, to break away (*da* from). □ ~ *gli* **applausi** to draw cheers (*o* applause); *strapparsi i* **capelli** to tear (out) one's hair, ⟨lett⟩ to rend one's hair; ⟨fig⟩ ~ *il* **cuore** *a qd.* to wring s.o.'s heart; ⟨fig⟩ *parole che strappano il cuore* heartbreaking (*o* heart-rending) words; ⟨fig⟩ ~ *le* **lacrime** *a qd.* to move s.o. to tears; ~ *qd. alla* **morte** to snatch s.o. from the jaws of death.

strappata f. 1 tearing (away, out), pulling (away, out). 2 (*tirata*) snatch, pull, tug. □ *con una ~ le portò via la borsetta* he snatched her bag from her; *dare una ~ a qc.* to snatch (*o* grab) s.th.; (*tirare*) to give s.th. a tug (*o* pull), to tug (*o* pull) s.th.: *dare una ~ al campanello* to give the bell a tug, to pull (*o* tug at) the bell. **strappato** a. 1 (*lacerato*) torn, rent, ripped: *vestito ~ torn dress. 2 (*rotto*) broken off; (*staccato*) torn (off, out): *un foglio ~ a torn-out page.* **strappo** m. 1 (*strattone*) pull, snatch, tug. 2 (*lacerazione*) tear, rent, rip. 3 ⟨fig⟩ (*infrazione*) break (*a* from), breach, infringement (of); (*eccezione*) exception: *fare uno ~ alla regola* to make an exception to the rule. 4 ⟨Med⟩ (*strappo muscolare: atto*) pulling a muscle; (*effetto*) torn muscle. 5 ⟨Sport⟩ (*nel ciclismo*) breaking away. 6 ⟨Sport⟩ (*nel sollevamento pesi*) snatch. □ *a –i* jerkily, fitfully, by fits and starts; *dare uno ~ a qc.* to snatch (at) s.th.; (*tirare*) to tug (*o* pull) at s.th.; *fare uno ~ nei calzoni* to tear one's trousers.

strapuntino m. jump (*o* folding) seat.

straricco a. (pl. -chi) ⟨pop⟩ extremely (*o* very) rich, ⟨fam⟩ filthy (*o* stinking) rich.

straripamento m. 1 (*atto*) overflowing, flooding. 2 (*effetto*) overflow, flood. **straripare** v.i. (*aus.* essere/avere) to overflow (its banks), to flood: *il fiume ha straripato inondando le campagne* the river has overflowed its banks flooding the countryside.

Strasburgo N.pr.f. ⟨Geog⟩ Strasbourg.

strascicamento m. 1 trailing; (*rif. ai piedi*) shuffling, dragging. 2 ⟨fig⟩ (*rif. alla pronuncia*) drawling. **strascicare** v. (strascico, strascichi) I v.t. 1 to trail: *camminava strascicando la gonna a terra* she walked trailing her skirt on (*o* along) the ground; (*a fatica*) to drag; (*rif. ai piedi, alle scarpe*) to shuffle: ~ *i piedi* to shuffle (one's feet), to drag one's feet. 2 ⟨fig⟩ (*tirare per le lunghe*) to draw (*o* drag) out, to protract: ~ *un lavoro* to draw out a job; (*non riuscire a liberarsi*) to be unable to shake off, to drag out: ~ *una malattia* to be unable to shake off an illness. 3 ⟨fig⟩ (*pronunciare lentamente*) to drawl. II v.i. (*aus.* avere) to trail, to sweep: *la pelliccia strascicava a terra* the fur was trailing on the ground. **strascicarsi** v.r. to drag o.s. (along). □ ~ *le gambe* to drag one's legs. **strascicato** a. (*rif. alla pronuncia*) drawled. **strascichio** m. 1 (*dei piedi*) shuffling, dragging, scuffing. 2 (*rumore, fruscio*) shuffling sound, scuff(le). **strascico**

m. (pl. -chi) 1 (*lo strascicare faticosamente o pesantemente*) dragging. 2 (*parte del vestito*) train: *reggere lo ~* to bear a train. 3 ⟨fig⟩ (*seguito, conseguenza*) after-effects pl, aftermath, wake: *gli strascichi di una malattia* the after-effects of an illness. 4 ⟨fig⟩ (*pronuncia strascicata*) drawl. 5 (*sbavatura delle lumache*) trail. □ *a ~* drag–: *caccia a ~* drag hunt(ing); *reti a ~* drag nets, trawl nets; *parlare con lo ~* to (speak with a) drawl. **strasciconi** avv. (*rif. ai piedi*) dragging one's feet, shuffling. □ *camminare (a) ~* to shuffle (along), to drag one's feet.

strascinare v. → trascinare.

strass m. strass.

stratagemma m. 1 ⟨Mil⟩ stratagem. 2 (*estens*) (*astuzia, espediente*) stratagem, trick, ruse: *ricorrere a uno ~* to resort to a trick.

stratega m. → stratego. **strategia** f. 1 ⟨Mil⟩ strategy. 2 ⟨fig⟩ strategy, cunning: *ha messo in atto tutta la sua ~ per spuntarla* he used all his cunning to win. □ ~ *aziendale* business strategy; ~ *di mercato* market strategy. **strategicamente** avv. 1 ⟨Mil⟩ strategically. 2 ⟨fig⟩ (*abilmente*) strategically, cunningly, cleverly. **strategico** a. (pl. -ci) 1 ⟨Mil⟩ strategic(al). 2 ⟨fig⟩ strategic(al), cunning, clever. □ *mossa –a* strategic move (*anche fig.*). **stratego** m. (pl. -ghi) 1 (*esperto in strategia*) strategist, strategic expert. 2 ⟨fig⟩ strategist. 3 ⟨Stor.gr⟩ strategus, strategos.

stratificare v.t. (stratifico, stratifichi) to stratify, to form (*o* arrange) in strata. **stratificarsi** v.r. to stratify, to form strata, to become stratified. **stratificato** a. stratified, in strata, in layers: *rocce –e* stratified rocks. **stratificazione** f. 1 stratification (*anche fig.,Biol.*). 2 ⟨Geol⟩ stratification, bedding. □ ⟨Sociol⟩ ~ *sociale* social stratification. **stratiforme** a. stratiform.

stratigrafia f. ⟨Geol,Radiol⟩ stratigraphy. **stratigrafico** a. (pl. -ci) stratigraphic(al).

strato m. 1 layer, coat, coating: *uno ~ di polvere* a layer of dust; *uno ~ di vernice* a coat of paint. 2 ⟨tecn⟩ layer. 3 ⟨fig⟩ (*ceto*) stratum, level, class. 4 ⟨Meteor⟩ stratus. 5 ⟨Geol⟩ stratum, bed, layer. 6 ⟨Min⟩ vein. 7 ⟨Archeol,Ling,Statist⟩ stratum. □ *a –i* in strata (*o* layers), layered, stratified; ⟨Atom⟩ ~ **elettronico** shell; ~ **geologico** geological stratum; ~ **isolante** insulating layer; ~ **protettivo** protective layer (*o* coat).

stratocumulo m. ⟨Meteor⟩ stratocumulus.

stratosfera f. ⟨Astr⟩ stratosphere. **stratosferico** a. (pl. -ci) 1 ⟨Astr⟩ stratospheric(al). 2 ⟨fig⟩ (*altissimo*) stratospheric, exorbitant, excessively high.

stratta f. (*tirata*) pull, tug, jerk, ⟨fam⟩ yank: *dare una ~ a una fune* to give a rope a tug (*o* jerk).

strattagemma m. ⟨pop⟩ → stratagemma.

strattone m. violent pull, sharp tug (*o* jerk), wrench: *dare uno ~ a qc.* to give s.th. a wrench, to tug s.th. sharply. □ *a –i* jerkily.

stravaccarsi v.r. (mi stravacco, ti stravacchi) ⟨dial⟩ to sprawl (out). **stravaccato** a. ⟨dial⟩ sprawling.

stravagante I a. 1 (*rif. a persone*) eccentric, unconventional, ⟨fam⟩ cranky. 2 (*rif. a cose*) eccentric, extravagant, fantastic: *modi –i* eccentric behaviour. 3 (*strano*) odd, strange, peculiar, ⟨fam⟩ funny: *idea ~* odd idea. II s.m./f. odd (*o* strange) fellow, ⟨fam⟩ character, ⟨am.fam⟩ oddball. **stravagantemente** avv. eccentrically, oddly. **stravaganza** f. 1 eccentricity, unconventionality, oddness. 2 ⟨concr⟩ odd behaviour, eccentric ways pl.

stravecchio a. 1 very old. 2 ⟨fig⟩ out-of-date, stale, (very) old, ⟨fam⟩ old hat: *notizie –e* out-of-date news. 3 ⟨Alim⟩ (*stagionato*) aged: *formaggio ~* aged cheese. 4 ⟨Enol⟩ vintage–, mellow.

stravedere v. (stravedo; stravidi, stravisto/straveduto; → vedere) I v.t. to mistake, to see wrongly. II v.i. (*aus.* avere) to be mistaken (in seeing), to see wrongly. □ ⟨fig⟩ ~ *per qd.* to see s.o. through rose-coloured spectacles.

stravincere v.t. (stravinco, stravinci; stravinsi, stravinto) 1 to beat (hollow), ⟨fam⟩ to lick. 2 ⟨assol⟩ to win ˈhands down˺ (*o* all along the line); (*nei giochi*) to win ˈby a large margin˺ (*o* hands down).

straviziare v.i. (stravizio, stravizi; *aus.* avere) to revel, to indulge in revelry, ⟨fam⟩ to live it up, ⟨am.fam⟩ to have a ball. **stravizio** m. excess; (eccesso nel mangiare) excessive eating, overeating; (disordine nel bere) excessive drinking, overdrinking; (rif. alla vita sessuale) debauchery; (gozzoviglia) revelry.

stravolgere v.t. (stravolgo, stravolgi; stravolsi, stravolto) **1** (rif. al volto) to contort, to twist: il dolore aveva stravolto i suoi lineamenti pain had contorted his features. **2** ⟨fig⟩ (turbare profondamente) to greatly trouble (o upset), to affect deeply: la triste notizia lo stravolse the sad news affected him deeply. **3** ⟨fig⟩ (travisare) to twist, to distort, to warp, to misrepresent. □ ~ gli occhi to roll one's eyes. **stravolto** (p.p. di stravolgere) a. **1** (stralunato) rolling; (rif. al volto) contorted, twisted, wry: lineamenti –i dall'ira features contorted with anger. **2** ⟨fig⟩ (profondamente turbato) deeply upset, greatly disturbed (o troubled): mente –a disturbed (o deranged) mind.

straziante a. **1** racking, tormenting, excruciating: dolori –i excruciating pains. **2** (angoscioso) agonizing, piercing: grido ~ agonizing (o piercing) cry. **3** ⟨fig⟩ heart-rending, harrowing: scena ~ heart-rending scene. **straziare** v.t. (strazio, strazi) **1** (tormentare) to torture, to rack; (dilaniare) to tear apart (o to pieces), to rend: il suo corpo fu straziato da una bomba his body was torn to pieces by a bomb. **2** (affliggere profondamente) to torment, to tear, to rend, to torture, to harrow. **3** ⟨fig,scherz⟩ (dimostrare scarsa perizia) to mangle, ⟨fam⟩ to murder: ~ una musica to murder a piece of music. □ ⟨fig⟩ ~ il cuore to be heart-rending; ~ il cuore a qd. to break s.o.'s heart; ⟨enfat⟩ ~ le orecchie to pierce (o grate on) the ears, to be ear-splitting: questa musica mi strazia le orecchie this music ⸢is torture to⸣ (o grates on) my ears; ~ una lingua (parlarla male) to murder (o mangle) a language. **straziato** a. **1** (torturato) tortured, racked; (dilaniato) torn apart (o to pieces), rent. **2** (tormentato) tormented, torn, racked, tortured, harassed, rent: ~ dai rimorsi racked (o torn) by remorse. □ ~ dal dolore grief-stricken. **strazio** m. **1** (scempio) torture, tearing (apart), lacerating. **2** ⟨fig⟩ (tormento) torment, torture, agony: essere in preda agli strazi del rimorso to be a prey to the torments of remorse. **3** ⟨fam,scherz⟩ (fastidio, seccatura) torture, agony: che ~ questo film! what agony this film is!; (persona noiosa) nuisance, ⟨fam⟩ bore, ⟨fam⟩ pest, ⟨fam⟩ pain in the neck. **4** ⟨fig⟩ (rif. a cattive esecuzioni) mangling, ⟨fam⟩ murder. □ fare ~ di: 1 (dilaniare) to tear apart (o to pieces), to rend, to lacerate; 2 ⟨fig⟩ (rovinare) to play havoc with, to ruin, to devastate, to destroy; 3 ⟨fig⟩ (eseguire o usare male) to mangle, ⟨fam⟩ to murder: fare ~ della propria lingua to mangle one's own language; 4 ⟨fig⟩ (sprecare) to waste, to squander (away).

strega f. **1** witch; (maga, fattucchiera) sorceress. **2** ⟨fig,spreg⟩ (donna malvagia) (hell)cat, shrew; (donna brutta e vecchia) (old) hag, crone, witch. □ caccia alle streghe witch hunt (anche fig.). **stregare** v.t. (strego, streghi) **1** to bewitch, to cast (o put) a spell on, to put under a spell. **2** ⟨fig⟩ (ammaliare) to bewitch, to enchant, to enthral: quella donna lo ha stregato that woman bewitched him. **stregato** a. bewitched, under a spell. **stregone** m. **1** wizard; (mago) magician, sorcerer. **2** (guaritore) healer, ⟨spreg⟩ quack. **stregoneria** f. **1** (rif. a streghe) witchcraft, sorcery; (rif. a stregoni) wizardry, sorcery; (magia nera) (black) magic. **2** (operazione magica) spell; pl. sorcery.

stregua f. ⟨ant⟩ quota, share. □ alla ~ di on a level with, by the same standard (o yardstick) as; alla stessa ~: 1 by the same standard, in the same way: mettere (o considerare) tutti alla stessa ~ to judge everyone ⸢by the same standard⸣ (o in the same way); 2 (su un piano di parità) alike: trattare tutti alla stessa ~ to treat everyone alike.

strelitzia f. ⟨Bot⟩ strelitzia.

stremare v.t. (stremo) to exhaust, to wear (o tire) out; (indebolire gravemente) to weaken, to enfeeble: la malattia lo ha stremato the disease has weakened him. **stremato** a. exhausted, worn–out, tired out. **stremo** m. utmost, extreme. □ essere (ridotto) allo ~: 1 (fisicamente) to be at

the end of one's strength; 2 (finanziariamente) to ⸢be at⸣ (o have reached) the end of one's resources.

strenna f. present, gift: ~ di Natale Christmas present.

strenuamente avv. ⟨lett⟩ valiantly, bravely. **strenuo** a. valiant, brave.

strepitare v.i. (strepito; aus. avere) **1** to make a loud (o deafening) noise, to crash, to roar. **2** (gridare forte) to yell, to shout (o cry out) loudly. **strepitìo** m. din. **strepito** m. **1** loud (o deafening) noise, crash, roar. **2** (grida) clamour, din, hubbub, uproar. □ ⟨fig⟩ fare ~ to cause a stir (o storm), to be much talked about. **strepitosamente** avv. **1** noisily, clamorously. **2** ⟨fig⟩ outstandingly, greatly. **strepitoso** a. **1** noisy, clamorous, loud. **2** (fragoroso) resounding, deafening, thunderous, roaring: applausi –i thunderous applause. **3** ⟨fig⟩ (grandissimo) great, tremendous, outstanding, resounding: successo ~ resounding success.

strepto|cocco m. (pl. -chi) ⟨Med⟩ streptococcus. **~miceti** m.pl. streptomyces pl. **~micina** f. ⟨Farm⟩ streptomycin.

stress ingl. m. stress. □ fattore di ~ stressor; ~ nervoso nervous stress; ~ da rumore noise induced stress; situazione di ~ stress situation. **stressante** a. stressful: vita ~ stressful life. **stressare** v.t. (stresso) to stress, to subject to physical strain. **stressato I** a. stressed, strained. **II** s.m. stressed person.

stretta f. **1** (firm) hold, grip, grasp, clasp, clench: liberarsi dalla ~ dell'avversario to free o.s. from the opponent's grasp; (morsa) vice–like grip. **2** (il restringere) tightening (up), pulling in; (il rendere meno ampio) narrowing. **3** ⟨fig⟩ (turbamento, emozione) pang (of grief), stab (of pain). **4** (rif. a folla) press, crush: sottrarsi alla ~ della folla to get away from the press of the crowd. **5** ⟨fig⟩ (punto culminante) climax, crucial (o critical) point, culmination: essere alla ~ finale to have reached a critical point. **6** ⟨fig⟩ (situazione difficile) difficult situation, predicament, straits pl, ⟨fam⟩ fix: ci troviamo in una ~ dolorosa we are in a painful predicament. **7** (passaggio angusto) narrow passage; (burrone, gola) gorge, ravine. **8** ⟨Mus⟩ stretta, stretto. □ allentare la ~ to loosen one's hold (o grip); ~ creditizia tight credit conditions pl, tight money; ~ al cuore sharp (o stab of) pain in the heart; ⟨fig⟩ pang (of grief); ⟨fig⟩ essere alle –e: 1 (essere in una situazione difficile) to be in a difficult situation, ⟨fam⟩ to be in a tight spot (o corner); 2 (dover prendere una decisione) to have one's back to the wall; sentire una ~ alla gola to have a lump in one's throat; ~ di mano handshake; dare una ~ di mano a qd. to shake hands with s.o.; mettere qd. alle –e to put s.o. in a spot, to drive s.o. to the wall; ~ salariale wage squeeze.

strettamente avv. **1** tight(ly), close(ly), fast: legato ~ tied tight (o fast). **2** (rigorosamente) strictly: ~ confidenziale strictly confidential; ~ necessario strictly necessary. **strettezza** f. **1** (rif. ad ampiezza) tightness, closeness. **2** (rif. a larghezza) narrowness: la ~ di una strada the narrowness of a road. **3** ⟨fig⟩ (scarsità) shortage, lack, scarsity: ~ di tempo lack of time. **4** ⟨fig⟩ (ristrettezza) poverty, (financial) straits pl, straitened circumstances pl: vivere nelle –e to live in poverty.

stretto (p.p. di stringere) **I** a. **1** (non largo) narrow: una strada –a a narrow street. **2** (rif. a vestiti e sim.: non ampio) tight(–fitting), close–fitting: un vestito ~ a tight dress; ho le scarpe –e my shoes are tight. **3** (serrato) tight, fast: nodo ~ tight knot. **4** (brusco, forte) sharp: curva –a sharp bend. **5** (molto vicino, addossato) close (a to), hugging (s.th.): camminare ~ al muro to walk hugging (o close to) the wall; stare –i l'uno all'altro to be close to o.a. **6** (racchiuso, pigiato) squeezed, hemmed in, wedged, packed: si trovò ~ fra due automobili he was hemmed in between two cars. **7** ⟨fig⟩ (costretto, incalzato) forced, driven, pressed (da by): ~ dalle necessità forced by necessity. **8** (unito, legato) bound, tied, linked (da by): essere ~ da un'amicizia con qd. to be bound to s.o. by friendship. **9** (vicino, intimo) close, near: parenti –i close (o near) relatives. **10** (rigoroso) strict, close, rigorous: –a sorveglianza strict supervision, close watch; mantenere uno ~ riserbo su un argomento to maintain a strict reserve on a subject; (preciso) exact, precise: attenersi allo ~

significato di una parola to stick to the exact meaning of a word. **11** (_rif. a dialetti: puro, schietto_) pure: _parlare il milanese_ ~ to speak pure Milanese. **12** (_con valore limitativo_) bare, strict: _lo_ ~ _necessario_ the bare minimum (_o_ necessities). **13** (_Fon_) closed: _una e -a_ a closed e. **II** _avv._ tight(ly), close(ly), fast: _legare qc. ben_ ~ to tie s.th. tight (_o_ fast); _lo abbracciò_ ~ she hugged him tight. **III** _s.m._ (_Geog_) straits _pl_ (_costr. sing._), strait: _lo_ ~ _di Gibilterra_ the Straits of Gibraltar. □ _avere il cuore_ ~ _dall'emozione_ to be downhearted (_o_ sad at heart); _prendere una curva -a_ to hug a curve; _a denti -i_ with clenched teeth (_anche fig._); _coi pugni -i_ with clenched fists.
strettoia _f._ **1** (_Strad_) narrowing in the road, (_fam_) bottleneck. **2** (_fig_) (_situazione difficile_) difficult (_o_ tricky) situation, (_fam_) tight spot: _trovarsi in una_ ~ to find o.s. in a tight spot. **strettoio** _m._ **1** clamp. **2** (_torchio a vite_) press.
stria _f._ **1** (_Arch_) stria. **2** (_solco, incisione_) furrow, groove, channel, flute. **3** (_Med_) stria, streak: _-e atrofiche_ striae atrophicae, stretch marks. **striare** _v.t._ (_strio, strii_) to streak, to stripe, to striate. **striato** _a._ **1** streaked, striped, striate(d). **2** (_Anat_) striated. **striatura** _f._ **1** (_lo striare_) streaking, striping. **2** (_concr_) striae _pl,_ streaks _pl,_ streaking.
stricnina _f._ strychnine.
strida → **strido. stridente** _a._ **1** strident, harsh, shrill: _suono_ ~ strident (_o_ harsh) sound. **2** (_fig_) (_contrastante_) conflicting, clashing, (_rif. a colori_) clashing. **3** (_fig_) (_con valore rafforzativo_) blatant: _contrasto_ ~ blatant (_o_ direct) contrast. **stridere** _v.i._ (compound tenses and past participle **striduto** rarely used; _aus._ **avere**) **1** (_strillare_) to shriek, to screech, to utter a shrill (_o_ piercing) cry; (_rif. ad animali_) to squeak; (_rif. a insetti_) to chirp. **2** (_rif. al fuoco_) to crackle, to hiss: _la fiamma stride_ the flame is crackling; (_rif. a oggetti caldi nell'acqua_) to hiss, to splutter: _il ferro rovente nell'acqua stride_ red–hot iron hisses in water; (_rif. al vento_) to shriek. **3** (_cigolare: rif. a porte e sim._) to squeak, to creak, to grate: _la porta stride sui cardini_ the door is squeaking on its hinges; (_rif. a catene e sim._) to clank, to rattle, to screech. **4** (_fig_) (_contrastare_) to differ (_con_ from), to clash, to (be in) contrast (with), to go against (s.th.): _le tue parole stridono con i fatti_ what you say goes against the facts; (_produrre un effetto sgradevole_) to clash, to jar, not to go (with); (_rif. a colori_) to clash, (_fam_) to shriek: _queste due tinte stridono tra loro_ these two colours clash.
stridio _m._ **1** shrieking, screeching. **2** (_rif. al fuoco_) hissing. **3** (_rif. a porte e sim.: cigolio_) squeaking, grating; (_rif. a freni_) squealing, screeching. **strido** _m._ (_pl. le_ **strida**) shriek, shrill (_o_ piercing) cry, screech. **stridore** _m._ **1** screech(ing), shrill sound, squeal. **2** (_rif. a porte e sim.: cigolio_) squeak(ing), creak(ing), grating; (_rif. a catene e sim._) screeching; (_rif. a freni_) screech, squeal: ~ _di freni_ screech of brakes. **3** (_Med_) stridor: ~ _respiratorio_ (respiratory) stridor. **stridulo** _a._ **1** (_acuto_) strident, shrill, harsh: _voce -a_ shrill voice. **2** (_che emette suoni striduli_) strident, shrill, stridulous; (_rif. a porte e sim._) squeaky, creaky, rasping; (_rif. a insetti_) stridulous, stridulant, strident. **3** (_Med_) stridulous.
strige _f._ (_uccello notturno di rapina_) screech owl. **strigidi** _m.pl._ (_Ornit_) strigeids _pl._
strigile _m./f._ (_Archeol_) strigil.
striglia _f._ curry–comb. **strigliare** _v.t._ (_striglio, strigli_) **1** to curry(–comb): ~ _i cavalli_ to curry the horses. **2** (_pop_) (_sgridare_) to rebuke, to scold, to rail at, (_fam_) to tell off. **strigliarsi** _v.r._ (_scherz_) to groom o.s., to spruce o.s. up. **strigliata** _f._ **1** curry–comb, currying. **2** (_fig_) (_rimprovero_) rebuke, scolding, (_fam_) telling off. □ _dare una_ ~ _a_ to curry–comb; (_fig_) to rebuke, to scold: _il maestro ha dato una_ ~ _al ragazzo_ the teacher scolded the boy.
strillare **I** _v.i._ (_aus._ **avere**) **1** to shriek, to yell, to scream, to screech: _appena vide il ladro cominciò a_ ~ when she saw the thief she began to scream. **2** (_parlare a voce alta_) to shout, to yell: _non occorre che tu strilli, non sono sordo_ you don't have to shout, I'm not deaf; (_con voce stridula_) to shriek, to screech, to scream. **3** (_fig_) (_protestare_) to

make a fuss, to holler. **II** _v.t._ (_dire ad alta voce_) to shout (out), to yell (out). **strillata** _f._ **1** (_grido_) shout, (sharp) cry. **2** (_pop_) (_sgridata_) scolding, (_fam_) telling off, (_fam_) dressing–down. **strillo** _m._ scream, shriek, sharp (_o_ shrill) cry: _fare uno_ ~ to (let out a) scream, to (give a) yell. **strillone** _m._ (_f._ **-a**) (_venditore di giornali nelle strade_) newspaper seller, newsboy, news vendor.
strillozzo _m._ (_Ornit_) corn bunting.
striminzire _v.t._ (_striminzisco, striminzisci_) **1** to hold (_o_ pull, keep) in; (_dentro un busto o sim._) to strait–lace, to lace up. **2** (_rendere più magro_) to make thinner, to slim. **striminzirsi** _v.r._ (_diventare più magro_) to become (_o_ get) thin. **2** (_stringersi_) to pull o.s. in; (_dentro un busto e sim._) to lace o.s. up (_o_ in). **striminzito** _a._ **1** (_stretto_) pulled in, tightly sheathed; (_in un busto e sim._) laced in. **2** (_misero_) shabby, poor: _un vestito_ ~ a shabby dress. **3** (_magro_) thin, skinny; (_stentato_) stunted: _un vecchio_ ~ a stunted old man.
strimpellamento _m._ (_rif. a strumenti a corda_) strumming, thrumming, scraping; (_rif. a strumenti a tastiera_) pounding, banging, thumping. **strimpellare** _v.t._ (_strimpello_) (_sonare malamente: rif. a strumenti a corda_) to strum, to thrum, to scrape: ~ _la chitarra_ to strum the guitar; (_rif. a strumenti a tastiera_) to pound, to bang on, to thump: ~ _il pianoforte_ to bang on the piano. **strimpellata** _f._ (_rif. a strumenti a corda_) strum(ming), thrum(ming), scrape; (_rif. a strumenti a tastiera_) pound(ing), bang(ing), thump(ing). **strimpellatore** _m._ (_f._ **-trice**) (_rif. a strumenti a corda_) strummer, thrummer; (_rif. a strumenti a tastiera_) pounder, banger, thumper. **strimpellìo** _m._ (_rif. a strumenti a corda_) strumming, thrumming; (_rif. a strumenti a tastiera_) pounding, banging, thumping.
strinare _v.t._ **1** to scorch: ~ _una camicia_ to scorch a shirt. **2** (_Gastr_) to singe. **strinarsi** _v.r._ to scorch. **strinato** _a._ **1** scorched; _camicia -a_ scorched shirt. **2** (_Gastr_) singed. □ _secco_ ~ as thin as a rake, like a beanpole. **strinatura** _f._ scorch (mark).
stringa _f._ **1** (_laccio_) lace; (_per scarpe_) shoe lace. **2** (_Inform_) string: ~ _di caratteri_ character string; ~ _vuota_ null string. **stringare** _v.t._ (_stringo, stringhi_) **1** to lace (up), to tie (up) tight. **2** (_fig_) (_rendere conciso_) to condense, to make concise. **stringatamente** _avv._ concisely, tersely, briefly. **stringatezza** _f._ conciseness, concision, terseness. □ _con_ ~ concisely, tersely. **stringato** _a._ **1** (_stretto_) tight, tied tightly; (_attillato_) close–fitting, tight. **2** (_fig_) (_conciso_) concise, brief, terse.
stringente _a._ **1** (_urgente, impellente_) pressing, urgent: _necessità -i_ urgent needs. **2** (_serrato_) convincing, forceful, cogent, stringent: _ragioni -i_ convincing reasons.
stringere _v._ (_stringo, stringi; strinsi, stretto/pop.,region._ **strinto**) **I** _v.t._ **1** (_serrare fortemente_) to clasp, to hold tight(ly), to clutch: _mi strinse cordialmente la mano_ he clasped my hand cordially; _stringeva tra le mani la borsetta_ she clutched her bag in her hands. **2** (_premere, tenere premuto_) to clasp, to press, to hug, to squeeze: ~ _qd. tra le braccia_ to clasp s.o. in one's arms; _la madre stringeva il figlio al seno_ the mother pressed her son to her breast. **3** (_avvicinare fra loro due cose_) to press (together), to squeeze (together): ~ _le labbra_ to press one's lips together; ~ _le gambe_ to squeeze one's legs together. **4** (_circondare, premere da ogni parte_) to surround, to press (against): _la folla stringeva la squadra vincitrice_ the crowd surrounded the winning team. **5** (_premere dolorosamente_) to pinch, to be (too) tight: _queste scarpe stringono i piedi_ these shoes are pinching my feet. **6** (_rimpicciolire, restringere_) to take in: _far_ ~ _un vestito_ to have a dress taken in. **7** (_concludere_) to make, to contract, to enter into, to stipulate: ~ _un patto_ to make a pact; ~ _un'alleanza_ to contract an alliance. **8** (_avvitare_) to tighten, to screw tight. **9** (_riassumere in sintesi_) to summarize, to sum up: ~ _un discorso_ to summarize a speech. **10** (_accelerare_) to speed up, to make faster, to quicken: ~ _il passo_ to quicken one's step. **11** (_lett_) (_impugnare, brandire_) to grasp, to brandish: ~ _la spada_ to grasp one's sword. **II** _v.i._ (_aus._ **avere**) **1** (_incalzare, urgere_) to be pressing, to press, to be (running) short: _il tempo stringe_ time presses

(*o* is short). **2** (*essere stretto*) to be (too) tight: *questa giacca stringe* this jacket is tight; (*rif. a scarpe*) to pinch, to be tight. **3** ⟨*fig*⟩ (*essere breve*) to be brief (*o* short, concise). **stringersi** *v.r.* **1** (*accostarsi*) to squeeze (o.s.), to press (o.s.): *si strinse al muro per lasciarmi passare* he squeezed himself against the wall to let me pass; *il bambino si stringeva alla madre* the child pressed himself against his mother. **2** (*restringersi: per fare spazio*) to squeeze together: *si strinsero per fare un po' di posto all'ultimo arrivato* they squeezed together to make room for the latest arrival. **3** ⟨*recipr*⟩ to embrace e.o., to hug e.o.: *si strinsero in un forte abbraccio* they embraced e.o. with a big hug. □ *stringersi* **addosso** *a qd.* (*con affetto*) to snuggle up to s.o.; ~ **amicizia** *con qd.* to strike up a friendship with s.o.; ~ *d'assedio una città* to lay siege to a town; *stringersi* **attorno** *a qd.* to press (*o* crowd, throng) round s.o.; (*raccogliersi*) to gather close around s.o.; *che stringe* (*stretto*) tight, tight–fitting, close–fitting: *un colletto che stringe* a tight(–fitting) collar; ~ *la* **cinghia** to tighten one's belt (*anche fig.*); ⟨*fig*⟩ ~ *il* **cuore** to wring (*o* break) one's heart; ⟨*Aut*⟩ ~ *in* **curva** to squeeze (*o* force over) on a curve; ~ *i* **denti** to clench one's teeth; ⟨*fig*⟩ to grit (*o* clench) one's teeth; ⟨*fig*⟩ ~ *la* (*o* alla) **gola** to bring a lump to one's throat; ~ *la* **mano** *a qd.* to shake ⌐s.o.'s hand⌐ (*o* hands with s.o.); ~ *l'*occhio to shut (*o* close) one's eyes tight; (*ammiccare*) to wink; ~ *i* **pugni** to clench one's fists; *stringersi nelle* **spalle** to shrug one's shoulders; ~ *il* **tempo** (*o i tempi*) (*accelerare*) to speed things up; *i tempi stringono* time is getting short; ⟨*Mecc*⟩ ~ *una* **vite** to tighten a screw. ‖ *stringi stringi* in short, all in all, to sum up, when you get down to it: *stringi stringi, non abbiamo guadagnato nulla* when you get down to it, we gained nothing.

stringimento *m.* **1** (*il serrare*) tightening: ~ *dei freni* tightening of brakes. **2** (*restringimento*) taking in: *lo* ~ *di un vestito* the taking in of a dress. □ ⟨*fig*⟩ ~ *di cuore* heavy heart.

stringinaso *m.inv.* ⟨*Sport*⟩ nose clip. □ *occhiali a* ~ pince–nez.

strip *ingl. m.* striptease, ⟨*fam*⟩ strip.

strippato *a.* ⟨*gerg*⟩ (*sotto l'influenza della droga*) in a drug daze, ⟨*sl*⟩ bombed–out, ⟨*am*⟩ spaced–out.

striscia *f.* (*pl.* -sce) **1** strip, slip: *una* ~ *di carta* a strip of paper, a streamer. **2** (*larga riga*) stripe: *cravatta nera a strisce rosse* black tie with red stripes. **3** (*striscia di cuoio per affilare*) strop. **4** (*porzione di territorio*) strip (of land). **5** (*traccia*) trace, streak: *una* ~ *di sangue* a streak of blood. **6** ⟨*Strad*⟩ line. □ *a strisce* striped: *maglia a strisce* striped sweater; ⟨*Aer*⟩ ~ *di atterraggio* runway; (*su treni battuta*) airstrip, landing strip; ⟨*Strad*⟩ *strisce pedonali* (*o zebrate*) pedestrian (*o* zebra) crossing *sing.*

strisciamento *m.* **1** creeping, crawling. **2** (*lo sfiorare: passando accanto*) grazing, shaving, brushing past; (*passando sopra*) skimming. **3** ⟨*fig*⟩ (*adulazione servile*) fawning, flattery. **strisciante** *a.* **1** crawling, creeping. **2** ⟨*fig*⟩ (*adulatore*) fawning, obsequious, servile. **3** ⟨*Bot*⟩ creeping, repent. **4** ⟨*El*⟩ sliding: *contatto* ~ sliding contact. □ ⟨*Econ*⟩ *inflazione* ~ creeping inflation.

strisciare *v.* (*striscio, strisci*) **I** *v.i.* (*aus.* **avere**) **1** (*passare sfiorando sopra una superficie*) to creep, to crawl: *i serpenti strisciano per terra* snakes crawl along the ground; (*rif. ad aerei e sim.*) to skim: *l'idrovolante strisciava sull'acqua* the seaplane skimmed over the water. **2** (*sfregare con maggiore o minore intensità un ostacolo*) to graze, to shave, to scrape (*contro qc. s.th.*), to pass close (to): *ho strisciato col parafango contro il muro* I grazed the wall with the mudguard. **3** ⟨*fig*⟩ (*adulare, ossequiare servilmente*) to crawl, to fawn. **II** *v.t.* **1** to drag, to scuff, to shuffle: ~ *i piedi per terra* to drag one's feet (along the ground). **2** (*sfiorare*) to graze, to shave, to brush: *la pallottola gli strisciò il braccio* the bullet grazed his arm. **3** (*produrre una raschiatura, un graffio*) to scrape, to scratch, to graze: *ho strisciato lo sportello destro* I have scraped the right door. **strisciarsi** *v.r.* to rub (o.s.), to rub up: *l'animale si strisciava contro l'albero* the animal was rubbing itself up against the tree. □ *il ladro si allontanò strisciando lungo il muro* the thief slipped away creeping

along the wall.

strisciata *f.* **1** creeping, crawling; (*lo sfiorare*) grazing, brushing. **2** (*segno*) streak. **striscio** *m.* **1** (*lo strisciare i piedi ballando*) shuffle, shuffling. **2** (*segno*) mark, scrape; (*tocco o colpo di striscio*) graze. **3** ⟨*Sport*⟩ (*nella scherma*) glide. **4** ⟨*Med*⟩ (*preparato microscopico*) smear. □ *ballo con lo* ~ shuffle; *di* ~ slightly, superficially, grazing: *ferire di* ~ to wound superficially, to graze; *toccare di* ~ to graze, to brush (against). **striscione** *m.* banner. □ ~ *pubblicitario* advertising banner; ~ *del traguardo* banner at the finishing line. **striscioni** *avv.* (by) crawling, (by) creeping. □ *avanzare* ~ to crawl (along).

stritolamento *m.* **1** grinding, crushing. **2** (*sbriciolamento*) shattering. **stritolare** *v.t.* (*stritolo*) **1** to grind, to crush. **2** ⟨*fig*⟩ (*demolire, annientare*) to crush, to demolish. **stritolarsi** *v.r.* to be shattered, to shatter, to smash to pieces.

strizzare *v.t.* **1** to wring (out): ~ *i panni* to wring out the clothes. **2** (*spremere*) to squeeze: ~ *un limone* to squeeze a lemon. **3** ~ *l'occhio a qd.* to wink at s.o. **strizzata** *f.* **1** (*rif. a panni bagnati*) wringing (out). **2** (*spremitura*) squeezing. □ *dare una* ~ *alla biancheria* to wring out the wash; ~ *d'occhi* wink; *dare una* ~ *d'occhi a qd.* to wink at s.o. **strizzatina** *f.* wink: *dare una* ~ *d'occhi a qd.* to give s.o. a wink, to wink at s.o. **strizzato** *a.* **1** wrung (out): *panni* -*i* wrung clothes. **2** ⟨*estens*⟩ squeezed, crushed, squashed. **strizzatoio** *m.* (*nelle lavatrici*) mangle, wringer. **strizzatura** *f.* wring(ing); (*con lo strizzatoio*) mangling, wringing.

strobilo *m.* **1** ⟨*Bot*⟩ strobilus, cone. **2** ⟨*Zool*⟩ strobila.

stroboscopia *f.* ⟨*Fis*⟩ stroboscopy. **stroboscopico** *a.* (*pl.* -ci) stroboscopic: *effetto* ~ stroboscopic effect. **stroboscopio** *m.* stroboscope.

strofa *f.* → strofe.

strofantina *f.* ⟨*Chim*⟩ strophanthin. **strofanto** (*o strofanto*) *m.* ⟨*Bot*⟩ strophanthus.

strofe *f.inv.* ⟨*Metr*⟩ strophe.

strofinaccio *m.* (*per spolverare*) dust cloth, duster; (*per i piatti*) dishcloth; (*per i pavimenti*) floor–cloth. **strofinamento** *m.* rubbing; (*per lucidare*) polishing; (*per pulire*) rubbing (up, down); (*con un cencio e sim.*) wiping. **strofinare** *v.t.* **1** to rub; (*per lucidare*) to polish: ~ *un mobile* to polish a piece of furniture; (*per pulire*) to rub (up, down), to clean: ~ *il pavimento* to clean the floor. **2** (*strisciare sfregando*) to rub, to scrape. **strofinarsi** *v.r.* to rub (up), to rub o.s.: *strofinarsi al muro* to rub against the wall. □ ~ *un fiammifero* to strike a match. **strofinata** *f.* (quick) rub, rub–up; (*per lucidare*) (quick) polish; (*con un cencio e sim.*) wipe -over. □ *dare una* ~ *al pavimento* to wipe (over) the floor; (*per lucidarlo*) to give the floor a quick polish. **strofinio** *m.* (continual) rubbing.

strolaga *f.* ⟨*Ornit*⟩ grebe.

strologare *v.i.* (*strologo, strologhi*; *aus.* **avere**) (*lambiccarsi il cervello*) to rack one's brains.

stroma *m.* ⟨*Biol*⟩ stroma.

strombare *v.t.* (*strombo*) ⟨*Arch*⟩ to splay. **strombatura** *f.* splay.

strombazzamento *m.* trumpeting. **strombazzare** *v.t.* **1** (*divulgare a suon di tromba*) to trumpet. **2** ⟨*fig*⟩ to trumpet abroad (*o* about), to shout from the roof-tops. □ ~ *ai quattro venti* to shout to the four winds, to shout from the rooftops. **strombazzata**, **strombazzatura** *f.* trumpeting.

strombettare *v.i.* (*strombetto*; *aus.* **avere**) **1** to play the trumpet badly, to blare away. **2** (*sonare il clacson*) to sound one's horn, ⟨*fam*⟩ to beep. **strombettata** *f.* **1** bad trumpet playing. **2** ⟨*Aut*⟩ sounding one's horn, ⟨*fam*⟩ beeping. □ *dare una* ~ to sound one's horn. **strombettio** *m.* **1** (continuous) trumpeting. **2** ⟨*Aut*⟩ (continuous) sounding of one's horn.

strombo *m.* ⟨*Zool*⟩ king conch.

stroncare *v.t.* (*stronco, stronchi*) **1** to break (*o* tear) off: *l'uragano ha stroncato parecchi rami dagli alberi* the hurricane broke a lot of branches off the trees. **2** ⟨*fig,iperb*⟩ (*affaticare*) to exhaust, to wear out: *una salita che stronca le gambe* a climb that wears out one's legs; (*prostrare*) to wear (out), to exhaust, to drain of all strength: *il dolore lo ha stroncato* the pain has worn him out. **3** ⟨*fig*⟩ (*porre fine*) to cut short, to end (abruptly), to put a stop to, to halt: ~ *le attività di una banda criminale* to put a stop to a gang's activities; (*uccidere*) to kill: *lo stroncò un infarto* he was killed by a heart attack. **4** ⟨*fig*⟩ (*reprimere*) to put down, to crush, to subdue: ~ *una rivolta* to crush a revolt; (*distruggere*) to dash, to crush: ~ *le speranze di qd.* to dash s.o.'s hopes. **5** ⟨*fig*⟩ (*criticare spietatamente*) to slash, to tear to pieces, ⟨*fam*⟩ to slate: ~ *un film* to slate a film. □ *un peso che stronca le braccia* a back-breaking weight. **stroncatura** *f.* **1** breaking (*o* cutting) off. **2** ⟨*fig*⟩ (*critica acerba*) slating (criticism). □ *fare la* ~ *di un libro* to slate a book.

stronzio *m.* ⟨*Chim*⟩ strontium.

stronzo *m.* ⟨*volg*⟩ **1** turd. **2** ⟨*fig*⟩ (*persona inetta, ignorante*) shit, turd.

stropicciamento *m.* rubbing. **stropicciare** *v.t.* (**stropiccio, stropicci**) **1** to rub: *stropicciarsi gli occhi* to rub one's eyes. **2** ⟨*fam,region*⟩ (*sgualcire*) to wrinkle, to crease (up). **stropicciarsi** *v.r.* ⟨*volg*⟩ (*non curarsi*) not to care, not to give a damn: *me ne stropiccio* I don't give a damn, what do I care? □ ~ *i piedi per terra* to shuffle (*o* drag) one's feet. **stropicciata** *f.* rub(bing). □ *darsi una* ~ *alle mani* to rub one's hands. **stropicciatura** *f.* rubbing. **stropiccio** *m.* **1** (continual) rubbing. **2** (*rumore*) sound of rubbing; (*di piedi*) shuffling (*o* scuffing) noise: *ho sentito uno* ~ *dietro la porta* I heard a shuffling noise behind the door.

strozza *f.* ⟨*pop,scherz*⟩ (*gola*) throat, ⟨*scherz*⟩ gullet: *afferrare qd. per la* ~ to grab s.o. by the throat. **strozzamento** *m.* **1** strangulation, strangling, choking, throttling. **2** ⟨*Med*⟩ strangulation: ~ *erniario* strangulation of a hernia. **strozzare** *v.* (**strozzo**) **I** *v.t.* **1** to strangle, to choke, to throttle: *lo hanno strozzato* he was strangled. **2** ⟨*fig*⟩ (*soffocare*) to suffocate, to choke, to smother. **3** ⟨*fig*⟩ (*prestare a usura*) to lend money on usury to. **4** ⟨*Mecc*⟩ to throttle. **5** ⟨*Med*⟩ to strangulate. **II** *v.i.* (*aus. avere*) (*rif. a cibi: rimanere in gola*) to choke, to strangle: *mi sentivo* ~ I was choking. **strozzarsi** *v.r.* **1** to choke, to strangle: *se mangi così in fretta ti strozzi* you're going to choke if you eat so fast. **2** ⟨*estens*⟩ (*restringersi*) to narrow, to become narrower. **strozzato** *a.* **1** strangled, choked, throttled; (*soffocato*) suffocated. **2** ⟨*fig*⟩ (*soffocato*) muffled, suppressed, faint: *voce* -*a* muffled voice. **3** ⟨*Med*⟩ strangulated: *ernia* -*a* strangulated hernia. **4** ⟨*Mecc*⟩ throttled. □ *voce* -*a dal pianto* voice choked with tears, choked voice. **strozzatura** *f.* **1** strangling, choking, throttling. **2** ⟨*estens*⟩ (*restringimento*) constriction, narrowing. **3** ⟨*Econ*⟩ bottleneck, factor restricting development. **4** ⟨*Artigl*⟩ choking; (*effetto*) choke.

strozzinaggio *m.* (*usura*) usury, ⟨*fam*⟩ loan sharking. **strozzino** *m.* (*f.* -*a*) **1** (*usuraio*) usurer, ⟨*fam*⟩ loan shark. **2** ⟨*estens,spreg*⟩ fleecer, ⟨*fam*⟩ bloodsucker.

struccare *v.t.* (**strucco, strucchi**) to remove the make-up of. **struccarsi** *v.r.* to take off one's make-up. **strucco** *m.* (*pl.* -*chi*) make-up removal.

strudel *ted. m.* ⟨*Dolc*⟩ strudel.

struggente *a.* agonizing, tormenting. **struggere** *v.t.* (**struggo, struggi; strussi, strutto**) **1** (*fondere con il calore*) to melt; (*rif. alla neve*) to thaw, to melt. **2** ⟨*fig*⟩ (*consumare lentamente*) to consume, to destroy, to eat up (*o* into): *il rimorso lo strugge* remorse is consuming him; (*rif. a desiderio intenso*) to consume. **struggersi** *v.r.* **1** (*fondersi*) to melt; (*rif. alla neve*) to thaw, to melt. **2** ⟨*fig*⟩ (*consumarsi lentamente*) to be consumed (*o* eaten up): *si struggeva dal desiderio di rivederlo* she was consumed by the desire to see him again; (*languire*) to pine (away), to languish, to waste away: *struggersi d'amore per qd.* to pine (*o* waste) away for love of s.o. □ ⟨*fig*⟩ *mi strugge il cuore* my heart aches (*o* is breaking); *struggersi dal dolore* to eat one's heart out. **struggicuore** *m.inv.* (*struggimento di cuore*) heartache, heartbreak. **struggimento** *m.* **1** melting; (*rif. alla neve*) thawing, thaw(-out), melting. **2** ⟨*fig*⟩ (*amore, desiderio*) longing, yearning, pining. **3** ⟨*fig*⟩ (*tormento*) torment, agony, anguish.

struma *f.* ⟨*Med*⟩ (*gozzo*) goitre, struma.

strumentale I *a.* **1** (*fatto per mezzo di strumenti*)

instrumental, instrument-: *analisi* ~ instrumental analysis. **2** ⟨*Gramm*⟩ instrumental. **II** *s.m.* ⟨*Gramm*⟩ (*anche caso strumentale*) instrumental case. □ ⟨*Aer*⟩ *navigazione* ~ instrumental navigation; ⟨*Mus*⟩ *concerto vocale e* ~ vocal and instrumental concert; ⟨*Aer*⟩ *volo* ~ instrument (*o* blind) flight. **strumentalismo** *m.* ⟨*Filos*⟩ instrumentalism. **strumentalità** *f.* instrumentality. **strumentalizzare** *v.t.* **1** ⟨*Mus*⟩ to adapt for instrumental playing, to arrange. **2** ⟨*fig*⟩ to take advantage of, to exploit. **strumentalizzazione** *f.* exploiting, taking advantage of. **strumentalmente** *avv.* instrumentally (*anche Mus.*). **strumentare** *v.t.* (**strumento**) ⟨*Mus*⟩ to instrument, to orchestrate. **strumentario** *m.* instruments *pl,* tools *pl,* instrumentation: ~ *chirurgico* surgical instruments. **strumentatore** *m.* (*f.* -*trice*) ⟨*Mus*⟩ instrumentator. **strumentatura** *f.* instrument, orchestration. **strumentazione** *f.* **1** → strumentatura. **2** (*apparecchiatura*) instruments *pl,* instrumentation. **strumentista** *m./f.* instrumentalist.

strumento *m.* **1** (*arnese*) tool, implement: *gli* -*i del falegname* the carpenter's tools. **2** (*apparecchio, dispositivo*) instrument: -*i ottici* optical instruments. **3** (*strumento musicale*) (musical) instrument. **4** ⟨*fig*⟩ (*mezzo*) instrument, tool: *essere lo* ~ *della provvidenza* to be the instrument of Divine Providence. **5** ⟨*Dir*⟩ instrument. □ ⟨*Mus*⟩ -*i ad* **arco** bowed string(ed) instruments, strings *pl;* -*i di* **bordo:** 1 ⟨*Mar*⟩ ship's instruments; 2 ⟨*Aer*⟩ flight instruments; ~ **chirurgico** surgical instrument; -*i per* **disegno** drawing instruments; ⟨*El*⟩ ~ **a ferro** *mobile* moving-iron instrument; ⟨*Mus*⟩ -*i a* **fiato** wind (instruments); ~ *di* **fisica** physics instrument; ~ *di* **gestione** management tool; ~ *di* **laboratorio** laboratory instrument; -*i di* **lavoro** work tools; ~ *a* **lettura** *diretta* direct-reading instrument; ~ *di* **misura** (*o misurazione*) measuring instrument, meter; -*i* **nautici** navigation instruments; ⟨*Mus*⟩ ~ *a* **percussione** percussion instrument; ⟨*Dir*⟩ ~ *di* **ratifica** instrument of ratification; ⟨*Stor*⟩ ~ *di* **tortura** instrument of torture.

strusciamento *m.* brushing, rubbing; (*sfregamento*) scraping, rubbing; (*rif. ai piedi*) shuffling, dragging, scuffing. **strusciare** *v.* (**struscio, strusci**) **I** *v.t.* to brush, to rub; (*sfregare*) to scrape, to rub; (*strascicare i piedi per terra*) to shuffle, to drag, to scuff. **II** *v.i.* (*aus. avere*) to brush, to rub; (*sfregare*) to scrape, to rub: *ho strusciato col parafango contro il muro* I scraped the mudguard against the wall. **strusciarsi** *v.r.* **1** to rub (o.s.): *il gatto si strusciava contro le mie gambe* the cat was rubbing up against my legs. **2** ⟨*recipr*⟩ to rub against e.o. **3** ⟨*fig*⟩ (*adulare*) to rub up (*a* to), to fawn (upon), to toady. **strusciata** *f.* rub, scrape. □ *dare una* ~ *al muro* to rub against the wall; (*col parafango e sim.*) to scrape against the wall. **struscio** *m.* (continual) rubbing, scraping; (*rif. a piedi*) shuffling, scuffing, dragging. **struscione** *m.* (*f.* -*a*) ⟨*fam,spreg*⟩ (*adulatore*) flatterer, fawner, ⟨*spreg*⟩ toady.

strussi → struggere.

strutto[1] *m.* ⟨*Alim*⟩ lard.

strutto[2] (*p.p. di struggere*) *a.* **1** ⟨*region*⟩ (*sciolto*) melted. **2** (*smagrito*) wasted away, emaciated.

struttura *f.* **1** structure (*anche tecn.*). **2** (*ossatura*) structure, frame(work). **3** ⟨*fig*⟩ (*composizione*) structure, composition: *la* ~ *di una lingua* the structure of a language; *la* ~ *di un romanzo* the structure of a novel. **4** ⟨*Edil*⟩ construction. □ ~ **agricola** agrarian structure; ~ **demografica** (*o della popolazione*) population structure; ~ **economica** economic structure; ~ *dell'*età age structure; ~ **gerarchica** hierarchical structure; ~ **granulare** granular structure; ⟨*Gramm*⟩ ~ *d'un* **periodo** sentence structure; ⟨*Psic*⟩ ~ *della* **personalità** personality structure; ~ *della* **popolazione** structure of the population; ~ **portante** carrying structure; ~ *del* **potere** power structure; ~ *del* **salario** wage structure; ~ **sociale** social structure, structure of society; ~ *di* **vendita** sales organization.

strutturale *a.* structural: *difetto* ~ structural defect. **strutturalismo** *m.* ⟨*Ling,Psic*⟩ structuralism. **strutturalista I** *s.m./f.* structuralist. **II** *a.* → strutturalistico. **strutturalistico** *a.* (*pl.* -*ci*) structuralist(ic). **strutturalmente** *avv.* structurally. **strutturare** *v.t.*

to structure, to give a structure to. **strutturato** *a.* **1** structured. **2** (*composto*) structured, made up of many elements. **strutturazione** *f.* structuring, organization.

struzzo *m.* ⟨*Ornit*⟩ ostrich. □ *fare lo* (o *la politica dello*) ~ to (play) ostrich, to bury one's head in the sand; ⟨*fig*⟩ *avere uno stomaco di* ~ to have a cast–iron stomach.

stuarda *f.* ⟨*Mod*⟩ (*colletto alla stuarda*) high stiff collar. □ *Maria Stuarda* Mary Stuart.

stuccare[1] *v.t.* (**stucco, stucchi**) **1** to stucco, to plaster. **2** (*chiudere con lo stucco*) to putty. **3** (*decorare con stucchi*) to stucco: ~ *un soffitto* to stucco a ceiling.

stuccare[2] *v.t.* (**stucco, stucchi**) **1** (*nauseare*) to nauseate, to make sick, to sicken: *questa minestra mi ha stuccato* this soup has made me sick. **2** ⟨*fig*⟩ (*infastidire, seccare*) to bore, to tire. **stuccarsi** *v.r.* to get sick (o tired), to tire (*di* of), ⟨*fam*⟩ to get fed up (with).

stuccatore *m.* (*f.* -**trice**) stucco worker. **stuccatura** *f.* **1** plastering, stuccoing; (*rif. a finestre*) puttying. **2** (*strato di stucco*) (layer of) plaster, stucco; (*rif. a finestre*) putty. **3** ⟨*Art*⟩ stucco(work).

stucchevole *a.* **1** cloying, sickly, sickening, nauseating. **2** ⟨*fig*⟩ (*noioso*) tedious, tiresome, boring. **stucchevolezza** *f.* **1** cloyingness, nauseatingness. **2** ⟨*fig*⟩ (*l'annoiare*) tediousness, tiresomeness. **stucchevolmente** *avv.* tediously, tiresomely.

stucco[1] *m.* (*pl.* -**chi**) **1** (*per lavori di muratura*) (common) stucco, plaster; (*per legno e sim.*) plaster; (*per finestre*) putty. **2** ⟨*Art*⟩ stucco(work). □ ⟨*fig*⟩ *rimanere* (o *restare*) *di* ~ to be dumbfounded, to be left speechless.

stucco[2] *a.* (*pl.* -**chi**) ⟨*fam*⟩ sick (*di* of), fed up (with): *sono* ~ *delle sue lamentele* I am sick of all his grumbling.

studente *m.* (*f.* -**essa**) **1** (*di scuola media*) pupil, schoolboy (*f* –girl), ⟨*am*⟩ student: ~ *di liceo* grammar–school pupil, ⟨*am*⟩ high school student. **2** ⟨*Univ*⟩ (university) student, undergraduate: ~ *di medicina* medical student. **studentesca** *f.* **1** (*di scuola media*) pupils *pl*, schoolchildren *pl*, ⟨*am*⟩ students *pl*, ⟨*am*⟩ student body. **2** ⟨*Univ*⟩ student body, students *pl*. **studentesco** *a.* (*pl.* -**chi**) **1** schoolboy– (*f* schoolgirl–), school–: *gergo* ~ schoolboy slang. **2** ⟨*Univ*⟩ student–, university–: *vita* –a student life, student days.

studiabile *a.* that can be studied.

studiacchiare *v.t./i.* (**studiacchio, studiacchi;** *aus.* **avere**) to study listlessly (o fitfully).

studiare *v.* (**studio, studi**) **I** *v.t.* **1** to study: ~ *una lingua* to study a language; (*all'università*) to study, to read: ~ *legge* to read law. **2** (*indagare, esaminare*) to seek to understand, to study: ~ *il cuore umano* to study the human heart; ~ *l'avversario* to study one's opponent. **3** (*cercare di trovare, di risolvere*) to try to (o and) find, to seek (to achieve), to see: ~ *il modo per riuscire a fare qc.* to try to find a way of doing s.th., to see how one can do s.th. **4** (*preparare, predisporre*) to study, to prepare, to think out: ~ *un piano di lavoro* to prepare a work plan. **5** (*escogitare*) to think up, to devise: *le studia tutte per non lavorare* he is always thinking up some new way of getting out of work. **6** (*esercitarsi in qc.*) to study, to practise: ~ *una parte* to study a part; ~ *il pianoforte* to practise the piano. **7** (*misurare, controllare*) to pick, to weigh, to measure: ~ *le parole* to weigh one's words. **II** *v.i.* (*aus.* **avere**) **1** (*seguire studi regolari: a scuola*) to go to school, to study: *ho dovuto smettere di* ~ *per trovare un lavoro* I had to ⌐leave school⌐ (o cut short my schooling) and look for a job; (*all'università*) to go to university (o college), to have a university education: *mio padre non ha mezzi per farmi* ~ my father can't afford to ⌐send me to⌐ (o put me through) university. **2** (*frequentare una scuola o un'università*) to go (*a* to), to study, to be (at): *studia al liceo francese* he goes to the French lycée; ~ *all'università* to be at university. **studiarsi** *v.r.* **1** (*osservarsi con attenzione*) to observe o.s. **2** ⟨*recipr*⟩ to observe (o watch) e.o. □ ~ *con un buon maestro* to study under a good teacher; ~ *medicina* to study medicine; ~ *a* **memoria** to learn by heart, to memorize; *una* **persona** *che non ha studiato* an uneducated person; *ha studiato da* **sé** he is self-taught.

studiatamente *avv.* **1** (*in modo ricercato*) studiedly,

affectedly. **2** (*di proposito*) studiedly, intentionally, on purpose. **studiato** *a.* **1** (*misurato*) studied, deliberate: *parole* –e studied words. **2** (*affettato*) studied, affected: *gesti* –i affected gestures. **3** (*intenzionale*) studied, deliberate, intentional: –a *noncuranza* studied indifference. **4** (*preparato*) well (o carefully) prepared, thought out: *un progetto ben* ~ a well–prepared plan.

studio *m.* **1** study(ing): *lo* ~ *dell'inglese* the study of English. **2** (*indagine, ricerca*) study, studies *pl*, research: *il libro è il frutto di lunghi studi* the book is the fruit of long study. **3** (*scritto, trattato*) study, paper: *uno* ~ *su Dante* a paper on Dante. **4** (*lavoro preparatorio, progetto*) (preliminary) study, plan: ~ *per la costruzione di un ponte* plan for the construction of a bridge. **5** *pl.* ⟨*Scol,Univ*⟩ studies *pl*: *ha abbandonato gli studi* he has given up his studies; *studi classici* classical studies, classics. **6** (*stanza*) study; (*di artista o fotografo*) studio. **7** (*ufficio di professionista*) office: ~ *legale* lawyer's office; (*rif. a medici*) office, consulting room. **8** ⟨*Rad,TV,Teat*⟩ studio. **9** ⟨*Cin*⟩ (*teatro di posa*) film studio. **10** ⟨*Mus*⟩ study, étude. **11** ⟨*Art*⟩ (*bozzetto*) study, sketch. □ ~ **acustico** recorder room, ⟨*am*⟩ machine room; **allo** ~ under study; –i **ambientali** environmental studies; ~ **artistico** (*nella pubblicità*) art department; ~ **dentistico** dental office; *fare gli studi:* **1** (*a scuola*) to go to school, to study; **2** (*all'università*) to go to (a university), to be at (a university), to study: *ha fatto gli studi a Oxford* he ⌐went to⌐ (o was at) Oxford University; *ho fatto gli studi universitari* I have a university education; ~ **individuale** self–study; *studi* **letterari** literary studies; ~ **medico** *convenzionato* consulting room(s) of a panel doctor; ~ *medico specialistico* specialist's consulting room(s); ⟨*Econ*⟩ ~ *di* **mercato** market study (o survey); ⟨*Ind*⟩ ~ *dei* **metodi** methods engineering (o study); ⟨*Cin,Rad,TV*⟩ ~ *di* **registrazione** recording room; ~ *dei* **tempi** time study; *al* **termine** *degli studi* after leaving school; (*all'università*) after getting one's degree; **uomo** *di* ~ studious man; ⟨*Pitt*⟩ ~ *dal vero* study from life.

studiolo *m.* **1** (small) studio. **2** ⟨*Arred*⟩ cabinet.

studiosamente *avv.* (*con diligenza*) diligently; (*con cura*) carefully. **studioso I** *a.* **1** dedicated (*di* to), interested (in): *è* ~ *di parapsicologia* he's interested in parapsychology. **2** (*diligente*) hard–working, studious, diligent: *un ragazzo* ~ a hard–working boy. **II** *s.m.* (*f.* -**a**) scholar: *un insigne* ~ an eminent scholar.

stuello *m.* ⟨*Med*⟩ tampon, tent.

stufa *f.* stove, heater: ~ *a legna* wood(–burning) stove; (*stufa elettrica o a gas*) heater. □ ~ *a carbone* coal stove; ~ *economica* kitchen range, cooker, ⟨*am*⟩ cooking range, ⟨*am*⟩ stove; ~ *a gas* gas fire, gas heater; ~ *di maiolica* tiled (o majolica) stove.

stufare *v.t.* **1** ⟨*Gastr*⟩ to stew. **2** ⟨*fam*⟩ (*seccare, annoiare*) to bore, to annoy, to tire: *mi hai proprio stufato con queste lamentele* you've bored me to death with your complaining. **stufarsi** *v.r.* ⟨*fam*⟩ to be (o get) sick (*di* of), to be fed up (with): *mi sono stufato di mangiare merluzzo* I am sick of eating cod, I am fed up with cod. **stufato** *m.* ⟨*Gastr*⟩ stew.

stufo *a.* (*pop*) sick (and tired) (*di* of), fed up: *essere* ~ *di un lavoro* to be sick and tired of a job; *essere* ~ *di qd.* to be fed up with s.o. □ *essere* ~ *e arcistufo* to be fed up to the back teeth; *essere* ~ *da morire* to be bored to death.

stuoia *f.* **1** (*tessuto*) reed matting. **2** (*singolo articolo*) mat. **stuoino** *m.* (*stoino*) doormat.

stuolo *m.* host, crowd, band.

stupefacente I *a.* **1** astonishing, amazing, astounding, stupefying: *spettacolo* ~ astonishing sight. **2** ⟨*Med*⟩ stupefactive, stupefacient: *effetto* ~ stupefactive effect. **II** *s.m.* drug, narcotic, ⟨*fam*⟩ dope. □ *consumo di* –i drug consumption; *detenzione di* –i possession of drugs; *traffico di* –i drug traffic(king). **stupefare** *v.t.* (**stupefaccio/stupefò, stupefai; stupefeci, stupefatto;** → **fare**) to astound, to amaze, to stupefy. **stupefarsi** *v.r.* to be astounded (o stupefied). **stupefatto** *a.* astonished, astounded, amazed, stupefied: *occhiata* –a amazed look. **stupefazione** *f.* **1** amazement, astonishment, stupefaction. **2** ⟨*Med*⟩ stupor, stupefaction.

stupendamente *avv.* stupendously, marvellously. **stupendo** *a.* **1** stupendous, wonderful, marvellous: *un quadro* ~ a stupendous painting. **2** ⟨*iperb*⟩ (*molto bello*) marvellous, wonderful, stupendous, (very) beautiful, ⟨*fam*⟩ gorgeous: *una giornata –a* a gorgeous day.

stupidaggine *f.* **1** stupidity. **2** (*atto stupido*) stupidity, stupid thing to do; (*detto stupido*) stupid remark, nonsense, stupidity: *dire –i* to make a stupid remark, to talk nonsense; (*errore stupido*) stupid mistake. **3** (*cosa di poco*) (mere) trifle: *ti ho comprato una* ~ I bought you a trifle. **stupidamente** *avv.* stupidly. **stupidata** *f.* ⟨*region*⟩ (*atto, detto stupido*) stupidity. **stupidello I** *a.* silly. **II** *s.m.* (*f.* **-a**) silly little thing. **stupidità** *f.* **1** stupidity. **2** (*atto stupido*) stupidity, s.th. stupid, stupid thing to do: *fare una* ~ to do s.th. stupid; (*detto stupido*) stupid remark, nonsense. **stupido I** *a.* **1** stupid, foolish, ⟨*fam*⟩ thick-headed, ⟨*am.fam*⟩ dumb. **2** (*che denota scarsa intelligenza*) stupid, foolish, ⟨*am.fam*⟩ dumb: *una risposta –a* a stupid reply. **II** *s.m.* (*f.* **-a**) stupid (*o obtuse*) person, fool, dolt, ⟨*fam*⟩ blockhead.

stupire *v.* (**stupisco, stupisci**) **I** *v.t.* (*meravigliare*) to stupefy, to amaze, to astonish, to astound: *le tue parole mi stupiscono* what you say amazes me. **II** *v.i.* (*aus.* **essere**), **stupirsi** *v.r.* to be astonished (*o* amazed), to be (very) surprised (*di* at), to be stupefied (by): *non c'è da stupirsi* there's nothing to be surprised at. **stupito** *a.* (*meravigliato*) astonished, amazed, astounded, stupefied: *essere* ~ *di qc.* to be astonished (*o* amazed) at s.th. **stupore** *m.* **1** amazement, astonishment, wonder: *riempire di* ~ to fill with wonder, to amaze, to stun. **2** ⟨*Med*⟩ stupor, stupefaction. □ *fare* ~ *a qd.* to amaze (*o* astonish) s.o.; *con suo grande* ~ to his astonishment; *essere preso* (*o colto*) *dallo* ~ to be astonished. **stuporoso** *a.* stuporose, stuporous.

stuprare *v.t.* ⟨*Dir*⟩ to rape. **stupratore** *m.* rapist. **stupro** *m.* rape.

stura *f.* uncorking, opening. □ *dare la* ~: **1** (*rif. a bottiglie*) to uncork, to open; **2** ⟨*fig*⟩ to give vent (*a* to), to open up, to unburden o.s.: *dare la* ~ *al proprio risentimento* to give vent to one's resentment.

stura|bottiglie *m.inv.* bottle opener; (*cavatappi*) corkscrew. **~lavandini** *m.inv.* plunger, plumber's helper (*o* friend).

sturamento *m.* unplugging, unclogging; (*rif. a bottiglie*) uncorking; (*rif. a botti*) unbunging. **sturare** *v.t.* **1** (*rif. a bottiglie*) to uncork: ~ *un fiasco* to uncork a flask; (*rif. a botti*) to unbung. **2** (*liberare una conduttura ostruita*) to unplug, to unclog.

stuzzicadenti *m.inv.* **1** toothpick. **2** ⟨*fam*⟩ (*persona molto magra*) beanpole.

stuzzicamento *m.* **1** picking, poking. **2** ⟨*fig*⟩ (*il punzecchiare*) teasing, taunting, goading. **stuzzicante** *a.* **1** (*stimolante*) stimulating, arousing, exciting. **2** (*che stimola l'appetito*) appetizing, tasty. **3** (*eccitante*) exciting, stirring: *vista* ~ stirring sight. **stuzzicare** *v.t.* (**stuzzico, stuzzichi**) **1** to pick (at), to poke (at): *stuzzicarsi i denti* to pick one's teeth; (*toccare con insistenza*) to probe, to pick, to poke (at): *stuzzicarsi una piaga* to pick at a sore. **2** ⟨*fig*⟩ (*molestare, infastidire*) to bother, to annoy, to vex, to worry: *non stuzzicarlo mentre studia* don't bother him while he's studying; (*punzecchiare*) to tease, to taunt, to goad. **3** ⟨*fig*⟩ (*stimolare*) to excite, to (a)rouse: ~ *la curiosità di qd.* to arouse (*o* excite) s.o.'s curiosity. □ ⟨*fig*⟩ *non* ~ *il cane che dorme* let sleeping dogs lie. **stuzzichino** *m.* **1** ⟨*fam*⟩ tease. **2** ⟨*region*⟩ (*spuntino*) snack; (*cibo che stuzzica l'appetito*) appetizer, titbit.

su I *prep.* (followed by the definite article it becomes **sul** [*su* + *il*], **sullo** [*su* + *lo*], **sulla** [*su* + *la*], **sui** [*su* + *i*], **sugli** [*su* + *gli*], **sulle** [*su* + *le*]) **1** (*sovrapposizione con contatto: stato*) on: *la penna è sulla scrivania* the pen is on the desk; (*moto*) on, on to, onto: *metti il giornale sulla sedia* put the newspaper on the chair. **2** (*sovrapposizione senza contatto*) over: *ora voliamo* ~ *Roma* we are now flying over Rome; *un ponte sul fiume* a bridge over the river; (*con contatto: per esprimere rivestimento*) over: *metti uno scialle sulle spalle* throw a shawl over your shoulders. **3** (*al di sopra di, più in alto di*) above: *a mille metri sul*

mare one thousand metres above sea level. **4** (*per esprimere superiorità, autorità, governo*) over: *regnare* ~ *mezzo mondo* to reign over half the world. **5** (*per indicare vicinanza immediata*) on, by: *sul lungomare* on the sea front; *una città sul mare* a city by the sea; *Londra è sul Tamigi* London is on the Thames. **6** (*moto: dal basso in alto e dall'alto in basso*) on, on to, onto: *questa finestra dà sul giardino* this window looks out onto (*o* over) the garden; *l'uccellino volò su un ramo* the little bird flew onto a branch; *salire sull'autobus* to get on the bus; (*contro*) on, at: *i vincitori marciarono sulla capitale* the victors marched on the capital; *il cane si gettò sul mendicante* the dog leapt at the beggar. **7** (*approssimazione: circa, pressappoco*) about, around, approximately, roughly, some: *essere sulla sessantina* to be about sixty; *costerà sulle ottomila lire* it must cost approximately eight thousand lire; *peserà sui cinquanta chili* she must weigh around fifty kilos; (*verso, intorno a*) at, (at) about, (at) around: *vediamoci sul mezzogiorno* let's get together around noon; *sul far della sera* at twilight. **8** (*intorno a, riguardo a*) about, concerning, regarding, on: *discutere sulla situazione economica* to argue about the economic situation; *una conferenza sull'arte moderna* a lecture on modern art. **9** (*nel complemento di materia*) on: *un dipinto* ~ *tela* a painting on canvas; *incidere* ~ *rame* to engrave on copper. **10** (*nei complementi di modo o maniera*) to, on, upon, at: *scarpe fatte* ~ *misura* shoes made to measure; *spedire qc.* ~ *richiesta* to send s.th. on request; *lavorare* ~ *ordinazione* to work to order; ~ *invito dell'ambasciata italiana* at the invitation of the Italian Embassy; (*oltre*) after: *debiti* ~ *debiti* one debt after another; (*secondo*) following, after, on: *sull'esempio di suo padre* following his father's example; ~ *mio consiglio* on my advice. **11** (*di, fra*) out of, in: *nove volte* ~ *dieci* nine times out of ten. **12** (*rif. a libri, giornali e sim.: in*) in: *l'ho letto sul giornale* I read it in the paper. **II** *avv.* **1** (*stato*) (up) above, overhead: *gli uffici sono* ~ the offices are above; (*moto*) (up) above, up. **2** (*al piano superiore: stato*) upstairs: *digli che sto* ~ tell him that I'm upstairs; (*moto*) upstairs, up: *vieni* ~! come on up! **3** (*indosso*) on: *aveva* ~ *un vestito nuovo* she ˹had on˺ (*o* was wearing) a new dress. **4** (*negli ordini, in alto*) up: ~ *le mani!* hands up! **5** (*esortazione: suvvia*) come on, ⟨*am.fam*⟩ let's go: ~, *ragazzi, moviamoci* come on, boys, let's get moving; ~, *racconta tutto!* come on, spit it out! □ **con** ~ with ... on it: *una scrivania con* ~ *un telefono* a desk with a telephone on it; **da** ~ (*dall'alto*) from above, from overhead; (*dal piano di sopra*) from upstairs; ~ **e giù**: **1** up and down: *andare* ~ *e giù per le scale* to go up and down the stairs; **2** (*avanti e indietro*) back and forth, up and down, to and fro: *il leone andava* ~ *e giù per la gabbia* the lion paced back and forth in its cage; **3** (*viavai*) coming and going, bustle, stir: *c'era un continuo* ~ *e giù* there was a constant coming and going; *in* ~ *e in giù* up and down; *per giù* (*pressappoco*) more or less, roughly, about, approximately; **in** ~: **1** (*verso l'alto*) up(wards): *guarda in* ~ *e lo vedrai* look up and you'll see it; **2** (*al nord*) up: *da Roma in* ~ from Rome up; **3** (*movimento verso valori più alti*) up, on: *i bambini dai sei anni in* ~ children from six up, children over (*o* from the age of) six; **là** ~ up there; **mettere** ~: **1** (*rif. a persone: aizzare*) to turn against: *lo hai messo* ~ *contro di me* you have turned him against me; **2** (*rif. a cose*) to set up: *mettere* ~ *casa* to set up house; *mettere* ~ *famiglia* to marry; *mettere* ~ *un ufficio* to open (up) an office; *sul* **momento** (*immediatamente*) immediately, right away; (*lì per lì*) at first, there and then: *sul momento non seppi rispondere* I couldn't answer there and then; ~ **per** (*lungo*) up: *si arrampicò* ~ *'per il muro* he climbed up the wall; ~ **due piedi** on the spot, there and then; **più** ~ further up, higher up; **qui** (*o qua*) ~ up here; *sul* **serio** seriously; **stare** *sulle sue* to be stand-offish; ~ **su**: **1** right up, (all the) way up: ~ *su fino alla cima* right up to the top; **2** ⟨*esclam*⟩ come on: ~ *su, siamo in ritardo* (oh) come on, we're late.

S.U. = *Stati Uniti* United States (*abbr.* U.S., US).
S.U.A. = *Stati Uniti d'America* United States of America

(*abbr.* U.S.A., USA).
suaccennato *a.* above-mentioned, aforesaid.
suadente *a.* ⟨*lett*⟩ 1 (*che persuade*) persuasive, convincing. 2 (*allettante*) tempting, inviting, attractive, winning.
sub *m./f.* ⟨*Sport*⟩ skindiver. **subacqueo I** *a.* underwater, subaqueous, submarine: *pesca –a* underwater fishing; *cavo* ~ submarine cable. **II** *s.m.* 1 skindiver. 2 (*sommozzatore*) (deep–sea) diver.
subacuto *a.* ⟨*Med*⟩ subacute.
subaffittare *v.t.* to sublease, to (sub)let: *ho subaffittato due stanze del mio appartamento* I've sublet two rooms in my apartment. **subaffitto** *m.* sublet, sublease; (*il subaffittare*) subletting, subleasing. □ *abitare in* ~ to sublet; *dare in* ~ → **subaffittare**; *prendere in* ~ to sublet, to sublease. **subaffittuario** *m.* (*f.* **-a**) sublessee, subtenant.
sub|agente *m.* subagent. **~alpino** *a.* ⟨*Geog,Biol*⟩ subalpine.
subalterno I *a.* 1 subordinate, subaltern: *impiegato* ~ subordinate employee. 2 ⟨*Filos*⟩ subaltern. **II** *s.m.* 1 subordinate, subaltern. 2 ⟨*Mil*⟩ subaltern.
subappaltare *v.t.* ⟨*Dir*⟩ (*dare, prendere in subappalto*) to subcontract. **subappaltatore** *I* *s.m.* (*f.* **-trice**) subcontractor. **II** *a.* subcontracting. **subappalto** *m.* subcontract.
subatomico *a.* (*pl.* **-ci**) ⟨*Fis*⟩ subatomic.
subbia *f.* (*scalpello*) chisel. **subbiare** *v.t.* (**subbio, subbi**) to chisel.
subbio *m.* 1 ⟨*Tess*⟩ beam. 2 (*rullo per la manganatura*) mangle roller, cylinder of a mangle (*o* wringer).
subbuglio *m.* (*confusione*) uproar, turmoil, tumult; (*disordine*) confusion, disorder, chaos: *mettere in* ~ to throw into confusion; *la moltitudine era in* ~ the crowd was in a turmoil.
sub conditione *lat.* ⟨*Dir*⟩ (*sotto condizione: agg.*) conditional; (*avv.*) conditionally.
subconscio, subcosciente *a./s.m.* ⟨*Psic*⟩ subconscious. **subcoscienza** *f.* subconsciousness.
subcultura *f.* subculture.
subdelegare *v.t.* (**subdelego, subdeleghi**) to subdelegate.
subdolamente *avv.* in an underhand way, shiftily, deceitfully. **subdolo** *a.* underhand, shifty, deceitful, sneaky, sly.
subentrare *v.i.* (**subentro**; *aus.* **essere**) 1 (*succedere*) to succeed, to follow, to come after (*a qd.* s.o.). 2 (*sostituirsi*) to take over (*a* from), to take the place (of), to replace (s.o.): *al suo posto subentrò un giovane impiegato* he was replaced by a young employee. 3 (*fig*) to take the place (*a* of), to replace (s.th.), to follow (on): *allo stupore subentrò la paura* fear followed on astonishment. **subentro** *m.* ⟨*burocr*⟩ (*il succedere*) succession; (*il sostituire*) taking over.
subequatoriale *a.* ⟨*Geog*⟩ subequatorial.
subire *v.t.* (**subisco, subisci**) 1 (*essere costretto a sopportare*) to suffer, to meet with, to endure: ~ *un torto* to suffer a wrong. 2 (*sottoporsi a*) to have, to undergo: ~ *un'operazione* to have an operation. 3 (*sottostare*) to undergo, to go through, to experience: ~ *un interrogatorio* to undergo an interrogation. □ ~ *una condanna* to be convicted; ~ *un danno* to be damaged; ~ *le conseguenze di qc.* to suffer (*o* bear) the consequences of s.th.
subirrigazione *f.* ⟨*Agr*⟩ subirrigation.
subissare I *v.t.* 1 (*far precipitare in rovina*) to bring down (in ruins). 2 (*fig*) (*colmare*) to overwhelm, to load: ~ *qd. di domande* to overwhelm s.o. with questions. **II** *v.i.* (*aus.* **essere**) to crash (down), to collapse. **subisso** *m.* 1 (*rovina, sfacelo*) ruin, collapse: *andare in* ~ to fall into ruin. 2 (*fam*) (*grande quantità*) crowd, host, mass, heap: *ho ricevuto un* ~ *di lettere* I received a mass of letters. □ ~ *di applausi* thunderous applause.
subitaneamente *avv.* suddenly, all at once, all of a sudden. **subitaneità** *f.* suddenness. **subitaneo** *a.* sudden; (*repentino*) unexpected. **subito** *avv.* immediately, at once, (*fam*) right away: *vieni qui* ~ come here at once; *torno* ~ I'll be back ⌈right away⌉ (*o* in a moment), I'll be right back. □ ~ *dopo* immediately after(wards), straight (*o* just) after; ~ *prima* just before.

sublimabile *a.* sublimable. **sublimare I** *v.t.* 1 (*esaltare*) to exalt, to raise, to sublime. 2 ⟨*Fis,Chim*⟩ to sublime, to sublimate. 3 ⟨*Psic*⟩ to sublimate. **II** *v.i.* (*aus.* **essere**) ⟨*Chim*⟩ to sublimate, to sublime. **sublimarsi** *v.r.* to raise o.s., to make o.s. sublime. **sublimato** *m.* ⟨*Chim*⟩ sublimate. **sublimazione** *f.* ⟨*Psic,Chim*⟩ sublimation.
sublime I *a.* 1 (*eccellente*) sublime, excellent, outstanding: *un artista* ~ a sublime artist. 2 ⟨*lett*⟩ (*alto, elevato*) high, lofty. **II** *s.m.inv.* sublime: *pittura che raggiunge il* ~ painting that approaches the sublime. **sublimemente** *avv.* sublimely.
subliminale, subliminare *a.* ⟨*Psic,Med*⟩ subliminal.
sublimità *f.* sublimity, loftiness. **sublimizzare** *v.t.* ⟨*Psic*⟩ to sublimate. **sublimizzarsi** *v.r.* to be sublimated.
sub|linguale *a.* 1 ⟨*Anat*⟩ (*sottolinguale*) sublingual. 2 ⟨*Farm*⟩ for sublingual administration. **~locazione** *f.* sublet, sublease. **~lunare** *a.* ⟨*Meteor*⟩ sublunar(y). **~mentale** *a.* ⟨*Med*⟩ submental. **~normale** *a.* ⟨*Med*⟩ subnormal.
subodorare *v.t.* (**subodoro**) to get wind of, to smell, to sense: ~ *un inganno* to smell a rat.
suborbitale *a.* ⟨*Anat,Astron*⟩ suborbital.
subordinamento *m.* subordination, subordinating. **subordinare** *v.t.* (**subordino**) 1 to subordinate: *non devi* ~ *le tue decisioni alle sue* you must not subordinate your decisions to his. 2 ⟨*Gramm*⟩ to subordinate. **subordinata** *f.* ⟨*Gramm*⟩ (*anche proposizione subordinata*) subordinate clause. □ ~ *causale* causal clause. **subordinatamente** *avv.* 1 subordinately. 2 (*in dipendenza*) subject (*a* to), depending (on) (*anche Dir.*). **subordinativo** *a.* 1 subordinating. 2 ⟨*Gramm*⟩ subordinative: *congiunzione* –a subordinative conjunction. **subordinato I** *a.* 1 (*dipendente*) dependent (*a* on), subject (to): ~ *all'approvazione del ministro* subject to the approval of the minister; (*vincolato,condizionato*) dependent (on), subordinate (to): *i miei programmi sono sempre* –*i a quelli di mio marito* my plans are always subordinate to those of my husband. 2 (*rif. a rapporti di lavoro*) for hire, for an employer: *lavoro* ~ work done for hire. 3 ⟨*Gramm*⟩ subordinate. **II** *s.m.* (*f.* **-a**) subordinate. □ *lavoratore* ~ employee. **subordinazione** *f.* 1 (*dipendenza*) dependence, subjection. 2 (*sottomissione*) subordination. 3 (*rif, a rapporti di lavoro*) condition of being employed (*o* hired). 4 ⟨*Gramm,Filos*⟩ subordination. **subordine**: ⟨*Dir*⟩ *in* ~ (*subordinatamente, in dipendenza*) subject, depending; (*in via subordinata*) secondarily.
subornare *v.t.* (**suborno**) ⟨*Dir*⟩ to suborn: ~ *un teste* to suborn a witness. **subornatore** *m.* (*f.* **-trice**) suborner. **subornazione** *f.* subornation: ~ *di teste* subornation of a witness.
subroutine *f.* ⟨*Inform*⟩ (*sottoprogramma*) subroutine.
subsidenza *f.* subsidence.
sub|sonico *a.* (*pl.* **-ci**) subsonic. **~strato** *m.* 1 ⟨*Biol*⟩ substrate. 2 ⟨*Ling,Filos*⟩ substratum (*anche fig.*). **~tropicale** *a.* ⟨*Geog*⟩ subtropical. **~umano** *a.* subhuman. **~urbano** *a.* suburban: *strada* –a suburban road.
suburbio *m.* suburbs *pl,* suburbia; (*zona periferica*) suburb: *i suburbi di una città* the suburbs of a city.
suburra *f.* ⟨*lett*⟩ slum, disreputable district.
succedaneo I *a.* taking (*o* that can take) the place (*di* of), acting as a substitute (for), ⟨*lett*⟩ succedaneous. **II** *s.m.* (*surrogato*) substitute, surrogate, ⟨*lett*⟩ succedaneum.
succedere *v.i.* (**successi/succedei/succedetti, succcesso/succeduto**; *aus.* **essere**) 1 (*subentrare*) to succeed, to follow, to come after (*a qd.* s.o.): *a Tiberio successe Caligola* Caligula succeeded Tiberius. 2 (*seguire*) to follow, to come after (*a qd.* s.th.): *al lampo succede il tuono* thunder follows lightning. 3 (*accadere*) to happen, to take place: *sono cose che succedono* these things (will) happen. 4 (*capitare*) to happen, to occur, to befall: *che cosa gli è successo?* what happened to him? **succedersi** *v.r.* ⟨*recipr*⟩ to follow on, to follow (*o* come after) e.o., to occur in succession. □ *che ti succede?* what's the matter with you? **succedersi** *m.* succession, sequence, run, series: *il* ~ *degli avvenimenti* the succession of events.

successibile *a.* ⟨*Dir*⟩ entitled to succeed, in line of succession. **successibilità** *f.* capacity to inherit.

successione *f.* **1** (*il susseguirsi*) succession, sequence: *la ∼ delle stagioni* the succession of the seasons. **2** (*serie ordinata*) succession, sequence, series: *la linea è una ∼ di punti* a line is a sequence of points. **3** ⟨*Dir*⟩ succession; (*eredità*) inheritance. **4** ⟨*Dir,Pol*⟩ succession: *∼ al trono* succession (to the throne). **5** ⟨*Biol*⟩ succession. **6** ⟨*Mat*⟩ series. □ ⟨*Dir*⟩ **apertura** *della ∼* opening (*o* vesting) of succession; ⟨*Dir*⟩ *∼* **collaterale** succession in the collateral line; **diritto** *di ∼* right of succession; *∼ di* **eventi** train (*o* course) of events; ⟨*Stor*⟩ **guerre** *di ∼* Wars of Succession; *∼* **legittima** legal succession; ⟨*Dir*⟩ *∼* **testamentaria** testamentary succession, succession will.

successivamente *avv.* **1** (*dopo*) then, subsequently, after(wards): *pensiamo prima ai bambini, ∼ penseremo a noi* let's think of the children first, then we'll think of ourselves. **2** (*uno dopo l'altro*) successively. **successivo** *a.* **1** (*seguente*) following (*a qc.* s.th.), after, subsequent (to): *il giorno ∼* the following (*o* next) day, the day after. **2** (*uno dopo l'altro*) successive, consecutive: *a ondate –e* in consecutive waves. □ *in un momento ∼* later, subsequently; *lavoro ∼* follow-up work.

successo[1] *m.* **1** success: *riportare ∼* to have (*o* meet with) success, to be successful; *il romanzo ha avuto ∼* the book was a success. **2** ⟨*assol*⟩ (*successo teatrale e sim.*) success, ⟨*fam*⟩ hit: *gli ultimi –i della musica leggera* the latest popular song hits. **3** (*esito*) outcome, result(s), issue, upshot: *che ∼ hanno avuto i tuoi sforzi?* what was the outcome of your efforts? □ *∼* **con** *∼* successfully; *di ∼* ⟨*fam*⟩ hit–: *canzonetta di grande ∼* hit song; *∼* **discografico** hit record; *avere ∼ con le* **donne** to be a lady-killer; *∼* **elettorale** success at the polls; **grande** *∼* great success, ⟨*fam*⟩ hit.

successo[2] → **succedere**.

successore I *s.m.* successor. II *a.* succeeding, successive, succession–. **successorio** *a.* ⟨*Dir*⟩ succession–, inheritance–. □ **imposta** *–a* death (*o* succession) duty, ⟨*am*⟩ inheritance (*o* estate) tax.

succhiamento *m.* sucking, suction. **succhiare** *v.t.* (**succhio, succhi**) **1** to suck (on): *∼ il poppatoio* to suck (on) the bottle; *succhiarsi il dito* to suck one's thumb. **2** (*assorbire*) to absorb, to draw (up), to suck (up): *le radici succhiano l'acqua piovana* the roots draw up the rainwater. **3** (*lasciar sciogliere sulla lingua*) to suck: *∼ una caramella* to suck a sweet. **4** (*sorbire*) to sip. □ *∼ il latte* to suck milk; ⟨*fig*⟩ *aver succhiato qc. col latte* to have been brought up doing (*o* on) s.th.; ⟨*fig*⟩ *∼ il sangue a qd.* to bleed s.o. white, to squeeze s.o. dry. **succhiata** *f.* suck. **succhiatore** *m.* (*f.* **-trice**) sucker: *∼ di sangue* bloodsucker.

succhiellamento *m.* ⟨*Fal*⟩ gimletting. **succhiellare** *v.t.* (**succhiello**) to gimlet. **succhiello** *m.* ⟨*Fal*⟩ gimlet.

succhietto *m.* dummy, ⟨*am*⟩ pacifier. **succhione** *m.* ⟨*Bot*⟩ sucker. **succhiotto** *m.* **1** dummy, ⟨*am*⟩ pacifier. **2** ⟨*pop*⟩ (*segno sulla pelle*) bruise caused by sucking. **succiare** *v.t.* (**succio, succi**) ⟨*region,pop*⟩ to suck: *∼ il dito* to suck one's thumb; *∼ una caramella* to suck a sweet.

succinico *a.* (*pl.* **-ci**) ⟨*Chim*⟩ succinic: *acido ∼* succinic acid. **succinite** *f.,* **succino** *m.* ⟨*Min*⟩ succinite.

succintamente *avv.* **1** scantily clad: *donna ∼ vestita* scantily-clad woman. **2** ⟨*fig*⟩ (*concisamente*) concisely, briefly. **succinto** *a.* **1** (*rif. a indumenti*) scant(y): *un costume da bagno ∼* a scanty bathing suit; (*rif. a persone: con le vesti succinte*) scantily dressed. **2** (*breve, sintetico*) concise, brief: *un ∼ resoconto* a concise account. □ *in vesti –e* scantily clad.

succitato *a.* above-mentioned.

succlavio *a.* ⟨*Anat*⟩ subclavian.

succo *m.* (*pl.* **-chi**) **1** juice: *un limone pieno di ∼* a lemon full of juice, a juicy lemon; *un bicchiere di ∼ di arancia* a glass of orange-juice. **2** ⟨*fig*⟩ essence, main (*o* essential) point, pith, gist: *il ∼ della questione* the gist of the matter, the point. □ *∼ di* **frutta** fruit-juice; ⟨*Fisiol*⟩ *∼* **gastrico** gastric juice; *∼ di* **limone** lemon-juice; *∼ di* **pomodoro** tomato-juice; *∼ d'uva* grape-juice. **succosamente** *avv.*

concisely, pithily. **succosità** *f.* **1** juiciness, succulence. **2** ⟨*fig*⟩ richness. **succoso** *a.* **1** juicy, succulent: *frutto ∼* juicy fruit. **2** ⟨*fig*⟩ (*sostanzioso*) pithy, meaty.

succube *m./f.* **1** slave, person dominated by s.o. **2** ⟨*Occult*⟩ succubus. □ *diventare ∼ di qd.* to become s.o.'s slave[1] (*o* entirely dominated by s.o.); *essere ∼ di qd.* to be dominated by s.o. **succubo** *m.* (*f.* **-a**) ⟨*non com*⟩ → **succube**.

succulento *a.* **1** succulent, juicy: *un'arancia –a* a succulent orange. **2** ⟨*estens*⟩ (*gustoso*) succulent, tasty: *un pranzo ∼* a tasty meal. **3** ⟨*Bot*⟩ (*grasso*) succulent. **succulenza** *f.* **1** succulence, juiciness. **2** ⟨*estens*⟩ (*l'essere gustoso*) succulence, tastiness. **3** ⟨*Bot*⟩ succulence.

succursale I *s.f.* branch (office). II *a.* branch–.

sud I *s.m.* south: *il ∼ della Francia* the south (*o* southern part) of France, southern France. II *a.* south, southern: *polo ∼* South Pole; *emisfero ∼* southern hemisphere. □ *a ∼:* **1** (*stato*) south, southern, in the south: *la città è a ∼ di Roma* the city is south of Rome; **2** (*moto*) south, to the south: *la macchina si diresse a ∼* the car headed south; *abitante del ∼* southerner; *vento del ∼* south wind, southerly; *verso ∼* south, southward(s), southerly.

Sudafrica *N.pr.m.* ⟨*Geog*⟩ South Africa. **sudafricano** *a./s.m.* (*f.* **-a**) South African. □ *Unione –a* Union of South Africa.

Sudamerica *N.pr.m.* ⟨*Geog*⟩ South America. **sudamericano** *a./s.m.* (*f.* **-a**) South American.

sudamina *f.* ⟨*Med*⟩ sudamen.

Sudan *N.pr.m.* ⟨*Geog*⟩ Sudan. **sudanese** I *a.* Sudanese, Sudan–, of the Sudan. II *m./f.* Sudanese.

sudare I *v.i.* (*aus.* **avere**) **1** to sweat, to perspire: *mi sudano le mani* my hands are perspiring. **2** ⟨*fig*⟩ (*faticare molto, lavorare sodo*) to work hard, to labour, ⟨*fam*⟩ to sweat: *∼ per guadagnarsi da vivere* to work hard to earn a living. II *v.t.* **1** (*trasudare*) to transude, to ooze, to exude, to sweat: *la brocca suda acqua* the jug is oozing water. **2** ⟨*fig*⟩ (*guadagnare con fatica*) to toil for, ⟨*fam*⟩ to sweat: *∼ il pane* to toil for one's bread. □ *∼ freddo* to be in a cold sweat; ⟨*iperb*⟩ *∼ sangue* to sweat blood. **sudario** *m.* **1** ⟨*Stor.rom*⟩ sudarium. **2** ⟨*Rel*⟩ sudarium, Veronica. **3** (*lenzuolo funebre*) shroud. **sudata** *f.* **1** sweat(ing). **2** ⟨*fig*⟩ (*sforzo, fatica*) (great) effort, toil, hard work, drudgery, ⟨*fam*⟩ sweat. □ *fare una gran ∼* to sweat (all over); ⟨*fig*⟩ to sweat blood. **sudaticcio** *a.* sweaty, damp: *avere la fronte –a* to have a damp forehead; *mani sudaticce* sweaty hands. **sudato** *a.* **1** sweaty: *mani –e* sweaty hands. **2** ⟨*fig*⟩ (*guadagnato con fatica*) hard-earned, earned (*o* gained) by the sweat of one's brow: *pane ∼* hard-earned bread. □ *∼ fradicio* bathed in sweat.

sudcoreano *a./s.m.* (*f.* **-a**) South-Korean.

suddetto I *a.* above-mentioned, above, aforesaid. II *s.m.* (*f.* **-a**) above, said (person).

suddiacono *m.* subdeacon.

suddistinguere *v.t.* (**suddistinsi, suddistinto**) to subdistinguish.

sudditanza *f.* **1** subjection. **2** (*cittadinanza*) citizenship. **suddito** *m.* (*f.* **-a**) **1** subject. **2** (*cittadino*) citizen.

suddividere *v.t.* (**suddivisi, suddiviso**) **1** to subdivide: *∼ un capitolo in paragrafi* to subdivide a chapter into paragraphs. **2** (*dividere*) to divide: *∼ un libro in capitoli* to divide a book into chapters. **suddivisibile** *a.* subdividable, subdivisible. **suddivisione** *f.* **1** subdivision. **2** (*divisione*) division. **suddiviso** *a.* **1** subdivided. **2** (*diviso*) divided.

sud-est *m.* south-east. □ *a ∼ di* (to the) south-east of; *di ∼* (*rif. a vento*) south-east, south-easterly: *vento di ∼* south-east wind, south-easter.

Sudeti *N.pr.m.pl.* ⟨*Geog*⟩ Sudeten *pl,* Sudetes *pl.* □ ⟨*Stor*⟩ *questione dei ∼* Sudeten problem.

sudiceria *f.* **1** dirtiness, filthiness. **2** ⟨*concr*⟩ dirty thing; ⟨*collett*⟩ (*insieme di cose sudicie*) dirty things *pl,* muck, filth, filthiness. **3** ⟨*fig*⟩ (*indecenza*) indecency, immodesty. **4** ⟨*fig*⟩ (*atto indecente*) indecency, indecent behaviour; (*discorso indecente*) indecent (*o* dirty) talk, foul language. **sudiciamente** *avv.* dishonestly, dirtily, foully. **sudicio** I *a.* **1** (*sporco*) dirty, filthy, grimy: *viso ∼* dirty face; (*macchiato*) dirty, soiled: *una tovaglia –a* a dirty tablecloth. **2** ⟨fig⟩ (indecente) indecent, improper, obscene, dirty: discorsi sudici indecent (o foul) language, dirty talk. **3** ⟨spreg⟩ dirty, filthy, foul, ⟨fam⟩ lousy, ⟨fam⟩ rotten, ⟨fam⟩ low-down: un ~ ricattatore a dirty blackmailer. □ **bianco** ~ dirty white, off-white. **II** s.m.inv. **1** filth, dirt, grime: vivere nel ~ to live in filth. **2** ⟨fig⟩ (immoralità) immorality, dirty behaviour. **sudicione** m. (f. -a) **1** dirty (o filthy) person, ⟨fam⟩ pig, ⟨am.fam⟩ slob. **2** ⟨fig⟩ immoral person, ⟨fam⟩ swine. **sudiciume** m. **1** dirt, filth, muck. **2** ⟨fig⟩ dirt, immorality.

sudista I s.m./f. ⟨Stor⟩ Confederate, Southerner. **II** a. ⟨Stor⟩ Confederate, Southern.

sudorazione f. ⟨Fisiol⟩ perspiration, sweating.

sudore m. **1** sweat, perspiration. **2** ⟨fig⟩ (fatica) hard work, toil, sweat: questo lavoro mi è costato molto ~ this job cost me a lot of hard work. □ **bagnato** di ~ sweaty, wet (o dripping) with sweat; essere in un **bagno** di ~ to be ˹bathed in˺ (o dripping with) sweat; ~ **freddo** cold sweat; ⟨fig⟩ guadagnarsi il pane col ~ della **fronte** to earn one's living by the sweat of one's brow; **grondante** di ~ dripping with sweat, ⟨fam⟩ all in a sweat; ~ della **morte** cold sweat of death; **stille** di ~ beads of sweat.

sudorifero I a. sudorific, sudoriferous: una bevanda -a a sudorific beverage. **II** s.m. sudorific. **sudoriparo** a. ⟨Fisiol⟩ sudoriparous, sweat–, sudoriferous: ghiandole -e sweat glands, sudoriparous glands.

sud-ovest m. south-west. □ a ~ di (to the) south-west of; di ~ (rif. a vento) south-west: vento di ~ south-west wind, south-wester.

sudtirolese a./s.m./f. South-Tyrolean. **Sud-Tirolo** N.pr.m. ⟨Geog⟩ South Tyrol.

Suez N.pr.f. ⟨Geog⟩ Suez: canale di ~ Suez Canal.

sufficiente I a. **1** enough, sufficient: avere viveri -i per due giorni ancora to have enough (o sufficient) food for two more days. **2** (adeguato) enough, sufficient, adequate, di solito si qualifica con un aggettivo: queste non sono scuse -i these excuses are not good enough; la sala non è ~ a contenere tanta gente the hall is not large enough to hold so many people. **3** (presuntuoso) presumptuous, (self–)conceited, (borioso) arrogant, haughty: tono ~ arrogant tone. **4** ⟨Scol⟩ fair. **II** s.m. enough: ha appena il ~ per vivere he has barely enough to live on. □ essere ~ (bastare) to be enough, to suffice, ⟨fam⟩ to do; non trovo parole -i a esprimere la mia riconoscenza I cannot find words to express my gratitude. **sufficientemente** avv. **1** sufficiently. **2** (abbastanza) enough, sufficiently. **sufficienza** f. **1** sufficiency. **2** (boria) self-conceit; (presunzione) arrogance, presumptuousness. **3** ⟨Scol⟩ pass mark. □ a ~ enough: mangiare a ~ to eat enough; avere denaro a ~ to have enough money.

suffisso m. suffix. **suffissoide** m. suffix.

sufflè m. ⟨Gastr⟩ (soufflé) soufflé.

suffragare v.t. (suffrago, suffraghi) **1** to support, to bear out, to uphold: i fatti suffragano questa tesi the facts bear out this theory. **2** ⟨Rel⟩ to pray (o intercede) for.

suffragetta f. **1** ⟨Stor⟩ suffragette. **2** ⟨scherz⟩ suffragette, feminist. **suffragio** m. **1** (diritto di voto) suffrage, vote. **2** (voto) vote: dare il proprio ~ a un candidato to give one's vote to a candidate. **3** ⟨Rel⟩ suffrages pl, intercession. **4** ⟨lett⟩ (appoggio, favore) support, favour; (approvazione) approval, sanction, suffrage: la nuova opera ha ottenuto il ~ della critica the new opera received the approval of the critics. □ ⟨Rel⟩ in ~ delle anime dei defunti for the (souls of the) dead; ~ elettorale suffrage, franchise; messa in ~ di qd. Mass offered for (the soul of) s.o.; ~ universale universal suffrage.

suffrutice m. ⟨Bot⟩ suffrutex, suffruticous plant.

suffumicare v.t. (suffumico, suffumichi) to fumigate (anche di locali). **suffumicazione** f. fumigation (anche di locali). **suffumigio** m. **1** (fumigazione) fumigation. **2** ⟨Med,Etnol⟩ suffumigation.

suga: carta ~ (carta assorbente) blotting paper.

suggellamento m. sealing (anche fig.). **suggellare** v.t. (suggello) **1** ⟨lett⟩ (sigillare) to (close with a) seal. **2** ⟨fig⟩ to seal, to confirm: suggellarono il patto con un brindisi they sealed the pact with a toast. **suggello** m. **1** ⟨lett⟩

(sigillo) seal. **2** ⟨fig⟩ seal, pledge, token, sign: a ~ della nostra amicizia as a token of our friendship.

suggere v.t. (forms in use: pr.ind. sugge; impf. suggeva; pr.cong. sugga; ger. suggendo) ⟨lett⟩ to suck.

suggerimento m. **1** suggestion: dare un ~ to make a suggestion. **2** (consiglio) (piece of) advice, suggestion: seguire i -i di qd. to take s.o.'s advice, to listen to s.o. □ per ~ di qd. at s.o.'s suggestion, on s.o.'s advice. **suggerire** v.t. (suggerisco, suggerisci) **1** to suggest: ~ una parola a qd. to suggest a word to s.o.; (a bassa voce) to prompt, to hint, to help. **2** (consigliare) to suggest: mi suggerì di darlo a te he suggested my giving it to you. **3** ⟨Teat⟩ to prompt. **suggeritore** m. (f. -trice) ⟨Teat⟩ prompter: buca del ~ prompter's box, prompt box.

suggestionabile a. suggestible. **suggestionabilità** f. suggestibility. **suggestionare** v.t. (suggestiono) to influence: non lasciarti ~ dalle sue parole don't let yourself be influenced by what he says. **suggestionarsi** v.r. to be influenced. **suggestionato** a. **1** strongly influenced. **2** ⟨estens⟩ (impressionato) struck, impressed, affected. **suggestione** f. **1** ⟨Psic⟩ suggestion: ~ ipnotica (hypnotic) suggestion. **2** ⟨estens⟩ (influenza) influence: non posso sottrarmi alla sua ~ I can't resist his influence; (suggerimento) suggestion. **3** ⟨fig⟩ (fascino) suggestiveness, charm, fascination, attraction: la ~ del paesaggio the charm of the scenery. **suggestivamente** avv. suggestively. **suggestività** f. suggestiveness, charm. **suggestivo** a. **1** suggestive, indicative. **2** ⟨estens⟩ (affascinante) suggestive, charming: una poesia -a a suggestive poem.

sughera f. ⟨Bot⟩ cork oak. **sughereta** f., **sughereto** m. cork plantation. **sughericoltore** m. (f. -trice) cork planter. **sughericoltura** f. cork growing. **sugherificio** m. cork factory. **sughero** m. **1** ⟨Bot⟩ cork oak. **2** (tessuto secondario delle fanerogame) cork. □ di ~ cork–: suole di ~ cork soles; tappo di ~ cork. **sugherosità** f. corkiness. **sugheroso** a. **1** ⟨Bot⟩ cork–. **2** (simile al sughero) corky, cork like.

sughetto, sughino m. ⟨Gastr⟩ sauce.

sugli → su.

sugna f. pork fat.

sugo m. (pl. -ghi) **1** ⟨Gastr⟩ (salsa) sauce; (prodotto durante la cottura della carne) gravy. **2** (succo) juice. **3** ⟨fig⟩ (essenza) (main) point, essence, gist, pith: il ~ del discorso the point of what was said. **4** ⟨fig,scherz⟩ (soddisfazione, piacere) fun, satisfaction, pleasure: non c'è ~ a stuzzicarlo there's no fun in teasing him. □ ⟨Gastr⟩ al ~ with (o in) sauce; ~ di carne gravy; ~ di pomodoro tomato sauce; ⟨fig⟩ senza ~ pointless, flat, insipid, dull. **sugosamente** avv. **1** juicily. **2** ⟨fig⟩ pithily. **sugosità** f. **1** juiciness, succulence. **2** ⟨fig⟩ pithiness. **sugoso** a. **1** (succoso) juicy, succulent. **2** (condito con molto sugo) with a lot of sauce. **3** ⟨fig⟩ pithy, meaty.

sui → su.

suicida I s.m./f. suicide. **II** a. suicidal: mania ~ suicidal mania. **suicidarsi** v.r. **1** to commit suicide, to do away with o.s., to take one's life. **2** ⟨fig⟩ to commit suicide, ⟨fam⟩ to do ˹for˺ (o in). **suicidio** m. suicide (anche fig.): ~ morale moral suicide.

suinetto m. piglet, pigling. **suinicolo** a. ⟨Zootecn⟩ of pig breeding. □ azienda -a pig farm. **suinicoltore** m. (f. -trice) pig breeder, hog farmer. **suinicoltura** f. pig breeding. **suino I** s.m. ⟨Zool⟩ (maiale) (domestic) pig, swine; (il maschio: castrato) hog; (non castrato) boar; (la femmina) sow. **II** a. pig–, swine–. □ carne -a pork.

suite fr. [sɥit] f. ⟨Mus⟩ suite.

sul → su.

sulfamidico a./s. (pl. -ci) ⟨Farm⟩ **I** a. sulphonamide–. **II** s.m. sulphonamide, sulpha drug, sulphamide.

sulfureo a. sulphur(e)ous, sulphur–: acque -e sulphurous waters.

sulla, sulle, sullo → su.

sullodato a. ⟨scherz⟩ already praised, praised before.

sultana f. **1** (moglie del sultano) sultana, sultan's wife. **2** ⟨Arred⟩ (circular) divan. **sultanato** m. sultanate. **sultanina** f. sultana. □ uva ~ sultana (raisin). **sultano** m. sultan.

Sumatra *N.pr.f.* ⟨*Geog*⟩ Sumatra.

sumerico *a.* (*pl.* **-ci**) ⟨*Stor*⟩ Sumerian, Sumeric. **sumero** *m.* **1** (*lingua*) Sumerian. **2** (*abitante; f.* **-a**) Sumerian.

summenzionato *a.* ⟨*burocr*⟩ above-mentioned.

sunna *f.* ⟨*Rel*⟩ Sunna(h). **sunnita** *m./f.* Sunnite.

sunnominato *a.* ⟨*burocr*⟩ above-mentioned.

sunteggiare *v.t.* (**sunteggio, sunteggi**) to summarize, to make a summary of. **sunto** *m.* summary, résumé. □ *fare un ~ di qc.* to summarize s.th.; *in ~ (brevemente)* briefly, in short.

suo I *a.poss.* **1** (*di lui*) his: *alcuni suoi parenti* some of his relatives, some relatives of his; *in vece –a* in his place; (*di lei*) her: *la madre e ~ figlio* the mother and her son; (*neutro: rif. a cose o animali*) its: *ogni frutto ha la –a stagione* every fruit has its season. **2** (*enfat*) (*suo proprio: di lui*) his own: *l'ha scritto di ~ pugno* he wrote it in his own hand; (*di lei*) her own; (*neutro: rif. a cose o animali*) its own. **3** (*pred*) (*proprietà, possesso: di lui*) his: *questo libro è ~* this book is his; (*di lei*) hers: *questa borsa è –a* this handbag is hers. **4** (*forma di riguardo; generally written with a capital*) your: *ho ricevuto la Sua lettera* I have received your letter; (*nelle formule di chiusura delle lettere*) yours, yours truly: *Suo Mario Carli* yours truly, Mario Carli. **5** (*nelle espressioni ellittiche: di lui*) his: *ognuno vorrà dire la –a* (*opinione*) everyone will want to have his (own) say; (*di lei*) her: *sono dalla –a* (*parte*) I'm on her side. **6** (*preceduto dall'art. indeterminativo: di lui*) of his: *un ~ amico* a friend of his; (*di lei*) of hers: *un ~ libro* a book of hers; (*genitivo: di lui*) of him; (*di lei*) of her: *l'ho fatto per amore ~* I did it for love of her. **II** *pron.poss.* (*di lui*) his: *la mia camera è più grande della –a* my room is larger than his; (*di lei*) hers: *questa è la mia borsa, quella è la –a* this is my bag, that one is hers. **III** *s.m.* **1** (*averi, beni: di lui*) his (own) property; *ha dilapidato tutto il ~* he squandered all his property; (*di lei*) her (own) property. **2** *pl.* (*parenti: di lui*) his relatives *pl*, his family: *i suoi non gli scrivono da mesi* his family hasn't written to him in months; (*di lei*) her relatives *pl*, her family; (*genitori: di lui*) his parents *pl;* (*di lei*) her parents *pl*; (*sostenitori, seguaci: di lui*) his followers *pl*, his supporters *pl*: *questi due giovani sono dei suoi* these are two of his men; (*di lei*) her followers *pl*, her supporters *pl*. □ *a ciascuno il ~* to each his own; *Sua Maestà* His Majesty; *non c'è nulla di ~* there is nothing of his (in it); *pagare del ~* to pay out of one's own pocket; *Sua Santità* His Holiness; ⟨*fig*⟩ *stare sulle –e* to keep to o.s.; *a ~ tempo* (*rif. al futuro*) in due course; (*rif. al passato*) originally; *ogni cosa a ~ tempo* there is a time for everything; *è una delle –e* there he goes again.

suocera *f.* **1** mother–in–law. **2** ⟨*spreg,scherz*⟩ (*donna autoritaria e bisbetica*) nag(ger), scold. □ ⟨*scherz*⟩ *star come ~ e nuora* (*in lite continua*) to fight like cats and dogs. **suocero** *m.* **1** father–in–law. **2** *pl.* (*suocero e suocera*) mother– and father–in–law (*costr. pl.*), ⟨*fam*⟩ in–laws *pl*.

suola *f.* **1** sole. **2** (*negli sci*) sole (of a ski). **3** (*nell'aratro*) sole. **4** ⟨*Ferr*⟩ flange. **5** ⟨*Mar*⟩ sole. **6** ⟨*Min*⟩ floor. □ *~ di corda* rope (*o* hemp) sole; *doppia ~* double sole; *fare le –e a* to sole; *–e intere* (*whole*) soles; *~ interna* inner sole, insole; *mezza ~* half sole; *~ di para* crêpe (*rubber*) sole; *far rifare le –e a* to have resoled.

suolare *v.t.* (**suolo**) **1** (*mettere la suola*) to sole. **2** (*rifare la suola*) to resole. **suolatura** *f.* **1** (*il mettere la suola*) soling. **2** (*risolatura*) resoling.

suolo *m.* **1** ground: *cadere al ~* to fall to the ground. **2** (*terreno*) earth, soil. □ *~ argilloso* loamy soil; *degradazione del ~* soil degradation; *~ fertile* fertile soil; *lavori del ~* soil management; *~ marnoso* marly soil; *organismi del ~* soil organisms.

suonabile *a.* (*sonabile*) playable.

suonare *e der.* → **sonare** *e der.*

suono *m.* **1** sound (*anche Fis.*): *il ~ della sua voce* the sound of his voice; *la velocità del ~* the speed of sound. **2** (*tono*) tone, sound: *~ alto* high tone. **3** ⟨*Ling*⟩ sound; (*fonema*) phoneme. **4** ⟨*Mus*⟩ sound, notes *pl*: *il ~ del flauto* the sound (*o* piping) of the flute. □ *al ~ d'una fisarmonica* to the sound of an accordion; ⟨*Aer*⟩ *barriera*

del ~ sound barrier; *~ delle campane* sound (*o* ringing, pealing, tolling) of bells; (*singolo rintocco*) peal, toll; ⟨*Ling*⟩ *~ consonantico* consonantal sound; ⟨*fig*⟩ *le sue parole avevano un ~ falso* his words 'had a false ring' (*o* rang false); *~ stereofonico* stereo(phonic) sound; ⟨*Ling*⟩ *~ vocalico* vowel sound.

suor (*accorc. di suora*) *f.* Sister. **suora** *f.* **1** ⟨*Rel*⟩ nun, sister: *farsi ~* to become a nun. **2** (*titolo*) Sister: *suor Maria* Sister Mary. □ *Suore della carità* Sisters of Charity; *~ conversa* lay sister; *~ infermiera* nursing nun; *~ professa* professed nun.

sup. = ⟨*Gramm*⟩ *superlativo* superlative (*abbr.* sup.).

super I *a.* premium: *carburante ~* premium petrol, ⟨*am*⟩ premium (*o* high-octane) gas(oline). **II** *s.f.* ⟨*Aut*⟩ premium petrol (*o* motor fuel), ⟨*am*⟩ premium gas(oline).

superabile *a.* superable, surmountable, that can be overcome. **superabilità** *f.* superability, superableness.

super|affollamento *m.* overcrowding. **~affollato** *a.* overcrowded, ⟨*fam*⟩ jam-packed. **~alcolico** *a./s.* (*pl.* **-ci**) **I** *a.* ⟨*Enol*⟩ high alcohol content, alcoholic, ⟨*am*⟩ hard. **II** *s.m.* spirits *pl*, ⟨*am*⟩ hard liquor. **~alimentazione** *f.* overfeeding, superalimentation, supernutrition. **~allenamento** *m.* ⟨*Sport*⟩ overtraining.

superamento *m.* **1** (*l'oltrepassare*) exceeding, being (*o* going) beyond, going over: *il ~ dei limiti di velocità* exceeding (*o* going over) speed limits; (*il varcare*) crossing, passing: *il ~ del traguardo* crossing the finishing line. **2** (*il superare*) overcoming, getting through (*o* over), passing: *il ~ di un esame* getting through an exam; *il ~ di una malattia* getting over an illness; *il ~ della paura* overcoming one's fear. **3** (*sorpasso*) pass(ing), overtaking: *il ~ di un veicolo* the overtaking of a vehicle. □ ⟨*Inform*⟩ *~ della capacità di calcolo* overflow; *~ negativo della capacità* underflow.

superare *v.t.* (**supero**) **1** (*essere superiore*) to exceed, to surpass: *la produzione supera il fabbisogno* production exceeds need; *il risultato ha superato tutte le mie aspettative* the result surpassed all my expectations. **2** (*andare oltre un dato limite*) to exceed, to be (*o* go) beyond, to surpass (*anche fig.*): *questo supera le nostre forze* this exceeds our strength; (*rif. all'età*) to be over: *ha superato la quarantina* he is over forty. **3** (*percorrere*) to cover: *~ grandi distanze* to cover long distances; (*attraversare*) to cross: *~ un fiume* to cross a river. **4** (*sorpassare*) to pass, to overtake: *~ un veicolo in curva* to overtake a vehicle on a curve. **5** ⟨*fig*⟩ (*essere più bravo*) to surpass, to outdo: *qualche volta l'alunno supera il maestro* sometimes the student surpasses the teacher. **6** (*sostenere qc. di difficile, di pericoloso*) to overcome, to get through (*o* over), to pass: *~ una malattia* to get over an illness; *ha superato l'esame di maturità* he got through his school–leaving exam. **7** ⟨*fig*⟩ (*vincere, battere*) to overcome, to get the better of: *~ un rivale* to overcome a rival. **8** ⟨*Mar*⟩ (*rif. a imbarcazioni a vela*) to overhaul. □ *~ in grandezza* to be larger than; *~ in larghezza* to be wider than; *~ in lunghezza* to be longer than; *~ un muro* to climb over a wall; *~ in numero* to be more than; *~ in peso* to outweigh; *~ in velocità* to be faster than.

superato *a.* **1** (*non più valido*) obsolete, old: *teorie –e* obsolete theories. **2** (*antiquato*) out–of–date, old –fashioned: *idee –e* old–fashioned ideas.

superbamente *avv.* **1** proudly, haughtily. **2** ⟨*fig,enfat*⟩ (*splendidamente*) superbly, magnificently. **superbia** *f.* **1** pride, (self–)conceit, haughtiness; (*arroganza*) arrogance. **2** ⟨*Teol*⟩ pride. □ *montare (o salire) in ~* to grow proud; *senza ~* modestly. **superbo** *a.* **1** proud: *una famiglia ricca e –a* a rich and proud family; (*arrogante*) haughty, arrogant. **2** (*fiero*) proud: *essere ~ di qc.* to be proud of s.th. **3** (*rif. ad animali: tronfio*) proud, haughty, strutting, puffed up. **4** ⟨*fig*⟩ (*grandioso, eccellente*) magnificent, grand(iose), splendid, superb, proud: *un palazzo ~* a magnificent palace; *è un vino ~* it is a superb wine. **5** ⟨*fig*⟩ (*altissimo, eccelso*) lofty, high: *le –e cime alpine* the lofty Alpine peaks. **II** *s.m.* (*f.* **-a**) proud person; *pl.* the proud (*costr. pl.*).

super|bomba *f.* superbomb. **~carburante** *m.* premium (*o* super, high–octane) petrol, ⟨am⟩ premium gas(oline). **~carcere** m. high-security prison. **~colosso** m. ⟨Cin⟩ supercolossal film. **~conduttività** f. ⟨Fis⟩ super-conductivity, supraconductivity. **~conduttore** m. super-conductor. **~conduzione** f. superconduction. **~costoso** a. ⟨fam⟩ very expensive. **~decorato I** a. much –decorated. **II** s.m. (f. **-a**) much-decorated person. **~dimensionato** a. ⟨tecn⟩ overdimensioned. **~donna** f. **1** superwoman, superior woman. **2** ⟨iron⟩ paragon, superwoman.

superdosaggio m. ⟨Farm⟩ overdosage. **superdose** f. overdose.

super|dotato a. (highly–)gifted, highly-endowed. **~eterodina** f. ⟨Rad⟩ superheterodyne. **~fecondazione** f. super-fecundation.

superfice f. ⟨non com⟩ → superficie.

superficiale a. **1** (relativo alla superficie) superficial, surface-: strato ~ superficial fascia. **2** (che non penetra in profondità) superficial, surface-, shallow: ferita ~ superficial wound, flesh wound. **3** ⟨fig⟩ (rif. a persone: che non approfondisce) superficial, shallow; (leggero, fatuo) fatuous, shallow, flighty. **4** ⟨fig⟩ (rif. a cose: rapido, sbrigativo) superficial, hasty, cursory, casual: dare un'occhiata ~ al giornale to give a hasty glance at the paper. **5** ⟨Fis,tecn⟩ surface-: tensione ~ surface tension. **6** ⟨Geom⟩ plane: figure –i plane figures. **superficialità** f. **1** superficiality, superficialness. **2** ⟨fig⟩ superficiality, shallowness. □ con ~ superficially. **superficialmente** avv. superficially.

superficie f. **1** surface: la ~ di un tavolo the surface of a table; la ~ del mare the surface of the sea. **2** ⟨Mat,Geom⟩ surface; (di solidi) plane; (area) area: calcolare la ~ di un cerchio to calculate the area of a circle. **3** ⟨fig⟩ (apparenza, esteriorità) surface, appearance. **4** ⟨estens⟩ (strato) layer, coat: una sottile ~ d'asfalto a thin layer of asphalt. **5** ⟨tecn⟩ surface, way; (parete) wall. □ ⟨Aer⟩ ~ alare wing area; alla ~ on the surface (anche fig.); ⟨Fis⟩ ~ d'attrito rubbing surface; ~ di contatto surface of contact; ⟨Edil⟩ ~ coperta built (o covered) area; ⟨Geom⟩ ~ curva curve surface; ~ piana plane (o flat) surface; ⟨Aer⟩ ~ portante supporting surface; ⟨Mecc⟩ ~ di scorrimento sliding (o slide, gliding) surface; ~ speculare mirror surface, surface of a mirror; ~ stradale road surface; ~ terrestre (o della terra) earth's surface; ~ totale total area; ~ utile useful (o useable) surface.

superfluità f. superfluousness, superfluity. **superfluo I** a. **1** superfluous, unnecessary: spese –e unnecessary expenses; (non indispensabile) non-essential, superfluous. **2** (inutile) useless, superfluous, gratuitous: ogni commento è ~ all comment is superfluous. **II** s.m.inv. surplus, excess, extra.

superfortezza: ⟨Aer⟩ ~ volante Superfort(ress).

superio m. ⟨Psic⟩ super-ego.

superiora f. ⟨Rel.catt⟩ (anche madre superiora) Mother Superior, Superioress.

superiore (compar. di alto) **I** a. **1** (rif. a qualità, a capacità) superior, greater, more, better: ha una forza di volontà ~ alla mia he has more will power than I have; essere ~ a qd. per intelligenza to be more intelligent than s.o.; la squadra avversaria è ~ alla nostra the opposing team is better than ours. **2** (più alto, più elevato) higher, above: statura ~ alla media above average height; temperatura ~ ai cinquanta gradi temperature above fifty; ottenere un punteggio ~ to get a higher score. **3** (che è situato più sopra) upper, above: abita al piano ~ he lives on the floor above; (che si trova più in alto) upper: la parte ~ della pagina the upper half of the page; il labbro ~ the upper lip. **4** (al di sopra) above, beyond: essere ~ alla media to be above average; un lavoro ~ alle mie forze a job beyond my capabilities; essere ~ ai pettegolezzi to be above gossip. **5** (di grado superiore) senior, superior, upper: le classi –i della scuola the senior classes of the school; ufficiali –i superior (o higher-ranking) officers. **6** (più avanzato) advanced, higher: istruzione ~ higher education; un corso di fisica ~ an advanced physics course. **7** ⟨assol⟩ (ottimo) first-class,

high–quality, superior: un prodotto di qualità ~ a first-class product; (altamente dotato) superior, gifted, talented: una mente ~ a superior mind. **8** ⟨Geog⟩ (settentrionale) northen, north: Austria ~ Northern Austria. **9** ⟨Geol⟩ upper, upstream: il corso ~ del Nilo the upper course of the Nile. **II** s.m. (f. **-a**) **1** superior: obbedire ai –i to obey one's superiors. **2** ⟨Rel.catt⟩ (Father) Superior. □ **arti** –i upper limbs, arms pl; essere ~ a qd. to rank above s.o.; essere ~ a un concorrente to be superior to a competitor; di età ~ older; ⟨Geog⟩ Lago ~ Lake Superior; essere ~ di numero to be superior in number.

superiorità f. superiority: ~ numerica numerical superiority; confidare nella ~ dei propri mezzi to trust in the superiority of one's capabilities. **superiormente** avv. higher up, at (o on) the top, above, on the upper part.

superlativamente avv. superlatively. **superlativo I** a. superlative (anche Gramm.): bellezza –a superlative beauty. **II** s.m. ⟨Gramm⟩ superlative (degree): ~ assoluto absolute superlative; ~ relativo relative superlative.

super|lavoro m. overwork. **~mercato** m. supermarket. **~nazionale** a. supernational: interessi –i supranational interests. **~nazionalità** f. supernationality.

superno a. ⟨lett⟩ **1** (superiore) upper, higher. **2** (celeste) celestial, heavenly, ⟨lett⟩ supernal.

super|nova f. ⟨Astr⟩ supernova. **~nutrizione** f. super-nutrition, overfeeding, superalimentation.

supero m. ⟨Comm,burocr⟩ (eccedenza) surplus, extra, excess.

superomismo m. superman attitude.

super|petroliera f. ⟨Mar⟩ supertanker, super oil tanker. **~potenza** f. ⟨Pol⟩ superpower. **~produzione** f. overproduction. **~reattivo** a. ⟨Rad⟩ superregenerative. **~reazione** f. superregeneration, superreaction. **~sonico** a. (pl. **-ci**) supersonic: velocità –a supersonic speed; aereo ~ supersonic plane, SST.

superstite I a. surviving (anche fig.). **II** s.m./f. survivor.

superstizione f. superstition. **superstiziosamente** avv. superstitiously. **superstiziosità** f. superstitiousness. **superstizioso** a. superstitious.

super|strada f. motorway, ⟨am⟩ superhighway. **~teste** m./f. key witness. **~testimone** m./f. key witness. **~uomo** m. superman. **~valutare** v.t. (supervaluto/supervaluto) **1** to overestimate to overrate. **2** ⟨Econ⟩ to overestimate, to overvalue. **~visione** f. **1** supervision, supervising. **2** ⟨Cin⟩ supervision. **~visore** m. supervisor.

supinamente avv. supinely.

supino[1] a. **1** on one's back, face upwards, supine: giacere ~ to lie on one's back. **2** ⟨fig⟩ supine, servile: obbedienza –a supine obedience.

supino[2] m. ⟨Gramm⟩ supine.

suppellettile f. ⟨collett⟩ **1** furnishings pl, equipment; (di una casa) household furnishings (o goods) pl. **2** ⟨Archeol⟩ grave goods pl, archaeological finds pl. □ ~ domestica household furnishings (o goods) pl; –i sacre church furnishings; ~ di una scuola school equipment (o furnishings pl).

suppergiù avv. ⟨fam⟩ about, roughly, approximately, more or less.

supplementare a. **1** supplementary, additional: volume ~ supplementary volume; (rif. a prezzi e sim.) extra, additional, supplementary: tassa ~ supplementary tax, surtax. **2** (straordinario) extra, special, additional: treno ~ special train. **3** ⟨Geom⟩ supplementary. **supplemento** m. **1** (aggiunta) supplement, addition; (aggiunta fatta per completare) supplement. **2** (rif. a prezzi e sim.) extra (charge), surcharge, additional charge: un ~ di mille lire a one-thousand lire surcharge; (rif. a stipendi e sim.) supplementary allowance. **3** ⟨Edit⟩ (pubblicazione) supplement; (appendice) appendix. **4** ⟨Geom⟩ supplement. □ ⟨Ferr⟩ ~ per (treno) rapido additional charge (o extra fare) for travel on an express train.

supplentato m. **1** temporary post. **2** ⟨Scol⟩ temporary (o substitute) teaching post, supply work. **supplente I** a. **1** temporary, substitute: personale ~ temporary staff. **2** ⟨Scol⟩ temporary, supply-, on supply, substitute. **II**

s.m./f. **1** substitute, ⟨*fam*⟩ temporary. **2** ⟨*Scol*⟩ temporary teacher, supply (teacher). **supplenza** *f.* **1** temporary post. **2** ⟨*Scol*⟩ temporary (*o* supply) teaching post, supply work. □ *fare una* ~ to hold a temporary post, to stand in (*o* substitute).

suppletivo *a.* supplementary, additional, extra. □ *corso* ~ continuation course, refresher course. **suppletorio** *a.* → suppletivo.

supplì *m.* ⟨*Gastr*⟩ rice croquette.

supplica *f.* **1** plea: *arrendersi alle suppliche di qd.* to give in to s.o.'s pleas. **2** (*istanza*) petition, request: *stendere una* ~ to draw up a petition. **3** ⟨*Rel*⟩ supplication(s). **supplicante** **I** *a.* begging, beseeching, imploring, suppliant: *voce* ~ imploring voice. **II** *s.m./f.* petitioner, suppliant. **supplicare** *v.t.* (**supplico, supplichi**) **1** to beseech, to entreat, to implore, to beg: ~ *gli dei* to entreat the gods. **2** ⟨*iperb*⟩ to beg: *te ne supplico* I beg you. **supplice** **I** *a.* ⟨*lett*⟩ **1** beseeching, suppliant. **2** (*rif. a parole e sim.*) imploring, beseeching: *voce* ~ imploring tone. **II** *s.m./f.* petitioner, beseecher, suppliant. **supplichevole** *a.* imploring, beseeching, suppliant, of supplication. **supplichevolmente** *avv.* imploringly, beseechingly.

supplire *v.* (**supplisco, supplisci**) **I** *v.i.* (*aus.* **avere**) to compensate, to make up (*a* for): ~ *con lo studio alla mancanza d'ingegno* to make up for lack of intelligence by study. **II** *v.t.* to substitute, to stand (*o* fill) in for, to take the place of: ~ *un professore* to stand in for a teacher.

supplizio *m.* **1** torture, torment: ~ *cinese* Chinese torture. **2** (*pena di morte*) capital punishment, death penalty. **3** ⟨*fig*⟩ (*grave patimento*) torment, torture, agony: *soffrire il* ~ *della sete* to suffer the torment of thirst. **4** ⟨*iperb*⟩ agony, torture: *queste scarpe strette sono un vero* ~ these tight shoes are sheer agony. □ ~ *capitale* death penalty, capital punishment; *condurre al* ~ to lead to death (*o* execution); ⟨*Mitol*⟩ ~ *di Tantalo* punishment (*o* torment) of Tantalus (*anche fig.*); ⟨*fig*⟩ *far patire il* ~ *di Tantalo a qd.* to tantalize s.o.

supponibile *a.* presumable. **supporre** *v.i.* (**suppongo, supponi; suppongo, supposto**; *aus.* **avere**) **1** (*ammettere*) to suppose: *supponiamo che tu abbia ragione* let us suppose (*o* say) you are right. **2** (*immaginare*) to suppose, to imagine: *supponiamo che mi risponda di no* supposing (*o* suppose) he says no; (*credere, pensare*) to suppose, to believe, to guess, to think, to presume: *suppongo di sì* I suppose so; *suppongo che sia stato lui l'autore del furto* I suppose he was the thief.

supporto *m.* **1** (*sostegno*) support; (*rif. a cuscinetti e sim.*) (bearing) housing. **2** (*struttura*) stand, support, base, holder. **3** (*puntello*) prop, support. **4** (*cartone per fotografie e sim.*) (cardboard) mount. **5** ⟨*Pitt,Fot*⟩ support.

suppositivo *a.* **1** hypothetical. **2** (*supposto*) supposed, assumed. **supposizione** *f.* **1** supposition, assumption, conjecture: *la tua è una* ~ *infondata* your assumption is groundless. **2** ⟨*Dir*⟩ (fraudulent) substitution: ~ *di parto* substitution of a child.

supposta *f.* ⟨*Farm*⟩ suppository.

supposto (*p.p. di* **supporre**) *a.* **1** supposed, assumed. **2** (*presunto*) presumed.

suppurare *v.i.* (*aus.* **avere**) to suppurate, to discharge pus. **suppurativo** **I** *a.* ⟨*Med,Farm*⟩ suppurative. **II** *s.m.* ⟨*Farm*⟩ suppurative. **suppurazione** *f.* ⟨*Med*⟩ suppuration. □ *venire a* (*o* *andare in*) ~ to suppurate.

supremazia *f.* **1** (*potere supremo*) supremacy, supreme power (*o* authority): *la* ~ *dello stato* the supremacy of the state. **2** (*preminenza*) supremacy, pre-eminence, superiority: *la* ~ *del ciclismo italiano* the superiority of Italian cycling. □ ⟨*Stor*⟩ *atto di* ~ Act of Supremacy, Supremacy Act. **supremo** *a.* **1** ⟨*lett*⟩ supreme. **2** ⟨*fig*⟩ (*altissimo*) supreme: *corte -a* Supreme Court; *la -a autorità dello Stato* the supreme authority of the state. **3** ⟨*fig*⟩ (*estremo*) last: *il giudizio* ~ the Last Judgement. **4** ⟨*fig*⟩ (*massimo, sommo*) great(est), highest, utmost: *con* ~ *disprezzo del pericolo* with the utmost contempt for danger. □ *l'Ente* ~ the Supreme (Being), God.

surah *f.* ⟨*Tess*⟩ surah.

surclassare *v.t.* to outclass.

surcompressione *f.* ⟨*Mot*⟩ supercompression.

surdimensionato *a.* → superdimensionato.

surfista *m./f.* ⟨*Sport*⟩ surfer.

sur|gelamento *m.* (deep-)freezing. **~gelare** *v.t.* (**surgelo**) to (deep-)freeze. **~gelato** **I** *a.* ⟨*Alim*⟩ (deep-)frozen. **II** *s.m.* (deep-)frozen food. **~gelatore** *m.* deep freezer.

surmenage *fr.* [syrmə'na:ʒ] *m.* **1** mental strain (*o* fatigue); (*superlavoro fisico*) overwork, overexertion, fatigue. **2** ⟨*Sport*⟩ overtraining.

surra *f.* ⟨*Veter*⟩ surra(h).

sur|reale *a.* surrealist(ic), surreal. **~realismo** *m.* ⟨*Art*⟩ surrealism. **~realista** **I** *s.m./f.* surrealist. **II** *a.* → surrealistico. **~realistico** *a.* (*pl.* -**ci**) surrealist(ic), surreal.

surrenale *a.* ⟨*Anat,Med*⟩ suprarenal: *ghiandola* (*o* *capsula*) ~ suprarenal gland, adrenal gland. **surrene** *m.* ⟨*Anat*⟩ suprarene, suprarenal gland (*o* body, capsule), adrenal gland.

surrettizio *a.* ⟨*Dir*⟩ surreptitious.

surriscaldamento *m.* **1** overheating. **2** ⟨*Fis,tecn*⟩ superheating, overheating: ~ *intermedio* intermediate superheating. **surriscaldare** *v.t.* **1** (*riscaldare eccessivamente*) to overheat. **2** ⟨*Fis,tecn*⟩ to superheat, to overheat. **3** ⟨*fig*⟩ to make too hot (*o* excited, fiery), to overheat. **surriscaldarsi** *v.r.* ⟨*Mecc*⟩ to be(come) overheated. **surriscaldato** *a.* **1** overheated: *ambiente* ~ overheated room. **2** ⟨*Fis,tecn*⟩ superheated, overheated: *vapore* ~ superheated steam.

surrogabile *a.* replaceable, substitutable. **surrogabilità** *f.* replaceability, substitutability. **surrogare** *v.t.* (**surrogo/surrogo, surroghi/surroghi**) **1** (*sostituire*) to replace, to substitute: ~ *qc. con* (*o* *a*) *qc.* to substitute s.th. for s.th., to replace s.th. by s.th. **2** (*subentrare*) to replace, to take the place of, to substitute for. **surrogato** **I** *a.* replaced, substituted. **II** *s.m.* **1** surrogate, substitute, replacement. **2** (*surrogato di caffè*) coffee surrogate, ersatz coffee; (*surrogato di cioccolato*) chocolate surrogate, ersatz chocolate. **3** ⟨*estens*⟩ (*ripiego*) expedient, makeshift. **surrogatorio** *a.* ⟨*Dir*⟩ subrogatory. **surrogazione** *f.* ⟨*Dir*⟩ subrogation.

Susanna *N.pr.f.* Susan, Susanna(h), Suzanne.

suscettibile *a.* **1** susceptible (*di* of, to): ~ *di miglioramento* susceptible of improvement, improvable. **2** (*rif. a persone: permaloso*) hypersensitive, susceptible, ⟨*fam*⟩ touchy: *non credevo che fosse così* ~ I didn't think he was so touchy. **suscettibilità** *f.* susceptibility, sensibility. □ *urtare la* ~ *di qd.* to hurt s.o.'s feelings.

suscitare *v.t.* (**suscito**) **1** (*causare*) to cause, to give rise to, to bring about: ~ *uno scandalo* to cause a scandal; (*provocare*) to stir up, to provoke: ~ *una rivolta* to stir up a revolt. **2** (*destare*) to arouse, to kindle, to stir up, to excite, to quicken: ~ *l'ira di qd.* to arouse s.o.'s anger.

susina (*o* *susina*) *f.* plum. **susino** (*o* *susino*) *m.* ⟨*Bot*⟩ (European) plum, plum-tree.

suspense *ingl.* [səs'pens] *f.* suspense.

suspicione *f.* ⟨*ant*⟩ suspicion. □ ⟨*Dir*⟩ *legittima* ~ presumed partiality (*o* bias), legitimate fear of no fair trial.

susseguente *a.* (*successivo*) subsequent, following, next, after: *il mattino* ~ the next (*o* following) morning, the morning after. **susseguire** *v.* (**susseguo**) **I** *v.t.* to follow, to succeed, to come after: *il giorno susseguе la notte* night follows day. **II** *v.i.* (*aus.* **essere**) to follow, to come after: *il tuono susseguе al lampo* thunder follows lightning. **susseguirsi** *v.r.* ⟨*recipr*⟩ to follow e.o., to succeed e.o., to come in succession: *i tuoni si susseguivano a intervalli brevissimi* the rolls of thunder followed one another at very short intervals. □ *un susseguirsi di avvenimenti* a rapid succession of events.

sussidiare *v.t.* (**sussidio, sussidi**) **1** (*sovvenzionare*) to subsidize: ~ *un'impresa* to subsidize a company. **2** (*aiutare*) to help, to aid, to assist: ~ *una famiglia bisognosa* to help a needy family. **sussidiaria** *f.* ⟨*Econ*⟩ subsidiary company. **sussidiarietà** *f.* subsidiary character. **sussidiario** **I** *a.* subsidiary, auxiliary, complementary: *scienza -a* auxiliary science. **II** *s.m.* ⟨*Scol*⟩ primary

schoolbook. □ ⟨Strad⟩ *fermata* –*a* additional stop.
sussìdio *m.* **1** (*aiuto, soccorso*) help, aid: *essere di ~ a qd.* to be of help to s.o. **2** (*aiuto in denaro*) grant, subsidy: *concedere un ~ a qd.* to give s.o. a grant. □ *sussidi audiovisivi* audiovisual aids; ~ *casa* rent allowance; ⟨Scol⟩ *sussidi didattici* teaching (*o* classroom) aids; ~ *di disoccupazione* unemployment benefit, ⟨am⟩ unemployment compensation, ⟨fam⟩ dole; ~ *statale* (o *dello stato*) government subsidy (*o* aid), grant–in–aid.
sussiego *m.* (*pl.* -ghi) haughtiness, hauteur. □ *con ~* haughtily. **sussiegoso** *a.* haughty.
sussistenza *f.* **1** subsistence: *mezzi di ~* means of subsistence. **2** ⟨Mil⟩ subsistence, subsistence money (*o* allowance); (*corpo*) commissariat. □ ⟨Mil⟩ *compagnie di ~* catering corps, commissariat *sing,* ⟨am⟩ subsistence companies; ~ *militare* (military) catering, ⟨am⟩ subsistence. **sussistere** *v.i.* (**sussistei/sussistetti, sussistito;** *aus.* essere/avere) **1** (*esistere*) to exist, to subsist: *non sussiste reato* no crime exists. **2** (*essere valido*) to be valid (*o* sound): *ragioni che non sussistono* reasons which are not valid, unsound reasons; (*avere fondamento*) to hold good (*o* true), to hold water.
sussultare *v.i.* (*aus.* avere) **1** to start, to jump: *all'udire quel grido sussultò* he started when he heard the cry; ~ *di spavento* to start with fear. **2** (*sobbalzare*) to shake, to tremble: *la terra sussultò* the earth trembled. **sussulto** *m.* **1** start, jump. **2** (*scossa*) shock, tremor. □ *avere* (o *dare*) *un ~* to start, to jump; (*rif. alla terra: sobbalzare*) to shake, to tremble. **sussultorio** *a.* ⟨Geol⟩ sussultatory: *moto ~* sussultatory movement.
sussurrare I *v.t.* **1** to whisper, to murmur: ~ *qc. all'orecchio di qd.* to whisper s.th. in s.o.'s ear. **2** (*dire nascostamente in tono di critica*) to whisper, to insinuate, to make insinuations: *sussurrano certe cose sul tuo conto!* they're insinuating things about you! II *v.i.* (*aus.* avere) **1** (*parlare a bassa voce*) to whisper, to murmur. **2** (*mandare un rumore leggero*) to whisper, to murmur: *dalla finestra si sentiva ~ il ruscello* from the window you could hear the brook murmuring; (*stormire*) to rustle: *le fronde sussurravano nel vento* the leaves rustled in the breeze. **3** ⟨fig⟩ (*criticare, sparlare*) to gossip (*contro* about), to speak ill (of), to backbite. **sussurrìo** *m.* **1** whispering, murmuring. **2** (*rif. al vento e sim.*) whispering, murmuring; (*rif. all'acqua*) murmuring, gurgling, babbling; (*rif. a foglie e sim.*) rustling. **3** ⟨fig⟩ (*maldicenza*) backbiting, malicious gossip (*o* whispering). **sussurro** *m.* **1** whisper, murmur. **2** (*rif. al vento*) whisper, murmur; (*rif. all'acqua*) murmur, gurgle, babble; (*fruscio*) rustle.
sutura *f.* **1** ⟨Chir⟩ suture. **2** ⟨Geol⟩ vein. **suturale** *a.* ⟨Anat,Chir⟩ sutural. **suturare** *v.t.* ⟨Chir⟩ to suture.
suvvia *intz.* come on.
suzione *f.* suction.
S.V. = ⟨epist⟩ *Signoria Vostra* you.
svagare *v.t.* (**svago, svaghi**) **1** (*ricreare*) to cheer (up), to amuse; (*divertire*) to amuse, to entertain. **2** (*distrarre*) to distract: *non svagarlo quando studia* don't distract him when he's studying. **svagarsi** *v.r.* (*ricrearsi*) to amuse o.s., to relax; (*divertirsi*) to enjoy o.s., to have fun. **svagatezza** *f.* ⟨lett⟩ **1** (*spensieratezza*) thoughtlessness, heedlessness. **2** (*distrazione*) absent–mindedness; (*disattenzione*) lack of attention, inattention, distraction. **svagato** I *a.* inattentive, heedless: *perché sei sempre così ~?* why are you always so inattentive?; (*assente*) absent(–minded), day–dreaming. II *s.m.* (*f.* -a) absent–minded person, day–dreamer. **svago** *m.* (*pl.* -ghi) **1** (*lo svagare, lo svagarsi*) amusement, diversion, recreation, relaxation: *prendersi un po' di ~* to take some recreation. **2** (*ciò che svaga*) amusement, entertainment: *in questa città ci sono pochi svaghi* there are few amusements (o isn't much entertainment) in the city; (*passatempo*) pastime.
svaligiamento *m.* robbery; (*di notte*) burglary. **svaligiare** *v.t.* (**svaligio, svaligi**) to rob, (*fam*) to clean (out): ~ *un appartamento* to burgle a flat. **svaligiatore** *m.* (*f.* -trice) robber; (*svaligiatore notturno*) burglar.
svalutare *v.t.* (**svaluto**) **1** ⟨Econ⟩ to devalue, to devaluate, to depreciate: ~ *una moneta* to devalue a currency. **2**

⟨fig⟩ (*sminuire*) to belittle, to depreciate, to disparage: *cercavano di ~ i suoi meriti* they tried to belittle his good qualities. **svalutarsi** *v.r.* **1** ⟨Econ⟩ (*perdere il valore*) to be devalued, to fall in value. **2** ⟨Comm⟩ to depreciate. **svalutazione** *f.* **1** depreciation. **2** ⟨Econ⟩ devaluation, depletion: *del capitale* depletion of capital. **svalutazionista** *m.* devaluationist.
svampire *v.i.* (**svampisco, svampisci;** *aus.* essere) ⟨region⟩ (*diminuire di vigore*) to die down (*o* away), to cool, to disappear: *gli svampì tutto l'entusiasmo* all his enthusiasm cooled. **svampito** I *a.* ⟨region⟩ (*svanito*) wandering, absent–minded. II *s.m.* (*f.* -a) vague (*o* absent–minded) person.
svanire *v.i.* (**svanisco, svanisci;** *aus.* essere) **1** (*dileguarsi*) to disappear, to vanish, to fade (away): ~ *nella nebbia* to vanish into the fog; *la visione svanì* the vision faded. **2** (*disperdersi*) to dissipate, to clear, to disperse: *il fumo è svanito* the smoke has cleared. **3** (*rif. a suoni*) to die down (*o* away), to fade away. **4** (*perdere l'odore*) to lose its scent (*o* aroma): *se lasci aperta la boccetta il profumo svanisce* if you leave the bottle open the perfume will lose its scent. **5** (*svaporare*) to evaporate. **6** ⟨fig⟩ (*estinguersi, sfumare*) to fade (*o* die) away, to disappear, to vanish: *tutte le sue illusioni sono svanite* all his illusions have faded away. **7** ⟨fig⟩ (*indebolirsi*) to die down, to fade (away), to become fainter, to grow weaker: *la memoria svanisce con gli anni* the memory grows weaker with the passing of the years; *la sua collera è svanita* his anger has died down. □ ~ *in fumo* to go up in smoke (*anche fig.*). **svanitello** I *a.* ⟨fam⟩ silly, doltish, ⟨fam⟩ not quite all there. II *s.m.* (*f.* -a) dolt, ⟨fam⟩ ninny. **svanito** I *a.* **1** (*che ha perso l'odore*) that has lost its scent (*o* aroma). **2** ⟨fig⟩ (*stordito*) not quite all there. **3** ⟨fig⟩ (*scomparso, sfumato*) vanished: *speranze –e* vanished hopes. II *s.m.* (*f.* -a) absent–minded (*o* distracted) person.
svantaggiato *a.* at a disadvantage: *essere ~ da* (o *per*) *qc.* to be at a disadvantage on account of s.th. **svantaggio** *m.* **1** disadvantage, drawback: *tornare a ~ di qd.* to be to s.o.'s disadvantage; *essere in ~ rispetto a qd.* to be at a disadvantage in comparison with s.o. **2** (*danno*) detriment, disadvantage: *con mio grande ~* to my great disadvantage (*o* detriment). **3** (*inferiorità*) handicap, disadvantage, snag: *eravamo in ~, solo tre contro cinque* we were at a disadvantage, three against five. **4** ⟨Sport⟩ handicap: *essere in ~ di sei minuti* to have a six–minute handicap; *rimontare lo ~* to make up for one's handicap, to catch up. **svantaggiosamente** *avv.* disadvantageously. **svantaggioso** *a.* disadvantageous, unfavourable.
svaporamento *m.* **1** evaporation. **2** (*indebolimento di odore*) loss of scent (*o* aroma). **svaporare** *v.i.* (**svaporo;** *aus.* essere) **1** to evaporate. **2** (*perdere l'odore*) to lose its scent (*o* aroma). **3** ⟨fig⟩ (*svanire*) to die down (*o* away), to fade (*o* pass) away, to vanish. **svaporato** I *a.* **1** evaporated. **2** ⟨fig⟩ absent–minded. II *s.m.* (*f.* -a) feeble–minded person, dolt.
svariare *v.t.* (**svario, svari**) **1** to vary, to diversify. **2** ⟨fig⟩ (*svagare*) to divert, to distract.
svariatamente *avv.* in various (*o* different) ways, variously. **svariatezza** *f.* variation; (*varietà*) variety. **svariato** *a.* **1** (*variato*) varied, diversified. **2** (*diverso*) various, different: *sono state fatte –e ipotesi sull'argomento* various conjectures were made on the subject; (*numeroso*) many: *mi ha telefonato –e volte* he called me many times.
svarione *m.* blunder, ⟨fam⟩ howler.
svasare *v.t.* **1** (*rif. a piante: cambiare di vaso*) to repot. **2** (*allargare*) to flare, to spread, to widen. **3** ⟨tecn⟩ to flare. **svasato** I *a.* flared: *gonna –a* flared skirt. II *s.m.* ⟨Mar⟩ wedgelike part. **svasatura** *f.* **1** (*il cambiar vaso*) repotting. **2** (*l'allargare*) flaring, spreading, widening. **3** ⟨Sart⟩ flaring. **4** ⟨Mar⟩ fineness (of the hull); (*forma a V*) V–shape. **5** ⟨tecn⟩ flaring, belling.
svasso *m.* ⟨Ornit⟩ grebe.
svastica *f.* ⟨Stor⟩ swastika.
svecchiamento *m.* modernization, renewal, ⟨am⟩ up –dating. **svecchiare** *v.t.* (**svecchio, svecchi**) to bring up–to–date, to modernize, to renew, to freshen up, ⟨am⟩

to up–date: ~ *le idee* to bring one's ideas up–to–date.
svedese I *a.* Swedish, Sweden. **II** *s.* **1** *m.* (*lingua*) Swedish. **2** *m./f.* (*abitante*) Swede.

sveglia *f.* **1** (*ora della sveglia*) time for getting up, getting–up time: *domani la ~ è alle sei* tomorrow the time for getting up is six o'clock. **2** (*segnale*) (early) call: *a che ora desidera la ~?* what time do you want your call? **3** (*orologio a sveglia*) alarm clock: *mettere la ~ alle sette* to set the alarm clock for seven. **4** ⟨*Mil*⟩ reveille. □ *dare la ~* to give a signal for waking up; ⟨*Mil*⟩ *sonare la ~* to sound reveille; ~ *telefonica* telephone waking service.

svegliare *v.t.* (**sveglio, svegli**) **1** to wake (up), to awaken: *svegliami alle otto* wake me up at eight, call me at eight. **2** ⟨*fig*⟩ (*scuotere dal torpore*) to wake up, to stir, to rouse; (*scaltrire*) to wake up, to alert, ⟨*fam*⟩ to wise up: *la vita in città lo ha svegliato* city life wised him up. **3** ⟨*fig*⟩ (*eccitare, suscitare*) to (a)rouse, to stir, to whet: ~ *l'appetito* to whet the appetite. **svegliarsi** *v.r.* **1** to wake (up), to awake(n): *oggi mi sono svegliato tardi* I woke up late today. **2** ⟨*fig*⟩ (*uscire dal torpore*) to rouse o.s. **3** ⟨*fig*⟩ (*scaltrirsi*) to wake (*o* sharpen) up, ⟨*fam*⟩ to wise up: *con l'età si è svegliato* he wised up as he got older. **4** ⟨*fig*⟩ (*manifestarsi*) to reawaken, to reappear, to crop up (again), to start (up) again: *mi si è svegliato il mal di denti* my toothache has ⌐ started again⌐ (*o* come back). □ ⟨*iperb*⟩ *non lo sveglierebbero nemmeno le cannonate* it would take a bomb to wake him up; *sveglia!* wake up! (*anche fig.*); *svegliarsi di soprassalto* to wake up with a start. *Prov.: non ~ il can che dorme* let sleeping dogs lie.

sveglio *a.* **1** ⟨*pred*⟩ awake; (*alzato*) ⟨*pred*⟩ up. **2** ⟨*fig*⟩ (*pronto, svelto*) alert, quick(–witted): *è un bambino molto ~* he's a very quick child. **3** ⟨*fam*⟩ (*scaltro*) sharp, smart, cunning. □ *perfettamente ~* wide–awake; *rimanere* (*o stare*) ~ to be awake, not to sleep.

svelare *v.t.* (**svelo**) **1** (*rivelare*) to reveal, to disclose: ~ *un segreto a qd.* to reveal a secret to s.o. **2** (*manifestare, palesare*) to reveal, to show, to display: *il suo volto svelava una grande stanchezza* ⌐his face showed⌐ (*o* you could see from his face) how tired he was. **svelarsi** *v.r.* (*rivelarsi*) to reveal (*o* show, prove) o.s., to give o.s. away: *ti sei svelato* you've given yourself away, you've shown your true colours. **svelato** *a.* **1** revealed, disclosed: *segreto ~* revealed secret. **2** (*smascherato*) revealed, exposed.

svelenire *v.t.* (**svelenisco, svelenisci**) **1** to detoxify, to remove the poison from. **2** ⟨*fig*⟩ (*liberare da rancori*) to free from rancour (*o* a grudge). **svelenirsi** *v.r.* (*sfogare il rancore*) to vent one's spite (*o* rancour), ⟨*fam*⟩ to let off steam.

svellere *v.t.* (**svello/svelgo; svelsi, svelto**) ⟨*lett*⟩ **1** (*strappar via*) to tear (*o* wrench, pull) away; (*sradicare*) to tear up, to pull up (*o* out); (*rif. ad alberi*) to uproot. **2** ⟨*fig*⟩ to root (*o* wipe, drive) out, to eradicate.

sveltamente *avv.* quickly, fast, rapidly. **sveltezza** *f.* **1** (*rapidità*) quickness, speed, swiftness, rapidity. **2** (*snellezza*) slenderness, slimness. **3** ⟨*fig*⟩ (*prontezza d'ingegno*) quickness, quick–wittedness, sharpness, smartness. **sveltimento** *m.* **1** speeding up, quickening: *lo ~ del traffico stradale* the speeding up of road traffic. **2** (*il rendere più snello*) slimming, thinning. **sveltire** *v.t.* (**sveltisco, sveltisci**) **1** (*rendere più pronto, disinvolto*) to wake up, to make smarter, to sharpen the wits of: *l'esperienza lo ha sveltito* experience woke him up. **2** (*rendere più spedito*) to make quicker (*o* easier), to quicken, to speed up, to hurry (up): ~ *il traffico* to speed up traffic; (*semplificare*) to simplify: ~ *una frase troppo lunga* to simplify an overlong sentence. **3** (*rendere snello, sottile*) to slim, to make slimmer, to thin, to trim (down): *la ginnastica sveltisce la figura* gymnastics trims the figure. **sveltirsi** *v.r.* **1** to wake (*o* sharpen) up, to become quicker (*o* more alert), ⟨*fam*⟩ to wise up. **2** (*diventare più spigliato*) to polish one's manners.

svelto¹ *a.* **1** (*rapido*) quick, fast, swift, brisk, smart: *camminare con passo ~* to go at a brisk (*o* smart) pace. **2** (*che si prepara velocemente*) quick: *una pietanza –a* a quick dish. **3** (*pronto, veloce nell'agire*) quick, fast, rapid, swift: *è ~ nel lavoro* he is a quick worker. **4** (*pronto*

d'ingegno) quick(–witted), alert, bright, smart: *è molto ~ per la sua età* he is very bright for his age. **5** (*sottile, snello*) slender, slim, svelte: *un vestito di linea –a* a dress with a slim line. **6** ⟨*esclam*⟩ (be) quick, quickly, hurry up. □ *alla –a*: 1 quickly, fast: *lavorare alla –a* to work quickly; 2 (*in fretta*) in a hurry, hastily, hurriedly; ~ *di lingua* gossipy, backbiting; *essere ~ di lingua* to be a gossip (*o* backbiter); ~ *di mano*: 1 (*incline al furto*) light–fingered; 2 (*pronto a usare le mani*) free with one's fists (*o* hands).

svelto² → **svellere.**

svenare *v.t.* (**sveno**) **1** to cut (*o* sever, slash) the veins of. **2** ⟨*fig*⟩ (*privare totalmente delle proprie sostanze*) to bleed (dry). **svenarsi** *v.r.* **1** to slash (*o* sever, cut) one's veins. **2** (*ridursi in miseria*) to reduce o.s. to poverty.

svendere *v.t.* (**svendei/svendetti, svenduto**) **1** (*vendere a prezzo inferiore*) to sell ⌐at a low price⌐ (*o* below market–price); (*vendere sotto costo*) to sell ⌐below cost⌐ (*o* at a loss). **2** (*rif. a rimanenze*) to clear, to sell off: *svendiamo tutta la merce* all goods must ⌐be cleared⌐ (*o* go). **svendita** *f.* **1** selling at a low price; (*vendita sotto costo*) below cost sale. **2** (*rif. a rimanenze*) selling off, clearance; (*liquidazione*) clearance (sale), sale. □ ~ *per cessazione d'esercizio* closing–down sale; ~ *di fine stagione* end–of–season clearance sale.

svenevole *a.* mawkish, maudlin, ⟨*fam*⟩ s(l)oppy: *atteggiamento ~* mawkish attitude. □ *fare lo ~* to be mawkish (*o* affected), to simper. **svenevolezza** *f.* **1** mawkishness, maudlinism, ⟨*fam*⟩ s(l)oppiness. **2** *pl.* (*comportamento svenevole*) affectation, simpering, mawkish behaviour. **svenevolmente** *avv.* mawkishly, affectedly.

svenimento *m.* faint, fainting fit, ⟨*lett*⟩ swoon. □ *avere uno ~* to faint, to pass out. **svenire** *v.i.* (**svengo, svieni; svenni, svenuto**; → **venire**; *aus.* essere) to faint, to lose consciousness, to pass out, ⟨*lett*⟩ to swoon. □ *mi sento ~* I feel (as if I'm going to) faint.

sventagliare *v.t.* (**sventaglio, sventagli**) **1** to fan, to weave: *gli sventagliò la lettera sotto il naso* he waved the letter under his nose. **2** (*aprire a ventaglio*) to fan (out), to spread (like a fan): ~ *le carte da gioco* to fan one's cards. **sventagliarsi** *v.r.* to fan o.s. **sventagliata** *f.* **1** fanning. **2** (*colpo*) blow with (*o* from) a fan. **3** (*scarica, raffica*) burst, volley.

sventare *v.t.* (**svento**) **1** (*far fallire*) to thwart, to foil, to block, to prevent, to baffle: ~ *una congiura* to foil a plot. **2** (*scongiurare, allontanare*) to ward off, to avert, to avoid: ~ *il pericolo dell'inflazione* to avert the danger of inflation. **3** ⟨*Mar*⟩ to spill.

sventataggine *f.* → **sventatezza. sventatamente** *avv.* **1** (*sconsideratamente*) rashly, recklessly. **2** (*distrattamente*) absent–mindedly, absently. **sventatezza** *f.* **1** (*sbadataggine*) rashness, recklessness, thoughtlessness; (*distrazione*) absent–mindedness, inattention. **2** (*atto sventato*) oversight: *questa ~ ti costerà cara* this oversight will cost you dearly. **sventato I** *a.* **1** (*imprudente: rif. a persone*) rash, reckless; (*rif. a cose*) rash, hasty; (*sbadato*) careless, heedless, thoughtless. **2** (*distratto*) absent–minded, scatterbrained. **II** *s.m.* (*f.* **-a**) absent–minded person, scatterbrain.

sventola *f.* **1** (*ventola*) hand fire fan. **2** ⟨*fig*⟩ (*schiaffo*) slap, smack. **3** ⟨*Sport*⟩ (*nel pugilato*) swing. **4** ⟨*fig*⟩ (*infatuazione, cotta*) crush. □ *orecchie a ~* flap ears; *dare una ~ a qd.* to slap s.o. **sventolamento** *m.* **1** waving, fluttering. **2** (*l'agitare facendo vento*) wafting, shaking. **sventolare** *v.* (**svento̱lo**) **I** *v.t.* **1** to wave, to flutter: ~ *un fazzoletto* to wave a handkerchief. **2** (*agitare per fare vento*) to waft, to shake. **3** (*ravvivare il fuoco*) to fan. **II** *v.i.* (*aus.* avere) to wave, to flutter. **sventolarsi** *v.r.* (*farsi vento*) to fan o.s. **sventolata** *f.* **1** (*lo sventolare*) waving, flutter(ing); (*lo sventolarsi*) fanning o.s. **2** (*il ravvivare il fuoco*) fanning the fire. **sventolio** *m.* waving, fluttering: *lo ~ delle bandiere* the waving of flags.

sventramento *m.* **1** (*lo sventrare*) disembowelment, gutting. **2** (*squarciamento*) tearing (apart), ripping up. **3** ⟨*fig*⟩ demolition, knocking down; (*rif. a quartieri*) demolition, clearance. **4** ⟨*Med*⟩ eventration. **sventrare** *v.t.* (**svento**) **1** to disembowel, to draw, to gut. **2**

(*squarciare*) to tear (apart), to rip (up), to rip open, to disembowel. **3** ⟨*fig*⟩ (*demolire: rif. a costruzioni*) to demolish, to knock down; (*rif. a quartieri*) to demolish, to clear. **sventrato** *a.* **1** disembowelled. **2** (*squarciato*) torn apart, ripped up; (*rif. a persone*) ripped open, disembowelled. **3** ⟨*fig*⟩ (*demolito*) demolished.

sventura *f.* **1** ill (*o* bad) luck, misfortune: *per nostra* ~ to our misfortune; ~ *volle* as ill luck would have it; *essere perseguitato dalla* ~ to be dogged by bad luck. **2** (*disgrazia*) misfortune, mishap: *la sua morte è stata una* ~ *per tutti* his death was a misfortune for everyone. □ *per colmo di* ~ to crown (*o* top) it all. **sventuratamente** *avv.* unfortunately, unluckily. **sventurato I** *a.* **1** unlucky, unfortunate. **2** (*che causa sventura*) unlucky, fateful: *giorno* ~ unlucky day. **II** *s.m.* (*f.* **-a**) unlucky (*o* unfortunate) person.

svenuto *a.* in a faint, unconscious. □ *cadere* ~ to faint.

sverginamento *m.* defloration, deflowering. **sverginare** *v.t.* (**svergino**) to deflower.

svergognamento *m.* shaming, putting to shame. **svergognare** *v.t.* (**svergogno**) **1** to (put to) shame, to disgrace. **2** (*smascherare*) to unmask, to expose, to show up: ~ *qd. davanti a tutti* to expose s.o. in front of everyone. **svergognato I** *a.* **1** ashamed, put to shame. **2** (*spudorato*) shameless, impudent, brazen. **II** *s.m.* (*f.* **-a**) shameless (*o* impudent) person, brazen face.

svergolamento *m.* **1** ⟨*tecn*⟩ twist(ing); (*piegamento*) bend(ing). **2** ⟨*Mar*⟩ warp, buckle. **3** ⟨*Aer*⟩ twist, warping: ~ *dell'ala* wing warping. **svergolare** *v.t.* (**svergolo**) **1** ⟨*tecn*⟩ to twist; (*piegando*) to bend. **2** ⟨*Mar*⟩ to warp, to buckle. **3** ⟨*Aer*⟩ to twist, to warp. **svergolarsi** *v.r.* to become twisted; (*piegando*) to bend.

svernare *v.i.* (**sverno**; *aus.* avere) **1** to (spend the) winter: ~ *in riviera* to winter on the Riviera. **2** ⟨*Mil*⟩ to go into winter quarters.

sverniciare *v.t.* (**svernicio**, **svernici**) ⟨*tecn*⟩ to remove paint from, to strip of paint. **sverniciatura** *f.* paint removing, stripping.

sverza (*o* **sverza**) *f.* splinter, chip.

sverzino *m.* (*spago ritorto*) whipcord.

svestire *v.t.* (**svesto**) **1** to undress, to strip. **2** ⟨*estens*⟩ (*togliere il rivestimento*) to divest, to strip, to take off: ~ *un libro della copertina* to take the cover off a book. **3** ⟨*fig*⟩ (*togliere*) to take away, to strip. **svestirsi** *v.r.* **1** to undress (o.s.), to get undressed. **2** ⟨*fig*⟩ (*perdere un'apparenza esteriore*) to rid o.s. (*di* of). **3** ⟨*fig*⟩ (*deporre*) to divest o.s. (of), to lay aside (s.th.): ~ *di una carica* to lay aside an office. **svestito** *a.* undressed; (*nudo*) nude, naked.

Svetonio *N.pr.m.* ⟨*Stor*⟩ Suetonius.

svettamento *m.* → **svettatura**. **svettare** *v.* (**svetto**) **I** *v.t.* ⟨*Silv*⟩ to poll(ard), to lop (the crowns of). **II** *v.i.* (*aus.* avere) ⟨*lett*⟩ (*ergersi*) to rise (up), to stand out. **svettatoio** *m.* lopping shears *pl*, pruner. **svettatura** *f.* poll(ard)ing, lopping.

Svevia *N.pr.f.* ⟨*Geog*⟩ Swabia. **svevo I** *a.* **1** Swabian, Suabian. **2** ⟨*Stor*⟩ Suevian, Suevic. **II** *s.m.* **1** (*abitante; f.* **-a**) Swabian, Suabian. **2** ⟨*Stor*⟩ Suevian.

Svezia *N.pr.f.* ⟨*Geog*⟩ Sweden.

svezzamento *m.* **1** weaning: *lo* ~ *del bambino* the weaning of a baby. **2** (*il disabituare*) weaning, breaking of a habit. **svezzare** *v.t.* (**svezzo**) **1** to wean. **2** (*disabituare*) to break (of a habit), to wean, to disaccustom: ~ *qd. da qc.* to wean s.o. from s.th., to break s.o. of s.th. **svezzarsi** *v.r.* to break (*o* get rid of) a habit: *svezzarsi dal fumo* to break o.s. of (the habit of) smoking.

sviamento *m.* **1** (*lo sviare*) deviation, diversion, turning aside; (*lo sviarsi*) wandering, straying. **2** ⟨*Ferr*⟩ (*deragliamento*) derailment. **3** (*in senso morale: smarrimento, traviamento*) leading astray, corruption: *lo* ~ *della gioventù* the corruption of youth; (*il traviarsi*) going astray. □ ~ *dell'indagine* leading an investigation astray.

sviare *v.* (**svio**, **svii**) **I** *v.t.* **1** to avert, to ward off, to divert: ~ *un colpo* to ward off a blow. **2** ⟨*fig*⟩ (*distogliere*) to distract, to divert: ~ *l'attenzione di qd.* to divert s.o.'s attention. **3** ⟨*fig*⟩ (*allontanare*) to draw away, to turn aside (*o* away), to deter: ~ *qd. dagli studi* to draw s.o.

away from his studies. **4** (*far deviare*) to put on the wrong track, to lead astray, to mislead: ~ *le indagini della polizia* to put the police on the wrong track. **5** ⟨*fig*⟩ (*corrompere*) to lead astray, to corrupt: *le cattive compagnie lo hanno sviato* bad company has led him astray. **II** *v.i.* (*aus.* avere) **1** ⟨*rar*⟩ (*uscire di strada*) to go (*o* wander) off the road, to leave one's path (*o* course), to stray. **2** ⟨*Ferr*⟩ (*deragliare*) to derail, to jump the rails. **sviarsi** *v.r.* **1** (*uscire di strada*) to lose one's way; (*sbagliare strada*) to take the wrong way (*o* road). **2** ⟨*fig*⟩ (*allontanarsi dalla retta via*) to go astray. □ ~ *il discorso* to get off the point. **sviato I** *a.* led astray, misled; (*corrotto*) corrupt(ed). **II** *s.m.* (*f.* **-a**) person who has gone (*o* been led) astray.

svicolare *v.i.* (**svicolo**; *aus.* avere/essere) **1** to turn into an alley. **2** ⟨*fam*⟩ (*svignarsela*) to slip (*o* slink, sneak) away, ⟨*fam*⟩ to beat it.

svignare *v.i.* (*aus.* essere) to sneak (*o* steal) away, to slip (*o* make) off. □ ⟨*fam*⟩ *svignarsela* to slip off (*o* away), ⟨*fam*⟩ to beat it: *all'arrivo della polizia i ladri se la sono svignata* when the police arrived the thieves beat it.

svigorimento *m.* weakening. **svigorire** *v.t.* (**svigorisco**, **svigorisci**) to weaken, to enfeeble (*anche fig.*). **svigorirsi** *v.r.* to become weak(er), to be enfeebled, to lose (one's) vigour.

svilimento *m.* **1** debasement. **2** ⟨*Econ*⟩ (*svalutazione*) devaluation. **svilire** *v.t.* (**svilisco**, **svilisci**) **1** to debase. **2** ⟨*Econ*⟩ (*svalutare*) to devalue.

svillaneggiare *v.t.* (**svillaneggio**, **svillaneggi**) to outrage, to treat roughly; (*ingiuriare*) to abuse.

sviluppare *v.t.* **1** (*sciogliere un viluppo*) to loosen, to undo, to untie: ~ *un groviglio* to undo a tangle. **2** (*trattare ampiamente*) to develop, to expound: *devi* ~ *meglio l'ultima parte dell'articolo* you have to develop the end of the article better. **3** (*far aumentare gradatamente*) to develop, to expand, to build up, to increase: ~ *il commercio* to build up trade; (*rinvigorire*) to strengthen, to develop: *lo sport sviluppa le membra* sport strengthens the limbs. **4** (*suscitare, produrre*) to cause, to produce: *la scintilla ha sviluppato un incendio* the spark caused a fire; (*sprigionare: rif. a gas*) to emit, to discharge, to release: *questo terreno sviluppa gas* this ground emits gas. **5** ⟨*tecn*⟩ to develop, to generate: *il nuovo motore sviluppa 300 cavalli vapore* the new engine generates 300 horse power. **6** ⟨*Fot,Mat*⟩ to develop. **svilupparsi** *v.r.* **1** to develop: *l'insetto si è sviluppato completamente* the insect is completely developed; *il ragazzo si è sviluppato molto tardi* the boy developed very late. **2** (*crescere*) to grow: *quanto si è sviluppato tuo figlio dall'ulima volta che l'ho visto* how your son has grown since last time I saw him; (*rinvigorirsi*) to develop, to strengthen: *la mente si sviluppa con lo studio* the mind develops with study. **3** (*aumentare, progredire*) to expand, to increase, to grow, to develop: *in questi ultimi anni la produzione tessile si è notevolmente sviluppata* over the last few years textile production has increased considerably; (*espandersi*) to expand, to spread out: *la città si è sviluppata verso il mare* the city has spread out toward the sea. **4** (*manifestarsi aumentando gradatamente d'intensità*) to break out: *si è sviluppato un incendio* a fire broke out; *bisogna evitare che si sviluppi un'epidemia* we must prevent an epidemic from breaking out; (*sprigionarsi: rif. a gas*) to be emitted, to issue: *dalla reazione si sviluppa un gas* gas is emitted by the reaction. □ ~ *la memoria* to improve one's memory. **sviluppato** *a.* **1** developed: *una ragazza –a* a developed girl. **2** (*cresciuto, irrobustito*) strong, sturdy: *un ragazzo molto* ~ a very sturdy boy. **3** (*accentuato*) marked, strong: *ha uno* ~ *senso del dovere* he has a marked sense of duty. **sviluppatore** *m.* ⟨*Fot,Chim*⟩ developer.

sviluppo *m.* **1** (*atto*) development: *attendiamo gli –i della situazione* we are waiting for developments in the situation. **2** (*accrescimento, incremento*) development, growth: *favorire lo* ~ *del turismo* to favour the growth of tourism; (*espansione*) expansion, growth, development: *lo* ~ *di un'azienda* the expansion of a company. **3** (*rif. a organismi viventi: crescita*) development, growth: *lo* ~ *fisico e psichico del fanciullo* the physical and mental development of the child. **4** (*svolgimento, trattazione più estesa*) development, working out, broader treatment: *dare maggior ~ alla parte introduttiva dello studio* to give a broader treatment to the introductive part of the study. **5** ⟨*Fot*⟩ (*lo sviluppare*) development; (*bagno di sviluppo*) developer. **6** ⟨*Mat,Geom*⟩ development: *~ di una superficie* development of a surface. □ *dare grande ~ a un'industria* to expand (*o* boost) an industry; *~ economico* economic development; ⟨*Fisiol*⟩ *età dello ~* puberty; *~ fisico* physical development; *~ fotografico* photographic development; *~ urbano* urban development; *in via di ~* developing, in the course (*o* process) of development: *paesi in via di ~* developing countries.

svinare *v.t.* ⟨*Enol*⟩ to draw (off), to rack (off). **svinatura** *f.* drawing (off), racking (off).

svincolamento *m.* **1** (*atto*) unbinding, freeing, release; (*effetto*) liberation. **2** ⟨*Econ*⟩ redemption. **3** ⟨*Comm*⟩ (*sdoganamento*) clearance, clearing: *~ della merce* clearance of goods. **svincolare** *v.t.* (**svincolo**) **1** (*liberare da un vincolo*) to release, to (set) free. **2** ⟨*Econ*⟩ to redeem: *~ una casa da un'ipoteca* to redeem a house. **3** ⟨*Comm*⟩ (*sdoganare*) to clear. **svincolarsi** *v.r.* to free o.s., to get (*o* worm) free: *svincolarsi da una stretta* to free o.s. of a grip. **svincolo** *m.* **1** (*liberazione*) release, liberation. **2** ⟨*Econ*⟩ redemption. **3** ⟨*Comm*⟩ (*sdoganamento*) clearance. **4** ⟨*Strad*⟩ motorway crossing. □ *~ a quadrifoglio* cloverleaf (intersection).

sviolinare *v.t.* ⟨*fam,scherz*⟩ (*adulare sfacciatamente*) to fawn on, to flatter. **sviolinata** *f.* **1** ⟨*Mus*⟩ violin refrain. **2** ⟨*fam,scherz*⟩ (*adulazione sfacciata*) fawning, flattery.

svirilizzare *v.t.* (*infiacchire*) to emasculate, to weaken, to enfeeble. **svirilizzato** *a.* (*infiacchito*) emasculated, weakened.

svisamento *m.* distortion, twisting. **svisare** *v.t.* to distort, to twist, to alter: *~ la verità* to distort the truth.

svisceramento *m.* (*esame accurato*) thorough examination, dissection; (*studio particolareggiato*) detailed study. **sviscerare** *v.t.* (**sviscero**) (*esaminare a fondo*) to examine (*o* go into) thoroughly, to dissect: *ho sviscerato la questione* I examined the matter thoroughly; (*studiare a fondo*) to study in detail, to make a thorough study of; (*trattare esaurientemente*) to deal with exhaustively. **sviscerarsi** *v.r.* (*profondersi*) to be profuse with expressions of affection, ⟨*fam*⟩ to fall all over: *sviscerarsi per qd.* to fall all over s.o. **svisceratamente** *avv.* with all one's heart. **sviscerato** *a.* **1** (*appassionato*) passionate, deep, ardent: *amore ~* passionate love. **2** ⟨*spreg*⟩ (*eccessivo*) effusive, overdemonstrative.

svista *f.* oversight, slip: *è stata una ~* it was an oversight.

svitare *v.t.* ⟨*Mecc*⟩ to unscrew. **svitato I** *a.* **1** ⟨*Mecc*⟩ unscrewed. **2** ⟨*scherz*⟩ (*strambo*) with a screw loose, screwy, nutty. **II** *s.m.* (*f.* -a) nut, ⟨*am.fam*⟩ screwball. □ *essere un po' ~* to have a screw loose.

sviticchiare *v.t.* (**sviticchio**, **sviticchi**) to untwine, to disentangle, to untangle. **sviticchiarsi** *v.r.* **1** to disentangle o.s. **2** ⟨*fig*⟩ (*liberarsi*) to get rid, to free o.s. (*da* of).

Svizzera *N.pr.f.* ⟨*Geog*⟩ Switzerland. **svizzero I** *a.* Swiss: *guardie -e* Swiss guards. **II** *s.m.* (*f.* -a) Swiss; *pl.* the Swiss (*costr. pl.*).

svogliataggine *f.* → svogliatezza. **svogliatamente** *avv.* **1** unwillingly, listlessly. **2** (*con indolenza*) lazily. **svogliatezza** *f.* **1** unwillingness, listlessness, disinclination. **2** (*pigrizia*) laziness, indolence. □ *con ~* listlessly: *studiare con ~* to study listlessly. **svogliato** *a.* **1** unwilling, listless. **2** (*indolente*) lazy, indolent, idle, slack: *uno scolaro ~* a lazy (*o* slack) pupil.

svolacchiare *v.i.* (**svolacchio**, **svolacchi**; *aus.* avere) to fly about, to flit (to and fro).

svolazzante *a.* fluttering. **svolazzare** *v.i.* (*aus.* avere) **1** (*volare qua e là*) to fly about (*o* here and there), to flit, to flutter. **2** ⟨*fig*⟩ (*agitarsi*) to flutter, to flap, to fly: *i suoi capelli svolazzavano al vento* her hair was flying in the wind. **svolazzo** *m.* **1** (*breve volo*) short flight. **2** (*abbellimento calligrafico*) flourish: *calligrafia con molti -i* handwriting with many flourishes. **3** ⟨*fig*⟩ (*ornamento superfluo*) flourish, embellishment: *prosa piena di -i* writing full of embellishments.

svolgere *v.t.* (**svolgo**, **svolgi**; **svolsi**, **svolto**) **1** to unwind: *~ una matassa* to unwind a skein; (*srotolare*) to unroll: *~ una pellicola dalla bobina* to unroll a film from the spool. **2** (*trattare per esteso*) to develop: *~ un argomento* to develop a theme. **3** ⟨*fig*⟩ (*attuare una serie di azioni per il conseguimento di uno scopo*) to develop, to work out: *~ un piano di lavoro* to develop a work plan; (*esplicare*) to carry on (*o* out): *~ un'attività commerciale* to carry on a commercial activity. **svolgersi** *v.r.* **1** to unwind, to become unwound: *il filo si svolge dal rocchetto* the thread is unwinding from the spool. **2** ⟨*fig*⟩ (*distendersi, spiegarsi*) to unfold, to spread (*o* open) out: *una splendida vista si svolgeva sotto i nostri occhi* a splendid view was spread out before our eyes. **3** ⟨*fig*⟩ (*accadere, aver luogo*) to occur, to happen, to come about, to go: *ecco come si svolsero i fatti* this is how things went; (*procedere*) to proceed, to go on (*o* off): *la vita si svolge monotona* life goes on monotonously. **4** (*essere ambientato*) to be set: *il primo atto si svolge a Venezia* the first act is set in Venice. **5** ⟨*fig*⟩ (*essere disputato: rif. a gare e sim.*) to be played: *la partita di calcio si svolgerà a Roma* the football game will be played in Rome. □ ⟨*Scol*⟩ *~ un tema* to write a composition. **svolgimento** *m.* **1** (*lo svolgere, lo svolgersi*) unwinding; (*lo srotolare, lo srotolarsi*) unrolling. **2** (*trattazione*) development, treatment: *lo ~ di una tesi* the development of a thesis. **3** ⟨*fig*⟩ (*attuazione, progressione*) development, working out: *lo ~ di un piano strategico* the development of a strategic plan; (*l'esplicare*) carrying on (*o* out): *~ di molteplici attività* carrying out many activities. **4** (*andamento, prosecuzione*) course: *lo ~ degli eventi* the course of events. **5** ⟨*Scol*⟩ (*componimento*) composition.

svolta *f.* **1** turning: *divieto di ~* no turning. **2** ⟨*concr*⟩ (*curva*) turn, curve, bend. **3** ⟨*fig*⟩ turning point, crossroads *pl* (*costr. sing.*): *una ~ importante nella vita* an important turning point in one's life. **4** ⟨*fig*⟩ (*cambiamento*) change: *c'è stata una ~ nei nostri rapporti* there was a change in our relationship. □ ⟨*Strad*⟩ *divieto di ~ a destra* no right turn; *~ pericolosa* dangerous curve ahead. **svoltare** *v.i.* (**svolto**; *aus.* avere) to turn: *~ a destra* to turn (to the) right. **svoltata** *f.* turn(ing). □ *fare una ~* to turn.

svolto (*p.p. di svolgere*) *a.* **1** (*sviluppato*) developed. **2** (*effettuato*) conducted, carried on (*o* out): *il lavoro ~ nei primi mesi* the work carried out in the early months. **3** (*trattato*) treated, dealt with.

svuotamento *m.* **1** emptying (out). **2** ⟨*Chir*⟩ removal. **svuotare** *v.t.* (**svuoto**) **1** (*vuotare*) to empty (out). **2** ⟨*fig*⟩ to empty, to deprive, to divest: *~ una frase d'ogni significato* to empty a phrase of all meaning.

SW = *sud-ovest* south-west (*abbr.* S.W.).

Swahili *m.* ⟨*Ling*⟩ Swahili language

T

t, T [ti, *region.* te] *f./m.* (*lettera dell'alfabeto*) t, T: ⟨*Tel*⟩ *t come Torino* T for Tommy; *a T* T-shaped.

t = 1 *tonnellata* ton (*abbr.* t.). **2** ⟨*Fis*⟩ *temperatura* temperature (*abbr.* t., temp.).

tabaccaio *m.* (*f.* -a) tobacconist. **tabaccare** *v.i.* (tabacco, tabacchi; *aus.* avere) to take snuff. **tabaccheria** *f.* tobacconist's (shop). **tabacchicoltore** *m.* (*f.* -trice) tobacco grower. **tabacchicoltura** *f.* tobacco growing. **tabacchiera** *f.* snuff-box. **tabacchificio** *m.* tobacco factory. **tabacchino** *m.* (*f.* -a) **1** (*operaio*) tobacco worker. **2** ⟨*region*⟩ → tabaccaio.

tabacco *m.* (*pl.* -chi) **1** ⟨*Bot*⟩ tobacco(-plant). **2** (*tabacco da consumo*) tobacco(s). □ **color** ~ tobacco(-colour); **fiutare** ~ to take snuff; ~ *da fiuto* snuff; **masticare** ~ to chew tobacco; ~ *da pipa* pipe tobacco; **presa** *di* ~ pinch of snuff; ~ **trinciato** cut tobacco (for pipes).

tabaccone ⟨*fam*⟩ **I** *s.m.* (*f.* -a) snuff taker, sniffer. **II** *a.* snuff taking. **tabaccoso** *a.* snuffy, soiled with snuff. **tabacosi** *f.* ⟨*Med*⟩ tobacosis, tobacco poisoning. **tabagico** *a.* (*pl.* -ci) ⟨*Med*⟩ tobacco-. **tabagismo** *m.* tabagism, nicotinism.

tabarin *fr.* [-'rɛ̃] *m.* night-club (with variety numbers).

tabarro *m.* ⟨*region*⟩ (*mantello*) cloak.

tabe *f.* ⟨*Med*⟩ tabes; (*tabe dorsale*) tabes dorsalis.

tabella *f.* **1** plaque, plate, tablet; (*tavoletta di legno*) board. **2** (*prospetto*) table, statement, ⟨*am*⟩ schedule; (*elenco*) list: ~ *dei prezzi* price list. □ ~ *di marcia*: **1** ⟨*Sport*⟩ schedule; **2** ⟨*fig*⟩ work schedule; ~ *salariale* table of wages, wage scale. **tabellare** *a.* **1** table-, board-. **2** (*che ha forma di tabella*) tabular. □ *aumento* ~ *dello stipendio* salary rise in accordance with a union scale. **tabellina** *f.* ⟨*Mat*⟩ multiplication table. **tabellone** *m.* **1** large board (*o* table). **2** (*tavola per le affissioni*) notice-board, board: ~ *delle partenze* departure board. □ ⟨*Aer*⟩ ~ *degli arrivi e delle partenze* flight board.

tabernacolo *m.* **1** ⟨*Lit.Arch*⟩ tabernacle. **2** (*specie di edicola*) shrine. **3** ⟨*Rel.ebr*⟩ Tabernacle: *festa dei* –i Feast of Tabernacles.

tabetico *a./s.* (*pl.* -ci) ⟨*Med*⟩ **I** *a.* tabetic. **II** *s.m.* tabetic, sufferer from tabes.

tabloide *m.* **1** ⟨*Farm*⟩ tablet, tabloid. **2** (*rivista di piccolo formato*) tabloid.

Tabor *N.pr.m.* ⟨*Geog*⟩ Tabor.

tabù I *s.m.* **1** ⟨*Etnol*⟩ taboo, tabu (*anche estens.*). **2** ⟨*scherz*⟩ (*soggetto non nominabile*) taboo (*o* forbidden) subject. **II** *a.* **1** ⟨*Etnol*⟩ taboo, tabu (*anche estens.*). **2** ⟨*scherz*⟩ (*che non si può nominare*) taboo, forbidden: *argomento* ~ taboo subject. **tabuizzare** *v.t.* to tabu, to taboo. **tabuizzazione** *f.* tabuing, tabooing.

tabula rasa *lat.* *f.* tabula rasa, erased tablet. □ ⟨*scherz*⟩ *far* ~: **1** (*portar via tutto*) to make a clean sweep; **2** (*consumare tutto*) to finish (*o* polish) everything off; **3** (*cacciare via tutti*) to drive everyone off (*o* away).

tabulare[1] *a.* tabular (*anche Min.,Bot.,Geog.*).

tabulare[2] *v.t.* (tabulo) ⟨*Mat,Fis*⟩ to tabulate.

tabulato *m.* **1** tabulation. **2** ⟨*Inform*⟩ print-out.

tabulatore *m.* tabulator. **tabulatrice** *f.* tabulator, tabulating-machine. **tabulazione** *f.* tabulation.

TAC = ⟨*Radiol*⟩ *tomografia assiale computerizzata* computerized axial tomography (*abbr.* CAT).

tacca *f.* **1** notch, hack, cut: *un banco di scuola pieno di tacche* a school desk full of notches. **2** (*intaccatura in una lama*) nick, jag: *un coltello con tacche* a knife with nicks. **3** (*macchia del pelame*) patch. **4** ⟨*fig*⟩ (*levatura*) intelligence, mental capacity, calibre. **5** ⟨*fig*⟩ (*difetto, magagna*) fault, defect: *tutti abbiamo le nostre tacche* we all have our faults. **6** ⟨*Alp*⟩ foothold, incut. **7** ⟨*Tip*⟩ nick. □ *tacche di contrassegno* tally marks; *fare tacche in qc.* to notch s.th., to cut notches in s.th.; *uomo di mezza* ~ man of medium height; ⟨*fig*⟩ man of little worth; *le tacche della stadera* the notches on a steelyard.

taccagneria *f.* miserliness, niggardliness, stinginess, meanness. **taccagno I** *a.* miserly, niggardly, stingy, mean. **II** *s.m.* (*f.* -a) miser, stingy (*o* mean) person.

taccata *f.* ⟨*Mar*⟩ keel block; *pl.* stocks *pl.*

taccato *a.* **1** (*segnato con tacche*) notched, nicked, jagged. **2** (*munito di tacche*) notched, nicked. **3** (*screziato*) spotted, mottled, speckled, flecked.

taccheggiare[1] *v.t.* (taccheggio, taccheggi) ⟨*Tip*⟩ to overlay.

taccheggiare[2] *v.* (taccheggio, taccheggi) **I** *v.t.* (*rubare col taccheggio*) to shoplift. **II** *v.i.* (*aus.* avere) to shoplift. **taccheggiatore** *m.* (*f.* -trice) shoplifter.

taccheggio[1] *m.* ⟨*Tip*⟩ overlay.

taccheggio[2] *m.* (*furto di merci esposte in vendita*) shoplifting.

tacchete *onom.* **1** click, clack. **2** ⟨*intens*⟩ suddenly, ⟨*fam*⟩ all of a sudden: *mi ero appena messo a studiare e* ~ *venne a mancare la luce* I had just started to study when suddenly the lights went out.

tacchettare *v.i.* (tacchetto; *aus.* avere) to clatter one's heels when walking. **tacchettio** *m.* clatter (*o* clicking) of heels. **tacchetto** *m.* **1** (*rif. a scarpe femminili*) thin heel. **2** (*rif. alle scarpe dei calciatori*) stud. **3** ⟨*Tess*⟩ (loom) picker.

tacchina *f.* (*femmina del tacchino*) turkey-hen. **tacchino** *m.* turkeycock. □ *diventare rosso come un* ~ to become as red as a lobster; *fare la ruota come il* ~ (*essere vanitoso*) to be as proud as a peacock; ⟨*fig*⟩ *sembrare un* ~ (*essere vanitoso*) to preen o.s.

taccia *f.* (*cattiva fama*) bad reputation. □ *avere la* ~ *di bugiardo* to have a reputation (*o* be branded) as a liar. **tacciare** *v.t.* (taccio, tacci) to accuse, to tax, to charge: ~ *qd. di qc.* to accuse s.o. of s.th., to tax (*o* charge) s.o. with s.th.; ~ *qd. di tradimento* to accuse s.o. of treason.

tacco *m.* (*pl.* -chi) **1** ⟨*Calz*⟩ heel. **2** (*pezzo di legno per sostegno*) block. **3** ⟨*Tip*⟩ underlay, interlay. **4** ⟨*Mar*⟩ chock, block. **5** ⟨*Aer*⟩ chock. □ *tacchi* **alti** high heels; *scarpe con tacchi alti* high-heeled shoes; ⟨*fam*⟩ **alzare** *i tacchi* (*fuggire*) to take to one's heels, to show a clean pair of heels; ⟨*Calz*⟩ *tacchi* **bassi** low heels; **battere** *i tacchi*: **1** to tap (*o* beat) one's heels; **2** ⟨*Mil*⟩ to click one's heels;

rifare *i tacchi delle* (o *alle*) *scarpe* to heel a pair of shoes; *scarpe* **senza** ~ flat shoes, ⟨*fam*⟩ flats *pl;* ⟨*Calz*⟩ *tacchi a* **spillo** stiletto (o spike) heels.

taccola[1] *f.* ⟨*Ornit*⟩ jackdaw.

taccola[2] *f.* (*difetto, magagna*) defect, flaw, slight fault.

taccuino *m.* **1** notebook. **2** (*album per disegni e abbozzi*) sketch book.

tacere[1] *v.* (**taccio, taci, tace, tacciamo, tacete, tacciono; tacqui**/*ant.* **tacetti, taciuto**) **I** *v.i.* (*aus.* avere) **1** (*stare zitto*) to keep (o be) quiet, to hold one's tongue, to be silent, to say nothing: *non sa* ~ he can never keep quiet; *non sapendo che cosa dire, tacqui* as I did not know what to say, I said nothing. **2** (*smettere di parlare*) to stop speaking, to fall (o be) silent: *detto questo, tacque* after saying this, he fell silent. **3** (*fare silenzio*) to be (o keep) quiet, to stop talking, to be silent, ⟨*fam*⟩ to shut up: *ma taci una buona volta!* do be quiet!, ⟨*fam*⟩ shut up once and for all! **4** ⟨*estens*⟩ (*non farsi più sentire*) to fall silent, to stop: *l'artiglieria nemica improvvisamente tacque* suddenly the enemy artillery fell silent. **5** (*non dare notizie di sé*) not to get in touch, not to write. **6** ⟨*fig*⟩ (*essere immerso nel silenzio*) to be silent, to be sunk in silence, to lie still: *la campagna tace* the countryside is silent (o peaceful); (*rif. agli elementi: essere quieto, calmo*) to be calm (o still): *il vento tace* the wind is calm. **7** ⟨*fig*⟩ (*non dire nulla*) not to say anything, to say nothing (*su* about), to make no mention (of), to be silent (on): *le fonti contemporanee tacciono su questo argomento* contemporary sources ⌐make no mention of¬ (o say nothing about) this subject. **II** *v.t.* **1** (*non dire*) to say nothing about, to be silent about, not to say a word about: *tacque l'accaduto per non impressionarlo* he didn't say a word about the incident because he didn't want to frighten him. **2** (*non rivelare*) to conceal, not to mention, to hide, to withhold: *raccontò i fatti tacendo però i nomi dei complici* he told what happened but he withheld the names of his accomplices. **3** (*sottintendere*) to omit, to leave out: ~ *un particolare superfluo* to omit a superfluous detail. □ *far* ~: **1** to silence, to make keep quiet, to hush: *fa'* ~ *i ragazzi* make the children keep quiet; *far* ~ *un bambino che piange* to hush a crying baby; **2** ⟨*fig*⟩ to silence: *far* ~ *la voce della coscienza* to silence the voice of conscience; *taci!* (do) be quiet!, hold your tongue!, ⟨*fam*⟩ shut up!; (*smetti di chiacchierare*) (do) stop talking!, quiet! *Prov.:* chi *tace acconsente* silence gives consent.

tacere[2] *m.* (*silenzio*) silence. □ *mettere a* (o *in*) ~ to hush up: *mettere a* ~ *uno scandalo* to hush up a scandal. *Prov.: un bel* ~ *non fu mai scritto* silence was never written down.

tacheometria *f.* ⟨*Topogr*⟩ tachymetry, tacheometry. **tacheometrico** *a.* (*pl.* **-ci**) tachymetric, tacheometric. **tacheometro** *m.* tachymeter, tacheometer.

tachicardia *f.* ⟨*Med*⟩ tachycardia. **tachifagia** *f.* tachyphagia.

tachigrafo *m.* ⟨*tecn*⟩ tachograph. **tachimetro** *m.* **1** ⟨*tecn*⟩ tachometer. **2** ⟨*Aut*⟩ speedometer, tachometer. □ ~ *di una bicicletta* cyclometer.

tachione *m.* ⟨*Fis*⟩ tachyon.

tacitamente *avv.* **1** (*senza parlare*) silently. **2** (*segretamente*) secretly, in secret. **3** (*senza una manifestazione espressa di volontà*) tacitly: *acconsentire* ~ to consent tacitly, to give tacit consent.

tacitamento *m.* paying–off. **tacitare** *v.t.* (**tacito**) to pay off: ~ *un creditore* to pay off a creditor. □ ~ *uno scandalo* to hush up a scandal.

tacitiano *a.* Tacitean.

tacito *a.* **1** (*silenzioso*) silent. **2** (*tranquillo, quieto*) quiet, still, peaceful, silent: *la –a notte* the still night. **3** (*non espresso, non manifestato*) tacit, unspoken: *un* ~ *rimprovero* a tacit reproof; *una –a intesa* a tacit understanding.

Tacito *N.pr.m.* ⟨*Stor*⟩ Tacitus.

taciturnità *f.* taciturnity. **taciturno** *a.* **1** taciturn, reserved, uncommunicative: *carattere* ~ taciturn character. **2** (*che tace*) silent, quiet: *perché sei così* ~ *oggi?* why are you so quiet today?

Taddeo *N.pr.m.* Thaddaeus.

tafano *m.* ⟨*Entom*⟩ horsefly, gadfly.

tafferuglio *m.* (*rissa*) brawl, scuffle; (*scompiglio*) uproar, tumult; (*confusione*) confusion.

taffete *onom.* **1** bang, crash. **2** ⟨*intens*⟩ suddenly, ⟨*fam*⟩ all of a sudden, ⟨*fam*⟩ lo and behold: *vado al caffè e* ~ *incontro proprio quel seccatore* I no sooner get to the café when lo and behold I run into that bore.

taffettà *m.* ⟨*Tess*⟩ taffeta. □ ~ *di* ~ taffeta–.

taglia[1] *f.* **1** price, reward: *sul suo capo pende una forte* ~ there is a heavy price on his head. **2** (*statura*) stature, height; (*proporzioni del corpo*) size; (*corporatura*) build: *un uomo di* ~ *robusta* a man with a stocky build. **3** (*rif. agli animali*) height, stature. **4** ⟨*Sart*⟩ size: *questo soprabito non è della mia* ~ this coat isn't my size. **5** (*prezzo del riscatto*) ransom. □ ⟨*Vest*⟩ *–e* **forti** large sizes; *di media* ~: **1** (*rif. alla corporatura*) of medium size (o build); **2** (*rif. alla statura*) of average height; **3** (*rif. ad abiti*) stock size.

taglia[2] *f.* ⟨*Mar*⟩ pulley block, (hoisting) tackle.

taglia|borse *m.inv.* (*borsaiolo*) bag snatcher. **~boschi** *m.inv.* → **taglialegna.** **~carte** *m.inv.* paper knife. **~cipolle** *m.inv.* onion slicer. **~fieno** *m.inv.* ⟨*Agr*⟩ hay cutter. **~fuoco** *a./s.inv.* **I** *a.* fire–, fireproof. **II** *s.m.* ⟨*Edil*⟩ fire barrier. **~legna** *m.inv.* woodcutter. **~mare** *m.inv.* ⟨*Mar*⟩ cutwater.

tagliando *m.* **1** coupon; (*scontrino*) voucher, slip. **2** (*rif. a interessi*) interest coupon. □ ~ *per la benzina* gas coupon.

taglia|pasta *m.inv.* ⟨*Gastr*⟩ (*anche rotella tagliapasta*) pastry cutter. **~pietre** *m.inv.* (*scalpellino*) stone dresser, stone cutter, stonemason.

tagliare *v.* (**taglio, tagli**) **I** *v.t.* **1** to cut; (*a fette*) to slice: ~ *il pane col coltello* to slice (o cut) the bread. **2** (*produrre una ferita*) to cut: *tagliarsi un dito* to cut one's finger; ~ *la gola a qd.* to cut s.o.'s throat; (*staccare*) to cut (off): ~ *un pezzo di formaggio* to cut off a piece of cheese. **3** (*separare*) to cut (off): ~ *due metri di stoffa* to cut off two metres of cloth. **4** (*asportare recidendo*) to cut off: ~ *la testa a qd.* to cut (o chop) off s.o.'s head; (*potare*) to lop, to cut off: ~ *i rami di un albero* to lop (o cut) off the branches of a tree. **5** (*dividere: in due*) to cut, to cut in two (o half): ~ *lo spago* to cut the string; (*in più parti*) to cut (up): ~ *una torta in parti uguali* to cut a cake up into equal parts; (*trinciare*) to carve: ~ *un pollo* to carve a chicken. **6** (*accorciare*) to cut: ~ *i capelli* to cut one's hair; (*tosare, radere*) to shear, to crop, to clip. **7** (*interrompere*) to cut (off): ~ *i rifornimenti* to cut off supplies. **8** (*intersecare*) to cut across, to intersect, to cross: *questa strada taglia la nazionale* this road cuts across the main highway; ~ *la rotta* to cross the bows of a ship. **9** (*abbreviare*) to cut, to shorten, to prune: ~ *un articolo* to shorten an article. **10** (*censurare*) to cut, to censor: *la censura ha tagliato il film in più punti* the censors have ⌐cut the film in several places¬ (o made several cuts in the film). **11** (*attraversare per la linea più corta*) to cut: ~ *una curva* to cut a curve. **12** (*sfaccettare*) to cut, to facet: ~ *un diamante* to cut a diamond. **13** ⟨*Sart*⟩ to cut: ~ *una gonna* to cut a skirt. **14** ⟨*Agr*⟩ (*segare*) to saw, to cut: ~ *il tronco di un albero* to cut a tree trunk; (*mietere*) to reap, to mow, to cut: *tagliano il grano* they are reaping the grain. **15** ⟨*Legat*⟩ to cut; (*rifilare*) to trim. **16** ⟨*Enol*⟩ to blend, to mix. **17** ⟨*Med*⟩ to cut; (*sezionare*) to dissect, to cut up; (*incidere, aprire*) to lance, to incise, to cut (open), to open: ~ *un ascesso* to lance an abscess. **18** ⟨*Sport*⟩ to cut: ~ *una palla* to cut a ball. **19** ⟨*Silv*⟩ (*rif. ad alberi*) to cut (down), to fell, to hew, to chop (down). **II** *v.i.* (*aus.* avere) **1** (*essere affilato*) to cut, to be sharp: *questo coltello non taglia* this knife doesn't cut. **2** (*seguire il cammino più breve*) to cut, to take a short cut: *tagliamo per i campi* we cut across the fields. **tagliarsi** *v.r.* to cut o.s. □ *farsi* ~ *la* **barba** to have one's beard shaved off; *farsi* ~ *i* **capelli** to have a haircut; ~ *le* **carte** to cut (the cards); ⟨*fig*⟩ *una nebbia che si taglia col* **coltello** fog that one could cut with a knife; ⟨*fig*⟩ ~ *la* **corda** to make off, to cut and run; ⟨*fig*⟩ *tagliar* **corto** to cut short; ⟨*fig*⟩ *un vento che taglia la* **faccia** a biting (o cutting) wind; ⟨*Mil*⟩ ~ **fuori** to cut off; ⟨*fig*⟩

avere una **lingua** *che taglia come le forbici* to have a biting (*o* slashing) tongue; ~ *a* metà to cut in two (*o* half); ⟨*fig*⟩ ~ *i* **panni** *addosso a qd.* to cut s.o. to pieces; ~ *a* **pezzi** to cut to pieces (*o* bits); ~ *una* **siepe** to trim a hedge; ~ *le* **spese** to cut expenses; ~ *la* **strada** *a qd.:* 1 to cut s.o.'s way off, to bar s.o.'s way; 2 (*rif. ad automobilisti*) to cut in on s.o.; 3 ⟨*fig*⟩ to hinder s.o.; ⟨*iperb*⟩ *piuttosto mi farei* ~ *la* **testa** over my dead body; ⟨*fig*⟩ ~ *la testa al toro* to cut the matter short; ⟨*fig*⟩ ~ *i* **viveri** *a qd.* to cut off s.o.'s supplies.

taglia|rete, ~reti *m.inv.* ⟨*Mar*⟩ net cutter. **~sigari** *m.inv.* cigar cutter. **~stracci** *f.inv.* ⟨*Cart*⟩ rag cutter, rag chopper.

tagliata *f.* 1 cut, cutting. 2 (*rasatura*) shearing, cropping, clipping, clip. 3 ⟨*Agr*⟩ (*mietitura*) reaping, cutting, mowing. 4 ⟨*Silv*⟩ (*abbattuta di alberi*) cutting (*o* chopping) down, clearing. □ *dare una* ~ *a:* 1 to cut; 2 (*recidere*) to cut off; 3 (*accorciare*) to cut, to give a trim: *dammi una* ~ *ai capelli* give my hair a trim, give me a haircut; 4 (*tosare*) to shear, to crop, to clip; 5 ⟨*Agr*⟩ (*segare*) to saw, to cut; *farsi dare una* ~ *ai capelli* to have one's hair cut, to get a haircut. **tagliatelle** *f.pl.* ⟨*Alim*⟩ kind of ribbon–shaped pasta, noodles *pl.* **tagliatina** *f.* cut, trim. □ *farsi dare una* ~ *ai capelli* to have one's hair trimmed. **tagliato** *a.* 1 cut. 2 (*reciso*) cut off. 3 (*rif. a capelli: accorciato*) cut: *capelli –i corti* hair cut short. 4 ⟨*fig*⟩ (*portato per natura, incline*) cut out (*per* for), suited (to): *non è* ~ *per questa professione* he is not cut out for this profession, this profession is not for him. 5 ⟨*Sport*⟩ cut, chopped: *palla –a* cut ball. □ ⟨*fig*⟩ ~ *con l'accetta:* 1 (*rif. a lavoro*) roughly shaped, clumsily made, rough; 2 (*rif. a persone*) rough, uncouth; ⟨*fig*⟩ *essere* ~ *apposta per qd.* to be 'just right' (*o* made) for s.o., to be made to measure for s.o.; *essere* ~ *per qc.* to be cut out for s.th.; *non sono* ~ *per la matematica* I have no head for mathematics; ~ *fuori* cut out (*o* off). **tagliatore** *m.* (*f.* -trice) cutter (*anche Sart.*). **tagliatrice** *f.* 1 ⟨*Sart*⟩ cutter. 2 (*macchina*) cutting machine, cutter (*anche Minier.*).

taglieggiare *v.t.* (**taglieggio, tagliaeggi**) to impose (*o* levy) a tribute on. **taglieggiatore** *m.* extortionist, extortioner.

tagliente *a.* 1 cutting. 2 (*affilato*) sharp: *una lama* ~ *a* sharp blade. 3 ⟨*fig*⟩ (*mordace, pungente*) cutting, biting, sharp, pungent: *lingua* ~ sharp tongue; *freddo* ~ biting (*o* bitter) cold. □ *voce* ~ harsh voice. **tagliere** *m.* 1 chopping board; (*per il pane*) bread board. 2 ⟨*region*⟩ (*spianatoia per la pasta*) pastry board. **taglierina** *f.* 1 ⟨*Mecc*⟩ (*trancia*) cutter. 2 ⟨*Cart*⟩ guillotine, paper cutter. 3 ⟨*Fot*⟩ trimmer.

taglierini *m.pl.* ⟨*Alim*⟩ thin soup noodles *pl.*

taglio *m.* 1 (*il tagliare*) cutting: *il* ~ *di un bosco* the cutting down of a wood; (*l'asportare, l'amputare*) cutting off: ~ *della testa* cutting (*o* chopping) off of s.o.'s head, beheading. 2 (*effetto del tagliare*) cut: *mi sono fatto un* ~ *al dito* I have a cut on my finger. 3 (*modo di lavorare tagliando*) cut: *questa sarta ha un* ~ *preciso* this dressmaker has a clean cut; (*tecnica di tagliare la stoffa*) cutting (out); (*foggia, linea*) cut, style: *una giacca di* ~ *classico* a jacket with a classical cut; *un vestito di ottimo* ~ a well–cut dress. 4 (*parte staccata da un intero*) piece; (*rif. a stoffe: pezzo staccato dalla pezza*) length, piece: *un* ~ *di seta* a piece of silk; (*quantità di tessuto per confezionare un indumento*) length: *un* ~ *di stoffa per un vestito da uomo* a suit length; (*pezzo di carne di bestia macellata*) piece (of meat), cut: *un* ~ *da brodo* a piece of meat for making soup. 5 (*parte tagliente*) cutting edge, edge: *la lama ha perso il* ~ the blade has 'lost its edge' (*o* become blunt). 6 (*parte più sottile di un oggetto, contrapposta alla superficie maggiore*) edge, thinnest part: *mettere i libri di* ~ to put the books edge-on. 7 ⟨*fig*⟩ (*soppressione*) cut: *bisognerà apportare alcuni tagli al manoscritto* we shall have to make some cuts in the manuscript; *i tagli della censura* censorship cuts. 8 ⟨*fig*⟩ (*interruzione brusca*) cut, break: *dare un* ~ *deciso a una relazione* to make a clean break with s.o. 9 ⟨*Oref,Cin*⟩ cut. 10 ⟨*Legat*⟩ edge: *un libro col* ~ *dorato* a book with a gilt–edge, a gilt–edged book. 11 ⟨*Agr*⟩ (*rif. a cereali*) reaping, cutting; (*rif.*

all'erba) mowing, cutting: ~ *del fieno* mowing of hay; (*potatura*) pruning, lopping. 12 ⟨*Silv*⟩ (*rif. a bosco*) cutting down, clearing; (*rif. ad alberi*) cutting (*o* chopping) down, felling, hewing. 13 ⟨*Sport*⟩ spin. □ **biglietti** *di grosso* ~ high–denomination notes, ⟨*am*⟩ big bills; *biglietti di piccolo* ~ low–denomination notes, ⟨*am*⟩ small bills; **bosco** *da* ~ coppice(wood); ~ *dei* **capelli** haircut; (*foggia*) hairstyle; ⟨*Chir*⟩ ~ **cesareo** Caesarean section (*o* operation); **da** ~: 1 (*che può essere tagliato*) for cutting (*o* slicing); 2 (*che serve a tagliare*) cutting: *utensile da* ~ cutting implement; *ferita da* ~ cut, gash; **di** ~: 1 (*per dritto*) on edge, on end, edgewise, edgeways: *mettere qc. di* ~ to stand s.th. 'on edge' (*o* edge-on); 2 (*con la lama*) edgewise, edge–on; *colpire di* ~ to hit edgewise; ⟨*Sport*⟩ *colpire di* ~ *la palla* to spin the ball; *a* **doppio** ~: 1 double–edged, two–edged; 2 ⟨*fig*⟩ double–edged, that cuts both ways: *arma a doppio* ~ double–edged weapon; *farsi un* ~ *alla mano* to cut one's hand; ~ **netto** clean cut; ⟨*fig*⟩ *dare un* ~ *netto a qc.:* 1 (*interrompendola*) to make a clean break with s.th.; 2 (*risolverla decisamente*) to cut s.th. short; ~ **profondo** gash, deep cut; ⟨*Mecc*⟩ **prova** *di* ~ shearing test; ⟨*Silv*⟩ ~ **raso** clear felling (*o* cutting), clearing; ⟨*Oref*⟩ ~ *a* **rosetta** rose cut; **scuola** *di* ~ dressmaking school; ~ *alla* **spesa** *pubblica* cut in public expenditure; ⟨*Enol*⟩ ~ *dei* **vini** blending (*o* mixing) of wines; *vino da* ~ strong wine used for blending.

tagliola *f.* ⟨*Venat*⟩ trap, snare. □ *cadere nella* ~ to fall into the trap, to be ensnared (*anche fig.*).

tagliolini *m.pl.* ⟨*Alim*⟩ thin soup noodles *pl.*

tagliolo *m.* ⟨*Met*⟩ (*scalpello*) chisel.

taglione *m.* ⟨*Stor*⟩ talion, retaliation: *legge del* ~ law of retaliation.

tagliuzzamento *m.* cutting up, cutting to bits (*o* shreds).

tagliuzzare *v.t.* to cut up, to cut to bits (*o* shreds), to cut into pieces; (*rif. a carne e verdure*) to chop up.

tagmema *m.* ⟨*Ling*⟩ tagmeme.

Tago *N.pr.m.* ⟨*Geog*⟩ Tagus.

taguan (*o tàguan*) *m.* ⟨*Zool*⟩ taguan, flying squirrel.

Tahiti *N.pr.f.* ⟨*Geog*⟩ Tahiti. **tahitiano** *m.* (*f.* -a) Tahitian.

Taide *N.pr.f.* ⟨*Stor*⟩ Thais.

taiga *f.* ⟨*Geol*⟩ taiga.

tailandese I *a.* Thai, of Thailand. **II** *s.* 1 *m.* (*lingua*) Thai. 2 *m./f.* (*abitante*) Thai, Thailander. **Tailandia** *N.pr.f.* ⟨*Geog*⟩ Thailand.

tailleur *fr.* [ta'jœ:r] *m.* ⟨*Vest*⟩ suit, (tailored) costume: ~ *sportivo* casual (*o* country) suit. □ ~ *pantalone* pant suit.

talaltro *pron.m.* others *pl.*

talamo *m.* 1 ⟨*Stor.gr*⟩ thalamus. 2 ⟨*lett*⟩ (*camera nuziale*) bridal chamber; (*letto nuziale*) bridal bed. 3 ⟨*Bot,Anat*⟩ thalamus.

talare I *f.* ⟨*Rel.catt*⟩ (*anche veste o tonaca talare*) (priest's) cassock. **II** *m.pl.* ⟨*Mitol*⟩ talaria *pl.*

talassemia *f.* ⟨*Med*⟩ thalassemia.

talassico *a.* (*pl.* -ci) thalassic, sea, marine.

talassocrazia *f.* ⟨*Stor*⟩ thalassocracy. **talassofobia** *f.* ⟨*Psic*⟩ thalassophobia. **talassografia** *f.* thalassography. **talassografico** *a.* (*pl.* -ci) thalassographic. **talassologia** *f.* oceanography. **talassologo** *m.* (*pl.* -gi) oceanographer. **talassometria** *f.* thalassometry. **talassoterapia** *f.* ⟨*Med*⟩ thalassotherapy. **talassoterapico** *a.* (*pl.* -ci) thalassotherapeutic.

talché *congz.* ⟨*lett*⟩ (*cosicché*) so that.

talco *m.* (*pl.* -chi) 1 ⟨*Min*⟩ talc, talcum. 2 ⟨*Farm,Cosmet*⟩ talcum powder, dusting powder, ⟨*fam*⟩ talc. □ ~ *borato* talcum powder, talc. **talcoscisto** *m.* ⟨*Min*⟩ talc schist, talc slate. **talcoso** *m.* talcose, talcous.

tale *a./pron.dimostr.* (often shortened to *tal*, *pl. tali*) **I** *a.* (often used with the correlatives *quale, che, da*) 1 (*di questa o quella maniera*) such, of this (*o* such a) kind, like this: *–i discorsi non si possono sopportare* I cannot allow 'talk like this' (*o* this sort of talk); *le sue lettere sono –i che non meritano risposta* letters like his do not deserve a reply; *non l'avrei creduto capace di una* ~ *azione* I wouldn't have believed him capable of such an action. 2 (*così*) *non si traduce: da ragazza era molto magra, ora non* *è più* ~ as a girl she was very thin, but she isn't any more. **3** (*così grande*) such (a) *seguito da un sostantivo*, so *seguito da un aggettivo: come puoi sopportare una* ~ *villania?* how can you put up with such rudeness?; *il freddo è* ~ *che non oso uscire di casa* it is so cold that I daren't put my nose outside; *mi sono preso un* ~ *spavento* I was so frightened, I had such a fright. **4** (*preceduto al sing. dall'art. indeterminato: un certo*) certain: *un* ~ *dottor Carli desidera parlarti* a certain Dr. Carli wants to speak to you. **5** (*preceduto da questo, quello: per indicare una persona o oggetto determinato*) that: *hai parlato con quella tal persona?* did you speak to that person? **6** (*questo*) this (*pl* these): *con –i parole mi ha congedato* with these words he dismissed me; (*quello*) that (*pl* those). **II** *pron*. **1** (*questa, quella persona*) the one, the person: *io sono il* ~ I am the person. **2** (*preceduto dall'art. indeterminato: persona indeterminata*) someone: *c'è un* ~ *di là che ti aspetta* there's someone waiting for you over there. **3** (*preceduto da quello: persona nota*) person, man (*f* woman), *fam,spreg*) fellow: *è tornato quel* ~ *di ieri sera* that man from last night is here again. □ *in tal* **caso** in this (*o* such a) case; (*allora*) then; *alla tal* **ora** at such and such a time; *non è* **persona** ~ *da giungere a compromessi* he is not one (*o* the sort of person) to compromise; *a tal* **punto** to such a point; *tal* **quale** (*certo*) certain: *una tal quale somiglianza* a certain likeness; ~ (*e*) *quale*: 1 (*identico*) exactly like this, just so; 2 (*testualmente*) exact(ly), precise(ly), word for word: *mi ha risposto così*, ~ *e quale* he answered me like this, word for word; *è* ~ *quale sua nonna* she is just like her grandmother; ~ ... *tale* like ... like, as ... so: ~ *padre* ~ *figlio* like father like son; *il* (*o la*) *tal dei –i* so-and-so; *il signor tal dei –i* Mr. what's-his-name, Mr. so-and-so; *l'ho saputo dalla tal dei –i* I heard it from what's-her-name.

talea (*o tglea*) *f.* ⟨Giard⟩ cutting.

taleggio *m.* ⟨Alim⟩ taleggio (kind of soft cheese).

talentare *v.i.* (**talento**; *aus.* **essere**) ⟨lett⟩ (*garbare*) to please (*costr. pers. o impers.*), to suit (*costr.impers.*) (*a qd. s.o.*), to like (*costr.pers.*): *fa sempre ciò che gli talenta* he always does what he likes (*o* pleases).

talento[1] *m.* **1** (*capacità*) talent: *avere* ~ *musicale* to have a talent for (*o* in) music. **2** (*persona dotata di talento*) talented person, person of talent, ⟨lett⟩ talent. □ *pieno di* ~ very talented, of great talent; *senza* (*o privo di*) ~ untalented, talentless; *un uomo di* ~ a talented man, a man of talent.

talento[2] (*unità di peso*) talent (*anche Numism.*).

Talete *N.pr.m.* ⟨Stor⟩ Thales.

Talia *N.pr.f.* ⟨Mitol⟩ Thalia.

talismano *m.* talisman, charm (*anche fig.*).

tallero *m.* ⟨Numism⟩ t(h)aler.

tallico *a.* (*pl.* **-ci**) ⟨Chim⟩ thallic, thallium–. **tallio** *m.* ⟨Chim⟩ thallium.

tallire *v.i.* (**tallisco, tallisci**; *aus.* **avere/essere**) ⟨Agr⟩ (*germogliare*) to sprout, to bud, to shoot. **tallo** *m.* **1** ⟨Bot⟩ thallus. **2** (*pop*) (*germoglio*) bud, sprout, shoot. **tallofita** *f.* ⟨Bot⟩ thallophyte.

tallonaggio *m.* ⟨Sport⟩ heeling. **tallonamento** *m.* **1** hot (*o* close) pursuit, chasing. **2** ⟨Sport⟩ (*nel rugby e nel calcio*) heeling. **tallonare** *v.t.* (**tallono**) **1** to pursue closely, to press (hard on), to chase. **2** ⟨Sport⟩ to follow closely, to keep close behind; (*nel rugby e nel calcio: colpire la palla col tallone*) to heel. **tallonata** *f.* **1** kick, blow with the heel. **2** ⟨Sport⟩ (*nel rugby e nel calcio*) heel, heeling.

talloncino *m.* coupon; (*scontrino*) counterfoil, slip, voucher.

tallone *m.* **1** ⟨Anat⟩ heel. **2** (*nelle calze*) heel. **3** (*parte inferiore*) heel, foot, bottom; (*rif. a coltelli*) heel. **4** (*nei pneumatici*) bead. **5** (*nel cavallo*) heel, hind part of hoof. **6** (*nell'aratro*) landside. **7** ⟨Mar⟩ (*calcagnolo*) heel (of a ships keel). □ (*fig*) ~ *d'Achille* Achilles' heel; *battere i –i* to click one's heels; *calze senza* ~ heelless stockings; *girare sui –i* to turn on one's heel.

talmente *avv.* so.

talmud *m.* ⟨Rel.ebr⟩ Talmud. **talmudico** *a.* (*pl.* **-ci**) Talmudic. **talmudista** *m./f.* Talmudist.

talora *avv.* sometimes, at times.

talpa **I** *f.* **1** ⟨Zool⟩ mole. **2** (*pelliccia*) moleskin, mole. **3** ⟨fig⟩ (*persona tarda*) dull (*o* slow-witted) person, dullard, dolt. **II** *m.inv.* (*color talpa*) mole grey, moleskin. □ *cieco come una* ~ as blind as a bat (*o* mole).

taluno **I** *pron.indef.* **1** (*qualcuno*) someone, somebody, some: *come già aveva detto* ~ *dei presenti* as some of those present had already said. **2** *pl.* (*alcune persone*) some *pl*, some people *pl*: *–i gli danno ragione* some people say he is right. **3** (*correlativo di talaltro*) some *pl*: ~ *gli crede, talaltro no* some believe him, others don't. **II** *a.* (*alcuni*) some: *–i storici affermano che* some historians say that; (*certi*) certain.

talvolta *avv.* **1** sometimes, at times, now and then: *come* ~ *avviene* as sometimes happens. **2** (*in correlazione con talaltra*) sometimes: ~ *studia talaltra no* sometimes he studies, sometimes he doesn't.

tamarice *f.* → tamerice.

tamarindo *m.* **1** ⟨Bot⟩ tamarind. **2** (*sciroppo*) tamarind syrup; (*bibita*) tamarind drink.

tamarisco *m.* (*pl.* **-chi**) → tamerice.

tambureggiamento *m.* **1** drumming. **2** ⟨fig⟩ hammering, pounding, beating. **3** ⟨Mil⟩ (*martellamento*) pounding. **tambureggiante** *a.* running, pounding: *fuoco* ~ running fire, drumfire. **tambureggiare** *v.i.* (**tambureggio, tambureggi**; *aus.* **avere**) **1** to drum. **2** ⟨fig⟩ to hammer, to pound, to beat. **3** ⟨Mil⟩ to pound.

tamburellare *v.i.* (**tamburello**; *aus.* **avere**) **1** to play the tambourine. **2** (*battere*) to drum, to beat: ~ *con le dita sul tavolo* to drum the table with one's fingers. **tamburello** *m.* **1** ⟨Mus⟩ tambourine. **2** (*gioco*) tamburello. **3** ⟨Lav.femm⟩ embroidery frame.

tamburino *m.* (*soldato*) drummer boy.

tamburo *m.* **1** ⟨Mus⟩ drum. **2** (*sonatore*) drummer. **3** (*nelle armi*) cylinder. **4** (*negli argani*) barrel. **5** ⟨tecn,El⟩ drum. **6** ⟨Orol⟩ barrel. **7** ⟨Arch⟩ (*nelle cupole*) tambour, drum; (*nelle colonne*) column drum. **8** ⟨Aut⟩ (*tamburo dei freni*) brake drum. **9** ⟨Tess⟩ swift. **10** ⟨Mar⟩ paddle box. □ **a** ~ drum–: *avvolgimento a* ~ drum winding; *pistola a* ~ revolver; **bacchette** *per* ~ drumsticks *pl*; *a* ~ **battente** (*subito*) immediately, at once; **battere** *il* ~ to beat the drum; ⟨fig⟩ to blow the (*o* one's) trumpet; ~ **maggiore** drum major; *avere la* **pancia** *come un* ~ to be bloated from overeating; ~ *della* **pistola** revolver cylinder.

tamerice *f.* ⟨Bot⟩ tamarisk.

Tamerlano *N.pr.m.* ⟨Stor⟩ Tamerlane.

Tamigi *N.pr.m.* ⟨Geog⟩ Thames.

tampoco *avv.* (*ant,scherz*) (*nemmeno*) not even.

tamponamento *m.* **1** (*otturazione*) plugging, stopping (up): ~ *di una falla* stopping of a leak. **2** ⟨Strad,Ferr⟩ bumping, crash(ing), collision, running into: ~ *di una macchina* running into a car, collision with a car. **3** ⟨Chir⟩ tamponage, tamponade, tamponing. **4** ⟨Edil⟩ (*muro di tamponamento*) curtain wall. **tamponare** *v.t.* (**tampono**) **1** (*otturare*) to plug, to stop (up), to close (up), to fill, to bung. **2** ⟨Strad,Ferr⟩ to run (*o* go, drive) into, to crash (*o* bump) into, to collide with: *un'automobile* to run into a car. **3** ⟨Chim⟩ to buffer, to add a buffer solution to. **4** ⟨Chir⟩ to plug, to tampon. □ ~ *una falla* to stop a leak; (*fig*) to fill a gap; ~ *una ferita* to tampon a wound. **tamponatura** *f.* **1** (*otturazione*) plugging, stopping (up). **2** ⟨Chir⟩ tamponade, tamponage. **3** ⟨Inform⟩ buffering. **tampone** *m.* **1** plug, stopper, bung, wad, pad. **2** (*cuscinetto: per timbri*) ink pad (for rubber stamps), stamp pad; (*di carta assorbente*) blotter. **3** ⟨Chir⟩ tampon, pack, plug, tent. **4** ⟨Chim⟩ buffer: *soluzione* ~ buffer solution. **5** ⟨Tip⟩ ink ball, tampon. **6** ⟨Inform⟩ buffer. □ ~ *assorbente* absorbent pad; (*assorbente igienico*) sanitary towel (*o* napkin); ~ *di gomma* rubber pad (*o* buffer).

tam-tam (*o tamtam*) *m.* ⟨Mus⟩ tam-tam.

tana *f.* **1** den; (*buca*) hole; (*di conigli*) burrow; (*di lepri*) form; (*covo*) lair: *la* ~ *della volpe* the fox's lair (*o* earth). **2** ⟨fig⟩ (*nascondiglio*) hideout, hiding place, den: *la* ~ *dei banditi* the robbers' den. **3** ⟨fig⟩ (*stamberga*) hovel, den, hole, slum. **4** (*nei giochi*) home.

tanaceto *m.* ⟨Bot⟩ tansy, bitter buttons *pl* (*costr.sing. o* *pl.*).

tanagra (o *tanagra*) *f.* **1** ⟨*Archeol*⟩ Tanagra (figurine). **2** ⟨*Ornit*⟩ tanager.

tanato|fobia *f.* ⟨*Psic*⟩ thanatophobia. **~logia** *f.* ⟨*Med*⟩ thanatology. **~logico** *a.* (*pl.* **-ci**) thanatological.

tanca *f.* **1** jerry can. **2** ⟨*Mar*⟩ tank.

tandem *m.* **1** (*bicicletta*) tandem (bicycle). **2** ⟨*fig*⟩ tandem, pair, partners *pl.* **3** ⟨*tecn*⟩ tandem. □ ⟨*El*⟩ collegamento *in* ~ parallel connection; ⟨*fig*⟩ *in* ~ in tandem, in partnership, as a pair.

tanfata *f.* whiff (of a musty smell). **tanfo** *m.* **1** stench, stink, bad smell. **2** (*odore di muffa, di umido*) musty (*o* mouldy) smell.

tang = ⟨*Mat*⟩ *tangente* tangent (*abbr.* tan.).

tanga *m.* ⟨*Mod*⟩ tanga.

Tanganica *N.pr.m.* ⟨*Geog*⟩ **1** (*lago*) (Lake) Tanganyika. **2** (*territorio*) Tanganyica (Territory).

tangente[1] **I** *a.* ⟨*Geom*⟩ tangent: *curva* ~ tangent curve. **II** *s.f.* **1** (*retta tangente*) tangent (line). **2** (*tangente trigonometrica*) tangent. □ ⟨*fig,scherz*⟩ *filare per la* ~ (*svignarsela accortamente*) to slip (*o* make) off.

tangente[2] *f.* **1** ⟨*Comm*⟩ (*percentuale*) percentage. **2** (*compenso per ottenere la protezione*) money extorted by racketeers, ⟨*fam*⟩ protection.

tangenza *f.* **1** ⟨*Geom*⟩ tangency. **2** ⟨*Aer*⟩ ceiling: ~ *d'esercizio* operational ceiling. **tangenziale I** *a.* ⟨*Geom,Ott*⟩ tangential, tangent. **II** *s.f.* **1** ⟨*Geom*⟩ tangent (line). **2** ⟨*Strad*⟩ (*strada tangenziale*) by-pass. **tangenzialmente** *avv.* ⟨*Geom*⟩ tangentially.

Tangeri *N.pr.f.* ⟨*Geog*⟩ Tangier.

tanghero *m.* boor, bumpkin, lout.

tangibile *a.* **1** tangible, touchable, palpable. **2** ⟨*fig*⟩ (*evidente*) tangible, palpable, clear: *prova* ~ tangible proof. **tangibilità** *f.* tangibility (*anche fig.*). **tangibilmente** *avv.* tangibly, palpably (*anche fig.*).

tango *m.* (*pl.* **-ghi**) (*danza*) tango.

tanica *f.* petrol can.

tannato *m.* ⟨*Chim*⟩ tannate. **tannico** *a.* (*pl.* **-ci**) ⟨*Chim*⟩ tannic. **tannifero** *a.* ⟨*Bot*⟩ tanniferous. **tannino** *m.* ⟨*Chim*⟩ tannin.

tantalio *m.* ⟨*Chim*⟩ tantalum. **tantalite** *f.* ⟨*Min*⟩ tantalite.

tantalo *m.* ⟨*Ornit*⟩ wood stork, wood ibis.

Tantalo *N.pr.m.* ⟨*Mitol*⟩ Tantalus. □ ⟨*fig*⟩ *supplizio di* ~ torment of Tantalus.

tantino I *avv.* (always preceded by the indefinite article *un*) **1** a little, a (little) bit: *dammene un* ~ give me a bit. **2** (*per un po' di tempo*) for a while (*o* time), for a little (*o* bit): *vado un* ~ *a dormire* I'm going to sleep for a while. **3** (*davanti ad agg.: un poco*) little, somewhat: *era un* ~ *seccato* he was a little annoyed. **4** (*davanti ad agg.: abbastanza*) a little, rather, somewhat: *è un* ~ *antipatico* he is rather unpleasant. **II** *s.m.* little, bit: *un* ~ *di carne* a little (*o* bit of) meat; (*rif. a liquidi*) drop: *un* ~ *di vino* a drop of wine.

tanto I *a.* **1** (*usato assolutamente: molto*) much (*pl* many), a lot (of), ⟨*fam*⟩ a load of: *ho* ~ *lavoro* I have a lot of work; *abbiamo* *-e preoccupazioni* we have many worries; *sei caffè al giorno sono* *-i* six cups of coffee a day is a lot; (*tanto grande*) so much, so great, such: *c'è* *-a miseria nel mondo* there is so much poverty in the world; (*così a lungo*) so long: *dove sei stato* ~ *tempo?* where have you been for ˹so long˺ (*o* such a long time)?; (*in così grande numero*) so many, all the, all these (*o* those), such a lot (of): *a che ti servono* *-e matite?* why do you need so many pencils?; *che ci fa qui* *-a gente?* what are all these people doing here?; (*in così grande quantità*) so much, all this (*o* that): *perché vuoi* ~ *pane?* why do you want so much bread? **2** (*correlativo di che e da*) so much (*pl* so many), such: *ho* *-i libri che non so dove metterli* I have so many books I don't know where to put them all; *hanno* *-i soldi che soddisfano tutti i loro capricci* they have so much money (that) they can satisfy their every whim; *ha* *-a volontà che riesce in ogni sua impresa* he has such will-power that he succeeds in everything he does. **3** (*correlativo di quanto: in proposizioni positive*) as much (*pl* as many): *ho* *-i libri quanti lui* I have as many books as

he has; (*in proposizioni negative*) so much (*pl* so many), as much (*pl* as many): *non ho* *-i vestiti quanti ne hai tu* I haven't so many dresses as you. **4** (*altrettanto*) as much (again), the same amount (of), so much (*pl* so many): *ho cambiato le centomila lire in* *-i biglietti da mille* I have changed the hundred thousand lira for the same amount in thousand lire notes; *pl.* as many (again), the same number (of), so many: *ci comportiamo come* *-i sciocchi* we are behaving like so many fools. **II** *pron.* **1** (*con valore neutro*) a lot, much, a great deal: *chi ha* ~ *e chi niente* some have much and others nothing; (*così molto*) so much, such a lot, ⟨*fam*⟩ all that: *come puoi mangiare* ~? how can you eat so much?; (*in correlazione con quanto*) as much: *prendine* ~ *quanto ne vuoi* take as much as you want. **2** *pl.* (*molte persone*) many (*o* a lot of) people: *-i lo trovano simpatico* many people like him; ⟨*enfat*⟩ so many people: *-i l'hanno visto* so many people have seen him; (*in correlazione con quanti*) as (*o* so) many: *non sono* *-i quanti speravo* there aren't as many as I had hoped. **3** (*rif. a numeri indeterminati*) so much (*pl* so many), such and such: *dei soldi che ti do,* *-i sono per te e* *-i per tua sorella* ˹so much˺ (*o* a certain amount) of the money I am giving you is for you and so much for your sister. **4** (*ciò, questo*) this, that: ~ *mi basta* this is enough for me; ~ *ti dovevo* that is what I owed you. **III** *avv.* **1** (*così, talmente: con agg. e avv.*) so: *è* ~ *giovane che sembra una bambina* she is so young she looks like a child; (*coi verbi*) so much, such a lot, so, *spesso si traduce* con do: *mi piace* ~ I like it so much, I do like it; *camminai* ~ *da stancarmi* I walked so much that I tired myself out; *non studiare* ~ don't study so much (*o* hard). **2** (*in correlazione con quanto, con agg. e avv.: in proposizioni positive*) as: *è* ~ *bella quanto modesta* she is as beautiful as she is modest; (*in proposizioni negative*) so, as: *non è* ~ *diligente quanto suo fratello* he is not as hard-working as his brother; (*per esprimere una corrispondenza*) the more: ~ *più vali quanto più sai* the more you know the more you are worth. **3** (*sia, così; in correlazione con quanto, come, con sost. e pron.*) both: *vorrei comprare* ~ *il registratore quanto il giradischi* I should like to buy both the tape recorder and the record-player. **4** (*in correlazione con da o che*) so, such, so much (*pl* so many): *è* ~ *sciocco da non capire* he is ˹so silly˺ (*o* such a fool) that he does not understand. **5** (*dinnanzi a comparativi*) so much the: ~ *meglio* so much the better. **6** (*molto, assai: con agg. e avv.*) very, so: *è* ~ *vecchio* he is very old; (*coi verbi*) very much: *ti ringrazio* ~ thank you very much. **7** (*soltanto, solamente*) just: ~ *per cambiare* just for a change; *per una volta* ~ just for once; *perché non vai al cinema,* ~ *per passare il tempo?* why don't you go to the cinema (just) to pass the time? **8** (*per molto tempo*) (for) a long time, ⟨*fam*⟩ (for) ages; (*in frasi negative e interrogative*) (for) long: *non ho lavorato* ~ I didn't work long; (*per così molto tempo*) (for) such a long time, (for) so long: *è* ~ *che ti aspetto* I have been waiting such a long time for you. **9** (*con valore moltiplicativo*) as much, as: *tre volte* ~ three times as much; *è grande due volte* ~ he is twice as big. **IV** *congz.* **1** (*comunque*) however, but, nevertheless, yet, though, *a volte non si traduce*: *ho fatto di tutto,* ~ *so già che non otterrò nulla* I did everything I could but I know that it won't get me anywhere; *puoi anche parlargli,* ~ *non gliene importa nulla* you can talk to him if you like, (though) he doesn't care (*o* give a damn). **2** (*con valore conclusivo*) in any case, anyway, anyhow, after all, *spesso non si traduce*: *non avvilirti,* ~ *ormai è fatta* don't get depressed, after all it's all over now; *è inutile strillare,* ~ *non ti sente nessuno* it's no use shouting, no one will hear you. **V** *s.m.inv.* **1** (*quantità, numero indefinito*) so much: *un* ~ *al chilo* so much per kilo. **2** (*quantità grande, quasi eccessiva*) great: *devi prendere in considerazione sia il* ~ *sia il poco* you have to consider both the great and the small. □ **a** ~ (*a tal segno*) to such a point, so far: *arrivare a* ~ to reach such a point, to go so far; *-i auguri* best (*o* all good) wishes; *fare* ~ *di* **cappello** *a qd.* to take off one's hat to s.o. (*anche fig.*); ~ **che:** 1 (*fino al momento in cui*) until, till; (*per tutto il tempo che*) as long as; 2 → **tantoché**; *ne ha* **combinate** *-e* (*di marachelle*) he has been up to ˹all sorts of¹ (*o* so many) tricks; *è una casa* **come** *ce ne sono –e* it's just an ordinary house; **con** ~ *di* (*addirittura con*) *si traduce a senso: con* ~ *di barba* with a long beard; *ascoltare qd. con* ~ *d'orecchi* to listen attentively to s.o.; *guardare con* ~ *d'occhi* to gaze at wide–eyed; *rimanere con* ~ *di naso* to be disappointed (*o* let down); **da** ~ (*da tanto tempo*) for (such) a long time, so long: *da* ~ *aspettavo una sua lettera* I had been waiting for a letter from him for such a long time; **di** ~ that (*o* this) much, this: *non ne vorrei più di* ~ I don't want more than this; **di** ~ *in* ~ (*saltuariamente*) from time to time, occasionally: *si fa vivo di* ~ *in* ~ he shows up from time to time; *a* **dir** ~ (*al massimo*) at the (ut)most; *dirne –e a qd.* (*rimproverarlo aspramente*) to give s.o. a thorough scolding; **dopo** ~ *studiare* after all that studying, after such hard work; **e** *–i* (*rif. a somme di denaro e sim.*) odd: *costa tremila e –e lire* it costs three thousand lire odd; **è**: 1 (*è lo stesso*) it's the same, there's no difference: ~ *è fare le cose a metà che non farle affatto* doing only half a job is the same as not doing it at all; 2 (*conclusivo*) (well) never mind, it can't be helped: *se non possiamo arrivare prima di cena,* ~ *è* if we can't arrive before dinner time, (well) never mind; *è* **già** ~ *se* it's something if; *non è più* ~ **giovane** she's not so young any more; (*pop*) ~ *di* **guadagnato** all (*o* so much) the better; ~ **meno** the less: *quanto più lo conosco* ~ *meno mi piace* the more I know him the less I care for him; **non** ~ (*poco*) not much, not very, little; **ogni** ~ every so many, every few; (*saltuariamente*) every so often, every now and then: *ci vediamo ogni* ~ we see each other every so often; *ogni –i* (*o –e*) every so many, every few: *il fenomeno si ripete ogni –i giorni* the phenomenon is repeated every few days; *ogni –e settimane* every so many weeks; ~ **più** *che* all the more so, especially as: *è inutile avvisarlo,* ~ *più che è probabile che non venga* it's useless to tell him especially as he probably won't come anyway; *ci voleva* ~ **poco** it took so little (doing), it was so easy; *ne ha* **prese** *–e!* (*di botte*) he got ⌜such a⌝ (*o* a real) thrashing!; **quel** ~ (just) as much, (just) that amount, (just) enough: *ho quel* ~ *che mi consente di vivere* I have just enough to live on; *compra quel* ~ *che ti occorre adesso* buy just as much as you need now; **raccontarne** *–e* (*di fandonie*) to talk a lot (*o* load) of nonsense; **scusi** ~ do excuse me, I'm so sorry; **senza** *–e cerimonie* without ceremony (*o* much ado); **sei** ~, **tanto** *gentile* you are so (very) kind; ~ **vale** you may (*o* might) as well, one might just as well, we'd (*o* it would be) better: ~ *vale che tu lo faccia subito* you might as well do it at once.

tantoché *congz.* (*tanto che*) so (that), with the result that: *arrivai tardi,* ~ *avevano già finito* I arrived late, and so they had already finished.

Tanzania *N.pr.f.* ⟨*Geog*⟩ Tanzania. **tanzaniano** *a./s.m.* (*f.* -**a**) Tanzanian.

tao *m.* ⟨*Filos,Rel*⟩ Tao. **taoismo** *m.* Taoism. **taoista I** *s.m./f.* Taoist. **II** *a.* → **taoistico. taoistico** *a.* (*pl.* -**ci**) Taoistic, Taoist.

tapinamente *avv.* (*miseramente*) wretchedly, miserably. **tapino I** *a.* wretched, miserable. **II** *s.m.* (*f.* -**a**) wretch.

tapioca *f.* ⟨*Alim*⟩ tapioca.

tapiro *m.* 1 ⟨*Zool*⟩ tapir. 2 (*pelle*) tapir skin.

tapis roulant *fr.* [taˈpiruˈlɑ̃] *m.* 1 (*scala mobile*) escalator, moving staircase. 2 ⟨*Ind*⟩ conveyor (*o* endless) belt.

tappa *f.* 1 (*luogo di sosta*) halting place, halt, stop, stopping place (*anche Mil.*). 2 (*sosta*) halt, stop: *fare una* ~ to make a stop. 3 (*percorso tra una sosta e l'altra*) stage, lap, leg. 4 ⟨*fig*⟩ stage, lap: *le –e della civiltà* the stages (in the progress) of civilization. 5 ⟨*Sport*⟩ lap, stage. □ *a –e* in stages, in laps (*anche fig.*): *corsa a –e* race in laps; *a piccole –e* in short stages; ⟨*fig*⟩ **bruciare** *le –e* to forge ahead, to cut corners; ⟨*fig*⟩ *bruciare le –e della carriera* to have a rapid career; ⟨*Sport*⟩ ~ *a* **cronometro** timed lap; ⟨*Sport*⟩ ~ **piana** open–country stage; ⟨*Sport*⟩ ~ *in* **salita** hill stage.

tappabuchi *m.inv.* ⟨*scherz*⟩ stopgap, fill–in: *fare da* (*o il*) ~ to act as a stopgap.

tappare *v.t.* 1 (*chiudere*) to close (up), to block (up): ~ *la finestra* to block up the window; (*otturare*) to stop (up), to close (up), to plug, to fill. 2 (*con un turacciolo*) to stop, to stopper, to plug; (*con un sughero*) to cork: ~ *un fiasco* to cork a flask. 3 (*tenere chiuso*) to shut, to hold, to stop: *tapparsi il naso* to hold one's nose. **tapparsi** *v.r.* (*rinchiudersi*) to shut o.s. up: *tapparsi in casa* to shut o.s. up at home. □ ~ *la bocca a qd.* to shut s.o. up; ⟨*fig*⟩ ~ *un buco* (*pagare un debito*) to pay a debt; *tapparsi le orecchie* to stop one's ears; ⟨*fig*⟩ (*non voler sentire*) to turn a deaf ear.

tapparella *f.* ⟨*region*⟩ rolling shutter. **tapparellista** *m.* ⟨*region*⟩ repairer of rolling shutters.

tappetino *m.* 1 rug, mat. 2 (*zerbino*) (door)mat.

tappeto *m.* 1 carpet: *un* ~ *persiano* a Persian carpet; *mettere un* ~ *sul pavimento* to lay a carpet on the floor; (*tappetino*) rug, mat: *un* ~ *di spugna per la stanza da bagno* a bath mat. 2 (*per tavoli*) (table)cloth. 3 (*per pareti*) hangings *pl,* tapestry. 4 ⟨*fig*⟩ carpet. 5 ⟨*Sport*⟩ mat; (*nel pugilato*) canvas(s). □ ⟨*Sport*⟩ **andare** *al* ~ (*cadere a terra*) to be knocked down; (*nel pugilato*) to hit the canvas(s); ~ **erboso:** 1 grass field; 2 ⟨*Giard*⟩ lawn; ~ *di* **gomma** rubber mat; ⟨*Sport*⟩ **mettere** *a* (*atterrare*) to knock down; ⟨*fig*⟩ *mettere* (*o portare*) *una questione sul* ~ to bring up a question; ~ **stradale** road carpet; ~ **verde** green baize (cloth); ⟨*fig*⟩ (*tavolo da gioco*) card–table.

tappezzare *v.t.* (tapppezzo) 1 (*rif. a pareti: con carta*) to paper: *ha tappezzato la camera da letto con carta azzurra* she papered the bedroom with blue wallpaper; (*con arazzi*) to hang (with tapestry), to tapestry. 2 (*rif. a mobili e sim.*) to upholster, to cover: ~ *di velluto una poltrona* to cover an armchair in velvet. 3 ⟨*estens*⟩ (*ricoprire*) to cover, to plaster: ~ *una parete di manifesti* to cover a wall with posters. **tappezzeria** *f.* 1 (*rif. a pareti*) (wall)paper; (*stoffa*) tapestry, hangings *pl.* 2 (*rif. a mobili e sim.*) upholstery, cover(ing). 3 ⟨*arte, tecnica*⟩ upholstery, upholstering. 4 ⟨*Aut*⟩ upholstery. □ ⟨*fam*⟩ *fare da* ~ (*nelle feste da ballo*) to be a wallflower. **tappezziere** *m.* (*f.* -**a**) 1 (*chi riveste poltrone e sim.*) upholsterer. 2 (*chi riveste pareti*) decorator, paperhanger.

tappo *m.* 1 stopper, plug; (*di sughero*) cork; (*a vite*) (screw)cap. 2 ⟨*estens*⟩ (*oggetto di occlusione*) plug, stopper. 3 ⟨*scherz*⟩ (*persona di bassa statura*) small (*o* short) person, tubby fellow, ⟨*fam*⟩ (little) podge. 4 ⟨*Met*⟩ bot. □ ~ *da* **bottiglia** bottle cap; ⟨*Med*⟩ ~ *di* **cerume** inspissated cerumen, dried wax in the ear; ~ *di* **gomma** rubber stopper, plug; ~ *del* **radiatore** radiator cap; ~ *di* **vetro** glass stopper.

TAR = *tribunale amministrativo regionale* regional administrative court.

tara *f.* 1 tare. 2 (*malattia, anomalia*) hereditary defect (*o* taint), anomaly; (*difetto*) defect, blemish, flaw. □ ~ *convenzionale* customary tare; ~ *effettiva* actual tare; ~ *ereditaria* hereditary defect (*o* taint); *far la* ~ *di* to tare, to ascertain the tare of; ⟨*fig*⟩ *far la* ~ *a una notizia* to play down news.

tarabuso *m.* (Eurasian) bittern, bull of the bog.

tarantella *f.* (*danza*) tarantella, tarantelle.

tarantismo *m.* ⟨*Psic*⟩ tarantism.

tarantola *f.* ⟨*Zool*⟩ tarantula. □ ⟨*fig*⟩ *essere morso da una* ~ (*rif. a persona scatenata*) to behave wildly.

tarantolato *a.* (*affetto da tarantismo*) affected by tarantism.

tarantolino *m.* ⟨*Zool*⟩ kind of gecko.

tarare *v.t.* 1 to tare. 2 ⟨*tecn*⟩ (*eseguire la taratura*) to calibrate. 3 ⟨*Fis*⟩ to set.

tarassaco *m.* ⟨*Bot*⟩ dandelion, blow–ball.

tarato *a.* 1 tared. 2 ⟨*tecn*⟩ calibrated. 3 ⟨*fig*⟩ (*affetto da tara ereditaria*) tainted with a hereditary defect. 4 ⟨*fig*⟩ (*moralmente guasto*) corrupt. **taratura** *f.* 1 taring, assessment of tare. 2 ⟨*tecn*⟩ calibration. 3 ⟨*Fis*⟩ calibration, standardization, gauging.

tarchia: ⟨*Mar*⟩ *vela a* ~ spritsail.

tarchiato *a.* thickset, sturdy.

tardare I *v.i.* (*aus.* **avere**) 1 (*essere in ritardo*) to be late: ~ *a un appuntamento* to be late for an appointment. 2 (*indugiare*) to delay, to take (a long) time, to be late: ~ *a rispondere* to delay in replying; ~ *in un pagamento* to be late (*o* in arrears) with a payment. **II** *v.t.* to delay, to hold up: ~ *la consegna di una merce* to delay delivery of goods; *le continue piogge tardano i lavori* all this rain has held up the work.

tardi *avv.* late: *alzarsi ~ la mattina* to get up late in the morning; *arrivare ~ a scuola* to be late for school. □ *è ~* it's late; *(è troppo tardi)* it's too late: *dovevi farlo prima, ora è ~* you should have done it before, it's too late now; **far ~:** 1 to be late; 2 *(restare alzato fino a tarda ora)* to stay up late; *si è fatto ~* it is *(o* has got) late; *a più ~!* see you later!; *al più ~* at the latest; **presto** *o ~* sooner or later; **sul ~** late (in the day), latish: *di pomeriggio sul ~* late in the afternoon. *Prov.: meglio ~ che mai* better late than never; *chi ~ arriva, male alloggia* last come, last served.

tardigrado I *a.* tardigrade. **II** *s.m.* ⟨*Zool*⟩ 1 tardigrad(e), water bear. 2 *pl.* tardigrad(e)s *pl.*

tardivo *a.* 1 *(rif. a fatti stagionali e sim.)* late: *un inverno ~ a* late winter; *(che fiorisce tardi)* late, slow to flower; *(che matura tardi)* late, slow-ripening. 2 *(che viene troppo tardi)* tardy, belated: *scuse –e* tardy apologies; *pentimento ~* tardy repentance. 3 *(ritardato)* retarded: *sviluppo ~* retarded development; *bambino ~* retarded child.

tardo *a.* 1 *(lento)* slow: *~ nel muoversi* slow in moving, slow-moving. 2 *(pigro)* lazy, sluggish. 3 *⟨fig⟩ (ottuso, poco sagace)* slow(-witted), dull: *essere ~ nel capire o* be slow in understanding. 4 *(che viene troppo tardi)* tardy: *~ aiuto* tardy help, help that comes too late. 5 *(avanzato nel tempo)* late: *lo vedrò nella –a mattinata* I'll be seeing him late in the morning; *a notte –a* late at night. 6 *(ultimo)* late: *il ~ Medioevo* the late Middle Ages. 7 *(rif. a età)* ripe, goodly: *fino a –a età* to a ripe old age. □ *~ d'ingegno* obtuse, slow-witted, dull(-witted), *⟨fam⟩* thick; *a –a ora* late. **tardona** *f.* *⟨scherz⟩* passée woman.

targa *f.* 1 plate, plaque, sign: *sulla porta c'era una ~ d'ottone con il nome dell'inquilino* on the door there was a brass plate with the tenant's name. 2 *⟨Aut⟩* number plate, *⟨am⟩* (license) plate. 4 *⟨Sport⟩ (premio)* plaque. 4 *⟨Arch⟩* (memorial) plaque, (inscription) plate, tablet. □ *⟨Aut⟩ ~ anteriore* front number plate; *~ d'immatricolazione* number plate, *⟨am⟩* (license) plate; *~ posteriore* rear number plate; *~ provvisoria* temporary number plate.

targare *v.t.* (**targo, targhi**) 1 to give a plate *(o* plaque) to, to put a plate on. 2 *⟨Aut⟩* to give a number plate to. **targato** *a.* *⟨Aut⟩* with the number plate: *vettura –a Roma EO3320* car with the number plate Rome EO3320. □ *la mia automobile è –a* ... my car's number plate is ...

targhettatrice *f.* *(macchina)* addressing machine.

tariffa *f.* 1 tariff, rate; *(prezzo)* price, charge; *(rif. ai trasporti pubblici)* fare: *–e ferroviarie* rail fares. 2 *⟨estens⟩ (tariffario)* list *(o* table, book) of rates, tariff, price list. □ *~ ~* **aerea** air fare *(o* rate); *~ a* **contatore** meter rate; **doganale** customs tariff, rate of customs duty, table of customs duties; *~* **elettrica** electricity rate; *~* **fissa** fixed rate *(o* tariff); **fissazione** *delle –e* rate fixing; *~* **forfettaria** flat rate; *⟨Giorn⟩ ~ delle* **inserzioni** advertising rate; *~* **intera** *(nei trasporti pubblici)* full fare; *~* **massima** *(o limite)* maximum tariff; **mezza** *~* half tariff *(o* rate); *(nei trasporti pubblici)* half fare; *~* **normale** *(o ordinaria)* standard *(o* normal) tariff, ordinary rate; *~* **postale** postal rate *(o* tariff); *~* **ridotta** reduced *(o* lower) rate; **riduzione** *delle –e* tariff cutting; *~* **speciale** special rate *(o* tariff); **supplemento** *di ~* tariff supplement; *~* **telefonica** telephone charge; *~ dei* **trasporti** fare; *~* **zonale** zone rate.

tariffario I *a.* tariff-, of *(o* in) rates: *aumento ~* rise in tariffs *(o* rates); *(rif. a trasporti pubblici)* fare-. **II** *s.m.* list *(o* table, book) of rates, tariff, price list. □ *negoziazioni –e* tariff talks *(o* negotiations). **tariffazione** *f.* rating.

tarlare *v.i.* (*aus.* essere) 1 *(rif. a tarli)* to be wormeaten. 2 *(rif. a tarme)* to be moth-eaten. **tarlarsi** *v.r.* 1 *(rif. a tarli)* to become *(o* get) wormeaten. 2 *(rif. a tarme)* to become *(o* get) moth-eaten.

tarlatana *f.* *⟨Tess⟩* tarlatan.

tarlato *a.* 1 wormeaten: *legno ~* wormeaten wood. 2 *(tarmato)* moth-eaten. **tarlatura** *f.* 1 worm hole; *(rif. a tarme)* moth hole. 2 *(polvere di legno)* dust from wormeaten wood. **tarlo** *m.* 1 *⟨Entom⟩* woodworm: *il*

mobile è rovinato dai –i the piece of furniture is ruined by woodworms. 2 *⟨fig⟩* gnawing, pangs *pl*: *il ~ della gelosia* the pangs of jealousy.

tarma *f.* *⟨Entom⟩* moth, clothes moth. □ *~ della lana* casemaking clothes moth. **tarmare** *v.i.* (*aus.* essere) to be moth-eaten. **tarmarsi** *v.r.* to become *(o* get) moth-eaten. **tarmato** *a.* moth-eaten. **tarmicida I** *a.* moth repellant. **II** *s.m.* moth repellant, moth killer.

tarocco[1] *m.* (*pl.* **-chi**) 1 *(carta)* tarot, tarok, taroc(k). 2 *(gioco)* taroc(k), tarok, tarot(s).

tarocco[2] *m.* (*pl.* **-chi**) *⟨Agr⟩* tarocco (kind of orange).

tarozzo *m.* *⟨Mar⟩* 1 *(asta di ferro)* sheer batten *(o* pole). 2 *(gradino)* wooden rung (of a rope ladder).

tarpan *m.* *⟨Zool⟩* tarpan.

tarpare *v.t.* to clip. □ *⟨fig⟩ ~ le ali a qd.* to clip s.o's wings.

Tarpea *N.pr.f.* *⟨Mitol⟩* Tarpeia. **tarpeo** *a.* *⟨Stor.rom⟩* Tarpeian: *rupe –a* Tarpeian Rock.

Tarquinia *N.pr.f.* *⟨Geog⟩* Tarquinia.

Tarquinio *N.pr.m.* *⟨Stor⟩* Tarquinius. □ *~ Prisco* Tarquinius Priscus; *~ il Superbo* Tarquinius Superbus, Tarquin the Proud.

tarsale *a.* *⟨Anat⟩* tarsal: *ossa –i* tarsal bones. **tarsalgia** *f.* *⟨Med⟩* tarsalgia.

tarsia *f.* 1 *(arte)* inlaying, marquetry; *(con elementi di legno)* inlaying, (in)tarsia. 2 *⟨concr⟩ (lavoro d'intarsio)* inlaid work, inlay, marquetry; *(con elementi di legno)* inlaid work, (in)tarsia.

tarsio *m.* *⟨Zool⟩* tarsier.

tarso *m.* *⟨Anat⟩* tarsus.

Tarso *N.pr.f.* *⟨Geog⟩* Tarsus.

tartagliamento *m.* stuttering, stammering. **tartagliare** *v.* (**tartaglio, tartagli**) **I** *v.t.* 1 *(pronunciare stentatamente)* to mutter, to grunt: *tartagliò qc. e se ne andò* he muttered s.th. and left. 2 *(parlare malamente)* to speak haltingly: *il francese* to speak French haltingly. **II** *v.i.* (*aus.* avere) *(balbettare)* to stutter, to stammer. **tartaglione** *m.* (*f.* -a) stutterer, stammerer.

tartana *f.* 1 *⟨Mar⟩* tartan(a), tartane. 2 *⟨Pesc⟩* trawl(-net), drag-net.

tartareo *a.* *⟨lett⟩* Tartarean, infernal, of Tartarus.

tartarico *a.* (*pl.* -ci) *⟨Chim⟩* tartaric: *acido ~* tartaric acid.

tartaro[1] *m.* 1 *⟨Dent⟩* tartar. 2 *(incrostazione calcarea)* tartar, calcareous incrustation. 3 *⟨Enol⟩ (tartaro delle botti)* tartar.

tartaro[2] **I** *a.* 1 Tartar, of Tartary, Tartarian, Tartaric. 2 *⟨Gastr⟩* tartar(e): *salsa –a* tartar(e) sauce. **II** *s.m.* (*f.* -a) Tartar, Tatar. □ *⟨Gastr⟩ carne alla –a* steak tartare, tartar(e) steak.

Tartaro *N.pr.m.* *⟨Mitol⟩* Tartarus.

tartaruga *f.* 1 *⟨Zool⟩ (testuggine)* tortoise. 2 *⟨Zool⟩ (tartaruga d'acqua)* turtle. 3 *(carne)* turtle: *zuppa di ~* turtle soup. 4 *(materiale)* tortoiseshell: *un portacipria di ~ a* tortoiseshell compact. 5 *⟨fam⟩ (persona lenta)* tortoise, *⟨fam⟩* snail, *⟨fam⟩* slowcoach. □ *~ artificiale* imitation tortoiseshell; *color ~* tortoise (colour); *lento come una ~* as slow as a tortoise *(o* snail); *camminare a passi di ~* to go at a snail's pace.

tartassare *v.t.* *⟨fam⟩* 1 to ill-treat, to maltreat, to ill-use. 2 *⟨fig⟩* to give a hard *(o* rough) time to, to be hard on, *⟨fam⟩* to put through it *(o* the mill): *all'esame è stato un po' tartassato* they gave him a hard time of it at the exam; *sono stato tartassato dal fisco* the tax people have put me through the mill. 3 *⟨fig⟩ (sonare male uno strumento)* to play badly: *quel ragazzo tartassa il pianoforte* that boy plays the piano badly, that boy thumps on the piano.

tartina *f.* *⟨Gastr⟩* tartine, canapé: *~ di caviale* caviar canapé.

tartrato *m.* *⟨Chim⟩* tartrate: *~ di potassio* potassium tartrate.

tartufaia *f.* truffle ground. **tartufaio** *m.* (*f.* -a) truffle seller. **tartufare** *v.t.* *⟨Gastr⟩* to garnish with truffles. **tartufato** *a.* truffled, garnished with truffles. **tartufo** *m.* 1 *⟨Bot,Gastr,Dolc⟩* truffle. 2 *⟨Zool⟩* venus, Venus clam, Venus's shell. 3 *⟨fig⟩ (ipocrita)* hypocrite, Tartuffe. □

⟨*Bot*⟩ ~ *d'Alba* white truffle; ⟨*Dolc*⟩ *-i di cioccolato* chocolate truffles; ~ *dei maiali* white truffle; ~ ⌐*di Norcia*⌐ (o *del Périgord*) French (o *Périgord*) truffle.

tasca *f.* **1** pocket. **2** (*scomparto di valigie e sim.*) compartment, pocket. **3** ⟨*Gastr*⟩ (*per decorare dolci*) pastry bag. **4** ⟨*Anat*⟩ pouch. □ ⟨*Sart*⟩ *tasche* **applicate** patch pockets; ~ *dei* **calzoni** trouser pocket; **conoscere** *qc. come le proprie tasche* to know s.th. ⌐like the back of one's hand⌐ (o inside out); **da** ~ pocket: *orologio da* ~ pocket watch; ⟨*Dent*⟩ ~ **gengivale** gengival pocket; ⟨*fig*⟩ *starsene con le* **mani** *in* ~ to stand with one's hands in one's pockets; **pagare** *di* ~ *propria* to pay out of one's own pocket; ⟨*Sart*⟩ ~ *a* **patta** (o *pattina*) pocket with a flap; ⟨*pop*⟩ *avere le tasche* **piene** *di qc.* (*esserne stufo*) to be fed up with s.th.; ~ **posteriore** back pocket; ⟨*pop*⟩ **rompere** *le tasche a qd.* (*seccarlo*) to be a pain in the neck to s.o.; ⟨*pop*⟩ *non rompermi le tasche!* don't bother me!, don't be a nuisance!; ⟨*fig*⟩ **svuotare** *le tasche di qd.* (*fargli spendere tutto*) to empty s.o.'s pockets, ⟨*fam*⟩ to clean s.o. out; *a me non* **viene** *nulla in* ~ I get nothing out of it; ⟨*fig*⟩ *avere le tasche* **vuote** to be penniless, ⟨*fam*⟩ to be broke.

tascabile **I** *a.* **1** pocket: *dizionario* ~ pocket dictionary. **2** ⟨*estens,scherz*⟩ (*di piccole proporzioni*) miniature, tiny, pocket size. **3** ⟨*Mar*⟩ pocket: *corazzata* ~ pocket battleship. **II** *s.m.* pocket–book. **tascapane** *m.inv.* haversack (*anche Mil.*). **tascata** *f.* pocketful. **taschina** *f.* ⟨*Filat*⟩ stamp envelope. **taschino** *m.* ⟨*Sart*⟩ (*tasca interna di giacca*) inside (breast) pocket; (*tasca esterna di giacca*) breast pocket; (*di panciotto*) waistcoat pocket. □ *da* ~ pocket: *orologio da* ~ pocket–watch.

Tasmania *N.pr.f.* ⟨*Geog*⟩ Tasmania. **tasmaniano** *m.* (*f.* *-a*) Tasmanian.

tassa *f.* **1** tax, levy, duty. **2** (*prezzo imposto*) fee, cost, price, charge. □ ~ **addizionale** additional tax, surtax; ~ *di* **bollo** stamp duty, stamp tax; ⟨*Aut*⟩ ~ *di* **circolazione** road (o registration) tax; ~ **complementare** (supplementary) income tax; ~ *di* **consumo** consumption tax, excise duty (o tax); *-e* **doganali** Customs duties; ~ **erariale** state (o revenue) tax; (*sugli spettacoli*) entertainment tax; ~ *d'***esame** examination fee; **esente** *da -e* tax–free, tax–exempt; (*rif. a imposte*) duty–free; ~ *d'***esercizio** licence tax; **imporre** *una* ~ *su qc.* to tax s.th.; ~ *d'***iscrizione** entrance (o registration) fee; ~ *di* **pedaggio** toll; *-e* **progressive** progressive (o graduated) taxes; ~ *di* **registrazione** registration fee; ~ *di* **registro** stamp duty; ~ *di* **ricchezza** *mobile* income tax; ~ *sul* **salario** pay roll tax; *-e* **scolastiche** school fees, tuition *sing;* **soggetto** *a* ~ taxable; (*rif. a imposte*) dutiable; ~ *di* **soggiorno** tourist (o visitors') tax; ~ *di* **successione** death (o probate, succession) duty, ⟨*am*⟩ inheritance (o estate) tax; **ufficio** *delle -e* tax office.

tassabile *a.* **1** taxable, subject (o liable) to tax. **2** (*soggetto a imposta*) dutiable, subject (o liable) to duty. **tassabilità** *f.* **1** taxability, taxableness. **2** (*rif. a imposte*) liability to duty.

tassametro *m.* taximeter, meter.

tassare *v.t.* **1** to tax. **2** (*rif. a imposte*) to levy a duty on, to charge a duty. **3** (*fissare l'imponibile*) to assess, to tax. **4** (*estens*) to contribute, ⟨*am.fam*⟩ to chip in: *per aiutarlo ci siamo tassati per mille lire a testa* we each chipped in a thousand lire to help him. □ ~ *troppo qc.* to overtax s.th. **tassata** *f.* ⟨*Post*⟩ (*anche lettera tassata*) postage–due letter.

tassativamente *avv.* definitely, absolutely: *proibire qc.* ~ to absolutely prohibit s.th. **tassativo** *a.* (*perentorio*) definite, decisive, absolute: *ordine* ~ definite order.

tassazione *f.* **1** taxation: ~ *doppia* double taxation. **2** (*il gravare d'imposte*) imposing of a duty. **3** (*l'ammontare*) tax, taxation. **4** (*accertamento dell'imponibile*) assessment. □ *soggetto a* ~ taxable; (*rif. a imposte*) dutiable.

tassellare *v.t.* (**tassello**) **1** (*mettere tasselli*) to dowel, to plug. **2** (*tagliare un pezzo a forma di tassello*) to cut out a wedge from: ~ *un formaggio* to cut out a wedge of cheese. **3** ⟨*Econ*⟩ to label with a revenue stamp. **tassellatura** *f.* dowelling. **tassello** *m.* **1** plug, block; (*per fissare chiodi e sim.*) nog. **2** (*pezzo a forma di*

tassello) wedge. **3** ⟨*Sart*⟩ gusset. **4** ⟨*Met*⟩ dolly block.

tassema *m.* ⟨*Ling*⟩ taxeme.

tassì *m.* taxi, taxi–cab, ⟨*am.fam*⟩ hack. □ ~ *abusivo* unlicensed taxi–cab, ⟨*am*⟩ gypsy cab; *chiamare un* ~ to call a cab; ~ *libero* free cab.

tassidermia *f.* taxidermy. **tassidermista** *m./f.* taxidermist.

tassista *m./f.* taxi driver, cab driver, ⟨*fam*⟩ cabbie, ⟨*am.fam*⟩ hack(ie).

tasso[1] *m.* **1** ⟨*Zool*⟩ badger. **2** (*pelo*) badger's hair (o fur): *pennello di* ~ badger hairbrush, badger. □ *dormire come un* ~ to sleep like a log.

tasso[2] *m.* ⟨*Bot*⟩ (English, European) yew.

tasso[3] *m.* rate. □ ⟨*Econ*⟩ ~ **attivo** lending rate; ~ *di* **cambio** rate (o par) of exchange, exchange rate; ~ *di* **crescita** growth rate; ~ *d'***incremento** rate of gain; ~ *d'***inflazione** inflation rate; ~ **interbancario** interbank rate; ~ *d'***interesse** interest rate; ~ *di* **mortalità** death rate; ~ *di* **natalità** birthrate; ~ **passivo** borrowing rate; ~ **primario** prime rate; ~ *di* **remunerazione** rate of return; ~ **salariale** wage rate; ~ *di* **sconto** rate of discount, discount rate; ~ *di* **sviluppo** rate of growth, growth rate; ~ *di* **variazione** rate of change.

tasso[4] *m.* ⟨*Mecc*⟩ stake; (*incudine da calderaio*) boiler maker's anvil.

tassobarbasso *m.* ⟨*Bot*⟩ mulle(i)n.

tassonomia *f.* ⟨*Biol*⟩ taxonomy. **tassonomico** *a.* (*pl.* -ci) taxonomic(al).

tastare *v.t.* **1** to touch, to feel. **2** (*toccare con un bastone e sim.*) to sound, to probe, to feel; (*dando piccoli colpi*) to tap. **3** ⟨*fig*⟩ (*saggiare*) to feel (o sound) out, to test: ~ *l'avversario* to sound out one's adversary. □ ~ *il polso a qd.* to feel s.o.'s pulse (*anche fig.*); ⟨*fig*⟩ ~ *il terreno* to put out feelers, to see how the land lies. **tastata** *f.* **1** (light) touch. **2** ⟨*fig*⟩ feeling (o sounding) out, testing. □ *dare una* ~ *a qc.* to touch s.th.

tasteggiare *v.t.* (**tasteggio, tasteggi**) **1** (*tastare leggermente*) to touch (o feel) lightly. **2** (*toccare i tasti*) to touch (o run one's fingers over, finger) the keyboard. **tastiera** *f.* **1** keyboard (*anche Tip.*). **2** ⟨*Mus*⟩ keyboard; (*negli strumenti a corda*) fingerboard. **3** ⟨*Mar*⟩ diving controls *pl.* □ ⟨*Inform*⟩ ~ **numerica** numeric keypad. **tastierista** *m./f.* keyboard operator, machine compositor.

tasto *m.* **1** key: *i -i della macchina da scrivere* the typewriter keys. **2** ⟨*Mus*⟩ (*del pianoforte e sim.*) key; (*negli strumenti a corda*) fret. **3** (*leva di comando*) key, lever, button. **4** ⟨*fig*⟩ (*argomento*) subject, topic: *questo* ~ *è meglio lasciarlo stare* we'd better not touch on that subject. **5** (*prelievo di materiale*) sample. **6** ⟨*Zootecn*⟩ (*maneggiamento*) feeling (to see how fat an animal is). □ *al* ~ (*tastando*) by (the) touch, by the feel; ⟨*Acu*⟩ ~ *d'***annullamento** erase button; ⟨*Acu*⟩ ~ *d'***arresto** stop button; ⟨*fig*⟩ **battere** *sempre lo stesso* ~ to harp on the same thing all the time; ~ *di* **comando** control key; ⟨*Inform*⟩ ~ ⌐*di* **funzione**⌐ (o *funzionale*) function key; ~ *delle* **maiuscole** shift key; ~ **Morse** Morse tapper; ~ *di* **pausa** (*di registrazione*) pause button; ~ *del* **pianoforte** piano key; ⟨*Acu*⟩ ~ *di* **registrazione** record button; ~ *di* **ritorno** back spacer, return key; ~ *del* **doppio spazio** double spacer; ⟨*fig*⟩ **toccare** *un* ~ *delicato* to touch on a delicate subject; ⟨*fig*⟩ **toccare** *il* ~ *giusto* to strike the right note.

tastoni *avv.* **1** gropingly, feeling one's way. **2** ⟨*fig*⟩ gropingly, hesitantly, blindly: *procedere* ~ to proceed hesitantly, to feel one's way. □ *a* ~ gropingly; *camminare* ~ to walk along feeling one's way, to grope one's way along.

tata *f.* ⟨*infant*⟩ (*bambinaia*) nanny, ⟨*infant*⟩ nana.

tattica *f.* tactics *pl* (*costr. anche sing.*): ~ **navale** naval tactics. □ ⟨*fig*⟩ *questa è la sua* ~ *consueta* these are his usual tactics; ~ **elettorale** election tactics. **tatticamente** *avv.* tactically (*anche fig.*). **tatticismo** *m.* use of tactics. **tattico** *a./s.* (*pl.* -ci) **I** *a.* **1** ⟨*Mil*⟩ tactical, of tactics: *posto* ~ tactical position. **2** ⟨*estens*⟩ tactical, cunning. **II** *s.m.* ⟨*Mil*⟩ tactician.

tattile *a.* tactile. **tattilità** *f.* tactility. **tatto** *m.* **1** touch:

riconoscere qc. al ~ to recognize s.th. by (its) touch. **2** (*senso*) (sense of) touch. **3** ⟨*fig*⟩ (*delicatezza*) tact; (*discrezione*) tact, discretion, diplomacy. □ ⟨*fig*⟩ *con* ~: 1 (*agg.*) tactful; 2 (*avv.*) tactfully: *agire con* ~ to behave tactfully; *essere liscio al* ~ to be smooth to the touch; ⟨*fig*⟩ *mancanza di* ~ tactlessness; ⟨*fig*⟩ *senza* (o *privo di*) ~ tactless.

tatuaggio *m.* ⟨*Etnol*⟩ tattoo(ing), tatoo(ing). **tatuare** *v.t.* (*tatuo*) to tat(t)oo. **tatuarsi** *v.r.* to tat(t)oo o.s. **tatuato** *a.* tat(t)ooed.

taumaturgia *f.* thaumaturgy. **taumaturgico** *a.* (*pl.* -ci) thaumaturgic(al). **taumaturgo** *m.* (*pl.* -gi/-ghi) thaumaturge, thaumaturgist.

Tauride *N.pr.f.* ⟨*Geog.stor*⟩ Tauris.

taurina *f.* ⟨*Chim*⟩ taurine.

taurino *a.* **1** taurine, of a bull, bull–. **2** ⟨*fig*⟩ taurine, bull–like, bull–, like (*o* of) a bull: *con forza* –*a* with the strength of a bull. □ *collo* ~ bull neck. **tauromachia** *f.* bullfight, tauromachy.

tautologia *f.* ⟨*Filos,Ling*⟩ tautology. **tautologico** *a.* (*pl.* -ci) tautological.

tautomeria *f.* ⟨*Chim*⟩ tautomerism, dynamic isomerism, tautomery. **tautomero** *a.* tautomeric.

tav. = *tavola* plate (*abbr.* pl.).

tavella *f.* ⟨*Edil*⟩ hollow flat block (*o* tile). **tavellatura** *f.*, **tavellonato** *m.* structure made with hollow flat blocks (*o* tiles).

taverna *f.* **1** (*osteria*) tavern, wine shop. **2** (*ristorante arredato rusticamente*) rustic (*o* country–style) restaurant. **3** (*spreg*) (*bettola*) low tavern. □ (*spreg*) *da* ~ low, vulgar, coarse: *discorsi da* ~ vulgar talk. **taverniere** *m.* (*oste*) tavern keeper.

tavola *f.* **1** (*asse*) plank, board (*anche Fal.*): *un pavimento di* –*e* a plank floor. **2** (*mobile*) table: *sparecchiare la* ~ to clear the table. **3** (*prospetto, tabella*) table: ~ *dei logaritmi* logarithmic table, table of logarithms; (*indice di un libro*) table of contents, index. **4** (*elenco*) list: ~ *di proscrizione* list of proscribed persons. **5** (*piano di banco e sim.*) board, table: ~ *di smerigliatura* grinding (*o* sanding) table. **6** (*piastra*) plate, slab. **7** *pl.* (*tavolato*) planks *pl*, planking. **8** ⟨*Art*⟩ (*quadro su legno*) tablet, panel (painting): ~ *votiva* votive tablet. **9** ⟨*Edit*⟩ (*illustrazione*) plate. **10** ⟨*Geog,Oref*⟩ table. **11** ⟨*Filat*⟩ plate. **12** ⟨*Stor*⟩ (*lastra con scritture di pubblico interesse*) table, tablet: *le dodici* –*e* the Twelve Tables. **13** ⟨*Stor*⟩ (*tavola cerata per scrivere*) (wax writing) tablet. □ (*esclam*) **a** ~*!* dinner's ready!, ⟨*fam*⟩ soup's on!; ~ **allungabile** extension (*o* drop–leaf) table; **alzarsi** *da* ~ to leave (*o* get up from) the table; *bisogna alzarsi da* ~ *con un po' d'appetito* you should leave the table a little hungry; **amare** *la buona* ~ to be a gourmet; **apparecchiare** *la* ~ to set the table; ⟨*Mus*⟩ ~ **armonica** soundboard; ~ *da* **biliardo** billiard (*o* pool) table; ~ **calda** lunch counter, snack–bar; ⟨*Edit*⟩ ~ *a* **colori** colour plate; ⟨*El*⟩ ~ *di* **comando** console; ⟨*Tip*⟩ ~ *per* **composizione** bank, board, random; ~ *di* (*o da*) **cucina** kitchen table; **da** ~ table: *biancheria da* ~ table linen; ⟨*Stor*⟩ *legge delle* **dodici** –*e* law of the Twelve Tables; ~ **fredda** cold buffet; ⟨*fig*⟩ *tenere* ~ **imbandita** to keep open house; *il pranzo è* in ~ *dinner is* 'on the table' (*o* ready); (*più formale*) dinner is served; ⟨*Bibl*⟩ –*e della* **legge** Tables of the Law, Two Tables; ⟨*Mat*⟩ ~ *dei* **logaritmi** logarithmic table; **mettere** *a* ~ (*rif. a vivande*) to serve (up); (*rif. a persone*) to seat; *mettere in* ~ to put on the table; ⟨*fig*⟩ *mettere le carte in* ~ to put one's cards on the table; *mettersi a* ~ to sit down at (the) table; ⟨*Statist*⟩ ~ *di* **mortalità** mortality table; ⟨*Mat*⟩ ~ **numerica** numerical table; –*e del* **palcoscenico** boards *pl*, stage *sing*; ⟨*fig*⟩ *calcare le* –*e del palcoscenico* to tread the boards; (*darsi al teatro*) to go on the stage; *i* **piaceri** *della* ~ the pleasures of the table; ~ **pitagorica** multiplication table; **portare** *in* ~ to serve (up), to put on the table; ~ *da* **pranzo** dining–room table, dinner–table; ~ **reale** (*gioco*) backgammon; ~ **rotonda:** 1 ⟨*Mediev,Lett*⟩ Round Table; 2 (*incontro di esperti*) round table; ~ **sinottica** synoptic table; ~ *da* **spianare** pastry board; ~ **statistica** statistical table; ⟨*Edit*⟩ –*e fuori* **testo** plates *pl*; ⟨*Sport*⟩ ~ *a* **vela** windsurf. *Prov.*: *a* ~ *non s'invecchia* good food keeps you young.

tavolaccio *m.* (*pancaccio*) plank–bed. **tavolame** *m.* planks *pl*, lumber, timber. **tavolata** *f.* table(ful), dinner party. **tavolato** *m.* **1** (*rif. a pareti*) wainscot(ting), panelling. **2** (*tipo di pavimento*) plank floor. **3** ⟨*Mar*⟩ (*rif. a ponti e sim.*) planking. **4** ⟨*Geog*⟩ tableland, plateau. **5** ⟨*Edil*⟩ (*tramezzo in legno*) wooden partition.

tavoletta *f.* **1** (*assicella*) board, plank. **2** (*pezzo rettangolare di sostanza alimentare*) bar, slab: *una* ~ *di cioccolata* a slab of chocolate, a chocolate bar. **3** ⟨*Art*⟩ (*dipinto su tavola*) tablet, panel (painting). **4** ⟨*Farm*⟩ tablet, lozenge. □ ⟨*Aut*⟩ *andare a* ~ (*premere a fondo l'acceleratore*) to press the accelerator right down; ⟨*Stor.rom*⟩ ~ *cerata* waxed writing tablet; ~ *pretoriana* plane table.

tavoliere *m.* **1** ⟨*Geog*⟩ tableland, plateau. **2** (*scacchiera*) chessboard.

tavolino *m.* **1** small table. **2** (*scrittoio*) desk, writing table; (*banco*) desk. **3** (*nei caffè*) café table. **4** (*da gioco*) gaming table, card–table. **5** (*negli scompartimenti ferroviari*) collapsible table. □ *al* ~ in theory, ⟨*fam*⟩ on paper; ~ *da lavoro* work–table; ⟨*fig*⟩ *lavoro di* ~ work requiring much time and patience; ~ *da notte* night (*o* bedside) table; *stare a* ~ *tutto il giorno* to sit at one's desk all day long; ⟨*fig*⟩ (*studiare*) to study all day long.

tavolo *m.* **1** table. **2** (*per studiare, scrivere e sim.*) desk: ~ *d'ufficio* office desk. □ ~ **allungabile** extension table; ⟨*Med*⟩ ~ **anatomico** dissecting table; ~ *da* **cucina** kitchen table; ~ *da* **disegno** drawing table (*o* desk); ~ *da* **gioco** gaming table, card–table; ~ *da* **lavoro:** 1 desk; 2 ⟨*tecn*⟩ work bench; ~ *di* **montaggio:** 1 ⟨*Tip*⟩ planning table; 2 ⟨*Cin*⟩ splicing table; ⟨*Chir*⟩ ~ **operatorio** operating table; ~ **pieghevole** folding table; ~ *da* **pranzo** dining–room table; ~ **ribaltabile** folding (*o* drop–leaf) table; ~ *da* **stiro** ironing board; ⟨*Pol*⟩ ~ *delle* **trattative** negotiating table.

tavolozza *f.* **1** ⟨*Pitt*⟩ palette. **2** (*estens*) (*complesso dei colori d'un pittore*) palette, (favourite) colours *pl*.

taxi *m.* → **tassi.**

tazza *f.* **1** (*recipiente*) cup: *una* ~ *di porcellana* a porcelain cup. **2** (*quantità*) cup(ful): *bere una* ~ *di brodo* to drink a cup of broth. **3** (*vaso della latrina*) lavatory pan, ⟨*am*⟩ toilet bowl. □ ~ *da* **caffè** coffee cup; ⟨*Met*⟩ ~ *di* **colata** hand ladle; ~ *da* **tè** teacup. **tazzina** (*dim. di tazza*) *f.* small cup, coffee cup.

tbc, TBC = ⟨*Med*⟩ *tubercolosi* tuberculosis (*abbr.* T.B., TB).

T.C.I. = *Touring Club Italiano* Italian Touring Club.

te *pron.pers.* **1** (*oggetto o preceduto da preposizione*) you, ⟨*ant*⟩ thee: *ho chiamato* ~ *e non lui* I called you not him; *l'ho visto con* ~ I saw him with you; *non mi ricordo di* ~ I don't remember you; (*te stesso*) yourself: *devi decidere da* ~ you must decide by yourself. **2** (*soggetto: in espressioni esclamative*) you: *povero* ~*!* poor you!; (*in forme comparative*) you: *è alto quanto* ~ he's as tall as you (are). **3** (*predicativo*) you: *pareva proprio* ~ she looked just like you. **4** (*compl. di termine*) you: ~ *l'ho detto io* I told you.

tè *m.* tea (*anche Bot.*): *una tazza di* ~ a cup of tea; *l'ora del* ~ tea–time. □ ~ *delle* **cinque** afternoon (*o* five–o'clock) tea; **da** ~ tea: *biscotti da* ~ tea–biscuits; *servizio da* ~ tea–set; *sala da* ~ tea–room, tea–shop; ~ **danzante** tea dance; ~ **ghiacciato** ice(d) tea; **invitare** *qd. a un* ~ to invite s.o. to tea; ~ *di* **menta** mint tea; **prendere** *un* ~ to have a cup of tea.

tea *f.* ⟨*Bot*⟩ (*anche rosa tea*) tea rose.

teak *ingl.* [ti:k] *m.* ⟨*Bot*⟩ teak.

team *ingl.* [ti:m] *m.* team: ~ *televisivo* television team.

teatino *a./s.m.* ⟨*Rel*⟩ Theatine.

teatrale *a.* **1** (*del teatro*) theatrical, theatre–, of the theatre, stage–: *compagnia* ~ theatre (*o* theatrical) company. **2** ⟨*fig*⟩ (*esagerato, artificioso*) theatrical, dramatic: *gesti* –*i* theatrical gestures. **teatralità** *f.* theatricality, theatricalness (*anche fig.*). **teatralmente** *avv.* theatrically (*anche fig.*). **teatrante** *m./f.* **1** actor. **2** ⟨*fig*⟩ (*chi assume atteggiamenti teatrali*) theatrical person, (*fam,spreg*) tub thumper. **teatrino** *m.* **1** (*gioco per bambini*) toy theatre. **2** (*di marionette*) puppet theatre.

teatro *m.* **1** (*attività teatrale, istituzione*) theatre, stage. **2**

(*edificio*) theatre, playhouse. **3** (*spettacolo*) play, (theatrical) performance, theatre: *andare a ~* to go to the theatre; (*rappresentazioni sceniche*) theatre, drama: *mi piace molto il ~* I am very fond of the theatre. **4** (*pubblico*) house, audience, theatre: *ricevere l'applauso di tutto il ~* to be applauded by the entire house. **5** (*complesso di opere drammatiche*) theatre, plays *pl,* drama: *il ~ greco* Greek drama. **6** (*fig*) theatre, scene, stage : *~ di un delitto* scene of a crime; *~ bellico* theatre of war. **7** ⟨*Archeol*⟩ theatre. □ ⟨*Univ*⟩ *~* **anatomico** anatomy theatre; *~ all'*aperto open-air theatre; *~ dei* burattini puppet theatre; *~* comico comedy; darsi *al ~* to dedicate o.s. to the theatre; (*fare l'attore*) to go on the stage; di *~* stage-, theatre-: *attore di ~* stage actor; *~* esaurito full house; (*sui cartelloni*) sold-out; **frequentatore** *di ~* theatre goer; *~* lirico (*edificio*) opera house; (*genere*) opera; ⟨*Mil*⟩ *delle* operazioni theatre of operations; *~ dei* piccoli children's theatre; ⟨*Cin*⟩ *~ di* posa studio; *~ di* prosa theatre, playhouse; *~ di* rivista music hall; *~ a* scena circolare theatre-in-the-round; *~* sperimentale experimental (*o studio*) theatre; *~* stabile permanent (*o civic*) theatre.

Tebaide *N.pr.f.* ⟨*Geog.stor,Lett*⟩ Thebaid.

tebaina *f.* ⟨*Chim*⟩ thebaine. **tebaismo** *m.* ⟨*Med*⟩ thebaism.

Tebaldo *N.pr.m.* Theobald, Thybald.

tebano *a./s.m.* (*f.* -a) ⟨*Stor*⟩ Theban. **Tebe** *N.pr.f.* Thebes.

tec. = **1** *tecnica* technology (*abbr.* technol., tech., tec.). **2** *tecnico* technical (*abbr.* tech., techn.).

TEC = *tonnellata equivalente di carbone* tons coal equivalent.

teca *f.* **1** (*astuccio, custodia*) case. **2** ⟨*Lit*⟩ reliquary. **3** ⟨*Biol*⟩ theca. □ ⟨*Anat*⟩ *~* **cranica** cranium, braincase; ⟨*Lit*⟩ *~* **eucaristica** pyx.

technicolor *m.* ⟨*Cin*⟩ technicolor: *film in ~* technicolor film.

Tecla *N.pr.f.* Thecla, Thekla.

tecneto *m.* ⟨*Chim*⟩ technetium.

tecnetronico *a.* (*pl.* -ci) technetronic: *era -a* technetronic age.

tecnezio *m.* → tecneto.

tecnica *f.* **1** technology, technics *pl* (*costr.sing. o pl.*), ⟨*am*⟩ (technical) know-how: *lo sviluppo della ~* the advance of technology. **2** (*pratica*) technique: *~ della pittura* painting technique. **3** (*procedimento specifico*) technique, manner, way, procedure: *le tecniche più avanzate* the most advanced techniques. **4** ⟨*spreg*⟩ technique, mechanical skill: *questa poesia è pura ~* this poetry is all technique. □ *~* **bancaria** banking; *~* **commerciale** commerce; *~ del* **freddo** refrigerating engineer; *~* **industriale** industrial technique; *~ di* **lavorazione** processing technique; *~* **medica** medical technique; *~* **mineraria** mining engineering; ⟨*Chir*⟩ *~* **operativa** operative (*o operating*) technique; *~ di* **produzione** production technique.

tecnicamente *avv.* technically. **tecniche** *f.pl.* ⟨*Scol*⟩ (*anche scuole tecniche*) technical schools *pl.* **tecnicismo** *m.* **1** technicality. **2** (*predominio della parte tecnica*) predominance of the technical aspect. **3** ⟨*spreg*⟩ (*uso eccessivo di termini tecnici*) technicalism. **4** ⟨*Ling*⟩ (*termine tecnico*) technical term. **tecnicista** *m./f.* technician. **tecnicità** *f.* technicalness, technicality. **tecnicizzare** *v.t.* to technicalize. **tecnicizzato** *a.* technicalized. **tecnicizzazione** *f.* technicalization. **tecnico** *a./s.* (*pl.* -ci) **I** *a.* **1** technical: *progresso ~* technical progress; *termini -i* technical terms. **2** ⟨*Scol*⟩ technical. **II** *s.m.* **1** technician: *~ elettronico* electronics technician. **2** (*esperto*) expert: *~ pubblicitario* advertising expert. **3** (*operaio specializzato*) technician, engineer: *~ del suono* sound engineer. □ *~ del collaudo* testing engineer; *~ delle luci* light technician; *~ delle vendite* sales engineer.

tecnigrafo *m.* universal drafting device.

tecnocrate *m./f.* technocrat. **tecnocratico** *a./s.* (*pl.* -ci) **I** *a.* technocratic. **II** *s.m.* (*f.* -a) technocrat (*anche Stor.*).

tecnocrazia *f.* technocracy (*anche Stor.*).

tecnofibra *f.* man-made fibre.

tecnologia *f.* **1** technology. **2** (*tecnica*) technique. □ *~* **alimentare** food technology; *a ~* **avanzata** high-technology; *industria a ~ avanzata* high-technology industry; *~* **dura** hard technology; *~* **soffice** soft technology; *~* **spaziale** space technology; **trasferimento** *di ~* technology transfer.

tecnologico *a.* (*pl.* -ci) **1** technological. **2** (*tecnico*) technical: *dizionario ~* technical dictionary. **tecnologo** *m.* (*pl.* -gi) technologist.

tecnopoli *f.* technopolis. **tecnopolitano** *m.* technopolitan.

tecnostruttura *f.* technostructure.

tecnotronico *a.* (*pl.* -ci) technotronic, technotronic.

teco *pron.* ⟨*ant,lett*⟩ (*con te*) with thee.

tectonica *e der.* → tettonica *e der.*

teda *f.* ⟨*poet*⟩ (*fiaccola*) torch: *~ nuziale* bridal torch.

tedescheggiare *v.i.* (tedescheggio, tedescheggi; *aus.* avere) to Germanize. **tedescheria** *f.* ⟨*scherz, spreg*⟩ (*insieme di tedeschi*) Krauts *pl,* Bo(s)ches *pl.* **tedeschizzare** *v.t.* to Germanize. **tedeschizzarsi** *v.r.* to be(come) Germanized. **tedeschizzazione** *f.* Germanization. **tedesco** *a./s.* (*pl.* -chi) **I** *a.* German. **II** *s.m.* **1** (*lingua*) German. **2** (*abitante; f.* -a) German. □ *alla ~a* in the German way (*o manner*); ⟨*Ling*⟩ *alto ~* High German; ⟨*Ling*⟩ *basso ~* Low German; ⟨*Ling*⟩ *~ medio* (*medio alto tedesco*) Middle High German; *~ occidentale* West German; *~ orientale* East German. **tedescofilia** *f.* Germanophilia. **tedescofilo I** *a.* Germanophil(e). **II** *s.m.* (*f.* -a) Germanophil(e), Germanophilist. **tedescofobia** *f.* Germanophobia. **tedescofobo I** *a.* Germanophobic. **II** *s.m.* (*f.* -a) Germanophobe. **tedescume** *m.* ⟨*spreg*⟩ **1** (*rif. a persone*) Krauts *pl.* **2** (*rif. a cose*) German trash.

tedeum *lat. m.* ⟨*Lit*⟩ Te Deum.

tediare *v.t.* (tedio, tedi) **1** (*infastidire*) to bother, to annoy, to vex: *non vorrei tediarti con le mie preoccupazioni* I don't want to bother you with my troubles. **2** (*annoiare*) to weary, to tire, to bore. **tedio** *m.* **1** tediousness, tedium, wearisomeness, boredom. **2** (*fastidio*) trouble, bother, annoyance. **3** (*stanchezza, insofferenza*) tediousness, tiresomeness: *il ~ della vita* the tediousness of life. **tediosamente** *avv.* tediously, boringly, tiresomely. **tediosità** *f.* **1** (*fastidio*) bother, trouble, annoyance. **2** (*noia*) tediousness, boredom, tiresomeness. **tedioso** *a.* **1** (*fastidioso*) troublesome, tedious, bothersome. **2** (*noioso*) boring, tedious, wearisome, tiresome.

tedoforo *m.* ⟨*lett*⟩ (*portatore di fiaccola*) torch bearer.

teflon *m.* ⟨*Ind*⟩ teflon.

tegamata *f.* **1** (*quantità*) pan(ful): *una ~ di carciofi* a panful of artichokes. **2** (*colpo*) blow with a frying pan. **tegame** *m.* **1** frying pan. **2** (*quantità*) pan(ful). □ *uova al ~* fried eggs.

teglia *f.* **1** baking pan, pie pan. **2** (*quantità*) pan(ful).

tegola *f.* **1** ⟨*Edil*⟩ roofing-tile. **2** ⟨*fig*⟩ (*improvvisa disgrazia*) blow, bolt: *gli è cascata una ~ sul capo* it hit him like a bolt from the blue. □ *~ di* colmo ridge-tile; *~* comune (*o concava*) concave tile; *~* curva ridge tile; *~* dritta convex tile; *~* piana (*o piatta*) plain roofing-tile.

tegumentale, tegumentario *a.* ⟨*Anat,Bot*⟩ (in)tegumental. **tegumento** *m.* ⟨*Anat,Bot*⟩ integument(um).

Teheran *N.pr.f.* ⟨*Geog*⟩ Teh(e)ran.

teiera *f.* teapot.

teina *f.* ⟨*Chim*⟩ theine, caffeine.

teismo *m.* ⟨*Teol,Filos*⟩ theism. **teista** *m./f.* theist. **teistico** *a.* (*pl.* -ci) theistic(al).

tel. = *telefono* telephone (*abbr.* tel.).

tela *f.* **1** cloth, fabric: *~ d'amianto* asbestos cloth; *rilegatura in ~* cloth binding. **2** (*tela da pittore*) canvas: *dipinto su ~* painted on canvas; (*quadro su tela*) canvas, painting, picture: *nel museo abbiamo alcune -e di Raffaello* in the museum we have several canvases by Raphael. **3** ⟨*fig,lett*⟩ (*trama*) web, tissue, network: *una ~ d'imbrogli* a web of deceit. □ ⟨*Tess*⟩ *~* batista lawn, batiste, cambric; *cala la ~* the curtain descends; ⟨*fig*⟩ the show is over; *~ da* camicie shirting; *~* cerata: **1** oilcloth; **2** ⟨*Mar*⟩ oilcloth, oilskin; *~* gommata rubberized canvas; *~* greggia canvas; *~ d'*imballaggio packcloth, bagging; *~* impermeabilizzata waterproof cloth; ⟨*Legat*⟩ *in ~*

clothbound, cloth–; ~ *da* **lenzuola** sheeting; ~ *di* **lino** linen; ⟨*Legat*⟩ **mezza** ~ half–cloth: *rilegatura a mezza* ~ half(–cloth) binding; *rilegare a mezza* ~ to bind in half–cloth; ⟨*fig*⟩ ~ *di* **Penelope** Penelope's web, endless task; ~ *di* **ragno** spider's web, cobweb; ~ *da* **sacco** sacking, sackcloth; ~ *da* **vele** (o *tende*) sailcloth, canvas, duck (cloth).

telaggio *m.* ⟨*Tess*⟩ weave, weaving.

telaio *m.* **1** ⟨*Tess*⟩ loom. **2** (*ossatura strutturale*) frame: ~ *di finestre* window frame. **3** ⟨*Pitt,tecn*⟩ frame. **4** ⟨*Aut*⟩ chassis. **5** ⟨*Edil*⟩ framework. **6** ⟨*Legat*⟩ sewing frame, sewing press, sewing bench. **7** ⟨*Tip*⟩ chase. **8** ⟨*Fot*⟩ plate holder. □ ⟨*Tess*⟩ ~ **automatico** automatic loom; ~ *della* **bicicletta** bicycle frame; ~ *di* **ferro** iron frame; ⟨*Tip*⟩ ~ *per* **impaginazione** chase galley; ~ *per* **maglieria** knitting machine, knitting frame, knitter; ⟨*Tess*⟩ ~ *a* **mano** hand loom; ~ **meccanico** power loom; ⟨*Tess*⟩ ~ *a* **pedali** treadle loom; ~ *da* **ricamo** embroidery frame; (*di forma rotonda*) embroidery hoop, tambour; ⟨*Tess*⟩ ~ *per* **tappeti** carpet loom.

telamone *m.* ⟨*Arch*⟩ telamon, atlas.

telato *a.* linen(–finish): *carta –a* linen paper.

tele (*accorc. di televisione*) *f.* **1** (*televisione*) television. **2** (*televisore*) television (set).

tele|abbonato *m.* (*f.* -a) ⟨*TV*⟩ television licence holder. **~arma** *f.* ⟨*Mil*⟩ guided weapon. **~autografia** *f.* ⟨*Tel*⟩ teleautography. **~autografo** *m.* teleautograph. **~bomba** *f.* ⟨*Mil*⟩ (air launched) guided bomb. **~camera** *f.* ⟨*TV*⟩ television camera, telecamera. **~comandare** *v.t.* ⟨*El,Rad*⟩ to operate by remote control. **~comandato** *a.* remote control–, operated by remote control. **~comando** *m.* **1** remote control. **2** (*dispositivo*) remote control (device). **~comunicazione** *f.* telecommunication. □ *Unione internazionale delle* –*i* International Telecommunications Union. **~conferenza** *f.* telephone conference, teleconference. □ *tenere una* ~ to teleconference. **~copia** *f.* telecopy. **~copiare** *v.t.* to telecopy. **~copiatore** *m.* telecopier. **~cronaca** *f.* ⟨*TV*⟩ television (o TV) report, telecast. □ *trasmettere in* ~ to televise, to telecast. **~cronista** *m./f.* television commentator, telecaster. **~diffondere** *v.t.* to telecast, to broadcast by television. **~diffusione** *f.* **1** ⟨*Rad*⟩ (radio) broadcasting. **2** ⟨*TV*⟩ telecasting. **~dramma** *m.* teleplay. **~elaborazione** *f.* teleprocessing.

teleferica *f.* cableway, (aerial) ropeway, telpher. **teleferico** *a.* (*pl.* -ci) cableway–, telpher–. **teleferista** *m.* telpher operator, telpher man.

telefilm *m.* ⟨*TV*⟩ telefilm, television film.

telefonare *v.* (**telefono**) **I** *v.i.* (*aus.* avere) to telephone, to call (on the telephone), to ring up (*a qd.* s.o.), ⟨*fam*⟩ to phone: *non ho potuto* ~ *a mia moglie* I wasn't able to phone my wife. **II** *v.t.* to telephone, to call (on the telephone), to ring up, ⟨*fam*⟩ to phone, ⟨*am.fam*⟩ to buzz: *ho telefonato la notizia della mia promozione ai genitori* I phoned the news of my promotion to my parents. **telefonarsi** *v.r.* ⟨*recipr*⟩ to telephone (o phone) e.o., to call e.o. (on the telephone), to ring e.o. up.

telefonata *f.* (tele)phone call, ring, ⟨*am.fam*⟩ buzz; (*conversazione*) telephone conversation. □ **fare** *una* ~ *a qd.* to phone (o call, ring up) s.o., to give s.o. a ring (o call); ~ **intercontinentale** overseas (telephone) call; ~ **internazionale** international trunk call; ~ **interurbana** trunk (o long–distance) call; ~ *con* **preavviso** person–to–person call; **prenotare** *una* ~ to place a telephone call; ~ *in* **teleselezione** subscriber trunk dialling (*abbr.* STD); ~ **urbana** local call; ~ **urgente** urgent (o emergency) call.

telefonia *f.* telephony. **telefonicamente** *avv.* by telephone, on (o over) the phone, telephonically. □ *l'ho avvertito* ~ I told him by telephone, I phoned (him) to tell him. **telefonico** *a.* (*pl.* -ci) telephone–, telephonic, ⟨*fam*⟩ phone–: *elenco* ~ telephone book (o directory); *cabina –a* telephone box (o booth), call box; *comunicazione –a* (tele)phone call. **telefonista** *m./f.* (telephone) operator, switchboard operator.

telefono *m.* **1** telephone, ⟨*fam*⟩ phone: ~ *a* **gettoni** coin box (o pay) phone; *numero di* ~ (tele)phone number. **2**

(*ente telefonico*) telephone company (o service). **3** (*luogo telefonico pubblico*) public telephone, ⟨*am*⟩ pay station (o phone). □ **al** ~*!* telephone!, you are wanted on the (tele)phone!; ~ **amico** help line; ~ **automatico** dial (o automatic) telephone; **avere** *il* ~ to be on the (tele)phone, to have a (tele)phone; ~ *da* **campo** field telephone; **chiamare** *qd. al* ~ to call s.o. to the phone; (*fare una telefonata*) to call (o ring) s.o. up, to (tele)phone s.o.; ⟨*fam*⟩ **dare** *un* **colpo** *di* ~ *a qd.* to give s.o. a ring (o call), ⟨*am.fam*⟩ to give s.o. a buzz; *essere* **desiderato** *al* ~ to be wanted on the (tele)phone; ~ **duplex** party line; ~ **esterno** outside telephone; ~ *a* **gettone** coin–operated telephone, call box, ⟨*am*⟩ pay phone, ⟨*am*⟩ pay station; ~ **interno**: **1** house phone, interphone; **2** ⟨*Aer*⟩ intercom, interphone; ~ *con* **memoria** memory telephone; ~ *da* **muro** wall phone; **parlare** *per* ~ to talk on the phone; ~ **pubblico** public phone; **resti** *al* ~*!* hold the line!, ⟨*fam*⟩ hang on!; **rispondere** *al* ~ to answer the phone; ⟨*Pol*⟩ ~ **rosso** hot line; ~ *a* **spina** plug–in telephone; **stare** *al* ~ to be on the phone; ~ *a* **tasti** (o *tastiera*) push–button telephone; ~ *da* **tavolo** desk phone; ~ **visore** television phone.

tele|foto *f.inv.* **1** (*tecnica*) telephotography, phototelegraphy: *trasmettere per* ~ to transmit by telephotography. **2** (*singola fotografia*) wirephoto, telephoto(graph), phototelegraph. **~fotografia** *f.* **1** → telefoto. **2** ⟨*Fot*⟩ photograph made with a telescope lens. **~fotografico** *a.* (*pl.* -ci) telephotographic. **~genico** *a.* (*pl.* -ci) ⟨*TV*⟩ telegenic. **~giornale** *m.* ⟨*TV*⟩ television newscast, television news (programme), ⟨*fam*⟩ news.

telegrafare *v.t.* (**telegrafo**) to send a telegram (o wire) to, to telegraph, ⟨*fam*⟩ to wire: ~ *una notizia a qd.* to wire news to s.o.; (*per telegrafo sottomarino*) to cable, to send a cable to. **telegrafia** *f.* telegraphy. □ ~ *senza fili* **Marconi** wireless telegraphy. **telegraficamente** *avv.* **1** by telegram (o wire, cable), telegraphically: *avvertire* ~ *qd.* to let s.o. know by wire. **2** ⟨*fig*⟩ (*concisamente*) briefly, concisely. **telegrafico** *a.* (*pl.* -ci) (*del telegrafo*) telegraph–, telegraphic: *filo* ~ telegraph wire. **2** ⟨*fig*⟩ (*conciso*) brief, concise, terse: *stile* ~ concise style. **telegrafista** *m./f.* **1** telegrapher, telegraph(ic) operator, telegraphist. **2** ⟨*Mil*⟩ telegraphist, member of the signals corps. **3** (*operaio*) telegraph repairman. **telegrafo** *m.* **1** telegraph. **2** (*ufficio*) telegraph office. □ ~ *da campo* field telegraph; ~ *senza fili* wireless telegraph; ~ **Morse** Morse telegraph; *per* ~ by telegram (o wire).

telegramma *m.* telegram, ⟨*fam*⟩ wire: *consegnare un* ~ to deliver a telegram. □ ~ *d'*auguri greetings (o congratulatory) telegram; ~ *di* condoglianze telegram of sympathy (o condolences); ~ *per l'*estero foreign telegram; ~ *per l'*interno domestic telegram; ~ lettera letter telegram, LT; ~ ordinario ordinary–rate telegram; ~ *con* risposta *pagata* reply–paid telegram; ~ urgente urgent telegram.

tele|guida *f.* remote control. **~guidare** *v.t.* to operate by remote control, to radio–control. **~guidato** *a.* remote control–.

telelibera *f.* independent broadcasting station.

Telemaco *N.pr.m.* ⟨*Mitol*⟩ Telemachus.

telematica *f.* telecommunications *pl,* telecoms *pl.*

tele|medicina *f.* telemedicine. **~messaggio** *m.* television message.

telemetraggio *m.* telemetering. **telemetrare** *v.t.* to telemeter.

tele|metria *f.* telemetry. **~metrico** *a.* (*pl.* -ci) telemetric. **~metrista** *m.* **1** telemeter operator, telemetrist. **2** ⟨*Mil*⟩ range taker.

telemetro *m.* ⟨*Ott*⟩ telemeter, range finder: ~ *stereoscopico* stereoscopic range–finder.

teleologia *f.* ⟨*Filos*⟩ teleology (*anche estens.*). **teleologico** *a.* (*pl.* -ci) teleologic(al).

teleostei *m.pl.* ⟨*Itt*⟩ teleosteans *pl,* teleosts *pl.*

tele|patia *f.* ⟨*Psic*⟩ telepathy. **~patico** *a.* (*pl.* -ci) telepathic. **~programma** *m.* television programme. **~quiz** *m.* ⟨*TV*⟩ television (o TV) quiz programme. **~radiotrasmesso** *a.* transmitted (o broadcast) on television and radio simultaneously. **~radiotrasmettere** *v.t.* (teleradiotraşmişi, teleradiotraşmęsso) to transmit (o broadcast) on television and radio simultaneously.

teleria f. **1** soft (o dry) goods pl, textiles pl, fabrics pl. **2** pl. (insegna di negozi) draper's, textiles pl, fabrics pl.

tele|ricevęnte I a. television receiving. **II** s.f. (stazione telericevente) television receiving station. **~rilevaménto** m. remote sensing. **~riprẹsa** f. **1** ⟨Cin,Fot⟩ telephoto (o distance) shot. **2** (ripresa televisiva) televising. **~riscaldaménto** m. distric heating. **~romanẓo** m. telecast novel. **~ruttore** m. ⟨El⟩ telebreaker. **~schermo** m. ⟨TV⟩ (television) screen, telescreen. **~scopịa** f. telescopy. **~scọpico** a. (pl. -ci) telescopic(al), telescope–: osservazione –a telescopic observation.

telescọpio m. telescope. □ ⟨tecn⟩ a ~ (telescopico) telescopic(al), telescope–; ~ ⌐a riflessione⌐ (o riflettore) reflecting telescope; ~ ⌐a rifrazione⌐ (o rifrattore) refracting telescope; ~ spaziale space telescope.

tele|scrivęnte f. (anche macchina telescrivente) teletypewriter, teleprinter. □ trasmettere per ~ to teletypewrite. **~scriventịsta** m./f. teletypist, teleprinter operator. **~scuọla** f. ⟨TV⟩ schools' television; (per adulti) educational television. **~selezione** f. subscriber trunk dialling (abbr. STD). □ chiamare in ~ to dial direct; chiamare una città in ~ to dial a town direct; chiamare in ~ una persona to dial direct to a person; essere servito dalla ~ to be linked by STD. **~spettatore** m. (f. -trice) ⟨TV⟩ (tele)viewer. **~stampante** f. → telescrivente. **~text** m. teletext. **~trasmęttere** v.t. (teletrasmişi, teletraşmęsso) ⟨TV⟩ to televise, to telecast, to broadcast (o give, show) on television: ~ una commedia to give a play on television. **~trasmettitore** m. teletransmitter, remote transmitter. **~trasmissione** f. ⟨TV⟩ telecast, television programme. **~trasmittęnte I** a. ⟨TV⟩ of television broadcasting. **II** s.f. (anche stazione teletrasmittente) television (broadcasting) station. **~trattaménto** m. ⟨Inform⟩ teleprocessing. □ centro di ~ telecentre, ⟨am⟩ telecenter. **~utęnte** m./f. television subscriber. **~vịdeo** m. → teletext.

telętta f. ⟨Sart⟩ interfacing.

televişione f. **1** television, ⟨fam⟩ TV, telly: presto avremo la ~ a colori we'll soon have colour television. **2** (ente) television (broadcasting company). **3** (trasmissione televisiva) television (programme): guardare la ~ to watch television. **4** → televisore. □ ~ in bianco e nero black and white television; ~ su cavo cable television, cablevision; ~ a circuito chiuso closed–circuit television; ~ a colori colour television; ~ a gettone coin–operated television; ~ a pagamento pay television; trasmettere per ~ to televise, to telecast, to broadcast on (o by) television; vedere alla ~ to see on television (o TV).

televişịvo a. television–, televisual, ⟨fam⟩ TV–: programma ~ TV programme. **televişore** m. television (set), televisor, ⟨fam⟩ TV, ⟨fam⟩ telly, ⟨fam⟩ box. □ ~ in bianco e nero black and white television (o set); ~ a colori colour television (set).

tęlex m. telex. □ abbonato ~ telex subscriber; servizio ~ telex (service).

tellịna f. ⟨Zool⟩ telleen, tellin(a), sunset shell (o clam). **2** ⟨Gastr⟩ clam.

tellụrico[1] a. (pl. -ci) ⟨Geol⟩ telluric.

tellụrico[2]: ⟨Chim⟩ acido ~ telluric acid.

tellụrio m. ⟨Chim⟩ tellurium.

tęlo m. **1** length of cloth (o material, fabric): lenzuolo a due –i sheet made with two lengths of cloth. **2** (pezzo di tela) piece of cloth (o fabric, material). □ ~ gommato rubberized material; ~ di salvataggio (dei pompieri) jumping net (o sheet), safety (o fireman's) net. **telọne** m. **1** large piece of canvas cloth. **2** (copertone) tarpaulin. **3** ⟨Teat⟩ (sipario) drop-curtain. **4** ⟨Cin⟩ (schermo) screen.

tęma[1] m. **1** (argomento) theme, subject, topic: il ~ di una conferenza the subject of a lecture. **2** ⟨Scol⟩ (componimento) composition, theme: assegnare un ~ to assign a composition. **3** ⟨Ling⟩ theme; (radice) root: il ~ di un verbo the root of a verb. **4** ⟨Mus⟩ theme, motive, motif. □ ~ d'attualità topical subject; ⟨scol⟩ fuori ~ off the subject, digressing; ⌐andare fuori⌐ (o uscire di) ~ to wander off the subject, to digress; svolgere un ~ to write a

composition (o theme).

tęma[2] (o tẹma) f. ⟨lett⟩ (timore) fear. □ ⟨lett⟩ per ~ di for fear of, lest; senza ~ without fear.

temạtica f. **1** ⟨Lett⟩ (main) themes pl. **2** (complesso di questioni) themes pl. **temạtico** a. (pl. -ci) ⟨Ling, Mus,Lett⟩ thematic.

temerariaménte avv. rashly, recklessly. **temerarietà** f. **1** rashness, recklessness, temerity. **2** (avventatezza) rashness, hastiness. **temerạrio** a. **1** rash, reckless, temerarious: un giovane ~ a reckless youth. **2** (avventato) rash, hasty: giudizio ~ hasty judgement.

temẹre v. (tẹmo/tẹmo) **I** v.t. **1** (avere timore di) to fear, to be afraid of, to dread: temo le sgridate di mio padre I dread my father's scoldings; temo di scivolare I'm afraid I'm going to slip; ho la coscienza tranquilla e non ho nulla da ~ my conscience is clear and I have nothing to fear; (aspettarsi) to fear, to expect: ~ il peggio to fear the worst; ~ una brutta sorpresa to expect a nasty surprise. **2** (provare un riverente rispetto) to fear, to stand in awe of: ~ Iddio to fear God. **3** (rifuggire da) not to stand (o take), to suffer from, to be affected (o harmed) by: i vecchi temono il freddo old people suffer from the cold; piante che temono la luce plants that cannot stand light. **II** v.i. (aus. avere) (essere preoccupato) to be worried (o anxious) (per about), to fear, to be afraid (for): ~ per la salute di qd. to be worried about s.o.'s health; non ~, ti aiuterò don't be afraid, I will help you. □ ⟨Comm⟩ teme il calore keep cool, store in a cool place; non ~ confronti not to fear competition: un prodotto che non teme confronti a product that does not fear competition; non ~ le difficoltà to be undaunted by difficulties; ⟨Comm⟩ teme la luce do not expose to light, store in a dark place; non tema! don't be afraid!, don't worry!; ⟨Comm⟩ teme l'umidità store in a dry place, keep dry.

temerità f. → temerarietà.

temịbile a. to be feared, fearful, dreadful.

Temịstocle N.pr.m. ⟨Stor⟩ Themistocles.

tęmolo m. ⟨Itt⟩ grayling.

tempạrio m. list of times taken for repair.

Tęmpe N.pr.f. ⟨Geog⟩ Tempe. □ valle di ~ Vale of Tempe.

tęmpera f. ⟨Pitt⟩ (tecnica) tempera, distemper; (liquido impiegato) distemper; (dipinto) tempera painting, distemper. □ a ~ tempera–, distemper–: ritratto a ~ tempera portrait, distemper; dipingere a ~ to distemper.

tempera|lạpis, ~matịte m.inv. pencil sharpener.

temperaménto m. **1** (indole) temperament, disposition, nature: ~ artistico artistic temperament; essere contrario al ~ di qd. to be against one's nature. **2** (forza, indipendenza di carattere) temperament, character: questa ragazza ha (del) ~ this girl has character. **3** (alleviamento, mitigazione) tempering, mitigation, alleviation. □ ~ flemmatico phlegmatic temperament; per ~ by nature (o disposition): è rissoso per ~ he's argumentative by nature; ~ sanguigno sanguine temperament.

temperạnte a. temperate, moderate: essere ~ nel bere to be a temperate drinker. **temperạnza** f. **1** moderation, self–control, temperance, restraint: ~ a tavola self–control at table, restraint in eating. **2** ⟨Teol⟩ temperance.

temperạre v.t. (tẹmpero) **1** (mitigare) to mitigate, to temper, to soften: ~ un rimprovero con un sorriso to temper a scolding with smile. **2** (fare la punta) to sharpen: ~ una matita to sharpen a pencil. **3** ⟨Met⟩ (temprare) to temper. **4** ⟨Mus⟩ to temper. **temperataménte** avv. temperately, moderately. **temperạto** a. **1** temperate (anche Geog.). **2** (moderato) temperate, moderate, self–controlled, restrained: essere ~ nel bere to be a moderate drinker. **3** (rif. a sentimenti) self–controlled, restrained: una gioia –a restrained joy. **4** (appuntito) sharpened. **5** ⟨Mus,Met⟩ tempered.

temperatura f. **1** ⟨Fis,Meteor⟩ temperature. **2** ⟨Med⟩ temperature, fever: ha un po' di ~ he has a slight temperature. □ abbassamento di ~ drop in temperature; ~ ambiente room temperature; ~ annua annual temperature; ⟨Fis⟩ ~ assoluta absolute temperature; ⟨Med⟩ ~ basale basal temperature; bassa ~ low temperature; ~ di congelamento freezing temperature; ~

critica critical temperature; ~ **esterna** outside (*o* outdoor) temperature; ~ **massima** maximum temperature; ~ **media** average temperature; ~ **minima** minimum temperature; ~ **normale** standard temperature; ~ *del* **terreno** soil temperature.

temperino *m.* 1 penknife, pocket knife, jackknife. 2 → **temperalapis.**

tempesta *f.* 1 storm, tempest: *una ~ infuria sulla regione* a storm is raging over the region. 2 ⟨*fig*⟩ (*grave turbamento*) storm, turmoil, whirl: *avere la ~ nell'animo* to be in a turmoil. 3 ⟨*fig*⟩ (*gran quantità*) shower, storm, hail: *una ~ di bastonate* a shower of blows. 4 ⟨*region*⟩ (*grandine*) hail. □ *una ~ in un* **bicchier** *d'acqua* a tempest in a teapot; ~ *di* **ghiaccio** (*gelicidio*) glazed frost, ⟨*am*⟩ glaze; *essere* **in** ~ to be stormy (*o* tempestuous) (*anche fig.*); ~ **magnetica** magnetic storm; ~ *di* (*o sul*) **mare** sea-storm; ~ *di* **neve** snowstorm, blizzard; ⟨*scherz*⟩ *nell'aria c'è* **odore** *di* ~ trouble is brewing; ~ *di* **sabbia** sandstorm; ~ *di* **vento** wind-storm, gale. *Prov.: dopo la ~ viene il sereno* after a storm comes a calm.

tempestare *v.* (**tempesto**) I *v.t.* 1 (*investire, percuotere*) to batter, to storm, to rain (blows upon): ~ *la porta di calci* to batter the door by kicking; *lo tempestò di pugni* he rained blows upon him. 2 (*ornare fittamente*) to stud: ~ *un diadema di pietre preziose* to stud a tiara with precious stones. 3 ⟨*iperb*⟩ (*importunare*) to bombard, to pester, to badger: ~ *qd. di domande* to bombard (*o* pester) s.o. with questions. II *v.i.impers.* (*aus.* **avere/essere**) to storm, to rage: *tempestava e grandinava* it stormed and hailed.

tempestato *a.* (*riccamente ornato*) studded, decked, splangled (*di* with): *diadema ~ di* **brillanti** diamond–studded tiara, tiara studded with diamonds.

tempestivamente *avv.* 1 (*al momento giusto*) opportunely, at the right time: *il tuo aiuto è giunto ~* your help came at the right time. 2 (*in tempo*) in time. **tempestività** *f.* timeliness, opportuneness. **tempestivo** *a.* timely, opportune, well–timed: *aiuto ~* timely help.

tempestosamente *avv.* 1 stormily, tempestuously. 2 ⟨*fig*⟩ violently, tumultuously. **tempestoso** *a.* 1 stormy, raging, ⟨*lett*⟩ tempestuous: *una notte –a* a stormy night. 2 ⟨*fig*⟩ (*violento*) stormy, violent, furious, wild: *passione –a* wild passion.

tempia *f.* temple: *hai già le –e grigie* you are going grey at the temples.

tempietto *m.* templet, small temple. **tempio** *m.* (*pl.* **tempi/templi**) 1 temple: *il ~ di Giove* the temple of Jove. 2 (*chiesa*) temple, church. 3 ⟨*estens*⟩ (*edificio dedicato alla memoria*) monument. 4 ⟨*fig*⟩ temple: *il ~ della giustizia* the temple of justice.

tempificare *v.t.* (**tempifico, tempifichi**) ⟨*Ind*⟩ to schedule, to time. **tempificazione** *f.* scheduling, timing.

tempismo *m.* sense of timing. **tempista** *m./f.* 1 ⟨*Mus*⟩ good timekeeper. 2 ⟨*fig*⟩ (*chi sa cogliere il momento giusto*) person with a sense of timing.

templare, templario I *a.* ⟨*Stor*⟩ of the Temple, ⟨*pred*⟩ Templar: *cavaliere ~* Knight Templar, Knight of the Temple. II *s.m.* ⟨*Stor*⟩ (Knight) Templar, Knight of the Temple. □ ⟨*Stor*⟩ *ordine dei –i* order of Knights Templars.

tempo *m.* 1 (*tempo cronologico*) time: *il ~ vola* time flies; *un anno di ~* a year's time. 2 (*spazio di tempo*) (space of) time, while, period: *per lungo ~* for a long time; *per qualche ~* for a time (*o* while). 3 (*durata*) time, duration, length (of time): ~ *di cottura* cooking time. 4 (*periodo, epoca*) time(s), day(s), era, epoch, age: *è passato il ~ della spensieratezza* the carefree days are over; *al ~ di Giulio Cesare* in Julius Caesar's day, at the time of Julius Caesar. 5 *pl.* (*epoca vagamente definita*) time, day, year: *nei –i antichi* in ancient times; *negli ultimi –i* in the last few years. 6 (*parte della giornata*) time, period: *il ~ della ricreazione* playtime, recreation period; *è ~ di dormire* it's bedtime; (*parte dell'anno*) time, ⟨*lett*⟩ tide: *di carnevale* Carnival time. 7 (*momento stabilito*) time: *è ~ di agire* it's time to act; *in ~ utile* in (good) time. 8 (*indugio, dilazione*) time: *hai ~ tre giorni* you have three ˈdaysˈ timeˈ (*o* days); *prendere ~* to ask for (more) time. 9 (*termine*) (appointed, fixed) time, time limit: *è scaduto il*

~ *utile per il ricorso* the time limit for an appeal has expired. 10 (*tempo atmosferico*) weather: *che ~ fa?* what's the weather like?; *fa brutto ~* the weather is bad; *cambiamento di ~* change in the weather. 11 (*parte di spettacolo*) part: *fine del primo ~* end of the first part. 12 (*fase*) stage, phase: *la spedizione sarà effettuata in due –i* the expedition will be carried out in two phases. 13 ⟨*Metr*⟩ rhythm. 14 ⟨*Mus*⟩ (*movimento dinamico*) tempo, pace: *allargare il ~* to slacken the tempo; (*misura, battuta*) beat, measure, bar; (*scansione della battuta, cadenza ritmica*) time, tempo: *a ~ di valzer* in waltz time; (*ritmo*) rhythm, time; (*parte di una composizione*) movement: *una sinfonia in quattro –i* a symphony with four movements. 15 ⟨*Gramm*⟩ tense: *il ~ futuro* the future (tense). 16 ⟨*Mot*⟩ stroke: *motore a due –i* two–stroke engine. 17 ⟨*Sport*⟩ time: ~ **supplementare** overtime; (*ciascuna delle fasi del gioco*) half: *segnare un gol nel primo ~* to score a goal in the first half. 18 (*usato con valore di preposizione: entro*) in, within: *~ un'ora* in one hour's time. □ **a** ~: 1 ⟨*Mus*⟩ in time: *ballare a ~* to dance in time; *a ~ di marcia* in march time; 2 ⟨*Mus*⟩ (*didascalia*) a tempo, in (the regular) time; *andare a ~* to keep time; ~ **addietro** some time ago; *essere all'*altezza *dei –i* to be with (*o* abreast of) the times, to keep up with the times; **altri** *–i!* those were the days!; *cose d'altri –i* old–fashioned things; *coll'*andare *del ~* as time goes (*o* went) by; *essere in* **anticipo** *sul proprio ~* to be ahead of one's time; *il buon ~* **antico** the good old days; *fin dai –i antichi* since ancient times; ⟨*Ind*⟩ ~ **assegnato** standard (*o* allowed) time; ~ *d'*attesa waiting time (*anche Ind.*); *non aver ~* not to have time: *non ho ~ per ascoltarti* I haven't got time to listen to you; ⟨*El*⟩ ~ *d'*avviamento response time; ⟨*Mus*⟩ ~ **in** battere downbeat; *battere il ~* to beat time; (*con le mani*) to clap time; *il ~ si mette al* **bello** it is clearing up; *i –i in cui* **Berta** *filava* in the olden days; *per* **breve** ~ for a short time (*o* while); ⟨*fig*⟩ *fare il* **buono** *e il brutto* (*o cattivo*) ~ to lord it, to do as one pleases; *col buono o cattivo* ~ in good weather or bad, come rain or (come) shine; **buttar** *via il* ~ to waste time; ⟨*pop*⟩ ~ *da* **cani** foul (*o* nasty, miserable) weather; **col** ~ in time: *col ~ gli perdonerai* you will forgive him in time; ⟨*Gramm*⟩ *–i* **composti** compound tenses; *con i –i che* **corrono** in this day and age; *corso del ~* course of time; ~ **cronologico** chronological time; **da** (*gran*) ~ for some (*o* quite a) time: *è da ~ che non ti vedo* I haven't seen you for some time; **dare** ~ *a qd.* to give s.o. time; *dammi ~ fino a venerdì* give me time until Friday; *dar ~ al ~* to let matters take their course; *bisogna dar ~ al ~* one must be patient; *a ~* **debito** at the right time; *in ~* **debito** in due course; **del** ~ of the era (*o* time), contemporary: *documenti del ~* documents of the time; **poco** ~ **dopo** a short while afterwards, shortly (*o* soon) after; **molto** *~* **dopo** a long time afterwards; *–i* **duri** hard times; *è ~ di* [*inf*] it is (high) time: *è ~ di smetterla* it's high time you stopped that; ⟨*Ind*⟩ ~ **effettivo** actual time; (*rif. a calcolatore elettronico*) real time; ⟨*Inform*⟩ ~ *di* **esecuzione** *di un'istruzione* instruction time; (*qualche*) ~ **fa** some time ago; *poco ~* **fa** a short time ago, a (little) while ago, not long ago; *nel ~ che* **fu** in the past; ⟨*Mus*⟩ *andare* **fuori** ~ to get out of time; ~ *della* **giovinezza** youth; **guadagnare** *~:* 1 (*fare qc. con anticipo*) to gain time; 2 (*tirare le cose in lungo*) to play for time; ~ *di* **guerra** wartime; **in** ~ in time: *arrivare* (*o fare*) *in ~* to arrive in time; *sei ancora in ~* you're still in time; *fare in ~ a fare qc.* to have (enough) time to do s.th.: *faccio in ~ a fare una telefonata?* have I time to make a call?; *non sei più in* ~ you're too late; ⟨*Ind*⟩ ~ *d'*inattività dead (*o* idle) time; **ingannare** *il ~* to kill (*o* while away the) time; ⟨*fig*⟩ **lasciare** *il ~* *che trova* to have no effect, to change nothing; ⟨*Ind*⟩ ~ *di* **lavorazione** throughput time; ⟨*Mus*⟩ ~ *in* **levare** upbeat; ~ **libero** free (*o* leisure, spare) time; *a ~ e* **luogo** at the right (*o* proper) time and in the right place; *ogni cosa va fatta a ~ e luogo* there is a time and a place for everything; ⟨*fig*⟩ **marciare** *con i –i* to keep up with the times; ~ **materiale** time: *non ho il ~ materiale per farlo* I haven't (the) time to do it; ~ **medio:** 1 average time; 2 (*rif. all'ora*) mean time; **metterci** ~ to take time;

senza por ~ *in* **mezzo** without wasting time; *ai* **miei** *–i* in my time (*o* day); ⟨*Sport*⟩ **migliorare** *il* ~ to better the time; **misurazione** *del* ~ time measurement, timing; **molto** ~ a long time, plenty (*o* a lot) of time; (*in frasi negative e interrogative*) long, much time: *non ci vuole molto* ~ it doesn't take long; *da molto* ~ for a long time, ⟨*lett*⟩ long; *per molto* ~ for a long time; *nel* ~ *che* while; *nel* ~ *di un mese* in a month's time, in a month; *nella* **notte** *dei –i* at the beginning of time, from time immemorial; *fatti che si perdono nella notte dei –i* events which go back beyond the dawn of time; *d'ogni* ~ at any time, timeless; *in ogni* ~ in all ages; ~ *di* **pace** peacetime; *in* **pari** ~ at the same time; *a* ~ **parziale** part-time: *lavoro a* ~ *parziale* part-time job; **passare** *il* ~ to spend one's time; *per passare il* ~ to while the time away; *col passar del* ~ with the passing of time; ⟨*Ind*⟩ ~ **passivo** down (*o* idle) time; **per** ~: 1 (*presto*) in time: *dovevi pensarci per* ~ you should have thought of it in time; 2 (*di buon'ora*) early; **perdere** (*il*) ~ to waste (one's) time; *non c'è* ~ *da perdere* there's no time to lose; **perdita** *di* ~ waste of time; ~ **permettendo** if there's enough time; (*rif. a condizioni meteorologiche*) if the weather is good; *è* ~ **perso** it is a waste of time; *a* ~ *perso* in one's free (*o* spare) time; *un impiego a* ~ **pieno** a full-time job; **poco** ~ little time, not long; *ho poco* ~ I haven't long (*o* much time); *è qui da poco* ~ he has only been here a short time; *per poco* ~ for a short time, for a little while; ⟨*Fot*⟩ ~ *di* **posa** exposure time; *il* ~ **presente** the present; **previsione** *del* ~ weather forecast; **prima** *del* ~ early, before one's time: *venire prima del* ~ to come early; *poco* ~ **prima** a short time before, not long before; *molto* ~ **prima** a long time before; *nei* **primi** *–i* at the beginning (*o* outset); *in un primo* ~ at the beginning, at first; *per* **qualche** ~ for some time, for a while; **quanto** ~? how long?: *quanto* ~ *ci* **vuole?** how long does it take?; *è* **questione** *di* ~ it's a matter of time; *vuoi uscire con* **questo** ~? do you mean to go out in this weather?; ⟨*Inform*⟩ ~ **reale** real time; ⟨*Psic*⟩ ~ *di* **reazione** reaction time; ⟨*Ind*⟩ **rilevazione** *dei –i* time recording, time taking; *nei* **ritagli** *di* ~ in one's spare time; **rubare** *il* ~ *al* **sonno** to burn the midnight oil; *rubare il* ~ *a* **qd.** to waste s.o.'s time; ⟨*Gramm*⟩ *–i* **semplici** simple tenses; ⟨*fam*⟩ **sentire** *il* ~ (*avvertire il cambiamento di tempo*) to be affected by the weather; **senza** ~ timeless; *al* ~ **stesso** at the same time: *è una ragazza intelligente e al* ~ *stesso lavoratrice* she is a clever girl and a hard-working one at the same time; ⟨*Mus*⟩ **stringere** *i –i* to quicken the tempo; *il* ~ **stringe** time is getting short; *a* **suo** ~: 1 (*rif. al passato*) originally; 2 (*rif. al futuro*) in due course (*o* time); 3 (*al momento giusto*) when the time comes; *fare il suo* ~: 1 (*rif. a persone*) to have had one's day, to be behind the times: *quell'attore ha fatto il suo* ~ that actor has had his day; 2 (*rif. a cose*) to be old-fashioned (*o* out-of-date); **tanto** ~ so long, such a long time: *perché hai impiegato tanto* ~? why did you take so long?, why did it take you such a long time?; *da tanto* ~ for such a long time: *è da tanto* ~ *che te lo volevo dire* I've been wanting to tell you for such a long time; *in* **questi** **ultimi** *–i* lately; **un** ~ once, formerly; (*nelle fiabe*) once upon a time; ~ **universale** Greenwich Mean Time; *in* ~ **utile** in (good) time; ~ *di* **vacanze** holiday time; ~ *della* **vendemmia** vintage (time); *ci* **vuole** ~ it takes (a long) time; *ci vuole poco* ~ it doesn't take long. *Prov.*: *il* ~ *è denaro* time is money; *col* ~ *e con la paglia maturano le nespole* time and straw make medlars ripe; *il* ~ *è il miglior medico* time cures all things; *chi ha* ~ *non aspetti* ~ make hay while the sun shines. ‖ *c'è* ~ there's no rush (*o* hurry), there's plenty of time; *c'è ancora* ~ there is still time; *non c'è più* ~ *per qc.* it's too late for (*o* to do) s.th.

tempora *f.pl.* ⟨*lett*⟩ (*anche quattro tempora*) Ember days *pl.*

temporale[1] *a.* **1** ⟨*Gramm*⟩ of time, temporal: *avverbi –i* adverbs of time. **2** ⟨*Rel*⟩ temporal: *pene –i* temporal punishments; (*terreno*) worldly, earthly, temporal: *beni –i* worldly goods.

temporale[2] *a.* ⟨*Anat*⟩ temporal.

temporale[3] *m.* (thunder)storm: *è scoppiato un* ~ a storm

broke out. □ ⟨*scherz,fig*⟩ *c'è aria di* ~ there's trouble brewing (*o* coming).

temporalesco *a.* (*pl.* **-chi**) storm-, stormy.

temporalità *f.* **1** temporality, temporalness. **2** *pl.* (*beni terreni della chiesa*) temporalities *pl.*

temporaneità *f.* temporariness. **temporaneo** *a.* **1** (*provvisorio*) temporary, provisional: *un incarico* ~ a temporary post. **2** (*passeggero*) passing, fleeting: *nubi –e* passing clouds.

temporeggiamento *m.* temporization, temporizing. **temporeggiare** *v.i.* (**temporeggio, temporeggi;** *aus.* **avere**) **1** to mark time, to take one's (*o* a long) time, to procrastinate, to linger: *continuava a* ~ *sperando di ottenere condizioni migliori* he kept procrastinating in the hope of getting better terms. **2** (*prendere tempo*) to gain time, to temporize. **temporeggiatore** *m.* (*f.* **-trice**) procrastinator, temporizer. **Temporeggiatore** *N.pr.m.* ⟨*Stor*⟩ (*Quinto Fabio Massimo*) Quintus Fabius Maximus the Cunctator.

tempra *f.* **1** ⟨*tecn*⟩ (*atto*) hardening, tempering; (*effetto*) temper, hardness. **2** ⟨*fig*⟩ (*costituzione fisica*) constitution: *un uomo di* ~ *eccezionale* a man with an exceptional constitution. **3** (*carattere, temperamento*) temperament, character. **4** ⟨*fig*⟩ (*rif. a voce: timbro*) timbre. □ ⟨*Met*⟩ ~ *in* **acqua** water hardening (*o* quenching); ~ *in* **aria** air hardening; *a* **immersione** quenching, quench hardening.

temprare *v.t.* (**tempro**) **1** ⟨*tecn*⟩ to harden, to temper. **2** ⟨*fig*⟩ (*rendere forte*) to strengthen, to toughen, to temper: *il lavoro ha temprato il suo carattere* work has toughened his character. **temprarsi** *v.r.* to be strengthened, to grow strong (*o* tougher): *i caratteri si temprano nelle avversità* the characters grow stronger in adversity. □ ⟨*Met*⟩ ~ *in* **acqua** to water-harden, to quench in water; ~ *in* **aria** to air-harden; ~ *alla* **fiamma** to flame-harden. **temprato** *a.* **1** ⟨*Met*⟩ tempered, hardened. **2** ⟨*Vetr*⟩ tempered. **3** ⟨*fig*⟩ hardened, toughened, inured, tempered: *è* ~ *a tutte le sofferenze* he is inured to all suffering.

Ten. = ⟨*Mil*⟩ **tenente** Lieutenant (*abbr.* Lieut., Lt.).

tenace *a.* **1** (*che non si deforma*) tough: *un filo d'acciaio molto* ~ a very tough steel wire. **2** (*adesivo*) sticky, adhesive; (*viscoso*) viscous, thick, gluey: *colla* ~ thick glue. **3** ⟨*fig*⟩ (*saldo*) tenacious: *memoria* ~ tenacious (*o* retentive) memory. **4** (*costante nei propositi*) tenacious, resolute, persevering, firm: *essere* ~ *nelle proprie opinioni* to be firm in one's views. **tenacemente** *avv.* tenaciously. **tenacia** *f.* (*costanza*) tenacity, constancy: *lavorare con* ~ to work with constancy; (*ostinazione*) persistence, obstinacy. **tenacità** *f.* **1** → **tenacia**. **2** ⟨*tecn*⟩ tenacity, toughness.

tenaglia *f.* **1** pincers *pl*, pliers *pl*; (*per afferrare*) tongs *pl.* **2** ⟨*Dent*⟩ (*dental*) forceps. **3** *pl.* ⟨*Mar*⟩ kevel, bollard, cleat. **4** ⟨*Mil.ant*⟩ tenaille. **5** *pl.* ⟨*pop*⟩ (*chele*) pincers *pl*, claws *pl.* □ *a* ~ pincerlike, pincer-: ⟨*Mil*⟩ *manovra a* ~ pincer (movement); ~ *per* **casse** box tongs *pl*; ~ *da* **fucina** forge (*o* forging) tongs *pl*; *un paio di –e* a pair of pincers.

tenda *f.* **1** ⟨*Arred*⟩ (*cortina*) hanging, curtain: *una* ~ *separava le due stanze* a curtain separated the two rooms; *tirare la* ~ to draw the curtain. **2** (*abitazione smontabile*) tent: ~ *da* **campo** field tent. **3** ⟨*Mar*⟩ (*per proteggere dal sole*) awning. □ ~ *da* **campeggio** camping tent; ~ *del* **circo** circus tent; **dormire** *sotto la* ~ to sleep under canvas; **levare** *le –e* to strike (*o* move) camp; ⟨*fig*⟩ (*andarsene*) to pack up and go; ⟨*Med*⟩ *a* **ossigeno** oxygen tent; **piantare** *le –e* to pitch one's tent; ⟨*fig*⟩ (*stabilirsi in un luogo*) to pitch one's tent, to settle down; ~ *da* **spiaggia** bathing tent; ~ *alla* **veneziana** Venetian blind.

tendaggio *m.* curtaining, curtains *pl*, ⟨*am*⟩ drapery, ⟨*am*⟩ drapes *pl.* **tendame** *m.* (generally in pl.) curtaining, drapery.

tendente *a.* **1** (*rif. a colori*) bordering, verging (on), tending (*a* to, towards), on the ... side: *un colore* ~ *al grigio* a colour tending towards grey, a colour on the grey side. **2** (*incline*) given, inclined: ~ *all'ira* inclined to anger. **3** (*che mira*) intended, aiming, aimed: *una manovra* ~ *ad accerchiare il nemico* a manoeuvre aimed at surrounding the enemy. □ *azzurro* ~ *al grigio* grey(ish)–blue.

tendenza *f.* **1** (*attitudine*) bent, liking, disposition: *seguire la propria* ~ to follow one's bent; (*inclinazione naturale*) inclination, tendency, leaning: *avere una* ~ *alla malinconia* to 'have an inclination towards' (*o* incline to) melancholy. **2** (*rif. a cose*) tendency, trend, move, drift: *la* ~ *della moda è verso le gonne corte* the tendency is for skirts to go up. **3** (*orientamento*) tendency, trend: *le -e della letteratura* literary trends; (*corrente*) current of opinion (*o* thought); (*gruppo, insieme di persone*) group, faction. **4** ⟨*Econ,Statist*⟩ trend, tendency: *-e inflazionistiche* inflationary trends. □ ⟨*Dir*⟩ ~ *a delinquere* tendency to crime; **con** ~ *a* with a tendency to (*o* towards), tending to: *tempo nuvoloso, con* ~ *a precipitazioni locali* cloudy weather with a tendency towards local showers; ⟨*Pol*⟩ ~ **espansionistica** expansionist trend; ~ **del mercato** market trend; ⟨*Econ*⟩ ~ *al* **rialzo** upward tendency, bullish trend; ~ *al* **ribasso** downward trend, bearish tendency.

tendenziale *a.* tendential, potential. **tendenzialmente** *avv.* tendentially, potentially. □ *un ragazzo* ~ *cattivo* a boy with bad tendencies. **tendenziosamente** *avv.* tendentiously. **tendenziosità** *f.* tendentiousness. **tendenzioso** *a.* tendentious, biased: *notizia -a* tendentious news.

tendere *v.* (**tesi, teso**) **I** *v.t.* **1** (*mettere in tensione*) to stretch, to tighten, to make taut: ~ *un elastico* to stretch a rubber band; ~ *una corda del violino* to tighten a violin string. **2** (*distendere, spiegare*) to hang out (*o* up), to spread out: ~ *la biancheria ad asciugare* to hang the washing out to dry. **3** (*allungare, porgere*) to hold out. **4** ⟨*estens*⟩ (*preparare, predisporre*) to set, to lay, to prepare: ~ *un'insidia a qd.* to set a trap for s.o. **II** *v.i.* (*aus. avere*) **1** (*aspirare, mirare*) to aim (*a* at), to aspire (to), ⟨*fam*⟩ to be after (s.th.): ~ *alla cattedra universitaria* to aim at a professorship. **2** (*essere naturalmente incline*) to be inclined (*o* given) (*a* to), to tend, to incline (towards, to): *il ragazzo tende alla malinconia* the boy is inclined to melancholy; (*essere favorevole, propendere*) to have tendencies, to be inclined (*a* to), to tend (toward), to lean: *questo scrittore tende al socialismo* this writer has socialist tendencies. **3** (*modificarsi verso una determinata condizione*) to get, to become, to tend: *il tempo tende al brutto* the weather is getting worse; *la situazione economica tende a migliorare* the economic situation is 'becoming better' (*o* looking up). **4** (*rif. a colori, sapori, odori: avvicinarsi a una determinata gradazione*) to be on the ... side, to be somewhat (*o* rather) ..., to tend (to be): *questa pietanza tende al dolce* this dish is on the sweet side. **tendersi** *v.r.* (*contrarsi*) to contract: *i muscoli si tendono* muscles contract. □ ~ *l'*arco to draw a bow; ~ *il* collo to crane (*o* stretch) one's neck; ⟨*Pol*⟩ ~ *a* destra to lean to the Right, to have Right–wing tendencies; ~ *la* mano: **1** (*per salutare*) to offer one's hand, **2** (*per chiedere l'elemosina*) to hold one's hand out; **3** ⟨*fig*⟩ (*aiutare*) to give a hand: *mi ha teso la mano in un momento difficile* he gave me a hand when I needed it; ⟨*fig*⟩ ~ *l'*orecchio (*prestare attenzione*) to lend an ear; ~ *a uno* scopo to have a (*o* as one's) goal.

tendi|catena *m.inv.* chain stretcher. **~filo** *m.inv.* tension disks *pl.* **~gonna** *m.inv.* skirt stretcher.

tendina *f.* **1** ⟨*Arred*⟩ (glass) curtain, ⟨*am*⟩ drape; (*cortina*) hanging, curtain. **2** ⟨*Fot*⟩ focal–plane shutter.

tendine *m.* ⟨*Anat*⟩ tendon. **tendineo** *a.* tendinous, tendon–, tendonous. **tendinite** *f.* ⟨*Med*⟩ tendinitis.

tendiscarpe *m.inv.* shoe 'tree.

tenditore **I** *s.m.* (*arnese*) turnbuckle. **II** *a.* tightening: *fune tenditrice* tightening rope.

tendone *m.* **1** (*di negozi e sim.*) awning; (*di circo e sim.*) tent. **2** ⟨*Arred*⟩ (large) curtain. **tendopoli** *f.* tent city.

tenebra *f.* (generally in pl.) **1** (*oscurità*) dark(ness), black, obscurity: *la casa era avvolta nelle -e* the house was immersed in darkness. **2** ⟨*fig*⟩ 'darkness: *le -e del Medioevo* the darkness of the Middle Ages. □ *angelo delle -e* (*demonio*) Prince of Darkness; *fitte* ~ pitch black *sing* (*o* darkness), deep shadows. **tenebrosamente** *avv.*

darkly, obscurely. **tenebrosità** *f.* **1** darkness, dimness, obscurity. **2** ⟨*fig*⟩ (*misteriosità*) darkness, mystery, obscurity, mysteriousness. **tenebroso** *a.* **1** dark, dim, gloomy, shadowy. **2** ⟨*fig*⟩ (*misterioso*) dark, obscure, mysterious.

tenente *m.* ⟨*Mil*⟩ lieutenant. □ ~ *colonnello* lieutenant colonel; ~ *generale* lieutenant general; ~ *medico* medical officer; ⟨*Mar*⟩ ~ *di vascello* lieutenant (senior grade).

tenenza *f.* ⟨*Mil*⟩ **1** (*comando*) lieutenancy. **2** (*territorio*) district under a lieutenant.

teneramente *avv.* tenderly, fondly.

tenere *v.* (*pr.ind.* **tengo, tieni, tiene, teniamo, tenete, tengono**; *fut.* **terrò**; *p.rem.* **tenni/tenetti**; *pr.cong.* **tenga, teniamo, teniate, tengano**; *p.p.* **tenuto**) **I** *v.t.* to hold: ~ *in mano un libro* to hold a book (in one's hand); *tieni il coltello con la destra* hold your knife with your right hand; (*prendere*) to take: *tieni!* take this!, here! **2** (*reggere*) to hold: *tienimi la scala mentre salgo* hold the ladder while I climb up. **3** (*mantenere o conservare in una determinata posizione o condizione*) to keep, to have: ~ *gli occhi bassi* to keep one's eyes lowered; ~ *le mani in tasca* to keep one's hands in one's pockets; *tiene i figli in collegio* he keeps his children in boarding school; *dove tieni i libri?* where do you keep your books? **4** (*portare*) to wear, to keep: ~ *la camicia sbottonata* to wear one's shirt open. **5** (*lasciare*) open, to leave: ~ *la porta aperta* to leave the door open. **6** (*trattenere, conservare*) to keep: *tieni pure questo libro, te lo regalo* keep this book, it's a gift; *tenga pure il resto* keep the change. **7** (*tenere presso di sé*) to keep, to have: ~ *una cameriera* to have a maid. **8** (*serbare, mantenere*) to keep: ~ *fede alla parola data* to keep one's word; ~ *un segreto* to keep a secret. **9** (*trattenere*) to keep, to hold back: *un'influenza lo tiene a letto* influenza is keeping him in bed; *il ferito è stato tenuto in osservazione per tre giorni* the injured man was kept under observation for three days. **10** (*frenare, domare*) to hold (*o* keep) back, to check: ~ *il riso* to hold back one's laughter. **11** (*occupare spazio*) to take up: *l'autocarro teneva tutta la strada* the truck took up the whole road; (*occupare per serbare*) to keep, to save, to hold: *se arrivate prima, tenetemi il posto* if you get there first, save a place for me. **12** (*detenere*) to hold, to have: ~ *il comando* to (hold) command. **13** (*fare*) to hold, to give: ~ *una conferenza* to give a lecture. **14** (*contenere*) to hold, to contain, to take: *il serbatoio tiene venticinque litri* the tank holds twenty–five litres. **15** (*non lasciar passare: rif. a liquidi e gas*) to hold back, to keep in (*o* out): *uno strato di cemento che tiene l'acqua* a layer of cement which keeps out the water. **16** (*seguire una direzione*) to keep to, to follow (*anche fig.*): ~ *la destra* to 'keep to' (*o* drive on) the right; ~ *sempre la stessa linea di condotta* to always follow the same course of behaviour. **17** (*ritenere, considerare*) to think, to consider, to hold: *non lo tengono in alcun conto* they think very little of him. **18** ⟨*Mil*⟩ to hold, to keep, to control: *il nemico teneva la città* the enemy held the city. **II** *v.i.* (*aus.* **avere**) **1** (*reggere allo sforzo: rif. a persone*) to hold out, to last: *questi soldati non potranno* ~ *a lungo* these soldiers can't hold out for long; (*rif. a cose*) to hold: *il catenaccio non tiene più* the chain doesn't hold any more. **2** (*rif. a recipienti*) to be sound (*o* leak–proof): *la botte non tiene* the barrel isn't sound. **3** (*reggere, resistere: rif. a colla, a calce e sim.*) to hold, to stick: *la colla non tiene* the glue doesn't stick. **4** (*essere valido*) to hold up, to be valid: *sono ragioni che non tengono* these are arguments which don't hold up; *non c'è scusa che tenga* no excuse is valid. **5** (*parteggiare*) to back (up), to support, to be: ~ *per* (*o da*) *qd.* to be on s.o.'s side, to back s.o. up, to support s.o. **6** (*dare importanza*) to care (*a* about), to attach importance (to): *tiene molto al vestiario* she cares a lot about clothes. **7** ⟨*Mar*⟩ to hold, to grip: *l'ancora tiene* the anchor holds. **tenersi** *v.r.* **1** (*reggersi*) to hold, to hang (*a* on to), to support o.s. (by): *tenersi agli appositi sostegni* to hold on to the straps. **2** (*rimanere in una determinata posizione*) to stay, to keep: *tenersi in sella* to stay in the saddle; (*mantenersi*) to keep, to be, to hold o.s.: *tenersi pronto* to be ready. **3** (*seguire una determinata posizione*) to keep, to stay: *tenersi lontano dalla costa* to keep away from the coast; *(guidare un veicolo)* to drive. **4** *(attenersi)* to follow *(a qc. s.th.)*, to keep, to stick (to), to abide (by): *tenersi alle prescrizioni del medico* to follow the doctor's orders; *tenersi ai fatti* to keep (o stick) to the facts. **5** *(trattenersi)* to check o.s., to hold o.s. back, to keep o.s.: *non poteva tenersi dal ridere* he couldn't keep himself from laughing. **6** *(ritenersi, considerarsi)* to consider (o think) o.s.: *si tiene onorato della tua amicizia* he considers himself honoured by your friendship. □ **~ a** [inf] *(volere)* to want: *tengo a dichiarare che non sono d'accordo* I want to state that I don't agree; *tenerci a qc.* to care (a lot) about s.th., to attach importance to s.th.; **~ allegro** to enliven, to keep happy; *tenersi* **amico** *qd.* to keep on friendly terms with s.o.; *⟨fig⟩* **~** *l'***anima** *coi denti* to be on one's last legs; **~** *in* **ansia** to make anxious (o worried); *⟨fig⟩* **~ banco** to be the centre of attention; *il cappotto mi tiene* **caldo** the coat keeps me warm; **~** *una* **carica** to hold office; *tener* **conto** *di qc.* to take s.th. into consideration; **~** *in gran conto qd.* to think highly of s.o., to have a high opinion of s.o.; **~** *i* **conti** to keep the accounts; **~** *a* **dieta** to keep to a diet; *tener* **dietro** *a qd.:* **1** *(seguirlo)* to follow s.o.; **2** *⟨fig⟩* to follow s.o.'s progress, to keep up with s.o.; **3** *(seguire il suo ragionamento)* to follow s.o.; **4** *(sorvegliarlo)* to keep an eye on s.o.; *non riesco a tener dietro a tutto il lavoro* I can't keep up with all the work; **~** *a* **distanza** to keep at a distance, to keep off; *⟨fig⟩* **~ duro** *(resistere)* to hold (o stand) out; *(perseverare)* to keep going, to stand fast; **~** *in* **equilibrio** to balance; **~ fermo** to keep still; **~** *il* **fiato** to hold one's breath; *⟨fig⟩* **~** *a* **freno** *la* **lingua** to hold one's tongue; **~** *al* **fresco** to keep in a cool place; *⟨fig⟩* *(tenere in prigione)* to keep in the cooler; *tenersi* in **guardia** to keep on one's guard; **~** *al* **guinzaglio** to keep on a leash; **~ indosso** to wear, to have on; **~ informato** *qd.* to keep s.o. informed (o up-to-date); **~ lontano** *qd.* to keep s.o. at a distance, to hold s.o. off; **~** *le* **mani** *a* **posto** to keep one's hands to o.s.; *⟨fig⟩* **~ mano** *a qd. (essergli complice)* to be hand in glove with s.o.; *⟨Mar⟩* **~** *il* **mare** to be seaworthy; **~** *a* **mente** *qc.* to keep s.th. in mind; *⟨Mus⟩* **~** *una* **nota** to hold a note; **~** *d'***occhio** to keep an eye on s.o.; **~ occupato** *qd.* to keep s.o. busy; **~ la** *(o dalla)* **parte** *di qd.* to be on s.o.'s side, to back s.o. up; **~** *qd. a* **pensione** to have a boarder; **~** *qc. per sé* to keep s.th. for o.s.; *tenersi* in **piedi** to keep on one's feet; **~ presente** *qc.* (o bear) s.th. in mind; **~ prigioniero** *qd.* to hold s.o. prisoner; *⟨fig⟩* **~** *qd. in* **pugno** to have s.o. in the palm of one's hand; *⟨Mar⟩* **~** *la* **rotta** to sail (o stay) on course; **~** *un* **segreto** to keep a secret; **~** *in* **serbo** to save up, to set aside (o by); **~** *in* **sospeso** *qc.* to keep s.th. pending (o in abeyance); *⟨Aut⟩* **~** *bene la* **strada** to hold the road well; **~ stretto** to hold tightly, to clasp; *⟨fig⟩* **~ testa** *a qd.* to stand up to s.o.

tenerezza *f.* **1** tenderness, softness. **2** *⟨fig⟩* *(affettuosità)* tenderness, fondness, affection: *ricordare qd. con* **~** to remember s.o. with tenderness (o tenderly). **3** *⟨fig⟩* *(parole affettuose)* loving words *pl;* *(atti affettuosi)* acts *pl* of tenderness, loving behaviour. **tenerizzatore** *m.* *⟨Macell⟩* tenderizer. **tenero** **I** *a.* **1** *(cedevole al tatto)* soft, malleable: *creta –a* soft clay; *(facilmente lavorabile)* soft, that can be worked: *pietra –a* soft rock. **2** *(molle)* tender, soft: *carne –a* tender meat. **3** *⟨estens⟩* *(fresco, giovane)* tender, young: *erba –a* tender grass. **4** *(rif. a colori: pallido)* soft, tender, pale: *verde* **~** soft green. **5** *⟨fig⟩* *(facile alla commozione)* soft, tender: *cuore* **~** soft heart. **6** *⟨fig⟩* *(affettuoso)* fond, loving, tender, affectionate: *un* **~** *padre* a loving father; *–i sguardi* fond looks. **II** *s.m.inv.* **1** *(parte tenera)* tender (o soft) part. **2** *⟨fig⟩* *(affetto)* affection, tenderness; *(amore)* love. □ *essere di cuore* **~** to be tender-hearted, to be soft-hearted; *fin dalla più –a età* from the most tender years. **tenerume** *m.* **1** *(insieme di cose tenere)* tender things *pl.* **2** *(parte tenera)* tender (o soft) part. **3** *⟨fig⟩* *(smancerie)* affectation, mawkish sentimentality. **4** *⟨Macell⟩* gristle.

tenesmo *m.* *⟨Med⟩* tenesmus.

tenia *f.* *⟨Zool⟩* tapeworm, t(a)enia. **tenifugo** *m.* *(pl.* **-ghi)** *⟨Farm⟩* taeniafuge.

tenitore *m.* *(f.* **-trice)** holder; *(gestore)* keeper.

tennis *m.* *⟨Sport⟩* **1** *(gioco)* lawn tennis: *giocare al* **~** to play tennis. **2** *(luogo)* tennis court, tennis courts *pl:* *albergo con* **~** hotel with tennis courts. □ *da~* tennis–: *scarpe da* **~** tennis shoes; *racchetta da* **~** tennis raquet; *partita di* **~** game of tennis; **~** *su prato* lawn tennis; **~** *da tavolo* table tennis. **tennista** *m./f.* tennis player. **tennistico** *a.* *(pl.* **-ci)** tennis–.

tenno *m.* *(titolo dell'imperatore del Giappone)* Tenno.

tenone *m.* tenon.

tenore **I** *s.m.* **1** way, tenor: *di questo* **~** in this way, at this rate. **2** *(tono)* tenor, substance: *il* **~** *di una lettera* the tenor of a letter. **3** *⟨tecn⟩* *(percentuale contenuta)* content, percentage: *bevanda di basso* **~** *alcolico* drink with a low alcoholic content. **4** *⟨Mus⟩* tenor; *(registro dell'organo)* principal. **II** *a.* *⟨Mus⟩* tenor. □ **~** *drammatico* (o *di forza)* dramatic tenor; **~** *'di grazia'* (o *leggero)* lyric tenor; *dello stesso* **~** of the same kind; *a* **~** *di legge* according to the law; **~** *di vita:* **1** way of life; **2** *(livello)* standard of living: *avere un alto* **~** *di vita* to have a high standard of living. **tenoreggiare** *v.i.* **(tenoreggio, tenoreggi;** *aus.* **avere) 1** *(cantare con voce di tenore)* to sing tenor. **2** *(cantare in modo simile a un tenore)* to sing like a tenor. **tenorile** *a.* tenor: *voce* **~** tenor voice.

tensioattività *f.* *⟨Fis,Chim⟩* surface activity. **tensioattivo** **I** *a.* surface-active. **II** *s.m.* surfactant.

tensiometro *m.* *⟨Fis,tecn⟩* tensiometer. **tensiometria** *f.* tensiometry. **tensiometrico** *a.* *(pl.* **-ci)** tensiometric.

tensione *f.* **1** tension: *sottoporre una corda a* **~** to subject a rope to tension. **2** *⟨fig⟩* *(stato d'eccitazione)* tension, stress, strain: *la discussione ha provocato uno stato di* **~** the argument caused an atmosphere of tension. **3** *⟨fig⟩* *(stato di conflitto)* tension: **~** *internazionale* international tension. **4** *⟨Chim,Fis⟩* tension; *(dovuta a trazione)* stretch; *(sollecitazione)* stress, strain. **5** *⟨Fisiol⟩* tension: **~** *arteriosa* arterial tension; *(pressione)* pressure: **~** *sanguigna* blood pressure. **6** *⟨El⟩* *(anche tensione elettrica)* tension. □ *⟨El⟩* *a* **alta** *~* high–tension–; *a* **bassa** *~* low–tension–; **caduta** *di* **~** voltage drop; *⟨El⟩* **elevare** *la* **~** to boost; **~** *di* **griglia** grid voltage; *⟨Met⟩* **~** *interna* internal stress; *⟨fig⟩* **~** *nervosa* (o *di nervi)* (nervous) tension; **~** *di* **placca** plate voltage; *⟨Mecc⟩* **~** *residua* residual voltage; **~** *sociale* social tension; *essere* (o *trovarsi)* **sotto** *~:* **1** *⟨Fis,tecn⟩* to be under pressure (o tension); **2** *⟨El⟩* to be live (o hot); **3** *⟨fig⟩* to be tense (o strained), to be under tension (o pressure); *⟨Fis⟩* **~** *superficiale* surface tension; *⟨Fis⟩* **~** *di* **vapore** steam pressure.

tensore **I** *a.* **1** tension–: *rullo* **~** tension roller. **2** *⟨Anat⟩* tensor. **II** *s.m.* **1** *⟨Mat⟩* tensor. **2** *⟨Anat⟩* tensor (muscle).

tensostruttura *f.* *⟨Arch⟩* tensile structure.

tentabile **I** *a.* attemptable. **II** *s.m.inv.* (everything) possible: *tentare il* **~** to try everything possible.

tentacolare *a.* tentacular *(anche fig.).* **tentacolo** *m.* **1** *⟨Biol⟩* tentacle. **2** *⟨fig⟩* tentacle, feeler.

tentare *v.t.* **(tento) 1** to try, to attempt: **~** *tutte le vie* to try every way; **~** *la fortuna* to try one's luck; *ho tentato inutilmente di telefonarti* I tried to phone you without any success. **2** *⟨fig⟩* *(cercare di corrompere)* to tempt. **3** *⟨fig⟩* *(allettare)* to tempt, to entice: *è un'idea che mi tenta* the idea entices me, it's a tempting idea. **4** *⟨lett⟩* *(mettere alla prova)* to try, to test, to prove: **~** *l'onestà di qd.* to test s.o.'s honesty; *(esaminare)* to examine. **5** *⟨lett⟩* *(toccare per saggiare)* to try, to test: **~** *il terreno con un bastone* to test the (firmness of the) ground with a stick. □ *tentarle tutte* to try everything, to leave no stone unturned. *Prov.: il* **~** *non nuoce* it doesn't hurt to try.

tentativo *m.* **1** attempt, try, bid: *fare un* **~** to make an attempt, to have a try. **2** *⟨Dir⟩* attempt: **~** *di conciliazione* attempt at reconciliation; **~** *di suicidio* suicide attempt.

tentato *a.* tempted: *essere* **~** *di fare qc.* to be tempted to do s.th. □ *⟨Dir⟩* **~** *omicidio* attempted homicide. **tentatore** *m.* *(f.* **-trice)** tempter *(f.* **-tress).** **tentazione** *f.* **1** *⟨Teol⟩* temptation: *le –i di sant'Antonio* the temptations of St. Anthony. **2** *(allettamento)* temptation, enticement: *le –i della città* the temptations of the city; *non potei* *resistere alla ~ di leggere quel libro* I couldn't resist the temptation to read that book. □ *avere la ~ di* [*inf*] to be tempted: *ebbi la ~ di andarmene* I was tempted to go; *cadere in ~* to fall into temptation; *indurre in ~* to lead into temptation; *resistere alle -i* to resist temptations.

tentenna *m.inv.* ⟨*scherz*⟩ waverer. □ *essere un gran ~* to be ˈvery indecisiveˈ (*o* a vacillator, a shilly–shallyer).

tentennamento *m.* **1** shaking: *~ di capo* shaking of the head. **2** ⟨*fig*⟩ hesitation, wavering: *dopo molti -i* after much hesistation. **tentennante** *a.* (*esitante*) undecided.

tentennare[1] *v.* (tentenno) **I** *v.i.* (*aus.* avere) **1** to totter, to be unsteady, to shake, to wobble: *il tavolo tentenna* the table is shaking. **2** ⟨*fig*⟩ (*essere incerto*) to waver, to hesitate, to be undecided, ⟨*fam*⟩ to shilly–shally: *~ di fronte a una decisione* to hesitate when faced with a decision. **II** *v.t.* to shake: *~ il capo* to shake one's head. □ *avere un dente che tentenna* to have a loose tooth; *camminare tentennando* to totter along.

tentennare[2] *m.* **1** shaking: *il ~ del capo* the shaking of one's head. **2** ⟨*fig*⟩ (*indecisione*) hesitation, wavering, indecision. **tentennio** *m.* **1** shaking, tottering, wobbling. **2** ⟨*fig*⟩ (*indecisione*) hesitation, wavering, indecision.

tentone, tentoni *avv.* gropingly (*anche fig.*). □ *a ~* gropingly, blindly; *camminare a ~* to grope (*o* feel) one's way; *cercare a -i qc.* to grope for s.th.

tentredine *f.* ⟨*Enton*⟩ sow–fly: *~ delle mele* apple sow –fly.

tenuamente *avv.* tenuously, weakly, slightly. **tenue I** *a.* **1** (*non denso*) thin, tenuous, rare, rarefied: *una ~ nebbia* a thin mist. **2** (*pallido, non vivo*) pale, light, soft: *un ~ rosa* a soft pink; (*debole*) faint, tenuous: *un ~ filo di voce* a feeble tone of voice; *un ~ raggio di sole* a faint ray of sunlight. **3** ⟨*fig*⟩ (*esiguo*) tenuous, faint, slight: *una ~ speranza* a faint hope. **II** *s.m.* ⟨*Anat*⟩ (*intestino tenue*) small intestine. **tenuità** *f.* **1** (*sottigliezza*) slenderness, thinness, tenuity: *la ~ di un filo* the thinness of a wire. **2** (*leggerezza*) thinness, tenuity, rarity; (*debolezza*) weakness, faintness, feebleness, tenuity: *la ~ di una speranza* the faintness of a hope.

tenuta *f.* **1** (*rif. a recipienti*) tightness, retaining quality. **2** (*capacità*) capacity: *il serbatoio ha una ~ di trenta litri* the tank ˈhas a thirty-litre capacityˈ (*o* holds thirty litres). **3** (*guarnizione*) seal: *~ a secco* dry seal. **4** (*possedimento rurale*) holding, farm, estate: *ha molte -e nel Lazio* he owns many farms in Lazio. **5** (*divisa*) uniform, dress: *~ da carcerato* prison uniform. **6** (*equipaggiamento*) equipment, outfit, kit. **7** ⟨*Aut*⟩ (*tenuta di strada*) road holding, roadability. **8** ⟨*Sport*⟩ (*resistenza*) endurance, resistance. **9** ⟨*Sport*⟩ (*nel pugilato*) clinching. □ ⟨*tecn*⟩ *a ~ di –tight, –proof: a ~ d'acqua* watertight; *a ~ d'aria* airtight; *a ~ di gas* gas–proof; ⟨*Mil*⟩ **alta** *~* full dress (*o* uniform); *~ di fatica* fatigues *pl*, work clothes *pl*; *~ di lavoro* work clothes *pl*; ⟨*Mil*⟩ *~ di marcia* battle dress; ⟨*Mar*⟩ *~ al mare* seaworthiness; *~ stagna* watertight seal; *a ~ stagna* watertight.

tenutaria *f.* madam (of a brothel). **tenutario** *m.* (*chi gestisce una casa chiusa*) manager of a brothel; (*rif. a bische*) manager of a gambling house.

tenuto *a.* (*soggetto, obbligato*) held, obliged, bound. □ *essere ~ a fare qc.* to ˈbe obligedˈ (*o* have a duty) to do s.th.; *siamo -i a rispondere* we must reply.

tenzonare *v.i.* (tenzono; *aus.* avere) ⟨*lett*⟩ **1** (*combattere*) to fight, to combat, to battle. **2** ⟨*fig*⟩ (*contrastare*) to clash, to be at strife. **tenzone** *f.* **1** ⟨*Lett*⟩ poem of dispute; (*nella letteratura provenzale*) tenson. **3** ⟨*lett*⟩ (*contrasto*) dispute, conflict, disagreement. **3** ⟨*lett*⟩ (*combattimento*) combat, fight, battle. □ ⟨*lett,scherz*⟩ *singolar ~* duel: *venir a singolar ~* to (fight a) duel.

teobroma *m.* ⟨*Bot*⟩ Theobroma. **teobromina** *f.* ⟨*Chim*⟩ theobromine.

teocentrico *a.* (*pl.* -ci) ⟨*Filos,Rel*⟩ theocentric. **teocentrismo** *m.* theocentrism.

teocratico *a./s.* (*pl.* -ci) ⟨*Pol*⟩ **I** *a.* theocratic. **II** *s.m.* theocrat. **teocrazia** *f.* theocracy.

Teocrito *N.pr.m.* ⟨*Stor*⟩ Theocritus.

teodolite *m.* ⟨*Topogr*⟩ theodolite.

Teodorico *N.pr.m.* ⟨*Stor*⟩ Theodoric.

Teodosia *N.pr.f.* Theodosia.

Teodosio *N.pr.m.* ⟨*Stor*⟩ Theodosius.

teofania *f.* ⟨*Rel*⟩ theophany.

Teofilo *N.pr.m.* ⟨*Stor*⟩ Theophilus.

Teofrasto *N.pr.m.* ⟨*Stor*⟩ Theophrastus.

teogonia *f.* theogony. **teogonico** *a.* (*pl.* -ci) theogonic.

teologale *a.* theological: *virtù -i* theological virtues. **teologia** *f.* theology. **teologicamente** *avv.* theologically. **teologico** *a.* (*pl.* -ci) theological. **teologizzare** *v.i.* (*aus.* avere) to theologize. **teologo** *m.* (*pl.* -gi) theologian.

teorema *m.* ⟨*Mat,Filos*⟩ theorem.

teoretica *f.* ⟨*Filos*⟩ theoretics *pl* (*costr.sing o pl.*), theoretical philosophy. **teoretico** *a.* (*pl.* -ci) theoretical.

teoria *f.* **1** (*formulazione sistematica*) theory: *le -e della fisica moderna* the theories of modern physics; *la ~ e la pratica* theory and practice. **2** (*modo di pensare*) theory, idea: *le tue -e sull'amicizia sono sorpassate* your ideas on friendship are out–of–date. **3** ⟨*lett*⟩ (*corteo, sfilata*) procession, train. □ *~ atomica* atomic theory; ⟨*Econ*⟩ *~ dei giochi* game theory; *in ~* in theory, theoretically; *~ dell'informazione* information theory; *~ dell'occupazione* theory of employment; ⟨*Fis*⟩ *~ dei quanti* quantum theory; *~ della relatività* theory of relativity; *~ dei sistemi* systems theory.

teoricamente *avv.* theoretically, in theory. **teoricità** *f.* theoretical quality (*o* nature). **teorico** *a./s.* (*pl.* -ci) **I** *a.* theoretic(al): *considerazioni teoriche* theoretical considerations; *insegnamento ~* theoretical teaching. **II** *s.m.* (*f.* -a) theorist, theoretician, theorizer. **teorizzare** *v.t.* to theorize (*anche assol.*). **teorizzazione** *f.* theorization.

teosofia *f.* ⟨*Rel*⟩ theosophy. **teosofico** *a.* (*pl.* -ci) theosophic(al). **teosofo** *m.* theosophist, theosopher.

tepalo *m.* ⟨*Bot*⟩ tepal.

tepidario *m.* ⟨*Archeol*⟩ tepidarium.

tepore *m.* warmth, tepidness: *c'è un piacevole ~ in questa stanza* there's a pleasant warmth in this room.

teppa *f.* ⟨*spreg*⟩ **1** (*malavita*) underworld. **2** → **teppaglia**. **teppaglia** *f.* ⟨*spreg*⟩ hooligans *pl*, mob, rabble. **teppismo** *m.* **1** hooliganism, violence: *atto di ~* act of hooliganism. **2** (*malavita*) underworld, organized crime. **teppista** *m.* ⟨*spreg*⟩ hooligan, ruffian, hoodlum, ⟨*am.fam*⟩ hood. **teppistico** *a.* (*pl.* -ci) of a hooligan, ruffianly.

terapeuta *m./f.* ⟨*Lett*⟩ therapeutist, therapist. **terapeutica** *f.* (*terapia*) therapeutics *pl* (*costr. sing. o pl.*); (*tecnica terapeutica*) therapy. **terapeutico** *a.* (*pl.* -ci) therapeutic.

terapia *f.* ⟨*Med*⟩ **1** (*terapeutica*) therapy, therapeutics *pl* (*costr.sing. o pl.*). **2** (*cura*) therapy, treatment, cure. □ ⟨*Med*⟩ *~ cellulare* cell(ular) therapy; *~ comportamentale* (*o del comportamento*) behaviour therapy; *~ convulsivante* electric shock therapy; *~ del dolore* pain therapy; *~ familiare* family therapy; *~ di gruppo* group therapy; *~ motivazionale* motivational therapy; *~ occupazionale* occupational therapy; *~ profilattica* preventive treatment, prophylaxis; *~ a raggi X* X–ray (*o* roentgen) therapy, radiotherapy, X–ray (*o* roentgen) treatment; *~ respiratoria* respiratory therapy; *~ sessuale* sex therapy; *~ del sonno* sleep cure; *~ di stimolo* stimulation therapy.

terapista *m./f.* therapist.

teratogeno *a.* teratogenic. □ *agente ~* teratogen; *effetto ~* teratogenic effect. **teratologia** *f.* teratology: *~ vegetale* (plant) teratology. **teratologico** *a.* (*pl.* -ci) teratological.

terbio *m.* ⟨*Chim*⟩ terbium.

terebinto *m.* ⟨*Bot*⟩ terebinth pistachio.

terebrazione *f.* ⟨*Minier,Edil*⟩ drilling, boring.

teredine *f.* ⟨*Zool*⟩ shipworm.

Terenzio *N.pr.m.* ⟨*Stor*⟩ Terence.

Teresa *N.pr.f.* Therese, Teresa, Theresa.

terga → **tergo**.

tergere *v.t.* (tergo, tergi; tersi, terso) ⟨*lett*⟩ to wipe (away), to (wipe) clean; (*asciugare*) to (wipe) dry: *~ le lacrime* to dry (*o* wipe away) one's tears.

tergi|cristallo *m.* ⟨*Aut*⟩ windscreen–wiper, ⟨*am*⟩ windshield–wiper. **~lavalunotto** *m.* rear–window wiper and washer. **~lunotto** *m.* rear–window wiper. **~lavavetro** *m.* windscreen–wiper and washer, ⟨*am*⟩

windshield–wiper and washer.

tergiversare *v.i.* (**tergiverso**; *aus.* **avere**) to beat about the bush. **tergiversazione** *f.* beating about the bush: *senza tante –i* without beating about the bush, straight off.

tergo *m.* (*pl.* **i terghi**, **le terga**) ⟨*lett*⟩ **1** (*dorso*) back. **2** (*rif. a foglio di carta e sim.: faccia posteriore*) back, verso; (*rif. a monete*) reverse. □ *a ~*: 1 (*di dietro*) behind; 2 (*nei rinvii*) over: *vedi a ~* please turn over, P.T.O.; *da ~* from behind: *seguire da ~* to follow behind; *voltare le terga* (o *il tergo*): 1 to turn away; 2 ⟨*fig*⟩ (*fuggire*) to turn tail.

terilene *m.* ⟨*Tess*⟩ terylene.

terital *m.* ⟨*Ind*⟩ terital.

termale *a.* **1** thermal, of hot springs: *acque –i* thermal waters. **2** ⟨*Archeol*⟩ of the (Roman) baths. □ *sorgente ~* hot spring. **termalismo** *m.* **1** mineral water therapy. **2** (*strutture termali*) spa facilities. **3** (*turismo nelle stazioni termali*) tourism in health resorts. **terme** *f.pl.* **1** baths *pl.* **2** ⟨*Archeol*⟩ baths *pl,* thermae *pl: le ~ di Caracalla a Roma* the Baths of Caracalla in Rome.

termico *a.* (*pl.* **-ci**) ⟨*Fis,tecn*⟩ thermal, thermic, heat–: *resistenza –a* thermal resistance.

termidoriani *m.pl.* ⟨*Stor*⟩ Thermidorians *pl,* Thermidoreans *pl.* **termidoriano** *a.* Thermidorian, Thermidorean. **termidoro** *m.* Thermidor.

terminabile *a.* that may be finished, terminable. **terminal** *ingl. m.* ⟨*Aer*⟩ (air) terminal.

terminale I *a.* **1** terminal, final, end: *stazione ~* terminal (station), terminus. **2** (*di confine*) boundary, border, terminal: *pietra ~* boundary stone. **3** ⟨*Med*⟩ terminal. II *s.m.* **1** ⟨*tecn*⟩ (*parte estrema*) terminal, end. **2** ⟨*El*⟩ cable terminal, lug. **3** ⟨*Tel*⟩ terminal. **4** ⟨*Inform*⟩ (*di calcolatore*) computer terminal. □ ⟨*El*⟩ *~ di* **batteria** battery terminal; ⟨*Mar*⟩ *di* **carico** cargo terminal; *~ di carico degli idrocarburi* oil loading terminal; *~ di* **cavo** cable terminal, lug; *~ d'***entrata** input terminal; *~* **intelligente** intelligent terminal; *~ a* **morsetto** clamp terminal; *~* **video** video (display) terminal.

terminante *a.* ending, finishing: *parole –i in consonante* words ending in consonants. **terminare** *v.* (**termino**) I *v.t.* to finish, to end, to conclude: *~ un lavoro* to finish a job; *~ gli studi* to conclude one's studies. II *v.i.* (*aus.* **essere**) **1** to end: *la strada termina qui* the road ends here. **2** (*rif. a tempo*) to end, to be over: *lo spettacolo terminerà alle dodici* the show will end (o be over) at twelve. **3** (*rif. a parole e sim.*) to end (*con, in* with, in): *parola che termina in consonante* word ending in a consonant. **4** (*avere l'estremità*) to end: *~ a punta* to end in a point. **terminazione** *f.* **1** (*estremità*) extremity, end, termination; (*punta*) point, tip. **2** ⟨*Ling*⟩ ending, termination. **3** ⟨*Dir*⟩ (*il segnare i confini*) setting (o marking) of bounds.

termine *m.* **1** (*confine, limite*) limit, border, bound(ary): *lo steccato segna i –i del podere* the fence marks the boundary of the farm. **2** (*pietra di confine*) boundary stone, term. **3** (*punto estremo*) end: *siamo arrivati al ~ della strada* we've reached the end of the road; (*fine, compimento*) end, conclusion, close: *al ~ del discorso* at the end of the speech. **4** (*spazio di tempo*) time, (given) period, *spesso non si traduce: il lavoro sarà eseguito nel ~ di un mese* the work will be done within (the period of) a month; (*giorno*) date of expiry, expiry (o final) date, date due, term (day): *domani scade il ~ per la presentazione delle domande* tomorrow is the final date for submitting applications. **5** (*stato, condizione*) way, condition, term: *le cose stanno in questi –i* things are ᵗthis wayꟷ (o like this). **6** (*esaurimento*) exhaustion, consumption, depletion: *il ~ delle provviste* the depletion of supplies. **7** (*meta, punto d'arrivo*) goal, aim, object: *questo è il ~ dei nostri sforzi* this is the object of our endeavours. **8** (*elemento*) term, element: *il soggetto e il predicato sono –i di una proposizione* the subject and the predicate are elements of a sentence; *i due –i di un paragone* the two terms of a comparison. **9** (*parola, vocabolo*) term, word: *questo è un ~ scientifico* this is a scientific term. □ *a ~* time–, term–, fixed expiration date: *contratto a ~* time (o forward) contract, time bargain; *parto a ~* full–term birth; ⟨*Mat*⟩ *~* **algebrico** algebraic term; **aver ~** to end; *a* **breve** *~*:

short–term–, short(-dated): *prestito a breve ~* short–term loan; *cambiale a breve ~* short–dated bill; ⟨*Gramm*⟩ **complemento** *di ~* indirect object; ⟨*Comm*⟩ *~ di* **consegna** delivery term (o date); *consegne a ~* fixtures *pl;* *entro il ~* **convenuto** within the deadline agreed upon; *in tutta l'***estensione** *del ~* in every (o the broadest) sense of the word; **fissare** *un ~* to set a term; *a ~* **fisso** at a fixed time; *senza ~* **fisso** indefinite; *~* **giudiziario** period fixed by the Court; *~* **improrogabile** deadline; **in** *altri –i* (*in altre parole*) in other words; *essere in buoni* (o *cattivi*) *–i con qd.* to be on good (o bad) terms with s.o.; *lasciarsi in buoni –i* to part on good terms; ⟨*burocr*⟩ *a –i di* **legge** according to the law, by law; *a* **lungo** *~* long–term–, long(-dated); **mezzi** *–i* compromise *sing; esprimersi in mezzi –i* to hedge, to beat about the bush; *parlare senza mezzi –i* not to mince one's words; ⟨*Mat*⟩ **ridurre** *ai* **minimi** *–i* to reduce to lowest terms; ⟨*fig*⟩ *ridurre qc. ai minimi –i* to bring (o reduce) s.th. to its lowest terms; **moderare** *i –i* to moderate one's language; *~ di* **pagamento** date of payment; ⟨*Dir*⟩ *~* **perentorio** mandatory period; **porre** *~ a qc.* to end s.th., to put an end to s.th.; **portare** *a ~ qc.* to bring s.th. to (a) conclusion; ⟨*Comm*⟩ *~ di* **preavviso** (period of) notice; *nel ~* **prescritto** within the 'prescribed termꟷ (o set time), by the appointed date; *~ di* **prescrizione** period of prescription; *~ di* **presentazione** term (o deadline) of presentation, period for presentation; ⟨*Dir*⟩ *~ di* **protesto** period of protestation; *fissare i –i della* **questione** to settle (o define) the terms of the matter; *a* **rigor** *di –i* strictly speaking; *~ di* **scadenza** term of expiration; (*giorno*) expiry date, day (o date) of expiration; *~* **ultimo** deadline; **volgere** *al ~* to draw (o be coming) to an end.

terminologia *f.* terminology: *~* **scientifica** scientific terminology. **terminologico** *a.* (*pl.* **-ci**) terminological.

termitaio *m.* termitary, termitarium, termites' nest.

termite[1] *f.* ⟨*Entom*⟩ termite, white (o wood) ant.

termite[2] *f.* ⟨*Chim*⟩ termite, thermite.

termo|analgesia, ~anestesia *f.* ⟨*Med*⟩ thermoanalgesia, thermoan(a)esthesia. **~cauterio** *m.* thermocautery. **~chimica** *f.* thermochemistry. **~chimico** *a.* (*pl.* **-ci**) thermochemical. **~cinetica** *f.* ⟨*Fis*⟩ thermokinetics *pl* (*costr.sing.* o *pl.*). **~cinetico** *a.* (*pl.* **-ci**) thermokinetic. **~coagulazione** *f.* thermocoagulation. **~coibente** *a.* heat–insulating. □ *sostanza ~* heat insulator. **~convettore** *m.* ⟨*tecn*⟩ convector. **~coperta** *f.* electric (o heating) blanket. **~coppia** *f.* ⟨*El*⟩ thermocouple. **~diffusione** *f.* thermodiffusion, thermal diffusion. **~dinamica** *f.* thermodynamics *pl* (*costr.sing.* o *pl.*). **~dinamico** *a.* (*pl.* **-ci**) thermodynamic(al). **~elemento** *m.* ⟨*Fis*⟩ thermoelement. **~elettricità** *f.* thermoelectricity. **~elettrico** *a.* (*pl.* **-ci**) thermoelectric: *batteria –a* thermoelectric battery. □ *centrale –a* thermal power plant (o station). **~elettronico** *a.* (*pl.* **-ci**) thermoelectronic. **~estesia** *f.* ⟨*Fisiol*⟩ therm(a)esthesia.

termoforo *m.* (electric) heating pad.

termogenesi *f.* ⟨*Biol*⟩ thermogenesis. **termogeno** *a.* thermogenic: *batteri –i* thermogenic bacteria.

termografia *f.* ⟨*Tip*⟩ thermography. **termografico** *a.* (*pl.* **-ci**) thermographic. **termografo** *m.* ⟨*tecn*⟩ thermograph. **termogramma** *m.* thermogram.

termo|indurente I *a.* ⟨*tecn*⟩ thermoset(ting), thermohardening. II *s.m.* thermoset. **~ione** *m.* thermion. **~ionica** *f.* thermionics *pl* (*costr. sing.*). **~ionico** *a.* (*pl.* **-ci**) thermionic: *valvola –a* thermionic valve. **~isolante** I *a.* ⟨*Fis*⟩ thermic insulating. II *s.m.* thermic insulant, insulating material.

termo|lisi *f.* ⟨*Chim,Biol*⟩ thermolysis. **~logia** *f.* ⟨*Fis*⟩ thermology. **~logico** *a.* (*pl.* **-ci**) thermological. **~luminescente** *a.* thermoluminescent. **~luminescenza** *f.* thermoluminescence. **~magnetico** *a.* (*pl.* **-ci**) thermomagnetic. **~magnetismo** *m.* thermomagnetism. **~metria** *f.* thermometry. **~metrico** *a.* (*pl.* **-ci**) thermometric, thermometer–: *scala –a* thermometric (o temperature) scale.

termometro *m.* thermometer: *il ~ segna zero* the thermometer reads zero. □ *~ ad* **alcool** spirit thermometer; *~ a* **bulbo** bulb thermometer; *~* **clinico**

clinical thermometer; ~ *a* **massima** maximum thermometer; ~ *a massima e minima* maximum and minimum thermometer; ~ *a* **mercurio** mercury thermometer; ~ *a* **minima** minimum thermometer; ~ **registratore** recording (*o* register) thermometer.

termonucleare *a.* ⟨Fis⟩ thermonuclear: *bomba* ~ thermonuclear bomb.

Termopile, Termopili *N.pr.f.pl.* ⟨Geog.stor⟩ Thermopylae.

termo|plasticità *f.* thermoplasticity. **~plastico** *a.* (*pl.* -ci) ⟨Chim⟩ thermoplastic: *resine termoplastiche* thermoplastic resins. **~reattore** *m.* thermoreactor. **~regolatore** *m.* ⟨tecn⟩ thermoregulator. **~regolazione** *f.* ⟨tecn,Biol⟩ thermoregulation.

termos *m.* thermos (bottle), thermos flask, vacuum flask.

termo|sensibile *a.* ⟨Fis⟩ thermosensitive. **~sfera** *f.* thermosphere.

termosifone *m.* **1** (*sistema di riscaldamento*) central heating. **2** (*radiatore*) radiator. **3** ⟨Fis⟩ thermosiphon. □ ~ *ad acqua* hot–water (central) heating; *riscaldamento a* ~ central heating.

termostatare *v.t.* (**termostato**) ⟨Fis⟩ to thermostat. **termostatico** *a.* (*pl.* -ci) **1** thermostatic. **2** (*a temperatura costante*) constant temperature–: *ambiente* ~ constant temperature chamber. **termostato** *m.* ⟨tecn⟩ thermostat.

termo|tecnica *f.* ⟨Ind⟩ thermotechnics *pl* (*costr.sing.*), heat engineering. **~terapia** *f.* ⟨Med⟩ thermotherapy. **~tropismo** *m.* ⟨Bot⟩ thermotropism. **~ventilazione** *f.* air –heating.

terna *f.* **1** tern, triplet, set (*o* group) of three. **2** (*lista di tre nomi*) short list (of three candidates). **3** ⟨Mat⟩ tern, triplet, trio. **ternare** *v.t.* (**terno**) (*includere in una terna*) to include in a list of three candidates. **ternario** *a.* **1** (*di tre sillabe*) three–syllable–, of (*o* having) three syllables: *verso* ~ three–syllable line. **2** ⟨Chim,Min⟩ ternary: *composto* ~ ternary compound. **ternato** *a.* (*incluso in una terna*) included on a list of three candidates. **terno** *m.* **1** (*nel gioco del lotto*) tern, set of three winning numbers. **2** (*fascicolo*) three–sheet pamphlet. **3** (*nel gioco dei dadi*) double three. □ ⟨fig⟩ *prendere* (*o vincere*) *un* ~ *al lotto* to hit the jackpot.

terpene *m.* ⟨Chim⟩ terpene.

terra *f.* **1** earth (*anche Astr.*): *la rotazione diurna della* ~ the daily rotation of the earth. **2** (*terra, in contrapposizione al mare, all'aria*) earth, land: *una stretta lingua di* ~ *si protende nel mare* a narrow point of land extends into the sea; *una spedizione per via* ~ a land expedition. **3** (*paese*) land, country: *nostalgia della* ~ *natale* homesickness for one's native land. **4** (*mondo, vita terrena*) earth, world: *siamo solo di passaggio per questa* ~ we are brief visitors in this world. **5** ⟨estens⟩ (*gli uomini*) man(kind), men *pl,* world: *tutta la* ~ *ammira gli astronauti* the whole world admires the astronauts. **6** (*sostanza naturale incoerente*) earth, soil, dirt: *un sacco di* ~ a bag of earth; *smuovere un mucchio di* ~ to move a pile of earth; (*argilla, creta*) clay: *vasi in* ~ clay pots. **7** (*terreno coltivabile*) (arable) land, earth, soil: *arare la* ~ to plough the land; ~ *fertile* fertile soil. **8** (*campagna, campi*) land, soil, country: *i frutti della* ~ the fruits of the soil; *lavoratori della* ~ workers of the land, tillers of the soil. **9** ⟨estens⟩ (*superficie piana su cui poggia un corpo: suolo*) ground: *sdraiarsi per* ~ to lie down on the ground; *buttare un oggetto in* ~ to throw an object to the ground; (*pavimento*) floor: *sollevare un giornale da* ~ to pick up a newspaper from the floor; *dormire per* ~ to sleep on the floor. **10** (*possedimento rurale, fondo*) (piece of) land, property, estate, holding: *vendere una* ~ to sell an estate; *ritirarsi a vivere nelle proprie* -*e* to retire to live on one's own estate. **11** ⟨El⟩ earth, ⟨am⟩ ground; (*messa a terra*) earthing, ⟨am⟩ grounding. **12** ⟨Chim⟩ earth. □ **a** ~: 1 (*stato*) on the ground; 2 (*moto*) (on)to the ground: *buttare qd. a* ~ to knock s.o. to the ground; ⟨Astron,Mil⟩ **basato** *a* ~ ground–based; ~ **bruciata** scorched earth; ⟨El⟩ **collegare** *a* ~ to earth, ⟨am⟩ to ground; **della** ~ earth–, of the earth (*o* Earth); **di** ~ (*di terraferma*) land: *brezza di* ~ land breeze; ⟨Mil⟩ *forze di* ~ land forces; ⟨Geog⟩ -*e* **emerse** lands above sea level; ⟨fig⟩ **essere** *a* ~: 1

(*fisicamente mal ridotto*) to be in bad shape; 2 (*depresso*) to be in low spirits; 3 (*finanziariamente rovinato*) to be broke; ⟨El⟩ **filo** *di* ~ earth wire, ⟨am⟩ ground wire; *a fior di* ~ just grazing (*o* touching) the earth; ⟨Geog⟩ ~ *del Fuoco* Tierra del Fuego; *avere una* **gomma** *a* ~ to have a flat tyre, ⟨am⟩ to have a flat; ⟨fig⟩ *sentirsi* **mancare** *la* ~ *sotto i piedi* (*sentirsi perduto*) to feel the ground cut out from under one; *mi sentii mancare la* ~ *sotto i piedi* my heart sank; ⟨El⟩ **messa** *a* ~ earthing, earthing connection, ⟨am⟩ grounding; *la* ~ **natia** one's homeland, one's native land; ~ *di* **nessuno** no–man's–land; *dormire sulla* **nuda** ~ to sleep on the bare ground; **per** ~: 1 (*stato*) on the ground: *sdraiarsi per* ~ to lie on the ground; 2 (*moto*) (on)to the ground: *cadere per* ~ to fall to the ground; *per mare e per* ~: 1 by land and by sea; 2 ⟨fig⟩ high and low: *cercare qd. per mare e per* ~ to search high and low for s.o.; **mettere piede** *a* ~ to set foot on the ground; ⟨fig⟩ *stare coi piedi in* (*o sulla*) ~ (*essere realisti*) to have one's feet on the ground; ⟨El⟩ **presa** *di* ~ earth plate; ~ **promessa** Promised Land (*anche fig.*); ⟨Chim⟩ ~ **rara** rare earth; **raso** ~: 1 close to the ground, grazing (*o* skimming over) the ground; 2 ⟨Artigl⟩ sweeping the ground; 3 ⟨Sport⟩ ground–, low; **rimanere** *a* ~: 1 (*non riuscire a imbarcarsi*) to miss the boat; 2 (*perdere l'aereo*) to miss one's ⌐flight⌐ (*o* the plane); 3 (*perdere il treno*) to miss the train; ~ *di* **riporto** made ground, backfill; ~ **Santa** Holy Land; **sbarcare** (*o scendere*) *a* ~ to go ashore, to land; ⟨Min⟩ ~ *di* **Siena** sienna; **sotto** ~ underground, under the earth: *un cavo che corre sotto* ~ an underground cable; ~ **terra**: 1 close to the ground, at ground level; 2 ⟨fig⟩ prosaic, pedestrian, terre à terre, matter–of–fact: *essere* ~ *terra* (*essere limitato intellettualmente*) to be prosaic (*o* pedestrian); **toccare** ~: 1 ⟨Mar⟩ (*approdare: rif. a persone*) to land, to go ashore: (*rif. a navi*) to berth, to come alongside; 2 ⟨Aer⟩ (*atterrare*) to land; ~ **vergine** virgin land; ⟨Mar⟩ ~ *in* **vista**! land ho!

terracotta *f.* (*pl.* **terrecotte**) **1** (*argilla cotta*) terracotta, fired clay. **2** (*manufatto*) terracotta. □ *statuine di* ~ terracotta statues, terracottas.

terracqueo *a.* terraqueous: *globo* (*o orbe*) ~ terraqueous globe. **terraferma** *f.* **1** (*parte continentale di una regione*) mainland, continent: *città di* ~ mainland town. **2** (*in contrapposizione al mare*) dry land, land, terra firma: *sbarcare sulla* ~ to set foot on dry land.

terraglia *f.* ⟨Ceram⟩ **1** pottery. **2** *pl.* (*oggetti*) china(ware), earthenware, crockery.

terramara *f.* (*pl.* **terramare/terremare**) ⟨Archeol⟩ terramara.

terramicina *f.* ⟨Farm⟩ terramycin.

terranova *m.inv.* ⟨Zool⟩ (*cane di Terranova*) Newfoundland (dog).

Terranova *N.pr.f.* ⟨Geog⟩ Newfoundland.

terrapieno *m.* **1** embankment, bank. **2** ⟨Mil⟩ rampart. □ ~ *ferroviario* railway embankment; ~ *stradale* road embankment.

Terrasanta *N.pr.f.* ⟨Geog,Rel⟩ Holy Land.

terrazza *f.* **1** terrace; (*ripiano di copertura dell'edificio*) roof terrace. **2** ⟨Geol,Agr⟩ terrace. □ *a* -*e* terraced. **terrazzamento** *m.* ⟨Geog,Agr⟩ terracing. **terrazzare** *v.t.* ⟨Geog,Agr⟩ to terrace. **terrazzato** *a.* ⟨Geog,Agr⟩ terraced.

terrazziere *m.* navvy, digger, excavator.

terrazzino *m.* balcony. **terrazzo** *m.* **1** terrace. **2** (*balcone*) (wide) balcony. **3** ⟨Geol,Agr⟩ terrace. **4** ⟨Edil⟩ (*tipo di pavimento*) terrazzo.

terremotato I *a.* devastated by an earthquake. **II** *s.m.* (*f.* -a) earthquake victim (*o* refugee). **terremoto** *m.* **1** ⟨Geol⟩ earthquake, quake. **2** ⟨fig⟩ (*persona irrequieta*) live wire, madcap, ⟨fam⟩ whirl; (*ragazzo vivace*) lively child, romp. □ ~ *ondulatorio* undulatory quake; *scossa di* ~ earthquake tremor; ~ *sussultorio* sussultatory earthquake; ~ *tettonico* tectonic earthquake.

terreno[1] *a.* **1** earthly, terrestrial, worldly, mundane: *vita* -*a* earthly life. **2** (*che è al livello del suolo*) ground–, ground (*o* street) level–, ground floor: *piano* ~ ground floor.

terreno[2] *m.* **1** (*strato superficiale della crosta terrestre*) land, country, ground: ~ *montuoso* mountainous country

(*o* land); ~ *desertico* desert (land). **2** (*terra coltivabile*) land, earth, soil: ~ *fertile* fertile land; *dissodare il* ~ to plough up the land. **3** (*suolo*) ground: *il ferito era riverso sul* ~ the wounded man was lying on his back on the ground. **4** (*fondo*) (piece of) land, (landed) property, plot (of land), (real) estate: *ha comprato un* ~ *per fabbricarsi una casetta* he bought a plot of land to build himself a house. **5** (*podere*) farm, holding, plot (of land): *ha dei –i in campagna* he owns several plots of land in the country; (*zona*) ground, land, terrain, region, territory, area: *perlustrare il* ~ to patrol the area; *avere una perfetta conoscenza del* ~ to know the lie of the land. **6** (*campo di battaglia*) battlefield, ⟨*lett*⟩ field: *molti soldati rimasero sul* ~ many soldiers were left on the field. **7** ⟨*fig*⟩ (*argomento*) field, sphere, subject, matter: *non posso seguirti su questo* ~ I can't keep up with you in that field. **8** ⟨*Sport*⟩ (*terreno di gioco*) (sports) ground, playing field; (*prato delle corse, pista*) track. □ ~ **agricolo** agricultural area; ~ **alluvionale** alluvial soil; **analisi** *del* ~ soil analysis; ~ **arabile** arable land; ~ **argilloso** clayey (*o* loamy) soil; **campione** *del* ~ soil specimen (*o* sample); ~ **collinoso** hilly land (*o* ground); ~ **coltivabile** arable (*o* tillable) land; ~ **coltivato** cultivated land, land under cultivation; ~ **confinante** (*o contiguo*) adjoining land, neighbouring estate; ~ *da* **costruzione** building plot; ~ **fabbricabile** building site (*o* ground); ⟨*fig*⟩ **guadagnar** ~ to gain ground; ~ **incoerente** crumbly (*o* noncohesive) soil; *–i* **incolti** uncultivated (*o* untilled) land *sing*, waste(land) *sing;* ~ **irriguo** irrigated soil; ⟨*fig*⟩ **lasciare** *sul* ~ to leave behind, to abandon; ~ **paludoso** swampy land, swamp, marshland; ~ *da* **pascolo** pasture (land); **perdere** ~ to lose ground (*anche fig.*); ~ **pesante:** 1 ⟨*Sport*⟩ heavy track, muddy field; 2 ⟨*Agr*⟩ muddy land, heavy soil; ~ **pietroso** rocky ground (*o* soil); ~ **prativo** meadow(land), grass(land), land under grass; ⟨*fig*⟩ **preparare** *il* ~ to prepare the ground; ⟨*Edil*⟩ ~ *di* **riporto** made (*o* filled) ground, backfill; ~ **sabbioso** sandy soil; **scendere** *sul* ~: 1 ⟨*Mil*⟩ to go into battle; 2 ⟨*Sport*⟩ to take the field; ~ **stanco** impoverished soil; **struttura** *del* ~ soil structure; ~ *di* **superficie** topsoil; **tastare** *il* ~ to sound the ground; ⟨*fig*⟩ to put out feelers; ~ **vulcanico** volcanic soil.
terreo *a.* **1** (*di terra*) earthy, earth-, earthen. **2** (*rif. a colorito: giallo livido*) ashen, wan, sallow. **terrestre I** *a.* **1** terrestrial, of the Earth (*o* earth), earth's: *magnetismo* ~ terrestrial magnetism; *superficie* ~ the earth's surface. **2** (*della terraferma*) land-: *battaglia* ~ land battle. **II** *s.m./f.* earthling, inhabitant of the Earth.
terribile *a.* **1** terrible, terrifying, fearful, dreadful: *visione* ~ fearful sight. **2** (*spietato*) pitiless, cruel, terrible: *giudice* ~ a cruel judge. **3** ⟨*iperb*⟩ (*intenso*) terrible, dreadful, frightful, ⟨*fam*⟩ awful: ~ *mal di denti* terrible toothache; *faceva un caldo* ~ the heat was terrible; (*straordinario*) tremendous, great: *forza* ~ tremendous strength. **terribilità** *f.* terribleness. **terribilmente** *avv.* **1** (*in modo da spaventare*) terribly. **2** ⟨*iperb*⟩ very, greatly, terribly, awfully, tremendously: *fa* ~ *caldo* it's terribly hot; *è* ~ *noioso* he is terribly dull.
terriccio *m.* soil, earth, loam. □ ~ *di brughiera* heath mould. **terricolo** *a.* ⟨*Zool,Bot*⟩ terrestrial, land-.
terrier *fr.* [terˈje] *m.* ⟨*Zool*⟩ terrier.
terriero *a.* landed: *proprietà* *–a* landed property, estate; *proprietario* ~ landowner.
terrificante *a.* terrifying. **terrificare** *v.t.* (**terrifico,** **terrifichi**) to terrify.
terrina *f.* ⟨*region*⟩ terracotta bowl, terrine.
territoriale I *a.* territorial: *confini* *–i* territorial boundaries; *acque* *–i* territorial waters. **II** *s.f.* (*anche milizia territoriale*) territorial army. **territorialità** *f.* territoriality: ~ *della legge* principle of territoriality. **territorio** *m.* territory: *territori costieri* coastal territories; *i territori d'oltremare* overseas territories; *invadere il* ~ *nemico* to invade enemy territory.
terrone *m.* (*f.* **-a**) ⟨*region,spreg*⟩ Southern Italian.
terrore *m.* terror: *incutere* ~ *a qd.* to strike terror into s.o.'s heart. **Terrore** *m.* ⟨*Stor*⟩ Reign of Terror, (Red) Terror. □ *avere* ~ *di qc.* to be terrified of s.th.; *pieno di* ~ terror-struck, filled with terror. **terrorismo** *m.*

terrorism. □ ~ ⌜*di destra*⌝ (*o nero*) right-wing terrorism; ~ ⌜*di sinistra*⌝ (*o rosso*) left-wing terrorism; ~ *di stato* state terrorism. **terrorista** *m./f.* terrorist. □ ~ *pentito* repentant terrorist; *presunto* ~ suspected terrorist. **terroristico** *a.* (*pl.* -ci) **1** terroristic, of terror: *regime* ~ terroristic regime, reign of terror. **2** (*relativo al terrorismo*) terroristic, terrorist. **terrorizzare** *v.t.* to terrorize. **terrorizzato** *a.* terrorized, terrified: *appariva* ~ he looked terrified.
terroso *a.* **1** (*misto a terra*) earth-, earthy; (*sporco di terra*) dirty, covered with earth: *mani* *–e* hands covered with earth. **2** (*simile a terra*) earthy, earth-like. □ *metalli* *–i* earth metals.
Tersicore *N.pr.f.* ⟨*Mitol*⟩ Terpsichore.
Tersite *N.pr.m.* ⟨*Mitol*⟩ Thersites.
terso (*p.p. di tergere*) *a.* **1** (*pulito, nitido*) clean, limpid: *aria* *–a* clean (*o* pure) air. **2** (*limpido*) transparent, crystal clear: *acque* *–e* clear (*o* limpid) waters. **3** ⟨*fig*⟩ (*forbito*) terse, polished, refined: *stile* ~ terse style.
terza *f.* **1** ⟨*Scol*⟩ (*rif. alle scuole elementari*) third form (*o* class), ⟨*am*⟩ third grade; (*rif. alle scuole medie*) third form (*o* class) (of middle school), ⟨*am*⟩ last year of junior high school, ⟨*am*⟩ ninth grade; (*rif. al liceo classico*) last year of grammar school, sixth form, ⟨*am*⟩ senior year (of high school); (*rif. al liceo scientifico*) third year of grammar school, ⟨*am*⟩ third year of high school. **2** ⟨*Aut*⟩ third (gear): *ingranare la* ~ to engage the third gear. **3** ⟨*Mus*⟩ third. **4** ⟨*Sport*⟩ (*nella scherma*) tierce, third. **5** ⟨*Lit*⟩ terce, ⟨*ant*⟩ tierce.
terzana *f.* ⟨*Med*⟩ tertian (fever).
terzarolare *v.t.* (**terzarolo**/*lett.* **terzaruolo**) ⟨*Mar*⟩ to reef. **terzarolo** *m.* reef.
terzetto *m.* **1** ⟨*Mus*⟩ terzetto, (vocal) trio. **2** ⟨*scherz*⟩ (*gruppo di tre persone*) trio, three (people) *pl: siete proprio un allegro* ~ you're really a gay trio. **3** (*gruppo di tre cose*) trio, set (*o* group) of three.
terziario I *a.* **1** ⟨*Geol*⟩ Tertiary. **2** ⟨*Med*⟩ tertiary. **3** ⟨*Econ*⟩ tertiary. **II** *s.m.* **1** ⟨*Geol*⟩ Tertiary (period). **2** (*f.* -a) ⟨*Rel*⟩ tertiary. **3** ⟨*Econ*⟩ tertiary (*o* service) industries. **terziarizzazione** *f.* expansion of service industries.
terziglio *m.* terziglio, (kind of card game).
terzina *f.* **1** ⟨*Metr*⟩ triplet, tercet, terzina. **2** ⟨*Mus*⟩ triplet.
terzino *m.* **1** ⟨*Sport*⟩ (full)back. **2** ⟨*Mus*⟩ clarinet (*o* flute) tuned a minor third above normal. □ ~ *destro* right back; ~ *sinistro* left back.
terzo I *a.* **1** third: *il* ~ *martedì del mese* the third Tuesday of the month. **2** (*rif. a regnanti, pontefici*) the Third: *Napoleone* ~ Napoleon the Third, Napoleon III. **II** *avv.* thirdly, third. **III** *s.m.* **1** (*ordinale; f.* -a) third. **2** (*frazionario*) third (part): *un* ~ *del mio denaro* a third of my money. **3** (*terza persona*) third (person). **4** *pl.* (*altri*) third parties *pl*, others *pl: non voglio l'intervento di* *–i* I don't want the involvement of any third parties. **5** ⟨*Rad*⟩ (*terzo programma*) third programme. **6** ⟨*Dir*⟩ third party: *danno di* *–i* damage to third parties. □ ⟨*Comm*⟩ *per conto* *–i* on behalf of third parties; ~ **grado** third degree; *il* ~ *incomodo* the odd man out, ⟨*fam*⟩ the fifth wheel; *in* ~ **luogo** in the third place, thirdly; *il* ~ **mondo** the third world; *roba di terz'ordine* third-rate junk; ⟨*Giorn*⟩ *la* *–a* **pagina** the literary page; *il* ~ **sesso** (*gli invertiti*) third sex, homosexuals *pl*.
terzogenito I *a.* third born. **II** *s.m.* (*f.* -a) third born (child).
terzomondismo *m.* ⟨*Pol*⟩ Third Worldism. **terzomondista** *m./f.* Third Worlder.
terzultimo (*o terz'ultimo*) *a./s.m.* (*f.* -a) third from the last, last but two.
terzuolo[1] *m.* ⟨*Agr*⟩ (*anche fieno terzuolo*) hay of the third cutting.
terzuolo[2] *m.* **1** ⟨*Venat*⟩ t(i)ercel. **2** ⟨*Ornit*⟩ (*astore*) goshawk.
tesa *f.* **1** (*rif. a trappole e sim.*) setting, laying. **2** (*falda del cappello*) brim: *cappello a larga* ~ wide-brim(med) hat. **3** ⟨*Stor*⟩ (*unità di larghezza*) toise. **tesare** *v.t.* (**teso**) **1** ⟨*tecn*⟩ to stretch. **2** ⟨*Edil*⟩ to (pre)stress. **3** ⟨*Mar*⟩ to haul taut; (*rif. a vela*) to hoist taut. **tesatura** *f.* **1** ⟨*tecn*⟩ stretching. **2** ⟨*Edil*⟩ (pre)stressing. **3** ⟨*Mar*⟩ hauling

taut.

tesaurizzare I *v.t.* to hoard, to store. II *v.i.* (*aus.* **avere**) to hoard. **tesaurizzazione** *f.* ⟨*Econ*⟩ hoarding.

teschio *m.* skull.

Teseo (o *Teséo*) *N.pr.m.* ⟨*Mitol*⟩ Theseus.

tesi[1] *f.* thesis. □ ⟨*Lett*⟩ **a** ~ thesis-, of ideas, with a message: *commedia a* ~ thesis (*o* problem) play, comedy of ideas; ⟨*Univ*⟩ **discutere** *la* ~ to dissert one's thesis; ⟨*Univ*⟩ ~ *di* **dottorato** doctoral thesis; **formulare** *una* ~ to advance a thesis; ~ *di* **laurea** degree thesis; **sostenere** *una* ~ to uphold an idea.

tesi[2] → **tendere**.

tesina *f.* ⟨*Univ*⟩ short supplementary thesis (*o* dissertation).

teso (*p.p. di tendere*) *a.* **1** taut, tight: *fune –a* taut rope. **2** (*irrigidito*) stiff, rigid, tense: *muscoli –i* stiff muscles. **3** (*come riflesso di tensione psichica*) tense: *faccia –a* tense face; *avere i nervi –i* to have tense nerves. **4** (*allungato*) outstretched: *gli si fece incontro con le braccia –e* he came towards him with arms outstretched. **5** (*proteso*) outstretched, stretched (*o* held) out, out: *con la mano –a* holding one's hand out. **6** ⟨*fig*⟩ (*quasi ostile*) tense: *rapporti –i* tense relations. □ *con le orecchie –e* with ears pricked up; (*rif. ad animali*) with cocked ears; *stare con le orecchie –e* to strain (*o* prick up) one's ears; (*rif. ad animali*) to cock one's ears.

tesoreria *f.* treasury: ~ *dello stato* State treasury. **tesoriere** *m.* treasurer.

tesorino *m.* darling, ⟨*fam*⟩ pet (lamb).

tesoro *m.* **1** treasure; (*grande ricchezza*) riches *pl*, great wealth. **2** (*luogo dove sono depositati tesori*) treasury, treasure house; (*in una banca*) vault. **3** ⟨*fig*⟩ (*ricchezza naturale*) (natural) resources *pl*, treasures *pl*: *i –i della terra* the earth's natural resources; (*oggetto di grande valore*) treasure: *inestimabili –i d'arte* priceless art treasures. **4** ⟨*fig*⟩ (*ricchezza spirituale*) (spiritual) treasure, riches *pl*. **5** ⟨*fig*⟩ (*persona molto amata*) darling, treasure, jewel, ⟨*fam*⟩ pet. **6** ⟨*fig*⟩ (*persona molto simpatica*) treasure, ⟨*fam*⟩ sweetie; (*persona molto utile*) treasure, pearl, gem, jewel. **7** (*erario pubblico*) Treasury: *buoni del* ~ Treasury bonds; ⟨*GB*⟩ Treasury, Exchequer. **8** (*organo statale*) treasury. **9** (*insieme di arredi sacri, reliquie*) treasury: *il* ~ *di san Pietro* the Treasury of St. Peter's. **10** ⟨*Mediev*⟩ (*opera enciclopedica*) thesaurus. □ *far* ~ *di qc.*: 1 (*tenerne conto*) to treasure s.th. up, to set great store by s.th., to take s.th. to heart: *fare* ~ *dei consigli di qd.* to take s.o.'s advice to heart; 2 (*giovarsene*) to profit by s.th.; *un* ~ *di ragazza* a darling (girl), a delightful (*o* dear) girl, a treasure of a girl; *valere un* ~ to be worth a fortune (*o* mint).

Tespi *N.pr.m.* ⟨*Stor*⟩ Thespis: *carro di* ~ Thespis' cart.

Tessaglia *N.pr.f.* ⟨*Geog*⟩ Thessaly. **tessalico** *a.* (*pl.* -ci) Thessalian. **tessalo** *a.* Thessalian, of Thessaly.

Tessalonica (o *Tessalonica*) *N.pr.f.* ⟨*Geog.stor*⟩ Thessalonica.

tessellato *a.* ⟨*Archeol*⟩ tessellated: *pavimento* ~ tessellated floor.

tessera *f.* **1** (*cartoncino*) card: ~ ⌐*di socio*⌐ (*o d'iscrizione*) membership card; (*libretto*) book: ~ *annonaria* ration book, ration card. **2** (*documento d'identità*) identity card, ⟨*fam*⟩ I.D.; (*lasciapassare*) pass: ~ *di giornalista* press pass (*o* card). **3** (*nei mosaici*) tessera. **4** (*nel gioco del domino*) domino. □ ⟨*Ferr*⟩ ~ *d'abbonamento* season ticket; ~ *musiva* tessera; ~ *del partito* party (membership) card; ~ *di riconoscimento* identity card; ~ *stampa* press pass. **tesseramento** *m.* **1** enrolment. **2** (*distribuzione di tessere di razionamento*) distribution of ration cards. **3** (*razionamento*) rationing: ~ *dei generi alimentari* food rationing. **tesserare** *v.t.* (*tessero*) **1** to enrol, to give a (membership) card to; (*rif. a partiti*) to give a (party) card to. **2** (*assoggettare a razionamento*) to ration. **tesserato** I *a.* **1** having a membership card; (*iscritto al partito*) holding the party card. **2** (*razionato*) rationed. II *s.m.* member: *questo partito ha molti –i* this party has many (card-carrying) members.

tessere *v.t.* (*tessei, tessuto*) **1** to weave: ~ *la canapa* to weave hemp; ~ *un tappeto* to weave a carpet. **2** ⟨*estens*⟩

(*intrecciare*) to weave, to plait, to braid: ~ *una ghirlanda di fiori* to weave a garland of flowers. **3** ⟨*fig*⟩ (*macchinare, ordire*) to weave, to plot, to scheme: ~ *congiure* to weave plots. **4** ⟨*fig*⟩ (*comporre con arte*) to weave, to put together, to contrive: ~ *una grandiosa opera storica* to put together a great historical work. □ ⟨*fig*⟩ ~ *le lodi di qd.* to (speak in) praise of s.o., to sing s.o.'s. praises; ⟨*Tess*⟩ ~ *a macchina* to weave by power loom; ~ *a mano* to hand–weave, to weave by hand; *il ragno tesse la sua tela* the spider spins its web.

tesserina *f.*, **tesserino** *m.* **1** (*documento d'identità*) identity card. **2** (*rif. ad associazioni*) membership card.

tessile I *a.* textile: *industria* ~ textile industry; *fibra* ~ textile fibre. II *s.m.* (generally in pl.) **1** (*operaio*) textile worker. **2** *pl.* ⟨*collett*⟩ (*prodotti tessili*) textiles *pl.*

tessilsacco *m.* (*pl.* -chi) ⟨*Comm*⟩ garment bag.

tessitore *m.* (*f.* -trice) **1** weaver. **2** ⟨*fig,lett*⟩ (*di complotti, inganni e sim.*) plotter, schemer. **3** *pl.* ⟨*Ornit*⟩ weaver-birds *pl*, weavers *pl*. **tessitura** *f.* **1** weaving: *la* ~ *di una stuoia* the weaving of a mat. **2** (*stabilimento*) weaving factory (*o* mill). **3** ⟨*fig*⟩ (*strutturazione*) structure, frame; (*trama, intreccio*) plot: *la* ~ *di un romanzo* the plot of a novel. **4** ⟨*Min*⟩ texture; (*struttura*) structure: ~ *porosa* porous structure. **5** ⟨*Mus*⟩ tessitura, compass. □ ~ *a maglia* knitting; ~ *meccanica* power–loom weaving.

tessutale *a.* ⟨*Biol*⟩ tissue-.

tessuto (*p.p. di tessere*) I *a.* woven; (*a maglia*) knitted. II *s.m.* **1** textile, fabric, material, cloth, stuff: ~ *di seta* silk (material). **2** *pl.* ⟨*collett*⟩ textiles *pl*, fabrics *pl*, soft (*o* yard) goods *pl*. **3** ⟨*fig*⟩ (*intreccio*) tissue, web: *un* ~ *di menzogne* a tissue (*o* pack) of lies; (*trama*) plot. **4** ⟨*Biol,Anat*⟩ tissue. □ ⟨*Anat*⟩ ~ *adiposo* adipose tissue; ⟨*Biol*⟩ ~ *cartilagineo* cartilaginous tissue; ⟨*Anat*⟩ ~ *connettivo* connective tissue; ⟨*Tess*⟩ ~ *diagonale* twill; ⟨*Anat*⟩ ~ *epiteliale* epithelial tissue, epithelium; ~ *fantasia* patterned cloth (*o* fabric); ⟨*Biol*⟩ ~ *fibroso* fibrous tissue; ~ *a maglia* knitted fabric, jersey (cloth); ⟨*Anat*⟩ ~ *muscolare* muscular tissue; ~ *nervoso* nervous tissue; ~ *operato* Jacquard weave; ⟨*Tess*⟩ ~ *pettinato* worsted; ~ *in rilievo* embossed fabric; ⟨*Tess*⟩ ~ *spigato* cross twill; ~ *spugnoso* spongy tissue.

test *ingl. m.* test. □ ~ *attitudinale* aptitude test; ~ *caratterologico* personality test; ⟨*Med*⟩ ~ *di gravidanza* pregnancy test; ~ *d'intelligenza* intelligence test; ~ *mentale* mental alertness test; ~ *di profitto* achievement test, test of achieved skill; ~ *di rendimento* performance (*o* proficiency) test; ~ *a scelte multiple* multiple-choice test; ~ *vocazionistico* vocational interest test.

testa *f.* **1** head (*anche estens.*): *appoggiare la* ~ *sul cuscino* to rest one's head on the pillow; *una* ~ *in bronzo* a bronze head; *una* ~ *bianca* a white head; *mettere il cappello in* ~ to put one's hat on one's head. **2** ⟨*fig*⟩ (*mente, cervello*) head, mind, brain: *lavoro di* ~ brain work; (*facoltà mentali*) head, brains *pl*, wits *pl*: *adoperare la* ~ to use one's head; (*riflessione*) thought, thinking: *fare le cose senza* ~ to act without thinking. **3** ⟨*fig*⟩ (*ingegno, capacità*) talent, skill, aptitude: *avere poca* ~ *per lo studio* to have little aptitude for study. **4** ⟨*fig*⟩ (*vita*) life, head: *esigere la* ~ *di qd.* to want s.o.'s head. **5** (*estremità di un oggetto*) head, end, tip: *la* ~ *di un chiodo* the head of a nail, the nail head. **6** (*parte anteriore*) head, front, top: *in* ~ *al treno* at the front of the train; (*estremità anteriore di uno schieramento, di una fila*) head: *la* ~ *della colonna in marcia* the head of a column on the march. **7** (*rif. a piante: specie di tubero*) bulb: *una* ~ *d'aglio* a bulb of garlic. **8** ⟨*Sport*⟩ (*nelle corse ippiche*) head: *vincere per mezza* ~ to win by half a head. **9** ⟨*Sport*⟩ (*sfera del martello*) head, poll; (*delle racchette*) head; (*del bastone da golf*) head, knob. **10** ⟨*Anat*⟩ head: *la* ~ *del femore* the head of the femur. **11** ⟨*Mot*⟩ (*testata*) (cylinder) head. □ *a* ~ each, per head, a head: *il prezzo è di mille lire a* ~ the price is one thousand lire each; *alla* ~ *di* at the head of (*anche fig.*): *essere alla* ~ *di un movimento* to be at the head of a movement, to head (*o* lead) a movement; ⟨*fig*⟩ *a* ~ **alta** with one's head held high: *camminare a* ~ *alta* to walk with one's head held high; ⟨*fig*⟩ *a* ~ **bassa** with bowed (*o* lowered) head, crestfallen; ⟨*fam*⟩ *non sapere* *dove* **battere** *la* ~ not to know which way to turn; ⟨*Mot*⟩ *battere in* ~ to ping, to knock; ⟨*Etnol*⟩ **cacciatori** *di -e* head–hunters *pl;* ⟨*fig*⟩ ~ **calda** (*persona impulsiva*) hot–head; **colpo** *di* ~: 1 ⟨*fig*⟩ rash action; 2 ⟨*Sport*⟩ header; ⟨*fig*⟩ *-e* **coronate** (*regnanti*) crowned heads, monarchs *pl;* ~ *e* **croce** (*gioco*) heads or tails; ⟨*Mil*⟩ *-e di* **cuoio** leatherheads; ⟨*fig*⟩ **dare** *alla* ~ to go to one's head; *il vino gli ha dato alla* ~ the wine has gone to his head; *un vino che dà alla* ~ a heady wine; **di** ~: 1 leading, in the lead, at the top (*o* head), top–: *gruppo di* ~ leading group; 2 (*con la testa*) with the head; *colpire la palla di* ~ to head the ball; ⟨*Sport*⟩ *segnare di* ~ to score a goal by heading the ball; ⟨*fam*⟩ ~ **dura** (*persona testarda*) obstinate (*o* stubborn) person; *avere la* ~ *dura* to be obstinate (*o* stubborn); **entrare** *in* ~: 1 (*essere compreso*) to be understandable, to understand (*costr.pers.*): *la matematica non mi entra in* ~ I cannot understand mathematics; 2 (*essere ritenuto*) to get into one's head (*costr.pers.*), to remember (*costr.pers.*): *queste date non m'entrano in* ~ I cannot get these dates into my head; **fare** *di* ~ *propria* to do as one chooses (*o* thinks fit); ⟨*fig*⟩ *non bisogna* **fasciarsi** *la* ~ *prima d'essersela rotta* don't cross your bridges before you come to them; ⟨*fig*⟩ *far* **girare** *la* ~ *a qd.* (*farlo inamorare*) to make s.o. lose his head (for one); *cadere a* ~ *in* **giù** to fall headlong; **grattarsi** *la* ~ (*per l'imbarazzo*) to scratch one's head; ⟨*fig*⟩ *avere qc.* **in** ~ (*conoscerla bene*) to know s.th. well (*o* through and through), to have s.th. in one's head; (*avere l'intenzione*) to have s.th. in mind, to intend: *avere in* ~ *di fare qc.* to intend to do s.th.; ⟨*fig*⟩ *essere in* ~ (*essere avanti a tutti*) to be in the lead (*o* forefront), to lead, to head; *andare* (*o passare*) *in* ~ to take the lead; ⟨*fig*⟩ **lavata** *di* ~ (*sgridata*) telling–off; ⟨*fam*⟩ ~ *di* **legno** (*persona sciocca*) blockhead; (*persona cocciuta*) stubborn (*o* hard–headed) person; ~ *del* **letto** headboard; **levare** *qc. di* ~ *a qd.* to get s.th. out of s.o.'s head; *levarsi qc. dalla* ~ to get s.th. out of one's head; **mal** *di* ~ headache: *avere mal di* ~ to have a headache; ⟨*fig*⟩ ~ **matta** madcap, crackpot, eccentric; ⟨*fig*⟩ **mettere** *qc. in* ~ *a qd.*: 1 (*ricordargli qc.*) to get (*o* drive) s.th. into s.o.'s head; 2 (*convincerlo di qc.*) to put s.th. into s.o.'s head: *chi ti ha messo in* ~ *simili idee?* who put these ideas into your head?; *mettersi in* ~ *qc.* to get s.th. into one's head; ⟨*fig*⟩ *mettersi alla* ~ *di* to place o.s. at the head of, to become the leader of; **montare** *alla* ~ to go (*o* rush) to one's head; *il sangue mi monta alla* ~ (*per rabbia*) I'm beginning to see red; ⟨*fig*⟩ *montarsi la* ~ to become swollen–headed, to be puffed up; ~ *di* **moro**: 1 (*colore*) dark brown; 2 ⟨*Arald*⟩ Moor's head; ⟨*Mecc*⟩ *a* ~ **multipla** multihead–; ⟨*Mil*⟩ ~ **nucleare** nuclear warhead; ⟨*fig*⟩ *avere la* ~ *fra le* **nuvole** to have one's head in the clouds; ⟨*fig*⟩ *vivere con la* ~ *fra le nuvole* to live in a dream world, to be a day–dreamer; ⟨*fig*⟩ *fare una* ~ *come un* **pallone** *a qd.* (*stordirlo*) to daze s.o. (with one's chatter), ⟨*fam*⟩ to talk s.o.'s head off; *tenere* (*o avere*) *la* ~ *a* **partito** to be sensible (*o* level–headed); *mettere la* ~ *a partito* (*mettere giudizio*) to get sense; ⟨*fig*⟩ *passare per la* ~ (*affacciarsi alla mente*) to come into one's head (*o* mind); *ma che cosa ti passa per la* ~? what has come over you?; ⟨*fig*⟩ *mi è passato di* ~ it has slipped my mind; **pena** *la* ~ on pain of death; ⟨*fig*⟩ **perdere** *la* ~ to lose one's head: *quella ragazza gli ha fatto perdere la* ~ that girl made him lose his head; *sentirsi la* ~ **pesante** to feel heavy–headed; *mi sento la* ~ *pesante* my head feels heavy; *dalla* ~ *ai* **piedi** from head to toe, from top to toe; ⟨*fig*⟩ **piegare** *la* ~ to bow one's head; ⟨*Mot*⟩ ~ *del* **pistone** piston head; ⟨*Mil*⟩ ~ *di* **ponte** bridgehead; ⟨*fam*⟩ *avere la* ~ *a* **posto** to be clear–headed (*o* clear–thinking); *non avere la* ~ *a posto* to be unable to think straight; *mettere la* ~ *a posto* to settle down, to get sense; ~ **quadra**: 1 (*persona equilibrata*) steady (*o* well–balanced) person; 2 ⟨*Mecc*⟩ square head; ⟨*fig*⟩ *essere una* ~ *di* **rapa** (*essere uno zuccone*) to be a blockhead (*o* dunce); **rispondere** *di qc. con la propria* ~ to stake one's life on s.th.; ⟨*fig*⟩ **rompersi** *la* ~ (*scervellarsi*) to rack one's brains; ⟨*pop*⟩ *agire con la* ~ *nel* **sacco** (*senza riflettere*) to act thoughtlessly (*o* recklessly); ⟨*fig*⟩ **saltare** *in* ~ to get (*o* pop)

into one's head, to ⌈come to⌉ (*o* cross one's) mind: *che cosa ti salta in* ~? what has got into your head?, what can you be thinking of?; ⟨*Mil*⟩ ~ *di* **sbarco** beach head; **scommettere** *la* ~ to bet one's life; *a* ~ **scoperta** bare–headed, hatless; **scuotere** *la* ~ to shake one's head; ⟨*fig*⟩ **senza** ~ (*sventatamente*) without thinking: *fare qc. senza* ~ to do s.th. without thinking; **tener** ~ *a qd.* (*resistergli*) to oppose (*o* stand up to) s.o.: *tener* ~ *al* **nemico** to stand up to the enemy; ⟨*fig*⟩ *tagliare la* ~ *al* **toro** (*troncare netto*) to settle the matter once and for all, to cut the Gordian knot; ⟨*fig*⟩ *mi va* **via** *la* ~ (*mi si confondono le idee*) I feel confused, ⟨*fam*⟩ I can't think straight any more; ⟨*fam*⟩ ~ **vuota** (*persona sventata*) giddy (*o* empty–headed) person, thoughtless person. *Prov.: tante -e, tanti cervelli* (*o pareri*) so many men, so many opinions; *chi non ha* ~ *abbia gambe* a forgetful head makes a weary pair of heels.

testabile *a.* ⟨*Dir*⟩ testable.

testaceo **I** *a.* ⟨*Zool*⟩ testaceus. **II** *s.m.pl.* ⟨*Zool*⟩ testaceans *pl.*

testacoda (*o* **testa coda**) *m.* ⟨*Aut*⟩ about–face: *fare un* ~ to do an about–face.

testamentario *a.* testamentary: *esecutore* ~ testamentary executor.

testamento *m.* **1** will, testament: *fare* ~ to make one's will. **2** ⟨*Bibl*⟩ (*patto*) testament. □ *disporre per* ~ *dei propri beni* to dispose of one's property by will; *ereditare per* ~ to inherit under a will; *lasciare qc. per* ~ *a qd.* to leave s.th. to s.o. by (*o* in one's) will; ~ **notarile** will made before a notary; ⟨*Bibl*⟩ **nuovo** ~ New Testament; ~ **olografo** holograph will; ~ **reciproco** reciprocal will; **scrivere** *il* ~ to write one's will; ⟨*fig*⟩ ~ **spirituale** spiritual heritage; ⟨*Bibl*⟩ **vecchio** ~ Old Testament.

testardaggine *f.* obstinacy, stubbornness. **testardamente** *avv.* obstinately, stubbornly. **testardo** **I** *a.* obstinate, stubborn, headstrong, pigheaded: ~ *come un mulo* as stubborn as a mule. **II** *s.m.* (*f.* **-a**) obstinate (*o* stubborn) person.

testare[1] *v.i.* (**testo**; *aus.* **avere**) ⟨*Dir*⟩ (*fare testamento*) to make one's will.

testare[2] *v.t.* (**testo**) ⟨*tecn,Psic*⟩ (*provare, sperimentare*) to test.

testata *f.* **1** (*colpo*) blow with the head. **2** (*parte anteriore*) head: ~ *del* **letto** bedhead, head of a bed. **3** ⟨*Tip*⟩ (*titolo sovrapposto a colonne*) running headline; (*capopagina*) headpiece. **4** ⟨*Giorn*⟩ head(ing), nameplate, ⟨*am*⟩ masthead. □ ⟨*Giorn*⟩ ~ *d'articolo* heading of an article; ~ *atomica* (*o nucleare*) atomic (*o* nuclear) warhead; ~ *del giornale* newspaper name. **testatina** *f.* ⟨*Giorn*⟩ heading (of a feature article).

testatore *m.* (*f.* **-trice**) ⟨*Dir*⟩ testator (*f* –trix).

teste *m./f.* ⟨*Dir*⟩ (*testimone*) witness.

testé *avv.* ⟨*lett*⟩ (*poco fa*) just now.

testicolare *a.* ⟨*Anat*⟩ testicular. **testicolo** *m.* testicle.

testiera *f.* **1** (*finimento del cavallo*) headstall, headpiece. **2** (*testata di letto*) bedhead, headboard; (*rif. a sedili*) headrest. **3** ⟨*Mod*⟩ (*arnese per parrucche*) model (*o* dummy) head, wig block; (*delle modiste*) model head. **4** ⟨*Mar*⟩ (*rif. alla vela*) head.

testimone *m./f.* **1** witness (*anche Dir.*): *presentarsi come* ~ to appear as a witness. **2** (*testimone di nozze*) witness; (*per lo sposo*) best man. □ ~ **auricolare** auricular witness, earwitness; ~ *a* **carico** witness for the prosecution; **chiamare** *qd. a* ~ to call s.o. to (bear) witness; ~ *a* **discarico** witness for the defence; **fare** *da* ~ *a qd.*: 1 to act as witness for s.o.; 2 (*alle nozze*) to be a witness at s.o.'s wedding; 3 (*rif. al testimone dello sposo*) to be best man at s.o.'s wedding; ⟨*Rel*⟩ *-i di* **Geova** Jehovah's Witnesses; ~ **oculare** eyewitness; ~ **strumentale** attesting witness, witness to a deed.

testimoniale **I** *a.* ⟨*Dir*⟩ testimonial, of witnesses, of a witness: *prova* ~ testimonial evidence. **II** *s.m.* **1** (*insieme di testimoni*) witnesses *pl:* ~ *d'accusa* witnesses for the prosecution. **2** (*ciò che risulta dalle deposizioni*) evidence, testimony. **testimonianza** *f.* **1** testimony, evidence, ⟨*lett*⟩ witness; (*deposizione*) testimony, deposition: *la* ~ *è durata pochi minuti* the deposition lasted a few minutes. **2**

⟨*estens*⟩ (*attestato, prova*) evidence, proof, token: *a* (o *in*) ~ *della mia stima* as a token of my esteem. □ *falsa* ~ false testimony: *dire* (o *fare*) *falsa* ~ to give false testimony; ⟨*Bibl*⟩ *non dire falsa* ~ thou shalt not bear false witness; *rendere* (o *fare*) ~ *di qc.* to testify (*o* bear witness) to s.th. **testimoniare** *v.* (**testimonio, testimoni**) **I** *v.t.* **1** to testify, to give testimony: ~ *il falso* to give false testimony. **2** ⟨*fig*⟩ to testify, to be evidence of. **II** *v.i.* (*aus.* **avere**) to testify, to give testimony, to bear witness: *ha testimoniato a favore dell'imputato* he testified on behalf of the accused. □ *essere chiamato a* ~ to be called to (*o* as a) witness.

testina *f.* **1** ⟨*Macell,Gastr*⟩ calf's head. **2** ⟨*Acu*⟩ head. □ ~ **fonografica** pick–up; ⟨*Inform*⟩ ~ *di* **lettura**–*scrittura* (*o registrazione*) read/write head; ~ **piezoelettrica** crystal pick–up; ~ *di* **registrazione** recording head; ~ **rotante** (*di macchina da scrivere*) daisy wheel; ~ *di* **scrittura** write head.

testo *m.* **1** text: ~ *di una lettera* text of a letter. **2** (*originale di uno scritto*) (original) text: *la traduzione ha travisato il* ~ the translation has distorted the original text. **3** (*opera*) work, text: *i –i classici* classical works, the classics. **4** ⟨*Scol*⟩ (*libro*) (text-)book; ~ *di storia* history book. □ *fare* ~: 1 to be the standard, ⟨*fam*⟩ to go; 2 (*rif. a persone*) to be an authority; 3 (*rif. a un'opera*) to be the standard work; *traduzione con* ~ *a* **fronte** translation with original text on opposite page, parallel text; ⟨*Edit*⟩ *tavole* fuori ~ plates *f.*; ~ **pubblicitario** advertising copy; *i* ⌐*-i* **sacri**⌐ (*o sacri testi*) the Sacred (*o* Holy) Scriptures; ~ **scolastico** text–book.

testolina *f.* (*persona sventata*) scatter–brain. **testone** *m.* **1** (*persona ostinata; f.* **-a**) obstinate (*o* stubborn) person, pig–headed person. **2** ⟨*fig*⟩ (*persona stupida; f.* **-a**) blockhead, dolt, ⟨*fam*⟩ fat–head.

testosterone *m.* ⟨*Biol*⟩ testosterone.

testuale *a.* **1** textual: *critica* ~ textual criticism. **2** (*che corrisponde esattamente a ciò che è stato detto*) exact, precise, very: *mi disse queste –i parole* these were his precise (*o* very) words. **3** ⟨*esclam*⟩ those were the very words, sic. **testualmente** *avv.* literally, word for word.

testuggine *f.* **1** ⟨*Zool*⟩ (*tartaruga di terra*) tortoise, turtle; (*tartaruga marina*) turtle. **2** ⟨*Stor.rom*⟩ (*macchina da guerra*) testudo.

tetania *f.* ⟨*Med*⟩ tetany. **tetanico** *a.* (*pl.* **-ci**) tetanic. **tetano** *m.* tetanus.

Teti *N.pr.f.* ⟨*Mitol*⟩ Tethys.

Tetide *N.pr.f.* ⟨*Mitol*⟩ Thetis.

tetra|basicità *f.* ⟨*Chim*⟩ tetrabasicity. **~basico** *a.* (*pl.* **-ci**) tetrabasic. **~ciclina** *f.* ⟨*Farm*⟩ tetracycline. **~cordo** *m.* ⟨*Mus,Stor*⟩ tetrachord. **~cromia** *f.* ⟨*Fot*⟩ (*quadricromia*) four–colour process. **~dimensionale** *a.* ⟨*Fis*⟩ four–dimensional. **~dramma, ~drammo** *m.* ⟨*Numism*⟩ tetradrachm(a). **~edrico** *a.* (*pl.* **-ci**) ⟨*Geom*⟩ tetrahedral, tetrahedric(al). **~edro** *m.* tetrahedron. **~etile** *m.* ⟨*Chim*⟩ tetraethyl.

tetraggine *f.* **1** gloom, grimness: *la* ~ *di un vecchio castello* the grimness of an old castle. **2** ⟨*fig*⟩ (*aspetto accigliato*) gloominess, sullenness: *la sua* ~ *lo rende antipatico a tutti* his gloominess makes an unpleasant impression on everyone.

tetragonale *a.* ⟨*Geom,Min*⟩ tetragonal. **tetragonia** *f.* ⟨*Bot*⟩ New Zealand spinach. **tetragono I** *a.* **1** ⟨*Geom*⟩ tetragonal. **2** ⟨*fig*⟩ (*irremovibile*) steadfast, firm, unshakable, unyielding. **II** *s.m.* ⟨*Geom*⟩ (*quadrangolare*) tetragon, quadrangle; (*tetraedro*) tetrahedron.

tetra|gramma *m.* **1** (*parola di quattro lettere*) tetragram, tetragrammaton **2** ⟨*Rel.ebr*⟩ Tetragrammaton. **~lina** *f.* ⟨*Chim*⟩ tetralin(e). **~logia** *f.* ⟨*Teat,Mus,Lett*⟩ tetralogy.

tetramente *avv.* darkly, gloomily, dismally.

tetrametro *a./s.m.* ⟨*Metr*⟩ tetrameter. **tetrapak** *m.inv.* (tetrahedron) cardboard container. **tetraplegia** *f.* ⟨*Med*⟩ tetraplegia, quadriplegia. **tetrapodi** *m.pl.* ⟨*Zool*⟩ tetrapods *pl.* **tetrapodia** *f.* ⟨*Metr*⟩ tetrapody. **tetrarca** *m.* ⟨*Stor*⟩ tetrarch. **tetrarcato** *m.* tetrarchate. **tetrarchia** *f.* tetrarchy. **tetrastico** *a./s.m.* (*pl.* **-ci**) ⟨*Metr*⟩ tetrastich. **tetrastilo** *a.* ⟨*Archeol*⟩ tetrastyle. **tetravalente** *a.* ⟨*Chim*⟩ tetravalent.

tetro *a.* gloomy, dismal (*anche fig.*): *-i pensieri* dismal thoughts.

tetrodo *m.* ⟨*El,Rad*⟩ tetrode: ~ *a fascio* beam tetrode.

tetrossido *m.* ⟨*Chim*⟩ tetroxide.

tetta *f.* ⟨*fam*⟩ (*mammella*) tit(ty), boobies, boobs. **tettarella** *f.* teat, dummy.

tetto *m.* **1** roof. **2** (*copertura*) roof, top: *il* ~ *di una vettura* the roof of a vehicle. **3** ⟨*estens*⟩ (*casa, alloggio*) house, home, roof: *essere senza* ~ to be without a roof over one's head, to be homeless. **4** ⟨*Alp*⟩ horizontal overhang, roof. □ ⟨*Aut*⟩ ~ **apribile** sun(shine) roof; ~ *in* **ardesia** slate roof; ~ *a* **botte** wagon roof; ~ *a* **capanna** saddle roof; ⟨*estens*⟩ ~ **coniugale** conjugal roof; ⟨*Dir*⟩ *abbandono del* ~ *coniugale* desertion; ~ *a* **lucernario** lantern roof; ~ *a* **mansarda** mansard roof; *mettere il* ~ *a* to roof(over); ⟨*Aut*⟩ ~ **scorrevole** sliding roof; **senza** ~: 1 roofless, with no roof; 2 (*rif. a persone*) homeless, without a roof over one's head; ~ *a uno* **spiovente** lean–to roof, pent (*o* single–pitch) roof; ~ *a due* **spioventi** saddle roof; (*su timpano*) gable roof; ~ *a* **terrazzo** platform (*o* flat) roof.

tettoia *f.* **1** roof(ing), cover; (*tetto sporgente sopra porte e sim.*) canopy, porch roof; (*a uno spiovente*) penthouse. **2** (*pensilina*) cantilever roof. **3** (*tettoia di stazione*) station canopy (*o* awning), platform roofing.

tettola *f.* ⟨*Zool*⟩ wattle.

tettonica *f.* ⟨*Geol*⟩ tectonics *pl* (*costr.sing.*). □ ⟨*Geol*⟩ ~ *a* **placche** plate tectonics *pl.* **tettonico** *a.* (*pl.* **-ci**) tectonic.

tettuccio *m.* ⟨*Aer*⟩ canopy.

teutone *m.* ⟨*Stor*⟩ Teuton. **teutonico** *a.* (*pl.* **-ci**) ⟨*Stor*⟩ Teutonic. □ *Ordine* ~ Teutonic Order.

Tevere *N.pr.m.* ⟨*Geog*⟩ Tiber.

tg = ⟨*Mat*⟩ *tangente* tangent (*abbr.* tan.).

TG = *telegiornale* television news.

Thailandia *N.pr.f.* (*Tailandia*) Thailand.

thermos *m.* thermos (flask), vacuum flask.

Thule *N.pr.f.* ⟨*Geog.stor*⟩ Thule.

ti *pron. pers.* **1** (*te: compl. oggetto*) you, ⟨*ant*⟩ thee: ~ *vedo* I see you. **2** (*a te: compl. di termine*) (to) you, ⟨*ant*⟩ (to) thee: *cosa* ~ *ha detto?* what did he say to you? **3** (*riflessivo*) yourself, ⟨*ant*⟩ thyself, *spesso non si traduce:* ~ *sei lavato?* have you washed (yourself?) **4** (*con valore di dativo etico*) you, *spesso non si traduce:* ~ *sei preso un bel raffreddore* you have caught a bad cold. **5** (*rafforzativo*) *non si traduce: che* ~ *credevi?* what did you expect?

tiara *f.* ⟨*Lit,Stor*⟩ tiara: ~ *papale* papal tiara.

Tiberiade *N.pr.f.* ⟨*Geog*⟩ Tiberias: *lago di* ~ Lake Tiberias.

tiberino *a.* of the Tiber, Tiber–, ⟨*lett*⟩ Tiberine.

Tiberio *N.pr.m.* ⟨*Stor*⟩ Tiberius.

Tibet *N.pr.m.* ⟨*Geog*⟩ Tibet, Thibet. **tibetano I** *a.* Tibetan, Thibetan. **II** *s.m.* (*f.* **-a**) T(h)ibetan, native (*o* inhabitant) of Tibet.

tibia *f.* **1** ⟨*Anat*⟩ tibia, shin–bone. **2** ⟨*Mus,Stor,Zool*⟩ tibia. **tibiale** *a.* ⟨*Anat*⟩ tibial.

Tibullo *N.pr.m.* ⟨*Stor*⟩ Tibullus.

tiburio *m.* ⟨*Arch*⟩ lantern.

tic I *onom.* click. **II** *s.m.* **1** click. **2** ⟨*Psic*⟩ (*anche tic nervoso*) tic, twitch(ing). □ *il* ~ *tac dell'orologio* the tick–tock (*o* ticking) of the clock. **ticchettare** *v.i.* (**ticchetto**; *aus.* **avere**) to tick, to click; (*rif. a orologi e sim.*) to tick; (*rif. a macchine da scrivere*) to tap; (*rif. alla pioggia*) to patter, to go pit–a–pat. **ticchettio** *m.* clicking; (*rif. a orologi e sim.*) ticking; (*rif. a macchine da scrivere*) tapping; (*rif. alla pioggia*) pattering, pit–a–pat. **ticchio** *m.* **1** (*capriccio*) whim, fancy: *gli è saltato il* ~ *di andare in Islanda* some whim induced him to go off to Iceland. **2** (*tic nervoso*) tic, twitch(ing).

ticinese I *a.* Ticinese, of Ticino. **II** *s.m./f.* Ticinese, native (*o* inhabitant) of Ticino. **Ticino** *N.pr.m.* ⟨*Geog*⟩ Ticino, Tessin. □ *Canton* ~ Canton of Ticino.

ticket *ingl.* *m.* **1** ⟨*Equit*⟩ betting slip. **2** ⟨*Med*⟩ prescription charge.

tictac (o *tic tac*) **I** *onom.* tick–tack (*rif. a orologi*) tick–tock, tick–tack. **II** *s.m.* tick–tack; (*rif. a orologi*) tick–tock, ticking, tick–tack. □ *fare* ~ to tick–tack; (*rif. a orologi*) to tick–tock, to tick.

tiepidamènte *avv.* lukewarmly, tepidly *(anche fig.)*. **tiepidézza** *f.* lukewarmness, tepidness *(anche fig.)*. **tièpido** *a.* **1** lukewarm, tepid: *acqua –a* lukewarm water. **2** *(fig)* lukewarm, half-hearted, tepid, unenthusiastic: *applausi –i* half-hearted *(o* feeble) applause.

Tièste *N.pr.m. (Mitol)* Thyestes.

tifàre *v.i. (aus.* avere) **1** to be a fan. **2** *(estens) (parteggiare)* to side (with). **tifo** *m.* **1** *(Med)* typhus fever. **2** *(fam) (entusiasmo fanatico)* (wild) enthusiasm. □ *~ esantematico (o degli accampamenti)* exanthematous *(o* petechial) typhus, typhus fever; *(fam) fare il ~ per qd.* to be s.o.'s fan; *~ petecchiale = tifo esantematico.* **tifòide** *a. (Med)* typhoid. **tifoidèa** *f.* typhoid (fever).

tifóne *m. (Meteor)* typhoon.

tifóso I *a.* **1** *(Med)* typhous, typhoid; *(ammalato di tifo)* suffering from typhus. **2** *(fam) (fanatico)* enthusiastic, keen: *essere ~ di un cantante* to be enthusiastic about a singer. **II** *s.m. (f.* -a) **1** *(Med)* sufferer from typhus. **2** *(acceso sostenitore: rif. a persone)* fan; *(rif. a cose)* fan, lover, enthusiast, fanatic: *un ~ del calcio* a football fan.

tight *ingl.* ['tait] *m. (Vest)* evening dress *(o* suit).

tìglio *m.* **1** *(Bot)* linden, lime(tree). **2** *(fibra legnosa)* fibre. **3** *(infuso)* lime tea. **tiglióso** *a. (fibroso)* fibrous; *(duro)* tough: *carne –a* tough meat.

tigna *f. (Med,Veter)* tinea, ringworm.

tignòla *f. (Entom)* moth.

tignòsa *f. (Bot)* amanita.

tignóso I *a.* **1** *(Med)* affected with ringworm. **2** *(fig,region) (avaro)* mean, stingy. **II** *s.m. (f.* -a) **1** *(Med)* sufferer from ringworm. **2** *(fig,region) (persona avara)* miser; *(persona testarda)* stubborn *(o* obstinate) person.

tigràto *a.* striped, streaked: *gatto ~* striped *(o* tiger) cat.

tigratùra *f.* stripes *pl.* **tigre** *f. (Zool)* tiger *(f* tigress). □ *(fig) ~ di carta* paper tiger; *feroce come una ~* as fierce as a tiger. **tigrésco** *a. (pl.* -chi) tiger, tigerlike.

Tìgri *N.pr.m. (Geog)* Tigris.

tigròtto *m.* tiger cub.

tìlde *m./f. (Fon,Tip)* tilde.

tilt *ingl. m.* jamming. □ *andare in ~* to jam, to become jammed; *(fig)* to lose self-control, *(fam)* to flop.

timbàllo *m.* **1** *(Gastr)* timbale. **2** *(Mus)* timbal, kettledrum.

timbràre *v.t.* **1** to stamp. **2** *(Post) (rif. a francobolli)* to postmark. **timbràto** *a.* **1** stamped. **2** *(Post)* post-marked, bearing a postmark. **timbratùra** *f.* **1** stamping. **2** *(Post)* postmarking. **tìmbrico** *a. (pl.* -ci) tone–colour–. **tìmbro** *m.* **1** rubber stamp. **2** *(Mus,Acu)* timbre, tone colour. □ *~ di gomma* rubber stamp; *~ postale* postmark; *~ a secco* embossing stamp.

timidaménte *avv.* **1** timidly. **2** *(in modo esitante, incerto)* shyly, bashfully. **timidézza** *f.* **1** timidity. **2** *(comportamento timido)* shyness, bashfulness. □ *con ~* shyly.

tìmido I *a.* **1** *(facile a impaurirsi)* timid: *il cervo ~* the timid deer. **2** *(incerto, impacciato)* shy, bashful: *non parla mai perché è ~* he never speaks because he is shy; *un ~ saluto* a bashful greeting. **II** *s.m. (f.* -a) **1** *(persona poco coraggiosa)* timid person. **2** *(persona poco disinvolta, impacciata)* shy *(o* bashful) person. □ *~ come una colomba* as timid as a hare.

tìmo[1] *m. (Anat)* thymus.

tìmo[2] *m. (Bot)* thyme.

tìmolo *m. (Chim)* thymol.

timóne *m.* **1** *(Mar)* rudder, helm. **2** *(Aer)* rudder. **3** *(nei carri)* shaft; *(nell'aratro)* beam. □ *(Mar) ~ automatico* automatic steering; *(fig) essere al ~ dello stato* to govern *(o* lead) the nation; *prendere il ~* to take the helm *(anche fig.)*; *(Mar) non rispondere al ~* to fall off.

Timóne *N.pr.m. (Stor)* Timon.

timonièra *f. (Mar)* wheelhouse, pilothouse. **timonière** *m.* **1** *(Mar)* helmsman, steersman. **2** *(Sport)* cox(swain).

timonièro *a. (del timone)* rudder–, helm–. **2** *(che ha funzione di timone)* steering.

timoràto *a.* **1** God–fearing. **2** *(coscienzioso, scrupoloso)* conscientious, scrupulous. □ *~ di Dio* God–fearing.

timóre *m.* **1** fear, dread: *il ~ della morte* the fear of death. **2** *(preoccupazione)* worry, fear. **3** *(soggezione, rispetto)* awe, respect: *avere ~ di qd.* to be in awe of s.o.

□ *timor di* Dio fear of God *(o* the Lord); *senza timor di Dio* godless; *timor panico* panic fear; *per ~ che* for fear that, lest; *per ~ di* for fear: *non ti ho telefonato per ~ di disturbarti* I didn't call you for fear of disturbing you; *~ reverenziale* reverential fear, awe; *senza ~* fearless, without fear.

timorosaménte *avv.* timorously, fearfully, timidly. **timoróso** *a.* **1** timorous, fearful, afraid. **2** *(preoccupato)* worried, afraid.

Timòteo *N.pr.m. (Stor)* Timothy.

timpànico *a. (pl.* -ci) *(Anat)* tympanic, tympanal: *osso ~* tympanic bone. **timpanìsmo** *m. (Med)* tympanites, tympanism. **timpanìsta** *m./f.* tympanist, kettledrummer. **timpanìte** *f. (Med)* tympanitis. **tìmpano** *m.* **1** *(Mus)* kettledrum; *pl.* timpani *pl,* kettledrums *pl.* **2** *(Anat)* tympanum, eardrum. **3** *(Arch)* tympanum. □ *(fam) essere duro di –i* to be hard of hearing; *(fam) rompere i –i a qd. (assordarlo)* to deafen s.o.

tinca *f. (Itt)* tench.

Tìndaro *N.pr.m.* Tyndareus.

tinèllo *m. (stanzetta da pranzo)* breakfast room, (small) dining–room.

tìngere *v.t.* (tìngo, tìngi; tìnsi, tìnto) **1** to dye: *~ di verde un cappotto* to dye a coat green. **2** *(macchiare, sporcare)* to stain, to spot. **tingersi** *v.r.* **1** to dye (o.s.): *tingersi i capelli* to dye one's hair; *(dipingersi)* to paint (o.s.). **2** *(macchiarsi)* to stain, to spot (o.s.): *tingersi le mani d'inchiostro* to stain one's hands with ink. **3** *(colorarsi)* to take on a hue, to turn, to grow: *le nuvole si tingevano di rosa* the clouds ⌐took on a rosy hue⌐ *(o* turned pink).

tìno *m.* **1** vat, tub. **2** *(Med)* shaft. **tinòzza** *f.* **1** tub. **2** *(conca per il bucato)* wash tub. **3** *(vasca da bagno)* bath tub.

tìnsi → tingere.

tìnta *f.* **1** *(colore)* colour, *(lett)* hue: *in tutte le –e* in all colours; *(sfumatura)* shade, tint, tinge. **2** *(materia colorante)* dye; *(per muri e sim.)* paint: *dare una mano di ~* to put on a coat of paint. **3** *(fig)* colour: *descrivere qc. a fosche –e* to paint s.th. in dark colours. □ *(fig)* **attenuare** *le –e* to play s.th. down; *(fig)* **calcare** *(o caricare) le –e* to exaggerate, *(fam)* to lay it on thick; *avere una ~* **celeste** to be blue; *dramma a forti –e* sensational play, melodrama; **mezza** *~* half-tone, half-shade; *(fig)* **smorzare** *le –e* to play *(o* tone) down.

tintarèlla *f. (fam) (abbronzatura)* sun tan. □ *prendere la ~* to get sun tanned, to get a tan. **tinteggiàre** *v.t.* (tintéggio, tintéggi) **1** *(colorire a tratti)* to paint here and there; *(colorire con colori diversi)* to paint different colours. **2** *(dare il colore alle pareti)* to paint. **tinteggiatùra** *f.* **1** *(il colorire a tratti)* painting here and there. **2** *(Edil)* painting, distempering.

tintinnàre *v.i. (aus.* avere) to tinkle, to jingle, to clink. **tintinnìo** *m.* tinkling, jingling, clinking.

tìnto *a.* **1** dyed: *stoffa –a* dyed cloth. **2** *(pitturato)* painted. **3** *(macchiato)* stained. **4** *(colorato leggermente)* tinged: *nuvole –e di rosa* clouds tinged with pink, rose–tinted clouds. **5** *(imbellettato)* made up, *(spreg)* painted. **tintóre** *m. (f.* -a) dyer. **tintorìa** *f.* **1** *(laboratorio)* dyeworks *pl,* dyehouse. **2** *(bottega di pulitura)* dry cleaner's (shop), cleaner's (shop). **tintùra** *f.* **1** *(atto)* dyeing. **2** *(effetto)* colour, tint. **3** *(soluzione colorante)* dye. **4** *(Farm,Chim)* tincture: *~ di iodio* tincture of iodine.

tio|fène *m. (Chim)* thiophen(e). **~solfàto** *m.* thiosulphate. □ *~ di sodio* sodium thiosulphate, sodium hyposulphite. **~solfòrico:** *acido ~* thiosulphuric acid.

tipàccio *m.* scoundrel, rogue. **tipétto** *m.* character, type. **tipicaménte** *avv.* typically. **tipicità** *f.* typicalness, typicality. **tìpico** *a. (pl.* -ci) typical. **tipizzàre** *v.t.* **1** to typify. **2** *(Ind)* to standardize. **tipizzazióne** *f.* **1** typifying, typification. **2** *(Ind)* standardization.

tìpo I *s.m.* **1** *(genere)* type, kind, sort: *merce d'ogni ~* goods of every kind. **2** *(modello, esemplare)* type, model, specimen: *il primo ~ di caldaia a vapore* the first specimen of a steam boiler. **3** *(forma esemplare, razza)* type: *il ~ mongolo* the Mongol type. **4** *(fig) (schema ideale)* (ideal) type: *è il ~ del seduttore* he is the seducer type. **5** ⟨estens⟩ (persona originale) character: *ma sai che sei un ~ curioso!* you know you're really a strange character! **6** ⟨fam⟩ (un tale) fellow, chap, ⟨am⟩ guy: *è venuto un ~ a cercarti* some fellow came looking for you. **7** ⟨Tip⟩ (caratteri tipografici; generally in pl.) type. **II** a. **1** ⟨tecn⟩ standard, model: *impianto ~* standard installation. **2** ⟨Statist⟩ typical: *il reddito di una famiglia ~* the income of a typical family. **3** (fatto a imitazione di qc.) -type, imitation: *pelle ~ camoscio* chamois-type leather, imitation chamois leather. □ *sei un bel ~!* you're a fine one!; *scarpe di ~ sportivo* sporty shoes; **essere un ~** (essere originale) to be a character; *di* **nuovo** *~* of a new kind; **sul** *~ di* (simile a) like; ⟨tecn⟩ *~* **unificato** standard type.

tipografia f. **1** (arte, procedimento) typography. **2** (stabilimento) printing house (o works pl), ⟨fam⟩ printer's. **tipograficamente** avv. typographically. **tipografico** a. (pl. **-ci**) typographic(al): *errore ~* typographical error. **tipografo** m. **1** typographer, printer. **2** (compositore) compositor, type-setter.

tipologia f. typology (anche Bibl.). **tipologico** a. (pl. **-ci**) typologica(al).

tipometria f. ⟨Tip⟩ typometry. **tipometro** m. type gauge (o scale).

tiptologia f. **1** ⟨Occult⟩ typtology, spirit-rapping. **2** (linguaggio convenzionale dei carcerati) tapping code.

tipula f. ⟨Entom⟩ crane fly.

TIR = *trasporti internazionali su strada* international transport of merchandise by road.

tira|baci m.inv. ⟨scherz⟩ kiss-curl, kiss-me-quick. **~bozze** m.inv. ⟨Tip⟩ proof press. **~brace** m.inv. baker's rake, oven rake.

tiraggio m. ⟨tecn⟩ draught.

tiralinee m.inv. drawing-pen, ruling-pen.

tiramolla m.inv. ~ **tiremmolla**.

tiranneggiare v. (tiranneggio, tiranneggi) **I** v.t. **1** tyrannize, to oppress. **2** ⟨estens⟩ (trattare con durezza) to tyrannize, to bully. **II** v.i. (aus. avere) to be tyrannical (o a tyrant), to tyrannize. **tirannello** m. ⟨spreg⟩ petty tyrant. **tirannia** f. tyranny (anche estens.): *liberarsi dalla ~ di qd.* to free o.s. of s.o.'s tyranny. **tirannicida I** s.m./f. tyrannicide. **II** a. tyrannicidal. **tirannicidio** m. tyrannicide. **tirannico** a. (pl. **-ci**) tyrannical (anche estens.): *un padre ~* a tyrannical father. **tirannide** f. tyranny. **tiranno I** s.m. (f. **-a**) tyrant. **II** a. tyrannical.

tirannosauro m. ⟨Paleont⟩ tyrannosaur.

tirante m. **1** tie, brace. **2** ⟨Calz⟩ pull strap. **3** ⟨Edil⟩ tie-beam. □ *~ del freno* brake rod.

tira|olio m.inv. oil siphon. **~piedi** m.inv. ⟨fam,spreg⟩ hanger-on, understrapper. **~pugni** m.inv. knuckleduster, brass knuckles pl.

tirare I v.t. **1** to pull, to tug: *~ una corda* to pull a rope; *~ qd. per i capelli* to pull s.o. by the hair. **2** (far avanzare dietro di sé) to pull, to draw: *~ un carretto* to pull a cart; *due cavalli tiravano la carrozza* two horses drew the carriage; (trascinare) to drag: *abbiamo dovuto tirarlo fin qui* we had to drag him this far. **3** (spostare) to move: *tira il tavolo vicino al muro* move the table close to the wall. **4** (muovere lateralmente per chiudere, per aprire) to draw, to pull across: *~ la tenda* to draw the curtain. **5** (cavare, estrarre) to draw (out), to pull (o take) out: *~ un dente* to pull (o take) a tooth out, to extract a tooth. **6** (tracciare) to draw: *~ una linea* to draw a line. **7** (scagliare, lanciare) to throw, to hurl, to fling, to cast: *~ sassi* to throw stones; (assestare) to give, to deal, *o si traduce a senso:* *~ un calcio a qd.* to give s.o. a kick; (far partire) to fire: *~ una fucilata* to fire a shot. **8** (stampare) to print, to run off, ⟨am⟩ to strike off: *~ mille copie di un libro* to print a thousand copies of a book; *~ una ristampa di un libro* to run off a reprint of a book; (ricavare) to get, to obtain: *~ dieci copie di un negativo* to get ten copies of a negative. **II** v.i. (aus. avere) **1** to pull, to draw: *i buoi tirano bene* the oxen draw well. **2** (rif. a vento e sim.: soffiare) to blow: *oggi tira la tramontana* today the north wind is blowing. **3** (rif. a indumenti e sim.: stringere) to be (too) tight, to pull: *questo vestito tira sui fianchi* this dress is too tight round the hips. **4** (far fuoco) to shoot, to

fire: *~ col fucile* to shoot with a rifle; *~ alla selvaggina* to shoot (at) game. **5** ⟨Sport⟩ (effettuare un tiro) to shoot: *~ a* (o in) *rete* to shoot a goal; (nella scherma) to fence. **6** (avere tiraggio) to draw: *la stufa non tira bene* the stove does not draw well; *questo sigaro non tira* this cigar does not draw. **7** ⟨fig⟩ (mirare, tendere) to aim (a at), to be after (s.th.): *tira ai soldi* he is after the money; (rif. a colori) to verge, to border (a on), *o non si traduce:* *blu che tira al verde* blue verging on green, greenish blue. **8** (risparmiare) to economize, to save: *tirano sul mangiare* they economize on food. **9** (rif. ad armi: avere una determinata gittata) to have a range: *il cannone tira dieci chilometri* the cannon has a range of ten kilometres. **tirarsi** v.r. (spostarsi) to move: *tirarsi in avanti* to move forward. □ ⟨fig⟩ *~ l'acqua al proprio mulino* to bring grist to one's mill; *tirarsi* **addosso** to attract, to bring upon o.s., to make o.s. the object of: *tirarsi addosso le critiche di tutti* to make o.s. the object of everyone's criticism; ⟨fig⟩ *tira* **aria** *di tempesta* there's a storm brewing; *~* **avanti:** **1** (proseguire il cammino) to go on; **2** ⟨fig⟩ (campare) to live, to keep going; *~ avanti con poco* to scrape up a living; *come va? – si tira avanti* how are you? – getting along all right; **3** ⟨fig⟩ (continuare) to go (o carry) on with: *~ avanti il lavoro* to go on with one's work; *~ un* **bacio** *a qd.* to blow (o throw) a kiss to s.o.; *~ in* **ballo** *qd.* (farlo intervenire) to drag s.o. in; *~ in ballo qc.* (farne oggetto di discussione) to drag s.th. in; *~* **bestemmie** to curse, to swear, to blaspheme; ⟨fam⟩ *~ a* **campare** to keep going somehow, to make a living as best one can; *~ i* **capelli** *a qd.* to pull s.o.'s hair; ⟨fig⟩ *~ qd. per i* **capelli** (costringerlo) to force s.o.; *una conclusione tirata per i capelli* a far-fetched conclusion; ⟨fig⟩ *~ la* **carretta** (lavorare duramente) to work hard; ⟨fig⟩ *~ la* **cinghia** (vivere stentatamente) to tighten one's belt; *~ il* **collo** *a un pollo* to wring a chicken's neck; *~ un* **colpo** to deal a blow; (con armi da fuoco) to fire a shot; ⟨pop⟩ *~ le* **cuoia** (morire) to kick the bucket; *tirarsi* **dietro:** **1** to drag, to pull along; **2** ⟨fig⟩ (portare con sé altre persone) to bring (o drag) along with one; **3** ⟨fig⟩ (addossarsi) to attract, to bring upon o.s.: *si è tirato dietro le invidie di tutti* he attracted everyone's envy; *~* **dritto:** **1** (camminare per la propria strada) to keep right on; **2** ⟨fig⟩ (tendere alla meta prefissa) to head straight for one's goal; ⟨fig⟩ *~ il* **fiato** to draw breath; *~* **fuori:** **1** (estrarre) to take out, to draw (out), to pull (out), to produce: *~ fuori il coltello* to draw one's knife; *~ fuori la lingua* to hold (o stick) out one's tongue; **2** ⟨fig⟩ (liberare) to get, to help: *~ qd. fuori dai guai* to get s.o. out of trouble; **3** (rif. a veicoli) to get out, to take out: *~ fuori la macchina dal garage* to get the car out of the garage; **4** ⟨fig⟩ (presentare, inventare) to come out (o up) with: *~ fuori scuse* to come up with excuses; *ma guarda che cosa va a tirar fuori* just look what he comes up with; *~* **giù:** **1** (calare, abbassare) to lower, to let (o bring) down: *~ giù il sipario* to lower the curtain; **2** (buttare in basso) to throw down: *tirami giù la chiave* throw me down the key; *tirarsi* **indietro:** **1** (arretrare) to draw (o move) back, to back; **2** ⟨fig⟩ (sottrarsi a un impegno) to back out, to go back on one's word; *~ a* **indovinare** to take a (wild) guess; *~* **innanzi** (o di lungo): **1** to keep going, to go (straight) on; **2** ⟨fig⟩ to go one's own way; **3** ⟨fig⟩ (vivacchiare) to keep going, to manage somehow; *tirarsi in* **là** (scostarsi) to draw (o move) aside; *~ a* **lucido** to polish, to shine; ⟨fig⟩ *~ qc. in* **lungo** (o per le lunghe): **1** to take a long time over s.th.; **2** (indugiare) to delay s.th.; ⟨fig,fam⟩ *tira e* **molla** shilly-shallying; *~ gli* **orecchi** *a qd.* to pull (o tweak) s.o.'s ears; ⟨fig⟩ to tell s.o. off; *una* **parola** *tira l'altra* one word leads to another; *~ qd. da* **parte** to draw s.o. aside; *tirarsi da parte* to draw (o step) aside; *~* **partito** *da qc.* (trarne vantaggio) to get an advantage from s.th.; *~ qd. per la* **manica** to tug at s.o.'s sleeve; *~ sul* **prezzo** (contrattare) to bargain, to haggle; *~* **profitto** *da qc.* to profit by s.th.; *~ un* **respiro** to draw breath; *~ un respiro di sollievo* to give a sigh of relief; *~ le* **reti** to haul in the nets; *~ di* **scherma** to fence, to practise fencing; *~ in* **secco** *una barca* to draw a boat out of the water; *~ le* **somme** to add up; ⟨fig⟩ to come to a conclusion; *~ a* **sorte** to draw lots; ~ **sulle spese** (*fare economia*) to cut down on expenses; ~ **su**: 1 to pull up: ~ *su le calze* to pull one's stockings up; 2 ⟨*Mar*⟩ to hoist, to haul up: ~ *su l'ancora* to hoist the anchor; 3 (*sollevare*) to lift up, to raise; 4 (*drizzare*) to straighten, to hold up: *tira su la testa* hold your head up; 5 (*rif. alle maniche*) to tuck (*o* roll) up; 6 (*rif. ai capelli*) to put up; 7 (*tirare su col naso*) to sniff; 8 ⟨*fam*⟩ (*allevare, educare*) to bring up, to raise: ~ *su un bambino* to bring a child up; **tirarsi su**: 1 (*alzarsi*) to get up: *tirati su da terra che ti sporchi* get up off the ground or you'll get dirty; 2 ⟨*fig*⟩ (*riaversi*) to get on one's feet again, ⟨*fam*⟩ to pick up: *con un po' di riposo si ritirerà su* with a little rest he'll pick up; ~ **via**: 1 to take (*o* pull) away; 2 (*continuare a camminare*) to go on, to keep going; 3 ⟨*fig*⟩ (*fare in fretta, senza impegno*) to rush, to botch. **tirassegno** *m.* target shooting; (*luogo*) shooting range.

tirastivali *m.inv.* (*per calzare gli stivali*) boot-hook; (*per toglierli*) bootjack.

tirata *f.* 1 pull, tug; (*strattone*) pull, wrench, jerk. 2 (*azione compiuta senza interruzione*) go: *abbiamo fatto tutto il lavoro in una* ~ we did all the work in one go. 3 (*invettiva*) tirade, harangue. □ *dare una* ~ *a qc.* to give s.th. a tug, to tug at s.th.; *dare una* ~ *alla sigaretta* to take a puff of a cigarette; ⟨*fig*⟩ *fare una* ~ *contro qd.* to harangue s.o.; ⟨*fig*⟩ ~ *d'orecchi* (*rimprovero*) scolding, telling off; *dare a qd. una* ~ *d'orecchi* to pull (*o* tweak) s.o.'s ears; ⟨*fig*⟩ to tell s.o. off. **tirato** *a.* 1 (*teso*) taut, tight: *corda –a* taut rope. 2 (*affaticato*) drawn: *volto* ~ drawn face. 3 (*avaro*) mean, stingy, tight: *è molto* ~ *nello spendere* he's very tight with his money. □ ~ *a lucido* shining; ⟨*fam*⟩ (*elegante*) smart, ⟨*fam*⟩ dolled up; ~ *via* rushed, sloppy, botched; *un lavoro* ~ *via* a careless piece of work. **tiratore** *m.* (*f.* -**trice**) 1 (*rif. ad armi da fuoco*) shot: ~ *scelto* crack shot, marksman. 2 ⟨*Sport*⟩ (*nel calcio*) scorer. □ ⟨*Mil,Parl*⟩ *franco* ~ sniper.

tiratrone *m.* ⟨*Fis*⟩ thyratron.

tiratura *f.* ⟨*Tip*⟩ printing; (*numero di copie*) run, edition; (*rif. a giornali*) circulation: ~ *complessiva* total circulation. □ ⟨*Giorn*⟩ *a bassa* ~ low-circulation–; ⟨*Tip*⟩ ~ *di bozze* printing (*o* running off) of proofs; *forte* ~ long run; *piccola* ~ short run.

tirchieria *f.* 1 meanness, miserliness, stinginess, tight–fistedness. 2 (*azione*) (piece of) meanness, stinginess. **tirchio** I *a.* ⟨*spreg*⟩ (*avaro*) mean, miserly, stingy, tight (–fisted). II *s.m.* (*f.* -**a**) miser, ⟨*fam*⟩ tightwad.

tirella *f.* trace.

tiremmolla *m.inv.* ⟨*fam*⟩ 1 (*atteggiamento indeciso*) hesitation, indecision, ⟨*fam*⟩ shilly-shally(ing): *dopo un lungo* ~ after much hesitation. 2 (*persona incostante*) changeable (*o* inconsistent) person.

Tiresia *N.pr.m.* ⟨*Mitol*⟩ Tiresias.

tiretto *m.* (*region*) (*cassetto*) drawer.

tiristore *m.* ⟨*El*⟩ thyristor.

tiritera *f.* 1 (*filastrocca*) nursery rhyme. 2 ⟨*estens*⟩ (*discorso lungo e noioso*) rigmarole.

tiro *m.* 1 draught. 2 (*animali che tirano un veicolo*) team; (*carrozza*) coach, carriage: ~ *a quattro* coach and four, four–in–hand. 3 (*rif. alle armi da lancio*) shooting; (*colpo, sparo*) shot. 4 ⟨*estens*⟩ (*lo scagliare*) throwing, casting; (*mossa*) throw, cast, shot. 5 ⟨*fig*⟩ (*scherzo spiacevole*) trick, turn: *gli ha fatto un bel* ~ he played a dirty trick on him. 6 ⟨*Sport*⟩ (*lancio: atto*) throwing, pitching, bowling; (*effetto*) throw, pitch, bowl, cast: ~ *del giavellotto* javelin throw(ing); (*nel calcio*) shot at goal. 7 ⟨*Mil*⟩ (*fuoco*) fire. □ *essere a* ~: 1 to be within range; 2 ⟨*fig*⟩ (*essere a portata di mano*) to be on hand, to be within reach; *se mi viene a* ~ *glielo dirò* if I get a chance (*o* see him) I'll tell him; ~ **alto**: 1 ⟨*Mil*⟩ high fire; 2 ⟨*Sport*⟩ high shot; ⟨*Sport*⟩ ~ **angolato** shot into the corner of the net; ⟨*Artigl*⟩ ~ *d'***appoggio** supporting fire; ⟨*Mil*⟩ **aprire** *il* ~ to open fire; ~ *con l'***arco** archery; ~ *al* **bersaglio** target practice; (*luogo*) shooting range; ⟨*fig*⟩ ~ **birbone** dirty trick; **da** ~ draught: *cavalli da* ~ draught horses; ⟨*Artigl*⟩ ~ **diretto** direct fire; ~ *alla* **fune** tug-of-war; *tenersi* **fuori** ~ to keep out of range; ⟨*fig*⟩ to keep out of the way; ⟨*fam*⟩ *essere fuori* ~ to be out of reach; ⟨*fig*⟩ **giocare** *un* ~ *a qd.* to play a trick on s.o.; ~ *d'***infilata** enfilade fire;

~ **lungo** long shot; ⟨*Sport*⟩ ~ *al* **piattello** clay–pigeon shooting, trapshooting; ~ *al* **piccione** pigeon shooting; ⟨*Sport*⟩ ~ *in* **porta** goal shot; ⟨*Mil*⟩ ~ **radente** grazing fire; ~ **rapido** rapid (*o* quick) fire; ⟨*fig*⟩ *a un* ~ *di* **schioppo** within short range, a stone's throw away; ~ *a* **segno** → **tirassegno**; ⟨*fig*⟩ *i –i della* **sorte** the tricks of fortune; ⟨*Sport*⟩ ~ *a* **volo** wing shooting.

Tiro *N.pr.f.* ⟨*Geog.stor*⟩ Tyre.

tirocinante I *a.* training, trainee–, apprentice–. II *s.m./f.* trainee, apprentice, beginner. **tirocinio** *m.* 1 apprenticeship: *fare* ~ to do one's apprenticeship. 2 (*nelle professioni*) training.

tiroide *f.* ⟨*Anat*⟩ thyroid (gland). **tiroidectomia** *f.* ⟨*Chir*⟩ thyroidectomy. **tiroideo** *a.* ⟨*Anat*⟩ thyroid(al). **tiroidite** *f.* thyroiditis.

tirolese *a./s.m./f.* Tyrolese, Tirolese, Tyrolean. □ *alla* ~ Tyrolese: *cappello alla* ~ Tyrolese hat. **Tirolo** *N.pr.m.* ⟨*Geog*⟩ Tirol, Tyrol.

tirrenico *a.* (*pl.* **-ci**) Tyrrhenian, Tyrrhene: *le coste tirreniche* the Tyrrhenian coast. **Tirreno** *N.pr.m.* ⟨*Geog*⟩ Tyrrheanian Sea.

tirso *m.* 1 ⟨*Mitol*⟩ thyrsus. 2 ⟨*Bot*⟩ thyrsus, thyrse.

Tirteo *N.pr.m.* ⟨*Stor*⟩ Tyrtaeus.

tisana *f.* ptisan, tisane, herb tea.

Tisbe *N.pr.f.* ⟨*Mitol*⟩ Thisbe.

tisi *f.* ⟨*Med*⟩ phthisis, consumption. **tisichezza** *f.* 1 ⟨*Med*⟩ consumption. 2 ⟨*estens*⟩ (*gracilità*) thinness, frailness. **tisico** *a./s.* (*pl.* **-ci**) I *a.* 1 ⟨*Med*⟩ consumptive, tubercular. 2 ⟨*estens*⟩ (*rif. a piante: stentato*) stunted. II *s.m.* (*f.* **-a**) ⟨*Med*⟩ consumptive. □ ⟨*pop*⟩ *essere* ~ *marcio* to be wasting away from consumption.

Tisifone *N.pr.m.* ⟨*Mitol*⟩ Tisiphone.

tisiologia *f.* ⟨*Med*⟩ phthisiology. **tisiologo** *m.* (*pl.* **-gi**; *f.* **-a**) phthisiologist.

titanico[1] *a.* (*pl.* **-ci**) titanic, colossal, gigantic: *uno sforzo* ~ a titanic effort.

titanico[2]: ⟨*Chim*⟩ *acido* ~ titanic acid.

titanio *m.* ⟨*Chim*⟩ titanium.

titano *m.* 1 ⟨*Mitol*⟩ Titan. 2 ⟨*estens*⟩ (*persona di forza eccezionale*) titan, giant. 3 ⟨*fig*⟩ giant, mogul, titan: *un* ~ *dell'industria* a mogul of industry. **Titano** *N.pr.m.* ⟨*Astr*⟩ Titan. **titanomachia** *f.* ⟨*Mitol*⟩ Titanomachy, Titanomachia.

titillamento *m.* titillation (*anche fig.*). **titillare** *v.t.* to titillate, to tickle (*anche fig.*).

Tito *N.pr.m.* 1 ⟨*Stor*⟩ Titus. 2 ⟨*Pol*⟩ Tito. **titoismo** *m.* ⟨*Pol*⟩ Titoism.

titolare[1] *a.* 1 regular, official, titular: *il direttore* ~ the official director. 2 ⟨*Rel*⟩ (*che ha solo il titolo*) titular: *vescovo* ~ titular bishop. II *s.m./f.* 1 proprietor, owner (*anche Dir.*): ~ *di una ditta* proprietor of a firm. 2 (*chi occupa un ufficio avendone il titolo*) official, office holder. 3 ⟨*Scol*⟩ regular teacher. 4 ⟨*Univ*⟩ (full) professor, holder of a chair. 5 ⟨*Rel*⟩ titular. □ ~ *di polizza* policy holder.

titolare[2] *v.t.* (*titolo*) ⟨*Chim,Biol*⟩ to titrate.

titolarità *f.* ⟨*Dir*⟩ entitlement.

titolato I *a.* 1 titled. 2 ⟨*Chim*⟩ titrated. II *s.m.* (*f.* **-a**) titled person, nobleman (*f* –woman). **titolatrice** *f.* ⟨*Cin*⟩ titler. **titolazione** *f.* ⟨*Chim,Biol*⟩ titration. **titoletto** *m.* ⟨*Tip*⟩ (*testata*) running (*o* current) head. **titolista** *m./f.* ⟨*Giorn*⟩ (*chi formula i titoli*) headline writer; (*chi compone i titoli*) headline setter.

titolo *m.* 1 title: *il* ~ *di un romanzo* the title of a novel. 2 ⟨*Giorn*⟩ (*testata*) headline. 3 (*titolo di dignità*) title: ~ *di re* title of king, royal title; (*titolo nobiliare*) title (of nobility). 4 (*titolo di studio*) qualification. 5 (*diritto acquisito*) right, claim, title: *non hai nessun* ~ *alla mia riconoscenza* you have no claim to my gratitude. 6 ⟨*iron,scherz*⟩ (*epiteto ingiurioso*) name. 7 ⟨*fig*⟩ (*motivo, ragione*) reason, motive, ground: *a che* ~ *mi dici questo?* for what reason are you telling me this?, what's the reason for telling me this? 8 ⟨*Econ*⟩ security; (*azione*) share; *pl.* stock(s); (*obbligazione*) bond. 9 ⟨*Chim*⟩ titre, strength: ~ *della soluzione* titre of a solution. □ **a** ~ *di* as, for, out of, *o si traduce con l'infinito*: *a* ~ *di premio* as a prize; *a* ~ *di rimborso* as reimbursement, in repayment; *a* ~ *di* *curiosità* out of curiosity; ~ **accademico** academic qualification (*o* title); *-i* **azionari** stock(s), shares *pl; -i* **bancabili** eligible bills; ~ *di* **capitolo** title (*o* heading) of a chapter; ⟨*Giorn*⟩ ~ *a* **caratteri** *di scatola* banner headline; ⟨*Giorn*⟩ ~ *di* **colonna** column heading (*o* title); ~ *di* **copertina** cover title; ⟨*Tip*⟩ ~ **corrente** running headline (*o* title); ⟨*Econ*⟩ ~ *di* **credito** credit instrument, proof of debt, evidence of indebtedness; ⟨*Econ*⟩ ~ **estero** foreign security; ~ **fondiario** title deed; ~ **giuridico** document (*o* instrument) of title, title deed; *a* **giusto** ~ rightly, with every right; *a* ~ **gratuito** free (of charge); ⟨*Tip*⟩ **mezzo** ~ half (*o* bastard) title; *-i* **negoziabili** negotiable securities; ~ **nobiliare** title of nobility; ⟨*Econ*⟩ ~ **nominativo** registered (*o* inscribed) security; ~ **obbligazionario** bond, debenture; ~ **dell'oro** title; ⟨*Giorn*⟩ ~ *a* **tutta pagina** banner headline; *a* ~ **personale** personally, in a personal capacity; ⟨*Econ*⟩ *-i di* **portafoglio** securities on hand; ~ *al* **portatore** bearer bond; ⟨*Econ*⟩ *-i* **privilegiati** preference (*o* preferred) stock(s); *a* ~ **provvisorio** provisionally; *-i* **quotati** quoted securities; *-i non quotati* unquoted securities; *-i a* **reddito** *variabile* variable yield stock; ~ *di* **rendita** land annuity bond; ⟨*Econ*⟩ *-i di* **stato** state bonds, government stock; *-i di* **studio** educational qualification (*o* record); ⟨*Cin*⟩ *-i di* **testa** credit titles; ⟨*Econ*⟩ ~ **trasferibile** marketable title; *a* ~ **ufficiale** officially, in an (*o* one's) official capacity; *a* ~ **ufficioso** unofficially.

titubante *a.* (*incerto*) irresolute, undecided; (*esitante*) hesitant, faltering. **titubanza** *f.* irresoluteness, hesitation, indecision: *è un uomo deciso che non conosce –e* he is a resolute man who knows no hesitations. **titubare** *v.i.* (**titubo;** *aus.* **avere**) to hesitate, to waver, to falter: ~ *a lungo prima di prendere una decisione* to hesitate for a long time before making a decision.

tivù *f.* ⟨*fam*⟩ (*televisione*) television, ⟨*fam*⟩ box: *l'ho visto alla* ~ I saw it on the box.

tixotropia *f.* ⟨*Chim,Fis*⟩ thixotropy. **tixotropico** *a.* (*pl.* -ci) thixotropic.

tizianesco *a.* (*pl.* -chi) ⟨*Pitt*⟩ 1 (*di Tiziano*) of Titian, Titian's. 2 (*alla maniera di Tiziano*) Titianesque. 3 (*rif. a colore*) Titian: *biondo* (*o rosso*) ~ Titian (red), auburn. **Tiziano** *N.pr.m.* ⟨*Stor*⟩ Titian.

tizio *m.* ⟨*fam*⟩ person, someone, fellow: *è venuto un* ~ *per te* someone came to see you. □ *un* ~ *qualunque* a nobody; ~, *Caio e Sempronio* Tom, Dick and Harry.

tizzo *m.* (*di legno*) (fire)brand; (*di carbone*) smoking coal. **tizzonatura** *f.* ⟨*Zootecn*⟩ dark patches *pl* (on horses). **tizzone** *m.* → tizzo.

tmesi *f.* ⟨*Gramm,Metr*⟩ tmesis.

to' *intz.* ⟨*fam*⟩ 1 (*prendi, tieni*) here you are, here, take (this): ~, *prendi quest'arancia* here, take this orange. 2 ⟨*esclam*⟩ (*guarda un po'*) well, well I never, I say, hey: ~, *chi si vede* well, just look who's here.

toast *ingl.* ['toust] *m.* (*coppia di fette di pane tostato riempite*) toasted sandwich; (*fette di pane tostato*) (piece of) toast.

Tobia *N.pr.m.* Tobias, Tobiah, ⟨*dim*⟩ Toby.

toboga *m.inv.* 1 (*slitta*) toboggan. 2 (*scivolo*) slide.

tocai *m.* 1 (*vitigno*) Tokay vine. 2 (*vino*) Tokay (wine).

toccabile *a.* touchable. **toccante** *a.* (*commovente*) touching, moving.

toccare *v.* (**tocco, tocchi;** *p.p.* **toccato**) I *v.t.* 1 to touch: *è proibito* ~ *la merce* do not touch the goods. 2 (*palpare*) to touch, to feel: *gli toccò la fronte per sentire se aveva la febbre* she felt his forehead to see whether he had a temperature. 3 (*essere a contatto*) to touch: *il tavolo tocca il muro* the table is touching (*o* up against) the wall. 4 (*riprendere un lavoro per correggerlo*) to touch: *il quadro va bene così, non lo toccherei più* the painting looks fine like that, I wouldn't touch it any more. 5 (*giungere, raggiungere*) to touch, to reach: *è così alto che quasi tocca il soffitto* he's so tall he can almost touch the ceiling; (*rif. all'età*) to be almost: ~ *la settantina* to be almost seventy. 6 (*fare scalo*) to call, to stop: *la nave toccherà Genova e Barcellona* the ship will call at Genoa and Barcelona; (*rif. ad aerei*) to land, to (make a) stopover. 7 (*riguardare*) to concern, to regard: *la questione mi tocca da vicino* the matter regards me closely. 8 ⟨*fig*⟩ (*trattare brevemente*) to

touch on, to deal with briefly: *toccherò questo argomento* I will touch on this subject. 9 (*impressionare, commuovere*) to touch, to move: *lo hai toccato con le tue parole* what you said touched him. 10 ⟨*fig*⟩ (*fare o dire cose che recano danno*) to do (*o* say) s.th. against, to touch: *guai a toccarlo nei suoi interessi!* there'll be trouble if you do anything against his interests! 11 ⟨*fig*⟩ (*offendere, ferire, urtare*) to touch, to wound, to sting: ~ *l'amor proprio di qd.* to wound s.o.'s pride; ~ *qd. sul vivo* to touch s.o. to the quick; ~ *qd. nel suo punto debole* to touch s.o.'s weak point. 12 ⟨*eufem*⟩ (*avere rapporti sessuali*) to touch, to have: *nessun uomo l'ha mai toccata* no man has ever touched her; *non ha mai toccato una donna* he has never had a woman. II *v.i.* (*aus.* **avere**) 1 (*toccare in sorte*) to come the way (*a* of), to fall (to), to befall (s.o.), to be: *ti è toccata una bella fortuna* good luck came your way; (*capitare: rif. a cose spiacevoli*) to happen (to): *tutte le disgrazie toccano a lui* all the unpleasant things happen to him. 2 (*spettare di diritto*) to have the right (*costr.pers.*), to be entitled: *il premio tocca a me* I am entitled to the prize; (*spettare di dovere*) to be up to (*a qd. s.o.*): *tocca a te mantenere la famiglia* it's up to you to support the family. 3 (*essere il turno*) to be the turn (*a* of): *a chi tocca ora?* whose turn is it now?; *tocca a te tirare la palla* it's your turn to throw the ball. 4 (*essere costretto*) to have to (*costr.pers.*), to be obliged (*o* forced) to (*costr.pers.*), must (*costr.pers.*): *mi toccò tacere* I had to keep quiet; *ma guarda che mi tocca* (*di*) *sentire!* the things I have to listen to! **toccarsi** *v.r.* 1 to touch, to feel: *si toccò la fronte* he felt his forehead. 2 ⟨*recipr*⟩ to touch (e.o.): *le due poltrone si toccano* the two armchairs are touching (*o* up against) e.o. □ *non toccar cibo* (*non mangiare*) not to touch food; ~ *il cielo con un dito* to be in the seventh heaven; ⟨*fig*⟩ ~ *il cuore di qd.* to touch (*o* move) s.o.; *gli estremi si toccano* extremes meet; ⟨*fam*⟩ *tocca ferro!* touch wood!; ~ *il fondo*: 1 ⟨*Mar*⟩ to ground, to touch bottom (*o* ground); 2 (*rif. a persone*) to touch bottom; ⟨*fig*⟩ ~ *il fondo di qc.* (*raggiungere il grado massimo*) to sink to the depths of s.th.; ⟨*fig*⟩ ~ *con mano qc.* (*accertarsene*) to see s.th. with one's own eyes; ~ *il polso a qd.* to feel s.o.'s pulse (*anche fig.*); ~ *in sorte a qd.* to fall to s.o.'s lot; ~ **terra:** 1 to touch the ground; 2 (*arrivare fino in terra*) to reach the ground; 3 ⟨*Mar*⟩ (*approdare: rif. a navi*) to berth, to come alongside; 4 ⟨*Aer*⟩ to land. ‖ *a chi tocca, tocca* that's fate (*o* life).

toccasana *m.inv.* cure-all, panacea (*anche fig.*): *questa bevanda è un* ~ this drink is a cure-all. **toccata** *f.* 1 touch: *dare una* ~ *a qc.* to give s.th. a touch, to touch s.th. 2 ⟨*Mus*⟩ toccata. **toccato** *a.* 1 ⟨*Sport*⟩ touché (*anche fig.*). 2 ⟨*fam*⟩ (*picchiatello*) touched, pixilated, ⟨*fam*⟩ nutty. □ ⟨*fam*⟩ *essere* ~ *nel cervello* to be a bit touched, ⟨*fam*⟩ to be round the bend.

tocco[1] *m.* (*pl.* -chi) 1 touch, touches *pl: dare l'ultimo* ~ *a qc.* to put the last (*o* finishing) touches to s.th. 2 (*piccola quantità*) touch, dash: *ancora un* ~ *di cipria* just a touch more powder. 3 (*colpo*) knock, rap, blow: *un* ~ *alla porta* a knock on the door. 4 (*rintocco: di campane, di orologi*) stroke. 5 (*l'una*) one (o'clock), one p.m.: *è sonato il* ~ it has struck one. 6 ⟨*Art*⟩ touch: *si riconosce il* ~ *dell'artista* you can see the touch of the artist; (*pennellata*) stroke (of the brush), touch: *ancora qualche* ~ *e il quadro è finito* a few more strokes and the painting will be finished. 7 ⟨*Mus*⟩ (*modo di sonare*) touch: *un pianista dal* ~ *leggero* a pianist with a light touch. □ ⟨*fig*⟩ *il* ~ *magico* the magic touch.

tocco[2] *a.* (*pl.* -chi) 1 (*rif. a frutta: ammaccato*) bruised. 2 ⟨*pop*⟩ (*picchiatello*) touched, pixilated, ⟨*fam*⟩ nutty: *essere* ~ (*nel cervello*) to be a bit touched, ⟨*fam*⟩ not to be quite all there.

tocco[3] *m.* (*pl.* -chi) (big) piece, hunk, chunk: *un* ~ *di formaggio* a big piece of cheese; *un* ~ *di carne* a hunk of meat. □ ⟨*pop*⟩ *un bel* ~ *di donna* (*o ragazza*) a fine figure of a woman; ⟨*pop*⟩ *un* ~ *d'uomo* a strapping fellow.

tocco[4] *m.* (*pl.* -chi) (*berretto*) toque.

toeletta, toelette *f.* → toletta.

toga *f.* 1 ⟨*Stor.rom*⟩ toga. 2 (*di giudici, professori e sim.*)

gown, robe. □ 〈*fig*〉 *indossare la* ~ (*diventare magistrato*) to 'become a judge, to don the judge's gown; (*diventare avvocato*) to become a lawyer.

togato *a.* **1** 〈*Stor.rom*〉 wearing a toga, togated, togaed. **2** (*di giudici, professori e sim.*) in (*o* wearing) a gown, gowned. **3** 〈*fig*〉 (*solenne, aulico*) stately □ *commedia –a* fabula togata.

togliere *v.t.* (*pr.ind.* tọlgo, tọgli, tọglie, togliạmo, toglięte, tọlgono; *fut.* toglierò; *p.rem.* tọlsi; *pr.cong.* tọlga, togliạmo, togliạte, tọlgano; *p.p.* tọlto) **1** (*rimuovere, levar via*) to take off, to take away, to remove: ~ *un quadro dalla parete* to take a picture off (of) the wall; *hanno tolto il bambino da quella scuola* they have taken their child ⌈*away from*⌉ (*o* out of) that school; (*rif. a indumenti*) to take off: *togli le scarpette al bambino* take the baby's bootees off. **2** (*privare di*) to take (away): *la guerra gli ha tolto i genitori* the war took his parents from him. **3** (*liberare da*) to (set) free: ~ *qd. dalla schiavitù* to free s.o. from slavery; (*rif. a situazioni spiacevoli*) to get out: *mi hai tolto da un bell'impiccio* you got me out of a nice fix. **4** (*non concedere più, riprendere*) to take away (*o* back): *gli tolse il libro che gli aveva dato* he took back the book he had given him. **5** (*sottrarre*) to subtract, to take: ~ *tre da sei* to subtract (*o* take) three from six. **6** (*abolire*) to abolish, to do away with, to remove: ~ *un divieto* to abolish a prohibition, to lift (*o* raise) a ban. **7** (*impedire*) to prevent, to stop: *sei raffreddato ma ciò non toglie che devi fare i tuoi compiti* even if you have a cold it doesn't stop you from doing your homework. **togliersi** *v.r.* **1** (*levarsi: rif. a indumenti*) to take off, to remove: *togliersi la giacca* to take one's jacket off. **2** (*liberarsi*) to get out: *togliersi da una situazione difficile* to get out of a difficult situation. **3** (*soddisfare*) to satisfy: *togliersi un capriccio* to satisfy a whim. □ *togliersi il* **cappello** to take off one's hat; (*per salutare*) to raise (*o* take off, tip) one's hat; *ciò non toglie che mi piace* that doesn't alter the fact that I like it, I still like it (though); *togliersi una* **curiosità** to satisfy one's curiosity; ~ *a qd. un'*idea *dalla testa* to get an idea out of s.o.'s head; 〈*fig*〉 *togliersi la* **maschera** to take off one's mask; ~ *di* **mezzo** *qd.*: 1 (*allontanarlo*) to remove s.o., to get s.o. out the way; 2 〈*fig*〉 (*ucciderlo*) to kill s.o.; ~ *l'*onore *a qd.* (*disonorarlo*) to dishonour s.o.; ~ *la* parola *a qd.* to cut s.o. short; ~ *la parola di bocca a qd.* to take the words out of s.o.'s mouth; *togliersi qd. dai* piedi (*mandarlo via*) to get rid of s.o., to send s.o. packing; 〈*pop*〉 *togliti dai piedi!* get out of the way!, 〈*fam*〉 scram!; ~ *la* reputazione (*screditare*) to discredit, to bring into disrepute; ~ *il* saluto *a qd.* not to speak to s.o. any more, to cut s.o. (dead); *togliersi la* sete to quench (*o* slake) one's thirst; *togliersi la* soddisfazione *di fare qc.* to have (*o* give o.s.) the satisfaction of doing s.th.; *togliersi la* vita to take one's life; ~ *la* voglia *di fare qc.* to take the pleasure out of something; *togliersi la voglia di fare qc.* to satisfy a longing (*o* urge) to do s.th.

tọh *intz.* 〈*non com,esclam*〉 (*to'*) well, well I never, I say.

toilette *fr.* [twa'lɛt] *f.* → **toletta**.

tokại *m.* (*vitigno*) Tokay vine.

Tọkio, Tọkyo *N.pr.f.* 〈*Geog*〉 Tokyo.

tọlda *f.* 〈*Mar.ant*〉 (*coperta*) deck.

tolemạico *a.* (*pl.* **-ci**) 〈*Stor,Astr*〉 Ptolemaic: *sistema* ~ Ptolemaic system.

toletta *f.* **1** (*mobile*) dressing table, toilet table, 〈*am*〉 vanity (table). **2** (*gabinetto*) toilet, lavatory, cloakroom, 〈*am*〉 washroom, 〈*am*〉 powder room. **3** (*operazioni necessarie per vestirsi*) toilet: *far* ~ to make one's toilet, to dress and make up. **4** (*abito e acconciatura femminili*) toilette.

tollerạbile *a.* tolerable, bearable: *caldo* ~ bearable heat.

tollerabilità *f.* tolerability, tolerableness. **tollerạnte** *a.* **1** tolerant, tolerating: *essere* ~ *di un medicamento* to be ⌈tolerant of⌉ (*o* able to take) a medicine. **2** (*che rispetta le opinioni altrui*) tolerant: *un uomo* ~ a tolerant man.

tolleranza *f.* **1** (*rispetto delle idee altrui*) tolerance, toleration: ~ *religiosa* religious toleration. **2** (*comprensione*) understanding, forbearance: *ha mostrato una grande* ~ *nei miei confronti* he showed much understanding in my regard. **3** (*tempo d'indugio consentito*) grace, respite; (*divergenza ammessa*) tolerance, allowable deviation. **4** (*capacità di sopportare il dolore*) tolerance, endurance, stamina. □ *casa di* ~ (*postribolo*) brothel; 〈*Med*〉 *limite di* ~ degree of tolerance, go-and-no-go limit; *spirito di* ~ (spirit of) tolerance.

tollerạre *v.t.* (tọllero) **1** (*sopportare; rif. a cose*) to put up with, to bear, to endure, to tolerate: *ho tollerato fin troppo la tua maleducazione* I have put up with your rudeness too long; ~ *il freddo* to tolerate the cold; (*in frasi negative*) to tolerate, to stand for; (*rif. a persone*) to put up with, to stand, to bear (with), to tolerate: *non tollero questo seccatore* I can't stand that bore. **2** (*permettere*) to tolerate, to allow, to permit, to have: *non tollero che risponda così a tua madre* I won't have you answer your mother back that way. **3** (*ammettere*) to tolerate, to allow; (*considerare con indulgenza*) to be indulgent towards.

tọlo *m.* 〈*Archeol*〉 tholus, tholos.

tolomạico *a.* (*pl.* **-ci**) Ptolemaic. **Tolomẹo** *N.pr.m.* 〈*Stor*〉 Ptolemy.

tolstoiạno *a.* 〈*Lett*〉 Tolstoyan, Tolstoian.

tọlto (*p.p. di togliere*): *il mal* ~ (*ciò che è stato rubato*) ill-gotten gains *pl.*

toluẹne *m.* 〈*Chim*〉 toluene, toluol. **toluidịna** *f.* toluidine. **toluọlo** *m.* → **toluene**.

tọma: *promettere Roma e* ~ (*promettere grandi cose*) to promise the earth.

tomạia *f.*, **tomạio** *m.* (*pl. i* tomại/*le* tomaia/ *le* tomạie) (shoe) upper; (*parte anteriore*) vamp.

tọmba *f.* **1** tomb, grave: ~ *di famiglia* family tomb. **2** 〈*fig*〉 (*luogo chiuso, tetro*) tomb, gloomy place: *questa casa è una* ~ this house is like a tomb. **3** 〈*fig*〉 (*morte*) grave, death: *portare qd. alla* ~ to drive s.o. to his grave; *dalla culla alla* ~ from the cradle to the grave. □ 〈*iperb*〉 *essere muto come una* ~ to be as silent as the grave; 〈*fig*〉 *essere con un piede nella* ~ to have one foot in the grave; *portare un segreto sino alla* ~ to carry a secret to the grave; ~ *rupestre* rock tomb.

tombạcco *m.* (*pl.* **-chi**) 〈*Met*〉 tombac.

tombạle *a.* tomb-, grave-: *pietra* ~ tombstone, gravestone.

tombarẹllo *m.* 〈*Mot*〉 dumper.

tombarọlo *m.* 〈*pop*〉 grave robber.

tombịno *m.* **1** 〈*Strad*〉 drain. **2** (*chiusino*) manhole cover.

tọmbola[1] *f.* tombola, housey-housey, bingo: *giocare a* ~ to play tombola. □ *far* ~ to win the tombola prize.

tọmbola[2] *f.* 〈*fam*〉 **1** (*caduta, ruzzolone*) tumble, fall: *fare (una)* ~ to take a tumble, to tumble (*o* fall) down. **2** (*cattivo esito*) failure, fiasco, miss. **3** 〈*esclam*〉 upsy-daisy, ups-a-daisy, oops.

tombolạre *v.i.* (tọmbolo; *aus.* essere) **1** (*ruzzolare*) to tumble (down), to fall (down), to take a tumble. **2** (*cadere all'ingiù*) to fall (down, headlong).

tombolịno *m.* (*f.* **-a**) 〈*fam*〉 (*bambino grassottello*) plump child, 〈*fam*〉 little podge.

tọmbolo[1] *m.* 〈*fam*〉 (*ruzzolone, capitombolo*) tumble, headlong fall.

tọmbolo[2] *m.* **1** 〈*Lav.femm*〉 lace pillow; (*trina*) pillow lace. **2** (*scherz*) (*persona bassa e grassoccia*) tubby person, 〈*fam*〉 podge.

tomẹnto *m.* 〈*Bot*〉 tomentum. **tomentọso** *a.* tomentose.

tomịsmo *m.* 〈*Filos,Teol*〉 Thomism. **tomịsta I** *s.m./f.* Thomist. **II** *a.* → **tomistico. tomịstico** *a.* (*pl.* **-ci**) thomist(ic).

Tommạso *N.pr.m.* Thomas. □ *san* ~ *d'Aquino* St. Thomas Aquinas; 〈*Stor*〉 ~ *Becket* Thomas à Becket; *essere* (*o fare*) *come san* ~ (*essere incredulo*) to be a doubting Thomas; 〈*Stor*〉 ~ *Moro* (Sir) Thomas More.

tọmo *m.* **1** (*volume*) tome, volume. **2** 〈*fam*〉 (*tipo*) character, sort, fellow: *un bel* ~ an odd sort, a queer fish.

tomografịa *f.* 〈*Med*〉 tomography. **tomọgrafo** *m.* tomograph.

tọnaca *f.* **1** (*dei frati*) frock; (*con cappuccio*) cowl; (*delle monache*) nun's dress (*o* habit). **2** (*dei preti*) cassock, soutane. □ *gettare la* ~ (*alle ortiche*): 1 (*sfratarsi*) to abandon the cowl; 2 (*smonacarsi*) to renounce the veil; 3

(*spretarsi*) to lay aside the cloth; *vestire (o indossare) la* ~: 1 (*farsi frate*) to take the habit (*o* cowl); 2 (*farsi monaca*) to take the veil; 3 (*farsi prete*) to enter the priesthood.

tonale *a.* 1 ⟨*Mus*⟩ tonal, tone–. 2 ⟨*Pitt*⟩ tone–. **tonalità** *f.* 1 (*gradazione di colore*) shade, tone, hue: *una* ~ *di rosso* a shade of red. 2 ⟨*Mus,Pitt*⟩ tonality.

tonante *a.* 1 thundering. 2 (*risonante*) loud, booming: *voce* ~ loud voice. 3 ⟨*Chim*⟩ explosive. □ ⟨*Mitol*⟩ *Giove* ~ Jove the Thunderer. **tonare** *v.* (**tuono**) **I** *v.i.* (*aus.* avere) 1 to thunder. 2 (*rif. a voce*) to boom, to resound. 3 ⟨*fig*⟩ (*parlare, inveire con violenza*) to thunder: ~ *contro qd.* to thunder against s.o. **II** *v.i.imper.* (*aus.* essere/avere) to thunder. □ *Prov.*: *tanto tonò che piovve* it's happened at last, it had (*o* was bound) to happen.

Tonchino *N.pr.m.* ⟨*Geog*⟩ Tonkin.

tonchio *m.* ⟨*Entom*⟩ weevil.

tondeggiamento *m.* 1 (*atto*) rounding (off). 2 (*effetto*) roundishness. **tondeggiante** *a.* roundish, round, curved: *dare una forma* ~ *a qc.* to give a round shape to s.th. **tondeggiare** *v.i.* (**tondeggio, tondeggi**; *aus.* essere) to round(ish). **tondello** *m.* 1 round. 2 (*legna da ardere*) round billet. 3 ⟨*Numism*⟩ planchet, coin blank. **tondetto** *a.* (*fam*) (*grassoccio*) plump, tubby. **tondino** *m.* 1 (*sottobicchiere*) (glass) mat, (*am*) coaster. 2 ⟨*Met*⟩ rod. 3 ⟨*Edil*⟩ reinforcing (*o* iron) rod, reinforced concrete rod. 4 ⟨*Arch*⟩ astragal.

tondo I *a.* 1 (*circolare, sferico*) round: *tavolo* ~ round table. 2 (*rif. parti del corpo: tornito, pieno*) round, full: *guance –e* full cheeks; (*tondeggiante*) rounded, full: *fianchi –i* rounded hips. 3 ⟨*fig*⟩ (*rif. a numeri, misure e sim.*) round: *cifra –a* round number. **II** *s.m.* 1 round; (*lastra*) round plate (*o* disk). 2 (*forma circolare*) circle. 3 ⟨*Pitt,Scult*⟩ tondo. □ *parlare* **chiaro** *e* ~ to speak bluntly; *fare* **cifra** *–a* to make a round figure; ⟨*pop*⟩ *essere* ~ *come l'o di* Giotto to be perfectly round; **in** ~ in a ring (*o* circle), (a)round: *girare in* ~ to move round; *una faccia –a come la* **luna** a moon–shaped face; *un mese* ~ **tondo** a full month; ⟨*Scult*⟩ (*a*) **tutto** ~ in full relief.

tonfano *m.* deep part of a river.

tonfare *v.i.* (**tonfo**; *aus.* essere) (*fare un tonfo*) to (make a) thud; (*cadendo in acqua*) to (make a) splash. **tonfo** *m.* (*rumore*) thud, plop; (*rif. a cosa che cade in acqua*) splash, plop. □ *fare un* ~ to (make a) thud, to plop; (*cadendo in acqua*) to (make a) splash.

Toni *N.pr.m.* Tony.

tonica *f.* ⟨*Mus*⟩ keynote, tonic. **tonico** *a./s.* (*pl.* -ci) **I** *a.* 1 ⟨*Mus,Ling*⟩ tonic. 2 ⟨*Med*⟩ tonic: *amaro* ~ tonic bitters. **II** *s.m.* 1 ⟨*Farm*⟩ tonic. 2 ⟨*Cosmet*⟩ toner □ ⟨*Ling*⟩ *accento* ~ tonic accent; ⟨*Mus*⟩ *nota –a* tonic, keynote.

tonificante *a.* tonic; (*rinforzante*) invigorating, bracing. **tonificare** *v.t.* (**tonifico, tonifichi**) 1 to invigorate, to brace 2 ⟨*Med*⟩ to tonify.

Tonio *N.pr.m.* Tony.

tonnara *f.* ⟨*Pesc*⟩ tunny–fishing nets *pl.* **tonnato**: ⟨*Gastr*⟩ *vitello* ~ veal with tunny–fish sauce.

tonneggiare *v.i.* (**tonneggio, tonneggi**) ⟨*Mar*⟩ to warp, to kedge. **tonneggio** *m.* 1 ⟨*Mar,Aer*⟩ warping. 2 *pl.* (*cavi di tonneggio*) warps *pl.*

tonnellaggio *m.* ⟨*Mar*⟩ tonnage. **tonnellata** *f.* ton. □ ~ *di stazza* register ton; ~ *di stazza lorda* gross ton; ~ *di stazza netta* net ton.

tonno *m.* ⟨*Itt*⟩ tunny–fish, tuna. □ ~ *sott'olio* tunny–fish in oil; *pesca del* ~ tuna fishing.

tono *m.* 1 tone, volume: *abbassare il* ~ *della voce* to speak in a lower tone (of voice). 2 (*modulazione, inflessione di voce*) tone, way: *in* ~ *scherzoso* in a joking tone; *non ammetto che mi si parli in questo* ~ I don't allow people to speak to me this way. 3 (*carattere stilistico*) tone, style: *un discorso di* ~ *elevato* a speech with a lofty tone. 4 (*rif. a colori: gradazione*) shade, tone, hue: *una stoffa con tutti i –i dell'azzurro* a fabric coloured in all shades of blue. 5 ⟨*Mus*⟩ tone. 6 ⟨*Med*⟩ tone, tonus. □ ⟨*Fon*⟩ ~ **ascendente** rising tone; **calare** *di* ~: 1 ⟨*Mus*⟩ to fall in pitch; 2 ⟨*fig*⟩ (*perdere di vigore*) to lose one's enthusiasm; ⟨*fig*⟩ **cambiare** ~ to adopt a different tone, to change one's tune; **dare** ~: 1 (*rinvigorire*) to tone up, to brace, to invigorate; 2 ⟨*fig*⟩ to give tone: *questo divano dà* ~ *a tutto*

il salotto this divan gives tone to the whole sitting–room; ⟨*fig*⟩ *darsi* ~ to strike an attitude, to give o.s. airs; ⟨*Mus*⟩ *essere* **fuori** ~ to be out of tune (*anche fig.*); ⟨*fig*⟩ *essere* **giù** *di* ~ not to be o.s., to be out of sorts; *essere* **in** ~ to fit; ⟨*fig*⟩ *essere* **in** ~ *con l'ambiente* to be in keeping (*o* tune) with one's surroundings; ⟨*Mus*⟩ ~ **maggiore** major key; ~ **minore** minor key; **rispondere** *a* ~: 1 (*a proposito*) to answer to the point; 2 (*per le rime*) to answer back, ⟨*fam*⟩ to give tit for tat; ⟨*fig*⟩ **scadere** *di* ~ to go down.

tonometria *f.* ⟨*Chim*⟩ tonometry. **tonometro** *m.* tonometer.

tonsilla *f.* ⟨*Anat*⟩ tonsil: *farsi togliere le –e* to have one's tonsils removed (*o* out). **tonsillare** *a.* ⟨*Med*⟩ tonsillar(y). **tonsillectomia** *f.* ⟨*Chir*⟩ tonsillectomy. **tonsillite** *f.* ⟨*Med*⟩ tonsillitis.

tonsore *m.* ⟨*ant,scherz*⟩ tonsor. **tonsura** *f.* ⟨*Rel*⟩ tonsure. **tonsurare** *v.t.* to tonsure.

tontina *f.* ⟨*Econ*⟩ tontine.

tonto I *a.* ⟨*fam*⟩ stupid, silly, (*am*) dumb, thick. **II** *s.m.* (*f.* -a) stupid person, dope, blockhead. □ *fare il finto* ~ to play dumb.

topaia *f.* 1 (*nido di topi: rif. alla specie più piccola*) mouse hole; (*rif. alla specie più grande*) rat's nest (*o* burrow). 2 ⟨*fig*⟩ (*stamberga*) hovel, wretched house, ⟨*spreg*⟩ dump.

topazio *m.* 1 ⟨*Min*⟩ topaz. 2 (*color giallo ambrato*) topaz. □ ⟨*Min*⟩ ~ *bruciato* pink topaz; ~ *indiano* (*o orientale*) Oriental (*o* Indian) topaz.

topiario: ⟨*Giard*⟩ *arte –a* topiary (art).

topica[1] *f.* ⟨*Ret,Filos*⟩ topic.

topica[2] *f.* ⟨*fam*⟩ (*gaffe*) gaffe, faux pas, blunder: *fare una* ~ to make a gaffe.

topicida I *a.* rat–, mouse–. **II** *s.m.* rat poison.

topico *a.* (*pl.* -ci) 1 ⟨*Ret,Filos*⟩ topic. 2 ⟨*Med,Farm*⟩ topical, local.

topinambur *m.* ⟨*Bot*⟩ Jerusalem artichoke.

topino *m.* 1 (*f.* -a) small (*o* baby) mouse, mouselet, mousekin. 2 ⟨*fig*⟩ (*persona piccola*) shrimp; (*rif. a bambini*) little thing.

topo *m.* mouse; (*ratto*) rat. □ ⟨*fig*⟩ ~ *d'*albergo hotel thief; ⟨*fig*⟩ ~ *d'*auto car thief; ⟨*scherz,fig*⟩ ~ *di* biblioteca bookworm; ⟨*Lett*⟩ *il* ~ *di* campagna *e il* ~ *di* città The Country Mouse and the Town Mouse; ~ **comune** house mouse; ⟨*fig*⟩ *far la* **fine** *del* ~ (*rimanere intrappolato*) to be caught like a rat in a trap. *Prov.*: *i –i abbandonano la nave che affonda* rats desert a sinking ship.

topografia *f.* topography. **topograficamente** *avv.* topographically. **topografico** *a.* (*pl.* -ci) topographical: *carta –a* topographical map. □ *rilievi –i* ordnance surveys. **topografo** *m.* topographer.

topolino[1] *m.* (*f.* -a) 1 little (*o* baby) mouse, mouselet, mousekin. 2 ⟨*vezz*⟩ lively child, imp, scamp. 3⟨*Inform*⟩ mouse. **Topolino** *N.pr.m.* ⟨*Cin*⟩ Mickey Mouse.

topolino[2] *f.* ⟨*Aut*⟩ topolino (early model of the Fiat 500 car).

topologia *f.* 1 topology (*anche Geom.*). 2 ⟨*Ling*⟩ word positioning. **topologico** *a.* (*pl.* -ci) topological. **toponimico** *a.* (*pl.* -ci) toponymic(al). **toponimo** *m.* toponym. **toponomastica** *f.* toponymy. **toponomastico** *a.* (*pl.* -ci) toponymic.

toporagno *m.* ⟨*Zool*⟩ shrew (mouse), sorex.

toppa *f.* 1 (*pezza*) patch. 2 (*serratura*) lock: *girare la chiave nella* ~ to turn the key in the lock; (*buco della serratura*) keyhole. □ *a* ~ patch–: *tasca a* ~ patch pocket; *mettere una* ~ *a qc.* to put a patch on s.th., to patch s.th.; ⟨*fig*⟩ (*rimediare alla meglio*) to patch s.th. up.

toppo *m.* stump.

tor *m.* ⟨*Fis*⟩ torr.

torace *m.* ⟨*Anat*⟩ thorax, chest. **toracentesi** (*o toracentèsi*) *f.* ⟨*Chir*⟩ thoracentesis.

toracico *a.* (*pl.* -ci) thoracic, chest–: *gabbia –a* thoracic (*o* rib) cage.

toracocentesi (*o toracocentèsi*) *f.* → toracentesi. **toracoplastica** *f.* ⟨*Chir*⟩ thoracoplasty. **toracoscopia** *f.*

⟨*Med*⟩ thoracoscopy. **toracotomia** *f.* thoracotomy.

torba *f.* peat. □ *estrazione di* ~ peat winning; ~ *fertilizzante* manure peat.

torbida *f.* **1** ⟨*Geog*⟩ alluvial matter (carried along in suspension in a river), silt. **2** ⟨*Minier*⟩ ore pulp.

torbidamente *avv.* turbidly. **torbidezza** *f.* turbidity, turbidness. **torbidità** *f.* ⟨*Meteor,Chim,Fis*⟩ turbidity: ~ *atmosferica* atmospheric turbidity. **torbido I** *a.* **1** (*rif. a liquidi*) turbid, cloudy, muddy: *acqua –a* cloudy water. **2** ⟨*fig*⟩ (*cupo*) dark, turbid: *sguardo* ~ dark look. **II** *s.m.* **1** something wrong (*o amiss*), ⟨*fam*⟩ something fishy: *c'è del* ~ *in questa faccenda* there is something ⌐wrong here⌐ (*o* fishy about this). **2** *pl.* (*principi di sommossa*) unrest, disturbances *pl;* (*tumulti*) tumults *pl,* riots *pl.* □ ⟨*fig*⟩ *pescare nel* ~ to fish in troubled waters. **torbidume** *m.* turbid things *pl,* cloudy (*o* thick) matter.

torbiera *f.* ⟨*Geog*⟩ peatbog, peat moor, peatmoss. **torboso** *a.* ⟨*Geog*⟩ peaty, peat–.

torcere *v.t.* (**torco, torci; torsi, torto**) **1** to twist. **2** (*piegare, curvare*) to bend: ~ *un ferro* to bend a rod. **3** (*storcere*) to twist, to wring: *torcersi le mani* to wring one's hands. **4** (*strizzare*) to wring (out): ~ *la biancheria* to wring out the washing. **torcersi** *v.r.* to writhe, to twist, to roll about: *torcersi dal dolore* to writhe in agony. □ ⟨*fig*⟩ *non* ~ *capello a qd.* not to hurt a hair of s.o.'s head; ~ *il collo* (*per vedere*) to crane (*o* stretch) one's neck; ~ *il collo a qd.* to wring s.o.'s neck; ~ *il filo* to twist thread; *dare del filo da* ~ *a qd.* to make things hard for s.o.; *torcersi dalle risa* to ⌐be doubled up⌐ (*o* split one's sides) with laughter.

torchiare *v.t.* (**torchio, torchi**) to press. **torchiatura** *f.* ⟨*Ind,Enol*⟩ pressing. **torchietto** *m.* **1** ⟨*Legat*⟩ binding –press. **2** ⟨*Fot*⟩ printing frame.

torchio *m.* **1** ⟨*Mecc*⟩ press. **2** ⟨*Enol*⟩ wine press. **3** ⟨*Legat*⟩ binding press. **4** ⟨*Tip*⟩ printing press. □ ⟨*Tip*⟩ ~ **calcografico** copperplate press; ⟨*tecn*⟩ ~ **idraulico** hydraulic press; ⟨*Tip*⟩ ~ *a* **mano** hand press; ~ **pneumatico** pneumatic press; ⟨*fig*⟩ *essere* **sotto** *il* ~ to be under pressure; ⟨*fig*⟩ *metter* (*o tenere*) *qd. sotto il* ~: 1 to put pressure (*o* the screws) on s.o.; 2 (*sottoporlo a un interrogatorio serrato*) to fire questions at s.o.; ~ *da* **stampa** (hand) press.

torcia *f.* (*pl.* **-ce**) torch. □ ~ **elettrica** electric torch, flash–light; ~ *a* **vento** wind–proof torch.

torcicollo *m.* **1** ⟨*fam*⟩ stiff–neck, ⟨*fam*⟩ crick in the neck. **2** ⟨*Med*⟩ torticollis, wryneck.

torciera *f.,* **torciere** *m.* torch holder, stand.

torciglione *m.* ⟨*Mod*⟩ (*acconciatura*) turban.

torcimento *m.* writhing, twisting. **torcinaso** *m.* (*pl. inv./***torcinasi**) twitch, barnacle. **torcitoio** *m.* ⟨*Tess*⟩ throwing (*o* twisting) machine. **torcitore** *m.* **1** twister. **2** ⟨*Tess*⟩ throwster. **torcitrice** *f.* **1** twister. **2** ⟨*Tess*⟩ (*operaia*) throwster. **3** ⟨*Tess*⟩ (*macchina*) throwing (*o* twisting) machine. **torcitura** *f.* **1** (*spremitura nello strettoio*) pressing. **2** ⟨*Tess*⟩ throwing; (*torsione*) twist(ing).

tordela, tordella *f.* ⟨*Ornit*⟩ mistle(toe) thrush, missel thrush.

tordo *m.* ⟨*Ornit*⟩ thrush.

toreare *v.i.* (**toreo;** *aus.* avere) to fight bulls. **torello** *m.* **1** young bull, bullock. **2** ⟨*fig*⟩ (*giovane robusto*) ox, bull. **torero** *m.* bullfighter, toreador, torero.

toreutica *f.* toreutics *pl* (*costr.sing.*), toreutic art.

torinese I *a.* of Turin, Turinese. **II** *s.* **1** *m.* (*dialetto*) dialect of Turin. **2** *m./f.* (*abitante*) native (*o* inhabitant) of Turin. **Torino** *N.pr.f.* ⟨*Geog*⟩ Turin.

torio *m.* ⟨*Chim*⟩ thorium.

torlo *m.* (*tuorlo*) egg yolk.

torma *f.* **1** (*massa di persone*) (unruly) crowd, throng, swarm. **2** (*branco di animali*) herd. □ *a –e* in crowds, in a host.

tormalina *f.* ⟨*Min*⟩ tourmaline.

tormenta *f.* ⟨*Meteor*⟩ snowstorm.

tormentare *v.t.* (**tormento**) **1** (*mettere alla tortura*) to torture, to torment (*anche estens.*): *essere tormentato dal mal di testa* to be tormented by a headache; *essere tormentato dal rimorso* to be tormented by remorse. **2**

⟨*estens*⟩ (*infastidire*) to torment, to plague, to pester, to harass: *smetti di tormentarmi con le tue domande* stop pestering me with your questions. **tormentarsi** *v.r.* to be tormented, to torment o.s., to worry: *non tormentarti prima del tempo* don't worry until you have to.

tormentato *a.* **1** tormented, tortured. **2** (*irrequieto*) anxious, restless: *animo* ~ restless spirit. **tormentatore** *m.* (*f.* **-trice**) tormentor, torturer. **tormento** *m.* **1** torment, agony (*anche estens.*): *morire fra i più atroci –i* to die in atrocious agony; *queste zanzare sono un vero* ~ these mosquitoes are agony (*o* murder); *soffrire i –i della gelosia* to suffer the torments of jealousy. **2** ⟨*pop*⟩ (*persona fastidiosa*) torment, torture, ⟨*fam*⟩ pest. **tormentone** *m.* ⟨*fig*⟩ (*rovello*) anguish, torment. **tormentosamente** *avv.* tormentingly. **tormentoso** *a.* **1** tormenting, painful: *una fame –a* tormenting (*o* nagging) hunger. **2** ⟨*estens*⟩ (*fastidioso*) tormenting, troublesome, upsetting: *pensieri –i* troublesome thoughts.

tornaconto *m.* profit, advantage, benefit. □ *averci il proprio* ~ to find s.th. profitable (*o* to one's advantage), to get s.th. out of it; *esserci* ~ to be profitable.

tornado *m.inv.* ⟨*Meteor*⟩ tornado.

tornante *m.* ⟨*Strad*⟩ hairpin bend (*o* curve). □ *strada a –i* sharply winding road, road full of hairpin curves.

tornare *v.i.* (**torno;** *aus.* essere) **1** to return, to get back; (*venire di nuovo*) to come back: *tornate presto* come back soon; (*andare di nuovo*) to go back: ~ *al proprio posto* to go back to one's seat; (*essere di ritorno*) to be back: *torno subito* I'll be back at once. **2** (*essere riportato indietro*) to be given (*o* brought) back, to go (*o* come) back, to return: *la macchina da scrivere deve* ~ *nel mio studio* the typewriter must be brought back to my study. **3** (*riprendere un'attività*) to go back, to start again, to return: ~ *al lavoro* to go back to work. **4** (*ripresentarsi, ricomparire*) to come (*o* be) back, to return, to have again: *gli è tornata la febbre* he has a temperature again. **5** (*riportare il discorso su*) to go (*o* come) back to, to take up again: ~ *su un argomento* to go back to a subject, to take a subject up again. **6** (*ridiventare*) to become (*o* be) again: *l'abito è tornato come nuovo* the dress is like new (again). **7** (*ricominciare*) to start again, to begin again: *torna a piovere* it has started to rain again; *tornò a stirare* she started ironing again. **8** ⟨*fam*⟩ (*essere, riuscire*) to be, to prove (to be), to turn out (to be): *se vi torna comodo* if it is convenient for you; ~ *utile* to be useful, to prove of use; *non mi torna gradito* it isn't very nice for me. **9** ⟨*fam*⟩ (*risultare esatto*) to be right (*o* exact): *il conto non torna* the bill is not right. □ ~ *in* **aereo** to fly back; ~ *d'*attualità to become of topical interest again; *ben tornato!* welcome back!; ⟨*scherz*⟩ ~ *a* **bomba** (*riprendere l'argomento principale*) to get back to the subject; ~ *alla* **carica** to insist, to persist; ~ *a* **casa** to go (*o* come) home; ~ **comodo** to be convenient; ~ *di* **corsa** to rush (*o* hurry) back; ~ **dentro** to come (*o* go) back in; ~ *a* **dire** to repeat; ~ *su qc. col* **discorso** to go back to a subject; ~ *a* **galla**: 1 to (come to the) surface again; 2 ⟨*fig*⟩ (*rif. a persone*) to come to the top again; 3 ⟨*fig*⟩ (*rif. a fatti*) to come up (*o* to light) again; ~ **giù** to go (*o* come) back down; ~ **indietro**: 1 to go (*o* come) back, to return; 2 ⟨*fig*⟩ (*nel discorso*) to go back; 3 ⟨*fig*⟩ (*regredire*) to go (*o* turn) back, to regress: *aveva fatto dei progressi ma dopo la malattia è tornato indietro* he had improved but after his illness he regressed; *non si torna più indietro* there is no turning (*o* looking) back; ~ *alla* **mente**: 1 to come back to mind; 2 (*ricordare*) to remember: *non mi torna alla mente* I don't remember it; ~ *di* **moda** to come back into fashion, to be the fashion again; ~ *a* **nuoto** to swim back; ~ *a* **onore** *di qd.* to be to s.o.'s honour, to do s.o. credit; ~ *sui propri* **passi** to retrace one's steps; ~ *in* **patria** to go (*o* come) home; ~ *in* **possesso** *di qc.* to get s.th. back; ~ *a* **proposito** (*venire a proposito*) to be just right; (*al momento giusto*) to come at the right time (*o* moment); ⟨*fig*⟩ ~ *al* **punto** *di partenza* to go back to the starting point (*o* beginning); ~ *in* **sé** to come round (*o* to one's senses), to regain consciousness; ⟨*fig*⟩ (*ravvedersi*) to come to one's senses, to recover one's wits; ~ **sopra** *qc.*

(*ripensarci*) to have second thoughts about s.th.; ~ **su** to come (*o* go) back up, to climb back; ⟨*fig*⟩ ~ **sulla retta via** to mend one's ways; ~ *in* **vita** to come back to life; ~ *in* **voga** to come in (*o* into fashion) again. ‖ **tornarsene** to go (*o* come) back, to return; *torniamo a noi* let's get back to the subject.

tornasole *m.inv.* ⟨*Chim*⟩ litmus: *carta* (*o cartina*) *al* ~ litmus paper.

tornata *f.* ⟨*seduta*⟩ session, meeting.

torneare *v.i.* (**torneo**; *aus.* **avere**) to tourney; ⟨*giostrare*⟩ to joust. **torneatore** *m.* tourneyer; ⟨*giostratore*⟩ jouster.

torneggio *m.* ⟨*tecn*⟩ throwing (on a potter's wheel).

tornella *f.* **tornello** *m.* turnstile.

torneo *m.* **1** ⟨*Mediev*⟩ tournament, tourney; ⟨*giostra*⟩ joust. **2** (*serie di gare*) tournament: ~ *di* **bridge** bridge tournament. □ ~ *a* **squadre** team competition.

tornese *m.* ⟨*Numism*⟩ tournois.

tornio *m.* ⟨*Mecc*⟩ lathe. □ ~ **automatico** automatic (*o* self-acting) lathe; ~ *da* **banco** bench lathe; ~ *a* **copiare** duplicating (*o* copying) lathe; ~ *per* **filettare** threading (*o* screw-cutting) lathe; ~ *per* **legno** wood-turning lathe; ~ *per* **metalli** metal(-turning) lathe; ~ *per* **profilare** forming lathe; ~ *a* **revolver** turret (*o* capstan) lathe; ~ *da* **vasaio** potter's wheel; ~ **verticale** boring mill.

tornire *v.t.* (**tornisco, tornisci**) **1** ⟨*tecn*⟩ to turn (on a lathe). **2** ⟨*fig*⟩ to shape, to turn, to polish: ~ *una frase* to turn a phrase. **tornito** *a.* **1** turned. **2** ⟨*estens*⟩ (*di forme rotonde*) shapely, (well-)turned: *braccia* -*e* shapely arms. **3** ⟨*fig*⟩ (*armonioso*) (well-)turned, polished: *una frase* -*a* a well-turned phrase. **tornitore** *m.* ⟨*tecn*⟩ turner, lathe hand; (*di legno*) wood turner. **tornitura** *f.* ⟨*tecn*⟩ turning; (*rif. a legno*) wood-turning.

torno *m.* (*giro*) turn, ring, circle. □ *di* ~ around; *togliti di* ~ get out of the way; *levarsi di* ~ *qd.* to get rid of s.o.

toro[1] *m.* **1** bull. **2** ⟨*fig*⟩ (*persona robusta*) ox, bull: *essere un* ~ to be as strong as an ox. **Toro** *N.pr.m.* **1** ⟨*Astr*⟩ Taurus, Bull. **2** (*persona nata sotto il segno del Toro*) Taurus. □ ⟨*fig*⟩ *prendere il* ~ *per le corna* to take the bull by the horns; ⟨*fig*⟩ *tagliare la testa al* ~ to settle the question.

toro[2] *m.* ⟨*Mat,Arch*⟩ torus, tore.

toroidale *a.* ⟨*Mat*⟩ toroidal. **toroide** *f.* toroid.

torpedine[1] *f.* ⟨*Itt*⟩ (*anche torpedine marezzata*) (marbled) electric ray.

torpedine[2] *f.* ⟨*Mar.mil*⟩ torpedo.

torpediniera *f.* ⟨*Mar.mil*⟩ torpedo-boat.

torpedo *f.inv.* ⟨*Aut*⟩ torpedo. **torpedone** *m.* ⟨*Aut*⟩ (motor-)coach, ⟨*am*⟩ bus.

torpidamente *avv.* torpidly. **torpidezza** *f.* **1** torpidness. **2** (*stato di indolenza*) dullness, sluggishness, torpor. **torpido** *a.* **1** torpid. **2** ⟨*fig*⟩ (*pigro*) dull(ed), torpid, sluggish. **torpore** *m.* **1** torpor. **2** ⟨*fig*⟩ (*pigrizia*) torpor, dullness, sluggishness.

torr *m.* → **tor**.

torraiolo: ⟨*Ornit*⟩ *colombo* ~ rock dove.

torre *f.* **1** tower. **2** (*negli scacchi*) rook, castle. **3** ⟨*Alp*⟩ tower, high rocky formation. **4** ⟨*Mar.mil*⟩ turret. □ *edificio* **a** ~ tower; ~ *d'acqua* water-tower; ⟨*fig*⟩ ~ *d'avorio* ivory tower; ⟨*Bibl*⟩ ~ *di* **Babele** tower of Babel; ~ **campanaria** bell tower; ~ *di* **comando** conning tower; ⟨*Aer*⟩ ~ *di* **controllo** control tower; ⟨*Minier*⟩ ~ *d'estrazione* winding tower, headgear, lift (*o* head) frame; ~ *del* **faro** lighthouse; ~ *di* **guardia** guard (*o* watch) tower, look-out tower; ⟨*Astron*⟩ ~ *di* **lancio** launching (*o* rocket-assembly) tower; ~ *di* **Londra** Tower of London; ~ **merlata** crenellated tower; ⟨*Mil.ant*⟩ ~ **mobile** (movable) tower; ⟨*Minier*⟩ ~ *di* **perforazione** derrick, drilling rig; ~ *della* **televisione** television tower.

torrefare *v.t.* (**torrefò/torrefaccio, torrefai; torrefeci, torrefatto**; → **fare**) to roast, to torrefy; (*rif. al caffè*) to roast. **torrefazione** *f.* **1** roasting, torrefaction; (*del caffè*) roasting. **2** (*bottega*) shop selling (roasted) coffee.

torreggiare *v.i.* (**torreggio, torreggi**; *aus.* **avere**) **1** (*levarsi*) to rise, to tower (up). **2** ⟨*fig*⟩ (*elevarsi come una torre*) to tower (*su* over), to rise (above): *torreggia su tutti con la sua statura* he towers above everyone.

torrente *m.* **1** stream, torrent (*anche estens*): ~ *glaciale* glacial stream; ~ *di* **lava** torrent of lava. **2** ⟨*fig*⟩ torrent, flood, stream, flow: *un* ~ *di parole* a torrent of words; *un* ~ *di lacrime* a flood of tears. □ *a* -*i* in torrents: *la pioggia cadeva a* -*i* it was raining in torrents, it was pouring (with rain). **torrentizio** *a.* of a stream, torrential: *fiume di natura* -*a* torrential river. **torrenziale** *a.* torrential, streaming: *pioggia* ~ torrential rain.

torretta *f.* **1** (*struttura*) turret. **2** ⟨*Mar*⟩ (*di un sommergibile*) turret; (*torretta corazzata*) turret; (*torre di comando*) conning tower. **3** ⟨*Mil*⟩ turret (of a tank). **4** ⟨*Aer,Mecc*⟩ turret.

torrido *a.* torrid, scorching, burning: *clima* ~ torrid climate. □ ⟨*Geog*⟩ *zona* -*a* torrid zone.

torrione *m.* **1** ⟨*Stor*⟩ (large) tower, keep. **2** ⟨*Mar.mil*⟩ turret mast.

torrone *m.* ⟨*Dolc*⟩ torrone (kind of nougat): ~ *al* **cioccolato** chocolate torrone.

torsionale *a.* ⟨*tecn*⟩ torsional, torsion-. **torsione** *f.* **1** torsion, twisting. **2** ⟨*tecn,Mecc*⟩ torsion. **3** ⟨*Tess,Ginn*⟩ twist.

torso *m.* **1** → **torsolo**. **2** (*busto, tronco*) trunk, torso. **3** ⟨*Scult*⟩ torso. □ *a* ~ **nudo** bare-chested.

torsolo *m.* (*torso: di piante*) stalk, stem; (*del cavolo*) stalk; (*di frutta*) core: ~ *di* **mela** apple core.

torta *f.* **1** ⟨*Dolc*⟩ cake: ~ *di* **cioccolato** chocolate cake; ~ **nuziale** wedding cake; (*crostata*) tart. **2** ⟨*Gastr*⟩ cake, tart: ~ *di* **formaggio** cheesecake. □ ~ *alla* **crema** cream cake; ⟨*fam*⟩ **dividersi** *la* ~ (*spartirsi il bottino*) to split the loot; ~ **gelata** ice-cream cake; ~ *di* **mandorle** almond cake; ~ *di* **mele** apple pie; **miscela** *per* -*e* cake mix; ~ *a* **ripiani** tiered cake.

tortellino *m.* ⟨*Gastr*⟩ tortellino (kind of ravioli). **tortello** *m.* **1** ⟨*Gastr*⟩ kind of pie. **2** ⟨*Dolc*⟩ kind of fritter.

torticcio *m.* cable-laid rope, cable (rope).

tortiera *f.* (*teglia*) cake tin.

tortiglione *m.* **1** spiral. **2** ⟨*Mod*⟩ (*acconciatura*) turban. □ *a* ~ spiral, twisted: *colonna a* ~ spiral column. **tortile** *a.* spiral, twisted: *colonna* ~ spiral column.

tortino *m.* ⟨*Gastr*⟩ pie.

torto[1] *m.* **1** wrong: *mettersi dalla parte del* ~ to put o.s. in the wrong; *riparare un* ~ to right a wrong; *fare un* ~ *a qd.* to do s.o. (a) wrong, to wrong s.o. **2** (*colpa*) fault: *il* ~ *non è tutto mio* it's not all my fault. □ *a* ~: 1 (*ingiustamente*) wrongfully, wrongly: *non a* ~ *si dice che è avaro* it's right to call him mean; 2 (*inopportunamente*) wrongly; *ti lamenti a* ~ you are wrong to complain; *a* ~ *o a ragione* right or wrong; **avere** ~ to be wrong; *ho il solo* ~ *di averti ascoltato* my only mistake was to listen to you; *avere un* ~ *verso qd.* to have done s.o. wrong; **dar** ~ *a qd.* to say that s.o. is wrong; *i fatti gli hanno dato* ~ events proved him wrong; **far** ~ *a qd.*: 1 to wrong s.o., to do s.o. wrong, 2 (*essere indegno*) to be unworthy of s.o.: *queste parole ti fanno* ~ these words are unworthy of you; *avere* ~ **marcio** to be absolutely wrong; *essere dalla* **parte** *del* ~ to be in the wrong; **riconoscere** *i propri* -*i* to recognize one's faults; *non ha* **tutti** *i* -*i* he's not altogether wrong.

torto[2] **I** *a.* **1** twisted. **2** (*piegato*) bent. **3** (*rif. a strade e sim.*) winding, twisting; (*storto*) twisted, crooked: *avere la bocca* -*a* to have a twisted mouth. **II** *s.m.* ⟨*Tess*⟩ twine, twist.

tortora *f.* ⟨*Ornit*⟩ turtle-dove. □ *color* ~ dove-colour, turtle dove.

tortuosamente *avv.* tortuously, crookedly (*anche fig.*). **tortuosità** *f.* tortuosity, crookedness (*anche fig.*). **tortuoso** *a.* **1** tortuous, winding, crooked: *un fiume* ~ *a* winding (*o* meandering) river. **2** ⟨*fig*⟩ tortuous, crooked, devious: *ragionamento* ~ devious reasoning.

tortura *f.* **1** torture (*anche estens.*): *mettere alla* ~ to put to (the) torture; *strumenti di* ~ instruments of torture; *sottoporre qd. a una continua* ~ *morale* to subject s.o. to continuous mental torture. **2** ⟨*fig*⟩ torture, torment, agony: *l'esame di chimica è stato una vera* ~ the chemistry exam was real agony. **torturare** *v.t.* **1** to torture. **2** ⟨*fig*⟩ (*tormentare*) to torment, to torture, to rack: *la gelosia lo tortura* he is tormented with jealousy. **torturarsi** *v.r.* (*affliggersi*) to torment o.s. □ *torturarsi il cervello* to rack (*o* cudgel) one's brains.

torvamente *avv.* surlily, grimly; (*biecamente*) askance, askew: *guardare ~ qd.* to look askance at s.o. **torvo I** *a.* surly, grim: *occhiata –a* surly look; (*bieco*) sidelong, ⟨*pred*⟩ askew. **II** *avv.* → **torvamente.**

tosa|cani *m.inv.* dog clipper. **~erba** *m./f.inv.* lawn –mower.

tosare *v.t.* (**toso**) **1** to shear: *~ una pecora* to shear a sheep; (*rif. a cani*) to clip. **2** (*estens*) (*tagliare pareggiando*) to clip, to trim: *~ le frange di un tappeto* to trim the fringe on a rug; (*rif. a monete*) to clip. **3** ⟨*scherz*⟩ (*tagliare i capelli molto corti*) to crop, ⟨*scherz*⟩ to scalp. **4** ⟨*region*⟩ (*tagliare i capelli*) to cut the hair of. **5** ⟨*fam*⟩ (*spogliare del denaro*) to fleece, to scalp: *~ qd. come una pecora* to fleece s.o. like a lamb. **tosato** *a.* **1** shorn, sheared; (*rif. a cani*) clipped. **2** (*rif. a monete*) clipped. **3** ⟨*region*⟩ (*con i capelli molto corti*) cropped, ⟨*scherz*⟩ scalped. **tosatore** *m.* (*f.* -trice/*pop.* -a) shearer; (*rif. a cani*) clipper. **tosatrice** *f.* **1** (*macchinetta per tosare*) hair clipper, clippers *pl; (per pecore*) sheep–shearing machine. **2** ⟨*Giard*⟩ lawn–mower. **tosatura** *f.* **1** (*di pecore*) sheep shearing; (*di cani*) clipping; (*rif. ad alberi*) trimming, clipping, pruning. **2** ⟨*scherz*⟩ (*taglio dei capelli*) haircut.

Toscana *N.pr.f.* ⟨*Geog*⟩ Tuscany. **toscaneggiante** *a.* affecting the Tuscan style. **toscaneggiare** *v.i.* (**toscaneggio, toscaneggi;** *aus.* **avere**) to affect the Tuscan style, to adopt the Tuscan manner. **toscanismo** *m.* ⟨*Ling*⟩ Tuscan idiom (*o* expression). **toscanità** *f.* ⟨*Ling*⟩ Tuscan nature (*o* quality). **toscano I** *a.* Tuscan. **II** *s.m.* **1** (*dialetto*) Tuscan. **2** (*abitante; f.* -a) Tuscan, native (*o* inhabitant) of Tuscany. **3** (*tipo di sigaro*) kind of strong cigar.

tosone *m.* ⟨*ant*⟩ (*vello*) fleece. ☐ *Ordine del Toson d'Oro* Order of the Golden Fleece.

tosse *f.* cough. ☐ *accesso di ~* coughing fit; *avere la ~* to have a cough; *colpo di ~* cough; *~ convulsa* whooping cough. **tossicchiare** *v.i.* (**tossicchio, tossicchi;** *aus.* **avere**) to cough (discreetly), to clear one's throat.

tossicità *f.* toxicity. **tossico** *a./s.* (*pl.* -ci) **I** *a.* (*velenoso*) toxic, poisonous. **II** *s.m.* poison, toxic. ☐ ⟨*iperb*⟩ *amaro come un ~* as bitter as poison.

tossicodipendente I *a.* drug addicted (*o* dependent). **II** *s.m./f.* drug addict (*o* dependent). **tossicodipendenza** *f.* drug dependence. (*o* addiction).

tossicologia *f.* ⟨*Farm*⟩ toxicology. **tossicologico** *a.* (*pl.* -ci) toxicologic(al). **tossicologo** *m.* (*pl.* -gi; *f.* -a) toxicologist. **tossicomane I** *a.* addicted. **II** *s.m./f.* (drug) addict, toxicomaniac. **tossicomania** *f.* drug addiction (*o* habit), toxicomania. **tossicosi** *f.* ⟨*Med*⟩ toxicosis. **tossina** *f.* ⟨*Biol*⟩ toxin. **tossinfezione** *f.* ⟨*Med*⟩ toxinfection.

tossire *v.i.* (**tossisco/tosso, tossisci/tossi;** *aus.* **avere**) to cough.

tostacaffè *m.* coffee roaster. **tostapane** *m.inv.* (electric) toaster. **tostare** *v.t.* (**tosto**) **1** (*torrefare*) to roast, to toast: *~ il caffè* to roast coffee. **2** (*abbrustolire*) to toast: *~ il pane* to toast bread. **tostatura** *f.* **1** toasting. **2** (*torrefazione*) roasting, toasting.

tosto[1] *avv.* ⟨*lett*⟩ (*subito*) at once, immediately. ☐ ⟨*lett*⟩ *ben ~* (*subito*) at once; (*tra breve*) soon, before long; ⟨*lett*⟩ *~ che* (*non appena che*) as soon as.

tosto[2] *a.* ⟨*lett,region*⟩ hard. ☐ *faccia –a* cheeck; *avere la faccia –a* to be cheecky.

tosto[3] *m.* toasted sandwich.

tot I *a.indef.inv.* so many *pl,* a certain number of: *se questo appartamento oggi costa ~ milioni fra qualche anno costerà il doppio* if this apartment costs so many million today in a few years it will cost twice as much. **II** *pron.indef.* (*tanto*) so much, a certain amount: *spendere ~ per il vitto e ~ per i divertimenti* to spend so much on food and so much on entertainment.

totale I *a.* **1** *importo ~* total cost; *lunghezza ~* total length. **2** (*completo*) total, complete: *esaurimento ~ della merce* total clearance of the goods. **II** *s.m.* total: *fare il ~* to find the total, to cast (*o* add) up; (*importo*) (sum) total, amount: *il ~ è di centomila lire* the total amount is one hundred thousand lire. **totalità** *f.* **1** (*interezza*) totality, entirety. **2** (*numero complessivo*) whole. ☐ *~ dei beni* total estate (*o* assets); *nella ~ dei casi* in all cases; *la ~*

dei presenti all those present. **totalitario** *a.* **1** complete, whole, absolute: *ha avuto un'adesione –a* he has met with complete support. **2** ⟨*Pol*⟩ totalitarian: *regime ~* totalitarian regime. **totalitarismo** *m.* ⟨*Pol*⟩ totalitarianism. **totalitaristico** *a.* (*pl.* -ci) totalitarian. **totalizzare** *v.t.* to total, to reach a total of; (*nello sport*) to score (a total of): *~ sei punti* to score (a total of) six points. **totalizzatore** *m.* **1** totalizator, pari–mutuel machine, ⟨*fam*⟩ tote (*anche Sport.*). **2** (*parte d'una calcolatrice*) result (*o* product) register. **totalmente** *avv.* totally, wholly, entirely.

totano *m.* ⟨*Zool*⟩ squid.

totem *m.* ⟨*Etnol*⟩ totem. **totemismo** *m.* totemism.

totocalcio *m.* football pool(s), ⟨*fam*⟩ pools *pl: giocare al ~* to do the pools; *vincere al ~* to win the football pools.

toupet *fr.* [tu'pɛ] *m.* ⟨*Mod*⟩ hairpiece, toupee, ⟨*am*⟩ fall.

tournée *fr.* [tur'ne] *f.* ⟨*Teat,Sport*⟩ tour: *andare in ~* to (go on) tour.

tovaglia *f.* tablecloth, cloth: *stendere la ~ sul tavolo* to spread the tablecloth on the table. **tovagliato** *m.* **1** table linen, napery. **2** (*tipo di tessuto*) material for table linen. **tovagliolo** *m.* (table) napkin, serviette: *~ di carta* paper serviette.

toxoplasma *m.* ⟨*Biol*⟩ toxoplasma. **toxoplasmosi** [f. ⟨*Med*⟩ toxoplasmosis.

tozzo[1] *a.* (*rif. a persone*) stocky, thickset, stumpy: *un ragazzo piccolo e ~* a short stocky boy; (*rif. a cose*) squat, stumpy: *una torre –a* a squat tower.

tozzo[2] *m.* (*pezzo*) piece. ☐ (*fig*) *guadagnare un ~ di pane* to earn a crust of bread; ⟨*fam*⟩ *per un ~ di pane* (*per poco*) for a song.

tr. = **1** ⟨*Comm*⟩ *tratta* draft, bill of exchange. **2** ⟨*Gramm*⟩ *transitivo* transitive (*abbr.* tr.).

tra *prep.* (when followed by a personal pronoun it is generally used with *di*) **1** (*rif. a due persone o cose*) between: *sedeva ~ i genitori* he was sitting between his parents; *~ i due fratelli non c'è alcuna somiglianza* there is no likeness between the two brothers. **2** (*rif. a più persone o cose*) among(st): *la pace ~ le nazioni* peace among nations; *arrivammo ~ i primi* we were among the first to arrive. **3** (*in mezzo a, circondato da*) among, amid(st), in, in the middle of, in the midst of: *~ i fiori* amid the flowers; *un paesino ~ i monti* a village among (*o* in) the mountains. **4** (*rif. a tempo*) in, within: *tornerò ~ una settimana* I'll be back in a week's time; (*rif. a luogo*) another, after: *~ quaranta chilometri saremo a Roma* another forty kilometres and we'll be in Rome. **5** (*partitivo*) of, among: *il più giovane ~ noi condurrà il gioco* the youngest of us will organize the game; *chi ~ di voi?* which of you? **6** (*per indicare con complesso, una totalità*) in: *~ tutti saranno stati una trentina* there must have been some thirty of them ⌈in all⌉ (*o* altogether). ☐ *~ l'altro* among other things; (*inoltre*) besides; *stringere qd. ~ le braccia* to clasp s.o. in one's arms; *detto ~* (*di*) *noi* between ourselves; *~ ... e:* **1** (*col sost. al sing.*) between ... and: *Orvieto si trova ~ Firenze e Roma* Orvieto is between Florence and Rome; **2** (*con agg. o avv.*) half ... half: *un'espressione ~ triste e pensosa* a half sad, half thoughtful expression; **3** (*con l'inf.*) what with: *~ mangiare e dormire ho speso cinquantamila lire* what with board and lodging I spent fifty thousand lire; *~ oggi e domani* by tomorrow; *~ poco* in a little while, shortly, soon; *~ sé* to o.s.: *parlare ~ sé* to talk to o.s.; *pensare ~ sé e sé* to think to o.s.; *~ il sonno e la veglia* half asleep.

trabaccolo *m.* ⟨*Mar*⟩ small sailing boat.

traballamento *m.* **1** (*rif. a persone*) staggering, tottering, lurching, reeling. **2** (*rif. a cose*) wobbling. **traballante** *a.* **1** (*rif. a persone*) staggering, tottering, lurching, reeling. **2** (*rif. a cose*) shaky, rickety. **3** ⟨*fig*⟩ (*non saldo*) shaky; (*rif. a cose astratte*) wavering, unsteady: *fede ~* wavering faith. **traballare** *v.i.* (*aus.* **avere**) **1** (*rif. a persone: barcollare*) to stagger, to totter, to lurch, to reel. **2** (*rif. a cose: vacillare*) to be unsteady, to be shaky (*o* rickety): *il tavolino traballa* the table is rickety. **3** ⟨*fig*⟩ (*essere in pericolo*) to be shaky; (*rif. a cose astratte*) to waver: *la sua fede comincia a ~* his faith is beginning to waver. **traballio** *m.* **1** (*rif. a persone*) staggering, tottering.

lurching, reeling. **2** (*rif. a cose*) lurching, shaking.
trabeazione *f.* ⟨*Arch*⟩ trabeation.
trabiccolo *m.* **1** (*arnese per contenere lo scaldino*) wooden frame (around a bed warmer). **2** ⟨*scherz*⟩ (*veicolo sgangherato*) ramshackle (*o* rickety) vehicle, ⟨*fam*⟩ jalopy, ⟨*fam*⟩ crock.
traboccamento *m.* overflowing. **traboccante** *a.* overflowing (*di* with) (*anche fig.*). **traboccare** *v.i.* (**trabocco, trabocchi;** *aus.* **essere/avere**) **1** (*rif. a liquidi*) to overflow, to flow (*o* brim) over; (*in seguito a bollore*) to boil over: *il latte è traboccato* the milk has boiled over. **2** (*rif. a recipienti*) to be overflowing (*o* brimming), to be full to the brim (*di* with); (*rif. a luoghi chiusi*) to be full (of), to be overflowing (with): *la sala traboccava di gente* the room was full of people. **3** ⟨*fig*⟩ to be overflowing, to be brimming (with): *il mio cuore trabocca di gioia* my heart is overflowing with joy. □ ⟨*fig*⟩ *è la goccia che fa ~ il vaso* it's the last straw (*o* straw that broke the camel's back), it's too much, ⟨*fam*⟩ it's the end.
trabocchetto *m.* **1** trap, pitfall; (*botola*) trap door. **2** ⟨*fig*⟩ (*insidia, tranello*) trap, snare; (*difficoltà dissimulata*) pitfall, snag: *la traduzione era piena di –i* the translation was full of snags. □ *cadere in un ~* to fall into a trap; *domanda ~* trick question; ⟨*fig*⟩ *tendere un ~ a qd.* to set a trap for s.o.
tracagnotto **I** *a.* (*tarchiato*) squat, stocky, thickset, dumpy. **II** *s.m.* (*f.* **-a**) squat (*o* stocky) person.
tracannare *v.t.* to gulp down: *~ un bicchiere di vino* to gulp down a glass of wine.
traccagnotto *a./s.* → tracagnotto.
traccheggio *m.* ⟨*Sport*⟩ (*nella scherma*) false attack.
traccia *f.* (*pl.* **-ce**) **1** track, trail: *la ~ di una slitta* the track of a sleigh. **2** (*orma umana*) (foot)print, footmark, tracks *pl;* (*orma animale*) spoor, trail, tracks *pl.* **3** (*striscia*) trail: *una lunga ~ di polvere* a long trail of gunpowder. **4** ⟨*estens*⟩ (*segno, indizio*) trace, mark, sign: *scomparire senza lasciar ~ di sé* to disappear without leaving a trace. **5** *pl.* (*vestigia*) traces *pl,* trace, signs *pl,* vestiges *pl: tracce di antiche civiltà* traces of ancient civilizations. **6** (*schizzo, abbozzo*) sketch; (*schema*) outline: *preparare la ~ di un romanzo* to prepare the outline of a novel. **7** *pl.* ⟨*Chim,Med*⟩ traces *pl: tracce di sangue* traces of blood. **8** ⟨*tecn*⟩ (*di magnetofono*) track; (*di schermi dei tubi a raggi catodici*) trace. □ ⟨*fig*⟩ **essere** *sulle tracce di qd.* to be on s.o.'s trail; **falsa ~:** 1 ⟨*Venat*⟩ false trail (*o* scent); 2 ⟨*fig*⟩ wrong track: *seguire una falsa ~* to go off on the wrong track, to be (*o* get) off the track; ⟨*Chim*⟩ *in tracce* in traces; *~ luminosa* (*di proiettili*) luminous trail; **seguire** *le tracce di qd.* to follow s.o.'s tracks.
tracciamento *m.* ⟨*Topogr*⟩ lay-out. □ *~ di confine* demarcation of a boundary; *fare il ~ sul terreno* to lay out. **tracciante** **I** *a.* tracer-, tracing: *proiettile ~* tracer bullet (*o* shell). **II** *s.m.* **1** ⟨*Mil*⟩ tracer bullet (*o* shell). **2** ⟨*Biol*⟩ tracer. **tracciare** *v.t.* (**traccio, tracci**) **1** to trace, to mark (out), to draw: *~ una linea tratteggiata* to draw a broken line. **2** ⟨*estens*⟩ (*disegnare*) to draw, to sketch; (*rif. a diagrammi e sim.*) to lay (*o* map) out. **3** ⟨*fig*⟩ (*abbozzare*) to outline, to sketch (out): *l'autore traccia un quadro della situazione attuale* the author sketches a picture of the present situation. **4** ⟨*Geom*⟩ to describe: *~ un arco* to describe an arc. **5** ⟨*Topogr*⟩ to contour. □ *a grandi linee* to outline; ⟨*fig*⟩ *~ un programma* to map out a programme; ⟨*Mar*⟩ *sala ~* mold loft.
tracciato *m.* **1** (*progetto*) plan, lay-out: *il ~ di una strada* the lay-out of a road; *seguire il ~* to follow the plan. **2** (*disegno*) drawing, sketch. □ *~ del confine* boundary line.
tracciatore *m.* **1** (*f.* **-trice**) tracer. **2** (*nelle macchine elettroniche*) plotter. □ ⟨*Inform*⟩ *~ di grafici* graphic plotter. **tracciatura** *f.* (*disegno*) drawing, tracing.
trachea *f.* **1** ⟨*Anat*⟩ trachea, windpipe. **2** ⟨*Zool,Bot*⟩ trachea. **tracheale** *a.* ⟨*Anat,Zool,Bot*⟩ tracheal. **tracheite** *f.* ⟨*Med*⟩ tracheitis. **tracheotomia** *f.* ⟨*Chir*⟩ tracheotomy.
trachite *f.* ⟨*Min*⟩ trachyte.
Tracia *N.pr.f.* ⟨*Geog*⟩ Thrace.
tracimare *v.i.* (*aus.* **avere**) to overflow. **tracimazione** *f.* overflowing.

tracio *a./s.m.* (*f.* **-a**) ⟨*lett*⟩ Thracian.
tracolla *f.* shoulder strap. □ *a ~* shoulder-, slung over one's shoulder, on one's shoulder: *borsetta a ~* shoulder bag; *portare la borsa a ~* to carry one's bag on one's shoulder.
tracollare *v.i.* (**tracollo;** *aus.* **essere**) **1** to lose one's balance; (*cadere*) to fall (*o* tip) over. **2** (*rif. a bilance*) to overbalance. **tracollo** *m.* **1** (*rif. a bilance*) dipping, weighing down. **2** ⟨*fig*⟩ (*crollo*) collapse, breakdown; (*rovina finanziaria*) ruin, crash, collapse. □ *~ della borsa* stock–exchange crash; *~ dei prezzi di borsa* fall (*o* slump) in prices on the stock exchange; *subire un ~* to be (financially) ruined.
tracoma *m.* ⟨*Med*⟩ trachoma. **tracomatoso** *a.* trachomatous.
tracotante *a.* arrogant, haughty, overbearing. **tracotanza** *f.* ⟨*lett*⟩ arrogance, haughtiness.
tradeunionismo [treid–] *m.* trade unionism.
tradimento *m.* **1** treachery, betrayal. **2** ⟨*Dir*⟩ treason: *alto ~* high treason. □ *a ~* treacherously, by treachery; (*imprevedibilmente*) by surprise: *cogliere a ~* to take by surprise; ⟨*Dir*⟩ *accusare qd. di alto ~* to impeach s.o. for high treason; *mangiare il pane a ~* to eat at other people's expense; *commettere un ~ contro qd.* to betray s.o.; *~ della patria* treason. **tradire** *v.t.* (**tradisco, tradisci**) **1** to betray, to be disloyal to: *~ la patria* to betray one's country; *~ la fede data* to betray one's trust. **2** (*mancare alla fede coniugale*) to be unfaithful to, ⟨*fam*⟩ to cheat on: *~ la moglie* to be unfaithful to one's wife. **3** ⟨*estens*⟩ (*manifestare involontariamente*) to betray, to reveal, to show, to display: *non ~ la propria stanchezza* to betray no signs of one's fatigue; (*divulgare, rivelare*) to betray, to reveal, to disclose: *~ un segreto* to betray a secret. **4** ⟨*fig*⟩ (*venir meno*) not to keep, to fail in: *~ una promessa* not to keep a promise. **5** ⟨*fig*⟩ (*falsare*) to distort, to misrepresent: *~ la verità* to distort the truth; (*deludere*) to deceive, to betray: *se la memoria non mi tradisce* if my memory does not deceive (*o* fail) me. **tradirsi** *v.r.* to betray o.s., to give o.s. away: *ti sei tradito* you gave yourself away. **traditore** **I** *s.m.* (*f.* **-trice**) traitor, betrayer: *~ della patria* traitor to one's country. **II** *a.* treacherous.
tradizionale *a.* traditional. □ *di tipo ~* traditional. **tradizionalismo** *m.* traditionalism. **tradizionalista** *m./f.* traditionalist. **tradizionalistico** *a.* (*pl.* **-ci**) traditionalist(ic). **tradizionalmente** *avv.* traditionally. **tradizione** *f.* **1** tradition: *rompere la ~* to break with tradition; *~ orale* oral tradition, word–of–mouth; *la ~ vuole che* according to tradition; *una famiglia che ha delle –i* a family with (many) traditions. **2** ⟨*Dir*⟩ tradition, delivery, transfer. □ *rompere una ~* to break a tradition.
tradotta *f.* ⟨*Mil*⟩ troop train.
tradotto → **tradurre. traducibile** *a.* translatable. □ *non ~* untranslatable; *un testo difficilmente ~* a text that is difficult to translate. **tradurre** *v.t.* (**traduco, traduci; tradussi, tradotto;** → **condurre**) **1** to translate: *~ un brano dall'italiano in latino* to translate a passage from Italian into Latin. **2** ⟨*fig*⟩ (*spiegare*) to put, to explain: *~ qc. in parole povere* to explain s.th. simply, to put s.th. into simple words. **3** ⟨*burocr*⟩ to take, to convey: *l'assassino fu tradotto in carcere* the murderer was taken to prison; (*trasferire*) to transfer. □ *~ in atto* to put into effect, to carry out; ⟨*Dir*⟩ *~ in giudizio* to bring before the court (*o* judge); *~ alla lettera* to translate literally (*o* word for word); *~ liberamente* to translate loosely (*o* freely). **traduttore** **I** *s.m.* (*f.* **-trice**) translator: *~ giurato* certified (*o* sworn) translator. **II** *a.* translating: *macchina traduttrice* translating machine. □ *~ simultaneo* simultaneous translator. **traduzione** *f.* **1** translation: *una ~ dall'italiano in latino* a translation from Italian into Latin. **2** ⟨*burocr*⟩ (*trasporto di detenuti*) transfer. □ *~ automatica* machine translation; *~ letterale* literal translation; *~ libera* free (*o* loose) translation; *~ simultanea* simultaneous translation.
traente *m.* ⟨*Econ*⟩ drawer: *~ di un assegno* drawer of a cheque. **traenza** *f.* drawing.

trafelato *a.* panting, breathless, out of breath.

traferro *m.* ⟨*Fis*⟩ air gap.

trafficante *m./f.* **1** trader, dealer, merchant, trafficker: ~ *di schiavi* slave trader (*o* runner), slaver. **2** ⟨*spreg*⟩ operator, trafficker. □ ~ *di stupefacenti* drug pedlar, ⟨*gerg*⟩ pusher. **trafficare** *v.* (**traffico**, **traffichi**) **I** *v.i.* (*aus.* *avere*) **1** (*commerciare*) to deal, to trade, to traffic: ~ *in elettrodomestici* to deal in household appliances. **2** (*affaccendarsi*) to bustle about, to busy o.s. **II** *v.t.* ⟨*spreg*⟩ to traffic in. □ ~ *con qd.* to deal with s.o., ⟨*fam*⟩ to have truck with s.o. **traffichino** *m.* (*f.* -a) ⟨*spreg*⟩ intriguer, schemer.

traffico *m.* (*pl.* -ci/*ant.* -chi) **1** (*commercio*) trade, commerce, trading. **2** (*commercio illecito*) traffic, trade: ~ *di stupefacenti* traffic in drugs, drug peddling. **3** (*confusione*) bustle, confusion. **4** ⟨*Strad,Ferr,Aer*⟩ traffic: *strada chiusa al* ~ road closed to traffic. □ ~ **aereo** air traffic; ~ **cittadino** city traffic; ~ **ferroviario** rail traffic; ~ **interno** domestic traffic; ~ *di* **linea** line traffic; ~ **locale** local traffic; (*insegna stradale*) local traffic only; ~ **marittimo** maritime traffic; ~ **merci** goods (*o* freight) traffic; ~ **pedonale** pedestrian traffic; ~ **postale** postal traffic; ⟨*Strad*⟩ ~ *di* **punta** peak (*o* rush)–hour traffic; ~ **combinato rotaia**–*strada* piggy back traffic; ~ *a* **senso** *unico* one–way traffic; ~ **urbano** urban traffic.

trafiggere *v.t.* (**trafiggo, trafiggi; trafissi, trafitto**) **1** to run through, to pierce, to transfix: ~ *qd. con la spada* to run s.o. through with a sword. **2** ⟨*fig*⟩ (*rif. dolori fisici*) to pierce, to rack, to torment. □ ⟨*fig*⟩ ~ *il cuore* (*o l'anima*) *di qd.* to pierce s.o.'s heart.

trafila *f.* **1** wire–drawing machine; (*filiera*) die (plate), drawplate. **2** ⟨*burocr*⟩ (*serie di operazioni da seguire*) (official) procedure: *la pratica seguirà una lunga* ~ the matter will involve a lengthy procedure. **trafilare** *v.t.* ⟨*Mecc*⟩ to draw. **trafilato** *m.* ⟨*Met*⟩ drawn product. **trafilatura** *f.* ⟨*Mecc*⟩ drawing.

trafiletto *m.* ⟨*Giorn*⟩ paragraph, short notice (*o* article).

trafissi → **trafiggere**. **trafitta** *f.* (stab) wound. **trafitto** (*p.p. di trafiggere*) *a.* **1** run through, pierced, transfixed. **2** ⟨*fig*⟩ wounded. **trafittura** *f.* **1** (*atto*) running through, piercing, transfixion. **2** (*effetto*) (stab) wound. **3** (*puntura*) sharp (*o* piercing) pain.

traforare *v.t.* (**traforo**) **1** to pierce, to perforate: *la pallottola gli ha traforato il cuore* the bullet pierced his heart; (*trivellare*) to bore, to drill; (*aprire una galleria*) to tunnel (through), to make a tunnel in. **2** (*eseguire un lavoro di traforo*) to do fretwork on; (*in legno*) to cut (with a fretsaw). **3** ⟨*Lav.femm.*⟩ to embroider in openwork. **traforato** *a.* **1** pierced, perforated; (*trivellato*) bored, drilled; (*fatto a galleria*) tunnelled. **2** (*a traforo*) open, lacy; (*rif. al legno*) fretworked. □ *legno* ~ fretwork; *ricamo* ~ openwork. **traforatrice** *f.* (*macchina*) boring machine, drilling machine; (*sega*) fretsaw, fretsawing machine. **traforo** *m.* **1** piercing, perforation; (*trivellatura*) boring, drilling; (*il fare una galleria*) tunnelling. **2** (*galleria*) tunnel: *il* ~ *del Monte Bianco* the Mont Blanc tunnel. **3** (*lavoro a fori*) fretwork. **4** ⟨*Lav.femm*⟩ openwork.

trafugamento *m.* filching, purloining, stealing. **trafugare** *v.t.* (**trafugo, trafughi**) to filch, to purloin, to steal.

tragedia *f.* **1** ⟨*Lett*⟩ tragedy (*anche fig.*): *la* ~ *greca* Greek tragedy; *una* ~ *di Shakespeare* a Shakespearean tragedy. **2** ⟨*iperb*⟩ (*scenata*) scene, (terrible) fuss: *non è il caso di fare tante* –*e* there's no need to make such a fuss. **tragediografo** *m.* tragedian, writer of tragedies.

traggo → **trarre**.

traghettare *v.t.* (**traghetto**) to ferry. **traghettatore** *m.* (*f.* -trice) ferryman (*f* –woman). **traghetto** *m.* **1** (*il trasportare*) ferrying. **2** (*luogo*) ferry. **3** (*nave traghetto*) ferry boat. □ ~ *per automobili* car ferry; ~ *ferroviario* train ferry; ~ *fluviale* river ferry.

tragicamente *avv.* tragically. **tragicità** *f.* tragicalness (*anche fig.*). **tragico** *a./s.* (*pl.* -ci) **I** *a.* ⟨*Lett*⟩ tragic(al) (*anche fig.*): *stile* ~ tragic style; *attore* ~ tragic actor; *in circostanze tragiche* in tragic circumstances. **II** *s.m.* **1** (*autore*) tragedian, writer of tragedies. **2** (*attore*) tragic actor (*f* –tress). □ ⟨*fam*⟩ *fare il* ~ to make a mountain out of a molehill; ⟨*fam*⟩ *prendere qc. sul* ~ to dramatize s.th. **tragicomico** *a.* (*pl.* -ci) ⟨*Lett*⟩ tragicomic(al) (*anche fig.*). **tragicommedia** *f.* ⟨*Lett*⟩ tragicomedy (*anche fig.*).

tragitto *m.* **1** (*viaggio*) journey: *durante il* ~ during the journey, on the way; (*traversata*) crossing, passage. **2** (*tratto di strada, percorso*) way, route.

trago *m.* (*pl.* -ghi) ⟨*Anat*⟩ tragus.

traguardo *m.* **1** ⟨*Sport*⟩ (*punto d'arrivo*) finish, winning (*o* finishing) post; (*linea*) finishing line; (*nastro*) finishing tape: *tagliare il* ~ to cross the finishing line, to breast the tape. **2** ⟨*fig*⟩ (*punto d'arrivo*) goal, aim, target: *raggiungere un* ~ to achieve one's goal.

Traiano *N.pr.m.* ⟨*Stor*⟩ Trajan.

traiettoria *f.* **1** trajectory, path; (*rif. a proiettili*) trajectory. **2** ⟨*Fis,Geom*⟩ trajectory.

traina *f.* **1** tow rope. **2** ⟨*Equit*⟩ kind of broken trot. **trainabile** *a.* pullable, haulable, towable. **trainare** *v.t.* (**traino**) **1** to pull, to haul, to drag, to draw: *i buoi trainano il carro* the oxen pull the cart; (*rimorchiare*) to tow. **2** ⟨*fig*⟩ to drag. **traino** *m.* **1** (*il trainare*) pulling, haulage, dragging, drawing; (*il rimorchiare*) towing. **2** (*ciò che viene trainato*) tow. **3** (*strascico*) train. **4** (*veicolo senza ruote*) sled, sledge, sleigh. **5** (*carro*) wagon, cart; (*insieme di carri*) wagon train. **6** (*carico*) load. □ *da* ~ draught, (*animali da* ~) draught animals.

trait d'union *fr.* ['tredy'njɔ̃] *m.* **1** (*trattino*) hyphen. **2** ⟨*fig*⟩ link, connection; (*intermediario*) intermediary, go-between.

tralasciare *v.t.* (**tralascio, tralasci**) **1** (*interrompere*) to discontinue, to stop, to interrupt. **2** (*omettere di fare*) to omit, to fail, to neglect: *non* ~ *di avvertirmi* ⌐don't fail⌐ (*o* be sure) to let me know. **3** (*omettere*) to leave out, to omit, ⟨*fam*⟩ to skip: ~ *alcuni particolari* to leave out some details.

tralcio *m.* shoot; (*della vite*) vine shoot.

traliccio *m.* **1** ⟨*Tess*⟩ ticking, ticken. **2** (*struttura*) framework. **3** (*graticcio*) trellis, lattice. **4** (*pilone a traliccio*) pylon, girder pole: ~ *d'alta tensione* high –tension pylon. □ ~ *di sostegno di un ponte* trestle.

tralice: *in* (*o di*) ~ (*di sbieco*) slantingly, askance: *guardare qd. in* ~ to look askance at s.o.

tralignare *v.i.* (*aus.* **essere/avere**) (*degenerare*) to fall away (from ancestral excellence); (*peggiorare*) to degenerate, to deteriorate.

tralucente *a.* translucent, transparent. **tralucere** *v.i.dif.* (forms used: **traluce; traluceva**) **1** to shine (*in, attraverso* through): *un debole chiarore traluceva attraverso la tenda* a faint light shone through the curtain. **2** ⟨*fig*⟩ (*trasparire*) to shine: *la felicità le traluce dagli occhi* her eyes are shining with happiness.

tram *m.* tram car, ⟨*am*⟩ trolley(car), ⟨*am*⟩ streetcar: *andare in* ~ to go by tram.

trama *f.* **1** ⟨*Tess*⟩ weft, woof, filling. **2** ⟨*fig*⟩ (*macchinazione*) plot, conspiracy: *sventare una* ~ to foil a plot. **3** ⟨*fig*⟩ (*argomento, intreccio*) plot: *la* ~ *di un romanzo* the plot of a novel.

tramaglio *m.* **1** ⟨*Pesc*⟩ trammel (net). **2** ⟨*Venat*⟩ trammel.

tramandare *v.t.* to hand down. **tramandarsi** *v.r.* to be handed down. □ ~ *di padre in figlio* to hand down from father to son.

tramare *v.t.* to plot, to scheme, to intrigue.

trambusto *m.* turmoil, confusion, bustle.

tramestare *v.* (**tramesto**) **I** *v.t.* to turn topsy–turvy (*o* upside–down), to throw into disorder. **II** *v.i.* (*aus.* **avere**) **1** to rummage. **2** (*assol*) (*far disordine*) to turn everything topsy–turvy, to make everything untidy. **tramestio** *m.* bustle, stir.

tramezza *f.* (*tramezzo*) partition. **tramezzare** *v.t.* (**tramezzo**) **1** (*interporre*) to insert, to place between, to interpose; (*nel linguaggio di cucina*) to alternate, to place in layers. **2** (*separare con un tramezzo*) to partition (off). **tramezzino** *m.* **1** (small) partition. **2** ⟨*Gastr*⟩ sandwich.

tramezzo[1] *avv.* (*frammezzo*) between; (*tra più di due*) in the midst (*o* middle) of, among.

tramezzo[2] *m.* partition; (*muro divisorio*) partition (*o* dividing) wall.

tramite I *s.m.* **1** (*via, mezzo*) means. **2** ⟨*lett*⟩ (*passaggio*) way, route; (*sentiero*) path. **II** *prep.* (*per mezzo di*) by, by means of, through: ~ *la posta* by post. □ *appresi la notizia* ~ *la radio* I heard the news on the radio; *fare da* ~ to act as intermediary (*o* go–between); *per il* ~ *di qd.* through s.o.

tramoggia *f.* (*pl.* -ge) **1** hopper. **2** ⟨*Mar*⟩ feeder. **3** ⟨*Min*⟩ hopper crystal. □ *a* ~ hopper–shaped, hopper–: ⟨*Ferr*⟩ *carro a* ~ hopper(–bottom) car; *finestra a* ~ hopper –frame window.

tramontana *f.* tramontana; (*vento del nord*) north wind. □ *a* ~ north(ward), towards the north: *una finestra che guarda a* ~ a window facing north; ⟨*fig*⟩ *perdere la* ~ to get confused, ⟨*fam*⟩ to be all at sea.

tramontare[1] *v.i.* (**tramonto**; *aus.* **essere**) **1** ⟨*Astr*⟩ to set, to go down. **2** ⟨*fig*⟩ (*avere fine*) to come to an end, to have its day, to pass away: *una vita che sta tramontando* a life that is coming to an end; (*dileguarsi*) to fade, to wane, to decline: *le mie speranze sono tramontate* my hopes have faded.

tramontare[2] *m.* **1** setting; (*rif. al sole*) sunset: *al* ~ *del sole* at sunset. **2** ⟨*fig*⟩ fading, decline.

tramonto *m.* **1** ⟨*Astr*⟩ setting; (*del sole*) sunset. **2** ⟨*fig*⟩ fading, decline, waning: *il* ~ *della giovinezza* the fading of youth. □ *al* ~: 1 at sunset; 2 ⟨*fig*⟩ on the wane, declining, fading; *dall'alba al* ~ from dawn to dusk; ⟨*fig*⟩ *un attore giunto ormai al* ~ an actor who has had his day; *il sole al* ~ the setting sun; *l'ora del* ~ sunset; *il sole volge al* ~ the sun is about to set.

tramortire *v.* (**tramortisco, tramortisci**) **I** *v.t.* to stun, to knock out (*o* unconscious). **II** *v.i.* (*aus.* **essere**) to faint, to pass out, to lose consciousness, ⟨*lett*⟩ to swoon.

tramortito *a.* **1** (*privo di sensi*) unconscious, in a faint, senseless: *lo trovarono a terra* ~ they found him on the floor unconscious. **2** (*stordito*) stunned.

trampoliere *m.* ⟨*Ornit*⟩ wading bird.

trampolino *m.* ⟨*Sport*⟩ **1** (*per i tuffi: pedana*) diving board, springboard; (*struttura*) diving tower. **2** (*nel salto con gli sci*) ski–jump. **3** (*nelle palestre: pedana*) springboard, take–off board. □ ⟨*fig*⟩ *fare* (*o servire*) *da* ~ *a qd.* to be a stepping stone (*o* springboard) for s.o.

trampolo *m.* stilt. □ *reggersi sui* -*i*: 1 to balance o.s. on stilts; 2 ⟨*fig*⟩ (*rif. a persone*) to be in a bad way; ⟨*fig*⟩ *un ragionamento che si regge sui* –*i* an argument that doesn't hold water.

tramutare *v.t.* **1** (*mutare*) to change, to turn, to transform: *la maga tramutò il principe in rospo* the witch turned the prince into a toad. **2** (*trasferire*) to transfer: ~ *un dirigente* to transfer an executive. **tramutarsi** *v.r.* to be transformed, to change (*in* into), to turn (into, to).

tramvai *m.* → **tram.**

tramvia *f.* → **tranvia.**

trance *ingl.* [trɑːns] *f.* trance: *cadere in* ~ to fall (*o* go) into a trance.

tranche *fr.* [trɑ̃ʃ] *f.* **1** (*fetta*) slice. **2** ⟨*Econ*⟩ tranche.

trancia *f.* (*pl.* -ce) **1** ⟨*Gastr*⟩ slice: ~ *di pesce* slice of fish. **2** ⟨*Mecc*⟩ (*cesoia*) shears *pl*; (*cesoiatrice*) shearing machine. **tranciare** *v.t.* (**trancio, tranci**) ⟨*Mecc*⟩ to cut, to blank; (*con cesoie*) to shear. **tranciatore** *m.* cutter; (*usando cesoie*) shearer. **tranciatrice** *f.* ⟨*Mecc*⟩ (*cesoiatrice*) shearing machine. **tranciatura** *f.* ⟨*Mecc*⟩ cutting, blanking; (*con cesoie*) shearing. **trancio** *m.* ⟨*Gastr*⟩ (*trancia*) slice.

tranello *m.* **1** (*insidia*) trap, snare: *tendere un* ~ *a qd.* to set a trap for s.o. **2** (*difficoltà non palese*) pitfall, catch.

trangugiamento *m.* gulping. **trangugiare** *v.t.* (**trangugio, trangugi**) **1** to gulp (down), to bolt, to guzzle: ~ *un boccale di birra* to gulp a mug of beer. **2** ⟨*fig*⟩ (*mandar giù*) to swallow: ~ *un boccone amaro* to swallow a bitter pill.

tranne *prep.* except (for), excepting, but (for): *c'erano tutti* ~ *lui* they were all there except him, everyone but him was there. □ ~ *che* except (for), but (for): *fa tutto* ~ *che lavorare* he does everything except work.

tranquillamente *avv.* **1** (*con tranquillità*) quietly, peacefully, tranquilly: *vivere* ~ to live quietly. **2** (*senza*

troppo preoccuparsi) confidently, with confidence, without hesitation: *rivolgiti* ~ *al direttore* go to the manager without hesitation. **3** (*senza rischi*) safely, without danger: *in questo lago puoi fare* ~ *il bagno* you can swim in this lake safely (*o* without danger). **4** (*comodamente, facilmente*) easily: *è una macchina che fa* ~ *i 130 km orari* it's a car that easily does 130 kms an hour.

tranquillante I *a.* calming, soothing, tranquillizing: *una bevanda* ~ a soothing beverage; (*che tranquillizza*) reassuring: *notizie* –*i* reassuring news. **II** *s.m.* ⟨*Farm*⟩ tranquillizer. **tranquillare** I *v.t.* **1** (*calmare, sedare*) to calm, to soothe, to quieten, to ease. **2** (*tranquillizzare*) to tranquillize, to reassure. **tranquillità** *f.* **1** calm(ness), stillness, peacefulness: *la* ~ *della natura* the peacefulness of nature. **2** (*quiete, silenzio*) quiet(ness), peace(fulness), silence. **3** (*calma*) tranquillity, calm: *possiamo considerare la situazione con tutta* ~ we can consider the situation ⌐with complete tranquillity⌐ (*o* calmly). **4** (*sicurezza*) confidence, peace of mind: *per mia* ~ *vorrei che lo mettessi per iscritto* for my own peace of mind I'd like you to put it in writing. □ *con* ~ calmly; *per Sua* ~ to set your mind at rest. **tranquillizzante** *a.* reassuring.

tranquillizzare *v.t.* **1** (*rendere tranquillo*) to calm, to make calm, to quiet, to tranquillize: *la tua presenza qui mi tranquillizza* your being here makes me calm. **2** (*rassicurare*) to reassure: ~ *qd.* to reassure s.o., to set s.o.'s mind at rest. **tranquillizzarsi** *v.r.* **1** (*mettersi quieto*) to calm down. **2** (*rassicurarsi*) to be reassured. **tranquillo** *a.* **1** (*calmo*) calm: *il mare è* ~ the sea is calm. **2** (*quieto, silenzioso*) quiet, peaceful, tranquil. **3** (*pacifico*) peaceful, calm: *sonno* ~ peaceful (*o* untroubled) sleep. **4** (*sereno*) serene, tranquil, easy: *coscienza* –*a* easy conscience. **5** (*sicuro*) sure, confident, unworried: *possiamo stare* –*i sull'esito degli esami* we can be sure of the result of the examinations. □ *stia* ~ (*non dubiti*) don't worry, take it easy.

trans. = ⟨*Gramm*⟩ *transitivo* transitive (*abbr.* trans., tr.).

transalpino *a.* transalpine.

transaminasi *f.* ⟨*Biol*⟩ transaminase.

transappenninico *a.* (*pl.* -ci) transapennine.

transatlantico *a./s.* (*pl.* -ci) **I** *a.* transatlantic. **II** ⟨*Mar*⟩ transatlantic (ship, liner).

transattivo *a.* transactive.

transatto → **transigere. transazione** *f.* **1** compromise, arrangement. **2** ⟨*Dir*⟩ settlement, composition: *effettuare una* ~ to effect a composition; ~ *extragiudiziale* settlement out of court. **3** ⟨*Comm*⟩ transaction. □ ⟨*Econ*⟩ –*i di capitali* capital transactions, movement of capital; ~ *commerciale* commercial transaction.

transcontinentale *a.* transcontinental.

transeat *lat. intz.* (*sia pure*) so be it, let it be.

transenna *f.* **1** barrier. **2** ⟨*Arch*⟩ transenna.

transessuale *a./s.m.* transsexual. **transessualismo** *m.* transsexualism. **transessualità** *f.* transsexuality.

transetto *m.* ⟨*Arch*⟩ transept.

transeunte *a.* ⟨*Filos,Lett*⟩ transeunt, transient.

transfer *ingl. m.* **1** (*trasporto*) transport, transfer. **2** (*macchina a trasferta*) transfer machine. **3** (*trasporto di turisti all'albergo*) transport (to the hotel).

transfert *m.* ⟨*Psic*⟩ transfer.

transfuga *m.* **1** ⟨*lett*⟩ (*disertore*) deserter. **2** ⟨*Pol*⟩ renegade.

Transgiordania *N.pr.f.* ⟨*Geog*⟩ Trans–Jordan, Transjordania. **transgiordano** *a.* Transjordanian.

transiberiano *a.* trans–Siberian: *ferrovia* –*a* trans–Siberian railway.

transigere *v.* (**transigo, transigi; transigetti, transatto**) **I** *v.t.* ⟨*Dir*⟩ to compromise, to settle. **II** *v.i.* (*aus.* **avere**) **1** ⟨*Dir*⟩ to reach (*o* come to) a settlement. **2** (*venire a patti*) to reach an agreement, to come to terms, to compromise: ~ *con la propria coscienza* to compromise with one's conscience; (*cedere*) to yield, to give in: *non posso* ~ *su questo punto* I cannot give in on this point.

Transilvania *N.pr.f.* ⟨*Geog*⟩ Transylvania. **transilvanico** *a.* (*pl.* -ci) Transylvanian.

transistore *m.* ⟨*El*⟩ transistor. □ *a* ~ transistor–: *radio a* ~ transistor radio. **transistorizzare** *v.t.* ⟨*El*⟩ to transistorize. **transistorizzazione** *f.* transistorization.

transitabile *a.* **1** practicable, passable, transitable: *strada* ~ practicable road. **2** (*rif. a valichi e sim.*) practicable, transitable, crossable: *passo non* ~ *a causa della neve* pass that is not crossable because of the snow. □ *strada* ~ *con catene* road where chains are required. **transitabilità** *f.* **1** practicability, fitness for traffic. **2** (*rif. a valichi e sim.*) practicability. **transitare** *v.i.* (**transito**; *aus.* **essere**) **1** (*a piedi*) to pass, to walk; (*con veicoli*) to pass, to drive, to transit. **2** (*rif. a valichi e sim.*) to cross, to transit.

transitivamente *avv.* ⟨*Gramm*⟩ transitively. **transitivo** *a.* transitive.

transito *m.* **1** transit, passing (through), passage. **2** (*rif. a valichi e sim.*) transit, crossing. **3** ⟨*Ferr,Mar,Astr*⟩ transit. □ **di** ~ transit-, passing through; ⟨*Strad*⟩ **divieto** *di* ~ no thoroughfare; **in** ~ in transit; ⟨*Strad*⟩ ~ **interrotto** road closed; ⟨*Strad*⟩ ~ **riservato** *ai pedoni* pedestrians only; ⟨*Ferr*⟩ **stazione** *di* ~ transit (*o* intermediate) station.

transitoriamente *avv.* transitorily, temporarily. **transitorietà** *f.* transitoriness, temporariness. **transitorio** *a.* **1** (*passeggero*) transitory, transient, passing, fleeting: *felicità* ~*a* fleeting happiness. **2** (*provvisorio, non definitivo*) temporary, transitory, provisional: *sistemazione* ~*a* temporary arrangement. **transizione** *f.* transition (*anche Fis.,Mus.*): *periodo di* ~ period of transition.

translitterare, **translitterazione** → **traslitterare**, **traslitterazione**.

translucido *a.* ⟨*lett*⟩ → **traslucido**.

transnazionale *a.* transnational.

transoceanico *a.* (*pl.* **-ci**) transoceanic. **transpadano** *a.* → **traspadano**. **transpolare** *a.* transpolar. **transrazziale** *a.* transracial.

transumante *a.* ⟨*Zootecn*⟩ transhumant. **transumanza** *f.* transhumance.

transustanziarsi *v.r.* ⟨*Teol*⟩ to be transubstantiated. **transustanziazione** *f.* transubstantiation.

Transvaal *N.pr.f.* ⟨*Geog*⟩ Transvaal.

transvolare *v.* (**transvolo**) → **trasvolare**.

tran tran *m.* ⟨*fam*⟩ routine: *il solito* ~ the usual (*o* same old) routine.

tranvai *m.* → **tram**. **tranvia** *f.* tramway, tramline, ⟨*am*⟩ streetcar (*o* trolley) line. □ ~ *sotterranea* underground tramline. **tranviario** *a.* tram-, tramway-, ⟨*am*⟩ streetcar-. **tranviere** *m.* (*f.* **-a**) tramway employee, tram man; (*conducente*) tram driver; (*bigliettaio*) tram conductor.

trapanamento *m.* → **trapanazione**. **trapanare** *v.t.* (**trapano**) **1** to drill, to bore; (*forare*) to pierce. **2** ⟨*Chir*⟩ to drill; (*rif. al cranio*) to trephine, to trepan. **trapanatrice** *f.* drill, drilling machine. **trapanatura** *f.* drilling, boring. **trapanazione** *f.* **1** → **trapanatura**. **2** ⟨*Chir*⟩ drilling: ~ *ossea* drilling of bone; (*rif. al cranio*) trephination, trepanation. □ ~ *del cranio* trepanation, trephinement; ~ *dentaria* dental drilling. **trapano** *m.* **1** ⟨*Mecc*⟩ drill. **2** ⟨*Chir*⟩ trephine. **3** ⟨*Dent*⟩ drill. □ ~ *da dentista* dental (*o* dentist's) drill; ⟨*Dent*⟩ ~ *indolore* high-speed drill; ~ *a mano* hand drill.

trapassabile *a.* pierceable. **trapassamento** *m.* piercing. **trapassare** I *v.t.* **1** to pierce, to run through, to transfix: *il proiettile gli trapassò il cuore* the bullet pierced his heart. **2** ⟨*lett*⟩ (*valicare*) to cross. II *v.i.* (*aus.* **essere**) **1** (*passare attraverso*) to pass; (*rif. alla luce*) to filter. **2** ⟨*lett*⟩ (*morire*) to die, to pass on (*o* away). **trapassato** *m.* **1** ⟨*lett*⟩ (*defunto*) dead person, deceased; *pl.* the dead (*costr.pl.*). **2** ⟨*Gramm*⟩ past perfect, pluperfect. □ ⟨*Gramm*⟩ ~ *prossimo* past perfect, pluperfect; ~ *remoto* past perfect, pluperfect.

trapasso[1] *m.* **1** (*passaggio*) passage, passing. **2** ⟨*fig*⟩ transition. **3** ⟨*fig,lett*⟩ (*morte*) death, passing away. **4** ⟨*Econ,Dir*⟩ transfer, conveyance. □ ⟨*Dir*⟩ ~ *di diritti* transfer (*o* cession) of rights; ~ *di proprietà* conveyance of property.

trapasso[2] *m.* ⟨*Equit*⟩ kind of broken trot.

trapelare *v.i.* (**trapelo**; *aus.* **essere**) **1** (*filtrare*) to leak (*o* ooze) out; (*penetrare*) to seep. **2** ⟨*fig*⟩ (*rivelarsi*) to get out (*o* round), to become known, ⟨*fam*⟩ to leak out: *la notizia*

è trapelata the news got out. □ *senza lasciar* ~ *nulla* without letting anything out; *il suo sguardo non lasciava* ~ *i sentimenti* his expression did not reveal (*o* betray) his feelings.

trapezio *m.* **1** ⟨*Geom*⟩ trapezium. **2** ⟨*Ginn*⟩ trapeze. **3** ⟨*Anat*⟩ (*osso trapezio*) trapezium; (*muscolo trapezio*) trapezius. **trapezista** *m./f.* trapeze artist, trapezist. **trapezoidale** *a.* trapezoid(al). **trapezoide** I *a.* → **trapezoidale**. II *s.m.* **1** ⟨*Geom*⟩ trapezoid. **2** ⟨*Anat*⟩ (*osso trapezoidale*) trapezoid.

trapiantabile *a.* transplantable (*anche Chim.*). **trapiantare** *v.t.* **1** to transplant (*anche Biol.,Chir*): ~ *un cuore* to transplant a heart. **2** ⟨*fig*⟩ (*trasferire*) to transplant, to resettle, to relocate; (*rif. a usanze e sim.*) to transplant, to bring. **trapiantarsi** *v.r.* to move, to emigrate (*in* to), to settle (in): *trapiantarsi all'estero* to settle abroad. **trapiantatoio** *m.* garden trowel. **trapiantatrice** *f.* transplanting machine. **trapianto** *m.* **1** ⟨*Agr*⟩ transplanting, transplantation. **2** ⟨*Biol,Chir*⟩ transplant, transplantation. □ ~ *cardiaco* (*o del cuore*) heart transplant; ~ *di capelli* hair transplantation (*o* transplant); ~ *d'organo* organ transplant (*o* transplantation); ~ *del rene* kidney transplant.

trappa *f.* ⟨*Rel*⟩ Trappist monastery. **trappista** *m.* ⟨*Rel*⟩ Trappist (monk).

trappola *f.* **1** trap (*anche fig.*): *mettere una* ~ *per i topi* to set a mouse trap; *attirare qd. in una* ~ to draw s.o. into a trap. **2** ⟨*fam*⟩ (*oggetto che funziona male*) wreck. □ ⟨*fig*⟩ *cadere in* ~ to 'fall into' (o be caught in) a trap; *tendere una* ~ *a qd.* to set a trap for s.o., to lay a snare for s.o. **trappoleria** *f.* (*inganno*) (en)trapping, (en)snaring, cheating. **trappolone** *m.* (*f.* **-a**) ⟨*pop*⟩ (*imbroglione*) trickster, cheat.

trapunta *f.* quilt. **trapuntare** *v.t.* **1** (*ricamare*) to embroider. **2** (*impuntire*) to stitch through. **3** (*lavorare a trapunto*) to quilt. **trapunto** I *a.* **1** (*ricamato*) embroidered. **2** ⟨*fig*⟩ dotted: *cielo* ~ *di stelle* sky dotted with stars, star-spangled sky. II *s.m.* ⟨*Lav.femm*⟩ quilting; (*ricamo*) embroidery.

trarre *v.t.* (*pr.ind.* **traggo**, **trai**, **trae**, **traiamo**, **traete**, **traggono**; *fut.* **trarrò**; *p.rem.* **trassi**; *pr.cong.* **tragga**, **traiamo**, **traiate**, **traggano**; *imperat.* **trai**, **traete**; *p.pr.* **traente**; *p.p.* **tratto**) **1** (*tirare*) to draw, to pull: ~ *una barca a riva* to pull a boat ashore. **2** (*estrarre, cavar fuori*) to draw, to pull (*o* take) out: ~ *la spada dal fodero* to draw (*o* unsheathe) one's sword. **3** (*condurre, portare*) to take: *il colpevole fu tratto in prigione* the culprit was taken to prison. **4** ⟨*fig*⟩ (*tirare fuori*) to get, to draw, ⟨*fam*⟩ to worm: ~ *un segreto di bocca a qd.* to worm a secret out of s.o. **5** (*ricavare*) to get, to obtain, to derive, to draw: ~ *vantaggio da qc.* to get a benefit from s.th. **6** (*desumere, derivare*) to draw, to take: ~ *la trama di un film da un romanzo di successo* to take the plot of a film from a best seller. **7** (*emettere*) to give: ~ *un sospiro di sollievo* to give (*o* heave) a sigh of relief. **8** ⟨*Econ,Comm*⟩ to draw, to issue: ~ *una cambiale su qd.* to draw a bill of exchange on s.o.; ~ *a vista* to draw at sight. **trarsi** *v.r.* **1** to draw, to move: *trarsi in disparte* to draw (*o* step) aside. **2** ⟨*fig*⟩ (*sottrarsi, cavarsi*) to get: *trarsi fuori da una difficoltà* to get out of a difficulty. □ ~ *in* **arresto** to arrest; ~ *in* **errore** to mislead, to lead astray; ~ *in* **inganno** to deceive; ~ *a* **morte** *qd.* to lead s.o. to his death; ~ *in* **origine** to originate; ~ *a* **salvamento** to save, to rescue; ⟨*Comm*⟩ ~ *allo* **scoperto** to overdraw; ~ *a* **sorte** to draw lots; ~ *in* **tentazione** to lead into temptation.

trasalimento *m.* start, jump. □ *avere un* ~ (to give a) start, (to give a) jump. **trasalire** *v.i.* (**trasalisco**, **trasalisci**; *aus.* **avere/essere**) (to give a) start, (to give a) jump, to be startled: ~ *per lo spavento* to start with fright.

trasandato *a.* **1** (*rif. a persone*) sabby, slovenly, untidy, sloppy, unkempt: *essere* ~ *nel vestire* to be shabby. **2** (*rif. a cose*) neglected, untidy, unkempt: *vestiti* ~*i* untidy clothes.

trasbordare *v.* (**trasbordo**) I *v.t.* **1** ⟨*Ferr*⟩ to transfer. **2** ⟨*Mar*⟩ to tran(s)ship; (*rif. a persone*) to transfer. II *v.i.* (*aus.* **avere**) **1** to change. **2** ⟨*Mar*⟩ to tran(s)ship.

trasbordo *m.* **1** ⟨*Ferr*⟩ transfer. **2** ⟨*Mar*⟩ tran(s)shipment; (*rif. a persone*) transfer, changing.

trascendentale I *a.* **1** ⟨*Filos*⟩ transcendental. **2** ⟨*estens*⟩ (*straordinario*) extraordinary, exceptional. **II** *s.m.inv.* ⟨*Filos*⟩ transcendental. ☐ ⟨*fam*⟩ *non è niente di ~* there's nothing special about it. **trascendentalismo** *m.* ⟨*Filos*⟩ transcendentalism. **trascendente I** *a.* **1** ⟨*Filos*⟩ transcendent. **2** ⟨*Mat*⟩ transcendental. **II** *s.m.inv.* transcendent. **trascendenza** *f.* ⟨*Filos,Mat*⟩ transcendence, transcendency. **trascendere** *v.* (*trascesi, trascese*) **I** *v.t.* **1** to surpass, to go (*o* be) beyond, to exceed. **2** ⟨*Filos*⟩ to transcend. **II** *v.i.* (*aus.* **avere**) (*eccedere*) to go too far; (*lasciarsi trasportare*) to lose control of o.s. ☐ *~ a vie di fatto* to come to blows.

trascinare *v.t.* **1** to drag (along): *~ i piedi* to drag one's feet. **2** ⟨*estens*⟩ (*condurre a forza*) to drag: *trascinarono il ladro al commissariato* they dragged the thief (off) to the police station. **3** ⟨*fig*⟩ (*avvincere*) to sway, to enthral: *~ la folla* to sway the crowd. **4** ⟨*fig*⟩ (*tirare per le lunghe*) to drag out. **trascinarsi** *v.r.* **1** to drag o.s. (along). **2** ⟨*fig*⟩ (*andare per le lunghe*) to drag on: *il processo si trascinò per mesi e mesi* the trial dragged on for months and months. ☐ ⟨*fig*⟩ *trascinarsi dietro* to drag o.s. along; (*acquistare alla propria causa*) to win over; ⟨*fig*⟩ *~ con sé* (*portare come conseguenza*) to bring, to cause; *~ via:* 1 to pull (*o* drag) away; 2 (*rif. ad acqua e sim.*) to sweep away. **trascinatore I** *s.m.* (*f.* **-trice**) ⟨*fig*⟩ swayer. **II** *a.* enthralling.

trascoloramento *m.* discolouration, discolouring. **trascolorare** *v.i.* (**trascoloro**; *aus.* **essere**) **1** to discolour, to become discoloured. **2** (*rif. a persone: impallidire*) to (grow) pale. **II** *v.t.* ⟨*rar*⟩ (*far mutare colore*) to discolour, to change the colour of. **trascolorarsi** *v.r.* **1** to become discoloured, to change colour. **2** (*rif. a persone: impallidire*) to (grow) pale.

trascorrere[1] *v.* (**trascorsi, trascorso**) **I** *v.t.* **1** to spend, to pass: *~ le vacanze al mare* to spend one's holidays at the seaside; *~ il tempo leggendo* to spend (*o* pass) one's time reading. **2** ⟨*estens*⟩ (*scorrere, esaminare rapidamente*) to look (*o* glance, skim) through: *~ un libro* to look through a book. **II** *v.i.* (*aus.* **essere**) to pass, to go by, to elapse: *sono già trascorsi più di due anni* more than two years have gone by already.

trascorrere[2] *m.* passing: *il ~ del tempo* the passing of time.

trascorso (*p.p. di* **trascorrere**) **I** *a.* past. **II** *s.m.* mistake, fault: *i suoi ~i sono noti a tutti* everyone knows his faults. ☐ *~ di gioventù* youthful escapade.

trascritto (*p.p. di* **trascrivere**) *a.* transcribed (*anche Mus.*). **trascrittore** *m.* (*f.* **-trice**) transcriber, copyist. **trascrivere** *v.t.* (**trascrissi, trascritto**) **1** (*copiare*) to transcribe, to copy (out). **2** ⟨*Ling*⟩ (*scrivere secondo un diverso sistema grafico o fonetico*) to transcribe, to transliterate: *~ foneticamente* to transcribe phonetically. **3** ⟨*Mus*⟩ to transcribe. ☐ *~ qc. in bella copia* to make a fair copy of s.th. **trascrizione** *f.* **1** (*copiatura*) transcription, copying: *la ~ fedele di un testo* the faithful transcription of a text; (*copia*) transcript, copy. **2** ⟨*Ling*⟩ (*traslitterazione*) transcription, transliteration: *~ fonetica* phonetic transcription. **3** ⟨*Mus*⟩ transcription. ☐ *~ da nastro* tape transcription.

trascurabile *a.* negligible: *quantità ~* negligible quantity. **trascurare** *v.t.* **1** (*non curare, non occuparsi di*) to neglect: *~ lo studio* to neglect one's studies; *~ la famiglia* to neglect one's family. **2** (*non tenere conto di*) to overlook, to ignore, to disregard, to neglect: *non possiamo ~ il tuo contributo* we cannot overlook your contribution; (*tralasciare*) to neglect, to omit, ⟨*fam*⟩ to skip: *trascuriamo i particolari* let's skip the details. **3** (*non adempiere*) to neglect: *~ il proprio dovere* to neglect (*o* fail in) one's duty. **trascurarsi** *v.r.* to neglect o.s., to let o.s. go: *non devi trascurarti così* you mustn't let yourself go like this. **trascuratamente** *avv.* negligently, carelessly; (*disordinatamente*) untidily. **trascuratezza** *f.* **1** carelessness, negligence, neglect; (*disordine*) untidiness. **2** (*azione*) negligence, carelessness. ☐ *con ~* negligently, carelessly. **trascurato I** *a.* **1** neglected. **2** (*abbandonato*) neglected, uncared for: *giardino ~* neglected garden. **3** (*che agisce con trascuratezza*) careless, negligent; (*disordinato*) untidy. **II** *s.m.* (*f.* **-a**) untidy (*o* shabby) person.

trasdurre *v.t.* (**trasduco, trasduci; trasdussi, trasdotto;** → **condurre**) ⟨*Fis*⟩ to act as a transducer. **trasduttore** *m.* ⟨*Fis*⟩ transducer. **trasduzione** *f.* **1** ⟨*Fis*⟩ action of a transducer. **2** ⟨*Biol*⟩ transduction.

trasecolare *v.i.* (**trasecolo**; *aus.* **essere**/**avere**) to be astonished (*o* amazed, astounded), to be dumbfounded. ☐ *far ~* to astonish, to amaze. **trasecolato** *a.* astonished, amazed, astounded, dumbfounded.

trasferibile *a.* **1** transferable (*anche Dir.*). **2** (*girabile: rif. ad assegni e sim.*) negotiable: *non ~* not negotiable. **trasferibilità** *f.* **1** transferability (*anche Dir.*). **2** (*rif. ad assegni e sim.*) negotiability. **trasferimento** *m.* **1** (*rif. a impiegati*) transfer: *fare domanda di ~* to ask for a transfer; (*rif. a cose*) transfer, move, removal. **2** (*trasloco*) removal, move: *ci vedremo dopo il nostro ~ in campagna* we'll meet again after our move to the country. **3** (*cessione*) transfer, conveyance (*anche Dir.*): *~ della proprietà* conveyance of property. **4** ⟨*Econ*⟩ transfer: *~ di un credito* transfer of a credit; *~ di fondi* transfer of funds; (*rif. a valuta*) conversion. ☐ *~ elettronico di fondi* electronic fund transfer; *~ di residenza* change of residence. **trasferire** *v.t.* (**trasferisco, trasferisci**) **1** (*rif. a persone*) to transfer: *~ un impiegato in un'altra sede* to transfer an employee to another branch; (*rif. a cose*) to transfer, to (re)move: *la ditta si è trasferita a Roma* the company moved to Rome. **2** (*cedere*) to transfer, to make over, to convey (*anche Dir.*). **3** ⟨*Econ*⟩ to transfer: *~ denaro su un conto* to transfer money to an account; (*rif. a valuta*) to convert. **trasferirsi** *v.r.* (*traslocare*) to move: *ci trasferiamo a Milano* we are moving to Milan. **trasferta** *f.* **1** transfer, business travel. **2** (*indennità*) subsistence, travelling allowance, travel expenses *pl.* **3** ⟨*Sport*⟩ away game, out–of–town match. ☐ *essere in ~* to be on business travel; ⟨*Sport*⟩ *giocare in ~* to play away from home (*o* an away match); *squadra in ~* away team; *mandare in ~* to send on business travel.

trasfigurare *v.t.* **1** to transfigure. **2** ⟨*fig*⟩ to transfigure, to transform: *la gioia le trasfigurava il volto* joy transformed her face. **trasfigurarsi** *v.r.* to be transfigured. **trasfigurato** *a.* transfigured (*anche fig.*). **trasfigurazione** *f.* **1** transfiguration. **2** ⟨*Teol,Art,Lit*⟩ Transfiguration.

trasfocatore *m.* ⟨*Fot*⟩ zoom lens.

trasfondere *v.t.* (**trasfusi, trasfuso**) **1** to transfuse. **2** ⟨*fig*⟩ (*trasmettere, infondere*) to instil, to imbue, to transfuse. **trasfondersi** *v.r.* to be transfused.

trasformabile *a.* **1** transformable (*anche Mat.*); (*adattabile, che si può cambiare*) alterable, changeable. **2** ⟨*Aut*⟩ convertible. ☐ ⟨*Aut*⟩ *macchina ~* convertible. **trasformabilità** *f.* transformability (*anche Mat.*). **trasformare** *v.t.* (**trasformo**) **1** to transform, to change: *la bonifica ha trasformato il paese* the reclamation has transformed the country; *questa pettinatura ti trasforma* this hair–style changes you. **2** (*cambiare*) to change: *la ricchezza li ha trasformati* wealth has changed them. **trasformarsi** *v.r.* **1** to change, to turn, to be transformed (*in* into): *l'acqua si è trasformata in ghiaccio* the water has turned into ice; *il bruco si trasforma in farfalla* the caterpillar changes into a butterfly. **2** (*cambiare*) to change: *la città si trasforma di giorno in giorno* the city is changing daily. **3** ⟨*fig*⟩ (*diventare*) to turn (into, to): *l'attesa si trasformò in angoscia* expectation turned to dread. **trasformato** *a.* **1** transformed (*anche Mat.*). **2** (*cambiato*) changed.

trasformatore *m.* (*f.* **-trice**) transformer (*anche El.,Fis.*). ☐ ⟨*El*⟩ *~ abbassatore di tensione* step–down transformer; *~ di corrente* current transformer; *~ di fase* phase transformer; *~ di frequenza* frequency transformer; *~ monofase* single–phase transformer; *~ di tensione* voltage transformer; *~ trifase* three–phase transformer.

trasformazionale *a.* ⟨*Ling*⟩ transformational: *grammatica ~* transformational grammar. ☐ *linguistica ~* transformationalism. **trasformazionalista** *m./f.* transformationalist.

trasformazione *f.* transformation, change: *subire −i* to undergo changes, to be changed. ☐ ⟨*Fis*⟩ ∼ *di calore* heat exchange; ∼ *dell'energia* transformation of energy.

trasformismo *m.* ⟨*Pol,Biol*⟩ transformism. **trasformista** *m./f.* 1 ⟨*Pol*⟩ transformist. 2 ⟨*Teat*⟩ quick–change artist.

trasformistico *a.* (*pl.* -ci) 1 ⟨*Pol*⟩ transformist. 2 ⟨*Biol*⟩ transformistic.

trasfusionale *a.* transfusion–. ☐ *centro* ∼ transfusion centre. **trasfusione** *f.* ⟨*Med*⟩ (*trasfusione di sangue*) (blood) transfusion.

trasgredire *v.* (**trasgredisco, trasgredisci**) I *v.t.* to transgress, to disobey, to infringe, to break, to violate: ∼ *un ordine* to disobey an order. II *v.i.* (*aus.* **avere**) to transgress, to disobey, to infringe, to break (*a qc.* s.th.): ∼ *a una legge* to break a law. **trasgressione** *f.* 1 transgression, breaking, infringement: *la* ∼ *di una legge* the infringement of a law. 2 ⟨*concr*⟩ (*violazione di una norma*) infringement, breach. **trasgressore** *m.* transgressor, breaker.

traslato I *a.* figurative, metaphoric(al): *senso* ∼ metaphorical sense. II *s.m.* metaphor. ☐ *al* (o *per*) ∼ metaphorically. **traslatore** *m.* ⟨*Tel*⟩ repeater, translator. **traslazione** *f.* 1 (*trasferimento*) transfer, removal. 2 ⟨*Dir, Econ*⟩ transfer, conveyance. 3 ⟨*Fis,Geol,Astr*⟩ translation. ☐ ⟨*Fis*⟩ *moto di* ∼ motion of translation; ∼ *della salma* transfer of a corpse (to another grave).

traslitterare *v.t.* (**traslittero**) to transliterate. **traslitterazione** *f.* transliteration.

traslocare *v.* (**trasloco, traslochi**) I *v.t.* to transfer: ∼ *un impiegato* to transfer an employee. II *v.i.* (*aus.* avere), **traslocarsi** *v.r.* to move: *ci siamo traslocati in periferia* we moved to the outskirts. **trasloco** *m.* (*pl.* -chi) (*cambiamento di casa*) move; (*trasporto di masserizie*) moving.

traslucidità *f.* ⟨*Fis*⟩ translucence, translucency. **traslucido** *a.* ⟨*Fis*⟩ translucent.

trasmesso → **trasmettere**. **trasmettere** *v.t.* (**trasmisi, trasmesso**) 1 to transmit, to pass on: ∼ *una malattia* to transmit a disease; (*tramandare da una generazione all'altra*) to hand down (*o* on), to transmit. 2 (*mandare*) to send: ∼ *una lettera a qd.* to send a letter to s.o.; (*inoltrare*) to pass on, to transmit, to forward. 3 (*comunicare*) to convey: ∼ *una notizia a qd.* to convey news to s.o. 4 ⟨*Dir*⟩ to convey, to transfer: ∼ *un diritto a qd.* to transfer a right to s.o.; (*per eredità*) to leave, to bequeath. 5 ⟨*Tel*⟩ to transmit. 6 ⟨*Rad*⟩ to broadcast: ∼ *un discorso* to broadcast a speech. 7 ⟨*TV*⟩ to telecast, to televise. 8 ⟨*Mecc*⟩ to transmit. **trasmettersi** *v.r.* to be transmitted (*o* passed on); (*tramandarsi*) to be handed down. ☐ *trasmettersi per contagio* to (be) spread by infection; ⟨*Rad*⟩ ∼ *in ripresa diretta* to broadcast live; ⟨*TV*⟩ to telecast live; *abbiamo trasmesso il notiziario* you have been listening to the news.

trasmettitore 1 transmitter (*anche Tel.*). 2 ⟨*Rad*⟩ (*stazione trasmittente*) transmitting (*o* broadcasting) station. ☐ ∼ *telegrafico* telegraph transmitter; ∼ *televisivo* television transmitter.

trasmigrare *v.i.* (*aus.* **essere/avere**) 1 to transmigrate; (*emigrare*) to emigrate. 2 (*rif. a uccelli*) to migrate. 3 ⟨*Rel*⟩ (*reincarnarsi*) to transmigrate, to be reincarnated. **trasmigrazione** *f.* 1 transmigration; (*emigrazione*) emigration. 2 (*rif. a uccelli*) migration: ∼ *annuale delle rondini* annual migration of swallows. ☐ ⟨*Rel*⟩ ∼ *delle anime* transmigration (of souls).

trasmissibile *a.* transmissible, transmittable; (*per eredità*) inheritable. **trasmissibilità** *f.* transmissibility; (*per eredità*) inheritableness.

trasmissione *f.* 1 transmission, passing on: ∼ *di poteri* transmission of powers. 2 ⟨*Rad*⟩ broadcast(ing), transmitting; (*programma*) broadcast, programme. 3 ⟨*TV*⟩ telecast(ing); (*programma*) television programme, telecast. 4 ⟨*Mecc*⟩ transmission; (*congegno di comando, di trazione*) gearing, drive, transmission. 5 ⟨*Fis*⟩ transmission. 6 *pl.* ⟨*Mil*⟩ military communications network. ☐ ⟨*Mot*⟩ ∼ *ad* **albero** shafting; ⟨*Aut*⟩ ∼ **anteriore** front–wheel drive; ⟨*Fis*⟩ ∼ *del* **calore** heat trasmission; ⟨*Mot*⟩ ∼ **cardanica** universal transmission; ∼

a **catena** chain drive (*o* gearing); ∼ *a* **cinghia** belt drive; ⟨*Inform*⟩ ∼ *dei* **dati** data transmission; ∼ **diretta:** 1 ⟨*Mecc*⟩ direct transmission; 2 ⟨*TV*⟩ (*ripresa diretta*) direct (*o* live) telecast; 3 ⟨*Rad*⟩ direct (*o* live) broadcast; ⟨*Fis*⟩ ∼ *d'energia* power transmission; ∼ **idraulica** hydraulic (*o* hydrodynamic) drive; ⟨*Tel*⟩ ∼ *d'immagini* picture telegraphy; ∼ **indiretta:** 1 ⟨*Rad*⟩ recorded broadcast (*o* programme); 2 ⟨*TV*⟩ recorded programme (*o* telecast); ∼ **meccanica** mechanical drive; ⟨*Fis*⟩ ∼ *del* **moto** motion transmission; ⟨*Psic*⟩ ∼ *del* **pensiero** thought transference; ⟨*Aut*⟩ ∼ **posteriore** rear–wheel drive; ⟨*Rad*⟩ ∼ **pubblicitaria** radio commercial; ⟨*TV*⟩ television commercial; ∼ **radiofonica** broadcast; ∼ **televisiva** telecast(ing).

trasmissivo *a.* transmissive. **trasmittente** I *a.* transmitting (*anche Tel., Rad.*). II *s.f.* 1 ⟨*Rad*⟩ (*stazione trasmittente*) transmitting (*o* broadcasting) station. 2 (*apparecchio*) transmitter.

trasmodare *v.i.* (**trasmodo;** *aus.* **avere**) to go ˹to excess˺ (*o* too far), to be immoderate. ☐ ∼ *nel bere* to drink immoderately (*o* to excess).

trasmutabile *a.* ⟨*lett*⟩ transmutable. **trasmutabilità** *f.* ⟨*lett*⟩ transmutability. **trasmutare** *v.t.* ⟨*lett*⟩ to transmute, to transform. **trasmutarsi** *v.r.* ⟨*lett*⟩ to be transformed, to change. **trasmutazione** *f.* 1 ⟨*lett*⟩ transmutation, transformation. 2 ⟨*Fis*⟩ transmutation.

trasognato *a.* dreamy, absent–minded, lost in reverie: *guardare qd. con occhi −i* to look at s.o. with a dreamy (*o* far–away) expression; *avere un'aria −a* to look absent–minded.

traspadano *a.* transpadane.

trasparente I *a.* 1 transparent: *carta* ∼ transparent paper. 2 ⟨*fig*⟩ transparent, clear. 3 ⟨*iperb*⟩ (*molto sottile*) wafer–thin, very thin: *una fetta* ∼ *di formaggio* a very thin slice of cheese. II *s.m.* 1 (*cartellone pubblicitario*) transparency. 2 ⟨*Sart,Lav.femm*⟩ backing. 3 ⟨*Cin*⟩ back projection, process screen (*o* background). 4 ⟨*Teat*⟩ scrim. 5 ⟨*Tip*⟩ acetate proof. **trasparenza** *f.* 1 transparence, transparency: *la* ∼ *di un cristallo* the transparency of a crystal glass. 2 ⟨*fig*⟩ transparence, transparency. ☐ ⟨*fig*⟩ ∼ *dei* **dati** transparency of data. **trasparire** *v.i.* (**traspaio/trasparisco, traspari/trasparisci; trasparvi /trasparii/trasparsi, trasparso/trasparito;** *aus.* **essere**) 1 (*rif. alla luce*) to shine (*o* gleam) through: *il cristallo* ∼ *la luce del sole* crystal lets the sunlight shine through; (*rif. a oggetti non luminosi*) to show through, to appear, to be seen: *attraverso il vestito di pizzo traspariva la sottoveste nera* the black slip showed through her lace dress. 2 ⟨*fig*⟩ (*rif. a sentimenti e sim.: mostrarsi*) to shine, to reveal: *dal suo volto traspariva la gioia* his face shone with joy. ☐ *non lasciare* ∼ *le proprie emozioni* not to reveal one's emotions.

traspirare *v.i.* (*aus.* **essere**) 1 to transpire, to perspire. 2 ⟨*fig*⟩ (*trapelare*) to transpire, to leak out, to come to light: *da quanto ha detto non traspira niente dei suoi progetti* from what he said none of his plans leaked out. **traspiratorio** *a.* transpiratory, of transpiration. **traspirazione** *f.* 1 perspiration. 2 ⟨*Bot*⟩ transpiration. ☐ *entrare in* ∼ to start to perspire (*o* sweat); *essere in* ∼ to perspire, to sweat.

trasporre *v.t.* (**traspongo, trasponi; trasposi, trasposto;** → **porre**) 1 to transpose, to move. 2 ⟨*Mus*⟩ to transpose.

trasportabile *a.* transportable, conveyable; (*rif. a malati e sim.*) able to be moved. **trasportare** *v.t.* (**trasporto**) 1 (*portare*) to transport, to carry, to convey: *una barca li trasportò sulla sponda opposta* a boat carried them to the other bank. 2 (*spostare*) to move, to take, to carry: *trasporteremo il divano nello studio* we shall move the divan into the study. 3 (*rif. a malati, morti e sim.*) to take, to carry, to bear, to convey: *il ferito fu trasportato all'ospedale* the wounded man was taken to hospital. 4 (*trasferire*) to transfer, to move: *trasportarono la capitale da Roma a Costantinopoli* the capital was moved from Rome to Constantinople. 5 ⟨*fig*⟩ (*trascinare*) to transport, to carry away: *lasciarsi* ∼ *dall'ira* to let o.s. be carried away by anger, to lose one's temper. 6 (*condurre con forza, spingere*) to drive, ⟨*lett*⟩ to waft: *la nave era trasportata dal vento* the ship was driven by the wind. 7

⟨Mus,Mat⟩ to transpose.

trasportatore I *s.m.* **1** (*f.* -trice) transporter, carrier. **2** ⟨*tecn*⟩ conveyor, carrier. **II** *a.* transport–, conveyor, feed(ing): *rulli -i* feeding rollers. □ ~ *a* **catena** chain conveyor; ~ *a* **cavo** cable conveyor; ~ *a* **nastro** conveyor (*o* carrier) belt, ribbon conveyor; ~ *a* **rulli** roller conveyor; ~ *a* **tazze** bucket conveyor, skip hoist.

trasporto *m.* **1** transport(ation), carriage, conveyance. **2** *pl.* ⟨*collett*⟩ (*traffico dei trasporti*) transport(ation). **3** (*rif. a malati, morti e sim.*) carrying, transport. **4** (*trasferimento*) transfer: *il* ~ *della merce da un magazzino all'altro* the transfer of freight from one warehouse to another. **5** ⟨*fig*⟩ (*impeto*) transport: *in un* ~ *d'ira* in a transport of rage. **6** ⟨*fig*⟩ (*entusiasmo, passione*) transport, rapture: *l'abbracciò con* ~ he hugged her with rapture; (*fervore*) zeal, enthusiasm: *lavorare con* ~ to work with great enthusiasm. **7** ⟨*Mus,Mat*⟩ transposition. **8** ⟨*Pitt*⟩ transferring. **9** ⟨*Tip*⟩ transfer. □ ~ *per via d'*acqua carriage by water; ~ **aereo** (*o per via aerea*) air transportation; ~ *a* **carico** *del cliente* carriage forward; ~ *a carico del mittente* carriage paid, ⟨*am*⟩ (*carriage*) prepaid; ~ **combinato** piggyback (*o* pick–a–back) traffic; **da** ~ transport; *aereo da* ~ transport aircraft; ~ *a breve* **distanza** short haulage; ~ *a grande distanza* long–distance haulage; ~ *per* **ferrovia** rail transport(ation); ~ **fluviale** river transportation; ~ **funebre** funeral procession; (*esequie*) funeral; ~ **interno** inland transport; *–i* **interurbani** interurban passenger transportation *sing;* ~ **marittimo** (*o per via mare*) carriage by sea; ~ **merci** freight, transport (*o* carriage) of goods, haulage; **mezzi** *di* ~ means of transportation; *mezzi di* ~ **pubblici** public transport *sing;* ~ **pagato** carriage paid; ~ **passeggeri** passenger transport; *–i* **pubblici** public transport *sing;* ~ **stradale** (o *su strada*) road transport; (*traffico di merci*) road freight.

trasposi → **trasporre. traspositore** *m.* (*f.* -trice) transposer. **trasposizione** *f.* transposition. **trasposto** → **trasporre.**

trassato I *a.* ⟨*Econ*⟩ drawee–. **II** *s.m.* (*f.* -a) drawee.

trassi → **trarre.**

Trastevere *N.pr.m.* (*quartiere di Roma*) Trastevere. **trasteverino** I *a.* Trasteverine, of Trastevere. **II** *s.m.* (*f.* -a) Trasteverine.

trastullamento *m.* amusement. **trastullare** *v.t.* (*far divertire*) to amuse; (*giocando*) to play with. **trastullarsi** *v.r.* **1** (*divertirsi*) to amuse o.s.; (*giocare*) to play. **2** (*perder tempo*) to waste time, to fritter (*o* trifle) away one's time, to dawdle: *studia invece di trastullarti* study instead of wasting time. **trastullatore** *m.* (*f.* -trice) amuser. **trastullo** *m.* **1** amusement; (*il giocare*) play. **2** (*gioco*) game; (*passatempo*) pastime. **3** (*giocattolo*) toy. **4** ⟨*fig*⟩ plaything, sport: *essere il* ~ *della fortuna* to be the plaything of fortune.

trasudamento *m.* **1** oozing, transuding. **2** ⟨*Med*⟩ transudation. **trasudare** I *v.i.* (*aus.* essere) to ooze, to transude, to seep: *l'umidità trasuda dal muro* the moisture is seeping out of the wall. **II** *v.t.* **1** to ooze, to transude. **2** ⟨*fig*⟩ (*lasciar trapelare*) to reveal, to disclose. **trasudato** I *a.* transudated. **II** *s.m.* ⟨*Med*⟩ transudate.

trasumanare *v.i.* (*aus.* essere) ⟨*lett*⟩ to become superhuman, to transcend human nature. **trasumanazione** *f.* transhumanation.

trasversale I *a.* **1** transverse, transversal. **2** (*che attraversa*) cross–: *via* ~ crossroad. **3** ⟨*tecn,Anat*⟩ transverse. **II** *s.f.* **1** ⟨*Geom*⟩ (*anche retta trasversale*) transversal (line): *tracciare una* ~ to draw a transversal line. **2** (*nella roulette*) transversal, transversal bet. **3** (*via traversa*) crossroad. □ *in senso* ~ transversally. **trasversalmente** *avv.* transversally. **trasverso** *m.* ⟨*Edil*⟩ crossbeam.

trasvolare *v.* (*trasvolo*) I *v.t.* to fly (over, across), to cross: ~ *l'Atlantico* to fly across the Atlantic. **II** *v.i.* (*aus.* essere/avere) (*sorvolare*) to barely touch (*su* on), to pass (over) quickly: *trasvolò sull'argomento* he barely touched on the matter. **trasvolata** *f.* ⟨*Aer*⟩ **1** flight, air crossing. **2** (*volo senza scalo*) non-stop flight. **trasvolatore** *m.* (*f.* -trice) flyer. □ *il primo* ~ *dell'Atlantico* the first man to fly (across) the Atlantic.

tratta *f.* **1** (*illecito commercio di persone*) trade. **2** ⟨*Comm*⟩ draft, bill (of exchange): *spiccare una* ~ *su qd.* to draw a bill on s.o. **3** ⟨*Ferr*⟩ section, stretch (of a railway line). □ ~ *delle* **bianche** white–slave traffic; ⟨*Comm*⟩ ~ *in* **bianco** blank draft; ~ *a* **data fissa** draft on a fixed date; ~ **domiciliata** domiciled (*o* addressed) bill; ~ *sull'*estero export bill; ~ *dei* **negri** Negro slave trade; **pagare** *una* ~ to honour a draft; ~ *degli* **schiavi** slave trade; ~ *allo* **scoperto** overdraft; ~ *a* **vista** bill at sight, demand (*o* sight) draft.

trattabile *a.* **1** that may be treated (*o* dealt with). **2** (*che si può discutere*) negotiable, that can be discussed: *prezzo* ~ negotiable price. **3** ⟨*fig*⟩ (*affabile*) tractable: *una persona* ~ a tractable person. **4** ⟨*Chim,tecn*⟩ treatable, tractable.

trattamento *m.* **1** treatment: ~ *di favore* special treatment. **2** (*rif. ad alberghi, ristoranti e sim.*) service: *in quell'albergo fanno un ottimo* ~ the service is excellent in that hotel. **3** (*retribuzione*) pay(ment), remuneration: *il* ~ *degli insegnanti è migliorato* the teachers' remuneration has been improved. **4** ⟨*tecn,Chim,Med*⟩ treatment: *il* ~ *dei tumori* the treatment of tumours. **5** ⟨*Minier*⟩ dressing. □ ~ *delle* **acque** *di rifiuto* sewage treatment; ~ *di* **bellezza** beauty treatment; ~ **economico** pay(ment), remuneration; ~ *a* **freddo** cold–treating; ~ **medico** medical treatment; *ha avuto il* ~ *che si meritava* he ⌐got what¬ (*o* was treated as) he deserved; ⟨*Inform*⟩ ~ **parallelo** parallel processing; ~ **termico** heat treatment; ~ **testi** word processing; ⟨*Med*⟩ ~ *d'*urgenza emergency treatment.

trattare I *v.t.* **1** (*discutere, sviluppare un tema*) to deal with, to treat: ~ *esaurientemente un tema* to deal with a subject exhaustively. **2** (*condurre trattative*) to negotiate: ~ *l'armistizio* to negotiate the armistice. **3** (*comportarsi in un determinato modo*) to treat: ~ *qd. con gentilezza* to treat s.o. kindly; (*comportarsi in modo opportuno*) to handle: *non sa* ~ *i suoi uomini* he does not know how to handle his men. **4** (*avere relazioni*) to deal (*o* have dealings) with, to have to do with: *non tratto certa gente* I will have ⌐no dealings¬ (*o* nothing to do) with certain people. **5** (*soddisfare le richieste altrui: rif. specialmente ad albergatori, a negozianti*) to treat, to take care of, to look after, to handle: *in questo albergo trattano molto bene i clienti* they take very good care of the guests in this hotel; *tratti troppo bene i tuoi alunni* you treat your pupils too well. **6** (*adoperare, maneggiare*) to handle, to use: *tratta il pennello da maestro* he handles his brush like a master. **7** (*lavorare, manipolare una sostanza*) to work: ~ *il ferro* to work iron. **8** ⟨*Comm*⟩ (*avere in vendita*) to handle, to deal in: *la nostra ditta tratta i laminati plastici* our firm deals in laminated plastics. **9** ⟨*tecn,Chim,Med*⟩ to treat: ~ *una sostanza con un reattivo* to treat a substance with a reagent; ~ *una ferita con lo iodio* to treat a wound with iodine. **10** ⟨*Minier*⟩ to dress. **II** *v.i.* (*aus.* avere) **1** to be about (*di qc.* s.th.), to deal (with), to treat (of): *di che cosa tratta il film?* what is the film about? **2** (*discutere*) to negotiate (*di qc., su qc.* s.th.): ~ *della resa* to negotiate the surrender. **3** (*discutere per accordarsi sul prezzo*) to bargain: *bisogna* ~ *prima di comprare* you have to bargain before you buy. **4** (*avere relazioni*) to have to do, to deal (*con* with): *non tratto con persone che non conosco* I don't deal with people I don't know. **trattarsi** *v.r.* **1** to treat o.s., to live, (*fam*) to do o.s.: *trattarsi da signore* to live like a lord; *trattarsi bene* to do (*o* treat) o.s. well, to look after o.s. **2** (*usato impersonalmente: esserci la questione*) to be a matter (*o* question) (*di* of), to be about (s.th.): *si tratta di questo* this is what it's about; *non si tratta solo di te* it's not a question of you alone; *si tratta di stabilire chi andrà per primo* ⌐it is a matter of deciding¬ (*o* we have to decide) who will go first. □ ⟨*pop*⟩ ~ *qd. come un* **cencio** to treat s.o. like dirt (*o* a nobody); ~ *qd. da* **fratello** to treat s.o. like a brother; ⟨*fig*⟩ ~ *qd. coi* **guanti** to handle s.o. with kid gloves; ~ **male** *qd.* to be mean to s.o., to treat s.o. badly; **modo** *di* ~ way of treating: *non mi piace il suo modo di* ~ *la gente* I don't like ⌐his way of treating¬ (*o* the way he treats) people.

trattario I *s.m.* (*f.* -a) ⟨*Dir,Econ*⟩ drawee. **II** *a.*

drawing.
trattatista *m./f.* writer of a treatise.
trattativa *f.* negotiation: *le -e sono fallite* negotiations have fallen through. ☐ **condurre** *le -e* to conduct the negotation; *-e in* **corso** negotiations under way; *essere in -e* to be negotiating; **riprendere** *le -e* to resume the negotiations; ~ **salariale** wage negotiations; ~ **sindacale** labour (union) negotiation.
trattato *m.* **1** (*opera*) treatise: *un ~ di filosofia* a treatise on philosophy. **2** ⟨*Dir*⟩ treaty: ~ *di pace* peace treaty; (*accordo*) agreement: ~ *culturale* cultural agreement. ☐ ~ *d'alleanza* treaty of alliance; ~ *internazionale* international treaty; ~ *di navigazione* navigation treaty. ~ *di Roma* Rome Treaty. **trattazione** *f.* treatment. ☐ *fare una esauriente ~ di un argomento* to treat (o deal with) a topic exhaustively.
tratteggiamento *m.* **1** (*il segnare a tratti*) hatching, shading. **2** ⟨*fig*⟩ (*descrizione*) outline, sketch. **tratteggiare** *v.t.* (**tratteggio, tratteggi**) **1** (*segnare a tratti: nel disegno*) to hatch, to sketch. **2** (*abbozzare*) to sketch (out), to outline (*anche fig.*): ~ *un ritratto* to sketch out a portrait; ~ *i caratteri di un periodo storico* to sketch out the characteristics of a historical period. **tratteggiato** *a.* **1** sketched: *un disegno ben ~* a well sketched drawing. **2** (*ombreggiato*) shaded, hatched. **3** ⟨*fig*⟩ (*descritto*) drawn. **tratteggiatura** *f.* hatching. **tratteggio** *m.* **1** hatching. **2** (*linea a tratti*) broken line, line of dashes.
trattenere *v.t.* (**trattengo, trattieni; trattenni, trattenuto; → tenere**) **1** (*far restare, far rimanere*) to keep (back), to detain, to have (o make) stay: *mi ha trattenuto per più di due ore* he kept me for more than two hours; *vorrei trattenerti a cena* I'd like to have you stay for supper. **2** (*tenere indietro con la forza, frenare*) to hold back: ~ *i cavalli* to hold the horses back. **3** (*sforzarsi di tenere dentro di sé*) to keep (o hold) back, to check, to restrain: ~ *le lacrime* to hold back one's tears; (*soffocare*) to smother: ~ *il riso* to smother one's laughter. **4** (*astenersi dal consegnare*) to keep, to hold: *trattieni la corrispondenza fino al mio ritorno* hold the mail until I get back. **5** (*detrarre*) to keep (back), to withhold: ~ *una somma sullo stipendio* to withhold a part of one's salary. **6** (*intrattenere*) to entertain, to amuse: ~ *gli ospiti con un po' di musica* to entertain the guests with a little music.
trattenersi *v.r.* **1** (*rimanere, fermarsi*) to stay, to remain: *perché non ti trattieni ancora un po'?* why don't you stay a little longer?; *quanto ti tratterrai a Roma?* how long will you stay in Rome? **2** ⟨*fig*⟩ (*astenersi*) to hold o.s. back, to stop (o.s.), to restrain o.s., to keep (o.s.): *non potei trattenermi dal ridere* I couldn't keep from laughing; *mi sono trattenuto a stento dal dirgli tutto* I could hardly stop myself from telling him everything. ☐ ~ *il respiro* (o *fiato*) to hold one's breath; ~ *qd. con chiacchiere* to delay s.o. with chatter.
trattenimento *m.* (*spettacolo*) entertainment: ~ *musicale* musical entertainment; (*festa*) party. ☐ ~ *danzante* (*di pomeriggio*) tea dance; (*di sera*) dance, ball.
trattenuta *f.* ⟨*burocr*⟩ deduction: *operare delle -e sullo stipendio* to make deductions from s.o.'s salary. ☐ ~ *d'acconto* withholding tax; ~ *sul salario* deduction from wages; ~ *sindacale* check-off.
trattino *m.* **1** (*nelle parole composte*) hyphen; (*per introdurre un discorso diretto*) dash. **2** (*nel disegno a tratteggio*) hatch. ☐ ~ *d'unione* hyphen; *unire* (o *dividere*) *una parola con un* ~ to hyphen(ate) a word.
tratto[1] *m.* **1** stroke; (*linea, segno*) stroke, line: *un ~ di penna* a stroke of the pen; *un ~ di pennello* a brushstroke. **2** (*lineetta, trattino*) hyphen; (*per introdurre un discorso diretto*) dash. **3** *pl.* ⟨*fig*⟩ (*lineamenti, tratti del volto*) features *pl*: *-i marcati* marked features. **4** *pl.* ⟨*fig*⟩ (*elementi caratteristici*) features *pl*, traits *pl*, characteristics *pl*: *i -i più notevoli di un carattere* the most outstanding features of s.o.'s character. **5** (*parte, segmento*) part, piece, segment; (*rif. a tubazione, cavo e sim.*) length, piece; (*rif. a binario*) section. **6** (*tratto di strada*) way, stretch: *abbiamo fatto insieme un lungo ~* we've gone a long way together; (*di fiume*) reach. **7** (*spazio, regione*) tract, stretch, expanse: *un gran ~ di mare* a great expanse of sea; ~ *di*

cielo expanse of sky. **8** ⟨*fig*⟩ (*brano d'uno scritto e sim.*) passage. **9** (*modo di trattare*) ways *pl*, manners *pl*: *persona di ~ fine* person with refined ways. **10** ⟨*fig*⟩ (*gesto*) gesture, act: *un ~ di generosità* a generous gesture. ☐ *a -i* at times, every now and then; ⟨*Ferr*⟩ ~ *di* **binario** track section; ~ *di* **corda**: 1 length of rope; 2 ⟨*Stor*⟩ strappado; ~ *di* **costa** stretch of coast; *a* **grandi** (o *larghi*) *-i* in outline; *disegnare a grandi* (o *larghi*) *-i* to (draw in) outline, to sketch (out); ~ *di* **spirito** witticism, witty saying (o remark); *tutt'a un* ~ all of a sudden, suddenly.
tratto[2] (*p.p. di trarre*) *a.* **1** (*tirato fuori*) drawn (o pulled) out. **2** (*preso, tolto*) taken, drawn (*da* from): *un brano ~ da un celebre romanzo* a passage taken from a well-known novel. **3** (*detratto*) deducted: *cifra -a dallo stipendio* amount deducted from one's salary. ☐ *difendere qd. a spada -a* to defend s.o. with drawn sword; ⟨*fig*⟩ to defend s.o. with all one's strength.
trattore[1] *m.* ⟨*Aut*⟩ tractor. ☐ ~ **agricolo** (farm, agricultural) tractor; ~ **anfibio** amphibious tractor; ~ **cingolato** (o *a cingoli*) crawler (o track-laying) tractor, caterpillar (tractor); ~ **semicingolato** half-track tractor; ~ **stradale** road tractor.
trattore[2] *m.* (*oste*) owner of a trattoria, restaurant keeper.
trattoria *f.* trattoria, restaurant.
trattorista *m.* tractor driver (o operator), tractorist.
trattrice *f.* ⟨*Mat*⟩ tractrix.
trattura *f.* ⟨*Tess*⟩ silk reeling.
tratturo *m.* sheep track.
trauma *m.* ⟨*Med*⟩ trauma: ~ *psichico* psychic trauma. ☐ ⟨*Med*⟩ ~ *cranico* head injury. **traumatico** *a.* (*pl.* -ci) traumatic. **traumatizzante** *a.* traumatizing (*anche fig.*). **traumatizzare** *v.t.* **1** to traumatize. **2** ⟨*fig*⟩ (*sconvolgere*) to traumatize, to cause a shock in, to upset. **traumatizzato I** *a.* **1** traumatized. **2** ⟨*fig*⟩ (*sconvolto*) traumatized, in shock: *è rimasto ~ dall'incidente automobilistico* he was in shock after the car accident. **II** *s.m.* (*f.* -a) traumatized person. ☐ ~ *cranio* head injured. **traumatizzazione** *f.* traumatizing. **traumatologia** *f.* ⟨*Med*⟩ traumatology, accident surgery. **traumatologico** *a.* (*pl.* -ci) accident-: *centro* ~ accident ward. **traumatologo** *m.* (*pl.* -gi; *f.* -a) traumatologist.
travagliare *v.* (**travaglio, travagli**) *v.t.* to afflict, to torment, to trouble: *il rimorso lo travaglia* he is tormented by remorse. **travagliarsi** *v.r.* to be tormented (o distressed), to grieve, to suffer. **travagliato** *a.* afflicted, suffering, troubled, agitated. ☐ *una vita -a* a life of torment (o suffering).
travaglio[1] *m.* **1** (*angoscia, affanno*) suffering, pain, anguish, distress: ~ *interno* inner suffering. **2** ⟨*Med*⟩ pains *pl*, pain, upset: ~ *di stomaco* stomach upset, upset stomach. ☐ ~ *di parto* labour, travail.
travaglio[2] *m.* ⟨*Veter*⟩ (*durante la ferratura*) trave; (*durante interventi chirurgici*) crush.
travalicare *v.t.* (**travalico, travalichi**) ⟨*lett*⟩ to cross (over), to pass over.
travasamento *m.* decanting, pouring (out). **travasare** *v.t.* **1** to decant, to pour (out, off): ~ *il vino in bottiglie* to pour the wine into bottles. **2** ⟨*fig*⟩ (*versare*) to pour. **travasarsi** *v.r.* to overflow, to spill. **travasatrice** *f.* ⟨*Enol*⟩ transfer pump. **travaso** *m.* **1** pouring (out, off), decanting. **2** ⟨*Med*⟩ extravasation, effusion of blood. ☐ ⟨*fam*⟩ ~ *di bile* outflow of bile.
travata *f.* ⟨*Edil*⟩ beams *pl*, beam (o strut) frame.
travatura *f.* **1** (*operazione*) trussing. **2** ⟨*concr*⟩ (*insieme di travi*) beams *pl*, framework, frame.
trave *f.* beam, girder; (*di sostegno*) truss. ☐ ~ *in* **aggetto** overhanging beam; ~ **armata** reinforced truss (o beam); ~ *di* **colmo** ridge pole, ridge purlin (o board); ~ **composita** truss (o compound, built-up) beam; ~ *in* **ferro** iron beam (o girder); ⟨*fig*⟩ *fare di un* **fuscello** *una* ~ to make a mountain out of a molehill; ~ *di* **legno** wooden beam, timber (beam); ~ **maestra** main girder; ⟨*Ferr*⟩ ~ **portante** body bolster; ~ *del* **soffitto** ceiling joist (o beam).
travedere *v.i.* (**travedo; travidi, travisto;** *aus.* **avere**) **1** (*ingannarsi nel vedere*) to be mistaken, not to see well, to

be (*o* see) wrong: ~ *per la stanchezza* not to see well because of fatigue. **2** ⟨*fig*⟩ (*ingannarsi*) to be wrong (*o* mistaken) **3** ⟨*fig*⟩ (*essere accecato d'amore*) to be crazy (about): *la mamma travede per il figlio minore* the mother is crazy about her youngest son. **traveggole**: *avere le* ~ to be wrong (*o* mistaken), to take (*o* mistake) one thing for another.

traversa *f.* **1** (*trave*) crosspiece, traverse, bar, transom. **2** (*via traversa*) (cross)road, (cross)street: *prendi la seconda ~ a destra* take the second road (*o* turning) on the right. **3** (*lenzuolo*) drawsheet. **4** (*del letto*) slat. **5** ⟨*Mecc*⟩ crossbar. **6** ⟨*Ferr*⟩ (railway) sleeper, ⟨*am*⟩ (railroad) tie. **7** ⟨*Mar*⟩ (ship's) beam. **8** ⟨*Idr*⟩ (*briglia: per la correzione di torrenti*) dike embankment.

traversare *v.t.* (**traverso**) **1** to cross, to go across: ~ *la strada* to cross the street; *il fiume traversa la città* the river crosses the city. **2** (*passare da parte a parte*) to go (*o* pass) through, to pierce: *il proiettile traversò la parete* the bullet went through the wall. □ ⟨*Mar*⟩ ~ *l'*ancora to stow (*o* secure) the anchor; ~ *a guado un fiume* to ford a river; ⟨*Mar*⟩ ~ *una* nave to take a course perpendicular to the direction of the wind; ~ *a* nuoto to swim across; ~ *la* via *a qd.* to bar s.o.'s way; ⟨*fig*⟩ to thwart (*o* frustrate) s.o.

traversata *f.* **1** crossing: *a causa del traffico la ~ della città richiese un'ora* because of the traffic crossing the city took an hour. **2** (*viaggio, navigazione*) crossing, passage: *abbiamo avuto un'ottima* ~ we had a fine crossing; (*in aereo*) flight, trip: *la ~ dell'Atlantico dura poche ore* the flight over the Atlantic lasts a few hours. **3** (*a nuoto*) crossing. **4** ⟨*Alp*⟩ traverse.

traversia *f.* **1** ⟨*Mar*⟩ prevailing wind; (*vento sfavorevole*) contrary (*o* adverse) wind. **2** *pl.* ⟨*fig*⟩ (*avversità*) mishaps *pl*, troubles *pl*, trials *pl*, adversities *pl*: *abbiamo superato molte -e* we have overcome many trials.

traversina *f.* ⟨*Ferr*⟩ sleeper, ⟨*am*⟩ (railroad) tie.

traversino *m.* ⟨*Mar*⟩ (*cavo di ormeggio*) breast fast, breast line; (*paranco*) tackle, purchase. **traverso** **I** *a.* cross, traverse, transverse, crosswise. **II** *s.m.* **1** side, width, breadth: *appoggiare sul* ~ to lie on one's side. **2** ⟨*Mar*⟩ beam. □ *di* ~: 1 crosswise; 2 (*obliquamente*) sideways (on), slantwise, slantingly, obliquely; 3 ⟨*Mar*⟩ athwart; *andare di* ~: 1 (*rif. a cibi*) to go down the wrong way; 2 ⟨*fig*⟩ (*non avere successo*) to go wrong (*o* awry); *guardare di* ~ to give a nasty look; *prendere qc. di* ~ to take s.th. the wrong way; ⟨*fig*⟩ *vie -e* underhand ways (*o* methods), sharp practise: *ottenere un posto per vie -e* to get a job by underhand methods. **traversone** *m.* **1** crosspiece, traverse, bar. **2** ⟨*Sport*⟩ (*nel calcio*) cross pass, cross kick. **3** ⟨*Meteor*⟩ strong easterly (*o* east wind).

travertino *m.* ⟨*Min*⟩ travertin(e), travertine stone.

travestimento *m.* (*per non farsi riconoscere*) disguising; (*per maschera e sim.*) dressing-up. **travestire** *v.t.* (**travesto**) **1** (*per non farsi riconoscere*) to disguise; (*per maschera e sim.*) to dress up. **2** ⟨*Lett*⟩ to make a travesty of, to travesty. **travestirsi** *v.r.* (*per non farsi riconoscere*) to disguise o.s.: *travestirsi da mendicante* to disguise o.s. as a beggar; (*per maschera e sim.*) to dress (up): *travestirsi da pirata* to dress up as a pirate. **travestitismo** *m.* ⟨*Psic*⟩ transvestism. **travestito** **I** *a.* disguised, in disguise: *un poliziotto* ~ a policeman in disguise; (*per maschera e sim.*) dressed (up): ~ *da* clown dressed as clown, in a clown's costume. **II** *s.m.* (*f.* -a) ⟨*Psic*⟩ transvestite.

travet *m.* (*impiegatuccio*) petty clerk, ⟨*am.fam*⟩ pen pusher.

traviamento *m.* **1** (*il traviare*) leading astray; (*il traviarsi*) going astray, straying. **2** (*effetto*) aberration, corruption. **traviare** *v.t.* (**travio, travii**) to lead astray, to corrupt. **traviarsi** *v.r.* to go astray, to stray, to be(come) corrupted: *in città si è traviato* he was corrupted in the city. **traviato** *a.* corrupt(ed), led astray: *gioventù -a* corrupt youth.

travisamento *m.* distortion, alteration. **travisare** *v.t.* to distort, to alter, to twist: ~ *la realtà* to distort reality.

travolgente *a.* overwhelming: *un* ~ *attacco* an overwhelming attack; (*rif. agli elementi*) furious, raging: *vento* ~ raging wind. **travolgere** *v.t.* (**travolgo, travolgi,**

travolsi, travolto) **1** to sweep (*o* carry) away: *il fiume travolse il ponte* the river swept the bridge away; (*rovesciare*) to overturn, to knock down. **2** (*investire*) to run down (*o* over), to knock down: *fu travolto da un autocarro* he was run over by a truck. **3** ⟨*fig*⟩ to overwhelm, to carry away: *la crisi economica ha travolto il paese* the economic crisis overwhelmed the country. **4** (*sopraffare*) to rout, to overwhelm: ~ *il nemico* to rout the enemy. **travolgimento** *m.* overwhelming, overturning.

trazione *f.* **1** traction (*anche Med.*). **2** ⟨*Mecc*⟩ traction, drive. □ *a* ~ animale animal-drawn; ⟨*Aut*⟩ ~ anteriore front(-wheel) drive; **di** ~: 1 traction-, pull-, tractive: *fune di* ~ traction (*o* pull) rope; 2 ⟨*Mecc*⟩ driving, traction-: *ruota di* ~ driving wheel; ⟨*Ferr*⟩ ~ elettrica electric traction; ⟨*Aut*⟩ ~ posteriore rear(-wheel) drive.

tre *a./s.inv.* **I** *a.* **1** three. **2** (*con valore indeterminato: pochi*) few, couple, a, one: *ha detto* ~ *parole in tutto* he only said a few words. **II** *s.m.* **1** (*numero*) three (*anche Scol.*). **2** (*nelle date*) third: *il* ~ *luglio* the third of July, July the third. □ *a* ~ *a* ~ three by three, three at a time; *siamo in* ~ there are three of us; *ogni* ~ *mesi* every three months, every third month; *per* ~ (*il triplo*) three times as much; *lavora per* ~ he does the work of three men; *moltiplicare per* ~ to multiply by three; *tutt'e* ~ all three; ~ *volte* three times; ⟨*fam*⟩ ~ *volte buono* stupid, ⟨*fam*⟩ thick.

trealberi *m.inv.* ⟨*Mar*⟩ three-master, three-masted ship.

trebbia *f.* **1** (*trebbiatrice*) threshing machine. **2** (*trebbiatura*) threshing. **trebbiare** *v.t.* (**trebbio, trebbi**) ⟨*Agr*⟩ to thresh. **trebbiatore** *m.* (*f.* -trice) thresher. **trebbiatrice** *f.* threshing machine. **trebbiatura** *f.* **1** threshing. **2** (*tempo*) threshing season (*o* time).

Trebisonda *N.pr.f.* ⟨*Geog*⟩ Trebizond, Trabzon. □ ⟨*fig*⟩ *perdere la* ~ to be befuddled, to be(come) confused.

treccia *f.* (*pl.* -ce) **1** plait, braid: *farsi le trecce* to do one's hair in braids, to plait one's hair. **2** ⟨*El*⟩ braid.

trecentesco *a.* (*pl.* -chi) fourteenth century-: *un castello* ~ a fourteenth century castle; (*rif. all'arte e letteratura italiana*) of the Trecento, Trecento-. **trecentesimo** **I** *a.* three-hundredth. **II** *s.m.* (*ordinale; f.* -a) three-hundredth. **trecento** *a./s.m.inv.* three hundred. **Trecento** *m.* fourteenth century; (*rif alla letteratura italiana*) Trecento.

tredicenne **I** *a.* thirteen-year-old, ⟨*pred*⟩ of thirteen, ⟨*pred*⟩ thirteen years old. **II** *s.m./f.* thirteen-year-old (child), boy (*f* girl) of thirteen. **tredicesima** *f.* (*tredicesima mensilità*) thirteenth month's salary. **tredicesimo** **I** *a.* **1** thirteenth. **2** (*rif. a regnanti*) the Thirteenth. **II** *s.m.* (*ordinale; f.* -a) thirteenth: *essere il* ~ *a tavola* to be the thirteenth at table. **tredici** *a./s.inv.* **I** *a.* thirteen. **II** *s.m.* **1** (*numero*) thirteen: *il* ~ *porta sfortuna* thirteen is an unlucky number. **2** (*nelle date*) thirteenth: *il* ~ *maggio* the thirteenth of May, May the thirteenth. □ *fare un* ~ (*al totocalcio*) to guess the results of all thirteen matches.

trefolo *m.* **1** ⟨*Mecc*⟩ wobbler. **2** ⟨*Tess*⟩ strand.

tregenda *f.* ⟨*lett*⟩ **1** Sabbat, (witches') Sabbath. **2** ⟨*fig*⟩ (*pandemonio*) pandemonium, uproar, din. □ *notte di* ~ witches' sabbath.

treggia *f.* (*pl.* -ge) sled, sleigh.

tregua (*o* **tregua**) *f.* **1** ⟨*Mil*⟩ (*interruzione di combattimento*) truce. **2** ⟨*fig*⟩ (*pausa, sosta*) pause, truce; (*riposo*) rest, break, respite, truce: *abbiamo bisogno di un po' di* ~ we need a little rest. **3** ⟨*Pol*⟩ (*nelle battaglie elettorali*) (electoral) truce. □ ~ *d'armi* truce; *non dare* ~ to give no peace (*o* respite): *le preoccupazioni non mi danno* ~ my worries give me no peace⌐ (*o* will not let me be); *senza* ~: 1 without respite; 2 (*ininterrottamente*) non-stop, ceaselessly, uninterruptedly.

tremante *a.* trembling, shaking, shuddering, quivering: ~ *di paura* trembling with fear; (*per il freddo*) shivering, trembling. □ *scrittura* ~ shaky hand. **tremare** *v.i.* (**tremo**; *aus.* **avere**) **1** to tremble, to shake, to shudder, to quiver: *tremava per lo spavento* he was trembling with fear; (*per il freddo*) to shiver, to tremble. **2** ⟨*fig*⟩ (*essere impaurito*) to tremble, to shake, to quiver: *davanti a lui tremava tutta Roma* all Rome trembled before him. **3** ⟨*fig*⟩ (*essere in ansia*) to tremble: *trema per i suoi figli* she trembles for her children. **4** (*rif. alla terra*) to tremble, to shake, to quake. **5** (*rif. a suono, voce*) to tremble, to quiver, to shake: *la voce gli tremò per l'emozione* he was so upset his voice trembled. □ ~ *da capo a piedi* to shake from head to foot; *far* ~: 1 (*scuotere*) to shake; 2 (*fig*) (*incutere paura*) to make tremble (with fear); ~ *come una foglia* to tremble (*o* shake) like a leaf; *mi tremano le gambe* my legs are shaking. **tremarella** *f.* (*fam*) shivers *pl.* □ *avere la* ~ to be quaking (*o* shaking) in one's boots; *far venire la* ~ *a qd.* to give s.o. the shivers.

trematodi *m.pl.* (*Zool*) trematodes *pl.*

tremebondo *a.* (*lett*) trembling, quaking, shaking.

tremendamente *avv.* **1** terribly, dreadfully, awfully. **2** (*iperb*) (*straordinariamente*) terribly, (*fam*) awfully: *è* ~ *noioso* it's terribly boring. **tremendo** *a.* **1** terrible, dreadful, awful, tremendous: *-a punizione* dreadful punishment; *una -a disgrazia* a terrible accident. **2** (*iperb*) (*molto spiacevole*) terrible, (*fam*) awful: *fa un caldo* ~ the heat is terrible.

trementina *f.* turpentine: *essenza di* ~ oil of turpentine.

tremila *a./s.m.inv.* three thousand. **tremillesimo** *a./s.m.* (*f.* -a) three-thousandth.

tremito *m.* **1** trembling, shaking, quivering, shuddering; (*per il freddo*) shivering. **2** (*Med*) tremor. □ *essere colto dal* ~ to shiver, to shudder. **tremolante** *a.* **1** trembling, quivering, shaking, shivering. **2** (*rif. a luce, ad aria*) shimmering; (*rif. a fiamme*) flickering; (*rif. a stelle*) twinkling. **3** (*rif. a suoni, voce*) trembling, quavering, shaking. **tremolare** *v.i.* (*tremolo; aus.* avere) **1** to tremble, to quiver, to shake, to shiver. **2** (*rif. a luce, ad aria*) to shimmer; (*rif. a fiamme*) to flicker; (*rif. a stelle*) to twinkle. **3** (*rif. a voce e sim.*) to tremble, to quaver, to shake. **tremolio** *m.* **1** trembling, quivering, shaking, shiver(ing). **2** (*rif. a luce, ad aria*) shimmering; (*rif. a fiamme*) flickering. **3** (*rif. a suoni*) tremble, quiver(ing). **4** (*Astr*) (*scintillazione*) twinkling, twinkle. **tremolo** *m.* **1** (*Mus*) tremolo; (*registro*) tremolo (stop), tremulant. **2** (*Bot*) asp(en), trembling (*o* quaking) poplar. **tremore** *m.* **1** tremor (*anche Med.*). **2** (*fig*) (*agitazione*) (tremulous) agitation, tremor, trembling. **tremulo** *a.* → tremolante.

trenaggio *m.* (*Minier*) haulage.

trenette *f.pl.* (*Gastr*) trenette (long narrow noodles *pl*).

trenino *m.* (*modellino*) toy train.

treno[1] *m.* **1** train. **2** (*Zool*) part (of an animal), quarters *pl.* **3** (*Mil*) train. **4** (*Artigl*) gun carriage. **5** (*ant*) (*seguito*) train, retinue, suite; (*scorta*) escort. □ ~ **accelerato** slow train, (*am*) local (*o* milk) train; **andare** *in* ~ to travel by train; ~ **bestiame** cattle train; ~ **bianco** train for conveying the sick to a sanctuary; ~ **bis** relief (*o* extra) train; **cambiare** ~ to change trains; *arriverò col* ~ *delle undici* I shall be coming by (*o* on) the eleven o'clock train; ~ **corazzato** armoured train; ~ **direttissimo** fast (*o* through) train; ~ **diretto** through train; ~ **espresso** express train; (*Aut*) ~ *di* **gomme** set of tyres; ~ **locale** local train; ~ *di* **lusso** luxury (*o* Pullman) train; ~ *del* **mattino** morning train; ~ **merci** goods (*o* freight) train; ~ **militare** troop train; ~ **navetta** shuttle train; *il* ~ *è in* **orario** the train is on time (*o* schedule); ~ **ordinario** regular train; ~ **ospedale** hospital (*o* ambulance, Red Cross) train; ~ *a lungo* **percorso** long-distance train; **perdere** *il* ~ to miss the train; ~ **postale** mail train; **prendere** *il* ~ *delle dieci* I have to catch the ten o'clock train; ~ **rapido** express (train); ~ *di* **ruote**: 1 (*Aut*) wheel set; 2 (*Mecc*) train of gearing; **salire** *sul* ~ to get on the train; **scendere** *dal* ~ to get off the train; ~ **speciale** special train; ~ **turistico** tourist train; ~ **viaggiatori** passenger train; ~ *di* **vita** (*tenore*) standard of living.

treno[2] *m.* (*Stor.gr*) threnos. **trenodia** *f.* threnody.

trenta *a./s.inv.* **I** *a.* thirty. **II** *s.m.* **1** (*numero*) thirty. **2** (*nelle date*) thirtieth: *il* ~ *luglio* the thirtieth of July, July the thirtieth. □ *gli* **anni** ~ the thirties *pl; aver* **compiuto** *i* ~ to be thirty (years old); **essere** *sui* ~ to be about thirty; (*Stor*) *la* **Guerra** *dei Trent'anni* the Thirty Years' War; (*fig*) *chi ha fatto* ~ *può fare* **trentuno** now that you've gone that far you might as well finish.

trentennale *a.* (*che dura trent'anni*) thirty-year(s')-.

trentenne **I** *a.* thirty-year-old-, of thirty, (*pred*) thirty years old. **II** *s.m./f.* thirty-year-old man (*f* woman), man (*f* woman) of thirty. **trentennio** *m.* thirty years *pl*, thirty-year period. **trentesimo** *a./s.m.* (*f.* -a) thirtieth.

trentina *f.* **1** (*trenta*) thirty; (*circa trenta*) about (*o* some) thirty, thirty or so: *erano una* ~ *di pagine* there were about thirty pages. **2** (*rif. a età*) about thirty: *essere sulla* ~ to be about thirty. □ *aver passato la* ~ to be over thirty.

trentino **I** *a.* **1** (*di Trento*) Tridentine, of Trent. **2** (*della Venezia Tridentina*) of Venezia Tridentina. **II** *s.m.* (*f.* -a) **1** (*abitante di Trento*) inhabitant (*o* native) of Trent. **2** (*abitante della Venezia tridentina*) inhabitant (*o* native) of Venezia Tridentina. **Trentino** *N.pr.m.* (*territorio*) Trentino. **Trento** *N.pr.f.* (*Geog*) Trent.

trentuno *a./s.inv.* **I** *a.* thirty-one. **II** *s.m.* **1** (*numero*) thirty-one. **2** (*nelle date*) thirty-first: *il* ~ *maggio* the thirty-first of May, May the thirty-first.

trepidamente *avv.* anxiously. **trepidante** *a.* anxious. **trepidare** *v.i.* (*trepido; aus.* avere) to be anxious (*o* worried): *tutti trepidavano per la sua sorte* everyone was anxious over his fate. **trepidazione** *f.* trepidation, apprehension, anxiety. □ *con* ~ anxiously, with trepidation; *pieno di* ~ anxious, in great trepidation. **trepido** *a.* (*lett*) anxious.

treppiede, treppiedi *m.* tripod.

trequarti *m.inv.* **1** (*Vest*) three-quarter-length coat. **2** (*Chir*) troc(h)ar.

tresca *f.* **1** (*relazione amorosa illecita*) love affair. **2** (*intrigo*) intrigue, plot. □ *ordire una* ~ to scheme, to weave a plot. **trescare** *v.i.* (*tresco, treschi; aus.* avere) **1** (*avere una relazione illecita*) to have an affair. **2** (*ordire intrighi*) to intrigue, to scheme, to plot.

trespolo *m.* **1** trestle; (*per uccelli*) perch. **2** (*sgabello*) stool. **3** (*fig*) (*veicolo in cattivo stato*) jalopy, (*am.fam*) heap.

tressette *m.inv.* tresette.

Treviri *N.pr.f.* (*Geog*) Trier.

trevo *m.* (*Mar*) course.

triaca *f.* (*Farm,Stor*) theriac(a).

triaccessoriato *a.* with three bathrooms.

triade *f.* triad (*anche Mus.*).

triangolare *a.* triangular. **triangolazione** *f.* (*Topogr*) triangulation.

triangolo *m.* **1** triangle. **2** (*pannolino igienico per neonati*) napkin, (*fam*) nappy, (*am*) diaper. **3** (*Strad*) red (warning) triangle. □ ~ **equilatero** equilateral triangle; (*Fis*) ~ *delle* **forze** triangle of forces; ~ **isoscele** isosceles triangle; ~ **ottusangolo** obtuse-angled triangle; ~ **rettangolo** right(-angled) triangle, rectangular triangle; ~ **scaleno** scalene triangle.

triarchia *f.* (*Pol*) triarchy.

trias *m.* (*Geol*) Trias. **triassico** *a./s.* (*pl.* -ci) **I** *a.* (*Geol*) Triassic. **II** *s.m.* Triassic (period).

tribale *a.* tribal.

tribasico *a.* (*pl.* -ci) (*Chim*) tribasic.

triboelettricità *f.* (*Fis*) triboelectricity. **triboelettrico** *a.* (*pl.* -ci) triboelectric.

tribolamento *m.* tribulation, suffering, affliction. **tribolare** *v.* (*tribolo*) **I** *v.t.* to torment. **II** *v.i.* (*aus.* avere) to suffer, to grieve: *ha tribolato per tutta la vita* he suffered his whole life. □ *far* ~ to torment, to torture, to afflict; (*fam*) *ha finito di* ~ (*è morto*) his sufferings are over. **tribolato** *a.* afflicted, tormented, in distress; (*pieno di affanni*) hard, troubled, painful: *vita -a* hard life. **tribolazione** *f.* tribulation, suffering, affliction: *le -i della vita* the (trials and) tribulations of life. **tribolo** *m.* **1** (*lett*) (*pruno*) thorn bush, bramble bush. **2** *pl.* (*fig,lett*) tribulations *pl*, afflictions *pl*, trials *pl.* **3** (*Stor*) caltrop.

tribologia *f.* tribology.

triboluminescenza *f.* (*Fis*) triboluminescence.

tribometro *m.* tribometer.

tribordo *m.* (*Mar*) starboard.

tribù *f.* tribe.

tribuna *f.* **1** (*podio rialzato*) tribune, platform, stand. **2** (*palco riservato*) gallery: ~ *della* **stampa** press gallery. **3** (*nei campi sportivi e sim.*) stand; (*tribuna principale coperta*) grandstand. **4** (*Arch*) tribune. **5** (*Stor.rom*)

tribune. □ ~ *d'onore* V.I.P. stand; ~ *degli oratori* tribune, speaker's platform; ~ *dell'orchestra* bandstand; ~ *riservata al pubblico* public gallery.

tribunale *m.* **1** law court, court of justice (*o* law), tribunal: *stare in* ~ to be in court. **2** (*palazzo di giustizia*) lawcourt(s), court house, ⟨*am*⟩ (central) courts *pl.* **3** (*autorità*) court, Court: *portare davanti al* ~ to take to Court; *per ordine del* ~ by court order. □ ~ **civile** civil court, court of equity; *il* ~ *di* **Dio** the Tribunal of God, the Judgement Seat; ~ **disciplinare** disciplinary court; ~ **ecclesiastico** ecclesiastic (*o* church) court; ~ *di* **guerra** court–martial; ~ **militare** court–martial, military court; ~ *per i* **minorenni** juvenile court; ~ **penale** criminal court; ~ *del* **popolo** revolutionary court; ⟨*Dir.can*⟩ ~ *della Sacra* **Rota** (Sacred Roman) Rota; ~ **speciale** special court; ~ **supremo** supreme court.

tribunato *m.* ⟨*Stor.rom*⟩ tribuneship, tribunate. **tribunesco** *a.* (*pl.* **-chi**) ⟨*spreg*⟩ bombastic. **tribunizio** *a.* ⟨*Stor.rom*⟩ tribunitian: *potestà –a* tribunitian power. **tribuno** *m.* **1** ⟨*Stor.rom*⟩ tribune. **2** ⟨*fig*⟩ (*demagogo*) demagogue. □ ⟨*Stor.rom*⟩ ~ *militare* military tribune; ~ *della plebe* tribune of the people.

tributare *v.t.* to render, to bestow, to pay: ~ *onori a qd.* to render honours to s.o.

tributaria *f.* (*anche polizia tributaria*) excise and revenue police. **tributario** *a.* **1** tax-, taxation, fiscal, financial: *riforma –a* tax reform; *sistema* ~ fiscal (*o* financial) system, tax(ation) system. **2** (*soggetto al pagamento di un tributo*) tributary. □ ⟨*Dir*⟩ *diritto* ~ financial law; ⟨*Geog*⟩ *fiume* ~ (*affluente*) tributary (river), affluent.

tributarista *m./f.* (*esperto*) tax expert, expert in financial law. **tributo** *m.* **1** (*imposta*) tax, tribute. **2** ⟨*fig*⟩ tribute. □ *assoggettare a* ~ to lay under tribute; ⟨*fig*⟩ *pagare il proprio* ~ *alla natura* (*morire*) to pay the debt of nature; *pagare un* ~ *di sangue* to pay with one's blood.

tricamere I *a.* with three rooms. **II** *s.m.inv.* three–room flat (*o* apartment).

tricefalia *f.* three-headedness. **tricefalo** *a.* tricephalous, three–headed: *divinità –a* three–headed deity.

tricheco *m.* (*pl.* **-chi**) ⟨*Zool*⟩ walrus. □ ⟨*scherz*⟩ *sembrare un* ~ to have a walrus moustache.

trichiasi *f.* ⟨*Med*⟩ trichiasis.

trichina *f.* ⟨*Zool*⟩ trichina. **trichinosi** *f.* ⟨*Med*⟩ trichinosis.

triciclo *m.* tricycle.

tricipite I *a.* ⟨*lett*⟩ **1** ⟨*lett*⟩ three–headed: *mostro* ~ three–headed monster. **2** ⟨*Anat*⟩ triceps-, tricipita!. **II** *s.m.* ⟨*Anat*⟩ triceps muscle.

triclinio *m.* triclinium.

triclino *a.* ⟨*Min*⟩ triclinic.

tricologia *f.* trichology. **tricologo** *m.* (*pl.* **-gi**) trichologist.

tricolore I *a.* tricolo(u)r, three–coloured. **II** *s.m.* **1** (*bandiera tricolore*) tricolour. **2** (*bandiera italiana*) Italian tricolour, Italian flag.

tricoma *m.* ⟨*Med,Bot,Entom*⟩ trichome. **tricoptilosi** *f.* ⟨*Med*⟩ trichoptilosis.

tricorde, tricordo *a.* ⟨*lett*⟩ trichord (*anche Mus.*). **tricorno** *m.* ⟨*Mod,Stor*⟩ tricorn(e), cocked (*o* three –cornered) hat; (*dei preti*) biretta.

tricosi *f.* ⟨*Med*⟩ trichosis.

tricot *fr.* [tri'ko] *m.* tricot.

tricotteri *m.pl.* ⟨*Entom*⟩ caddis flies *pl*, trichopter(an)s *pl.*

tricromia *f.* ⟨*Tip*⟩ **1** (*procedimento*) trichromatism, three–colour process. **2** (*riproduzione*) trichromatic print, (three-)colour print.

tric-trac *m.* (*tavola reale*) tric–trac, backgammon.

tricuspidale *a.* tricuspid (*anche Anat.,Arch.*). **tricuspidato** *a.* tricuspidate (*anche Mat.,Bot.*). **tricuspide** *a.* tricuspid. □ ⟨*Anat*⟩ *valvola* ~ tricuspid valve.

tridentato *a.* ⟨*lett*⟩ (*armato di tridente*) bearing a trident. **tridente** *m.* **1** trident. **2** (*forcone*) pitchfork; (*per fieno*) hayfork.

tridentino *a.* ⟨*Geog*⟩ Tridentine. □ ⟨*Stor*⟩ *Concilio* ~ Council of Trent.

tridimensionale *a.* tridimensional, three–dimensional.

tridimensionalità *f.* tridimensionality.

triduo *m.* ⟨*Rel.catt*⟩ triduum, triduo.

triedrico *a.* (*pl.* **-ci**) ⟨*Geom*⟩ trihedral. **triedro I** *a.* trihedral. **II** *s.m.* trihedron.

trielina *f.* ⟨*Chim*⟩ trichloroethylene.

triennale *a.* **1** (*che dura tre anni*) three–year-, triennial: *corso* ~ three–year course. **2** (*che si verifica ogni tre anni*) three–yearly, triennal. **triennio** *m.* (period of) three years, triennium.

trifase *a.* ⟨*tecn*⟩ three–phase, triphase.

trifenilmetano *m.* ⟨*Chim*⟩ triphenylmethane.

trifido *a.* **1** ⟨*lett*⟩ (*diviso in tre parti*) tripartite; (*a tre punte*) three–pointed. **2** ⟨*Bot*⟩ trifid.

trifoglio *m.* ⟨*Bot*⟩ clover, trefoil, trifolium.

trifola *f.* ⟨*region*⟩ (*tartufo*) truffle. **trifolato** *a.* ⟨*Gastr*⟩ **1** thinly sliced and cooked with oil, garlic and parsley. **2** (*condito con tartufo*) truffled.

trifora *f.* ⟨*Arch*⟩ three–light window, three–mullioned window.

triforcuto *a.* trifurcate(d), having three forks (*o* branches).

trigemino I *a.* **1** triplet, ⟨*lett*⟩ trigeminous: *parto* ~ triplet birth. **2** ⟨*Med*⟩ trigeminal. **II** *s.m.* ⟨*Anat*⟩ (*nervo trigemino*) trigeminal (nerve).

trigesimo I *a.* thirtieth. **II** *s.m.* ⟨*Lit*⟩ month's mind. □ *nel* ~ *della morte di qd.* on the thirtieth day after s.o.'s death.

triglia *f.* ⟨*Itt*⟩ mullet. □ ~ *di fango* red mullet, plain surmullet; ⟨*fam*⟩ *fare l'occhio di* ~ *a qd.* to make sheep's eyes at s.o.; ~ *di scoglio* (striped) surmullet.

triglifo [-gl-] *m.* ⟨*Arch*⟩ triglyph.

trigonale *a.* trigonal. □ ⟨*Min*⟩ *sistema* ~ trigonal system. **trigono I** *a.* trigonal (*anche Bot.*). **II** *s.m.* **1** ⟨*Anat*⟩ trigone: ~ *vescicale* trigone of the bladder. **2** ⟨*Astr,Mus*⟩ trigon.

trigonometria *f.* ⟨*Mat*⟩ trigonometry. **trigonometrico** *a.* (*pl.* **-ci**) trigonometric(al).

trilaterale *a.* trilateral, three–sided (*anche fig.*): *accordo* ~ trilateral agreement. **trilatero** *a./s.m.* ⟨*Geom*⟩ trilateral.

trilingue *a.* **1** trilingual, triglot, in three languages: *iscrizione* ~ trilingual inscription; *testo* ~ triglot text. **2** (*che parla tre lingue*) trilingual, speaking three languages. **trilinguismo** *m.* use of three languages.

trilione *m.* ⟨*Mat*⟩ (*un milione di bilioni*) trillion, ⟨*am*⟩ quintillion.

trillante *a.* trilling. **trillare** *v.i.* (*aus.* **avere**) **1** to trill, to quaver; (*rif. a uccelli*) to warble, to trill. **2** ⟨*Mus*⟩ to trill. **trillo** *m.* **1** ⟨*Mus*⟩ trill, quaver. **2** (*rif. a campanelli*) ring, trill; (*rif. a uccelli*) warble, trill.

trilobato *a.* **1** ⟨*Biol*⟩ trilobate. **2** ⟨*Arch*⟩ trefoil, three–foiled: *arco* ~ trefoil arch.

trilobiti *f.pl.* ⟨*Paleont*⟩ trilobites *pl.*

trilogia *f.* ⟨*Lett,Mus*⟩ trilogy.

trimarano *m.* ⟨*Mar*⟩ trimaran.

trimestrale *a.* **1** quarterly, ⟨*lett*⟩ trimestr(i)al: *pubblicazione* ~ quarterly (review). **2** ⟨*Scol*⟩ term's, term-. **trimestralmente** *avv.* quarterly. **trimestre** *m.* **1** quarter, three months *pl*, trimester: *pagare ogni* ~ to pay every (*o* by the) quarter. **2** ⟨*Scol*⟩ term, ⟨*am*⟩ trimester. **3** (*rata trimestrale*) quarterly instalment.

trimetro *m.* ⟨*Metr*⟩ trimeter. □ ~ *giambico* iambic trimeter; ~ *trocaico* trochaic trimeter.

trimotore I *a.* trimotor. **II** *s.m.* ⟨*Aer*⟩ trimotor (plane).

trimurti *f.* ⟨*Rel*⟩ Trimurti.

trina *f.* ⟨*Lav.femm*⟩ lace. □ *sembrare una* ~ to be as delicate (*o* fine) as lace.

Trinacria *N.pr.f.* ⟨*Geog.stor*⟩ Sicily, ⟨*ant*⟩ Trinacria.

trinca *f.* ⟨*Mar*⟩ gammon(ing). □ ⟨*region*⟩ *nuovo di* ~ (*nuovo di zecca*) brand new.

trincare[1] *v.t.* (**trinco**, **trinchi**) ⟨*Mar*⟩ to lash, to secure.

trincare[2] *v.t.* (**trinco**, **trinchi**) ⟨*pop*⟩ to drink: *gli piace* ~ he likes to drink; (*vuotare*) to drink down.

trincarino *m.* ⟨*Mar*⟩ stringer; (*rif. a nave in legno*) waterway.

trincata *f.* ⟨*pop*⟩ (*bevuta*) drink.

trincatura *f.* ⟨*Mar*⟩ lashing, securing.

trincea *f.* **1** ⟨*Strad,Ferr*⟩ cutting, ⟨*am*⟩ cut. **2** ⟨*Mil*⟩

trench: *guerra di* ~ trench warfare. **3** ⟨*Min*⟩ cutting. □ ⟨*fig*⟩ *in* ~ (*al fronte*) in the front line, at the front. **trinceramento** *m.* entrenchment. **trincerare** *v.t.* (**trincero**) to (en)trench. **trincerarsi** *v.r.* **1** to entrench o.s. **2** ⟨*fig*⟩ (*ripararsi, difendersi*) to take refuge, to hide: *trincerarsi nel silenzio* to take refuge in silence. □ *trincerarsi dietro* (*o con*) *un pretesto* to find an excuse. **trincerato** *a.* **1** (en)trenched, fortified with trenches. **2** ⟨*fig*⟩ (*riparato*) protected, sheltered.
trincettata *f.* **1** (*colpo*) blow with (*o* from) a shoe knife. **2** (*taglio*) cut (made by a shoe knife). **trincetto** *m.* ⟨*Calz*⟩ shoe (*o* cobbler's) knife.
trinchettina *f.* ⟨*Mar*⟩ fore (*o* topmast) staysail. □ ~ *di fortuna* storm jib. **trinchetto** *m.* **1** (*albero*) foremast. **2** (*pennone*) foreyard. **3** (*vela inferiore*) foresail. □ *albero di* ~ foremast.
trinciaforaggi *m.inv.* ⟨*Agr*⟩ fodder cutter. **trinciante I** *a.* cutting, chopping; (*che serve a scalcare*) carving. **II** *s.m.* (*coltello*) carving knife.
trincia|paglia *m./f.inv.* ⟨*Agr*⟩ straw-cutting machine. **~polli** *m.inv.* poultry shears *pl.* **~pollo** *m.* → **trinciapolli.**
trinciare *v.t.* (**trincio, trinci**) **1** (*tagliare*) to cut (up), to chop (up): ~ *la paglia* to cut the straw up. **2** (*scalcare*) to carve, to cut: ~ *un pollo* to carve a chicken. □ ⟨*fig*⟩ ~ *l'aria con gesti* to beat the air; ⟨*fig*⟩ ~ *giudizi* to make rash (*o* sweeping) judgements; ⟨*fig*⟩ ~ *i panni addosso a qd.* to pull s.o. to pieces. **trinciata** *f.* cut, chop, slice. □ *dare una* ~ *a qc.* to cut s.th. up. **trinciato I** *a.* cut (up), chopped (up). **II** *s.m.* (*tabacco*) shag, cut. □ ~ *forte* strong shag; ~ *medio* medium cut; ~ *sottile* fine cut. **trinciatrice** *f.* cutter, shredder. **trinciatura** *f.* **1** cutting (up), shredding, chopping (up). **2** ⟨*concr*⟩ shreds *pl,* cuttings *pl.*
trinità *f.* trinity. **Trinità** *f.* Trinity. □ ⟨*Lit*⟩ *festa della santissima* ~ Trinity Sunday. **trinitario** *a.* ⟨*Teol*⟩ Trinitarian, of the Trinity: *dogma* ~ dogma of the Trinity.
trinitrina *f.* ⟨*Chim*⟩ trinitrin. **trinitrotoluene** *m.* trinitrotoluene.
trino *a.* ⟨*Teol*⟩ Triune, Three: *Dio uno e* ~ the One and Triune God, God ⸢One and Three⸣ (*o* Three in One).
trinomio I *s.m.* ⟨*Mat*⟩ trinomial (*anche fig.*). **II** *a.* trinomial.
trio *m.* **1** ⟨*Mus*⟩ trio. **2** ⟨*fig,scherz*⟩ trio, three.
triodo *m.* ⟨*El*⟩ triode.
trionfale *a.* **1** triumphal: *entrata* ~ triumphal entry; *arco* ~ triumphal arch, arch of triumph. **2** (*festoso*) triumphant, triumphal, exultant: *accoglienza* ~ triumphal reception; *successo* ~ triumphant success. **trionfalismo** *m.* triumphalism. **trionfalistico** *a.* (*pl.* -ci) triumphalist. **trionfalmente** *avv.* triumphally. **trionfante** *a.* **1** triumphant: *la Chiesa* ~ the Church Triumphant. **2** ⟨*estens*⟩ (*pieno di gioia*) triumphant, exultant. □ *essere* ~ to triumph, to exult. **trionfare** *v.i.* (**trionfo;** *aus.* **avere**) **1** ⟨*Stor.rom*⟩ to triumph. **2** (*riportare una vittoria*) to triumph, to be victorious, to prevail (*su, di* over): ~ *sui nemici* to triumph over one's foes. **3** ⟨*fig*⟩ to triumph, to be victorious, to prevail (*su* over): *lo spirito trionfa sulla materia* mind triumphs over matter; *far* ~ *la giustizia* to make justice prevail. **4** ⟨*fig*⟩ (*ottenere un successo*) to be a (great) success, to be successful: *una commedia che trionfa sulle scene di tutta l'Italia* a play which is a great success throughout Italy. **5** ⟨*fig*⟩ (*esultare*) to exult, to triumph. **trionfatore** *m.* (*f.* -trice) **1** ⟨*Stor.rom*⟩ triumphator. **2** (*vincitore*) conqueror, winner, victor. **trionfo** *m.* **1** ⟨*Stor.rom*⟩ triumph. **2** (*splendida vittoria*) triumph (*anche fig.*): *il* ~ *della giustizia* the triumph of justice; (*successo*) (great) success; *la rappresentazione fu un* ~ the show was a success (*o* hit). **3** (*manifestazione di entusiasmo*) triumph, exultation. **4** ⟨*Art*⟩ triumph. **5** ⟨*Arred*⟩ (*trionfo da tavola*) ornamental stand (*o* centre piece). □ *accogliere qd. in* ~ to greet s.o. in triumph; *essere portato in* ~ to be borne in triumph.
trioni *m.pl.* ⟨*lett*⟩ **1** (*Orsa maggiore e minore*) Great Bear and Little Bear, Ursa Major and Ursa Minor. **2** ⟨*Orsa minore*⟩ Little Bear, Ursa Minor.

triossido *m.* ⟨*Chim*⟩ trioxide.
tripanosoma *m.* ⟨*Zool*⟩ trypanosome. **tripanosomiasi** *f.* ⟨*Med,Veter*⟩ trypanosomiasis.
tripartire *v.t.* (**tripartisco, tripartisci**) to divide into three (parts). **tripartitico** *a.* (*pl.* -ci) three-party-, tripartite. **tripartitismo** *m.* tripartitism, three-party system.
tripartito I *a.* **1** tripartite. **2** ⟨*Pol*⟩ tripartite, three -party-. **II** *s.m.* ⟨*Pol*⟩ (*anche governo tripartito*) three -party government. **Tripartito** *m.* ⟨*Stor*⟩ Tripartite pact.
tripartizione *f.* tripartition, division into three.
tripla *f.* (*rif. a giochi*) combination of all three probabilities. **triplicare** *v.t.* (**triplico, triplichi**) **1** to triple, to multiply by three, to triplicate: ~ *un numero* to triple a number. **2** ⟨*iperb*⟩ to triple, to treble. **triplicarsi** *v.r.* to triple, to treble. **triplicato** *a.* **1** tripled, triplicated: *un prezzo* ~ a tripled price. **2** ⟨*iperb*⟩ tripled, trebled. **triplicazione** *f.* **1** tripling, triplication. **2** ⟨*iperb*⟩ tripling, trebling. **triplice** *a.* triple: *un* ~ *effetto* a triple effect. □ *in* ~ *copia* in triplicate; ⟨*Stor*⟩ ~ *Alleanza* Triple Alliance. **triplo I** *a.* (*tre volte maggiore*) triple, three times as much (*o* great), threefold: *una somma -a* three times ⸢as much money⸣ (*o* the sum); *con forze -e* with threefold strength; (*tre volte più grande*) three times as big (*o* large), three times the size: *voglio un bastone* ~ *di questo* I want a stick three times ⸢as large as⸣ (*o* the size of) this one. **II** *s.m.* triple, three times *pl*: *sei è il* ~ *di due* six is three times two; (*tre volte tanto*) triple, three times as much: *guadagna il* ~ *di me* he earns three times as much as I do. □ *salto* ~ hop step and jump.
tripode *m.* tripod.
tripodia *f.* ⟨*Metr*⟩ tripody: ~ *anapestica* anap(a)estic tripody.
tripolare *a.* ⟨*El*⟩ tripolar.
tripoli *m.* ⟨*Geol*⟩ tripoli.
Tripoli *N.pr.f.* ⟨*Geog*⟩ Tripoli. **tripolino I** *a.* of Tripoli, Tripoli-, Tripolitan. **II** *s.m.* (*f.* -a) native (*o* inhabitant) of Tripoli, Tripolitan.
Tripolitania *N.pr.f.* ⟨*Geog*⟩ Tripolitania.
trippa *f.* **1** ⟨*Gastr*⟩ tripe. **2** ⟨*scherz*⟩ (*pancione*) paunch, ⟨*fam*⟩ pot belly. □ ⟨*scherz*⟩ *mettere su* ~ (*ingrassare*) to put on weight, to get fat (*o* paunchy). **tripperia** *f.* **1** (*negozio*) tripe shop. **2** ⟨*Macell*⟩ tripery. **trippone** *m.* (*persona con la pancia grossa*) pot belly, ⟨*fam*⟩ fatty.
tripudiare *v.i.* (**tripudio, tripudi;** *aus.* **avere**) to rejoice, to exult. **tripudio** *m.* rejoicing, jubilation, exultation.
triregno *m.* (*papal*) tiara, triregnum.
trireme *f.* ⟨*Mar.ant*⟩ (*anche nave trireme*) trireme.
tris *m.* three (of a kind): ~ *di re* three kings.
trisavolo *m.* (*f.* -a) great-great-grandfather (*f* grandmother).
trisecare *v.t.* (**triseco, trisechi**) ⟨*Mat*⟩ to trisect. **trisezione** *f.* ⟨*Geom*⟩ trisection.
trisillabico *a.* (*pl.* -ci) trisyllabic. **trisillabo I** *a.* → trisillabico. **II** *s.m.* (*parola*) trisyllable.
trisma *m.* ⟨*Med*⟩ trismus, lockjaw.
Tristano *N.pr.m.* ⟨*Lett*⟩ Tristan, Tristram. □ ~ *e Isotta* Tristan and Isolde.
triste *a.* **1** sad: *un ragazzo* ~ a sad boy; *occhi -i* sad eyes. **2** (*che causa tristezza*) sad, sorrowful, unhappy: *una* ~ *notizia* sad news. **3** (*misero, squallido*) bleak, gloomy, dreary: *una casa* ~ a dreary house. **tristemente** *avv.* sadly, sorrowfully. **tristezza** *f.* **1** sadness, unhappiness. **2** (*fatto che affligge*) sorrow, affliction. **tristo** *a.* **1** (*malvagio*) wicked, evil, bad: *azione -a* wicked deed. **2** (*meschino*) poor, mean. **3** (*sventurato*) wretched, unhappy, hapless: *avere un* ~ *destino* to have a hapless fate.
tritabile *a.* that may be chopped (*o* ground), grindable. **tritacarne** *m.inv.* mincer, meat chopper. **tritaghiaccio** *m.inv.* ice crusher. **tritare** *v.t.* **1** to mince, to grind, chop (up). **2** (*pestare*) to pound. **tritarifiuti** *m.inv.* garbage disposer, garbage-disposal unit. **tritato** *a.* minced, ground, chopped: *carne -a* minced meat, mince(meat). **tritatura** *f.* **1** mincing, grinding, chopping; (*il pestare*) pounding. **2** ⟨*concr*⟩ chopped (*o* ground) things *pl,* mince. **tritatutto** *m.inv.* food chopper (*o* grinder), mincer. **tritello** *m.* fine bran. **trito** *a.* **1** minced, ground, chopped. **2** (*pestato*) pounded. **3** (*logoro, consumato*)

worn, threadbare. **4** ⟨*fig*⟩ (*risaputo*) trite, common-place, stale: *argomenti* –*i* trite subjects. □ ~ *di carne* meat stuffing, force-meat; ⟨*fig*⟩ ~ *e ritrito* trite, hackneyed.

tritolo *m.* ⟨*Chim*⟩ trinitrotoluene, T.N.T., TNT.

tritone *m.* **1** ⟨*Mitol*⟩ Triton, triton. **2** ⟨*Zool*⟩ newt, triton.

trittico *m.* (*pl.* **-ci**) **1** triptych. **2** ⟨*Aut*⟩ triptyque.

trittongo *m.* (*pl.* **-ghi**) triphthong.

tritume *m.* **1** chopped (*o* ground) things *pl.* **2** ⟨*fig,spreg*⟩ (*piccola cosa*) triviality, trifle; (*eccesso di particolari insignificanti*) hair-splitting, petty detail. **triturare** *v.t.* to chop, to grind, ⟨*lett*⟩ to triturate; (*macinare*) to grind. **trituratore** ⟨*Ind*⟩ shredder. **triturazione** *f.* chopping, grinding, ⟨*lett*⟩ trituration.

triumvirato *e der.* → **triunvirato** *e der.*

triunvirale *a.* ⟨*Stor.rom*⟩ triumviral. **triunvirato** *m.* triumvirate (*anche estens.*). **triunviro** *m.* triumvir.

trivalente *a.* ⟨*Chim*⟩ trivalent. **trivalenza** *f.* trivalence, trivalency.

trivella *f.* **1** ⟨*Fal*⟩ auger. **2** ⟨*Minier*⟩ drill. **3** ⟨*region*⟩ (*succhiello*) gimlet. **trivellare** *v.t.* (*trivello*) to drill, to bore: ~ *un asse* to drill (a hole in) a plank; ~ *il terreno* to drill the ground. **trivellatore** *m.* (*f.* **-trice**) **1** driller, borer. **2** ⟨*Minier*⟩ (*trivella*) drill. **trivellatura** *f.* **1** drilling, boring. **2** ⟨*Minier*⟩ drilling, boring, sinking. **3** (*materiale trivellato*) borings *pl.* **trivellazione** *f.* **1** drilling, boring. **2** ⟨*Minier*⟩ drilling, boring, sinking; (*perforazione verticale del terreno*) deep drilling. □ ~ *esplorativa* (*o d'assaggio*) explorative drilling; ~ *a rotazione* rotary drilling; ~ *sottomarina* offshore (*o* submarine) drilling; *torre di* ~ derrick. **trivello** *m.* ⟨*Fal*⟩ auger.

triviale *a.* (*volgare*) vulgar, coarse, low; (*scurrile*) obscene, lewd, bawdy: *espressione* ~ obscene term, obscenity. **trivialità** *f.* **1** (*volgarità*) vulgarity, coarseness; (*scurrilità*) obscenity, lewdness, bawdiness. **2** (*atto triviale*) vulgarity; (*espressione triviale*) coarse expression; (*oscenità*) obscenity: *dire* ~ to use obscenities (*o* coarse language). **trivialmente** *avv.* vulgarly, coarsely. **trivio** *m.* **1** triple crossroad, place where three roads meet. **2** ⟨*Mediev*⟩ (*arti del trivio*) trivium. □ ⟨*spreg*⟩ *da* ~ (*triviale*) vulgar, coarse.

trocaico *a.* (*pl.* **-ci**) ⟨*Metr*⟩ trochaic.

trocantere *m.* ⟨*Anat,Zool*⟩ trochanter. □ *grande* ~ greater trochanter; *piccolo* ~ lesser trochanter.

trocheo I *a.* ⟨*Metr*⟩ trochaic. **II** *s.m.* trochee.

troclea *f.* ⟨*Anat*⟩ trochlea. **trocleare**: *nervo* ~ trochlear (nerve).

troco *m.* (*pl.* **-chi**) ⟨*Zool*⟩ **1** trochus. **2** (*mollusco*) trochus, top shell.

trofeo *m.* trophy. □ ~ *di caccia* hunting trophy; ~ *di guerra* war trophy.

trofico *a.* (*pl.* **-ci**) ⟨*Biol,Med*⟩ trophic, nutritional. **trofismo** *m.* trophism.

troglodita [–gl–] *m./f.* **1** troglodyte. **2** ⟨*fig*⟩ caveman, troglodyte: *vivere come un* ~ to live like a caveman. **troglodìtico** *a.* (*pl.* **-ci**) **1** troglodytic. **2** ⟨*fig*⟩ caveman–, troglodytic. **troglodìtismo** *m.* **1** troglodytism. **2** ⟨*fig*⟩ primitiveness, troglodytic nature.

trogolo *m.* trough.

troia *f.* ⟨*volg*⟩ **1** (*scrofa*) sow. **2** ⟨*fig*⟩ (*donnaccia*) slut, bitch.

Troia *N.pr.f.* ⟨*Geog.stor*⟩ Troy.

troiaio *m.* ⟨*volg*⟩ **1** (*porcile*) pigsty. **2** ⟨*fig*⟩ (*luogo sudicio*) pigsty, pigpen.

troiano *a./s.m.* (*f.* **-a**) Trojan.

troiata *f.* ⟨*volg*⟩ (*azione sudicia*) dirty trick; (*mascalzonata*) rascally trick; (*lavoro mal fatto*) botch, bungle.

troica, troika *f.* troika.

Troilo *N.pr.m.* ⟨*Lett*⟩ Troilus. □ ⟨*Lett*⟩ ~ *e Cressida* Troilus and Cressida.

tromba *f.* **1** ⟨*Mus*⟩ trumpet: *un assolo di* ~ a trumpet solo; (*sonatore*) trumpet player. **2** ⟨*Mil*⟩ bugle: *tre squilli di* ~ three bugle blasts; (*sonatore*) bugler. **3** ⟨*Aut*⟩ horn. **4** ⟨*Edil*⟩ well. □ *a* ~ (*a imbuto*) funnel–shaped; ⟨*ant*⟩ ~ *acustica* (*cornetto acustico*) ear–trumpet; ⟨*Meteor*⟩ ~

d'aria tornado; (*mulinello*) whirlwind; ~ *dell'ascensore* lift well; ⟨*Anat*⟩ ~ *d'Eustachio* Eustachian tube; ~ *di Falloppio* Fallopian tube; ⟨*fig*⟩ *dare fiato alle* –*e* (*annunciare*) to trumpet (*o* announce); ⟨*Bibl*⟩ *le* –*e di Gerico* the trumpets of Jericho; ⟨*lett*⟩ *la* ~ *del giudizio* the trumpet of God; ⟨*Meteor*⟩ ~ **marina** waterspout; ⟨*fam*⟩ **partire** *in* ~ (*iniziare con slancio*) to go off at full steam; ~ *delle* **scale** stair–well.

trombare *v.t.* (*trombo*) ⟨*scherz*⟩ (*bocciare*) to fail, to reject; (*a scuola*) to fail, ⟨*am.fam*⟩ to flunk. □ ⟨*scol,scherz*⟩ *essere trombato* to fail, ⟨*am.fam*⟩ to be flunked. **trombata** *f.* ⟨*scherz*⟩ (*bocciatura*) failure. **trombato** *a.* **1** rejected. **2** ⟨*pol*⟩ not re-elected.

trombetta[1] *f.* small trumpet; (*giocattolo*) toy trumpet. **trombetta**[2] *m.* **1** trumpet player, trumpeter. **2** ⟨*Mil*⟩ bugler.

trombettiere *m.* ⟨*Mil*⟩ bugler. **trombettista** *m.* ⟨*Mus*⟩ trumpet player.

trombina *f.* ⟨*Biol*⟩ thrombin.

trombino *m.* ⟨*Mar*⟩ steam escape pipe.

trombo *m.* ⟨*Med*⟩ thrombus.

trombone *m.* **1** ⟨*Mus*⟩ trombone; (*sonatore*) trombone player. **2** ⟨*fig*⟩ (*oratore enfatico*) bombastic orator, (*fam*) windbag; (*scrittore*) bombastic writer. **3** ⟨*fig*⟩ (*millantatore*) boaster, braggart. **4** ⟨*Bot*⟩ daffodil. **5** (*schioppo con canna corta*) sawed off shotgun. □ ⟨*Mus*⟩ ~ *basso* bass trombone; ~ *contralto* alto trombone; ~ *tenore* tenor trombone. **trombonista** *m.* ⟨*Mus*⟩ trombone(–player).

trombosi *f.* ⟨*Med*⟩ thrombosis.

troncamento *m.* **1** cutting (*o* chopping) off; (*lo spezzare*) breaking (*o* snapping) off. **2** ⟨*fig*⟩ (*interruzione*) breaking off, cutting short, interruption. **3** ⟨*Ling*⟩ apocopation, apocope. **troncare** *v.t.* (*tronco, tronchi*) **1** to cut (*o* chop) off, to crop: ~ *la cima di un albero* to cut off a tree top; *la lama gli troncò una gamba* the blade cut off his leg. **2** (*spezzare*) to break (*o* snap) off: ~ *lo stelo di un fiore* to break the stem off a flower; ~ *un ramo* to snap off a branch. **3** ⟨*fig*⟩ (*interrompere*) to cut (*o* break) off, to cut short, to interrupt: ~ *un'amicizia* to break off a friendship; *quell'incidente troncò la sua brillante carriera* the accident cut short his brilliant career. **4** ⟨*fig*⟩ (*stancare molto*) to tire (out), to wear out: *una salita che tronca le gambe* a climb that tires one's legs. **5** ⟨*Ling*⟩ to apocopate. □ ~ *le parole in bocca a qd.* to interrupt s.o., to cut s.o. short; ~ *gli studi* to drop out. **troncatura** *f.* cutting (*o* chopping) off; (*lo spezzare*) breaking (*o* snapping) off; (*taglio*) cut.

tronchese *m./f.* ⟨*Mecc*⟩ nippers *pl*, clippers *pl.* **tronchesina** *f.* ⟨*Cosmet*⟩ nail clippers *pl.* **tronchesino** *m.* ⟨*Mecc*⟩ nippers *pl.*

tronco[1] *a.* (*pl.* **-chi**) **1** (*troncato, mozzo*) cut (*o* chopped) off, cut. **2** (*spezzato*) broken (*o* snapped) off. **3** ⟨*fig*⟩ (*privo di forze*) tired (*o* worn) out, limp: *mi sento le braccia tronche per la stanchezza* my arms are limp from tiredness. **4** ⟨*fig*⟩ (*interrotto, incompleto*) broken off, cut short, unfinished: *un discorso* ~ an unfinished speech. **5** ⟨*Geom,Metr*⟩ truncated: *una piramide* –*a* a truncated pyramid; *un verso* ~ a truncated line of verse. **6** ⟨*Ling*⟩ apocopate(d): *parola* –*a* apocopated word. □ *licenziamento in* ~ dismissal without notice, ⟨*fam*⟩ firing (*o* sacking) on the spot.

tronco[2] *m.* (*pl.* **-chi**) **1** (*fusto eretto delle piante arboree*) tree trunk; (*rif. a fusti tagliati*) log, tree trunk: *uno sbarramento di tronchi e macigni* a barricade of tree trunks and rocks; *una capanna di tronchi* a log cabin. **2** (*tratto*) section: *aprire alla circolazione il primo* ~ *di un'autostrada* to open the first section of a motorway to traffic. **3** ⟨*Anat*⟩ trunk, torso. **4** ⟨*Arch*⟩ (*fusto*) shaft, trunk: *il* ~ *di una colonna* the shaft of a column. □ ⟨*Ferr*⟩ ~ *di binario* track section; ⟨*Geom*⟩ ~ *di cono* truncated cone; ~ *ferroviario* railway section; ⟨*Geom*⟩ ~ *di piramide* truncated pyramid.

troncone *m.* stump: *il* ~ *di un pioppo* the stump of a poplar tree; *il* ~ *della gamba* the stump of a leg.

troneggiare *v.i.* (**troneggio, troneggi**; *aus.* avere) **1** (*sovrastare per statura*) to tower over: *troneggia su tutti* he towers over everyone. **2** ⟨estens⟩ (rif. a cose: far bella mostra di sé) to reign, to tower: in mezzo alla tavola troneggiava la torta nuziale the wedding cake towered in the center of the table.

tronfiezza f. conceit(edness). **tronfio** a. **1** conceited, puffed up. **2** (ridondante) pompous, bombastic.

trono m. **1** throne (anche estens.): salire (o ascendere) al ~ to ascend the throne; perdere il trono to lose one's throne. **2** pl. (ordine della gerarchia angelica) Thrones pl. □ abdicare al ~ to abdicate; ⟨Art⟩ in ~ enthroned; ⟨fig⟩ mettere sul ~ to put s.o. on the throne; ⟨fig⟩ sedere sul ~ (regnare) to be on the throne.

tropicale a. ⟨Geog⟩ tropical: foresta ~ tropical forest. □ zona ~ torrid zone, the tropics pl. **tropicalizzare** v.t. to tropicalize. **tropicalizzazione** f. tropicalization. **tropico** m. (pl. -ci) **1** ⟨Geog,Astr⟩ tropic. **2** pl. ⟨Geog⟩ tropics pl. □ ~ del Cancro Tropic of Cancer; ~ del Capricorno Tropic of Capricorn.

tropismo m. ⟨Biol⟩ tropism.

tropo m. ⟨lett⟩ (metafora) metaphor; (figura retorica) trope. **tropologia** f. tropology. **tropologico** a. (pl. -ci) tropologic(al).

tropo|pausa f. ⟨Geog⟩ tropopause. **~sfera** f. troposphere. **~sferico** a. (pl. -ci) tropospheric.

troppo I a. **1** too much: ~ traffico too much traffic; la minestra è -a per me that's too much soup for me; pl. too many: hai fatto -i errori you made too many mistakes. **2** (eccessivo) too much: ~ piacere too much pleasure. **II** avv. **1** too much: parla ~ he talks too much. **2** (con aggettivi e avverbi) too: è ~ intelligente per farlo he's too smart to do that; non fare ~ tardi don't be too late. **3** (molto, assai) very, only too: sa anche ~ bene quello che dovrebbe fare he knows very (o only too) well what he should do. **III** s.m. **1** too much: non mi sembra di aver chiesto ~ I don't think I've asked for too much. **2** pl. (troppe persone) too many: siamo -i in questa stanza there are too many of us in this room. **3** (rif. al tempo) too long: ho aspettato già ~ I have already waited too long. □ di ~: 1 (rif. a cose) too many, unnecessary, not needed: ho bevuto qualche bicchiere di ~ I had a few glasses ⌈too many⌉ (o more than I should); 2 (rif. a persone) too many, de trop: uno di noi due è di ~ there is one too many of us here; questo è ~! this is too much!; (è il colmo) this is the limit!; ~ **gentile**! you are too kind!; ⟨scherz⟩ -a **grazia** (sant'Antonio) it's too much of a good thing; **non** ~ not too (much), none too (much): come va? - non ~ bene how is it going? - not too well; l'ha fatto, ma non ~ volentieri he did it, but none too willingly; **meglio** ~ **che** ~ **poco** better too much than not enough. Prov.: chi ~ abbraccia, nulla stringe grasp all, lose all; il ~ **stroppia** more than enough is too much.

trota f. ⟨Itt⟩ trout. □ ⟨Gastr⟩ ~ al blu blue trout; ~ salmonata sea trout; ~ di torrente brown (o brook) trout. **troticoltore** m. (f. -trice) trout breeder. **troticoltura** f. trout breeding.

trotinatura f. (nei cavalli) trout colouring. **trotino** a. trout-coloured.

trottare v.i. (trotto; aus. avere) **1** (rif. a cavalli) to trot. **2** ⟨estens⟩ (camminare velocemente) to trot (along), to walk briskly, to hurry. **3** ⟨fig⟩ (darsi da fare) to bustle, to hustle: ho dovuto ~ per farmi pagare I had to hustle to get paid. **trottata** f. **1** trot. **2** ⟨fig⟩ brisk walk. **trottatoio** m. trotting track. **trottatore** m. (f. -trice) **1** trotter. **2** ⟨fig,scherz⟩ (rif. a persone) brisk walker. **trotterellare** v.i. (trotterello; aus. avere) (rif. a cavalli) to trot, to jog; (rif. a persone) to trot, to jog (along); (rif. a bambini piccoli) to toddle (along).

trotto m. trot. □ al ~! at a trot!; ~ **allungato** extended trot; andare al (o di) ~ to trot; **buon** ~ steady (o fast) trot; **corsa** al ~ trotting race; **mettere** un cavallo al ~ to trot a horse; **mezzo** ~ short trot, jog; **rompere** il ~ to break.

trottola f. top, spinning top: giocare con la ~ to ⌈play with a⌉ (o spin one's) top. □ ⟨fam⟩ girare come una ~ to spin like a top; (essere affaccendato) to rush (o whirl) about, ⟨fam,scherz⟩ to buzz around. **trottolare** v.i. (trottolo; aus. avere) ⟨fam⟩ (girare come una trottola) to spin like a

top; (essere vivace) to rush (o whirl) about. **trottolino** m. (f. -a) ⟨scherz⟩ (bambino vivace) lively child.

trotzkismo m. ⟨Pol⟩ Trotskyism. **trotzkista** a./s.m./f. Trotskyist.

troupe fr. [trup] f. ⟨Teat,Cin⟩ troupe, company. □ ~ cinematografica film crew.

trousse fr. [trus] f. **1** (astuccio) case. **2** (borsetta da sera) evening bag.

trovare v.t. (trovo) **1** to find: ho trovato il libro che cercavo I have found the book I was looking for; (poter acquistare) to find, to get: questo giornale lo trovi in tutte le edicole you can find this paper at all the news-stands. **2** (riuscire ad avere) to find, to obtain, to get, to have: ~ lavoro to get a job, to find work; non si trova più un posto libero there are no seats ⌈to be had⌉ (o left). **3** (conquistare) to achieve, to win: in quest'impresa troverai fama e gloria you will achieve fame and glory in this undertaking. **4** (incontrare) to meet, to find: trovo molte difficoltà in questo lavoro I ⌈am finding⌉ (o have met with) a number of difficulties in this job; trovò la morte in un incidente stradale he met his death in a road accident. **5** (escogitare, inventare) to find, to think (o make) up, to invent: trova sempre nuove scuse he is always finding fresh excuses; dobbiamo ~ un nuovo sistema di lavoro we must think up a new work plan. **6** (scoprire) to find, to discover: ~ il colpevole to find the culprit. **7** (cogliere, sorprendere) to catch, to find, to surprise, to discover: lo trovarono mentre rubava he was caught stealing. **8** (riconoscere, riscontrare) to find: il medico lo ha trovato molto deperito the doctor found him (o that he was) very run down; lo hanno trovato colpevole he was found guilty. **9** (pensare, reputare) to think, to believe (anche assol.): trovo che non dovresti scrivere questa lettera I don't think you should write this letter; questo cappello mi sta bene, non trovi? this hat looks well on me, ⌈don't you think⌉ (o doesn't it)? **10** (vedere, scorgere) to come upon (o to), to find, to see: imboccò la prima traversa che trovò he turned into the first street he came to. **trovarsi** v.r. **1** (essere, stare) to be: allora mi trovavo a Venezia at that time I was in Venice. **2** (essere per caso, capitare) to find o.s., to (happen to) be: mi trovavo a passare di lì I ⌈was just⌉ (o happened to be) passing by there. **3** (essere in una certa situazione) to be, to find o.s.: trovarsi indietro col lavoro to be behind with one's work; trovarsi in debito to be in debt; trovarsi nei guai to be (o find o.s.) in trouble. **4** (sentirsi) to get on, to feel: come ti trovi nel nuovo ufficio? how are you getting on in your new office? **5** (essere situato) to be, to be located (o situated), to lie, to stand: dove si trova la casa? where is the house?; il paese si trova al di là del fiume the town is (o lies, stands) on the other side of the river. **6** (incontrarsi) to meet, to see e.o.: troviamoci alle sei alla stazione we'll meet at the station at six; (riunirsi) ⟨fam⟩ to get together: troviamoci stasera a casa mia let's get together tonight at my house. **7** (essere in vendita) to be (on sale), to be sold, to be found: si trova in tutte le librerie it is (o can be found) in all the bookshops. □ trovarsi d'**accordo** to be in agreement; trovarsi a proprio **agio** to feel at ⌈ease⌉ (o home); **andare** a ~ qd. to go to see s.o., to call on s.o., to pay s.o. a visit: domenica andrò a ~ i miei genitori I'm going to see my parents on Sunday; trovarsi **bene** con qd. to get on (o along) well with s.o.; trovarsi bene da qd. to be well treated by s.o.; mi sono trovato bene in quell'albergo I was well treated in that hotel; ~ **da** [inf] to have ... to [inf]: trova sempre da ridire he always has ⌈to criticize⌉ (o some fault to find); **venire** a ~ qd. to come and see s.o., to call on s.o., to pay s.o. a visit: venite a trovarmi come and see me.

trovarobe m.inv. ⟨Teat⟩ property man, propman.

trovata f. **1** (idea felice) (good, great) idea, ⟨fam⟩ brainwave: è stata proprio una (bella) ~ that was really a great idea; (espediente, ripiego) expedient, contrivance. **2** (battuta) quip, witty remark: ~ degna di un comico witty remark worthy of a comedian.

trovatello m. (f. -a) foundling.

trovatore m. ⟨Lett⟩ troubador. **trov(i)ero** m. ⟨Lett⟩ trouvère.

trozkismo, trozkista → trotzkismo, trotzkista.

trozza *f.* ⟨*Mar*⟩ parrel.

truccare *v.t.* (**trucco, trucchi**) **1** (*modificare qc. per trarre in inganno*) to falsify, to rig, ⟨*fam*⟩ to doctor (up): ~ *un mobile per farlo sembrare antico* to doctor up a piece of furniture to make it look antique; ~ *i risultati di una votazione* to rig the results of an election. **2** (*modificare l'aspetto fisico di una persona*) to make up: ~ *un attore da vecchio* to make an actor up as an old man. **3** ⟨*Aut,Mot*⟩ to supercharge, ⟨*fam*⟩ to soup up: ~ *il motore di un'utilitaria* to soup up the engine of an economy car. **4** ⟨*Sport*⟩ to rig, ⟨*fam*⟩ to fix: ~ *una partita* to rig a game. □ ~ *un'asta* to rig an auction. **truccarsi** *v.r.* **1** (*modificarsi per ingannare*) to disguise o.s.: *si era truccato per sfuggire alla polizia* he disguised himself to elude the police. **2** (*modificare il proprio aspetto*) to make (o.s.) up: *il baritono si truccava da Rigoletto* the baritone made himself up for the part of Rigoletto; (*imbellettarsi*) to make (o.s.) up, to put make–up on: *truccarsi il viso* to make up one's face; *si trucca troppo* she ⌐puts on⌐ (*o* wears) too much make–up. □ ~ *le carte* to fix (*o* mark) the cards; ~ *i dadi* to load the dice.

truccato *a.* **1** (*modificato per trarre in inganno*) falsified, rigged, ⟨*fam*⟩ doctored (up): *mobile* ~ doctored (up) piece of furniture; *risultati* –*i* rigged results. **2** (*rif. all'aspetto*) made up (*da* as): *una donna eccessivamente* –*a* a heavily made–up woman; *occhi* –*i* made–up eyes. **3** ⟨*Aut,Mot*⟩ supercharged, ⟨*fam*⟩ souped up: *macchina* –*a* a souped up car. **4** ⟨*Sport*⟩ rigged, ⟨*fam*⟩ fixed: *una partita* –*a* a rigged game. □ *carte* –*e* fixed (*o* marked) cards; *dadi* –*i* loaded dice. **truccatore** *m.* (*f.* -**trice**) ⟨*Cin,Teat*⟩ make–up man (*f* woman). **truccatura** *f.* **1** making-up (as). **2** (*concr*) (*occorrente per truccare il viso*) make–up, cosmetics *pl.* **3** ⟨*Aut,Mot*⟩ super–charging, ⟨*fam*⟩ souping up. **trucco** *m.* (*pl.* -**chi**) **1** (*inganno*) trick (*anche Fot.*): *i trucchi del prestigiatore* the conjuror's tricks; *scoprire il* ~ to discover the trick (*o* catch, gimmick). **2** ⟨*Cosmet*⟩ make–up: *rifarsi il* ~ to put on fresh make–up; ⟨*concr*⟩ (*sostanze adoperate*) make–up, cosmetics *pl:* *togliersi il* ~ to remove one's make–up. □ *trucchi cinematografici* trick shots, special effects; *mettersi* (*o farsi*) *il* ~ to make (o.s.) up; ⟨*scherz*⟩ *il* ~ *c'è ma non si vede* there's a trick to it but you can't see it.

truce *a.* **1** threatening, grim, fierce: *sguardo* ~ threatening (*o* fierce) look. **2** (*crudele*) cruel: *un* ~ *delitto* a cruel crime; (*feroce*) fierce. **trucemente** *avv.* **1** threateningly, grimly, fiercely. **2** (*crudelmente*) cruelly.

trucidare *v.t.* (**trucido**) to slaughter, to slay, to massacre.

truciolatrice *f.* shredding machine. **truciolo** *m.* **1** (*di legno*) (wood) shaving, chip; (*di metallo*) shaving. **2** (*materiale d'imballaggio*) shavings *pl,* ⟨*am*⟩ excelsior.

truculento *a.* (*lett*) **1** (*truce*) threatening, grim; (*crudele*) truculent, cruel. **2** ⟨*scherz*⟩ (*terrificante*) blood–curdling: *un fumetto* ~ a blood–curdling comic, a blood–and–thunder comic.

truffa *f.* **1** swindle, cheat, fraud, ⟨*fam*⟩ robbery: *è una vera* ~it's a real swindle. **2** ⟨*Dir*⟩ fraud, swindle. □ *commettere una* ~ to commit fraud, to perpetrate a swindle; *essere vittima di una* ~ to be defrauded (*o* swindled). **truffaldino I** *s.m.* (*imbroglione*) cheat, swindler. **II** *a.* cheating, swindling, fraudulent: *impresa* –*a* fraudulent undertaking. **truffare** *v.t.* **1** to cheat, to swindle: *l'hanno truffato di mezzo milione* ⌐they cheated him of⌐ (*o* he was cheated out of) half a million. **2** ⟨*Dir*⟩ (*defraudare*) to defraud, to swindle. **3** ⟨*assol*⟩ (*commettere truffa*) to commit fraud, to perpetrate a swindle. □ *rimanere truffato* to be swindled (*o* cheated). **truffatore** *m.* (*f.* -**trice**) cheat(er), swindler.

truismo *m.* truism.

trullo *m.* ⟨*Etnol*⟩ trullo: *i* –*i di Alberobello* the trulli at Alberobello.

trumeau *fr.* [try'mo] *m.* ⟨*Arred*⟩ pier-glass, trumeau.

truogolo *m.* (*lett*) (*trogolo*) trough.

truppa *f.* **1** ⟨*Mil*⟩ troop; (*bassa forza*) men *pl,* troops *pl.* **2** ⟨*scherz*⟩ (*gruppo*) troop, band, horde, swarm: -*e di amici* hordes of friends. □ ⟨*Mil*⟩ -*e aerotrasportate* airborne troops; **in** -*e* in groups, in swarms, in a troop; -*e*

mercenarie mercenaries *pl;* -*e d'occupazione* occupation troops; **uomini** *di* ~ men *pl,* troops *pl,* ranks *pl.*

trust *ingl.* [trʌst] *m.* ⟨*Econ*⟩ trust.

tse-tse *f.* ⟨*Entom*⟩ tsetse fly.

tu I *pron.pers.* **1** you, ⟨*ant*⟩ thou: ~ *l'hai visto?* have you seen him?; *sei stato* ~ *?* was it you? **2** (*lo stesso*) yourself, the same: *non sembri più* ~ you don't seem the same any more. **3** (*con valore impersonale*) you, one: *quando* ~ *pensi che* when you think that. **II** *s.m.* familiar form (of you): *dare del* ~ *a qd.* to use the familiar form when speaking to s.o. □ *a* ~ *per* ~ face to face: *stare a* ~ *per* ~ *con qd.* to be face to face with s.o.

tuba *f.* **1** ⟨*Stor,Mus*⟩ tuba. **2** ⟨*Mod*⟩ top hat. **3** ⟨*Anat*⟩ tube. **4** ⟨*poet*⟩ (*tromba*) trumpet. □ ⟨*Anat*⟩ ~ *uditiva* (*o di Eustachio*) Eustachian tube; ~ *uterina* (*o di Falloppio*) Fallopian tube.

tubare *v.i.* (*aus.* avere) **1** to coo: *i colombi tubano* doves coo. **2** ⟨*fig,scherz*⟩ (*rif. a innamorati*) to (bill and) coo: ~ *come due colombi* to bill and coo like two doves.

tubarico *a.* (*pl.* -**ci**) ⟨*Anat*⟩ tubal.

tubatura, tubazione *f.* ⟨*tecn*⟩ **1** (*sistema, insieme di tubi*) piping, pipes *pl,* pipeline. **2** (*singolo tubo*) pipe. □ ~ *dell'acqua* water pipes *pl;* ~ *del gas* gas pipeline; ~ *di scarico:* 1 waste pipes *pl;* 2 ⟨*Mot*⟩ gas–exhaust pipe, exhaust (*o* discharge) line; *sistema di* –*i* piping system; ~ *sotterranea* underground pipeline.

tuberacee *f.pl.* ⟨*Bot*⟩ truffles *pl,* tubers *pl.*

tubercolare *a.* ⟨*Med*⟩ tuberculous, tubercular. □ *bacillo* ~ tubercle bacillus. **tubercolina** *f.* ⟨*Med*⟩ tuberculin. **tubercolo** *m.* ⟨*Med,Bot*⟩ tubercle. **tubercolosario** *m.* sanatorium (for tubercular patients). **tubercolosi** *f.* ⟨*Med,Veter,Agr*⟩ tuberculosis, ⟨*fam*⟩ TB. □ ~ *miliare* miliary tuberculosis; ~ *ossea* bone tuberculosis; ~ *polmonare* pulmonary tuberculosis, consumption. **tubercoloso I** *a.* **1** ⟨*Med,Veter*⟩ tuberculous, tubercular, of tuberculosis. **2** (*affetto da tubercolosi*) tuberculous, tubercular. **II** *s.m.* (*f.* -**a**) tuberculosis case, person suffering from tuberculosis. **tubercolotico** *a.* (*pl.* -**ci**) → tubercoloso.

tubero *m.* ⟨*Bot*⟩ tuber. **tuberosa** *f.* tuberose. **tuberoso,** *a.* tuberous.

tubetto *m.* tube: ~ *di dentifricio* tube of toothpaste; *un* ~ *di aspirina* a tube of aspirin; *ingerire un* ~ *di sonnifero* to swallow a tube of sleeping pills.

tubino *m.* **1** ⟨*Vest*⟩ sheath (dress). **2** ⟨*Mod*⟩ bowler (hat), ⟨*am*⟩ derby (hat).

tubo *m.* **1** pipe, tube. **2** (*tubo flessibile*) hose, flexible pipe (*o* tube). **3** ⟨*El*⟩ (*tubo elettronico*) (vacuum) tube. **4** ⟨*Anat*⟩ canal, duct. □ ~ *dell'acqua* water pipe; ~ *d'alimentazione* feed pipe; ⟨*Aer*⟩ induction pipe; ~ *dell'aria* air pipe; ~ **aspirante** suction pipe; ~ **catodico** cathode–ray tube; ~ **collettore** header; ⟨*Anat*⟩ ~ **digerente** alimentary canal; ~ **fluorescente** glow tube; ~ *a* **gomito** round elbow, knee bend; ~ *di* **gomma** rubber hose; ⟨*Mar.mil*⟩ ~ **lanciasiluri** torpedo tube; ⟨*Mil*⟩ ~ *di* **lancio** bore; ~ **metallico** metal tube; ⟨*Anat*⟩ ~ **midollare** medullary tube, neural canal; ~ *al* **neon** neon tube; ⟨*Mot*⟩ ~ *di* **scappamento** exhaust pipe; ~ *di* **scarico** drain pipe, waste pipe, spout; ~ *a* **U** U–tube; ⟨*Anat*⟩ ~ **urinifero** uriniferous (*o* renal, kidney) tubule; ~ *di* **ventilazione** vent pipe; ~ *di* **vetro** glass tube (*o* pipe); ~ *a* **vuoto** vacuum tube; ~ ⌐*ad alto vuoto*⌐ (*o a vuoto spinto*) high–vacuum tube.

tubolare I *a.* tubular. **II** *s.m.* **1** (*pneumatico*) tubular tyre. **2** ⟨*Mil*⟩ insignia of rank (worn as a shoulder loop or strap).

tucano *m.* ⟨*Ornit*⟩ toucan.

Tucidide *N.pr.m.* ⟨*Stor*⟩ Thucydides.

tucul *m.* ⟨*Etnol*⟩ (straw-roofed) hut.

tufaceo *a.* tufaceous: *roccia* –*a* tufaceous rock.

tuffare *v.t.* to dip, to plunge: ~ *un remo nell'acqua* to dip an oar in the water. **tuffarsi** *v.r.* **1** to plunge, to dive: *tuffarsi in mare* to plunge into the sea; *tuffarsi in una piscina* to dive in a pool. **2** (*gettarsi verso il basso*) to leap (down): *tuffarsi nel vuoto* to leap into space. **3** ⟨*Aer*⟩ (*scendere in picchiata*) to nose dive. **4** (*tramontare*) to sink, to disappear: *il sole si tuffò all'orizzonte* the sun sank on the horizon. **5** ⟨*fig*⟩ (*lanciarsi, precipitarsi*) to dive, to plunge (*in* into), to throw o.s. (in): *tuffarsi nella mischia* to dive into the fray; *i pompieri si tuffarono fra le fiamme* the firemen plunged into the blaze. **6** ⟨*fig*⟩ (*sprofondarsi*) to plunge (*in* into), to bury o.s. (in): *tuffarsi nello studio* to bury o.s. in one's books; (*rif. a vizi e sim.*) to throw o.s. (into), to give o.s. up (to). **tuffata** *f.* dip, plunge. □ *dare una ~ a qc. in qc.* to dip s.th. in s.th. **tuffatore** *m.* (*f.* -trice) diver, plunger.

tuffista *m./f.* ⟨*Sport*⟩ diver. **tuffistica** *f.* diving.

tuffetto *m.* ⟨*Ornit*⟩ little grebe.

tuffo *m.* **1** (*il tuffare*) dip, plunge; (*il tuffarsi*) dive, jump (into the water). **2** (*breve bagno*) dip: *faccio un ~ ed esco subito* I'll just go in for a dip and come right out. **3** ⟨*fig*⟩ (*forte emozione*) throb, jolt. **4** ⟨*Sport*⟩ dive. **5** ⟨*Aer*⟩ nose dive. □ **a ~** (*di slancio*) with a leap (*o* dash); ⟨*fig*⟩ *buttarsi a ~ su qc.* to make a dive for s.th.; *~ da grande altezza* high dive; *~ ad* **angelo**: 1 (*nel calcio*) flying dive by goalkeeper (to stop a ball); 2 (*nel nuoto*) swan dive; ⟨*fig*⟩ *provai un ~ al* **cuore** my heart missed (*o* skipped) a beat; **gara** *di –i* diving contest; ⟨*Sport*⟩ *~* **indietro** back dive; *~ in* **piedi** jump; ⟨*Sport*⟩ *~ con doppio* **salto** *mortale* double somersault dive; ⟨*Sport*⟩ *~ a* **serpentina** corkscrew dive; ⟨*Sport*⟩ *~ di* **testa** straight header; *~* **verticale** handstand dive.

tuffolo *m.* ⟨*Ornit*⟩ grebe.

tufo *m.* ⟨*Min*⟩ (*di natura vulcanica*) tuff, tufa; (*di natura calcarea*) tufa.

tuga *f.* ⟨*Mar*⟩ bridge house, deckhouse, roundhouse.

tugurio *m.* (*abitazione*) hovel; (*ambiente*) hole.

tuia *f.* ⟨*Bot*⟩ thuja, arbor vitae.

tularemia *f.* ⟨*Veter,Med*⟩ tular(a)emia.

Tule *N.pr.f.* ⟨*Geog.stor*⟩ Thule.

tulio *m.* ⟨*Chim*⟩ thulium.

tulipano *m.* ⟨*Bot*⟩ tulip.

tulle *m.inv.* ⟨*Tess*⟩ tulle. □ *di ~* tulle-: *vestito di ~* tulle dress.

Tullio *N.pr.m.* **1** Tullius. **2** (*Cicerone*) Tully, Cicero.

tumefare *v.t.* (**tumefaccio/tumefò, tumefai; tumefeci, tumefatto;** → **fare**) to tumefy, to cause to swell. **tumefarsi** *v.r.* to swell (up), to tumefy. **tumefatto** *a.* swollen, tumefied. **tumefazione** *f.* ⟨*Med*⟩ swelling, tumefaction.

tumidezza, tumidità *f.* **1** (*gonfiore*) swelling. **2** ⟨*fig*⟩ pompousness, pomposity, tumidity: *~ di stile* pomposity of style. **tumido** *a.* ⟨*lett*⟩ **1** (*gonfio*) swollen, tumid: *guancia –a* swollen cheek. **2** (*carnoso, turgido*) thick, fleshy: *labbra –e* thick lips. **3** ⟨*fig*⟩ (*ampolloso*) tumid, bombastic, pompous: *stile ~* pompous style.

tumolo *m.* ⟨*rar*⟩ → **tumulo**.

tumorale *a.* ⟨*Med*⟩ tumoral, tumorous, tumour-: *cellule –i* tumoral cells. **tumore** *m.* tumour. □ *~ benigno* benign tumour; *~ maligno* malignant (*o* cancerous) tumour.

tumulare *v.t.* (**tumulo**) to bury, to inter, to entomb. **tumulazione** *f.* **1** (*seppellimento*) burial, burying, interment. **2** (*sepoltura in nicchie o loculi*) burial, burying. **tumulo** *m.* **1** mound. **2** ⟨*Archeol*⟩ tumulus, barrow. **3** (*sepolcro, tomba*) tomb, grave.

tumulto *m.* **1** uproar, tumult, turmoil. **2** (*agitazione di popolo*) riot, (up)rising; ⟨*Stor*⟩ *il ~ dei Ciompi* the uprising of the Ciompi. **3** ⟨*fig*⟩ tumult, turmoil: *avere l'anima in ~* to be in a tumult. **tumultuante I** *a.* tumultuous, riotous, in tumult. **II** *s.m./f.* rioter. **tumultuare** *v.i.* (**tumultuo;** *aus.* **avere**) to riot. **tumultuosamente** *avv.* tumultuously, riotously. **tumultuoso** *a.* **1** rowdy, uproarious: *seduta –a* rowdy session. **2** ⟨*fig*⟩ tumultuous, turbulent: *passioni –e* turbulent passions.

tundra *f.* ⟨*Geog*⟩ tundra.

tungsteno *m.* ⟨*Chim*⟩ tungsten.

tunica *f.* tunic (*anche Anat.,Bot.*). **tunicati** *m.pl.* ⟨*Zool*⟩ tunicates *pl.* **tunicato** *a.* **1** ⟨*lett*⟩ (*vestito di tunica*) wearing (*o* dressed in) a tunic. **2** ⟨*Bot*⟩ tunicate.

Tunisi *N.pr.f.* ⟨*Geog*⟩ Tunis. **Tunisia** *N.pr.f.* Tunisia. **tunisino** *a./s.m.* (*f.* -a) Tunisian.

tunnel *m.* ⟨*Strad,Ferr*⟩ tunnel: *il ~ del Monte Bianco* the Mont Blanc tunnel. □ *~ ferroviario* railway tunnel; ⟨*Aut*⟩ *~ di lavaggio* tunnel car-wash; *~ stradale* road tunnel; *~*

del vento wind tunnel.

tuo I *a.poss.* **1** your, ⟨*ant*⟩ thy (*anche epist.*): *il ~ gatto* your cat; *molti tuoi compagni* many of your friends, many friends of yours; *il ~ affezionatissimo Mario* your loving Mario; (*tuo proprio*) your own: *guarda il libro ~* look at your own book. **2** (*usato predicativamente*) yours, ⟨*ant*⟩ thine: *questa penna è –a?* is this pen yours?; *la casa è –a* the house is yours. **3** (*nelle espressioni ellittiche*) your *seguito dal sostantivo sottinteso: ho ricevuto la –a* (*lettera*) *del dieci maggio* I received your letter of the tenth of May; *hai diritto a dire la –a* you have a right to have your say. **II** *pron.poss.* yours, ⟨*ant*⟩ thine: *mio padre è più vecchio del ~* my father is older than yours. **III** *s.m.* **1** (*averi, beni*) means *pl* (*costr. sing. o pl.*), property (of your own), your resources *pl*, what you have: *non hai niente del ~?* have you nothing of your own?; (*ciò che ti spetta di diritto*) what is yours (*o* due to you). **2** *pl.* (*parenti*) your relatives *pl*, your (*o* the) family, ⟨*fam*⟩ your folks (*o* people): *come stanno i tuoi?* how is your family?; (*genitori*) your parents *pl*, ⟨*fam*⟩ your folks *pl*; (*amici*) your friends *pl*; (*seguaci*) your followers (*o* men) *pl.* □ *questo ~ amico* this friend of yours; *a casa –a* at your house, at home.

tuonare *v.* (**tuono**) **I** *v.i.* (*aus.* **avere**) (*tonare*) to thunder (*anche fig.*). **II** *v.i.impers.* (*aus.* **essere/avere**) to thunder (*anche fig.*). **tuono** *m.* **1** clap (*o* peal, crash) of thunder, thunder: *si sentì un ~* (a clap of) thunder was heard; (*tuono prolungato*) roll of thunder; *pl.* thunder: *il brontolio dei –i* the rumble of thunder. **2** ⟨*fig*⟩ (*strepito, fragore*) thunder, boom, roar.

tuorlo *m.* yolk: *un ~ d'uovo* an egg yolk.

tupaia *f.* ⟨*Zool*⟩ tree shrew.

tupamaro *sp. m.* **1** tupamaro. **2** ⟨*estens*⟩ urban guerrilla.

tuppè *m.* toupee, hairpiece.

turacciolo *m.* stopper; (*di sughero*) cork: *~ di bottiglia* bottle cork; (*di botti*) bung.

turare *v.t.* to plug, to stop; (*con sughero*) to cork: *~ un fiasco* to cork a flask. **turarsi** *v.r.* (*intasarsi*) to be(come) blocked (*o* stopped, plugged): *si è turato il lavandino* the sink is stopped up. □ ⟨*fig*⟩ *~ la* **bocca** *a qd.* to shut s.o.'s mouth, to silence s.o.; *~ un* **buco**: 1 to plug (*o* fill in) a hole; 2 (*riempire uno spazio vuoto*) to fill in; 3 ⟨*fig*⟩ (*pagare un debito*) to pay a debt; 4 ⟨*fig*⟩ (*sostituire temporaneamente*) to replace s.o.; ⟨*fig*⟩ *~ una* **falla** to pay a debt; *turarsi il* **naso** to hold one's nose; *turarsi le* **orecchie** to block one's ears.

turba¹ *f.* **1** rabble, mob: *una ~ di mendicanti* a rabble of beggars. **2** *pl.* (*masse di gente*) crowd, throng, multitude: *Gesù parlava alle –e* Jesus spoke to the multitude.

turba² *f.* ⟨*Med*⟩ disorder: *–e nervose* nervous disorders.

turbamento *m.* **1** disturbance, disturbing, troubling: *~ dell'ordine pubblico* disturbing the peace. **2** (*inquietudine, smarrimento*) perturbation, anxiety, worry: *a quella notizia fu preso da un profondo ~* at the news he was filled with anxiety.

turbante *m.* turban (*anche Mod.*).

turbare *v.t.* **1** (*disturbare*) to disturb, to trouble: *~ una riunione* to disturb (*o* be a disturbance in) a meeting. **2** (*sconvolgere, sconcertare*) to upset, to derange: *la notizia lo turbò profondamente* the news upset him very much. **3** (*intorbidare*) to make turbid (*o* cloudy), to cloud. **turbarsi** *v.r.* **1** to grow (*o* get) upset, to be perturbed (*o* affected); (*inquietarsi*) to grow (*o* get) worried: *si turba per ogni sciocchezza* she gets worried over every little thing. **2** (*confondersi*) to become confused, to be disconcerted. **3** (*annuvolarsi: rif. al cielo*) to cloud over, to become cloudy. **4** (*intorbidarsi*) to become turbid (*o* cloudy), to cloud. **turbato** *a.* **1** disturbed, troubled. **2** (*sconvolto*) upset, disturbed, deranged: *la sua mente era rimasta –a da quella catastrofe* his mind was upset by that catastrophe. **3** (*intorbidato*) turbid, cloudy.

turbina *f.* ⟨*tecn*⟩ **1** turbine. **2** (*turbomacchina*) turbine engine; (*turbomotrice*) turbine engine. □ ⟨*Mot*⟩ *~ ad* **aria** *calda* hot-air turbine; *~* **ausiliaria** auxiliary turbine; ⟨*Idr*⟩ *~ a* **elica** propeller turbine; *~ a* **gas** gas turbine; *~* **idraulica** water (*o* hydraulic) turbine; *~ a* **reazione**

reaction turbine; ~ *a* **vapore** steam turbine.

turbinare *v.* (**turbino**) **I** *v.t.* ⟨*tecn*⟩ to separate. **II** *v.i.* (*aus.* **avere**) **1** to whirl, to eddy: *il nevischio turbinava nell'aria* the sleet was whirling in the air. **2** ⟨*fig*⟩ to seethe, to whirl: *molte idee turbinano nella sua mente* many ideas are seething in his mind. **turbine** *m.* **1** (*vortice di vento*) whirlwind. **2** (*estens*) (*vortice*) whirl, eddy, swirl: *il ~ della danza* the whirl of the dance. **3** ⟨*fig*⟩ (*grande quantità*) whirl(wind), rush: *un ~ d'idee* a rush of ideas. **4** ⟨*fig*⟩ (*tumulto*) turmoil, whirl: *il ~ della passione* the turmoil of passion. □ *~ di neve* snowstorm; *~ di polvere* dust storm; *~ di sabbia* sandstorm. **turbinio** *m.* **1** whirling, eddying. **2** ⟨*fig*⟩ (*tumulto, agitazione*) eddying, whirl, seething: *il ~ della vita moderna* the whirl of modern life; *il ~ della folla* the eddying of the crowd. **turbinosamente** *avv.* **1** whirlingly. **2** ⟨*fig*⟩ giddily, dizzily. **turbinoso** *a.* **1** whirling, swirling, eddying: *vento ~ swirling* wind. **2** ⟨*fig*⟩ giddy, dizzy, whirling, eddying: *movimento ~* whirling movement.

turbo|alternatore *m.* ⟨*El*⟩ turboalternator. **~cisterna** *f.* ⟨*Mar*⟩ turbine-driven tanker. **~compressore** *m.* ⟨*tecn*⟩ turbocompressor, multistage centrifugal blower. **~dinamo** *f.* ⟨*El*⟩ turbodynamo, turbogenerator. **~elica** *m.inv.* **1** ⟨*Aer*⟩ turbopropeller engine, turboprop (*o* propjet) engine. **2** (*aereo*) turboprop. **~generatore** *m.* ⟨*El*⟩ turbogenerator. **~getto** *m.* ⟨*Aer*⟩ **1** turbojet (*o* jet turbine) engine. **2** (*aereo a turbogetto*) turbojet.

turbolento *a.* **1** turbulent, unruly, riotous: *scolaresca ~a* unruly pupils. **2** ⟨*fig*⟩ (*burrascoso*) stormy, troubled, turbulent: *tempi ~i* troubled times. **turbolenza** *f.* **1** turbulence, tumultuousness, unruliness. **2** ⟨*Fis,Chim, Meteor*⟩ turbulence.

turbo|locomotiva *f.* ⟨*Ferr*⟩ turbine locomotive (*o* engine). **~macchina** *f.* turbine engine. **~motore** *m.* turbine engine. **~motrice** *f.* turbine engine. **~nave** *f.* turbine steamship. **~pompa** *f.* (*pompa centrifuga*) centrifugal pump. **~propulsore** *m.* ⟨*Aer*⟩ turbopropeller (*o* turboprop, propjet) engine. **~reattore** *m.* → turbogetto.

turcasso *m.* quiver.

turchese **I** *s.f.* ⟨*Min,Oref*⟩ turquoise. **II** *s.m.inv.* (*colore*) turquoise (blue). **III** *a.inv.* (*color turchese*) turquoise.

Turchestan *N.pr.m.* ⟨*Geog*⟩ Turkestan, Turkistan.

Turchia *N.pr.f.* ⟨*Geog*⟩ Turkey.

turchinetto *m.* laundry blue (*o* bluing). **turchino** *a./s.m.* deep blue.

turco *a./s.* (*pl.* **-chi**) **I** *a.* Turkish. **II** *s.m.* **1** (*lingua*) Turkish. **2** (*abitante; f.* **-a**) Turk. □ **alla** *~a* Turkish style-, in the Turkish manner; *caffè ~* (*o alla turca*) Turkish coffee; *sedere alla ~a* to sit cross-legged; *bestemmiare come un ~* to swear like a trooper; *fumare come un ~* to smoke like a chimney; ⟨*fig*⟩ *parlare* (*in*) *~* (*in modo incomprensibile*) to speak double Dutch.

turcomanno *a./s.* → turkmeno.

Turenna *N.pr.f.* ⟨*Geog*⟩ Touraine.

turgescente *a.* ⟨*Med,Bot*⟩ turgescent. **turgescenza** *f.* ⟨*Med,Bot*⟩ (*turgore*) turgor, turgescence. **turgidezza** *f.* **1** turgidity, turgidness, swollenness (*anche fig.*). **2** ⟨*Med,Bot*⟩ turgidity, turgor. **turgidità** *f.* (*turgidezza*) turgidity, turgidness, swollenness. **turgido** *a.* **1** turgid; (*gonfio*) swollen. **2** ⟨*Med,Bot*⟩ turgid. **3** ⟨*fig*⟩ (*ampolloso*) turgid, pompous, bombastic. **turgore** *m.* **1** turgidity, turgidness. **2** ⟨*Med,Bot*⟩ turgor.

turibolo *m.* ⟨*Lit*⟩ thurible, censer. **turiferario** *m.* ⟨*Lit*⟩ thurifer.

Turingia *N.pr.f.* ⟨*Geog*⟩ Thuringia.

turione *m.* ⟨*Bot*⟩ turion.

turismo *m.* tourism. □ *da ~* touring: *vettura da ~* touring car; *Ente per il ~* Tourist Board; *fare del ~* to travel, to tour; *~ di massa* mass tourism; ⟨*Aut*⟩ *~ veloce* fast touring car.

turista *m./f.* tourist, ⟨*fam*⟩ tripper; (*a piedi*) hiker. **turistico** *a.* (*pl.* **-ci**) tourist: ⟨*Mar,Aer*⟩ *classe ~a* tourist class.

Turkmenia *N.pr.f.*, **Turkmenistan** *N.pr.m.* ⟨*Geog*⟩ Turkmenistan. **turkmeno** **I** *a.* Turkmenian. **II** *s.m.* **1** (*lingua*) Turkmen, Turkoman. **2** (*abitante; f.* **-a**) Turkman.

turlupinare *v.t.* to cheat, to swindle, ⟨*fam*⟩ to take in. **turlupinatore** *m.* (*f.* **-trice**) cheat, swindler. **turlupinatura** *f.* cheating, swindling, swindle.

turnista *m./f.* shift worker.

turno *m.* **1** (*di lavoro*) shift: *avere il ~ di notte* to be on nightshift; *un ~ di sei ore* a six-hour shift. **2** (*guardia: rif. a militari*) guard; (*rif. a custodi, personale ospedaliero*) duty: *l'infermiera di ~* the nurse on duty. **3** (*volta*) turn: *è il tuo ~* it's your turn. **4** ⟨*Sport*⟩ heat: *~ eliminatorio* preliminary heat. **5** ⟨*Mar*⟩ watch. □ **a** *~*: 1 in turn(s), by turn(s): *gli alunni rispondevano a ~ alle domande* the students answered the questions by turns; 2 (*rif. al lavoro*) in shifts; *lavorare a ~* to do shift work; *aspettare il proprio ~* to wait one's turn; **di** *~* on duty: *essere di ~* to be on duty; *~ diurno* day (*o* first) shift; **fare** *a* *~* to take turns: *fare a ~ a fare qc.* to take turns to do s.th., to do s.th. by turns; *fare un ~* (*di lavoro*) to work a shift; *a scuola abbiamo i ~i di* **pomeriggio** we have afternoon shifts at school; *lo farai quando sarà il* **tuo** *~* you'll do it when ⌐it's your turn⌐ (*o* your turn comes).

turpe *a.* **1** foul, shameful, vile: *azione ~* shameful action, foul deed; (*spudorato*) shameless, improper, indecent: *proposta ~* indecent proposal. **2** (*sconcio*) filthy, disgusting: *un individuo ~* a disgusting person. **turpemente** *avv.* **1** foully, shamefully; (*spudoratamente*) improperly, indecently. **2** (*in modo sconcio*) filthily, disgustingly. **turpiloquio** *m.* foul (*o* obscene) language, ⟨*fam*⟩ dirty talk. **turpitudine** *f.* **1** turpitude, foulness, vileness; (*azione turpe*) turpitude, shameful act. **2** (*discorso osceno*) obscene language, foul talk.

turrito *a.* towered; (*ricco di torri*) many-towered: *castello ~* many-towered castle.

tussor *m.* ⟨*Tess*⟩ tussah, tussor(e).

tuta *f.* overalls *pl.* □ *~ di* **amianto** asbestos suit; ⟨*Aer*⟩ *~* **antigravità** G-suit; *~* **incombustibile** fireproof suit; *~ da* **lavoro** (work) overalls *pl;* ⟨*Mil*⟩ *~* **mimetica** camouflage; ⟨*Aer*⟩ *~* **pressurizzata** pressurized suit; ⟨*Astron*⟩ *~* **,spaziale** space suit; *~* **sportiva** track suit; *~ di* **volo** flying suit.

tutela *f.* **1** (*difesa, protezione*) defence, protection: *~ della famiglia* protection of the family; *sotto la ~ della legge* under the protection of the law; *affidare a qd. la ~ dei propri interessi* to entrust s.o. with the protection of one's interests. **2** ⟨*Dir*⟩ guardianship, tutelage. □ **a** *~ di* in defence of; *~ delle* **acque** protection of bodies of water; *~* **ambientale** environmental protection, environmental conservation; ⟨*Dir*⟩ **avere** *la ~ di qd.* to be s.o.'s guardian; *~ delle* **bellezze** *naturali* conservation of nature; *~ del* **consumatore** consumer protection; ⟨*Dir*⟩ *~ dei* **diritti** safeguarding (*o* protection) of one's rights; *~ d'incapace* guardianship of an incapable person; *~ di* **minori** guardianship of minors; *~ del* **paesaggio** landscape protection; *~ del* **patrimonio** *artistico* preservation of works of art; ⟨*Dir*⟩ **essere sotto** *~* to be under protection (*o* guardianship); *essere sotto la ~ di qd.* to be s.o.'s ward; **uscire** *di ~* to come of age.

tutelare[1] *v.t.* (**tutelo**) to protect, to defend, to safeguard: *le leggi tutelano il cittadino* the laws protect the citizen; *~ la propria libertà* to defend one's liberty. **tutelarsi** *v.r.* to protect (*o* safeguard) o.s.: *tutelarsi contro i rischi* to protect o.s. against risks.

tutelare[2] *a.* **1** tutelar(y), guardian-: *divinità ~i* tutelary gods; *angelo ~* guardian angel. **2** ⟨*Dir*⟩ tutelary: *giudice ~* tutelary judge, judge of the guardianship court.

tutina *f.* (*per bambini*) rompers *pl.*

tutolo *m.* ⟨*Agr*⟩ corn-cob.

tutore *m.* (*f.* **-trice**) **1** ⟨*Dir*⟩ guardian: *essere il ~ di un minorenne* to be the guardian of a minor. **2** (*estens*) (*protettore, difensore*) protector, defender, guardian: *essere il ~ dell'unità familiare* to be the defender of family unity. □ **fare da** *~ a qd.* to be s.o.'s guardian; *~ della* **legge** policeman; *~i dell'ordine* (*pubblico*) police *sing;* ⟨*Dir*⟩ *essere sotto ~* to be a ward, to have a guardian. **tutorio** *a.* ⟨*Dir*⟩ tutelary. □ *autorità ~a* supervisory authority.

tuttavia *congz.* yet, nevertheless, however, still, but: *non te lo meriti, ~ farò il possibile* you don't deserve it, but I'll do whatever I can; ~ è meglio che tu lo sappia however it's better for you to know about it. □ pur ~ nevertheless.

tutto I a. **1** all, the whole (of): ~ il giorno all day; per ~ il giorno all day (long), throughout the day, (for) the whole day; -a l'Italia all (o the whole of) Italy; per -a l'Italia ⌐all over⌐ (o throughout) Italy; -a Londra lo sapeva all (o everybody in) London knew about it. **2** (intero, completo; con l'esclusione di divisioni) the whole (of), all, entire: durante ~ l'inverno for the whole winter; -a la nostra produzione va all'estero our entire production is exported; ha mangiato -a la torta he has eaten the whole cake; ~ il personale è in sciopero the whole staff is on strike. **3** pl. all: -i questi giornali all these newspapers; è venuto con -i i suoi amici he came with all his friends; -i i negozi erano chiusi all the shops were closed, the shops were all closed; mi telefonano a -e le ore they phone me at all hours. **4** pl. (ogni singolo) every, every one of: vado in ufficio -i i giorni I go to the office every day; -i i negozi erano chiusi every shop was closed; (qualunque) any: ~ le professioni sono belle any profession is nice; può telefonare a -e le ore he may telephone at any time. **5** (seguito da un numerale) all: tutt'e tre all three; li ho salutati -i e cinque I greeted all five of them; (seguito dal numero due) both: sono venuti -i e due both of them came, they both came. **6** ⟨intens⟩ all, quite: te lo mando con ~ l'affetto I am sending it with all my love; apparve in pubblico in -a la sua bellezza she appeared in public in all her beauty; essere tutt'occhi (o tutt'orecchi) to be all eyes (o ears); mi parlò con -a libertà she spoke quite freely to me. **7** (soltanto, esclusivamente) all, only, nothing but, mere: sono -e chiacchiere it's all (o mere) talk, it's only (o nothing but) gossip; è -a una menzogna it's all a lie. **8** (in espressioni ellittiche) si traduce a senso: pensarle -e to think of everything possible; ma tu le sai -e you are up to every trick. **II** pron. **1** (ogni cosa) everything, ⟨lett⟩ all: penso a ~ I think of everything; ha confessato ~ he has confessed everything; ~ è perduto, fuorché l'onore all is lost except honour; (qualsiasi cosa) anything: è capace di ~ he is capable of anything. **2** pl. everyone, everybody, all: lo sapevano -i everybody knew, they all knew; aspetto -i senza eccezione I expect everyone without exception; sono arrivati -i? has everyone arrived?; (ognuno) everybody, everyone: in una piccola città si conoscono -i in a small town everyone knows everyone else. **3** pl. (ogni persona, tutto il mondo) everyone, everybody: -i desiderano la pace everyone wants peace; prendersela con -i to blame everybody. **4** pl. (con un pron.pers.) all of (seguito dal pron.), all (preceduto dal pron.): noi -i (o -e) all of us, we all; -i (o -e) loro all of them, they all. **III** avv. **1** (interamente) quite, exactly, just, completely: è ~ il contrario it's exactly the opposite; è ~ l'opposto di quello che tu pensi it's quite the opposite of what you think. **2** ⟨intens⟩ (seguito da un agg.) all, very, quite: stava seduto lì ~ triste he sat there looking very sad; ~ nudo (o quite, stark) naked; lo trovai ~ sconvolto I found him very upset; con le mani -e screpolate with her hands all chapped. **IV** s.m.inv. **1** whole: la parte per il ~ the part for the whole. **2** (l'intero, il complesso) all, everything, the whole thing, ⟨fam⟩ the lot: il ~ costa diecimila lire the whole thing costs ten thousand lire; spedisci il ~ a Roma send ⌐the lot⌐ (o it all) to Rome. □ tutt'altro: **1** anything but, far from: è tutt'altro che furbo he is anything but cunning; **2** (niente affatto) not at all, not in the least, ⟨fam⟩ not a bit: sei convinto? - tutt'altro are you convinced? - not at all; **3** (al contrario) on the contrary; ⟨mar⟩ avanti -a! full steam ahead!; essere ~ casa to be a family man, to be a home bird; ~ ciò che everything (that), all (that): ~ ciò che vedi è suo all you see is his; ho ~ ciò che occorre I have everything I need; con ~ (nonostante) for (o with) all, despite (o in spite of) all: con

-a la mia pazienza, non lo posso sopportare ⌐with all my patience⌐ (o patient as I am) I can't stand him; con -e le sue preoccupazioni, è sempre allegro in spite of all his worries he is always cheerful; ~ **considerato** all (things) considered; ~ al (o il) **contrario** just the opposite: fa ~ il contrario di quello che gli si dice he does just the opposite of what he's told; di ~ **cuore** whole-heartedly; del ~ completely, quite, entirely: ora è finito del ~ now it's ⌐completely finished⌐ (o all over); non del ~ not completely, not entirely; fare di ~: **1** (ogni servizio, lavoro) to do everything (o anything); **2** (fare ogni sforzo) to do all (o everything) one can: farò di ~ per accontentarti I'll do all I can to satisfy you; saper fare di ~ to be an all-rounder; ⟨mar⟩ ~ a **dritta**! hard a-starboard!; -i e **due** both: sono venuti -i e due they have both come, both of them have come; in ~ (complessivamente) in all, all told, altogether: gli spettatori saranno in ~ cinquemila there must be five thousand spectators in all; quanto fa in ~? how much is it all told?; in ~ e per ~ (completamente) completely, entirely, quite; sono in ~ e per ~ d'accordo con te I ⌐am in complete agreement⌐ (o entirely agree) with you; ⟨mar⟩ **indietro** -a **forza**! full speed astern!; tutt'**intorno** all around (o about); in -i i **modi** (comunque) in any case, anyhow, anyway: spero di risentirti, in -i modi l'appuntamento resta fissato per domenica I hope to hear from you again, but in any case the appointment is for Sunday; ~ **muscoli** very muscular; essere ~ **naso** to be all nose; o ~ o **niente** (it's) all or nothing; a tutt'**oggi** up till now, so far; sei ~ **tuo padre** you take after your father in everything; in ~ o in **parte** either whole or in part; il ~ **per** ~ everything: dobbiamo tentare il ~ per ~ we must stake everything; ⟨fig⟩ ~ d'un **pezzo** upright, of sterling character: è un uomo ~ d'un pezzo he is a man of sterling character; tutt'al **più**: **1** at (the) most: saranno stati tutt'al più una ventina there must have been about twenty of them at most; **2** (al più tardi) at the latest; **3** (nel peggiore dei casi) at (the) worst; **prima** di ~ first of all: prima di ~ dimmi il perché di questa visita first of all tell me the reason for this visit; è di una fedeltà a -a **prova** his faithfulness is well-tried; di ~ **punto** completely, thoroughly; vestito di ~ punto perfectly dressed, ⟨fam⟩ dressed (up) to the nines; -i **quanti** i partecipanti all the participants; dovete venire -i quanti you must all come; ~ **quanto**: **1** (intero) all, whole, entire; **2** (avv.) all, completely; **3** (pron.) everything, ⟨fam⟩ the lot; **questo** è ~ that's all, ⟨fam⟩ that's it; correre a ~ **spiano** to run as hard as one can; ~ **sta** nell'andare d'accordo the most important thing is to get on with each other; ~ **sta** a cominciare bene well begun is half done; essere ~ **sudato** to be bathed in sweat; tutt'a un **tratto** è sparito suddenly (o all of a sudden) he disappeared; **tremava** -a she was trembling all over; essere (o fare) tutt'**uno** (non esserci differenza) to make no difference, to be all the same: oggi o domani è tutt'uno per noi today or tomorrow, it's all the same to us; andare a -a **velocità** to go at full (o top) speed; una **volta** per -e once and for all; -e le **volte** che every time (that).

tuttoché (o tutto che) congz. (al)though, ⟨lett⟩ albeit.

tuttofare I a. general: domestica ~ general maid, maid of all work. II s.f. general maid, maid of all work.

tuttora avv. still: credo che sia ~ vivo I think he is still alive.

tuttotondo (o tutto tondo) m. ⟨Scult⟩ (full) round. □ in ~ in full (o the) round.

tutù m. tutu.

tuzia f. ⟨Met⟩ zinc retort flue-dust.

tuziorismo m. ⟨Teol⟩ tutiorism. **tuziorista** a./s.m./f. tutiorist. **tuzioristico** a. (pl. -ci) tutiorist.

TV f. television, ⟨fam⟩ TV.

tze-tze f. → tse-tse.

tzigano a./s.m. (f. -a) Tzigane: musica -a Tzigane music.

U

u, U *f./m.* (*lettera dell'alfabeto*) u, U: *due u* two u's (*o* us); ⟨*Tel*⟩ *u come Udine* U for Uncle.

uadi *m.* ⟨*Geol*⟩ wadi, wady.

ubbia *f.* **1** (*timore infondato*) groundless fear; (*fisima*) whim, fancy, silly idea, ⟨*fam*⟩ bee in one's bonnet: *avere la testa piena di −e* to have a lot of bees in one's bonnet. **2** (*pregiudizio*) prejudice.

ubbidiente *a.* obedient, submissive; (*rif. ad animali*) obedient, well-trained, docile: *un cane* ∼ an obedient dog.

ubbidienza *f.* **1** obedience (*anche Teol.,Dir.can.*). **2** (*abitudine di ubbidire*) obedience, submissiveness: ∼ *cieca* blind obedience. □ *dovere* ∼ *a qd.* to owe s.o. obedience; *giurare* ∼ *al re* to swear allegiance to the king; ∼ *passiva* passive obedience; *ridurre all'*∼: 1 to reduce to obedience, to make obedient; 2 (*sottomettere*) to subject, to subdue.

ubbidire *v.i.* (ubbidisco, ubbidisci; *aus.* avere) **1** to obey (*a qd.* s.o.): ∼ *ai genitori* to obey one's parents. **2** (*ottemperare*) to comply (with), to obey (s.th.), to abide (by): ∼ *alle leggi* to comply with the law, to be law-abiding. **3** ⟨*estens*⟩ (*reagire, rispondere*) to respond (to): *i freni non ubbidiscono più* the brakes no longer respond. □ *esigo di essere ubbidito* I will be obeyed; *le gambe non mi ubbidiscono più* my legs won't do what I want any more.

ubertà *f.* ⟨*lett*⟩ fertility.

Uberto *N.pr.m.* Hubert.

ubertosità *f.* ⟨*lett*⟩ → **ubertà. ubertoso** *a.* ⟨*lett*⟩ fertile.

ubicare *v.t.* (ubico, ubichi) ⟨*burocr*⟩ (*situare*) to locate, to situate, to site. **ubicato** *a.* located, situated, sited.

ubicazione *f.* location, site.

ubiquità *f.* ubiquity. □ ⟨*fam,scherz*⟩ *non ho il dono dell'*∼ I can't be everywhere at once.

ubriacare *v.t.* (ubriaco, ubriachi) **1** (*rendere ubriaco*) to make drunk, to intoxicate, to inebriate; (*indurre a bere fino a ubriacare*) to make (*o* get) drunk: ∼ *qd.* to get s.o. drunk. **2** ⟨*fig*⟩ (*stordire, frastornare*) to daze, to stun: *questo chiasso mi ha ubriacato* this uproar has dazed me (*o* set my head in a whirl). **3** ⟨*fig*⟩ (*esaltare*) to go to the head of: *non lasciarti* ∼ *dalle sue promesse* don't let his promises go to your head. **ubriacarsi** *v.r.* to get drunk, to become intoxicated, ⟨*fam*⟩ to get tipsy. **ubriacatura** *f.* **1** intoxication. **2** ⟨*fig*⟩ (*esaltazione*) intoxication; (*infatuazione*) infatuation (*per* with): *avere un'*∼ *per qd.* to have an infatuation for s.o. **ubriachezza** *f.* drunkenness, intoxication. □ *in stato di* ∼ in a state of drunkenness (*o* intoxication); ⟨*Dir*⟩ *guidare in stato di* ∼ to drive while under the influence of drink (*o* alcohol). **ubriaco** *a./s.* (*pl.* -chi) **I** *a.* **1** drunk, ⟨*attr*⟩ drunken, intoxicated, ⟨*fam*⟩ tipsy, ⟨*fam*⟩ high. **2** ⟨*fig*⟩ (*esaltato*) intoxicated, drunk, beside o.s. (*di* with): ∼ *di gioia* beside o.s. with joy. **3** ⟨*fig*⟩ (*stordito*) dazed, (with one's head) in a whirl. **II** *s.m.* (*f.* -a) drunk, drunken person. □ *essere* ∼ *fradicio* to be dead (*o* blind) drunk. **ubriacone** *m.* (*f.* -a) drunkard.

U.C.E. = *Unità di conto europea* European unit of account (*abbr.* EUA).

uccellagione *f.* ⟨*Venat*⟩ **1** bird–catching, fowling. **2** (*concr*) (*uccelli catturati*) bag (of birds), birds *pl* (caught).

uccellaio *m.* bird seller. **uccellame** *m.* (bag of) birds *pl.*

uccellanda *f.* ⟨*Venat*⟩ bird–catching site, fowling ground.

uccellare *v.i.* (uccello; *aus.* avere) to fowl (*a* for).

uccellatore *m.* (*f.* -trice) bird catcher, fowler. **uccelliera** *f.* aviary; (*grande gabbia*) (large) birdcage.

uccello *m.* **1** bird, ⟨*lett*⟩ fowl. **2** ⟨*triv*⟩ (*membro virile*) cock. □ ∼ **acquatico** water–fowl; ∼ **di bosco** wood bird; ⟨*fig*⟩ *essere uccel di bosco* (*irreperibile*) to be nowhere to be found, to have flown the coop; ∼ **canoro** (*o canterino*) song–bird, songster; *il* **canto** ∼ *–i* bird song; ∼ *in* **gabbia** caged bird; *sembrare un* ∼ *in gabbia* to be restless; ∼ *di* (*o del*) **malaugurio** bird of ill omen; ⟨*fig*⟩ (*iettatore*) Jonah, ⟨*am*⟩ jinx; *non fare l'*∼ *del malaugurio* don't be a wet blanket; ∼ *di* **mare** sea–bird; ∼ **migratore** migratory bird; ∼ **mosca** humming bird; ∼ *del* **paradiso** bird of paradise; ∼ *di* **passo** bird of passage, migratory bird; ∼ **rapace** bird of prey, raptor; ∼ *rapace diurno* diurnal bird of prey; ∼ *rapace notturno* nocturnal bird of prey; ∼ *di* **richiamo** decoy (bird); ⟨*Gastr*⟩ *–i allo* **spiedo** birds on the spit; *a* **volo** *d'*∼ bird's eye–: *vista a volo d'*∼ bird's eye view.

uccidere *v.t.* (uccisi, ucciso) **1** to kill, ⟨*lett*⟩ to slay; (*mettere a morte*) to put to death. **2** (*assassinare*) to murder; (*per motivi politici o religiosi*) to assassinate. **3** ⟨*estens*⟩ (*distruggere*) to kill (off), to destroy: *il gelo ha ucciso le piante* the frost killed the plants. **4** ⟨*estens*⟩ (*affrettare la morte*) to be the death of, to drive (*o* bring) to one's grave, to kill: *lo hanno ucciso i dispiaceri* his troubles were the death of him. **5** ⟨*iperb*⟩ (*svigorire, abbattere*) to exhaust, to weary, to wear, ⟨*fam*⟩ to kill: *è un caldo che uccide* the heat is very wearing, ⟨*fam*⟩ the heat is killing. **6** ⟨*Macell*⟩ to slaughter. **7** ⟨*Biol*⟩ to kill, to destroy: ∼ *germi* to kill germs. **uccidersi** *v.r.* **1** to kill o.s., to take one's life, to commit suicide: *si è ucciso per disperazione* he committed suicide in despair. **2** (*recipr*) to kill e.o. □ ∼ *qd. con una fucilata* to shoot s.o. (dead); ∼ *col veleno qd.* to poison s.o. **uccisi** → **uccidere.**

uccisione *f.* **1** killing, ⟨*lett*⟩ slaying; (*messa a morte*) putting to death. **2** (*assassinio*) murder; (*per motivi politici o religiosi*) assassination. **3** (*strage*) killing, slaughter. **4** ⟨*Macell*⟩ slaughter(ing). **ucciso** (*p.p. di* uccidere) **I** *a.* **1** killed, ⟨*lett*⟩ slain; (*messo a morte*) put to death. **2** (*assassinato*) murdered; (*per motivi politici o religiosi*) assassinated. **3** ⟨*estens*⟩ (*distrutto*) killed, destroyed. **4** ⟨*Macell*⟩ slaughtered. **5** ⟨*Biol*⟩ killed, destroyed. **II** *s.m.* (*f.* -a) victim, dead person; *pl.* dead (*costr.pl.*); (*assassinato*) murdered person, murder victim. **uccisore** *m.* (*f.* **ucciditrice**) killer, ⟨*lett*⟩ slayer; (*assassino*) murderer; (*per motivi politici o religiosi*) assassin.

U.C.D.G. = *Unione cristiana delle giovani* Young Women's Christian Association (*abbr.* YWCA).

Ucraina (*o Ucraina*) *N.pr.f.* ⟨*Geog*⟩ Ukraine. **ucraino** (*o ucraino*) **I** *a.* Ukrainian, of the Ukraine. **II** *s.m.* **1** (*lingua*) Ukrainian. **2** (*abitante; f.* -a) Ukrainian.

UDE = *Unione doganale europea* European Customs Union.

UDI = *Unione donne italiane* Association of Italian Women.

udibile *a.* audible: *un rumore appena* ~ a barely audible noise. **udibilità** *f.* audibility, audibleness. □ *soglia di* ~ audibility threshold.

udienza *f.* **1** hearing, ⟨*lett*⟩ audience: *dare* ~ *a qd.* to give s.o. a hearing, to listen to s.o.; *chiedere* ~ to ask for an audience; *sala delle –e* audience chamber. **2** ⟨*Dir*⟩ (court) hearing, sitting. □ ⟨*scherz*⟩ *non* **dare** ~ to take no notice of others; ~ **particolare** private audience; ~ **pontificia** papal audience; ⟨*Dir*⟩ ~ *a* **porte** *chiuse*: 1 (*rif. a cause civili*) hearing in chambers; 2 (*rif. a cause penali*) hearing in camera; ~ **privata** private audience; ~ **pubblica**: 1 public audience; 2 ⟨*Dir*⟩ public hearing, hearing in open court; *essere* **ricevuto** *in* ~ to be received in audience; ⟨*Dir*⟩ **ruolo** *delle –e* (*civili*) cause list; (*penali*) calendar.

udire *v.t.* (*pr.ind.* **odo, odi, ode, udiamo, udite, odono;** *fut.* **udirò/udrò;** *p.rem.* **udii;** *p.pr.rar.* **udente/udiente;** *p.p.* **udito**) **1** to hear: *una voce* to hear a voice. **2** (*venire a conoscenza*) to hear, (to come) to hear of, to learn: *hai udito l'ultima novità?* have you heard the latest? **3** (*mettere in pratica*) to hear, to listen to: *non ode i consigli* he won't ⌐listen to anyone⌐ (*o* take advice).

uditivo *a.* **1** auditory, auditive, of hearing: *condotto* ~ auditory canal (*o* meatus); *facoltà –a* faculty (*o* power) of hearing. **2** ⟨*Fis*⟩ audible, of audibility (*o* hearing): *campo* ~ audible range, range of audibility (*o* hearing).

udito[1] *m.* **1** (*senso dell'udito*) (sense of) hearing. **2** (*facoltà uditiva*) hearing (power), faculty (*o* power) of hearing. □ *essere debole d'~* to be hard of hearing; *durezza d'~* hardness of hearing; *avere l'* ~ *fine* to have acute (*o* keen) hearing; *privo d'~* deaf.

udito[2] (*p.p. di udire*) *a.* **1** heard. **2** (*saputo*) heard, known (of). □ *–e entrambi le parti* after hearing both parties to the suit.

uditore *m.* (*f.* **-trice**) **1** hearer, listener; *pl.* ⟨*uditorio*⟩ audience (*costr.sing. o pl.*). **2** ⟨*Scol*⟩ pupil allowed to attend lessons but not to sit for exams, auditor; ⟨*Univ*⟩ non–examination student, auditor. **3** ⟨*Dir*⟩ judge, magistrate, auditor. **4** ⟨*Dir.can*⟩ auditor, judge: ~ *di Rota* judge of the Rota; ~ *dei tribunali ecclesiastici* auditor.

uditorio *m.* audience (*costr.sing. o pl.*), listeners *pl:* *un* ~ *attento* an attentive audience.

udometria *f.* (*pluviometria*) udometry, pluviometry.

udometrico *a.* (*pl.* **-ci**) (*pluviometrico*) udometric, pluviometric(al). **udometro** *m.* (*pluviometro*) udometer, rain gauge, pluviometer.

uè *onom.* waugh, wagh, wah, wa. □ ~ *uè* boo–hoo.

u.e., U.E. = ⟨*Med*⟩ *uso esterno* for external use (only).

UEO = *Unione europea occidentale* Western European Union (*abbr.* W.E.U., WEU).

uf(f), uffa *intz.* ouf, off.

ufficiale[1] *a.* official: *notizia* ~ official news; *lingua* ~ official language; *fidanzamento* ~ official engagement; *visita in forma* ~ official visit. □ *non* ~ informal: *un incontro non* ~ an informal meeting.

ufficiale[2] *m.* **1** (*funzionario*) official, officer. **2** ⟨*Mil*⟩ officer. □ ~ *dell'*aeronautica air force officer; **allievo** ~ cadet officer; **alti** *–i* high–ranking officers; ~ *d'*artiglieria gunnery officer; ~ *di* **carriera** regular officer; ~ *di* **collegamento** liaison officer; ~ *di* **complemento** reserve officer; ⟨*Mar*⟩ ~ *di* **coperta** officer of the deck, deck officer; ~ *di* **fanteria** infantry officer; ⟨*Sport*⟩ ~ *di* **gara** judge, referee, umpire; ⟨*Dir*⟩ ~ **giudiziario** bailiff, tipstaff; **grand'**~ great officer; *–i* **inferiori** lower–ranking (*o* inferior) officers; ~ *di* **marina** naval officer; ~ **medico** medical officer; ~ *d'*ordinanza orderly (officer); ⟨*Mar*⟩ **primo** ~ first (*o* chief) officer, first (*o* chief) mate; **pubblico** ~ public official; ~ **sanitario** health officer; ~ *in* **servizio** *permanente effettivo* regular officer; ~ *di* **stato** *civile* registrar; *–i di stato maggiore* staff officers; *–i* **subalterni** subalterns *pl;* *–i* **superiori** high–ranking officers.

ufficialessa *f.* **1** ⟨*Mil*⟩ (woman) officer. **2** ⟨*burocr*⟩ (woman) officer, (woman) official.

ufficialità[1] *f.* official nature (*o* character): *l'*~ *delle informazioni* the official nature of the information. **ufficialità**[2] *f.* ⟨*Mil*⟩ officers *pl.*

ufficializzare *v.t.* to make official.

ufficialmente *avv.* officially: *visitare* ~ *un paese* to visit a country officially (*o* in one's official capacity); *fidanzarsi* ~ to become officially engaged.

ufficiante I *a.* officiating: *sacerdote* ~ officiating priest. **II** *s.m.* ⟨*Rel*⟩ officiant, celebrant. **ufficiare** *v.* (**ufficio, uffici**) **I** *v.t.* ⟨*burocr*⟩ (*invitare, sollecitare ossequiosamente*) to invite. **II** *v.i.* (*aus.* avere) ⟨*Lit*⟩ (*officiare*) to officiate. **ufficiatura** *f.* ⟨*Lit*⟩ (*officiatura*) officiation, officiating.

ufficio *m.* **1** duty: *è* ~ *dei genitori aver cura dei figli* it is the duty of parents to look after their children; *è* ~ *del giudice* it's the duty of the judge. **2** (*mansione*) task, duty, function, job: *con quale* ~ *sei stato assunto?* what job were you hired to do?; **3** (*carica*) office, appointment: *detenere un* ~ to hold office; *assumere un* ~ to take office; (*posto*) office, position, post: *sospendere qd. da un* ~ to suspend s.o. from a post. **4** (*organo, complesso d'impiegati*) office: *l'*~ *è stato trasferito in Via Garibaldi* the office has been moved to Via Garibaldi; ~ **postale** post office. **5** (*luogo*) office: *andare in* ~ to go to the office; (*stanza*) office: *l'*~ *del direttore* the manager's office. **6** ⟨*Lit*⟩ (Divine) Office, breviary; (*libro*) breviary. □ ~ **accettazioni** admission office; ~ **acquisti** buying (*o* purchasing) office; ~ **amministrativo** administrative office; ~ *dell'*anagrafe registry (office), register office; ~ **approvvigionamenti** supply office; ~ **archivio** records office; ~ **arrivi** receiving department; ~ **brevetti** patent office; **buoni uffici** good offices (*o* services): *grazie ai buoni uffici di qd.* through (*o* thanks to) s.o.'s good offices; ~ **cambi(o)** exchange (office), (*in banca*) foreign exchange (*o* currency) department; ~ **cassa** cash office (*o* department); (*per le paghe*) payroll office; ~ *del* **catasto** land registry (office); ~ **centrale** central office; ~ *di* **collegamento** liaison office; ~ *di* **collocamento** employment (*o* labour) exchange, employment office; ~ *per il* **commercio** *estero* foreign trade office; ⟨*Comm*⟩ ~ **contabilità** accounts office, ⟨*fam*⟩ accounts *pl;* ~ **contenzioso** legal department; **d'**~: 1 office–: *lavoro d'*~ office work; *orario d'*~ office hours; 2 (*ufficialmente*) officially: *sarà informato d'*~ he will be officially informed; 3 (*in qualità o veste ufficiale*) in one's official capacity: *procedere d'*~ to act in one's official capacity; ⟨*Dir*⟩ **difensore** *d'*~ counsel for the defence appointed by the court; ~ **distaccato** branch office; ~ **emigranti** emigration office; ~ (*di*) **esportazioni** export office (*o* department); ~ **fatture** billing department; ⟨*Lit*⟩ ~ **funebre** office for the dead; ~ *d'*igiene *pubblica* public health office; ~ *delle* **imposte** tax office; ~ **informazioni** inquiry office, inquiries *pl,* ⟨*am*⟩ information bureau; ~ *del* **lavoro** labour office; ~ **internazionale** *del lavoro* International Labour Office; ~ **legale** legal adviser's office; ~ **notarile** notary's office; ~ **oggetti** *smarriti* lost property office, ⟨*am*⟩ lost and found; ~ *di* **orientamento** *professionale* vocational guidance centre; ~ **paga** pay roll office; ~ (*del*) **personale** personnel office (*o* department); ~ **prenotazioni** booking office; ~ (*del*) **protocollo**: 1 ⟨*Dipl*⟩ protocol office; 2 ⟨*Comm,burocr*⟩ registry; ~ **pubblicità** advertising (*o* publicity) department; ~ **pubblico** public (*o* government) office; *per* **ragioni** *d'*~: 1 for official reasons; 2 (*per servizio*) on official matters (*o* business); 3 (*in qualità o veste ufficiale*) in one's official capacity; ~ *di* **rappresentanza** representative office; ~ *del* **registro** registry (*o* registration, public records) office; ⟨*Dir*⟩ Registry (of Deeds); ~ **ricerche** research department; ~ **segreteria** secretary's office; ⟨*burocr*⟩ **spazio** *riservato all'* ~ space reserved for official use; ⟨*Comm*⟩ ~ **spedizioni** forwarding department (*o* office); ~ **stampa** press office; ~ **stranieri** aliens' office; ~ **tecnico** technical (*o* engineering) department; ⟨*Comm*⟩ ~ **vendite** sales office (*o* department); ~ **viaggi** travel office (*o* bureau, agency), tourist office.

ufficiosamente *avv.* unofficially. **ufficiosità** *f.* unofficial nature: *l'*~ *di una notizia* the unofficial nature of some news. **ufficioso** *a.* unofficial, semi–official. □ *in via –a* unofficially.

uffizio *m.* 〈*Lit*〉 office. □ *galleria degli Uffizi* Uffizi Gallery; 〈*Stor*〉 *Sant'~* Holy Office.

ufo[1]: *a ~* (*senza pagare*) free (of charge), gratis; (*alle spalle di altri*) off others, at others' expense: *mangiare a ~* to live ⌐off others⌐ (*o at* others' expense).

ufo[2] *m.inv.* 〈*Aer*〉 UFO, ufo. **ufologia** *f.* ufology. **ufologico** *a.* (*pl.* **-ci**) ufological. **ufologo** *m.* (*pl.* **-gi**) ufologist.

Uganda *N.pr.f.* 〈*Geog*〉 Uganda. **ugandese I** *a.* Ugandan, Uganda–, of Uganda. **II** *s.m./f.* (*abitante*) Ugandan.

ugello *m.* 〈*tecn*〉 **1** nozzle, jet. **2** (*tubiera*) tuyere.

uggia *f.* (*pl.* **-ge**) (*noia, tedio*) boredom; (*fastidio, molestia*) nuisance, bother. □ *avere in ~ qd.* to dislike s.o.; *prendere in ~ qd.* to take a dislike to s.o.; *venire in ~* to be tedious (*o* wearisome); *far venire l'~ a qd.* to get s.o. down: *questo tempo mi fa venire l'~* this weather gets me down.

uggiolare *v.i.* (**uggiolo**; *aus.* **avere**) to whine, to whimper. **uggiolio** *m.* whining, whimpering.

uggiosamente *avv.* tediously, dully; (*fastidiosamente*) troublesomely. **uggiosità** *f.* dullness, tedium, wearisomeness; (*molestia*) tiresomeness; (*rif. al tempo*) gloominess, dreariness. **uggioso** *a.* **1** (*noioso*) boring, tedious, wearisome: *un discorso ~* a boring speech; (*rif. a tempo*) dull, gloomy. **2** (*molesto*) troublesome, tiresome, annoying.

ugnare *v.t.* 〈*Fal*〉 to chamfer, to bevel. **ugnatura** *f.* chamfer, bevel. **ugnella** *f.* 〈*Oref*〉 graver.

Ugo *N.pr.m.* Hugo, Hugh.

ugola *f.* 〈*Anat*〉 uvula. □ 〈*scherz*〉 *bagnarsi* (*o rinfrescarsi*) *l'~* to slake (*o* quench) thirst, 〈*fam*〉 to wet one's whistle; 〈*fig*〉 *avere un' ~ d'oro* to have a beautiful voice.

ugonotto *m.* (*f.* **-a**) 〈*Stor*〉 Huguenot.

uguagliamento *m.* **1** (*il rendere uguale*) equalization, equalizing. **2** (*uguaglianza*) equality. **uguaglianza** *f.* **1** equality: *~ di peso* equality of weight; *~ di fronte alla legge* equality before the law. **2** 〈*Mat*〉 equality; (*equivalenza*) equivalence. **uguagliare** *v.t.* (**uguaglio**, **uguagli**) **1** to make equal, to equalize: *la morte uguaglia tutti gli uomini* death makes all men equal. **2** (*rendere uniforme*) to make even (*o* uniform, level). **3** (*giungere allo stesso livello*) to equal, to match: *~ il proprio maestro* to equal one's master. **4** 〈*Sport*〉 to equal: *~ un primato* to equal a record. **uguagliarsi** *v.r.* **1** (*essere uguale*) to be equal. **2** (*stimarsi pari, paragonarsi*) to compare o.s. (*a* with), to put o.s. on the same level (as).

uguale I *a.* **1** (exactly) the same (*a* as), like (s.th.), equal (to): *due penne –i* two pens that are exactly the same, two pens alike; *voglio una penna ~ alla tua* I want a pen like (*o* the same as) yours. **2** (*stesso, identico*) the same: *vestiti di ~ colore* clothes of the same colour; (*allo stesso livello*) equal: *le nostre forze sono –i* our forces are equal. **3** (*che è sempre lo stesso*) the same: *la legge è ~ per tutti* the law is the same for everybody. **4** (*uniforme*) even, uniform: *parlare con tono sempre ~* to speak in an even tone. **5** (*liscio*) level, smooth: *pianura ~* level plain. **6** 〈*Geom*〉 congruent. **7** 〈*Mat*〉 equal, equivalent (*a* to): *tre più due (è) ~ a cinque* three plus two ⌐is equal to⌐ (*o* equals) five, three and two make five. **II** *s.m./f.* **1** equal. **2** 〈*fig*〉 equal, peer, match: *non ha l' ~* he has no equal (*o* peer); *questo scrittore non ha l' ~* nobody can match (*o* come up to) this writer, this writer stands alone. □ 〈*Comm*〉 *~ al campione* up to sample; *essere ~* (*fare lo stesso*) to make no difference, not to matter: *per me è ~* it makes no difference to me, it's all the same to me; *essere ~ a se stesso* to be consistent; *~ di forma* of (*o* having) the same shape; *senza l' ~* unequalled, matchless, peerless: *una fortuna senza l' ~* incomparable good luck. **ugualmente** *avv.* **1** equally, in the same way, alike: *tratta ~ il ricco e il povero* he treats rich and poor alike (*o* the same). **2** (*tuttavia*) all (*o* just) the same, nonetheless, nevertheless: *vincerai ~* you will win just the same.

uh *intz.* (*per esprimere meraviglia*) oh; (*per esprimere disgusto*) ugh; (*per esprimere dolore*) ah, oh.

uhm *intz.* hum.

U.I. = 〈*Med*〉 *uso interno* for internal use.

UIC = **1** *Unione italiana ciechi* Italian union of the blind. **2** *Ufficio italiano cambi* Italian Exchange Authority.

UIL = **1** *Ufficio internazionale del lavoro* International Labour Office. **2** *Unione italiana del lavoro* Italian Federation of trade unions.

UIT = *Unione internazionale telecomunicazioni* International Telecommunications Union (*abbr.* I.T.U., ITU).

ukase *m.inv.* 〈*Stor*〉 ukase, ukaz.

ulano *m.* 〈*Mil.ant*〉 u(h)lan.

ulcera *f.* 〈*Med*〉 **1** ulcer. **2** (*ulcera gastrica*) gastric ulcer; (*ulcera duodenale*) duodenal ulcer. **ulcerare** *v.t.* (**ulcero**) to ulcerate. **ulcerarsi** *v.r.* to ulcerate. **ulcerativo** *a.* ulcerative. **ulcerato** *a.* 〈*Med*〉 ulcerated: *tessuto ~* ulcerated tissue. **ulcerazione** *f.* ulceration. **ulceroso I** *a.* 〈*Med*〉 ulcerous. **II** *s.m.* (*f.* **-a**; *malato*) sufferer from ulcers.

Ulisse *N.pr.m.* 〈*Lett*〉 Ulysses.

ulite *f.* 〈*Med*〉 gingivitis, ulitis.

uliva *f.* → oliva.

ulivastro[1] *a.* (*olivastro*) olive(–coloured), olivaceous.

ulivastro[2] *m.* 〈*Bot*〉 (*olivastro*) wild olive, oleaster.

uliveto *m.* (*oliveto*) olive grove.

ulivo *e der.* → olivo *e der.*

Ulma *N.pr.f.* 〈*Geog*〉 Ulm.

ulna *f.* 〈*Anat*〉 ulna. **ulnare** *a.* ulnar.

Ulrico *N.pr.m.* 〈*Stor*〉 Ulrich.

ulteriore *a.* further, ulterior, more: *–i delucidazioni* further explanations. **ulteriormente** *avv.* **1** (*più oltre, più avanti*) farther (on), further: *procedere ~* to go farther on. **2** (*in seguito*) later (on), subsequently, afterwards.

ultimamente *avv.* recently, lately, in recent times: *l'ho visto ~* I saw him recently. **ultimare** *v.t.* (**ultimo**) to finish: *~ i lavori* to finish the work; (*compiere*) to complete, to finish (off), to bring to an end. **ultimativo** *a.* final, last: *proposta –a* final proposition. **ultimatum** *m.* 〈*Pol*〉 ultimatum (*anche estens.*): *dare l' ~ a qd.* to give s.o. an ultimatum. **ultimazione** *f.* finishing; (*compimento*) completion, finishing (off). **ultimissima** *f.* 〈*Giorn*〉 **1** (*edizione*) latest edition. **2** *pl.* (*notizie*) latest news, 〈*fam*〉 latest. □ *le –e della notte* the late night news.

ultimo I *a.* **1** last: *l' ~ gradino* the last step. **2** (*temporalmente posteriore agli altri*) last, final: *fare un ~ tentativo* to make a final attempt. **3** (*recentissimo*) latest: *le –e notizie* the latest news; *l'–a moda* the latest fashion. **4** (*estremo*) far(thest), extreme, outermost, utmost: *l' ~ lembo di terra italiana* the farthest tip of Italy. **5** (*più indietro, più in fondo*) back, last: *sedere nell'–a fila* to sit in the back (*o* last) row, to sit at the back. **6** (*più in alto*) last, top: *abitare all' ~ piano* to live on the top floor. **7** (*più in basso*) bottom, last: *l' ~ riga di una pagina* the bottom line of a page. **8** (*minimo, inferiore*) last, least: *il lavoro è la sua –a cura* work is the last thing he worries about. **9** (*in espressioni ellittiche*) last: *l' ~ (giorno) dell'anno* the last day of the year; *questa è l'–a (birichinata) che mi fai* that is the last trick you are playing on me. **10** (*inferiore*) lowest, last, poorest; (*in una classifica e sim.*) bottom. **II** *s.m.* (*f.* **-a**) **1** last: *arrivare l' ~* to come last; *dal primo all' ~* from first to last. **2** (*persona inferiore ad altri*) last, lowest: 〈*Bibl*〉 *gli –i saranno i primi* the last shall be first; (*in una classifica e sim.*) bottom, last: *è l' ~ della classe* he is last in the class. **3** (*ultimo giorno del mese*) last day. □ *l' ~ dell'anno* the last day of the year, New Year's Eve; *essere l' ~ arrivato* to be (*o* come) last; 〈*fig*〉 to be a newcomer; *da ~* (*alla fine*) at the end; *fino all' ~* to the last, to the (very) end, until the end; *in ~* in (*o* at) the end; *in ~ luogo* finally; *dare l' –a mano a una parete* to put the last coat of paint on a wall; *l' ~ del mese* the last day of the month; *gli –i giorni del mese* the end of the month; *~ nato* last–born; *per ~* last: *parlò per ~* he spoke last, he was the last to speak; *quest' ~* (*il secondo di due*) the latter; *quint' ~* (*quintultimo*) fifth last, last but four; *sapete l'–a* (*storiella*)? have you heard the latest (joke)?; 〈*burocr*〉 *~ scorso* last: *la mia lettera del cinque maggio ~ scorso* my letter of May the fifth last; *nelle –e settimane* in the last few weeks; *negli –i* **tempi** recently, lately; *–e* **volontà** last wishes; *l'–a* **volta** the last time.

ultimogenito I *a.* last–born. **II** *s.m.* (*f.* -a) last–born, youngest.

ultore ⟨*poet*⟩ **I** *s.m.* (*f.* -trice) avanger, revenger. **II** *a.* avenging, revenging.

ultra *fr.* [yl'tra] **I** *s.m.* (*pl.* **ultras**) **1** ⟨*Stor*⟩ Ultra. **2** (*oltranzista*) ultraist, extremist. **II** *a.* extremist, ultraist(ic).

ultra|centenario I *a.* over one hundred year old, ultra centenarian. **II** *s.m.* (*f.* -a) person over one hundred years old. **~centrifuga** *f.* ⟨*Chim,Fis*⟩ ultracentrifuge. **~centrifugazione** *f.* ultracentrifugation. **~congelato** *a.* deep (*o* fresh) frozen. **~congelatore** *m.* deep freezer. **~corto** *a.* ⟨*Rad*⟩ ultrashort: *onde –e* ultrashort waves. **~filtrazione** *f.* ⟨*Fis,Chim*⟩ ultrafiltration. **~filtro** *m.* ultrafilter. **~maturazione** *f.* overripeness. **~micrometro** *m.* ⟨*Fis*⟩ ultramicrometer. **~microscopia** *f.* ultramicroscopy. **~microscopico** *a.* (*pl.* -ci) (*submicroscopico*) ultramicroscopic. **~microscopio** *m.* ⟨*Ott*⟩ ultramicroscope. **~moderno** *a.* ultramodern. **~mondano** *a.* ⟨*lett*⟩ (*oltremondano*) of another world, beyond this world, ultramundane. **~montano** *a.* ultramontane. **~potente** *a.* **1** (*potentissimo*) very powerful. **2** ⟨*Rad,Mot*⟩ high–power(ed), very powerful: *un motore ~* high–power engine. **~rapido** *a.* **1** ultrafast, ultrarapid. **2** ⟨*Fot*⟩ ultrafast, ultrarapid. **~sensibile** *a.* ultrasensitive, hypersensitive. **~sinistra** *f.* ⟨*Pol*⟩ ultraleft. **~sonico** *a.* (*pl.* -ci) ultrasonic, supersonic: *aereo ~* supersonic aircraft. **~sonografia** *f.* ultrasonograpy. **~sonografico** *a.* (*pl.* -ci) ultrasonographic. **~struttura** *f.* **1** ⟨*Biol*⟩ ultrastructure, superstructure. **2** ⟨*Min*⟩ superstructure. **~suono** *m.* ⟨*Acu*⟩ ultrasound, supersound. **~suonoterapia** *f.* ⟨*Med*⟩ ultrasonotherapy. **~terreno** *a.* celestial. □ *vita –a* afterlife. **~violetto I** *a.* ⟨*Fis*⟩ ultraviolet: *raggi –i* ultraviolet rays. **II** *s.m.* ultraviolet (radiation).

ululare *v.i.* (*ululo*; *aus.* **avere**) **1** to howl, ⟨*lett*⟩ to ululate. **2** ⟨*fig*⟩ to howl, to wail, to moan: *il vento ululava* the wind howled. **ululato** *m.* (*l'ululare*) howling; (*urlo prolungato o lamentoso*) howl, wail. **ululo** *m.* howl(ing), ⟨*lett*⟩ ululation.

umanamente *avv.* **1** humanly: *è ~ impossibile* it's humanly impossible. **2** (*con umanità*) humanely: *trattare qd. ~* to treat s.o. humanely. **umanarsi** *v.r.* to become man (*o* incarnate), to be made flesh. **umanazione** *f.* ⟨*lett,rar*⟩ incarnation: *l' ~ di Gesù Cristo* the Incarnation of Jesus Christ.

umanesimo *m.* ⟨*Stor,Lett*⟩ Humanism. **umanista I** *s.m./f.* ⟨*Stor*⟩ Humanist, humanist. **II** *a.* humanist(ic). **umanistico** *a.* (*pl.* -ci) **1** ⟨*Stor*⟩ Humanist(ic), humanist(ic). **2** (*classico*) classical: *studi –i* classical studies, the humanities.

umanità *f.* **1** (*natura umana*) human nature, humanity. **2** (*genere umano*) humanity, mankind: *un benefattore dell' ~* a benefactor to mankind. **3** (*sentimento*) humanity, humaneness: *trattare qd. con ~* to treat s.o. humanely (*o* with humanity). **4** (*studi letterari*) (liberal) arts *pl*, humanities *pl*.

umanitario *a.* humanitarian: *spirito ~* humanitarian spirit. **umanitarismo** *m.* humanitarianism.

umanizzare *v.t.* **1** (*rendere umano*) to humanize, to make human. **2** (*incivilire*) to civilize, to humanize. **umanizzarsi** *v.r.* **1** to become human; (*umanarsi*) to become man (*o* incarnate), to be made flesh. **2** (*incivilirsi*) to become civilized. **umanizzato** *a.* **1** humanized: *latte ~* humanized milk. **2** ⟨*Teol*⟩ made human. **umanizzazione** *f.* humanization: *~ del posto di lavoro* humanization of the work place.

umano I *a.* **1** human: *il corpo ~* the human body; *dignità –a* human dignity. **2** (*comprensivo, affabile*) humane, understanding, benevolent: *è una persona molto –a* he is a very understanding person. **II** *s.m.* human: *l' ~ e il divino* the human and the divine.

umbellato *a.* ⟨*Bot*⟩ umbellate(d), umbellar.

Umberto *N.pr.m.* Humbert, Umberto.

umbilico *m.* → **ombelico**.

umbratile *a.* ⟨*lett*⟩ **1** (*ombreggiato*) shady, shaded. **2** ⟨*fig*⟩ shadowy: *vita ~* shadowy existence.

umbro I *a.* Umbrian, of Umbria. **II** *s.m.* (*f.* -a) Umbrian, native (*o* inhabitant) of Umbria.

umettare *v.t.* (*umetto*) to moisten, to damp(en), to wet. **umettatore** *m.* (*macchina*) damper, ⟨*am*⟩ dampener. **umettazione** *f.* moistening, dampening.

umico *a.* (*pl.* -ci) humic, humus: *terra –a* humus earth; *composto ~* humic compound.

umidiccio *a.* dampish, wettish. □ *mani umidicce* clammy hands. **umidificare** *v.t.* (*umidifico, umidifichi*) to humidify, to moisten. **umidificatore** *m.* ⟨*tecn*⟩ humidifier. **umidificazione** *f.* humidifying, humidification.

umidità *f.* **1** humidity, damp(ness); (*umidità eccessiva*) (excessive) humidity. **2** (*contenuto idrico*) moisture: *l' ~ del terreno* soil moisture (*o* humidity). □ ⟨*Meteor*⟩ *~ assoluta* absolute humidity; *~ relativa* relative humidity. **umido I** *a.* **1** damp, humid: *giornata –a* damp day. **2** (*bagnato*) damp, moist, wet: *le lenzuola sono ancora –e* the sheets are still damp. **3** ⟨*Meteor,Geog*⟩ humid: *clima ~* humid climate.**4** ⟨*tecn,Chim,Med*⟩ wet: *tosse –a* wet (*o* loose) cough. **II** *s.m.* **1** (*umidità*) damp(ness): *l' ~ è nocivo alla salute* the damp is bad for the health; (*ambiente umido*) damp. **2** ⟨*Gastr*⟩ (*carne al sugo*) stewed meat. □ ⟨*Meteor,Geog*⟩ *caldo ~* humid (*o* damp) heat; *freddo ~* damp cold; ⟨*Gastr*⟩ *in ~* stewed, in casserole: *carne in ~* stewed meat; *cuocere in ~*. to stew. **umiduccio** *a.* dampish.

umificazione *f.* ⟨*Biol*⟩ humification.

umile I *a.* **1** humble, unpretentious: *una persona ~* an unpretentious person; (*sottomesso*) humble, meek, submissive: *essere ~ con i superiori* to be submissive to one's superiors. **2** (*rif. a grado sociale: semplice*) humble, lowly: *essere di –i origini* to be of humble origin; *una famiglia ~, ma onesta* a humble but honest family. **3** (*povero, modesto*) poor, lowly, humble, mean: *un'abitazione ~* a poor house; (*meschino, vile*) lowly, mean: *gli spettano sempre i lavori più –i* he always gets the mean (*o* dirty) jobs. **4** ⟨*epist*⟩ humble: *Vostro ~ servitore* your humble servant. **II** *s.m./f.* humble person: *gli –i di cuore* the humble in heart. **umiliante** *a.* humiliating. **umiliare** *v.t.* (*umilio, umili*) to humiliate, to humble, to mortify: *~ qd. con aspri rimproveri* to humiliate s.o. with sharp reproofs; *~ la superbia di qd.* to humble s.o.'s pride. **umiliarsi** *v.r.* to humble (*o* humiliate, lower) o.s.: ⟨*Bibl*⟩ *chi si umilia sarà esaltato* he that humbleth himself shall be exalted. □ *~ la carne* to mortify the flesh.

umiliato I *a.* humiliated, mortified. **II** *s.m.pl.* ⟨*Rel*⟩ Humiliati *pl*. **umiliazione** *f.* **1** humbling, humiliation, mortification: *l' ~ di una persona superba* the humbling of a proud person. **2** (*atto umiliante*) humiliation: *non sopporto più le tue continue –i* I can't bear these constant humiliations from you any more. **umilmente** *avv.* **1** humbly: *chiedo ~ perdono* I humbly beg your pardon. **2** (*modestamente*) humbly, modestly. **umiltà** *f.* **1** humility, humbleness: *l' ~ è una virtù* humility is a virtue; *pregare Dio con tutta ~* to beg (*o* pray) God with all humility. **2** (*qualità di ciò che è umile*) humbleness, unpretentiousness: *l' ~ di una casa* the unpretentiousness of a house; *~ di origini* humbleness of birth, low birth.

umorale *a.* ⟨*Med,Stor*⟩ humoral.

umore *m.* **1** (*liquido biologico*) humour. **2** (*linfa*) sap. **3** ⟨*fig*⟩ (*indole*) temperament, character, humour, disposition. **4** ⟨*fig*⟩ (*disposizione*) mood, humour, temper: *essere di ~ nero* to be in a black mood; *gli –i del popolo* the mood of the people. **5** ⟨*Med,Stor*⟩ humour. □ ⟨*Fisiol*⟩ *~ acqueo* aqueous humour; ⟨*fig*⟩ *conoscere l' ~ della bestia* (*conoscere il carattere di una persona*) to know someone's moods; *buon ~* good mood (*o* humour); (*allegria*) high (*o* good) spirits *pl*: *essere di buon ~* to be in a good mood (*o* good spirits); (*abitualmente*) to be good–tempered (*o* good–humoured); *essere di cattivo ~* to be in a bad mood (*o* temper, humour); (*abitualmente*) to be bad–tempered (*o* ill–humoured); *umor faceto* facetious (*o* droll) humour.

umorésca *f.* ⟨*Mus*⟩ humoresque.

umorìsmo *m.* humour: *mancare del senso dell'* ~ to have no sense of humour; ~ *macabro* macabre (*o* gruesome) humour. □ *pieno* (*o ricco*) *d'* ~ full of humour, humorous. **umorìsta** *m./f.* **1** humorous person, person with a strong sense of humour. **2** (*scrittore*) humorist. **umoristicaménte** *avv.* humorously. **umorìstico** *a.* (*pl.* -ci) **1** humorous, comic: *la vena -a di uno scrittore* the humorous vein of a writer. **2** (*spiritoso, allegro*) funny, witty, humorous: *una storiella -a* a funny story. □ *giornale* ~ humorous magazine; *spirito* ~ sense of humour.

un → **uno**.

U.N. = *Nazioni Unite* United Nations (*abbr.* U.N., UN).

un' → **uno**.

ùna I *art.f.* → **uno. II** *s.f.* (*ora*) one (o'clock): *è l'* ~ it is one o'clock.

unànime *a.* unanimous: *consenso* ~ unanimous agreement; *essere tutti -i nel fare qc.* to be unanimous in doing (*o* unanimously in favour of doing) s.th. **unanimeménte** *avv.* unanimously, with one consent. **unanimità** *f.* unanimity. □ *all'* ~ unanimously, with one (*o* common) accord.

uncinàre *v.t.* **1** (*piegare a uncino*) to bend, to hook, to crook. **2** (*afferrare con un uncino*) to hook. **uncinàto** *a.* **1** hooked, hook-shaped, uncinate. **2** (*munito di uncini*) hooked, having hooks. **3** ⟨*Anat*⟩ unciform, uncinate: *osso* ~ unciform bone. **4** (*simile a uncino*) hook-like, unciform. □ *parentesi -a* angle brackets. **uncinétto** *m.* ⟨*Lav.femm*⟩ crochet hook; (*lavoro*) crochet(-work), crocheting. □ *lavorare all'* ~ to crochet, to do crochet work; ~ *per ricamo* crochet hook. **uncìno** *m.* **1** hook: *appendere qc. a un* ~ to hang s.th. on a hook. **2** ⟨*fig*⟩ (*pretesto, cavillo*) pretext, excuse: *attaccarsi* (*o appigliarsi*) *a tutti gli -i* to seize on every pretext. **3** ⟨*fig,scherz*⟩ (*scarabocchio*) scribble, scrawl, pothook. **4** ⟨*Sport*⟩ (*nel pugilato*) hook. **5** ⟨*Bot*⟩ hook. □ *a* ~ hook-shaped, hooked, crooked: *chiodo a* ~ hooked nail; ~ *dell'amo* fish hook; ⟨*fig*⟩ *tirato con gli -i* far-fetched.

undècimo *a.* ⟨*lett*⟩ (*undicesimo*) eleventh. **undicènnne I** *a.* of eleven, eleven-year-old, eleven years old. **II** *s.m./f.* eleven-year-old, boy (*f* girl) of eleven. **undicèsima** *f.* ⟨*Mus*⟩ eleventh. **undicèsimo I** *a.* **1** eleventh. **2** (*rif. a pontefici e regnanti*) the Eleventh. **II** *s.m.* **1** (*ordinale*; *f.* -a) eleventh. **2** (*frazionario*) eleventh. **ùndici** *a./s.inv.* **I** *a.* eleven. **II** *s.m.* **1** (*numero*) eleven. **2** (*nelle date*) eleventh: *l'* ~ *agosto* the eleventh of August, August (the) eleventh. **III** *s.f.pl.* (*ore*) eleven (o'clock), eleven a.m. **undicimìla** *a./s.inv.* eleven thousand.

UNESCO = *Organizzazione delle Nazioni Unite per l'educazione, la scienza e la cultura* United Nations Educational Scientific and Cultural Organization (*abbr.* U.N.E.S.C.O., UNESCO).

ungàrico *a.* (*pl.* -ci) Hungarian. **ùngaro I** *a.* ⟨*rar*⟩ (*ungherese*) Hungarian. **II** *s.m.* (*f.* -a) Hungarian.

ùngere *v.t.* (**ùngo, ùngi; ùnsi, ùnto**) **1** to oil, to grease: ~ *la serratura* to oil the lock; (*lubrificare*) to lubricate, to grease, to oil; (*con creme e sim.*) to rub cream into, to apply cream to; (*impomatare*) to put ointment on, to spread (*o rub*) with ointment. **2** (*insudiciare di grasso*) to make greasy, to get grease (*o oil*) on: *ti sei unto tutto il vestito* you have got grease all over your dress (*o made your dress all greasy*). **3** ⟨*fig*⟩ (*adulare*) to fawn on, to flatter, ⟨*fam*⟩ to butter up: ~ *qd.* to butter s.o. up. **4** ⟨*assol*⟩ to be greasy: *questa crema non unge* this cream is non-greasy. **5** ⟨*fig,assol*⟩ (*corrompere*) to offer bribes, to grease s.o.'s palm. **6** (*insignire d'una dignità con olio consacrato*) to anoint (*anche Rel.catt.*). **ungersi** *v.r.* **1** (*spalmarsi di grasso*) to grease o.s., to rub o.s. with oil, to apply oil: *ungersi prima di prendere il sole* to apply oil before sunbathing. **2** (*macchiarsi di grasso*) to get grease (*o oil*) on o.s.

ungherése I *a.* Hungarian, of Hungary. **II** *s.* **1** *m.* (*lingua*) Hungarian. **2** *m./f.* (*abitante*) Hungarian. **Ungherìa** *N.pr.f.* ⟨*Geog*⟩ Hungary.

ùnghia *f.* **1** ⟨*Anat*⟩ nail: *tagliarsi le -e* to cut (*o pare*) one's nails; (*unghia della mano*) (finger)nail: *avere le -e*

---

sporche to have dirty nails; (*unghia del piede*) (toe)nail. **2** ⟨*Zool*⟩ nail; (*artiglio*) claw; (*di rapace*) talon; (*zoccolo*) hoof. **3** (*minima grandezza o distanza*) inch, finger-breadth. **4** (*punta*) claw: ~ *della marra* claw of a hoe. **5** ⟨*Arch*⟩ groin. **6** ⟨*Bot*⟩ claw. **7** ⟨*Legat*⟩ (*unghiatura*) projecting edge of a book cover. □ ⟨*Mar*⟩ ~ *dell'*ancora anchor bill, pea(k); ⟨*fig*⟩ *avere qd. tra* (*o sotto*) *le -e* to have s.o. in one's clutches; ⟨*fig*⟩ *capitare sotto le -e di qd.* to fall into s.o.'s clutches; *farsi le -e* to do one's nails; ⟨*Zool*⟩ ~ *fessa* cloven hoof; ⟨*Med*⟩ ~ *incarnita* (*o incarnata*) ingrown nail; ⟨*fig*⟩ *levare qc. di sotto le -e di qd.* to get s.th. out of s.o.'s clutches; ⟨*fig*⟩ *mettere le -e addosso a qd.* to get one's claws into s.o., to get s.o. in one's clutches; ⟨*fig*⟩ *mettere fuori le -e* (*rivoltarsi*) to show one's claws; *pulirsi le -e* to clean one's nails; *largo quanto un'* ~ a finger's breadth; ⟨*fig*⟩ *sfuggire di sotto le -e a qd.* to get out of s.o.'s clutches.

unghiàta *f.* **1** (*graffio, ferita*) scratch; (*prodotta da unghie di animali*) scratch, claw mark. **2** (*nei coltelli*) groove, notch, nick. □ *dare un'* ~ *a qd.* to scratch s.o., to give s.o. a scratch; (*rif. ad animali*) to claw s.o. **unghiàto** *a.* **1** having nails. **2** ⟨*Zool*⟩ clawed. **unghiatùra** *f.* **1** ⟨*Legat*⟩ projecting edge of a book cover. **2** ⟨*Arch*⟩ (*ugnatura*) chamfer, bevel. **3** ⟨*Dir*⟩ (nail) scratch. **unghiètta** *f.* **1** ⟨*Mecc*⟩ crosscut chisel. **2** ⟨*Art*⟩ scoop. **unghiòne** *m.* **1** (large) nail; (*grosso artiglio*) (large) claw; (*di rapace*) (great) talon. **2** ⟨*Zool*⟩ hoof.

ungitùra *f.* oiling, greasing; (*lubrificazione*) greasing, lubrication.

unguentàrio *a.* ⟨*non com*⟩ ointment-, unguentary, of (*o for*) ointments: *vaso* ~ unguentary vase. **unguènto** *m.* **1** ointment, salve, unguent. **2** (*pomata profumata*) cream, pomade.

ungulàti *m.pl.* ⟨*Zool*⟩ ungulates *pl.*

unìbile *a.* ⟨*non com*⟩ unitable, joinable. **unibilità** *f.* ⟨*rar*⟩ unitability.

ùnica *f.inv.* only thing: *l'* ~ *è dimenticarlo* the only thing to do is to forget it. □ *è l'* ~*!* it's the only thing to do!

unicaménte *avv.* (*solamente*) only, just, merely: *desidero* ~ *una risposta* I only want an answer.

uni|camerale *a.* ⟨*Parl*⟩ unicameral: *sistema* ~ unicameral system. **~camer(al)ìsmo** *m.* unicameralism. **~cellulàre** *a.* ⟨*Biol*⟩ unicellular.

unicità *f.* **1** oneness, unicity, singleness: ~ *d'intenti* singleness of intent. **2** (*l'essere senza eguali*) uniqueness. **ùnico** *a./s.* (*pl.* -ci) *a.* **1** only, one, sole, ⟨*enfat*⟩ one and only: *leggere è il mio* ~ *svago* reading is my one and only relaxation; *è figlio* ~ he's an only child. **2** (*solo, esclusivo*) sole, exclusive: *agente* ~ sole agent. **3** (*singolo*) single: *binario* ~ single track; *tutto in un* ~ *volume* all in a single volume. **4** ⟨*enfat*⟩ (*ineguagliabile, eccellente*) unique, unequalled: *è un artista* ~ he's a unique artist. **II** *s.m.* only one, only person: *sei l'* ~ *a saperlo* you're the only one to know. □ ⟨*Teat*⟩ *atto* ~ one-act play; *far fronte* ~ to present a united front; *è più* ~ *che raro* it's rare to the point of being unique.

unicòrno I *a.* unicorn, single-horned, one-horned. **II** *s.m.* **1** (*liocorno*) unicorn. **2** ⟨*Zool*⟩ (*narvalo*) narwhal, sea unicorn, unicorn (whale).

uni|dimensionàle *a.* ⟨*Geom,Fis*⟩ unidimensional, one-dimensional. **~direzionàle** *a.* **1** ⟨*tecn,Rad*⟩ unidirectional: *antenna* ~ unidirectional antenna. **2** ⟨*Strad*⟩ one-way-. **~dòse** *a.* ⟨*Farm*⟩ single-dose-. **~familiàre** *a.* one family-, for a single family.

unificàbile *a.* unifiable; (*che si può standardizzare*) standardizable. **unificabilità** *f.* ⟨*rar*⟩ ability to be unified; (*idoneità a essere standardizzato*) ability to be standardized. **unificàre** *v.t.* (**unìfico, unìfichi**) **1** (*riunire*) to unite, to join (together): ~ *l'Europa* to unite Europe; (*fondere*) to consolidate, to merge: ~ *i codici* to merge the legal codes. **2** (*rendere uguale e unico*) to unify: ~ *la scuola elementare* to unify the elementary school. **3** ⟨*Ind*⟩ (*standardizzare*) to standardize, to normalize: ~ *i contenitori del latte* to standardize milk containers. **unificàto** *a.* **1** (*riunito*) united, joined (together). **2** (*ridotto a tipo unico*) unified. **3** (*standardizzato*) standardized: *dimensioni -e* standardized dimensions.

unificatore *m.* (*f.* -trice) unifier. **unificazione** *f.* **1** (*fusione*) consolidation, merger, merging: *l'~ di due imprese* the merger of two companies. **2** ⟨*Ind*⟩ (*standardizzazione*) standardization, normalization.

uniformare *v.t.* (**uniformo**) **1** (*rendere piano*) to make even, to even (*o* level) out: *~ il terreno prima della semina* to level out the ground before sowing. **2** (*adattare*) to adapt, to adjust (*a* to), to bring into line (with). **uniformarsi** *v.r.* to adapt, to adjust, to conform (*a* to), to fall into line (with): *uniformarsi all'ambiente* to adapt oneself to one's surroundings. **uniformazione** *f.* uniforming.

uniforme[1] *a.* **1** (*costante, uguale*) uniform, even, regular: *passo ~* even (*o* steady) pace. **2** (*che ha la stessa forma*) uniform. **3** (*piano*) even, uniform: *terreno ~* even ground. **4** (*monotono*) unvarying, unchanging, monotonous: *esistenza ~* unchanging existence. **5** ⟨*Fis*⟩ uniform: *velocità ~* uniform velocity.

uniforme[2] *f.* **1** uniform: *l' ~ dei collegiali* school uniform. **2** ⟨*Mil*⟩ uniform, military dress. □ ⟨*Mil*⟩ **alta ~** full-dress uniform, regimentals *pl;* **in ~** in uniform, uniformed; **indossare** *l' ~* to wear a uniform, to be in uniform; **~ di marcia** battle dress, field–service uniform, ⟨*am*⟩ fatigues *pl;* **~ ordinaria** service uniform; **~ da passeggio:** 1 ⟨*Mil*⟩ walking–out dress (*o* uniform); 2 ⟨*Mar*⟩ shore kit.

uniformemente *avv.* **1** uniformly, regularly, evenly. **2** ⟨*Fis*⟩ uniformly. **uniformità** *f.* **1** uniformity, regularity. **2** (*l'essere piano*) evenness, uniformity: *l' ~ del terreno* the evenness of the ground. **3** (*concordia, unanimità*) agreement, accord, unanimity, concord: *~ di punti di vista* unanimity of points of view. **4** (*monotonia*) uniformity, sameness, monotony: *l' ~ di un panorama* the monotony of a panorama. **5** ⟨*Fis*⟩ uniformity.

unigenito **I** *a.* ⟨*Teol*⟩ only begotten. **II** *s.m.* Only Begotten (Son of God).

unilaterale *a.* unilateral, one-sided: *proposta ~* unilateral proposal; *visione ~* one–sided view; *contratto ~* unilateral contract. **unilateralità** *f.* (*parzialità*) one-sidedness, partiality. **unilateralmente** *avv.* **1** unilaterally. **2** ⟨*fig*⟩ (*da un solo punto di vista*) one–sidedly, from only one point of view. **unilatero** *a.* ⟨*Mat*⟩ unilateral.

uninominale *a.* ⟨*Parl*⟩ (*rif. al sistema elettorale*) uninominal; (*rif. ai collegi elettorali*) single–member–, uninominal: *collegio ~* single–member constituency.

unione *f.* **1** union, uniting, joining: *l' ~ dell'anima col corpo* the uniting of body and soul. **2** ⟨*tecn*⟩ (*collegamento, connessione*) union, connection, coupling, junction, joint: *~ a coprigiunto* fished joint. **3** (*associazione, federazione*) union, association: *~ sindacale* labour union. **4** (*coalizione*) coalition, union: *l' ~ delle sinistre* the coalition of the left. **5** (*matrimonio*) union, marriage. **6** ⟨*fig*⟩ (*concordia*) union, unity, agreement, harmony, accord, concord: *in questa famiglia c'è una perfetta ~* in this family there is perfect harmony. **7** ⟨*Pol*⟩ union. □ **~ doganale** customs union; *~ delle* **donne italiane** Association of Italian Women; **~ economica** economic union; **~ libera** concubinage; ⟨*Fal*⟩ *~ a* **maschio** *e* **femmina** tongue and groove joint; **~ postale** *universale* Universal Postal Union; **~ reale** real union; *~ delle* **Repubbliche** *Socialiste Sovietiche* Union of Soviet Socialist Republics; **~ Sovietica** Soviet Union; ⟨*Stor*⟩ **stati** *dell' ~* States of the Union; **~ sudafricana** Union of South Africa; **~ tariffaria** tariff syndicate; **~** *internazionale delle* **telecomunicazioni** International Telecommunications Union. *Prov.: l' ~ fa la forza* union is strength.

unionismo *m.* **1** ⟨*Pol,Rel*⟩ unionism. **2** ⟨*Stor*⟩ (*tradunionismo*) trade unionism. **unionista** *m./f.* **1** ⟨*Pol,Rel*⟩ unionist. **2** ⟨*Stor*⟩ Unionist.

uniovulare *a.* ⟨*Biol*⟩ uniovular, uniovulate: *gemelli –i* uniovular (*o* identical) twins.

unire *v.t.* (**unisco, unisci**) **1** to unite, to join, to combine: *~ tutte le forze* to unite all forces; *hanno deciso di ~ i loro beni* they decided to combine (*o* pool) their possessions. **2** (*collegare, congiungere*) to join, to connect, to put together: *~ due assi con la colla* to join two boards

with glue. **3** (*ravvicinare*) to join (together), to bring (*o* put, draw) together: *~ due tavoli* to put two tables together. **4** ⟨*fig*⟩ (*rif. a persone: stringere con vincoli morali o legali*) to bind, to unite, to make united: *li uniscono interessi comuni* common interests ⌐unite them⌐ (*o* make them united); (*rendere solidale*) to unite, to bring together: *le disgrazie uniscono gli uomini* misfortune unites men. **5** ⟨*fig*⟩ (*associare armonicamente*) to combine, to unite, to join: *questa ragazza unisce alla grazia l'intelligenza* this girl combines gracefulness and intelligence; *~ il merito alla virtù* to unite merit with virtue. **6** (*mettere in comunicazione*) to connect, to join, to unite: *~ due città con una ferrovia* to connect two cities with a railroad; *~ due punti con una retta* to join two points with a straight line. **7** (*aggiungere*) to add: *~ l'interesse al capitale* to add interest to capital. **unirsi** *v.r.* **1** (*formare un'unione*) to unite, to join up (*o* together): *le due società si unirono per assicurarsi nuovi mercati* the two companies joined together to secure new markets for themselves. **2** (*congiungersi, mescolarsi*) to unite, to join together, to combine: *vicino alla foce le acque dei due fiumi si uniscono* near the mouth the two rivers join (*o* flow together). **3** (*accordarsi, armonizzarsi*) to blend, to harmonize, to go well: *i diversi colori si uniscono perfettamente* the different colours blend perfectly. **4** (*accompagnarsi, mettersi insieme*) to join up (*a* with), to join (s.o.): *ci unimmo a loro per andare al cinema* we joined them to go to the cinema. □ ⟨*Fal*⟩ *~ a coda di rondine* to dovetail; *unirsi in matrimonio* to get married, to marry; ⟨*Fal*⟩ *~ a mortasa* to mortise; *unirsi in società* to enter into partnership.

unisessuale, *a.* ⟨*Biol*⟩ unisexual. **unisessualità** *f.* unisexuality.

unisex (*o* unisex) *a.inv.* ⟨*Mod*⟩ for either sex. □ *moda ~* unisex look.

unisono **I** *a.* **1** ⟨*Mus*⟩ unison-, unisonous, unisonal, unisonant, unisonous: *canto ~* unison singing (*o* song). **2** ⟨*fig*⟩ (*concorde, conforme*) in agreement, in unison (*a* with), unisonous, concordant. **II** *s.m.* **1** ⟨*Mus*⟩ unison. **2** ⟨*fig*⟩ agreement, concord, accord, unison. □ ⟨*Mus*⟩ *all' ~* in unison, unisono; ⟨*fig*⟩ (*concordemente*) in unison, in agreement.

unità *f.* **1** unity: *~ e pluralità* unity and plurality; *l' ~ della famiglia* the unity of the family; *l' ~ d'Italia* the unity of Italy. **2** (*unificazione*) unification. **3** (*identità, concordia*) unity, accord: *~ di propositi* unity of purpose. **4** ⟨*concr*⟩ (*singolo individuo o oggetto*) unit. **5** (*unità di misura*) measure, (unit of) measurement. **6** ⟨*Mat*⟩ unit: *una dozzina è costituita da dodici ~* a dozen is made up of twelve units. **7** ⟨*Mil*⟩ unit. **8** ⟨*Mar*⟩ (*nave*) ship; (*insieme organico di più navi*) unit. **9** ⟨*Aer*⟩ (*aereo*) aircraft, aeroplane; ⟨*am*⟩ airplane; (*insieme di aerei*) unit. **10** ⟨*Statist*⟩ unit. **11** ⟨*Tel,Inform*⟩ unit. □ ⟨*Inform*⟩ **~ centrale** (*di elaborazione*) central processing unit (*abbr.* CPU); ⟨*Mil*⟩ **~ combattente** fighting unit; **condurre** *a ~* to unite, to unify; ⟨*Econ*⟩ **~ di conto** unit of account; **~ di conto europea** European unit of account; **~ di controllo** control unit; **~ di costo** cost(ing) unit; **~ didattica** teaching unit; **~ disco** disk drive, disk storage unit; ⟨*Mil*⟩ **grande ~** formation of troops; **~ internazionale** international unit; ⟨*Fis*⟩ **~ magnetica** magnetic unit; ⟨*Inform*⟩ **~ di memoria** storage unit; **~ di misura** measure, (unit of) measurement; ⟨*fig*⟩ yardstick, term of comparison; *sistema di ~ di misura* system of units of measure; **~ di misura di capacità** measure of capacity; **~ di misura lineare** (*o di lunghezza*) linear (*o* long) measure, measurement of length; **~ di misura di tempo** time–measurement unit, time unit, unit of time; **~ di misura di volume** measure of capacity, cubic (*o* solid) measure; **~ monetaria** monetary unit; **~ periferica** peripheral (device); **~ sanitaria** *locale* local health centre; ⟨*Fis*⟩ **~ termica** heat unit; ⟨*Lett*⟩ *le* **tre ~** the three unities; ⟨*Teol*⟩ *~ e* **trinità** *di Dio* Oneness and Trinity of God; **~ video** display unit.

unitamente *avv.* **1** (*in modo compatto*) unitedly. **2** (*concordemente*) in agreement, in accord, in unison, unanimously. **3** (*insieme, congiuntamente*) together (*a* with), with (s.th.).

unitarianesimo, unitarianismo *m.* ⟨*Rel*⟩ Unitarianism. **unitariano** *a./s.m.* (*f.* **-a**) Unitarian. **unitario I** *a.* **1** unitary: *sforzi unitari* unitary efforts. **2** (*costituito da un'unità*) unitary, unit–: *costo* ~ unit cost. **3** (*teso verso l'unità*) unitary: *movimento* ~ unitary movement. **4** (*uniforme*) uniform. **5** ⟨*Mat*⟩ unitary. **II** *s.m.* (*f.* **-a**) ⟨*Rel*⟩ Unitarian. **unitarismo** *m.* ⟨*Pol,Rel*⟩ Unitarianism. **unitezza** *f.* **1** compactness. **2** (*uniformità*) uniformity, evenness, regularity.

unito *a.* **1** united, joined, combined: *tre pezzi di stoffa –i insieme* three pieces of material joined together. **2** (*associato*) united, combined, joined, associated: *Nazioni Unite* United Nations. **3** (*unificato*) united, unified: *un paese* ~ a united (*o* unified) country. **4** (*stretto da vincoli morali o legali*) bound, close, united: *una famiglia molto –a* a very close family; *erano –i da un'antica amicizia* they were bound by an old friendship. **5** (*uniforme, privo di disegni*) solid: *una stoffa di tinta –a* a solid colour fabric.

universale I *a.* **1** universal: *legge* ~ universal law. **2** (*di tutti gli uomini, di tutto il mondo*) universal, world–: *storia* ~ world history; *pace* ~ universal peace. **3** (*generale*) general: *compianto* ~ general grief; (*rif. al suffragio*) universal. **4** (*versato in tutti i campi*) universal, all–round: *genio* ~ universal genius. **5** ⟨*Dir*⟩ universal: *erede* ~ universal heir. **6** ⟨*tecn*⟩ universal: *strumento* ~ universal instrument. **II** *s.m.* **1** ⟨*Filos*⟩ universal. **2** *pl.* ⟨*Filos*⟩ (*concetti*) universals *pl.* **universalismo** *m.* ⟨*Pol,Rel*⟩ universalism. **universalista** *m./f.* universalist. **universalistico** *a.* (*pl.* **-ci**) universalistic. **universalità** *f.* **1** universality. **2** (*totalità*) universality, entire mass, totality. □ *l'* ~ *degli uomini* mankind, humanity, all men *pl.* **universalizzare** *v.t.* to universalize, to make universal. **universalizzazione** *f.* universalization (*anche Filos.*). **universalmente** *avv.* universally, commonly, generally: *principi ~ validi* universally accepted principles; *autorità ~ riconosciuta* universally recognized authority. **universiade** *f.* ⟨*Sport*⟩ world university games *pl.*

università *f.* university: *essere iscritto all'*~ to be enrolled at the university; *l'* ~ *di Roma* Rome University; (*edificio, insieme di edifici*) university, ⟨*am*⟩ campus. □ **andare all'** ~ to go to (the) university; ~ **commerciale** business college; ~ **popolare** University Extension (course); ~ **privata** private university; ~ **di stato** state (*o* public) university; ~ **degli studi** university. **universitario I** *a.* university–: *corsi universitari* university courses. **II** *s.m.* (*f.* **-a**) (*studente*) university student. **universo** *m.* **1** universe, cosmos. **2** (*mondo*) (whole) world, creation: ⟨*iperb*⟩ *credersi il padrone dell'* ~ to consider o.s. lord of creation. **univocamente** *avv.* univocally. **univocità** *f.* univocity; (*l'avere un'unica interpretazione*) unambiguousness. **univoco** *a.* (*pl.* **-ci**) unambiguous, univocal: *affermazione –a* unambiguous statement.

unnico *a.* (*pl.* **-ci**) ⟨*Stor*⟩ of (*o* relating to) the Huns. **unno** *m.* (*f.* **-a**) Hun.

uno (as adjective and article *uno* becomes *un* before words beginning with vowels or consonants except those beginning with *s* + consonant, *gn, ps, z, x*; the feminine form *una* becomes *un'* before words beginning with a vowel) **I** *a.* **1** one, a: *ha un figlio maschio e due femmine* he has a son and two daughters; *un anno e tre mesi* one year and three months; *–a settimana e due giorni* a week and two days; *pagina* ~ page one. **2** (*uno solo, unico; spesso in frasi negative*) one, a single: *non fa un passo se non è accompagnato* he doesn't take a single step alone; *–a rondine non fa primavera* one swallow does not make a summer; *non ho che un amico* I have only one friend; *rafforzato da unico, solo, soltanto*) one (single), a single: *sarebbe bastata anche –a sola parola* just one single word would have been enough; *mi trattengo soltanto un giorno* I'm staying for just one day. **3** (*iperb*) (*quantità minima; spesso in frasi negative*) a, one: *ho visto appena –a o due macchine* I only saw a car or two; *non ho –a lira* I don't have a penny, I have ⌐hardly any¬ (*o* very little) money. **4** (*in frasi ellittiche con sottinteso la*

parola storia, avventura e sim.) one, *o si traduce a senso: ve ne racconterò –a* I'll tell you a good one; *combinarne –a* to get into a fix. **5** (*lett*) (*unito, compatto*) united, one: *l'Italia –a e libera* united free Italy. **II** *s.m.* **1** ⟨*Mat*⟩ *scrivere un* ~ to write a one; ~ *più* ~ *fa due* one plus one equals two; *contare da* ~ *a dieci* to count from one to ten; *scrivo sei e riporto* ~ I write down six and carry one; *moltiplicare per* ~ to multiply by one. **2** (*seguito da un partitivo*) one: ~ *di voi* one of you; *–a delle stanze era ammobiliata* one of the rooms was furnished. **3** (*nelle espressioni temporali: il primo del mese*) first: *l'* ~ *di marzo* the first of March, March first; (*il primo anno di un secolo*) one: *tutti i nati nell'*~ all those born in nineteen hundred and one. **III** *pron.indef.* **1** (*un tale, una certa persona*) someone, a person, ⟨*fam*⟩ a fellow (*o* chap): *c'è* ~ *che ti aspetta* there's someone waiting for you; *c'era* ~ *delle imposte che ti cercava* someone from the tax office was looking for you. **2** (*uno qualunque, qualsivoglia*) one, any (old) one: *ci sono dei giornali sul tavolo, passamene* ~ there are some newspapers on the table, pass me one; ~ *di questi giorni verrò a trovarti* one of these days I'll pay you a visit. **3** (*alcuno*) someone, somebody: *dir male di* ~ to speak badly about someone; *se* ~ *ti dice così, che rispondi?* if somebody says that to you, what are you going to answer? **4** (*con valore impersonale: chi*) one, you, a person, anyone: *se* ~ *vuole, può ottenere tutto* if a person really tries he can get anything; *se* ~ *ha soldi può permettersi viaggi simili* if you have money you can afford to take trips like that. **IV** *art.indef.* **1** a, an: *un giornale* a newspaper; *–a mela* an apple; ~ *specchio* a mirror; *–a casa* a house; *sto leggendo un romanzo* I am reading a novel. **2** ⟨*enfat*⟩ such a (*o* an), what a (*o* an), *o si traduce a senso: ho avuto –a paura!* I had such a fright!, what a fright I had! **3** (*circa, più o meno*) about, around, roughly, some: *ci vorrà –a mezz'ora* it will take about half an hour. □ **a** ~ **a** ~ one by one, one after the other; ~ ... **altro** one ... other, some ... other: *gli –i sì, gli altri no* some yes, others no; ~ *dopo l'altro* one after another; *l'* ~ *e l'altro* (*entrambi*) both (*costr. pl.*); *l'* ~ *o l'altro* either (*costr. sing.*); *né l'* ~ *né l'altro* (*nessuno dei due*) neither (*costr. sing.*); (*con verbo negativo*) either (*costr. sing.*): *non mi piace né l'*~ *né l'altro* I don't like either (of them); ~ (*o l'uno*) *per* **cento** one per cent; *per* **dirne** *–a* just to give you an example (*o* idea); ⟨*Mil*⟩ *un–***due!** left–right!; ⟨*enfat*⟩ **e** ~ *!* that's one (done), that's the first; *ne ha* **fatta** *–a delle sue* he's gone and done it again; *marciare per* ~ to march in single file; ~ **più**, ~ **meno** what's one more or less; ⟨*eufem*⟩ *–a di* **quelle** (*prostituta*) a street walker; ~ **solo** just one, one only; ~ *dei* **tanti** (*una persona comune*) one of the many, no one special; *in un primo* **tempo** at first; *un* **terzo** one–third, a third; *tutt'* ~ (*una sola persona*) (like) one; (*una sola cosa*) the same thing, one thing only; *essere tutt'* ~: **1** (*essere la stessa cosa*) to be all the same, not to matter (*o* make a difference); **2** (*essere quasi simultaneo*) to be almost simultaneous; *vederlo e fuggire fu tutt'* ~ no sooner did he see him than he took to his heels; *vederlo e ridere fu un tutt'* ~ when (*o* as soon as) he saw him he burst out laughing, one look at him set him off laughing; ~ *per* (*o alla*) **volta** one at a time; *–a seconda volta* a second time, again. *Prov.*: ~ *per tutti, tutti per* ~ all for one and one for all.

UNRRA = *Soccorso per i territori europei danneggiati dalla guerra* United Nations Relief and Rehabilitation Administration (*abbr.* U.N.R.R.A., UNRRA).

unticcio I *a.* (*un po' unto*) lightly greased, slightly oily. **II** *s.m.* (*sostanza grassa*) grease, oil, fat.

unto[1] (*p.p. di ungere*) **I** *a.* **1** (*spalmato di grasso*) greased, oiled. **2** (*sporco: di grasso*) greasy; (*di olio*) oil–stained; (*sporco*) dirty, filthy. **3** ⟨*Rel*⟩ (*consacrato*) anointed. **II** *s.m.* ⟨*Rel*⟩ anointed: ~ *e bisunto* all greasy, filthy; ⟨*Rel*⟩ *l'* ~ *del Signore* (*Cristo*) the Lord's Anointed.

unto[2] *m.* **1** (*grasso*) grease, fat: *una macchia d'* ~ a grease spot; (*lubrificante*) grease, oil: *dare* ~ *alle ruote del carro* to apply oil to the cart wheels. **2** ⟨*Gastr*⟩ fat, lard; (*condimento grasso*) dripping. □ *essere sporco d'* ~ to be greasy (*o* fat–stained).

untore *m.* ⟨*Stor*⟩ plague spreader. **untume** *m.* grease, oil, fat. **untuosaménte** *avv.* unctuously. **untuosità** *f.* **1** greasiness, oiliness. **2** (*grasso*) grease, oil; (*lubrificante*) grease, oil. **3** ⟨*fig*⟩ (*ipocrisia*) unctuousness, oiliness. **untuóso** *a.* **1** greasy, fatty, ⟨*lett*⟩ unctuous: *capelli –i* greasy hair. **2** (*ipocrita*) unctuous, oily: *ha un modo di fare ~ e insopportabile* he has an unbearable unctuous way about him. **unzióne** *f.* **1** greasing, oiling; (*con pomate*) smearing, rubbing, application. **2** ⟨*Lit*⟩ anointing, unction: ~ *sacerdotale* priestly anointing. □ ⟨*Lit*⟩ *estrema* ~ Extreme Unction.

uòmini → **uomo.**

uòmo *m.* (*pl.* **uòmini**) **1** (*essere umano*) man, human being: *l' ~ preistorico* prehistoric man. **2** (*individuo di sesso maschile*) man, male: *quella donna sembra un ~* that woman looks like a man; (*individuo adulto*) man, adult: *ormai è diventato un ~* he is a man now; *un ~ e un fanciullo ragionano diversamente* an adult and a child think differently. **3** (*individuo*) man, person, fellow: *c'è un ~ alla porta* there's a man at the door; (*persona di fiducia*) man: *il partito non ha trovato il suo ~* the party has not found its (*o* the right) man; *ecco l' ~ che fa per noi* here's just the man we need. **4** (*collett*) (*specie umana*) man, mankind, human race: *gli uomini sono tutti fratelli* all men are brothers; *i diritti dell' ~* the rights of man. **5** (*dipendente incaricato*) man: *ti manderò uno dei miei uomini* I'll send you one of my men; *è venuto l' ~ del gas* the gasman came. **6** ⟨*pop*⟩ (*marito, amante*) man, husband, ⟨*fam*⟩ old man: *il suo ~ è più giovane di lei* her man is younger than she is. **7** ⟨*Mil,Sport*⟩ man: *una squadra composta di dieci uomini* a ten-man team. □ ~ *d'*affari businessman; *un ~ all'*antica an old-fashioned man; ~ *d'*armi man-at-arms; ~ *d'*azione man of action; *un brav' ~* (*persona onesta*) a good (*o* honest) man; ~ *alla buona* simple (*o* plain) fellow; ~ *di chiesa:* 1 (*ecclesiastico*) man of the church, clergyman, churchman; 2 (*uomo molto religioso*) religious man; 3 (*uomo pio*) church-goer, devout man, regular worshipper; ~ *di colore* Negro, black (man); ⟨*scherz*⟩ *conosco l' ~* (*o* *il mio uomo*) I know ʹmy manʹ (*o* who I'm dealing with); ~ *di cuore* (*generoso*) big-hearted (*o* generous) man; **da** ~ man's, men's: *sarto da ~* men's tailor; *abito da ~* man's suit; *non è da uomini* it is not for (*o* worthy of) a man; *da ~ a ~* (*in tutta franchezza*) man to man; ⟨*fam*⟩ *fare l' ~* to be (*o* act like) a man; *non è ~ da farlo* he is not the man to do it; *farsi* (*un*) ~ to become a man; ~ *di fatica* labourer; ~ *fatto* (*full-*)grown man; ~ *di poca fede* (*di fede vacillante*) man of little faith; (*scettico*) doubtful (*o* sceptical) man; ~ *di fiducia* reliable person; (*braccio destro*) right-hand man, confidential assistant (*o* agent); ⟨*Rel*⟩ *Figlio dell' ~* Son of man; *essere l' ~ del giorno* to be the man of the moment; *grand' ~:* 1 (*dotato di capacità eccezionali*) great man; 2 ⟨*iron*⟩ (*un buono a nulla*) good-for-nothing; ~ *del latte* milkman; ~ *di legge:* 1 (*avvocato*) lawyer, ⟨*lett*⟩ man of law; 2 (*giurista*) jurist; ~ *di lettere* man of letter, literary (*o* learned) man; ~ *di mare* seaman, sailor; ⟨*mar*⟩ ~ *a mare!* man overboard!; **mezz'** ~ small (*o* puny) fellow, ⟨*fam,spreg*⟩ shrimp; ~ *di mondo* man of the world; ~ *nero* (*gioco*) Old Maid; *un ~ nuovo* an upstart; ~ *d'*onore man of honour; *un ~ d'oro* a man worth his weight in gold; ~ *di paglia:* 1 ⟨*Comm*⟩ (*prestanome*) man of straw, dummy, front; 2 ⟨*fig*⟩ straw man, puppet, figurehead; ~ *del pane* breadman, baker's man (*o* boy), ⟨*fam*⟩ baker; ~ *di parola* man of his word; ~ *di poche parole* (*taciturno*) man of few words; **per** (*soli*) *uomini* for men (only), men only–; *l' ~ qualunque* (*l'uomo comune*) the average man, the man in the street; *uomini radar* air traffic controllers; ~ *rana* frogman; ~ *sandwich* sandwichman; *un sant' ~* a good man; ~ *di scienza* man of science, scientist; ⟨*Mil*⟩ ~ *siluro* torpedo man; *come un sol ~* (*concordemente*) as one man, all together; ~ *di spirito* witty man, wit, wag; ~ *sportivo* sportsman; ~ *di talento* man of talent, talented man; ~ *di teatro* man of the theatre. *Prov.: ~ avvisato, mezzo salvato* forewarned is forearmed; *l' ~ propone e Dio dispone* man proposes, God disposes; *l' ~ è misura di tutte le cose* man is the measure of all things.

uòpo *m.* ⟨*lett,ant*⟩ (*bisogno*) need; (*necessità*) necessity. □ ⟨*lett*⟩ *all' ~* (*al momento opportuno*) in case of necessity (*o* need), if need be; (*a tale scopo*) for such a purpose.

uòsa *f.* **1** (*ghetta*) gaiter. **2** ⟨*Mediev*⟩ thigh boot.

uòva → **uovo.**

uòvo *m.* (*pl.* **le uòva**) **1** egg (*anche estens.*): *la gallina ha fatto un ~* the hen has laid an egg. **2** *pl.* (*uova di pesce e sim.*) roe, spawn. **3** ⟨*Biol*⟩ egg, ovum. □ ~ **bazzotto** (lightly–)boiled egg, three–minute egg; *–a da* **bere** fresh eggs (that can be eaten raw); *è come bere un ~* (*è facilissimo*) it's as easy as winking (*o* falling off a log); *–a in* **camicia** poached eggs; ⟨*fig*⟩ **camminare** *sulle –a* to walk on eggs; ⟨*Dolc*⟩ ~ *di* **cioccolata** chocolate egg; ⟨*fig*⟩ *l' ~ di* **Colombo** the obvious solution (to the problem); *è l' ~ di Colombo!* it's as plain as the nose on your face!; ~ *alla* **coque** soft–boiled egg; **covare** *le –a* to sit on eggs, to brood; **fare** *l' ~* (*deporlo*) to lay an egg; *fare un ~* (*cucinarlo*) to cook an egg; ~ **fresco** fresh egg; ~ **gallato** (*o fecondato*) fertilized egg; ~ *di* **gallina** hen's egg; ~ *di* **giornata** new-laid egg; ~ **marcio** bad (*o* rotten) egg; ~ *all'***ostrica** prairie oyster, egg yolk seasoned with salt and lemon; *–a con* **pancetta** bacon and eggs; ~ **pasquale** (*o di Pasqua*) Easter egg; *essere* **pieno** *come un ~* to be full (up), ⟨*fam*⟩ to be bursting; ⟨*Lav.femm*⟩ ~ *da* **rammendo** darning egg, darning ball, darning mushroom; ⟨*fig*⟩ **rompere** *le –a nel paniere a qd.* to upset s.o.'s plans; ~ **sbattuto** beaten egg; ~ **sodo** hard-boiled egg; *–a di* **storione** caviar *sing;* *–a* **strapazzate** scrambled eggs; ~ *di* **struzzo** ostrich egg; ~ *da* **tè** tea ball; ~ *al* **tegamino** (*o tegame*) fried egg; **uscire** *dall' ~* to hatch. *Prov.: è meglio un ~ oggi che una gallina domani* a bird in the hand is worth two in the bush.

UPU = *Unione postale universale* Universal Postal Union (*abbr.* U.P.U., UPU).

upupa *f.* ⟨*Ornit*⟩ hoopoe, hoopoo.

uragano *m.* **1** ⟨*Meteor*⟩ (*vento di forza eccezionale*) hurricane. **2** (*tempesta*) storm, tempest, gale. **3** ⟨*fig*⟩ storm, gale, outburst, hurricane: *un ~ di applausi* a storm of applause.

Uràli *N.pr.m.pl.* ⟨*Geog*⟩ Ural Mountains *pl,* Urals *pl.*

uralo-altàico *a.* (*pl.* **-ci**) ⟨*Ling*⟩ Ural–Altaic.

uranàto *m.* ⟨*Chim*⟩ uranate.

urango *m.* (*pl.* **-ghi**) ⟨*Zool*⟩ orang–(o)utan.

Urània *N.pr.f.* ⟨*Mitol*⟩ Urania.

urànico[1] *a.* (*pl.* **-ci**) ⟨*lett*⟩ (*del cielo*) uranian, heavenly, celestial: *divinità uraniche* celestial deities.

ʹurànico[2] *a.* (*pl.* **-ci**) ⟨*Chim*⟩ uranic.

uranìfero *a.* ⟨*Min*⟩ uraniferous, uranium–: *minerale ~* uraniferous mineral.

uraninìte *f.* ⟨*Min*⟩ uraninite.

urànio *m.* ⟨*Chim*⟩ uranium. □ *minerale di ~* uranium ore.

Uràno *N.pr.m.* ⟨*Mitol,Astr*⟩ Uranus. **uranografìa** *f.* ⟨*Astr*⟩ uranography. **uranogràfico** *a.* (*pl.* **-ci**) uranographic(al). **uranògrafo** *m.* (*f.* **-a**) uranographer. **uranometrìa** *f.* → **uranografia. uranoscopìa** *f.* ⟨*Astr*⟩ uranoscopy. **uranòscopo** *m.* ⟨*Itt*⟩ (*anche uranoscopo scabro*) star gazer.

urbanaménte *avv.* urbanely, politely, courteously. **urbanésimo** *m.* urbanization, urbanism, city (*o* town) growth. **urbanìsmo** *m.* ⟨*non com*⟩ → **urbanesimo. urbanìsta** *m./f.* town (*o* city) planner, urbanist. **urbanìstica** *f.* **1** town planning, ⟨*am*⟩ city planning. **2** ⟨*Univ*⟩ urban studies. **urbanìstico** *a.* (*pl.* **-ci**) town–planning–, of (*o* for) town planning, urbanistic. **urbanità** *f.* **1** urbanity, courtesy, politeness, suavity. **2** ⟨*Statist*⟩ proportion of city to country dwellers. □ *con ~* urbanely, politely, courteously: *rispondere con ~* to answer politely. **urbanizzàre** *v.t.* **1** (*favorire lo sviluppo di una città*) to urbanize. **2** (*incivilire*) to civilize; (*dirozzare, ingentilire*) to polish, to refine. **urbanizzazióne** *f.* urbanization. **urbàno** *a.* **1** city–, town–, urban: *mura –e* city walls. **2** (*cortese, civile*) urbane, courteous, polite, suave, civil: *modi –i* polite manners.

Urbàno *N.pr.m.* ⟨*Stor*⟩ Urban.

urèa (*o* **urèa**) *f.* ⟨*Biol*⟩ urea. **ureàsi** *f.* ur(e)ase. **urèico** *a.* (*pl.* **-ci**) ⟨*Biol*⟩ ureic, ureal. **urèide** *f.* ⟨*Chim*⟩ ureide. **uremìa** *f.* ⟨*Med*⟩ ur(a)emia. **urèmico** *a./s.* (*pl.* **-ci**) **I** *a.*

ur(a)emic. **II** *s.m.* (*f.* **-a**) sufferer from uraemia.
uretanico *a.* (*pl.* **-ci**) ⟨*Chim*⟩ of (*o* pertaining to) urethan(e).
uretano *m.* urethan(e).
ureterale *a.* ⟨*Med*⟩ ureteral, ureteric. **uretere** *m.* ureter.
ureterectasia *f.* ureterectasia, ureterectasis. **ureterectomia** *f.* ⟨*Chir*⟩ ureterectomy. **uretra** (*o* **uretra**) *f.* ⟨*Anat*⟩ urethra. **uretrale** *a.* ⟨*Anat,Med*⟩ urethral. **uretrectomia** *f.* ⟨*Chim*⟩ urethrotomy. **uretrite** *f.* ⟨*Med*⟩ urethritis.
urg. = *urgente* urgent.
urgente *a.* **1** urgent, pressing: *necessità* ~ pressing need. **2** ⟨*Post,Tel*⟩ urgent: *telegramma* ~ urgent telegram. □ *aver bisogno* ~ *di qc.* to need s.th. urgently, to have urgent need of s.th. **urgentemente** *avv.* urgently. **urgenza** *f.* **1** (*l'essere urgente*) urgency; (*necessità impellente*) urgent need. **2** (*sollecitudine, rapidità*) promptness, speed, dispatch. □ *aver* ~ *di qc.* to need s.th. urgently; *ho* ~ *di parlarti* I must speak to you; *in caso d'* ~ in (case of) an emergency; *d'* ~: 1 (*agg.*) urgent, emergency-: *chiamata d'* ~ urgent (*o* emergency) call; *chiamare qd. d'* ~ to make an emergency call to s.o.; 2 (*avv.*) urgently; *fare* ~ *a qd.* to press (*o* urge) s.o. **urgere** *v.* (**urgo, urgi**) lacks compound tenses) **I** *v.t.* ⟨*lett*⟩ **1** (*incalzare*) to press, to follow (*o* chase) closely, to be hard on the heels of. **2** ⟨*fig*⟩ (*sollecitare*) to urge, to impel, to incite, to spur on. **II** *v.i.* **1** (*essere urgente*) to be urgent (*o* vital, pressing): *necessità che urgono* needs which are pressing, urgent needs. **2** (*essere necessario al più presto*) to be needed urgently, to be necessary immediately: *urge un medico* a doctor is needed urgently. **3** (*premere*) to press: *la folla urgeva alle porte dello stadio* the crowd pressed against the gates of the stadium. **III** *v.i.impers.* to need (*o* be needed) urgently, to be vital: *mi urgono denari* I need money urgently.
urg.mo = *urgentissimo* (very) urgent.
uria *f.* ⟨*Ornit*⟩ foolish guillemot.
Uria *N.pr.m.* ⟨*Bibl*⟩ Uriah.
uricemia *f.* ⟨*Med*⟩ uric(a)emia. **uricemico** *a./s.* (*pl.* **-ci**) **I** *a.* uric(a)emic. **II** *s.m.* (*f.* **-a**) sufferer from uric(a)emia. **urico** *a.* (*pl.* **-ci**) ⟨*Biol*⟩ uric: *acido* ~ uric acid. **urina** *f.* ⟨*Fisiol*⟩ urine, ⟨*pop*⟩ water. □ *analisi delle* –*e* urinalysis, urine tests. **urinare** *v.i.* (*aus.* avere) ⟨*non com*⟩ (*orinare*) to urinate, to pass water. **urinario** *a.* ⟨*Anat,Med*⟩ urinary: *vie* –*e* urinary tract. **urinata** *f.* ⟨*rar*⟩ (*orinata*) **1** urination, micturition. **2** (*quantità*) (quantity of) urine passed.
urla → **urlo. urlare I** *v.i.* (*aus.* avere) **1** (*rif. ad animali*) to howl: *il cane ha urlato tutta la notte* the dog howled all night. **2** (*rif. all'uomo*) to cry (out), to shout, to scream: ~ *di dolore* to scream with pain; (*alzare la voce*) to shout, to yell, to bawl: ~ *come un ossesso* to shout like one possessed, to yell like a madman; *non* ~, *non sono sordo* don't shout, I'm not deaf. **3** (*dire ad alta voce*) to shout, to yell, to say in a loud voice: *gli urlò che se ne andasse* he shouted at him to go away. **4** (*rif. al mare, a sirene e sim.*) to howl, to wail, to shriek. **II** *v.t.* **1** (*chiamare*) to shout, to yell, to bawl out: ~ *un nome* to shout a name. **2** (*cantare a voce spiegata*) to sing at the top of one's voice, ⟨*spreg*⟩ to bawl, ⟨*spreg*⟩ to shriek. □ ~ *a perdifiato* (*o* squarciagola*) to shout at the top of one's voice. **urlata** *f.* **1** shout, howl, outcry. **2** (*sgridata*) scolding, telling off, dressing–down. **urlatore I** *s.m.* (*f.* **-trice**) **1** shouter, yeller, bawler, howler. **2** (*cantante urlatore*) pop-singer. **II** *a.* howling, shrieking, bawling. **urlio** *m.* **1** shouting, howling, crying (out). **2** ⟨*estens*⟩ howling, shrieking: *l'* ~ *del vento* the howling of the wind. **urlo** *m.* (*pl.* gli **urli**/le **urla**) **1** (*rif. ad animali*) roar, howl: *gli* –*i delle belve* the roars of the wild animals. **2** (*acuto grido umano*) cry, howl, shriek: *cacciare un* ~ to give a shriek, to give (*o* let out) a yell; *si udivano* –*a da ogni parte* shouts were heard on all sides. **3** (*strepito, fragore*) roar, thunder: *l'* ~ *del mare in tempesta* the thunder of the stormy sea. **4** *pl.* ⟨*estens*⟩ (*parole, esclamazioni violente e scomposte*) shouts *pl*, shouting, yells *pl*, yelling: *quando discutono si sentono* –*i in tutto il palazzo* when they argue you can hear them yelling in the whole building. **5** ⟨*estens*⟩ shriek(ing), howl(ing), wail(ing): *l'* ~ *della sirena* the wailing of the

siren; (*rif. al vento*) howling, wailing, shrieking. **urlone** *m.* (*f.* **-a**) shouter, bawler, yeller.
urna *f.* **1** ballot-box: *deporre una scheda nell'* ~ to place one's vote in the ballot-box. **2** ⟨*Archeol*⟩ (*vaso*) urn; (*urna cineraria*) cinerary urn (*o* vase). **3** ⟨*Bot*⟩ urn. **4** ⟨*lett*⟩ (*tomba*) tomb. □ *andare alle* –*e* (*votare*) to vote, to go to the polls; ~ *cineraria* cinerary urn (*o* vase); ~ *elettorale* ballot-box; *ricorrere alle* –*e* to take a vote.
uro *m.* ⟨*Zool*⟩ auroch(s), urus.
urocordati *m.pl.* ⟨*Zool*⟩ tunicates *pl*, urochords *pl*.
urocromo *m.* ⟨*Biol*⟩ urochrome.
urodeli *m.pl.* ⟨*Zool*⟩ urodeles *pl*, urodelans *pl*. **urogallo** *m.* ⟨*Ornit*⟩ (*gallo cedrone*) capercaillie, wood (*o* great) grouse.
uro|genitale *a.* ⟨*Med*⟩ urogenital, urogenitary. **~grafia** *f.* urography. **~gramma** *m.* urogram.
urolitiasi *f.* ⟨*Med*⟩ urolithiasis. **urolito** *m.* urolith, urolite, urinary calculus. **urologia** *f.* ⟨*Med*⟩ urology. **urologico** *a.* (*pl.* **-ci**) urologic(al). **urologo** *m.* (*pl.* **-gi**; *f.* **-a**) urologist.
uro|poiesi *f.* ⟨*Fisiol*⟩ uropoiesis. **~poietico** *a.* (*pl.* **-ci**) uropoietic. **~scopia** *f.* ⟨*Med*⟩ uroscopy. **~sepsi** *f.* urosepsis.
urrà I *intz.* hurrah, hooray, hurray: *hip, hip, hip* ~*!* hip, hip, hurrah! **II** *s.m.* hurrah, cheer(ing): *un* ~ *per il nostro eroe* three cheers for our hero.
ursidi *m.pl.* ⟨*Zool*⟩ ursids *pl*.
ursone *m.* ⟨*Zool*⟩ Canada porcupine, urson.
URSS = *Unione delle Repubbliche Socialiste Sovietiche* Union of Soviet Socialist Republics (*abbr.* U.S.S.R., USSR).
urtante I *a.* (*indisponente*) irritating, annoying, provoking: *un comportamento* ~ an irritating way of behaving. **II** *s.m.* ⟨*Mar*⟩ **1** (*trave*) bilge keel. **2** (*nelle torpedini*) horn, prong. **urtare I** *v.t.* **1** to knock (against, into), to bang (into, against), to bump (into), to hit, to strike, ⟨*fam*⟩ to bash: ~ *il capo nel muro* to bang one's head against the wall; *mi ha urtato con il parafango* he bumped me with his mudguard. **2** (*dare uno spintone*) to bump (into), to push, to jostle, to shove: *non urtarmi, sto scrivendo* don't push me, I'm writing. **3** ⟨*fig*⟩ (*indispettire*) to annoy, to provoke, ⟨*fam*⟩ to get on the nerves of, ⟨*fam*⟩ to rub the wrong way: *la sua insistenza mi urta* his persistence ⌜*annoys me*⌝ (*o* gets on my nerves). **II** *v.i.* (*aus.* avere) **1** to bump (*contro, in* into), to bang, to crash, to knock (against, into), to run (into, up against), to hit (s.th.): ~ *contro un albero* tu run into a tree. **2** ⟨*fig*⟩ (*imbattersi*) to run (*in* into, up against), to meet (with): ~ *in difficoltà* to run into difficulties. **urtarsi** *v.r.* **1** to bump, to knock (*contro* into). **2** (*recipr*) to bump (*o* run) into e.o., to collide (with e.o.). **3** ⟨*fig*⟩ (*irritarsi*) to grow (*o* get) irritated: *si urta per un nonnulla* he gets irritated over nothing. **4** ⟨*fig*⟩ (*venire a contrasto*) to fall out, to have a falling out: *si sono urtati per un questione di soldi* they had a falling out over money. **5** (*scontrarsi*) to clash, to crash, to run into e.o., to collide: *i due automezzi si sono urtati frontalmente* the two trucks crashed into e.o. head–on. □ ⟨*fig*⟩ ~ *i nervi di qd.* to get on s.o.'s nerves. **urtata** *f.* bang, knock, bump, blow, ⟨*fam*⟩ shove. □ *dare un'* ~ *a qc.* to bang (into) s.th., to give s.th. a knock; (*per aprire*) to give s.th. a push (*o* shove). **urtatina** *f.* tap, glancing blow. **urtato** *a.* (*irritato*) irritated, annoyed, put out: *essere* ~ *con qd.* to be annoyed with s.o.
urticacee *f.pl.* ⟨*Bot*⟩ (*orticacee*) nettle family, nettles *pl*. **urticante** *a.* ⟨*Biol*⟩ (*orticante*) urticant, urticating.
urto *m.* **1** blow, knock, hit, stroke, bang, bump, ⟨*fam*⟩ whack; (*spinta*) push, shove, thrust. **2** (*lo sbattere*) hitting, banging, crashing. **3** (*collisione, scontro*) collision, crash: ~ *di navi* collision between ships. **4** ⟨*fig*⟩ (*contrasto*) conflict, clash, collision, disagreement: ~ *d'interessi* conflict of interests. **5** ⟨*Mil*⟩ engagement, action, encounter; (*attacco, assalto*) attack, assault: *sostenere l'* ~ *del nemico* to withstand the enemy attack. **6** ⟨*Fis,Atom*⟩ impact, collision. □ ⟨*Mil*⟩ **contingente** *d'* ~ assault force, shock troops *pl*; *dare un* ~ *a qc.* to knock (into) s.th., to bump against s.th.; (*dare una spinta*) to give s.th. a push (*o* shove); ⟨*Farm*⟩ **dose** *d'* ~ massive dose; ⟨*Fis*⟩

urtone elastic collision (*o* impact); **energia** *d'* ~ impact strength; **entrare** *in* ~ to collide; ~ **esplosivo** air (*o* aerodynamic) volume displacement; (*onda di pressione*) blast; ⟨*fig*⟩ **essere** *in* ~ *con qd.* to be at odds (*o* loggerheads) with s.o.; ~ **frontale** head–on collision; ⟨*fig*⟩ **mettersi** *in* ~ *con qd.* to fall out with s.o.; ⟨*Fis*⟩ **onda** *d'* ~ shock wave; **resistente** *agli* ~*i* shock-resistant, shock–proof; **resistenza** *all'* ~ impact strength, shock –resistance; ~ **vitaminico** massive dose of vitamins.

urtone *m.* **1** violent knock (*o* blow); (*spintone*) hard push (*o* shove). **2** (*scontro*) violent collision (*o* crash).

uruguaiano **I** *a.* Uruguayan, Uruguay. **II** *s.m.* (*f.* -a) Uruguayan. **Uruguay** *N.pr.m.* ⟨*Geog*⟩ Uruguay.

u.s. = ⟨*burocr*⟩ *ultimo scorso* last month (*abb.* ult.).

U.S. = **1** *Ufficio stampa* Press Office. **2** *uscita di sicurezza* emergency exit.

USA = *Stati Uniti d'America* United States of America (*abbr.* USA, U.S.A.).

usabile *a.* usable, fit for use, that may be used. **usanza** *f.* **1** custom, usage: *una vecchia* ~ an old custom; *pl.* custom, customs *pl*, usage, ways *pl*. **2** (*abitudine*) habit, custom, practice, rule: *avere l'* ~ *di alzarsi presto* to have (*o* be in) the habit of getting up early, to make a rule of getting up early. **3** (*moda*) fashion, custom: *l'* ~ *della gonna corta* the short skirt fashion. □ *è* (*buona*) ~ it is a polite custom; *a Natale c'è l'* ~ *di farsi dei doni* it is the custom to exchange presents at Christmas; *da noi vige questa* ~ we have this custom, it is customary among us.

usare **I** *v.t.* **1** (*adoperare*) to use, to make use of: ~ *il coltello* to use a knife; *posso* ~ *la tua bicicletta?* may I use your bicycle? **2** ⟨*fig*⟩ (*esercitare, mettere in atto*) to exercise, to use: ~ *un diritto* to exercise a right. **3** (*con un oggetto astratto: agire con*) to exercise, to act (with): ~ *prudenza* to exercise prudence; ~ *molta attenzione* to act very carefully. **4** (*in espressioni di cortesia: fare*) to do: ~ *una cortesia a qd.* to do s.o. a favour; *non vuoi usarmi questo favore?* won't you do me this favour? **5** (*portare abitualmente*) to wear: *d'inverno uso la pelliccia* I wear my fur in the winter. **II** *v.i.* (*aus.* avere) **1** (*avere la consuetudine di*) to do usually, to be used (*o* accustomed) to, to be in the habit of, to be the custom (*costr. impers.*): *usano alzarsi di buon'ora* they usually get up early; *a casa nostra si usa rispondere agli auguri* in our home it is the custom to return a greeting. **2** (*servirsi*) to use (*di qc.* s.th.), to make use, to avail o.s. (of): *non sa* ~ *delle proprie capacità* he doesn't know how to make use of his own capabilities. **3** (*essere di moda*) to be the (*o* in) fashion, to be fashionable: *anni fa usavano le gonne lunghe* years ago long skirts were fashionable. **4** (*usato impersonalmente*) to be the custom (*o* practice), to be customary (*o* usual, normal): *da noi usa così* this is our custom. □ *come s'usa* as the custom is; ~ *il proprio* **diritto** to exercise one's rights; *usa e* **getta** disposable, one–way–; ~ *le* **mani** (*picchiare*) to use one's hands, to beat; ~ **minacce** to threaten; ~ **modi** *raffinati* to have refined ways; ⟨*fig*⟩ ~ *le* **orecchie** (*ascoltare con attenzione*) to prick up one's ears; ~ **pazienza** to be patient; ~ *la* **testa** (*ragionare*) to use one's head; ~ **violenza** *a qd.*: 1 to force s.o.; 2 (*violentarlo*) to rape s.o.; ⟨*fig*⟩ ~ *violenza a se stesso* to force s.th. upon o.s. (*o* o.s. to do s.th.).

usato **I** *a.* **1** used. **2** (*consumato*) worn(–out), used. **3** (*vecchio, di seconda mano*) second–hand, used: *automobili –e* used cars. **4** (*in uso*) used, in use: *i metodi* ~ *in una scuola* the methods in use in a school. **5** (*solito*) habitual, customary. **6** (*abituato*) used, accustomed, trained, inured: *uomini –i al lavoro* men accustomed to work. **II** *s.m.* **1** (*solito*) custom, what is usual, ordinary: *secondo l'* ~ as the custom is, as usual. **2** (*collett*) second–hand articles (*o* goods) *pl*; (*automobili usate*) used cars *pl*. □ *mercato dell'* ~ second–hand market, ⟨*fam*⟩ flea market; *fuori dell'* ~ unusual, out of the ordinary.

Usbechistan *N.pr.m.* Uzbek Soviet Socialist Republic, Uzbekistan. **usbeco** *a./s.* (*pl.* -chi) **I** *a.* Uzbek-. **II** *s.m.* (*f.* -a) Uzbek, Uzbeg.

usbergo *m.* (*pl.* -ghi) **1** ⟨*Mil.ant*⟩ hauberk. **2** ⟨*lett*⟩

(*corazza*) armour. **3** ⟨*fig,lett*⟩ (*protezione, difesa*) protection, shield, defence: *essere sotto l'* ~ *della legge* to be under the protection of the law.

uscente *a.* **1** ending, closing: *l'anno* ~ the closing year. **2** ⟨*burocr*⟩ outgoing, retiring: *il preside* ~ the outgoing headmaster. **3** ⟨*Gramm*⟩ ending: *tema* ~ *in "a"* stem ending in "a".

usciere *m.* (*f.* -a) **1** (*impiegato d'ordine*) usher. **2** ⟨*non com*⟩ (*portiere*) porter, caretaker. **3** ⟨*Dir.ant*⟩ (court) bailiff, usher.

uscio *m.* **1** (*porta*) door: *l'* ~ *della stanza da letto* the bedroom door. **2** (*ingresso*) entrance. □ ~ *di* **casa** front (*o* street) door; (*ingresso*) entrance; ~ **davanti** front door; **farsi** *sull'* ~ to come to the door; ⟨*fig*⟩ *non* **fermarsi** *al primo* ~ not to take the first opportunity that comes along; **mettere** *qd.* **fuori** *dell'* ~ to turn s.o. out of the house; ⟨*fig*⟩ **infilare** *l'* ~ to make off, to sneak away; ⟨*fig*⟩ **trovarsi** *tra l'* ~ *e il* **muro** to be between the devil and the deep blue sea; ⟨*fig*⟩ **prendere** *l'* ~ to leave; (*svignarsela in fretta*) to slip (*o* clear) off, to take o.s. off; **stare** *sull'* ~ to stand in the doorway; *non se ne* **trovano** *a ogni* ~ they don't grow on trees.

uscire *v.i.* (**esco, esci, esce, usciamo, uscite, escono;** *aus.* essere) **1** (*andare fuori*) to go out (*di, da* of), to leave: ~ *a piedi* to leave on foot; *il ragazzo uscì dalla stanza* the boy went out of the room; *il treno esce dalla stazione* the train is leaving the station. **2** (*venir fuori*) to come out: ~ *dal bagno* to come out of the bathroom. **3** ⟨*assol*⟩ to go out: *perché non usciamo un po'?* why don't we go out for a while?; *esco un momento e torno* I'm going out for a minute and will be right back. **4** (*allontanarsi, separarsi*) to leave (*da qc.* s.th.), to break away (*from*), to withdraw: ~ *dal gruppo* to leave the group; ~ *dalle file di un partito* to break away from the ranks of a party. **5** (*scendere da mezzi di locomozione*) to get off (*da qc.* s.th.), to get out (of): *esci dalla macchina* get out of the car. **6** (*essere dimesso*) to be discharged (*da* from), to leave (s.th.), to come out (of): ~ *dal carcere* to be discharged (*o* released) from prison; ~ *dall'ospedale* to be discharged from hospital, to come out of hospital. **7** (*sboccare: rif. a strade*) to open, to lead (*su, in* into), to come out, to emerge (in): *questa stradetta esce sulla piazza* this street leads into the square. **8** (*emanare, scaturire: rif. a liquidi*) to flow (out), to come (out), to run: *l'acqua esce dal rubinetto* the water flows from the tap; (*rif. a gas e sim.*) to come (out), to escape: *il fumo esce dal camino* smoke is coming out from the chimney. **9** ⟨*estens*⟩ (*sporgere da una superficie*) to protrude, to stick out: *il chiodo esce di qualche centimetro dalla porta* the nail is sticking a few centimetres out of the door. **10** (*trarre la propria origine*) to descend, to come, to spring (*da* from), to be (of); (*essere stato educato*) to come (*da* from), to have been educated (by): *esce dalla migliore università italiana* he comes from the best Italian university. **11** (*essere sorteggiato*) to come out (*o* up), to be drawn: *il suo nome è uscito per primo* his name was drawn first; *il numero ventidue non esce da tre mesi* number twenty two has not come up for three months. **12** (*eccedere, sconfinare*) to lie (*o* go) beyond, to be beyond (*o* outside), to surpass: *ciò esce dalla mia competenza* that is outside my province. **13** (*apparire inaspettatamente*) to spring, to come (*di* from): ~ *dall'oscurità* to spring out of the darkness; *da dove sei uscito?* where did you spring from? **14** (*dire all'improvviso, sbottare*) to come out (*con, in* with), to let out, to give (s.th.): ~ *in una battuta scherzosa* to come out with (*o* make) a wisecrack; ~ *in un grido* to give (*o* let out) a cry. **15** (*essere stato fatto, fabbricato*) to come (from), to have been created (by): *questo modello esce dalle mani di un sarto famoso* this model was created by a great designer. **16** (*essere pubblicato*) to come out, to be published (*o* issued), to appear: *la rivista esce settimanalmente* the magazine comes out weekly. **17** (*lasciare uno stato per passare a un altro*) to leave (behind), to come out (*da* of), to drop (s.th.): ~ *dall'infanzia* to leave one's childhood behind; ~ *dal riserbo* to drop one's reserve. **18** (*risultare, provenire*) to come (*da* from, of, out of), to be the outcome (*o* result) (of), to result (from): *che cosa uscirà da quest'imbroglio?* what will come of this complicated situation?; *ne uscì una lunga lite* the outcome was a long quarrel. **19** (*ricavarsi*) to get, to obtain: *da questo scampolo esce a stento un vestito* you can just about get a dress out of this remnant. **20** (*liberarsi, svincolarsi*) to get out (*da* of), to free o.s.: ∼ *dalle mani di qd.* to get out of s.o.'s clutches. **21** (*riuscire*) to come, to be: ∼ *vincitore* to be the winner, to come out top; *è uscito secondo* he came out second. **22** (*lasciare, abbandonare*) to leave, to quit: ∼ *di carica* to leave office; ∼ *da una società* to leave (*o* resign from) a company. **23** (*elevarsi, distaccarsi*) to rise above, to emerge (*da* from): ∼ *dalla massa* to rise above the masses. **24** (*Ling*) (*terminare*) to end: *una parola che esce in consonante* a word that ends in a consonant. **25** (*Teat*) to exit: *esce il re* exit the king. □ ∼ *in automobile* to go out in the car, to take a drive; ∼ *dai binari*: 1 (*Ferr*) to jump the track, to run off the rails; 2 (*fig*) to leave the right track; *uscir di bocca* to slip out; ∼ *di* **carreggiata** to run off the road; ∼ *di* **casa**: 1 to leave the house; 2 (*fig*) (*rif. a figlie che si sposano*) to leave home; (*fig*) ∼ *dal* **convento**: 1 (*smonacarsi*) to leave the convent; 2 (*sfratarsi*) to leave a monastic order; ∼ *di* **corsa** to run (*o* rush) out, (*fam*) to tear out; (*fig*) ∼ *per il rotto della* **cuffia** (*cavarsela a malapena*) to get through by the skin of one's teeth; (*Inform*) ∼ *dei* **dati** data output; ∼ **detto** to slip out; ∼ *a* **dire** *qc.* to come out with s.th.; ∼ **fuori** (*andare fuori*) to go out; (*venire fuori*) to come out, to emerge; ∼ *dai* **gangheri** to fly off the handle; ∼ *dalla* **legalità** to be illegal; ∼ *dal* **letto**: 1 to get out of bed; 2 (*rif. a fiumi*) to burst the banks: *il fiume è straripato uscendo dal suo letto* the river has burst its banks; ∼ *da una* **malattia** to ⌐get over⌐ (*o* recover from) an illness; ∼ *di* **mano**:1 (*sfuggire, cadere*) to slip (*o* drop, fall) out of one's hands: *la bottiglia mi uscì di mano e si ruppe* the bottle slipped out of my hands and broke; 2 (*fig*) to leave one's hands, to be brought to completion; ∼ *in* **mare** (*rif. a navi*) to put out to sea; ∼ *di* **mente** to slip one's mind, to forget (*costr. pers.*): *mi era uscito di mente* it had slipped my mind; **non** *esco da una settimana* I haven't been out a week; (*fig*) ∼ *dagli* **occhi** (*rif. a cosa che non si sopporta più*) to be sick and tired of, to be fed up with; ∼ *dall'*ospedale to leave hospital, to be discharged; ∼ *a* **passeggio** to go out for a walk; ∼ **per** *la finestra* to get out through the window; ∼ *per la porta* to leave (*o* go out) by the door; ∼ *di* **prigione** to come out of prison; *gli esce il* **sangue** *dal naso* his nose is bleeding, he has a nosebleed; ∼ *di* **scena**: 1 (*rif. ad attori*) to exit, to leave the stage; 2 (*fig*) (*rif. a personaggi importanti*) to leave the scene; ∼ *sulla* **scena** (*rif. ad attori*) to come on stage; ∼ *dalla* **scuola** to come out of school; (*fig*) ∼ *di* **sé** to fly into a rage, to lose one's temper, to get angry; (*fig*) ∼ *dal* **seminato** to digress, to wander off the point; (*fig*) ∼ *di* **senno** to go mad, to become insane; *è uscito il* **sole** the sun has come out; ∼ *di* **soppiatto** to steal out; ∼ *di* **strada** to go off the road; ∼ *di* **tutela** to come of age. ‖ **uscirne**: 1 to come out of it; 2 (*fig*) (*cavarsela*) to come out of it, to emerge, to come (*o* get) off: *ne è uscito con onore* he emerged with honour; **uscirsene**: 1 (*andarsene*) to go off; 2 (*fig*) to come out: *se ne uscì con una battuta inimitabile* he came out with a great line; *uscirsene con poco* to get off lightly; *uscirsene con qc.* (*dirla*) to come out with s.th.; (*all'improvviso*) to blurt s.th. out; (*fig*) *di qui non si esce* there's no way out of this, there's no getting away from it; *esci!* (*fuori*) get out out!

uscita *f.* **1** (*l'uscire*) going out, coming out, leaving; (*lo scendere da un veicolo*) getting out (*o* off, down). **2** (*passaggio per cui si esce*) exit, way out: *l'∼ della stazione* the station exit; *la grotta aveva due –e* the grotto had two exits; *un palazzo con più –e* a building with several exits. **3** (*emanazione di liquidi*) outflow, flowing (*o* coming) out; (*di gas e sim.*) outlet, escape: ∼ *del vapore* steam outlet. **4** (*foro d'uscita, sbocco*) outlet, vent, hole, opening: *l'∼ per l'acqua piovana* the opening for the rain–water. **5** (*fig*) (*scappatoia, soluzione*) way out, solution: *di qui non c'è ∼* there's no way out of this. **6** (*motto di spirito*) witty remark, quip, wisecrack: *la sua ∼ destò grande ilarità tra i*

presenti his witty remark made everyone laugh; (*espressione imprevedibile e bizzarra*) strange remark, odd thing to say: *i bambini talvolta ⌐hanno delle –e che mettono in imbarazzo* sometimes children make odd remarks that are embarrassing. **7** (*pubblicazione*) publication, issue. **8** (*Comm*) (*spesa*) expenditure, outlay, expense: *le –e superano le entrate* expenses exceed income. **9** (*Comm*) (*rif. a merci*) clearance: *l'∼ della merce dal deposito* the clearance of goods from the warehouse. **10** (*Ling*) end(ing), termination, desinence: *l'∼ dell'accusativo* the accusative ending. **11** (*Teat*) (*l'uscire dalla scena*) exit; (*entrata in scena*) entrance, coming on stage. **12** (*Mil*) (*sortita*) sortie, sally. **13** (*Mar*) egress, sailing, putting out to sea. **14** (*Sport*) coming out of goal (of goalkeeper). **15** (*El,Rad*) output. **16** (*Mecc*) outlet. **17** (*Minier*) ascent. □ ∼ *d'*aria outlet of air, air outlet; (*Strad*) ∼ autocarri lorry turn–off; **buona** ∼ (*o buon'uscita*): 1 (*gratifica*) gratuity; 2 (*per appartamenti e sim.*) key money; 3 (*Comm*) (*avviamento*) goodwill; (*Comm*) ∼ *di* **cassa** cash disbursement; **giorno** *d'∼* day off, free day; **libera** ∼ time off duty, free time (*anche Mil.*): *essere in libera* ∼ to be ⌐off duty⌐ (*o* out on a pass); (*Econ*) ∼ *d'*oro gold outflow; (*Sport*) ∼ *del* **portiere** exit of goalkeeper from goal; ∼ **secondaria** back (*o* side) exit; (*El*) **segnale** *d'∼* output signal; ∼ *di* **sicurezza** emergency exit; **strada** *senza* ∼ dead end, blind alley; **trovare** *l'∼* to find the ⌐way out⌐ (*o* exit); *una situazione senza via d'∼* a situation with no way out, a deadlock; **vietata** *l'∼* No Exit.

uscocchi *m.pl.* Uskoks *pl.*

usignolo *m.* **1** (*Ornit*) nightingale **2** (*fig*) nightingale, sweet singer. □ *cantare come un* ∼ to sing very sweetly.

USIS = *Servizio d'informazione degli Stati Uniti* United States Information Service (*abbr.* USIS, U.S.I.S.).

usitatamente *avv.* usually, as usual. **usitato** *a.* (*lett*) **1** (*comune*) common, much used, in frequent (*o* common) use: *locuzione –a* common expression. **2** (*solito, abituale*) usual, habitual: *nel modo* ∼ in the usual way.

USL = *unità sanitaria locale* Local Health Unit.

uso[1] *m.* **1** use: *l'∼ dell'automobile* the use of the car; *comprare qc. per* ∼ *personale* to buy s.th. for one's personal use. **2** (*consumo*) consumption, taking, use: *l'∼ delle droghe* the use of drugs. **3** (*rif. a macchine e sim.*) operation, attendance, control. **4** (*capacità d'usare*) use: *ha perso l'∼ della mano destra* he lost the use of his right hand; *riacquistare l'∼ delle gambe* to regain the use of one's legs. **5** (*pratica, esercizio continuo*) practice: *le lingue s'imparano con l'∼* languages are learnt by practice. **6** (*usanza, costume*) custom, usage, use: *gli –i dei popoli primitivi* the customs of primitive peoples. **7** (*voga, moda*) fashion, use: *queste cose non sono più in* ∼ these things are no longer in fashion. **8** (*rif. alla lingua*) usage: *l'∼ fiorentino di una parola* the Florentine usage of a word; (*senso, significato*) meaning, sense: *l'∼ traslato di un'espressione* the figurative meaning of an expression. **9** (*Dir*) (*consuetudine*) customary (*o* consuetudinary) law, custom, consuetude. □ **a** ∼ *di qd.* for (the use of) s.o.: *classici a* ∼ *della gioventù* classics for young people; **all'**∼ *di* (*secondo la moda o i gusti di*) in the ... way (*o* fashion), ... style: *all'∼ cinese* in the Chinese way (*o* fashion), Chinese style; (*Ling*) *d'∼* **antiquato** (*o antico*) obsolete; (*Ling*) ∼ **comune** everyday language; **con** ∼ *di* with use of: *con* ∼ *di cucina* with kitchen facilities; ∼ *e* **consumo** wear and tear; *per proprio* ∼ *e consumo* for one's own (*o* personal) use; *–i e* **costumi** usage and custom *sing*; **d'**∼:1 (*corrente*) usual, habitual; 2 (*Ling*) common; (*Ling*) *d'∼* **dialettale** dialectal; **essere** *in* ∼ to be the custom; (*di moda*) to be in (*o* the) fashion; *esserci l'*∼ to be customary (*o* the custom): *c'è l'∼ di dare la mancia* it is customary (*o* the custom) to give a tip; (*Farm*) **per** ∼ **esterno** for external use only; **fare** ∼ *di qc.* to use s.th., to make use of s.th.: *fare* ∼ *delle armi* to use arms; *fare* ∼ *di narcotici* to take drugs; *fare buon* ∼ *di qc.* to get good wear out of s.th.; ∼ *della* **forza** use of force; **fuori** (*d'*) ∼: 1 (*inservibile*) unserviceable, useless, broken–down: *mettere fuori* ∼ to make unserviceable; 2 (*guasto*) out of order, not working: *l'ascensore è fuori* ∼ the lift is not working; **3** ⟨*Ling*⟩ obsolete, that has gone out of usage, that is no longer in use: *parola fuori* ~ obsolete word, word no longer in use; ~ **indebito** unlawful (*o* wrongful) use; *per* ~ **industriale** for industrial use; ⟨*Farm*⟩ *per* ~ **interno** to be taken orally; ~ **letterario** lawful use; ⟨*Ling*⟩ ~ **letterario** literary usage (*o* language); ~ **locale** local use (*o* custom); **mettere** *in* ~ to put (in)to use; ⟨*Ling*⟩ ~ **parlato** spoken (*o* everyday, colloquial) language; ~ *della* **parola** (power of) speech; ~ **pelle** (*che imita la pelle*) imitation (*o* simulated) leather; **perdere** *l'*~ *della parola* to lose the power of speech; **pronto** *per l'*~ ready for use; ⟨*Dir*⟩ *di* ~ **pubblico** for public (*o* general) use; ~ *della* **ragione** use of reason; *per* (*o a*) ~ **scolastico** (*o delle scuole*) for school use, for schools; *secondo l'*~ *del* **tempo** according to the custom of the time; *fotografia* ~ **tessera** passport photograph; **tornare** *in* ~ to come back into use (*o* usage, fashion); *per tutti gli* ~*i* all-purpose~, for all purposes; **venire** *in* ~ to come into fashion (*o* usage).

ụso² *a.* ⟨*lett*⟩ (*abituato*) used, accustomed: *essere* ~ *alle fatiche* to be used to hard work; *essere* ~ *a fare qc.* to be accustomed (*o* used) to doing s.th.

ụssaro, ụssero *m.* ⟨*Mil.ant*⟩ hussar.

ussịta *a./s.m./f.* ⟨*Rel*⟩ Hussite.

ụsta *f.* ⟨*Venat*⟩ scent.

ụstascia *a./s.inv.* **I** *a.* ⟨*Stor*⟩ Ustasi~, Ustachi~. **II** *s.m.* Ustasi, Ustachi.

ustionạre *v.t.* (**ustiọno**) to burn; (*con un liquido*) to scald, to burn. **ustionarsi** *v.r.* to burn (o.s.): *si è ustionato il braccio* he burned his arm; (*con un liquido*) to scald (*o* burn) o.s. **ustionạto I** *a.* burnt; (*con un liquido*) scalded, burnt; (*coperto di ustioni*) covered with burns. **II** *s.m.* (*f.* -**a**) burns victim. □ *grande* ~ major burn case; *reparto* ~*i* burn unit. **ustiọne** *f.* burn; (*fatta con un liquido*) scald, burn. □ ~ *di primo* (*secondo*) *grado* first~(second~)degree burn. **ustọrio** *a.* burning: *specchio* ~ burning glass.

usuạle *a.* **1** (*comunemente usato*) usual, common: *espressione* ~ common (*o* everyday) expression. **2** (*solito*) usual, customary, habitual: *con la sua* ~ *calma* with his usual calm. **3** (*ordinario*) ordinary, common, everyday: *un pasto* ~ an ordinary meal. **4** (*frequente, consueto*) common, usual, frequent, everyday: *un fatto* ~ an everyday happening. **usualmẹnte** *avv.* (*abitualmente*) usually, normally, commonly, as a rule.

usuạrio I *a.* ⟨*Dir*⟩ being the beneficiary of a use. **II** *s.m.* (*f.* -**a**) usuary.

usucapịone *f.* usucap(t)ion. **usucapịre** *v.t.* (**usucapịsco, usucapịsci**) to usucapt, to acquire by prescription (*o* uninterrupted possession).

usufruịre *v.i.* (**usufruịsco, usufruịsci**; *aus.* **avere**) to benefit (*di* by, from), to profit (by), to take advantage (of): ~ *di uno sconto* to take advantage of a discount; (*valersi*) to make use, to avail o.s. (of). **usufrụtto** *m.* ⟨*Dir*⟩ usufruct. □ *dare qc. in* ~ *a qd.* to give s.th. to s.o. in usufruct; *lasciare* `*qc. in* ~ *a qd.*` (*o l'usufrutto di qc. a qd.*) to leave s.th. in usufruct to s.o. **usufruttuạrio I** *a.* ⟨*Dir*⟩ usufructuary. **II** *s.m.* (*f.* -**a**) usufructuary: ~ *a vita* usufructuary for life.

usụra¹ *f.* usury. □ *a* (*o con*) ~: **1** at interest: *prestare denaro a* ~ to lend money at interest, to lend on usury; **2** ⟨*fig*⟩ (*in maniera sovrabbondante*) with interest, a hundredfold.

usụra² *f.* ⟨*tecn*⟩ wear (and tear); (*dovuta a sfregamento*) wear, abrasion, rubbing down (*o* away, off): *resistenza all'*~ resistance to wear, wear (*o* abrasion) resistance. □ *resistente all'*~ wear-resistant, long-wearing, hard-wearing.

usurạio *m.* (*f.* -**a**) **1** (*strozzino*) usurer, ⟨*fam*⟩ loan shark. **2** ⟨*estens,spreg*⟩ (*avaro*) miser, skinflint.

usurpạre *v.t.* **1** to usurp, to seize: ~ *un trono* to usurp a throne. **2** (*ricoprire un ufficio indegnamente*) to hold unworthily, to be an unworthy holder of: ~ *una carica* to be an unworthy holder of an office. **usurpạto** *a.* **1** usurped. **2** (*esercitato indegnamente*) unworthily exercised. **usurpatọre I** *s.m.* (*f.* -**trice**) usurper. **II** *a.* usurping. **usurpazịone** *f.* usurpation, encroachment, unlawful appropriation (*o* assumption). □ ~ *di funzioni pubbliche* usurpation of public office.

utẹnsile¹ *a.* ⟨*tecn*⟩ tool: *macchina* ~ machine tool.

utensịle² (*non com.* **utẹnsile**) *m.* **1** utensil: ~*i da cucina* kitchen utensils. **2** (*attrezzo, strumento*) tool, implement, utensil: *gli* ~*i del falegname* the carpenter's tools. **3** *pl.* ⟨*collett*⟩ tools *pl*, equipment. □ ~ **agricolo** agricultural tool, farm implement; ⟨*Mecc*⟩ ~ **per alesare** borer, reamer, boring tool; ~ **per chiodare** riveter, riveting tool; ~ **filettatore** threading (*o* screw-cutting) tool; ~ **finitore** finishing tool; ~ *da* **macchina** machine tool; ~ **a mano** hand tool; ~ **meccanico** power tool; ~ **perforatore** drill, drilling tool; ~ **pneumatico** pneumatic tool; ~ *per* **scanalare** slot (*o* grooving) cutter; ⟨*Mecc*⟩ ~ **sgrossatore** (*o per sgrossare*) rougher, roughing (*o* rough-turning) tool, stocking tool; ~ *da* **taglio** cutting (*o* edge) tool; ~ `*da* **tornio**` (*o per tornire*) lathe (*o* turning) tool, (lathe) cutting tool.

utensilerịa *f.* **1** (*insieme di utensili*) tools *pl*. **2** (*officina*) tool room. **utensilịsta** *m.* tool operator.

utẹnte *m./f.* **1** user: ~ *della* **strada** road user. **2** (*consumatore*) consumer; (*rif. a gas, energia elettrica e sim.*) consumer, user: ~ *del gas* gas consumer. **3** (*abbonato*) subscriber: ~ *del telefono* telephone subscriber; (*della radio e televisione*) licence holder: ~*i della radio* radio licence holders. **utẹnza** *f.* **1** (*rif. a gas e sim.*) consumption, use; (*abbonamento*) subscription; (*rif. a radio e sim.*) holding of a licence. **2** ⟨*collett*⟩ (*insieme degli utenti*) users *pl*, consumers *pl*; (*abbonati*) subscribers *pl*; (*rif. alla radio e alla televisione*) licence holders *pl*.

uterịno *a.* ⟨*Anat*⟩ uterine. **ụtero** *m.* uterus, womb.

ụtile I *a.* **1** (*rif. a persone*) useful, helpful: *vorrei esserti* ~ I'd like to be helpful (*o* of some help) to you; *rendersi* ~ *a qd.* to make o.s. useful to s.o. **2** (*vantaggioso, proficuo*) helpful, useful, good: *un consiglio* ~ good advice; *il soggiorno all'estero è* ~ *per apprendere una lingua straniera* a stay abroad is useful to learn a foreign language. **3** (*utilizzabile*) utilizable, us(e)able. **4** (*pratico*) useful, practical, serviceable, handy: *strumento* ~ useful (*o* handy) tool; *è un regalo* ~ it's a practical gift. **5** ⟨*tecn*⟩ useful, working~, pay~, service~: *lunghezza* ~ working length. **II** *s.m.* **1** (*utilità*) utility, benefit, good, profit: *non ricava nessun* ~ *dai miei consigli* he gets no profit from my advice. **2** (*vantaggio*) advantage, benefit, profit: *pensare al proprio* ~ to think of what (benefit) one can get out of s.th. **3** ⟨*Econ*⟩ profit, profits *pl*, return, gain. **4** *pl.* ⟨*Econ*⟩ (*reddito*) income *sing*, revenue *sing*: *gli* ~*i di un'azienda* a company's income. **□** ⟨*Econ*⟩ ~ *di* **cambio** exchange profit; ⟨*Econ*⟩ ~*i di* **capitale** capital gains; ~ **dichiarato** declared profit; *unire l'*~ *al* **dilettevole** to mix business with pleasure; ~ **effettivo** actual profit; ⟨*Comm*⟩ ~ *d'*esercizio income for the year; ~ *lordo d'esercizio* gross profit; ⟨*fam*⟩ *posso essere* ~ *in qc.?* may I help you?, is there anything I can do for you?; ~ **imponibile** taxable profit; ~ **lordo** gross profit; ⟨*Comm*⟩ ~ **marginale** marginal profit; ⟨*Econ*⟩ ~ **netto** net profit (*o* income); ~ **presunto** anticipated profit; ~ **previsto** anticipated profit; ~ **probabile** imaginary (*o* anticipated) profit; ~ **realizzato** profit made (*o* realized); ~ **reinvestito** profit reinvested; **superficie** ~ working area; *in* **tempo** ~ in (good) time, within the time limit; **trarre** *un* ~ *dall'esperienza* to profit by an experience; *a me non ne viene nessun* ~ I get nothing out of it.

utilità *f.* **1** usefulness, utility, benefit *pl*, use: *l'*~ *dell'esperienza* the usefulness of experience. **2** (*utilizzabilità*) usability. **3** (*utile*) utility, benefit, good, profit. **4** (*praticità*) usefulness, practicality, practicalness. **5** ⟨*Econ*⟩ utility, economic satisfaction. □ *essere di* ~ to be useful (*o* of use); ⟨*Comm*⟩ ~ **marginale** marginal utility; *di* **nessuna** ~ of no use, serving no purpose; *essere di* **poca** ~ to be of little use, not to be much good; ~ **pubblica** common welfare (*o* good), public (*o* national) interest: *per ragioni di pubblica* ~ in the public interest, for the common good; **trarre** *un'*~ *da qc.* to benefit (*o* profit) by s.th.

utilitạria *f.* ⟨*Aut*⟩ (*anche automobile utilitaria*) utility (car); (*piccola autovettura di basso costo*) small (economical) car, ⟨*fam*⟩ runabout, ⟨*am*⟩ compact, ⟨*am*⟩ economy car. **utilitạrio I** *a.* utilitarian: *una morale* ~*a* a

utilitarian moral. **II** *s.m.* (*f.* **-a**) (*utilitarista*) utilitarian.
utilitarismo *m.* ⟨*Filos,estens*⟩ utilitarianism. **utilitarista** **I** *s.m./f.* **1** utilitarian. **2** ⟨*estens*⟩ opportunist. **II** *a.* ⟨*non com*⟩ → **utilitaristico**. **utilitaristico** *a.* (*pl.* **-ci**) **1** ⟨*Filos*⟩ utilitarian: *principio* ~ utilitarian principle. **2** ⟨*estens*⟩ (*pratico*) utilitarian, practical: *scopi* *-i* utilitarian aims.
utilizzabile *a.* utilizable, us(e)able. **utilizzabilità** *f.* usability, possibility of being utilized. **utilizzare** *v.t.* (*impiegare con profitto*) to use, to employ, to make use of, to utilize: ~ *vecchi appunti per fare un articolo* to make use of old notes to write an article. **utilizzatore** *m.* (*f.* **-trice**) (*consumatore*) user, utilizer, consumer: ⟨*Comm*⟩ *finale* ultimate user. **utilizzazione** *f.* use, utilization: *tempo di* ~ utilization time. **utilizzo** *m.* **1** ⟨*burocr,tecn*⟩ (*utilizzazione*) utilization, use; (*sfruttamento*) utilization. **2** ⟨*Econ*⟩ availment: ~ *parziale* partial availment; ~ *totale* full availment. **utilmente** *avv.* usefully, to good use, to account, profitably: *impiegare* ~ *il proprio tempo* to put one's time to good use, to make good use of one's time.
utopia *f.* utopia: *il tuo progetto è solo un'* ~ your plan is a mere utopia. **utopista** *m./f.* utopian, utopist. **utopistico** *a.* (*pl.* **-ci**) utopian, utopistic: *concezioni utopistiche* utopian concepts. □ ⟨*Pol*⟩ *socialismo* ~ Utopian Socialism.

U.V. = ⟨*Fis*⟩ *ultravioletto* ultraviolet (*abbr.* U.V., UV).
uva *f.* grapes *pl:* *raccogliere l'* ~ to pick grapes; (*acino*) grape. □ ~ **bianca** white grapes *pl;* **chicco** *d'* ~ grape; ~ *di* **Corinto** currants *pl;* ⟨*Folcl*⟩ **festa** *dell'* ~ grape festival; **grappolo** *d'* ~ bunch of grapes; ~ **moscata** muscat, muscatel (grape); ~ **nera** black grapes *pl;* ~ **passa** raisins *pl;* ~ **precoce** early grapes *pl;* ~ **spina** gooseberry; **succo** *d'* ~ grape juice; ~ **sultanina** sultanas *pl,* sultana raisins *pl;* ~ **tardiva** late grapes *pl;* ~ *da* **tavola** table (*o* dessert) grapes *pl;* ~ *da* **vino** wine grapes *pl.*
uvaceo *a.* **1** ⟨*non com*⟩ grape–, of grapes. **2** (*simile all'uva*) grape–, grape–like, grap(e)y.
uvala *f.* ⟨*Geol*⟩ uvala.
uvetta *f.* (*uva passa*) raisins *pl.*
uvula *f.* ⟨*Anat*⟩ uvula. **uvulare** *a.* ⟨*Fon,Med*⟩ uvular.
uxoricida **I** *s.m./f.* uxoricide; (*uccisore del coniuge*) spouse killer. **II** *a.* uxoricidal, of an uxoricide. **uxoricidio** *m.* uxoricide; (*uccisione del coniuge*) spouse killing.
uxorio *a.* uxorial, wife–.
uzzolo *m.* ⟨*region*⟩ (*voglia*) whim, fancy, caprice. □ *m'è venuto l'* ~ *di fare una passeggiata* I fancy going for a walk.

V

v, V *f./m.* (*lettera dell'alfabeto*) v, V: ⟨*Tel*⟩ *v come Venezia* v for Victor; *a V* V–, V–shaped.

v = **1** ⟨*Fis*⟩ *velocità* velocity (*abbr.* v, V). **2** *volume* volume (*abbr.* v, v., V.).

V = ⟨*El*⟩ *volt* volt (*abbr.* V., v.).

v. = **1** *vedi, vedasi* see (*abbr.* v.). **2** *venerdì* Friday (*abbr.* Fri.). **3** *verbo* verb (*abbr.* v.). **4** ⟨*Filol*⟩ *verso* verse (*abbr.* v.). **5** ⟨*lett*⟩ *verso* versus (*abbr.* v.).

V. = **1** *via* street (*abbr.* St.), road (*abbr.* Rd.). **2** ⟨*Rel*⟩ *vescovo* bishop (*abbr.* B., Bp.).

va[1] → **andare**[1].

va[2]: ~ *e vieni m.*: **1** (*andirivieni*) coming and going, to and fro: *il ~ e vieni della gente* the coming and going of people; **2** ⟨*Mar*⟩ (*teleferica*) to-and-fro aerial ropeway.

VA = ⟨*Fis*⟩ *volt–ampere* volt–ampere (*abbr.* VA, va).

va'[1] → **andare**[1].

va'[2] *intz.* go on, (well I) never, ⟨*fam*⟩ come off it: *t'hanno promosso? ma ~ !* you passed your exam? well I never!

V.A. = *Vostra Altezza* Your Highness.

vacante *a.* **1** vacant, empty: *posto ~* vacant post. **2** ⟨*Mar*⟩ in ballast, not carrying a cargo.

vacanza *f.* **1** holiday, ⟨*am*⟩ vacation: *andare in ~* to go on holiday; (*giorno di permesso*) holiday, day off: *avere ~* to have a day off. **2** *pl.* (*periodo di ferie*) holidays *pl*, ⟨*am*⟩ vacation: *passare le –e al mare* to spend one's holidays by the sea. **3** (*periodo di chiusura: rif. a scuole*) (school) holidays *pl*, ⟨*gerg*⟩ hols *pl*, ⟨*am*⟩ vacation; (*rif. al Parlamento e sim.*) recess; (*rif. alle università e ai tribunali*) vacation, ⟨*gerg*⟩ vac. **4** (*periodo di riposo*) holiday, break, rest: *ha bisogno di un po' di ~* he needs a break. **5** (*l'essere vacante*) vacancy: *la ~ di una cattedra universitaria* the vacancy of a chair at the university. □ *–e* **annuali** annual holidays; **avere** *le –e* to have one's holidays; **dare** *~ a qd.* to give s.o. a holiday; (*rif. a un giorno libero*) to give s.o. a day off; *oggi è ~* today is a holiday; *essere in ~* to be on holiday (*o* vacation); (*rif. al parlamento*) to be in recess; *–e* **estive** summer holidays; **far** *~*: **1** (*avere vacanza*) to have a holiday; **2** (*assentarsi dal servizio*) to take time off; (*per un giorno*) to take (*o* have) a day off, to be off for the day; **3** (*mancare a scuola*) to stay away from school, to be absent; **giorno** *di ~* holiday: *due giorni di ~* two days' holiday; (*giorno libero*) day off: *dare un giorno di ~* to give a day's holiday, to give a day off; *~ della* **legge** waiting period (before a law comes into force); **mandare** *qd. in ~* to give s.o. a holiday, to send s.o. off for a holiday; **mezza** *~* half–holiday; *–e* **natalizie** (*o di Natale*) Christmas holidays; *~* **pagata** paid holiday; *–e* **pasquali** (*o di Pasqua*) Easter holidays; **periodo** *delle –e* holidays *pl*, holiday time; **prendere** *le –e* to take one's holidays; *–e* **scolastiche** school holidays; *–e* **verdi** farm holiday *sing.*

vacanziere *m./f.* holiday maker.

vacare *v.i.* (*vaco, vachi; aus. essere/avere*) **1** ⟨*non com*⟩ (*essere vacante*) to be vacant (*o* empty). **2** ⟨*Dir*⟩ (*essere privo di valore*) to have no force. **3** ⟨*ant*⟩ (*mancare*) to lack, to be wanting; (*finire*) to end, to finish. **4** ⟨*ant*⟩

(*attendere*) to pay attention. **5** ⟨*ant*⟩ (*riposare*) to rest; (*cessare da un'attività*) to stop.

vacazione *f.* **1** ⟨*Dir*⟩ period of work (*o* services rendered). **2** ⟨*Dir*⟩ (*vacazione della legge*) waiting period (before a law comes into force).

vacca *f.* **1** cow. **2** ⟨*volg*⟩ (*donna di cattivi costumi*) slut, bitch, whore. □ ⟨*Bibl*⟩ *le sette vacche grasse e le sette vacche magre* the seven fat kine and the seven lean kine; ⟨*fig*⟩ *essere in tempo di vacche grasse (di abbondanza)* to be going through a time of plenty; *~ da latte* milk (*o* milch) cow. **vaccaio** *m.* cowboy, cowherd, cowman.

vaccata *f.* ⟨*region, volg*⟩ (*grossa sciocchezza*) foolishness, (piece of) nonsense, idiocy; (*porcheria*) botch, ⟨*fam*⟩ lousy job, ⟨*fam*⟩ mess. **vaccheria** *f.* **1** cowshed, cowhouse. **2** ⟨*region*⟩ (*latteria rustica*) (country) dairy. **vacchetta** *f.* **1** (*vacca piccola*) small cow; (*vacca giovane*) heifer. **2** ⟨*Conc*⟩ cowhide. **vaccina** *f.* **1** (*bovino*) head of cattle; (*vacca*) cow. **2** (*carne di vacca, di manzo*) beef. **3** (*sterco*) cow dung.

vaccinabile *a.* that can be vaccinated, vaccinable. **vaccinare** *v.t.* to vaccinate, to inoculate. **vaccinato** *a.* **1** vaccinated, inoculated. **2** ⟨*fig*⟩ immune (*contro* from, against), inured (to), proof (against): *essere ~ contro le delusioni* to be inured to disappointment. **vaccinatore** *m.* (*f.* **-trice**) vaccinator, inoculator.

vaccinazione *f.* vaccination, inoculation. □ *~* **antidifterica** anti–diphteria vaccination; *~* **antivaiolosa** smallpox vaccination; **campagna** *di ~* public vaccination programme; **certificato** *di ~* vaccination certificate; **farsi** *la ~* to be (*o* get) vaccinated; *~* **obbligatoria** compulsory vaccination; *~* **per via** **orale** oral vaccination; **sottoporre** *alla ~* to vaccinate.

vaccinico *a.* (*pl.* **-ci**) vaccine, vaccinal: *linfa -a* vaccine lymph. **vaccino I** *a.* **1** cow's, cows', cow–, vaccine: *latte ~* cow's milk. **2** (*bovino*) bovine, cattle–. **II** *s.m.* vaccine □ *~* **monovalente** monovalent (*o* univalent) vaccine; *~* **polivalente** polyvalent (*o* multivalent) vaccine; *~* **specifico** specific vaccine.

vaccino|profilassi *f.* ⟨*Med*⟩ prophylactic vaccination. **~stilo** *m.* vaccinostyle. **~terapia** *f.* vaccine therapy. **~terapico** *a.* (*pl.* **-ci**) of vaccine therapy.

vacillamento *m.* **1** (*rif. a persone*) swaying, tottering, staggering, reeling. **2** (*rif. a cose*) wobbling, swaying, swinging, teetering; (*rif. a fiamma, luce e sim.*) flickering, wavering. **3** ⟨*fig*⟩ wavering, tottering. **vacillante** *a.* **1** (*rif. a persone*) unsteady, shaky, tottering, swaying, staggering: *passo ~* unsteady step. **2** (*rif. a cose*) wobbling, swaying, teetering; (*rif. a fiamma, luce e sim.*) flickering, wavering. **3** ⟨*fig*⟩ (*instabile*) unsteady, tottering, wavering: *trono ~* tottering throne; (*debole*) faltering, feeble: *memoria ~* feeble memory. **4** ⟨*fig*⟩ (*incerto, malsicuro*) wavering, shaky, unsteady, vacillating, uncertain: *fede ~* wavering (*o* uncertain) faith. **vacillare** *v.i.* (*aus.* avere) **1** (*rif. a persone*) to sway, to totter, to stagger, to reel: *vacillò e cadde a terra* he swayed and fell; (*rif. alla testa*) to reel, to go round; (*rif. alle gambe*) to shake, to be unsteady. **2**

(rif. a cose) to sway, to swing, to waver, to teeter, to wobble: *il tavolo vacilla* the table is wobbling; *(non avere stabilità)* to be unsteady. **3** *(rif. a fiamma, luce e sim.)* to flicker, to waver. **4** *(fig) (essere instabile)* to waver, to be unsteady, to totter: *la sua fede vacilla* his faith is wavering. **5** *(fig) (venir meno)* to be uncertain *(o shaky)*: *la memoria mi vacilla* my memory is shaky.

vacuità *f.* **1** vacuity, vacuousness, emptiness. **2** *(fig)* vacuity, vacuousness; *(inconsistenza)* vainness, emptiness. **vacuo** I *a.* **1** *(lett) (vuoto)* empty, vacuous. **2** *(fig) (privo di principi, idee)* empty, vacuous: *mente –a* empty mind. **3** *(fig) (frivolo)* frivolous, inane, empty: *discorsi -i* inane talk. **II** *s.m.* *(rar) (vuoto)* vacuum, vacuity.

vacuolo *m.* *(Biol)* vacuole.

vacuometro *m.* *(Fis)* vacuometer.

vacuumterapia *f.* *(Med)* vacuum treatment.

vademecum I *s.m.* **1** vade-mecum, handbook, manual. **2** *(Econ) (assegno vademecum)* certified cheque. **II** *a.* *(Econ)* certified.

vado → **andare**[1]

vadoso *a.* *(Geol)* vadose.

va e vieni *m.inv.* **1** *(andirivieni)* coming and going, bustle: *il continuo ~ dei clienti* the continuous coming and going of the customers. **2** *(rif. a movimento: in senso orizzontale)* to and fro; *(in senso verticale)* up and down. **3** *(Aut) (movimento del pistone)* piston stroke. **4** *(Mar)* to-and-fro telpherage. □ *~ del pendolo* swing of a pendulum.

vagabondaggine *f.* vagrancy, vagabondage, vagabondism, vagabondry. **vagabondaggio** *m.* **1** *(l'andare in giro senza un preciso programma)* wandering(s), roaming(s), roving(s): *dopo un lungo ~ per l'Europa* after long wanderings throughout Europe. **2** *(fig)* wandering(s): *vagabondaggi letterari* literary wanderings. **vagabondare** *v.i.* *(vagabondo; aus. avere)* **1** to be a vagabond *(o tramp)*, to vagabond. **2** *(andare in giro senza meta)* to wander *(about)*, to roam, to rove, to ramble *(about)*: *ho vagabondato tutto il giorno per la città* I wandered about the city all day; *(viaggiare)* to wander, to rove, to take to the road: *~ per l'Europa* to wander through Europe. **3** *(fig)* to wander, to rove, to roam. □ *~ con i pensieri* to let one's thoughts wander; *~ con la fantasia* to give one's imagination free play. **vagabondo** I *a.* **1** vagabond, wandering, vagrant, roving, homeless: *gente –a* homeless people, vagabonds; *(rif. ad animali)* stray. **2** *(da vagabondo)* vagabond: *vita –a* vagabond life. **II** *s.m.* *(f. -a)* **1** *(giramondo)* vagabond, rover, wanderer, rolling stone. **2** *(spreg) (scioperato)* idler, loafer, *(fam)* bum. □ *fare il ~* to be always out and about.

vagale *a.* *(Med)* vagal.

vagamente *avv.* vaguely, hazily. **vagare** *a.* **1** wandering, roving, roaming, straying. **2** *(fig)* wandering, roving: *sguardo ~* roving gaze. □ *(Med) dolori -i* wandering pains. **vagare** *v.i.* *(vago, vaghi; aus. avere)* **1** *(rif. a persone)* to wander, to rove, to roam, to ramble: *~ per il mondo* to roam the world. **2** *(rif. ad animali)* to wander, to stray. **3** *(rif. a cose)* to wander, to drift. **4** *(fig)* to wander, to roam, to drift: *~ con la fantasia* to allow one's imagination to roam.

vagheggiamento *m.* *(lett)* **1** *(il guardare con diletto)* loving *(o amorous)* gaze, fond *(o pleasurable)* contemplation. **2** *(fig) (desiderio)* longing, yearning. **vagheggiare** *v.t.* *(vagheggio, vagheggi)* **1** *(contemplare con compiacimento)* to gaze at with admiration, to contemplate with pleasure: *~ le bellezze della natura* to gaze at the beauties of nature with admiration; *(guardare con amore)* to gaze at lovingly, to look at fondly. **2** *(estens) (pensare con desiderio)* to long *(o yearn)* for: *~ la patria lontana* to long for one's far-off country; *(sognare)* to dream of: *~ la gloria* to dream of glory. **vagheggiato** *a.* **1** gazed upon fondly. **2** *(fig) (desiderato)* longed-for, desired: *il premio ~* the longed-for prize. **vagheggino** *m.* **1** *(giovane galante)* (young) gallant, ladies' man: *fare il ~* to play the gallant. **2** *(corteggiatore)* courter, wooer, beau. **vaghezza** *f.* **1** *(l'esser vago, incerto)* vagueness, indeterminacy, haziness. **2** *(lett) (leggiadria)* grace, charm, beauty, prettiness. **3** *(lett) (capriccio)* fancy, whim.

□ *(scherz) se ti punge ~* if you fancy *(o are so inclined)*.

vagina *f.* *(Anat)* vagina. **vaginale** *a.* *(Anat,Med)* vaginal. **vaginismo** *m.* vaginismus. **vaginite** *f.* vaginitis.

vagire *v.i.* *(vagisco, vagisci; aus. avere)* to wail, to whimper. **vagito** *m.* **1** wailing, whimpering. **2** *(fig,non com)* beginning, stirring, dawning: *i primi -i della civiltà* the first stirrings of civilization.

vaglia[1] *m.inv.* **1** money order, draft: *~ bancario* bank draft. **2** *(vaglia postale)* money order, postal order: *riscuotere un ~* to cash a money order. □ *~ cambiario:* 1 *(cambiale)* promissory note; 2 *(vaglia bancario)* bank draft; *~ postale* money *(o postal)* order; *~ postale internazionale* international money order; *~ telegrafico* telegraphic money order.

vaglia[2]: *di ~*: 1 *(di valore)* of worth, worthy; 2 *(capace)* able, skilful, good: *un medico di gran ~* a very skilful doctor.

vagliare *v.t.* *(vaglio, vagli)* **1** to sift, to sieve, to riddle, to screen: *~ la ghiaia* to sieve gravel; *(spulare)* to winnow, to fan: *~ il grano* to winnow grain. **2** *(fig) (considerare attentamente)* to weigh (up), to examine closely *(o thoroughly)*: *~ una proposta* to weigh up a proposal. **vagliata** *f.* sifting. □ *dare una ~ a qc.* to sift *(o sieve)* s.th.; *(fig)* to examine s.th. **vagliatore** *m.* *(f. -trice)* *(operaio)* sifter, siever, screener; *(crivellatore)* screener, sifter, jigger. **vagliatrice** *f.* **1** *(operaia)* sifter, siever, screener. **2** *(macchina)* sifting machine. □ *~ del grano* grain husker, grain husking machine. **vagliatura** *f.* **1** sifting, sieving, screening, riddling; *(spulatura)* winnowing. **2** *(concr) (materiale di scarto)* siftings *pl.*

vaglio *m.* **1** sieve, sifter, riddle, screen; *(staccio)* sieve. **2** *(fig) (esame attento)* close examination, careful consideration, weighing up: *non resiste al ~* it does not hold out on close examination; *(lo scevrare)* sifting, sorting out; *(scelta)* choice. **3** *(Minier)* screen, riddle, jig. □ *~ per grano* grain sieve; *~ oscillante* oscillating *(o vibrating)* screen; *(Minier)* jig; *~ rotante* revolving screen; *(Mur) ~ per sabbia* screen; *(Minier) ~ a scossa* vibrating screen; *(tavola d'arricchimento a scossa)* vanner; *~ a tamburo* rotary *(o trommel)* screen.

vago[1] *a./s.* *(pl. -ghi)* I *a.* **1** vague, faint, indefinite, hazy: *un ~ sospetto* a vague suspicion. **2** *(lett) (leggiadro, grazioso)* graceful, pretty, charming. **3** *(lett) (desideroso)* desirous *(di of)*, eager (for). **4** *(lett) (errante)* wandering, errant. **II** *s.m.* vagueness, indeterminacy. □ *tenersi nel ~* to stick to general terms.

vago[2] *m.* *(Anat)* vagus (nerve).

vagolare *v.i.* *(vagolo; aus. avere)* *(lett) (andar vagabondo)* to wander, to roam, to rove.

vagoncino *m.* **1** *(carrello)* trolley, truck. **2** *(di teleferiche e funivie)* cableway car. **3** *(Minier)* tram, truck, wagon, *(am)* (mine) car. □ *~ a bilico* tip wagon, dump car, tipping truck; *~ per carbone* coal tub, mine car.

vagone *m.* **1** *(Ferr) (per viaggiatori)* (railway) carriage, (railway) coach, car; *(per merci)* (goods) wagon, van, *(am)* freight car. **2** *(contenuto di un vagone)* wagon load. **3** *(fam) (gran quantità)* heap, pile. □ *~ aperto* open goods wagon, *(am)* gondola car; *~ chiuso* covered wagon *(o* van*)*, box car; *~ cisterna* cistern, tank wagon (car); *~ ferroviario (per viaggiatori)* railway carriage *(o* coach*)*, *(am)* railroad car; *(per merci)* goods wagon, *(am)* freight car; *~ frigorifero* refrigerated wagon, refrigerator car; *~ letto* sleeping-car, wagon-lit, sleeper; *~ merci* goods wagon, *(am)* freight car; *~ postale* mail van, *(am)* mailcar; *~ ristorante* dining-car, restaurant car, diner; *~ soccorso* breakdown van; *~ viaggiatori* passenger car *(o* coach*)*.

vagonetto *m.* **1** *(carrello)* trolley, truck. **2** *(Minier)* tram, truck, wagon, *(am)* (mine) car. □ *~ a bilico* tip wagon, dump car; *~ da miniera* tram, *(am)* car. **vagonista** *m.* *(Minier)* loader of mine trucks, carman.

vago|tomia *f.* *(Chir)* vagotomy. **~tonia** *f.* *(Med)* vagotonia, vagotony. **~tonico** *a./s.* *(pl. -ci)* I *a.* vagotonic. **II** *s.m.* vagotonic type.

vai → **andare**[1].

vaio I *s.m.* **1** *(pelliccia)* vair (fur). **2** *(colore)* dark grey. **3**

⟨*Arald*⟩ vair. **II** *a*. **1** (*di colore tendente al nero*) blackish; (*grigio tendente al nero*) blackish–grey; (*brunonero*) brownish–black. **2** (*screziato*) dark–speckled. **3** (*rif. a occhio di animali*) dark–speckled.

vaiolato *a*. **1** speckled, spotted, variegated: *foglie –e* variegated leaves. **2** ⟨*Met*⟩ pitted. **3** ⟨*ant*⟩ (*di frutti*) blackish. **vaiolatura** *f*. **1** ⟨*Agr*⟩ (*vaiolo: della vite*) grape anthracnose, bird's eye rot (*o* disease); (*del pesco*) peach freckle (*o* scab); (*dell'olivo*) olive blotch (*o* leaf spot); (*della patata*) common potato scab. **2** ⟨*Met*⟩ pitting. **vaiolo** *m*. **1** ⟨*Med,Veter*⟩ smallpox, variola. **2** (*vaccino*) smallpox vaccine. **3** ⟨*Agr*⟩ (*della vite*) grape arthracnose, bird's eye rot (*o* disease); (*del pesco*) peach freckle (*o* scab); (*dell'ulivo*) olive blotch (*o* leaf spot); (*della patata*) common potato scab. □ ~ *aviario* fowl pox; ~ *equino* horsepox; ~ *vaccino* cow pox. **vaioloso** *I a*. **1** variolous, smallpox–: *esantema* ~ variolous exanthema. **2** (*affetto da vaiolo*) variolous, ˹affected with˺ (*o* suffering from) smallpox. **II** *s.m.* (*f*. **-a**) variolous patient.

val. = ⟨*Econ*⟩ *valuta* currency (*abb.* cur.).

Valacchia (*ant. Valacchia*) *N.pr.f.* ⟨*Geog*⟩ Wal(l)achia.

valanga *f*. **1** ⟨*Geol*⟩ avalanche. **2** ⟨*fig*⟩ shower, avalanche, flood: *una* ~ *di regali* a shower of gifts; (*rif. a parole e sim.*) flood, rush, avalanche; (*rif. ad applausi e sim.*) storm (of applause), thunderous applause.

valchiria *f*. ⟨*Mitol.nord*⟩ Valkyrie, Walkyrie, Valkyr.

Valdemaro *N.pr.m.* ⟨*Stor*⟩ Waldemar, Valdemar.

valdese I *a*. ⟨*Rel*⟩ Waldensian. **II** *s.m./f.* Waldensian; *pl.* Waldenses *pl*, Waldensians *pl*.

vale *lat*. ⟨*lett*⟩ **I** *intz*. vale, farewell, good–bye. **II** *s.m.* (*estremo saluto*) last farewell.

valencienne *fr*. [valã'sjεn] **I** *s.m. pl.* ⟨*Lav. femm*⟩ Valenciennes (lace). **II** *a*. Valenciennes–: *pizzi* ~ Valenciennes lace.

valente *a*. good, skilful, capable: *un medico* ~ a good doctor; (*esperto*) expert, skilled, experienced; (*abile*) able, clever. **valentia** *f*. (*capacità*) skill, capability; (*esperienza*) experience; (*abilità*) ability, cleverness.

Valentiniano *N.pr.m.* ⟨*Stor*⟩ Valentinian.

Valentino *N.pr.m.* Valentine. □ *festa di san* ~ St. Valentine's Day.

valentuomo *m*. (*pl.* **valentuomini**) worthy man, man of great merit; (*persona onesta*) honest man.

valenza *f*. ⟨*Chim,Biol*⟩ valence, valency.

Valenza *N.pr.f.* ⟨*Geog*⟩ **1** (*in Spagna*) Valencia. **2** (*in Francia*) Valence.

valere *v*. (*pr.ind.* **valgo, vali, vale, valiamo, valete, valgono**; *fut.* **varrò**; *p.rem.* **valsi**; *p.p.* **valso**) **I** *v.i.* (*aus.* essere/avere) **1** (*avere potenza, autorità*) to have influence (*o* authority), to be powerful (*o* influential): *il capitano vale più del tenente* a captain has more authority than a lieutenant. **2** (*avere forza legale o logica*) to be valid, to be in effect (*o* force), to hold good, to apply: *questa legge non vale più* this law is no longer in force; *è una critica fondata che vale per tutte le sue opere* it's a well–founded criticism that holds good for all his works; *vale ancora questo passaporto?* is this passport still valid?; (*avere effetto, essere regolare*) to be valid (*o* good): *la dichiarazione non vale se presentata in ritardo* the declaration is not valid if presented late. **3** (*aver merito, pregio: rif. a persone*) to be able (*o* capable, competent), to be good (*o* clever, skilful): *un tecnico che vale molto* a very good technician; *nella sua professione non vale molto* he's not very competent in his profession; (*aver valore, prezzo: rif. a cose*) to be worth: *questa macchina vale diversi milioni* this machine is worth several million lire. **4** (*essere utile, giovare*) to be of use, to be good (*o* a help), to avail, to serve (a purpose): *a nulla valsero i consigli del padre* his father's advice served no purpose; *che mi valse l'aver taciuto?* what good did it do me to keep quiet?; (*servire*) to be (of use), to (be of) avail, to serve: *ciò ti valga da lezione* let that be a lesson to you. **5** (*equivalere, corrispondere, spesso col compl. oggetto*) to be worth, to be the equivalent (of), to be equal (to): *uno scudo valeva cinque lire* one escudo used to be worth five lire; *lo yard inglese vale circa 90 centimetri* the English yard is equal to about 90 centimetres. **6** (*nei giochi: essere valido, essere*

regolare) to be valid: *c'è stato uno sbaglio e la partita non vale* there was an error and the game is not valid. **7** (*importare*) to be of use, to matter, to be important, to make a difference: *che vale?* what use is it?, what does it matter?, what difference does it make? **II** *v.t.* (*procurare, procacciare*) to bring, to earn: *la sua condotta gli valse un severo rimprovero* his behaviour earned him a sharp reproof. **valersi** *v.r.* (*avvalersi, servirsi*) to use, to make use of, to take advantage of: *valersi della propria autorità* to use one's power; *si sono valsi di me come mediatore* they took advantage of me as a mediator. □ *che vale:* **1** (*rif. a cose*) valuable, of great value: *merce che vale* valuable goods; **2** (*rif. a persone: capace*) able, capable, good, clever, skilful: *un avvocato che vale* a good lawyer; *vale a dire* (*è come dire*) that is to say, it's the same as saying, that means: *vale a dire che non rivedrò più i miei soldi* it's the same as saying I'll never get my money back; ⟨*fig*⟩ *far* ~ to assert: *far* ~ *i propri diritti* to assert one's rights; *far* ~ *la propria autorità* to make one's authority felt; *far* ~ *le proprie ragioni* to demand what is due to one; *farsi* ~ : **1** (*farsi rispettare*) to demand respect: *è timido ma sa farsi* ~ he's shy but he knows how to demand respect; **2** (*mettere in risalto le proprie capacità*) to make one's talents known; **3** (*imporsi*) to assert o.s., to make o.s. (*o* one's weight) felt; ⟨*fig*⟩ *non* ~ *un fico* (*secco*) not to be worth a brass farthing, ⟨*am*⟩ not to be worth a plugged nickle; **non vale!** that's not fair!; *vale tant'oro quanto pesa* it (*o* he) is worth its (*o* his) weight in gold; ~ *la pena* to be worth (it), to be worth–while (*o* worth the trouble): *non vale la pena di leggere quest'articolo* it's not worth the trouble to read this article; *non ne vale la pena* it's not worth it; *roba che vale poco* worthless stuff, useless junk; **tanto vale regalarglielo** you might as well give it to him; *tanto valeva restarsene a casa* we might as well have stayed home; *tanto vale che ti dica tutto* I might as well tell you everything; ~ *un tesoro* to be worth a fortune.

Valeria *N.pr.f.* Valerie.

valeriana *f*. ⟨*Bot,Farm*⟩ valerian(a): *olio essenziale di* ~ valerian oil. **valerianato** *m*. ⟨*Chim*⟩ valerianate. **valerianico** *a*. (*pl.* **-ci**) valer(ian)ic: *acido* ~ valeric (*o* valerianic) acid.

Valeriano *N.pr.m.* ⟨*Stor*⟩ Valerian(us).

Valerio *N.pr.m.* ⟨*Stor*⟩ Valerius.

valetudinario ⟨*lett*⟩ **I** *a*. (*malaticcio*) sickly, ailing, ⟨*lett*⟩ valetudinarian. **II** *s.m.* (*f*. **-a**) invalid, ⟨*lett*⟩ valetudinarian.

valevole *a*. **1** (*valido*) valid, good: *biglietto* ~ *per il ritorno* ticket valid for the return trip. **2** (*efficace*) efficacious.

valgismo *m*. ⟨*Med*⟩ valgoid condition.

valgo[1] *a*. (*pl.* **-ghi**) ⟨*Med*⟩ valgus. □ *ginocchio* ~ genu valgum, knock knees; *piede* ~ talipes (*o* pes) valgus.

valgo[2] → **valere**.

valicabile *a*. passable, that may be crossed. **valicabilità** *f*. passableness. **valicare** *v.t.* (**valico, valichi**) **1** to cross, to pass (*o* go) over: ~ *un fiume* to cross a river; (*rif. a montagne*) to cross. **2** (*guadare*) to ford, to wade. **valico** *m*. (*pl.* **-chi**) **1** (*il valicare*) crossing, passing (over); (*rif. a luoghi montani*) crossing. **2** ⟨*concr*⟩ pass(age), crossing place; (*passo montano*) (mountain) pass: ~ *alpino* Alpine pass. **3** (*guado*) ford. **4** ⟨*Venat*⟩ place where game runs. □ ~ *di frontiera* frontier crossing.

validamente *avv*. validly, effectively, efficaciously. **validità** *f*. **1** validity, soundness: *la* ~ *degli argomenti* the soundness of the arguments. **2** (*l'essere valevole*) validity (*anche Dir.*): *il biglietto ha la* ~ *di tre giorni* the validity of the ticket is three days, the ticket is valid for three days. **3** (*efficacia*) validity, effectiveness, efficaciousness, efficacy: *la* ~ *di una cura* the efficacy of a treatment. **4** (*efficacia giuridica*) validity. **valido** *a*. **1** valid, sound, well–grounded: *principio* ~ valid principle; *ragioni -e* sound reasons. **2** (*valevole*) valid, good: *biglietto* ~ valid ticket. **3** (*efficace*) effective, efficacious, valid: ~ *aiuto* valid (*o* great, real) help. **4** (*che ha efficacia giuridica*) valid. **5** (*forte, vigoroso*) strong, powerful, robust. **6** (*che merita approvazione*) good, fine, worthy: *uno scrittore* ~ a fine writer. **7** ⟨*Biol*⟩ valid. □ *legalmente* ~ valid, legal; *non* ~ invalid, null.

valigeria f. **1** (negozio) leather–goods shop. **2** (fabbrica) leather–goods factory. **valigetta** f. **1** small suitcase. **2** (per apparecchi portatili) carrying case. □ ~ di pronto soccorso first–aid bag. **valigia** f. (pl. -gie/ge) suitcase, ⟨fam⟩ case, ⟨am⟩ traveling bag; pl. suitcases pl, luggage, ⟨am⟩ traveling bags pl, baggage. □ ~ diplomatica diplomatic pouch (o bag); disfare le –e to unpack; fare le –e to pack; ⟨fig⟩ to pack up, to pack one's bags (and go); ⟨Stor⟩ ~ delle Indie Indian Mail. **valigiaio** m. (f. -a) **1** (fabbricante) leather–goods manufacturer. **2** (venditore) seller of leather–goods, leatherware merchant.

vallata f. (large) valley.

valle f. **1** ⟨Geog⟩ valley, ⟨lett⟩ dale, ⟨lett⟩ vale. **2** (depressione paludosa) flat marshland. **3** ⟨Bibl,Lett⟩ (terra) land, ⟨lett⟩ vale: ~ di lacrime vale of tears. □ **a** ~: 1 (rif. a fiumi) downstream, downriver (di from), below (s.th.): il Tevere a ~ di Roma the Tiber below Rome; 2 (da un monte e sim.) down(hill): scendere a ~ to go down(hill); ~ d'erosione valley formed by erosion; ~ **fluviale** river valley; ~ **glaciale** glacier valley; ~ dell'onda valley of a wave; ~ **tettonica** tectonic valley; ~ **trasversale** transverse valley; ~ a U U–shaped valley.

Vallese N.pr.m. ⟨Geog⟩ Valais.

valletta f. ⟨TV⟩ assistant. **valletto** m. **1** ⟨Stor⟩ page. **2** (usciere municipale) townhall usher (in dress uniform). **3** ⟨TV⟩ assistant.

vallicoltura, vallicultura f. lagoon fish breeding. **valligiano** I a. valley–dwelling. II s.m. (f. -a) valley dweller, ⟨lett⟩ dalesman. □ genti -e valley folk.

vallo m. **1** ⟨Stor.rom⟩ vallum. **2** ⟨Stor⟩ rampart, wall. **3** ⟨lett⟩ (trincea) trench; (opera di difesa) entrenchment, defensive work. **4** ⟨Anat⟩ (solco) vallum. □ ⟨Stor.rom⟩ ~ Adriano Hadrian's Wall; ⟨Stor⟩ ~ atlantico Atlantic Wall; ⟨Anat⟩ ~ linguale vallum; ⟨Anat⟩ ~ ungueale vallum unguis, nail wall.

vallone[1] m. ⟨Geog⟩ **1** deep valley. **2** (depressione nelle regioni montuose) ravine, gorge; (valletta a fondo stretto) narrow valley. **3** (canale marino) deep inlet.

vallone[2] I a. Walloon. II s.m. **1** (dialetto) Walloon. **2** m./f. (abitante; anche f. -a) Walloon.

valore m. **1** (pregio) value, worth: il ~ di un'opera letteraria the value of a literary work. **2** (prezzo) value, price: acquistare ~ to increase in value; questa merce ha un ~ complessivo di tre milioni the total value of these goods is three million. **3** (importanza) importance, significance, value: non capisco il ~ di questa scoperta I don't understand the significance of this discovery. **4** (validità) validity, efficacy: senza prove questo racconto non ha ~ without proof this story has no validity (o is not valid). **5** pl. (oggetti di valore) valuables pl: i –i devono essere conservati nella cassaforte valuables must be kept in the safe. **6** (significato) meaning, significance: il ~ di un'affermazione the meaning of a statement. **7** (funzione) function, use: participio con ~ di aggettivo participle with the function of (o used as) an adjective, participle used adjectively. **8** (coraggio) valour, bravery, courage, prowess: soldati pieni di ~ soldiers filled with bravery. **9** ⟨enfat⟩ authority, expert, leading figure, brain: nel suo campo è un ~ he's an authority in his field. **10** ⟨Filos⟩ value: capovolgimento di tutti i –i reversal of all values. **11** ⟨Econ⟩ value; (utilità di un bene) utility value. **12** ⟨Econ⟩ (titolo) security; pl. stock: Borsa –i Stock–Exchange. **13** ⟨Mat⟩ value. **14** ⟨Mus⟩ (durata) value: una semiminima ha il ~ di due crome a crotchet has the value of two quavers. □ ~ d'acquisto purchase (o buying) value; ~ **affettivo** sentimental value; ⟨Econ⟩ ~ **aggiunto** value added; imposta sul ~ aggiunto value added tax; ~ **approssimativo** estimated value; ~ **approssimato** approximate value; ⟨Mat⟩ ~ **assoluto** absolute value; ~ dell'attivo assets value; atto di ~ deed of valour, valorous deed, brave act; ~ **attuale** present value; aumentare di ~ to increase in value; non avere ~ to be of no value (o worth); avere ~ di to amount to, to be the equivalent of, to be as good as: le tue parole hanno ~ di accusa what you say amounts to an accusation; ⟨Econ⟩ ~ di **bilancio** book value, balance–sheet value; ~ **bollato** tax stamp; ⟨Econ⟩ ~ del **cambio** market value,

rate of exchange; ⟨Econ⟩ ~ **capitalizzato** capitalized value; ~ **civile** civil bravery: medaglia al valor civile medal (awarded) for civil bravery; **combattere** con ~ to fight bravely (o courageously); ~ **commerciale** commercial (o market) value; ⟨Comm⟩ ~ **contabile** book value; ~ **convenuto** agreed value, value agreed upon; non dare ~ a qc. to attach no importance to s.th.; **di** ~: 1 of value; 2 (rif. al valore venale) valuable, of (great) value: oggetti di ~ valuable objects, valuables; 3 (rif. a persone) of great merit, leading, expert: un avvocato di ~ a leading lawyer; ~ **dichiarato** declared value, value declared; ~ **economico** economic value; ~ **effettivo** real value; **giudizio** di ~ value judgment; ~ **imponibile** taxable value; ⟨Econ⟩ ~ **industriale** industrial share (o stock); ~ **intrinseco** intrinsic value; ~ **legale** (di monete) nominal (o par) value; (di documento) legal value; ~ **locativo** rental value; ~ **medio** mean (o average) value; ~ di **mercato** market value; ~ **militare** military valour (o bravery): medaglia al valor militare medal for military valour; –i **mobiliari** stock –exchange securities; ~ **morale** moral value; ~ **negoziabile** market value; ~ **nominale** nominal (o par, face) value; ~ **numerico** numerical value; ~ **nutritivo** food (o nutritional) value; ~ **patrimoniale** tangible net worth; **perdere** ~ to go down in value, to be worthless, to become less valuable; ~ **presunto** constructive value; ⟨Econ⟩ –i non **quotati** unlisted (o unquoted) securities; ~ di **realizzo** break–up value; **senza** ~ worthless, of no value, worth nothing; ~ **stimato** estimated value; ⟨Mil⟩ ~ **tattico** fighting efficiency; ⟨Art⟩ –i **tattili** tactile values; ⟨Econ⟩ **teoria** del ~ value theory.

valorizzare v.t. **1** to exploit, to put to good use, to use to advantage, to turn to account: ~ una scoperta to exploit a discovery. **2** (aumentare di valore) to increase (o bring up) the value of, to place a higher price on, to make more valuable: questa bella cornice valorizza il quadro this lovely frame makes the picture more valuable. **3** ⟨fig⟩ (mettere in evidenza) to bring out, to show off to advantage, to make the most of: ~ qd. to make the most of s.o. (o s.o.'s talents). **valorizzazione** f. **1** exploitation, utilization, turning to account. **2** (aumento di valore) increase in value.

valorosamente avv. bravely, valiantly, valorously, courageously. **valoroso** I a. **1** brave, valiant, valorous, courageous: –i combattenti valiant soldiers. **2** (valente) skilful, skilled, good, able, talented, outstanding, top-rate: un ~ chirurgo a skilful surgeon. II s.m. (f. -a) brave (o valiant) person.

valpolicella m. ⟨Enol⟩ Valpolicella.

Valpurga N.pr.f. ⟨Stor⟩ Walpurgis. □ notte di ~ Walpurgis Night.

valsi, valso → valere.

valuta f. ⟨Econ⟩ **1** currency, money: ~ cartacea paper money. **2** (moneta straniera) foreign currency. **3** (valore delle monete) value, monetary worth. **4** (giorno da cui decorrono gli interessi) value date: con ~ primo gennaio interest to run from January the first. □ ~ **aurea** gold currency (o standard); ~ **debole** soft (o weak) currency; ~ **estera** foreign currency (o money); ~ **forte** hard currency; ⟨Econ⟩ ~ (a corso) **legale** legal tender; ~ **metallica** metallic currency; ~ **pregiata** reserve currency; ~ **stabile** stable currency; ~ **verde** green currency.

valutabile a. assessable, calculable. □ la perdita è ~ in dieci milioni the loss is estimated (o may be put) at ten million. **valutare** v.t. (valuto/valuto) **1** (determinare il valore) to appraise, to assess, to evaluate, to value: hanno valutato questo quadro dieci milioni the painting has been appraised at ten million; ~ un appartamento to evaluate a flat. **2** (calcolare) to estimate, to calculate: ~ le entrate di qd. to estimate s.o.'s income; (tener conto) to take into account, to consider: valutando la somma anticipata, restano da pagare centomila lire taking into account the amount paid in advance, the balance is one hundred thousand lire. **3** ⟨fig⟩ (calcolare approssimativamente) to estimate, to put, to reckon, to judge, ⟨fam⟩ to guess, ⟨fam⟩ to figure: ~ la distanza tra due paesi to estimate the distance between two towns; ~ le capacità di qd. to judge (o pass a judg(e)ment on) s.o.'s capabilities. **4** ⟨fig⟩

(*considerare, stimare*) to estimate: *ho valutato di estinguere il debito in dieci anni* I estimated repaying the debt in ten years. **5** (*tenere in considerazione*) to rate, to hold, to value, to evaluate, to consider: ~ *una persona* to evaluate a person; *non lo valuto all'altezza del compito* I don't think he's up to the job; (*tenere in gran conto*) to esteem, to think highly of. **6** (*vagliare, soppesare*) to judge, to estimate, to weigh: ~ *la portata di un discorso* to judge the importance of a speech; ~ *il pro e il contro* to weigh the pros and the cons. **valutario** *a.* **1** monetary, money–, currency–: *riforma –a* monetary reform. **2** (*rif. alle valute estere*) monetary, foreign currency– (*o* money–): *legge –a* monetary law. □ *disposizioni –e* currency regulations.

valutazione *f.* **1** appraisal, (e)valuation, estimation: *fare la ~ di un terreno* to make an evaluation of a piece of land, to evaluate a property. **2** (*calcolo approssimativo*) estimate, reckoning. **3** (*entità*) estimate, estimated value. **4** (*determinazione del valore*) evaluation, judging, estimation: ~ *del danno* estimation of damage. **5** (*giudizio*) evaluation, judg(e)ment, appraisal. □ ~ *dei costi* cost estimation; ~ *dei danni* assessment of damage; ~ **fiscale** tax assessment; ~ *del* **lavoro** job evaluation; (*Psic*) ~ *del* **merito** merit rating, performance appraisal; ~ **patrimoniale** statement of assets and liabilities; ~ *del* **personale** personnel appraisal; ~ *mediante* **punteggio** numerical rating; ~ *a* **punti** points assessment; ~ *del* **rendimento** performance evaluation.

valva *f.* **1** ⟨Zool,Bot⟩ valve. **2** ⟨Chir⟩ dilator. **3** ⟨Art⟩ leaf, tablet (of a diptych). **valvare** *a.* **1** ⟨Zool⟩ valvular: *margine ~* valvular margin. **2** ⟨Bot⟩ valvate.

valvola *f.* **1** valve. **2** ⟨El⟩ (*fusibile*) fuse: *è saltata una ~* a fuse has blown. **3** ⟨Rad⟩ valve, ⟨am⟩ tube: *una radio a cinque –e* a radio with five valves. **4** ⟨Mus⟩ (*rif. a strumenti d'ottone a fiato: pistone*) valve, piston; (*rif. all'organo*) wind valve, pallet. **5** ⟨Anat⟩ valve, valvula. □ ~ *d'*alimentazione feed(er) valve; ~ *d'*ammissione inlet valve; ⟨Rad⟩ ~ **amplificatrice** amplifying (*o* amplifier) valve; ⟨Mecc⟩ ~ **dell'aria** (*compressa*) air–inlet valve; ~ *d'*arresto stop valve; ~ *d'*aspirazione suction (*o* intake) valve; ~ **automatica** automatic stop valve; ~ *della* **camera** *d'aria* inner tube valve; ⟨Mot⟩ ~ *del* **carburante** fuel nozzle (*o* jet); ⟨Anat⟩ ~ **cardiaca** cardiac valve; ~ *di* **chiusura** *dell'aria* choke; ~ *di* **decompressione** pressure reducing valve; ⟨Mecc⟩ ~ *a* **farfalla** butterfly valve; ~ *del* **galleggiante** float valve; ~ *del* **pneumatico** tyre valve; ~ **regolatrice** *del flusso* throttle valve; ⟨Mot⟩ ~ *di* **scappamento** *libero* exhaust cut-out; ⟨Mecc,Mot⟩ ~ *di* **scarico** exhaust valve; (*in una caldaia*) blowdown valve; ~ *di* **sicurezza**: 1 ⟨Mecc⟩ safety valve; 2 ⟨El⟩ safety fuse; 3 ⟨fig⟩ safety valve, way of letting off steam; ⟨Rad⟩ ~ *d'*uscita output valve.

valvolare *a.* **1** ⟨Rad,TV⟩ valve–, ⟨am⟩ tube–. **2** ⟨Med⟩ valval, valvular, valvar, valve–: *insufficienza ~* valvular insufficiency.

valzer *m.* **1** (*danza*) waltz. **2** (*musica*) waltz (music). □ *ballare il ~* to (dance the) waltz; ~ *lento* (*o inglese*) hesitation waltz; *a passo di ~* waltzing, at a waltz (step); ~ *viennese* Viennese waltz.

vamp *ingl. f.* vamp, femme fatale.

vampa *f.* **1** blaze. **2** (*ondata di calore*) burst of heat, heat wave, blast (of hot air). **3** ⟨fig⟩ (*ardore di sentimento*) ardour, fire, burning, blaze, (out)burst, flames *pl:* *le –e della passione* the fire(s) of passion, burning passion. **4** (*arrossamento del volto*) flush, blush; (*rif. alla menopausa*) hot flash (*o* flush). **5** ⟨Artigl⟩ flash; (*di ritorno*) blowback. □ ~ *del sole* blaze (*o* fierce heat) of the sun; *–e al viso* blushes. **vampata** *f.* **1** blaze; (*fiamma*) (burst) of flame. **2** (*ondata di calore*) burst (*o* wave) of heat, blast (of hot air); (*aria infuocata*) fierce heat. **3** ⟨fig⟩ (*ondata veemente di sentimento*) (out)burst, explosion, eruption: *una ~ d'ira* a burst of rage. □ *sentirsi salire al viso una ~* to feel a flush coming over one's face, to feel o.s. blushing (*o* going red). **vampeggiare** *v.i.* (**vampeggio**, **vampeggi**; *aus.* avere) to blaze, to flame.

vampirismo *m.* ⟨Psic⟩ vampirism. **vampiro** *m.* **1**

vampire. **2** ⟨fam⟩ (*ingordo speculatore*) blood–sucker, profiteer, vampire. **3** ⟨Zool⟩ vampire (bat). □ *donna ~* vamp, femme fatale.

vanadico *a.* (*pl.* **-ci**) ⟨Chim⟩ vanadic: *acido ~* vanadic acid. **vanadinite** *f.* ⟨Min⟩ vanadinite. **vanadio** *m.* ⟨Chim⟩ vanadium.

vanagloria *f.* **1** vainglory, pride. **2** ⟨Teol⟩ vainglory. **vanagloriarsi** *v.r.* (**mi vanaglorio, ti vanaglori**) to (indulge in) vainglory; (*vantarsi*) to boast. **vanagloriosamente** *avv.* vaingloriously. **vanaglorioso I** *a.* vainglorious. **II** *s.m.* (*f.* **-a**) vainglorious person.

vanamente *avv.* **1** (*inutilmente*) in vain, uselessly, to no avail. **2** (*con vanità*) vainly, vaingloriously.

vandalico *a.* (*pl.* **-ci**) **1** ⟨Stor⟩ Vandalic, Vandal, of the Vandals. **2** ⟨fig⟩ vandal(ic), barbarous: *atti –i* vandalic acts. **vandalismo** *m.* vandalism. □ *atto di ~* act of vandalism. **vandalo** *m.* (*f.* **-a**) **1** ⟨Stor⟩ Vandal. **2** ⟨fig⟩ vandal.

Vandea *N.pr.f.* ⟨Geog⟩ Vendée.

vaneggiamento *m.* raving (*anche estens.*). **vaneggiare** *v.i.* (**vaneggio, vaneggi**; *aus.* avere) **1** to rave, to be wandering (in one's mind); (*parlare*) to talk wildly (*o* deliriously). **2** ⟨estens⟩ to rave, to rage: *ma tu vaneggi!* you must be raving! **3** ⟨fig⟩ (*fantasticare*) (day)dream, wool–gathering.

vanello *m.* ⟨Ornit⟩ (*anche vanello forestiero*) lapwing.

vanesio I *a.* foppish, fatuous and conceited, foolishly vain. **II** *s.m.* (*f.* **-a**) fatuous conceited fool.

vanessa *f.* ⟨Entom⟩ vanessa.

vanga *f.* ⟨Agr⟩ (*planting*) spade. **vangare** *v.t.* (**vango, vanghi**) to dig (up, over), to turn up, to spade: ~ *il campo* to dig the field. **vangata** *f.* **1** (*quantità*) spadeful. **2** (*colpo di vanga*) blow from a spade. □ *dare una ~ al terreno* to dig up the ground. **vangatore** *m.* (*f.* **-trice/-a**) digger. **vangatura** *f.* digging (up), turning over, spading.

vangelo *m.* **1** Gospel, gospel: *il ~ di san Marco* St. Mark's Gospel, the Gospel according to St. Mark. **2** (*libro*) gospel book: *giurare ˹sul ~˺* (*o sui santi vangeli*) to swear on the gospel. **3** (*brano*) Gospel for the day, Gospel reading. **4** (*messaggio di redenzione*) gospel: *diffondere il ~* to spread the gospel. **5** ⟨Lit⟩ (*parte della messa*) Gospel. **6** ⟨fig⟩ (*complesso di principi fondamentali*) gospel, faith: *il ~ del socialismo* the gospel of socialism. **7** ⟨fam⟩ (*verità sacrosanta*) gospel (truth): *per me le tue parole sono ~* what you say is the gospel truth for me, I take what you say for gospel.

vanghetta *f.* **1** small spade. **2** ⟨Mil⟩ entrenching tool.

vanificare *v.t.* (**vanifico, vanifichi**) (*rendere vano*) to frustrate.

vaniglia *f.* **1** ⟨Bot⟩ vanilla. **2** (*frutto della vaniglia*) vanilla (bean); (*essenza*) vanilla essence: *gelato di ~* vanilla ice–cream. **vanigliato** *a.* vanilla–, vanilla flavoured: *zucchero ~* vanilla sugar.

vaniloquio *m.* idle (*o* empty, random) talk, nonsense, ⟨fam⟩ twaddle.

vanità *f.* **1** vanity: *fare qc. per ~* to do s.th. out of vanity. **2** (*inefficacia, inutilità*) vainness, uselessness: *la ~ delle nostre fatiche* the vainness of our efforts. **3** (*caducità*) vanity, worthlessness, futility: *tutto è ~* all is vanity. **vanitosamente** *avv.* vainly. **vanitosetto I** *a.* rather conceited. **II** *s.m.* (*f.* **-a**) conceited person. **vanitoso I** *a.* vain: ~ *come un pavone* as vain as a peacock. **II** *s.m.* (*f.* **-a**) vain person, vain man (*f* woman).

Vanni (*accorc. di Giovanni*) *N.pr.m.* Johnny, Jack(y).

vanno → **andare**¹.

vano I *a.* **1** (*inutile*) vain, useless, idle: *–e parole* idle words. **2** (*privo di fondamento*) vain, empty, idle: *–e speranze* vain hopes. **3** (*caduco*) vain, worthless, futile: *–e ricchezze* vain riches. **4** (*frivolo, leggero*) foolish, silly: *–i discorsi* foolish talk. **II** *s.m.* **1** (*spazio*) space. **2** (*cavità*) hollow, hole, space, opening: ~ *della finestra* window opening. **3** (*ambiente, locale*) room: *un appartamento di otto –i* a flat with eight rooms, an eight–room apartment. **4** ⟨Aer⟩ bay. □ ~ *dell'*ascensore lift shaft; ⟨Aut⟩ ~ **motore** motor compartment; ⟨Aut⟩ ~ **portabagagli** (luggage) boot, ⟨am⟩ trunk; ⟨Aut⟩ ~ **portaoggetti** glove compartment; ~ *portaoggetti con chiave* lockable glove compartment;

rendere ~ to make useless; **riuscire** ~ to be ⌈in vain⌉ (*o* unsuccessful); ~ **delle scale** stairwell.

vantaggiare *v.* → **avvantaggiare.**

vantaggio *m.* **1** (*condizione favorevole*) advantage: *questi sono i vantaggi di chi è celibe* these are the advantages of being a bachelor; (*privilegio*) privilege. **2** (*profitto*) benefit, advantage, profit: *trarre* ~ *da qc.* to take advantage of s.th., to benefit by s.th. **3** (*distacco di tempo o di spazio*) lead: *il ladro aveva una ventina di chilometri di* ~ *sui suoi inseguitori* the thief had a twenty kilometre lead on his pursuers. **4** ⟨*Sport*⟩ lead; (*abbuono*) handicap. **5** ⟨*Tip*⟩ galley. **6** ⟨*Fis*⟩ efficiency. □ **andare** *a* ~ *di qd.* to be to s.o.'s advantage; *andare in* ~ to take the lead; *avere un* ~ *su qd.* to have an advantage over s.o., to have the advantage of s.o.; ⟨*Tip*⟩ ~ *per le* **colonne** slip (*o* column) galley; **essere** *a* ~ *di qd.* to be ⌈to s.o.'s advantage⌉ (*o* in s.o.'s favour); *essere in* ~: 1 to ⌈have the⌉ (*o* be at an) advantage: *siamo in* ~ *perché siamo più numerosi* we have the advantage because there are more of us; 2 ⟨*Sport*⟩ to be ahead, to be in the lead: *essere in* ~ *per tre a due* to be leading by three to two.

vantaggiosamente *avv.* advantageously, to advantage: *tutti se ne potranno servire* ~ everyone can use it to advantage. **vantaggioso** *a.* advantageous, favourable: *patti* –*i* advantageous agreements; *a condizioni* –*e* on favourable terms.

vantare *v.t.* **1** to boast of (*o* about), to brag of (*o* about): ~ *le proprie ricchezze* to boast of one's wealth; *la nostra città vanta splendidi monumenti* our city boasts splendid monuments. **2** (*avanzare fondata pretesa*) to claim, to make a claim to: ~ *diritti su qc.* to claim rights to s.th. **vantarsi** *v.r.* **1** to boast, to brag (*di* about, of): *vantarsi delle proprie capacità* to boast about one's own ability. **2** (*millantarsi*) to boast, to brag (*di* about), to swagger. □ ⟨*fam*⟩ *non faccio per vantarmi* I don't want to boast, I don't mean to brag. **vanteria** *f.* **1** boasting, bragging, boastfulness, swaggering. **2** ⟨*concr*⟩ brag(ging), boast(ing), swagger(ing). **vanto** *m.* **1** (*il vantare, il vantarsi*) boast(ing), brag(ging). **2** (*motivo d'orgoglio*) boast, ⌈cause for⌉ (*o* source of) pride; (*motivo di gloria*) boast. **3** (*merito, pregio*) merit, credit, virtue: *ha il* ~ *di essere stato sempre sincero* he has the merit of always having been sincere. □ ⟨*iron*⟩ *bel* ~! fine thing!; *menar* ~ *delle proprie ricchezze* to brag of one's wealth.

vanvera: *a* ~ haphazardly, without thinking: *parlare a* ~ to talk without thinking, to babble on; *fare le cose a* ~ to do things haphazardly.

vaporare *v.i.* (**vaporo**; *aus.* avere/essere) **1** (*evaporare*) to evaporate. **2** (*uscire a forma di vapore*) to be given off as vapour.

vapore *m.* **1** vapour (*anche Fis.*); (*vapore acqueo*) steam (*anche Fis.*). **2** (*nebbiolina*) mist, haze, vapour, fumes *pl.* **3** (*esalazione, emanazione*) vapour, fumes *pl,* exhalation, emanation: –*i mefitici* mephitic exhalations. **4** (*nave a vapore*) steamer, steamboat. □ **a** ~ steam–: *caldaia a* ~ steam boiler; ~ **acqueo** (*o d'acqua*) steam; ⟨*Gastr*⟩ **al** ~ steamed: *asparagi al* ~ steamed asparagus; *cuocere al* ~ to steam; ~ **saturo** saturated steam; ~ **di scarico** exhaust steam, blast; **a tutto** ~ (*con gran celerità*) at full (*o* top) speed, full steam ahead, at full steam.

vaporetto *m.* ⟨*Mar*⟩ steamer, (small) steamboat.

vaporimetro *m.* ⟨*Fis*⟩ vaporimeter.

vaporizzare **I** *v.t.* **1** to vaporize (*anche Fis.*). **2** ⟨*tecn,Cosmet*⟩ to steam. **II** *v.i.* (*aus.* essere), **vaporizzarsi** *v.r.* (*evaporare*) to evaporate. **vaporizzatore** *m.* **1** (*evaporatore*) evaporator; (*per i termosifoni*) humidifier. **2** (*polverizzatore*) sprayer, vaporizer; (*nebulizzatore*) atomizer. **vaporizzazione** *f.* **1** (*evaporazione*) evaporation: ~ *dell'acqua* evaporation of water. **2** (*nebulizzazione*) vaporization. **vaporosità** *f.* filminess, gauziness, vaporousness: (*di capelli*) fluffiness. **vaporoso** *a.* filmy, gauzy, vaporous: *seta* –*a* filmy silk; (*di capelli*) fluffy.

varano *m.* ⟨*Zool*⟩ monitor (lizard), varan(id).

varare *v.t.* **1** ⟨*Mar*⟩ to launch: ~ *una nave* to launch a ship. **2** ⟨*fig*⟩ (*presentare ufficialmente in pubblico*) to launch, to get going (*o* under way): ~ *un'impresa* to

launch an enterprise; (*rif. a pubblicazioni*) to present, to launch. **3** ⟨*Dir*⟩ to pass: ~ *una legge* to pass a law. **4** ⟨*fig,scherz*⟩ (*promuovere, approvare*) to pass: ~ *un candidato* to pass a candidate. **varata** *f.* **1** (*nelle cave di marmo*) dislodging of slabs. **2** ⟨*Minier*⟩ massive blasting.

varcabile *a.* passable, that may be crossed. **varcare** *v.t.* (**varco, varchi**) **1** to cross, to pass: ~ *la soglia* to cross the threshold. **2** ⟨*fig*⟩ (*oltrepassare, superare*) to overstep, to go beyond, to exceed: ~ *i limiti della convenienza* to overstep the bounds of propriety; (*rif. all'età*) to be over, to pass: *ha varcato la sessantina* he is over sixty. **varco** *m.* (*pl.* **-chi**) opening: *l'acqua aveva aperto un* ~ *nella diga* the water made an opening in the dam; (*passaggio*) passage, (narrow) way: *aprirsi un* ~ *tra la folla* to make (*o* push) one's way through the crowd. □ *aspettare al* ~: 1 (*appostarsi*) to lie in wait: *aspettare la selvaggina al* ~ to lie in wait for game; 2 ⟨*fig*⟩ to bide one's time; ⟨*fig*⟩ *aspettare qd. al* ~ to wait to catch s.o. out.

varea *f.* ⟨*Mar*⟩ (*estremità di pennone*) yard-arm.

vare(c)china *f.* bleach, javelle water.

variabile **I** *a.* **1** variable, varying, changeable, fluctuating: *prezzo* ~ fluctuating price. **2** (*incostante*) variable, changeable, unsteady, unsettled, shifting: *tempo* ~ unsettled (*o* changeable) weather; (*volubile*) changeable, inconstant, fickle: *umore* ~ changeable (*o* fickle) mood, moodiness. **3** (*rif. a persone*) inconstant, variable, fickle, unsteady, changeable. **4** ⟨*Statist,Mat,Econ*⟩ variable. **II** *s.m.* ⟨*Meteor*⟩ unsettled (*o* changeable) weather; (*segno del barometro*) change, variable. **III** *s.f.* ⟨*Mat*⟩ variable. □ *il barometro sta sul* ~ the barometer says variable; ⟨*Inform*⟩ ~ *di stringa* string variable; *vento* ~ variable (*o* shifting) wind. **variabilità** *f.* **1** variability, changeability. **2** (*instabilità*) variability, changeability, unsteadiness. **3** (*rif. a persone*) inconstancy, fickleness, variability, changeability. **4** ⟨*Mat,Econ,Statist,Biol*⟩ variability. **variabilmente** *avv.* variably. **variante** **I** *a.* varying, variant, changing. **II** *s.f.* **1** variation, variant: *il modello viene presentato in più* –*i* there are several variations of (*o* on) the model. **2** (*cambiamento*) variation, change: *apportare una* ~ *a qc.* to make a change in s.th. **3** ⟨*Ling,Filol,Arch*⟩ variant. **4** ⟨*Strad*⟩ improvement route. **III** *s.m.* ⟨*Biol,Statist*⟩ variant. **varianza** *f.* ⟨*Fis,Mat,Statist*⟩ variance. **variare** *v.* (**vario, vari**) **I** *v.t.* **1** to vary, to change, to make a change in: ~ *la disposizione dei libri* to change the arrangement of the books. **2** (*alternare*) to vary, to change: ~ *il proprio guardaroba* to vary one's wardrobe; (*rendere vario, diversificare*) to vary, to diversify. **II** *v.i.* (*aus.* avere/essere; *avere* is used when the subject is a person, *essere* when the subject is a thing) **1** (*subire variazioni*) to vary (*di* in), to change (in s.th.): *in tanti anni ha variato poco di fisionomia* in so many years he changed little in appearance; *da allora il mondo è molto variato* the world has changed a lot since then. **2** (*essere differente*) to vary, to differ, to be different: *i gusti variano da persona a persona* tastes differ, people have different tastes. □ *per* ~ for a change; *mi piace* ~ I like ⌈to change⌉ (*o* variety); *i prezzi variano col* (*o al*) ~ *della domanda* prices vary (*o* change, fluctuate) according to demand; ⟨*scherz*⟩ *tanto per* ~ just for a change: *tanto per* ~, *anche oggi pasta asciutta* pasta again today, just for a change. **variatamente** *avv.* with variety, with variation, varyingly. **variato** *a.* **1** varied, diversified: *la conversazione era* –*a* the conversation was varied. **2** (*vario, non uniforme*) varied, changing: *paesaggio* ~ varied landscape.

variatore *m.* ⟨*tecn*⟩ **1** variator. **2** (*regolatore*) governor, regulator. □ ⟨*Mot*⟩ ~ *di coppia* torque convertor; ⟨*El*⟩ ~ *di fase* phase (*o* phasing) transformer; ~ *di frequenza* frequency changer (*o* convertor); ~ *di velocità* speed variator.

variazione *f.* **1** (*modifica*) change, variation: *introdurre qualche* ~ *nel programma* to make some changes in the programme. **2** (*oscillazione*) variation, change, fluctuation: *brusche* –*i di temperatura* sudden variations in temperature. **3** ⟨*Biol,Mus,Astr,Mat*⟩ variation. **4** ⟨*Econ*⟩ change, fluctuation, variation. □ ⟨*Mar,Aer*⟩ ~ *di una*

bussola variation of a compass; ⟨*Mat*⟩ **calcolo** *delle –i* variational calculus (*o* method), calculus of variations; ⟨*El*⟩ ~ *di* **carico** load variation; ⟨*El*⟩ ~ *di* **corrente** current variation; ⟨*Econ*⟩ ~ *nella* **domanda** *e nell'offerta* change in demand and supply; ⟨*El,Rad*⟩ ~ *di* **frequenza** frequency change; ⟨*Econ*⟩ ~ *del* **prezzo** price change; (*oscillazione*) price fluctuation; ⟨*Mus*⟩ *–i sul* **tema** variations *pl* on a theme (*anche fig.*); ⟨*El*⟩ ~ *di* **tensione** voltage change (*o* variation); ~ *di* **velocità** speed variation.

varice *f.* ⟨*Med*⟩ varix, varicose vein.
varicella *f.* ⟨*Med*⟩ chicken pox, varicella.
varichina *f.* ⟨*region*⟩ → vare(c)china.
varicocele *m.* ⟨*Med*⟩ varicocele. **varicosità** *f.* varicosis, varicosity. **varicoso** *a.* varicose: *vene –e* varicose veins.
varie *f.pl.* miscellaneous, various. ▢ *eventuali e* ~ any other business.
variegato *a.* **1** (*a strisce*) variegated, streaked, striped; (*venato*) veined. **2** (*screziato*) speckled, variegated, flecked. **3** (*policromo*) variegated, many–coloured, multicoloured, varicoloured.
varietà I *f.* **1** variety, range: *un artista notevole per la* ~ *dei suoi interessi* an artist noted for the range of his interests. **2** (*diversità, divario*) difference, diversity, discrepancy: ~ *di* **opinioni** difference of opinions. **3** (*assortimento*) variety, assortment: *abbiamo una grande* ~ *di vini* we have a great assortment of wines. **4** ⟨*concr*⟩ (*oggetto dotato di caratteristiche proprie*) variety, kind, sort: *una bella* ~ *di quarzo* a beautiful variety of quartz. **5** ⟨*Biol*⟩ variety. **II** *m.* **1** ⟨*Teat*⟩ variety, ⟨*am*⟩ vaudeville: *artista di* ~ variety artist; (*edificio, locale*) variety theatre, music hall. **2** ⟨*Rad,TV*⟩ variety show. ▢ *spettacolo di* ~ variety show, ⟨*am*⟩ vaudeville; ~ *televisivo* television show.
vario I *a.* **1** (*variato, non uniforme*) varied, diversified: *vegetazione –a* varied vegetation; *stile* ~ varied style. **2** (*differente, molteplice*) various, different, varied: *oggetti di –a* **grandezza** object of various sizes; *persone di –a età e –a condizione sociale* persons of various ages and backgrounds. **3** (*diverso, numeroso: col sost. al pl.*) various, several, numerous: *ho –e cose da fare* I have several things to do; *l'ho visto –e volte* I saw him several times; *in –e circostanze della vita* in various circumstances in life. **4** (*instabile, mutevole*) changeable, variable: *umore* ~ changeable mood. **5** (*irregolare*) variable: *moto* ~ variable motion. **6** ⟨*Comm*⟩ miscellaneous, sundry: *articoli vari* sundry articles; *merci –e* miscellaneous merchandise. **II** *s.m.* **1** variety. **2** *pl.* (*diverse persone*) various (*o* several) people *pl*, a number of people: *mi sono rivolto a vari, nessuno ha saputo darmi una risposta* I asked several people but no one could give me an answer. ▢ ⟨*Comm*⟩ *–e ed eventuali* any other business. *Prov.: il mondo è bello perché è* ~ variety is the spice of life.
variolite *f.* ⟨*Min*⟩ variolite.
variometro *m.* ⟨*tecn*⟩ variometer.
variopinto *a.* many–coloured, multicoloured, gaily coloured.
varismo *m.* ⟨*Med*⟩ varus (condition).
varistore *m.* ⟨*El*⟩ varistor.
varmetro *m.* ⟨*El*⟩ varmeter.
varo[1] *m.* **1** ⟨*Mar*⟩ launch(ing): *il* ~ *di una nave* the launching of a ship. **2** ⟨*fig*⟩ (*pubblicazione*) launch(ing), publication; (*presentazione*) presentation; (*rif. a leggi*) passing; (*rif. a lavori*) launching, getting under way.
varo[2] *a.* ⟨*Med*⟩ varus. ▢ **ginocchio** ~ genu varum, bow-legs; **piede** ~ *talipes* (*o pes*) varus, pigeon-toed.
Varo *N.pr.m.* ⟨*Stor*⟩ Varus.
varrò → valere.
Varrone *N.pr.m.* ⟨*Stor*⟩ Varro.
Varsavia *N.pr.f.* ⟨*Geog*⟩ Warsaw.
varva *f.* ⟨*Geol*⟩ varve.
vasaio *m.* (*f. -a*) **1** (*fabbricante*) potter, pottery maker. **2** (*venditore*) pottery-seller.
vasale *a.* ⟨*Anat*⟩ vasal: *parete* ~ vasal wall.
vasca *f.* **1** basin; (*serbatoio, cisterna*) tank, cistern, basin. **2** (*vasca da bagno*) bath, bath–tub, tub. **3** (*bacino: di fontana e sim.*) basin. **4** (*piscina*) swimming–pool,

bathing–pool, ⟨*fam*⟩ pool. **5** ⟨*Idr*⟩ (*bacino*) basin. **6** ⟨*Ind*⟩ tank, vat. **7** ⟨*Sport*⟩ (*lunghezza della vasca*) pool's length: *la nuotatrice è in vantaggio di una* ~ the swimmer is a (pool's) length ahead. ▢ ⟨*Mar*⟩ ~ *del* **bacino di carenaggio** dock basin; ~ *da* **bagno** bath, (bath–)tub; ~ *del* **bucato** wash–tub; ~ *per i* **fanghi** mud–tub; ~ *dei* **pesci** fish–tank; ~ *a* **sedile** hip–bath, sit–down bath, sitz–bath; ⟨*Fot*⟩ ~ *di* **sviluppo** developing tank; ~ *per* **tintura** (*o tingere*) dyeing vat.
vascello *m.* ⟨*Mar.ant*⟩ vessel, warship. ▢ ⟨*Mar.mil*⟩ *di* ~ sea–: *capitano di* ~ sea captain; *ufficiale di* ~ naval officer, officer in the navy; *il* ~ *fantasma* The Flying Dutchman (*anche Mus.*).
vaschetta *f.* (*bacinella*) (small) basin. ▢ ~ *dell'*acquasanta holy–water basin; ~ *del* **barometro** cup, cistern; ⟨*Fot*⟩ ~ *di* **fissaggio** fixing tray; ⟨*Fot*⟩ ~ *di* **sviluppo** developing tray; ~ *del* **termometro** (thermometer) bulb.
vascolare *a.* **1** ⟨*Ceram*⟩ vase–: *pittura* ~ vase painting. **2** ⟨*Anat,Bot*⟩ vascular: *lesione* ~ vascular lesion.
vascolarizzato *a.* **1** ⟨*Anat*⟩ vascularized. **2** ⟨*Bot*⟩ vascular. **vascolarizzazione** *f.* ⟨*Biol*⟩ vascularization.
vasectomia *f.* ⟨*Chir*⟩ vasectomy.
vaselina *f.* ⟨*Chim*⟩ vaseline. ▢ ~ *artificiale* artificial vaseline; *olio di* ~ paraffin oil, ⟨*am*⟩ kerosene.
vasellame *m.* (*di porcellana*) crockery, china; (*di metallo prezioso*) plate; (*di vetro o cristallo*) glassware. ▢ ~ *d'*argento silver plate, silverware; ~ *da* **cucina** kitchen–ware, crockery; ~ *da* **tavola** tableware. **vasetto** *m.* **1** jar, pot: *un* ~ *di* **crema da notte** a jar of night cream; ~ *della* **colla** paste (*o* glue) pot. **2** (*infant*) potty.
vasistas *fr. m.* transom hopper window.
vaso *m.* **1** (*recipiente*) vase, pot, vessel: ~ *di* **porcellana** porcelain vase; *mettere i fiori in un* ~ to put the flowers in a vase; (*vaso da fiori di terracotta*) flowerpot: *piantare in* ~ to plant in a flowerpot, to pot; (*barattolo*) jar: *un* ~ *di* **conserva** a jar of preserves. **2** (*orinale*) chamber–pot, ⟨*fam*⟩ jerry, ⟨*am*⟩ slop jar. **3** (*parte d'una latrina*) lavatory pan, ⟨*am*⟩ toilet bowl. **4** ⟨*Anat*⟩ vessel. **5** ⟨*Bot*⟩ vessel. **6** ⟨*Mar*⟩ cradling. **7** ⟨*Arch*⟩ (*parte interna*) body, interior; (*rif. a capitelli*) bell, vase. ▢ ~ *di* **ceramica** (ceramic) pot, ceramic vase; ⟨*Fis*⟩ *–i* **comunicanti** communicating vessels; ⟨*Idr*⟩ ~ *d'*espansione expansion tank; ~ *da* **fiori** flowerpot; (*recipiente decorativo*) vase; ~ *da* **marmellata** jam jar; ~ *di* **marmellata** jar of jam; ~ *da* **notte** chamber pot; ~ **ornamentale** (decorative) vase; ~ *di* **Pandora** Pandora's box; ⟨*fig*⟩ *portare –i a* **Samo** to carry coals to Newcastle; ⟨*Anat*⟩ ~ **sanguigno** (*o sanguifero*) blood vessel.
vaso|costrittore I *s.m.* ⟨*Farm*⟩ vasoconstrictor. **II** *a.* vasoconstrictive, vasoconstricting. **~costrizione** *f.* ⟨*Med*⟩ vasoconstriction. **~dilatatore I** *s.m.* ⟨*Farm*⟩ vasodilator. **II** *a.* **1** vasodilating, inducing vasodilation. **~dilatazione** *f.* ⟨*Med*⟩ vaso–dilating. **~motilità** *f.* ⟨*Biol*⟩ vasomotion. **~motore** *a.* ⟨*Anat*⟩ vasomotor: *nervi –i* vasomotor nerves. **~motorio** *a.* ⟨*Med*⟩ vasomotorial, vasomotoric, vasomotory. **~pressina** *f.* ⟨*Biol*⟩ vasopressin. **~spasmo** *m.* ⟨*Med*⟩ vasospasm. **~spastico** *a.* (*pl.* -ci) vasospastic.
vassallaggio *m.* **1** ⟨*Mediev*⟩ vassalage. **2** ⟨*fig*⟩ (*stato di soggezione*) vassalage, servitude, bondage. **vassallo I** *s.m.* **1** ⟨*Mediev*⟩ vassal. **2** ⟨*fig*⟩ (*dipendente*) dependent, servant; (*suddito*) subject. **II** *a.* vassal: *stato* ~ vassal state.
vassoiata *f.* trayful. **vassoio** *m.* **1** tray. **2** ⟨*Mur*⟩ hawk, mortar board. ▢ ~ *da* **letto** bed tray; ~ *di* **fotocopiatrice** receiver tray.
vastamente *avv.* vastly. **vastità** *f.* **1** vastness, vastitude, immensity, vast expanse: *la* ~ *del* **mare** the immensity of the sea. **2** ⟨*fig*⟩ vastness. **vasto** *a.* **1** vast, huge, far–reaching, extensive: *–i possedimenti* vast holdings; (*ampio*) large, great: *una –a sala* a large room. **2** ⟨*fig*⟩ vast, wide, broad, extensive, immense, large: *una –a cultura* a wide culture; *su –a scala* on a large scale.
Vat. = *Vaticano* Vatican (*abbr.* Vat.).
vate *m.* ⟨*lett*⟩ **1** (*profeta*) prophet. **2** (*poeta*) poet.
vaticanista *m./f.* scholar of Vatican problems. **vaticano** *a.* Vatican: *giardini –i* Vatican gardens; *poste –e* Vatican

Post Office. **Vaticano** *N.pr.m.* ⟨*Geog*⟩ Vatican. □ *città del* ~ Vatican City; *stato del* ~ Vatican City State.

vaticinare *v.t.* (vaticino/vaticino) ⟨*lett*⟩ to foretell, to predict, ⟨*lett*⟩ to vaticinate. **vaticinatore** *m.* (*f.* -trice) ⟨*lett*⟩ prophet, ⟨*lett*⟩ vaticinator. **vaticinio** *m.* ⟨*lett*⟩ prediction, foretelling, ⟨*lett*⟩ vaticination.

vattelappesca *avv.* ⟨*fam*⟩ (*chi lo sa*) goodness (*o* who) knows, who can tell?, how should I know?: *è andato a finire* ~ *dove* goodness knows where it's got to.

vaucheria [voʃ–] *f.* ⟨*Bot*⟩ vaucheria, green felt.

vaudeville *fr.* [vod'vil] *m.* ⟨*Teat*⟩ vaudeville.

V.d.F. = *Vigili del fuoco* Fire Department (*abbr.* F.D.).

ve' *intz.* ⟨*ant,region*⟩ **1** (*vedi*) look, see, mark. **2** (*rafforzativo*) then, now, *spesso non si traduce: non ci provare,* ~ *!* don't try (then)! **3** (*bada*) mind, look, listen.

vecchia *f.* old woman. **vecchiaccia** *f.* (*pl.* -ce) old witch, hag. **vecchiaia** *f.* **1** old age. **2** ⟨*collett*⟩ (*i vecchi*) the old (*costr.pl.*), the aged (*costr.pl.*), old people *pl:* *rispettare la* ~ to respect the aged. □ ⟨*fig*⟩ *essere il bastone della* ~ *di qd.* to be the staff of s.o.'s old age; ~ *precoce* premature senility; *tarda* ~ advanced (old) age, ripe old age.

vecchietta *f.* little old woman (*o* lady). **vecchietto** *m.* little old man. **vecchiezza** *f.* old age.

vecchio I *a.* **1** old, aged: *diventare* ~ to grow old, to age; *sentirsi* ~ to feel old (*o* one's years). **2** (*anziano*) old: *è più* ~ *di me di tre anni* he is three years older than I am, he is three years my elder. **3** (*senile*) old, aged: *un viso* ~ *e stanco* a worn old face; *un* ~ *ronzino* an old nag. **4** (*che dura da molto tempo*) old, long-standing: *una* -*a amicizia* a long-standing friendship; *un* ~ *cliente* an old client; *il* ~ *quartiere* the old quarter. **5** (*di prima, precedente*) old, former: *è meglio tornare al* ~ *sistema* it's better to go back to the old way; (*di un tempo*) former, previous: *ho incontrato il mio* ~ *professore* I met my old teacher. **6** (*non attuale*) old, bygone, ⟨*lett*⟩ of yore: *vecchi tempi* old (*o* bygone) times; (*antiquato*) old, out-of-date, old-fashioned: *un'usanza* -*a* an old-fashioned custom. **7** (*non fresco, stantio*) old, stale; (*rif. al pane*) stale. **8** (*rif. a prodotti agricoli: del raccolto precedente*) last year's: *grano* ~ last year's wheat. **9** (*stagionato*) seasoned: *legno* ~ seasoned wood; (*rif. al vino*) vintage: *vino* ~ vintage wine. **10** (*che si verifica da sempre, che si ripete*) old: *è una* -*a storia* it's an old story; (*che si conosce da tempo*) old, stale, ⟨*scherz*⟩ ancient, ⟨*scherz*⟩ antediluvian: *questa barzelletta è* -*a* that's an old joke, that joke is stale (*o* old hat). **11** (*pratico, esperto*) old, experienced, practised: *un* ~ *marinaio* an old salt. **12** (*usato*) old, used: *bottiglie* -*e* old bottles; (*rif. a vestiti*) old, worn; (*di seconda mano*) used, second-hand: *libri vecchi* second-hand books. **13** (*consumato*) old, worn-out; (*rif. ad abiti*) old, worn(-out), threadbare, shabby. **II** *s.m.* **1** (*f.* -a) old man (*f* woman); *pl.* the old (*costr.pl.*), the aged (*costr.pl.*), old people *pl,* old folks *pl,* ⟨*am*⟩ senior citizens *pl: casa di riposo per vecchi* old folks' home. **2** (*ciò che è vecchio*) old, old things *pl: il* ~ *e il nuovo* the old and the new. **3** *pl.* (*anziani*) senior members *pl: i vecchi dell'azienda* the senior members of the firm. **4** (*come epiteto*) elder, senior: *Catone il* ~ Cato the Elder. **5** *pl.* ⟨*fam*⟩ (*genitori*) parents *pl,* ⟨*fam*⟩ folks *pl: vado a trovare spesso i miei vecchi* I often go to see my folks; (*antenati*) ancestors *pl,* for(e)bears *pl.* □ ~ *d'anni* old (in years), getting on in years; ⟨*pop*⟩ ~ *come il* **cucco** as old as the hills; *da* ~: 1 old, old man's (*f* woman's): *mentalità da* ~ old man's mentality; 2 (*in età senile*) as an old man (*f* woman), in his (*f* her) old age; *dare il* ~ *al vino* to age wine artificially; *essere* ~ *del* **mestiere** to be an old hand (at the job); *più* ~ older; (*rif. a componenti di una stessa famiglia*) elder; ⟨*scherz*⟩ *come va? – da* **poveri** *vecchi* how are you? – not bad for an oldster.

vecchione *m.* (*f.* -a) imposing old man. **vecchiotto** *a.* ageing, getting on, rather old, oldish. **vecchiume** *m.* ⟨*spreg*⟩ old rubbish (*o* stuff), old things *pl,* dust-collectors *pl.*

veccia *f.* (*pl.* -ce) ⟨*Bot*⟩ vetch, tare. **vecciato** *a.* (*mescolato a veccia*) mixed with vetch. □ *pane* ~ bread made of wheat flour mixed with vetch.

vece *f.* **1** ⟨*lett*⟩ (*avvicendamento*) alternation, change. **2** *pl.*

(*mansioni, funzioni*) place, duties *pl,* stead. □ ⟨*lett*⟩ *con alterna* ~ with ups and downs; *fare le* -*i di qd.* to act for s.o., to act in s.o.'s place (*o* stead); *in* ~ *di* in the place of, for: *in mia* ~ instead of me, in my stead (*o* place), for me.

Veda *m.inv.* ⟨*Rel*⟩ Veda.

vedere[1] *v.* (*pr.ind.* vedo, vedi, vede, vediamo, vedete, vedono; *fut.* vedrò; *p.rem.* vidi; *pr.cong.* veda, vediamo, vediate, vedano; *ger.* vedendo; *p.pr.* vedente/veggente; *p.p.* visto/veduto) **I** *v.t.* **1** to see: ~ *un ostacolo* to see an obstacle; *l'hai visto passare?* have you seen him go by? **2** (*esaminare, leggere*) to see, to look at, to read, to examine: *hai visto il giornale di oggi?* have you seen today's paper? **3** (*rif. a spettacoli: assistere*) to see, to go to, ⟨*am.fam*⟩ to take in: *hai visto quella commedia?* have you seen that play?; ~ *una partita di calcio* to go to a football game. **4** (*visitare*) to see, to visit, to go to: ~ *una mostra di pittura* to go to a painting exhibition. **5** (*scorgere*) to see, to sight, to catch sight of, to notice: ~ *un amico nella folla* to catch sight of a friend in the crowd; (*incontrare*) to see, to meet, to run into: *l'ho visto ieri alla partita* I ran into him at the game yesterday. **6** (*vedere con la fantasia*) to see, to picture: *mi sembra di vederti già laureato* I can already see you with your degree; ~ *qc. con gli occhi della mente* to see s.th. in one's mind's eye. **7** (*prevedere*) to see, to foresee: *vedo prospettive poco piacevoli* I don't foresee very pleasant prospects. **8** (*avere esperienza*) to see, to go (*o* pass) through, ⟨*am.fam*⟩ to get around: *è tanto giovane ma ne ha viste già tante* he's very young but he has been around a lot (*o* had many experiences, seen all sorts of things). **9** (*considerare, giudicare*) to look over, to see, to take a look at: *lasciami* ~ *bene tutta la situazione* let me take a good look at the entire situation. **II** *v.i.* (*aus.* avere) **1** (*avere il senso della vista; usato spesso con l'avv. ci*) to see: *ci vedi con questa luce?* can you see with this light?; (*ci*) *veda da un occhio solo* he can see with only one eye. **2** (*intendere, capire*) to see, to understand: *non vedo come possa aiutarti* I don't see how I can help you. **3** (*accorgersi*) to see, to realize: *non vedo come soffre?* can't you see how he's suffering?; *vidi che non c'era più niente da fare* I saw there was nothing more to be done. **4** (*provare per riscontrare*) to see, to find out: *vediamo chi è il più forte* let's see who is the strongest. **5** (*cercare, tentare*) to try, to see: *vedi di riuscire* try and make a go of it; *vedrò di darti un aiuto* I'll try and help you, I'll see if I can help you. **6** (*decidere, risolvere*) to decide, to see to: *non so che dire, veda Lei* I don't know what to say, you decide. **7** (*negli incisi*) to see, to look: *vedi, è necessario che tu sia al corrente di tutto* you see, you must know what is going on. **8** (*nel poker*) to see. **vedersi** *v.r.* **1** to see o.s.: *inaspettatamente si vide nello specchio* suddenly he saw himself in the mirror; (*guardarsi*) to look at o.s. **2** ⟨*recipr*⟩ to see e.o. **3** (*incontrarsi*) to meet, to see e.o., ⟨*fam*⟩ to get together: *ci vediamo al più tardi domani* we'll meet tomorrow at the latest; *ci vedremo lunedì alle cinque* see you at five on Monday. **4** (*trovarsi, scoprirsi*) to be, to find (*o* discover) that one is: *vedersi perduto* to be (*o* find that one is) lost. □ *avere a che* ~ to have to do, to have a connection (*con* with); *non avere* (*nulla*) *a che* ~ *con qc.* to have nothing to do (*o* no connection) with s.th., to have no bearing on s.th.: *ciò che tu dici non ha niente a che* ~ *con il nostro problema* what you are saying has no bearing on our problem; *non avere nulla a che* ~ *con qd.* to have nothing to do with s.o., to have no dealings with s.o.; ⟨*pop*⟩ *vederne delle* **belle** to see all sorts of things; ~ **bene:** 1 to see well, to have good sight; 2 (*capire*) to quite see, to understand perfectly, to (fully) realize: *vedo bene le difficoltà* I quite see the problems; *vedo bene che mi sono sbagliato* I fully realize I was wrong; *voglio ben* ~*!* I'd just like to see!; ⟨*pop*⟩ **bisogna** ~ *che maniere!* you should have seen his manners!; ⟨*fam*⟩ *vedersela* **brutta** to feel all is lost, ⟨*fam*⟩ to think one is in for (*o* has had) it; (*ma guarda*) **chi** *si vede!* (just) look who's here!; ⟨*fig*⟩ *veder(ci)* **chiaro** to get to the bottom of s.th., to see clearly into a matter; *non ci vedo chiaro in questa faccenda* there's s.th. I don't understand here, there's s.th. odd (*o* fishy) about all this; ⟨fig⟩ *lo vedrebbe anche un* **cieco** even a blind man could see that; ⟨pop⟩ *se ne vedono di tutti i* **colori** one sees all kinds of things; ~ *per* **credere!** seeing is believing!; **da** ~ (o *vedersi*): 1 that (*o it*) remains to be seen: *dice che lo farà, ma questo è da* ~ he says he'll do it, but that remains to be seen; 2 (*in tono risentito*) we'll see about that; *è uno spettacolo da* ~ it's a show worth seeing; ⟨fig⟩ *vederci* **doppio** to see double; *non vederci più dalla* **fame** to be dying of hunger, to be starving; **far** ~: 1 (*mostrare: rif. a oggetti*) to let see: *mi fai* ~ *il tuo regalo?* ⌈will you let me⌉ (*o can I*) see your present?; *fammi* ~*!* let me see!, show me!; 2 (*rif. ad azioni*) to show: *fammi* ~ *come funziona questo giradischi* show me how to work this record–player; 3 (*dimostrare*) to show: *ti farò* ~ *come tutto sia falso* I'll show you that it's all false; 4 (*in tono minaccioso*) to show, to let see a thing or two: *se non stai buono, ti faccio* ~ *io* if you're not good, I'll show you; *gliela farò* ~ *io!* I'll show him!; **farsi** ~: 1 (*mostrarsi*) to show o.s.: *farsi* ~ *diversi da come si è veramente* to show o.s. different from what one really is; 2 (*farsi visitare*) to have o.s. examined (*o looked at*): *farsi* ~ *dal medico* to have o.s. looked at by the doctor; *si faccia* ~ *qualche volta come see me sometime*; ~ **lontano** to have far sight; ⟨fig⟩ to see into the future, to be far–sighted; ⟨fig⟩ ~ *la* **luce** (*nascere*) to be born; ~ **male**: 1 to have poor (eye)sight, not to see well; 2 (*considerare sfavorevolmente*) to disapprove (*qd., qc.* of s.o., of s.th.), to be unfavourable (to), to dislike (s.o., s.th.); 3 (*vedere di malocchio*) to dislike, to hate; *a mio* **modo** *di* ~ in my mind, as I see things; *la casa che lo ha visto* **nascere** the house where he was born; ⟨fig⟩ *non* ~ *più in là del proprio* **naso** to see no further than the end of one's (own) nose; *non ci si vede dal naso alla bocca* you can't see a thing; **non** ~ *qd.* (*non tenerlo in considerazione*) to take no notice of s.o., to ignore s.o.; *non vedi che il posto è occupato?* can't you see the seat's taken?; ~ *qd. di buon* **occhio** to approve of s.o., to look well (*o favourably*) on s.o.; *non* ~ *qd. di buon occhio* not to take kindly to s.o., to disapprove of s.o.; *l'ho visto con* ⌈*i miei*⌉ (*o questi*) *occhi* I saw it with my (very) own eyes; *non* ~ *l'*ora to look forward, to long; *non vedo l'ora di arrivare* I can't wait to get there; *non vedo l'ora di andare in vacanza* I'm so looking forward to the holidays; *mi* **pare** *di vederlo* (*me lo immagino*) I can just see him, I can picture him; ⟨fig,fam⟩ *non vederci* **più** (*perdere l'autocontrollo*) to lose one's temper (*o self–control*), to fly off the handle, to see red; *non lo vedremo più* we've seen the last (*o back*) of him; *non* **poter** ~ *qd.* to be unable to stand (the sight of) s.o., to loathe s.o., to dislike s.o. greatly; *i due non si possono* ~ those two can't stand (*o stick*) e.o.; *non ti posso più* ~ *con quel brutto vestito* I can't stand (*o bear to look at*) you in that awful dress; ⟨pop⟩ *non vederci dalla* **rabbia** to be in a blind rage, to be furious; *vedi* **retro** please turn over; **senza** *che si veda troppo* without showing (it) too much, unobtrusively, inconspicuously; *non ho visto ancora un* **soldo** I've yet to see a farthing, I haven't seen a penny (*o* cent) yet; *vedi* **sopra** see above; *vedi* **sotto** see below; **stare** *a* ~: 1 (*guardare*) to watch; 2 (*attendere*) to (wait and) see: *staremo a* ~ *chi la spunterà* we'll see who wins out; 3 (*rif. a fatto inammissibile*) to bet: *stai a* ~ *che sarà promosso* I bet you that he'll pass; *stai a* ~ *che ti telefona domani* I bet you he'll call you tomorrow; *chi s'è visto s'è* **visto** that's that, that's the end of it: *è sparito e chi s'è visto s'è visto* he disappeared into the blue and that was that (*o the last anyone heard of him*). ‖ *non vederci* (*essere cieco*) to be blind, not to see; *vedersi*: 1 to be able to see: *da qui si vede il mare* you can see the sea from here; *si vede ancora la cicatrice?* can you still see the scar?, does the scar still show?; 2 (*venire, farsi vedere*) to be seen, to put in an appearance, to come, to turn (*o show*) up: *ancora non s'è visto* he hasn't shown up yet; *vedremo!* we'll see!; *con te me la vedrò più tardi* I'll deal with you later; *ci vediamo!* be seeing you!, see you!, ⟨am⟩ so long!; *si vede che* (*evidentemente*) evidently, clearly, it's obvious that: *se non è venuto si vede che non ha potuto venire* if he hasn't come then evidently he wasn't able to; *si vede che ha perso il treno* he must have missed the train; *si vede*

subito che è inglese you can see (*o tell*) at once that he's English; *vedi un po' tu* (*pensaci tu*) you ⌈see to⌉ (*o take care of*) it, see what you can do about it, I leave the matter to you; (*decidi tu*) you decide, I'll leave the decision to you, it's up to you; *vedi* (*nei rimandi*) see; *vedetevela voi!* you settle things for yourselves!, sort the matter out between you!; *vediamo!* let's see!; *vedrai che avevo ragione io* I was right, you'll see.

vedere[2] *m.* 1 (*facoltà di vedere*) sight, vision. 2 (*parere, opinione*) opinion, view, conviction: *a mio* ~ in my opinion (*o view*), to my mind.

vedetta *f.* 1 look–out; (*torre*) look–out tower. 2 (*sentinella*) look–out, vedette sentry. 3 (*marinaio*) look –out. 4 ⟨Mar.mil⟩ (*battello*) vedette boat, patrol boat. 5 ⟨tecn⟩ peep–hole. □ *di* ~ look–out–, on the look–out: *soldato di* ~ look–out (soldier); *stare* (*o essere*) *in* ~ to be on the look–out, to be on the qui vive (*anche fig.*).

vedette *fr.* [ve'dɛt] *f.* 1 ⟨Cin⟩ filmstar. 2 ⟨Teat⟩ (famous) actress, leading lady; (*rif. a uomini*) (famous) actor, leading man.

vedico *a./s.* (*pl.* -ci) I *a.* Vedic: *religione* –*a* Vedic religion. II *s.m.* ⟨Ling⟩ Vedic (Sanskrit).

vedova I *s.f.* 1 widow. 2 ⟨Ornit⟩ widow bird (*o* finch), whydah, whidah. II *a.f.* widow–, widowed: *madre* ~ widowed mother. □ ⟨Mus⟩ *la* ~ **allegra** The Merry Widow; *essere* ~ to be a widow; *figlio unico di* **madre** ~ only son of a widowed mother; ⟨scherz⟩ the only one (left), the last of its kind; ⟨Zool⟩ ~ **nera** black widow; **rimanere** (*o restare*) ~ to be widowed, to be left a widow.

vedovanza *f.* (*l'essere vedova*) widowhood; (*l'essere vedovo*) widowerhood. **vedovile** *a.* 1 (*di vedova*) widow's, of a widow, widowed, widowly: *stato* ~ widowed state, widowhood; (*spettante alla vedova*) widow's: *pensione* ~ widow's pension; *il terzo* ~ the widow's terce. 2 (*di vedovo*) of a widower, widower's: *stato* ~ widower's state, widowerhood. **vedovo** I *a.* 1 widowed. 2 ⟨fig⟩ (*privo di persone o cose*) bereft, deprived, widowed. 3 (*rif. a chiese*) left without a pastor. II *s.m.* widower: *restare* (*o rimanere*) ~ to be left a widower.

vedretta *f.* ⟨Geol⟩ cirque glacier.

veduta *f.* 1 (*panorama*) view, panorama: *la villa ha una magnifica* ~ the house has (*o commands*) a lovely view. 2 ⟨concr⟩ (*rappresentazione*) view: *una* ~ *di Roma* a view of Rome. 3 *pl.* ⟨fig⟩ (*idee, opinioni*) views *pl*, ideas *pl*, opinion. 4 ⟨Pitt⟩ veduta. □ ~ **aerea** bird's eye view, view from the air; (*fotografia*) airview, aerial photograph; ⟨fig⟩ *di* **ampie** (*o* **larghe**) ~ broad–minded, having a broad outlook, of wide views; ⟨fig⟩ **larghezza** *di* –*e* broad–mindedness; ⟨Arch⟩ ~ **prospettica** prospect, front; ⟨fig⟩ *di* –*e* **ristrette** narrow–minded.

veemente *a.* vehement, violent, impetuous (*anche fig.*): *parole* –*i* vehement words. **veemenza** *f.* vehemence, violence, fury (*anche fig.*). □ *con* ~ vehemently.

Vega *N.pr.f.* ⟨Astr⟩ Vega.

vegetale I *a.* 1 vegetable, vegetal: *organismo* ~ vegetable (organism). 2 (*delle piante*) plant–, vegetable: *fisiologia* ~ plant physiology. 3 (*costituito da piante*) vegetable, plant–, of vegetable origin: *vitto* ~ food of vegetable origin. 4 (*che si ottiene dalle piante*) vegetable, plant–, vegetal: *materia* ~ vegetable matter. II *s.m.* 1 vegetable. 2 *pl.* ⟨collett⟩ plants *pl*, vegetables *pl*. □ ⟨fig⟩ *far vita* ~ to vegetate. **vegetare** *v.i.* (*vegeto; aus.* avere) to vegetate (*anche fig.*). **vegetarianismo** *m.* vegetarianism. **vegetariano** I *a.* vegetarian: *alimentazione* –*a* vegetarian diet. II *s.m.* (*f.* -a) vegetarian. **vegetarismo** *m.* → vegetarianismo. **vegetativo** *a.* 1 (*proprio dei vegetali*) vegetative, vegetable, vegetal; (*rif. a piante*) plant–. 2 ⟨Biol,Filos⟩ vegetative: *riproduzione* –*a* vegetative reproduction. **vegetazione** *f.* vegetation: ~ *mediterranea* Mediterranean vegetation. □ *mancanza di* ~ sparse vegetation (*o* cover); *ricco di* ~ having lush vegetation. **vegeto** *a.* 1 (*rigoglioso*) luxuriant, lush, exuberant, flourishing. 2 ⟨fig⟩ vigorous, thriving, healthy, strong, robust, blooming. □ *essere vivo e* ~ to be alive and kicking.

vegetominerale (*o* vegeto–*minerale*): *acqua* ~ vegetal

–mineral water.

veggente *m./f.* **1** (*indovino*) soothsayer, diviner; (*chiaroveggente*) clairvoyant. **2** ⟨*lett*⟩ (*profeta*) prophet. **3** (*chi vede*) seer.

veglia *f.* **1** waking, wakefulness: *stare tra la ~ e il sonno* to be between waking and sleeping; (*stato di veglia*) wakefulness, vigil, watch. **2** (*trattenimento serale*) evening; (*festa*) party. **3** (*sorveglianza*) watch, vigil; (*rif. a malati*) vigil, watch. □ ~ *d'armi* vigil at arms; ~ **danzante** dance; **fare** *la* ~ *a un ammalato* to watch by a sick person's bedside; ~ **funebre** wake; *ore di* ~ hours of watch (*o* vigil), wakeful hours.

vegliardo *m.* venerable old man.

vegliare *v.* (**veglio**, **vegli**) **I** *v.i.* (*aus.* avere) **1** to stay awake, to stay up: ~ *sino all'alba* to stay awake until dawn. **2** (*fare la veglia*) to keep watch (*o* vigil): ~ *al capezzale di qd.* to keep vigil at s.o.'s bedside. **3** ⟨*fig*⟩ (*essere attento*) to keep awake (*o* on the alert), to watch out, to take care; (*vigilare*) to watch (over). **II** *v.t.* to watch over, to keep (a) vigil over: ~ *un infermo* to watch over a sick person. □ ~ *in preghiera* to spend the night in prayer.

veglione *m.* ball; (*ballo in maschera*) masked ball. □ ~ *di carnevale* carnival ball; ~ *di fine d'anno* New Year's Eve party (*o* dance).

veicolare *a.* vehicular, of vehicles: *traffico* ~ vehicular traffic. □ *parco* ~ vehicle park (*o* fleet).

veicolo *m.* **1** (*mezzo di trasporto*) vehicle, conveyance. **2** ⟨*Med*⟩ carrier, vehicle. **3** ⟨*Chim*⟩ vehicle, diluent, excipient. □ ~ **aereo** aircraft; ~ **anfibio** amphibious vehicle; ~ **articolato** articulated vehicle; ~ **cingolato** track(–laying) vehicle; ~ **corazzato** armoured vehicle; ~ *a cuscino d'aria* hovercraft; ~ **ferroviario** railway vehicle; ~ **pubblicitario** advertising vehicle; ~ *a tre* **ruote** three–wheeler; ~ *a sei ruote* six–wheeler; ~ **semicingolato** half–track(ed) vehicle; ~ **spaziale** spaceship, spacecraft.

vela *f.* **1** sail; *pl.* sail, sails *pl*, canvas. **2** ⟨*Sport*⟩ sailing. **3** ⟨*Arch*⟩ vaulting cell. □ *a* ~ sailing, sail-: *barca a* ~ sailing boat, ⟨*am*⟩ sailboat; *volo a* ~ sailplaning, gliding; **ammainare** *le* ~*e* to strike sails; ⟨*fig*⟩ (*rinunciare a un'impresa*) to give up; **andare** *a* ~ to sail, to be under sail; ~ **aurica** fore–and–aft sail; **dare** *la* ~ (*al vento*) to set sail; **far** ~: 1 (*salpare*) to set sail: *far* ~ *per un paese* to set sail for a country; 2 ⟨*fig*⟩ to set out; –*e* **gonfie** full (*o* bellying) sails; ⟨*fig*⟩ *andare a gonfie* –*e* to have ⸢smooth sailing⸣ (*o* the wind in one's sails), to be successful (*o* prosperous); *gli affari vanno a gonfie* –*e* business is booming; ~ **latina** lateen sail; ~ **maestra** mainsail; ~ **mezzana** miz(z)en sail, crossjack; **orientare** *le* –*e* to trim sails; ~ *di* **parrocchetto** fore topsail; *a piene* –*e* with full (*o* spread) sail, with the wind in one's sails; ~ **quadra** squaresail; **raccogliere** *le* –*e* to furl the sails, to take in sail; ⟨*fig*⟩ (*arrivare alla conclusione*) to reach one's conclusion, to wind up; ~ *di* **randa** spanker, gaffsail, trysail; **spiegare** *le* –*e* (*al vento*) to unfurl the sails; ⟨*fig*⟩ (*partire*) to depart, to leave; **sport** *della* ~ sailing; ~ *di* **trinchetto** foresail; ~ *di* **velaccino** fore topgallant sail; ~ *di* **velaccio** topgallant; ⟨*fig*⟩ *volgere la* ~ *a secondo il vento* to trim one's sails according to the wind; ⟨*Arch*⟩ **volta** *a* ~ ribbed (*o* domical) vault.

velaccino *m.* ⟨*Mar*⟩ (*vela*) fore topgallant sail; (*pennone*) fore topgallant yard; (*alberetto*) fore topgallant mast.

velaccio *m.* ⟨*Mar*⟩ **1** topgallant sail. **2** *pl.* gallant sails *pl.* □ **gran** ~ topgallant sail.

velame[1] *m.* ⟨*lett*⟩ **1** (*velo*) veil. **2** ⟨*fig*⟩ veil, covering.

velame[2] *m.* ⟨*Mar*⟩ sails *pl*, set, sails *pl* and rigging, sail, canvas.

velare[1] *v.t.* (**velo**) **1** to veil: ~ *un quadro* to veil a painting. **2** (*estens*) (*coprire facendo velo*) to veil, to cover, to hide, to obscure: *le nubi velavano il sole* the clouds hid the sun. **3** ⟨*fig*⟩ (*offuscare, annebbiare*) to veil, to cloud, to dim: *l'emozione gli velò la vista* emotion clouded his sight; (*rif. a suoni*) to muffle, to dim, to dampen. **4** ⟨*fig*⟩ (*nascondere, celare*) to cloak, to veil, to cover, to conceal, to disguise: ~ *le proprie intenzioni con pretesti* to conceal one's intentions with pretexts. **velarsi** *v.r.* **1** to veil (o.s.), to wear (*o* put on) a veil, to cover

with a veil: *velarsi il volto* to veil one's face. **2** ⟨*fig*⟩ (*annebbiarsi*) to be(come) veiled, to grow dim (*o* misty, clouded), to become blurred: *il suo sguardo si velò di tristezza* his sight became misty with sadness; *gli occhi gli si velarono di lacrime* his eyes ⸢were dimmed with tears⸣ (*o* grew misty); (*rif. alla voce*) to thicken, to become husky.

velare[2] **I** *a.* **1** ⟨*Anat*⟩ velar, of a velum. **2** ⟨*Fon*⟩ velar. **II** *s.f.* ⟨*Fon*⟩ velar sound.

velario *m.* (*tendaggio*) curtain, ⟨*am*⟩ drape; (*sipario*) curtain.

velatamente *avv.* covertly, in a disguised way. **velato** *a.* **1** veiled: *donna* –*a* veiled woman. **2** ⟨*fig*⟩ veiled, covered, concealed, hidden: *sole* ~ veiled sun. **3** (*rif. a suoni*) muffled, dim(med), dampened; (*rif. a occhi*) dim(med), clouded, veiled; (*di lacrime*) misty, dim(med); (*rif. alla voce*) thick, husky. **4** ⟨*fig*⟩ (*nascosto, non esplicito*) veiled, (half–)hidden, covert, cloaked, disguised: *un rimprovero* ~ a veiled reproof. □ **calze** –*e* sheer stockings.

velatura[1] *f.* **1** (*atto*) veiling. **2** ⟨*concr*⟩ (*strato che vela*) layer, covering, coating; (*di colore, di vernice*) coat; (*spruzzatura molto leggera*) sprinkling, dusting: *una* ~ *di zucchero* a sprinkling of sugar; *una leggera* ~ *di cipria* a light dusting of powder. **3** ⟨*estens*⟩ (*offuscamento*) veiling, dimming, clouding, blur, mistiness. **4** ⟨*Art*⟩ (*strato di colore*) glaze. **5** ⟨*Fot,TV*⟩ (*velo*) fog, veil, clouding.

velatura[2] *f.* **1** ⟨*Mar*⟩ sails *pl*, sail, canvas; (*superficie velica*) sail area. **2** ⟨*Aer*⟩ lifting surface.

veleggiamento *m.* sailing. **veleggiare** *v.i.* (**veleggio**, **veleggi**; *aus.* avere) **1** ⟨*Mar*⟩ to sail. **2** ⟨*Aer*⟩ to sailplane, to glide. **3** ⟨*poet*⟩ (*rif. a uccelli*) to glide. **veleggiata** *f.* sailing; (*gita in barca a vela*) sail. **veleggiatore** *m.* **1** sailing yacht, ⟨*am*⟩ sailboat. **2** ⟨*Aer*⟩ (*aliante*) sailplane, glider. **3** (*pilota; f.* **-trice**) sailplane pilot. **veleggio** *m.* **1** ⟨*Mar*⟩ sailing. **2** ⟨*Aer*⟩ sailplaning, gliding. **3** ⟨*estens*⟩ (*rif. a uccelli*) gliding.

velenifero *a.* venomous, poisonous.

veleno *m.* **1** poison; (*di animali*) venom. **2** ⟨*estens*⟩ (*cosa dannosa*) poison: *il tabacco è per lui* ~ tobacco is poison for him. **3** ⟨*fig*⟩ poison, venom: *il* ~ *della gelosia* the poison of jealousy. □ **amaro** *come il* ~ as bitter as gall; ⟨*fig*⟩ **avere** *del* ~ *contro qd.* to have a grudge against s.o., to loathe s.o. like poison; ⟨*fig*⟩ **avere il** ~ *in corpo* to be filled with resentment (*o* ill–will); ⟨*fig*⟩ **mangiare** (*o* masticare*) ~ to nurse one's resentment, to brood over s.th.; ⟨*fig*⟩ **pieno** *di* ~ spiteful, venomous; ~ **potente** strong poison; ⟨*fig*⟩ **schizzare** ~ *da tutti i pori* to breathe evil (*o* venom) from every pore; ⟨*fig*⟩ **sputare** ~ to give vent to one's hatred, to be full of venom; (*dire malignità*) to talk spitefully (*o* maliciously); **uccidere** *qd. col* ~ to poison s.o.; **uccidersi col** ~ to poison o.s.

velenosamente *avv.* poisonously. **velenosità** *f.* **1** poisonousness, venomousness. **2** ⟨*fig*⟩ venomousness, poisonousness, maliciousness. **velenoso** *a.* **1** poisonous, venomous: *sostanza* –*a* venomous substance, poison; *funghi* –*i* poisonous mushrooms. **2** ⟨*fig*⟩ (*pieno di astio*) venomous, poisonous, malicious, malignant, virulent: *risposta* –*a* venomous reply; ~ *come una serpe* as poisonous as a snake.

veleria *f.* **1** (*officina*) sail loft. **2** (*insieme di vele*) sails *pl.*

veletta[1] *f.* **1** (*vela posta in cima all'albero di una nave*) topsail. **2** ⟨*lett*⟩ (*vedetta*) look–out (post). □ ⟨*lett*⟩ **stare** ⸢*alle* –*e*⸣ (*o alla veletta*) to be on look–out duty, to keep watch.

veletta[2] *f.* ⟨*Mod*⟩ hat veil; (*che copre metà faccia*) half –veil.

velia *f.* ⟨*Ornit*⟩ (*averla*) shrike, butcher bird.

velico *a.* (*pl.* **-ci**) sailing, sail-: *regate veliche* sailing regattas; *superficie* –*a* sail area. **veliero** *m.* ⟨*Mar*⟩ sailing ship (*o* vessel). □ ~ *a due alberi* two–master; ~ *a quattro* four–master; ~ *a tre alberi* three–master; ~ *a un albero* single–master sailing ship. **velificio** *m.* sail factory.

velina *f.* **1** (*copia su carta velina*) carbon copy. **2** (*carta velina*) flimsy (paper), onionskin. **3** ⟨*giorn*⟩ press release. **4** ⟨*Cosmet*⟩ (*velina di trucco*) (facial) tissue, kleenex. **5** ⟨*Tip*⟩ cello. **velino**: *carta* –*a* tissue paper; (*per copie di lettere battute a macchina*) flimsy (paper), onionskin.

velismo *m.* ⟨*Sport*⟩ sailing. **velista** *m./f.* sailor, sailing enthusiast.

velivolo *m.* ⟨*Aer*⟩ aeroplane, aircraft, ⟨*am*⟩ airplane, ⟨*fam*⟩ plane.

velleità *f.* **1** velleity. **2** (*aspirazione infondata*) fancy, (empty) wish, (vain) desire, velleity, inclination; (*mira ambiziosa*) ambition, (vain) aspiration: ~ *dittatoriali* aspiration after the dictatorship. **velleitario I** *a.* **1** weak, faint-hearted, vague: *tentativi velleitari* weak attempts. **2** (*ambizioso*) ambitious; (*troppo ambizioso*) overambitious. **II** *s.m.* (*f.* **-a**) wishful thinker; (*ambizioso*) person nourishing an overambitious project (*o* dream). **velleitarismo** *m.* indulgence in velleities, empty (*o* vain) ambition.

vellicamento *m.* ⟨*non com*⟩ **1** (*atto*) tickling. **2** (*effetto*) tickle. **vellicare** *v.t.* (**vellico, vellichi**) ⟨*lett*⟩ **1** to tickle. **2** ⟨*fig*⟩ (*stimolare, eccitare*) to titillate, to stimulate.

vello *m.* **1** ⟨*lett*⟩ fleece. **2** (*pelo di animali da pelliccia*) pelt, (undressed) skin. **3** (*bioccolo di lana*) flock, tuft (*o* lock) of wool. **4** (*pelo umano*) hair; (*capelli*) hair. □ ⟨*Mitol*⟩ *il* ~ *d'oro* the Golden Fleece. **velloso** *a.* ⟨*lett*⟩ fleecy; (*coperto di peli o capelli*) hairy.

vellutare *v.t.* ⟨*Tess*⟩ to give a velvet finish to. **vellutato** *a.* **1** velvety, velvet-like, velvet(ed): *tessuto* ~ velvet-like cloth. **2** (*rif. a organo vegetale*) velvety: *petali -i* velvety petals. **3** ⟨*fig*⟩ (*liscio e morbido*) velvety, soft and smooth: *pelle -a* velvety skin. **4** (*rif. a colori*) velvety: *rosso* ~ velvety red.

velluto *m.* ⟨*Tess*⟩ velvet. □ ⟨*Tess*⟩ ~ *alla* **cacciatora** corduroy; ⟨*fig*⟩ **camminare** *sul* ~: 1 (*senza incontrare ostacoli*) to meet with no obstacles in one's path, to be on velvet; 2 (*camminare con passi di velluto*) to have a velvet tread, to walk softly and quietly; **come** *il* ~ velvety, velvet-like, like velvet; ~ *a* **coste** corduroy; ~ *di* **cotone** velveteen; **di** ~: 1 velvet: *guanti di* ~ velvet gloves; 2 ⟨*fig*⟩ velvety, velvet(-like), soft and smooth: *guance di* ~ velvety cheeks; ~ *di* **lana** wool velvet; ~ *di* **lino** linen velvet; ~ *di* **seta** (silk) velvet.

velo *m.* **1** veil: *mettersi il* ~ to wear a veil; *la danza dei sette -i* The Dance of the Seven Veils. **2** ⟨*Tess*⟩ voile: *un vestito di* ~ a voile dress. **3** (*strato sottile*) film, touch, thin layer, light covering: *sul tavolo c'è un* ~ *di polvere* there's a film of dust on the table; *un* ~ *di cipria* a touch (*o* dusting) of powder; (*rif. a vernice, tinta*) light coat (of paint). **4** (*membrana*) skin, membrane, veil: ~ *di cipolla* onion-skin. **5** (*tessuto di crine del setaccio*) wire gauze, sieve netting. **6** ⟨*fig*⟩ (*ciò che impedisce di vedere*) veil, cover, haze, mist: ~ *di nebbia* veil of mist; *il* ~ *del mistero* the veil of mystery. **7** ⟨*fig*⟩ (*offuscamento*) veil, obscuration, dimming: *un* ~ *di tristezza* a veil of sadness. **8** ⟨*fig*⟩ (*apparenza ingannevole*) pretence, veil, cloak, guise: *sotto il* ~ *dell'altruismo* under the veil (*o* pretence) of unselfishness. **9** ⟨*Fot,TV,Cin*⟩ veil, fog. **10** ⟨*Anat,Biol*⟩ velum. □ **coprirsi** *il capo col* ~ to veil one's head, to wear a veil; ⟨*fig*⟩ **deporre** (*o lasciare*) *il* ~ to leave the convent; ~ *da* **lutto** mourning veil; ⟨*Mecc*⟩ ~ *d'olio* film of oil; ⟨*fig*⟩ **prendere** *il* ~ (*farsi monaca*) to take the veil; ~ *da* **sposa** bridal veil; ⟨*fig*⟩ **stendere** *un* ~ *sopra qc.* to draw a veil over s.th.; ~ **vedovile** widow's veil; ⟨*Anat*⟩ ~ **virginale** (*imene*) hymen.

veloce I *a.* **1** fast, quick, rapid, swift: *un'automobile* ~ a fast car; ~ *come il vento* (*o fulmine*) as fast as the wind, as quick as lightning; *una dattilografa* ~ a fast typist. **2** (*che passa in fretta*) fleeting: *i giorni scorrono -i* the fleeting days slip by. **3** (*rif. a mente, ingegno*) quick, ready: *un ingegno* ~ a quick mind. **II** *avv.* **1** fast, quickly, rapidly, swiftly: *fuggire* ~ to flee quickly. **2** (*prontamente*) quickly, readily. □ **come** *fuggono -i gli anni!* how the years fly by!, how quickly the years go by! **velocemente** *avv.* **1** fast, quickly, rapidly, swiftly. **2** (*prontamente*) quickly, readily.

velocipede *m.* ⟨*ant*⟩ velocipede, ⟨*scherz*⟩ bone-shaker. **velocipedismo** *m.* ⟨*ant*⟩ (*ciclismo*) cycling. **velocipedista** *m./f.* ⟨*ant*⟩ velocipedist.

velocista *m./f.* ⟨*Sport*⟩ sprinter.

velocità *f.* **1** speed, quickness, swiftness, velocity, rapidity: *raggiungere un'alta* ~ to reach a high speed. **2** ⟨*Fis*⟩

velocity, speed. **3** ⟨*Mot*⟩ (*marcia*) gear: *innestare una* ~ to engage a gear. **4** ⟨*Inform*⟩ rate: ~ *in baud* baud rate; ~ *in bit* bit rate. □ **acquistare** ~ to pick up speed; **alta** ~ high-speed; *ad alta* ~: 1 at high-speed; 2 ⟨*tecn*⟩ high-speed–; **aumentare** *la* ~ to increase speed, to speed (up), to go faster; **bassa** ~ low speed; ⟨*Mot*⟩ ~ *bassa* (*marcia bassa*) low gear; ⟨*Aut*⟩ **cambio** *di* ~ gear-box, ⟨*am*⟩ transmission; ⟨*Ferr*⟩ ~ **commerciale** commercial speed; ~ **consigliata** recommended speed; ~ *di* **crociera** cruising speed; ⟨*Aer*⟩ ~ *di* **decollo** take-off speed; ⟨*Inform*⟩ ~ **elaborativa** processing speed; ⟨*tecn*⟩ ~ *d'esercizio* operating (*o* working) speed; ~ **folle** breakneck speed; *andare a* ~ *folle* to tear along; **limite** *di* ~ speed limit, maximum speed; ⟨*Aer*⟩ ~ **limite** limiting velocity; ⟨*Fis*⟩ ~ *della* **luce** speed of light; ~ *di* **marcia**: 1 ⟨*Ferr*⟩ running speed; 2 ⟨*Mil*⟩ marching speed; ~ **massima** top (*o* maximum, full) speed; ~ **media** average speed, mean velocity; ~ **minima** minimum speed; ⟨*Ferr*⟩ ~ **oraria** schedule speed; ⟨*Cin*⟩ ~ *della* **pellicola** film speed; **perdere** ~ to lose speed, to slow down; *a* **piccola** ~: 1 at low speed; 2 ⟨*Ferr*⟩ slow goods–, by slow (*o* goods) train, ⟨*am*⟩ by slow freight: *merce (spedita) a piccola* ~ slow goods traffic, goods by slow (*o* goods) train; ⟨*Fis*⟩ ~ *di* **propagazione** velocity (*o* speed) of propagation; **ridurre** *la* ~ to reduce (*o* slacken) speed, to slow down, to go slower; ⟨*Astr*⟩ ~ *di* **rivoluzione** velocity of revolution; ~ *di* **rotazione** revolving speed, speed of rotation; ⟨*Aer*⟩ ~ *al* **suolo** ground speed; ⟨*Fis*⟩ ~ *del* **suono** velocity (*o* speed) of sound, sound velocity; ~ **supersonica** supersonic speed (*anche fig.*); ~ *del* **vento** wind speed (*o* velocity).

velodromo (*non com.* **velodromo**) *m.* ⟨*Sport*⟩ **1** cycle racing track, cycle-track. **2** (*stadio*) velodrome.

velours *fr.* [vǝˈluːr] *m.* ⟨*Tess*⟩ velour(s).

veltro (*o* **veltro**) *m.* ⟨*lett*⟩ (*cane da caccia*) greyhound.

V.Em. = *Vostra Eminenza* Your Eminence.

ven. = **1** *venerdì* Friday (*abbr.* Fri.). **2** *venerabile* venerable (*abbr.* ven.).

vena *f.* **1** ⟨*Anat*⟩ vein, vena: *le -e e le arterie* the veins and the arteries; *recidersi le -e dei polsi* to cut the veins in one's wrists. **2** (*venatura*) vein(ing): ~ *del marmo* vein in marble; (*del legno*) grain. **3** (*vena d'acqua*) (water) vein, vein of water. **4** ⟨*fig*⟩ (*estro*) talent, vein, aptitude, gift, bent: ~ *musicale* musical bent (*o* vein), talent for music; (*ispirazione*) inspiration: *la sua* ~ *poetica si è esaurita* his poetic inspiration has dried up. **5** (*disposizione dello spirito*) mood, vein: *oggi non sono in* ~ *di studiare* I'm not in the mood to study today; *è in* ~ *di generosità* he is in a generous mood. **6** ⟨*Minier*⟩ vein, lode; (*del carbone*) seam, vein. **7** ⟨*Bot*⟩ vein, nerve, rib. □ ~ *d'acqua* (water) vein, vein of water; *acqua di* ~ spring water; ⟨*Anat*⟩ ~ **cava** *inferiore* inferior vena cava; ⟨*fig*⟩ **di** (*buona*) ~ (*alacremente*) eagerly, willingly, cheerfully, readily: *fare qc. di* ~ to do s.th. willingly; ⟨*fig*⟩ **essere** *in* ~ *di scherzare* (*o scherzi*) to be in the mood for joking; ~ *d'oro* vein of gold; ⟨*Anat*⟩ ~ **porta** portal vein; ⟨*fig*⟩ *non aver* **sangue** *nelle -e* to be lily-livered; **tagliarsi** *le -e* to slash one's wrists; ⟨*Med*⟩ *-e* **varicose** varicose veins.

venale *a.* **1** (*che si può vendere*) sal(e)able, for sale, ⟨*lett*⟩ venal; (*che si può comprare*) purchasable, buyable, ⟨*lett*⟩ venal. **2** (*di vendita*) sale–, selling: *prezzo* ~ sale price; (*d'acquisto*) purchase–, market–: *valore* ~ market value. **3** ⟨*fig,spreg*⟩ venal, mercenary; (*rif. a persone*) venal, mercenary, that may be bought (*o* bribed). **venalità** *f.* **1** ⟨*non com*⟩ sal(e)ability, ⟨*lett*⟩ venality; (*l'essere acquistabile*) purchasability, ⟨*lett*⟩ venality. **2** ⟨*fig,spreg*⟩ venality, mercenariness: *la* ~ *di un giudice* the venality of a judge. **venalmente** *avv.* venally.

venare *v.t.* (**veno**) ⟨*non com*⟩ to vein. **venato** *a,* **1** veined: *marmo* ~ *di azzurro* blue-veined marble; (*rif. a legno*) grained. **2** ⟨*fig*⟩ veined, tinged (*di* with): *parole -e di tristezza* words tinged with sadness; (*pervaso*) pervaded (with).

venatorio *a.* **1** (*della caccia*) hunting, ⟨*lett*⟩ venatorial: *stagione -a* hunting season. **2** (*dei cacciatori*) hunters', of hunters: *linguaggio* ~ hunter's jargon.

venatura *f.* **1** vein(ing); (*del legno*) grain. **2** ⟨*Bot,Entom*⟩ venation, nervation. **3** ⟨*fig*⟩ vein, trace, streak: *c'è una* ~

di tristezza nelle sue poesie there is a trace of sadness in his poetry.

Venceslao *N.pr.m.* ⟨*Stor*⟩ Wenceslaus, Wenceslas.

vendemmia *f.* **1** vintage, grape harvest. **2** (*tempo*) vintage, grape–harvest time. **3** (*quantità d'uva raccolta*) grape harvest (*o* crop), ⟨*lett*⟩ vintage. □ *fare la ~* to gather (*o* harvest) the grapes; *festa della ~* grape–harvest festival. **vendemmiaio** *m.* ⟨*Stor*⟩ Vendémiaire. **vendemmiale** *a.* ⟨*non com*⟩ grape–harvest–, vintage–: *tempo ~* grape–harvest time, vintage time. **vendemmiare** *v.* (**vendemmio**, **vendemmi**) **I** *v.i.* (*aus.* avere) to gather (*o* harvest) grapes. **II** *v.t.* to harvest, to gather: *~ l'uva* to harvest grapes. **vendemmiatore** *m.* (*f.* **-trice**) vintager, grape harvester, grape gatherer.

vendere[1] *v.t.* (**vendei/vendetti**, **venduto**) **1** to sell: *~ una casa* to sell a house. **2** (*mettere in vendita*) to sell, to put up for sale. **3** (*esercitare un commercio*) to sell, to trade (*o* deal) in: *~ libri* to sell books, to be a bookseller. **4** ⟨*spreg*⟩ (*far mercato di cose non venali*) to sell: *~ il proprio onore* to sell one's honour; *~ la patria al nemico* to sell one's country to the enemy; (*asservire*) to sell: *l'anima al diavolo* to sell one's soul to the devil. **vendersi** *v.r.* to sell o.s.: *vendersi al nemico* to sell o.s. to the enemy. □ ⟨*iperb*⟩ *venderebbe l'*anima *pur di ottenere quello che vuole* he would sell his soul to get what he wants; *~ all'*asta to sell at auction, to auction (off); ⟨*fig*⟩ *saper ~* bene *qc.* (*imporre, far accettare*) to know how to sell (*o* push) s.th.; ⟨*fam*⟩ *~ perfino la* camicia to sell the shirt off one's back; *~ per* (*o a*) contanti to sell for cash (*o* ready money); *~ sotto* costo to sell below cost; *~ a* credito to sell on credit; ⟨*fam*⟩ *avere qc. da ~* to have plenty of s.th., to be 'bursting with' (*o* full of) s.th., to have enough and to spare of s.th.: *ho pazienza da ~, ma ...* I've plenty (*o* no lack) of patience, but ...; *ha salute da ~* he is bursting with health; *hai ragione da ~* you're absolutely right; ⟨*fig*⟩ *~* fumo to talk big; *~ all'*ingrosso to sell wholesale; *~ a buon* mercato to sell cheaply; ⟨*fig*⟩ *saper ~* la propria merce to know how to 'sell o.s.' (*o* put o.s. over); *~ al* minuto to (sell) retail; *quell'articolo* non *si* vende (*non è* in *vendita*) that article is not for sale; (*si* vende *male*) that article isn't selling well; *~ al maggior* offerente to sell to the highest bidder; *~ in* passivo to sell at a loss; ⟨*fig*⟩ *~* cara *la propria* pelle to sell one's life dear; *~ a* peso to sell by weight; *~ a* peso d'oro to sell dear(ly), to sell at a high price; *questo libro si vende* poco this book is selling badly; *~ a* metà prezzo to sell (at) half–price; *~ a vilissimo prezzo* to sell at a very low price, ⟨*fam*⟩ to sell for peanuts; *~ a* rate to sell on hire–purchase (*o* the instalment plan), ⟨*fam*⟩ to sell on the H.P. (*o* never–never). || ⟨*fam*⟩ *te la vendo come l'ho comprata* I'm just passing on what I've heard, I'm telling it just as I heard it; *vendesi* for sale.

vendere[2] *m.* selling. □ *arte del ~* salesmanship.

vendetta *f.* revenge, vengeance: *giurare ~* to swear revenge; *per ~* in (*o* out of) revenge. □ *covare nel cuore la ~* to 'thirst for' (*o* nurse thoughts of) revenge; *far ~ di* to take revenge for, to revenge; *gridare ~* to cry out (to Heaven) for vengeance; ⟨*scherz*⟩ (*rif. a cose maltrattate o fatte male*) to be outrageous; *prendersi la propria ~* to have (*o* get) one's revenge, to revenge o.s.; ⟨*Etnol*⟩ *~ del* sangue vendetta, blood feud. *Prov.: la miglior ~ è il perdono* the noblest vengeance is to forgive.

vendeuse *fr.* [vã'dø:z] *f.* (*commessa*) saleswoman, vendeuse.

vendibile *a.* **1** (*che si può vendere*) sal(e)able; (*messo in vendita*) for sale, on sale. **2** (*che trova facilmente acquirenti*) marketable, easy to sell, that sells easily. **3** ⟨*fig,non com*⟩ (*venale*) venal, mercenary.

vendicabile *a.* that may be avenged. **vendicare** *v.t.* (**vendico**, **vendichi**) to avenge, to revenge: *~ un torto* to avenge a wrong; *~ col sangue* to avenge in blood. **vendicarsi** *v.r.* to avenge (*o* revenge) o.s., to take revenge, to be revenged (*su* on, against): *vendicarsi di un torto* to take revenge for a wrong, to 'be revenged' (*o* revenge o.s.) for a wrong. **vendicativo I** *a.* revengeful, vengeful, vindictive. (*che serba rancore*) vindictive. **II** *s.m.* (*f.* **-a**) **1** revengeful person. **2** (*chi serba rancore*) vindictive person.

vendicatore I *s.m.* (*f.* **-trice**) revenger, avenger. **II** *a.* (re)vengeful, avenging.

vendicchiare *v.t.* (**vendicchio**, **vendicchi**) (*vendere a stento*) to sell with difficulty.

vendita *f.* **1** sale, selling: *la ~ d'un terreno* the sale of a piece of land. **2** (*smercio*) sales *pl*: *la ~ diminuisce* sales are dropping off. **3** (*attività commerciale*) sale, selling: *il personale addetto alle –e* sales personnel. **4** (*negozio*) shop, ⟨*am*⟩ store: *aprire una ~ di tessuti* to open a fabric shop. □ analisi *delle –e* sales analysis; *~ all'*asta auction (sale), sale by auction; *~ di* beneficenza charity sale; *~ in* blocco bulk sale; *~ su* campione sale on (*o* by) sample; *~ su* catalogo catalogue sale; *~ di* chiusura closing–down sale; *~* coatta forced sale; *~* condizionata (*o sotto condizione*) conditional sale; condizioni *di ~* terms of sale; *~ per* (*o a*) contanti cash sale; *~ per* corrispondenza mail order; *~ a* credito credit sale; *~ al* dettaglio retail sale, retail selling; (*il commercio*) retail trade; *~* diretta direct selling; *~* mediante distributori *automatici* automatic selling; *~ a* domicilio door–to–door selling, house–to–house sale; *~* (*in*) esclusiva sole right of sale, exclusive ⌈selling rights⌉ (*o* agency selling); ⟨*Dir*⟩ *~* fallimentare bankruptcy sale; *~* fittizia fictitious sale; *~* giudiziale sale by order of the Court, sale under execution; *essere in ~* to be on (*o* for) sale; *mettere in ~* to put on (*o* up for) sale, to sell; incentivi *di ~* sales incentives; *~di* liquidazione clearance (sale); *~ in* massa bulk sale; *~ al* minuto retailing, retail sale; *~ con* perdita sale at loss; *~ a* peso sale by weight; *~ a* pezzo sale by number; prezzo *di ~* selling price; *~ a* rate selling on hire–purchase (*o* the instalment plan); *~ a* scatola *chiusa* blind selling; *~* simulata = *vendita* fittizia; *~ di fine* stagione end–of–season sale; *~ per* telefono sale by telephone; *~ a* termine forward sale, sale ⌈for future delivery⌉ (*o* on term); (*in Borsa*) sale for future settlement.

venditore *m.* (*f.* **-trice**/*pop.* **-a**) **1** seller, vendor. **2** (*gestore d'un negozio*) shopkeeper, dealer, trader. □ *~* ambulante pedlar, hawker; (*che va nelle case*) door–to–door salesman; ⟨*fig*⟩ *~ di fumo* swindler; *~ all'ingrosso* wholesaler, wholesale dealer; *~ al minuto* retailer. **venduto** (*p.p. di* **vendere**[1]) **I** *a.* **1** sold. **2** ⟨*fig*⟩ corrupt, sold, mercenary. **II** *s.m.* ⟨*Comm*⟩ goods *pl*, merchandise sold.

veneficio *m.* poisoning. **venefico** *a.* (*pl.* **-ci**) **1** poisonous, venomous: *sostanza –a* poisonous substance. **2** (*estens*) (*nocivo*) unhealthy, harmful, poisonous.

venerabile *a.* venerable: *un vecchio di ~ aspetto* a venerable–looking old man. □ ⟨*scherz*⟩ *aveva la ~ età di novantacinque anni* he reached the venerable old age of ninety–five. **venerabilità** *f.* venerability, venerableness. **venerando** *a.* venerable: *un vecchio ~* a venerable old man. **venerare** *v.t.* (**venero**) to venerate, to revere: *~ la memoria di qd.* to revere s.o.'s memory; *nel santuario si venera un'immagine miracolosa* a miraculous image is venerated in the sanctuary. **venerato** *a.* venerated, revered. **venerazione** *f.* veneration, reverence. □ *degno di ~* venerable; *essere oggetto di ~* to be venerated.

venerdì *m.* Friday. □ *di* (*o il*) *~* on Friday(s); ⟨*scherz*⟩ ⌈*non ha tutti i ~*⌉ (*o gli manca qualche venerdì*) he has a screw loose, he's not all there; ⟨*Rel*⟩ *~* santo Good Friday; *~ sera* (on) Friday evening. *Prov.: chi ride di ~ piange di domenica* he that sings on Friday, will weep on Sunday.

Venere *N.pr.f.* ⟨*Mitol,Astr*⟩ Venus. **venere** *f.* **1** (*donna di rara bellezza*) beauty, Venus, beautiful woman: *si crede una ~* she thinks she's a beauty. **2** ⟨*Zool*⟩ venus, venerid. □ *Prov.: né di ~ né di Marte non si sposa né si parte* it's bad luck to get married or set out on Fridays or Tuesdays.

venereo *a.* **1** venereal; (*sensuale*) sensual: *amore ~* sensual love. **2** ⟨*Med*⟩ venereal: *–e* venereal diseases. **venereologia** *f.* venereology.

veneto I *a.* of (*o* from) the Veneto region, Veneto–; (*veneziano*) Venetian, of Venice. **II** *s.m.* **1** (*dialetto*) Veneto dialect. **2** (*abitante;* *f.* **-a**) native (*o* inhabitant) of Veneto (*anche Stor.*).

Venezia *N.pr.f.* ⟨*Geog*⟩ Venice. □ *~* Giulia Venetia Julia;

le tre –e the Three Venetias. **veneziana** *f.* **1** Venetian girl (*o* woman). **2** (*tipo di tenda*) Venetian blind. **3** ⟨*Dolc*⟩ kind of soft bun. **veneziano I** *a.* Venetian, of Venice. **II** *s.m.* **1** (*dialetto*) Venetian (dialect). **2** (*abitante; f.* -a) Venetian.

venia *f.* ⟨*lett*⟩ (*perdono*) forgiveness, pardon: *chiedere* ~ to ask for forgiveness. **veniale** *a.* **1** (*perdonabile*) forgiveable, excusable, venial. **2** ⟨*Teol*⟩ venial: *peccato* ~ venial sin. **venialità** *f.* **1** forgiveableness. **2** ⟨*Teol*⟩ venialness, veniality.

venire *v.i.* (*pr.ind.* **vengo, vieni, viene, veniamo, venite, vengono;** *fut.* **verrò;** *p.rem.* **venni;** *pr.cong.* **venga, veniamo, veniate, vengano;** *p.pr.* **veniente;** *p.p.* **venuto;** *aus.* **essere**) **1** to come: *vieni a trovarmi* come and see me; *mi sembra che venga qd.* I think s.o. is coming. **2** (*giungere, arrivare*) to come, to arrive: *è venuta la posta?* has the mail come (*o* arrived)?; *finalmente è venuta l'estate* summer ⌐has come⌐ (*o* is here) at last. **3** (*provenire*) to come (*da* from): *quest'olio viene dalle mie terre* this oil comes from my estate; (*essere inviato*) to be sent, to come (from): *questo pacco viene da casa* this parcel was sent from home. **4** (*arrivare attraverso i fili, condutture e sim.*) to come; (*scaturire*) to come (out), to flow: *non viene l'acqua* the water isn't coming out. **5** (*derivare, avere origine*) to come, to be descended (from): *viene da una nobile famiglia* he comes from a noble family; *una parola che viene dal latino* a word that comes from Latin; *di dove ti viene tanta sicurezza?* where does all your self-confidence come from?; *proprio da te viene questa osservazione!* fancy a remark like that coming from you! **6** (*sopraggiungere*) to come, to arrive unexpectedly, to turn up: *poi venne la grandine e rovinò il raccolto* then the hail came and destroyed the crops; *poi venne la guerra* then the war came (*o* broke out). **7** (*presentarsi, manifestarsi*) to get, to have (*costr.pers.*), to come, to occur: *cosa ti viene in mente?* what has got into your head?, what has come over you?; *mi è venuto un dubbio* a doubt has occurred to me; *ci è venuta un'idea!* we have had (*o* got) an idea! **8** (*avere, sentire*) to get (*costr.pers.*), to feel like (*costr.pers.*): *mi sta venendo fame* I'm getting hungry; ⟨*intens*⟩ to be overcome (*o* seized), to fill: *mi venne una gran malinconia* I was overcome by sadness, sadness filled my heart. **9** (*avere contratto: rif. a malattie e sim.*) to catch, to get, to contract: *gli è venuta l'influenza* he has caught influenza; *mi è venuta la tosse* I have got a cough. **10** (*trattare, discutere*) to come, to get: ~ *all'argomento principale* to come to the main subject; ~ *al sodo* (*o dunque*) to get to the point. **11** (*riuscire*) to turn out, to come on: *com'è venuto il lavoro?* how did the work come out?; ~ *bene* to turn out well, to be successful. **12** ⟨*Mat*⟩ (*ottenere come risultato*) to come out (*o* to), to work out, to be the result: *ho fatto la somma e mi viene sessantotto* I have done the sum and ⌐it works out at⌐ (*o* the result is) sixty-eight. **13** (*uscire, essere estratto*) to be drawn, to come out: *è venuto il nove* number nine has been drawn. **14** (*costare*) to cost, to come to: *quanto viene questa stoffa?* how much does this fabric cost?; *questo vi viene cento lire il chilo* this costs (*o* will cost you) a hundred lire a kilo. **15** (*ricorrere*) to fall, to come: *la mia festa viene di lunedì* my birthday falls on a Monday; *quest'anno la Pasqua viene presto* Easter comes early this year. **16** (*toccare, spettare*) to be due, to have, to get: *vi viene mille lire per ciascuno* you get a thousand lire each. **17** ⟨*fam*⟩ (*ricordare*) to remember (*costr.pers.*), ⟨*fam*⟩ to come: *non mi viene* it won't come (to me). **18** (*seguito da gerundio: azione nello svolgersi*) to be: *viene cantando* he is singing; (*inizio dell'azione*) to be beginning: *mi vengo accorgendo che* I am beginning to realize that; (*azione ripetuta, continuata*) to keep (on): *veniva dicendo* he kept saying, he would continually say. **19** (*come ausiliare: essere*) to be: *i suoi quadri vennero ammirati da tutti* his paintings were admired by all. **20** (*fraseologico*) to come, *di solito si traduce a senso*: *che cosa mi vieni a raccontare?* what on earth are you saying?; ~ *a conoscenza di qc.* to learn (*o* hear) of s.th. **21** ⟨*fam*⟩ (*avere un orgasmo*) to have an orgasm, ⟨*fam*⟩ to come. □ **a** ~ (*futuro*) to come, future: *nei secoli a* ~ in the centuries to come; ~ *a un*

accomodamento to reach (*o* come to) a settlement; ~ **addosso** (*investire*) to hit, to run over; *la macchina mi stava venendo addosso* the car was heading straight for me; *un continuo andare e* ~ *di gente* a continual coming and going; ~ **in antipatia** *a qd.* to come to dislike s.o.: *mi è venuto in antipatia* I have come (*o* grown, got) to dislike him; ~ **avanti:** 1 (*avanzare*) to come forward, to advance; 2 (*avvicinarsi*) to come forward (*o* up), to draw (*o* come) near; 3 (*entrare*) to enter, to come (*o* go) in; *che viene* coming, next: *il mese che viene* next month; **come vien(e) viene** it doesn't matter, whatever happens happens, we'll take it as it comes; ~ *a* **costare** to cost; ~ **da** [*inf*] (*aver voglia*) to feel like (*costr.pers.*), to want (*costr.pers.*): *mi viene da piangere* I feel like crying; ~ **dentro** to come inside; (*entrare*) to come in(side), to enter; ~ **detto** to (happen to) say (*costr.pers.*); ~ **dietro** to follow (on), to come behind; ~ **dopo:** 1 to follow; 2 (*essere susseguente*) to follow, to come after, to be after (*o* behind): *viene dopo di me in fila* he's behind me in the queue; **far** ~: 1 (*andare a chiamare*) to (go and) call; 2 (*mandare a chiamare*) to send for, to call (for): *far* ~ *un medico* to send for a doctor; *far* ~ *un tassì* to call a taxi; 3 (*ordinare*) to order, to have sent (*o* brought): *l'ho fatto* ~ *dall'Inghilterra* I had it sent from England; 4 (*provocare*) to cause, to make, to give: *far* ~ *la nausea* to cause nausea, to make nauseous; *far* ~ *l'appetito a qd.* to make s.o. hungry, to whet s.o.'s appetite; *far* ~ *il mal di testa a qd.* to ⌐give s.o.⌐ (*o* make s.o. get) a headache; ~ **ai fatti** to get down to facts; *dalle parole vennero ai fatti* they proceeded from words to deeds (*o* action); **venir fuori:** 1 to come out (*da* of), to emerge (from); 2 (*fig*) (*risultare*) to come (*o* turn) out, to emerge: *dalle indagini non è venuto fuori niente di nuovo* nothing new emerged from the investigation; 3 (*fig*) (*essere pubblicato*) to come out, to be published; *venir* (*o* *venirsene*) *fuori con qc.* to come out with s.th.; ~ *a* **galla** to rise (*o* float) to the surface; ~ **dalla gavetta:** 1 ⟨*Mil*⟩ to rise from the ranks; 2 (*fig*) to come from nothing, to be a self-made man, ⟨*spreg*⟩ to be an upstart; ~ **giù** to come down, to descend; (*cadere*) to fall (down), to come down: *la neve viene giù a larghe falde* the snow is falling in large flakes; *neppure se viene giù il mondo* not on your life, ⟨*fam*⟩ over my dead body; *viene giù come Dio la manda* (*piove a dirotto*) it's pouring, ⟨*fam*⟩ it's raining cats and dogs; ~ **incontro** *a qd.*: 1 to come towards s.o.; 2 (*attenderlo all'arrivo*) to meet: *ti verrò incontro alla stazione* I'll meet you at the station; 3 (*fig*) to meet halfway: *cercherò di venirLe incontro sul prezzo* I'll meet you halfway on the price; *ciò è di* **là da** ~ it is still far (*o* a long way) off, that's for the future; ~ **alla luce** to see the light of day; ~ **alle mani con** *qd.* to come to blows with s.o.; ~ **meno:** 1 (*mancare*) to fail, to lose: *mi è venuto meno il suo aiuto* I have lost the benefit of his help, I can no longer count on his help; 2 (*svenire*) to faint, to pass out; *venir meno a qc.* (*non adempierla*) not to fulfil (*o* keep) s.th., to fail in (*o* to do) s.th.; (*violarla*) to break (*o* violate) s.th.; ~ **al mondo** to come into the world, to be born; *questo lavoro m'è venuto a* **noia** I'm fed up with this work; *mi è venuto alle* **orecchie** it has reached (*o* come to) my ears, I have heard; *non mi viene la* **parola** I can't think of the word; ~ *a* **patti** to come to terms; ~ **in possesso** *di qc.* to come into possession of s.th.; ~ *a* **prendere:** 1 (*rif. a cose*) to come for (*o* to get); 2 (*rif. a persone*) to come for (*o* to get), to call for, to pick up, to collect: *verrò a prenderti alle sei* I'll come for you at six; *venire a prendere il tè da noi* come to tea at our house; ~ *a* **proposito** to come at the right time; **quanto viene?** how much does it cost?, how much is it?; ~ *a* **sapere** *qc.* to learn (*o* hear about) s.th., to get to hear of s.th.; ~ **su:** 1 to come up; 2 (*crescere*) to grow; 3 (*rif. a persone*: *diventare grande*) to grow up: *il ragazzo viene su forte* the boy is growing up strong; *mi viene su il gelato* the ice(-cream) is coming up; ~ **su dal nulla** to be a self-made man; ~ **via:** 1 to come away; 2 (*andare via*) to go away; 3 (*scomparire*) to come out, to go, to disappear: *queste macchie non vengono via* these spots won't come out; 4 (*staccarsi*) to come off: *ti è venuto via un bottone* one of your buttons has come off; 5 (*uscire*) to come out:

il tappo non vuole ~ *via* the cork won't come out; ~ *vicino a qd.* to come (*o* draw) near s.o., to approach s.o.; *mi verrebbe* **voglia** *di dirglielo* I feel the urge to tell him. || ⟨*fam*⟩ *ti venisse* (*un accidente*)*!* drop dead!, go to hell!

venosità *f.* venosity. **venoso** *a.* ⟨*Med*⟩ venous: *sangue* ~ venous blood.

ventaglia *f.* ⟨*Mediev*⟩ ventail.

ventagliaio *m.* (*f.* **-a**) **1** (*fabbricante*) fan maker. **2** (*venditore*) fan seller. **ventaglio** *m.* **1** fan. **2** ⟨*fig*⟩ (*gamma*) range: *il* ~ *dei prezzi* the price range. **3** ⟨*Agr*⟩ fan training. **4** ⟨*Zool*⟩ Jacob's scallop. □ *a* ~ fan-, fan–shaped, fanwise: *coda a* ~ fantail; *aprirsi a* ~ to open like a fan, to fan; *farsi aria col* ~ to fan o.s.

ventarola *f.* ⟨*region*⟩ **1** (*ventola*) fire fan. **2** (*banderuola*) weathercock. **3** ⟨*fig*⟩ (*persona volubile*) weathercock. **ventata** *f.* **1** gust (of wind). **2** ⟨*fig*⟩ (*moto improvviso e violento*) surge, wave, gust.

ventennale I *a.* **1** (*che dura un ventennio*) twenty–year, that lasts twenty years. **2** (*che ricorre ogni venti anni*) coming (*o* that occurs) every twenty years. **II** *s.m.* **1** (*ventesimo anniversario*) twentieth anniversary: ~ *della morte* twentieth anniversary of a death. **2** (*celebrazione*) twentieth anniversary celebration(s). **ventenne I** *a.* twenty–year–old, of twenty, ⟨*pred*⟩ twenty years old. **II** *s.m./f.* twenty–year–old. **ventennio** *m.* (period of) twenty years: *il prossimo* ~ the next twenty years. □ ⟨*Stor*⟩ ~ *nero* (*o fascista*) twenty years of Fascism. **ventesimo I** *a.* twentieth. **II** *s.m.* **1** (*ordinale; f.* **-a**) twentieth. **2** (*frazionario*) twentieth. **venti** *a./s.inv.* **I** *a.* twenty. **II** *s.m.* **1** (*numero*) twenty. **2** (*nelle date*) twentieth. **3** (*anno 1920*) nineteen (hundred and) twenty. **4** (*tram*) number twenty. **III** *s.f.pl.* eight o' clock (in the evening), eight p.m.; (*negli orari dei trasporti internazionali*) twenty (hundred) hours *pl.* □ *gli anni* ~ the twenties; *di* ~ *anni* of twenty, twenty–year–old; *siamo in* ~ there are twenty of us; *moneta da* ~ *lire* twenty–lira coin.

venticello *m.* breeze.

venticinque *a./s.inv.* **I** *a.* twenty–five. **II** *s.m.* **1** (*numero*) twenty–five. **2** (*nelle date*) twenty–fifth. **3** (*anno 1925*) nineteen (hundred and) twenty–five. **4** (*tram*) number twenty–five. **venticinquenne I** *a.* twenty–five–year –old, of twenty–five, ⟨*pred*⟩ twenty–five years old. **II** *s.m./f.* twenty–five–year–old. **venticinquennio** *m.* **1** (*periodo*) twenty–five years, twenty–five–year period. **2** (*anniversario*) twenty–fifth anniversary. **venticinquesimo I** *a.* twenty–fifth. **II** *s.m.* **1** (*ordinale; f.* **-a**) twenty–fifth. **2** (*frazionario*) twenty–fifth. **3** (*anniversario*) twenty–fifth anniversary: *il nostro* ~ *di nozze* our twenty–fifth wedding anniversary.

ventidue *a./s.inv.* **I** *a.* twenty–two. **II** *s.m.* twenty–two. **III** *s.f.pl.* ten p.m.; (*negli orari dei trasporti internazionali*) twenty–two (hundred) hours. **ventiduenne I** *a.* twenty–two–year–old, of twenty–two, ⟨*pred*⟩ twenty –two years old. **II** *s.m./f.* twenty–two–year–old. **ventiduesimo I** *a.* twenty–second. **II** *s.m.* **1** (*ordinale; f.* **-a**) twenty–second. **2** (*frazionario*) twenty–second.

ventilabro *m.* **1** ⟨*Agr*⟩ winnowing fan. **2** ⟨*Mus*⟩ organ valve.

ventilare *v.t.* (**ventilo**) **1** to air, to ventilate: ~ *una stanza* to air a room. **2** ⟨*fig*⟩ (*esaminare*) to examine, to ventilate; (*discutere*) to discuss (freely), to ventilate; (*proporre*) to propose. **3** ⟨*Agr*⟩ to winnow. **4** ⟨*Minier*⟩ to ventilate. **ventilato** *a.* airy, ventilated, aired: *un ambiente ben* ~ an airy (*o* well-ventilated) room. **ventilatore** *m.* **1** fan, ventilator: ~ *elettrico* electric fan; (*aspiratore*) exhaust fan, exhauster. **2** ⟨*Aut*⟩ fan. **3** ⟨*Minier*⟩ (mine) ventilator, blower. □ ~ *aspirante* exhaust fan, exhauster; ~ *da parete* wall fan; ~ *da soffitto* ceiling fan; ~ *da tavolo* desk fan.

ventilazione *f.* **1** ventilation. **2** (*cambio dell'aria*) airing, ventilation, air changing. **3** (*corrente d'aria*) current (*o* movement) of air. **4** ⟨*Minier*⟩ ventilation. **5** ⟨*Mecc,Mot*⟩ (*raffreddamento ad aria*) air cooling. **6** ⟨*Agr*⟩ winnowing. □ ~ **alveolare** alveolar ventilation; ⟨*Minier*⟩ ~ **ascendente** uphill ventilation; ~ **aspirante** suction (*o* vacuum, exhaust) ventilation; ⟨*Minier*⟩ ~ **discendente** downhill ventilation; ⟨*Mecc*⟩ ~ **forzata** artificial

ventilation; **impianto** *di* ~ ventilation system; ~ **libera** no–draft ventilation; ~ **naturale** natural ventilation; ⟨*Med*⟩ ~ **polmonare** ventilation (of the lungs); ⟨*Agr*⟩ ~ *del* **terreno** soil ventilation.

ventina *f.* **1** about (*o* around, some) twenty, score: *una* ~ *di persone* around twenty people. **2** (*rif. all'età*) about (*o* around) twenty: *essere sulla* ~ to be about twenty. **ventino** *m.* ⟨*Numism*⟩ twenty–centesimo coin.

ventiquattro *a./s.inv.* **I** *a.* twenty–four. **II** *s.m.* twenty–four. **III** *s.f.pl.* twelve p.m., (twelve) midnight; (*negli orari dei trasporti internazionali*) twenty–four (hundred) hours. **ventiquattrenne I** *a.* twenty four–year–old, of twenty–four, ⟨*pred*⟩ twenty–four years old. **II** *s.m./f.* twenty–four–year–old. **ventiquattresimo I** *a.* twenty–fourth. **II** *s.m.* **1** (*ordinale; f.* **-a**) twenty–fourth. **2** (*frazionario*) twenty–fourth.

ventiquattrore *f.inv.* **1** (*valigetta*) overnight bag (*o* case), overnighter. **2** ⟨*Sport*⟩ twenty–four–hour race. □ ~ *su* ~ round–the–clock.

ventitré *a./s.inv.* **I** *a.* twenty–three. **II** *s.m.* twenty–three. **III** *s.f.pl.* eleven p.m., eleven (o'clock) in the evening; (*negli orari dei trasporti internazionali*) twenty–three (hundred) hours *pl.* □ *portare il cappello sulle* ~ (*e tre quarti*) to wear one's hat cocked (*o* tilted rakishly to one side). **ventitreenne I** *a.* of twenty–three, ⟨*pred*⟩ twenty–three years old. **II** *s.m./f.* twenty–three–year–old. **ventitreesimo I** *a.* twenty–third. **II** *s.m.* **1** (*ordinale; f.* **-a**) twenty–third. **2** (*frazionario*) twenty–third.

vento *m.* **1** wind: *tirava un forte* ~ a strong wind was blowing. **2** (*aria, flusso d'aria*) air, air current (*o* flow): *il* ~ *prodotto da un ventilatore* the current of air produced by a fan. **3** ⟨*pop*⟩ (*peto*) wind, ⟨*volg*⟩ fart. **4** ⟨*tecn*⟩ (air) blast. **5** ⟨*Mar*⟩ stay, guy rope. **6** ⟨*Edil*⟩ bracing (*o* guy) wire. **7** ⟨*Agr*⟩ trunk. **8** ⟨*Artigl*⟩ difference in diameter between barrel and bullet. □ *a* ~ wind-: *mulino a* ~ windmill; ⟨*fig*⟩ windbag; *giacca a* ~ wind–cheater, wind–jacket, windbreaker; ~ *d'acqua* wind that brings rain, rain–bearing wind; *al* ~ (blowing) in the wind, streaming: *con i capelli al* ~ with her hair blowing (*o* flying) in the wind; ⟨*Meteor*⟩ ~ **anabatico** anabatic wind; *zona* **battuta** *dai –i* wind blown (*o* windy) area; ⟨*scherz*⟩ *qual* **buon** ~ (*ti porta*)? what good fortune brings you here?; ~ **caldo**: **1** ⟨*Meteor*⟩ warm wind; **2** ⟨*Met*⟩ hot blast; *il* ~ *si* **calma** the wind is dropping; *il* ~ **cambia** the wind is changing (*o* shifting); **colpo** *di* ~ gust (*o* puff) of wind; (*raffica*) squall, blast of wind; ~ **contrario** contrary (*o* foul, unfavourable) wind; **contro** ~ against the wind; ⟨*fig*⟩ against the stream (*o* tide); ~ **debole** gentle (*o* slight) wind; ~ **dominante** prevailing wind; ~ *dell'***est** easterly (wind), east wind; **far** ~ to produce a current of air; *far* ~ *a qd.* to fan s.o.; **farsi** ~ to fan o.s.; ~ **favorevole** fair (*o* favourable) wind; *il* ~ **fischia** the wind is whistling; ~ **forte** moderate gale; ⟨*Meteor*⟩ ~ **fresco** strong breeze; ⟨*Mar*⟩ fresh wind; ⟨*fig*⟩ **gettare** *al* ~ to waste; ⟨*fig*⟩ **gridare** *qc.* ⸢*a tutti i –i*⸣ (*o ai quattro venti*) to shout s.th. from the roof–top; *–i* **irregolari** variable (*o* shifting) winds; ~ **leggero** gentle (*o* slight) wind; *il* ~ *si è* **levato** the wind is rising; ~ *di* **mare** on–shore wind; ~ **moderato** moderate breeze; ⟨*fig*⟩ **navigare** *secondo il* ~ to trim one's sails according to the way the wind blows; ~ *del* **nord** northerly (wind), north wind; ⟨*fig*⟩ **parlare** *al* ~ to talk to a brick wall, to waste one's breath; ⟨*Mar*⟩ ~ *in* **poppa** aft (*o* stern) wind; *andare* (*o procedere*) *col* ~ *in poppa* to sail before the wind (*anche fig.*); ⟨*Mar*⟩ ~ *di* **prora** headwind; ⟨*Meteor*⟩ *–i* **regolari** steady winds; *il* ~ **soffia** the wind is blowing; ⟨*Astr*⟩ ~ **solare** solar wind; ⟨*Mar*⟩ **sopra** ~ windward, towards the weather side; **sotto** ~ leeward; *il* ~ *ha* **spento** *la candela* the wind has blown out the candle; ~ *del* (*o da*) **sud** southerly (wind), south wind; ⟨*Mar*⟩ **tenersi** *al* ~ to keep to windward; ⟨*fig*⟩ *a* **terra** land wind; **tira** ~ it's windy, it's blowy; ⟨*Aer*⟩ ~ **trasversale** cross wind; ⟨*Mar*⟩ ~ *al* **traverso** beam wind; ~ **umido** damp wind; **veloce** *come il* ~ as swift as the wind; ~ **vorticoso** whirlwind. *Prov.: chi semina* ~ *raccoglie tempesta* he that sows the wind will reap the whirlwind.

ventola *f.* **1** fire fan. **2** (*specie di ventaglio*) kind of fan. **3**

(*schermo*) screen shade. **4** (*portalampade a muro*) wall light fixture, wall sconce. **5** ⟨*Idr*⟩ floodgate, sluice. **6** ⟨*region*⟩ (*paralume*) lampshade. □ *muro a* ~ partition wall; ⟨*fam*⟩ *orecchie a* ~ flap ears.

ventosa *f.* **1** suction cup, sucker. **2** ⟨*Zool*⟩ sucker. **3** ⟨*Med*⟩ cupping glass.

ventosità *f.* **1** windiness. **2** (*fig*) conceit, bombast. **3** ⟨*Med*⟩ (*flatulenza*) flatulence. **ventoso I** *a.* windy, blowy: *una giornata* –*a* a windy day. **II** *s.m.* ⟨*Stor*⟩ Ventôse.

ventrale *a.* ventral, abdominal: *pinne* –*i* ventral fins.

ventre *m.* **1** (*pancia*) belly, stomach; (*addome*) abdomen. **2** (*con allusione al mangiare*) stomach; (*volg*) belly: *a* ~ *pieno* on a full stomach. **3** ⟨*estens*⟩ (*grembo materno*) womb. **4** ⟨*fig*⟩ (*parte rigonfia di un oggetto*) belly, bulge; (*rif. a vasi, fiaschi e sim. e a vele*) belly; (*interno, cavità*) bowels *pl*, depths *pl*: *nel* ~ *della terra* in the bowels of the earth. **5** ⟨*Aer*⟩ wing underside. **6** ⟨*Bot*⟩ venter. **7** ⟨*Fis*⟩ loop, antinode. **8** ⟨*Met*⟩ (*di altiforni*) belly. □ ⟨*Aer*⟩ ~ *dell'ala* wing underside; **basso** ~ lower abdomen; ⟨*scherz*⟩ ~ *mio fatti* **capanna!** stomach, stretch (to make room for a good meal)!; ⟨*Dir*⟩ **curatore** *al* ~ guardian of an unborn child; *avere il* ~ **grosso** to have a paunch (*o* pot belly); **mal** *di* ~ stomach-ache; ⟨*Fis*⟩ ~ *d'*oscillazione antinode, loop; ⟨*Med*⟩ ~ **pendulo** pendulous abdomen; **portare** *nel* ~ to bear in one's womb; ⟨*fig*⟩ **riempirsi** *il* ~ to fill one's stomach (*o* belly), ⟨*fam*⟩ to stuff (o.s.); **stare** ~ *a* **terra** to lie on one's stomach (*o* face); **mettersi** ~ *a* **terra** to lie down on one's stomach.

ventresca *f.* **1** ⟨*Alim*⟩ light (*o* white) meat tunny. **2** ⟨*region*⟩ (*pancetta*) bacon.

ventricolare *a.* ⟨*Anat*⟩ ventricular. □ *cavità* ~ cardiac ventricle. **ventricolo** *m.* ⟨*Anat*⟩ ventricle, verntriculus. □ ⟨*Anat*⟩ ~ *cardiaco* (*o del cuore*) cardiac ventricle; ~ *cerebrale* ventricle of the brain.

ventriera *f.* **1** body belt. **2** ⟨*Stor*⟩ (*borsa*) pouch (*o* purse) attached to a girdle.

ventriglio *m.* ⟨*Ornit*⟩ gizzard.

ventriloquio *m.* ventriloquism. **ventriloquo I** *a.* ventriloquistic, ventriloquous, ventriloquial. **II** *s.m.* (*f.* -**a**) ventriloquist.

ventunenne I *a.* twenty–one–year–old, of twenty–one, twenty–one years old. **II** *s.m./f.* twenty–one–year–old. **ventunesimo I** *a.* twenty–first. **II** *s.m.* **1** (*ordinale; f.* -**a**) twenty–first. **2** (*frazionario*) twenty–first. **ventuno** *a./s.inv.* **I** *a.* twenty–one. **II** *s.m.* **1** (*numero*) twenty–one. **2** (*nelle date*) twenty–first. **III** *s.f.pl.* nine p.m., nine (o'clock) in the evening; (*negli orari dei trasporti internazionali*) twenty–one (hundred) hours.

ventura *f.* **1** (*sorte, destino*) chance, fortune. **2** (*buona sorte, fortuna*) (good) luck, fortune: *andare in cerca di* ~ to seek one's fortune. □ ⟨*Stor*⟩ *compagnie di* ~ mercenary troops; *predire la* ~ to foretell the future, to tell fortunes.

venturo *a.* **1** ⟨*lett*⟩ coming; (*futuro*) future. **2** (*prossimo*) next: *sabato* ~ next Saturday. □ ⟨*burocr,comm*⟩ *prossimo* ~ next, following: *martedì prossimo* ~ next Tuesday.

venusiano I *a.* ⟨*Astr*⟩Venusian, of Venus. **II** *s.m.* (*f.* -**a**) Venusian, inhabitant of Venus.

venustà *f.* ⟨*lett*⟩ beauty. **venusto** *a.* ⟨*lett*⟩ beautiful.

venuta *f.* **1** coming, arrival: *dopo la* ~ *di Cristo* after the coming of Christ. **2** (*rif. al tempo*) coming; (*rif. al giorno*) break, coming: *la* ~ *del giorno* break of day, daybreak. **venuto** *m.* comer. □ *nuovi* -*i* newcomers; *il primo* ~ the firstcomer; *non è il primo* ~ he's not a mere nobody.

ver. = *versamento* payment (*abbr.* payt., pymt.), remittance (*abbr.* rem.).

vera *f.* **1** (*dei pozzi*) well head, parapet around a well. **2** ⟨*region*⟩ (*anello matrimoniale*) wedding ring, wedding band.

verace *a.* **1** (*veritiero*) truthful, veracious: *un testimone* ~ a truthful (*o* faithful) witness; *racconto* ~ true (*o* truthful) story. **2** (*vero*) true. **3** (*autentico, non immaginario*) real. **4** (*pieno, intenso*) true, deep, intense: *amore* ~ true love. **veracemente** *avv.* truthfully, veraciously. **veracità** *f.* truthfulness, ⟨*lett*⟩ veracity. **veramente** *avv.* **1** really, truly, ⟨*fam*⟩ really and truly: *è* ~ *malato* he really is ill; *le cose stanno* ~ *così* that's how things really are; *è* ~

denaro sprecato it really is a waste of money. **2** (*proprio, sul serio*) really: *è* ~ *simpatico* he's really nice. **3** (*sinceramente*) really, truly, sincerely: *mi* ~ *è* ~ *affezionato* he's really fond of me. **4** (*tuttavia, nondimeno*) actually, really: ~ *io non ho mai detto questo* actually I never said that.

veranda *f.* ⟨*Edil*⟩ veranda(h), ⟨*am*⟩ porch.

veratro *m.* ⟨*Bot*⟩ veratrum.

verbale[1] *a.* **1** (*orale, a voce*) verbal, spoken: *ordine* ~ verbal order. **2** (*fatto di parole*) verbal: *alterco* ~ verbal dispute. **3** ⟨*Gramm*⟩ verbal: *aggettivi* -*i* verbal adjectives.

verbale[2] *m.* **1** record, report; (*di una riunone e sim.*) minutes *pl*. **2** ⟨*Dir*⟩ (*processo verbale*) record, report, minutes *pl*, proceedings *pl*: *redigere un* ~ to draw up the minutes. **3** (*resoconto fatto per la polizia*) statement: *firmare il* ~ to sign the statement. □ ~ *di* **collaudo** inspection report; ~ *di* **contravvenzione** offence report, report on infringement of regulations; ⟨*Sport*⟩ ~ *di* **gara** tournament protocol; **iscrivere** *a* ~ to write (*o* put) down in the minutes, to include in the record; **mettere** *a* ~ to put on record; ~ *di* **polizia** police report; ~ *di* **seduta** minutes *pl* of a meeting.

verbalismo *m.* verbalism (*anche Ped.*). **verbalistico** *a.* (*pl.* -**ci**) verbalistic. **verbalizzare** *v.t.* **1** (*mettere a verbale*) to (put on) record, to report, to include in a report, to set down (in writing); (*rif. al verbale di una riunione*) to include in the minutes. **2** (*assol*) (*stendere il verbale*) to write a report (*o* the minutes). **verbalizzazione** *f.* putting on record, recording. **verbalmente** *avv.* **1** (*a parole*) verbally, orally, in words, by word of mouth. **2** (*letteralmente*) verbally, literally, word for word, verbatim.

verbasco *m.* (*pl.* -**chi**) ⟨*Bot*⟩ mulle(i)n.

verbena *f.* ⟨*Bot*⟩ vervain, verbena.

verbo *m.* **1** ⟨*Gramm*⟩ verb. **2** ⟨*Teol*⟩ Word (of God). **3** ⟨*ant*⟩ (*parola*) word. **Verbo** *m.* ⟨*Teol*⟩ Word. □ ⟨*Gramm*⟩ ~ **attivo** active verb; ~ **ausiliare** auxiliary verb; ⟨*Bibl*⟩ *il* ~ *si è fatto* **carne** the Word was made flesh; ⟨*Gramm*⟩ ~ **debole** weak verb; ~ **difettivo** defective verb; *non* **dire** ~ not to say a word; *non* **far** ~ *a nessuno di qc.* not to say (*o* breathe) a word about s.th. to anyone; ⟨*Gramm*⟩ ~ **forte** strong verb; ~ **impersonale** impersonal verb; ~ **intransitivo** intransitive verb; ~ **irregolare** irregular verb; ~ **modale** modal verb; ~ *di* **moto** verb of motion; ~ **regolare** regular verb; ~ **riflessivo** reflexive verb; ~ **transitivo** transitive verb.

verbosamente *avv.* verbosely. **verbosità** *f.* ⟨*lett*⟩ verbosity, wordiness. **verboso** *a.* verbose, wordy.

verdastro *a.* greenish.

verde I *a.* **1** green: *un prato* ~ a green meadow. **2** (*non ancora maturo*) green, unripe: *frutta* ~ green fruit. **3** ⟨*estens*⟩ (*fresco*) green, young, fresh, tender; (*rif. a legna*) green, unseasoned. **4** (*livido*) pale, green, white, livid (*anche fig.*): *essere* ~ *dall'invidia* to be green with envy. **5** (*in urbanistica*) park– and garden–, open: *zona* ~ open spaces, parks and gardens; (*di prato*) grass–, green, grassy. **6** (*fig,lett*) (*giovanile*) green, youthful: *anni* -*i* green years, salad days; (*robusto, vigoroso*) green, vigorous, strong: *una vecchiezza ancora* ~ a green old age. **II** *s.m.* **1** (*colore*) green (colour): *il* ~ *è il colore della speranza* green is the colour of hope. **2** (*parte verde*) green part. **3** (*fronde verdi, germogli*) green, greenery. **4** (*prato verde*) green, lawn; (*zona verde*) parks and gardens *pl*, open spaces *pl*: ~ *pubblico* public parks and gardens. **5** ⟨*estens*⟩ (*natura*) nature, green, greenery: *vivere in mezzo al* ~ to live amongst the greenery. **6** ⟨*Arald*⟩ vert. **7** ⟨*Pol*⟩ ecologist. □ ~ **acqua** aqua green; ~ **azzurro** blue–green, bluish green; ~ **bandiera** kelly green; ~ **bottiglia** bottle–green; ~ **chiaro** light green; ⟨*fig*⟩ *essere* ~ (*essere rabbioso*) to be white with anger, ⟨*fam*⟩ to be livid; *senza un* **filo** *di* ~ without a blade of grass; ~ **marcio** kind of olive–green, yellowish green; ~ **mela** apple–green; ~ **oliva** olive–green; ~ **pisello** pea–green; ~ **prato** grass–green; *essere* ~ *dalla* **rabbia** to be white with fury; ⟨*fam*⟩ **ridere** ~ to give a forced laugh; ⟨*fam*⟩ **ridursi** *al* ~ to lose all one's money, ⟨*fam*⟩ to go broke; ~ **scuro** dark–green; ~ **smeraldo** emerald (green); ⟨*fam*⟩ **trovarsi** *al* ~ (*essere senza un* *soldo*) to be penniless, ⟨*fam*⟩ to be ⌐flat broke⌐ (*o* on the rocks).

verdeggiante *a.* verdant, green. **verdeggiare** *v.i.* (verdeggio, verdeggi; *aus.* avere) (*essere verde*) to be verdant (*o* green); (*diventare verde*) to turn (*o* become) green; (*rilucere di colore verde*) to shimmer green; (*tendere al verde*) to be greenish.

verdegiallo *a./s.m.* yellowish green. **verdegrigio** *a./s.m.* grey–green.

verdello *m.* **1** ⟨*Bot*⟩ summer lemon. **2** ⟨*Ornit*⟩ (*verdone*) greenfinch, green linnet.

verdemare *a./s.m.* sea–green. **verderame** *m.inv.* verdigris (*anche Chim.*).

verdesca *f.* ⟨*Itt*⟩ blue shark.

verdetto *m.* **1** ⟨*Dir*⟩ verdict: ~ *dei giurati* verdict of the jury. **2** ⟨*estens*⟩ (*decisione: di giuria*) verdict; (*di arbitro*) decision, verdict. **3** ⟨*fig*⟩ (*giudizio*) verdict, opinion, judgement: *il* ~ *dei critici* the opinion of the critics.

verdicchio *m.* (*vino*) verdicchio (kind of dry white wine).

verdino I *a.* greenish; (*verde pallido*) pale green. **II** *s.m.* (*colore*) light green (colour). **verdognolo** *a.* greenish. **verdolino I** *a.* light (*o* pale) green. **II** *s.m.* (*colore*) light green (colour). **verdone I** *a.* dark green. **II** *s.m.* **1** ⟨*Ornit*⟩ greenfinch, green linnet. **2** ⟨*Itt*⟩ → verdesca.

verdura *f.* ⟨*collett*⟩ (*ortaggi*) greens *pl*, (green) vegetables *pl* (*anche Gastr.*). ☐ ~ *cotta* cooked vegetables (*o* greens); ~ *cruda* raw vegetables (*o* greens); *minestra di* ~ vegetable soup; *negozio di frutta e* ~ greengrocer('s), ⟨*am*⟩ fruit and vegetable store.

verecondia *f.* ⟨*lett*⟩ **1** bashfulness. **2** (*modestia*) modesty, chastity. **verecondo** *a.* ⟨*lett*⟩ **1** coy. **2** (*modesto*) modest.

verga *f.* **1** (*bacchetta lunga e sottile*) rod, cane. **2** (*barra di metallo*) bar, rod, ingot: ~ *d'oro* gold bar; (*negli strumenti*) rod, shaft: *la* ~ *del pendolo* the shaft of the pendulum. **3** (*ramo d'albero sottile*) slender (*o* thin) branch, branchlet. **4** (*strumento del rabdomante*) divining rod. **5** ⟨*lett*⟩ (*insegna di comando*) staff, sceptre, verge. **6** ⟨*lett*⟩ (*bastone del pastore*) shepherd's crook. **7** ⟨*Anat*⟩ penis, member. **8** ⟨*Tess*⟩ leash (*o* lease) rod, lease bar.

vergare *v.t.* (vergo, verghi) **1** (*segnare*) to line, to mark with stripes; (*rigare*) to line, to rule, to draw (*o* rule) lines on. **2** (*scrivere a mano*) to write (by hand): ~ *una lettera* to write a letter. **3** ⟨*Cart*⟩ to line. **4** (*non com*) (*battere con verghe*) to beat, to cane. **vergata** *f.* stroke, blow. **vergatino I** *a.* laid (manifold-): *carta –a* laid manifold paper. **II** *s.m.* ⟨*Tess*⟩ ticking. **vergato** *a.* **1** (*striato*) striped, lined, ruled. **2** (*scritto*) written. **3** ⟨*Tess*⟩ striped: *stoffa –a* striped material. **4** ⟨*Cart*⟩ laid (manifold). **vergatura** *f.* **1** ⟨*Tess*⟩ stripes *pl*. **2** ⟨*Cart*⟩ laid lines *pl*; (*fili metallici*) laid wires *pl*.

vergella *f.* ⟨*tecn*⟩ (*tondino*) (wire) rod.

verginale *a.* **1** virginal: *stato* ~ virginal state. **2** (*da vergine*) virgin(al), of (*o* like) a virgin, virgin's: *pudore* ~ virginal modesty. **3** ⟨*fig*⟩ (*candido, ingenuo*) pure, unsullied, virginal. **vergine** **I** *s.f.* **1** virgin. **2** ⟨*lett*⟩ (*fanciulla, giovinetta*) young girl, ⟨*lett*⟩ maid. **II** *a.* **1** (*rif. a donna: fisicamente integra*) virgin(al). **2** (*rif. a uomo*) virgin(al). **3** (*intatto, naturale*) virgin, virginal: *terreno* ~ virgin land. **4** ⟨*fig*⟩ (*puro*) pure, virgin. **5** (*genuino, non lavorato, non commisto*) virgin: *olio* ~ *d'oliva* virgin olive oil; *lana* ~ virgin wool. **6** (*rif. a cassette e sim*) blank, not prerecorded: *nastro* ~ blank tape. **Vergine** *f.* **1** ⟨*Rel*⟩ Virgin (Mary). **2** ⟨*Astr*⟩ Virgo, Virgin. **3** (*persona nata sotto il segno della Vergine*) Virgo. ☐ *cera* ~ unpurified (*o* yellow) wax; ⟨*Rel*⟩ *Maria* ~ Virgin Mary; ⟨*Ornit*⟩ ~ *di Numidia* demoiselle (crane); ⟨*Rel*⟩ *santa* ~ Blessed Virgin. **vergineo** *a.* ⟨*lett*⟩ (*virgineo*) virgin(al). **verginità** *f.* virginity. ☐ ⟨*scherz*⟩ *rifarsi una* ~ to clear one's name, to regain one's good reputation, to whitewash o.s.; *fare voto di* ~ to take a vow of virginity.

vergogna *f.* **1** shame. **2** (*riserbo, soggezione*) shyness, shame, bashfulness, embarrassment. **3** (*disonore, onta*) dishonour, shame, disgrace: *meglio la morte che la* ~ sooner death than dishonour. **4** ⟨*concr*⟩ (*cosa che reca vergogna*) disgrace, shameful (*o* disgraceful) thing, shame:

è una ~ *trattare così la gente* it's a disgrace to treat people that way; (*persona*) shame, dishonour, disgrace: *è la* ~ *della famiglia* he is the disgrace of his family. **5** *pl.* (*pudende*) pudenda *pl*, private parts *pl*. **6** ⟨*esclam*⟩ shame (on you), what a disgrace, for shame: ~ *a voi!* shame on you!, you should be ashamed of yourself! ☐ **arrossire** *di* ~ to blush with shame; **avere** ~: **1** to be ashamed: *ho* ~ *di te* I am ashamed of you; **2** (*essere timido*) to be (too) shy, to be embarrassed (*o* bashful): *ho* ~ *di chiedere* I'm too shy to ask; *non avere* ~ *di nessuno* to be brazen-faced (*o* shameless); *che* ~! what a disgrace!, how awful!, it's disgusting!; **essere** *la* ~ *di qd.* to be a disgrace (*o* dishonour) to s.o.; **per** *la* ~ out of shame; (*per timidezza*) out of shyness; **rosso** *di* ~ blushing (with shame), red-faced; **senza** ~ shameless.

vergognare *v.* (vergogno) **I** *v.t.* ⟨*ant*⟩ (*svergognare*) to shame. **II** (*aus.* avere) ⟨*lett*⟩ vergognarsi *v.r.* **1** to be (*o* feel) ashamed (*di* of): *mi vergogno di te* I am ashamed of you; *vergognarsi di se stesso* to be ashamed of o.s. **2** (*provare ritegno*) to be (too) shy, to be bashful (*o* embarrassed), not to like, to be (*o* feel) ashamed: *mi vergogno di chiederglielo* I ⌐am too shy⌐ (*o* don't like) to ask him for it. **3** (*arrossire*) to blush, to go red. ☐ *vergognati!* shame on you!, you ought to be ashamed of yourself!; *far* ~ *qd.* to shame s.o., to put s.o. to shame.

vergognosamente *avv.* **1** shamefully, disgracefully: *comportarsi* ~ to behave shamefully. **2** (*timidamente*) shyly, bashfully. **vergognoso I** *a.* **1** ⟨*pred*⟩ ashamed: *era* ~ *di quello che aveva fatto* he was ashamed of what he had done. **2** (*timido*) shy, bashful: *un bambino* ~ a shy (*o* bashful) child. **3** (*che è causa di vergogna*) shameful, disgraceful: *azione –a* shameful act. **II** *s.m.* (*f.* -a) shy person.

vergola *f.* ⟨*Sart*⟩ **1** (*filo di seta*) silk thread (*o* twist). **2** (*filo d'oro*) gold thread; (*filo d'argento*) silver thread.

veridicità *f.* truthfulness, veracity: *la* ~ *di un'affermazione* the truthfulness of a statement. **veridico** *a.* (*pl.* -ci) **1** (*rif. a persone*) truthful. **2** (*rif. a cose*) truthful, true, veracious, ⟨*lett*⟩ veridical.

verifica *f.* **1** (*controllo*) control, check: ~ *dei passaporti* passport control; ~ *del peso* weight check. **2** (*esame*) examination, inspection: ~ *dei nuovi macchinari* inspection of the new machines. **3** (*accertamento*) ascertainment, verification. **4** ⟨*Mat*⟩ check. **5** ⟨*Econ*⟩ audit(ing). **6** ⟨*tecn*⟩ (*taratura*) calibration. ☐ ~ *di cassa* cash audit; ~ *contabile* (*o dei conti*) audit, auditing of accounts; ⟨*Dir*⟩ ~ *dei crediti* proof of debts; *fare la* ~ *di qc.* to check (*o* control) s.th. **verificabile** *a.* **1** verifiable. **2** (*controllabile*) checkable, controllable; (*accertabile*) ascertainable. **verificabilità** *f.* **1** verifiability, verifiableness. **2** (*controllabilità*) controllability. **verificare** *v.t.* (verifico, verifichi) **1** (*controllare*) to check, to control: ~ *un conto* to check a bill. **2** (*esaminare*) to examine, to inspect, to check: ~ *un apparecchio* to check a piece of apparatus. **3** (*accertare*) to ascertain, to verify, to check: *voglio* ~ *se ciò che ha detto è vero* I want to check whether what he said is true. **4** (*rivedere: rif. a conti*) to audit; (*rif. a misure*) to check, to test. **5** ⟨*tecn*⟩ (*tarare*) to calibrate. **6** ⟨*Mat*⟩ to prove, to check. **7** ⟨*Filos*⟩ to verify. **verificarsi** *v.r.* **1** (*avvenire*) to happen, to occur, to take place: *si è verificato un fatto nuovo* something new has happened. **2** (*avverarsi*) to come true (*o* about), to prove to be true (*o* correct): *le tue previsioni si sono tutte verificate* all your forecasts have proven correct. **verificatore** *m.* (*f.* -trice/*pop.* -a) **1** verifier, checker, tester. **2** ⟨*Ferr*⟩ examiner, ⟨*am*⟩ inspector. **3** (*burocr*) (*impiegato addetto al controllo*) checker, inspector: ~ *dei pesi e delle misure* inspector of weights and measures. **4** ⟨*Ind*⟩ tester. ☐ ~ *dei conti* auditor. **verificazione** *f.* (*verifica*) verification, control, check, test.

verisimile *e der.* → **verosimile** *e der.*

verismo *m.* ⟨*Lett,Art*⟩ verism, realism: ~ *fotografico* photographic realism. ☐ *una scena di eccessivo* ~ an over realistic scene. **verista I** *s.m./f.* ⟨*Lett,Art*⟩ verist, realist. **II** *a.* → veristico. **veristico** *a.* (*pl.* -ci) verist(ic), realistic.

verità *f.* **1** truth: *appurare la* ~ to find out the truth; *la ricerca della* ~ the search for truth. **2** *(giustezza)* truth(fulness): *sostenere la* ~ *di un'affermazione* to maintain the truthfulness of a statement. ☐ *esserre la bocca della* ~ to be the soul of truth; *dire la* ~ to tell the truth; *a* (o *per*) *dire la* ~ to tell (you) the truth, to be honest, truth to tell; ~ *di fatto* a posteriori truth; *in* ~ really, truly, ⟨*lett*⟩ in truth, ⟨*Bibl*⟩ verily: ⟨*Bibl*⟩ *in* ~, *in* ~ *vi dico* verily, verily I say unto you; ~ **lapalissiana** self-evident truth; ⟨*Rel*⟩ ~ **rivelata** revealed truth; *la* ~ **sacrosanta** the (pure) truth, ⟨*fam*⟩ the honest(-to-goodness) truth; **siero** *della* ~ truth serum (o drug). *Prov.: la* ~ *viene sempre a galla* truth will out.

veritiero *a.* **1** *(che dice la verità)* truthful, veracious. **2** *(conforme a verità)* true, truthful: *racconto* ~ true story.

verla *f.* ⟨*Ornit*⟩ *(averla)* shrike, butcher bird.

verme *m.* **1** worm. **2** *pl.* ⟨*Med,fam*⟩ *(vermi parassiti dell'intestino)* worms *pl: avere i* -*i* to have worms. **3** ⟨*Zool*⟩ *(larva di insetto)* worm, insect larva, grub, maggot. **4** ⟨*fig*⟩ *(persona abietta)* worm; *(persona di nessun conto)* worm, wretch, nobody. **5** ⟨*tecn*⟩ *(filetto della vite)* worm, thread. ☐ ~ *del* **formaggio** cheese maggot (o skipper, hopper); ⟨*Zool*⟩ *mal del* ~ *(farcino)* farcy; **nudo** *come un* ~ stark-naked, ⟨*fam*⟩ in one's birthday suit; *in* **pasto** *ai* -*i* food for worms; **roso** *dai* -*i* worm-eaten; ⟨*fam*⟩ ~ **solitario** *(tenia)* tapeworm; ⟨*scherz*⟩ *avere il* ~ *solitario* *(rif. a persona che mangia molto)* to have a tapeworm, to be a big eater; ~ *di* **terra** earthworm.

vermeil *fr.* [ver'me:j] *m.* *(argento dorato)* vermeil, gilded silver.

vermena *f.* ⟨*lett*⟩ shoot, young branch.

vermicelli *m.pl.* ⟨*Alim*⟩ vermicelli *sing;* *(spaghetti)* spaghetti *sing.* **vermicolare** *a.* **1** vermicular, vermiform, vermiculate, worm-like. **2** ⟨*Med*⟩ vermicular: *polso* ~ vermicular pulse.

vermicoltore *m.* worm breeder. **vermicoltura** *f.* worm breeding, vermiculture. **vermicomposta** *f.* vermicomposting.

vermiculite *f.* ⟨*Min*⟩ vermiculite.

vermiforme *a.* vermiform, worm-shaped, vermicular, worm-like: ⟨*Anat*⟩ *appendice* ~ vermiform appendix.

vermifugo *a./s.* ⟨*pl.* -**ghi**⟩ ⟨*Farm*⟩ **I** ⟨*Farm*⟩ vermifugal. **II** *s.m.* vermifuge.

vermiglio **I** *a.* ⟨*lett*⟩ vermil(l)ion. **II** *s.m.inv.* *(colore)* vermilion, vermillion. **vermiglione** *m.* ⟨*Chim*⟩ vermil(l)ion.

verminosi *f.* ⟨*Veter*⟩ verminosis. **verminoso** *a.* **1** verminous; *(roso dai vermi)* worm-eaten. **2** ⟨*Med,Veter*⟩ verminous.

vermocane *m.* ⟨*Veter*⟩ *(capostorno)* staggers *pl* *(costr. sing.).*

vermout(h) *fr.* [-'mut], **vermut** *m.* **1** vermouth. **2** *(bicchiere di vermut)* glass of vermouth.

vernaccia *f.* ⟨*pl.* -**ce**⟩ vernaccia (kind of dry white wine).

vernacolare *a.* vernacular. **vernacolo** **I** *s.m.* vernacular: *poesia in* ~ poetry in the vernacular. **II** *a.* vernacular.

vernalizzare *v.t.* ⟨*Agr*⟩ to vernalize. **vernalizzazione** *f.* vernalization.

vernice *f.* **1** paint; *(trasparente)* varnish. **2** *(pittura)* paint; *(lacca)* lacquer. **3** *(pelle verniciata)* patent leather: *una borsa di* ~ a patent leather bag. **4** ⟨*fig*⟩ *(apparenza superficiale)* gloss, veneer: *ha solo una* ~ *di buona educazione* he has only a gloss of good breeding. **5** *(inaugurazione d'una mostra d'arte)* private view, vernissage, varnishing day, inauguration. **6** *(strato sottile di copertura)* film, veil, thin layer. **7** ⟨*Ceram*⟩ *(vetrina)* glaze. ☐ ~ **antiruggine** anti-rust paint; ~ **brillante** flowing varnish; ~ *per* **cuoio** (leather) polish; ~ *di* **fondo** filler (o sizing) paint; ~ **fresca** wet paint; ~ *a* **fuoco** fire-retardant paint (o electrocoating); ~ **ignifuga** anti-fire (o fireproof) paint; ~ **isolante** insulating varnish; ~ **opaca** flat varnish; ~ **protettiva** protective coating; ⟨*Mecc*⟩ preservative; ⟨*Fot*⟩ ~ *per* **ritocchi** dope; ~ *a* **smalto** enamel (o hard gloss) paint; ~ *a* **solvente** quick-drying paint; ~ *a* **spirito** spirit varnish; ~ *a* **spruzzo** spraying varnish; *(per verniciatura a spruzzo)* spray paint; ~ **trasparente** varnish.

verniciare *v.t.* (**vernicio**, **vernici**) to paint; *(con vernice trasparente)* to varnish; *(pitturare)* to paint; *(laccare)* to lacquer. **verniciarsi** *v.r.* ⟨*scherz*⟩ *(imbellettarsi)* to (put on) make-up, ⟨*fam*⟩ to paint one's face. ☐ ~ *a* **pennello** to paint (with a brush); ~ *a* **spruzzo** to spray (paint).

verniciata *f.* painting, varnishing; *(con vernice trasparente)* varnishing. ☐ *dare una* ~ *a qc.* to paint s.th., to give s.th. a coat of paint. **verniciatina** *f.* paint-over, ⟨*fam*⟩ quick paint job. **verniciato** *a.* painted; *(con vernice trasparente)* varnished; *(laccato)* lacquered.

verniciatore *m.* **1** (*f* -**trice**) painter, varnisher; *(pittore)* painter. **2** *(apparecchio)* varnishing machine; *(a spruzzo)* spray-gun, aerograph.

verniciatura *f.* **1** *(atto)* painting; *(con vernice trasparente)* varnishing; *(laccatura)* lacquering. **2** *(effetto)* paint. **3** ⟨*fig*⟩ *(conoscenza superficiale)* smattering; *(falsa apparenza)* veneer, gloss. ☐ ~ **antiruggine** rust-proof; ~ **mimetica** camouflaging; ~ *delle* **pelli** polishing, finishing (of leather); ~ *a* **pennello** brush painting; ~ *a* **rullo** roller coating; ~ *a* **smalto** enamelling, enamel painting; ~ *a* **spruzzo** spraying, spray painting.

vernissage *fr.* [-'sa:3] *m.* private view, vernissage, varnishing day.

vero **I** *a.* **1** *(che corrisponde alla realtà effettiva)* real, true: *il* ~ *colpevole sono io* I am the real culprit; *il* ~ *padrone è lui* he is the real boss; *è incredibile ma* ~ it's incredible but true. **2** *(giusto, esatto, proprio)* real, true, right, actual: *il* ~ *motivo di qc.* the real reason for s.th.; *qui sta il* ~ *problema* this is the real problem. **3** *(genuino, sincero)* real, genuine, true: *perle* -*e* genuine (o real) pearls; *la* -*a cucina casalinga* real home-cooking. **4** *(rif. a sentimenti: intenso, profondo)* true, deep, real: *una* -*a passione artistica* a true love of art. **5** ⟨*enfat*⟩ real, out and out, downright, proper: *sarebbe un* ~ *delitto non far studiare il ragazzo* it would be a real shame not to let the boy study; *sei un* ~ *farabutto* you're an out and out rascal. **II** *s.m.inv.* **1** *(verità)* truth, true: *distinguere il* ~ *dal falso* to distinguish the true from the false; *lo dico per amor del* ~ I say it out of love for truth; *dichiarare il* ~ to tell the truth. **2** *(natura, realtà)* (real) life: *dipingere dal* ~ to paint from life. ☐ *come è* ~ *che sto qui* as true as I'm standing here; *come è* ~ *Dio* (o *il cielo, il sole*) as God is my witness, I swear to God, ⟨*fam*⟩ cross my heart; *è cosa* -*a!* it's true!; *di* ~ **cuore** from the bottom of one's heart, whole-heartedly; *che cosa ci sarà di* ~ *in questa storia?* how much truth do you think there is in this story?, how much of this story do you think is true?; *non c'è nulla di più* ~ nothing could be truer; *nulla di più* ~! it's absolutely true!; *dire il* ~ to tell the truth; *se la memoria mi dice il* ~ if my memory is correct (o not playing me up); *a dire il* ~ to tell you the truth, to be quite honest, truth to tell; *(non) è* ~? *(nevvero)* (isn't that) right?: *bevo troppo, non è* ~? I'm drinking too much, (isn't that) right?; *spesso si rende con costruzioni interrogative: ti sei trovato bene, (è)* ~? you had a good time, didn't you?; *ti piace il gelato, (è)* ~? you like ice-cream, don't you?; ~ *è che* it's true that: ~ *è che è ancora giovane, ma ha molta pratica* it's true that he's still young, but he's had lots of experience; *essere nel* ~ to be right; **fosse** ~! if only it were true!; *a onor del* ~ to tell the truth; *non mi par* ~ I can't believe (it), it is too good to be true: *non mi par* ~ *di aver superato gli esami* I can't believe I have passed my exams; *non mi par* ~ *di poterlo fare (sono lietissimo)* I am delighted to do it; ~ *e* **proprio** real, out and out, ⟨*fam*⟩ honest-to-goodness, ⟨*fam*⟩ proper: *questa è una bugia* -*a e propria* this is an out and out lie; **purtroppo** *è* ~ unfortunately it's true, there's no getting away from it; **racconto** *dal* ~ true story; **tant'è** ~ *che* in fact, indeed: *non avevo fame, tant'è* ~ *che sono andato a letto senza mangiare* I wasn't hungry, in fact I went to bed without having supper.

Verona *N.pr.f.* ⟨*Geog*⟩ Verona.

veronal *m.* ⟨*Farm*⟩ veronal.

verone *m.* ⟨*poet*⟩ *(balcone)* balcony; *(loggia)* loggia.

veronese **I** *a.* Veronese, of Verona. **II** *s.* **1** *m.* *(dialetto)* dialect of Verona, Veronese dialect. **2** *m./f.* *(abitante)* Veronese, native (o inhabitant) of Verona.

veronica[1] *f.* ⟨*Bot*⟩ veronica.

veronica[2] *f.* ⟨*Bibl*⟩ (*sudario*) veronica, vernicle.

veronica[3] *sp. f.* (*nella corrida*) veronica.

Veronica *N.pr.f.* Veronica.

verosimigliante *a./s.* ⟨*non com*⟩ → verosimile.

verosimiglianza *f.* likelihood, probability, ⟨*lett*⟩ verisimilitude. □ ⟨*rar*⟩ *con ogni* ~ in all probability.

verosimile *a.* likely, probable, ⟨*lett*⟩ verisimilar: *un racconto* ~ a likely story. □ *essere poco* ~ to be unlikely (*o improbable*). **verosimilmente** *avv.* 1 in a likely way, ⟨*lett*⟩ verisimilarly. 2 (*probabilmente*) probably.

verricello *m.* 1 (*organo*) winch, windlass. 2 ⟨*Mar*⟩ capstan, windlass, winch.

verrina *f.* ⟨*Fal*⟩ auger.

verrino, verro *m.* ⟨*Zootecn*⟩ boar.

verrò → venire.

verruca *f.* ⟨*Med,Bot*⟩ verruca, wart. **verrucoide** *a.* ⟨*Med*⟩ verrucous, wart–like. **verrucoso** *a.* verrucose, warty.

versaccio *m.* 1 unpleasant intonation, ugly sound. 2 (*suono*) exclamation, inarticulate sound: *fare un* ~ *di disprezzo* to give a contemptuous exclamation. 3 (*boccaccia*) face, grimace: *fare versacci* to make (*o pull*) faces.

versamento *m.* 1 (*il versare*) pouring (out); (*lo spargere*) shedding, spilling; (*il rovesciare*) spilling. 2 (*pagamento*) payment: *effettuare un* ~ to make a payment. 3 (*deposito di denaro: azione*) deposit(ing), paying in, banking; (*somma*) deposit: *fare un* ~ to make a deposit, to bank a sum; ~ *su un conto* deposit in an account. 4 ⟨*Med*⟩ effusion: ~ *pleurico* pleural effusion. □ ~ *postale* postal transfer; *modulo di* ~ *postale* transfer form.

versante[1] *m./f.* ⟨*Econ*⟩ payer; (*depositante*) depositor.

versante[2] *m.* ⟨*Geog,Alp*⟩ (*pendio*) slope, versant; (*parete*) wall, side.

versare[1] *v.t.* (*verso*) 1 to pour: ~ *vino in un bicchiere* to pour wine into a glass; ~ *la farina dal sacco* to pour the flour out of the bag. 2 (*rovesciare*) to spill: ~ *il latte sulla tovaglia* to spill the milk on the tablecloth. 3 (*riversare, far affluire*) to empty: *questo fiume versa le sue acque nell'Atlantico* this river 'empties its waters' (*o* flows) into the Atlantic. 4 (*estens*) (*spargere*) to shed, to spill: ~ *lacrime per la morte di qd.* to shed tears over s.o.'s death. 5 ⟨*fig*⟩ (*confidare*) to pour out, to confide: ~ *i propri dolori in seno a qd.* to pour out one's troubles to s.o.; (*dare sfogo*) to vent, to loose: ~ *la propria ira su qd.* to vent one's anger on s.o. 6 ⟨*Econ*⟩ (*pagare*) to pay, to make: ~ *la prima rata* to pay the first instalment; (*depositare*) to deposit, to pay in, to bank: ~ *una somma in banca* to deposit a sum in the bank, to bank a sum. **versarsi** *v.r.* 1 to spill, to be spilled: *mi sono versato del caffè sul vestito* I have spilled some coffee on my suit. 2 (*traboccare*) to overflow, to flow (*o* pour, brim, spill) over. 3 (*riversarsi*) to pour, to stream, to swarm: *la gente si versa per le strade* people are pouring into the streets; (*rif. a fiumi e sim.*) to flow, to empty: *il Po si versa nell'Adriatico* the Po flows into the Adriatic. □ ~ *un acconto* to make a down payment, to pay a deposit; ~ *denaro su un conto* to deposit money in an account; ~ *in deposito* to deposit; ⟨*iperb*⟩ ~ *fiumi* (*o torrenti*) *d'inchiostro* to write reams; *senza* ~ *una lacrima* without shedding a tear; ~ *la minestra* to serve (*o* ladle out) the soup; ~ *il proprio sangue per la patria* to shed (*o* spill) one's blood for one's country.

versare[2] *v.i.* (*verso; aus. avere*) (*essere, trovarsi*) to be: ~ *in fin di vita* to be dying (*o* at death's door); ~ *in gravi difficoltà finanziarie* to be (*o* find o.s.) in serious economic difficulties; ~ *in pericolo di vita* to be in danger of one's life.

versatile *a.* versatile: *ingegno* ~ versatile mind (*o* person).

versatilità *f.* 1 versatility. 2 (*rif. a macchina*) operational flexibility. □ *un apparecchio ad alta* ~ a very flexible device.

versato[1] *a.* 1 poured. 2 (*rovesciato*) spilt. 3 (*sparso*) shed: *quante lacrime* –*e invano* how many tears shed in vain. 4 ⟨*Econ*⟩ paid (up): *capitale interamente* ~ completely paid up capital. □ ⟨*fig*⟩ *è inutile piangere sul latte* ~ there's no use crying over spilt milk.

versato[2] *a.* 1 (*che ha inclinazione*) cut out, having a bent (*in* for). 2 (*esperto, pratico*) versed, practised, expert, skilled, experienced: *essere* ~ *negli affari* to be a skilled businessman.

verseggiare *v.* (*verseggio, verseggi*) I *v.t.* to turn (*o* put) into verse, to versify. II *v.i.* (*aus.* **avere**) (*comporre versi*) to write verse (*o* poetry), to versify. **verseggiatore** *m.* (*f.* **-trice**) writer of verse, versifier. **verseggiatura** *f.* 1 (*il verseggiare*) versifying. 2 (*modo*) versification. **versetto** *m.* 1 (short) line. 2 ⟨*Bibl*⟩ verse, ⟨*lett*⟩ versicle. 3 (*nel corano*) verset. 4 ⟨*Lit*⟩ (*verso*) versicle. **versificare** *v.* (*versifico, versifichi*) I *v.t.* to versify, to turn (*o* put) into verse. II *v.i.* (*aus.* **avere**) to write verse, to versify. **versificatore** *m.* (*f.* **-trice**) writer of verse, versifier. **versificazione** *f.* versification, versifying, writing of verse.

versione *f.* 1 (*traduzione*) translation, ⟨*lett*⟩ version: ~ *dal latino in italiano* translation from Latin into Italian. 2 (*modo di narrare, d'interpretare un fatto*) version, account, interpretation: *ognuno dà una* ~ *diversa dell'avvenimento* everyone has a different version of what happened. 3 (*tipo*) version, model: *di questa automobile esiste anche una* ~ *sportiva* there's also a sports model of this car. 4 ⟨*Cin*⟩ version: *un film in* ~ *francese* the French version of a film. 5 ⟨*Filol*⟩ version; (*variante*) variant. □ ~ *letterale* literal translation; ~ *normale* standard version; ⟨*Cin*⟩ ~ *originale* original (language) version; ~ *in prosa* prose version.

verso[1] *m.* 1 ⟨*Metr*⟩ line (of verse), verse: ~ *decasillabo* ten–syllable line; *pl.* verse(s), lines *pl*: –*i rimati* rhymed verse(s). 2 *pl.* (*composizione poetica*) verses *pl*, poem; (*poesie*) verse, poetry: *i* –*i di Shakespeare* Shakespeare's verse; *i suoi* –*i mi piacciono* I like his poetry. 3 (*voce caratteristica: di animali*) cry, call, *spesso si traduce con un termine specifico: il* ~ *dell'asino* the donkey's bray; (*di uccelli*) chirp, bird song; (*di venditori ambulanti*) cry. 4 (*rif. all'uomo: cadenza*) intonation, cadence; (*suono*) (inarticulate) sound, exclamation, cry: *un* ~ *di rabbia* an angry sound. 5 ⟨*estens*⟩ (*gesto*) (odd) gesture, (characteristic) movement; (*smorfia*) grimace; (*boccaccia*) face: *fare un* ~ to make (*o* pull) a face. 6 (*senso di una direzione*) direction, way: *andare in tutti i* –*i* to go in all directions. 7 (*orientamento di peli, fibre e sim.*) way, direction: *accarezzare il gatto contro il* ~ *del pelo* to stroke the cat the wrong way; (*rif. al legno*) grain; (*rif. a stoffa*) nap. 8 (*modo, maniera*) way, means *pl* (*costr.sing. o pl.*): *trovare il* ~ *di fare qc.* to find a way to do s.th.; *non c'è* ~ *di persuaderlo* there's no means of persuading him. 9 ⟨*Lit*⟩ versicle. 10 ⟨*Geol*⟩ course. 11 ⟨*Mat,Fis*⟩ sense, direction. □ ⟨*Zool*⟩ ~ *d'allarme* warning cry; *andare a* ~ *a qd.*: 1 (*assecondarlo*) to comply with s.o.'s wishes, to humour s.o.; 2 (*piacergli*) to please s.o., to be to s.o.'s liking; –*i di* (*rif. alle opere liriche*) on (*o* from) the libretto by; (*rif. a commedie musicali e sim.*) lyrics by; *non c'è stato* ~ *di ottenere un prestito* it was impossible to get a loan; ⟨*Metr*⟩ ~ **endecasillabo** hendecasyllabic line, hendecasyllable; **in** –*i* verse–, in verse: *composizione in* –*i* verse composition; –*i liberi* free verse *sing*; **mettere** *in* –*i* to put into verse, to versify; *per un* ~ ..., *per l'altro* ... in one way (*o* respect) ..., in another ...: *per un* ~ *sono contento, per l'altro no* in one way I'm pleased and in another I'm not; *per un* (*certo*) ~ in a (*o* one) way; (*o*) *per un* ~ *o per l'altro* in one way or another; *chi per un* ~, *chi per un altro* some in one way, some in another; *per ogni* ~ in all ways, from all points of view; **prendere** *qc. per il* ⌐ *suo* ⌐ ~ (*o verso giusto*) to take s.th. in the best way, to look on the best (*o* right) side of s.th.; ⟨*fig*⟩ *prendere qd. per il suo* ~ to handle s.o. tactfully (*o* in the right way), to know how to treat s.o.; **rifare** *il* ~ *a qd.* to mimic (*o* imitate) s.o., to take s.o. off; ⟨*Metr*⟩ –*i* **sciolti** blank verse *sing;* ⟨*fig*⟩ **trovare** *il* ~ *di fare qc.* to find a way (*o* method) of doing s.th.

verso[2] *m.* ⟨*Bibliot*⟩ (*parte posteriore: di foglio o libro*) verso, back; (*di moneta o medaglia*) reverse, verso.

verso[3] *prep.* (when used with a personal pronoun *verso* is followed by *di*) 1 (*in direzione di*) toward(s), ... ward(s), in the direction of: *viene* ~ *di noi* he is coming towards us;

navigare ~ *nord* to sail (towards the) north, to sail northwards; *guardare* ~ *qd.* to look in s.o.'s direction. **2** (*contro*) against, (up)on, toward(s): *avanzare* ~ *il nemico* to advance upon (*o* against) the enemy. **3** (*temporale*) toward(s), about: *ci vediamo* ~ *le sei* we'll meet at about six; ~ *il tramonto* towards sunset. **4** (*vicino a*) near: *la sua casa è* ~ *il mare* his house is near the sea. **5** ⟨*fig*⟩ to, by: *si sente attratto* ~ *di lei* he feels attracted to her. **6** ⟨*fig*⟩ (*nei confronti di*) to, towards, with: *l'amore* ~ *i genitori* love towards one's parents; *essere indulgente* ~ *qd.* to be indulgent with s.o. **7** ⟨*comm*⟩ (*dietro, su*) (up)on: ~ *pagamento* upon payment. □ ~ *l'*alto upward(s), up; *andiamo* ~ *l'*autunno autumn is near; ~ *il* basso downward(s), down; ~ *dove siete diretti?* where are you going (*o* bound for)?; ~ *l'*esterno outward(s), out; ~ *l'*interno inward(s), in; ~ *ovest* westward(s), west.

versoio *m.* ⟨*Agr*⟩ mouldboard.

vertebra *f.* ⟨*Anat*⟩ vertebra. □ ~ *cervicale* cervical vertebra; ~ *lombare* lumbar vertebra. **vertebrale** *a.* ⟨*Anat*⟩ vertebral: *colonna* ~ backbone (*o* spine). **vertebrato** *a./s.m.* ⟨*Zool*⟩ vertebrate.

vertente *f.* pending: *causa* ~ pending litigation. **vertenza** *f.* controversy, dispute: *comporre una* ~ to settle a controversy (*o* dispute). □ ~ *giudiziaria* litigation, (law)suit, case; *–e di lavoro* labour dispute *sing;* ~ *sindacale* labour (*o* union) dispute. **vertere** *v.i.* (lacks past participle and compound tenses) **1** to turn (*su* on), to deal (with), to concern, to be about (s.th.): *la discussione verteva su argomenti di attualità* the discussion concerned (*o* was about) current affairs. **2** (*essere in corso*) to be undecided (*o* pending), to be in course.

verticale I *a.* **1** vertical, upright: *righe –i* vertical lines. **2** ⟨*Geom,Econ*⟩ vertical. **II** *s.f.* **1** (*linea verticale*) vertical (line): *tracciare la* ~ to draw the vertical. **2** ⟨*Ginn*⟩ (*con appoggio delle mani*) handstand; (*con appoggio della testa*) headstand: *fare la* ~ to do a headstand, to stand on one's head. **3** (*rif. a parole incrociate*) down. **verticalismo** *m.* ⟨*Arch*⟩ verticalism, verticality. **verticalità** *f.* verticality, verticalness. **verticalizzare** *v.t.* ⟨*Econ*⟩ to organize in a vertical system. **verticalizzazione** *f.* vertical organization. **verticalmente** *avv.* vertically: *spostarsi* ~ to move vertically.

vertice *m.* **1** (*sommità*) top, summit, vertex; (*vetta*) top, peak, summit: *il* ~ *della montagna* the mountain top. **2** ⟨*fig*⟩ (*apice*) apex, height, peak: *raggiungere il* ~ *della gloria* to reach the height of glory; *al* ~ *della carriera* at the peak of one's career. **3** ⟨*Pol*⟩ summit; (*riunione*) summit meeting. **4** ⟨*Geom*⟩ vertex: ~ *dell'iperbole* vertex of a hyperbole. □ ⟨*Pol*⟩ *al* ~ summit–: *incontro al* ~ summit meeting; *il* ~ *aziendale* the top management; *organizzazione al* ~ top-level management; ~ *del partito* the party leaders.

verticillo *m.* ⟨*Bot*⟩ verticil.

vertigine *f.* **1** dizziness, giddiness; (*attacco*) dizzy spell: *soffrire di –i* to suffer from dizzy spells. **2** ⟨*Med*⟩ vertigo. □ *a una velocità che dà le –i* at a dizzying speed; *ho le –i* I feel dizzy (*o* giddy), my head is spinning (*o* going round); ⟨*iron*⟩ *hai le –i?* are you getting confused (*o* mixed up)?, are you out of your head?; *far venire le –i* to make one dizzy (*o* giddy); *altezze che fanno venire le –i* giddy (*o* dizzying) heights; ⟨*fig*⟩ *prezzi che fanno venire le –i* prices that make your head spin; *mi vengono le –i* I feel dizzy (*o* giddy). **vertiginosamente** *avv.* dizzily, giddily. **vertiginoso** *a.* **1** dizzy(ing), giddy, vertiginous: *altezza –a* giddy height. **2** ⟨*fig*⟩ (*rapidissimo*) dizzy, giddy: *velocità –a* dizzy speed; *danza –a* giddy (*o* whirling) dance. **3** ⟨*fig*⟩ (*che frastorna*) stunning, bewildering, whirling: *lavorare a un ritmo* ~ to work at a bewildering pace. **4** ⟨*Med*⟩ vertiginous.

veruno *a.* ⟨*ant*⟩ (*nessuno*) no, not any.

verve *fr.* [verv] *f.* verve. □ *pieno di* ~ full of verve (*o* dash).

verza *f.* ⟨*Bot*⟩ savoy (cabbage).

verzellino *m.* ⟨*Ornit*⟩ serin.

verziere *m.* **1** ⟨*lett*⟩ (*giardino*) garden; (*orto*) kitchen garden; (*frutteto*) (fruit) orchard. **2** ⟨*region*⟩ (*mercato della verdura*) (vegetable) market.

verzura *f.* ⟨*ant*⟩ (*piante verdi*) greenery, verdure.

vescia *f.* (*pl.* -sce) **1** (*loffa*) wind. **2** ⟨*Bot*⟩ puff ball.

vescica *f.* **1** ⟨*Anat*⟩ vesica, bladder; (*vescica urinaria*) urinary bladder. **2** (*vescica d'animale seccata*) bladder: ~ *di strutto* bladder of lard. **3** (*bolla cutanea*) blister. □ ⟨*Anat*⟩ ~ *biliare* gall–bladder; ⟨*Itt*⟩ ~ *natatoria* swim(ming) bladder; ⟨*Anat*⟩ ~ *urinaria* (urinary) bladder. **vescicale** *a.* ⟨*Med*⟩ vesical. **vescicante** *a./s.m.* ⟨*Farm*⟩ vesicant, vesicatory. □ *gas* (*o aggressivo*) ~ vesicant, blister gas. **vescicatorio I** *a.* vesicant, vesicatory, blistering, blister. **II** *s.m.* ⟨*Farm*⟩ vesicant, vesicatory. **vescicatura** *f.* vesication. **vescicazione** *f.* ⟨*Med*⟩ blistering, vesication. **vescichetta** *f.* **1** (*bolla cutanea*) small blister. **2** ⟨*Anat*⟩ vesicle. □ ⟨*Anat*⟩ ~ *biliare* gall–bladder, vesica fellea; ~ *urinaria* urinary bladder. **vescicola** *f.* ⟨*Anat*⟩ vesicle: ~ *germinale* germinal vesicle; ~ *seminale* seminal vesicle. **vescicolare** *a.* **1** (*relativo a vescica*) vesical, bladder–; (*relativo a vescicola*) vesicular. **2** (*a forma di vescichetta*) vesicular. **vescicoloso** *a.* ⟨*Biol*⟩ **1** (*simile a vescicola*) vesicular. **2** (*formato da vescicole*) vesicular, vesiculate. **vescicona** *f.* large blister. **vescicoso** *a.* (*pieno di vesciche*) full of blisters, blistery.

vescovado *m.* (*edificio*) bishop's residence (*o* palace, seat), bishopric. **vescovato** *m.* **1** (*dignità*) episcopate, bishopric. **2** (*durata*) episcopate. **vescovile** *a.* bishop's, episcopal: *anello* ~ bishop's ring. □ *croce* ~ pectoral cross.

vescovo *m.* ⟨*Rel*⟩ bishop. □ ~ *ausiliare* (*o ausiliario*) auxiliary (bishop); ~ *coadiutore* bishop coadjutor, coadjutor (bishop); ⟨*Stor*⟩ ~ *conte* count–bishop; ⟨*Stor*⟩ *principe* ~ prince–bishop; *rosso* ~ bishop's purple (*o* violet); ~ *titolare* titular bishop.

vespa¹ *f.* ⟨*Entom*⟩ wasp, hornet, ⟨*am*⟩ yellow jacket. □ *nido di –e* wasps' nest; ⟨*fig*⟩ hornets' nest; *vitino di* ~ wasp waist.

vespa² *f.* (*pl.* vespe/vespa) (*scooter*) (motor)scooter, Vespa.

vespaio *m.* **1** wasps' (*o* hornets') nest (*anche fig.*). **2** ⟨*Edil*⟩ loose stone foundation. **3** ⟨*Med*⟩ favus, tinea favosa, honeycomb. □ ⟨*fig*⟩ ⸢*suscitare un*⸣ (*o stuzzicare il*) ~ to stir up a hornet's nest.

Vespasiano *N.pr.m.* ⟨*Stor*⟩ Vespasian. **vespasiano** *m.* public urinal.

vespero *m.* ⟨*lett*⟩ (*sera*) evening. **vespertino** *a.* ⟨*lett*⟩ **1** ⟨*Lit*⟩ (*del vespro*) vesper. **2** (*della sera*) vespertine, evening–, vesper: *crepuscolo* ~ evening twilight.

vespista *m./f.* motorscooter rider.

vespro *m.* **1** ⟨*ant,poet*⟩ (*sera*) evening, eventide. **2** ⟨*Lit*⟩ (*ora*) Vespers *pl;* (*parte dell'Uffizio*) Vespers *pl,* Vesper service. □ *dire* (*o recitare*) *il* ~ to say (*o* sing) Vespers; ⟨*Stor,Mus*⟩ *i siciliani* the Sicilian Vespers.

vessare *v.t.* (vesso) ⟨*lett*⟩ (*maltrattare*) to oppress, to torment, to harass, to ill–treat, to maltreat. **vessatore I** *s.m.* (*f.* -trice) ⟨*lett*⟩ oppressor, tormentor, maltreater. **II** *a.* ~ *vessatorio.* **vessatorio** *a.* oppressive, tormenting. **vessazione** *f.* oppression, torment, ill–treatment, harassment.

vessillifero *m.* **1** ⟨*Stor.rom*⟩ vexillary, standard bearer. **2** ⟨*Mil*⟩ standard bearer. **3** ⟨*fig*⟩ (*antesignano*) forerunner, precursor. **vessillo** *m.* **1** ⟨*Stor.rom*⟩ vexillum. **2** (*estens*) (*bandiera, stendardo*) standard, flag, ensign. **3** ⟨*fig*⟩ (*insegna*) banner, standard, flag, ensign, colours *pl:* *tenere alto il* ~ *della libertà* to hold high the banner of liberty.

Vesta *N.pr.f.* ⟨*Mitol*⟩ Vesta.

vestaglia *f.* (*da uomo*) dressing–gown, ⟨*am*⟩ (man's) bathrobe; (*da donna*) dressing–gown, ⟨*am*⟩ (woman's) bathrobe, ⟨*am*⟩ housecoat. **vestaglietta** *f.* (*vestito semplice da donna*) frock, simple dress; (*da casa*) house dress, house frock.

vestale *f.* **1** ⟨*Stor.rom*⟩ vestal (virgin). **2** ⟨*fig*⟩ vestal.

veste *f.* **1** (*ciascuna delle parti del vestiario*) garment, article of clothing: *i calzoni e la giacca sono –i* trousers and jacket are garments; *la toga era la* ~ *dei romani* the toga was the garment of the Romans. **2** (*abito femminile*) dress, frock. **3** *pl.* clothes *pl,* clothing, wear, apparel: *–i maschili* men's clothing (*o* wear); *strapparsi le –i di dosso* to tear off one's clothes. **4** (*estens*) (*forma, aspetto*) guise, clothing, appearance: *in* ~ *di pastore* in the guise of a shepherd, in shepherd's clothing. **5** ⟨*estens*⟩ (*copertura, rivestimento*) covering: *rinforzare un contenitore con una ~ metallica* to reinforce a container with a metallic covering. **6** ⟨*fig*⟩ (*autorità e diritto inerente a una carica*) authority, power, right: *non ha ~ per partecipare attivamente alla discussione* he doesn't have the authority to take an active part in the discussion; (*qualità, funzione*) capacity: *nelle -i di ministro* in one's capacity as minister. **7** (*presentazione*) format: *~ tipografica* (typographical) format. □ *~ da camera* dressing-gown, ⟨*am*⟩ bathrobe; ⟨*estens*⟩ *in ~ di* as, in one's capacity as: *in ~ d'amico* as a friend; *in ~ ufficiale* in one's official capacity; *dare una ~ poetica a qc.* to put s.th. into poetical form; *~ talare* cassock, priest's habit; *avere ~ ufficiale* (*avere autorità*) to have (official) authority, to be authorized.

Vestfalia *N.pr.f.* ⟨*Geog*⟩ Westphalia. □ ⟨*Stor*⟩ *pace di ~* Peace of Westphalia.

vestiario *m.* **1** wardrobe, clothes *pl: rinnovare il proprio ~* to renew one's wardrobe. **2** (*assortimento d'indumenti*) clothing, clothes *pl.* **3** ⟨*Teat*⟩ wardrobe. □ *capo di ~* article of clothing, garment; (*oggetto*) *~* article (*o* item) of clothing. **vestiarista** *m./f.* ⟨*Teat.Cin*⟩ **1** wardrobe master (*f* mistress). **2** (*costumista: disegnatore*) costume designer; (*sarto*) costumier (*f* costumière), costumer.

vestibolare *a.* ⟨*Anat*⟩ vestibular: *apparato ~* vestibular apparatus (of the ear). **vestibolo** *m.* **1** ⟨*Archeol*⟩ vestibule. **2** ⟨*estens*⟩ (*atrio*) vestibule, entrance hall, lobby. **3** ⟨*Anat,Zool*⟩ vestibule.

vestigia → **vestigio. vestigio** *m.* (*pl. i vestigi/le vestigia*) ⟨*lett*⟩ **1** (*traccia, segno*) trace, sign, vestige. **2** (*ricordo*) vestige, trace, remain: *le -a di un'antica civiltà* the traces of an ancient civilization. **3** *pl.* (*ruderi, rovine*) ruins *pl,* remains *pl: le -a della Roma imperiale* the ruins of imperial Rome.

vestina *f.* baby dress (*o* garment).

vestire[1] *v.* (*vesto*) **I** *v.t.* **1** to dress, ⟨*lett*⟩ to clothe: *~ un bambino* to dress a baby. **2** ⟨*estens*⟩ (*provvedere delle vesti necessarie*) to clothe: *per anni ti ho nutrito e vestito* I have fed and clothed you for years. **3** (*mettere indosso, indossare*) to put on, to wear: *~ la corazza* to wear a cuirass. **4** (*avere indosso, portare*) to wear, to have on: *veste sempre colori chiari* she always wears light colours; *vestiva un abito di seta* she had a silk dress on. **5** (*travestire*) to dress up; (*per ingannare*) to disguise. **6** (*rif. ad abiti: adattarsi al corpo*) to fit: *questa giacca ti veste bene* this jacket fits you well; (*stare bene*) to suit, to become: *to be becoming on.* **7** (*rif. a sarti: avere come cliente*) to make clothes for. **8** ⟨*fig*⟩ (*assumere un determinato stato*) to take, to put on, to assume: *~ il saio* to take the cowl (*o* veil). **9** (*ricoprire, rivestire*) to cover. **10** (*adornare*) to adorn, to dress, to decorate. **11** (*provvedere alla vestizione*) to clothe. **II** *v.i.*(*aus.* avere) **1** to dress, to wear: *~ di verde* to dress in green, to wear green; *~ con gusto* to dress tastefully. **2** (*adattarsi alla persona*) to fit: *quell'abito veste troppo* that dress is too close-fitting (*o* tight); (*stare bene*) to suit (*a qd.* s.o.), to be becoming (on): *gli abiti di maglia vestono molto* knitted dresses are very becoming. **vestirsi** *v.r.* **1** to dress, to wear: *~ di* to dress in (*o* with), to get dressed (*o* s.o.), to get dressed: *si sta vestendo* he's getting dressed. **2** (*vestire in un certo modo*) to dress: *vestirsi con eleganza* to dress elegantly; (*indossare*) to dress, to wear, to put on: *vestirsi con abiti pesanti* to 'dress in' (*o* put on) heavy clothes. **3** (*cambiarsi d'abito*) to change (one's clothes), to dress: *vestirsi per la cena* to dress for dinner. **4** (*travestirsi*) to dress up: *vestirsi da frate* to dress up as a monk; (*per ingannare*) to disguise o.s. **5** (*provvedersi di vestiti: da un sarto*) to go for one's clothes (*da qd.* to s.o.), to have one's clothes made (by): *si veste dai migliori sarti* he goes to the best tailors for his clothes; (*in un negozio*) to buy (*o* get) one's clothes (at). **6** ⟨*fig,lett*⟩ (*rivestirsi*) to be covered (*di* with), to be clothed (*o* clad), to deck o.s. (in): *i prati si vestono di fiori* the fields are covered with flowers. □ *~ bene* to dress well; *vestirsi di bianco* to dress in white, to wear white; *vestirsi in borghese* to wear civilian clothes; *vestirsi in costume* to dress up, to be in costume; (*rif. a fogge popolari*) to wear (a) costume; *vestirsi di cotone* to wear cotton (clothing), to put on a cotton dress (*o* suit); *~*

la divisa: **1** to wear (a) uniform; **2** (*diventare soldato*) to put on a uniform, to join the army, to become a soldier; **3** (*essere soldato*) to wear a uniform, to be in uniform, to be a soldier; *vestirsi da estate* to wear summer clothes; *vestirsi a festa* to wear party clothes, to dress up (in one's Sunday best); *vestirsi da inverno* to wear winter clothes; to dress for the cold; *vestirsi di lana* to wear woollen clothing; *~ a lutto* to wear mourning; *~ male* to dress badly; *vestirsi in* (*o* da) *maschera* to wear fancy dress, to dress up, to masquerade; *~ alla moda* to dress fashionably, to wear fashionable clothes; *~ l'abito monacale:* **1** (*farsi monaca*) to become a nun, ⟨*lett*⟩ to take the veil; **2** (*farsi monaco*) to become a monk.

vestire[2] *m.* **1** (*vestiario*) clothes *pl,* clothing, wardrobe: *spendere molto per il ~* to spend a lot on clothes. **2** (*modo di vestire*) dress, way of dressing: *~ semplice* simple dress.

vestitino *m.* **1** simple dress. **2** (*per bambini*) baby's dress (*o* garment); (*per bambini più grandi*) child's garment.

vestito[1] *a.* **1** dressed: *si buttò ~ sul letto* he threw himself on the bed fully dressed; (*determinato da complemento*) dressed, wearing, with ... on: *~ di bianco* dressed in white, wearing white. **2** (*travestito*) dressed up: *~ da pirata* dressed up as a pirate; (*per ingannare*) disguised. **3** (*ricoperto*) covered (*di* with), ⟨*lett*⟩ clad (in): *un muro ~ d'edera* an ivy-clad wall. □ *andare bene ~* to be well-dressed; *~ in borghese* dressed in civilian clothes, ⟨*fam*⟩ in civvies; (*rif. alla polizia*) in plain clothes; *dormire ~* to sleep 'fully dressed' (*o* with one's clothes on); *~ di tutto punto* all dressed up, ⟨*fam*⟩ dressed to the nines.

vestito[2] *m.* **1** (*capo di vestiario*) article of clothing, garment; (*da uomo*) suit: *un ~ di lana* a wool suit; (*da donna*) dress, frock; (*a due pezzi*) suit, costume. **2** *pl.* clothes *pl,* clothing, wear: *hai i -i laceri* your clothes are torn; *-i da uomo* men's wear (*o* clothing). □ *il ~ buono* one's good (*o* best, Sunday) suit; *cambiare* (*o* *cambiarsi*) *~* to change (one's clothes); *~ da* (*o* per) *casa* house dress, house frock; *-i da casa* indoor wear; *~ da cerimonia* formal clothes; *~ completo* (*da uomo*) suit; (*da donna*) suit, costume, outfit; (*abito con giacca*) dress and jacket; (*due pezzi*) two-piece outfit; *-i confezionati* ready-to-wear clothes, off-the peg clothes; *~ di cotone* cotton suit (*o* dress); *~ estivo* (*o* da estate) summer suit (*o* dress); (*da uomo*) summer suit; *farsi un ~* to have a suit (*o* dress) made; (*alle feste* (*vestito buono*) one's Sunday best; (*vestito per un ricevimento e sim.*) party dress; *-i invernali* (*o* da inverno) winter dress (*o* clothing, wear), warm (*o* heavy) clothes; *~ senza maniche* sleeveless dress; *~ da nozze* (*rif. alla sposa*) wedding dress, bridal gown; (*rif. allo sposo*) wedding suit; *~ da sera* evening dress; *-i sportivi* sportswear, casual wear (*o* clothes), ⟨*fam*⟩ casuals *pl; ~ da* (*o* di) *mezza stagione* between-seasons suit (*o* dress), ⟨*am*⟩ spring and fall suit (*o* dress).

vestizione *f.* **1** ⟨*Mediev*⟩ investiture. **2** ⟨*Rel*⟩ clothing (with the religious habit).

Vesuvio *N.pr.m.* ⟨*Geog*⟩ Vesuvius.

veterano *s.m.* (*f.* -a) **1** ⟨*Stor.rom*⟩ veteran. **2** (*soldato anziano*) veteran, old soldier; (*ex-combattente*) ex serviceman, ⟨*am*⟩ veteran. **3** ⟨*fig*⟩ veteran, old hand: *è un ~ del suo mestiere* he's a veteran at his trade; *un ~ dello sci* a veteran skier. **4** ⟨*Sport*⟩ veteran.

veterinaria *f.* veterinary medicine. **veterinario I** *s.m.* (*f.* -a) veterinarian, veterinary surgeon. **II** *a.* veterinary. □ *medico ~* veterinarian, veterinary surgeon.

veto *m.* (*pl. inv./veti*) ⟨*Dir*⟩ veto (*anche estens.*). □ *diritto di ~* veto power, right of veto; *esercitare il diritto di ~* to exercise the power of veto; *porre il ~ a qc.* to put (*o* place, set) a veto on s.th., to veto s.th.

vetraio *m.* **1** (*operaio*) glass maker, glazier, glass worker; (*soffiatore di vetro*) glassblower. **2** (*venditore*) glass seller. **vetrame** *m.* glass. **vetrario** *a.* glass: *industria -a* glass industry, glass making; *pittura -a* glass painting. **vetrata** *f.* **1** (*parete*) glass wall; (*porta*) glass door. **2** (*finestra*) window; (*di chiesa*) stained-glass window. **vetrato** *a.* **1** glass: *porta -a* glass door; (*fornito o racchiuso con vetro*) glazed. **2** (*che contiene vetro*) glass: *carta ~a* glass–paper, sandpaper. **vetreria** *f.* **1** (*stabilimento di fabbricazione del vetro*) glassworks *pl* (*costr.sing.*). **2** (*reparto di fabbrica, negozio*) glass department. **3** (*complesso di prodotti di vetro*) glass(ware). **4** (*oggetti di vetro per laboratorio*) chemical (*o heat–resistant*) glass.

vetrificàbile *a.* vitrifiable. **vetrificàre** *v.* (**vetrìfico, vetrìfichi**) **I** *v.t.* to vitrify. **II** *v.i.* (*aus.* **essere**), **vetrificarsi** *v.r.* to vitrify. **vetrificazióne** *f.* vitrification. **vetrìgno I** *a.* (*simile al vetro*) vitreous, vitric, glassy, glass–like. **II** *s.m.* ⟨*tecn*⟩ (*mattone*) vitrified paving brick.

vetrìna[1] *f.* ⟨*Ceram*⟩ glaze.

vetrìna[2] *f.* **1** (*di negozio*) shop–window. **2** (*di museo e sim.*) glass case, show case. **3** (*armadio a vetri e sim.*) glass–fronted cupboard. □ *guardare le –e* to go window–shopping; *mettere in ~* to put in the window; ⟨*fig*⟩ *mettersi in ~* (*in mostra*) to show off, to put o.s. in the limelight.

vetrinètta *f.* small show case (*o glass case*). **vetrinìsta** *m./f.* window dresser.

vetrìno[1] *a.* (*fragile come il vetro*) brittle: *unghie –e* brittle nails.

vetrìno[2] *m.* (*per il microscopio*) slide.

vetrioleggiàre *v.t.* (**vetriolèggio, vetriolèggi**) to throw vitriol at, to vitriolize. **vetriòlo** *m.* **1** ⟨*Chim*⟩ (*solfato*) vitriol, (*metallic*) sulphate. **2** (*acido solforico fumante*) (oil of) vitriol, sulphuric àcid. **3** ⟨*Ornit*⟩ (*martin pescatore*) kingfisher. □ *~ azzurro* (*o blu*) blue vitriol, copper sulphate; *~ bianco* white vitriol, zinc sulphate; *~ fumante* (*olio di vetriolo*) (oil of) vitriol, sulphuric acid; *~ rosso* red vitriol, cobalt sulphate.

vètro *m.* **1** glass. **2** (*oggetto di vetro*) glass, article (*o object*) of glass; *pl.* glassware, glasswork, glass: *il rumore di –i infranti* the sound of breaking glass. **3** (*lastra di vetro*) sheet (*o plate*) of glass; (*di finestra*) pane (of glass), glass; (*finestra*) window: *chiudere i –i* to close the windows. **4** (*frammento di vetro*) piece of broken glass: *tagliarsi con un ~* to cut o.s. on a piece of broken glass; (*scheggia*) glass splinter, splinter of glass: *mi è entrato un ~ nella mano* I have a splinter of glass in my hand. □ *a –i* glass: *porta a –i* glass door; *~* **antiappannante** non–fogging glass; *~* **antiproiettile** bullet–proof glass; *~* **antisfondamento** splinter–proof glass; **bicchiere** *di ~* glass; *~* **blindato** armoured glass, ⟨*am*⟩ bullet–proof glass; *~ di* **Boemia** Bohemian glass; *~ da* **bottiglie** bottle glass; *~* **cattedrale** cathedral glass; *~* **colorato** stained–glass, coloured glass; ⟨*Aut,Ferr*⟩ tinted glass; *di ~* glass, glazed: *tubo di ~* glass tube; *~ da* **finestra** window glass; *~* **ghiacciato** frosted glass; *~* **infrangibile** laminated (*o safety*) glass, ⟨*am*⟩ shatter–proof (*o unbreakable*) glass; *~ di·* **Jena** Jena glass; *~ da* **laboratorio** chemical (*o heat–resistant*) glass; *~* **latteo** (*o di latte*) opaline, milk glass, opal glass; *~* **molato** polished glass; *~* **opaco** opaque (*o vision–proof*) glass; *~ da* **orologio** watch glass; *~* **piano** flat glass; **raccolta** *di ~* **usato** collection of used glass; *~ di* **sicurezza** safety glass; *~* **smerigliato** frosted (*o ground*) glass; ⟨*Agr*⟩ **sotto** *~* glasshouse–, greenhouse–, under glass: *colture sotto ~* glasshouse cultivation; *~ per* **specchi** plate glass; *~* **stratificato** laminated plate glass; *~* **temprato** toughened glass; *~* **trasparente** transparent glass; *trasparente come il ~* as transparent as glass, crystal clear.

vetro|cemènto *m.* ⟨*Edil*⟩ concrete and glass, concrete –framed glass blocks. **~cromìa** *f.* ⟨*Pitt*⟩ glass painting. **~fanìa** *f.* diaphanie.

vètroflex *m.* ⟨*tecn*⟩ glass wool.

vetrorèsina *f.* fiberglass reinforced plastic.

vetròso *a.* vitreous, glassy.

vètta *f.* **1** (*di monte*) peak, summit, top. **2** (*di pianta*) top, tip. **3** (*cima, sommità*) top. **4** (*parte terminale di ramo*) tip, end. **5** ⟨*Agr*⟩ (*calocchia*) swingle (*o swiple*) of a flail. **6** ⟨*Mar*⟩ end.

vettóre I *s.m.* **1** ⟨*Mat,Fis*⟩ vector. **2** ⟨*Astron*⟩ (*razzo vettore*) carrier (*o mother*) rocket. **3** ⟨*Dir,Comm*⟩ carrier, haulage contractor. **4** ⟨*Biol*⟩ vector, carrier. **II** *a.* **1** ⟨*Biol*⟩ vector–, carrier–. **2** ⟨*Mat,Fis*⟩ vector–, vectorial: *raggio ~* radius vector. □ *~ ferroviario* rail carrier; *~*

marittimo marine carrier. **vettoriàle** *a.* ⟨*Mat.Fis*⟩ vector–, vectorial: *campo ~* vector field; *grandezza ~* vector quantity.

vettovagliamènto *m.* provisioning, victualling. **vettovagliàre** *v.t.* (**vettovàglio, vettovàgli**) to provision, to supply (with provisions or food), to victual. **vettovagliarsi** *v.r.* to obtain provisions (*o supplies*). **vettovàglie** *f.pl.* **1** provision, supply, ⟨*rar*⟩ victual. **2** ⟨*Mil*⟩ provision, victual, store.

vettrìce *f.* vector, carrier.

vettùra *f.* **1** (*carrozza*) carriage: *~ di piazza* hackney carriage, cab. **2** (*autovettura*) (motor)car, ⟨*am*⟩ automobile. **3** (*carrozza ferroviaria*) (railway passenger) coach, carriage, ⟨*am*⟩ car; (*carrozza tranviaria*) tram car. □ ⟨*Aut*⟩ *~* **aerodinamica** streamlined car; ⟨*Aut*⟩ *~* **berlina** saloon, limousine, ⟨*am*⟩ sedan; *~ a* **cavalli** horse–drawn carriage; *~* **compatta** compact car, utility car; ⟨*Aut*⟩ *~ da* **corsa** (*o competizione*) racing car; ⟨*Aut*⟩ *~* **decapottabile** convertible; ⟨*Comm*⟩ *~ per* **dimostrazioni** demonstration car; ⟨*Ferr*⟩ *~* **diretta** through carriage; ⟨*Aut*⟩ *~ d'*****epoca** vintage car; *~* **filoviaria** trolleybus; ⟨*Ferr*⟩ *signori, in ~!* take your seats!, close the doors!, ⟨*am*⟩ all aboard!; ⟨*Comm*⟩ **lettera** *di ~* way–bill, bill of freight; *lettera di ~ aerea* air way–bill, consignment note; ⟨*Ferr*⟩ *~* **letto** sleeping–car; ⟨*Ferr*⟩ *~* **motrice** engine car; *~ da* **noleggio** hire car, car for hire; *~ di* **posta** mail–coach, stage–coach; *~* **pubblica**: **1** (*carrozza*) hackney cab, hackney carriage; **2** (*automobile*) taxi cab, ⟨*am*⟩ cab, ⟨*am*⟩ hack; ⟨*Ferr*⟩ *~* **ristorante** dining–car, restaurant–car, ⟨*am*⟩ diner; ⟨*Ferr*⟩ *~* **salone** Pullman (car), saloon car (*o carriage*), ⟨*am*⟩ parlor car; ⟨*Aut*⟩ *~ di* **serie** mass–produced car; ⟨*Aut*⟩ *~* **sportiva** sports car; *~* **tranviaria** tram car, ⟨*am*⟩ trolley car, ⟨*am*⟩ streetcar; *~ a* **trazione** *anteriore* front–wheel drive car; ⟨*Aut*⟩ *~ da* **turismo** touring car; *~* **usata** second–hand (*o used*) car.

vetturàle *m.* carter, carrier. **vetturétta** *f.* ⟨*Aut*⟩ small car.

vetturìna *f.* ⟨*Bot*⟩ (*anche erba vetturina*) melilot, sweet clover.

vetturìno *m.* cabman, coachman, cab driver.

vetustà *f.* ⟨*lett*⟩ (*vecchiaia*) ancientness, oldness. **vetùsto** *a.* (*antico, vecchio*) ancient, (very) old.

vezzeggiamènto *m.* **1** (*atto*) petting, fondling, caressing. **2** (*effetto*) caress. **vezzeggiàre** *v.t.* (**vezzèggio, vezzèggi**) to pet; (*con carezze*) to fondle, to caress, to pet. **vezzeggiatìvo I** *a.* ⟨*Gramm*⟩ of endearment; *forma –a* form of endearment. **II** *s.m.* form of endearment; (*nome*) pet name. **vèzzo** *m.* **1** (*abitudine*) habit: *fare qc. per ~* to do s.th. from force of habit; (*modo abituale*) habit, mannerism. **2** (*vizio*) (bad) habit. **3** (*moina*) caress. **4** *pl.* (*smancerie*) affectation, affected (*o mincing*) ways *pl,* simpering. **5** *pl.* (*grazia, leggiadria*) charm, grace. **6** (*collana, monile*) necklace: *~ di perle* pearl necklace, string of pearls.

vezzosamènte *avv.* charmingly, gracefully. **vezzosétto, vezzosìno I** *a.* quite charming. **II** *s.m.* (*f.* **-a**) pretty little thing. **vezzosità** *f.* **1** (*leggiadria*) charm, grace. **2** (*leziosità*) affectation, affected (*o mincing*) ways *pl.* **vezzóso I** *a.* **1** (*leggiadro*) charming; (*grazioso*) graceful, pretty: *una ragazza –a* a pretty girl. **2** (*lezioso*) affected, mincing, simpering. **II** *s.m.* (*f.* **-a**) **1** charmer, charming (*o graceful*) person. **2** (*persona leziosa*) affected person, simperer. □ *fare il ~* to simper, to be affected.

V.F. = *Vigili del fuoco* Fire Brigade.

V.G. = *Vostra Grazia* Your Grace.

VHF = ⟨*Fis*⟩ *altissima frequenza* very high frequency (*abb.* VHF).

vi (before unaccented personal pronouns *lo, la, le, li, ne, vi* changes to *ve*; *vi* is used enclitically with infinitives, participles, gerunds, imperatives and *ecco*) **I** *pron.pers.* **1** (*voi: compl. oggetto*) you: *~ ho visto ieri* I saw you yesterday; (*forma di cortesia*) you: *~ hanno chiamato* someone called you. **2** (*a voi: compl. di termine*) you, to you: *~ piace?* do you like it?; *non ~ do niente* I won't give you anything; (*forma di cortesia*) you, to you: *sono venuto a dirvelo* I came to tell you. **3** (*riflessivo*) yourselves *pl: lavatevi* wash yourselves; *alzatevi!* get up!; (*reciproco: fra due*) each other; (*fra più di due*) one another: ~ *conoscete?* do you know one another?; (*forma di cortesia*) you, yourself: *come ~ sentite?* how do you feel?. **4** (*con valore di dativo etico*) ĭyourselves *pl: abbiatevi cura* take care of yourselves; (*forma di cortesia*) yourself. **5** (*particella impersonale*) it, *spesso non si traduce: non ~ è differenza* there is no difference. **II** *avv.* **1** (*lì*) there: ~ *sono rimasto qualche giorno* I stayed there for a few days; ~ *andrò domani* I shall go there tomorrow. **2** (*qui*) here: *mi trovo bene in questo albergo e ~ rimarrò ancora* I like this hotel and I shall stay on here. **3** (*per questo luogo*) here, by here (*o* it), by this place: ~ *passavo ogni mattina* I passed by here every morning; (*per quel luogo*) there, by there (*o* it), by that place. **4** (*pleonastico*) *non si traduce: in questo palazzo non ~ abita nessuno* nobody lives in this building.

via¹ I *s.f.* **1** (*strada*) road: *una ~ asfaltata* a paved road; (*rif. alle antiche vie romane*) way: ~ *Appia* Appian Way. **2** (*strada urbana*) street, road: *conosco la ~ dove abita* I know the street where he lives; (*negli indirizzi*) via: *abita in ~ Dante 10* he lives at 10 Via Dante. **3** (*sentiero, pista*) path, track: *una ~ tra i campi* a path through the fields. **4** (*passaggio*) way: *aprirsi una ~ nella foresta* to open up a way through the forest. **5** (*viaggio, cammino*) way, journey: *sono già in ~* they are already on their way; *rimettersi in ~* to resume one's journey. **6** (*percorso*) way, course, itinerary, route: *sulla ~ di casa* on the way home; *scegliere la ~ più breve* to choose the shortest route. **7** ⟨*fig*⟩ (*mezzo, possibilità*) way, means *pl: le -e del Signore* the ways of the Lord; *per ~ giudiziaria* by legal means; *non vedo altra ~* I see no other way. **8** ⟨*fig*⟩ (*modo di vivere*) path, road, track: *tornare sulla retta ~* to return to the (straight and) narrow path. **9** ⟨*fig*⟩ (*procedimento, modo di agire*) channel(s): *agire per ~ diplomatica* to act through diplomatic channels. **10** ⟨*Anat*⟩ tract, duct, passage: -*e biliari* bile ducts. **11** ⟨*Alp*⟩ (*via di salita*) route: *aprire una ~* to open a route. **12** ⟨*Mar*⟩ route, way. **II** *avv.* **1** (*passando per*) via: *un biglietto per Vienna ~ Brennero* a ticket for Vienna via Brenner. **2** (*per mezzo di*) by, via: ~ *radio* by radio. □ ~ *d'accesso* approach; ~ **aerea:** 1 airway; 2 ⟨*Post*⟩ airmail; *per ~ aerea:* 1 by air; 2 ⟨*Post*⟩ by airmail; ⟨*fig*⟩ *per* **altra** ~ in another way; *in ~* **amichevole** as a friend, out of friendship: *te lo dico in ~ amichevole* I'm telling you as a friend; ⟨*fig*⟩ *aprire* **nuove** -*e* to pave the way, to open new avenues; *per ~ d'aria* by air; ~ *di* **comunicazione** highway, main road; ~ *di comunicazione marittima* sea route; *la ~* **Crucis** the Way of the Cross; ⟨*fig*⟩ *calvary;* ⟨*Anat*⟩ -*e* **digerenti** digestive tract (*o* system); *la ~ della* **droga** the drug route; *in ~* **eccezionale** ĭas an¹ (*o* by way of) exception, exceptionally; *non* **esserci** ~ *di* [*inf*] to be impossible to: *non c'è ~ di persuaderlo* it's impossible to persuade him, there's no persuading him; -*e di* **fatto** violence: *passare* (*o scendere*) *a -e di fatto* to resort to violence, to come to blows; *per ~* **gerarchica** through official channels; ⟨*fig*⟩ *la* **giusta** ~ the straight and narrow (path); *mettere qd. sulla ~ giusta* to put s.o. on the right path; *in ~:* 1 (*cammin facendo*) on the (*o* one's) way: *essere in ~* to be on the (*o* one's) way; 2 ⟨*fig*⟩ on the way: *essere in ~ di guarigione* to be on the way to recovery, ⟨*fam*⟩ to be on the mend; **indicare** *la ~ a qd.* to tell s.o. the way; ⟨*Astr*⟩ ~ **lattea** Milky Way; ĭ*adire le¹* (*o ricorrere alle*) -*e* **legali** to take legal action (*o* measures), to go to law, to sue; ~ **libera** clear road (*o* way); ⟨*Ferr*⟩ line clear, track open; ~ *libera:* 1 to have one's way clear: *hai ~ libera* ĭthe road¹ (*o* your way) is clear; 2 ⟨*fig*⟩ to be free, to have no obstacles in one's path; *dare ~ libera a* to give way to, to allow to pass; ⟨*fig*⟩ to open up the way to, to give free rein to; ~ **mare** by sea; **mettersi** *in ~* to set out (*o* off), to start off; *a* **mezza** ~ halfway (there); ~ *di* **mezzo** middle course (*o* way); *scegliere la ~ di mezzo* to choose the middle course; ~ *di* **navigazione** seaway; ~ *di navigazione interna* inland waterway; *per ~* **orale** ĭby mouth, orally: *farmaci da prendersi per ~ orale* medicines to be taken by the mouth; **per** ~ *di:* 1 (*per mezzo di*) by, through, by means of, via; 2 ⟨*fam*⟩ (*a causa di*) because of, on account of: *per* ~

dell'esame devo studiare giorno e notte because of the exam I have to study day and night; **prendere** *una ~* to take a road (*o* path); ~ **privata** private road; *in ~* **provvisoria** provisionally, temporarily, for the time being; ⟨*Anat*⟩ -*e* **respiratorie** respiratory tract *sing;* ⟨*fig*⟩ *la* **retta** ~ the straight and narrow path: *abbandonare la retta ~* to stray (from the straight and narrow path), ⟨*fam,scherz*⟩ to go off the straight and narrow; ⟨*Med*⟩ *per ~* **rettale** by the rectum, rectally; ⟨*Stor.rom*⟩ ~ **sacra** Via Sacra; *mettersi sulla ~* **sbagliata** to take the wrong road; *non c'è ~ di* **scampo** (*o salvezza*) there is no way out (of it); ~ **secondaria** secondary (*o* minor) road, by-road; *in ~* **sperimentale** as an experiment; ⟨*fig*⟩ **spianare** *la ~ a qd.* to smooth ĭthe way for s.o.¹ (*o* s.o.'s path), to pave s.o.'s way; ~ *del* **tabacco** tobacco road; ~ *di* **terra** (over)land route; *per ~ di terra* by land; ~ *di* **transito** through road; ~ **traversa:** 1 crossroad; 2 (*strada secondaria*) side road; 3 (*scorciatoia*) short cut; ⟨*fig*⟩ *per -e traverse* by underhand means; *in ~* **ufficiosa** unofficially; ⟨*Anat*⟩ -*e* **urinarie** urinary tract *sing;* ~ *d'uscita* way out (*anche fig.*); ⟨*Strad*⟩ ~ *senza uscita* cul-de-sac, dead end.

via² I *avv.* **1** away, off: *correre ~* to run off; *buttare ~* to throw away; *vattene ~!* go away! **2** ⟨*assol*⟩ off, away, out (*si aggiunge il verbo sottinteso*): *si alzò di scatto e ~ di corsa* he leapt up and ĭran off¹ (*o* off he went); ~, *fuori dai piedi!* off (*o* away) with you!, get out of here! **3** ⟨*esclam*⟩ (*suvvia*) come on, come now, *a volte non si traduce:* ~, *non ti preoccupare* come on, don't worry about it; (*per esprimere incredulità e sim.*) go on, ⟨*fam*⟩ get along with you; (*presto*) come on, quick(ly), hurry, ⟨*fam*⟩ get a move on: ~, *che si fa tardi* hurry up, it's getting late. **4** (*esclam*) (*segnale di partenza*) go: *pronti ~* ready, steady, (*o* on your marks, get set) go! **5** ⟨*Mar*⟩ steady. **II** *s.m.* (*segnale di partenza*) starting signal, start: *al ~* at the starting signal. □ *e così ~* and so on; **dare** *il ~:* 1 to give the starting signal; 2 ⟨*fig*⟩ (*iniziare*) to start, to get under way: *dare il ~ ai lavori* to start work; 3 ⟨*fig*⟩ (*far iniziare*) to give the go-ahead for, to start, to set off; *e ~* **dicendo** and so on, ⟨*enfat*⟩ and so on and so forth; ⟨*fam*⟩ **essere** ~: 1 to be away; 2 (*essere uscito di casa*) to be out; 3 (*essere in viaggio*) to be away; 4 (*essere in paese straniero*) to be abroad; **ma** ~*!* go on!; *e ~ di questo* **passo** and so on; **prendere** *il ~* to start; **venire** ~: 1 to come away; 2 (*rif. a macchine e sim.*) to come out; 3 (*staccarsi*) to come off; ~ **via:** 1 gradually, little by little: *va ~ via migliorando* he is improving gradually; 2 (*a mano a mano*) as: ~ *via che vennero* as they arrived.

viàbile *a.* **1** (*praticabile*) practicable, fit for traffic. **2** (*viario*) road-. **viabilìsta** *a.* (*rif. al traffico*) (*road*) traffic-: *vigili -i* traffic police; (*rif. alla costruzione delle strade*) road-, highway-: *ingegnere ~* highway engineer. **viabilìstico** *a.* (*pl.* -**ci**) (*road*) traffic-, road-. **viabilità** *f.* **1** practicability; (*stato delle strade*) road conditions *pl,* state of the road(s). **2** (*rete stradale*) roads *pl,* road network: *la ~ di questo paese è pessima* the roads in this country are very bad. **3** (*norme sul traffico*) traffic regulations *pl;* (*norme e attività relative alla costruzione di strade*) highway engineering. **viàccia** *f.* (*pl.* -**ce**) **1** bad road. **2** (*via malfamata*) street of ill-fame, disreputable street.

Via Crùcis *lat. f.* **1** ⟨*Rel*⟩ Stations *pl* (*o* Way of the Cross; (*serie di stazioni*) Stations *pl* (of the Cross). **2** ⟨*fig*⟩ suffering, purgatory, calvary, ⟨*fam*⟩ hell (on earth): *la sua vita è stata una ~* his life was a calvary.

viadòtto *m.* (*passaggio sopraelevato*) viaduct: ~ *ferroviario* railway viaduct.

viaggétto *m.* (short) trip, excursion; (*in macchina*) drive. **viaggiànte** *a.* travelling. □ ⟨*Ferr*⟩ *personale ~* train crew, train men *pl.*

viaggiàre¹ *v.* (**viàggio, viàggi**) **I** *v.i.* (*aus. avere*) **1** (*rif. a persone*) to travel, to journey, to make (*o* take, go on) a trip: ~ *in treno* to travel by train; ~ *in prima classe* to travel first-class; (*fare viaggi*) to travel: *prima viaggiavo molto* I used to ĭtravel a lot¹ (*o* do a lot of travelling). **2** (*rif. a veicoli*) to run, to go, to travel: *il treno viaggia lentamente* the train is going slowly; *il rapido da Milano viaggia con dieci minuti di ritardo* the express from Milan is (running) ten minutes late. **3** (*rif. a merci: essere trasportato*) to be carried (*o* transported), to travel: *la merce viaggia a rischio del committente* goods are carried at the consignor's risk. **4** (*fare il commesso viaggiatore*) to travel, to be a commercial traveller, ⟨*am*⟩ to be a traveling salesman: ~ *per una ditta* to travel for a firm; ~ *in pellami* to travel in hides. **II** *v.t.* to travel (over, round): *ha viaggiato tutto il mondo* he has travelled all over the world. □ ~ *per* **affari** to travel on business; ~ *per* **aria** to travel (*o* go) by air, to fly; ~ *come un* **baule** to travel without learning (*o* taking an interest in) anything; ⟨*scherz*⟩ ~ *col* **cavallo** *di san Francesco* (*a piedi*) to go on foot, to travel (*o* go) by shanks's mare; ~ *per* **divertimento** to travel for pleasure; ~ *in* **incognito** to travel (*o* go) incognito; ~ *per* **mare** to travel (*o* go) by sea, to voyage.

viaggiare² *m.* travel, travelling.

viaggiatore **I** *s.m.* (*f.* **-trice**) **1** traveller: *i grandi –i del secolo scorso* the great travellers of the last century. **2** (*passeggero*) passenger: *chiedere il biglietto ai –i* to ask the passengers for their tickets. **3** (*commesso viaggiatore*) commercial traveller, ⟨*am*⟩ traveling salesman. **II** *a.* travelling. □ ~ *di commercio* commercial traveller, ⟨*am*⟩ traveling salesman; *piccione* (o *colombo*) ~ homing pigeon, carrier pigeon; *treno –i* passenger train.

viaggio *m.* **1** journey, trip: *fare un* ~ *in Germania* to go on a trip to Germany; *un* ~ *di una settimana* a week's journey; (*per mare*) voyage; (*in aereo*) flight; (*turistico*) tour; *pl.* travels *pl.*: *ha scritto un libro sui suoi viaggi* he has written a book about his travels. **2** (*tragitto, corsa*) trip, journey, run: *il* ~ *tra Roma e Berlino* the journey from Rome to Berlin; (*per aereo*) flight; (*per mare*) crossing, passage. **3** ⟨*iperb*⟩ long journey (*o* way): *andare fin lassù è un vero* ~ it's a very long way there, it's miles away. **4** (*cammino*) trip, journey: *fare due viaggi* to make two trips. **5** (*pellegrinaggio*) pilgrimage. **6** (*effetto della droga*) trip. □ ~ (*in*) **aereo** flight, journey by air (*o* plane); ~ *d'*affari business trip; ~ *d'*andata outward journey; (*in aereo*) outward flight; ~ *d'*andata e ritorno round trip, journey there and back; (*in aereo*) round trip, flight there and back; ~ *in* **automobile** drive, journey by car; **buon** ~! bon voyage!, have a nice journey (*o* trip)!; ~ *a* **cavallo** journey on horseback, ride; ~ **circolare** round trip, circular tour; *da* ~ travel–, travelling: *soprabito da* ~ travel coat; *cestino da* ~ lunch bag; *di viaggi* travel–: *agenzia di viaggi* travel agency; **durante** *il* ~ during the journey; ~ *d'*esplorazione journey of exploration; **fare** *un* ~ to take (*o* make) a journey, to go on a trip; *hai fatto buon* ~? did you have a good trip?; ⟨*Lett*⟩ *i viaggi di* **Gulliver** Gulliver's Travels; *essere in* ~ to be on a journey; (*in navigazione*) to be at sea; *essere in* ~ *per un paese* to be travelling (*o* on one's way) to a country; ~ **inaugurale** maiden voyage; ~ **incentivo** incentive tour; ~ *d'*istruzione study tour; ~ *di* **lavoro** business trip; ~ *di* (o *per*) **mare** (sea) voyage, journey by sea; **mettersi** *in* ~ to set out; ~ *intorno al* **mondo** world tour; ~ *di* **nozze** honeymoon, wedding trip; ~ *di* **piacere** pleasure trip; ~ *di* **ritorno** return trip, journey home; (*in aereo*) return flight; ⟨*Astron*⟩ ~ **spaziale** space trip (*o* travel); ~ *di* **studio** study travel; ~ *in* **treno** train trip (*o* journey); ~ **turistico** tour; ~ **tutto** *compreso* inclusive tour; ⟨*fig*⟩ *l'*ultimo ~ the last journey; *fare un* ~ *a* **vuoto** to go on a useless errand.

viale *m.* **1** avenue, ⟨*am*⟩ boulevard. **2** (*nei giardini*) path, walk. **3** (*strada privata, d'accesso*) drive, driveway.

vialone *m.* broad avenue.

viandante *m./f.* ⟨*lett*⟩ wayfarer, traveller, journeyer.

viario *a.* (*stradale: rif. a strade urbane*) street–, road–; (*rif. a strade extraurbane*) road–: *rete –a* road network.

viatico *m.* (*pl.* **-ci**) **1** ⟨*lett*⟩ provisions *pl* (for a journey), viaticum. **2** ⟨*fig*⟩ (*conforto, sostegno*) comfort, encouragement. **3** ⟨*Rel*⟩ (Holy) Viaticum, Last Sacrament.

viavai *m.inv.* **1** coming and going, to and fro, bustle, confusion: *c'era un grande* ~ *di impiegati* there was a great coming and going of clerks. **2** ⟨*tecn*⟩ to and fro motion, reciprocating movement.

vibrafonista *m./f.* ⟨*Mus*⟩ vibraphonist. **vibrafono** *m.* vibraphone.

vibrante **I** *a.* **1** (*rif. alla voce umana*) vibrant, vibrating, resonant. **2** ⟨*fig*⟩ (*fremente*) quivering, trembling (*di* with): ~ *di tenerezza* quivering with tenderness. **3** ⟨*Fon*⟩ vibrant: *consonante* ~ vibrant consonant. **II** *s.f.* ⟨*Fon*⟩ vibrant consonant. □ ~ *d'entusiasmo* quivering with enthusiasm; ~ *di passione* trembling with passion; *parole –i di sdegno* scornful words, words ringing with scorn.

vibrare **I** *v.t.* **1** (*assestare*) to deal, to strike, to deliver: ~ *un colpo* to deal (*o* strike) a blow. **2** ⟨*lett*⟩ (*agitare*) to brandish. **3** ⟨*lett*⟩ (*scagliare*) to hurl, to cast, to throw, to launch. **4** ⟨*lett*⟩ (*far vibrare*) to vibrate. **II** *v.i.* (*aus. avere*) **1** to vibrate. **2** ⟨*fig*⟩ (*fremere*) to vibrate, to tremble, to quiver (*di* with): *la sua voce vibrava di commozione* his voice quivered with emotion. **3** ⟨*fig*⟩ (*palpitare*) to throb: *cuore che vibra d'amore* heart throbbing with love; (*rif. alla luce*) to quiver. □ ~ *una coltellata a qd.* to stab (*o* knife) s.o.; ~ *un pugno a qd.* to punch s.o., to give (*o* deal) s.o. a blow. **vibratile** *a.* vibratile: *membrana* ~ vibratile membrane. **vibrato** **I** *a.* **1** (*lanciato*) hurled, cast, flung. **2** (*messo in vibrazione*) vibrated, vibrating. **3** ⟨*fig*⟩ (*concitato, fremente*) excited, agitated; (*energico*) strong, forceful, vehement: *–a protesta* strong protest. **4** ⟨*Mus*⟩ vibrato. **5** ⟨*Edil*⟩ vibrated: *calcestruzzo* ~ vibrated concrete. **II** *s.m.* ⟨*Mus*⟩ vibrato.

vibratore *m.* ⟨*tecn*⟩ vibrator. □ ~ *ad alta frequenza* high-frequency vibrator; ~ *per calcestruzzo* (concrete) vibrator. **vibratorio** *a.* vibratory, vibrating, vibrative.

vibrazionale *a.* ⟨*Fis*⟩ vibrational. **vibrazione** *f.* **1** (*effetto*) vibration: *le –i d'un diapason* the vibrations of a tuning-fork. **2** (*oscillazione*) vibration, oscillation; (*rif. alla luce*) quivering, shimmering. **3** ⟨*fig*⟩ (*fremito*) quiver(ing), trembling, vibration: *una –i di collera nella voce* an angry quiver in the voice. **4** ⟨*Med*⟩ vibromassage, vibratory massage. **5** ⟨*Edil*⟩ vibration. □ ⟨*Aer*⟩ ~ *aeroelastica* flutter; ~ *sonora* sound (*o* sonorous) vibration.

vibrione *m.* ⟨*Biol*⟩ vibrio.

vibrissa *f.* ⟨*Zool*⟩ vibrissa.

vibrografo *m.* ⟨*tecn*⟩ vibrograph, vibrometer.

vibromassaggiatore *m.* vibromassager, massage vibrator. **vibromassaggio** *m.* vibromassage.

vibrometro *m.* vibrometer.

vibro|rilevatore *m.* vibration pick-up. **~scopio** *m.* vibroscope. **~vaglio** *m.* vibrating screen.

viburno *m.* ⟨*Bot*⟩ viburnum.

vicaria¹ *f.* ⟨*Rel.catt*⟩ (*anche madre vicaria*) vicaress.

vicaria² *f.* vicariate, vicarship.

vicariante *a.* **1** substituting. **2** ⟨*Med,Biol*⟩ vicarious. **vicariato** *m.* ⟨*Rel*⟩ **1** (*carica*) vicarship, vicariate. **2** (*tempo, territorio*) vicariate. **3** (*sede*) vicar's residence. **vicario** **I** *s.m.* vicar. **II** *a.* ⟨*Rel,Med*⟩ vicarious. □ ⟨*Rel*⟩ ~ *apostolico* vicar-apostolic; *il* ~ *di Cristo* (*il papa*) the Vicar of Christ; ~ *generale* vicar–general.

vice *m./f.* deputy, vice, substitute.

vice|ammiraglio *m.* ⟨*Mar.mil*⟩ vice-admiral. **~brigadiere** *m.* ⟨*Mil*⟩ sergeant. **~cancelliere** *m.* ⟨*Pol*⟩ vice –chancellor. **~console** *m.* vice-consul. **~direttore** *m.* (*f.* **-trice**) vice-director, deputy (*o* assistant) director; (*in un'azienda*) assistant manager; (*in una scuola*) deputy-headmaster (*f* –mistress); (*in un giornale*) assistant editor. **~madre** *f.* foster mother.

vicenda *f.* **1** (*avvicendamento*) succession, alternation: *la* ~ *delle stagioni* the alternation of the seasons. **2** (*caso, evento*) event, happening: *–e storiche* historical events; *le tristi –e della guerra* the sad happenings of war. **3** ⟨*Agr*⟩ (*crop*) rotation. □ *a* ~: **1** (*scambievolmente*) each other, one another: *lodarsi a* ~ to praise each other; **2** (*a turno*) in turn, by turns. **vicendevole** *a.* mutual, reciprocal: *–i promesse* mutual promises. **vicendevolmente** *avv.* **1** (*a vicenda*) mutually, reciprocally, one another, each other: *aiutarsi* ~ to help each other. **2** (*uno dopo l'altro*) in turn, by turns.

vice|padre *m.* foster father. **~parroco** *m.* (*pl.* **-ci**) ⟨*Rel*⟩ parochial vicar. **~prefetto** *m.* **1** subprefect. **2** (*nei collegi*) deputy rector. **~preside** *m./f.* ⟨*Scol*⟩ deputy

–headmaster (f –mistress), assistant principal. **~presidente** m./f. vice–president; (di comitato e sim.) vice –chairman; **~presidenza** f. vice–presidency; (di convegno e sim.) vice–chairmanship. **~questore** m. vice –questor. **~ré** m. viceroy. **~reame** m. (territorio) viceroyalty. **~rettore** m. ⟨Univ⟩ assistant rector. **~segretario** m. assistant secretary, Under–Secretary. **~sindaco** m. (pl. -ci) deputy mayor.

viceversa avv. **1** vice versa: andare da destra a sinistra e ~ to go from right to left and vice versa; (ritorno) back, return: Firenze–Roma e ~ Florence–Rome and back. **2** (al contrario) vice versa, the contrary, the other way round. **3** (reciprocamente) vice versa: i padri aiutano i figli- e ~ fathers help their sons and vice versa. **4** ⟨fam⟩ (invece) but, and instead: avevi promesso di scrivermi, ~ non l'hai fatto you promised to write to me but·you never did.

vichingo a./s.m. (pl. -ghi; f. -a) ⟨Stor⟩ Viking.

vicina f. neighbour: la mia ~ di tavolo ⸢my neighbour⸣ (o the lady sitting next to me) at table. **vicinale** a. local. □ ferrovia ~ local railway; strada ~ local (dirt) road. vicìname m. ⟨spreg⟩ neighbours pl. **vicinanza** f. **1** (di spazio) nearness, closeness, proximity: la ~ al mare the nearness to the sea; (di tempo) nearness, closeness, approach. **2** (essere vicini di casa) neighbourhood, being neighbours. **3** pl. vicinity, neighbourhood: abita nelle -e della stazione he lives ⸢in the vicinity of⸣ (o near) the station. **4** pl. (dintorni) environs pl, outskirts pl, vicinity: le -e di Roma the outskirts of Rome. □ in ~ di near: in ~ del fiume near (o close to) the river; in ~ di una città near a city; nelle -e del mare near the sea. **vicinato** m. **1** neighbourhood, neighbourliness. **2** ⟨collett⟩ (vicini) neighbours pl, neighbourhood: le donne del ~ the women in the neighbourhood. □ le famiglie del ~ the neighbouring families; la gente del ~ the neighbours pl, the neighbourhood; mantenere rapporti di buon ~ to be good neighbours.

vicino I a. **1** (rif. a spazio) near(by), close, near at hand, neighbouring: la città -a the nearby city; paesi -i neighbouring towns; questi quadri sono troppo -i these pictures are too close (together). **2** (limitrofo) neighbouring, adjoining: stati -i neighbour(ing) states. **3** (adiacente) adjacent; (accanto) next: la stanza -a the next room; (a porta a porta) next–door: casa -a house next–door. **4** (rif. a tempo) near, approaching, at hand, ⟨lett⟩ nigh: l'inverno è ~ winter is near (o coming), winter is drawing on. **5** ⟨fig⟩ (stretto) close, near: un parente ~ a close relative. **6** ⟨fig⟩ (simile) near, close: le tue idee sono molto -e alle nostre your ideas are very close to ours. **7** (uno accanto all'altro) side by side. **II** avv. **1** (a poca distanza) near(by), close (by), near at hand: abitano qui ~ they live nearby; farsi ~ to draw near, to approach, to come close(r). **2** (accanto) beside, alongside: il comodino è ~ al letto the night table is beside the bed; siediti ~ a me sit down beside me. **III** s.m. (f. -a) **1** neighbour: ~ di tavola neighbour at table, person (o man) sitting next to one. **2** pl. neighbours pl, neighbourhood. **3** ⟨Sport,mil⟩ next man: il ~ di destra the next man on the right. □ ~ a: 1 (stato) near (to), close to, in the vicinity of: ~ a Roma near Rome; la mia casa è -a alla piazza my house is near (o close to) the square; 2 (moto) near (to), close to; 3 (presso: stato) by, near (by), close to (o by), beside: sedere ~ al fuoco to sit by the fire; 4 (moto) near(to), close(to); **andare** ~ a to go near; ⟨fig⟩ (avvicinarsi) to come close (o up) to, to draw near to, to approach; ⟨Scol⟩ ~ di banco pupil who sits next to one; ~ di casa (chi abita vicino) neighbour; (chi abita nella casa accanto) next–door neighbour; da ~ at close quarters (o range), from close up: guardare un quadro da ~ to look at a picture at close range; da molto ~ at very close range, very closely·(o close up); da ~ e da lontano from far and near; considerando la cosa più da ~ considering the matter more closely, looking closer (o deeper) into the matter; conoscere qd. da ~ to know s.o. well; esaminare qc. più da ~ to examine s.th. more closely, to have a closer look at s.th.; essere ~: 1 (rif. a tempo) to be near (o at hand), to be approaching (o coming): Natale è ~

Christmas is coming, it is nearly Christmas; mezzogiorno è ~ it's nearly midday; 2 (essere imminente) to be imminent (o nearly here): gli esami sono -i the exams are near; essere ~ alla fine to be near(ing) the end; essere ~ ai sessanta to be nearly sixty, to be nearing (o coming up to, verging on) sixty; essere ~ al vero to be close to the truth; essere ~ a partire to be about to leave, to be on the point of leaving; ⟨fig⟩ essere ~ a qd. to be near (o close to, with) s.o.: ti siamo -i nel dolore we are with you in your sorrow; essere ~ a (assomigliare) to be like (o near to): questo colore è più ~ al grigio che al verde this colour is ⸢nearer to grey than to green⸣ (o more of a grey than a green); **farsi** ~ to come (o draw) near, to come up, to approach; ~ a morire at death's door; accadde qui ~ it happened near here; **stammi** ~ keep close to me, stay near me; **venire** ~ to come near.

viniore a. ⟨burocr⟩ nearest.

vicissitudini f.pl. vicissitudes, ups and downs: le ~ della vita the ups and downs of life.

vico m. (pl. -chi) ⟨ant,region⟩ **1** (contrada) district. **2** (borgata) village, hamlet.

vicoletto, vicolino m. narrow alley. **vicolo** m. alley, lane. □ ~ cieco blind alley (anche fig.).

video I s.m. inv. ⟨TV⟩ **1** video, vision: interferenza al ~ interference on the vision. **2** (schermo) telescreen. ⟨Inform⟩ display (unit). **II** a. video: segnale ~ video (o picture) signal.

video|amplificatore m. ⟨TV⟩ video (o head) amplifier. **~camera** f. ⟨Fot⟩ videocamera. **~cassetta** f. videocassette. **~citofono** m. video doorphone. **~disco** m. videodisc, video disc. □ lettore (o riproduttore) di videodischi videodisc player. **~film** m. videofilm.

videofilo a. videophile.

videofonia f. videophony. **videofono** m. videophone.

video|frequenza f. video frequency. **~gioco** m. videogame. **~giornale** m. videotext. **~gramma** m. videogram. **~lettore** m. videorecorder. **~monitor** m. videomonitor. **~nastro** m. videotape. **~raddrizzatore** m. video rectifier. **~registrare** v.t. to videotape. **~registratore** m. video tape–recorder. **~registrazione** f. videotape, videotaping. **~scrittura** f. word processing. **~segnale** m. video (o picture) signal. **~tel** m. (interactive) videotex, ⟨GB⟩ prestel. **~telefono** m. video telephone, videophone. **~terminale** m. video terminal. **~tex** m. ~ **videotel**.

vidicon, vidiconoscopio m. ⟨TV⟩ vidicon.

vidimare v.t. (vidimo) ⟨burocr⟩ to authenticate, to certify; (con la firma) to sign; (con un bollo) to stamp. **vidimazione** f. ⟨burocr⟩ authentication, certification.

Vienna N.pr.f. ⟨Geog⟩ Vienna. □ ⟨Stor⟩ Congresso di ~ Congress of Vienna. **viennese I** a. Viennese, Vienna–, of Vienna. **II** s. **1** m. (dialetto) Viennese. **2** m./f. (abitante) Viennese.

viepiù (o vie più) avv. ⟨lett⟩ all the more, more and more.

vietabile a. **1** (che si può proibire) that can be forbidden. **2** (che si può impedire) preventable. **vietare** v.t. (vieto) (proibire) to forbid, to prohibit, to stop: il medico gli ha vietato di fumare the doctor has forbidden him to smoke. □ nulla vieta che there's nothing to stop, nothing prevents (o stops): nulla vieta che gli scriva there's nothing to stop me from writing to him; nulla ti vieta di partire nothing prevents you from leaving.

vietato a. forbidden, prohibited, banned: un film ~ a banned film. □ -a l'affissione post (o stick) no bills; ~ calpestare le aiole (please) keep off the grass; ⟨Strad⟩ direzione -a no entry; è ~ fumare no smoking; ~ l'ingresso no admission, no admittance, keep out; ~ ai minori di diciotto anni ⸢no admittance to⸣ (o not suitable for) persons under eighteen; ~ raccogliere fiori (please) do not pick the flowers; ⟨Strad⟩ sosta -a no parking; è ~ sporgersi do not lean out; ~ farsi trainare no towing.

Vietnam N.pr.m. ⟨Geog⟩ Vietnam. □ ~ del nord North Vietnam; ~ del sud South Vietnam. **vietnamita I** s.m./f. (abitante) Vietnamese. **II** a. Vietnamese.

vieto a. **1** (antiquato) antiquated, obsolete, old. **2** ⟨region⟩ (stantio) stale; (rancido) rancid, bad.

vigente *a.* ⟨*Dir*⟩ in force: *le –i leggi* the laws in force.
vigere *v.i.* (**vige**; generally used in the third person singular and plural of the simple tenses and in the present participle) **1** (*essere in vigore*) to be in force (*o* use), to be current. **2** ⟨*Dir*⟩ to be in force.
vigesimo *a.* ⟨*lett*⟩ (*ventesimo*) twentieth.
vigilante **I** *a.* vigilant, watchful. **II** *s.m./f.* **1** (*sovrintendente*) supervisor, overseer. **2** (*guardiano, custode*) watchman, guard, caretaker.
vigilantes *s./a. s.m.pl.* private police *sing.*
vigilanza *f.* **1** (*sorveglianza*) vigilance, care: *giocava sotto la ~ della madre* he was playing under his mother's care (*o* watchful eye); (*controllo*) supervision, care, check, control: *devi stare sotto la ~ di un dottore* you must remain under a doctor's care. **2** (*rif. alla polizia*) surveillance, supervision. □ **commissione** *di ~* supervisory committee; *~* **notturna** nightwatch; *~ sui* **prezzi** price control; *essere* **sotto** *la ~ di qd.* to be under s.o.'s supervision; ⟨*Dir*⟩ *~* **speciale** (*della polizia*) police supervision (*o* surveillance): *essere sottoposto a ~ speciale* to be under police supervision (*o* surveillance), to be watched by the police; *~* **urbana** city police.
vigilare *v.* (**vigilio**) **I** *v.t.* **1** (*sorvegliare*) to supervise, to watch (over), to keep a watch (*o* an eye) on; (*controllare*) to control, to keep a check on. **2** (*rif. alla polizia*) to keep under surveillance (*o* observation): *~ le persone sospette* to keep suspects under surveillance. **II** *v.i.* (*aus.* **avere**) to take care (*a* of), to look (after), to see (to), to keep watch (over): *~ al buon ordine* to see that order is kept; (*essere vigile*) to be on ⸢the alert⸣ (*o* one's guard, the watch out).
vigilato **I** *a.* watched, guarded, under supervision; (*dalla polizia*) under surveillance (*o* observation), watched. **II** *s.m.* (*f.* **-a**) person under supervision. □ *~* **speciale** person under police surveillance (*o* observation). **vigilatore** *m.* health worker supervisor. **vigilatrice** *f.* counsellor. □ *~ d'infanzia* camp counsellor; *~ scolastica* student counsellor.
vigile **I** *a.* watchful, vigilant, alert. **II** *s.m.* policeman, ⟨*fam*⟩ bobby, ⟨*fam*⟩ cop. □ *~ del fuoco* fireman; *–i del fuoco* (*corpo*) fire brigade, ⟨*am*⟩ fire department; *~ del traffico* traffic policeman; *~ urbano* (municipal) policeman.
vigilia *f.* **1** (*sera precedente una festa*) eve, night before; (*giorno*) eve, day before. **2** ⟨*Rel.catt*⟩ vigil; (*digiuno*) fast: *osservare la ~* to keep the fast; (*il mangiare di magro*) abstinence: *è giorno di ~* it's a day of abstinence. **3** (*giorno, tempo che precede un certo fatto*) eve: *alla ~ della partenza* on the eve of departure. **4** ⟨*lett*⟩ (*veglia*) vigil, watch. **5** ⟨*Stor.rom*⟩ vigil: *prima ~* first vigil. □ ⟨*Mediev*⟩ *~ d'armi* vigil at arms; *~ di Capodanno* New Year's Eve; *~ di Natale* Christmas Eve; *~ di Pasqua* Holy Saturday.
vigliaccamente *avv.* in a cowardly way, like a coward.
vigliaccata *f.* cowardly action, ⟨*fam*⟩ dirty trick, ⟨*fam*⟩ rotten thing to do. **vigliaccheria** *f.* **1** cowardice; (*bassezza*) baseness. **2** (*azione vigliacca*) cowardly action; (*azione vile*) base (*o* mean) action. **vigliacco** *a./s.* (*pl.* **-chi**) **I** *a.* cowardly, ⟨*lett*⟩ craven, ⟨*fam*⟩ yellow, ⟨*fam*⟩ lily-livered. **II** *s.m.* (*f.* **-a**) coward; (*miserabile*) wretch.
vigna *f.* **1** vineyard. **2** ⟨*Stor.rom*⟩ (*vinea*) vinea. **3** ⟨*fig,scherz*⟩ (*mangiatoia*) gold mine, bonanza, land (*o* source) of plenty: *ha trovato la ~* he's found a gold mine, he's struck oil. □ *coltivare q ~* to plant with vines; ⟨*fig*⟩ *non è terreno da piantar –e*: 1 (*rif. a persone*) you can't rely on him; 2 (*rif. a cose*) you can't count on it; ⟨*Rel*⟩ *la ~ del Signore* (*chiesa*) the vineyard of the Lord; ⟨*fig*⟩ *questa ~ non fa uva* (*rif. a persone incapaci*) you won't get much out of him. **vignai(u)olo** *m.* vine dresser.
vigneto *m.* vineyard.
vignetta *f.* ⟨*Tip*⟩ **1** (*fregio*) vignette. **2** (*illustrazione*) illustration, sketch; (*umoristica*) cartoon. □ *essere una ~* to be a (real) character; *~ umoristica* cartoon. **vignettista** *m./f.* illustrator; (*di vignette comiche*) cartoonist.
vigogna *f.* **1** ⟨*Zool*⟩ vicuña. **2** ⟨*Tess*⟩ vicuña cloth, vicuña.
vigore *m.* **1** (*forza vitale*) vigour, vitality, ⟨*fam*⟩ vim. **2**

⟨*fig*⟩ (*forza*) vigour, strength: *il ~ della mente* mental vigour. **3** (*energia*) force, energy, vigour: *rifiutare qc. con ~* to deny s.th. ⸢with force⸣ (*o* vigorously, energetically). **4** ⟨*fig*⟩ (*efficacia*) vigour, force, vitality: *il ~ dello stile* vigour of style. **5** (*validità legale*) force, vigour: *la legge rimane in ~* the law remains in force. □ ⟨*Dir*⟩ **andare** (*o* **entrare**) *in ~* to come into force; **dare** *~ a* to strengthen, to make vigorous; ⟨*Dir*⟩ **in** *~* in force, in vigour; **pieno** *di ~* vigorous, full of energy; (*rif. a vecchi*) hale and hearty; **rimettere** *in ~* (*rif. a leggi e sim.*) to put back in force.
vigoria *f.* vigour, force, strength, energy (*anche fig.*).
vigorosamente *avv.* **1** vigorously, strongly. **2** (*energicamente*) energetically, vigorously, with vigour: *asserire ~ qc.* to assert s.th. energetically. **vigorosità** *f.* vigorousness, vigour. **vigoroso** *a.* **1** vigorous, strong, powerful: *un uomo ~* a strong man; (*rif. a pianta*) vigorous, flourishing, thriving; (*rif. a vino*) full-bodied. **2** (*energico*) energetic, vigorous: *una –a stretta di mano* an energetic handshake. **3** ⟨*fig*⟩ (*incisivo*) incisive, vigorous, energetic: *stile ~* incisive style.
vile **I** *a.* **1** (*codardo*) cowardly, ⟨*lett*⟩ craven. **2** (*basso*) low, vile, base, mean: *un ~ tradimento* base treachery; (*infame*) infamous, wicked: *~ comportamento* infamous conduct. **3** (*che costa pochissimo*) cheap; (*che vale pochissimo*) cheap, worthless, shoddy, poor-quality-: *merce ~* cheap (*o* shoddy) goods. **4** ⟨*scherz*⟩ (*rif. a denaro, oro e sim.*) filthy: *~ moneta* filthy lucre. **5** ⟨*spreg*⟩ (*di nascita umile*) low, common, humble, base: *di –i natali* of low birth, of base origins. **II** *s.m./f.* coward. □ *metallo ~* base metal; *a vil prezzo* at a low (*o* miserable) price.
vilipendere *v.t.* (**vilipesi, vilipeso**) ⟨*lett*⟩ **1** (*disprezzare*) to despise, to hold in contempt, to scorn, ⟨*lett*⟩ to vilipend. **2** (*schernire*) to (hold up to) scorn, to vilify. **vilipendio** *m.* **1** (*disprezzo*) contempt, scorn. **2** (*scherno*) scorn, vilification, derision. **3** ⟨*Dir*⟩ public defamation (*o* insult). □ ⟨*Dir*⟩ *~ della bandiera* public insult to the flag; *~ delle tombe* outrage of a tomb. **vilipeso** (*p.p. di vilipendere*) *a.* **1** despised, held in contempt. **2** (*schernito*) scorned, vilified.
villa *f.* **1** (*casa di campagna*) country house, villa. **2** (*casa unifamiliare di lusso*) town house. □ *andare in ~* to go to (one's place in) the country.
Villaco *N.pr.f.* ⟨*Geog*⟩ Villach.
villaggio *m.* **1** village: *un ~ sperduto nella campagna* a village out in the country. **2** ⟨*Edil*⟩ village, town: *~ del fanciullo* Boy's Town; *~ olimpico* Olympic village. □ ⟨*Etnol*⟩ *~ lacustre* lake village; *~ di montagna* mountain village; *~ operaio* worker's housing estate; *~ vacanze* holiday village.
villanaccio *m.* lout, boor. **villanamente** *avv.* **1** (*in modo impertinente*) rudely, discourteously. **2** (*rozzamente*) boorishly, uncouthly. **villanata** *f.* rudeness, rude action, incivility. **villaneggiare** *v.t.* (**villaneggio, villaneggi**) (*svillaneggiare*) to insult, to abuse, to be rude to.
villanella[1] *f.* (*contadinella*) country lass, peasant girl.
villanella[2] *f.* ⟨*Mus*⟩ villanella.
villanesco *a.* (*pl.* **-chi**) ⟨*spreg*⟩ (*da villano*) boorish, loutish, rude, rough. **villania** *f.* **1** rudeness, bad manners *pl*, incivility, ill-breeding: *non sopporto la tua ~* I can't stand your rudeness. **2** (*villanata*) rudeness, rude action, incivility. **villano** **I** *s.m.* (*f.* **-a**) **1** ⟨*spreg*⟩ (*persona rozza, maleducata*) boor, rude (*o* ill-bred) person, lout. **2** ⟨*lett,region*⟩ (*contadino*) peasant, countryman. **II** *a.* **1** (*maleducato*) rude, ill-mannered, uncivil, discourteous; (*rozzo*) rough, boorish, loutish, uncouth. **2** (*ingiurioso, offensivo*) insulting, offensive: *parole –e* insulting words. **3** (*di, da contadino*) peasant, country, rustic. □ ⟨*pop*⟩ *un ~ nato e calzato* a peasant born and bred; ⟨*spreg*⟩ *villan rifatto* (*o* *rivestito*) upstart, parvenu, nouveau riche.
villanzone *m.* (*f.* **-a**) boor, lout.
villeggiante *s.m./f.* holiday maker, ⟨*am*⟩ vacationer.
villeggiare *v.i.* (**villeggio, villeggi**; *aus.* **avere**) to have (*o* spend) a holiday (*a, in* at, in), to go for one's holidays (to): *quest'anno andremo a ~ al mare* this year we are going to the seaside for our holidays; (*rif. alla villeggiatura estiva*) to spend the summer (holidays), to be on holiday

(at, in): ~ *in montagna* to spend one's summer (holidays) in the mountains. **villeggiatura** *f.* **1** holidays *pl,* holiday, ⟨*am*⟩ vacation: *la ~ ti ha fatto molto bene* your holidays have done you a lot of good; *andare in ~* to go on (*o* for a) holiday; *essere in ~* to be on holiday, ⟨*am*⟩ to be on vacation; (*rif. alle vacanze estive*) summer holidays *pl.* **2** (*tempo*) holidays *pl,* holiday time: *siamo arrivati alla fine della ~* the holidays are over.

villereccio *a.* ⟨*lett*⟩ (*campagnolo*) rustic, country, rural; (*contadinesco*) peasant. **villetta** *f.* (*piccola casa*) (small) house: *una ~ in periferia* a house in the suburbs. **villico** *m.* (*pl.* -ci) ⟨*lett,scherz*⟩ **1** (*contadino*) peasant, countryman. **2** (*paesano*) villager. **villino** *m.* (detached) house, small town house.

villo *m.* ⟨*Anat,Bot*⟩ villus. ☐ ⟨*Anat*⟩ *–i intestinali* intestinal villi. **villosità** *f.* **1** hairiness, shagginess. **2** ⟨*Anat,Bot*⟩ villosity. **villoso** *a.* **1** hairy, shaggy. **2** ⟨*Anat,Bot*⟩ villous, villose.

villotta *f.* ⟨*Mus*⟩ villota.

vilmente *avv.* **1** (*da codardo*) in a cowardly way, like a coward. **2** (*bassamente*) basely, meanly. **viltà** *f.* **1** (*codardia*) cowardice, faint-heartedness: *la sconfitta è da attribuirsi alla ~ dei soldati* the defeat may be attributed to the cowardice of the soldiers. **2** (*atto*) cowardly act: *sarebbe una ~ abbandonarmi adesso* it would be a cowardly act (*o* thing to do) to leave me now.

vilucchio *m.* ⟨*Bot*⟩ wild morning glory, bearbine. **vilucchione** *m.* hedge, bindweed, wild morning glory, bearbine.

viluppo *m.* **1** (*groviglio*) tangle, ravel, entanglement. **2** ⟨*fig*⟩ tangle, confusion: *~ di avvenimenti* tangle of events.

vimine *m.* wicker, withe, withy, osier. ☐ *mobili di –i* wicker(work) furniture.

vinaccia *f.* (*pl.* -ce) ⟨*Enol*⟩ marc. **vinacciolo** *m.* grape seed, grape pip. **vinaio** *m.* (*f.* -a) wine seller, wine merchant. **vinario** *a.* wine-. ☐ ⟨*Archeol*⟩ *cella –a* wine cellar (*o* storeroom); *industria –a* wine industry.

vinavil (*o* vinavil) *m.* polyvinal acetate glue.

vincastro *m.* ⟨*lett*⟩ crook.

vincente I *a.* winning: *biglietto ~* winning ticket. **II** *s.m./f.* winner.

Vincenzo *N.pr.m.* Vincent.

vincere *v.* (vinco, vinci; vinsi, vinto) **I** *v.t.* **1** to conquer, to defeat, to beat: *~ il nemico* to conquer the enemy. **2** (*sopraffare*) to overcome, to overwhelm, to crush: *fu vinto dalla commozione* he was overcome by emotion. **3** (*risultare superiore*) to beat, to get the better of: *hai vinto tutti nella corsa* you beat everyone in the race; (*rif. a qualità*) to outdo, to surpass, *oppure si traduce con* to be *seguito dal comparativo dell'aggettivo appropriato*: *~ qd. in bellezza* to be more beautiful than s.o.; *~ qd. in bontà* to outdo s.o. in goodness. **4** (*guadagnare, ottenere*) to win: *~ un premio* to win (*o* gain) a prize; *~ una guerra* to win a war. **5** (*superare*) to overcome, to surmount: *~ tutte le difficoltà* to overcome all difficulties; (*rif. a malattie, dolori e sim.*) to get over. **6** (*dominare*) to master, to overcome, to control, to get the better of, to beat down: *~ la timidezza* to overcome one's shyness; *~ le proprie passioni* to master one's passions. **7** (*nei giochi*) to win: *~ una partita* to win a game; (*rif. al compagno di gioco: battere*) to beat. **8** (*ottenere vincendo*) to win: *~ centomila lire alla lotteria* to win a hundred thousand lire in the lottery. **II** *v.i.* (*aus.* avere) **1** to gain a victory (*su* over), to conquer, to defeat, to beat (s.o.): *~ su qd.* to gain a victory over s.o. **2** (*prevalere*) to win, to prevail: *la maggioranza vinse* the majority won. **3** (*guadagnare la partita*) to win (the game): *la nostra squadra ha vinto per due a uno* our team won the game two to one. **vincersi** *v.r.* (*dominarsi*) to control o.s.: *non riuscì a vincersi e scoppiò in pianto* he couldn't control himself and burst into tears. ☐ *~ qd. in astuzia* to outwit s.o.; *~ un concorso* to win a competition; *lasciarsi ~ dall'ira* to let one's anger get ⸢the better of one⸣ (*o* out of control); *vinca il migliore!* may the best man win!; *~ un processo* to win a case; *essere sicuro di ~* to be confident of victory, to be certain of winning; *il sonno mi vince* I can't keep my eyes

open any more. ‖ *vincerla* to win out, to succeed.

vincheto *m.* osier bed, osier holt, osiery.

vincibile *a.* **1** conquerable, vanquishable. **2** (*rif. a partiti, cause e sim.*) winnable.

vinciglio *m.* withe, withy.

vincita *f.* **1** (*il vincere*) win, winning: *una ~ al poker* a win at poker. **2** (*cosa vinta*) win, winnings *pl.* ☐ *~ al gioco* win; *fare una ~ al lotto* to win at lotto; *fare una ~ di un milione* to win a million lire. **vincitore I** *s.m.* (*f.* -trice) **1** (*di una battaglia e sim.*) victor, conqueror, winner. **2** (*nei giochi, nelle gare*) winner: *~ nel torneo di scacchi* the winner of the chess competition. **3** (*rif. a concorsi*) successful applicant. **II** *a.* (*rif. a eserciti e sim.*) victorious, conquering, winning: *l'esercito ~* the victorious army; (*rif. a concorrenti e sim.*) winning.

vincolante *a.* (*che obbliga*) binding: *promessa ~* binding promise; *giuridicamente ~* legally binding, binding in law.

vincolare[1] *v.t.* (vincolo) **1** (*obbligare*) to bind, to oblige: *~ qd. con un giuramento* to bind s.o. with an oath. **2** ⟨*Econ*⟩ to tie up: *~ denaro* to tie up money; (*mettere in un conto vincolato*) to place ⸢in a fixed deposit account⸣ (*o* on fixed deposit).

vincolare[2] *a.* ⟨*Mecc*⟩ restraining.

vincolato *a.* **1** (*obbligato*) bound, obliged. **2** ⟨*Econ*⟩ (*rif. a denaro*) tied up, on fixed deposit, in a fixed deposit account: *denaro ~* money on fixed deposit; (*rif. a conti, depositi e sim.*) fixed. ☐ *conto ~* fixed deposit account; *deposito ~* term (*o* fixed) deposit, deposit account, ⟨*am*⟩ time deposit. **vincolistico** *a.* (*pl.* -ci) restriction–, control–: *regime ~* restriction scheme. ☐ *regime ~ degli affitti* rent control.

vincolo *m.* **1** (*legame*) bond, tie (*anche fig.*): *i –i dell'amicizia* the bonds of friendship. **2** ⟨*Dir*⟩ (*servitù*) obligation, encumbrance. **3** ⟨*Econ,Mecc*⟩ constraint, restraint. ☐ *~ coniugale* conjugal tie; *~ contrattuale* contractual obligation; *~ ipotecario* mortgage (lien); *–i di sangue* blood ties.

vindice ⟨*lett*⟩ **I** *a.* avenging, revenging. **II** *s.m./f.* avenger, revenger.

vinello *m.* ⟨*Enol*⟩ pleasant light wine. **vinicolo** *a.* wine–: *industria –a* wine industry; (*che produce vino*) wine-producing: *regione –a* wine-producing region. **vinifero** *a.* wine-producing: *paese ~* wine-producing country. **vinificare** *v.i.* (vinifico, vinifichi; *aus.* avere) ⟨*Enol*⟩ to make wine. **vinificatore** *m.* (*f.* -trice) wine maker. **vinificazione** *f.* **1** wine making. **2** (*trasformazione del mosto in vino*) vinification.

vinilacetato *m.* ⟨*Chim*⟩ vinyl acetate. **vinile** *m.* vinyl. **vinilico** *a.* (*pl.* -ci) vinyl–: *alcol ~* vinyl alcohol. **vinilpelle** *f.* leatherette.

vino *m.* wine. ☐ *adulterare il ~* to adulterate wine; *~ annacquato* watered(-down) wine; *~ bianco* white wine; *~ in bottiglia* bottled wine; *~ brûlé* mulled wine; *~ chinato* wine with quina added; *~ da dessert* dessert wine; *di ~* wine-, of wine: *bevitore di ~* wine drinker; *spirito di ~* spirit(s) of wine; *~ dolce* sweet wine; *fare il ~* to make wine; *~ frizzante* sparkling wine; *imbottigliare il ~* to bottle wine; *intenditore di ~* wine connoisseur; *~ invecchiato* mellow (*o* matured) wine; *~ leggero* light wine; *lista dei –i* wine list; *~ di marca* brand-name wine; *~ di mele* cider; *~ da mescita* tavern wine; *~ nostrano* local wine; *~ nuovo* new wine; *~ passito* raisin wine; *~ da pasto* table wine; *portare bene il ~* to carry (*o* hold) one's wine well; *~ povero* weak wine; *~ pregiato* vintage wine; *~ di produzione propria* wine made by the establishment, home-produced wine; *~ puro* pure wine; ⟨*fam*⟩ *reggere il ~* to carry (*o* hold) one's wine; *~ rosato* (*o* rosatello) rosé; *~ rosso* (dark) red wine; *~ secco* dry wine; *~ sincero* pure (*o* unadulterated) wine; *~ sofisticato* adulterated wine; *~ spumante* sparkling wine; *tagliare il ~* to blend (*o* mix) wine; *~ tagliato* blended wine; *~ da taglio* strong wine used for blending; *~ da tavola* table wine; *il ~ gli ha dato alla testa* the wine's gone to his head; *~ vecchio* old wine; *Prov.: buon ~ fa buon sangue* good wine engenders good blood; *il buon ~ non vuol frasca* good wine needs no bush.

vinoso *a.* **1** (*rif. a colore*) vinous, win(e)y, wine(–coloured); (*rif. a sapore*) vinous, win(e)y. **2** (*simile al vino*), vinous, win(e)y, wine–like. **3** (*del vino*) vinous, wine–. **vinsanto** *m.* ⟨*Enol*⟩ vinsanto (sweet white raisin wine).

vinsi → **vincere. vinto** (*p.p. di vincere*) **I** *a.* **1** defeated, beaten, ⟨*lett*⟩ vanquished: *il nemico* ∼ the defeated foe. **2** (*concluso con successo*) (that has been) won: *battaglia –a* battle that has been won. **3** (*guadagnato*) (that has been) won: *somma –a al gioco* amount won at gambling. **4** (*spossato*) overcome. **II** *s.m.* (*f.* **-a**) loser; *pl.* losers *pl,* ⟨*lett*⟩ vanquished. □ *darla -a a qd.* to let s.o. have his way; *darsi per* ∼ to yield, to surrender; ⟨*fig*⟩ (*cedere*) to give in; *guai ai –i!* woe to the vanquished!; *avere partita –a* to get one's way.

viola[1] **I** *s.f.* ⟨*Bot*⟩ violet. **II** *s.m.inv.* (*colore*) violet. **III** *a.inv.* violet. □ ∼ *mammola* sweet (*o* garden) violet; ∼ *del pensiero* pansy.

viola[2] *f.* ⟨*Mus*⟩ viola. □ ∼ *d'amore* viola d'amore, viol d'amour; ∼ *da braccio* viola da braccio; ∼ *da gamba* viola da gamba; ∼ *tenore* tenor viol.

violacciocca *f.* ⟨*Bot*⟩ stock, gillyflower. □ ∼ *gialla* wallflower.

violacee *f.pl.* ⟨*Bot*⟩ violet family. **violaceo** *a.* violet, ⟨*lett*⟩ violaceous.

violare *v.t.* (**violo**) **1** (*profanare*) to profane, to violate, to desecrate: ∼ *una chiesa* to profane a church; ∼ *una tomba* to desecrate a tomb. **2** (*non rispettare*) to violate, not to respect: ∼ *il segreto epistolare* to violate the privacy of letters; (*trasgredire*) to break, to violate, to infringe: ∼ *la legge* to break the law. **3** (*forzare*) to break into; (*invadere illegalmente*) to invade, to violate: ∼ *il territorio d'uno stato* to invade the territory of a state. **4** (*usare violenza*) to rape, to violate, ⟨*lett*⟩ to ravish: ∼ *una fanciulla* to rape a girl. □ ⟨*Mil*⟩ ∼ *il blocco* to run the blockade; ∼ *il domicilio* to housebreak; ∼ *i sigilli* to break (*o* violate) the seals. **violato** *a.* **1** (*profanato*) profaned, violated, desecrated. **2** (*non rispettato*) broken, violated. **3** (*violentato*) raped, violated. **violatore** *m.* (*f.* **-trice**) **1** (*profanatore*) profaner, violator, desecrator. **2** (*trasgressore*) breaker: ∼ *del giuramento* oath breaker. **3** (*chi violenta*) rapist, violator.

violazione *f.* **1** (*profanazione*) profanation, violation, desecration: ∼ *di sepolcro* profanation of a grave. **2** (*trasgressione*) breach, breaking, violation, infringement: ∼ *di una promessa* breaking of a promise. □ ∼ *di confine* violation of the border; ∼ *del contratto* breach of contract, breaking (*o* violation) of a contract; ∼ *di domicilio* housebreaking, illegal entry (into a house or enclosed premises); ∼ *della fede coniugale* adultery, breach of marriage bonds; ∼ *della pace pubblica* breach of the peace; ∼ *di sigilli* breaking (*o* violation) of seals; ∼ *della sovranità* violation of sovereignty; ∼ *di territorio* territorial violation, infringement of territorial rights.

violentare *v.t.* (**violento**) **1** to use violence on, to force, to coerce. **2** (*rif. a donne*) to rape, to violate, ⟨*lett*⟩ to ravish. **3** ⟨*fig*⟩ to outrage, to do violence to. **violentatore** *m.* (*f.* **-trice**) ⟨*rar*⟩ **1** forcer. **2** (*di donne*) rapist, violator, ⟨*lett*⟩ ravisher. **violentemente** *avv.* **1** violently. **2** (*con impeto*) violently, fiercely (*anche fig.*). **violento I** *a.* violent (*anche fig.*): *un uomo* ∼ a violent man; *morire di morte –a* to die a violent (*o* unnatural) death; *un vento* ∼ a violent wind; *passione –a* violent passion. **II** *s.m.* (*f.* **-a**) violent man (*f* woman).

violenza *f.* **1** violence: *usare* ∼ *a qd.* to do violence to s.o. **2** (*brutalità*) violence, brutality. **3** (*azione violenta*) act of violence, violent action. **4** ⟨*fig*⟩ (*impeto, irruenza*) violence, force, fierceness: *la* ∼ *del vento* the force of the wind; (*rif. a parole e sim.*) violence, intemperance. **5** ⟨*Dir*⟩ (*violenza carnale*) rape. □ ∼ *a pubblica* **autorità** outrage to public authority; ∼ **carnale** rape; *costringere qd. a qc. con la* ∼ to force s.o. to do s.th.; **far** ∼ *a una donna* to rape a woman; ∼ **fisica** physical violence; ∼ **morale** moral violence; **patire** (*o subire*) ∼ to suffer violence; ⟨*Dir*⟩ ∼ **privata** duress, coercion; **usare** ∼ *a se stesso* to do violence to o.s.

violetta *f.* **1** violet. **2** ⟨*Bot*⟩ (*viola mammola*) sweet (*o* garden) violet. **violetto I** *s.m.* violet. **II** *a.* violet. □ ∼

di metile methyl violet.

violinaio *m.* (*f.* **-a**) **1** (*fabbricante*) violin–maker. **2** (*venditore*) violin seller. **violinista** *m./f.* violinist, violin player, ⟨*fam,spreg*⟩ fiddler. **violinistico** *a.* (*pl.* **-ci**) violin–: *concerto* ∼ violin concerto. **violino** *m.* **1** ⟨*Mus*⟩ (*strumento*) violin, ⟨*fam,spreg*⟩ fiddle. **2** ⟨*Mus*⟩ (*sonatore*) violin: *primo* ∼ first violin. □ *chiave di* ∼ G (*o* violin, treble) clef; *sonare il* ∼ to play the violin; ∼ *di spalla*: 1 ⟨*Mus*⟩ (*primo violino*) first violin, ⟨*am*⟩ concertmaster; (*secondo violino*) second violin; 2 ⟨*fig*⟩ (*aiutante*) (chief) assistant, right–hand man.

violista *m./f.* ⟨*Mus*⟩ viola player.

violoncellista *m./f.* ⟨*Mus*⟩ (violon)cellist, cellist. **violoncello** *m.* violoncello, cello.

viottolo *m.* track, path, lane; (*mulattiera*) mule track, bridle path.

vipera *f.* **1** ⟨*Zool*⟩ viper, adder. **2** ⟨*fig*⟩ (*persona maligna*) viper. □ ⟨*fig*⟩ *lingua di* ∼ viper's (*o* venomous) tongue; *morso di* ∼ adder's bite; ⟨*fig*⟩ *scaldarsi una* ∼ *in seno* to nurture a viper in one's bosom.

viperaio[1] *m.* (*covo di vipere*) nest of vipers.

viperaio[2] *m.* (*f.* **-a**) (*cacciatore di vipere*) viper catcher.

viperidi *m.pl.* ⟨*Zool*⟩ vipers *pl,* viperids *pl.*

viperina *f.* ⟨*Bot*⟩ **1** blueweed, blue thistle, viper's bugloss. **2** (*scorzonera*) viper's grass. **viperino** *a.* **1** (*di vipera*) viperine, viperous, viper's: *veleno* ∼ viper's poison. **2** (*simile a una vipera*) viperine, viper–like. **3** ⟨*fig*⟩ (*velenoso*) viperish, viperous: *lingua –a* viperish tongue.

vipla *f.* polyvinyl chloride (plastic).

viraggio *m.* **1** ⟨*Mar*⟩ going (*o* coming) about. **2** ⟨*Aer*⟩ turn(ing). **3** ⟨*Fot*⟩ (*intonazione*) toning; (*bagno*) (fixing and) toning bath. **4** ⟨*Chim*⟩ colour change.

virago *f.* **1** virago. **2** ⟨*scherz*⟩ virago, termagant.

virale *a.* ⟨*Med*⟩ viral: *infezione* ∼ viral infection.

viramento *m.* **1** ⟨*Mar*⟩ going (*o* coming, putting) about. **2** ⟨*Aer*⟩ turn(ing). □ ⟨*Mar*⟩ ∼ *di poppa* wearing, veering; ∼ *di prora* tacking. **virare I** *v.t.* ⟨*Mar*⟩ to haul, to heave (in): ∼ *un cavo* to heave a cable. **II** *v.i.* (*aus.* avere) **1** ⟨*Mar*⟩ to go (*o* come, put) about, to wind. **2** ⟨*Aer*⟩ to turn. **3** ⟨*fig*⟩ (*mutare direzione*) to alter one's course, to change one's direction. **4** ⟨*Fot*⟩ to tone. **5** ⟨*Chim*⟩ to change colour. □ ⟨*Mar*⟩ ∼ *di bordo* to put about; ∼ *di poppa* to wear, to veer; ∼ *di prora* to tack.

virata *f.* **1** ⟨*Mar*⟩ going (*o* coming, putting) about, winding. **2** ⟨*Aer*⟩ turn(ing). **3** (*nel nuoto*) turn. **4** ⟨*fig*⟩ (*mutamento di direzione*) volte face. □ ⟨*Mar*⟩ ∼ *di bordo* putting about; ⟨*Aer*⟩ ∼ **larga** flare out; ∼ *a* orza hauling to the wind, luffing; ∼ *in* **poppa** wearing, veering; ∼ *in* **prua** tacking; ⟨*Aer*⟩ ∼ **stretta** vertical banked turn.

virescente *a.* ⟨*Bot*⟩ virescent. **virescenza** *f.* virescence.

virgiliano *a.* Virgilian, Vergilian. **Virgilio** *N.pr.m.* Virgil, Vergil.

virginale[1] *a.* ⟨*lett*⟩ (*verginale*) virginal.

virginale[2] *m.* ⟨*Mus*⟩ virginal, virginals *pl.*

virgineo *a.* ⟨*lett*⟩ (*vergine*) virginal.

virginia *s.inv.* **I** *m.* **1** (*tabacco*) Virginia (tobacco). **2** (*sigaro*) kind of cigar. **II** *f.* (*sigaretta*) Virginia cigarette.

virgola *f.* **1** ⟨*Gramm,Tip,Mus*⟩ comma. **2** ⟨*Mat*⟩ point: *nove* ∼ *cinque* nine point five. **3** ⟨*Inform*⟩ point: ∼ *mobile* floating point. □ ⟨*Biol*⟩ *bacillo* ∼ comma (bacillus); *non cambiare una* ∼ not to change a word; *non scostarsi di una* ∼ (*o mezza*) ∼ not to stray one jot.

virgolare *v.t.* (**virgolo**) (*chiudere fra virgolette*) to put in ˈinverted commasˈ (*o* quotation marks). **virgolato** *a.* (*chiuso fra virgolette*) in inverted commas, in quotation marks. **virgolatura** *f.* **1** (*il fornire di virgole*) adding of commas. **2** (*il fornire di virgolette*) putting in ˈinverted commasˈ (*o* quotation marks). **3** (*testo chiuso fra virgolette*) part in inverted commas. **virgoletta** *f.* **1** little comma. **2** *pl.* inverted commas *pl,* quotation marks *pl*: *tra –e* in inverted commas, in quotes. **virgolettare** *v.t.* (**virgoletto**) to put in ˈinverted commasˈ (*o* quotation marks). **virgolettatura** *f.* **1** putting in ˈinverted commasˈ (*o* quotation marks). **2** (*brano fra virgolette*) part in ˈinverted commasˈ (*o* quotation marks).

virgulto *m.* ⟨*lett*⟩ **1** (*pianta giovane*) young plant. **2** (*pollone*) side shoot, sucker. **3** ⟨*fig*⟩ (*rampollo*) offspring,

scion.
viridario *m.* ⟨*Archeol*⟩ viridarium.
virile *a.* 1 (*di uomo*) male, man's, masculine: *voce* ~ man's voice; *bellezza* ~ male beauty; (*mascolino, da uomo*) manly, virile, masculine: *aspetto* ~ manly air. 2 ⟨*fig*⟩ virile, manly: *coraggio* ~ manly courage. □ *età* ~ manhood, ⟨*lett*⟩ virile age; *una donna dall'aspetto* ~ a mannish woman; ⟨*fig*⟩ *stile* ~ vigorous style. **virilismo** *m.* ⟨*Med*⟩ virilism. **virilità** *f.* 1 (*rif. all'età biologica*) virility, manhood. 2 (*qualità dell'uomo virile*) virility. 3 ⟨*fig*⟩ virility, manliness, strength: ~ *di propositi* strength of purpose. **virilizzare** *v.t.* to make virile, to virilize (*anche fig.*). **virilizzarsi** *v.r.* to become virile. **virilizzazione** *f.* 1 (*il virilizzare*) making virile; (*il virilizzarsi*) becoming virile. 2 ⟨*Med*⟩ virilization. **virilmente** *avv.* like a man: *sopportare* ~ *qc.* to bear s.th. like a man.
virola *f.* ⟨*El*⟩ bulb screw base.
virologia *f.* ⟨*Biol*⟩ virology. **virologico** *a.* (*pl.* -ci) virological. **virologo** *m.* (*pl.* -gi; *f.* -a) virologist.
virometro *m.* ⟨*Aer*⟩ turn indicator.
virosi *f.* ⟨*Biol*⟩ virosis, virus disease.
virtù *f.* 1 virtue: *seguire il cammino della* ~ to follow the path of virtue; (*virtuosità*) virtuousness: *educare alla* ~ to bring up to virtuousness. 2 (*qualità, dote*) virtue, good quality: *pieno di* ~ with many virtues; *far di necessità* ~ to make a virtue of necessity. 3 (*proprietà attiva*) virtue, power, property: *le* ~ *terapeutiche delle erbe* the healing virtues of herbs. 4 *pl.* ⟨*Teol*⟩ (*gerarchia degli angeli*) Virtues *pl.* □ ⟨*Teol*⟩ *le quattro* ~ **cardinali** the four cardinal virtues; ~ **civili** civil virtues; ~ **domestiche** domestic virtues; **in** ~ *di* in (*o* by) virtue of, under, by: *in* ~ *del contratto* under the (terms of the) contract; *in* ~ *della legge* in accordance with (*o* as laid down by) the law; ~ **medicinali** medicinal properties; ~ **militari** military valour *sing;* *un* **modello** *di* ~ a paragon of virtue; ⟨*Teol*⟩ ~ **morali** moral virtues; **per** ~ *di* (*per opera di*) in (*o* by) virtue of, by, through; ~ **teologali** theological virtues.
virtuale *a.* 1 virtual: *un vincitore* ~ a virtual winner. 2 ⟨*Fis*⟩ virtual: *immagine* ~ virtual image. **virtualità** *f.* 1 ⟨*Filos*⟩ virtuality. 2 (*possibilità di realizzazione*) virtuality, potentiality. **virtualmente** *avv.* 1 (*potenzialmente*) virtually, potentially. 2 (*praticamente*) virtually, practically. **virtuosamente** *avv.* virtuously. **virtuosismo** *m.* virtuosity (*anche spreg.*). **virtuosistico** *a.* (*pl.* -ci) virtuoso, virtuosic. **virtuoso** *a.* virtuous: *una persona* –*a* a virtuous person; *vita* –*a* virtuous life. II *s.m.* (*f.* -a) 1 (*artista*) virtuoso: ~ *del piano* piano virtuoso. 2 (*chi ha virtù*) virtuous person; *pl.* the virtuous (*costr.pl.*).
virulento *a.* 1 ⟨*Biol*⟩ virulent. 2 ⟨*fig*⟩ (*aspro, violento*) virulent, bitter, malignant: *critica* –*a* virulent criticism. **virulenza** *f.* 1 ⟨*Biol*⟩ virulence. 2 ⟨*fig*⟩ (*asprezza*) virulence, bitterness, malignancy.
virus *m.* ⟨*Biol*⟩ virus.
visagista *m./f.* cosmetologist, beautician.
vis-à-vis *fr.* [viza'vi] I *avv.* (*di faccia*) face to face, opposite, vis-à-vis. II *s.m.* 1 ⟨*Arred*⟩ (*armadio*) wardrobe with an outside mirror on the door. 2 (*carrozza*) sociable (carriage), vis-à-vis. 3 (*amorino*) sociable.
viscerale *a.* 1 ⟨*Med*⟩ visceral. 2 ⟨*fig*⟩ visceral, deep–down. □ *dolori* –*i* abdominal pains; *odio* ~ deep hatred; *passione* ~ visceral passion. **viscere** *m.* (*pl. le* **viscere**/*i* **visceri**; the second form is used only with the general meaning of internal organs) 1 viscus, internal organ: *esame dei* –*i* examination of the internal organs. 2 *pl.* (*intestini*) viscera *pl,* entrails *pl,* intestines *pl,* bowels *pl:* *dolore alle* –*e* pain in the intestines. 3 *pl.* (*interiora di animali*) entrails *pl:* *le* –*e di un animale* the entrails of an animal. 4 *pl.* ⟨*fig*⟩ (*parte più interna*) bowels *pl,* viscera *pl,* depths *pl:* *nelle* ~ *della terra* in the bowels of the earth.
vischio *m.* 1 ⟨*Bot*⟩ mistletoe. 2 ⟨*Venat*⟩ (*pania*) viscum, bird lime. **vischiosità** *f.* viscosity, stickiness. **vischioso** *a.* (*appiccicoso*) viscous, sticky, viscid, gluey.
viscidità *f.* 1 viscidity. 2 ⟨*fig*⟩ sliminess. **viscido** *a.* 1 viscid, slimy. 2 ⟨*fig*⟩ (*insinuante*) slimy, slippery, oily, unctuous. **viscidume** *m.* ⟨*spreg*⟩ slimy mess (*o* stuff).

visciola *f.* ⟨*Agr*⟩ sour cherry. **visciolo** *m.* ⟨*Bot*⟩ sour cherry tree, wild dwarf cherry tree.
vis comica *lat. f.* spirit, liveliness.
viscontado *m.* ⟨*Stor*⟩ viscounty. **visconte** *m.* (*f.* -essa) viscount (*f* –tess); (*in Italia*) visconte. **visconteo** *a.* ⟨*Stor*⟩ (*dei Visconti*) Visconti-, of the Viscontis. **viscontessa** *f.* viscountess.
viscosa *f.* ⟨*Ind*⟩ viscose. **viscosità** *f.* ⟨*Fis*⟩ viscosity. **viscoso** *a.* 1 (*appiccicoso*) sticky, gluey, viscous. 2 ⟨*Fis*⟩ viscous.
visibile I *a.* 1 visible, that may be seen: ~ *a occhio nudo* visible to the naked eye. 2 ⟨*fig*⟩ (*evidente, manifesto*) evident, obvious, clear: *un errore* ~ an obvious mistake. II *s.m.* visible, what may be seen.
visibilio *m.* ⟨*fam*⟩ (*grande quantità*) great number, host: *c'era un* ~ *di persone* there was a great number of people. □ *andare in* ~ to go into ecstasy (*o* raptures); *mandare in* ~ to make ecstatic, to send into raptures.
visibilità *f.* 1 visibility, visibleness: *la* ~ *di un cartello stradale* the visibility of a road sign. 2 (*grado di trasparenza dell'atmosfera*) visibility (*anche Meteor.*): *la* ~ *è buona* visibility is good. □ ⟨*Meteor*⟩ *condizioni di* ~ visibility: *cattive condizioni di* ~ bad visibility; *scarsa* ~ poor visibility. **visibilmente** *avv.* 1 visibly. 2 (*manifestamente*) visibly, noticeably, obviously: *era* ~ *irritato* he was visibly irritated.
visiera *f.* 1 (*nei berretti*) peak, ⟨*am*⟩ visor. 2 ⟨*Mil.ant*⟩ visor. 3 (*maschera da scherma*) fencing mask. 4 ⟨*Aut*⟩ (*di fari e sim.*) visor. □ ⟨*Aut*⟩ ~ **antiabbagliamento** anti–dazzle visor (*o* screen); ~ *dell'elmo* helmet visor; ⟨*Aut*⟩ ~ **parasole** anti–dazzle visor (*o* screen), ⟨*am*⟩ sun visor.
visigotico *a.* (*pl.* -ci) Visigothic, of the Visigoths. **visigoto** I *a.* → **visigotico.** II *s.m.* Visigoth.
visionare *v.t.* (**visiono**) ⟨*Cin*⟩ 1 (*vedere*) to screen; (*vedere in anteprima*) to preview. 2 (*proiettare*) to project, to screen.
visionario I *a.* 1 visionary. 2 (*sognatore*) visionary, dreamy. II *s.m.* (*f.* -a) 1 visionary. 2 (*sognatore*) (day)–dreamer, visionary.
visione *f.* 1 sight, vision: ~ *chiara* clear sight. 2 (*vista*) sight, scene: ~ *raccapricciante* gruesome sight; (*veduta, panorama*) view: *da qui si ha la* ~ *di tutta la vallata* from here you have a view of (*o* can see over) the whole valley. 3 (*esame*) examination, look: *ricevere un campione in* ~ to receive a sample for examination. 4 (*apparizione*) vision: *avere delle* –*i* to have visions. 5 ⟨*spreg*⟩ (*fantasticheria*) day–dreaming, (mere) fancies *pl.* 6 (*concezione*) idea, view, outlook: ~ *pessimistica della vita* pessimistic outlook on life. 7 ⟨*Cin*⟩ run, showing. □ ⟨*Cin*⟩ ~ **contemporanea** simultaneous playing (in several cinemas); **mandare** *qc. in* ~ *a qd.* to send s.th. to s.o. to be looked at; ⟨*Comm*⟩ *inviare* **merci** *in* ~ to send goods on approval; ⟨*burocr*⟩ **prendere** ~ *di qc.* to examine (*o* inspect, look at) s.th., to look s.th. over; ⟨*Cin*⟩ **prima** ~ first run (*o* showing); *proiettare un film in prima* ~ *assoluta* to play in a first–run cinema; ⟨*Cin*⟩ **seconda** ~ second run.
visir *m.* ⟨*Stor*⟩ vizier, vizir. □ **Gran** ~ Grand Vizier.
visita *f.* 1 visit, call: *fare una* ~ *a qd.* to pay s.o. a visit (*o* call), to visit (*o* call on) s.o. 2 ⟨*concr*⟩ (*persona che visita*) visitor: *c'è una* ~ *per te* there's a visitor for you. 3 (*visita turistica*) visit, tour: ~ *di una città* tour of a city, sightseeing tour; ~ *di un museo* visit to a museum. 4 (*ispezione*) inspection, check: ~ **doganale** customs inspection. 5 (*del medico: esame*) (medical) examination; (*di controllo*) check–up, ⟨*fam*⟩ medical, ⟨*am.fam*⟩ physical; (*giro per visitare i pazienti*) rounds *pl,* calls *pl,* visits *pl.* 6 (*visita di leva*) medical (examination) for call–up, ⟨*am*⟩ draft check–up. 7 (*perquisizione*) search: ~ *corporale* body search. □ **andare** *in* ~ *da qd.* to visit (*o* call on) s.o., to pay s.o. a visit (*o* call), ⟨*fam*⟩ to drop in on s.o.; ~ *d'* **assunzione** pre–employment medical examination; ~ **aziendale** factory inspection; ~ *dei* **bagagli** baggage inspection; ~ *di* **condoglianze** visit of condolence; ~ *di* **congedo** farewell visit; ~ *di* **controllo** inspection, check; ~ *di* **convenienza** duty call; ~ *di*

cortesia courtesy call; **da** ~ visiting–: *biglietto da* ~ visiting (*o* calling) card; ~ **domiciliare** (*perquisizione*) domiciliary visit, house search; (*rif. a medico*) house call; **essere** *in* ~ *da qd.* to be visiting (*o* on a visit to) s.o.; *far* ~ *a qd.* to pay s.o. a visit, to visit (*o* call on) s.o.; ~ **fiscale** call by the company doctor (to check those on sick leave); **giro** *di* –*e* round of visits; (*rif. a medico*) rounds *pl;* ~ **guidata** (*a musei e sim.*) guided tour; ⟨*Dipl*⟩ ~ **lampo** flying visit; ~ *di* **leva** medical examination for the draft, military check–up; ⟨*Mil*⟩ **marcare** ~ to report sick; ~ **medica** medical (examination); **passare** *la* ~ to have a medical examination; ~ **preventiva** preventive examination; **restituire** *la* ~ to return a visit; ~ **sanitaria** sanitary inspection; **scambiarsi** –*e* to exchange visits; ⟨*Med*⟩ ~ **specialistica** specialist's examination; ⟨*Dipl*⟩ ~ *di* **stato** state visit; ~ **turistica** sightseeing tour; ⟨*Dipl*⟩ ~ **ufficiale** official visit.

visitare *v.t.* (**visito**) **1** (*andare a trovare*) to visit, to call (up)on, to go and see, to pay a visit to: *andare a* ~ *qd.* to (go to) visit s.o.; (*rif. a superiori*) to pay a visit to, to call upon. **2** (*rif. a medici*) to examine, to give a medical examination to (*anche Mil.*); (*fare il giro delle visite*) to do one's rounds, to make one's house calls. **3** (*rif. a luoghi*) to visit: ~ *un museo* to visit a museum. **4** (*ispezionare, esaminare*) to examine, to inspect, to check: ~ *i bagagli* to inspect the baggage; (*perquisire*) to search. □ *andare a farsi* ~ *dal medico* to go to the doctor (for an examination), to have a medical examination; ~ *un cliente* to visit a customer; *mi ha fatto* ~ *la città* he showed me round the town, he took me on a tour of the town. **visitatore** *m.* (*f.* -**trice**) **1** visitor, caller. **2** (*rif. a luoghi*) vistor, tourist, sightseer. **visitatrice** *f.* (*assistente sanitaria*) visitress. **Visitazione** *f.* ⟨*Rel*⟩ Visitation. **visitina** *f.* short visit, call. □ *fare una* ~ *a qd.* to drop round on s.o., ⟨*fam*⟩ to pop in to see s.o.

visivo *a.* visual: *facoltà* –*a* visual faculty.

Visnù *N.pr.m.* ⟨*Rel*⟩ Vishnu.

viso *m.* **1** (*faccia*) face. **2** (*fisionomia*) face: *quel* ~ *non mi è nuovo* that face is not new to me. □ *a* ~ **aperto** (*francamente*) openly, frankly: *gliel'ho detto a* ~ *aperto* I told him frankly; ⟨*fig*⟩ *fare* **buon** ~ *a qd.* to welcome s.o.; *fare buon* ~ *a cattivo gioco* (*o cattiva sorte*) to make the best of s.th.; *lo si capisce dal suo* ~ you can see it from his face (*o* at a glance), it's written all over his face; *dire qc. sul* ~ *a qd.* to say s.th. without regard for s.o.; **guardare** *in* ~ *qd.* to look s.o. in the face (*o* eye), to look straight at s.o.; *guardarsi in* ~ to look e.o. in the face (*o* closely e.o.); (*con sorpresa*) to look at e.o. in surprise; *non guardare in* ~ *nessuno* to go ahead regardless of everyone; *fare il* ~ **lungo** to sulk, to pull a long face, to pout; ~ **pallido** (*bianco*) paleface, white man; *fare il* ~ **torvo** to have a grim look; ~ **turbato** troubled look.

visone *m.* **1** ⟨*Zool*⟩ mink. **2** (*pelliccia*) mink (pelt), mink fur. □ *pelliccia di* ~ mink; (*soprabito*) mink(coat).

visore *m.* ⟨*Fot*⟩ viewer.

vispo *a.* lively, spirited, vivacious; (*svelto*) sprightly, quick, bright. □ ~ *come un uccello* (*o una rondine*) as bright as a button.

vissi → **vivere!** **vissuto** (*p.p. di vivere*[1]) **I** *a.* **1** lived, experienced. **2** (*di cui si è fatto l'esperienza*) real: *pagine di vita* –*a* pages taken from real life. **II** *s.m.* lived experience.

vista *f.* **1** (*facoltà*) eyesight, sight: *perdere la* ~ to lose one's sight; *avere la* ~ **debole** to have weak eyesight (*o* eyes). **2** (*il vedere*) sight: *alla* ~ *del figlio si rassicurò* at the sight of (*o* upon seeing) his son he felt reassured. **3** (*possibilità di vedere*) sight, view: *la costa è in* ~ the coast is in view. **4** (*panorama, spettacolo*) view, panorama, scene: *godere una bella* ~ to enjoy a beautiful view. **5** (*scorsa, esame rapido*) glance, (quick) look: *dare una* ~ *alla lettera* to (give a) glance at the letter. □ ⟨*Econ*⟩ *a* ~ at sight, on demand, at call: *cambiale a* ~ bill payable on demand; ⟨*Edil*⟩ *cemento a* ~ decorative (*o* architectural, exposed, facing) concrete; ⟨*Mil*⟩ *sparare a* ~ to shoot at sight; *guardare qd. a* ~ to watch over s.o., to keep s.o. in sight; ~ *dall'*alto top view; ~ *dal* **basso** bottom view; *aver* **buona** ~ to have good (eye)sight; *avere la* ~ **cattiva** to

have poor eyesight; ~ **corta** short–sightedness, short sight; *essere di* ~ *corta* to be short–sighted (*o* myopic); **dare** *una* ~ *a un libro* to look over (*o* glance through) a book; *avere la* ~ **debole** to have bad eyesight, to have weak eyes; *di* ~ by sight: *conoscere qd. di* ~ to know s.o. by sight; **esame** *della* ~ eye test; ~ **frontale** front view; **fuori** (*di*) ~ out of sight; *avere qc. in* ~: **1** (*proporselo come scopo*) to have s.th. in view (*o* mind); **2** (*avere in programma*) to be thinking of (doing) s.th., to plan s.th., ⟨*fam*⟩ to have s.th. lined up: *ho in* ~ *un viaggio in Spagna* I am planning to go to Spain; *in* ~ *di* (*in considerazione di*) in view of, in consideration of: *in* ~ *della tua partenza* in view of your departure; *in* ~ *di Firenze* in sight of Florence; *essere in* ~: **1** to be in sight (*o* view); **2** (*avvicinarsi*) to come into sight; *pericolo in* ~ danger ahead; *giungere in* ~ *di qc.* to come within sight of s.th.; *mettere in* ~ to point out, to show off (*o* up); *mettere in buona* (*o cattiva*) ~ *qc.* to put s.th. in a good (*o* bad) light, to point out the good (*o* bad) aspects of s.th.; *mettersi in* ~ to show off, to draw attention to o.s.; *una persona molto in* ~ a person very much in the public eye; *tenere in* ~ to keep in sight (*o* view, the foreground); ~ *d'*insieme overall (*o* general) view; ~ **laterale** side view; ⟨*fig*⟩ *aver* **lunga** ~ to be far–sighted; *a* ~ *d'*occhio: **1** before one's very eyes, as one watches, visibly; **2** (*in fretta*) quickly, rapidly: *crescere a* ~ *d'occhio* to grow quickly, to spring up; **3** (*fin dove l'occhio può giungere*) as far as the eye can see (*o* reach): *la pianura si stendeva a* ~ *d'occhio* the plain stretched out as far as the eye could see; ~ **parziale** partial view; **perdere** *di* ~ *qd.* to lose sight of (*o* contact with) s.o.; *perdere di* ~ *il proprio scopo* to lose sight of one's goal; *non perdere di* ~ *qd.* (*seguirlo con gli occhi*) not to let s.o. out of one's sight, not to lose sight of (*o* take one's eyes off) s.o.; ~ **posteriore** back view; *a* **prima** ~: **1** (*alla prima occhiata*) at first sight (*o* glance); **2** (*senza preparazione*) at sight; *sonare a prima* ~ to sight–read; ~ **prospettica** perspective view; **punto** *di* ~ point of view; **sparare** *a* ~ to shoot at sight; **togliere** *la* ~ *a qd.* to block (*o* obstruct) s.o.'s view: *l'albero mi toglie la* ~ *del mare* the tree blocks my view of the sea; *uscire di* ~ to go out of sight.

vistare *v.t.* ⟨*burocr*⟩ **1** (*mettere il visto*) to visa: ~ *un passaporto* to visa a passport. **2** (*autenticare*) to approve, ⟨*fam*⟩ to o.k.: ~ *un assegno* to approve a cheque.

visto (*p.p. di vedere*[1]) **I** *a.* seen: ~ *dall'alto* seen from above. **II** *s.m.* **1** visa, approval, ⟨*fam*⟩ o.k.: *apporre il* ~ *a qc.* to give s.th. one's approval, to approve s.th., ⟨*fam*⟩ to o.k. s.th. **2** (*su un passaporto*) visa. □ ~ *e* **approvato** seen and approved; **ben** ~ well thought of, popular; ~ **che** seeing (*o* considering) that, since; ~ **collettivo** collective visa; ~ *d'*entrata entry visa; ⟨*Psic*⟩ **già** ~ déjà vu; ~ *d'*immigrazione immigration visa; *d'una bellezza mai* –*a* of rare beauty; *cose non mai* –*e* things never seen before; **mal** ~ disliked, thought poorly of, frowned upon; ~ **multiplo** multiple re–entry visa; **non** ~ not seen, unseen, unnoticed; ~ **permanente** permanent visa; **richiesta** *di* ~ visa application; ~ *di* **soggiorno** visitors' (*o* tourist) visa; ~ *si* **stampi** ready for press; ~ *di* **transito** transit visa; ~ **turistico** tourist visa; ~ *d'*uscita exit visa.

Vistola *N.pr.f.* ⟨*Geog*⟩ Vistula.

vistosamente *avv.* showily, gaudily, flashily. **vistosità** *f.* showiness, gaudiness, flashiness. **vistoso** *a.* **1** (*appariscente*) showy, gaudy, flashy, garish: *colori* –*i* gaudy colours. **2** (*ingente*) enormous, huge, considerable: *una somma* –*a* an enormous sum.

visuale **I** *a.* visual: *osservazione* ~ visual observation. **II** *s.f.* **1** (*vista*) view: *coprire la* ~ *a qd.* to block s.o.'s view; (*panorama*) view, panorama. **2** (*linea visuale*) line of vision, vision line; (*linea di mira*) line of sight (*o* aim). **visualizzare** *v.t.* **1** to visualize. **2** ⟨*Inform*⟩ to display. **visualizzatore** *m.* **1** visualizer. **2** ⟨*Inform*⟩ display (unit). □ ~ *a cristalli liquidi* liquid crystal display. **visualizzazione** *f.* **1** visualization. **2** ⟨*Inform*⟩ display.

visus *lat. m.* ⟨*Med*⟩ (*potere visivo*) sight.

vita[1] *f.* **1** life: *essere tra la* ~ *e la morte* to hover between life and death. **2** (*tempo in cui si vive*) life, lifetime: *il corso della* ~ the course of life. **3** (*modo di vivere*) life, (way of) living: ~ *contemplativa* contemplative life; *condurre una* ~ *agitata* to lead a harried life; ~ *di campagna* country life. **4** (*complesso delle attività di un organismo operante*) life: *la* ~ *di un partito* the life of a party. **5** (*attività, professione*) life, existence: *la* ~ *del medico* a doctor's life. **6** (*durata*) life, duration: *la* ~ *di una macchina* the life of a car; *questa moda avrà breve* ~ this fashion will ⌐have a short life¬ (*o* be of short duration). **7** (*vitalità, vigore*) life, vitality, energy: *una pèrsona piena di* ~ a person full of life (*o* vitality). **8** ⟨*fig*⟩ (*animazione*) life, vivacity, animation, liveliness: *la piazza era piena di* ~ the square was full of life. **9** (*vivacità espressiva*) life, vivacity: *una descrizione piena di* ~ a description which is full of life. **10** (*sostentamento*) living, livelihood, bread: *guadagnarsi la* ~ *scrivendo* to earn one's living by writing; (*le spese per la vita*) cost of living: *la* ~ *aumenta ogni giorno* the cost of living goes up every day. **11** (*essere vivente, persona*) life: *giovani -e spente dalla guerra* young lives snuffed out by the war. **12** (*biografia*) life, biography. **13** (*il corso delle cose umane*) life, world: *non hai esperienza della* ~ you have no experience of life; *è la* ~ *!* that's life!, c'est la vie!. □ **a** ~ life, lifelong, for life: *pensione a* ~ life pension; *socio a* ~ life member, member for life; *senatore a* ~ senator for life; *essere condannato a* ~ to receive a life sentence, ⟨*fam*⟩ to get life; ~ **affettiva** emotional (*o* affective) life; *l'*altra ~ the other life, the (life) hereafter; ⟨*Rel*⟩ ~ **attiva** active life; **avere** ~ to be alive, to live; *o la* **borsa** *o la* ~*!* your money or your life!; ~ **da cani** dog's life: *fare una* ~ *da cani* to lead a dog's life; *se ti è* **cara** *la* ~ if you want to stay alive; ~ **claustrale** cloistered life; *far* ~ **comune** to live together; *ti può* **costare** *la* ~ it could cost you your life; *dare la* ~ *per qd.* to give (up) one's life for s.o.; *dare* ~ *a un'impresa* to found (*o* start, set up) a business; ⟨*fig*⟩ *avere una* **doppia** ~ to lead a double life; ~ **eterna** eternal life, life everlasting; ~ *di* **famiglia** family life; **fare** *una* **bella** ~ to lead a good (*o* comfortable) life; *fare la* **bella** ~ to lead a life of pleasure; *fare una* ~ *tranquilla* to lead a quiet life (*o* existence); *fare la* ~ to be a prostitute; *finché mi resta un fil di* ~ to my dying breath, while I have an ounce of life left in me; *essere in* **fin** *di* ~ to be dying (*o* at death's door); ~ **futura** future life; *far* **grazia** *della* ~ *a qd.* (*graziarlo*) to pardon (*o* reprieve) s.o.; **guadagnarsi** *la* ~ to earn one's living (*o* livelihood); *essere in* ~ to be alive; *in* ~ *mia* in (all) my life, in my whole life; *non ho mai visto niente di simile in* ~ *mia* I've never seen anything like that in my whole life; *rimanere in* ~ to stay alive, to live; (*sopravvivere*) to survive; *tenere* (*o* *mantenere*) *in* ~ to keep alive; ~ **intima** (*o interiore*) inner (*o* spiritual) life; *aver* ~ to have a long life; *donna di* **mala** ~ prostitute; ⟨*Statist*⟩ ~ **media** mean lifetime; ~ **mia!** my life!, my dearest!, my darling!; *passare a* **miglior** ~ to go to one's eternal reward; ~ **militare** military (*o* soldier's) life; *in* ~ *e in* **morte** in life and death, for eternity; ⟨*fig*⟩ *sapere* ~ *morte e miracoli di qd.* (*conoscerne la vita*) to know all there is to know about s.o.; *è questione di* ~ *o di morte* it's a matter of life or death; *uniti per la* ~ *e per la* **morte** together in life and death; **mutar** ~ to begin a new life, to turn over a new leaf; ~ **natural** *durante* for the rest of one's life(time); ~ **nomade** nomadic life; ~ **notturna** night life; *pena la* ~ on pain of death; **pieno** *di* ~ full of life; ⟨*Statist*⟩ ~ **presunta** expectation of life, life expectation; ~ **privata** private life: *ritirarsi a* ~ *privata* to withdraw into private life; ⟨*Statist*⟩ ~ **probabile** probable expectation of life; **ragazza** *di* ~ (*prostituta*) prostitute; **rendere** (*o restituire*) *qd. alla* ~ to bring s.o. back to life; **rimetterci** *la* ~ to lose (*o* pay with) one's life; *fare una* ~ **ritirata** to lead a ⌐secluded life¬ (*o* life of seclusion); **sacrificare** *la* ~ *per qd.* to sacrifice (*o* give up) one's life for s.o.; **salvare** *la* ~ *a qd.* to save s.o.'s life; *non dare* **segno** *di* ~ to show no signs of life; **senza** ~ lifeless; ~ **sociale** social life; ~ **studentesca** student life; ~ **terrena** earthly life; **togliere** *la* ~ *a qd.* to take s.o.'s life, to kill s.o.; **togliersi** *la* ~ to kill o.s., to commit suicide, to take one's (own) life; **trascinare** *la* ~ to lead a hard life, to drag out a wretched existence, to struggle along; ⟨*tecn*⟩ ~

utile service life; *ne va della* ~ a life is at stake, it's a matter of life or death; *vender cara la* ~ to sell one's life dearly; **venire** *alla* ~ to be born, to come into the world; *di* ~ **vissuta** real life–. *Prov.: finché c'è* ~ *c'è speranza* while there's life there's hope; *la* ~ *è fatta a scale, chi le scende e chi le sale* life has its ups and downs.

vìta² *f.* waist: *avere la* ~ *sottile* to have a small (*o* narrow) waist. □ ⟨*Mod*⟩ **a** ~ waisted: *una giacca a* ~ a waisted jacket; *avere la* ~ **corta** (*essere corto di vita*) to be short–waisted; *stare in* (*bella*) ~ (*senza cappotto*) to be coatless; *essere* **largo** *di* ~ to be thick–waisted; (*rif. a vestiti*) to be loose–waisted; **punto** *di* ~ waist; *su con la* ~*!* hold yourself straight!, pull your shoulders back!; ⟨*fam*⟩ keep your pecker up!; ~ *di* **vespa** wasp–waist.

vitàccia *f.* (*pl.* -ce) hard life, life of troubles, dog's life.

vitaiòlo *m.* ⟨*spreg,scherz*⟩ bon viveur, playboy, man –about–town.

vitàlba *f.* ⟨*Bot*⟩ old man's beard, traveller's joy, clematis.

vitàle *a.* **1** vital (*anche fig.*): *forza* ~ vital force, élan vital; *questioni -i* vital matters, matters of vital importance. **2** (*che può vivere*) viable: *vivo e* ~ alive and viable. **vitalìsmo** *m.* ⟨*Biol,Filos*⟩ vitalism. **vitalità** *f.* **1** (*forza vitale*) vitality, vital force. **2** (*vivacità*) vitality, vigour. **3** ⟨*Med,Biol*⟩ viability.

vitalìzio **I** *a.* life, lifelong: *rendita -a* life annuity; (*rif. a cariche*) lifelong, for life. **II** *s.m.* life annuity.

vitamìna *f.* ⟨*Biol*⟩ vitamin(e): *carenza di* ~ vitamin deficiency. **vitamìnico** *a.* (*pl.* -ci) **1** of vitamins, vitamin–, vitaminic. **2** (*che contiene vitamine*) vitamin enriched. □ *carenza -a* vitamin deficiency; *fabbisogno* ~ vitamin requirements *pl.* **vitaminizzàre** *v.t.* to vitaminize. **vitaminizzazióne** *f.* vitaminization. **vitaminologìa** *f.* vitaminology.

vìte¹ *f.* ⟨*Bot*⟩ grape(vine). □ ~ *del Canadà* Virginia creeper, woodbine; *piangere come una* ~ *tagliata* to weep uncontrollably (*o* bitterly).

vìte² *f.* **1** screw. **2** ⟨*Aer,Sport*⟩ spin. □ **a** ~ (*filettato*) screw–: *un tappo a* ~ a screw cap; ~ *ad* **alette** winged screw; **allentare** *una* ~ to loosen a screw; ~ *d'*arresto stop screw; ~ *di* **avanzamento** feeding screw; ⟨*Aer*⟩ **cadere** *in* ~ to go into a spin; ~ **destrorsa** right–hand screw; ~ **femmina** female (*o* internal) screw; ~ *senza* **fine** worm (screw); ~ *di* **fissaggio** securing screw; ~ *da* **legno** wood (*o* dowel) screw; ~ **madre** lead screw; ~ **maschia** male (*o* external) screw; ⟨*Aer*⟩ ~ **orizzontale** barrel roll; ⟨*El*⟩ ~ **serrafilo** clamping (*o* terminal) screw; ~ **sinistrorsa** left–hand screw; **stringere** *una* ~ to tighten a screw.

vitèlla *f.* **1** calf. **2** ⟨*Macell,Gastr*⟩ veal: *arrosto di* ~ roast veal.

vitellìno¹ *m.* (male) calf. □ *piangere come un* ~ to cry like a lost puppy.

vitellìno² *a.* ⟨*non com*⟩ (*di vitello*) veal–. □ *carne -a* veal.

vitellìno³ *a.* ⟨*Biol*⟩ vitelline: *sacco* ~ vitelline membrane.

vitèllo¹ *m.* **1** calf. **2** ⟨*Macell,Gastr*⟩ veal. **3** ⟨*Conc*⟩ calf(skin): *guanti di* ~ calf gloves. □ ~ *di* **latte** suckling calf; ⟨*Zool*⟩ ~ **marino** harbour seal, sea calf; ⟨*Bibl*⟩ ~ *d'*oro Golden Calf; ⟨*Gastr*⟩ ~ **tonnato** veal with tunny sauce; ⟨*Gastr*⟩ ~ *in* **umido** veal stew.

vitèllo² *m.* ⟨*Biol*⟩ vitellin.

vitellóne *m.* **1** (*giovenco*) bullock, ⟨*am*⟩ steer. **2** ⟨*Macell*⟩ young beef. **3** (*pop*) (*giovanotto ozioso e fatuo*) loafer, good–for–nothing, ⟨*am.fam*⟩ drugstore cowboy.

vitìccio *m.* **1** ⟨*Bot*⟩ tendril. **2** ⟨*Arch,Pitt*⟩ vine tendril. **3** (*candelabro*) candelabrum (with tendril–like arms); (*braccio*) arm, branch (of a candelabrum).

vitìcolo *a.* ⟨*Agr*⟩ viticultural, vine–growing, grape –producing: *paese* ~ viticultural country. **viticoltóre** *m.* viticulturist, vine grower. **viticoltùra** *f.* **1** viticulture, vine growing. **2** (*scienza*) viticulture. **viticultóre** *m.* → viticoltore. **viticultùra** *f.* → viticoltura. **vitìfero** *a.* **1** vine (*o* grape) producing, vine–bearing: *zona -a* grape–producing area. **2** (*coltivato a viti*) vine–grown, cultivated with vines. **vitìgno** *m.* (species of) vine.

vitilìgine *f.* ⟨*Med*⟩ vitiligo.

vitivinìcolo *a.* wine–, vine growing and wine producing.

vitivinicoltura *f.* vine-growing and wine-producing.
vitrectomia *f.* ⟨*Chir*⟩ vitrectomy.
vitreo I *a.* **1** (*di vetro*) vitreous, of glass, glass. **2** (*simile al vetro*) vitreous, vitriform, glass-like, glassy. **3** ⟨*fig*⟩ glassy, glasslike, glass: *occhi –i* glassy eyes. II *s.m.* ⟨*Anat*⟩ (*corpo vitreo*) vitreous humour (*o* body), vitreous.
Vitruvio *N.pr.m.* ⟨*Stor*⟩ Vitruvius.
vittima *f.* **1** ⟨*Rel*⟩ (*animale*) (sacrificial) victim, sacrifice; (*persona*) victim, human sacrifice. **2** (*chi perisce in sciagure*) victim, casualty: *le –e dell'inondazione* the flood victims; ~ *di un incidente* accident casualty. **3** (*succube*) victim, prey: *restar ~ di un intrigo* to be the victim of a plot; *fare la ~* to play the victim. □ *rimanere ~ del dovere* to be doing one's duty; *essere* (*o rimanere*) ~ *d'un incidente* to be (involved) in an accident, to be an accident victim; ⟨*iron*⟩ **povera** ~*!* what a martyr!, poor (old) thing!; *rimanere ~ di qc.* (*o qd.*) to fall a victim to s.th. (*o* s.o.); ~ **umana** victim, human sacrifice.
vittimismo *m.* **1** self-pity. **2** ⟨*Psic*⟩ persecution complex.
vittimista *m./f.* self-pitier. **vittimistico** *a.* (*pl.* -ci) self-pitying. **vittimologia** *f.* victimology.
vitto *m.* **1** (*cibo*) food: *il ~ è molto caro* food is very expensive. **2** (*per pensionanti e sim.*) board. □ ~ *e alloggio gratuiti* free room and board; *ricevere ~ e alloggio* to have room and board.
Vittore *N.pr.m.* Victor.
vittoria *f.* **1** victory: *le –e di Cesare* the victories of Caesar. **2** ⟨*fig*⟩ (*successo*) victory, triumph, conquest, success. **Vittoria** *f.* ⟨*Mitol,Art*⟩ Victory. □ *la ~ gli ha arriso* victory smiled on him; **cantare** ~ to exult in one's victory; ~ **morale** moral victory; **ottenere** *la ~ in una causa* to win a case; **palma** *della ~* palm of victory; **passare** *di ~ in ~* to go from one victory to another; ⟨*fig*⟩ ~ *di* **Pirro** Pyrrhic victory; *avere la ~ in* **pugno** to be sure of victory; ⟨*Sport*⟩ ~ *ai* **punti** win on points; **riportare** *una strepitosa ~ contro il nemico* to win a tremendous victory over the enemy; *riportare la ~ in una corsa* to win a race; *una ~ su* **se** *stesso* a victory over o.s.; ~ **terrestre** victory on land. *Prov.*: *non cantar ~ prima del tempo* don't count your chickens before they are hatched.
Vittoria *N.pr.f.* Victoria (*anche Stor.*). **vittoriano** *a.* ⟨*Stor*⟩ Victorian: *epoca –a* Victorian Age.
Vittorio *N.pr.m.* Victor. □ ⟨*Stor*⟩ ~ *Emanuele* Victor Emmanuel.
vittoriosamente *avv.* victoriously: *combattere ~* to fight victoriously. **vittorioso** *a.* **1** victorious: *un generale ~* a victorious general; *battaglia –a* victorious battle. **2** (*di, da vincitore*) victorious, triumphant, conquering: *sorriso ~* triumphant smile. □ *riuscire ~ in una battaglia* to win (*o* be victorious in) a battle; *riuscire ~ in una gara* to win a contest.
vituperabile *a.* vituperable. **vituperando** *a.* ⟨*lett*⟩ vituperable. **vituperare** *v.t.* (*vitupero*) to vituperate, to (be)rate, to rail at (*o* against). **vituperevole** *a.* ⟨*lett*⟩ **1** (*vituperabile*) vituperable. **2** (*esecrando*) execrable, shameful. **vituperio** *m.* **1** insult: *coprire qd. di vituperi* to shower s.o. with insults. **2** (*causa d'infamia*) disgrace, shame: *essere il ~ della famiglia* to be a disgrace to one's family. □ *arrecare ~* to be infamous, to shame; *essere di ~* to be a disgrace. **vituperosamente** *avv.* disgracefully, shamefully. **vituperoso** *a.* **1** (*infamante*) disgraceful, shameful. **2** (*ingiurioso*) vituperative, injurious, insulting.
viuzza *f.* alley, narrow street; (*in campagna*) lane.
viva *intz.* (*usato da solo*) hurray, hurrah; (*seguito da un nome*) long live, up with, hurrah for, three cheers for: ~ *la libertà!* long live freedom!; ~ *il Re!* long live the King!
vivacchiare *v.i.* (*vivacchio, vivacchi; aus.* avere) ⟨*fam*⟩ **1** to live poorly, to get by (*o* along) somehow. **2** (*vivere stentatamente*) to struggle (*o* scrape) along, to eke out a living. **3** ⟨*scherz*⟩ to get along, to manage: *come va? – si vivacchia* how are things going? – we're getting along.
vivace *a.* **1** lively, vivacious, spirited, sprightly: *stile ~* lively style; *discussione –a* lively discussion. **2** (*rif. a luce: vivido, intenso*) bright, brilliant; (*rif. a colori: smagliante*) vivid, bright, brilliant. **vivacemente** *avv.* vivaciously, in

a lively manner. **vivacità** *f.* **1** liveliness, vivacity, vivaciousness: *la ~ di un bambino* the liveliness of a child. **2** (*efficacia, immediatezza*) liveliness, vivacity, life, vividness: ~ *di stile* vividness of style. **3** (*intensa luminosità: rif. a luce*) brightness, brilliance; (*rif. a colori*) vividness, brightness, brilliance, vivacity. □ ~ *d'ingegno* brightness, quick-wittedness. **vivacizzare** *v.t.* to enliven, to animate: ~ *una discussione* to enliven a discussion.
vivaddio *intz.* by God.
vivagno *m.* ⟨*Tess*⟩ (*cimosa*) selvage, selvedge.
vivaio *m.* **1** ⟨*Pesc*⟩ fish reserve, fish(-breeding) pond, fish pool. **2** ⟨*Bot*⟩ nursery. **3** ⟨*fig*⟩ nursery, training (*o* breeding) ground, seedbed. □ ~ *d'ostriche* oyster bed, oyster bank; ~ *di pesci* fishpond; ~ *di piante* tree nursery.
vivaista *m./f.* **1** ⟨*Itt*⟩ fish farmer. **2** ⟨*Bot*⟩ nursery man (*f.* -woman). **vivaistico** *a.* (*pl.* -ci) **1** ⟨*Itt*⟩ of fish farming. **2** ⟨*Bot*⟩ nursery-.
vivamente *avv.* **1** (*con vivacità*) in a lively manner, spiritedly: *rispondere ~* to answer spiritedly. **2** (*con intensità*) deeply, profoundly, warmly: *ringraziare ~ qd.* to thank s.o. warmly.
vivanda *f.* **1** food: *preparare le –e* to prepare the food. **2** ⟨*ant*⟩ (*portata*) course, dish; (*viveri, vettovaglie*) victuals *pl*, provisions *pl*. □ ⟨*Rel*⟩ *mistica ~* (*ostia consacrata*) consecrated Host. **vivandiere** *m.* (*f.* -a) ⟨*Mil.ant*⟩ vivandier (*f* vivandière), sutler.
vivente I *a.* **1** living, ⟨*pred*⟩ alive: *esseri –i* the living; *essere ancora ~* to be still alive. **2** ⟨*fig*⟩ living: *lingue –i* living languages. II *s.m./f.* **1** living being; *pl.* the living (*costr.pl.*). **2** (*uomo*) human being, man. □ *non c'era anima ~* there wasn't a (living) soul; ⟨*burocr*⟩ *–i a carico* dependents *pl;* ~ *ancora il padre* while his father was still alive.
vivere[1] *v.* (*p.rem.* **vissi**; *fut.* **vivrò**; *p.p.* **vissuto**) I *v.i.* (*aus.* essere/*rar.* avere) **1** (*essere in vita*) to live, to be alive: *il paziente stamattina viveva ancora* the patient was still alive this morning. **2** (*trascorrere l'esistenza*) to live: *visse cent'anni* he lived for a hundred years; *un poeta che visse nella prima metà del Cinquecento* a poet that lived during the first half of the sixteenth century; ~ *dello stipendio* to live on one's salary; *vive in campagna* he lives in the country. **3** (*campare*) to live (on), to subsist: *non avere abbastanza per ~* not to have enough to live on; (*avere di che vivere*) to manage, to get by, to live (*di* on): *solo dello stipendio non vivo* I can't manage just on my salary. **4** (*comportarsi secondo le convenienze sociali*) to live, to get along: *un uomo che non sa ~* a man who doesn't know how to live. **5** (*essere, stare*) to be: *puoi ~ sicuro* you may ⌐be sure⌐ (*o* rest assured). **6** (*godere la vita*) to live, to enjoy (*o* get the best out of) life, ⟨*fam*⟩ to live it up: *lui sì che ha vissuto!* he has really lived it up!, he has had a good time! **7** ⟨*fig*⟩ (*sopravvivere, durare*) to live on, to last, to endure: ~ *nel ricordo di qd.* to live on in s.o.'s memory; *la sua fama vivrà eternamente* his fame will live on for ever. II *v.t.* **1** (*trascorrere*) to live: ~ *una vita tranquilla* to live (*o* lead) a peaceful life. **2** (*passare, fare l'esperienza*) to live (through), to experience, to go through: ~ *un momento brutto* to go through a bad moment; (*provare*) to go through, to have: *abbiamo vissuto attimi d'ansia* we had a few anxious moments. **3** (*trascorrere*) to pass, to spend: *ho vissuto giorni indimenticabili* I spent some unforgettable days. **4** (*sentire intimamente*) to feel deeply, to share: ~ *le pene di qd.* to share s.o.'s sorrows. □ *avere di che ~* to have enough to live on; *cessare di ~* (*morire*) to die, ⟨*lett*⟩ to quit this life; ⟨*Mil*⟩ **chi** *vive?* who goes there?; ~ *di* **elemosine** to live on charity; ~ *alla* **giornata** to live from hand to mouth; *imparare a ~* to learn how to behave; ~ **insieme** to live together; *lasciar ~* (*lasciare tranquillo*) to let alone, to leave in peace; ~ *del proprio* **lavoro** to live by one's work; ~ **in** *pace* to live in peace; ~ **per** *qc.* (*dedicarsi a qc.*) to live for s.th.; ~ *di* **rendita** to be wealthy, ⟨*fam*⟩ to live on one's interest; **saper** ~ to have savoir-vivre; ~ *da* **gran signore** to live like a lord; ~ *alle* **spalle** *di qd.* to live off s.o.; *essere* **stanco** *di* ~ to be tired of life; ⟨*fig*⟩ **stare** *sul chi vive* to be on the look-out. *Prov.*: *chi vivrà vedrà* time will tell; ~ *e lasciar* ~ live and let live; *chi*

vive sperando, muore cantando he that lives in hope dances to an ill tune. || ⟨*Tip*⟩ *vive* stet; ⟨*esclam*⟩ *viva* long live: *viva la regina* long live the Queen.

vivere² *m.* living, life; (*modo di vivere*) (way of) living, life style: *il ~ in campagna è salubre* life in the country is healthy; *lo chiami ~, questo?* do you call this living?

viveri *m.pl.* **1** food *sing,* foodstuffs *pl,* victuals *pl,* provisions *pl.* **2** ⟨*Mil*⟩ victuals *pl,* provisions *pl.* □ ⟨*Mar*⟩ *~ di bordo* ship's stores; *caro ~* (*carovita*) rise in the cost of living.

viverra *f.* ⟨*Zool*⟩ (common large) civet, civet cat.

viveur *fr.* [vi'vœ:r] *m.* viveur.

vivezza *f.* **1** (*vivacità*) liveliness, vivacity (*anche fig.*). **2** (*efficacia espressiva*) vividness. **3** (*luminosità*) brightness, brilliance. **vivido** *a.* **1** (*vivace*) lively, vivid: *un uomo di ~ ingegno* a man with a lively mind. **2** (*lett*) (*rigoglioso*) luxuriant, thriving, vigorous. **3** (*intensamente luminoso*) bright, strong; (*rif. a colori*) vivid, bright.

vivificante *a.* vivifying. **vivificare** *v.t.* (vivifico, vivifichi) **1** to revive, to refresh, to vivify, to invigorate: *la pioggia vivifica i campi* rain revives the fields; ⟨*assol*⟩ to be refreshing. **2** ⟨*fig*⟩ (*rendere vivo*) to vivify, to enliven, to brighten up. **vivificativo** *a.* ⟨*lett*⟩ vivifying, restorative. **vivificatore** I *s.m.* (*f.* -trice) vivifier. II *a.* **1** vivifying. **2** (*che ricrea*) invigorating, reviving, refreshing. **vivificazione** *f.* **1** vivification. **2** (*ricreazione*) invigoration, reviving.

vivinatalità *f.* ⟨*Statist*⟩ live births *pl.* **viviparità** *f.* ⟨*Zool,Biol*⟩ viviparity. **viviparo** I *a.* viviparous. II *s.m.* (*animale viviparo*) viviparous animal.

vivisettorio *a.* vivisection–, vivisectional, of vivisection. **vivisezionare** *v.t.* (viviseziono) **1** to vivisect, to perform vivisection on. **2** ⟨*fig*⟩ to subject to vivisection, to examine minutely (*o* pitilessly, thoroughly). **vivisezione** *f.* **1** vivisection. **2** ⟨*fig*⟩ (*indagine accurata*) vivisection, minute (*o* pitiless) examination.

vivo I *a.* **1** living, ⟨*pred*⟩ alive, live–: *è ancora ~* he is still alive; *essere sepolto ~* to be buried alive; *pesci –i* live fish. **2** (*che dura tuttora*) living, surviving, ⟨*pred*⟩ alive: *una tradizione ancora –a* a tradition which is still alive. **3** (*vivace*) lively, vivacious: *occhi –i* lively eyes; *una discussione molto –a* a very lively discussion; *è un ragazzo un po' ~, devi aver pazienza con lui* he's a lively boy, you have to be patient with him. **4** (*acuto*) lively, quick, sharp, bright, keen: *ingegno ~* lively (*o* quick) mind. **5** (*acceso, animato*) lively, animated, keen, heated: *la discussione si fece più –a* the discussion grew more heated; (*intenso*) deep, strong, great: *~ sdegno* strong indignation. **6** (*rif. a luci*) bright, brilliant: *questa luce –a mi dà fastidio agli occhi* this bright light is bothering my eyes; (*rif. a colori*) vivid, bright, brilliant. **7** (*immediato, efficace*) vivid, lively, true to life: *una descrizione –a* a vivid description. **8** (*rif. all'aria: pungente*) fresh, biting, sharp. **9** (*rif. al fuoco*) burning, blazing: *cuocere qc. a fuoco ~* to cook s.th. on a blazing fire. **10** (*rif. ad acqua: corrente*) running, flowing. **11** (*non smussato*) sharp: *spigolo ~* sharp corner. **12** (*rif. a sassi e sim.: non ricoperto di terra*) living: *roccia –a* living rock. **13** ⟨*epist*⟩ deep, hearty, warm, very best: *con i miei più –i ringraziamenti* with my deepest (*o* warmest) thanks; *~ rallegramenti* hearty congratulations. II *s.m.* **1** (*f.* -a) living person; *pl.* the living (*costr.pl.*). **2** (*carne viva*) living flesh. **3** ⟨*fig*⟩ (*punto essenziale*) heart, core, pith, essence: *entrare nel ~ della discussione* to get to the heart of the matter. **4** ⟨*fig*⟩ (*punto delicato*) quick, sore (*o* sensitive) spot, weak point. □ **al ~**: vivid, true to life: *ritrarre al ~* to paint true to life; *non c'era anima –a* there wasn't a living soul; **ardere ~** *qd.* to burn s.o. alive; *da ~ in his (o her)* lifetime, when he (*o* she) was alive; *non essere più tra i –i* to no longer be among the living; ⟨*fig*⟩ **farsi ~**: **1** to show up (*o* one's face), to turn (*o* pop) up; **2** (*dare notizie di sé*) to write (*o* call), to be heard from, to give news of o.s.: *non si è più fatto ~* we haven't heard anything further from him; *a –a forza* by force; ⟨*fig*⟩ **mangiarsi ~** *qd.* to eat s.o. alive, to rail (*o* let fly) at s.o.; *lo mangerei ~!* I could kill him!; *~ o morto* dead or alive; **nel ~ di** (*in mezzo a*) in the middle of; **pungere** *qd. nel*

~ to wound s.o. to the quick; **spese –e** out-of-pocket expenses; **tenere** *–a la conversazione* to keep the conversation going; ⟨*Tel,Rad*⟩ **trasmettere** *dal ~* to broadcast live; *~ e* **vegeto** hale and hearty, ⟨*fam*⟩ alive and kicking.

viziare *v.t.* (vizio, vizi) **1** (*educare male*) to spoil, to (over)indulge: *i genitori lo viziano* his parents spoil him; (*vezzeggiare*) to coddle, to pamper. **2** (*corrompere moralmente*) to lead astray, to corrupt, to deprave. **3** (*compromettere*) to vitiate, to compromise, to upset. **4** (*rif. ad aria*) to make stale (*o* impure, foul), to vitiate: *il fumo ha viziato l'aria della stanza* the smoke has made the air in the room foul. **5** ⟨*Dir*⟩ (*infirmare*) to vitiate, to invalidate: *un errore che vizia il contratto* an error that invalidates the contract. **viziarsi** *v.r.* **1** to become spoiled, to acquire bad habits (*o* ways). **2** (*corrompersi*) to be led astray, to become corrupted. **viziatamente** *avv.* defectively, imperfectly.

viziatello, **viziatino** *a.* spoilt, spoiled. **viziato** *a.* **1** spoilt, spoiled: *un ragazzo ~* a spoilt child. **2** (*corrotto*) corrupt, depraved. **3** (*rif. ad aria*) stale, foul, vitiated. **4** ⟨*Dir*⟩ vitiated, invalidated: *documento ~* invalidated document. **vizietto** *m.* bad habit, failing.

vizio *m.* **1** vice. **2** (*cattiva abitudine*) vice, bad habit: *il ~ del gioco* the vice of gambling; *il fumo è un ~* smoking is a bad habit; *ha il ~ di mangiarsi le unghie* he has the bad habit of biting his nails. **3** (*difetto, imperfezione*) fault, flaw, defect, imperfection: *~ di fabbricazione* manufacturing defect. **4** ⟨*Med*⟩ vice, vitium, imperfection, defect, malformation. **5** ⟨*Dir*⟩ vice, flaw, defect. □ ⟨*Dir*⟩ *~* **apparente** apparent defect; ⟨*Med*⟩ *~* **cardiaco** organic lesion of the heart, vitium cordis; ⟨*Dir*⟩ *~ di* **consenso** absence of assent (*o* consent); ⟨*Dir*⟩ *~ di* **forma** breach of procedure, procedural flaw; *~* **giuridico** defect of title, defective title; **levare a** *qd. il ~ di qc.* to cure s.o. of a bad habit; ⟨*Dir*⟩ *~* **occulto** hidden defect; ⟨*Med*⟩ *~* **organico** defect, vitium, organic flaw; **pieno** *di vizi* vicious, dissolute; (*rif. a cattive abitudini*) full of bad habits; ⟨*Dir*⟩ *~* **redibitorio** unsoundness, redhibitory (*o* principal) defect.

viziosamente *avv.* viciously. **vizioso** I *a.* **1** vicious, depraved, corrupt; (*avente cattive abitudini*) with bad habits. **2** (*da persona viziosa*) vicious, of vice: *vita –a* life of vice. **3** (*inesatto*) incorrect, erroneous. **4** ⟨*Dir*⟩ (*non valido*) vitiated, vicious, unlawful. II *s.m.* (*f.* -a) vicious person; (*depravato*) depraved person, pervert. □ ⟨*fig*⟩ *circolo ~* vicious circle.

vizzo *a.* **1** withered; (*appassito*) faded. **2** (*rif. alla pelle*) withered: *gote –e* withered cheeks.

v.le, **V.le** = *viale* avenue (*abbr.* Ave., Av.), boulevard (*abbr.* Blvd.).

V.M. = **1** *Vostra Maestà* Your Majesty. **2** *valor militare* military valour. **3** *Vostra Magnificenza* (*titolo di principi*) Your (Royal) Highness.

voc. = **1** ⟨*Gramm*⟩ *vocativo* vocative (*abbr.* voc., v.). **2** (*vocale*) vowel (*abbr.* v.).

vocabolarietto *m.* pocket-dictionary. **vocabolario** *m.* **1** dictionary: *~ inglese–italiano* English–Italian dictionary. **2** (*lessico*) vocabulary, lexicon: *arricchire il proprio ~* to add to one's vocabulary. □ ⟨*scherz*⟩ *questa parola non esiste nel mio ~* I don't use this word; *~ scolastico* school dictionary. **vocabolarista** *m./f.* (*lessicografo*) lexicographer, compiler of a dictionary. **vocabolo** *m.* word: *~ infantile* baby word.

vocale¹ *a.* **1** (*della voce*) vocal, voice–; (*parlato*) vocal, oral. **2** (*della vocale*) vowel–, vocalic. **3** ⟨*Mus*⟩ vocal: *musica ~* vocal music. **4** ⟨*Anat*⟩ vocal: *corde –i* vocal c(h)ords.

vocale² *f.* ⟨*Gramm*⟩ vowel. □ *~* **aperta** open vowel; *~* **atona** atonic (*o* unstressed) vowel; *~* **breve** short vowel; *~* **chiusa** closed vowel; *~* **lunga** long vowel; *~* **nasale** nasal vowel.

vocalico *a.* (*pl.* -ci) ⟨*Ling*⟩ vocalic, vowel–: *armonia –a* vowel harmony. **vocalismo** *m.* vocalism. **vocalista** *m./f.* vocalist. **vocalità** *f.* ⟨*Mus*⟩ vocality, vocal character. **vocalizzare** I *v.t.* ⟨*Ling*⟩ to vocalize, to voice. II *v.i.* (*aus.* avere) ⟨*Mus*⟩ to vocalize. **vocalizzarsi** *v.r.* ⟨*Ling*⟩ to

be vocalized. **vocalizzazione** *f.* ⟨*Ling,Mus*⟩ vocalization.
vocalizzo *m.* ⟨*Mus*⟩ **1** vocalization. **2** *pl.* (*fioriture*) embellishments *pl.*
vocativo I *a.* ⟨*Gramm*⟩ vocative: *forma –a* vocative form. II *s.m.* (*caso vocativo*) vocative (case).
vocazione *f.* **1** vocation, calling (*anche Rel.*): ~ *sacerdotale* calling to the priesthood. **2** (*inclinazione naturale*) inclination, bent, leaning, propensity: *avere ~ alla musica* to have a bent for music. □ *avere ~ a qc.* to have a bent for s.th., to be drawn to s.th.; (*esserci tagliato*) to be ⌜cut out for⌝ (*o good at*) s.th.; *senza ~* with no vocation for anything; (*senza inclinazione*) with no bent (*o feeling*) for anything.
voce *f.* **1** voice: *il timbro della ~* the tone of voice; (*rif. ad animali*) voice, cry, call: *la ~ del cane* the dog's cry. **2** (*suono di uno strumento musicale*) song, sound, voice: *la ~ del violino* the sound of the violin. **3** ⟨*estens*⟩ (*rumore, fragore*) sound, roar, rumble: *la ~ del mare* the roar of the sea. **4** ⟨*fig*⟩ (*richiamo, suggerimento*) voice, call: *la ~ della coscienza* the voice of conscience; *la ~ del dovere* the call of duty. **5** ⟨*fig*⟩ (*diceria*) rumour: *corre ~ che sarà destituito* ⌜rumour has it⌝ (*o it is rumoured*) that he will be dismissed; *sono –i che girano* it is just a rumour. **6** (*vocabolo*) word: *una ~ antiquata* an obsolete word. **7** (*lemma*) entry word, headword, main entry: *quante –i ha questo dizionario?* how many headwords are there in this dictionary? **8** (*elemento d'un elenco*) item, heading: *~ di un conto* item in a bill; *le –i di un catalogo* the headings in a catalogue; (*nel bilancio e sim.*) entry, item. **9** ⟨*esclam*⟩ speak up, louder. **10** ⟨*Gramm*⟩ (*forma verbale*) voice, form (of a verb). **11** ⟨*Mus*⟩ voice, (voice, melodic) part: *fuga a tre –i* three-part fugue, fugue for three voices. □ **a** ~ directly, personally, orally: *quando tornerai te lo dirò a ~* when you come back I'll tell you personally; ⟨*Mus*⟩ *a più –i* concerted, part–; ⟨*fig*⟩ *a una ~* with one voice, unanimously; **abbassare** *la ~* to lower one's voice; *~* **alta** high voice; *ad alta ~* aloud, out loud: *leggere ad alta ~* to read aloud; **alzare** *la ~*: 1 to raise one's voice; 2 ⟨*fig*⟩ = *fare la voce* **grossa**; ⟨*Mus*⟩ *~ di* **baritono** baritone voice; *~* **bassa** low voice; (*roca*) hoarse (*o gruff*) voice; *a ~ bassa* in a low voice, softly; ⟨*Mus*⟩ *~ di* **basso** bass (voice); *–i* **bianche** treble voices; *~ del* **bilancio** budget item (*o entry*); *avere ~ in* **capitolo**: 1 to have the right to vote; 2 ⟨*fig,scherz*⟩ (*far sentire il proprio parere*) to have a say in the matter; 3 (*avere autorità*) to carry weight: *a casa sua non ha ~ in capitolo* what he says at home ⌜carries no weight⌝ (*o counts for nothing*); ⟨*Mus*⟩ *~ di* **contralto** contralto voice; (*maschile*) alto voice; **coprire** *la ~ di qd.* to talk s.o. down; **dare** *sulla ~ a qd.* (*contraddirlo vivacemente*) to contradict s.o. heatedly; **darsi** *la ~* to pass the word round; ⟨*Mus*⟩ *~ di* **falsetto** falsetto (voice); *~* **femminile** woman's voice; *un fil di ~* a faint voice; *essere* **giù** *di ~* to be out of voice; *~ di* **gola** throaty voice (*anche Mus.*); *a* **gran** *~* in a loud voice; **gridare** *con quanta ~ si ha in corpo* to shout at the top of one's voice; *~* **grossa** (*rude*) gruff (*o rough*) voice; ⟨*fig*⟩ *fare la ~* **grossa** (*parlare in tono minaccioso*) to speak in a threatening tone; *~* **infantile** child's voice; *~* **maschile** man's voice; *a* **mezza** *~* in a low voice; ⟨*Mus*⟩ *coro a –i* **miste** mixed-voice choir; *il ragazzo sta* **mutando** *~* the boy's voice is breaking (*o changing*); *la ~ del* **padrone** his master's voice; *~* **pastosa** mellow voice; **perdere** *la ~* to lose one's voice; ⟨*Mus*⟩ *~ di* **petto** chest voice; ⟨*fig*⟩ *~* **piena** (*sonora*) full voice; *a piena ~* at the top (*o pitch*) of one's voice; *la ~ del* **popolo** the voice of the people, vox populi; *~* **roca** hoarse (*o gruff*) voice; ⟨*Mus*⟩ *~ di* **soprano** soprano voice; **sotto** *~* in a low voice, softly, in an undertone; **spiegare** *la ~* to sing with full voice; ⟨*Mus*⟩ *~ di* **testa** head voice. *Prov.: ~ di popolo, ~ di Dio* Vox populi.
vociare[1] *v.i.* (**vocio**, **voci**; *aus.* **avere**) **1** to talk at the top of one's voice, to shout, to bawl. **2** (*chiacchierare*) to talk, to gossip.
vociare[2] *m.* **1** loud talk(ing), shouting, bawling. **2** (*chiacchiere*) talk, gossip: *si è fatto un gran ~ su di te* there has been a lot of talk about you.
vociferare *v.i.* (**vocifero**; *aus.* **avere**) **1** to talk at the top

of one's voice, to shout. **2** ⟨*fig*⟩ (*mormorare*) to say, to spread (it) about: *si vocifera che* people say that, rumour has it that. **vociferatore** *m.* (*f.* **-trice**) ⟨*fig*⟩ (*chi sparge notizie*) spreader of gossip, gossipmonger. **vociferazione** *f.* **1** shouting, clamour, vociferation. **2** ⟨*fig*⟩ (*lo spargere voci*) spreading of gossip, rumouring. **vocio** *m.* **1** shouting. **2** (*rumore*) clamour, noise of voices.
vodka *f.* vodka.
vodù *m.* ⟨*Etnol*⟩ voodoo.
voga[1] *f.* ⟨*Mar*⟩ **1** rowing. **2** (*modo, colpo di remo*) stroke. □ *banco di ~* thwart; *capo ~* stroke oar.
voga[2] *f.* **1** (*usanza*) fashion. **2** (*lena, entusiasmo*) enthusiasm, keenness, will: *fare qc. con ~* to do s.th. enthusiastically (*o with a will*). □ *essere in ~* to be fashionable, to be in (*o the*) fashion, ⟨*fam*⟩ to be in; *molto in ~* very fashionable, ⟨*fam*⟩ the thing; *studiare con ~* to study hard; *tornare in ~* to come back (into fashion).
vogare *v.i.* (**vogo**, **voghi**; *aus.* **avere**) ⟨*Mar*⟩ (*remare*) to row, to oar. **vogata** *f.* **1** (*atto*) rowing; (*effetto*) row: *ho fatto una bella ~ sul lago* I had a pleasant row on the lake. **2** (*singola spinta*) stroke, pull. **vogatore** *m.* **1** (*f.* **-trice**) rower, oar, oarsman (*f* –woman). **2** ⟨*Sport*⟩ (*attrezzo*) rowing-machine.
voglia *f.* **1** (*desiderio*) wish, desire (*di* for): *levarsi la ~ di qc.* to satisfy one's wish for s.th.; (*appetito*) wish, desire, appetite. **2** ⟨*eufem*⟩ (*desiderio sessuale*) desire, lust. **3** (*capriccio*) fancy, whim, wish: *cavarsi tutte le –e* to indulge all one's fancies. **4** (*buona volontà*) will, desire, wish: *non ha molta ~ di lavorare* he has little will to work. **5** ⟨*pop*⟩ birth mark: *~ di fragola* strawberry birth mark. □ *avere ~ di qc.*: 1 (*desiderare qc.*) to want s.th., to feel like s.th., ⟨*fam*⟩ to fancy s.th.: *non ho ~ di uscire* I don't feel like going out; *avrei ~ di una birra* I ⌜should like⌝ (*o could do with*) some beer; *non ho ~ di scherzare* I don't feel like joking, I'm not in a joking mood; *ho ~ di dormire* I feel ⌜like a sleep⌝ (*o sleepy*); 2 (*bramare qc.*) to long for s.th., ⟨*fam*⟩ to be dying for s.th.: *ho una gran ~ di tornare in campagna* I'm longing to get back to the country; *di* **buona** *~*: 1 (*volentieri*) with a will, willingly, gladly, cheerfully: *mettersi di buona ~* to set to with a will; 2 (*di buon animo*) in a good mood; *di* **cattiva** *~* unwillingly, reluctantly; *fare qc.* **contro** *~* to do s.th. unwillingly (*o against one's will*); *il prosciutto* **mette** *~ di bere* ham makes one thirsty (*o want to drink*); ⟨*iperb*⟩ **morire** *dalla ~ di qc.* to be longing (*o dying*) for s.th.: *muoio dalla ~ di rivederti* I'm longing to see you again; **restare** *con la ~ in corpo* to be unsatisfied, to have an unsatisfied desire; **senza** *~* with no inclination (*o wish*); *far* **venire** *la ~ di far qc.* to make s.o. want to do s.th.: *questo profumino mi fa venir ~ di mangiare* this aroma makes me feel like eating; *m'è venuta la ~ di far quattro passi* I feel like going out for a walk; *mi viene ~ di ridere* I feel like laughing.
voglio → **volere**[1].
vogliosamente *avv.* (*con entusiasmo*) willingly, eagerly.
voglioso *a.* **1** capricious, full of fancies. **2** ⟨*lett*⟩ (*desideroso, bramoso*) desirous, longing; (*volenteroso*) willing, ready, eager.
voi *pron.pers.* **1** you, ⟨*lett*⟩ ye: *~ non ci andrete* you will not go; *~ sì che avete ragione* you are right. **2** (*oggetto*) you: *abbiamo scelto ~* we have chosen you. **3** (*preceduto da preposizione*) you: *uscirò con ~* I'll go out with you. **4** (*con valore impersonale*) you, one, we *pl: se ~ considerate che non ci vedevamo da tre anni* if you consider that we hadn't met for three years. **5** (*forma di cortesia*) you. □ *~ altri* → **voialtri**; *da ~*: 1 (*a casa vostra: stato*) with you, at your house; (*moto*) to your house (*o place*); 2 (*nel vostro paese*) in your country (*o parts*), where you live; 3 (*da soli*) by yourselves; *dare del ~ a qd.* to address s.o. using the second person plural (as a polite form).
voialtri (*o* **voi altri**) *pron.pers.m.pl.* you, you people (*o folks*); (*i rimanenti*) the rest of you.
voile *fr.* [vw'al] *m.* ⟨*Tess*⟩ voile.
voivoda *m.* ⟨*Stor*⟩ vaivode, voivode.
vol. = *volume* volume (*abbr.* vol.).
volano *m.* **1** shuttlecock; (*gioco*) badminton. **2** ⟨*tecn*⟩

fly-wheel.

volant *fr.* [-'lã] *m.* ⟨*Sart*⟩ flounce, frill, volant.

volante¹ **I** *a.* **1** flying: *pesce* ~ flying fish. **2** (*che si sposta rapidamente*) flying: *squadra* ~ flying squad. **3** ⟨*lett*⟩ (*rappresentato nell'atto di volare*) flying. **4** ⟨*Arald*⟩ volant. **II** *s.f.* (*anche squadra volante*) flying squad.

volante² *m.* **1** ⟨*Aut*⟩ steering wheel: *sedere al* ~ to sit at the wheel. **2** ⟨*Aer*⟩ control column (*o* stick), ⟨*fam*⟩ joystick. **3** ⟨*tecn*⟩ (*ruota*) handwheel; (*volano*) fly-wheel. □ *asso del* ~ ace (*o* crack) racing driver; *stare al* ~ to be at the wheel.

volantinaggio *m.* distribution of handbills. **volantinare** *v.t.* **1** to distribute handbills in; (*pubblicizzare mediante volantini*) to advertise through handbills. **2** ⟨*assol*⟩ to distribute handbills. **volantino** *m.* **1** leaflet, pamphlet, handbill: *distribuire -i* to hand out leaflets. **2** ⟨*Sart*⟩ flounce, frill.

volapük [-'pyk] *m.* ⟨*Ling*⟩ Volapük.

volare *v.i.* (volo; *aus.* avere/essere) **1** to fly (*anche Aer.*): *volano le rondini* the swallows are flying; *l'aereo volava a bassa quota* the plane was flying at low altitude; **2** ⟨*estens*⟩ (*rif. a corpi librati in aria*) to fly (off, away), to blow (off, away): *un colpo di vento fece* ~ *i fogli* a gust of wind made the papers fly away; *mi è volato il cappello* my hat ⌐flew off⌐ (*o* has blown away); (*rif. a oggetti scagliati*) to fly: *nella lite volarono sedie* chairs flew during the fight. **3** ⟨*fig*⟩ to rain, to fly: *volarono insulti* insults flew thick and fast. **4** ⟨*estens*⟩ (*cadere dall'alto*) to fall, to hurtle down, to plummet (down), to plunge down: *è volato* (giù) *dal sesto piano* he hurtled down from the sixth floor. **5** ⟨*iperb*⟩ (*sfrecciare, correre*) to speed (along), to fly (along), to shoot (along): *le automobili volavano sull'asfalto* the cars were speeding along the road; (*affrettarsi*) to fly, to rush, to tear: *volai alla stazione* I flew to the station. **6** ⟨*fig*⟩ (*dileguarsi, fuggire rapidamente*) to fly: *come vola il tempo* how time flies. **7** ⟨*fig*⟩ (*rif. a cose astratte*) to fly, to go, to turn, to spread: *le notizie volano* news spreads fast. □ ~ *in* **aria** to fly about (*o* through the air); (*saltare in aria, esplodere*) to go up, to explode; ⟨*fig*⟩ ~ *in* **cielo** (*morire*) to go to Heaven; **far** ~: 1 to fly: *far* ~ *l'aquilone* to fly a kite; 2 (*rif. al vento*) to blow away: *il vento mi ha fatto* ~ *il palloncino* the wind has blown my balloon away; *non si sente* ~ *una* **mosca** you could hear a ⌐pin drop⌐ (*o* leaf stir); *volarono* **pugni** *e schiaffi* there was ⌐an exchange of blows⌐ (*o* free-for-all); ~ *via* to fly off (*o* away).

volata *f.* **1** (*il volare*) flying, flight; (*tratto di volo*) flight. **2** ⟨*fig*⟩ flight: *una* ~ *lirica* a flight of lyricism. **3** ⟨*fig*⟩ (*corsa veloce*) rush, dash. **4** ⟨*Sport*⟩ sprint, spurt; (*volata finale*) final sprint. **5** ⟨*Sport*⟩ (*nel tennis*) volley; (*nel baseball*) fly ball. **6** ⟨*Artigl*⟩ muzzle. **7** ⟨*Minier*⟩ volley. □ ⟨*sport*⟩ *battere qd. in* ~ to beat s.o. in a final sprint; *di* ~ in a rush (*o* hurry), at top speed; *ci vado di* ~ I'll rush there; *fare una* ~ to fly; ⟨*fig*⟩ to rush, ⟨*fam*⟩ to fly, ⟨*fam*⟩ to dash; ⟨*Sport*⟩ ~ *finale* final sprint. **volatile I** *a.* **1** ⟨*rar*⟩ (*che vola*) flying, volatile. **2** ⟨*Chim*⟩ volatile: *sostanza* ~ volatile substance. **II** *s.m.* **1** ⟨*lett*⟩ volatile (*uccello*) bird. **2** *pl.* ⟨*collett*⟩ winged creatures *pl*; (*uccelli*) birds *pl*, ⟨*lett*⟩ fowl *pl*. **volatilità** *f.* ⟨*Chim*⟩ volatility.

volatilizzabile *a.* volatilizable. **volatilizzare I** *v.t.* to volatilize. **II** *v.i.* (*aus.* essere) to volatilize. **volatilizzarsi** *v.r.* **1** (*scomparire, rendersi irreperibile*) to vanish, ⟨*fam*⟩ to disappear into thin air: *sembrava che il ragazzo si fosse volatilizzato* it seemed as if the boy had disappeared into thin air. **2** ⟨*Chim*⟩ to volatilize. **volatilizzazione** *f.* ⟨*Chim,Fis*⟩ volatilization. **volatore** ⟨*rar*⟩ **I** *s.m.* (*f.* -trice) flier. **II** *a.* flying.

vol-au-vent *fr.* [vɔlo'vã] *m.* ⟨*Gastr*⟩ vol-au-vent.

volente *a.* (*che vuole*) wanting, wishing. □ ~ *o nolente* willy-nilly. **volentieri** *avv.* **1** willingly, gladly: *fare una cosa* ~ to do s.th. willingly. **2** (*nelle risposte*) certainly, with pleasure, I shall be glad to, I'd like (*o* love) to: *verrai?* – ~ will you come? – I'd love to. □ *ascolto* ~ *la musica classica* I like (*o* love, enjoy) listening to classical music; *assai* (o *ben*) ~ very gladly; *me ne occuperò* ~ I shall be glad to take care of it; ⟨*fam*⟩ *spesso e* ~ very often, only too often. **volentierissimo** *avv.* ⟨*enfat*⟩ with

great pleasure, most willingly.

volere¹ *v.t.* (*pr.ind.* voglio, vuoi, vuole, vogliamo, volete, vogliono; *impf.* volevo; *fut.* vorrò; *p.rem.* volli, volesti, volle, volemmo, voleste, vollero; *pr.cong.* voglia, vogliamo, vogliate, vogliano; *impf.cong.* volessi; *p.pr.* volente; *p.p.* voluto; *ger.* volendo; when *volere* is used as a modal verb it generally takes the auxiliary required by the verb it is used with) **1** to want, to wish, (*in formule di cortesia*) to like: *vogliamo fatti e non parole* we want actions, not words; *non voglio che ti comporti così* I don't want you to behave like that; *vorrei andare con lui* I should like to go with him; *vuoi che ce ne andiamo?* do you want us to go?; *volle sapere tutta la verità* he wanted to know the whole truth; *non sai neanche tu cosa vuoi* you don't know yourself what you want. **2** (*desiderare intensamente*) to want, to long, (*in formule di cortesia*) to like: *suo padre lo vuole medico* his father wants him to become a doctor; *vorrei un po' di tranquillità* I should like a bit of peace; (*esigere*) will, to insist on: *voglio essere ubbidito* I will be obeyed; *lo volle avere per forza* he would have it; *mi vorrebbero con loro per qualche giorno* they insist on me staying with them for a few days; (*per esprimere un desiderio irraggiungibile o non raggiunto*) to wish [*cong*]: *vorrei essere ricco* I wish I were rich; *la vorrebbe più intelligente* he wished she were more intelligent; *vorrei che mi scrivesse* I wish he would write to me; *avrei voluto esserti vicino* I should have liked to be with you; (*desiderare, preferire*) to like, to want, to please: *lasciagli fare ciò che vuole* let him do ⌐what he likes⌐ (*o* as he pleases); *se vuoi possiamo fare due passi* if you like we can take a stroll; *fa' come vuoi* do as you like; *possiamo incontrarci al circolo se vuoi* we can meet at the club if you like; *come volete* just as you like. **3** (*avere intenzione di*) to mean, to be going to, to want, to intend: *che cosa vuoi fare da grande?* what do you want to do when you grow up?; *volevo telefonarti ma poi me ne sono dimenticato* I meant to phone you but then I forgot; *voleva comprare un registratore, ma poi ha cambiato idea* he intended (*o* was going) to buy a tape recorder, but then he changed his mind. **4** (*essere disposto a*) will, to be willing, to be inclined, to want: *vuoi fare due passi con me?* will you come for a walk with me?; *questo ragazzo non vuole studiare* this boy (just) won't study; *non voleva aiutarci* he wouldn't help us. **5** (*risolversi, decidersi, anche di cose o animali; specialmente in frasi negative*), ⟨*scherz*⟩ to refuse: *oggi questo motore non vuole funzionare* this engine won't (*o* refuses to) go today; *stanotte il cane non voleva tacere* the dog wouldn't stop barking last night. **6** (*richiedere, pretendere*) to want, to expect: *vuoi troppo da questo ragazzo* you expect too much of this child; *si può sapere che cosa vuoi da me?* might I know what you want of me? **7** (*chiedere un determinato prezzo o compenso*) to want, to charge, to ask: *quanto vuoi per questo anello?* how much do you want for this ring?; *quanto volete per quella macchina?* what are you asking for that car? **8** (*cercare di una persona*) to want, to look for: *ti vuole tuo padre* your father wants you; *chi volete?* who are you looking for? **9** (*comandare, stabilire*) to will, to decree: *Iddio lo vuole* God wills it, it is God's will; *il destino ha voluto che morisse giovane* ⌐fate willed that he should⌐ (*o* he was fated to) die young. **10** (*in formule di cortesia*) to want, will: *vuoi ancora un po' di torta?* ⌐do you want⌐ (*o* will you have, would you like) some more cake?; *non vuole accomodarsi?* won't you sit down?; *vuoi prestarmi mille lire?* will you lend me a thousand lire?; *vorresti essere così gentile da passarmi il sale?* would you be so kind as to pass me the salt?; (*nell'offrirsi di fare qc.*) shall: *vuoi ch'io apra la finestra?* shall I open the window? **11** (*necessitare, aver bisogno di*) to need, to require, to want: *un malato che vuole continua assistenza* a patient who needs constant care. **12** ⟨*Gramm*⟩ (*richiedere, reggere*) to take: *una preposizione che vuole il dativo* a preposition that takes the dative. **13** ⟨*assol*⟩ to wish, to want: *chi vuole esca* whoever wishes may go out, whoever wants to go out may do so. **14** (*permettere, consentire*) to let, to allow, to say yes: *se la mamma vuole, ti accompagnerò al cinema* if Mummy lets me I'll go with you to the cinema.

15 (*ritenere, credere*) to think, to hold: *vuoi che non ci sia nessuno disposto ad aiutarlo?* do you think there isn't anyone who would help him?; (*tramandare*) to say, to state, to have it: *come vuole la leggenda* legend has it that. **16** (*essere imminente, probabile*) to be going to, to look (like): *vuol piovere* it looks like rain; *sembra che il tempo voglia rimettersi* it looks as if the weather is going to clear up. □ *neanche* **a** ~ not even if you try (*o* want to): *se fai come ti ho detto, non puoi sbagliare neanche a* ~ if you do as I've told you, you can't go wrong even if you try; *ci vuole ben* **altro** it would take (a lot) more than that; ~ **bene** *a qd.*: 1 (*amare*) to love s.o.: *gli vuoi bene come a un fratello* he loves him ⌐as he would⌐ (*o* like) a brother; *si vogliono molto bene* they love e.o. dearly; 2 (*avere affetto per qd.*) to be fond of s.o.: *tutti gli vogliono bene* everyone is fond of him, he is generally well–liked; *farsi ben* ~ *da qd.* to win s.o.'s favour (*o* esteem), to get into s.o.'s good books; ⟨*enfat*⟩ **che** *vuoi* (*o* *vuole, volete*)! (*introducendo una scusa o giustificazione*) there it is, there you are, well, *a volte non si traduce: che vuole, avevo bisogno di denaro e ho accettato questo lavoro* there it is, I needed money so I took this job; *che volete, non sempre uno riesce a dominarsi* well, one can't always control o.s.; *che vuoi che ti dica?* what can I say?; **come** *vuoi che sia già pronto?* how do you expect it to be ready so soon?; *Dio voglia* (*o volesse*) let's hope (to goodness), God grant it; *volesse Dio che* would to God that; *se Dio vuole*: 1 (*in espressioni di fiducia*) God willing, please God: *forse adesso andrà meglio, se Dio vuole* maybe things will go better now, God willing; 2 (*in espressioni di ringraziamento*) thank God (*o* heavens): *se Dio vuole, ce l'abbiamo fatta* thank God, we've made it; *Dio non voglia* (*scongiurando*) heaven (*o* God) forbid; *come Dio volle* (*finalmente*) at last, finally, in the end: *come Dio volle, arrivò il giorno del matrimonio* at last the day of the wedding came; *voler* **dire**: 1 (*intendere*) to mean, ⟨*fam*⟩ to get at: *che cosa vorresti dire con ciò?* what do you mean by that?; 2 (*anzi, per meglio dire*) to mean, or rather, that is to say: *l'ho visto ieri, voglio dire l'altro ieri* I saw him yesterday, I mean the day before yesterday; 3 (*significare*) to mean, to signify, to be the meaning of: *che cosa vuol dire questa parola?* what does this word mean?, what's the meaning of this word?; *cosa vogliono dire queste facce lunghe?* what's the meaning of these long faces?; 4 (*importare, contare*) to mean, to be important, to count for: *vuol dire molto conoscere le lingue* a knowledge of languages is very important; *volevo ben dire* I knew (it), I was sure, as was to be expected: *è di nuovo senza un soldo, volevo ben dire* as was to be expected, he's penniless again; ~ **male** *a qd.* to dislike s.o.; ~ **piuttosto** (*preferire*) to prefer, would rather: *voglio telefonargli piuttosto che scrivergli* I would rather phone him than write to him; **qui** *ti voglio* now let's see what you ⌐can do⌐ (*o* are worth); *vuoi* **sapere** *una cosa?* you know something?; *non vorrei sbagliarmi* I hope I'm not wrong; **senza** ~ (*involontariamente*) accidentally, without meaning to, unintentionally; *scusami, l'ho fatto senza* ~ I'm sorry, ⌐I didn't mean to do it⌐ (*o* it was an accident); *vuoi* **vedere** *che* I bet you that; ⟨*fam*⟩ ~ *o* **volare** (*per amore o per forza*) whether you like it or not, willy–nilly. *Prov.:* ~ *è* **potere** where there's a will there's a way; *chi troppo vuole, nulla stringe* grasp all, lose all. ‖ *vuoi ... vuoi* (*sia ... sia*) both ... and: *riesce bene in tutto, vuoi nella pittura vuoi nella scultura* he does well all round, both in painting and in sculpture; *andiamo al cinema, vuoi?* let's go to a movie, shall we?; *volendo sei ancora in tempo* if you really want to, there's still time; *volerci, volercene:* 1 (*essere necessario, occorrere*) to need (*costr. pers.*), to want (*costr. pers.*), to take (*costr. pers. o impers.*), to be necessary (*costr. impers.*): *per un vestito ci vogliono tre metri di stoffa* you need three metres of cloth for a suit; *ci vuole un bel coraggio a dire cose simili* it takes some nerve to say such things; 2 (*rif. al tempo*) to take (*costr. pers. o impers.*): *ci vorrà molto tempo per finire?* will it (*o* you) take long to finish?; *c'è voluto poco a capirlo* it didn't take much effort to understand him; *ci vuole pazienza* one must be patient; *ce n'è voluto!* it took some doing (*o* effort, time)!, that was quite a job!; *chi la vuol cotta, chi la vuol cruda* one man's

meat is another man's poison; *volerne a qd.* (*serbargli rancore*) to have a grudge against s.o., to hold ⌐s.th. against s.o.⌐, to bear s.o. ill–will, ⟨*fam*⟩ to have it in for s.o.: *non volermene, non intendevo offenderti* don't hold it against me, I didn't mean to offend you.

volere[2] *m.* (*volontà*) will, wish(es): *sia fatto il* ~ *di Dio* God's will be done. □ *fare qc. di buon* ~ to do s.th. with a will.

Volfango *N.pr.m.* Wolfgang.

volframio *m.* ⟨*Chim*⟩ wolfram.

Volga *N.pr.m.* ⟨*Geog*⟩ Volga.

volgare **I** *a.* **1** (*popolare*) popular, of the (common) people: *usi* –*i* popular customs. **2** (*comune*) common(place), ordinary: *un* ~ *ladro* a common thief. **3** (*grossolano: rif. a persone*) vulgar, common, unrefined: *è una ragazza bella, ma* ~ she's a pretty girl, but she's common; (*rif. a cose*) vulgar, coarse: *un parlare* ~ vulgar talk. **4** ⟨*Ling*⟩ vulgar: *latino* ~ Vulgar Latin. **II** *s.m.* ⟨*Ling*⟩ vernacular; (*italiano volgare*) (vulgar) Italian. **volgarità** *f.* **1** vulgarity, coarseness, commonness. **2** (*atto, parole*) vulgarity. □ *dire* ~ to use foul language. **volgarizzamento** *m.* **1** (*traduzione in volgare*) translation into the vernacular. **2** (*opera volgarizzata*) translation (in the vernacular). **volgarizzare** *v.t.* **1** to popularize, to present in popular form, ⌐to vulgarize. **2** (*tradurre: in volgare*) to translate into the vernacular; (*in italiano volgare*) to translate into Italian. **volgarizzatore** *m.* (*f.* **-trice**) **1** (*divulgatore*) popularizer. **2** (*traduttore: in volgare*) translator into the vernacular; (*in italiano volgare*) translator into Italian. **volgarizzazione** *f.* **1** (*divulgazione*) popularization, spreading. **2** → volgarizzamento. **volgarmente** *avv.* **1** popularly. **2** (*comunemente*) commonly: *una malattia chiamata* ~ a disease which is commonly called. **3** (*bassamente*) vulgarly, coarsely, commonly.

volgere[1] *v.* (*volgo, volgi; volsi, volto*) **I** *v.t.* **1** (*voltare*) to turn: ~ *le spalle a qd.* to turn one's back on s.o. **2** (*rivolgere*) to turn, to bend (*anche fig.*): ~ *lo sguardo verso qd.* to ⌐turn one's eyes⌐ (*o* bend one's gaze) on s.o.; ~ *il pensiero a qc.* to turn one's thoughts to s.th. **3** (*dirigere*) to direct, to turn, to head: ~ *i passi verso un luogo* to direct one's steps towards a place, to head for a place. **4** ⟨*fig*⟩ (*dedicare*) to devote, to dedicate: ~ *le proprie cure a qd.* to devote one's attentions to s.o. **5** ⟨*fig*⟩ (*mutare*) to turn, to change: ~ *ogni cosa in scherzo* to turn everything into a joke. **6** ⟨*lett*⟩ (*girare*) to turn. **II** *v.i.* (*aus.* avere) **1** to turn, to bend: *la strada volge a destra* the road bends to the right. **2** (*approssimarsi*) to be near (*costr. pers. o impers.*) to near, to draw (near): *la mia fatica volge al termine* my efforts are ⌐nearly over⌐ (*o* nearing their end). **3** (*tendere*) to get, to become, to tend, to take a turn: *il tempo volge al brutto* the weather is ⌐getting worse⌐ (*o* breaking); (*rif. a colori*) to be somewhat (*o* rather), to verge: ~ *al rosso* to verge on red. **volgersi** *v.r.* **1** to turn: *volgersi indietro* to turn round, to look back (over one's shoulder). **2** ⟨*fig*⟩ (*indirizzarsi*) to go in (*a* for), to devote o.s. (to), to take up (s.th.): *volgersi agli studi scientifici* to go in for science. **3** ⟨*fig*⟩ (*riversarsi*) to be turned (*o* directed) (*contro* against), to centre (on): *il loro odio si volse contro di lui* their hatred was directed against him. □ ~ *al* **peggio** to worsen, to get worse, to take a turn for the worse; ~ *in* **ridicolo** to turn into a joke; ~ *al* **termine** to be near the end; *il sole volge al* **tramonto** the sun is about to set, it is nearly sunset; ~ *qc. a proprio* **vantaggio** to turn s.th. to one's own advantage.

volgere[2] *m.* passing: *col* ~ *degli anni* with the passing of the years.

volgo *m.* (*pl.* **-ghi**) ⟨*lett*⟩ **1** (*popolo*) (common) people. **2** ⟨*spreg*⟩ common people (*o* herd), plebs *pl*, masses *pl*. □ *il* ~ *profano* the common herd.

voliera *f.* aviary.

volitivo **I** *a.* **1** (*rif. a persona*) that has great will power, strong–willed: *persona* –*a* strong–willed person. **2** (*della volontà*) volitional, volitive (*anche Filos.*): *atto* ~ volitive action. **3** (*che denota volontà*) volitive. **II** *s.m.* (*f.* **-a**) strong–willed person. **volizione** *f.* ⟨*Filos*⟩ volition.

volli → volere[1].

volo *m.* **1** (*capacità di volare*) power of flight. **2** (*azione*) flying, flight: *il ~ di un uccello* the flight of a bird. **3** ⟨*Aer*⟩ flight, flying; (*viaggio aereo*) flight. **4** (*traiettoria*) flight. **5** (*caduta*) fall: *un ~ dal quinto piano* a fall from the fifth floor. **6** ⟨*fig*⟩ flight: *-i della fantasia* flights of fancy. **7** ⟨*fig*⟩ (*salto*) short visit, run, dash. □ *~ acrobatico* stunt flying; ⟨*Aer*⟩ *~ d'addestramento* practice (*o* training) flight; ⟨*fig*⟩ *al ~* at once, ⟨*fam*⟩ straight off the mark: *ha capito al ~* he understood at once; *colpire la palla al ~* to hit the ball ⌐in mid-air⌐ (*o* on the volley); *alzarsi in ~* to take wing, to fly up; (*rif. ad aerei*) to take off; *~ ascendente* climb; *atto al ~* airworthy; *~ in* **cabrata** tail-down flight, pull-up; *~ cieco* instrument flight; *~ di* **collaudo** test flight; **di** *~* (*di sfuggita*) quickly, hastily, fleetingly; *~* **diretto** non-stop flight; *fare un ~*: 1 to fly (*anche fig.*); 2 (*cadere*) to fall, to plummet (*o* hurtle) down; 3 ⟨*fig*⟩ (*fare una scappata*) to rush, ⟨*fam*⟩ to fly, ⟨*fam*⟩ to dash; *~* **internazionale** international flight; *~* **librato** glide; *~ di* **linea** scheduled flight; *~ a* **motore** powered flight; *~* **movimento** *dei -i* aircraft movement; *~* **nazionale** domestic flight; *~* **notturno** night flight; *un'ora di ~* an hour's flight, an hour by air; *~* **orizzontale** level flight; *~ in* **picchiata** nose dive; ⟨*fig*⟩ *~* **pindarico** discursive digression; **prendere** *il ~*: 1 to take wing, to fly up (*o* off); 2 ⟨*fig*⟩ to disappear suddenly, to vanish into thin air; **primo** *~* maiden flight; *~ a bassa* **quota** flying low (*o* at a low altitude); *~ in* **quota** altitude flight (*o* flying); *~* **radente** (*o* **rasoterra**) flying extremely low, ⟨*fam*⟩ hedge hopping; *~ senza* **scalo** non-stop flight; *~* **spaziale** space flight; *~* **speciale** non-scheduled flight; *~* **sperimentale** experimental flight; **spiccare** *il ~* to take wing, to fly off; *~* **strumentale** instrument (*o* blind) flight; *~ intorno alla* **terra** round-the-world flight; *~ d'uccello* bird's eye view; *a ~ d'uccello* (*dall'alto*) from on high, from above; ⟨*fig*⟩ (*superficialmente*) fast, quick, hasty; ⟨*Sport*⟩ *~ a* **vela** sailplaning, gliding; *~* **verticale** vertical flight; *~ a* **vista** contact flying (*o* flight), pilotage.

volontà *f.* **1** will: *una ~ di ferro* an iron will. **2** (*volere*) will, wish, desire: *di mia spontanea ~* of my own will. **3** ⟨*concr*⟩ (*ciò che si vuole*) will: *sia fatta la ~ di Dio* God's will be done. **4** *pl.* (*disposizioni testamentarie*) last will (and testament), last wishes *pl.* □ *a ~* as (much as) one wishes (*o* pleases); **buona** *~* willingness, (good)will: *mostrare buona ~* to display good will, ⟨*fam*⟩ to show one is willing; **contro** *la sua ~* against his will; *~* **espressa** express wish; *fare la ~ di qd.* to do as s.o. wishes; ⟨*Rel*⟩ *sia fatta la tua ~!* Thy will be done!; **forza** *di ~* will power, strength of will; **mancanza** *di ~* want of will, weakness of purpose; *di propria ~* of one's own free will; **senza** *~* lacking will, having no will power; ⟨*Dir*⟩ **ultima** *~* last will and testament.

volontariamente *avv.* voluntarily, of one's own (free) will. **volontariato** *m.* **1** voluntary unpaid apprenticeship, volunteering; (*periodo*) (period of) voluntary apprenticeship. **2** ⟨*Mil*⟩ (*servizio*) voluntary service; (*periodo*) period of voluntary service. **volontario I** *a.* **1** voluntary: *atto ~* voluntary action. **2** (*spontaneo*) voluntary, free, spontaneous: *rinuncia -a* voluntary withdrawal. **3** (*fatto, costituito da volontari*) volunteer: *truppe -e* volunteer troops. **II** *s.m.* (*f.* **-a**) **1** volunteer. **2** (*negli impieghi e uffici*) unpaid official. □ *~ del* **sangue** (*donatore*) blood-donor. **volontarismo** *m.* ⟨*Filos*⟩ voluntarism. **volontaristico** *a.* (*pl.* **-ci**) ⟨*Filos*⟩ voluntaristic.

volonterosamente *avv.* willingly, with a will, readily. **volonteroso I** *a.* willing, eager, keen: *uno studente ~* a willing student. **II** *s.m.* (*f.* **-a**) willing (*o* keen) person.

volovelismo *m.* ⟨*Sport*⟩ sailplaning, gliding. **volovelista** *m./f.* sailplaner, glider. **volovelistico** *a.* (*pl.* **-ci**) sailplaning-, gliding-.

volpacchiotto *m.* (*f.* **-a**) **1** (*volpe giovane*) young fox. **2** ⟨*fig*⟩ (*persona scaltra*) sly fellow, ⟨*fig*⟩ fox. **volpaia** *f.* ⟨*non com*⟩ (*tana di volpe*) foxes' den.

volpare *v.i.* (*volpo*; *aus.* essere/avere) ⟨*Agr*⟩ to be(come) infected with smut. **volpato** *a.* smutty, mildewed: *grano ~* smutty corn.

volpe *f.* **1** ⟨*Zool*⟩ fox (*f* vixen). **2** (*pelliccia*) fox fur: *un*

collo di ~ a fox collar. **3** ⟨*fig*⟩ (*persona astuta*) fox, crafty (*o* cunning) fellow, ⟨*fam*⟩ slyboots. **4** ⟨*Agr*⟩ stinking smut (*o* wheat), mildew, bunt. □ *~* **argentata** silver (*o* black) fox; *~* **azzurra** blue fox; **caccia** *alla ~* fox-hunt; (*lo sport*) fox-hunting; *~ del* **deserto** fennec, desert fox; *di ~* fox-; *~* **rossa** red fox; ⟨*fig*⟩ *una* **vecchia** *~* a sly old fox, a crafty fellow.

volpino I *a.* **1** (*di volpe*) fox's: *muso ~* fox's muzzle. **2** ⟨*fig*⟩ (*scaltro*) foxy, wily, cunning, crafty, sly. **II** *s.m.* (*f.* **-a**) (*cane volpino*) Pomeranian dog.

volpoca *f.* ⟨*Ornit*⟩ sheldrake, sheld fowl.

volpone *m.* (*f.* **-a**) ⟨*fig*⟩ (old) fox, crafty person: *sei un vecchio ~* you're an old fox.

volsco *a./s.* (*pl.* **-ci**) ⟨*Stor*⟩ **I** *a.* Volscian. **II** *s.m.* (*f.* **-a**) Volscian; *pl.* Volsci *pl*, Volscians *pl.*

volt *m.* ⟨*El*⟩ volt.

volta¹ *f.* **1** (*turno, vece*) turn: *questa è la ~ tua* it's your turn. **2** (*momento*) time: *era la prima ~ che lo vedevo* it was the first time I saw him; *tre -e* three times; *due -e due fa quattro* two times two is four, two twos are four. **3** (*circostanza*) time: *ti ricordi quella ~ a Milano?* do you remember that time in Milan? **4** ⟨*Tip*⟩ reverse (side), verso, other side, back. **5** ⟨*Aer*⟩ loop. **6** ⟨*Ginn*⟩ circle. □ *a mia ~* in (my) turn; **alla** *~* at a time: *pochi alla ~* a few at a time; *alla ~ di* for, in the direction of, towards: *sono partiti alla ~ di Venezia* they have left for Venice; *alle -e* at times; *un'altra ~* another time; (*ancora una volta*) again, once more; *questa è la ~* **buona** this is it; ⟨*fam*⟩ *una buona ~* (*finalmente*) once and for all; ⟨*Comm*⟩ *a ~ di* **corriere** by return of post (*o* mail): *risposta a ~ di corriere* reply by return of post; ⟨*fam*⟩ *il cervello gli ha* **dato** *di ~* (*è impazzito*) he has gone out of his mind; *di ~ in ~* from time to time; **due** *-e* twice; **gran** *~*: 1 ⟨*Aer*⟩ loop(ing); 2 ⟨*Ginn*⟩ giant circle; ⟨*iperb*⟩ **mille** *~* hundreds of times, countless times: *te l'ho detto mille -e* I've told you hundreds of times; **molte** *-e* many times; **ogni** *~* **che** (*ogni qualvolta*) every time (that); **per** *~* at a time: *venite qua due per ~* come here ⌐two at a time⌐ (*o* in twos); *un po' per ~* a little at a time, bit by bit; *uno per ~* one at a time; (*a turno*) in turns; **più** *-e* several times; *il più delle -e* most times, usually; **poche** *-e* seldom, not often; *la* **prossima** *~* the next time; **quante** *-e?* how many times?, how often?; **quella** *~* that time; *quella ~ che* the time that; *la ~* **scorsa** last time; **tre** *-e*: 1 (*rafforzativo dell'aggettivo*) very, too: *essere tre -e buono* to be too good; 2 (*con aggettivi negativi*) utterly, very, only too: *tre -e stupido* utterly stupid; *per l'*ultima *~* for the last time; **una** *~*: 1 once: *una ~ all'anno* once a year; 2 (*prima, in un tempo passato*) once: *una ~ queste cose non succedevano* these things didn't use to happen once; 3 (*nelle fiabe*) once upon a time: *c'era una ~ un re* once upon a time there was a king; *tutto in una ~* all in one go; *una ~ per* **sempre** (*o* tutte) once and for all; *non sei più quello d'una ~* you are not ⌐your former self⌐ (*o* what you used to be); *ancora una ~* once again, once more; *una ~ o l'altra* one of these days, sooner or later; *non una* (*sola*) not once; ⟨*fam*⟩ *una ~* **che**: 1 (*temporale*) once: *una ~ che ci sarai riuscito, tutto sarà facile* once you have succeeded everything will be smooth sailing; 2 (*causale*) now: *una ~ che lo sai, non me lo chiedere più* now that you know, don't ask me again.

volta² *f.* **1** ⟨*Arch*⟩ vault: *la ~ della grotta* the vault of the grotto. **2** ⟨*Anat*⟩ vault. □ *a ~* vaulted: *tomba a ~* vaulted tomb; *~* **acustica** acoustic vault; ⟨*Arch*⟩ *~ a* **botte** barrel vault; *~ a* **cassettoni** coffered vault; *~* **celeste** vault of heaven; **chiave** *di ~* keystone (*anche fig.*); ⟨*Arch*⟩ *~ a* **costoloni** ribbed vault; *~ a* **crociera** cross vault; *~ a* **cupola** domed vault; ⟨*Arch*⟩ *~* **nervata** (*o* con nervature) ribbed vault; ⟨*Anat*⟩ *~* **palatina** palatal arch; *~* **sferica** spherical vault; *~ a* **vela** domical vault; *~ a* **ventaglio** fan(tail) vault.

Volta *N.pr.m.* ⟨*Geog*⟩: *Alto ~* Upper Volta.

voltabile *a.* ⟨*non com*⟩ turnable.

volta|faccia *m.inv.* **1** about-face, volte-face, turn(ing) round. **2** ⟨*fig*⟩ volte-face, about-face: *fare un ~* to perform a volte-face. **~fieno** *m.inv.* ⟨*Agr*⟩ (hay) tedder. **~gabbana** *m./f.inv.* weathercock, fickle person, turncoat.

voltaggio *m.* ⟨*El*⟩ voltage.

voltaico[1] *a.* (*pl.* -ci) ⟨*El*⟩ voltaic.

voltaico[2] *a.* (*pl.* -ci) ⟨*Ling*⟩ Voltaic.

voltametro *m.* ⟨*El*⟩ voltameter. **voltampere** [–ā'pɛ:r] *m.inv.* ⟨*El*⟩ volt–ampere. **voltamperometro** *m.* voltameter. **voltamperora** *m.* voltampere–hour. **voltamperorametro** *m.* voltampere–hourmeter.

voltare *v.* (**volto**) **I** *v.t.* **1** (*volgere*) to turn: ~ *il viso verso sinistra* to turn one's face to the left; (*rigirare*) to turn round: ~ *la barca* to turn the boat round. **2** (*dirigere*) to turn, to bend, to direct, to set: ~ *le armi contro i propri capi* to turn one's arms against one's own leaders. **3** (*girare*) to turn: ~ *la chiave nella toppa* to turn the key in the lock; (*rivoltare*) to turn (over): ~ *la pagina* to turn over the page. **4** (*oltrepassare, girare*) to turn: ~ *l'angolo* to turn (*o* round) the corner. **II** *v.i.* (*aus.* **avere**) (*mutare direzione*) to turn: *al semaforo volta a sinistra* turn left at the traffic lights; *la strada volta a destra* the road turns right. **voltarsi** *v.r.* to turn: *si voltò dall'altra parte* he turned the other way; (*rigirarsi, girarsi completamente*) to turn round: *voltati!* turn round! □ ⟨*fig*⟩ ~ **casacca** to be a turncoat, to change sides; *volta* **pagina** please turn over, P.T.O.; ⟨*fam*⟩ *change the subject*; ~ *la* **prua** *verso il largo* to stand out to sea; *voltarsi e* **rivoltarsi**: to toss and turn; ⟨*fig*⟩ *non* **sapere** *dove voltarsi* not to know who to turn to (*o* where to turn); *scusi se Le volto le* **spalle** excuse me for turning my back to you; ⟨*fig*⟩ ~ *le* **spalle** *a* to turn one's back on; *il tempo volta al brutto* the weather is breaking; *il* **vento** *volta* the wind is shifting; *il* **vino** *ha voltato* the wine has turned (*o* gone) sour.

voltastomaco *m.inv.* ⟨*fam*⟩ **1** (*nausea*) nausea. **2** (*cosa nauseante*) nauseating thing. **3** ⟨*fig*⟩ (*ripugnanza, ribrezzo*) repugnance, disgust. □ *dare* (*o* *far venire*) *il* ~ *a qd.* to make s.o. feel sick, to nauseate s.o. (*anche fig.*). **voltata** *f.* **1** (*voltarsi*) turn(ing). **2** (*rif. a veicoli*) turn. **3** (*svolta*) turning; (*curva*) bend, curve: *una* ~ *molto pericolosa* a very dangerous curve. **4** (*il girare dall'altra parte*) turning over. □ *fare una* ~ to (make a) turn. **voltato** *a.* turned.

voltavite *m.inv.* screwdriver.

volteggiare *v.i.* (**volteggio, volteggi**; *aus.* **avere**) **1** to circle (*anche Aer.*): *l'aquila volteggiava nel cielo* the eagle circled in the sky. **2** (*muoversi cambiando continuamente direzione*) to turn here and there, to zigzag. **3** ⟨*Equit*⟩ to do trick riding (*o* acrobatic riding). **4** ⟨*Ginn*⟩ to vault; (*nella ginnastica artistica*) to perform acrobatics. **volteggiatore** *m.* (*f.* -**trice**) **1** ⟨*Equit*⟩ trick rider, acrobatic rider. **2** ⟨*Ginn*⟩ vaulter; (*nella ginnastica artistica*) acrobat. **volteggio** *m.* **1** ⟨*Equit*⟩ trick riding. **2** ⟨*Ginn*⟩ vault; (*nella ginnastica artistica*) acrobatics *pl.* **3** ⟨*Aer*⟩ turning over.

volt-elettrone *m.* ⟨*Fis*⟩ electron–volt.

volterrana *f.* **1** ⟨*Arch*⟩ vault (built with bricks laid flat). **2** ⟨*Edil*⟩ (*pignatta*) large perforated block.

volterriano I *a.* Voltaire's, Voltairian, of Voltaire. **II** *s.m.* (*f.* -**a**) Voltairean, Voltairian.

voltmetro *m.* ⟨*El*⟩ voltmeter.

volto[1] *m.* **1** (*viso*) face: *aver un bel* ~ to have a pretty face. **2** ⟨*fig*⟩ (*natura, carattere*) face, nature: *rivelare il proprio vero* ~ to show one's true face. **3** ⟨*fig*⟩ (*aspetto*) appearance, aspect.

volto[2] → **volgere**[1].

voltolare *v.t.* (**voltolo**) to roll over and over: ~ *un macigno* to roll a boulder over and over. **voltolarsi** *v.r.* to roll about (*o* over and over): *il cane si voltolava sull'erba* the dog was rolling about in the grass. **voltolino** *m.* ⟨*Ornit*⟩ spotted crake (*o* rail).

voltometro → **voltmetro**.

voltura *f.* **1** (*rif. a registri catastali*) registration, transcription. **2** (*rif. a servizi pubblici*) transfer: ~ *del telefono* transfer of the telephone (service). **3** ⟨*Econ*⟩ (*operazione di trasferimento*) transfer (from one account to another).

volubile *a.* **1** (*incostante*) inconstant, fickle: *avere un carattere* ~ to be inconstant. **2** (*che può cambiare*) changeable, variable: *tempo* ~ changeable (*o* unsettled) weather. **3** ⟨*Bot*⟩ voluble, twining. **volubilità** *f.*

inconstancy, fickleness. **volubilmente** *avv.* inconstantly, in a fickle way.

volume *m.* **1** ⟨*Geom*⟩ volume: *calcolare il* ~ *di un solido* to calculate the volume of a solid. **2** (*mole*) size, proportions *pl,* dimensions *pl,* volume. **3** (*quantità*) volume, amount, extent, entity: *il* ~ *degli affari* the volume of business. **4** ⟨*Acu,Rad*⟩ (*intensità sonora*) volume: *regolare il* ~ to adjust the volume. **5** ⟨*Edit*⟩ volume: *un'opera in dodici* -*i* a work in twelve volumes, a twelve–volume work. □ *abbassare il* ~ *della radio* to turn down (the volume of) the radio; ~ *d'aria* volume of air; *far* ~ to be voluminous (*o* bulky); *di* **gran** ~ bulky, massive, voluminous; ~ *d'*ingombro bulking volume; ⟨*Acu*⟩ *regolatore di* ~ volume control; ~ **specifico** specific volume; ~ *del* **traffico** volume of traffic; ⟨*Acu*⟩ *a* **tutto** ~ at full volume; ⟨*Comm*⟩ ~ *delle* **vendite** sales volume.

volumenometro *m.* ⟨*Fis*⟩ volumenometer. **volumetria** *f.* **1** ⟨*Arch*⟩ disposition of masses. **2** ⟨*Chim*⟩ volume measurement. **volumetrico** *a.* (*pl.* -ci) volumetric.

volumetto *m.* (small) volume.

voluminosità *f.* voluminosity, voluminousness, bulkiness. **voluminoso** *a.* voluminous, bulky, huge: *un pacco* ~ a bulky parcel.

voluta *f.* **1** (*spira*) volute, spiral, coil. **2** ⟨*Arch*⟩ volute, (spiral) scroll. **3** ⟨*Mus*⟩ (*riccio*) scroll.

volutamente *avv.* deliberately, intentionally. **voluto** (*p.p. di volere*[1]) *a.* **1** wanted, wished for; (*desiderato*) desired: *l'effetto* ~ the desired effect; (*sperato*) hoped for. **2** (*intenzionale*) intentional, deliberate.

voluttà *f.* **1** (*piacere sensuale*) voluptuousness. **2** (*godimento*) voluptuousness, pleasure, enjoyment.

voluttuario *a.* (*non necessario*) unnecessary, non–essential: *spese* -*e* unnecessary expenses, luxury spending.

voluttuosamente *avv.* voluptuously. **voluttuosità** *f.* voluptuousness, voluptuosity. **voluttuoso** *a.* **1** (*rif. a persone*) voluptuous. **2** (*sensuale*) voluptuous, sensual: *boccca* -*a* voluptuous mouth. **3** (*pieno di voluttà*) voluptuous: *musica* -*a* voluptuous music.

volva *m.* ⟨*Bot*⟩ volva.

volvente *a.* ⟨*Fis*⟩ rolling: *attrito* ~ rolling friction.

volvolo *m.* ⟨*Med*⟩ volvulus.

vombato *m.* ⟨*Zool*⟩ wombat.

vomere *m.* **1** ⟨*Agr*⟩ ploughshare. **2** ⟨*Artigl*⟩ spade. **3** ⟨*Mar.mil*⟩ minesweeper. **4** ⟨*Anat*⟩ vomer.

vomica *f.* ⟨*Med*⟩ vomica. **vomitare** *v.* (**vomito**) **I** *v.t.* **1** to vomit, to retch, to throw up. **2** ⟨*estens*⟩ (*emettere con violenza*) to vomit, to spew, to spout, to belch: ~ *fuoco* to spew fire; ~ *ingiurie* to spout abuse. **3** ⟨*estens*⟩ (*rif. al mare: ributtare a riva*) to throw up, to wash ashore. **II** *v.i.* (*aus.* **avere**) to vomit, to be sick, to throw up. □ ~ *per il mal di mare* to be seasick. **vomitativo I** *a.* emetic, vomitive, vomitory. **II** *s.m.* ⟨*Farm*⟩ emetic. **vomitatorio** *a./s.* ⟨*rar*⟩ → **vomitativo**.

vomito *m.* **1** vomit, vomiting. **2** ⟨*concr*⟩ (*sostanze vomitate*) vomit. **3** ⟨*fig*⟩ nausea, disgust. □ *avere il* ~ to vomit, to be sick, to throw, up; **conato** *di* ~ retching; *dare il* ~: 1 to cause vomiting; 2 ⟨*fig*⟩ to nauseate, to disgust, to make feel sick; ~ **emorragico** vomiting of blood; ~ **fecale** faecal vomiting; ~ **gravidico** vomiting of pregnancy; *mi viene il* ~ I feel sick, I think I'm going to throw up; ⟨*fig*⟩ I feel nauseated (*o* sick), it turns my stomach.

vomitorio *m.* ⟨*Archeol*⟩ vomitory.

vongola (*o* **vongola**) *f.* ⟨*Zool*⟩ clam.

vorace *a.* greedy, voracious, ravenous. □ *uomo* ~ glutton. **voracemente** *avv.* greedily, voraciously (*anche fig.*). **voracità** *f.* greed(iness), voracity (*anche fig.*).

voragine *f.* **1** (*baratro*) gulf, chasm, abyss. **2** (*gorgo*) whirlpool, vortex.

vorrò → **volere**[1].

vorticare *v.i.* (**vortico, vortichi**; *aus.* **avere**) to whirl, to swirl, to eddy. **vortice** *m.* **1** (*turbine*) vortex, whirlwind. **2** (*gorgo, mulinello*) vortex, whirlpool, maelstrom. **3** ⟨*fig*⟩ (*forza travolgente*) vortex, swirl, whirl, turmoil, maelstrom: *il* ~ *delle passioni* a turmoil of passion; ~ *degli affari* the whirl (*o* bustle) of the business world. **4** ⟨*Med*⟩ vortex. □

~ d'acqua vortex, whirlpool, maelstrom; ~ d'aria vortex; il ~ della danza the whirling of the dance; ~ di vento vortex, whirlwind. **vorticella** f. ⟨Zool⟩ vorticella. **vorticismo** m. ⟨Art⟩ vorticism.

vorticosamente avv. vortically, in a whirl (o eddy).

vorticoso a. 1 full of vortices: un fiume ~ a river full of vortices (o whirlpools). 2 ⟨fig⟩ (rif. ad avvenimenti e sim.) vortical, whirling, swirling, eddying: un ~ giro d'affari a vortical turnover.

Vosgi N.pr.m.pl. ⟨Geog⟩ Vosges pl.

vostro I a.poss. 1 your: i –i libri your books; con i –i fratelli with your brothers; ⟨enfat⟩ (vostro proprio) your own. 2 (usato predicativamente) yours: questa casa è –a this house is yours. 3 (forma di riguardo) your: –a eccellenza Your Excellency. 4 (nelle espressioni ellittiche) your seguito dal sostantivo sottinteso: sono dalla –a (parte) I am on your side; ne avete fatta un'altra delle –e (birbonate) you've been up to another of your tricks; ho ricevuto la –a (lettera) del dieci marzo I have received your letter of 10th March. 5 ⟨epist⟩ yours. II pron.poss. yours: i miei fiori sono più belli dei –i my flowers are more beautiful than yours. III s.m. 1 (averi) (what is) yours, your own; (beni materiali) your property, your possessions pl; (reddito) your (own) income, your (own) means pl. 2 pl. (genitori) your parents pl: domani verremo a trovare i –i tomorrow we are coming to see your parents; (parenti) your family, your relatives pl, ⟨fam⟩ your folks pl; (amici) your friends pl; (seguaci) your supporters pl, your followers pl.

votaccio m. ⟨scol⟩ bad mark.

votante I a. 1 (che vota) voting. 2 (che ha diritto di votare) eligible (o having the right) to vote. 3 (non com) (che fa un voto religioso) that has taken a (religious) vow. II s.m./f. 1 (chi vota) voter. 2 (chi ha diritto di votare) voter, franchise holder. □ percentuale dei –i voting attendance.

votare v. (voto) I v.t. 1 (dedicare) to devote, to dedicate: ~ la propria vita alla famiglia to devote one's life to one's family. 2 (sottoporre a votazione) to put to the vote, to take a vote on: ~ una legge to put a law to the vote; (approvare mediante votazione) to vote, to pass: il progetto di legge è stato votato the bill has been passed. 3 (dare il proprio voto) to vote for: votate partito democratico vote for the Democrats. 'II v.i. (aus. avere) 1 to vote: ~ per qd. to vote for s.o. 2 (mettere ai voti) to put to the vote. **votarsi** v.r. 1 (consacrarsi) to consecrate (o dedicate) o.s. (a to). 2 (dedicarsi) to devote o.s., to dedicate o.s., to consecrate o.s. (to). □ ~ per acclamazione to vote by acclamation; ~ per alzata di mano to vote by show of hands; andare a ~ to go to vote (o the polls); ~ per appello nominale to vote by roll call; ~ contro una proposta to vote down (o against) a proposal.

votato a. 1 that has been put to the vote; (approvato con votazione) that has been voted (o passed): una legge –a a law which has been passed. 2 (consacrato) consecrated; (dedicato) devoted, dedicated, given up (o over). □ essere ~ alla morte to risk (o face) death.

votazione f. 1 (atto) vote, voting: fare una ~ to hold a vote. 2 (effetto) vote: la ~ ci è stata favorevole the vote was in our favour. 3 (scrutinio) vote, ballot. 4 ⟨Scol⟩ assignment of marks; (voti) marks pl, ⟨am⟩ grades pl: all'esame ha ottenuto un'ottima ~ he got good marks in the exam. □ ~ per acclamazione voting by acclamation; ~ per alzata di mano voting by show of hands; ~ per alzata e seduta voting by rising or remaining seated; ~ per appello nominale voting by roll call; ~ di ballottaggio second ballot; ~ del bilancio voting on the budget; ~ per corrispondenza voting by post; ~ finale final vote; ~ libera free vote; ~ ordinaria ordinary voting; passare alla ~ to proceed to take a vote; ~ per procura voting by proxy; ~ segreta (o per scrutinio segreto) secret ballot.

votivo a. votive: dono ~ votive gift (o offering); lampada –a votive lamp; messa –a votive Mass.

voto m. 1 ⟨Rel⟩ vow: mantenere un ~ to keep a vow; ~ di castità vow of chastity. 2 (cosa che si offre in voto) votive offering. 3 (manifestazione di volontà) vote: dare il proprio ~ to (give one's) vote; (votazione) vote, voting. 4 pl. ⟨collett⟩ vote: i –i del nostro partito sono in aumento our party's vote is on the increase. 5 ⟨Scol⟩ mark, ⟨am⟩ grade: ho preso un buon ~ in latino I got a good mark in Latin. □ ai –i! put it to the vote!; ~ per alzata di mano voting by show of hands; ~ per alzata e seduta voting by rising or remaining seated; astensione dal ~ abstention (from voting); ~ di blocco block vote; ~ di censura vote of censure; ⟨Scol⟩ ~ di condotta conduct mark; ~ consultivo advisory vote; ~ contrario no, ⟨am⟩ nay; ~ per corrispondenza postal vote, vote by post; dare il proprio ~ a qd. to give s.o. one's vote, to vote for s.o.; ~ decisivo casting vote; avere diritto di ~ to have the right to vote; ~ dispersi dissipated votes; esaudire i –i di qd. to grant s.o.'s prayers; ⟨Rel⟩ fare un ~ to make (o take) a vow; fare (il) ~ di [inf] to vow to [inf]; ~ favorevole aye, ⟨am⟩ yea; ⟨Parl⟩ ~ di fiducia vote of confidence; ⟨Scol⟩ ~ insufficiente failing mark; ⟨Univ⟩ laurearsi col massimo dei –i e la lode to graduate summa cum laude; ~ di maggioranza majority vote; mettere ai –i qc. to put s.th. to the vote, to take a vote on s.th.; ~ nullo invalid vote; ⟨Rel⟩ ~ d'obbedienza vow of obedience; passare ai –i to proceed to take a vote; ⟨scol,univ⟩ a pieni –i with full marks, with flying colours; ~ ponderato weighted vote; ⟨Rel⟩ ~ di povertà vow of poverty; ~ preferenziale preferential vote; ~ per procura voting by proxy, proxy vote; ⟨Scol⟩ ~ di profitto mark to show progress made in school work; ⟨Rel⟩ pronunciare i –i to take one's vows; ~ di protesta protest vote; sciogliere qd. dal ~ to release s.o. from a vow; ⟨Parl⟩ ~ di sfiducia vote of no–confidence; ⟨Rel⟩ –i solenni solemn vows; con ~ unanime by a unanimous vote; ~ valido valid vote.

voyeur fr. [vwa'jœːr] m. ⟨Psic⟩ voyeur, ⟨fam⟩ Peeping Tom. **voyeurismo** m. voyeurism.

V.P. = vicepresidente vice–president (abbr. V.P., VP).

v.r. = vedi retro please turn over (abbr. P.T.O.).

vs., vs/ = ⟨Comm⟩ vostro yours.

v.s. = 1 vedi sopra vide supra (abbr. v.s.), see above. 2 vedi sotto see below.

V.S. = 1 ⟨Rel⟩ Vostra Santità Your Holiness. 2 Vostra Signoria Your Lordship (f Ladyship).

V.T. = ⟨Bibl⟩ Vecchio Testamento Old Testament (abbr. O.T.).

V.U. = vigili urbani (municipal) policemen.

vulcanico a. (pl. -ci) 1 volcanic: terreno ~ volcanic land. 2 ⟨fig⟩ dynamic, brilliant, exuberant: ingegno ~ lively (o brilliant) mind. **vulcanismo** m. ⟨Geol⟩ volcanism.

vulcanite f. ⟨Min⟩ vulcanite.

vulcanizzante I a. vulcanizing. II s.m. vulcanizing (o curing) agent. **vulcanizzare** v.t. to vulcanize, to cure: ~ a freddo to cold cure. **vulcanizzato** a. vulcanized, cured. □ fibra –a (cartone vulcanizzato) vulcanized fibre. **vulcanizzatore** m. 1 (operaio) vulcanizer. 2 (macchina) vulcanizer. **vulcanizzazione** f. vulcanization, cure. □ ~ a caldo hot vulcanization; ~ a freddo cold cure.

vulcano m. 1 ⟨Geog⟩ volcano. 2 ⟨fig⟩ (persona dall'immaginazione fervida) person with a lively imagination, dynamic person. □ ~ attivo active volcano; ~ inattivo inactive volcano; ~ sottomarino submarine volcano; ~ spento extinct volcano.

Vulcano N.pr.m. ⟨Mitol⟩ Vulcan.

vulcanologia f. volcanology. **vulcanologico** a. (pl. -ci) volcanologic(al). **vulcanologo** m. (pl. -gi; f. -a) volcanologist.

Vulgata N.pr.f. ⟨Bibl⟩ Vulgate.

vulnerabile a. vulnerable (anche fig.). □ punto ~ weak point (o spot) (anche fig.). **vulnerabilità** f. vulnerability (anche fig.). **vulnerare** v.t. ⟨lett⟩ 1 (ferire) to wound, to hurt, to injure. 2 ⟨fig⟩ (offendere, ledere) to offend, to violate: ~ un diritto to violate a right. **vulneraria** f. ⟨Bot⟩ kidney vetch. **vulnerario** I a. vulnerary, curative: unguento ~ vulnerary ointment. II s.m. ⟨Farm⟩ vulnerary.

vulva f. ⟨Anat⟩ vulva. **vulvare** a. vulvar. **vulvaria** f. ⟨Bot⟩ stinking goosefoot. **vulvite** f. ⟨Med⟩ vulvitis. **vulvo|vaginale** a. ⟨Med⟩ vulvo–vaginal. **~vaginite** f. vulvo–vaginitis.

vuole → volere[1].

vuotaggine *f.* emptiness, vacuity.

vuotare *v.t.* (vuoto) **1** to empty: ~ *il secchio* to empty the bucket; (*scaricare*) to drain, to empty: ~ *uno stagno* to drain a pond. **2** ⟨*Fisiol*⟩ (*evacuare*) to empty, to evacuate: ~ *gli intestini* to evacuate the intestines. **3** (*sgomberare*) to clear (*o* turn) out, to empty: ~ *la casa* to clear out the house; ~ *le tasche* to empty (*o* turn out) one's pockets; (*rif. a ladri*) to rob, ⟨*fam*⟩ to clean (out). **4** (*bere completamente*) to drain, to empty: ~ *il bicchiere* to drain one's glass. **vuotarsi** *v.r.* **1** (*diventare vuoto*) to empty: *la sala si vuota* the room is emptying. **2** (*scaricarsi: rif. a liquidi*) to run off, to drain away. □ ~ *una barca* to bail (out) a boat; ~ *con la pompa* to pump dry; ⟨*fig*⟩ ~ *il sacco* to spill the beans; ⟨*fig*⟩ ~ *le tasche a qd.* to clean s.o. out. **vuotata** *f.* emptying (out). □ *dare una* ~ *a qc.* to empty s.th. (out).

vuotezza *f.* emptiness, vacancy: *la* ~ *di un discorso* the emptiness of a speech.

vuoto I *a.* **1** empty: *una bottiglia -a* an empty bottle; *a stomaco* ~ on an empty stomach. **2** (*non occupato*) vacant, free: *posto* ~ vacant seat; (*rif. ad appartamenti*) vacant; (*rif. a teatro, cinema e sim.*) empty: *il teatro era mezzo* ~ the theatre was half–empty. **3** (*privo*) devoid, void (*di* of), lacking, wanting (in), –less, empty: ~ *di senso* senseless; ~ *di pensieri* devoid of thought; ~ *d'aria* airless. **4** ⟨*fig*⟩ empty, shallow: *discorsi –i* empty talk. **II** *s.m.* **1** emptiness, void (*anche Filos.*). **2** (*cavità*) empty (*o* hollow) space, hollow, hole, cavity, recess: *nel muro c'è un* ~ there is a cavity in the wall. **3** (*spazio libero*) void, air, space: *penzolare nel* ~ to dangle in the air. **4** (*recipiente vuoto*) empty container; (*bottiglia*) (empty) bottle, ⟨*fam*⟩ empty: ~ *a rendere* returnable (*o* deposit) bottle. **5** ⟨*fig*⟩ (*mancanza, carenza*) gap, void: *morendo ha lasciato . un gran* ~ his death has left a great void, his loss is felt very much; (*lacuna*) gap: *colmare un* ~ to fill a gap. **6** ⟨*fig*⟩ (*vuotaggine*) emptiness, shallowness, vacuity. **7** ⟨*Tip*⟩ (*spazio in bianco*) blank. **8** ⟨*Fis*⟩ vacuum. □ ⟨*fig*⟩ **a** ~ (*inutilmente*) uselessly, to no end, in vain: *parlare a* ~ to talk ⌐in vain⌐ (*o* to a brick wall); **andare** *a* ~: **1** (*non avere effetto*) to be unsuccessful, to fall through, to come to nothing, to go wrong: *i miei piani andarono a* ~ my plans fell through; **2** (*fallire*) to fail; ⟨*fig*⟩ **aprire** *dei –i* to leave ⌐blank spaces⌐ (*o* gaps in the ranks); ⟨*Aer*⟩ ~ *d'*aria air pocket; **assegno** *a* ~ bad cheque, ⟨*fam*⟩ dud cheque; **cadere** *nel* ~ to fall, to hurtle (*o* plunge) down; ⟨*fig*⟩ *le mie parole caddero nel* ~ my words fell on deaf ears; ⟨*Mecc*⟩ **corsa** (*o funzionamento*) *a* ~ idle stroke; **fare** *il* ~ *intorno a sé* to drive everyone away from one; (*superare tutti*) to outdo (*o* outstrip) everyone; ⟨*Mecc*⟩ **girare** *a* ~ to idle; ⟨*fig*⟩ **mandare** *a* ~ to cause to fail; **percorso** *a* ~ run with no passengers (*o* load); ⟨*Aer*⟩ **peso** *a* ~ weight empty, empty (running) weight, deadweight; ⟨*Pol*⟩ ~ *di* **potere** power vacuum; ⟨*Fis*⟩ ~ **spinto** hard (*o* high) vacuum; ⟨*fig*⟩ *ho la* **testa** *–a* my mind is a complete blank; **tubo** *a* ~ vacuum tube; *tubo a* ~ *spinto* high–vacuum tube.

vuotometro *m.* ⟨*Fis*⟩ vacuum gauge.

W

w, W [vu'doppia/doppia'vu] *f./m.* (*lettera dell'alfabeto*) w, W: ⟨*Tel*⟩ *w come Washington* W for William.
W = 1 *viva* long live. **2** ⟨*Chim*⟩ *wolframio* wolfram. **3** ⟨*El*⟩ *watt* watt (*abbr.* w, W). **4** ⟨*Geog*⟩ *ovest* west (*abbr.* W.).
wagneriano [–gn–] **I** *a.* (*di Wagner*) Wagnerian, Wagner's, of (*o relating to*) Wagner: *la musica –a* Wagner's music. **II** *s.m.* (*f.* **-a**) Wagnerian.
wagon-lit *fr.* [vag3'li] *m.* ⟨*Ferr*⟩ sleeping-car.
wahabismo *m.* ⟨*Rel*⟩ wahabism. **wahabita** *m./f.* wahabi.
walchiria *f.* **1** ⟨*Mitol.nord*⟩ Valkyrie, Walkyrie. **2** ⟨*fam,scherz*⟩ (*donna nordica*) Scandinavian girl (*o* woman).
Walhall(a) *N.pr.m.* ⟨*Mitol.nord*⟩ Valhalla, Walhalla.
walkiria *f.* → **walchiria**.
walzer *ted. m.* ⟨*Mus*⟩ (*valzer*) waltz.
wapiti *m.* ⟨*Zool*⟩ (*vapiti*) wapiti.
Wassermann *ted.:* ⟨*Med*⟩ *reazione ~* Wassermann reaction.
water-closet *ingl.* ['wɔːtərklɔzit] *m.* lavatory, toilet.
watt *m.* ⟨*El*⟩ watt. **wattmetro, wattometro** *m.* wattmeter. **wattora** *f.* watt–hour. **wattsecondo** *m.* watt–second.
WC = *water–closet* water closet (*abbr.* W.C., WC).
welter *ingl.* ['weltər] **I** *s.m.* ⟨*Sport*⟩ **1** (*categoria*) welterweight class. **2** (*pugilatore*) welterweight. **II** *a.* welterweight.
western *ingl.* ['westərn] *m.* ⟨*Cin*⟩ (*anche film western*) western.
whisky *ingl.* ['wiski] *m.* whisky.
willemite *f.* ⟨*Min*⟩ willemite.
wolframio *m.* (*tungsteno*) wolfram. **wolframite** *f.* ⟨*Min*⟩ wolframite.
würstel *ted.* ['wy–] *m.* ⟨*Alim*⟩ frankfurter, ⟨*am*⟩ wiener, ⟨*am.fam*⟩ hot dog.

X

x, X [iks] *f./m.* (*lettera dell'alfabeto*) x, X: ⟨*Mat*⟩ *asse x* x–axis, abscissa; *gambe a x* bandy legs; ⟨*Tel*⟩ *x come Xeres* X for Xmas; *raggi x* X–rays.
xantato *m.* ⟨*Chim*⟩ xanthate. **xantene** *m.* xanthene. **xantina** *f.* xanthine, oxidase.
Xanto *N.pr.m.* ⟨*Stor*⟩ Xanthus.
xanto|cromia *f.* ⟨*Med*⟩ xanthochromia. **~filla** *f.* ⟨*Biol*⟩ xanthophyll.
xantoma *m.* ⟨*Med*⟩ xanthoma. **xantomatosi** *f.* xanthomatosis. **xantopsia** *f.* xanthopsia, yellow vision.
xeno *m.* ⟨*Chim*⟩ xenon.
xenofobia *f.* xenophobia. **xenofobo I** *a.* xenophobic. **II** *s.m.* (*f.* **-a**) xenophobe.
xeno|gamia *f.* ⟨*Bot*⟩ xenogamy. **~glossia** *f.* ⟨*Psic*⟩ xenoglossy.
Xeres *m.* ⟨*Enol*⟩ sherry.
xerocopia *f.* xerocopy. **xerocopiare** *v.t.* to xerox, to make a xerographic copy of.
xeroderma: ⟨*Med*⟩ *~ pigmentoso* xeroderma pigmentosum.
xerofilo *a.* ⟨*Bot*⟩ xerophilous, xerophile.
xerofito *a./s.* **I** *a.* xerophytic. **II** *s.m.* (*f.* **–a**) xerophyte.
xeroformio *m.* ⟨*Farm*⟩ xeroform.
xeroftalmia *f.,* **xeroftalmo** *m.* ⟨*Med*⟩ xerophthalmia.
xero|grafia *f.* ⟨*Tip*⟩ xerography. **~morfismo** *m.* ⟨*Bot*⟩ xeromorphism. **~morfo** *a.* xeromorphic, xeromorphal.
xerosi *f.* ⟨*Med*⟩ xerosis.
xifoide *m./f.* ⟨*Anat*⟩ (*anche appendice xifoide*) xiphoid process.
xilema *m.* ⟨*Bot*⟩ xylem.
xilene *m.* ⟨*Chim*⟩ xylene. **xilenolo** *m.* xylenol. **xilidina** *f.* xylidine.
xilofago *a./s.* (*pl.* -gi) ⟨*Zool*⟩ **I** *a.* (*silofago*) xylophagous. **II** *s.m.* xylophagan, xylophage.
xilofonista *m./f.* ⟨*Mus*⟩ (*silofonista*) xylophonist, xylophone player. **xilofono** *m.* (*silofono*) xylophone.
xilografia *f.* xylography, wood–engraving.
xilosio *m.* ⟨*Chim*⟩ xylose.
X-terapia *f.* ⟨*Radiol*⟩ X–ray therapy, radiotherapy.

Y

y, Y ['ipsilon] *f./m.* (*lettera dell'alfabeto*) y, Y: ⟨*Mat*⟩ *asse y* y–axis, ordinate; ⟨*Tel*⟩ *y come yacht* Y for Yellow, ⟨*am*⟩ Y for Yoke.
yacht *ingl.* [jɔt] *m.* yacht. □ *~ a vela* (sailing) yacht.
yak *ingl.* [jæk] *m.* ⟨*Zool*⟩ yak.
yamatologia *f.* Japanology. **yamatologo** *m.* (*pl.* -gi; *f.* -a) Japanologist.
yard *ingl. m.* yard.
Y.C.I. = Yacht Club Italia.
Yemen *N.pr.m.* ⟨*Geog*⟩ Yemen. □ *~ del nord* Northern Yemen; *~ del sud* Southern Yemen. **yemenita I** *s.m./f.* Yemenite, Yemeni. **II** *a.* Yemenite, Yemen(i).
yen *m.* (*unità monetaria*) yen.
yeti *m.* yeti, Abominable Snowman.
yiddish [–ʃ] *a./s.m.* ⟨*Ling*⟩ Yiddish.
YMCA = *Associazione cristiana dei giovani* Young Men's Christian Association (*abbr.* Y.M.C.A.).
yoga *a./s.inv.* **I** *s.m.* yoga. **II** *a.* yoga: *posizioni ~* yoga positions. **yog(h)i** *m.* yogi, yogin.
yogurt *m.* ⟨*Alim*⟩ yogurt, yogh(o)urt. **yogurtiera** *f.* yoghurt maker.
yole *f.* ⟨*Mar*⟩ **1** (*nelle navi mercantili*) jolly boat, gig, yawl. **2** (*imbarcazione sportiva*) gig.
yo-yo *ingl. m.* Yo-yo.
yprite *f.* ⟨*Chim*⟩ (*iprite*) yperite, mustard gas.
yucca *f.* ⟨*Bot*⟩ yuc(c)a (*Yucca*).
YWCA = *Associazione cristiana delle giovani* Young Women's Christian Association (*abbr.* Y.W.C.A.).

Z

z, Z ['dzɛ:ta] *f./m.* (*lettera dell'alfabeto*) z, Z: *due z* two z's; ⟨*Tel*⟩ *z come Zara* Z for Zebra.

zabaglione *m.* ⟨*non com*⟩ → zabaione. **zabaione** *m.* ⟨*Dolc*⟩ **1** zabaglione, zabaione; (*crema*) zabaglione (cream). **2** (*bevanda*) egg flip, egg nog, zabaglione.

Zaccaria *N.pr.m.* ⟨*Bibl*⟩ Zechariah, Zacharias.

zacchera *f.* (*schizzo di fango*) splash (of mud), muddy stain. **zaccherone** *m.* (*f.* -a) ⟨*fam*⟩ **1** mud–bespattered person. **2** (*persona trasandata*) sloven, dirty unkempt person. **zaccheroso** *a.* muddy, mud–bespattered, mud–stained.

zaffare *v.t.* **1** to bung, to stop (up). **2** ⟨*Med*⟩ to tampon.

zaffata *f.* **1** (*cattivo odore*) stench, whiff, stink, ⟨*fam*⟩ pong. **2** (*getto di liquido*) splash, spurt; (*spruzzo*) spray; (*nuvola di vapore o gas*) cloud, whiff, belch. **zaffatura** *f.* bunging.

zafferano *m.* **1** ⟨*Bot*⟩ saffron (crocus). **2** (*droga*) saffron. **zafferanone** *m.* ⟨*Bot*⟩ safflower.

zaffirino *a.* sapphire, sapphirine. **zaffiro** (*o* *zaffiro*) *m.* **1** ⟨*Min*⟩ sapphire. **2** (*colore*) sapphire.

zaffo *m.* **1** (*nelle botti*) bung. **2** ⟨*Med*⟩ (*tampone*) tampon, plug, pack.

Zagabria *N.pr.f.* ⟨*Geog*⟩ Zagreb.

zagaglia *f.* ⟨*Etnol*⟩ assagai.

zagara *f.* ⟨*Bot*⟩ (*fiore d'arancio*) orange blossom.

zaino *m.* **1** (*sacco da montagna*) rucksack, knapsack. **2** ⟨*Mil*⟩ knapsack, kitbag: *fare lo* ~ to pack up one's knapsack (*o* kit bag). **3** (*borsa*) backsack, haversack.

Zaire *N.pr.m.* ⟨*Geog*⟩ Zaire.

zampa *f.* **1** ⟨*Zool,Entom*⟩ (*gamba*) leg; (*piede*) foot. **2** (*zoccolo*) hoof; (*rif. ad animali che hanno artigli o unghie*) paw: *le* -*e del gatto* the cat's paws. **3** ⟨*Macell*⟩ shin; (*rif. al maiale o alla pecora*) trotter, foot. **4** ⟨*scherz*⟩ (*di persona: mano*) paw; (*piede*) big foot, ⟨*fam*⟩ hoof, ⟨*fam*⟩ trotter: *leva le* -*e dal tavolo!* take your big feet off the table! □ ⟨*Zool*⟩ -*e* **anteriori** (*gambe*) forelegs *pl*; (*piedi*) forepaws *pl*, forefeet *pl*; -*e di* **gallina:** **1** (*rughe*) crow's–feet; **2** (*grafia illeggibile*) scrawl; ⟨*Ferr*⟩ ~ *di* **lepre** wing rail; ⟨*Zool*⟩ -*e* **posteriori** hindlegs *pl*; *camminare a* **quattro** -*e* (*carponi*) to crawl, to go on all fours.

zampare *v.i.* (*aus.* avere) to paw (the ground). **zampata** *f.* **1** blow with a paw; (*pedata*) kick. **2** ⟨*scherz*⟩ (*rif. a persone: calcio*) kick. **3** (*orma*) track, footprint, spoor, mark of a paw; (*impronta di zoccolo*) hoof mark.

zampetta *f.* **1** (*gambetta*) leg. **2** (*piede*) foot, paw. **zampettare** *v.i.* (*zampetto; aus.* avere) **1** (*rif. ad animali*) to trot. **2** ⟨*scherz*⟩ (*rif. a bambini*) to toddle, to trot, to trip. **zampetto** *m.* **1** → zampetta. **2** ⟨*Macell*⟩ trotter, foot: ~ *di maiale* pig's trotter (*o* foot).

zampillante *a.* gushing, spurting, springing: *acque* -*i* gushing waters. **zampillare** *v.i.* (*aus.* avere) to gush, to spurt, to spring; (*rif. al sangue*) to- spurt, to gush. **zampillio** *m.* gushing, spurting, springing. **zampillo** *m.* **1** jet, gush, spurt: ~ *d'acqua* jet of water; (*di sangue*) spurt, gush. **2** ⟨*Mecc*⟩ (*spruzzatore*) jet.

zampino *m.* paw. □ ⟨*fig*⟩ *avere lo* ~ *in una faccenda* to have a hand in a matter; ⟨*fig*⟩ *ci ha messo uno* ~ *il diavolo* the Devil has had a hand in this; ⟨*fig*⟩ *mettere* (*o ficcare*) *lo* ~ *in una faccenda* to ⌈interfere in⌉ (*o* poke one's nose into) a matter.

zampirone *m.* **1** fumigator (for mosquitoes). **2** ⟨*scherz*⟩ (*sigaretta di tabacco scadente*) poor–quality cigarette.

zampogna *f.* ⟨*Mus*⟩ zampogna, kind of bagpipe. **zampognaro** *m.* player· of the zampogna, (bag)piper.

zampone *m.* ⟨*Alim*⟩ zampone (stuffed pig's trotter).

zana *f.* ⟨*region*⟩ **1** (*cesta di legno*) basket. **2** (*contenuto*) basketful. **3** (*culla*) kind of cradle.

zangola *f.* churn. **zangolare** *v.i.* (*zangolo; aus.* avere) to churn. **zangolatore** *m.* (*operaio*) churner. **zangolatura** *f.* churning.

zanna *f.* **1** (*rif. a elefanti, cinghiali, trichechi*) tusk. **2** (*dente di grossi carnivori*) tooth: *le* -*e dell'orso* the bear's teeth; (*rif. a cani e lupi*) fang. **3** *pl.* ⟨*scherz,spreg*⟩ (*rif. a persone: denti*) teeth *pl*, fangs *pl*. □ ⟨*fig*⟩ *mostrar le* -*e* to show one's teeth (*o* fangs). **zannata** *f.* **1** (*colpo di zanna*) gore, blow with a tusk; (*morso*) bite. **2** (*segno lasciato dalla zannata*) gore mark; (*morsicatura*) tooth mark, fang mark.

zanni *m.* **1** ⟨*Teat*⟩ Zanni, clown mask. **2** (*buffone, pagliaccio*) zany, fool, clown.

zannuto *a.* (*fornito di zanne: rif. a elefanti, cinghiali e trichechi*) tusked; (*rif. a grossi carnivori*) toothed; (*rif. a cani e lupi*) fanged.

zanzara *f.* **1** ⟨*Entom*⟩ mosquito. **2** ⟨*fig*⟩ (*persona fastidiosa*) nuisance, ⟨*fam*⟩ pest. □ *puntura di* ~ mosquito bite. **zanzariera** *f.* mosquito net.

zappa *f.* **1** ⟨*Agr*⟩ hoe. **2** ⟨*Mil*⟩ sap. □ ⟨*fig*⟩ *darsi la* ~ *sui piedi* to cut one's own throat. **zappare** *v.t.* to hoe. **zappata** *f.* **1** (*colpo dato con la zappa*) blow with (*o* from) a hoe. **2** (*il lavorare la terra con la zappa*) hoeing. □ *dare una* ~ *alla terra* to hoe the ground. **zappaterra** *m.inv.* **1** hoer. **2** (*contadino*) farm labourer. **3** ⟨*fig,spreg*⟩ boor, lout. **zappatore** *m.* (*f.* -trice) (*contadino*) farm labourer. **2** ⟨*Mil*⟩ sapper. **zappatrice** *f.* **1** (*woman*) hoer; (*contadina*) farm worker. **2** (*macchina*) hoeing machine, (mechanical) hoe: ~ *rotante* rotary hoe. **zappatura** *f.* hoeing. **zappettare** *v.t.* (*zappetto*) to hoe lightly.

zapponare *v.t.* (*zappono*) to (dig with a) mattock. **zappone** (*accr. di zappa*) *m.* mattock.

zar *m.* ⟨*Stor*⟩ Czar, Tsar, Tzar.

Zara *N.pr.f.* ⟨*Geog*⟩ Zadar.

Zarat(h)ustra *N.pr.m.* ⟨*Stor*⟩ Zoroaster, Zarathustra.

zarevic [-tʃ] *m.* ⟨*Stor*⟩ Czarevitch, Tsarevitch. **zarina** *f.* Czarina, Tsarina. **zarismo** *m.* czarism, tsarism. **zarista** **I** *a.* czarist(ic), tsarist(ic). **II** *s.m./f.* czarist, tsarist.

zattera (*o* *zattera*) *f.* **1** raft. **2** ⟨*Edil*⟩ slab; (*di fondazione*) foundation slab. **zatterone** (*o* *zatterone*) *m.* **1** raft. **2** ⟨*Edil*⟩ slab: ~ *di fondazione* foundation slab.

zavorra *f.* **1** ⟨*Mar,Aer*⟩ ballast: *fare* (*o caricare*) ~ to load ballast. **2** ⟨*fig*⟩ (*peso inutile*) dead weight, lumber, useless clutter; (*rif. a scritti e discorsi*) padding; (*rif. a persone*)

dead wood. **zavorrare** *v.t.* (zavorro) to ballast.

zazzera *f.* **1** (*capigliatura lunga*) long hair. **2** ⟨*Cart*⟩ deckle edge. **zazzeruto** *a.* ⟨*scherz,spreg*⟩ long–haired.

zebra *f.* **1** ⟨*Zool*⟩ zebra. **2** *pl.* ⟨*Strad*⟩ (*attraversamento pedonale*) zebra crossing. **zebrato** *a.* **1** striped, with black and white stripes. **2** ⟨*Strad*⟩ zebra–: *attraversamento* ∼ zebra crossing. **zebratura** *f.* (black and white) stripes *pl.* □ –*e stradali* (*zebre*) stripes *pl* (on a zebra crossing).

zebù *m.* ⟨*Zool*⟩ zebu.

zecca[1] *f.* mint. □ *nuovo di* ∼ brand–new: *un vestito nuovo di* ∼ a brand–new dress.

zecca[2] *f.* ⟨*Entom*⟩ tick. □ ∼ *del cane* castor–bean tick.

zecchino *m.* sequin. □ *oro* (*di*) ∼ pure (*o* fine) gold, first–quality gold.

zefiro[1] *m.* ⟨*poet*⟩ (*vento di ponente*) zephyr.

zefiro[2] (*o zefiro*) *m.* ⟨*Tess*⟩ zephir.

Zelanda *N.pr.f.* ⟨*Geog*⟩ Zealand, Zeeland. □ *Nuova* ∼ New Zealand. **zelandese I** *s.m./f.* Zealander, Zeelander. **II** *a.* of Zealand.

zelante I *a.* **1** zealous (*di* for), fervent. **2** (*coscienzioso*) zealous, conscientious, keen. **II** *s.m./f.* zealot. □ *troppo* ∼ overkeen, overconscientious. **zelantemente** *avv.* zealously.

zelo *m.* zeal (*di, per* for): *essere pieno di* ∼ *per una giusta causa* to be full of zeal for a good cause. □ ∼ *eccessivo* excess of zeal; *con* ∼ *instancabile* with unremitting zeal; *mostrare* ∼ to display zeal; *sacro* ∼ sacred zeal.

zen *m.* ⟨*Rel*⟩ Zen, Zen Buddhism.

zendado, zendale *m.* ⟨*ant*⟩ **1** (*tessuto di seta*) sendal. **2** (*scialle veneziano*) black shawl.

zenismo *m* ⟨*Rel*⟩ Zen.

zenit (*rar. zenit*) *m.* ⟨*Astr*⟩ zenith: *essere allo* ∼ to be at one's zenith. **zenitale** *a.* zenith, zenithal: *distanza* ∼ zenith distance (*o* angle).

Zenone *N.pr.m.* ⟨*Stor*⟩ Zeno.

zenzero *m.* ⟨*Bot*⟩ ginger.

zeolite *f.* ⟨*Min*⟩ zeolite.

zeppa *f.* **1** (*pezzo di legno*) wedge; (*per turare*) bung. **2** ⟨*Tip*⟩ slug. **3** (*fig*) (*parola o frase inserita*) expletive. □ ⟨*fig*⟩ *mettere una* ∼ *a qc.* to try to patch s.th. up; *fissare con* –*e* to wedge.

zeppelin *ted. m.* ⟨*Aer*⟩ Zeppelin.

zeppo *a.* (*gremito*) packed, crammed, bursting (*di* with), (cram–)full, chock–full (of) (*anche fig.*): *la lettera è* –*a di errori* the letter is packed with mistakes. □ *la casa è* –*a di gente* the house is bursting at the seams; *pieno* ∼ (*pienissimo*) packed, full (to bursting point), chock–full.

zerbino *m.* (*stoino*) mat.

zerbinotto *m.* dandy, (young) fop.

zeriba *f.* zareba, zeriba.

zero I *a.* zero, nought: *il termometro segna* ∼ *gradi* the thermometer indicates zero degrees. **II** *s.m.* **1** (*numero*) nought, naught, zero, cipher: ∼ *virgola due* nought point two. **2** ⟨*Scol*⟩ nought, naught, zero: *ricevere uno* ∼ to be given nought. **3** (*fig*) (*niente*) nothing, nil, zero, nought: *la sua opinione non conta uno* ∼ his opinion counts for nothing. **4** ⟨*Fis*⟩ zero, zero point: *lo* ∼ *di una scala* zero point on a scale. **5** (*al telefono*) 0. **6** ⟨*Sport*⟩ nil, zero: *vincere per due a* ∼ to win two–nil. **III** *s.f./pl.* (*ore zero*) midnight: *il treno parte alle* ∼ *due* the train leaves at two minutes past midnight. □ ⟨*Fis*⟩ ∼ **assoluto** absolute zero; ⟨*fig*⟩ **essere** *a* ∼ to be at rock bottom; **messa** *a* ∼ zero adjusting; **mettere** *a* ∼ *uno strumento* to set an instrument at zero; ⟨*fig*⟩ **ridursi** *a* ∼ to have nothing left, to be down to nothing (*o* at rock bottom); ⟨*Meteor*⟩ **sopra** (*lo*) ∼ above zero; **sotto** (*lo*) ∼ below zero: *dieci gradi sotto* ∼ ten degrees below zero; ⟨*Artigl*⟩ **sparare** *a* ∼ to fire with zero degrees of elevation; ⟨*fam*⟩ **tagliare** *i capelli a* ∼ to crop s.o.'s hair, to shave off s.o.'s hair.

zerovalente *a.* ⟨*Chim*⟩ zerovalent.

zeta *f./m.* (*le zete/zeta, gli zeta*) ze, zed. □ ⟨*fig*⟩ *dall'a alla* ∼ from A to Z.

zeugma *m.* ⟨*Gramm*⟩ zeugma. **zeugmatico** *a.* (*pl.* -ci) zeugmatic.

Zeus *N.pr.m.* ⟨*Mitol*⟩ Zeus.

zia *f.* aunt, ⟨*fam*⟩ auntie, ⟨*fam*⟩ aunty.

zibaldone *m.* **1** (*mescolanza*) mixture, hotchpotch, medley: *alle nozze c'era uno* ∼ *d'invitati* at the wedding there was a mixture of guests. **2** ⟨*spreg*⟩ muddle, hotchpotch, jumble: *questo articolo è uno* ∼ *di luoghi comuni* this article is a hotchpotch of clichés. **3** ⟨*Lett*⟩ (*libro o quaderno d'appunti*) commonplace book, notebook.

zibellino *m.* ⟨*Zool*⟩ sable: *una pelliccia di* ∼ a sable (fur) coat.

zibetto *m.* **1** ⟨*Zool*⟩ zibet(h). **2** (*sostanza odorosa*) civet.

zibibbo *m.* **1** (*vitigno*) kind of muscatel vine. **2** (*uva*) kind of muscat (grape).

zietta *f.* auntie, aunty.

zigano I *a.* Tzigane, gypsy: *musica* –*a* Tzigane music. **II** *s.m.* (*f.* -a) Tzigane.

zigena *f.* ⟨*Entom*⟩ burnet moth.

zigolo *m.* ⟨*Ornit*⟩ bunting.

zigomatico *a.* (*pl.* -ci) ⟨*Anat*⟩ zygomatic: *osso* ∼ zygomatic bone. **zigomo** *m.* ⟨*Anat*⟩ zygoma, zygomatic bone, cheek bone: –*i sporgenti* high cheek bones.

zigospora *f.* ⟨*Bot*⟩ zygospore.

zigote *m.* ⟨*Biol*⟩ zygote. **zigotico** *a.* (*pl.* -ci) zygotic.

zigrinare *v.t.* **1** ⟨*Conc*⟩ to grain, to board, to pebble. **2** ⟨*Mecc*⟩ to knurl. **3** ⟨*Numism*⟩ to mill, to reed. **zigrinato** *a.* **1** ⟨*Conc*⟩ grained, boarded, pebbled. **2** ⟨*Mecc*⟩ knurled: *dado* ∼ knurled (*o* hand) nut. **3** ⟨*Numism*⟩ milled, reeded. **zigrinatura** *f.* **1** ⟨*Conc*⟩ graining, boarding, pebbling. **2** ⟨*Mecc*⟩ knurling. **3** ⟨*Numism*⟩ milling, reeding. **zigrino** *m.* **1** ⟨*Conc*⟩ shagreen. **2** ⟨*Mecc*⟩ knurling tool.

zigzag (*o zig zag*) *m.* zigzag. □ *a* ∼ zigzag(ging), in a zigzag; *camminare a* ∼ to (walk) zigzag; ⟨*Mar*⟩ *rotta a* ∼ zigzag course. **zigzagare** *v.i.* (zigzago, zigzaghi; *aus.* avere) to zigzag (*anche Mar.*).

zimarra *f.* **1** ⟨*Mod*⟩ simar, flowing coat dress. **2** (*cappotto lungo e sciupato*) long shabby coat.

Zimbabwe *N.pr.m.* ⟨*Geog*⟩ Zimbabwe.

zimbellare (*o zimbellare*) *v.t.* (zimbello/zimbello) **1** to lure. **2** (*fig*) (*allettare*) to entice, to allure. **zimbello** (*o zimbello*) *m.* **1** (*uccello di richiamo*) decoy bird. **2** ⟨*Pesc*⟩ (*tonno di richiamo*) decoy (tunny fish). **3** (*fig*) (*oggetto di scherno*) laughing–stock, butt: *essere lo* ∼ *di tutti* to be a general laughing–stock.

zimogeno *m.* ⟨*Biol*⟩ zymogen. **zimologia** *f.* zymology. **zimologo** *m.* (*pl.* -gi) zymologist. **zimotecnica** *f.* ⟨*Chim*⟩ zymotechnics *pl* (*costr. sing.*).

zinale *m.* ⟨*region*⟩ (*grembiule*) apron.

zincare (*o zincare*) *v.t.* (zinco/zinco, zinchi/zinchi) to (coat with) zinc, to galvanize. **zincato** (*o zincato*) *a.* zinc coated, galvanized. **zincatore** (*o zincatore*) *m.* galvanizer. **zincatura** (*o zincatura*) *f.* **1** coating with zinc, galvanizing. **2** (*strato di zinco*) zinc coating. □ ∼ *a caldo* hot galvanizing; ∼ *elettrolitica* zinc plating, cold (*o* electrolytic) galvanizing; ∼ *a immersione* hot–dip galvanizing. **zinco** (*o zinco*) *m.* (*pl.* -chi) **1** ⟨*Chim*⟩ zinc. **2** (*lamiera zincata*) zinc sheet. □ ⟨*Chim*⟩ *bianco di* ∼ zinc white; *di* ∼ zinc: *un tubo di* ∼ a zinc pipe; *ossido di* ∼ zinc oxide.

zincografia (*o zincografia*) *f.* ⟨*Tip*⟩ **1** zincography. **2** (*laboratorio*) zincographic works *pl* (*costr.sing. o pl.*), zincographic printing house. **zincografico** (*o zincografico*) *a.* (*pl.* -ci) zincographic(al). **zincografo** (*o zincografo*) *m.* zincographer. **zincotipia** (*o zincotipia*) *f.* ⟨*Tip*⟩ **1** → zincografia. **2** (*copia stampata*) zincograph, zincotype. **zincotipista** (*o zincotipista*) *m./f.* zincographer.

zingaresco *a./s.* (*pl.* -chi) **I** *a.* **1** gypsy–, gipsy–: *tribù* –*a* gypsy tribe. **2** (*da zingaro*) gypsy–like, gypsyish. **II** *s.m.* (*lingua degli zingari*) Romany, Gypsy. **zingaro** *m.* (*f.* -a) **1** gypsy, gipsy. **2** (*fig*) (*persona sciatta*) slovenly (*o* disreputable–looking) person; (*rif. a donna*) slut; (*persona di carnagione scura*) gypsy. □ *vita da* ∼ wandering (*o* gypsy) life.

zinnia *f.* ⟨*Bot*⟩ zinnia.

zinzino (*o zinzino*) *m.* ⟨*fam*⟩ (*piccolissima quantità*) scrap, bit, morsel: *mangiare uno* ∼ *di pane* to eat a scrap of bread.

zio *m.* uncle: *lo* ∼ *Giorgio* Uncle George; *pl.* (*zio e zia*) uncle and aunt: *ho passato la Pasqua dagli zii* I spent

Easter at my Uncle and Aunt's. □ ⟨scherz⟩ ~ d'America rich uncle; ~ materno uncle on one's mother's side; ⟨region⟩ zi' Peppe (vaso da notte) chamber pot.

zip m.inv. (chiusura lampo) zipper, zip fastener.

zipolo m. pin, peg; (della botte) spigot, bung.

zircone m. ⟨Min⟩ zircon. **zirconio** m. zirconium.

zirlare v.i. (aus. avere) to whistle. **zirlo** m. 1 (thrush's) whistle. 2 (tordo da richiamo) decoy thrush.

ziro m. ⟨region⟩ (orcio) jar; (per olio) oil jar.

zitella f. spinster, ⟨spreg,scherz⟩ old maid. □ è ancora ~ she is still on the shelf. **zitellona** f. ⟨spreg⟩ old maid.

zitellone m. ⟨spreg,scherz⟩ (elderly) bachelor.

zittio m. hissing. **zittire** v. (zittisco, zittisci) I v.i. (aus. avere) to hiss. II v.t. to hush, to tell to be quiet; (in segno di disapprovazione) to hiss. **zitto** a. 1 quiet, silent. 2 ⟨esclam⟩ be (o keep) quiet, hush, ⟨fam⟩ shut up. □ stare ~: 1 (non parlare) to keep (o be) quiet, not to talk; 2 (non protestare) to keep quiet, not to say anything; far stare ~ qd. (farlo tacere) to make s.o. be quiet, ⟨fam⟩ to shut s.o. up; (convincerlo a non diffondere segreti) to make s.o. keep quiet (o a secret), to shut s.o.'s mouth; stai ~ ! (be) quiet!, ⟨fam⟩ shut up!; ~ tu! (keep) quiet!, hold your tongue!, sh!; zitto ~ as quiet as a mouse.

zizzania f. 1 ⟨Bot⟩ bearded darnel, cheat. 2 ⟨fig⟩ (discordia) discord, dissension; (chi semina discordia) mischief-maker, sower of discord. □ ⟨fig⟩ seminare (o spargere) ~ to sow discord, to stir up trouble, to be a mischief-maker; ⟨fig⟩ mettere ~ fra due persone to set two people at variance.

zizzola f. ⟨non com⟩ 1 (giuggiola) jujube, Chinese date. 2 ⟨fam,scherz⟩ (inezia) trifle, bagatelle.

zoccola f. 1 ⟨pop⟩ (topo di chiavica) sewer rat. 2 ⟨fig,volg⟩ (meretrice) prostitute, whore.

zoccolaio m. 1 (fabbricante) clog maker. 2 (venditore) seller of clogs. **zoccolante** I a. ⟨Rel⟩ Observant(ine). II s.m. Observant(ine); (anche frate zoccolante) Observants pl. **zoccolare** v.i. (zoccolo; aus. avere) ⟨pop⟩ to clatter (along, about) in clogs. **zoccolata** f. blow with (o from) a clog. **zoccolo** m. 1 clog. 2 ⟨Zool⟩ (unghia) hoof. 3 (pane di terra) ball of soil. 4 (strato: di fango) (layer of) mud; (di neve) (layer of) snow. 5 (sostegno) support. 6 ⟨Arch⟩ (basamento) socle; (plinto) plinth. 7 ⟨Edil⟩ socle; (di una parete) wainscot(ting); (battiscopa) skirting board. 8 ⟨Tip⟩ base, block, block mount. 9 ⟨El⟩ (attacco) cap, lamp socket; (di tubo elettronico) valve base.

zodiacale a. zodiacal, of the zodiac: segni –i signs of the zodiac; luce ~ zodiacal light. **zodiaco** m. ⟨Astr⟩ zodiac.

zolfanello m. 1 (fiammifero di legno) sulphur match: una scatola di –i a box of sulphur matches. 2 (stoppino) sulphur wick. □ ⟨fig⟩ accendersi come uno ~ (essere facile all'ira) to flare up easily, to be quick-tempered.

zolfara f. ⟨Minier,noncom⟩ (solfara) sulphur deposit. **zolfatara** f. (solfatara) solfatara, sulphurous volcano. **zolfo** m. ⟨Chim⟩ sulphur. □ dare lo ~ alle viti to sulphur vines; fiori di ~ flowers of sulphur; ~ libero free sulphur; ~ ramato copper sulphate.

zolla (o zolla) f. 1 clod, sod, turf. 2 (zolletta) lump: ~ di zucchero lump (o cube) of sugar. □ ~ erbosa sod, turf; rivoltare le –e to turn (o plough) up the ground. **zolletta** (o zolletta) f. lump: ~ di zucchero lump (o cube) of sugar. □ zucchero in –e lump sugar.

zompare v.i. (zompo; aus. essere) ⟨region⟩ (saltare) to jump, to leap. **zompo** m. ⟨region⟩ (salto) jump, leap.

zona f. 1 (striscia, fascia) zone, band, strip(e), belt: –e di luce e d'ombra zones of light and shade. 2 (regione) zone, region, area: ~ montuosa mountain zone. 3 ⟨Anat⟩ zone, zona, girdle, belt. 4 ⟨Med⟩ (erpete zoster) herpes zoster, shingles pl (costr.sing.), zona. 5 ⟨Sport⟩ (parte di campo) zone, area. 6 ⟨Tel⟩ (nastro ricevente) paper strip. 7 ⟨Geog⟩ zone: ~ temperata temperate zone. 8 ⟨Geol⟩ (orizzonte) zone, horizon. 9 ⟨Min,Chim⟩ (di cristalli) zone. □ ⟨Geog⟩ ~ abissale abyssal zone; ~ agraria agricultural region (o district); ~ archeologica archaeological zone; ⟨Aut⟩ ~ d'assorbimento degli urti soft face; ⟨Aer⟩ ~ d'atterraggio landing area; ~ delle calme doldrums pl; ~ climatica climatic zone; ~ commerciale trade area; (in una città) business district; ~

ad alta **concentrazione** densely populated area; ⟨fig⟩ ~ **critica** problem area; ~ **cuscinetto** buffer zone; ~ **deformabile** = zona di **assorbimento** degli urti; ~ **demilitarizzata** demilitarized zone; ~ **depressa** depressed area; ⟨Meteor⟩ ~ di **depressione** trough; ~ **disco** parking meter zone, ⟨am⟩ pink zone; ~ **ecologica** ecological area; ~ **franca** bonded area, foreign trade zone; ~ di **frontiera** border zone; ~ **gioco** play area; ~ **giorno** (d'un appartamento) living area (of a flat); ⟨fig⟩ ~ **grigia** grey area; ~ di **guerra** war zone; essere in ~ (nel bridge) to be vulnerable; ⟨Psic⟩ ~ d'**indifferenza** zone of indifference; ~ **industriale** (regione) industrial area (o district); ~ d'**influenza** sphere of influence; ~ d'**instabilità** instability region; ~ di **lavoro** work area; ~ **militare** military zone; ⟨Pol⟩ ~ **neutrale** neutral zone; ~ **notte** (d'un appartamento) sleeping area (of a flat); ~ **occupata** (o d'occupazione) occupied zone; ⟨Rad⟩ ~ d'**ombra** shadow (o blind) area; ⟨Mil⟩ ~ d'**operazioni** zone of operations; ~ per **parcheggio** parking lot; ~ **pedonale** pedestrian walkway, traffic-free area; ~ **pericolosa** danger zone; ~ **periferica** suburban area; ~ **portuale** port area; ~ **pranzo** (d'un appartamento) dining area (of a flat); ⟨Meteor⟩ ~ d'alta **pressione** area of high pressure; ⟨Econ⟩ ~ di **produzione** area of production; ⟨Mil⟩ ~ di **raccolta** assembly area; ~ **residenziale** residential district; ~ **ricreativa** recreation area; ⟨Edil⟩ ~ di **rispetto** exclusion area; ~ di libero **scambio** free-trade area; ~ di **silenzio**: 1 ⟨Strad⟩ zone in which horns may not be sounded; 2 ⟨Rad⟩ blind (o dead) spot; ~ **sottosviluppata** underdeveloped (o backward) area; ⟨Pol⟩ ~ **sovietica** Soviet Zone; ⟨Mil⟩ ~ **tattica** tactical zone; ⟨Pol⟩ ~ di **tensione** trouble spot; ⟨Geog⟩ ~ **torrida** torrid zone; ⟨Comm⟩ ~ di **vendite** sales territory; ~ di **vendita al dettaglio** retail trading zone; ~ **verde**: 1 civil park area; 2 ⟨Strad⟩ grass plot, grass strip; ~ **vietata** off limits area; ⟨Geol⟩ ~ **vulcanica** volcanic area (o region).

zonale a. ⟨burocr⟩ zonal, area–, zone–, district–: commissariato ~ district police station. **zonatura** f. division into zones. **zonazione** f. 1 zonation, division into zones (o areas). 2 ⟨Geog⟩ zonation.

zonizzare v.t. to zone, to divide into zones. **zonizzazione** f. zoning.

zonzo: andare a ~ to wander about, to stroll around.

zoo m.inv. ⟨fam⟩ (giardino zoologico) zoo, zoological garden(s): ~ viaggiante travelling zoo.

zoo|chimica f. zoochemistry. ~**coltura** f. zootechny.

zoofagia f. zoophagy. **zoofago** a. (pl. -gi) zoophagous, carnivorous: animale ~ zoophagous animal, zoophagan.

zoofilia f. 1 zoophilia, love of animals. 2 ⟨Psic⟩ zoophilia. **zoofilo** I a. zoophilic, zoophilous, animal –loving. II s.m. (f. -a) animal lover, zoophilist.

zoofisiologia f. zoophysiology, animal physiology.

zoofito I a. ⟨Zool⟩ zoophytic, zoophytal: animale ~ zoophytic animal, zoophyte. II s.m. zoophyte. **zoofobia** f. ⟨Psic⟩ zoophobia. **zoofobo** a. zoophobous. **zooforo** I a. ⟨Arch⟩ zoophoric. II s.m. zoophorous.

zoo|geografia f. zoogeography. ~**glea** f. ⟨Biol⟩ zoogl(o)ea. ~**grafia** f. zoography. ~**iatra** m. (veterinario) veterinarian. ~**iatria** f. veterinary science. ~**latria** f. zoolatry, worship of animals.

zoologia f. zoology. **zoologico** a. (pl. -ci) zoological: giardino ~ zoological garden(s), zoo. **zoologo** m. (pl. -gi; f. -a) zoologist.

zoom ingl. [zu:m] m. ⟨Cin,TV⟩ zoom lens. **zoomare** v. ⟨non com⟩ → **zumare**. **zoomata** f. ⟨non com⟩ → **zumata**.

zoo|metria f. zoometry. ~**nosi** f. zoonosis. ~**plancton** m. zooplankton. ~**spora** f. ⟨Biol⟩ zoospore. ~**tecnica** f. zootechny, zootechnics pl (costr.sing. o pl.). ~**tecnico** a./s. (pl. -ci) I a. zootechnic(al). II s.m. zootechnician. □ ~ patrimonio ~ livestock resources pl. ~**tomia** f. ⟨ant⟩ (anatomia degli animali) zootomy, animal anatomy. ~**tossina** f. ⟨Biol⟩ zootoxin.

zoppaggine f. ⟨non com⟩ lameness. **zoppicante** a. 1 limping, with (o that has) a limp. 2 (traballante) shaky, rickety, unsteady, wobbly: una sedia ~ a rickety chair. 3 ⟨fig⟩ shaky, weak: è ~ in matematica he is weak in mathematics, his mathematics is shaky (o weak, poor). **4** (*rif. a ragionamenti e sim.*) unsound, lame, poor, weak. **5** ⟨*Metr*⟩ lame, halting: *un verso* ~ a halting line of verse. **zoppicáre** *v.i.* (zǫppico, zǫppichi; *aus.* avere) **1** to (walk with a) limp, to be lame: ~ *con il piede destro* to be lame in one's right foot. **2** (*essere traballante*) to be shaky (o rickety, unsteady, wobbly): *il tavolino zoppica* the table is unsteady. **3** ⟨*fig*⟩ (*essere debole*) to be shaky (o weak, poor): *zoppica in chimica* he is shaky in chemistry, his chemistry is poor. **4** ⟨*fig*⟩ (*rif. a ragionamenti e sim.*) to be unsound (o lame), not to hold water. **5** ⟨*Metr*⟩ to be lame (o halting). **zoppicóne, zoppicóni** *avv.* ⟨*non com*⟩ limping, with a limp. □ *andare* (o *camminare*) ~ to (walk with a) limp; *venire* ~ to come limping along. **zǫppo I** *a.* **1** (*rif. a gambe*) game, gammy, lame: *essere* ~ *da un piede* to be lame in one leg; (*rif. a persone*) lame, limping. **2** (*traballante*) shaky, rickety, unsteady, wobbly. **3** ⟨*fig*⟩ (*difettoso*) unsound, lame, imperfect, defective, faulty: *ragionamento* ~ unsound (o unconvincing) argument; *rima –a* faulty rhyme. **II** *s.m.* (*f.* **-a**) lame person. □ *andare* (o *camminare*) ~ to (walk with a) limp; *diventare* (o *essere*) ~ to become (o be) lame; *rimanere* ~ to be lamed.

zorílla *f.* ⟨*Zool*⟩ zoril, zorille, zorilla.

Zoroástro *N.pr.m.* ⟨*Stor*⟩ Zoroaster.

zǫster *lat. m.* ⟨*Med*⟩ herpes zoster, shingles *pl* (*costr. sing.*).

zoticàggine *f.* ⟨*spreg*⟩ roughness, boorishness. **zǫtico** *a./s.* (*pl.* **-ci**) **I** *a.* (*grossolano*) rough, boorish, uncouth, loutish. **II** *s.m.* (*f.* **-a**) boor, lout, rough (o uncouth) person. **zoticóne** *m.* (*f.* **-a**) boor, lout, rough (o uncouth) person.

zuàva *f.* ⟨*Vest*⟩ (*anche giacca alla zuava*) zouave, zouave jacket. **zuàvo I** *s.m.* ⟨*Stor*⟩ Zouave: *–i pontifici* Pontifical (o Papal) Zouaves. **II** *a.* Zouave. □ ⟨*Vest*⟩ *calzoni alla –a* knickerbockers *pl.*

zúcca *f.* **1** ⟨*Bot*⟩ pumkin vine, ⟨*am*⟩ summer squash. **2** (*frutto*) pumpkin, gourd, ⟨*am*⟩ squash. **3** (*usata come recipiente*) gourd, calabash. **4** ⟨*fig,scherz*⟩ (*testa*) head, ⟨*fam*⟩ pate, ⟨*fam*⟩ nut: *non ha sale in* ~ he has no sense in his head. □ *fiori di* ~ vegetable marrow flowers; ⟨*scherz*⟩ ~ *pelata* bald head, ⟨*fam*⟩ onion, ⟨*fam*⟩ billiard ball; *sei proprio una* ~*!* you really are a fat head!; *semi di* ~ pumpkin seeds; ⟨*fig*⟩ *avere la* (o *essere una*) ~ *vuota* to be a fool, to have no sense in one's head. **zuccàia** *f.*, **zuccàio** *m.* pumpkin bed. **zuccàta** *f.* ⟨*scherz*⟩ (*testata*) blow with the head, butt.

zuccheràggio *m.* ⟨*Enol*⟩ addition of saccharose to must. **zuccheràre** *v.t.* (zúcchero) to sugar, to put sugar in: ~ *il caffè* to put sugar in coffee; (*cospargere di zucchero*) to (sprinkle with) sugar. **zuccheràto** *a.* **1** sugared, sweetened: *acqua –a* sugared water; (*pieno di zucchero*) with plenty of sugar: *caffè molto* ~ coffee with plenty of sugar. **2** ⟨*fig*⟩ (*mellifluo*) sugared, honeyed, sugary, sweet: *parole –e* honeyed words. □ *mi piace il tè poco* ~ I don't like much sugar in my tea. **zuccherièra** *f.* sugar-basin, sugar-bowl. **zuccherièro** *a.* sugar–: *industria –a* sugar industry. **zuccherífero** *a.* (*saccarifero*) **1** (*contenente zucchero*) sacchariferous, sugar–. **2** (*che riguarda lo zucchero*) sugar–. **zuccherifício** *m.* (*stabilimento*) sugar refinery (o works, factory). **zuccheríno I** *a.* **1** sugar–, sacchariferous: *sostanza –a* sacchariferous substance. **2** (*dolce*) sweet, sugary: *una mela –a* a sweet apple. **II** *s.m.* **1** piece of sugar. **2** (*caramella*) sweet, ⟨*am*⟩ candy, ⟨*lett*⟩ sugarplum.

zúcchero *m.* **1** sugar (*anche Chim.*). **2** ⟨*fig*⟩ (*persona* *amabile*) sweet person, ⟨*am*⟩ honey, ⟨*fam*⟩ sweetie, ⟨*fam*⟩ lamb; (*persona melliflua*) sugary (o unctuous) person. □ ~ *di* acero maple sugar; ~ *di* barbabietola beet sugar; ~ bruciato (*colore*) caramel, burnt sugar; ~ bruno brown sugar; ~ candito candy; ~ *di* canna cane sugar; ~ caramellato caramel, caramelized sugar; dolce *come lo* ~ as sweet as sugar, (sugar–)sweet; ⟨*fig*⟩ essere *uno* (o *un vero*) ~ to be very sweet, ⟨*fam*⟩ to be a sweetie (o honey); ~ filato candy floss, ⟨*am*⟩ cotton candy; ~ granulato (o *in grani*) granulated sugar; ~ *d'*orzo barley sugar; pan *di* ~ sugar–loaf; *cappello a pan di* ~ conical (o sugarloaf) hat; ~ *in* pani loaf sugar; ~ raffinato refined (o white) sugar; ~ *non raffinato* unrefined sugar; ~ vanigliato vanilla sugar; ~ *a velo* icing sugar, powdered sugar, ⟨*am*⟩ confectioner's sugar; ~ *in* zollette lump (o cube) sugar.

zuccheróso *a.* **1** (*molto dolce*) sweet, sugary. **2** ⟨*fig*⟩ (*mellifluo*) sugary, honeyed, ⟨*spreg*⟩ unctuous, ⟨*spreg*⟩ sickly.

zucchétto *m.* **1** (*copricapo degli ecclesiastici*) zucchetto, skull cap (of an ecclesiastic). **3** (*copricapo maschile*) calotte, cap; (*papalina*) skull cap, smoking cap.

zucchína *f.* **1** (*piccola zucca*) small pumpkin (o gourd). **2** ⟨*Bot*⟩ → zucchino. **zucchíno** *m.* ⟨*Bot*⟩ zucchino, vegetable marrow, Italian squash.

zucconàggine *f.* obstinacy, mulishness, ⟨*fam*⟩ pigheadedness. **zuccóne I** *s.m.* **1** (*grossa zucca*) (big) pumpkin. **2** (*testa grossa*) big head. **3** ⟨*fig*⟩ (*persona ottusa; f.* **-a**) slow–witted person, dunce, dullard, ⟨*fam*⟩ thickhead; (*sciocco*) fool, ⟨*fam*⟩ fat head, ⟨*fam*⟩ blockhead; (*persona caparbia*) obstinate (o mulish) person, ⟨*fam*⟩ pigheaded person. **II** *a.* dull, slow–witted, ⟨*fam*⟩ thick, ⟨*fam*⟩ dense.

zúffa *f.* **1** (*combattimento*) fray, scuffle, tussle, mêlée: *cacciarsi nella* ~ to enter the fray; (*in battaglia*) fight, skirmish. **2** (*litigio violento, rissa*) brawl, fight.

zufolaménto *m.* **1** piping. **2** (*rif. a orecchi*) buzz(ing), ring(ing). **zufolàre** *v.* (zúfolo) **I** *v.i.* (*aus.* avere) **1** (*sonare lo zufolo*) to pipe, to play the zufolo. **2** (*fischiare*) to whistle. **3** (*rif. a orecchi*) to buzz, to ring. **II** *v.t.* (*fischiettare*) to whistle: ~ *una canzone* to whistle a tune. **zufolàta** *f.* pipe, piping. **zufolìo** *m.* piping. **zúfolo** *m.* ⟨*Mus*⟩ zufolo, small flute (o flageolet).

zulù I *s.m./f.* **1** Zulu. **2** ⟨*fig*⟩ (*zoticone*) lout, boor. **II** *a.* Zulu.

zumàre *v.i.* (*aus.* avere) ⟨*Cin,TV*⟩ to zoom. **zumàta** *f.* zoom.

zúppa *f.* **1** soup. **2** ⟨*fig,spreg*⟩ (*miscuglio disordinato*) mixture, mix–up; (*confusione*) confusion; (*lungo discorso*) rigmarole, long rambling speech. □ ~ *di* fagioli bean soup; *fare la* ~ *in* to dip (o soak) ... in, to dunk: *fare la* ~ *nel vino* to dip bread (o biscuits) in wine; ⟨*Dolc*⟩ ~ inglese kind of trifle; *se non è* ~ *è* pan *bagnato* it's six of one and half a dozen of the other; ~ *di* pesce fish soup; ~ *di* piselli pea soup; ~ *di* verdura vegetable soup.

zuppièra *f.* soup–tureen.

zúppo *a.* soaked, wet. □ ~ *fradicio* drenched, wet through, soaking.

Zúrigo *N.pr.f.* ⟨*Geog*⟩ Zurich. □ *lago di* ~ Lake of Zurich.

zuzzurellóne, zuzzurullóne *m.* (*f.* **-a**) ⟨*fam,region*⟩ great (o grown–up) baby, romp, rollicking person, ⟨*spreg*⟩ overgrown schoolboy (*f* –girl).

zwinglianésimo *m.* → zwinglismo. **zwinglìano** [–gl–] *a.* ⟨*Rel*⟩ Zwinglian. **zwinglìsmo** *m.* Zwinglianism.

APPENDICI

APPENDICES

I. Elenco dei verbi irregolari – List of irregular verbs

Infinito Infinitive	Indicativo presente Present Indicative	Passato remoto Past indefinite	Participio passato Past Participle	Altre forme irregolari Other irregular forms
aborrire	aborro / aborrisco	aborrii	aborrito	
accendere	accendo	accesi	acceso	
accludere	accludo	acclusi	accluso	
accorgersi	mi accorgo	mi accorsi	accorto	
affiggere	affiggo	affissi	affitto	
affliggere	affliggo	afflissi	afflitto	
alludere	alludo	allusi	alluso	
andare	vado, vai, va, andiamo, andate, vanno	andai	andato	*fut.* andrò *cong.pres.* vada *imperat.* va' / vai / va
annettere	annetto	annessi / annettei	annesso	
apparire	apparisco / appaio	apparii/apparvi/ apparsi	apparso / apparito	
appendere	appendo	appesi	appeso	
aprire	apro	apersi/aprii	aperto	
ardere	ardo	arsi	arso	
aspergere	aspergo	aspersi	asperso	
assalire	assalisco / assalgo	assalii/assalsi	assalito	
assidersi	mi assido	mi assisi	assiso	
assistere	assisto	assistei/assistetti	assistito	
assolvere	assolvo	assolsi/assolvei	assolto	
assumere	assumo	assunsi	assunto	
avere	ho, hai, ha, abbiamo, avete, hanno	ebbi	avuto	*fut.* avrò *cong.pres.* abbia *imperat.* abbi
benedire	benedico	benedissi / benedii, benedicesti	benedetto	
bere	bevo	bevvi / bevei / bevetti	bevuto	*fut.* berrò *cong.pres.* beva
cadere	cado	caddi	caduto	*fut.* cadrò
cedere	cedo	cedetti	ceduto	
chiedere	chiedo (chieggo)	chiesi	chiesto	*cong.pres.* chieda (chiegga)
chiudere	chiudo	chiusi	chiuso	
cingere	cingo	cinsi / cingei	cinto	
cogliere	colgo	colsi	colto	
coincidere	coincido	coincisi	coinciso	
comparire	comparisco	comparvi / comparii	comparso	
compire, compiere	compio / compisco	compii	compito/compiuto	
comprimere	comprimo	compressi	compresso	
concedere	concedo	concessi / concedei	concesso	
condurre	conduco	condussi, conducesti	condotto	*fut.* condurrò
confondere	confondo	confusi	confuso	
connettere	connetto	connessi	connesso	
conoscere	conosco	conobbi	conosciuto	
consistere	consisto	consistei	consistito	
contundere	contundo	contusi	contuso	
convergere	convergo	conversi	converso	
coprire	copro	coprii/copersi	coperto	
correggere	correggo	corressi	corretto	
correre	corro	corsi	corso	
costruire	costruisco	costruii (costrussi)	costruito (costrutto)	
crescere	cresco	crebbi	cresciuto	
cuocere	cuocio, cuoci, cuoce, cociamo, cocete, cuociono	cossi	cotto	
dare	do, dai, dà, diamo, date, danno	diedi / detti, desti diede, demmo, deste, diedero/ dettero	dato	*fut.* darò *cong.pres.* dia *imperat.* da' / dai / da
decidere	decido	decisi	deciso	
deludere	deludo	delusi	deluso	
deprimere	deprimo	depressi	depresso	
desistere	desisto	desistei / desistetti	desistito	
devolvere	devolgo	devolvei/devolvetti	devoluto	*cong.pres.* devolga
difendere	difendo	difesi	difeso	
dipendere	dipendo	dipesi	dipeso	
dipingere	dipingo	dipinsi	dipinto	

Infinito Infinitive	Indicativo presente Present Indicative	Passato remoto Past indefinite	Participio passato Past Participle	Altre forme irregolari Other irregular forms
dire	dico, dici, dice, diciamo, dite, dicono	dissi, dicesti	detto	*fut.* dirò *cong.pres.* dica *imperat.* di' / dì
dirigere	dirigo	diressi	diretto	
discendere	discendo	discesi	disceso	
discutere	discuto	discussi	discusso	
dissolvere	dissolvo	dissolsi	dissolto	
dissuadere	dissuado	dissuasi	dissuaso	
distinguere	distinguo	distinsi	distinto	
distruggere	distruggo	distrussi	distrutto	
divellere	divelgo	divelsi	divelto	*cong.pres.* divelga
dividere	divido	divisi	diviso	
dolere	dolgo, duoli, duole, doliamo, dolete, dolgono	dolsi	doluto	*fut.* dorrò
dovere	devo / debbo, devi, deve dobbiamo, dovete, devono / debbono	dovei/dovetti	dovuto	*fut.* dovrò *cong.pres.* deva / debba
eccellere	eccelgo	eccelsi	eccelso	*cong.pres.* eccelga
elidere	elido	elisi	eliso	
emergere	emergo	emersi	emerso	
empire, empiere	empio / empisco	empii/empiei	empito / empiuto	
ergere	ergo	ersi	erto	
erigere	erigo	eressi	eretto	
esaurire	esaurisco	esaurii	esaurito / esausto	
escludere	escludo	esclusi	escluso	
esigere	esigo	esigei/esigetti	esatto	
esistere	esisto	esistei/esistetti	esistito	
espellere	espello	espulsi	espulso	
esplodere	esplodo	esplosi	esploso	
esprimere	esprimo	espressi	espresso	
essere	sono, sei, è, siamo, siete, sono	fui, fosti, fu, fummo, foste, furono	stato	*fut.* sarò *cong.pres.* sia *imperat.* sii
estinguere	estinguo	estinsi	estinto	
evadere	evado	evasi	evaso	
evolvere	evolvo	evolvetti/evolvei (evolsi)	evoluto	
fare	faccio, fai, fa, facciamo, fate, fanno	feci, facesti	fatto	*fut.* farò *cong.pres.* faccia *imperat.* fa' / fai / fa
fendere	fendo	fendei	fenduto	
figgere	figgo	fissi	fitto	
fingere	fingo	finsi	finto	
flettere	fletto	flettei (flessi)	flesso	
fondere	fondo	fusi	fuso	
frangere	frango	fransi	franto	
friggere	friggo	frissi	fritto	
fungere	fungo	funsi	funto	
giacere	giaccio, giaci, giace, giacciamo, giacete, giacciono	giacqui	giaciuto	*cong.pres.* giaccia
giungere	giungo	giunsi	giunto	
godere	godo	godei / godetti	goduto	*fut.* godrò
illudere	illudo	illusi	illuso	
immergere	immergo	immersi	immerso	
imprimere	imprimo	impressi	impresso	
incidere	incido	incisi	inciso	
includere	includo	inclusi	incluso	
incutere	incuto	incussi	incusso	
indulgere	indulgo	indulsi	indulto	
indurre	induco	indussi, inducesti	indotto	*fut.* indurrò
inferire	inferisco	inferii / infersi	inferito / inferto	
infiggere	infiggo	infissi	infisso	
infliggere	infliggo	inflissi	inflitto	
insistere	insisto	insistei / insistetti	insistito	
intridere	intrido	intrisi	intriso	
introdurre	introduco	introdussi, introducesti	introdotto	*fut.* introdurrò
intrudere	intrudo	intrusi	intruso	
invadere	invado	invasi	invaso	
ledere	ledo	lesi	leso	
leggere	leggo	lessi	letto	

Infinito	Indicativo presente	Passato remoto	Participio passato	Altre forme irregolari
Infinitive	*Present Indicative*	*Past indefinite*	*Past Participle*	*Other irregular forms*
maledire	maledico	maledissi, maledicesti	maledetto	*fut.* maledirò
mettere	metto	misi	messo	
mordere	mordo	morsi	morso	
morire	muoio, muori, muore, moriamo, morite, muoiono	morii	morto	*fut.* morrò / morirò *cong.pres.* muoia
mungere	mungo	munsi	munto	
muovere	muovo, muovi, muove, moviamo, movete, muovono	mossi	mosso	
nascere	nasco	nacqui	nato	
nascondere	nascondo	nascosi	nascosto	
negligere	negligo	neglessi	negletto	
nuocere	noccio / nuoccio, nuoci, nuoce, nociamo / nuociamo, nocete, nocciono / nuocciono	nocqui	nociuto	*fut.* nocerò *cong.pres.* noccia / nuoccia
nutrire	nutro (nutrisco)	nutrii	nutrito	
offendere	offendo	offesi	offeso	
offrire	offro	offrii (offersi)	offerto	
opprimere	opprimo	oppressi	oppresso	
parere	paio, pari, pare, paiamo, parete, paiono	parvi	parso	*fut.* parrò *cong.pres.* paia
percepire	percepisco	percepii	percepito (percetto)	
percuotere	percuoto	percossi	percosso	
perdere	perdo	persi / perdei / perdetti	perso / perduto	
persistere	persisto	persistei / persistetti	persistito	
persuadere	persuado	persuasi	persuaso	
piacere	piaccio, piaci, piace, piacciamo, piacete, piacciono	piacqui	piaciuto	*cong.pres.* piaccia
piangere	piango	piansi	pianto	
piovere	piove	piovve	piovuto	
porgere	porgo	porsi	porto	
porre	pongo, poni, pone, poniamo, ponete, pongono	posi	posto	*fut.* porrò *cong.pres.* ponga
possedere	possiedo / posseggo, possiedi, possiede, possediamo, possedete, possiedono / posseggono	possedetti	posseduto	*cong.pres.* possieda / possegga
potere	posso, puoi, può, possiamo, potete, possono	potei	potuto	*fut.* potrò *cong.pres.* possa
prediligere	prediligo	predilessi	prediletto	
prefiggere	prefiggo	prefissi	prefisso	
preludere	preludo	prelusi	preluso	
prendere	prendo	presi	preso	
presumere	presumo	presunsi, presumesti	presunto	
produrre	produco	produssi, producesti	prodotto	*fut.* produrrò
profferire	profferisco	profferii / proffersi	profferto	
proteggere	proteggo	protessi	protetto	
pungere	pungo	punsi	punto	
radere	rado	rasi	raso	
recidere	recido	recisi	reciso	
redigere	redigo	redassi (redigei)	redatto	
redimere	redimo	redensi	redento	
reggere	reggo	ressi	retto	
rendere	rendo	resi/rendetti	reso	
reprimere	reprimo	repressi	represso	
resistere	resisto	resistei/resistetti	resistito	
ridere	rido	risi	riso	
ridurre	riduco	ridussi, riducesti	ridotto	*fut.* ridurrò
riflettere	rifletto	riflettei (riflessi)	riflettuto / riflesso	
rifulgere	rifulgo	rifulsi	rifulso	
rimanere	rimango, rimani, rimangono	rimasi	rimasto	*fut.* rimarrò *cong.pres.* rimanga
risolvere	risolvo	risolsi	risolto	
rispondere	rispondo	risposi	risposto	
riuscire	riesco	riuscii	riuscito	
rodere	rodo	rosi	roso	
rompere	rompo	ruppi	rotto	
salire	salgo, sali, salgono	salii	salito	*cong.pres.* salga
sapere	so, sai, sa, sappiamo, sapete, sanno	seppi	saputo	*fut.* saprò *cong.pres.* sappia *imperat.* sappi

Infinito / Infinitive	Indicativo presente / Present Indicative	Passato remoto / Past indefinite	Participio passato / Past Participle	Altre forme irregolari / Other irregular forms
scegliere	scelgo, scegli, scelgono	scelsi	scelto	cong.pres. scelga
scendere	scendo	scesi	sceso	
scindere	scindo	scissi	scisso	
sciogliere	sciolgo, sciogli, sciolgono	sciolsi	sciolto	cong.pres. sciolga
sconfiggere	sconfiggo	sconfissi	sconfitto	
sconvolgere	sconvolgo	sconvolsi	sconvolto	
scoprire	scopro	scoprii/scopersi	scoperto	
scorgere	scorgo	scorsi	scorto	
scrivere	scrivo	scrissi	scritto	
scuotere	scuoto	scossi	scosso	
sedere	siedo (seggo), siedi, siedono (seggono)	sedei/sedetti	seduto	cong.pres. sieda (segga)
sedurre	seduco	sedussi, seducesti	sedotto	fut. sedurrò
seppellire	seppellisco	seppellii	sepolto / seppellito	
soddisfare	soddisfaccio / soddisfò / soddisfo, soddisfai / soddisfi / soddisfà / soddisfa, soddisfacciamo, soddisfate, soddisfanno / soddisfano	soddisfeci soddisfacesti	soddisfatto	fut. soddisfarò cong.pres. soddisfaccia / soddisfi
soffrire	soffro	soffrii/soffersi	sofferto	
solere	soglio, suoli, suole, sogliamo, solete, sogliono	solei	solito	cong.pres. soglia
sommergere	sommergo	sommersi	sommerso	
sopprimere	sopprimo	soppressi	soppresso	
sorgere	sorgo	sorsi	sorto	
spandere	spando	spandei (spansi)	spanto	
spargere	spargo	sparsi	sparso	
sparire	sparisco	sparii (sparvi)	sparito	
spegnere	spengo, spegni, spegne, spegniamo, spegnete, spengono	spensi	spento	cong.pres. spenga
spendere	spendo	spesi	speso	
spingere	spingo	spinsi	spinto	
sporgere	sporgo	sporsi	sporto	
stare	sto, stai, sta, stiamo, state, stanno	stetti, stesti, stette, stemmo, steste, stettero	stato	fut. starò cong.pres. stia
stendere	stendo	stesi	steso	
stringere	stringo	strinsi	stretto	
struggere	struggo	strussi	strutto	
succedere	succedo	successi	successo	
tacere	taccio, taci, tace, taciamo, tacete, tacciono	tacqui	taciuto	cong.pres. taccia
tendere	tendo	tesi	teso	
tenere	tengo, tieni, tengono	tenni	tenuto	fut. terrò cong.pres. tenga
tergere	tergo	tersi	terso	
tingere	tingo	tinsi	tinto	
togliere	tolgo, togli, tolgono	tolsi	tolto	cong.pres. tolga
torcere	torco	torsi	torto	
tradurre	traduco	tradussi, traducesti	tradotto	fut. tradurrò cong.pres. traduca
trafiggere	trafiggo	trafissi	trafitto	
trarre	traggo, trai, trae, traiamo, traete, traggono	trassi, traesti	tratto	fut. trarrò cong.pres. tragga
uccidere	uccido	uccisi	ucciso	
udire	odo, odi, ode, udiamo, udite, odono	udii	udito	fut. udrò / udirò cong.pres. oda
ungere	ungo	unsi	unto	
uscire	esco, esci, esce, usciamo, uscite, escono	uscii	uscito	cong.pres. esca
valere	valgo, vali, vale, valiamo, valete, valgono	valsi	valso	fut. varrò cong.pres. valga
vedere	vedo (veggo), vedono (veggono)	vidi	visto / veduto	fut. vedrò cong.pres. veda (vegga)
venire	vengo, vieni, viene, veniamo, venite, vengono	venni	venuto	fut. verrò cong.pres. venga
vilipendere	vilipendo	vilipesi	vilipeso	
vincere	vinco	vinsi	vinto	
vivere	vivo	vissi	vissuto	fut. vivrò
volere	voglio, vuoi, vuole, vogliamo, volete, vogliono	volli	voluto	fut. vorrò
volgere	volgo	volsi	volto	cong.pres. volga

II. Aggettivi numerali – Numerals

1. Numeri cardinali – Cardinal numbers

0	zero	nought, zero		60	sessanta	sixty
1	uno, una	one		70	settanta	seventy
2	due	two		80	ottanta	eighty
3	tre	three		90	novanta	ninety
4	quattro	four		100	cento	a/one hundred
5	cinque	five		101	cent(o)uno	a/one hundred and one
6	sei	six		105	centocinque	a/one hundred and five
7	sette	seven		150	centocinquanta	a/one hundred and fifty
8	otto	eight		200	duecento	two hundred
9	nove	nine		300	trecento	three hundred
10	dieci	ten		400	quattrocento	four hundred
11	undici	eleven		500	cinquecento	five hundred
12	dodici	twelve		600	seicento	six hundred
13	tredici	thirteen		700	settecento	seven hundred
14	quattordici	fourteen		800	ottocento	eight hundred
15	quindici	fifteen		900	novecento	nine hundred
16	sedici	sixteen		1000	mille	a/one thousand
17	diciassette	seventeen		1001	milleuno	a/one thousand and one
18	diciotto	eighteen		1002	milledue	a/one thousand and two
19	diciannove	nineteen		1100	millecento	one thousand one hundred, eleven hundred
20	venti	twenty				
21	ventuno	twenty-one		1150	millecentocinquanta	one thousand one hundred and fifty, eleven hundred and fifty
22	ventidue	twenty-two				
23	ventitré	twenty-three				
24	ventiquattro	twenty-four		1200	milleduecento	one thousand two hundred, twelve hundred
25	venticinque	twenty-five				
26	ventisei	twenty-six		1900	millenovecento	one thousand nine hundred, nineteen hundred
27	ventisette	twenty-seven				
28	ventotto	twenty-eight		2000	duemila	two thousand
29	ventinove	twenty-nine		3000	tremila	three thousand
30	trenta	thirty		10000	diecimila	ten thousand
31	trentuno	thirty-one		100000	centomila	a/one hundred thousand
32	trentadue	thirty-two		1000000	un milione	a/one million
40	quaranta	forty		1000000000	un miliardo	a/one milliard, am. billion
50	cinquanta	fifty				

2. Numeri ordinali – Ordinal numbers

1°	primo	first		31°	trentunesimo/trentesimo primo	thirty-first
2°	secondo	second		32°	trentaduesimo/trentesimo secondo	thirty-second
3°	terzo	third				
4°	quarto	fourth		40°	quarantesimo	fortieth
5°	quinto	fifth		50°	cinquantesimo	fiftieth
6°	sesto	sixth		60°	sessantesimo	sixtieth
7°	settimo	seventh		70°	settantesimo	seventieth
8°	ottavo	eighth		80°	ottantesimo	eightieth
9°	nono	ninth		90°	novantesimo	ninetieth
10°	decimo	tenth		100°	centesimo	(one) hundredth
11°	undicesimo/decimoprimo	eleventh		101°	centunesimo/centesimo primo	hundred and first
12°	dodicesimo/decimosecondo	twelfth				
13°	tredicesimo/decimoterzo	thirteenth		105°	centocinquesimo/centesimo quinto	hundred and fifth
14°	quattordicesimo/decimoquarto	fourteenth				
15°	quindicesimo/decimoquinto	fifteenth		150°	centocinquantesimo	hundred and fiftieth
16°	sedicesimo/decimosesto	sixteenth		200°	du(e)centesimo	two hundredth
17°	diciassettesimo/decimosettimo	seventeenth		300°	trecentesimo	three hundredth
				400°	quattrocentesimo	four hundredth
18°	diciottesimo/decim(o)ottavo	eighteenth		500°	cinquecentesimo	five hundredth
19°	diciannovesimo/decimonono	nineteenth		600°	se(i)centesimo	six hundredth
20°	ventesimo	twentieth		700°	settecentesimo	seven hundredth
21°	ventunesimo/ventesimo primo	twenty-first		800°	ottocentesimo	eight hundredth
				900°	novecentesimo	nine hundredth
22°	ventiduesimo/ventesimo secondo	twenty-second		1000°	millesimo	(one) thousandth
				2000°	duemillesimo	two thousandth
23°	ventitreesimo/ventesimo terzo	twenty-third		3000°	tremillesimo	three thousandth
				100000°	centomillesimo	(one) hundred thousandth
30°	trentesimo	thirtieth		1000000°	milionesimo	(one) millionth

3. *Numerali frazionari – Fractional numbers*

1/2	mezzo	one/a half	2/5	due quinti	two fifths
1.1/2	uno e mezzo	one and a half	1/6	un sesto	one/a sixth
1/3	un terzo	one/a third	1/7	un settimo	one/a seventh
2/3	due terzi	two thirds	1/8	un ottavo	one/a eighth
1/4	un quarto	one/a fourth,	1/9	un nono	one/a ninth
		one/a quarter	1/10	un decimo	one/a tenth
3/4	tre quarti	three fourths,	1/20	un ventesimo	one/a twentieth
		three quarters	1/100	un centesimo	one/a hundredth
2.1/4	due e un quarto	two and a quarter	1/1000	un millesimo	one/a thousandth
1/5	un quinto	one/a fifth			

4. *Numerali moltiplicativi – Multiplicative numbers*

doppio	double, twice, twofold, dual	**nonuplo**	ninefold
triplo	triple, treble, threefold	**dieci volte maggiore**	
quadruplo	fourfold, quadruple	**(o tanto)**	tenfold, decuple
quintuplo	fivefold, quintuple	**undici volte maggiore**	
sestuplo	sixfold, sextuple	**(o tanto)**	elevenfold
settuplo	sevenfold, septuple	**centuplo**	hundredfold, centuple
ottuplo	eightfold, octuple		

III. Misure e pesi in Italia – Weights and Measures in Italy

1. *Misure di lunghezza – Linear Measure*

mm	millimetro	millimetre (mm)	1 mm =	0.001 393 6 yard
				0.003 280 9 foot
				0.039 370 79 inch
cm	centimetro	centimetre (cm)	1 cm = 10 mm =	0.3937 inch
dm	decimetro	decimetre (dm)	1 dm = 10 cm =	3.9370 inches
m	metro	metre (m)	1 m = 10 dm =	1.093 6 yard
				3.280 9 feet
				39.370 79 inches
dam	decametro	decametre (dam, dkm)	1 dam = 10 m =	10.9361 yards
hm	ettometro	hectometre (hm)	1 hm = 10 dam =	109.3614 yards
km	chilometro	kilometre (km)	1 km = 1000 m =	1 093.637 yards
				3 280.869 3 feet
				39370.79 inches
				0. 621 37 British or Statute Mile
M	miglio nautico	nautical mile	1 M = 1852 m	

2. *Misure di superficie – Surface or Square Measure*

mm²	**millimetro quadrato**	**square millimetre (sq.mm)**	1 mm² =	0.000 001 196 square yard
				0.000 010 764 1 square foot
				0.001 55 square inch
cm²	**centimetro quadrato**	**square centimetre (sq.cm)**	1 cm² = 100 mm² =	0.15499 square inch
dm²	**decimetro quadrato**	**square decimetre (sq.dm)**	1 dm² = 100 cm² =	15.499 square inches
m²	**metro quadrato**	**square metre (sq.m)**	1 m² = 100 dm² =	1.1960 square yard
dam²	**decametro quadrato**	**square decametre (sq.dam)**	1 dam² =	1 square
hm²	**ettometro quadrato**	**square hectometre (sq.hm)**	1 hm²	
km²	**chilometro quadrato**	**square kilometre (sq.km)**	1 km² =	100 hectares
				1.000 000 square metre
				247.11 acres
				0.3861 square mile

3. Misure agrarie di superficie – Land Measure

ca	centiara	centiare (ca)	1 ca = 1 m^2	
a	ara	are (a)	1 a = 100 m^2 =	119.6011 square yards
				1076.4103 square feet
ha	ettaro	hectare (ha)	1 ha = 100 a =	2.4711 acres

4. Misure di volume – Cubic Measure

mm^3	millimetro cubo	cubic millimetre	1 mm^3 =	0.000 061 cubic inch
cm^3	centimetro cubo	cubic centimetre	1 cm^3 = 1000 mm^3 =	0.06102 cubic inch
dm^3	decimetro cubo	cubic decimetre	1 dm^3 = 1000 cm^3 =	61.0253 cubic inches
m^3	metro cubo	cubic metre	1 m^3 = 1000 dm^3 =	1.3079 cubic yard
				35.3156 cubic feet
TS	tonnellata di stazza	register ton	1 TS = 2.832 m^3 =	100 cubic feet

5. Misure di velocità – Speed Measure

m/ora, m/h	metro all'ora	metre per hour	1 m/h =	3.281 feet/hr.
m/sec., m/s	metro al secondo	metre per second	1 m/s =	3.281 feet/s.
km/ora, km/h	chilometro all'ora	kilometre per hour	1 km/h =	0.62137/hr. Statute Mile
km/sec., km/s	chilometro al secondo	kilometre per second	1 km/s =	0.62137/s. Statute Mile
	nodo (= 1852, 28 m/h)	knot (kt)		

6. Misure di capacità – Measure of Capacity

ml	millilitro	millilitre (ml)	1 ml = 1 cm^3 =	⟨GB⟩: 16.89 minims,
				⟨SU⟩: 16.23 minims
cl	centilitro	centilitre (cl)	1 cl = 10 ml =	⟨GB⟩: 0.352 fluid ounce
				⟨SU⟩: 0.338 fluid ounce
dl	decilitro	decilitre (dl)	1 dl = 10 cl =	⟨GB⟩: 3.52 fluid ounces
				⟨SU⟩: 3.38 fluid ounces
l	litro	litre (l)	1 l = 10 dl =	⟨GB⟩: 1.75980 pints,
				0.22009 imperial gallon
				⟨SU⟩: 1.05667 liquid quarts,
				0.26418 gallon
dal	decalitro	decalitre (dal)	1 dal = 10 l =	⟨GB⟩: 2.1998 gallons
				⟨SU⟩: 2.6418 gallons
				0.28379 bushel

7. Pesi – Weight

mg	milligrammo	milligram	1 mg =	0.01543 grain
cg	centigrammo	centigram	1 cg =	0.1543 grain
dg	decigrammo	decigram	1 dg =	1.543 grain
g	grammo	gram	1 g =	15.4323 grains
dag	decagrammo	decagram	1 dag =	0.3527 ounce (avdp.)
				0.321 ounce (troy)
hg	ettogrammo, etto	hectogram	1 hg =	3.527 ounces (avdp.)
				3.215 ounces (troy)
kg	chilogrammo	kilogram	1 kg =	2.2046 pounds (avdp.)
				2.6792 pounds (troy)
q	quintale	quintal	1 q =	⟨GB⟩: 1.9684 hundred weight
				⟨SU⟩: 2.2046 hundred weights
t	tonnellata	tonne, metric ton	1 t =	⟨GB⟩: 0.9842 long ton
				⟨SU⟩: 1.1023 short ton

IV. Operazioni e simboli matematici – Mathematical Operations and Symbols

1. *Operazioni aritmetiche – Arithmetical operations*

Operazione Operation	*Modo di leggere in italiano* How to read in Italian	*Modo di leggere in inglese* How to read in English

Addizione – Addition

$2 + 3 = 5$ due più tre fa cinque, due   two plus three equals five
più tre è uguale a cinque

Sottrazione – Subtraction

$9 - 3 = 6$ nove meno tre fa sei, nove   nine minus three equals six
meno tre è uguale a sei

Moltiplicazione – Multiplication

$4 \times 2 = 8$ quattro per due fa otto   four times two equals eight
$4 \cdot 2 = 8$ quattro per due è uguale a otto   four multiplied by two equals eight

Divisione – Division

$10 : 2 = 5$ dieci diviso due fa cinque   ten divided by two equals five
dieci diviso due è uguale a cinque

Elevazione a potenza – Raising to a power

$3^2 = 9$ tre al quadrato è uguale a nove   three squared (or to the second power) equals nine
$2^3 = 8$ due al cubo è uguale a otto   two cubed (or to the third power) equals eight
$2^4 = 16$ due alla quarta (potenza) è uguale a sedici   two to the fourth power equals sixteen
x^n x [iks] all'ennesima potenza   x [eks] to the nth [enθ] power

Estrazione di radice – Extraction of root

$\sqrt[2]{4} = 2$ radice quadrata di quattro è due   the square root of four is two
$\sqrt[3]{27} = 3$ radice cubica di ventisette è tre   the cube root of twenty-seven is three
$\sqrt[n]{x}$ ennesima radice di x [iks]   the nth [enθ] root of x [eks]

Proporzione – Ratio

$12 : 4 = 9 : 3$ dodici sta a quattro come nove sta a tre   twelve is to four as nine is to three

Frazione – Fraction

$3/5, \frac{3}{5}$ tre quinti, tre fratto cinque   three fifths

$\frac{6}{12} = \frac{2}{4}$ sei dodicesimi è uguale a due quarti   six twelfths equals two fourths

2. *Simboli matematici – Mathematical Symbols*

$+$	più positivo	plus, add positive
$-$	meno negativo	minus, subtract negative
$\pm$, $\mp$	più o meno positivo o negativo	plus or minus positive or negative
$\times$,	per	multiplied by, times
$:$	diviso	divided by
$=$	uguale, è uguale a	equals, is equal to
$\neq$	non è uguale a, è diverso da	is not equal to
$\equiv$	è identico a, è equivalente a	is identically equal to
$\sim$	è simile a	is similar to
$\approx$, $\doteqdot$, $\simeq$	è approssimativamente uguale a	is approximately equal to
$\div$	da ... a ...	from ... to ...
$>$	è maggiore di	is greater than
$<$	è minore di	is less than
$\geqq$	è maggiore o uguale a, non è minore di	is equal to or greater than, is not less than
$\leqq$	è minore o uguale a, non è maggiore di	is equal to or less than, is not greater than

%	percento, per cento	per cent, percentage
‰	per mille	per thousand
∞	infinito	infinity
°	grado	degree
′	minuto (d'arco)	minute (of arc)
″	secondo (d'arco)	second (of arc)
‖	è parallelo a	is parallel to
⊥	è perpendicolare a	is perpendicular to
∡	angolo	angle
∟	angolo retto	right angle
△	triangolo	triangle
⌒	arco	arc

V. Alfabeti telefonici – Phonetic alphabets

	Italiano *Italian*	*Inglese* *English*	*Americano* *American*	*Internazionale* *International*
A	Ancona	Andrew	Abel	Amsterdam
B	Bologna	Benjamin	Baker	Baltimore
C	Como	Charlie	Charlie	Casablanca
D	Domodossola	David	Dog	Danemark
E	Empoli	Edward	Easy	Edison
F	Firenze	Frederick	Fox	Florida
G	Genova	George	George	Gallipoli
H	Hotel	Harry	How	Havana
I	Imola	Isaac	Item	Italia
J	I lunga, jersey	Jack	Jig	Jérusalem
K	Kursaal	King	King	Kilogramme
L	Livorno	Lucy	Love	Liverpool
M	Milano	Mary	Mike	Madagaskar
N	Napoli	Nellie	Nan	New York
O	Otranto	Oliver	Oboe	Oslo
P	Padova	Peter	Peter	Paris
Q	Quarto	Queenie	Queen	Québec
R	Roma	Robert	Roger	Roma
S	Savona	Sugar	Sugar	Santiago
T	Torino	Tommy	Tare	Tripoli
U	Udine	Uncle	Uncle	Uppsala
V	Venezia	Victor	Victor	Valencia
W	Washington	William	William	Washington
X	Ics, xeres	Xmas	X	Xanthippe
Y	York, yacht	Yellow	Yoke	Yokohama
Z	Zara	Zebra	Zebra	Zürich